D1670810

Bamberger/Roth/Hau/Poseck
Bürgerliches Gesetzbuch
Band 5

# Bürgerliches Gesetzbuch

Kommentar

**Band 5**
**§§ 1922–2385**
**CISG · IPR · EGBGB**

Herausgegeben von

**Dr. Wolfgang Hau**
Professor an der Universität München
Richter am Oberlandesgericht München

**Dr. Roman Poseck**
Staatsminister der Justiz des Landes Hessen
Präsident des Oberlandesgerichts
Frankfurt am Main a.D.
Honorarprofessor an der EBS Law School

Begründet und bis zur 4. Auflage mitherausgegeben von

**Dr. Heinz Georg Bamberger**
Staatsminister der Justiz des Landes
Rheinland-Pfalz a.D.

**Dr. Herbert Roth**
(em.) Professor an der Universität
Regensburg

5. Auflage 2023

C.H.BECK

Zitiervorschlag:
BRHP/Bearbeiter Gesetz § … Rn. …

**www.beck.de**

ISBN 978 3 406 77615 1


Wilhelmstraße 9, 80801 München
Druck: Druckerei C.H. Beck Nördlingen
(Adresse wie Verlag)

Satz: Meta Systems Publishing & Printservices GmbH, Wustermark
Umschlaggestaltung: Druckerei C.H. Beck Nördlingen

chbeck.de/nachhaltig

Gedruckt auf säurefreiem, alterungsbeständigem Papier
(hergestellt aus chlorfrei gebleichtem Zellstoff)

# Vorwort

Seit der gedruckten Vorauflage sind ungefähr drei Jahre vergangen. Seitdem hat sich viel verändert. Die Dynamik unserer Zeit fordert nicht nur die Gesellschaft, sondern auch das Recht und den Gesetzgeber in besonderer Weise heraus. Die fortschreitende Digitalisierung erfasst inzwischen fast alle Lebensbereiche. Es verwundert nicht, dass der Gesetzgeber, teils angetrieben durch europarechtliche Vorgaben, in der jüngeren Vergangenheit ein erhebliches Tempo bei der Schaffung neuer Gesetze oder der Veränderung bestehender Gesetze an den Tag gelegt hat. Auch das BGB als zentrales Fundament unserer Privatrechtsordnung ist davon an vielen Stellen betroffen. Für Wissenschaft und Praxis ergeben sich dadurch neue, nicht selten schwierige Fragestellungen zur Anwendung, Ausgestaltung und Fortentwicklung des neuen Rechts.

Dieser Kommentar trägt den fortlaufenden Veränderungen in erster Linie durch seine Online-Aktualisierung im Abstand von drei Monaten Rechnung. Neue Entwicklungen in der Rechtsprechung und in der Gesetzgebung können so zeitnah einbezogen werden.

Die Neuauflage des gedruckten Buchs ist eine wichtige Ergänzung zum Online-Format. Sie dient nicht zuletzt der Überprüfung der Grundlinien, der Kontrolle von Inhalt und Form, von Substanz und Konsistenz der Texte. Wir freuen uns daher, dass das auf fünf Bände angewachsene Werk nun in seiner fünften Auflage erscheint. Alle Texte dieses Bandes sind auf dem Stand von August 2022.

Ein besonderer Dank gebührt den Autorinnen und Autoren für die gute Zusammenarbeit und ihr großes und andauerndes Engagement, wie es schon in den laufenden Online-Aktualisierungen der Kommentierung zum Ausdruck kommt, in gleichem Maße aber auch in der jetzt zum fünften Mal vorliegenden Bearbeitung des gedruckten Buchs. Auch dem Verlag sind wir für die geduldige Betreuung über viele Jahre zu großem Dank verpflichtet.

Wir hoffen, abermals ein Werk vorgelegt zu haben, das Praxis und Wissenschaft Antworten und Impulse geben sowie den Erwartungen der Nutzerinnen und Nutzer entsprechen kann. Und wir wünschen uns natürlich wieder viele, interessierte und auch kritische Leserinnen und Leser, die im Ganzen zufrieden sind mit unser aller Leistung, und freuen uns auf ihre Fragen und Anregungen.

August 2022 — Die Herausgeber

## Die Bearbeiterinnen und Bearbeiter des fünften Bandes

| | |
|---|---|
| *Prof. Dr. Alex Baumgärtner, M.B.L.-HSG* | Professor an der SRH Hochschule, Berlin |
| *Prof. Dr. Hans-Werner Eckert* | Universität Greifswald |
| *Stefan A. Geib* | Präsident des Amtsgerichts Saarbrücken |
| *Prof. Dr. Bettina Heiderhoff* | Universität Münster |
| *Dr. Jochen Höger* | Rechtsanwalt, Karlsruhe |
| *Prof. Dr. Knut Werner Lange* | Universität Bayreuth |
| *Justizrat Dr. Wolfgang Litzenburger* | Notar, Mainz |
| *Ilse Lohmann* | Richterin am Bundesgerichtshof, Karlsruhe |
| *Prof. Dr. Stephan Lorenz* | Universität München; Mitglied des Bayerischen Verfassungsgerichtshofs |
| *Prof. Dr. Florian Loyal* | Universität Leipzig |
| *Prof. Dr. Sebastian Martens* | Universität Passau |
| *Prof. Dr. Gerald Mäsch* | Universität Münster |
| *Prof. Dr. Philipp Maume, S.J.D.* | Technische Universität München |
| *Prof. Dr. Cosima Möller* | Freie Universität Berlin |
| *Prof. Dr. Juliana Mörsdorf, LL.M.* | Rechtsreferentin am Gerichtshof der Europäischen Union, Luxemburg; Richterin am Landgericht, Apl. Professorin an der Universität Mannheim |
| *Dr. Bernd Müller-Christmann* | Vorsitzender Richter am Oberlandesgericht Karlsruhe a.D. |
| *Dr. Gabriele Müller-Engels* | Rechtsanwältin, Deutsches Notarinstitut, Würzburg |
| *Prof. Dr. Ingo Saenger* | Universität Münster |
| *Dr. Dirk Schmalenbach* | Rechtsanwalt, Berlin |
| *Dr. Matthias Siegmann* | Rechtsanwalt beim Bundesgerichtshof, Karlsruhe; Honorarprofessor an der Universität Heidelberg |
| *Prof. Dr. Andreas Spickhoff* | Universität München |
| *Prof. Dr. Wolfgang Voit* | Universität Marburg |
| *Dr. Olaf Weber, LL.M.* | Richter am Amtsgericht Saarbrücken |
| *Dr. Denise Wiedemann, LL.M.* | Wissenschaftliche Referentin, Max-Planck-Institut für ausländisches und internationales Privatrecht, Hamburg |

## Im Einzelnen haben bearbeitet

| | |
|---|---|
| BGB §§ 1922–1941 | Dr. Bernd Müller-Christmann |
| BGB §§ 1942–1966 | Dr. Jochen Höger/Dr. Matthias Siegmann |
| BGB §§ 1967–2017 | Ilse Lohmann |
| BGB §§ 2018–2031 | Dr. Bernd Müller-Christmann |
| BGB §§ 2032–2063 | Ilse Lohmann |
| BGB §§ 2064–2146 | Dr. Wolfgang Litzenburger |
| BGB §§ 2147–2196 | Dr. Bernd Müller-Christmann |
| BGB §§ 2197–2228 | Dr. Knut Werner Lange |
| BGB §§ 2229–2302 | Dr. Wolfgang Litzenburger |
| BGB §§ 2303–2338 | Dr. Gabriele Müller-Engels |
| BGB §§ 2339–2345 | Dr. Bernd Müller-Christmann |
| BGB §§ 2346–2352 | Dr. Wolfgang Litzenburger |
| BGB §§ 2353–2370 | Dr. Jochen Höger/Dr. Matthias Siegmann |
| BGB §§ 2371–2385 | Dr. Wolfgang Litzenburger |
| BeurkG | Dr. Wolfgang Litzenburger |
| Einl. IPR | Dr. Stephan Lorenz |
| EGBGB Art. 3–6 | Dr. Stephan Lorenz |
| EGBGB Art. 7–12 | Dr. Gerald Mäsch |
| Rom III-VO | Dr. Bettina Heiderhoff |
| EuGüVO | Dr. Denise Wiedemann |
| EGBGB Art. 13–16 | Dr. Juliana Mörsdorf |
| EGBGB Art. 17–17b | Dr. Bettina Heiderhoff |
| HUP | Dr. Bettina Heiderhoff |
| EuUnthVO | Dr. Bettina Heiderhoff |
| EGBGB Art. 18–24 | Dr. Bettina Heiderhoff |
| EuErbVO Art. 1–3, 20–27, 34 | Dr. Florian Loyal |
| EGBGB Art. 25, 26 | Dr. Stephan Lorenz |
| Rom I-VO Art. 1–10, 12, 14–29 | Dr. Andreas Spickhoff |
| Rom I-VO Art. 11, 13 | Dr. Gerald Mäsch |
| CISG | Dr. Ingo Saenger |
| Rom II-VO | Dr. Andreas Spickhoff |
| EGBGB Art. 38–46d | Dr. Andreas Spickhoff |
| EGBGB Art. 46c | Stefan A. Geib |
| EGBGB Art. 46d | Dr. Andreas Spickhoff |
| EGBGB Art. 46e | Dr. Bettina Heiderhoff |
| EGBGB Art. 47, 48 | Dr. Gerald Mäsch |
| EGBGB Art. 49–239 | (nicht kommentiert) |
| EGBGB Art. 240 §§ 1, 4 | Dr. Sebastian Martens |
| EGBGB Art. 240 § 2 | Dr. Jörg Wiederhold |
| EGBGB Art. 240 § 3 | Dr. Cosima Möller |
| EGBGB Art. 240 § 5 | Dr. Wolfgang Voit |
| EGBGB Art. 240 § 6 | Stefan A. Geib |
| EGBGB Art. 240 § 7 | Dr. Stephan Lorenz |
| EGBGB Art. 241 | Dr. Philipp Maume |
| EGBGB Art. 242 | Dr. Hans-Werner Eckert |
| EGBGB Art. 243–245 | Dr. Wolfgang Voit |
| EGBGB Art. 246–246b | Dr. Sebastian Martens |
| EGBGB Art. 246c–246e | Dr. Philipp Maume |
| EGBGB Art. 247, 247a | Dr. Cosima Möller |
| EGBGB Art. 248 | Dr. Dirk Schmalenbach |
| EGBGB Art. 249 | Dr. Wolfgang Voit |
| EGBGB Art. 250 | Dr. Alex Baumgärtner |
| EGBGB Art. 251 | Dr. Olaf Weber |
| EGBGB Art. 252, 253 | Dr. Alex Baumgärtner |
| Sachverzeichnis | Dr. Cordula Scholz Löhnig |

# Inhaltsverzeichnis

## Abschnitt 3. Testament

### Titel 1. Allgemeine Vorschriften



### Titel 2. Erbeinsetzung



### Titel 3. Einsetzung eines Nacherben

## Titel 4. Vermächtnis

## Titel 5. Auflage



## Titel 6. Testamentsvollstrecker

## Abschnitt 5. Pflichtteil

### Abschnitt 6. Erbunwürdigkeit



### Abschnitt 7. Erbverzicht



### Abschnitt 8. Erbschein



### Abschnitt 9. Erbschaftskauf

Seite

## Internationales Privatrecht

### I. Allgemeine Vorschriften: Art. 1, 2 EGBGB



### II. Internationales Privatrecht

#### 1. Allgemeiner Teil

#### a) Einleitung



#### b) Art. 3–6 EGBGB



#### 2. Recht der natürlichen Personen und der Rechtsgeschäfte: Art. 7–12 EGBGB



#### 3. Internationales Familienrecht

#### a) Internationales Ehe- und Partnerschaftsgesetz

#### aa) Rom III-VO

#### Verordnung (EU) Nr. 1259/2010 des Rates vom 20. Dezember 2010 zur Durchführung einer Verstärkten Zusammenarbeit im Bereich des auf die Ehescheidung und Trennung ohne Auflösung des Ehebandes anzuwendenden Rechts

#### Kapitel I. Anwendungsbereich, Verhältnis zur Verordnung (EG) Nr. 2201/2003, Begriffsbestimmungen und universelle Anwendung



#### Kapitel II. Einheitliche Vorschriften zur Bestimmung des auf die Ehescheidung und Trennung ohne Auflösung des Ehebandes anzuwendenden Rechts

Seite

## b) Internationales Unterhaltsrecht

### aa) HUP

### Protokoll über das auf Unterhaltspflichten anzuwendende Recht



### bb) EuUnthVO

### Verordnung (EG) Nr. 4/2009 des Rates vom 18. Dezember 2008 über die Zuständigkeit, das anwendbare Recht, die Anerkennung und Vollstreckung von Entscheidungen und die Zusammenarbeit in Unterhaltssachen

### Kapitel I. Anwendungsbereich und Begriffsbestimmungen



### Kapitel II. Zuständigkeit (nicht kommentiert)

### Kapitel III. Anwendbares Recht



### Kapitel IV. Anerkennung, Vollstreckbarkeit und Vollstreckung von Entscheidungen (nicht kommentiert)

### Kapitel V. Zugang zum Recht (nicht kommentiert)

### Kapitel VI. Gerichtliche Vergleiche und öffentliche Urkunden (nicht kommentiert)

### Kapitel VII. Zusammenarbeit der Zentralen Behörden (nicht kommentiert)

### Kapitel VIII. Öffentliche Aufgaben wahrnehmende Einrichtungen



### Kapitel IX. Allgemeine Bestimmungen und Schlussbestimmungen (nicht kommentiert)

### cc) Art. 18 EGBGB



## c) Internationales Kindschaftsrecht: Art. 19–23 EGBGB

## 4. Internationales Erbrecht

### a) EuErbVO

### Verordnung (EU) Nr. 650/2012 des Europäischen Parlaments und des Rates vom 4. Juli 2012 über die Zuständigkeit, das anzuwendende Recht, die Anerkennung und Vollstreckung von Entscheidungen und die Annahme und Vollstreckung öffentlicher Urkunden in Erbsachen sowie zur Einführung eines Europäischen Nachlasszeugnisses

#### Kapitel I. Anwendungsbereich und Begriffsbestimmungen



#### Kapitel II. Zuständigkeit (nicht abgedruckt)

#### Kapitel III. Anzuwendendes Recht



### b) Art. 25, 26 EGBGB



### a) Rom I-VO

### Verordnung (EG) Nr. 593/2008 des Europäischen Parlaments und des Rates vom 17. Juni 2008 über das auf vertragliche Schuldverhältnisse anzuwendende Recht (Rom I)

#### Kapitel I. Anwendungsbereich



#### Kapitel II. Einheitliche Kollisionsnormen



#### Kapitel III. Sonstige Vorschriften

# Verzeichnis der Abkürzungen und der abgekürzt zitierten Literatur

Zeitschriften werden, soweit nicht anders angegeben, nach Jahrgang und Seite zitiert.

| | |
|---|---|
| aA | anderer Ansicht |
| ABl. | Amtsblatt |
| abl. | ablehnend |
| Abs. | Absatz |
| Abschn. | Abschnitt |
| Abt. | Abteilung |
| abw. | abweichend |
| AcP | Archiv für die civilistische Praxis (Zeitschrift; zitiert nach Band und Seite; in Klammern Erscheinungsjahr des jeweiligen Bandes) |
| ADHGB | Allgemeines Deutsches Handelsgesetzbuch von 1861 |
| aE | am Ende |
| AEUV | Vertrag über die Arbeitsweise der Europäischen Union idF der Bek. v. 9.5.2008 (ABl. C 115, 47) |
| aF | alte Fassung |
| AfP | Archiv für Presserecht (Zeitschrift) |
| AG | Aktiengesellschaft; Die Aktiengesellschaft (Zeitschrift); Amtsgericht (mit Ortsnamen) |
| AGB | Allgemeine Geschäftsbedingungen |
| AGBGB | Ausführungsgesetz zum BGB (Landesrecht) |
| AGG | Allgemeines Gleichbehandlungsgesetz v. 14.8.2006 (BGBl. I 1897) |
| AGV | außerhalb von Geschäftsräumen geschlossene Verträge |
| AK-BGB/Bearbeiter | Alternativkommentar zum Bürgerlichen Gesetzbuch, hrsg. von Wassermann, 1979 ff. |
| AkDR | Akademie für Deutsches Recht |
| AktG | Aktiengesetz v. 6.9.1965 (BGBl. I 1089) |
| AL | Ad Legendum (Zeitschrift) |
| allgM | allgemeine Meinung |
| Alt. | Alternative |
| Amtl. Begr. | Amtliche Begründung |
| Anh. | Anhang |
| Anm. | Anmerkung |
| AnwBl. | Anwaltsblatt (Zeitschrift) |
| AP | Arbeitsrechtliche Praxis, Nachschlagewerk des Bundesarbeitsgerichts (Nr. ohne Gesetzesangabe bezieht sich auf den gerade kommentierten Paragraphen) |
| ArbG | Arbeitsgericht (mit Ortsnamen) |
| ArbGG | Arbeitsgerichtsgesetz idF der Bekanntmachung v. 2.7.1979 (BGBl. I 853; berichtigt) |
| ArbR | Arbeitsrecht |
| Arch. | Archiv |
| ArchBürgR | Archiv für Bürgerliches Recht (Zeitschrift) |
| ArchRWPhil | Archiv für Rechts- und Wirtschaftsphilosophie (Zeitschrift) |
| ArchSozWiss | Archiv für Sozialwissenschaft und Sozialpolitik (Zeitschrift) |
| arg. | argumentum |
| Art. | Artikel |
| AT | Allgemeiner Teil |
| AufenthG | Gesetz über den Aufenthalt, die Erwerbstätigkeit und die Integration von Ausländern im Bundesgebiet (Aufenthaltsgesetz) v. 25.2.2008 (BGBl. I 162) |
| Aufl. | Auflage |
| AÜG | Gesetz zur Regelung der Arbeitnehmerüberlassung (Arbeitnehmerüberlassungsgesetz) idF der Bek. v. 3.2.1995 (BGBl. I 158) |
| ausf. | ausführlich |
| AVB | Allgemeine Versicherungsbedingungen; Allgemeine Vertragsbestimmungen |
| AVO | Ausführungsverordnung |
| AWG | Außenwirtschaftsgesetz idF der Bek. v. 27.5.2009 (BGBl. I 1150) |
| Az. | Aktenzeichen |
| BadNotZ | Badische Notar-Zeitschrift |
| BadRpr. | Badische Rechtspraxis |

## Verzeichnis der Abkürzungen und der abgekürzt zitierten Literatur

| | |
|---|---|
| BAG | Bundesarbeitsgericht |
| BAGE | Entscheidungen des Bundesarbeitsgerichts |
| BankR | Bankrecht |
| BankR-HdB/Bearbeiter | Ellenberger/Bunte (Hrsg.), Bankrechts-Handbuch, 6. Aufl. 2022 |
| BAnz. | Bundesanzeiger |
| von Bar/Mankowski IPR I, II | von Bar/Mankowski, Internationales Privatrecht, Bd. 1: Allgemeine Lehren, 2. Aufl. 2003, Bd. 2: Besonderer Teil, 2. Aufl. 2019 |
| Bärmann/Bearbeiter | Bärmann, Wohnungseigentum, Kommentar, 14. Aufl. 2018 |
| Bärmann/Pick | Bärmann/Pick, Wohnungseigentum, Kommentar, 20. Aufl. 2020 |
| BauFordSiG | Gesetz über die Sicherung der Bauforderungen (Bauforderungssicherungsgesetz) v. 1.6.1909 (RGBl. I 449) |
| BauGB | Baugesetzbuch idF der Bek. v. 23.9.2004 (BGBl. I 2414) |
| Baumbach/Hefermehl/Casper | Baumbach/Hefermehl/Casper, Wechselgesetz und Scheckgesetz, Kommentar, 24. Aufl. 2020 |
| Bearbeiter in Baumgärtel/Laumen/Prütting Beweislast-HdB I–IX | Baumgärtel/Laumen/Prütting, Handbuch der Beweislast im Privatrecht, 4. Aufl. 2018 |
| Baur/Stürner SachenR | Baur/Stürner, Sachenrecht, 18. Aufl. 2009 |
| BauSparkG | Gesetz über Bausparkassen (Bausparkassengesetz) idF der Bek. v. 15.2.1991 (BGBl. I 454) |
| BayBS | Bereinigte Sammlung des bayerischen Landesrechts |
| BayJMBl. | Bayerisches Justizministerialblatt |
| BayObLG | Bayerisches Oberstes Landesgericht |
| BayObLGZ | Amtliche Sammlung von Entscheidungen des Bayerischen Obersten Landesgerichts in Zivilsachen |
| BayVerfG | Bayerischer Verfassungsgerichtshof |
| BayVerfGE | Sammlung von Entscheidungen des Bayerischen Verfassungsgerichtshofes |
| BB | Betriebs-Berater (Zeitschrift) |
| BBergG | Bundesberggesetz v. 13.8.1980 (BGBl. I 1310) |
| Bd. | Band |
| BDSG | Bundesdatenschutzgesetz v. 30.6.2017 (BGBl. I 2097) |
| BeckOGK/Bearbeiter | Beck'scher Online Großkommentar, hrsg. von Gsell/Krüger/Lorenz/Reymann, Stand: 2022 |
| BeckRS | Rechtsprechungssammlung in Beck-Online (Jahr und Nummer) |
| Begr. | Begründung |
| begr. | begründet |
| Bek. | Bekanntmachung |
| Bem. | Bemerkung |
| Bengel/Reimann TV-HdB | Bengel/Reimann, Handbuch der Testamentsvollstreckung, 7. Aufl. 2020 |
| bespr. | besprochen |
| bestr. | bestritten |
| betr. | betreffend |
| BetrVG | Betriebsverfassungsgesetz idF der Bek. v. 25.9.2001 (BGBl. I 2518) |
| BeurkG | Beurkundungsgesetz v. 28.8.1969 (BGBl. I 1513) |
| BezG | Bezirksgericht |
| BFH | Bundesfinanzhof |
| BFHE | Sammlung der Entscheidungen und Gutachten des Bundesfinanzhofs |
| BFM | Bundesfinanzministerium |
| BGB | Bürgerliches Gesetzbuch idF der Bek. v. 2.1.2002 (BGBl. I 42; berichtigt) |
| BGBl. I, II, III | Bundesgesetzblatt Teil I, Teil II, Teil III |
| BGH | Bundesgerichtshof |
| BGHR | Rechtsprechung des Bundesgerichtshofs (Band und Seite) |
| BGHWarn. | Rechtsprechung des Bundesgerichtshofs in Zivilsachen – in der Amtlichen Sammlung nicht enthaltene Entscheidungen (als Fortsetzung von WarnR) |
| BGHZ | Entscheidungen des Bundesgerichtshofs in Zivilsachen |
| BKR | Bank- und Kapitalmarktrecht (Zeitschrift) |
| Bl. | Blatt |
| Blank/Börstinghaus/Bearbeiter | Blank/Börstinghaus, Miete, Kommentar, 6. Aufl. 2020 |
| Bln | Berlin(er) |

## Verzeichnis der Abkürzungen und der abgekürzt zitierten Literatur

BMJ(V) .............................. Bundesminister(ium) der Justiz (und für Verbraucherschutz)
BNotO .............................. Bundesnotarordnung idF der Bek. v. 24.2.1961 (BGBl. I 97)
BörsG .............................. Börsengesetz idF der Bek. v. 16.7.2007 (BGBl. I 1330)
BR .............................. Bundesrat
BRAO .............................. Bundesrechtsanwaltsordnung v. 1.8.1959 (BGBl. I 565)
BR-Drs. .............................. Drucksache des Deutschen Bundesrates
BReg. .............................. Bundesregierung
BR-Prot. .............................. Protokoll des Deutschen Bundesrates
Brox/Walker ErbR .............. Brox/Walker, Erbrecht, 29. Aufl. 2021
Brüssel Ia-VO .................. Verordnung (EU) Nr. 1215/2012 des Europäischen Parlaments und des Rates v. 12.12.2012 über die gerichtliche Zuständigkeit und die Anerkennung und Vollstreckung von Entscheidungen in Zivil- und Handelssachen (ABl. L 351, 1)
Brüssel IIb-VO ................. Verordnung (EU) 2019/1111 des Rates vom 25.6.2019 über die Zuständigkeit, die Anerkennung und Vollstreckung von Entscheidungen in Ehesachen und in Verfahren betreffend die elterliche Verantwortung und über internationale Kindesentführungen (ABl. L 178, 1; berichtigt)
BSG .............................. Bundessozialgericht
BSGE .............................. Entscheidungen des Bundessozialgerichts
BT .............................. Besonderer Teil
BT-Drs. .............................. Drucksache des Deutschen Bundestages
BT-Prot. .............................. Protokoll des Deutschen Bundestages
BuB .............................. Hellner/Steuer (Hrsg.), Bankrecht und Bankpraxis, Loseblatt, Stand 134. EL, 2018
Bumiller/Harders/Schwamb/
Bearbeiter .............................. Bumiller/Harders/Schwamb, Freiwillige Gerichtsbarkeit FamFG, Kommentar, 12. Aufl. 2019
Bunte .............................. Bunte, Entscheidungssammlung zum AGB-Gesetz
Burandt/Rojahn/Bearbeiter ... Burandt/Rojahn, Erbrecht, Kommentar, 4. Aufl. 2022
BVerfG .............................. Bundesverfassungsgericht
BVerfGE .............................. Entscheidungen des Bundesverfassungsgerichts
BVerwG .............................. Bundesverwaltungsgericht
BVerwGE .............................. Entscheidungen des Bundesverwaltungsgerichts
BWNotZ .............................. Mitteilungen aus der Praxis, Zeitschrift für das Notariat in Baden-Württemberg (früher WürttNotV)
bzw. .............................. beziehungsweise
c.i.c. .............................. culpa in contrahendo
ca. .............................. circa
CISG .............................. Convention on Contracts for the International Sale of Goods – (Wiener) Übereinkommen der Vereinten Nationen über Verträge über den internationalen Warenkauf v. 11.4.1980 (BGBl. 1989 II 586; BGBl. 1990 II 1477)
CMLRev .............................. Common Market Law Review
CR .............................. Computer und Recht
CuR .............................. Contracting und Recht (Zeitschrift)
Damrau/Tanck/Bearbeiter ..... Damrau/Tanck, Praxiskommentar Erbrecht, 4. Aufl. 2020
DB .............................. Der Betrieb (Zeitschrift)
DDR .............................. Deutsche Demokratische Republik
Denkschrift .............................. Denkschrift des Reichsjustizamts zum Entwurf eines Bürgerlichen Gesetzbuchs, 1896
DesignG .............................. Gesetz über den rechtlichen Schutz von Design (Designgesetz) v. 24.2.2014 (BGBl. I 122)
DFGT .............................. Deutscher Familiengerichtstag
DGVZ .............................. Deutsche Gerichtsvollzieher-Zeitung
dh .............................. das heißt
diff. .............................. differenzierend
Dig. .............................. Digesten
Digitale-Inhalte-RL ............. Richtlinie (EU) 2019/770 des Europäischen Parlaments und des Rates v. 20.5.2019 über bestimmte vertragsrechtliche Aspekte der Bereitstellung digitaler Inhalte und digitaler Dienstleistungen (ABl. L 136, 1; berichtigt)
DiskE .............................. Diskussionsentwurf
Diss. .............................. Dissertation (Universitätsort)
DJ .............................. Deutsche Justiz (Zeitschrift)
DJT .............................. Deutscher Juristentag
DJZ .............................. Deutsche Juristenzeitung (Zeitschrift)

DNotZ ............ Deutsche Notar-Zeitung (Zeitschrift)
DogmJ ............ Jahrbücher für die Dogmatik des heutigen römischen und deutschen Privatrechts
Dok. ............ Dokument
DR ............ Deutsches Recht (Zeitschrift)
DRiG ............ Deutsches Richtergesetz idF der Bek. v. 19.4.1972 (BGBl. I 713)
DRiZ ............ Deutsche Richterzeitung (Zeitschrift)
DRspr. ............ Deutsche Rechtsprechung, Entscheidungssammlung und Aufsatzhinweise
DRWiss. ............ Deutsche Rechtswissenschaft (Zeitschrift, 1.1936–8.1943)
DRZ ............ Deutsche Rechts-Zeitschrift
DS ............ Der Sachverständige (Zeitschrift)
DS-GVO ............ Verordnung (EU) 2016/679 des Europäischen Parlaments und des Rates v. 27.4.2016 zum Schutz natürlicher Personen bei der Verarbeitung personenbezogener Daten, zum freien Datenverkehr und zur Aufhebung der Richtlinie 95/46/EG (Datenschutzgrundverordnung) (ABl. L 119, 1)
DStR ............ Deutsches Steuerrecht (Zeitschrift)
DStRE ............ Deutsches Steuerrecht – Entscheidungen (Zeitschrift)
DtZ ............ Deutsch-Deutsche Rechts-Zeitschrift
DuR ............ Demokratie und Recht (Zeitschrift)
Dutta/Herrler ............ Dutta/Herrler, Die Europäische Erbrechtsverordnung, 2014
Dutta/Jacoby/Schwab/Bearbeiter ............ Dutta/Jacoby/Schwab, FamFG, Kommentar, 4. Aufl. 2021
Dutta/Weber/Bearbeiter ............ Dutta/Weber, Internationales Erbrecht, Kommentar, 2. Aufl. 2021
DVBl. ............ Deutsches Verwaltungsblatt (Zeitschrift)
DVO ............ Durchführungsverordnung
DZWIR ............ Deutsche Zeitschrift für Wirtschafts- und Insolvenzrecht (Zeitschrift)
E ............ Entwurf
Ebenroth ErbR ............ Ebenroth, Erbrecht, 1992
EBJS/Bearbeiter ............ Ebenroth/Boujong/Joost/Strohn, Handelsgesetzbuch, Kommentar, 4. Aufl. 2020
E-Commerce-RL ............ Richtlinie 2000/31/EG des Europäischen Parlaments und des Rates v. 8.6.2000 über bestimmte rechtliche Aspekte der Dienste der Informationsgesellschaft, insbesondere des elektronischen Geschäftsverkehrs, im Binnenmarkt („Richtlinie über den elektronischen Geschäftsverkehr") (ABl. L 178, 1)
EFG ............ Entscheidungen der Finanzgerichte
EG ............ Einführungsgesetz; Europäische Gemeinschaft (jetzt: Europäische Union)
EGBGB ............ Einführungsgesetz zum Bürgerlichen Gesetzbuche idF der Bek. v. 21.9.1994 (BGBl. I 2494; berichtigt)
EGMR ............ Europäischer Gerichtshof für Menschenrechte
EGV ............ Vertrag zur Gründung der Europäischen Gemeinschaften (EG-Vertrag) idF v. 2.10.1997 (ABl. C 340, 1) – siehe jetzt AEUV
Einf. ............ Einführung
einhM ............ einhellige Meinung
Einl. ............ Einleitung
einschr. ............ einschränkend
EJRR ............ European Journal of Risk Regulation
EKMR ............ Europäische Kommission für Menschenrechte
ELJ ............ European Law Journal
ELR ............ European Law Review
EMRK ............ Konvention zum Schutz der Menschenrechte und Grundfreiheiten idF der Bek. v. 22.10.2010 (BGBl. II 1198)
Enneccerus/Lehmann SchuldR ............ Enneccerus/Lehmann, Lehrbuch des Bürgerlichen Rechts, II. Bd. Recht der Schuldverhältnisse, 15. Aufl. 1958
Enneccerus/Nipperdey BGB AT I ............ Enneccerus/Nipperdey, Allgemeiner Teil des Bürgerlichen Rechts, Band 1/1. Halbband, 1959
Enneccerus/Nipperdey BGB AT II ............ Enneccerus/Nipperdey, Allgemeiner Teil des Bürgerlichen Rechts, Band 1/2. Halbband, 1960
Enneccerus/Kipp/Wolff ErbR ............ Enneccerus/Kipp/Wolff, Lehrbuch des Bürgerlichen Rechts, Band 5, 13. Aufl. 1978

| | |
|---|---|
| Entsch. | Entscheidung |
| entspr. | entsprechend |
| ErbbauRG | Gesetz über das Erbbaurecht (Erbbaurechtsgesetz – früher ErbbauVO) v. 15.1.1919 (RGBl. 72; berichtigt) |
| ErbR | Erbrecht |
| ERCL | European Review of Contract Law (Zeitschrift) |
| ErfK/Bearbeiter | Müller-Glöge/Preis/Schmidt (Hrsg.), Erfurter Kommentar zum Arbeitsrecht, 22. Aufl. 2022 |
| Erg. | Ergänzung |
| Erl. | Erlass; Erläuterung |
| Erman/Bearbeiter | Grunewald/Maier-Reimer/Westermann (Hrsg.), Handkommentar zum Bürgerlichen Gesetzbuch, 16. Aufl. 2020 |
| ERPL | European Review of Private Law (Europäische Zeitschrift für Privatrecht) |
| ESchG | Gesetz zum Schutz von Embryonen (Embryonenschutzgesetz) idF der Bek. v. 13.12.1990 (BGBl. I 2746) |
| Esser/Schmidt SchuldR AT I, SchuldR AT II | Esser/Schmidt, Schuldrecht, Bd. I: Allgemeiner Teil, Teilband 1, 8. Aufl. 1995; Teilband 2, 8. Aufl. 2000 |
| Esser/Weyers SchuldR BT I, SchuldR BT II | Esser/Weyers, Schuldrecht, Bd. II: Besonderer Teil, Teilband 1, 8. Aufl. 1998; Teilband 2, 8. Aufl. 2000 |
| etc | et cetera |
| EU | Europäische Union |
| EuErbVO | Verordnung (EU) Nr. 650/2012 des Europäischen Parlaments und des Rates vom 4.7.2012 über die Zuständigkeit, das anzuwendende Recht, die Anerkennung und Vollstreckung von Entscheidungen und die Annahme und Vollstreckung öffentlicher Urkunden in Erbsachen sowie zur Einführung eines Europäischen Nachlasszeugnisses (ABl. L 201, 107; berichtigt) |
| EuG | Europäisches Gericht Erster Instanz |
| EuGH | Gerichtshof der Europäischen Union |
| EuGüVO | Verordnung (EU) 2016/1103 des Rates vom 24.6.2016 zur Durchführung einer Verstärkten Zusammenarbeit im Bereich der Zuständigkeit, des anzuwendenden Rechts und der Anerkennung und Vollstreckung von Entscheidungen in Fragen des ehelichen Güterstands (ABl. L 183, 1; berichtigt) |
| EuPartVO | Verordnung (EU) 2016/1104 des Rates vom 24.6.2016 zur Durchführung der Verstärkten Zusammenarbeit im Bereich der Zuständigkeit, des anzuwendenden Rechts und der Anerkennung und Vollstreckung von Entscheidungen in Fragen güterrechtlicher Wirkungen eingetragener Partnerschaften (ABl. L 183, 30; berichtigt) |
| EuR | Europarecht (Zeitschrift) |
| EuUnthVO | Verordnung (EG) Nr. 4/2009 des Rates vom 18.12.2008 über die Zuständigkeit, das anwendbare Recht, die Anerkennung und Vollstreckung von Entscheidungen und die Zusammenarbeit in Unterhaltssachen (ABl. L 7, 1; berichtigt) |
| EuZW | Europäische Zeitschrift für Wirtschaftsrecht |
| EVertr | Vertrag zwischen der Bundesrepublik Deutschland und der Deutschen Demokratischen Republik über die Herstellung der Einheit Deutschlands (Einigungsvertrag) v. 31.8.1990 (BGBl. I 889) |
| evtl. | eventuell |
| EVÜ | (Europäisches) Übereinkommen über das auf vertragliche Schuldverhältnisse anzuwendende Recht v. 19.6.1980 (BGBl. 1986 II 809; ABl. L 226, 1) |
| EWGV | Vertrag zur Gründung der Europäischen Wirtschaftsgemeinschaft v. 25.3.1957 (BGBl. I 766) |
| EWiR | Entscheidungen zum Wirtschaftsrecht (Zeitschrift) |
| f., ff. | folgend(e) |
| FA-Komm ErbR/Bearbeiter | Frieser, Fachanwaltskommentar Erbrecht, 4. Aufl. 2012 |
| FamFG | Gesetz über das Verfahren in Familiensachen und in den Angelegenheiten der freiwilligen Gerichtsbarkeit v. 17.12.2008 (BGBl. I 2586) |
| FamFR | Familienrecht und Familienverfahrensrecht (Zeitschrift) |
| FamG | Familiengericht |
| FamR | Familienrecht |

| | |
|---|---|
| FamRZ | Ehe und Familie im privaten und öffentlichen Recht, Zeitschrift für das gesamte Familienrecht |
| FD-SWVR | Fachdienst Straßenverkehrsrecht (Zeitschrift) |
| FD-VersR | Fachdienst Versicherungsrecht (Zeitschrift) |
| Ferid/Firsching/Hausmann | Ferid/Firsching/Hausmann, Internationales Erbrecht, 122 EL 2022 |
| Ferrari IntVertrR/Bearbeiter | Ferrari/Kieninger/Mankowski/Otte/Saenger/Schulze/Staudinger, Internationales Vertragsrecht, Kommentar, 3. Aufl. 2018 |
| FG | Festgabe |
| FGPrax | Praxis der Freiwilligen Gerichtsbarkeit (Zeitschrift) |
| Fikentscher/Heinemann SchuldR | Fikentscher/Heinemann, Schuldrecht, 12. Aufl. 2022 |
| Finanzdienstleistungs-Fernabsatz-RL | Richtlinie 2002/65/EG des Europäischen Parlaments und des Rates v. 23.9.2002 über den Fernabsatz von Finanzdienstleistungen an Verbraucher und zur Änderung der Richtlinie 90/619/EWG des Rates und der Richtlinien 97/7/EG und 98/27/EG (ABl. L 271, 16) |
| Flume BGB AT I 1, AT I 2 | Flume, Allgemeiner Teil des Bürgerlichen Rechts, 1. Band, 1. Teil: Die Personengesellschaft, 1977; 1. Band, 2. Teil: Die juristische Person, 1983 |
| Flume BGB AT II | Flume, Allgemeiner Teil des Bürgerlichen Rechts, 2. Band: Das Rechtsgeschäft, 4. unveränderte Aufl. 1992 |
| Fn. | Fußnote |
| FNA | Fundstellennachweis A, Beilage zum Bundesgesetzblatt Teil I |
| FNB | Fundstellennachweis B, Beilage zum Bundesgesetzblatt Teil II |
| FPR | Familie Partnerschaft Recht (Zeitschrift) |
| Frank/Helms ErbR | Frank/Helms, Erbrecht, 7. Aufl. 2018 |
| FS | Festschrift |
| FuR | Familie und Recht (Zeitschrift) |
| GBl. | Gesetzblatt |
| GBO | Grundbuchordnung idF der Bek. v. 26.5.1994 (BGBl. I 1114) |
| GbR | Gesellschaft bürgerlichen Rechts |
| GD | Generaldirektion |
| GE | Grundeigentum (Zeitschrift) |
| Gebauer/Wiedmann/Bearbeiter | Gebauer/Wiedmann, Europäisches Zivilrecht, 3. Aufl. 2021 |
| Geimer/Schütze EurZivilVerfR | Geimer/Schütze, Europäisches Zivilverfahrensrecht, 4. Aufl. 2020 |
| Geimer/Schütze Int. Rechtsverkehr | Geimer/Schütze/Hau, Internationaler Rechtsverkehr in Zivil- und Handelssachen, 63. EL 2021 |
| Geimer/Schütze/Döbereiner | Geimer/Schütze/Döbereiner, Europäische Erbrechtsverordnung (EuErbVO). Internationales Erbrechtsverfahrensgesetz (IntErbRVG), 2016 |
| GemSOBG | Gemeinsamer Senat der obersten Bundesgerichte |
| GenDG | Gesetz über genetische Untersuchungen bei Menschen (Gendiagnostikgesetz) v. 31.7.2009 (BGBl. I 2529; berichtigt) |
| GenG | Gesetz betreffend die Erwerbs- und Wirtschaftsgenossenschaften (Genossenschaftsgesetz) idF der Bek. v. 16.10.2006 (BGBl. I 2230) |
| Gernhuber Erfüllung | Gernhuber, Die Erfüllung und ihre Surrogate, Handbuch des Schuldrechts, Bd. 3, 2. Aufl. 1994 |
| Gernhuber Schuldverhältnis | Gernhuber, Das Schuldverhältnis, Handbuch des Schuldrechts, Bd. 8, 1989 |
| GesR | Gesellschaftsrecht |
| GewO | Gewerbeordnung idF der Bek. v. 22.2.1999 (BGBl. I 202) |
| GG | Grundgesetz für die Bundesrepublik Deutschland v. 23.5.1949 (BGBl. S. 1) |
| ggf. | gegebenenfalls |
| v. Gierke PrivatR I–III | v. Gierke, Deutsches Privatrecht, Band I 1895, Band II 1905, Band III 1917 |
| GKG | Gerichtskostengesetz idF der Bek. v. 5.5.2004 (BGBl. I 718) |
| GmbH | Gesellschaft mit beschränkter Haftung |
| GmbHG | Gesetz betreffend die Gesellschaften mit beschränkter Haftung idF der Bek. v. 20.5.1898 (RGBl. 846) |
| GmbHR | GmbH-Rundschau (Zeitschrift) |
| GMBl. | Gemeinsames Ministerialblatt |
| GmS-OGB | Gemeinsamer Senat der obersten Gerichte des Bundes |

GNotKG ............................ Gesetz über Kosten der freiwilligen Gerichtsbarkeit für Gerichte und Notare (Gerichts- und Notarkostengesetz) v. 23.7.2013 (BGBl. I 2586)
GoA ................................. Geschäftsführung ohne Auftrag
GPR ................................. Zeitschrift für Gemeinschaftsprivatrecht
GRCh ............................... Charta der Grundrechte der Europäischen Union v. 12.12.2007 (ABl. C 303, 1)
grdl. ................................. grundlegend
grds. ................................. grundsätzlich
Gruchot ............................. Beiträge zur Erläuterung des (bis 15.1871: Preußischen) Deutschen Rechts, begr. von Gruchot (1.1857–73.1933)
Grunewald BürgerlR ........... Grunewald, Bürgerliches Recht, begr. von Gernhuber, 9. Aufl. 2014
GrünhutsZ ......................... Zeitschrift für das Privat- und öffentliche Recht der Gegenwart, begr. von Grünhut
GRUR ............................... Gewerblicher Rechtsschutz und Urheberrecht (Zeitschrift)
Grüneberg/Bearbeiter .......... Grüneberg, Bürgerliches Gesetzbuch, Kommentar, 81. Aufl. 2022
GS ................................... Gedenkschrift; Großer Senat
GSZ ................................. Großer Senat in Zivilsachen
GVBl. ............................... Gesetz- und Verordnungsblatt
GVG ................................. Gerichtsverfassungsgesetz idF der Bek. v. 9.5.1975 (BGBl. I 1077)
GWB ................................. Gesetz gegen Wettbewerbsbeschränkungen idF der Bek. v. 26.6.2013 (BGBl. I 1750; berichtigt)
GwG ................................. Gesetz über das Aufspüren von Gewinnen aus schweren Straftaten (Geldwäschegesetz) v. 23.6.2017 (BGBl. I 1822)
GWR ................................. Gesellschafts- und Wirtschaftsrecht (Zeitschrift)
Halbbd. ............................. Halbband
HandelsR ........................... Handelsrecht
Harke SchuldR AT ............. Harke, Allgemeines Schuldrecht, 2010
Hausmann/Hohloch ErbR-HdB ................................. Hausmann/Hohloch, Handbuch des Erbrechts, 2. Aufl. 2010
HdB ................................. Handbuch
Heck SachenR .................... Heck, Grundriß des Sachenrechts, Nachdruck der Ausgabe von 1930, 1960
Heck SchuldR .................... Heck, Grundriß des Schuldrechts, Nachdruck der Ausgabe von 1929, 1974
HeizkostenV ....................... Verordnung über die verbrauchsabhängige Abrechnung der Heiz- und Warmwasserkosten (Verordnung über Heizkostenabrechnung) idF der Bek v. 5.10.2009 (BGBl. I 3250)
HessRspr. .......................... Hessische Rechtsprechung
HEZ ................................. Höchstrichterliche Entscheidungen (Entscheidungssammlung)
HFR ................................. Höchstrichterliche Finanzrechtsprechung
HGB ................................. Handelsgesetzbuch v. 10.5.1897 (RGBl. 219)
hins. ................................. hinsichtlich
HintG ............................... Hinterlegungsgesetz (Landesrecht)
HK-BGB/Bearbeiter ........... Schulze/Dörner/Ebert/Hoeren/Kemper/Saenger/Scheuch/Schreiber/Schulte-Nölke/Staudinger/Wiese, Bürgerliches Gesetzbuch (BGB), Handkommentar, 11. Aufl. 2022
HK-PflichtteilsR/Bearbeiter .. Dauner-Lieb/Grziwotz, Pflichtteilsrecht, Handkommentar, 2. Aufl. 2016
HKK/Bearbeiter ................. Schmoekel/Rückert/Zimmermann (Hrsg.), Historisch-kritischer Kommentar zum BGB, Band 1: Allgemeiner Teil, 2003; Band 2: Schuldrecht AT in 2 Teilbänden, 2007; Band 3: Schuldrecht BT, 2013
hL ................................... herrschende Lehre
hM .................................. herrschende Meinung
HöfeO ............................... Höfeordnung idF der Bek. v. 26.7.1976 (BGBl. I 1933)
v. Hoffmann/Thorn IPR ...... v. Hoffmann/Thorn, Internationales Privatrecht, 9. Aufl. 2007
Hopt/Bearbeiter ................. Hopt, Handelsgesetzbuch, Kommentar, 41. Aufl. 2022
HPflG ............................... Haftpflichtgesetz idF der Bek. v. 4.1.1978 (BGBl. I 145)
HRR ................................. Höchstrichterliche Rechtsprechung (Zeitschrift)
Hrsg.; hrsg. ....................... Herausgeber; herausgegeben
Hs. ................................... Halbsatz
HUP ................................. (Haager) Protokoll über das auf Unterhaltspflichten anzuwendende Recht v. 23.11.2007 (ABl. L 331, 19)
HWB ................................ Handwörterbuch
idF .................................. in der Fassung

| | |
|---|---|
| idR | in der Regel |
| idS | in diesem Sinne |
| iE | im Einzelnen |
| iErg | im Ergebnis |
| ieS | im engeren Sinne |
| IfSG | Gesetz zur Verhütung und Bekämpfung von Infektionskrankheiten beim Menschen (Infektionsschutzgesetz) v. 20.7.2000 (BGBl. I 1045) |
| IHK | Industrie- und Handelskammer |
| insbes. | insbesondere |
| InsO | Insolvenzordnung v. 5.10.1994 (BGBl. I 2866) |
| IntErbRVG | Internationales Erbrechtsverfahrensgesetz v. 29.6.2015 (BGBl. I 1042) |
| IntFamRVG | Gesetz zur Aus- und Durchführung bestimmter Rechtsinstrumente auf dem Gebiet des internationalen Familienrechts (Internationales Familienrechtsverfahrensgesetz) v. 26.1.2005 (BGBl. I 162) |
| IPR | Internationales Privatrecht |
| IPRax | Praxis des internationalen Privat- und Verfahrensrechts (Zeitschrift, 1.1981 ff.) |
| iSd | im Sinne des, im Sinne der |
| iSv | im Sinne von |
| iVm | in Verbindung mit |
| iwS | im weiteren Sinne |
| JA | Juristische Arbeitsblätter (Zeitschrift) |
| Jacoby/v. Hinden/Bearbeiter | Jacoby/v. Hinden, Studienkommentar zum BGB, begr. von Kropholler, 17. Aufl. 2020 |
| JArbSchG | Gesetz zum Schutze der arbeitenden Jugend (Jugendarbeitsschutzgesetz) v. 12.4.1976 (BGBl. I 965) |
| Jauernig/Bearbeiter | Jauernig, Bürgerliches Gesetzbuch, Kommentar, 18. Aufl. 2021 |
| Jb. | Jahrbuch |
| JbJZivRWiss | Jahrbuch Junger Zivilrechtswissenschaftler |
| JBl. | Juristische Blätter (österreichische Zeitschrift) |
| JBlSaar | Justizblatt des Saarlandes |
| JCP | Journal of Consumer Policy |
| JFG | Jahrbuch für Entscheidungen in Angelegenheiten der freiwilligen Gerichtsbarkeit und des Grundbuchrechts (1.1924–23.1943) |
| Jg. | Jahrgang |
| JherJb | Jherings Jahrbücher für die Dogmatik des bürgerlichen Rechts (Zeitschrift, Band und Seite) |
| JIPITEC | Journal of Intellectual Property, Information Technology and Electronic Commerce |
| JMBl. | Justizministerialblatt |
| Joussen SchuldR AT | Joussen, Schuldrecht I – Allgemeiner Teil, 6. Aufl. 2021 |
| JR | Juristische Rundschau (Zeitschrift) |
| Junker IPR | Junker, Internationales Privatrecht, 4. Aufl. 2021 |
| Jura | Juristische Ausbildung (Zeitschrift) |
| JurA | Juristische Analysen (Zeitschrift) |
| JurBüro | Das juristische Büro (Zeitschrift) |
| jurisPK-BGB/Bearbeiter | Herberger/Martinek/Rüßmann/Weth (Hrsg.), juris Praxiskommentar, 7. Aufl. 2014 |
| JurJb | Juristen-Jahrbuch |
| JuS | Juristische Schulung (Zeitschrift) |
| JuSchG | Jugendschutzgesetz v. 23.7.2002 (BGBl. I 2730) |
| Justiz | Die Justiz (Zeitschrift) |
| JW | Juristische Wochenschrift (Zeitschrift) |
| JZ | Juristenzeitung (Zeitschrift) |
| KAGB | Kapitalanlagegesetzbuch v. 4.7.2013 (BGBl. I 1981) |
| Kap. | Kapitel |
| Kegel/Schurig IPR | Kegel/Schurig, Internationales Privatrecht, 9. Aufl. 2014 |
| Keidel/Bearbeiter | Keidel, FamFG, Kommentar zum Gesetz über das Verfahren in Familiensachen und die Angelegenheiten der freiwilligen Gerichtsbarkeit, 20. Aufl. 2020 |
| Kfz. | Kraftfahrzeug |
| KG | Kammergericht; Kommanditgesellschaft |
| KGaA | Kommanditgesellschaft auf Aktien |
| KGSG | Gesetz zum Schutz von Kulturgut (Kulturgutschutzgesetz) v. 31.7.2016 (BGBl. I 1914) |

| | |
|---|---|
| Klausel-RL | Richtlinie 93/13/EWG des Rates v. 5.4.1993 über mißbräuchliche Klauseln in Verbraucherverträgen (ABl. L 95, 29) |
| Koch/Bearbeiter | Koch, Aktiengesetz: AktG, Kommentar, 16. Aufl. 2022 |
| Köhler/Bornkamm/ Feddersen/Bearbeiter | Köhler/Bornkamm/Feddersen, UWG, Kommentar, 40. Aufl. 2022 |
| Kom. end. | Kommission, endgültig |
| KommBer. | Reichstagskommission über den Entwurf eines Bürgerlichen Gesetzbuchs und Einführungsgesetzes |
| krit. | kritisch |
| KritJ | Kritische Justiz (Zeitschrift) |
| Krug ErbR | Krug, Erbrecht, 4. Aufl. 2009 |
| KrVjschr | Kritische Vierteljahresschrift für Gesetzgebung und Rechtswissenschaft |
| KSchG | Kündigungsschutzgesetz idF der Bek. v. 25.8.1969 (BGBl. I 1317) |
| KTS | Zeitschrift für Konkurs-, Treuhand- und Schiedsgerichtswesen |
| KunstUrhG | Gesetz betreffend das Urheberrecht an Werken der bildenden Künste und der Photographie v. 9.1.1907 (RGBl. 7) |
| KUR | Kunstrecht und Urheberrecht (Zeitschrift) |
| LAG | Landesarbeitsgericht (mit Ortsnamen); Gesetz über den Lastenausgleich (Lastenausgleichsgesetz) idF der Bek. v. 2.6.1993 (BGBl. I 845) |
| LAGE | Entscheidungssammlung der Landesarbeitsgerichte |
| Lange ErbR | Lange, Erbrecht, 3. Aufl. 2022 |
| Lange/Kuchinke ErbR | Lange/Kuchinke, Erbrecht, 5. Aufl. 2001 |
| Bearbeiter in Lange/Schiemann Schadensersatz | Lange/Schiemann, Schadensersatz, Handbuch des Schuldrechts, Band I, 3. Aufl. 2003 |
| Langenfeld/Fröhler Testamentsgestaltung | Langenfeld/Fröhler, Testamentsgestaltung, 5. Aufl. 2015 |
| Larenz Methodenlehre | Larenz, Methodenlehre der Rechtswissenschaft, 6. Aufl. 1991 |
| Larenz SchuldR AT | Larenz, Lehrbuch des Schuldrechts, Band I: Allgemeiner Teil, 14. Aufl. 1987 |
| Larenz SchuldR BT I | Larenz, Lehrbuch des Schuldrechts, Band II 1: Besonderer Teil/1. Halbband, 13. Aufl. 1986 |
| Larenz/Canaris SchuldR BT II | Larenz/Canaris, Lehrbuch des Schuldrechts, Bd. II/2, Besonderer Teil/2. Halbband, 13. Aufl. 1994 |
| Leipold ErbR | Leipold, Erbrecht, 22. Aufl. 2020 |
| LFGB | Lebensmittel-, Bedarfsgegenstände- und Futtermittelgesetzbuch idF der Bek. v. 24.7.2009 (BGBl. I 2205) |
| LG | Landgericht (mit Ortsnamen) |
| Lit. | Literatur |
| lit. | litera, Buchstabe |
| LKV | Landes- und Kommunalverwaltung (Zeitschrift) |
| LM | Lindenmaier/Möhring, Nachschlagewerk des Bundesgerichtshofs (Nr. ohne Gesetzesstelle bezieht sich auf den gerade kommentierten Paragraphen) |
| LMK | Lindenmaier/Möhring, Kommentierte BGH-Rechtsprechung (Zeitschrift) |
| Looschelders IPR | Looschelders, Internationales Privatrecht. Art. 3–46 EGBGB, 2013 |
| Looschelders SchuldR AT | Looschelders, Schuldrecht Allgemeiner Teil, 19. Aufl. 2021 |
| Looschelders SchuldR BT | Looschelders, Schuldrecht Besonderer Teil, 17. Aufl. 2022 |
| Löwe/Graf v. Westphalen/ Trinkner | Löwe/Graf v. Westphalen/Trinkner, Großkommentar zum AGB-Gesetz, 2. Aufl, Band 1 (1985), Band 2 (1983), Band 3 (1985) |
| LPartG | Gesetz zur Beendigung der Diskriminierung gleichgeschlechtlicher Gemeinschaften: Lebenspartnerschaften v. 16.2.2001 (BGBl. I 266) |
| Ls. | Leitsatz |
| LSG | Landessozialgericht (mit Ortsnamen) |
| LuftRG | Gesetz über Rechte an Luftfahrzeugen (LuftRG) v. 26.2.1959 (BGBl. I 57; berichtigt) |
| LuftVG | Luftverkehrsgesetz idF der Bek. v. 27.3.1999 (BGBl. I 550) |
| Lutter/Hommelhoff/ Bearbeiter | Lutter/Hommelhoff, GmbHG, Kommentar, 21. Aufl. 2022 |
| LZ | Leipziger Zeitschrift für Deutsches Recht |
| MaBV | Verordnung über die Pflichten der Makler, Darlehens- und Anlagenvermittler, Bauträger und Baubetreuer (Makler- und Bauträgerverordnung) idF der Bek. v. 7.11.1990 (BGBl. I 2479) |

| | |
|---|---|
| MAH | Münchener Anwaltshandbuch |
| mAnm | mit Anmerkung |
| MarkenG | Gesetz über den Schutz von Marken und sonstigen Kennzeichen (Markengesetz) v. 25.10.1994 (BGBl. I 3082; berichtigt) |
| Mayer/Süß/Tanck/Bittler PflichtteilsR-HdB | Mayer/Süß/Tanck/Bittler, Handbuch Pflichtteilrecht, 4. Aufl. 2018 |
| MBl. | Ministerialblatt |
| MDR | Monatsschrift für Deutsches Recht (Zeitschrift) |
| mE | meines Erachtens |
| Medicus/Lorenz SchuldR AT | Medicus/Lorenz, Schuldrecht I, Allgemeiner Teil, 22. Aufl. 2021 |
| Medicus/Lorenz SchuldR BT | Medicus/Lorenz, Schuldrecht II, Besonderer Teil, 18. Aufl. 2018 |
| Medicus/Petersen BGB AT | Medicus/Petersen, Allgemeiner Teil des BGB, 11. Aufl. 2016 |
| Medicus/Petersen BürgerlR | Medicus/Petersen, Bürgerliches Recht, 28. Aufl. 2021 |
| MedR | Medizinrecht (Zeitschrift, 1.1983 ff.) |
| MietRB | Der Miet-Rechtsberater (Zeitschrift) |
| MitbestG | Gesetz über die Mitbestimmung der Arbeitnehmer (Mitbestimmungsgesetz) v. 4.5.1976 (BGBl. I 1153) |
| Mitt. | Mitteilung(en) |
| MittBayNot | Mitteilungen des Bayerischen Notarvereins, der Notarkasse und der Landesnotarkammer |
| MittRhNotK | Mitteilungen der Rheinischen Notarkammer (jetzt: RNotZ = Rheinische Notar-Zeitschrift) |
| MMR | Multi-Media und Recht (Zeitschrift) |
| Mot. I–V | Motive zu dem Entwurf eines Bürgerlichen Gesetzbuches für das Deutsche Reich (Band I Allgemeiner Teil; Band II Recht der Schuldverhältnisse; Band III Sachenrecht; Band IV Familienrecht; Band V Erbrecht) |
| Mugdan | Die gesamten Materialien zum Bürgerlichen Gesetzbuch für das deutsche Reich, hrsg. von Mugdan, Band I–V, 1899 |
| MüKoAktG/Bearbeiter | Münchener Kommentar zum Aktiengesetz, hrsg. von Goette/Habersack, 5. Aufl. 2022 |
| MüKoBGB/Bearbeiter | Münchener Kommentar zum Bürgerlichen Gesetzbuch, hrsg. von Säcker/Rixecker/Limperg/Oetker, 9. Aufl. 2021 ff. |
| MüKoFamFG/Bearbeiter | Münchener Kommentar zum FamFG, hrsg. von Rauscher, 3. Aufl. 2018 f. |
| MüKoGmbHG/Bearbeiter | Münchener Kommentar zum GmbH-Gesetz, hrsg. von Fleischer/Goette, 4. Aufl. 2022 |
| MüKoHGB/Bearbeiter | Münchener Kommentar zum Handelsgesetzbuch, hrsg. von K. Schmidt, 5. Aufl. 2020 ff. |
| MüKoZPO/Bearbeiter | Münchener Kommentar zur Zivilprozessordnung, hrsg. von Krüger/Rauscher, 6. Aufl. 2020 ff. |
| Muscheler ErbR I, II | Muscheler, Erbrecht, 2010 |
| MuSchG | Gesetz zum Schutz von Müttern bei der Arbeit, in der Ausbildung und im Studium (Mutterschutzgesetz) v. 23.5.2017 (BGBl. I 1228) |
| mwN | mit weiteren Nachweisen |
| mzN | mit zahlreichen Nachweisen |
| NetzDG | Gesetz zur Verbesserung der Rechtsdurchsetzung in sozialen Netzwerken (Netzwerkdurchsetzungsgesetz) v. 1.9.2017 (BGBl. I 3352) |
| Neuner BGB AT | Neuner, Allgemeiner Teil des Bürgerlichen Rechts, 12. Aufl. 2020 |
| NF | Neue Folge |
| nF | neue Fassung |
| Nieder/Kössinger Testamentsgestaltung-HdB | Nieder/Kössinger, Handbuch der Testamentsgestaltung, 6. Aufl. 2020 |
| NJ | Neue Justiz (Zeitschrift) |
| NJOZ | Neue Juristische Online-Zeitschrift |
| NJW | Neue Juristische Wochenschrift (Zeitschrift) |
| NJW-FER | NJW-Entscheidungsdienst Familien- und Erbrecht (Zeitschrift, vereinigt mit FPR ab 2002) |
| NJW-MietR | NJW-Entscheidungsdienst Miet- und Wohnungsrecht (Zeitschrift) |
| NJW-RR | NJW-Rechtsprechungs-Report, Zivilrecht (Zeitschrift) |
| NJW-VHR | NJW-Entscheidungsdienst Versicherungs- und Haftungsrecht (Zeitschrift) |
| NK-BGB/Bearbeiter | Kroiß/Horn, Bürgerliches Gesetzbuch, NomosKommentar, Band 5: Erbrecht, 6. Aufl. 2022 |
| Noack/Servatius/Haas/Bearbeiter | Noack/Servatius/Haas, GmbHG, Kommentar, 22. Aufl. 2022 |

| | |
|---|---|
| npor | Zeitschrift für das Recht der Non Profit Organisationen |
| NRW | Nordrhein-Westfalen |
| NStZ | Neue Zeitschrift für Strafrecht |
| NStZ-RR | NStZ-Rechtsprechungs-Report Strafrecht (Zeitschrift) |
| NVersZ | Neue Zeitschrift für Versicherung und Recht |
| NVwZ | Neue Zeitschrift für Verwaltungsrecht |
| NVwZ-RR | Rechtsprechungs-Report Verwaltungsrecht (Zeitschrift) |
| NZA | Neue Zeitschrift für Arbeits- und Sozialrecht |
| NZA-RR | NZA-Rechtsprechungs-Report Arbeitsrecht |
| NZBau | Neue Zeitschrift für Baurecht und Vergaberecht |
| NZFam | Neue Zeitschrift für Familienrecht |
| NZG | Neue Zeitschrift für Gesellschaftsrecht |
| NZI | Neue Zeitschrift für Insolvenz und Sanierung |
| NZM | Neue Zeitschrift für Mietrecht |
| NZS | Neue Zeitschrift für Sozialrecht |
| NZV | Neue Zeitschrift für Verkehrsrecht |
| oÄ | oder Ähnliches |
| ÖBA | Österreichisches BankArchiv (Zeitschrift) |
| ObG | Obergericht |
| OECD | Organization of Economic Cooperation and Development |
| Oertmann | Oertmann, Kommentar zum Bürgerlichen Gesetzbuch und seinen Nebengesetzen, Bd. I Allgemeiner Teil, 3. Aufl. 1927, Bd. II Recht der Schuldverhältnisse, 5. Aufl. 1928/29, Bd. III Sachenrecht, 3. Aufl. 1914, Bd. IV Familienrecht, 1906, Bd. V Erbrecht, 2. Aufl. 1912 |
| Oetker/Bearbeiter | Oetker, Handelsgesetzbuch, Kommentar, 7. Aufl. 2021 |
| OGH | Oberster Gerichtshof (Österreich) |
| OHG | offene Handelsgesellschaft |
| ÖJZ | Österreichische Juristenzeitung (Zeitschrift) |
| OLDI | Online-Bereitstellung digitaler Inhalte |
| OLG | Oberlandesgericht |
| OLGR | OLG-Report |
| OLGZ | Rechtsprechung der Oberlandesgerichte in Zivilsachen, Amtliche Entscheidungssammlung |
| Olzen/Looschelders ErbR | Olzen/Looschelders, Erbrecht, 6. Aufl. 2020 |
| ORDO | ORDO, Jahrbuch für die Ordnung von Wirtschaft und Gesellschaft |
| OVG | Oberverwaltungsgericht |
| PachtkredG | Pachtkreditgesetz v. 5.8.1951 (BGBl. I 494) |
| PAngV | Preisangabenverordnung idF der Bek. v. 12.11.2021 (BGBl. I 4921) |
| ParteiG | Gesetz über die politischen Parteien (Parteiengesetz) idF der Bek. v. 31.1.1994 (BGBl. I 149) |
| PartG | Partnerschaftsgesellschaft |
| PartGG | Gesetz über Partnerschaftsgesellschaften Angehöriger Freier Berufe (Partnerschaftsgesellschaftsgesetz) v. 25.7.1994 (BGBl. I 1744) |
| Pauschalreise-RL | Richtlinie (EU) 2015/2302 des Europäischen Parlaments und des Rates v. 25.11.2015 über Pauschalreisen und verbundene Reiseleistungen, zur Änderung der Verordnung (EG) Nr. 2006/2004 und der Richtlinie 2011/83/EU des Europäischen Parlaments und des Rates sowie zur Aufhebung der Richtlinie 90/314/EWG des Rates (ABl. L 326, 1) |
| Pawlowski BGB AT | Pawlowski, Allgemeiner Teil des BGB, 7. Aufl. 2003 |
| PECL | Principles of European Contract Law, in Lando/Clive/Prüm/Zimmermann, Principles of European Contract Law, Part III, 2003, 205; deutsche Fassung in ZEuP 2003, 895; PECL aF: Principles of European Contract Law alter Fassung, abgedruckt in ZEuP 2001, 400 |
| PfandBG | Pfandbriefgesetz v. 22.5.2005 (BGBl. I 1373) |
| PflVG | Gesetz über die Pflichtversicherung für Kraftfahrzeughalter (Pflichtversicherungsgesetz) idF der Bek. v. 5.4.1965 (BGBl. I 213) |
| PHI | Produkthaftpflicht International (Zeitschrift) |
| PICC | UNIDROIT Principles of International Commercial Contracts idF von 2010 mit Änderungen von Mai 2016, www.unidroit.org |
| Planck/Bearbeiter | Plancks Kommentar zum BGB nebst Einführungsgesetz, 5 Bände, Band 4/2, 6: 3. Aufl. 1905/1906; Band 1, 2, 4/1, 5: 4. Aufl. 1913–1930; Band 3: 5. Aufl. 1933–1938 |
| PrALR | Allgemeines Landrecht für die Preußischen Staaten von 1794 (zitiert nach §, Teil und Titel) |

| | |
|---|---|
| PreisklG | Gesetz über das Verbot der Verwendung von Preisklauseln bei der Bestimmung von Geldschulden (Preisklauselgesetz) v. 7.9.2007 (BGBl. I 2246) |
| Prölss/Martin/Bearbeiter | Prölss/Martin, VVG, Kommentar, 31. Aufl. 2021 |
| ProstG | Gesetz zur Regelung der Rechtsverhältnisse der Prostituierten (Prostitutionsgesetz) v. 20.12.2001 (BGBl. I 3983) |
| PStG | Personenstandsgesetz v. 19.2.2007 (BGBl. I 122) |
| PStV | Verordnung zur Ausführung des Personenstandsgesetzes (Personenstandsverordnung) v. 22.11.2008 (BGBl. I 2263) |
| pVV | positive Vertragsverletzung |
| PWW/Bearbeiter | Prütting/Wegen/Weinreich (Hrsg.), BGB, Kommentar, 17. Aufl. 2022 |
| r+s | recht und schaden (Zeitschrift) |
| RA | Rechtsausschuss |
| RabelsZ | Rabels Zeitschrift für ausländisches und internationales Privatrecht |
| RAG | Reichsarbeitsgericht, zugleich Amtliche Sammlung der Entscheidungen (Band und Seite) |
| RAnz. | Deutscher Reichs-Anzeiger |
| Rauscher IPR | Rauscher, Internationales Privatrecht, 5. Aufl. 2017 |
| RdA | Recht der Arbeit (Zeitschrift) |
| RdErl. | Runderlass |
| RDG | Gesetz über außergerichtliche Rechtsdienstleistungen (Rechtsdienstleistungsgesetz) v. 12.12.2007 (BGBl. I 2840) |
| RdTW | Recht der Transportwirtschaft (Zeitschrift) |
| RE | Rechtsentscheid |
| Recht | Das Recht (Zeitschrift) |
| Rechtstheorie | Rechtstheorie (Zeitschrift) |
| RefE | Referentenentwurf |
| RegBl. | Regierungsblatt |
| RegE | Regierungsentwurf |
| Bearbeiter in Reithmann/Martiny IntVertragsR | Reithmann/Martiny, Internationales Vertragsrecht, 9. Aufl. 2021 |
| Reimann/Bengel/Dietz Testament-HdB | Reimann/Bengel/Dietz, Testament und Erbvertrag, 7. Aufl. 2019 |
| RG | Reichsgericht |
| RGBl. | Reichsgesetzblatt |
| RG-Praxis | Die Reichsgerichtspraxis im deutschen Rechtsleben |
| RGRK-BGB/Bearbeiter | Das Bürgerliche Gesetzbuch mit besonderer Berücksichtigung der Rechtsprechung des Bundesgerichtshofs, Kommentar, hrsg. von Mitgliedern des Bundesgerichtshofs, 12. Aufl. 1974 ff. |
| RGZ | Amtliche Sammlung von Entscheidungen des Reichsgerichts in Zivilsachen |
| RheinZ | Rheinische Zeitschrift für Zivil- und Prozessrecht |
| RIW | Recht der Internationalen Wirtschaft (Zeitschrift) |
| RL | Richtlinie |
| RMBl. | Reichsministerialblatt |
| Rn. | Randnummer(n) |
| Rom I-VO | Verordnung (EG) Nr. 593/2008 des Europäischen Parlaments und des Rates v. 17.6.2008 über das auf vertragliche Schuldverhältnisse anzuwendende Recht (ABl. L 177, 6; berichtigt) |
| Rom II-VO | Verordnung (EG) Nr. 864/2007 des Europäischen Parlaments und des Rates v. 11.7.2007 über das auf außervertragliche Schuldverhältnisse anzuwendende Recht (ABl. L 199, 40; berichtigt) |
| Rom III-VO | Verordnung (EU) Nr. 1259/2010 des Rates vom 20.12.2010 zur Durchführung einer Verstärkten Zusammenarbeit im Bereich des auf die Ehescheidung und Trennung ohne Auflösung des Ehebandes anzuwendenden Rechts (ABl. L 343, 10) |
| Röthel ErbR | Röthel, Erbrecht, 18. Aufl. 2019 |
| Rpfleger | Der Deutsche Rechtspfleger (Zeitschrift) |
| RPflG | Rechtspflegergesetz idF der Bek. v. 14.4.2013 (BGBl. I 778) |
| Rs. | Rechtssache |
| Rspr. | Rechtsprechung |
| RVG | Gesetz über die Vergütung der Rechtsanwältinnen und Rechtsanwälte (Rechtsanwaltsvergütungsgesetz) v. 5.5.2004 (BGBl. I 718) |
| RWP | Rechts- und Wirtschaftspraxis (Loseblatt-Ausgabe) |
| S. | Seite; Satz |
| s. | siehe; section |

SaBl. .................................. Sammelblatt für Rechtsvorschriften des Bundes und der Länder
SAE .................................. Sammlung arbeitsrechtlicher Entscheidungen (Zeitschrift)
Savigny System I–VIII ......... F.C. v. Savigny, System des heutigen römischen Rechts, Bände I–VIII, 1814–1849 (2. Neudruck 1981)
Schlechtriem/Schmidt-Kessel SchuldR AT .................. Schlechtriem/Schmidt-Kessel, Schuldrecht Allgemeiner Teil, 6. Aufl. 2005
Schlechtriem/Schmidt-Kessel SchuldR BT .................. Schlechtriem/Schmidt-Kessel, Schuldrecht Besonderer Teil, 7. Aufl. 2017
Schlechtriem/Schwenzer/Schroeter ........................ Schlechtriem/Schwenzer/Schroeter, Kommentar zum UN-Kaufrecht (CISG), 7. Aufl. 2019
Scholz/Bearbeiter ................ Scholz, GmbHG, Kommentar, 12. Aufl. 2018
Schmoeckel ErbR ................ Schmoeckel, Erbrecht, 6. Aufl. 2020
Schubert Vorentwürfe .......... Die Vorlagen der Redaktoren für die erste Kommission zur Ausarbeitung des Entwurfs eines Bürgerlichen Gesetzbuches, hrsg. von W. Schubert, 1980 ff.
SchuldR ............................. Schuldrecht
SchuldRModG .................... Gesetz zur Modernisierung des Schuldrechts v. 26.11.2001 (BGBl. I 3138)
SchwarzArbG ...................... Gesetz zur Bekämpfung der Schwarzarbeit und illegalen Beschäftigung (Schwarzarbeitsbekämpfungsgesetz) v. 23.7.2004 (BGBl. I 1842)
SE ..................................... Societas Europaea, Europäische Aktiengesellschaft
SeuffA ............................... Seufferts Archiv für Entscheidungen der obersten Gerichte in den deutschen Staaten (Zeitschrift, zitiert nach Band und Nr.; 1.1847–98.1944)
SeuffBl. .............................. Seufferts Blätter für Rechtsanwendung (Zeitschrift, zitiert nach Band und Seite)
SG ..................................... Sozialgericht
SGb ................................... Die Sozialgerichtsbarkeit (Zeitschrift)
SGB I–XII .......................... Sozialgesetzbuch 1. bis 12. Buch
SJZ .................................... Süddeutsche Juristenzeitung (Zeitschrift)
Slg. .................................... Entscheidungen des Europäischen Gerichtshofs
Soergel/Bearbeiter ............... Soergel, Bürgerliches Gesetzbuch mit Einführungsgesetz und Nebengesetzen, Kommentar, 13. Aufl. 1999 ff., 14. Aufl. 2021 f.
sog. .................................... so genannt
SozR .................................. Sozialrecht (Zeitschrift), Rechtsprechung und Schrifttum, bearbeitet von den Richtern des Bundessozialgerichts
SozW .................................. Sozialwissenschaft(en)
Sp. ..................................... Spalte
Spickhoff/Bearbeiter ............ Spickhoff, Medizinrecht, Kommentar, 3. Aufl. 2018
Spindler/Schuster/Bearbeiter . Spindler/Schuster, Recht der elektronischen Medien, Kommentar, 4. Aufl. 2019
Staub/Bearbeiter ................. Staub, Handelsgesetzbuch, Großkommentar, 5. Aufl. 2009 ff., insbesondere Bankvertragsrecht: Kreditgeschäft, Band 10/2, 5. Aufl. 2015
Staudinger/Bearbeiter .......... J. von Staudingers Kommentar zum Bürgerlichen Gesetzbuch, 13. Bearbeitung (die Bände sind jeweils mit Angabe der Jahreszahl zitiert)
StAZ .................................. Das Standesamt (Zeitschrift)
Sten. Prot. ........................... Stenographisches Protokoll
StGB .................................. Strafgesetzbuch idF der Bek. v. 13.11.1998 (BGBl. I 3322)
str. ..................................... streitig
stRspr ................................ ständige Rechtsprechung
StuW .................................. Steuer und Wirtschaft (Zeitschrift)
Timesharing-RL ................. Richtlinie 2008/122/EG des Europäischen Parlaments und des Rates v. 14.1.2009 über den Schutz der Verbraucher im Hinblick auf bestimmte Aspekte von Teilzeitnutzungsverträgen, Verträgen über langfristige Urlaubsprodukte sowie Wiederverkaufs- und Tauschverträgen (ABl. L 33, 10)
TKG .................................. Telekommunikationsgesetz idF der Bek. v. 22.6.2004 (BGBl. I 1190)
TPG .................................. Gesetz über die Spende, Entnahme und Übertragung von Organen und Geweben (Transplantationsgesetz) idF der Bek. v. 4.9.2007 (BGBl. I 2206)
TranspR ............................. Transport- und Speditionsrecht (Zeitschrift)

TSG ................................. Gesetz über die Änderung der Vornamen und die Feststellung der Geschlechtszugehörigkeit in besonderen Fällen (Transsexuellengesetz) v. 10.9.1980 (BGBl. I 1654)
v. Tuhr BGB AT I, II/1, II/2 . v. Tuhr, Der Allgemeine Teil des Deutschen Bürgerlichen Rechts, Bd. I 1910, Bd. II 1. Halbbd. 1914, 2. Halbbd. 1918
TVG ................................. Tarifvertragsgesetz idF der Bek. v. 25.8.1969 (BGBl. I 1323)
TzBfG ................................. Gesetz über Teilzeitarbeit und befristete Arbeitsverträge (Teilzeit- und Befristungsgesetz) v. 21.12.2000 (BGBl. I 1966)
ua ................................. unter anderem; und andere
uÄ ................................. und Ähnliches
überwM ................................. überwiegende Meinung
Ulmer/Brandner/Hensen/Bearbeiter ................................. Ulmer/Brandner/Hensen, AGB-Recht, Kommentar, 13. Aufl. 2022
Ulmer/Habersack/Löbbe/Bearbeiter ................................. Ulmer/Habersack/Löbbe (Hrsg.), Kommentar zum GmbHG, begr. von Hachenburg, 2. Aufl. 2013 ff.
UmweltHG ................................. Umwelthaftungsgesetz v. 10.12.1990 (BGBl. I 2634)
UmwG ................................. Umwandlungsgesetz v. 28.10.1994 (BGBl. I 3210; berichtigt)
unstr. ................................. unstreitig
UrhG ................................. Gesetz über Urheberrecht und verwandte Schutzrechte (Urheberrechtsgesetz) v. 9.9.1965 (BGBl. I 1273)
usw ................................. und so weiter
uU ................................. unter Umständen
UWG ................................. Gesetz gegen den unlauteren Wettbewerb idF der Bek. v. 3.3.2010 (BGBl. I 254)
v. ................................. vom; von
VAE ................................. Verkehrsrechtliche Abhandlungen und Entscheidungen (Zeitschrift)
VAG ................................. Gesetz über die Beaufsichtigung der Versicherungsunternehmen (Versicherungsaufsichtsgesetz) v. 1.4.2015 (BGBl. I 434)
VDG ................................. Vertrauensdienstegesetz v. 18.7.2017 (BGBl. I 2745)
Verbraucherkredit-RL .......... Richtlinie 2008/48/EG des Europäischen Parlaments und des Rates v. 23.4.2008 über Verbraucherkreditverträge und zur Aufhebung der Richtlinie 87/102/EWG des Rates (ABl. L 133, 66; berichtigt)
Verbraucherrechte-RL .......... Richtlinie 2011/83/EU des Europäischen Parlaments und des Rates v. 25.10.2011 über die Rechte der Verbraucher, zur Abänderung der Richtlinie des Rates 93/13/EWG und der Richtlinie des Europäischen Parlaments und des Rates 1999/44/EG sowie zur Aufhebung der Richtlinie des Rates 85/577/EWG und der Richtlinie des Europäischen Parlaments und des Rates 97/7/EG (ABl. L 304, 64)
Verbrauchsgüterkauf-RL ........ Richtlinie 1999/44/EG des Europäischen Parlaments und des Rates v. 25.5.1999 zu bestimmten Aspekten des Verbrauchsgüterkaufs und der Garantien für Verbrauchsgüter (ABl. L 171, 12)
VereinsG ................................. Vereinsgesetz idF der Bek. v. 5.8.1964 (BGBl. I 593)
Verf. ................................. Verfassung
Verh. ................................. Verhandlung(en)
VersR ................................. Versicherungsrecht; Juristische Rundschau für die Individualversicherung (Zeitschrift)
VerwG ................................. Verwaltungsgericht
VerwGH ................................. Verwaltungsgerichtshof
VerwRspr. ................................. Verwaltungsrechtsprechung in Deutschland (Band und Seite)
Vfg. ................................. Verfügung
vgl. ................................. vergleiche
VIA ................................. Verbraucherinsolvenz aktuell (Zeitschrift)
VIZ ................................. Zeitschrift für Vermögens- und Investitionsrecht (seit 1997: Immobilienrecht)
VMBl. ................................. Ministerialblatt des Bundesministers für (ab 1962: der) Verteidigung
VO ................................. Verordnung
VOB/A, VOB/B ................. Vergabe- und Verdingungsordnung für Bauleistungen, Teil A: Allgemeine Bestimmungen für die Vergabe von Bauleistungen, Teil B: Allgemeine Vertragsbedingungen für die Ausführung von Bauleistungen, idF der Bek. v. 30.5.2002 (BAnz. Beilage Nr. 202a S. 19)
VOBl. ................................. Verordnungsblatt
Vorb. ................................. Vorbemerkung
VRS ................................. Verkehrsrechts-Sammlung (Zeitschrift; Band und Seite)
VRV ................................. Vereinsregisterverordnung v. 10.2.1999 (BGBl. I 147)
VuR ................................. Verbraucher und Recht (Zeitschrift)

VwGO ........ Verwaltungsgerichtsordnung idF der Bek. v. 19.3.1991 (BGBl. I 686)
VwVfG ........ Verwaltungsverfahrensgesetz idF der Bek. v. 23.1.2003 (BGBl. I 102)
VZS ........ Vereinigte Zivilsenate
Warenkauf-RL ........ Richtlinie (EU) 2019/771 des Europäischen Parlaments und des Rates v. 20.5.2019 über bestimmte vertragsrechtliche Aspekte des Warenkaufs, zur Änderung der Verordnung (EU) 2017/2394 und der Richtlinie 2009/22/EG sowie zur Aufhebung der Richtlinie 1999/44/EG (ABl. L 136, 28; berichtigt)
WärmeLV ........ Verordnung über die Umstellung auf gewerbliche Wärmelieferung für Mietwohnraum (Wärmelieferverordnung) v. 7.6.2013 (BGBl. I 1509
WarnR ........ Rechtsprechung des Reichsgerichts, hrsg. von Warneyer (Band und Nr.), ab 1961: Rechtsprechung des Bundesgerichtshofs in Zivilsachen
WEG ........ Gesetz über das Wohnungseigentum und das Dauerwohnrecht (Wohnungseigentumsgesetz) v. 12.1.2021 (BGBl. I 34)
WG ........ Wechselgesetz v. 21.6.1933 (RGBl. I 399)
WHG ........ Gesetz zur Ordnung des Wasserhaushalts (Wasserhaushaltsgesetz) v. 31.7.2009 (BGBl. I 2585)
WiB ........ Wirtschaftsrechtliche Beratung (Zeitschrift)
Windscheid/Kipp PandektenR I, II, III ........ Windscheid/Kipp, Lehrbuch des Pandektenrechts, Bände I–III, 9. Aufl. 1906
WM ........ Wertpapiermitteilungen, Zeitschrift für Wirtschaft und Bankrecht (Zeitschrift)
Wohnimmobilienkredit-RL ... Richtlinie 2014/17/EU des Europäischen Parlaments und des Rates v. 4.2.2014 über Wohnimmobilienkreditverträge für Verbraucher und zur Änderung der Richtlinien 2008/48/EG und 2013/36/EU und der Verordnung (EU) Nr. 1093/2010 (ABl. L 60, 34; berichtigt)
E. Wolf SachenR ........ E. Wolf, Lehrbuch des Sachenrechts, 2. Aufl. 1979
E. Wolf SchuldR ........ E. Wolf, Lehrbuch des Schuldrechts, 1978
Wolf/Lindacher/Pfeiffer/Bearbeiter ........ Wolf/Lindacher/Pfeiffer, AGB-Recht, Kommentar, 7. Aufl. 2020
WP ........ Wahlperiode
WpHG ........ Gesetz über den Wertpapierhandel (Wertpapierhandelsgesetz) idF der Bek. v. 9.9.1998 (BGBl. I 2708)
WuB ........ Wirtschafts- und Bankrecht (Zeitschrift)
WuM ........ Wohnungswirtschaft und Mietrecht (Informationsdienst des Deutschen Mieterbundes; Zeitschrift)
WuW ........ Wirtschaft und Wettbewerb (Zeitschrift)
Zahlungsdienste-RL ........ Richtlinie (EU) 2015/2366 des Europäischen Parlaments und des Rates v. 25.11.2015 über Zahlungsdienste im Binnenmarkt, zur Änderung der Richtlinien 2002/65/EG, 2009/110/EG und 2013/36/EU und der Verordnung (EU) Nr. 1093/2010 sowie zur Aufhebung der Richtlinie 2007/64/EG (ABl. L 337, 35; berichtigt)
ZAkDR ........ Zeitschrift der Akademie für Deutsches Recht
zB ........ zum Beispiel
ZBB ........ Zeitschrift für Bankrecht und Bankwirtschaft
ZBernJV ........ Zeitschrift des Bernischen Juristenvereins
ZEuP ........ Zeitschrift für Europäisches Privatrecht
ZEV ........ Zeitschrift für Erbrecht und Vermögensnachfolge
ZfIR ........ Zeitschrift für Immobilienrecht (Zeitschrift)
ZfPW ........ Zeitschrift für die gesamte Privatrechtswissenschaft
ZfRV ........ Zeitschrift für Rechtsvergleichung
ZfZ ........ Zeitschrift für Zölle und Verbrauchsteuern
ZG ........ Zeitschrift für Gesetzgebung
ZGS ........ Zeitschrift für das gesamte Schuldrecht
ZHR ........ Zeitschrift für das gesamte Handelsrecht und Wirtschaftsrecht (früher Zeitschrift für das gesamte Handelsrecht und Konkursrecht)
Ziff. ........ Ziffer(n)
Zimmermann ErbR ........ Zimmermann, Erbrecht, 5. Aufl. 2019
Zimmermann/Bearbeiter ....... Zimmermann, Erbrechtliche Nebengesetze, 2. Aufl. 2017
ZIP ........ Zeitschrift für Wirtschaftsrecht (bis 1982: Zeitschrift für Wirtschaftsrecht und Insolvenzpraxis)

ZMR ................................. Zeitschrift für Miet- und Raumrecht
Zöller/Bearbeiter ................ Zöller, Zivilprozessordnung, Kommentar, 34. Aufl. 2022
ZPO ................................. Zivilprozessordnung idF der Bek. v. 5.12.2005 (BGBl. I 3202; berichtigt)
ZRG ................................. Zeitschrift der Savigny-Stiftung für Rechtsgeschichte
ZRP ................................. Zeitschrift für Rechtspolitik
ZS ................................... Zivilsenat
zT .................................... zum Teil
ZUM ................................. Zeitschrift für Urheber- und Medienrecht – Film und Recht
zust. ................................. zustimmend
zutr. ................................. zutreffend
ZVG ................................. Gesetz über die Zwangsversteigerung und Zwangsverwaltung idF der Bek. v. 20.5.1898 (RGBl. 713)
ZVglRWiss .......................... Zeitschrift für vergleichende Rechtswissenschaft (Band, Jahr und Seite)
ZWE ................................. Zeitschrift für das Wohnungseigentum
ZWeR ................................ Zeitschrift für Wettbewerbsrecht
ZZP .................................. Zeitschrift für Zivilprozess (Band, Jahr und Seite)

# BGB
## Bürgerliches Gesetzbuch

in der Fassung der Bekanntmachung vom 2. Januar 2002
(BGBl. I 42, berichtigt BGBl. I 2909 und BGBl. 2003 I 738),
zuletzt geändert durch Gesetz vom 15.7.2022 (BGBl. I 1146)

# Buch 5. Erbrecht

## Abschnitt 1. Erbfolge

### § 1922 Gesamtrechtsnachfolge

**(1) Mit dem Tode einer Person (Erbfall) geht deren Vermögen (Erbschaft) als Ganzes auf eine oder mehrere andere Personen (Erben) über.**

**(2) Auf den Anteil eines Miterben (Erbteil) finden die sich auf die Erbschaft beziehenden Vorschriften Anwendung.**

#### Überblick

§ 1922 ist die grundlegende Vorschrift des Erbrechts. Sie enthält zum einen das Prinzip der Privaterbfolge und regelt zugleich die Art und Weise des Rechtsübergangs durch den Grundsatz der Gesamtrechtsnachfolge (→ Rn. 15 ff.). Zum anderen erläutert die Vorschrift die Begriffe Erbfall (→ Rn. 3 ff.), Erbschaft (→ Rn. 11 ff.), Erbteil (→ Rn. 13 ff.) und Erben (→ Rn. 8 ff.). Die Gesamtrechtsnachfolge ist ein Prinzip des zwingenden Rechts (→ Rn. 16); der Erblasser kann grds. keine Sonderrechtsnachfolge anordnen (zu den Ausnahmen → Rn. 22). Bei nichtvermögensrechtlichen Rechtsverhältnissen ist die Unvererblichkeit die Regel, während vermögensrechtliche Beziehungen regelmäßig vererblich sind (→ Rn. 24). Anerkannt ist darüber hinaus ein postmortaler Persönlichkeitsschutz (→ Rn. 30). Der Leichnam des Verstorbenen ist Gegenstand der Totenfürsorge (→ Rn. 26); zur rechtlichen Behandlung künstlicher Körperteile → Rn. 27. Die erbrechtliche Gesamtrechtsnachfolge erfasst neben der Nachfolge in die Vermögensgüter des Erblassers insbes. auch den Eintritt in schuldrechtliche Rechtsverhältnisse (→ Rn. 36 ff. einschließlich etwaiger Hilfsansprüche → Rn. 33 und Gestaltungsrechte → Rn. 51) sowie bestimmte familienrechtliche (→ Rn. 102) und erbrechtliche Rechtspositionen (→ Rn. 106) vermögensrechtlicher Natur. „Werdende“ Rechte gehen ebenfalls grundsätzlich auf den Erben über (→ Rn. 55 ff.). Ob Mitgliedschaftsrechte vererblich sind, hängt davon ab, ob das Schwergewicht auf der Kapitalbeteiligung liegt oder ob die intensive persönliche Mitarbeit im Vordergrund steht (→ Rn. 74). Zu den Rechtsfolgen beim Tod eines Gesellschafters einer Personengesellschaft und den Gestaltungsmöglichkeiten → Rn. 77 ff. Bei der Beteiligung eines Aktionärs an einer Aktiengesellschaft handelt es sich um eine rein vermögensrechtliche Position, die ohne weiteres vererblich ist (→ Rn. 95); ebenso der Geschäftsanteil an einer GmbH (→ Rn. 96). Zunehmend wichtiger wird die Regelung des sog. digitalen Nachlasses (→ Rn. 99 ff.). Zum Übergang öffentlich-rechtlicher Positionen → Rn. 107 ff. Das subjektive Erbrecht entsteht erst mit dem Tod des Erblassers (Erbfall); vorher besteht lediglich eine Erberwartung (→ Rn. 115 ff.). Zu verfahrensrechtlichen Fragen → Rn. 124 f.

#### Übersicht

## I. Erbrechtliche Grundbegriffe

1 **1. Erblasser.** Auf eine Definition des Begriffes Erblasser hat das Gesetz verzichtet; sie ist entbehrlich, da hierüber kein Zweifel besteht. Als **Erblasser** wird die Person bezeichnet, deren Vermögen mit ihrem Tod auf einen oder mehrere Erben übergeht. Der Begriff wird schon vor dem Todesfall verwendet: Erblasser wird auch genannt, wer durch Verfügung von Todes wegen Vorsorge für seinen Nachlass trifft (§§ 2247 ff., §§ 2274 ff.) oder wer hinsichtlich seines Vermögens einen Erbverzichtsvertrag mit einem Verwandten oder seinem Ehegatten schließt (§§ 2346 ff.). Aus der Definition des Erbfalls in Abs. 1 („Tod einer Person") folgt, dass Erblasser nur eine **natürliche Person** sein kann. Die Folgen der Beendigung von juristischen Personen und nichtrechtsfähigen Zusammenschlüssen von Personen werden durch das Gesellschafts- und Vereinsrecht geregelt.

2 Früher bestimmte die **Staatsangehörigkeit** einer Person darüber, ob deutsches Erbrecht anzuwenden ist. Nach Art. 25 Abs. 1 EGBGB aF unterlag die Rechtsnachfolge von Todes wegen dem Recht des Staates, dem der Erblasser zum Zeitpunkt seines Todes angehörte. Die **Europäische Erbrechtsverordnung** (EuErbVO), die für Erbfälle ab dem 17.8.2015 gilt, hat das bisher geltende Staatsangehörigkeitsprinzip durch das **Aufenthaltsprinzip** ersetzt (Art. 21 Abs. 1 EuErbVO). Art. 22 EuErbVO gestattet dem Erblasser, für die Rechtsnachfolge von Todes wegen das Recht desjenigen Staates zu wählen, dem er im Zeitpunkt der Rechtswahl oder im Zeitpunkt seines Todes angehört. Die **Rechtswahl** muss nach Abs. 2 ausdrücklich in einer Erklärung in Form einer Verfügung von Todes wegen erfolgen oder sich aus den Bestimmungen einer solchen Verfügung ergeben. Eine Teilrechtswahl, wie es Art. 25 Abs. 2 EGBGB aF für im Inland belegenes unbewegliches Vermögen vorsah, ist nicht mehr möglich.

3 **2. Erbfall. a) Tod einer Person.** Als **Erbfall** bezeichnet das Gesetz den Tod einer Person. Dem Tod steht die Todesvermutung gleich, dh die durch Todeserklärung nach dem VerschG (→ Rn. 7) begründete (widerlegliche) Vermutung, dass der Verschollene in dem im Beschluss festgestellten Zeitpunkt gestorben ist (§ 9 Abs. 1 S. 1 VerschG).

4 **b) Begriff und Zeitpunkt des Todes.** Eine Bestimmung des – im Einzelfall für die Erbfolge entscheidenden (→ § 1923 Rn. 3) – Todeszeitpunkts enthält das BGB nicht. Es ist anerkannt, dass der Todeseintritt kein unverrückbares, fixiertes Ereignis, sondern ein Prozess ist, der sich über einen gewissen Zeitraum erstreckt. Da § 1922 auf einen Zeitpunkt abstellt, muss ein bestimmtes Ereignis im Sterbeprozess herausgegriffen und zum rechtlich maßgebenden gemacht werden. So gesehen ist der Todeszeitpunkt keine medizinische Vorgegebenheit, sondern eine normative Konvention (Leipold FS Kralik, 1986, 467 (481)). Nach herkömmlicher medizinischer Auffassung tritt der Tod infolge des **endgültigen Stillstands von Atmung und Kreislauf** ein. Angesichts der bestehenden Reanimationsmöglichkeiten hat der Ausfall von Atmung und Kreislauf seine zwingende Endgültigkeit verloren. Solange keine maschinellen Hilfsmittel zur künstlichen Aufrechterhaltung von Atmung und Kreislauf eingesetzt werden, ist der endgültige Kreislaufstillstand – auch im Hinblick auf die Feststellbarkeit und damit die Rechtssicherheit – ein geeignetes Kriterium für den Tod eines Menschen (MüKoBGB/Leipold Rn. 12; Schmidt-Jortzig, Wann ist der Mensch tot?, 1999, 18).

5 Nach neueren medizinischen Erkenntnissen ist als Todeszeitpunkt der sog. **Gesamthirntod** (nach der vom wissenschaftlichen Beirat der Bundesärztekammer veröffentlichten (Deutsches Ärzteblatt 1982, 45; 1998, 1381 mit Fortschreibungen zuletzt 2015) Definition „der Zustand der irreversibel erloschenen Gesamtfunktion des Großhirns, des Kleinhirns und des Hirnstamms") anzusehen. Dieser Zeitpunkt hat nach kontroverser (vgl. Schmidt-Jortzig, Wann ist der Mensch tot?, 1999, 11 ff.; Tröndle FS H.J. Hirsch, 1999, 779; Schmidt-Recla MedR 2004, 672) Diskussion Eingang in das Transplantationsgesetz (§ 3 Abs. 2 Nr. 2 TPG, ohne allerdings den Gesamthirntod ausdrücklich als Tod des Menschen zu bezeichnen) gefunden; er scheint sich im Bereich des

Arztrechts (Ulsenheimer in Laufs/Kern/Rehborn ArztR-HdB § 132 Rn. 16 ff.) und des Strafrechts (MüKoStGB/Schneider StGB Vor § 211 Rn. 16 ff.,; Schönke/Schröder/Eser/Sternberg-Lieben StGB Vor §§ 211 ff. Rn. 19) durchzusetzen und wird zunehmend von der (erbrechtlichen) Rspr. akzeptiert (OLG Köln FamRZ 1992, 860; OLG Frankfurt NJW 1997, 3099; BayObLG NJW-RR 1999, 1309). Die Einwände gegen das Hirntodkonzept betreffen vor allem Fragen der Organentnahme und deren Regelung im Transplantationsgesetz, sie hindern nicht, den Gesamthirntod auch für das Erbrecht als maßgebend anzusehen (Soergel/Fischinger Rn. 4). Soweit (für die Feststellung des Erbrechts) eine exakte Bestimmung erforderlich ist, entscheidet der Zeitpunkt, in dem die Diagnose und Dokumentation des Hirntodes abgeschlossen sind (OLG Frankfurt NJW 1997, 3099 (3101); Burandt/Rojahn/Große-Boymann Rn. 5; vgl. Richtlinien der Bundesärztekammer zur Feststellung des Hirntodes (Dritte Fortschreibung 1997) Kommentar zu Anm. 8).

**c) Beweis.** Die **Beweislast** für den Tod des Erblassers trägt, wer ein Erbrecht in Anspruch 6
nimmt. Der Beweis kann nach § 54 PStG durch das vom Standesamt geführte Sterberegister (§ 31 PStG) und die Sterbeurkunde (§ 60 PStG) geführt werden. Die Eintragung im Sterbebuch beweist (widerleglich) die Tatsache sowie Ort und Zeitpunkt des Todes.

**d) Todeserklärung.** Dem erwiesenen Tod steht die durch formelle Todeserklärung begrün- 7
dete Todesvermutung gleich. Für tot erklärt werden können unter den Voraussetzungen der **§§ 3–7 VerschG** Personen, die „verschollen" iSd Legaldefinition des § 1 VerschG sind. Die Todeserklärung gem. § 9 Abs. 1 VerschG begründet auch für das Erbrecht die **Vermutung,** dass der Verschollene in dem im Beschluss festgestellten Zeitpunkt gestorben ist. Steht der Tod, nicht aber der Zeitpunkt fest, kann nach § 39 VerschG beantragt werden, den Tod und den Zeitpunkt des Todes durch gerichtliche Entscheidung festzustellen. Der Beschluss begründet auch die Vermutung für den festgestellten Todeszeitpunkt (§ 44 Abs. 2 VerschG). Die Vermutungen der § 9 Abs. 1 und § 44 Abs. 2 VerschG sind nach § 292 S. 1 ZPO widerleglich (BeckOGK/Boiczenko VerschG § 9 Rn. 28).

**3. Erbe. a) Begriff. Erbe** ist diejenige Person, auf die mit dem Erbfall kraft Gesetzes (§§ 1924– 8
1931) oder durch Verfügung von Todes wegen die Gesamtheit der vererblichen Rechtspositionen übergeht. Von **Miterben** spricht das Gesetz (§§ 2032 ff.), wenn der Erblasser mehrere Erben hinterlässt. Vom Erben zu unterscheiden sind der Vermächtnisnehmer und der Pflichtteilsberechtigte, die zwar durch den Erbfall Rechte erwerben, jedoch nicht Gesamtrechtsnachfolger werden.

**b) Zeitpunkt.** Die Rechtsstellung des Erben wird erst mit **Anfall der Erbschaft** begründet. 9
Dementsprechend kann Erbe nur werden, wer zum Zeitpunkt des Erbfalls lebt oder wenigstens schon gezeugt ist und später lebend geboren wird, vgl. § 1923. Der Erwerb der Erbenstellung kann weiter hinausgeschoben sein und erst mit einem dem Erbfall nachfolgenden Ereignis eintreten, zB beim Nacherben. Vor dem Erbfall bestehen lediglich Erbaussichten (→ Rn. 115).

**c) Berufung zum Erben und Parteidisposition.** Erbe kann nur werden, wer durch Gesetz 10
oder eine vom Erblasser errichtete Verfügung von Todes wegen (Testament, Erbvertrag) als Erbe berufen ist; andere Möglichkeiten der Begründung der Erbenstellung gibt es nicht (gegen eine Begründung des Erbrechts kraft Treu und Glauben BGH NJW 1967, 1126; BayObLGZ 1965, 86 (90)). Durch Ausschlagung kann der Erbe mit Rückwirkung auf den Zeitpunkt des Erbfalls seine Erbenstellung wieder verlieren (§ 1953 Abs. 1). Ebenfalls mit Rückwirkung verliert seine Erbenstellung, wer für erbunwürdig erklärt wird (§ 2344) oder wessen Erbeinsetzung wirksam angefochten wurde (§§ 2078 ff., § 142 Abs. 1). Im Übrigen unterliegen Erwerb und Fortbestand der Erbenstellung nicht der Disposition der Erben oder sonstiger Beteiligter (BeckOGK/Preuß Rn. 155; Staudinger/Kunz, 2017, Rn. 59). Eine Einigung der als Erben in Betracht kommenden Personen über die Erbfolge vermag daher die Erbenstellung nicht zu begründen (BayObLGZ 1966, 233 (236); OLG Oldenburg RdL 2009, 319; LG Freiburg BWNotZ 1979, 67). Der Erbe kann seine Erbschaft verkaufen (§ 2371), der Miterbe seinen Anteil auf einen Dritten übertragen (§ 2033). Solche Übertragungen erfassen die Beteiligung am ererbten Vermögen, nicht aber die Erbenstellung als solche (BGHZ 56, 115 = NJW 1971, 1264).

**4. Erbschaft. a) Erbschaft und Nachlass.** Das Gesetz spricht an vielen Stellen nicht von 11
Erbschaft, sondern von **Nachlass,** ohne damit einen inhaltlichen Unterschied bezeichnen zu wollen (Staudinger/Kunz, 2017, Rn. 93; Schmidt-Kessel WM 2003, 2086). Der Ausdruck Erbschaft wird häufig, aber nicht durchgehend dann verwendet, wenn es um die Beziehungen des Erben zu dem hinterlassenen Vermögen geht (zB Ausschlagung, § 1942), während der Begriff Nachlass im Allgemeinen das Vermögen des Erblassers als solches ohne unmittelbaren Bezug zu seinem rechtlichen Träger bezeichnet (zB Beschränkung der Erbenhaftung, §§ 1975 ff.).

12 **b) Vermögen des Erblassers.** Das Gesetz setzt die Erbschaft mit dem **Vermögen des Erblassers** gleich. Die Streitfrage, ob zum Vermögen iSd § 1922 nur die **Rechte** des Erblassers (Kipp/Coing ErbR § 91 II 2) oder auch dessen **Verbindlichkeiten** (hM, zB Grüneberg/Weidlich Rn. 7; MüKoBGB/Leipold Rn. 16) zählen, gehört seit jeher zu den Diskussionsthemen im Erbrecht. Die Rspr. vermeidet eindeutige Festlegungen; Formulierungen deuten in die Richtung einer ganzheitlichen Betrachtung (BGHZ 32, 367 (369) = NJW 1960, 1715: „grds. alle vermögensrechtlichen Positionen"). Für die erste Auffassung wird das Wortlautargument ins Feld geführt, wonach das BGB auch sonst unter Vermögen die Summe der geldwerten Rechte, also das Aktivvermögen verstehe. In dem Wortlaut des § 1922 Abs. 1 („Vermögen als Ganzes") lässt sich allerdings genauso gut ein Hinweis auf eine ganzheitliche Betrachtungsweise sehen. Dem Prinzip der Gesamtrechtsnachfolge wird die hM eher gerecht; der Übergang der Erbschaft ist ein Übergang der Rechtsverhältnisse, nicht der einzelnen Berechtigungen und Verpflichtungen.

12.1 Da der Streit keine unmittelbaren praktischen Konsequenzen hat – der Übergang der Verbindlichkeiten auf den Erben ergibt sich jedenfalls aus § 1967 –, lohnt sich an dieser Stelle eine Vertiefung nicht (so auch Soergel/Fischinger Rn. 17; Staudinger/Kunz, 2017, Rn. 71).

13 **c) Erbteil.** Der Erbteil ist nach Abs. 2 der **Anteil des Miterben am Nachlass,** genauer gesagt am Gesamthandsvermögen der Erbengemeinschaft. Der Erbteil besteht immer in einer Quote (einem Bruchteil) des Nachlasses, nicht in einer Wertsumme oder in einem Einzelgegenstand. Die Höhe der Quote ergibt sich aus dem Gesetz oder einer Verfügung von Todes wegen. Hat der Erblasser den Anteil eines Miterben nicht bruchteilsmäßig, sondern in einer Summe oder durch Nennung von Gegenständen ausgedrückt, muss die Quote aus der Relation der Summe oder des Gegenstandswerts zum Wert des Gesamtnachlasses errechnet werden.

14 Nach **Abs. 2** sind auf den Erbteil alle Vorschriften anzuwenden, die sich auf die Erbschaft beziehen. Es gelten somit die Bestimmungen über den Anfall, die Annahme und Ausschlagung der Erbschaft (§§ 1942 ff.), die Nachlasspflegschaft (§ 1960) und den Erbschaftskauf (§§ 2371 ff.). Auf den Erbteil **anwendbar** sind auch Vorschriften in den anderen Büchern des BGB, soweit sie von Erbschaft sprechen, zB §§ 1432, 1461, 1822 Nr. 1 und 2. Trotz dieser Gemeinsamkeiten darf der grundlegende Unterschied zwischen einem Erbteil als einheitlichem Anteilsrecht und den Rechten des Alleinerben als Zusammenfassung aller Einzelrechte des Nachlasses nicht übersehen werden. Die gesamthänderische Bindung des Nachlasses findet ihren Niederschlag in zahlreichen Bestimmungen über die Ausübung der Rechte durch die Miterbengemeinschaft (§§ 2032–2063) und über die Geltendmachung von Rechten gegenüber den Miterben. Der Miterbe kann nach § 2033 Abs. 1 S. 1 nur über seinen Anteil als solchen verfügen, während dem Alleinerben Verfügungen über die einzelnen Nachlassrechte möglich sind. Auch bei den haftungsbeschränkenden Maßnahmen wird der Unterschied zwischen Erbteil und gesamter Erbschaft deutlich; Nachlassverwaltung (§ 2062) und Nachlassinsolvenz (§ 316 Abs. 3 InsO) können nicht über den einzelnen Erbteil, sondern nur über den gesamten Nachlass eröffnet werden.

## II. Vermögensübergang auf den oder die Erben

15 **1. Gesamtrechtsnachfolge. a) Zweck.** Das Gesetz bringt das für das Verständnis unseres Erbrechts elementare Prinzip der **Gesamtrechtsnachfolge (Universalsukzession)** mit der Formulierung zum Ausdruck, die Erbschaft gehe **als Ganzes** auf den oder die Erben über. Damit ist nicht nur eine Frage der Rechtstechnik angesprochen, sondern auch ein inhaltliches Prinzip bezeichnet (MüKoBGB/Leipold Rn. 180; Muscheler, Universalsukzession und Vonselbsterwerb, 2002, 5 ff.). Ziel der Universalsukzession ist es, das Vermögen des Erblassers im Interesse der Erben und der Nachlassgläubiger unverändert auf den Erben zu überführen. Der einheitliche Übergang der Nachlassrechte und -verbindlichkeiten auf den Erben bzw. alle Miterben dient der Rechtsklarheit, da sich auf diese Weise die Rechtsträger relativ leicht feststellen lassen. Bei einer Miterbengemeinschaft erleichtert die Gesamtrechtsnachfolge die ordnungsgemäße Nachlassabwicklung, indem zunächst die Nachlassverbindlichkeiten aus dem ungeteilten Nachlass beglichen werden und erst dann eine Aufteilung des Nachlasses auf die einzelnen Miterben stattfindet. Auch ein nachträglicher Wechsel des Erben, insbes. als Folge einer Ausschlagung, ist mit Hilfe der globalen Zuordnung des Nachlasses leichter zu bewältigen. Der Grundsatz der Gesamtrechtsnachfolge kann und soll zwar nicht verhindern, dass der Nachlass schließlich doch auf einzelne Personen aufgeteilt wird, er schützt aber die Interessen der Nachlassgläubiger, indem er den Nachlass als Haftungseinheit erhält. Diese Wirkung dient andererseits auch dem Schutz des Erben vor Eigenhaftung, weil sie eine Vermögenssonderung (→ Rn. 21) ermöglicht. Schließlich verhindert die Gesamtrechtsnach-

folge eine vorschnelle Zerschlagung der wirtschaftlichen Einheit, zu der das Vermögen des Erblassers geworden ist.

Die **Gesamtrechtsnachfolge** ist ein Prinzip des **zwingenden Rechts;** der Erblasser kann grds. weder eine Sonderrechtsnachfolge anordnen (zu Ausnahmen → Rn. 22) noch vermag er den Rechtsübergang überhaupt auszuschließen. Auch durch Verfügung von Todes wegen kann der Erblasser eine unmittelbare Nachlassteilung in unterschiedlich zugeordnete Vermögensmassen nicht mit dinglicher Wirkung herbeiführen. 16

**b) Inhalt.** Die Gesamtrechtsnachfolge bedeutet den **automatischen** und **einheitlichen Übergang** aller vererblichen Rechte und Verbindlichkeiten auf den Erben bzw. auf alle Miterben. Der Erbe wird nicht nur Inhaber des Vermögens des Erblassers, in seiner Person setzt sich auch die Rechts- und Pflichtenstellung des Erblassers fort, und zwar grds. mit demselben rechtlichen Inhalt und in demselben Zustand. Dass das Vermögen als Ganzes übergeht, bedeutet nicht, dass der Erbe ein einheitliches sachenrechtliches Recht am Nachlass erlangt. Da das Vermögen die Summe der Rechte und Verbindlichkeiten darstellt, erwirbt der Erbe vielmehr eine Vielzahl von Rechten und Pflichten. Alle vererblichen Rechte und Verbindlichkeiten gehen insgesamt und ungeteilt auf den oder die Erben über. Eine unmittelbare Zuweisung einzelner Rechte oder Verbindlichkeiten an einzelne Miterben ist nicht möglich. **Miterben** werden als **Gesamthandsgemeinschaft** Träger der Nachlassrechte und -verbindlichkeiten. 17

Diese Gestaltung der Miterbengemeinschaft ist allerdings nicht begriffsnotwendig mit der Gesamtrechtsnachfolge verknüpft. Im BGB ist das Prinzip der Gesamthand jedoch so eng mit dem einheitlichen Rechtsübergang auf die Erben verbunden, dass es als Bestandteil der Gesamtrechtsnachfolge angesehen wird (MüKoBGB/Leipold Rn. 184). 17.1

**c) Eintritt der Rechtsnachfolge.** Die vererblichen Rechtsbeziehungen gehen **unmittelbar mit dem Erbfall** und in einem einzigen Erwerbsvorgang auf den oder die Erben über. Der Erwerb des Eigentums an beweglichen Sachen ist unabhängig von der Besitzergreifung durch den Erben; der Erwerb des Eigentums an unbeweglichen Sachen vollzieht sich außerhalb des Grundbuchs, das durch den Erbfall unrichtig wird. Für den zum Zeitpunkt des Erbfalls erfolgenden Rechtsübergang sind weder zusätzliche behördliche oder gerichtliche Akte noch Handlungen des Erben selbst (etwa die Annahme der Erbschaft) erforderlich, es gilt der **Grundsatz des Vonselbsterwerbs.** Dieser ist allerdings weder zwingende Folge der Universalsukzession noch umgekehrt (Muscheler, Universalsukzession und Vonselbsterwerb, 2002, 2 ff.). 18

**d) Vermögensverschmelzung und Vermögenssonderung.** Mit dem Erbfall verschmilzt der **Nachlass** mit dem **Eigenvermögen** des Erben zu einer **rechtlichen Einheit;** der Nachlass bildet also kein Sondervermögen, auch wenn der Erbe diesen getrennt vom Eigenvermögen hält und verwaltet. Für die Zwangsvollstreckung wird dieser Vorgang indes bis zur Annahme der Erbschaft hinausgeschoben, da bis dahin die Nachlassgläubiger nur auf den Nachlass, die Eigengläubiger nur auf das Eigenvermögen des Erben zugreifen können (§ 778 Abs. 1 und 2 ZPO). 19

**Schuldrechtliche Beziehungen** zwischen Erblasser und Alleinerben **erlöschen** mit dem Erbfall durch Vereinigung von Recht und Verbindlichkeit **(Konfusion).** Soweit durch den Erbfall ein Recht und eine darauf ruhende Belastung zusammentreffen **(Konsolidation),** gilt Folgendes: Der Nießbrauch des Erben an beweglichen Sachen (§ 1063) und an Rechten (§ 1068) des Erblassers erlischt idR, ebenso das Pfandrecht an beweglichen Sachen (§ 1256) und an Rechten (§ 1273) des jeweils anderen. Dagegen bleiben Rechte an Grundstücken gem. § 889 auch bei Zusammentreffen von Grundstückseigentum und Belastung bestehen. Verfügungen, die der Erbe vor dem Erbfall als Nichtberechtigter über Nachlassgegenstände getroffen hat, werden nach § 185 Abs. 2 wirksam. Entsprechendes gilt für nichtberechtigte Verfügungen des Erblassers über Gegenstände aus dem Eigenvermögen des Erben, wenn der Erbe für Nachlassverbindlichkeiten unbeschränkt (also auch mit den von der Verfügung betroffenen Gegenständen) haftet. Durch die Vereinigung von Nachlass und Eigenvermögen des Erben können sich für den Erben, seine Eigengläubiger und die Nachlassgläubiger Aufrechnungsmöglichkeiten ergeben, die vorher mangels Gegenseitigkeit der Forderungen nicht bestanden. 20

Beim Alleinerben haben die Maßnahmen, die zur Beschränkung der Haftung führen, regelmäßig eine **Vermögenssonderung** zur Folge (§§ 1976, 1991 Abs. 2). Geht der Nachlass auf **mehrere Erben** über, so bildet er schon auf Grund seiner gesamthänderischen Bindung ein Sondervermögen. Beim Eintritt der Nacherbfolge wird der Nachlass ebenfalls als Sondervermögen behandelt, das nun vom Vorerben auf den Nacherben übergeht (§ 2143). Ausnahmen von den Wirkungen 21 der Konfusion und Konsolidation gelten ferner, wenn eine Forderung oder ein Recht des Erblassers den Gegenstand eines Vermächtnisses bildet (§ 2175) und beim Erbschaftskauf (§ 2377).

22 **2. Sonderrechtsnachfolge. a) Sondererbfolge.** Von Sonderrechtsnachfolge **(Singularzession)** spricht man, wenn einzelne Rechte des Erblassers unmittelbar mit seinem Tod einen besonderen, vom Übergang des sonstigen Nachlasses abweichenden Weg gehen. Diese Sonderrechtsnachfolge kann als erbrechtlicher Erwerb ausgestaltet sein, sodass der Sonderrechtsnachfolger zu den Erben zählt und das nur dem Sonderrechtsnachfolger anfallende Recht zum Nachlass zu rechnen ist. Eine derartige Sondererbfolge findet sich im Bereich des **Höferechts** (→ Rn. 97) und – als praktisch wichtigste, aber nicht geregelte – bei der Vererbung von **Anteilen** an einer **OHG** oder **KG** (→ Rn. 82 ff.).

23 **b) Sonderrechtsnachfolge von Todes wegen außerhalb des Erbrechts.** Von der Sondererbfolge sind Fälle zu unterscheiden, die zu einem unmittelbaren Übergang einzelner Rechte des Erblassers führen, ohne dass diese Rechtsnachfolge mit den Voraussetzungen und den Wirkungen einer Erbfolge verknüpft ist. Der Sonderrechtsnachfolger braucht hier nicht Erbe zu sein (Staudinger/Kunz, 2017, Rn. 164 spricht von „Sukzessionen am Erbrecht vorbei"). Eine Sonderrechtsnachfolge idS außerhalb des Erbrechts tritt zB hinsichtlich eines **Wohnraum-Mietverhältnisses** nach § 563 (Jendrek ZEV 2002, 60) und im **Sozialrecht** (→ Rn. 108) ein.

23.1 Inwieweit durch Rechtsgeschäft eine Sonderrechtsnachfolge von Todes wegen außerhalb des Erbrechts herbeigeführt werden kann, ist umstritten (vgl. Muscheler, Universalsukzession und Vonselbsterwerb, 2002, 65 ff.). Die Frage stellt sich insbes. bei **Lebensversicherungsverträgen** und anderen Verträgen zugunsten Dritter (zu dieser Problematik BeckOGK/Preuß Rn. 73 ff.; → § 2301 Rn. 16).

## III. Vererblichkeit von Rechtsbeziehungen

24 **1. Grundsatz.** Mit der im Kern zutreffenden Gleichsetzung der Erbschaft mit dem Vermögen des Erblassers, verstanden als Summe seiner geldwerten Rechtsbeziehungen, ist nicht zugleich das Kriterium für die Vererblichkeit von Rechtspositionen gefunden. Denn es gibt einerseits vermögensrechtliche Beziehungen, die nicht vererblich sind, zB das Nießbrauchsrecht (§ 1061 S. 1), andererseits können auch nichtvermögensrechtliche Rechtsverhältnisse auf den Erben übergehen, zB die Mitgliedschaft in einem Verein, wenn dies in der Satzung vorgesehen ist (§ 38 S. 1, § 40). Bei **nichtvermögensrechtlichen Rechtsverhältnissen** ist jedoch die **Unvererblichkeit** die Regel, während **vermögensrechtliche Beziehungen** regelmäßig **vererblich** sind (BeckOGK/Preuß Rn. 161). Soweit nicht positive Rechtsnormen eine klare Aussage über die Frage der Vererblichkeit einer Rechtsbeziehung machen, ist die Antwort unter Beachtung dieses Prinzips zu suchen. Gegen die Vererblichkeit vermögensrechtlicher Positionen kann sprechen, dass das betroffene Recht höchstpersönlichen Zwecken oder individuellen Bedürfnissen gerade des Erblassers dient oder aus sonstigen Gründen untrennbar mit seiner Person verknüpft ist (hierzu Dietzel, Untergang statt Fortbestand – zur Abgrenzung der unvererblichen Rechtsbeziehungen im Schuldrecht, 1991, 9 ff.; Windel, Über die Modi der Nachfolge in das Vermögen einer natürlichen Person beim Todesfall, 1998, 105 ff.). Ein Indiz für die Nichtvererblichkeit kann die Unübertragbarkeit unter Lebenden sein. Eine vollständige Deckung besteht indes nicht, wie das Beispiel des unter Lebenden als Ganzes nicht übertragbaren (§ 29 Abs. 1 UrhG), wohl aber vererblichen (§ 28 Abs. 1 UrhG) Urheberrechts zeigt.

25 Die folgende **Zusammenstellung** gibt einen – unvollständigen – nach Sachgebieten gegliederten Überblick über die Vererblichkeit von Rechtsbeziehungen. Wegen der Einzelheiten wird auf die Kommentierung der einschlägigen Regelungen verwiesen.

26 **2. Körper, künstliche Körperteile.** Der **Leichnam** ist dem Rechtsverkehr entzogen (KG NJW 1990, 782). Dabei kann dahinstehen, ob er als Sache iSd § 90 anzusehen ist (→ § 90 Rn. 31 ff.); jedenfalls widerspricht es sittlichen Anschauungen, ein Eigentumsrecht an einer Leiche anzunehmen. Der Leichnam ist nicht Bestandteil des Nachlasses, sondern Gegenstand der **Totenfürsorge,** die in erster Linie demjenigen obliegt, der vom Verstorbenen damit betraut wurde (Grüneberg/Weidlich Vor § 1922 Rn. 9; Staudinger/Kunz, 2017, Rn. 280; zur Frage der Umbettung OLG Karlsruhe NJW 2001, 2980). Gewohnheitsrechtlich steht sie den nächsten Angehörigen und nicht den Erben zu (BGH FamRZ 1992, 657; Soergel/Fischinger Rn. 22). Für Art (AG Wiesbaden NJW 2007, 2562) und Ort der **Bestattung** ist zunächst der Wille des Verstorbenen maßgebend, in zweiter Linie bestimmen darüber die nächsten Familienangehörigen (soweit hier und im Folgenden von (nächsten) Familienangehörigen die Rede ist, gehört dazu auch der einge-

tragene Lebenspartner, § 11 Abs. 1 LPartG). Erst wenn keine Familienangehörigen vorhanden sind, steht die Bestimmung den Erben zu, die in jedem Fall nach § 1968 die Beerdigungskosten zu tragen haben.

**Künstliche Körperteile,** die mit dem Körper fest verbunden sind (künstliche Gelenke, Herz- 27
schrittmacher; Zahngold), sind – wie der Leichnam selbst – nicht vererblich. Ob ein Aneignungsrecht besteht und wer ggf. dieses Recht ausüben darf, ist umstritten (Strätz, Zivilrechtliche Aspekte der Rechtsstellung des Toten unter besonderer Berücksichtigung der Transplantationen, 1971, 52 ff.; Kallmann FamRZ 1969, 578; Görgens JR 1980, 140; Gottwald NJW 2012, 2231). Überwiegend wird ein Aneignungsrecht der Erben angenommen, das diese jedoch nur mit Zustimmung der Familienangehörigen des Verstorbenen rechtswirksam ausüben können (Brox/Walker ErbR § 1 Rn. 15; Lange/Kuchinke ErbR § 5 III 5g; vgl. LG Mainz MedR 1984, 199). Hilfsmittel wie Brillen, Hörgeräte und abnehmbare Prothesen gehören dagegen zum Nachlass.

Die Bestimmung über konserviertes Sperma steht nach dem Tod des Spenders nicht den Erben, 28
sondern den nächsten Angehörigen zu, die den erklärten Willen des Verstorbenen zu beachten haben (MüKoBGB/Leipold Rn. 173; Soergel/Fischinger Rn. 27). Da eine Verwendung des Spermas zur Befruchtung nach dem Tod des Spenders durch § 4 Abs. 1 Nr. 3 ESchG untersagt ist, kann das Bestimmungsrecht nur Fragen der Aufbewahrung, Vernichtung und Verwendung zu wissenschaftlichen Zwecken betreffen.

Die **Organentnahme** aus dem Körper des Toten zum Zwecke der Übertragung auf andere 29
Menschen ist durch das Transplantationsgesetz geregelt. Für die Zulässigkeit einer Obduktion oder der Verwendung der Leiche zu anatomischen Zwecken kommt es auf die Zustimmung des Verstorbenen an. Ist ein Wille des Verstorbenen nicht feststellbar, haben seine Angehörigen darüber zu bestimmen (MüKoBGB/Leipold Einl. ErbR Rn. 7).

**3. Persönlichkeitsrecht, postmortaler Persönlichkeitsschutz.** Das **allgemeine Persön-** 30
**lichkeitsrecht** (→ § 12 Rn. 104 ff.), das von Rspr. und Lehre als sonstiges Recht iSd § 823 Abs. 1 anerkannt ist, stellt ein höchstpersönliches Nichtvermögensrecht dar, das nicht vererblich ist (BeckOGK/Preuß Rn. 375; Staudinger/Kunz, 2017, Rn. 300). Es erlischt mit dem Tod des Menschen, ebenso das (Künstler-)Namensrecht einer Person (BGHZ 169, 193 = NJW 2007, 684 mAnm Schack JZ 2007, 366). Im Hinblick auf die Wertentscheidung des Art. 1 GG erkennt die Rspr. allerdings neben dem strafrechtlichen Schutz des Andenkens Verstorbener (§ 189 StGB) bei fortwirkender Beeinträchtigung zivilrechtlich einen **postmortalen Persönlichkeitsschutz** in Form von Unterlassungs- und Widerrufsansprüchen an (BGH NJW 2022, 847; BGHZ 107, 384 = NJW 1990, 1986 – Emil Nolde; BGHZ 50, 133 (137) = NJW 1968, 1773 – Mephisto; OLG Köln NJW 1999, 1969 – Konrad Adenauer; OLG Hamburg NJW 1990, 1995 – Heinz Erhardt; Seifert NJW 1999, 1889; abl. H.P. Westermann FamRZ 1969, 561; Stein FamRZ 1986, 7). Der postmortale Persönlichkeitsschutz wird mit der aus Art. 1 Abs. 1 GG folgenden, nicht mit dem Tod einer Person endenden Verpflichtung des Staates begründet, den Einzelnen gegen Angriffe auf seine Menschenwürde zu schützen (BVerfGE 30, 173 (194) = NJW 1971, 1645; Schönberger, Postmortaler Persönlichkeitsschutz, 2011).

Geltend machen können die **Beseitigungs- und Unterlassungsansprüche** diejenigen, die 31
der Verstorbene dazu ermächtigt hat, sowie in Analogie zu § 22 KunstUrhG, § 60 Abs. 2 UrhG, § 77 Abs. 2 StGB auch die nächsten Angehörigen des Verstorbenen, ohne dass es auf deren Erbenstellung ankommt (BGHZ 50, 133 (140) = NJW 1968, 1773; BGHZ 15, 249 = GRUR 1955, 201; MüKoBGB/Leipold Rn. 158; Stein FamRZ 1986, 7 (14 ff.)).

Nach neuerer Rspr. bestehen die **vermögenswerten Bestandteile** des Persönlichkeitsrechts 32
nach dem Tod fort und gehen auf die Erben über, die einen Schadensersatzanspruch bei ungenehmigter Vermarktung des Bildnisses und des Namens eines Verstorbenen geltend machen können (BGHZ 143, 214 = NJW 2000, 2195 – Marlene Dietrich; BGH NJW 2000, 2201 – Der blaue Engel; hierzu Götting NJW 2001, 585; Schack JZ 2000, 1060; Ahrens ZEV 2006, 237). Das BVerfG sieht gegen diese richterliche Rechtsfortbildung keine Bedenken.

Ob wegen der Verletzung des postmortalen Persönlichkeitsrechts auch eine **Geldentschädi-** 32a
**gung** verlangt werden kann, ist dagegen umstritten. Die Rspr. verneint einen solchen Anspruch mit der Begründung, dass bei der Zubilligung einer Geldentschädigung im Fall einer schweren Persönlichkeitsverletzung regelmäßig der Gesichtspunkt der Genugtuung für das Opfer im Vordergrund stehe und dem Verstorbenen selbst nach seinem Tod keine Genugtuung für die Verletzung seiner Persönlichkeit verschafft werden könne (BGH NJW 2017, 3004; NJW 2014, 2871; NJW 2006, 605 (606 f.); zust. NK-BGB/Katzenmeier § 823 Rn. 186; Schack GRUR 1985, 352 (358); aA OLG München GRUR-RR 2002, 341 m. Bespr. Beuthien NJW 2003, 1220). An dieser Auffassung hält der BGH (NJW 2022, 868 mit abl. Bespr. Gsell und Leipold FamRZ 2022, 306)

trotz starker Kritik in der Lit. (Nachw. im Urteil Rn. 11) fest. Vererblichkeit tritt danach grds. erst mit Rechtskraft eines dem Verletzten die Geldentschädigung zusprechenden Urteils ein; ein nicht rechtskräftiges, nur vorläufig vollstreckbares Urteil genügt nicht.

33 **4. Vertragliche Schuldverhältnisse. a) Grundsatz.** Ansprüche und Verbindlichkeiten aus **schuldrechtlichen Verträgen** sind grds. vererblich. Es geht die gesamte vertragsrechtliche Position des Erblassers auf den Erben über, einschließlich **Hilfsansprüchen** (zB Anspruch auf Auskunft oder Rechnungslegung) (BGH NJW 1989, 1601; OLG Frankfurt MDR 1966, 503; Staudinger/Kunz, 2017, Rn. 529 ff.) und **Sicherungsrechte** (wie Bürgschaften, Pfandrechte, Hypotheken). Die Vererblichkeit erstreckt sich auch auf **Gestaltungsrechte** (zB Anfechtungs- und Rücktrittsrecht) und **Rechtsverkehrslagen.** Durch gesetzliche Anordnung oder rechtsgeschäftliche Bestimmung kann die Unvererblichkeit eines Schuldverhältnisses angeordnet werden. Zu prüfen bleibt dann immer noch, ob trotz Unvererblichkeit der Hauptleistung bereits entstandene Gegenansprüche, Ersatzansprüche und Gestaltungsrechte auf die Erben übergehen.

34 Bei bestimmten personenbezogenen Rechten und Verpflichtungen regelt das **Gesetz** die **Unvererblichkeit** ausdrücklich. Kraft gesetzlicher Regelung erlöschen idR das Vorkaufsrecht mit dem Tod des Berechtigten (§ 473 S. 1), ein schenkungsweise gegebenes Rentenversprechen mit dem Tod des Schenkers (§ 520), die Dienst- bzw. Arbeitsverpflichtung (§ 613 S. 1) und die Verpflichtung zur Ausführung eines Auftrags (§ 673 S. 1) oder eines Geschäftsbesorgungsvertrags (§ 675) mit dem Tod der verpflichteten Personen.

35 Die Vertragsfreiheit gestattet es, die **Vererblichkeit** einer vertraglichen Forderung oder Verbindlichkeit **durch Vertrag auszuschließen** (BGH WM 1989, 1813). Auch ohne ausdrücklichen vertraglichen Ausschluss ist Unvererblichkeit anzunehmen, wenn der Inhalt eines Rechts so stark auf die Person des Berechtigten oder des Verpflichteten zugeschnitten ist, dass ein Subjektswechsel die Leistung in ihrem Wesen verändern würde (Dietzel, Untergang statt Fortbestand, 1991, 40 ff.). So erlischt die Verpflichtung zur Erteilung von Unterricht an eine bestimmte Person mit deren Tod wie umgekehrt der Anspruch auf Herstellung eines Kunstwerks mit dem Tod des Künstlers.

36 **b) Einzelheiten.** Beim Tod des Berechtigten aus einem **Schenkungsversprechen** erlischt der Anspruch, wenn die Auslegung ergibt, dass die Schenkung ausschließlich diesem zugutekommen sollte. Gemäß § 532 S. 2 ist nach dem Tod des Beschenkten der Widerruf der Schenkung wegen groben Undanks nach § 530 nicht mehr zulässig. Der Rückforderungsanspruch des Schenkers wegen Verarmung (§ 528) kann wegen seines Zwecks grds. nur vom Schenker selbst, nicht von dessen Erben geltend gemacht werden (OLG Stuttgart BWNotZ 1985, 70; Kollhosser ZEV 1995, 391; Haarmann FamRZ 1996, 522). Wenn dieser Anspruch jedoch durch Vertrag anerkannt oder rechtshängig und damit nach § 400 BGB, § 852 Abs. 2 ZPO pfändbar und übertragbar geworden ist, ist auch seine Vererblichkeit zu bejahen (MüKoBGB/Leipold Rn. 50). Der Anspruch erlischt nicht mit dem Tod des Schenkers, wenn er vorher gem. § 93 SGB XII übergeleitet wurde (BGHZ 96, 380 (383) = NJW 1986, 1606 zu § 90 BSHG aF; dies gilt auch, wenn die Überleitung erst nach dem Tod stattfindet, BGH NJW 1995, 2287; Zeranski NJW 1998, 2574) oder wenn der Beschenkte den Anspruch aus § 528 trotz Aufforderung nicht erfüllt hat (BGH NJW 1994, 256). Das Gleiche gilt, wenn der Schenker durch Inanspruchnahme unterhaltssichernder Leistungen zu erkennen gegeben hat, dass er ohne die Rückforderung des Geschenks nicht in der Lage ist, seinen Unterhalt zu bestreiten (BGH NJW 2001, 2084 mAnm Kollhosser ZEV 2001, 289).

37 **Ansprüche auf Urlaub oder Urlaubsabgeltung** nach § 7 Abs. 4 BUrlG oder daran anknüpfende tarifvertragliche Ansprüche wurden früher wegen ihrer Zweckbestimmung für unvererblich gehalten (BAG NJW 2013, 1980; BAGE 50, 147 = NJW 1987, 461; so noch Soergel/Fischinger Rn. 58). Diese Entscheidungspraxis stand allerdings nicht im Einklang mit der Rspr. des EuGH (EuGH NJW 2014, 2415 (2416); krit. Schmidt NZA 2014, 701 (703)). Das BAG hatte die Frage dem EuGH zur Vorabentscheidung vorgelegt (BAG NZA 2017, 207). Dieser hat seine Rspr. bestätigt, dass der Anspruch eines Arbeitnehmers auf bezahlten Jahresurlaub nach dem Unionsrecht nicht mit seinem Tod untergeht. Ferner können die Erben eines verstorbenen Arbeitnehmers nach Ansicht des EuGH eine finanzielle Vergütung für den von ihm nicht genommenen Jahresurlaub verlangen, gleich, ob dieser bei einem öffentlich-rechtlichen Arbeitgeber oder bei einem privaten Arbeitgeber entstanden ist (EuGH NZA2018, 1437). Das BAG hat die Rspr. des EuGH rezipiert (BAG NZA 2019, 828; s. ErfK/Gallner BUrlG § 1 Rn. 23–23c).

38 Vererblich sind dagegen unter bestimmten Voraussetzungen ein für den Verlust des Arbeitsplatzes vereinbarter (und bereits entstandener) **Abfindungsanspruch** (BAG NZA 1988, 466; BeckOGK/Preuß Rn. 223 ff.) und ein Abfindungsanspruch aus einem Sozialplan (Frage der Auslegung, BAG NZA 2006, 1238; ErfK/Preis § 613 Rn. 7; Compensis DB 1992, 888). Der gesetzliche Anspruch auf Abfindung bei betriebsbedingter Kündigung (§ 1a KSchG) entsteht erst mit Ablauf

der Kündigungsfrist und ist daher nicht vererblich, wenn das Arbeitsverhältnis vorher durch den Tod des Arbeitsnehmers endet (BAG NJW 2007, 3086). Ansprüche aus vertraglichen **Ruhegeldzusagen** sind idR auf den Tod des Berechtigten befristet, bei Kapitalisierung ist dagegen der gesamte Anspruch vererblich (BGH WM 1983, 43). Die Erben eines vor dem Insolvenzereignis verstorbenen Arbeitnehmers haben nach § 165 Abs. 4 SGB III Anspruch auf Insolvenzgeld (MüKoBGB/Leipold Einl. ErbR Rn. 175; Lakies NZA 2000, 565).

Beim **Werkvertrag** hängt die Vererblichkeit der Verpflichtung des Unternehmers davon ab, ob es bei der geschuldeten Leistung entscheidend auf Sachkunde, Geschicklichkeit, künstlerische oder wissenschaftliche Eignung oder Vertrauenswürdigkeit einer bestimmten Person ankommt. 39

Beim **Reisevertrag** rückt bei Tod des Reisenden vor Reiseantritt der Erbe in den weiter bestehenden Vertrag ein (Claussen NJW 1991, 2813). Der Schadensersatzanspruch des Reisenden wegen nutzlos aufgewendeter Urlaubszeit (§ 651n Abs. 2) kann auf den Erben übergehen (Staudinger/Kunz, 2017, Rn. 497; Dietzel, Untergang statt Fortbestand, 1991, 134 ff.; aA Lange/Kuchinke ErbR § 5 III 3b). 40

Ein **Maklervertrag** (§ 652) endet mit dem Tod des Maklers, nicht aber mit dem Tod des Auftraggebers. Der Provisionsanspruch wird nicht dadurch ausgeschlossen, dass der Makler, der eine für das Zustandekommen des provisionspflichtigen Geschäfts ursächliche Tätigkeit entfaltet hat, vor dem endgültigen Abschluss des Geschäfts stirbt (BGH WM 1976, 503; NJW 1965, 964; MüKoBGB/Roth § 652 Rn. 98). 41

Auch Verträgen über **Gebrauchs- und Nutzungsüberlassung** ist häufig ein persönliches Vertrauenselement eigen. Das Recht des Mieters, Pächters oder Entleihers geht daher nur eingeschränkt durch Kündigungsmöglichkeiten auf den Erben über (vgl. §§ 564, 580, 581 Abs. 2, § 605 Nr. 3). Der Tod des Vermieters, Verpächters oder Verleihers gibt keinen gesetzlichen Kündigungsgrund. Besondere Regelungen gelten für Wohnraummietverhältnisse (vgl. § 563). 42

Bei **sonstigen Dauerschuldverhältnissen** ist die Frage der Vererblichkeit und Auflösbarkeit nach den Umständen des Einzelfalls zu beurteilen. Insbesondere bei auf lange Dauer angelegten Schuldverhältnissen kann die Frage relevant werden, zu welchem Zeitpunkt und auf welche Weise sich die Überleitung des Schuldverhältnisses des Erblassers in ein solches des Erben vollzieht. Maßgebend ist, ob der Erbe mit seiner Person in das Rechtsverhältnis eintritt und dieses für seine Zwecke fortsetzt (MüKoBGB/Küpper § 1967 Rn. 21). Von einem Eintritt des Erben in das Dauerschuldverhältnis wird man dann ausgehen können, wenn der Erbe das Rechtsverhältnis nicht beendet, obwohl es ihm tatsächlich und rechtlich möglich ist. 43

Die Erben des Jagdpächters treten in einen **Jagdpachtvertrag** ein, soweit Landesjagdgesetze keine entgegenstehenden Vorschriften enthalten (Überblick über die Rechtsfragen bei Tod eines Jägers oder Jagdpächters Frank ZEV 2005, 475; Winkler ZErb 2010, 218). Mitpächter können allerdings vereinbaren, dass das Jagdpachtrecht nicht vererblich ist. 43.1

Alle Rechte des Erblassers aus den mit Kreditinstituten geschlossenen Verträgen über **Giro- und Sparkonten, Wertpapierdepots** (eingehend zur Rechtslage beim Tod des Bankkunden GroßkommHGB/Grundmann BankvertragsR 1. Teil Rn. 217 ff.; BankR-HdB/Joeres § 30 Rn. 32 ff.) etc gehen auf die Erben über. Diesen stehen daher die beim Erbfall vorhandenen Guthaben zu, falls nicht der Erblasser die Einlageforderung dem Nachlass durch einen mit der Bank geschlossenen Vertrag zugunsten Dritter entzogen hat. Bei einem sog. Oder-Konto, bei dem mehrere Kontoinhaber Gesamtgläubiger iSd § 428 sind, geht die Guthabenforderung des Erblassers auf den Erben über. Bei einem sog. Und-Konto, bei dem mehrere Kontoinhaber nur gemeinschaftlich verfügungsberechtigt sind, erhält der Erbe den Anteil des Erblassers an der gemeinschaftlichen Einlage. 44

Mit der Fortführung eines Erblasserkontos für den eigenen Zahlungsverkehr tritt der Erbe in eigene Rechtsbeziehungen zur Bank (BGH NJW 2000, 1258; 1996, 190). Auch der sich aus der Geschäftsverbindung ergebende Auskunftsanspruch nach §§ 675, 666 geht auf den Erben über; das Bankgeheimnis steht dem nicht entgegen (BGHZ 107, 104 = NJW 1989, 1601 mAnm Kuchinke JZ 1990, 652; OLG Frankfurt MDR 1966, 503). Der unwiderrufliche Treuhandvertrag des Erblassers mit der Bank wirkt nach dessen Tod weiter (BGH WM 1976, 1130). 45

Zum vererblichen Nachlass gehören ferner anlässlich des Erbfalls fällig werdende **Ansprüche aus Lebens- und Unfallversicherungen.** Oft wird deren Vererbung aber daran scheitern, dass die Vertragsgestaltung durch die Rechtsfigur des Vertrages zugunsten Dritter auf den Todesfall diese Rechte am Erbrecht „vorbeisteuert". Sind bei einer Kapitallebensversicherung „die Erben" als Bezugsberechtigte bestimmt, ist nach der Auslegungsregel des § 160 Abs. 2 VVG im Zweifel anzunehmen, dass sich der Rechtserwerb außerhalb des Erbrechts vollzieht und bezugsberechtigt diejenigen sind, die beim Erbfall zu Erben berufen sind, selbst wenn sie ausschlagen. **Sachversi-** 46

**cherungen,** wie die Hausratsversicherung, können beim Tode des Versicherungsnehmers auf den Erben übergehen (BGH NJW-RR 1993, 1048; jurisPK-BGB/Schmitt Rn. 46; Prölss/Armbrüster VVG § 80 Rn. 14, 19). Im Einzelnen muss durch Auslegung ermittelt werden, ob Vererblichkeit der vertraglichen Position vereinbart war.

47 Die früher umstrittene Vererblichkeit des Rechts eines Patienten auf **Einsicht** in eine Krankenunterlagen **(Patientenakte)** (vgl. BGH NJW 1983, 2627; OLG München ZEV 2009, 40) hat der Gesetzgeber in § 630g Abs. 3 geregelt und dabei die an den postmortalen Persönlichkeitsschutz angelehnte Differenzierung zwischen materiellen und immateriellen Interessen aufgegriffen. Das Einsichtsrecht zur Wahrnehmung vermögensrechtlicher Interessen ist den Erben zugewiesen, das Einsichtsrecht zur Wahrnehmung immaterieller Interessen dagegen den nächsten Angehörigen (§ 630g Abs. 3). Nicht geregelt hat der Gesetzgeber, wer zu den nächsten Angehörigen zählt. Die Gesetzgebungsmaterialien führen beispielhaft „Ehegatten, Lebenspartner, Kinder, Eltern, Geschwister und Enkel" auf.

48 § 630g Abs. 3 befasst sich zudem nicht mit der Frage, ob die Befugnis zur **Entbindung** von einer **Verschwiegenheitspflicht** auf die Erben und Angehörigen übergehen kann, denn die ärztliche Schweigepflicht besteht über den Tod des Patienten hinaus fort (BGHZ 91, 392 (398) = NJW 1984, 2893; BGH NJW 1983, 2627; OLG Naumburg NJW 2005, 2018; Bartsch NJW 2001, 861; Hess ZEV 2006, 479). Das Informationsrecht eines Patienten und dessen Recht zur Entbindung von der Schweigepflicht sind Nebenrechte aus dem zwischen Arzt und Patient geschlossenen Behandlungsvertrag. Auch die Fassung des Abs. 3 S. 3 spricht dafür, dass die Entbindungsbefugnis unvererblich ist. Denn nach Abs. 3 S. 3 kommt es ausschließlich auf den Willen des Erblassers an.

49 Da das Recht zur Entbindung von der Schweigepflicht im Grundsatz höchstpersönlich ist, kann es auf die Erben allenfalls insoweit übergehen, als der vermögensrechtliche Bereich des Verstorbenen betroffen ist. Darunter fällt zB die Geltendmachung eines Schadensersatzanspruchs gegen den behandelnden Arzt, sowie Ansprüche auf Versorgungs-, Renten- und Versicherungsleistungen. Soll der behandelnde Arzt zur Klärung der Testierfähigkeit gehört werden, kann von einem Interesse des Erblassers an der Ausräumung von Zweifeln an seiner Geschäfts- und Testierfähigkeit und damit von einem mutmaßlichen Willen zur Befreiung von der Schweigepflicht ausgegangen werden (BGHZ 91, 392 (400); BayObLG NJW-RR 1991, 1287; NJW 1987, 1492 (1493); s. aber auch BGH NJW-RR 1999, 450).

50 Bei der **Verschwiegenheitspflicht des Steuerberaters, Notars oder Rechtsanwalts** wird ähnlich zu entscheiden sein: Hinsichtlich der vermögensrechtlichen Verhältnisse geht die Befugnis, von der Schweigepflicht zu entbinden, auf die Erben über (BeckOGK/Preuß Rn. 196; Soergel/Fischinger Rn. 73). Dient die Verschwiegenheitspflicht dem Schutz höchstpersönlicher Belange des verstorbenen Mandanten, was auch bei vermögensrechtlichem Bezug häufig der Fall sein wird, gilt sie nach dem Tod fort.

51 **5. Gestaltungsrechte. Gestaltungsrechte** gehen auf die Erben über, soweit sie nicht ausnahmsweise höchstpersönlicher Natur sind. In der Regel vollzieht sich der Übergang unselbstständig als Teil oder Annex des Rechtsverhältnisses, auf das sie sich beziehen. Nach § 1922 gehen etwa über das Anfechtungsrecht nach § 119 (es sei denn, es war ausschließlich dem Erblasser vorbehalten, so im Fall BGH FamRZ 1969, 479 betr. Anfechtung eines Adoptionsvertrags), Widerrufs- (zum Übergang des Verbraucherwiderrufsrechts vgl. Staudinger/Kunz 2017, Rn. 557a), Rücktritts- und Kündigungsrechte, ferner das Recht zur Leistungsbestimmung nach §§ 315, 316 und das Wahlrecht nach § 262.

52 **6. Gesetzliche Schuldverhältnisse.** Bei gesetzlichen Schuldverhältnissen ist idR von der Vererblichkeit der Rechtsstellung des Erblassers auszugehen. **Schadensersatzansprüche** sind vererblich, gleich aus welchem Rechtsgrund sie herrühren. Seit der Streichung des § 847 Abs. 1 S. 2 gilt dies auch ohne Einschränkung für den Anspruch auf **Schmerzensgeld;** es kommt nicht darauf an, ob der Erblasser zu Lebzeiten den Willen bekundet hat, Schmerzensgeld zu fordern (BGH NJW 1995, 783). Zur Problematik des Entschädigungsanspruchs wegen Verletzung des Persönlichkeitsrechts → Rn. 32a.

53 Wenn eine Rechtsgutsverletzung noch zu Lebzeiten des Erblassers stattgefunden hat, der dadurch verursachte Schaden aber erst nach dem Erbfall eingetreten ist, muss geklärt werden, ob der Schaden auch bei Weiterleben des Erblassers entstanden wäre. Dann handelt es sich um einen Schaden, der so zu bewerten ist, als sei er dem Erblasser erwachsen (MüKoBGB/Leipold Rn. 74). Bei Verletzung eines höchstpersönlichen Rechtsguts des Erblassers kann der Erbe für nach dem Erbfall eingetretene Schäden keinen Ersatz verlangen; der Tod des Erblassers schließt hier die

Schadensbilanz ab (Soergel/Mertens Vor § 249 Rn. 258; Erman/Ebert Vor § 249 Rn. 132). Die Ansprüche aus §§ 844, 845 sind keine vererbten, sondern eigene Ansprüche der Hinterbliebenen.

Bei der **bereicherungsrechtlichen Haftung** ist zu beachten, dass die beim Erblasser eingetretene Haftungsverschärfung wegen Bösgläubigkeit (§ 819) auch den Erben trifft. Dieser kann jedoch die Haftung nach allgemeinen Grundsätzen auf den Nachlass beschränken (Soergel/Fischinger Rn. 69; Staudinger/Kunz, 2017, Rn. 466). Der Bereicherungsanspruch wegen Zweckverfehlung ist auch dann vererblich, wenn der bezweckte Erfolg wegen des Versterbens des Leistenden vor dem Leistungsempfänger nicht eintreten kann (BGH NJW 2013, 2025). **54**

**7. Rechtsverkehrslagen, werdende Rechte.** Der Erbe tritt nicht nur in zu Lebzeiten des Erblassers entstandene Rechte und Verbindlichkeiten ein, sondern auch in Rechtsbeziehungen, die noch im Werden begriffen sind. Auf den Erben gehen auch die vorgefundenen, noch nicht abgeschlossenen Rechtsbeziehungen über, zu deren vollständiger Entstehung weitere Ereignisse oder Willenserklärungen erforderlich sind. Man spricht in diesem Zusammenhang von **„Rechtsverkehrslagen"**. In der Person des Erben kann sich die Entstehung eines Rechts oder einer Verbindlichkeit in derselben Weise vollenden, wie dies bei Fortleben des Erblassers möglich gewesen wäre. Die Vererblichkeit einer unvollendeten Rechtsstellung setzt nicht voraus, dass sich die auf ihr beruhende Erwerbsaussicht des Erblassers bereits zu einem Anwartschaftsrecht verfestigt hat. **55**

**a) Willenserklärungen.** Das Zustandekommen eines Vertrags mit Wirkung für und gegen den Erben hängt davon ab, ob eine empfangsbedürftige Willenserklärung, die der Erblasser zu Lebzeiten abgegeben hat oder die dem Erblasser zu Lebzeiten zugehen sollte, nach dem Tod des Erblassers wirksam wird. Gemäß **§ 130 Abs. 2** bleibt die vom Erblasser abgegebene Willenserklärung auch nach dessen Tod wirksam. Sie ist nach § 153 als eine auf den Abschluss eines Vertrags gerichtete Willenserklärung (Antrag) nach annahmefähig, wenn nicht ein anderer Wille des Erblassers anzunehmen ist. Ein abweichender Wille kommt insbes. in Betracht, wenn der Vertrag auf eine Leistung für den höchstpersönlichen Bedarf des Erblassers gerichtet war (→ § 153 Rn. 9). **56**

Verstirbt der Empfänger eines Vertragsangebots, bevor das Angebot ihn erreicht hat, fehlt es an sich an einer Position, die im Wege der Gesamtrechtsnachfolge auf die Erben übergehen könnte. Wenn die Auslegung der auf den Weg gebrachten Erklärung jedoch ergibt, dass das Angebot nicht nur für den Erblasser persönlich gelten sollte, kann die Angebotserklärung mit dem Zugang bei dem Erben wirksam werden (BeckOGK/Preuß Rn. 336; MüKoBGB/Busche § 153 Rn. 7). Die Annahmefähigkeit eines bereits zu Lebzeiten des Adressaten wirksam gewordenen Angebots hängt davon ab, ob es an die Person des Erblassers gebunden war. Eine nicht ausschließlich auf den Erblasser bezogene Annahmeposition geht auf den Erben über, der nunmehr den Vertrag durch Annahme des Angebots selbst zustande bringen kann (OLG Düsseldorf OLGZ 1991, 88 (89)); dasselbe gilt für das Recht, einen von einem vollmachtlosen Vertreter geschlossenen Vertrag oder das Selbstkontrahieren eines Vertreters zu genehmigen (OLG Hamm OLGZ 1979, 44 (46). **57**

**b) Verfügungen. Verfügungsgeschäfte,** die der Erblasser als Verfügender zu Lebzeiten eingeleitet hat (ggf. unter Einschaltung einer Mittelsperson), können nach dem Tod des Erblassers mit Wirkung für den Nachlass vollendet werden. Für das Tatbestandsmerkmal der Einigung, den dinglichen Vertrag, gelten die Grundsätze über das Zustandekommen von Verträgen nach dem Tod des Erblassers. Bei Verfügungen über **Grundstücksrechte** ist zu beachten, dass eine vom Erblasser erklärte Eintragungsbewilligung (§ 19 GBO) ebenso wie die Auflassung (§ 925 BGB, § 20 GBO) eine entsprechende Grundbucheintragung des Erwerbers ermöglicht, auch wenn der Erbe mittlerweile als Berechtigter im Grundbuch eingetragen ist (BGHZ 48, 351 (356) = NJW 1968, 105; OLG Stuttgart ZEV 2012, 431; MüKoBGB/Leipold Rn. 85). Der Erbe bleibt an die erklärte Auflassung gebunden. Ob der Erbe die vom Erblasser erklärte dingliche Einigung vor Vollendung des Verfügungstatbestandes noch widerrufen kann, ist nach allgemeinen sachenrechtlichen Grundsätzen zu beurteilen. Ist eine Eintragungsbewilligung oder Auflassung zugunsten des Erblassers erklärt, so ist auch die dadurch begründete Rechtsstellung vererblich, sodass auf Antrag die Erben einzutragen sind (LG Düsseldorf Rpfleger 1987, 14). **58**

**c) Vorausabtretung, Anwartschaft.** Hat der Inhaber eines Gewerbebetriebs künftige Kaufpreisforderungen gegen seine Kunden **im Voraus** an seine Bank zur Kreditsicherung **abgetreten,** so erwirbt die Bank auf Grund dieser Vorausabtretung auch Forderungen aus solchen Verkäufen, die der Erbe des Betriebsinhabers nach dessen Tod tätigt (BGHZ 32, 367 = NJW 1960, 1715; Erman/Lieder Rn. 18). **59**

**60** Gesetzliche und rechtsgeschäftlich begründete **Anwartschaftsrechte** sind ebenfalls vererblich, zB die Anwartschaft aus aufschiebend bedingter Übereignung (§ 449), das Anwartschaftsrecht des Auflassungsempfängers und das Anwartschaftsrecht des Nacherben im Rahmen des § 2108 Abs. 2.

**60.1** Der Gewinn aus einem **Lotterielos** fällt nicht in den Nachlass, wenn zwar der Erblasser den Gewinnsparvertrag noch selbst abgeschlossen hatte, der Erbe das Los aber erst durch eine Einzahlung nach dem Erbfall erworben hat und der Gewinnsparvertrag vor Erwerb des Loses durch den Erben kündbar war (AG Pirmasens NJW-RR 1998, 1463).

**61** **8. Vertretungsmacht, Verfügungsbefugnis.** Ob eine rechtsgeschäftlich erteilte Vertretungsmacht **(Vollmacht)** mit dem Tod des Vollmachtgebers oder des Bevollmächtigten erlischt, hängt nach § 168 S. 1 vom Schicksal des zugrunde liegenden Rechtsverhältnisses ab. Bei einem Auftrag oder Geschäftsbesorgungsvertrag enden diese Schuldverhältnisse und damit auch die Vollmacht idR mit dem Tod des Beauftragten (§§ 673, 675), nicht dagegen mit dem Tod des Auftraggebers (§§ 672, 675). Umstritten ist, ob die Vollmacht erlischt, wenn der Bevollmächtigte Alleinerbe des Vollmachtgebers wird (so OLG Hamm ZEV 2013, 341; aA BeckOGK/Preuß Rn. 204; Grüneberg/Ellenberger § 168 Rn. 4; Soergel/Fischinger Rn. 77).

**62** Die Vollmacht endet mit dem **Tod des Vollmachtgebers,** wenn sie sich auf ein höchstpersönliches Recht bezieht, das mit dem Tod des Vollmachtgebers erlischt (BGH FamRZ 1969, 479 betr. Vollmacht zur Anfechtung eines Adoptionsvertrags). Wenn die Vollmacht durch den Tod nicht wegfällt, kann sowohl die Stellung des Bevollmächtigten als auch die des Vollmachtgebers vererblich sein. Der Erbe des Bevollmächtigten kann dieselben Rechtswirkungen herbeiführen wie der Erblasser. Bei Tod des Vollmachtgebers kann der Bevollmächtigte nunmehr Rechtsgeschäfte mit Wirkung für und gegen die Erben vornehmen.

**63** Anstelle einer über den Tod hinauswirkenden **(transmortalen)** Vollmacht kann der Erblasser auch eine Vollmacht erteilen, die auf den Todesfall beschränkt ist, dh erst beim Erbfall entsteht **(postmortale Vollmacht)** (Trapp ZEV 1995, 314; Seif AcP 200 (2000), 193). Die postmortale unterscheidet sich von der transmortalen Vollmacht (dazu Bayer ZfPW 2020, 385) nur hinsichtlich ihres Beginns, vertretungsrechtlich gelten dieselben Grundsätze. Im Außenverhältnis bestimmt sich der Umfang der Vollmacht nach dem vom Erblasser festgelegten Inhalt. Die Vollmacht bezieht sich jedoch nur auf den Nachlass.

**64** Ein praktisches Bedürfnis dafür, dass die Vollmacht nicht mit dem Tod des Vollmachtgebers erlischt, besteht im **Rechtsverkehr mit Banken.** Im Interesse der Fürsorge für den Nachlass und die Erben wird eine Kontovollmacht regelmäßig mit der Maßgabe erteilt, dass sie beim Tod des Kontoinhabers für die Erben in Kraft bleibt. Solange eine über den Tod hinaus wirkende Vollmacht nicht widerrufen ist, muss eine Bank die ihr vom Bevollmächtigten erteilten Weisungen ausführen, ohne verpflichtet zu sein, die Zustimmung der Erben abzuwarten oder durch Zuwarten den Widerruf der postmortalen Vollmacht zu ermöglichen (BGHZ 127, 239 = NJW 1995, 250 m. abl. Anm. Krampe ZEV 1995, 187; BGH NJW 1969, 1245). Ein Widerruf muss eindeutig erklärt werden, die Benachrichtigung der Bank von der Erbenstellung reicht nicht aus (BankR-HdB/Dauber § 32 Rn. 51). Die einem Ehepartner erteilte transmortale Kontovollmacht berechtigt weder zu Lebzeiten noch nach dem Tod des Erblassers zur Umschreibung des Kontos auf den Bevollmächtigten (BGH ZEV 2009, 306).

**65** Die dargelegten Grundsätze gelten auch für die **Handlungsvollmacht** (§ 54 HGB). Für die **Prokura** enthält § 52 Abs. 3 HGB eine ausdrückliche Regelung über das Nichterlöschen beim Tod des Inhabers des Handelsgeschäfts.

**66** Die rechtsgeschäftlich erteilte **Verfügungsmacht** sollte beim Tod des Ermächtigten bzw. des Ermächtigenden in entsprechender Anwendung des § 168 S. 1 wie die Vertretungsmacht behandelt und vom Schicksal des zugrunde liegenden Rechtsverhältnisses abhängig gemacht werden.

**67** **9. Gesetzliche Vertretung, Amtsstellungen.** Die Rechtsstellung eines **gesetzlichen Vertreters** oder einer **Partei kraft Amtes** (Insolvenzverwalter, Testamentsvollstrecker, Nachlass- und Zwangsverwalter) ist ebenso auf die Person bezogen wie das Amt des Vormunds, Betreuers oder Pflegers und endet daher mit dem Tod des Vertreters bzw. Amtsträgers. Vererblich sind dagegen die aus der Amtsführung entstandenen Ansprüche und Verbindlichkeiten. Endet das Betreueramt durch den Tod des Betreuers, kann gegen dessen Erben wegen Nichterfüllung der betreuungsgerichtlichen Anordnung, eine Schlussrechnung einzureichen, kein Zwangsgeld nach § 1908i Abs. 1 S. 1, § 1837 Abs. 3 festgesetzt werden (BGH ZEV 2017, 528). Der Tod des Vertretenen bzw. des Vermögensinhabers führt nicht notwendig zur Beendigung der Vertreter- oder Amtsstellung. Der Erbe des Gemeinschuldners tritt zB in die insolvenzrechtliche Stellung des Erblassers ein, und der Insolvenzverwalter handelt nun (im Rahmen des als Nachlassinsolvenz fortzusetzenden Verfahrens) mit Wirkung gegenüber dem Erben. Das Amt des Testamentsvollstreckers endet nicht zwangsläufig mit dem Tod des Erben (→ § 2225 Rn. 4).

**10. Sachenrechtliche Positionen. Dingliche Rechte** und die an ihnen bestehenden **dinglichen Belastungen** sind vererblich, soweit nicht ausnahmsweise Sonderregelungen entgegenstehen. Vererblich sind neben dem **Eigentum** (auch in Form des Miteigentums, des Sicherungs- und Treuhandeigentums) die **beschränkt dinglichen Rechte,** wie Pfandrecht, Hypothek, Grundschuld und Rentenschuld. Die gesetzlich geregelte Vererblichkeit des Erbbaurechts (§ 1 Abs. 1 ErbbauRG) und des Dauerwohnrechts (§ 33 Abs. 1 S. 1 WEG) kann nicht abbedungen werden. Sog. Bodenreformgrundstücke (vgl. Art. 233 § 11 EGBGB) sind vererblich (BGHZ 140, 223 = NJW 1999, 1470 mAnm Grün ZEV 1999, 279; aA noch BGHZ 132, 71 = DtZ 1996, 176). Anwartschaften des Erblassers sind als „im Werden begriffene Rechtspositionen" vererblich (→ Rn. 60). 68

**Subjektiv-dingliche Rechte,** die nicht einer individuell bestimmten Person, sondern dem jeweiligen Eigentümer eines Grundstücks zustehen, wie die Grunddienstbarkeit (§ 1018), die Reallast im Falle des § 1105 Abs. 2 und das Vorkaufsrecht im Falle des § 1094 Abs. 2 sind als Bestandteile des Grundstücks (§ 96) nur zusammen mit dem Grundstückseigentum vererblich. 69

Folgende **beschränkt dinglichen Rechte** erlöschen mit dem Tode des Berechtigten: der Nießbrauch an Sachen (§ 1061) und an Rechten (§ 1068 Abs. 2), die beschränkte persönliche Dienstbarkeit (§ 1090 Abs. 2 iVm § 1061), das dingliche Vorkaufsrecht, soweit nichts anderes vereinbart wurde (§ 1098 Abs. 1 S. 1 iVm § 473). Eine subjektiv-persönliche Reallast (§ 1105 Abs. 1) ist grds. vererblich, kann aber nach dem Inhalt auf die Lebenszeit des Berechtigten beschränkt sein (BayObLG DNotZ 1989, 567; OLG Köln Rpfleger 1994, 292). 70

Der **Besitz** geht nach § 857 in der Form (unmittelbarer/mittelbarer) auf den Erben über, in der dem Erblasser der Besitz zustand (damit gilt auch die Vermutung des § 1006 zugunsten des Erben fort; BGH NJW 1993, 935). Dies gilt unabhängig von der Willensrichtung und den tatsächlichen Einwirkungsmöglichkeiten des Erben. Der Übergang setzt nicht voraus, dass der Erbe Kenntnis vom Erbfall und den zu diesem Zeitpunkt bestehenden Besitzverhältnissen hat. Auch der Makel der Fehlerhaftigkeit des Besitzes geht nach § 858 Abs. 2 S. 2 auf den Erben über und setzt diesen dem Besitzschutzanspruch des § 861 aus. Ferner trifft den Erben (unabhängig von dessen eigener Kenntnis) die verschärfte Haftung des Deliktsbesitzers nach §§ 992, 1007 Abs. 3 S. 2 als Nachlassverbindlichkeit, wenn der Erblasser den Besitz durch verbotene Eigenmacht oder strafbare Handlung erlangt hatte. 71

**11. Handelsgeschäft.** Ein vom Erblasser betriebenes **Handelsgeschäft** fällt als wirtschaftliche Einheit in den Nachlass (Dauner-Lieb, Unternehmen in Sondervermögen, 1998, 152 ff.). Das Recht zur Fortführung der Firma bestimmt sich nach **§ 22 Abs. 1 HGB.** Das Ausmaß der Haftung des Erben für die vom Erblasser begründeten Geschäftsverbindlichkeiten hängt davon ab, ob und ggf. unter welcher Firma der Erbe das Geschäft fortführt (vgl. § 27 HGB iVm § 25 HGB). Vererbt wird das gesamte Geschäfts- und Betriebsvermögen, einschließlich immaterieller Güter- und gewerblicher Schutzrechte und des „good will" (ausf. zur Vererblichkeit von Handelsgeschäften BeckOGK/Riedel Rn. 406 ff.). 72

Nicht vererblich ist die **Kaufmannseigenschaft** als solche; sie entsteht ggf. neu in der Person des Erben. Auch sonstige gewerbliche Unternehmen gehören als solche in den Nachlass, soweit nach der Art des Unternehmens eine Fortführung durch den oder die Erben denkbar ist. Ist die berufliche Tätigkeit mit der Person des Inhabers so eng verknüpft, dass eine Fortsetzung unter Wahrung der wirtschaftlichen Identität nicht möglich erscheint, erlischt das Unternehmen mit dem Tod des Inhabers; es gehen dann lediglich die einzelnen vererbbaren Rechtsbeziehungen auf die Erben über. Bei freien Berufen ist eine Vererblichkeit der wirtschaftlichen Einheit anzunehmen, wenn diese als solche veräußerbar (zB Praxis) oder durch einen Erben fortführbar ist (MüKoBGB/Leipold Rn. 101; Johannsen WM 1972, 914); → Rn. 98. 73

**12. Mitgliedschaftsrechte. a) Grundsatz. Mitgliedschaftsrechte** sind idR **personenbezogen** und damit nicht vererblich. Dies gilt jedoch nicht für alle Mitgliedschaften gleichermaßen. Grds. ist zu unterscheiden, ob das Schwergewicht auf der Kapitalbeteiligung liegt oder ob die intensive persönliche Mitarbeit im Vordergrund steht. Nicht personengebunden und damit ohne weiteres vererblich ist die Mitgliedschaft in einer Erbengemeinschaft, einer Wohnungseigentümergemeinschaft oder in einer Rechtsgemeinschaft iSd §§ 741 ff. 74

**b) Verein, Genossenschaft.** Nach § 38 S. 1 ist die Mitgliedschaft in einem **rechtsfähigen Verein** nicht übertragbar und **nicht vererblich,** es sei denn, die Satzung sieht etwas anderes vor (§ 40). Für den **nichtrechtsfähigen Verein** (§ 54) gelten diese Vorschriften analog. Die 75

Mitgliedschaft in einem **Versicherungsverein auf Gegenseitigkeit** (§§ 15 ff. VAG) ist jedenfalls dann vererblich, wenn die Satzung dies bestimmt. Sie geht auch dann auf den Erben über, wenn dieser den versicherten Gegenstand erbt und die Satzung für diesen Fall nicht das Erlöschen der Versicherung vorsieht (Prölss/Weigel VAG § 20 Rn. 17).

76 Nach § 77 Abs. 1 GenG geht die Mitgliedschaft in einer **Genossenschaft** auf den Erben über, endet aber mit dem Schluss des Geschäftsjahres, in dem der Erbfall eingetreten ist. Das Statut kann nach § 77 Abs. 2 GenG auch bestimmen, dass beim Tod eines Genossen dessen Mitgliedschaft durch die Erben fortgesetzt wird (Beuthien GenG § 77 Rn. 7 ff.; BeckOGK/Riedel Rn. 694 ff.; zur Rechtslage beim Tod eines Mitglieds einer nach dem Recht der ehemaligen DDR errichteten LPG vgl. BGHZ 120, 352 = NJW 1993, 857).

77 **13. Mitgliedschaft in Personengesellschaften.** Die Rechtsfolgen beim Tod eines Gesellschafters einer **Personengesellschaft** zählen zu den am meisten diskutierten Themen des Erbrechts in den letzten Jahrzehnten. Das Gesetz sieht hinsichtlich der Mitgliedschaft in der Gesellschaft, dem Gesellschaftsanteil, für die einzelnen Gesellschaften unterschiedliche Regellösungen vor, lässt aber jeweils die Vereinbarung anderer Gestaltungen ausdrücklich zu. Im Rahmen dieser Kommentierung muss es mit einem kursorischen Überblick sein Bewenden haben; iÜ wird auf die gesellschaftsrechtliche Lit. verwiesen.

78 **a) Auflösung mit dem Tod eines Gesellschafters.** Eine **GbR** wird durch den Tod eines Gesellschafters **aufgelöst** (§ 727 Abs. 1). Die Gesellschaft wandelt sich in eine Abwicklungsgesellschaft um; der Erbe wird deren Mitglied, Miterben erhalten den Anteil an der Liquidationsgesellschaft zur gesamten Hand (BGH NJW 1982, 170; MüKoBGB/Schäfer § 727 Rn. 14; Soergel/Hadding/Kießling § 727 Rn. 4). Da die Tätigkeit der Liquidationsgesellschaft zeitlich und sachlich beschränkt ist, führt die Beteiligung der nur beschränkt haftenden Erbengemeinschaft nicht zu unüberwindlichen Schwierigkeiten. Im Gesellschaftsvertrag kann und wird idR vorgesehen werden, dass die Gesellschaft unter den verbliebenen Gesellschaftern oder mit Nachfolgern des Verstorbenen fortgesetzt wird (§ 727 Abs. 1 Hs. 2). Beerbt in einer **zweigliedrigen Gesellschaft** ein Gesellschafter den anderen und vereinigen sich somit die Gesellschaftsanteile in einer Hand, ist die Gesellschaft beendet (→ § 705 Rn. 51).

79 Den § 727 zugrunde liegenden Grundsatz der Personenkontinuität hat das HRefG vom 22.6.1998 für die **OHG** und die **KG** durch den Grundsatz der Unternehmenskontinuität ersetzt (krit. Staudinger/Kunz, 2017, Rn. 193; MüKoHGB/K. Schmidt HGB § 131 Rn. 63 ff.); der Tod eines persönlich haftenden Gesellschafters ist kein Auflösungsgrund mehr. Die Folge der Auflösung bei Tod eines Gesellschafters kann aber durch eine Bestimmung im Gesellschaftsvertrag erreicht werden.

80 **b) Fortsetzung mit den verbliebenen Gesellschaftern.** Bei der **GbR** lässt sich die Fortsetzung der Gesellschaft bei Tod eines Gesellschafters mit den verbleibenden Gesellschaftern durch eine sog. **einfache Fortsetzungsklausel** erreichen. Unter sofortigem Ausscheiden (§ 736 Abs. 1) des Verstorbenen wird die Gesellschaft von den übrigen Gesellschaftern fortgesetzt. Während der Abfindungsanspruch des verstorbenen Gesellschafters nach § 738 Abs. 1 S. 2 in den Nachlass fällt, wächst sein Anteil an der Gesellschaft den übrigen Gesellschaftern nach § 738 Abs. 1 S. 1 an.

81 Da die Fortsetzung von **OHG** und **KG** unter Ausscheiden des verstorbenen Gesellschafters der gesetzliche Regelfall ist (§ 131 Abs. 3 S. 1 Nr. 1 HGB, § 161 Abs. 2 HGB), bedarf es hierfür keiner Fortsetzungsklausel. Der Tod eines Gesellschafters bewirkt nur dessen **Ausscheiden.** Beim Tod eines **Kommanditisten** wird die KG nach § 177 HGB mit den Erben fortgesetzt. Auch ohne besondere Regelung im Gesellschaftsvertrag ist also der Kommanditanteil vererblich (→ Rn. 91).

82 Allerdings führt das Ausscheiden des Verstorbenen grds. zur Entstehung eines vererblichen **Abfindungsanspruchs** (§ 738 ggf. iVm § 105 Abs. 3 HGB, § 161 Abs. 2 HGB). Im Hinblick darauf, dass die Fortsetzungsklausel gerade die Fortführung der Gesellschaft gewährleisten soll, wird diese in der Praxis häufig durch eine Abfindungsklausel ergänzt, mit deren Hilfe die Bewertung des Abfindungsanspruchs erleichtert, insbes. aber die finanziellen Belastungen der Gesellschaft begrenzt werden soll. Für den Fall des Ausscheidens durch Tod wird ein vollständiger Abfindungsausschluss zulasten der Erben des Verstorbenen für zulässig gehalten (BGHZ 22, 186 (194) = NJW 1957, 180; BeckOGK/Riedel Rn. 555; MüKoBGB/Schäfer § 738 Rn. 62).

83 **c) Eintrittsrecht.** Im Gesellschaftsvertrag kann ein Eintrittsrecht für den oder die Erben des verstorbenen Gesellschafters (oder für einen Dritten) vorgesehen werden. Diese sog. **rechtsgeschäftliche Eintrittsklausel** ist nicht auf den unmittelbaren Übergang der Mitgliedschaft gerichtet. Der Vollzug des Eintritts hängt vielmehr von einer entsprechenden Willenserklärung des Begünstigten ab (BGH NJW 1978, 264 (266)). Die Vereinbarung einer Eintrittsklausel ist ein

berechtigender Vertrag zugunsten Dritter (§ 328 Abs. 1, § 331 Abs. 1; → § 727 Rn. 21 ff.). Die Gesellschaft wird von den übrigen Gesellschaftern fortgesetzt, der Berechtigte kann seine Aufnahme verlangen.

**d) Fortsetzung mit den Erben.** Neben den Fortsetzungs- und Eintrittsklauseln sind bei Personenhandelsgesellschaften **Nachfolgeklauseln** verbreitet, die die Funktion haben, den Anteil der Gesellschafter an der werbenden Gesellschaft „vererblich zu stellen" (BGHZ 68, 225 (229) = NJW 1977, 1339; MüKoBGB/Schäfer § 727 Rn. 29 3). Die Nachfolgeklauseln, die eine automatische Fortsetzung der Gesellschaft mit dem oder den nachrückenden Erben bewirken sollen, werfen sowohl praktische als auch dogmatische Probleme auf. Fraglich ist zum einen, wie sich das erbrechtliche Prinzip der Universalsukzession mit haftungs- und organisationsrechtlichen Prinzipien des Gesellschaftsrechts in Übereinstimmung bringen lässt, zum anderen ist in dogmatischer Hinsicht die Konstruktion des Rechtsübergangs (gesellschaftsrechtliche oder erbrechtliche Lösung?) zu klären. Schon aus Gründen der Rechtssicherheit empfiehlt es sich, mit der inzwischen als gefestigt zu bezeichnenden Rspr. (BGHZ 68, 225 = NJW 1977, 1339 = JZ 1977, 685 mAnm Wiedemann = BB 1977, 809 mAnm Ulmer BB 1977, 805; BGH NJW 1978, 264; 1983, 2376 = JR 1983, 502 mAnm U.H. Schneider; BGHZ 91, 132 = NJW 1984, 2104; BGHZ 98, 48 = NJW 1986, 2431; BGHZ 108, 187 = NJW 1989, 3152; BayObLG DNotZ 1981, 702) davon auszugehen, dass sich der **Erwerb des Gesellschaftsanteils auf erbrechtlicher Grundlage** – und zwar in Form einer Sonderrechtsnachfolge – vollzieht. Der Rechtsgrund für den Übergang der durch die Nachfolgeklausel vererblich gestalteten Mitgliedschaft liegt in der Erbenstellung des Begünstigten, die auf letztwilliger Verfügung oder gesetzlicher Erbfolge beruhen kann. Ist der potentielle Nachfolger nicht Erbe geworden, geht die Nachfolgeklausel ins Leere. Im Einzelfall kann sie in eine Eintrittsklausel (→ Rn. 83) umgedeutet werden. 84

Wird die Person des Nachfolgers in der Klausel nicht bestimmt, sondern nur angeordnet, dass die Mitgliedschaft (der Anteil) des Verstorbenen auf den oder die Erben übergeht, spricht man von einer **einfachen** Nachfolgeklausel. Demgegenüber beschränkt die **qualifizierte Nachfolgeklausel** (durch namentliche Bestimmung oder anhand abstrakter Bezeichnungen im Gesellschaftsvertrag) die Anteilsvererbung auf einen oder einzelne Erben. 85

**aa) Einfache Nachfolgeklausel.** Ist der Gesellschaftsanteil durch eine Nachfolgeklausel im Gesellschaftsvertrag vererblich gestellt, entscheidet sich nach Erbrecht, wer Rechtsnachfolger wird. Mit dem Erbfall rückt der Erbe ohne weitere Erklärung in die Gesellschafterstellung ein. Ist der Nachfolger **Alleinerbe,** tritt er in vollem Umfang in die Rechte und Pflichten des Erblassers ein, es sei denn, diese sind höchstpersönlicher Natur oder der Gesellschaftsvertrag sieht im Zusammenhang mit der Nachfolge eine Änderung vor. Ob auch Geschäftsführungs- und Vertretungsrechte übergehen, richtet sich nach dem Gesellschaftsvertrag (BGH NJW 1959, 192). Eine gesonderte Ausschlagung der Mitgliedschaft ist nicht möglich (§ 1950). Im Falle einer **Miterbengemeinschaft** ergibt sich eine Diskrepanz zwischen Erbrecht und Gesellschaftsrecht, da nach Erbrecht die Erben den Nachlass, also auch den Gesellschaftsanteil, in Erbengemeinschaft erwerben würden, eine Erbengemeinschaft jedoch nicht Mitglied einer werbenden Personengesellschaft sein kann. Diesen Konflikt zwischen den Grundsätzen des Erbrechts und des Gesellschaftsrechts löst die hM zugunsten des Gesellschaftsrechts mit der Annahme einer **Sonderrechtsnachfolge.** Danach vollzieht sich die Nachfolge in der Weise, dass die Miterben den Anteil entspr. ihrer erbrechtlichen Beteiligung am Nachlass unmittelbar geteilt erwerben. Der erbrechtliche Grundsatz der Gesamtrechtsnachfolge der Erbengemeinschaft (§ 2032 Abs. 1) wird insoweit durchbrochen; es findet eine Sondererbfolge der Miterben in den ihrer Erbquote entsprechenden Teil des vererbten Gesellschaftsanteils statt; → § 727 Rn. 16 (RGZ 16, 40 f.; BGHZ 68, 225 (237) = NJW 1977, 1339; BGHZ 55, 267 (269) = NJW 1971, 1268; BGHZ 22, 186 (192 f.) = NJW 1977, 1339; MüKoBGB/Schäfer § 727 Rn. 343; Soergel/Hadding/Kießling § 727 Rn. 21; Eichten, Der oHG-Anteil im Spannungsfeld von Erb- und Gesellschaftsrecht, 2020, 9 ff.). 86

**bb) Qualifizierte Nachfolgeklausel.** Von der einfachen unterscheidet sich die **qualifizierte Nachfolgeklausel** dadurch, dass der Gesellschaftsanteil nur für einen oder einzelne aus dem Kreis der Erben vererblich gestaltet wird. Voraussetzung für den Anteilsübergang ist auch hier, dass der Erblasser für die Erbenstellung der als Nachfolger im Gesellschaftsvertrag vorgesehenen Person sorgt. Auch in diesem Fall werden der oder die in der Nachfolgeklausel Bestimmten kraft Sonderrechtsnachfolge mit dem Tod des Erblassers Mitglied der Gesellschaft. Ist der Gesellschaftsanteil nur für einen der Erben vererblich gestellt, geht er nicht nur in Höhe der auf diesen Erben entfallenden Quote, sondern insgesamt auf diesen über. Die Erbquote bedeutet keine gegenständliche Begrenzung des Erwerbs hinsichtlich des Gesellschaftsanteils (BGHZ 108, 187 = NJW 1989, 87

3152; BGHZ 98, 48 = NJW 1986, 2431; BGHZ 68, 225 (237 f.) = NJW 1977, 1339; anders noch BGHZ 22, 186 (195) = NJW 1957, 180). Erhält der Nachfolger in die Gesellschaft auf diesem Wege mehr als ihm nach seiner Erbquote zusteht, ist er im Innenverhältnis den anderen Miterben zum Ausgleich verpflichtet. Dogmatisch wird die qualifizierte Nachfolgeklausel insoweit als mit dem Erbfall vollzogene Teilungsanordnung mit unmittelbarer dinglicher Wirkung verstanden (→ § 727 Rn. 18) (BGHZ 22, 186 (196 f.) = NJW 1957, 180; MüKoHGB/K. Schmidt HGB § 139 Rn. 20).

88 **cc) Rechtsfolgen.** Die lange Zeit umstrittene Frage, ob der auf den Erben übergegangene Gesellschaftsanteil als solcher zum Nachlass gehört oder ob wegen der Sondervererbung nur die davon abspaltbaren Vermögensrechte einen Nachlassbestandteil bilden, ist von der höchstrichterlichen Rspr. im erstgenannten Sinn entschieden worden (BGHZ 108, 187 (192) = NJW 1989, 3152; BGHZ 98, 48 (52 f.) = NJW 1986, 2431). Daher ist grds. auch die Anordnung der **Testamentsvollstreckung** (§§ 2197 ff.) am Gesellschaftsanteil möglich (BGH NJW 1996, 1284; BGHZ 108, 187 = NJW 1989, 3152; MüKoBGB/Schäfer § 705 Rn. 110 ff.; Eichten, Der oHG-Anteil im Spannungsfeld von Erb- und Gesellschaftsrecht, 2020, 339 ff.). Da der Testamentsvollstrecker den Erben nur im Rahmen des Nachlassvermögens verpflichten kann, während die persönliche Haftung der Gesellschafter idR unbegrenzt ist, wird allerdings eine Verwaltungstestamentsvollstreckung am Anteil an einer GbR, einer OHG oder am Komplementäranteil abgelehnt (RGZ 170, 392 (394 f.); BGHZ 108, 187 (195) = NJW 1989, 3152; BGHZ 68, 225 (239) = NJW 1977, 1339; BGHZ 24, 106 (112 f.) = NJW 1957, 1026). Dagegen ist sie beim Kommanditanteil grds. zulässig (BGHZ 108, 187 (195 ff.) = NJW 1989, 3152). Konsequent ist es, die Testamentsvollstreckung auch an Anteilen persönlich haftender Gesellschafter zuzulassen, wenn die genannten Grundsätze des Gesellschaftsrechts dem nicht entgegenstehen (MüKoHGB/K. Schmidt HGB § 139 Rn. 47). Das ist der Fall, wenn sich die Aufgaben des Testamentsvollstreckers auf die Wahrnehmung und Erhaltung der Anteilsrechte beschränken (BGH NJW 1996, 1284 f.). Stets setzt die Testamentsvollstreckung die Zustimmung der Mitgesellschafter voraus (BGHZ 108, 187 (191) = NJW 1989, 3152; BGH NJW 1985, 1953 f.; BGHZ 68, 225 (241) = NJW 1977, 1339).

89 **e) Rechtsgeschäftliche Nachfolgeklausel.** Außer der beschriebenen erbrechtlichen Lösung ist auch eine rein gesellschaftsrechtliche Regelung der Nachfolge möglich, die beim Tod eines Gesellschafters den Eintritt neuer Gesellschafter gestattet, unabhängig von deren Erbenstellung. Eine solche **rechtsgeschäftliche Nachfolgeklausel** ist wirksam, wenn der Begünstigte am Abschluss des Gesellschaftsvertrages beteiligt war oder ihm später beigetreten ist (BGHZ 68, 225 (234) = NJW 1977, 1339; MüKoBGB/Schäfer § 727 Rn. 52; Soergel/Hadding/Kießling § 727 Rn. 38). Eine Klausel, wonach der Benannte automatisch mit dem Tod eines Gesellschafters dessen Gesellschafterstellung erlangen soll, lässt die Rspr. (BGHZ 68, 225 (231) = NJW 1977, 1339; MüKoBGB/Schäfer § 727 Rn. 51; Soergel/Hadding/Kießling § 727 Rn. 37; MüKoHGB/K. Schmidt HGB § 139 Rn. 24; aA Flume FS Schilling, 1973, 23 ff.; Säcker, Gesellschaftsvertragliche und erbrechtliche Nachfolge in Gesamthandsmitgliedschaften, 1970, 43 ff.) ohne Mitwirkung des Betreffenden am Gesellschaftsvertrag nicht zu, weil die Mitgliedschaft ein Bündel von Rechten und Pflichten darstellt, sodass in der Zuwendung typischerweise ein unzulässiger Vertrag zu Lasten Dritter läge.

90 **f) Auslegung von Nachfolgebestimmungen.** Wie sich der Rechtsübergang gestaltet, ist letztlich eine Frage der Auslegung der gesellschaftsvertraglichen Nachfolgeklausel. Aus den dargestellten Grundsätzen hat der BGH mehrere Richtlinien zur Auslegung abgeleitet: Da die rechtsgeschäftliche Nachfolgeklausel idR unzulässig und die Eintrittsklausel wegen der Abfindungsansprüche mit der Gefahr der finanziellen Aushöhlung der Gesellschaft verbunden ist, ist **im Zweifel** eine **erbrechtliche Nachfolgeklausel** anzunehmen (BGHZ 68, 225 = NJW 1977, 1339). Eine unzulässige rechtsgeschäftliche Nachfolgeklausel kann bei einem entsprechenden Gesellschafterwillen in eine Eintrittsklausel **umgedeutet** werden (§ 140); eine solche kann sich aber auch aus der Umdeutung einer gescheiterten erbrechtlichen Nachfolgeklausel ergeben (BGH NJW 1978, 264). Zugunsten eines am Vertrag Beteiligten ist eine rechtsgeschäftliche Nachfolgeregelung zwar zulässig. Da sie den Gesellschafter, um dessen Nachfolge es geht, bindet, darf sie nur bei einem entsprechenden Parteiwillen angenommen werden (BGHZ 68, 225 (234) = NJW 1977, 1339).

91 **g) Umwandlung in Kommanditistenstellung.** Die Nachfolgeklausel bewirkt, dass der Erbe in die Stellung des Erblassers als persönlich haftender Gesellschafter einer OHG oder Komplementär einer KG einrückt. Dies birgt haftungsrechtliche Risiken für den Erben, da er zwar die Haftung für Nachlassverbindlichkeiten beschränken kann, ihn aber die gesellschaftsrechtliche Haftung für Neu- und Altverbindlichkeiten (§§ 128, 130 HGB) ohne erbrechtliche Beschränkungsmöglichkeit

trifft. Um den Erben nicht vor die Wahl zwischen Ausschlagung der gesamten Erbschaft und Übernahme der unbeschränkten persönlichen Haftung zu stellen, gibt ihm das Gesetz die Möglichkeit, die unbeschränkte gesellschaftsrechtliche Haftung zu beseitigen. Gemäß **§ 139 Abs. 1 HGB** kann er sein Verbleiben in der Gesellschaft davon abhängig machen, dass die Mitgesellschafter ihm unter Belassung des bisherigen Gewinnanteils die **Stellung eines Kommanditisten** einräumen. Stimmen die übrigen Gesellschafter diesem Antrag nicht zu, ist der Erbe berechtigt, ohne Einhaltung einer Kündigungsfrist aus der Gesellschaft auszuscheiden (§ 139 Abs. 2 HGB). Diese Rechte können durch den Gesellschaftsvertrag nicht ausgeschlossen werden (§ 139 Abs. 5 HGB).

**h) Kommanditanteil.** Ein Kommanditanteil ist vererblich, es sei denn, der Gesellschaftsvertrag bestimmt etwas anderes. Nach § 177 HGB wird beim Tod des Kommanditisten die Gesellschaft mit dem Erben fortgesetzt. Bei Miterben wird jeder mit dem seinem Erbteil entsprechenden Anteil Kommanditist (BGH NJW 1983, 2376). Der Gesellschaftsvertrag kann statt der Vererblichkeit auch Nachfolgeklauseln vorsehen. 92

**i) Mitgliedschaft in sonstigen Vereinigungen.** Die Beteiligung an einer **Partnerschaftsgesellschaft** ist nach § 9 Abs. 4 S. 1 PartGG grds. nicht vererblich. Der Anteil des Ausscheidenden wächst nach § 1 Abs. 4 PartGG iVm § 738 Abs. 1 den übrigen Partnern an. In den Nachlass fällt der Anspruch auf das Auseinandersetzungsguthaben; er kann nach allgemeinen gesellschaftsrechtlichen Grundsätzen ausgeschlossen werden (MüKoBGB/Leipold Rn. 138; K. Schmidt NJW 1995, 1 (4)). Im Partnerschaftsvertrag kann der Anteil gem. § 9 Abs. 4 S. 2 PartGG **vererblich** gestellt werden, wobei als Erben des Anteils nur Personen in Betracht kommen, die Partner iSd § 1 Abs. 1 und 2 sein können, dh die die berufliche Qualifikation für den Beitritt zur fraglichen Partnerschaft erfüllen (MüKoBGB/Schäfer PartGG § 9 Rn. 25). Sieht der Partnerschaftsvertrag die Vererblichkeit des Anteils vor, stehen den Partnern die bekannten Gestaltungsmöglichkeiten des Personengesellschaftsrechts zur Verfügung (→ Rn. 72 ff.) (MüKoBGB/Schäfer PartGG § 9 Rn. 26 ff.). Wer durch Erbfall Partner einer Partnerschaftsgesellschaft wird, hat nach § 9 Abs. 4 S. 3 PartGG iVm § 139 HGB (nur) die Möglichkeit, aus der Partnerschaftsgesellschaft auszutreten. Eine Umwandlung des Anteils kennt das PartGG nicht (zur Vererblichkeit des Anteils an einer Europäischen wirtschaftlichen Interessenvereinigung – EWIV – MüKoBGB/Leipold Rn. 137). 93

Beim Tod des Geschäftsinhabers einer **stillen Gesellschaft** wird diese nach § 727 Abs. 1 im Regelfall aufgelöst. Die Ansprüche des stillen Gesellschafters gegen die Erben richten sich nach § 235 HGB. Im Gesellschaftsvertrag kann die Fortführung der Gesellschaft mit den Erben des Geschäftsinhabers vorgesehen werden. Die Regeln über die Sonderrechtsnachfolge passen auf die stille Gesellschaft als reine Innengesellschaft nicht. Beim Tod des stillen Gesellschafters wird die Gesellschaft nach § 234 Abs. 2 HGB nicht aufgelöst. Vielmehr treten der oder die Erben an die Stelle des Erblassers. Abweichende Vereinbarungen im Gesellschaftsvertrag, etwa die Auflösung der Gesellschaft oder die Fortführung mit nur einzelnen Erben, denen ein Eintrittsrecht eingeräumt wird (BGH WM 1962, 1084; MüKoHGB/K. Schmidt HGB § 234 Rn. 58), sind zulässig. Auch hier ist für eine erbrechtliche Sondernachfolge kein Platz. 94

Bei der **Partenreederei** führte der Tod eines Mitglieds nicht zur Auflösung (§ 505 Abs. 2 HGB aF). Der Schiffspart war vererblich und fiel bei Miterben der Gesamthandsgemeinschaft zu. 94.1

**14. Kapitalgesellschaften. a) Aktiengesellschaft.** Bei der Beteiligung eines Aktionärs an einer Aktiengesellschaft handelt es sich um eine rein vermögensrechtliche Position, die ohne weiteres vererblich ist. Dies gilt sowohl für Inhaberaktien als auch für Namensaktien. Die Vererblichkeit der Aktien kann durch Satzung nicht ausgeschlossen werden (GroßkommAktG/Merkt AktG § 68 Rn. 282), jedoch kann in der Satzung für den Fall des Todes eine Zwangseinziehung (§ 237 AktG) vorgesehen werden (K. Schmidt/Lutter/Veil AktG § 237 Rn. 12; Ivo ZEV 2006, 252 (254)). Des Weiteren sind Aktienbezugsrechte vererblich (Erman/Lieder Rn. 33). Für die **Kommanditgesellschaft auf Aktien** (§§ 278 ff. AktG) verweist § 289 Abs. 1 AktG auf das Recht der Kommanditgesellschaft. Die Stellung des Komplementärs vererbt sich wie diejenige eines Gesellschafters einer OHG, die Stellung des Kommanditaktionärs nach aktienrechtlichen Grundsätzen. 95

**b) GmbH.** Für den **Geschäftsanteil an einer GmbH** bestimmt § 15 Abs. 1 GmbHG die Vererblichkeit. Bei mehreren Erben fällt der Anteil in das gesamthänderisch gebundene Vermögen der Miterbengemeinschaft. Eine Sondererbfolge findet nicht statt (Ulmer/Habersack/Löbbe GmbHG § 15 Rn. 12). Die Vererblichkeit kann nicht in dem Sinne ausgeschlossen werden, dass der Anteil mit dem Tod eines Gesellschafters erlischt (Scholz/Winter/Seibt GmbHG § 15 Rn. 27; MüKoGmbHG/Reichert/Weller GmbHG § 15 Rn. 438 ff.). Der Gesellschaftsvertrag kann aber 96 für den Fall des Todes eines Gesellschafters Regelungen darüber treffen, was mit dem Gesellschaftsanteil geschehen soll (Abtretung des ererbten Anteils an die Gesellschafter oder an Dritte; Einziehung des Anteils gegen oder ohne Abfindung). Wegen der Einzelheiten, insbes. zur Zulässigkeit statutarischer Nachfolgeregelungen, muss auf das gesellschaftsrechtliche Schrifttum verwiesen werden.

97 **15. Landgüter und Höfe.** Für die Vererbung **landwirtschaftlicher Unternehmen** gilt das allgemeine Erbrecht nur insoweit, als sich aus den in einzelnen Bundesländern geltenden höferechtlichen Vorschriften (Überblick über die höferechtlichen Gesetze bei MüKoBGB/Leipold Einl. ErbR Rn. 131 ff.) nichts anderes ergibt. Zur Erhaltung eines landwirtschaftlichen Betriebs wird in diesen Regelungen bestimmt, dass ein **Hof** mit dem Erbfall im Wege einer **Sonderrechtsnachfolge** unmittelbar einem der Miterben als Hoferbe zufällt. Hof und hoffreies Vermögen vererben sich als zwei rechtlich selbstständige Vermögensmassen unterschiedlich, der Hof nach sog. **Anerbenrecht,** der sonstige Nachlass nach BGB. Ziel des Anerbenrechts ist die Erhaltung des Hofes bei der Erbfolge als wirtschaftliche Einheit. Die Berufung zum Hoferben kann auf Gesetz oder Verfügung von Todes wegen beruhen.

98 **16. Immaterialgüterrechte.** Immaterialgüterrechte sind trotz ihres Persönlichkeitsbezugs auch stark vermögensbezogen und damit grds. **vererblich.** Dies gilt für **Urheberrechte** (§ 28 Abs. 1 UrhG) (Klingelhöffer ZEV 1999, 421), für **Patentrechte** (§ 15 Abs. 1 PatG), **Gebrauchsmuster** (§ 22 Abs. 1 GebrMG) und **eingetragene Designs** (§ 29 DesignG). Die Vererblichkeit geschützter **Marken** ergibt sich aus § 27 Abs. 1 MarkenG. Soweit Immaterialgüterrechte vererblich sind, gilt dies auch für etwaige aus der Verletzung solcher Rechte entspringende Entschädigungs-, Beseitigungs- und Unterlassungsansprüche (Staudinger/Kunz, 2017, Rn. 455). Einschränkungen der Erbenrechte können sich daraus ergeben, dass der Erblasser bereits vor seinem Tod einem Dritten Nutzungsrechte eingeräumt hat. So lässt der Rechtsübergang nach § 30 Abs. 5 MarkenG oder § 15 Abs. 3 PatG Lizenzen, die Dritten vorher erteilt worden sind, unberührt.

99 **17. Digitaler Nachlass.** Noch der abschließenden Klärung bedürfen die Fragen der Erschließung des digitalen Nachlasses einer Person und die damit verbundene Herausforderung eines postmortalen Persönlichkeitsschutzes im Internet. Unter dem **digitalen Nachlass** versteht man die Gesamtheit des digitalen Vermögens (Burandt/Rojahn/Bräutigam Anh. § 1922 Rn. 3), also neben Hardware und Software zB auch gespeicherte Daten, Vertragsbeziehungen mit Telekommunikationsunternehmen und Internetanbietern, Zugangsberechtigungen, E-Mail-Accounts etc, Mitgliedschaften in sozialen Netzwerken sowie Benutzerprofile im Netz (NK-NachfolgeR/Herzog Kap. 9 Rn. 2; Staudinger/Kunz, 2017, Rn. 594). Die Vererbung des digitalen Nachlasses folgt keinen gesonderten Regeln, sondern richtet sich je nach Gegenstand nach den hierfür einschlägigen Bestimmungen. Der Erbe tritt also die Rechtsnachfolge an in alle vermögens- und nichtvermögensrechtlichen Positionen, soweit diese nicht dem höchstpersönlichen Bereich zuzuordnen sind oder einen überwiegenden Personenbezug (→ Rn. 24) aufweisen. Charakteristisch für den digitalen Nachlass ist allerdings, dass auf manche Daten nur mit Hilfe von Internetdiensteanbietern zugegriffen werden kann, die uU datenschutzrechtliche oder persönlichkeitsrechtsrelevante Einwände geltend machen und so den Zugang zu den Daten unterbinden wollen.

100 Die digitale Hinterlassenschaft enthält zum einen Rechtspositionen, die im Wege der Universalsukzession relativ unproblematisch auf den Erben als den Rechtsnachfolger übergehen, so zB die im Eigentum des Erblassers stehende **Hardware,** wobei das Eigentum an dem Speichermedium auch die rechtliche Zuweisung der darauf gespeicherten Daten umfasst (BeckOGK/Preuß Rn. 395; Martini JZ 2012, 1145 (1147)). Im Hinblick auf Daten privaten bzw. persönlichen Inhalts ist in der Lit. umstritten, ob dem Erben der Zugang zu solchen Daten eröffnet werden soll. Eine Differenzierung danach, ob es sich um Daten „vermögensrechtlichen" Inhalts oder Daten höchstpersönlichen Inhalts handelt, ist nach zutreffender Ansicht nicht gerechtfertigt (BeckOGK/Preuß Rn. 395; Burandt/Rojahn/Bräutigam Anh. § 1922 Rn. 10; Herzog/Pruns, Der digitale Nachlass in der Vorsorge- und Erbrechtspraxis, 2018, § 2 Rn. 17 ff.; aA Hoeren NJW 2005, 2113 (2114)). Nach den Grundsätzen über den Übergang von Auskunftspflichten auf den Erben (→ Rn. 33) besteht konsequenterweise auch ein **Auskunftsanspruch** des Erben gegenüber dem Diensteanbieter.

101 **Accountgestützte Nutzungsverhältnisse** (E-Mail-Account-Verträge sowie Plattformverträge zur Nutzung von sozialen Netzwerken) sind ebenfalls vererblich (LG Berlin ZEV 2016, 190 f., Steiner/Holzer ZEV 2015, 262 (263); Klas/Möhrke-Sobolewski NJW 2015, 3473 (3474); Herzog NJW 2013, 3745 (3747 ff.)), es sei denn, Erblasser und Internetdiensteanbieter haben die Vererblichkeit wirksam ausgeschlossen. Auf diese Weise tritt der Erbe in das schuldrechtliche

Nutzungsverhältnis ein und erlangt so die materielle Zugangsberechtigung zu den unter dem Account gespeicherten Daten des Erblassers. Denn bei einem accountgestützten Nutzungsverhältnis handelt sich nicht um eine Vertrauensbeziehung, die dem Übergang entgegenstehen könnte. Die Vererblichkeit widerspricht auch nicht den Interessen der Plattformbetreiber. Weder Belange des Fernmeldegeheimnisses noch des Datenschutzes rechtfertigen ein Sonderrecht für den digitalen Nachlass (BGH NJW 2018, 3178; zust. Preuß NJW 2018, 3146; Lieder/Berneith FamRZ 2018, 1486; Seidler NZFam 2020, 141; aA noch die Vorinstanz (KG ZEV 2017, 386), die in der Zugangsgewährung eine Verletzung der durch das Telekommunikationsgeheimnis des § 88 TKG geschützten Rechte der Kommunikationspartner des Erblassers sah). Der Erbe übernimmt den Datenbestand, wie er vom Erblasser angelegt war. Eine aktive Nutzung des sozialen Netzwerks anstelle des Erblassers ist damit nicht verbunden. Das Zugangsrecht muss den Erben in die Lage versetzen, vom Benutzerkonto und dessen Inhalt auf dieselbe Art und Weise Kenntnis nehmen zu können und sich in dem Benutzerkonto „so bewegen zu können" wie zuvor der Erblasser es konnte (BGH ZEV 2020, 714 mAnm Heintz; Seidler NZFam 2020, 141).

**18. Familienrechtliche Positionen.** Familienrechtliche Beziehungen enden, soweit sie persönlichkeitsbezogen sind (was die Regel ist), mit dem Tod eines der unmittelbar Beteiligten; dies versteht sich von selbst. Zu erwähnen ist lediglich, dass auch das Zustimmungsrecht des Ehegatten nach § 1365 (bzw. des Lebenspartners nach § 6 S. 2 LPartG iVm § 1365) unvererblich ist (BGH NJW 1982, 1099 (1100)). Ein Vaterschaftsanerkenntnis durch die Erben ist nicht möglich, ebenso wenig die Rücknahme des Adoptionsantrags des Erblassers (BayObLG NJW-RR 1996, 1092). Auch vermögensbezogene Rechte und Pflichten des Familienrechts sind häufig wegen ihrer höchstpersönlichen Natur nicht vererblich. In bestimmten Fällen sieht das Gesetz jedoch vor, dass die Rechtsposition beim Tode des Inhabers nicht erlischt. So gehen **Unterhaltsansprüche,** die bereits entstanden waren, auf den Erben des Unterhaltsberechtigten über bzw. sind von den Erben des Unterhaltsverpflichteten zu erfüllen. Im Übrigen erlöschen Unterhaltsansprüche unter Verwandten nach § 1615 Abs. 1 mit dem Tod des Berechtigten oder des Verpflichteten. Der Unterhaltsanspruch eines geschiedenen Ehegatten bzw. des Lebenspartners (§ 16 Abs. 1 LPartG) erlischt mit dessen Tod, soweit es sich nicht um Ansprüche für die Vergangenheit handelt (§ 1586). Beim Tod des Unterhaltsverpflichteten gilt § 1586b. 102

Vererblich ist nach § 1378 Abs. 3 S. 1 auch die **Zugewinnausgleichsforderung,** wenn sie vor dem Tod des Ausgleichsberechtigten entstanden ist. Beim Tod eines in **Gütergemeinschaft** lebenden Ehegatten geht dessen Anteil am ehelichen Gesamtgut nach § 1482 auf den oder die Erben über. Die Ehegatten können aber auch nach § 1483 Abs. 1 durch Ehevertrag vereinbaren, dass die Gütergemeinschaft nach dem Tod eines Ehegatten zwischen dem überlebenden und den gemeinschaftlichen Abkömmlingen fortgesetzt wird. Die Mitgliedschaft eines Abkömmlings in einer solchen **fortgesetzten Gütergemeinschaft** ist wiederum unvererblich (§ 1490 S. 1). 103

Der Anspruch auf **Versorgungsausgleich** erlischt mit dem Tod des Berechtigten (§ 31 Abs. 1 S. 2 VersAusglG). Der Tod des Verpflichteten führt dagegen nach § 31 Abs. 1 S. 1 VersAusglG nicht zum Erlöschen des Ausgleichsanspruchs; er ist dann gegen die Erben geltend zu machen. Ansprüche auf schuldrechtliche Ausgleichszahlungen nach §§ 20–24 VersAusglG erlöschen mit dem Tod eines Ehegatten (§ 31 Abs. 3 VersAusglG) mit Ausnahme von Ansprüchen auf Teilhabe an der Hinterbliebenenversorgung. 104

**Zuwendungen,** die im Hinblick auf ein bestimmtes Näheverhältnis (Ehe, Lebensgemeinschaft) getätigt wurden („unbenannte Zuwendung"), können bei Beendigung des Näheverhältnisses unter bestimmten Voraussetzungen nach den Grundsätzen über die Störung der Geschäftsgrundlage (§ 313) ausgleichspflichtig sein; → § 313 Rn. 77 (BGH NJW 2014, 2638 (2639); BGHZ 183, 242 (250) = NJW 2010, 998; BGHZ 177, 193 (206) = NJW 2008, 3277). Derartige Ausgleichsansprüche entstehen allerdings grds. nicht, wenn die Lebensgemeinschaft durch den Tod des Zuwendenden ihr natürliches Ende gefunden hat. Da der verstorbene Lebenspartner zu Lebzeiten keinen entsprechenden Anspruch gehabt hätte, fehlt es insoweit an einer vermögensrechtlichen Rechtsposition, die im Wege der Rechtsnachfolge auf seine Erben übergehen könnte (BGHZ 183, 242 = NJW 2010, 998). 105

**19. Erbrechtliche Positionen.** Mit dem Erbfall entstandene Rechtspositionen sind grds. **vererblich,** so zB der Erbteil des Miterben, das Vorkaufsrecht des Miterben (§ 2034 Abs. 2 S. 2), der Pflichtteilsanspruch (§ 2317 Abs. 2), das Recht des Nacherben zwischen Eintritt des Erbfalls und des Nacherbfalls (§ 2108 Abs. 2), der entstandene Anspruch aus einem Vermächtnis. Dies gilt auch für Gestaltungsrechte, wie das Recht zur Ausschlagung der Erbschaft (§ 1952 Abs. 1) oder eines Vermächtnisses (§ 2180 Abs. 3). Wegen seiner höchstpersönlichen Natur und Zweckbestimmung ist der Anspruch auf den „Dreißigsten" gem. § 1969 unvererblich (Burandt/Rojahn/Große-Boy- 106 mann Rn. 30; Erman/Lieder Rn. 44); dagegen ist der Anspruch auf den „Voraus" des Ehegatten und des Lebenspartners vererblich (→ § 1932 Rn. 2). Das Eintrittsrecht von Abkömmlingen eines mit dem Erblasser Verwandten im Rahmen der gesetzlichen Erbfolge ist keine Rechtsnachfolge in die Erbaussicht des Vorverstorbenen, sondern ein eigenständiges Erbrecht des Eintretenden.

107 **20. Übergang öffentlich-rechtlicher Positionen. a) Grundlagen.** Die Antwort auf die Frage, was mit einem dem öffentlichen Recht zuzuordnenden Rechtsverhältnis geschieht, wenn ein an diesem Rechtsverhältnis beteiligter Bürger stirbt, ist zunächst im öffentlichen Recht zu suchen. Ob ein öffentlich-rechtlicher Anspruch oder eine öffentlich-rechtliche Verbindlichkeit mit dem Tode des Berechtigten oder Verpflichteten auf einen neuen Rechtsträger übergeht, ist nach dem Inhalt des Anspruchs bzw. der Verbindlichkeit und nach ihrem gesetzlichen Zweck zu beurteilen (BVerwGE 64, 105 (108); 36, 252 (253); 30, 123 (124). Von der Frage, ob überhaupt eine Rechtsnachfolge stattfindet, ist die weitere Frage zu unterscheiden, in welcher Weise sich diese Nachfolge vollzieht. Dabei kann das öffentliche Recht durchaus einen von der erbrechtlichen Regelung abweichenden Rechtsübergang vorsehen (häufig anzutreffen zB im Versorgungsrecht).

108 **b) Sozialrecht. Sozialhilfeleistungen** sind grds. **unvererblich,** weil sie auf die Bedürfnisse einer bestimmten hilfsbedürftigen Person zugeschnitten und damit höchstpersönlicher Natur sind (BVerwG NJW 1980, 1119; VGH Mannheim Justiz 1988, 406). Sonderregelungen über die Vererblichkeit finden sich hinsichtlich **sozialrechtlicher Ansprüche** in §§ 56–59 SGB I. Mit dem Tod des Berechtigten erlöschen Ansprüche auf Dienst- und Sachleistungen (§ 59 S. 1 SGB I). Fällige Ansprüche auf Geldleistungen bleiben dagegen bestehen, sofern sie zum Zeitpunkt des Todes festgestellt sind oder ein Verwaltungsverfahren anhängig ist. § 56 SGB I ordnet insoweit eine Sonderrechtsnachfolge an. Wenn fällige Ansprüche auf Geldleistungen nicht auf einen Sonderrechtsnachfolger (Ehegatten, Lebenspartner, Kinder, Eltern) übergehen, werden sie gem. § 58 SGB I nach den Vorschriften des BGB vererbt. Ansprüche des Leistungsträgers auf Erstattung von Sozialleistungen gehen analog § 1967 als Nachlassverbindlichkeit auf den Erben des Leistungsempfängers über. Ein Rückforderungsanspruch aus § 118 Abs. 4 S. 1 SGB VI setzt voraus, dass der Erbe zugleich Empfänger bzw. Verfügender war (LSG Chemnitz FamRZ 2013, 735). Ein Geldinstitut, das bei Ausführung eines Zahlungsauftrags zu Lasten des Kontos eines Rentenempfängers Kenntnis von dessen Tod hatte, kann sich gegenüber dem Rücküberweisungsverlangen des Rentenversicherungsträgers nach § 118 Abs. 3 S. 2 SGB VI nicht auf den anspruchsvernichtenden Einwand anderweitiger Verfügungen berufen (BSG WM 2016, 1220).

109 **c) Beamtenrecht.** Vermögensrechtliche Ansprüche, die schon zu Lebzeiten des Beamten entstanden waren (rückständige Dienst- und Versorgungsbezüge) sind grds. vererblich. **Beihilfeansprüche** erlöschen nicht mit dem Tod des Berechtigten, sondern gehen auf die Erben über (BVerwG ZEV 2010, 590; s. auch OVG Berlin-Brandenburg NVwZ-RR 2017, 543). Gemäß § 17 Abs. 1 BeamtVG bleiben den Erben die Bezüge für den Sterbemonat. Die Ansprüche auf **Hinterbliebenenversorgung** nach §§ 16 ff. BeamtVG hängen nicht von der Erbenstellung ab, gehören also nicht zum Nachlass iSd erbrechtlichen Vorschriften. Die Verpflichtung zur Rückzahlung zu viel erhaltener Dienst- oder Versorgungsbezüge ist rein vermögensrechtlicher Natur und geht deshalb trotz ihres öffentlich-rechtlichen Charakters nach § 1967 auf die Erben über.

110 **d) Gewerberecht.** Die zur Ausübung von Gewerben erforderlichen öffentlich-rechtlichen **Konzessionen,** Erlaubnisse, Gestattungen oder Bewilligungen werden meist im Hinblick auf bestimmte, vom Gesetz geforderte persönliche Eigenschaften, Kenntnisse und Fähigkeiten erteilt und sind deshalb grds. **unvererblich** (vgl. zB § 3 Nr. 1 ApoG). Durch Sondervorschriften (zB § 10 GastG, §§ 4, 22 Abs. 4 HwO, § 19 PBefG, § 19 GüKG) wird es jedoch den Erben oder bestimmten Angehörigen des Erblassers gestattet, ein gewerbliches Unternehmen vorübergehend weiterzuführen.

111 **e) Steuerrecht.** Sowohl Forderungen als auch Schulden (Ausnahme: Zwangsgelder) aus einem **Steuerverhältnis** gehen nach § 45 Abs. 1 AO auf den Erben über. Dieser hat nach § 45 Abs. 2 AO für die aus dem Nachlass zu entrichtenden Schulden nach den Vorschriften des BGB über die Haftung des Erben für Nachlassverbindlichkeiten einzustehen. Eine unanfechtbare Steuerfestsetzung wirkt auch gegenüber dem Erben des Steuerschuldners (§ 166 AO). Über den Wortlaut des § 45 AO hinaus tritt der Erbe in das Steuerschuldverhältnis als solches ein mit der Folge, dass er auch Wahlmöglichkeiten und Steuervergünstigungen wahrnehmen kann (BFHE 75, 328 = NJW 1962, 1936; BFH NJW 1980, 1184).

112 **f) Polizei- und Ordnungsrecht.** Eine Rechtsnachfolge des Erben in **Polizei- und Ordnungspflichten** ist, soweit es sich nicht um höchstpersönliche Pflichten handelt, grds. zu bejahen

(BVerwGE 125, 325 = NVwZ 2006, 928; BeckOGK/Riedel Rn. 753 ff.). Unproblematisch ist dies in Fällen der polizeirechtlichen **Zustandshaftung;** es gilt aber auch für Verhaltenspflichten, die durch Ersatzvornahme erzwungen werden können. Bei der Erzwingung von Handlungen, Duldungen und Unterlassungen im Wege der Verwaltungsvollstreckung steht die Person des Ordnungspflichtigen derart deutlich im Vordergrund, dass die aus der Festsetzung und Androhung des Zwangsgeldes folgenden Rechtswirkungen als nicht übergangsfähig anzusehen sind (VG Cottbus ZEV 2017, 430).

Die Erben des Erben des Verursachers sind nicht als Gesamtrechtsnachfolger des Verursachers **112a** gem. § 4 Abs. 3 S. 1 BBodSchG als Handlungsverantwortliche zur Beseitigung einer schädlichen Bodenverunreinigung verpflichtet (OLG München ZEV 2021, 650).

**g) Waffenrecht.** Nach § 20 WaffG ist der Erbe verpflichtet, die Ausstellung einer Waffenbesitz- **113** karte für im Nachlass befindliche Schusswaffen zu veranlassen. Die Erlaubnis zum Waffenbesitz ist dem Erben zu erteilen, wenn der Erblasser berechtigter Besitzer der Waffen war und der Erbe zuverlässig und persönlich geeignet ist (Braun ZEV 2003, 105; Winkler ZErb 2010, 218 (219)). Gemäß § 20 Abs. 3 S. 2 WaffG sind erlaubnispflichtige Waffen, die infolge eines Erbfalles erworben wurden und für die kein Bedürfnis nachgewiesen werden kann, durch ein Blockiersystem zu sichern.

**21. Rechtsnachfolge in prozessuale Beziehungen.** Das **Prozessrechtsverhältnis** zwi- **114** schen den Parteien und dem Gericht gehört dem öffentlichen Recht an und wird daher von § 1922 nicht unmittelbar erfasst. Aus mehreren Vorschriften der ZPO ergibt sich jedoch, dass die Rechtswirkungen eines anhängigen Zivilprozesses auf die Erben der verstorbenen Partei übergehen. Nach § 239 ZPO rückt der Erbe als Rechtsnachfolger in das Prozessrechtsverhältnis ein und ist an den erreichten Verfahrensstand gebunden. Auch die Wirkungen bereits vor dem Erbfall ergangener Entscheidungen erstrecken sich auf den Erben der verstorbenen Partei (vgl. § 325 Abs. 1 ZPO für die Rechtskraft). Ein für oder gegen den Erblasser erstrittener Titel kann nach §§ 727, 731 ZPO auf den Erben übertragen werden. War dem Erblasser ratenfreie **Prozesskostenhilfe** bewilligt worden und nehmen die Erben nach seinem Tod den Rechtsstreit nicht wieder auf, so können sie nicht von der Landeskasse wegen der durch die Prozessführung des Erblassers verursachten Kosten in Anspruch genommen werden (OLG Düsseldorf MDR 1999, 830).

Im **Restschuldbefreiungsverfahren** (§§ 286 ff. InsO) führt der Tod des Schuldners während der **114.1** Wohlverhaltensphase zur vorzeitigen Beendigung des Verfahrens (MüKoInsO/Ehricke InsO § 299 Rn. 16). Dagegen ist bei Tod des Schuldners nach Ablauf der Wohlverhaltensphase die Befreiung mit der Maßgabe auszusprechen, dass sie dem Erben hinsichtlich der nicht erfüllten, zur Zeit der Insolvenzeröffnung bereits begründeten Verbindlichkeiten des Schuldners gegenüber seinen Insolvenzgläubigern erteilt wird (AG Duisburg ZInsO 2009, 2353; Büttner ZInsO 2013, 588).

## IV. Rechtslage vor dem Erbfall

**1. Entstehung der materiellen Rechtsverhältnisse.** Das subjektive **Erbrecht** entsteht erst **115** mit dem Tod des Erblassers (Erbfall); vorher besteht lediglich eine **Erberwartung.** Dies kann nicht allein damit begründet werden, es sei bis zum Erbfall offen, ob der Erbe diesen erlebe. Denn die Unsicherheit, ob eine Person die Erstarkung einer Rechtsposition zum Vollrecht erlebt, ist allen künftigen Rechten eigen. Entscheidend ist, dass sich erst im Zeitpunkt des Erbfalls feststellen lässt, wer kraft Gesetzes oder kraft Verfügung von Todes wegen zum Erben berufen ist: Die für das gesetzliche Erbrecht maßgebenden verwandtschaftlichen, ehelichen oder partnerschaftlichen Beziehungen können sich ändern; ein Testament kann jederzeit widerrufen werden. Daher kann bei gesetzlichen oder testamentarisch berufenen Erben zu Lebzeiten des Erblassers von einer rechtlich gesicherten, im Werden begriffenen Position iS eines Anwartschaftsrechts nicht gesprochen werden (v. Lübtow ErbR II 619 nimmt eine „Rechtsanwartschaft" an).

Auch wer durch **Erbvertrag des Erblassers mit einem Dritten** als Erbe eingesetzt ist, **116** befindet sich in einer ungesicherten Lage, da den Vertragschließenden die Möglichkeit der einvernehmlichen Aufhebung des Erbvertrags offen steht (§ 2290 Abs. 1 S. 1). Deutlich stärker ausgeprägt ist die Position desjenigen, der **als Berufener** mit dem Erblasser einen Erbvertrag abgeschlossen hat. Da seine Erbeinsetzung dem alleinigen Willen des Erblassers entzogen ist (vgl. § 2289 Abs. 1 S. 2), kann man bereits von einer gesicherten Position sprechen. Dies gilt auch bei einer Einsetzung zum Erben des überlebenden Ehegatten (Lebenspartners) durch **gemeinschaftliches Testament,** wenn die Verfügung wechselbezüglich ist, der erste Ehegatte (Lebenspartner) verstorben ist und der überlebende die angefallene Zuwendung nicht ausgeschlagen hat (§ 2271 Abs. 2). Gleichwohl sollte man mit der hM (Grüneberg/Weidlich Rn. 3; MüKoBGB/Leipold Rn. 197; weitergehend BGHZ 37, 319 (322) = NJW 1962, 1910 im Fall des gemeinschaftlichen Testaments) in diesen Fällen nicht von einem Anwartschaftsrecht sprechen. Der zum Erben Berufene kann auch hier vor dem Erbfall nicht über seine Position, etwa durch Übertragung oder Belastung, verfügen.

**117** Erbaussichten gesetzlicher oder testamentarisch eingesetzter Erben stellen zu Lebzeiten des Erblassers keine dem strafrechtlichen Schutz der §§ 263, 266 StGB unterliegenden Erwerbspositionen dar (OLG Stuttgart NStZ 1999, 246).

**118** Ein **Pflichtteilsrecht** (als Wurzel eines Pflichtteilsanspruchs) (zur Unterscheidung von Pflichtteilsrecht und -anspruch BGHZ 28, 177 = NJW 1958, 1964) ist gegenüber dem Erblasser insofern gesichert, als der Erblasser diese Berechtigung als solche nicht durch Verfügung von Todes wegen entziehen kann. Der Pflichtteilsanspruch unterliegt dagegen derselben Ungewissheit wie das künftige Erbrecht. Dies gilt auch für den **Vermächtnisnehmer,** dessen Anspruch gegen den Erben erst mit dem Erbfall entsteht (§ 2176).

**119** **2. Verpflichtungs- und Verfügungsgeschäfte über den Nachlass zu Lebzeiten des Erblassers.** Verträge über den Nachlass eines noch lebenden Erblassers, dh über das künftige Erbrecht eines Alleinerben oder über einen Erbteil, über den Pflichtteil oder ein Vermächtnis aus dem Nachlass, sind nach § 311 Abs. 4 **nichtig.** Ausnahmen bestehen nach § 311b Abs. 5 für Verträge zwischen künftigen gesetzlichen Erben über den gesetzlichen Erbteil oder den Pflichtteil.

**120** **3. Sicherung des künftigen Erbrechts.** Das **künftige Erbrecht** kann nicht zu Lebzeiten des Erblassers durch eine Vormerkung oder Hypothek gesichert werden, weil es sich dabei nicht um einen (künftigen) Anspruch handelt. Pflichtteils- und Vermächtnisansprüche sind zwar vor dem Erbfall künftige Ansprüche, ihre Entstehung ist aber in mehrfacher Hinsicht ungewiss und vor allem nicht allein vom Willen des Berechtigten abhängig. Deshalb ist auch hier eine Sicherung durch Vormerkung oder Hypothek nicht möglich (BGHZ 12, 115 = NJW 1954, 633). Ein Vertrag, durch den der Erblasser sich verpflichtet, eine Verfügung von Todes wegen zu errichten oder nicht zu errichten, aufzuheben oder nicht aufzuheben, ist nach **§ 2302** nichtig. Rechtsgeschäftliche Verpflichtungen des Erblassers gegenüber Erben, über bestimmte Vermögensgegenstände zu Lebzeiten nicht zu verfügen, sind mit schuldrechtlicher Wirkung zulässig (§ 137 S. 2), nicht aber mit dinglicher (§ 137 S. 1). Verpflichtet sich der Erblasser, bei Verstoß gegen ein solches schuldrechtliches Veräußerungs- oder Belastungsverbot das betreffende Eigentum auf den Erben zu übertragen, so kann auf Grund einer Bewilligung des Erblassers eine Auflassungsvormerkung eingetragen werden (BayObLGZ 1978, 287; MüKoBGB/Leipold Rn. 203).

**121** **4. Feststellungsklagen zu Lebzeiten des Erblassers.** Eine **Feststellungsklage** muss nach § 256 ZPO auf Feststellung des Bestehens oder Nichtbestehens eines Rechtsverhältnisses gerichtet sein. Künftige Rechtsbeziehungen oder rechtserhebliche Vorfragen für die Entstehung von Rechten sind keine Rechtsverhältnisse in diesem Sinn. Da der künftige Erbe zu Lebzeiten des Erblassers nur eine tatsächliche Aussicht auf den Erwerb der Erbschaft hat, ist ein Rechtsverhältnis zwischen ihm und dem Erblasser zu verneinen (BGH NJW 1996, 1062 (1063); Stein/Jonas/Roth ZPO § 256 Rn. 45; Zöller/Greger ZPO § 256 Rn. 3a, 5; aA v. Lübtow ErbR II 619). Daher sind Klagen auf Feststellung des künftigen Eintritts oder Nichteintritts eines gesetzlichen oder gewillkürten Erbrechts oder auf Feststellung des Entstehens oder Nichtentstehens eines Vermächtnisses **unzulässig.** Dasselbe gilt für Klagen, durch die einzelne Voraussetzungen eines künftigen erbrechtlichen Erwerbs festgestellt werden sollen, zB Klagen auf Feststellung der Gültigkeit eines Testaments (OLG Köln JW 1930, 2064; RGRK-BGB/Kregel Rn. 5) oder der Wirksamkeit eines Widerrufs. Unzulässig sind ferner Klagen auf Feststellung der Zugehörigkeit eines Grundstücks zum Erblasservermögen (OLG Celle MDR 1954, 547) oder auf Feststellung einer Ausgleichspflicht zwischen Nacherben vor Eintritt des Nacherbfalls (OLG Karlsruhe FamRZ 1989, 1232).

**122** Als bereits bestehendes Rechtsverhältnis iSd § 256 ZPO ist demgegenüber die **Bindung des Erblassers an einen Erbvertrag** (OLG Düsseldorf NJW-RR 1995, 141; Musielak/Voit/Foerste ZPO § 256 Rn. 21; Hohmann ZEV 1994, 133 (134)) oder – nach dem Tod des ersten Ehegatten (Lebenspartners) – an wechselbezügliche Verfügungen in einem gemeinschaftlichen Testament anzusehen (→ Rn. 116) (BGHZ 37, 331 = NJW 1962, 1913; Staudinger/Kunz, 2017, Rn. 647). Die Berechtigung zur Anfechtung eines Erbvertrags oder eines bindend gewordenen gemeinschaftlichen Testaments sowie die (Un-)Wirksamkeit einer erklärten Anfechtung sind als Vorfragen nicht feststellungsfähig. Generell sollte bedacht werden, dass das Interesse des Erblassers, nicht schon zu Lebzeiten über das Schicksal seines späteren Nachlasses Rechenschaft geben zu müssen, idR höher zu bewerten ist als ein Interesse der potentiellen künftigen Nachlassbeteiligten (Staudinger/Kunz, 2017, Rn. 646 unter Berufung auf den Rechtsgedanken des § 312 aF (jetzt § 311b Abs. 4); ähnlich

Lange NJW 1963, 1571; Moser, Die Zulässigkeitsvoraussetzungen der Feststellungsklage unter besonderer Berücksichtigung erbrechtlicher Streitigkeiten zu Lebzeiten des Erblassers, 1981, 305 ff.). Mit der Bejahung eines feststellungsfähigen erbrechtlichen Rechtsverhältnisses sollte man daher zurückhaltend sein, jedenfalls soweit es um Prozesse gegen den Erblasser geht (BeckOGK/Preuß Rn. 104). Der Erblasser selbst kann dagegen eher ein berechtigtes Interesse an einer gerichtlichen Feststellung haben, etwa wenn die Zulässigkeit einer erbrechtlichen Gestaltungsmöglichkeit in Abrede gestellt wird (Staudinger/Kunz, 2017, Rn. 651).

Der **Erbverzicht** oder der Verzicht auf das Pflichtteilsrecht äußert schon zu Lebzeiten des **123** Erblassers bindende Wirkung, sodass seine Wirksamkeit Gegenstand einer Feststellungsklage sein kann (Mattern BWNotZ 1962, 240). Da sich aus dem Pflichtteilsrecht keine Bindungen des Erblassers ergeben, kann das **Bestehen eines Pflichtteilsrechts** vor dem Erbfall nicht mit einer Klage nach § 256 ZPO festgestellt werden (MüKoBGB/Leipold Rn. 209; Staudinger/Kunz, 2017, Rn. 648, soweit es um Klagen gegen den Erblasser geht; aA die höchstrichterliche Rspr. BGH NJW 1996, 1062 (1063); BGHZ 28, 177 (178) = NJW 1958, 1964). Ein behauptetes Recht zur Entziehung des Pflichtteils nach §§ 2333 ff. ist dagegen feststellungsfähig (BGHZ 109, 306 (309) = JZ 1990, 697 mAnm Leipold). Zulässig ist zu Lebzeiten des Erblassers auch die Klage eines Pflichtteilsberechtigten auf Feststellung, dass die in einer letztwilligen Verfügung angeordnete Entziehung des Pflichtteils unwirksam sei (BGH NJW 2004, 1874 m. krit. Anm. Waldner BGHR 2004, 943).

## V. Verfahren zur Durchsetzung des Erbrechts

Das **Landesrecht** sieht teilweise eine **Ermittlung des Erben von Amts wegen** vor (vgl. **124** Art. 37 BayAGGVG, § 41 Abs. 1 LFGG Baden-Württemberg). Im Übrigen bleibt es den in Betracht kommenden Personen überlassen, sich über die Erbenstellung und die Höhe der Erbteile auseinanderzusetzen und ggf. die Gerichte anzurufen. Nach § 2259 sind Testamente, die sich nicht in amtlicher Verwahrung befinden, unverzüglich nach Kenntnis vom Tod des Erblassers an das Nachlassgericht abzuliefern. Wer als gesetzlicher oder gewillkürter Erbe ein Erbrecht in Anspruch nimmt, kann beim Nachlassgericht die Erteilung eines Erbscheins beantragen.

Für Klagen auf Feststellung des Bestehens oder Nichtbestehens eines Erbrechts sind die **ordentlichen Gerichte** zuständig. Für die **örtliche Zuständigkeit** gilt neben den allgemeinen Regeln **125** (§§ 12 ff. ZPO) der besondere Gerichtsstand der Erbschaft (§ 27 ZPO). Das Erbrecht kann auch im Rahmen einer Leistungsklage, zB auf Herausgabe des Nachlasses (§§ 2018 ff.), als Vorfrage geklärt werden. Die **Beweislast** folgt allgemeinen Regeln: Wer ein gesetzliches Erbrecht in Anspruch nimmt, muss die jeweiligen tatsächlichen Voraussetzungen beweisen. Wer ein gewillkürtes Erbrecht behauptet, trägt die Beweislast für die Tatsachen, von denen die formgültige Errichtung und die sonstige Wirksamkeit der Verfügung von Todes wegen abhängen. Die **Rechtskraft** eines Urteils, in dem das Bestehen oder Nichtbestehen eines Erbrechts festgestellt wird, beschränkt sich auf die Parteien und ihre Rechtsnachfolger (§ 325 ZPO), hindert also Dritte nicht, das für andere bereits festgestellte Erbrecht noch für sich in Anspruch zu nehmen.

# § 1923 Erbfähigkeit

**(1) Erbe kann nur werden, wer zur Zeit des Erbfalls lebt.**

**(2) Wer zur Zeit des Erbfalls noch nicht lebte, aber bereits gezeugt war, gilt als vor dem Erbfall geboren.**

## Überblick

Die Fähigkeit, den Nachlass des Erblassers als dessen erbrechtlicher Gesamtrechtsnachfolger zu erwerben (Erbfähigkeit), ist Teil der mit Vollendung der Geburt beginnenden allgemeinen Rechtsfähigkeit. Da die Erbfähigkeit mit dem Tod endet, kann nicht Erbe werden, wer vor oder gleichzeitig mit dem Erblasser stirbt (→ Rn. 3). Wenn die Reihenfolge mehrerer Todesfälle nicht geklärt werden kann, gilt die Vermutung gleichzeitigen Versterbens nach § 11 VerschG (→ Rn. 3). Die Erbfähigkeit des beim Erbfall noch nicht Geborenen aber bereits Gezeugten (nasciturus) folgt aus der gesetzlichen Fiktion des Abs. 2 (→ Rn. 6). Der Erwerb der Erbenstellung setzt voraus, dass die Leibesfrucht nach dem Erbfall lebend geboren wird (→ Rn. 10). Probleme ergeben sich bei einer sog. In-vitro-Fertilisation (→ Rn. 7). Auch juristische Personen und Personenverbindungen zwar nicht voll rechtsfähig sind, aber im Rechtsverkehr einer juristischen Person stark angenähert sind (OHG, KG, GbR und der nichtrechtsfähige Verein) sind erbfähig, wenn sie zur Zeit des Erbfalles schon bzw. noch bestehen (→ Rn. 12 ff.). Die Miterbengemeinschaft ist (wie die eheliche Gütergemeinschaft) nicht in diesem Maße rechtlich verselbständigt, dass ihr die Erbfähigkeit zuerkannt werden könnte (→ Rn. 15). Einschränkungen der Erbfähigkeit bestehen bei bestimmten an der Erstellung eines Testamentes oder Erbvertrages beteiligten Personen (→ Rn. 17); zu beachten sind ferner Zuwendungsverbote (→ Rn. 18 ff.).

## Übersicht



## I. Normzweck

1 § 1923 setzt die **Erbfähigkeit** der natürlichen und juristischen Person als solche voraus und regelt nur den hierfür maßgeblichen Zeitpunkt. Indem Abs. 1 festlegt, dass der Erbe den Erbfall erleben muss, werden nicht nur die bereits vor dem Erbfall Verstorbenen, sondern auch die erst nach dem Erbfall Geborenen von der Erbfolge ausgeschlossen. Abs. 2 erweitert die Erbfähigkeit auf Personen, die zum Zeitpunkt des Erbfalls noch nicht geboren, aber bereits gezeugt sind (Leibesfrucht, **nasciturus**).

## II. Anwendungsbereich

2 Die Voraussetzungen des § 1923 gelten für **alle Berufungsgründe** (Gesetz, Testament, Erbvertrag). Auf die Nacherbfolge ist § 1923 entspr. anwendbar (§ 2108 Abs. 1). Erforderlich, aber auch ausreichend ist, dass der Nacherbe zum Zeitpunkt des Nacherbfalls lebt oder wenigstens gezeugt ist. Zum Nacherben kann auch eingesetzt werden, wer beim Erbfall noch nicht gezeugt ist (§ 2101 Abs. 1). Beim **Vermächtnis** darf der Bedachte nicht schon vor dem Erbfall verstorben sein (§ 2160). Für einen beim Erbfall bereits gezeugten Bedachten gilt § 1923 Abs. 2 analog (→ § 2178 Rn. 2) (MüKoBGB/Leipold Rn. 5; Hafner BWNotZ 1984, 67); war er noch nicht gezeugt, fällt ihm das Vermächtnis mit der Geburt an (§ 2178).

## III. Erbfähigkeit natürlicher Personen

3 **1. Voraussetzungen.** Unter den Voraussetzungen des § 1923 kann jede natürliche Person ohne Einschränkung Erbe sein. Da die Erbfähigkeit mit dem Tod endet, kann nicht Erbe werden, wer vor oder gleichzeitig mit dem Erblasser stirbt. Der Erbe muss über den Zeitpunkt des Erblassertodes hinaus gelebt haben, und sei es auch nur eine Sekunde. Da somit geringe Zeitdifferenzen über die Erbfolge entscheiden können, erweist sich eine genaue Fixierung des Todeszeitpunkts als notwendig (zu den für den **Todeszeitpunkt** maßgebenden Kriterien → § 1922 Rn. 5). Den Schwierigkeiten bei der medizinischen Bestimmung des Todeszeitpunkts darf sich das Nachlassgericht nicht durch die Annahme gleichzeitigen Versterbens in problematischen Fällen entziehen (OLG Köln FamRZ 1992, 860; OLG Hamm FamRZ 1995, 1606; BeckOGK/Tegelkamp Rn. 12). Wenn die Reihenfolge mehrerer Todesfälle nicht geklärt werden kann, gilt die Vermutung gleichzeitigen Versterbens; sog **Kommorientenvermutung** des § 11 VerschG (BayObLG NJW-RR 1999, 1309). Gleiche Wirkung wie das Vorversterben haben die Ausschlagung der Erbschaft (§ 1953 Abs. 2), die Erbunwürdigerklärung (§ 2344 Abs. 2), der Erbverzicht (§ 2346 Abs. 1 S. 2) und ein vor dem 1.4.1998 rechtsgültig zustande gekommener vorzeitiger Erbausgleich (Art. 227 Abs. 1 Nr. 2 EGBGB, §§ 1934d, 1934e aF).

Die **Beweislast** dafür, dass eine (als Erbe in Betracht kommende) Person die andere (den potentiellen Erblasser) überlebt hat, trägt derjenige, der daraus (zB als Erbeserbe) Rechte herleitet. Der Beweis kann mittels öffentlicher Urkunden, in erster Linie Personenstandsbücher oder -urkunden (§ 54 PStG), geführt werden (BayObLG NJW-RR 1999, 1309). 4

**2. Verschollenheit und Todeserklärung.** Auch der Verschollene (zum Begriff § 1 Abs. 1 VerschG) kann Erbe sein, wenn er den Erbfall erlebt. Für ihn gilt die Lebensvermutung des § 10 VerschG. Danach wird (widerleglich) vermutet, dass ein nicht für tot erklärter Verschollener „bis zu dem in § 9 Abs. 3, 4 genannten Zeitpunkt weiter lebt oder gelebt hat". Die **Todeserklärung** begründet die (widerlegliche) Vermutung des Versterbens zu dem im Beschluss genannten Zeitpunkt (§ 9 Abs. 1 S. 1 VerschG). Der für tot Erklärte kann somit einerseits von Personen beerbt werden, die den festgestellten Zeitpunkt überlebt haben, andererseits kommt er von dem festgestellten Zeitpunkt an nicht mehr als Erbe eines anderen in Betracht. Zur Vermutung des gleichzeitigen Versterbens nach § 11 VerschG, wenn die Reihenfolge mehrerer Todesfälle nicht mit Sicherheit festgestellt werden kann, → Rn. 3. Soweit diese Vermutung eingreift, kann keine der betroffenen Personen die andere beerben (zum Verhältnis von § 11 zu § 9 VerschG vgl. BGHZ 62, 112 = LM VerschG § 11 Nr. 3 mAnm Wüstenberg; Staudinger/Otte, 2017, Rn. 8; Nagel, Das Versterben untereinander erbberechtigter Personen auf Grund derselben Ursache, 1983, 25 ff.). Bei unklarer Todesreihenfolge bei Beerbung nach verschiedenen Rechtsordnungen ist Art. 32 EuErbVO zu beachten. 5

## IV. Erbfähigkeit des Gezeugten

**1. nasciturus.** Die Erbfähigkeit des beim Erbfall noch nicht Geborenen, aber bereits Gezeugten **(nasciturus)** folgt aus der gesetzlichen Fiktion des Abs. 2. Sinn der Vorschrift ist es, das gezeugte Kind auch dann am Nachlass des Vaters teilhaben zu lassen, wenn dieser vor der Geburt des Kindes stirbt. Aus der Rückwirkung des Abs. 2 ergibt sich, dass dem nasciturus die Rechtsfähigkeit vom Erbfall an zugebilligt wird, soweit es um die Erbenstellung geht. Dies begründet aber noch keine eigenständige Rechtsfähigkeit des nasciturus (BeckOGK/Tegelkamp Rn. 30; weitergehend MüKoBGB/Leipold Rn. 31; s. auch OLG München ZEV 2021, 652). 6

**2. Künstliche Befruchtung.** § 1923 Abs. 2 geht von der Existenz einer Leibesfrucht im Mutterleib aus. Die heute möglichen, den Verfassern des BGB noch unbekannten Methoden der Befruchtung außerhalb des Mutterleibs **(In-vitro-Fertilisation)** und der **postmortalen künstlichen Insemination** werfen erhebliche erbrechtliche Probleme auf. Bei der In-vitro-Fertilisation stellt sich die Frage, ob das später lebend geborene Kind bereits ab dem Zeitpunkt der extrakorporalen Befruchtung oder erst mit der Einpflanzung des Embryos in den Mutterleib als erbfähig anzusehen ist. Der Schutzzweck des § 1923 Abs. 2 spricht eher für die erste Lösung (MüKoBGB/Leipold Rn. 21; Leipold FS Kralik, 1986, 467 (476 f.); Soergel/Fischinger Rn. 10; Mansees, Das Erbrecht des Kindes nach künstlicher Befruchtung, 1991, 64 f. (155 f.)); aus Gründen der Rechtssicherheit sollte man der letztgenannten Auffassung folgen (Staudinger/Otte, 2017, Rn. 27), denn erst mit der Implantation kann der Embryo eindeutig einer bestimmten Familie zugeordnet werden. 7

Im Falle der heute möglichen, nach dem ESchG (s. § 4 Abs. 1 Nr. 3) allerdings verbotenen künstlichen Insemination nach dem Tod des Samenspenders kann das auf diese Weise gezeugte Kind nach dem Wortlaut des § 1923 Abs. 2 nicht Erbe seines genetischen Vaters sein, da die Fiktion dieser Vorschrift nur bei einem bereits gezeugten Kind eingreift. Die vorgeschlagene analoge Anwendung (BeckOGK/Tegelkamp Rn. 42 ff.; Burandt/Rojahn/Große-Boymann Rn. 6; Soergel/Fischinger Rn. 10; Brox/Walker ErbR Rn. 9; Röthel ErbR § 6 Rn. 9; Leipold FS Kralik, 1986, 467 (471 ff.); Ludyga NZFam 2020, 185 (188)) ist im Hinblick auf die drohende Ungewissheit über die erbrechtliche Lage (durch die Möglichkeiten einer Kryokonservierung von Sperma könnte lange Zeit nach dem Tod des Samenspenders eine Insemination durchgeführt werden) und die nicht auszuschließenden Manipulationsmöglichkeiten abzulehnen (Staudinger/Otte, 2017, Rn. 25 ff.; Muscheler ErbR Rn. 130; Lange ErbR § 21 Rn. 16; Mansees, Das Erbrecht des Kindes nach künstlicher Befruchtung, 1991, 65 ff.). 8

**3. Beweislast.** Die Beweislast für das Gezeugtsein zum Zeitpunkt des Erbfalls obliegt demjenigen, der daraus Rechte ableitet. Die Feststellung ist nach den Grundsätzen der freien Beweiswürdigung zu treffen, wobei die Vermutungen der Abstammung (§ 1600d Abs. 3) insoweit nicht anzuwenden sind (Erman/Lieder Rn. 3; aA Soergel/Fischinger Rn. 7; Staudinger/Otte, 2017, Rn. 20 ff.; Muscheler Rn. 129). 9

10 **4. Erfordernis der lebenden Geburt.** Abs. 2 ist nicht so zu verstehen, dass schon die Leibesfrucht Erbe wäre. Der Erwerb der Erbenstellung setzt vielmehr voraus, dass die Leibesfrucht nach dem Erbfall lebend geboren wird (auf die Dauer des Lebens und die Fähigkeit zum Weiterleben kommt es nicht an, RGRK-BGB/Kregel Rn. 4) und hierdurch die Rechtsfähigkeit nach § 1 erlangt. Ist dies der Fall, tritt nach Abs. 2 eine rechtliche **Rückwirkung** ein: Der Gezeugte gilt als vor dem Erbfall geboren. Mit der Geburt ist er vom Erbfall an als Träger der Nachlassrechte und -verbindlichkeiten zu behandeln. Dadurch wird vermieden, dass der Nachlass für eine bestimmte Zeitspanne zum subjektlosen Vermögen wird. Die **Ausschlagungsfrist** (§ 1944) beginnt frühestens mit der Geburt; die Ausschlagung kann aber bereits vom Erbfall an erklärt werden (OLG Stuttgart NJW 1993, 2250; OLG Oldenburg FamRZ 1994, 847; MüKoBGB/Leipold Rn. 29; Peter Rpfleger 1988, 107; aA LG Berlin Rpfleger 1990, 362).

11 **5. Schwebezustand zwischen Erbfall und Geburt.** Zwischen Erbfall und Geburt des Gezeugten besteht ein Schwebezustand. Die Schenkung eines Kommanditanteils an eine ungeborene Leibesfrucht kann in dieser Phase nicht in das Handelsregister eingetragen werden (OLG Celle ZEV 2018, 470). Zur Wahrung der künftigen Rechte des nasciturus sind nach § 1912 Abs. 2 die Eltern berufen, soweit ihnen die elterliche Sorge zustände, wenn das Kind bereits geboren wäre. Bei entsprechendem Fürsorgebedürfnis kann ein **Nachlasspfleger** (§ 1960 Abs. 2) oder ein **Pfleger für die Leibesfrucht** nach § 1912 Abs. 1 bestellt werden. Eine Klage auf Feststellung der (bedingten) Erbberechtigung des nasciturus ist (bei vorhandenem Feststellungsinteresse, § 256 Abs. 1 ZPO) zulässig, da schon in der Schwebezeit eine rechtlich gesicherte Erbaussicht und damit ein feststellungsfähiges Rechtsverhältnis besteht (MüKoBGB/Leipold Rn. 30; Staudinger/Otte, 2017, Rn. 19). Zum Aufschub der Erbauseinandersetzung s. § 2043.

## V. Juristische Personen

12 Eine juristische Person des privaten oder öffentlichen Rechts, die zum Zeitpunkt des Erbfalls rechtsfähig besteht, kann Erbe werden. Dieses bereits aus der allgemeinen Rechtsfähigkeit folgende Ergebnis wird bestätigt durch verschiedene erbrechtliche Normen, die von der Erbfähigkeit juristischer Personen ausgehen (zB § 2044 Abs. 2 S. 3, § 2101 Abs. 2, § 2106 Abs. 2, § 2109 Abs. 2, § 2163 Abs. 2). Da die Rechtsfähigkeit beim Erbfall bereits vorhanden sein muss, finden auf juristische Personen im Gründungsstadium (Vor-GmbH, Vor-AG) die für Gesamthandsgemeinschaften geltenden Grundsätze Anwendung (jurisPK-BGB/Schmitt Rn. 23). Für **Stiftungen,** die beim Erbfall noch nicht genehmigt waren, gilt die Sonderbestimmung des § 84. Eine sog. Vorstiftung als handlungsfähiges Gebilde zwischen Erbfall und Genehmigung ist abzulehnen (BFH ZEV 2015, 359; Staudinger/Hüttemann/Rawert, 2017, § 80 Rn. 48 ff.; Fischer/Pruns BB 2015, 1756). Auch eine ausländische Stiftung, die erst nach Eintritt des Erbfalls errichtet wird, kann erbfähig iSv § 1923 sein, wenn sie nach ihrem Heimatrecht Rechtsfähigkeit erlangt (OLG München ZEV 2009, 512; Grüneberg/Weidlich Rn. 7). Andere juristische Personen, die erst nach dem Erbfall entstehen, können allenfalls als Nacherbe eingesetzt werden (vgl. § 2101 Abs. 2); eine analoge Anwendung des § 1923 Abs. 2 kommt insoweit nicht in Betracht (MüKoBGB/Leipold Rn. 38).

## VI. Rechtsfähige Personengesellschaften und nichtrechtsfähige Vereine

13 **1. OHG, KG, GbR.** Soweit Personenverbindungen zwar nicht voll rechtsfähig sind, aber im Rechtsverkehr einer juristischen Person stark angenähert sind und bei Abschluss von Rechtsgeschäften als selbstständige Einheit auftreten und rechtlich anerkannt werden, ist dem auch im Erbrecht Rechnung zu tragen. An der **Erbfähigkeit von OHG und KG** bestehen daher angesichts der ihnen durch § 124 Abs. 1, § 161 Abs. 2 HGB verliehenen Fähigkeit, als Einheit im Rechtsverkehr aufzutreten, keine Zweifel (verneint nur von Flume ZHR 1972, 177 (193); Flume BGB AT I 1 § 7 III 6). Allerdings ist die Anwendung des § 128 HGB auf Nachlassverbindlichkeiten streitig (verneinend Staudinger/Otte, 2017, Rn. 29a; Otte FS H.P. Westermann, 2008, 544 ff.; aA MüKoBGB/Leipold Rn. 40). Nachdem der BGH die Rechtsfähigkeit der **GbR,** soweit sie als Außengesellschaft durch Teilnahme am Rechtsverkehr eigene Rechte und Pflichten begründet, bejaht hat (BGH NJW 2001, 1056), ist auch das „Dogma fehlender Erbfähigkeit" der GbR überholt (BeckOGK/Tegelkamp Rn. 50; MüKoBGB/Leipold Rn. 40; Ulmer ZIP 2001, 585 (596); Scherer/Feick ZEV 2003, 341).

14 **2. Nichtrechtsfähiger Verein.** Der nichtrechtsfähige Verein wird heute – entgegen der Absicht des Gesetzgebers – als selbstständige, vom Mitgliederwechsel unabhängige und unter eigenem Namen auftretende Einheit behandelt (→ § 54 Rn. 54 ff.). Dies muss auch im Erbrecht

beachtet werden, sodass die **Erbfähigkeit des nichtrechtsfähigen Vereins** zu bejahen ist (MüKoBGB/Leipold Rn. 41; Grüneberg/Weidlich Rn. 7; Staudinger/Otte, 2017, Rn. 31; K. Schmidt GesR § 25 II 1a). Eine andere Auffassung verneint zwar die Erbfähigkeit, lässt aber die Erbschaft dem Vereinsvermögen zufallen (RGRK-BGB/Kregel Rn. 7; Soergel/Stein, 13. Aufl. 2011, Rn. 8). Entsprechend der allgemeinen Rechtslage beim nichtrechtsfähigen Verein haften die Mitglieder für Nachlassverbindlichkeiten von Anfang an nur mit dem Vereinsvermögen (MüKoBGB/Leipold Rn. 41). Die Anerkennung der Erbfähigkeit des nichtrechtsfähigen Vereins schließt es nicht aus, im Einzelfall eine Zuwendung an einen nichtrechtsfähigen Verein als Verfügung zugunsten aller Mitglieder als Einzelpersonen oder zugunsten der Vorstandsmitglieder auszulegen.

**3. Miterbengemeinschaft.** Die Miterbengemeinschaft ist (wie die eheliche Gütergemeinschaft) nicht in diesem Maße rechtlich verselbständigt, dass auch ihr die Erbfähigkeit zuerkannt werden könnte (BGH NJW 2006, 3715; BeckOGK/Tegelkamp Rn. 54; MüKoBGB/Leipold Rn. 43; aA Ann, Die Erbengemeinschaft, 2001, 394 ff.; Eberl-Borges ZEV 2002, 125). Zuwendungen sind als Verfügungen zugunsten der einzelnen Mitglieder der Erbengemeinschaft auszulegen. 15

## VII. Einschränkungen der Erbfähigkeit

**1. Erwerb durch Ausländer oder juristische Personen mit Sitz im Ausland.** Vorschriften, die den Erwerb von Rechten durch Ausländer oder juristische Personen mit Sitz im Ausland beschränken oder von einer Genehmigung abhängig machen, finden nach Art. 86 S. 1 EGBGB vom 30.7.1998 an keine Anwendung mehr. 16

**2. Bei Beurkundung mitwirkende Personen.** Zuwendungen an Personen, die bei der Beurkundung eines notariellen Testaments oder eines Erbvertrags als Notar, Dolmetscher oder Vertrauensperson iSd § 24 BeurkG mitwirken, in der beurkundeten Verfügung von Todes wegen sind unwirksam (§ 27 BeurkG iVm § 7, 16 Abs. 3 BeurkG, § 24 Abs. 2 BeurkG). Ähnliches gilt beim Bürgermeistertestament (§ 2249 Abs. 1 S. 3 und 4) und beim Drei-Zeugen-Testament (§ 2250 Abs. 3 S. 2). Der Begriff der relativen Erbunfähigkeit (BeckOGK/Tegelkamp Rn. 58; Erman/Lieder Rn. 4; Grüneberg/Weidlich Rn. 1) passt in diesem Zusammenhang allerdings nicht; der Mangel haftet der Beurkundung, nicht den Personen an (MüKoBGB/Leipold Rn. 46; Staudinger/Otte, 2017, Rn. 14). 17

**3. Zuwendungsverbote.** Nach **§ 14 HeimG** (in Landesgesetzen finden sich dem § 14 HeimG entsprechende Verbote; Überblick bei Karl ZEV 2009, 544; Burandt/Rojahn/G. Müller HeimG § 14 Rn. 4, 35 ff.) ist es den Trägern eines Heims untersagt, sich über das vereinbarte Entgelt hinaus von oder zu Gunsten von Heimbewohnern Geld oder geldwerte Leistungen versprechen oder gewähren zu lassen. Die Vorschrift, die ein dem Schutz der Heimbewohner dienendes Verbotsgesetz (§ 134) darstellt, enthält keine verfassungswidrige Einschränkung der Testierfreiheit (BVerfG NJW 1998, 2964; BGH ZEV 1996, 145; NK-BGB/Kroiß Rn. 5). Bei der Beurteilung der Frage, ob ein Verstoß gegen § 14 HeimG vorliegt, kommt es auf den Zeitpunkt der Testamentserrichtung an (OLG Stuttgart MDR 2010, 1330). 18

Das Verbot schließt auch die Wirksamkeit eines Vermächtnisses aus, mit dem ein Angehöriger des Heimbewohners einen Heimträger bedenkt (OLG München NJW 2006, 2642). Dagegen soll das Testament eines Angehörigen eines Heimbewohners, mit dem der Heimträger zum Nacherben eingesetzt wird, nicht nach § 14 Abs. 1 HeimG iVm § 134 BGB unwirksam sein, wenn der Heimträger erst nach dem Erbfall davon erfährt (BGH NJW 2012, 155). 19

Eine analoge Anwendung des Zuwendungsverbots auf Fälle der häuslichen Pflege erscheint nicht gerechtfertigt, da die Situation des Empfängers von Pflegeleistungen in der häuslichen Umgebung sich im Hinblick auf den Zweck des Verbots von der Lage eines Heimbewohners unterscheidet (Soergel/Fischinger Rn. 21). Einzelne Landesgesetze beziehen jedoch auch ambulante Betreuungs- und Pflegeeinrichtungen bzw. ambulante Dienste ausdrücklich in den Anwendungsbereich des Verbots ein (dazu OLG Frankfurt NJW 2015, 2351; zust. BeckOGK/Tegelkamp § 1937 Rn. 40; krit. MüKoBGB/Leipold Vor §§ 2064 ff. Rn. 55). 20

Weitere Zuwendungsverbote finden sich in beamtenrechtlichen (§ 71 BBG; § 42 BeamtStG) und tarifrechtlichen (§ 10 BAT bzw. § 3 Abs. 2 TVöD) Bestimmungen. 21

## § 1924 Gesetzliche Erben erster Ordnung

**(1) Gesetzliche Erben der ersten Ordnung sind die Abkömmlinge des Erblassers.**

**(2) Ein zur Zeit des Erbfalls lebender Abkömmling schließt die durch ihn mit dem Erblasser verwandten Abkömmlinge von der Erbfolge aus.**

**(3) An die Stelle eines zur Zeit des Erbfalls nicht mehr lebenden Abkömmlings treten die durch ihn mit dem Erblasser verwandten Abkömmlinge (Erbfolge nach Stämmen).**

**(4) Kinder erben zu gleichen Teilen.**

### Überblick

Die gesetzliche Erbfolge der Verwandten (§§ 1924–1929) wird von dem sog. Parentelsystem, geprägt (→ Rn. 1). Das Parentelsystem nimmt eine Einstufung der Verwandten des Erblassers in verschiedene Ordnungen vor. Ausschlaggebend für die Einordnung einer Person in eine bestimmte Ordnung ist dabei der Grad ihrer Abstammung. Ergänzt wird das Parentelsystem durch das Repräsentations- (→ Rn. 22) und Eintrittsprinzip (→ Rn. 23). Erben der ersten Ordnung sind nach § 1924 Abs. 1 die Abkömmlinge des Erblassers, also alle Personen, die vom ihm abstammen (→ Rn. 2). Nichteheliche Kinder sind den ehelichen Abkömmlingen gleichgestellt (→ Rn. 5). Die Annahme als Kind (Adoption) kann ein gesetzliches Erbrecht begründen (→ Rn. 15). Zu unterscheiden ist zwischen der Adoption eines Minderjährigen (→ Rn. 16) und der Volljährigen-Adoption (→ Rn. 19) und danach, ob die Annahme vor oder nach Inkrafttreten des Adoptionsgesetzes am 1.1.1977 erfolgte (→ Rn. 20).

### Übersicht



## I. Normzweck

1 Bei der Regelung der gesetzlichen Verwandtenerbfolge geht das Gesetz von einem System der **Ordnungen (Parentelen)** aus. Es fasst die Verwandten in den §§ 1924–1929 in Ordnungen, welche eine Rangfolge der Berechtigung bilden: Jeder Erbe einer vorhergehenden Ordnung schließt alle Angehörigen nachrangiger Ordnungen aus (§ 1930). Die **Abkömmlinge** des Erblassers bilden nach § 1924 die Gruppe der **Erben erster Ordnung.** Das Prinzip der Erbfolge nach Ordnungen wird ergänzt durch den Grundsatz der **Erbfolge nach Stämmen.** In einem Stamm fasst das Gesetz diejenigen Abkömmlinge zusammen, die durch ein und dieselbe Person mit dem Erblasser verwandt sind. Jedes Kind des Erblassers bildet daher zusammen mit seinen Abkömmlingen einen gesonderten Stamm. Dabei schließt der nähere Abkömmling seine eigenen Abkömmlinge aus **(Prinzip der Repräsentation),** diese kommen erst nach Wegfall des näheren Abkömmlings an seiner Stelle zum Zug **(Eintrittsprinzip).** Unter gleich nahen Erben kommt es innerhalb des Stammes zu einer **Erbteilung nach Köpfen.** Die Verteilung innerhalb der ersten Ordnung hat Modellcharakter für die zweite und dritte Ordnung. Das **Gradualsystem,** das auf die Gradnähe der Verwandtschaft abstellt, gilt erst von der vierten Ordnung an. Mit der Entscheidung für das Parentel- und gegen das Gradualsystem erstrebt der Gesetzgeber eine Bevorzugung der jüngeren Generation bei der Erbfolge.

## II. Abkömmlinge

2 In Übereinstimmung mit dem allgemeinen Sprachgebrauch versteht das Gesetz unter Abkömmlingen alle Personen, die vom Erblasser abstammen, also Kinder, Enkel, Urenkel etc. **Abkömmlinge** sind danach alle Personen, die mit dem Erblasser in **absteigender gerader Linie verwandt** sind (§ 1589 S. 1). Die Voraussetzungen der Abstammung bestimmen sich nach den Regeln des Familienrechts. Die statusrechtliche Unterscheidung zwischen ehelicher und nichtehelicher Abstammung wurde durch das zum 1.7.1997 in Kraft getretene KindRG aufgehoben.

**1. Abkömmlinge der Mutter. Mutter** eines Kindes ist nach § 1591 Abs. 1 die Frau, die es geboren hat. Dies gilt auch dann, wenn das Kind biologisch nicht von dieser Frau abstammt. Eine Anfechtung der Mutterschaft ist rechtlich nicht möglich (BeckOGK/Tegelkamp Rn. 37). Eine von § 1591 abweichende Mutterschaftsanerkennung oder eine Mitmutterschaft gibt es nach deutschem Recht nicht (BGH NJW 2019, 153; MüKoBGB/Leipold Rn. 6). Zu den durch die Möglichkeiten der künstlichen Fortpflanzung entstandenen Problemen → § 1591 Rn. 9. Maßgebend ist allein die Abstammung im Rechtssinne, nicht die biologische Abstammung (BGH NJW 1989, 2197). 3

**2. Abkömmlinge des Vaters. Vater** eines Kindes ist der Mann, der zum Zeitpunkt der Geburt mit der Mutter des Kindes verheiratet ist (§ 1592 Nr. 1) oder der die Vaterschaft anerkannt hat (§ 1592 Nr. 2, § 1594) oder dessen Vaterschaft gerichtlich festgestellt wurde (§ 1592 Nr. 3). Die Rechtswirkungen der Vaterschaft können nach § 1600d Abs. 5 erst vom Zeitpunkt der rechtskräftigen gerichtlichen Feststellung der Vaterschaft an geltend gemacht werden. Dabei handelt es sich aber lediglich um eine „Rechtsausübungssperre" (MüKoBGB/Leipold Rn. 22). 4

**3. Nichteheliche Kinder.** Das Kind nicht miteinander verheirateter Eltern ist Abkömmling seines Vaters im Rechtssinne erst seit Inkrafttreten des **NEhelG** am **1.7.1970.** In den seit diesem Zeitpunkt eingetretenen Erbfällen war es zwar gesetzlicher Erbe erster Ordnung nach seinem Vater, wurde aber neben miterbenden ehelichen Kindern und dem Ehegatten auf einen **Erbersatzanspruch** in Höhe des Wertes des gesetzlichen Erbteils verwiesen (→ Rn. 12). Die **volle erbrechtliche Gleichstellung** mit ehelichen Abkömmlingen haben nichteheliche Kinder durch das für Erbfälle seit 1.4.1998 geltende Erbrechtsgleichstellungsgesetz vom 16.12.1997 erlangt, das die Sonderregelungen der §§ 1934a–1934e ersatzlos gestrichen hat. Auch in der HöfeO wurde durch Änderung der §§ 5, 12 die Benachteiligung des nichtehelichen Kindes beseitigt. 5

**a) Rechtsstellung der vor dem 1.7.1949 geborenen Kinder.** Als zum 1.7.1970 das gesetzliche Erbrecht nichtehelicher Kinder nach dem Vater oder väterlichen Verwandten eingeführt wurde, nahm man Kinder aus, die **vor** dem **1.7.1949** geboren worden, nach damaligem Recht also schon volljährig waren. Insoweit blieb es nach Art. 12 § 10 Abs. 2 NEhelG bei der Anwendung des früheren Rechts (das BVerfG hat diese problematische Regelung für verfassungsgemäß erklärt, BVerfGE 44, 1 = NJW 1977, 1677). Danach hatte ein nichteheliches Kind nach seinem Vater (oder väterlichen Vorfahren) kein gesetzliches Erbrecht und kein Pflichtteilsrecht, weil es durch die Fiktion des § 1589 Abs. 2 aF als **nicht verwandt** mit seinem Vater galt. Das ErbGleichG ließ diesen Stichtag unangetastet (BT-Drs. 13/4183, 13; Radziwill/Steiger FamRZ 1997, 268; Rauscher ZEV 1998, 41 (44)). Auch bei Erbfällen nach Inkrafttreten des ErbGleichG hatten also vor dem 1.7.1949 geborene nichteheliche Kinder kein gesetzliches Erbrecht nach ihrem Vater; dies galt auch umgekehrt hinsichtlich des Vaters beim Tod seines nichtehelichen Kindes. Das BVerfG hat auch diesen Zustand nicht beanstandet (BVerfG ZEV 2004, 114). 6

Nachdem der EGMR in einem Einzelfall im Ausschluss eines 1948 geborenen nichtehelichen Kindes vom gesetzlichen Erbrecht nach dem Vater eine **Verletzung des Diskriminierungsverbots** (Art. 14 EMRK) gesehen hatte (EGMR ZEV 2009, 510 mAnm Leipold ZEV 2009, 488. Zum Fortgang des Ausgangsverfahrens OLG Saarbrücken ZEV 2010, 528), war der Gesetzgeber aufgerufen, die Vorenthaltung des gesetzlichen Erbrechts für die vor dem 1.7.1949 geborenen nichtehelichen Kinder zu beseitigen. Das **Zweite Gesetz zur erbrechtlichen Gleichstellung nichtehelicher Kinder** vom 12.4.2011 brachte die Gleichstellung, indem der Stichtag rückwirkend für Erbfälle nach dem **28.5.2009** (dem Datum der Entscheidung des EGMR) aufgehoben wurde (vgl. OLG München MDR 2013, 345; ausf. Darstellung der Entwicklung bei MüKoBGB/Leipold Einl. ErbR Rn. 98 ff.). Für Erbfälle, die bis zum 28.5.2009 eingetreten sind, bleibt es aus Vertrauensschutzgründen bei der bisherigen Regelung, es sei denn der Bund oder das Land sind nach § 1936 Erbe geworden (Art. 12 § 10 Abs. 2 NEhelG). Insoweit hat das Kind nach Art. 12 § 10 Abs. 2 NEhelG einen Anspruch auf Ersatz des Wertes der ihm entgangenen erbrechtlichen Ansprüche und einen Auskunftsanspruch gegen den Fiskus. 7

Die nach der Entscheidung des EGMR ergangenen Entscheidungen deutscher Gerichte haben aus Gründen des Vertrauensschutzes am Ausschluss des Erbrechts der vor dem 1.7.1949 geborenen nichtehelichen Kinder festgehalten (OLG Stuttgart ZEV 2010, 249; KG ZEV 2010, 524). Das mit Blick auf die Rechtmäßigkeit dieser Stichtagsregelung ergangene Urteil des BGH sieht in dieser gesetzgeberischen Entscheidung keinen Rechtsverstoß, da sie sachlich gerechtfertigt und somit nicht Ausdruck einer willkürlichen Entscheidung sei (BGH NJW 2012, 231; Nichtannahmebeschluss BVerfG NJW 2013, 2103; krit. Reimann FamRZ 2012, 604). 8

Vor dem Hintergrund einer weiteren Entscheidung des EGMR (EGMR NJW-RR 2014, 645 9
betr. Frankreich; dazu Leipold ZEV 2014, 449) konnte von einer endgültigen Klärung noch nicht

ausgegangen werden. Der EGMR hat dann auch für einen Fall, in dem der Vater einer vor dem 1.7.1949 geborenen nichtehelichen Tochter vor dem 29.5.2009 verstorben ist, entschieden, dass in der Versagung des Erb- und Pflichtteilsrechts für dieses Kind eine Verletzung der EMRK liegt (EGMR BeckRS 2017, 101431 = FamRZ 2017, 656; dazu Magnus FamRZ 2017, 586). Es sei aber jeder Einzelfall zu bedenken, da grds. eine Verhältnismäßigkeitsprüfung darüber zu entscheiden habe, ob die deutsche Stichtagsregelung wirksam oder menschenrechtswidrig sei. Die Kriterien für diese Prüfung hat der EGMR in einer Folgeentscheidung festgelegt, wobei die Frage der Verjährung erbrechtlicher Ansprüche eine wichtige Rolle spielt (EGMR NJW 2017, 1805). Der BGH kommt nunmehr in Anwendung der vom EGMR entwickelten Grundsätze zu der Feststellung, dass die Versagung des Erbrechts einer nichtehelichen Tochter aufgrund strikter Anwendung der Stichtagsregelung eine Verletzung der EMRK darstellt (BGH ZEV 2017, 510 mAnm Lieder/Berneith FamRZ 2017, 1623; Leipold ZEV 2017, 489).

**10** Die Vorschrift des § 1719 Abs. 2 aF, wonach durch nachfolgende Heirat der Eltern eine Legitimation des nichtehelichen Kindes möglich war, wurde – als nicht mehr erforderlich – durch das KindRG mit Wirkung zum 1.7.1998 aufgehoben.

**10.1** In einem Einzelfall, in dem die Eltern eines vor dem 1.7.1949 geborenen nichtehelichen Kindes erst Ende 1998 und damit nach der ersatzlosen Streichung des § 1719 geheiratet hatten, hat das BVerfG den Ausschluss des Kindes vom Erb- und Pflichtteilsrecht nach dem Vater als Verstoß gegen Art. 6 Abs. 5 GG angesehen (BVerfG ZEV 2009, 134 mAnm Herrler).

**11** Bis zur Neuregelung ermöglichte Art. 12 § 10a NEhelG eine Vereinbarung zwischen Vater und Kind über die Nichtanwendung des Art. 12 § 10 Abs. 2. Die **Gleichstellungsvereinbarung** kann nur von dem Vater und dem Kind (zur Frage, ob die Gleichstellungsvereinbarung auch zwischen dem Vater und den Abkömmlingen eines (vorverstorbenen) nichtehelichen Kindes geschlossen werden kann, Bestelmeyer FamRZ 1999, 970) persönlich und in notariell beurkundeter Form geschlossen werden (Art. 12 § 10a Abs. 2 S. 1 NEhelG). Sie bedarf der Zustimmung der jeweils vorhandenen Ehegatten (Art. 12 § 10a Abs. 3 S. 1 NEhelG). Aufgrund einer solchen Vereinbarung gelten zwischen dem Vater und dem Kind wechselseitig die allgemeinen Vorschriften über das Erbrecht und das Pflichtteilsrecht.

**12** **b) Erbfälle vor dem 1.4.1998.** Das beim Tod des Vaters erbberechtigte nichteheliche Kind war neben miterbenden ehelichen Kindern und dem Ehegatten nach § 1934a aF auf einen **Erbersatzanspruch** beschränkt. Der Erbersatzberechtigte wurde nicht Gesamtrechtsnachfolger, ihm stand stattdessen ein Geldanspruch auf Zahlung des Wertes seines gesetzlichen Erbteils zu. Zwischen dem 21. und 27. Lebensjahr konnte ein nichteheliches Kind nach § 1934d aF von seinem Vater einen vorzeitigen Erbausgleich in Höhe des dreifachen Jahresunterhalts verlangen. Durch den vorzeitigen Erbausgleich entfielen alle gesetzlichen Erbrechte, Erbersatzansprüche und Pflichtteilsansprüche (§ 1934e aF).

**13** **c) Besonderheiten in Erbfällen im Beitrittsgebiet.** In der **ehemaligen DDR** war das **nichteheliche Kind** nach § 365 ZGB in vollem Umfang dem ehelichen **gleichgestellt.** Nach Art. 235 § 1 Abs. 2 EGBGB gelten bei Erbfällen ab dem Beitrittszeitpunkt (3.10.1990) anstelle der §§ 1934a–1934e, § 2338a die Vorschriften über das Erbrecht des ehelichen Kindes, wenn das nichteheliche Kind vor dem 3.10.1990 geboren war. Voraussetzung ist, dass der Erblasser zum Beitrittszeitpunkt seinen gewöhnlichen Aufenthalt im Gebiet der ehemaligen DDR hatte und daher nach dem Recht der DDR beerbt worden wäre (OLG Brandenburg FamRZ 1997, 1031; OLG Köln FamRZ 1993, 484; Schlüter/Fegeler FamRZ 1998, 1337 (1339 f.)). Unter dieser Voraussetzung waren auch diejenigen nichtehelichen Kinder erbberechtigt, die vor dem 1.7.1949 geboren waren. Durch die Neufassung des Art. 235 § 1 Abs. 2 EGBGB durch das ErbGleichG wurde diese Begünstigung der vor dem 1.7.1949 geborenen Kinder klargestellt.

**14** **d) Übergangsregelungen.** Die bis zum 1.4.1998 geltenden Vorschriften über das Erbrecht des nichtehelichen Kindes sind nach Art. 227 Abs. 1 EGBGB weiter anzuwenden, wenn vor diesem Zeitpunkt der Erblasser gestorben ist (Art. 227 Abs. 1 Nr. 1 EGBGB) oder eine wirksame Vereinbarung über den Erbausgleich getroffen oder der Erbausgleich durch ein rechtskräftiges Urteil zuerkannt worden ist (Art. 227 Abs. 1 Nr. 2 EGBGB).

**14.1** Ist es bis zum 31.3.1998 nicht zu einem wirksamen vorzeitigen Erbausgleich gekommen, so ist ein solcher nicht mehr möglich (OLG Düsseldorf NJW 1999, 1560) und das neue Recht auf einen seit dem 1.4.1998 eingetretenen Erbfall anwendbar. Zahlungen, die der Vater im Hinblick auf einen Erbausgleich geleistet und zu Lebzeiten nicht zurückgefordert hat, sind nach den Bestimmungen über die Ausgleichung von Ausstattungen auf den gesetzlichen Erbteil (§ 2050 Abs. 1, § 2051 Abs. 1) und den Pflichtteil (§ 2315) anzurechnen (Art. 227 Abs. 2 EGBGB).

**4. Annahme als Kind.** Die Annahme als Kind (Adoption) kann ein gesetzliches Erbrecht begründen. Die Rechtsfolgen der Annahme als Kind treten mit der Wirksamkeit des Annahmebeschlusses ein; für davor liegende Erbfälle bleiben nach dem bisherigen Status des Kindes maßgeblich. Eine erst nach dem Tod des Annehmenden ausgesprochene Annahme entfaltet jedoch die gleiche Wirkung, wie wenn sie vor dem Tod erfolgt wäre (§ 1753 Abs. 3). Zu unterscheiden ist zwischen der Adoption eines Minderjährigen und der Volljährigen-Adoption und danach, ob die Annahme vor (→ Rn. 16) oder nach (→ Rn. 20) Inkrafttreten des Adoptionsgesetzes am 1.1.1977 erfolgte. 15

**a) Annahme eines Minderjährigen.** Die Annahme eines Minderjährigen als Kind gibt diesem nach § 1754 Abs. 2 in vollem Umfang die Rechtsstellung eines Kindes des Annehmenden. Nimmt ein Ehepaar ein Kind oder ein Ehegatte das Kind des anderen Ehegatten an, erlangt das Kind die rechtliche Stellung eines gemeinschaftlichen Kindes der Ehegatten (§ 1754 Abs. 1). Die Verwandtschaftsverhältnisse zu den bisherigen Verwandten erlöschen (§ 1755 Abs. 1). Das adoptierte Kind kann daher nicht mehr gesetzlicher Erbe seiner leiblichen Eltern und deren Vorfahren sein, es gehört aber zu den gesetzlichen Erben der ersten Ordnung nach dem Annehmenden, dessen Eltern etc. 16

Nimmt ein Ehegatte das Kind seines Ehegatten an **(Stiefkindadoption),** so erlischt das Verwandtschaftsverhältnis nur zu dem anderen Elternteil und dessen Verwandten (§ 1755 Abs. 2). Besonderheiten gelten, wenn ein Ehegatte das Kind des anderen Ehegatten annimmt, dessen frühere Ehe durch Tod aufgelöst ist. Nach § 1756 Abs. 2 erlöschen die Verwandtschaftsverhältnisse zu den Verwandten des anderen Elternteils nicht, wenn dieser die elterliche Sorge (allein oder gemeinsam) innehatte (BGH NJW 2010, 678 zur Stiefkindadoption eines Volljährigen). Das angenommene Halbwaisenkind kann daher gesetzlicher Erbe der ersten Ordnung nach drei Großelternpaaren sein (Schmitt-Kammler FamRZ 1978, 570). 17

Bei einer Adoption durch einen mit dem Kind im zweiten oder dritten Grad Verwandten oder Verschwägerten **(Verwandtenadoption),** also zB durch Onkel oder Tante, erlischt nach § 1756 Abs. 1 nur das Verwandtschaftsverhältnis des Kindes und seiner Abkömmlinge zu den bisherigen Eltern. Das angenommene Kind kann demnach gesetzlicher Erbe der ersten Ordnung nach seinen beiden leiblichen Großelternpaaren und nach dem durch die Adoption vermittelten Großelternpaar werden. Soweit durch eine Verwandtenadoption eine mehrfache Verwandtschaft entsteht (die bisherige und die durch den Annehmenden vermittelte), erhält der Adoptierte innerhalb der ersten drei Ordnungen die in den Stämmen anfallenden Anteile nebeneinander (→ § 1927 Rn. 3). 18

**b) Adoption eines Volljährigen.** Die Adoption eines Volljährigen begründet idR nur die Verwandtschaft zwischen dem Angenommenen sowie dessen Abkömmlingen und dem Annehmenden, nicht aber zwischen dem Angenommenen und den Verwandten des Annehmenden (§ 1770 Abs. 1). Somit sind der Adoptierte und seine Abkömmlinge gesetzliche Erben erster Ordnung nach dem Annehmenden, nicht jedoch nach dessen Eltern etc. Da der Angenommene nach § 1770 Abs. 2 mit seinen leiblichen Vorfahren verwandt bleibt, ist er auch gesetzlicher Erbe erster Ordnung nach den leiblichen Eltern und Voreltern. 19

**c) Adoptionen nach altem Recht.** Bei Adoptionen vor dem 1.1.1977 und damit unter Geltung des früheren Rechts sind die Übergangsregelungen in Art. 12 AdoptG zu beachten. War der Erblasser am 1.1.1977 bereits verstorben, bestimmen sich die erbrechtlichen Verhältnisse stets nach altem Recht (Art. 12 § 1 Abs. 4 AdoptG). In Erbfällen nach dem 1.1.1977 ist zu unterscheiden: War der Angenommene am 1.1.1977 bereits volljährig, sind nach Art. 12 § 1 Abs. 1 AdoptG die neuen Vorschriften über die Volljährigen-Adoption anzuwenden. Hatte der Angenommene am 1.1.1977 das 18. Lebensjahr noch nicht vollendet, so galt bis 31.12.1977, dh für alle Erbfälle bis zu diesem Datum, das alte Recht, danach grds. das neue Recht über die Minderjährigen-Adoption (Art. 12 § 2 Abs. 1, 2 AdoptG) (Soergel/Fischinger Rn. 28; Kemp MittRhNotK 1976, 373). 20

## III. Verteilung innerhalb der ersten Ordnung

Vorweg ist ggf. zu klären, ob und in welcher Höhe der überlebende Ehegatte nach § 1931 bzw. ein Lebenspartner nach § 10 Abs. 1 LPartG als Erbe berufen ist. Der verbleibende Rest ist dann nach den folgenden Regeln unter den Abkömmlingen zu verteilen: 21

22 **1. Erbfolge nach Stämmen und Grundsatz der Repräsentation.** Innerhalb einer Ordnung werden die Erben und die Quoten ihrer Erbteile nach Stämmen ermittelt. Es findet eine **gleichmäßige Aufteilung auf die Stämme** statt, da nach Abs. 4 Kinder des Erblassers zu gleichen Teilen als Erben berufen sind. Dabei gilt innerhalb des Stammes der **Grundsatz der Repräsentation:** Ein Abkömmling schließt die durch ihn mit dem Erblasser verwandten Abkömmlinge von der gesetzlichen Erbfolge aus (Abs. 2). Enkel des Erblassers werden also nicht Erben, wenn beim Erbfall ihr vom Erblasser abstammender Elternteil lebt.

23 **2. Eintrittsprinzip.** Ist ein Abkömmling vorverstorben, treten an seine Stelle die durch ihn mit dem Erblasser verwandten Abkömmlinge. Dieses **Eintrittsrecht** stellt ein eigenes Recht des eintretenden Abkömmlings dar (Soergel/Fischinger Rn. 37; Staudinger/Werner, 2017, Rn. 17) und hängt daher nicht davon ab, ob der Nachrückende Erbe des vorverstorbenen Abkömmlings geworden ist. Der Wortlaut des § 1924 Abs. 3 ist insofern zu eng, als er nur von dem Eintritt für einen **nicht mehr lebenden Abkömmling** spricht. Das Eintrittsprinzip gilt aber auch dann, wenn ein lebender Abkömmling nicht Erbe wird, weil er ausgeschlagen hat (§ 1953) oder für erbunwürdig erklärt wurde (§ 2344). Auch für den Fall, dass der nähere Abkömmling durch Testament enterbt wurde (§ 1938), ist ein Eintrittsrecht nach Abs. 3 zu bejahen (BGH ZEV 2011, 366), es sei denn, die Enterbung sollte sich nach dem Willen des Erblassers auf den gesamten Stamm erstrecken (RGRK-BGB/Kregel Rn. 8; Staudinger/Werner, 2017, Rn. 19). Dagegen schließt ein Erbverzicht eines Abkömmlings nach § 2349 idR auch das gesetzliche Erbrecht der Abkömmlinge des Verzichtenden aus.

23.1 Ein vor dem 1.4.1998 rechtswirksam zustande gekommener vorzeitiger Erbausgleich eines nichtehelichen Kindes brachte auch das Erbrecht seiner Nachkommen zum Erlöschen (§§ 1934d, 1934e aF; Art. 227 Abs. 1 Nr. 2 EGBGB).

## § 1925 Gesetzliche Erben zweiter Ordnung

**(1) Gesetzliche Erben der zweiten Ordnung sind die Eltern des Erblassers und deren Abkömmlinge.**

**(2) Leben zur Zeit des Erbfalls die Eltern, so erben sie allein und zu gleichen Teilen.**

**(3) [1]Lebt zur Zeit des Erbfalls der Vater oder die Mutter nicht mehr, so treten an die Stelle des Verstorbenen dessen Abkömmlinge nach den für die Beerbung in der ersten Ordnung geltenden Vorschriften. [2]Sind Abkömmlinge nicht vorhanden, so erbt der überlebende Teil allein.**

**(4) In den Fällen des § 1756 sind das angenommene Kind und die Abkömmlinge der leiblichen Eltern oder des anderen Elternteils des Kindes im Verhältnis zueinander nicht Erben der zweiten Ordnung.**

### Überblick

Erben zweiter Ordnung sind die leiblichen Eltern, also die Personen, von denen der Erblasser unmittelbar abstammt, und deren Abkömmlinge (→ Rn. 2). § 1925 statuiert für den Fall, dass die Eltern des Erblassers oder dessen Abkömmlinge zu Erben berufen sind, ein sog. Schoßfallrecht. Beim Versterben eines ehelichen Kindes erben im Zeitpunkt des Erbfalls noch lebende Eltern zu jeweils ½ den gesamten Nachlass, wenn der Erblasser nicht verheiratet war. Auch der Vater eines nichtehelichen Kindes ist grundsätzlich Erbe zweiter Ordnung (→ Rn. 4). War ein Elternteil im Zeitpunkt des Todes des Erblassers bereits verstorben, treten an die Stelle des verstorbenen Elternteils dessen Abkömmlinge (→ Rn. 5). Sind beide Elternteile vorverstorben, erben deren Abkömmlinge allein (→ Rn. 6). Bei einer Minderjährigenadoption sind die leiblichen Eltern des Minderjährigen und seine leiblichen Geschwister nach der Adoption nicht mehr gesetzliche Erben zweiter Ordnung, sondern allein seine Adoptiveltern (bzw. der Adoptivvater oder die Adoptivmutter) und deren Abkömmlinge (→ Rn. 8). Bei einer Volljährigenadoption sind sowohl die leiblichen Eltern bzw. deren Abkömmlinge als auch die Adoptiveltern zu gesetzlichen Erben berufen (→ Rn. 9). Zur Verwandtenadoption → Rn. 10; zur Stiefkindadoption → Rn. 11.

### I. Normzweck

1 Die Eltern des Erblassers treten als gesetzliche Erben der zweiten Ordnung zwar hinter den Abkömmlingen zurück, gehen jedoch den Geschwistern des Erblassers und deren Abkömmlingen

vor. Dass in der zweiten Ordnung nicht die jüngere Generation, sondern die ältere zum Zuge kommt, lässt sich mit den engeren persönlichen Bindungen zwischen Kind und Eltern rechtfertigen, aber auch damit, dass im Vermögen des Kindes häufig Werte enthalten sind, die von den Eltern stammen. Wenn ein Elternteil vorverstorben ist, werden nach Abs. 3 S. 1 dessen Abkömmlinge an seiner Stelle gesetzliche Erben. Dies wird als **Erbrecht nach Linien** bezeichnet, da zwischen den zur väterlichen und den zur mütterlichen Linie gehörenden Verwandten unterschieden wird.

## II. Erben zweiter Ordnung

Erben zweiter Ordnung sind die leiblichen **Eltern,** also die Personen, von denen der Erblasser unmittelbar abstammt, und deren Abkömmlinge, das sind die voll- und halbbürtigen Geschwister des Erblassers und deren Kinder (Nichten und Neffen des Erblassers) und Kindeskinder. 2

**1. Erbrecht der Eltern (sog. Schoßfall).** Die Eltern sind nach Abs. 2 allein (vorbehaltlich des Ehegatten- und Lebenspartnererbrechts; → § 1931 Rn. 12, → § 1931 Rn. 22) und **zu gleichen Teilen** berufen. Sie schließen daher Geschwister des Erblassers von der gesetzlichen Erbfolge aus und erben zu je ½. Die Ausschlusswirkung des Abs. 2 setzt lediglich das Erleben des Erbfalls durch die Eltern als Einzelpersonen und ihre Erbenstellung voraus. Nicht erforderlich ist, dass die Eltern in einer gültigen Ehe leben oder gelebt haben (Soergel/Fischinger Rn. 14; Staudinger/Werner, 2017, Rn. 11). 3

Werden Eltern, die im Zeitpunkt des Erbfalls im Güterstand der Gütergemeinschaft leben, gesetzliche Erben der zweiten Ordnung, so fällt die Erbschaft kraft Gesetzes in das Gesamtgut und muss nicht rechtsgeschäftlich in das Gesamtgut übertragen werden (OLG München ZEV 2016, 383). 3.1

Auch der Vater eines nach dem 1.7.1949 (zur Problematik dieses Stichtags → § 1924 Rn. 6) geborenen nichtehelichen Kindes gehört in Erbfällen seit dem 1.7.1970 zu den Erben zweiter Ordnung, sofern die Vaterschaft förmlich feststeht (zu Ausnahmen BeckOGK/Tegelkamp Rn. 11–13). 4

**2. Erbrechtliche Lage bei Vorversterben der Eltern.** Ist ein Elternteil bereits verstorben, so fällt dessen Erbteil nicht dem überlebenden anderen Elternteil zu, sondern nach Abs. 3 S. 1 den Abkömmlingen des verstorbenen Elternteils. Dabei sind die für die Beerbung in der ersten Ordnung geltenden Vorschriften, dh § 1924 Abs. 2–4, anzuwenden. Kinder des vorverstorbenen Elternteils erben zu gleichen Teilen. Nur wenn der vorverstorbene Elternteil keine Abkömmlinge hinterlassen hat, fällt sein Erbteil nach Abs. 3 S. 2 dem überlebenden Elternteil zu, der dann (vorbehaltlich des Ehegatten- und Lebenspartnererbrechts) Alleinerbe wird. 5

Sind **beide Elternteile vorverstorben,** treten deren Abkömmlinge an ihre Stelle. Dabei ist zwischen gemeinsamen und einseitigen Abkömmlingen zu unterscheiden, da die Abkömmlinge jeweils nur an die Stelle der Elternteile treten, mit denen sie verwandt sind (BeckOGK/Tegelkamp Rn. 18 ff.). Der Halbbruder des Erblassers schließt Erben dritter Ordnung aus, auch wenn beide keinen gemeinsamen leiblichen Vater hatten, sondern der Vater des Halbbruders die Vaterschaft in Bezug auf den Erblasser anerkannte (OLG Düsseldorf ZEV 2017, 91). Die Erben der dritten Ordnung kommen erst zum Zug, wenn kein Abkömmling der Eltern mehr lebt. 6

Dem Vorversterben steht es gleich, wenn der Vater oder die Mutter des Erblassers durch Ausschlagung (§ 1953 Abs. 2) oder durch Erbunwürdigerklärung (§ 2344 Abs. 2) weggefallen oder durch Verfügung von Todes wegen enterbt sind (→ § 1924 Rn. 20). Ein Erbverzicht der Eltern lässt das gesetzliche Erbrecht ihrer Abkömmlinge unberührt; § 2349 gilt nur für den Verzicht durch einen Abkömmling oder Seitenverwandten des Erblassers. 7

## III. Besonderheiten bei Annahme als Kind

**1. Adoption eines Minderjährigen.** Dazu → § 1924 Rn. 12 ff. Wurde der Erblasser als Minderjähriger adoptiert, so sind – in Erbfällen nach dem 31.12.1976 (zur Rechtslage vor dem 1.1.1977 → § 1924 Rn. 17) – gesetzliche Erben der zweiten Ordnung die Adoptiveltern (bzw. der Adoptivvater oder die Adoptivmutter, vgl. § 1754 Abs. 1, 2) sowie deren Abkömmlinge. Die Verwandtschaftsverhältnisse zu den leiblichen Eltern sind mit der Annahme nach § 1755 Abs. 1 S. 1 erloschen. 8

**2. Adoption eines Volljährigen.** Da bei der Adoption eines Volljährigen nach § 1770 Abs. 1 einerseits die Verwandtschaft mit den leiblichen Eltern und deren Abkömmlingen bestehen bleibt, andererseits eine Verwandtschaft des Adoptierten mit den Adoptiveltern (nicht mit deren 9

Abkömmlingen) begründet wird, sind gesetzliche Erben der zweiten Ordnung nach dem Angenommenen die Adoptiveltern und die leiblichen Eltern zu gleichen Teilen. Sind ein leiblicher Elternteil oder beide vorverstorben, treten deren Abkömmlinge an ihre Stelle (OLG Zweibrücken FGPrax 1996, 189). Ist ein Adoptivelternteil vorverstorben, so treten wegen § 1770 Abs. 1 nicht dessen Abkömmlinge, sondern der andere Adoptivelternteil ein (BeckOGK/Tegelkamp Rn. 32; MüKoBGB/Leipold Rn. 9; Staudinger/Werner, 2017, Rn. 18; Dittmann Rpfleger 1978, 277 (282 f.)). Bei Vorversterben beider Adoptivelternteile werden allein die leiblichen Eltern bzw. deren Abkömmlinge gesetzliche Erben der zweiten Ordnung. Sind umgekehrt die leiblichen Eltern ohne Abkömmlinge verstorben, kommen allein die Adoptiveltern zum Zug (MüKoBGB/Leipold Rn. 9; Staudinger/Werner, 2017, Rn. 18). Erfolgte die Adoption durch eine Einzelperson, so erbt diese neben den leiblichen Eltern zu ½ (MüKoBGB/Leipold Rn. 9; NK-BGB/Kroiß Rn. 6; aA – zu 1/3 – Staudinger/Werner, 2017, Rn. 9; Soergel/Fischinger Rn. 11).

10 **3. Verwandtenadoption.** Wenn der Annehmende und das (minderjährige) Kind im **zweiten oder dritten Grad verwandt** sind (zB Großeltern adoptieren ihren Enkel), so erlöschen nach § 1756 Abs. 1 nur die Verwandtschaftsverhältnisse des Kindes zu den leiblichen Eltern. Abs. 4 stellt klar, dass auch die Abkömmlinge der leiblichen Eltern (= die leiblichen Geschwister des Adoptivkindes) nicht mehr zu den Erben der zweiten Ordnung gehören, obwohl die leibliche Verwandtschaft in diesem Verhältnis erhalten geblieben ist. Das Adoptivkind wird also in der zweiten Ordnung nur von den Adoptiveltern und deren Abkömmlingen beerbt, während es seinerseits beim Tod seiner leiblichen Geschwister nicht Erbe der zweiten Ordnung wird. Die dargestellten Rechtsfolgen gelten nur für die Auswirkungen der leiblichen Verwandtschaft. Soweit durch die Adoption wiederum ein Verwandtschaftsverhältnis begründet wird, kann dies zur Berufung der leiblichen Eltern als gesetzliche Erben der zweiten Ordnung nach dem Adoptierten und zur Berufung des Adoptivkindes als Erbe zweiter Ordnung nach dem Elternteil, mit dem es durch die Adoption wieder verwandt ist, führen (BeckOGK/Tegelkamp Rn. 40; MüKoBGB/Leipold Rn. 14; Dieckmann FamRZ 1979, 389 (395)).

11 **4. Stiefkindadoption.** Adoptiert ein Ehegatte das Kind des anderen Ehegatten aus einer früheren, durch Tod aufgelösten Ehe, so erlischt nach § 1756 Abs. 2 das Verwandtschaftsverhältnis zu den Verwandten des anderen Elternteils nicht, wenn dieser die elterliche Sorge hatte (BGH NJW 2010, 678 zur Stiefkindadoption eines Volljährigen). Die Abkömmlinge des verstorbenen leiblichen Elternteils gehören nach Abs. 4 dennoch nicht zu den gesetzlichen Erben der zweiten Ordnung des Adoptivkindes; sie werden ihrerseits auch nicht von dem angenommenen Kind in der zweiten Ordnung beerbt. Der Ausschluss aus der zweiten Ordnung erstreckt sich nur auf die einseitigen Abkömmlinge des vorverstorbenen Elternteils (halbbürtige leibliche Geschwister des Angenommenen und deren Abkömmlinge), nicht auf die vollbürtigen Geschwister, die als Abkömmlinge des überlebenden (wiederverheirateten) Elternteils an dessen Stelle treten, wenn dieser wegfällt (BeckOGK/Tegelkamp Rn. 36; MüKoBGB/Leipold Rn. 15; Soergel/Fischinger Rn. 19; jurisPK-BGB/Schmidt Rn. 15; Schmitt-Kammler FamRZ 1978, 570 (574); aA Lange/Kuchinke ErbR § 14 II 2b; Kraiß BWNotZ 1977, 1 (5); Dittmann Rpfleger 1978, 277 (280)).

## § 1926 Gesetzliche Erben dritter Ordnung

**(1) Gesetzliche Erben der dritten Ordnung sind die Großeltern des Erblassers und deren Abkömmlinge.**

**(2) Leben zur Zeit des Erbfalls die Großeltern, so erben sie allein und zu gleichen Teilen.**

**(3) [1]Lebt zur Zeit des Erbfalls von einem Großelternpaar der Großvater oder die Großmutter nicht mehr, so treten an die Stelle des Verstorbenen dessen Abkömmlinge. [2]Sind Abkömmlinge nicht vorhanden, so fällt der Anteil des Verstorbenen dem anderen Teil des Großelternpaars und, wenn dieser nicht mehr lebt, dessen Abkömmlingen zu.**

**(4) Lebt zur Zeit des Erbfalls ein Großelternpaar nicht mehr und sind Abkömmlinge der Verstorbenen nicht vorhanden, so erben die anderen Großeltern oder ihre Abkömmlinge allein.**

**(5) Soweit Abkömmlinge an die Stelle ihrer Eltern oder ihrer Voreltern treten, finden die für die Beerbung in der ersten Ordnung geltenden Vorschriften Anwendung.**

## Überblick

Auch in der dritten Ordnung erfolgt die Auswahl der gesetzlichen Erben nach Linien mit Eintritt der Abkömmlinge. Das Gesetz trennt die Erben der dritten Ordnung, die Großeltern, in die Vater- und Mutterlinie und fasst die beiden Stämme eines Großelternpaares zu einer Einheit zusammen (→ Rn. 1). Der Grundfall des Abs. 2 geht davon aus, dass alle Großeltern noch leben und in die Stellung gesetzlicher Erben einrücken (→ Rn. 2). Abs. 3 S. 1 regelt die Konstellation, dass ein Großelternteil bereits vorverstorben ist (→ Rn. 4); Abs. 3 S. 2 und Abs. 4 die Fälle, in denen beide Teile nicht mehr leben (→ Rn. 5). Besonderheiten sind im Falle der Minderjährigenadoption (→ Rn. 6) und der Volljährigenadoption (→ Rn. 7) sowie der Verwandten- und Stiefkindadoption (→ Rn. 8 f.) zu beachten.

## I. Erbfolge in der dritten Ordnung

Auch in der dritten Ordnung, die zum Zuge kommt, wenn Erben der ersten und zweiten 1 Ordnung nicht vorhanden sind, erfolgt die Auswahl der gesetzlichen Erben nach Linien mit Eintritt der Abkömmlinge. Das Gesetz trennt die Erben der dritten Ordnung, die **Großeltern,** in die Vater- und Mutterlinie und fasst die beiden Stämme eines Großelternpaares zu einer Einheit zusammen. Fällt ein Großelternstamm aus, geht der Anteil zunächst an den mit dem weggefallenen Teil verbundenen Stamm und erst wenn auch dieser weggefallen ist, an die beiden Stämme der anderen Linie.

## II. Erbrecht der Großeltern

Leben alle Großeltern zum Zeitpunkt des Erbfalls, so erben sie nach Abs. 2 allein und zu 2 gleichen Teilen. Ist daneben der **Ehegatte** des Erblassers gesetzlicher Erbe, erhält dieser nach § 1931 Abs. 1 S. 1 die Hälfte des Nachlasses, bei Zugewinngemeinschaft drei Viertel § 1931 Abs. 1 S. 1, § 1931 Abs. 3, § 1371 Abs. 1). Das Gleiche gilt, wenn neben Großeltern ein eingetragener **Lebenspartner** gesetzlicher Erbe ist (§ 10 Abs. 1 S. 1 LPartG, § 6 S. 2 LPartG iVm § 1371 Abs. 1).

Die väterlichen Großeltern eines nach dem 1.7.1949 geborenen nichtehelichen Kindes gehören 3 in Erbfällen seit dem 1.7.1970, sofern die Vaterschaft förmlich feststeht, zu den Erben dritter Ordnung (→ § 1924 Rn. 1 ff.).

## III. Erbrecht bei vorverstorbenen Großeltern

Ein vorverstorbener Großelternteil wird nach **Abs. 3 S. 1** von seinen Abkömmlingen ersetzt. 4 Diese schließen, wie sich aus Abs. 5 mit § 1924 Abs. 2–4 ergibt, entferntere Abkömmlinge aus und erben zu gleichen Teilen den Anteil, der auf den vorverstorbenen Großelternteil entfallen würde. Der Ehegatte als gesetzlicher Erbe schließt allerdings nach § 1931 Abs. 1 S. 2 die Großeltern-Abkömmlinge von der Erbfolge aus (→ § 1931 Rn. 1 ff.). Für den eingetragenen **Lebenspartner** existiert in § 10 Abs. 1 S. 2 LPartG eine dem § 1931 Abs. 1 S. 2 entsprechende Regelung (→ § 1931 Rn. 1 ff.).

## IV. Erbrecht bei ausgestorbenen Linien

Ist beim Erbfall kein (noch so entfernter) Abkömmling eines vorverstorbenen Großelternteils 5 vorhanden, → § 1925 Rn. 1 ff. (auch hier steht ein sonstiger Wegfall (Ausschlagung, Erbunwürdigerklärung, Enterbung) dem Vorversterben gleich); fällt der entsprechende Anteil an den anderen Teil dieses Großelternpaares (Abs. 3 S. 2), bzw. wenn auch dieser nicht mehr lebt, an dessen Abkömmlinge. Bei Wegfall der ganzen Linie treten nach Abs. 4 das Großelternpaar der anderen Linie oder dessen Abkömmlinge an ihre Stelle (OLG Braunschweig FGPrax 2022, 36; OLG Düsseldorf FamRZ 2011, 760).

## V. Besonderheiten bei Annahme als Kind

**1. Minderjährigen-Adoption.** Dazu → § 1924 Rn. 1 ff. Bei einer Minderjährigen-Adop- 6 tion sind in Erbfällen nach dem 31.12.1976 (zur Rechtslage vor dem 1.1.1977 → § 1924 Rn. 1 ff.) – da die bisherigen Verwandtschaftsverhältnisse des Kindes erlöschen (§ 1755 Abs. 1 S. 1) und das Kind die rechtliche Stellung eines gemeinschaftlichen Kindes der annehmenden Ehegatten erlangt (§ 1754 Abs. 1) – die **Eltern der Adoptiveltern** (samt Abkömmlingen) **Erben der dritten Ordnung.**

7 **2. Adoption eines Volljährigen. Erben dritter Ordnung** sind allein die Eltern der leiblichen Eltern, also die **leiblichen Großeltern** (und deren Abkömmlinge), weil sich gem. § 1770 Abs. 1 die Wirkung der Annahme nicht auf die Verwandten der Annehmenden erstreckt und nach § 1770 Abs. 2 die leiblichen Verwandtschaftsverhältnisse durch die Adoption unberührt bleiben. Ein Abkömmling des Adoptierten erhält jedoch neben seinen leiblichen Großeltern mit den Adoptierenden ein drittes Großelternpaar, das als Erbe dritter Ordnung in Betracht kommt.

8 **3. Adoption eines Verwandten zweiten oder dritten Grades und Stiefkindadoption.** Wird ein (minderjähriger) Verwandter zweiten oder dritten Grades adoptiert (zB ein Neffe von seinem Onkel und dessen Ehegatten), bleibt die Verwandtschaft zu den beiden leiblichen Großelternpaaren (von denen hier ein Paar gleichzeitig zu Adoptivgroßeltern wird) unberührt (§ 1756 Abs. 1); hinzu kommen die Eltern des annehmenden Ehegatten, sodass rechtlich eine Abstammung von drei Großelternpaaren vorliegen kann (→ § 1756 Rn. 2) (BT-Drs. 7/3061, 22). Diese drei Großelternpaare (bzw. ihre Abkömmlinge) gehören zu den Erben dritter Ordnung nach dem angenommenen Kind. Soweit ein leibliches Großelternpaar durch die Adoption die Adoptivgroßelterneigenschaft erhalten hat (im obigen Beispiel die Eltern des Onkels), erbt das Paar nicht doppelt (BeckOGK/Tegelkamp Rn. 20; MüKoBGB/Leipold Rn. 8; Grüneberg/Weidlich Rn. 3; aA Staudinger/Werner, 2017, Rn. 7). Die leiblichen Eltern des Erblassers (dh des angenommenen Kindes) zählen wegen § 1756 Abs. 1 nicht zu den Abkömmlingen der leiblichen Großeltern, wohl aber dessen leibliche Geschwister. Diese können nicht Erben der zweiten Ordnung nach dem Adoptierten sein (→ § 1925 Rn. 1 ff.), kommen jedoch als Erben dritter Ordnung zum Zug, wenn ein leiblicher Großelternteil vorverstorben ist. Umgekehrt gehört der Angenommene zu den gesetzlichen Erben dritter Ordnung beim Tod leiblicher Geschwister.

9 Entsprechendes gilt bei einer **Stiefkindadoption** im Falle des § 1756 Abs. 2 (Rn. → § 1925 Rn. 1 ff.). Da das Kind mit den Eltern seines verstorbenen leiblichen Elternteils verwandt bleibt, hat es ebenfalls drei Großelternpaare, die alle (mit ihren Abkömmlingen) zu den Erben der dritten Ordnung gehören.

## § 1927 Mehrere Erbteile bei mehrfacher Verwandtschaft

**[1]Wer in der ersten, der zweiten oder der dritten Ordnung verschiedenen Stämmen angehört, erhält den in jedem dieser Stämme ihm zufallenden Anteil. [2]Jeder Anteil gilt als besonderer Erbteil.**

### Überblick

Die Norm regelt, dass die mehrfach mit dem Erblasser Verwandten die ihnen zufallenden Erbteile aus jeder dieser Verwandtschaften bekommen (→ Rn. 1). Voraussetzung dafür ist das Bestehen mehrfacher Verwandtschaftsbeziehungen zum Erblasser innerhalb einer der ersten drei Ordnungen (→ Rn. 2). Mehrfache Verwandtschaftsbeziehungen können auch durch Adoption eines Verwandten begründet werden (→ Rn. 3). § 1927 S. 2 ordnet an, dass in diesen Fällen jeder dieser Erbteile als besonderer Erbteil gilt (→ Rn. 4).

### I. Normzweck

1 Innerhalb der ersten drei Ordnungen, in denen das Parentelsystem gilt, führt die konsequente Durchführung des Stammeserbenprinzips zur Anerkennung mehrfachen Erbrechts auf Grund der Zugehörigkeit zu mehreren Stämmen. § 1927 spricht dies, um Zweifel auszuschließen (Mot. V 363), ausdrücklich aus. Die mehrfach mit dem Erblasser Verwandten bekommen die ihnen zufallenden Erbteile aus jeder dieser Verwandtschaften. Der Umstand, dass jeder Erbteil als gesonderter gilt, begünstigt den Erben insofern, als er Rechte wie zwei verschiedene Erben geltend machen kann. Eine entsprechende Regelung findet sich in § 1934 für den Fall, dass der überlebende Ehegatte zugleich zu den erbberechtigten Verwandten zählt.

### II. Zugehörigkeit zu mehreren Stämmen

2 Voraussetzung für die Anwendung des § 1927 ist die Zugehörigkeit zu verschiedenen Stämmen **innerhalb derselben Ordnung;** bei verschiedenen Ordnungen gilt § 1930. Die Zugehörigkeit zu mehreren Stämmen kann dadurch entstehen, dass einer Ehe zwischen Verwandten ein

Abkömmling entstammt, der durch beide Stammeseltern mit dem Erblasser verwandt ist. So beerbt das Kind aus einer Ehe zwischen Cousin und Cousine das Urgroßelternpaar in der väterlichen wie in der mütterlichen Linie in erster Ordnung.

Auch die **Adoption eines Verwandten** kann mehrfache Verwandtschaftsbeziehungen begründen, vorausgesetzt die bisherigen Verwandtschaftsbeziehungen des Adoptierten bleiben bestehen, was bei der Adoption Volljähriger (§ 1770 Abs. 2) oder bei der Adoption eines im zweiten oder dritten Grad mit dem Adoptierenden verwandten Kindes (§ 1756 Abs. 1) der Fall ist. Wird ein Enkel vom Großvater väterlicherseits adoptiert, so beerbt er diesen in der ersten Ordnung einerseits auf Grund der Adoption, andererseits (wenn der leibliche Vater des Adoptierten vorverstorben ist) auch kraft Eintritts nach § 1924 Abs. 3. Ebenso kann die Adoption durch Onkel oder Tante zu einem mehrfachen Erbrecht führen (→ § 1924 Rn. 15). 3

## III. Eigenständigkeit der Erbteile

Die Regelung in S. 2, dass jeder Anteil als **besonderer Erbteil** gilt, bedeutet iE: Jeder Anteil kann gesondert angenommen und ausgeschlagen werden (§ 1951 Abs. 1). Im Rahmen einer Miterbengemeinschaft kann der mehrfach verwandte Erbe über jeden Anteil gesondert nach § 2033 Abs. 1 verfügen. Die Haftung für Nachlassverbindlichkeiten ist für jeden Anteil selbstständig zu beurteilen (§ 2007 S. 1). Vermächtnisse und Auflagen sowie Ausgleichungspflichten können auf einen der Erbteile beschränkt sein; der andere braucht nicht angegriffen zu werden. Streitig ist, ob bei der Berechnung des Pflichtteils, insbes. bei Anwendung des § 2305, von der gesamten gesetzlichen Erbquote auszugehen ist. Diese Frage ist zu bejahen, denn wenn dem mehrfach Verwandten ein (unter dem gesetzlichen Erbteil liegender) Erbteil hinterlassen wurde, lässt sich nicht sagen, ob er diesen als Angehöriger des einen oder des anderen Stammes erhält (BeckOGK/Tegelkamp Rn. 7; Burandt/Rojahn/Große-Boymann Rn. 2; MüKoBGB/Leipold Rn. 4; aA RGRK-BGB/Kregel Rn. 3; Staudinger/Werner, 2017, Rn. 8). 4

### § 1928 Gesetzliche Erben vierter Ordnung

**(1) Gesetzliche Erben der vierten Ordnung sind die Urgroßeltern des Erblassers und deren Abkömmlinge.**

**(2) Leben zur Zeit des Erbfalls Urgroßeltern, so erben sie allein; mehrere erben zu gleichen Teilen, ohne Unterschied, ob sie derselben Linie oder verschiedenen Linien angehören.**

**(3) Leben zur Zeit des Erbfalls Urgroßeltern nicht mehr, so erbt von ihren Abkömmlingen derjenige, welcher mit dem Erblasser dem Grade nach am nächsten verwandt ist; mehrere gleich nahe Verwandte erben zu gleichen Teilen.**

## Überblick

Ab der vierten Ordnung gilt nicht mehr erhält das die gesetzliche Erbfolge der ersten drei Ordnungen prägende Parentelsystem, sondern das Gradualsystem, das die Nächstverwandten zu Erben beruft (→ Rn. 1). Erben der vierten Ordnung sind nach Abs. 1 die Urgroßeltern des Erblassers und deren Abkömmlinge (→ Rn. 2). Abs. 2 regelt das gesetzliche Erbrecht zum Zeitpunkt des Erbfalles noch lebender Urgroßeltern (→ Rn. 3), Abs. 3 normiert die gesetzliche Erbfolge im Falle des Vorversterbens der Urgroßeltern (→ Rn. 4).

## I. Normzweck

Die Auswahl der Erben ab der vierten Ordnung unterscheidet sich wesentlich von der in den niedrigeren Ordnungen. Es gilt nicht mehr das Erbrecht nach Linien und Stämmen, sondern das **Gradualsystem,** wonach die Gradnähe der Verwandtschaft entscheidet. Bedenken gegen die Verfassungsmäßigkeit der Norm bestehen nicht (OLG Frankfurt FamRZ 2017, 481; aA AG Starnberg (Rechtspfleger) FamRZ 2003, 1131; gegen diese Entscheidung BeckOGK/Tegelkamp Rn. 12 ff.; Leipold NJW 2003, 2657; Mayer ZEV 2004, 298). Damit soll die Auffindung der Erben erleichtert und eine Zersplitterung des Nachlasses vermieden werden. 1

## II. Erben der vierten Ordnung

2 Erben der vierten Ordnung sind nach Abs. 1 die Urgroßeltern des Erblassers und deren Abkömmlinge. Der Ehegatte verdrängt die Erben vierter und höherer Ordnung ganz (§ 1931 Abs. 2), ebenso der eingetragene Lebenspartner (§ 10 Abs. 2 LPartG).

## III. Erbrecht lebender Urgroßeltern

3 Lebt noch ein Urgroßelternteil, so erbt dieser nach Abs. 2 allein und er schließt alle Abkömmlinge von Urgroßeltern aus. Mehrere lebende Urgroßeltern erhalten den Nachlass zu gleichen Teilen. Dabei spielt es keine Rolle, ob sie mit dem Erblasser über denselben oder verschiedene Großelternteile verwandt sind (BeckOGK/Tegelkamp Rn. 6).

## IV. Erbrecht der Abkömmlinge von Urgroßeltern

4 Wenn kein Urgroßelternteil mehr vorhanden ist, erben von den Nachkommen der Urgroßeltern die nach Graden mit dem Erblasser **am nächsten verwandten** (Abs. 3). Der Verwandtschaftsgrad wird nach § 1589 S. 3 durch die Zahl der Geburten bestimmt, aus denen sich die Verwandtschaft zum Erblasser ergibt. Da Erblasser und Urgroßeltern stets im dritten Grad verwandt sind, genügt es, von den Urgroßeltern ausgehend die vermittelnden Geburten zu zählen.

5 Mehrere mit dem Erblasser **gleich nah verwandte** Abkömmlinge der Urgroßeltern erben **nach Kopfteilen** (Abs. 3 letzter Hs.). Dabei spielt es keine Rolle, ob sie gemeinsame Abkömmlinge eines Urgroßelternpaares oder einseitige Abkömmlinge eines Urgroßelternteils sind. Ein dem Grade nach näherer halbbürtiger Verwandter geht vollbürtigen entfernteren Verwandten vor. Unter gleich nah mit dem Erblasser verwandten Urgroßeltern-Abkömmlingen erhöht eine mehrfache Verwandtschaft den Erbteil nicht; § 1927 gilt nur für die ersten drei Ordnungen (BeckOGK/Tegelkamp Rn. 10).

# § 1929 Fernere Ordnungen

**(1) Gesetzliche Erben der fünften Ordnung und der ferneren Ordnungen sind die entfernteren Voreltern des Erblassers und deren Abkömmlinge.**

**(2) Die Vorschrift des § 1928 Abs. 2, 3 findet entsprechende Anwendung.**

## Überblick

Auch in der fünften und den entfernteren Ordnungen gilt das Gradualsystem (→ Rn. 1). Erben der fünften und der ferneren Ordnungen sind alle Personen, von denen die Urgroßeltern des Erblassers in gerader Linie abstammen (→ Rn. 2).

## I. Normzweck

1 Innerhalb der fünften Ordnung und der höheren Ordnungen gelten wie schon in der vierten Ordnung das **Gradualsystem** und das **Erbrecht nach Kopfteilen.** Die Erbfolge in diesen Ordnungen findet ihre tatsächliche Grenze an den Schwierigkeiten des Nachweises der Verwandtschaft. Gegebenenfalls ist ein Erbenermittlungsverfahrens gem. §§ 1964 f. durchzuführen.

## II. Erben der fünften Ordnung

2 Erben der fünften Ordnung und der ferneren Ordnungen sind alle Personen, von denen die Urgroßeltern des Erblassers in gerader Linie abstammen: Eltern, Großeltern usw. der Urgroßeltern und deren Abkömmlinge. Wie sich aus der Verweisung des Abs. 2 auf § 1928 Abs. 2 ergibt, erben lebende Voreltern allein und zu gleichen Teilen. Sind keine lebenden Voreltern der fünften Ordnung vorhanden, erhalten (jeweils innerhalb der Ordnung) die dem Grad nach nächsten Abkömmlinge der Voreltern den Nachlass, bei gleicher Gradnähe nach Kopfteilen (Abs. 2 iVm § 1928 Abs. 3). Der Ehegatte schließt als gesetzlicher Erbe nach § 1931 Abs. 2 die Erben ab der vierten Ordnung aus, ebenso der eingetragene Lebenspartner (§ 10 Abs. 2 LPartG).

### § 1930 Rangfolge der Ordnungen

**Ein Verwandter ist nicht zur Erbfolge berufen, solange ein Verwandter einer vorhergehenden Ordnung vorhanden ist.**

#### Überblick

Die Vorschrift ordnet an, dass Angehörige höherer Ordnungen Angehörige niedrigerer Ordnungen von der Erbfolge ausschließen (→ Rn. 1). Außerhalb der Ordnungen steht der Ehegatte des Erblassers. Vorhanden ist ein Verwandter iSd § 1930 dann, wenn er zum Zeitpunkt des Erbfalls lebt (oder bereits gezeugt ist und später lebend geboren wird) und der Berufung zum gesetzlichen Erben kein Hindernis entgegensteht (→ Rn. 2). Relevant ist stets ein Erleben des Erbfalls durch den gesetzlichen Erben, nicht dagegen, ob er im Zeitpunkt des späteren Wegfalls eines vorrangig zu berücksichtigenden Verwandten lebt (→ Rn. 3).

## I. Normzweck

Der in § 1930 ausgesprochene Grundsatz ergibt sich bereits aus den vorangegangenen Vorschriften: Die **niedrigere Ordnung geht** den höheren Ordnungen **vor.** Solange auch nur ein Abkömmling des Erblassers (Angehöriger der ersten Ordnung) beim Erbfall vorhanden ist, sind die Eltern des Erblassers und deren Nachkommen (Erben der zweiten Ordnung) nicht als gesetzliche Erben berufen. Außerhalb der Ordnungen steht der Ehegatte des Erblassers (vgl. § 1931). 1

## II. Vorhandensein eines Verwandten

**Vorhanden** ist ein Verwandter iSd § 1930 dann, wenn er zum Zeitpunkt des Erbfalls **lebt** (§ 1923 Abs. 1) oder bereits **gezeugt** ist und später lebend geboren wird (§ 1923 Abs. 2). Ferner darf der Berufung zum gesetzlichen Erben kein Hindernis entgegenstehen; der Verwandte darf also nicht durch Erbverzicht (§ 2346 Abs. 1), vorzeitigen Erbausgleich (§ 1934e aF), Enterbung (§ 1938), Ausschlagung (§ 1953 Abs. 2) oder Erbunwürdigkeit (§ 2344 Abs. 2) aus dem Kreis der Erben ausgeschieden sein. In diesen Fällen wird er so behandelt, als wäre er zum Zeitpunkt des Erbfalls nicht vorhanden gewesen (BeckOGK/Tegelkamp Rn. 8). 2

Wer durch einen späteren Wegfall eines Verwandten des Erblassers (zB nach dessen Ausschlagung) berufen ist, muss zum Zeitpunkt des Erbfalls leben, es kommt nicht darauf an, ob er auch den Wegfall des vorrangigen Verwandten erlebt hat (MüKoBGB/Leipold Rn. 4; jurisPK-BGB/Schmidt Rn. 4). 3

### § 1931 Gesetzliches Erbrecht des Ehegatten

**(1) [1]Der überlebende Ehegatte des Erblassers ist neben Verwandten der ersten Ordnung zu einem Viertel, neben Verwandten der zweiten Ordnung oder neben Großeltern zur Hälfte der Erbschaft als gesetzlicher Erbe berufen. [2]Treffen mit Großeltern Abkömmlinge von Großeltern zusammen, so erhält der Ehegatte auch von der anderen Hälfte den Anteil, der nach § 1926 den Abkömmlingen zufallen würde.**

**(2) Sind weder Verwandte der ersten oder der zweiten Ordnung noch Großeltern vorhanden, so erhält der überlebende Ehegatte die ganze Erbschaft.**

**(3) Die Vorschrift des § 1371 bleibt unberührt.**

**(4) Bestand beim Erbfall Gütertrennung und sind als gesetzliche Erben neben dem überlebenden Ehegatten ein oder zwei Kinder des Erblassers berufen, so erben der überlebende Ehegatte und jedes Kind zu gleichen Teilen; § 1924 Abs. 3 gilt auch in diesem Falle.**

#### Überblick

Das gesetzliche Ehegattenerbrecht findet seine Rechtfertigung sowohl aus rechtsethischen als auch aus wirtschaftlichen Erwägungen (→ Rn. 1). Partnern einer nichtehelichen Lebensgemeinschaft steht kein gesetzliches Erbrecht zu (→ Rn. 2). Für ein gesetzliches Erbrecht des Ehegatten muss eine wirksame Ehe im Zeitpunkt des Todes des Erblassers bestehen (→ Rn. 4), ein Ehegatte muss überleben (→ Rn. 8) und es darf kein Ausschlussgrund (Enterbung, Erbverzicht, Erbunwürdigkeit) eingreifen (→ Rn. 9). Die Erbquote des Ehegatten wird durch den Güterstand im Zeitpunkt des Erbfalls und die Ordnung bestimmt, der die daneben erbberechtigten Verwandten angehören (→ Rn. 10). Neben Verwandten der ersten Ordnung, erhält der Ehegatte grundsätzlich 1/4 des Nachlasses (→ Rn. 11), bei Zugewinngemeinschaft 1/2 im Wege der erbrechtlichen Lösung (→ Rn. 16), zur Quote im Falle der Gütertrennung → Rn. 19. Alternativ kann er sich bei Zugewinngemeinschaft für die güterrechtliche Lösung entscheiden (→ Rn. 18): Zugewinnausgleich zusätzlich der sog. kleine Pflichtteil, der sich nach dem nicht erhöhten Erbteil bestimmt. Neben Verwandten zweiter Ordnung, erhält der Ehegatte grundsätzlich 1/2 des Nachlasses (→ Rn. 12), bei Zugewinngemeinsaft 3/4. Neben Verwandten der dritten Ordnung erhält der Ehegatte neben noch lebenden Großeltern des Erblassers 1/2 bzw. im Falle der Zugewinngemeinschaft 3/4, bei Vorversterben der Großeltern den gesamten Nachlass (→ Rn. 13). Neben Verwandten der vierten Ordnung steht ihm der gesamte Nachlass zu (→ Rn. 14). Bei Gütergemeinschaft bestimmt sich der gesetzliche Erbteil des Ehegatten allein nach § 1931 Abs. 1 und 2 (→ Rn. 20). Dem eingetragenen Lebenspartner gewährt § 10 Abs. 1, 2 LPartG ein gesetzliches Erbrecht. Die Erbquote wird ebenfalls durch den Güterstand im Zeitpunkt des Erbfalls und den Grad der Verwandten des Erblassers, die neben dem Lebenspartner zu Erben berufen sind, bestimmt (→ Rn. 21 ff.). Auch hier erhöht sich bei Zugewinngemeinschaft der Erbteil um 1/4 im Wege der erbrechtlichen Lösung mit der Möglichkeit, die güterrechtliche Lösung zu wählen (→ Rn. 23). Die Ausgestaltung des gesetzlichen Erbrechts im Falle der vereinbarten Gütergemeinschaft und der Gütertrennung folgt dem Ehegattenerbrecht (→ Rn. 24).

## Übersicht



## I. Normzweck

1 Neben Verwandten des Erblassers können Ehegatten zu gesetzlichen Erben berufen sein. Das gesetzliche Erbrecht des Ehegatten findet seine Rechtfertigung in der durch die eheliche Gemeinschaft begründeten engen Beziehung der Ehegatten. Das Ehegattenerbrecht verfolgt sowohl rechtsethische als auch wirtschaftliche Ziele → Rn. 1.1.

1.1 Die rechtsethische Funktion des Ehegattenerbrechts liegt in der Anerkennung der Teilhabe des überlebenden Ehegatten am Leben des Verstorbenen; die personale Beziehung soll durch die Zuordnung eines Vermögensanteils vergegenständlicht fortbestehen. Der wirtschaftliche Zweck besteht in der Sicherung der weiteren Existenz im Anschluss an den bisherigen Lebenszuschnitt innerhalb der Ehe, den der überlebende Ehegatte durch seinen Anteil an der gemeinsamen Lebensführung und am gemeinschaftlichen Wirtschaften mitgeprägt hat. Vor allem im gesetzlichen Güterstand soll das Erbrecht zum Ausgleich der während der Ehe erzielten Vermögensmehrungen beitragen. Bei den Diskussionen um die Reformbedürftigkeit des Erbrechts nimmt das Ehegattenerbrecht breiten Raum ein (vgl. etwa Leipold AcP 180 (1980), 160 (173); Röthel Gutachten A zum 68. DJT, 2010; Bosch FamRZ 1983, 227; BeckOGK/Tegelkamp Rn. 8 ff.).

2 Eine analoge Anwendung des § 1931 auf nichteheliche Lebensgemeinschaften ist nicht möglich (ganz hM, OLG Saarbrücken NJW 1979, 2050; OLG Frankfurt NJW 1982, 1885; BeckOGK/Tegelkamp Rn. 30; MüKoBGB/Leipold Rn. 8). Es ist Sache des Gesetzgebers, für diese Form des Zusammenlebens ein gesetzliches Erbrecht einzuführen.

## II. Verhältnis des Ehegattenerbrechts zum Verwandtenerbrecht

Das BGB reiht den überlebenden Ehegatten des Erblassers nicht in eine der für die gesetzliche Erbfolge bestehenden Ordnungen ein. Es sieht die Erbberechtigung auf Grund Blutsverwandtschaft und auf Grund Ehe als **gleichwertig** an und lässt daher Ehegatten und (nähere) Verwandte nebeneinander zum Zuge kommen. Im Verhältnis zu entfernteren Verwandten wird der überlebende Ehegatte eindeutig bevorzugt (Abs. 1 S. 2) oder sogar allein berechtigt (Abs. 2). 3

## III. Voraussetzungen des gesetzlichen Ehegattenerbrechts

**1. Bestehende Ehe.** Erbberechtigt ist der Ehegatte, der zum Zeitpunkt des Erbfalls mit dem Erblasser in einer **gültigen Ehe** gelebt hat. Entscheidend ist allein der Bestand, nicht die Dauer der Ehe. Ggf. sind Sondervorschriften der Kriegs- und Nachkriegszeit zu beachten. Rechtswirksam mit der Konsequenz eines gesetzlichen Erbrechts sind danach auch die durch Ferntrauungen (PersonenstandsVO der Wehrmacht idF vom 17.10.1942, RGBl. I 597) oder anerkannte Nottrauungen (Gesetz vom 2.12.1950, BGBl. I 778) geschlossenen Ehen (zu weiteren Sonderregelungen Staudinger/Werner, 2017, Rn. 10). 4

War die Ehe im Zeitpunkt des Erbfalls **rechtskräftig geschieden** (§ 1564 S. 2) oder **aufgehoben** (§ 1313), so wird der bisherige Ehegatte nicht gesetzlicher Erbe. § 1933 lässt das gesetzliche Erbrecht bereits entfallen, wenn der Erblasser vor dem Erbfall bei vorliegenden Scheidungsvoraussetzungen die Scheidung beantragt, dem Scheidungsantrag des anderen Teils zugestimmt oder einen begründeten Aufhebungsantrag erhoben hatte (→ § 1933 Rn. 3 ff.). Das Getrenntleben allein steht dem Erbrecht nicht entgegen. 5

Die **Nichtigerklärung** einer Ehe (§§ 16, 33 EheG aF), die zum Verlust des Erbrechts führte, wurde abgeschafft. Die Mängel, die früher zur Nichtigkeit der Ehe führten, wurden in den Katalog der Aufhebungsgründe des § 1314 aufgenommen. Nach dem Tod eines Ehegatten ist eine Aufhebung nicht mehr möglich (§ 1317 Abs. 3). Das Erbrecht des Überlebenden ist aber nach § 1318 Abs. 5 ausgeschlossen, wenn dieser bei der Eheschließung die Aufhebbarkeit gekannt hat (krit. zu dieser gesetzestechnisch und inhaltlich missglückten Regelung Muscheler ErbR Rn. 1432). 5.1

Bei einer **Doppelehe** des Erblassers hinterlässt dieser zwei Ehegatten, wenn nicht die Aufhebung der zweiten Ehe nach §§ 1306, 1314 Abs. 1 bis zum Erbfall zumindest beantragt ist (§ 1933 S. 2). In diesem gesetzlich nicht geregelten Fall sind beide Ehegatten zu Erben berufen, sofern nicht die Ausnahme des § 1318 Abs. 5 eingreift. Beide Ehegatten erhalten aber nur einen Anteil gemeinsam (BeckOGK/Tegelkamp Rn. 40; MüKoBGB/Leipold Rn. 14), da sonst in das gesetzliche Erbrecht der Verwandten, insbes. der Abkömmlinge, eingegriffen würde. 6

Lebte der überlebende Ehegatte mit dem Erblasser in einer **Nichtehe** (zB „Eheschließung" ohne Mitwirkung eines Standesbeamten, vgl. § 1310 Abs. 1 S. 1), konnte kein gesetzliches Erbrecht entstehen. § 1310 Abs. 3 sieht unter bestimmten Voraussetzungen eine Heilung fehlerhafter Eheschließungen vor (Hepting FamRZ 1998, 713 (725)). 7

**2. Überleben des Ehegatten.** Das gesetzliche Erbrecht des Ehegatten entsteht nur, wenn dieser den anderen Ehegatten überlebt hat (§ 1923 Abs. 1). Bei gleichzeitigem oder als gleichzeitig vermutetem (§ 11 VerschG, → § 1923 Rn. 3) Versterben kann kein Ehegatte den anderen beerben. 8

**3. Kein Ausschlussgrund.** Neben dem speziellen Ausschlussgrund des § 1933 gelten die allgemeinen Ausschließungsgründe: Enterbung durch letztwillige Verfügung des Erblassers (§ 1938), Erbverzicht (§ 2346) und Erbunwürdigkeit (§§ 2339 ff.). 9

## IV. Umfang des Erbrechts

**1. Grundsatz.** Die Quote, mit der der überlebende Ehegatte am Nachlass beteiligt wird, hängt zum einen davon ab, in welchem **Güterstand** die Ehegatten zum Zeitpunkt des Erbfalls gelebt haben (→ Rn. 15 ff.), zum anderen davon, welcher **Ordnung** die daneben erbberechtigten Verwandten angehören. Aus Abs. 1 und 2 ergibt sich die „erbrechtliche Grundausstattung" (MüKoBGB/Leipold Rn. 24) des überlebenden Ehegatten, die im Güterstand der Zugewinngemeinschaft und der Gütertrennung erhöht werden kann. Mit dem Maße, in dem die miterbenden Verwandten ferneren Ordnungen angehören, erhöht sich der Anteil des Ehegatten. Da dem Ehegatten ein fester Anteil am Nachlass zusteht und der Rest unter den erbberechtigten Verwandten nach allgemeinen Regeln verteilt wird, ist zwingend zuerst der Ehegattenerbteil zu bestimmen. 10

11 **2. Neben Verwandten der ersten Ordnung.** Neben Verwandten der ersten Ordnung (§ 1924) erhält der Ehegatte einen Erbteil von einem Viertel, unabhängig davon, wie viele Abkömmlinge vorhanden sind. Wegen Abs. 3 und 4 verbleibt es bei dem Viertel jedoch nur, wenn die Ehegatten im Zeitpunkt des Erbfalls in Gütergemeinschaft gelebt haben oder wenn bei Gütertrennung mehr als zwei Kinder des Erblassers vorhanden sind (→ Rn. 19).

12 **3. Neben Verwandten der zweiten Ordnung.** Neben Verwandten der zweiten Ordnung (§ 1925) erbt der Ehegatte die Hälfte, wobei ebenfalls Abs. 3 zu beachten ist. Es bleibt auch dann bei der Hälfte, wenn beide Eltern des Erblassers vorverstorben sind und nur einseitige Abkömmlinge eines Elternteils als Erben der zweiten Ordnung zum Zuge kommen (OLG Celle FamRZ 2003, 560; LG Bochum Rpfleger 1989, 509; MüKoBGB/Leipold Rn. 26).

13 **4. Neben Großeltern und Abkömmlingen von Großeltern.** Neben **Großeltern** ist der Ehegatte zur Hälfte als gesetzlicher Erbe berufen. Sind Großelternteile weggefallen, so erhält der Ehegatte, wenn Abkömmlinge der Großeltern vorhanden sind, die nach § 1926 an der anderen Hälfte teilhaben würden, den auf diese Abkömmlinge entfallenden Anteil (Abs. 1 S. 2). Der Ehegatte geht immer nur den Abkömmlingen von Großeltern, nicht den Großeltern selbst vor. Ist ein Großelternteil vorverstorben, der keine Abkömmlinge hinterlassen hat, so geht dessen Anteil an den anderen Teil des Großelternpaares (§ 1931 Abs. 1 S. 2, § 1926 Abs. 3 S. 2). Ist auch der andere Teil weggefallen, ohne Nachkommen hinterlassen zu haben, so fällt der Anteil nach § 1931 Abs. 1 S. 2, § 1926 Abs. 4 dem anderen noch lebenden Großelternpaar zu (näher Staudinger/Werner, 2017, Rn. 25) (zur Berechnung im Falle der Zugewinngemeinschaft → Rn. 16). Dass das zufällige Vorhandensein von Abkömmlingen des Großelternteils darüber entscheidet, ob der Anteil dem Ehegatten des Erblassers oder dem anderen Großelternteil bzw. -paar zufällt, wird zu Recht als wenig folgerichtig kritisiert, ist aber angesichts der eindeutigen gesetzlichen Regelung hinzunehmen (krit. Staudinger/Werner, 2017, Rn. 26; Soergel/Fischinger Rn. 19; Lange/Kuchinke ErbR § 12 III 4a).

14 **5. Neben entfernteren Verwandten.** Der überlebende Ehegatte schließt nach Abs. 2 alle Verwandten des Erblassers aus, die zu der vierten (§ 1928) oder entfernteren Ordnungen (§ 1929) gehören, sowie die Abkömmlinge von Großeltern in der dritten Ordnung.

## V. Einfluss des Güterstands

15 Die ursprüngliche Regelung des BGB, die keinen Einfluss des Güterstandes auf die Erbquote des überlebenden Ehegatten kannte, gilt heute uneingeschränkt nur noch bei der Gütergemeinschaft. Soweit die Eheleute im gesetzlichen Güterstand der Zugewinngemeinschaft oder in Gütertrennung lebten, kann der Güterstand nach Abs. 3 iVm § 1371 bzw. nach Abs. 4 zur Erhöhung des Ehegattenerbteils über den in Abs. 1 und 2 vorgesehenen Rahmen hinaus führen.

16 **1. Zugewinngemeinschaft.** Lebten die Eheleute im Zeitpunkt des Erbfalls im gesetzlichen Güterstand der Zugewinngemeinschaft, so verweist Abs. 3 auf § 1371 mit der undeutlichen Formulierung, dass diese Vorschrift „unberührt" bleibe. Gemäß § 1371 Abs. 1 erhöht sich der gesetzliche Erbteil des Ehegatten, wie er sich aus § 1931 Abs. 1 ergibt, um ein Viertel. Durch die Erhöhung des gesetzlichen Erbteils soll der Ausgleich des Zugewinns verwirklicht werden (sog. **erbrechtliche Lösung**). Die Erhöhung setzt voraus, dass der Ehegatte als gesetzlicher Erbe berufen ist und die Erbschaft aus diesem Berufungsgrund nicht ausgeschlagen hat. Schlägt der Ehegatte, der durch Verfügung von Todes wegen eingesetzt wurde, diese Erbschaft aus und nimmt er sie als gesetzlicher Erbe an (§ 1948 Abs. 1), so wird sein gesetzlicher Erbteil ebenfalls nach § 1371 Abs. 1 erhöht (KG OLGZ 1991, 6 (12)). Der Ehegatte erhält neben Abkömmlingen somit insgesamt die Hälfte, neben Erben der zweiten Ordnung und neben Großeltern drei Viertel (wenn keine Abkömmlinge von vorverstorbenen Großeltern leben). Trifft der Ehegatte mit Großeltern und Abkömmlingen von Großeltern zusammen, gilt Folgendes: Zunächst muss ausgehend vom erhöhten Ehegattenerbteil von ¾ der Erbteil bestimmt werden, der auf die überlebenden Großeltern und die Abkömmlinge von Großeltern entfallen würde. Danach ist der Anteil der Abkömmlinge von Großeltern dem Ehegattenerbteil nach Abs. 1 S. 2 zuzuschlagen (MüKoBGB/Leipold Rn. 43; Staudinger/Werner, 2017, Rn. 37; Soergel/Fischinger Rn. 25; Grüneberg/Weidlich Rn. 7; Burandt/Rojahn/Große-Boymann Rn. 18; v. Olshausen FamRZ 1981, 633). Die Auffassung, die zunächst ohne Berücksichtigung des § 1371 Abs. 1 die Anteile ermittelt und erst zum Schluss die Erhöhung zum Ehegattenanteil hinzurechnet (mit der Folge, dass der Ehegatte Alleinerbe wäre) (Bühler BWNotZ 1961, 109 (112); Staudenmaier BWNotZ 1961, 323; Brox/Walker ErbR § 5

Rn. 11; Jauernig/Stürner Rn. 4), verkennt, dass es nicht Sinn der Erbteilserhöhung nach § 1371 Abs. 1 ist, erbberechtigte Verwandte von der Erbfolge auszuschließen.

Der nach § 1931 Abs. 1 iVm § 1371 Abs. 1 berechnete Nachlassanteil stellt einen **einheitlichen Erbteil** dar. Er kann nur als Ganzes angenommen oder ausgeschlagen werden (§ 1950); eine Teilausschlagung allein des gesetzlichen Erbteils, der dem Ehegatten ohne Rücksicht auf den Güterstand zusteht, oder nur des nach § 1371 Abs. 1 zugefallenen Viertels ist nicht möglich. Das zusätzliche Viertel kann aber Gegenstand eines Erbverzichts sein (Staudinger/Werner, 2017, Rn. 39; Erman/Lieder Rn. 32). **17**

Anstelle der erbrechtlichen kann der Ehegatte die sog. **güterrechtliche Lösung** wählen, indem er die Erbschaft ausschlägt (§ 1371 Abs. 3). Er hat dann einen Anspruch gegen die Erben auf Ausgleich des tatsächlich erzielten Zugewinns nach den §§ 1373 ff. Die güterrechtliche Lösung kommt auch dann zum Zuge, wenn der Ehegatte durch Verfügung von Todes wegen vom gesetzlichen Erbrecht ausgeschlossen ist und ihm auch kein Vermächtnis zusteht (§ 1371 Abs. 2). In beiden Fällen kann er neben dem konkret berechneten Zugewinnausgleich den Pflichtteil, berechnet auf der Grundlage des nicht erhöhten gesetzlichen Erbteils (sog. kleiner Pflichtteil), verlangen (Einzelheiten s. § 1371). Hinsichtlich der internationalprivatrechtlichen Qualifikation des § 1371 Abs. 1 hat der BGH entschieden, dass die Vorschrift iSd Art. 15, 25 EGBGB rein güterrechtlich zu qualifizieren ist (BGH NJW 2015, 2185 mAnm Lorenz NJW 2015, 2157). **18**

**2. Gütertrennung.** Die Regelung in Abs. 4 will verhindern, dass im Falle der Gütertrennung ein Ehegatte einen geringeren gesetzlichen Erbteil erhält als ein Kind des Erblassers. Der Gesetzgeber wollte berücksichtigen, dass auch bei Gütertrennung die unentgeltliche Mitarbeit des Ehegatten zum Vermögenserwerb des Erblassers beigetragen hat, und einen Ausgleich dafür schaffen, dass nur den Abkömmlingen (§ 2057a), nicht aber dem Ehegatten ein besonderer Ausgleichsanspruch zusteht (BT-Drs. 5/4179, 5). Der Ehegatte erhält nach Abs. 4 neben einem Kind des Erblassers die Hälfte, neben zwei Kindern einen Erbteil von 1/3. Voraussetzung ist, dass die Kinder als gesetzliche Erben berufen sind. Wer die Erbschaft ausgeschlagen hat oder durch Erbverzicht, Erbunwürdigkeit oder vorzeitigen Erbausgleich (§ 1934e aF) als gesetzlicher Erbe weggefallen ist, wird nicht mitgezählt (MüKoBGB/Leipold Rn. 53; Braga FamRZ 1972, 105 (107)). Aus der Verweisung auf § 1924 Abs. 3 folgt, dass dieselben Erbquoten gelten, wenn an die Stelle eines vorverstorbenen Kindes dessen Abkömmlinge getreten sind; das Prinzip der Erbfolge nach Stämmen wird also innerhalb des Abs. 4 beibehalten. Soweit Abs. 4 nicht eingreift, ist der Ehegattenerbteil bei Gütertrennung nach Abs. 1 und 2 zu bestimmen. Dies gilt zB auch, wenn die beiden erbberechtigten Kinder des Erblassers ausgeschlagen haben und dadurch der Ehegatte mit Verwandten der zweiten Ordnung zusammentrifft. **19**

In Erbfällen vor dem 1.4.1998 wurden nichteheliche Kinder, die nach § 1934a aF neben dem Ehegatten nur einen Erbersatzanspruch hatten, im Rahmen des Abs. 4 mitgezählt (Staudinger/Werner, 2017, Rn. 46; zur str. Frage, wie zu verfahren war, wenn die Zahl der ehelichen Kinder zur Anwendung des § 1931 Abs. 4 geführt hätte, während bei Einrechnung der nichtehelichen Kinder § 1931 Abs. 1 einschlägig gewesen wäre, vgl. MüKoBGB/Leipold, 3. Aufl. 1997, § 1931 Rn. 30; Odersky Rpfleger 1973, 239 einerseits und Staudinger/Werner, 2017, Rn. 48 andererseits). **19.1**

**3. Gütergemeinschaft.** Die Gütergemeinschaft ist der einzige Güterstand, bei dem sich der gesetzliche Erbteil des überlebenden Ehegatten allein nach Abs. 1 und 2 bestimmt. In den Nachlass fällt neben dem Sonder- und Vorbehaltsgut der Anteil des verstorbenen Ehegatten am Gesamtgut (§ 1482 S. 1). Im Regelfall wird die Gütergemeinschaft durch den Tod eines Ehegatten beendet; die Auseinandersetzung erfolgt dann nach §§ 1471 ff. Bei entsprechender Vereinbarung im Ehevertrag wird die Gütergemeinschaft nach § 1483 Abs. 1 S. 1 zwischen dem überlebenden Ehegatten und den Abkömmlingen fortgesetzt. In diesem Fall gehört der Anteil des Verstorbenen am Gesamtgut nicht zum Nachlass (§ 1483 Abs. 1 S. 3). **20**

## VI. Das Erbrecht des Lebenspartners

**1. Grundsatz.** Die erbrechtliche Stellung des Lebenspartners in der eingetragenen Lebenspartnerschaft ist der eines Ehepartners weitgehend angeglichen; die Regelungen über das gesetzliche Erbrecht des Lebenspartners in § 10 Abs. 1 und 2 LPartG lehnen sich eng an § 1931 an, insbes. nachdem das LPartÜG vom 15.12.2004 weitere Angleichungen der Lebenspartnerschaft an die Ehe vorgenommen hat. Das Erbrecht des Lebenspartners ist unter den Voraussetzungen des § 10 Abs. 3 LPartG ausgeschlossen (→ § 1933 Rn. 13 ff.). Zum Anspruch des überlebenden Lebens- **21**

partners auf den Voraus → § 1932 Rn. 12. Ist der überlebende Lebenspartner durch Verfügung von Todes wegen von der Erbfolge ausgeschlossen, so kann er nach Maßgabe des § 10 Abs. 6 LPartG den Pflichtteil nach §§ 2303 ff. verlangen.

22 **2. Umfang.** Gemäß § 10 Abs. 1 S. 1 LPartG ist der überlebende Lebenspartner des Erblassers neben **Verwandten der ersten Ordnung** zu einem **Viertel,** neben **Verwandten der zweiten Ordnung oder** neben **Großeltern** zur **Hälfte** als gesetzlicher Erbe berufen. Sind weder Verwandte der ersten noch der zweiten Ordnung, noch Großeltern vorhanden, so erhält der überlebende Lebenspartner die ganze Erbschaft (§ 10 Abs. 2 LPartG). Durch den neu eingefügten Abs. 1 S. 2 wurde nun auch die Regelung des § 1931 Abs. 1 S. 2 übernommen.

23 **3. Einfluss des Güterstands.** Ähnlich wie bei Ehegatten hat der gewählte Güterstand (§ 6 LPartG) uU erheblichen Einfluss auf das gesetzliche Erbrecht des überlebenden Partners. Haben die Lebenspartner – was im Hinblick auf § 6 S. 1 LPartG der Regelfall sein dürfte – den Güterstand der **Zugewinngemeinschaft** gewählt, so gilt gem. § 6 S. 2 LPartG die Vorschrift des § 1371 entspr. Danach findet ein pauschalierter Ausgleich durch Erhöhung des gesetzlichen Erbteils des überlebenden Partners um ein Viertel statt (§ 1371 Abs. 1). Unter den Voraussetzungen des § 1371 Abs. 2 und 3 kann er neben dem Pflichtteil Ausgleich nach güterrechtlichen Regeln verlangen.

24 Bei Gütertrennung trifft der durch das LPartÜG eingefügte Abs. 2 S. 2 die gleiche Regelung wie § 1931 Abs. 4, um zu verhindern, dass der überlebende Lebenspartner einen geringeren gesetzlichen Erbteil erhält als ein Kind des Erblassers.

25 Die Partner können auch den Güterstand der **Gütergemeinschaft** vereinbaren, wie jetzt § 7 LPartG klarstellt. Liegt eine solche Vereinbarung durch Lebenspartnerschaftsvertrag vor, so sind die Regeln über die eheliche Gütergemeinschaft – insbes. § 1482 – entspr. anwendbar (§ 7 S. 2 LPartG). Der Anteil des verstorbenen Lebenspartners am gemeinsamen Vermögen fällt also in den Nachlass.

## § 1932 Voraus des Ehegatten

**(1) [1]Ist der überlebende Ehegatte neben Verwandten der zweiten Ordnung oder neben Großeltern gesetzlicher Erbe, so gebühren ihm außer dem Erbteil die zum ehelichen Haushalt gehörenden Gegenstände, soweit sie nicht Zubehör eines Grundstücks sind, und die Hochzeitsgeschenke als Voraus. [2]Ist der überlebende Ehegatte neben Verwandten der ersten Ordnung gesetzlicher Erbe, so gebühren ihm diese Gegenstände, soweit er sie zur Führung eines angemessenen Haushalts benötigt.**

**(2) Auf den Voraus sind die für Vermächtnisse geltenden Vorschriften anzuwenden.**

### Überblick

Der Voraus stellt ein gesetzliches Vorausvermächtnis dar (→ Rn. 2), das dem überlebenden Ehegatten die Fortsetzung des Haushalts in der bisherigen Weise ermöglichen soll (→ Rn. 1). Der Ehegatte erhält den Voraus grundsätzlich nur, wenn er als gesetzlicher Erbe berufen ist (→ Rn. 3), zur Zuwendung des gesetzlichen Erbteils durch Verfügung von Todes wegen → Rn. 4. Der Voraus steht dem Ehegatten uneingeschränkt zu, wenn er neben Verwandten der ersten oder zweiten Ordnung oder neben Großeltern gesetzlicher Erbe wird (→ Rn. 5), neben Abkömmlingen nur in beschränktem Umfang (→ Rn. 10). Der Voraus erstreckt sich auf Haushaltsgegenstände, die dem gemeinsamen Haushalt während der Ehe gedient haben (→ Rn. 6); ausdrücklich ausgenommen sind Gegenstände, die Grundstückszubehör sind. Zum Voraus gehören die Hochzeitsgeschenke, unabhängig davon, ob sie Haushaltsgegenstände sind und ob sie Grundstückszubehör darstellen (→ Rn. 9). Dem eingetragenen Lebenspartner wird durch § 10 Abs. 1 S. 3–5 LPartG ein § 1932 entsprechender Voraus gewährt (→ Rn. 11).

### I. Normzweck

1 Der Voraus soll dem überlebenden Ehegatten die Fortsetzung des Haushalts in der bisherigen Weise ermöglichen (Mot. V 372 f.). Zu der sozialen Komponente tritt ein emotionaler Aspekt: Die Vorschrift hat, was sich in der Einbeziehung der Hochzeitsgeschenke zeigt, auch den Zweck, Eingriffe in den Gefühls- und Persönlichkeitsbereich des trauernden Ehegatten zu vermeiden. § 1932 wird in seiner Zwecksetzung ergänzt durch die (erbrechtsunabhängige) Vorschrift des § 563

im Mietrecht. In Einzelfällen erhält der Ehegatte über § 1932 praktisch den gesamten Nachlass, ohne Alleinerbe zu sein. Die Zuteilung des Voraus ist unabhängig vom Güterstand der Eheleute. Auf die nichteheliche Lebensgemeinschaft ist die Vorschrift nach hM nicht analog anwendbar (MüKoBGB/Leipold Rn. 3).

## II. Rechtsnatur des Voraus

Der Voraus ist ein dem Ehegatten neben seinem gesetzlichen Erbrecht vom Gesetz zugewandtes Vermächtnis (Abs. 2). Da der Ehegatte die zum Voraus zählenden Gegenstände vorab und ohne Anrechnung auf seine Erbquote erhält, handelt es sich um ein **Vorausvermächtnis** iSd § 2150 (BGHZ 73, 29 (33) = NJW 1979, 546; MüKoBGB/Leipold Rn. 16; Staudinger/Werner, 2017, Rn. 22; aA Harder NJW 1988, 2716). Aus der Anwendung der Vorschriften über das Vermächtnis ergibt sich, dass die zum Voraus zählenden Gegenstände in den Nachlass fallen und der Ehegatte eine schuldrechtliche Forderung gegen die Erbengemeinschaft auf Übertragung (§ 2174) hat. Der Anspruch des Ehegatten auf den Voraus begründet eine **Nachlassverbindlichkeit,** deren Erfüllung bei der Auseinandersetzung der Erbengemeinschaft vorweg verlangt werden kann (§ 2046). Der Ehegatte hat die Stellung eines Nachlassgläubigers (§ 1967 Abs. 2); in der Nachlassinsolvenz ist er Insolvenzgläubiger minderen Ranges (§ 327 Abs. 1 Nr. 2 InsO). Der (entstandene) Anspruch auf den Voraus ist **vererblich.** Der **Pflichtteil** der Eltern und Abkömmlinge des Erblassers wird durch den Voraus des kraft Gesetzes erbenden überlebenden Ehegatten gemindert, § 2311 Abs. 1 S. 2 (näher Erle FamRZ 2018, 1885; → § 2311 Rn. 15). Dies gilt nicht, wenn der Ehegatte testamentarischer Alleinerbe ist (BGHZ 73, 29 = NJW 1979, 546). Das Recht des Nacherben erstreckt sich im Zweifel nicht auf den Voraus (§ 2110 Abs. 2); beim Erbschaftskauf gilt er im Zweifel nicht als mitverkauft (§ 2373 S. 1). 2

## III. Voraussetzungen

**1. Gesetzliches Erbrecht.** Der Voraus steht dem Ehegatten nur zu, wenn er neben Verwandten der ersten oder zweiten Ordnung oder neben Großeltern **gesetzlicher Erbe** wird. Neben der Erbfähigkeit nach § 1923 (kein gleichzeitiges Versterben) ist erforderlich, dass die Ehe zum Zeitpunkt des Erbfalls noch bestanden hat (beachte § 1933) und der überlebende Ehegatte nicht durch letztwillige Verfügung oder aus sonstigen Gründen (Erbverzicht, Erbunwürdigkeit, Ausschlagung) von der gesetzlichen Erbfolge ausgeschlossen ist. Die Dauer der Ehe ist wie bei § 1931 unerheblich. Der Ehegatte kann, wie sich aus der Verweisung in Abs. 2 auf das Vermächtnisrecht ergibt, den Voraus ausschlagen (§§ 2176, 2180) und die Erbschaft annehmen. Wegen der Abhängigkeit des Voraus von der gesetzlichen Erbfolge soll ihm nach hM das umgekehrte Vorgehen verwehrt sein (Staudinger/Werner, 2017, Rn. 9; Rn. 11; Lange ErbR § 26 Rn. 123; aA BeckOGK/Tegelkamp Rn. 13; MüKoBGB/Leipold Rn. 4). 3

**2. Voraus bei Erbeinsetzung.** Wenn dem Ehegatten **durch letztwillige Verfügung** der gesetzliche Erbteil zugewendet wurde, ist dieser nicht gesetzlicher Erbe und daher an sich nicht Berechtigter iSd § 1932 (RGZ 62, 109 (110); BGHZ 73, 29 (33) = NJW 1979, 546; Grüneberg/Weidlich Rn. 2; Staudinger/Werner, 2017, Rn. 11). Gleichwohl soll auch eine Zuwendung des Voraus vorliegen, wenn der Wille des Erblassers ersichtlich ist, dem Ehegatten dieselbe Stellung zukommen zu lassen, die er als gesetzlicher Erbe hätte (MüKoBGB/Leipold Rn. 5). Die testamentarische Bestimmung durch den Erblasser, seine Lebenspartnerin solle so erben, als sei sie bereits seine Ehefrau, begründet allerdings keinen Anspruch auf den Voraus (OLG Karlsruhe HRR 1936 Nr. 266). Bei konsequenter Umsetzung dieses Gedankens steht dem Ehegatten insbes. im Falle des § 2066 der Voraus zu. Eine andere Auffassung verweist den Ehegatten auf die Möglichkeit, nach § 1948 die gewillkürte Erbfolge auszuschlagen und die gesetzliche herbeizuführen, um auf diese Weise an den Voraus zu gelangen (Staudinger/Werner, 2017, Rn. 11). Anerkannt ist, dass der Erblasser durch Verfügung von Todes wegen den Voraus ganz oder teilweise entziehen kann (RGRK-BGB/Kregel Rn. 3; Staudinger/Werner, 2017, Rn. 30). 4

**3. Konkurrenz mit Verwandten.** Der Ehegatte erhält den Voraus uneingeschränkt, wenn er **neben Verwandten der zweiten Ordnung** oder **neben Großeltern** gesetzlicher Erbe wird; sind nur entferntere Verwandte vorhanden, ist er nach § 1931 Abs. 2 ohnehin Alleinerbe. **Neben Abkömmlingen** steht dem Ehegatten der Voraus in beschränktem Umfang zu (Abs. 1 S. 2). Erbt der Ehegatte kraft Gesetzes, während der Erblasser andere Personen an Stelle der berufenen Verwandten zu Miterben gemacht hat, so steht der Voraus dem Ehegatten in dem Umfang zu, 5 wie er ihn neben den Verwandten als gesetzlichen Erben bekommen würde (MüKoBGB/Leipold Rn. 8).

## IV. Gegenständlicher Umfang

6 **1. Haushaltsgegenstände.** Wenn § 1932 von „zum ehelichen Haushalt gehörenden Gegenständen" spricht, so ist dies wie in §§ 1361a, 1369 zu verstehen (Staudinger/Werner, 2017, Rn. 14; aA Halm BWNotZ 1966, 270 (271)). Die Gegenstände müssen dem gemeinsamen Haushalt während der Ehe gedient haben. Der gemeinschaftliche Haushalt muss zum Zeitpunkt des Erbfalls bereits begründet gewesen sein. Es genügt daher nicht, dass ein Ehegatte die Gegenstände für eine geplante gemeinsame Wohnung angeschafft hat (MüKoBGB/Leipold Rn. 9; RGRK-BGB/Kregel Rn. 5). Die Zuordnung zum ehelichen Haushalt endet nicht allein deshalb, weil die Ehegatten getrennt leben (KG OLGE 24, 80; aA – § 1932 bei Trennung nicht mehr anwendbar – Soergel/Fischinger Rn. 8; jurisPK-BGB/Schmidt Rn. 19); wohl aber dann, wenn sie den Haushalt im gegenseitigen Einvernehmen auflösen. Lebten die Ehegatten zum entscheidenden Zeitpunkt getrennt, bezieht sich der Voraus auf die zum früheren gemeinsamen Haushalt gehörenden Gegenstände einschließlich der an ihre Stelle getretenen Ersatzstücke (Staudinger/Werner, 2017, Rn. 15; diff. MüKoBGB/Leipold Rn. 9; Muscheler ErbR Rn. 1474).

7 Der Begriff der **Haushaltsgegenstände** ist nicht eng zu verstehen. Er umfasst alle Sachen, die – ohne Rücksicht auf ihren Wert – im Hinblick auf die gemeinsame Lebensführung in den räumlich gegenständlichen Lebensbereich beider Eheleute einbezogen sind, zB Möbel, Geschirr, Küchengeräte, Waschmaschine, Rundfunk-, Fernseh- und Phonogeräte. Auszunehmen sind die Gegenstände, die besonderen (beruflichen, wissenschaftlichen, künstlerischen) Zwecken dienen oder die nach der Verkehrsauffassung dem persönlichen Bereich eines Gatten zuzuordnen sind (zB Kleidung, Schmuck, Kosmetika). Auch ein Pkw ist nach dem Normzweck ein Haushaltsgegenstand, wenn er gemeinsam benutzt wird (Grüneberg/Weidlich Rn. 5; Staudinger/Werner, 2017, Rn. 15).

8 Nach Wortlaut und Zweck erfasst § 1932 **Sachen** (körperliche Gegenstände, § 90) und **Rechte,** zB Herausgabeansprüche und Schadensersatzansprüche wegen Entziehung oder Beschädigung von Haushaltsgegenständen. Für diese weite Deutung spricht der Verweis in Abs. 2 auf die Vorschriften des Vermächtnisrechts, wo § 2169 Abs. 3 entsprechendes bestimmt (BeckOGK/Tegelkamp Rn. 29). Das Mietverhältnis bezüglich der ehelichen Wohnung geht gem. § 563 über, sodass es eines Anspruchs aus § 1932 insoweit nicht bedarf. Einzubeziehen sind jedoch Mietrechte an sonstigen Haushaltsgegenständen sowie Anwartschaftsrechte, ferner Miteigentumsrechte.

9 Das Gesetz nimmt ausdrücklich Gegenstände aus, die **Grundstückszubehör** sind (vgl. §§ 97, 98). Damit soll die wirtschaftliche Einheit beachtet werden, die das Grundstück mit seinem Zubehör bildet. Erst recht können Grundstücke mit Haus oder Eigentumswohnung nicht als Haushaltsgegenstände gelten.

10 **2. Hochzeitsgeschenke.** Zum Voraus gehören die Hochzeitsgeschenke, dh unentgeltliche Zuwendungen anlässlich der Eheschließung, unabhängig davon, ob sie Haushaltsgegenstände sind und ob sie Grundstückszubehör darstellen. In der Regel stehen diese Gegenstände im Miteigentum der Eheleute; der Voraus erfasst dann die ideelle Eigentumshälfte, die dem verstorbenen Ehegatten zustand. § 1932 gilt aber auch, wenn der Erblasser Alleineigentümer war (MüKoBGB/Leipold Rn. 14). Eine Ausstattung (§ 1624) fällt nicht unter den Begriff des Hochzeitsgeschenks iSd § 1932 (Erman/Lieder Rn. 11; RGRK-BGB/Kregel Rn. 7; aA Eigel MittRhNotK 1983, 1 (7)).

11 **3. Einschränkung bei Voraus neben Abkömmlingen.** Neben Verwandten der ersten Ordnung erhält der Ehegatte den Voraus nach Abs. 1 S. 2 nur, soweit er die Haushaltsgegenstände und Hochzeitsgeschenke zur Führung eines angemessenen Haushalts benötigt. Abzustellen ist auf den Zeitpunkt des Erbfalls (Ripfel BWNotZ 1965, 268; Staudinger/Werner, 2017, Rn. 21). Bei der Bestimmung der Angemessenheit muss die bisherige Haushaltsführung der Eheleute zugrunde gelegt werden, wobei die durch den Tod eintretende Veränderung zu berücksichtigen ist (jurisPK-BGB/Schmidt Rn. 13; Soergel/Fischinger Rn. 15). Das Gesetz beschränkt den Voraus nicht auf die wirtschaftlich unbedingt notwendigen Gegenstände; es spielt auch keine Rolle, ob der Ehegatte in der Lage wäre, die erforderlichen Gegenstände aus eigenen Mitteln zu erwerben. Eine Abwägung mit den Interessen miterbender Abkömmlinge findet nicht statt (Damrau/Tanck/Seiler-Schopp Rn. 21; NK-BGB/Kroiß Rn. 9; Staudinger/Werner, 2017, Rn. 20; Vlassopoulos, Der eheliche Hausrat im Familien- und Erbrecht, 1983, 72; aA Erman/Lieder Rn. 12; MüKoBGB/Leipold Rn. 15).

### V. Voraus des Lebenspartners

Ein Recht auf den Voraus steht auch dem überlebenden **Lebenspartner** zu, der mit dem Erblasser in eingetragener Lebenspartnerschaft lebte (§ 10 Abs. 1 S. 3 LPartG). Wie bei § 1932 hängt der Umfang des Vermächtnisses (vgl. § 10 Abs. 1 S. 5 LPartG) davon ab, welche Verwandten neben dem Lebenspartner als gesetzliche Erben zum Zuge kommen: Ist er neben Verwandten der zweiten oder einer höheren Ordnung berufen, so stehen ihm die zum lebenspartnerschaftlichen Haushalt gehörenden Gegenstände, soweit sie nicht Zubehör eines Grundstücks sind, und die Geschenke zur Begründung der Lebenspartnerschaft als Voraus zu. Ist er neben Verwandten der ersten Ordnung gesetzlicher Erbe, gebührt ihm der Voraus nur soweit er ihn zur Führung eines angemessenen Haushalts benötigt (§ 10 Abs. 1 S. 4 LPartG). 12

Anders als § 1932 macht § 10 LPartG den Voraus nicht ausdrücklich davon abhängig, dass der überlebende Lebenspartner zugleich Erbe wird. Doch kann aus der Formulierung des § 10 Abs. 1 S. 2 LPartG „zusätzlich" (zum gesetzlichen Erbteil) und aus der Gesetzesbegründung (BT-Drs. 14/3751, 40) entnommen werden, dass das Recht auf den Voraus nur unter dieser Voraussetzung besteht. Demnach hat der überlebende Lebenspartner in den Fällen, in denen sein Erbrecht wegen eines begründeten Antrags des Erblassers auf Aufhebung der Lebenspartnerschaft wegfällt (§ 10 Abs. 3 LPartG) keinen Anspruch auf den Voraus (BeckOGK/Tegelkamp Rn. 48; Soergel/Wellenhofer LPartG § 10 Rn. 8; Walter FPR 2005, 279 (282); Leipold ZEV 2001, 218 (220); v. Dickhuth-Harrach FamRZ 2001, 1660 (1664)). 13

### VI. Durchsetzung im Zivilprozess

Im Streitfall muss der Anspruch auf den Voraus vor dem **Prozessgericht** geltend gemacht werden; ein besonderes Teilungsverfahren nach dem FamFG existiert nicht. 14

## § 1933 Ausschluss des Ehegattenerbrechts

**[1]Das Erbrecht des überlebenden Ehegatten sowie das Recht auf den Voraus ist ausgeschlossen, wenn zur Zeit des Todes des Erblassers die Voraussetzungen für die Scheidung der Ehe gegeben waren und der Erblasser die Scheidung beantragt oder ihr zugestimmt hatte. [2]Das Gleiche gilt, wenn der Erblasser berechtigt war, die Aufhebung der Ehe zu beantragen, und den Antrag gestellt hatte. [3]In diesen Fällen ist der Ehegatte nach Maßgabe der §§ 1569 bis 1586b unterhaltsberechtigt.**

### Überblick

Das Erbrecht des überlebenden Ehegatten ist ausgeschlossen ist, wenn zum Zeitpunkt des Todes des Erblassers die Voraussetzungen für die Scheidung der Ehe vorgelegen haben (→ Rn. 8) und der Erblasser die Scheidung beantragt (→ Rn. 4, entscheidend ist die zur Rechtshängigkeit führende Zustellung) oder ihr zugestimmt hat (→ Rn. 6). Wurde das Scheidungsverfahren vor dem Tod des Erblassers rechtskräftig ohne Scheidung beendet, ist § 1933 nicht einschlägig (→ Rn. 7). § 1933 S. 2 regelt den Ausschluss des Ehegattenerbrechts im Rahmen rechtshängiger Aufhebungsverfahren (→ Rn. 11). Der überlebende Ehegatte verliert bei Vorliegen der Voraussetzungen des § 1933 S. 1 sein gesetzliches Erbrecht (und damit das Pflichtteilsrecht) als Ehegatte und sein Recht auf den Voraus (→ Rn. 12). § 1933 S. 3 gewährt für den Verlust des gesetzlichen Erbrechts einen gewissen Ausgleich in Form eines Unterhaltsanspruchs (→ Rn. 13). § 10 Abs. 3 S. 1 LPartG trifft eine dem § 1933 entsprechende Regelung für eingetragene Lebenspartnerschaften (→ Rn. 14).

### I. Normzweck

Die durch das 1. EheRG neu gefasste Vorschrift verfolgte ursprünglich das Ziel, den Ehegatten, der schuldhaft einen Scheidungs- oder Aufhebungsgrund geschaffen hatte, mit dem Verlust des gesetzlichen Erbrechts (einschließlich Voraus und Pflichtteil) zu bestrafen. Nach dem Übergang vom Verschuldens- zum Zerrüttungsprinzip im Scheidungsrecht war der Vorschrift in der bisherigen Form der Boden entzogen. Gleichwohl hat der Gesetzgeber am Ausschluss des Ehegattenerbrechts festgehalten, ihn aber auf den Fall beschränkt, dass der Erblasser einen begründeten Scheidungsantrag gestellt oder diesem zugestimmt hatte sowie auf den Fall der beantragten Aufhebung der Ehe. Nach Beantragung der Scheidung habe das Erbrecht des überlebenden Ehegatten seine 1 innere Berechtigung verloren; außerdem entspreche das gesetzliche Erbrecht in dieser Situation nicht mehr dem mutmaßlichen Willen des Erblassers (BT-Drs. 7/650, 274; krit. zu dieser Begr. MüKoBGB/Leipold Rn. 2; Battes FamRZ 1977, 433 (437)). Der mit der Neufassung eingefügte S. 3 will den Ehegatten, der nach § 1933 sein Erbrecht verloren hat, dem geschiedenen gleichstellen.

1.1 Wenn beide Ehegatten die Scheidung betreiben, ist der (gegenseitige) Erbrechtsausschluss verfassungsrechtlich unbedenklich (BVerfG FamRZ 1995, 536). Gegen den einseitigen Erbrechtsverlust des Scheidungsgegners im Falle des S. 1 Alt. 1 werden im Schrifttum beachtliche Gründe vorgebracht (Battes FamRZ 1977, 433 (437); Battes/Thofern JZ 1990, 1135; Zopfs ZEV 1995, 309; Neidinger/Rupp ZfPW 2020, 239 (244); Muscheler Rn. 1439 f.; das BVerfG hat die Verfassungskonformität offen gelassen, ebenso BGHZ 111, 329 (333 f.) = NJW 1990, 2382; BGHZ 128, 125 (135) = NJW 1995, 1082).

2 Für die gewillkürte Erbfolge gelten entsprechende Bestimmungen (§§ 2077, 2268 für das Testament und § 2279 für den Erbvertrag). Dabei handelt es sich allerdings nur um Auslegungsregeln.

## II. Voraussetzungen für den Ausschluss

3 Voraussetzung ist in allen Fällen, dass der Erblasser zum Zeitpunkt seines Todes bereits einen Scheidungsantrag bei Gericht eingereicht oder dem Scheidungsantrag seines Ehegatten zugestimmt hatte und jeweils die Voraussetzungen für eine Scheidung zum Zeitpunkt des Erbfalls gegeben waren.

4 **1. Rechtshängiges Scheidungsverfahren. a) Scheidungsantrag des Erblassers.** Durch das Abstellen auf die **Beantragung** der Scheidung hat der Gesetzgeber (in vermeidbarer Weise) die Streitfrage provoziert, ob es auf die Einreichung des Antrags, die nach §§ 124, 133 FamFG das Scheidungsverfahren anhängig macht, ankommt oder auf die zur Rechtshängigkeit führende Zustellung (§ 124 S. 1 FamFG iVm § 253 Abs. 1, § 261 Abs. 1 ZPO). Mit der hM (BGHZ 111, 329 = NJW 1990, 2382 m. zust. Anm. Battes/Thofern JZ 1990, 1135; BayObLGZ 1990, 20; OLG Saarbrücken FamRZ 1983, 1274; BeckOGK/Tegelkamp Rn. 12; Grüneberg/Weidlich Rn. 2; MüKoBGB/Leipold Rn. 5; Soergel/Fischinger Rn. 7; Staudinger/Werner, 2017, Rn. 5) ist auf den letztgenannten Zeitpunkt abzustellen. Die **Zustellung** des Scheidungsantrags muss danach **vor** dem **Erbfall** erfolgt sein; für eine Rückdatierung bei Zustellung nach dem Erbfall auf den Zeitpunkt der Einreichung ist kein Raum (für eine analoge Anwendung des § 167 ZPO Jauernig/Stürner Rn. 1; Soergel/Stein, 13. Aufl. 2011, Rn. 4), weil es nicht um die Fristwahrung zur Erhaltung eines Rechts geht. Prozessuale Mängel, die beseitigt werden können (etwa Anrufung des örtlich unzuständigen Familiengerichts), sind unschädlich (Grüneberg/Weidlich Rn. 2; Lange ErbR § 22 Rn. 61).

5 Ausreichend ist auch die Erhebung einer Widerklage (in der mündlichen Verhandlung oder durch Zustellung eines Schriftsatzes) (BayObLG FamRZ 1975, 514). Ein Antrag auf Gewährung von Prozesskostenhilfe (jetzt Verfahrenskostenhilfe, § 76 FamFG) genügt dagegen nicht (Grüneberg/Weidlich Rn. 2; NK-BGB/Kroiß Rn. 3). Die Rücknahme des Scheidungsantrags beseitigt die Wirkung des § 1933. Erfolgt die Rücknahme erst nach dem Erbfall, ändert dies am Ausschluss der Erbenstellung des Ehegatten nichts mehr (OLG Stuttgart ZEV 2007, 224; OLG Frankfurt NJW 1997, 3099; Soergel/Fischinger Rn. 10). Das Nichtbetreiben des Scheidungsverfahrens beseitigt die Rechtshängigkeit nicht (BGH NJW-RR 1993, 898; OLG Köln FamRZ 2012, 1755), allerdings ist ein Stillstand über einen langen Zeitraum einer Antragsrücknahme gleichzustellen (OLG Düsseldorf FamRZ 1991, 1107: 26 Jahre; OLG Saarbrücken MDR 2011, 50: 21 Jahre; s. auch OLG Hamm NJW-RR 2021, 587; OLG Düsseldorf FamRZ 2018, 139).

6 **b) Zustimmung zur Scheidung.** Die Zustimmung setzt Rechtshängigkeit des Scheidungsverfahrens voraus; sie kann in einem Schriftsatz des Prozessbevollmächtigten, aber auch vom Erblasser selbst zu Protokoll der Geschäftsstelle oder in der mündlichen Verhandlung zur Niederschrift des Gerichts (§ 134 Abs. 1 FamFG) erklärt werden. Die Zustimmung braucht nicht ausdrücklich erteilt zu werden; es genügt, wenn sich aus der Erklärung ergibt, dass auch der Erblasser die Ehe für gescheitert hält und einer Scheidung nicht entgegentritt (OLG Köln ZEV 2003, 326 mAnm Werner). Es genügt auch eine schriftliche Erklärung der anwaltlich nicht vertretenen Partei an das Gericht (OLG Köln NJW 2013, 2831; OLG Stuttgart OLGZ 1993, 263; Czubayko ZEV 2009, 551 (552)). Eine lediglich dem anderen Ehegatten gegenüber erteilte Zustimmung (LG Düsseldorf Rpfleger 1980, 187) reicht ebenso wenig aus wie die bloße Unterzeichnung einer Scheidungsfolgenvereinbarung (BGHZ 128, 125 = ZEV 1995, 150 mAnm Klumpp; OLG Zweibrücken OLGZ 1983, 160). Eine im Prozesskosten (bzw. Verfahrenskosten-)hilfeverfahren erklärte

Zustimmung wird mit der Rechtshängigkeit des Scheidungsverfahrens wirksam (OLG Zweibrücken NJW 1995, 601). Ein (gem. § 134 Abs. 2 FamFG bzw. § 630 Abs. 2 S. 1 ZPO aF bis zum Schluss der mündlichen Verhandlung möglicher) Widerruf der Zustimmung lässt die Rechtsfolge des § 1933 entfallen. Ein nicht wirksam gestellter eigener Scheidungsantrag kann in eine Zustimmungserklärung umzudeuten sein (OLG Celle NJW 2013, 2912; OLG Zweibrücken NJW 1995, 601 (602); jurisPK-BGB/Schmidt Rn. 15).

**c) Beendigung des Scheidungsverfahrens.** Wird das Scheidungsverfahren vor dem Erbfall ohne Scheidungsurteil (sei es wegen Antragsrücknahme oder wegen rechtskräftiger Antragsabweisung) beendet, greift § 1933 nicht ein. Dagegen ändert die nicht rechtskräftige Abweisung des Scheidungsantrags an den Rechtsfolgen des § 1933 nichts (BeckOGK/Tegelkamp Rn. 28; MüKoBGB/Leipold Rn. 15; Soergel/Fischinger Rn. 11; aA Staudinger/Werner, 2017, Rn. 6 für den Fall, dass der Erblasser vor seinem Tod kein Rechtsmittel eingelegt hatte). **7**

**2. Scheidungsvoraussetzungen.** Die Voraussetzungen der Scheidung können nach dem Grundtatbestand des § 1565 oder nach den Vermutungen des § 1566 Abs. 1 und 2 gegeben sein. Das Gericht, das über die Anwendung des § 1933 zu entscheiden hat, muss prüfen, ob der Scheidungsantrag erfolgreich gewesen wäre, wenn das Verfahren nicht wegen des Todes des Erblassers beendet worden wäre. Das Scheitern der Ehe (§ 1565 Abs. 1) ist nach den subjektiven Vorstellungen der Ehegatten bezüglich ihrer konkreten Lebensgemeinschaft festzustellen (BGHZ 128, 125 = NJW 1995, 1082). Insoweit gelten die normalen Beweisanforderungen (für „strenge" Anforderungen Schmitz in Baumgärtel/Laumen/Prütting Beweislast HdB Rn. 4; Staudinger/Werner, 2017, Rn. 10). Die **Beweislast** trifft denjenigen, der sich auf den Wegfall des gesetzlichen Erbrechts beruft (BGHZ 128, 125 = NJW 1995, 1082; BayObLG FamRZ 1992, 1349 (1350); Rpfleger 1987, 358; zum Nachweis des Getrenntlebens bei einem im Wachkoma liegenden Ehegatten OLG Frankfurt NJW 2002, 3033). Die Erteilung eines Erbscheins ändert an dieser Verteilung der Darlegungs- und Beweislast nichts (BGHZ 128, 125 = NJW 1995, 1082; Soergel/Fischinger Rn. 17). **8**

Bei der einverständlichen Scheidung nach § 630 Abs. 1 Nr. 2 und 3 ZPO aF gehörte die erforderliche Einigung über die Scheidungsfolgen nicht zu den Scheidungsvoraussetzungen iSd § 1933 (OLG Stuttgart ZEV 2012, 208). Nunmehr verlangt § 133 Abs. 1 Nr. 2 FamFG eine Erklärung darüber, ob die Ehegatten eine Regelung über die elterliche Sorge, den Umgang und die Unterhaltspflicht gegenüber den gemeinsamen minderjährigen Kindern sowie über die durch die Ehe begründete Unterhaltspflicht, die Rechtsverhältnisse an der Ehewohnung und am Hausrat getroffen haben. Dadurch soll das Gericht in die Lage versetzt werden, den Ehegatten Beratungsmöglichkeiten aufzuzeigen (BT-Drs. 16/9733, 293). Angesichts dieses Gesetzeszwecks können die Erklärungen nach § 133 Abs. 1 Nr. 2 FamFG nicht zu den Voraussetzungen der Scheidung iSv § 1933 S. 1 gezählt werden (OLG Stuttgart NJW-RR 2020, 260; Damrau/Tanck/Seiler-Schopp Rn. 7; MüKoBGB/Leipold Rn. 13). **9**

Dagegen ist die allgemeine Härteklausel (§ 1568) im Rahmen der Prüfung nach § 1933 zu beachten, da es auf den zu erwartenden Erfolg des Scheidungsantrags ankommt (BayObLG Rpfleger 1987, 358; jurisPK-BGB/Schmidt Rn. 22; MüKoBGB/Leipold Rn. 14). **10**

**3. Rechtshängige Aufhebungsklage.** Die Aufhebungsklage des Erblassers (§ 1313) muss zu seinen Lebzeiten durch Zustellung der Antragsschrift (§§ 124, 133 FamFG) rechtshängig geworden sein. Ob der Erblasser berechtigt war, die Aufhebung der Ehe zu beantragen, ist nach §§ 1314 ff. zu beurteilen. Der Aufhebungsantrag des überlebenden Ehegatten beseitigt dessen Erbrecht nicht. **11**

## III. Rechtsfolgen

**1. Wegfall des gesetzlichen Erbrechts.** Es entfallen das **gesetzliche Erbrecht** (und damit das Pflichtteilsrecht) und das Recht auf den **Voraus** des überlebenden Ehegatten. Die Erbfolge ist so zu beurteilen, als ob die Ehe im Zeitpunkt des Erbfalls bereits rechtskräftig aufgelöst gewesen wäre. Im gesetzlichen Güterstand bleibt der Anspruch auf den Zugewinnausgleich nach § 1371 Abs. 2 bestehen (BGHZ 46, 343 (350) = NJW 1966, 2109). **12**

**2. Unterhaltsanspruch.** Dem überlebenden Ehegatten bleibt nach S. 3 – unabhängig vom Güterstand – ein Unterhaltsanspruch unter den Voraussetzungen der §§ 1569 ff. (Rechtsgrundverweisung). Der Anspruch richtet sich gegen die Erben (§ 1586b Abs. 1 S. 1), die aber nur begrenzt auf den fiktiven Pflichtteil haften (§ 1586b Abs. 1 S. 3). Der Unterhaltsanspruch besteht nicht, wenn der Ehegatte vorbehaltlos auf sein gesetzliches Erbrecht oder auf den Pflichtteil verzichtet **13**

hat oder dieser ihm entzogen wurde (Grüneberg/Weidlich Rn. 10; MüKoBGB/Leipold Rn. 25; Dieckmann NJW 1992, 633; Dieckmann FamRZ 1999, 1029; aA BeckOGK/Tegelkamp Rn. 38; Grziwotz FamRZ 1991, 1258; Pentz FamRZ 1998, 1344).

## IV. Ausschluss des Erbrechts des Lebenspartners

14 **1. Antrag auf Aufhebung.** Auch in der eingetragenen Lebenspartnerschaft kann das zu Lebzeiten geäußerte Verlangen des Erblassers nach Aufhebung der Partnerschaft zum Wegfall des gesetzlichen (für die gewillkürte Erbfolge enthält § 10 Abs. 5 LPartG iVm § 2077 Abs. 1 eine entsprechende Regelung) Erbrechts des überlebenden Lebenspartners führen (§ 10 Abs. 3 LPartG). Das Erbrecht fällt weg, wenn entweder die Voraussetzungen einer Aufhebung nach § 15 Abs. 2 Nr. 1 oder Nr. 2 LPartG gegeben waren und der **Erblasser** die **Aufhebung beantragt** oder ihr **zugestimmt** hatte oder wenn der Erblasser einen begründeten Antrag nach § 15 Abs. 2 Nr. 3 LPartG (wegen unzumutbarer Härte) gestellt hatte. Wenn nur der Erblasser die Aufhebung der eingetragenen Lebenspartnerschaft beantragt hatte, führt § 10 Abs. 3 S. 1 LPartG zum einseitigen Ausschluss des Erbrechts (→ LPartG § 10 Rn. 1 ff.). Der Antragsteller selbst kann also den anderen Partner weiterhin beerben (Soergel/Wellenhofer LPartG § 10 Rn. 7; Leipold ZEV 2001, 218 (219)).

15 Eine dem § 1933 S. 2 entsprechende Regelung fehlt in § 10 Abs. 3 LPartG. Da ein sachlicher Grund für eine solche Differenzierung nicht zu erkennen ist, dürfte es sich um ein gesetzgeberisches Versehen handeln (BeckOGK/Löhnig LPartG § 10 Rn. 26; MüKoBGB/Leipold Rn. 32). Auch bei einem zum Zeitpunkt des Erbfalls rechtshängigen und begründeten Aufhebungsantrag des Erblassers nach § 15 Abs. 2 S. 2 LPartG ist daher entspr. § 10 Abs. 3 S. 1 das gesetzliche Erbrecht des überlebenden Partners ausgeschlossen (Soergel/Wellenhofer LPartG § 1 Rn. 7; aA Burandt/Rojahn/Braun LPartG § 10 Rn. 19).

16 **2. Rechtsfolgen.** Es entfallen gem. § 10 Abs. 3 S. 1 LPartG das **gesetzliche Erbrecht** (und damit das Pflichtteilsrecht) und das Recht auf den **Voraus** des überlebenden Partners (→ LPartG § 10 Rn. 1 ff.). Die Erbfolge ist so zu beurteilen, als ob die Partnerschaft im Zeitpunkt des Erbfalls bereits aufgehoben gewesen wäre. In Entsprechung zu § 1933 S. 3 verweist § 10 Abs. 3 S. 2 LPartG auf den nachpartnerschaftlichen Unterhalt (§ 16 LPartG) gegen die Erben.

# § 1934 Erbrecht des verwandten Ehegatten

**[1]Gehört der überlebende Ehegatte zu den erbberechtigten Verwandten, so erbt er zugleich als Verwandter. [2]Der Erbteil, der ihm auf Grund der Verwandtschaft zufällt, gilt als besonderer Erbteil.**

## Überblick

S. 1 hat lediglich klarstellende Funktion (→ Rn. 1). Zu mehrfachen Erbteilen des überlebenden Ehegatten kann es dann kommen, wenn die Ehe durch den Überlebenden mit Onkel oder Tante, Großonkel oder Großtante eingegangen wurde (→ Rn. 2). Beide Erbteile des verwandten Ehegatten stehen als besondere Erbteile nebeneinander (→ Rn. 3). Im LPartG findet sich in § 10 Abs. 1 S. 6, 7 eine entsprechende Regelung (→ Rn. 4).

## I. Normzweck

1 Die Vorschrift spricht in S. 1 eine Selbstverständlichkeit aus und hat insoweit wie § 1927 lediglich klarstellende Funktion. Ihr Anwendungsbereich ist wegen § 1931 Abs. 1 S. 2 und Abs. 2 gering.

## II. Anwendungsfälle

2 Da § 1307 Ehen zwischen Verwandten in gerader Linie und zwischen voll- und halbbürtigen Geschwistern verbietet, ist ein Zusammentreffen von Ehegattenerbrecht und Verwandtenerbrecht nach der ersten Ordnung ausgeschlossen, von dem theoretischen Fall abgesehen, dass das Eheverbot nicht beachtet wurde und auch keine Aufhebung der Ehe erfolgt ist. Gehört der Ehegatte der dritten (als Abkömmling von Großeltern des Erblassers) oder einer ferneren Ordnung an, schließt

er sich selbst nach § 1931 Abs. 1 S. 2 oder Abs. 2 von der Verwandtenerbfolge aus. Es bleiben **Ehen,** die der überlebende Teil **mit Onkel oder Tante** (oder Großonkel oder Großtante) geschlossen hat (BeckOGK/Tegelkamp Rn. 6). Denn hier kann der überlebende Ehegatte zugleich als Erbe zweiter Ordnung berufen sein, wenn der Erblasser keine Abkömmlinge hinterlässt. Bei Vorversterben des Neffen bzw. der Nichte gilt wieder § 1931 Abs. 1 S. 2, weil die Tante bzw. der Onkel Abkömmlinge von Großeltern des Erblassers sind.

## III. Rechtsfolgen

Der **Verwandtenerbteil** fällt **neben** dem **Ehegattenerbteil** an; beide Anteile gelten als besondere Erbteile (→ § 1927 Rn. 4). Der Ehegatte kann zB den Ehegattenerbteil ausschlagen und den Verwandtenerbteil annehmen (§ 1951 Abs. 1). Bei Zugewinngemeinschaft ist er in diesem Fall nicht gehindert, den güterrechtlichen Zugewinnausgleich zu verlangen (MüKoBGB/Leipold Rn. 3). 3

## IV. Erbrecht des Lebenspartners

Im LPartG findet sich in § 10 Abs. 1 S. 6, 7 eine entsprechende Regelung (→ LPartG § 10 Rn. 1 ff.). Soweit Verwandte eine Lebenspartnerschaft eingehen können (vgl. § 1 Abs. 3 Nr. 2, 3 LPartG) steht dem überlebenden Lebenspartner somit ein etwaiger Verwandtenerbteil neben seinem Lebenspartnererbteil zu. Bei einem Verstoß gegen das Verbot des § 1 Abs. 3 Nr. 2 und 3 LPartG ist die Lebenspartnerschaft allerdings von Anfang an als unwirksam anzusehen, sodass auch keine erbrechtlichen Wirkungen eintreten können (Burandt/Rojahn/Große-Boymann Rn. 3; MüKoBGB/Leipold Rn. 4). 4

## § 1935 Folgen der Erbteilserhöhung

**Fällt ein gesetzlicher Erbe vor oder nach dem Erbfall weg und erhöht sich infolgedessen der Erbteil eines anderen gesetzlichen Erben, so gilt der Teil, um welchen sich der Erbteil erhöht, in Ansehung der Vermächtnisse und Auflagen, mit denen dieser Erbe oder der wegfallende Erbe beschwert ist, sowie in Ansehung der Ausgleichungspflicht als besonderer Erbteil.**

### Überblick

§ 1935 soll verhindern, dass sich die Erhöhung eines gesetzlichen Erbteils infolge Wegfalls eines anderen gesetzlichen Erben vor (→ Rn. 2) oder nach (→ Rn. 3) dem Erbfall für den Begünstigten zum Nachteil auswirkt (→ Rn. 1). Infolge des Wegfalls des gesetzlichen Erben muss es zu einer Erhöhung des Erbteils eines anderen gesetzlichen Erben gekommen sein (→ Rn. 4). Auf den Wegfall von gewillkürten Bruchteilserben iSv § 2088 ist § 1935 analog anzuwenden (→ Rn. 5). Nur für die in § 1935 erwähnten Beschwerungen – Vermächtnisse und Auflagen (→ Rn. 7) – sowie in Ansehung der Ausgleichspflicht (→ Rn. 8) wird die Erhöhung als besonderer Erbteil behandelt (→ Rn. 6).

### I. Normzweck

Die Bestimmung soll verhindern, dass sich die Erhöhung eines gesetzlichen Erbteils infolge Wegfalls eines anderen gesetzlichen Erben letztlich für den Begünstigten zum Nachteil auswirkt (Mot. V 377). Dieser Fall könnte eintreten, wenn der hinzugekommene Erbteil mit Vermächtnissen, Auflagen oder einer Ausgleichungspflicht beschwert war und sich diese Belastungen nun auf den gesamten Erbteil erstrecken würden. Rechtstechnisch wird dieses Ziel dadurch erreicht, dass die Erhöhung eines Erbteils hinsichtlich der Vermächtnisse etc als **besonderer Erbteil** behandelt wird. Dadurch wird umgekehrt verhindert, dass bei vorhandener Beschwerung des ursprünglichen Erbteils die Vermächtnisnehmer etc. auch auf den hinzugekommenen Erbteil zugreifen können. 1

### II. Voraussetzungen

**1. Wegfall vor dem Erbfall.** Genau genommen kann ein gesetzlicher Erbe vor dem Erbfall nicht wegfallen, da niemand vor dem Erbfall gesetzlicher Erbe sein kann (→ § 1922 Rn. 115). 2

Gemeint ist der Wegfall von Personen, die als gesetzlicher Erbe berufen gewesen wären, hätte sich der Erbfall vor dem Wegfall ereignet (BeckOGK/Tegelkamp Rn. 12). Grund für den Wegfall kann sein das Vorversterben, der Erbverzicht (§ 2346), der Ausschluss von der gesetzlichen Erbfolge durch Enterbung (§ 1938), der Ausschluss des Ehegattenerbrechts (§ 1933) oder der (vor dem 1.4.1998 rechtsgültig zustande gekommene, vgl. Art. 227 Abs. 1 Nr. 2 EGBGB; § 1934e aF) vorzeitige Erbausgleich.

3 **2. Wegfall nach dem Erbfall.** Der Wegfall nach dem Erbfall kann auf Ausschlagung (§ 1953) oder Erbunwürdigerklärung (§ 2344) beruhen. Dazu zählt auch der Fall, dass ein beim Erbfall bereits Gezeugter (§ 1923 Abs. 2) nicht lebend geboren wird (MüKoBGB/Leipold Rn. 3; Grüneberg/Weidlich Rn. 2). Dagegen ist nach allgM der Tod eines gesetzlichen Erben nach dem Erbfall nicht gemeint, da sich dadurch an dem erlangten gesetzlichen Erbrecht nichts ändert (Staudinger/Werner, 2017, Rn. 4).

4 **3. Erbteilserhöhung bei gesetzlicher Erbfolge.** Infolge des Wegfalls des gesetzlichen Erben muss es zu einer **Erhöhung des Erbteils** eines anderen gesetzlichen Erben gekommen sein. Eine Erhöhung tritt ein, wenn der begünstigte gesetzliche Erbe schon vor dem Wegfall des anderen als gesetzlicher Erbe berufen war, aber zu einer geringeren Quote. Der gesetzliche Erbteil des Ehegatten kann sich nach § 1931 Abs. 1, 2 erhöhen, während sich der gesetzliche Erbteil eines Verwandten innerhalb der ersten drei Ordnungen durch Wegfall des Ehegatten oder eines anderen erbberechtigten Verwandten derselben Ordnung ohne Abkömmlinge erhöht. Der gesetzliche Erbteil des eingetragenen Lebenspartners erhöht sich durch Wegfall sämtlicher Abkömmlinge oder Großeltern des Erblassers (§ 10 Abs. 1 S. 1 LPartG).

5 **4. Wegfall eines eingesetzten Erben.** Nach dem Wortlaut gilt § 1935 nur, wenn der Weggefallene und der Begünstigte als **gesetzliche Erben** berufen sind. Erhöht sich durch Wegfall eines eingesetzten Erben der Erbteil eines anderen eingesetzten Erben durch Anwachsung (§ 2094), so sieht § 2095 dieselbe Rechtsfolge vor wie § 1935. Der Wegfall eines eingesetzten Erben kann aber über § 2088 (soweit der Erblasser nur über einen Teil des Nachlasses verfügt hat und eine Anwachsung ausgeschlossen ist, § 2094 Abs. 2, 3) auch dazu führen, dass sich der Erbteil des gesetzlichen Erben erhöht. Da in der Interessenlage kein Unterschied besteht, ist eine analoge Anwendung des § 1935 auf diesen Fall angebracht (BeckOGK/Tegelkamp Rn. 24; Erman/Lieder Rn. 3; MüKoBGB/Leipold Rn. 6; Soergel/Fischinger Rn. 2; Staudinger/Werner, 2017, Rn. 9).

## III. Rechtsfolgen

6 **1. Einheit und Trennung der Erbteile.** Nur für die in § 1935 erwähnten Beschwerungen wird die Erhöhung als besonderer Erbteil behandelt. Ansonsten, zB hinsichtlich Annahme und Ausschlagung sowie der Haftung für Nachlassverbindlichkeiten, ist der Erbteil einschließlich Erhöhung als **Einheit** zu betrachten.

7 **2. Vermächtnisse und Auflagen.** Ohne die Regelung des § 1935 müsste der Erbe, wenn der ihm zuwachsende Erbteil mit Vermächtnissen oder Auflagen überbelastet ist, auch mit seinem ursprünglichen Erbteil für diese aufkommen. Denn der Wegfall des Beschwerten lässt das Vermächtnis (§ 2161) und die Auflage (§§ 2192, 2161) unberührt; beschwert ist nun der durch den Wegfall Begünstigte. Umgekehrt müsste der Erbe, wenn sein ursprünglicher Erbteil überbelastet ist, die Erhöhung für die Befriedigung der Vermächtnis- und Auflagenbegünstigten verwenden. Nach § 1935 müssen diese nur aus dem jeweils belasteten Erbteil befriedigt werden. Auch die Rechtsfolgen einer Inventarerrichtung und deren Unterlassung beschränken sich auf den jeweiligen Anteil (§ 2007 S. 2).

8 **3. Ausgleichungspflichten.** Die Ausgleichungspflichten eines **Abkömmlings** (§ 2050) erstrecken sich bei seinem Wegfall nach § 2051 auf den Abkömmling, der an seine Stelle tritt. War dieser schon ohne den Wegfall erbberechtigt, ist also sein Anteil erhöht worden, so wirkt sich § 1935 dahin aus, dass bei der Berechnung der Ausgleichungspflichten die Anteile gesondert zu betrachten sind. Soweit die Ausgleichungspflicht aus dem belasteten Anteil nicht erfüllt werden kann, gilt § 2056, wonach aus dem anderen Anteil eine Ausgleichung nicht geleistet werden muss.

## § 1936 Gesetzliches Erbrecht des Staates

**[1]Ist zur Zeit des Erbfalls kein Verwandter, Ehegatte oder Lebenspartner des Erblassers vorhanden, erbt das Land, in dem der Erblasser zur Zeit des Erbfalls seinen letzten**

**Wohnsitz oder, wenn ein solcher nicht feststellbar ist, seinen gewöhnlichen Aufenthalt hatte. [2]Im Übrigen erbt der Bund.**

## Überblick

Die Vorschrift über das gesetzliche Erbrecht des Staates hat in erster Linie Ordnungsfunktion. Die Einsetzung des Staates als Noterbe soll herrenlose Nachlässe vermeiden und eine ordnungsgemäße Nachlassabwicklung sichern (→ Rn. 1). Als gesetzlicher Erbe ist der Staat erst berufen, wenn weder ein Verwandter noch ein Ehegatte oder Lebenspartner vorhanden ist und der Erblasser über seinen Nachlass auch nicht vollständig letztwillig verfügt hat (→ Rn. 3 f.). Inhaltlich ist das gesetzliche Erbrecht des Staates wie das Erbrecht Privater ausgestaltet (→ Rn. 5; zu Besonderheiten des Staatserbrechts → Rn. 6 ff.). Der Staat kann die auf ihn übergegangene Erbschaft erst geltend machen, wenn das Nachlassgericht die Feststellung getroffen hat, dass keine anderen Erben vorhanden sind (→ Rn. 10). Es erbt grundsätzlich das Bundesland, in dem der Erblasser im Todeszeitpunkt seinen Wohnsitz oder hilfsweise seinen gewöhnlichen Aufenthalt (→ Rn. 11) hatte.

## I. Normzweck

Die durch das ErbVerjRÄndG neu gefasste Vorschrift über das gesetzliche Erbrecht des Staates hat in erster Linie **Ordnungsfunktion.** Der Staat wird als **Noterbe** eingesetzt, um herrenlose Nachlässe zu vermeiden und eine ordnungsgemäße Nachlassabwicklung zu sichern (BGH NJW 2019, 988). Volkswirtschaftlich hat das Erbrecht des Staates (bisher) keine ins Gewicht fallende Bedeutung (vgl. Röthel Non Profit Law Yearbook, 2007, 189 (193)). 1

§ 1936 betrifft nur das **gesetzliche** Erbrecht; der Staat kann natürlich auch durch Verfügung von Todes wegen als Erbe eingesetzt werden. Die Vorschrift ist nur anzuwenden, wenn für den Erbfall nach den Regeln des Internationalen Privatrechts deutsches Erbrecht gilt. 2

## II. Voraussetzungen des Staatserbrechts

**Als gesetzlicher Erbe** ist der Staat berufen, wenn weder ein Verwandter noch ein Ehegatte oder Lebenspartner vorhanden ist. Auch die entferntesten Verwandten gehen dem Staat vor. Der Begriff des Vorhandenseins bestimmt sich wie bei § 1930 (→ § 1930 Rn. 2), verlangt also Erbfähigkeit und Erbberechtigung. Verwandte oder der Ehegatte sind auch dann nicht vorhanden iSd § 1936, wenn sie wegen Erbverzichts, Enterbung, vorzeitigen Erbausgleichs (wenn er vor dem 1.4.1998 rechtsgültig zustande gekommen ist: Art. 227 Abs. 1 Nr. 2 EGBGB, §§ 1934d, 1934e aF), Erbunwürdigerklärung oder Ausschlagung nicht gesetzliche Erben werden. Die gesetzliche Erbfolge des Staates kann sich auch auf einen Bruchteil beschränken, wenn der Erblasser nur über einen Teil verfügt hat (§ 2088) oder wenn einzelne Erben weggefallen sind, ohne dass eine Anwachsung (§ 2094) stattfindet (KGJ 48, 71 (73 f.)). 3

Darüber hinaus ist für den Eintritt des Staaterbrechts erforderlich, dass der Erblasser über seinen Nachlass auch nicht vollständig letztwillig verfügt hat. Diese negative Voraussetzung ergibt sich aus der Systematik des Erbrechts des BGB, das der gewillkürten Erbfolge den Vorrang vor der gesetzlichen Erbfolge gibt. 4

## III. Inhalt des Staatserbrechts

Inhaltlich ist das gesetzliche Erbrecht des Staates wie das Erbrecht Privater ausgestaltet. Der Staat wird (privatrechtlicher) Gesamtrechtsnachfolger wie jeder andere Erbe auch. Das Erbrecht erstreckt sich, soweit keine Sondervorschriften entgegenstehen (zB § 160 Abs. 4 VVG – kein Bezugsrecht des Staates aus einer Kapitallebensversicherung, MüKoBGB/Leipold Rn. 21), auf alle vererblichen Rechte – auch Urheber- (§ 28 Abs. 1 UrhG) und Patentrechte (§ 15 Abs. 1 S. 1 PatG) – und Verpflichtungen des Erblassers. 5

## IV. Besonderheiten des Staatserbrechts

Der Staat kann im Falle des § 2105 auch **Vorerbe** sein, zum gesetzlichen Nacherben ist er jedoch nicht berufen (§ 2104 S. 2); ebenso wenig zum Vermächtnisnehmer im Falle des § 2149. Es ist nicht möglich, das gesetzliche Erbrecht des Staates durch eine Negativverfügung, also ohne andere Erben zu bestimmen, auszuschließen. Dies folgt aus dem Wortlaut des § 1938 (→ § 1938 6

Rn. 3). **Landesrecht** kann über § 1936 hinaus dem Fiskus hinsichtlich des Nachlasses einer verpflegten oder unterstützten Person ein Erbrecht zugestehen (Art. 139 EGBGB). Nach § 1942 Abs. 2 darf der Staat **nicht ausschlagen;** er ist gesetzlicher **Zwangserbe.** Dementsprechend kann er keinen Erbverzichtsvertrag schließen (§ 2346 Abs. 1 S. 1) und nicht für erbunwürdig erklärt werden.

7 Hinsichtlich der **Nachlassverbindlichkeiten** (dazu gehören auch Wohngeldschulden, BGH NJW 2019, 988) gelten die normalen Regeln über die Haftungsbeschränkung mit folgenden Besonderheiten: Eine Inventarfrist kann dem Fiskus als gesetzlichem Erben nicht gesetzt werden (§ 2011); auch kann er ohne Vorbehalt im Urteil die beschränkte Haftung geltend machen (§ 780 Abs. 2 ZPO).

8 Der Erbe hat gegen den Fiskus als Erbschaftsbesitzer neben dem Anspruch auf Herausgabe des Nachlasses einen **Zinsanspruch** nach den Voraussetzungen der §§ 2018, 2021, 812 Abs. 1, § 818, wenn der Fiskus zunächst gem. § 1936 als gesetzlicher Erbe berufen war. Eine Haftungsprivilegierung für den Fiskus als Erbschaftsbesitzer ist dem Gesetz nicht zu entnehmen und widerspräche auch der Ausgestaltung des Fiskuserbrechts als privates Erbrecht (BGH NJW 2016, 156).

9 Enthält ein Gesellschaftsvertrag für den Fall des Todes eines Gesellschafters einer OHG oder KG eine Klausel, die die Fortsetzung der Gesellschaft mit den Erben des Gesellschafters anordnet, so wird die Regelung im Gesellschaftsvertrag regelmäßig so auszulegen sein, dass eine Fortsetzung der OHG oder KG mit dem Staat nicht gewollt ist (BeckOGK/Tegelkamp Rn. 40; Burandt/Rojahn/Große-Boymann Rn. 8; MüKoBGB/Leipold Rn. 22).

## V. Feststellung des Staatserbrechts

10 Der Staat kann die auf ihn übergegangene Erbschaft erst geltend machen, wenn das Nachlassgericht die Feststellung getroffen hat, dass keine anderen Erben vorhanden sind (§§ 1964 ff.) (zum Verfahren Mayer ZEV 2010, 445 (449 ff.)). Dem **Feststellungbeschluss** kommt lediglich die Wirkung zu, dass das Erbrecht des Staates solange vermutet wird, wie der Feststellungbeschluss Bestand hat (s. § 1964 Abs. 2).

## VI. Erbberechtigter Staat

11 Durch das ErbVerjRÄndG wurde die Vorschrift den heutigen staatlichen Gegebenheiten angepasst. Träger des staatlichen Erbrechts ist das **Bundesland,** in dem der Erblasser zum Zeitpunkt seines Todes seinen letzten **Wohnsitz** (§§ 7 ff.) oder, wenn ein solcher nicht feststellbar ist, seinen gewöhnlichen **Aufenthalt** hatte. Zum Begriff des Aufenthalts → § 7 Rn. 15. Lässt sich die Zuständigkeit eines Bundeslands nicht ermitteln, wird der **Bund** gesetzlicher Erbe (S. 2). Nach **Landesrecht** kann an Stelle des Fiskus eine andere Körperschaft, Stiftung oder Anstalt des öffentlichen Rechts gesetzlicher Erbe sein (Art. 138 EGBGB).

12 § 1936 ist unter den Voraussetzungen des § 45 Abs. 3 letzter Hs. entspr. anzuwenden bei Auflösung eines Vereins oder der Entziehung der Rechtsfähigkeit (§ 46 S. 1). Gleiches gilt nach § 88 S. 2 bei Erlöschen einer Stiftung.

## VII. Auswirkungen der EuErbVO

13 Für Erbfälle ab dem 17.8.2015 ist Anknüpfungspunkt für das anzuwendende Recht nicht mehr die Staatsangehörigkeit, sondern der gewöhnliche Aufenthaltsort (Art. 21 EuErbVO), sodass sich bei dem Wechsel desselben auch das anzuwendende Erbrecht ändert. Dem kann durch eine Rechtswahl nach Art. 22 EuErbVO begegnet werden. Für Erbfälle ab dem 17.8.2015 ist der deutsche Staat daher nur dann zum Erben berufen, wenn der gewöhnliche Aufenthaltsort des Erblassers zum Todeszeitpunkt in Deutschland war oder ein deutscher Staatsangehöriger deutsches Recht für seine Nachfolge gewählt hat. Für Erbfälle vor dem 17.8.2015 gilt § 1936 für alle Erblasser mit deutscher Staatsangehörigkeit. Personen mit ausländischer Staatsangehörigkeit werden gem. Art. 25 EGBGB nach dem Erbrecht ihres Heimatlandes beerbt. § 1936 kann dann eingreifen, wenn aufgrund von Rückverweisungen oder Staatsverträgen deutsches Erbrecht heranzuziehen ist.

14 Hinsichtlich ausländischen Vermögens ist unter Geltung der EuErbVO ein öffentlich-rechtliches Aneignungsrecht des Belegenheitsstaats vorrangig vor dem Erbrecht der Bundesrepublik, wenn der Zugriff etwaiger Gläubiger auf den Nachlass gesichert ist, Art. 33 EuErbVO (BeckOGK/Tegelkamp Rn. 45).

## § 1937 Erbeinsetzung durch letztwillige Verfügung

**Der Erblasser kann durch einseitige Verfügung von Todes wegen (Testament, letztwillige Verfügung) den Erben bestimmen.**

### Überblick

§ 1937 verankert die Testierfreiheit im Gesetz, ordnet den Vorrang der gewillkürten vor der gesetzlichen Erbfolge an und definiert die Begriffe Testament, Verfügung von Todes wegen und letztwillige Verfügung (→ Rn. 1), wobei der Begriff der Verfügung von Todes wegen als Oberbegriff für Testament und Erbvertrag verwendet wird. Eine Verfügung von Todes wegen ist eine rechtsgeschäftliche Anordnung des Erblassers, die erst mit dessen Tod Wirkung erlangt (→ Rn. 3). Das Testament stellt die einseitige Verfügung von Todes wegen dar (→ Rn. 4). In einem Testament können nur Verfügungen getroffen werden, die der Art nach im Gesetz ausdrücklich erwähnt sind oder deren Zulässigkeit durch Auslegung oder Analogie dem Gesetz entnommen werden kann (Typenzwang, → Rn. 5). Einzelregelungen sind möglich auf dem Gebiet des Erbrechts (→ Rn. 6 f.), insbes. die Erbeinsetzung (→ Rn. 12), des Familienrechts (→ Rn. 8) und mit Bezug zu sonstigen Rechtsgebieten (→ Rn. 10). Zur praktisch bedeutsamen Schiedsgerichtsklausel → Rn. 9. Der Erblasser kann in einem Testament auch Erklärungen abgeben, die Rechtsgeschäfte unter Lebenden darstellen (→ Rn. 11).

### I. Normzweck

§§ 1937–1941 zählen die wichtigsten Verfügungen auf, die der Erblasser treffen kann. Damit können diese Vorschriften zugleich als die gesetzliche **Verankerung** des in seinem Kern durch Art. 14 Abs. 1 S. 1 GG geschützten Prinzips der **Testierfreiheit** verstanden werden. Die Bestimmungen betreffen teilweise die Form, teilweise den Inhalt der Rechtsgeschäfte, durch die der Erblasser das Schicksal seines Vermögens nach seinem Tod regeln kann. Indem § 1937 dem Erblasser gestattet, den Erben durch Testament zu bestimmen, bringt die Vorschrift – zusammen mit § 1938 (Enterbung) und § 1941 (vertragliche Erbeinsetzung) – den **Vorrang der gewillkürten** vor der gesetzlichen **Erbfolge** zum Ausdruck. 1

§ 1937 hat darüber hinaus definitorischen Charakter: Die Begriffe Testament, Verfügung von Todes wegen und letztwillige Verfügung werden klargestellt. 2

### II. Begriffserläuterungen

**1. Verfügung von Todes wegen.** § 1937 verwendet den Begriff der Verfügung (→ Rn. 3.1) von Todes wegen als **Oberbegriff** für Testament und Erbvertrag. Eine Verfügung von Todes wegen ist eine rechtsgeschäftliche Anordnung des Erblassers, die erst mit dessen Tod Wirkung erlangt. Im Unterschied zu einem Rechtsgeschäft unter Lebenden, das auch Rechtsfolgen haben kann, die erst mit dem Tod eines Beteiligten eintreten (§ 2301), erfolgt die Verfügung von Todes wegen in spezifisch erbrechtlichen Formen. 3

Mit dem Begriff der Verfügung, wie man ihn im allgemeinen bürgerlich-rechtlichen Sprachgebrauch außerhalb des Erbrechts kennt, hat die Verfügung von Todes wegen nichts zu tun. Verfügungen von Todes wegen lassen die Rechtslage zu Lebzeiten des Erblassers unberührt. Die allgemeinen Vorschriften über Verfügungsgeschäfte, zB § 185, sind daher auf sie nicht anwendbar. 3.1

**2. Testament.** Das **Testament** stellt die **einseitige Verfügung von Todes wegen** dar. § 1937 setzt die Begriffe Testament und letztwillige Verfügung gleich. An anderen Stellen wird der Begriff Testament für die äußere Einheit der Verfügung verwendet, während die einzelnen darin enthaltenen Anordnungen letztwillige Verfügungen genannt werden, zB in § 2085. Doch kann mit dem Ausdruck letztwillige Verfügung auch das gesamte Testament gemeint sein (der Gesetzgeber hat die begriffliche Unschärfe gesehen und in Kauf genommen, vgl. Mot. bei Mugdan V 3). In der Bezeichnung der Anordnung als **„letztwillige"** kommt zum Ausdruck, dass das Testament bis zum Tode des Erblassers frei widerruflich ist (§ 2253), sodass der jeweils letzte (formgerecht niedergelegte) Wille gilt. Die freie Widerruflichkeit unterscheidet das Testament vom **Erbvertrag** (§ 1941), bei dem die vertragsmäßigen Verfügungen (§ 2278 Abs. 1) grds. bindend sind. Eine Zwischenform stellt das **gemeinschaftliche Testament** von Ehegatten (§ 2265) und Lebenspartnern (§ 10 Abs. 4 LPartG) dar. Es enthält einseitige Verfügungen beider Ehegatten, die aber in 4

Form wechselbezüglicher Verfügungen (§ 2270) in besondere Abhängigkeit voneinander gebracht werden können. Zum Patiententestament → Rn. 4.1.

4.1 Das sog. **Patiententestament** (näher Uhlenbruck NJW 1978, 566; A. Roth JZ 2004, 494), in dem Anordnungen getroffen oder Wünsche geäußert werden, wie in einem bestimmten Krankheitsstadium verfahren werden soll, entfaltet nach dem Willen des Verfassers seine Wirkung vor dem Erbfall und hat schon deshalb mit einem Testament iSd § 1937 nichts zu tun.

## III. Zulässiger Inhalt eines Testaments

5 **1. Typenzwang und Wahlfreiheit.** Die §§ 1937–1940 zählen, ohne abschließenden Charakter, die wichtigsten Inhalte letztwilliger Verfügungen auf. Insbesondere im 4. Buch des BGB werden weitere Regelungsgegenstände letztwilliger Verfügungen genannt. In einem Testament können nur solche Verfügungen getroffen werden, die der Art nach im Gesetz ausdrücklich erwähnt sind oder deren Zulässigkeit durch Auslegung oder Analogie dem Gesetz entnommen werden kann. So kann der Erblasser in einem Testament einen Gegenstand nicht mit dinglicher Wirkung einem anderen als dem Erben zuwenden, denn das auf dem Prinzip der Gesamtrechtsnachfolge beruhende Erbrecht des BGB (→ § 1922 Rn. 15 ff.) lässt ein Vermächtnis nur mit obligatorischer Wirkung zu (§ 2174). Insoweit kann von einem **Typenzwang** gesprochen werden (BeckOGK/Tegelkamp Rn. 23; Staudinger/Otte, 2017, Vor §§ 1937–1941 Rn. 14).

6 **2. Erbrechtliche Anordnungen.** Die Erbfolge kann durch **Erbeinsetzung** sowie durch **Ausschluss von der gesetzlichen Erbfolge** (Enterbung, § 1938) gestaltet werden. Begünstigungen aus dem Nachlass können als **Vermächtnis** (§ 1939) oder als **Auflage** (§ 1940) angeordnet werden. Ob eine Erbeinsetzung vorliegt, ist Auslegungsfrage (vgl. §§ 2087, 2304). Das Testament braucht keine Erbeinsetzung oder Enterbung zu enthalten; es kann sich zB in der Zuwendung eines Vermächtnisses oder in einer Auflage erschöpfen.

7 Außer den in §§ 1937–1940 genannten können weitere, an anderen Stellen geregelte erbrechtliche Anordnungen in Verfügungen von Todes wegen getroffen werden: Der Erblasser kann eine **Rechtswahl** nach Art. 22 Abs. 2 EuErbVO (bzw. Art. 25 EGBGB) treffen. Vertragsmäßige Vermächtnisse oder Auflagen können durch Testament mit Zustimmung des anderen Vertragschließenden aufgehoben werden (§ 2291); ein zwischen Ehegatten geschlossener Erbvertrag ist durch gemeinschaftliches Testament aufhebbar (§ 2292). In bestimmten Fällen ist der Erblasser berechtigt, einem Abkömmling, dem Ehegatten, dem eingetragenen Lebenspartner oder den Eltern den **Pflichtteil** zu **entziehen** (§ 2333) oder das Pflichtteilsrecht eines Abkömmlings zu beschränken (§ 2338); eine vom Gesetz abweichende Verteilung der Pflichtteilslast gestattet § 2324. Im Gesetz ausdrücklich vorgesehen ist ferner die Möglichkeit einer **Entziehung** oder Modifizierung des sog. **Dreißigsten** (§ 1969 Abs. 1 S. 2). Die gesetzlich nicht geregelte Befugnis des Erblassers, das Recht auf den **Voraus** nach § 1932 zu entziehen, folgt aus der Testierfreiheit (→ § 1932 Rn. 4). Auf die Nachlassabwicklung kann der Erblasser Einfluss nehmen durch **Ausschluss der Auseinandersetzung** (§ 2044) und durch **Teilungsanordnungen** (§ 2048). Um die ordnungsgemäße Durchsetzung seines Willens zu gewährleisten oder um ganz allgemein eine sachgerechte Verwaltung des Nachlasses sicherzustellen, kann der Erblasser einen **Testamentsvollstrecker** ernennen (§ 2197).

8 **3. Familienrechtliche Anordnungen.** Der Erblasser kann durch letztwillige Verfügung nach § 1418 Abs. 2 Nr. 2 bestimmen, dass bei einem im vertraglichen Güterstand der Gütergemeinschaft lebenden Erben oder Vermächtnisnehmer der Erwerb Vorbehaltsgut wird. In besonderen Fällen darf er nach § 1509 die **Fortsetzung der Gütergemeinschaft ausschließen,** einen gemeinschaftlichen Abkömmling von der fortgesetzten Gütergemeinschaft ausschließen (§ 1511) und hinsichtlich dessen Anteils weitere Anordnungen treffen (§§ 1512–1515). Nach § 1638 kann der Erblasser durch letztwillige Verfügung bestimmen, dass die Eltern des Erben von der Verwaltung des durch den Erbfall erlangten Vermögens ausgeschlossen sind. Dabei steht dem Erblasser nach § 1917 auch das Recht zu, den nach § 1909 Abs. 1 S. 2 erforderlichen Pfleger zu benennen. Weitere Anordnungen über die Verwaltung des Kindesvermögens, soweit durch Erbfall erlangt, sind nach §§ 1639, 1803 und § 1640 Abs. 2 Nr. 2 möglich. Eltern können nach § 1777 Abs. 3 durch letztwillige Verfügung einen **Vormund benennen** oder nach § 1782 bestimmte Personen vom Amt des Vormunds ausschließen (zu weiteren Anordnungen von Eltern bezüglich der Vormundschaft vgl. § 1797 Abs. 3, § 1856). Ein Vaterschaftsanerkenntnis in einem notariellen Testament genügt der Form des § 1597.

**4. Einsetzung eines Schiedsgerichts.** Die Zulässigkeit einer **Schiedsgerichtsklausel** in einem Testament (für die Anordnung in einem Erbvertrag gelten die §§ 1025 ff. ZPO unmittelbar; OLG Hamm NJW-RR 1991, 455 (456)) wird allgemein bejaht und in § 1066 ZPO vorausgesetzt (Schwab/Walter Kap. 32 Rn. 25; Anders/Gehle/Anders ZPO § 1066 Rn. 2; Damrau/Tanck/Seiler-Schopp Rn. 31; zum gleichlautenden § 1048 ZPO aF RGZ 100, 76 (77); OLG Hamm NJW-RR 1991, 455 (456)). Für welche Streitigkeiten das Schiedsgericht vorgesehen werden kann, sagt das Gesetz nicht. Einigkeit besteht, dass von der Schiedsklausel nicht erfasst wird, was außerhalb der Verfügungsmacht des Erblassers liegt. Auch kann das Schiedsgericht nicht Angelegenheiten regeln, die der Erblasser bewusst nicht geordnet hat oder deren Regelung er Dritten nicht überlassen darf (RGZ 100, 76; BeckOGK/Tegelkamp Rn. 37; Staudinger/Otte, 2017, Vor §§ 1937–1941 Rn. 10), insbes. dürfen die Schranken des § 2065 nicht durch die Einschaltung eines Schiedsgerichts umgangen werden. Für die der Testierfreiheit entzogenen Ansprüche aus dem Pflichtteilsrecht kann der Erblasser nicht bestimmen, dass hierüber ein Schiedsgericht zu entscheiden hat (LG München ZEV 2017, 274; Staudinger/Otte, 2017, Vor §§ 1937–1941 Rn. 8a; Musielak/Voit/Voit ZPO § 1066 Rn. 3; aA Zöller/Geimer ZPO § 1066 Rn. 18; Damrau/Tanck/Seiler-Schopp Rn. 34). Auch Streitigkeiten über die Entlassung eines Testamentsvollstreckers können nicht in einer letztwilligen Verfügung einseitig durch den Erblasser einem Schiedsgericht zugewiesen werden (BGH NJW 2017, 2112). Der Erblasser darf aber Streitigkeiten über solche Regelungen der Schiedsgerichtsbarkeit überantworten, deren Inhalt seiner Dispositionsbefugnis und Gestaltungsfreiheit unterliegt. Die Auslegung eines Testaments, auch die ergänzende, fällt ohne weiteres in den Kompetenzbereich des Schiedsgerichts (Soergel/Fischinger Rn. 9; Kipp/Coing ErbR § 78 III). 9

**5. Verfügungen sonstigen Inhalts.** Nach § 83 ist die **Errichtung einer Stiftung** durch Verfügung von Todes wegen möglich (zu Einzelheiten → § 83 Rn. 2 ff.). Beim Vertrag zugunsten Dritter ist die vertraglich vorbehaltene Benennung eines anderen Leistungsempfängers im Zweifel durch Verfügung von Todes wegen möglich (§ 332) (Vollkommer ZEV 2000, 10; zur Änderung der Bestimmung des Bezugsberechtigten bei der Lebensversicherung BGH NJW 1993, 3133). Häufig finden sich in Testamenten auch Anordnungen über die Bestattung oder über die Zulässigkeit einer Organentnahme. 10

**6. Rechtsgeschäfte unter Lebenden im Testament.** Der Erblasser kann in einem Testament Erklärungen abgeben, die Rechtsgeschäfte unter Lebenden darstellen. Enthält das Testament solche Rechtsgeschäfte, so ändern diese dadurch nicht ihre Rechtsnatur; über ihre Wirksamkeit (zB Form) bestimmen die sonst geltenden Regeln. Soweit der Zugang einer Erklärung an den Empfänger notwendig ist, genügt die Kenntnisnahme bei Testamentseröffnung (§ 2260) oder die Benachrichtigung durch das Nachlassgericht nach § 2262 (vgl. § 130 Abs. 2). Die Erteilung einer empfangsbedürftigen **postmortalen Vollmacht** kann also in einem Testament geschehen; (OLG Köln Rpfleger 1992, 299; Soergel/Fischinger Rn. 8; Staudinger/Otte, 2017, Vor §§ 1937–1941 Rn. 19 ff.) ebenso der **Widerruf einer Schenkung** (RGZ 170, 380 (383)). Möglich ist auch die Befreiung eines Zeugen von der Verschwiegenheitspflicht (BGH NJW 1960, 550). 11

## IV. Erbeinsetzung

Erbeinsetzung ist die Berufung zur Gesamtrechtsnachfolge in das Vermögen des Erblassers. **Sonderformen der Erbeinsetzung** sind die Bestimmung eines Ersatzerben (§ 2096) und eines Nacherben (§ 2100). Bei einem Hinweis im Testament auf die gesetzliche Erbfolge ist durch Auslegung zu klären, ob es sich um eine Erbeinsetzung oder lediglich um eine deklaratorische Klarstellung der Geltung des gesetzlichen Erbrechts handelt. Von einer Erbeinsetzung ist auszugehen, wenn der Erblasser sich das Ergebnis der gesetzlichen Erbfolge zu eigen macht, indem er es in den Gesamtplan des Testaments einbezieht (MüKoBGB/Leipold Rn. 48). Die Zuwendung des Pflichtteils stellt im Zweifel keine Erbeinsetzung dar (§ 2304). Zur Abgrenzung zwischen Erbeinsetzung und Vermächtniszuwendung → § 2087 Rn. 1 ff. Eine Begründung für die Erbeinsetzung braucht der Erblasser nicht zu geben; er ist inhaltlich in der Auswahl der Personen und in der Bestimmung der Erbteile bis zur Grenze der Sittenwidrigkeit (§ 138) frei, soweit nicht Bindungen durch Erbvertrag (§ 2289 Abs. 1) oder wechselbezügliche Verfügungen im gemeinschaftlichen Testament (§ 2271 Abs. 1, 2) eingetreten sind. 12

## § 1938 Enterbung ohne Erbeinsetzung

**Der Erblasser kann durch Testament einen Verwandten, den Ehegatten oder den Lebenspartner von der gesetzlichen Erbfolge ausschließen, ohne einen Erben einzusetzen.**

### Überblick

§ 1938 erlaubt dem Erblasser, eine bestimmte Person von der gesetzlichen Erbfolge auszuschließen, ohne gleichzeitig eine positive Anordnung über die Erbfolge zu treffen (→ Rn. 1). Einer Begründung bedarf die Enterbung nicht; auch muss sie nicht ausdrücklich erklärt werden. Bei der Annahme einer stillschweigenden Ausschließung muss der Ausschließungswille im Testament „unzweideutig" zum Ausdruck kommen (→ Rn. 3). Die Enterbung kann in einem Testament oder in einem Erbvertrag angeordnet werden (→ Rn. 5). Erfolgt ein Ausschluss, tritt die gesetzliche Erbfolge so ein, als ob die ausgeschlossenen Erben zum Zeitpunkt des Erbfalls nicht vorhanden gewesen wären (→ Rn. 7). Die Enterbung von Abkömmlingen, Eltern, Ehegatten und Lebenspartnern hat nach § 2303 zur Folge, dass diese den Pflichtteil verlangen können (→ Rn. 6). Im Regelfall entfällt mit der Erbeinsetzung eine damit korrespondierende Enterbung (→ Rn. 8).

### I. Normzweck

1 § 1938 erlaubt dem Erblasser, eine bestimmte Person von der gesetzlichen Erbfolge auszuschließen, ohne gleichzeitig eine positive Anordnung über die Erbfolge zu treffen. Die Zulässigkeit des sog. **Negativtestaments** ergibt sich aus der konsequenten Anerkennung der Testierfreiheit (Mot. V 9).

2 Von der Enterbung in diesem Sinn ist der sich aus dem Vorrang der gewillkürten Erbfolge ergebende Ausschluss der gesetzlichen Erbfolge durch Erbeinsetzung zu unterscheiden. Der Ausdruck „Enterbung" wird oft auch in der Weise gebraucht, dass der Enterbte keinerlei Anteil am Nachlass, also auch nicht den Pflichtteil, erhalten soll.

### II. Enterbung

3 **1. Anordnung der Enterbung.** Ohne Erbeinsetzung kann nur das **gesetzliche Erbrecht des Ehegatten** (unabhängig vom Güterstand), **des Lebenspartners** und **der Verwandten** ausgeschlossen werden, nicht dagegen das gesetzliche Erbrecht des Staates nach § 1936. Der Ausschluss vom gesetzlichen Erbrecht ist in vollem Umfang oder beschränkt auf einen Teil möglich (zur Frage der Nichtigkeit wegen Verstoßes gegen § 138, Staudinger/Otte, 2017, Vor § 2064 Rn. 148 ff.). Die Enterbung kann auch bedingt erfolgen (BeckOGK/Tegelkamp Rn. 9; jurisPK-BGB/Schmidt Rn. 9; einschr. OLG Stuttgart ZEV 2017, 708; Staudinger/Otte, 2017, Rn. 6a).

4 Einer Begründung bedarf die Enterbung nicht (BGH NJW 1965, 584), auch muss sie nicht ausdrücklich erklärt werden. Die Formulierung, dass jegliche Forderungen von Verwandten, mit denen seit Jahrzehnten keinerlei Kontakt bestehe, ausgeschlossen werden, kann als Enterbung auszulegen sein (OLG Hamm FamRZ 2012, 1091). Bei der Annahme einer stillschweigenden Ausschließung ist Zurückhaltung geboten; der Ausschließungswille muss im Testament „unzweideutig" (BayObLGZ 1965, 166 (174); BayObLG FamRZ 1992, 986; vgl. auch OLG München NJW-RR 2013, 329) zum Ausdruck kommen. Beispiel für eine **stillschweigende Enterbung** ist die Entziehung des Pflichtteils (BayObLG FamRZ 1996, 826 (828); MüKoBGB/Leipold Rn. 3; vgl. aber BayObLG ZEV 2000, 280). Umgekehrt kann in der Zuwendung des Pflichtteils zugleich die Ausschließung von der gesetzlichen Erbfolge liegen (RGZ 61, 14 (18); BeckOGK/Tegelkamp Rn. 17; MüKoBGB/Leipold Rn. 3), ebenso (hinsichtlich der Differenz) in der Zuwendung eines Erbteils, der hinter dem gesetzlichen zurückbleibt (Staudinger/Otte, 2017, Rn. 7). Ob eine Enterbung anzunehmen ist, wenn der Erblasser einem gesetzlichen Erben ein Vermächtnis zugewendet hat, ohne das Erbrecht zu erwähnen, ist Auslegungsfrage. In der Erschöpfung des Nachlasses durch Vermächtnisse und Auflagen liegt nicht zwingend der Ausschluss der gesetzlichen Erben (BayObLG MDR 1979, 847; Grüneberg/Weidlich Rn. 2), da die Vermächtnisse ausgeschlagen werden können.

5 Die Enterbung kann in einem **Testament** oder in einem **Erbvertrag** angeordnet werden, im Erbvertrag allerdings nicht als vertragsmäßige (bindende), sondern nur als einseitige frei widerrufliche Verfügung (§ 2278 Abs. 2, § 2299) (OLG München NJW-RR 2006, 82). Im gemeinschaftli-

chen Testament ist die Enterbung nicht als wechselbezügliche, nach dem Tod des ersten Ehegatten bindende Verfügung möglich (§ 2270 Abs. 3).

**2. Wirkung der Enterbung.** Die Enterbung von Abkömmlingen, Eltern, Ehegatten und Lebenspartnern hat nach § 2303 zur Folge, dass diese den **Pflichtteil** verlangen können. Eine Entziehung des Pflichtteils kann nur unter den Voraussetzungen der §§ 2333 ff. erfolgen. Ist die Pflichtteilsentziehung unwirksam, bringt sie dennoch idR zum Ausdruck, dass der Betroffene überhaupt nichts vom Nachlass erhalten, also jedenfalls von der Erbfolge ausgeschlossen sein soll (dies gilt auch, wenn der Betroffene gar nicht pflichtteilsberechtigt ist; BayObLG NJW-RR 1996, 967). Der Ehegatte verliert mit dem gesetzlichen Erbrecht auch das Recht auf den Voraus (→ § 1932 Rn. 3). Beim gesetzlichen Güterstand hat der enterbte Ehegatte neben dem (kleinen) Pflichtteil Anspruch auf den güterrechtlichen Zugewinnausgleich, § 1371 Abs. 2. 6

Das Gesetz sagt nicht ausdrücklich, wie sich der Ausschluss eines Verwandten, Ehegatten oder Lebenspartners von der gesetzlichen Erbfolge auswirkt. Es steht jedoch außer Zweifel, dass dann die gesetzliche Erbfolge ohne den Ausgeschlossenen gelten soll. Der Ausgeschlossene ist hinsichtlich der Erbfolge als vor dem Erbfall verstorben anzusehen. Durch die Enterbung eines Ehegatten (Lebenspartners) erhöhen sich die gesetzlichen Erbanteile der Verwandten; der Ausschluss sämtlicher Verwandter einer bestimmten Ordnung führt dazu, dass die nächst höhere Ordnung zum Zuge kommt (§ 1930); bei Ausschluss des Ehegatten, des Lebenspartners und der Verwandten erbt der Staat (§ 1936 Abs. 1). Innerhalb der ersten drei Ordnungen wird ein ausgeschlossener Verwandter durch seine Abkömmlinge ersetzt (§ 1924 Abs. 3, § 1925 Abs. 3, § 1926 Abs. 3), es sei denn der Ausschluss erstreckt sich auch auf diese. Eine **Erstreckung auf Abkömmlinge** stellt nicht die Regel dar, ihre Annahme bedarf besonderer Anhaltspunkte (BayObLG FamRZ 1989, 1006; LG Freiburg BWNotZ 1986, 150; LG Neubrandenburg MDR 1995, 1238; BeckOGK/Tegelkamp Rn. 10; Soergel/Fischinger Rn. 10; MüKoBGB/Leipold Rn. 9; aA Scherer ZEV 1999, 41). 7

**3. Enterbung bei unwirksamer Erbeinsetzung.** In der positiven Erbeinsetzung liegt schon der Ausschluss der gesetzlichen Erbfolge, ohne dass dies besonders angeordnet werden muss. Ist die Erbeinsetzung unwirksam – und wird die Lücke nicht durch Ersatzerbschaft oder Anwachsung geschlossen –, stellt sich die Frage, ob die Ausschließung der gesetzlichen Erbfolge dennoch Bestand hat. § 2085 ist in diesem Fall nicht anwendbar, da die negative Folge der Enterbung nur die Kehrseite der Erbeinsetzung darstellt (BeckOGK/Tegelkamp Rn. 21; Damrau/Tanck/Seiler-Schopp Rn. 11; MüKoBGB/Leipold Rn. 11). Im Regelfall entfällt mit der Erbeinsetzung die damit korrespondierende Enterbung. Etwas anderes gilt nur, wenn die Verfügung den Willen des Erblassers erkennen lässt, eine von der Erbeinsetzung unabhängige Ausschließung vorzunehmen (OLG München ZEV 2001, 153). 8

## § 1939 Vermächtnis

**Der Erblasser kann durch Testament einem anderen, ohne ihn als Erben einzusetzen, einen Vermögensvorteil zuwenden (Vermächtnis).**

### Überblick

Das Vermächtnis enthält die letztwillige Zuwendung eines Vermögensvorteils an einen anderen ohne dessen Erbeinsetzung. Aufgrund des Vermächtnisses erlangt der Vermächtnisnehmer (Bedachte) einen Anspruch gegen den Beschwerten (→ Rn. 2). Als Gegenstand eines Vermächtnisses kommt alles in Betracht, was Inhalt einer Leistung sein kann (→ Rn. 4). Zu den einzelnen Arten von Vermächtnissen → Rn. 5 ff.).

### I. Normzweck

Die Vorschrift stellt den Begriff des (näher in §§ 2147–2191 geregelten) Vermächtnisses in Abgrenzung zur Erbeinsetzung klar und bejaht die Zulässigkeit eines Vermächtnisses im Testament. 1

### II. Begriff des Vermächtnisses

Das Vermächtnis enthält die letztwillige Zuwendung eines Vermögensvorteils an einen anderen ohne dessen Erbeinsetzung. Aufgrund des Vermächtnisses erlangt der Vermächtnisnehmer 2

(Bedachte) einen Anspruch (§ 2174) gegen den Beschwerten. Der Vermächtnisnehmer erwirbt den Vermögensvorteil, der Gegenstand des Vermächtnisses ist, nicht unmittelbar durch das Vermächtnis, sondern erst durch die Erfüllung des Anspruchs aus § 2174. Das BGB kennt nur ein **Vermächtnis mit obligatorischer Wirkung** (Damnationslegat), nicht mit dinglicher Rechtsfolge (Vindikationslegat) (Zur Anerkennung des vom anzuwendenden polnischen Erbrecht zugelassenen Vindikationslegats bzgl. eines in Deutschland belegenen Grundstücks vgl. EuGH NJW 2017, 3767; zu den Auswirkungen dieser Entscheidung MüKoBGB/Leipold Rn. 4 ff.). Das Vermächtnis ist demnach eine Verfügung von Todes wegen, durch die der Erblasser dem Bedachten einen Anspruch auf eine Leistung gegen den beschwerten Erben oder Vermächtnisnehmer zuwendet. Im Allgemeinen und im Sprachgebrauch des BGB wird sowohl die Verfügung des Erblassers, die das Vermächtnis anordnet, als auch die Zuwendung des Vorteils, schließlich der Anspruch des Begünstigten als Vermächtnis bezeichnet. Das Vermächtnis ist abzugrenzen von der Erbeinsetzung (→ § 2087 Rn. 1 ff.), von der Auflage (→ § 1940 Rn. 3), von der Schenkung unter Lebenden und der Schenkung von Todes wegen (→ § 2301 Rn. 1).

## III. Bedeutung

3 Dem Vermächtnis kommt als Mittel erbrechtlicher Gestaltung große Bedeutung zu. Durch die Zuwendung eines Vermächtnisses kann der Erblasser natürliche und juristische Personen bedenken, ohne diese zu Mitgliedern der Erbengemeinschaft zu machen. Auf diese Weise können Konflikte in der auf Konsens angelegten Erbengemeinschaft von vornherein vermieden werden. Hauptanwendungsfall des Vermächtnisses dürfte immer noch die Zuwendung von Geld oder Wertgegenständen an Personen sein, die dem Erblasser nahe standen, ohne zu seiner Familie zu gehören. Die gegenüber der Erbeinsetzung flexibleren Gestaltungsmöglichkeiten sind der Grund für die wachsende Bedeutung des Vermächtnisses im Bereich der **Nachfolge in Unternehmensvermögen und -beteiligungen.** Hilfreich ist in diesem Zusammenhang die erweiterte Möglichkeit der Drittbestimmung des Vermächtnisgegenstands oder der Person des Begünstigten (→ § 2151 Rn. 2).

## IV. Gegenstand eines Vermächtnisses

4 Als Gegenstand eines Vermächtnisses kommt alles in Betracht, was Inhalt einer **Leistung** sein kann (§§ 194, 241 Abs. 1); in erster Linie eine Sache oder ein Recht, aber zB auch die Befreiung von einer Verbindlichkeit. Das von § 1939 verwendete Merkmal **„Vermögensvorteil"** ist nicht als Einschränkung des möglichen Gegenstands der Zuwendung zu verstehen (MüKoBGB/Leipold Rn. 11; Soergel/Fischinger Rn. 3). Eine Bereicherung im wirtschaftlichen Sinn braucht nicht vorzuliegen (OLG Hamm FamRZ 1994, 1210 (1212); Erman/Lieder Rn. 4); ein rechtlicher Vorteil genügt, ohne dass eine auch nur mittelbare wirtschaftliche Besserstellung des Bedachten eintreten muss (MüKoBGB/Leipold Rn. 11; Staudinger/Otte, 2017, Rn. 8; aA RGRK-BGB/Kregel Rn. 4; Planck/Flad Anm. 2). Ein Vermögensvorteil idS kann auch das Recht zum entgeltlichen Erwerb eines Gegenstandes sein (MüKoBGB/Leipold Rn. 12; Staudinger/Otte, 2017, Rn. 9; zum Vermächtnis eines Ankaufsrechts vgl. BGH NJW 2001, 2883).

## V. Besondere Arten von Vermächtnissen

5 Die verschiedenen Arten des Vermächtnisses werden bei den jeweils einschlägigen gesetzlichen Vorschriften behandelt. Die folgende Aufzählung gibt nur einen ersten Überblick über die Vielfalt der unter mehreren Aspekten, insbes. nach dem Gegenstand der Zuwendung, unterscheidbaren Vermächtnisarten (vgl. jurisPK-BGB/Reymann § 2174 Rn. 13 ff.; Horn NJW 2018, 1000).

6 Um ein **Gattungsvermächtnis** handelt es sich, wenn die vermachte Sache nur der Gattung nach bestimmt ist (§ 2155), während bei einem **Stückvermächtnis** (§ 2169) ein bestimmter zur Erbschaft gehörender Gegenstand vermacht ist. Wenn der Vermächtnisgegenstand nicht vom Erblasser bestimmt wird, sondern auf Grund einer vom Erblasser angegebenen Zweckbestimmung vom Beschwerten oder einem Dritten, liegt ein **Zweckvermächtnis** (§ 2156) vor. Bei einem **Verschaffungsvermächtnis** ist ein nicht zum Nachlass gehörender Gegenstand vermacht (§ 2170). Das **Forderungsvermächtnis** ist dadurch gekennzeichnet, dass der zugewendete Vermögensvorteil eine Forderung des Erblassers ist (§ 2173). Von einem **Universalvermächtnis** spricht man, wenn der gesamte nach Begleichung der Nachlassverbindlichkeiten verbleibende Nachlass vermacht ist. Ist ein Bruchteil des verbleibenden Nachlassrestes vermacht, liegt ein **Quotenvermächtnis** vor. Bei einem **Pflichtteilsvermächtnis** ist ein Geldbetrag in Höhe des Pflicht-

teils vermacht. Für das **Wahlvermächtnis** (§ 2154) ist kennzeichnend, dass der Vermächtnisnehmer von mehreren Gegenständen nur den einen oder den anderen erhalten soll.

Das einem Erben zugewendete Vermächtnis ist ein **Vorausvermächtnis** (§ 2150). **Untervermächtnis** wird das Vermächtnis genannt, mit dem ein Vermächtnisnehmer (Hauptvermächtnisnehmer, § 2187) beschwert ist (§ 2186). Beim **Ersatzvermächtnis** ist angeordnet, dass der Vermächtnisgegenstand einem anderen zugewendet sein soll, wenn der zunächst Bedachte das Vermächtnis nicht erwirbt (§ 2190). **Nachvermächtnis** heißt das dem ersten Vermächtnisnehmer (Vorvermächtnisnehmer) angefallene Vermächtnis, das vom Eintritt eines bestimmten Zeitpunkts oder Ereignisses einem Dritten (Nachvermächtnisnehmer) zugewendet ist (§ 2191). 7

## VI. Vermächtnisnehmer

Vermächtnisnehmer kann jede natürliche oder juristische Person, unter den Voraussetzungen des § 1923 Abs. 2 auch der nasciturus sein. Weitergehend als bei der Erbeinsetzung kann der Erblasser nach § 2178 auch eine noch nicht erzeugte Person zum Vermächtnisnehmer bestimmen. Wegen der nur schuldrechtlichen Wirkungen des Vermächtnisses bestehen keine Bedenken, eine Gesamthandsgemeinschaft als Vermächtnisnehmer anzuerkennen (MüKoBGB/Rudy Vor § 2147 Rn. 6; NK-BGB/Horn Rn. 8). 8

## VII. Gesetzliche Vermächtnisse

Auf einige erbrechtliche Ansprüche, die kraft Gesetzes entstehen, sind die Vorschriften über das Vermächtnis anzuwenden. Hierzu zählen der Voraus (§ 1932), der Dreißigste (§ 1969), nicht jedoch der Anspruch aus § 1963 (→ § 1963 Rn. 1) und der Erbersatzanspruch nach § 1934a aF. 9

# § 1940 Auflage

**Der Erblasser kann durch Testament den Erben oder einen Vermächtnisnehmer zu einer Leistung verpflichten, ohne einem anderen ein Recht auf die Leistung zuzuwenden (Auflage).**

## Überblick

Auflage ist eine Verfügung von Todes wegen, durch die einem Erben oder Vermächtnisnehmer eine Verpflichtung auferlegt wird, ohne dass eine begünstigte Person ein Recht auf Leistung erhält (→ Rn. 2). Sie ist abzugrenzen von der Erbeinsetzung, vom Vermächtnis und vom rechtlich nicht verbindlichen Wunsch des Erblassers (→ Rn. 3). Die Auflage setzt zwingend einen Beschwerten voraus. Gegenstand der ihm auferlegten Verpflichtung kann ein Tun oder Unterlassen sein; um eine vermögenswerte Leistung braucht es sich dabei nicht zu handeln (→ Rn. 4). Zu Unwirksamkeitsgründen → Rn. 5.

## I. Normzweck

§ 1940 nennt als weiteren zulässigen Inhalt eines Testaments die (näher in §§ 2192–2196 geregelte) Auflage und beschreibt ihr Wesen. Mit einer Auflage kann der Erblasser auf das Verhalten der von ihm bedachten Personen in rechtsverbindlicher Weise Einfluss nehmen und dadurch bestimmte Ziele fördern. 1

## II. Begriff der Auflage

Die Auflage ist eine Verfügung von Todes wegen, durch die einem Erben oder Vermächtnisnehmer eine **Verpflichtung** auferlegt wird, **ohne** dass eine begünstigte Person ein **Recht auf Leistung** erhält. Weil durch die Auflage für den Begünstigten kein Recht entsteht, fasst das Gesetz sie nicht unter den Begriff der Zuwendung. 2

Da der Begünstigte keinen Anspruch auf die Ausführung der Anordnung hat, ist die Auflage weniger als ein Vermächtnis. Sie ist aber mehr als ein letzter Wunsch, Ratschlag oder eine Empfehlung des Erblassers, denen gemeinsam ist, dass sie den Adressaten nicht rechtlich, sondern nur moralisch binden sollen. Für den Beschwerten begründet die Auflage eine Leistungspflicht (MüKoBGB/Leipold Rn. 3; Staudinger/Otte, 2017, Rn. 3). Durch den Verpflichtungscharakter 3 hebt sich die Auflage von Anordnungen ab, durch die ein bestimmtes Verhalten lediglich zur Bedingung einer letztwilligen Verfügung gemacht wird. Der Erblasser kann die Erfüllung oder Nichterfüllung der Auflage zur aufschiebenden oder auflösenden Bedingung einer anderen Verfügung machen. Mitunter kann fraglich sein, ob eine letztwillige Verfügung eine Erbeinsetzung oder eine Auflage enthält (BayObLG Rpfleger 1988, 366; NJW-RR 2003, 656; zur Abgrenzung zwischen Auflage und Vermächtnis vgl. KG ZEV 1998, 306).

## III. Inhalt der Auflage

4 Die Auflage setzt zwingend einen **Beschwerten** voraus. Gegenstand der ihm auferlegten Verpflichtung kann, wie aus dem Begriff „Leistung" folgt, ein Tun oder Unterlassen sein (§ 241 Abs. 1 S. 2). Um eine vermögenswerte Leistung braucht es sich dabei nicht zu handeln. Die Auflage kann zugunsten einer Person **(Begünstigter)** angeordnet sein, es ist jedoch nicht erforderlich, dass überhaupt jemand begünstigt wird (Staudinger/Otte, 2017, Rn. 5; MüKoBGB/Leipold Rn. 4). Die Auflage kann auch Leistungen zum Inhalt haben, die der Allgemeinheit oder einem bestimmten Zweck zugutekommen. Häufiges Beispiel: Auflagen, mit denen dem Beschwerten die Pflege des Grabes (dazu BGH NJW 2021, 2115 Rn. 18) oder die Sorge für Tiere des Erblassers zur Pflicht gemacht wird. Die Durchsetzung der Auflage kann nur der **Vollziehungsberechtigte** (§ 2194) erzwingen.

## IV. Unwirksamkeitsgründe

5 Eine Auflage kann wegen Sittenwidrigkeit (§ 138 Abs. 1) oder wegen Unmöglichkeit oder Verbotswidrigkeit der angeordneten Leistung (§§ 2192, 2171) unwirksam sein. Dass die Auflage zwecklos oder töricht ist, führt noch nicht zur Unwirksamkeit (Mot. V 213). Eine Verpflichtung, eine bestimmte Verfügung von Todes wegen zu errichten oder zu unterlassen, kann wegen § 2302 (analog) nicht durch eine Auflage begründet werden (BayObLG FamRZ 1986, 608; MüKoBGB/Leipold Rn. 5), doch kommt uU die Umdeutung einer derartigen unwirksamen Auflage in die Anordnung von Vor- und Nacherbschaft in Betracht (OLG Schleswig ZEV 2015, 471 (473)).

# § 1941 Erbvertrag

**(1) Der Erblasser kann durch Vertrag einen Erben einsetzen, Vermächtnisse und Auflagen anordnen sowie das anzuwendende Erbrecht wählen (Erbvertrag).**

**(2) Als Erbe (Vertragserbe) oder als Vermächtnisnehmer kann sowohl der andere Vertragschließende als ein Dritter bedacht werden.**

## Überblick

Der Erbvertrag ist eine Verfügung von Todes wegen, die in vertraglicher Form errichtet wird (Doppelnatur als Vertrag und Verfügung von Todes wegen, → Rn. 4). § 1941 stellt den Begriff des Erbvertrags und den zulässigen vertragsmäßigen Inhalt klar (→ Rn. 2), zu dem nun auch eine Rechtswahl zählt (→ Rn. 3). Nur die dort genannten Verfügungen haben an der den Erbvertrag kennzeichnenden Bindungswirkung teil (vertragsmäßige Verfügungen). Inhalt des Erbvertrags kann auch jede andere Verfügung sein, die in einem Testament möglich ist, allerdings nur einseitig und frei widerruflich (→ Rn. 2). Zur Einteilung der Erbverträge → Rn. 6.

## I. Normzweck

1 Der **Erbvertrag** stellt neben dem Testament die zweite Art der Verfügung von Todes wegen dar. Während für das Testament die freie Widerruflichkeit kennzeichnend ist, liegt das Wesen des Erbvertrags in der **Bindung** an die einmal getroffene Verfügung. Diese Bindung schafft eine sichere Grundlage für Gegenleistungen, die zu Lebzeiten des Erblassers im Hinblick auf dessen Verfügungen von Todes wegen versprochen und erbracht werden sollen. § 1941 stellt lediglich den Begriff des Erbvertrags und den zulässigen vertragsmäßigen Inhalt klar. Einzelheiten sind in §§ 2274 ff. geregelt.

## II. Inhalt des Erbvertrags

**1. Vertragsmäßige Verfügungen.** § 1941 Abs. 1 spricht nur davon, dass in einem Erbvertrag **Erbeinsetzungen, Vermächtnisse** oder **Auflagen** angeordnet werden können. Das bedeutet jedoch nicht, dass allein diese Anordnungen Gegenstand eines Erbvertrags sein können. Nur die genannten Verfügungen haben jedoch an der den Erbvertrag kennzeichnenden Bindungswirkung teil. Sie werden deshalb auch **vertragsmäßige Verfügungen** genannt (vgl. § 2278). Inhalt des Erbvertrags kann auch jede andere Verfügung sein, die in einem Testament möglich ist, allerdings nur einseitig und frei widerruflich (vgl. § 2299). Umgekehrt müssen Erbeinsetzungen, Vermächtnisse oder Auflagen, wenn sie in einem Erbvertrag enthalten sind, nicht immer vertragsmäßigen Charakter haben; sie können auch als einseitige Verfügungen getroffen werden (BeckOGK/Tegelkamp Rn. 19; MüKoBGB/Leipold Rn. 6). Ob eine Verfügung von Todes wegen vertragsmäßig oder nur einseitig vorgenommen wurde, ist durch Auslegung zu ermitteln. Damit ein wirksamer Erbvertrag vorliegt, muss zumindest eine vertragsmäßige Verfügung enthalten sein. 2

**2. Rechtswahl.** Durch das Gesetz zum Internationalen Erbrecht und zur Änderung von Vorschriften zum Erbschein sowie zur Änderung sonstiger Vorschriften vom 29.6.2015, das zum 17.8.2015 in Kraft getreten ist, wurde als weitere zulässige vertragsmäßige Verfügung die Wahl des anzuwendenden Erbrechts bei einem grenzüberschreitenden Sachverhalt in Abs. 1 eingefügt. Die Aufnahme der Rechtswahl in den Katalog der vertragsgemäßen Verfügungen bedeutet nicht, dass nunmehr generell im Erbvertrag eine Rechtswahl zulässig wäre (MüKoBGB/Leipold Rn. 7); hierüber entscheiden die Bestimmungen der EuErbVO, nach denen eine Rechtswahl nur begrenzt zulässig ist (MüKoBGB/Dutta EuErbVO Art. 22 Rn. 2 ff.; Soutier ZEV 2015, 515 (516 f.)). 3

## III. Rechtsnatur des Erbvertrags

Der Erbvertrag ist eine Verfügung von Todes wegen, die in vertraglicher Form errichtet wird (**Doppelnatur** als **Vertrag** und **Verfügung von Todes** wegen; → § 2247 Rn. 5). Um einen schuldrechtlichen Vertrag handelt es sich nicht, erst recht nicht um einen gegenseitigen iSd §§ 320 ff. (MüKoBGB/Leipold Rn. 4). Denn in einem Erbvertrag werden keine Verpflichtungen übernommen. Deshalb liegt, auch wenn der Erblasser im Erbvertrag einen Dritten bedenkt, kein Vertrag zugunsten Dritter iSd § 328 vor, da der Erblasser keine Verpflichtung gegenüber dem Dritten eingeht (BGHZ 12, 115 = NJW 1954, 633). Auch als dinglicher Vertrag kann er nicht aufgefasst werden, da er dem Bedachten keinerlei Rechte am Vermögen des Erblassers gibt. Wenn zusammen mit einem Erbvertrag schuldrechtliche, dingliche oder familienrechtliche Vereinbarungen getroffen werden, handelt es sich um verschiedene Verträge in derselben Urkunde. Die Rolle des Vertragspartners kann sich dabei darauf beschränken, die Erklärungen des Erblassers in vertraglicher Form anzunehmen. Dem durch Erbvertrag gebundenen Erblasser bleibt es unbenommen, durch Rechtsgeschäft unter Lebenden zu verfügen (§ 2286). 4

## IV. Abgrenzung zu anderen Verträgen

Vom Erbvertrag zu unterscheiden ist der vertragliche Erbverzicht (§§ 2346, 2352), der keine Verfügung von Todes wegen enthält. Der Erbverzichtsvertrag kann aber mit einem Erbvertrag verbunden werden (BGHZ 22, 364 (367 f.) = NJW 1957, 422). Kein Erbvertrag ist auch der Vertrag über den Nachlass eines noch lebenden Dritten (§ 311b Abs. 4) oder der Hofübergabevertrag nach § 17 HöfeO, der zwar die Erbfolge vorwegnimmt, aber ein Rechtsgeschäft unter Lebenden darstellt (MüKoBGB/Leipold Rn. 11; RGRK-BGB/Kregel Rn. 7). 5

## V. Einteilung der Erbverträge

Nach der Art der Zuwendung werden Erbeinsetzungs-, Vermächtnis- und Auflagenverträge unterschieden; nach der Person des Vertragserblassers **einseitige,** bei denen nur ein Vertragsteil als Erblasser verfügt, und **zweiseitige,** wenn beide Vertragsteile Verfügungen von Todes wegen treffen. Im letzteren Fall stehen die vertragsmäßigen Verfügungen in einem Abhängigkeitsverhältnis (wechselbezügliche Erbverträge, § 2298), wenn nicht ein anderer Wille der Vertragsschließenden anzunehmen ist (§ 2298 Abs. 3). Je nach der Person des Vertragsbedachten kann man Erbverträge **zugunsten des Vertragspartners** und solche **zugunsten Dritter** unterscheiden (Abs. 2). 6

# Abschnitt 2. Rechtliche Stellung des Erben

## Titel 1. Annahme und Ausschlagung der Erbschaft, Fürsorge des Nachlassgerichts

### § 1942 Anfall und Ausschlagung der Erbschaft

**(1) Die Erbschaft geht auf den berufenen Erben unbeschadet des Rechts über, sie auszuschlagen (Anfall der Erbschaft).**

**(2) Der Fiskus kann die ihm als gesetzlichem Erben angefallene Erbschaft nicht ausschlagen.**

#### Überblick

Der Erwerb der Erbschaft erfolgt unmittelbar kraft Gesetzes ohne Wissen und Wollen des Erben (Grundsatz des Vonselbsterwerbs). Die Annahme der Erbschaft (§ 1943) ist nicht Voraussetzung des Anfalls. Zur Rechtslage bis zur Annahme siehe § 1943. Der Erbe kann sich durch Ausschlagung (§ 1943) der angefallenen Erbschaft wieder entledigen. Der Anfall eines Vermächtnisses richtet sich nach den §§ 2176 ff.

#### I. Normzweck

1 Die Vorschrift regelt den Grundsatz des **Vonselbsterwerbs** (dazu Muscheler ErbR 2015, 650 (664 ff.); J. Mayer ZEV 2010, 445 (446); Burandt/Rojahn/Najdecki Rn. 1): Der Erwerb der Erbschaft erfolgt unmittelbar kraft Gesetzes und ohne Wissen und Wollen des Erben. Die Annahme der Erbschaft ist keine Voraussetzung des Anfalls. Wegen des Ausschlagungsrechts ist der Erwerb der Erbschaft bis zur Annahme aber grds. nur ein vorläufiger.

#### II. Erbschaftsanfall

2 **1. Voraussetzungen. a) Erbschaftsanfall.** Der Erbschaftsanfall setzt die **Berufung zum Erben** durch Gesetz oder Verfügung von Todes wegen und die **Erbfähigkeit** im Zeitpunkt des Erbfalles voraus (zum nasciturus → Rn. 6).

3 **b) Verbote, Genehmigungsvorbehalte.** § 14 Abs. 5, 6 HeimG bzw. die diesbezüglichen landesrechtlichen Vorschriften (die hierzu entwickelten Rechtsprechungsgrundsätze gelten auch für entsprechende Landesgesetze; vgl. OLG Frankfurt NJW 2015, 2351 zu § 7 HGPG) sollen die Interessen der Heimbewohner schützen und enthalten ein an den Träger und das Personal des Heimes gerichtetes (Zuwendungs-)Verbot, welches auch Verfügungen von Todes wegen (Erbvertrag, Testament, Vermächtnis) erfasst; ein Verstoß führt zur Nichtigkeit der Verfügung nach **§ 134** (BGH NJW 2012, 155; BGHZ 110, 235, 237 = NJW 1990, 1603; BFH NJW 2006, 2943, 2944; KG ZEV 2018, 526 (528); OLG München NJW 2006, 2642 (2643); Staudinger/Otte, 2017, Rn. 25 und § 1943 Rn. 16; Rossak ZEV 1996, 41 (44 f.)). Nach Sinn und Zweck des Verbots (Schutz des Heimfriedens und der Heimbewohner sowie Schutz von deren Testierfreiheit vor Druckausübung (BVerfG NJW 1998, 2964; die damit zugleich verbundene Einschränkung der Testierfreiheit ist verfassungsgemäß)) wird man Nichtigkeit aber nur bei Kenntnis des Bedachten zu Lebzeiten des Erblassers und Kenntnis des Erblassers von diesem Wissen annehmen können (BGH NJW 2012, 155 f. („stilles Testament" ist wirksam); BGH ZEV 1996, 147 (148); Bartels ZEV 2011, 79 f.). Maßgeblicher Beurteilungszeitpunkt ist daher der Zeitpunkt des Erbfalls und nicht derjenige der Errichtung der Verfügung (Grüneberg/Ellenberger § 134 Rn. 19; Bartels ZEV 2011, 79; aA OLG Stuttgart NJW-RR 2011, 85; → 2. Aufl. 2008, Rn. 4). Das Verbot gilt jedoch nach seinem Sinn und Zweck nicht, wenn der Vermögensvorteil mit den im Heimvertrag zugesagten Leistungen nichts zu tun hat, was der Begünstigte zu beweisen hat (Zusammenhang wird vermutet) (BGH NJW 1990, 1603; KG ZEV 2018, 526 (529)). Von § 14 Abs. 5, 6 HeimG erfasst werden nicht nur Verfügungen von Todes wegen des Heimbewohners zugunsten des Heimträgers oder Heimpersonals (einschließlich deren jeweiliger Angehörige (OLG Frankfurt NJW

2001, 1504; OLG Düsseldorf ZEV 1997, 459; BayObLG NJW 2000, 1875 (Geschäftsführergesellschafter der das Heim betreibenden GmbH als Erbe))), sondern auch solche Verfügungen von Angehörigen des Heimbewohners (OLG München NJW 2006, 2642). Die Genehmigung nach § 14 Abs. 6 HeimG muss bei Erbvertrag vor Errichtung und bei Testament spätestens bei beiderseitiger Kenntnis beantragt werden, denn eine nachträgliche Genehmigung kommt grds. nicht in Betracht (BayObLG BeckRS 2000, 08391 Rn. 39; NJW 1993, 1143 (1145)).

Spezialgesetzliche Genehmigungs- bzw. Zustimmungsvorbehalte im öffentlichen Dienstrecht (§ 42 Abs. 1 BeamtStG, § 71 Abs. 1 BBG, § 19 Abs. 1 SG, § 78 Abs. 2 ZDG) sollen den Anschein verhindern, der Dienstleistende sei durch Vorteilsgewährungen beeinflussbar und verfolge mit der Dienstleistung private Interessen (BVerwG ZEV 1996, 343 m. zust. Anm. Ebenroth/Kooß). Sie erfassen neben Geschenken auch Verfügungen von Todes wegen (BVerwG ZEV 1996, 343; BAG NVwZ 1985, 142). Die Genehmigung soll hier ausnahmsweise auch nach dem Erbfall erteilt werden können (vgl. BVerwG ZEV 1996, 343 zu § 19 SG, § 78 Abs. 2 ZDG; bis zur Erteilung der Genehmigung → § 1960 Rn. 4. 4

Ein Verstoß gegen **§ 3 Abs. 2 TVöD** durch Annahme der Erbschaft oder des Vermächtnisses ist zwar arbeitsrechtliche Pflichtverletzung (BAGE 45, 325 (330) = NVwZ 1985, 142 (143); LAG Rheinland-Pfalz ZEV 2011, 601 (603 f.)); der bloße Verstoß führt auf Grund der grundsätzlichen Abdingbarkeit tarifvertraglicher Verbote nach § 4 Abs. 3 TVG aber noch nicht zur Nichtigkeit (BGH NJW 2000, 1186 zur Schenkung auf den Todesfall an einen Sparkassenangestellten; Beckmann JZ 2001, 150). 5

**c) Landesrechtliche Ausnahmen.** Landesrechtliche Ausnahmen vom Prinzip des sofortigen Übergangs kraft Gesetzes sind nach Art. 86 EGBGB zulässig (zB Genehmigungsvorbehalte für ausländische juristische Personen, Ordensangehörige). Die Bestimmung ist heute allerdings weitgehend gegenstandslos (vgl. Erman/J. Schmidt Rn. 3; Staudinger/Otte, 2017, Rn. 7). 6

**d) Stiftungen.** Für Stiftungen gilt § 84. 7

**2. Zeitpunkt. a) Erbschaftsanfall.** Der Anfall der Erbschaft erfolgt mit dem Erbfall. Eine **Rückwirkungsfiktion** besteht beim nasciturus (Anfall bei Geburt mit Rückwirkung auf den Erbfall, § 1923 Abs. 2). Bei Wegfall des Erben nach dem Erbfall durch Ausschlagung (§ 1953 Abs. 2) oder Erbunwürdigkeit (§ 2344 Abs. 2) gilt der Anfall an den Nächstberufenen als mit dem Erbfall erfolgt. Bei einem Zuwendungsverzicht des Erben (§ 2352) gilt § 2346 Abs. 1 S. 2 nach hM entspr. (KG JW 1937, 1735; OLG München OLGE 30, 217 (220); Staudinger/Schotten, 2016, § 2352 Rn. 28 mwN). Bei Verstoß gegen die Genehmigungspflicht der Zuwendung nach öffentlichem Dienstrecht (→ Rn. 3) gilt der Anfall an den Nächstberufenen ebenfalls als mit dem Erbfall erfolgt. Beim **Nacherben** erfolgt der Anfall mit dem Eintritt der Nacherbfolge (§ 2139). 8

**b) Zeitpunkt des Anfalls.** Der Zeitpunkt des Anfalls der Erbschaft unterliegt anders als der Anfall des Vermächtnisses (vgl. §§ 2177, 2178) **nicht** der Disposition des Erblassers; der Grundsatz des sofortigen Vonselbsterwerbs ist zwingendes Recht (MüKoBGB/Leipold Rn. 7). Macht der Erblasser den Anfall der Erbschaft von der Annahmeerklärung des Erben abhängig, ist dies idR als rechtlich unbeachtlicher Zusatz zu werten (Grüneberg/Weidlich Rn. 1; MüKoBGB/Leipold Rn. 7). Ergibt die Auslegung aber, dass der Erblasser bewusst von der gesetzlichen Regelung abweichen wollte, kann dies nicht als zulässige aufschiebende Bedingung (Anfall erst mit Annahme) gewertet werden, weil die Annahmeerklärung dann Potestativbedingung wäre, die die Entscheidung über die Gültigkeit der Erbeinsetzung dem Bedachten überließe; die Erbeinsetzung wäre deshalb nach § 2065 nichtig (MüKoBGB/Leipold Rn. 8; BGH NJW 1981, 2051 lässt ausdrücklich offen, ob die (Nach-)Erbeneinsetzung unter der Bedingung, dass der Vorerbe keine anderweitige Verfügung von Todes wegen trifft, gegen § 2065 verstößt) (→ § 2065 Rn. 4). Nach aA soll in diesem Fall der gesetzliche Erbe Vorerbe (§ 2105), und der gewillkürte Erbe bis zur Annahme Nacherbe sein (Staudinger/Otte, 2017, Rn. 5a; RGRK-BGB/Johannsen Rn. 1). 9

**3. Ausschlagungsrecht.** Das Ausschlagungsrecht korrespondiert mit dem Grundsatz des Vonselbsterwerbs, der ohne Wissen und Wollen des Erben stattfindet. 10

Es steht nur den Erben zu und ist ein höchstpersönliches Recht (vgl. bereits RGZ 84, 342 (348); zuletzt ausf. BGH BeckRS 2022, 7975). 11

Hauptgrund für die Ausschlagung ist in der Praxis die Vermeidung der persönlichen Erbenhaftung bei Überschuldung des Nachlasses. Weitere wirtschaftlich motivierte Gründe für die Ausschlagung können sein: Geltendmachung des Zugewinnausgleichsanspruchs (§ 1371 Abs. 3), Beseitigung der Bindungswirkung eines gemeinschaftlichen Testaments (§ 2271 Abs. 2 S. 1 Hs. 2), Beseitigung von Beschränkungen und Beschwerungen und Geltendmachung des Pflichtteilsan- 12 spruchs (§ 2306 Abs. 1) (vgl. dazu Beckmann ZEV 2012, 636 ff.; de Leve ZEV 2010, 184 ff.; Mayer ZEV 2010, 2 f.), Pflichtteilsanspruch statt Vermächtnis (§ 2307 Abs. 1 S. 1), Insolvenz des Erben (→ Rn. 15, → Rn. 16), Abfindung durch den nächstberufenen Erben, Vermeidung von steuerlichen Nachteilen (vgl. ausf. zu diesen Ausschlagungsmotiven Siebert ZEV 2010, 454 ff.).

13 **a) Fiskus als Erbe.** Der Fiskus als **gesetzlicher Erbe** nach § 1936 und nach Art. 138 EGBGB nach Landesrecht an dessen Stelle berufene Zwangserben haben kein Ausschlagungsrecht (Abs. 2), damit die Erbschaft nicht herrenlos wird (als gewillkürter Erbe kann der Fiskus aber – wie jeder andere Erbe auch – ausschlagen). Der Fiskus ist durch §§ 1966, 2011 und § 780 Abs. 2 ZPO geschützt.

14 **b) Stiftung.** Wurde eine Stiftung durch Erbeinsetzung gegründet (§ 84), kann der Stiftungsvorstand nicht ausschlagen (Grüneberg/Weidlich Rn. 2; RGRK-BGB/Johannsen Rn. 4).

15 **c) Höchstpersönlichkeit des Ausschlagungsrechts.** Das Recht zur Ausschlagung steht auf Grund seines persönlichen Charakters allein dem Erben zu (höchstpersönliches Gestaltungsrecht) (BGH BeckRS 2022, 7975; NJW 2011, 2291; NJW-RR 2010, 121 (122); RGZ 84, 342 (348)). Es ist vererblich (§ 1953), aber iÜ weder isoliert noch zusammen mit dem Nachlass übertragbar, auch nicht durch Vorsorgevollmacht (OLG Zweibrücken NJW-RR 2008, 239, allerdings missverständlich, weil die Ausübung des Ausschlagungsrechts durch einen gewillkürten Stellvertreter natürlich möglich ist); es ist unpfändbar (§ 857 Abs. 3 ZPO) (OLG München NJW 2015, 2128: auch das „Recht" zur Annahme der Erbschaft ist nicht pfändbar; Grüneberg/Weidlich § 1945 Rn. 2). Das Ausschlagungsrecht nach § 2306 Abs. 1 kann deshalb auch nicht auf den Sozialhilfeträger übergeleitet werden (BGH ZEV 2006, 76 (77), obiter dictum; OLG Frankfurt ZEV 2004, 24 (25); OLG Stuttgart NJW 2001, 3484 (3486); MüKoBGB/Leipold Rn. 14; Staudinger/Otte, 2017, Rn. 16). Die Ausschlagung zur Vermeidung des Zugriffs des Sozialhilfeträgers ist nach richtiger Ansicht **nicht** wegen Sittenwidrigkeit (§ 138) nichtig (str.) (BGH ZEV 2011, 258 (260 f.); LG Aachen NJW-RR 2005, 307; Litzenburger ZEV 2016, 45; PWW/Zimmer Rn. 10; J. Mayer ZEV 2002, 369 (370); krit. Grüneberg/Ellenberger § 138 Rn. 50a; aA OLG Hamm NJW-RR 2010, 83: Ausnahme nur bei überwiegendem Interesse des Erben; OLG Stuttgart NJW 2001, 3484 (3485)). Die Rspr. zur Sittenwidrigkeit von Unterhaltsverzichten unter Ehegatten (§ 1585c) zu Lasten des Sozialhilfeträgers (ausf. Höger, Die gerichtliche Kontrolle von Unterhaltsvereinbarungen im Eherecht, 2005, 104 ff., 224 ff.) ist auf die Erbschaftsausschlagung schon wegen deren höchstpersönlichen Charakters und der durch Art. 14 Abs. 1 GG geschützten „negativen Erbfreiheit" (BGH ZEV 2011, 258 (261)) nicht übertragbar; zudem hat die Erbschaft als solche keine Unterhaltsfunktion (LG Aachen NJW-RR 2005, 307 (308); Ivo FamRZ 2003, 6 (8)). Der Sozialhilfeträger kann auch nicht unter Hinweis auf den Grundsatz der Nachrangigkeit der Sozialhilfe gem. § **2 Abs. 1 SGB XII** die Ausschlagung zur Voraussetzung der Gewährung der Hilfe machen, weil der Pflichtteilsanspruch (§ 2306 Abs. 1 S. 2) des Hilfeempfängers einzusetzendes Vermögen sei (OVG Saarlouis ZErb 2006, 275 zum sog. Behindertentestament, m. zust. Anm. Spall MittBayNot 2007, 69; J. Mayer DNotZ 1994, 347 (356)). Wegen des höchstpersönlichen Charakters des Ausschlagungsrechts können Gläubiger des Erben bzw. der Insolvenzverwalter die Ausschlagung **nicht** nach dem AnfG bzw. der InsO anfechten (BGH NJW 1997, 2384; RGZ 84, 342 (347); MüKoBGB/Leipold Rn. 14; Siebert ZEV 2010, 454 (455)). Die Ausschlagung ist keine Schenkung an den Nächstberufenen (§ 517).

16 Das Recht zur Ausschlagung steht dem Erben daher auch dann zu,

- wenn der Erbe Schuldner eines Insolvenzverfahrens ist (§ 83 Abs. 1 S. 1 InsO),
- wenn der Erbe sich im Verfahren zur Erlangung der Restschuldbefreiung befindet und die sog. Wohlverhaltensperiode noch läuft (in der Ausschlagung ist keine Obliegenheitsverletzung iSd § 295 Abs. 1 Nr. 2 InsO zu sehen) (BGH NJW 2013, 870 (871); NJW-RR 2010, 121 (122); MüKoInsO/Stephan InsO § 295 Rn. 68, 71),
- wenn der Erbteil verpfändet ist oder unter Verstoß gegen § 778 Abs. 2 ZPO wegen einer Eigenverbindlichkeit des Erben gepfändet wurde. Die Pfändung wegen einer Nachlassverbindlichkeit ist vor Erbschaftsannahme unzulässig (§ 778 Abs. 1 ZPO); Gleiches gilt für die Pfändung des Erbteils wegen einer Eigenverbindlichkeit des Erben (§ 778 Abs. 2 ZPO),
- wenn der Sozialhilfeträger über § 93 SGB XII auf den Erbteil zugreifen möchte (BGH ZEV 2011, 258 (260 f.); Staudinger/Otte, 2017, Rn. 16),
- bei Vermögensbeschlagnahme nach § 443 StPO.

17 Testamentsvollstrecker und Nachlasspfleger können weder ausschlagen noch annehmen (BGH BeckRS 2022, 7975; NJW 2015, 59; Grüneberg/Weidlich § 1945 Rn. 2). Bei Ehegatten ist bei

keinem Güterstand die Zustimmung zur Ausschlagung erforderlich; dies gilt auch für den – in der Praxis heutzutage ohnehin seltenen – Fall der ehelichen Gütergemeinschaft.

Bei nicht Volljährigen, Mündeln und Betreuten bedarf die Ausschlagung durch Eltern, Vormund oder Betreuer der **Genehmigung** durch das Familien- bzw. Betreuungsgericht (§ 1643 Abs. 2 S. 1, § 1822 Nr. 2, § 1908i), von der gegenüber dem Nachlassgericht auch Gebrauch zu machen ist (OLG Frankfurt FGPrax 2018, 281 (282); OLG Koblenz ZEV 2014, 249 (250)). Für das Genehmigungsverfahren ist bei Minderjährigen nur dann Ergänzungspflegschaft anzuordnen, wenn die Voraussetzungen für eine Entziehung der Vertretungsmacht nach § 1796 vorliegen (BGH ZEV 2014, 199; aA → 2. Aufl. 2008, Rn. 14). 18

Bei **Veräußerung des Nacherbenanwartschaftsrechts** steht das Ausschlagungsrecht zwar grds. dem Erwerber zu, weil dieser voll in die Rechtsstellung des Nacherben eintritt (MüKoBGB/Lieder § 2100 Rn. 64; RGRK-BGB/Johannsen § 2100 Rn. 12; Soergel/Harder § 2100 Rn. 12; aA Staudinger/Avenarius, 2013, § 2100 Rn. 82). Allerdings ist in der Veräußerung des Nacherbenanwartschaftsrechts regelmäßig die konkludente Annahme der Nacherbschaft durch den eingesetzten Nacherben zu sehen, die schon ab dem Erbfall zulässig ist (§ 1946; allgM) und eine spätere Ausschlagung durch den Erwerber ausschließt (§ 1943) (RGRK-BGB/Johannsen § 2142 Rn. 3; Erman/M. Schmidt § 2142 Rn. 1; Staudinger/Avenarius, 2013, § 2142 Rn. 14; aA MüKoBGB/Lieder § 2142 Rn. 11, § 2100 Rn. 64). 19

**4. Auslandsbezug.** Für Erbfälle mit Auslandsbezug → § 1945 Rn. 13. 20

## § 1943 Annahme und Ausschlagung der Erbschaft

**Der Erbe kann die Erbschaft nicht mehr ausschlagen, wenn er sie angenommen hat oder wenn die für die Ausschlagung vorgeschriebene Frist verstrichen ist; mit dem Ablauf der Frist gilt die Erbschaft als angenommen.**

### Überblick

Wie sich aus § 1942 ergibt, ist der Erbschaftserwerb durch Anfall der Erbschaft zunächst nur ein vorläufiger, der sich erst – sofern die Erbschaft nicht schon zuvor angenommen wurde – durch Ablauf der Ausschlagungsfrist in einen endgültigen wandelt. Während die Annahmeerklärung eine formlose, nicht empfangsbedürftige Willenserklärung ist, ist die Ausschlagungserklärung eine formgebundene und empfangsbedürftige Willenserklärung (vgl. § 1945). Zur Anfechtung der Annahme bzw. der Ausschlagung s. §§ 1954 ff.

### I. Normzweck, Schwebezustand bis zur Annahme

Der Erbschaftserwerb durch Anfall der Erbschaft ist zunächst nur ein vorläufiger (→ § 1942 Rn. 1), der sich erst durch Annahme in einen endgültigen wandelt und den Schwebezustand zwischen vorläufiger und endgültiger Erbenstellung beendet („Vollerwerb" (BGH NJW 2006, 2698)). Annahmefiktion tritt ein durch Ablauf der Ausschlagungsfrist (Hs. 2) oder Anfechtung der Ausschlagung (§ 1957 Abs. 1). Bis zur Annahme ist der (vorläufige) Erbe durch die §§ 211, 1958, 1995 Abs. 2; §§ 239 Abs. 5, 778 ZPO geschützt. Anfechtbare Rechtshandlungen des vorläufigen Erben muss sich der endgültige Erbe im Rahmen des § 131 InsO zurechnen lassen (BGH NJW 1969, 1349 zu § 30 Nr. 2 KO). 1

### II. Annahmeerklärung

**1. Rechtsnatur.** Die Annahmeerklärung ist die formlose, gestaltende, nicht empfangsbedürftige (hM, MüKoBGB/Leipold Rn. 9 mwN) Willenserklärung, Erbe sein zu wollen (BayObLG NJW-RR 2005, 232 mwN). Sie kann auf drei verschiedene Arten erfolgen: 2

- durch ausdrückliche Erklärung,
- durch schlüssiges Verhalten oder
- auf Grund Fiktion durch Ablauf der Ausschlagungsfrist (Hs. 2).

Die Annahmeerklärung wird nach allgemeinen Grundsätzen mit objektiv erkennbarer Äußerung wirksam. Geschäftsfähigkeit eines Adressaten nach § 131 ist nicht erforderlich. Bis zur Erkennbarkeit der Äußerung ist der Widerruf der erklärten Annahme entspr. § 130 Abs. 1 S. 2 möglich (MüKoBGB/Leipold Rn. 10; Staudinger/Otte, 2017, Rn. 3). Äußerungen gegenüber am Nachlass völlig unbeteiligten Personen (zB gegenüber seinem Ehegatten oder einem eigenen Rechtsberater) sind idR noch nicht als Annahmeerklärung auszulegen (MüKoBGB/Leipold Rn. 3; Staudinger/Otte, 2017, Rn. 6; Erman/J. Schmidt Rn. 2).

3 **2. Stellvertretung. Gewillkürte Stellvertretung** ist zulässig; die Vollmacht ist formlos gültig. Eine vollmachtlos erklärte Annahme kann nicht genehmigt werden (§ 180 S. 1; S. 2 ist auf nicht empfangsbedürftige Willenserklärungen nicht anzuwenden). Die Genehmigung durch den Erben ist aber ihrerseits Annahme. Dies gilt auch bei konkludenter Annahme durch Vertragsschluss (zB Erbschaftsverkauf, → Rn. 7).

4 Beim **minderjährigen Erben** ist das Verhalten des gesetzlichen Vertreters maßgeblich; für die Annahme ist die Genehmigung des Familiengerichts, anders als bei der Ausschlagung und Anfechtung der Annahme, nicht erforderlich (BayObLG FamRZ 1997, 126; Grüneberg/Weidlich Rn. 4; Ivo ZEV 2006, 181; vgl. ausf. zur Erbschaftsausschlagung für den minderjährigen Erben Ivo ZEV 2002, 309). Gemeinschaftlich sorgeberechtigte Eltern müssen gemeinsam die Annahme bzw. Ausschlagung erklären (OLG Frankfurt NJW 1962, 52; MüKoBGB/Leipold § 1945 Rn. 38; zur Ausschlagung → § 1945 Rn. 10). Der **beschränkt geschäftsfähige Erbe** kann mit Einwilligung des gesetzlichen Vertreters annehmen; eine nachträgliche Genehmigung ist wegen § 111 S. 1 nicht möglich (MüKoBGB/Leipold Rn. 7; Grüneberg/Weidlich Rn. 4; Erman/J. Schmidt Rn. 7). Die nachträgliche Genehmigung kann aber ihrerseits als konkludente Annahmeerklärung des gesetzlichen Vertreters zu werten sein. Die Annahme bedeutet den Verlust des Ausschlagungsrechts und ist daher nicht lediglich rechtlich vorteilhaft (§ 107). Der Erblasser kann den Erben und dessen gesetzlichen Vertreter nicht von der Entscheidung über die Annahme ausschließen.

5 **Annahmebefugt** sind Abwesenheitspfleger (§ 1911), Leibesfruchtpfleger (§ 1912) und Betreuer (§§ 1896, 1902); **nicht** Testamentsvollstrecker, Nachlasspfleger und Ergänzungspfleger nach §§ 1909 Abs. 1 S. 2, 1638 (BGH NJW 2015, 59 (für Testamentsvollstrecker); KG OLGE 21, 349 (350) (für Nachlasspfleger)). Ob beim **nasciturus** die Annahme erst mit Geburt durch den künftigen gesetzlichen Vertreter oder bereits durch den Leibesfruchtpfleger nach § 1912 möglich ist, ist zwar streitig (wie hier bejahend Staudinger/Otte, 2017, § 1946 Rn. 5; MüKoBGB/Leipold Rn. 7; aA Grüneberg/Weidlich Rn. 4), kann jedoch nicht anders behandelt werden als die Ausschlagung, die nach hM schon vor der Geburt möglich sein soll (→ § 1946 Rn. 2) (OLG Oldenburg FamRZ 1994, 847; OLG Stuttgart NJW 1993, 2250; MüKoBGB/Leipold § 1923 Rn. 29 mwN; aA LG Berlin Rpfleger 1990, 362). Dem stehen der Fristbeginn für die Ausschlagung mit Geburt und § 1 nicht entgegen. Denn auch beim Nacherben besteht nach allgM ein Recht zur Annahme ab dem Erbfall, nicht erst ab dem Nacherbfall (RGZ 80, 377 (380); MüKoBGB/Lieder § 2142 Rn. 10 mwN), obwohl die Frist zur Ausschlagung für den Nacherben erst mit dem Nacherbfall bzw. dessen Kenntnis beginnt (RGZ 59, 341 (344); MüKoBGB/Leipold § 1944 Rn. 3); die Annahme setzt den Erbfall, nicht den Anfall voraus. Zur Ausschlagung → § 1945 Rn. 10.

6 **3. Annahme durch schlüssiges Verhalten.** Eine **konkludente Annahme** der Erbschaft ist anzunehmen, wenn der Erbe objektiv erkennbar zum Ausdruck bringt, Erbe sein und die Erbschaft behalten zu wollen; ein konkreter Annahmewille ist nicht erforderlich (OLG Schleswig NJW-RR 2016, 330 (331); BayObLG FamRZ 1983, 1061; Grüneberg/Weidlich Rn. 2). Auch der vorläufige Erbe hat aber das Recht zur Verwaltung des Nachlasses; bei der Auslegung ist deshalb Zurückhaltung geboten. § 1944 gewährt eine Überlegungsfrist für den vorläufigen Erben. Maßnahmen zur Sicherung und Erhaltung des Nachlasses sind daher noch keine Annahme (OLG Koblenz ZEV 2001, 440 Ls. = BeckRS 1999, 30083897; Grüneberg/Weidlich Rn. 2). Maßgeblich ist grds. der objektive Erklärungswert; Willensmängel sind allein eine Frage der Anfechtbarkeit (BayObLG FamRZ 1983, 1061 (1063); ganz hM, MüKoBGB/Leipold Rn. 4 mwN).

7 Die Annahme ist regelmäßig zu **bejahen** bei Erbscheinsantrag (BGH NJW 2006, 3064; RdL 1968, 98 (99); BayObLG NJW-RR 1999, 590 (591) mwN; auch Zustimmung zu Erbscheinsantrag eines Miterben, OLG Hamm ZEV 2004, 286), Abschluss eines Auseinandersetzungsvereinbarung mit dem Miterben (OLG Köln NJW-RR 2015, 73), Grundbuchberichtigungsantrag auf den Erben (KG OLGE 38, 263; Burandt/Rojahn/Najdecki Rn. 5), Veräußerung (§§ 2033, 2371) oder Verpfändung des Erbteils (RGZ 80, 377 (385)), Geltendmachung des Herausgabeanspruchs nach § 2018, Verfügung über Nachlassgegenstände (BayObLG FamRZ 1988, 213) und Erfüllung von Nachlassforderungen über die laufende Verwaltung hinaus (OLG Koblenz ZEV 2001, 440 Ls. = BeckRS 1999, 30083897; MüKoBGB/Leipold Rn. 5 mwN), ggf. auch Anbieten von Nachlassgegenständen zum Verkauf (OLG Oldenburg NJW-RR 1995, 141; Sämisch ZInsO 2014, 25 (26)). Vorbehaltlose Führung eines den Nachlass betreffenden Aktivprozesses oder Aufnahme eines unterbrochenen Passivprozesses kann Annahme sein (vgl. § 239 ZPO) (MüKoBGB/Leipold

Rn. 5: „zumeist"; weitergehend wohl Grüneberg/Weidlich Rn. 2; s. auch § 1958); die Auskunftsklage gegen den Testamentsvollstrecker muss für eine schlüssige Annahme dagegen nicht genügen, da diese auch zum Zwecke der Prüfung, ob ausgeschlagen werden soll, erhoben werden kann (ausf. BayObLG NJW-RR 2005, 232; Burandt/Rojahn/Najdecki Rn. 6).

Die Annahme ist regelmäßig zu **verneinen** bei Verwaltung des Nachlasses durch vorläufige Fortführung eines Handelsgeschäfts (auch der vorläufige Erbe kann zur Eintragung in das Handelsregister verpflichtet sein, um eine verschärfte Schuldenhaftung des später annehmenden Erben auszuschließen; vgl. § 27 Abs. 1 HGB, § 25 Abs. 2 HGB) (Grüneberg/Weidlich Rn. 2; MüKoBGB/Leipold Rn. 5) oder Veräußerung von Nachlassgegenständen wegen drohendem Wertverlust oder Verderb, Aufstellung eines Nachlassverzeichnisses (MüKoBGB/Leipold Rn. 5), Antrag auf Bestellung eines Testamentsvollstreckers (OLG Celle OLGZ 1965, 30) oder auf Testamentseröffnung (OLG Celle OLGZ 1965, 30), auf Nachlassverwaltung (MüKoBGB/Leipold Rn. 5 mwN) oder Nachlassinsolvenz (vgl. § 316 Abs. 1 InsO). Die bloße Bezahlung der Beerdigungskosten genügt selbstverständlich nicht für eine konkludente Erbschaftsannahme (Grüneberg/Weidlich Rn. 2; MüKoBGB/Leipold Rn. 5). 8

## III. Annahmerecht

Das Recht zur Entscheidung über die Annahme steht dem Erben zu. Das zu § 1942 Gesagte gilt entspr. (→ § 1942 Rn. 15, → § 1942 Rn. 16). Der Nacherbe kann die Erbschaft schon mit dem Erbfall annehmen (RGZ 80, 377 (380); OLG Frankfurt NJW-RR 2018, 902 (903); MüKoBGB/Lieder § 2142 Rn. 10 mwN). 9

## IV. Wirkung der Annahme

Die Annahme bewirkt den Erwerb der endgültigen Erbenstellung und den Verlust des Ausschlagungsrechts (BGH NJW 2006, 2698; MüKoBGB/Leipold Rn. 8). Nachlassgläubiger können gegen den Erben klagen (§ 1958) und vollstrecken (§ 778 ZPO). Der Erbe ist zur Fortführung eines unterbrochenen Rechtsstreits verpflichtet (§ 239 Abs. 5 ZPO). Mit der Annahme endet die Sicherungspflicht des Nachlassgerichts nach § 1960. Zur Ablaufhemmung bei Verjährung s. § 211. 10

## V. Beweislast

Der Erbschaftserwerb erfolgt unabhängig von der Annahme (Vonselbsterwerb), der berufene Erbe muss die Annahme deshalb nur beweisen, wenn diese rechtsbegründend wirkt (Aufgebotsantrag, § 455 Abs. 3 FamFG); zum Erbscheinsantrag des Miterben s. § 2357 Abs. 3 S. 1. Beweispflichtig für die Annahme bzw. den Ablauf der Ausschlagungsfrist (Annahmefiktion) ist 11

- der Nachlassgläubiger bei Klage gegen den Erben (§ 1958) und bei Vollstreckung in das Eigenvermögen (§ 778 Abs. 1 ZPO),
- der Eigengläubiger des Erben bei Vollstreckung in den Nachlass (§ 778 Abs. 2 ZPO),
- der Erbe, der sich gegen die Verjährung eines zum Nachlass gehörenden Anspruchs wendet für den Zeitpunkt des Beginns der Ablaufhemmung nach § 211 (BGH NJW-RR 2010, 1604 (1608); LAG Köln BeckRS 2005, 41917).

## § 1944 Ausschlagungsfrist

**(1) Die Ausschlagung kann nur binnen sechs Wochen erfolgen.**

**(2) [1]Die Frist beginnt mit dem Zeitpunkt, in welchem der Erbe von dem Anfall und dem Grunde der Berufung Kenntnis erlangt. [2]Ist der Erbe durch Verfügung von Todes wegen berufen, beginnt die Frist nicht vor Bekanntgabe der Verfügung von Todes wegen durch das Nachlassgericht. [3]Auf den Lauf der Frist finden die für die Verjährung geltenden Vorschriften der §§ 206, 210 entsprechende Anwendung.**

**(3) Die Frist beträgt sechs Monate, wenn der Erblasser seinen letzten Wohnsitz nur im Ausland gehabt hat oder wenn sich der Erbe bei dem Beginn der Frist im Ausland aufhält.**

### Überblick

Die Frist für die Ausschlagung (sechs Wochen) ist im Interesse der Rechtssicherheit – Beendigung des Schwebezustands – relativ kurz bemessen. Der (vorläufige) Erbe ist dadurch ausreichend geschützt, dass die Frist erst mit positiver Kenntnis von Anfall und Grund seiner Berufung zu laufen beginnt. Nach Abs. 3 ist die Frist in bestimmten Fällen (Auslandsbezug) aber auf sechs Monate verlängert.

## I. Normzweck

1 Das Verstreichen der Ausschlagungsfrist bewirkt die Fiktion der Annahme (§ 1943 Hs. 2). Die Frist ist für den (vorläufigen) Erben Überlegungsfrist und beginnt erst mit positiver Kenntnis von Anfall und Grund der Berufung zu laufen. Da der Erbschaftserwerb ohne Wissen und Wollen des Erben erfolgt, soll dieser auf Grund der Sach- und Rechtslage in der Lage sein, die Entscheidung über die Ausschlagung zu treffen. Daneben dient die Frist der Rechtssicherheit und beendet die Vorläufigkeit der (bis zur Annahme privilegierten; → § 1943 Rn. 1) Erbenstellung. Die Ausschlagung kann nach § 1946 auch schon vor Fristbeginn erfolgen. Für die Ausschlagung eines Vermächtnisses (§ 2180) gilt § 1944 nicht entspr. (BGH NJW 2011, 1353).

## II. Dauer der Frist

2 Die Ausschlagungsfrist beträgt grds. sechs Wochen (§ 1944 Abs. 1). Sie beträgt sechs Monate (Abs. 3), wenn der Erblasser seinen letzten Wohnsitz ausschließlich im Ausland hatte; der Sterbeort ist dagegen irrelevant (Grüneberg/Weidlich Rn. 1; Staudinger/Otte, 2017, Rn. 4). Bei Doppelwohnsitz (§ 7 Abs. 2) ist Abs. 3 nicht anzuwenden, wenn ein inländischer Wohnsitz bestand (Staudinger/Otte, 2017, Rn. 4: „nur"). Die Frist beträgt auch dann sechs Monate, wenn der Erbe seinen Aufenthalt bei Beginn der Frist im Ausland hatte. Durch die längere Frist nach Abs. 3 soll den „Kommunikationsproblemen" Rechnung getragen werden, die sich für den Erben ergeben, wenn er sich im Zeitpunkt des Fristbeginns im Ausland aufhält, er also die maßgeblichen Informationen über den Erbfall und dessen tatsächliche und rechtliche Auswirkungen nur unter besonderen Schwierigkeiten erlangen kann (so BGH NJW 2019, 1071 (1073)). Eine Reise des Erben ist ausreichend (MüKoBGB/Leipold Rn. 29). Ein Tagesausflug genügt allerdings nicht; ebenso wenig ein bewusst „inszenierter" kurzfristiger Auslandsaufenthalt (BGH NJW 2019, 1071 (1073); Höger jurisPR-BGHZivilR 6/2019 Anm. 2). Zur Frage, ob der Aufenthalt des Vertreters des Erben maßgeblich ist, → Rn. 12 ff. Die Berechnung der Frist bzw. des Fristablaufs erfolgt nach den § 187 Abs. 1, § 188, § 193.

## III. Fristbeginn

3 Die Frist beginnt mit **positiver Kenntnis** von Anfall der Erbschaft und Berufungsgrund; fahrlässige Unkenntnis genügt nicht (BGH NJW-RR 2000, 1530: „zuverlässige Kenntnis"; OLG Koblenz ZEV 2022, 216 (218); ausf. OLG Zweibrücken NJW-RR 2006, 1594; Grüneberg/Weidlich Rn. 2; Staudinger/Otte, 2017, Rn. 10 mwN; ausf. zur Kenntnis iSd Abs. 2 S. 1 Gottwald ZFE 2006, 253). Der Erbe muss tatsächliche und rechtliche Umstände in einer Weise kennen, dass von ihm erwartet werden kann, in die Überlegung über Annahme oder Ausschlagung einzutreten (OLG Rostock FamRZ 2010, 1597; OLG Zweibrücken NJW-RR 2006, 1594 (1595); BayObLG FamRZ 1994, 264 (265)). Für den **nasciturus** beginnt die Frist nicht vor dessen Geburt (Staudinger/Otte, 2017, Rn. 17; MüKoBGB/Leipold Rn. 3), für den **Nacherben** nicht vor Kenntnis des Eintritts des Nacherbfalles (RGZ 59, 341 (344); OLG München ZEV 2011, 318 (319)).

4 **1. Kenntnis des Anfalls.** Kenntnis des Anfalls der Erbschaft ist das Wissen, dass sich der (vorläufige) Erbschaftserwerb vollzogen hat (Staudinger/Otte, 2017, Rn. 7 unter Hinweis auf Mot. V 499). Voraussetzung ist die Kenntnis der den Anfall begründenden **Tatsachen,** also der Tod (oder die Todeserklärung) des Erblassers, des die gesetzliche Erbfolge begründenden Familienverhältnisses, das Nichtvorhandensein bzw. der Wegfall vorberufener gesetzlicher Erben oder – bei gewillkürter Erbfolge – der Erbeinsetzung; bei Nacherbfolge ist auch Kenntnis des Eintritts des Nacherbfalles erforderlich. Bei gesetzlicher Erbfolge genügt, dass dem Erben keine konkreten Hinweise auf entgegenstehende Verfügungen von Todes wegen bekannt sind (OLG Rostock FamRZ 2010, 1597; OLG Zweibrücken NJW-RR 2006, 1594 (1595); OLG Brandenburg FamRZ 1998, 1619 (1621); MüKoBGB/Leipold Rn. 10). Bei Anfall nach Ausschlagung des zunächst Berufenen beginnt die Frist bei gesetzlicher Erbfolge mit Kenntnis der Ausschlagung (KG NJW-RR 2004, 941 (942)). Geht der gesetzliche Erbe zunächst von einer seine Erbenstellung ausschließenden letztwilligen Verfügung aus, beginnt die Frist mit Kenntnis von deren Unwirksamkeit (OLG Brandenburg FamRZ 1998, 1619).

Die Kenntnis des Anfalls **fehlt** daher, wenn 5

- der Erbe (nachvollziehbar) vermutet, von der Erbfolge ausgeschlossen zu sein (OLG Zweibrücken NJW-RR 2006, 1594 (1595); OLG Hamm OLGZ 1969, 288);
- der Erbe irrtümlich ein nichtiges Testament, das ihn von der Erbfolge ausschließt, für wirksam hält (Grüneberg/Weidlich Rn. 5);
- der Erbe irrtümlich ein wirksames Testament, das seine Berufung zum Erben enthält, für nichtig hält (Staudinger/Otte, 2017, Rn. 11).

Ein **Irrtum** über Tatsachen kann der Kenntnis also ebenso entgegenstehen wie eine irrige rechtliche Beurteilung, wenn deren Gründe nicht von vornherein von der Hand zu weisen sind (BGH NJW-RR 2000, 1530; OLG Hamm BeckRS 2021, 23691 Rn. 43; OLG Koblenz ZEV 2022, 216 (218)). Andererseits kann kein Rechtsirrtum angenommen werden, wenn der Erbe zwar subjektiv zweifelt, aber bei objektiver Beurteilung die Rechtslage völlig eindeutig ist; der Erbe darf sich nicht blind stellen (OLG München NJW-RR 2006, 1668 (1669); MüKoBGB/Leipold Rn. 9, 13). Bei juristischen Laien kann in Ausnahmefällen auch das Fehlen von Aktivvermögen die Kenntnis des Anfalls ausschließen (Rechtsirrtum) (OLG Zweibrücken NJW-RR 2006, 1594 (1595); BayObLG FamRZ 1994, 264 (265); Staudinger/Otte, 2017, Rn. 11; Grüneberg/Weidlich Rn. 3; aA MüKoBGB/Leipold Rn. 12). Die Zusammensetzung des Nachlasses oder die Höhe der Erbquote ist für die Kenntnis vom Anfall der Erbschaft dagegen ohne Bedeutung (MüKoBGB/Leipold Rn. 12). Im Fall des § 2306 Abs. 1 beginnt die Frist erst mit Kenntnis von der Beschränkung oder Beschwerung. 6

**2. Kenntnis des Berufungsgrundes.** Kenntnis des Berufungsgrundes ist das Wissen um den konkreten Tatbestand, aus dem sich die rechtliche Folge der Berufung ergibt; ein Irrtum über die Art der Berufung schließt die Kenntnis aus (OLG Zweibrücken NJW-RR 2006, 1594 (1595); Erman/J. Schmidt Rn. 5; Grüneberg/Weidlich Rn. 4). Im Fall **gesetzlicher Erbfolge** ist Kenntnis vom Berufungsgrund dann anzunehmen, wenn dem Erben die Familienverhältnisse bekannt sind und er nach den Gesamtumständen und seiner subjektiven Sicht keine begründete Vermutung hat oder haben kann, dass eine ihn ausschließende letztwillige Verfügung vorhanden ist. Eine solche Vermutung kann bei abgerissener Familienbande zu bejahen sein (OLG Schleswig ZEV 2016, 698 mwN). Der **gesetzliche Erbe** muss das konkrete Familienverhältnis kennen, auf dem die Erbfolge beruht. Berufung durch Ehe oder Verwandtschaft sind verschiedene Berufungsgründe, ebenso Berufung als Verwandter zweiter Ordnung statt erster Ordnung (zB bei vermeintlich wirksamer Adoption). Der **gewillkürte Erbe** muss die konkrete Verfügung von Todes wegen – die „Anordnung" als solche – kennen (MüKoBGB/Leipold Rn. 4 ff.; Staudinger/Otte, 2017, Rn. 9; Grüneberg/Weidlich Rn. 4; Erman/J. Schmidt Rn. 7). Die falsche Einordnung dieser Verfügung als Testament oder Erbvertrag ist unschädlich (Grüneberg/Weidlich Rn. 4; MüKoBGB/Leipold Rn. 6 unter Hinweis auf BayObLG Recht 1920 Nr. 2451); ebenso fehlende Kenntnis der genauen Einzelheiten des Inhalts. Bei gewillkürter Erbfolge beginnt die Frist **nicht vor mündlicher oder schriftlicher Bekanntgabe** der Verfügung durch das Nachlassgericht an die Bedachten (§ 1944 Abs. 2 S. 2; § 348 Abs. 2, 3 FamFG) (BVerwG FamRZ 2010, 1250; MüKoBGB/Leipold Rn. 17), die mit oder nach der Eröffnung erfolgt (§ 2260). Bei gemeinschaftlichem Testament oder Erbvertrag ist die Eröffnung und Bekanntgabe auch für den Beginn der Frist für den überlebenden Teil erforderlich (Staudinger/Otte, 2017, Rn. 20). Ist die Eröffnung wegen Verlust oder Zerstörung unmöglich, beginnt die Frist nicht vor Kenntnis der Unmöglichkeit der Eröffnung (MüKoBGB/Leipold Rn. 22; Staudinger/Otte, 2017, Rn. 21 mwN; Grüneberg/Weidlich Rn. 4); ist die Wiederherstellung nach § 46 BeurkG möglich, beginnt die Frist mit Eröffnung und Bekanntgabe der wiederhergestellten Urkunde. Ist der Berufungsgrund zweifelhaft und steht fest, dass dem Erben gleichgültig ist, ob er gesetzlicher oder gewillkürter Erbe ist, beginnt die Frist unabhängig von der Kenntnis des richtigen Berufungsgrundes (OLG Karlsruhe ZEV 2007, 380; Staudinger/Otte, 2017, Rn. 9; Burandt/Rojahn/Najdecki Rn. 4). 7

**3. Genehmigungserfordernis.** Ist eine Genehmigung nach Art. 86 EGBGB erforderlich, beginnt die Frist mit Kenntnis von der Erteilung der Genehmigung (PWW/Zimmer Rn. 16). Ebenso bei Genehmigungserfordernis nach öffentlichem Recht (→ § 1942 Rn. 3 ff.). Bei Stiftung als Erbe beginnt die Frist frühestens mit Anerkennung (§ 84). 8

**4. Wegfall des gesetzlichen Vertreters.** Bei Wegfall eines für die Kenntnis von Anfall und Berufungsgrund maßgeblichen gesetzlichen Vertreters (→ Rn. 12) vor Ablauf der Frist beginnt die (Überlegungs-)Frist von neuem zu laufen, da die nunmehr zur Entscheidung berufene Person die Entscheidung über die Ausschlagung treffen muss. Erneute Kenntnis von Anfall und Berufungsgrund ist dagegen nicht erforderlich; der neue Vertreter oder geschäftsfähig gewordene Erbe 9 muss die vorgefundene Rechtslage insoweit hinnehmen (Staudinger/Otte, 2017, Rn. 27; Grüneberg/Weidlich Rn. 7), kann jedoch die Versäumung der Frist nach § 1956 anfechten, wenn er von der Kenntnis des weggefallenen Vertreters nichts wusste (→ § 1956 Rn. 3) (Staudinger/Otte § 1956 Rn. 3; Grüneberg/Weidlich § 1956 Rn. 2).

## IV. Fristende

10 **1. Rechtsnatur der Frist.** Die Frist ist Ereignisfrist (§ 187). Eine Verlängerung oder Verkürzung der Frist durch das Nachlassgericht oder durch Rechtsgeschäft ist nicht möglich (MüKoBGB/Leipold Rn. 24; Grüneberg/Weidlich Rn. 1; Erman/J. Schmidt Rn. 2); Gleiches gilt nach richtiger Ansicht für entsprechende Anordnungen des Erblassers (str.; MüKoBGB/Leipold Rn. 24; MüKoBGB/Leipold § 1942 Rn. 7; PWW/Zimmer Rn. 2; nach verbreiteter Ansicht – ua Grüneberg/Weidlich Rn. 1 unter Hinweis auf OLG Stuttgart OLGZ 1974, 67 (68) – soll der Erblasser demgegenüber die Frist dadurch verlängern oder verkürzen können, dass er die Annahme innerhalb eines gewissen Zeitraumes vorschreibt), weil § 1944 Abs. 1 eine gesetzliche Ausschlussfrist enthält (→ § 1942 Rn. 9).

11 **2. Gerichtliche Genehmigung.** Entspr. § 206 (höhere Gewalt) ist bei erforderlicher familien- (§ 1643; § 1822 Nr. 2; § 1915) oder betreuungsgerichtlicher (§ 1908i) Genehmigung der Ausschlagung die Frist **gehemmt** von Antragstellung bis Bekanntgabe des Genehmigungsbeschlusses mit Rechtskraftvermerk (§ 40 Abs. 2 FamFG) an den gesetzlichen Vertreter, danach läuft der Rest der Frist ab (§ 209) (KG ErbR 2016, 210; OLG Brandenburg ZEV 2014, 540; OLG Saarbrücken ZErb 2011, 246; MüKoBGB/Leipold Rn. 25; Ivo ErbR 2018, 674 (676 f.)). Der Vertreter darf die Überlegungsfrist ausnutzen; Antragstellung vor Ablauf der Frist ist ausreichend (MüKoBGB/Leipold Rn. 25; Staudinger/Otte, 2017, Rn. 26, jeweils mwN; aA RGRK-BGB/Johannsen Rn. 20: Antragstellung zu einem Zeitpunkt erforderlich, in dem mit Genehmigung vor Fristablauf gerechnet werden kann). Die Ausschlagung kann vor Genehmigungserteilung erklärt werden, da § 1831 S. 1 für gesetzlich befristete Erklärungen nicht gilt (RGZ 118, 145 (147); KG ErbR 2016, 210; BayObLGZ 1969, 14; MüKoBGB/Leipold Rn. 25). Die Genehmigung muss in diesem Fall bis zum Ablauf der (zwischen Antrag und Erteilung gehemmten) Frist beim Nachlassgericht eingegangen sein (KG ErbR 2016, 210; OLG Brandenburg ZEV 2014, 540; Grüneberg/Weidlich § 1945 Rn. 6). Da der gesetzliche Vertreter von der Genehmigung „Gebrauch" machen muss, soll unmittelbare Übersendung durch das Familiengericht an das Nachlassgericht nicht genügen (OLG Frankfurt FGPrax 2018, 281 (282); dies dürfte aber nicht gelten, wenn die unmittelbare Übersendung vom gesetzlichen Vertreter veranlasst wurde. Die Annahme durch Fristablauf (§ 1943 Hs. 2) wegen verspätet vorgelegter gerichtlicher Genehmigung ist bei Unkenntnis der Genehmigungsbedürftigkeit anfechtbar (→ § 1956 Rn. 3).

## V. Maßgebliche Person

12 **1. Nicht geschäftsfähiger Erbe.** Bei gesetzlicher Vertretung des nicht oder nicht voll geschäftsfähigen Erben ist Aufenthalt (Abs. 3) und Kenntnis (Abs. 2 S. 1) des gesetzlichen Vertreters maßgeblich. Bei gemeinschaftlich sorgeberechtigten **Eltern** (§ 1629 Abs. 1 S. 2) reicht für den Beginn der kurzen Frist des Abs. 1 Kenntnis bzw. Aufenthalt im Inland eines Elternteils nicht aus, da die Ausschlagung durch beide Eltern zu erklären ist (BGH NJW 2019, 1071 (1072); Grüneberg/Weidlich § 1945 Rn. 5) und die Entscheidungsfindung, der die Überlegungsfrist dient, durch jeden Elternteil erfolgt; es kommt daher auf die Kenntnis und den Aufenthalt im Inland beider Eltern an (BGH NJW 2019, 1071 (1072); OLG Frankfurt ZEV 2013, 196 (197) mwN; Grüneberg/Weidlich Rn. 6). Zum Wegfall des gesetzlichen Vertreters → Rn. 9.

13 **2. Geschäftsfähiger Erbe.** Ist für den geschäftsfähigen Erben ein **Betreuer** bestellt, ist nach hier vertretener Ansicht dennoch Aufenthalt (Abs. 3) und Kenntnis (Abs. 2 S. 1) des Erben maßgeblich (Staudinger/Otte, 2017, Rn. 15). Denn die Frist dient der Willensbildung über die Ausschlagung, die primär dem Erben zusteht. Die Rechtslage kann insoweit auch nicht anders beurteilt werden als bei gewillkürter Stellvertretung (→ Rn. 14). Nach hM soll dagegen entscheidend sein, bei wem (Erbe bzw. Betreuer) die Frist früher abläuft (KG JW 1935, 3641; MüKoBGB/Leipold Rn. 16; Grüneberg/Weidlich Rn. 6; RGRK-BGB/Johannsen Rn. 11; Planck/Greiff, 4. Aufl. 1930, Anm. 4). Letzterem kann aber nach Sinn und Zweck der Abwesenheitspflegschaft zumindest für den **Abwesenheitspfleger** (§ 1911; § 364 FamFG) zugestimmt werden.

**3. Gewillkürte Stellvertretung.** Bei gewillkürter Stellvertretung des geschäftsfähigen Erben, die sich auf Annahme und Ausschlagung der Erbschaft erstreckt, ist nach hier vertretener Ansicht dennoch Aufenthalt (Abs. 3) und Kenntnis (Abs. 2 S. 1) des Erben maßgeblich (MüKoBGB/Leipold Rn. 16: „zweifelhaft" und Rn. 29; Staudinger/Otte, 2017, Rn. 15; wohl ebenso Grüneberg/Weidlich Rn. 6). Nach überwM soll dagegen auch hier entscheidend sein, bei wem (Erbe oder Stellvertreter) die Frist früher abläuft (OLG Rostock FamRZ 2010, 1597; KG NJW-RR 2005, 592 (594); RGRK-BGB/Johannsen Rn. 12 und 26; Erman/J. Schmidt Rn. 9; v. Lübtow Erbrecht II S. 683; Planck/Greiff, 4. Aufl. 1930, Anm. 4 aE). § 166 Abs. 1 ist nicht anzuwenden, weil der Ablauf der Frist die Annahme durch den Erben nur fingiert und nicht Willenserklärung des Vertreters ist (Staudinger/Otte, 2017, Rn. 15; Grüneberg/Weidlich Rn. 6; aA wohl BayObLG NJW 1953, 1431 (1432)). 14

**4. Erbeserbe.** Zur Frist für den Erbeserben → § 1952 Rn. 8. 15

**5. Vorerbe.** Der Vorerbe kann auch nach Eintritt des Nacherbfalles die Erbschaft ausschlagen, wenn die Frist für den Vorerben noch läuft (BGHZ 44, 152 (156); Staudinger/Otte, 2017, § 1952 Rn. 12). 16

## VI. Beweislast

Die Beweislast für die wirksame Ausübung des Ausschlagungsrechts (Existenz des Ausschlagungsrechts, Rechtzeitigkeit und Formwirksamkeit der Ausschlagung) trifft denjenigen, der sich darauf beruft (BGH NJW 2012, 1651; PWW/Zimmer Rn. 23). Den Wegfall des Ausschlagungsrechts durch Fristablauf als rechtsfolgenvernichtende Tatsache hat aber derjenige zu beweisen, der sich auf den Verlust des Ausschlagungsrechts beruft (BGH NJW 2012, 1651 f.; ZEV 2000, 401 (402); MüKoBGB/Leipold Rn. 32; Grüneberg/Weidlich Rn. 8). 17

# § 1945 Form der Ausschlagung

**(1) Die Ausschlagung erfolgt durch Erklärung gegenüber dem Nachlassgericht; die Erklärung ist zur Niederschrift des Nachlassgerichts oder in öffentlich beglaubigter Form abzugeben.**

**(2) Die Niederschrift des Nachlassgerichts wird nach den Vorschriften des Beurkundungsgesetzes errichtet.**

**(3) [1]Ein Bevollmächtigter bedarf einer öffentlich beglaubigten Vollmacht. [2]Die Vollmacht muss der Erklärung beigefügt oder innerhalb der Ausschlagungsfrist nachgebracht werden.**

## Überblick

Die Ausschlagung ist ein erbrechtliches Gestaltungsrecht, das durch einseitige, form- und fristgebundene, amtsempfangsbedürftige Willenserklärung ausgeübt wird.

## I. Normzweck

Die Ausschlagung ist Gestaltungsrecht des Berechtigten und als Willenserklärung, nicht als Verfahrenshandlung ausgestaltet. Im Interesse der Rechtssicherheit ist die Niederschrift des Nachlassgerichts oder öffentliche Beglaubigung (§ 129) Formvoraussetzung. Eine förmliche Entscheidung des Nachlassgerichts über die Wirksamkeit der Ausschlagung, insbes. die Einhaltung der Frist, erfolgt nicht (OLG München FamRZ 2010, 1112; BayObLG FamRZ 1985, 1290; MüKoBGB/Leipold Rn. 44). Das Gericht hat aber seine örtliche Zuständigkeit zu prüfen und ggf. die Erklärung zurückzuweisen oder weiterzuleiten (OLG München FamRZ 2010, 1112; MüKoBGB/Leipold Rn. 44); es darf die Erklärung nicht deshalb zurückweisen, weil es sie für verspätet oder unwirksam hält (OLG München FamRZ 2010, 1112). Das Formerfordernis erleichtert im Erbscheinsverfahren die Feststellung des Urhebers und des Zeitpunktes der Erklärung. 1

## II. Rechtsnatur, Inhalt

Die Ausschlagungserklärung ist die einseitige, form- und fristgebundene amtsempfangsbedürftige **Willenserklärung** (Grüneberg/Weidlich Rn. 1; MüKoBGB/Leipold Rn. 2), nicht Erbe sein 2 zu wollen. Die Erklärung ist auszulegen (§ 133); das Wort „Ausschlagung“ muss nicht verwendet werden (BayObLGZ 1977, 163 (165 f.); OLG Dresden OLGE 35, 178; MüKoBGB/Leipold Rn. 5). Es muss zum Ausdruck kommen, dass der Erbe den Anfall der Erbschaft wenigstens für möglich hält und er auf diese Rechtsstellung verzichtet. Keine Ausschlagung ist die bloße Erklärung der Ansicht, nicht Erbe geworden zu sein, zB weil der gesetzliche Erbe ein unwirksames Testament irrtümlich für wirksam hält (OLG Jena OLG-NL 1994, 179; BayObLG NJW 1967, 1135; ausf. MüKoBGB/Leipold Rn. 5).

## III. Form

3 Erfolgt die Ausschlagung zur Niederschrift des Nachlassgerichts, ist das zum Empfang zuständige (§§ 343, 344 Abs. 7 FamFG) oder das ersuchte (§§ 156, 157 Abs. 1 GVG) Gericht zuständig; funktionell zuständig ist der Rechtspfleger (§ 3 Nr. 1 lit. f RPflG). Die Form wird in entsprechender Anwendung des § 2 Abs. 3 FamFG auch bei Niederschrift durch das örtlich unzuständige Nachlassgericht gewahrt (zum Zugang → Rn. 5) (BayObLG NJW-RR 1994, 586 zur Anfechtung; MüKoBGB/Leipold Rn. 9 mwN). Die öffentliche Beglaubigung erfolgt durch den Notar (§ 129 Abs. 1) nach §§ 39 ff. BeurkG; notarielle Beurkundung (§ 129 Abs. 2; §§ 8 ff. BeurkG) ist ebenfalls formgerecht. Zur Fristwahrung ist der Eingang der Originalurkunde erforderlich; Übermittlung per Fax, Mail oder beA genügen nicht (OLG Bamberg BeckRS 2022, 5393). Auch ein bloßer Anwaltsschriftsatz genügt selbstverständlich nicht (LG München FamRZ 2000, 1328; Grüneberg/Weidlich Rn. 3; RGRK-BGB/Johannsen § 1955 Rn. 2). Die Ausschlagung durch öffentliche Urkunde iSd § 415 ZPO durch eine Behörde (Jugendamt als Amtsvormund nach §§ 1791b, 1791c) ist formgerecht (BGHZ 45, 362 (366)). Die Erklärung muss in deutscher Sprache verfasst sein (§ 184 GVG) (OLG Schleswig NJW-RR 2015, 1224; OLG Köln NJW-RR 2014, 1073). Für Erbfälle ab dem 17.8.2015 genügt für eine im Ausland abgegebene Erklärung nach Art. 11 Abs. 1 EGBGB bzw. Art. 28 EuErbVO (bei Berücksichtigung des § 184 GVG) auch die Einhaltung der Formerfordernisse nach dem Recht des Staates, in dem der Ausschlagende seinen gewöhnlichen Aufenthalt hat (str.; OLG Köln NJW-RR 2014, 1037 (1038) obiter; Grüneberg/Weidlich Rn. 3; Ivo ErbR 2018, 674 (675); aA MüKoBGB/Leipold Rn. 12).

4 Ist dem zum Erben Berufenen die Formbedürftigkeit der Erbschaftsausschlagung bis Fristablauf nicht bekannt und glaubt er deshalb, bereits wirksam ausgeschlagen zu haben, so kann er die Versäumung der Ausschlagungsfrist wegen Irrtums anfechten (OLG Zweibrücken NJW-RR 2006, 1594 (1596); BayObLG NJW-RR 1994, 586; Burandt/Rojahn/Najdecki Rn. 4).

## IV. Empfangszuständigkeit

5 **1. Nachlassgericht.** Die Ausschlagung hat gegenüber dem nach **§§ 343, 344 Abs. 7 FamFG** örtlich zuständigen Amtsgericht als Nachlassgericht zu erfolgen (anders beim Vermächtnis, wo die Erklärung gegenüber dem Beschwerten abzugeben ist, vgl. § 2180 Abs. 2 S. 1). Das ist nach § 343 Abs. 1 FamFG idR das Gericht, in dessen Bezirk der Erblasser seinen gewöhnlichen Aufenthalt hatte (sonst § 343 Abs. 2, 3 FamFG); nach § 344 Abs. 7 FamFG ist zusätzlich örtlich zuständig auch das Gericht, in dessen Bezirk der Ausschlagende seinen Wohnsitz hat. Die beim örtlich unzuständigen Nachlassgericht eingegangene oder zur Niederschrift erklärte Ausschlagung ist wirksam, wenn sich das Gericht als Nachlassgericht betätigt hat und die Erklärung nicht zurückweist (§ 2 Abs. 3 FamFG) (MüKoBGB/Leipold Rn. 15; BGH FamRZ 1977, 786; RGZ 71, 380 (382), jeweils zur Vorgängerregelung in § 7 FGG). Das Gericht kann die Zuständigkeit prüfen und die Erklärung unverzüglich zurückweisen oder an das zuständige Gericht weiterleiten. Im Falle der berechtigten Zurückweisung wegen Unzuständigkeit ist die Ausschlagung unwirksam, kann aber innerhalb offener Frist wirksam wiederholt werden. Bei Weitergabe an das örtlich zuständige Nachlassgericht gilt die Erklärung auch dann als rechtzeitig, wenn sie dort verspätet eingeht (MüKoBGB/Leipold Rn. 16 mwN; Staudinger/Otte, 2017, Rn. 17; Erman/J. Schmidt Rn. 9; vgl. auch BGHZ 139, 305 = NJW 1998, 3648 zur Wahrung der Beschlussanfechtungsfrist nach § 23 Abs. 4 S. 2 WEG bei Anrufung eines unzuständigen Gerichts). Das Nachlassgericht hat auf Verlangen des Ausschlagenden diesem ein Zeugnis zu erteilen, aus dem sich die Form und der Inhalt der eingereichten Erklärung sowie der Zeitpunkt ihres Eingangs beim Nachlassgericht ergibt (OLG München FGPrax 2017, 67; MüKoBGB/Leipold Rn. 44; Grüneberg/Weidlich Rn. 7; Staudinger/Otte, 2017, Rn. 24).

6 Für Erbfälle ab dem 17.8.2015 beurteilt sich die **internationale** Gerichtszuständigkeit nach Art. 4, 10 EuErbVO (Grüneberg/Weidlich Rn. 8; ausf. zur internationalen Zuständigkeit für die Ausschlagung der Erbschaft nach EuErbVO und IntErbRVG Leipold ZEV 2015, 533 ff.); für die

Entgegennahme der Ausschlagung zusätzlich Art. 13 EuErbVO (dazu ausf. Schmidt/Kottke ErbR 2021, 10 (12 ff.)). Ist danach die internationale Zuständigkeit der deutschen Nachlassgerichte gegeben, gilt für die örtliche Zuständigkeit § 343 FamFG (Für Erbfälle bis 16.8.2015 ist das deutsche Nachlassgericht nach § 105 FamFG unabhängig davon, ob der Erbfall nach deutschem oder ausländischen Recht zu beurteilen ist, international zuständig, soweit es örtlich (§ 343 FamFG aF) zuständig ist.).

Bei Irrtum des Erben über die zur Beurteilung der Zuständigkeit maßgeblichen Umstände 7 (insbes. den Wohnsitz des Erblassers) kann eine etwaige Annahme durch Fristablauf (§ 1943 Hs. 2) nach § 1956 angefochten werden.

**2. Höfeordnung.** Der Anfall eines Hofes kann im Geltungsbereich der HöfeO nach § 11 S. 1 8 HöfeO gegenüber dem Landwirtschaftsgericht ausgeschlagen (→ § 1950 Rn. 3) werden, auch ohne die Erbschaft iÜ auszuschlagen (MüKoBGB/Leipold Rn. 17); für die Ausschlagung des gesamten Nachlasses bleibt dagegen das Nachlassgericht zuständig (BGHZ 58, 105 (106)). Die Annahme des Hofes unter Ausschlagung der übrigen Erbschaft ist dagegen **nicht** möglich (str.) (Staudinger/Otte, 2017, § 1951 Rn. 4; RGRK-BGB/Johannsen § 1951 Rn. 3; aA MüKoBGB/Leipold § 1950 Rn. 9), weil der Hof kein Erbteil iSd § 1951, sondern Nachlassgegenstand iSd § 1950 ist und es insoweit an einer Ausnahmeregelung wie in § 11 S. 1 HöfeO gerade fehlt.

## V. Vollmacht

Bei gewillkürter Stellvertretung bedarf die Vollmacht nach Abs. 3 der öffentlichen Beglaubigung 9 (§ 129). Die Erklärung kann nicht nach § 174 zurückgewiesen werden, weil die Vollmachtsurkunde gem. Abs. 3 S. 2 nachgereicht werden kann. Die Vollmacht muss wegen § 180 S. 1 bis zum Zugang der Ausschlagungserklärung formgerecht erteilt sein; eine nachträgliche Genehmigung der Ausschlagung des vollmachtlosen Vertreters ist als erneute Ausschlagung auszulegen, die aber wiederum form- und fristgerecht erfolgen muss (Staudinger/Otte, 2017, Rn. 12; Planck/Greiff, 4. Aufl. 1928, Anm. 2; aA MüKoBGB/Leipold Rn. 37: Nachreichung der Genehmigung in öffentlich beglaubigter Form innerhalb der Frist genügt entspr. § 1945 Abs. 3 S. 2).

## VI. Gesetzlicher Vertreter

**1. Abgabe der Erklärung.** Beim **geschäftsunfähigen** Erben wird die Ausschlagung durch 10 den gesetzlichen Vertreter erklärt; beim **beschränkt geschäftsfähigen** auch durch den Erben selbst mit Einwilligung des gesetzlichen Vertreters. Eine nachträgliche Genehmigung ist auf Grund § 111 S. 1 nicht möglich (→ § 1943 Rn. 4). Gemeinschaftlich sorgeberechtigte Eltern müssen beide die Ausschlagung formgerecht erklären (OLG Frankfurt NJW 1962, 52; MüKoBGB/Leipold Rn. 38); bei alleinigem Sorgerecht eines Elternteils genügt dessen formgerechte Ausschlagung. § 181 greift für die Eltern selbst dann nicht (auch nicht analog), wenn ein Elternteil durch die Ausschlagung Erbe wird oder zugunsten anderer Kinder die Ausschlagung erklärt (BayObLG Rpfleger 1983, 483; MüKoBGB/Leipold Rn. 39 mwN; Staudinger/Otte, 2017, Rn. 8; Grüneberg/Weidlich Rn. 5; aA Buchholz NJW 1993, 1161). Der geschäftsunfähige Erbe ist ausreichend dadurch geschützt, dass das FamG die erforderliche Genehmigung (→ Rn. 11) verweigern und den Eltern insoweit die Vertretung entziehen und einen Ergänzungspfleger bestellen kann (§ 1629 Abs. 2 S. 3, §§ 1796, 1909) (BayObLG Rpfleger 1983, 483; Grüneberg/Weidlich Rn. 5; ausf. zur Erbschaftsausschlagung für das minderjährige Kind Ivo ZEV 2002, 309 ff.). Bei Beschränkung nach § 1638 ist hiervon auch das Ausschlagungsrecht erfasst (BGH NJW 2016, 3032; Grüneberg/Weidlich Rn. 5; MüKoBGB/Leipold Rn. 39; aA → 2. Aufl. 2008, Rn. 10 und die früher hM); eine dennoch erklärte Ausschlagung ist unwirksam, es bedarf hierfür der Bestellung eines Ergänzungspflegers. Insolvenzverwalter, Nachlassverwalter, Nachlasspfleger und Testamentsvollstrecker können nicht ausschlagen (→ § 1942 Rn. 16, → § 1942 Rn. 17).

**2. Gerichtliche Genehmigung.** Zur Ausschlagung durch Betreuer oder Pfleger ist die 11 Genehmigung des Betreuungsgerichts (§ 1822 Nr. 2, §§ 1908i, 1915) erforderlich. Die Eltern bedürfen nach § 1643 Abs. 2 S. 1 grds. einer Genehmigung durch das FamG (vgl. ausf. bei § 1643) (Ivo ZEV 2006, 181 zutr. gegen FG Niedersachsen ZEV 2005, 131; ausf. zum Ausnahmefall des § 1643 Abs. 2 S. 2 Ivo ZEV 2002, 309 (310 ff.)). Eine Genehmigungspflicht besteht über § 1643 Abs. 2 S. 2 hinausgehend nach Sinn und Zweck der gesetzlichen Regelung auch dann, wenn die Erbschaft werthaltig und die Ausschlagung deshalb für das Kind nachteilig ist (KG 2012, 332 für den Fall der „selektiven" Ausschlagung der Eltern für drei ihrer vier Kinder; OLG Frankfurt

NJW 1955, 466; aA OLG Köln DNotZ 2012, 855). Vgl. ausf. zur Genehmigungspflicht bei Erbschaftsausschlagung für das minderjährige Kind Ivo ZEV 2002, 309 ff.

12 Die Genehmigung kann entgegen § 1831 S. 1 entspr. Abs. 3 S. 2 bis Fristablauf nachgereicht werden (RGZ 118, 145 (147); BayObLG Rpfleger 1983, 482; MüKoBGB/Leipold § 1944 Rn. 25). Die Ausschlagungsfrist ist während des Genehmigungsverfahrens gehemmt (→ § 1944 Rn. 11). Bei Unkenntnis der Genehmigungsbedürftigkeit kann die Annahme wegen Fristablaufs (§ 1943 Hs. 2) angefochten werden (BayObLG FamRZ 1983, 834).

## VII. Auslandsbezug – IPR

13 Unterfällt der Erbfall ausländischem Erbstatut, beurteilt sich nach diesem die Möglichkeit der Ausschlagung und gegenüber wem sie innerhalb welcher Frist zu erklären ist, ebenso ob und unter welchen Voraussetzungen Annahme oder Ausschlag anfechtbar sind. Für Erbfälle bis zum 16.8.2015 gilt das Staatsangehörigkeitsprinzip nach Art. 25 EGBGB aF. Für Erbfälle ab dem 17.8.2015 gilt die EuErbVO. Nach Art. 21 Abs. 1 EuErbVO unterliegt die gesamte Rechtsnachfolge von Todes wegen dem Recht des Staates, in dem der Erblasser im Zeitpunkt seines Todes seinen gewöhnlichen Aufenthalt hatte (ausf. dazu Emmerich ErbR 2016, 122 ff.); bei offensichtlich engerer Verbindung zu einem anderen als diesem Staat gilt nach Art. 21 Abs. 2 EuErbVO das Recht dieses Staates. Nach Art. 22 EuErbVO besteht die Möglichkeit der Rechtswahl durch den Erblasser. Für die Formgültigkeit der Ausschlagung gilt Art. 28 EuErbVO (vgl. ausf. zur internationalen Zuständigkeit für die Ausschlagung der Erbschaft nach EuErbVO und IntErbRVG Leipold ZEV 2015, 553 ff.).

# § 1946 Zeitpunkt für Annahme oder Ausschlagung

**Der Erbe kann die Erbschaft annehmen oder ausschlagen, sobald der Erbfall eingetreten ist.**

## Überblick

Die Regelung hat klarstellende Funktion: Der Erbfall ist der frühestmögliche Zeitpunkt für eine wirksame Annahme oder Ausschlagung der Erbschaft. Der Erbe kann sich aber in den Grenzen des § 311b Abs. 5 bereits vor dem Erbfall wirksam zur Ausschlagung vertraglich verpflichten.

## I. Normzweck

1 Die Beendigung des bis zur Annahme oder Ausschlagung bestehenden Schwebezustandes (→ § 1943 Rn. 1) soll möglichst zeitnah erfolgen können. Der Beginn der Ausschlagungsfrist oder der Anfall der Erbschaft sind deshalb nicht Voraussetzung; die Ausschlagung kann ab dem Erbfall erfolgen.

## II. Bedeutung

2 Der **Ersatzerbe** oder der nachberufene gesetzliche Erbe kann vor Anfall, dh vor Wegfall des zunächst Berufenen, annehmen oder ausschlagen; § 1946 steht nicht entgegen (RGZ 80, 377 (382); Burandt/Rojahn/Najdecki Rn. 5). Der **Nacherbe** kann ab dem Erbfall und vor Eintritt des Nacherbfalles annehmen oder ausschlagen; § 2142 Abs. 1 schließt die Annahme ab Erbfall nicht aus (allgM, MüKoBGB/Leipold Rn. 3). Bei aufschiebend bedingter Erbeinsetzung kann vor Bedingungseintritt (ab dem Erbfall) ausgeschlagen werden (MüKoBGB/Leipold Rn. 2). Ist eine **Genehmigung** nach Art. 86 EGBGB oder öffentlich-rechtlichen Vorschriften (→ § 1942 Rn. 3) erforderlich, kann der Erbe vor Erteilung zwar nicht annehmen, wohl aber ausschlagen (RGZ 76, 384 (385); Grüneberg/Weidlich Rn. 1). Der **Schlusserbe** auf Grund eines Berliner Testaments (§ 2269) kann erst nach Eintritt des Schlusserbfalles annehmen oder ausschlagen (BGH NJW 1998, 543 mAnm Behrendt ZEV 1998, 67). Für den **nasciturus** können die Eltern oder der Leibesfruchtpfleger (§ 1912) schon vor der Geburt annehmen oder ausschlagen (str.; s. zum Meinungsstand → § 1943 Rn. 5). Die Erklärung vor dem Erbfall ist unwirksam und muss wiederholt werden. Vor Erbfall besteht aber die Möglichkeit des Erbverzichts (§ 2346), Zuwendungsverzichts (§ 2352) oder des Vertrages nach § 311b Abs. 4 und 5.

## III. Verpflichtung zur Ausschlagung

**1. Schuldrechtlicher Vertrag nach dem Erbfall.** Ein schuldrechtlicher Verpflichtungsvertrag zur Ausschlagung, der **nach** dem Tod des Erblassers abgeschlossen wird, ist formlos zulässig, § 311b Abs. 2, 3 und 4 sind nicht anwendbar (RG HRR 1929, Nr. 292; OLG München OLGE 26, 288; Erman/J. Schmidt Rn. 1; Staudinger/Otte, 2017, § 1942 Rn. 23; RGRK-BGB/Johannsen § 1945 Rn. 9). Die Erfüllung dieses Vertrages (durch formgerechte Ausschlagung nach § 1945) ist nur bis zur Annahme bzw. Ablauf der Ausschlagungsfrist möglich. Die Frist kann nicht verlängert werden (→ § 1944 Rn. 10). Eine für die Ausschlagung an den zunächst berufenen Erben gezahlte Abfindung unterliegt der Erbschaftssteuer (§§ 3 Abs. 2 Nr. 4, 9 Abs. 1 Nr. 1 f. ErbStG) (PWW/Zimmer § 1953 Rn. 3). 3

**2. Vertrag mit dem Erblasser.** Für einen Verpflichtungsvertrag mit dem Erblasser besteht neben Erbverzicht (§ 2346) oder Zuwendungsverzicht (§ 2352) kein Bedürfnis; soweit überhaupt die Zulässigkeit eines solchen Vertrages anerkannt wird, wird zumeist die Einhaltung der Formvorschriften für Erb- und Zuwendungsverzicht gefordert (Henssler RNotZ 2010, 221 (231)). Dann scheidet aber auch die Möglichkeit aus, einen formnichtigen Erbverzicht in einen solchen schuldrechtlichen Vertrag umzudeuten (vgl. zum Meinungsstand Henssler RNotZ 2010, 221 (231); Damrau ZEV 1995, 425 (427)). 4

**3. Vertrag unter Erbanwärtern vor dem Erbfall.** Vor dem Tod des Erblassers ist ein derartiger Verpflichtungsvertrag unter Erbanwärtern nach § 311b Abs. 5 **nur dann** zulässig, wenn die Vertragsparteien aus dem Kreis der in Betracht kommenden gesetzlichen Erben (§§ 1924 ff.), nicht notwendig aus den nächstberufenen Erben, stammen und der Vertrag über den gesetzlichen Erbteil oder den Pflichtteil geschlossen wird (v. Proff ZEV 2013, 183 (185 f.); ausf. Henssler RNotZ 2010, 221 (232 ff.); Damrau ZEV 1995, 425 ff.). Die Verpflichtung hinsichtlich eines künftigen testamentarischen Erbteils ist dann zulässig, wenn der zugewendete Erbteil den gesetzlichen nicht übersteigt (BGHZ 104, 279 = NJW 1988, 2726). Übersteigt die Zuwendung auf Grund Verfügung von Todes wegen den gesetzlichen Erbteil im Zeitpunkt des Vertragsschlusses, gilt § 311b Abs. 4; nach aA soll § 139 anzuwenden sein (Henssler RNotZ 2010, 221 (234); Damrau ZErb 2004, 206 (210)). Die Veränderung der Erbquote nach Vertragsschluss (zB durch Wegfall eines Miterben) ist unbeachtlich; für die Beurteilung maßgeblich ist der Zeitpunkt des Vertragsschlusses (Henssler RNotZ 2010, 221 (235); Damrau ZEV 1995, 425 (426)). Die Verpflichtung aus einem Vertrag unter Erbanwärtern ist vor dem Tod des Dritten **nicht** vererblich, die Berechtigung nur dann, wenn der Erbe des Berechtigten selbst zum Personenkreis der gesetzlichen Erben iSd § 311b Abs. 5 gehört (Staudinger/Schumacher, 2018, § 311b Abs. 4 und 5 Rn. 41 und 43; v. Proff ZEV 2013, 183 (186 f.); Henssler RNotZ 2010, 221 (239)). Für die vertragliche Verpflichtung, eine Erbschaft nicht auszuschlagen, gilt Vorstehendes entspr. (Damrau ZErb 2004, 206 (211)). 5

## § 1947 Bedingung und Zeitbestimmung

**Die Annahme und die Ausschlagung können nicht unter einer Bedingung oder einer Zeitbestimmung erfolgen.**

### Überblick

Annahme und Ausschlagung sollen den Schwebezustand der vorläufigen Erbenstellung endgültig beenden und sind deshalb bedingungsfeindlich. § 1947 betrifft nur die echte Bedingung, unschädlich sind die Rechtsbedingung oder die sog. Gegenwartsbedingung.

## I. Normzweck

Die Bedingungs- und Befristungsfeindlichkeit ist Wesensmerkmal gestaltender Willenserklärungen (Grüneberg/Ellenberger Vor § 158 Rn. 13; vgl. auch BGH NJW 2015, 934 (936)). Den (insbes. von der Ausschlagung) Betroffenen ist neben der Ausschlagungsfrist (§ 1944) ein weiterer Schwebezustand nicht zumutbar, da sie sich der einseitigen Erklärung nicht entziehen können (MüKoBGB/Westermann § 158 Rn. 27; vgl. allg. BGHZ 97, 267; OLG Stuttgart DNotZ 1979, 107 (109): Bedingungsfeindlichkeit des Rücktritts vom Erbvertrag). Die Vorschrift dient somit der **Rechtsklarheit.** 1

## II. Bedingung

2 Bedingung ist die Bestimmung, die die Rechtswirkung der Erklärung von einem zukünftigen, ungewissen Ereignis abhängig macht. Eine Bedingung liegt nicht vor, wenn die Auslegung (§ 133) ergibt, dass der Erbe die Wirksamkeit der Erklärung nicht vom Eintritt des vorausgesetzten Erfolges abhängig machen will, zB bei schlichter Angabe des Beweggrundes (BayObLG Rpfleger 1982, 69) oder bei bloßer Vorstellung von bestimmten Rechtswirkungen, die als Folge der Erklärung in Wirklichkeit nicht eingetreten sind (OLG Hamm Rpfleger 1981, 402).

3 **1. Rechtsbedingung.** Unschädlich ist, wenn die Rechtswirkungen der Erklärung von ohnehin erforderlichen gesetzlichen Voraussetzungen abhängig sein sollen (sog. Rechtsbedingung; zB „falls ich Erbe bin", „falls der Erblasser verstorben ist" oder „falls der vor mir Berufene ausschlägt") (MüKoBGB/Leipold Rn. 3; Grüneberg/Weidlich Rn. 1).

4 **2. Gegenwartsbedingung.** Unschädlich ist auch die sog. Gegenwartsbedingung (vgl. zum Begriff MüKoBGB/Westermann § 158 Rn. 52, 53; BeckOGK/Reymann § 158 Rn. 44 ff.; teilweise wird die Gegenwartsbedingung auch als Scheinbedingung bezeichnet, vgl. Staudinger/Bork, 2015, Vor § 158 Rn. 28; vgl. auch BAG NJW 1999, 379 (381): „keine ‚echte' Bedingung"; ausf. zur Ausschlagung unter einer Gegenwartsbedingung Specks ZEV 2007, 356 ff.). Eine solche liegt vor, wenn die Rechtswirkungen der Erklärung von einem Ereignis oder einer Rechtsfolge abhängen sollen, die im Zeitpunkt der Erklärung bereits objektiv feststehen und nicht ihrerseits von einem weiteren künftigen Ereignis abhängen; die subjektive Unsicherheit des Erklärenden ist unbeachtlich. Eine solche Gegenwartsbedingung ist **keine** Bedingung iSd § 158, weshalb § 1947 der Wirksamkeit von Annahme und Ausschlagung nicht entgegensteht (OLG Düsseldorf NJW-RR 1998, 150 (151), obiter dictum; MüKoBGB/Leipold Rn. 5, 7; Eickelberg ZEV 2018, 489 (490); Ivo ErbR 2018, 674 (680); Keim ZEV 2020, 393 (401) mwN; offenlassend BayObLG Rpfleger 1982, 69; aA Specks ZEV 2007, 356 (358 ff.)). Zulässig ist danach die Ausschlagung für den Fall, dass dadurch ein Pflichtteilsanspruch nach § 1371 Abs. 3 oder § 2306 Abs. 1 entsteht (str.) (OLG Brandenburg ZErb 2004, 132; MüKoBGB/Leipold § 1950 Rn. 5; Frohn Rpfleger 1982, 56 (57); offenlassend BayObLG FGPrax 2005, 71 (72); krit. Staudinger/Otte, 2017, Rn. 10, 10a; aA Specks ZEV 2007, 356 (360)) oder – sofern die Auslegung nicht bereits eine unschädliche Motivangabe ergibt – die Erbschaft einer bestimmten dritten Person als Nächstberufenem **ohne** weitere Ereignisse anfällt (str.) (MüKoBGB/Leipold Rn. 7; Grüneberg/Weidlich Rn. 2; RGRK-BGB/Johannsen Rn. 2; Muscheler ErbR II Rn. 2974; aA Staudinger/Otte, 2017, Rn. 7: unzulässige Bedingung; Specks ZEV 2007, 356 (360): § 1947 analog). Die Ausschlagung nur für den Fall der gesetzlichen Erbfolge ist unschädliche Gegenwartsbedingung und nach § 1949 Abs. 2 zulässig (entspr. der Annahme nur für den Fall der Berufung durch Verfügung von Todes wegen) (MüKoBGB/Leipold Rn. 5; Grüneberg/Weidlich Rn. 1; Staudinger/Otte, 2017, Rn. 3). Liegen die Umstände, die den Gegenstand der Gegenwartsbedingung bilden, zum Zeitpunkt der Annahme oder Ausschlagung objektiv nicht vor, ist diese **wirkungslos.**

5 **3. Echte Bedingung.** Zur Unwirksamkeit von Annahme oder Ausschlagung führt nur eine rechtsgeschäftliche Bedingung iSd **§ 158.** In den Fällen der Ausschlagung zugunsten Dritter ist dies der Fall, wenn die Ausschlagung unter die Bedingung der Erbschaftsannahme durch den Nächstberufenen gestellt wird (MüKoBGB/Leipold Rn. 8; v. Lübtow ErbR II S. 697), oder es für den Bedingungseintritt der weiteren Ausschlagung eines weiteren Miterben oder vorberufenen Erben bedürfte (BayObLGZ 1977, 163 (169 f.); KG JW 1933, 2067; RGRK-BGB/Johannsen Rn. 2). Generell erscheint bei einer Ausschlagung unter der echten Bedingung, ein bestimmter Dritter werde Erbe, wegen § 1947 eher Zurückhaltung geboten, weil insoweit die Annahme des Dritten ein künftiges ungewisses Ereignis darstellt (Grüneberg/Weidlich Rn. 2; Eickelberg ZEV 2018, 489 (495 f.); Ivo ZNotP 2004, 396); eine diesbezügliche Ausschlagung ist deshalb mit besonderer Sorgfalt zu formulieren, insbes. darf die Ausschlagung nur vom unmittelbaren Anfall bei dem Dritten abhängig gemacht werden (nur dann zulässige Gegenwartsbedingung). Unzulässig iSd § 1947 ist auch die Annahme unter der Bedingung, dass der Nachlass nicht überschuldet ist (auf diese Weise kann der Erbe seine Haftung nicht beschränken, mag es sich dabei auch konstruktiv um eine Gegenwartsbedingung handeln) (Staudinger/Otte, 2017, Rn. 2; Grüneberg/Weidlich Rn. 1).

6 Ist die Annahme oder Ausschlagung wegen Verstoß gegen § 1947 unwirksam, kommt zwar grds. eine Ausschlagung in Betracht; insoweit kann aber unbeachtlicher Motivirrtum vorliegen (→ § 1954 Rn. 7) (OLG Hamm FGPrax 2011, 236 f.; OLG Schleswig ZEV 2005, 526; vgl. auch die Nachweise aus der Rspr. bei Eickelberg ZEV 2018, 489 (492 f.)).

## § 1948 Mehrere Berufungsgründe

**(1) Wer durch Verfügung von Todes wegen als Erbe berufen ist, kann, wenn er ohne die Verfügung als gesetzlicher Erbe berufen sein würde, die Erbschaft als eingesetzter Erbe ausschlagen und als gesetzlicher Erbe annehmen.**

**(2) Wer durch Testament und durch Erbvertrag als Erbe berufen ist, kann die Erbschaft aus dem einen Berufungsgrund annehmen und aus dem anderen ausschlagen.**

### Überblick

Die Vorschrift stellt klar, dass bei mehreren Berufungsgründen (aus Verfügung von Todes wegen und aus Gesetz) hinsichtlich eines Berufungsgrundes angenommen und hinsichtlich des anderen ausgeschlagen werden kann. Die als erbrechtliches Gestaltungsinstrument gedachte Vorschrift hat indes keine große praktische Bedeutung. Im Übrigen kann der Erbe aber jeweils nur insgesamt annehmen oder ausschlagen (vgl. § 1950).

### I. Normzweck

1 Die Ausschlagung des durch Verfügung von Todes wegen berufenen Erben steht dem Anfall auf Grund gesetzlicher Erbfolge und der Annahme aus diesem Berufungsgrund nicht entgegen. Gleiches gilt nach Abs. 2 für die gleichzeitige Berufung auf Grund Testament und Erbvertrag. Im Übrigen kann der Erbe aber jeweils nur insgesamt annehmen oder ausschlagen (§ 1950). Eine Ausschlagung als gesetzlicher und Annahme als gewillkürter Erbe entspr. § 1948 Abs. 1 kommt nicht in Betracht (PWW/Zimmer Rn. 4). Wegen des beschränkten Anwendungsbereichs und der erheblichen Bedeutung der Auslegung der Verfügung von Todes wegen für deren Rechtsfolgen (ergibt die Auslegung oder eine diesbezügliche Auslegungsregel (§§ 2069, 2102 Abs. 1), dass Ersatzerben bestimmt sind, greift § 1948 Abs. 1 nicht), ist der Einsatz der beschränkten Ausschlagung als erbrechtliches Gestaltungsinstrument nur **bedingt geeignet** (zurückhaltend deshalb auch Hartmann RNotZ 2015, 486 (487); Ivo ZEV 2002, 145 (146)).

2 Ist der Erbe auf Grund Verfügung von Todes wegen und Gesetz gleichzeitig zu mehreren Erbteilen berufen, gilt nicht § 1948, sondern § 1951.

### II. § 1948 Abs. 1

3 **1. Voraussetzungen.** Voraussetzung des Abs. 1 ist der Eintritt der gesetzlichen Erbfolge des Ausschlagenden aufgrund der Ausschlagung. Die Vorschrift ist deshalb bei erschöpfenden testamentarischen Regelungen der Erbfolge nicht anwendbar (OLG München NJW-RR 2006, 1668 (1670); OLG Frankfurt NJW 1955, 466; Grüneberg/Weidlich Rn. 2), zB wenn der Erblasser Ersatz- oder Nacherben berufen hat (BayObLGZ 1977, 163 (166)) oder der Wille des Erblassers sonstwie entgegensteht, was jeweils durch Auslegung (§ 133) zu ermitteln ist; Gleiches gilt, wenn Ersatzerbfolge vermutet wird (§§ 2069, 2102 Abs. 1) (BayObLGZ 1977, 163 (166)) oder Anwachsung erfolgt (§ 2094) (BayObLGZ 1977, 163 (166); KG OLGE 21, 302). Das Nichteingreifen dieser Bestimmungen wird häufig nicht sicher einzuschätzen sein, weshalb die Gefahr besteht, dass der Erbe bei Ausschlagung als gewillkürter Erbe nicht als gesetzlicher Erbe berufen ist und diese Ausschlagung wegen bloßen Rechtsfolgenirrtums nicht anfechten kann (Hartmann RNotZ 2015, 486 (487)).

4 **2. Anwendungsfälle.** Die Vorschrift ist auf folgende Anwendungsfälle beschränkt (Hartmann RNotZ 2015, 486 (487); Staudinger/Otte, 2017, Rn. 3):
- eingesetzter Alleinerbe, für den Ersatz- oder Nacherben nicht bestimmt sind;
- eingesetzter Miterbe ohne Ersatzerbenbestimmung, der nur gesetzliche Miterben hat (§ 2088 Abs. 1);
- eingesetzter Miterbe, der eingesetzte Miterben hat, wenn die Anwachsung ausgeschlossen ist (§ 2094 Abs. 2 oder Abs. 3).

5 Wegen § 1949 Abs. 2 muss die Ausschlagung auf die Berufung als eingesetzter Erbe beschränkt werden, sofern der Ausschlagende sein gesetzliches Erbrecht kennt und dieses wahren will. Für das gesetzliche Erbrecht läuft die Ausschlagungsfrist (§ 1944) dann erneut (Staudinger/Otte, 2017, Rn. 14; Grüneberg/Weidlich Rn. 2). Von Auflagen und Vermächtnissen kann sich der Erbe durch Ausschlagung nach § 1948 wegen §§ 2161, 2192 idR nicht befreien.

6 Nach verbreiteter Ansicht soll sich der wechselbezüglich eingesetzte Ehegatte von der Bindung an das **gemeinschaftliche Testament** nach § 2271 Abs. 2 S. 1 nur befreien können, wenn ihm auf Grund der Annahme als gesetzlicher Erbe wesentlich weniger verbleibt als auf Grund des Testaments oder er auch als gesetzlicher Erbe ausschlägt (KG NJW-RR 1991, 330; RGRK-BGB/Johannsen § 2271 Rn. 25; v. Lübtow Erbrecht I S. 506; vgl. auch MüKoBGB/Musielak § 2271 Rn. 25; offen gelassen in BGH NJW 2011, 1353 (1354) und OLG Zweibrücken NJW-RR 2005, 8 (9)). Dies findet weder im Gesetz noch in der Gesetzesbegründung eine Stütze und ist deshalb abzulehnen (Staudinger/Kanzleiter, 2014, § 2271 Rn. 43; Grüneberg/Weidlich § 2271 Rn. 18; diff. Erman/S. und T. Kappler § 2271 Rn. 14; ausf. Tiedtke FamRZ 1991, 1259). Freilich kann die Auslegung ergeben, dass der überlebende Ehegatte für den Fall der Ausschlagung des testamentarisch Zugewendeten auch als gesetzlicher Erbe enterbt sein soll (aufschiebende Bedingung) (MüKoBGB/Musielak § 2271 Rn. 25; Grüneberg/Weidlich § 2271 Rn. 18; zurückhaltend hierzu Staudinger/Kanzleiter § 2271 Rn. 43). Darüber hinaus hat der Erblasser grds. die Möglichkeit der Benennung von Ersatzerben.

7 Dem eingesetzten Ehegatten gebührt nur bei Ausschlagung als eingesetzter und Annahme als gesetzlicher Erbe der Voraus nach § 1932, der dann bei der Pflichtteilsberechnung nach § 2311 Abs. 1 S. 2 außer Ansatz bleibt (BGHZ 73, 29 = NJW 1979, 546 (547) mwN).

## III. § 1948 Abs. 2

8 **1. Voraussetzungen.** Das zu Abs. 1 Gesagte gilt entspr. Die Vorschrift ist nicht anwendbar, wenn die Berufung zu einem Erbteil auf mehreren Testamenten oder mehreren Erbverträgen beruht (MüKoBGB/Leipold Rn. 12; Staudinger/Otte, 2017, Rn. 15; Grüneberg/Weidlich Rn. 3). § 1948 Abs. 2 ist im Zusammenhang mit § 2289 zu sehen.

9 **2. Anwendungsfälle.** Die Vorschrift hat **kaum praktische Bedeutung.** Bei früherem Testament wird die Auslegung des späteren Erbvertrags häufig ergeben, dass dieses (konkludent) widerrufen sein soll, weshalb dessen „Wiederaufleben" nicht in Betracht kommt (Muscheler ErbR II Rn. 2985; Burandt/Rojahn/Najdecki Rn. 3; MüKoBGB/Leipold Rn. 10). Bei späterem Testament und dort nicht mehr enthaltenen Belastungen (Auflagen, Vermächtnisse) deutet dies auf entgegenstehenden Willen des Erblassers iSd §§ 2161, 2192 hin (MüKoBGB/Leipold Rn. 11; RGRK-BGB/Johannes Rn. 11). Zur Ermittlung des maßgeblichen Erblasserwillens muss nach § 157 der beiderseitige Wille der (Erb-)Vertragschließenden herangezogen werden (vgl. BGHZ 112, 229 (233) = NJW 1991, 169; MüKoBGB/Musielak Vor § 2274 Rn. 31 mwN). Hiervon abgesehen gilt § 2289 Abs. 1 S. 2.

# § 1949 Irrtum über den Berufungsgrund

**(1) Die Annahme gilt als nicht erfolgt, wenn der Erbe über den Berufungsgrund im Irrtum war.**

**(2) Die Ausschlagung erstreckt sich im Zweifel auf alle Berufungsgründe, die dem Erben zur Zeit der Erklärung bekannt sind.**

## Überblick

Ein Irrtum über den Berufungsgrund führt zur Nichtigkeit der Annahme, ohne dass es der Anfechtung bedarf. Abs. 2 regelt die Reichweite der Ausschlagung, falls der Erbe zur Zeit der Erklärung der Ausschlagung einen Berufungsgrund – möglicherweise infolge Irrtums – nicht kennt.

## I. Normzweck

1 Ein **Irrtum** über den Berufungsgrund führt zur Nichtigkeit der Annahme, ohne dass es der Anfechtung bedarf. Mangels Anfechtung besteht deshalb auch keine Ersatzpflicht nach § 122; eine vorsorglich erklärte Anfechtung schadet nicht. Das Gesetz geht davon aus, dass sich Annahme und Ausschlagung auf die Erbschaft auf Grund eines konkreten Berufungsgrundes beziehen, was auch in § 1944 Abs. 2 S. 1 zum Ausdruck kommt.

## II. Nichtigkeit (Abs. 1)

Abs. 1 gilt für die Annahmeerklärung, nicht aber bei Fiktion der Annahme durch Fristablauf nach § 1943 Hs. 2, weil der Fristbeginn nach § 1944 Abs. 2 S. 1 die Kenntnis des Berufungsgrundes voraussetzt (MüKoBGB/Leipold Rn. 4; Staudinger/Otte, 2017, Rn. 2; PWW/Zimmer Rn. 1). Der Irrtum muss für die Erklärung **ursächlich** sein; Abs. 1 gilt deshalb nicht, wenn es dem Erben gleichgültig war, aus welchem Grund er zum Erben berufen war (OLG Karlsruhe ZEV 2007, 380; Grüneberg/Weidlich Rn. 1; MüKoBGB/Leipold Rn. 5 mwN). Abs. 1 gilt auch für die Ausschlagung, wenn sich der Erbe über den Berufungsgrund geirrt und (deshalb) ausgeschlagen hat (arg e § 1949 Abs. 2) (Burandt/Rojahn/Najdecki Rn. 3; MüKoBGB/Leipold Rn. 7; Staudinger/Otte, 2017, Rn. 5). 2

## III. Irrtum

Für den Irrtum kommt es auf die Person an, deren Kenntnis für den Lauf der Frist des § 1944 maßgeblich ist (→ § 1944 Rn. 12 ff.). Ein Irrtum liegt vor, wenn sich der Erbe auf Grund Gesetzes berufen glaubt, tatsächlich aber durch Verfügung von Todes wegen berufen ist und umgekehrt (OLG München NJW-RR 2006, 1668 (1670); MüKoBGB/Leipold Rn. 2). **Berufungsgrund** bedeutet die Art und Weise der konkreten Berufung (KG HRR 1929, 205; Grüneberg/Weidlich Rn. 2; PWW/Zimmer Rn. 2; Erman/J. Schmidt Rn. 2). Die Vorschrift gilt sowohl für Tatsachenirrtum (zB über Verwandtschaftsverhältnis, Vorhandensein einer Verfügung von Todes wegen) als auch Rechtsirrtum (zB über die Wirksamkeit eines Testaments (BGH NJW 1997, 392 (393); BeckOGK/Heinemann Rn. 11)). Unerheblich ist, ob der Irrtum entschuldbar ist oder nicht (Grüneberg/Weidlich Rn. 3; RGRK-BGB/Johannsen Rn. 3; vgl. aber → § 1944 Rn. 6). 3

## IV. Reichweite der Ausschlagung (Abs. 2)

Die Ausschlagung erfasst im Zweifel sämtliche Berufungsgründe, nicht jedoch einen Berufungsgrund, der dem Erben infolge Irrtums unbekannt war, es sei denn, die Auslegung ergibt, der Ausschlagende wollte „auf jeden Fall", also aus jedem Berufungsgrund ausschlagen (BVerwG FamRZ 2010, 1250; OLG Hamm FGPrax 2011, 184: Ausschlagung „aus allen Berufungsgründen"; PWW/Zimmer Rn. 3). Für die Beschränkung auf einzelne Berufungsgründe ist § 1948 anzuwenden. § 1949 Abs. 2 gilt auch, wenn die Erbschaft dem Erben auf Grund eines anderen Berufungsgrundes sofort wieder anfallen würde, der Erbe dies weiß und dennoch ohne Beschränkung „pauschal" ausschlägt (MüKoBGB/Leipold Rn. 9; Staudinger/Otte, 2017, Rn. 12). Die Auslegungsregel des Abs. 2 gilt nicht für den Fall, dass die Erbschaft dem Ausschlagenden durch ein künftiges Ereignis nach der Ausschlagung erneut anfällt (zB Nacherbfall, Ausschlagung vorrangig berufener Erben; Erbunwürdigkeitserklärung vorrangig Berufener) (KG JW 1935, 2652; MüKoBGB/Leipold Rn. 10; Staudinger/Otte, 2017, Rn. 12). Ob die Ausschlagung solche künftige Berufung erfasst, ist durch Auslegung (§ 133) zu ermitteln. 4

# § 1950 Teilannahme; Teilausschlagung

**[1]Die Annahme und die Ausschlagung können nicht auf einen Teil der Erbschaft beschränkt werden. [2]Die Annahme oder Ausschlagung eines Teils ist unwirksam.**

## Überblick

Die Teilannahme oder die Teilausschlagung der Erbschaft sind grds. verboten und unwirksam. Dies resultiert aus dem Grundsatz der Gesamtrechtsnachfolge.

## I. Normzweck

Das Verbot der Teilausschlagung entspricht dem Grundsatz der Gesamtrechtsnachfolge (§ 1922). Eine Beschränkung der Annahme bzw. Ausschlagung auf nicht bestehende Bruchteile der Erbschaft bzw. eines Erbteils ist unzulässig; erst recht die Beschränkung auf einzelne Nachlassgegenstände. Hierdurch wird dem Erben versagt, durch Ausschlagung oder Annahme auf die Höhe seiner Erbquote Einfluss zu nehmen (vgl. zu Sinn und Zweck der Regelung weiter KG NJW-RR 2005, 592 (593) mwN). Die Regelung gilt auch, wenn verschiedene Erbteile auf einem Berufungsgrund 1 beruhen (§ 1951 Abs. 2). Sie ist grds. im Zusammenhang mit §§ 1948, 1951 Abs. 1 und Abs. 3, 1952 Abs. 3 zu sehen. Instruktiv zur Abgrenzung und zur zulässigen Teilausschlagung Ivo ZEV 2002, 145 ff.

## II. Zulässige teilweise Ausschlagung oder Annahme

2 **1. Ausschlagung unter Vorbehalt des Pflichtteils.** Die Ausschlagung „unter Vorbehalt des Pflichtteils" (§§ 1371 Abs. 3, 2305, 2306 Abs. 1) ist keine unzulässige Teilausschlagung (OLG Hamm Rpfleger 1981, 402; MüKoBGB/Leipold Rn. 5; Staudinger/Otte, 2017, § 1947 Rn. 10, 10a; Ivo ZEV 2002, 145; vgl. auch BayObLG FGPrax 2005, 71 (72); RGZ 93, 3 (9)), weil der Pflichtteilsanspruch als schuldrechtlicher Anspruch gegenüber der Erbschaft bzw. dem Erbteil wesensverschieden ist. Der Vorbehalt kann zulässige Wirksamkeitsvoraussetzung iSe sog. Gegenwartsbedingung sein (→ § 1947 Rn. 4).

3 **2. Teilausschlagung im Bereich der HöfeO.** Nach **§ 11 S. 1 HöfeO** kann der Hoferbe den Anfall des Hofes ausschlagen (zuständig ist das Landwirtschaftsgericht) und iÜ annehmen. Die Annahme des Hofes und Ausschlagung der Resterbschaft ist dagegen nicht möglich (→ § 1945 Rn. 8).

4 **3. Vorausvermächtnis.** Die Ausschlagung von Erbschaft oder Erbteil und Annahme eines Vorausvermächtnisses (§ 2150) ist kein Fall des § 1950 und grds. möglich, es sei denn, das Vorausvermächtnis steht unter der Bedingung, dass der Vermächtnisnehmer die Erbschaft annimmt (Ivo ZEV 2002, 145). Entsprechendes gilt für die Ausschlagung des Vorausvermächtnisses (§ 2180) und Annahme der Erbschaft. Das Wesen der Gesamtrechtsnachfolge steht dem nicht entgegen.

5 **4. Nachlassspaltung.** Ebenfalls nicht von § 1950 erfasst sind Fälle der „teilweisen" Ausschlagung bei Nachlassspaltung (für Erbfälle bis 16.8.2015 insbes. nach Art. 25 EGBGB aF). Der jeweilige Nachlassteil, der einem eigenen Erbstatut unterliegt, ist als eigenständiger Nachlass anzusehen mit der Folge, dass die Erbschaft für den einen Nachlass angenommen und für den anderen ausgeschlagen werden kann (Grüneberg/Weidlich Rn. 1 und Grüneberg/Weidlich § 2353 Rn. 73; Ivo ZEV 2002, 145). Für Erbfälle ab dem 17.8.2015 gilt die EuErbVO, die eine Nachlassspaltung grds. vermeidet (Grüneberg/Weidlich § 2353 Rn. 72; Erwägungsgrund 37 VO (EG) Nr. 650/2012, abgedruckt bei Grüneberg/Thorn EGBGB Anh. Art. 25 (81. Aufl. 2022, S. 2793)); allerdings sehen manche Drittstaaten Nachlassspaltung vor und unterstellen Teile des Nachlasses anderem Recht.

## III. Unzulässige Teilannahme bzw. Teilausschlagung

6 **Zulässig** ist die Teilausschlagung immer dann, wenn verschiedene Berufungsgründe iSd § 1948 oder verschiedene Erbteile iSd § 1951 Abs. 1 und Abs. 3 vorhanden sind (KG NJW-RR 2005, 592 (593); ausf. Ivo ZEV 2002, 145 (146 ff.)).

7 Eine nach § 1950 **unzulässige Teilausschlagung** liegt vor bei § 1935 (Erbteilserhöhung), § 2094 (Anwachsung) und § 1371 Abs. 1, § 6 S. 2 LPartG (pauschaler Zugewinnausgleich durch Erbteilserhöhung), weil hier nicht mehrere Erbteile iSd § 1951 Abs. 1 entstehen (KG NJW-RR 1991, 330 (331); Grüneberg/Weidlich Rn. 2; PWW/Zimmer Rn. 7). Auch bei Sonderrechtsnachfolge in den Anteil an einer Personengesellschaft ist eine Teilausschlagung nicht möglich, weil sog. Nachfolgeklauseln die Erbenstellung voraussetzen (Umfassend zur früher abw. Deutung der Nachfolge in Personengesellschaftsanteile insbes. in der Rspr. des RG: Siegmann, Personengesellschaftsanteil und Erbrecht, 1992, 39–70); selbstständige Erbteile liegen nicht vor. Die unzulässig beschränkte Annahme oder Ausschlagung ist unwirksam und hat die Annahme auf Grund Fristablaufs (§ 1943 Hs. 2) zur Folge; die Annahme ist bei Irrtum über die Unwirksamkeit der Ausschlagung **anfechtbar** (§ 1956) (Staudinger/Otte, 2017, § 1951 Rn. 12; Erman/J. Schmidt Rn. 3).

## § 1951 Mehrere Erbteile

**(1) Wer zu mehreren Erbteilen berufen ist, kann, wenn die Berufung auf verschiedenen Gründen beruht, den einen Erbteil annehmen und den anderen ausschlagen.**

**(2) [1]Beruht die Berufung auf demselben Grund, so gilt die Annahme oder Ausschlagung des einen Erbteils auch für den anderen, selbst wenn der andere erst später anfällt. [2]Die Berufung beruht auf demselben Grund auch dann, wenn sie in verschiedenen**

**Testamenten oder vertragsmäßig in verschiedenen zwischen denselben Personen geschlossenen Erbverträgen angeordnet ist.**

**(3) Setzt der Erblasser einen Erben auf mehrere Erbteile ein, so kann er ihm durch Verfügung von Todes wegen gestatten, den einen Erbteil anzunehmen und den anderen auszuschlagen.**

## Überblick

Die Regelung relativiert das aus dem Grundsatz der Gesamtrechtsnachfolge resultierende Verbot der Teilausschlagung: Die getrennte Ausschlagung oder Annahme einzelner Erbteile ist dann zulässig, wenn die Berufung auf verschiedenen Gründen beruht (Abs. 1) oder eine Gestattung durch den Erblasser (Abs. 3) vorliegt.

## I. Normzweck

§ 1951 ergänzt die Regelungen zur Teilausschlagung bzw. Teilannahme in §§ 1948, 1950 und regelt die Fälle, in denen ein Erbe zu **mehreren** Erbteilen berufen ist, während die §§ 1948, 1950 **einen** angefallenen Erbteil betreffen. Auch hier gilt, dass eine Beschränkung der Annahme bzw. Ausschlagung auf nicht bestehende Bruchteile der Erbschaft bzw. eines Erbteils unzulässig ist. Dies ist auch dann der Fall, wenn verschiedene Erbteile auf einem Berufungsgrund beruhen (§ 1951 Abs. 2); die Rechtsfolge des Abs. 2 steht aber nach Abs. 3 zur Disposition des Erblassers. 1

## II. Zulässige teilweise Ausschlagung oder Annahme

**1. Ausschlagung unter Vorbehalt des Pflichtteils.** S. hierzu → § 1950 Rn. 2. 2

**2. Teilausschlagung im Bereich der HöfeO.** S. hierzu → § 1950 Rn. 3. 3

**3. Verschiedene Erbteile.** Nach § 1951 Abs. 1 ist die Annahme oder Ausschlagung **verschiedener Erbteile** zulässig bei **verschiedenen Berufungsgründen** (ausf. Muscheler ErbR II Rn. 2994 f.; van Venrooy MDR 2011, 274 ff.). Berufungsgrund ist der konkret maßgebliche Tatbestand, aus dem sich die Berufung zum Erben ergibt (Grüneberg/Weidlich Rn. 1; MüKoBGB/Leipold Rn. 5; Ivo ZEV 2002, 145 (147)). 4

**Zulässig** ist die Annahme bzw. Ausschlagung eines Erbteils deshalb bei 5

- Berufung zu zwei Erbteilen auf Grund gesetzlicher Erbfolge, etwa bei Zugehörigkeit des Erben zu verschiedenen Stämmen (§ 1927) oder bei Berufung auf Grund Ehe und auf Grund Verwandtschaft (§ 1934);
- Berufung auf Grund wirksamer Verfügung von Todes wegen und gesetzlicher Erbfolge;
- Berufung auf Grund von (nebeneinander wirksamen) Testament und Erbvertrag (im Fall des § 2289 ist allerdings § 1948 anzuwenden);
- Berufung auf Grund von (nebeneinander wirksamen) Erbverträgen, die der Erblasser mit verschiedenen Personen geschlossen hat.

Ein **einheitlicher Berufungsgrund** iSd § 1951 Abs. 2 liegt dagegen vor, wenn der Erbe durch 6

- ein Testament (zB Miterbe ist zugleich Ersatzerbe für anderen Erbteil),
- mehrere Testamente,
- einen Erbvertrag oder
- mehrere Erbverträge, die der Erblasser mit derselben Person geschlossen hat,

zu mehreren Erbteilen berufen ist.

**4. Gestattung durch den Erblasser.** § 1951 Abs. 3 lässt die Teilausschlagung zu, wenn der Erblasser, der mehrere bestimmte Bruchteile gebildet hat, dies dem Erben gestattet hat. Die **Gestattung** kann stillschweigend erfolgen und idR bereits dann bejaht werden, wenn sich keine Interessen des Erblassers erkennen lassen, die gegen eine Teilausschlagung sprechen (KG NJW-RR 2005, 592 (593); Ivo ZEV 2002, 145 (147); aA Muscheler ErbR II Rn. 2996). Insbesondere kann der Erblasser durch letztwillige Verfügung die Erbschaft in Bruchteile aufspalten, um eine gesonderte Annahme oder Ausschlagung zu ermöglichen (BayObLG ZEV 1996, 425 (426); MüKoBGB/Leipold Rn. 7 mwN; Grüneberg/Weidlich Rn. 5; Ivo ZEV 2002, 145 (147); aA Erman/J. Schmidt Rn. 2 und 8). Mehrere Erbteile liegen auch vor, wenn der Erbe hinsichtlich eines Erbteils Vollerbe und hinsichtlich eines weiteren Nacherbe ist (RGZ 80, 377 (382); KG NJW-RR 2005, 592 (593); Staudinger/Otte, 2017, Rn. 2); auch in diesem Fall kann entspr. 7

Vorstehendem idR von einer stillschweigenden Gestattung ausgegangen werden (MüKoBGB/Leipold Rn. 2; Grüneberg/Weidlich Rn. 5; Burandt/Rojahn/Najdecki Rn. 9).

8 **5. Erneute Erbeinsetzung.** Der Erblasser kann den (Allein-)Erben für den Fall der Ausschlagung in demselben Testament erneut (mit abweichenden Bedingungen oder Belastungen) einsetzen (BayObLG ZEV 1996, 425 mAnm Edenfeld; MüKoBGB/Leipold Rn. 7; Erman/J. Schmidt Rn. 8). Dieser kann dann die „erste" Erbschaft ausschlagen und die dadurch bedingte „weitere" Erbschaft annehmen (diese Konstellation unterfällt allerdings nicht § 1951 Abs. 3 analog, sondern § 1948 Abs. 2 analog).

9 **6. Vorausvermächtnis.** Hierzu → § 1950 Rn. 4.

10 **7. Erbeserben.** Die Ausschlagung einzelner Erbeserben ist nach § 1952 Abs. 3 zulässig.

11 **8. Anwendbarkeit des § 1949 Abs. 2.** Liegen die Voraussetzungen von § 1951 Abs. 1 oder 3 vor und schlägt der Erbe ohne Bezugnahme auf einen Erbteil aus, gilt § 1949 Abs. 2 entspr., sofern der Erbe Kenntnis vom Anfall mehrerer Erteile hat; bei gewünschter Beschränkung auf einen Erbteil ist eine Klarstellung geboten (NK-BGB/Ivo Rn. 9; MüKoBGB/Leipold Rn. 8; Staudinger/Otte, 2017, Rn. 9).

## III. Unzulässige Teilannahme bzw. -ausschlagung

12 Kein Fall des § 1951 Abs. 1 liegt vor bei § 1935 (Erbteilserhöhung), § 2094 (Anwachsung) und § 1371 Abs. 1, § 6 S. 2 LPartG (pauschaler Zugewinnausgleich durch Erbteilserhöhung), da hierdurch nicht mehrere Erbteile entstehen (→ § 1950 Rn. 7).

## § 1952 Vererblichkeit des Ausschlagungsrechts

**(1) Das Recht des Erben, die Erbschaft auszuschlagen, ist vererblich.**

**(2) Stirbt der Erbe vor dem Ablauf der Ausschlagungsfrist, so endigt die Frist nicht vor dem Ablauf der für die Erbschaft des Erben vorgeschriebenen Ausschlagungsfrist.**

**(3) Von mehreren Erben des Erben kann jeder den seinem Erbteil entsprechenden Teil der Erbschaft ausschlagen.**

### Überblick

Das Ausschlagungsrecht ist höchstpersönlich und geht nur dann auf den Erbeserben über, wenn der (Erst-)Erbe es noch nicht ausgeübt bzw. verloren hatte. Bei Mehrheit von Erbeserben ist (Teil-)Ausschlagung nur einzelner Erbeserben möglich (Abs. 3).

## I. Vererblichkeit

1 Das **Ausschlagungsrecht** ist zwar höchstpersönlich und deshalb nicht auf Dritte übertragbar (→ § 1942 Rn. 15, → § 1942 Rn. 16); es ist aber vererblich und geht nach Abs. 1 auf den **Erbeserben** über, sofern es der Ersterbe noch nicht ausgeübt bzw. verloren hatte. Bestand das Ausschlagungsrecht des Ersterben bei dessen Tod noch, kann der Erbeserbe die erste Erbschaft ausschlagen und die zweite annehmen. Nach Sinn und Zweck der Regelung soll der Erbeserbe den Zweitnachlass ohne Schulden des Erstnachlasses bekommen können (MüKoBGB/Leipold Rn. 12). Das Ausschlagungsrecht für den Erstnachlass ist Teil des Zweitnachlasses; es geht deshalb mit Ausschlagung der Zweiterbschaft für den Ausschlagenden verloren.

2 Schlägt der Erbeserbe **nur die Ersterbschaft** aus, fällt diese an den, der bei Ausschlagung des Ersterben berufen wäre (BayObLG NJW 1953, 1431 (1432); MüKoBGB/Leipold Rn. 16; Staudinger/Otte, 2017, Rn. 6). Ist dies der Erbeserbe selbst (zB als Ersatzerbe für den Ersterben oder nächster gesetzlicher Erbe des ersten Erblassers), kann so ein Zugriff von Eigengläubigern des Ersterben auf den Nachlass des ersten Erblassers umgangen werden. Die Ausschlagung der Ersterbschaft kann in diesem Fall auch steuerlich sinnvoll sein, weil das Vermögen des Erstversterbenden dann nur einmal der Erbschaftsteuer unterworfen ist und Freibeträge nach beiden Erblassern ausgenützt werden können (Staudinger/Otte, 2017, Rn. 6 mwN; Muscheler ErbR I Rn. 1103). Bei Ausschlagung der Ersterbschaft durch den Erbeserben fallen Ansprüche des Ersterben aus § 1371 Abs. 2, 3 oder § 2306 Abs. 1 in dessen Nachlass (BGH NJW 1965, 2295 (2296); MüKoBGB/Leipold Rn. 16).

Die Annahme oder die Ausschlagung nur des Erstnachlasses ist ausdrücklich und **exakt** zu formulieren. Ist dies nicht der Fall, wird in der Annahme der Ersterbschaft regelmäßig zugleich eine konkludente Annahme der Zweiterbschaft zu sehen sein (MüKoBGB/Leipold Rn. 7; Grüneberg/Weidlich Rn. 1; Erman/J. Schmidt Rn. 3; Staudinger/Otte, 2017, Rn. 2). Dagegen wird man ohne weitere Anhaltspunkte in der Ausschlagung der Ersterbschaft nicht zugleich die konkludente Annahme der Zweiterbschaft sehen können, weil der Erbeserbe damit ja nur zum Ausdruck bringt, er wolle jedenfalls einen bestimmten Teil des Zweitnachlasses (nämlich den darin enthaltenen Erstnachlass) nicht haben (zutr. MüKoBGB/Leipold Rn. 6; aA Staudinger/Otte, 2017, Rn. 2; RGRK-BGB/Johannsen Rn. 5); jedenfalls wäre eine solche konkludente Annahme anfechtbar (RGRK-BGB/Johannsen Rn. 5). § 1949 Abs. 2 gilt im Rahmen des § 1952 in Bezug auf Erst- und Zweiterbschaft nicht entspr. 3

Die Annahme oder Ausschlagung nur der Ersterbschaft verliert ihre Wirkung, wenn der Erbeserbe danach die Zweiterbschaft ausschlägt (kein Fall des § 1959 Abs. 2) (Grüneberg/Weidlich Rn. 1; MüKoBGB/Leipold Rn. 5; aA wohl RGRK-BGB/Johannsen Rn. 6; Erman/J. Schmidt Rn. 3). Hatte der Ersterbe die Erbschaft bereits wirksam angenommen oder ausgeschlagen ist für § 1952 kein Raum (OLG Brandenburg FamRZ 1999, 1461; MüKoBGB/Leipold Rn. 2), allerdings geht das Anfechtungsrecht bzgl. der Annahme oder Ausschlagung auf den Erbeserben über, sofern es zurzeit des Todes noch bestand (OLG Zweibrücken NJW-RR 2005, 8 (9)). 4

Schlägt der Erbe nur den Zweitnachlass aus, führt dies auch zum Verlust des Annahme- und Ausschlagungsrechts in Bezug auf den Erstnachlass, weil er diesen nur als Bestandteil des Erstnachlasses erhalten würde (OLG München ZEV 2020, 351; MüKoBGB/Leipold Rn. 5). 5

## II. Vor- und Nacherbschaft

**1. Erbeserbe als Vorerbe.** Ist der Erbeserbe Vorerbe, kann er den Erstnachlass mit Wirkung auch gegen den Nacherben ausschlagen (Staudinger/Otte, 2017, Rn. 11; Grüneberg/Weidlich Rn. 5; RGRK-BGB/Johannsen Rn. 8). Diese Ausschlagung ist rechtsgeschäftliche Verfügung über einen Nachlassgegenstand. § 2112 steht dem grds. nicht entgegen, weil § 2113 Abs. 2 wegen § 517 nicht anzuwenden ist (Staudinger/Otte, 2017, Rn. 11; problematisch ist hierbei freilich, dass nicht nur Schenkungen als unentgeltlich anzusehen sind, vgl. BGHZ 116, 167 = NJW 1992, 564: unbenannte Zuwendung; BGH NJW 1985, 382: teilentgeltlicher Erwerb). Entspricht die Ausschlagung nicht den Grundsätzen ordnungsgemäßer Verwaltung (praktisch nur bei Überschuldung des Nachlasses), kann ein Schadensersatzanspruch aus §§ 2130, 2131 bestehen (Grüneberg/Weidlich Rn. 5; Soergel/Stein Rn. 3; aA Staudinger/Otte, 2017, Rn. 11). 6

**2. Ersterbe als Vorerbe.** Ist der Ersterbe Vorerbe, geht das Ausschlagungsrecht auf dessen Erben und nicht auf den Nacherben über; das gilt auch, wenn der Nacherbfall der Tod des Vorerben ist (BGHZ 44, 152 = NJW 1965, 2295). Der Erbe des Vorerben kann so uU in den Nachlass des Vorerben fallende Pflichtteilsansprüche nach § 2306 Abs. 1 und Ansprüche nach § 1371 Abs. 2 und 3 generieren. Sind Ersatz(vor)erben nicht berufen, wird die Auslegung idR ergeben, dass der Nacherbe Ersatzerbe ist (vgl. § 2101 Abs. 1) (MüKoBGB/Leipold Rn. 3); ansonsten tritt gesetzliche Erbfolge ein. 7

**3. Ersterbe als Nacherbe.** Ist der Ersterbe Nacherbe, geht das Ausschlagungsrecht nur auf dessen Erben über, wenn der Nacherbfall eingetreten ist oder das Nacherbenanwartschaftsrecht nach § 2108 vererblich ist, da das Ausschlagungsrecht nur zusammen mit der Erbschaft vererblich ist und nicht losgelöst von der Erbschaft einem anderen zustehen kann (BGH NJW 1965, 2295; RG JW 1931, 1354 (1356) m. – insoweit – zust. Anm. Herzfelder). 8

## III. Frist

Hatte die Ausschlagungsfrist für den Erben begonnen, läuft sie für den Erbeserben weiter, auch wenn dieser keine Kenntnis von Anfall und Berufungsgrund (der ersten Erbschaft) hat (Grüneberg/Weidlich Rn. 2; Staudinger/Otte, 2017, Rn. 5; MüKoBGB/Leipold Rn. 9). Die Frist endet allerdings nach Abs. 2 in keinem Fall vor der für die Zweiterbschaft (vgl. BayObLG NJW 1953, 1432 für den Fall, dass die Frist für die Zweiterbschaft sechs Monate (§ 1944 Abs. 3) beträgt). War der Ersterbe vor Fristbeginn verstorben, richten sich Beginn und Dauer der Frist nur nach dem Erbeserben. 9

## IV. Teilausschlagung

10 Abs. 3 lässt die Teilausschlagung durch einen Erbeserben entgegen dem Grundsatz der §§ 1950, 2033 Abs. 2 zu. Die Ausschlagung einer überschuldeten Ersterbschaft soll nicht am Widerstand eines einzelnen Erbeserben scheitern (MüKoBGB/Leipold Rn. 12). Nur die Ausschlagung durch alle Miterben hat dieselbe Wirkung wie die Ausschlagung durch den Ersterben. Bei Ausschlagung nur einzelner Miterbeserben wächst der Erbteil (soweit kein Fall des § 2069 vorliegt) nach richtiger Ansicht den übrigen Miterbeserben an (arg. e § 1953 Abs. 2 analog – der Erblasser wird nur durch die nicht ausschlagenden Miterbeserben beerbt) (OLG Hamm FamRZ 2018, 1786 = BeckRS 2018, 10105; Grüneberg/Weidlich Rn. 3; MüKoBGB/Leipold Rn. 18; Erman/J. Schmidt Rn. 7; aA Staudinger/Otte, 2017, Rn. 8; Heinrich/Heinrich Rpfleger 1999, 201 mwN). Deshalb können bei Ausschlagung nur einzelner Miterbeserben auch keine „anteiligen" Ansprüche auf Pflichtteil (§ 2306 Abs. 1) oder Zugewinnausgleich (§ 1371 Abs. 2, 3) entstehen (MüKoBGB/Leipold Rn. 19; Grüneberg/Weidlich Rn. 4; Staudinger/Otte, 2017, Rn. 9; Erman/J. Schmidt Rn. 7; v. Olshausen FamRZ 1976, 678 (683); aA Schmid BWNotZ 1970, 82 (83); Schramm BWNotZ 1966, 34).

11 Von mehreren Miterben eines Hoferben kann nur der zur Hoferbfolge Berufene ausschlagen; Abs. 3 ist insoweit nicht anwendbar (Staudinger/Otte, 2017, Rn. 9).

## § 1953 Wirkung der Ausschlagung

**(1) Wird die Erbschaft ausgeschlagen, so gilt der Anfall an den Ausschlagenden als nicht erfolgt.**

**(2) Die Erbschaft fällt demjenigen an, welcher berufen sein würde, wenn der Ausschlagende zur Zeit des Erbfalls nicht gelebt hätte; der Anfall gilt als mit dem Erbfall erfolgt.**

**(3) [1]Das Nachlassgericht soll die Ausschlagung demjenigen mitteilen, welchem die Erbschaft infolge der Ausschlagung angefallen ist. [2]Es hat die Einsicht der Erklärung jedem zu gestatten, der ein rechtliches Interesse glaubhaft macht.**

### Überblick

Die Vorschrift regelt die Wirkung der Ausschlagung durch zwei Fiktionen: Bei wirksamer Ausschlagung gilt der Anfall beim Ausschlagenden als von Anfang an nicht erfolgt (Abs. 1), sondern als mit dem Erbfall an den Nächstberufenen angefallen (Abs. 2). Diese Rückwirkung hat entsprechende Auswirkungen auf die Stellung des vorläufigen und des endgültigen Erben.

### I. Normzweck

1 Die Vorschrift bewirkt den unmittelbaren Vonselbsterwerb des endgültigen Erben. Ein herrenloser Nachlass wird vermieden.

### II. Rückwirkung

2 § 1953 regelt die Wirkung der Ausschlagung durch zwei Fiktionen: Bei wirksamer Ausschlagung gilt der Anfall beim Ausschlagenden als von Anfang an nicht erfolgt (Abs. 1), sondern als mit dem Erbfall an den Nächstberufenen angefallen (Abs. 2). Der Ausschlagende war also zu keiner Zeit Erbe.

3 **1. Stellung des vorläufigen Erben gegenüber Dritten.** Gegenüber Dritten ist der vorläufige Erbe **Nichtberechtigter.** Verfügungen werden unwirksam, soweit nicht § 1959 Abs. 2 und 3 eingreifen oder gutgläubiger Erwerb vorliegt. Auch der Erbenbesitz (§ 857) geht rückwirkend auf den nächstberufenen Erben über. Die tatsächliche Sachherrschaft des vorläufigen Erben bleibt unberührt. Dem vorläufigen Erben ist die tatsächliche Sachherrschaft gestattet, sodass keine verbotene Eigenmacht (§ 858) vorliegt und Sachen dem endgültigen Erben nicht abhandengekommen (§ 935) sind (BGH NJW 1969, 1349, obiter dictum; Grüneberg/Weidlich Rn. 4; Staudinger/Mesina, 2017, § 1959 Rn. 14; MüKoBGB/Leipold Rn. 4; Erman/J. Schmidt Rn. 5). Zum **gutgläubigen Erwerb** vom vorläufigen Erben → § 1959 Rn. 8.

**2. Stellung des vorläufigen Erben gegenüber dem endgültigen Erben.** Gegenüber dem endgültigen Erben besteht eine **Herausgabepflicht** nach §§ 1953, 1959 Abs. 1 iVm §§ 667, 681 (nicht nach §§ 2018 ff.; der vorläufige Erbe ist nicht Erbschaftsbesitzer iS dieser Vorschriften) (Staudinger/Otte, 2017, Rn. 11; Staudinger/Mesina, 2017, § 1959 Rn. 7 mwN; MüKoBGB/Leipold § 1959 Rn. 2) und eine **Auskunftspflicht** nach §§ 1953, 1959 Abs. 1 iVm §§ 681, 666 sowie nach § 2027 Abs. 2. Im Nachlassinsolvenzverfahren kommt es für die Anfechtung von Rechtshandlungen des vorläufigen Erben wegen Gläubigerbegünstigung nach § 131 InsO aber auf die Absicht des vorläufigen, nicht des endgültigen Erben an (BGH NJW 1969, 1349 zu § 30 Nr. 2 KO; Grüneberg/Weidlich Rn. 3). Ein gegen den vorläufigen Erben ergangenes Urteil bindet den endgültigen Erben nicht, weil keine Rechtsnachfolge iSd § 265 ZPO vorliegt (BGHZ 106, 359 (364) = NJW 1989, 2885 (2886); PWW/Zimmer Rn. 5). 4

## III. Anfall an den Nächstberufenen

Der Ausschlagende wird als im Zeitpunkt des Erbfalles nicht lebend betrachtet. Stirbt der Nächstberufene nach dem Erbfall und vor der Ausschlagung hindert dies den Anfall bei diesem nicht (RGZ 61, 14 (16); MüKoBGB/Leipold Rn. 9; Staudinger/Otte, 2017, Rn. 6; Grüneberg/Weidlich Rn. 1). Der Nächstberufene ist zunächst ebenfalls nur vorläufiger Erbe (§§ 1942, 1943); die Ausschlagungsfrist (§ 1944) beginnt frühestens im Zeitpunkt der Ausschlagung, weil die Erbschaft dem Nächstberufenen erst hierdurch anfällt. 5

**1. Gesetzliche Erbfolge.** Bei gesetzlicher Erbfolge gelten die allgemeinen Regeln (vgl. §§ 1924 Abs. 3, 1925 Abs. 3, 1926 Abs. 3 und 4, 1931 Abs. 2; § 10 Abs. 2 LPartG); unter gesetzlichen Miterben kann Erhöhung (§ 1935) eintreten. 6

**2. Gewillkürte Erbfolge.** Bei gewillkürter Erbfolge sind etwaige **Ersatzerben** nächstberufen (§ 2069 (die Vermutung des § 2069 gilt aber nicht, wenn der Ausschlagende den Pflichtteil verlangt; vgl. BGHZ 33, 60 (62 f.); Gothe MittRhNotK 1998, 193 (203) mwN; RGRK-BGB/Johannsen § 2069 Rn. 8; aA MüKoBGB/Leipold § 2069 Rn. 13), §§ 2097, § 2102). Fehlt ein Ersatzerbe, kommt bei Miterben Anwachsung (§ 2094) in Betracht. Scheidet Anwachsung aus, erhalten die gesetzlichen Erben den Erbteil (§ 2088). 7

Besteht ein **gemeinschaftliches Testament** und hat der Erblasser später eine den anderen Ehegatten beschränkende Verfügung von Todes wegen errichtet, ohne das gemeinschaftliche Testament zu widerrufen (§ 2271 Abs. 1), wird diese spätere Verfügung des Erblassers durch die Ausschlagung des überlebenden Ehegatten nicht nachträglich wirksam (OLG Karlsruhe NJWE-FER 1999, 14). 8

Bei Ausschlagung des **Erbvertragserben** kann sich die Erbfolge nach einem früheren Testament des Erblassers richten, wenn dieses mit dem Erbvertrag nicht ausdrücklich oder (wofür idR Vieles sprechen dürfte) konkludent widerrufen wurde, da das Recht des Vertragserben im für § 2289 Abs. 1 maßgeblichen Zeitpunkt des Erbfalles wegen der Ausschlagung nicht beeinträchtigt ist (OLG Zweibrücken ZEV 1999, 439 für Vorversterben des Erbvertragserben; MüKoBGB/Musielak § 2289 Rn. 4). Enthält der gemeinschaftliche Erbvertrag weitere Regelungen zur Erbfolge (zB Enterbung bestimmter Abkömmlinge) bleiben diese nach Ausschlagung durch den eingesetzten Alleinerben auch dann wirksam, wenn keine Ersatzerben bestimmt worden sind (OLG Düsseldorf NJW-RR 2007, 1234 (1235); PWW/Zimmer Rn. 8). 9

Bei Ausschlagung des **Nacherben** wird der Vorerbe zum Vollerben, falls kein Ersatznacherbe bestimmt ist (§ 2142 Abs. 2) und keine Anwachsung stattfindet. Die Vermutung des § 2069 gilt auch für den als Nacherben eingesetzten Abkömmling (BGHZ 33, 60 (61); OLG Bremen NJW 1970, 1932; Grüneberg/Weidlich § 2069 Rn. 6). Bei Ausschlagung des Vorerben ist der Nacherbe idR Ersatzerbe (§ 2102 Abs. 1) (MüKoBGB/Leipold Rn. 13). 10

## IV. Weitere Wirkungen

**1. Pflichtteil.** Der Ausschlagende ist grds. nicht pflichtteilsberechtigt. Ausnahmen bestehen in den Fällen der §§ 2305, 2306 Abs. 1, § 2307 Abs. 1 und § 1371 Abs. 2 und 3, § 10 Abs. 6 LPartG. Erhält der durch Verfügung von Todes wegen bedachte Pflichtteilsberechtigte aufgrund der Ausschlagung den gesetzlichen Erbteil (§ 1948 Abs. 1) und schlägt er auch diesen aus, besteht der Pflichtteilsanspruch nur dann, wenn sich die Beschränkungen und Beschwerungen iSd § 2306 Abs. 1 auch auf den gesetzlichen Erbteil beziehen (OLG Schleswig NJW-RR 2015, 390 (391 f.); Grüneberg/Weidlich § 2306 Rn. 2). Ob mit der Ausschlagung „aus allen Berufungsgründen" dann ein Pflichtteilsverzicht verbunden ist, ist Frage des Einzelfalls und durch Auslegung zu 11 ermitteln (OLG Schleswig NJW-RR 2015, 390 (391 f.); Sachs ZEV 2010, 556 (557); aA de Leve ZEV 2015, 113 und ZEV 2010, 184 (185)). Der Anspruch auf den Zusatzpflichtteil nach § 2305 bleibt von der Ausschlagung unberührt (BGH NJW 1973, 995 (996); 1958, 1964 (1966); Grüneberg/Weidlich § 2305 Rn. 5); dasselbe gilt für den Anspruch auf Pflichtteilsergänzung nach § 2329 (BGH NJW 1973, 995 (996)). Zum Ehegatten in Zugewinngemeinschaft s. bei § 1371 (vgl. auch J. Mayer FPR 2006, 129 (131 f.); Gothe MittRhNotK 1998, 193 (205)). Diese Wirkungen bestehen nicht bei Teilausschlagung einzelner Miterbeserben nach § 1952 Abs. 3 (→ § 1952 Rn. 10).

12 **2. Eigengläubiger des Erben.** Durch die Ausschlagung wird der Nachlass dem Zugriff von Eigengläubigern des Erben entzogen. Bei wirksamer Ausschlagung entfällt die gegenüber dem ursprünglichen Erben entstandene Erbschaftsteuer mit Wirkung für die Vergangenheit und entsteht die Erbschaftsteuer in der Person des Nächstberufenen (BFH ZEV 2006, 38).

13 **3. Bindungswirkung (§§ 2271, 2298).** Mit der wirksamen Ausschlagung entfällt die Bindungswirkung von wechselbezüglichen Verfügungen im gemeinschaftlichen Testament (§ 2271 Abs. 2 S. 1; auch → § 1948 Rn. 6) bzw. vertragsmäßigen Verfügungen im Erbvertrag (§ 2298 Abs. 2 S. 3).

14 **4. Keine Schenkung.** Die Ausschlagung ist keine Schenkung (§ 517); ein Vermögenserwerb auf Grund Ausschlagung ist kein schenkungsteuerpflichtiger Erwerb vom Ausschlagenden (BFH DStR 1977, 641 (642); Troll BB 1988, 2153 (2154)), sodass durch Ausschlagung ggf. Freibeträge und Steuerklassen nach dem Erblasser besser genutzt werden können (ausf. zur Erbschaftsausschlagung als steuerrechtliches Gestaltungsmittel Wachter ZNotP 2004, 176).

## V. Mitteilungspflicht

15 Das Nachlassgericht ermittelt von Amts wegen (§ 26 FamFG) und gebührenfrei, für Auslagen gilt § 24 Nr. 9 GNotKG. Die Ausschlagungsfrist für den Nächstberufenen beginnt mit der Mitteilung nach Abs. 3, wenn dieser nicht schon zuvor Kenntnis erlangt hat. Ist der Nächstberufene unbekannt, kommen Sicherungsmaßnahmen nach §§ 1960, 1961 in Betracht. Eine Mitteilungspflicht des Ausschlagenden an den Nächstberufenen, etwa aus § 242, besteht daneben nicht (Burandt/Rojahn/Najdecki Rn. 16).

## § 1954 Anfechtungsfrist

**(1) Ist die Annahme oder die Ausschlagung anfechtbar, so kann die Anfechtung nur binnen sechs Wochen erfolgen.**

**(2) [1]Die Frist beginnt im Falle der Anfechtbarkeit wegen Drohung mit dem Zeitpunkt, in welchem die Zwangslage aufhört, in den übrigen Fällen mit dem Zeitpunkt, in welchem der Anfechtungsberechtigte von dem Anfechtungsgrund Kenntnis erlangt. [2]Auf den Lauf der Frist finden die für die Verjährung geltenden Vorschriften der §§ 206, 210, 211 entsprechende Anwendung.**

**(3) Die Frist beträgt sechs Monate, wenn der Erblasser seinen letzten Wohnsitz nur im Ausland gehabt hat oder wenn sich der Erbe bei dem Beginn der Frist im Ausland aufhält.**

**(4) Die Anfechtung ist ausgeschlossen, wenn seit der Annahme oder der Ausschlagung 30 Jahre verstrichen sind.**

### Überblick

Annahme und Ausschlagung sind als rechtsgestaltende Willenserklärungen zwar unwiderruflich, dafür aber anfechtbar (§§ 119, 120, 123, 2308). Entspr. der allgemeinen Regeln berechtigen zur Anfechtung nur Erklärungsirrtum, Inhaltsirrtum und Eigenschaftsirrtum, nicht aber der bloße Motivirrtum. Der Irrtum muss für die erfolgte Annahme oder Ausschlagung kausal gewesen sein. Anfechtungsberechtigt ist der Erbe.

## I. Anfechtbarkeit

Annahme und Ausschlagung sind gestaltende Willenserklärungen und damit nach Wirksamwerden unwiderruflich, aber anfechtbar. Der **Anfechtungsgrund** bestimmt sich alleine nach den §§ 119, 120, 123 und der Sondervorschrift des § 2308. Die Sonderregeln der §§ 1954, 1955, 1957 für Frist, Form und Wirkung der Anfechtung ändern oder erweitern die Anfechtungsgründe nicht (BGH NJW 2016, 2954 (2955)); die §§ 2078, 2079 gelten nicht (Grüneberg/Weidlich Rn. 1). Ein Irrtum über den Berufungsgrund ist Motivirrtum, der jedoch nach § 1949 Abs. 1 zur Unwirksamkeit der Annahme führt. Die Anfechtungserklärung kann wiederum anfechtbar sein (→ § 1955 Rn. 4). 1

**1. Erklärungsirrtum. a) Grundsatz.** Ein Anfechtungsgrund wegen **Irrtums in der Erklärungshandlung** (§ 119 Abs. 1 Alt. 2) liegt vor, wenn der äußere Tatbestand der Erklärung dem Willen des Erben nicht entspricht. 2

**b) Annahme durch Fristablauf.** Die Anfechtung wegen Erklärungsirrtums bei Annahme durch Ablauf der Ausschlagungsfrist (§ 1943 Hs. 2) ist möglich (→ § 1956 Rn. 3) bei hinzutretender 3

- Unkenntnis, dass für die Ausschlagung eine Frist einzuhalten ist bzw. über die Länge der Frist, oder bei Irrtum über die Rechtsfolgen des Fristablaufs (BGH NJW 2015, 2729; RGZ 143, 419 (424); OLG Rostock NJW-RR 2012, 1356; OLG Celle ZEV 2010, 365 (366); BayObLG NJW-RR 1993, 780 (781));
- Unkenntnis der Genehmigungsbedürftigkeit (bei Annahme wegen verspäteter Vorlage der familien- bzw. betreuungsgerichtlichen Genehmigung, → § 1945 Rn. 12) (BayObLG FamRZ 1983, 834);
- irrtümlicher Ansicht, die Ausschlagung bereits erklärt zu haben, zB in Unkenntnis der Formbedürftigkeit bzw. der Amtsempfangsbedürftigkeit (RGZ 143, 419 (423 f.); OLG Zweibrücken NJW-RR 2006, 1594 (1596); BayObLG NJW-RR 1994, 586);
- irrtümlicher Ansicht, Schweigen habe die Bedeutung der Ausschlagung (BayObLG NJW-RR 1994, 586; MüKoBGB/Leipold § 1956 Rn. 9).

**c) Annahme durch Erklärung.** Bei **ausdrücklich** erklärter Annahme scheidet in den vorstehenden Fällen der Irrtum in der Erklärungshandlung regelmäßig aus, ebenso bei ausdrücklicher Annahme in Unkenntnis vom Bestehen des Ausschlagungsrechts (BayObLG NJW 1988, 1270; Grüneberg/Weidlich Rn. 3; Staudinger/Otte, 2017, Rn. 4). Ein Erklärungs- oder Inhaltsirrtum liegt nicht vor, weil Wille, Bedeutung und Tragweite der Erklärung bei der Annahme nicht auseinanderfallen (RGZ 134, 195 (198); BayObLG NJW-RR 1995, 904 (906)). 4

**2. Inhaltsirrtum. a) Grundsatz.** Ein Anfechtungsgrund wegen **Irrtums über den Inhalt der Erklärung** (§ 119 Abs. 1 Alt. 1) liegt vor, wenn der äußere Tatbestand der Erklärung mit dem Willen übereinstimmt, der Erklärende aber über Bedeutung und Tragweite der Erklärung irrt. Ein Inhaltsirrtum kann insbes. auch darin gesehen werden, dass der Erklärende über wesentliche **Rechtsfolgen** seiner Willenserklärung irrt, weil das Rechtsgeschäft nicht nur die von ihm erstrebten Rechtswirkungen erzeugt, sondern auch solche, die sich davon unterscheiden. Ein derartiger Rechtsirrtum berechtigt aber nur dann zur Anfechtung, wenn das vorgenommene Rechtsgeschäft wesentlich andere als die beabsichtigten Wirkungen erzeugt; der nicht erkannte Eintritt zusätzlicher oder mittelbarer Rechtswirkungen, die zu den gewollten und eingetretenen Rechtsfolgen hinzutreten, ist kein Irrtum über den Inhalt der Erklärung mehr, sondern ein unbeachtlicher Motivirrtum (BGHZ 168, 210 = NJW 2006, 3353 (3355) zur Anfechtung der Annahme; BGH NJW 1997, 653 zum Erbverzichtsvertrag; OLG Hamm BeckRS 2016, 03142 Rn. 129). Der Irrtum des Erben muss sich auf die mit der Annahme oder Ausschlagung verbundenen Hauptwirkungen beziehen (Muscheler ErbR II Rn. 3042). Die insbes. nach der Rspr. erforderliche Abgrenzung zwischen beachtlichem Rechtsfolgenirrtum und unbeachtlichem Motivirrtum ist sehr einzelfallgeprägt (krit. dazu Ivo ErbR 2018, 674 (683 f.); Musielak ZEV 2016, 353 (355 f.)), wie die nachfolgenden Beispiele zeigen. 5

**b) Beispiele für Inhaltsirrtum.** Die Anfechtung wegen Inhaltsirrtum ist in folgenden Fällen möglich: 6

- Unkenntnis über den Wegfall des Pflichtteilsanspruches bei Erbschaftsannahme (Verlust des Wahlrechts nach § 2306 Abs. 1 ist auch für den beschwerten Alleinerben eine wesentliche Rechtsfolge) (BGHZ 168, 210 = NJW 2006, 3353; OLG Hamm ZEV 2006, 168 m. zust. Anm. Haas/Jeske; OLG Düsseldorf ZEV 2001, 109; Staudinger/Otte, 2017, Rn. 8; Keim ZEV 2003, 358 (360 f.); aA BayObLG NJW-RR 1995, 904: unbeachtlicher Motivirrtum);

- Unkenntnis über den Wegfall des Zugewinnausgleichanspruchs (§ 1371 Abs. 3, § 6 S. 2 LPartG) bei Annahme (diese Frage wird man nicht anders beurteilen können als die in BGHZ 168, 210 = NJW 2006, 3353 entschiedene Konstellation, weil auch der Verlust des Wahlrechts nach § 1371 Abs. 3 für den beschwerten oder geringfügig bedachten Ehegatten eine wesentliche Rechtsfolge ist; Muscheler ErbR II Rn. 3048; aA Kraiß BWNotZ 1992, 31 (33));
- Irrige Annahme des mit Beschwerungen eingesetzten Erben, im Fall einer Ausschlagung keinen Pflichtteilsanspruch zu haben (BGH NJW 2016, 2954) oder irrige Annahme, dass ihm trotz Vermächtnisanordnungen auch ohne Ausschlagung der Pflichtteilsanspruch in jedem Fall verbleibe (OLG Düsseldorf FGPrax 2017, 82);
- Annahme durch schlüssiges Verhalten in Unkenntnis der Ausschlagungsmöglichkeit bzw. des Verlusts des Ausschlagungsrechts (BayObLG FamRZ 1983, 1061; Staudinger/Otte, 2017, Rn. 4; MüKoBGB/Leipold Rn. 6) (nicht aber bei ausdrücklich erklärter Annahme, → Rn. 4);
- Irrtum über den Beginn des Laufs der Anfechtungsfrist (zB erst mit Erhalt des Erbscheins) (OLG Schleswig NJW-RR 2016, 330 f.; Musielak ZEV 2016, 353 (354 f.));
- irrtümliche Vorstellung, die Ausschlagung beseitige lediglich im Testament angeordnete Auflagen und der Ausschlagende werde „befreiter" gesetzlicher Erbe (OLG Düsseldorf NJW-RR 1998, 150 (151); PWW/Zimmer Rn. 4).

7 **c) Unbeachtlicher Motivirrtum.** Kein Inhaltsirrtum sondern ein unbeachtlicher Motivirrtum liegt in folgenden Fällen vor:

- der Annehmende meint, er könne trotz Annahme die Erfüllung eines Vermächtnisses bis zur Höhe des Pflichtteils verweigern (BayObLG ZEV 1998, 431 (432));
- der Ausschlagende meint, der Nächstberufene werde die Erbschaft ausschlagen bzw. annehmen (OLG Frankfurt NJW-RR 2021, 800 (801); OLG Stuttgart MDR 1983, 751; Erman/J. Schmidt Rn. 3);
- das mit der Ausschlagung verfolgte Ziel (zB Alleinerbenstellung der Ehefrau des Erblassers) wird wegen der Unwirksamkeit der Ausschlagungserklärung eines Miterben nicht erreicht (OLG München NJW 2010, 687; Burandt/Rojahn/Najdecki Rn. 20);
- der Ausschlagende irrt sich (nur) über die nächstberufene Person (str.; OLG Hamm FGPrax 2011, 236 f.; OLG Schleswig ZEV 2005, 526; OLG Düsseldorf ZEV 1997, 258 (259); Grüneberg/Weidlich Rn. 5; aA OLG Frankfurt NJW-RR 2021, 800; OLG Düsseldorf ZEV 2019, 469 (471); Becker ErbR 2021, 1012 ff.; Ivo ErbR 2018, 674 (684)); anders aber, wenn dem Ausschlagenden unbekannte weitere gesetzliche Erben vorhanden sind (OLG Düsseldorf ZEV 2018, 85 (86 f.)) oder wenn der Ausschlagende (entgegen § 1953 Abs. 2) irrig annimmt, dass mit der Ausschlagung der eigene Erbteil nur dem aufgrund gesetzlicher Erbfolge mitberufenen Miterben anfallen könne, weil dann erheblicher Rechtsfolgenirrtum vorliegt (OLG Frankfurt ZEV 2017, 515 (516); Ivo ZEV 2017, 518 f.; aA Kollmeyer ZEV 2017, 517 f.) (zur Ausschlagung zugunsten einer bestimmten Person → § 1947 Rn. 4).

8 **3. Eigenschaftsirrtum. a) Grundsatz.** Sache iSd § 119 Abs. 2 ist auch die Erbschaft (RGZ 158, 50 (52 f.); BayObLG NJW 2003, 216 (221)), sodass der Irrtum über deren **Zusammensetzung** zur Anfechtung berechtigt, wenn die Zugehörigkeit bestimmter Aktiva oder Passiva zum Nachlass als wesentlich anzusehen ist, beispielsweise die Überschuldung des Nachlasses hiervon abhängt (BGHZ 106, 359 = NJW 1989, 2885; KG NJW-RR 2004, 941 mwN; Grüneberg/Weidlich Rn. 6). Daher kann grds. auch der Irrtum über die Eigenschaft eines Nachlassgegenstandes die Anfechtung rechtfertigen. Es besteht aber kein Anfechtungsrecht, wenn ohne konkrete Vorstellungen zu einzelnen Nachlassgegenständen bei scheinbarer und/oder ungeprüfter Überschuldung des für wirtschaftlich uninteressant gehaltenen Nachlasses die Ausschlagung erklärt wird, sich der Nachlass aber später als werthaltig herausstellt (OLG Düsseldorf ErbR 2015, 91 (92); ZEV 2011, 317 (318); OLG Frankfurt BeckRS 2016, 12466; Grüneberg/Weidlich Rn. 6). Auch hier ist die Abgrenzung einzelfallgeprägt.

9 **b) Beispiele für Eigenschaftsirrtum.** Die Anfechtung wegen Eigenschaftsirrtum ist in folgenden Fällen möglich:

- Irrtum über den Bestand wesentlicher Nachlassverbindlichkeiten (zB unbekanntes Vermächtnis (BGHZ 106, 359 = NJW 1989, 2885; Staudinger/Otte, 2017, Rn. 13; Grüneberg/Weidlich Rn. 6); unbekannte Steuerschuld);
- unbekannte Überschuldung des Nachlasses auf Grund unbekannter Verbindlichkeiten (RGZ 158, 50 (51); BayObLG NJW-RR 1999, 590 (591) mwN; OLG Zweibrücken ZEV 1996, 428; Musielak ZEV 2016, 353 (354)) oder irriger Annahme, bekannte Verbindlichkeit sei verjährt (OLG München NJW-RR 2015, 1418);

- Irrtum über tatsächlichen Bestand wesentlicher Aktiva des Nachlasses (OLG Hamburg ErbR 2016, 155 (156 f.): Lebensversicherung fällt nicht in Nachlass, der deshalb überschuldet ist; OLG Düsseldorf NJW-RR 2009, 12, dort verneint; BayObLG NJW 2003, 216 (221) mwN; ZEV 1994, 105, betr. unbekanntes Immobilienvermögen im Gebiet der ehemaligen DDR);
- unbekannte werthaltige Nachlassgegenstände, die zur Werthaltigkeit des Nachlasses führen (KG FamRZ 2018, 1114 (1115); MüKoBGB/Leipold Rn. 14 mwN);
- Irrtum über Unwirksamkeit eines testamentarisch angeordneten Vermächtnisses (OLG Düsseldorf ZEV 2017, 262 (263);
- bei Erbschaftsannahme unbekannte zusätzliche Miterben (BGH NJW 1997, 392 (394));
- Irrtum über Beschränkung durch Testamentsvollstreckung (Grüneberg/Weidlich Rn. 6; PWW/Zimmer Rn. 9), durch Nacherbenfolge (OLG Hamm ZEV 2004, 286; BayObLG ZEV 1996, 425 mAnm Edenfeld) oder ggf. auch Auflage.

**c) Unbeachtlicher Motivirrtum.** Kein Eigenschaftsirrtum, sondern ein unbeachtlicher Motivirrtum liegt vor bei: 10

- bloßer Falschbewertung einzelner bekannter Nachlassgegenstände (RGZ 103, 21 (22); OLG Stuttgart FamRZ 2009, 1182 (1183) betr. Wert eines vermächtnisweise zugewandten Grundstücks; BayObLG NJW-RR 1995, 904 betr. Bauland statt Ackerland; Grüneberg/Weidlich Rn. 6);
- Irrtum über den Gesamtwert des Nachlasses und Annahme der Überschuldung ohne konkrete Vorstellungen zu einzelnen Nachlassgegenständen (OLG Düsseldorf BeckRS 2020, 38585; OLG Schleswig NJW-RR 2016, 330; OLG Rostock NJW-RR 2012, 1356 (1357); OLG Hamm BeckRS 2011, 20397);
- Nachträgliche unerwartete Wertsteigerung einzelner Nachlassgegenstände (OLG Frankfurt Rpfleger 1991, 368; Staudinger/Otte, 2017, Rn. 14, jeweils betr. Immobilienvermögen in der ehemaligen DDR nach der Wiedervereinigung);
- nachträglicher Wegfall der Überschuldung durch Erlass oder Verjährenlassen von Nachlassverbindlichkeiten nach wirksamer Ausschlagung (BayObLG NJW 2003, 216 (221) mAnm Ivo; LG Berlin NJW 1975, 2104; PWW/Zimmer Rn. 11);
- Irrtum über die Höhe der Erbschaftsteuer (KG NJW 1969, 191);
- nachträgliches Bekanntwerden steuerlich günstigerer Gestaltungsmöglichkeiten (OLG Frankfurt BeckRS 2010, 19148; Erman/J. Schmidt Rn. 6).

**d) Eigenschaft der Person.** Der Irrtum über Eigenschaften der Person des Erblassers, der bekannten Miterben oder der Nachlassgläubiger rechtfertigen die Anfechtung nach richtiger Ansicht nicht, weil sich Annahme und Ausschlagung nur auf die Erbschaft bzw. den Nachlass als solchen beziehen (zutr. MüKoBGB/Leipold Rn. 16 mwN; aA Kraiß BWNotZ 1992, 31 (33)). 11

## II. Ursächlichkeit des Irrtums

Ein Irrtum berechtigt zur Anfechtung nur, wenn ohne Irrtum statt Annahme die Ausschlagung erklärt worden wäre oder umgekehrt (BayObLGZ 1983, 9 (12); MüKoBGB/Leipold Rn. 17). Bei dieser Beurteilung hat das wirtschaftliche Ergebnis besonderes Gewicht (MüKoBGB/Leipold Rn. 17; Ivo ErbR 2018, 674 (685); s. hierzu BVerfG Rpfleger 1995, 110: bei Ausschlagung im Jahre 1964 wegen irrtümlich angenommener Enteignung von DDR-Grundstücken und Überschuldung des restlichen Nachlasses keine Kausalität, weil auch ohne Irrtum wegen fehlender Zugriffsmöglichkeit ausgeschlagen worden wäre; vgl. auch BGH NJW 1988, 2597 (2599): Anfechtung eines Kaufvertrags). Die Ursächlichkeit bei einer unbekannten Verbindlichkeit ist zu verneinen, wenn unter Berücksichtigung dieser Verbindlichkeit ein wesentlicher Reinnachlass verbleibt (BayObLG NJW-RR 1999, 590). 12

## III. Anfechtungsfrist

Die Anfechtungsfrist beträgt sechs Wochen (Abs. 1), bei Auslandsberührung sechs Monate (Abs. 3). § 1954 geht den §§ 121, 124 als Spezialvorschrift vor. Die Anfechtungsfrist ist im Wesentlichen wie die Ausschlagungsfrist geregelt (s. deshalb bei § 1944). Auch hier ist für den Fristbeginn grds. **positive Kenntnis** des Anfechtungsgrundes erforderlich; fahrlässige Unkenntnis oder bloße Verdachtsmomente genügen nicht (Grüneberg/Weidlich Rn. 7; BeckOGK/Heinemann Rn. 86). Sichere Gewissheit ist nicht erforderlich, es genügt die positive Kenntnis der maßgeblichen Tatsachen und die Erkenntnis, dass diese den geltend gemachten Anfechtungsgrund begründen können (OLG Hamburg NJW-RR 2021, 391 (393) mwN; KG NJW-RR 2004, 941 (942 f.); Grüneberg/ 13

Weidlich Rn. 7). Diese Kenntnis kann sich auch aus den Gründen eines nicht rechtskräftigen Urteils ergeben (BayObLG NJW-RR 1998, 797; MüKoBGB/Leipold Rn. 22). § 1944 Abs. 2 S. 1 gilt nicht entspr., weshalb es für den Fristbeginn allein auf die Kenntnis vom Anfechtungsgrund und nicht auch auf den Ablauf der Anfechtungsfristen für etwa vorrangig berufene Erben ankommt (KG NJW-RR 2004, 941 (942 f.)). Bei Drohung beginnt die Frist mit Ende der Zwangslage (Abs. 2 S. 1 Alt. 1). Hemmung ist entspr. §§ 206, 210, 211 möglich (Abs. 2 S. 2). Die Höchstfrist beträgt 30 Jahre (Abs. 4).

## IV. Anfechtungsberechtigung

14 Das Anfechtungsrecht steht wie das Recht, die Annahme oder Ausschlagung zu erklären, nur dem Erben zu (→ § 1942 Rn. 15, → § 1942 Rn. 16). Für geschäftsunfähige und beschränkt geschäftsfähige Erben → § 1945 Rn. 10 f. Gewillkürte Stellvertretung ist zulässig (→ § 1943 Rn. 3); für den Fristbeginn (Abs. 2 S. 1) kann die Kenntnis eines Bevollmächtigten genügen, wenn die Vollmacht auch die Regelung der Erbschaftsangelegenheiten umfasst (OLG Celle ZEV 2010, 365 (366); KG NJW-RR 2004, 801; Staudinger/Otte, 2017, Rn. 21, zutr. auch zur Differenzierung zu § 1944 Abs. 2 S. 1). Die Annahme durch den gesetzlichen Vertreter kann der Erbe mit Erreichen der Volljährigkeit selbst anfechten, wenn der Anfechtungsgrund in der Person des Vertreters vorlag (§ 166 Abs. 1) (OLG Karlsruhe NJW-RR 1995, 1349 betr. arglistige Täuschung eines Elternteils; PWW/Zimmer Rn. 17). Das Anfechtungsrecht ist entspr. § 1952 vererblich (MüKoBGB/Leipold Rn. 20; Grüneberg/Weidlich Rn. 2).

## § 1955 Form der Anfechtung

**[1]Die Anfechtung der Annahme oder der Ausschlagung erfolgt durch Erklärung gegenüber dem Nachlassgericht. [2]Für die Erklärung gelten die Vorschriften des § 1945.**

### Überblick

Die Rechtswirkungen der Anfechtung betreffen alle Beteiligten, weshalb die Anfechtungserklärung gegenüber dem Nachlassgericht und nicht nur gegenüber dem Adressaten der Annahme- oder Ausschlagungserklärung erfolgen muss.

## I. Normzweck

1 Die Vorschrift dient wie § 1945 der **Rechtssicherheit** aller Beteiligten. Die Anfechtung ist amtsempfangsbedürftige Willenserklärung, die gegenüber dem Nachlassgericht (zur Zuständigkeit: §§ 343, 344 Abs. 7 FamFG) abgegeben werden muss. Sie ist als gestaltende Willenserklärung (und auf Grund § 1957 Abs. 1, § 1947) bedingungs- und befristungsfeindlich. Das Nachlassgericht teilt die Anfechtung mit (§ 1957 Abs. 2). Die Anfechtung ist mit Zugang unwiderruflich. Zur **Form** der Erklärung bzw. einer diesbezüglichen Vollmacht → § 1945 Rn. 3 ff.

## II. Inhalt

2 Die Anfechtungserklärung muss zwar grds. nicht inhaltlich begründet werden (OLG Schleswig NJW-RR 2016, 330; BayObLG ZEV 1994, 105 (106); Grüneberg/Weidlich Rn. 2), erforderlich ist jedoch, dass für das Nachlassgericht zumindest in groben Zügen erkennbar ist, auf welchen Lebenssachverhalt die Anfechtung gestützt ist (s. allg. § 143) (so unausgesprochen auch BGH NJW-RR 2016, 198 (199): sonst hätte dort ein Nachschieben von Gründen nicht als neue – verspätete – Anfechtungserklärung gewürdigt werden können; MüKoBGB/Leipold Rn. 3; zurückhaltender Staudinger/Otte, 2017, Rn. 3), wobei hierzu nachgeschobene konkretisierende Erläuterungen zu berücksichtigen sind (KG FamRZ 2018, 1114 (1115)). Das Nachlassgericht prüft von Amts wegen (§ 26 FamFG) nur die geltend gemachten Gründe (BGH NJW-RR 2016, 198 (199); BayObLG ZEV 1994, 105 (106)). Ein Nachschieben von neuen Gründen ist erneute Anfechtungserklärung, deren Rechtzeitigkeit nach dem Zeitpunkt ihrer (formgerechten) Abgabe zu beurteilen ist (BGH NJW-RR 2016, 198; NJW 1966, 39; OLG Düsseldorf BeckRS 2016, 19189; PWW/Zimmer Rn. 5). Der Inhalt der Erklärung ist durch Auslegung (§ 133) zu ermitteln (BGH NJW-RR 2016, 198 (199); BayObLG NJW-RR 1995, 904 (905); MüKoBGB/Leipold Rn. 3), das Wort „Anfechtung“ muss deshalb nicht fallen. Ergeben sich aus der Erklärung aber

keine Anhaltspunkte für einen Anfechtungswillen, rechtfertigt allein die objektive Zweckmäßigkeit es noch nicht, eine Ausschlagung zugleich als Anfechtung der Annahme auszulegen (OLG Karlsruhe ZEV 2007, 380 (381); OLG Zweibrücken NJW-RR 2006, 1594 (1596); BayObLG NJW-RR 1993, 780 (781)). Den Anfechtenden treffen wie auch den Ausschlagenden unbeschadet der Amtsermittlung (§ 26 FamFG) Mitwirkungspflichten (§ 27 FamFG), kommt er diesen nicht nach, kann die Anfechtung als unbegründet oder verfristet zu behandeln sein (OLG Düsseldorf NJW-RR 2013, 842 (844)).

## III. Gerichtliche Genehmigung

Bedarf die Ausschlagung der Genehmigung des Familien- bzw. Betreuungsgerichts (→ § 1945 Rn. 11), gilt dies auch für die Anfechtung der Annahme (§ 1957 Abs. 1) (BayObLG FamRZ 1983, 834 (835); MüKoBGB/Leipold Rn. 6). Die für die Ausschlagung erteilte Genehmigung ist für die Anfechtung der Annahme ausreichend (RGZ 143, 419 (424); BayObLG FamRZ 1983, 834 (835)). Die Anfechtung der Ausschlagung bedarf dagegen nicht der Genehmigung. 3

## IV. Anfechtung der Anfechtungserklärung

Die Anfechtungserklärung kann ihrerseits wegen Irrtums angefochten werden (BGH NJW 2015, 2729; OLG Hamm NJW-RR 2009, 1664; MüKoBGB/Leipold Rn. 5; Musielak ZEV 2016, 353 (354)), uU auch wegen Unkenntnis der Rechtswirkung des § 1957 Abs. 1 (Vorstellung, die Anfechtung habe nur negative Wirkung), weil es sich hierbei um eine wesentliche Rechtsfolge handelt (MAH ErbR/Malitz, 5. Aufl. 2018, § 22 Rn. 65; Staudinger/Otte, 2017, § 1957 Rn. 6; aA MüKoBGB/Leipold § 1957 Rn. 1). Für diese Anfechtung der Anfechtungserklärung der Annahme oder Ausschlagung der Erbschaft sowie der Versäumung der Ausschlagungsfrist (§ 1956) gelten die Fristen des § 121 und nicht diejenigen des § 1954 (BGH NJW 2015, 2729 f.; Muscheler ErbR II Rn. 3065; Grüneberg/Weidlich Rn. 1; aA Soergel/Stein § 1954 Rn. 12), was jedenfalls vor dem Hintergrund des Gebots der Schaffung von Rechtssicherheit (Klärung der Rechtsnachfolge nach bereits erfolgter Anfechtung) gerechtfertigt ist. Für die Form gilt auch hier §§ 1955, 1945. 4

## § 1956 Anfechtung der Fristversäumung

**Die Versäumung der Ausschlagungsfrist kann in gleicher Weise wie die Annahme angefochten werden.**

### Überblick

Die Vorschrift ergänzt die Regelungen zur Annahme der Erbschaft durch Fristablauf (§§ 1943, 1944).

Die Annahme auf Grund Fristablaufs (§ 1943 Hs. 2) ist wie die Erklärung der Annahme anfechtbar; der objektive Erklärungswert der Fristversäumung tritt an die Stelle der Willenserklärung (OLG Zweibrücken NJW-RR 2006, 1594 (1596); BayObLG NJW-RR 1994, 586). Die erforderliche Ursächlichkeit eines Irrtums ist gegeben, wenn der Erbe bei Kenntnis und verständiger Würdigung des Sachverhaltes die Erbschaft ausgeschlagen hätte. 1

Frist, Form und Wirkung sind die der Anfechtung der Annahme (§§ 1954, 1955, 1957). Eine für die Ausschlagung erteilte familien- oder betreuungsgerichtliche Genehmigung umfasst die Anfechtung der Versäumung der Ausschlagungsfrist (RGZ 143, 419 (424); OLG Celle NJW-RR 2013, 582; PWW/Zimmer Rn. 6). 2

Einzelfälle (vgl. auch → § 1954 Rn. 3): 3

- Unkenntnis von der Ausschlagungsmöglichkeit als solcher oder irrige Annahme bereits wirksam ausgeschlagen zu haben (zB bei Formunwirksamkeit oder fehlender Genehmigung) bzw. bloßes Schweigen genüge als Ausschlagung (RGZ 143, 419 (424); OLG Jena MDR 2011, 790; OLG Zweibrücken NJW-RR 2006, 1594 (1596); Grüneberg/Weidlich Rn. 2);
- Irrtum über Existenz, Beginn, Dauer oder ggf. auch Rechtsfolgen der Ausschlagungsfrist (Muscheler ErbR II Rn. 3058 mwN);
- fehlende Kenntnis des neuen gesetzlichen Vertreters (BayObLG NJW-RR 1994, 586) bzw. des geschäftsfähig gewordenen Erben vom Fristbeginn (Anfall und Berufungsgrund; → § 1944 Rn. 9);

- unwirksame Teilausschlagung (→ § 1950 Rn. 7; → § 1951 Rn. 12);

4 Zu weiteren Anfechtungskonstellationen ausf. bei § 1954. Die Anfechtung der Anfechtungserklärung ist grds. möglich (→ § 1955 Rn. 4); die Anfechtung der Versäumung der Anfechtungsfrist des § 1956 dürfte dagegen nicht in Betracht kommen (str.) (OLG Naumburg MittRhNotK 1992, 315; MüKoBGB/Leipold Rn. 11; Erman/J. Schmidt Rn. 1; aA BayObLGZ 1983, 9 (13); BeckOGK/Heinemann Rn. 27). Eine Wiedereinsetzung in die Versäumung der Anfechtungsfrist durch das Nachlassgericht scheidet aus, weil es sich hierbei um eine materielle Ausschlussfrist handelt (OLG Jena ErbR 2016, 161 (163)).

## § 1957 Wirkung der Anfechtung

**(1) Die Anfechtung der Annahme gilt als Ausschlagung, die Anfechtung der Ausschlagung gilt als Annahme.**

**(2) [1]Das Nachlassgericht soll die Anfechtung der Ausschlagung demjenigen mitteilen, welchem die Erbschaft infolge der Ausschlagung angefallen war. [2]Die Vorschrift des § 1953 Abs. 3 Satz 2 findet Anwendung.**

### Überblick

Die Vorschrift regelt Wirkung und Rechtsfolgen der Anfechtung der Annahme bzw. Ausschlagung der Erbschaft.

### I. Wirkung

1 Die Anfechtung bewirkt über die Nichtigkeit der angefochtenen Erklärung (§ 142 Abs. 1) hinaus die **gesetzliche Fiktion** der gegenteiligen Erklärung, auch bei Anfechtung der Fristversäumnis (§ 1956). Ein nochmaliger Schwebezustand wird somit vermieden. Wegen der Wirkung nach Abs. 1 müssen bei der Anfechtung der Annahme alle Voraussetzungen einer wirksamen Ausschlagung (zB familien- oder betreuungsgerichtliche Genehmigung) erfüllt sein. Die Anfechtung ist ihrerseits anfechtbar (→ § 1955 Rn. 4).

### II. Rechtsfolgen

2 Nach Anfechtung der Ausschlagung wird die Erbenstellung (vom Erbfall an) wiederhergestellt. Dem Erben steht der Anspruch nach **§ 2018** gegenüber dem Erbschaftsbesitzer zu (MüKoBGB/Leipold Rn. 2; Staudinger/Otte, 2017, Rn. 5; PWW/Zimmer Rn. 5; aA Soergel/Stein Rn. 2). Der Anfechtende ist nach § 122 Dritten, die auf die Wirksamkeit der Annahme oder Ausschlagung vertrauten, zum Ersatz des **Vertrauensschadens** verpflichtet (Grüneberg/Weidlich Rn. 2; Staudinger/Otte, 2017, Rn. 4; RGRK-BGB/Johannsen § 1954 Rn. 6; krit. MüKoBGB/Leipold Rn. 4). Das Interesse an der Wirksamkeit der angefochtenen Erklärung stellt die Schadenshöchstgrenze dar (Burandt/Rojahn/Najdecki Rn. 4). Der Notar oder Rechtsberater hat auf die mögliche Ersatzpflicht nach § 122 hinzuweisen (Kraiß BWNotZ 1992, 31 (35)).

### III. Mitteilungspflicht

3 Die Mitteilungspflicht entspricht § 1953 Abs. 3 S. 1; § 1953 Abs. 3 S. 2 gilt entspr. Bei Anfechtung der Annahme beginnt die Frist zur Ausschlagung für den Nächstberufenen spätestens mit Zugang der Mitteilung.

## § 1958 Gerichtliche Geltendmachung von Ansprüchen gegen den Erben

**Vor der Annahme der Erbschaft kann ein Anspruch, der sich gegen den Nachlass richtet, nicht gegen den Erben gerichtlich geltend gemacht werden.**

### Überblick

Die Vorschrift verschafft dem vorläufigen Erben in der Schwebezeit einen Schutz vor Passivprozessen.

## I. Normzweck

§ 1958 verschafft dem vorläufigen Erben in der Schwebezeit einen Schutz vor Passivprozessen; er wird von der Prozessführung über Erblasser- und Erbfallschulden freigestellt. Der vorläufige Erbe soll die Ausschlagungsfrist als **Überlegungsfrist** nutzen können. Daneben sollen für den Fall der Ausschlagung nutzlose Verfahren vermieden werden. Bis zur Annahme ist die Verjährung gehemmt (§ 211). 1

## II. Verfahrensrechtliche Besonderheiten in der Schwebezeit

**1. Geltendmachung im Prozess.** Eine gegen den vorläufigen Erben erhobene Klage ist **mangels Prozessführungsbefugnis** unzulässig (Grüneberg/Weidlich Rn. 1; MüKoBGB/Leipold Rn. 10; Staudinger/Mesina, 2017, Rn. 3; aA RGZ 60, 179 (181): Passivlegitimation). Maßgeblich ist der Zeitpunkt der letzten mündlichen Verhandlung. Die Annahme ist von Amts wegen zu beachtende Zulässigkeitsvoraussetzung, auch wenn sich der vorläufige Erbe nicht darauf beruft; die Beweislast obliegt dem Kläger (MüKoBGB/Leipold Rn. 11 f. mwN; RGRK-BGB/Johannsen § 1943 Rn. 15). § 1958 gilt auch für die Widerklage, Arrest (RGZ 60, 179; PWW/Zimmer Rn. 6) und einstweilige Verfügung und ist entspr. anzuwenden auf Verfahren im Rahmen der freiwilligen Gerichtsbarkeit (wenn Ansprüche iSd § 1958 geltend gemacht werden) (Staudinger/Mesina, 2017, Rn. 11; MüKoBGB/Leipold Rn. 5; Planck/Flad, 4. Aufl. 1928, Anm. 7 mBsp). Eine negative Feststellungsklage des vorläufigen Erben über ein gegen den Nachlass gerichtetes Recht ist entspr. § 1958 unzulässig (MüKoBGB/Leipold Rn. 5; allerdings wird man in einer vorbehaltlosen Klageerhebung durch den vorläufigen Erben regelmäßig die konkludente Annahme zu sehen haben, was dann die Anwendung des § 1958 ausschließt). Nachträgliche Anfechtung der Annahme macht die ursprünglich zulässige Klage nicht unzulässig (BGH NJW 2012, 1653 (1655)), sondern unbegründet. In der **vorbehaltlosen Einlassung** auf Passivprozesse, Führung von Aktivprozessen oder Verfahrensaufnahme (§ 239 Abs. 1 ZPO) wird idR die Annahme der Erbschaft durch schlüssiges Verhalten zu sehen sein (→ § 1943 Rn. 7) (Grüneberg/Weidlich Rn. 1; PWW/Zimmer Rn. 9); nicht aber wenn es sich insoweit um eine erforderliche Fürsorgemaßnahme in Bezug auf den Nachlass handelt (zB Räumungsklage gegen „Mietnomaden"). 2

Die Geltendmachung eines Anspruchs gegen den Nachlass im Aktivprozess des vorläufigen Erben durch **Zurückbehaltungsrecht** wird durch § 1958 nicht beschränkt; auch die **Aufrechnung** mit einem Anspruch gegen den Nachlass ist grds. zulässig (vgl. iÜ → § 1959 Rn. 12) (MüKoBGB/Leipold Rn. 6). 3

Der vorläufige Erbe ist zur Fortführung eines durch Tod des Erblassers unterbrochenen Prozesses berechtigt aber nicht verpflichtet (§ 239 Abs. 5 ZPO). 4

**2. Zwangsvollstreckung.** Für die Zwangsvollstreckung bestehen Spezialvorschriften in den §§ 778 ff., 928 ZPO, § 175 ZVG. § 1958 steht der Klauselerteilung oder -umschreibung (§ 727 ZPO) gegen den vorläufigen Erben entgegen (Stein/Jonas/Münzberg ZPO § 727 Rn. 24 mwN; MüKoBGB/Leipold Rn. 7; Grüneberg/Weidlich Rn. 2), der sich hiergegen mittels § 732 ZPO bzw. § 768 ZPO wehren kann. 5

**3. Außergerichtliche Geltendmachung.** Die außergerichtliche Geltendmachung von Ansprüchen und Rechten (Aufrechnung, Zurückbehaltung, Mahnung, Kündigung, Anfechtung, Rücktritt, Genehmigung) wird durch § 1958 nicht beschränkt (vgl. § 1959 Abs. 3) (Grüneberg/Weidlich Rn. 4; PWW/Zimmer Rn. 14). Bis zur Annahme gerät der Erbe aber nicht in Schuldnerverzug (RGZ 79, 201 (203); MüKoBGB/Leipold Rn. 18, § 1959 Rn. 6; Grüneberg/Weidlich Rn. 4; Staudinger/Mesina, 2017, Rn. 6); der zum Zeitpunkt des Erbfalls bereits bestehende Verzug bleibt unberührt. 6

## III. Ausnahmen

§ 1958 gilt nicht bei Testamentsvollstreckung (§ 2213 Abs. 2), Nachlassverwaltung (§ 1984 Abs. 1 S. 3) oder Nachlasspflegschaft (§ 1960 Abs. 3). Will ein Nachlassgläubiger Klage erheben oder in den Nachlass vollstrecken (§ 778 Abs. 1 ZPO), kann er Nachlasspflegschaft beantragen (→ § 1961 Rn. 3). Die Eröffnung des Nachlassinsolvenzverfahrens ist schon vor der Annahme zulässig (§ 316 InsO). 7

## § 1959 Geschäftsführung vor der Ausschlagung

**(1) Besorgt der Erbe vor der Ausschlagung erbschaftliche Geschäfte, so ist er demjenigen gegenüber, welcher Erbe wird, wie ein Geschäftsführer ohne Auftrag berechtigt und verpflichtet.**

**(2) Verfügt der Erbe vor der Ausschlagung über einen Nachlassgegenstand, so wird die Wirksamkeit der Verfügung durch die Ausschlagung nicht berührt, wenn die Verfügung nicht ohne Nachteil für den Nachlass verschoben werden konnte.**

**(3) Ein Rechtsgeschäft, das gegenüber dem Erben als solchem vorgenommen werden muss, bleibt, wenn es vor der Ausschlagung dem Ausschlagenden gegenüber vorgenommen wird, auch nach der Ausschlagung wirksam.**

### Überblick

Die Vorschrift regelt das Rechtsverhältnis zwischen vorläufigem und endgültigem Erben sowie die Frage der Wirksamkeit von Verfügungen, die der vorläufige Erbe vor der Ausschlagung über Nachlassgegenstände vorgenommen hat. Da der Erbe (was sich mittelbar auch aus § 1960 ergibt) vor der Annahme der Erbschaft nicht zur Nachlassfürsorge verpflichtet ist, handelt er insoweit wie ein auftragloser Geschäftsführer, weshalb der Rechtsfolgenverweis auf §§ 676 ff. konsequent ist.

### I. Normzweck

1 Durch Ausschlagung oder Anfechtung der Annahme (§ 1957 Abs. 1) entfällt die Verfügungsberechtigung des vorläufigen Erben mit Rückwirkung zum Erbfall (§ 1953 Abs. 1). § 1959 regelt das Rechtsverhältnis zwischen vorläufigem und endgültigem Erben (Abs. 1) sowie endgültigem Erben und Dritten (Abs. 2 und 3). Eine Verpflichtung des vorläufigen Erben zur Nachlassverwaltung besteht grds. nicht, er ist jedoch zu Fürsorgemaßnahmen berechtigt (MüKoBGB/Leipold Rn. 1; Staudinger/Mesina, 2017, Rn. 4; Erman/J. Schmidt Rn. 1). Notfalls ist die Nachlassfürsorge gem. § 1960 Aufgabe des Nachlassgerichts.

2 Der vorläufige Erbe ist weder Vertreter noch Erfüllungs- oder Verrichtungsgehilfe des endgültigen Erben (BGH VersR 1956, 147 (149): keine „Vertreter- oder vertreterähnliche Stellung"; MüKoBGB/Leipold Rn. 1). Es gibt auch keinen Grundsatz, das Verhalten des vorläufigen Erben dem endgültigen zuzurechnen (vgl. BGH VersR 1956, 147 (149): bei Versicherung des Erblassers wird eine Obliegenheitsverletzung durch den vorläufigen Erben den endgültigen Erben nicht zugerechnet; der vorläufige Erbe ist deshalb auch nicht Repräsentant des endgültigen Erben als Versicherungsnehmer).

### II. Rechtsverhältnis zwischen vorläufigem und endgültigem Erben

3 **1. Abs. 1.** Der Begriff der Besorgung erbschaftlicher Geschäfte ist weit auszulegen und umfasst alle Rechtsgeschäfte und tatsächliche Handlungen, die sich auf den Nachlass beziehen (MüKoBGB/Leipold Rn. 3; Burandt/Rojahn/Najdecki Rn. 2). Der vorläufige Erbe hat nach § 1959 Abs. 1, § 677 die Interessen des endgültigen Erben zu wahren und dessen wirklichen oder mutmaßlichen Willen zu berücksichtigen (OLG Celle MDR 1970, 1012 (1013); Grüneberg/Weidlich Rn. 2; PWW/Zimmer Rn. 3). Die Vorschriften der Geschäftsführung ohne Auftrag (§§ 677 ff.) sind auch dann anzuwenden, wenn sich der vorläufige Erbe irrtümlich für den endgültigen hält; § 687 Abs. 1 ist nicht anwendbar (Erman/J. Schmidt Rn. 2; Planck/Flad, 4. Aufl. 1928, Anm. 3). Die Ansprüche des endgültigen gegen den vorläufigen Erben aus §§ 681, 666 (Auskunft), § 667 (Herausgabe) und § 678 (Schadensersatz) gehören zum Nachlass (OLG Celle MDR 1970, 1012 (1013); Grüneberg/Weidlich Rn. 2; Erman/J. Schmidt Rn. 4). Der Aufwendungsersatzanspruch des vorläufigen Erben (§ 683) ist Nachlassverbindlichkeit (§ 1967 Abs. 2). Ansprüche aus § 1959 Abs. 1 unterliegen der Regelverjährung (§§ 195, 199).

4 Abs. 1 berechtigt den vorläufigen Erben über Abs. 2 hinaus nicht zu Verfügungen über Nachlassgegenstände. Ein Aufwendungsersatzanspruch entsteht diesbezüglich nicht bei Fehlen des Merkmals der Unaufschiebbarkeit der Verfügung im Interesse des Nachlass, weil dieses insoweit an die Stelle des wirklichen oder mutmaßlichen Willens des Geschäftsherrn iSd § 683 S. 1 tritt (OLG Düsseldorf ZEV 2000, 64 (66)).

**2. Konkurrierende Ansprüche.** Die §§ 2018 ff. sind nicht anzuwenden, da der vorläufige Erbe das Erbrecht bei Erlangung des Erbschaftsbesitzes hatte; die Surrogation nach § 2019 gilt nicht (Staudinger/Mesina, 2017, Rn. 7; MüKoBGB/Leipold Rn. 2). Der Auskunftsanspruch aus § 2027 Abs. 2 besteht aber grds. neben § 1959 Abs. 1, §§ 681, 666 (vgl. iÜ ausf. zu den Auskunftspflichten des vorläufigen Erben gegenüber dem endgültigen Erben Sarres ZEV 1999, 216). Bis zur Ausschlagung ist der Erbe berechtigter Besitzer, sodass Ansprüche aus §§ 987 ff. ausscheiden (MüKoBGB/Leipold Rn. 2; BeckOGK/Heinemann Rn. 57). Bereicherungsrechtliche oder deliktische Ansprüche gegen den vorläufigen Erben entstehen im Rahmen berechtigter Geschäftsführung iSd § 683 keine, weil hierin ein Rechts- bzw. rechtfertigender Grund zu sehen ist. 5

## III. Verfügung über Nachlassgegenstände

**1. Abs. 2.** Verfügung ist ein Rechtsgeschäft, durch das ein bestehendes Recht übertragen, aufgehoben, belastet oder sonst inhaltlich verändert wird (zB Erfüllung, Abtretung, Erlass von Forderungen; Ausübung von Gestaltungsrechten wie Aufrechnung, Rücktritt, Anfechtung, Kündigung). **Unaufschiebbare Verfügungen** sind nach Abs. 2 wirksam; auf den guten Glauben eines Erwerbers kommt es nicht an. Für die Beurteilung der Dringlichkeit sind die objektiven wirtschaftlichen Verhältnisse im Zeitpunkt der Verfügung entscheidend (OLG Düsseldorf ZEV 2000, 64 (65); MüKoBGB/Leipold Rn. 6 – Schulbeispiel: Veräußerung verderblicher Ware; praktische Beispiele: Veräußerung von Wertpapieren wegen drohendem Kursverlust; Kündigung von „Mietnomaden"; Erfüllung unstreitiger Forderung gegen Nachlass zur Vermeidung des Zahlungsverzugs). Nicht eilige Verfügungen sind wirksam bei gutgläubigem Erwerb (→ Rn. 8) oder Genehmigung durch den endgültigen Erben (§ 185 Abs. 2). 6

Nach richtiger Ansicht fällt auch die **Annahme einer Leistung** als Erfüllung einer Nachlassforderung unter Abs. 2, da hierin zugleich eine Verfügung über die zugrunde liegende Nachlassforderung zu sehen ist, weil diese erlischt (str.) (Staudinger/Mesina, 2017, Rn. 11; Grüneberg/Weidlich Rn. 3; RGRK-BGB/Johannsen Rn. 12; v. Lübtow ErbR II 750; Planck/Flad, 4. Aufl. 1928, Anm. 5; diff. Muscheler ErbR II Rn. 3089–3092: § 1959 Abs. 3 analog; aA MüKoBGB/Leipold Rn. 11; Kipp/Coing ErbR § 90 III 3c). Die Dringlichkeit iSd Abs. 2 („nicht ohne Nachteil für den Nachlass") ist bei fälligen Forderungen zu bejahen, da bei Nichtannahme Gläubigerverzug einträte (§ 293) (Staudinger/Mesina, 2017, Rn. 11; RGRK-BGB/Johannsen Rn. 12; Planck/Flad, 4. Aufl. 1928, Anm. 5). 7

**2. Gutgläubiger Erwerb.** Verfügungen über **nicht zum Nachlass gehörende Gegenstände** fallen nicht unter Abs. 2. In diesem Fall ist gutgläubiger Erwerb auf Grund der §§ 892, 893, 932 ff., 1032, 1207, 2366 möglich. Die §§ 892, 893 und § 2366 kommen praktisch nur bei Anfechtung der Annahme (§ 1957) in Betracht, da mit dem Antrag auf Grundbuchberichtigung bzw. Erbscheinserteilung stillschweigend die Annahme erklärt wird (→ § 1943 Rn. 7). Der Erwerber muss auch hinsichtlich der Endgültigkeit der Erbenstellung gutgläubig sein (→ § 2366 Rn. 12) (MüKoBGB/Leipold Rn. 8). Gutgläubiger Erwerb ist ausgeschlossen, wenn der Erwerber wusste (bzw. im Fall des § 932 Abs. 2 grob fahrlässig nicht wusste), dass der vorläufige Erbe noch ausschlagen oder die Annahme anfechten konnte (Staudinger/Mesina, 2017, Rn. 13, 15; MüKoBGB/Leipold Rn. 8; Burandt/Rojahn/Najdecki Rn. 8). Der rückwirkende Übergang des Erbenbesitzes (§ 857) auf den nächstberufenen Erben hat nicht zur Folge, dass eine bewegliche Nachlasssache abhandengekommen ist (→ § 1953 Rn. 3). 8

Bei gutgläubigem Erwerb ist der **endgültige Erbe** auf die Ansprüche aus Abs. 1 sowie Delikts- oder Bereicherungsrecht beschränkt. 9

**3. Grenzen des Anwendungsbereichs von Abs. 2.** § 1959 Abs. 2 gilt nicht für **Verpflichtungsgeschäfte.** Der vorläufige Erbe kann den endgültigen Erben nicht wirksam schuldrechtlich verpflichten, das Verpflichtungsgeschäft bleibt grds. zwischen dem vorläufigen Erben und dem Dritten bestehen (Staudinger/Mesina, 2017, Rn. 12; BeckOGK/Heinemann Rn. 64, 93 f.; MüKoBGB/Leipold Rn. 6; aA Bertzel AcP 158 (1959/60), 107 (119)); für arbeits- und gesellschaftsrechtliche Sachverhalte wird aber teilweise eine entsprechende Anwendung des Abs. 2 bzw. Abs. 3 befürwortet (vgl. die Nachweise bei BeckOGK/Heinemann Rn. 93; MüKoBGB/Leipold Rn. 9). Der vorläufige Erbe kann ggf. Aufwendungsersatz oder Freistellung verlangen (§ 1959 Abs. 1, §§ 683, 670, 257) (Muscheler ErbR II Rn. 3086; MüKoBGB/Leipold Rn. 6); diesen Freistellungsanspruch kann er an den Gläubiger abtreten, der dann unmittelbar gegen den endgültigen Erben vorgehen kann. Der endgültige Erbe kann ggf. die Herausgabe des Erlangten nach § 1959 Abs. 1, §§ 681, 667 verlangen. 10

## IV. Rechtsgeschäft gegenüber dem Erben (Abs. 3)

11 Einseitige empfangsbedürftige Rechtsgeschäfte gegenüber dem vorläufigen Erben bleiben dem endgültigen Erben gegenüber wirksam, wenn sie gegenüber dem Erben vorzunehmen sind; auf Dringlichkeit kommt es nicht an. Hierunter fallen Kündigung, Anfechtung, Widerruf, Genehmigung, Nacherfüllungsverlangen, Mahnung (dazu → § 1958 Rn. 6) Rücktritt, Minderung, Annahme eines Vertragsangebotes des Erblassers, Meldung nach § 1974 Abs. 1 (vgl. die Fälle bei Erman/J. Schmidt Rn. 10; PWW/Zimmer Rn. 8; MüKoBGB/Leipold Rn. 9). Das Rechtsgeschäft ist auch bei Insolvenz des vorläufigen Erben diesem gegenüber vorzunehmen, weil der Nachlass erst ab Annahme der Erbschaft zur Insolvenzmasse gehört (OLG Celle OLGE 30, 207 f.; Grüneberg/Weidlich Rn. 4; PWW/Zimmer Rn. 8).

12 Die **Aufrechnung** eines Nachlassschuldners mit einer Forderung gegen den Nachlass fällt unter Abs. 3; die Aufrechnung des persönlichen Schuldners des vorläufigen Erben mit einer Forderung gegen den Nachlass wird dagegen mit der Ausschlagung oder Anfechtung der Annahme rückwirkend wirkungslos (Ausnahme: § 2367).

13 Die **Mahnung** gegenüber dem vorläufigen Erben setzt diesen wie auch den endgültigen Erben nach Abs. 3 erst ab Annahme in Schuldnerverzug, da bis zur Annahme § 1958 dem Schuldnerverzug entgegensteht (RGZ 79, 201 (203); MüKoBGB/Leipold § 1958 Rn. 18; Grüneberg/Weidlich § 1958 Rn. 4).

14 Das **Leistungsangebot** des Nachlassschuldners an den vorläufigen Erben begründet Gläubigerverzug (Staudinger/Mesina, 2017, Rn. 19; MüKoBGB/Leipold Rn. 11; Erman/J. Schmidt Rn. 10; Planck/Flad, 4. Aufl. 1928, Anm. 5; aA RGRK-BGB/Johannsen Rn. 13).

## V. Prozessführung durch den vorläufigen Erben

15 Die **aktive Prozessführung** durch den vorläufigen Erben ist Verwaltungshandlung, aber keine Verfügung und fällt nicht unter Abs. 2 (Grüneberg/Weidlich Rn. 3; MüKoBGB/Leipold Rn. 12; PWW/Zimmer Rn. 6; aA Staudinger/Mesina, 2017, Rn. 21: Aktivprozess des vorläufigen Erben nur unter den Voraussetzungen des Abs. 2 zulässig).

16 In der vorbehaltlosen Klageerhebung wird idR die **konkludente Annahme** der Erbschaft zu sehen sein (→ § 1943 Rn. 7, → § 1958 Rn. 2), erst recht, wenn der vorläufige Erbe auf Leistung an sich selbst und nicht an den endgültigen Erben bzw. Hinterlegung zu dessen Gunsten klagt (Erman/J. Schmidt Rn. 11; aA wohl MüKoBGB/Leipold Rn. 13).

17 Ein Urteil gegen den vorläufigen Erben entfaltet nach richtiger Ansicht keine Rechtskraftwirkung gegenüber dem endgültigen Erben, weil dieser nicht Rechtsnachfolger des vorläufigen Erben iSd §§ 325, 326 ZPO oder § 265 ZPO ist (BGH NJW 1989, 2885 (2886); Grüneberg/Weidlich Rn. 3; PWW/Zimmer Rn. 6; RGRK-BGB/Johannsen Rn. 2; teilweise aA MüKoBGB/Leipold Rn. 13; Staudinger/Mesina, 2017, Rn. 21: Rechtskrafterstreckung dann nach § 326 ZPO analog möglich); eine Klauselerteilung nach § 727 ZPO ist deshalb nicht möglich (BGHZ 106, 359 (365) = NJW 1989, 2885 (2886)).

18 Die Eröffnung des **Nachlassinsolvenzverfahrens** ist nach § 316 Abs. 1 InsO auch vor der Annahme der Erbschaft zulässig, weshalb deren Beantragung auch nicht als konkludente Annahme zu werten ist (MüKoBGB/Leipold Rn. 14; MüKoInsO/Siegmann/Scheuing, 4. Aufl. 2020, InsO § 317 Rn. 2). Nach Erbschaftsausschlagung fehlt es dem Ausschlagenden an der Antragsbefugnis, was nach bereits erfolgter Insolvenzeröffnung deren Wirksamkeit aber nicht mehr berührt (OLG Koblenz Rpfleger 1989, 510 zum Wegfall der Antragsbefugnis; MüKoInsO/Siegmann/Scheuing, 4. Aufl. 2020, InsO § 317 Rn. 2).

## § 1960 Sicherung des Nachlasses; Nachlasspfleger

**(1) [1]Bis zur Annahme der Erbschaft hat das Nachlassgericht für die Sicherung des Nachlasses zu sorgen, soweit ein Bedürfnis besteht. [2]Das Gleiche gilt, wenn der Erbe unbekannt oder wenn ungewiss ist, ob er die Erbschaft angenommen hat.**

**(2) Das Nachlassgericht kann insbesondere die Anlegung von Siegeln, die Hinterlegung von Geld, Wertpapieren und Kostbarkeiten sowie die Aufnahme eines Nachlassverzeichnisses anordnen und für denjenigen, welcher Erbe wird, einen Pfleger (Nachlasspfleger) bestellen.**

**(3) Die Vorschrift des § 1958 findet auf den Nachlasspfleger keine Anwendung.**

## Überblick

Die Vorschrift dient der Sicherung des Nachlasses im Interesse der Erben. Voraussetzungen des § 1960 sind Sicherungsbedürfnis hinsichtlich des Nachlasswertes und Ungewissheit über die Person der Erben. Der Katalog an Sicherungsmaßnahmen (Abs. 2) ist nicht abschließend. Wichtigste Sicherungsmaßnahme ist die Bestellung eines Nachlasspflegers. Dieser ist während der Zeit der Nachlasspflegschaft Vertreter der Erben und hat deren Interessen zu wahren; er steht unter der Aufsicht des Nachlassgerichts. Die Vergütung des Nachlasspflegers regeln §§ 1835 ff. iVm VBVG.

## Übersicht



## I. Normzweck

Die Vorschrift dient der Ermittlung der unbekannten Erben und/oder der Erhaltung bzw. Sicherung des Nachlasses für den Erben (BGHZ 161, 281 (286) = NJW 2005, 756 (758); BGHZ 49, 1 (4) = NJW 1968, 353), nicht der Ausführung des Erblasserwillens oder der Befriedigung der Nachlassgläubiger (OLG Hamm FGPrax 2014, 165 (166); OLG Stuttgart BWNotZ 1985, 70; Staudinger/Mesina, 2017, Rn. 44, 55; MüKoBGB/Leipold Rn. 38). Ein Fürsorgebedürfnis kann auch bestehen, wenn der vorläufige Erbe den Nachlass nicht verwaltet (eine Verpflichtung des vorläufigen Erben zur Nachlassverwaltung besteht nicht, → § 1959 Rn. 1). 1

## II. Zuständigkeit

Die Nachlasspflegschaft ist Nachlasssache (§ 342 Abs. 1 Nr. 2 FamFG), für das Verfahren gelten die Vorschriften des FamFG (dazu Zimmermann Rpfleger 2009, 437 (439 ff.)). Zuständig ist das Nachlassgericht (ausf. → § 1962 Rn. 1). Das Nachlassgericht hat gem. Abs. 2 nur die Aufgabe der Nachlasssicherung ieS. Sobald darüber hinaus die Rechtsverteidigung zugunsten des Nachlasses erforderlich wird, muss das Nachlassgericht nach § 1961 zwingend einen Nachlasspfleger bestellen, es kann zB keinen Antrag auf Eröffnung des Nachlassinsolvenzverfahrens stellen (BGH ZEV 2009, 352). 2

## III. Voraussetzungen

**1. Sicherungsbedürfnis.** Ein Sicherungsbedürfnis besteht bei Gefährdung des Nachlasswertes (OLG Köln NJW-RR 2019, 1098 (1099); OLG Karlsruhe FGPrax 2003, 229; PWW/Zimmer Rn. 9). Die Entscheidung hierüber steht im **pflichtgemäßen Ermessen** des Nachlassgerichts, wobei maßgeblich das Interesse des endgültigen Erben ist (OLG Köln NJW-RR 2019, 1098 (1099); OLG Düsseldorf FGPrax 2012, 260; BayObLG Rpfleger 2004, 218); Nachlassgläubiger sind durch §§ 1961, 1981 Abs. 2 geschützt. Ein Sicherungsbedürfnis besteht grds. **nicht,** wenn die Nachlassverwaltung durch eine zuverlässige und handlungsfähige Person gesichert ist (vorläufiger Erbe, Testamentsvollstrecker (BGH ZEV 2013, 36 (38 f.), nicht aber, wenn dessen Ernennung zweifelhaft ist; KG MDR 1972, 1036), Bevollmächtigter des Erblassers (BGH ZEV 2013, 36 (39): Generalvollmacht über den Tod hinaus; KG ZEV 1999, 395: „Generalverwalter des Königshauses")). Dies gilt aber nicht, wenn der Nachlass nach Art und Umfang eine ungewöhnlich schwierige und bedeutsame Verwaltung notwendig macht und wenn nach den Umständen eine den Belangen des noch unbekannten Erben gerecht werdende Verwaltung durch einen vom Erblasser über den Tod hinaus Bevollmächtigten nicht als gewährleistet angesehen werden kann (OLG Karlsruhe FGPrax 2003, 229). 3

**2. Ungewissheit über die Person des Erben.** Ein Erbe ist unbekannt Abs. 1 S. 2 Alt. 1, wenn der Tatrichter sich nicht ohne umfängliche Ermittlungen davon überzeugen kann, wer von 4 mehreren in Betracht kommenden Personen Erbe geworden ist (BGH ZEV 2013, 36 (37); OLG Hamm BeckRS 2018, 34517; OLG Köln ZErb 2018, 33 (34)). Ungewissheit über die Person des Erben kann bestehen bei einem **nasciturus** als Erbe (§ 1923 Abs. 2), vor Feststellung der nichtehelichen Vaterschaft (OLG Schleswig BeckRS 2011, 18372; OLG Stuttgart NJW 1975, 880), bei noch ausstehender Genehmigung nach öffentlichem Dienstrecht (→ § 1942 Rn. 3) bzw. bei Stiftungen oder ausländischen juristischen Personen, bei Ungewissheit über die Wirksamkeit von Annahme oder Ausschlagung (BGH ZEV 2011, 544 (546); Grüneberg/Weidlich Rn. 7), bei verwickelter oder weitläufiger Erbfolge. Ungewissheit besteht auch bei nicht offensichtlich unbegründetem Streit zwischen mehreren Erbprätendenten über die Erbfolge (BGH ZEV 2013, 36 (37); OLG Hamm BeckRS 2018, 34517; BayObLG Rpfleger 1984, 102), bei **konkreten Zweifeln** an der Gültigkeit einer Verfügung von Todes wegen (OLG Stuttgart FamRZ 2016, 494 f.; OLG Düsseldorf FGPrax 2012, 260 f.; BayObLG NJW-RR 2004, 939 (941): Zweifel an der Wirksamkeit einer Wiederverheiratungsklausel; OLG Karlsruhe FGPrax 2003, 229: ernstliche Zweifel an der Testierfähigkeit des Erblassers) oder bei möglicher Existenz mehrerer letztwilliger Verfügungen, deren Wirksamkeit unklar ist (OLG Düsseldorf BeckRS 2016, 02638 Rn. 15), bei Erbscheinseinziehung (BayObLGZ 1962, 307) oder bei wohlbegründetem Erbscheinseinziehungsantrag (OLG München FGPrax 2020, 237; BayObLGZ 1960, 405 (407)), uU sogar bei gewaltsamem Tod des Erblassers, in den die vorläufigen Erben verwickelt sind (BayObLG Rpfleger 2004, 218). Die Nachlasspflegschaft ist auch zur **Erbenermittlung** grds. zulässig, sofern diese nicht nach Landesrecht Aufgabe des Nachlassgerichts ist (vgl. für Bayern Art. 37 BayAGGVG). Steht nach den klaren tatsächlichen oder rechtlichen Verhältnissen im Zeitpunkt der gerichtlichen Entscheidung mit hoher Wahrscheinlichkeit fest, wer Erbe ist, ist der Erbe nicht „unbekannt“ iSd § 1960 Abs. 1 (OLG Bamberg BeckRS 2022, 5393 Rn. 15; KG NJW-RR 1999, 157; Grüneberg/Weidlich Rn. 6). Kein Sicherungsbedürfnis besteht bei bekannten zerstrittenen Erben (OLG Schleswig FamRZ 2015, 80 (82); OLG Zweibrücken Rpfleger 1986, 433).

## IV. Sicherungsmaßnahmen

5 Die Wahl des Sicherungsmittels steht im **pflichtgemäßen Ermessen** des Nachlassgerichts; der Katalog des Abs. 2 ist nicht abschließend. Für die Siegelung bestehen landesrechtliche Verfahrensvorschriften; auch die Hinterlegung richtet sich nach Landesrecht. Für das Inventarverzeichnis gelten die §§ 2001, 2010. Als **weitere Maßnahmen** kommen Nachlassbestandsermittlung, Kontensperrung (KG Rpfleger 1982, 184; PWW/Zimmer Rn. 18), Anordnung der Verwertung verderblicher Gegenstände, Anordnung der Hinterlegung eines Erbscheins (OLG Stuttgart NJW 1975, 880) in Betracht. Bis zur Bestellung eines Pflegers oder im Fall seiner Verhinderung kann das Nachlassgericht in dringenden Fällen nach §§ 1915, 1846 in Vertretung des Erben Maßnahmen vornehmen, diesen verpflichten, über Nachlassgegenstände verfügen und zur Abwendung drohender Nachteile ggf. auch Nachlassgegenstände veräußern (BGH DRiZ 1966, 395; OLG Rostock BeckRS 2013, 10207 zur Anweisung an die Bank, Beerdigungskosten zu erstatten).

## V. Nachlasspflegschaft

6 **1. Rechtsnatur.** Die Nachlasspflegschaft ist die bedeutendste Sicherungsmaßnahme iSd Abs. 2; sie ist Unterfall der Pflegschaft. Nach § 1915 Abs. 1, § 1897 sind die Vorschriften der §§ 1773 ff. entspr. anwendbar. Der Beschluss für die Anordnung einer Nachlasspflegschaft muss eine einzelfallbezogene Begründung der gesetzlichen Voraussetzungen enthalten; eine floskelhafte Wiederholung des Gesetzeswortlauts genügt nicht (OLG Köln NJW-RR 2019, 1098 (1099); OLG Köln FGPrax 2018, 83 mAnm Bestelmeyer).

7 **2. Bestellung; Entlassung. Auswahl** und Bestellung des Pflegers erfolgt durch das Nachlassgericht nach pflichtgemäßem Ermessen. Ein Benennungsrecht besteht nicht, die Auswahl ist **nach Eignung** zu treffen (§ 1779 Abs. 2 S. 1) (MüKoBGB/Leipold Rn. 46; Grüneberg/Weidlich Rn. 10). Bei mehreren Interessenten (insbes. berufsmäßigen Nachlasspflegern) sind die vom BVerfG (BVerfGE 116, 1 = NJW 2006, 2613; BVerfG NJW 2004, 2725) aufgestellten Grundsätze zur Auswahl von Insolvenzverwaltern entspr. anzuwenden (ausf. Zimmermann ZEV 2007, 313; wohl auch OLG München NJW 2010, 2364). Ein Nachlassgläubiger ist idR ungeeignet (BayObLG NJW-RR 1992, 967). Die Anordnung ist nach § 34 Abs. 2 Nr. 2 ErbStG anzuzeigen. Bis zur Aufhebung bleibt eine fehlerhafte Bestellung grds. wirksam (BGHZ 49, 1 (3) = NJW 1968, 353; Grüneberg/Weidlich Rn. 10).

8 Der Nachlasspfleger ist durch das Nachlassgericht (§ 1962) nach §§ 1915, 1886 zu entlassen, wenn die Fortführung des Amtes das Interesse der von ihm vertretenen Erben bzw. des Nachlasses gefährden würde; dabei genügt eine objektive Gefährdung, ein Verschulden ist nicht erforderlich (OLG Frankfurt OLGR 2005, 405; Burandt/Rojahn/Najdecki Rn. 54; BeckOGK/Heinemann Rn. 151). Die **Entlassung** kommt aber nur in Betracht, wenn weniger einschneidende Maßnahmen (→ § 1962 Rn. 2) erfolglos geblieben sind oder nicht ausreichend erscheinen (OLG Frankfurt NJW-RR 2022, 448; BayObLGZ 1983, 59 (63); Grüneberg/Weidlich Rn. 19; PWW/Zimmer Rn. 43). Der Nachlasspfleger ist gegen Entlassung nach §§ 58, 59 FamFG beschwerdeberechtigt.

9 Für die **Aufhebung der Nachlasspflegschaft** nach Erbscheinserteilung spricht im Regelfall die Vermutung des § 2365, weil der Erbe schon wegen dieser Vermutung nicht unbekannt ist (BayObLG ZEV 2003, 202). Im Übrigen genügt zur Aufhebung einer Nachlasspflegschaft die hohe Wahrscheinlichkeit, dass eine bestimmte Person Erbe geworden ist; letzte Gewissheit ist nicht erforderlich (OLG München NJW-RR 2006, 80). Die Nachlasspflegschaft endet erst mit Aufhebungsbeschluss durch das Nachlassgericht (§§ 1919, 1962 BGB; Ausnahme: § 1918 Abs. 3).

10 Die **Beschwerde** ist in §§ 58 ff. FamFG geregelt (→ § 2353 Rn. 42 ff.). Beschwerdegericht ist das OLG (§ 119 Abs. 1 Nr. 1 lit. b GVG). **Beschwerdeberechtigt** (§ 59 FamFG) sind die Erbprätendenten (gegen Auswahl oder Anordnung (OLG Bremen ZEV 2018, 25; BayObLG FamRZ 1977, 487 unter II 2b); gegen Aufhebung (BayObLG ZEV 2003, 202); gegen Ablehnung von Aufsichtsmaßnahmen nach § 1837 (BayObLG NJW-RR 1997, 326)), Erbschaftserwerber (OLG Stuttgart OLGZ 1971, 463), Miterben (gegen Ablehnung der Teilnachlasspflegschaft hinsichtlich unbekannter Miterben (OLG Hamm FamRZ 2015, 2196)), Testamentsvollstrecker (nur gegen Anordnung oder zur Einschränkung des Wirkungskreises (KG OLGZ 1973, 106), nicht gegen Auswahl (BayObLG FamRZ 2002, 109; MüKoBGB/Leipold Rn. 119)), uU auch Nachlassgläubiger (bei Ablehnung der Erweiterung des Wirkungskreises oder Aufhebung der Nachlasspflegschaft (BayObLG NJW-RR 1997, 326). **Nicht** beschwerdeberechtigt sind Ersatzerben, Nacherben oder mit „Generalvollmacht" ausgestattete Dritte (OLG Frankfurt ErbR 2015, 618 (621); OLG Hamm FamRZ 2014, 1578 (1580): Inhaber einer über den Tod hinaus erteilten Generalvollmacht des Erblassers; OLG Stuttgart OLGZ 1971, 463). Der Nachlasspfleger ist gegen seine Entlassung beschwerdeberechtigt (OLG Oldenburg FGPrax 1998, 108; Grüneberg/Weidlich Rn. 19). Der an der Übernahme einer Nachlasspflegschaft Interessierte ist aber nicht befugt, gegen die Ernennung eines anderen Beschwerde einzulegen (OLG München NJW 2010, 2364; Zimmermann ZEV 2007, 313 (315)). Die **Rechtsbeschwerde** zum BGH ist nur bei Zulassung durch das Beschwerdegericht statthaft (§ 70 Abs. 1 FamFG).

11 **3. Umfang.** Wenn die Ungewissheit, wer Erbe geworden ist, nur hinsichtlich eines Erbteils besteht, ist die Anordnung der Nachlasspflegschaft auf diesen Erbteil zu beschränken (OLG Köln NJW-RR 1989, 454). Eine **beschränkte Anordnung** ist auch zulässig für einen unbekannten Nacherben (BGH RdL 1968, 97), zur Verwaltung einzelner Nachlassgegenstände (KG NJW 1965, 1719; Erman/J. Schmidt Rn. 17), zur Führung eines einzelnen Rechtsstreits (BayObLG MDR 1960, 750 (751)), für einzelne unbekannte Miterben auch wenn das Nachlassvermögen in seinem Bestand selbst nicht gefährdet ist (KG NJW 1971, 565 (566)). Erforderlich ist in diesen Fällen eine klare Abgrenzung der Befugnisse.

12 **4. Rechtsstellung; Rechte und Pflichten.** Soweit es um die Sicherung und Erhaltung des Nachlasses geht, ist der Nachlasspfleger der **gesetzliche Vertreter** des Erben (BGHZ 94, 312 (314) = NJW 1985, 2596; BGHZ 49, 1 (4) = NJW 1968, 353). Die Vertretungsmacht reicht bei Testamentsvollstreckung/Nachlassinsolvenz über die Rechtsmacht des Erben nicht hinaus (MüKoBGB/Leipold Rn. 51). Die Verfügungsmacht des Erben wird durch die Nachlasspflegschaft (anders als bei Nachlassverwaltung, § 1984) nicht verdrängt (OLG Bremen FamRZ 2012, 1826 (1827); MüKoBGB/Leipold Rn. 53; Grüneberg/Weidlich Rn. 11); bei sich widersprechenden Verfügungen ist die frühere wirksam. Die Vertretungsmacht im Außenverhältnis hängt (sofern keine zulässige Beschränkung iSd → Rn. 11 vorliegt) aus Gründen der Rechtssicherheit nicht von Zweck- und Pflichtmäßigkeit des Handelns ab (BGH NJW 1968, 353); es gelten die Regeln über den Missbrauch der Vertretungsmacht, der Nachlasspfleger haftet dem Erben nach §§ 1915, 1833 (→ Rn. 19).

13 Über **§ 1915** sind insbes. anwendbar (Zusammenfassung bei OLG Brandenburg FamRZ 2010, 592): §§ 1795, 181 (Verbot von Insichgeschäften) (RGZ 71, 162), § 1802 (Verzeichnis), § 1804 (keine Schenkung oder Vollzug formnichtiger Schenkungen des Erblassers) (MüKoBGB/Leipold Rn. 71; Staudinger/Mesina, 2017, Rn. 42), §§ 1812, 1821, 1822 (**Genehmigungspflicht** des Nachlassgerichts, § 1962) (OLG Frankfurt WM 1974, 473: Verfügung über Bankguthaben; OLG München DR 1943, 491: Grundstückskaufvertrag; MüKoBGB/Leipold Rn. 66 mwN),

§§ 1837 ff. (**Beaufsichtigung** durch das Nachlassgericht; → § 1962 Rn. 2), §§ 1890, 1892 (Herausgabe unter Rechnungslegung bei Beendigung) (KG Rpfleger 1977, 132).

**14** Die **Vermögenssorge** umfasst das Recht und die Pflicht zur Inbesitznahme von Nachlassgegenständen und Surrogaten (§ 2019 analog (BGH NJW 1983, 226 (227))) gegenüber den Erbprätendenten (BGHZ 94, 312 (314) = NJW 1985, 2596; BGH NJW 1972, 1752; OLG Hamm ErbR 2006, 56), nicht jedoch die Herausgabe der vom Erbprätendenten bewohnten Wohnung (BGH NJW 1981, 2299). § 1960 begründet einen sich unmittelbar aus dem Recht des Nachlasspflegers ergebenden **Herausgabeanspruch** gegen Dritte, Erbprätendenten und den Erben, solange das Erbrecht gegenüber dem Nachlasspfleger nicht rechtskräftig festgestellt ist (BGH NJW 1983, 226; 1972, 1752, kein Anspruch aus § 2018; OLG Karlsruhe Rpfleger 2007, 606). Bei klarer Sach- und Rechtslage kann der Pfleger zur Kosten- und Prozessvermeidung Nachlassgläubiger befriedigen (OLG Karlsruhe NJW-RR 1997, 708 (710); BayObLG NJW-RR 1997, 326 (327); MüKoBGB/Leipold Rn. 67), in dringenden Fällen auch Nachlassgegenstände veräußern (BGH DRiZ 1966, 395; vgl. auch OLG Düsseldorf ZEV 2019, 471 mAnm Schulz, zur Frage der Zulässigkeit der Auflösung eines Wertpapierdepots); er kann auf die Einrede der Verjährung verzichten (BayObLG NJW-RR 1997, 326 (327)). Durch den Nachlasspfleger begründete Verbindlichkeiten sind **Nachlassverbindlichkeiten** (§ 1967). Bei Fortführung eines Handelsgeschäfts haftet der unbekannte Erbe aber nicht persönlich nach § 27 HGB für Geschäftsverbindlichkeiten (MüKoBGB/Leipold Rn. 67 mwN; MüKoHGB/Thiessen, 5. Aufl. 2021, HGB § 27 Rn. 17 mwN). Der Pfleger kann ein **Nachlassinsolvenzverfahren** (§ 317 InsO) oder Gläubigeraufgebot (§ 991 ZPO) beantragen. Er ist nach Art. 65 Abs. 1 EuErbVO, Art. 63 Abs. 1 EuErbVO auch berechtigt, einen Antrag auf Erteilung eines **Europäischen Nachlasszeugnisses** zu stellen, wenn er dieses für die Ausübung seines Amtes und ggf. eines unionsweiten Nachweises seiner Rechtsstellung benötigt (OLG Schleswig NJW-RR 2018, 458; MüKoBGB/Dutta EuErbVO Art. 63 Rn. 11).

**15** Die Erbenermittlung gehört zu den wesentlichen Aufgaben des Nachlasspflegers (OLG München ZEV 2018, 704; KG NJW 1971, 565 (566)). Bei erfolgloser eigener Erbenermittlung kann auch die Beauftragung eines gewerblichen Erbenermittlers durch den Nachlasspfleger (der diesen dann zu überwachen hat) pflichtgemäß sein (OLG Düsseldorf ErbR 2014, 493 (494 f.); OLG Schleswig FGPrax 2005, 129; OLG Frankfurt NJW-RR 2000, 960; Mayer ZEV 2010, 445 (448) mwN; Niewerth/Neun/Schnieders Rpfleger 2009, 121 (122); Höger jurisPR-BGHZivilR 12/2016 Anm. 1 unter C) Gerade bei wertvollem Nachlass erscheint dies nicht nur aus verfassungsrechtlichen Erwägungen geboten (Art. 14 GG), will sich der Fiskus nicht dem Vorwurf ausgesetzt sehen, die Nachlassgerichte agierten als Richter in eigener Sache (so auch Mayer ZEV 2010, 445 (450, 453)). Der Nachlasspfleger muss aber „Herr des Verfahrens" bleiben (OLG Düsseldorf ErbR 2014, 493; Mayer ZEV 2010, 445 (448)). Von Ausnahmefällen (Auswanderung, Flucht, „Untertauchen") abgesehen, bedarf es vor Beauftragung eines Erbenermittlers idR zunächst der Unternehmung eigener zumutbarer – aber erfolgloser – Maßnahmen des Pflegers zur Ermittlung der Erben (OLG Düsseldorf ErbR 2014, 493).

**16** Der Nachlasspfleger kann **nicht** die Nachlassauseinandersetzung betreiben (bei Anordnung für nur einen Miterben aber an dieser mitwirken) (RGZ 154, 110 (114); KG NJW 1971, 565; MüKoBGB/Leipold Rn. 71 mwN), die Erbschaft **annehmen** (→ § 1943 Rn. 5) oder **ausschlagen** (BGH BeckRS 2022, 7975; Grüneberg/Weidlich Rn. 11; Staudinger/Mesina, 2017, Rn. 48 unter Hinweis auf Mot. V S. 550 f.), **Nachlassverwaltung** beantragen (BayObLGZ 1976, 167 (171); MüKoBGB/Leipold Rn. 62 mwN), einen **Erbschein** beantragen (OLG Celle JR 1950, 58 (59); Staudinger/Mesina, 2017, Rn. 48) oder gar den Erbteil veräußern (LG Aachen Rpfleger 1991, 314; MüKoBGB/Leipold Rn. 71). Die Beantragung eines Erbscheins für einen anderen Nachlass, an dem die vom Pfleger vertretenen unbekannten Erben beteiligt sind, ist aber möglich; ebenso die Veräußerung dieser Erbschaft (die ja ihrerseits Nachlassgegenstand ist).

**17** Die **Befriedigung von Nachlassgläubigern** ist grds. nicht Aufgabe des Nachlasspflegers (KG JW 1938, 1453 (1454); Grüneberg/Weidlich Rn. 15; MüKoBGB/Leipold Rn. 69; Staudinger/Mesina, 2017, Rn. 44; aA Draschka Rpfleger 1992, 281 (283)), kann aber zur Vermeidung weiter Schäden für den Nachlass geboten sein (→ Rn. 14). Der Pfleger ist Nachlassgläubigern aber zur Auskunft über den Bestand des Nachlass verpflichtet (§ 2012 Abs. 1 S. 2).

**18** **5. Prozessführung.** Der Nachlasspfleger ist **aktiv** und **passiv** (Abs. 3) als Vertreter des Erben zur Prozessführung befugt (vgl. §§ 53, 243 ZPO). Eine Vollstreckungsklausel muss auf den Erben umgeschrieben werden. Bei Klage gegen den Erbprätendenten ist der Pfleger selbst Partei (BGH NJW 1983, 226 (227); Grüneberg/Weidlich Rn. 17). Die Unterbrechung oder Aussetzung eines Prozesses nach §§ 239, 246 ZPO endet bei Pflegerbestellung mit der Anzeige nach § 241 ZPO

(§§ 243, 246 Abs. 2 ZPO) (BGH NJW 1995, 2171). Der Vorbehalt der Haftungsbeschränkung ist nicht erforderlich (§ 780 Abs. 2 ZPO).

**6. Haftung.** Der Nachlasspfleger haftet gegenüber dem **Erben** nach §§ 1915, 1833 Abs. 1 (OLG Hamm NJW-RR 1995, 1159 (1160); MüKoBGB/Leipold Rn. 76; Staudinger/Mesina, 2017, Rn. 52); es genügt einfache Fahrlässigkeit. Der Schadensersatzanspruch fällt in den Nachlass (OLG Dresden ZEV 2000, 402; Burandt/Rojahn/Najdecki Rn. 49). Es besteht für Aktienvermögen keine generelle Pflicht zur Umschichtung in eine mündelsichere Anlage, auch nicht im Zeitraum der Corona-Krise, vielmehr sind Umschichtungen jeweils im konkreten Einzelfall zu prüfen (OLG Braunschweig NJW-RR 2020, 710 (711 f.)). Den Pfleger trifft im Rahmen der Erbenermittlung keine „Erfolgsgarantie" zugunsten der wahren Erben. Eine unmittelbare Haftung gegenüber **Nachlassgläubigern** besteht nur bei Verletzung der Auskunftspflicht nach § 2012 Abs. 1 S. 2 oder bei unerlaubter Handlung und ist iÜ mit der Vertreterstellung unvereinbar; § 1985 Abs. 2 gilt nicht (RGZ 151, 57 (63 f.); KG JW 1938, 1453 (1454); MüKoBGB/Leipold Rn. 76; ausf. Staudinger/Mesina, 2017, Rn. 54). Der Erbe hat Pflichtverletzungen des Pflegers nach **§ 278** zu vertreten, er kann aber die Haftung auf den Nachlass beschränken (MüKoBGB/Leipold Rn. 77; Grüneberg/Weidlich Rn. 18). Bei Vorsatz oder grober Fahrlässigkeit kann der Nachlasspfleger gegenüber dem **Finanzamt** für die Nichtzahlung von Steuerschulden nach §§ 69, 45, 34 AO haften. 19

**7. Vergütung, Aufwendungsersatz.** Das Vergütungsrecht (§§ 1915, 1836) ist im Vormünder- und Betreuervergütungsgesetz (VBVG) (abgedruckt und kommentiert bei Palandt Anh. § 1836) geregelt. Das Verfahren zur Festsetzung der Vergütung ist in § 340 Nr. 1 FamFG, § 168 Abs. 5 FamFG, § 168 Abs. 1–4 FamFG geregelt. Die Festsetzung setzt zwingend die wirksame Bestellung nach § 1789 (iVm §§ 1960, 1915) voraus (BGH NJW-RR 2017, 1350; OLG Zweibrücken ZEV 2021, 377). 20

**a) Höhe.** Dem **berufsmäßigen Nachlasspfleger** steht in den Fällen des § 1836 Abs. 1 S. 2 eine **angemessene Vergütung** zu (ausf. zur Vergütung des berufsmäßigen Nachlasspflegers Gleumes/Lauk ErbR 2014, 316 ff.; vgl. auch Zimmermann ZEV 2005, 473 ff.), dem ehrenamtlichen Pfleger kann eine Vergütung nach Abs. 2 bewilligt werden. Die Feststellung der Berufsmäßigkeit ist bei der Bestellung des Pflegers in Beschlussform zu treffen (§ 1836 BGB, § 1 VBVG, § 38 FamFG), eine rückwirkende Feststellung ist auch dann unzulässig, wenn diese nur versehentlich unterblieben ist (BGH NJW 2018, 2047; 2014, 863; Gleumes/Lauk ErbR 2014, 316). Unterbleibt die Feststellung, kann eine entsprechende Vergütung auch dann nicht verlangt werden, wenn der Nachlasspfleger tatsächlich berufsmäßig tätig war (OLG Frankfurt ZEV 2021, 629 (631 f.) m. abl. Anm. Zimmermann). 21

Für die Bemessung der Vergütung sind bei bemitteltem Nachlass nach § 1915 Abs. 1 S. 2 nutzbare Fachkenntnisse des Berufspflegers und Umfang und Schwierigkeit der Pflegschaftsgeschäfte maßgeblich (s. iE dort). Das erste Kriterium knüpft an § 3 Abs. 1 S. 2 VBVG an. Der Umfang kommt im konkreten Zeitaufwand des Pflegers zum Ausdruck und wird durch die Zahl der zu vergütenden Stunden berücksichtigt (→ Rn. 23). 21a

Problematisch ist die Bemessung des Stundensatzes bei **mittellosem** Nachlass. Mittellosigkeit liegt vor, wenn ein die Vergütung deckender Aktivnachlass nicht vorhanden ist (OLG Frankfurt BeckRS 2018, 22730 Rn. 28; OLG Schleswig NZI 2014, 712 f; BayObLG ZEV 2000, 410 (412)) oder wenn der Verwertung des Nachlassvermögens ein tatsächliches oder rechtliches Hindernis entgegensteht, ggf. auch dann, wenn diese nicht in angemessener Zeit durchgeführt werden kann (OLG Schleswig NZI 2014, 712 f.; OLG Naumburg FamRZ 2011, 1152 (1153)). Der nach dem VBVG für den berufsmäßigen Nachlasspfleger bei mittellosem Nachlass vorgesehene Satz nach § 3 Abs. 1 S. 2 Nr. 2 VBVG, § 3 Abs. 3 S. 2 VBVG von jetzt 39,00 EUR (bis 26.7.2019: 33,50 EUR) (Gleumes/Lauk ErbR 2014, 316 (317); Zimmermann ZEV 2005, 473 (474); BT-Drs. 15/4874, 27) ist für eine kostendeckende Bearbeitung durch einen Rechtsanwalt regelmäßig deutlich zu niedrig (OLG Braunschweig BeckRS 2018, 45149 Rn. 32; OLG Brandenburg ZEV 2010, 637 (638), zum vorherigen Satz von 33,50 EUR; vgl. auch BT-Drs. 15/4874, 27: allenfalls im Einzelfall angemessen). 22

Bei **vermögendem** Nachlass orientiert sich die Vergütung des berufsmäßigen Nachlasspflegers aber nicht an § 3 Abs. 1 VBVG (BT-Drs. 15/4874, 27: weil diese „zu einer unangemessen niedrigen Vergütung führen" kann), sondern an **§ 1915 Abs. 1 S. 2.** Danach kommt es für die Angemessenheit der Vergütung auf die konkreten Umstände des Einzelfalls an, worüber das Nachlassgericht nach pflichtgemäßem Ermessen zu entscheiden hat (OLG Schleswig Rpfleger 2014, 22 f.; OLG Jena NJW-RR 2013, 1229; 1230; OLG Brandenburg ZEV 2010, 637 (638)). Dabei ist zu berück- 23 sichtigen, dass die Bereitschaft zur Übernahme eines solchen Amtes durch beruflich qualifizierte Personen nicht gemindert werden soll (Grüneberg/Weidlich Rn. 23). Ein schutzwürdiges Interesse des Erben, seine Angelegenheiten zu einem besonders günstigen Preis geregelt zu erhalten, gibt es nicht (OLG Frankfurt NJW-RR 2020, 1272; KG BeckRS 2011, 11588; Zimmermann ZEV 2005, 473 (474)).

**24** Grds. ist nach **Zeitaufwand und Stundensatz** abzurechnen; maßgeblich sind die Umstände des konkreten Einzelfalls unter Berücksichtigung der **Qualifikation des Nachlasspflegers** und deren Einsatzmöglichkeit für die Pflegschaft. Das OLG Schleswig hält bei „nutzbarer" Ausbildung je nach Schwierigkeitsgrad Stundensätze von 45 EUR (einfach), 65 EUR (mittel) und 85 EUR (schwierig) für angemessen (OLG Schleswig FamRZ 2016, 2036, für Rechtsanwalts- und Notargehilfe als Nachlassverwalter, bei dem dasselbe wie für den berufsmäßigen Nachlasspfleger gelten soll). Das OLG Köln hält für Berufsnachlasspfleger mit etwas geringerer Qualifikation als ein Rechtsanwalt Stundensätze von 60 EUR (einfache Nachlassabwicklung), 75 EUR (mittel) und 90 EUR (schwierig) für angemessen; für Berufsnachlasspfleger mit noch geringerer Qualifikation sollen 50 EUR (einfach), 60 EUR (mittel) und 70 EUR (schwierig) angemessen sein (OLG Köln FGPrax 2021, 88 (89 ff.)). Das OLG Karlsruhe wiederum hält bei einem „qualifizierten und professionell tätigen" Nachlasspfleger (dort: Diplom-Rechtspfleger) bei mittlerem Schwierigkeitsgrad auch einen Stundensatz von 100 EUR für angemessen (OLG Karlsruhe BeckRS 2020, 53252 Rn. 15 ff.).

**25** Beim **Rechtsanwalt als berufsmäßigem Nachlasspfleger** haben sich in der obergerichtlichen Rspr. folgende Stundensätze etabliert (vgl. auch die Übersicht bei BeckOGK/Heinemann Rn. 200–213; OLG Karlsruhe BeckRS 2020, 53252 Rn. 23):

- bei überdurchschnittlich schwierigen Fällen der Nachlasspflegschaft, bei der der Rechtsanwalt gerade deshalb ausgewählt worden ist, um seine besonderen Fachkenntnisse einzusetzen, ist ein Stundensatz von 120–130 EUR netto angemessen (OLG Köln FGPrax 2021, 88 (90): 130 EUR; OLG Saarbrücken NJW-RR 2015, 844 (845): 125 EUR; OLG Celle Rpfleger 2012, 257 (258): 120 EUR; OLG Brandenburg ZEV 2010, 637 (639): 130 EUR; Firsching/Graf NachlassR-HdB Rn. 4.669 halten dagegen auch bis zu 150 EUR für möglich);
- beim Normalfall mittelschwerer Pflegschaft ist ein Stundensatz von 100 EUR bis 110 EUR netto angemessen (OLG Köln FGPrax 2021, 88 (90): 110 EUR; OLG Hamm ZEV 2017, 41; OLG Frankfurt NJW-RR 2015, 1487: 100 EUR; OLG Düsseldorf BeckRS 2014, 10139 Rn. 8: 110 EUR; OLG Stuttgart RPfleger 2013, 396: 100 EUR für Dipl.-Rechtspfleger FH; OLG Hamm NJW-RR 2011, 1091: 110 EUR; OLG Zweibrücken NJW-RR 2008, 369: 110 EUR);
- bei einfachen Fällen, bei denen auch die besonderen Fachkenntnisse des Rechtsanwalts nur in Teilbereichen erforderlich sind, kann auch ein Stundensatz von nur 80–90 EUR netto angemessen sein (OLG Köln FGPrax 2021, 88 (90): 90 EUR; OLG Karlsruhe NJW 2015, 2051 f.: 90 EUR; OLG Hamm FamRZ 2014, 1814 (1816): 80 EUR).
- Bei der Bemessung des angemessenen Stundensatzes können auch örtliche Besonderheiten wie verhältnismäßig geringe Büro- und Personalkosten zu berücksichtigen sein (OLG Jena NJW-RR 2013, 1229 (1230): deshalb geringere Stundensätze; Gleumes/Lauk ErbR 2014, 316 (317)).

**25a** Teilweise wird auch ein Stundensatz von bis zu 150 EUR (Firsching/Graf/Krätzschel NachlassR, 11. Aufl. 2019, § 41 Rn. 126) oder (bei schwieriger Pflegschaft und werthaltigem Nachlass) sogar 175 EUR (KG Rpfleger 2020, 663; BeckRS 2020, 28955) befürwortet. Ist ein Rechtsanwalt gerade wegen seiner Rechtskenntnisse zum Nachlasspfleger bestellt, können berufsspezifische Tätigkeiten nach den Gebührenvorschriften des **RVG** abgerechnet werden, wenn es sich um Tätigkeiten handelt, für die ein Laie in gleicher Lage vernünftigerweise einen Rechtsanwalt hinzuziehen würde (BGH NJW 2012, 3307; 2011, 453; OLG Schleswig ZEV 2013, 443 f.; OLG Düsseldorf FamRZ 2011, 141 (142); Gleumes/Lauk ErbR 2014, 316 (318 f.)); die nach RVG abgerechneten Tätigkeiten sind dann natürlich aus dem Vergütungsstundenaufwand herauszurechnen.

**26** Reicht der Nachlass zur vollständigen Befriedigung aller geleisteten Stunden des Nachlasspflegers nicht aus (**teilmittelloser** Nachlass), besteht - soweit der Nachlass vermögend ist - ein Vergütungsanspruch gegen den Nachlass und für die verbliebenen Stunden ein Vergütungsanspruch nach den niedrigeren Stundensätzen des § 3 VBVG gegen die Staatskasse (BGH NJW 2021, 2657; OLG Düsseldorf ZErb 2020, 141; OLG Hamburg NJW-RR 2020, 520; OLG Frankfurt BeckRS 2019, 22730 Rn. 20 ff.; aA noch OLG Celle ZEV 2020, 355: bei teilmittellosem Nachlass Vergütung ausschließlich nach § 3 VBVG).

**27** Tätigkeiten des Nachlasspflegers vor seiner Bestellung sind grds. nicht vergütungspflichtig, es sei denn, § 242 gebietet auch insoweit eine Festsetzung (BayObLG FamRZ 1992, 854; LG Münster FamRZ 2010, 473; Volpert NJW 2013, 1659 (1660); aA wohl OLG Stuttgart NJW-RR 2011,

737). Die früher teilweise befürwortete Berechnung der Vergütung nach bestimmten Prozentsätzen des Aktivvermögens wird in der Rspr. nicht mehr vertreten (OLG Celle FamRZ 2018, 1278; OLG Düsseldorf BeckRS 2014, 101319; dafür aber noch Firsching/Graf/Krätzschel NachlassR, 11. Aufl. 2019, § 41 Rn. 126).

**b) Aufwendungsersatz, Umsatzsteuer.** Ersatz von Aufwendungen kann der berufsmäßige Nachlasspfleger idR neben der Vergütung, die lediglich Entgelt für die Führung des Amts der Nachlasspflegschaft ist, verlangen (§§ 1915, 1835) (Grüneberg/Weidlich Rn. 28; § 1915 und § 3 VBVG enthalten im Gegensatz zu § 4 Abs. 2 S. 1 VBVG keine ausdrückliche Regelung, wonach Aufwendungen des Betreuers durch die Stundensatzvergütung nach § 4 Abs. 1 VBVG mit abgegolten sind). Laufende Büro- und Personalkosten (Ausnahmen können bei Erledigung umfangreicher Arbeiten durch hierfür qualifiziertes Personal gelten, vgl. Gleumes/Lauk ErbR 2014, 316 (318); weitergehend Sonnenberg/Hauer Rpfleger 2021, 264 ff.) sind mit der Stundensatzvergütung grds. abgegolten. Die auf die Vergütung entfallende Umsatzsteuer ist zusätzlich zu ersetzen (§ 3 Abs. 1 S. 3 VBVG; im Rahmen des § 1915 Abs. 1 S. 2 kann daher nichts anderes gelten). Die durch die pflichtgemäße Beauftragung eines gewerblichen Erbenermittlers entstandenen Kosten sind erstattungsfähige notwendige Aufwendungen (OLG Naumburg BeckRS 2014, 23298; Grüneberg/Weidlich Rn. 28). Der ehrenamtliche Pfleger kann pauschale Aufwandsentschädigung verlangen (§ 1835). 28

**c) Durchsetzung.** Die **Festsetzung** der Vergütung erfolgt auf Antrag oder von Amts wegen durch Beschluss des Nachlassgerichts (§ 1962, § 168 Abs. 1 S. 1 Nr. 2 FamFG, § 38 FamFG), der konstitutiv ist und mit Unanfechtbarkeit (gegen den Beschluss ist die Beschwerde nach §§ 58 ff. FamFG möglich, dazu BeckOGK/Heinemann Rn. 237 f.; die Rechtsbeschwerde ist nur bei Zulassung statthaft (§ 70 Abs. 1 FamFG)) rechtskräftig wird. Aus ihm kann vollstreckt werden (§§ 168, 86 Abs. 1 Nr. 1 FamFG, § 95 FamFG). Die Festsetzung der Vergütung des berufsmäßigen Nachlasspflegers setzt hinreichend detaillierte Darstellung der entfalteten Tätigkeiten voraus; eine Schätzung entspr. § 287 ZPO kommt grds. nicht in Betracht (OLG Celle FamRZ 2016, 2035, allerdings deutlich zu streng). Der Nachlasspfleger darf die festgesetzte Vergütung selbst aus dem Nachlass entnehmen. **Aufwendungsersatz** wird nicht durch das Nachlassgericht festgesetzt und kann grds. ebenfalls entnommen werden (BGH FamRZ 2006, 411; OLG Braunschweig BeckRS 2018, 45149 Rn. 44; OLG München ZEV 2018, 460 (461 f.); MüKoBGB/Leipold Rn. 100). Der Einwand mangelhafter Führung der Pflegschaftsgeschäfte ist bei der Bewilligung der Vergütung grds. nicht zu berücksichtigen (OLG Düsseldorf NJW-RR 2014, 778 (779); MüKoBGB/Leipold Rn. 95). Eine Zweckmäßigkeitskontrolle hinsichtlich der entfalteten Tätigkeiten findet deshalb nicht statt; etwas anderes gilt ausnahmsweise dann, wenn ein sachlicher Bezug zum Nachlass oder der Pflegschaft eindeutig fehlt oder der Missbrauch evident ist (OLG Düsseldorf ErbR 2022, 167; KG NJW-RR 2007, 1598 (1599)). Wenn **Verwirkung** des Vergütungsanspruchs durch vorsätzliche oder mindestens leichtfertige Verstöße gegen die Treue- und Sorgfaltspflichten des Nachlasspflegers gegenüber den (potentiellen) Erben vorliegt (OLG Frankfurt FGPrax 2019, 134; OLG Hamm NJW-RR 2007, 1081), ist der Antrag auf Vergütungsfestsetzung ganz oder teilweise zurückzuweisen. Im Übrigen entscheidet über diesbezügliche materiell-rechtliche **Einwendungen** des Erben nicht das Nachlassgericht, sondern das Prozessgericht (KG NJW-RR 2007, 1598; OLG Köln ZEV 1994, 316; MüKoBGB/Leipold Rn. 95). Der Anspruch des Nachlasspflegers erlischt nach § 2 S. 1 VBVG, wenn er nicht 15 Monate nach seiner Entstehung geltend gemacht wird (Fristverlängerung möglich, § 1835 Abs. 1a S. 3), wobei eine pauschale Anmeldung dem Grunde nach nicht genügt; der Ausschlussfrist kann im Einzelfall § 242 BGB entgegen stehen (BGH NJW 2018, 2960; BGH ZEV 2013, 84 (85); OLG Köln BeckRS 2013, 9365, wonach allerdings keine Hinweispflicht gegenüber dem berufsmäßigen Nachlasspfleger besteht). 29

Der Vergütungs- und Auslagenersatzanspruch ist **Nachlassverbindlichkeit** (§ 1967) (BayObLG FamRZ 1995, 683; OLG Frankfurt Rpfleger 1993, 284; PWW/Zimmer Rn. 37) und bei Nachlassinsolvenz Masseverbindlichkeit (§ 324 Abs. 1 Nr. 5 InsO). **Schuldner** der festgesetzten Vergütung ist allein der Erbe (§ 24 GNotKG); dies gilt auch dann, wenn ein Dritter die Nachlasspflegschaft veranlasst (OLG Düsseldorf OLGR 2002, 376). Bei Mittellosigkeit des Nachlasses hat die Staatskasse einzustehen (§ 1 Abs. 2 S. 2 VBVG); reicht der Nachlass nicht zur vollständigen Befriedigung aller geleisteten Stunden des Nachlasspflegers aus, so besteht für die verbliebenen Stunden ein Vergütungsanspruch gegen die Staatskasse („gespaltener Vergütungssatz“) (OLG Frankfurt BeckRS 2018, 22730). 30

## § 1961 Nachlasspflegschaft auf Antrag

**Das Nachlassgericht hat in den Fällen des § 1960 Abs. 1 einen Nachlasspfleger zu bestellen, wenn die Bestellung zum Zwecke der gerichtlichen Geltendmachung eines Anspruchs, der sich gegen den Nachlass richtet, von dem Berechtigten beantragt wird.**

### Überblick

In Ergänzung zu §§ 1958, 1960 regelt § 1961 (im Interesse des Nachlassgläubigers) die Prozesspflegschaft.

### I. Normzweck

1 Die **Prozesspflegschaft** dient, anders als die Fürsorgepflegschaft nach § 1960, dem Schutz des Anspruchstellers. § 1961 ermöglicht die Klage gegen den nach § 1958 nicht prozessführungsbefugten Erben (§ 1960 Abs. 3) durch Bestellung eines Nachlasspflegers als Vertreter. Die Unterbrechung oder Aussetzung eines Prozesses nach §§ 239, 246 ZPO endet bei Pflegerbestellung mit der Anzeige nach § 241 ZPO (§§ 243, 246 Abs. 2 ZPO). Zur Zuständigkeit → § 1960 Rn. 2. Für Erbfälle bis 16.8.2015 gelten §§ 1960, 1961 auch bei ausländischem Erbstatut für den inländischen Nachlass (§ 105 FamFG aF, § 343 Abs. 3 FamFG aF, § 344 FamFG aF) (Grüneberg/Weidlich Rn. 2, § 1960 Rn. 8). Für Erbfälle ab 17.8.2015 gilt nach Art. 23 Abs. 2 lit. f EuErbVO grds. das Erbstatut nach Art. 21, 22 EuErbVO; dennoch soll zur Sicherung des inländischen Nachlasses nach §§ 1960, 1961 das Nachlassgericht international zuständig sein (OLG Köln ZEV 2021, 95; MüKoBGB/Dutta Art. 19 EuErbVO Rn. 3).

### II. Voraussetzungen

2 Es bedarf eines Antrags iSd § 23 FamFG. Die Voraussetzungen des **§ 1960 Abs. 1** müssen vorliegen. Statt des Sicherungsbedürfnisses iSd § 1960 Abs. 1 bedarf es im Rahmen des § 1961 des Rechtsschutzinteresses des Nachlassgläubigers (OLG Hamm FGPrax 2013, 71; BayObLG FamRZ 2003, 562 (563); MüKoBGB/Leipold Rn. 9; Grüneberg/Weidlich Rn. 2; Staudinger/Mesina, 2017, Rn. 8). **Gerichtliche Verfolgung** muss weder unmittelbar bevorstehen, noch deren Beabsichtigung glaubhaft gemacht werden, die Bestellung kann auch zu außergerichtlichen Verhandlungen erfolgen (OLG Brandenburg ErbR 2021, 686 (687); OLG Köln FGPrax 2011, 128; BayObLG FamRZ 2003, 562 (563)). In Bezug auf das **Rechtsschutzbedürfnis** genügt die schlüssige und substantiierte Darlegung des gegen den Nachlass gerichteten Anspruchs, der tatsächlich verfolgt werden soll (OLG Brandenburg FGPrax 2006, 222; Grüneberg/Weidlich Rn. 2; Klingelhöffer, Vermögensverwaltung in Nachlasssachen, 2002, § 1961 Rn. 78); die Glaubhaftmachung des Anspruchs ist nicht erforderlich (BayObLG FamRZ 2003, 562 (563); MüKoBGB/Leipold Rn. 12; Grüneberg/Weidlich Rn. 2; aA Staudinger/Mesina, 2017, Rn. 7). Unbekannt iSd Abs. 1 ist die Person des/der Erben aus Sicht des Nachlassgerichts, wenn nicht mit zumindest hoher Wahrscheinlichkeit feststeht, wer Erbe ist, sei es aus tatsächlichen oder aus rechtlichen Gründen (OLG Frankfurt ZEV 2020, 95; OLG München ZEV 2018, 704). Die Sicht des Gläubigers ist zu berücksichtigen; iRd § 1961 gilt der Erbe deshalb bereits dann als **unbekannt,** wenn die Verhältnisse so weitläufig und/oder unklar sind, dass dem Gläubiger die Beschaffung derjenigen Informationen und Unterlagen, die für den Nachweis der Passivlegitimation notwendig wären, unmöglich oder zumindest unzumutbar ist (OLG Hamm FGPrax 2010, 80; BayObLG Rpfleger 1984, 102). Bei mehreren Erben ist für jeden Erbteil und jeden möglichen Erben gesondert zu prüfen, ob die Voraussetzungen einer Nachlasspflegschaft vorliegen; sind nur einzelne Erben unbekannt, kommt keine Gesamtpflegschaft, sondern nur eine Teilpflegschaft für diesen unbekannten Erben in Betracht (OLG Frankfurt BeckRS 2016, 04643 Rn. 10; OLG Schleswig FamRZ 2015, 80 (82)). Bei bekannten Erben, die angenommen haben, aber unbekannten Aufenthalts sind, kommt nur Abwesenheitspflegschaft in Betracht (OLG Frankfurt BeckRS 2016, 04643 Rn. 14). Ein Miterbe, der seinen Auseinandersetzungsanspruch (§ 2042) verfolgen will, kann Nachlasspflegschaft (§ 1960) für einen unbekannten Miterben oder unbekannte Erben eines verstorbenen Miterben beantragen (OLG Braunschweig ZEV 2020, 34; OLG Hamm FamRZ 2015, 2196 (2197); KG OLGZ 1981, 151). Die Geltendmachung des Auseinandersetzungsanspruchs ist als solche kein Fall des § 1961, weil sich dieser Anspruch nicht gegen den Nachlass, sondern gegen die Miterben richtet.

3 Das Rechtsschutzbedürfnis ist auch dann zu bejahen, wenn es nur für die Durchführung der **Zwangsvollstreckung** (§ 778 Abs. 1 ZPO) einer Pflegerbestellung bedarf (OLG Frankfurt

BeckRS 2016, 04643 Rn. 8; OLG Brandenburg FGPrax 2006, 222; Zöller/Geimer ZPO § 778 Rn. 6). Hatte die Zwangsvollstreckung gegen den Erblasser zu dessen Lebzeiten bereits begonnen, kann sie grds. auch ohne Pflegerbestellung in den Nachlass fortgesetzt werden (§ 779 Abs. 1); ggf. ist ein besonderer Vertreter nach § 779 Abs. 2 S. 1 ZPO zu bestellen (Zöller/Geimer ZPO § 778 Rn. 5, Zöller/Geimer ZPO § 779 Rn. 6; Stein/Jonas/Münzberg ZPO § 779 Rn. 6 ff.). Der auf Antrag des **Finanzamts** nach § 81 AO bestellte Vertreter hat die Stellung eines Nachlasspflegers nach § 1961 (Grüneberg/Weidlich Rn. 4).

Das Rechtsschutzbedürfnis **fehlt,** wenn der vorgetragene Anspruch offensichtlich unbegründet 4
oder die Rechtsverfolgung aus sonstigen Gründen mutwillig ist (OLG München FamRZ 2014, 968; PWW/Zimmer Rn. 5), wenn die Rechtsverfolgung gegen den Testamentsvollstrecker (§ 2213) möglich ist oder wenn ein Fall des § 1958 nicht vorliegt, weil keine Nachlassverbindlichkeit vorliegt, sondern zB der vorläufige Erbe für eine Verwaltungshandlung persönlich haftet. Dass kein Nachlassvermögen vorhanden ist, steht dem Rechtsschutzbedürfnis grds. nicht entgegen (OLG Brandenburg ErbR 2021, 686 (687); KG NZM 2017, 823; OLG Zweibrücken ZEV 2015, 633).

## III. Rechtsstellung

Der Prozesspfleger ist grds. in vollem Umfang Nachlasspfleger. Teilnachlasspflegschaft (für unbe- 5
kannten Miterben) ist aber ebenso zulässig wie Beschränkung des Aufgabenkreises auf den Prozess. Die Pflegschaft endet bei beschränktem Aufgabenkreis mit Erledigung der Aufgabe (§ 1918 Abs. 3), iÜ mit Aufhebung.

## IV. Kosten

Gerichtskosten und Vergütungsanspruch des Pflegers sind wie bei der Nachlasspflegschaft von 6
den Erben zu tragende Nachlassverbindlichkeiten (§ 24 GNotKG). Ein Vorschuss kann vom Gläubiger auch bei einem bedürftigen Nachlass nicht verlangt werden (OLG Schleswig FamRZ 2012, 814; ausf. OLG Dresden Rpfleger 2010, 215; OLG Hamm FGPrax 2010, 80; Grüneberg/Weidlich Rn. 3; teilweise aA MüKoBGB/Leipold Rn. 13).

## V. Rechtsmittel

Gegen die Ablehnung der Anordnung einer Nachlasspflegschaft steht im Falle des § 1961 nach 7
§ 59 Abs. 2 FamFG nur dem Nachlassgläubiger, der die Nachlasspflegschaft beantragt hat, die Beschwerde zu (OLG Hamm ZErb 2010, 269; MüKoBGB/Leipold § 1960 Rn. 113). Im Übrigen ergibt sich die Beschwerdeberechtigung gegen die Ablehnung der Anordnung oder die Aufhebung einer Nachlasspflegschaft aus § 59 Abs. 1 FamFG; beschwerdeberechtigt können der Erbe, der Miterbe, der Erbprätendent und ggf. auch der Nachlassinsolvenzverwalter sein.

## § 1962 Zuständigkeit des Nachlassgerichts

**Für die Nachlasspflegschaft tritt an die Stelle des Familiengerichts oder Betreuungsgerichts das Nachlassgericht.**

### Überblick

Die Vorschrift regelt die Zuständigkeit des Nachlassgerichts für die Nachlasspflegschaft.

Nachlassgericht ist das **Amtsgericht** (§ 23a Abs. 1 Nr. 2 GVG, § 23a Abs. 2 Nr. 2 GVG). Die 1
örtliche Zuständigkeit bestimmt sich nach § 343 FamFG; danach ist örtlich zuständig für Todesfälle ab dem 17.8.2015 das Gericht, in dessen Bezirk der Erblasser im Zeitpunkt seines Todes seinen gewöhnlichen Aufenthalt hatte (für Todesfälle bis zum 16.8.2015 gilt § 343 Abs. 1 FamFG aF). Daneben ist nach § 344 Abs. 4 FamFG jedes Amtsgericht örtlich zuständig, in dessen Bezirk ein Fürsorgebedürfnis auftritt. Aus der örtlichen Zuständigkeit folgt die internationale Zuständigkeit (§ 105 FamFG). Funktionell zuständig ist der Rechtspfleger (§ 3 Nr. 2 lit. c RPflG), für bestimmte Geschäfte der Richter (§ 16 Abs. 1 Nr. 1 RPflG, § 14 Abs. 1 Nr. 10 RPflG). Die Abgabe an ein anderes Nachlassgericht ist gem. § 4 FamFG zulässig; ein wichtiger Grund iSd § 4 S. 1 FamFG kann vorliegen, wenn der Nachlass hauptsächlich aus Grundstücken besteht, die in dem Bezirk eines anderen Gerichts belegen sind (OLG Brandenburg FGPrax 2006, 222).

2 Das Nachlassgericht ist ua für die Anordnung und Aufhebung der Pflegschaft, die Auswahl und Bestellung des Pflegers und die Festsetzung der Vergütung zuständig; es hat die Tätigkeit des Nachlasspflegers nach §§ 1915, 1837 Abs. 2 zu **beaufsichtigen,** bei Pflichtverletzungen einzuschreiten und Anordnungen (zBsp Auskunftsersuchen, Weisungen, Anforderung von Tätigkeitsberichten oder Nachlassverzeichnissen) ggf. mit Ordnungsmitteln durchzusetzen (KG JW 1938, 1453; MüKoBGB/Leipold § 1960 Rn. 75; BeckOGK/Heinemann Rn. 149 f.; PWW/Zimmer Rn. 7, 8). Als äußerste Maßnahme kommt die Entlassung in Betracht (→ § 1960 Rn. 8). Verletzt das Nachlassgericht die ihm obliegenden Aufgaben (insbes. Wahrung der Vermögensinteressen des Erben) kommen Amtshaftungsansprüche in Betracht (BeckOGK/Heinemann Rn. 59 f.; s. dazu auch BGH NJW 1988, 2809, zur Untreuestrafbarkeit des Nachlassrichters).

3 Für Verfügungen des Nachlasspflegers nach §§ 1812, 1821, 1822 ist die erforderliche **Genehmigung** durch das Nachlassgericht (dazu ausf. Zimmermann Rpfleger 2009, 437 (440); MüKoBGB/Leipold § 1960 Rn. 66 und MüKoBGB/Leipold § 1962 Rn. 3), nicht das FamG zu erteilen. Der Beschluss über die Genehmigung erlangt formelle und materielle Rechtskraft (§ 48 Abs. 3 FamFG); er ist innerhalb einer Zweiwochenfrist ab Bekanntgabe anfechtbar (§§ 58, 63 Abs. 2 Nr. 2 FamFG). Die Genehmigung wird erst mit Rechtskraft (§ 45 FamFG) des Genehmigungsbeschlusses wirksam (§ 40 Abs. 2 FamFG).

## § 1963 Unterhalt der werdenden Mutter eines Erben

**[1]Ist zur Zeit des Erbfalls die Geburt eines Erben zu erwarten, so kann die Mutter, falls sie außerstande ist, sich selbst zu unterhalten, bis zur Entbindung angemessenen Unterhalt aus dem Nachlass oder, wenn noch andere Personen als Erben berufen sind, aus dem Erbteil des Kindes verlangen. [2]Bei der Bemessung des Erbteils ist anzunehmen, dass nur ein Kind geboren wird.**

### Überblick

Die Vorschrift dient dem Schutz des nasciturus, indem sie der werdenden Mutter einen bis zur Geburt währenden Unterhaltsanspruch gewährt.

### I. Voraussetzungen

1 § 1963 begründet einen **Unterhaltsanspruch** der werdenden Mutter des Erben und dient dem Schutz des nasciturus. Der Anspruch ist Nachlassverbindlichkeit (§ 1967), nicht gesetzliches Vermächtnis. Der Unterhaltsanspruch entsteht mit dem Erbfall, bei Ersatzberufung des nasciturus (zB nach §§ 1953, 2344) mit Wegfall des vorrangig Berufenen und endet mit der Geburt. Die Vorschrift gilt entspr. für die werdende Mutter eines Nacherben (§ 2141). Ist der nasciturus nur **Vermächtnisnehmer** oder bloß **pflichtteilsberechtigt** besteht kein Anspruch aus § 1963 (MüKoBGB/Leipold Rn. 3; Erman/J. Schmidt Rn. 3; weitergehend Staudinger/Mesina, 2017, Rn. 3: entspr. Anwendung bei Pflichtteilsberechtigung). Die gut gemeinte Vorschrift hat letztlich keine praktische Bedeutung, Rspr. hierzu existiert soweit ersichtlich nicht (ausf. zum Anspruch aus § 1963 BeckOGK/Heinemann Rn. 2 ff.; Stöcker ZBlJugR 1981, 125 ff.).

### II. Umfang

2 Geschuldet ist der **angemessene Unterhalt.** Die Vorschriften über die Unterhaltspflicht von Verwandten sind entspr. anzuwenden (MüKoBGB/Leipold Rn. 5; Staudinger/Mesina, 2017, Rn. 6; RGRK-BGB/Johannsen Rn. 6), wobei Unterhalt nach Sinn und Zweck der Vorschrift entgegen § 1613 auch für die Vergangenheit verlangt werden kann (MüKoBGB/Leipold Rn. 6; Staudinger/Mesina, 2017, Rn. 6; Grüneberg/Weidlich Rn. 2; aA RGRK-BGB/Johannsen Rn. 6). Der Anspruch umfasst auch Entbindungskosten (MüKoBGB/Leipold Rn. 5 mwN; Staudinger/Mesina, 2017, Rn. 5).

### III. Durchsetzung

3 Der Anspruch kann vor Annahme der Erbschaft gegen einen ggf. zu bestellenden (§ 1961) Nachlasspfleger (§ 1960 Abs. 3, § 1958) oder Testamentsvollstrecker (§ 2213) gerichtlich geltend

gemacht werden. Die Einreden aus §§ 2014, 2015 greifen nicht (MüKoBGB/Leipold Rn. 9; BeckOGK/Heinemann Rn. 40).

## IV. Rückforderung

Bei Totgeburt ist der gezahlte Unterhalt selbstverständlich nicht zu erstatten. Bei irrtümlicher Annahme der Schwangerschaft oder Wegfall der Erbberechtigung des Kindes (§§ 1953, 2344) besteht ein Anspruch auf Rückforderung aus ungerechtfertigter Bereicherung; die Mutter ist durch § 818 Abs. 3 geschützt. Bei Vortäuschen der Schwangerschaft bzw. Vaterschaft gelten § 819, § 823 Abs. 2 iVm § 263 StGB, § 826. 4

## § 1964 Erbvermutung für den Fiskus durch Feststellung

**(1) Wird der Erbe nicht innerhalb einer den Umständen entsprechenden Frist ermittelt, so hat das Nachlassgericht festzustellen, dass ein anderer Erbe als der Fiskus nicht vorhanden ist.**

**(2) Die Feststellung begründet die Vermutung, dass der Fiskus gesetzlicher Erbe sei.**

### Überblick

Nach erfolgloser Erbenermittlung und Durchführung des Aufforderungsverfahrens (§ 1965) erfolgt ein Feststellungsbeschluss des Nachlassgerichts nach Abs. 1. Die Vermutung nach Abs. 2 ist widerlegbar.

### I. Normzweck

§ 1964 ergänzt die §§ 1936, 1942 Abs. 2. Nach erfolgloser Erbenermittlung und Durchführung des Aufforderungsverfahrens (§ 1965) ergeht ein Feststellungsbeschluss des Nachlassgerichts nach Abs. 1. Während des Verfahrens ist idR Nachlasspflegschaft (§ 1960) anzuordnen (Grüneberg/Weidlich Rn. 1). Die Feststellung erfolgt nicht bei gewillkürter Erbfolge des Staates. Für das Verfahren nach §§ 1964 ff. gilt das FamFG. 1

### II. Wirkungen

Der Feststellungsbeschluss hat keine rechtsgestaltende Wirkung. Er enthält nicht die Feststellung des gesetzlichen Erbrechts des Fiskus (§ 1936), sondern begründet nur eine diesbezügliche **Vermutung** (§ 1964 Abs. 2); der Beweis des Gegenteils ist zulässig und kann sowohl im Prozess als auch im Erbscheinsverfahren erbracht werden (OLG Rostock BeckRS 1996, 13395 Rn. 32; J. Mayer ZEV 2010, 445 (452 f.); MüKoBGB/Leipold Rn. 10). Vorhandene unbekannte Erben verlieren ihre Rechte durch den Beschluss nicht (BGH WM 2003, 1681 (1682); OLG Dresden NJWE-FER 1999, 302 f.; J. Mayer ZEV 2010, 445 (452)). Ein Erbscheinsantrag eines Erbprätendenten kann nicht unter bloßem Hinweis auf den Feststellungsbeschluss zurückgewiesen werden. Die Vermutung des Abs. 2 hat **nicht** die Wirkungen des Erbscheins nach den §§ 2366, 2367, sie ermöglicht keinen gutgläubigen Erwerb (MüKoBGB/Leipold Rn. 11; Staudinger/Mesina, 2017, Rn. 14; RGRK-BGB/Johannsen Rn. 6). Der Feststellungsbeschluss ist auch zur Grundbuchberichtigung nach § 35 GBO nicht ausreichend (OLG Düsseldorf ZEV 2020, 559 (560 f.); BayObLG NJW-RR 1994, 914; J. Mayer ZEV 2010, 445 (453)). Der Fiskus kann aber einen Erbschein beantragen. Ein Feststellungsurteil ersetzt den Beschluss nach § 1964 nicht (MüKoBGB/Leipold § 1966 Rn. 4; RGRK-BGB/Johannsen § 1966 Rn. 2). Zur Aktiv- und Passivlegitimation s. § 1966. 2

### III. Verfahren

§ 1964 legt dem Nachlassgericht zunächst eine **Erbenermittlungspflicht** auf, falls der Fiskus als gesetzlicher Erbe in Betracht kommt (RGZ 164, 235 (237); OLG München FGPrax 2011, 187 (189); Grüneberg/Weidlich Rn. 1; MüKoBGB/Leipold Rn. 4); dies gilt grds. auch bei Überschuldung des Nachlass (OLG Celle ZEV 2021, 511; OLG München FGPrax 2011, 187 (189); MüKoBGB/Leipold Rn. 4). Das Nachlassgericht ermittelt von Amts wegen (§ 26 FamFG) und kann zu diesem Zweck auch die geeignet erscheinenden Beweise erheben. Der sachliche und 3 zeitliche Umfang der Ermittlungen steht im pflichtgemäßen Ermessen des Nachlassgerichts, die Werthaltigkeit des Nachlasses kann hierfür eine Rolle spielen (OLG Frankfurt FGPrax 2018, 281; KG RJA 9, 215 (217); J. Mayer ZEV 2010, 445 (450)). Bei wertvollem Nachlass sind umfangreichere Ermittlungen geboten. Bleiben diese erfolglos, kann die Bestellung eines Nachlasspflegers zur Erbenermittlung oder auch die Einschaltung eines gewerblichen Erbenermittlers geboten sein (OLG Braunschweig BeckRS 2020, 32402 Rn. 22 ff.: keine generelle Pflicht zur Einschaltung eines professionellen Erbenermittlers; MüKoBGB/Leipold Rn. 5; Staudinger/Mesina, 2017, Rn. 4; vgl. zum gewerblichen Erbenermittler auch Emrich ErbR 2018, 78 ff.). Eine Ermittlungspflicht besteht aber grds. auch dann, wenn der Nachlass geringwertig oder überschuldet ist, es sind zumindest Anfragen an Sterberegister, Eheregister und Geburtenregister der feststellbaren Lebensmittelpunkte eines Erblassers zu richtet (OLG Celle ZEV 2021, 511).

4 Bleibt die Erbenermittlung erfolglos, entscheidet das Nachlassgericht nach Durchführung des Aufforderungsverfahrens nach § 1965 durch Beschluss; zuständig ist der Rechtspfleger (§ 3 Nr. 2 lit. c RPflG, § 342 Abs. 1 Nr. 9 FamFG) (OLG Braunschweig FGPrax 2022, 36; ausf. J. Mayer ZEV 2010, 445 (449 ff.)). Es gilt das allgemeine **Akteneinsichtsrecht** des § 13 FamFG. Das Nachlassgericht ist an **Urteile** zwischen dem Erbprätendenten und dem Fiskus über das Erbrecht gebunden, soweit die Rechtskraftwirkung reicht (BayObLGZ 1969, 184 (186) betr. Erbscheinsverfahren; J. Mayer ZEV 2010, 445 (452)). Bei Antrag eines Nachlassgläubigers hat die Feststellung zur Begründung der Passivlegitimation des § 1966 grds. auch bei Überschuldung des Nachlass zu erfolgen (LG Düsseldorf Rpfleger 1981, 358; MüKoBGB/Leipold Rn. 9 mwN, auch zur Gegenansicht; Staudinger/Mesina, 2017, Rn. 3; Soergel/Stein Rn. 2; RGRK-BGB/Johannsen Rn. 3). In Bayern besteht eine landesrechtliche Ausnahme für den Fall der Geringfügigkeit des Nachlass (vgl. Art. 37 Abs. 1 S. 2 BayAGGVG: „Die Ermittlung der Erben von Amts wegen unterbleibt, wenn zum Nachlaß kein Grundstück oder grundstücksgleiches Recht gehört und nach den Umständen des Falls anzunehmen ist, daß ein die Beerdigungskosten übersteigender Nachlaß nicht vorhanden ist."). In dem Beschluss ist festzustellen, welches Land Erbe geworden ist oder ob der Bund Erbe geworden ist (§ 1936). Auf Grund des Beschlusses ist der Nachlass an den Staat auszuhändigen und eine etwaige Nachlasspflegschaft aufzuheben (PWW/Zimmer Rn. 6; Erman/J. Schmidt Rn. 4). Der Feststellungsbeschluss kann nach § 48 Abs. 1 FamFG jederzeit von Amts wegen aufgehoben werden (ausf. zum Verfahren nach §§ 1964 ff. J. Mayer ZEV 2010, 445 (449 ff.)).

## IV. Rechtsbehelf

5 Gegen den Beschluss sind Fiskus und Erbprätendenten beschwerdeberechtigt (§§ 58, 59 FamFG); gegen die Ablehnung oder Aufhebung der Feststellung der Fiskus und Nachlassgläubiger (wegen § 1966), nicht aber derjenige, der geltend macht, aufgrund einer Anfechtung der Annahme der Erbschaft doch nicht Erbe geworden zu sein (OLG Hamm FamRZ 2015, 787). Die Beschwerde ist innerhalb der Monatsfrist des § 63 Abs. 1 FamFG zu erheben (MüKoBGB/Leipold Rn. 13). Die Anmeldung nach § 1965 (vor Erlass des Feststellungsbeschlusses) ist aber Voraussetzung (OLG Schleswig SchlHA 2013, 70; MüKoBGB/Leipold Rn. 13; Staudinger/Mesina, 2017, Rn. 18; RGRK-BGB/Johannsen § 1965 Rn. 8). Fehlt es hieran, kann der angeblich Übergangene Abänderung oder Wiederaufnahme nach § 48 FamFG beantragen und bei Ablehnung des Antrags Beschwerde einlegen (MüKoBGB/Leipold Rn. 14).

6 Der Feststellungsbeschluss steht weder einem **Erbscheinsverfahren** noch einer **Erbschaftsklage** (§§ 2018 ff.) oder **Erbrechtsfeststellungsklage** entgegen; die Vermutung des § 1964 Abs. 2 führt insoweit aber zur **Beweislast** des Erbprätendenten (OLG Köln, FGPrax 2011, 261 (262); KG OLGZ 1971, 89 (92); MüKoBGB/Leipold Rn. 10; J. Mayer ZEV 2010, 445 (453)).

## § 1965 Öffentliche Aufforderung zur Anmeldung der Erbrechte

**(1) [1]Der Feststellung hat eine öffentliche Aufforderung zur Anmeldung der Erbrechte unter Bestimmung einer Anmeldungsfrist vorauszugehen; die Art der Bekanntmachung und die Dauer der Anmeldungsfrist bestimmen sich nach den für das Aufgebotsverfahren geltenden Vorschriften. [2]Die Aufforderung darf unterbleiben, wenn die Kosten dem Bestand des Nachlasses gegenüber unverhältnismäßig groß sind.**

**(2) [1]Ein Erbrecht bleibt unberücksichtigt, wenn nicht dem Nachlassgericht binnen drei Monaten nach dem Ablauf der Anmeldungsfrist nachgewiesen wird, dass das Erbrecht besteht oder dass es gegen den Fiskus im Wege der Klage geltend gemacht ist. [2]Ist**

**eine öffentliche Aufforderung nicht ergangen, so beginnt die dreimonatige Frist mit der gerichtlichen Aufforderung, das Erbrecht oder die Erhebung der Klage nachzuweisen.**

### Überblick

§ 1965 regelt das Verfahren bis zum Ergehen des Feststellungsbeschlusses nach § 1964 Abs. 1. Die Aufforderung (Abs. 1) dient der Erbenfindung bzw. der Ermöglichung des Feststellungsbeschlusses. Ein nicht oder nicht rechtzeitig angemeldetes Erbrecht erlischt selbstverständlich nicht.

Die Aufforderung des § 1965 dient zum einen der Ermittlung der Erben, zum anderen der Ermöglichung der in § 1964 vorgesehenen Feststellung (KG ZEV 1997, 118; PWW/Zimmer Rn. 2). Für die Bekanntmachung und Fristdauer (mindestens sechs Wochen) gelten die §§ 948–950 ZPO; die Berechnung erfolgt nach § 16 Abs. 2 FamFG, §§ 222, 224 Abs. 2 und 3 ZPO, § 225 ZPO, §§ 186 ff. BGB. Im Übrigen gelten die Verfahrensvorschriften des FamFG (insbes. §§ 433 ff. FamFG). Auf Rechtsnachteile iSd § § 433 FamFG braucht nicht hingewiesen zu werden, weil ein Rechtsverlust nicht eintritt (→ § 1964 Rn. 2). Die **öffentliche Aufforderung** darf erst nach Ablauf der Frist des § 1964 Abs. 1 erfolgen (Grüneberg/Weidlich Rn. 1; ausf. Frohn Rpfleger 1986, 37). Sind die Kosten dem Nachlassbestand gegenüber unverhältnismäßig groß, kann die öffentliche Aufforderung unterbleiben (Abs. 1 S. 2), was wiederum nach pflichtgemäßem Ermessen zu entscheiden ist. 1

Die **Anmeldefrist** (Abs. 1) und die **Wartefrist** (Abs. 2) sind zu unterscheiden. Wird kein Erbrecht angemeldet, kann der Feststellungsbeschluss ergehen; die Wartefrist ist nicht einzuhalten (J. Mayer ZEV 2010, 445 (451) mwN). Wird ein Erbrecht angemeldet, bevor der Beschluss ergeht (uU auch erst nach Ablauf der Anmeldefrist), ist die Wartefrist einzuhalten (OLG Schleswig SchlHA 2013, 70 (71); MüKoBGB/Leipold Rn. 3; RGRK-BGB/Johannsen Rn. 1; Staudinger/Mesina, 2017, Rn. 8). Innerhalb der Frist des Abs. 2 ist das Erbrecht oder dessen klageweise Geltendmachung nachzuweisen. 2

Die Klage gegen den Fiskus ist auf Feststellung des Erbrechts des Erbprätendenten gerichtet (wobei eine vom Fiskus erhobene negative Feststellungsklage genügt); der Erbprätendent muss den Rechtsstreit tatsächlich betreiben und darf ihn nicht unbegründet ruhen lassen (J. Mayer ZEV 2010, 445 (452)). Ein nicht angemeldetes oder nicht nachgewiesenes Erbrecht bleibt nur im Feststellungsverfahren unberücksichtigt, besteht iÜ aber fort (BGH WM 2003, 1681 (1682); Grüneberg/Weidlich Rn. 2). 3

## § 1966 Rechtsstellung des Fiskus vor Feststellung

**Von dem Fiskus als gesetzlichem Erben und gegen den Fiskus als gesetzlichen Erben kann ein Recht erst geltend gemacht werden, nachdem von dem Nachlassgericht festgestellt worden ist, dass ein anderer Erbe nicht vorhanden ist.**

### Überblick

Vor der Feststellung nach §§ 1964, 1965 kann der Staat das Erbrecht nicht an sich ziehen, ist aber auch vor einer Inanspruchnahme geschützt.

Der Fiskus ist gesetzlicher Zwangserbe (§§ 1936, 1942 Abs. 2). Die Feststellung nach § 1964 ist Voraussetzung für die aktive und passive Prozessführungsbefugnis des Fiskus als gesetzlicher Erbe. § 1966 schließt auch die außergerichtliche Geltendmachung aus (MüKoBGB/Leipold Rn. 1; J. Mayer ZEV 2010, 445 (453); wohl auch OLG München NJW-RR 2011, 1379 (1380)). Der Staat soll also nach dem Willen des Gesetzgebers den Nachlass gerade nicht an sich ziehen können, bevor sein gesetzliches Erbrecht nach §§ 1964, 1965 festgestellt worden ist (OLG Dresden VIZ 2000, 55 (56); Grüneberg/Weidlich Rn. 1; zur verfassungsrechtlichen Dimension der §§ 1964 ff.: J. Mayer ZEV 2010, 445 (450 f., 453)). Er bleibt aber auch vor einer Inanspruchnahme geschützt. Für den Fiskus als gewillkürten Erben gilt § 1958. §§ 1964–1966 finden insoweit keine Anwendung. 1

§ 1966 betrifft nur aus dem Erbrecht folgende Rechte und Pflichten und verhindert deshalb nicht Verfahren über das Erbrecht selbst (MüKoBGB/Leipold Rn. 3; Burandt/Rojahn/Najdecki Rn. 2; aA Staudinger/Mesina, 2017, Rn. 3), insbes. Erbschaftsklage (§§ 2018 ff.) oder Erbrechtsfeststellungsklage. Ein rechtskräftiges Feststellungsurteil zugunsten des Fiskus ersetzt den Beschluss 2 nach § 1964 nicht, weil das Nachlassgericht wegen anderer Erbberechtigter den Feststellungsbeschluss unterlassen kann; überdies würde hierdurch die weitreichende Vermutung des § 1964 Abs. 2 begründet, was über die Rechtskraftwirkung des Feststellungsurteils hinaus ginge (J. Mayer ZEV 2010, 445 (452); MüKoBGB/Leipold Rn. 4; RGRK-BGB/Johannsen Rn. 2).

# Titel 2. Haftung des Erben für die Nachlassverbindlichkeiten

## Untertitel 1. Nachlassverbindlichkeiten

### § 1967 Erbenhaftung, Nachlassverbindlichkeiten

**(1) Der Erbe haftet für die Nachlassverbindlichkeiten.**

**(2) Zu den Nachlassverbindlichkeiten gehören außer den vom Erblasser herrührenden Schulden die den Erben als solchen treffenden Verbindlichkeiten, insbesondere die Verbindlichkeiten aus Pflichtteilsrechten, Vermächtnissen und Auflagen.**

**Schrifttum:** Boehmer, Eintritt in pflichtbelastete Rechtslagen des Erblassers, JW 1938, 2634; Bonifacio, Die Haftung der Erben als Hausgeldschuldner nach dem WEG, MDR 2006, 244; Christmann, Die Geltendmachung der Haftungsbeschränkung zugunsten Minderjähriger, ZEV 1999, 416; Graf, Möglichkeiten der Haftungsbeschränkung für Nachlassverbindlichkeiten, ZEV 2000, 125; Herzog, Haftung des Erben für Miet- und WEG-Schulden, NZM 2013, 175; Herzog, Nachlasshaftung und Nachlassinsolvenz, ErbR 2013, 70 und ErbR 2013, 140; Kuleisa, Der insolvente Nachlass – Die Haftung der Erben und die Befugnisse des Testamentsvollstreckers, ZVI 2013, 173; Lange/Kretschmann, Die Nachfolge von Todes wegen in einen Personengesellschaftsanteil nach dem MoPeG – ein erster Überblick, ZEV 2021, 545.

#### Überblick

Die Vorschrift ordnet die Haftung des Erben für Nachlassverbindlichkeiten an (Abs. 1) und bestimmt den Begriff der Nachlassverbindlichkeiten (Abs. 2)

#### Übersicht



## I. Bedeutung und Umfang der Erbenhaftung

1 **1. Bedeutung der Norm.** Der Erbe übernimmt nicht nur das Vermögen des Erblassers, sondern auch dessen Verbindlichkeiten. § 1967 Abs. 1 ordnet die **vorläufig unbeschränkte** Haftung des Erben an, der Schuldner der vom Erblasser herrührenden sowie der übrigen durch den Erbfall und infolge des Erbfalls entstehenden Verbindlichkeiten wird. Grds. hat der Erbe mit dem Nachlass und mit seinem sonstigen Vermögen für die Erfüllung der Nachlassverbindlichkeiten einzustehen. Unter bestimmten Voraussetzungen kann er seine Haftung **auf den Nachlass beschränken;** das setzt idR die Trennung des Nachlasses vom sonstigen Vermögen des Erben voraus (→ Rn. 2 ff. unter 2.). Das Haftungsbeschränkungsrecht kann gegenüber einzelnen oder gegenüber allen Nachlassgläubigern verloren gehen (→ Rn. 8 ff. unter 3.). Gibt es **mehrere Erben,** werden die allgemeinen Vorschriften der §§ 1967 ff. durch §§ 2058 ff. ergänzt. Die Haftung des **Erbschaftskäufers** entspricht derjenigen des Erben, der die Erbschaft verkauft hat (§§ 2382, 2382). Das in §§ 1922, 1967 statuierte Prinzip der Gesamtrechtsnachfolge beschränkt sich nicht auf den Bereich des Zivilrechts, sondern erstreckt sich auch auf das Steuerrecht. Der

Erbe tritt sowohl in materieller als auch in verfahrensrechtlicher Hinsicht in die abgabenrechtliche Stellung des Erblassers ein (BFHE 220, 129 = ZEV 2008, 199; BFH NJW 2012, 3677 (3678)). Der (verfahrensrechtliche) Anspruch des Erblassers auf Erteilung der Restschuldbefreiung ist höchstpersönlicher Natur; er kann von den Erben nicht mehr durchgesetzt werden (AG Leipzig ZVI 2013, 236).

**2. Möglichkeiten der Haftungsbeschränkung.** Die Haftung des Erben beginnt mit der **Annahme der Erbschaft.** Vor Annahme der Erbschaft kann der Erbe nicht in Anspruch genommen werden (§ 1958). Nach diesem Zeitpunkt stehen dem Erben verschiedene Wege zur Verfügung, seine Haftung auf den Nachlass zu beschränken. Die wichtigsten Rechte des Erben gegenüber den Nachlassgläubigern sind (vgl. den Überblick bei Graf ZEV 2000, 125; Kuleisa ZVI 2013, 173 (174 ff.); Herzog ErbR 2013, 70 ff.; 104 ff.): 2

**a) Vorläufige Einreden.** In den ersten drei Monaten nach Annahme der Erbschaft kann der Erbe dann, wenn er noch kein Inventar (§§ 1993 ff.) errichtet hat, die Berichtigung einer Nachlassverbindlichkeit verweigern (§ 2014; sog. **Dreimonatseinrede**). Hat der Erbe innerhalb des ersten Jahres nach Annahme der Erbschaft ein Aufgebotsverfahren (§§ 1970 ff.) beantragt und ist der Antrag zugelassen worden, hat er während der Dauer des Aufgebotsverfahrens ebenfalls das Recht, die Berichtigung der Nachlassverbindlichkeit zu verweigern (§ 2015; sog. **Aufgeboteinrede**). Wenn diese Einreden erhoben und im Urteil vorbehalten werden (§ 305 Abs. 1 ZPO, § 780 ZPO), kann der Erbe verlangen, dass die Zwangsvollstreckung auf vorläufige (sichernde) Maßnahmen beschränkt wird (§§ 781, 782 ZPO). 3

**b) Aufgebot der Nachlassgläubiger.** Der Erbe kann die Nachlassgläubiger im **Aufgebotsverfahren** (§§ 1970 ff.) zur Anmeldung ihrer Forderungen auffordern. Das Aufgebot als solches führt nicht zu einer Beschränkung der Haftung des Erben. Gegenüber Gläubigern, die im Aufgebotsverfahren ausgeschlossen werden, haftet der Erbe jedoch nur noch mit dem Nachlass (§ 1973). Die Wirkungen des § 1973 treten ebenfalls ein, wenn der Gläubiger seine Forderung später als fünf Jahre nach dem Erbfall geltend macht und die Forderung vorher weder angemeldet worden noch dem Erben auf andere Art und Weise bekannt geworden ist (**Verschweigung;** § 1974). 4

**c) Amtliche Absonderung des Nachlasses.** Der Erbe kann **Nachlassverwaltung** oder die Eröffnung des **Nachlassinsolvenzverfahrens** beantragen (§§ 1975 ff., §§ 315 ff. InsO). Beide Verfahren bewirken eine amtliche Absonderung des Nachlasses vom sonstigen Vermögen des Erben. Verwaltungs- und Verfügungsbefugnis gehen auf den Nachlass- oder den Nachlassinsolvenzverwalter über. Nach Abschluss des Nachlassinsolvenzverfahrens haftet der Erbe nur noch nach Bereicherungsrecht (§§ 1989, 1973); nach Beendigung der Nachlassverwaltung kann er entspr. §§ 1990, 1991 seine Haftung auf den Nachlass beschränken (str., → § 1975 Rn. 6). 5

**d) Unzulänglichkeitseinreden.** Reicht der Nachlass nicht aus, die Kosten der Nachlassverwaltung oder des Nachlassinsolvenzverfahrens zu decken, kann sich der Erbe auf die **Dürftigkeit des Nachlasses** berufen (§§ 1990, 1991), den Nachlass den Gläubigern zur Verfügung stellen und die Vollstreckung in sein Privatvermögen einredeweise verweigern. Ist der Nachlass überschuldet und beruht die Überschuldung auf Vermächtnissen und Auflagen, kann der Erbe die Erfüllung der Vermächtnisse und Auflagen verweigern (**Überschwerung;** § 1992). War der Erbe im Zeitpunkt des Erbfalles noch **minderjährig,** kann er seine Haftung auf den Bestand des bei Eintritt der Volljährigkeit vorhandenen Vermögens beschränken; in diesem Fall gelten §§ 1990, 1991 entspr. (§ 1629a) (vgl. Christmann ZEV 1999, 416; Behnke NJW 1989, 3078 (3079 f.); zur Zwangsvollstreckung aus einem vor Inkrafttreten des § 1629a erwirkten Titels vgl. OLG Koblenz ZEV 1999, 259 mAnm Christmann). 6

**e) Inventar.** Die Errichtung eines Inventars (§§ 1993 ff.) hat für sich genommen keine Beschränkung der Haftung auf den Nachlass zur Folge. Die ordnungsgemäße Errichtung des Inventars ist lediglich die Voraussetzung dafür, dass der Erbe sein Haftungsbeschränkungsrecht nicht verliert (§§ 2005, 2006 Abs. 3). Ist das Inventar rechtzeitig errichtet worden, so wird im Verhältnis zwischen dem Erben und den Nachlassgläubigern jedoch vermutet, dass im Zeitpunkt des Erbfalles andere als die angegebenen Nachlassgegenstände nicht vorhanden waren (§ 2009). 7

**3. Unbeschränkte Haftung des Erben.** Der Erbe kann das Recht, seine Haftung auf den Nachlass zu beschränken, gegenüber bestimmten oder gegenüber allen Gläubigern verlieren. Wenn die §§ 1967 ff., 2058 ff. von der „unbeschränkten Haftung" eines Erben sprechen, ist damit die **Haftung nach Verlust des Haftungsbeschränkungsrecht** gemeint (vgl. zB § 2013). Die unbeschränkte Haftung des Erben tritt in folgenden Fällen ein: 8

9 **a) Inventarverfehlungen.** Nach ergebnislosem Ablauf der auf Antrag eines Nachlassgläubigers vom Nachlassgericht gesetzten **Inventarfrist** haftet der Erbe gegenüber allen Nachlassgläubigern unbeschränkt (§ 1994 Abs. 1 S. 2). Gleiches gilt, wenn der Erbe absichtlich ein unvollständiges Inventar errichtet hat, wenn er eine Nachlassverbindlichkeit aufgeführt hat, die in Wirklichkeit nicht besteht, oder wenn er bei amtlicher Aufnahme des Inventars die erforderlichen Auskünfte nicht oder erheblich verzögert erteilt (§ 2005 Abs. 1 S. 1 und 2).

10 **b) Nichtabgabe der eidesstattlichen Versicherung.** Der Erbe hat auf Antrag eines Nachlassgläubigers zu Protokoll des Nachlassgerichtes eidesstattlich zu versichern, dass er nach bestem Wissen die Nachlassgegenstände so vollständig angegeben habe, als er dazu imstande sei. Verweigert er die Abgabe der eidesstattlichen Versicherung oder erscheint er zweimal unentschuldigt nicht zu einem anberaumten Termin, haftet er gegenüber dem Gläubiger, der den Antrag gestellt hatte, unbeschränkt (§ 2006 Abs. 3).

11 **c) Rechtsgeschäftlicher Verzicht.** Der Erbe kann schließlich gegenüber einzelnen oder allen Gläubigern auf die beschränkte Haftung verzichten (RGZ 146, 343 (346); RGRK-BGB/Johannsen Vor § 1967 Rn. 21; Staudinger/Kunz, 2020, Vor § 1967 Rn. 185). In Ausnahmefällen kann in der Beschränkung der Haftung auf den Nachlass eine **unzulässige Rechtsausübung** liegen, etwa dann, wenn der Erbe gegenüber einem Nachlassgläubiger jahrelang ein Verhalten gezeigt hatte, aus dem dieser schließen musste, dass der Erbe die beschränkte Erbenhaftung nicht geltend machen werde, und deshalb davon Abstand genommen hat, rechtzeitig den Antrag auf Bestimmung einer Inventarfrist zu stellen (RGRK-BGB/Johannsen Vor § 1967 Rn. 22).

12 **4. Verfahren.** Im Erkenntnisverfahren muss sich der in Anspruch genommene Erbe die Beschränkung der Haftung auf den Nachlass **im Urteil vorbehalten lassen** (§ 780 Abs. 1 ZPO), und zwar grds. bereits in der Tatsacheninstanz (BGHZ 54, 204 = NJW 1970, 1742 mAnm Mattern LM ZPO § 780 Nr. 6; BGH NJW 1962, 1250 f.; RGRK-BGB/Johannsen Vor § 1967 Rn. 23). Es reicht der allgemeine Vorbehalt. Darauf, ob der Erbe bereits die Voraussetzungen einer bestimmten haftungsbeschränkenden Norm darlegen kann, kommt es nicht an (BGHZ 17, 69 (73) = NJW 1955, 788; BGH NJW 1983, 2378 (2379); 1991, 2839 (2840); BAG NJW 2014, 413 Rn. 16). Wenn sich der Erbe auf eine bestimmte Norm bezieht, steht es im Ermessen des Gerichtes, ob es deren Voraussetzungen feststellt oder ohne weitere Aufklärung des Sachverhalts nur den allgemeinen Vorbehalt des § 780 Abs. 1 ZPO ausspricht (RGZ 137, 50 (54 ff.); 162, 298 (300); BGH NJW 1954, 635 (636); 1964, 2298 (2300); 1983, 2378 (2379); NJW-RR 1989, 1226 (1230); NJW 1991, 2839 (2840); NJW-RR 2010, 664 f. Rn. 8; BayObLG ZEV 2000, 151 (152 f.); KG NJW-RR 2003, 941 (942); OLG Celle ZEV 2010, 409 (410); OLG Düsseldorf FamRZ 2010, 496; vgl. auch → § 1973 Rn. 8, → § 1990 Rn. 6 ff.). Enthält das Urteil nur den allgemeinen Vorbehalt, bleibt die Beschränkung der Haftung auf den Nachlass unberücksichtigt, solange der Erbe sie nicht im Wege der **Vollstreckungsgegenklage** geltend macht (§§ 781, 785, 767 ZPO). Behält sich der Erbe nicht die Beschränkung der Haftung auf den Nachlass vor oder erhebt er keine Vollstreckungsgegenklage, kann der Gläubiger auch in das sonstige Vermögen des Erben vollstrecken. Wird der Prozess durch den Abschluss eines **Vergleichs** beendet, haftet der Erbe unbeschränkt, wenn er keinen Vorbehalt nach § 780 ZPO erklärt hat (BGH NJW 1991, 2839 (2840)).

## II. Nachlassverbindlichkeiten

13 Nachlassverbindlichkeiten sind die vom Erblasser herrührenden Schulden **(Erblasserschulden),** die den Erben als solchen treffenden **Erbfallschulden** einschließlich der Erbschaftsverwaltungskosten sowie diejenigen Schulden, die aus Rechtshandlungen des Erben nach dem Erbfall entstehen und diesen persönlich ebenso wie den Nachlass verpflichten **(Nachlasserbenschulden).** Von Bedeutung ist die Unterscheidung zwischen Nachlassverbindlichkeiten und Eigenschulden des Erben für die Fälle der Beschränkung der Haftung des Erben auf den Nachlass, die für Eigenverbindlichkeiten nicht gilt, sowie der amtlichen Nachlasssonderung durch Nachlassverwaltung oder Nachlassinsolvenzverfahren, wenn der Nachlass nicht mehr für Eigenverbindlichkeiten des Erben in Anspruch genommen werden kann.

14 **1. Erblasserschulden.** Erblasserschulden sind alle vertraglichen oder gesetzlichen Nachlassverbindlichkeiten, die vom Erblasser herrühren (OLG Celle ZEV 2021, 442 Rn. 13; Kuleisa ZVI 2013, 173).

15 **a) Vor dem Erbfall entstanden.** Es handelt sich um Verbindlichkeiten, deren **wesentlicher Entstehungstatbestand** bereits vor dem Erbfall eingetreten war (OLG Celle ZEV 2021, 442

Rn. 13). Reine Nachlassverbindlichkeiten stellen Forderungen aus einem gem. § 564 S. 1 mit dem oder den Erben fortgesetzten Mietverhältnis dar, wenn dieses innerhalb der in § 564 S. 2 bestimmten Frist beendet wird; das gilt auch für diejenigen Forderungen, die erst nach dem Tod des Mieters fällig geworden sind (BGH NJW 2013, 933 Rn. 15; 2014, 389 Rn. 10; NJW-RR 2020, 6 Rn. 21; allg. Herzog NZM 2013, 175). Vom Erblasser rühren auch „verhaltene", noch werdende und schwebende Rechtsbeziehungen her (BGHZ 32, 367 (369) = NJW 1960, 1715; BGHZ 80, 205 (210) = NJW 1981, 1446; BGH NJW 1991, 2558; ZEV 2001, 68; 2001, 241; RGRK-BGB/Johannsen Rn. 5; Erman/Horn Rn. 3; MüKoBGB/Küpper Rn. 9). Erblasserschulden sind daher auch die erst in der Person des Erben entstandenen Verbindlichkeiten, die den Erblasser getroffen hätten, wenn dieser nicht vor Eintritt der zu ihrer Entstehung nötigen weiteren Voraussetzung verstorben wäre (Beispiel: der Rückforderungsanspruch aus § 528 Abs. 1, wenn die Bedürftigkeit des Schenkers erst nach dem Tode des Beschenkten eintritt (vgl. BGH NJW 1991, 2558; ZEV 2001, 241), oder der künftige Auseinandersetzungsanspruch aus einem Gesellschaftsvertrag (BGH ZEV 2001, 68). Ansprüche auf Rückforderung einer Leistung dar, die gerade wegen des Todes des Erblassers ihren Zweck verfehlt (§ 812 Abs. 2 S. 2 Alt. 2), sind ebenfalls Erblasserschulden (OLG Naumburg ZEV 2014, 205). Außerdem tritt der Erbe in **pflichtbelastete Rechtslagen** („Haftungslagen") des Erblassers ein (Boehmer JW 1938, 2634). Kommt es etwa aufgrund einer Verkehrssicherungspflichtverletzung des Erblassers nach dem Erbfall, aber bevor der Erbe eingreifen konnte, zu einem Schaden, stellt die Schadensersatzverpflichtung eine Erblasserschuld – also eine reine Nachlassverbindlichkeit – dar (RGRK-BGB/Johannsen Rn. 5; Erman/Horn Rn. 3b; MüKoBGB/Küpper Rn. 9). Der Anspruch auf **Zugewinnausgleich** gem. § 1371 Abs. 2 ist nach allgemeiner Ansicht eine Erblasserschuld (OLG Celle ZEV 2021, 442 Rn. 13).

**b) Verpflichtungen aller Art.** Auf die Art der Verbindlichkeit kommt es grds. nicht an. **16**
Nicht nur Zahlungsverpflichtungen gehen auf den Erben über, sondern Verpflichtungen aller Art (Verpflichtungen zu einem Tun, Unterlassen oder Dulden, zu vertretbaren und unvertretbaren Handlungen, zur Herausgabe von Sachen, zur Duldung der Zwangsvollstreckung, zur Abgabe einer Willenserklärung oder einer eidesstattlichen Versicherung) (Staudinger/Dutta, 2016, Rn. 10; vgl. etwa BGHZ 104, 369 = NJW 1988, 2729 betr. eidesstattliche Versicherung; BGH NJW 1985, 3068 betr. Auskunft; OLG München OLGZ 1987, 226 (227)). Eine bürgerlich-rechtliche Verbindlichkeit ist dann, wenn das Gesetz nichts anderes vorsieht, nur dann **unvererblich,** wenn sie nach der Natur der geschuldeten Leistung ausschließlich von dem Erblasser persönlich und von dessen Erben überhaupt nicht erfüllt werden könnte (BGHZ 104, 369 = NJW 1988, 2729; BGH NJW 1985, 3068). Kraft gesetzlicher Anordnung unvererblich sind die Verpflichtung aus einem schenkweise gegebenen Rentenversprechen (§ 520), Dienstleistungspflichten (§ 613 S. 1), die gesetzlichen Unterhaltspflichten gegenüber Verwandten, die im Zeitpunkt des Erbfalles noch nicht fällig sind (§ 1615 Abs. 1), und die Unterhaltspflicht gegenüber dem Ehegatten während des Bestehens der ehelichen Lebensgemeinschaft und während des Getrenntlebens (§ 1360a Abs. 3, § 1361 Abs. 4, § 1615 Abs. 1). Die Unterhaltspflicht gegenüber dem geschiedenen Ehegatten geht gem. § 1586b auf den Erben über; der Erbe haftet jedoch nicht über einen Betrag hinaus, der dem Pflichtteil entspricht, welcher dem Berechtigten zustände, wenn die Ehe nicht geschieden worden wäre. Vererblich sind außerdem gem. § 1615n die Verpflichtungen des Vaters gegenüber der Mutter aus §§ 1615l, 1615m. Der Erbe haftet schließlich – beschränkt auf den Wert des im Zeitpunkt des Erbfalls vorhandenen Nachlasses – für die auf die Staatskasse übergegangenen Ansprüche des Vormunds, Gegenvormunds oder **Betreuers** des Erblassers (§ 1836e Abs. 1 S. 2, § 1908i). Offene Vergütungsansprüche des Betreuers selbst sind dagegen Nachlassverbindlichkeiten, für welche die allgemeinen Regeln über die Beschränkung der Erbenhaftung gelten. **Verbindlichkeiten des Erblassers gegenüber dem Erben** erlöschen mit dem Erbfall durch Konfusion, gelten aber bei Anordnung der Nachlassverwaltung oder Eröffnung des Nachlassinsolvenzverfahrens als nicht erloschen (§ 1976). Ob **öffentlich-rechtliche Verbindlichkeiten** auf den Erben übergehen, richtet sich nach dem öffentlichen Recht, dem die jeweilige Verbindlichkeit zugehört. Nur soweit ausdrückliche Vorschriften fehlen, kann der Rechtsgedanke der §§ 1922, 1967 auf öffentlich-rechtliche Ansprüche und Verbindlichkeiten entspr. angewendet werden (BGH LM GVG § 13 Nr. 116 = MDR 1971, 553; BVerwGE 21, 302 (303)). Nicht vererblich sind **Geldstrafen und Geldbußen.** Sie dürfen nicht in den Nachlass vollstreckt werden (§ 459c Abs. 3 StPO, § 101 OWiG). Stirbt ein im Strafprozess Verurteilter vor Rechtskraft des Urteils, haftet sein Nachlass nicht für die Kosten des Strafprozesses (§ 465 Abs. 3 StPO).

**2. Erbfallschulden.** Erbfallschulden sind die den Erben als solchen treffenden, aus dem Erbfall **17**
herrührenden Verbindlichkeiten, die ihren Rechtsgrund entweder in dem Willen des Erblassers

oder unmittelbar im Gesetz haben (Johannsen WM 1972, 914 (919); Kuleisa ZVI 2013, 173 (174)), jedenfalls ohne Zutun des Erben entstehen (BFHE 257, 510 = NZI 2017, 769 Rn. 18).

18 **a) Gesetzlich geregelte Erbfallschulden.** In Abs. 2 ausdrücklich erwähnt sind Verbindlichkeiten aus **Pflichtteilsrechten** (§§ 2147 ff.), **Vermächtnissen** (§§ 2147 ff., 2174) einschließlich des Vorausvermächtnisses (§ 2150) (RGZ 93, 196 (197)) und **Auflagen** (§§ 2192 ff.). Den Erben als solchen treffen außerdem gesetzliche Vermächtnisse wie der vor dem 1.4.1998 entstandene Erbersatzanspruch (§ 1934b aF), der Ausbildungsanspruch nach § 1371 Abs. 4 (MüKoBGB/Küpper Rn. 10), der Anspruch des Ehegatten auf den Voraus (§ 1932), der Anspruch auf den Dreißigsten (§ 1969), der Unterhaltsanspruch der werdenden Mutter eines Erben (§ 1963), der Anspruch aus einem in einem Übergabevertrag nach § 17 HöfeO vereinbarten Altenteil (BGHZ 8, 213 (217)), die Verpflichtung zur Tragung der Kosten der standesgemäßen Beerdigung des Erblassers (§ 1968). Ob die **Erbschaftsteuer** (§ 9 ErbStG) eine Erbfallschuld (BFHE 168, 206 = NJW 1993, 350; OLG Köln ZEV 2001, 406; OLG Naumburg ZEV 2007, 381; Staudinger/Kunz, 2020, Rn. 113; Joannidis/Malso/Weiß ZInsO 2017, 1192 (1195)) oder aber eine Eigenverbindlichkeit des Erben (Erman/Horn Rn. 6a; Staudinger/Dutta, 2016, Rn. 33; OLG Hamm MDR 1990, 1014; OLG Koblenz GuT 2012, 186; FG Münster ZInsO 2014, 1402) darstellt, ist umstritten. Nach Ansicht des **BFH** stellt sie eine Nachlassverbindlichkeit dar, unabhängig davon, dass sie gegen den Erben und nicht gegen den Nachlass festgesetzt wird (BFHE 257, 510 = NZI 2017, 769; BFHE 265, 414 = ZEV 2019, 603). Die Vorschrift des § 20 Abs. 3 ErbStG, nach welcher der Nachlass bis zur Auseinandersetzung für die Steuer der am Erbfall Beteiligten haftet, wäre allerdings nicht erforderlich, wenn die Erbschaftsteuer eine Nachlassverbindlichkeit wäre; sie spricht eher für eine Eigenverbindlichkeit des Erben. Auch nach Ansicht des BFH kann die Erbschaftsteuerschuld nicht auf den Nachlass beschränkt werden, weil der Erbe gem. § 20 ErbStG die Erbschaftsteuer allein und unbeschränkt schuldet (BFH ZEV 2019, 603 Rn. 28).

19 **b) Erbfallverwaltungskosten.** Zu den Erbfallschulden gehören außerdem die Erbfallverwaltungs- oder Nachlasskostenschulden (Erman/Horn Rn. 7; MüKoBGB/Küpper Rn. 10a ff.), etwa die Kosten einer Todeserklärung (§ 34 Abs. 2 VerschG), die Kosten der in § 24 GNotKG aufgeführten Verfahren, etwa das Verfahren über die Eröffnung der Verfügung von Todes wegen (OLG Köln ZEV 2015, 355), gem. § 31 Abs. 2 GNotKG die Kosten, die durch die Errichtung eines Nachlassinventars und durch Tätigkeiten zur Nachlasssicherung entstehen, etwa die Nachlasspflegschaft (OLG Köln OLGR 1999, 280; OLG München ZEV 2021, 653 Rn. 18; Zimmer, ZEV 2021, 624 (628)), sowie diejenigen Verbindlichkeiten, die aus der Geschäftsführung der mit der Verwaltung des Nachlasses betrauten Personen (Nachlasspfleger, Nachlassverwalter, Nachlassinsolvenzverwalter) stammen (RGZ 132, 138 (144); BGH NJW 2013, 3446 Rn. 13). Geht der **Testamentsvollstrecker** im Rahmen der Verwaltung Verbindlichkeiten ein, entstehen notwendig Nachlassverbindlichkeiten (BGH NJW 2012, 316 Rn. 7). Der Erbe ist zur Zustimmung verpflichtet, kann aber seine Haftung auf den Nachlass beschränken (§ 2206 Abs. 2). Gehört eine Eigentumswohnung zum Nachlass, weil sie der Testamentsvollstrecker mit Nachlassmitteln für den Erben erworben hat, sind die Hausgeldschulden, die während der Dauer der Testamentsvollstreckung fällig werden, Nachlassverbindlichkeiten (BGH NJW 2012, 316). Soweit die Eingehung der Verbindlichkeit einer ordnungsgemäßen Verwaltung des Nachlasses entsprach, sind auch die vom **vorläufigen Erben** bis zur Ausschlagung (§ 1959) und vom **Vorerben** begründete Verbindlichkeiten Nachlassverbindlichkeiten (BGHZ 32, 60 = NJW 1960, 959; RGZ 90, 91 (96); Erman/Horn Rn. 7a). Eine Verbindlichkeit ist in **ordnungsmäßiger Verwaltung des Nachlasses** eingegangen worden, wenn sie dessen Erhaltung oder Verbesserung diente. Ob das der Fall ist, ist **objektiv** aus der Sicht eines sorgfältigen Verwalters unabhängig davon zu prüfen, ob die Verbindlichkeit ausdrücklich für den Nachlass übernommen worden oder die Beziehung zum Nachlass dem Geschäftsgegner erkennbar gemacht worden ist (BGHZ 32, 60 (64) = NJW 1960, 959; RGZ 90, 91 (95); RGRK-BGB/Johannsen Rn. 12; Erman/Horn Rn. 7a; MüKoBGB/Küpper Rn. 16 ff.). Den Erben als solchen treffen schließlich alle Verbindlichkeiten, die er selbst in ordnungsgemäßer Verwaltung des Nachlasses eingeht, etwa bei Fortführung eines zum Nachlass gehörenden Handelsgeschäfts oder sonstigen Betriebs (BGHZ 32, 60 (64, 66) = NJW 1960, 959; BGHZ 38, 187 (193); BGHZ 71, 180 (187) = NJW 1978, 1385; BGH NJW 1978, 1801); idR werden damit jedoch zugleich Eigenverbindlichkeiten des Erben begründet (→ Rn. 20) (BGH NJW 2013, 3446 Rn. 14).

20 **3. Nachlasserbenschulden. a) Allgemeines.** Nachlasserbenschulden sind Verbindlichkeiten, die Nachlassverbindlichkeiten und zugleich persönliche Verbindlichkeiten des Erben sind. Sie entstehen aus Rechtshandlungen des Erben nach dem Erbfall im Rahmen **ordnungsmäßiger**

**Verwaltung** des Nachlasses (→ Rn. 17) (BGHZ 71, 180 (187) = NJW 1978, 1385; BGH NJW 1978, 1801; 2013, 933 Rn. 16; NJW 2013, 3446 Rn. 14; NJW-RR 2020, 6 Rn. 23; BGHZ 227, 198 Rn. 20 = NJW 2021, 701; BayObLG ZEV 2000, 151 f.; OLG Schleswig ZEV 2014, 33 (34); Siegmann NZM 2000, 995; Kuleisa ZVI 2013, 173 (174); Erman/Horn Rn. 9; RGRK-BGB/Johannsen Rn. 12; Staudinger/Kunz, 2020, Rn. 166; offengelassen von BGH NJW 2012, 316 Rn. 6). Die Gläubiger solcher Verbindlichkeiten können sowohl den Nachlass als auch das sonstige Vermögen des Erben in Anspruch nehmen. Ihnen gegenüber kann der Erbe seine Haftung also nicht auf den Nachlass beschränken (vgl. BGH NJW-RR 2020, 6 Rn. 51 f.; BGHZ 227, 198 Rn. 20 = NJW 2021, 701 Rn. 20). Die Abgrenzung zu den reinen Nachlassverwaltungsschulden, für welche der Erbe nicht persönlich haftet, erfolgt danach, ob ein **eigenes Verhalten des Erben** Haftungsgrundlage ist. Für Verbindlichkeiten aus der Verwaltung des Nachlasses, die ohne sein Zutun entstehen, haftet der Erbe nur als Träger des Nachlasses (BGH NJW 2013, 3446 Rn. 14). Voraussetzung einer Nachlasserbenschuld ist nicht zwingend ein Rechtsgeschäft des Erben. Es genügt, dass der Erbe durch eine den Nachlass betreffende Verwaltungshandlung die Voraussetzung dafür geschaffen hat, dass eine Forderung gegen den Nachlass erhoben werden kann. Erbfallschuld ist daher auch die Verpflichtung zur Rückzahlung von Rentenzahlungen, die nach dem Tode des Erblassers auf dessen von der Erbengemeinschaft fortgeführtes Konto gelangt sind (BGHZ 71, 180 = NJW 1978, 1385, 1801 mAnm Girisch LM § 812 Nr. 129; aA LG Kassel NJW-RR 1992, 585 (586)). Auch Ansprüche aus ungerechtfertigter Bereicherung können folglich Nachlasserbenschulden darstellen. Nach dem Erbfall fällig werdende oder durch Beschluss der Wohnungseigentümergemeinschaft begründete **Wohngeldschulden** sind (jedenfalls auch) Eigenverbindlichkeiten des Erben, wenn diesem das Halten der Wohnung als ein Handeln bei der ordnungsgemäßen Verwaltung des Nachlasses (§ 2038) zugerechnet werden kann; hiervon ist idR spätestens dann auszugehen, wenn er die Erbschaft angenommen hat oder die Ausschlagungsfrist abgelaufen ist und er die Wohnung nutzen kann (BGH NJW 2013, 3446 Rn. 15 f.; BGH NJW 2019, 988 Rn. 7; OLG Schleswig ZEV 2014, 33 (34) m. krit. Anm. Küpper; vgl. auch BayObLG ZEV 2000, 151 f. m. krit. Anm. Marotzke; krit. Bonifacio MDR 2006, 244). Ist dagegen der Fiskus zum gesetzlichen Alleinerben berufen, sind die nach dem Erbfall fällig werdenden oder durch Beschluss der Wohnungseigentümergemeinschaft begründeten Wohngeldschulden in aller Regel Nachlassverbindlichkeiten. Eigenverbindlichkeiten sind sie nur, wenn eindeutige Anhaltspunkte dafür vorliegen, dass der Fiskus die Wohnung für eigene Zwecke nutzen möchte (BGH NJW 2019, 988 Rn. 8 ff.). Keine Nachlasserbenschulden sind Forderungen aus einem nach dem Tod des Mieters gem. § 564 S. 1 mit dem Erben fortgesetzten Mietverhältnis, wenn das Mietverhältnis innerhalb der in § 564 S. 2 bestimmten Frist beendet wird; denn in einem solchen Fall fehlt es an einem rechtsgeschäftlichen Handeln des Erben (BGH NJW 2013, 933 Rn. 16 f.). Unterlässt der nach § 564 S. 1 in das Mietverhältnis eingetretene Erbe, dieses nach § 564 S. 2 außerordentlich zu kündigen, liegt in diesem Unterlassen allein keine Verwaltungsmaßnahme, welche die nach Ablauf der Kündigungsfrist fällig werdenden Verbindlichkeiten aus dem Mietverhältnis zu Nachlasserbenschulden werden lässt; der Erbe haftet insoweit nicht persönlich (BGH NJW-RR 2020, 6 Rn. 24 ff.). Die Kosten der Beantragung eines **Erbscheins** fallen ausschließlich dem antragstellenden Erben zur Last, denn der Antrag erfolgt nur im subjektiven Interesse der Person, die sich für erbberechtigt hält (BGH NJW 2021, 157 Rn. 20). Der Erbe kann **vereinbaren,** dass er für die Erfüllung einer im Rahmen ordnungsgemäßer Verwaltung eingegangenen Verbindlichkeit nur mit dem Nachlass haftet (RGZ 90, 91 (94); 146, 343 (345 f.)). Eine solche Vereinbarung kann in der Weise zustande kommen, dass der Erbe zum Ausdruck bringt, er handele nur für den Nachlass, und der andere Teil darauf eingeht. Setzt der Erbe den Betrieb eines vom Erblasser geführten Handelsgeschäfts fort, so kann ein in diesem Betrieb geschlossener Vertrag den Nachlass allein belasten, wenn der Vertrag erkennbar ohne jede Bezugnahme auf die Person des Erben, etwa nur unter der Firma des Erblassers, geschlossen worden ist (BGH BB 1968, 769 (770); RGRK-BGB/Johannsen Rn. 12). Darlegungs- und beweispflichtig für die Voraussetzungen der Beschränkung der Haftung auf den Nachlass ist der Erbe (RGZ 146, 343 (346)).

**b) Prozesskosten.** Hinsichtlich der **Kosten eines Zivilprozesses** ist zu unterscheiden: Die 21
Kosten eines Prozesses, den der Erblasser geführt hat, stellen eine reine Nachlassverbindlichkeit dar (MüKoBGB/Küpper Rn. 37). Der Erbe kann die Beschränkung seiner Haftung auf den Nachlass ohne Vorbehalt nach § 780 ZPO im Wege der Vollstreckungsgegenklage (§§ 781, 785, 767 ZPO) geltend machen (BGHZ 54, 204 (207) = NJW 1970, 1742 mAnm Mattern LM ZPO § 780 Nr. 6; OLG Celle NJW-RR 1988, 133). Hat der Erbe den Prozess fortgesetzt, handelt es sich bei den bis zu seinem Eintritt in den Rechtsstreit entstandenen Kosten ebenfalls um reine Nachlassverbindlichkeiten. Der Erbe muss sich insoweit die Beschränkung der Haftung auf den

Nachlass vorbehalten lassen (BGHZ 54, 204 (207) = NJW 1970, 1742). Für die danach entstandenen Kosten haftet der Erbe persönlich (BGH BGHR § 90 Prozesskosten 1; OLG Celle OLGR 1995, 204; OLG Koblenz NJW-RR 2006, 377; OLG Rostock OLGR 2009, 102 (105)), der Nachlass neben dem Erben nur dann, wenn die Fortsetzung des Prozesses zur ordnungsgemäßen Verwaltung des Nachlasses gehört (MüKoBGB/Küpper Rn. 37). Die Kosten eines Zivilprozesses, den der Erbe im Zusammenhang mit dem Nachlass führt, können unter den genannten Voraussetzungen ebenfalls Nachlasserbenschulden sein (vgl. OLG Karlsruhe JurBüro 2007, 41). Ein etwa ausgesprochener Vorbehalt der beschränkten Erbenhaftung bezieht sich dann nur auf die Hauptsache, nicht auf die Kostenentscheidung (LG Leipzig ZEV 1999, 234 m. zust. Anm. Damrau; RGRK-BGB/Johannsen Rn. 14).

## III. Sonderfälle

22 **1. Handelsgeschäft.** Gehört zum Nachlass ein einzelkaufmännisches Handelsgeschäft, ist zwischen der handelsrechtlichen und der erbrechtlichen Haftung des Erben zu unterscheiden. Der Erbe als solcher haftet nach den allgemeinen Vorschriften über die Erbenhaftung. Führt er das Geschäft unter der bisherigen Firma mit oder ohne Beifügung eines das Nachfolgeverhältnis andeutenden Zusatzes fort, haftet er für die Altschulden außerdem nach §§ 27, 25 HGB, also grds. unbeschränkbar, wenn er die Geschäftstätigkeit nicht innerhalb von drei Monaten ab Kenntnis vom Anfall der Erbschaft (§ 27 Abs. 2 HGB) einstellt (vgl. BGHZ 113, 132 (134) = NJW 1991, 844). Gleiches gilt, wenn in einer **zweigliedrigen Gesellschaft** einer der beiden Gesellschafter stirbt und von dem anderen allein beerbt wird (BGHZ 113, 132 (134 ff.) = NJW 1991, 844). Durch Handelsregistereintragung nach § 25 Abs. 2 HGB kann der Erbe auch die handelsrechtliche Haftung für Altschulden auf den Nachlass beschränken (MüKoBGB/Köpper Rn. 42; Erman/Horn Rn. 11a; jeweils auch mN zur aA). Neue Geschäftsschulden, die in ordnungsgemäßer Verwaltung des Nachlasses begründet werden, sind Nachlasserbenschulden, für die – wenn die Vertragsparteien keine Beschränkung der Haftung auf den Nachlass vereinbaren – sowohl der Nachlass als auch der Erbe persönlich haften (Erman/Horn Rn. 12). Gehörte die Begründung der Verbindlichkeit nicht mehr zur ordnungsgemäßen Verwaltung des Nachlasses, wird keine Nachlassverbindlichkeit, sondern nur eine Eigenverbindlichkeit des Erben begründet; denn für die handelsrechtliche Haftung kommt es nicht darauf an, ob die Eingehung der Verbindlichkeit im Rahmen ordnungsmäßiger Verwaltung des Nachlasses liegt (BGHZ 32, 60 (66 f.) = NJW 1960, 959; Erman/Horn Rn. 12).

23 **2. Anteil an einer Personengesellschaft.** Bei Sonderrechtsnachfolge in einen Anteil an einer **OHG** kann der Erbe gem. § 139 Abs. 1 HGB (§ 131 HGB idF des MoPeG vom 10.8.2021, BGBl. 2021 I, 3436, das am 1.1.2024 in Kraft tritt; vgl. dazu Lange/Kretschmann, ZEV 2021, 545) sein Verbleiben in der Gesellschaft davon abhängig machen, dass ihm unter Belassung des bisherigen Gewinnanteils die **Stellung eines Kommanditisten** eingeräumt und der auf ihn fallende Teil der Einlage des Erblassers als seine Kommanditeinlage anerkannt wird. Macht er von dieser Möglichkeit Gebrauch, haftet er für die bis dahin entstandenen Gesellschaftsschulden ausschließlich nach erbrechtlichen Grundsätzen (§ 139 Abs. 4 HGB), nicht auch unbeschränkbar gem. §§ 173, 171 f. HGB bis zur Höhe der noch nicht gezahlten Einlage (Soergel/Stein Vor § 1967 Rn. 26; Staudinger/Kunz, 2020, Rn. 238, 243; aA Erman/Horn Rn. 14a; Schörnig ZEV 2001, 129 (133)). Bleibt der Erbe **persönlich haftender Gesellschafter,** haftet er gem. §§ 130, 128 HGB auch für die Altschulden persönlich und unbeschränkbar. Dies gilt auch für den Erben des **persönlich haftenden Gesellschafters** einer **KG** (§ 161 Abs. 2 HGB). Der Erbe eines **Kommanditisten** haftet dann, wenn der Erblasser die übernommene Kommanditeinlage nicht voll eingezahlt hatte oder wenn die Einlage zurückgezahlt worden war, gem. § 171 Abs. 1 HGB, § 172 Abs. 4 HGB, ohne dass er sich insoweit auf die beschränkte Erbenhaftung berufen könnte (BGHZ 108, 187 = NJW 1989, 3152 (3155)). Wird die Gesellschaft mit dem Tode eines Gesellschafters oder nach dem Erbfall, aber innerhalb der Frist des § 139 Abs. 3 HGB **aufgelöst,** haftet der Erbe für die vorhandenen Gesellschaftsschulden nur erbrechtlich, also mit der Möglichkeit der Beschränkung der Haftung auf den Nachlass (BGH NJW 1982, 45; RGZ 72, 119 (121)). Die Vererbung eines Anteils an einer bereits **vor dem Erbfall in Liquidation befindlichen Gesellschaft** vollzieht sich nach erbrechtlichen Regeln; der Erbe haftet daher ausschließlich nach erbrechtlichen Grundsätzen (BGH NJW 1995, 3314 m. zust. Anm. Wilhelm LM HGB § 173 Nr. 1; NJW 1982, 45).

23a Vom 1.1.2024 an gilt der Grundsatz der Sonderrechtsnachfolge auch für den Erben des Gesellschafters einer **GbR** (§ 711 idF des MoPeG v. 10.8.2021, BGBl. I 3436). Die Vorschriften über die Erbengemeinschaft finden insoweit keine Anwendung. Der Erbe kann unter bestimmten Voraussetzungen den anderen Gesellschaftern antragen, dass ihm die Stellung eines Kommanditisten eingeräumt und der auf ihn entfallende Anteil des Erblassers als seine Kommanditeinlage anerkannt wird (§ 724 Abs. 1 idF des MoPeG v. 10.8.2021, BGBl. I 3436). Nehmen die anderen Gesellschafter den Antrag nicht an oder ist eine Fortführung der GbR als KG aus Rechtsgründen nicht möglich, kann der Erbe seine Mitgliedschaft kündigen (§ 724 Abs. 2 idF des MoPeG v. 10.8.2021, BGBl. I 3436). Scheidet der Erbe innerhalb einer Frist von 3 Monaten aus der Gesellschaft aus, wird die Gesellschaft innerhalb dieser Frist aufgelöst oder wird dem Erben die Stellung eines Kommanditisten eingeräumt, so haftet er für die bis dahin entstandenen Gesellschaftsverbindlichkeiten nur nach Maßgabe der Vorschriften, welche die Haftung des Erben für die Nachlassverbindlichkeiten betreffen (§ 724 Abs. 4 idF des MoPeG v. 10.8.2021, BGBl. I 3436).

## § 1968 Beerdigungskosten

**Der Erbe trägt die Kosten der Beerdigung des Erblassers.**

**Schrifttum:** Damrau, Grabpflegekosten sind Nachlassverbindlichkeiten, ZEV 2004, 456; Floeth, Sind die Kosten der laufenden Grabpflege Beerdigungskosten iSd §§ 1968 BGB, 324 Abs. 1 Nr. 1 InsO?, ErbR 2015, 259; Gottwald, Rechtsprobleme um die Feuerbestattung, NJW 2012, 2231; Gutzeit/Vrban, Bestattung ohne Auftrag, NJW 2012, 1630; Karczewski, Die Totenfürsorge – ein unbekanntes Rechtsinstitut?, ZEV 2017, 129; Kurze, Totenfürsorge und Kostentragung im Bestattungsrecht, ErbR 2016, 299; Widmann, Zur Bedeutung des § 1968 als Anspruchsgrundlage, FamRZ 1988, 351; Widmann, Die Bestattungspflicht und Bestattungskostentragungspflicht in der höchstrichterlichen Rechtsprechung, MDR 2012, 617; Woitkewitsch, Beerdigungskosten bei Vor- und Nacherbschaft, MDR 2010, 57.

### Überblick

Der Erbe hat die Beerdigungskosten zu tragen. Einem Dritten steht ggf. ein Aufwendungsersatzanspruch gegen den Erben zu. Mehrere Erben haften als Gesamtschuldner. Zu den Bestattungskosten gehören auch die Kosten für Anzeigen, für die Grabstätte und für die Leichenfeier, nicht jedoch für die Kosten der Grabpflege. Nicht in § 1968 geregelt sind das (privatrechtliche) Recht, die Totenfürsorge wahrzunehmen, sowie die öffentlich-rechtliche Bestattungspflicht.

### I. Bedeutung der Norm

**1. Allgemeines.** § 1968 regelt die Pflicht des Erben, die **Kosten der Beerdigung des Erblassers** zu tragen. Demjenigen, der berechtigt die Beerdigung vorgenommen hat und dazu Verbindlichkeiten eingegangen ist oder Kosten aufgewandt hat, gewährt § 1968 grds. einen Freistellungs- oder Erstattungsanspruch gegen den oder die Erben (OLG Saarbrücken MDR 2009, 1341; LG Frankfurt a. M. BeckRS 2020, 22096 Rn. 6; zur Entwicklung der Rspr. Kurze ErbR 2014, 270; Widmann MDR 2012, 617). Ergänzt wird § 1968 durch § 1615 Abs. 2, § 1360a Abs. 3, § 1361 Abs. 4, § 1615m. Sind die Beerdigungskosten vom Erben nicht zu erlangen, hat der **Unterhaltsverpflichtete** sie zu tragen. Im Falle der Tötung steht dem Erben oder dem Unterhaltsverpflichteten ein **Ersatzanspruch gegen den Täter** zu (§ 844 Abs. 1, § 5 Abs. 1 S. 2 HPflG, § 35 Abs. 1 S. 2 LuftVG, § 10 Abs. 1 S. 1 StVG, § 7 Abs. 1 S. 2 ProdHaftG, § 12 Abs. 1 S. 2 UmweltHG). Gemäß § 74 SGB XII hat der **zuständige Sozialhilfeträger** die erforderlichen Kosten einer Bestattung zu übernehmen, wenn und soweit dem hierzu Verpflichteten nicht zugemutet werden kann, die Kosten zu tragen. Anspruchsberechtigt gem. § 74 SGB XII ist nicht derjenige, der im Rahmen der ihm obliegenden Totenfürsorge berechtigt ist, die Bestattung des Verstorbenen durchzuführen, sondern derjenige, der rechtlich verpflichtet ist, die Kosten der Bestattung zu tragen (OVG Münster NJW 1998, 2154). Der Anspruch aus § 1968 ist eine **Nachlassverbindlichkeit** (OLG Koblenz BeckRS 2021, 32619 Rn. 2; LG Arnsberg BeckRS 2021, 29201 Rn. 25; RGRK-BGB/Johannsen Rn. 1; Gottwald FamRZ 2020, 1319), im Nachlassinsolvenzverfahren eine Masseverbindlichkeit (§ 324 Abs. 1 Nr. 2 InsO). 1

**2. Totenfürsorge.** Nicht in § 1968 geregelt sind das (privatrechtliche) Recht der **Totenfürsorge** sowie die in den Bestattungs- und Friedhofsgesetzen der Länder und dem teilweise als Landesrecht fortgeltenden Feuerbestattungsgesetz vom 15.5.1934 (RGBl. I 380) normierte **öffentlich-rechtliche Bestattungspflicht** (BGHZ 191, 325 Rn. 10 = NJW 2012, 1648; BGH NJW 2012, 1654 Rn. 12; BVerwG NVwZ-RR 1995, 283; BeckRS 2010, 55436; OVG Münster 2

NVwZ-RR 2010, 323; BSGE 104, 219 = FamRZ 2010, 292 Rn. 13; vgl. den Überblick bei Karczewski ZEV 2017, 129 (132); Kurze ErbR 2016, 299). Zur Totenfürsorge gehört die Bestimmung der **Bestattungsart** und des **Ortes der letzten Ruhestätte,** ggf. auch die Entscheidung über eine Umbettung der Leiche oder der Urne, sowie die Gestaltung der Grabstätte und deren Pflege. In erster Linie entscheidet der zu Lebzeiten geäußerte **Wille des Verstorbenen** (BGHZ 191, 325 Rn. 11 = NJW 2012, 1648; BGH NJW-RR 2019, 727 Rn. 16; OLG Naumburg FamRZ 2016, 1106 (1107); OLG Koblenz BeckRS 2021, 31582 Rn. 8; OLG Naumburg BeckRS 2021, 38757 Rn. 31; LG Lübeck MDR 2014, 1329; Karczewski ZEV 2017, 129 (130)). Das Totenfürsorgerecht ist eine Ausprägung des postmortalen Persönlichkeitsrechts des Verstorbenen, das vom Totenfürsorgeberechtigten gleichsam als Treuhänder wahrgenommen wird (BGH NJW 2017, 1480 Rn. 34; OLG Koblenz BeckRS 2021, 31582 Rn. 8). Die Anordnungen des Verstorbenen sind für den Totenfürsorgeberechtigten deshalb bindend. Wenn und soweit ein erkennbarer Wille des Verstorbenen nicht feststellbar ist, sind nach einem ungeschriebenen gewohnheitsrechtlichen Rechtsgrundsatz die Totenfürsorgeberechtigten, idR die **nächsten Angehörigen des Verstorbenen** berechtigt und verpflichtet, über die Art der Bestattung zu entscheiden, den Ort der letzten Ruhestätte auszuwählen und das Erscheinungsbild der Grabstätte zu bestimmen und aufrecht zu erhalten (RGZ 154, 269 (270 f.); BGHZ 61, 238 = NJW 1973, 2103; BGH LM Nr. 2; NJW-RR 1992, 834; BGHZ 191, 325 Rn. 11 = NJW 2012, 1658; BGH NJW 2012, 1654 Rn. 15 = ZEV 2012, 559; NJW-RR 2019, 727 Rn. 13, 16; OLG Naumburg FamRZ 2016, 1106 (1107); OLG Naumburg BeckRS 2021, 38757 Rn. 33). Unter den nächsten Angehörigen gebührt idR dem **Ehegatten** der Vorrang (OLG Schleswig NJW-RR 1987, 72; OLG Zweibrücken MDR 1993, 878; AG Frankfurt a. M. FamRZ 1997, 1505). Die Totenfürsorge kann auch dem langjährigen Lebensgefährten zustehen (OLG Karlsruhe NJW 2001, 2980; OLG Saarbrücken MDR 2009, 1341 f.; LG Ansbach bei Ruby/Schindler ZEV 2012, 361 f.). Ob die Angehörigen Erben des Verstorbenen geworden sind, ist unerheblich. Hat der Verstorbene jemanden mit der Wahrnehmung dieser Belange betraut, ist diese Person berechtigt, die Totenfürsorge wahrzunehmen, auch wenn sie nicht zum Kreis der sonst berufenen Angehörigen gehört (BGH NJW-RR 1992, 834; OLG Karlsruhe MDR 1990, 443; OLG Naumburg FamRZ 2016, 1106 (1107)). Bei der Ermittlung des **Willens des Verstorbenen** kommt es nicht nur auf dessen ausdrückliche Willensbekundung, etwa in einer letztwilligen Verfügung, an; vielmehr genügt es, wenn aus den Umständen ein bestimmter Wille des Erblassers mit Sicherheit erschlossen werden kann (RGZ 100, 171 (173); 154, 269 (270); BGH LM Nr. 2 Bl. 2; NJW-RR 1992, 834 (835); NJW 2012, 1654 Rn. 15 = ZEV 2012, 559; NJW-RR 2019, 727 Rn. 17). Obliegt die Auswahl des Ortes der Bestattung den Angehörigen und besteht unter ihnen Streit darüber, ob eine Umbettung erfolgen soll, weil der Bestattungsort nicht richtig oder nicht von der zur Entscheidung berechtigten Person ausgewählt worden ist, können Pietät und die Achtung vor der Totenruhe (Art. 1 Abs. 1 GG) einem Verlangen nach **Umbettung** entgegenstehen (RGZ 154, 269 (273); BGH LM Nr. 2; NJW-RR 1992, 834 (835)). Die Umbettung einer einmal beigesetzten Leiche kann nur aus ganz besonderen Gründen verlangt werden, etwa dann, wenn mit der Umbettung die Würde des Verstorbenen besser gewahrt und seinem mutmaßlichen Willen besser Rechnung getragen wird (RGZ 108, 217 (219); 154, 269 (275); OLG Karlsruhe NJW 1954, 720 (721); MDR 1990, 443; OLG Oldenburg NJW-RR 1990, 1416; OVG Münster ZevKR 37 (1992), 286 (289)). Hatte der Verstorbene selbst den Ort der Bestattung bestimmt, ist diese Anordnung jedoch auch dann verbindlich und von den zur Totenfürsorge berechtigten Personen zu achten, wenn dies eine Umbettung erforderlich macht (BGH LM Nr. 2; OLG Karlsruhe MDR 1990, 443). Zuständig für die Klage des Fürsorgeberechtigten gegen einen widersprechenden Angehörigen auf Zustimmung zur Umbettung sind die ordentlichen Gerichte. Wer gegen den Willen der nächsten Angehörigen die Umbettung verlangt, ist darlegungs- und beweispflichtig für einen entsprechenden letzten Willen des Verstorbenen (BGH NJW-RR 1992, 834 (835); LG Lübeck MDR 2014, 1329 (1330)). Eine Rechtsgrundlage für eine Übertragung der Totenfürsorge auf andere Personen gibt es idR nicht. Der Erlass einer entsprechenden einstweiligen Verfügung kommt daher nicht in Betracht (OLG Naumburg FamRZ 2016, 1106 (1107)). Das Totenfürsorgerecht ist ein sonstiges Recht iSv § 823 Abs. 1, das im Falle seiner Verletzung Ansprüche auf Schadensersatz sowie auf Beseitigung und Unterlassung von Beeinträchtigungen entspr. § 1004 begründen kann (BGH NJW-RR 2019, 727 Rn. 14).

## II. Voraussetzungen und Inhalt des Anspruchs

3 **1. Aktiv- und Passivlegitimation.** Der Anspruch aus § 1968 richtet sich gegen den oder die Erben. Bei mehreren Erben haften die Miterben als Gesamtschuldner (§§ 2058, 421).

Anspruchsberechtigt ist derjenige, der als Inhaber des Rechts, die Totenfürsorge wahrzunehmen, die Beerdigung veranlasst hat (OLG Saarbrücken WM 2002, 2241; OLG Koblenz BeckRS 2021, 32619 Rn. 2; Widmann FamRZ 1988, 351 (352)). Ein Dritter, der die Bestattung übernommen hat, ohne fürsorgeberechtigt zu sein, kann Erstattung seiner Aufwendungen nach den Grundsätzen der **Geschäftsführung ohne Auftrag** (§§ 677 ff.) (BGH NJW 2012, 1654 Rn. 8; LG Itzehoe WM 2002, 503 (504); OLG Saarbrücken OLGR 2002, 228) oder Bereicherungsrecht (§§ 812 ff.), ggf. auch aus Vertrag verlangen (vgl. Widmann FamRZ 1988, 351 (352); Woitkewitsch MDR 2010, 57). Der Anspruch aus Geschäftsführung ohne Auftrag richtet sich nicht gegen den nach § 1968 letztlich zur Tragung der Bestattungskosten verpflichteten Erben, sondern gegen den Totenfürsorgeberechtigten, diejenige Person also, die das Recht und die Pflicht hatte, die Bestattung vorzunehmen, dieser Pflicht aber nicht nachgekommen ist (BGHZ 191, 325 Rn. 9 = NJW 2012, 1648; Karczewski ZEV 2017, 129 (131)). Ein Anspruch auf Ersatz der Bestattungskosten nach den Grundsätzen der Geschäftsführung ohne Auftrag kann folglich auch gegen einen Totenfürsorgeberechtigten geltend gemacht werden, der selbst nicht Erbe geworden ist. Die Vorschrift des § 1968 entfaltet gegenüber diesem Anspruch keine Sperrwirkung (BGH NJW 2012, 1651 Rn. 10 ff.). Das Risiko, mit dem Anspruch aus § 1968 auszufallen, trifft den Totenfürsorgeberechtigten, nicht den Dritten, der an dessen Stelle tätig geworden ist. Findet sich keine derjenigen Personen, die als Totenfürsorgeberechtigte in Betracht kommen, dazu bereit, die Bestattung vorzunehmen, ist die Person des Verpflichteten nach Maßgabe der öffentlich-rechtlichen Landesbestattungsgesetze zu bestimmen (BGHZ 191, 325 Rn. 12 = NJW 2012, 1648; Zimmer NJW 2012, 1653; für eine alleinige Ableitung der Fürsorgepflicht aus den öffentlich-rechtlichen Landesbestattungsgesetzen Gutzeit/Urban NJW 2012, 1630 (1631); insoweit anders BGH NJW 2012, 1651 Rn. 12). Ein der Geschäftsführung entgegenstehender Wille des Verpflichteten ist nach § 679 unbeachtlich (BGHZ 191, 325 Rn. 18 = NJW 2012, 1648; Gutzeit/Urban NJW 2012, 1630 (1632); Zimmer NJW 2012, 1653). Kreditinstitute sind nicht berechtigt, einem Bestattungsinstitut die Kosten der Beerdigung eigenmächtig aus einem Guthaben des Erblassers zu erstatten (OLG Saarbrücken WM 2002, 2240 (2241); LG Itzehoe WM 2002, 503 (504); Jacoby WM 2003, 374 f.). Steht dem **Erben** die Totenfürsorge zu und geht er in deren Wahrnehmung Verbindlichkeiten ein, begründet er Nachlasserbenschulden (→ § 1967 Rn. 18), also eine Nachlassverbindlichkeit, für die er dem Vertragspartner (etwa dem Beerdigungsunternehmer) auch persönlich haftet (OLG Naumburg BeckRS 2021, 38757 Rn. 30; MüKoBGB/Küpper Rn. 3; RGRK-BGB/Johannsen Rn. 1; Erman/Horn Rn. 3). Wenn Nachlassverwaltung angeordnet oder das Nachlassinsolvenzverfahren eröffnet worden ist, kann der Erbe gem. §§ 1978, 1979 Erstattung seiner Aufwendungen aus dem Nachlass verlangen. Hat ein **Nichterbe** die Beerdigung veranlasst, hat der von ihm Beauftragte keinen Anspruch aus § 1968 gegen den Erben (MüKoBGB/Küpper Rn. 3; aA Staudinger/Kunz, 2020, Rn. 39). Er kann sich nur an seinen Vertragspartner halten. Hat der Erbschaftsbesitzer die Beerdigung veranlasst, kann er gem. § 2022 Abs. 2 Erstattung seiner Aufwendungen verlangen. Der Anspruch aus § 1968 kann am Gerichtsstand der Erbschaft (§ 28 ZPO) eingeklagt werden (OLG Karlsruhe OLGR 2003, 347).

**2. Beerdigungskosten. a) Begriff.** Bis zum Inkrafttreten des EGInsO vom 5.10.1994 (BGBl. I 2911) am 1.1.1999 verhielt sich § 1968 über die Kosten der „standesmäßigen" Beerdigung des Erblassers. Darunter wurden diejenigen Kosten verstanden, die nach den in den Kreisen des Erblassers herrschenden Auffassungen und Gebräuchen sowie nach dem Herkommen unter Berücksichtigung der Leistungsfähigkeit des Nachlasses oder der Erben (RGZ 139, 393 (398); BGHZ 32, 72 (73) = NJW 1960, 910) zu einer würdigen und angemessenen Bestattung gehören (RGZ 139, 393 (394); 160, 255 (256); BGHZ 32, 72 (73) = NJW 1960, 910; BGHZ 61, 238 (239) = NJW 1973, 2103; OLG München NJW 1974, 703 (704); OLG Düsseldorf NJW-RR 1995, 1161 (1162); AG Grimma NJW-RR 1997, 1027; AG Hamburg BeckRS 2008, 19733; MüKoBGB/Küpper Rn. 4). Dass das EGInsO das Adjektiv „standesmäßig" gestrichen hat, bedeutet keine inhaltliche Änderung der Vorschrift (OLG Saarbrücken OLGR 2003, 228 f.; OLG Koblenz BeckRS 2021, 32619 Rn. 4; MüKoBGB/Küpper Rn. 4; Staudinger/Kunz, 2020, Rn. 4; vgl. BT-Drs. 12/2803, 79). 4

**b) Einzelheiten.** Zu den Beerdigungskosten gehören über die eigentlichen **Kosten der Bestattung** (oder der **Feuerbestattung**) (RGZ 154, 269 (270); MüKoBGB/Küpper Rn. 4; RGRK-BGB/Johannsen Rn. 2; allg. Gottwald NJW 2012, 2231) hinaus die Kosten für **Traueranzeigen und Danksagungen** (MüKoBGB/Küpper Rn. 4), für die Herrichtung der **Grabstätte,** den **Grabstein** (RGZ 139, 398 (394); OLG München NJW 1974, 703 (704); OLG Düsseldorf NJW-RR 1995, 1161 (1162)), die Ausrichtung der üblichen kirchlichen und/oder bürgerlichen **Leichenfeier** (OLG München NJW 1974, 703 (704); OLG Koblenz BeckRS 2021, 5

32619 Rn. 6; AG Grimma NJW-RR 1997, 1027; Staudinger/Kunz, 2020, Rn. 18). Nicht erstattungsfähig sind die Mehrkosten eines Doppel- (BGHZ 61, 238 = NJW 1973, 2103; OLG Saarbrücken MDR 2009, 1341) oder Familiengrabes (OLG Celle r+s 1997, 160 (161)), die Kosten für Trauerkleidung (MüKoBGB/Küpper Rn. 4 m.t Fn. 34; aA – mittlerweile überholt – Weimar MDR 1967, 980 (981); diff. Staudinger/Kunz, 2020, Rn. 19) und die Reisekosten für die Teilnahme an der Beerdigung. **Reisekosten** können allenfalls dann zu erstatten sein, wenn ein naher Angehöriger infolge seiner Bedürftigkeit gehindert wäre, an der Beerdigung teilzunehmen (BGHZ 32, 72 (74) = NJW 1960, 910; OLG Karlsruhe MDR 1970, 48 (49)), oder wenn die Reisekosten bei Erfüllung der öffentlich-rechtlichen Pflicht zur Durchführung der Beerdigung entstanden sind (OLG Karlsruhe MDR 1970, 48 (49); Staudinger/Kunz, 2020, Rn. 20). Die Kosten einer gebuchten und dann wegen Teilnahme an der Beerdigung nicht angetretenen Urlaubsreise stellen keine Beerdigungskosten dar (BGH NJW 1989, 2317 zu § 844 Abs. 1). Die Beerdigung ist mit der Herrichtung einer zur Dauereinrichtung bestimmten und geeigneten Grabstätte abgeschlossen, sodass die Kosten der Instandhaltung und Pflege der Grabstätte und des Grabdenkmals **(Grabpflege)** nicht mehr zu den vom Erben zu tragenden Beerdigungskosten gehört (RGZ 160, 255 (256); BGHZ 61, 238 (239) = NJW 1973, 2103; BGH NJW 2021, 2115 Rn. 13; OLG Düsseldorf r+s 1997, 159 (160); OLG Schleswig ZEV 2010, 196 (197 f.); OLG Köln ZEV 2015, 355; aA Damrau ZEV 2004, 456; allg. Floeth ErbR 2015, 259). Bei Vorliegen wichtiger Gründe (→ Rn. 2) können jedoch die Kosten für die Umbettung und für die Einrichtung einer neuen Grabstätte zu den Beerdigungskosten gehören (OLG München NJW 1974, 703; MüKoBGB/Küpper Rn. 4; Staudinger/Kunz, 2020, Rn. 17).

6 **3. Verfügungen des Erblassers.** Der Erblasser kann durch letztwillige Verfügung – etwa in Form einer Auflage (§§ 1940, 2192) – abweichende Anordnungen treffen (Staudinger/Kunz, 2020, Rn. 24 f.; MüKoBGB/Küpper Rn. 8). Hatte der Erblasser selbst einen Grabpflegevertrag geschlossen, der den oder die Erben als Rechtsnachfolger bindet (§ 1922), gehören die dadurch begründeten Verbindlichkeiten zu den Nachlassverbindlichkeiten (BGH NJW 2021, 2115 Rn. 17).

## § 1969 Dreißigster

**(1) [1]Der Erbe ist verpflichtet, Familienangehörigen des Erblassers, die zur Zeit des Todes des Erblassers zu dessen Hausstand gehören und von ihm Unterhalt bezogen haben, in den ersten 30 Tagen nach dem Eintritt des Erbfalls in demselben Umfang, wie der Erblasser es getan hat, Unterhalt zu gewähren und die Benutzung der Wohnung und der Haushaltsgegenstände zu gestatten. [2]Der Erblasser kann durch letztwillige Verfügung eine abweichende Anordnung treffen.**

**(2) Die Vorschriften über Vermächtnisse finden entsprechende Anwendung.**

### Überblick

Anspruchsberechtigt sind Angehörige des Erblassers, die mit diesem in häuslicher Gemeinschaft gelebt und von ihm Unterhalt bezogen haben. Anspruchsverpflichtet ist der Erbe. Inhaltlich richtet sich der Anspruch nach den bisherigen Lebensumständen des Erblassers und der Angehörigen. Der Erblasser kann ihn durch letztwillige Verfügung erweitern oder beschränken (Abs. 1 S. 2). Es handelt sich um eine Nachlassverbindlichkeit im Rang eines Vermächtnisses (Abs. 2), für welche die allgemeinen Vorschriften gelten.

### I. Bedeutung der Norm

1 Der Anspruch auf Unterhalt für die ersten 30 Tage nach dem Erbfall (der sog. **„Dreißigste"**) dient dem Schutz der vom Erblasser abhängig gewesenen Personen, die sich auf neue Lebensumstände einstellen müssen (vgl. AG Rheinbach ZEV 2013, 682 (683)). Nach Abs. 2 sind die **Vorschriften über Vermächtnisse** entspr. anwendbar. Der Erblasser kann durch letztwillige Verfügung abweichende Anordnungen treffen, etwa den Anspruch erweitern oder verringern, einen Vorrang anordnen (§ 2189) oder einen anderen als den Erben beschweren (§ 2147). In einem Erbvertrag kann der Dreißigste vertragsmäßig erweitert (§ 2278 Abs. 2), aber nur einseitig verringert oder entzogen werden (§ 2278 Abs. 2, § 2299).

## II. Voraussetzungen und Inhalt des Anspruchs

**1. Voraussetzungen des Anspruchs.** Anspruchsberechtigt sind Familienangehörige des Erblassers, die mit diesem zusammen in häuslicher Gemeinschaft gelebt und von ihm Unterhalt bezogen haben (allg. zum Umgang mit dem Dreißigsten van Venrooy MDR 2010, 1030). 2

**a) Familienangehörige.** Familienangehörige sind der Ehegatte des Erblassers, Verwandte und Verschwägerte unabhängig welchen Grades sowie sonstige Personen wie Pflegekinder oder Freunde, die der Erblasser als zur Familie gehörig angesehen und behandelt hat (RGRK-BGB/Johannsen Rn. 2; Erman/Horn Rn. 2; Staudinger/Kunz, 2020, Rn. 16; MüKoBGB/Küpper Rn. 2). Auch der Partner einer eheähnlichen Gemeinschaft – nach der Definition des BGH eine Lebensgemeinschaft zwischen Mann und Frau, die auf Dauer angelegt ist, keine weitere Lebensgemeinschaft zulässt und sich durch innere Bindungen auszeichnet, die ein gegenseitiges Einstehen der Partner füreinander begründet (BGHZ 121, 116 (122 ff.) = NJW 1993, 999 (1001)) – ist „familienangehörig" (OLG Düsseldorf NJW 1983, 1566; MüKoBGB/Küpper Rn. 2; Staudinger/Kunz, 2020, Rn. 15; Erman/Horn Rn. 2; aA früher RGRK-BGB/Johannsen Rn. 2). Familienangehörige sind auch Lebenspartner (§ 11 Abs. 1 LPartG; vgl. auch § 563 Abs. 1 S. 2). Nicht anspruchsberechtigt sind Angestellte, die nicht aufgrund ihrer persönlichen Beziehung zum Erblasser, sondern aufgrund eines **Dienstvertrages** zu dessen Hausstand gehörten. Gleiches gilt für solche Personen, die überwiegend aus wirtschaftlichen Gründen mit dem Erblasser zusammenlebten (etwa Mitglieder einer Wohngemeinschaft). 3

**b) Zum Hausstand gehörig.** Der Familienangehörige muss im Zeitpunkt des Todes des Erblassers zu dessen Hausstand (vgl. § 1619) gehört, also in dessen Haus oder Wohnung seinen Lebensmittelpunkt gehabt haben. Ein nur vorübergehender Aufenthalt im Haushalt des Erblassers reicht nicht aus. Umgekehrt schadet eine vorübergehende Abwesenheit (etwa zu Studienzwecken) nicht. Der getrenntlebende Ehegatte (vgl. § 1567) gehört nicht mehr zum Hausstand des Erblassers. 4

**c) Unterhalt.** Der Erblasser muss dem Familienangehörigen tatsächlich Unterhalt gewährt haben. Ob ein Unterhaltsanspruch nach gesetzlichen Vorschriften bestand, ist unerheblich. 5

**2. Inhalt des Anspruchs.** Der Erbe hat **Unterhalt** nach Art und Umfang so zu gewähren, wie der Erblasser es getan hat, und die **Nutzung der Wohnung und der Haushaltsgegenstände** zu gestatten. §§ 1610, 1612 gelten nicht. Nur wenn der Haushalt entgegen § 1969 vor Ablauf der Frist von 30 Tagen aufgelöst wird, kommt ein Anspruch auf Geld in Betracht. Die Frist beginnt mit dem auf den Todestag folgenden Tag (§ 187 Abs. 1, § 188 Abs. 1). Ein Anspruch gegen den Erben auf Zutritt zur Wohnung entfällt, wenn der Familienangehörige gem. §§ 563a, 563b selbst Mieter der Wohnung geworden ist. Der Zutrittsanspruch solcher Familienangehöriger, die nicht Mieter der Wohnung geworden sind, richtet sich gegen den nach §§ 563, 563a in das Mietverhältnis eintretenden oder dieses fortsetzenden Ehegatten, Lebenspartner oder sonstigen Berechtigten, auch wenn dieser nicht Erbe ist (Staudinger/Kunz, 2020, Rn. 20). Nach einer Entscheidung des AG Rheinbach räumt § 1969 dem Familienangehörigen kein Abwehrrecht gegen den bis zum Tod des Erblassers nicht in der Wohnung wohnhaften Erben ein (AG Rheinbach ZEV 2013, 682 (683)). Eine Mitnutzung der Wohnung durch den (oder die) Erben hat für den Familienangehörigen jedoch zur Folge, dass er die Wohnung nicht wie zuvor nutzen kann; näher liegt daher die Annahme, dass der Erbe seinen Besitz (§ 857) erst nach Ablauf der Frist des § 1969 ausüben darf (Eberhardt/Ehrnsperger ZEV 2013, 653 (655 f.)). 6

**3. Durchsetzung des Anspruchs.** § 1969 begründet eine **Nachlassverbindlichkeit** (Erbfallschuld) iSv § 1967 Abs. 1, für die die allgemeinen Vorschriften über die Erbenhaftung gelten. Solange der Erbe nicht in Anspruch genommen werden kann (§ 1958), ist gem. §§ 1960, 1961 ein Nachlasspfleger zu bestellen. Der Anspruch aus § 1969 ist grds. weder pfändbar noch übertragbar (§§ 399, 400; § 850b Abs. 1 Nr. 2 und Abs. 2 ZPO, § 851 ZPO). Gegen ihn kann weder aufgerechnet werden (§ 394), noch kann ein Zurückbehaltungsrecht geltend gemacht werden. Die aufschiebenden Einreden der §§ 2014, 2015 sind nach Sinn und Zweck der Vorschrift ebenfalls ausgeschlossen (Eberhardt/Ehrnsperger ZEV 2013, 653). 7

**4. Anordnungen des Erblassers.** Der Erblasser kann durch letztwillige Verfügung abweichende Anordnungen treffen (Abs. 1 S. 2). Er kann den Anspruch ausschließen, ihn inhaltlich einschränken oder erweitern, weitere Personen begünstigen oder nur einen von mehreren Erben beschweren. Soweit der zugewandte Anspruch über § 1969 hinausgeht, stellt er ein Vermächtnis zugunsten des Begünstigten dar (§ 1939). Auch iÜ gelten die Vorschriften der §§ 2174 ff. (Abs. 2). 8

9 **5. Beweislast.** Darlegungs- und beweispflichtig für die tatsächlichen Voraussetzungen des § 1969 sowie für Art und Umfang der Unterhaltsleistungen des Erblassers ist der Anspruchssteller. Wer sich auf eine abweichende letztwillige Verfügung des Erblassers beruft, ist für deren Wirksamkeit beweispflichtig.

## Untertitel 2. Aufgebot der Nachlassgläubiger

### § 1970 Anmeldung der Forderungen

**Die Nachlassgläubiger können im Wege des Aufgebotsverfahrens zur Anmeldung ihrer Forderungen aufgefordert werden.**

**Schrifttum:** Holzer, Das Aufgebot der Nachlassgläubiger nach dem FamFG, ZEV 2014, 583; Zimmermann, Die Nachlasssachen im elektronischen Bundesanzeiger, ZErb 2020, 41.

#### Überblick

Die §§ 1970–1973 betreffen das Aufgebotsverfahren. Es handelt sich um ein gerichtliches Antragsverfahren zur möglichst vollständigen Ermittlung der Nachlassverbindlichkeiten. Ergänzende Vorschriften für eine Mehrheit von Erben findet sich in den §§ 2045, 2060 Nr. 1. Das Aufgebotsverfahren selbst ist in den §§ 433 ff., 454–463 FamG geregelt.

#### I. Bedeutung der Norm

1 Ein **Aufgebot** ist die öffentliche gerichtliche Aufforderung zur Anmeldung von Ansprüchen oder Rechten mit der Wirkung, dass die Unterlassung der Anmeldung einen Rechtsnachteil zur Folge hat (§ 433 FamFG). Das **Aufgebot der Nachlassgläubiger** soll dem Erben die Kenntnis möglichst aller **Nachlassverbindlichkeiten** verschaffen. Auf dieser Grundlage soll er entscheiden können, ob er Nachlassverwaltung oder die Eröffnung des Nachlassinsolvenzverfahrens beantragen oder sonst zu den allgemeinen Mitteln der Haftungsbeschränkung greifen soll (OLG Düsseldorf NJW-RR 2012, 841; OLG Köln FGPrax 2015, 284; Mot. V 643; Holzer ZEV 2014, 583). Er kann damit sein eigenes Vermögen gegen unbekannte Nachlassgläubiger sichern (§ 1973) (vgl. OLG Köln FGPrx 2015, 284), ein Inventar errichten (§ 2001 Abs. 1 S. 2) und dem Nachlasspfleger, Nachlassverwalter oder Testamentsvollstrecker die notwendigen Unterlagen zur Verteilung der Masse in die Hand geben (Mot. V 643). Der Antrag auf Erlass des Aufgebots kann deshalb nicht wegen fehlenden Rechtsschutzbedürfnisses zurückgewiesen werden, weil die Kosten des Aufgebotsverfahrens die bekannten Nachlassverbindlichkeiten übersteigen; es geht ja gerade darum, Bestand und Höhe weiterer Verbindlichkeiten zu ermitteln (OLG Hamm NJW-RR 2020, 890). Wichtigste **Rechtsfolge** der Durchführung eines Aufgebotsverfahrens ist, dass diejenigen Gläubiger, die sich nicht melden, nur insoweit Befriedigung verlangen können, als nach Befriedigung der nicht ausgeschlossenen Gläubiger noch ein Überschuss verbleibt (vgl. § 1973). Sind mehrere Erben vorhanden, haftet jeder Miterbe nach der Teilung des Nachlasses außerdem nur für den seinem Erbteil entsprechenden Teil der Verbindlichkeit (§ 2060 Nr. 1).

#### II. Betroffene und nicht betroffene Nachlassgläubiger

2 **1. Grundsatz. Nachlassgläubiger** iSv § 1970 sind diejenigen Gläubiger, denen zu Beginn der Aufgebotsfrist (§§ 437, 458 Abs. 2 FamFG) eine Forderung – sei sie auch noch bedingt, betagt oder erst dem Grunde nach entstanden – gegen den Nachlass zusteht. Erfasst werden grds. alle Nachlassverbindlichkeiten gem. § 1967 einschließlich der Erbfallschulden und der Nachlasserbfallschulden (OLG Düsseldorf ZEV 2017, 456 Rn. 5) (zu den Ausnahmen unter 2.). Auch Gläubiger, die bereits einen rechtskräftigen Titel gegen den Erblasser oder gegen den Erben erlangt haben, müssen ihre Forderung anmelden (MüKoBGB/Küpper Rn. 6; RGRK-BGB/Johannsen Rn. 1). Auf die Frage, ob der Erbe die Forderung kannte, kommt es nicht an. Das Aufgebotsverfahren dient nicht nur der Ermittlung unbekannter Gläubiger, sondern auch der Feststellung derjenigen Gläubiger, die vorrangig aus dem Nachlass zu befriedigen sind (vgl. § 1973).

**2. Ausnahmen. Nicht betroffen** sind die in § 1971 genannten **dinglich berechtigten Gläubiger** (Pfandgläubiger gem. §§ 1204, 1273, Aus- und Absonderungsberechtigte gem. §§ 47, 50, 51 InsO, Gläubiger gem. § 10 ZVG) und **Vormerkungsberechtigte** (§§ 883 ff.) in Ansehung dieser Rechte; Pflichtteilsberechtigte, Vermächtnisnehmer und Auflagenbegünstigte (**nachlassbeteiligte Gläubiger,** § 1972); Gläubiger, deren Forderung erst nach dem Beginn der Aufgebotsfrist (§§ 437, 458 Abs. 2 FamFG) **dem Grunde nach entstehen,** weil ihnen eine Anmeldung innerhalb der schon in Lauf gesetzten Frist nicht zugemutet werden kann (RGRK-BGB/Johannsen Rn. 2; Staudinger/Kunz, 2020, Rn. 29; Erman/Horn Rn. 1); die **Eigengläubiger** des Erben (RGZ 92, 344). 3

**3. Unbeschränkte Haftung der Erben.** Gläubiger, denen der Erbe unbeschränkt haftet, verlieren diese Rechtsstellung nicht, wenn sie ihre Forderung nicht anmelden (§ 2013 Abs. 1 S. 1). Wenn das Aufgebotsverfahren von einem Verwalter betrieben wird, ist die Anmeldung jedoch erforderlich, um das Recht auf Befriedigung aus dem Nachlass zu wahren. Gibt es mehrere Erben, muss die Forderung angemeldet werden, um die nur anteilige Haftung gem. § 2060 Nr. 1 zu vermeiden. 4

**4. Forderungen der Erben.** Eigene Forderungen des (Allein-)Erben, der das Aufgebot beantragt hat, brauchen grds. nicht angemeldet zu werden. Dessen Ansprüche gegen den Erblasser sind mit dem Erbfall durch Konfusion erloschen (vgl. § 1976). Ist das Aufgebotsverfahren von einem Nachlassverwalter oder Testamentsvollstrecker beantragt worden und besteht die Verwaltung im Zeitpunkt des Ausschließungsbeschlusses noch, muss jedoch auch der Alleinerbe etwaige Forderungen anmelden (OLG Düsseldorf NJW-RR 2012, 841 (842); Staudinger/Kunz, 2020, Rn. 26; Erman/Horn Rn. 3; RGRK-BGB/Johannsen Rn. 3). Bei Nachlassverwaltung gilt das Erlöschen der Forderung durch Vereinigung von Recht und Verbindlichkeit nämlich als nicht erfolgt (§ 1976); ist Verwaltungs-Testamentsvollstreckung angeordnet, tritt eine Vereinigung von Recht und Verbindlichkeit oder Belastung von vornherein nicht ein (BGHZ 48, 214 (220) = NJW 1967, 2399). Hat ein **Miterbe** den Antrag gestellt, müssen die anderen Miterben ihre Forderungen anmelden. Gleiches gilt für den antragstellenden Miterben selbst, weil sich die übrigen Miterben gegenüber jedem Gläubiger auf den Ausschließungsbeschluss berufen können (§ 460 Abs. 1 FamFG) (OLG Düsseldorf NJW-RR 2012, 841 (842); Staudinger/Kunz, 2020, Rn. 28; aA MüKoBGB/Küpper §§ 1971, 1972 Rn. 7). 5

## III. Aufgebotsverfahren

Das Aufgebotsverfahren ist in den §§ 433 ff., 454–463 FamFG geregelt (vgl. Heinemann NotBZ 2009, 300; Holzer ZEV 2014, 583). 6

**1. Zuständigkeit.** Örtlich zuständig ist gem. § 454 FamFG das Amtsgericht, dem die Verrichtungen des Nachlassgerichts obliegen, idR also dasjenige Amtsgericht, in dessen Bezirk der Erblasser zuletzt seinen Wohnsitz oder Aufenthalt hatte (§ 343 FamFG). Die funktionelle Zuständigkeit des Amtsgerichts folgt aus § 23a Abs. 2 Nr. 7 GVG, diejenige des Rechtspflegers aus § 3 Nr. 1 lit. c RPflG (OLG Hamm FGPrax 2012, 90 f.; vgl. auch Holzer ZEV 2014, 583 (584)).

**2. Antragsrecht.** Antragsberechtigt ist jeder Erbe nach Annahme der Erbschaft, auch der gem. § 1936 erbberechtigte Fiskus (OLG Hamm NJW-RR 2020, 890 Rn. 2), außerdem der Nachlasspfleger, der Nachlassverwalter und der verwaltende Testamentsvollstrecker (§ 455 FamFG), der Ehegatte des Erben, wenn Gütergemeinschaft besteht und der Nachlass in das Gesamtgut fällt (§ 462 FamFG), sowie der Erbschaftskäufer (§ 463 FamFG). Ein Erbe, der allen Nachlassgläubigern gegenüber unbeschränkt haftet, hat kein Antragsrecht mehr (§ 455 Abs. 1 FamFG). Ein unbeschränkt haftender **Miterbe** kann das Aufgebotsverfahren allerdings noch zum Zwecke der Herbeiführung der nur anteiligen Haftung (§ 2060 Nr. 1) beantragen (§ 460 Abs. 2 FamFG). Das Aufgebotsgericht darf die Antragsbefugnis nicht von der Vorlage eines Erbscheins abhängig machen (OLG Hamm FGPrax 2012, 90). Es hat selbst die erforderlichen Ermittlungen durchzuführen (§ 26 FamFG). Die Erbfolge muss aufgrund der präsenten Erkenntnismittel hinreichend wahrscheinlich sein; bindend festgestellt wird sie im Aufgebotsverfahren nicht (OLG Hamm FGPrax 2012, 90 f.). **Nachlasspfleger, Nachlassverwalter und verwaltender Testamentsvollstrecker** sind, wie ein Umkehrschluss aus § 455 Abs. 1 FamFG ergibt, auch dann noch antragsberechtigt, wenn der Erbe unbeschränkt haftet (Staudinger/Kunz, 2020, Rn. 15; MüKoBGB/Küpper Rn. 3; Erman/Horn Vor § 1970 Rn. 5; Holzer ZEV 2014, 583 (585); aA RGRK-BGB/Johannsen Rn. 8; Soergel/Stein Rn. 1). Der auch mit seinem sonstigen Vermögen haftende Erbe kann sich zwar nicht mehr auf die haftungsbeschränkende Wirkung des § 1973 berufen (§ 2013 Abs. 1). Der 7

Verwalter erhält jedoch einen Überblick über den Bestand des Nachlasses und über die vorrangig aus dem Nachlass zu befriedigenden Gläubiger. Der **Nachlassinsolvenzverwalter** ist nicht antragsberechtigt, wie sich aus § 457 FamFG ergibt: Das Aufgebot soll nicht erlassen werden, wenn die Eröffnung des Nachlassinsolvenzverfahrens beantragt ist. Nachlassinsolvenzverfahren und Aufgebot schließen einander aus. Im Nachlassinsolvenzverfahren gelten die allgemeinen Vorschriften der §§ 174 ff. InsO über die Anmeldung und Feststellung der Insolvenzforderungen (§ 325 InsO); eines Aufgebotsverfahrens darf es daher nicht. Ein laufendes Aufgebotsverfahren endet mit der Eröffnung des Nachlassinsolvenzverfahrens (Holzer ZEV 2014, 583 (587)).

8 **3. Frist.** Eine Frist, innerhalb derer das Aufgebot beantragt werden muss, ist nicht vorgesehen (OLG Hamm NJW-RR 2020, 890 Rn. 3). Die Einrede des Aufgebotsverfahrens – das Recht, die Berichtigung einer Nachlassverbindlichkeit im Hinblick auf ein laufendes Aufgebotsverfahren zu verweigern – steht dem Erben allerdings nur dann zu, wenn der Antrag innerhalb eines Jahres nach der Annahme der Erbschaft gestellt und der Antrag zugelassen worden ist (§ 2015 Abs. 1).

9 **4. Form.** Der **Antrag** ist schriftlich oder zu Protokoll der Geschäftsstelle zu stellen (§ 434 Abs. 1 FamFG, § 25 FamFG). Ihm ist ein Verzeichnis der bekannten Nachlassgläubiger mit Angabe ihres Wohnortes beizufügen (§ 456 FamFG). Verletzt der Erbe schuldhaft diese Pflicht und hat ein Gläubiger deshalb die Anmeldung versäumt, ist der Erbe ihm aus positiver Vertragsverletzung schadensersatzpflichtig. Schadensersatz (§ 249) ist in der Form zu leisten, dass der Erbe sich auf die Ausschlusswirkung nicht berufen darf.

10 **5. Erlass des Aufgebots.** Erlassen wird das Aufgebot durch Beschluss des Rechtspflegers (§ 20 Nr. 2 RPflG, § 434 Abs. 2 FamFG, § 435 FamFG, § 437 FamFG, § 458 Abs. 2 FamFG). Im Aufgebot ist den Nachlassgläubigern, die sich nicht melden, als Rechtsnachteil anzudrohen, dass sie von dem Erben nur insoweit Befriedigung verlangen können, als sich nach Befriedigung der nicht ausgeschlossenen Gläubiger noch ein Überschuss ergibt; das Recht, vor den Verbindlichkeiten aus Pflichtteilsrechten, Vermächtnissen und Auflagen berücksichtigt zu werden, bleibt unberührt (§ 458 Abs. 1 FamFG) Die **Aufgebotsfrist,** die nach den allgemeinen Vorschriften (§ 437 FamFG) mindestens sechs Wochen beträgt, soll höchstens sechs Monate betragen (§ 458 Abs. 2 FamFG). Die Vorschrift des § 994 Abs. 2 ZPO aF, nach welcher das Aufgebot den bekannten Nachlassgläubigern von Amts wegen zugestellt werden sollte, findet im Buch 8 des FamFG keine Entsprechung. Nunmehr gilt § 15 FamFG, wonach Dokumente, deren Inhalt eine Termins- oder Fristbestimmung enthalten oder den Lauf einer Frist auslösen, den Beteiligten bekannt zu geben sind. Die **öffentliche Bekanntmachung des Aufgebotes** erfolgt durch Aushang an der Gerichtstafel und durch einmalige Veröffentlichung im elektronischen Bundesanzeiger; anstelle des Aushangs an der Gerichtstafel kann die Bekanntmachung in einem elektronischen Informations- und Kommunikationssystem erfolgen, das im Gericht öffentlich zugänglich ist (§ 435 Abs. 1 FamFG).

11 **6. Anmeldung einer Forderung.** Die Anmeldung einer Forderung durch einen Nachlassgläubiger hat die Angabe des Gegenstandes und Grundes der Forderung zu enthalten (§ 459 Abs. 1 FamFG), damit die Forderung im Ausschließungsbeschluss eindeutig bezeichnet werden kann. Eine Anmeldung, die nach dem Anmeldezeitpunkt, jedoch vor dem Erlass des Ausschließungsbeschlusses erfolgt, ist als rechtzeitig anzusehen (§ 438 FamFG) (OLG München NJW-RR 2016, 11; OLG Braunschweig BeckRS 2022, 664 Rn. 21). Erlassen ist der Ausschließungsbeschluss, wenn der fertig abgefasste und unterschriebene Beschluss zur Veranlassung der Zustellung an die Geschäftsstelle übergeben worden ist (§ 38 Abs. 3 FamFG) (BGH NJW 2016, 3664 Rn. 18; OLG Düsseldorf NJW-RR 2012, 841 f.; OLG Hamm NJW-RR 2016, 11 (12); OLG Braunschweig BeckRS 2022, 664 Rn. 21). Eine **Wiedereinsetzung in den vorigen Stand** gegen die Versäumung der Anmeldefrist ist nicht möglich (BGH NJW 2016, 3664 Rn. 22 ff., 25 ff.; OLG Köln FGPrax 2015, 284; OLG Düsseldorf NJW-RR 2020, 823 Rn. 12 f.; OLG Braunschweig BeckRS 2022, 664 Rn. 24; aA OLG Hamm FGPrax 2014, 136; OLG München NJW-RR 2016, 11 Rn. 11). Zu einer sachlichen Prüfung der Forderung ist das Nachlassgericht weder verpflichtet noch auch nur berechtigt (OLG Düsseldorf ZEV 2017, 456 Rn. 7).

12 **7. Weiteres Verfahren.** Entschieden wird durch **Ausschließungsbeschluss** (§ 439 Abs. 1 FamFG). Der Ausschließungsbeschluss ist öffentlich zuzustellen. Für die Durchführung der öffentlichen Zustellung gelten die §§ 186, 187, 188 ZPO entspr. (§ 441 S. 1 und 2 FamFG). Er kann von jedem, der durch ihn in seinen Rechten beeinträchtigt ist, mit der (befristeten) Beschwerde angefochten werden (§§ 58 ff. FamFG) (OLG Düsseldorf NJW-RR 2012, 841; OLG Braunschweig BeckRS 2022, 664 Rn. 12 f.). Die Beschwerdefrist von einem Monat beginnt mit dem

Eintritt der Zustellungsfiktion des § 188 ZPO (ein Monat ab dem Aushang der Benachrichtigung an der Gerichtstafel oder der Einstellung in ein elektronisches Informationssystem, das im Gericht öffentlich zugänglich ist, vgl. § 186 ZPO) (OLG Düsseldorf NJW-RR 2012, 841; OLG Braunschweig BeckRS 2022, 664 Rn. 14). Auf den Beschwerdewert nach § 61 Abs. 1 FamG kommt es nicht an (OLG Hamm NJW-RR 2016, 11).

**8. Kosten.** Die Kosten des Aufgebotsverfahrens sind Nachlassverbindlichkeiten (OLG Düsseldorf ZEV 2017, 456 Rn. 5) und im Nachlassinsolvenzverfahren Masseschulden (§ 324 Abs. 1 Nr. 4 InsO); denn das Aufgebotsverfahren kommt allen Nachlassgläubigern zugute. 13

## IV. Wirkungen des Aufgebots

**1. Aufgebotseinrede.** Hat der Erbe das Aufgebot innerhalb eines Jahres nach Annahme der Erbschaft beantragt und wurde der Antrag zugelassen, kann der Erbe gem. § 2015 die Berichtigung der Nachlassverbindlichkeit bis zur Beendigung des Aufgebotsverfahrens verweigern. Voraussetzung ist, dass der Erbe nicht bereits unbeschränkt haftet (§ 2016 Abs. 1). Im Verhältnis der Miterben untereinander kann jeder Miterbe verlangen, dass die Auseinandersetzung des Nachlasses bis zur Beendigung des Aufgebotsverfahrens aufgeschoben wird, wenn der Antrag auf Erlass des Aufgebotes schon gestellt worden ist oder unverzüglich gestellt wird (§ 2045). 14

**2. Ausschließungs- und Erschöpfungseinrede.** Der Ausschließungsbeschluss berührt die Forderungen der ausgeschlossenen Gläubiger als solche nicht (OLG Düsseldorf NJW-RR 2012, 841; Holzer ZEV 2014, 583 (584)). Die Haftung des Erben beschränkt sich jedoch auf den Nachlass. Der Erbe kann ggf. einwenden, dass der Nachlass durch die Befriedigung anderer Gläubiger erschöpft sei (§ 1973 Abs. 1). Im Nachlassinsolvenzverfahren werden die Forderungen der ausgeschlossenen Gläubigern erst nach den in § 39 InsO genannten Verbindlichkeiten (Zinsen und Kosten) erfüllt (§ 327 Abs. 3 InsO). 15

**3. Eingeschränkte Haftung für die Verwaltung des Nachlasses.** Für die Verwaltung des Nachlasses ist der Erbe den ausgeschlossenen Gläubigern gegenüber nur nach den Vorschriften über die Herausgabe einer ungerechtfertigten Bereicherung verantwortlich (vgl. auch § 328 Abs. 2 InsO). Die §§ 1978, 1979 gelten im Verhältnis zu den ausgeschlossenen Gläubigern nicht; denn ein Erbe, der mit weiteren Nachlassverbindlichkeiten nicht zu rechnen braucht, ist nicht verpflichtet, den Nachlass wie ein fremdes Vermögen zu verwalten. 16

**4. Pro-rata-Haftung der Miterben.** Miterben haften gem. § 2060 Nr. 1 nur für den ihrem jeweiligen Erbteil entsprechenden Teil der Forderung. Das Aufgebot erstreckt sich insoweit auch auf die nachlassbeteiligten Gläubiger des § 1972 sowie auf Gläubiger, denen der Miterbe unbeschränkt haftet (→ § 2060 Rn. 4). 17

# § 1971 Nicht betroffene Gläubiger

**[1]Pfandgläubiger und Gläubiger, die im Insolvenzverfahren den Pfandgläubigern gleichstehen, sowie Gläubiger, die bei der Zwangsvollstreckung in das unbewegliche Vermögen ein Recht auf Befriedigung aus diesem Vermögen haben, werden, soweit es sich um die Befriedigung aus den ihnen haftenden Gegenständen handelt, durch das Aufgebot nicht betroffen. [2]Das Gleiche gilt von Gläubigern, deren Ansprüche durch eine Vormerkung gesichert sind oder denen im Insolvenzverfahren ein Aussonderungsrecht zusteht, in Ansehung des Gegenstands ihres Rechts.**

### Überblick

Die Vorschrift stellt klar, dass dingliche und quasi-dingliche Sicherungen am Nachlass vom Aufgebot nicht beeinträchtigt werden.

## I. Bedeutung der Norm

Die in § 1971 genannten Gläubiger werden vom Aufgebotsverfahren nicht betroffen. Es handelt sich um Gläubiger, deren Anspruch dinglich oder durch eine Vormerkung gesichert ist oder die aus sonstigen Gründen Befriedigung nicht aus dem gesamten Nachlass, sondern nur **aus einem** 1

**bestimmten Nachlassgegenstand** suchen (Mot. V 648). Ebenfalls nicht vom Aufgebotsverfahren betroffen sind die nachlassbeteiligten Gläubiger des § 1972. Die Ausnahmeregelungen der §§ 1971, 1972 sind nicht abschließend (zu weiteren Ausnahmen → § 1970 Rn. 1 ff.).

## II. Vom Aufgebot nicht betroffene Gläubiger

2 **1. Gläubiger des § 1971.** § 1971 nimmt bestimmte Gläubiger von den Wirkungen eines Aufgebotsverfahrens aus. **Pfandgläubiger** sind Gläubiger, deren Forderungen durch ein vertragliches Pfandrecht gesichert sind. Im Insolvenzverfahren einem Pfandgläubiger gleichgestellt sind die Inhaber eines **Pfändungspfandrechts** oder eines **gesetzlichen Pfandrechts** (§ 50 Abs. 1 InsO) sowie die in § 51 InsO genannten sonstigen **Absonderungsberechtigten** (etwa Sicherungseigentümer). Welche Gläubiger bei der Zwangsvollstreckung in das unbewegliche Vermögen ein Recht auf Befriedigung aus diesem Vermögen haben, ergibt sich aus § 10 ZVG (sog. **Realberechtigte**). Durch eine **Vormerkung** (§§ 883, 884) kann der Anspruch auf Einräumung oder Aufhebung eines Rechtes an einem Grundstück oder an einem das Grundstück belastenden Recht oder auf Änderung des Inhalts oder des Ranges eines solchen Rechts gesichert werden. Ein **Aussonderungsrecht** hat im Insolvenzverfahren derjenige, der aufgrund eines dinglichen oder persönlichen Rechts geltend machen kann, dass ein Gegenstand nicht zur Insolvenzmasse gehört (§ 47 InsO). Der Anspruch auf Herausgabe eines nicht zum Nachlass gehörenden Gegenstandes braucht also im Aufgebotsverfahren nicht angemeldet zu werden.

3 **2. Reichweite der Ausnahmeregelung.** Die Gläubiger des § 1971 werden nur insoweit nicht vom Aufgebotsverfahren betroffen, als es um den **Gegenstand** geht, auf den sich ihr Recht bezieht. Etwa **zugrunde liegende obligatorische Forderungen** müssen angemeldet werden. Gegenüber dem dinglichen oder quasidinglichen Recht steht dem Erben – wenn es sich nicht um ein nach dem Erbfall im Wege der Zwangsvollstreckung erlangtes Recht handelt – **kein Leistungsverweigerungsrecht nach §§ 2014, 2015** zu (§ 2016).

4 **3. § 175 ZVG.** § 1971 wird in Bezug auf solche **Nachlassgläubiger, die wegen einer persönlichen Forderung ein Recht auf Befriedigung aus einem Nachlassgrundstück haben,** durch § 175 ZVG ergänzt. Beantragt der Erbe die Zwangsversteigerung des Grundstücks (§ 175 Abs. 1 ZVG), um festzustellen, ob und wie weit der Anspruch des Gläubigers gedeckt ist, kann der Gläubiger verlangen, dass bei der Feststellung des geringsten Gebotes (§ 44 ZVG) nur die seinem Anspruch vorgehenden Rechte berücksichtigt werden (§§ 176, 174 ZVG). Wird sein Recht in das geringste Gebot aufgenommen, kann ihm im Hinblick auf § 52 Abs. 1 S. 1 ZVG die Befriedigung aus dem übrigen Nachlass und dem Eigenvermögen des Erben verweigert werden (§ 179 ZVG). Der Gläubiger kann also entweder nur sein dingliches Recht geltend machen (§ 52 Abs. 1 S. 1 ZVG, § 179 ZVG) oder gem. §§ 179, 174, 52 Abs. 1 S. 2 ZVG seinen Ausfall feststellen lassen, um dann seine persönliche Ausfallforderung, die nicht unter § 1971 fällt, aus dem sonstigen Nachlass und/oder dem Eigenvermögen des Erben zu befriedigen (RGRK-BGB/Johannsen Rn. 5; MüKoBGB/Küpper Rn. 4). Das Verfahren nach § 175 ZVG findet nicht statt, wenn der Erbe bereits unbeschränkt haftet oder wenn der Nachlassgläubiger im Aufgebotsverfahren ausgeschlossen worden ist oder nach §§ 1974, 1989 einem ausgeschlossenen Gläubiger gleichsteht (§ 175 Abs. 2 ZVG).

## § 1972 Nicht betroffene Rechte

**Pflichtteilsrechte, Vermächtnisse und Auflagen werden durch das Aufgebot nicht betroffen, unbeschadet der Vorschrift des § 2060 Nr. 1.**

### Überblick

Die Vorschrift schließt an § 1971 an und enthält weitere Ausnahmen von den Wirkungen des Aufgebots. Die nachlassbeteiligten Gläubiger, die dem Erben regelmäßig aus der letztwilligen Verfügung des Erblassers bekannt sind, können nicht ausgeschlossen werden. Melden sie ihre Ansprüche nicht an, greift allerdings die pro-rata-Haftung des § 2060 Nr. 1. Zudem kann der Erbe ihnen die Verschweigungseinrede des § 1974 entgegenhalten, wenn sie ihre Forderung später als fünf Jahre nach dem Erbfall geltend machen.

## I. Rechtsstellung der nachlassbeteiligten Gläubiger

Pflichtteilsrechte (§§ 2303 ff.), Vermächtnisse (§§ 2147 ff.) und Auflagen (§§ 2192 ff.) werden 1 durch das Aufgebot nicht betroffen, weil sie dem Erben – jedenfalls idR – aus der letztwilligen Verfügung bekannt sind (Prot. V 774). Gleichwohl ist die Rechtsstellung der sog. nachlassbeteiligten Gläubiger des § 1972 schwächer als diejenige anderer – auch ausgeschlossener – Nachlassgläubiger. Ausgeschlossene Gläubiger gehen den nachlassbeteiligten Gläubigern grds. vor (§ 1973 Abs. 1 S. 2). Pflichtteilsrechte, Vermächtnisse und Auflagen können damit nur gegenüber einem **nicht durch andere Verbindlichkeiten überschuldeten** Nachlass geltend gemacht werden. Hatte der Erbe die in § 1972 genannten Verbindlichkeiten zuvor bereits erfüllt, müssen die anderen Nachlassgläubiger dies nur dann hinnehmen, wenn der Erbe den Umständen nach annehmen durfte, dass der Nachlass **zur Berichtigung aller Nachlassverbindlichkeiten ausreichen** würde (§ 1979). Selbst dann ist die Erfüllung jedoch nach § 322 InsO oder § 5 AnfG anfechtbar. Im **Nachlassinsolvenzverfahren** werden Verbindlichkeiten aus Pflichtteilsrechten, Vermächtnissen und Auflagen nachrangig – noch nach den Forderungen des § 39 Abs. 1 InsO – erfüllt (§ 327 Abs. 1 InsO; vgl. auch §§ 322, 328 InsO). Findet ein Nachlassinsolvenzverfahren mangels einer den Kosten entsprechenden Masse nicht statt (§ 1990 Abs. 1 S. 1), werden die Verbindlichkeiten aus Pflichtteilsrechten, Vermächtnissen und Auflagen ebenfalls nachrangig berichtigt (§ 1991 Abs. 4). Beruht die Überschuldung des Nachlasses auf Vermächtnissen und Auflagen, ist der Erbe berechtigt, nach §§ 1990, 1991 vorzugehen und die Befriedigung der Ansprüche zu verweigern, soweit der Nachlass nicht ausreicht (§ 1992).

## II. Verwalterhaftung des Erben

Die Bedeutung des § 1972 liegt daher im Wesentlichen darin, dass nachlassbeteiligte Gläubiger 2 ggf. **Schadensersatzansprüche aus §§ 1978, 1979, 1980** gegen den Erben geltend machen können, während der Erbe den ausgeschlossenen Nachlassgläubigern gem. § 1973 Abs. 1 S. 2, Abs. 2 allenfalls nach Bereicherungsrecht haftet (MüKoBGB/Küpper Rn. 5; RGRK-BGB/Kregel Rn. 1). Nach § 1978 hat der Erbe denjenigen Schaden zu ersetzen, der durch Pflichtverletzungen bei der Verwaltung des Nachlasses entstanden ist. Er hat ferner die zur Berichtigung von Nachlassverbindlichkeiten entnommenen Beträge zurückzuerstatten, soweit er nicht davon ausgehen durfte, dass der Nachlass zur Berichtigung aller Nachlassverbindlichkeiten ausreichte (§ 1979). Schließlich hat er denjenigen Schaden zu ersetzen, der dadurch entstanden ist, dass er den Antrag auf Eröffnung des Nachlassinsolvenzverfahrens nicht unverzüglich nach Kenntnis von der Zahlungsunfähigkeit oder der Überschuldung gestellt hat (§ 1980 Abs. 1 S. 2). Ausgeschlossene Gläubiger und solche, die ihnen nach § 1974 gleichstehen, haben nach Eröffnung des Nachlassinsolvenzverfahrens auf diese Beträge nur insoweit Anspruch, als der Erbe auch nach §§ 812 ff. ersatzpflichtig wäre (§ 328 Abs. 2 InsO). Für die nachlassbeteiligten Gläubiger des § 1972 gilt diese Einschränkung nicht. Hinsichtlich dessen, was der Erbe über den Betrag seiner Bereicherung hinaus zur Masse zu ersetzen hat, gehen sie folglich den ausgeschlossenen Gläubigern vor (Staudinger/Kunz, 2020, Rn. 4).

## III. Pro-rata-Haftung der Miterben

§ 1972 lässt die Vorschrift des § 2060 Nr. 1 unberührt. Nach § 2060 Nr. 1 haften Miterben 3 nach der Teilung des Nachlasses nur für den ihrem Erbteil entsprechenden Teil einer Nachlassverbindlichkeit, wenn der Gläubiger im Aufgebotsverfahren ausgeschlossen worden ist. Insoweit wirkt der Ausschließungsbeschluss (§§ 454 ff., 460) auch zum Nachteil der Gläubiger des § 1972. Die Anmeldung der Forderung im Aufgebotsverfahren erhält die gesamtschuldnerische Haftung der Miterben über die Teilung hinaus. Die Anmeldung kann auch unter folgendem Gesichtspunkt sinnvoll sein: Die Gläubiger des § 1972 fallen unter **§ 1974** (vgl. § 1974 Abs. 3, der § 1972 nicht erwähnt). Werden Ansprüche aus Pflichtteilsrechten, Vermächtnissen und Auflagen nicht innerhalb von fünf Jahren nach dem Erbfall geltend gemacht und sind sie dem Erben – etwa weil ein Testament erst später aufgefunden wird – auch nicht bekannt, werden die Gläubiger des § 1972 ebenfalls wie ausgeschlossene Gläubiger behandelt (§ 1974 Abs. 1 und 2).

## § 1973 Ausschluss von Nachlassgläubigern

**(1) [1]Der Erbe kann die Befriedigung eines im Aufgebotsverfahren ausgeschlossenen Nachlassgläubigers insoweit verweigern, als der Nachlass durch die Befriedigung der**

**nicht ausgeschlossenen Gläubiger erschöpft wird. [2]Der Erbe hat jedoch den ausgeschlossenen Gläubiger vor den Verbindlichkeiten aus Pflichtteilsrechten, Vermächtnissen und Auflagen zu befriedigen, es sei denn, dass der Gläubiger seine Forderung erst nach der Berichtigung dieser Verbindlichkeiten geltend macht.**

**(2) [1]Einen Überschuss hat der Erbe zum Zwecke der Befriedigung des Gläubigers im Wege der Zwangsvollstreckung nach den Vorschriften über die Herausgabe einer ungerechtfertigten Bereicherung herauszugeben. [2]Er kann die Herausgabe der noch vorhandenen Nachlassgegenstände durch Zahlung des Wertes abwenden. [3]Die rechtskräftige Verurteilung des Erben zur Befriedigung eines ausgeschlossenen Gläubigers wirkt einem anderen Gläubiger gegenüber wie die Befriedigung.**

### Überblick

Diese Vorschrift regelt die Rechtsfolgen eines Ausschließungsbeschlusses und deren Geltendmachung durch den Erben. Die Haftung des Erben ist auf den Nachlass beschränkt. Nicht ausgeschlossene Forderungen werden vorrangig erfüllt (Abs. 1). Der Erbe haftet insoweit nach Bereicherungsrecht (Abs. 2), nicht nach §§ 1978, 1979. Die Forderungen noch nicht befriedigter nachlassbeteiligter Gläubiger treten allerdings zurück (Abs. 1 S. 2). Der von einem ausgeschlossenen Gläubiger in Anspruch genommene Erbe muss sich die Beschränkung seiner Haftung vorbehalten (vgl. § 780 ZPO).

## I. Bedeutung der Norm

1 **1. Beschränkung der Haftung auf den Nachlass.** § 1973 regelt die **Rechtsfolgen eines Ausschließungsbeschlusses** und deren Geltendmachung durch den Erben. Das Aufgebotsverfahren selbst ist im FamFG geregelt (§§ 433 ff. FamFG), nicht im BGB. Ein in diesem Verfahren ergangene Ausschließungsbeschluss (§ 439 Abs. 1 FamFG) führt nicht zu einem Erlöschen der Forderungen der ausgeschlossenen Gläubiger. Lediglich die **Haftung des Erben** wird beschränkt. Der Erbe, der sein Recht zur Beschränkung der Haftung auf den Nachlass bis zum Ausschließungsbeschluss noch nicht verloren hatte (§ 2013 Abs. 1 S. 2), haftet nur noch mit dem Nachlass. Nicht ausgeschlossene Forderungen – mit Ausnahme der noch nicht erfüllten Forderungen der nachlassbeteiligten Gläubiger des § 1972 – werden vorrangig erfüllt. Dem ausgeschlossenen Gläubiger bleibt nur der Rest, der nach Befriedigung der übrigen Gläubiger verbleibt. Der Erbe haftet nach **Bereicherungsrecht** (§§ 818, 819). Er ist dem ausgeschlossenen Gläubiger auch nicht gem. §§ 1978, 1979 für den Bestand des Nachlasses verantwortlich. Auf die **Ausschluss- und Erschöpfungseinrede** des § 1973 kann sich der Erbe auch dann berufen, wenn er später gem. § 1994 oder § 2005 sein Recht zur Beschränkung der Haftung auf den Nachlass verliert (§ 2013 Abs. 1 S. 2).

2 **2. Entsprechende Anwendung.** Entspr. anwendbar ist § 1973, wenn das Nachlassinsolvenzverfahren durch Verteilung der Masse oder durch einen Insolvenzplan beendet worden ist (§ 1989). Gemäß **§ 2060 Nr. 1** haftet jeder Miterbe nach der Teilung des Nachlasses nur für den seinem Erbteil entsprechenden Teil der Nachlassverbindlichkeit, wenn der Gläubiger – auch der Gläubiger des § 1972 sowie derjenige Gläubiger, dem der Miterbe unbeschränkt haftet – im Aufgebotsverfahren ausgeschlossen worden ist.

## II. Rechtsfolgen der Ausschließung

3 **1. Rechtsstellung des ausgeschlossenen Gläubigers.** Die Forderung des ausgeschlossenen Gläubigers bleibt unverändert (RGZ 61, 221). Auf sie kann ggf. die Einrede des nichterfüllten Vertrages (§§ 320, 322) gestützt werden (Erman/Horn Rn. 2; MüKoBGB/Küpper Rn. 2; Staudinger/Kunz, 2020, Rn. 72). Der Gläubiger kann sie auch weiterhin zur Aufrechnung gegen Nachlassforderungen verwenden (RGZ 42, 138; Erman/Horn Rn. 2; RGRK-BGB/Johannsen Rn. 7; MüKoBGB/Küpper Rn. 2; Staudinger/Kunz, 2020, Rn. 73). Wenn die einmal erworbene Aufrechnungsbefugnis sogar im Insolvenzverfahren Bestand hat (vgl. §§ 94 ff. InsO), bleibt sie auch von der Haftungsbeschränkung des § 1973 unberührt. Der Gläubiger bleibt berechtigt, **Nachlassverwaltung** oder die **Eröffnung des Nachlassinsolvenzverfahrens** zu beantragen (Staudinger/Kunz, 2020, Rn. 77); denn eine § 219 Abs. 1 KO entsprechende Vorschrift gibt es in der seit dem 1.1.1999 geltenden InsO nicht mehr (vgl. BT-Drs. 12/2443, 230; dazu ausf.

Staudinger/Dobler, 2020, § 1975 Rn. 36 ff.). Nach wie vor kann der (nicht ausgeschlossene) Gläubiger auch die **Bestimmung einer Inventarfrist** beantragen (§ 1994) (Staudinger/Kunz, 2020, Rn. 78; MüKoBGB/Küpper Rn. 2; → § 1994 Rn. 3 mN auch der Gegenansicht).

**2. Beschränkung der Haftung des Erben auf den Nachlass.** Die Haftung des Erben gegenüber ausgeschlossenen Gläubigern ist endgültig auf den Nachlass beschränkt (RGZ 83, 330 (331)). Der Erbe kann die Befriedigung des ausgeschlossenen Gläubigers verweigern, soweit der Nachlass durch die Befriedigung der nicht ausgeschlossenen Gläubiger (Abs. 1 S. 1) sowie der ausgeschlossenen Gläubiger, zu deren Befriedigung er rechtskräftig verurteilt worden ist (Abs. 2 S. 3), erschöpft wird. Nur Forderungen nachlassbeteiligter Gläubiger (§ 1972), die noch nicht erfüllt worden sind, dürfen nicht vorrangig berücksichtigt werden (Abs. 1 S. 2). 4

**3. Herausgabe des Überschusses.** Der Überschuss, aus dem die ausgeschlossenen Gläubiger befriedigt werden müssen, ist nach den Vorschriften des Bereicherungsrechts zu errechnen. 5

**a) Berechnung des Überschusses.** Auszugehen ist vom ursprünglichen Aktivbestand des Nachlasses. **Hinzuzurechnen** sind die nach dem Erbfall gezogenen Nutzungen und dasjenige, was der Erbe aufgrund eines zum Nachlass gehörenden Rechtes oder als Ersatz für die Zerstörung, Beschädigung oder Entziehung eines Nachlassgegenstandes erlangt hat (§ 818 Abs. 1). Hinzuzurechnen sind außerdem die beim Erbfall infolge Konfusion und Konsolidation erloschenen Verbindlichkeiten des Erben gegenüber dem Erblasser; denn der Erbe ist durch die Befreiung von seiner Verbindlichkeit auf Kosten des Nachlasses bereichert (Staudinger/Kunz, 2020, Rn. 27; Erman/Horn Rn. 3; MüKoBGB/Küpper Rn. 5; RGRK-BGB/Johannsen Rn. 14). **Abzuziehen** sind umgekehrt die erloschenen Verbindlichkeiten des Erblassers gegenüber dem Erben, die Forderungen der nicht ausgeschlossenen Gläubiger mit Ausnahme der noch nicht befriedigten nachlassbeteiligten Gläubiger des § 1972, die Forderungen ausgeschlossener Gläubiger, die bereits beglichen oder rechtskräftig ausgeurteilt worden sind, sowie Aufwendungen des Erben aus seinem sonstigen Vermögen. Abzuziehen ist schließlich auch alles, was der Erbe vor Kenntnis oder vor Rechtshängigkeit der ausgeschlossenen Forderung (§ 818 Abs. 4, § 819 Abs. 1) aus dem Nachlass weggegeben hat, ohne eine Gegenleistung zu erhalten. 6

**b) Maßgeblicher Zeitpunkt.** Hinsichtlich des maßgeblichen Zeitpunkts ist zu unterscheiden: Leistungen an nachlassbeteiligte Gläubiger (§ 1972) dürfen nur berücksichtigt werden, wenn sie erfolgt sind, bevor der ausgeschlossene Gläubiger seine Forderung geltend gemacht hat (Abs. 1 S. 2 Hs. 2). Zahlungen an andere ausgeschlossene Gläubiger können bis zur Rechtskraft des Beschlusses erfolgt sein, in dem der Erbe – sei es unter dem Vorbehalt der beschränkten Erbenhaftung – zur Befriedigung des ausgeschlossenen Gläubigers verurteilt wird (arg. e Abs. 2 S. 3) (vgl. RGRK-BGB/Johannsen Rn. 16). Hinsichtlich einer Verringerung des Nachlasses durch eigenen Verbrauch oder Schenkungen gelten § 819 Abs. 1, § 818 Abs. 4, § 292 Abs. 1, § 989, hinsichtlich der Erstattung von Aufwendungen § 819 Abs. 1, § 818 Abs. 4, § 292 Abs. 2, §§ 994, 996. Im Übrigen kommt es auf den Zeitpunkt der letzten mündlichen Verhandlung im Erkenntnisverfahren an (RGRK-BGB/Johannsen Rn. 16; MüKoBGB/Küpper Rn. 5; Staudinger/Kunz, 2020, Rn. 39). Wird der Erbe unter dem Vorbehalt der beschränkten Erbenhaftung (§ 780 ZPO) verurteilt und erhebt er Vollstreckungsgegenklage (§ 785 ZPO), ist auf den Beginn der Zwangsvollstreckung abzustellen (RGRK-BGB/Johannsen Rn. 16; MüKoBGB/Küpper Rn. 5; Erman/Horn Rn. 3c; aA – Zeitpunkt der letzten mündlichen Verhandlung über die Vollstreckungsgegenklage – Staudinger/Kunz, 2020, Rn. 39). 7

**4. Vollstreckungspreisgabe.** Den Überschuss hat der Erbe zum Zwecke der Befriedigung des Gläubigers im Wege der Zwangsvollstreckung herauszugeben (Abs. 2 S. 1). Das bedeutet, dass der Gläubiger – falls sich die Parteien nicht auf eine Leistung an Erfüllungs statt (§ 364 Abs. 1) einigen – die ihm übergebenen Nachlassgegenstände nicht zu Eigentum, sondern nur zum Zwecke der Verwertung erhält (RGRK-BGB/Johannsen Rn. 19; MüKoBGB/Küpper Rn. 6; Erman/Horn Rn. 4). Die Pflicht zur Herausgabe umfasst gem. §§ 260, 261 auch die Pflicht zur Vorlage eines Bestandsverzeichnisses sowie ggf. zur Abgabe der eidesstattlichen Versicherung der Richtigkeit des Verzeichnisses. Der Erbe kann die Herausgabe der noch vorhandenen Nachlassgegenstände **durch Zahlung des Wertes abwenden** (Abs. 2 S. 3). Entscheidend ist der Wert in demjenigen Zeitpunkt, in dem der Erbe von seinem Wahlrecht Gebrauch macht (Staudinger/Kunz, 2020, Rn. 65; MüKoBGB/Küpper Rn. 6; Erman/Horn Rn. 4; aA RGRK-BGB/Johannsen Rn. 21: Wert im Zeitpunkt des Herausgabeverlangens). Gegenüber anderen Gläubigern kann der Erbe sich nur in Höhe des objektiven Wertes des Nachlassgegenstandes auf die Herausgabe oder die Ablösung der Herausgabe berufen. 8

## III. Verfahren

9 **1. Durchsetzung der Einrede.** Die Ausschluss- und Erschöpfungseinrede kann außergerichtlich, im Erkenntnisverfahren oder im Wege der Vollstreckungsgegenklage geltend gemacht werden. Steht bereits im **Erkenntnisverfahren** fest, dass keine Nachlassgegenstände mehr vorhanden sind, ist nach hM die Klage des ausgeschlossenen Gläubigers als derzeit unzulässig abzuweisen (Erman/Horn Rn. 6; MüKoBGB/Küpper Rn. 8; zu Recht krit. Staudinger/Kunz, 2020, Rn. 85: ob noch Gegenstände vorhanden sind, in die vollstreckt werden kann, ist im Vollstreckungsverfahren zu prüfen; außerdem braucht der Gläubiger den Titel, um Ansprüche nach dem Anfechtungsgesetz durchsetzen zu können). Das Prozessgericht ist jedoch nicht verpflichtet, dem Vorbringen des Erben zur Erschöpfung oder zum Umfang des noch vorhandenen Nachlasses iE nachzugehen. Statt im Erkenntnisverfahren endgültig über die geltend gemachte Haftungsbeschränkung zu entscheiden und die Klage abzuweisen, kann es den Erben unter dem **Vorbehalt der Beschränkung der Haftung auf den Nachlass** verurteilen (§ 780 ZPO) (RGZ 83, 330 (332); 137, 50 (54); BGH NJW-RR 2010, 664 Rn. 8; BGHZ 227, 198 Rn. 19 = NJW 2021, 701; MüKoBGB/Küpper Rn. 8; Erman/Horn Rn. 8). Der Erbe kann seine Verteidigung folglich auf den Vorbehalt des § 780 ZPO beschränken, der auch die Ausschluss- und Erschöpfungseinrede des § 1973 umfasst. In beiden Fällen wird erst im Rahmen einer vom Erben anzustrengenden **Vollstreckungsgegenklage** (§§ 781, 785, 767 ZPO) geprüft, ob der Nachlass erschöpft ist oder in welche Nachlassgegenstände der ausgeschlossene Gläubiger noch vollstrecken darf. Beruft sich der Erbe nicht auf § 1973 oder allgemein auf § 780 ZPO und wird er uneingeschränkt verurteilt, hat er – von den Ausnahmefällen des § 780 Abs. 2 ZPO abgesehen – die Einrede aus § 1973 endgültig verloren. Der Vorbehalt der beschränkten Erbenhaftung kann auch **in der Berufungsinstanz** noch erhoben werden (BGH NJW-RR 2010, 664). § 531 Abs. 2 ZPO steht nicht entgegen. Voraussetzung der Einrede ist nur, dass der Erbe als solcher in Anspruch genommen wird und sich auf sie beruft. Beides steht idR ebenso außer Streit wie der Erbfall und die Erbenstellung, mit denen der Kläger die Inanspruchnahme des Erben begründet; unstreitige Tatsachen, die erstmals in der Berufungsinstanz vorgetragen werden, sind unabhängig von den Zulassungsvoraussetzungen des § 531 Abs. 2 ZPO stets zu berücksichtigen (BGHZ 177, 212 Rn. 10 = NJW 2008, 3434). In der Revisionsinstanz kann der Vorbehalt der beschränkten Erbenhaftung trotz § 559 ZPO jedenfalls dann geltend gemacht werden, wenn der Erbfall nach Schluss der mündlichen Verhandlung in den Tatsacheninstanzen eingetreten ist (BAG NJW 2014, 413 Rn. 16).

10 **2. Beweislast.** Darlegungs- und beweispflichtig für die Voraussetzungen des § 1973 ist grds. der **Erbe** (RGZ 61, 221; RGRK-BGB/Johannsen Rn. 24). Der Erbe hat nachzuweisen, dass ein Aufgebotsverfahren stattgefunden hat, welches die Forderung des Gläubigers betraf. Hinsichtlich der Frage der Erschöpfung des Nachlasses ist der Erbe für den Anfangsbestand und für alle Abzüge, die er vornehmen möchte, beweispflichtig. Ein gem. §§ 1993, 1994 errichtetes Inventar begründet die Vermutung, dass weitere als die in ihm angegebenen Gegenstände nicht vorhanden waren (§ 2009). Der Gläubiger muss Zugänge und Surrogate beweisen (RGRK-BGB/Johannsen Rn. 26). Ist streitig, ob ein nachlassbeteiligter Gläubiger (§ 1972) befriedigt worden ist, bevor oder nachdem der ausgeschlossene Gläubiger seine Forderung geltend gemacht hat, so muss der Erbe den Zeitpunkt der Befriedigung des Nachlassbeteiligten, der Gläubiger den Zeitpunkt der Geltendmachung seiner Forderung beweisen (RGRK-BGB/Johannsen Rn. 25).

## § 1974 Verschweigungseinrede

**(1) [1]Ein Nachlassgläubiger, der seine Forderung später als fünf Jahre nach dem Erbfall dem Erben gegenüber geltend macht, steht einem ausgeschlossenen Gläubiger gleich, es sei denn, dass die Forderung dem Erben vor dem Ablauf der fünf Jahre bekannt geworden oder im Aufgebotsverfahren angemeldet worden ist. [2]Wird der Erblasser für tot erklärt oder wird seine Todeszeit nach den Vorschriften des Verschollenheitsgesetzes festgestellt, so beginnt die Frist nicht vor dem Eintritt der Rechtskraft des Beschlusses über die Todeserklärung oder die Feststellung der Todeszeit.**

**(2) Die dem Erben nach § 1973 Abs. 1 Satz 2 obliegende Verpflichtung tritt im Verhältnis von Verbindlichkeiten aus Pflichtteilsrechten, Vermächtnissen und Auflagen zueinander nur insoweit ein, als der Gläubiger im Falle des Nachlassinsolvenzverfahrens im Range vorgehen würde.**

**(3) Soweit ein Gläubiger nach § 1971 von dem Aufgebot nicht betroffen wird, finden die Vorschriften des Absatzes 1 auf ihn keine Anwendung.**

## Überblick

Ein dem Erben nicht bekannter Gläubiger, der seine Forderung mehr als fünf Jahre nach Erbfall erstmals geltend macht, steht einem ausgeschlossenen Gläubiger (§ 1973) gleich. Die Vorschrift gilt auch für nachlassbeteiligte Gläubiger (Abs. 2), nicht jedoch für die dinglichen Sicherungen des § 1971 (Abs. 3).

## I. Bedeutung der Norm

Die **„Verschweigungseinrede"** des § 1974 soll den Erben vor Nachteilen schützen, die daraus entstehen, dass Nachlassforderungen erst lange Zeit nach dem Erbfall bekannt werden (OLG Koblenz BeckRS 2018, 12881 Rn. 12; Prot. V 795; RGRK-BGB/Johannsen Rn. 1; MüKoBGB/Küpper Rn. 1). Gläubiger, die ihre Forderung später als fünf Jahre nach dem Erbfall geltend machen, werden wie ausgeschlossene Gläubiger (§ 1973) behandelt. Die Einrede setzt nicht voraus, dass ein Aufgebotsverfahren nach §§ 1970 ff. stattgefunden hat, bleibt aber auch nach durchgeführtem Aufgebot der Nachlassgläubiger anwendbar. Für Eigenverbindlichkeiten des Erben gilt die Vorschrift nicht (BGH BeckRS 2009, 21773, mitgeteilt bei Ruby/Schindler ZEV 2009, 528 (529)). 1

## II. Voraussetzungen der Einrede

**1. Fristablauf.** Die Frist von **fünf Jahren** beginnt gem. § 187 Abs. 1 mit dem auf den Erbfall folgenden Tag. Die Vorschriften über die Hemmung der Verjährung (§§ 203 ff.) sind nicht anwendbar, weil es sich nicht um eine Verjährungs-, sondern um eine Ausschlussfrist handelt (RGRK-BGB/Johannsen Rn. 4; Staudinger/Kunz, 2020, Rn. 4). Wird der Erblasser für tot erklärt oder wird seine Todeszeit nach den Vorschriften des Verschollenheitsgesetzes festgestellt, beginnt die Frist nicht vor Rechtskraft des entsprechenden Beschlusses (Abs. 1 S. 2). 2

**2. Verschweigung.** Die Forderung darf nicht innerhalb der Frist von fünf Jahren dem Erben gegenüber gerichtlich oder außergerichtlich (Prot. V S. 796; Staudinger/Kunz, 2020, Rn. 11; MüKoBGB/Küpper Rn. 3) **geltend gemacht** worden sein. **Dem Erben gegenüber** wird die Forderung auch dann erhoben, wenn der Gläubiger sich an den Nachlasspfleger, den Nachlassverwalter oder den verwaltenden Testamentsvollstrecker wendet (OLG Koblenz BeckRS 2018, 12881 Rn. 16; RGRK-BGB/Johannsen Rn. 3; Staudinger/Kunz, 2020, Rn. 11; MüKoBGB/Küpper Rn. 3). Die Geltendmachung gegenüber einem vorläufigen Erben, der die Erbschaft später ausgeschlagen hat (§ 1953), reicht ebenfalls aus (RGRK-BGB/Johannsen Rn. 3; MüKoBGB/Küpper Rn. 3; iErg zust. Staudinger/Kunz, 2020, Rn. 12). Darauf, ob der Gläubiger überhaupt in der Lage war, die Forderung geltend zu machen, kommt es nicht an. § 1974 gilt auch für bedingte und befristete Forderungen sowie für Forderungen, die erst nach Fristablauf entstanden sind (MüKoBGB/Küpper Rn. 5; Erman/Horn Rn. 2). 3

**3. Keine Kenntnis des Erben.** Die Forderung darf dem Erben nicht vor Fristablauf bekannt geworden sein (Abs. 1 S. 1). Fahrlässige Unkenntnis steht der Kenntnis nicht gleich (RGRK-BGB/Johannsen Rn. 7; Staudinger/Kunz, 2020, Rn. 16). Die Kenntnis eines Miterben wird dem Erben nicht zugerechnet (→ § 2060 Rn. 5), wohl aber die Kenntnis eines Nachlasspflegers, Nachlassverwalters, Nachlassinsolvenzverwalters, Testamentsvollstreckers oder eines vorläufigen Erben, der die Erbschaft später ausgeschlagen hat (MüKoBGB/Küpper Rn. 3; zweifelnd RGRK-BGB/Johannsen Rn. 6; aA hinsichtlich der Kenntnis des vorläufigen Erbens Staudinger/Kunz, 2020, Rn. 19). Die **Anmeldung der Forderung im Aufgebotsverfahren** schließt die Verschweigungseinrede ebenfalls aus. 4

**4. Keine unbeschränkte Haftung des Erben.** Der Erbe darf nicht allen Gläubigern gegenüber unbeschränkt haftbar geworden sein (§ 2013 Abs. 1 S. 1). Tritt die unbeschränkte Haftung erst nach Fristablauf gem. § 1994 Abs. 1 S. 2 oder § 2005 Abs. 1 ein, bleibt die Verschweigungseinrede jedoch erhalten (§ 2013 Abs. 1 S. 2). Gegenüber den **dinglich oder quasidinglich** berechtigten Gläubigern des § 1971 gilt § 1974 nicht, soweit es um die Befriedigung aus den ihnen haftenden Gegenständen geht (Abs. 3). 5

### III. Rechtsfolgen

6 Die Rechtsfolgen des Fristablaufs entsprechen im Wesentlichen denjenigen eines im Aufgebotsverfahren ergangenen Ausschließungsbeschlusses **(§ 1973).** Der Erbe haftet nur noch nach **Bereicherungsrecht.** Einen Unterschied gibt es nur für die „nachlassbeteiligten" Gläubiger des § 1972 (Pflichtteils- und Vermächtnisgläubiger und Auflagenberechtigte). Die Verschweigungseinrede kann – anders als die Ausschluss- und Erschöpfungseinrede des § 1973 – grds. auch gegenüber **nachlassbeteiligten** Gläubigern erhoben werden (Abs. 2). Für das Verhältnis dieser Gläubiger untereinander gilt § 327 InsO entspr. Verbindlichkeiten gegenüber Pflichtteilsberechtigten sind gem. § 327 Abs. 1 InsO vor den Verbindlichkeiten aus den vom Erblasser angeordneten Vermächtnissen zu erfüllen. An dieser Rangordnung ändert sich durch die Verschweigungseinrede grds. nichts (§ 327 Abs. 3 S. 2 InsO). Ausgeschlossene und gem. § 1974 diesen gleichstehende Verbindlichkeiten werden lediglich erst nach denjenigen Verbindlichkeiten erfüllt, mit denen sie ohne die Beschränkung gleichen Rang hätten (§ 327 Abs. 3 S. 1 InsO).

### IV. Beweislast

7 Der **Gläubiger** muss beweisen, dass er den Anspruch innerhalb der Frist geltend gemacht hat, dass er ihn im Aufgebotsverfahren angemeldet hat oder dass der Anspruch dem Erben in sonstiger Weise bekannt geworden ist (RGRK-BGB/Johannsen Rn. 16; MüKoBGB/Küpper Rn. 7; Staudinger/Kunz, 2020, Rn. 34). Steht fest, dass die Haftung des Erben auf die Bereicherung beschränkt ist, muss der Gläubiger auch die Voraussetzungen einer verschärften Haftung (§ 818 Abs. 4, § 819 Abs. 1 Alt. 1) beweisen (Staudinger/Kunz, 2020, Rn. 34). Der Erbe muss den Fristablauf sowie ggf. die Erschöpfung des Nachlasses oder sonst den Wegfall der Bereicherung beweisen. Haftet der Erbe allen oder einzelnen Gläubigern gegenüber unbeschränkt, muss er ggf. beweisen, dass die unbeschränkte Haftung erst nach Ablauf der Frist eingetreten ist (RGRK-BGB/Johannsen Rn. 16).

## Untertitel 3. Beschränkung der Haftung des Erben

### § 1975 Nachlassverwaltung; Nachlassinsolvenz

**Die Haftung des Erben für die Nachlassverbindlichkeiten beschränkt sich auf den Nachlass, wenn eine Nachlasspflegschaft zum Zwecke der Befriedigung der Nachlassgläubiger (Nachlassverwaltung) angeordnet oder das Nachlassinsolvenzverfahren eröffnet ist.**

### Überblick

Der Erbe haftet nur mit dem Nachlass, wenn eine Nachlassverwaltung angeordnet oder das Nachlassinsolvenzverfahren eröffnet, damit die Voraussetzungen für eine Trennung von Nachlass und Eigenvermögen des Erben unter amtlicher Aufsicht geschaffen worden ist.

### I. Bedeutung der Norm

1 **1. Amtliche Nachlasssonderung.** Die Vorschriften der §§ 1975–1992 regeln die Voraussetzungen, unter denen der Erbe seine **Haftung auf den Nachlass beschränken** kann. Gemäß § 1975 ist regelmäßige Voraussetzung einer nur beschränkten Haftung die Anordnung der Nachlassverwaltung oder die Eröffnung des Nachlassinsolvenzverfahrens; denn diese Verfahren bewirken eine **Trennung des Nachlasses vom sonstigen Vermögen des Erben unter amtlicher Aufsicht.** Die Befugnis, den Nachlass zu verwalten und über ihn zu verfügen, geht auf den Nachlass- oder den Nachlassinsolvenzverwalter über (§§ 1984, 1985; § 80 InsO) (BGHZ 223, 191 Rn. 22 = ZEV 2020, 29), während der Erbe so behandelt wird, als habe er zwischen Erbfall und Sonderung des Nachlasses ein fremdes Vermögen verwaltet (§§ 1978, 1979); gegenüber ausgeschlossenen und diesen gleichgestellten Gläubigern haftet er nach Bereicherungsrecht (§§ 1973, 1974). Zur Sonderung des Nachlasses vom Eigenvermögen des Erben gehört, dass Rechtsverhältnisse, die mit dem Erbfall durch die Vereinigung von Recht und Verbindlichkeit oder Recht und Belastung

erloschen sind, als fortbestehend gelten (§ 1976). Aufrechnungen werden unwirksam, soweit unterschiedliche Vermögensmassen von ihnen betroffen waren (§ 1977). Wird auf diese Weise sichergestellt, dass den Nachlassgläubigern der Nachlass vollständig zur Verfügung steht, besteht keine Rechtfertigung mehr für eine zusätzliche persönliche Haftung des Erben; denn mehr als das Vermögen des Erblassers haftete den Nachlassgläubigern auch zu Lebzeiten des Erblassers nicht (zur „Bedrohung" mittelständischer Unternehmen durch eine Nachlassverwaltung vgl. Fromm ZEV 2006, 298).

**2. Voraussetzungen des jeweiligen Verfahrens.** Voraussetzung der Anordnung der **Nachlassverwaltung** ist, dass die Voraussetzungen für die Eröffnung des Nachlassinsolvenzverfahrens nicht gegeben sind, dass also der Nachlass (zum Nachlass Schmidt-Kessel WM 2003, 2086) nicht überschuldet und dass auch keine Zahlungsunfähigkeit eingetreten ist (vgl. § 1985 Abs. 2, § 1980), dass aber die voraussichtlichen Verfahrenskosten gedeckt sind. Bei Überschuldung oder Zahlungsunfähigkeit muss die Eröffnung des **Nachlassinsolvenzverfahrens** beantragt werden (§ 1980). Ist der Nachlass **dürftig,** deckt also die vorhandene Aktivmasse nicht einmal die Kosten der Nachlassverwaltung oder des Nachlassinsolvenzverfahrens, wird dem Erben nicht zugemutet, selbst für die Verfahrenskosten aufzukommen. Er kann gem. §§ 1990, 1991 eine Haftungsbeschränkung ohne amtliches Verfahren herbeiführen. Das gilt auch dann, wenn der Nachlass nicht dürftig ist, die Überschuldung aber nur auf Vermächtnissen und Auflagen beruht (§ 1992). Auch in diesen Fällen haftet der Erbe für die ordnungsgemäße Verwaltung des Nachlasses (§ 1991 Abs. 1, § 1978, § 1979); die infolge des Erbfalls durch Vereinigung von Recht und Verbindlichkeit oder von Recht und Belastung erloschenen Rechtsverhältnisse gelten ebenfalls als nicht erloschen (§ 1991 Abs. 2). 2

**3. Ausländisches Erbstatut.** Bis zum Inkrafttreten des FamFG fand bei ausländischem Erbstatut eine Nachlassverwaltung idR wegen fehlender internationaler Zuständigkeit des Nachlassgerichtes nicht statt (Grundsatz des Gleichlaufs von anwendbarem Recht und internationaler Zuständigkeit im Bereich der freiwilligen Gerichtsbarkeit) (KG OLGZ 1977, 309 (310)). Nach § 105 FamFG sind die deutschen Gerichte unabhängig vom anwendbaren Recht jedoch zuständig, wenn ein deutsches Gericht örtlich zuständig ist. Die örtliche Zuständigkeit in Nachlasssachen ist in §§ 343, 344 FamFG geregelt. Seit dem 17.8.2015 ist zusätzlich Art. 4 EuErbVO zu beachten, wonach für Entscheidungen in Erbsachen die Gerichte desjenigen Mitgliedstaates zuständig sind, in dem der Erblasser im Zeitpunkt seines Todes seinen gewöhnlichen Aufenthalt hatte. 3

## II. Nachlassverwaltung

**1. Allgemeines.** Die Nachlassverwaltung ist eine **Nachlasspflegschaft zum Zwecke der Befriedigung der Nachlassgläubiger** (BGH ZEV 2017, 513 Rn. 12; OLG Hamm FGPrax 2010, 239; OLG Celle ZEV 2021, 750 Rn. 10). Soweit das Gesetz nichts anderes bestimmt und der Zweck der Nachlassverwaltung nicht entgegensteht, gelten die allgemeinen Bestimmungen über die Nachlasspflegschaft (BGH ZEV 2017, 513 Rn. 12) und damit diejenigen über die Vormundschaft (§§ 1915, 1773 ff.) (RGZ 72, 260 (263); MüKoBGB/Küpper Rn. 3; vgl. auch BGH ZEV 2000, 155 (157) zur Bereicherungshaftung des Nachlasses für ein vom Nachlassverwalter ohne nachlassgerichtliche Genehmigung aufgenommenes Darlehen). Der Nachlassverwalter ist jedoch – anders als der Nachlasspfleger – nicht Vertreter des Erben, sondern amtlich bestelltes Organ zur Verwaltung einer fremden Vermögensmasse mit eigener Parteistellung (→ § 1985 Rn. 1 f.) (RGZ 135, 305 (307); OLG Hamm FGPrax 2010, 239). Seine Stellung gleicht eher derjenigen eines Insolvenzverwalters (RGZ 135, 305 (307); 150, 189 (190); BayObLGZ 1976, 167 (171); RGRK-BGB/Johannsen § 1985 Rn. 1; vgl. auch Grziwotz DB 1990, 924 (925)). Die Anordnung der Nachlassverwaltung erfolgt auf Antrag durch das Nachlassgericht (→ § 1981 Rn. 2 ff.). Ihre Wirkungen ergeben sich aus den §§ 1975–1979, 1984, 1985, 2000 sowie den § 241 Abs. 3 ZPO, § 246 Abs. 1 ZPO, § 784 ZPO (→ § 1984 Rn. 3 ff., → § 1984 Rn. 6 ff.). Sie endet mit der Eröffnung des Nachlassinsolvenzverfahrens (§ 1988 Abs. 1) oder durch Aufhebungsbeschluss des Nachlassgerichts (→ § 1988 Rn. 2 ff.). Die durch sie entstandenen Kosten sind Nachlassverbindlichkeiten (§ 24 Nr. 5 GNotKG). 4

**2. Haftung des Erben während der Nachlassverwaltung.** Während der Dauer der Nachlassverwaltung ist die Haftung des Erben auf den Nachlass beschränkt, wenn der Erbe im Zeitpunkt der Anordnung der Nachlassverwaltung nicht schon unbeschränkt haftete (§ 2013 Abs. 1 S. 1). **Ansprüche gegen den Nachlass** können während der Nachlassverwaltung nur gegen den Nachlassverwalter geltend gemacht werden (§ 1984 Abs. 1 S. 2). Wird aus einem vor der Anordnung der Nachlassverwaltung gegen den Erben oder aus einem gegen den Erblasser selbst erwirkten 5

Urteil in das Eigenvermögen des Erben vollstreckt, muss der Erbe die Haftungsbeschränkung im Wege der Vollstreckungsgegenklage geltend machen (§§ 781, 785, 767 ZPO). Voraussetzung ist, dass der Erbe sich die Beschränkung der Haftung auf den Nachlass hat vorbehalten lassen (§ 780 Abs. 1 ZPO). Maßregeln der Zwangsvollstreckung, die zugunsten eines Nachlassgläubigers in das Eigenvermögen des Erben erfolgt sind, kann der Erbe gem. §§ 781, 784 Abs. 1 ZPO, § 767 ZPO aufheben lassen.

6 **3. Haftung des Erben nach Ende der Nachlassverwaltung.** Die Beschränkung der Haftung auf den Nachlass bleibt auch nach Aufhebung der Nachlassverwaltung erhalten (BGH NJW 1954, 635 (636); BGHZ 41, 30 (32) = NJW 1964, 811; Erman/Horn Rn. 5; RGRK-BGB/Johannsen § 1986 Rn. 4 ff.; MüKoBGB/Küpper § 1986 Rn. 5; aA Staudinger/Dobler, 2020, § 1986 Rn. 10). Das ist zwar nicht ausdrücklich geregelt. § 1989, der auf § 1973 verweist, gilt nur für die Haftung des Erben nach Durchführung eines Nachlassinsolvenzverfahrens. Aus dem Fehlen einer entsprechenden Regelung für die Nachlassverwaltung könnte geschlossen werden, dass wieder die allgemeinen Vorschriften der §§ 1975 ff. gelten. Der Erbe müsste – wenn nicht die Voraussetzungen der §§ 1990 ff. oder der §§ 1973 f. vorliegen – notfalls erneut Nachlassverwaltung oder die Eröffnung des Nachlassinsolvenzverfahrens beantragen, wenn sich weitere Nachlassgläubiger melden (so Staudinger/Dobler, 2020, § 1986 Rn. 10 unter Hinweis auf die Gesetzgebungsgeschichte (Prot. V 817 f.), den Wortlaut des § 1990 Abs. 1 S. 1 und die ältere Lit.). § 1975 enthält jedoch keine zeitliche Grenze. Die einmal eingetretene Haftungsbeschränkung bleibt bestehen. Außerdem soll sich der Erbe nach Aufhebung der Nachlassverwaltung darauf verlassen können, dass ihm ein schuldenfreier Nachlass übergeben wird. Die Haftungsbeschränkung ist nach Aufhebung der Nachlassverwaltung **analog §§ 1990, 1991** geltend zu machen. Die analoge Anwendung der §§ 1990, 1991 hat zur Folge, dass der Erbe entspr. §§ 1978, 1979 für die Verwaltung des Nachlasses verantwortlich bleibt (vgl. BGHZ 223, 191 = ZEV 2020, 29 Rn. 44). Unter den Voraussetzungen des § 1981 Abs. 2 kann ein Gläubiger erneut die Nachlassverwaltung beantragen. Er kann dem Erben auch eine Inventarfrist setzen lassen; denn auch § 2000 S. 3 gilt nur für das Nachlassinsolvenzverfahren. Die unbeschränkte Haftung des Erben kann also noch nach § 1994 Abs. 1 S. 2, § 2005 Abs. 1 S. 2 oder § 2006 Abs. 3 eintreten (vgl. BGHZ 223, 191 Rn. 43 = ZEV 2020, 29).

## III. Nachlassinsolvenzverfahren

7 **1. Überblick über das Nachlassinsolvenzverfahren.** Das Nachlassinsolvenzverfahren ist im Wesentlichen in § 11 Abs. 2 Nr. 2 InsO, §§ 315–334 InsO geregelt (Siegmann ZEV 2000, 221; zum Umfang der Insolvenzmasse vgl. Roth ZInsO 2010, 118). **Zuständig** für die Eröffnung des Nachlassinsolvenzverfahrens ist nicht das Nachlassgericht, sondern das Insolvenzgericht (§ 315 InsO). **Antragsberechtigt** ist jeder Erbe, der Nachlassverwalter oder ein anderer Nachlasspfleger, ein verwaltender Testamentsvollstrecker und jeder Nachlassgläubiger (§ 317 InsO), bei Gütergemeinschaft unter bestimmten Voraussetzungen auch der Ehegatte des Erben (§ 318 InsO); hat der Erbe die Erbschaft wirksam (vgl. OLG Köln ZEV 2000, 240) verkauft, tritt der Käufer an seine Stelle (§ 330 Abs. 1 InsO). **Eröffnungsgründe** sind die Zahlungsunfähigkeit und die Überschuldung (§ 320 S. 1 InsO). Erbe, Testamentsvollstrecker, Nachlassverwalter und Nachlasspfleger können auch bei drohender Zahlungsunfähigkeit Insolvenzantrag stellen (§ 320 S. 2 InsO). Erbe und Nachlassverwalter sind bei Zahlungsunfähigkeit oder Überschuldung zur Stellung des Antrags **verpflichtet** (§§ 1980, 1985 Abs. 2). Antragsfristen gelten für sie nicht. Die Frist von zwei Jahren ab Annahme der Erbschaft (§ 319 InsO) betrifft nur Nachlassgläubiger. Die Eröffnung des Nachlassinsolvenzverfahrens wird nicht dadurch ausgeschlossen, dass der Erbe die Erbschaft noch nicht angenommen hat, dass er für die Nachlassverbindlichkeiten bereits unbeschränkt haftet oder dass Miterben den Nachlass bereits geteilt haben (§ 316 InsO). Ein Nachlassinsolvenzverfahren findet nur über den gesamten Nachlass statt, nicht über einen Erbteil (§ 316 Abs. 3 InsO). War über das Vermögen des Erblassers ein Insolvenzverfahren eröffnet und noch nicht aufgehoben oder eingestellt worden, wird dieses Verfahren nach dessen Tod ohne Unterbrechung als allgemeines Nachlassinsolvenzverfahren fortgesetzt (BGHZ 175, 307 = NJW-RR 2008, 873).

8 Mit der Eröffnung des Nachlassinsolvenzverfahrens geht das Recht des Erben, den Nachlass zu verwalten und über ihn zu verfügen, auf den **Nachlassinsolvenzverwalter** über (§§ 80 ff. InsO). Zur **Masse** gehören die gem. §§ 1976, 1977 als nicht erloschen geltenden Rechtsverhältnisse, die Ersatzansprüche gegen den Erben gem. §§ 1978, 1979 sowie Anfechtungsansprüche, etwa wegen der vorzeitigen Erfüllung von Pflichtteilsansprüchen, Vermächtnissen oder Auflagen (§ 322 InsO). Das Eigenvermögen des Erben gehört nicht zur Masse. Im Insolvenzverfahren über einen Nachlass

können nur Nachlassverbindlichkeiten geltend gemacht werden (§ 325 InsO), die den allgemeinen Regeln entspr. zur Tabelle angemeldet werden müssen (§§ 174 ff. InsO). **Masseverbindlichkeiten** sind die in §§ 54, 55 und 324 InsO genannten Verbindlichkeiten. Im Rang nach den „normalen" Nachlassverbindlichkeiten werden die Verbindlichkeiten gem. § 39 InsO, danach die Verbindlichkeiten gegenüber ausgeschlossenen (§ 1973) oder diesen nach § 1974 gleichstehenden Gläubigern, danach Pflichtteilsansprüche und danach Vermächtnisse und Auflagen berichtigt (§ 327 InsO). Für Aus- und Absonderungsrechte gelten die allgemeinen Bestimmungen der §§ 47, 165 ff. InsO. Maßnahmen der Zwangsvollstreckung, die **nach dem Erbfall** erfolgt sind, begründen kein Recht zur abgesonderten Befriedigung (§ 321 InsO).

**2. Haftung des Erben.** Während des Nachlassinsolvenzverfahrens haftet der Erbe, der das Recht zur Beschränkung der Haftung auf den Nachlass noch nicht verloren hat (§ 2013 Abs. 1 S. 2), nur mit dem Nachlass. Die Zwangsvollstreckung in sein sonstiges Vermögen kann der Erbe gem. § 781 ZPO, § 784 Abs. 1 ZPO, § 785 ZPO, § 767 ZPO abwehren. Endet das Nachlassinsolvenzverfahren mit der **Verteilung der Masse** (§§ 196 ff. InsO) oder mit einem **Insolvenzplan** (§§ 217 ff. InsO), haftet der noch nicht unbeschränkt haftende Erbe gem. §§ 1989, 1973 nach Bereicherungsrecht (→ § 1973 Rn. 3 ff.; → § 1989 Rn. 3 f.). In allen anderen Fällen bleibt es bei der Anwendung der allgemeinen Vorschriften (→ § 1989 Rn. 2). Streitig ist, ob nach Abweisung eines Antrags auf Eröffnung des Nachlassinsolvenzverfahrens mangels Masse der Erbe (so AG Hannover ZVI 2021, 84 (85 f.)) oder der Nachlass (so AG Göttingen NZI 2017, 575 unter II.3) für die Verfahrenskosten haftet. 9

## § 1976 Wirkung auf durch Vereinigung erloschene Rechtsverhältnisse

**Ist die Nachlassverwaltung angeordnet oder das Nachlassinsolvenzverfahren eröffnet, so gelten die infolge des Erbfalls durch Vereinigung von Recht und Verbindlichkeit oder von Recht und Belastung erloschenen Rechtsverhältnisse als nicht erloschen.**

### Überblick

Die Sonderung von Nachlass und Eigenvermögen führt dazu, dass zuvor durch Vereinigung der beiden Vermögensmassen im Wege der Konfusion oder der Konsolidation erloschene Rechtsverhältnisse wieder aufleben, soweit dies für die Zwecke des jeweiligen Verfahrens erforderlich ist. Verfügungen, welche der Erbe zwischenzeitlich vorgenommen hat, behalten ihre Wirkung.

### I. Bedeutung der Norm

**1. Grundgedanke.** Die Vorschrift des § 1976 ist eine Folge der durch die Anordnung der Nachlassverwaltung bewirkten **Sonderung des Nachlasses vom Eigenvermögen des Erben.** Die Rechtsverhältnisse, die mit dem Erbfall durch Konfusion (Vereinigung von Recht und Forderung) oder Konsolidation (Vereinigung von Recht und Belastung) erloschen sind, gelten kraft Gesetzes rückwirkend (BGHZ 48, 214 (218) = NJW 1967, 2399) als weiterhin vorhanden. Dadurch steht der Nachlass den Nachlassgläubigern vollständig zur Verfügung. Der Erbe muss seine Forderungen und Rechte wie andere Nachlassgläubiger auch gegenüber dem Nachlassverwalter geltend machen. 1

**2. Ähnliche Vorschriften.** Der Rechtsgedanke des § 1976 gilt immer dann, wenn der Bestand des Nachlasses im Zeitpunkt des Erbfalles die Grundlage der Berechnung einer Forderung gegen diesen ist, etwa bei der Ermittlung der Höhe eines Pflichtteilsanspruchs oder eines Quotenvermächtnisses (MüKoBGB/Küpper Rn. 8; Staudinger/Dobler, 2016, Rn. 2; Soergel/Stein Rn. 4; vgl. auch BGHZ 98, 382 = NJW 1987, 1260; BGH LM § 2084 Nr. 14). **Entsprechende Bestimmungen** enthalten §§ 1991, 2143, 2175 und 2377. In den Fällen der §§ 1991, 2175 und 2377 wird die Vereinigung von Recht und Verbindlichkeit jedoch nur mit relativer Wirkung – im Verhältnis zu dem jeweilig Betroffenen – rückgängig gemacht. Ist Verwaltungs-**Testamentsvollstreckung** angeordnet, findet eine Vereinigung von Recht und Verbindlichkeit oder Belastung nicht statt (BGHZ 48, 214 (220) = NJW 1967, 2399; Staudinger/Dobler, 2016, Rn. 2; MüKoBGB/Küpper Rn. 2; RGRK-BGB/Kregel § 2202 Rn. 1); einer (entspr.) Anwendung des § 1976 bedarf es deshalb nicht. 2

## II. Rechtsfolgen

3 **1. Fiktion der Wiederherstellung erloschener Rechtsverhältnisse.** Die durch Konfusion oder Konsolidation erloschenen Rechtsverhältnisse werden so behandelt, als seien sie nicht erloschen. Diese Wirkung tritt rückwirkend, kraft Gesetzes und gegenüber jedermann ein. Sicherungsrechte wie **Bürgschaften** oder **Pfandrechte** gelten als fortbestehend. Eine **Hypothek,** die mit dem Erbfall gem. § 1163 Abs. 1 S. 2, § 1177 zu einer Eigentümergrundschuld geworden ist, gilt wieder als Hypothek. War sie zwischenzeitlich allerdings gelöscht worden und hatte der Erbe ein Grundpfandrecht zugunsten eines Dritten neu bestellt, so kann nach Anordnung der Nachlassverwaltung die wieder einzutragende Hypothek nur mit Rang nach dem Grundpfandrecht des Dritten eingetragen werden (Staudinger/Dobler, 2016, Rn. 4; MüKoBGB/Küpper Rn. 5; Erman/Horn Rn. 2; Soergel/Stein Rn. 1). Als fortbestehend geltende Pfandrechte behalten demgegenüber ihren alten Rang (Staudinger/Dobler, 2016, Rn. 4; aA MüKoBGB/Küpper Rn. 5; Lange/Kuchinke ErbR § 49 II 2c). Waren der Erblasser und der Erbe **Miteigentümer eines Grundstücks,** so findet § 1976 auf die beim Erbfall erfolgte Vereinigung beider Miteigentumsanteile entsprechende Anwendung (Staudinger/Dobler, 2016, Rn. 8; Soergel/Stein Rn. 2; krit. MüKoBGB/Küpper Rn. 7 m. Fn. 24). Ob **Gesellschaftsverhältnisse zwischen Erblasser und Erben** im Falle der Nachlassverwaltung oder des Nachlassinsolvenzverfahrens als nicht erloschen gelten, hat der BGH bisher offen gelassen (BGHZ 113, 132 = NJW 1991, 844; verneinend RGZ 136, 97 (99); Lange/Kuchinke ErbR § 49 II 2c m. Fn. 38; MüKoBGB/Küpper Rn. 7; RGRK-BGB/Johannsen Rn. 2; diff. zwischen zwei- und mehrgliedrigen Gesellschaften Staudinger/Dobler, 2016, Rn. 9 und Soergel/Stein Rn. 2; bejahend OLG Hamm ZEV 1999, 234 (236)). Ein **Kaufvertragsangebot** des Erblassers kann der Alleinerbe nach Eintritt des Erbfalls nicht mehr annehmen; es bleibt bei der Berechnung des Pflichtteils unberücksichtigt (OLG Schleswig OLGR 1999, 195). Die Rechtsfolgen des § 1976 treten auch dann ein, wenn der Erbe **unbeschränkt haftet** (RGRK-BGB/Johannsen Rn. 1; MüKoBGB/Küpper Rn. 3); denn § 1976 wird in § 2013 Abs. 1 S. 1 nicht erwähnt.

4 **2. Rechtsbeziehungen zwischen Erbe und Nachlass.** Der Erbe kann die als nicht erloschen geltenden Forderungen dem Nachlassverwalter gegenüber geltend machen (BGHZ 48, 214 (219) = NJW 1967, 2399) oder im Nachlassinsolvenzverfahren zur Tabelle anmelden (§ 235 InsO). Eine Hypothek kann – trotz § 1197 – im Wege der Zwangsvollstreckung durchgesetzt werden (MüKoBGB/Küpper Rn. 4). Erbe und Nachlassverwalter können jedenfalls dann **rechtsgeschäftlich neue Rechte begründen,** wenn diese an die Stelle eines der Verwaltung unterliegenden Nachlassgegenstandes treten sollen (BGH NJW-RR 1991, 683; für die uneingeschränkte Befugnis zur Begründung neuer Rechte Staudinger/Dobler, 2016, Rn. 7; Erman/Horn Rn. 2; MüKoBGB/Küpper Rn. 6; aA RGRK-BGB/Johannsen Rn. 2; Soergel/Stein Rn. 3).

5 **3. Verfügungen des Erben.** Verfügungen, die der Erbe zwischen dem Erbfall und der Nachlasssonderung über Nachlassgegenstände vorgenommen hat, behalten ihre Wirkung (MüKoBGB/Küpper Rn. 9; Staudinger/Dobler, 2016, Rn. 10). Mit der Anordnung der Nachlassverwaltung oder der Eröffnung des Nachlassinsolvenzverfahrens verliert der Erbe zwar die Befugnis, über den Nachlass zu verfügen (§ 1984; § 80 Abs. 1 InsO). Die Verfügungsbeschränkung wirkt jedoch nicht zurück. Verfügungen eines Nichtberechtigten, die gem. § 185 Abs. 2 durch **Konvaleszenz** wirksam geworden sind, bleiben ebenfalls bestehen (Staudinger/Dobler, 2016, Rn. 10; MüKoBGB/Küpper Rn. 10).

## § 1977 Wirkung auf eine Aufrechnung

**(1) Hat ein Nachlassgläubiger vor der Anordnung der Nachlassverwaltung oder vor der Eröffnung des Nachlassinsolvenzverfahrens seine Forderung gegen eine nicht zum Nachlass gehörende Forderung des Erben ohne dessen Zustimmung aufgerechnet, so ist nach der Anordnung der Nachlassverwaltung oder der Eröffnung des Nachlassinsolvenzverfahrens die Aufrechnung als nicht erfolgt anzusehen.**

**(2) Das Gleiche gilt, wenn ein Gläubiger, der nicht Nachlassgläubiger ist, die ihm gegen den Erben zustehende Forderung gegen eine zum Nachlass gehörende Forderung aufgerechnet hat.**

## Überblick

§ 1977 schließt an § 1976 an. Auch hier geht es um die Trennung des Nachlasses vom Eigenvermögen des Erben nach der Anordnung der Nachlassverwaltung oder der Eröffnung des Nachlassinsolvenzverfahrens. Die Aufrechnung eines Nachlassgläubigers gegen eine Eigenforderung des Erben ohne dessen Zustimmung (Abs. 1) wird ebenso unwirksam wie die Aufrechnung eines Eigengläubigers des Erben gegen eine Nachlassforderung (Abs. 2).

## I. Bedeutung der Norm

**1. Grundgedanke.** Die Vorschrift des § 1977 ist ebenso wie diejenige des § 1976 Ausdruck 1
der Absonderung des Nachlasses vom Eigenvermögen des Erben. Mit dem Erbfall wird der (Allein-)Erbe persönlicher Schuldner aller gegen den Nachlass gerichteten Forderungen und zugleich Inhaber aller zum Nachlass gehörenden Ansprüche. Eigengläubiger des Erben können damit ebenso gegen eine Nachlassforderung aufrechnen wie Nachlassgläubiger gegen eine Eigenforderung des Erben. Mit der amtlichen Absonderung des Nachlasses werden das Eigenvermögen des Erben einerseits, der Nachlass andererseits voneinander getrennt. Aufrechnungen, die zu einer Befriedigung des Gläubigers aus der „falschen" Vermögensmasse geführt haben, gelten als nicht erfolgt, die gem. § 389 erloschenen Forderungen einschließlich ihrer Nebenrechte (Pfandrechte, Bürgschaft) gelten als wiederhergestellt. Dabei dient Abs. 1 dem **Schutz des Erben,** der eine Eigenforderung gegen seinen Willen verloren hat, und Abs. 2 dem **Schutz der Nachlassgläubiger** vor einer Verringerung des Nachlasses zugunsten eines Eigengläubigers des Erben. Ähnliche Bestimmungen enthalten §§ 783, 784 Abs. 1 ZPO.

**2. Aufrechnung nach der Nachlasssonderung.** § 1977 setzt eine Aufrechnung nach dem 2
Erbfall und vor der amtlichen Absonderung des Nachlasses durch Anordnung der Nachlassverwaltung oder Eröffnung des Nachlassinsolvenzverfahrens voraus. Nach der Nachlasssonderung gilt: Die von einem **Eigengläubiger** des Erben erklärte Aufrechnung gegen eine Nachlassforderung bleibt wirkungslos (§ 1975, § 1984 Abs. 1 S. 3, § 1975 Abs. 2; § 80 InsO) (Staudinger/Dobler, 2016, Rn. 11; RGRK-BGB/Johannsen Rn. 9; Soergel/Stein Rn. 7). Ein **Nachlassgläubiger** kann nur dann gegen eine Eigenforderung des Erben aufrechnen, wenn ihm der Erbe auch mit seinem eigenen Vermögen haftet, weil (Staudinger/Dobler, 2016, Rn. 11; Soergel/Stein Rn. 7; aA Lange/Kuchinke ErbR § 49 II 2c m. Fn. 42; Erman/Horn Rn. 2a: Unabhängig von der Frage unbeschränkter Haftung sei die Aufrechnung mangels Gegenseitigkeit unwirksam). Der **Erbe** kann gegenüber einem Eigengläubiger nicht mehr mit einer zum Nachlass gehörenden Forderung aufrechnen, weil ihm insoweit die Verfügungsbefugnis fehlt (§ 1984 Abs. 1 S. 1; § 80 InsO). Er kann jedoch mit einer eigenen Forderung gegen eine Nachlassforderung aufrechnen (Staudinger/Dobler, 2016, Rn. 12; MüKoBGB/Küpper Rn. 2; RGRK-BGB/Johannsen Rn. 9; Erman/Horn Rn. 3a; Palandt/Weidlich Rn. 3; Soergel/Stein Rn. 7; einschr. – nur mit Zustimmung des Gegners – Brox/Walker ErbR Rn. 682). Rechnet der Erbe mit einer Eigenforderung auf, steht ihm gegen den Nachlass allenfalls ein Aufwendungsersatzanspruch nach Bereicherungsrecht zu (§ 1978 Abs. 3, §§ 683, 684) (RGRK-BGB/Johannsen Rn. 9; Staudinger/Dobler, 2016, Rn. 12; Palandt/Weidlich Rn. 3).

## II. Aufrechnung durch Nachlassgläubiger (Abs. 1)

**1. Aufrechnung des Nachlassgläubigers.** Nach Abs. 1 ist eine Aufrechnung als nicht erfolgt 3
anzusehen, die ein Nachlassgläubiger gegenüber einer Eigenforderung des Erben einseitig erklärt hat. Hat der **Erbe** mit einer Eigenforderung gegen die Forderung des Nachlassgläubigers aufgerechnet, hat die Aufrechnung Bestand. Dem Erben steht – ebenso, wie wenn er die gegen den Nachlass gerichtete Forderung in anderer Weise aus seinem Eigenvermögen beglichen hätte – ein Aufwendungsersatzanspruch nach §§ 1979, 1978 Abs. 3 oder nach § 326 Abs. 2 InsO zu. Die Aufrechnung bleibt auch dann bestehen, wenn Nachlassgläubiger und Erbe eine Aufrechnungsvereinbarung getroffen haben; dieser Fall wird ebenso behandelt wie derjenige der Aufrechnung durch den Erben selbst.

**2. Kein Verlust des Haftungsbeschränkungsrechts.** Abs. 1 gilt nicht, wenn der Erbe sein 4
Recht zur Beschränkung der Haftung auf den Nachlass gegenüber allen Gläubigern verloren hat (§ 2013 Abs. 1 S. 1). Haftet der Erbe auch mit seinem Eigenvermögen für die Erfüllung der Nachlassverbindlichkeiten, besteht kein Grund, den durch die Aufrechnung verursachten Verlust

einer Eigenforderung des Erben wieder rückgängig zu machen. Haftet der Erbe nicht generell, sondern nur (oder auch) im Verhältnis zu demjenigen Gläubiger unbeschränkt, der aufgerechnet hatte, ist Abs. 1 ebenfalls nicht anwendbar (MüKoBGB/Küpper Rn. 8; Staudinger/Dobler, 2016, Rn. 6). Sinn und Zweck des § 1977 Abs. 1 verlangen insoweit eine einschränkende Auslegung des § 2013 Abs. 2.

## III. Aufrechnung durch Eigengläubiger (Abs. 2)

5 **1. Aufrechnung des Eigengläubigers.** Die Aufrechnung, die ein Eigengläubiger des Erben vor der Nachlasssonderung gegenüber einer Nachlassforderung erklärt hat, ist ebenfalls als nicht erfolgt anzusehen. Eine zur Wirksamkeit der Aufrechnung nicht erforderliche **Zustimmung** des Erben ändert hieran nichts (Staudinger/Dobler, 2016, Rn. 8; Erman/Horn Rn. 3b; MüKoBGB/Küpper Rn. 6; Lange/Kuchinke ErbR § 49 II 2c m. Fn. 40; aA RGRK-BGB/Johannsen Rn. 6 unter Hinweis auf RG LZ 16, 1364; Soergel/Stein Rn. 5). Eine entsprechende Wertung enthält § 784 Abs. 2 ZPO, wonach der Nachlassverwalter Zwangsvollstreckungsmaßnahmen eines Gläubigers, der nicht Nachlassgläubiger ist, aufheben lassen kann. Hat der **Erbe** eine Nachlassforderung gegen die Forderung eines Eigengläubigers aufgerechnet, bleibt die Aufrechnung bestehen (Staudinger/Dobler, 2016, Rn. 10; RGRK-BGB/Johannsen Rn. 6; Lange/Kuchinke ErbR § 49 II 2c m. Fn. 41; Soergel/Stein Rn. 6; aA MüKoBGB/Küpper Rn. 6). Dieser Fall entspricht demjenigen, dass der Erbe eine Eigenforderung mit Mitteln des Nachlasses beglichen oder sonst in eigenem Interesse über Nachlassgegenstände verfügt hat. Dem Schutzzweck des Abs. 2 wäre zwar besser gedient, wenn nicht nur die Zustimmung des Erben zur Aufrechnung durch den Eigengläubiger, sondern auch die vom Erben selbst erklärte Aufrechnung als wirkungslos anzusehen wäre. Damit würde jedoch die Verfügungsbefugnis des Erben entgegen § 1984 Abs. 1 und § 80 InsO rückwirkend eingeschränkt (→ § 1976 Rn. 1 ff.). Der Erbe ist den Nachlassgläubigern also lediglich nach § 1978 Abs. 1 **ersatzpflichtig.** Erstattungsansprüche sind gem. § 1978 Abs. 2 vom Nachlassverwalter geltend zu machen.

6 **2. Unbeschränkte Haftung des Erben.** Abs. 2 gilt auch dann, wenn der Erbe allen Nachlassgläubigern gegenüber unbeschränkt haftet. Dem Wortlaut des § 2013 Abs. 1 S. 1 nach findet § 1977 bei unbeschränkter Haftung des Erben zwar keine Anwendung. Hätte die durch die Aufrechnung des Eigengläubigers des Erben bewirkte Verkürzung des Nachlasses Bestand, würden die Nachlassgläubiger jedoch durch den Eintritt der unbeschränkten Haftung – die ihren Interessen dienen soll – im Verhältnis zu den Eigengläubigern des Erben und zum Erben selbst benachteiligt. Die Verweisung in § 2013 Abs. 1 S. 1 betrifft daher nur § 1977 Abs. 1 (Erman/Horn Rn. 4; Brox/Walker ErbR Rn. 681; MüKoBGB/Küpper Rn. 7; RGRK-BGB/Johannsen Rn. 7; Soergel/Stein Rn. 5).

## § 1978 Verantwortlichkeit des Erben für bisherige Verwaltung, Aufwendungsersatz

**(1) [1]Ist die Nachlassverwaltung angeordnet oder das Nachlassinsolvenzverfahren eröffnet, so ist der Erbe den Nachlassgläubigern für die bisherige Verwaltung des Nachlasses so verantwortlich, wie wenn er von der Annahme der Erbschaft an die Verwaltung für sie als Beauftragter zu führen gehabt hätte. [2]Auf die vor der Annahme der Erbschaft von dem Erben besorgten erbschaftlichen Geschäfte finden die Vorschriften über die Geschäftsführung ohne Auftrag entsprechende Anwendung.**

**(2) Die den Nachlassgläubigern nach Absatz 1 zustehenden Ansprüche gelten als zum Nachlass gehörend.**

**(3) Aufwendungen sind dem Erben aus dem Nachlass zu ersetzen, soweit er nach den Vorschriften über den Auftrag oder über die Geschäftsführung ohne Auftrag Ersatz verlangen könnte.**

### Überblick

Eine weitere Folge der Sonderung des Nachlasses vom Eigenvermögen des Erben durch Nachlassverwaltung, Nachlassinsolvenzverfahren oder nach §§ 1990, 1992, 1991 ist, dass der Erbe den Nachlassgläubigern für sein bisheriges auf den Nachlass bezogenes Verhalten verantwortlich ist. Bis zur Annahme der Erbschaft gelten die Vorschriften der Geschäftsführung ohne Auftrag, von der Annahme der Erbschaft an gilt Auftragsrecht (Abs. 1). Die Ansprüche der Gläubiger gegen den Erben gelten als zum Nachlass gehörig und werden vom Nachlassverwalter oder -insolvenzverwalter geltend gemacht (Abs. 2). Der Erbe kann Aufwendungsersatz verlangen (Abs. 3).

## I. Bedeutung der Norm

**1. Sinn und Zweck.** § 1978 regelt – wie §§ 1976 und 1977 – die Folgen der **amtlichen Absonderung des Nachlasses vom Eigenvermögen des Erben** durch die Anordnung der Nachlassverwaltung oder die Eröffnung des Nachlassinsolvenzverfahrens. Der Nachlass soll den Nachlassgläubigern möglichst ungeschmälert zur Verfügung stehen. Verfügungen, die der Erbe bis zur amtlichen Nachlasssonderung über Nachlassgegenstände vorgenommen hat, haben zwar Bestand (→ § 1976 Rn. 5; → § 1977 Rn. 5). Der Erbe wird jedoch so behandelt, als habe er den Nachlass von der Annahme der Erbschaft an im Auftrag der Nachlassgläubiger verwaltet (Abs. 1 S. 1) (BGH NJW 2014, 391 Rn. 11); für die Zeit vor Annahme der Erbschaft gelten die Grundsätze der Geschäftsführung ohne Auftrag. Die aus der Verwaltung resultierenden Erstattungs- und Ersatzansprüche gelten als zum Nachlass gehörend, können also nicht von einzelnen Nachlassgläubigern geltend gemacht werden (Abs. 2). Der Erbe seinerseits kann wie ein Beauftragter oder ein Geschäftsführer ohne Auftrag Erstattung der mit der Verwaltung des Nachlasses verbundenen Aufwendungen verlangen (Abs. 3). 1

**2. Anwendungsbereich.** Seinem Wortlaut nach setzt § 1978 die Anordnung der Nachlassverwaltung oder die Eröffnung des Nachlassinsolvenzverfahrens voraus. Entspr. anwendbar ist § 1978 bei Dürftigkeit oder Überschwerung des Nachlasses (§§ 1990, 1992, 1991). Haftet der Erbe gegenüber allen Gläubigern **unbeschränkt,** gilt § 1978 nicht (§ 2013 Abs. 1 S. 1). Bei unbeschränkter persönlicher Haftung des Erben ist ein zusätzlicher Ausgleichsanspruch nicht erforderlich. Haftet der Erbe nur einigen Gläubigern unbeschränkt, bleibt es hingegen bei der Anwendung des § 1978 (§ 2013 Abs. 2). Gegenüber **ausgeschlossenen oder säumigen** Gläubigern gilt § 1978 wiederum nicht, wenn der Erbe die Einreden aus § 1973 oder § 1974 erhebt (→ § 1973 Rn. 1, → § 1974 Rn. 6). In diesen Fällen richten sich die beiderseitigen Ansprüche nach Bereicherungsrecht. 2

## II. Verantwortlichkeit des Erben

**1. Bis zur Annahme der Erbschaft.** Abs. 1 unterscheidet zwischen der Verantwortlichkeit des Erben bis zur Annahme (S. 2) und nach Annahme der Erbschaft (S. 1). Für die Zeit bis zur Annahme der Erbschaft (§ 1943) gelten die Vorschriften über die Geschäftsführung ohne Auftrag entspr. (Abs. 1 S. 2), jedoch nur dann, wenn der Erbe die Erbschaft schließlich tatsächlich angenommen hat. Hat ein vorläufiger Erbe die Erbschaft nicht angenommen, haftet er nicht den Gläubigern nach § 1978, sondern dem endgültigen Erben nach § 1959 Abs. 1 (OLG Celle MDR 1970, 1012; RGRK-BGB/Johannsen Rn. 2; Staudinger/Dobler, 2016, Rn. 4). Die entsprechende Anwendung der §§ 677 ff. bedeutet, dass der Erbe das objektive Interesse der Gesamtheit der Nachlassgläubiger zu wahren hat (MüKoBGB/Küpper Rn. 3; Erman/Horn Rn. 2; Staudinger/Dobler, 2016, Rn. 5; RGRK-BGB/Johannsen Rn. 9). Auf den wirklichen oder mutmaßlichen Willen einzelner Gläubiger kommt es nicht an. Obwohl der Erbe vor Annahme der Erbschaft zur Fürsorge für den Nachlass grds. nur berechtigt, nicht aber verpflichtet ist, hat er **Vollstreckungsmaßnahmen eines Eigengläubigers** in den Nachlass abzuwehren (vgl. §§ 783, 782 ZPO). Lässt er derartige Vollstreckungsmaßnahmen zu, haftet er mindestens in Höhe der durch die Befreiung von der Verbindlichkeit entstandenen Bereicherung (Staudinger/Dobler, 2016, Rn. 7), wenn nicht sogar eine Schadensersatzpflicht nach dem Recht der Geschäftsführung ohne Auftrag besteht (Erman/Horn Rn. 2; MüKoBGB/Küpper Rn. 3). Der Erbe ist gem. §§ 681, 666, 259 zur **Rechenschaft** verpflichtet. 3

**2. Ab Annahme der Erbschaft.** Von der Annahme der Erbschaft an wird der Erbe so behandelt, als habe er den Nachlass im Auftrag der Nachlassgläubiger verwaltet. Die Vorschriften über den Auftrag (§§ 662 ff.) gelten entspr., soweit sie nicht – wie etwa § 664 Abs. 1 S. 1 – mit der rechtsgeschäftlichen Übernahme der Geschäftsbesorgung wesentlich zusammenhängen (Mot. V 627; Staudinger/Dobler, 2016, Rn. 11; MüKoBGB/Küpper Rn. 4; vgl. auch RGRK-BGB/Johannsen Rn. 4). Anwendbar sind insbes. die §§ 664 Abs. 1 S. 2 und 3, 666, 667 und 668. Der Erbe hat den Nachlassgläubigern gem. §§ 666, 259, 260 **Auskunft** über den Stand des Nachlasses zu erteilen und Rechenschaft abzulegen. Gemäß §§ 667, 668 hat er den Nachlass und alles, was er aus dessen Verwaltung erlangt hat, **herauszugeben;** auf ein Verschulden kommt es nicht an 4

(BGH NJW 1992, 2694 (2695); ZEV 2008, 237; zu Frage der verschuldensabhängigen oder -unabhängigen Haftung des Beauftragten vgl. aber BGHZ 165, 298 (301 f.) = NJW 2006, 986). Surrogate, die ohne Zutun des Erben an die Stelle von Nachlassgegenständen getreten sind, gehören rechtlich zum Nachlass und sind ebenfalls herauszugeben (BGHZ 46, 221 (222, 229) = NJW 1967, 568; Staudinger/Dobler, 2016, Rn. 15; MüKoBGB/Küpper Rn. 6). Bei **rechtsgeschäftlichem Erwerb** ist eine dingliche Surrogation entspr. § 2019 Abs. 1, §§ 2041, 2111 Abs. 1 nach Wortlaut und Entstehungsgeschichte des § 1978 nicht vorgesehen und findet auch grds. nicht statt (BGH NJW-RR 1989, 1226 (1227) für §§ 1990, 1991, 1978; Soergel/Stein Rn. 4; RGRK-BGB/Johannsen Rn. 6; Schmitz WM 1998, Beilage 3 S. 1 (5); aA Staudinger/Dobler, 2016, Rn. 16 ff.; dazu Schmidt-Kessel WM 2003, 2086 (2087); Roth ZInsO 2010, 118 (120)). Anderes kann gelten, wenn der Erbe bei Erwerb des Gegenstandes erkennbar für den Nachlass handelte (MüKoBGB/Küpper Rn. 6; Palandt/Weidlich Rn. 3; Erman/Horn Rn. 3a; insoweit offengelassen von BGH NJW-RR 1989, 1226 (1227)). Gegenstände, die nicht in den Nachlass gelangt sind, hat der Erbe nicht herauszugeben. Für Nachlassgegenstände, deren Herausgabe ihm unmöglich geworden ist, hat der Erbe Schadensersatz zu leisten. Im Insolvenzverfahren über das Eigenvermögen des Erben steht dem Nachlass- oder Nachlassinsolvenzverwalter kein Aussonderungsrecht (§ 47 InsO) hinsichtlich solcher Gegenstände zu.

5 **3. Haftung für Hilfspersonen.** Der Erbe haftet für die ordnungsgemäße Verwaltung und Nutzung des Nachlasses. Hinsichtlich des Verschuldens eines Erfüllungsgehilfen gilt § 278. Für (schuldhafte) Pflichtverletzungen des Nachlasspflegers, der als gesetzlicher Vertreter des wirklichen Erben den Nachlass zu sichern und zu erhalten hat (BGHZ 161, 281 (286) = NJW 2005, 756), oder des Testamentsvollstreckers hat der Erbe ebenfalls einzustehen; insoweit haftet er jedoch nur mit dem Nachlass, weil eine Vertretung hinsichtlich des Eigenvermögens des Erben nicht stattgefunden hat (MüKoBGB/Küpper Rn. 9; Staudinger/Dobler, 2016, Rn. 13; Soergel/Stein Rn. 6). Nachlassverwalter und Nachlassinsolvenzverwalter haften den Nachlassgläubigern unmittelbar (§ 1985 Abs. 2; §§ 60, 61 InsO).

6 **4. Durchsetzung der Ansprüche.** Die Ansprüche nach Abs. 1 richten sich gegen den Erben persönlich, der sie aus seinem Eigenvermögen zu erfüllen hat (BGH NJW 1992, 2694 (2695); RGZ 89, 403 (408); Staudinger/Dobler, 2016, Rn. 35; RGRK-BGB/Johannsen Rn. 22; Lange/Kuchinke ErbR § 49 II 2c m. Fn. 47). Sie gelten als **zum Nachlass gehörig** (Abs. 2). Das bedeutet, dass sie während der Dauer der Nachlassverwaltung oder des Nachlassinsolvenzverfahrens nur vom Verwalter geltend gemacht werden können (§ 1985; § 80 InsO) (Staudinger/Dobler, 2016, Rn. 36; RGRK-BGB/Johannsen Rn. 11; MüKoBGB/Küpper Rn. 12; Erman/Horn Rn. 5; vgl. die Fälle BGH NJW 2014, 391 und OLG Düsseldorf ZEV 2000, 236). Im Herausgabeprozess des Nachlassinsolvenzverwalters gegen den Erben ist nicht zu prüfen, ob die Eröffnung des Nachlassinsolvenzverfahrens zu Rechts erfolgt ist. Das Prozessgericht ist vielmehr an den rechtskräftigen Eröffnungsbeschluss des Insolvenzgerichts gebunden (BGH NJW 2014, 391). Bei der Berechnung des Nachlasswertes etwa im Rahmen der §§ 1980, 1982, 1988 Abs. 2, 1990 oder des § 320 InsO sind die Ansprüche aus Abs. 1 mit zu berücksichtigen. Sofern sie nicht uneinbringlich sind, können sie die Dürftigkeit des Nachlasses ausschließen (BGH NJW 1992, 2694 (2695); NJW-RR 1989, 1226 (1228)). Im Rahmen der **§§ 1990, 1992, 1991** können die einzelnen Gläubiger Ansprüche aus § 1978 Abs. 1 selbständig geltend machen. Sie sind nicht darauf angewiesen, zunächst den Anspruch des Nachlasses gegen den Erben aus der Verwalterhaftung pfänden und sich überweisen zu lassen (BGH NJW-RR 1989, 1226 (1228); NJW 1992, 2694 (2695); Erman/Horn Rn. 5a; Staudinger/Dobler, 2016, Rn. 36). Eine vom Erben begangene **positive Vertragsverletzung** begründet eine Nachlasserbenschuld, für die der Erbe auch mit seinem sonstigen Vermögen haftet. Sich daraus ergebende Schadensersatzansprüche können auch während der Nachlassverwaltung oder des Nachlassinsolvenzverfahrens gegen den Erben persönlich geltend gemacht werden (RGZ 92, 341 (343); RGRK-BGB/Johannsen Rn. 12; Erman/Horn Rn. 5b).

## III. Aufwendungsersatzansprüche des Erben (Abs. 3)

7 **1. Aufwendungsersatz.** Ersatzansprüche des Erben für Aufwendungen aus der Zeit vor der Annahme der Erbschaft folgen aus §§ 683, 684, für Aufwendungen aus der Zeit nach Annahme der Erbschaft aus § 670. Teilweise wird vertreten, dass der Fiskuserbe, dessen gesetzliches Erbrecht gem. § 1964 Abs. 2 vermutet wird, stets und dauerhaft als Geschäftsbesorger ohne Auftrag anzusehen ist (Roth ZEV 2021, 7). Der Aufwendungsersatzanspruch ist zu verzinsen (§ 256). Ggf. umfasst er die Befreiung von Verbindlichkeiten, die der Erbe zum Zwecke der Verwaltung des

Nachlasses eingegangen ist (§ 257). Alle Ansprüche sind gegen den Nachlassverwalter oder den Nachlassinsolvenzverwalter geltend zu machen. Im Nachlassinsolvenzverfahren stellen sie Masseverbindlichkeiten dar (§ 324 Abs. 1 Nr. 1 InsO). Außerhalb eines amtlichen Verfahrens (etwa im Falle der §§ 1990, 1992, 1991) ist der Erbe berechtigt, seine Ansprüche vor Vollstreckungspreisgabe des Nachlasses (§ 1990 Abs. 1 S. 2) selbst zu befriedigen (Staudinger/Dobler, 2016, Rn. 37; Erman/Horn Rn. 6). Ersatzansprüche für Aufwendungen zur Berichtigung einer Nachlassverbindlichkeit sind in § 1979 gesondert geregelt. Anspruch auf eine gesonderte **Verwaltervergütung** hat der Erbe nicht (§ 662) (BGHZ 122, 297 (306 f.) = NJW 1993, 1851 (1853)). Anderes kann gelten, wenn der Erbe das Unternehmen des Erblassers gewerblich oder berufsmäßig fortgeführt hat (§ 1835 Abs. 3 analog) (MüKoBGB/Küpper Rn. 15; Staudinger/Dobler, 2016, Rn. 26).

**2. Kein Zurückbehaltungsrecht.** Im Nachlassinsolvenzverfahren steht dem Erben wegen 8
der nach §§ 1978, 1979 aus dem Nachlass zu ersetzenden Aufwendungen kein Zurückbehaltungsrecht zu (§ 323 InsO). Die Verwertung der Masse soll nicht verzögert werden (Staudinger/Dobler, 2016, Rn. 30). Weil auch die Nachlassverwaltung ohne vermeidbare Verzögerungen abgewickelt werden soll, hat der Erbe – trotz Fehlens einer ausdrücklichen Bestimmung – dem Nachlassverwalter gegenüber ebenfalls kein Zurückbehaltungsrecht (MüKoBGB/Küpper Rn. 16; Erman/Horn Rn. 6; Palandt/Weidlich Rn. 5; Soergel/Stein Rn. 9; aA RGRK-BGB/Johannsen Rn. 14: im Nachlassinsolvenzverfahren sei der Erbe durch die Zuerkennung eines Masseanspruchs hinreichend geschützt; eine entspr. Sicherung fehle im Rahmen der Nachlassverwaltung; diff. Staudinger/Dobler, 2016, Rn. 31).

## § 1979 Berichtigung von Nachlassverbindlichkeiten

**Die Berichtigung einer Nachlassverbindlichkeit durch den Erben müssen die Nachlassgläubiger als für Rechnung des Nachlasses erfolgt gelten lassen, wenn der Erbe den Umständen nach annehmen durfte, dass der Nachlass zur Berichtigung aller Nachlassverbindlichkeiten ausreiche.**

### Überblick

§ 1979 ergänzt § 1978 Abs. 3, bestimmt nämlich den Sorgfaltsmaßstab des Erben, der Nachlassverbindlichkeiten berichtigt hat. Durfte er von der Zulänglichkeit des Nachlasses ausgehen, kann er Aufwendungsersatz verlangen, wenn er Eigenmittel eingesetzt hat; hat er die Verbindlichkeit aus dem Nachlass befriedigt, haben die Gläubiger keinen Erstattungsanspruch gegen ihn.

### I. Bedeutung der Norm

**1. Begleichung von Nachlassverbindlichkeiten durch den Erben.** Die Vorschrift des 1
§ 1979 bestimmt, unter welchen Voraussetzungen derjenige Erbe, der Nachlassverbindlichkeiten aus eigenen Mitteln beglichen hat, Ersatz seiner Aufwendungen verlangen kann, und derjenige Erbe, der Nachlassverbindlichkeiten aus Mitteln des Nachlasses beglichen hat, von Schadensersatzansprüchen der übrigen Nachlassgläubiger aus § 1978 Abs. 1 freigestellt ist. Sie ergänzt § 1978. Nach §§ 1978 Abs. 3, 670 könnte der Erbe Aufwendungen zur Begleichung einer Nachlassverbindlichkeit nur dann ersetzt verlangen, wenn er sie den Umständen nach im Interesse aller Nachlassgläubiger für erforderlich halten durfte. § 1979 lässt demgegenüber ausreichen, dass der Erbe von der **Zulänglichkeit des Nachlasses** ausgehen durfte. Ist das der Fall, kann der Erbe Aufwendungsersatz verlangen, wenn er eigene Mittel eingesetzt hat; hat er Nachlassmittel verwandt, haben die übrigen Gläubiger auch bei Unzulänglichkeit des Nachlasses keine Erstattungsansprüche. Diese Regelung dient dem Schutz des Erben. Dass die Erfüllung einer einzelnen Nachlassverbindlichkeit nur unter bestimmten Voraussetzungen als für Rechnung des Nachlasses erfolgt gilt, liegt auch im Interesse der Gesamtheit der Nachlassgläubiger.

**2. Anwendungsbereich.** Nicht anwendbar ist § 1979, wenn der Erbe allen Nachlassgläubi- 2
gern gegenüber **unbeschränkt haftet** (§ 2013 Abs. 1 S. 1). Bei unbeschränkter Haftung tritt der Erbe auch nicht gem. § 326 Abs. 2 InsO in die Rechtsstellung des Gläubigers ein. Dass der Erbe nur einzelnen Gläubigern gegenüber unbeschränkt haftet, schließt die Anwendung des § 1979 dagegen nicht aus (§ 2013 Abs. 2). Bei dürftigem oder überschwertem Nachlass (§§ 1990, 1992) verweist § 1991 ebenfalls auf § 1979. Gemäß § 1985 Abs. 2 gilt § 1979 entspr. für den **Nachlassverwalter.**

## II. Voraussetzung und Rechtsfolgen des § 1979

3 **1. Prüfungspflicht des Erben.** Der Erbe muss den Umständen des Falles nach zu der Annahme berechtigt gewesen sein, dass der Nachlass zur Befriedigung aller Gläubiger ausreichen werde. Regelmäßig darf er nur dann von der Zulänglichkeit des Nachlasses ausgehen, wenn er alle Mittel zur Feststellung des Aktiv- und Passivbestandes – vollständige Sichtung des Nachlasses, Überprüfung der Unterlagen des Erblassers, Rückfragen zB bei Angehörigen und möglichen Vertragspartnern, sonstige Ermittlungen (vgl. BGH NJW 1985, 140) – ausgeschöpft hat. Gibt es Anhaltspunkte für das Vorhandensein unbekannter Nachlassverbindlichkeiten, muss der Erbe grds. auch das Aufgebot der Nachlassgläubiger (§§ 1970 ff.) beantragen (vgl. § 1980 Abs. 2 S. 2). Ein **rechtskräftiges Urteil gegen den Nachlass** entbindet den Erben nicht von seiner Prüfungspflicht. Anders als in § 1973 Abs. 2 S. 2 und § 1991 Abs. 3 ist die rechtskräftige Verurteilung der Befriedigung nicht gleichgestellt. Ist zweifelhaft, ob alle Schulden beglichen werden können, muss der Erbe folglich die Eröffnung des Nachlassinsolvenzverfahrens beantragen, um so die Einzelzwangsvollstreckung in den Nachlass zu verhindern (vgl. §§ 89, 88, 321 InsO) (MüKoBGB/Küpper Rn. 3; Erman/Horn Rn. 3; Staudinger/Dobler, 2016, Rn. 8). Vermächtnisse, Auflagen und die Ansprüche ausgeschlossener und diesen gleichgestellter Gläubiger (§§ 1973, 1974) bleiben bei der Prüfung der Zulänglichkeit des Nachlasses außer Betracht (RGRK-BGB/Johannsen Rn. 7; MüKoBGB/Küpper Rn. 3; Erman/Horn Rn. 3; Soergel/Stein Rn. 2; aA Staudinger/Dobler, 2016, Rn. 6 f.).

4 **2. Erfüllung für Rechnung des Nachlasses.** Durfte der Erbe von der Zulänglichkeit des Nachlasses ausgehen, trifft ihn dann, wenn er Nachlassverbindlichkeiten mit Mitteln des Nachlasses beglichen hat, keine Rückzahlungspflicht. Hat er **mit eigenen Mitteln** gezahlt, steht ihm ein Erstattungsanspruch gem. §§ 1979, 1978 Abs. 3 zu, der im Nachlassinsolvenzverfahren gem. § 324 Abs. 1 Nr. 1 InsO eine Masseverbindlichkeit darstellt. Der Anspruch besteht nur, wenn und soweit die Schuld tatsächlich beglichen worden ist, und nur in Höhe des tatsächlich aufgewandten Betrages (RGRK-BGB/Johannsen Rn. 3; Staudinger/Dobler, 2016, Rn. 11; MüKoBGB/Küpper Rn. 4). Die rechtskräftige Verurteilung steht der Zahlung nicht gleich. Sind die Voraussetzungen des § 1979 erfüllt, kommt es nicht darauf an, ob die berichtigte Verbindlichkeit ausgeschlossen oder in sonstiger Weise nachrangig war.

5 **3. Verstoß gegen § 1979.** Sind die Voraussetzungen des § 1979 nicht erfüllt, brauchen die Gläubiger die Berichtigung nicht als für Rechnung des Nachlasses erfolgt gelten zu lassen. Hat der Erbe die Forderung mit Mitteln des Nachlasses beglichen, ist er den Gläubigern gem. § 1978 schadensersatzpflichtig (zur Durchsetzung dieses Anspruchs → § 1978 Rn. 6). Im Nachlassinsolvenzverfahren tritt der Erbe gem. § 326 Abs. 2 InsO an die Stelle des von ihm befriedigten Gläubiger, wenn er eigene Mittel aufgewandt oder dem Nachlass den aufgewandten Betrag erstattet hat (OLG Düsseldorf ZEV 2000, 236 (237 f.); MüKoBGB/Küpper Rn. 5; Staudinger/Dobler, 2016, Rn. 16; Erman/Horn Rn. 4a; MüKoInsO/Siegmann/Scheuing InsO § 326 Rn. 6). Er nimmt also am Insolvenzverfahren teil und hat wie die übrigen Nachlassgläubiger Anspruch auf die Quote. Streitig ist, ob dies auch dann gilt, wenn der Erbe den Gläubiger aus Nachlassmitteln bezahlt hat. Wenn der Erbe verpflichtet ist und bleibt, dem Nachlass den ausgezahlten Betrag in vollem Umfang zu erstatten, sollte man ihm zum Ausgleich am Insolvenzverfahren teilnehmen lassen und ihm den Anspruch auf die Quote zubilligt, auch weil anderenfalls der Nachlass um diesen Betrag auf Kosten des nicht unbeschränkt haftenden Erben bereichert wäre (Uhlenbruck/Lüer/Weidmüller InsO § 326 Rn. 4). Allerdings wird auch vertreten, der Erbe habe nicht den vollen aus dem Nachlass aufgewandten Betrag zu erstatten, sondern lediglich den „Quotenschaden" der vor- und gleichrangigen Gläubiger, denjenigen Betrag also, um den sich infolge der Zahlung die Quote dieser Gläubiger verringert habe (OLG Düsseldorf ZEV 2000, 236 (237 f.) m. zust. Anm. Küpper ZEV 2000, 238 f.; ebenso MüKoBGB/Küpper Rn. 5; krit. Staudinger/Dobler, 2016, Rn. 16). Die Berechnung dieses Schadens ist vor Abschluss des Insolvenzverfahrens jedoch nicht möglich. Im Ergebnis könnte der Anspruch aus § 1978 erst nach dessen Aufhebung errechnet und (im Wege der Nachtragsverteilung, §§ 203 ff. InsO) zur Masse gezogen werden, wobei sich das Problem der Schadensberechnung neu stellen würde. Die besseren Gründe sprechen für eine Erstattungspflicht des Erben in Höhe des aufgewandten Betrages. § 326 Abs. 2 gewährleistet, dass den Nachlassgläubigern keine Vorteile auf Kosten des Erben verbleiben. Außerhalb des Nachlassinsolvenzverfahrens hat der Erbe nur einen Bereicherungsanspruch nach § 1978 Abs. 3, § 684 gegen den Nachlass (MüKoBGB/Küpper Rn. 5; RGRK-BGB/Johannsen Rn. 4; aA Staudinger/Dobler, 2016, Rn. 15: der Erbe könne analog § 326 Abs. 1 InsO aus der Forderung des von ihm befriedigten Nachlassgläubigers vorgehen).

**4. Beweislast.** Darlegungs- und beweispflichtig für die Voraussetzungen des § 1979 – für die tatsächlichen Umstände also, aufgrund derer der Erbe die Zulänglichkeit des Nachlasses annehmen durfte – ist sowohl im Aktiv- als auch im Passivprozess der Erbe (BGH NJW 1985, 140; RGRK-BGB/Johannsen Rn. 8). Wird der Erbe gem. §§ 1979, 1978 auf Schadensersatz in Anspruch genommen, muss der Anspruchssteller den Schaden nach Grund und Höhe darlegen und beweisen (OLG Düsseldorf ZEV 2000, 236). 6

## III. Anfechtung der Berichtigung einer Nachlassverbindlichkeit

Ergänzt wird § 1979 durch die Vorschriften über die Gläubiger- und die Insolvenzanfechtung. 7
Hat der Erbe Pflichtteilsansprüche, Vermächtnisse oder Auflagen erfüllt, so ist diese Rechtshandlung im Nachlassinsolvenzverfahren gem. § 322 InsO, außerhalb des Insolvenzverfahrens gem. § 5 AnfG in gleicher Weise wie eine unentgeltliche Verfügung des Erben – also nach §§ 134, 143 Abs. 2 oder 4 InsO, § 11 Abs. 2 AnfG – anfechtbar. Im Nachlassinsolvenzverfahren werden Anfechtungsansprüche vom Nachlassinsolvenzverwalter geltend gemacht (vgl. § 129 Abs. 1 InsO). Nach hM soll während laufender Nachlassverwaltung nur der Nachlassverwalter anfechtungsberechtigt sein (MüKoBGB/Küpper Rn. 8; Palandt/Weidlich Rn. 4; Erman/Horn Rn. 5; aA RGRK-BGB/Johannsen Rn. 5; Staudinger/Dobler, 2016, Rn. 20 unter zutr. Hinweis auf den Wortlaut des § 5 AnfG („so kann ein Nachlassgläubiger … die Leistung … anfechten“) sowie darauf, dass § 2 AnfG einen vollstreckbaren Schuldtitel gegen den Schuldner – hier also: den Nachlass voraussetzt; ebenso MüKoAnfG/Kirchhof AnfG § 5 Rn. 5; Huber, 10. Aufl. 2006, AnfG § 5 Rn. 10). Hält man (auch) die Nachlassgläubiger für anfechtungsberechtigt, stellt sich die weitere Frage, ob nur vorrangige oder – was der Wortlaut von § 5 AnfG zuließe – auch gleichrangige Gläubiger anfechten dürfen (vgl. § 327 InsO). Im letztgenannten Fall fände lediglich eine „Umverteilung“ statt, wenn man nicht die Anfechtung auf einen anteiligen Ausgleichsanspruch beschränkt (so Huber, 10. Aufl. 2006, AnfG § 5 Rn. 10; MüKoAnfG/Kirchhof AnfG § 5 Rn. 8).

## § 1980 Antrag auf Eröffnung des Nachlassinsolvenzverfahrens

**(1) [1]Hat der Erbe von der Zahlungsunfähigkeit oder der Überschuldung des Nachlasses Kenntnis erlangt, so hat er unverzüglich die Eröffnung des Nachlassinsolvenzverfahrens zu beantragen. [2]Verletzt er diese Pflicht, so ist er den Gläubigern für den daraus entstehenden Schaden verantwortlich. [3]Bei der Bemessung der Zulänglichkeit des Nachlasses bleiben die Verbindlichkeiten aus Vermächtnissen und Auflagen außer Betracht.**

**(2) [1]Der Kenntnis der Zahlungsunfähigkeit oder der Überschuldung steht die auf Fahrlässigkeit beruhende Unkenntnis gleich. [2]Als Fahrlässigkeit gilt es insbesondere, wenn der Erbe das Aufgebot der Nachlassgläubiger nicht beantragt, obwohl er Grund hat, das Vorhandensein unbekannter Nachlassverbindlichkeiten anzunehmen; das Aufgebot ist nicht erforderlich, wenn die Kosten des Verfahrens dem Bestand des Nachlasses gegenüber unverhältnismäßig groß sind.**

**Schrifttum:** Poertzgen, Die Insolvenzverschleppungshaftung gem. § 1980 BGB, ZInsO 2013, 517; Roth/Wozniak, Das Nachlassinsolvenzverfahren als effizientes Mittel zur Auseinandersetzung zersplitterter Erbengemeinschaften, ZEV 2021, 489.

### Überblick

Nach § 1980 ist der Erbe verpflichtet, unverzüglich die Eröffnung des Nachlassinsolvenzverfahrens zu beantragen, wenn er von einem Insolvenzgrund (§ 320 InsO: Zahlungsunfähigkeit und Überschuldung) Kenntnis erhält (Abs. 1 S. 1). Fahrlässige Unkenntnis steht der Kenntnis gleich (Abs. 2), wobei die Fahrlässigkeit auch darin bestanden haben kann, kein Aufgebot der Nachlassgläubiger beantragt zu haben (Abs. 2 S. 2). Bei Dürftigkeit des Nachlasses besteht keine Antragspflicht. Der vom Erben ggfs. zu ersetzende Verschleppungsschaden (Abs. 1 S. 2) besteht in der geringeren Quote. Im Nachlassinsolvenzverfahren wird der Anspruch vom Verwalter geltend gemacht (§ 92 InsO analog).

## I. Bedeutung der Norm

**1. Sinn und Zweck.** § 1980 verschärft die Haftung des Erben gegenüber § 1978 und ergänzt § 1979. Der Erbe, der die Erbschaft angenommen hat (BGHZ 161, 281 (284 f.) = NJW 2005, 1

756), muss unverzüglich das **Nachlassinsolvenzverfahren** beantragen, sobald er Kenntnis von der Zahlungsunfähigkeit oder der Überschuldung des Nachlasses erlangt. Kommt er dieser Verpflichtung nicht nach, ist er den Gläubigern gegenüber schadensersatzpflichtig. § 1980 Abs. 1 S. 2 stellt eine **selbständige Anspruchsgrundlage** iSv § 194 Abs. 1 dar (Poertzgen ZInsO 2013, 517 (521)). Auch die Vorschrift des § 1980 soll sicherstellen, dass der vorhandene Nachlass bei Beschränkung der Haftung auf den Nachlass den Nachlassgläubigern vollständig zur Verfügung steht; sie soll außerdem zur möglichst gleichmäßigen Befriedigung der Gläubiger bei Unzulänglichkeit des Nachlasses beitragen. Antragsberechtigt (vgl. § 317 InsO) ist jeder Miterbe, ebenso ein Erbeserbe und ein Miterbe des zweiten oder dritten Erbgangs (Roth/Wozniak ZEV 2021, 489 (490) unter Hinweis auf AG Regensburg ZEV 2021, 511).

2 **2. Zahlungsunfähigkeit oder Überschuldung.** Die **Pflicht,** die Eröffnung des Nachlassinsolvenzverfahrens zu beantragen, besteht bei Zahlungsunfähigkeit und bei Überschuldung des Nachlasses (Abs. 1 S. 1). **Zahlungsunfähigkeit** liegt vor, wenn die fälligen Zahlungspflichten nicht erfüllt werden können (§ 17 Abs. 2 S. 1 InsO) (vgl. hierzu BGHZ 163, 134 (139 ff.) = NJW 2005, 3062). Sie ist idR anzunehmen, wenn der Schuldner seine Zahlungen eingestellt hat (§ 17 Abs. 2 S. 2 InsO). Die drohende Zahlungsunfähigkeit reicht als Eröffnungsgrund aus, wenn der Erbe, der Nachlassverwalter oder ein anderer Nachlasspfleger oder ein Testamentsvollstrecker die Eröffnung beantragen (§ 320 S. 2 InsO); sie begründet jedoch keine Antragspflicht. **Überschuldet** ist der Nachlass, wenn bei Gegenüberstellung der Aktiva und der Passiva des Nachlasses die Verbindlichkeiten den Wert der Nachlassgegenstände übersteigen (§ 19 Abs. 2 InsO) (BayObLG NJW-RR 1999, 590 (591); Uhlenbruck/Lüer InsO § 320 Rn. 3). Zu den Aktiva gehören die nach §§ 1976, 1977 wieder auflebenden Rechte sowie Ansprüche gegen den Erben aus §§ 1978, 1979. Überschuldet ist der Nachlass auch, wenn nur **Vermächtnisse und Auflagen** nicht erfüllt werden können. In diesem Fall besteht jedoch nach Abs. 1 S. 3 keine Antragspflicht des Erben, der nach § 1992 vorgehen kann. Eine Antragspflicht besteht auch dann nicht, wenn die Überschuldung nur auf **ausgeschlossenen oder diesen gleichstehenden Ansprüchen** (§§ 1973, 1974) beruht. Aus dem Wortlaut des Gesetzes ergibt sich diese Ausnahme nicht. Ausgeschlossene und diesen gleichstehende Gläubiger würden im Nachlassinsolvenzverfahren jedoch erst nachrangig befriedigt werden (§ 327 Abs. 3 InsO), sodass ihnen aus der verspäteten oder unterbliebenen Antragstellung kein Schaden erwächst (MüKoBGB/Küpper Rn. 6; Erman/Horn Rn. 2; RGRK-BGB/Johannsen Rn. 10; Grüneberg/Weidlich Rn. 5; aA Staudinger/Dobler, 2020, Rn. 3 im Hinblick darauf, dass eine Antragspflicht im Verhältnis zu den gegenüber ausgeschlossenen und ihnen gleichstehenden Gläubigern nachrangigen Pflichtteilsberechtigten besteht). Für Ansprüche auf Zahlung des Pflichtteils gilt diese Ausnahme nicht (RGRK-BGB/Johannsen Rn. 14; Palandt/Weidlich Rn. 5; MüKoBGB/Küpper Rn. 6). Die Eröffnungsvoraussetzungen müssen im **Zeitpunkt der Entscheidung über den Eröffnungsantrag** vorliegen; auf den Zeitpunkt des Erbfalls kommt es nicht an (vgl. BGHZ 169, 17 (20 ff.) = NJW 2006, 3553). Lief im Zeitpunkt des Erbfalls bereits ein Insolvenzverfahren über das Vermögen des Erblassers, bedarf es keines erneuten Eröffnungsantrags. Der Tod des Schuldners nach Eröffnung des Insolvenzverfahrens bewirkt die **Überleitung des bisherigen Insolvenzverfahrens in das Nachlassinsolvenzverfahren,** unabhängig davon, ob es sich um ein Regel- oder ein Verbraucherinsolvenzverfahren handelte. Das bisherige Insolvenzverfahren wird mit dem Erben als neuem Schuldner als Nachlassinsolvenzverfahren fortgesetzt (BGHZ 157, 350 (354) = NJW 2004, 1444; BGHZ 175, 307 = NJW-RR 2008, 873 Rn. 6; BGH NZI 2011, 138 Rn. 12; NJW 2014, 389 Rn. 12).

3 **3. Weitere Ausnahmen.** Die Antragspflicht entfällt nach bisher hM, wenn kein **inländischer Gerichtsstand** für die Eröffnung des Nachlassinsolvenzverfahrens besteht (Staudinger/Küpper Rn. 3; Erman/Horn Rn. 2; Soergel/Stein Rn. 5; zweifelnd Staudinger/Dobler, 2020, Rn. 5 für den Geltungsbereich der EuInsVO) oder wenn der Erbe bereits allen Gläubigern gegenüber **unbeschränkt haftet** (§ 2013 Abs. 1 S. 1). Haftet der Erbe nur einzelnen Gläubigern gegenüber unbeschränkt, bleibt es hingegen bei der Antragspflicht (§ 2013 Abs. 2). Die Antragspflicht kann durch Vereinbarung mit den Nachlassgläubigern erlassen werden (OLG München ZEV 1998, 100 (101); Staudinger/Dobler, 2020, Rn. 6; RGRK-BGB/Johannsen Rn. 10; Erman/Horn Rn. 2; Soergel/Stein Rn. 5). Ist **Nachlassverwaltung** angeordnet, treffen Antrags- und Schadensersatzpflichten den Nachlassverwalter (§ 1985 Abs. 2 S. 2). Für **Nachlasspfleger** und **Testamentsvollstrecker** gilt § 1980 nicht, wie ein Umkehrschluss aus § 1985 Abs. 2 ergibt (BGHZ 161, 281 (287 f.) = NJW 2005, 756; Kuleisa ZVI 2016, 135 (136)). Von der Annahme der Erbschaft an bleibt der Erbe daher auch dann zur Stellung des Insolvenzantrags verpflichtet, wenn wegen eines Erbprätendentenstreits Nachlasspflegschaft angeordnet wird (BGHZ 161, 281 (285) = ZEV 2005, 109 (110) m. insoweit krit. Anm. Marotzke). Machen Nachlasspfleger oder Testamentsvollstrecker von ihrem

Antragsrecht (§ 317 Abs. 1 InsO) schuldhaft keinen Gebrauch, sind sie ihrerseits dem Erben schadensersatzpflichtig. Bei **Dürftigkeit des Nachlasses** (§ 1990) besteht keine Antragspflicht (OLG Celle ZEV 2021, 750 Rn. 19; AG Hannover NZI 2021, 350 Rn. 19). Bei Fehlen einer die Kosten des Verfahrens deckenden Masse wird ein Insolvenzverfahren nicht eröffnet (§ 26 Abs. 1 InsO). Die Dürftigkeit darf allerdings nicht nachträglich – nachdem die Voraussetzungen des § 1980 erfüllt waren – eingetreten sein. Der Erbe hat keinen Anspruch auf **Verfahrens- oder Prozesskostenhilfe,** um die Abweisung des Antrags mangels Masse (§ 26 InsO) zu erwirken (LG Neuruppin ZVI 2005, 40 f.; AG Hildesheim ZVI 2005, 93; LG Kassel NZI 2014, 697; AG Hannover NZI 2021, 350). Prozesskostenhilfe zum Zwecke der Eröffnung des Nachlassinsolvenzverfahrens kann ebenfalls nicht bewilligt werden (LG Kassel NZI 2014, 697; AG Coburg NZI 2016, 949; LG Coburg NZI 2016, 1001; AG Göttingen ZInsO 2017, 1235; AG Hannover NZI 2021, 350 Rn. 7). Auch eine Stundung der Verfahrenskosten nach §§ 4a ff. InsO kommt nicht in Betracht, weil der Erbe seine Haftung nach den allgemeinen Vorschriften beschränken kann. Einer Restschuldbefreiung hinsichtlich der Nachlassverbindlichkeiten bedarf es also nicht; eine auf den Nachlass bezogene Restschuldbefreiung sieht die InsO überdies nicht vor. **Zeitablauf** lässt die Antragspflicht nicht entfallen. Nur der Antrag eines Nachlassgläubigers wird unzulässig, wenn seit der Annahme der Erbschaft zwei Jahre verstrichen sind (§ 319 InsO).

## II. Voraussetzung und Umfang der Haftung des Erben

**1. Kenntnis oder fahrlässige Unkenntnis des Eröffnungsgrundes.** Voraussetzung der Haftung ist **objektiv** Überschuldung des Nachlasses oder Zahlungsunfähigkeit. Der Erbe muss davon **Kenntnis** erlangt haben. Fahrlässige Unkenntnis steht der Kenntnis gleich (Abs. 2). Als Fahrlässigkeit gilt es insbes., wenn der Erbe das Aufgebot der Nachlassgläubiger (§ 1970) nicht beantragt hat, obwohl er Grund hatte, das Vorhandensein unbekannter Nachlassverbindlichkeiten anzunehmen (Abs. 2 S. 2). Der Erbe ist nur dann nicht verpflichtet, das Aufgebotsverfahren einzuleiten, wenn die Verfahrenskosten im Verhältnis zum Bestand des Nachlasses unverhältnismäßig hoch sind (Abs. 2 S. 2 Hs. 2). Dann muss er sich jedoch in anderer Weise über den Bestand des Nachlasses informieren. 4

**2. Unterlassener Antrag.** Der Erbe muss es unterlassen haben, **unverzüglich** (§ 121) die Eröffnung des Nachlassinsolvenzverfahrens zu beantragen. Nach Annahme der Erbschaft ist der Erbe auch dann zur unverzüglichen Antragstellung verpflichtet, wenn wegen eines schwebenden Erbprätendentenstreits eine Nachlasspflegschaft angeordnet war (BGHZ 161, 281 = NJW 2005, 756). Ein schuldhaft unzulänglicher Antrag steht dem unterlassenen Antrag gleich. Im Eröffnungsantrag müssen die tatsächlichen Voraussetzungen eines der Eröffnungsgründe des § 320 InsO nachvollziehbar dargelegt werden; eine Schlüssigkeit im technischen Sinne wird nicht verlangt. Nur ein zulässiger Antrag verpflichtet das Insolvenzgericht, von Amts wegen alle für die Entscheidung über den Eröffnungsantrag maßgeblichen Umstände zu ermitteln (§ 5 InsO) (BGH ZEV 2007, 587 f.). Allerdings hat das Insolvenzgericht ggf. auf Antragsmängel hinzuweisen und eine Frist zu deren Behebung zu setzen, bevor es den Antrag abweist (BGH ZEV 2007, 587 (588)). **Miterben** sind je für sich antragsberechtigt (§ 317 Abs. 1 InsO). Eine Haftung kommt daher nur in Betracht, wenn kein Miterbe einen Antrag stellt oder wenn ein Miterbe, der sich an einem Antrag nicht beteiligt hat, im Rahmen seiner Anhörung (§ 317 Abs. 2 S. 2 InsO) das Verfahren verzögert. In diesem Fall haften die Miterben, in deren Person die Voraussetzungen des § 1980 erfüllt sind, als Gesamtschuldner (RGRK-BGB/Johannsen Rn. 13; Staudinger/Dobler, 2016, Rn. 16; Soergel/Stein Rn. 8). **Vor Annahme der Erbschaft** besteht keine Pflicht des Erben, für den Nachlass tätig zu werden (BGHZ 161, 281 (285) = NJW 2005, 756; OLG Köln NZI 2012, 1030 (1031); MüKoBGB/Küpper Rn. 9; Staudinger/Dobler, 2020, Rn. 15; aA Soergel/Stein Rn. 5 für den Fall, dass der Erbe bereits Nachlassverbindlichkeiten beglichen oder andere auf den Nachlass bezogene Aktivitäten entfaltet hatte). Die schuldhaft verspätete Stellung des Insolvenzantrags durch den antragsberechtigten (§ 317 InsO), aber hierzu nicht verpflichteten Nachlasspfleger wird dem Erben nicht gem. §§ 166 Abs. 1, 278 zugerechnet; denn die Tätigkeit des Nachlasspflegers schützt den Erben, nicht die Vermögensinteressen Dritter (BGHZ 161, 281 (286 ff.) = NJW 2005, 756). 5

**3. Schaden.** Der zu ersetzende Schaden besteht in der Differenz zwischen demjenigen Betrag, den der Gläubiger tatsächlich erhalten hat, und dem, was er erhalten hätte, wenn der Antrag rechtzeitig gestellt worden wäre (§ 249) (BGH NJW 1985, 140 (141); OLG Köln NZI 2012, 1030 (1032); Staudinger/Dobler, 2020, Rn. 16; Poertzgen ZInsO 2013, 517 (521)). Maßgeblich 6 ist die Summe der Quotenschäden, nicht die Minderung der Insolvenzmasse; denn eine höhere Masse zieht regelmäßig höhere Kosten, insbes. eine höhere Verwaltervergütung nach sich (OLG Köln NZI 2012, 1030 (1032). Im Nachlassinsolvenzverfahren gehört der Anspruch zur Masse und wird vom Nachlassinsolvenzverwalter gegen den oder die Erben geltend gemacht (§ 92 InsO analog) (OLG Köln NZI 2012, 1030 (1032); Staudinger/Dobler, 2020, Rn. 17; MüKoBGB/Küpper Rn. 11; Poertzgen ZInsO 2013, 517 (522)). Hat der Erbe in Kenntnis oder grob fahrlässiger Unkenntnis der Antragspflicht Nachlassverbindlichkeiten begründet (→ § 1967 Rn. 19), haftet er diesen „Neugläubigern" persönlich, also mit seinem eigenen Vermögen (Staudinger/Dobler § 1967 Rn. 43: nach den Grundsätzen von BGHZ 126, 181 (190 ff.) = NJW 1994, 2220 (2222) iVm § 15a InsO; Poertzgen ZInsO 2013, 517 (522): nach § 1978 Abs. 1 S. 1). Den Anspruch auf Ersatz seines durch den Vertragsschluss entstandenen Vertrauensschadens (des Kontrahierungsschadens) kann der jeweilige Gläubiger selbst gegen den Erben geltend machen (Staudinger/Dobler, 2016, Rn. 17).

7 **4. Beweislast.** Darlegungs- und beweispflichtig für die Voraussetzungen eines Schadensersatzanspruchs nach § 1980 Abs. 1 S. 2 ist allgemeinen Regeln entspr. der Anspruchsteller. Der Anspruchsteller (Gläubiger oder Nachlassinsolvenzverwalter) muss darlegen und beweisen, dass der Nachlass überschuldet oder dass Zahlungsunfähigkeit eingetreten war und dass der Erbe davon Kenntnis hatte oder aufgrund bestimmter Umstände Kenntnis hätte haben müssen (OLG Köln NZI 2012, 1030 (1031)). Für den Umfang des eingetretenen Schadens sowie für die Kausalität zwischen unterlassener Antragstellung und Schaden ist ebenfalls der Gläubiger beweispflichtig (BGH BeckRS 2012, 20915 Rn. 3; Staudinger/Dobler, 2020, Rn. 18; RGRK-BGB/Johannsen Rn. 18; Poertzgen ZInsO 2013, 517 (523)). Hat der Erbe kein Aufgebot der Nachlassgläubiger beantragt, werden die Kausalität des Unterlassens für die Unkenntnis des Erben sowie die Fahrlässigkeit nur dann vermutet, wenn Grund für die Annahme bestand, dass unbekannte Nachlassgläubiger vorhanden waren. Diese Voraussetzung hat ebenfalls der Gläubiger zu beweisen (Staudinger/Dobler, 2020, Rn. 18; RGRK-BGB/Johannsen Rn. 18). Gelingt dem Gläubiger der Beweis, kann der Erbe die Vermutung entkräften, indem er nachweist, dass er auch durch das Aufgebot keine Kenntnis von der Überschuldung erlangt hätte oder dass die Verfahrenskosten unverhältnismäßig hoch gewesen wären (Staudinger/Dobler, 2020, Rn. 18; RGRK-BGB/Johannsen Rn. 18; Poertzgen ZInsO 2013, 517 (523)).

## § 1981 Anordnung der Nachlassverwaltung

**(1) Die Nachlassverwaltung ist von dem Nachlassgericht anzuordnen, wenn der Erbe die Anordnung beantragt.**

**(2) [1]Auf Antrag eines Nachlassgläubigers ist die Nachlassverwaltung anzuordnen, wenn Grund zu der Annahme besteht, dass die Befriedigung der Nachlassgläubiger aus dem Nachlass durch das Verhalten oder die Vermögenslage des Erben gefährdet wird. [2]Der Antrag kann nicht mehr gestellt werden, wenn seit der Annahme der Erbschaft zwei Jahre verstrichen sind.**

**(3) Die Vorschrift des § 1785 findet keine Anwendung.**

**Schrifttum:** Fahrenkamp, Bis zu welchem Zeitpunkt kann der Erbe seinen Antrag auf Nachlassverwaltung zurücknehmen?, NJW 1975, 1637; Poertzgen, Die Insolvenzverschleppungshaftung gem. § 1980 BGB, ZInsO 2013, 517; Prange, Miterbe und Nachlaßverwalter in Personalunion?, MDR 1994, 235; Reihlein, Kann ein Miterbe Nachlassverwalter werden?, MDR 1989, 603.

### Überblick

Die Vorschriften der §§ 1981–1989 befassen sich mit der Nachlassverwaltung. § 1981 regelt die Antragsvoraussetzungen nicht abschließend. Antragsbefugt ist der Erbe (Abs. 1) und ihm gleichgestellte Personen. Für Miterben gilt § 2062. Antragsberechtigt ist weiter jeder Nachlassgläubiger (Abs. 2), dieser jedoch nur binnen zweier Jahre von der Annahme der Erbschaft an und nur dann, wenn die Befriedigung der Forderungen der Nachlassgläubiger gefährdet ist. Das Amt des Nachlassverwalters ist kein Ehrenamt, dass jeder Deutsche übernehmen muss (Abs. 3).

### I. Bedeutung der Norm

1 § 1981 regelt die Voraussetzungen für die Anordnung der Nachlassverwaltung. Die Nachlassverwaltung setzt stets einen **Antrag** voraus. Dadurch unterscheidet sie sich von der Nachlasspfleg-

schaft, die von Amts wegen zur Sicherung des Nachlasses angeordnet wird (§ 1960). Antragsberechtigt sind der Erbe (Abs. 1) sowie unter bestimmten Voraussetzungen auch Nachlassgläubiger (Abs. 2). Ergänzt wird § 1981 durch § 1982 (Ablehnung der Eröffnung mangels Masse) und § 1983 (Pflicht zur Veröffentlichung der Anordnung). Abs. 3 stellt durch ausdrücklichen Ausschluss des § 1785 klar, dass das Amt des Nachlassverwalters kein Ehrenamt ist, zu dessen Übernahme jeder Deutsche verpflichtet wäre.

## II. Antrag des Erben (Abs. 1)

**1. Antragsrecht des Erben.** Der Erbe kann die Anordnung der Nachlassverwaltung jederzeit – insbes. ohne Einhaltung der Zweijahrefrist des Abs. 2 – beantragen. Voraussetzung ist nur, dass er noch nicht allen Nachlassgläubigern unbeschränkt haftet (§ 2013 Abs. 1 S. 2). **Miterben** können den Antrag nur bis zur Teilung des Nachlasses und nur gemeinsam stellen (§ 2062). Der Antrag kann auch schon vor der Annahme der Erbschaft gestellt werden (RGRK-BGB/Johannsen Rn. 1; MüKoBGB/Küpper Rn. 2; Erman/Horn Rn. 2; aA Staudinger/Dobler, 2020, Rn. 11, weil der vorläufige Erbe sonst die Nachlassverwaltung herbeiführen könne, obwohl der endgültige Erbe den Nachlass privat abwickeln wolle). Ob in der Stellung des Antrags die Annahme der Erbschaft liegt, hängt davon ab, ob der Erbe erkennbar endgültig die Verantwortung für den Nachlass übernimmt oder ob es sich um eine reine Vorsichtsmaßnahme handelt. Voraussetzung für die Zulassung des Antrags ist weiter, dass eine die Kosten des Verfahrens deckende Masse vorhanden ist oder ein entsprechender Vorschuss gezahlt wird (§ 1982; → § 1982 Rn. 2). Andere Voraussetzungen für den Antrag des Erben gibt es nicht. Dass über das Eigenvermögen des Erben das Insolvenzverfahren eröffnet worden ist, hindert die Anordnung der Nachlassverwaltung nicht (LG Aachen NJW 1960, 46 (48 f.); Staudinger/Dobler, 2020, Rn. 9). Streitig ist, ob der Erbe (so Staudinger/Dobler, 2020, Rn. 9) oder im Hinblick auf § 80 InsO der Insolvenzverwalter (so die insolvenzrechtliche Lit., vgl. etwa Jaeger/Windel InsO § 83 Rn. 8; MüKoInsO/Schumann InsO § 83 Rn. 7) antragsberechtigt ist. 2

**2. Kein Antragsrecht bei unbeschränkter Haftung.** Der Erbe ist nicht mehr antragsbefugt, wenn er allen Nachlassgläubigern unbeschränkt haftet (§ 2013 Abs. 1 S. 1). Haftet er nur einzelnen Nachlassgläubigern unbeschränkt, bleibt er hingegen antragsberechtigt (§ 2013 Abs. 2). Bei Miterben entfällt das Antragsrecht schon dann, wenn auch nur ein Miterbe allen Nachlassgläubigern unbeschränkt haftet; vgl. auch → § 2062 Rn. 2 (RGRK-BGB/Johannsen Rn. 3; MüKoBGB/Küpper Rn. 3; aA Staudinger/Marotzke, 2020, § 2062 Rn. 12). 3

**3. Weitere Antragsberechtigte.** Antragsberechtigt sind auch der **Nacherbe** (§ 2144 Abs. 1), der **verwaltende Testamentsvollstrecker** (§ 317 InsO entspr.) (RGRK-BGB/Johannsen Rn. 6; MüKoBGB/Küpper Rn. 4; Staudinger/Dobler, 2020, Rn. 14; Erman/Horn Rn. 3), der **Erbschaftskäufer** (§ 2383) sowie der Erbeserbe (OLG Jena NJW-RR 2009, 304). Gehört der Nachlass zum Gesamtgut einer Gütergemeinschaft, können entspr. § 318 Abs. 1 InsO sowohl der Ehegatte, der Erbe ist, als auch der Ehegatte, der nicht Erbe ist, aber das Gesamtgut allein oder mit seinem Ehegatten gemeinschaftlich verwaltet, die Anordnung der Nachlassverwaltung beantragen (MüKoBGB/Küpper Rn. 4; Staudinger/Dobler, 2020, Rn. 7; Erman/Horn Rn. 3; aA RGRK-BGB/Johannsen Rn. 4). Der nach §§ 1960, 1961 bestellte **Nachlasspfleger** ist nicht antragsberechtigt, weil er weder für die Beschränkung der Haftung des Erben Sorge zu tragen hat noch zu den Nachlassgläubigern in rechtlicher Beziehung steht (BayObLGZ 1976, 167 (172); MüKoBGB/Küpper Rn. 4; RGRK-BGB/Johannsen Rn. 8; Staudinger/Dobler, 2020, Rn. 14; Erman/Horn Rn. 3). Der Verwalter in einem zu Lebzeiten des Erblassers eröffneten **Insolvenzverfahren,** der die selbstständige Tätigkeit des Schuldners nach § 35 Abs. 2 InsO freigegeben hatte, ist nach dessen Tod und der Überleitung des Insolvenzverfahrens in ein Nachlassinsolvenzverfahren (vgl. BGHZ 157, 350 (354) = NJW 2004, 1444; BGHZ 175, 307 Rn. 6 = NJW-RR 2008, 873; BGH NZI 2011, 138 Rn. 12; NJW 2014, 389 Rn. 12) nicht berechtigt, hinsichtlich des insolvenzfreien Vermögens des Schuldners die Nachlassverwaltung zu beantragen. Das bis zum Tod des Erblassers insolvenzfreie Vermögen bleibt insolvenzfrei, sodass dem Verwalter insoweit keine Verwaltungs- und Verfügungsrechte (§ 80 InsO) zustehen. Forderungen, die der Erblasser im Rahmen der freigegebenen Tätigkeit begründet hat oder die nach dem Erbfall entstanden sind, richten sich nicht gegen die Insolvenzmasse (OLG München NZI 2014, 527 m. zust. Anm. Cymutta). 4

## III. Antrag eines Gläubigers (Abs. 2)

5 **1. Antragsrecht der Nachlassgläubiger.** Antragsberechtigt ist außerdem jeder Nachlassgläubiger, auch der Gläubiger, der zugleich Miterbe ist (OLG Düsseldorf ZEV 2012, 319 = NJW-RR 2012, 843), und der nach § 1973 ausgeschlossene Gläubiger, der zwar nach § 1973 Abs. 1 S. 1 hinter die nicht ausgeschlossenen Gläubiger zurücktritt, bei zulänglichem Nachlass aber gleichwohl befriedigt wird (MüKoBGB/Küpper Rn. 5; Staudinger/Dobler, 2020, Rn. 17; Erman/Horn Rn. 4). Der Gläubiger ist auch dann antragsberechtigt, wenn der Erbe unbeschränkt haftet. § 2013 Abs. 1 S. 1 schließt ausdrücklich nur das Antragsrecht des Erben aus. Sinn der Nachlassverwaltung bei unbeschränkter Haftung des Erben ist es, Eigengläubigern des Erben den Zugriff auf den Nachlass zu verwehren. Der Gläubigerantrag kann nach Ablauf von **zwei Jahren** nach Annahme der Erbschaft nicht mehr gestellt werden. Diese zeitliche Grenze entspricht derjenigen des § 319 InsO für den Antrag eines Nachlassgläubigers auf Eröffnung des Nachlassinsolvenzverfahrens und erklärt sich daraus, dass eine Trennung des Eigenvermögens des Erben vom Nachlass umso schwieriger wird, je mehr Zeit seit der Annahme der Erbschaft vergangen ist (Staudinger/Dobler, 2020, Rn. 20).

6 **2. Gefährdung der Befriedigung der Nachlassgläubiger.** Zusätzlich muss Grund zu der Annahme bestehen, dass die Befriedigung der Nachlassgläubiger aus dem Nachlass durch das Verhalten oder die Vermögenslage des Erben gefährdet ist. Ein die Anordnung der Nachlassverwaltung rechtfertigendes Verhalten des Erben liegt etwa in der Verschleuderung von Nachlassgegenständen, in der voreiligen Befriedigung einzelner Gläubiger oder in Gleichgültigkeit oder Verwahrlosung (OLG Düsseldorf ZEV 2012, 319; OLG Düsseldorf ZEV 2019, 210). Auf ein Verschulden des Erben kommt es nicht an. Ein entsprechendes Verhalten des verwaltenden **Testamentsvollstreckers** ist dem Erben zuzurechnen, wenn er schuldhaft Gegenmaßnahmen zum Schutze der Nachlassgläubiger – etwa einen Antrag auf Entlassung des Testamentsvollstreckers nach § 2227 – unterlässt (MüKoBGB/Küpper Rn. 6; RGRK-BGB/Johannsen Rn. 14; Erman/Horn Rn. 5; aA Staudinger/Dobler, 2020, Rn. 23: das gläubigergefährdende Verhalten des Testamentsvollstreckers sei demjenigen des Erben in jedem Falle gleichzustellen, § 1981 Abs. 2 analog). Die **schlechte Vermögenslage des Erben** (nicht: des Nachlasses) begründet ein Antragsrecht der Nachlassgläubiger, wenn die Gefahr besteht, dass Eigengläubiger des Erben Zugriff auf den Nachlass nehmen (OLG Düsseldorf ZEV 2012, 319). Die Gesamtheit der Nachlassgläubiger muss vom Verhalten oder der schlechten Vermögenslage des Erben betroffen sein. Die Gefahr, dass ein bestimmter einzelner Anspruch nicht erfüllt wird, reicht nicht aus. Bei Miterben müssen die Voraussetzungen des Abs. 2 in der Person mindestens eines der Miterben erfüllt sein. Die Nachlassverwaltung kann aber nicht allein zu dem Zweck angeordnet werden, die fehlende Mitwirkungsbereitschaft von Miterben bei der Befriedigung von Nachlassverbindlichkeiten zu überwinden (OLG Düsseldorf ZEV 2012, 319 (320)). Der Miterbe muss in einem solchen Fall vielmehr entweder die Auseinandersetzung des Nachlasses betreiben (§ 2042) oder seine gegen den Nachlass gerichtete Forderung über die Gesamtschuldklage (§ 2058 iVm § 426) oder die Gesamthandklage (§ 2059 Abs. 2) gegen den passiven Miterben durchzusetzen suchen (vgl. Böttcher ZEV 2012, 320 mwN).

## IV. Verfahren

7 **1. Anordnung der Nachlassverwaltung.** Vorbehaltlich abweichender landesrechtlicher Regelungen (Art. 147 EGBGB) ist das Nachlassgericht (vgl. § 23a Abs. 2 Nr. 2 GVG, § 342 Abs. 1 Nr. 8 FamFG, § 343 FamFG: das Amtsgericht, in dessen Bezirk der Erblasser zurzeit des Erbfalls seinen Wohnsitz hatte) **zuständig** für die Anordnung der Nachlassverwaltung (vgl. § 1962), dort der Rechtspfleger (§ 3 Nr. 2 lit. c RPflG, § 16 RPflG). Die Antragsberechtigung ist gem. § 26 FamFG **von Amts wegen** festzustellen. Im Falle des Abs. 1 muss der Erbe seine Erbenstellung durch letztwillige Verfügung oder durch Erbschein dartun. Anlass, den Eintritt der unbeschränkten Erbenhaftung zu prüfen, hat das Nachlassgericht idR nur, wenn dem Erben zuvor eine Inventarfrist gesetzt worden war (§ 1994); der Erbe muss dann außerdem die rechtzeitige Errichtung des Inventars oder die Voraussetzungen des § 1996 darlegen. Im Falle des Abs. 2 hat der antragstellende Nachlassgläubiger seine Forderung sowie die Gläubigergefährdung **glaubhaft zu machen.** Erforderlichenfalls hat das Nachlassgericht ergänzende Ermittlungen anzustellen (§ 26 FamFG), jedoch nur dann, wenn sich aus dem Vorbringen des Antragstellers Anhaltspunkte für weitere Ermittlungen ergeben (KG ZEV 2005, 114 (115); RGRK-BGB/Johannsen Rn. 15; Erman/Horn Rn. 4; Staudinger/Dobler, 2020, Rn. 24). Allerdings obliegt dem Nachlassgericht hinsichtlich einer vom Erben qualifiziert bestrittenen Forderung weder eine eingehende Aufklärung des Sachverhalts

noch die Beantwortung nicht einfacher Rechtsfragen (KG ZEV 2005, 114 (115)). Bleiben ernsthafte Zweifel, ist der Gläubiger vielmehr auf den Rechtsweg zu verweisen. Die Anordnung der Nachlassverwaltung erfolgt üblicherweise durch Beschluss. Wirksam wird sie gem. § 40 Abs. 1 FamFG mit der **Bekanntmachung** gegenüber dem oder den Erben, dem Testamentsvollstrecker oder dem für einen unbekannten Erben bestellten Nachlasspfleger (BayObLGZ 1966, 75; 1976, 167; MüKoBGB/Küpper Rn. 8; vgl. auch Fahrenkamp NJW 1975, 1637; aA Staudinger/Dobler, 2020, § 1984 Rn. 2: wirksam entspr. § 27 Abs. 3 InsO die Mittagsstunde des Tages, an dem der Anordnungsbeschluss erlassen wurde, damit zu keinem Zeitpunkt Unklarheit über die Verfügungsbefugnis besteht). Die **Auswahl des Nachlassverwalters** hat nach pflichtgemäßem Ermessen zu erfolgen. Insbesondere darf die Gefahr eines Interessenkonfliktes nicht bestehen. Der Erbe kommt nicht in Betracht, auch nicht der Miterbe (MüKoBGB/Küpper Rn. 8; Erman/Horn Rn. 6; Poertzgen ZInsO 2013, 517 (532); aA für den Miterben Staudinger/Dobler, 2020, Rn. 29 im Anschluss an Reihlein MDR 1989, 603 und Prange MDR 1994, 235), wohl aber der verwaltende Testamentsvollstrecker oder der Zwangsverwalter eines Nachlassgrundstücks (Staudinger/Dobler, 2020, Rn. 30; MüKoBGB/Küpper Rn. 8; Erman/Horn Rn. 6).

**2. Rechtsmittel.** Wird die Anordnung der Nachlassverwaltung **abgelehnt,** kann der Antrag- 8
steller gem. § 58 Abs. 1 FamFG, § 59 Abs. 2 FamFG, § 11 Abs. 1 RPflG (befristete) **Beschwerde** einlegen. Miterben, deren Antrag abgelehnt wurde, sind im Hinblick auf § 2062 nur gemeinsam beschwerdebefugt (MüKoBGB/Küpper Rn. 9). Der Beschluss, durch den dem Antrag des Erben, die Nachlassverwaltung anzuordnen, **stattgegeben** wird, ist grds. nicht anfechtbar (§ 359 Abs. 1 FamFG). Ist die Nachlassverwaltung allerdings entgegen § 2062 auf Antrag nur eines von mehreren Miterben, damit ohne wirksamen Antrag angeordnet worden, steht jedenfalls den übergangenen Miterben ein Beschwerderecht zu (OLG Hamm NJW-RR 2016, 12; OLG Brandenburg ZEV 2021, 327; Roth NJW-Spezial 2021, 168). Unklar ist, ob insoweit eine Frist gilt und wie diese zu berechnen ist. Für eine entsprechende Anwendung der (jedenfalls ab Kenntniserlangung laufenden) Monatsfrist des § 63 Abs. 3 S. 1 FamFG sprechen Rechtsklarheit und Rechtssicherheit; nicht nur die übrigen Miterben, sondern auch der Rechtsverkehr muss von der Bestandskraft einer vom Nachlassgericht angeordneten Nachlassverwaltung ausgehen können (vgl. OLG Brandenburg ZEV 2021, 327 Rn. 2, Rn. 10 mwN). Die Frage, wie zu verfahren ist, wenn ein unbekannt gebliebener Miterbe erst nach Jahr und Tag ermittelt wird, ist damit freilich noch nicht beantwortet. Eine Beschwerde kommt auch dann in Betracht, wenn es aus anderen Gründen an einem wirksamen Antrag fehlt (Keidel/Zimmermann FamFG § 359 Rn. 11). Gegen den auf Antrag eines Nachlassgläubigers ergangenen Anordnungsbeschluss ist nur der Erbe, bei Miterben jeder Erbe, sowie derjenige Testamentsvollstrecker beschwerdebefugt, der zur Verwaltung des Nachlasses berechtigt ist (§ 359 Abs. 2 FamFG). Gegen die Aufhebung der Nachlassverwaltung haben der Antragsteller und jeder Beteiligte mit rechtlichem Interesse ein Beschwerderecht (§ 59 Abs. 2 FamFG). Für den Nachlassgläubiger gilt dies auch dann, wenn die Nachlassverwaltung nicht auf seinen Antrag hin angeordnet worden war (OLG Hamm FGPrax 2010, 239). Der Nachlassverwalter selbst ist nicht beschwerdeberechtigt (RGZ 151, 59; OLG Jena Rpfleger 1998, 427; OLG Köln FGPrax 2015, 281; MüKoBGB/Küpper Rn. 9). Für die **Aufhebung der Nachlassverwaltung** außerhalb eines Rechtsmittelverfahrens gilt grds. § 48 Abs. 1 S. 2 FamFG. Danach können Verfahren, die nur auf Antrag eingeleitet werden, auch nur auf Antrag aufgehoben werden. Ob nach Wegfall der Anordnungsvoraussetzungen eine Aufhebung auch von Amts wegen erfolgen kann (OLG Düsseldorf ZEV 2016, 701), ob ein Antrag eines materiell Beteiligten erforderlich und ausreichend ist (so OLG Celle ZEV 2017, 95) oder ob gerade der Antragsteller die Aufhebung beantragen muss (OLG Köln FGPrax 2015, 87), ist streitig (zum Meinungsstand vgl. BGH ZEV 2017, 513 Rn. 7 ff.). Jedenfalls dann, wenn ein am Ausgangsverfahren materiell Beteiligter einen entsprechenden Antrag gestellt hat, kommt eine Aufhebung wegen Zweckerreichung in Betracht (BGH ZEV 2017, 513).

**3. Kosten der Nachlassverwaltung.** Die Kosten der Nachlassverwaltung fallen als Nachlass- 9
verbindlichkeit dem Erben zur Last (§ 24 Nr. 5 GNotKG).

## § 1982 Ablehnung der Anordnung der Nachlassverwaltung mangels Masse

**Die Anordnung der Nachlassverwaltung kann abgelehnt werden, wenn eine den Kosten entsprechende Masse nicht vorhanden ist.**

### Überblick

Die Nachlassverwaltung wird nicht angeordnet, wenn die Kosten nicht gedeckt sind. Stellt sich die fehlende Kostendeckung nachträglich heraus, wird das Verfahren nach § 1988 Abs. 2 aufgehoben.

## I. Kostendeckende Masse

1 Die Vorschrift des § 1982 ist derjenigen der § 107 Abs. 1 KO, § 26 Abs. 1 InsO nachgebildet. Kosten der Nachlassverwaltung sind die durch die Nachlassverwaltung entstehenden Gebühren und Auslagen (Kosten der öffentlichen Bekanntmachung, § 1983; Vergütung des Nachlassverwalters, § 1987; Gerichtskosten in Höhe einer 0,5-Gebühr für das Verfahren gem. KV 1230 GNotKG nach dem Wert des verwalteten Vermögens, § 64 GNotKG, sowie die Jahresgebühren nach KV 1231 GNotKG). Der vorhandene Nachlass entspricht nicht den Kosten, wenn seine Verwertung keinen oder nur einen geringfügigen Überschuss verspricht. Nicht gerechtfertigt ist die Ablehnung der Anordnung der Nachlassverwaltung dann, wenn die Kosten einen unverhältnismäßig hohen Teil der Masse in Anspruch nehmen würde (Staudinger/Dobler, 2020, Rn. 2f.; MüKoBGB/Küpper Rn. 1; RGRK-BGB/Johannsen Rn. 1; aA Soergel/Stein Rn. 2; OLG Hamburg OLGRspr. 11, 227). Ob eine kostendeckende Masse vorhanden ist, hat das Nachlassgericht nach pflichtgemäßem Ermessen – ggf. nach Anhörung eines Sachverständigen – zu entscheiden. Zum Aktivnachlass gehören Ansprüche gegen den Erben aus §§ 1978 ff. sowie erloschene Forderungen und Rechte, die bei Anordnung der Nachlassverwaltung gem. §§ 1976, 1977 als nicht erloschen gelten würden. Stellt sich das Fehlen einer kostendeckenden Masse erst im Laufe des Verfahrens heraus, kann die Nachlassverwaltung gem. § 1988 Abs. 2 aufgehoben werden. Leistet der Antragsteller einen die Verfahrenskosten deckenden Vorschuss, darf die Anordnung der Nachlassverwaltung nicht mangels Masse abgelehnt und ein bereits eröffnetes Verfahren nicht aufgehoben werden (Rechtsgedanke der § 26 Abs. 1 S. 2 InsO, § 207 Abs. 1 S. 2 InsO) (OLG München FamRZ 2019, 730; Staudinger/Dobler, 2020, Rn. 4; RGRK-BGB/Johannsen Rn. 1).

## II. Rechtsfolgen

2 Nach unterbliebener oder aufgehobener Nachlassverwaltung kann der Erbe zur Beschränkung seiner Haftung die haftungsbeschränkenden Einreden der §§ 1990, 1991 erheben (Staudinger/Dobler, 2020, Rn. 8; MüKoBGB/Küpper Rn. 2; RGRK-BGB/Johannsen Rn. 2). Das Prozessgericht ist insoweit an die Entscheidung des Nachlassgerichts gebunden. Hat das Nachlassgericht die Anordnung der Nachlassverwaltung mangels Masse abgelehnt, muss das Prozessgericht also ebenfalls von der Dürftigkeit des Nachlasses ausgehen (BGH NJW-RR 1989, 1226). Durch einen Beschluss, der die beantragte Anordnung der Nachlassverwaltung ablehnt, weil ein angeforderter Gerichtskostenvorschuss nicht gezahlt worden ist, ist der Erbe gleichwohl nicht beschwert; denn er kann die Dürftigkeit des Nachlasses auch in anderer Weise nachweisen (OLG Düsseldorf ZEV 2000, 155).

# § 1983 Bekanntmachung

**Das Nachlassgericht hat die Anordnung der Nachlassverwaltung durch das für seine Bekanntmachungen bestimmte Blatt zu veröffentlichen.**

### Überblick

Die Anordnung der Nachlassverwaltung muss veröffentlicht werden. Die Bekanntmachung ist deklaratorisch.

## I. Öffentliche Bekanntmachung

1 Der Beschluss, durch den die Nachlassverwaltung angeordnet wird, muss veröffentlicht werden. Zu veröffentlichen sind die Tatsache der Anordnung der Nachlassverwaltung, Name und letzter Wohnsitz des Erblassers sowie Name und Anschrift des Nachlassverwalters (Staudinger/Dobler, 2020, Rn. 1). Welches Blatt für die Bekanntmachungen des Nachlassgerichts bestimmt ist, ist landesrechtlich geregelt (vgl. § 486 Abs. 2 FamFG). Eine Veröffentlichung im Bundesanzeiger ist nicht vorgesehen. Die Veröffentlichung der Anordnung ist **keine Wirksamkeitsvoraussetzung**

(MüKoBGB/Küpper Rn. 1; RGRK-BGB/Johannsen Rn. 1). Wirksam wird die Anordnung der Nachlassverwaltung bereits mit der Bekanntgabe (§ 40 Abs. 1 FamFG, § 41 Abs. 1 FamFG, § 359 FamFG) an den oder die Erben oder den Testamentsvollstrecker oder den Nachlasspfleger für unbekannte Erben (→ § 1981 Rn. 1 ff.). Von Bedeutung ist die Veröffentlichung vor allem im Hinblick auf die Frage, ob ein Nachlassschuldner noch mit befreiender Wirkung an den Erben leisten kann. Der Schuldner wird befreit, wenn ihm im Zeitpunkt der Leistung die Anordnung der Nachlassverwaltung nicht bekannt war. Vor der Veröffentlichung wird gem. § 1984 Abs. 1 S. 2 iVm § 82 S. 2 InsO vermutet, dass er keine Kenntnis hatte.

## II. Eintragung in das Grundbuch

Die Anordnung der Nachlassverwaltung ist – obwohl BGB und GBO keine ausdrückliche Regelung enthalten – in das Grundbuch einzutragen (allgM). Andernfalls wäre nach Anordnung der Nachlassverwaltung ein gutgläubiger lastenfreier Erwerb vom Erben möglich. Berechtigt und verpflichtet, den Eintragungsantrag zu stellen, ist gem. § 13 Abs. 1 S. 2 GBO der **Nachlassverwalter.** Das **Nachlassgericht** kann ihn gem. §§ 1985, 1915, 1837 zur Stellung des Antrags anhalten. Zu einem eigenen Eintragungsersuchen ist das Nachlassgericht wegen Fehlens einer gesetzlichen Vorschrift (vgl. § 38 GBO) nicht verpflichtet, wohl aber berechtigt (RGRK-BGB/Johannsen Rn. 3; MüKoBGB/Küpper Rn. 2; Erman/Horn Rn. 2; aA Staudinger/Dobler, 2020, § 1984 Rn. 13: Verpflichtung analog § 32 Abs. 2 InsO). Trägt das Grundbuchamt auf ein Ersuchen des Nachlassgerichts hin die Nachlassverwaltung ein, kommt die Eintragung eines Amtswiderspruchs nicht in Betracht, weil das Grundbuch nicht unrichtig geworden ist (vgl. § 53 Abs. 1 S. 1 GBO) (MüKoBGB/Küpper Rn. 2; Erman/Horn Rn. 2). 2

### § 1984 Wirkung der Anordnung

**(1) [1]Mit der Anordnung der Nachlassverwaltung verliert der Erbe die Befugnis, den Nachlass zu verwalten und über ihn zu verfügen. [2]Die Vorschriften der §§ 81 und 82 der Insolvenzordnung finden entsprechende Anwendung. [3]Ein Anspruch, der sich gegen den Nachlass richtet, kann nur gegen den Nachlassverwalter geltend gemacht werden.**

**(2) Zwangsvollstreckungen und Arreste in den Nachlass zugunsten eines Gläubigers, der nicht Nachlassgläubiger ist, sind ausgeschlossen.**

### Überblick

Wichtigste Wirkung der Nachlassverwaltung ist der Übergang der Verwaltungs- und Verfügungsbefugnis auf den Nachlassverwalter (Abs. 1 S. 1). Die Nachlassgläubiger müssen sich an den Verwalter halten (Abs. 1 S. 3). Die Wirksamkeit verbotswidriger Verfügungen richtet sich nach den §§ 81, 82 InsO (Abs. 1 S. 2). Eigengläubiger des Erbens dürfen nicht mehr in den Nachlass vollstrecken (Abs. 3).

## I. Bedeutung der Norm

**1. Folgen der Anordnung der Nachlassverwaltung.** § 1984 regelt die materiell- und verfahrensrechtlichen Folgen der Anordnung der Nachlassverwaltung für Erben, Nachlassgläubiger sowie die Eigengläubiger des Erben. Ergänzt wird die Vorschrift durch die Bestimmungen der §§ 1975–1977, 2000 sowie der §§ 241, 246, 784 ZPO. Die Rechtsstellung des Nachlassverwalters ergibt sich aus §§ 1985 ff. § 1984 ist auch bei gegenüber allen Nachlassgläubigern unbeschränkter Haftung des Erben anwendbar (vgl. § 2013 Abs. 1 S. 1). 1

**2. Inkrafttreten der Anordnung.** Die Anordnung der Nachlassverwaltung wird gem. §§ 40 Abs. 19 FamFG mit der **Bekanntgabe** an den oder die Erben (BayObLGZ 1966, 75 (76); MüKoBGB/Küpper § 1983 Rn. 1), den Testamentsvollstrecker oder den für unbekannte Erben bestimmten Nachlasspfleger (BayObLGZ 1976, 167 (171)) wirksam. Zugestellt werden muss die Anordnung im Hinblick auf § 359 Abs. 2 FamFG jedenfalls dann, wenn sie auf Antrag eines Gläubigers ergangen ist (§ 41 Abs. 1 S. 2 FamFG). Auf die öffentliche Bekanntmachung gem. § 1983 kommt es nicht an. Bei mehreren Miterben treten die Rechtsfolgen des § 1984 bereits mit der ersten Bekanntgabe an einen von ihnen ein, weil Miterben gem. § 2033 Abs. 2, §§ 2038, 2

2040 nur gemeinsam über Nachlassgegenstände verfügen können (Staudinger/Dobler, 2020, Rn. 3; RGRK-BGB/Johannsen Rn. 1).

## II. Materiell-rechtliche Folgen der Anordnung der Nachlassverwaltung

3 **1. Verlust der Verwaltungs- und Verfügungsbefugnis.** Mit der Anordnung der Nachlassverwaltung verliert der Erbe das Recht, den Nachlass zu verwalten und über ihn zu verfügen (BGHZ 223, 191 Rn. 22 = ZEV 2020, 29). Gleiches gilt für den Testamentsvollstrecker, dessen Amt zwar bestehen bleibt, dessen Verwaltungs- und Verfügungsbefugnisse jedoch ebenfalls erlöschen (RG LZ 1919, 875; MüKoBGB/Küpper Rn. 2; Staudinger/Dobler, 2020, Rn. 4). Ein auf den Nachlass bezogener Auftrag des Erblassers oder des Erben endet (vgl. §§ 115, 116 InsO) (Staudinger/Dobler, 2020, Rn. 4). Mit dem Auftrag erlischt idR auch eine dem Beauftragten vom Erblasser oder vom Erben erteilte Vollmacht (§ 168) (Staudinger/Dobler, 2020, Rn. 4; Erman/Horn Rn. 3a). Trotz der Anordnung der Nachlassverwaltung bleibt der Erbe berechtigt, seinen Anteil gem. § 2033 Abs. 1 zu veräußern. Die materiell-rechtliche Rechtsträgerschaft ändert sich nicht (MüKoBGB/Küpper Rn. 2; Poertzgen ZInsO 2013, 517 (523)), und die Veräußerung des Anteils beeinträchtigt nicht die Rechte der Nachlassgläubiger.

4 **2. Unwirksamkeit von Verfügungen des Erben.** Verfügungen, die der Erbe nach der Anordnung über Nachlassgegenstände trifft, sind gem. Abs. 1 S. 2 iVm § 81 Abs. 1 S. 1 InsO unwirksam (RGRK-BGB/Johannsen Rn. 5; Erman/Horn Rn. 3; Lange/Kuchinke ErbR § 49 III 5; einschr. Staudinger/Dobler, 2020, Rn. 9). Die Unwirksamkeit kann nicht nur vom Nachlassverwalter, sondern – soweit Zwecke der Nachlassverwaltung berührt werden – von jedermann geltend gemacht werden (BGHZ 46, 221 (229) = NJW 1967, 568 zu Abs. 1 S. 2 iVm § 7 KO, in dem von einer Unwirksamkeit der Verfügung „den Konkursgläubigern gegenüber" die Rede war; § 81 Abs. 1 S. 1 InsO enthält diese Einschränkung nicht mehr), etwa vom Schuldner einer nach der Anordnung vom Erben an einen Dritten abgetretenen Nachlassforderung (RGZ 83, 184 (189)). Der **gutgläubige Erwerb** eines Rechts an einem Grundstück oder einem Recht an einem solchen Recht bleibt gem. Abs. 1 S. 2 iVm § 81 Abs. 1 S. 2 InsO und §§ 892, 893 möglich, wenn die Anordnung der Nachlassverwaltung nicht im Grundbuch eingetragen ist (→ § 1983 Rn. 2). Bei sonstigen Vermögensgegenständen kommt ein gutgläubiger Erwerb nicht in Betracht, weil § 81 Abs. 1 S. 2 InsO nur auf §§ 892, 893, nicht jedoch auf § 135 Abs. 2, §§ 932 ff., 1032, 1207 oder § 16 Abs. 2 WG verweist. Nach wohl hM soll gutgläubiger Erwerb jedoch möglich sein, wenn sich der gute Glaube auf die fehlende Zugehörigkeit zum Nachlass bezieht (RGRK-BGB/Johannsen Rn. 11; Grüneberg/Weidlich Rn. 2; MüKoBGB/Küpper Rn. 3; Erman/Horn Rn. 3b; aA mit guten Gründen Staudinger/Dobler, 2020, Rn. 15; Soergel/Stein Rn. 4). Gemäß Abs. 1 S. 2 iVm § 81 Abs. 3 InsO wird vermutet, dass eine Verfügung am Tage des Wirksamwerdens der Nachlassverwaltung zeitlich später erfolgte.

5 **3. Leistung an den Nachlassverwalter.** Nach Anordnung der Nachlassverwaltung können Nachlassforderungen nur noch durch Leistung an den Nachlassverwalter erfüllt werden (Abs. 1 S. 1). Der Schuldner wird jedoch befreit, wenn ihm die Anordnung der Nachlassverwaltung zurzeit der Leistung nicht bekannt war (Abs. 1 S. 2 iVm § 82 S. 1 InsO). Hat er vor der öffentlichen Bekanntmachung der Anordnung (§ 1983) geleistet, wird vermutet, dass er die Anordnung nicht kannte (Abs. 1 S. 2 iVm § 82 S. 2 InsO). Dann muss der Nachlassverwalter die positive Kenntnis des Schuldners von der Anordnung nachweisen (vgl. BGH NJW-RR 2006, 771 (773) Rn. 15 zu § 82 InsO). Die Beweislast dafür, dass die Leistung vor der öffentlichen Bekanntmachung erfolgt ist, trägt der Schuldner, der sich auf den für ihn günstigen Vermutungstatbestand berufen will. Erfolgte die Leistung nach der öffentlichen Bekanntmachung, muss der Schuldner nachweisen, dass ihm die Anordnung nicht bekannt war (§ 286 ZPO) (vgl. BGH NJW-RR 2006, 771 (772) Rn. 12 zu § 82 InsO).

## III. Verfahrensrechtliche Folgen

6 **1. Verlust der Prozessführungsbefugnis.** Mit dem Recht, über den Nachlass zu verfügen, verliert der Erbe auch die aktive und die passive Prozessführungsbefugnis. Nur der Nachlassverwalter kann zum Nachlass gehörende Ansprüche gerichtlich durchsetzen; Ansprüche gegen den Nachlass können nur gegen den Nachlassverwalter geltend gemacht werden (Abs. 1 S. 3) (vgl. BGHZ 223, 191 Rn. 52 = ZEV 2020, 29). Die Klage des Erben gegen einen Nachlassschuldner ist als unzulässig abzuweisen. Sie unterbricht die laufende Verjährung eines Anspruchs nicht. Geht

die Klagebefugnis durch Aufhebung der Nachlassverwaltung wieder auf den Erben über, wirkt die Unterbrechung nicht auf den Zeitpunkt der Erhebung der (unzulässigen) Klage zurück (BGHZ 46, 221 (229 f.) = NJW 1967, 568). Ebenfalls unzulässig ist die gegen den Erben gerichtete Klage eines Nachlassgläubigers; denn das System der Haftungsbeschränkung durch Sonderung des Nachlasses vom Eigenvermögen schützt den Erben auch davor, sich auf einen Nachlassrechtstreit einlassen und die Kosten hierfür aufbringen zu müssen (OLG Celle WM 2009, 2235 (2236 f.)). Zulässig ist die Klage gegen den Erben dann, wenn dieser bereits unbeschränkt haftet und die Klage ausdrücklich auf Befriedigung aus dem Eigenvermögen gerichtet ist (RGRK-BGB/Johannsen Rn. 19; MüKoBGB/Küpper Rn. 7; Staudinger/Dobler, 2020, Rn. 24). Laufende Prozesse werden gem. §§ 241 Abs. 3, 246 ZPO unterbrochen oder – falls ein Prozessbevollmächtigter bestellt worden war – auf Antrag des Bevollmächtigten ausgesetzt. Der Nachlassverwalter kann den Erben allerdings ermächtigen, den Aktivprozess im eigenen Namen für den Nachlass zu führen (BGHZ 38, 281 = NJW 1963, 297 mAnm Nirk; krit. Bötticher JZ 1963, 582). **Nichtvermögensrechtliche Ansprüche,** die nicht „aus dem Nachlasse zu berichtigen" sind (vgl. § 1985 Abs. 1), werden von Abs. 1 S. 3 nach dessen Sinn und Zweck nicht erfasst (Staudinger/Dobler, 2020, Rn. 23; MüKoBGB/Küpper Rn. 6; Erman/Horn Rn. 4a). Der Auskunftsanspruch eines Pflichtteilsberechtigten (§ 2314) kann daher auch während der Nachlassverwaltung gegen den Erben geltend gemacht werden (OLG Celle MDR 1960, 402; RGRK-BGB/Johannsen Rn. 17; Erman/Horn Rn. 4a; Staudinger/Dobler, 2020, Rn. 23).

**2. Zwangsvollstreckung in den Nachlass.** Die Zwangsvollstreckung in den Nachlass findet 7
nur zugunsten der Nachlassgläubiger statt (Abs. 2). Vor Anordnung der Nachlassverwaltung begonnene Zwangsvollstreckungsmaßnahmen der Nachlassgläubiger bleiben bestehen oder werden fortgesetzt, ohne dass eine Titelumschreibung nach § 727 ZPO erforderlich wäre (MüKoBGB/Küpper Rn. 9; RGRK-BGB/Johannsen Rn. 21; Staudinger/Dobler, 2020, Rn. 26; Erman/Horn Rn. 5). Auch nach der Anordnung können Nachlassgläubiger aufgrund eines gegen den Erben erwirkten Titels, der allerdings entspr. § 727 ZPO umzuschreiben ist, die Zwangsvollstreckung in den Nachlass betreiben (BGHZ 113, 132 (137) = NJW 1991, 844; MüKoBGB/Küpper Rn. 9; Staudinger/Dobler, 2020, Rn. 27; Stein/Jonas/Münzberg ZPO § 727 Rn. 27, 31; Dauner-Lieb FS Gaul, 1997, 93 (104); Loritz ZZP 95 (1982), 310 (327 f.); aA RGRK-BGB/Johannsen Rn. 21; Erman/Horn Rn. 6).

**3. Aufhebung bereits getroffener Maßnahmen.** Nach der Anordnung der Nachlassverwal- 8
tung kann der Nachlassverwalter die Aufhebung aller Zwangsvollstreckungsmaßnahmen verlangen, die zugunsten der **Eigengläubiger** der Erben in den Nachlass erfolgt sind, und zwar unabhängig davon, ob der Erbe beschränkt oder bereits unbeschränkt haftet (§ 784 Abs. 2 ZPO). Der Erbe, der noch nicht unbeschränkt haftet und sich die Beschränkung der Haftung auf den Nachlass im Urteil hat vorbehalten lassen (§ 780 Abs. 1 ZPO), kann verlangen, dass Maßregeln der Zwangsvollstreckung, die zugunsten eines **Nachlassgläubigers** in sein nicht zum Nachlass gehörendes Vermögen erfolgt sind, aufgehoben werden (§ 784 Abs. 1 ZPO). Beide Rechte sind im Wege der Vollstreckungsgegenklage geltend zu machen (§ 785 ZPO) (OLG Frankfurt NJW-RR 1998, 160 m. zust. Anm. Stein ZEV 1998, 178). Den Eigengläubigern des Erben bleibt die Möglichkeit, gem. §§ 829, 844 ZPO den künftigen Anspruch des Erben gegen den Nachlassverwalter aus §§ 1975, 1915, 1890 auf Herausgabe des Überschusses zu pfänden (→ § 1986 Rn. 1) (RGRK-BGB/Johannsen Rn. 22; MüKoBGB/Küpper Rn. 11).

**4. Aufgebot und Inventar.** Auch während der Nachlassverwaltung bleibt der Erbe berechtigt, 9
das Aufgebot der Nachlassgläubiger zu beantragen und ein Inventar zu errichten (Staudinger/Dobler, 2020, Rn. 7; aA RGRK-BGB/Johannsen § 1970 Rn. 11: der Erbe könne während laufender Nachlassverwaltung kein Aufgebot beantragen, weil er nicht zur Verwaltung des Nachlasses berechtigt sei). Eine Inventarfrist kann während der Nachlassverwaltung weder dem Erben noch dem Nachlassverwalter gesetzt werden (§§ 2000, 2012).

## § 1985 Pflichten und Haftung des Nachlassverwalters

**(1) Der Nachlassverwalter hat den Nachlass zu verwalten und die Nachlassverbindlichkeiten aus dem Nachlass zu berichtigen.**

**(2) [1]Der Nachlassverwalter ist für die Verwaltung des Nachlasses auch den Nachlassgläubigern verantwortlich. [2]Die Vorschriften des § 1978 Abs. 2 und der §§ 1979, 1980 finden entsprechende Anwendung.**

## Überblick

Der Nachlassverwalter hat den Nachlass in Besitz zu nehmen (vgl. § 1986) und ihn mit dem Ziel zu verwalten, die Nachlassverbindlichkeiten zu berichtigen (vgl. § 1975). Insofern gleicht seine Stellung derjenigen eines Insolvenzverwalters. Verletzt er Pflichten, die ihm gegenüber den Beteiligten – dem Erben, den Nachlassgläubigern – obliegen, haftet er diesen gegenüber auf Ersatz des dadurch entstandenen Schadens.

## I. Rechtsstellung des Nachlassverwalters

1 **1. Stellung des Nachlassverwalters.** Der Nachlassverwalter ist ein **amtlich bestelltes Organ zur Verwaltung einer fremden Vermögensmasse mit eigener Parteistellung** (RGZ 135, 305 (307); 150, 189 (190); RGRK-BGB/Johannsen Rn. 1; MüKoBGB/Küpper Rn. 2; vgl. den Überblick über weitere Theorien bei Staudinger/Dobler, 2020, Rn. 2 f.). Seine Stellung gleicht derjenigen eines Insolvenzverwalters (BGHZ 38, 281 (284) = NJW 1963, 297; RGZ 61, 221 (222); 72, 260 (261); OLG Braunschweig OLGZ 1988, 392 (394); vgl. auch die Verweisung in § 1984 Abs. 1 S. 2). Die Verwaltungs- und Verfügungsbefugnisse, die der Erbe mit der Anordnung der Nachlassverwaltung verliert (§ 1984), gehen auf den Nachlassverwalter über. Der Nachlassverwalter ist im Rahmen seines Aufgabenbereichs allein aktiv und passiv prozessführungsbefugt (→ § 1984 Rn. 6). Inhaber des Nachlasses bleibt jedoch der Erbe. Der Nachlassverwalter kann also nicht als Berechtigter in das Grundbuch eingetragen werden (BGH DNotZ 1961, 485; OLG Hamm OLGZ 1988, 390). Ergänzt wird § 1985 durch Vorschriften des Vormundschaftsrechts (vgl. §§ 1975, 1915) und weitere Einzelvorschriften. Der Nachlassverwalter kann nicht auf die Beschränkung der Haftung des Erben verzichten (§ 2012). Er ist berechtigt, das Aufgebot der Nachlassgläubiger (§ 455 Abs. 2 FamFG) und die Eröffnung des Nachlassinsolvenzverfahrens (§ 317 Abs. 1 InsO) zu beantragen. Zur Errichtung eines Inventars ist der Nachlassverwalter nicht verpflichtet (§ 2012). Das Verwaltungsrecht eines **Testamentsvollstreckers** ruht während der Dauer der Nachlassverwaltung (→ § 1984 Rn. 3).

2 **2. Aufsicht des Nachlassgerichts.** Die Nachlassverwaltung ist eine Nachlasspflegschaft zum Zwecke der Befriedigung der Nachlassgläubiger (§ 1975). Gemäß §§ 1975, 1915 finden damit die für die Vormundschaft geltenden Vorschriften entsprechende Anwendung, soweit keine Sonderbestimmungen (insbes. § 1981 Abs. 3, § 1986) bestehen (RGZ 151, 57 (59 f.)). Der Nachlassverwalter untersteht der Aufsicht des Nachlassgerichts. Er erhält eine Bestallung (§ 1791) und ist förmlich zu treuer und gewissenhafter Führung seines Amtes zu verpflichten (§ 1789). Gemäß § 1802 hat er ein Verzeichnis über den vorhandenen Nachlass aufzunehmen und gem. §§ 1840, 1841 Rechnung zu legen, die das Nachlassgericht zu prüfen hat (§ 1843). Auf Verlangen hat er dem Nachlassgericht jederzeit Auskunft zu erteilen (§ 1839). Bei Vornahme der in §§ 1822, 1821 aufgeführten Geschäfte bedarf er der Genehmigung des Nachlassgerichts. Das Nachlassgericht kann den Nachlassverwalter durch Festsetzung von Zwangsgeld zur Befolgung seiner Anordnungen anhalten (§ 1837 Abs. 3). Würde die Fortführung des Amtes insbes. wegen pflichtwidrigen Verhaltens des Nachlassverwalters die Interessen der Erben oder der Nachlassgläubiger gefährden (vgl. § 1886), hat das Nachlassgericht den Verwalter zu **entlassen** (BayObLG FamRZ 1988, 543; Staudinger/Dobler, 2020, Rn. 36; Erman/Horn Rn. 2a; Soergel/Stein Rn. 3). Eine solche Gefährdung kann gegeben sein, wenn der Verwalter es beharrlich und langandauernd unterlässt, das Nachlassverzeichnis vorzulegen oder der Pflicht, jährlich Rechnung zu legen (§ 1840 Abs. 1 und 2, § 1915 Abs. 1), nachzukommen (BayObLG FamRZ 1988, 543; vgl. auch LG Detmold Rpfleger 1989, 241 (242)). Auf ein Verschulden des Verwalters kommt es nicht an. Eine objektive Gefährdung der Interessen des Erben oder der Nachlassgläubiger liegt vor, wenn eine Schädigung möglich oder sogar mit einer gewissen Wahrscheinlichkeit zu erwarten ist. infragen der **Zweckmäßigkeit** bestimmter Verwaltungsmaßnahmen besteht kein Weisungsrecht des Nachlassgerichts (BGHZ 49, 1 = NJW 1968, 353; OLG Frankfurt FGPrax 1998, 64 (65)). Gegen seine Entlassung steht dem Nachlassverwalter die (befristete) Beschwerde zu (§ 58 Abs. 1 FamFG, § 59 Abs. 1 FamFG). Lehnt das Nachlassgericht den **Antrag eines Nachlassgläubigers** auf Entlassung des Nachlassverwalters ab, so steht dem Nachlassgläubiger ein Beschwerderecht gegen diese Entscheidung nicht zu (OLG Frankfurt FGPrax 1998, 64; Staudinger/Dobler, 2020, Rn. 36; aA OLG Karlsruhe NJW-RR 1989, 1095 (1096)).

## II. Aufgaben des Nachlassverwalters

**1. Verwaltung des Nachlasses.** Aufgabe des Nachlassverwalters ist die Verwaltung des Nachlasses zum Zwecke der Berichtigung der Nachlassverbindlichkeiten (vgl. § 1975). Dazu hat der Nachlassverwalter den Nachlass idR in Besitz zu nehmen (vgl. § 1986 Abs. 1). Streitig ist, ob er gegen den Erben ggf. auf Herausgabe klagen muss (so KG NJW 1958, 2071; MüKoBGB/Küpper Rn. 3; Erman/Horn Rn. 2; trotz rechtspolitischer Kritik iE ebenso Staudinger/Dobler, 2020, Rn. 13) oder ob er analog § 148 Abs. 2 InsO aufgrund einer vollstreckbaren Ausfertigung des Anordnungsbeschlusses die Herausgabe im Gewahrsam des Erben befindlicher Sachen, deren Zugehörigkeit zum Nachlass außer Streit steht, im Wege der Zwangsvollstreckung durchsetzen kann (RGRK-BGB/Johannsen Rn. 5; Brox/Walker Erbrecht Rn. 693). Ggf. kann der Verwalter vom Erben gem. §§ 1978, 666, 259, 260 Auskunft, Rechenschaft, Vorlage eines Bestandsverzeichnisses und Abgabe der eidesstattlichen Versicherung verlangen. Gegenüber dem Herausgabeverlangen des Nachlassverwalters hat der Erbe kein Zurückbehaltungsrecht wegen etwaiger Ansprüche aus §§ 1978, 1979; vgl. auch § 323 InsO und → § 1978 Rn. 8 (MüKoBGB/Küpper Rn. 3; RGRK-BGB/Johannsen Rn. 6). Hat der Nachlassverwalter den Nachlass in Besitz genommen, wird der Erbe zum mittelbaren Besitzer des Nachlasses. Soweit **Grundstücke** zum Nachlass gehören, ist der Nachlassverwalter verpflichtet, die Anordnung der Nachlassverwaltung in das Grundbuch eintragen zu lassen (→ § 1983 Rn. 2) (Staudinger/Dobler, 2020, Rn. 12). 3

**2. Reichweite der Nachlassverwaltung.** Die Nachlassverwaltung erstreckt sich entspr. ihrem Zweck, die Nachlassverbindlichkeiten zu berichtigen, nur auf das **Nachlassvermögen.** Sie betrifft nicht persönliche Rechtsbeziehungen des Erblassers, in die der Erbe mit dem Erbfall eingerückt ist (→ § 1984 Rn. 6) (BGHZ 47, 293 (296) = NJW 1967, 1961; BayObLG NJW-RR 1991, 361 (362); Staudinger/Dobler, 2020, Rn. 19 ff.; MüKoBGB/Küpper Rn. 4 ff.; RGRK-BGB/Johannsen Rn. 13), höchstpersönliche Rechte und Gegenstände ohne Verkehrswert. Unpfändbares Vermögen wird nach Sinn und Zweck der Nachlassverwaltung ebenfalls nicht erfasst (MüKoBGB/Küpper Rn. 4; Staudinger/Dobler, 2020, Rn. 19; aA Soergel/Stein Rn. 7), wobei die Frage der Unpfändbarkeit nach der Person des Erben – nicht derjenigen des Erblassers – zu beurteilen ist. Nicht der Nachlassverwaltung unterliegen die im Wege der Sondererbfolge übergegangenen **Gesellschaftsanteile an einer Personengesellschaft,** soweit es um die Mitgliedsrechte geht (BGHZ 47, 293 (295) = NJW 1967, 1961; BGH NJW 1985, 1953; BGHZ 98, 48 (55) = NJW 1986, 2431; BayObLG NJW-RR 1991, 361 (362); RGRK-BGB/Johannsen Rn. 13; MüKoBGB/Küpper Rn. 6; Staudinger/Dobler, 2020, Rn. 20). Zur Teilnahme an Maßnahmen der Geschäftsführung ist der Nachlassverwalter nicht berechtigt. An der Verfügung über ein zum Gesellschaftsvermögen gehörendes Grundstück hat er nicht mitzuwirken (BayObLG NJW-RR 1991, 361). Er ist auch nicht befugt, die Feststellung zu begehren, dass der Gesellschaftsvertrag nichtig oder wirksam angefochten worden sei; denn ein entsprechendes Urteil berührt den Status der Gesellschaft selbst und hat entsprechende rechtliche Auswirkungen auf den weiteren Bestand der Mitgliedschaft der einzelnen Gesellschafter (BGHZ 47, 293 (298) = NJW 1967, 1961). Die vermögensrechtlichen Ansprüche auf den Gewinnanteil und auf das Auseinandersetzungsguthaben unterfallen demgegenüber dem Zuständigkeitsbereich des Nachlassverwalters. Der Nachlassverwalter ist auch berechtigt, die Gesellschaft zu kündigen und das Auseinandersetzungsguthaben einzuziehen (BayObLG NJW-RR 1991, 3161 (3362); RGRK-BGB/Johannsen Rn. 13; MüKoBGB/Küpper Rn. 6; zweifelnd Staudinger/Dobler, 2020, Rn. 21). 4

**3. Berichtigung der Nachlassverbindlichkeiten.** Soweit es zum Zwecke der Berichtigung der Nachlassverbindlichkeiten erforderlich ist (RGZ 72, 260 (261)), hat der Nachlassverwalter den Nachlass zu versilbern. An Weisungen des Erben ist er dabei nicht gebunden. Er hat sorgfältig zu prüfen, welche Nachlassverbindlichkeiten vorhanden sind und in Zukunft noch entstehen könnten und welche Mittel nach einer Verwertung des Nachlasses voraussichtlich zur Verfügung stehen. Nach einer möglichst vollständigen Sichtung des Nachlasses, eingehender Durcharbeitung der Unterlagen des Erblassers, Rückfragen bei Angehörigen und möglichen Vertragspartnern und weiteren Ermittlungen sind die Nachlassaktiva und -passiva vollständig zu erfassen und zu bewerten und mindestens in groben Zügen aufzuzeichnen. Hat er Grund zu der Annahme, dass Nachlassverbindlichkeiten vorhanden sind, die ihm bei seinen Ermittlungen noch nicht bekannt geworden sind, muss er das Aufgebot der Nachlassgläubiger (§ 1970) beantragen. Erfüllen darf er eine Nachlassverbindlichkeit erst dann, wenn er den Umständen nach annehmen darf, dass der Nachlass zur Berichtigung aller Nachlassverbindlichkeiten ausreicht (Abs. 2 S. 2 iVm § 1979); andernfalls kann er zu Schadensersatz verpflichtet sein (BGH NJW 1985, 140). Ggf. muss er von den aufschiebenden Einreden der §§ 2014, 2015 Gebrauch machen. 5

6 **4. Ende der Nachlassverwaltung.** Ist der Nachlass überschuldet oder ist Zahlungsunfähigkeit eingetreten, hat der Nachlassverwalter unverzüglich die Eröffnung des Nachlassinsolvenzverfahrens zu beantragen (Abs. 2 S. 2 iVm § 1980). Eine Antragspflicht besteht jedoch nicht, wenn die Überschuldung allein auf Vermächtnissen und Auflagen (vgl. § 1980 Abs. 1 S. 3) oder auf gem. §§ 1973, 1974 ausgeschlossenen Forderungen beruht (→ § 1980 Rn. 2). Die Nachlassverwaltung endet mit der Eröffnung des Nachlassinsolvenzverfahrens (§ 1988 Abs. 1), sonst mit der Aufhebung des Verfahrens mangels Masse (§ 1988 Abs. 2) oder wegen Zweckerreichung (§ 1919; → § 1988 Rn. 2 ff.). Nach Berichtigung der bekannten Nachlassverbindlichkeiten und ggf. Leistung von Sicherheiten für Gläubiger streitiger, bedingter oder noch nicht fälliger Forderungen muss der Nachlassverwalter den verbliebenen Nachlass an die Erben ausantworten (§ 1986). Die **Verteilung des Nachlasses** unter mehrere Miterben gehört nicht zu den Aufgaben des Nachlassverwalters (RGZ 72, 260; Staudinger/Dobler, 2020, § 1986 Rn. 4).

## III. Verantwortlichkeit des Nachlassverwalters

7 **1. Haftung den Erben gegenüber.** Gegenüber dem Erben haftet der Nachlassverwalter gem. §§ 1975, 1915, 1833 für jeden aus einer schuldhaften Pflichtverletzung entstandenen Schaden. Eine Begrenzung der Haftung kann sich aufgrund besonderer Vereinbarungen ergeben. Wenn sich der Nachlassverwalter über die ihm gesetzlich obliegenden Pflichten hinaus für die Interessen des Erben eingesetzt und diesem dadurch erhebliche Nachlasswerte erhalten hat, die sonst verloren gegangen werden, kann es gegen Treu und Glauben verstoßen, wenn der Erbe den Verwalter für von diesem verschuldete Verluste voll haftbar machen will (BGH FamRZ 1975, 576 f.; Staudinger/Dobler, 2020, Rn. 39; MüKoBGB/Küpper Rn. 10).

8 **2. Haftung den Nachlassgläubigern gegenüber.** Gegenüber den Nachlassgläubigern ist der Nachlassverwalter gem. § 1985 Abs. 2 S. 1 für die Verwaltung des Nachlasses verantwortlich. Auch diese Haftung gilt für jeden Schaden, der durch eine schuldhafte Pflichtverletzung verursacht worden ist. Die Ansprüche gegen den Nachlassverwalter gehören zum Nachlass (Abs. 2 S. 2 iVm § 1978 Abs. 2). Endet die Nachlassverwaltung mit der Eröffnung des Nachlassinsolvenzverfahrens (§ 1988 Abs. 1), sind sie vom Nachlassinsolvenzverwalter geltend zu machen. Ansonsten können die einzelnen Nachlassgläubiger ihre Ansprüche nach Aufhebung der Nachlassverwaltung selbständig durchsetzen.

9 **3. Verletzung der Aufsichtspflicht des Nachlassgerichts.** Bei schuldhaften Amtspflichtverletzungen des Nachlassgerichts bei der Beaufsichtigung des Nachlassverwalters (§§ 1975, 1915, 1837) können sowohl dem Erben als auch den Nachlassgläubigern Amtshaftungsansprüche nach § 839 iVm Art. 34 GG zustehen (Staudinger/Dobler, 2020, Rn. 43; MüKoBGB/Küpper Rn. 12; zu § 1848 aF vgl. RGZ 88, 264 f.).

## § 1986 Herausgabe des Nachlasses

**(1) Der Nachlassverwalter darf den Nachlass dem Erben erst ausantworten, wenn die bekannten Nachlassverbindlichkeiten berichtigt sind.**

**(2) [1]Ist die Berichtigung einer Verbindlichkeit zur Zeit nicht ausführbar oder ist eine Verbindlichkeit streitig, so darf die Ausantwortung des Nachlasses nur erfolgen, wenn dem Gläubiger Sicherheit geleistet wird. [2]Für eine bedingte Forderung ist Sicherheitsleistung nicht erforderlich, wenn die Möglichkeit des Eintritts der Bedingung eine so entfernte ist, dass die Forderung einen gegenwärtigen Vermögenswert nicht hat.**

### Überblick

Der Erbe erhält den Nachlass erst dann zurück, wenn sämtliche bekannten Nachlassverbindlichkeiten berichtigt worden sind. Die Vorschrift dient dem Schutz der Nachlassgläubiger. Für streitige oder bedingte Forderungen ist Sicherheit zu leisten, für bedingte Forderungen dann nicht, wenn der Bedingungseintritt fern liegt.

## I. Ausantwortung des Nachlasses

1 § 1986 begründet eine Verpflichtung des Nachlassverwalters, den Nachlass nicht vor Berichtigung aller bekannten Nachlassverbindlichkeiten auszuantworten. Ausantwortung des Nachlasses

bedeutet die Herausgabe aller Nachlassgegenstände einschließlich der sich auf den Nachlass beziehenden Schriftstücke und Akten an den oder die Erben (KG NJW 1971, 566). Die Teilung des Nachlasses unter mehrere Miterben gehört nicht zu den Aufgaben des Nachlassverwalters (→ § 1985 Rn. 6) (RGZ 72, 260; Staudinger/Dobler, 2020, Rn. 4). War Testamentsvollstreckung angeordnet, ist der Nachlass an den Testamentsvollstrecker herauszugeben. Die Nachlassverwaltung endet nicht mit der Ausantwortung des Nachlasses, sondern mit ihrer Aufhebung durch das Nachlassgericht (§§ 1975, 1919; iE → § 1988 Rn. 2 ff.). Hat der Nachlassverwalter den Nachlass vorzeitig zurückgegeben und melden sich weitere Nachlassgläubiger, muss er den Nachlass zurückfordern, um auch diese Gläubiger befriedigen zu können (MüKoBGB/Küpper Rn. 5; Staudinger/Dobler, 2020, Rn. 7; Erman/Horn Rn. 3; Soergel/Stein Rn. 3).

## II. Berichtigung der Nachlassverbindlichkeiten

Der Nachlass darf herausgegeben werden, wenn die bekannten Nachlassverbindlichkeiten berichtigt worden sind. Bestehen Zweifel, ob weitere Nachlassverbindlichkeiten bestehen, ist der Nachlassverwalter gem. § 1985 Abs. 2 S. 2, § 1980 Abs. 2 S. 2 verpflichtet, ein Aufgebotsverfahren zum Zwecke der Ausschließung von Nachlassgläubigern durchzuführen (§ 1970). Ist die Berichtigung einer Verbindlichkeit nicht durchführbar, etwa weil eine aufschiebende Bedingung noch nicht eingetreten oder ein Nachlassgläubiger nicht auffindbar ist, ist vor Ausantwortung des Nachlasses **Sicherheit zu leisten** (Abs. 2; vgl. auch § 52 Abs. 2). Die Sicherheitsleistung erfolgt nach §§ 232 ff.; daneben kommt auch eine Hinterlegung nach §§ 372 ff. in Betracht (MüKoBGB/Küpper Rn. 2; RGRK-BGB/Johannsen Rn. 2). Sicherheit ist auch für vom Nachlassverwalter – nicht: vom Erben – bestrittene Forderungen zu leisten (OLG Frankfurt JZ 1953, 53; Staudinger/Dobler, 2020, Rn. 6). Ist im Fall einer bedingten Forderung die Möglichkeit des Bedingungseintritts so fernliegend, dass der Forderung kein gegenwärtiger Vermögenswert zukommt, braucht keine Sicherheit geleistet zu werden (vgl. § 191 Abs. 2 InsO, § 916 Abs. 2 ZPO). 2

## III. Herausgabeanspruch des Erben

Nach Beendigung der Nachlassverwaltung besteht ein Anspruch des oder der Erben auf Herausgabe des Nachlasses (§§ 1975, 1915, 1890), der analog § 2039 von jedem Miterben geltend gemacht werden kann (RGZ 150, 189 (190); MüKoBGB/Küpper Rn. 7). Dieser Anspruch kann schon vor Beendigung der Nachlassverwaltung belastet, abgetreten oder von Gläubigern des Erben gepfändet werden. Der Erbe, der bis zur Anordnung der Nachlassverwaltung noch nicht unbeschränkt haftete, haftet nur noch mit dem Nachlass. Die Haftungsbeschränkung ist analog §§ 1990, 1991 geltend zu machen (→ § 1975 Rn. 6) (BGH NJW 1954, 635 (636)). 3

### § 1987 Vergütung des Nachlassverwalters

**Der Nachlassverwalter kann für die Führung seines Amts eine angemessene Vergütung verlangen.**

**Schrifttum:** Zimmermann, Die Vergütung des Nachlasspflegers seit 1.7.2005, ZEV 2005, 473; Zimmermann, Probleme der Nachlassverwaltervergütung, ZEV 2007, 519.

## Überblick

Die Vorschrift regelt den Anspruch des Nachlassverwalters auf Vergütung. Einzelheiten ergeben sich aus § 168 FamFG (vgl. § 168 Abs. 5 FamFG). Daneben kann der Verwalter Ersatz seiner Aufwendungen aus §§ 1915, 1835, 670 verlangen.

## I. Angemessene Vergütung

**1. Grundsatz.** Anders als ein Vormund oder Pfleger (§ 1836 Abs. 1 S. 1, § 1915) hat der Nachlassverwalter unabhängig davon Anspruch auf eine **angemessene Vergütung,** ob er die Verwaltung berufsmäßig führt (OLG München NJOZ 2006, 1848 (1849); OLG Schleswig FamRZ 2016, 2306; Staudinger/Dobler, 2020, Rn. 2). Seine Stellung entspricht auch in dieser Hinsicht eher derjenigen eines Insolvenzverwalters (vgl. § 63 InsO). Der Nachlassverwalter hat außerdem Anspruch auf **Erstattung von Aufwendungen** und auf Vorschuss (→ Rn. 5). Für 1 beides – Vergütung und Aufwendungsersatz – hat gem. § 24 Nr. 5 GNotKG der **Nachlass** aufzukommen (vgl. auch LG Lüneburg Rpfleger 2009, 458). Die Staatskasse haftet nicht, auch nicht subsidiär (→ Rn. 4).

2 **2. Höhe.** Der Höhe nach soll die Vergütung **„angemessen"** sein. Bis zum 30.6.2005 galten die §§ 1836, 1836a in der damals geltenden Fassung (OLG Zweibrücken ZEV 2007, 528). Nach ständiger Rspr. kam es auf die besonderen Umstände des einzelnen Falles an. Zu berücksichtigen und nach den Grundsätzen der Billigkeit abzuwägen waren insbes. der Wert des Nachlasses, der Umfang und die Bedeutung der Verwaltergeschäfte, die Dauer der Verwaltung, das Maß der mit den Verwaltergeschäften verbundenen Verantwortung und der Erfolg der Tätigkeit des Nachlassverwalters (BayObLGZ 1953, 50; 1972, 156 (157 f.); OLG Zweibrücken OLGR 1997, 205 (206)). Es hatte sich eine gewisse Übung gebildet, bei kleineren Nachlässen 3–5 % und bei größeren Nachlässen 1–2 % des Aktivnachlasses zu gewähren (OLG Zweibrücken ZEV 2007, 528; Zimmermann ZEV 2005, 473 (475); Fromm ZEV 2006, 298 (301)). Der Wert des Nachlasses entsprach dem Aktivnachlass ohne Abzug der Schulden (BayObLGZ 1953, 50 (51); 1972, 156 (158); vgl. auch OLG München NJOZ 2006, 181848 (1850)). Weil die Nachlassverwaltung eine besondere Form der Nachlasspflegschaft ist (§ 1975), wird seit dem Inkrafttreten des 2. BtÄndG am 1.7.2005 in entsprechender Anwendung des § 1915 Abs. 1 S. 2 eine **Abrechnung nach Stundensätzen** befürwortet (BGH NJW 2018, 2960 Rn. 23; OLG München NJOZ 2006, 1848 f.; OLG Zweibrücken ZEV 2007, 528; OLG Schleswig FamRZ 2016, 2306; OLG Celle ZEV 2021, 750 Rn. 11 ff.; MüKoBGB/Küpper Rn. 2; Erman/Horn Rn. 2; Zimmermann ZEV 2005, 473 (475); Zimmermann ZEV 2007, 519; Joannidis/Malso/Weiß ZInsO 2017, 1192 (1193); aA Fromm ZEV 2006, 298 (301)). Die Höhe des Stundensatzes bestimmt das Gericht entspr. den Umständen des Einzelfalls nach pflichtgemäßem Ermessen (OLG Schleswig FamRZ 2016, 2306). Dabei können die in § 3 VBVG aufgeführten Stundensätze einen gewissen Anhaltspunkt bieten (OLG Schleswig FamRZ 2016, 2306). Grundsätzlich ist die Höhe der Vergütung jedoch abweichend von § 3 VBVG nach den für die Führung der Verwaltung nutzbaren Fachkenntnisse sowie nach dem Umfang und der Schwierigkeit der Verwaltung zu bestimmen (BGH NJW 2018, 2960 Rn. 23. Weiterhin nicht zulässig ist es, den Vergütungsanspruch nach der Gebührenordnung des Berufsverbandes, dem der Nachlassverwalter angehört, zu bemessen oder die Bestimmungen über die Vergütung des Insolvenzverwalters anzuwenden (BayObLGZ 1953, 50; 1972, 156; OLG Zweibrücken OLGR 1997, 205 (206); Staudinger/Dobler, 2020, Rn. 13; Zimmermann ZEV 2005, 473 (475); aA Fromm ZEV 2006, 298 (301)). Entscheidend ist, dass die Vergütung „angemessen" ist, dh unter Berücksichtigung aller Umstände des Falls der Billigkeit entspricht (BGH NJW 2018, 2960 Rn. 22). Die Vergütung, die ein Nachlassinsolvenzverwalter erhalten würde, kann zur Ergebniskontrolle herangezogen werden (vgl. Staudinger/Dobler, 2020, Rn. 13). Belegbare **Bürokosten** eines zum Nachlassverwalter bestellten Anwaltes stellen grds. von dem eigentlichen Vergütungsanspruch zu unterscheidende Aufwendungen dar (BGH NJW 2018, 2960 Rn. 24). Die Inanspruchnahme der Anwaltskanzlei kann aber auch ganz allgemein im Rahmen der Billigkeitserwägungen berücksichtigt werden, ohne dass eine Ermittlung der Bürokosten iE erforderlich wäre (BayObLG Rpfleger 1985, 402 (403) m. insoweit zust. Anm. Eickmann EWiR 1986, 575 (576); Soergel/Stein Rn. 2). Untreue des Verwalters zum Nachteil der Erben kann nach dem Rechtsgedanken des § 654 zur Verwirkung des Anspruchs auf Vergütung führen.

## II. Verfahren

3 **1. Festsetzung der Vergütung.** Zuständig für die Festsetzung der Vergütung des Nachlassverwalters ist das **Nachlassgericht** (§§ 1975, 1915, 1836, 1962) (OLG Schleswig FamRZ 2016, 2306), dort der Rechtspfleger (§ 3 Nr. 2 lit. c RPflG, § 16 RPflG). Das Verfahren richtet sich, wie sich aus § 168 Abs. 5 FamFG ergibt, nach § 168 FamFG. Über **Einwendungen des Erben gegen die Amtsführung** hat das Nachlassgericht nicht zu entscheiden (KG FamRZ 2008, 81; OLG Schleswig FamRZ 2012, 143 f.; 2016, 2306; OLG Celle ZEV 2021, 750 Rn. 28). Sie sind vielmehr vor dem Prozessgericht geltend zu machen. Nur wenn der Nachlassverwalter überhaupt nicht tätig geworden oder wegen Pflichtwidrigkeit nach § 1886 entlassen worden ist, ist die Festsetzung einer Vergütung abzulehnen (MüKoBGB/Küpper Rn. 2; Staudinger/Dobler, 2020, Rn. 9). Gegen die Festsetzung der Vergütung durch das Nachlassgericht können der Nachlassverwalter, aber auch der Erbe oder der Testamentsvollstrecker sowie jeder Nachlassgläubiger, dessen Befriedigung durch die Festsetzung beeinträchtigt wird (§ 59 Abs. 1 FamFG), (befristete) **Beschwerde** einlegen, wenn der Wert des Beschwerdegegenstandes 600 EUR übersteigt oder das Gericht sie wegen der grundsätzlichen Bedeutung der Rechtssache zulässt (§§ 58, 61 FamFG). Ist die

Beschwerde nicht eröffnet, findet binnen der für sie geltenden Frist die Erinnerung statt (§ 11 Abs. 2 RPflG). Die Rechtsbeschwerde ist statthaft, wenn das Beschwerdegericht sie wegen der grundsätzlichen Bedeutung der zur Entscheidung stehenden Frage zugelassen hat (§ 70 Abs. 1 und 2 FamG).

**2. Durchsetzung des Vergütungsanspruchs.** Der Nachlassverwalter kann die festgesetzte Vergütung **dem Nachlass entnehmen** (Staudinger/Dobler, 2020, Rn. 25). Aus dem Festsetzungsbeschluss findet die Zwangsvollstreckung nach den Vorschriften der ZPO statt (§§ 86, 95 FamFG). Die Ansprüche auf Vergütung und auf Ersatz von Aufwendungen sind im Nachlassinsolvenzverfahren **Masseverbindlichkeiten** (§ 324 Abs. 1 Nr. 4, 6 InsO). Eine **Festsetzung gegen die Staatskasse** findet nicht statt. Die Staatskasse haftet auch nicht subsidiär für die Vergütung des Nachlassverwalters (BGH NJW 2018, 2960 Rn. 16; KG MDR 2006, 694; LG Lüneburg Rpfleger 2009, 458; Staudinger/Dobler, 2020, Rn. 18; MüKoBGB/Küpper Rn. 3; aA Zimmermann ZEV 2007, 519 (520); offengelassen von OLG München ZEV 2006, 469). 4

## III. Aufwendungsersatz

Gemäß § 1915 Abs. 1, § 1835, § 669, § 670 hat der Nachlassverwalter außerdem **Anspruch auf Erstattung von Aufwendungen.** Als Aufwendungen gelten auch solche Dienste des Verwalters, die zu seinem Beruf oder Gewerbe gehören (§ 1835 Abs. 3). Ein Rechtsanwalt, der in seiner Eigenschaft als Nachlassverwalter einen den Nachlass betreffenden Rechtsstreit geführt hat, kann dafür Vergütung nach den Vorschriften des RVG verlangen. Aufwendungen sind außerdem die Kosten einer angemessenen Versicherung gegen Schäden (§ 1835 Abs. 2). Über den Anspruch auf Aufwendungsersatz entscheidet nach Grund und Höhe ausschließlich das **Prozessgericht** (BayObLG Rpfleger 1985, 402 (404) m. insoweit zust. Anm. Eickmann EWiR 1986, 575 (576); Staudinger/Dobler, 2020, Rn. 15, 21; MüKoBGB/Küpper Rn. 4). Die Festsetzung einer „Pauschalvergütung", die sowohl die Vergütung als auch die zu erstattenden Aufwendungen umfasst, ist deshalb nicht zulässig (OLG Zweibrücken Rpfleger 1980, 103; Staudinger/Dobler, 2020, Rn. 15; MüKoBGB/Küpper Rn. 3 m. Fn. 10). Die Staatskasse haftet nicht, auch nicht subsidiär, für die Aufwendungen des Nachlassverwalters. § 1835 Abs. 4 S. 1 ist hier nicht entspr. anwendbar (KG MDR 2006, 694; Staudinger/Dobler, 2020, Rn. 18; MüKoBGB/Küpper Rn. 4; aA Zimmermann ZEV 2007, 519 (520)). 5

## § 1988 Ende und Aufhebung der Nachlassverwaltung

**(1) Die Nachlassverwaltung endigt mit der Eröffnung des Nachlassinsolvenzverfahrens.**

**(2) Die Nachlassverwaltung kann aufgehoben werden, wenn sich ergibt, dass eine den Kosten entsprechende Masse nicht vorhanden ist.**

### Überblick

Die Nachlassverwaltung endet kraft Gesetzes, wenn das Nachlassinsolvenzverfahren über den Nachlass eröffnet wird, sonst durch Aufhebungsbeschluss des Nachlassgerichts. Sie wird aufgehoben, wenn die Verfahrenskosten nicht oder nicht mehr gedeckt sind.

## I. Ende der Nachlassverwaltung durch Eröffnung des Nachlassinsolvenzverfahrens (Abs. 1)

Die Nachlassverwaltung endet mit der Eröffnung des Nachlassinsolvenzverfahrens, ohne dass ein Aufhebungsbeschluss ergehen müsste. Mit der Eröffnung des Nachlassinsolvenzverfahrens ist allein der Nachlassinsolvenzverwalter befugt, das zum Nachlass gehörende Vermögen zu verwalten und über es zu verfügen (§ 80 Abs. 1 InsO). Der Nachlassverwalter hat – wenn er nicht selbst zum Nachlassinsolvenzverwalter ernannt worden ist – den Nachlass an den Nachlassinsolvenzverwalter herauszugeben. Ein Zurückbehaltungsrecht wegen seiner Vergütungsansprüche steht ihm nicht zu (Rechtsgedanke des § 323 InsO) (MüKoBGB/Küpper Rn. 2; Staudinger/Dobler, 2020, Rn. 3). **Verfügungen,** die der Nachlassverwalter nach Eröffnung des Nachlassinsolvenzverfahrens vornimmt, sind unwirksam. An ihn kann auch nicht mehr mit befreiender Wirkung geleistet werden. Die §§ 81, 82 InsO gelten nicht (MüKoBGB/Küpper Rn. 2; RGRK-BGB/Johannsen Rn. 1; aA 1

Staudinger/Dobler, 2020, Rn. 4). Wusste der Nachlassverwalter nicht, dass das Nachlassinsolvenzverfahren eröffnet worden war, kann er sich jedoch auf § 674 berufen (MüKoBGB/Küpper Rn. 2; RGRK-BGB/Johannsen Rn. 1). Eine **Nachlasspflegschaft** nach §§ 1960 ff. bleibt trotz Eröffnung des Nachlassinsolvenzverfahrens bestehen (OLG Stuttgart ZEV 2012, 549; RGRK-BGB/Johannsen Rn. 1; MüKoBGB/Küpper Rn. 2). Aufgabe des Nachlasspflegers ist dann die Wahrnehmung der Rechte des oder der unbekannten Erben im Nachlassinsolvenzverfahren.

## II. Beendigung der Nachlassverwaltung in sonstigen Fällen

2 **1. Aufhebung durch das Nachlassgericht.** Von der Ausnahme des § 1988 Abs. 1 abgesehen, endet die Nachlassverwaltung erst mit ihrer förmlichen Aufhebung durch das Nachlassgericht (§§ 1975, 1919) (RGZ 72, 260 (263 f.); RGRK-BGB/Johannsen Rn. 4). Die Nachlassverwaltung stellt niemals eine Pflegschaft zur Besorgung eines einzelnen Angelegenheit iSv § 1918 Abs. 3 dar, die mit Erledigung der übertragenen Aufgabe endet (OLG Hamm FGPrax 2010, 239; Staudinger/Dobler, 2020, Rn. 1). Aufhebungsgrund ist gem. Abs. 2 das **Fehlen einer die Kosten der Nachlassverwaltung deckenden Masse** (→ § 1982 Rn. 1, → § 1982 Rn. 2). Diese Vorschrift entspricht § 207 Abs. 1 InsO. Entsprechend § 207 Abs. 1 S. 2 InsO kann die Aufhebung der Nachlassverwaltung durch Zahlung eines Kostenvorschusses abgewendet werden.

3 **2. Weitere Aufhebungsgründe.** Weitere Aufhebungsgründe sind die **Zweckerreichung** (§ 1919) nach Befriedigung oder Sicherstellung (§§ 232 ff.) aller bekannten Nachlassgläubiger (§§ 1975, 1919 iVm § 1986) (BayObLGZ 1976, 167 (173); OLG Hamm FGPrax 2010, 239; ZEV 2017, 264 f.; MüKoBGB/Küpper Rn. 4; Staudinger/Dobler, 2020, Rn. 10; RGRK-BGB/Johannsen Rn. 4); die **Zustimmung** aller bekannten Nachlassgläubiger sowie des Erben (OLG Hamm FGPrax 2010, 239; MüKoBGB/Küpper Rn. 4; Staudinger/Dobler, 2020, Rn. 11); die **Erschöpfung des Nachlasses,** sodass weitere Aufgaben nicht mehr erfüllt werden können (KG JW 1935, 2159; MüKoBGB/Küpper Rn. 4); die wirksame **Ausschlagung der Erbschaft** durch denjenigen Erben, der die Anordnung der Nachlassverwaltung beantragt hatte, wenn der nachrückende Erbe die Aufhebung betreibt (Staudinger/Dobler, 2020, Rn. 12; MüKoBGB/Küpper Rn. 4); war die Nachlassverwaltung auf Antrag eines Gläubigers angeordnet worden, ist ein Wechsel in der Person des Erben dann ein Aufhebungsgrund, wenn in der Person des neuen Erben die Voraussetzungen des § 1981 Abs. 2 nicht mehr erfüllt sind (Staudinger/Dobler, 2020, Rn. 13); der Eintritt des **Nacherbfalles** (MüKoBGB/Küpper Rn. 4; einschr. Staudinger/Dobler, 2020, Rn. 14: habe der Vorerbe den Antrag gestellt, habe es bei der Anordnung zu bleiben, während es bei Antrag eines Gläubigers darauf ankomme, ob die Voraussetzungen des § 1981 Abs. 2 auch in der Person des Nacherben erfüllt seien).

4 **3. Keine Aufhebungsgründe.** Keine Aufhebungsgründe sind der **Tod des Erben** (Einschränkung s. oben), die **Rücknahme** des Antrags nach Anordnung der Nachlassverwaltung (BayObLGZ 1976, 167 (173); RGRK-BGB/Johannsen Rn. 4; Staudinger/Dobler, 2020, Rn. 10), der **Antrag** des Erben oder eines Nachlassgläubigers (BayObLGZ 1976, 167 (171)) oder der Umstand, dass das Nachlassgericht die Anordnung der Nachlassverwaltung nachträglich für nicht gerechtfertigt erachtet (OLG Hamm FGPrax 2010, 239; OLG Köln FGPrax 2015, 87). § 48 Abs. 1 FamFG erlaubt die Aufhebung oder Abänderung einer rechtskräftigen Endentscheidung mit Dauerwirkung grds. nur noch dann, wenn sich die zugrunde liegende Sach- oder Rechtslage nachträglich wesentlich geändert hat. Ob das Insolvenzgericht auf Antrag oder auch von Amts wegen entscheiden darf, ist streitig (→ Rn. 5).

## III. Verfahren und Rechtsfolgen der Aufhebung

5 **1. Verfahren.** Ob die Nachlassverwaltung gem. § 48 Abs. 1 S. 2 FamFG nur auf **Antrag** des Antragstellers aufgehoben werden kann (OLG Köln FGPrax 2015, 87), ob der Antrag eines materiell Beteiligten erforderlich, aber auch ausreichend ist (OLG Celle ZEV 2017, 95) oder ob eine Aufhebung bei Fehlen oder Wegfall der Anordnungsvoraussetzungen auch von Amts wegen erfolgen kann (OLG Düsseldorf ZEV 2016, 701 m. zust. Anm. Küpper), ist streitig (zum Streitstand vgl. BGH ZEV 2017, 513 Rn. 7 ff.). Nach Ansicht des BGH kann die Nachlassverwaltung jedenfalls dann wegen Zweckerreichung aufgehoben werden, wenn ein materiell Beteiligter – nicht zwingend der Antragsteller – einen Aufhebungsantrag gestellt hat (BGH ZEV 2017, 513). Der Nachlassverwalter selbst ist nicht antragsberechtigt (OLG Köln FGPrax 2015, 87). Nach früherem Recht (§ 18 FGG) konnte das Gericht von Amts wegen tätig werden; der Antrag eines Beteiligten

auf Aufhebung der Nachlassverwaltung stellte nur eine Anregung an das Nachlassgericht dar, von Amts wegen tätig zu werden (OLG Frankfurt JZ 1953, 53). Gegen die Ablehnung der Aufhebung steht dem oder den Erben die (befristete) **Beschwerde** zu (§ 58 Abs. 1 FamFG, § 59 Abs. 1 FamFG, § 11 RPflG). Jeder Miterbe ist allein beschwerdeberechtigt (OLG Düsseldorf ZEV 2016, 701; Keidel/Zimmermann FamFG § 359 Rn. 16). Gegen die Aufhebung der Nachlassverwaltung steht jedem Nachlassgläubiger – trotz § 59 Abs. 2 FamFG auch dann, wenn der Antrag auf Nachlassverwaltung von einem anderen Gläubiger gestellt worden war (OLG Hamm FGPrax 2010, 239) – sowie dem Erben (bei Miterben: jedem einzelnen Miterben) ebenfalls die (befristete) Beschwerde nach §§ 58 ff. FamFG zu. Der Nachlassverwalter ist nicht beschwerdebefugt (OLG Jena Rpfleger 1998, 427; RGZ 151, 57 (59 ff.); Keidel/Zimmermann FamFG § 359 Rn. 16; Staudinger/Dobler, 2020, Rn. 18). Die Aufhebung wird mit **Bekanntgabe des Aufhebungsbeschlusses** an den Nachlassverwalter wirksam (§ 40 Abs. 1 FamFG, § 41 Abs. 1 FamFG) (OLG Düsseldorf ZEV 2016, 701; Staudinger/Dobler, 2020, Rn. 17). Die öffentliche Bekanntmachung des Aufhebungsbeschlusses ist nicht vorgeschrieben. Hebt das Beschwerdegericht den Aufhebungsbeschluss auf und ordnet es erneut Nachlassverwaltung an, ist der Verwalter neu auszuwählen und zu verpflichten (§§ 1975, 1915, 1791) (OLG Düsseldorf ZEV 2016, 701 (702)).

**2. Ende des Amtes des Nachlassverwalters.** Das Amt des Nachlassverwalters endet mit der 6
Eröffnung des Nachlassinsolvenzverfahrens (Abs. 1), mit der Aufhebung der Nachlassverwaltung durch das Nachlassgericht und mit der Entlassung durch das Nachlassgericht, für die über §§ 1975, 1915 die Vorschriften der §§ 1886, 1888, 1889 entspr. gelten (→ § 1985 Rn. 2). Gegen seine Entlassung (nicht: gegen die Aufhebung der Nachlassverwaltung, → Rn. 5) steht dem Nachlassverwalter gem. § 58 Abs. 1 FamFG, § 59 Abs. 1 FamFG die (befristete) Beschwerde zu. Die Erben – Miterben auch einzeln – können (befristete) Beschwerde nach §§ 58 ff. FamFG einlegen, wenn die Entlassung des Nachlassverwalters abgelehnt wird. Ein Nachlassgläubiger ist demgegenüber nicht beschwerdebefugt, wenn das Nachlassgericht seinem Antrag auf Entlassung des Nachlassverwalters nicht nachkommt (OLG Frankfurt FGPrax 1998, 64 gegen OLG Karlsruhe NJW-RR 1989, 1095 (1096)).

**3. Schlussrechnung und Herausgabe des Nachlasses an den Erben.** Die Aufhebung der 7
Nachlassverwaltung (oder seine Entlassung) verpflichtet den Nachlassverwalter zur Schlussrechnung und zur Herausgabe des Nachlasses an den Erben (§§ 1975, 1915, 1890). Die Pflicht zur Herausgabe des verwalteten Vermögens erstreckt sich auch auf die zum Nachlass gehörenden Urkunden sowie die Akten, die der Verwalter angelegt hatte (KG NJW 1971, 566). Dem Verwalter steht – anders als im Fall des anschließenden Nachlassinsolvenzverfahrens – ein Zurückbehaltungsrecht wegen seiner Vergütungs- und Aufwendungsersatzansprüche zu (Staudinger/Dobler, 2020, Rn. 20; MüKoBGB/Küpper Rn. 6; RGRK-BGB/Johannsen Rn. 5). Die im Grundbuch eingetragenen Verfügungsbeschränkungen sind auf Antrag des Erben zu löschen (vgl. § 200 Abs. 2 S. 2 InsO, § 32 Abs. 1 InsO) (RGRK-BGB/Johannsen Rn. 5; nach Staudinger/Dobler, 2020, Rn. 19 und MüKoBGB/Küpper Rn. 6 kann auch der Nachlassverwalter noch die Löschung beantragen). Verfügungen, die der Nachlassverwalter nach Aufhebung der Nachlassverwaltung (oder nach Eröffnung des Nachlassinsolvenzverfahrens) noch vornimmt, sind unwirksam.

**4. Beschränkte Haftung des Erben.** Nach Beendigung der Nachlassverwaltung haftet der 8
Erbe, der sein Recht zur Beschränkung der Haftung auf den Nachlass zuvor noch nicht verloren hatte, nur noch mit dem Nachlass. Die Haftungsbeschränkung ist analog §§ 1990, 1991 geltend zu machen (→ § 1975 Rn. 6) (BGH NJW 1954, 635 (636)).

## § 1989 Erschöpfungseinrede des Erben

**Ist das Nachlassinsolvenzverfahren durch Verteilung der Masse oder durch einen Insolvenzplan beendet, so findet auf die Haftung des Erben die Vorschrift des § 1973 entsprechende Anwendung.**

### Überblick

Ist das Nachlassinsolvenzverfahren nach Verteilung der Masse oder durch einen Insolvenzplan beendet worden, haftet der Erbe für Nachlassforderungen nur noch mit einem etwa gleichwohl verbliebenen Nachlass, also nur noch wie gegenüber einem ausgeschlossenen Gläubiger. Ist das

Insolvenzverfahren in anderer Weise beendet worden, gelten statt dessen die allgemeinen Vorschriften.

## I. Bedeutung der Norm

1 **1. Beschränkte Haftung des Erben.** Die Vorschrift des § 1989 regelt die Haftung des Erben nach Ende eines Nachlassinsolvenzverfahrens durch Verteilung der Masse (§§ 187 ff., 200 InsO) oder durch einen Insolvenzplan (§§ 217 ff. InsO). In einem solchen Fall haftet der Erbe für Nachlassforderungen endgültig nur noch mit dem etwa noch verbliebenen Nachlass (§ 1973). Daran ändert sich – falls nicht abweichende Vereinbarungen zwischen dem Erben und einem Nachlassgläubiger getroffen werden – auch nichts mehr; denn gem. § 2000 S. 3 kann dem Erben nach Abschluss des Insolvenzverfahrens durch Verteilung der Masse oder durch Insolvenzplan keine Inventarfrist mehr gesetzt werden (→ § 2000 Rn. 1 ff.). Keine Anwendung findet § 1989, wenn der Erbe bereits vor Eröffnung des Nachlassinsolvenzverfahrens unbeschränkt für die Nachlassverbindlichkeiten haftete (§ 2013 Abs. 1 S. 1). Haftet der Erbe nur einzelnen Gläubigern gegenüber unbeschränkt, bleibt im Verhältnis zu den anderen Gläubigern § 1989 anwendbar. Ergänzt wird § 1989 durch § 2060 Nr. 3: **Miterben** haften nicht nur auf den Nachlass beschränkt, sondern außerdem nur für den ihrem Erbteil entsprechenden Teil der Nachlassforderung.

2 **2. Keine Anwendung bei Aufhebung des Eröffnungsbeschlusses oder Einstellung des Verfahrens.** Nicht anwendbar ist § 1989, wenn das Nachlassinsolvenzverfahren in anderer Weise als durch Verteilung der Masse oder durch einen Insolvenzplan beendet worden ist. Ist der **Eröffnungsbeschluss aufgehoben** worden (§ 34 Abs. 3 InsO), entfallen damit rückwirkend sämtliche mit der Eröffnung verbundenen Rechtswirkungen. Die Eröffnung gilt als nicht erfolgt. Eine Beschränkung der Haftung nach § 1975 tritt nicht ein; der Erbe haftet vielmehr nach den allgemeinen Regeln der §§ 1967 ff. Gleiches gilt, wenn das Nachlassinsolvenzverfahren gem. § 212 InsO wegen Wegfalls des Eröffnungsgrundes eingestellt wird. Wird das Verfahren gem. § 213 InsO **mit Zustimmung aller Gläubiger eingestellt,** gilt § 1989 ebenfalls nicht. In einem solchen Fall haben Erbe und Gläubiger idR jedoch Vereinbarungen getroffen, die im Zweifel Vorrang haben. Ist das Verfahren gem. § 207 InsO **mangels Masse eingestellt** worden, kann sich der Erbe auf die Dürftigkeit des Nachlasses berufen (§§ 1990, 1991). § 1973 gilt dann nur gegenüber ausgeschlossenen und diesen gleichstehenden (§ 1974) Gläubigern.

## II. Rechtsfolgen

3 **1. Umfang der Haftung des Erben.** Nach Vollzug der Schlussverteilung (§§ 187 ff. InsO) und Aufhebung des Nachlassinsolvenzverfahrens durch Beschluss (§ 200 InsO) haftet der Erbe gegenüber Gläubigern, die nicht voll befriedigt worden sind oder die sich am Nachlassinsolvenzverfahren nicht beteiligt haben, **wie gegenüber ausgeschlossenen Gläubigern** (§ 1973). Er kann die Befriedigung von Nachlassverbindlichkeiten verweigern, soweit der Nachlass durch das Nachlassinsolvenzverfahren erschöpft worden ist. In der Regel wird es kein zum Nachlass gehörendes Vermögen mehr geben, sodass die Haftung praktisch entfällt. Darlegungs- und beweispflichtig für die Erschöpfung des Nachlasses ist der Erbe (RGRK-BGB/Johannsen Rn. 17). Stellt sich nachträglich heraus, dass noch zum Nachlass gehörende Gegenstände oder Forderungen – auch Ansprüche gegen den Erben aus § 1978 Abs. 1, die allerdings bereits vor Eröffnung des Nachlassinsolvenzverfahrens begründet worden sein müssen (→ § 1973 Rn. 1 ff.) – vorhanden sind, hat zunächst eine Nachtragsverteilung zu erfolgen (§§ 203, 204 InsO). **Vollstreckt** ein Gläubiger aus einem Auszug aus der Tabelle (§ 201 Abs. 2 InsO) in das Eigenvermögen des Erben, kann dieser nach §§ 781, 785, 767 ZPO Vollstreckungsgegenklage erheben; eines Vorbehalts nach § 780 ZPO bedarf es dazu nicht (RGRK-BGB/Johannsen Rn. 6; MüKoBGB/Küpper Rn. 8).

4 **2. Insolvenzplan.** Die Wirkungen eines Insolvenzplans (§§ 217 ff. InsO) richten sich nach den im Einzelfall getroffenen Vereinbarungen. Ist nichts anderes bestimmt, bleibt das Recht absonderungsberechtigter Gläubiger auf Befriedigung aus den Gegenständen, an denen Absonderungsrechte bestehen (§§ 49 ff. InsO), unberührt (§ 223 InsO). Die Forderungen nachrangiger Gläubiger (§ 327 InsO: Pflichtteilsberechtigte, Vermächtnisgläubiger, Auflagenberechtigte und ausgeschlossene Gläubiger) gelten als erlassen (§ 225 InsO). Mit der im gestaltenden Teil des Insolvenzplanes vorgesehenen Befriedigung der Insolvenzgläubiger wird der Erbe von seinen restlichen Verbindlichkeiten gegenüber diesen Gläubigern befreit (§ 227 InsO). Ob der Erbe für die Erfüllung des Insolvenzplans nur mit dem Nachlass oder auch mit seinem Eigenvermögen haftet, ist in erster

Linie dem Insolvenzplan zu entnehmen oder durch dessen Auslegung zu ermitteln; im Zweifel gelten §§ 1989, 1973 (Staudinger/Dobler, 2020, Rn. 15; RGRK-BGB/Johannsen Rn. 11; MüKoBGB/Küpper Rn. 7). Gläubigern gegenüber, die ihre Forderungen nicht angemeldet hatten, haftet der Erbe nach ebenfalls §§ 1989, 1973; die § 254 Abs. 1 InsO, § 254b InsO gelten also nicht (MüKoBGB/KüpperRn. 7; Staudinger/Dobler, 2020, Rn. 18; Lange/Kuchinke ErbR § 49 VI 3b). Soweit der Erbe im Insolvenzplan auch die persönliche Haftung übernommen und eigenes Vermögen zur Erfüllung des Plans aufgewandt hat, kann er diese Aufwendungen vor Vollstreckungspreisgabe des Nachlasses an diese Gläubiger abziehen (→ § 1973 Rn. 1 ff.) (Staudinger/Dobler, 2020, Rn. 25).

## § 1990 Dürftigkeitseinrede des Erben

**(1) [1]Ist die Anordnung der Nachlassverwaltung oder die Eröffnung des Nachlassinsolvenzverfahrens wegen Mangels einer den Kosten entsprechenden Masse nicht tunlich oder wird aus diesem Grunde die Nachlassverwaltung aufgehoben oder das Insolvenzverfahren eingestellt, so kann der Erbe die Befriedigung eines Nachlassgläubigers insoweit verweigern, als der Nachlass nicht ausreicht. [2]Der Erbe ist in diesem Falle verpflichtet, den Nachlass zum Zwecke der Befriedigung des Gläubigers im Wege der Zwangsvollstreckung herauszugeben.**

**(2) Das Recht des Erben wird nicht dadurch ausgeschlossen, dass der Gläubiger nach dem Eintritt des Erbfalls im Wege der Zwangsvollstreckung oder der Arrestvollziehung ein Pfandrecht oder eine Hypothek oder im Wege der einstweiligen Verfügung eine Vormerkung erlangt hat.**

**Schrifttum:** K. Schmidt, Zum Prozessrecht der beschränkten Erbenhaftung, JR 1989, 45.

### Überblick

Die Vorschriften der §§ 1990, 1991 ermöglichen dem Erben, die Haftung auch dann auf den Nachlass zu beschränken, wenn der Nachlass die Kosten einer Nachlassverwaltung oder eines Nachlassinsolvenzverfahrens nicht deckt, also dürftig ist. Sie gelten entsprechend, wenn die Überschuldung des Nachlasses allein auf Vermächtnissen und Auflagen beruht (§ 1992). Der Erbe kann die Befriedigung der Nachlassgläubiger verweigern, wenn und soweit der Nachlass nicht ausreicht (Abs. 1 S. 1) Er ist dann zur Herausgabe des Nachlasses in dem Sinne verpflichtet, dass er die Zwangsvollstreckung in ihn dulden muss (Abs. 1 S. 2). Die Einrede wirkt auch gegenüber nach dem Erbfall im Wege der Zwangsvollstreckung erlangten Sicherungen (Abs. 2).

## I. Bedeutung der Norm

**1. Dürftigkeit des Nachlasses.** Deckt der vorhandene Nachlass nicht die Kosten der Nachlassverwaltung oder des Nachlassinsolvenzverfahrens (§ 1975), mutet das Gesetz dem Erben nicht zu, einen Vorschuss aus dem Eigenvermögen leisten zu müssen, um die Beschränkung der Haftung auf den Nachlass zu erreichen. Der Erbe kann zur Abwendung der persönlichen Haftung stattdessen die Dürftigkeit des Nachlasses einwenden und dem Gläubiger den Nachlass zur Verfügung stellen. Auch in diesem Fall tritt die Beschränkung der Haftung auf den Nachlass ein (BGH MDR 1961, 491; OLG Celle ZEV 2021, 750 Rn. 17). Begrifflich wird zwischen der Dürftigkeitseinrede, der Unzulänglichkeitseinrede, der Erschöpfungseinrede sowie der Überschwerungseinrede des § 1992 unterschieden. Der Nachlass ist **dürftig,** wenn er die Verfahrenskosten nicht deckt. Er ist **unzulänglich,** wenn er nicht ausreicht, alle Nachlassgläubiger zu befriedigen, und **erschöpft,** wenn keinerlei Nachlassgegenstände mehr vorhanden sind (KG NJW-RR 2003, 941 (942)). **Überschwerung** bedeutet, dass der Nachlass überschuldet ist, die Überschuldung aber allein auf Vermächtnissen und Auflagen beruht (§ 1992). Auf die Einreden der §§ 1990 f. können sich auch **Nachlasspfleger, Testamentsvollstrecker** (OLG Jena OLG-NL 2003, 89 (90)) und bei Gütergemeinschaft der verwaltende Ehegatte berufen (RGRK-BGB/Johannsen Rn. 12; MüKoBGB/Küpper Rn. 10). Der **Nachlassverwalter** ist bei dürftigem Nachlass verpflichtet, die Aufhebung der Nachlassverwaltung zu beantragen (vgl. § 1988 Abs. 2). 1

**2. Trennung zwischen Nachlass und Eigenvermögen des Erben.** Die Erhebung der Einrede führt iErg wie die Nachlassverwaltung oder das Nachlassinsolvenzverfahren zu einer Tren- 2 nung zwischen Nachlass und Eigenvermögen des Erben. Der Erbe bleibt zwar für die Verwaltung des Nachlasses zuständig. Er ist jedoch dem Nachlassgläubiger gegenüber, der ihn in Anspruch nimmt, gem. §§ 1991, 1978 Abs. 1, § 1979 verantwortlich. Seine Aufwendungen kann er gem. §§ 1991, 1978 Abs. 3 ersetzt verlangen. Durch Konfusion oder Konsolidation erloschene Rechtsverhältnisse gelten im Verhältnis zum Gläubiger als nicht erloschen (§ 1991 Abs. 2). Auf § 1977 verweist § 1991 nicht. Ein Nachlassgläubiger kann jedoch dann, wenn die Voraussetzungen des § 1990 vorliegen, nicht mehr gegen eine private Forderung des Erben **aufrechnen,** weil er sonst mittelbar eine Befriedigung seiner gegen den Nachlass gerichteten Forderung aus dem Eigenvermögen des Erben erreichen würde (BGHZ 35, 317 (327 f.) = NJW 1961, 1966; Erman/Horn Rn. 6; diff. Staudinger/Dobler, 2020, Rn. 41). Folge der Einreden des § 1990 ist die Verpflichtung des Erben, den noch vorhandenen Nachlass an den jeweiligen Gläubiger **herauszugeben** (Abs. 1 S. 2). Ergänzende Regelungen dazu enthält § 1991.

3 **3. Anwendungsbereich.** Die Vorschrift gilt für alle **Nachlassverbindlichkeiten,** für die der Erbe nicht unbeschränkt haftet, damit auch für Erbfallschulden (OLG München NJOZ 2006, 1848 (1851) für die Vergütung des Nachlassverwalters). Für Eigenverbindlichkeiten des Erben und für die bei der Verwaltung des Nachlasses begründeten Nachlasserbenschulden, für welche der Erbe auch mit seinem eigenen Vermögen haftet, gilt die Vorschrift nicht (BGH NJW 2013, 3446 Rn. 6; WM 2020, 2348 Rn. 20; NJW 2021, 701 Rn. 20; BAG NJW 2014, 413 Rn. 18; AG Köln FamRZ 2016, 578 (579)). Hat der Erbe das Recht, seine **Haftung auf den Nachlass zu beschränken,** allen Gläubigern gegenüber bereits verloren, sind §§ 1990 f. nicht anwendbar (§ 2013 Abs. 1 S. 1); haftet der Erbe nur einzelnen Gläubigern gegenüber unbeschränkt, ist die Einrede der §§ 1990 f. diesen Gläubigern gegenüber ausgeschlossen (MüKoBGB/Küpper Rn. 5; Staudinger/Dobler, 2020, Rn. 9). Die §§ 1990, 1991 gelten entspr. für die **Haftung des Erben nach Ende der Nachlassverwaltung** (→ § 1975 Rn. 6; str.). Beruht die Überschuldung des Nachlasses auf Vermächtnissen und Auflagen, sind §§ 1990, 1991 ebenfalls entspr. anwendbar (§ 1992). Auf §§ 1990, 1991 verweisen außerdem § 1480 S. 2, § 1489 Abs. 2, § 1504 S. 2, § 2036 S. 2, § 2145 Abs. 2 S. 2 sowie § 7 VermG und **§ 1629a Abs. 1.** Auf §§ 1992, 1991 verweist § 2187 Abs. 3.

## II. Voraussetzungen der Einreden

4 **1. Fehlen einer die Verfahrenskosten deckenden Masse.** Die **Dürftigkeitseinrede** setzt voraus, dass eine die Kosten der Nachlassverwaltung (→ § 1982 Rn. 1) oder des Nachlassinsolvenzverfahrens (vgl. § 26 Abs. 1 InsO) deckende Masse fehlt und deshalb die Anordnung der Nachlassverwaltung oder die Eröffnung des Nachlassinsolvenzverfahrens nicht tunlich ist. Eine Überschuldung des Nachlasses wird nicht vorausgesetzt (MüKoBGB/Küpper Rn. 2; RGRK-BGB/Johannsen Rn. 4; Grüneberg/Weidlich Rn. 2; aA Staudinger/Dobler, 2020, Rn. 3: Der Erbe müsse mindestens die ernsthafte Möglichkeit dartun, dass eine auf den Nachlass begrenzte Zwangsvollstreckung nicht zu einer vollständigen Befriedigung des Gläubigers führen würde). Darlegungs- und beweispflichtig für die Dürftigkeit ist der Erbe (KG NJW-RR 2003, 941 (942); MüKoBGB/Küpper Rn. 3; Erman/Horn Rn. 3), der grds. (vgl. aber → Rn. 6) zu allen im Zeitpunkt des Erbfalls vorhandenen Nachlassgegenständen und deren Verbleib vortragen muss. Hat das Nachlassgericht mangels Masse die Nachlassverwaltung aufgehoben (§ 1988 Abs. 2) oder hat das Insolvenzgericht das Nachlassinsolvenzverfahren wegen Kostenarmut eingestellt (§ 207 Abs. 1 InsO), hat die Entscheidung Tatbestandswirkung für das Gericht, das über die Einrede zu entscheiden hat; weiterer Vortrag des Erben ist nicht erforderlich (Abs. 1 S. 1). Gleiches gilt, wenn die Anordnung der Nachlassverwaltung oder die Eröffnung des Nachlassinsolvenzverfahrens mangels Masse abgelehnt worden sind (§ 1982) (BGH NJW-RR 1989, 1226; BayObLG ZEV 2000, 151 (152); OLG Rostock OLGR 2009, 102 (105); aA OLG Düsseldorf ZEV 2000, 155: Beweiserleichterung). Die Abweisung eines Antrags auf Eröffnung eines Nachlassinsolvenzverfahrens mangels Masse ist jedoch nicht Voraussetzung der Einrede nach § 1990 (OLG Düsseldorf ZEV 2000, 155; LG Neuruppin ZVI 2005, 40 (41); AG Hildesheim ZVI 2005, 93; Siegmann Rpfleger 2001, 260 (261)). Voraussetzung der **Unzulänglichkeitseinrede** ist zusätzlich, dass der **Nachlass überschuldet** und eine vollständige Befriedigung des Gläubigers, dem die Einrede entgegengesetzt wird, aus dem Nachlass nicht möglich ist. Auch insoweit trifft den Erben die Beweislast. Hat der Erbe freiwillig oder innerhalb gesetzter Frist ein Inventar errichtet (§§ 1993, 1994), kann er sich gem. § 2009 gegenüber einem Nachlassgläubiger auf die Vermutung berufen, dass im Zeitpunkt des Erbfalls weitere Nachlassgegenstände nicht vorhanden waren. Der Nachlassgläubiger muss diese Vermutung widerlegen.

**2. Maßgeblicher Zeitpunkt.** Maßgebend für die Beurteilung der Fragen, ob die Anordnung der Nachlassverwaltung oder die Eröffnung des Nachlassinsolvenzverfahrens nicht tunlich und ob der Nachlass unzulänglich ist, ist der Zeitpunkt der **Entscheidung über die Einrede** (BGHZ 85, 274 (280) = NJW 1983, 1485 (1486); MüKoBGB/Küpper Rn. 4). Es kommt weder auf den Zeitpunkt des Erbfalls noch auf denjenigen der erstmaligen Geltendmachung des Anspruchs oder der Einrede an. Auch wenn die Einrede zunächst unbegründet war, ihre Voraussetzungen aber infolge nachfolgender Veränderungen eintraten, muss das Gericht sie beachten (BGHZ 85, 274 (281) = NJW 1983, 1485; Staudinger/Dobler, 2020, Rn. 7). **Ersatzansprüche gegen den Erben** nach §§ 1978, 1979 gehören gem. § 1991 Abs. 1, § 1978 Abs. 2 zur Masse und können deshalb – sofern sie nicht uneinbringlich sind – die Dürftigkeit des Nachlasses ausschließen (→ § 1978 Rn. 6) (BGH NJW 1992, 2694 (2695); NJW-RR 1989, 1226 (1228)). 5

## III. Erhebung der Einreden im Erkenntnisverfahren

**1. Vorbehalt der beschränkten Erbenhaftung.** Im Prozess muss sich der in Anspruch genommene Erbe mindestens die Beschränkung der Haftung auf den Nachlass vorbehalten lassen (§ 780 Abs. 1 ZPO), und zwar auch dann, wenn der Prozess nicht durch Urteil, sondern durch Vergleich beendet wird (BGH NJW 1991, 2839 (2840)). Der Vorbehalt kann unabhängig davon in das Urteil aufgenommen werden, ob die Voraussetzungen des § 1990 oder einer anderen haftungsbeschränkenden Norm vorliegen oder nicht; näherer Darlegungen des Erben bedarf es nicht (BGHZ 17, 69 (73) = NJW 1955, 788; BGH NJW 1983, 2378 (2379); 1991, 2839 (2840); BGHZ 122, 297 = NJW 1993, 1851; BGHZ 227, 198 Rn. 19 = NJW 2021, 701; BAG NJW 2014, 413 Rn. 16; KG NJW-RR 2003, 941 (942); LG Neuruppin FamRZ 2017, 926 (927)). Voraussetzung ist nur, dass die unbeschränkte Haftung des Erben noch nicht feststeht (OLG Rostock OLGR 2009, 102 (104)). Die Frage, ob überhaupt eine reine Nachlassverbindlichkeit vorliegt oder ob der Erbe auch oder nur persönlich haftet, weil eine Eigenverbindlichkeit des Erbens oder eine Nachlasserbenschuld vorliegt, darf nicht offengelassen werden (BGHZ 227, 198 Rn. 21 = NJW 2021, 701). Die Einrede bedarf keiner besonderen Form. Sie muss auch nicht erkennen lassen, welcher der in § 1990 zusammengefassten Tatbestände einschlägig ist. Es reicht aus, dass der Erbe seine Haftung erkennbar auf den Nachlass beschränken will (KG NJW-RR 2003, 941; OLG Celle ZEV 2010, 409 (410)). Ist der Vorbehalt trotz erhobener Einrede nicht in den Tenor aufgenommen worden, ist hiergegen die **Berufung** zulässig (OLG Schleswig MDR 2005, 350). Entscheidet der Tatrichter über eine von dem beklagten Erben erhobene Dürftigkeitseinrede nicht und behält er ihm auch nicht die Beschränkung seiner Haftung vor, kann das Revisionsgericht den Vorbehalt ohne Revisionsrüge nachholen (BGH NJW 1983, 2378). Der Kläger ist durch den Vorbehalt **beschwert,** weil dieser eine reine Nachlassverbindlichkeit voraussetzt (BGHZ 227, 198 Rn. 25 ff. = NJW 2021, 701). Der Vorbehalt der beschränkten Erbenhaftung kann auch **in der Berufungsinstanz** noch erhoben werden (BGH NJW-RR 2010, 664 Rn. 7 f.; OLG Rostock OLGR 2009, 102 (105); OLG Celle ZEV 2010, 409 (410); aA OLG Hamm MDR 2006, 695). § 531 Abs. 2 ZPO steht nicht entgegen. Voraussetzung der Einrede ist nur, dass der Erbe als solcher in Anspruch genommen wird und sich auf sie beruft. Beides steht idR ebenso außer Streit wie der Erbfall und die Erbenstellung, womit der Kläger die Inanspruchnahme des Erben begründet; unstr. Tatsachen, die erstmals in der Berufungsinstanz vorgetragen werden, sind unabhängig von den Zulassungsvoraussetzungen des § 531 Abs. 2 ZPO stets zu berücksichtigen (BGHZ 177, 212 Rn. 10 = NJW 2008, 3434). In der **Revisionsinstanz** kann die Einrede trotz § 559 Abs. 1 ZPO jedenfalls dann noch erhoben werden, wenn der Erbfall erst nach Schluss der mündlichen Verhandlung in der Tatsacheninstanz eingetreten ist oder der Erbe aus anderen Gründen an der Erhebung der Einrede gehindert war (BAG NJW 2014, 413 Rn. 16). Umgekehrt kann die Revision auf den Vorhalt der beschränkten Erbenhaftung beschränkt werden (BGH ZEV 2017, 453 Rn. 8). In der letztgenannten Entscheidung hat der BGH (V. Zivilsenat) ausdrücklich offengelassen, ob der obsiegende Kläger durch den Vorbehalt der beschränkten Erbenhaftung überhaupt beschwert war. Im konkreten Fall bedurfte die Frage keiner Entscheidung, weil der beklagte Fiskus gem. § 780 Abs. 2 ZPO auch ohne den Vorbehalt nur mit dem Nachlass haftete. Schon deshalb war die Revision unzulässig. In der Regel wird eine Beschwer des Klägers mit dem Urteil des VIII. Zivilsenats (BGHZ 227, 198 = NJW 2021, 701) nicht verneint werden können. Ist die Einrede in der Kostengrundentscheidung nicht berücksichtigt worden, kann sie nicht im Wege der Erinnerung gegen den Kostenansatz (§ 66 GKG) geltend gemacht werden (BGH BGHR § 1990 Prozesskosten 1; BFH/NV 2007, 251). Gleiches gilt für das Kostenfestsetzungsverfahren, in dem die (vorbehaltslose) Kostengrundentscheidung bindend ist (BAG NJW 6

2014, 413 Rn. 18). Aufgrund des Vorbehalts kann der Erbe gem. §§ 781, 785, 767 ZPO **Vollstreckungsgegenklage** erheben.

7 **2. Entscheidung über die tatsächlichen Voraussetzungen der Einrede.** Das Gericht kann bereits im Erkenntnisverfahren über die Dürftigkeit, die Unzulänglichkeit oder die Erschöpfung des Nachlasses entscheiden (BGHZ 122, 297 = NJW 1993, 1851; BGH NJW-RR 2010, 664 Rn. 8; OLG Rostock OLGR 2009, 102 (104); OLG Koblenz FamRZ 2019, 626 (627); LG Neuruppin FamRZ 2017, 926 (927)). Der Beweis kann etwa durch einen Beschluss geführt werden, mit welchem der Antrag auf Eröffnung des Nachlassinsolvenzverfahrens gem. § 26 Abs. 1 InsO mangels einer die Verfahrenskosten deckenden Masse abgewiesen worden ist (vgl. AG Hannover NZI 2021, 350 Rn. 14). Kann der Erbe Dürftigkeit und Erschöpfung des Nachlasses nachweisen und haftet er nicht unbeschränkt (§ 2013 Abs. 1), wird die Klage abgewiesen (BGH NJW 1954, 635 (636); 2013, 933 Rn. 19; BayObLG ZEV 2000, 151 (153); OLG Celle NJW-RR 1988, 133 (134); OLG Rostock OLGR 2009, 102 (104); LG Neuruppin FamRZ 2017, 926 (927); AG Kassel NJW-RR 1992, 585 (586); MüKoBGB/Küpper Rn. 11; Staudinger/Dobler, 2020, Rn. 22). Weist der Erbe die Dürftigkeit und den Bestand des Nachlasses nach, kann das Urteil auf Duldung der Zwangsvollstreckung in diese – genau zu bezeichnenden – Gegenstände oder auf Duldung der Zwangsvollstreckung in den Nachlass lauten (LG Neuruppin FamRZ 2017, 926 (928)). Gegen die Zwangsvollstreckung in nachlassfremde Gegenstände kann sich der Erbe dann mit der Vollstreckungserinnerung (§ 766 ZPO) zur Wehr setzen (BayObLG ZEV 2000, 151 (153); LG Neuruppin FamRZ 2017, 926 (928)). Das Prozessgericht ist jedoch nicht verpflichtet, Beweis über das Vorliegen der tatsächlichen Voraussetzungen einer der Einreden zu erheben. Wie es verfährt, steht vielmehr in seinem pflichtgemäßen Ermessen. Es kann sich darauf beschränken, einen Vorbehalt nach § 780 ZPO auszusprechen, sodass der Erbe Vollstreckungsgegenklage erheben muss (BGH NJW 1954, 635; 1964, 2298 (2300); 1983, 2378 (2379); NJW-RR 1989, 1226 (1230); 2010, 664 Rn. 8; ZEV 2017, 453 Rn. 12; BGHZ 222, 88 Rn. 53 = NJW 2019, 2392; BGH NJW 2021, 701 Rn. 19; RGZ 137, 50 (54 ff.); 162, 298 (300); BayObLG ZEV 2000, 151 (152 f.); KG NJW-RR 2003, 941 (942); OLG Celle ZEV 2010, 409 (410); OLG Düsseldorf FamRZ 2010, 496; LG Neuruppin FamRZ 2017, 926 (927); MüKoBGB/Küpper Rn. 15; RGRK-BGB/Johannsen Rn. 10; K. Schmidt JR 1989, 45). Ob das Gericht bei Entscheidungsreife nicht nur berechtigt, sondern auch verpflichtet ist, sachlich über die Haftungsbeschränkung zu entscheiden, hat der BGH bisher offengelassen (BGH ZEV 2017, 453 Rn. 12; BGHZ 222, 88 Rn. 54 = NJW 2019, 2392).

## IV. Durchsetzung der Einreden im Zwangsvollstreckungsverfahren

8 **1. Vollstreckungsgegenklage.** Der als Erbe des Schuldners verurteilte Beklagte kann die Beschränkung seiner Haftung nur geltend machen, wenn sie ihm im Urteil vorbehalten worden ist (§ 780 Abs. 1 ZPO). Aber auch dann wird die Haftungsbeschränkung nicht von Amts wegen berücksichtigt. Wie sich aus § 781 ZPO ergibt, bleibt die Beschränkung der Haftung des Erben unberücksichtigt, solange der Erbe sich nicht auf sie beruft. Er muss sie gem. § 785 ZPO im Wege der **Vollstreckungsgegenklage** (§§ 767, 769, 770 ZPO) geltend zu machen (vgl. BGHZ 227, 198 Rn. 26, 34, 37 = NJW 2021, 701). Das gilt auch für die Einreden des § 1990, die gem. § 767 Abs. 2 ZPO präkludiert sind, wenn sie im Erkenntnisverfahren nicht geltend gemacht wurden (BGHZ 227, 198 Rn. 37 = NJW 2021, 701; vgl. Stamm LMK 2021, 437148). Die Vollstreckungsgegenklage kann zum Ziel haben, die Zwangsvollstreckung aus dem – genau zu bezeichnenden – Titel für unzulässig zu erklären. Sie kann aber auch darauf gerichtet sein, die Zwangsvollstreckung in einen bestimmten nicht zum Nachlass gehörenden Gegenstand für unzulässig zu erklären (vgl. K. Schmidt JR 1989, 45 (47 f.)). Im Rahmen der Vollstreckungsgegenklage sind die Voraussetzungen der §§ 1990, 1991 (sowie ggf. die fehlende Zugehörigkeit des fraglichen Gegenstandes zum Nachlass) vom Erben darzulegen und zu beweisen. Der **Gläubiger** kann Widerklage auf Auskunft, Rechnungslegung und Abgabe der eidesstattlichen Versicherung erheben (Erman/Horn Rn. 9). Im **Zwangsvollstreckungsverfahren** kann der Erbe, wie sich aus §§ 781, 785 ZPO ergibt, sich nicht mehr auf den Vorbehalt des § 780 ZPO berufen. Insbesondere kann er die Einrede der beschränkten Erbenhaftung nicht im Wege des Widerspruchs nach § 900 Abs. 4 ZPO geltend machen (LG Lübeck ZEV 2009, 312).

9 **2. Aufhebung von Zwangsvollstreckungsmaßnahmen (Abs. 2).** Die Einreden des § 1990 können nicht nur gegenüber künftigen oder gerade begonnenen Zwangsvollstreckungsmaßnahmen erhoben werden. Sie wirken auch gegenüber Pfandrechten und Hypotheken, die ein Nach-

lassgläubiger nach dem Erbfall im Wege der Zwangsvollstreckung oder der Arrestvollziehung erlangt hat, sowie gegenüber einer im Wege der einstweiligen Verfügung erwirkten Vormerkung. Der Erbe kann analog §§ 784 Abs. 1, 785, 767 ZPO die Aufhebung der Maßnahme verlangen, soweit sein **Eigenvermögen** von ihr betroffen ist (Staudinger/Dobler, 2020, Rn. 26; MüKoBGB/Küpper Rn. 6; RGRK-BGB/Johannsen Rn. 17; Erman/Horn Rn. 10); denn er soll nicht schlechter gestellt sein als im Falle der Anordnung der Nachlassverwaltung oder der Eröffnung des Nachlassinsolvenzverfahrens. Zwangsvollstreckungsmaßnahmen von Nachlassgläubigern in den **Nachlass** haben grds. Bestand. Ausnahmsweise kann die Aufhebung verlangt werden, wenn und soweit sie die Ausübung der Rechte des Erben aus Abs. 1 beeinträchtigen, etwa dann, wenn der Gläubiger eines Pflichtteilsrechts, eines Vermächtnisses oder einer Auflage eine ihm nicht zustehende vorzugsweise Befriedigung seines Anspruchs erhalten würde (vgl. § 1991 Abs. 4 und § 327 Abs. 1 InsO) oder wenn der Erbe einen eigenen Anspruch gegen den Nachlass (§ 1991 Abs. 1, § 1978 Abs. 3) nicht mehr durchsetzen könnte (RGRK-BGB/Johannsen Rn. 18; MüKoBGB/Küpper Rn. 6).

**3. Rechte der Eigengläubiger des Erben.** Der Fall, dass Eigengläubiger des Erben entsprechende Sicherungsrechte am Nachlass erwirkt haben, ist in §§ 1990, 1991 nicht geregelt. Insbesondere fehlt eine Verweisung auf § 784 Abs. 2 ZPO. Weil der Erbe im Falle der Dürftigkeit des Nachlasses wie ein Nachlassverwalter fungiert, kann er jedoch analog § 784 Abs. 2 ZPO die Aufhebung solcher Maßnahmen bewirken (MüKoBGB/Küpper Rn. 7; Erman/Horn Rn. 11). Die analoge Anwendung des § 784 Abs. 2 ZPO ist nicht deshalb entbehrlich, weil den Nachlassgläubigern Erstattungsansprüche gegen den Erben zustehen könnten (so iErg RGRK-BGB/Johannsen Rn. 18; Staudinger/Dobler, 2020, Rn. 28); denn dann hätten die Nachlassgläubiger zusätzlich das Risiko der Zahlungsunfähigkeit des Erben zu tragen. Lehnte man eine analoge Anwendung des § 784 Abs. 2 ZPO ab, wären die Voraussetzungen eines Anspruchs aus § 1978 Abs. 1 überdies nicht einmal erfüllt. Kann der Erbe die Pfändung nicht aufheben lassen, kann er auch nicht verantwortlich gemacht werden, wenn er keine entsprechenden Maßnahmen unternimmt. In Betracht käme also allenfalls ein Bereicherungsanspruch des Nachlasses gegen den Erben (Staudinger/Dobler, 2020, Rn. 28), den die Nachlassgläubiger pfänden und sich zur Einziehung überweisen lassen müssten. Nicht anwendbar ist Abs. 2 bei **rechtsgeschäftlich** bestellten Pfand- oder Grundpfandrechten und auf vom Erben bewilligte Vormerkungen (Staudinger/Dobler, 2020, Rn. 25; MüKoBGB/Küpper Rn. 8). 10

## V. Rechtsfolgen (Abs. 1 S. 2)

**1. Vollstreckungspreisgabe.** Steht dem Erben eine der Einreden des § 1990 zu und erhebt er diese Einreden in der gebotenen Weise (→ Rn. 6 f., → Rn. 8 ff.), **beschränkt sich seine Haftung** auf den Nachlass. Er kann die Befriedigung des Gläubigers insoweit verweigern, als der Nachlass nicht ausreicht (Abs. 1 S. 1). In diesem Fall ist er jedoch verpflichtet, den Nachlass zum Zwecke der Befriedigung des Gläubigers im Wege der Zwangsvollstreckung herauszugeben. Wie bei § 1973 bedeutet diese Formulierung, dass der Erbe verpflichtet ist, die Zwangsvollstreckung in den Nachlass zu dulden (RGZ 137, 50 (53); RGRK-BGB/Johannsen Rn. 16; Staudinger/Dobler, 2020, Rn. 29; MüKoBGB/Küpper Rn. 13). Das Recht, die Herausgabe durch Zahlung des Wertes abzuwenden (§ 1973 Abs. 2 S. 2), ist in § 1990 allerdings nicht vorgesehen. Was zum Nachlass gehört, richtet sich nicht – wie bei § 1973 – nach Bereicherungsrecht, sondern nach den strengeren Regeln der § 1991 Abs. 1, §§ 1978–1980. Grds. sind auch unpfändbare Gegenstände herauszugeben (MüKoBGB/Küpper Rn. 13; Soergel/Stein Rn. 9; Lange/Kuchinke ErbR § 49 VIII 2 m. Fn. 181; aA Staudinger/Dobler, 2016, Rn. 32). 11

**2. Freiwillige Herausgabe des Nachlasses.** Der Erbe braucht die Zwangsvollstreckung nicht abzuwarten, sondern kann den Nachlass freiwillig herausgeben. Erbe und Nachlassgläubiger können zum einen Vereinbarungen über Leistungen an Erfüllungs statt (§ 364 Abs. 1) treffen. Allerdings unterliegt der Erbe der **Verwalterhaftung** der § 1991 Abs. 1, § 1978, § 1979, wenn er den bereits dürftigen Nachlass durch schlechte Verwaltung – etwa Herausgabe von Nachlassgegenständen unter Wert – weiter vermindert (RGZ 137, 50 (53); BGH NJW-RR 1989, 1226 (1228); OLG Frankfurt OLGR 2003, 154 (156)). Zum anderen können Nachlassgegenstände zum Zwecke der Verwertung im Wege der öffentlichen Versteigerung oder des freihändigen Verkaufs herausgegeben werden. Die Verwertung im Wege der Zwangsvollstreckung ist nur möglich, wenn zuvor ein Titel (etwa nach § 794 Abs. 1 Nr. 5 ZPO) geschaffen worden ist. 12

## § 1991 Folgen der Dürftigkeitseinrede

**(1) Macht der Erbe von dem ihm nach § 1990 zustehenden Recht Gebrauch, so finden auf seine Verantwortlichkeit und den Ersatz seiner Aufwendungen die Vorschriften der §§ 1978, 1979 Anwendung.**

**(2) Die infolge des Erbfalls durch Vereinigung von Recht und Verbindlichkeit oder von Recht und Belastung erloschenen Rechtsverhältnisse gelten im Verhältnis zwischen dem Gläubiger und dem Erben als nicht erloschen.**

**(3) Die rechtskräftige Verurteilung des Erben zur Befriedigung eines Gläubigers wirkt einem anderen Gläubiger gegenüber wie die Befriedigung.**

**(4) Die Verbindlichkeiten aus Pflichtteilsrechten, Vermächtnissen und Auflagen hat der Erbe so zu berichtigen, wie sie im Falle des Insolvenzverfahrens zur Berichtigung kommen würden.**

### Überblick

Die Vorschrift schließt an § 1990 an. Sie regelt die Folgen der Dürftigkeitseinrede. In erster Linie gelten die §§ 1978, 1979 sowie § 1980, der nur aufgrund eines Redaktionsversehens in Abs. 1 nicht genannt ist. Der Erbe wird nach Auftragsrecht behandelt. Er hat den Nachlass herauszugeben. Ansprüche gegen den Erben aus § 1978 gehören zum Nachlass. Abs. 2 und 3 betreffen die Berechnung des herauszugebenden Nachlasses. Hinsichtlich der nachlassbeteiligten Gläubiger verweist Abs. 4 auf die Rangfolge gem. § 327 Abs. 1, 3 InsO.

### I. Verwalterhaftung des Erben

1 **1. Bedeutung der Norm.** Die Vorschrift des § 1991 **ergänzt diejenige des § 1990.** Sie enthält Regelungen dazu, wie sich der im Falle der Dürftigkeit an die Nachlassgläubiger herauszugebende Nachlass zusammensetzt und in welcher Reihenfolge die Gläubiger befriedigt werden müssen. Dazu verweist sie auf Vorschriften, die bei Nachlassverwaltung und im Nachlassinsolvenzverfahren gelten (§§ 1978, 1979). Wenn sich der Erbe auf die Dürftigkeit des Nachlasses beruft, muss er den Nachlass wie ein Fremdvermögen verwalten. Er haftet, wie wenn er seit Annahme der Erbschaft die Verwaltung als Beauftragter der Nachlassgläubiger zu führen gehabt hätte (Abs. 1 iVm § 1978 Abs. 1 S. 1); für die Zeit bis zur Annahme der Erbschaft haftet er wie ein Geschäftsführer ohne Auftrag (§ 1978 Abs. 1 S. 2). Die Verantwortung gegenüber den Nachlassgläubigern dauert bis zur vollständigen Herausgabe des Nachlasses (§ 1990 Abs. 1 S. 2) an (Staudinger/Dobler, 2020, Rn. 3; RGRK-BGB/Johannsen Rn. 1). Die gegenüber § 1973 strengere Haftung des Erben ist darin begründet, dass der Erbe im Falle des § 1973 von einem zulänglichen Nachlass ausgehen darf, während §§ 1990, 1991 einen dürftigen Nachlass voraussetzen. **§ 1980** gilt ebenfalls entspr. Dass diese Vorschrift in Abs. 1 nicht erwähnt wird, beruht auf einem Redaktionsversehen (BGH NJW 1992, 2694 (2695)).

2 **2. Durchsetzung der Ansprüche gegen den Erben.** Ansprüche gegen den Erben aus Verwalterhaftung können in verschiedener Weise geltend gemacht werden. Der Gläubiger kann gegenüber der im Erkenntnisverfahren oder im Rahmen einer Vollstreckungsabwehrklage erhobenen Einrede aus § 1990 darlegen, dass der Nachlass wegen eines solchen Anspruchs **nicht dürftig** ist oder jedenfalls zu seiner – des Gläubigers – Befriedigung ausreicht (BGH NJW-RR 1989, 1226 (1228); NJW 1992, 2694 (2695); OLG Frankfurt OLGR 2003, 154 (156); Staudinger/Dobler, 2020, Rn. 10). Sind die Voraussetzungen des § 1990 nach wie vor erfüllt, kann der Gläubiger den Anspruch aus Verwalterhaftung einer Vollstreckungsabwehrklage, mit der die Beschränkung der Haftung auf den Nachlass erstrebt wird, im Wege des **allgemeinen Argleisteinwands** (§ 242) entgegenhalten. Dann wird die Vollstreckungsabwehrklage abgewiesen, soweit der Erbe gem. Abs. 1 iVm § 1978 zu Ersatzleistungen aus seinem eigenen Vermögen verpflichtet ist (BGH NJW-RR 1989, 1226 (1228); NJW 1992, 2694 (2695)). Es ist nicht erforderlich, den Anspruch des Nachlasses gegen den Erben (§ 1978 Abs. 2) zu pfänden und zur Einziehung überweisen zu lassen; denn § 1978 Abs. 2 begründet nur eine Fiktion (BGH NJW-RR 1989, 1226 (1228)). Schließlich kann der Gläubiger den Anspruch aus §§ 1991, 1978 auch **selbständig einklagen.**

3 **3. Aufwendungsersatzanspruch des Erben.** Umgekehrt kann der Erbe gem. Abs. 1 iVm § 1978 Abs. 3, § 1979 Ersatz seiner Aufwendungen verlangen. Anders als im Falle des § 1973

kann er nicht alles in Anrechnung bringen, was er aus eigenen Mitteln zur Befriedigung von Nachlassgläubigern aufgewandt hat. Anspruchsvoraussetzung ist vielmehr, dass er den Umständen nach annehmen durfte, der Nachlass reiche zur Berichtigung aller Nachlassverbindlichkeiten aus (§ 1979). Im Übrigen gelten für die Zeit ab Annahme der Erbschaft § 670, für die Zeit bis zur Annahme §§ 683, 670 (vgl. § 1978 Abs. 3). Soweit dem Erben ein Aufwendungsersatzanspruch oder ein sonstiger Anspruch gegen den Nachlass zusteht, kann er sich vorab aus dem Nachlass befriedigen (BGHZ 85, 274 (287) = NJW 1983, 1485; BGH NJW 1995, 596 (597)).

**4. Beweislast.** Darlegungs- und beweispflichtig für die Dürftigkeit des Nachlasses ist zunächst der Erbe (→ § 1990 Rn. 4). Demgegenüber muss der Gläubiger darlegen und beweisen, in welchem Umfange der Erbe gem. Abs. 1 iVm §§ 1978, 1979 persönlich haftet. Die Voraussetzungen eines Anspruches auf Ersatz von Aufwendungen oder eines anderen Anspruchs, der gem. Abs. 2 als nicht erloschen gilt, muss wiederum der Erbe darlegen und beweisen (RGRK-BGB/Johannsen Rn. 11). 4

## II. Berechnung des herauszugebenden Nachlasses

**1. Umfang des Nachlasses.** Zum Nachlass gehören etwa bestehende **Ansprüche gegen den Erben** aus Verwalterhaftung (§ 1978 Abs. 2) (BGH NJW-RR 1989, 1226 (1228); NJW 1992, 2694 (2695)), Ansprüche gegen den Erben als Empfänger anfechtbar erlangter Nachlassgegenstände (LG Köln ZIP 1989, 1385) sowie Surrogate, die ohne Zutun des Erben an die Stelle von Nachlassgegenständen getreten sind (BGHZ 46, 221 (222, 229) = WM 1967, 68 (71)). Hat der Erbe mit Mitteln des Nachlasses andere Vermögenswerte erworben, gehören diese jedoch nicht zum Nachlass. Im Falle des § 1990 sieht das Gesetz **keine dingliche Surrogation** vor. Auch eine entsprechende Anwendung des Surrogationsgrundsatzes im Wege der Rechtsanalogie kommt nicht Betracht, weil das Gesetz durch die Verweisung auf das Auftragsrecht (Abs. 1 iVm § 1978) eine abweichende, dem Schuldrecht angehörende Regelung trifft (BGH NJW-RR 1989, 1226 (1227)). Allenfalls schuldrechtliche Herausgabeansprüche nach §§ 1991, 1978, 667 können bestehen, wenn der Erbe mit dem Willen handelte, das Geschäft für Rechnung des Nachlasses abzuschließen. Andernfalls bleibt es bei dem Ersatzanspruch gegen den Erben. 5

**2. Wiederaufleben erloschener Rechte und Verbindlichkeiten.** Gemäß Abs. 2 gelten im Verhältnis zu demjenigen Gläubiger, dem gegenüber sich der Erbe auf § 1990 beruft, die infolge des Erbfalls durch Vereinigung von Recht und Verbindlichkeit oder von Recht und Belastung erloschenen Rechtsverhältnisse als nicht erloschen. Anders als in den Fällen des § 1976 handelt es sich dabei jedoch nur um die rechnerische Ermittlung des herauszugebenden Nachlasses, nicht um die tatsächliche Wiederherstellung erloschener Rechtsverhältnisse (MüKoBGB/Küpper Rn. 5; Staudinger/Dobler, 2020, Rn. 14; RGRK-BGB/Johannsen Rn. 6). Die infolge des Erbfalls eingetretene Vermögenszuordnung als solche bleibt unberührt (BGHZ 113, 132 (138) = NJW 1991, 844; BGH NJW 1982, 575 (576)). Eigengläubiger des Erben können also nicht dessen (frühere) Ansprüche gegen den Nachlass pfänden. 6

**3. Aufrechnung.** Die Aufrechnung eines Nachlassgläubigers gegen eine Eigenforderung des Erben kann der Erbe unter Hinweis auf seine auf den Nachlass beschränkte Haftung zurückweisen (BGHZ 35, 317 (327 f.) = NJW 1961, 1966; MüKoBGB/Küpper Rn. 6; diff. Staudinger/Dobler, 2020, § 1990 Rn. 41); denn andernfalls könnten sich Nachlassgläubiger trotz der beschränkten Haftung aus dem Eigenvermögen des Erben befriedigen. § 1991 verweist nicht auf § 1977. Hat ein Eigengläubiger des Erben gegen eine zum Nachlass gehörende Forderung aufgerechnet, hat die Aufrechnung Bestand; denn § 1990 dient nur dem Schutz des Erben vor der Inanspruchnahme seines Privatvermögens (Staudinger/Dobler, 2020, § 1990 Rn. 43; MüKoBGB/Küpper Rn. 6; aA Lange/Kuchinke ErbR § 49 VIII 5 m. Fn. 202; Soergel/Stein § 1990 Rn. 8). Die Nachlassgläubiger sind in diesem Fall auf einen Ersatzanspruch aus § 1978 angewiesen. 7

## III. Befriedigung der Gläubiger

**1. Keine Rangfolge bei zulänglichem Nachlass.** Solange der Erbe von der Zulänglichkeit des Nachlasses ausgehen darf, braucht er keine bestimmte Reihenfolge bei der Berichtigung von Nachlassverbindlichkeiten einzuhalten (§ 1979) (RGRK-BGB/Johannsen Rn. 3; Erman/Horn Rn. 3). Konnte der Erbe erkennen, dass der Nachlass nicht ausreicht, alle Gläubiger zu befriedigen, gelten §§ 1979, 1978 uneingeschränkt, solange die Voraussetzungen des § 1990 nicht erfüllt sind, 8 der Nachlass also noch nicht dürftig ist (Staudinger/Dobler, 2020, Rn. 5). Verletzt der Erbe die Pflicht, die Eröffnung des Nachlassinsolvenzverfahrens zu beantragen (§ 1980), macht er sich Gläubigern gegenüber schadensersatzpflichtig, soweit diese weniger erhalten, als sie bei Durchführung eines Nachlassinsolvenzverfahrens bekommen hätten. Das Recht, sich auf § 1990 zu berufen, verliert der Erbe dadurch jedoch nicht (Soergel/Stein Rn. 4; Erman/Horn Rn. 3; MüKoBGB/Küpper Rn. 7).

9 **2. Dürftiger Nachlass.** Liegen die Voraussetzungen des § 1990 vor, entfällt die Verpflichtung des Erben, Nachlassverwaltung oder die Eröffnung des Nachlassinsolvenzverfahrens zu beantragen. Solange der Nachlass ausreicht, die Forderung des anspruchstellenden Gläubigers zu befriedigen, ist der Erbe verpflichtet, dessen Forderung zu erfüllen. Bei der Prüfung der Frage, ob und wie weit der Nachlass reicht, gilt ein rechtskräftiges Urteil zugunsten eines anderen Gläubigers wie dessen Befriedigung (Abs. 3). Der titulierte Betrag gilt als nicht mehr im Nachlass vorhanden (vgl. BGH NJW-RR 1989, 1226 (1228)). Abs. 3 ist entspr. auf Forderungen des Erben gegen den Erblasser anwendbar, die gem. Abs. 2 als fortbestehend anzusehen sind. Der Erbe kann keinen Titel gegen sich selbst erwirken. Weil eine Schlechterstellung gegenüber allen anderen Gläubigern nicht zu rechtfertigen wäre, wird er stets einem Gläubiger gleichgestellt, der ein rechtskräftiges Urteil erwirkt hat (RGZ 139, 199 (202); Soergel/Stein Rn. 7; RGRK-BGB/Johannsen Rn. 6; iE auch Staudinger/Dobler, 2020, Rn. 20). Gleiches gilt für den Nachlasspfleger wegen seiner Ansprüche auf Vergütung, Gebühren und Auslagenersatz (Soergel/Stein Rn. 7; Erman/Horn Rn. 4).

10 **3. Verbindlichkeiten gegenüber nachlassbeteiligten Gläubigern.** Verbindlichkeiten aus Pflichtteilsrechten, Vermächtnissen und Auslagen sind wie im Nachlassinsolvenzverfahren erst nach den übrigen Forderungen und nach den Forderungen ausgeschlossener und diesen gleichgestellter Gläubiger zu erfüllen (Abs. 4 iVm § 327 Abs. 1, 3 InsO). Diese Regelung gilt auch für Pflichtteilsergänzungsansprüche alten Rechts aus Erbfällen vor dem 1.4.1998 (BGHZ 85, 272 (280) = NJW 1983, 1485; Staudinger/Dobler, 2016, Rn. 21). Bei voreiliger Befriedigung nachlassbeteiligter Gläubiger haftet der Erbe den anderen – vorrangigen – Gläubigern auf den Ausfall. Gilt die Begleichung bestimmter Verbindlichkeiten anderen Gläubigern gegenüber nicht als Erfüllung, sodass der Erbe ersatzpflichtig ist, hat er gegen den voreilig befriedigten Gläubiger einen Bereicherungsanspruch nach Maßgabe der §§ 813, 814 (OLG Stuttgart NJW-RR 1989, 1283; Staudinger/Dobler, 2020, Rn. 22; MüKoBGB/Küpper Rn. 11).

## § 1992 Überschuldung durch Vermächtnisse und Auflagen

**[1]Beruht die Überschuldung des Nachlasses auf Vermächtnissen und Auflagen, so ist der Erbe, auch wenn die Voraussetzungen des § 1990 nicht vorliegen, berechtigt, die Berichtigung dieser Verbindlichkeiten nach den Vorschriften der §§ 1990, 1991 zu bewirken. [2]Er kann die Herausgabe der noch vorhandenen Nachlassgegenstände durch Zahlung des Wertes abwenden.**

### Überblick

§ 1992 regelt die sog. Überschwerungseinrede. Wenn die Überschuldung des Nachlasses auf Vermächtnissen und Auflagen beruht, kann der Erbe gegenüber den Berechtigten nach §§ 1990, 1991 verfahren (S. 1). Die Herausgabe kann durch Zahlung des Wertes der herauszugebenden Gegenstände abgewendet werden (S. 2).

### I. Bedeutung der Norm

1 **1. Überschwerungseinrede.** Beruht die Überschuldung des Nachlasses auf **Vermächtnissen und Auflagen,** ist der Erbe berechtigt (§ 320 InsO), aber nicht verpflichtet (§ 1980 Abs. 1 S. 3), das Nachlassinsolvenzverfahren zu beantragen. Er kann stattdessen die Berichtigung der Vermächtnisse und Auflagen nach Maßgabe der §§ 1990, 1991 verweigern. Diese Regelung entspricht der auch in anderen Vorschriften zum Ausdruck kommenden schwächeren Stellung der Vermächtnisgläubiger und Auflagenberechtigten. Im Nachlassinsolvenzverfahren werden sie nachrangig berücksichtigt (§ 327 InsO); ihre vorzeitige Befriedigung ist wie eine unentgeltliche Leistung des Erben anfechtbar (§ 322 InsO). Außerhalb des Nachlassinsolvenzverfahrens gehen ihnen selbst die

im Aufgebotsverfahren ausgeschlossenen und die diesen gleichstehenden Gläubiger vor (§ 1973 Abs. 1 S. 2, § 1974). Hat der Erbe gleichwohl Pflichtteilsansprüche, Vermächtnisse oder Auflagen aus dem Nachlass erfüllt, kann ein rangbesserer Nachlassgläubiger die Leistung wie eine unentgeltliche Leistung des Erben anfechten (§ 5 AnfG). § 1992 ist Ausdruck des vermuteten Willens des Erblassers. Der Erblasser ordnet Vermächtnisse und Auflagen in der Erwartung an, dass der Nachlass zu ihrer Erfüllung ausreicht; andernfalls hätte er sie im Zweifel nicht verfügt. Ein Nachlassinsolvenzverfahren würde seinem Willen daher regelmäßig nicht entsprechen (Prot. V 762, 803).

**2. Anwendungsbereich.** Auf § 1992 können sich nicht nur der Erbe, sondern auch der 2 **Nachlassverwalter,** der **Testamentsvollstrecker** (OLG Jena OLG-NL 2003, 89 (90)) und der **Nachlasspfleger** berufen (MüKoBGB/Küpper Rn. 3). Sind die Voraussetzungen des § 1992 erfüllt, ist der Erbe nicht gezwungen, nach dieser Vorschrift vorzugehen. Er kann stattdessen die Eröffnung des Nachlassinsolvenzverfahrens beantragen (vgl. § 320 S. 1 InsO). Gegenüber Pflichtteilsberechtigten und Erbersatzanspruchsberechtigten alten Rechts wirkt § 1992 nicht. Entspr. anwendbar ist § 1992, wenn ein Vermächtnisnehmer mit einem Vermächtnis oder einer Auflage beschwert ist (§ 2187 Abs. 3).

## II. Voraussetzungen der Einrede

**1. Keine unbeschränkte Haftung des Erben.** § 1992 setzt – wie auch §§ 1990, 1991 – 3 voraus, dass der Erbe noch nicht allen Gläubigern gegenüber unbeschränkt haftet (§ 2013 Abs. 1). Haftet der Erbe nur einzelnen Gläubigern gegenüber unbeschränkt, ist die Berufung auf § 1992 nur diesen Gläubigern gegenüber ausgeschlossen. Der Nachlass braucht jedoch nicht iSv § 1990 **dürftig** zu sein. § 1992 erlaubt dem Erben gerade, nach §§ 1990, 1991 vorzugehen, obwohl eine die Kosten einer Nachlassverwaltung oder eines Nachlassinsolvenzverfahrens deckende Masse vorhanden ist.

**2. Überschuldung des Nachlasses.** Der Nachlass muss überschuldet sein (Soergel/Stein 4 Rn. 2; Lange/Kuchinke ErbR § 49 VIII 1c; einschr. Staudinger/Dobler, 2020, Rn. 2: die ernsthafte Möglichkeit, dass eine auf den Nachlass begrenzte Zwangsvollstreckung nicht zu einer vollständigen Befriedigung aller Gläubiger führt, reiche aus). Die Überschuldung muss **auf Vermächtnissen und Auflagen beruhen.** Das folgt bereits aus dem Wortlaut der Norm. Ist der Nachlass aufgrund sonstiger Forderungen überschuldet, ist der Erbe gem. § 1980 Abs. 1 verpflichtet, unverzüglich die Eröffnung des Nachlassinsolvenzverfahrens zu beantragen; auf § 1992 kann er sich nicht berufen (Prot. V 803; RG JW 1912, 40; KG OLGRspr. 30, 175; OLG München ZEV 1998, 100 (101) m. zust. Anm. Weber; MüKoBGB/Küpper Rn. 5; Staudinger/Dobler, 2020, Rn. 3; RGRK-BGB/Johannsen Rn. 2). Eine analoge Anwendung des § 1992 kommt allenfalls dann in Betracht, wenn außer den Vermächtnissen und Auflagen nur die Forderungen ausgeschlossener und diesen gleichstehender Gläubiger nicht berücksichtigt werden könnten (§§ 1973, 1974) (Staudinger/Dobler, 2020, Rn. 4; MüKoBGB/Küpper Rn. 5); denn solchen Gläubigern gegenüber ist der Erbe ebenfalls nicht verpflichtet, die Eröffnung des Nachlassinsolvenzverfahrens zu beantragen (→ § 1980 Rn. 2).

**3. Weitere Einzelheiten.** Maßgeblicher **Zeitpunkt** für die Beurteilung der Frage, ob der 5 Nachlass überschwert ist, ist derjenige der Entscheidung über den geltend gemachten Anspruch (genau: der Zeitpunkt der letzten mündlichen Verhandlung in der Tatsacheninstanz; → § 1990 Rn. 5 mN auch der Gegenansicht). Zum Nachlass gehören – wie bei § 1990 – auch Ersatzansprüche **gegen den Erben** aus Verwalterhaftung gem. § 1991 Abs. 1, §§ 1978, 1979, 1980 sowie Surrogate, die ohne Zutun des Erben an die Stelle von Nachlassgegenständen getreten sind (→ § 1991 Rn. 5). **Darlegungs- und beweispflichtig** für die Voraussetzungen der Überschwerungseinrede ist der Erbe (OLG Koblenz NJW-RR 2006, 377 (378); Staudinger/Dobler, 2020, Rn. 8). Im Erkenntnisverfahren braucht jedoch nicht geklärt zu werden, ob der Nachlass tatsächlich aufgrund von Vermächtnissen und Auflagen überschuldet ist; der Erbe kann stattdessen unter dem Vorbehalt des § 780 Abs. 1 ZPO verurteilt werden (→ § 1990 Rn. 6 f.) (OLG Koblenz NJW-RR 2006, 377 (378)).

## III. Rechtsfolgen

**1. Entsprechende Anwendung der §§ 1990, 1991.** Liegen die Voraussetzungen des § 1992 6 vor, kann der Erbe die Berichtigung der Vermächtnisse und Auflagen nach §§ 1990, 1991 bewirken. Er hat bei der Befriedigung der Gläubiger die im Nachlassinsolvenzverfahren vorgesehene **Rangfolge** einzuhalten (§ 1991 Abs. 4 iVm § 327 Abs. 1 InsO: Pflichtteilsansprüche vor Verbindlichkeiten aus Vermächtnissen und Auflagen). Im **Prozess** muss sich der Erbe die Beschränkung der Haftung auf den Nachlass vorbehalten lassen (§ 780 Abs. 1 ZPO). Besteht der verbliebene Nachlass nur noch in Geld, kann auch bereits der Abzugsbetrag festgesetzt werden (RGRK-BGB/Johannsen Rn. 9). Kommt es später doch zur Eröffnung des Nachlassinsolvenzverfahrens, kann der betroffene Vermächtnisgläubiger oder Auflagenberechtigte seine Forderung gleichwohl in voller Höhe anmelden, damit diese keine doppelte Kürzung erfährt (RGRK-BGB/Johannsen Rn. 9); er erhält jedoch nicht mehr als den Betrag der durch den Abzug ermäßigten Forderung. Lautet das Urteil auf Duldung der Zwangsvollstreckung in bestimmte Nachlassgegenstände (→ § 1990 Rn. 7), kann sich der Erbe im Urteil die Abwendung der Zwangsvollstreckung durch Zahlung des Wertes dieser Gegenstände vorbehalten lassen (Erman/Horn Rn. 4; Soergel/Stein Rn. 5). **Vollstreckungsmaßnahmen in sein Eigenvermögen** kann der Erbe, der die Einrede der beschränkten Erbenhaftung erhoben hat (§ 780 Abs. 1 ZPO), gem. §§ 781, 784 Abs. 1 ZPO, §§ 785, 767 ZPO im Wege der Vollstreckungsgegenklage abwehren.

7 **2. Vollstreckungspreisgabe.** Soweit der Nachlass nicht ausreicht, kann der Erbe die Berichtigung der Forderung verweigern. Er ist dann verpflichtet, den noch vorhandenen Nachlass an den anspruchstellenden Gläubiger herauszugeben (→ § 1973 Rn. 7). Was zu dem herauszugebenden Nachlass gehört, richtet sich nach § 1991 (→ § 1991 Rn. 5 ff.). Zusätzlich gewährt § 1992 S. 2 dem Erben das Recht, die Herausgabe der noch vorhandenen Nachlassgegenstände durch **Zahlung des Wertes** abzuwenden. Dieses Recht bezieht sich jedoch nur auf die Herausgabepflicht nach § 1990 Abs. 1 S. 2 (Staudinger/Dobler, 2020, Rn. 11; Soergel/Stein Rn. 4), nicht auf den Fall, dass dem Vermächtnisnehmer **ein bestimmter Gegenstand zugewandt** worden ist, dessen Leistung er verlangt (§ 2174). Reicht der Nachlass zur Berichtigung eines solchen Anspruchs nicht aus, wandelt dieser sich in einen anteilig gekürzten Geldanspruch um. Der Gläubiger ist berechtigt, gegen Zahlung der Differenz die Herausgabe des zugewandten Gegenstandes in Natur zu verlangen (BGH NJW 1964, 2298 (2300); Staudinger/Dobler, 2020, Rn. 11; RGRK-BGB/Johannsen Rn. 8; MüKoBGB/Küpper Rn. 9).

8 **3. Aufrechnung.** Die Aufrechnung der Forderung eines Vermächtnisgläubigers gegen eine Eigenforderung des Erben ist ausgeschlossen, sobald die Voraussetzungen des § 1992 vorliegen, weil der Erbe andernfalls doch eigenes Vermögen zur Befriedigung des Vermächtnisses oder der Auflage einsetzen müsste. Gegen eine Nachlassforderung können Vermächtnisgläubiger hingegen weiterhin aufrechnen; denn eine Aufrechnung wäre sogar nach Eröffnung des Nachlassinsolvenzverfahrens noch möglich (Staudinger/Dobler, 2020, § 1990 Rn. 42; Grüneberg/Weidlich Rn. 3; Soergel/Stein Rn. 6; aA RGRK-BGB/Johannsen Rn. 11, MüKoBGB/Küpper Rn. 8 und Lange/Kuchinke ErbR § 49 VIII 5 für den Fall, dass der Nachlass bereits zurzeit des Erbfalls überschuldet war; dagegen Staudinger/Dobler, 2020, § 1990 Rn. 42).

## Untertitel 4. Inventarerrichtung, unbeschränkte Haftung des Erben

### § 1993 Inventarerrichtung

**Der Erbe ist berechtigt, ein Verzeichnis des Nachlasses (Inventar) bei dem Nachlassgericht einzureichen (Inventarerrichtung).**

#### Überblick

Das Inventar ist ein Nachlassverzeichnis. Es wird errichtet, indem es beim Nachlassgericht eingereicht wird. Es führt nicht zu einer Beschränkung der Haftung des Erben, sondern dient vor allem den Interessen der Nachlassgläubiger, die mit seiner Hilfe den Bestand des Nachlasses zum Zeitpunkt des Erbfalls feststellen können (vgl. § 2001). Das Inventar wird freiwillig (§ 1993) oder binnen einer auf Antrag eines Nachlassgläubigers vom Nachlassgericht gesetzten Frist (§§ 1994–2000) errichtet. Verfahren und Wirkungen eines Inventars sind in den §§ 2002–2013 geregelt.

## I. Inventar

**1. Begriff.** Ein Inventar ist ein **Nachlassverzeichnis,** das beim Nachlassgericht eingereicht **(errichtet)** wird. Es führt nicht zu einer Beschränkung der Haftung des Erben auf den Nachlass. Im Verhältnis des Erben zu den Nachlassgläubigern begründet es lediglich die **Vermutung,** dass zurzeit des Erbfalls weitere als die angegebenen Nachlassgegenstände nicht vorhanden gewesen seien (§ 2009). Muss sich der Erbe nach §§ 1973, 1974, 1978, 1991 gegenüber den Nachlassgläubigern verantworten oder wird er nach § 1980 auf Schadensersatz in Anspruch genommen, kann er sich auf diese Vermutung berufen. Im Übrigen haben die Vorschriften über die Inventarerrichtung für den Erben negative Wirkungen. Mit Errichtung des Inventars verliert er die **Dreimonatseinrede** des § 2014 (→ § 2014 Rn. 3). Versäumung einer auf Antrag eines Gläubigers vom Nachlassgericht gesetzten Inventarfrist (§ 1994 Abs. 1) und Inventaruntreue (§ 2005) führen zur **unbeschränkten Haftung für Nachlassverbindlichkeiten.** Sinn der durch § 1993 ermöglichten freiwilligen Errichtung eines Inventars ist vor allem die Vermeidung dieser nachteiligen Folgen. 1

**2. Sinn und Zweck.** Das Inventar als solches dient in erster Linie den Interessen der **Nachlassgläubiger,** die mit seiner Hilfe den **ursprünglichen Bestand des Nachlasses** feststellen, in den Nachlass vollstrecken und den Erben bei nachteiligen Veränderungen ggf. auf Schadensersatz in Anspruch nehmen können. Auf der Grundlage des Inventars können sie entscheiden, ob ein Antrag auf Anordnung der Nachlassverwaltung oder auf Eröffnung des Nachlassinsolvenzverfahrens in Betracht kommt. Jeder Nachlassgläubiger, der eine Forderung gegen den Nachlass glaubhaft macht, kann vom Erben verlangen, dass er die Richtigkeit des Inventars zu Protokoll des Nachlassgerichts **an Eides statt versichert** (§ 2006 Abs. 1). Verweigert der Erbe die eidesstattliche Versicherung, haftet er dem Gläubiger, der den Antrag gestellt hatte, unbeschränkt (§ 2006 Abs. 3). Gleiches gilt, wenn das Inventar innerhalb der vom Nachlassgericht gesetzten Frist (§ 1994) nicht errichtet wird. Die Herbeiführung der unbeschränkten Haftung ist aber nicht Verfahrenszweck, sondern nur eine Sanktion im Rahmen des Verfahrens (OLG Hamm FGPrax 2010, 193). Der **Erbe** kann durch ordnungsgemäße, insbes. rechtzeitige Errichtung des Inventars den Bestand des Nachlasses mit der Rechtsfolge des § 2009 (Vermutung, dass andere als die angegebenen Nachlassgegenstände nicht vorhanden gewesen seien) dokumentieren und sich die Möglichkeit der Beschränkung seiner Haftung auf den Nachlass erhalten. 2

**3. Aufnahme und Errichtung des Inventars.** Die **Aufnahme** des Inventars erfolgt entweder durch den Erben unter Hinzuziehung einer zuständigen Behörde (§ 2002) oder auf Antrag des Erben durch einen vom Nachlassgericht (§ 23a Abs. 2 Nr. 2 GVG, § 343 FamFG) beauftragten Notar (§ 2003). Welche Behörden zuständig sind, richtet sich nach Landesrecht (§ 486 FamFG, Art. 148 EGBGB; § 20 Abs. 5 BNotO, § 61 Nr. 2 BeurkG). Der Erbe kann auf ein bereits vorhandenes, den Vorschriften der §§ 2002, 2003 entsprechendes Inventar Bezug nehmen (§ 2004). **Inhaltlich** sollen die im Zeitpunkt des Erbfalles vorhandenen Nachlassgegenstände und die Nachlassverbindlichkeiten vollständig angegeben werden; das Inventar soll außerdem eine Beschreibung der Nachlassgegenstände und die Angabe ihres Wertes enthalten (§ 2001). **Errichtet** wird das Inventar dadurch, dass es beim Nachlassgericht eingereicht wird (§ 1993). 3

## II. Freiwillige Errichtung des Inventars

**1. Inventarrecht. Jeder Erbe** ist berechtigt, ein Inventar zu errichten, auch dann, wenn es mehrere Miterben gibt. Das Inventar muss sich auf den gesamten Nachlass beziehen. Ein Inventar über einen Erbteil ist nicht zulässig. Das von einem **Miterben** errichtete Inventar kommt auch den übrigen Miterben zustatten, soweit diese noch nicht unbeschränkt haften (§ 2063 Abs. 1). Wenn die Erbschaft zum Gesamtgut gehört, kann der verwaltende Ehegatte, der nicht Erbe ist, das Inventar mit Wirkung für den Erben errichten (§ 2008). Das Inventar kann auch durch den gesetzlichen Vertreter, insbes. einen Nachlasspfleger (§ 1960 Abs. 2), oder einen **Bevollmächtigten** errichtet werden, nicht jedoch durch einen Vertreter ohne Vertretungsmacht (§ 180 S. 1 analog) (MüKoBGB/Küpper Rn. 6; Staudinger/Dobler, 2020, Rn. 15; RGRK-BGB/Johannsen Rn. 5). Der Erbe ist berechtigt, aber **nicht verpflichtet,** ein Inventar zu errichten. § 1993 begründet keine Erfüllungs- oder Schadensersatzansprüche der Nachlassgläubiger (KG OLGRspr. 14, 295; Erman/Horn Rn. 1; Soergel/Stein Rn. 1). 4

**2. Verfahren. Zuständig** für die Entgegennahme des Inventars ist das Nachlassgericht, also dasjenige Amtsgericht, in dessen Bezirk der Erblasser seinen Wohnsitz hatte (§ 23a Abs. 2 Nr. 2 GVG, § 343 FamFG). Eine gesetzliche **Frist,** innerhalb derer das Inventar errichtet werden müsste, 5 gibt es nicht. Der Erbe bleibt zur Inventarerrichtung berechtigt, bis eine vom Nachlassgericht gesetzte Frist abgelaufen ist. Die freiwillige Errichtung ist auch noch dann möglich, wenn Nachlassverwaltung angeordnet oder das Nachlassinsolvenzverfahren eröffnet worden ist (MüKoBGB/Küpper Rn. 2; Staudinger/Dobler, 2020, Rn. 27). Der Einreichende kann vom Nachlassgericht eine **Empfangsbestätigung** verlangen. Weigert sich das Nachlassgericht, das Inventar entgegenzunehmen, kann er Beschwerde einlegen (§§ 58 ff. FamFG, § 11 RPflG) (MüKoBGB/Küpper Rn. 8). Der Gläubiger hat gem. § 2010 das **Recht auf Einsicht** in das Inventar; bei Vorliegen eines berechtigten Interesses kann er auch Erteilung einer Abschrift verlangen (§ 13 Abs. 3 FamFG) (RGZ 129, 240 (243) zu § 34 Abs. 1 S. 2 FGG). Für die **Kosten,** die durch die Errichtung eines Nachlassinventars entstehen, haften gem. § 24 Nr. 4 GNotKG die Erben. Es gelten die allgemeinen Vorschriften des BGB über Nachlassverbindlichkeiten. Gemäß KV 12410 Abs. 1 Nr. 6 GNotKG wird für die Entgegennahme eines Nachlassinventars eine Festgebühr von 15 EUR erhoben. Im Nachlassinsolvenzverfahren stellen diese Kosten Masseverbindlichkeiten dar (§ 324 Abs. 1 Nr. 4 InsO).

## § 1994 Inventarfrist

**(1) [1]Das Nachlassgericht hat dem Erben auf Antrag eines Nachlassgläubigers zur Errichtung des Inventars eine Frist (Inventarfrist) zu bestimmen. [2]Nach dem Ablauf der Frist haftet der Erbe für die Nachlassverbindlichkeiten unbeschränkt, wenn nicht vorher das Inventar errichtet wird.**

**(2) [1]Der Antragsteller hat seine Forderung glaubhaft zu machen. [2]Auf die Wirksamkeit der Fristbestimmung ist es ohne Einfluss, wenn die Forderung nicht besteht.**

### Überblick

Der Erbe ist zur Errichtung des Inventars verpflichtet, wenn das Nachlassgericht auf Antrag eines Nachlassgläubigers eine Inventarfrist setzt. Einzelheiten der Fristsetzung ergeben sich aus §§ 1995–2000. Der Gläubiger muss seine Forderung glaubhaft machen (vgl. § 31 FamFG).

### I. Bedeutung der Norm

1 § 1993 regelt das Recht des Erben, ein Inventar zu errichten, und definiert die Begriffe „Inventar" und „Errichtung". § 1994 hat demgegenüber die **Inventarpflicht des Erben** zum Gegenstand. Die Nachlassgläubiger müssen dann, wenn der Erbe ihnen nur noch mit dem Nachlass haftet, den ursprünglichen Bestand des Nachlasses und spätere Veränderungen in zuverlässiger Weise feststellen können, um eine Grundlage für Vollstreckungsmaßnahmen und eventuelle Ansprüche gegen den Erben aus §§ 1978–1980 zu erhalten. Unabhängig von der Frage der Haftungsbeschränkung erleichtert das Inventar außerdem die Entscheidung darüber, ob Nachlassverwaltung oder die Eröffnung des Nachlassinsolvenzverfahrens beantragt werden sollte. Die Nachlassgläubiger können dem Erben deshalb vom Nachlassgericht eine **Inventarfrist** zur Errichtung des Inventars setzen lassen. Nach Ablauf der Frist haftet der Erbe unbeschränkt, wenn er das Inventar nicht errichtet hat (§ 1994 Abs. 1 S. 2). Direkt erzwingen können die Nachlassgläubiger die Inventarerrichtung nicht (KG OLGRspr. 14, 293 (295); Staudinger/Dobler, 2020, Rn. 3). Sie sind auch nicht berechtigt, beim Nachlassgericht die amtliche Aufnahme des Inventars (§ 2003) zu beantragen. Durch die unbeschränkte Haftung, die ihnen den Zugriff auf das Privatvermögen des Erben ermöglicht, sind sie hinreichend geschützt. Nach dem Tod des Erben ist die Inventarfrist dessen Erben – den **Erbeserben** – zu setzen (vgl. OLG Jena NJW-RR 2009, 304). Stirbt der Erbe vor Ablauf einer bereits gesetzten Frist, wirkt die Fristsetzung grds. auch gegen die Erbeserben (vgl. § 1998).

### II. Antragsrecht

2 **1. Nachlassgläubiger.** Antragsberechtigt ist grds. jeder Nachlassgläubiger, auch der Gläubiger einer Nachlasserbenschuld (OLG Schleswig ZEV 2014, 53 m. insoweit zust. Anm. Küpper; zum Begriff der Nachlasserbenschuld → § 1967 Rn. 20), der Pflichtteilsberechtigte (Staudinger/Dobler, 2020, Rn. 5 f.; BayObLG ZEV 2000, 276 (277)), der Vermächtnisnehmer und der Auflagenbegünstigte sowie der Pfandgläubiger, der die Nachlassforderung gepfändet hat. Der Erbe, sei

er Allein- oder Miterbe, ist nicht antragsbefugt (→ Rn. 4) (OLG Düsseldorf MDR 2014, 1033). Ein Pflichtteilsberechtigter, der nicht Erbe ist, hat außerdem einen klagbaren Anspruch aus § 2314 auf Auskunft über den Bestand des Nachlasses durch Vorlage eines Bestandsverzeichnisses (§ 260), das ggf. durch eidesstattliche Versicherung zu bekräftigen ist (§ 260 Abs. 2). Hat der Erbe ein Inventar nach §§ 1993, 1994 vorgelegt, kann der Pflichtteilsberechtigte auf eidesstattliche Versicherung der Richtigkeit dieses Inventars klagen. Der Klage auf Vorlage eines gesonderten Bestandsverzeichnisses bedarf es nicht (RGZ 129, 239 (242); RGRK-BGB/Johannsen Rn. 6).

**2. Ausgeschlossene Gläubiger.** Auch ein nach §§ 1973, 1974 ausgeschlossener Gläubiger ist antragsberechtigt (MüKoBGB/Küpper § 1973 Rn. 2; Erman/Horn Rn. 2; aA RGRK-BGB/Johannsen Rn. 3; Staudinger/Dobler, 2020, Rn. 8; Grüneberg/Weidlich Rn. 3). Zwar kann im Verhältnis zu einem ausgeschlossenen Gläubiger keine unbeschränkte Haftung durch Versäumung der Inventarfrist oder durch Inventaruntreue mehr eintreten (§ 2013 Abs. 1 S. 2). Sinn und Zweck der Inventarfrist erschöpfen sich jedoch nicht in der Rechtsfolge der unbeschränkten Haftung bei Inventarverfehlungen. Dem Gläubiger soll auch die Verfolgung seiner Ansprüche gegen den Nachlass erleichtert werden; er soll eine Grundlage für seine Entscheidung bekommen, ob er Nachlassverwaltung oder die Eröffnung des Nachlassinsolvenzverfahrens beantragen oder den Erben aus §§ 1978 ff. in Anspruch nehmen sollte (RGZ 129, 239 (244); Küpper ZEV 2014, 35). Dieser Zweck gilt auch im Verhältnis zu einem nach § 1973 ausgeschlossenen Gläubiger. Der ausgeschlossene Gläubiger bleibt berechtigt, Nachlassverwaltung oder Eröffnung des Nachlassinsolvenzverfahrens zu beantragen. Er hat Anspruch darauf, vor Pflichtteils- und Vermächtnisgläubigern sowie Auflagenbegünstigten aus dem Nachlass befriedigt zu werden (§ 1973 Abs. 1 S. 2). Der Erbe hat ihm den nach Befriedigung der nicht ausgeschlossenen Gläubiger verbliebenen Nachlass herauszugeben (§ 1973 Abs. 2). Diese dem ausgeschlossenen Gläubiger verbliebenen Rechte unnötig einzuschränken, besteht kein Anlass. 3

**3. Miterben-Gläubiger.** Ein Nachlassgläubiger, der zugleich Miterbe ist, ist nicht antragsbefugt (Erman/Horn Rn. 2; Grüneberg/Weidlich Rn. 3; Staudinger/Dobler, 2020, Rn. 8; RGRK-BGB/Johannsen Rn. 5; KG Rpfleger 1979, 136 f.; Buchholz JR 1990, 45 (48); aA MüKoBGB/Küpper Rn. 3; Gottwald ZEV 2006, 347 (348); offengelassen von OLG Düsseldorf MDR 2014, 1033). Der Miterbe ist selbst in der Lage, sich die erforderlichen Informationen zu verschaffen. Er ist berechtigt und ggf. sogar verpflichtet, selbst ein Inventar zu erstellen und dessen Richtigkeit an Eides Statt zu versichern. Die Inventarfrist könnte daher nur dazu dienen, die unbeschränkte Haftung der anderen Erben herbeizuführen. Diese ist im Verhältnis zu einem Miterbengläubiger jedoch ausdrücklich ausgeschlossen (§ 2063 Abs. 2; → § 2063 Rn. 6 mwN). Nur zum Zwecke der Herbeiführung der Haftungsfolgen kann die Errichtung eines Inventars überdies nicht verlangt werden. 4

**4. Mehrere Gläubiger.** Steht eine Forderung mehreren Gläubigern gemeinsam zu, können sie den Antrag nur gemeinsam stellen. Gehört die Forderung zu einem ungeteilten Nachlass, ist gem. § 2039 jeder Erbe antragsberechtigt (Staudinger/Dobler, 2020, Rn. 7; MüKoBGB/Küpper Rn. 2; RGRK-BGB/Kregel § 2039 Rn. 2). 5

## III. Verfahren

**1. Antrag.** Der Antrag ist schriftlich oder zu Protokoll der Geschäftsstelle (§ 25 FamFG) des zuständigen Nachlassgerichts (§ 23a Abs. 2 Nr. 2 GVG, § 343 FamFG) zu stellen. Der Antragsteller hat den Antragsgegner zu benennen (LG Bochum Rpfleger 1991, 154; Erman/Horn Rn. 2). Gibt es mehrere Erben, kann er einen oder mehrere von ihnen benennen; die Frist muss nicht notwendig allen Erben gesetzt werden (vgl. § 2063 Abs. 1) (Staudinger/Dobler, 2020, Rn. 15). Der Antragsteller muss seine Forderung gem. § 31 FamFG **glaubhaft machen** (Abs. 2 S. 1) (BayObLGZ 1992, 162 (163 f.) mwN). Kann nur nach eingehender Aufklärung des Sachverhalts und Beantwortung nicht einfacher Rechtsfragen entschieden werden, ob die Forderung besteht, ist die Glaubhaftmachung misslungen; denn beides ist nicht Aufgabe des Nachlassgerichts (KG ZEV 2005, 114 (117)). Auf die Wirksamkeit der Fristbestimmung ist es ohne Einfluss, wenn die Forderung nicht besteht (Abs. 2 S. 2). Die übrigen Voraussetzungen des § 1994 – insbes. die Erbeneigenschaft desjenigen, dem die Frist gesetzt werden soll – muss das Nachlassgericht von Amts wegen ermitteln (§ 26 FamFG) (RGRK-BGB/Johannsen Rn. 8; Staudinger/Dobler, 2020, Rn. 10); insoweit ist der Antragsteller zur Glaubhaftmachung nicht verpflichtet (LG Krefeld MDR 1970, 766). Hat der Erbe die Erbschaft ausgeschlagen, muss das Nachlassgericht die Wirksamkeit der Ausschlagung prüfen und den Antrag ggf. ablehnen (BayObLG FamRZ 1994, 264). Der Erbe, 6 dem die Frist gesetzt werden soll, hat Anspruch auf **rechtliches Gehör** (Art. 103 Abs. 1 GG) (BayObLGZ 1992, 162 = NJW-RR 1992, 162).

7 **2. Keine Inventarfrist bei Nachlassverwaltung oder Nachlassinsolvenzverfahren.** Ist Nachlassverwaltung angeordnet oder das Nachlassinsolvenzverfahren eröffnet worden, ist der Antrag unzulässig. Wurde die Eröffnung des Nachlassinsolvenzverfahrens mangels Masse abgelehnt, besteht ein Rechtsschutzbedürfnis demgegenüber nach wie vor (OLG Stuttgart FGPrax 1995, 68). Dem Fiskus als gesetzlichem Erben, einem Nachlasspfleger oder Nachlassverwalter, einem Nachlassinsolvenzverwalter oder einem Testamentsvollstrecker kann keine Inventarfrist gesetzt werden. Hier bestehen eigene Auskunftsansprüche (zB § 2012 Abs. 1 S. 2, § 2011 S. 2). Unzulässig ist der Antrag auch, wenn der Erbe bereits ein den Vorschriften der §§ 2002, 2003 entsprechendes Inventar errichtet hat (OLG München FamRZ 2008, 2310; Staudinger/Dobler, 2020, Rn. 18). Dass der Erbe einen Antrag nach § 2003 auf amtliche Aufnahme des Inventars gestellt hat, lässt das Rechtsschutzinteresse des Nachlassgläubigers hingegen nicht entfallen, schon weil der Antrag zurückgenommen werden könnte; der Antrag nach § 1994 bleibt also zulässig (OLG München FamRZ 2008, 2310 (2311)). Weil das Inventar dazu dient, dem Gläubiger einen Überblick über den Bestand des Nachlasses zu verschaffen, kann die Fristsetzung auch bei schon unbeschränkter oder (im Fall einer Nachlasserbenschuld) unbeschränkbarer Haftung des Erben beantragt werden (Küpper ZEV 2014, 35). Der Antrag ist **nicht fristgebunden.**

8 **3. Inventarfrist.** Die Inventarfrist wird durch Beschluss des Nachlassgerichts bestimmt. Einzelheiten regeln §§ 1995–2000. Die Frist soll mindestens einen Monat, höchstens drei Monate betragen und beginnt mit Zustellung des Beschlusses, durch den die Frist bestimmt wird (§ 1995 Abs. 1), jedoch nicht vor Annahme der Erbschaft (§ 1995 Abs. 2). Die Frist kann auf Antrag des Erben **verlängert** (§ 1995 Abs. 3) und in bestimmten Fällen unverschuldeter Säumnis des Erben **neu bestimmt** werden (§ 1996). Bei Stillstand der Rechtspflege oder mangelnder Geschäftsfähigkeit des Erben ist die Frist wie eine Verjährungsfrist gehemmt (§§ 1997, 206, 210). Stirbt der Erbe vor Ablauf der Frist, endet die Frist nicht vor dem Ablauf der für die Erbschaft des Erben vorgeschriebenen Ausschlagungsfrist (§ 1998). Die Bestimmung der Inventarfrist wird unwirksam, wenn Nachlassverwaltung angeordnet oder das Nachlassinsolvenzverfahren eröffnet wird (§ 2000). Eine dem vorläufigen Erben bestimmte Frist wird gegenstandslos, wenn dieser die Erbschaft ausschlägt (AG Oldenburg Rpfleger 1990, 21 f.). Eine einmal gesetzte Frist kann nicht von Amts wegen zurückgenommen werden (§ 48 Abs. 1 S. 2 FamFG). Die Anordnungsverfügung ist dem oder den Erben sowie allen Nachlassgläubigern zuzustellen.

9 **4. Rechtsmittel.** Sowohl gegen die Ablehnung des Antrags als auch gegen die Bestimmung der Inventarfrist findet die (befristete) Beschwerde nach §§ 58 ff. FamFG, § 11 RPflG statt. Die Beschwerde steht jedem zu, der durch den Beschluss in seinen Rechten beeinträchtigt ist (§ 59 Abs. 1 FamFG). Der Erbe kann geltend machen, dass er nicht Erbe, der Antragsteller nicht Nachlassgläubiger, die Frist zu kurz bemessen oder ein Inventar bereits eingereicht worden sei. Für ihn beginnt die Frist mit der schriftlichen Bekanntgabe (§ 63 Abs. 3 FamFG; zur Berechnung der Frist vgl. § 16 Abs. 2 FamFG iVm § 222 ZPO, § 187 Abs. 1, § 188 Abs. 2, 3). Der Nachlassgläubiger, der den Antrag gestellt hat, kann gegen eine ablehnende Entscheidung Beschwerde einlegen (§ 59 Abs. 2 FamFG); ist dem Antrag stattgegeben worden, kann er und können andere Nachlassgläubiger die Dauer der Frist beanstanden. Die Frist zur Einlegung der Beschwerde beginnt für jeden Nachlassgläubiger mit dem Zeitpunkt, in dem der Beschluss demjenigen Nachlassgläubiger bekannt gemacht wird, der den Antrag auf die Bestimmung der Inventarfrist gestellt hat (§ 360 FamFG). Die Beschwerde hat, wie sich aus § 64 Abs. 3 FamFG ergibt, keine aufschiebende Wirkung.

10 **5. Weiteres Verfahren.** Für die Bestimmung und für die Verlängerung der Inventarfrist fällt gem. KV 12411 Nr. 2, 3, 4 GNotKG jeweils eine Festgebühr von 25 EUR an. Kostenschuldner ist der Antragsteller (§ 22 Abs. 1 GNotKG). Der Erbe haftet gem. § 24 Nr. 4 GNotKG ebenfalls, jedoch nur nach den Vorschriften über die Nachlassverbindlichkeiten. Gemäß § 13 Abs. 1 FamFG hat das Nachlassgericht jedem, der ein berechtigtes Interesse glaubhaft macht, **Einsicht in die Anordnungsverfügung** zu gewähren.

## IV. Rechtsfolgen

11 **1. Wahrung der Frist.** Die Inventarfrist wird durch rechtzeitiges Einreichen eines ordnungsgemäßen Inventars (§ 1993), durch einen Antrag auf amtliche Aufnahme des Inventars (§ 2003

Abs. 1 S. 2) oder durch Bezugnahme auf ein bei dem Nachlassgericht befindliches Inventar (§ 2004) gewahrt. Hat ein Miterbe bereits ein Inventar eingereicht, kommt dieses ohne weiteres allen übrigen Miterben zugute (§ 2063 Abs. 1). Gleiches gilt im Verhältnis der in Gütergemeinschaft lebenden Ehegatten zueinander (§ 2008 Abs. 1 S. 3), im Verhältnis zwischen Vorerben und Nacherben (§ 2144 Abs. 2) und im Verhältnis zwischen Erbschaftsverkäufer und Erbschaftskäufer (§ 2383).

**2. Unbeschränkte Haftung nach Fristablauf.** Hat der Erbe innerhalb der Frist kein Inventar errichtet, haftet er für die Nachlassverbindlichkeiten unbeschränkt. Die unbeschränkte Haftung tritt gegenüber allen Nachlassgläubigern ein, nicht nur gegenüber demjenigen, der die Inventarfrist hat setzen lassen. Einzelheiten ergeben sich aus § 2013: Eine Haftungsbeschränkung nach §§ 1973, 1974 kann nicht mehr eintreten. Der Erbe kann nicht mehr die Anordnung der Nachlassverwaltung beantragen. Ein Nachlassinsolvenzverfahren bleibt möglich, führt aber nicht mehr zu einer Haftungsbeschränkung. Die Einreden der Dürftigkeit und der Überschwerung des Nachlasses (§§ 1990, 1992) sind ebenso ausgeschlossen wie die aufschiebenden Einreden der §§ 2014, 2015 (vgl. § 2016 Abs. 1) und das Recht, das Aufgebot der Nachlassgläubiger (§ 455 Abs. 1 FamFG) oder die Zwangsversteigerung eines zum Nachlass gehörenden Grundstückes (§ 175 Abs. 2 ZVG) zu beantragen. **Ausnahmen:** Im Verhältnis der Miterben untereinander (§ 2063 Abs. 2) sowie im Verhältnis des Vorerben zum Nacherben (§ 2144 Abs. 3) tritt die unbeschränkte Haftung nicht ein. Vor Ablauf der Inventarfrist bereits eingetretene Haftungsbeschränkungen (§§ 1973, 1974, 2000 S. 3, § 2063 Abs. 2, § 2144 Abs. 3) bleiben erhalten. 12

**3. Kein Verschulden des Erben.** Auf ein Verschulden des Erben kommt es grds. nicht an. Unter den Voraussetzungen des § 1996 Abs. 1 – höhere Gewalt oder unverschuldete Unkenntnis der Anordnungsverfügung – kann dem Erben jedoch eine neue Inventarfrist gesetzt werden. Nicht voll geschäftsfähige Erben werden durch § 1997 und § 1999 sowie durch § 1629a geschützt. Gibt es **mehrere Erben,** haftet nur derjenige Erbe unbeschränkt, der die ihm gesetzte Frist versäumt hat (→ § 2063 Rn. 2). 13

**4. Entscheidung des Prozessgerichts.** Ob die Inventarfrist gewahrt worden ist, entscheidet nicht das Nachlassgericht, sondern das Prozessgericht (BayObLGZ 1993, 88 = NJW-RR 1993, 780 (781); OLG München FamRZ 2008, 2310 (2311); Staudinger/Dobler, 2020, Rn. 37; MüKoBGB/Küpper Rn. 13). Die Beweislast obliegt, wie sich aus § 1994 Abs. 1 S. 2 ergibt, dem Erben (OLG Rostock ErbR 2009, 99; RGRK-BGB/Johannsen § 2013 Rn. 19). Das Prozessgericht ist an Feststellungen und rechtliche Schlussfolgerungen, die das Nachlassgericht etwa zur Erbenstellung oder zur Wirksamkeit einer Ausschlagung getroffen hat, nicht gebunden (MüKoBGB/Küpper Rn. 13). 14

## § 1995 Dauer der Frist

**(1) [1]Die Inventarfrist soll mindestens einen Monat, höchstens drei Monate betragen. [2]Sie beginnt mit der Zustellung des Beschlusses, durch den die Frist bestimmt wird.**

**(2) Wird die Frist vor der Annahme der Erbschaft bestimmt, so beginnt sie erst mit der Annahme der Erbschaft.**

**(3) Auf Antrag des Erben kann das Nachlassgericht die Frist nach seinem Ermessen verlängern.**

### Überblick

Über die Dauer der Frist entscheidet das Nachlassgericht nach seinem pflichtgemäßen, durch die Mindest- und Höchstgrenzen in Abs. 1 beschränkten Ermessen. Die Frist kann frühestens mit Annahme der Erbschaft beginnen (Abs. 2) und verlängert werden (Abs. 3). Ergänzende Vorschriften finden sich in §§ 1996–1998.

### I. Bedeutung der Norm

Die Vorschrift begrenzt das pflichtgemäße Ermessen des Nachlassgerichts bei der Bestimmung der Inventarfrist (vgl. OLG Hamm FGPrax 2010, 193). Ein Verstoß gegen die in Abs. 1 genannten Mindest- und Höchstgrenzen führt nicht zur Unwirksamkeit der gesetzten Frist, sondern begründet nur ein Beschwerderecht des Erben oder der Nachlassgläubiger (→ § 1994 Rn. 9) 1

(MüKoBGB/Küpper Rn. 1; RGRK-BGB/Johannsen Rn. 1). Die Fristbestimmung beruht auf einem Ermessensfehler, wenn das Nachlassgericht ohne vorherige Anhörung des Erben die gesetzliche Mindestfrist bestimmt (BayObLGZ 1992, 162 (166 f.) = NJW-RR 1992, 1159). Ergänzende Vorschriften enthalten die §§ 1996–1998.

## II. Fristbeginn

2 Die Inventarfrist beginnt mit der **Bekanntgabe** der Anordnungsverfügung an denjenigen Erben, dem die Frist bestimmt worden ist (§ 40 Abs. 1 FamFG, § 41 Abs. 1 FamFG). Die Bekanntgabe hat durch förmliche Zustellung zu erfolgen (§ 15 Abs. 2 S. 1 FamFG, §§ 166–195 ZPO) (MüKoBGB/Küpper Rn. 2). Ist mehreren Erben eine Frist gesetzt worden, läuft die Frist für jeden Erben gesondert ab Zustellung an ihn (Staudinger/Dobler, 2020, Rn. 4; vgl. auch LG Kaiserslautern DAVorm 1973, 625). Für die Berechnung der Frist gelten § 187 Abs. 1, § 188 Abs. 2 und 3. Bei unverschuldeter Unkenntnis der Zustellung kann gem. § 1996 Abs. 1 S. 2, § 1996 Abs. 2 eine neue Inventarfrist bestimmt werden. Eine Frist, die **vor Annahme der Erbschaft** (§§ 1943 ff.) bestimmt worden ist, beginnt – entspr. dem Rechtsgedanken des § 1958 – erst mit der Annahme der Erbschaft zu laufen (Abs. 2).

## III. Fristverlängerung

3 Ein Antrag des Erben auf Verlängerung der gesetzten Frist (Abs. 3) muss vor Fristablauf beim Nachlassgericht eingehen (OLG München BeckRS 2019, 9943 Rn. 3; OLG Brandenburg BeckRS 2019, 37464 Rn. 13). Das Nachlassgericht entscheidet nach pflichtgemäßem Ermessen (OLG Hamm FGPrax 2010, 193; OLG München BeckRS 2019, 9943 Rn. 7). Es kann die Frist über die Dreimonatsfrist des Abs. 1 hinaus verlängern (KG Rpfleger 1985, 193; OLG Düsseldorf Rpfleger 1997, 216; RGRK-BGB/Johannsen Rn. 4); an den Antrag ist es dabei nicht gebunden (OLG München BeckRS 2019, 9943 Rn. 7). Der Erbe hat grds. die ihm bekannten Nachlassgegenstände aufzuführen. Ihn trifft aber keine allgemeine Ermittlungsobliegenheit. Eine Erkundigungsobliegenheit kommt nur insoweit in Betracht, als konkrete Anhaltspunkte für das Vorhandensein weiterer Nachlassgegenstände bestehen und die in Betracht kommenden Ermittlungen nach Umfang, Erfolgsaussichten und Kosten zumutbar sind. Das ist bei der Bestimmung der (verlängerten) Frist zu berücksichtigen (vgl. OLG Hamm FGPrax 2010, 193). Der Antrag auf Fristverlängerung kann nicht deshalb abgelehnt werden, weil bis zur Entscheidung über ihn kein Inventar errichtet worden ist (OLG Düsseldorf Rpfleger 1997, 216 f.). Bei der Entscheidung über den Verlängerungsantrag sind die Voraussetzungen einer Fristbestimmung jedenfalls dann nicht erneut zu prüfen, wenn der Erstbeschluss rechtskräftig geworden ist (OLG München BeckRS 2019, 9943 Rn. 3). Gegen die Entscheidung über den Verlängerungsantrag können der Erbe sowie jeder Nachlassgläubiger **Beschwerde** einlegen (§§ 58 ff. FamFG).

## § 1996 Bestimmung einer neuen Frist

**(1) War der Erbe ohne sein Verschulden verhindert, das Inventar rechtzeitig zu errichten, die nach den Umständen gerechtfertigte Verlängerung der Inventarfrist zu beantragen oder die in Absatz 2 bestimmte Frist von zwei Wochen einzuhalten, so hat ihm auf seinen Antrag das Nachlassgericht eine neue Inventarfrist zu bestimmen.**

**(2) Der Antrag muss binnen zwei Wochen nach der Beseitigung des Hindernisses und spätestens vor dem Ablauf eines Jahres nach dem Ende der zuerst bestimmten Frist gestellt werden.**

**(3) Vor der Entscheidung soll der Nachlassgläubiger, auf dessen Antrag die erste Frist bestimmt worden ist, wenn tunlich gehört werden.**

## Überblick

Der Erbe kann Bestimmung einer neuen Frist beantragen, wenn er unverschuldet an der rechtzeitigen Errichtung des Inventars gehindert war (Abs. 1); er kann auch Wiedereinsetzung in die unverschuldet versäumte Antragsfrist verlangen (Abs. 2). Der Gläubiger, der die Fristsetzung beantragt hatte, hat Anspruch auf rechtliches Gehör (Abs. 3; Art. 103 Abs. 1 GG).

## I. Bedeutung der Norm

1 Bei unverschuldeter Versäumung der Inventarfrist können die Folgen des § 1994 durch Bestimmung einer neuen Frist beseitigt werden. Es handelt sich um eine Art von **Wiedereinsetzung in den vorigen Stand** (RGZ 54, 121).

## II. Voraussetzungen der Wiedereinsetzung

2 Der Begriff der höheren Gewalt wurde durch Gesetz vom 9.12.2004 (BGBl. I 3214) durch denjenigen des fehlenden Verschuldens ersetzt (Abs. 1). Die Grundsätze des Wiedereinsetzungsrechts (§ 233 ZPO, § 17 FamFG) können entspr. herangezogen werden (OLG Brandenburg BeckRS 2019, 37464 Rn. 9). Die Verhinderung muss die Errichtung des Inventars innerhalb der Frist und die Stellung eines Verlängerungsantrages nach § 1995 Abs. 3 unmöglich gemacht haben; auch ein Antrag nach § 2003 auf amtliche Aufnahme des Inventars darf nicht möglich gewesen sein (RGRK-BGB/Johannsen Rn. 2; MüKoBGB/Küpper Rn. 2). **Schuldlose Unkenntnis** von der Anordnungsverfügung kommt uU bei Ersatzzustellung oder öffentlicher Zustellung in Betracht, schuldlose Fristversäumung bei unrichtigen Auskünften amtlicher Stellen (BayObLGZ 1993, 88 = NJW-RR 1993, 780 (782); OLG Brandenburg BeckRS 2019, 37464 Rn. 12 ff.). Das Verschulden des gesetzlichen Vertreters (vgl. § 9 Abs. 4 FamFG) oder seines Verfahrensbevollmächtigten muss sich der Erbe zurechnen lassen (vgl. § 11 S. 5 FamFG, § 85 Abs. 2 ZPO) (RGRK-BGB/Johannsen Rn. 3; MüKoBGB/Küpper Rn. 2; Staudinger/Dobler, 2020, Rn. 5). Dass ein Dritter den Nachlass in Besitz hat, stellt keinen Wiedereinsetzungsgrund dar, weil der Erbe entweder gegen den Dritten gerichtlich vorgehen und zugleich Verlängerungsantrag (§ 1995 Abs. 3) stellen oder die amtliche Aufnahme des Inventars (§ 2003) beantragen kann.

## III. Verfahren

3 Der Antrag auf Bestimmung einer neuen Frist muss **innerhalb von zwei Wochen** nach Behebung des Hindernisses, spätestens vor Ablauf eines Jahres nach Ende der zuerst bestimmten Frist gestellt werden (Abs. 2; vgl. § 234 ZPO, § 18 FamFG). Wird auch die neue Frist schuldlos versäumt, kann auch insoweit „Wiedereinsetzung" beantragt werden. Vor der Entscheidung über den Antrag ist dem Nachlassgläubiger, auf dessen Antrag die erste Frist bestimmt worden war, **rechtliches Gehör** zu gewähren (Art. 103 Abs. 1 GG gegenüber § 1996 Abs. 3). Die Entscheidung des Nachlassgerichts kann vom Erben und von jedem Nachlassgläubiger mit der (befristeten) Beschwerde angefochten werden (§§ 58 ff. FamFG). Das **Prozessgericht** ist an rechtskräftige Entscheidungen des Nachlassgerichts über die Bestimmung oder die Ablehnung der Bestimmung einer neuen Frist gebunden, was den Tatbestand der Fristsetzung angeht (Soergel/Stein Rn. 6; Erman/Horn Rn. 3). Im Übrigen besteht eine Bindung nicht (→ § 1994 Rn. 14 mwN).

# § 1997 Hemmung des Fristablaufs

**Auf den Lauf der Inventarfrist und der im § 1996 Abs. 2 bestimmten Frist von zwei Wochen finden die für die Verjährung geltenden Vorschriften des § 210 entsprechende Anwendung.**

## Überblick

Der Lauf der Inventarfrist und der Wiedereinsetzungsfrist des § 1996 Abs. 2 ist gehemmt, wenn der nicht oder beschränkt geschäftsfähige Erbe keinen gesetzlichen Vertreter hat.

## I. Bedeutung der Norm

1 § 1997 ergänzt §§ 1995, 1996. Hat der nicht geschäftsfähige oder in der Geschäftsfähigkeit beschränkte Erbe **keinen gesetzlichen Vertreter** (§ 210), sind die Inventar- und die zweiwöchige Wiedereinsetzungsfrist gehemmt. „Inventarfrist" ist hier die ursprüngliche Frist des § 1994, die nach § 1995 Abs. 3 verlängerte Frist, die nach § 1996 Abs. 1 neu bestimmte Frist und die gem. § 2005 Abs. 2 bei unabsichtlicher Unrichtigkeit oder Unvollständigkeit neu bestimmte Frist (MüKoBGB/Küpper Rn. 5; RGRK-BGB/Johannsen Rn. 1). Für die Jahresfrist des § 1996 Abs. 2 gilt § 1997 nicht (vgl. Staudinger/Dobler, 2020, Rn. 2, die eine Korrektur entspr. § 234 Abs. 3

ZPO vorschlägt). Gemäß § 210 enden die Fristen nicht vor dem Ablauf von sechs Monaten nach dem Zeitpunkt, in dem die Person unbeschränkt geschäftsfähig oder der Mangel der Vertretung behoben ist.

## II. Verschulden des Vertreters

2 Versäumt der gesetzliche Vertreter die Frist, wird dies dem Erben zugerechnet (MüKoBGB/Küpper Rn. 2; Staudinger/Dobler, 2020, Rn. 5). Gemäß § 1999 soll die Inventarfrist deshalb dem FamG mitgeteilt werden. Vor einer unbeschränkten Haftung auch mit dem Neuerwerb nach Eintritt der Volljährigkeit schützt § 1629a.

### § 1998 Tod des Erben vor Fristablauf

**Stirbt der Erbe vor dem Ablauf der Inventarfrist oder der im § 1996 Abs. 2 bestimmten Frist von zwei Wochen, so endigt die Frist nicht vor dem Ablauf der für die Erbschaft des Erben vorgeschriebenen Ausschlagungsfrist.**

## Überblick

Stirbt der Erbe vor Ablauf der Inventarfrist, endet diese frühestens mit Ablauf der Ausschlagungsfrist. Eine entsprechende Vorschrift enthält § 1952 für die Ausschlagungsfrist. Der Erbeserbe soll zunächst entscheiden können, ob er die Erbschaft annimmt.

## I. Bedeutung der Norm

1 Der Erbeserbe haftet wie der Erbe für die Nachlassverbindlichkeiten. Zu seinem Schutz überträgt § 1998 die Regelung des § 1952 Abs. 2 auf die Inventarfrist der §§ 1994, 1995 und die Wiedereinsetzungsfrist des § 1996 Abs. 2. Die Inventarfrist endet **nicht vor Ablauf der Ausschlagungsfrist** (§ 1944), und zwar unabhängig davon, ob der Erbeserbe die Erbschaft vorher angenommen hat. Darauf, ob der Erbeserbe Kenntnis von der Inventarfrist hatte, kommt es nicht an (RGRK-BGB/Johannsen Rn. 1; Staudinger/Dobler, 2020, Rn. 1; MüKoBGB/Küpper Rn. 1). Ist die Unkenntnis unverschuldet, kann die Bestimmung einer neuen Frist verlangt werden (§ 1996). § 1995 Abs. 3 gilt ebenfalls.

## II. Mehrere Erbeserben

2 Sind mehrere Erbeserben vorhanden, ist jeder zur Errichtung eines Inventars der ganzen Erbschaft berechtigt (Mot. V 613; Staudinger/Dobler, 2020, Rn. 2) und verpflichtet (RGRK-BGB/Johannsen Rn. 2; MüKoBGB/Küpper Rn. 2). Die Inventarfristen können für die einzelnen Mit-Erbeserben unterschiedlich laufen (§ 1944). Das von einem der Erbeserben errichtete Inventar kommt gem. § 2063 Abs. 1 auch den übrigen Erbeserben zugute, sofern diese noch nicht unbeschränkt haften.

### § 1999 Mitteilung an das Gericht

**[1]Steht der Erbe unter elterlicher Sorge oder unter Vormundschaft, so soll das Nachlassgericht dem Familiengericht von der Bestimmung der Inventarfrist Mitteilung machen. [2]Fällt die Nachlassangelegenheit in den Aufgabenkreis eines Betreuers des Erben, tritt an die Stelle des Familiengerichts das Betreuungsgericht.**

## Überblick

Das zuständige Familien- oder Betreuungsgericht soll von der Fristsetzung unterrichtet werden, wenn der Erbe minderjährig ist oder unter Vormundschaft oder Betreuung steht. Der Erbe soll so vor Versäumnissen seines gesetzlichen Vertreters, Vormundes oder Betreuer geschützt werden, für die er einzustehen hat.

## I. Bedeutung der Norm

Durch die **Mitteilung des Nachlassgerichts** soll das FamG oder das BetrG in die Lage versetzt werden, darauf hinwirken zu können, dass das Inventar von den Eltern, vom Vormund, vom Pfleger oder vom Betreuer des Erben – notfalls im Wege eines Antrags nach § 2003 – fristgerecht errichtet wird (§§ 1667, 1837, 1915, 1908i). Sie hat unmittelbar nach Bestimmung der Frist zu erfolgen. Die Frist ist wirksam, auch wenn die Mitteilung unterbleibt (RGRK-BGB/Johannsen Rn. 1; MüKoBGB/Küpper Rn. 2; Erman/Horn Rn. 1; zweifelnd Staudinger/Dobler, 2020, Rn. 3 im Hinblick auf den verfassungsrechtlich gebotenen Schutz des Minderjährigen vor Überschuldung; → Rn. 2). 1

## II. Schutz des minderjährigen Erben vor Überschuldung

Der verfassungsrechtlich gebotene Schutz des Minderjährigen vor Überschuldung (vgl. BVerfGE 72, 155 = NJW 1986, 1859) wird durch § 1999 nicht gewährleistet. Diesem Zweck dient § 1629a, der die Haftung des Minderjährigen auf den Bestand des bei Eintritt der Volljährigkeit vorhandenen Vermögens beschränkt. Er geht den allgemeinen Vorschriften der § 2005 Abs. 1 S. 1 und 2, § 2006 Abs. 3 als die neuere und speziellere Regelung vor. Der volljährig gewordene Erbe haftet für Nachlassschulden also auch dann nicht mit dem Neuerwerb, wenn er – etwa weil sein gesetzlicher Vertreter die Inventarfrist hat verstreichen lassen – erbrechtlich unbeschränkt haftet (Staudinger/Dobler, 2020, § 1997 Rn. 5; zum Minderjährigenhaftungsbeschränkungsgesetz vgl. Klüsener Rpfleger 1999, 55 (56)). 2

### § 2000 Unwirksamkeit der Fristbestimmung

**[1]Die Bestimmung einer Inventarfrist wird unwirksam, wenn eine Nachlassverwaltung angeordnet oder das Nachlassinsolvenzverfahren eröffnet wird. [2]Während der Dauer der Nachlassverwaltung oder des Nachlassinsolvenzverfahrens kann eine Inventarfrist nicht bestimmt werden. [3]Ist das Nachlassinsolvenzverfahren durch Verteilung der Masse oder durch einen Insolvenzplan beendet, so bedarf es zur Abwendung der unbeschränkten Haftung der Inventarerrichtung nicht.**

## I. Bedeutung der Norm

Mit Anordnung der Nachlassverwaltung oder Eröffnung des Nachlassinsolvenzverfahrens geht die Verantwortung für den Nachlass auf den Nachlass- oder Nachlassinsolvenzverwalter über. Der Erbe hat den Nachlass herauszugeben (§ 1978 Abs. 1, § 667) und ein Bestandsverzeichnis vorzulegen (§ 1978 Abs. 1, § 666, § 260). Der Nachlassverwalter ist kraft Amtes verpflichtet, ein Verzeichnis des Nachlasses aufzunehmen (§ 1915 Abs. 1, § 1802). Gemäß § 2012 Abs. 2 hat er den Nachlassgläubigern Auskunft über den Bestand des Nachlasses zu erteilen. Gleiches gilt für den Insolvenzverwalter, der ein Verzeichnis der einzelnen Gegenstände der Insolvenzmasse (§ 151 Abs. 1 InsO) und ein Gläubigerverzeichnis (§ 152 InsO) aufzustellen und in der Geschäftsstelle des Insolvenzgerichtes zur Einsicht der Beteiligten niederzulegen hat (§ 154 InsO). Damit wird dem Informationsinteresse der Nachlassgläubiger Genüge getan. Die unbeschränkte Haftung des Erben können die Nachlassgläubiger im Hinblick auf § 1975 nicht mehr erreichen. Eines Inventars des Erben bedarf es daher nicht (krit. Staudinger/Dobler, 2016, Rn. 2). 1

## II. Inventarfrist und amtliche Nachlasssonderung

Wird während laufender Inventarfrist Nachlassverwaltung angeordnet oder das Nachlassinsolvenzverfahren eröffnet, wird die Bestimmung der (noch nicht abgelaufenen) Frist **unwirksam** (S. 1). Während der Dauer der Nachlassverwaltung oder des Nachlassinsolvenzverfahrens kann eine neue Frist nicht bestimmt werden (S. 2). Eine gleichwohl bestimmte Frist ist **wirkungslos,** kann aber aus Gründen der Rechtssicherheit mit der Beschwerde nach §§ 58 ff. FamFG angefochten werden (MüKoBGB/Küpper Rn. 3; Staudinger/Dobler, 2020, Rn. 4). Ist das Nachlassinsolvenzverfahren durch Verteilung der Masse oder durch einen Insolvenzplan beendet worden, besteht **keine Inventarpflicht** mehr (S. 3). Gemäß §§ 1989, 2013 Abs. 1 S. 2 haftet der Erbe, der sein Haftungsbeschränkungsrecht noch nicht verloren hatte, in einem solchen Fall nur noch nach § 1973. Endet das Nachlassinsolvenzverfahren in anderer Weise, etwa durch Einstellung mangels Masse (§ 207 InsO), bleibt es hingegen bei den allgemeinen Vorschriften (→ § 1989 Rn. 2; → 2

§ 1975 Rn. 1 ff.). Dem Erben kann – ebenso wie nach Beendigung der Nachlassverwaltung (→ § 1988 Rn. 1 ff.) – wieder eine Inventarfrist bestimmt werden (OLG Stuttgart NJW 1995, 1227; Staudinger/Dobler, 2020, Rn. 6 f.; MüKoBGB/Küpper Rn. 4; RGRK-BGB/Johannsen Rn. 4 f.).

### III. Inventaruntreue

3 Hatte sich der Erbe vor Anordnung der Nachlassverwaltung oder Eröffnung des Nachlassinsolvenzverfahrens bereits einer Inventaruntreue nach § 2005 schuldig gemacht, bleibt es bei der unbeschränkten Haftung nach § 2005 Abs. 1 S. 1. Ein freiwillig während der Nachlassverwaltung oder während des Nachlassinsolvenzverfahrens errichtetes fehlerhaftes Inventar führt hingegen nicht zur unbeschränkten Haftung (RGRK-BGB/Johannsen Rn. 6; Erman/Horn Rn. 2; zweifelnd Staudinger/Dobler, 2020, Rn. 8). Die eidesstattliche Versicherung der Vollständigkeit und Richtigkeit (§ 2006) eines freiwillig errichteten Inventars kann nicht verlangt werden (→ § 2002 Rn. 2).

## § 2001 Inhalt des Inventars

**(1) In dem Inventar sollen die bei dem Eintritt des Erbfalls vorhandenen Nachlassgegenstände und die Nachlassverbindlichkeiten vollständig angegeben werden.**

**(2) Das Inventar soll außerdem eine Beschreibung der Nachlassgegenstände, soweit eine solche zur Bestimmung des Wertes erforderlich ist, und die Angabe des Wertes enthalten.**

### Überblick

Das Inventar soll – bezogen auf den Zeitpunkt des Erbfalls – die Nachlassgegenstände und – bezogen auf den Zeitpunkt der Inventarerrichtung – die Nachlassverbindlichkeiten vollständig angegeben; die Nachlassgegenstände sollen beschrieben und bewertet werden. Mängel führen nicht zwingend zur Unwirksamkeit des Inventars.

### I. Bedeutung der Norm

1 § 2001 betrifft den **Inhalt** des Inventars. Es handelt sich um eine **Ordnungsvorschrift,** deren Nichtbeachtung – solange das eingereichte Schriftstück ein Inventar im Rechtssinne, nämlich eine Bestandsaufnahme des Nachlasses darstellt – nicht zur Unwirksamkeit des Inventars und der damit verbundenen unbeschränkten Haftung führt (OLG Hamm NJW 1962, 53 (54); RGRK-BGB/Johannsen Rn. 5; MüKoBGB/Küpper Rn. 1; Staudinger/Dobler, 2020, Rn. 1). Die Folgen absichtlich unrichtiger Angaben regelt § 2005. Über einen **Erbteil** kann ein Inventar nicht errichtet werden. Auch das Inventar eines **Miterben** muss den gesamten Nachlass umfassen (MüKoBGB/Küpper Rn. 4; Staudinger/Dobler, 2020, Rn. 7).

### II. Inhalt des Inventars

2 **1. Nachlassgegenstände und Nachlassverbindlichkeiten.** Das Inventar soll die **Nachlassgegenstände** (Sachen und Rechte) enthalten, die im **Zeitpunkt des Erbfalls** vorhanden waren. Auf diesen Zeitpunkt bezieht sich die Vermutung der Vollständigkeit des Inventars in § 2009; auch die Rechenschaftspflichten der § 1978 Abs. 1, § 1991 Abs. 1, § 666 beginnen im Zeitpunkt des Erbfalls. Rechte, die infolge des Erbfalls durch Vereinigung von Recht und Verbindlichkeit oder von Recht und Belastung erloschen sind, sind aufzunehmen, weil sie im Falle der Anordnung der Nachlassverwaltung, der Eröffnung des Nachlassinsolvenzverfahrens oder der Dürftigkeit des Nachlasses als nicht erloschen gelten (§§ 1976, 1991 Abs. 2). Gleiches gilt für durch Aufrechnung erloschene Forderungen, soweit die Aufrechnung nach § 1977 Abs. 1 unwirksam werden könnte. Gegenstände, die der Erbe bereits zu Lebzeiten vom Erblasser erhalten hat, und Ausgleichsansprüche der Erben untereinander nach §§ 2050 ff. gehören nicht zum Nachlass und sind daher nicht aufzunehmen (RGZ 24, 194 (195) zur Rechtslage vor Inkrafttreten des BGB; MüKoBGB/Küpper Rn. 3; Staudinger/Dobler, 2020, Rn. 3; Erman/Horn Rn. 3). Für die **Nachlassverbindlichkeiten** ist der **Zeitpunkt der Errichtung des Inventars** maßgeblich (BGHZ 32, 60 (65) = NJW 1960, 959 (962); Staudinger/Dobler, 2020, Rn. 3; MüKoBGB/Küpper Rn. 3; RGRK-BGB/

Johannsen Rn. 3). Aufzuführen sind alle Nachlassverbindlichkeiten iSv § 1967 sowie die durch Konfusion und Konsolidation erloschenen Verbindlichkeiten, die wieder aufleben können (§§ 1976, 1991 Abs. 2).

**2. Beschreibung und Wertangabe.** Das Inventar soll außerdem eine Beschreibung der Nachlassgegenstände, soweit sie zur Bestimmung des Wertes erforderlich ist, und die Angabe des Wertes enthalten (Abs. 2). Die Wertangaben sind ebenso wie die Angaben zum Bestand auf den **Zeitpunkt des Erbfalles** zu beziehen. Ein Sachverständiger muss nicht eingeschaltet werden (MüKoBGB/Küpper Rn. 2; RGRK-BGB/Johannsen Rn. 4; Staudinger/Dobler, 2020, Rn. 5). Der nach § 2002 zugezogene Beamte ist berechtigt, Bedenken oder seine abweichende Ansicht zu vermerken. Eine entsprechende Amtspflicht besteht jedoch nicht (Prot. V 736; Staudinger/Dobler, 2020, Rn. 5; MüKoBGB/Küpper Rn. 2). Auch Abs. 2 enthält nur eine Ordnungsvorschrift (BayObLG NJW-RR 2002, 871 (872)). 3

## § 2002 Aufnahme des Inventars durch den Erben

**Der Erbe muss zu der Aufnahme des Inventars eine zuständige Behörde oder einen zuständigen Beamten oder Notar zuziehen.**

### Überblick

Ein Inventar kann nur unter Mitwirkung eines Notars errichtet werden.

### I. Bedeutung der Norm

Der Erbe kann das Inventar nicht allein errichten. Ein privat erstelltes Inventar bleibt wirkungslos. Auch die öffentliche Beglaubigung eines Privatinventars reicht nicht aus. Vielmehr ist die **Mitwirkung einer Amtsperson** erforderlich. Die Amtsperson ist nicht für die Vollständigkeit und Richtigkeit des Inventars verantwortlich. Sie gibt keine eigene Inventarerklärung ab, sondern wirkt lediglich beratend und ordnend bei der Inventarerrichtung mit (OLG Hamm FGPrax 2010, 193; vgl. auch OLG Celle OLGR 2003, 370). Insbesondere obliegt ihr die Amtspflicht, den Erben auf die Sollvorschriften des § 2001 hinzuweisen (Staudinger/Dobler, 2020, Rn. 1). Zwingend erforderlich ist die **Unterschrift des Erben** (RGZ 77, 245 (247); OLG Hamm NJW 1962, 53; RGRK-BGB/Johannsen Rn. 1; MüKoBGB/Küpper Rn. 2; aA Staudinger/Dobler, 2020, Rn. 2). Nach einer Entscheidung des Oberlandesgerichts Köln soll allerdings ausreichen, dass der Erbe im Termin zur Aufnahme des Inventars ein von einem Rechtsanwalt erstelltes, nicht unterschriebenes Verzeichnis vorlegt und an Eides statt zu Protokoll erklärt, weitere Angaben nicht machen zu können (OLG Köln OLGR 1999, 347 f.). 1

### II. Zuständigkeiten

Die Zuständigkeit der Behörde, des Beamten oder des Notars richtete sich bis zum 1.9.2013 nach Landesrecht (Art. 147, 148 EGBGB aF, § 20 Abs. 5 BNotO aF, § 61 Abs. 1 Nr. 2 BeurkG). Mit dem Gesetz zur Übertragung von Aufgaben im Bereich der freiwilligen Gerichtsbarkeit vom 26.6.2013 (BGBl. I 1800) wurde Art. 148 BGB aufgehoben und § 20 BNotO geändert. Zuständig sind jetzt gem. § 20 Abs. 1 S. 2 BNotO nF die Notare (Keidel/Zimmermann FamFG § 360 Rn. 13). Für die Mitwirkung bei der Aufnahme des Inventars verdient der Notar eine 2,0-Gebühr nach KV 23500 GNotKG, deren Höhe sich nach dem Verkehrswert der im Verzeichnis aufgeführten Gegenstände richtet (vgl. LG Cottbus NotBZ 2016, 354). Es handelt sich um eine Nachlassverbindlichkeit, für die der Erbe auch persönlich haftet (Staudinger/Dobler, 2020, § 1993 Rn. 23). Das Inventar muss **beim zuständigen Nachlassgericht eingereicht** werden (§ 1993) (OLG Hamm NJW 1962, 53). Die Zuziehung der Amtsperson reicht – anders als der Antrag nach § 2003 – nicht aus, eine nach § 1994 gesetzte Inventarfrist zu wahren (MüKoBGB/Küpper Rn. 4; Erman/Horn Rn. 4). Der Erbe kann sich vertreten lassen. Die Einreichung darf jedoch nicht ohne oder gegen seinen Willen erfolgt sein (OLG Hamm NJW 1962, 53). 2

## § 2003 Amtliche Aufnahme des Inventars

**(1) [1]Die amtliche Aufnahme des Inventars erfolgt auf Antrag des Erben durch einen vom Nachlassgericht beauftragten Notar. [2]Durch die Stellung des Antrags wird die Inventarfrist gewahrt.**

**(2) Der Erbe ist verpflichtet, die zur Aufnahme des Inventars erforderliche Auskunft zu erteilen.**

**(3) Das Inventar ist von dem Notar bei dem Nachlassgericht einzureichen.**

### Überblick

Der Erbe kann beim Nachlassgericht die amtliche Aufnahme des Inventars beantragen. Der Antrag wahrt die Inventarfrist. Der Erbe ist zur Mitwirkung verpflichtet. Errichtet ist das Inventar mit der Einreichung beim Nachlassgericht (§ 1993).

### I. Bedeutung der Norm

1 Der Erbe braucht das Inventar nicht selbst zu errichten, sondern kann beim Nachlassgericht die **amtliche Aufnahme** des Inventars beantragen. Der Antrag wahrt die Inventarfrist (§ 2003 Abs. 1 S. 2). Der Erbe bleibt lediglich verpflichtet, die für das Inventar erforderlichen Auskünfte unverzüglich zu erteilen (§ 2003 Abs. 2, vgl. auch § 2005 Abs. 1 S. 2). Analog § 2063 Abs. 1 kommt der Antrag auch **Miterben** zugute, die noch nicht unbeschränkt haften (RGRK-BGB/Johannsen Rn. 5).

### II. Verfahren

2 **1. Antrag.** Zuständig für die Entgegennahme des Antrags ist auch nach dem Inkrafttreten des Gesetzes zur Übertragung von Aufgaben im Bereich der freiwilligen Gerichtsbarkeit auf Notare vom 26.6.2013 (BGBl. I 1800) das örtliche zuständige (§ 343 FamFG) **Nachlassgericht.** Der Erbe ist nach wie vor nicht berechtigt, den jetzt für die Aufnahme des Inventars allein zuständigen Notar selbst zu beauftragen. Hierdurch soll klargestellt werden, dass der Notar eine Aufgabe des Nachlassgerichts erfüllt und an dessen Stelle tritt (BT-Drs. 17/1469, 2; vgl. zum alten Recht RGZ 77, 245 (247); RGRK-BGB/Johannsen Rn. 2). **Antragsbefugt** ist der Erbe, bei mehreren Erben jeder einzelne Miterbe. Der Miterbe kann die amtliche Aufnahme des Inventars auch dann verlangen, wenn ein anderer Miterbe den Nachlass in Besitz genommen hat. Er kann mit diesem Antrag allerdings nicht den oder die übrigen Miterben dazu zwingen, Auskunft über den Bestand des Nachlasses zu erteilen; ein allein zu diesem Zweck gestellter Antrag ist unzulässig (OLG Düsseldorf MDR 2014, 1033). Pflichtteilsberechtigte oder Vermächtnisnehmer, die nicht Erben sind, und sonstige Nachlassgläubiger sind nicht antragsberechtigt. Gegen die Ablehnung des Antrags auf amtliche Errichtung des Inventars steht dem Antragsteller die (befristete) **Beschwerde** nach §§ 58 ff. FamFG zu.

3 **2. Aufnahme des Inventars.** Das Nachlassgericht beauftragt einen Notar mit der Aufnahme des Inventars. Seit dem 1.9.2013 ist es nicht mehr berechtigt, selbst das Inventar aufzunehmen. Diese Änderung der Zuständigkeit soll zur Entlastung der Gerichte beitragen; nach der amtlichen Begründung des Gesetzentwurfs leistet die Übertragung gerichtlicher Aufgaben auf die Notare außerdem einen Beitrag zu mehr Bürgernähe, weil für einen erheblichen Teil der Bevölkerung der Weg zum nächsten Notar deutlich kürzer ist als derjenige zum jeweiligen Amtsgericht (BT-Drs. 17/1469, 1). Der Notar wird im Wege der Amtshilfe tätig. Er übt keine Tätigkeit nach dem BeurkG aus. Beschwerden gegen ihn, etwa wegen Untätigkeit, sind deshalb an das Nachlassgericht zu richten, nicht gegen die Dienstaufsicht des Notars (PWW/Zimmer Rn. 5).

4 Für das **Verfahren** gelten diejenigen Vorschriften fort, welche bisher das Verfahren des Nachlassgerichts regelten (BT-Drs. 17/1469, 23). Wie der Notar sich die erforderlichen Informationen verschafft, steht in seinem pflichtgemäßen Ermessen. Der Erbe ist gem. § 2003 Abs. 2 zur Mitwirkung verpflichtet. Er hat ggf. Auskunft zu erteilen (§ 260 Abs. 1) (RGRK-BGB/Johannsen Rn. 6; Staudinger/Dobler, 2020, Rn. 9; MüKoBGB/Küpper Rn. 3). Zwangsmittel stehen dem Nachlassgericht oder dem Notar nicht zur Verfügung. Verweigert der Erbe die Erteilung der Auskunft oder verzögert er sie absichtlich in erheblichem Maße, tritt gem. § 2005 Abs. 1 S. 2 dann, wenn eine Inventarfrist gesetzt worden war (Prot. V S. 756; Staudinger/Dobler, 2020, § 2005 Rn. 7), die unbeschränkte Haftung für die Nachlassverbindlichkeiten ein. **„Errichtet“**

ist auch das amtlich aufgenommene Inventar erst, wenn es beim Nachlassgericht eingereicht worden ist (§ 1993). Der Notar, welcher das Inventar aufgenommen hat, ist verpflichtet, dieses beim Nachlassgericht einzureichen (Abs. 3). Die **Kosten** der Inventarerrichtung stellen Nachlassverbindlichkeiten dar (§ 24 Nr. 4 GNotKG).

## § 2004 Bezugnahme auf ein vorhandenes Inventar

**Befindet sich bei dem Nachlassgericht schon ein den Vorschriften der §§ 2002, 2003 entsprechendes Inventar, so genügt es, wenn der Erbe vor dem Ablauf der Inventarfrist dem Nachlassgericht gegenüber erklärt, dass das Inventar als von ihm eingereicht gelten soll.**

### Überblick

Die Vorschrift regelt die Wahrung der Inventarfrist durch Bezugnahme auf ein bereits eingereichtes Inventar.

### I. Bedeutung der Norm

Die **Bezugnahme** auf ein bereits beim Nachlassgericht befindliches Inventar stellt – neben dem vom Erben selbst errichteten (§§ 1993, 2002) und dem amtlich aufgenommenen (§ 2003) Inventar – die dritte Möglichkeit der Inventarerrichtung dar. Das vorhandene Inventar muss entweder den Vorschriften des **§ 2002** oder denjenigen des **§ 2003** entsprechen. Einer Bezugnahme bedarf es nicht, wenn ein von einer anderen Person – einem Miterben, einem Vorerben, einem Erbschaftskäufer oder -verkäufer, einem Vertreter des Erben – errichtetes Inventar kraft Gesetzes auch zugunsten des Erben wirkt (§ 2063, § 2144 Abs. 2, § 2383 Abs. 2). § 2004 betrifft vor allem Inventare und Nachlassverzeichnisse des Nachlassgerichts selbst (§ 1960 Abs. 2), des Erben, der die Erbschaft später ausgeschlagen hat, des Erbschaftsbesitzers, des Vertreters ohne Vertretungsmacht, des Geschäftsführers ohne Auftrag, des Nachlassverwalters oder des Nachlassinsolvenzverwalters (RGRK-BGB/Johannsen Rn. 1). 1

### II. Verfahren

Die Bezugnahme erfolgt durch **formlose Erklärung** gegenüber dem Nachlassgericht. Die Erklärung muss dem Nachlassgericht dann, wenn eine Inventarfrist gesetzt wurde, innerhalb der Frist zugehen. Der Erbe kann sich eines Vertreters bedienen. Die Vollmachtsurkunde kann nachgereicht werden (Staudinger/Dobler, 2020, Rn. 8; MüKoBGB/Küpper Rn. 3; aA RGRK-BGB/Johannsen Rn. 4, weil eine § 1945 Abs. 3 S. 2 entsprechende Vorschrift fehle; vgl. auch Erman/Horn Rn. 3: die Vollmacht müsse innerhalb der Inventarfrist nachgereicht werden). Ist das in Bezug genommene Inventar unrichtig und weiß der Erbe davon, begeht er durch die Bezugnahme eine **Inventaruntreue** (§ 2005 Abs. 1 S. 1). Hält der Erbe das Inventar für richtig, schadet ihm die Bezugnahme dagegen nicht (Staudinger/Dobler, 2020, Rn. 9; MüKoBGB/Küpper Rn. 4; aA RGRK-BGB/Johannsen Rn. 5: der Erbe, der innerhalb ihm gesetzter Frist ein Inventar durch Bezugnahme errichte, handele auf eigene Gefahr; nach Fristablauf hafte er unbeschränkt). Ihm ist analog § 2005 Abs. 2 eine neue Inventarfrist zur Errichtung eines richtigen Inventars zu setzen. 2

## § 2005 Unbeschränkte Haftung des Erben bei Unrichtigkeit des Inventars

**(1) [1]Führt der Erbe absichtlich eine erhebliche Unvollständigkeit der im Inventar enthaltenen Angabe der Nachlassgegenstände herbei oder bewirkt er in der Absicht, die Nachlassgläubiger zu benachteiligen, die Aufnahme einer nicht bestehenden Nachlassverbindlichkeit, so haftet er für die Nachlassverbindlichkeiten unbeschränkt. [2]Das Gleiche gilt, wenn er im Falle des § 2003 die Erteilung der Auskunft verweigert oder absichtlich in erheblichem Maße verzögert.**

**(2) Ist die Angabe der Nachlassgegenstände unvollständig, ohne dass ein Fall des Absatzes 1 vorliegt, so kann dem Erben zur Ergänzung eine neue Inventarfrist bestimmt werden.**

## Überblick

Abs. 1 regelt die Inventarverfehlungen, die den Verlust des Rechts zur Beschränkung der Haftung auf den Nachlass nach sich ziehen. Ist das Inventar unrichtig, ohne dass einer der in Abs. 1 geregelten Fälle vorliegt, tritt diese Rechtsfolge nicht ein. Dem Erben ist eine neue Inventarfrist zu setzen (Abs. 2).

## I. Bedeutung der Norm

1 Das Inventar erfüllt nur dann seinen Zweck, die Nachlassgläubiger über den Bestand des Nachlasses zu informieren (→ § 1993 Rn. 2), wenn es **inhaltlich richtig** ist. Auch die amtliche Mitwirkung bei der Aufnahme des Inventars (§ 2002) oder die amtliche Aufnahme des Inventars selbst (§ 2003) können die inhaltliche Richtigkeit des Inventars nicht gewährleisten, wenn die Angaben des Erben nicht zutreffen oder unvollständig sind. Durch die in § 2005 unter bestimmten Voraussetzungen angeordnete unbeschränkte Haftung des Erben bei Inventaruntreue soll der Erbe zu **vollständigen und richtigen Angaben veranlasst** werden. Die beiden Tatbestände des Abs. 1 S. 1 schützen davor, dass den Gläubigern ein zu geringer Bestand des Nachlasses vorgespiegelt wird. Unrichtige Angaben, die den Nachlass wertvoller erscheinen lassen, als er tatsächlich ist, schaden nicht. Abs. 1 S. 1 gilt sowohl für das freiwillige als auch für das innerhalb gesetzter Frist erstellte Inventar; Abs. 1 S. 2 setzt dagegen eine Frist voraus. Alle Tatbestände des § 2005 gelten nur für ein Inventar iSd §§ 2002, 2003.

## II. Verlust des Haftungsbeschränkungsrechts

2 **1. Absichtlich unvollständige Angabe der Nachlassgegenstände.** Gemäß **Abs. 1 S. 1 Hs. 1** verliert der Erbe sein Haftungsbeschränkungsrecht, wenn er absichtlich eine erhebliche Unvollständigkeit der im Inventar enthaltenen Angabe der Nachlassgegenstände herbeiführt. Diese Vorschrift betrifft nur Nachlassgegenstände **(Aktiva).** Der Erbe muss Nachlassgegenstände in erheblichem Umfang – also von erheblichem Wert – verschweigen. Eine unrichtige Beschreibung der vollständig aufgeführten Nachlassgegenstände, unrichtige Wertangaben (vgl. § 2001 Abs. 2) oder die Nennung tatsächlich nicht vorhandener Nachlassgegenstände erfüllen den Tatbestand der Inventaruntreue nicht. Subjektiv muss der Erbe nicht nur vorsätzlich, sondern „absichtlich" gehandelt haben, also mit den unrichtigen Angaben einen über das Inventar hinausgehenden Zweck – die Schädigung von Nachlassgläubigern, die Täuschung der Steuerbehörden, die Benachteiligung eines Miterben – verfolgt haben (Staudinger/Dobler, 2020, Rn. 4; Erman/Horn Rn. 2; RGRK-BGB/Johannsen Rn. 4).

3 **2. Aufnahme nicht bestehender Nachlassverbindlichkeiten. Abs. 1 S. 1 Hs. 2** betrifft demgegenüber die Aufnahme einer tatsächlich nicht bestehenden Nachlassverbindlichkeit. Auf die Nachlassverbindlichkeiten **(Passiva)** bezieht sich die Vermutung der Vollständigkeit und Richtigkeit des Inventars im Verhältnis zu den Nachlassgläubigern (§ 2009) nicht. Die Aufnahme tatsächlich nicht bestehender Nachlassverbindlichkeiten ist jedoch geeignet, den Nachlassgläubigern eine Überschuldung des Nachlasses vorzuspiegeln und sie hierdurch etwa zum Abschluss eines für sie nachteiligen Vergleichs zu bewegen (Prot. V 739; RGRK-BGB/Johannsen Rn. 5; Staudinger/Dobler, 2020, Rn. 5). Der Erbe muss in der Absicht gehandelt haben, die Gläubiger zu benachteiligen. Führt der Erbe nicht alle Nachlassverbindlichkeiten auf, verliert er das Haftungsbeschränkungsrecht nicht (Staudinger/Dobler, 2020, Rn. 5; Erman/Horn Rn. 2a; RGRK-BGB/Johannsen Rn. 5).

4 **3. Inventar durch Bezugnahme.** Beide Tatbestände des Abs. 1 S. 1 gelten entspr., wenn der Erbe das Inventar gem. § 2004 durch Bezugnahme auf ein bereits vorhandenes, in der beschriebenen Weise unrichtiges Inventar errichtet und dabei in der in § 2005 Abs. 1 vorausgesetzten Absicht handelt (Staudinger/Dobler, 2020, § 2004 Rn. 9).

5 **4. Verweigerung und Verzögerung der Auskunft.** Gemäß **Abs. 1 S. 2** verliert der Erbe sein Haftungsbeschränkungsrecht, wenn er die **amtliche Aufnahme** des Inventars gem. § 2003 beantragt hat und die Erteilung der erforderlichen Auskunft (§ 2003 Abs. 2) verweigert oder absichtlich in erheblichem Maße verzögert. Abs. 1 S. 2 setzt voraus, dass dem Erben gem. § 1994 Abs. 1 eine Inventarfrist gesetzt worden ist (RGRK-BGB/Johannsen Rn. 7; Staudinger/Dobler, 2020, Rn. 7; MüKoBGB/Küpper Rn. 2). Der Antrag auf amtliche Aufnahme des Inventars gem. § 2003 Abs. 1 wahrte die Inventarfrist zunächst (§ 2003 Abs. 1 S. 2). Dadurch, dass er die

erforderlichen Auskünfte nicht oder nur zögerlich erteilt, könnte der Erbe die Errichtung des Inventars verhindern oder erschweren; in einem solchen Falle soll er so behandelt werden, als wenn er die Errichtung des Inventars innerhalb der gesetzten Frist unterlassen hätte (Prot. V S. 756; RGRK-BGB/Johannsen Rn. 7). Die Auskunftsverweigerung muss sich auf solche Punkte beziehen, die bei Errichtung des Inventars durch den Erben selbst gem. Abs. 1 S. 1 zur unbeschränkten Haftung geführt hätte (Verschweigen wesentlicher zum Nachlass gehörender Gegenstände, Vorspiegeln einer nicht vorhandenen Verbindlichkeit) (Staudinger/Dobler, 2020, Rn. 6). Die unbeschränkte Haftung tritt nicht ein, wenn das Inventar aufgrund der Angaben Dritter – etwa anderer Erben – ohne größere Verzögerungen vollständig errichtet werden konnte (MüKoBGB/Küpper Rn. 2; Staudinger/Dobler, 2020, Rn. 7). Wurde das Inventar wegen unzureichender Mitwirkung des Erben unvollständig errichtet, kann – bei entspr. Absicht des Erben – auch ein Fall des Abs. 1 S. 1 gegeben sein (RGRK-BGB/Johannsen Rn. 7; Staudinger/Dobler, 2020, Rn. 8).

**5. Haftung für Vertreter.** Der Erbe haftet für das Verschulden seines gesetzlichen Vertreters 6
oder seines Bevollmächtigten gem. § 278 (RGRK-BGB/Johannsen Rn. 8; Erman/Horn Rn. 5; einschr. Staudinger/Dobler, 2020, Rn. 10: Inventarverfehlungen des Nachlasspflegers, -verwalters oder -insolvenzverwalters könnten nicht zum Nachteil des Erben wirken; vgl. auch § 2012: einem Nachlasspfleger oder Nachlassverwalter kann eine Inventarfrist nicht bestimmt werden). Inventarverfehlungen solcher Personen, deren Inventar dem Erben gem. § 2008 Abs. 1 S. 3, § 2063 Abs. 1, § 2144 Abs. 2, § 2383 Abs. 2 ohne Bezugnahme (§ 2004) zustatten kommt, wirken nicht zum Nachteil des Erben (→ § 2004 Rn. 2). Nach verbreiteter Ansicht soll ein ungetreu errichtetes Inventar nicht geeignet sein, die Inventarfrist zu wahren, sodass der Erbe, der im Vertrauen auf ein bereits errichtetes Inventar eine ihm gesetzte Frist verstreichen lässt, gem. § 1994 Abs. 1 S. 2 unbeschränkt haftet (RGRK-BGB/Johannsen Rn. 8; MüKoBGB/Küpper Rn. 3; aA Soergel/Stein Rn. 5; Staudinger/Marotzke, 2020, § 2063 Rn. 4, 9). Der Erbe, der sich gutgläubig auf ein von einem Dritten errichtetes Inventar verlässt, stünde damit jedoch schlechter als der Erbe, der unvorsätzlich falsche Angaben gemacht hat. Ihm ist daher zunächst analog § 2005 Abs. 2 eine Frist zur Berichtigung des vorhandenen Inventars zu setzen, bevor die unbeschränkte Haftung eintritt (Soergel/Stein Rn. 5; Staudinger/Marotzke, 2020, § 2063 Rn. 9).

**6. Eintritt der unbeschränkten Haftung.** Rechtsfolge einer Inventaruntreue ist die unbe- 7
schränkte Haftung des Erben gegenüber allen Nachlassgläubigern (RGRK-BGB/Johannsen Rn. 9). Im Prozess trägt der Gläubiger die **Beweislast** für die Voraussetzungen der unbeschränkten Haftung nach § 2005 Abs. 1 (RGRK-BGB/Johannsen Rn. 14; Staudinger/Dobler, 2020, Rn. 20). Eine Klage auf Feststellung der unbeschränkten Erbenhaftung ist nach § 256 ZPO möglich (RGRK-BGB/Johannsen Rn. 14; Staudinger/Dobler, 2020, Rn. 20).

## III. Ergänzung eines unvollständigen Inventars

Die Errichtung eines Inventars nach Ablauf der Inventarfrist oder die nachträgliche Berichtigung 8
eines ungetreu errichteten Inventars heben die einmal eingetretene unbeschränkte Erbenhaftung nicht mehr auf (RGRK-BGB/Johannsen Rn. 13; Staudinger/Dobler, 2020, Rn. 19). Ist das Inventar unvollständig, ohne dass die Voraussetzungen des § 2005 Abs. 1 erfüllt sind, kann dem Erben eine neue (oder im Falle eines unrichtigen freiwilligen Inventars eine erste) **Inventarfrist** zur Vervollständigung seiner bisherigen Angaben gesetzt werden (Abs. 2). Die Frist wird nur auf Antrag eines Nachlassgläubigers gesetzt (Staudinger/Dobler, 2020, Rn. 14; RGRK-BGB/Johannsen Rn. 11). Für sie gelten die allgemeinen Vorschriften der §§ 1994 ff. Sie kann auch einem Erben gesetzt werden, dem das von einem anderen Erben errichtete Inventar zugutegekommen ist (vgl. § 2063 Abs. 1). Versäumt der Erbe die Frist, haftet er gem. § 1994 Abs. 1 S. 2 unbeschränkt. Inventaruntreue nach § 2005 Abs. 1 S. 1 oder 2 führt ebenfalls zur unbeschränkten Haftung. Gegen die Entscheidung des Nachlassgerichts findet die (befristete) **Beschwerde** statt (§§ 58 ff. FamFG). Feststellungen des Nachlassgerichts dazu, ob Inventaruntreue vorlag oder nicht, binden das Prozessgericht nicht (RGRK-BGB/Johannsen Rn. 14; Staudinger/Dobler, 2020, Rn. 20).

## § 2006 Eidesstattliche Versicherung

**(1) Der Erbe hat auf Verlangen eines Nachlassgläubigers zu Protokoll des Nachlassgerichts an Eides statt zu versichern, dass er nach bestem Wissen die Nachlassgegenstände so vollständig angegeben habe, als er dazu imstande sei.**

**(2) Der Erbe kann vor der Abgabe der eidesstattlichen Versicherung das Inventar vervollständigen.**

**(3) [1]Verweigert der Erbe die Abgabe der eidesstattlichen Versicherung, so haftet er dem Gläubiger, der den Antrag gestellt hat, unbeschränkt. [2]Das Gleiche gilt, wenn er weder in dem Termin noch in einem auf Antrag des Gläubigers bestimmten neuen Termin erscheint, es sei denn, dass ein Grund vorliegt, durch den das Nichterscheinen in diesem Termin genügend entschuldigt wird.**

**(4) Eine wiederholte Abgabe der eidesstattlichen Versicherung kann derselbe Gläubiger oder ein anderer Gläubiger nur verlangen, wenn Grund zu der Annahme besteht, dass dem Erben nach der Abgabe der eidesstattlichen Versicherung weitere Nachlassgegenstände bekannt geworden sind.**

### Überblick

Auf Antrag eines Nachlassgläubigers hat der Erbe die Vollständigkeit des Inventars zu Protokoll des Nachlassgerichts an Eides statt zu versichern. Die eidesstattliche Versicherung kann nicht erzwungen werden. Gibt der Erbe sie nicht ab, haftet er dem antragstellenden Gläubiger unbeschränkt. Ein wiederholter Antrag ist nur unter den Voraussetzungen des Abs. 4 zulässig. Das Verfahren richtet sich nach § 361 FamFG.

## I. Bedeutung der Norm

1 Das Recht der Nachlassgläubiger, vom Erben die Bekräftigung des Inventars durch eidesstattliche Versicherung zu verlangen, dient ebenfalls dazu, die Vollständigkeit und Richtigkeit des Inventars zu gewährleisten. Etwaige materiell-rechtliche Auskunftsansprüche (§§ 1991, 1978, 666, 260) müssten im Klageweg verfolgt werden. Ein Anspruch auf eidesstattliche Versicherung nach § 260 Abs. 2 setzt überdies einen Grund für die Annahme voraus, dass das Verzeichnis nicht mit der erforderlichen Sorgfalt erstellt worden ist. § 2006 lässt demgegenüber den Antrag des Nachlassgläubigers an das Nachlassgericht ausreichen. Erzwingen kann der Gläubiger die eidesstattliche Versicherung – anders als im Falle des § 260 Abs. 2 – zwar nicht (RGZ 129, 239 (241); RGRK-BGB/Johannsen Rn. 1; Staudinger/Dobler, 2016, Rn. 2; MüKoBGB/Küpper Rn. 6). Verweigert der Erbe die eidesstattliche Versicherung, haftet er dem Gläubiger jedoch unbeschränkt (Abs. 3).

## II. Voraussetzungen und Verfahren

2 **1. Voraussetzungen der Pflicht zur Abgabe der eidesstattlichen Versicherung. a) Inventarerrichtung durch den Erben selbst.** Der Erbe muss ein **Inventar** selbst, durch amtliche Aufnahme oder durch Bezugnahme errichtet haben. Dass dem Erben das von einem Dritten errichtete Inventar kraft Gesetzes zugutekommt (§ 2063), reicht nicht aus (→ § 2063 Rn. 2) (Grüneberg/Weidlich Rn. 1; aA Staudinger/Dobler, 2020, Rn. 3).

3 **b) Antrag eines Nachlassgläubigers.** Außerdem muss der Antrag eines Nachlassgläubigers vorliegen. Es muss sich nicht um denjenigen Gläubiger handeln, der die Inventarfrist nach § 1994 beantragt hatte. Auch ein nach §§ 1973, 1974 ausgeschlossener Nachlassgläubiger kann die eidesstattliche Versicherung verlangen (MüKoBGB/Küpper Rn. 2; RGRK-BGB/Johannsen Rn. 4), ebenso ein Pflichtteilsberechtigter. Ein Miterbe ist nicht antragsberechtigt (aA Staudinger/Dobler, 2020, Rn. 5; Soergel/Stein Rn. 2); denn er kann sich selbst über den Bestand des Nachlasses zu unterrichten (→ § 2063 Rn. 4). Gegenüber einem Miterben kann sich der Erbe überdies auch dann noch auf die Beschränkung seiner Haftung berufen, wenn er den anderen Nachlassgläubigern gegenüber unbeschränkt haftet (§ 2063 Abs. 2). Ebenfalls nicht antragsberechtigt sind Nachlassverwalter und Nachlassinsolvenzverwalter (Staudinger/Dobler, 2020, Rn. 4).

4 **c) Abs. 4.** Ein **wiederholter Antrag** ist dann, wenn der Erbe die eidesstattliche Versicherung abgegeben hat, nur zulässig, wenn Grund zu der Annahme besteht, dass dem Erben nach Abgabe der eidesstattlichen Versicherung weitere Nachlassgegenstände bekannt geworden sind (Abs. 4). Hat der Erbe die eidesstattliche Versicherung verweigert, können andere Nachlassgläubiger ohne weitere Voraussetzungen seine erneute Ladung veranlassen (RGRK-BGB/Johannsen Rn. 14; Erman/Horn Rn. 5; Staudinger/Dobler, 2020, Rn. 19).

5 **d) Nachlassverwaltung und Nachlassinsolvenz.** Während laufender **Nachlassverwaltung** kann die eidesstattliche Versicherung nicht verlangt werden (vgl. § 2000 S. 1 und 2) (RGRK-

BGB/Johannsen Rn. 3; aA Staudinger/Dobler, 2020, § 2000 Rn. 9). Im **Nachlassinsolvenzverfahren** kann das Insolvenzgericht dem Erben auf Antrag des Insolvenzverwalters aufgeben, die Vollständigkeit der Vermögensübersicht eidesstattlich zu versichern (§ 153 Abs. 2 InsO). Die Verweigerung dieser eidesstattlichen Versicherung hat einen Verlust des Haftungsbeschränkungsrechts nicht zur Folge (Staudinger/Dobler, 2020, § 2000 Rn. 10).

**2. Verfahren. a) Verfahren des Nachlassgerichts.** Zuständig ist das Nachlassgericht. Die Anberaumung des Termins kann sowohl von dem Nachlassgläubiger, der den Antrag gestellt hatte, als auch von dem betroffenen Erben beantragt werden (§ 361 S. 1 FamFG). Zu dem Termin sind beide Teile zu laden; die Anwesenheit des Gläubigers ist nicht erforderlich (§ 361 S. 2 und 3 FamFG). Für die Eidesleistung gelten die §§ 478–480 und 483 ZPO entspr. (§ 361 S. 4 FamFG). Der Gläubiger hat seine Forderung spätestens im Termin zur Abgabe der eidesstattlichen Versicherung glaubhaft zu machen (vgl. § 1994 Abs. 2 S. 1). Die übrigen Voraussetzungen des § 2006, insbes. die Erbenstellung des Antragsgegners, hat das Nachlassgericht von Amts wegen zu ermitteln (§ 26 FamFG). 6

**b) Rechtsmittel.** Gegen die Anberaumung des Termins ist kein Rechtsmittel gegeben (Keidel/Zimmermann FamFG § 361 Rn. 11; MüKoBGB/Küpper Rn. 4). Gegen eine die Terminsbestimmung oder die Entgegennahme der eidesstattlichen Versicherung ablehnende Entscheidung findet die (befristete) Beschwerde nach §§ 58 ff. FamFG, § 11 RPflG statt (Keidel/Zimmermann § 361 Rn. 11). 7

**c) Einsicht in das Protokoll.** Jeder, der ein berechtigtes Interesse glaubhaft macht, kann Einsicht in das Protokoll sowie Erteilung einer beglaubigten Abschrift des Protokolls verlangen (MüKoBGB/Küpper Rn. 5 unter Hinweis auf § 78 Abs. 1 S. 2 FGG aF und § 2010). 8

**d) Kosten.** Die Kosten (KV 15212 Nr. 1 GNotKG) trägt gem. § 22 Abs. 1 GNotKG der Antragsteller (vgl. auch § 261 Abs. 2). 9

**3. Inhalt der eidesstattlichen Versicherung.** Ihrem Inhalt nach geht die eidesstattliche Versicherung gem. Abs. 1 dahin, dass der Erbe „nach bestem Wissen die Nachlassgegenstände so vollständig angegeben habe, als er dazu imstande sei". Hat der Erbe das Inventar gem. § 2004 durch Bezugnahme errichtet, muss die Formulierung entspr. angepasst werden. Wie bei § 2005 Abs. 2 und entspr. der Reichweite der Vermutung des § 2009 bezieht sie sich nur auf die vollständige Angabe der **Nachlassgegenstände,** nicht auf Wertangaben oder Beschreibungen und nicht auf die Nachlassverbindlichkeiten. Der Erbe ist gem. Abs. 2 berechtigt, das Inventar vor Abgabe der eidesstattlichen Versicherung von sich aus zu vervollständigen. Haftet er zu diesem Zeitpunkt bereits unbeschränkt, ändert die Berichtigung des Inventars daran nichts mehr (→ § 2005 Rn. 8) (RGRK-BGB/Johannsen Rn. 10). Von Bedeutung ist die Berichtigung nur noch für die Frage der Strafbarkeit (vgl. §§ 156, 158 StGB). 10

## III. Folgen der Verweigerung der eidesstattlichen Versicherung

Die Verweigerung der eidesstattlichen Versicherung führt zur **unbeschränkten Haftung des Erben** gegenüber demjenigen Gläubiger, der **die Eidesleistung verlangt** hatte (Abs. 3 S. 1). Die Weigerung kann schriftlich oder zu Protokoll des Nachlassgerichts, aber auch unmittelbar gegenüber dem Gläubiger erklärt werden (MüKoBGB/Küpper Rn. 6). Einer Weigerung steht es gleich, wenn der Erbe weder im Termin noch in einem auf Antrag des Gläubigers bestimmten neuen Termin erscheint, es sei denn, dass der Erbe sein Ausbleiben genügend entschuldigt (Abs. 3 S. 2). In diesem Fall ist neuer Termin anzuberaumen. Das Prozessgericht ist an die Entscheidung des Nachlassgerichts, das den neuen Termin anberaumt hat, nicht gebunden (OLG Rostock OLGRspr. 4, 118; OLG Hamm FamRZ 1995, 698 (699); RGRK-BGB/Johannsen Rn. 15; Staudinger/Dobler, 2020, Rn. 21; aA MüKoBGB/Küpper Rn. 6; Erman/Horn Rn. 6). Die unbeschränkte Haftung betrifft nur diejenige Forderung, die der Gläubiger in seinem Antrag angegeben hatte (Staudinger/Dobler, 2016, Rn. 17; Erman/Horn Rn. 5; MüKoBGB/Küpper Rn. 6; RGRK-BGB/Johannsen Rn. 13; vgl. auch Prot. V 758; aA Soergel/Stein Rn. 6: unbeschränkte Haftung für alle Forderungen des Gläubigers, der die eidesstattliche Versicherung verlangt hatte). Die Verweigerung der eidesstattlichen Versicherung hat zur Folge, dass dem Inventar gegenüber demjenigen Gläubiger, der den Antrag gestellt hatte, die Vermutungswirkung des § 2009 (→ § 2009 Rn. 3) nicht zukommt (Staudinger/Dobler, 2020, Rn. 15; aA Soergel/Stein Rn. 6: dem Inventar komme insgesamt keine Vermutungswirkung mehr zu). 11

## § 2007 Haftung bei mehreren Erbteilen

**[1]Ist ein Erbe zu mehreren Erbteilen berufen, so bestimmt sich seine Haftung für die Nachlassverbindlichkeiten in Ansehung eines jeden der Erbteile so, wie wenn die Erbteile verschiedenen Erben gehörten. [2]In den Fällen der Anwachsung und des § 1935 gilt dies nur dann, wenn die Erbteile verschieden beschwert sind.**

### Überblick

Hält der Erbe mehrere Erbteile, wird jeder Erbteil in Ansehung der Haftung grundsätzlich gesondert behandelt. In Fällen der Anwachsung (§§ 2094, 2095) nach Wegfall eines eingesetzten Erbens und der Erhöhung gem. § 1935 nach Wegfall eines gesetzlichen Erbens gilt das nur gegenüber Vermächtnisnehmern und Auflagenberechtigten und nur dann, wenn die Erbteile unterschiedlich mit Vermächtnissen und Auflagen belastet sind. Anderenfalls ist von einem einheitlichen Erbteil auszugehen.

### I. Berufung zu mehreren Erbteilen (S. 1)

1 **1. Bedeutung der Norm.** Die **Berufung zu mehreren Erbteilen** kann auf verschiedenen Berufungsgründen (vgl. §§ 1927, 1934, 1951), auf der testamentarischen Anordnung des Erblassers oder auf dem rechtsgeschäftlichen Erwerb eines weiteren Erbteils nach §§ 2033 ff. beruhen. Die Erbteile werden hinsichtlich der Haftung so behandelt, als gehörten sie verschiedenen Erben. Haftet der Erbe wegen einer Inventarverfehlung unbeschränkt und erwirbt er nach Eintritt der unbeschränkten Haftung einen weiteren Erbteil, so gilt die unbeschränkte Haftung hinsichtlich des nachträglich erworbenen Erbteils nicht (RGRK-BGB/Johannsen Rn. 3; Staudinger/Dobler, 2020, Rn. 12 f.). Obwohl § 2007 unter den Vorschriften steht, die das Inventar betreffen, gilt er für **alle Fälle unbeschränkter Haftung.**

2 **2. Anwendungsbereich.** Dem Wortlaut nach erschöpft sich der Anwendungsbereich der Vorschrift auf **Fälle des § 2059 Abs. 1.** Bis zur Teilung des Nachlasses kann jeder Miterbe die Berichtigung von Nachlassverbindlichkeiten aus seinem Privatvermögen ablehnen. Haftet er bereits unbeschränkt, steht ihm dieses Recht in Ansehung des seinem Erbteil entsprechenden Teiles der Verbindlichkeit nicht zu. Dieser Teil ist nach demjenigen Erbteil zu berechnen, hinsichtlich dessen die unbeschränkte Haftung eingetreten ist; iÜ kann der Erbe nach wie vor den Zugriff auf sein Privatvermögen verhindern (RGRK-BGB/Johannsen Rn. 5; MüKoBGB/Küpper Rn. 2; Staudinger/Dobler, 2020, Rn. 5). Auf den zu mehreren Erbteilen berufenen **alleinigen Erben** ist § 2059 Abs. 1 nach hM **analog** anwendbar. Der Erbe hat die Möglichkeit der Haftungsbeschränkung hinsichtlich derjenigen Erbteile, für die die unbeschränkte Haftung nicht eingetreten ist. Da eine „Teilung" des Nachlasses (§ 2059 Abs. 1 S. 1) bei nur einem Erben nicht Betracht kommt, soll die Beschränkungsmöglichkeit fortbestehen, solange sie nicht aus anderen Gründen entfällt (RGRK-BGB/Johannsen Rn. 5; MüKoBGB/Küpper Rn. 2; aA mit beachtlichen Gründen Staudinger/Dobler, 2020, Rn. 2 ff., die dem Erben nur die Möglichkeit der Haftungsbeschränkung durch Nachlassverwaltung oder Nachlassinsolvenzverfahren erhalten will).

### II. Anwachsung und Erhöhung (S. 2)

3 § 2007 erfasst auch die „unechten" Fälle der Berufung zu mehreren Erbteilen, nämlich die Fälle der Anwachsung gem. §§ 2094, 2095 nach Wegfall eines eingesetzten Erben und der Erhöhung gem. § 1935 nach Wegfall eines gesetzlichen Erben. Die Haftungsbeschränkung hinsichtlich der Anwachsung oder der Erhöhung des Anteils kann dann, wenn der Erbe mit seinem ursprünglichen Anteil bereits unbeschränkt haftet, **nur gegenüber Vermächtnisnehmern und Auflagenberechtigten** herbeigeführt werden, und zwar nur dann, wenn der ursprüngliche Erbteil einerseits, die Erhöhung oder Anwachsung andererseits unterschiedlich mit Vermächtnissen oder Auflagen beschwert ist. Anderen Nachlassgläubigern gegenüber gilt die Erhöhung oder Anwachsung nicht als besonderer Erbteil (RGRK-BGB/Johannsen Rn. 7; MüKoBGB/Küpper Rn. 3; Grüneberg/Weidlich Rn. 2; vgl. auch Staudinger/Dobler, 2020, Rn. 17 ff., 15, nach der die Vorschrift des S. 2 besagt, dass der Erbe für die Erfüllung von Vermächtnissen und Auflagen nur mit demjenigen Erbteil haftet, der mit dem Vermächtnis oder der Auflage beschwert ist).

## § 2008 Inventar für eine zum Gesamtgut gehörende Erbschaft

**(1) [1]Ist ein in Gütergemeinschaft lebender Ehegatte Erbe und gehört die Erbschaft zum Gesamtgut, so ist die Bestimmung der Inventarfrist nur wirksam, wenn sie auch dem anderen Ehegatten gegenüber erfolgt, sofern dieser das Gesamtgut allein oder mit seinem Ehegatten gemeinschaftlich verwaltet. [2]Solange die Frist diesem gegenüber nicht verstrichen ist, endet sie auch nicht dem Ehegatten gegenüber, der Erbe ist. [3]Die Errichtung des Inventars durch den anderen Ehegatten kommt dem Ehegatten, der Erbe ist, zustatten.**

**(2) Die Vorschriften des Absatzes 1 gelten auch nach der Beendigung der Gütergemeinschaft.**

### Überblick

§ 2008 enthält Sondervorschriften für Ehegatten, die in Gütergemeinschaft leben. Für Lebenspartner, die Gütergemeinschaft vereinbart haben (vgl. § 7 LPartG), gelten die genannten Bestimmungen entsprechend.

## I. Bedeutung der Norm

Leben Ehegatten (oder Lebenspartner, vgl. § 7 LPartG, für die § 2008 ebenfalls gilt (Staudinger/ 1
Dobler, 2020, Rn. 1)) im **Güterstand der Gütergemeinschaft,** kann eine Erbschaft, die einem der beiden anfällt, in das Gesamtgut fallen (vgl. etwa § 1418 Abs. 1 Nr. 2). In diesem Fall sind die Nachlassverbindlichkeiten Gesamtgutsverbindlichkeiten (Umkehrschluss aus §§ 1439, 1461 Abs. 1). Der verwaltende Ehegatte haftet für Verbindlichkeiten des anderen Ehegatten, die Gesamtgutsverbindlichkeiten sind, auch persönlich als Gesamtschuldner (§ 1437 Abs. 2 S. 1). Bei gemeinschaftlicher Verwaltung haften beide Ehegatten für Gesamtgutsverbindlichkeiten persönlich als Gesamtschuldner (§ 1459 Abs. 2). § 2008 schützt den Ehegatten, der nicht Erbe ist, davor, für Inventarverfehlungen des anderen Ehegatten einstehen zu müssen. Die Inventarfrist (§ 1994 Abs. 1) ist darum nur wirksam, wenn sie beiden Ehegatten bestimmt wird; sie endet auch für den Erben erst, wenn sie für den anderen Ehegatten verstrichen ist. Das vom anderen Ehegatten errichtete Inventar kommt auch dem Erben zugute. Die Vorschrift gilt **nicht** für Ehegatten, die in einem anderen Güterstand leben. Sie gilt auch dann nicht, wenn die Ehegatten im Güterstand der Gütergemeinschaft leben, die Erbschaft aber zum Sonder- oder zum Vorbehaltsgut eines der Ehegatten gehört (vgl. §§ 1417, 1418 Abs. 2 Nr. 2). Nicht anwendbar ist sie schließlich, wenn die Ehegatten im Güterstand der Gütergemeinschaft leben und die Erbschaft zum Gesamtgut gehört, der Ehegatte, der nicht Erbe ist, das Gesamtgut jedoch nicht verwaltet (also für Gesamtgutsverbindlichkeiten auch nicht persönlich haftet). In diesen Fällen ist die Inventarfrist allein dem Erben zu setzen. Ob die Erbschaft vor oder nach Begründung der Gütergemeinschaft angefallen ist, ist unerheblich.

## II. Inventarerrichtung

**1. Inventarerrichtung. a) Inventarrecht und -verpflichtung.** Beide Ehegatten sind 2
**berechtigt,** ohne Mitwirkung des anderen ein Inventar über eine jedem von beiden angefallene Erbschaft zu errichten, die nicht in das Sonder- oder Vorbehaltsgut des anderen fällt (§ 1455 Nr. 3). Eine **Inventarfrist** (§ 1994 Abs. 1) kann nur beiden Ehegatten gesetzt werden. Die Anordnungsverfügung ist beiden Ehegatten zuzustellen (§§ 40, 41, 15 Abs. 2 S. 1 FamFG). Die Frist läuft für jeden der Ehegatten gesondert. Solange die dem Ehegatten, der nicht Erbe ist, gesetzte Frist nicht verstrichen ist, endet die dem Erben gesetzte Frist jedoch ebenfalls nicht (Abs. 1 S. 2). Die dem Erben gesetzte Frist läuft mindestens so lange, wie sie dem anderen Ehegatten gegenüber läuft. Die Inventarfrist wird durch ein vom Erben oder vom Ehegatten des Erben innerhalb der dem Erben gesetzten Frist errichtetes Inventar gewahrt (Abs. 1 S. 3).

**b) Inventarverfehlung.** Jeder Ehegatte kann die vom anderen begangene Inventarverfehlung 3
(Fristversäumnis oder Inventaruntreue) durch ein fristgerechtes und richtiges Inventar abwenden. **Inventaruntreue** mit der Haftungsfolge des § 2005 Abs. 1 kommt dann in Betracht, wenn beide Ehegatten das Inventar ungetreu errichten oder der Erbe das Inventar ungetreu errichtet, während der andere Ehegatte untätig bleibt (RGRK-BGB/Johannsen Rn. 12; Stein/Soergel Rn. 6; Staudinger/Dobler, 2020, Rn. 24 ff.). Eine Inventaruntreue des Ehegatten schadet dem Erben nicht

(arg. e Abs. 1 S. 3) (vgl. Staudinger/Dobler, 2020, Rn. 27). Hat der Ehegatte das Inventar ungetreu errichtet, ist dem Erben analog § 2005 Abs. 2 eine Frist zur Vervollständigung des Inventars zu setzen, bevor die unbeschränkte Haftung eingreift (→ § 2005 Rn. 1 ff.) (Staudinger/Dobler, 2020, Rn. 27; aA wohl Erman/Horn Rn. 4; RGRK-BGB/Johannsen Rn. 12: Der Erbe müsse das Inventar innerhalb der Inventarfrist berichtigen; nach Soergel/Stein Rn. 6 gilt § 2005 Abs. 2 analog dann, wenn der Erbe gutgläubig gem. § 2004 Bezug genommen hat, nicht jedoch, wenn er untätig geblieben ist).

4 **c) Eidesstattliche Versicherung.** Zur Abgabe der eidesstattlichen Versicherung (§ 2006) sind beide Ehegatten zu laden (RGRK-BGB/Johannsen Rn. 13; Staudinger/Dobler, 2020, Rn. 29; MüKoBGB/Küpper Rn. 3; aA Erman/Horn Rn. 5: zur Abgabe der Versicherung an Eides statt sei nur derjenige verpflichtet, der das Inventar errichtet habe; ähnlich Soergel/Stein Rn. 7: beide Ehegatten seien zu laden; verpflichtet sei nur derjenige, der das Inventar errichtet habe). Die von einem Ehegatten abgegebene eidesstattliche Versicherung kommt auch dem anderen Ehegatten zugute (Staudinger/Dobler, 2020, Rn. 29; RGRK-BGB/Johannsen Rn. 13; MüKoBGB/Küpper Rn. 3).

5 **2. Haftungsbeschränkung.** Unabhängig von den Regelungen des § 2008 stehen sowohl dem Erben als auch dem Ehegatten, der das Gesamtgut allein oder mit dem anderen zusammen verwaltet, die allgemeinen Mittel zur Beschränkung der Haftung auf den Nachlass zur Verfügung. Beide Ehegatten sind berechtigt, ohne Mitwirkung des anderen ein Inventar über eine jedem von beiden angefallene Erbschaft zu errichten, die nicht in das Sonder- oder Vorbehaltsgut des anderen fällt (§ 1455 Nr. 3). Beide können ohne Mitwirkung des anderen **Nachlassverwaltung** (Staudinger/Dobler, 2020, Rn. 5; MüKoBGB/Küpper Rn. 5) oder die Eröffnung des **Nachlassinsolvenzverfahrens** beantragen (§ 318 Abs. 1 InsO); allerdings muss in diesem Fall der Eröffnungsgrund glaubhaft gemacht werden (§ 318 Abs. 2 InsO). Beide Ehegatten können unabhängig voneinander das **Aufgebot der Nachlassgläubiger** beantragen; der von einem Ehegatten gestellte Antrag und der von ihm erwirkte Ausschließungsbeschluss kommt auch dem anderen Ehegatten zugute (§ 462 Abs. 2 FamFG). Beide Ehegatten können schließlich die Erschöpfungs-, die Unzulänglichkeits- und die Überschwerungseinrede der §§ 1989–1992 sowie die aufschiebenden **Einreden** der §§ 2014, 2015 erheben (Staudinger/Dobler, 2020, Rn. 5). Ein **Verzicht** eines Ehegatten auf die beschränkte Erbenhaftung wirkt nur mit Zustimmung des anderen Ehegatten für das Gesamtgut (§§ 1438, 1460). Die **Ausschlagung der Erbschaft** ist dem Erben vorbehalten (§ 1432 Abs. 1 S. 1, § 1455 Nr. 1).

6 **3. Fortgeltung nach Beendigung der Gütergemeinschaft (Abs. 2).** Die Gütergemeinschaft endet durch Aufhebung (§§ 1447 ff., 1469 f.), durch Auflösung der Ehe durch den Tod eines Ehegatten (§ 1482) oder durch Beendigung der fortgesetzten Gütergemeinschaft (§§ 1492 ff.). Bis zur Auseinandersetzung bleibt der Ehegatte zur (Mit-)Verwaltung berechtigt und verpflichtet (§ 1472 Abs. 1). Insbesondere bleibt er berechtigt, ein Inventar über eine dem anderen Ehegatten angefallene Erbschaft zu errichten (§ 1472 Abs. 1, §§ 1450, 155 Nr. 3). Bis zur Auseinandersetzung (Staudinger/Dobler, 2020, Rn. 33; aA RGRK-BGB/Johannsen Rn. 14: über die Auseinandersetzung hinaus, weil der Verwalter des Gesamtgutes gem. § 1437 Abs. 2, § 1459 Abs. 2 weiterhin persönlich hafte) gelten die Regelungen des § 2008 daher fort. Entsprechende Regelungen enthalten § 318 Abs. 1 S. 3 InsO, § 462 Abs. 1 S. 2 FamFG.

## § 2009 Wirkung der Inventarerrichtung

**Ist das Inventar rechtzeitig errichtet worden, so wird im Verhältnis zwischen dem Erben und den Nachlassgläubigern vermutet, dass zur Zeit des Erbfalls weitere Nachlassgegenstände als die angegebenen nicht vorhanden gewesen seien.**

### Überblick

Ein rechtzeitig errichtetes Inventar gilt im Verhältnis zwischen dem Erben und den Nachlassgläubigern als vollständig. Es handelt sich um eine gesetzliche Vermutung. Der Beweis des Gegenteils (§ 292 ZPO) ist zulässig.

## I. Bedeutung der Norm

Die **gesetzliche Vermutung der Vollständigkeit des rechtzeitig errichteten Inventars** soll Streitigkeiten vorbeugen und dem Erben Veranlassung geben, möglichst bald ein Inventar zu errichten (Prot. V 754 f.). Will der Erbe seine Haftung gem. §§ 1973, 1974, 1989, 1990, 1991 oder § 1992 beschränken, muss er darlegen und beweisen, dass der Nachlass zur Befriedigung des Gläubigers nicht ausreicht oder dass es an einer die Kosten der Nachlassverwaltung oder des Nachlassinsolvenzverfahrens deckenden Masse fehlt. Im Rahmen der Zwangsvollstreckung muss der Erbe ggf. beweisen, dass ein bestimmter Gegenstand nicht zum Nachlass, sondern zu seinem eigenen Vermögen gehört (§§ 781, 784, 785 ZPO). Das Inventar begründet die Vermutung, dass weitere als die im Inventar genannten Gegenstände im Zeitpunkt des Erbfalles nicht vorhanden waren. Auch die Haftung des Erben aus § 1978 wird auf die im Inventar angegebenen Gegenstände beschränkt. Die Vermutung wirkt nur gegenüber **Nachlassgläubigern,** nicht gegenüber Erbschaftsbesitzern, Nacherben, Erbschaftskäufern, Testamentsvollstreckern, Miterben, die nicht zugleich Nachlassgläubiger sind, und Eigengläubigern des Erben (RGRK-BGB/Johannsen Rn. 4; MüKoBGB/Küpper Rn. 4; Staudinger/Dobler, 2020, Rn. 2). 1

## II. Voraussetzungen und Inhalt der Vermutung

**1. Voraussetzungen.** Grundlage der Vermutung ist ein rechtzeitig errichtetes Inventar. Der Erbe muss ein **Inventar,** also ein Verzeichnis des Nachlasses (vgl. § 1993), in der Form der §§ 2002, 2003 errichtet haben. Fehlen die in § 2001 zusätzlich verlangten Beschreibungen und Wertangaben, wird das Inventar nicht unwirksam (das Erfordernis der „Vorschriftsmäßigkeit" ist von der zweiten Kommission gestrichen worden, Prot. V 757; vgl. RGRK-BGB/Johannsen Rn. 1; Staudinger/Dobler, 2020, Rn. 6 f.). Auch etwaige Unvollständigkeiten führen, wie sich aus § 2005 Abs. 2 ergibt, nicht zwingend zu einer „Unwirksamkeit" des Inventars. Das Inventar darf allerdings nicht derart mangelhaft sein, dass es zu den Zwecken, die mit der Inventarerrichtung verfolgt werden, gänzlich ungeeignet ist (Prot. V 757; RGRK-BGB/Johannsen Rn. 1; Erman/Horn Rn. 3; vgl. auch Staudinger/Dobler, 2020, Rn. 7: im Interesse der Rechtssicherheit müsse jedes in der Form der §§ 2002, 2003 errichtete Verzeichnis ausreichen, solange dem Erben keine Inventaruntreue nachgewiesen werde). **Rechtzeitig errichtet** ist ein Inventar, das entweder freiwillig (§ 1993) oder innerhalb der vom Nachlassgericht gesetzten Inventarfrist (§ 1994) errichtet worden ist. 2

**2. Inhalt.** Der Inhalt der Vermutung geht dahin, dass zurzeit des Erbfalls weitere als die angegebenen Nachlassgegenstände nicht vorhanden waren. Die Vermutung gilt nicht für die gem. § 2001 angegebenen Werte und die angegebenen Nachlassverbindlichkeiten und nicht für einen späteren Zuwachs. Dass die angegebenen Nachlassgegenstände tatsächlich zum Nachlass gehören, wird ebenfalls nicht vermutet. Soweit die Vermutungswirkung reicht, kann der Nachlassgläubiger den **Beweis des Gegenteils** führen (§ 292 ZPO) (MüKoBGB/Küpper Rn. 5; RGRK-BGB/Johannsen Rn. 3; Erman/Horn Rn. 4; aA van Venroy AcP 186 (1986), 356 (399 ff., 407); dagegen zutr. Staudinger/Dobler, 2020, Rn. 10 f.), auch dann, wenn der Erbe die Richtigkeit des Inventars an Eides Statt versichert hatte. Gelingt dem Gläubiger der Nachweis, dass im Zeitpunkt des Erbfalles ein weiterer Nachlassgegenstand vorhanden war, wird die Vermutung iÜ nicht entkräftet (Staudinger/Dobler, 2020, Rn. 5; MüKoBGB/Küpper Rn. 5; RGRK-BGB/Johannsen Rn. 3; Erman/Horn Rn. 4; aA Soergel/Stein Rn. 1). Bei **vorsätzlicher Inventaruntreue** (§ 2005 Abs. 1) bleibt das Inventar wirkungslos. Verweigert der Erbe die eidesstattliche Versicherung der Richtigkeit des Inventars (§ 2006), erlischt die Vollständigkeitsvermutung gegenüber demjenigen Gläubiger, der den Antrag gestellt hatte (Staudinger/Dobler, 2020, Rn. 8; MüKoBGB/Küpper Rn. 2; RGRK-BGB/Johannsen Rn. 5). 3

### § 2010 Einsicht des Inventars

**Das Nachlassgericht hat die Einsicht des Inventars jedem zu gestatten, der ein rechtliches Interesse glaubhaft macht.**

## I. Bedeutung der Norm

Jeder, der ein rechtliches Interesse glaubhaft macht, hat ein materielles Recht auf **Einsicht in das Inventar** (Prot. VI 339; Staudinger/Dobler, 2020, Rn. 1). Ein **rechtliches Interesse** folgt 1 aus einem bereits vorhandenen Recht (MüKoBGB/Küpper Rn. 1; Erman/Horn Rn. 1); es ist bei Miterben, Nachlassgläubigern (einschließlich der Steuerbehörden), Nachlassverwaltern und Testamentsvollstreckern stets vorhanden. Bei nur berechtigtem Interesse kann das Nachlassgericht nach § 13 Abs. 2 FamFG Einsicht gewähren. Die Erteilung einer einfachen oder beglaubigten **Abschrift** setzt ebenfalls ein berechtigtes Interesse voraus (§ 13 Abs. 3 FamFG). Wegen des Einsichtsrechts ist die Einreichung eines **versiegelten Inventars** unzulässig (Erman/Horn Rn. 1; Staudinger/Dobler, 2020, § 1993 Rn. 21; MüKoBGB/Küpper Rn. 4). Ein versiegelt eingereichtes Inventar müsste jedenfalls zur Gewährung der Einsicht geöffnet werden (RGRK-BGB/Johannsen Rn. 2).

## II. Verfahren

2 Funktionell zuständig ist der **Rechtspfleger** (§ 3 Nr. 2 lit. c RPflG). Das rechtliche Interesse ist glaubhaft zu machen (§ 31 FamFG). Gegen die Verweigerung der Einsicht oder der Erteilung einer Abschrift findet die (befristete) **Beschwerde** statt (§§ 58 ff. FamFG, § 11 RPflG).

## § 2011 Keine Inventarfrist für den Fiskus als Erben

**[1]Dem Fiskus als gesetzlichem Erben kann eine Inventarfrist nicht bestimmt werden. [2]Der Fiskus ist den Nachlassgläubigern gegenüber verpflichtet, über den Bestand des Nachlasses Auskunft zu erteilen.**

### Überblick

Dem Fiskus als gesetzlichem Erben wird keine Inventarfrist bestimmt. Dadurch soll er, der die ihm angefallene Erbschaft nicht ausschlagen kann (§ 1936), vor dem Eintritt der unbeschränkten Erbenhaftung geschützt werden. An die Stelle der Einsicht in das Inventar (vgl. § 2010) tritt das Auskunftsrecht des S. 2.

### I. Bedeutung der Norm

1 Der Fiskus kann die ihm als gesetzlichem Erben (vgl. § 1936) angefallene Erbschaft nicht ausschlagen (§ 1942 Abs. 2). Gleichwohl haftet er nicht von vornherein nur mit dem Nachlass, sondern muss die Beschränkung seiner Haftung erst herbeizuführen. § 2011 ist eine von drei Sondervorschriften, die den Fiskus besonders vor dem Eintritt der unbeschränkten Erbenhaftung schützen. Gemäß § 1966 kann erst dann ein Recht gegen den Fiskus als gesetzlichen Erben geltend gemacht werden, wenn das Nachlassgericht festgestellt hat, dass ein anderer Erbe nicht vorhanden ist (vgl. §§ 1964, 1965). Wird der Fiskus als gesetzlicher Erbe verurteilt, braucht er sich die Beschränkung seiner Haftung nicht im Urteil vorbehalten zu lassen (§ 780 Abs. 2 ZPO). Nach § 2011 kann ihm schließlich eine Inventarfrist, die zu einer unbeschränkten Haftung führen könnte (§ 1994 Abs. 1 S. 2), nicht gesetzt werden. § 2011 gilt nur für den **Fiskus als gesetzlichen Erben.** Wird der Fiskus Testaments- oder Vertragserbe, gelten nicht § 1942 Abs. 2, §§ 1966, 2011, sondern die allgemeinen Vorschriften. Auf Körperschaften, Stiftungen und Anstalten des öffentlichen Rechts, die gem. Art. 138 EGBGB nach Landesrecht anstelle des Fiskus gesetzlicher Erbe werden, ist § 2011 ebenfalls anwendbar (RGRK-BGB/Johannsen Rn. 3; Staudinger/Dobler, 2020, Rn. 7). Gleiches gilt, wenn der Fiskus gem. Art. 139 EGBGB gesetzlicher Erbe einer verpflegten oder unterstützten Person wird.

### II. Auskunftspflicht

2 An die Stelle des Inventars tritt die Verpflichtung des Fiskus, den Nachlassgläubigern über den Bestand des Nachlasses Auskunft zu erteilen (S. 2). Der Auskunftsanspruch besteht erst nach Feststellung des Erbrechts des Fiskus (§§ 1964, 1966). Er ist notfalls durch Klage vor den ordentlichen Gerichten geltend zu machen. Der Umfang der Auskunftspflicht richtet sich nach §§ 260, 261. Der Fiskus hat ein Verzeichnis des gegenwärtigen (RGRK-BGB/Johannsen Rn. 2; Erman/Horn Rn. 3; Staudinger/Dobler, 2020, Rn. 6; MüKoBGB/Küpper Rn. 3) Bestandes des Nachlasses vorzulegen. Ggf. kann der Leiter der Vertretungsbehörde auch zur Abgabe der eidesstattlichen Versicherung nach § 260 Abs. 2 angehalten werden. Aus § 1978 iVm § 666 kann sich eine weitergehende Rechenschaftspflicht ergeben (RGRK-BGB/Johannsen Rn. 2; Staudinger/Dobler, 2020,

Rn. 6). Wird freiwillig ein Inventar errichtet, kann es durch Inventaruntreue (§ 2005 Abs. 1) sowie dann, wenn die eidesstattliche Versicherung nach § 2006 verweigert wird, zu einer unbeschränkten Haftung des Fiskus kommen (RGRK-BGB/Johannsen Rn. 1; Staudinger/Dobler, 2020, Rn. 2 f.; aA MüKoBGB/Küpper Rn. 1; Erman/Horn Rn. 1).

## § 2012 Keine Inventarfrist für den Nachlasspfleger und Nachlassverwalter

**(1) [1]Einem nach den §§ 1960, 1961 bestellten Nachlasspfleger kann eine Inventarfrist nicht bestimmt werden. [2]Der Nachlasspfleger ist den Nachlassgläubigern gegenüber verpflichtet, über den Bestand des Nachlasses Auskunft zu erteilen. [3]Der Nachlasspfleger kann nicht auf die Beschränkung der Haftung des Erben verzichten.**

**(2) Diese Vorschriften gelten auch für den Nachlassverwalter.**

### Überblick

Nachlasspflegern und Nachlassverwaltern kann keine Inventarfrist gesetzt werden. Die Vorschrift dient dem Schutz des Erben. Die Nachlassgläubiger sind durch die Auskunftspflicht (Abs. 1 S. 2) hinreichend geschützt, bei deren Verletzung der Nachlasspfleger oder -verwalter persönlich haftet.

### I. Bedeutung der Norm

Der Erbe soll sein Haftungsbeschränkungsrecht nicht durch Handlungen oder Versäumnisse 1 des Nachlasspflegers (Abs. 1) oder des Nachlassverwalters (Abs. 2) verlieren können, auf die er keinen Einfluss hat. Ergänzt wird § 2012 durch § 780 Abs. 2 ZPO. Wenn das Urteil gegen einen Nachlassverwalter oder einen anderen Nachlasspfleger ergeht, ist der Vorbehalt der beschränkten Erbenhaftung nicht erforderlich. Handlungen oder Unterlassungen des Nachlasspflegers oder -verwalters binden nur den Nachlass, nicht auch den Erben persönlich. Die Interessen der Nachlassgläubiger werden durch die Auskunftspflicht des Nachlasspflegers oder -verwalters und dessen persönliche Haftung für etwaige Pflichtverletzungen hinreichend gewahrt.

### II. Auskunftspflicht

Dem Nachlasspfleger oder -verwalter kann eine Inventarfrist nicht bestimmt werden. Stattdessen 2 besteht eine Auskunftspflicht gegenüber den Nachlassgläubigern (Abs. 1 S. 2; § 260), die klageweise und im Wege der Zwangsvollstreckung (§§ 888, 889 ZPO) durchgesetzt werden kann. Die Verweigerung der eidesstattlichen Versicherung gem. § 260 Abs. 2 führt nicht gem. § 2006 Abs. 2 zur unbeschränkten Haftung des Erben oder des Verwalters. Gemäß §§ 1915, 1802 ist der Nachlasspfleger oder -verwalter gegenüber dem Nachlassgericht zur Vorlage eines Vermögensverzeichnisses verpflichtet. Bei schuldhafter Verletzung der Auskunftspflicht aus Abs. 1 S. 2 **haftet** der Nachlasspfleger oder -verwalter persönlich (RGRK-BGB/Johannsen Rn. 3; Staudinger/Dobler, 2020, Rn. 10); vgl. auch § 1985 Abs. 2.

### III. Stellung des Erben

Während der Dauer der Nachlassverwaltung ist oder wird auch eine etwa dem **Erben** gesetzte 3 Inventarfrist wirkungslos (§ 2000 S. 1 und 2). Eine dem Erben während der Nachlasspflegschaft – also vor Annahme der Erbschaft (vgl. § 1960 Abs. 1 S. 1) – gesetzte Frist beginnt gem. § 1995 Abs. 2 erst mit Annahme der Erbschaft. Ist der Erbe aufgrund materiellen Rechts zur Auskunft verpflichtet (vgl. etwa § 2314), bleibt diese Pflicht auch während der Nachlassverwaltung bestehen (OLG Celle MDR 1960, 402; Soergel/Stein Rn. 3).

## § 2013 Folgen der unbeschränkten Haftung des Erben

**(1) [1]Haftet der Erbe für die Nachlassverbindlichkeiten unbeschränkt, so finden die Vorschriften der §§ 1973 bis 1975, 1977 bis 1980, 1989 bis 1992 keine Anwendung; der Erbe ist nicht berechtigt, die Anordnung einer Nachlassverwaltung zu beantragen. [2]Auf eine nach § 1973 oder nach § 1974 eingetretene Beschränkung der Haftung kann sich**

**der Erbe jedoch berufen, wenn später der Fall des § 1994 Abs. 1 Satz 2 oder des § 2005 Abs. 1 eintritt.**

**(2) Die Vorschriften der §§ 1977 bis 1980 und das Recht des Erben, die Anordnung einer Nachlassverwaltung zu beantragen, werden nicht dadurch ausgeschlossen, dass der Erbe einzelnen Nachlassgläubigern gegenüber unbeschränkt haftet.**

### Überblick

Inventarverfehlungen (Versäumung der Inventarfrist, Inventaruntreue) führen zu einer unbeschränkten Haftung des Erben. Was das im Einzelnen bedeutet, ergibt sich aus § 2013. Der Erbe verliert die Ausschließungseinrede des § 1973 und die Verschweigungseinrede des § 1974, wenn deren Voraussetzungen im Zeitpunkt der Inventarverfehlung nicht bereits erfüllt waren (Abs. 1 S. 2). Weil § 1975 ausgeschlossen ist, führen die amtliche Nachlasssonderung durch Nachlassverwaltung oder -insolvenz nicht zu einer Haftungsbeschränkung. Haftet der Erbe nur einzelnen Nachlassgläubigern gegenüber unbeschränkt, bleibt es im Übrigen bei den allgemeinen Regeln (Abs. 2).

## I. Unbeschränkte Haftung gegenüber allen Gläubigern (Abs. 1)

1 **1. Bedeutung der Norm.** § 2013 Abs. 1 fasst die Auswirkungen der gegenüber allen Nachlassgläubigern unbeschränkten Erbenhaftung zusammen. „Unbeschränkt" haftet derjenige Erbe, der durch Versäumung einer ihm gesetzten Inventarfrist (§ 1994 Abs. 1 S. 2) oder durch Inventaruntreue (§ 2005 Abs. 1) das Recht verloren hat, seine Haftung auf den Nachlass zu beschränken. Die Aufzählung des Abs. 1 ist nicht abschließend.

2 **2. Folgen der unbeschränkten Haftung. a) Aufgebot.** Ein unbeschränkt haftender Erbe ist gem. § 455 Abs. 1 FamFG nicht mehr berechtigt, das Aufgebot zum Zwecke der Ausschließung von Nachlassgläubigern zu beantragen. Er verliert die **Ausschließungseinrede** des § 1973 und die **Verschweigungseinrede** des § 1974. Gemäß **Abs. 1 S. 2** gilt das allerdings nicht, wenn der Erbe das Haftungsbeschränkungsrecht nach § 1993 Abs. 1 S. 2 oder nach § 2005 Abs. 1 verloren hat, als die Voraussetzungen der Ausschließungs- oder der Verschweigungseinrede bereits erfüllt waren. Das Aufgebot mit dem Ziel der Beschränkung der Haftung auf einen seinem Erbteil entsprechenden Teil der Verbindlichkeit kann der (Mit-)Erbe auch dann beantragen, wenn er für die Nachlassverbindlichkeit unbeschränkt haftet (§ 460 Abs. 2 FamFG).

3 **b) Amtliche Nachlasssonderung. Nachlassverwaltung und Nachlassinsolvenzverfahren** führen – weil § 1975 ausgeschlossen ist – nicht zu einer Haftungsbeschränkung. Die Nachlassverwaltung kann nur noch auf **Antrag eines Nachlassgläubigers** angeordnet werden (§ 1981 Abs. 2), und zwar auch dann, wenn nur einer von mehreren Miterben unbeschränkt haftet (→ § 2062 Rn. 2). Das Recht, die Eröffnung des Nachlassinsolvenzverfahrens zu beantragen, bleibt allerdings auch bei unbeschränkter Haftung erhalten (§ 316 Abs. 2 InsO). Weil eine Haftungsbeschränkung nicht mehr eintritt, gelten weder § 1989 noch §§ 1990–1992. Die **Aufrechnung** eines Nachlassgläubigers gegenüber einer dem Erben persönlich zustehenden Forderung hat entgegen § 1977 Abs. 1 Bestand, weil die Nachlassgläubiger unbeschränkten Zugriff auf das Eigenvermögen des Erben haben. Aus diesem Grund gelten auch die §§ 1978–1980 nicht. § 1976 ist demgegenüber nicht ausgeschlossen. Forderungen und Rechte des Erben, die mit dem Erbfall durch Konfusion oder Konsolidation erloschen waren, gelten als nicht erloschen, müssen also gegenüber dem Nachlassverwalter oder im Nachlassinsolvenzverfahren geltend gemacht werden. Ebenfalls anwendbar bleibt der dem Schutz der Nachlassgläubiger vor dem Zugriff Dritter dienende § 1977 Abs. 2 (dort → § 1977 Rn. 6 mwN).

4 **3. Weitere Folgen der unbeschränkten Haftung.** Nicht in Abs. 1 erwähnt, jedoch bei unbeschränkter Haftung ebenfalls ausgeschlossen sind gem. § 2016 Abs. 1 die **aufschiebenden Einreden** der §§ 2014 und 2015. Der Erbe kann außerdem nicht mehr die **Zwangsversteigerung** eines Nachlassgrundstücks betreiben (§ 175 Abs. 2 ZVG) und trotz Nachlassverwaltung oder Nachlassinsolvenzverfahren die Zwangsvollstreckung in sein sonstiges Vermögen nicht verhindern (§ 784 Abs. 1 ZPO). Sondervorschriften für die Haftung der **Miterben untereinander** und für die Haftung des **Nacherben gegenüber dem Vorerben** enthalten § 2063 Abs. 2 und § 2144 Abs. 3.

## II. Unbeschränkte Haftung gegenüber einzelnen Gläubigern (Abs. 2)

Einzelnen Gläubigern gegenüber haftet der Erbe unbeschränkt, wenn er sich weigert, die Richtigkeit eines von ihm erstellten Inventars an Eides Statt zu versichern (§ 2006 Abs. 1), wenn er sich die Beschränkung seiner Haftung nicht gem. § 780 Abs. 1 ZPO hat vorbehalten lassen oder wenn er auf die Beschränkung verzichtet hat; dass der Erbe verzichten kann, ergibt ein Umkehrschluss aus § 2013 Abs. 1 S. 3. **Gegenüber den anderen Gläubigern** gelten die allgemeinen Regeln über die Erbenhaftung. Der Erbe bleibt berechtigt, das Aufgebot der Nachlassgläubiger zu beantragen (§ 1970), nach §§ 1973 oder 1974 zu verfahren, seine Haftung durch Nachlassverwaltung oder Nachlassinsolvenzverfahren zu beschränken (§ 1975) oder die Einreden der §§ 1990–1992 zu erheben. Das setzt Abs. 2 als selbstverständlich voraus (Staudinger/Dobler, 2020, Rn. 9; RGRK-BGB/Johannsen Rn. 14 f.). Da im Verhältnis zu den übrigen Gläubigern nach wie vor zwischen dem Eigenvermögen des Erben und dem Nachlass unterschieden werden muss, bleiben die §§ 1977–1980 anwendbar. Im Rahmen eines **Nachlassinsolvenzverfahrens** (§§ 315 ff. InsO) sollte einem Antrag auf Eigenverwaltung (§ 270 InsO) nicht stattgegeben werden, wenn der Erbe das Haftungsbeschränkungsrecht gem. § 2006 Abs. 3 verloren, sich also dem Verdacht unredlichen Handelns ausgesetzt hat (Staudinger/Dobler, 2020, Rn. 4). 5

## III. Beweislast

Den Eintritt der unbeschränkten Haftung hat der **Nachlassgläubiger** zu beweisen, der den Erben in Anspruch nimmt (MüKoBGB/Küpper Rn. 5; Erman/Horn Rn. 4; Staudinger/Dobler, 2020, Rn. 14). Der Beweis kann entweder schon im Erkenntnisverfahren geführt werden, um so eine Verurteilung ohne den Vorbehalt des § 780 ZPO zu erreichen, oder im Rahmen einer vom Erben erhobenen Vollstreckungsgegenklage nach §§ 785, 781 ff., 767 ZPO. Der **Erbe** muss darlegen und beweisen, dass und auf welche Weise er eine Beschränkung der Haftung herbeigeführt hat. 6

# Untertitel 5. Aufschiebende Einreden

## § 2014 Dreimonatseinrede

**Der Erbe ist berechtigt, die Berichtigung einer Nachlassverbindlichkeit bis zum Ablauf der ersten drei Monate nach der Annahme der Erbschaft, jedoch nicht über die Errichtung des Inventars hinaus, zu verweigern.**

### Überblick

Die Dreimonatseinrede berechtigt den Erben, die Berichtigung von Nachlassverbindlichkeiten zu verweigern. Sie gilt drei Monate ab Annahme der Erbschaft und ist ausgeschlossen, wenn der Erbe unbeschränkt haftet (§ 2016 Abs. 1); sie endet vorzeitig mit der Einreichung eines Inventars. Der Erbe muss sich die Beschränkung der Haftung im Urteil vorbehalten lassen.

## I. Bedeutung der Norm

Bis zur Annahme der Erbschaft kann der Erbe für Nachlassverbindlichkeiten nicht gerichtlich in Anspruch genommen werden (§ 1958). Die Zwangsvollstreckung wegen eines gegen den Nachlass gerichteten Anspruchs ist nur in den Nachlass möglich (§ 778 Abs. 1 ZPO). Mit der Annahme der Erbschaft verliert der Erbe diesen Schutz. Er ist jetzt auch verpflichtet, einen unterbrochenen Prozess des Erblassers aufzunehmen (§ 239 Abs. 5 ZPO, § 246 Abs. 2 ZPO). Die aufschiebenden Einreden („Schonungseinreden") der §§ 2014 und 2015 – die **Dreimonatseinrede** des § 2014 und die Aufgebotseinrede des § 2015 – geben ihm eine weitere Überlegungsfrist („Schonfrist"), innerhalb derer er den Nachlass sichten und entscheiden kann, ob er seine persönliche Haftung beschränken, also Nachlassverwaltung oder die Eröffnung des Nachlassinsolvenzverfahrens beantragen sollte. Das Recht, die Berichtigung einer Nachlassverbindlichkeit innerhalb der ersten drei Monate nach der Annahme der Erbschaft zu verweigern, bewirkt, dass der Nachlass nicht zugunsten einzelner Nachlassgläubiger geschmälert wird, sondern für ein etwa erforderliches Nachlassin- 1 solvenzverfahren erhalten bleibt, das der **möglichst gleichmäßigen Befriedigung aller Gläubiger** dient.

## II. Voraussetzungen der Einrede

2 **1. Berechtigte.** Berechtigt, die Einrede des § 2014 zu erheben, sind der Erbe, der nach § 1960 oder nach § 1975 bestellte Nachlasspfleger (Nachlassverwalter), der verwaltende Testamentsvollstrecker und der gesamtgutsverwaltende Ehegatte bei der Gütergemeinschaft (§ 1489 Abs. 2).

3 **2. Frist.** Die Einrede kann **schon vor Annahme der Erbschaft** geltend gemacht werden (Staudinger/Dobler, 2020, Rn. 2; aA Soergel/Stein Rn. 1). Die Annahme der Erbschaft (oder der Ablauf der Ausschlagungsfrist, vgl. § 1943 Hs. 2) bewirkt lediglich den Beginn der Dreimonatsfrist, die nach §§ 187 Abs. 1, 188 Abs. 2 und 3 berechnet wird. Bei **Miterben** ist die Frist jeweils gesondert zu berechnen. Wird vor Annahme der Erbschaft ein **Nachlasspfleger** bestellt, beginnt die Frist mit dessen Bestellung (§ 2017). Wenn vor Fristablauf die Eröffnung des **Nachlassinsolvenzverfahrens** beantragt worden ist, bleibt die Beschränkung der Zwangsvollstreckung bis zur rechtskräftigen Entscheidung über den Antrag aufrechterhalten (§ 782 S. 2 ZPO). Mit der **Errichtung des Inventars** (§§ 1993, 1994) endet die Frist des § 2014, weil der Erbe aufgrund des Inventars einen ausreichenden Überblick über den Bestand des Nachlasses hat.

4 **3. Ausschluss der Einrede.** Ausgeschlossen ist die Dreimonatseinrede, wenn der Erbe allgemein oder gegenüber demjenigen Gläubiger, der den Anspruch geltend macht, **unbeschränkt haftet** (§ 2016 Abs. 1; vgl. aber → § 2016 Rn. 1). Bei unbeschränkter Haftung gibt es keine Rechtfertigung für eine Überlegungs- und Prüfungsfrist mehr. Aus dem gleichen Grund kann die Einrede des § 2014 auch nicht gegenüber einem der realberechtigten **Gläubiger des § 1971** geltend gemacht werden, der sein Recht selbst im Nachlassinsolvenzverfahren durchsetzen könnte (§ 2016 Abs. 2). Sind dem Erben alle Nachlassgläubiger bekannt und reicht der Nachlass offensichtlich zur Berichtigung der Nachlassverbindlichkeiten aus, kann die Erhebung der Einrede gegen **Treu und Glauben** verstoßen (Staudinger/Dobler, 2020, Rn. 6).

5 **4. Sofort zu erfüllende Verbindlichkeiten.** Eine weitere Einschränkung ergibt sich aus der Natur der Sache hinsichtlich solcher Nachlassverbindlichkeiten, deren Befriedigung **keinen Aufschub duldet.** Das sind vor allem Ansprüche aus § 1963 (Unterhalt der werdenden Mutter eines Erben) und § 1969 (Dreißigster). Die Weitergewährung des Gebrauchs und der Nutzung von Sachen, die ein Mieter oder Pächter des Erblassers in Besitz genommen hat, kann ebenfalls nicht verweigert werden (MüKoBGB/Küpper Rn. 3; RGRK-BGB/Johannsen Rn. 12). Sofort zu erfüllen sind schließlich die Anzeige- und Notbesorgungspflichten aus § 673 S. 2, § 727 Abs. 2 S. 1, § 1894 Abs. 1 und § 2218, die den Erben als solchen treffen, sowie die Vorlegungspflichten des Erben nach §§ 809–811 (MüKoBGB/Küpper Rn. 3).

6 **5. Vorbehalt.** Die Einrede geht verloren, wenn der Erbe sich die Beschränkung der Haftung auf den Nachlass nicht **im Urteil** vorbehalten lässt (§§ 305, 780 Abs. 1 ZPO). Eines Vorbehalts bedarf es nicht, wenn die Vollstreckung aus einem gegen den Erblasser erwirkten Titel begonnen oder fortgesetzt wird (§§ 778, 779 ZPO) (RGRK-BGB/Johannsen Rn. 13; Erman/Horn Rn. 2). In den Fällen des § 780 Abs. 2 ZPO ist ein Vorbehalt ebenfalls nicht erforderlich.

## III. Wirkungen der Einrede

7 **1. Prozessuales.** Im Prozess führt die Einrede, wenn sie erhoben wird, zu einer Verurteilung des Erben unter dem Vorbehalt der beschränkten Haftung (§ 305 Abs. 1 ZPO, § 780 Abs. 1 ZPO). Das Gericht muss den Vorbehalt ohne Prüfung der Begründetheit in die Urteilsformel aufnehmen (Lange/Kuchinke ErbR § 48 III 2 m. Fn. 20). Wird die **Zwangsvollstreckung** aus dem Urteil betrieben (vgl. § 781 ZPO), kann der Erbe im Wege der Vollstreckungsgegenklage verlangen, dass die Zwangsvollstreckung für die Dauer der Dreimonatsfrist auf vorläufige Maßnahmen beschränkt wird, die auch zur Vollziehung eines Arrestes zulässig wären (§§ 785, 782 S. 1, 930–932 ZPO). Im Urteil, das über die Vollstreckungsgegenklage entscheidet, ist die Dauer der Frist kalendermäßig zu bestimmen (MüKoBGB/Küpper Rn. 4). Nach Ablauf dieser Frist können die Pfandgegenstände verwertet werden. Wird vor Ablauf der Dreimonatsfrist die Eröffnung des Nachlassinsolvenzverfahrens beantragt, ist auf Antrag die Beschränkung bis zur rechtskräftigen Entscheidung über die Eröffnung des Insolvenzverfahrens aufrechtzuerhalten (§ 782 S. 2 ZPO). Wird das Nachlassinsolvenzverfahren eröffnet, begründen nach Eintritt des Erbfalles erfolgte Maßnahmen

der Zwangsvollstreckung kein Recht auf abgesonderte Befriedigung (§ 321 InsO). Eine Beschränkung auf vorläufige Maßnahmen kann der Erbe – solange er nicht unbeschränkt für Nachlassverbindlichkeiten haftet – auch von **Eigengläubigern** verlangen, die in Nachlassgegenstände vollstrecken (§ 783 ZPO).

**2. Verzug. Materiell-rechtlich** begründet die Dreimonatseinrede **kein Leistungsverweigerungsrecht** (RGZ 79, 201 (204 ff.); Erman/Horn Vor § 2014 Rn. 4; Soergel/Stein Rn. 4; Lange/Kuchinke ErbR § 48 III 2; aA RGRK-BGB/Johannsen Rn. 7; Staudinger/Dobler, 2020, Rn. 8). Der Erbe, der sich auf sie beruft, gerät in **Leistungsverzug.** Das ist allerdings nicht unumstritten. Wortlaut und Entstehungsgeschichte der Vorschrift (Prot. V 785; vgl. dazu aber RGZ 79, 201 (205): Die Redaktionskommission ist der Empfehlung nicht gefolgt, den Ausschluss der Verzugsfolgen ausdrücklich in die Endfassung der Vorschrift aufzunehmen) könnten für die gegenteilige Ansicht sprechen. Außerdem könnte man es für widersprüchlich halten, wenn der Erbe einerseits im Hinblick auf seine Verantwortlichkeit den Gläubigern gegenüber (§§ 1978, 1979) gezwungen ist, von der Einrede Gebrauch zu machen, andererseits aber Verzugs- oder sonstige Schadensersatzansprüche zulasten des Nachlasses auslöst. Gleichwohl sprechen die besseren Gründe gegen die Annahme eines materiell-rechtlichen Leistungsverweigerungsrechtes. Die Folgen der Unübersichtlichkeit des Nachlasses und das Risiko der nicht rechtzeitigen Erfüllung einer einzelnen Forderung sollte der Erbe und – im Falle der Eröffnung des Nachlassinsolvenzverfahrens – die Gesamtheit der Nachlassgläubiger tragen, nicht der Anspruchsteller (MüKoBGB/Küpper Rn. 5 differenziert zwischen den vom Erblasser herrührenden Verbindlichkeiten, hinsichtlich eine persönliche Haftung des Erben für die Verzugsfolgen ausscheiden soll, und den vom Erben selbst begründeten Nachlassverbindlichkeiten). 8

**3. Einzelheiten.** Die **Verjährung** wird, wie ein Umkehrschluss aus § 205 ergibt, durch die Dreimonatseinrede nicht gehemmt (Staudinger/Dobler, 2020, Rn. 10; MüKoBGB/Küpper Rn. 5). Der Nachlassgläubiger kann auch trotz der Einrede mit seiner Forderung gegen eine Nachlassforderung **aufrechnen;** § 390 steht nicht entgegen (MüKoBGB/Küpper Rn. 5; Erman/Horn Vor § 2014 Rn. 4; Staudinger/Dobler, 2020, Rn. 11; aA RGRK-BGB/Johannsen Rn. 10). 9

## IV. Beweislast

Der **Nachlassgläubiger** muss zur Begründung der Passivlegitimation des Erben beweisen, dass dieser die Erbschaft angenommen hat. Geht es um den Ablauf der Ausschlagungsfrist, hat er den Zeitpunkt der Kenntnis vom Anfall der Erbschaft und dem Grund der Berufung zu beweisen (RGRK-BGB/Johannsen Rn. 14; MüKoBGB/Küpper Rn. 7; Staudinger/Dobler, 2020, Rn. 15; → Rn. 3). Dass die Dreimonatsfrist vorzeitig durch Errichtung eines Inventars oder durch Verlust des Haftungsbeschränkungsrechtes geendet hat, steht ebenfalls zur Beweislast des Gläubigers (RGRK-BGB/Johannsen Rn. 14; Staudinger/Dobler, 2016, Rn. 15). Der Erbe muss die fristgerechte Ausschlagung der Erbschaft (§ 1943) beweisen (RGRK-BGB/Johannsen Rn. 14; Staudinger/Dobler, 2020, Rn. 15). 10

## § 2015 Einrede des Aufgebotsverfahrens

**(1) Hat der Erbe den Antrag auf Einleitung des Aufgebotsverfahrens der Nachlassgläubiger innerhalb eines Jahres nach der Annahme der Erbschaft gestellt und ist der Antrag zugelassen, so ist der Erbe berechtigt, die Berichtigung einer Nachlassverbindlichkeit bis zur Beendigung des Aufgebotsverfahrens zu verweigern.**

**(2) (aufgehoben)**

**(3) Wird der Ausschließungsbeschluss erlassen oder der Antrag auf Erlass des Ausschließungsbeschlusses zurückgewiesen, so ist das Aufgebotsverfahren erst dann als beendet anzusehen, wenn der Beschluss rechtskräftig ist.**

### Überblick

Die Einrede des Aufgebotsverfahrens setzt einen binnen Jahresfrist ab Annahme der Erbschaft gestellten Aufgebotsantrag sowie dessen Zulassung durch das Nachlassgericht voraus. Sie gewährt ein Leistungsverweigerungsrecht bis zum rechtskräftigen Abschluss des Aufgebotsverfahrens.

## I. Bedeutung der Norm

1 Die „Aufgebotseinrede" des § 2015 ergänzt § 2014. § 2014 dient dazu, dem Erben (bzw. dem Nachlasspfleger, dem verwaltenden Testamentsvollstrecker und dem gesamtgutsverwaltenden Ehegatten, → § 2014 Rn. 2) Zeit für die Sichtung des Nachlasses zu gewähren. § 2015 verfolgt dasselbe Ziel im Hinblick auf die Nachlassverbindlichkeiten. Solange ein Aufgebotsverfahren läuft, sollen einzelne Nachlassgläubiger sich nicht zum Nachteil anderer befriedigen dürfen. Auf diese Weise wird zugleich ein späteres Nachlassinsolvenzverfahren vorbereitet. Gegenüber den Nachlassgläubigern kann der Erbe dann, wenn Grund zur Annahme unbekannter Nachlassverbindlichkeiten besteht, verpflichtet sein, das Aufgebot der Nachlassgläubiger zu beantragen (vgl. § 1980 Abs. 2 S. 2); dann ist er auch verpflichtet, die Einrede des § 2015 zu erheben. Seit dem 1.9.2009 ist das Aufgebotsverfahren nicht mehr im Buch 9 der ZPO, sondern im Buch 8 des FamFG geregelt.

## II. Voraussetzungen und Wirkung der Einrede

2 **1. Voraussetzungen der Einrede. a) Rechtzeitiger Antrag.** Der **Antrag auf Erlass des Aufgebots der Nachlassgläubiger** muss innerhalb eines Jahres nach Annahme der Erbschaft gestellt worden sein. Damit soll eine Verschleppung des Verfahrens verhindert werden. Ist ein verwaltender Nachlasspfleger bestellt worden, beginnt die Frist mit der Bestellung des Pflegers (§ 2017). Außerdem muss der Antrag **zugelassen,** also das Aufgebot erlassen worden sein (vgl. § 434 Abs. 2 FamFG). Für die Zulassung des Antrags gilt die Jahresfrist nicht. Vor der Zulassung kann die Einrede nicht erhoben werden. Auf Antrag wird dem Erben im Erkenntnisverfahren allerdings gleichwohl die Beschränkung der Haftung auf den Nachlass vorbehalten. Erst das mit der Vollstreckungsgegenklage nach §§ 785, 782, 783 ZPO befasste Gericht hat die sachlichen Voraussetzungen des § 2015 zu prüfen. Schon vor Zulassung des Antrags durch das für das Aufgebot zuständige Amtsgericht kann das Prozessgericht gem. §§ 785, 767, 769 ZPO einstweilige Anordnungen getroffen werden (MüKoBGB/Küpper Rn. 2; Staudinger/Dobler, 2020, Rn. 3).

3 **b) Laufendes Verfahren.** Die Einrede kann grds. bis zum **Abschluss des Aufgebotsverfahrens** erhoben werden. Das Aufgebotsverfahren endet mit rechtskräftiger Zurückweisung des Antrags auf Erlass des Ausschließungsbeschlusses oder mit Rechtskraft des Ausschließungsbeschlusses (Abs. 3). Abs. 3 bezieht sich auf § 439 Abs. 2 FamFG, §§ 45, 58 ff. FamFG. Der Antragsteller, dessen Antrag zurückgewiesen oder nur eingeschränkt entsprochen wurde, kann ebenso Beschwerde einlegen wie ein Gläubiger, dessen Forderung ausgeschlossen wurde, gegen den Ausschließungsbeschluss (Keidel/Zimmermann FamFG § 439 Rn. 7; vgl. auch den Fall BGH NJW 2014, 693). Bis zum Ablauf der Beschwerdefrist von einem Monat ab Bekanntgabe des Beschlusses (§ 63 Abs. 1 und 2 FamFG) bleibt die Einrede erhalten (MüKoBGB/Küpper Rn. 2). Wird Beschwerde eingelegt, kann der Erbe die Einrede noch bis zum rechtskräftigen Abschluss des Beschwerdeverfahrens erheben; wird die Rechtsbeschwerde zugelassen (§ 70 Abs. 1 FamFG) und eingelegt, wirkt die Einrede bis zum Abschluss des Rechtsbeschwerdeverfahrens. Das Aufgebotsverfahren endet schließlich auch mit der Eröffnung des Nachlassinsolvenzverfahrens (§ 457 Abs. 2 FamFG).

4 **c) Ausschluss der Einrede.** Die Einrede ist ausgeschlossen, wenn der Erbe unbeschränkt haftet (§ 2016 Abs. 1; vgl. aber → § 2016 Rn. 1 ff.). Im Übrigen gelten die gleichen Einschränkungen wie bei § 2014 (→ § 2014 Rn. 4 ff.). Die Inventarerrichtung bleibt – anders als bei § 2014 – ohne Einfluss auf den Lauf der Jahresfrist.

5 **2. Rechtsfolgen.** Die Wirkungen der Einrede entsprechen mit einer Ausnahme denjenigen des § 2014 (→ § 2014 Rn. 7 ff.): Im Urteil, das auf die Vollstreckungsabwehrklage (§ 785 ZPO) ergeht, kann das Ende der Schonfrist nicht datumsmäßig bestimmt werden, weil das Datum der Beendigung des Aufgebotsverfahrens nicht im Voraus feststeht. Stattdessen ist die Zwangsvollstreckung allgemein „bis zur Beendigung des Aufgebotsverfahrens" zu beschränken.

## § 2016 Ausschluss der Einreden bei unbeschränkter Erbenhaftung

**(1) Die Vorschriften der §§ 2014, 2015 finden keine Anwendung, wenn der Erbe unbeschränkt haftet.**

**(2) Das Gleiche gilt, soweit ein Gläubiger nach § 1971 von dem Aufgebot der Nachlassgläubiger nicht betroffen wird, mit der Maßgabe, dass ein erst nach dem Eintritt des**

**Erbfalls im Wege der Zwangsvollstreckung oder der Arrestvollziehung erlangtes Recht sowie eine erst nach diesem Zeitpunkt im Wege der einstweiligen Verfügung erlangte Vormerkung außer Betracht bleibt.**

### Überblick

Haftet der Erbe unbeschränkt, stehen ihm die Einreden nach §§ 2014, 2015 nicht zu (Abs. 1). Gegenüber den realberechtigten Gläubigern des § 1971 wirken die Einreden ebenfalls nicht, wenn es sich nicht um Rechte handelt, die erst nach dem Erbfall im Wege der Zwangsvollstreckung erwirkt worden sind (Abs. 2).

### I. Ausschluss der Einreden der §§ 2014, 2015 bei unbeschränkter Haftung des Erben

Die Schonungseinreden der §§ 2014, 2015 verschaffen dem Erben einen zeitlichen Freiraum, 1
innerhalb dessen er prüfen kann, ob er haftungsbeschränkende Maßnahmen einleiten sollte. Bei gegenüber allen Gläubigern unbeschränkter Haftung besteht dazu keine Notwendigkeit mehr. Der Erbe kann sich deshalb nicht mehr auf §§ 2014, 2015 berufen. Haftet der Erbe nur einzelnen Gläubigern gegenüber unbeschränkt, gilt der Ausschluss der §§ 2014, 2015 nur diesen Gläubigern gegenüber (RGRK-BGB/Johannsen Rn. 1; Staudinger/Dobler, 2020, Rn. 1; MüKoBGB/Küpper Rn. 1). Nachlassverwalter und verwaltender Testamentsvollstrecker sind unabhängig davon, ob der Erbe unbeschränkt haftet, berechtigt, das Aufgebot der Nachlassgläubiger zu beantragen. Ihnen stehen die Einreden der §§ 2014, 2015 daher auch bei unbeschränkter Haftung des Erben zu (MüKoBGB/Küpper Rn. 1; Staudinger/Dobler, 2020, Rn. 2; Erman/Horn Rn. 1; aA Soergel/Stein Rn. 1).

### II. Ausschluss der Einreden gegenüber realberechtigten Gläubigern

Die realberechtigten Gläubiger des § 1971 werden von den aufschiebenden Einreden der 2
§§ 2014, 2015 nicht betroffen, soweit sie nur ihr Recht auf Befriedigung aus den ihnen haftenden Gegenständen geltend machen. Gleiches gilt für Pfändungspfandrechte, Zwangshypotheken und im Wege der einstweiligen Verfügung erlangte Vormerkungen (§ 885), die vor dem Erbfall erwirkt worden sind (Staudinger/Dobler, 2020, Rn. 4; MüKoBGB/Küpper Rn. 2; RGRK-BGB/Johannsen Rn. 3). Sicherungsrechte, die erst **nach dem Erbfall im Wege der Zwangsvollstreckung erwirkt** worden sind, gewähren hingegen im Nachlassinsolvenzverfahren kein Recht auf abgesonderte Befriedigung (§ 321 InsO) und sind der Dürftigkeitseinrede des Erben ausgesetzt (§ 1990 Abs. 2). Deshalb besteht kein Grund, sie im Vorfeld solcher Maßnahmen zu privilegieren. Der Erbe kann die Einreden der §§ 2014, 2015 erheben und gem. §§ 782, 783, 785 ZPO im Wege der Vollstreckungsgegenklage eine Beschränkung der Zwangsvollstreckung auf Sicherungsmaßnahmen verlangen.

## § 2017 Fristbeginn bei Nachlasspflegschaft

**Wird vor der Annahme der Erbschaft zur Verwaltung des Nachlasses ein Nachlasspfleger bestellt, so beginnen die in § 2014 und in § 2015 Abs. 1 bestimmten Fristen mit der Bestellung.**

### Überblick

Die in §§ 2014, 2015 Abs. 1 bestimmten Fristen beginnen jeweils mit der Annahme der Erbschaft. Wird vor diesem Zeitpunkt ein Nachlasspfleger oder-verwalter (§§ 1960, 1961, 1975) bestellt, beginnen die Fristen mit dessen Bestellung, nicht erst mit der Annahme der Erbschaft.

### I. Bedeutung der Norm

Gemäß § 1960 Abs. 3 kann ein Anspruch gegen den Nachlass entgegen der für den Erben 1
geltenden Vorschrift des § 1958 auch schon vor Annahme der Erbschaft gerichtlich geltend gemacht werden. Auf Antrag eines Gläubigers muss sogar eigens zum Zwecke der gerichtlichen Durchsetzung eines gegen den Nachlass gerichteten Anspruchs ein Nachlasspfleger bestellt werden

(§ 1961). Der Nachlasspfleger kann sich – unabhängig davon, ob er zur Verwaltung oder nur zur Sicherung des Nachlasses bestellt worden ist – auf die Einreden der §§ 2014, 2015 berufen (→ § 2014 Rn. 2). § 2017 sieht vor, dass dann, wenn der Nachlasspfleger zur **Verwaltung der Erbschaft** bestellt worden, die Fristen der §§ 2014 und 2015 unabhängig von der Annahme der Erbschaft bereits mit seiner Bestellung beginnen. Es soll verhindert werden, dass die Nachlassgläubiger ihre Forderungen über einen längeren Zeitraum hinweg nicht durchsetzen können (Soergel/Stein Rn. 1). Da der verwaltende Nachlasspfleger verpflichtet ist, den Bestand des Nachlasses zu ermitteln, und dazu auch das Aufgebot der Nachlassgläubiger beantragen kann (§ 455 Abs. 2 FamFG), kann er auch feststellen, ob der Nachlass zur Befriedigung aller Gläubiger ausreicht. Es gibt keinen Grund, den Fristbeginn weiter aufzuschieben.

## II. Verwaltender Nachlasspfleger

2 „Nachlasspfleger" ist hier sowohl ein Nachlasspfleger, der gem. § 1960 zur Verwaltung des Nachlasses bestellt worden ist, als auch ein vor Annahme der Erbschaft bestellter Nachlassverwalter (§ 1975). Die Frist beginnt mit der Bestellung, das heißt mit der Bekanntmachung des Beschlusses gegenüber dem Nachlasspfleger (§ 41 FamFG). Nimmt der Erbe die Erbschaft an, muss er den Beginn, ggf. sogar den Ablauf der Fristen **gegen sich gelten lassen** (RGRK-BGB/Johannsen Rn. 4; Staudinger/Dobler, 2020, Rn. 7; MüKoBGB/Küpper Rn. 2). Er wird durch den Nachlasspfleger gesetzlich vertreten; die auf den Nachlass bezogenen Handlungen und Unterlassungen des Nachlasspflegers wirken für und gegen ihn. Der Nachlasspfleger, der nicht zur Verwaltung des Nachlasses, sondern nur zu dessen Sicherung bestellt ist, ist nicht berechtigt, das Aufgebot der Nachlassgläubiger zu beantragen (vgl. § 455 Abs. 2 FamFG). Für ihn bleibt es bei den Regelungen der §§ 2014, 2015 (MüKoBGB/Küpper Rn. 1; Erman/Horn Rn. 1; RGRK-BGB/Johannsen Rn. 5; krit. Soergel/Stein Rn. 3). Ein gem. § 1961 bestellter Nachlasspfleger ist immer als zur Verwaltung des Nachlasses berufener Pfleger anzusehen (Staudinger/Dobler, 2020, Rn. 8).

## III. Testamentsvollstrecker

3 Ein Testamentsvollstrecker kann vor Annahme der Erbschaft verklagt werden (§ 2202 Abs. 2, § 2213 Abs. 2). Die Einreden der §§ 2014, 2015 stehen ihm ebenfalls zu. Weil er vor Annahme der Erbschaft nicht berechtigt ist, das Aufgebot der Nachlassgläubiger zu beantragen (vgl. § 455 Abs. 3 FamFG), kommt eine analoge Anwendung des § 2017 jedoch nicht in Betracht (Staudinger/Dobler, 2020, Rn. 4; MüKoBGB/Küpper Rn. 3).

# Titel 3. Erbschaftsanspruch

### § 2018 Herausgabepflicht des Erbschaftsbesitzers

**Der Erbe kann von jedem, der auf Grund eines ihm in Wirklichkeit nicht zustehenden Erbrechts etwas aus der Erbschaft erlangt hat (Erbschaftsbesitzer), die Herausgabe des Erlangten verlangen.**

## Überblick

Der Erbschaftsanspruch ist ein Gesamtanspruch (→ Rn. 6) des (wahren) Erben gegen den Erbschaftsbesitzer auf Herausgabe all dessen, was dieser auf Grund eines ihm nicht zustehenden Erbrechts aus der Erbschaft erlangt hat. Ziel der §§ 2018 ff. ist es, dem Erben den Nachlass zumindest wertmäßig vollständig zu verschaffen und ihm die Rechtsverfolgung gegen den Erbschaftsbesitzer zu erleichtern (→ Rn. 1). Der Erbschaftsanspruch ist teils dinglicher, teils obligatorischer Natur (→ Rn. 6); er kann abgetreten werden und er ist (aktiv und passiv) vererbbar (→ Rn. 7). Gläubiger des Anspruchs ist der Erbe (→ Rn. 8); an Stelle des Erben können der verwaltende Testamentsvollstrecker, der Nachlassverwalter und der Nachlassinsolvenzverwalter den Erbschaftsanspruch geltend machen. Streitig ist, ob auch der Nachlasspfleger als gesetzlicher Vertreter des unbekannten Erben diese Befugnis hat (→ Rn. 9). Schuldner des Erbschaftsanspruchs ist, wer auf Grund eines ihm in Wirklichkeit nicht zustehenden Erbrechts etwas aus der Erbschaft erlangt hat (Erbschaftsbesitzer→ Rn. 10, → Rn. 11). Zu Einzelfällen der Erbrechtsanmaßung → Rn. 14 ff.

Aus der Erbschaft erlangt ist jeder Vermögensvorteil, der aus dem Nachlass stammt oder mit Nachlassmitteln (§ 2019) erworben wurde (→ Rn. 17). Herauszugeben ist die Gesamtheit der Vorteile, die der Anspruchsgegner aus dem Nachlass erlangt hat (→ Rn. 20). Dem als Erbschaftsbesitzer in Anspruch Genommenen stehen gegenüber dem Erbschaftsanspruch alle Einzeleinwendungen und -einreden aus seinem Verhältnis zum Erblasser oder zum Erben zu (→ Rn. 21). Nach § 197 Abs. 1 Nr. 2 verjähren der Herausgabeanspruch des § 2018 sowie die Ansprüche, die der Geltendmachung dieses Herausgabeanspruchs dienen, in 30 Jahren (→ Rn. 22). Die Verjährungsfrist beginnt nach hM für den gesamten Anspruch einheitlich mit dem Zeitpunkt, in dem der Erbschaftsbesitzer erstmals etwas aus der Erbschaft erlangt hat (→ Rn. 23). Zum Klageantrag→ Rn. 28 f. Für die Klage aus dem Erbschaftsanspruch steht neben dem allgemeinen Gerichtsstand des Beklagten der besondere Gerichtsstand der Erbschaft nach § 27 ZPO zur Verfügung (→ Rn. 31 f.). Zu Fragen der Beweislast → Rn. 33 ff.

## Übersicht



## I. Zweck und rechtliche Struktur des Erbschaftsanspruchs

**1. Normzweck.** Ziel der §§ 2018 ff. ist es, dem Erben den Nachlass zumindest wertmäßig vollständig zu verschaffen und ihm die Rechtsverfolgung gegen den Erbschaftsbesitzer zu erleichtern (Mot. V 575 ff.). Neben dem **Schutz des Erben,** der eindeutig im Vordergrund steht, bezwecken die Vorschriften in gewissem Umfang auch den **Schutz des gutgläubigen Erbschaftsbesitzers.** 1

**2. Bedeutung des Erbschaftsanspruchs.** Der Gesetzgeber war der Auffassung, der Nachlass sei häufig Eingriffen (gut- oder bösgläubiger) Dritter ausgesetzt und bedürfe deshalb besonderer Schutzmaßnahmen (Mot. V 575 ff.; Prot. V 696 ff.). Zur Durchsetzung seiner Rechte ist der Erbe jedoch idR nicht auf den Erbschaftsanspruch angewiesen. Die detaillierte Regelung des Erbschaftsanspruchs im Gesetz vermittelt den Eindruck einer Bedeutung, die dem Anspruch in der Rechtswirklichkeit keineswegs zukommt. Soweit der Erbe im Eigentum des Erblassers (bzw. nunmehr in seinem Eigentum) stehende Gegenstände herausverlangen will, hat er den dinglichen **Herausgabeanspruch nach § 985.** Da der Erbe gem. § 857 Besitzer des Nachlasses wird, ist jede Inbesitznahme durch den Erbschaftsbesitzer eine verbotene Eigenmacht (§ 858) mit der Folge eines **Herausgabeanspruchs nach § 861.** Bewegliche Sachen kann der Erbe ferner von jedem, der sie nach dem Erbfall in Besitz genommen und kein besseres Besitzrecht hat, nach § 1007 herausverlangen. Daneben ist ein auf Naturalrestitution gerichteter Schadensersatzanspruch gem. §§ 823, 249 Abs. 1 denkbar; schließlich kommt ein Bereicherungsanspruch (§ 812 Abs. 1) auf Rückgewähr des rechtsgrundlos erlangten Besitzes in Betracht. Diese Kombination unterschiedlicher Ansprüche sichert den Erben idR ausreichend im Verhältnis zum Erbschaftsbesitzer (Weinkauf, Erbschaftsanspruch, 1991, 173 ff.). Gleichwohl hat der Erbschaftsanspruch für den Erben, aber auch für den gutgläubigen Erbschaftsbesitzer, eine Reihe von Vorteilen (Muscheler ErbR Rn. 3197 f.; Schmitz ErbR 2017, 11 (13 f.)). 2

**3. Grundstruktur der gesetzlichen Regelung.** Der der hereditatis petitio des römischen und gemeinen Rechts nachgebildete Anspruch geht auf die Herausgabe des aus der Erbschaft Erlangten als **Gesamtheit.** 3

Die **Erleichterung** bei der **Rechtsverfolgung** besteht für den Erben darin, dass er mit diesem Anspruch alles herausverlangen kann, was der Erbschaftsbesitzer auf Grund seines vermeintlichen 4

Erbrechts erlangt hat. Dem Erbschaftsbesitzer wird nach § 2030 der Erbschaftserwerber gleichgestellt. Im Unterschied zu Einzelklagen auf Herausgabe braucht der Erbe bei der Klage aus dem Erbschaftsanspruch nicht nachzuweisen, welches Recht dem Erblasser auf die herausverlangten Nachlassgegenstände zustand. Er muss lediglich dartun, dass er Erbe ist und der Beklagte etwas aus dem Nachlass erlangt hat. Die Realisierung des Erbschaftsanspruchs wird dem Erben dadurch erleichtert, dass er vom Erbschaftsbesitzer Auskunft über den Bestand der Erbschaft und den Verbleib einzelner Erbschaftsgegenstände verlangen kann (§ 2027 Abs. 1). Dem Interesse des Erben, den Nachlass zumindest dem Wert nach vollständig zu erhalten, wird dadurch Rechnung getragen, dass sich die Herausgabepflicht des Erbschaftsbesitzers nicht auf das unmittelbar Erlangte beschränkt, sondern auf Ersatzgegenstände (§ 2019) und alle gezogenen Nutzungen (§ 2020) erstreckt wird. Vor Ablauf der Verjährungsfrist, die 30 Jahre beträgt (§ 197 Abs. 1 Nr. 1), kann sich der Erbschaftsbesitzer nicht auf Ersitzung berufen (§ 2026).

5 Der **gutgläubige Erbschaftsbesitzer** wird durch folgende Regelungen geschützt: Er haftet, soweit ihm die Herausgabe der Nachlassgegenstände, der Surrogate und der gezogenen Nutzungen unmöglich geworden ist, nur nach Bereicherungsrecht (§ 2021), also mit der Möglichkeit, sich auf den Wegfall der Bereicherung nach § 818 Abs. 3 zu berufen. Ferner kann der gutgläubige Erbschaftsbesitzer Ersatz aller Verwendungen verlangen, die er auf die Erbschaft gemacht hat (§ 2022). Dieser Anspruch ist durch ein Zurückbehaltungsrecht gesichert. Den Schutz des gutgläubigen Erbschaftsbesitzers gewährleistet die Regelung des § 2029 auch für den Fall, dass der Erbe nicht aus dem Gesamtanspruch vorgeht, sondern Einzelansprüche erhebt.

6 **4. Rechtsnatur des Erbschaftsanspruchs.** Überwiegend wird die Auffassung vertreten, dass es sich bei dem Erbschaftsanspruch um einen einheitlichen erbrechtlichen **Gesamtanspruch** handelt, der neben den Einzelansprüchen besteht (Erman/Horn Vor §§ 2018 ff. Rn. 2; MüKoBGB/Helms Rn. 7; Staudinger/Raff, 2020, Vor §§ 2018 ff. Rn. 13 ff.; Maurer, Das Rechtsverhältnis zwischen Erbe und Erbschaftsbesitzer, 1999, 31 ff.; Muscheler ErbR Rn. 3205 ff.). Der Erbschaftsanspruch ist **teils dinglicher, teils obligatorischer Natur.** Der Unterschied zwischen dinglichem und obligatorischem Charakter des Anspruchs gewinnt Bedeutung bei der Einzelzwangsvollstreckung gegen den Erbschaftsbesitzer und bei dessen Insolvenz. Dingliche Ansprüche berechtigen zur Drittwiderspruchsklage nach § 771 ZPO und zur Aussonderung nach § 47 InsO. **Dinglichen** Charakter hat der Anspruch, soweit er auf Herausgabe des Erlangten (§ 2018), der Ersatzgegenstände (§ 2019) und der nicht in das Eigentum des Erbschaftsbesitzers gefallenen Früchte (§ 2020 Hs. 1) gerichtet ist. **Obligatorischen** Charakter haben dagegen der Anspruch auf Wertersatz nach §§ 2021, 818 Abs. 2, die Ansprüche auf Schadensersatz nach §§ 2023 ff. und der Anspruch auf Herausgabe der in das Eigentum des Erbschaftsbesitzers gefallenen Früchte (§ 2020 Hs. 2).

7 Der Erbschaftsanspruch kann **abgetreten,** verpfändet und gepfändet werden; er ist (aktiv und passiv) **vererbbar.** Auf ihn sind die allgemeinen Vorschriften des Schuldrechts anwendbar, auch soweit sein Inhalt dinglicher Natur ist.

## II. Voraussetzungen des Erbschaftsanspruchs

8 **1. Anspruchsinhaber.** Gläubiger des Anspruchs (und damit aktiv legitimiert) ist der **Erbe.** Der Vorerbe hat den Anspruch bis zum Eintritt und der Nacherbe nach Eintritt des Nacherbfalls (der Vorerbe ist im Verhältnis zum Nacherben jedoch nicht Erbschaftsbesitzer). Ein **Miterbe** kann vor der Auseinandersetzung von Dritten wegen der gesamthänderischen Bindung nur die Herausgabe des aus der Erbschaft Erlangten an alle Erben (§ 2039 S. 1) oder die Hinterlegung oder Verwahrung für alle Miterben (§ 2039 S. 2) fordern. Ferner können den Anspruch erheben der **Erwerber eines Erbteils** (§ 2033) und der Gläubiger, der einen Erbteil gepfändet hat. Dem Erbschaftskäufer steht der Anspruch erst zu, wenn er ihm durch den Verkäufer abgetreten wurde, wozu dieser nach § 2374 verpflichtet ist.

9 An Stelle des Erben können der verwaltende **Testamentsvollstrecker** (§§ 2211, 2212), der **Nachlassverwalter** (§ 1984) und der **Nachlassinsolvenzverwalter** (§ 80 InsO) während der Dauer ihres Amtes den Erbschaftsanspruch geltend machen. Streitig ist, ob auch der **Nachlasspfleger** als gesetzlicher Vertreter des unbekannten Erben diese Befugnis hat. Dagegen wird vorgebracht, der Nachlasspfleger habe schon einen Herausgabeanspruch aus § 1960, weil die Wahrnehmung seiner Aufgabe voraussetze, dass er den gesamten Nachlass in Besitz nehme. Der Nachlasspfleger sei nicht berufen, den für den Anspruch aus § 2018 vorgreiflichen Streit um das Erbrecht zur Entscheidung zu bringen (Burandt/Rojahn/Gierl Rn. 12; NK-BGB/Kroiß/Fleindl Rn. 2; RGRK-BGB/Kregel Rn. 3; Lange ErbR § 43 Rn. 29; s. auch BGH NJW 1983, 226;

1981, 2299 (2300); 1972, 1752). Seit der BGH den Herausgabeanspruch des Nachlasspflegers aus § 1960 auf die Surrogate (analog § 2019) ausgedehnt hat (BGH NJW 1983, 226 mAnm Dieckmann FamRZ 1983, 582), besteht iErg zwischen beiden Auffassungen kaum noch ein Unterschied. Vorzuziehen ist die Lösung, die im Interesse einer umfassenden Sicherung des Nachlasses dem Nachlasspfleger einen Anspruch aus § 2018 zubilligt (BeckOGK/Lindner Rn. 7; Damrau/Schmalenbach Rn. 5; MüKoBGB/Helms Rn. 13; Staudinger/Raff, 2020, Rn. 11). Dass der Nachlasspfleger keinen Rechtsstreit über das Erbrecht führen kann, steht dem nicht entgegen. Das Erbrecht ist im Verfahren über den Erbschaftsanspruch nur eine Vorfrage; auch der Testamentsvollstrecker und der Nachlassverwalter sind zur Erhebung der Erbschaftsklage befugt, ohne einen Prozess über das Erbrecht führen zu können.

**2. Anspruchsgegner.** Schuldner des Erbschaftsanspruchs (und damit passiv legitimiert) ist, wer auf Grund eines ihm in Wirklichkeit nicht zustehenden Erbrechts etwas aus der Erbschaft erlangt hat **(Erbschaftsbesitzer).** Ihm steht nach § 2030 derjenige gleich, der die Erbschaft vom Erbschaftsbesitzer durch Vertrag erwirbt. Der Anspruchsgegner muss sich ein **Erbrecht anmaßen** (subjektive Voraussetzung) und auf Grund dieser Anmaßung etwas aus dem Nachlass **erlangt** haben (objektive Voraussetzung). 10

**a) Erbrechtsanmaßung.** Der Erbschaftsbesitzer muss etwas aus dem Nachlass auf Grund eines angemaßten Erbrechts erlangt haben. Ob er hinsichtlich des Erbrechts gut- oder bösgläubig ist, beeinflusst nur den Umfang der Haftung (vgl. § 2024), nicht die Entstehung des Herausgabeanspruchs. Nach dem Zweck der Vorschrift ist als Erbschaftsbesitzer auch anzusehen, wer dem wahren Erben unter Berufung auf ein angebliches Erbrecht Nachlassgegenstände vorenthält, die er schon vor dem Erbfall, etwa aus Miete oder Verwahrung, besessen (RGZ 81, 293 (294); KG OLGZ 1974, 17 (18)) oder die er ohne Erbrechtsanmaßung aus dem Nachlass erlangt hat (BGH NJW 1985, 3068 (3069); MüKoBGB/Helms Rn. 16; Staudinger/Raff, 2020, Rn. 21; aA Maurer, Das Rechtsverhältnis zwischen Erbe und Erbschaftsbesitzer, 1999, 73). Die §§ 2018 ff. greifen in diesem Fall ab dem Zeitpunkt ein, in dem der Besitzer sich als Erbe geriert. 11

**Kein Erbschaftsbesitzer** ist, wer einen Erbschaftsgegenstand besitzt, ohne ein Besitzrecht geltend zu machen, etwa der Dieb. Der Anspruch aus § 2018 ist ferner nicht gegeben, wenn der Besitzer des Nachlassgegenstands kein Erbrecht für sich in Anspruch nimmt, sondern sich auf seine Rechtsstellung als Eigentümer infolge Rechtsgeschäfts unter Lebenden oder durch Schenkung von Todes wegen oder als Besitzer auf Grund eines persönlichen oder dinglichen Rechts beruft. In diesen Fällen muss der Erbe Einzelklage erheben, wobei er uU zur Erleichterung der Rechtsverfolgung einen Auskunftsanspruch nach § 2027 Abs. 2 (→ § 2027 Rn. 8) geltend machen kann. 12

Die Anmaßung des Erbrechts muss nicht in einer wörtlichen Erklärung bestehen. Es genügt ein Verhalten, das einen sicheren Rückschluss darauf zulässt, dass jemand den Nachlass oder einen Nachlassbestandteil als Erbe beansprucht. Die Bezahlung von Schulden des Erblassers kann aus anderen Gründen erfolgen und reicht als Indiz daher nicht aus. Wer Nachlassgegenstände durch Erbrechtsanmaßung erlangt hat, später die Herausgabe aber nicht mehr wegen eines angeblichen Erbrechts, sondern unter Berufung auf einen Einzelerwerb oder ohne Angabe sonstiger Gründe verweigert, bleibt nach §§ 2018 ff. verpflichtet (BGH NJW 1985, 3068 (3069) mAnm Dieckmann FamRZ 1985, 1247; MüKoBGB/Helms Rn. 17; Olzen JuS 1989, 374). Der Schuldner soll sich nicht nach Belieben durch Aufgabe der Erbrechtsanmaßung der Verpflichtung zur Herausgabe der Surrogate (§ 2019) und Nutzungen (§ 2020) entziehen können. 13

**b) Einzelfälle.** Wer sein Erbrecht durch **Erbunwürdigerklärung** (§ 2344) oder **Anfechtung** einer Verfügung von Todes wegen (§ 2078) rückwirkend verloren hat, haftet als Erbschaftsbesitzer, unabhängig davon, ob er sich weiterhin als Erbe aufführt (BGH NJW 1985, 3068 (3069); OLG Koblenz ZEV 2014, 328; BeckOGK/Lindner Rn. 12; Grüneberg/Weidlich Rn. 4). Der **vorläufige Erbe,** der die Erbschaft ausgeschlagen hat, haftet trotz der Rückwirkung der Ausschlagung nicht nach §§ 2018 ff. (Soergel/Dieckmann Rn. 10; Lange/Kuchinke ErbR § 40 II 3; aA AK-BGB/Wendt Rn. 24). Seine Haftung ist abschließend in § 1959 geregelt. § 2018 greift allerdings dann ein, wenn der vorläufige Erbe nach der Ausschlagung zu Unrecht deren Wirksamkeit bestreitet und deshalb Nachlassgegenstände nicht herausgibt (Erman/Horn Rn. 6; MüKoBGB/Helms Rn. 19; Soergel/Dieckmann Rn. 10; Muscheler ErbR Rn. 3218; aA RGRK-BGB/Kregel Rn. 5: Haftung nur nach § 1959). Der **Vorerbe** ist – auch wenn er den Eintritt des Nacherbfalls zu Unrecht bestreitet – im Verhältnis zum Nacherben nicht Erbschaftsbesitzer; seine Haftung bestimmt sich allein nach § 2130, der als lex specialis die §§ 2018 ff. verdrängt (BGH NJW 1983, 2874 (2875); Erman/Horn Rn. 3; aA RGRK-BGB/Kregel Rn. 6). Dagegen ist derjenige, der sich die ihm nicht zustehende Stellung eines Vorerben anmaßt, selbstverständlich Erbschaftsbesitzer 14

(OLG Bremen OLGR 2002, 187). Ein **Miterbe** kann einem anderen Miterben gegenüber den Anspruch geltend machen, wenn dieser für sich die Alleinerbenstellung reklamiert und deshalb Alleinbesitz begründet, nicht aber wenn er nur eine höhere als ihm zustehende Quote beansprucht (BeckOGK/Lindner Rn. 13; Staudinger/Raff, 2020, Rn. 37; aA RGRK-BGB/Kregel Rn. 4; Kipp/Coing ErbR § 105 II). Die Begründung von Alleinbesitz durch einen Miterben kann nur dann als Anmaßung einer Alleinerbenstellung verstanden werden, wenn sie mit der Negierung des den übrigen Miterben zustehenden Rechts zum Mitbesitz verbunden ist (BGH ZEV 2004, 378 (379); LG Düsseldorf Rpfleger 2014, 379; Burandt/Rojahn/Gierl Rn. 20).

15 **Testamentsvollstrecker, Nachlasspfleger, Nachlassinsolvenz-** und **Nachlassverwalter** sind keine Erbschaftsbesitzer im Verhältnis zum Erben, weil sie den Nachlass nicht auf Grund eines angemaßten Erbrechts, sondern kraft ihres Amtes besitzen. Der Erbe kann aber sowohl gegen den Testamentsvollstrecker als auch gegen den Nachlasspfleger – wenn diese sein Erbrecht bestreiten – Klage auf Feststellung des Erbrechts unter den Voraussetzungen des § 256 ZPO erheben (BGH NJW 1951, 559; Soergel/Dieckmann Rn. 13).

16 Der **Erbe des Erbschaftsbesitzers** haftet wie dieser, denn der Erbschaftsanspruch geht als Nachlassverbindlichkeit nach § 1922 Abs. 1, § 1967 Abs. 1 auf ihn über. Der Erbe hat jedoch die Möglichkeit der Haftungsbeschränkung, solange er sich nicht das Erbrecht des Gläubigers des Erbschaftsanspruchs anmaßt. Er wird nur dann selbst Erbschaftsbesitzer, wenn er dem Gläubiger des Erbschaftsanspruchs die zu dessen Nachlass gehörenden Gegenstände mit der Begründung vorenthält, diese Erbschaft sei seinem Erblasser angefallen und stehe ihm deshalb als Erbes-Erbe zu (BeckOGK/Lindner Rn. 19; MüKoBGB/Helms Rn. 21).

17 **3. Erlangung von Nachlassgegenständen.** Der Erbschaftsbesitzer muss etwas aus der Erbschaft erlangt haben. Aus der Erbschaft erlangt ist **jeder Vermögensvorteil,** der aus dem Nachlass stammt oder mit Nachlassmitteln (§ 2019) erworben wurde. Häufig wird der Vermögensvorteil in dem Erwerb des (unmittelbaren oder mittelbaren) Besitzes an Nachlassgegenständen bestehen, auch in der Weise, dass er dem Erbschaftsbesitzer auf Grund der Erbrechtsanmaßung von einem Dritten oder dem Erben selbst übergeben worden ist. In Betracht kommt zB auch eine unrichtige Buchposition im Grundbuch (BGH ZEV 2004, 378 (379)) oder Handelsregister, die Befreiung von einer Schuld, ein Schuldanerkenntnis, eine Schuldurkunde oder ein Beweismittel (Schuldschein). Blankoschecks, die der Erblasser dem vermeintlichen Erben mit der Maßgabe überlassen hat, dass dieser die Schecks nach dem Erbfall ausfüllen und einlösen solle, sind als aus der Erbschaft erlangt anzusehen und herauszugeben. Die nach dem Erbfall durch Einlösung erhaltene Schecksumme ist allerdings nicht unmittelbar iSv § 2018 erlangt (so aber KG NJW 1970, 329; jurisPK-BGB/Ehm Rn. 30; Soergel/Dieckmann Rn. 17); sie fällt vielmehr unter § 2019 (MüKoBGB/Helms Rn. 22; Staudinger/Raff, 2020, Rn. 74). Die Herausgabepflicht erstreckt sich nicht auf eine unwiderrufliche Vollmacht, die der Erblasser dem vermeintlichen Erben zur Erleichterung der Nachlassabwicklung eingeräumt hat (Staudinger/Raff, 2020, Rn. 83; aA Wendt FS v. Lübtow, 1991, 229 (230)).

18 Der Anspruchsgegner muss den Vermögensvorteil gerade **aus der Erbschaft** erlangt haben. Insoweit genügt es, dass die von ihm in Besitz genommene Sache zwar nicht rechtlich, aber wenigstens der Besitzlage nach zum Nachlass gehörte (Staudinger/Raff, 2020, Rn. 85).

19 Die hM will § 2018 auch auf den Fall anwenden, dass ein **Nachlassschuldner** dem Erben gegenüber die Erfüllung der Nachlassforderung mit der Begründung verweigert, die Verbindlichkeit sei durch Konfusion erloschen, weil er Erbe geworden sei (Soergel/Dieckmann Rn. 11). Da der Schuldner nichts erlangt hat (die Verbindlichkeit besteht trotz Erbrechtsanmaßung weiter), passt die Vorschrift hier nicht. Wegen der vergleichbaren Interessenlage können indes einige Regelungen des Erbschaftsanspruchs (zB §§ 2020, 2022) analog angewandt werden (BeckOGK/Lindner Rn. 23; MüKoBGB/Helms Rn. 24; Staudinger/Raff, 2020, Rn. 81).

## III. Inhalt der Herausgabepflicht

20 Herauszugeben ist die **Gesamtheit der Vorteile,** die der Anspruchsgegner aus dem Nachlass erlangt hat. Der Umfang der Herausgabepflicht richtet sich nach dem Erlangten und den Veränderungen, die dieses nach dem Surrogationsprinzip (§ 2019) erfahren hat. § 2020 erstreckt die Herausgabepflicht auf Nutzungen. Ist der Erbschaftsbesitzer zur Herausgabe des primär Erlangten, der Surrogate und Nutzungen außerstande, tritt an die Stelle der Herausgabepflicht eine bereicherungsrechtliche Wertersatzpflicht (§ 2021) bzw. eine Schadensersatzpflicht (§§ 2023 ff.). Dem Erben steht gegen den Fiskus als Erbschaftsbesitzer neben dem Anspruch auf Herausgabe des Nachlasses ein Zinsanspruch gem. §§ 2018, 2021, 812 Abs. 1, 818 auch dann zu, wenn der Fiskus zunächst gem. § 1936 als gesetzlicher Erbe berufen war (BGH NJW 2016, 156).

## IV. Einwendungen des Erbschaftsbesitzers

Der als Erbschaftsbesitzer in Anspruch Genommene kann nicht nur die tatbestandlichen Voraussetzungen des § 2018 bestreiten, gegenüber dem Erbschaftsanspruch als Gesamtanspruch stehen ihm auch alle Einzeleinwendungen und -einreden aus seinem Verhältnis zum Erblasser oder zum Erben zu. Er kann hinsichtlich jeder herausverlangten Sache geltend machen, er sei auf Grund eines dinglichen oder eines gegenüber dem Erblasser oder dem Erben begründeten obligatorischen Rechts zum Besitz berechtigt. Ferner kann sich der Erbschaftsbesitzer gegenüber dem Erbschaftsanspruch auf ein **Zurückbehaltungsrecht** (§ 273 Abs. 1) berufen (Dütz NJW 1967, 1105). Wegen eines Pflichtteils- oder Vermächtnisanspruchs steht dem Erbschaftsbesitzer allerdings kein Zurückbehaltungsrecht zu, weil der Erbe durch den Herausgabeanspruch in die Lage versetzt werden soll, die Nachlassverbindlichkeiten zu erfüllen (BGHZ 120, 96 (102 f.) = NJW 1993, 1005; KG OLGZ 1974, 17; OLG Hamm MDR 1964, 151; Erman/Horn Rn. 11; aA Dütz NJW 1967, 1105). Gegen die Ausübung eines Zurückbehaltungsrechts bestehen jedoch keine Bedenken, wenn dadurch eine sinnvolle Nachlassabwicklung nicht gefährdet wird (MüKoBGB/Helms Rn. 27; Staudinger/Raff, 2020, Rn. 112). 21

## V. Verjährung

Nach § 197 Abs. 1 Nr. 2 verjähren der Herausgabeanspruch des § 2018 sowie die Ansprüche, die der Geltendmachung dieses Herausgabeanspruchs dienen, in 30 Jahren. Die 30-jährige Verjährungsfrist gilt damit jedenfalls auch für den Anspruch aus § 2019 sowie für Ansprüche aus §§ 2027, 2028. Die Folgeansprüche aus §§ 2020 ff. sind dagegen der Regelverjährung unterworfen (→ § 2026 Rn. 2) (eingehend BeckOGK/Lindner Rn. 40 ff.). 22

**1. Beginn der Frist.** Die Verjährungsfrist beginnt nach hM für den gesamten Anspruch **einheitlich** mit dem Zeitpunkt, in dem der Erbschaftsbesitzer erstmals etwas aus der Erbschaft erlangt hat, mag er auch einzelne Gegenstände erst später erhalten haben (Burandt/Rojahn/Gierl Rn. 4; Erman/Horn Rn. 1; MüKoBGB/Helms Rn. 3; Staudinger/Raff, 2020, § 2026 Rn. 10). Die besseren Argumente sprechen für die Lösung, die für den Verjährungsbeginn jeweils auf die unterschiedlichen Zeitpunkte der Erlangung eines weiteren Erbschaftsgegenstands (ohne Einbeziehung möglicher Surrogationsfälle) abstellt (jurisPK-BGB/Ehm Rn. 3; Lange JZ 2013, 598). 23

In den Fällen, in denen der Anspruchsteller sein Erbrecht durch Anfechtung einer letztwilligen Verfügung (§ 2078) oder durch Anfechtung des Erbschaftserwerbs wegen Erbunwürdigkeit (§§ 2339 ff.) geltend machen muss, beginnt die Frist mit Ausübung des Anfechtungsrechts, § 200 S. 1 (BeckOGK/Linder Rn. 49; aA Staudinger/Raff, 2020, § 2026 Rn. 18: Rückwirkung). 24

**2. Hemmung der Verjährung.** Hemmung der Verjährung durch Klageerhebung (§ 204) tritt nur für die im Klageantrag bezeichneten Gegenstände ein, es sei denn, der Erbe hat die Stufenklage erhoben (§ 254 ZPO) und sich die Benennung der beanspruchten Gegenstände vorbehalten. 25

**3. Verjährung bei Rechtsnachfolge.** Einem Rechtsnachfolger, dem der Besitz der Erbschaftsgegenstände auf Grund eines Erbschaftskaufs (§§ 2371, 2385) vom Erbschaftsbesitzer übertragen wurde, kommt nach § 198 die während des Erbschaftsbesitzes seines Vorgängers verstrichene Zeit zugute. 26

**4. Einrede der Verjährung.** Als Rechtsfolge der Verjährung steht dem Erbschaftsbesitzer nach allgemeinen Regeln (§ 214) gegenüber dem Herausgabeanspruch des Erben eine Einrede zu. Der Erbschaftsbesitzer erlangt dadurch aber nicht die rechtliche Stellung eines Erben: Er haftet nicht für Nachlassverbindlichkeiten, und er kann Nachlassgegenstände nicht von Dritten herausverlangen. 27

## VI. Prozessuale Fragen

**1. Klageantrag.** Die Qualifizierung als Gesamtanspruch darf nicht zu dem Schluss verleiten, der Erbe könne eine Klage auf „Herausgabe des Nachlasses“ erheben. Auch bei Geltendmachung des Erbschaftsanspruchs müssen die **herausverlangten Gegenstände einzeln** angegeben werden (§ 253 Abs. 2 Nr. 2 ZPO). Die genaue Bezeichnung der Gegenstände im Klageantrag ist erforderlich für die Bestimmung des Umfangs der Rechtshängigkeit und der Rechtskraft sowie insbes. für die Durchführung der Zwangsvollstreckung (§ 883 ZPO). Der Kläger kann den Antrag nach Rechtshängigkeit vervollständigen; eine Ergänzung der im Antrag bezeichneten Gegenstände stellt keine Klageänderung, sondern eine nach § 264 Nr. 2 ZPO zulässige Klageerweiterung dar (NK- 28

BGB/Kroiß/Fleindl Vor §§ 2018–2031 Rn. 13; Staudinger/Raff, 2020, Vor §§ 2018–2031 Rn. 81).

29 Ist der Erbe bei Klageerhebung nicht in der Lage, die herausverlangten Gegenstände anzugeben, was häufig der Fall sein wird, kann er die Klage auf Auskunft nach § 2027 Abs. 1 mit der Herausgabeklage nach § 2018 verbinden (**Stufenklage** nach § 254 ZPO). In diesem Fall behält sich der Kläger die bestimmte Angabe im Klageantrag vor, bis das Bestandsverzeichnis vorgelegt und ggf. die eidesstattliche Versicherung (→ § 2027 Rn. 7) geleistet worden ist. Besteht die Möglichkeit, dass der Erbschaftsbesitzer außer den im Klageantrag angegebenen noch weitere Gegenstände in Besitz hat, ist neben der Herausgabeklage ein Antrag auf Feststellung zulässig, dass der Beklagte zur Herausgabe aller weiteren aus der Erbschaft erlangten Gegenstände verpflichtet ist (Damrau/Schmalenbach Rn. 28; MüKoBGB/Helms Rn. 29). Denn nur durch eine solche Feststellungsklage kann erreicht werden, dass der Herausgabeanspruch hinsichtlich aller – auch der unbekannten – Gegenstände einheitlich in 30 Jahren nach § 197 Abs. 1 Nr. 3 verjährt.

30 **2. Rechtshängigkeit und Rechtskraft. Rechtshängigkeit** tritt nur für die im Klageantrag bezeichneten und für die später angegebenen Gegenstände ein. Die **Rechtskraft** eines Urteils erstreckt sich nur auf die im Tenor genannten Gegenstände (§ 322 ZPO). Dabei umfasst die Rechtskraft des stattgebenden Urteils nicht das Erbrecht des Klägers, da dieses nur eine Vorfrage für die Entscheidung über den Erbschaftsanspruch ist (allgM; aA Wieling JZ 1986, 5 (11)). Eine in Rechtskraft erwachsende Feststellung seines Erbrechts kann der Kläger durch eine mit der Herausgabeklage verbundene Feststellungsklage (§ 256 Abs. 1 ZPO, § 260 ZPO) oder durch Erhebung einer Zwischenfeststellungsklage nach § 256 Abs. 2 ZPO erreichen.

31 **3. Zuständigkeit.** Für die Klage aus dem Erbschaftsanspruch steht neben dem allgemeinen Gerichtsstand des Beklagten (§§ 12 ff. ZPO) der besondere **Gerichtsstand der Erbschaft** nach § 27 ZPO (Wohnsitz des Erblassers) zur Verfügung. Der letztgenannte Gerichtsstand gilt allerdings nicht für Einzelansprüche (Burandt/Rojahn/Gierl Rn. 31; Staudinger/Raff, 2020, Vor §§ 2018–2031 Rn. 85; Stein/Jonas/Roth ZPO § 27 Rn. 13). Werden allerdings neben dem Erbschaftsanspruch auch Einzelansprüche geltend gemacht, hat sie das angerufene Gericht am Gerichtsstand der Erbschaft mit zu prüfen (BeckOGK/Lindner Rn. 59); → § 2029 Rn. 6).

32 Der Gerichtsstand nach § 27 ZPO kann vor allem dann von Vorteil sein, wenn zum Nachlass mehrere, in verschiedenen Orten liegende Grundstücke gehören. Hier müssten die Einzelklagen auf Herausgabe oder Grundbuchberichtigung am ausschließlichen dinglichen Gerichtsstand des § 24 ZPO erhoben werden. § 27 ZPO regelt zugleich die internationale Zuständigkeit (OLG Nürnberg OLGZ 1981, 115).

33 **4. Beweislast.** Der Kläger muss sein **Erbrecht** und den **Erbschaftsbesitz** des Beklagten beweisen (näher Schmitz ErbR 2017, 11).

34 **a) Erbrecht des Klägers.** Zum Nachweis seines Erbrechts muss der Kläger den Tod des Erblassers und den Berufungsgrund, auf den er sich stützt, dartun. Als gesetzlicher Erbe muss er nachweisen, dass er mit dem Erblasser verwandt bzw. verheiratet war. Besondere, das Erbrecht des Klägers ausschließende Umstände muss der Beklagte behaupten und beweisen (Schmitz in Baumgärtel/Laumen/Prütting Beweislast-HdB Rn. 2; MüKoBGB/Helms Rn. 34). Stützt der Kläger sein Erbrecht auf eine Verfügung von Todes wegen, trägt er die Beweislast für deren formgerechte Errichtung und Inhalt. Streitig ist, ob die Vorlage eines Erbscheins eine widerlegbare Vermutung für das Erbrecht des Klägers begründet (§ 2365) (so RGZ 92, 68 (71); NK-BGB/Kroiß/Fleindl Rn. 25; Soergel/Dieckmann Rn. 22; aA BeckOGK/Lindner Rn. 29; MüKoBGB/Helms Rn. 34; PWW/Zimmer Rn. 20; Staudinger/Raff, 2020, Rn. 132). Gelingt dem Kläger der Beweis seines Erbrechts nicht, ist die Klage abzuweisen, auch wenn die Erbenstellung des Klägers möglich und die des Beklagten ausgeschlossen erscheinen (Staudinger/Raff, 2020, Rn. 134).

35 **b) Erbschaftsbesitz des Beklagten.** Hinsichtlich des Erbschaftsbesitzes obliegt dem Kläger der Nachweis, dass der Beklagte Nachlassgegenstände auf Grund einer Erbrechtsanmaßung erlangt hat. Der Kläger muss – und darin liegt ein Vorteil des Anspruchs aus § 2018 – nicht dartun, dass der Beklagte die Gegenstände noch besitzt. Vielmehr muss der Beklagte behaupten und beweisen, dass er den Besitz an dem erlangten Gegenstand verloren hat und auch nicht mehr bereichert ist (BGH NJW 1985, 3068 (3070)). Die Nachlasszugehörigkeit eines Gegenstands muss der Kläger beweisen, wenn der Beklagte diese bestreitet (OLG Oldenburg WM 1998, 2239 mAnm Tiedtke DB 1999, 2352). Der Nachweis ist erbracht, wenn bewiesen wird, dass der Erblasser einst Berech-

tigter oder Besitzer (§ 1006 Abs. 2) war; bis zum Nachweis des Rechtsverlustes wird Fortdauer der Berechtigung vermutet (BeckOGK/Lindner Rn. 33; Damrau/Schmalenbach Rn. 33).

## § 2019 Unmittelbare Ersetzung

**(1) Als aus der Erbschaft erlangt gilt auch, was der Erbschaftsbesitzer durch Rechtsgeschäft mit Mitteln der Erbschaft erwirbt.**

**(2) Die Zugehörigkeit einer in solcher Weise erworbenen Forderung zur Erbschaft hat der Schuldner erst dann gegen sich gelten zu lassen, wenn er von der Zugehörigkeit Kenntnis erlangt; die Vorschriften der §§ 406 bis 408 finden entsprechende Anwendung.**

### Überblick

§ 2019 erstreckt die Herausgabepflicht des Erbschaftsbesitzers auf den mit den Mitteln der Erbschaft gemachten Erwerb (→ Rn. 2). Der Erwerb, der mit Mitteln der Erbschaft erfolgt sein muss (→ Rn. 7), wird regelmäßig in der Erlangung eines Rechts bestehen (→ Rn. 4); ausgeschlossen ist die Surrogation bei höchstpersönlichen Rechten (→ Rn. 5). Der Erwerb muss mit Mitteln der Erbschaft erfolgt sein. Streitig ist, ob der Ersetzungserwerb nur bei einer von vornherein wirksamen Verfügung des Erbschaftsbesitzers über die Erbschaftsmittel eintritt (→ Rn. 8). Die durch Rechtsgeschäft mit Mitteln der Erbschaft erworbenen Gegenstände fallen unmittelbar dem Erben an, ein Durchgangserwerb des Erbschaftsbesitzers findet nicht statt (→ Rn. 10). Für Dritte gelten die allgemeinen Vorschriften über den Schutz des guten Glaubens (→ Rn. 11); einen weitergehenden Schutz gewährt § 2019 Abs. 2 dem Schuldner einer Forderung (→ Rn. 12). Zum Schutz des Schuldners gelten ferner die §§ 406–408 (→ Rn. 13).

## I. Normzweck und Anwendungsbereich

**1. Normzweck.** Die Regelung über die **unmittelbare dingliche** Ersetzung **(Surrogation)** soll den wirtschaftlichen Wert des Nachlasses erhalten und den Zugriff des Erben auf den Nachlass in seinem wechselnden Bestand sichern. Alle Gegenstände (Sachen oder Forderungen), die der Erbschaftsbesitzer durch Rechtsgeschäft mit Nachlassmitteln erwirbt, gelten deshalb als erlangt iSd § 2018. Sie werden unabhängig vom Willen der Handelnden Nachlassbestandteil, und zwar in der Form wie die weggegebenen „Mittel"; ein Durchgangserwerb des Erbschaftsbesitzers findet nicht statt. Neben dem vom Gesetzgeber beabsichtigten **Schutz des Erben,** der vor allem in der Insolvenz des Erbschaftsbesitzers durch ein Aussonderungsrecht (§ 47 InsO) hinsichtlich dieser Ersatzgegenstände gesichert sein soll (Prot. V 713 f.), liegt ein weiterer objektiver Zweck der Surrogation in der Erhaltung des Nachlasses in seinem wechselnden Bestand als Haftungsmasse für die Nachlassgläubiger. Die Zwangsvollstreckung von Eigengläubigern des Erbschaftsbesitzers in Ersatzgegenstände kann mit der Drittwiderspruchsklage (§ 771 ZPO) abgewehrt werden. 1

**2. Anwendungsbereich.** § 2019 regelt einen Fall der **rechtsgeschäftlichen Surrogation.** Vorausgesetzt wird ein Erwerb durch Rechtsgeschäft, für den der Erbschaftsbesitzer einen Nachlassgegenstand als Gegenleistung hingegeben hat (sog. Mittelsurrogation). Für den Eintritt der Surrogation sind die Wertverhältnisse zwischen Nachlass- und Ersatzgegenstand unerheblich. Veräußert der Erbschaftsbesitzer den Ersatzgegenstand weiter, wiederholt sich die Surrogation (Kettensurrogation). Die dingliche Surrogation erfasst das durch das Rechtsgeschäft mit Nachlassmitteln Erworbene. Dies ist in erster Linie die rechtsgeschäftliche Gegenleistung für die weggegebenen Nachlassmittel. 2

Die **gesetzliche Surrogation** (vgl. zB §§ 2041, 2111 Abs. 1) ist in Abs. 1 nicht genannt. Es ist jedoch anerkannt, dass dem Erben auch dasjenige anfällt, was der Erbschaftsbesitzer auf Grund eines zum Nachlass gehörenden Rechts oder als Ersatz für Beeinträchtigung, Zerstörung oder Entziehung eines Nachlassgegenstandes erwirbt (Prot. V 711; MüKoBGB/Helms Rn. 4; Staudinger/Raff, 2020, Rn. 66; Wolf JuS 1975, 710 (713)). Vielfach ergibt sich diese Rechtsfolge schon aus der Stellung des Erben als Eigentümer oder Inhaber der zum Nachlass gehörenden Sachen und Rechte. Eine dingliche Surrogation ist auch dann geboten, wenn an den Erbschaftsbesitzer in Erfüllung einer Nachlassforderung eine Leistung bewirkt wird, die (zB nach § 2019 Abs. 2, § 407, § 2367) dem Erben gegenüber wirksam ist (BeckOGK/Lindner Rn. 18.2; MüKoBGB/Helms Rn. 4; Staudinger/Raff, 2020, Rn. 68). 3

## II. Voraussetzungen der Surrogation

4 **1. Gegenstand des Erwerbs.** Der Erwerb wird regelmäßig in der **Erlangung eines Rechts** bestehen (gegen Ausdehnung auf Grundbuchposition BeckOGK/Lindner Rn. 3; Staudinger/Raff, 2020, Rn. 33). Denkbare Ersatzgegenstände sind zB der Kaufpreis oder die Kaufpreisforderung für einen verkauften Nachlassgegenstand, die Mietforderung aus der Vermietung einer zum Nachlass gehörenden Sache oder die Forderung aus einem aus Erbschaftsmitteln gegebenen Darlehen.

5 Ihre **Grenze** findet die Surrogation bei höchstpersönlichen Rechtspositionen (MüKoBGB/Helms Rn. 6; Staudinger/Raff, 2020, Rn. 22; aA Damrau/Schmalenbach Rn. 6; Muscheler ErbR Rn. 3225), wie zB beim Nießbrauch und bei beschränkt persönlichen Dienstbarkeiten und Rechten, die Bestandteil eines dem Erbschaftsbesitzer gehörenden Grundstücks sind. Bringt ein Erbschaftsbesitzer Nachlassgegenstände in eine Kommanditgesellschaft ein und wird er Kommanditist, so gehört nach Auffassung des BGH seine Rechtsstellung als Kommanditist als Surrogat zum Nachlass (BGHZ 109, 214 = NJW 1990, 514 m. Bespr. Martinek ZGR 1991, 74; ebenso OLG Düsseldorf FamRZ 1992, 600; Erman/Horn Rn. 1b; NK-BGB/Kroiß/Fleindl Rn. 16; abl. Staudinger/Raff, 2020, Rn. 51 ff.). Ausgeschlossen ist § 2019 Abs. 1 aus tatsächlichen Gründen, wenn der erlangte Vorteil völlig in dem Eigenvermögen des Erbschaftsbesitzers aufgegangen ist, etwa wenn der Erbschaftsbesitzer eine eigene Schuld mit Mitteln des Nachlasses getilgt hat. Der Ausgleich erfolgt dann nach § 2021 (→ § 2021 Rn. 2).

6 **2. Erwerb durch Rechtsgeschäft.** Der **Begriff des Rechtsgeschäfts** ist mit Rücksicht auf den Schutzzweck der Norm **weit auszulegen.** Von der Surrogation erfasst wird auch ein Gegenstand, den der Erbschaftsbesitzer im Wege der Zwangsversteigerung mit Nachlassmitteln erworben hat (BeckOGK/Lindner Rn. 7; Burandt/Rojahn/Gierl Rn. 2; Staudinger/Raff, 2020, Rn. 61; aA RGZ 136, 353 (357) zu § 2111). Die Zweckrichtung des Rechtsgeschäfts ist unerheblich; es muss sich nicht auf die Erbschaft beziehen. Auch die mit Nachlassmitteln erworbenen für den persönlichen Gebrauch des Erbschaftsbesitzers bestimmten Gegenstände werden Bestandteil des Nachlasses.

7 **3. Erwerb mit Mitteln der Erbschaft. a) Erbschaftsmittel.** Der Erwerb muss mit Mitteln der Erbschaft (Geld, bewegliche und unbewegliche Sachen, Forderungen und sonstige Rechte) erfolgt sein. Einprägsam wird von der „Aufopferung" von Erbschaftsmitteln für den Erwerb gesprochen (RGRK-BGB/Kregel Rn. 3; Staudinger/Raff, 2020, Rn. 35). Die Surrogation erstreckt sich nicht auf Gegenstände, die der Erbschaftsbesitzer mit eigenen Mitteln für den Nachlass erworben hat. Wird der erworbene Gegenstand zum Teil mit Eigenmitteln des Erbschaftsbesitzers bezahlt, entsteht Miteigentum im Verhältnis der Anteile (§§ 741 ff.).

8 **b) Wirksame Verfügung.** Streitig ist, ob der Ersetzungserwerb nur bei einer von vornherein **wirksamen Verfügung** des Erbschaftsbesitzers über die Erbschaftsmittel eintritt (so BeckOGK/Lindner Rn. 11; NK-BGB/Kroiß/Fleindl Rn. 11; Staudinger/Raff, 2020, Rn. 36). Ein Teil der Lit. bejaht eine Surrogation auch bei einer unwirksamen Verfügung des Erbschaftsbesitzers (Burandt/Rojahn/Gierl Rn. 9; Erman/Horn Rn. 1e; Soergel/Dieckmann Rn. 5), weil wirtschaftlich gesehen Mittel des Nachlasses für den Erwerb hingegeben worden seien. Einigkeit besteht darüber, dass der Erbe nicht vom Erbschaftsbesitzer das Surrogat und zugleich vom Vertragspartner des Erbschaftsbesitzers den Nachlassgegenstand herausverlangen kann. Fordert der Erbe den Ersatzgegenstand vom Erbschaftsbesitzer, liegt darin die (durch die tatsächliche Herausgabe) aufschiebend bedingte Genehmigung der unwirksamen Verfügung (RGRK-BGB/Kregel Rn. 2; zur Frage, ob der Erbe die Herausgabe des Ersatzgegenstandes nur Zug um Zug gegen die Erteilung der Genehmigung fordern kann, MüKoBGB/Helms Rn. 11).

9 **c) Ursächlichkeit zwischen Verfügung und Erwerb.** Zwischen der Verfügung über Nachlassmittel und dem Erwerb des Ersatzgegenstandes muss ein **Zusammenhang** bestehen. Dieser muss nicht unbedingt ein rechtlicher, aber doch wenigstens ein enger wirtschaftlicher sein, sodass sich die Verfügung über Erbschaftsmittel und der Erwerb als Austauschvorgang darstellen (Staudinger/Raff, 2020, Rn. 49). Auch Gegengeschenke für verschenkte Nachlassgegenstände unterliegen der Surrogation, wenn sie schon bei der Schenkung vereinbart werden (BeckOGK/Lindner Rn. 13.1; Grüneberg/Weidlich Rn. 2; jurisPK-BGB/Ehm Rn. 9).

## III. Rechtsfolgen

10 § 2019 ist – im Gegensatz etwa zu § 816 Abs. 1 S. 1, der einen Fall der obligatorischen Surrogation regelt – keine selbstständige Anspruchsgrundlage. Die durch Rechtsgeschäft mit Mitteln der

Erbschaft erworbenen Gegenstände fallen **unmittelbar** dem Erben an, sodass er Herausgabe nach § 2018 verlangen kann. Ein Durchgangserwerb des Erbschaftsbesitzers findet nicht statt. Eine **Ausnahme** vom Grundsatz des unmittelbaren Erwerbs gilt für **Kreditgeschäfte,** bei denen der Erbschaftsbesitzer seine Leistung nicht sofort mit Nachlassmitteln bewirkt. Hier lässt sich ein Durchgangserwerb nicht vermeiden; zunächst erwirbt der Erbschaftsbesitzer die Forderung oder den an ihn geleisteten Gegenstand (BeckOGK/Lindner Rn. 15; MüKoBGB/Helms Rn. 14; Staudinger/Raff, 2020, Rn. 30; aA Erman/Horn Rn. 1d; Soergel/Dieckmann Rn. 2; Lange ErbR § 43 Rn. 42). Erbringt er später die ihm obliegende Leistung aus Mitteln der Erbschaft, so fällt der Anspruch gegen den Vertragspartner in den Nachlass; ein bereits an den Erbschaftsbesitzer geleisteter Gegenstand wird nun Eigentum des Erben.

## IV. Schutz gutgläubiger Dritter

Der Erbschaftsbesitzer verfügt als Nichtberechtigter; für Dritte gelten die allgemeinen Vorschriften über den **Schutz des guten Glaubens** (§§ 892, 893, 932 ff., 1138, 1155, 1207, 2366, 2367). An beweglichen Sachen kann der gutgläubige Dritte allerdings kein Eigentum erwerben, da der Erbe nach § 857 Besitzer geworden ist und die Sachen deshalb als abhandengekommen anzusehen sind. Der redliche Dritte wird geschützt, wenn der Erbschaftsbesitzer durch einen Erbschein ausgewiesen war (§ 2366). Der Schuldner einer Nachlassforderung wird durch Leistung an den durch einen Erbschein ausgewiesenen Erbschaftsbesitzer frei (§ 2367). 11

Einen weitergehenden Schutz gewährt § 2019 Abs. 2 dem **Schuldner einer Forderung,** die der Erbschaftsbesitzer im eigenen Namen durch Rechtsgeschäft mit Nachlassmitteln begründet hat und die nach § 2019 Abs. 1 dem Erben zusteht. Der Schuldner muss die Surrogation und die daraus folgende Zugehörigkeit der Forderung zum Nachlass erst dann gegen sich gelten lassen, wenn er von der Zugehörigkeit Kenntnis erlangt hat. Solange der Schuldner nicht positiv weiß, dass die Forderung mit Mitteln der Erbschaft erworben wurde und der Erbschaftsbesitzer nicht der Erbe ist, darf er den Erbschaftsbesitzer als seinen Gläubiger betrachten. Aus dieser Regelung folgt, dass der Schuldner nach § 404 dem Erben alle Einwendungen entgegenhalten kann, die bis zum Zeitpunkt der Kenntniserlangung gegenüber dem Erbschaftsbesitzer entstanden waren. 12

Zum **Schutz des Schuldners** gelten ferner die **§§ 406–408.** Der Schuldner kann also mit einer ihm gegen den Erbschaftsbesitzer zustehenden Forderung gegenüber dem Erben aufrechnen, sofern er nicht bei ihrem Erwerb von der Zugehörigkeit der Gegenforderung zum Nachlass Kenntnis hatte oder seine Forderung erst nach Erlangung der Kenntnis und später als die Erbschaftsforderung fällig geworden ist (§ 406). Nicht anwendbar ist dagegen § 405, weil § 2019 Abs. 2 den Schuldner und nicht den Erben schützen will (jurisPK-BGB/Ehm Rn. 14; Soergel/Dieckmann Rn. 16; Staudinger/Raff, 2020, Rn. 91). 13

# § 2020 Nutzungen und Früchte

**Der Erbschaftsbesitzer hat dem Erben die gezogenen Nutzungen herauszugeben; die Verpflichtung zur Herausgabe erstreckt sich auch auf Früchte, an denen er das Eigentum erworben hat.**

## Überblick

Die Vorschrift erstreckt die Herausgabepflicht auf alle Nutzungen, die der Erbschaftsbesitzer aus Nachlassgegenständen gezogen hat (→ Rn. 1). Herauszugeben sind die unmittelbaren und mittelbaren Sachfrüchte, die Rechtsfrüchte und die Gebrauchsvorteile (→ Rn. 2). Ist dem Erbschaftsbesitzer die Herausgabe in Natur unmöglich, haftet er gem. § 2021 nach bereicherungsrechtlichen Grundsätzen (→ Rn. 3).

## I. Normzweck und Anwendungsbereich

Die Vorschrift erstreckt die Herausgabepflicht auf alle Nutzungen (§ 100), die der Erbschaftsbesitzer aus Nachlassgegenständen gezogen hat. Dies entspricht im Wesentlichen der Rechtslage im Eigentümer-Besitzer-Verhältnis. Der Herausgabeanspruch kann dinglicher oder schuldrechtlicher Natur sein. Die Haftung des Erbschaftsbesitzers verschärft sich mit Eintritt der Rechtshängigkeit (§ 2023) oder der Kenntniserlangung von der Unrechtmäßigkeit des Besitzes (§ 2024 S. 2). 1

## II. Nutzungen

2 Herauszugeben sind die unmittelbaren und mittelbaren **Sachfrüchte,** die **Rechtsfrüchte** und die **Gebrauchsvorteile** (§§ 100, 99). Soweit die **unmittelbaren** Sachfrüchte mit der Trennung in das Eigentum des Erben gefallen sind (§§ 953 ff.), hat dieser einen dinglichen Herausgabeanspruch gegen den Erbschaftsbesitzer. Hat der (gutgläubige) Erbschaftsbesitzer nach § 955 mit der Trennung Eigentum an den Früchten erworben (Wendt FS v. Lübtow, 1991, 229 (233) geht trotz § 955 davon aus, dass die Früchte stets dinglich dem Nachlass zuzuordnen sind), steht dem Erben ein schuldrechtlicher Anspruch auf Übereignung der Früchte nach § 2020 Hs. 2 zu. **Mittelbare** Sachfrüchte (etwa eine Mietforderung) und Rechtsfrüchte erwirbt der Erbe kraft Surrogation (§ 2019) (BeckOGK/Lindner Rn. 7; MüKoBGB/Helms Rn. 4; Staudinger/Raff, 2020, Rn. 10 ff.; jurisPK-BGB/Ehm Rn. 4; aA Planck/Flad Anm. 2c). Der Anspruch auf Herausgabe dieser Früchte hat dinglichen Charakter. Hinsichtlich der **Gebrauchsvorteile** einer Nachlasssache besteht ein schuldrechtlicher Anspruch des Erben, der auf Herausgabe der Bereicherung gerichtet ist (§§ 2021, 818 Abs. 2).

## III. Herausgabe in Natur

3 Gegenstand des Anspruchs sind die Nutzungen, soweit sie noch vorhanden sind, in Natur. Ist dem Erbschaftsbesitzer die Herausgabe unmöglich, so haftet er gem. § 2021 nach bereicherungsrechtlichen Grundsätzen. Dies gilt auch für den obligatorischen Herausgabeanspruch aus § 2020 Hs. 2 (Staudinger/Raff, 2020, Rn. 21; Maurer, Das Rechtsverhältnis zwischen Erbe und Erbschaftsbesitzer, 1999, 155 ff.). Für schuldhaft nicht gezogene Nutzungen haftet der gutgläubige Erbschaftsbesitzer nicht.

# § 2021 Herausgabepflicht nach Bereicherungsgrundsätzen

**Soweit der Erbschaftsbesitzer zur Herausgabe außerstande ist, bestimmt sich seine Verpflichtung nach den Vorschriften über die Herausgabe einer ungerechtfertigten Bereicherung.**

## Überblick

Die Vorschrift beschränkt die Herausgabepflicht des Erbschaftsbesitzers dem Umfang nach auf eine Haftung nach den Grundsätzen des Bereicherungsrechts, es handelt sich dabei um eine Rechtsfolgenverweisung (→ Rn. 1). Wenn die nach §§ 2018–2020 geschuldete Herausgabe in Natur dem Erbschaftsbesitzer unmöglich ist (→ Rn. 2), schuldet er nach § 818 Abs. 2 Wertersatz (→ Rn. 3). Die Verpflichtung entfällt, wenn der Erbschaftsbesitzer nicht mehr bereichert ist (§ 818 Abs. 3; → Rn. 4); Verwendungen auf die Erbschaft sind als Wegfall der Bereicherung zu berücksichtigen (→ Rn. 5).

## I. Normzweck

1 § 2021 beschränkt die Herausgabepflicht des gutgläubigen, nicht verklagten Erbschaftsbesitzers dem Umfang nach auf eine Haftung nach den Grundsätzen des Bereicherungsrechts. Die Verweisung auf das Bereicherungsrecht bezieht sich nur auf die §§ 818 ff., es handelt sich also um eine **Rechtsfolgenverweisung.**

## II. Voraussetzungen der Bereicherungshaftung

2 Die nach §§ 2018–2020 geschuldete **Herausgabe** des Erlangten in Natur muss dem Erbschaftsbesitzer **unmöglich** sein. Der Grund für die Unmöglichkeit der Herausgabe spielt keine Rolle. Die Unmöglichkeit kann darauf beruhen, dass die Nachlasssache zerstört oder vom Erbschaftsbesitzer verbraucht oder veräußert wurde. Keine Unmöglichkeit liegt vor, wenn nach § 2019 Surrogation eingetreten und der Ersatzgegenstand noch vorhanden oder wenn durch Verbindung, Vermischung oder Vermengung (§§ 947 f.) Miteigentum des Erbschaftsbesitzers entstanden ist. Im letztgenannten Fall ist dieses Miteigentum herauszugeben (MüKoBGB/Helms Rn. 2). Die Herausgabe ist dagegen unmöglich, wenn der Erbschaftsbesitzer mit Mitteln der Erbschaft ein höchstpersönliches Recht erworben hat oder das Erlangte völlig in seinem Eigenvermögen aufge-

gangen ist (→ § 2019 Rn. 1 ff.). War der ursprüngliche Anspruch auf Herausgabe von Geld gerichtet und hat der Erbschaftsbesitzer dieses ausgegeben, so kann er sich auf Wegfall der Bereicherung berufen (§ 818 Abs. 3).

## III. Haftung nach Bereicherungsgrundsätzen

**1. Wertersatz.** Die Verweisung auf die §§ 818 ff. hat zur Folge, dass der Erbschaftsbesitzer nach § 818 Abs. 2 Wertersatz schuldet, wenn ihm die Herausgabe des Erlangten unmöglich ist. 3

**2. Wegfall der Bereicherung.** Die Verpflichtung zum Wertersatz entfällt, wenn der Erbschaftsbesitzer nicht mehr bereichert ist **(§ 818 Abs. 3).** Dabei ist auf die Vermögensmehrung abzustellen, die dem Erbschaftsbesitzer durch die Erbschaft insgesamt zugeflossen ist und nach Abzug aller Ausgaben aus dem Eigenvermögen, die der Erbschaftsbesitzer im Vertrauen auf die Beständigkeit des Erbschaftserwerbs gemacht hat, noch vorhanden ist. Veräußert der Erbschaftsbesitzer Nachlassgegenstände, oder verwendet er den Erlös zur Verbesserung seiner Lebenssituation oder um sich eine (sonst nicht getätigte) Luxusausgabe zu leisten, ist er lediglich um die ersparten normalen Lebenshaltungskosten bereichert; iÜ liegt Wegfall der Bereicherung vor (Staudinger/Raff, 2020, Rn. 24). 4

**Verwendungen** auf die Erbschaft sind als Wegfall der Bereicherung zu berücksichtigen. Dies gilt auch für Kosten eines Rechtsstreits, den der (gutgläubige) Erbschaftsbesitzer geführt hat, um sich den Besitz der Erbschaft zu sichern oder zu erhalten. Dagegen sind Aufwendungen, die der Erbschaftsbesitzer gemacht hat, um in den Besitz der Erbschaft zu gelangen, nicht abzugsfähig (MüKoBGB/Helms Rn. 6; Soergel/Dieckmann Rn. 9; aA BeckOGK/Lindner Rn. 9). 5

**3. Unentgeltliche Zuwendung an Dritte.** Bei einer unentgeltlichen Zuwendung des Erlangten an einen Dritten gilt § 822. Gegen den Dritten besteht ferner ein Anspruch aus § 816 Abs. 1 S. 2, wenn der Erbschaftsbesitzer als Nichtberechtigter wirksam über den Nachlassgegenstand verfügt hat. 6

**4. Haftungsverschärfung.** Vom Eintritt der Rechtshängigkeit des Anspruchs aus § 2021 an haftet der Erbschaftsbesitzer verschärft nach § 818 Abs. 4, § 291. § 819 Abs. 1 wird durch § 2024 verdrängt, der als Spezialvorschrift die Ansprüche des Erben gegen den bösgläubigen Erbschaftsbesitzer abschließend regelt (BeckOGK/Lindner Rn. 13; Erman/Horn Rn. 7). 7

## IV. Beweislast

Die **Beweislastverteilung** folgt allgemeinen Regeln. Der Kläger muss die Unmöglichkeit der Herausgabe und den objektiven Wert des nicht (oder nicht mehr) herausgebbaren Nachlassgegenstands oder des aus dem Nachlass erlangten Vorteils beweisen. Den Wegfall der Bereicherung hat als rechtsvernichtende Einwendung der Beklagte zu beweisen; der Kläger demgegenüber den Eintritt der Haftungsverschärfung vor Bereicherungswegfall. 8

## § 2022 Ersatz von Verwendungen und Aufwendungen

**(1) [1]Der Erbschaftsbesitzer ist zur Herausgabe der zur Erbschaft gehörenden Sachen nur gegen Ersatz aller Verwendungen verpflichtet, soweit nicht die Verwendungen durch Anrechnung auf die nach § 2021 herauszugebende Bereicherung gedeckt werden. [2]Die für den Eigentumsanspruch geltenden Vorschriften der §§ 1000 bis 1003 finden Anwendung.**

**(2) Zu den Verwendungen gehören auch die Aufwendungen, die der Erbschaftsbesitzer zur Bestreitung von Lasten der Erbschaft oder zur Berichtigung von Nachlassverbindlichkeiten macht.**

**(3) Soweit der Erbe für Aufwendungen, die nicht auf einzelne Sachen gemacht worden sind, insbesondere für die im Absatz 2 bezeichneten Aufwendungen, nach den allgemeinen Vorschriften in weiterem Umfang Ersatz zu leisten hat, bleibt der Anspruch des Erbschaftsbesitzers unberührt.**

## Überblick

Die Vorschrift regelt Verwendungsersatzansprüche des Erbschaftsbesitzers; zum Anwendungsbereich → Rn. 2. Verwendungen iSd § 2022 sind freiwillige Aufwendungen des Erbschaftsbesitzers aus seinen Mitteln, die einer einzelnen Nachlasssache oder dem Nachlass als Ganzem zugutekommen sollen (→ Rn. 3). Nach § 2022 Abs. 2 zählen dazu auch die Aufwendungen, die der Erbschaftsbesitzer zur Bestreitung von Erbschaftslasten oder Berichtigung von Nachlassverbindlichkeiten macht (→ Rn. 4). Der Anspruch auf Verwendungsersatz ist nach den für den Eigentumsanspruch geltenden Vorschriften der §§ 1000–1003 geltend zu machen (→ Rn. 6). Zum daraus folgenden Zurückbehaltungsrecht → Rn. 7; zur Ausschlussfrist für Klagen auf Verwendungsersatz → Rn. 8. Nach § 2022 Abs. 3 bleiben dem Erbschaftsbesitzer alle weiteren Ansprüche vorbehalten, die er nach allgemeinen Vorschriften gegen den Erben wegen seiner nicht auf einzelne Sachen gemachten Aufwendungen hat (→ Rn. 10).

## I. Normzweck

1 § 2022 stellt den **gutgläubigen, unverklagten Erbschaftsbesitzer** wegen der Verwendungen besser als den der Eigentumsklage ausgesetzten Besitzer einer Einzelsache. Weil der Erbschaftsbesitzer nach § 2020 alle Nutzungen herausgeben muss, kann er Ersatz aller Verwendungen nach den §§ 1000–1003 verlangen, soweit die Verwendungen nicht bereits durch Anrechnung auf die nach § 2021 herauszugebende Bereicherung gedeckt sind.

## II. Anwendungsbereich

2 Nach dem Wortlaut steht der Anspruch auf Verwendungsersatz dem Erbschaftsbesitzer nur gegenüber dem **dinglichen Anspruch auf Herausgabe** der „zur Erbschaft gehörenden Sachen" zu. Nach allgemeiner Auffassung gilt die Vorschrift jedoch entspr., wenn der Anspruch auf Berichtigung des Grundbuchs gerichtet ist und für den schuldrechtlichen Anspruch auf Herausgabe der Früchte, an denen der Erbschaftsbesitzer Eigentum erworben hat (§ 2020 Hs. 2) (MüKoBGB/Helms Rn. 2; Staudinger/Raff, 2020, Rn. 3, 4). Der gutgläubige unverklagte Erbschaftsbesitzer stünde sonst schlechter als der bösgläubige, der mangels Eigentumserwerbs dem dinglichen Anspruch ausgesetzt ist und diesem jedenfalls die Rechte aus § 2023 Abs. 2, § 994 Abs. 2, §§ 995, 998 entgegenhalten kann. Zu versagen ist der Verwendungsersatzanspruch aus § 2022 gegenüber dem schuldrechtlichen Anspruch auf Herausgabe der Bereicherung (§ 2021). Hier führt jedoch die Berücksichtigung aller auf den Nachlass gemachten Verwendungen als Minderung der Bereicherung (→ § 2021 Rn. 4) wirtschaftlich zum gleichen Ergebnis (Staudinger/Raff, 2020, Rn. 5).

## III. Voraussetzungen des Verwendungsersatzanspruchs

3 **Verwendungen** iSd § 2022 sind alle freiwilligen Aufwendungen des Erbschaftsbesitzers aus seinen Mitteln, die einer einzelnen Nachlasssache oder dem Nachlass als Ganzem zugutekommen sollen (zum Begriff der Verwendung s. § 994). Dazu zählen auch die Kosten für die Gewinnung der nach § 2020 herauszugebenden Früchte; § 2022 verdrängt als Spezialvorschrift die §§ 102 und 998 (MüKoBGB/Helms Rn. 3; Staudinger/Raff, 2020, Rn. 29). Ersetzt werden alle Verwendungen, gleichgültig, ob sie notwendig, nützlich oder werterhöhend waren. Die Aufwendungen des Erbschaftsbesitzers müssen sich jedoch stets auf Nachlasssachen (oder die Erbschaft als Ganzes), nicht notwendig auf die herausverlangte Sache beziehen. Aufwendungen, die im Vertrauen auf die Beständigkeit des Erbschaftserwerbs auf eigene Sachen gemacht wurden, sind keine erstattungsfähigen Verwendungen. Diese Aufwendungen kann der Erbschaftsbesitzer lediglich als Minderung der Bereicherung im Rahmen des § 2021 geltend machen. Keine Verwendung ist die vom Erbschaftsbesitzer eingesetzte Arbeitskraft ohne Verdienstausfall (OLG Düsseldorf FamRZ 1992, 600 (602); KG OLGZ 1974, 17 (19); jurisPK-BGB/Ehm Rn. 2; Staudinger/Raff, 2020, Rn. 17; abw. Burandt/Rojahn/Gierl Rn. 3; MüKoBGB/Helms Rn. 3).

4 Nach **§ 2022 Abs. 2** zählen zu den Verwendungen auch die Aufwendungen, die der Erbschaftsbesitzer zur Bestreitung von Erbschaftslasten oder Berichtigung von Nachlassverbindlichkeiten macht. Darunter fällt zB die Bezahlung von Erbschaftssteuerschulden aus Eigenmitteln des Erbschaftsbesitzers. Der Regelung liegt die Vorstellung zugrunde, dass die Nachlassverbindlichkeit auf Grund der Zahlung des Erbschaftsbesitzers erlischt und deshalb die Zahlung eine Verwendung auf die Erbschaft darstellt. Da der Erbschaftsbesitzer aber auf eine vermeintlich eigene Schuld leistet, steht der Annahme der Schuldtilgung § 267 entgegen, wonach die Leistung eines Dritten nur bei erkennbarem Fremdleistungswillen zum Erlöschen der Schuld führt. Man wird § 2022 Abs. 2 so verstehen müssen, dass der Erbschaftsbesitzer durch die nachträgliche Bestimmung, die Leistung solle als für den Erben erbracht gelten, die Erfüllungswirkung herbeiführen und sodann Verwendungsersatz vom Erben verlangen kann (BeckOGK/Lindner Rn. 9; MüKoBGB/Helms Rn. 5;

Staudinger/Raff, 2020, Rn. 27a). Der Erbschaftsbesitzer kann statt gegen den Erben auch gegen den Nachlassgläubiger aus Leistungskondiktion (§ 812 Abs. 1 S. 1) vorgehen.

Der Erbschaftsbesitzer muss die Verwendungen **vor Rechtshängigkeit** und **vor Eintritt** seiner **Bösgläubigkeit** gemacht haben. Die Verwendungen dürfen nicht durch Anrechnung auf die nach § 2021 herauszugebende Bereicherung gedeckt sein, was § 2022 Abs. 1 Hs. 2 (überflüssigerweise) ausdrücklich hervorhebt. 5

## IV. Durchsetzung des Anspruchs

Der Anspruch auf Verwendungsersatz ist nach den für den Eigentumsanspruch geltenden Vorschriften der **§§ 1000–1003** geltend zu machen. 6

**1. Zurückbehaltungsrecht.** Der Erbschaftsbesitzer hat ein Zurückbehaltungsrecht an allen herauszugebenden Sachen (§ 1000). Dabei ist nicht entscheidend, ob die Verwendungen auf die herausverlangten Sachen oder andere, nicht mehr vorhandene Gegenstände oder die Erbschaft im Ganzen gemacht wurden (Erman/Horn Rn. 3; Soergel/Dieckmann Rn. 10). Das Zurückbehaltungsrecht besteht nicht, wenn der Erbschaftsbesitz durch eine vorsätzlich begangene unerlaubte Handlung erlangt wurde (§ 1000 S. 2). Das Zurückbehaltungsrecht kann nicht auf Vermächtnis- oder Pflichtteilsansprüche gestützt werden (→ § 2018 Rn. 21). 7

**2. Klage auf Verwendungsersatz.** Der Erbschaftsbesitzer hat einen innerhalb der **Ausschlussfrist des § 1002** mit der Klage geltend zu machenden Anspruch auf Verwendungsersatz nach § 1001 S. 1, wenn der Erbe die Verwendungen genehmigt oder die Sache durch Herausgabe von dem Erbschaftsbesitzer oder in sonstiger Weise wiedererlangt hat. Abzustellen ist hierbei auf die Sache, auf die sich die Verwendung bezieht (MüKoBGB/Helms Rn. 11; einen anderen Ansatz verfolgt Staudinger/Raff, 2020, Rn. 35). Der Wiedererlangung der Sache steht die Erlangung des Surrogats (§ 2019) oder des Werts der Sache (§ 2021) gleich. Bei Verwendungen auf die Erbschaft im Ganzen kann der Erbschaftsbesitzer Verwendungsersatz erst verlangen, wenn der Erbschaftsanspruch insgesamt erfüllt worden ist. Die **Ausschlussfrist** nach § 1002, die bei beweglichen Sachen einen Monat und bei Grundstücken sechs Monate beträgt, beginnt bei Verwendungen auf einzelne Nachlasssachen mit der Herausgabe dieser Sachen, bei Verwendungen auf die Erbschaft im Ganzen mit der Herausgabe des letzten Nachlassgegenstandes. Von dem Anspruch auf Verwendungsersatz kann sich der Erbe nach § 1001 S. 2 durch Rückgabe der wiedererlangten Sache befreien; dabei ist die Rückgabe aller wiedererlangten Nachlasssachen erforderlich (MüKoBGB/Helms Rn. 11; Staudinger/Raff, 2020, Rn. 39; diff. Soergel/Dieckmann Rn. 12). 8

**3. Befriedigungs- und Wegnahmerecht.** Dem Erbschaftsbesitzer steht ein pfandähnliches **Befriedigungsrecht** nach § 1003 an allen noch in seinem Besitz befindlichen Erbschaftssachen und darüber hinaus in entsprechender Anwendung der §§ 997, 258 ein **Wegnahmerecht** zu (Staudinger/Raff, 2020, Rn. 43). 9

## V. Weitergehende Ansprüche

Nach **§ 2022 Abs. 3** bleiben dem Erbschaftsbesitzer alle weiteren Ansprüche vorbehalten, die er nach allgemeinen Vorschriften gegen den Erben wegen seiner nicht auf einzelne Sachen gemachten Aufwendungen hat. Gemeint sind damit Aufwendungen auf die gesamte Erbschaft oder auf unkörperliche Nachlassbestandteile (zB Zahlung von Patentgebühren). In Betracht kommen nur Ansprüche aus ungerechtfertigter Bereicherung, nicht dagegen Ansprüche aus Geschäftsführung ohne Auftrag, weil der Erbschaftsbesitzer kein fremdes Geschäft führen will (BeckOGK/Lindner Rn. 23; Erman/Horn Rn. 9; MüKoBGB/Helms Rn. 14). 10

## VI. Beweislast

Der **Erbschaftsbesitzer** muss **beweisen,** dass er auf einen Nachlassgegenstand oder auf die Erbschaft im Ganzen Verwendungen gemacht hat. Dem Erben obliegt der Nachweis, dass die Verwendungen bereits durch Anrechnung auf die nach § 2021 herauszugebende Bereicherung gedeckt sind. Soweit der Erbschaftsbesitzer den ihm nach Abs. 3 vorbehaltenen Bereicherungsanspruch geltend macht, muss er dessen Voraussetzungen dartun (Schmitz in Baumgärtel/Laumen/Prütting Beweislast-HdB Rn. 3; Damrau/Schmalenbach Rn. 18). 11

## § 2023 Haftung bei Rechtshängigkeit, Nutzungen und Verwendungen

**(1) Hat der Erbschaftsbesitzer zur Erbschaft gehörende Sachen herauszugeben, so bestimmt sich von dem Eintritt der Rechtshängigkeit an der Anspruch des Erben auf Schadensersatz wegen Verschlechterung, Untergangs oder einer aus einem anderen Grund eintretenden Unmöglichkeit der Herausgabe nach den Vorschriften, die für das Verhältnis zwischen dem Eigentümer und dem Besitzer von dem Eintritt der Rechtshängigkeit des Eigentumsanspruchs an gelten.**

**(2) Das Gleiche gilt von dem Anspruch des Erben auf Herausgabe oder Vergütung von Nutzungen und von dem Anspruch des Erbschaftsbesitzers auf Ersatz von Verwendungen.**

### Überblick

Mit dem Eintritt der Rechtshängigkeit des Erbschaftsanspruchs (→ Rn. 2) bestimmen sich die Haftung des Erbschaftsbesitzers (→ Rn. 4) und seine Rechte wegen Verwendungen (→ Rn. 5) nach den für den Prozessbesitzer geltenden Vorschriften des Eigentümer-Besitzer-Verhältnisses.

### I. Normzweck

1 Der **verklagte Erbschaftsbesitzer** weiß oder er muss damit rechnen, dass ein anderer Erbe ist. Mit dem Eintritt der Rechtshängigkeit des Erbschaftsanspruchs verschlechtert sich daher seine rechtliche Stellung. Seine Haftung und seine Rechte wegen Verwendungen bestimmen sich von nun an – in dem Umfang, in dem der Erbschaftsanspruch rechtshängig geworden ist (→ § 2018 Rn. 30) – nach den für den Prozessbesitzer geltenden **Vorschriften des Eigentümer-Besitzer-Verhältnisses.**

### II. Voraussetzungen

2 **Rechtshängigkeit** tritt nach § 261 Abs. 1 und 2 ZPO, § 253 Abs. 1 ZPO, § 696 Abs. 3 ZPO mit Zustellung der Klageschrift (oder des Mahnbescheids) ein. Die Mitteilung eines Prozesskostenhilfeantrags nach § 118 Abs. 1 S. 1 ZPO reicht nicht aus. Entscheidend ist die Rechtshängigkeit des Erbschaftsanspruchs. Dafür genügt es, dass die Klage auch auf den Erbschaftsanspruch oder auf das Erbrecht des Klägers gestützt wurde (Staudinger/Raff, 2020, Rn. 9). **Haftungsverschärfung** tritt nur in dem Umfang ein, in dem der Erbschaftsanspruch rechtshängig geworden ist; hat der Erbe mit seiner Klage nur einen Teil der im Besitz des Beklagten befindlichen Nachlasssachen herausverlangt, so behält der Beklagte bezüglich des Restes – sofern er durch die Klageerhebung nicht bösgläubig wird – die Rechtsstellung eines gutgläubig unverklagten Erbschaftsbesitzers. Klagerücknahme und rechtskräftige Klageabweisung beseitigen die Haftungsverschärfung rückwirkend.

3 Auf den **Bereicherungsanspruch** gem. § 2021 ist § 2023 nicht anzuwenden. Für diesen Anspruch ergeben sich die Folgen der Rechtshängigkeit aus **§ 818 Abs. 4,** der auf §§ 291, 292 verweist. Der stets auf Wertersatz gerichtete Bereicherungsanspruch aus § 2021 wird mit Eintritt der Rechtshängigkeit der Höhe nach fixiert, sodass danach die Berufung auf den Wegfall der Bereicherung nicht mehr möglich ist (MüKoBGB/Helms Rn. 3; Staudinger/Raff, 2020, Rn. 34; aA Soergel/Dieckmann Rn. 5).

### III. Haftungsverschärfung

4 Der Erbschaftsbesitzer haftet nun für alle **Schäden,** die dadurch entstehen, dass infolge seines Verschuldens Erbschaftssachen nach Rechtshängigkeit verschlechtert werden, untergehen oder aus anderen Gründen nicht herausgegeben werden können (§ 989). Das schuldhafte Verhalten des Erbschaftsbesitzers muss nach Rechtshängigkeit liegen; dass der Schaden erst nach diesem Zeitpunkt eingetreten ist, reicht nicht aus (Staudinger/Raff, 2020, Rn. 6). Nach § 2023 Abs. 1 betrifft die **verschärfte Haftung** des Erbschaftsbesitzers nur den dinglichen **Anspruch auf Herausgabe** der zur Erbschaft gehörenden Sachen; darunter fällt auch der Anspruch auf Herausgabe der Surrogate nach § 2019. Abs. 2 dehnt die Haftungsverschärfung auf den Anspruch des Erben auf **Herausgabe oder Vergütung von Nutzungen** aus. Die Streitfrage, ob die Verweisung des Abs. 2 auch für den schuldrechtlichen Anspruch auf Herausgabe der Früchte gilt, an denen der Erbschaftsbesitzer Eigentum erworben hat oder ob insoweit § 292 eingreift (Staudinger/Raff, 2020, Rn. 4),

kann dahingestellt bleiben, weil auch § 292 auf die für den Prozessbesitzer geltenden Vorschriften verweist. Der Erbschaftsbesitzer haftet nach § 987 Abs. 2 auch für schuldhaft **nicht gezogene Nutzungen.** Für **Gebrauchsvorteile,** die er nach Rechtshängigkeit zieht, muss er dem Erben gem. § 987 Abs. 1 in Höhe des objektiven Werts der Vorteile Ersatz leisten (und nicht wie bis zu diesem Zeitpunkt nur im Rahmen seiner Bereicherung).

## IV. Verwendungsersatz

Für die nach Rechtshängigkeit gemachten Verwendungen kann der Erbschaftsbesitzer Ersatz nur verlangen, wenn diese notwendig waren und sie darüber hinaus dem wirklichen oder mutmaßlichen Willen des Erben entsprochen haben oder der Erbe sie genehmigt hat (§ 994 Abs. 2, §§ 683, 684 S. 2), oder wenn der Erbe im Zeitpunkt der Herausgabe insoweit noch bereichert ist (§ 994 Abs. 2, § 684 S. 1). Der Anspruch auf Ersatz der notwendigen Verwendungen setzt nicht voraus, dass die Verwendungen auf die herausverlangten Gegenstände gemacht wurden (BeckOGK/Lindner Rn. 6; Erman/Horn Rn. 3; MüKoBGB/Helms Rn. 6; aA Grüneberg/Weidlich Rn. 3). Die Regelung des § 2022 Abs. 3, die dem Erbschaftsbesitzer wegen bestimmter Verwendungen gegen den Erben einen Bereicherungsanspruch belässt, gilt auch nach Rechtshängigkeit (Staudinger/Raff, 2020, Rn. 32). 5

### § 2024 Haftung bei Kenntnis

**[1]Ist der Erbschaftsbesitzer bei dem Beginn des Erbschaftsbesitzes nicht in gutem Glauben, so haftet er so, wie wenn der Anspruch des Erben zu dieser Zeit rechtshängig geworden wäre. [2]Erfährt der Erbschaftsbesitzer später, dass er nicht Erbe ist, so haftet er in gleicher Weise von der Erlangung der Kenntnis an. [3]Eine weitergehende Haftung wegen Verzugs bleibt unberührt.**

## Überblick

Der bösgläubige Erbschaftsbesitzer haftet wie der gutgläubige nach Eintritt der Rechtshängigkeit. Der Erbschaftsbesitzer ist nicht in gutem Glauben iSd § 2024 S. 1, wenn er bei Beginn des Erbschaftsbesitzes weiß oder infolge grober Fahrlässigkeit nicht weiß, dass er nicht der Erbe ist (→ Rn. 2). Eine weitere Steigerung der Haftung des bösgläubigen Erbschaftsbesitzers tritt nach S. 3 ein, wenn dieser in Verzug gesetzt wird (→ Rn. 3).

## I. Normzweck

Die Haftungsverschärfung gilt für den dinglichen wie für den schuldrechtlichen Erbschaftsanspruch, also auch für den **bereicherungsrechtlichen Anspruch** auf Wertersatz nach § 2021. Dadurch wird ein Auseinanderfallen der Haftung für den dinglichen Anspruch und für den Anspruch aus § 2021 verhindert: Während für den dinglichen Anspruch nach § 990 schon grobfahrlässige Unkenntnis vom Fehlen des Besitzrechts beim Besitzerwerb ausreicht, verlangt § 819 positive Kenntnis vom Fehlen des Rechtsgrunds. 1

## II. Bösgläubigkeit

Der Erbschaftsbesitzer ist nicht in gutem Glauben iSd § 2024 S. 1, wenn er bei Beginn des Erbschaftsbesitzes weiß oder infolge grober Fahrlässigkeit nicht weiß (vgl. § 932 Abs. 2), dass er nicht der Erbe ist. Die durch das SchuldRModG eingeführte amtliche Überschrift, die nur von „Kenntnis" spricht, ist insofern ungenau. Unter Beginn des Erbschaftsbesitzes ist der Zeitpunkt zu verstehen, in dem der Erbschaftsbesitzer erstmals als vermeintlicher Erbe etwas aus der Erbschaft erlangt hat (Staudinger/Raff, 2020, Rn. 10). Nicht gutgläubig ist nach S. 2 ferner der Erbschaftsbesitzer, der nach Begründung des Erbschaftsbesitzes **positiv erfährt,** dass er nicht Erbe ist. Der späteren Kenntnis steht es gleich, wenn der Erbschaftsbesitzer von offenkundigen Tatsachen, die sein Erbrecht ausschließen, etwa von einem nachträglich gefundenen Testament bewusst keine Kenntnis nimmt (RGRK-BGB/Kregel Rn. 4; Brox/Walker ErbR § 33 Rn. 11). Der Erbschaftsbesitzer, der hinsichtlich des Erbrechts bösgläubig ist, aber hinsichtlich eines einzelnen Nachlassgegenstands gutgläubig ein Recht zum Besitz annimmt, ist im Hinblick auf den betreffenden Einzelgegenstand als gutgläubiger Erbschaftsbesitzer anzusehen (Erman/Horn Rn. 3; MüKoBGB/Helms 2

Rn. 4; krit. BeckOGK/Lindner Rn. 6; Staudinger/Raff, 2020, Rn. 16). Der Erbe des Erbschaftsbesitzers muss sich dessen Bösgläubigkeit zurechnen lassen (BGH ZEV 2004, 378; MüKoBGB/Helms Rn. 4), gleiches gilt für den Minderjährigen bei Bösgläubigkeit des gesetzlichen Vertreters.

### III. Haftungsverschärfung bei Verzug

3 Eine weitere Steigerung der Haftung des bösgläubigen Erbschaftsbesitzers tritt nach **S. 3** ein, wenn dieser in Verzug gesetzt wird. Die verschärfte Haftung gilt nicht für den gutgläubigen Erbschaftsbesitzer (Erman/Horn Rn. 4; MüKoBGB/Helms Rn. 5; Staudinger/Raff, 2020, Rn. 22). § 2024 S. 3 eröffnet nur den Weg zur Verzugshaftung; zur Bösgläubigkeit des Erbschaftsbesitzers müssen die Voraussetzungen des § 286 hinzutreten. Der in Verzug geratene Erbschaftsbesitzer muss dann dem Erben nach § 280 alle Schäden ersetzen, die durch die Verzögerung der Herausgabe entstehen. Ferner haftet er nach § 287 S. 2 für Zufall. Soweit es um das Verschulden des Erbschaftsbesitzers hinsichtlich der Unkenntnis seines fehlenden Erbrechts geht, bestimmt sich der Verschuldensmaßstab nach § 2024 (und nicht nach § 286 Abs. 4), sodass erst grobe Fahrlässigkeit schadet (Burandt/Rojahn/Gierl Rn. 8; Damrau/Schmalenbach Rn. 7; jurisPK-BGB/Ehm Rn. 5; aA BeckOGK/Lindner Rn. 9; Staudinger/Raff, 2020, Rn. 27).

## § 2025 Haftung bei unerlaubter Handlung

**[1]Hat der Erbschaftsbesitzer einen Erbschaftsgegenstand durch eine Straftat oder eine zur Erbschaft gehörende Sache durch verbotene Eigenmacht erlangt, so haftet er nach den Vorschriften über den Schadensersatz wegen unerlaubter Handlungen. [2]Ein gutgläubiger Erbschaftsbesitzer haftet jedoch wegen verbotener Eigenmacht nach diesen Vorschriften nur, wenn der Erbe den Besitz der Sache bereits tatsächlich ergriffen hatte.**

### Überblick

Die Vorschrift verschärft die Haftung des Erbschaftsbesitzers, wenn dieser einen Erbschaftsgegenstand durch eine Straftat oder eine Nachlasssache durch verbotene Eigenmacht erlangt hat. § 2025 eine Rechtsgrundverweisung auf das Deliktsrecht dar (→ Rn. 1). Zu den Voraussetzungen der Deliktshaftung → Rn. 2; → Rn. 3. Die durch § 2025 eröffnete deliktische Haftung des Erbschaftsbesitzers bestimmt sich nach den §§ 823 ff., 249 ff. (→ Rn. 6).

### I. Normzweck

1 § 2025 verschärft die Haftung, wenn der Erbschaftsbesitzer einen Erbschaftsgegenstand durch eine Straftat oder eine Nachlasssache durch verbotene Eigenmacht erlangt hat. Wie § 992, dem er nachgebildet ist, stellt § 2025 eine **Rechtsgrundverweisung** auf das **Deliktsrecht** dar. § 2025 greift insofern über § 992 hinaus, als der Fall der Erlangung durch eine Straftat nicht auf Sachen beschränkt, sondern auf alle Erbschaftsgegenstände erstreckt wird, zB auch auf Rechte. Der Surrogationsgrundsatz (§ 2019) wird durch die Regelung des § 2025 nicht ausgeschlossen, sodass eine Ersatzverpflichtung nur entsteht, wenn der Schaden nicht durch den Zuwachs der Surrogate gedeckt ist.

### II. Voraussetzungen der Deliktshaftung

2 **1. Erlangung eines Erbschaftsgegenstands durch Straftat.** Als Straftatbestände kommen in Betracht Diebstahl, Betrug, Erpressung, Nötigung und Urkundenfälschung sowie die Abgabe einer falschen eidesstattlichen Versicherung im Erbscheinverfahren. Der Erbschaftsbesitzer, der eine solche Straftat begangen hat, wird regelmäßig bösgläubig iSd § 2024 S. 1 sein. Die Haftung nach § 2025 S. 1 trifft auch den Erbschaftsbesitzer, der hinsichtlich seines Erbrechts gutgläubig ist und die Straftat (etwa eine Urkundenfälschung) begeht, um den Nachweis oder die Durchsetzung seines vermeintlichen Erbrechts zu ermöglichen (BeckOGK/Lindner Rn. 3; MüKoBGB/Helms Rn. 2; RGRK-BGB/Kregel Rn. 2). Der Erbschaftsbesitzer muss durch die Straftat einen Erbschaftsgegenstand (oder die gesamte Erbschaft, Staudinger/Raff, 2020, Rn. 4) erlangt haben. Dazu zählen alle zur Erbschaft gehörenden Sachen und Rechte, auch die Surrogate.

3 **2. Erlangung einer Nachlasssache durch verbotene Eigenmacht.** Verbotene Eigenmacht (§ 858) ist nur bei zur Erbschaft gehörenden Sachen möglich. Sie muss wie bei § 992 **vorsätzlich**

**oder fahrlässig** begangen worden sein (eing. Staudinger/Raff, 2020, Rn. 7; Kipp/Coing ErbR § 108 V; aA – kein Verschulden erforderlich – AK-BGB/Wendt Rn. 16 ff.; BeckOGK/Lindner Rn. 4; Maurer, Das Rechtsverhältnis zwischen Erbe und Erbschaftsbesitzer, 1999, 180 ff.). Dies folgt daraus, dass bei Erlangung eines Erbschaftsgegenstands durch eine Straftat stets ein Verschulden (sogar Vorsatz) vorliegen muss und insoweit unterschiedliche Voraussetzungen für beide Alternativen des § 2025 nicht gewollt sein können.

Da der Besitz nach § 857 kraft Gesetzes auf den Erben übergeht, kann der Erbschaftsbesitzer 4 verbotene Eigenmacht begehen, bevor der Erbe die tatsächliche Sachherrschaft an den Nachlasssachen erlangt hat. Das damit verbundene unbillige Ergebnis, dass auch der gutgläubige Erbschaftsbesitzer, der nur leicht fahrlässig das fremde Erbrecht verkennt, nach Deliktsrecht haften würde, wird durch S. 2 ausgeschlossen. Danach haftet der gutgläubige Erbschaftsbesitzer wegen verbotener Eigenmacht nur dann nach §§ 823 ff., wenn der Erbe den Besitz (auch den mittelbaren, Soergel/Dieckmann Rn. 3) der Sache bereits tatsächlich ergriffen hatte.

Wegen der Rechtsgrundverweisung auf das Deliktsrecht haftet der Erbschaftsbesitzer nach den 5 Vorschriften der §§ 823 ff. nur, wenn über die verbotene Eigenmacht hinaus der volle **Tatbestand einer unerlaubten Handlung** erfüllt ist. Die deliktische Haftung setzt somit voraus, dass das Verschulden des Erbschaftsbesitzers auch die Verletzung fremden Erbrechts umfasst (MüKoBGB/Helms Rn. 6).

## III. Rechtsfolgen

Die durch § 2025 eröffnete deliktische Haftung des Erbschaftsbesitzers bestimmt sich nach den 6 §§ 823 ff., 249 ff. Die **Haftung für Zufall** (§ 848) trifft den Erbschaftsbesitzer, wenn bereits die Besitzentziehung eine unerlaubte Handlung war. Der zu ersetzende Betrag ist dann nach § 849 zu verzinsen. Der deliktische Erbschaftsbesitzer kann, selbst wenn er hinsichtlich seines Erbrechts gutgläubig war, nicht Ersatz aller Verwendungen, sondern nur der notwendigen und nützlichen (§§ 850, 994–996) beanspruchen.

## IV. Verjährung

Für die **Verjährung** gilt nicht die 30jährige Frist des § 197 Abs. 1 Nr. 1, sondern die regelmä- 7 ßige Frist des § 195 (→ § 2026 Rn. 2). Soweit der deliktische Schadensersatzanspruch allerdings von einem Erbfall oder seine Geltendmachung von der Kenntnis einer letztwilligen Verfügung abhängt, muss für ihn die Verjährungshöchstfrist des § 199 Abs. 3a von 30 Jahren und nicht die des § 199 Abs. 3 gelten (BeckOGK/Lindner Rn. 9).

# § 2026 Keine Berufung auf Ersitzung

**Der Erbschaftsbesitzer kann sich dem Erben gegenüber, solange nicht der Erbschaftsanspruch verjährt ist, nicht auf die Ersitzung einer Sache berufen, die er als zur Erbschaft gehörend im Besitz hat.**

## Überblick

Die Vorschrift soll verhindern, dass die Ersitzungsregeln die Verjährungsfrist, die für den Erbschaftsanspruch 30 Jahre beträgt (→ Rn. 2), unterlaufen (→ Rn. 1). Solange der Erbschaftsanspruch nicht verjährt ist, kann sich der Erbschaftsbesitzer nicht auf die Ersitzung einer Sache berufen (→ Rn. 3). Die Regelung des § 2026 ist dahin zu verstehen, dass der Erbschaftsbesitzer durch die Ersitzung zwar Eigentümer wird, dem Erben gegenüber aber schuldrechtlich zur Übertragung des Eigentums verpflichtet ist (→ Rn. 3). Die zugunsten des Erbschaftsbesitzers verstrichene Ersitzungszeit dem Erben zustatten, wenn dieser vor Ablauf der Ersitzungszeit die Sache, die der Erbschaftsbesitzer als zur Erbschaft gehörend in Besitz hatte, zurückerhalten hat (→ Rn. 5).

## I. Normzweck

Die Vorschrift soll verhindern, dass die Ersitzungsregeln (§§ 937 ff.) die Verjährungsfrist, die 1 für den Erbschaftsanspruch 30 Jahre beträgt, unterlaufen. § 2026 ist nur für die Ersitzung von Fahrnis, bei der gem. § 937 Abs. 1 zehn Jahre Eigenbesitz zum Eigentumserwerb führt, bedeutsam. Bei Immobilien sind Ersitzungszeit (§ 900) und Verjährungsfrist gleich lang. Da auch die Regelungen über Hemmung und Unterbrechung (§ 900 Abs. 1 S. 2, §§ 939, 941) weitgehend mit dem Verjährungsrecht übereinstimmen, spielt § 2026 hier kaum eine Rolle (allenfalls bei Neubeginn der Verjährung durch Anerkenntnis, Soergel/Dieckmann Rn. 2).

## II. Verjährung

2 Nach dem durch das Gesetz zur Änderung des Erb- und Verjährungsrechts mit Wirkung zum 1.1.2010 neu gefassten § 197 Abs. 1 Nr. 1 (jetzt Nr. 2) gilt die 30-jährige Verjährungsfrist nur noch für den Herausgabeanspruch aus § 2018 sowie für Ansprüche, die der Geltendmachung dieses Herausgabeanspruchs dienen, namentlich die Auskunftsansprüche aus §§ 2027, 2028. Für die Folgeansprüche aus §§ 2020 ff. findet die Regelverjährung nach §§ 195, 199 Anwendung (Lange JZ 2013, 598 (600); aA Staudinger/Raff, 2020, Rn. 5). Näher zur Verjährung → § 2018 Rn. 22 ff.

## III. Ausschluss des Ersitzungseinwands

3 **1. Herausgabepflicht trotz Ersitzung.** Bei beweglichen Sachen würde die zehnjährige Ersitzungszeit (§ 937 Abs. 1) die 30-jährige Verjährungsfrist für den Erbschaftsanspruch unterlaufen. Deshalb kann sich der Erbschaftsbesitzer dem Erben gegenüber nicht auf die Ersitzung berufen, solange der Erbschaftsanspruch noch nicht verjährt ist. Dritten gegenüber kann der Erbschaftsbesitzer dagegen die durch Ersitzung erworbene Position unbeschränkt verteidigen. Die Regelung des § 2026 ist dahin zu verstehen, dass der Erbschaftsbesitzer durch die Ersitzung zwar Eigentümer wird, dem Erben gegenüber aber **schuldrechtlich** zur Übertragung des Eigentums verpflichtet ist (BeckOGK/Lindner Rn. 4; Erman/Horn Rn. 2; MüKoBGB/Helms Rn. 8; NK-BGB/Kroiß/Fleindl Rn. 2; Staudinger/Raff, 2020, Rn. 34; Muscheler ErbR Rn. 3253). Nach anderer Auffassung ist der **Ersitzungserwerb** des Erbschaftsbesitzers während des Laufs der Verjährungsfrist gegenüber dem Erben **relativ unwirksam** (Jauernig/Stürner Rn. 1; Soergel/Dieckmann Rn. 10; Brox/Walker ErbR § 33 Rn. 23; Kipp/Coing ErbR § 106 VII 2). Für diese – dem Gesetz eigentlich fremde – Konstruktion spricht, dass sie zu einem wirksamen Schutz des Erben und der Nachlassgläubiger in der Insolvenz des Erbschaftsbesitzers führt.

4 Gehört die Sache, die der (gutgläubige) Erbschaftsbesitzer als zur Erbschaft gehörend in Besitz hat, einem Dritten, so erwirbt nach Ablauf der Ersitzungsfrist zunächst der Erbschaftsbesitzer Eigentum an der Sache. Das ersessene Eigentum fällt analog § 2019 dem Erben zu (MüKoBGB/Helms Rn. 9; Staudinger/Raff, 2020, Rn. 32).

5 **2. Anrechnung der Ersitzungszeit.** Nach § 944 kommt die zugunsten des Erbschaftsbesitzers **verstrichene Ersitzungszeit** dem Erben zustatten, wenn dieser vor Ablauf der Ersitzungszeit die Sache, die der Erbschaftsbesitzer als zur Erbschaft gehörend in Besitz hatte, zurückerhalten hat. Für die Anrechnung kommt es nicht darauf an, ob der Erbschaftsbesitzer im Hinblick auf sein Erbrecht gutgläubig war, wenn er nur die Zugehörigkeit der Sache zum Nachlass in gutem Glauben angenommen hat (MüKoBGB/Helms Rn. 10; Staudinger/Raff, 2020, Rn. 42). Der Erbe kann die Ersitzung nur vollenden, wenn er ebenfalls bezüglich der Zugehörigkeit der Sache zum Nachlass gutgläubig ist und bleibt (§ 937 Abs. 2).

## § 2027 Auskunftspflicht des Erbschaftsbesitzers

**(1) Der Erbschaftsbesitzer ist verpflichtet, dem Erben über den Bestand der Erbschaft und über den Verbleib der Erbschaftsgegenstände Auskunft zu erteilen.**

**(2) Die gleiche Verpflichtung hat, wer, ohne Erbschaftsbesitzer zu sein, eine Sache aus dem Nachlass in Besitz nimmt, bevor der Erbe den Besitz tatsächlich ergriffen hat.**

## Überblick

Die in § 2027 geregelte Auskunftspflicht des Erbschaftsbesitzers soll dem Erben die Durchsetzung des Erbschaftsanspruchs erleichtern (→ Rn. 1). Der Auskunftsanspruch ist mit dem Erbschaftsanspruch vererbbar, er kann jedoch nicht selbstständig abgetreten werden (→ Rn. 3). Auskunftspflichtig ist nur der Erbschaftsbesitzer, die Auskunftspflicht ist passiv vererblich (→ Rn. 4). Der Erbschaftsbesitzer hat Auskunft über den gegenwärtigen Bestand der Erbschaft zu erteilen. Nach § 260 Abs. 1 geschieht dies durch Vorlage eines Bestandsverzeichnisses (→ Rn. 5). Besteht

Grund zu der Annahme, dass das Bestandsverzeichnis nicht mit der erforderlichen Sorgfalt erstellt wurde, kann der Auskunftsberechtigte nach § 260 Abs. 2 die Abgabe einer eidesstattlichen Versicherung verlangen (→ Rn. 7). Nach § 2027 Abs. 2 ist auskunftspflichtig wer, ohne Erbschaftsbesitzer zu sein, Sachen aus dem Nachlass in Besitz nimmt, bevor der Erbe den (unmittelbaren oder mittelbaren) Besitz tatsächlich ergriffen hat (→ Rn. 8). Für den Anspruch aus Abs. 1 gilt der besondere Gerichtsstand nach § 27 ZPO, nicht dagegen für den Anspruch nach Abs. 2 (→ Rn. 10).

## I. Normzweck

1 Die **Auskunftspflicht des Erbschaftsbesitzers** soll dem Erben die Durchsetzung des Erbschaftsanspruchs erleichtern und es ihm ermöglichen, die herauszugebenden Gegenstände im Klageantrag mit der nach § 253 Abs. 2 ZPO erforderlichen Bestimmtheit einzeln zu benennen. Der Erbschaftsbesitzer ist bereits nach § 2018 iVm § 260 verpflichtet, dem Erben ein Verzeichnis über den Bestand des Nachlasses vorzulegen und dieses ggf. durch eidesstattliche Versicherung zu bekräftigen. Nach § 2027 Abs. 1 muss er darüber hinaus Auskunft über den Bestand der Erbschaft und über den Verbleib der Nachlassgegenstände erteilen. Die gleiche Verpflichtung trifft (neben dem in § 2030 gleichgestellten Erbschaftserwerber) nach Abs. 2 denjenigen, der, ohne Erbschaftsbesitzer zu sein, Sachen aus dem Nachlass in Besitz nimmt, bevor der Erbe den Besitz tatsächlich ergriffen hat.

## II. Auskunftsberechtigter

2 Auskunftsberechtigt sind der **Erbe** und die übrigen **Gläubiger des Erbschaftsanspruchs** (→ § 2018 Rn. 8 f.). Ein Miterbe kann nur verlangen, dass die Auskunft allen Miterben gemeinsam erteilt wird (§ 2039 S. 1). Einem Miterben steht gegen den anderen ein Auskunftsanspruch zu, wenn dieser Erbschaftsbesitzer ist (→ § 2018 Rn. 14) oder wenn die Voraussetzungen des Abs. 2 vorliegen.

3 Der **Auskunftsanspruch** ist mit dem Erbschaftsanspruch (aktiv) **vererbbar,** er kann jedoch nicht selbstständig abgetreten werden (OLG Karlsruhe FamRZ 1967, 691). Der Erblasser kann die Auskunftspflicht nicht im Vorhinein erlassen (OLG Bremen OLGR 2002, 187; RGRK-BGB/Kregel Rn. 2), wohl aber auf den Anspruch verzichten.

## III. Inhalt und Umfang der Auskunftspflicht des Erbschaftsbesitzers

4 **1. Anspruchsverpflichteter. Auskunftspflichtig** nach § 2027 Abs. 1 ist nur der **Erbschaftsbesitzer** iSd § 2018 (→ § 2018 Rn. 10 ff.). Streitig ist, ob die Auskunftspflicht auf dessen Erben übergeht (abl. OLG Celle HRR 1935, 680; Schöne, Auskunftsansprüche im Erbrecht, 1983, 83). Dies ist im Hinblick auf das besondere Interesse des Erben, die zur Verfügung stehenden Informationsquellen auszuschöpfen zu bejahen (BGH NJW 1985, 3068; OLG Nürnberg OLGZ 1981, 115 (116); BeckOGK/Lindner Rn. 8; jurisPK-BGB/Ehm Rn. 5; Staudinger/Raff, 2020, Rn. 56). Den hiergegen erhobenen Bedenken kann man dadurch Rechnung tragen, dass man die Verpflichtung beschränkt. Der Erbe des ursprünglichen Auskunftspflichtigen muss nur die ihm mit dem Nachlass zugefallenen Informationsquellen auswerten; weitergehende Nachforschungen sind ihm nicht zuzumuten (Staudinger/Raff, 2020, Rn. 56).

5 **2. Inhalt der Auskunftspflicht.** Der Erbschaftsbesitzer hat Auskunft über den gegenwärtigen (vgl. OLG Hamm ErbR 2015, 48) **Bestand der Erbschaft** zu erteilen. Nach § 260 Abs. 1 geschieht dies durch Vorlage eines Bestandsverzeichnisses. Das Verzeichnis muss eine übersichtliche Gesamtdarstellung enthalten und den gegenwärtigen Aktivbestand des Nachlasses einschließlich der Surrogate (§ 2019) und Früchte (§ 2020) wiedergeben. Globalangaben („Möbel, Geschirr") reichen nicht aus (OLG Koblenz ZEV 2005, 61). Die Auskunftspflicht erstreckt sich auch auf **Nachlassforderungen,** gleichgültig, ob sie von vornherein oder auf Grund Surrogation zum Nachlass gehören, sowie auf Gegenstände, die der Erbschaftsbesitzer als Voraus (§ 1932) oder als Vorausvermächtnis (§ 2150) erhalten hat. Das Verzeichnis muss keine Angaben über Nachlassverbindlichkeiten und über den Wert der Nachlassgegenstände enthalten. Auskunft muss ebenfalls über den **Verbleib von Erbschaftsgegenständen,** die nicht mehr vorhanden oder unauffindbar sind, erteilt werden. Auch insoweit ist eine schriftliche Aufstellung vorzulegen. Im Ergebnis kann die Auskunftspflicht des Erbschaftsbesitzers zu einer Rechenschaftslegung über die Verwaltung des

Nachlasses führen (Erman/Horn Rn. 4; Grüneberg/Weidlich Rn. 2; Schöne, Auskunftsansprüche im Erbrecht, 1983, 85).

6 Darüber, ob die nach Verurteilung erteilte Auskunft genügt, ist auf Antrag des Gläubigers im Zwangsvollstreckungsverfahren nach § 888 ZPO oder im Rahmen einer Vollstreckungsabwehrklage nach § 767 ZPO zu entscheiden. Hat der Erbschaftsbesitzer eine den formellen Anforderungen genügende Auskunft erteilt (OLG Koblenz ZEV 2005, 61; OLG Düsseldorf OLGR 1991, 12), kann der Auskunftsberechtigte grds. **keine Ergänzung erzwingen** (zu Ausnahmen RGZ 84, 41 (44); BGH LM § 260 Nr. 1 und OLG Bremen OLGR 2002, 187).

7 Besteht Grund zu der Annahme, dass das Bestandsverzeichnis nicht mit der erforderlichen Sorgfalt erstellt wurde, kann der Auskunftsberechtigte nach § 260 Abs. 2 die **Abgabe einer eidesstattlichen Versicherung** verlangen. Das Urteil auf Abgabe der eidesstattlichen Versicherung wird nach § 889 ZPO vollstreckt. Der Erbschaftsbesitzer kann die eidesstattliche Versicherung bis zu seiner Verurteilung auch freiwillig vor dem Amtsgericht seines Wohnsitzes im Verfahren der freiwilligen Gerichtsbarkeit (§ 410 Nr. 1 FamFG) abgeben. Das Gericht der freiwilligen Gerichtsbarkeit hat nicht zu prüfen, ob Grund zur Annahme einer unsorgfältigen Auskunft besteht (KG KGJ 45, 112), es muss jedoch feststellen, ob der Erbe die eidesstattliche Versicherung verlangt hat oder jedenfalls mit ihr einverstanden ist (BayObLGZ 1953, 135 (137)).

## IV. Auskunftspflicht sonstiger Besitzer von Nachlassgegenständen

8 Nach § 2027 Abs. 2 ist auskunftspflichtig der Besitzer, der, ohne Erbschaftsbesitzer zu sein, Sachen aus dem Nachlass in Besitz nimmt, bevor der Erbe den (unmittelbaren oder mittelbaren) Besitz tatsächlich ergriffen hat. Nicht auskunftspflichtig ist dagegen, wer vor dem Tod des Erblassers schon Besitz erlangt hat oder wer nach dem Tod des Erblassers eine Sache in Besitz nimmt, die der Erblasser einem Dritten überlassen hatte. Entscheidendes Kriterium ist das Entfernen der Sache aus dem Nachlass (BeckOGK/Lindner Rn. 10). Die Auskunftspflicht setzt nicht voraus, dass der Besitzer bei seinem Eingriff in den Nachlass Kenntnis vom Erbfall hatte (MüKoBGB/Helms Rn. 10; aA Planck/Flad Anm. 2a). Die Auskunftspflicht entsteht unabhängig vom Grund für den Eingriff in den Nachlass. Unerheblich ist demnach, ob die Inbesitznahme eigennützig oder zum Schutz des Nachlasses, gutgläubig oder bösgläubig erfolgte. Wer kraft Amtes (als Testamentsvollstrecker, Nachlassinsolvenz- oder Nachlassverwalter, Nachlasspfleger) den Nachlass in Besitz nimmt, fällt nicht unter § 2027 Abs. 2; dieser Personenkreis ist nach Sondervorschriften rechenschaftspflichtig.

## V. Verjährung und Verwirkung

9 Für die **Verjährung** der Ansprüche gilt § 197 Abs. 1 Nr. 1 (30 Jahre), weil diese der Durchsetzung des Herausgabeanspruchs aus § 2018 dienen (Staudinger/Raff, 2020, Rn. 64). Ein auf Auskunft und Rechenschaftslegung in Anspruch genommener Miterbe kann sich auf **Verwirkung** berufen, wenn der Erbfall viele Jahre zurückliegt und der klagende Miterbe während dieses Zeitraums keine auf die Auseinandersetzung zielende Maßnahmen eingeleitet hat (OLG Koblenz MDR 2014, 164).

## VI. Prozessuale Fragen

10 Die Auskunftsklage kann mit der Klage auf Herausgabe verbunden werden (Stufenklage, § 254 ZPO). Die isolierte Auskunftsklage bewirkt nicht die Rechtshängigkeit des Erbschaftsanspruchs; sie hat auch keine verjährungshemmende Wirkung. Für den Anspruch aus Abs. 1 gilt der besondere **Gerichtsstand nach § 27 ZPO,** nicht dagegen für den Anspruch nach Abs. 2 (MüKoBGB/Helms Rn. 14; Stein/Jonas/Roth ZPO § 27 Rn. 13; aA OLG Nürnberg OLGZ 1981, 115; Erman/Horn Rn. 9; Staudinger/Raff, 2020, Rn. 69; Prütting/Gehrlein/Bey ZPO § 27 Rn. 4).

### § 2028 Auskunftspflicht des Hausgenossen

**(1) Wer sich zur Zeit des Erbfalls mit dem Erblasser in häuslicher Gemeinschaft befunden hat, ist verpflichtet, dem Erben auf Verlangen Auskunft darüber zu erteilen, welche erbschaftlichen Geschäfte er geführt hat und was ihm über den Verbleib der Erbschaftsgegenstände bekannt ist.**

**(2) Besteht Grund zu der Annahme, dass die Auskunft nicht mit der erforderlichen Sorgfalt erteilt worden ist, so hat der Verpflichtete auf Verlangen des Erben zu Protokoll**

**an Eides statt zu versichern, dass er seine Angaben nach bestem Wissen so vollständig gemacht habe, als er dazu imstande sei.**

**(3) Die Vorschriften des § 259 Abs. 3 und des § 261 finden Anwendung.**

### Überblick

Die Vorschrift erstreckt die Auskunftspflicht des § 2027 auf die mit dem Erblasser in häuslicher Gemeinschaft lebenden Personen. Der Begriff der häuslichen Gemeinschaft ist im Hinblick auf den Zweck der Vorschrift weit auszulegen (→ Rn. 3). Der Hausgenosse muss auf Verlangen des Erben Auskunft über die von ihm geführten erbschaftlichen Geschäfte und darüber geben, was ihm über den Verbleib von Nachlassgegenständen bekannt ist (→ Rn. 4). Die Abgabe einer eidesstattlichen Versicherung nach § 2028 Abs. 2 kann verlangt werden, wenn Grund zu der Annahme besteht, dass die Auskunft nicht mit der erforderlichen Sorgfalt erteilt wurde (→ Rn. 6). Zum Gerichtsstand → Rn. 8.

## I. Normzweck

Die Regelung trägt dem Umstand Rechnung, dass die mit dem Erblasser in häuslicher Gemein- 1
schaft lebenden Personen häufig Kenntnis vom Verbleib einzelner Nachlassgegenstände haben. Der **Auskunftsanspruch gegen** die **Hausgenossen** des Erblassers soll dem Erben helfen, einen Überblick über den Nachlass zu gewinnen.

## II. Auskunftsberechtigte und -verpflichtete

Auskunftsberechtigt sind neben dem Erben die zur Verwaltung des Nachlasses berechtigten 2
sowie die weiteren in → § 2027 Rn. 2 genannten Personen.

Auskunftspflichtig ist, wer sich zum Zeitpunkt des Erbfalls mit dem Erblasser in häuslicher 3
Gemeinschaft befunden hat. Der Begriff der **häuslichen Gemeinschaft** ist im Hinblick auf den Zweck der Vorschrift **weit auszulegen** (BGH LM Nr. 1; MüKoBGB/Helms Rn. 3). Er setzt weder Zugehörigkeit zum Hausstand noch Familienangehörigkeit voraus. Auskunftspflichtig ist derjenige, der zurzeit des Erbfalls auf Grund seiner räumlichen und persönlichen Beziehung zum Erblasser Gelegenheit hatte, sich Kenntnis vom Verbleib der Erbschaftsgegenstände zu verschaffen und selbst auf den Nachlass einzuwirken (RGZ 80, 285 (286); LG Wiesbaden FamRZ 2015, 1231; BeckOGK/Lindner Rn. 4; Staudinger/Raff, 2020, Rn. 8).

## III. Inhalt der Auskunftspflicht

Der Hausgenosse muss auf Verlangen des Erben Auskunft über die von ihm geführten **erb-** 4
**schaftlichen Geschäfte** (insoweit besteht schon eine Auskunftspflicht nach §§ 681, 666, § 259 Abs. 1, § 260 Abs. 1; Erman/Horn Rn. 3; Soergel/Dieckmann Rn. 8) und darüber geben, was ihm über den Verbleib von Nachlassgegenständen (auch Forderungen) bekannt ist. Dagegen muss er weder Auskunft über den Bestand des Nachlasses erteilen noch ein Bestandsverzeichnis nach § 260 Abs. 1 vorlegen. Hinsichtlich der Führung erbschaftlicher Geschäfte geht die Auskunftspflicht allerdings teilweise über die nach § 2027 hinaus. Auskunft über erbschaftliche Geschäfte kann nach § 2028 auch dann verlangt werden, wenn der Pflichtige bereits Auskunft nach § 2027 erteilt hat (OLG Braunschweig OLGRspr. 26, 296 f.; MüKoBGB/Helms Rn. 5; Staudinger/Raff, 2020, Rn. 28; Schöne, Auskunftsansprüche im Erbrecht 1983, 94 f.; aA KG OLGRspr. 20, 427).

Die Verpflichtung zur Auskunft über den **Verbleib von Erbschaftsgegenständen** erstreckt 5
sich auch auf Gegenstände, die bereits vor dem Tod des Erblassers weggeschafft wurden (RGZ 81, 293 (296)), nicht dagegen auf solche, die schon zu Lebzeiten des Erblassers auch rechtlich aus dessen Vermögen ausgeschieden sind. Zur Nachforschung ist der Hausgenosse nicht verpflichtet (Staudinger/Raff, 2020, Rn. 25). Die Auskunftspflicht setzt nicht voraus, dass der Erbe bestimmte vermisste Nachlassgegenstände benennt (BGH DB 1964, 1443).

## IV. Eidesstattliche Versicherung

Die **eidesstattliche Versicherung** nach § 2028 Abs. 2 bezieht sich nur auf die Vollständigkeit 6
der in der Auskunft gemachten Angaben und nicht auf die Vollständigkeit des Bestandes. Die Abgabe einer eidesstattlichen Versicherung kann erst verlangt werden, wenn eine Auskunft vorliegt und außerdem Grund zu der Annahme besteht, dass die Auskunft nicht mit der erforderlichen

Sorgfalt erteilt wurde. Der Erbe muss Gründe darlegen, aus denen hervorgeht, dass die Auskunft nicht nur objektiv, sondern „wegen mangelnder Sorgfalt" unvollständig oder unrichtig ist (BGH DB 1964, 1443). Die objektive Unrichtigkeit ist indes regelmäßig ein Indiz für mangelnde Sorgfalt (MüKoBGB/Helms Rn. 7). Der Auskunftspflichtige kann die eidesstattliche Versicherung vor dem Gericht der freiwilligen Gerichtsbarkeit abgeben (§ 410 Nr. 1 FamFG).

7 Nach **§ 2028 Abs. 3, § 259 Abs. 3** entfällt die Verpflichtung zur Abgabe einer eidesstattlichen Versicherung in Angelegenheiten von geringer Bedeutung. Entscheidend ist hier die Geringfügigkeit des Nachlasses. Ein Miterbe kann die nach § 2028 geschuldete Auskunft über einen Nachlassgegenstand nicht mit der Begründung verweigern, der Gegenstand sei wertlos (OLG Köln MDR 1961, 147).

## V. Gerichtsstand

8 Für Ansprüche aus § 2028 gilt der Gerichtsstand der Erbschaft (§ 27 ZPO) nicht (BeckOGK/Lindner Rn. 15; MüKoBGB/Helms Rn. 11; aA Prütting/Gehrlein/Bey ZPO § 27 Rn. 4; Zöller/Schultzky ZPO § 27 Rn. 5).

# § 2029 Haftung bei Einzelansprüchen des Erben

**Die Haftung des Erbschaftsbesitzers bestimmt sich auch gegenüber den Ansprüchen, die dem Erben in Ansehung der einzelnen Erbschaftsgegenstände zustehen, nach den Vorschriften über den Erbschaftsanspruch.**

## Überblick

Nach § 2029 richtet sich bei einer Konkurrenz von Erbschaftsanspruch und Einzelansprüchen die Haftung des Erbschaftsbesitzers stets nach den Vorschriften über den Erbschaftsanspruch (→ Rn. 1). Auf die Einzelansprüche sind alle Vorschriften der §§ 2018 ff. anzuwenden, die Art und Umfang der Leistungspflicht des Erbschaftsbesitzers regeln (→ Rn. 3). Zu den Einzelansprüchen, auf die die Vorschriften über den Erbschaftsanspruch anwendbar sind, gehören auch die Besitzschutzansprüche aus §§ 861, 862 (→ Rn. 4).

## I. Normzweck

1 Mit dem Erbschaftsanspruch konkurrieren häufig Einzelansprüche auf Herausgabe der Nachlassgegenstände oder der Bereicherung sowie auf Schadensersatz (→ § 2018 Rn. 2). Nach § 2029 richtet sich bei einer **Konkurrenz** von **Erbschaftsanspruch** und **Einzelansprüchen** die Haftung des Erbschaftsbesitzers stets nach den Vorschriften über den Erbschaftsanspruch. Dabei geht es insbes. um den Verwendungsersatzanspruch des gutgläubigen Erbschaftsbesitzers (§ 2022). Auf der anderen Seite muss der Erbschaftsbesitzer auch die Vorschriften gegen sich gelten lassen, die ihn gegenüber der Regelung des Einzelanspruchs schlechter stellen (MüKoBGB/Helms Rn. 1; Soergel/Dieckmann Rn. 3; aA Staudinger/Raff, 2020, Rn. 3; Gursky FS v. Lübtow, 1991, 211 (217)); so muss er etwa abweichend von § 993 alle Nutzungen herausgeben (§ 2020).

## II. Anwendung der Vorschriften über den Erbschaftsanspruch

2 **1. Anwendung von Amts wegen.** Die mit dem Erbschaftsanspruch in Konkurrenz (näher Staudinger/Raff, 2020, Rn. 16 f.) stehenden Einzelansprüche werden ipso iure dahin modifiziert, dass sich die Haftung des Erbschaftsbesitzers nach den Vorschriften über den Erbschaftsanspruch richtet. Das Gericht muss daher die Vorschriften über den Erbschaftsanspruch **von Amts wegen** anwenden, wenn unstreitig (oder erwiesen) ist, dass der Beklagte nach §§ 2018 ff. haftet. Allerdings muss sich aus dem Vortrag der Parteien – ggf. nach gerichtlichem Hinweis (§ 139 Abs. 2 ZPO) – ergeben, dass der Beklagte Erbschaftsbesitzer ist. Der im Zivilprozess geltende Verhandlungsgrundsatz verhindert insoweit eine Ermittlung von Amts wegen (RGRK-BGB/Kregel Rn. 2; Staudinger/Raff, 2020, Rn. 13).

3 **2. Anzuwendende Vorschriften.** Auf die Einzelansprüche sind alle Vorschriften der **§§ 2018 ff.** anzuwenden, die Art und Umfang der Leistungspflicht des Erbschaftsbesitzers regeln. Heranzuziehen sind die Vorschriften über die Herausgabe der Surrogate (§ 2019) und der Nutzun-

gen (§ 2020) sowie der Bereicherung (§ 2021), ferner § 2022. Der gutgläubige Erbschaftsbesitzer kann demnach gegenüber dem Herausgabeanspruch nach § 985 oder § 1007 ein Zurückbehaltungsrecht wegen aller Verwendungen geltend machen, die er auf die herausverlangte oder eine andere Sache oder auf die Erbschaft im Ganzen gemacht hat. Anwendbar sind ferner die Vorschriften über die Wirkungen der Rechtshängigkeit (§ 2023) und der Bösgläubigkeit (§ 2024). Der bösgläubige Erbschaftsbesitzer haftet abweichend von § 819 also schon dann verschärft, wenn er bei Begründung des Erbschaftsbesitzes infolge grober Fahrlässigkeit nicht weiß, dass er nicht Erbe ist (§ 2024 S. 1). Schließlich findet auch der die Verjährung und den Ausschluss des Ersitzungseinwands regelnde § 2026 auf Einzelansprüche Anwendung (Staudinger/Raff, 2020, Rn. 20).

**3. Die Behandlung von Besitzschutzansprüchen.** Zu den Einzelansprüchen, auf die nach § 2029 die Vorschriften über den Erbschaftsanspruch anwendbar sind, gehören auch die **Besitzschutzansprüche** aus §§ 861, 862 (allgM). Der Erbschaftsbesitzer, der gutgläubig ist und die Erbschaftssache vor der tatsächlichen Besitzergreifung durch den Erben in Besitz genommen hat, kann deshalb trotz § 863 ein Zurückbehaltungsrecht wegen seiner Verwendungen nach §§ 2022, 1000 geltend machen (MüKoBGB/Helms Rn. 4). Ohne die Anwendung des § 2029 auf die wegen § 857 meist gegebenen Besitzschutzansprüche würde der Zweck des Gesetzes vereitelt (MüKoBGB/Helms Rn. 4; NK-BGB/Kroiß/Fleindl Rn. 4). Auf § 2029 kann sich jedoch der bösgläubige Erbschaftsbesitzer oder derjenige Erbschaftsbesitzer nicht berufen, der schuldhaft die vom Erben bereits begründete tatsächliche Sachherrschaft gebrochen hat (Erman/Horn Rn. 2; NK-BGB/Kroiß/Fleindl Rn. 4). Eine weitergehende Ansicht will ein Zurückbehaltungsrecht nur ausschließen, wenn der Erbschaftsbesitzer die herauszugebende Sache durch eine vorsätzliche unerlaubte Handlung erlangt hat (Burandt/Rojahn/Gierl Rn. 5; MüKoBGB/Helms Rn. 4; Staudinger/Raff, 2020, Rn. 28). 4

Dem Erwerber einer einzelnen Nachlasssache kommt § 2029 nicht zugute, weil er selbst nicht Erbschaftsbesitzer ist. Ein Ersatzanspruch steht ihm daher nach § 999 Abs. 1 nur wegen Verwendungen zu, die er auf die herausverlangte Sache gemacht hat (Soergel/Dieckmann Rn. 7; Staudinger/Raff, 2020, Rn. 35). 5

## III. Gerichtsstand

Für die Einzelansprüche des Erben gegen den Erbschaftsbesitzer gilt der besondere Gerichtsstand der Erbschaft (§ 27 ZPO) nicht (OLG Nürnberg OLGZ 1981, 115; Stein/Jonas/Roth ZPO § 27 Rn. 13). § 2029 erklärt nur die materiell-rechtlichen Regelungen für anwendbar. Macht der Kläger jedoch vor dem Gerichtsstand der Erbschaft vorrangig einen Erbschaftsanspruch geltend, ist das Gericht auch verpflichtet, die erhobenen Ansprüche unter dem rechtlichen Aspekt des Einzelanspruchs zu prüfen (BeckOGK/Lindner Rn. 14; NK-BGB/Kroiß/Fleindl Vor § 2018 Rn. 18). 6

# § 2030 Rechtsstellung des Erbschaftserwerbers

**Wer die Erbschaft durch Vertrag von einem Erbschaftsbesitzer erwirbt, steht im Verhältnis zu dem Erben einem Erbschaftsbesitzer gleich.**

## Überblick

Die ungenau formulierte Vorschrift erstreckt den Erbschaftsanspruch auf den Erbschaftserwerber (→ Rn. 1). § 2030 bezieht sich auf den Fall, dass der Dritte auf Grund eines auf die Veräußerung des gesamten Nachlasses gerichteten Verpflichtungsgeschäfts mit dem Erbschaftsbesitzer von diesem Nachlassgegenstände erlangt hat (→ Rn. 2). Aus der Gleichstellung des Erbschaftserwerbers mit dem Erbschaftsbesitzer folgt, dass ein gutgläubiger Erwerb der Erbschaftsgegenstände durch den Erwerber ausgeschlossen ist (→ Rn. 4). Zum Inhalt der Verweisung → Rn. 5. Beim Zusammentreffen des Erbschaftsanspruchs gegen den Erwerber (→ Rn. 7) mit dem gegen den Veräußerer (Erbschaftsbesitzer → Rn. 8), hat der Erbe die Wahl, gegen wen er vorgeht (→ Rn. 6).

## I. Normzweck

Die Vorschrift erstreckt den Erbschaftsanspruch auf den Erbschaftserwerber. Der Erbe soll auch dann, wenn der Erbschaftsbesitzer auf Grund eines Erbschaftskaufs (§ 2371) oder eines ähnlichen 1

Vertrages (§ 2385) die Erbschaftsgegenstände auf einen Dritten überträgt, von diesem die Erbschaft als Ganzes herausverlangen können, ohne auf Einzelklagen angewiesen zu sein.

## II. Gleichstellung des Erbschaftserwerbers mit dem Erbschaftsbesitzer

2 Der Wortlaut der Vorschrift ist ungenau. Im Unterschied zum Erbteil (§ 2033) kann die Erbschaft nicht als Ganzes durch ein einheitliches Rechtsgeschäft erworben werden: Möglich ist nur der Erwerb der einzelnen Erbschaftsgegenstände nach den für ihre Übertragung geltenden Vorschriften. § 2030 bezieht sich daher auf den Fall, dass der Dritte auf Grund eines auf die **Veräußerung des gesamten Nachlasses** gerichteten Verpflichtungsgeschäfts mit dem Erbschaftsbesitzer von diesem Nachlassgegenstände erlangt hat. Ferner fällt unter § 2030 derjenige, dem der Erbschaftsbesitzer seinen angeblichen **Erbteil überträgt** (§ 2033), vorausgesetzt, der Erwerber erhält etwas aus der Erbschaft (MüKoBGB/Helms Rn. 2; Staudinger/Raff, 2020, Rn. 4).

3 Die Vorschrift findet **keine Anwendung,** wenn Nachlassgegenstände als Einzelsachen oder Nachlassgegenstände in „Bausch und Bogen", aber ohne die ganze Erbschaft als solche zu betreffen, verkauft werden (Erman/Horn Rn. 1). § 2030 setzt nach dem Zweck der Vorschrift kein formgültiges Verpflichtungsgeschäft voraus (MüKoBGB/Helms Rn. 4; Soergel/Dieckmann Rn. 3). Die Vorschrift ist analog anwendbar, wenn der Erwerber die Erbschaftsgegenstände auf Grund eines Vermächtnisses in einer letztwilligen Verfügung des Erbschaftsbesitzers erlangt hat (BeckOGK/Lindner Rn. 4; Staudinger/Raff, 2020, Rn. 33).

## III. Rechtsfolgen

4 **1. Ausschluss des gutgläubigen Erwerbs.** Aus der Gleichstellung des Erbschaftserwerbers mit dem Erbschaftsbesitzer folgt, dass ein **gutgläubiger Erwerb** der Erbschaftsgegenstände durch den Erwerber nach §§ 892 f., 932 ff., 2366 f. **ausgeschlossen** ist. Wer dagegen nur einzelne Sachen vom Erbschaftsbesitzer erwirbt, wird nach den Regeln des Sachenrechts (§§ 932 ff., § 892) und Erbrechts (§ 2366) geschützt.

5 **2. Anwendbare Vorschriften.** Der Erbe kann von dem Erbschaftserwerber das Erlangte (§ 2018), die Surrogate (§ 2019), die Nutzungen (§ 2020) und die Bereicherung (§ 2021) herausverlangen. Wenn in der Person des Erbschaftserwerbers die Voraussetzungen für eine Haftungsverschärfung gegeben sind, treffen ihn auch die Folgen aus §§ 2024, 2025. Der Erbschaftserwerber kann seine eigenen und (in entsprechender Anwendung des § 999) die vom Erbschaftsbesitzer gemachten Verwendungen ersetzt verlangen (BeckOGK/Lindner Rn. 8; Staudinger/Raff, 2020, Rn. 14; aA AK-BGB/Wendt Rn. 26 ff.). Der für den Erwerb der Erbschaft gezahlte Kaufpreis zählt nicht zu den Verwendungen (Prot. V 723 f.; Staudinger/Raff, 2020, Rn. 15). Für die Verjährung gelten § 197 Abs. 1 Nr. 1, § 200.

## IV. Zusammentreffen des Anspruchs gegen Erbschaftsbesitzer mit dem gegen Erbschaftserwerber

6 **1. Wahlrecht des Erben.** Hat der Erbschaftsbesitzer den Nachlass gegen Entgelt veräußert, so stehen dem Erben nicht nur der Anspruch aus § 2030 gegen den Erwerber, sondern auch Ansprüche aus § 2019 auf den Kaufpreis als Surrogat und – bei verschärfter Haftung nach §§ 2023 ff. – auf Schadensersatz gegen den Veräußerer (Erbschaftsbesitzer) zu. Einigkeit besteht darüber, dass der Erbe, wenn er den Nachlass zurückerhält, nicht auch noch den Erlös verlangen kann und umgekehrt (Soergel/Dieckmann Rn. 7; Staudinger/Raff, 2020, Rn. 21), → § 2019 Rn. 8 (der Streitstand ist im Wesentlichen der gleiche wie bei der Veräußerung einzelner Nachlassgegenstände). Der Erbe hat die Wahl zwischen diesen Ansprüchen, ohne dass freilich ein Gesamtschuldverhältnis vorliegt.

7 **2. Inanspruchnahme des Erbschaftsbesitzers.** Der Erbe kann von dem **Erbschaftsbesitzer** nach §§ 2018, 2019 Herausgabe des Kaufpreises nur **Zug um Zug** gegen die **Genehmigung** der Verfügungen verlangen, die der Erbschaftsbesitzer über die Nachlassgegenstände getroffen hat (Erman/Horn Rn. 4; MüKoBGB/Helms Rn. 8). Nimmt der Erbe den Erbschaftsbesitzer, der nur noch einen Teil des Kaufpreises herausgeben kann, insoweit in Anspruch, ist er nur verpflichtet, die Verfügungen über bestimmte Nachlassgegenstände zu genehmigen, die ihrem Gesamtwert nach ein Äquivalent für den herausverlangten Teil des Kaufpreises darstellen (Staudinger/Raff, 2020, Rn. 27). Soweit der Erbe nicht genehmigt, kann er vom **Erbschaftserwerber** Herausgabe

der durch die unwirksamen Verfügungen des Erbschaftsbesitzers erlangten Gegenstände verlangen (§§ 2018, 2030). Dem Erbschaftserwerber steht in diesem Fall ein Anspruch aus Rechtsmängelhaftung gegen den Erbschaftsbesitzer zu (§§ 2376, 437). Verlangt der Erbe von dem verschärft haftenden Erbschaftsbesitzer sofort Schadensersatz (§§ 2023 ff.), so muss er diesem nach § 255 Zug um Zug gegen die Schadensersatzleistung seine Ansprüche gegen den Erbschaftserwerber abtreten.

**3. Inanspruchnahme des Erbschaftserwerbers.** Erhält der Erbe von dem nach §§ 2018, 8
2030 auf Herausgabe in Anspruch genommenen Erbschaftserwerber alle von diesem erlangten Nachlassgegenstände zurück, so entfällt der Anspruch aus §§ 2018, 2019 gegen den Erbschaftsbesitzer auf Herausgabe des Kaufpreises (Erman/Horn Rn. 4; MüKoBGB/Helms Rn. 11). Gegen den Erbschaftsbesitzer bleibt unter den Voraussetzungen der verschärften Haftung noch der Anspruch aus § 2023 auf Schadensersatz bei Verschlechterung der Gegenstände. Erhält der Erbe dagegen vom Erbschaftserwerber nicht alle von diesem erlangten Erbschaftsgegenstände zurück, so kann er vom Erbschaftsbesitzer nach §§ 2018, 2019 den Teil des Kaufpreises herausverlangen, der das Äquivalent für die nicht wiedererlangten Gegenstände darstellt (jurisPK-BGB/Ehm Rn. 9; MüKoBGB/Helms Rn. 13; Soergel/Dieckmann Rn. 9; aA BeckOGK/Lindner Rn. 10; Staudinger/Raff, 2020, Rn. 28). Haftet der Erbschaftsbesitzer verschärft, kann der Erbe ferner wegen der nicht zurückerhaltenen Gegenstände einen Schadensersatzanspruch nach §§ 2023 ff. geltend machen.

**4. Verwendungsersatz.** Soweit der Erbe gleichzeitig vom Erbschaftsbesitzer Herausgabe der 9
diesem verbliebenen und vom Erbschaftserwerber Herausgabe der von diesem erlangten Erbschaftsgegenstände verlangt, bereitet die Frage des Verwendungsersatzes Probleme. Ein Übergang der Verwendungsersatzansprüche des Erbschaftsbesitzers auf den Erwerber analog § 999 Abs. 1 (so MüKoBGB/Helms Rn. 6) würde ersteren schutzlos stellen. Deshalb wird ein Übergang erst bejaht, wenn der Erbschaftsanspruch gegen den Veräußerer vollständig erloschen ist (BeckOGK/Lindner Rn. 13; Staudinger/Raff, 2020, Rn. 32). Teilweise wird für die Verwendungsersatzansprüche auch Gesamtgläubigerschaft von Erbschaftsbesitzer und -erwerber angenommen (Soergel/Dieckmann Rn. 12).

## V. Gerichtsstand

Für den Anspruch gegen den Erbschaftserwerber aus § 2030 gilt der besondere **Gerichtsstand** 10
**der Erbschaft** (§ 27 ZPO) (Stein/Jonas/Roth ZPO § 27 Rn. 12).

## § 2031 Herausgabeanspruch des für tot Erklärten

**(1) [1]Überlebt eine Person, die für tot erklärt oder deren Todeszeit nach den Vorschriften des Verschollenheitsgesetzes festgestellt ist, den Zeitpunkt, der als Zeitpunkt ihres Todes gilt, so kann sie die Herausgabe ihres Vermögens nach den für den Erbschaftsanspruch geltenden Vorschriften verlangen. [2]Solange sie noch lebt, wird die Verjährung ihres Anspruchs nicht vor dem Ablauf eines Jahres nach dem Zeitpunkt vollendet, in welchem sie von der Todeserklärung oder der Feststellung der Todeszeit Kenntnis erlangt.**

**(2) Das Gleiche gilt, wenn der Tod einer Person ohne Todeserklärung oder Feststellung der Todeszeit mit Unrecht angenommen worden ist.**

### Überblick

Die Vorschrift verschafft dem scheinbar Toten einen dem Erbschaftsanspruch entsprechenden Gesamtanspruch auf Herausgabe seines Vermögens gegen diejenigen, die es als vermeintliche oder angebliche Erben in Besitz genommen haben (→ Rn. 1). Anspruchsgegner ist, wer auf Grund des zu Unrecht angenommenen Todes des Anspruchsberechtigten als dessen vermeintlicher oder angeblicher Erbe etwas aus dem Vermögen erlangt hat (→ Rn. 3). Sonderregelungen gelten für die Verjährung (→ Rn. 5).

## I. Normzweck

Die Vorschrift verschafft dem scheinbar Toten einen dem Erbschaftsanspruch entsprechenden 1
Gesamtanspruch auf Herausgabe seines Vermögens gegen diejenigen, die es als vermeintliche oder

angebliche Erben in Besitz genommen haben. Der scheinbar Verstorbene, dessen Vermögen in die Hände der vermeintlichen Erben gelangt ist, befindet sich in einer ähnlichen Lage wie der wahre Erbe, der die Erbschaft vom Erbschaftsbesitzer herausverlangen muss. Die praktische Bedeutung der Vorschrift ist äußerst gering.

## II. Anspruchsberechtigter

2 **Anspruchsberechtigt** ist nach Abs. 1 derjenige, der für tot erklärt oder dessen Tod für sicher gehalten und dessen Todeszeit nach §§ 39 ff. VerschG festgestellt ist, der aber den Zeitpunkt überlebt hat, der als Zeitpunkt seines Todes gilt. Nach Abs. 2 ist auch derjenige anspruchsberechtigt, dessen Tod ohne Todeserklärung oder Feststellung der Todeszeit zu Unrecht angenommen wurde, etwa auf Grund einer unrichtigen Sterbeurkunde. Unerheblich ist, ob der als Erbe Auftretende auch dem Irrtum unterlag, oder ob er wusste, dass der Totgeglaubte noch am Leben war. Erforderlich ist nur, dass die irrtümliche Annahme des Erbfalls es dem angeblichen Erben ermöglicht oder zumindest erleichtert hat, „Nachlassgegenstände" an sich zu bringen (Staudinger/Raff, 2020, Rn. 3).

## III. Anspruchsgegner

3 **Anspruchsgegner** ist, wer auf Grund des zu Unrecht angenommenen Todes des Anspruchsberechtigten als dessen vermeintlicher oder angeblicher Erbe etwas aus dem Vermögen des scheinbar Verstorbenen erlangt hat. Der Anspruch richtet sich auch gegen den Rechtsnachfolger iSd § 2030 des vermeintlichen oder angeblichen Erben. Die Vorschrift wird von der hM auch für den Fall angewandt, dass jemand sich für den Verschollenen ausgegeben und so dessen Vermögen in seinen Besitz gebracht hat (BeckOGK/Lindner § 2031 Rn. 5; Erman/Horn Rn. 1; Staudinger/Raff, 2020, Rn. 9).

## IV. Anwendbare Vorschriften

4 Die Verweisung schließt die **analoge Anwendung** aller **Vorschriften** über den **Erbschaftsanspruch** ein. Auch § 2026 ist entspr. anwendbar, sodass sich der Anspruchsgegner nicht vor Ablauf der Verjährungsfrist auf Ersitzung berufen kann.

## V. Verjährung

5 Um zu verhindern, dass dem Totgeglaubten, der sein Vermögen herausverlangt, die Einrede der Verjährung entgegengesetzt wird, ehe er von der Todeserklärung oder der fälschlichen Annahme seines Todes Kenntnis erlangt hat, beschränkt Abs. 1 S. 2 die Verjährung zugunsten des Anspruchsinhabers. Solange der für tot Erklärte oder sonst für tot Gehaltene lebt, endet die (weiterhin 30-jährige, § 197 Abs. 1 Nr. 1) Verjährungsfrist nicht vor Ablauf eines Jahres, nachdem er **Kenntnis** von der **Todeserklärung** oder der unrichtigen Annahme seines Todes erlangt hat. Den Zeitpunkt der Kenntniserlangung muss der Anspruchsgegner beweisen.

## VI. Schutz gutgläubiger Dritter

6 Gutgläubige Dritte, die von dem vermeintlichen Erben desjenigen, der für tot erklärt wurde, durch Rechtsgeschäft einen Vermögensgegenstand des scheinbar Toten, ein Recht an einem solchen Gegenstand oder die Befreiung von einem zur Erbschaft gehörenden Recht erworben haben, werden nach § 2370 Abs. 1, § 2366 geschützt.

## VII. Gerichtsstand

7 Der besondere Gerichtsstand der Erbschaft (§ 27 ZPO) gilt für eine auf § 2031 gestützte Klage nicht (Stein/Jonas/Roth ZPO § 27 Rn. 13).

# Titel 4. Mehrheit von Erben

## Untertitel 1. Rechtsverhältnis der Erben untereinander

### § 2032 Erbengemeinschaft

**(1) Hinterlässt der Erblasser mehrere Erben, so wird der Nachlass gemeinschaftliches Vermögen der Erben.**

**(2) Bis zur Auseinandersetzung gelten die Vorschriften der §§ 2033 bis 2041.**

**Schrifttum:** Becker, Rechtsfähigkeit der Erbengemeinschaft, FamRZ 2014, 1456; Bredemeyer, Das kaufmännische Einzelunternehmen im Nachlass, ZErb 2013, 294; Fischer, Fortführung eines Handelsgeschäftes durch eine Erbengemeinschaft?, ZHR 144 (1980), 1; Grunewald, Die Rechtsfähigkeit der Erbengemeinschaft, AcP 197 (1997), 305; Hell, Die unternehmenstragende Erbengemeinschaft – Vertretung, Haftung und Umstrukturierung, DZWiR 2020, 328; Kaya, Erbengemeinschaft und Gesellschafterversammlung, ZEV 2013, 593; Marotzke, Die Nachlasszugehörigkeit ererbter Personengesellschaftsanteile und der Machtbereich des Testamentsvollstreckers nach dem Urteil des Bundesgerichtshofs vom 14. Mai 1986, AcP 187 (1987), 223; v. Morgen, Verwaltung von Unternehmensbeteiligungen in der Erbengemeinschaft, ErbStB 2014, 311; K. Schmidt, Die Erbengemeinschaft nach einem Einzelkaufmann, NJW 1985, 2785; Schürnbrand, Die Ausübung von Gesellschafterrechten in der GmbH durch Erbengemeinschaften, NZG 2016, 241; Stodolkowitz, Nachlasszugehörigkeit vererbter Personengesellschaftsanteile, FS Kellermann, 1991, 439; Strothmann, Einzelkaufmännisches Unternehmen und Erbenmehrheit im Spannungsfeld von Handels-, Gesellschafts-, Familien- und Erbrecht, ZIP 1985, 969; Ulmer, Die Gesamthandsgesellschaft – ein noch immer unbekanntes Wesen?, AcP 198 (1998), 113; Wolf, Die Fortführung eines Handelsgeschäfts durch die Erbengemeinschaft, AcP 181 (1981), 480.

#### Überblick

Mehrere Erben bilden eine Erbengemeinschaft. Hierbei handelt es sich um eine Gesamthandsgemeinschaft. Der Nachlass bildet ein Sondervermögen, welches bis zur Teilung vom Eigenvermögen der Erben getrennt bleibt. Folgerichtig kann der einzelne Erbe über seinen Anteil am Nachlass verfügen, nicht jedoch über seinen Anteil an einzelnen Nachlassgegenständen (§§ 2033–2036). Die Verwaltung des Nachlasses und die Verfügung über Nachlassgegenstände ist in den §§ 2038–2040 gesondert geregelt. § 2041 regelt die Nachlasszugehörigkeit von Gegenständen, die aufgrund Gesetzes oder Rechtsgeschäfts an die Stelle eines Nachlassgegenstandes getreten sind. Diese Vorschrift ermöglicht den Erben in ihrer gesamthänderischen Verbundenheit die Teilnahme am Rechtsverkehr. Die Vorschriften der §§ 2033–2041 gelten bis zur völligen Auseinandersetzung des Nachlasses (vgl. § 2042). Die Erbengemeinschaft ist nicht rechtsfähig. Sie kann als solche weder klagen noch verklagt werden. Zur Zwangsvollstreckung in den Nachlass ist ein Titel gegen alle Miterben erforderlich. Besondere Regeln gelten für die Nachfolge in den Anteil an einer Personengesellschaft. Dieser wird nicht gemeinschaftliches Vermögen der Erben, sondern gelangt im Wege der Sondererbfolge anteilig im Verhältnis der Erbteile an die einzelnen Miterben.

#### I. Grundlagen

**1. Systematischer Überblick.** Das BGB behandelt aus systematischen Gründen den Alleinerben als Regel- und die Mehrheit von Erben als Sonderfall. Die für eine Mehrheit von Erben geltenden Vorschriften finden sich vor allem im 4. Titel des 5. Buches. Der erste Abschnitt des 4. Titels (§§ 2032–2057) regelt das Verhältnis der Miterben untereinander. §§ 2032–2041 betreffen die Erbengemeinschaft bis zur Auseinandersetzung, §§ 2042–2049 die Auseinandersetzung selbst und §§ 2050–2057a die im Rahmen der Auseinandersetzung stattfindende Ausgleichung von Zuwendungen des Erblassers an Abkömmlinge. Der zweite Abschnitt des 4. Titels (§§ 2058–2063) betrifft das Rechtsverhältnis zwischen den Miterben und den Nachlassgläubigern; er ergänzt die allgemeinen Vorschriften über die Erbenhaftung (2. Titel des 5. Buches; §§ 1967–2017). Weitere Vorschriften über die Erbengemeinschaft enthalten §§ 363–372 FamFG (Auseinandersetzungs-Vermittlungsverfahren vor dem Nachlassgericht), § 316 Abs. 2 und 3 InsO, § 317 Abs. 2 InsO (Antragsrecht und Antragsvoraussetzungen im Nachlassinsolvenzverfahren), § 747 ZPO (Voraussetzungen der Zwangsvollstreckung in den ungeteilten Nachlass), § 859 Abs. 2 ZPO (Pfändung 1 des Anteils am Nachlass und an einzelnen Nachlassgegenständen) und §§ 180, 185 ZVG (Zwangsversteigerung zum Zwecke der Aufhebung der Gemeinschaft).

2 **2. Gesamthandsgemeinschaft.** Gibt es mehrere Erben (Miterben), geht der Nachlass mit dem Erbfall grds. ebenfalls – wie im Falle eines einzigen Erben – im Wege der Universalsukzession auf die Miterben über. Mit dem Erbfall wird der Nachlass gemeinschaftliches Vermögen der Miterben. Die Miterben bilden eine Gesamthandsgemeinschaft (Erbengemeinschaft), keine Bruchteilsgemeinschaft. Jedem Miterben stehen sämtliche Nachlassgegenstände zu, begrenzt nur durch die gleichen Rechte der anderen Miterben (OLG Hamm DNotZ 1952, 416; OLG Hamburg FamRZ 2016, 1881 (1884); BVerwG NVwZ 2016, 319 Rn. 10; VG Ansbach BeckRS 2021, 31454 Rn. 39). Der Nachlass stellt so ein **Sondervermögen** dar, das kraft Gesetzes vom Vermögen der einzelnen Miterben getrennt ist. Eine Sondererbfolge von einzelnen Miterben in bestimmte Gegenstände oder Rechte gibt es grds. nicht (zu den Ausnahmen → Rn. 14 ff.). Die Miterben werden durch den Erbfall **Mitbesitzer** des Nachlasses (§§ 857, 866).

3 **3. Beginn und Ende der Erbengemeinschaft.** Die Erbengemeinschaft entsteht kraft Gesetzes mit dem Erbfall. Durch Vereinbarung kann sie nicht begründet oder wiederhergestellt werden (KG DNotZ 1952, 84; MüKoBGB/Gergen Rn. 6; MüKoBGB/Ann § 2042 Rn. 46; RGRK-BGB/Kregel Rn. 8). Die Miterben können auch nicht durch Vereinbarung innerhalb einer fortdauernden Erbengemeinschaft eine engere, nur einen Teil der Miterben umfassende „Erbengemeinschaft" begründen (BGH WM 1975, 1110; MüKoBGB/Gergen Rn. 4). Die Erbengemeinschaft endet mit dem Vollzug der Auseinandersetzung – der Teilung (BGH WM 1965, 1155 (1157)) – hinsichtlich sämtlicher zum Nachlass gehörenden Gegenstände (MüKoBGB/Ann § 2042 Rn. 45). Sie endet auch dann, wenn ein Miterbe sämtliche Anteile am Nachlass erwirbt (BGH NJW 2016, 493 Rn. 11; 2018, 3650 Rn. 11; RGZ 88, 116; MüKoBGB/Ann § 2042 Rn. 5; RGRK-BGB/Kregel Rn. 8). Die Erbengemeinschaft endet schließlich dann, wenn nach einer „Abschichtung" – dem vereinbarten Ausscheiden eines Miterben gegen Zahlung einer Abfindung – nur noch ein Miterbe verbleibt (BGHZ 138, 8 = NJW 1998, 1557). Treten die Miterben vom Auseinandersetzungsvertrag zurück, wird der durch den Rücktritt ausgelöste Anspruch auf Rückgewähr (§ 346 Abs. 1) im Wege der dinglichen Surrogation (§ 2041) gemeinschaftliches Nachlassvermögen der Miterben; die Erbengemeinschaft besteht kraft Gesetzes – nicht kraft vertraglicher Vereinbarung – fort (BGH LM § 326 (A) Nr. 2; ZEV 2013, 84; RGRK-BGB/Kregel Rn. 8; MüKoBGB/Gergen Rn. 6). Eine durch wirksame Übertragung aller Erbanteile auf einen Miterben aufgelöste Erbengemeinschaft kann trotz der Nichtigkeit der zugrundeliegenden Vereinbarung nicht im Wege einer Rückabwicklung nach § 812 wiederhergestellt werden. Ist dagegen auch die dingliche Übertragung der Erbanteile nichtig, besteht die Erbengemeinschaft fort (BGH NJW-RR 2005, 808).

4 **4. Mitglieder der Erbengemeinschaft.** Mitglieder der Erbengemeinschaft sind die unmittelbar durch den Erbfall berufenen Erben. Verstirbt ein Erbe nach dem Erbfall, tritt sein Erbe gem. § 1922 an seine Stelle. Mehrere Erbeserben bilden eine Untererbengemeinschaft (OLG Hamburg FamRZ 2016, 1881 (1884)). Der Erwerber eines Erbteils (§ 2033 Abs. 1) wird ebenfalls Mitglied der Erbengemeinschaft (→ § 2033 Rn. 11). Vorerbe (§ 2100) und Ersatzerbe (§ 2096) treten erst mit dem Vor- oder Ersatzerbfall in die Erbengemeinschaft ein (MüKoBGB/Gergen Rn. 1; Staudinger/Löhnig, 2020, Rn. 1). Zwischen Nacherben besteht vor dem Nacherbfall keine Erbengemeinschaft; denn bis dahin steht ihnen kein gemeinschaftliches Vermögen zu (BGH NJW 1993, 1582; MüKoBGB/Gergen Rn. 1; aA RGZ 93, 292 (296)). Ein Erbprätendent kann gegen einen anderen Erbprätendenten Klage auf Feststellung seines testamentarischen Miterbenrechts erheben (BGHZ 23, 73 (75); 47, 58 (66); BGH ZEV 2010, 468 Rn. 8; RGZ 95, 97; OLG Koblenz BeckRS 2013, 4201). Dass ein Urteil im streitigen Verfahren nur zwischen den Parteien wirkt und keine Bindungswirkung für das Erbscheinverfahren hat, an welchem zusätzlich die weiteren im Testament genannten Erben beteiligt sind, steht nicht entgegen; für das Vorliegen eines Feststellungsinteresses und des Rechtsschutzbedürfnisses ist es unerheblich, ob andere Gerichte einschließlich solcher der freiwilligen Gerichtsbarkeit an ein Sachurteil gebunden sind; zudem werden im Erbscheinsverfahren werden keine der materiellen Rechtskraft fähigen Entscheidungen über das Erbrecht getroffen, die Bindungsiwkrung für einen späteren streitigen Prozess über das Erbrechts hätten (BGH ZEV 2010, 468 Rn. 9; OLG Koblenz BeckRS 2013, 4201).

## II. Nachlass als Sondervermögen

5 **1. Rechtsnatur der Erbengemeinschaft.** Die Erbengemeinschaft als solche ist **keine juristische Person,** also nicht rechtsfähig (BGH NJW 1989, 2122 (2124); NJW-RR 2011, 1030 Rn. 8;

OLG Nürnberg NJW-RR 2016, 205 Rn. 12; BFHE 244, 455 = ZEV 2014, 383 Rn. 16; RGRK-BGB/Kregel Rn. 4; MüKoBGB/Gergen Rn. 12; Staudinger/Löhnig, 2020, Rn. 8; aA Grunewald AcP 197 (1997), 305; dagegen Ulmer AcP 198 (1998), 113 (124 ff.), jeweils mwN). Die Rspr. des Bundesgerichtshofs zur Teilrechtsfähigkeit der Außen-GbR (BGHZ 146, 341 = NJW 2001, 1056) kann auf die Erbengemeinschaft nicht übertragen werden (BGH NJW 2002, 3389 (3390) mAnm Marotzke ZEV 2002, 506; SG Konstanz FamRZ 2014, 1812; MüKoBGB/Gergen Rn. 12; Becker FamRZ 2014, 1456 (1457 f.); Wendt, ErbR 2017, 58 (59); aA Eberl-Borges NJW 2006, 1313 (1314)). Gleiches gilt für die Rspr. zur Rechtsfähigkeit der Gemeinschaft der Wohnungseigentümer (BGHZ 163, 154 = NJW 2005, 2061; vgl. BGH NJW 2006, 3715 (3716)). Die Erbengemeinschaft kann mangels eigener Rechtsfähigkeit folglich auch nicht Arbeitsvertragspartei sein (LAG Hamm FamRZ 2012, 1907). Der den Miterben zur gesamten Hand zustehende Nachlass bildet jedoch ein Sondervermögen, das in verschiedener Hinsicht **rechtlich verselbständigt** ist (AG Hannover ZVI 2021, 84). Der einzelne Miterbe kann nur über seinen Anteil am Nachlass verfügen, nicht über einzelne Nachlassgegenstände (§ 2033). Über Nachlassgegenstände können die Miterben nur gemeinsam verfügen (§ 2040). Die Verwaltung des Nachlasses steht den Miterben grds. gemeinschaftlich zu (§ 2038). Verbindlichkeiten gegenüber der Erbengemeinschaft können nur durch Leistung an alle Erben erfüllt werden, wenn auch jeder Miterbe Leistung an alle Erben verlangen kann (§ 2039). Was aufgrund eines zum Nachlass gehörenden Rechts oder als Ersatz für zerstörte, beschädigte oder entzogene Nachlassgegenstände oder rechtsgeschäftlich für den Nachlass erworben wird, gehört kraft dinglicher Surrogation ebenfalls zum Nachlass (§ 2041). Die Erbengemeinschaft ist selbständiger Rechtsträger iSd Grunderwerbsteuerrechts (BFHE 244, 455 = ZEV 2014, 383 Rn. 16).

**2. Nachlass und Eigenvermögen der einzelnen Miterben.** Der gesamthänderisch gebun- 6
dene Nachlass und das sonstige Vermögen der einzelnen Miterben (Eigenvermögen) bleiben kraft Gesetzes voneinander getrennt. Forderungen des Erblassers gegen einen oder mehrere Miterben und Forderungen eines Erben gegen den Erblasser bleiben auch nach dem Erbfall bestehen (RGRK-BGB/Kregel Rn. 6; MüKoBGB/Gergen Rn. 27). Zu einer **Konfusion** kommt es nicht. Eine **Bürgschaft** erlischt auch nicht teilweise, wenn der Gläubiger und der Bürge den Hauptschuldner gemeinsam beerben (RGZ 76, 57 (58); RGRK-BGB/Kregel Rn. 6 unter Hinweis auf RG 24.10.1910 – IV 614/09). Die **Verfügung eines Nichtberechtigten** bleibt unwirksam, wenn der Nichtberechtigte nur einer von mehreren Erben des Berechtigten ist (vgl. § 185 Abs. 2 S. 1). Eine **Aufrechnung** ist möglich, wenn entweder der einzelne Erbe oder aber die Erbengemeinschaft zugleich Gläubiger und Schuldner ist (§ 387). Gegenüber einer zum Nachlass gehörenden Forderung kann der Schuldner nicht mit einer ihm gegen einen einzelnen Miterben zustehenden Forderung aufrechnen (§ 2040 Abs. 2) oder ein **Zurückbehaltungsrecht** geltend machen (RGZ 132, 83; MüKoBGB/Gergen Rn. 26).

**3. Übertragung von Nachlassgegenständen.** Soll ein zum Nachlass gehörender Vermö- 7
gensgegenstand einem Miterben übertragen werden, muss eine **Übereignung oder Abtretung** nach allgemeinen sachenrechtlichen Grundsätzen erfolgen. Das gilt auch dann, wenn Bruchteilseigentum aller Miterben begründet werden soll (BGHZ 21, 229 (231) = NJW 1956, 1433; BGH NJW 2016, 493 Rn. 5). Geht es um ein **Grundstück,** gelten für das Verpflichtungsgeschäft § 311b Abs. 1 S. 1 und für das Verfügungsgeschäft §§ 925, 873 (BGHZ 21, 229 (233) = NJW 1956, 1433; RGZ 57, 423; 105, 246 (251); RGRK-BGB/Kregel Rn. 5; MüKoBGB/Gergen Rn. 31). Eine rechtsgeschäftliche Übertragung muss auch dann erfolgen, wenn das Grundstück auf eine personengleiche andere Gesamthandsgemeinschaft – etwa eine Erbengemeinschaft nach einem anderen Erblasser, eine GbR oder eine OHG – übertragen werden soll (OLG Hamm DNotZ 1958, 416; RGRK-BGB/Kregel Rn. 10; MüKoBGB/Gergen Rn. 32; ebenso OLG Karlsruhe NJW-RR 1995, 1189 für die Übertragung von GmbH-Anteilen auf eine mit der Erbengemeinschaft personengleiche OHG). Auflassung und Eintragung sind (nur) dann entbehrlich, wenn sämtliche Miterben ihre Erbanteile nach § 2033 Abs. 1 auf einen einzigen Erwerber oder auf eine von ihnen gebildete GbR übertragen. In einem solchen Fall ist lediglich das Grundbuch zu berichtigen (MüKoBGB/Gergen Rn. 33; RGRK-BGB/Kregel Rn. 10).

**4. Zurechnung des Verschuldens einzelner Miterben.** Pflichtverletzungen und unerlaubte 8
Handlungen, die ein Miterbe im Rahmen der Verwaltung des Nachlasses begeht, werden der Erbengemeinschaft nicht nach § 31, sondern nur unter den Voraussetzungen der §§ 278, 831 zugerechnet (Erman/Bayer Rn. 5).

## III. Verfahrensrechtliche Fragen

9 **1. Keine Parteistellung der Erbengemeinschaft.** Im (Zivil-)Prozess ist die Erbengemeinschaft als solche nicht parteifähig (BGH NJW 1989, 2133 (2134); 2006, 3715 (3716)). Auch in einem Prozess, an dem sämtliche Miterben beteiligt sind, sind die einzelnen Miterben Partei (BGH NJW 1989, 2133 (2134); 2006, 3715 (3716)). Sie können unterschiedlichen prozessualen oder materiell-rechtlichen Einwendungen ausgesetzt sein und Einwendungen selbständig geltend machen (BGH NJW 1989, 2133 (2134)). Gleiches gilt im Verwaltungsprozess (OVG Bautzen NJW-RR 2013, 1162). Die Erbengemeinschaft ist keine „Vereinigung" iSv § 61 Nr. 2 VwGO. Im sozialgerichtlichen Prozess ist die Erbengemeinschaft beteiligungsfähig, weil § 70 Nr. 2 SGG auch nicht rechtsfähige Personenvereinigungen erfasst (BSG NJW 1958, 1560; NZS 2011, 98 Rn. 10, 16 ff.). Im Steuerrecht wird nach Steuerarten unterschieden. Eine Erbengemeinschaft, die gegen einen an sie gerichteten Umsatzsteuerbescheid klagt, ist parteifähig (BFH BFH/NV 2001, 618). Ebenso kann die Erbengemeinschaft „Erwerberin" iSv § 1 Abs. 3 Nr. 1 GrEStG sein (BFHE 244, 455 = ZEV 2014, 383).

10 **2. Streitgenossenschaft. Aktivprozesse** können von einem, von einzelnen oder von allen Miterben mit dem Ziel der Leistung an alle Miterben geführt werden (vgl. § 2039). Klagen mehrere, aber nicht alle Miterben in eigenem Namen, besteht zwischen ihnen keine notwendige Streitgenossenschaft; denn jeder Miterbe könnte den Anspruch auch allein verfolgen. Gleiches gilt, wenn alle Miterben klagen (BGHZ 23, 207 (212 f.) = NJW 1957, 906; OLG Brandenburg OLGR 1998, 421 = OLG-NL 1998, 261; iErg offen BGH NJW 1989, 2133 (2134); aA Staudinger/Löhnig, 2020, Rn. 40; MüKoBGB/Gergen Rn. 36; → § 2039 Rn. 9 mN auch der Gegenansicht). Bei **Passivprozessen** ist zu unterscheiden: Werden mehrere – auch alle – Miterben gem. § 2058 als Gesamtschuldner in Anspruch genommen, sind sie keine notwendigen Streitgenossen; erhebt der Gläubiger jedoch die Gesamthandklage des § 2059 Abs. 2 gegen sämtliche Miterben, besteht notwendige Streitgenossenschaft (Staudinger/Löhnig, 2020, Rn. 41). Bis zur Teilung hat der Gläubiger grds. die freie Wahl, ob er die Gesamtschuldklage nach § 2058 oder die Gesamthandklage nach § 2059 Abs. 2 erhebt (→ § 2058 Rn. 6; → § 2059 Rn. 6 – auch zu den Ausnahmen).

11 **3. Zwangsvollstreckung in den ungeteilten Nachlass.** Für die Zwangsvollstreckung in den ungeteilten Nachlass ist gem. § 747 ZPO ein gegen alle Miterben ergangenes Urteil erforderlich. Darauf, ob das Urteil auf eine Gesamtschuld- oder eine Gesamthandklage hin ergangen ist, kommt es nicht an. Es können auch gleich lautende Urteile in verschiedenen Prozessen erwirkt worden sein (RGZ 68, 221 (223); MüKoBGB/Gergen Rn. 41). Mit einem Urteil gegen nur einen Miterben kann der Gläubiger gem. § 859 Abs. 2 ZPO, § 857 Abs. 1 ZPO, § 829 ZPO ausschließlich in dessen Erbteil vollstrecken. Die Zwangsvollstreckung in das sonstige Vermögen kann der Miterbe gem. §§ 785, 767 ZPO im Wege der Vollstreckungsgegenklage abwenden, wenn er sich die Beschränkung seiner Haftung auf den Nachlass gem. § 780 ZPO im Urteil hat vorbehalten lassen.

12 **4. Grundbuch.** Im Grundbuch soll gem. § 47 GBO das für die Gemeinschaft maßgebende Rechtsverhältnis – das Rechtsverhältnis „Erbengemeinschaft" also – bezeichnet werden. Die Anteile der einzelnen Teilhaber sind dagegen nicht einzutragen (OLG Brandenburg OLGR 2008, 184 (186); RGRK-BGB/Kregel Rn. 7; MüKoBGB/Gergen Rn. 38; Zimmer ZEV 2016, 86 (87); vgl. auch OLG München ZEV 2016, 36 Rn. 11). Die unrichtige Angabe des Gemeinschaftsverhältnisses macht die Auflassung unwirksam (OLG Zweibrücken DNotZ 1965, 613; RGRK-BGB/Kregel Rn. 7; MüKoBGB/Gergen Rn. 38; vgl. auch BayObLGZ 1958, 353 = DNotZ 1959, 200 (201)). Sind mehrere Personen „als Miterben zu gleichen Teilen" als Eigentümer eingetragen, ist hinreichend deutlich, dass es sich um eine Miterbengemeinschaft zur gesamten Hand, nicht um eine Bruchteilsgemeinschaft handelt. Die am Anteil eines einzelnen Miterben bestellte Hypothek ist nichtig (§ 1114); sie kann auch nicht gem. § 892 gutgläubig von einem Dritten erworben werden (RGZ 88, 21 (26) mAnm Kretzschmar JW 1916, 480; RGRK-BGB/Kregel Rn. 7). Auch eine Zwangshypothek darf nicht derart eingetragen werden, dass nur der Anteil eines Miterben belastet wird (OLG Düsseldorf FGPrax 2013, 12; OLG München ZEV 2016, 36 Rn. 12). Wird ein Miterbe seinerseits von mehreren Erben beerbt, entsteht eine **Untererbengemeinschaft,** die im Grundbuch kenntlich gemacht werden muss (BayObLGZ 1990, 188 (190 f.) = NJW-RR 1991, 88; MüKoBGB/Gergen Rn. 38). Sind die Miterben als Erbengemeinschaft im Grundbuch eingetragen, kann ein Antrag auf **Grundbuchberichtigung,** der diese Eintragung betrifft, nur von allen Miterben gemeinsam gestellt werden (OLG München NJW-RR 2019, 404).

**5. Weitere Antragsrechte.** Antrag auf **Nachlassverwaltung** können die Miterben nur gemeinsam stellen (§ 2062). Die Eröffnung des **Nachlassinsolvenzverfahrens** kann ein Miterbe demgegenüber auch allein beantragen (§ 317 Abs. 2 InsO). Der Antrag, der nicht von allen Miterben gestellt worden ist, ist allerdings nur dann zulässig, wenn der Eröffnungsgrund glaubhaft gemacht wird (§ 317 Abs. 2 InsO). Jeder Miterbe ist allein berechtigt, einen gemeinschaftlichen **Erbschein** über das Erbrecht und die Erbteile aller Miterben (§ 2357) oder einen Teilerbschein über sein eigenes Erbrecht und die Größe seines Erbteils (§ 2353) zu beantragen. 13

## IV. Ausnahme: Sonderrechtsnachfolge

**1. Anteil an einer Personengesellschaft.** Der durch eine erbrechtliche Nachfolgeklausel vererblich gestellte Anteil an einer Personengesellschaft wird im Erbfall nicht gemeinschaftliches Vermögen der mehreren Nachfolger-Erben, sondern gelangt im Wege der Sondererbfolge **(Singularsukzession)** unmittelbar und geteilt ohne weiteres Dazutun an die einzelnen Nachfolger (BGHZ 22, 186 = NJW 1957, 180; BGHZ 68, 224 = NJW 1977, 1339; BGH NJW 1983, 2376; OLG Hamm ZEV 1999, 318 (319); KG ZEV 2018, 608 Rn. 7 f.; MüKoBGB/Gergen Vor § 2032 Rn. 9; RGRK-BGB/Kregel Rn. 8). Jeder Erbe erwirbt einen gesonderten Gesellschaftsanteil im Verhältnis seines Erbteils. Sieht der Gesellschaftsvertrag vor, dass die Gesellschaft nur mit einem oder einzelnen Erben fortgesetzt wird (qualifizierte Nachfolgeklausel), erwirbt derjenige Miterbe, dem der Erblasser den Anteil zugewandt hat, den Anteil unmittelbar in demjenigen Umfang, der dem Erblasser zustand (BGHZ 68, 225 = NJW 1977, 1339; MüKoBGB/Gergen Vor § 2032 Rn. 9). Die Vererbung eines Anteils an einer **Liquidationsgesellschaft** vollzieht sich hingegen nach rein erbrechtlichen Regeln. Bei einer Mehrheit von zur Nachfolge berufenen Erben werden die Erben nicht, wie bei einer noch werbend tätigen Gesellschaft, je für sich, sondern in ihrer gesamthänderischen Verbundenheit als Erbengemeinschaft Gesellschafter (BGH NJW 1981, 749 (750); 1982, 170 (171); 1995, 3314 = LM HGB § 173 Nr. 1 mAnm Wilhelm). 14

**2. Anerbenrecht nach der Höfeordnung.** Gemäß § 4 HöfeO fällt der **Hof** als Teil der Erbschaft kraft Gesetzes nur einem der Erben – dem Hoferben – zu. Aufgrund dieses Anerbenrechts wird der Hoferbe alleiniger Eigentümer des Hofes. Im Verhältnis der Erben zueinander tritt der Wert des Hofes an die Stelle des Hofes. 15

**3. Weitere Einzelfälle.** Ehegatten oder nahe Angehörige, die mit dem Erblasser einen gemeinsamen Hausstand geführt haben, treten gem. § 563 in das **Mietverhältnis** ein. Ehegatten, Kinder, Eltern oder der Haushaltsführer erwerben im Wege der Sondererbfolge die beim Tod des Berechtigten bestehenden fälligen Ansprüche auf laufende **Geldleistungen gegen den Leistungsträger,** wenn sie zurzeit des Erbfalls mit dem Berechtigten in einem gemeinsamen Haushalt lebten oder von ihm wesentlich unterhalten wurden (§ 56 Abs. 1 SGB I). Die allgemeinen Vorschriften über die Erbfolge gelten nur dann, wenn keine Sonderrechtsnachfolger vorhanden sind (§ 58 SGB I). Eigentümer eines **Bodenreformgrundstücks** ist gem. Art. 233 § 11 Abs. 2 EGBGB unter bestimmten Voraussetzungen eine von den Erben des eingetragenen Eigentümers gebildete Bruchteilsgemeinschaft. Betroffener iSd **presserechtlichen Gegendarstellungsanspruchs** ist bei einer Veröffentlichung über die Berechtigung eines Dritten an einem Grundstück, das eine Erbengemeinschaft in Anspruch nimmt, auch der einzelne Miterbe, sofern er von einer nicht unbeträchtlichen Anzahl unbefangener Leser mit der Meldung in Beziehung gebracht wird (OLG Brandenburg OLG-NL 1999, 218 (220)). 16

## V. Sonderfragen des Handels- und Gesellschaftsrechts

**1. Einzelhandelsgeschäft.** Das Handelsgeschäft eines Einzelkaufmanns ist vererblich (vgl. § 22 Abs. 1 HGB). Durch den Erbfall und den Übergang auf mehrere Miterben entsteht nicht kraft Gesetzes eine OHG. Das Handelsgeschäft kann vielmehr von der Erbengemeinschaft als solcher fortgeführt werden, und zwar ohne zeitliche Begrenzung (BGHZ 30, 391 (394 ff.) = NJW 1959, 2114; BGHZ 32, 60 (67) = NJW 1960, 959; BGHZ 92, 259 (262) = NJW 1985, 136 (138) mAnm K. Schmidt NJW 1985, 2785; Strothmann ZIP 1985, 969; KG KGR 1999, 70 (71); OLG Hamm ZEV 1999, 318 (319); RGZ 132, 138 (142); RGRK-BGB/Kregel Rn. 9; MüKoBGB/Gergen Rn. 44; Staudinger/Löhnig, 2020, Rn. 46; Wolf AcP 181 (1981), 480 (481); Bredemeyer ZErb 2013, 294; v. Morgen ErbStB 2014, 311; Hell DZWiR 2020, 328; aA Fischer ZHR 144 (1980), 1). Die Erbengemeinschaft kann (genau: die Miterben in ihrer gesamthänderischen Verbundenheit können) in das Handelsregister eingetragen werden (MüKoBGB/Gergen Rn. 44; 17

Staudinger/Löhnig, 2020, Rn. 48). Auf das Verhältnis der Miterben untereinander – nicht auf das Verhältnis zu Dritten – können die Vorschriften des Rechts der OHG anzuwenden sein (BGHZ 17, 299 = NJW 1955, 1227; RGRK-BGB/Kregel Rn. 10; K. Schmidt NJW 1985, 2785 (2788); krit. Staudinger/Löhnig, 2020, Rn. 49). Zu einer OHG wird die Erbengemeinschaft nur durch Abschluss eines Gesellschaftsvertrages und Übertragung der zum Handelsgeschäft gehörenden Güter. Führt ein Miterbe das ererbte Handelsgeschäft fort, so liegt darin nur dann eine **Fortführung** durch alle Miterben iSd § 27 HGB, wenn die übrigen Miterben den tätigen Miterben ausdrücklich oder stillschweigend zur Fortführung des Geschäfts ermächtigt haben (BGHZ 30, 391 = NJW 1959, 2116). Wird das Handelsgeschäft einverständlich fortgeführt, **haften** die Miterben für die vom Erblasser begründeten Verbindlichkeiten nach §§ 25, 27 HGB ohne die Möglichkeit der Beschränkung der Haftung auf den Nachlass. **Prokura** kann einem Miterben nicht erteilt werden, weil der Miterbe entgegen § 48 Abs. 1 HGB nicht nur als Vertreter der übrigen Miterben, sondern zugleich in eigenem Namen handeln würde. Die vor dem Erbfall erteilte Prokura eines Miterben erlischt daher mit dem Erbfall (BGHZ 30, 391 = NJW 1959, 2116; Staudinger/Löhnig, 2020, Rn. 51; aA Soergel/Wolf Rn. 10; MüKoBGB/Gergen Rn. 47; K. Schmidt NJW 1985, 2785 (2789)). Ein neues Handelsgeschäft kann die Erbengemeinschaft nicht erwerben (RGRK-BGB/Kregel Rn. 9; MüKoBGB/Gergen Rn. 48; Soergel/Wolf Rn. 9). Die Erwerber sämtlicher Miterbenanteile können ein durch die veräußernden Miterben in ungeteilter Erbengemeinschaft betriebenes ererbtes Handelsgeschäft nicht ihrerseits in ungeteilter Erbengemeinschaft fortführen (KG NJW-RR 1999, 880 m. krit. Anm. Ann EWiR 1999, 159 und Heil MittRhNotK 1999, 148; MüKoBGB/Gergen Rn. 46).

18 **2. Anteil an einer Personengesellschaft.** Der Tod des Gesellschafters einer **OHG** führt dann, wenn der Gesellschaftsvertrag keine abweichenden vertraglichen Bestimmungen enthält, zum Ausscheiden des Gesellschafters (§ 131 Abs. 3 Nr. 1 HGB). Ist im Gesellschaftsvertrag bestimmt, dass im Falle des Todes eines Gesellschafters die Gesellschaft mit dessen Erben fortgesetzt werden soll (einfache Nachfolgeklausel), werden die Erben im Wege der Sondererbfolge einzeln und im Verhältnis ihrer Anteile Gesellschafter der OHG (→ Rn. 14). Jeder Miterbe kann nach § 139 Abs. 1 HGB verlangen, dass ihm die Stellung eines Kommanditisten eingeräumt wird. Sind nur einige Miterben benannt, werden nur sie – ebenfalls im Wege der Sondererbfolge – Gesellschafter der OHG. Eine **Kommanditgesellschaft** wird beim Tod eines Kommanditisten mangels abweichender vertraglicher Bestimmung mit den Erben fortgesetzt (§ 177 HGB). Jeder Miterbe wird mit dem seinem Erbteil entsprechenden Anteil Kommanditist. Für den persönlich haftenden Gesellschafter einer KG gelten die Vorschriften über die OHG entspr. (§ 161 Abs. 2 HGB). Eine **GbR** wird durch den Tod eines Gesellschafters aufgelöst, sofern sich nicht aus dem Gesellschaftsvertrag etwas anderes ergibt (§ 727 Abs. 1). Eine aus mehreren Erben bestehende Erbengemeinschaft tritt anstelle des verstorbenen Gesellschafters in die Abwicklungsgesellschaft ein (BGH NJW 1982, 170 (717); KG ZEV 2020, 712 Rn. 24). Enthält der Gesellschaftsvertrag Nachfolgeregelungen, gilt wiederum der Grundsatz der Sondererbfolge; jeder Miterbe erhält einen eigenen Gesellschaftsanteil entspr. seiner Beteiligung am Nachlass (BGH NJW 1981, 750; 1996, 1284 (1285); 1999, 571 (572); KG ZEV 2020, 712 Rn. 25). Der im Wege der Erbfolge auf einen Gesellschafter-Erben übergegangene Gesellschaftsanteil gehört grds. zum Nachlass (BGH NJW 1983, 2376; BGHZ 98, 48 = NJW 1986, 2431; BGHZ 108, 187 (192) = NJW 1989, 3152; BGH NJW 1998, 1313; ausf. Stodolkowitz FS Kellermann, 1991, 439; Marotzke AcP 187 (1987), 223).

19 **3. GmbH-Anteil.** Der Geschäftsanteil an einer GmbH ist vererblich (§ 15 Abs. 1 GmbHG). Er steht den Miterben zur gesamten Hand zu (vgl. § 18 Abs. 1, Abs. 3 S. 2 GmbHG) (OLG Jena ZEV 2012, 493 (494); OLG Stuttgart ZEV 2015, 288 f.; MüKoBGB/Gergen Rn. 67; Soergel/Wolf Rn. 35; Kaya ZEV 2013, 593 (594); Wachter EWiR 2015, 277 (278)). Die Miterben können ihre Anteilsrechte nur gemeinsam ausüben (§ 18 Abs. 1 GmbHG), was aber auf der Grundlage einer Mehrheitsentscheidung nach § 2038 Abs. 2, § 747 erfolgen kann (BGHZ 49, 184 (192) = NJW 1968, 743; OLG Karlsruhe NJW-RR 1995, 1189 (1190); KG FamRZ 2011, 1254; OLG Stuttgart ZEV 2015, 288 (289); MüKoBGB/Gergen Rn. 67; Schürnbrand NZG 2016, 241). Enthält der Gesellschaftsvertrag der GmbH eine Nachfolgeklausel und fällt der Anteil einer Erbengemeinschaft an, der teils nachfolgeberechtigte und teils nicht nachfolgeberechtigte Erben angehören, ist der vererbte Anteil im Wege der Erbauseinandersetzung auf die nachfolgeberechtigten Erben zu übertragen. Die Nachfolgeregelung hat also keine dingliche Wirkung, sondern muss von den Erben noch umgesetzt werden (MüKoBGB/Leipold § 1922 Rn. 82). Die Verfügung über den Miterbenanteil an einem Nachlass, zu dem ein GmbH-Anteil gehört, bedarf grds. nicht der für die Abtretung des Geschäftsanteils erforderlichen Genehmigung (BGHZ 96, 386 = NJW 1985, 2592).

**4. Aktiengesellschaft. Aktien** sind vererblich. Sie gehen mit dem Erbfall auf die Miterben zur gesamten Hand über (MüKoBGB/Leipold § 1922 Rn. 103). Die Miterben können ihre Rechte nur durch einen gemeinschaftlichen Vertreter ausüben (§ 69 AktG). Die Mitgliedschaft in einer **Genossenschaft** geht mit dem Tode des Genossen ebenfalls auf dessen Erben über, endet aber – wenn das Statut keine abweichenden Regelungen enthält (MüKoBGB/Leipold § 1922 Rn. 109) – mit dem Schluss des Geschäftsjahres, in dem der Erbfall eingetreten ist (§ 77 GenG). 20

## § 2033 Verfügungsrecht des Miterben

**(1) [1]Jeder Miterbe kann über seinen Anteil an dem Nachlass verfügen. [2]Der Vertrag, durch den ein Miterbe über seinen Anteil verfügt, bedarf der notariellen Beurkundung.**

**(2) Über seinen Anteil an den einzelnen Nachlassgegenständen kann ein Miterbe nicht verfügen.**

**Schrifttum:** Jünemann, Gläubigeranfechtung einer Erbteilsübertragung, ZEV 2005, 335; Kesseler, Die Vereitelung der Ziele der Testamentsvollstreckung durch Veräußerung des Miterbanteils, NJW 2006, 3672; Sigler, Zur Abtretbarkeit des Anspruchs des Miterben auf das Auseinandersetzungsguthaben, MDR 1964, 372; Weber, Von der Erbengemeinschaft zur Bruchteilsgemeinschaft, ZNotP 2016, 2.

### Überblick

Der Miterbe kann durch notariellen Vertrag über seinen Anteil am Nachlass verfügen, ihn also mit dinglicher Wirkung auf einen Miterben oder einen Dritten übertragen, ihn verpfänden oder ihn mit einem Nießbrauch belasten. Da über den Anteil verfügt werden kann, kann er auch gepfändet (§ 859 Abs. 2 ZPO) und verwertet werden. Über seinen Anteil an einzelnen Nachlassgegenständen kann der Miterbe dagegen nicht verfügen (Abs. 2).

### I. Bedeutung der Norm

Der Miterbe kann über seinen **Anteil am Nachlass** verfügen. In diesem Punkt unterscheidet sich die Erbengemeinschaft von den anderen Gesamthandsgemeinschaften des BGB, der GbR und der ehelichen Gütergemeinschaft (§ 719 Abs. 1, § 1419 Abs. 1). Der Miterbe soll durch diese Bestimmung in die Lage versetzt werden, seinen Anteil schon vor der Teilung des Nachlasses wirtschaftlich zu verwerten. § 2033 enthält **zwingendes Recht.** Der Erblasser kann zwar die Teilung des Nachlasses aufschieben (§ 2044). Die Veräußerung eines Anteils nach § 2033 kann er jedoch nicht ausschließen oder von der Zustimmung eines Testamentsvollstreckers abhängig machen (LG Essen Rpfleger 1960, 57 (58) m. zust. Anm. Haegele; Staudinger/Löhnig, 2020, Rn. 4; MüKoBGB/Gergen Rn. 4; RGRK-BGB/Kregel Rn. 5; Kesseler NJW 2006, 3672 (3673 f.)), wenn auch die Erbeinsetzung unter der auflösenden Bedingung einer Anteilsveräußerung stehen kann (Lange/Kuchinke ErbR § 42 II 2c). Durch Vereinbarung der Erben untereinander kann die Veräußerung des Anteils ebenfalls nicht mit dinglicher Wirkung ausgeschlossen werden (§ 137). Nur durch das Vorkaufsrecht des § 2034 genießen die Miterben einen gewissen Schutz gegen den Eintritt Dritter in die Erbengemeinschaft (→ § 2034 Rn. 1). § 2033 betrifft nur die **dingliche** Verfügung über einen Nachlassanteil. Der schuldrechtliche Erbschaftskauf und ähnliche Verträge sind in §§ 2371 ff., 2385 geregelt. Verfügungen über **Nachlassgegenstände** können nur von allen Erben gemeinsam getroffen werden (§ 2040). Verfügungen über den **Anteil an einzelnen Nachlassgegenständen** sind nicht möglich (Abs. 2). 1

### II. Miterbe

Nur der Miterbe oder sein **Rechtsnachfolger** kann über den Anteil am Nachlass verfügen. Für den **Alleinerben** gilt § 2033 nicht (BGH WM 1967, 978; RGZ 88, 116 (117); MüKoBGB/Gergen Rn. 5; Staudinger/Löhnig, 2020, Rn. 3; aA Garlichs MittBayNotK 1998, 149 für den Fall, dass Testamentsvollstreckung angeordnet worden ist). Der Nachlass als solcher kann verkauft werden (§ 2371), kann aber nicht Gegenstand einer Verfügung sein. Der Alleinerbe kann (ebenso wie die Erbengemeinschaft) nur die einzelnen Nachlassgegenstände übertragen. Ist die Erbengemeinschaft durch Vereinigung aller Anteile in einer Hand beendet worden, ist die (dingliche) Rück- oder Weiterübertragung eines Anteils nicht mehr möglich (BGH FamRZ 1992, 659 (660); NJW-RR 2005, 808; RGZ 88, 116 (118); OLG Hamm DNotZ 1966, 744 (747); Staudinger/Löhnig, 2020, Rn. 8; RGRK-BGB/Kregel Rn. 6). Den Erben eines Miterben steht der Anteil 2 dieses Miterben zur gesamten Hand zu. Sie können nur gemeinsam über ihn verfügen (§ 2040) (RGZ 162, 397 (400 f.); Staudinger/Löhnig, 2020, Rn. 13). Der **Vorerbe** kann bis zum Eintritt des Nacherbfalles über den Anteil verfügen (RGRK-BGB/Kregel Rn. 7; MüKoBGB/Gergen Rn. 6; Staudinger/Löhnig, 2020, Rn. 15); die Nacherbfolge bleibt davon jedoch unberührt. Ebenso kann der **Nacherbe** – auch der Allein-Nacherbe (RGZ 101, 185; 103, 354 (358); RGRK-BGB/Kregel Rn. 9) – die ihm zustehende Anwartschaft veräußern (RGZ 80, 377 (384); 83, 434 (436); 170, 163 (168); RGRK-BGB/Kregel Rn. 9; MüKoBGB/Gergen Rn. 6; Staudinger/Löhnig, 2020, Rn. 16). Die Verfügungsbefugnis des **Testamentsvollstreckers** nach § 2205 erstreckt sich nicht auf Anteile an dem seiner Verwaltung unterliegenden Nachlass (BGH NJW 1984, 2464 (2465)).

## III. Anteil am Nachlass

3 **1. Miterbenanteil.** Gegenstand der Verfügung ist der Anteil am Nachlass, also die durch die Erbquote bestimmte Berechtigung am Gesamthandvermögen der Erbengemeinschaft. Möglich ist die Veräußerung eines Nachlassanteils, solange es auch nur einen Gegenstand gibt, hinsichtlich dessen sich die Erbengemeinschaft noch nicht auseinandergesetzt hat (BGH NJW 1969, 92; OLG Celle NdsRPfl. 1967, 126; Staudinger/Löhnig, 2016, Rn. 4; MüKoBGB/Gergen Rn. 7; RGRK-BGB/Kregel Rn. 14; Soergel/Wolf Rn. 5). Nach Abschluss der Teilung des Nachlasses können nur noch einzelne Gegenstände übertragen werden (RGZ 134, 296 (299); RGRK-BGB/Kregel Rn. 4; Staudinger/Löhnig, 2016, Rn. 4). Vor dem Erbfall kann ebenfalls nicht über Anteile am Nachlass verfügt werden (vgl. § 311b) (BGHZ 37, 319 (324 f.) = NJW 1962, 1910). Verfügt werden kann auch über einen **Bruchteil des Anteils** (BGH NJW 1963, 1610; WM 1969, 592; NJW 2016, 493 Rn. 5; BayObLG NJW 1968, 505; NJW-RR 1991, 1030 (1031); allg. Weber ZNotP 2016, 2). Ob unter mehreren Erwerbern von Teilen eines Anteils eine (Unter-)Bruchteilsgemeinschaft innerhalb der Gesamthandsgemeinschaft entsteht oder ein einheitliches, dem Miterbenverhältnis nahestehendes Gesamthandsverhältnis, wobei die wertmäßigen Beteiligungen der Quote der erworbenen Anteile entspricht, ist streitig (vgl. KG KGR 1999, 70 (72); OLG Frankfurt OLGR 1999, 227; BayObLGZ 1980, 328 (329); Lange/Kuchinke ErbR § 42 II 2a mwN). Richtigerweise wird eine Bruchteilsgemeinschaft anzunehmen sein (Lohmann MittBayNot 2015, 324). Bei Übertragung aller Erbteile zu gleichen Bruchteilen auf mehrere Erwerber besteht die Erbengemeinschaft fort (BGH NJW 2016, 493 Rn. 7 ff. m. zust. Anm. Zimmer ZEV 2016, 86; KG KGJ 46 S. A 181; OLG Köln Rpfleger 1974, 109; Lohmann MittBayNot 2015, 324; krit. Werner ZEV 2014, 604). Unter besonderen Umständen kann es im Einzelfall geboten sein, die Veräußerung des einzigen Nachlassgegenstandes durch die Miterben als Anteilsübertragung anzusehen (BGH FamRZ 1965, 267; für den Regelfall verneinend OLG München NJW-RR 2015, 1222 Rn. 15).

4 **2. Auseinandersetzungsguthaben.** Über den Anspruch auf das anteilige Auseinandersetzungsguthaben kann bis zur Auseinandersetzung nicht mit dinglicher Wirkung verfügt werden (RGZ 60, 126 (131 ff.); offengelassen von RGZ 137, 171 (176 f.); Staudinger/Löhnig, 2020, Rn. 17 ff.; MüKoBGB/Gergen Rn. 10; Soergel/Wolf Rn. 6; zweifelnd RGRK-BGB/Kregel Rn. 2; aA Sigler MDR 1964, 372). Das Gesetz verbietet solche Verfügungen nicht ausdrücklich. Allgemeinen Grundsätzen zufolge kann auch ein künftiger bestimmter oder bestimmbarer Anspruch abgetreten werden. Ließe man die Verfügung über das Auseinandersetzungsguthaben neben § 2033 zu, könnten jedoch der Anteil an der Erbengemeinschaft einerseits, der Anspruch auf das Auseinandersetzungsguthaben andererseits auseinanderfallen, was dem (gem. §§ 2383, 2385 für die Nachlassverbindlichkeiten haftenden) Erwerber ebenso wie den Nachlassgläubigern schaden könnte. Nimmt man mit dem BGH an, dass am Anteil bestehende Pfand- und Pfändungspfandrechte sich im Wege der dinglichen Surrogation an den zum Auseinandersetzungsguthaben gehörenden Gegenständen und Ansprüchen fortsetzen (BGHZ 52, 99 = NJW 1969, 1348 gegen RGZ 84, 395 (397); ebenso BayObLG DB 1983, 708 (709); MüKoBGB/Gergen Rn. 30; Soergel/Wolf Rn. 19), würde eine selbständige Verfügung über das Guthaben außerdem diesem Surrogationsprinzip widersprechen (Staudinger/Löhnig, 2016, Rn. 11). Ist die Form des § 2033 Abs. 1 S. 2 eingehalten, soll die Abtretung des Anspruchs auf das Auseinandersetzungsguthaben idR **in die Abtretung des Anteils umgedeutet** (§ 140) werden können (MüKoBGB/Gergen Rn. 10; Soergel/Wolf Rn. 6; Staudinger/Löhnig, 2020, Rn. 19; RGRK-BGB/Kregel Rn. 2; vgl. auch Prot. V 839 und zu einem anderen Fall von Umdeutung BGH WM 1964, 94 (95)). Gleiches gilt für die Bestellung eines Pfandrechts und für einen Pfändungs- und Überweisungsbeschluss (MüKoBGB/Gergen Rn. 15).

## IV. Verfügung

**1. Begriff der Verfügung.** Eine Verfügung ist ein Rechtsgeschäft, durch das ein Recht übertragen, belastet, inhaltlich verändert oder aufgehoben wird (BGHZ 1, 294 (304); RGRK-BGB/Kregel Rn. 10). § 2033 erfasst vor allem die Übertragung des Anteils, seine Verpfändung (§§ 1273 ff.) sowie die Bestellung eines Nießbrauchs (§§ 1068 ff.) (OLG Hamburg FamRZ 2016, 1881 (1885)). Das schuldrechtliche Rechtsgeschäft, das einer Veräußerung des Nachlassanteils zugrunde liegt, ist nicht in § 2033, sondern (teilweise: Kauf und ähnliche Verträge) in §§ 2371 ff., 2385 geregelt. 5

**2. Form.** Die Verfügung über einen Nachlassanteil muss **notariell beurkundet** werden (Abs. 1 S. 2). Gleiches gilt für schuldrechtliche Kauf- und ähnliche Verträge, in denen sich der Erbe zur Übertragung des Anteils verpflichtet (§§ 2371, 2385). Das Erfordernis der notariellen Beurkundung dient dem Schutz vor Übereilung, der Beweiserleichterung und der sachkundigen Beratung. Insbes. soll der Veräußerer vor dem unüberlegten Verlust eines Gesamtrechts bewahrt werden; außerdem soll im Interesse der Nachlassgläubiger der Zeitpunkt des Vertragsschlusses als des Eintritts der Haftung des Erbschaftserwerbers eindeutig bestimmt und dem Erwerber eine Legitimationsgrundlage gegeben werden (BGH NJW 1998, 1557). Schuldrechtliches und dingliches Geschäft können in einer Urkunde zusammengefasst werden, müssen dann aber sämtliche erforderlichen Regelungen enthalten. **Mängel der Form des Verpflichtungsgeschäfts** hindern die Wirksamkeit der Verfügung regelmäßig nicht, begründen aber einen Rückgewähranspruch nach § 812 Abs. 1 S. 1 Fall 1. Anders als im Falle des § 311b Abs. 1 S. 2 werden Formmängel nicht durch die Vollziehung der Übertragung geheilt (BGH NJW 1967, 1128 (1130 f.); WM 1970, 1319 (1320); RGZ 129, 122 (123); 137, 171 (175); Staudinger/Löhnig, 2020, Rn. 25; RGRK-BGB/Kregel Rn. 13; Soergel/Wolf Rn. 17; Grüneberg/Weidlich Rn. 11; aA Erman/Bayer Rn. 6; krit. auch Lange/Kuchinke ErbR § 42 II 4). Notariell beurkundet werden muss trotz § 167 Abs. 2 eine **Vollmacht** zur Veräußerung des Anteils, wenn mit ihr eine ähnliche Rechtslage wie bei der Veräußerung geschaffen wird (KreisG Erfurt MDR 1994, 175; RGRK-BGB/Kregel Rn. 13; Grüneberg/Weidlich Rn. 9; Erman/Bayer Rn. 6). Das gilt insbes. für unwiderrufliche Vollmachten sowie für Vollmachten, die eine Befreiung von der Beschränkung des § 181 enthalten. Nicht formbedürftig ist dagegen eine **Abschichtungsvereinbarung,** aufgrund derer ein einzelner Miterbe einvernehmlich mit oder ohne Abfindung aus der Erbengemeinschaft ausscheidet. Das gilt auch dann, wenn ein Grundstück zum Nachlass gehört. Die Aufgabe der Miterbenstellung hat kraft Gesetzes eine Anwachsung des Erbteils bei den übrigen Miterben zur Folge, ohne dass eines Übertragungsaktes bedarf (BGHZ 138, 8 (14) = NJW 1998, 1557; OLG Hamm Rpfleger 2014, 479; OLG Frankfurt FGPrax 2019, 106). Eine gesonderte Auflassung ist nicht erforderlich (OLG Zweibrücken FamRZ 2012, 1333). 6

**3. Übertragung eines Anteils. a) Gegenstand der Übertragung.** Gegenstand der Verfügung ist der Anteil am Nachlass. Die Mitberechtigung hinsichtlich der einzelnen Nachlassgegenstände geht im Wege der **Gesamtrechtsfolge** auf den Erwerber über. Die Formen, die Voraussetzung für eine Übertragung einzelner Nachlassgegenstände wären, müssen nicht gewahrt werden. Gehört zum Nachlass ein Grundstück, vollzieht sich der Eigentumserwerb des Erwerbers nicht nach §§ 873, 925, sondern außerhalb des Grundbuchs (OLG München ZEV 2018, 268 Rn. 16, 20). Die Eintragung im Grundbuch hat im Wege der Grundbuchberichtigung zu erfolgen (§ 22 GBO) (BGH ZEV 2019, 267 Rn. 5; OLG Hamm OLGZ 77, 419 (424); OLG Köln Rpfleger 1993, 349 (350); MüKoBGB/Gerges Rn. 12). Der (notariell beurkundete) Antrag von Miterben, nur einige von ihnen im Wege der Grundbuchberichtigung als Eigentümer eines Nachlassgrundstücks in das Grundbuch einzutragen, kann deshalb als Erbteilsübertragung auszulegen sein (OLG Frankfurt MDR 1961, 415 Ls.; MüKoBGB/Gergen Rn. 12). Einer Voreintragung aller Miterben bedarf es entspr. § 40 Abs. 1 GBO nicht (OLG München ZEV 2018, 268 Rn. 19 f.). **Genehmigungserfordernisse** und **Verfügungsbeschränkungen,** die einzelne Nachlassgegenstände betreffen, sind grds. ebenfalls unbeachtlich (BGHZ 92, 386 = NJW 1985, 2592; MüKoBGB/Gergen Rn. 17, 19). So bedarf die Verfügung über den Miterbenanteil an einem Nachlass, zu dem ein Geschäftsanteil an einer GmbH gehört, nicht der für die Abtretung des Geschäftsanteils erforderlichen Genehmigung, wenn auch der Erwerber schuldrechtlich verpflichtet sein kann, die den Geschäftsanteil betreffende satzungsmäßige Rechtslage wiederherzustellen (BGHZ 92, 386 = NJW 1985, 2592). Gehört Wohnungseigentum zum Nachlass, ist eine nach § 12 WEG vereinbarte Zustimmung der anderen Wohnungseigentümer nicht erforderlich (OLG Hamm OLGZ 1979, 419 (423 f.) = NJW 1980, 1397; MüKoBGB/Gergen Rn. 17). Auch § 5 Abs. 1 ErbbauRG (Zustimmung des Grundstückseigentümers zur Veräußerung des Erbbaurechts) ist nicht anwendbar 7

(BayObLGZ 1967, 408; MüKoBGB/Gergen Rn. 17). Vorkaufsrechte nach § 24 BauGB werden durch den Verkauf eines Nachlassanteils ebenfalls nicht ausgelöst (BGH DNotZ 1970, 423). Es gibt jedoch **Ausnahmen.** Handelt es sich bei dem Erbteil des im gesetzlichen Güterstand verheirateten Miterben um dessen einziges Vermögen, ist gem. §§ 1365 f. die Zustimmung des Ehegatten erforderlich (OLG Koblenz ZEV 2016, 35). Besteht der Nachlass im Wesentlichen aus einem land- oder forstwirtschaftlichen Betrieb, stellt § 2 Nr. 2 GrdstVG die Veräußerung eines Erbanteils an einen Dritten der Veräußerung eines Grundstücks ausdrücklich gleich. Gesellschaftsanteile an einer GbR, die nicht frei veräußerlich sind (§ 719), sollen von der Veräußerung eines Nachlassanteils nicht erfasst sein, weil sie auch nicht Teil des gesamthänderisch gebundenen Vermögens seien (Soergel/Wolf Rn. 12). Der **Abfindungsanspruch eines Miterben gegen den Hoferben** (§ 13 HöfeO) gehört nicht zum Nachlassanteil. Er geht nur dann auf den Erwerber über, wenn er gesondert abgetreten wird (BGH MDR 1979, 744). Bodenreformland soll nach einer Entscheidung des Kammergerichts ebenfalls nicht zum Nachlass gehören (KG KGR 1998, 385 (387)).

8 **b) Rechtsstellung des Erben nach der Veräußerung.** Der Erbe, der seinen Anteil veräußert hat, bleibt auch nach der Veräußerung Erbe (BGHZ 121, 47 = NJW 1993, 726; KG NJW-RR 1999, 880 (881); OLG München ZErb 2010, 262 (264); OLG München NJW-RR 2019, 971 Rn. 6). Er haftet weiter für die Nachlassverbindlichkeiten (vgl. §§ 2382, 2385). Ein vor der Veräußerung ausgestellter Erbschein wird nicht unrichtig; auch nach der Veräußerung ist der Erbe, nicht der Erwerber als Erbe aufzuführen (RGZ 64, 173 (175); OLG München NJW-RR 2019, 971 Rn. 6; MüKoBGB/Gergen Rn. 27; Staudinger/Löhnig, 2020, Rn. 35; vgl. auch OLG Düsseldorf OLGZ 1991, 134 (136)). Der Erbe behält das Recht, nach § 2227 die Entlassung eines Testamentsvollstreckers zu beantragen oder nach §§ 2078 ff. die letztwillige Verfügung des Erblassers anzufechten (Erman/Bayer Rn. 5). Ihm, nicht dem Erwerber, stehen etwaige Pflichtteilsrest- oder -ergänzungsansprüche zu (MüKoBGB/Gergen Rn. 27). Er kann auch noch für erbunwürdig erklärt werden (Grüneberg/Weidlich Rn. 7). Das Vorkaufsrecht der §§ 2034 ff. kann er allerdings nicht mehr ausüben (→ § 2034 Rn. 7) (BGHZ 121, 47 = NJW 1993, 726).

9 **c) Rechtsstellung des Erwerbers.** Der Erwerber tritt mit der Verfügung als Teilhaber in das Gesamthandverhältnis, dh in alle durch die Erbengemeinschaft begründeten, im Erbteil enthaltenen Rechtsbeziehungen des Veräußerers ein (BGHZ 31, 253 (255) = NJW 1960, 291; RGZ 60, 126 (131); 83, 27 (30); Staudinger/Löhnig, 2020, Rn. 37; MüKoBGB/Gergen Rn. 26). Es handelt sich um einen Fall der **Gesamtrechtsnachfolge** (BayObLG NJW-RR 1987, 398; MüKoBGB/Gergen Rn. 26). Der Erwerber erhält alle Verwaltungs-, Benutzungs- und Fruchtziehungsrechte (RGRK-BGB/Kregel Rn. 12), insbes. das Recht, die Auseinandersetzung zu verlangen (§ 2042) (RGZ 83, 27 (30); RGRK-BGB/Kregel Rn. 12; Lange/Kuchinke ErbR § 42 II 3; Staudinger/Löhnig, 2020, Rn. 39). Ihn treffen alle mit dem Erbteil verbundenen Beschwerungen und Belastungen, insbes. Vermächtnisse, Auflagen, Pflichtteilsansprüche, Teilungsanordnungen, Ausgleichungspflichten (J. Mayer ZEV 1996, 441 (442)), Testamentsvollstreckung. Gemäß §§ 2382, 2385 haftet er für die Nachlassverbindlichkeiten. Aus diesem Grund ist die Übertragung eines Erbteils an einen Minderjährigen nie lediglich rechtlich vorteilhaft (OLG Frankfurt NJW-RR 2015, 842). Der Erwerber kann die Anordnung der Nachlassverwaltung und die Eröffnung des Nachlassinsolvenzverfahrens beantragen (Erman/Bayer Rn. 5). Eine Inventarfrist ist ihm gegenüber zu setzen; ein vom Veräußerer errichtetes Inventar wirkt allerdings auch für ihn (§ 2383 Abs. 2). Der Besitz am Nachlass geht nicht gem. oder analog § 857 auf den Erwerber über, sondern durch Einräumung des unmittelbaren Mitbesitzes nach § 854 Abs. 2 oder des mittelbaren Mitbesitzes nach § 870 (Lange/Kuchinke ErbR § 42 II 3; Erman/Bayer Rn. 5b; MüKoBGB/Gergen Rn. 26); beides kann zugleich in der Anteilsübertragung liegen. Der Erwerber wird **nicht Erbe** (BGHZ 31, 253 (255) = NJW 1960, 291; BGH ZEV 2019, 267 Rn. 5; RGZ 64, 173 (175 f.); OLG Düsseldorf OLGZ 1991, 134 (136); OLG München ZErb 2010, 262 (264)). Erbe ist nur, wer aufgrund eines vom Gesetz anerkannten familienrechtlichen Verhältnisses oder durch letztwillige Verfügung zum Rechtsnachfolger des Erblassers berufen worden ist (BGHZ 56, 115 (118) = NJW 1971, 1264 (1265); RGZ 64, 173 (175)). Mehrere Erwerber sämtlicher Miterbenanteile können ein durch die veräußernden Miterben in ungeteilter Erbengemeinschaft betriebenes ererbtes **Handelsgeschäft** nicht ihrerseits in ungeteilter Erbengemeinschaft fortführen (KG KGR 1999, 70 (71) m. krit. Anm. Ann EWiR 1999, 159 und Keller ZEV 1999, 174). Durch die erfolgreiche **Anfechtung** der Erbteilsübertragung nach dem AnfG wird diese nicht rückgängig gemacht. Der Erwerber ist lediglich verpflichtet, die Zwangsvollstreckung des Anfechtungsgläubigers in den Anteil zu dulden (Jünemann ZEV 2005, 335 (336)).

10 **4. Verpfändung. a) Bestellung des Pfandrechts.** Die Verpfändung eines Nachlassanteils erfolgt nach §§ 1273 ff., also nach den Vorschriften über das Pfandrecht an Rechten. Eine Anzeige

nach § 1280 ist nicht erforderlich, weil ein Recht, keine Forderung verpfändet wird (RGZ 84, 395 (398); MüKoBGB/Gergen Rn. 14; Grüneberg/Weidlich Rn. 14). Die Verpfändung bedarf nach Abs. 1 S. 2 der notariellen Form. Ein Pfandrecht kann nicht mit dem Inhalt bestellt werden, dass die Tilgung der gesicherten Forderung ausgeschlossen ist (BGHZ 23, 293 = NJW 1957, 672; Grüneberg/Weidlich Rn. 14). Der **Erbe** bleibt nach der Verpfändung zu solchen Rechtshandlungen berechtigt, die das gepfändete Recht nicht beeinträchtigen (§ 1276). Er kann etwa zum Nachlass gehörende Forderungen gem. § 2039 zur Hinterlegung für alle Miterben einziehen; denn das Pfandrecht am Anteil bleibt davon unberührt (BGH NJW 1968, 2059 für das Pfändungspfandrecht). Gleiches gilt für eine Veräußerung des Anteils (MüKoBGB/Gergen Rn. 32). Gegen den Widerspruch des Pfandgläubigers ist eine Vereinigung aller Erbteile in einer Hand – die zum Erlöschen des Pfandrechts führen würde – jedoch nicht möglich (BayObLG NJW 1959, 1780; MüKoBGB/Gergen Rn. 32). Die Verpfändung eines Nachlassanteils kann dann, wenn zum Nachlass ein Grundstück gehört, im Wege der Berichtigung im Grundbuch eingetragen werden, weil die eingetragenen Miterben zur Verfügung über das Grundstück sowie zur Auseinandersetzung des Nachlasses und zur Übertragung sämtlicher Miterbenanteile an einen Miterben oder einen Dritten der Zustimmung des Pfandgläubigers bedürfen (RGZ 90, 232; BayObLG NJW 1959, 1780; OLG Hamm OLGZ 1977, 283 (286); OLG Frankfurt Rpfleger 1979, 205; MüKoBGB/Gergen Rn. 33).

**b) Rechtsstellung des Pfandgläubigers.** Die Rechtsstellung des Pfandgläubigers ergibt sich aus § 1273 Abs. 2, § 1258 (BGH NJW 1968, 2059 (2060); RGZ 83, 27 (30); 84, 395 (396 f.); MüKoBGB/Gergen Rn. 30). Der Pfandgläubiger erwirbt ein Pfandrecht am Nachlassanteil, nicht ein Pfandrecht an einzelnen Gegenständen (BGH NJW 1968, 2059 (2060) für das Pfändungspfandrecht; BayObLG DB 1983, 708; OLG Köln NJW-RR 2014, 1415 Rn. 11). Er ist zur Ausübung aller nicht höchstpersönlichen Befugnisse des Miterben berechtigt. Das gilt vor allem für die Verwaltung (§ 2038), für Verfügungen über einen Nachlassgegenstand (§ 2040; aber → Rn. → Rn. 13) sowie für den Antrag auf ein Auseinandersetzungsvermittlungsverfahren vor dem Nachlassgericht (vgl. § 363 Abs. 2 FamFG) und für die Mitwirkung bei der Auseinandersetzung (§ 2042) (BGHZ 52, 99 = NJW 1969, 1347; OLG Köln NJW-RR 2014, 1415 Rn. 11; MüKoBGB/Gergen Rn. 31). Die Auseinandersetzung kann gem. § 1273 Abs. 2, § 1258 Abs. 2 zunächst nur vom Pfandgläubiger und vom Miterben gemeinsam, nach Eintritt der Pfandreife dann vom Gläubiger allein verlangt werden (BGHZ 52, 99 = NJW 1969, 1347). Nach der Auseinandersetzung setzt sich das Pfandrecht im Wege der dinglichen Surrogation an den dem Schuldner zugewiesenen Gegenständen, Forderungen und Rechten einschließlich des Rechts auf den anteiligen Überschuss nach § 2047 fort (BGHZ 52, 99 = NJW 1969, 1347; BGH NJW 1968, 2059 (2060); RGZ 60, 126 (133 f.); BayObLG DB 1983, 708 (709)). Der Pfandgläubiger hat kein Widerspruchsrecht nach § 771 ZPO, wenn ein anderer Gläubiger die Zwangsvollstreckung in den Anteil betreibt. Er muss sein Vorrecht hinsichtlich des Erlöses geltend machen (MüKoBGB/Gergen Rn. 35). Im Verhältnis zwischen Pfand- und Pfändungspfandgläubiger gilt das Prioritätsprinzip (BGHZ 52, 99 = NJW 1969, 1347). Ist ein Testamentsvollstrecker ernannt, ändert die Pfändung des Anteils nichts am Umfang der dem Testamentsvollstrecker zustehenden Befugnisse; denn dem Gläubiger stehen keine weitergehenden Rechte als dem Erben zu. 11

**5. Nießbrauch.** Ein Nießbrauch an einem Nachlassanteil wird nach §§ 1069, 2033 Abs. 1 bestellt. Die Rechtsstellung des Nießbrauchers richtet sich nach §§ 1068 ff. Gemäß § 1068 Abs. 2, § 1066 übt der Nießbraucher die Rechte aus, die sich in Ansehung der Verwaltung und der Nutzung des Nachlasses ergeben. Das Recht auf Auseinandersetzung kann vom Nießbraucher und dem betroffenen Miterben nur gemeinsam ausgeübt werden (MüKoBGB/Gergen Rn. 29; Staudinger/Löhnig, 2020, Rn. 46). 12

**6. Zwangsvollstreckung. a) Pfändung.** Der Anteil am Nachlass kann bis zur Auseinandersetzung der Miterben nach § 859 Abs. 2 ZPO, §§ 857, 929, 935 ZPO gepfändet werden (BGH ZEV 2019, 267 Rn. 7; OLG Naumburg NJOZ 2013, 812 = BeckRS 2013, 1924). Auch die Vorpfändung eines Miterbenanteils (§ 845 ZPO) ist zulässig (OLG Naumburg Rpfleger 2016, 222). Drittschuldner (§ 829 Abs. 1 ZPO) sind die übrigen Miterben. Ihnen ist der Pfändungsbeschluss zuzustellen (§ 829 Abs. 2 und 3 ZPO) (RGZ 49, 405 (406 ff.); 74, 51 (54); 75, 179 (180); 86, 294 (295); OLG Frankfurt Rpfleger 1979, 205; OLG Düsseldorf MDR 2013, 119; OLG Frankfurt BeckRS 2020, 36619 Rn. 17; Staudinger/Löhnig, 2020, Rn. 47). Im Fall der Testamentsvollstreckung ist der Pfändungsbeschluss dem Testamentsvollstrecker zuzustellen (RGZ 86, 294 (296); Wieczorek/Schütze/Lüke ZPO § 859 Rn. 33), im Fall der Nachlassverwaltung dem Nachlassverwalter (Staudinger/Löhnig, 2020, Rn. 47; Wieczorek/Schütze/Lüke ZPO § 859 13

Rn. 33), im Fall der für einen unbekannten Miterben bestellten Nachlasspflegschaft dem Nachlasspfleger (Staudinger/Löhnig, 2020, Rn. 47; Avenarius MDR 1997, 1033; aA LG Kassel MDR 1979, 1032). Einer Zustellung an den Vollstreckungsschuldner bedarf es nicht. Ihm ist die Pfändung bekanntzugeben, damit er etwaige Einwendungen geltend machen kann; Voraussetzung der Wirksamkeit der Pfändung ist dies jedoch nicht (OLG Frankfurt BeckRS 2020, 36619 Rn. 17). Mit der Pfändung erwirbt der Gläubiger ein Pfändungspfandrecht am Anteil, nicht an einzelnen Nachlassgegenständen (BGHZ 52, 99 = NJW 1969, 1347 (1348); BGH ZEV 2019, 267 Rn. 5; OLG Frankfurt Rpfleger 1979, 205; BayObLG DB 1983, 708; OLG Köln NJW-RR 2014, 1415 Rn. 11; OLG Frankfurt BeckRS 2020, 36619 Rn. 15; Staudinger/Löhnig, 2020, Rn. 47; MüKoBGB/Gergen Rn. 36). Gehört ein Grundstück zum Nachlass, ist die Pfändung des Anteils auf Antrag des Pfändungsgläubigers in das Grundbuch einzutragen, um einen gutgläubigen Erwerb durch Verfügung aller Miterben zu verhindern (OLG Frankfurt BeckRS 2020, 36619 Rn. 15; Stein/Jonas/Würdiger ZPO § 859 Rn. 32). Das Pfändungspfandrecht gewährt dem Gläubiger dieselben Rechte wie ein vertragliches Pfandrecht (§ 804 Abs. 2 ZPO). Der Erbe darf keine Verfügungen mehr treffen, die die Rechte des Gläubigers beeinträchtigen (§ 829 Abs. 1 S. 2 ZPO iVm § 136). Übertragungen und Belastungen des Anteils, die das Pfandrecht unberührt lassen, bleiben damit ebenso zulässig wie die Einziehung einer Nachlassforderung nach § 2039 (BGH NJW 1968, 2059). Verfügungen über einzelne Nachlassgegenstände (§ 2040) sind jedoch nur noch mit Zustimmung des Gläubigers möglich (OLG Köln NJW-RR 2014, 1415 Rn. 11). Rechte an den einzelnen Nachlassgegenständen erwirbt der Gläubiger nicht, wie sich bereits aus § 859 Abs. 2 ZPO ergibt (BGH NJW 1968, 2059 (2060); OLG Frankfurt BeckRS 2020, 36619 Rn. 15). Nach einer neueren Entscheidung des OLG Köln soll der Gläubiger nicht berechtigt sein, unter Ausschluss des Pfändungsschuldners gemeinsam mit den übrigen Miterben über einzelne Nachlassgegenstände zu verfügen (OLG Köln NJW-RR 2014, 1415 Rn. 11; Zöller/Herget ZPO § 859 Rn. 17; MüKoZPO/Smid ZPO § 859 Rn. 19), wobei unklar ist, wie sich diese Einschränkung mit der in der nämlichen Entscheidung angenommenen grundsätzlichen Befugnis des Pfändungspfandgläubigers verträgt, die Rechte des Schuldners aus §§ 2038 ff. auszuüben.

14 **b) Verwertung.** Die Verwertung des gepfändeten Anteils richtet sich nach § 835 Abs. 1 ZPO. Der Anteil wird dem Gläubiger zur Einziehung überwiesen. Eine Überweisung an Zahlungs statt kommt nicht in Betracht, weil es bei einem Erbteil an einem von der genannten Vorschrift vorausgesetzten Nennwert fehlt (BGH ZEV 2019, 267 Rn. 7). Der Gläubiger kann die Auseinandersetzung betreiben, auch wenn der Erblasser diese nach § 2044 BGB ausgeschlossen hatte. Dazu kann er gem. § 363 Abs. 2 FamFG einen Antrag auf Vermittlung der Auseinandersetzung durch einen Notar stellen oder eine Teilungsklage gem. § 2042 Abs. 1, §§ 749 ff. BGB gegen die Miterben erheben (BGH ZEV 2019, 267 Rn. 8). Nach § 2042, §§ 753, 180 ff. ZVG ist er zudem berechtigt, zum Zwecke der Gesamtauseinandersetzung selbständig die Teilungsversteigerung eines zum Nachlass gehörenden Grundstücks zu beantragen (BGH NJW-RR 1999, 504 mAnm Hintze EWiR 1999, 55; BGH ZEV 2019, 267 Rn. 8; OLG Köln NJW-RR 2014, 17415 Rn. 12). Zu einem freihändigen Verkauf des Erbteils ist er dagegen nicht schon aufgrund des Pfändungs- und Überweisungsbeschlusses berechtigt, weil der Erbe nach wie vor Inhaber des Erbteils ist (BGH ZEV 2019, 267 Rn. 9 ff.; aA OLG Naumburg FamRZ 2013, 1515 = BeckRS 2013, 1924). Gemäß § 857 Abs. 5 ZPO bedarf es vielmehr einer gesonderten Ermächtigung durch Beschluss des Vollstreckungsgerichts (BGH ZEV 2019, 267 Rn. 12). Das Pfandrecht des Gläubigers setzt im Wege der dinglichen Surrogation an denjenigen Gegenständen fort, die bei der Teilung auf den gepfändeten Erbteil entfallen (BGHZ 52, 99 = NJW 1969, 1147 (1149); BayObLG DB 1983, 708 (709)).

## V. Anteile an Nachlassgegenständen (Abs. 2)

15 **1. Keine Verfügung über Anteile an Nachlassgegenständen.** Über einen Anteil an einzelnen Nachlassgegenständen kann der Miterbe nicht verfügen (Abs. 2). Es ist umstritten, ob sich die Berechtigung der Miterben auf die einzelnen Nachlassgegenstände erstreckt (so die „Theorie der geteilten Mitberechtigung"; dagegen die „Theorie der ungeteilten Gesamtberechtigung") (vgl. iE RGRK-BGB/Kregel Rn. 14; Soergel/Wolf Rn. 3; MüKoBGB/Gergen § 2032 Rn. 10; Lange/Kuchinke ErbR § 42 I 4b). Die höchstrichterliche Rspr. geht seit langem von der Theorie der ungeteilten Gesamtberechtigung aus (RGZ 60, 126 (128); 61, 76 (78); BGH WM 2001, 477 (478)). Unabhängig hiervon kann über Anteile an Nachlassgegenständen nicht verfügt werden, und zwar weder von einem Miterben allein noch von allen Miterben gemeinsam (RGZ 88, 21 (27); BGH WM 2001, 477 (478)). Die Miterben gemeinsam können nur über Nachlassgegen-

stände, nicht jedoch über Anteile daran verfügen. Das gilt auch dann, wenn der Nachlass nur aus einem einzigen Gegenstand besteht (BGHZ 146, 310 = NJW 2001, 2396; BGH WM 2001, 477 (478); OLG Celle NdsRPfl. 1967, 126 (127); OLG München OLGR 1999, 140; OLG Naumburg NJOZ 2013, 812; RGRK-BGB/Kregel Rn. 14; MüKoBGB/Gergen Rn. 38; Johannsen WM 1970, 573). Unzulässig und unwirksam sind daher die Veräußerung eines Anteils an einem Nachlassgrundstück (BGHZ 55, 66 = NJW 1971, 321 zur Rechtslage vor Inkrafttreten des BGB; OLG Bremen OLGZ 1987, 10), die Belastung des Anteils an einem Nachlassgrundstück mit einem Grundpfandrecht (RGZ 88, 21 (26)), die Übertragung eines Anteils an einem zum Nachlass gehörenden Handelsgeschäft (MüKoBGB/Gergen Rn. 39), die Übertragung eines Anteils an einem zum Nachlass gehörenden Anteil an einem anderen Nachlass (RGZ 162, 397 (400 ff.)) und der Verzicht eines Miterben auf das Eigentum an einem zum Nachlass gehörenden Grundstück (OLG Jena FamRZ 2013, 817). Ergänzt wird § 2033 Abs. 2 durch § 859 Abs. 2 ZPO, wonach der Anteil eines Miterben an den einzelnen Nachlassgegenständen der Pfändung nicht unterworfen ist (aA anscheinend OLG München NJW-RR 2016, 212 Rn. 12: Forderungspfändung nach § 859 Abs. 2 ZPO mit § 859 Abs. 1 ZPO). Der Anteil eines Miterben an einem zum Nachlass gehörenden Grundstück kann nicht mit einer Zwangssicherungshypothek belastet werden (OLG Düsseldorf FGPrax 2013, 12; OLG München NJW-RR 2016, 212 Rn. 12).

**2. Verpflichtungsgeschäft.** Die Verpflichtung, einen Anteil an einem zu einem ungeteilten Nachlass gehörenden Gegenstand zu übereignen, ist nicht wegen rechtlicher Unmöglichkeit nichtig (§ 311a Abs. 1). Der Schuldner braucht gem. § 275 Abs. 1 jedoch nicht zu leisten. Die Rechte der Gläubiger beschränken sich auf Schadensersatz oder Aufwendungsersatz (§ 311a Abs. 2) (MüKoBGB/Gergen Rn. 40). Verkauft ein Miterbe einen Anteil an einem zum Nachlass gehörenden Grundstück an die anderen Miterben, kann dieser Vertrag in einen wirksamen Auseinandersetzungsvertrag über das Nachlassgrundstück umgedeutet werden, wenn alle Miterben mitgewirkt haben und der Auseinandersetzungsvertrag zu demselben Erfolg führt wie der nichtige Kaufvertrag (OLG Bremen OLGZ 1987, 10). Eine gem. Abs. 2 nicht erfüllbare Verpflichtung zur Übertragung eines Anteils an einzelnen Nachlassgegenständen kann in eine Verpflichtung zur Übertragung dessen umgedeutet werden, was an Rechten an den betreffenden Gegenständen bei Auseinandersetzung zugeteilt wird (OLG Koblenz OLGR 2005, 440; MüKoBGB/Gergen Rn. 40). 16

## § 2034 Vorkaufsrecht gegenüber dem Verkäufer

**(1) Verkauft ein Miterbe seinen Anteil an einen Dritten, so sind die übrigen Miterben zum Vorkauf berechtigt.**

**(2) [1]Die Frist für die Ausübung des Vorkaufsrechts beträgt zwei Monate. [2]Das Vorkaufsrecht ist vererblich.**

**Schrifttum:** Johannsen, Die Rechtsprechung des Bundesgerichtshofs auf dem Gebiet des Erbrechts – 6. Teil: Die Erbengemeinschaft (2. Abschnitt), WM 1970, 738; Sieveking, Zum Miterbenvorkaufsrecht des § 2034 BGB, MDR 1989, 224; Wendt/Rudy, Das Vorkaufsrecht des Miterben nach § 2034 BGB, ZErb 2010, 250.

### Überblick

Die Vorschrift schließt an § 2033 an. Der Erbe kann über seinen Anteil am Nachlass verfügen. Die übrigen Miterben haben jedoch ein Vorkaufsrecht. Sie sollen die Möglichkeit haben, Dritte aus der Erbengemeinschaft fernzuhalten. Das Vorkaufsrecht steht den Miterben zur gesamten Hand zu. Es setzt den freiwilligen Verkauf des Anteils voraus. Andere Rechtsgeschäfte oder ein Verkauf nach Pfändung und Überweisung des Anteils lösen das Vorkaufsrecht nicht aus. Das Vorkaufsrecht unterliegt den allgemeinen Regeln (§§ 463 ff.). Es erlischt zwei Monate nach dem Zugang der Mitteilung über den Verkauf (vgl. § 469 Abs. 1). Wird es fristgerecht ausgeübt, kommt der Kauf zwischen dem Verkäufer und den Miterben zu den mit dem Käufer vereinbarten Bedingungen zustande.

### I. Bedeutung der Norm

Nach § 2033 sind die Erben berechtigt, über ihren Anteil am Nachlass zu verfügen. Der Erwerber des Anteils wird Mitglied der Erbengemeinschaft. Das Vorkaufsrecht der übrigen Miterben dient dazu, das Eindringen unerwünschter Mitglieder in die Erbengemeinschaft zu verhindern 1 und die Miterben vor der Verstärkung der Beteiligung bereits eingedrungener Dritter zu schützen (BGH NJW 1993, 726; BGHZ 56, 115 (116) = NJW 1971, 1264 mAnm Johannsen LM Nr. 9a; BGHZ 86, 379 = NJW 1983, 1555 mAnm Hoegen LM Nr. 12; BGH LM Nr. 8; MüKoBGB/Gergen Rn. 1; Staudinger/Löhnig, 2020, Rn. 1; Ann, Die Erbengemeinschaft, 2001, 216). Der durch § 2034 gewährte Schutz ist nicht umfassend. Das Vorkaufsrecht gilt insbes. nur im Falle des Verkaufs, nicht auch bei unentgeltlicher Übertragung oder bei Verwertung im Rahmen der Zwangsvollstreckung. Das Vorkaufsrecht der Miterben ist das einzige gesetzliche Vorkaufsrecht im BGB. Die Vorschriften der §§ 463–473 sind anzuwenden, soweit sich aus §§ 2034–2037 nichts anderes ergibt.

## II. Voraussetzungen des Vorkaufsrechts

2 **1. Verkauf des Anteils.** Das Vorkaufsrecht entsteht im Falle des freiwilligen Verkaufs des Erbanteils (§ 2371). Unter den Begriff „Verkauf" fallen auch Verträge, die praktisch einem Erbteilsverkauf gleichkommen (Staudinger/Löhnig, 2020, Rn. 8). Andere Rechtsgeschäfte – etwa Schenkung, Vergleich, Tausch, Sicherungsübereignung, Verpfändung – lösen das Vorkaufsrecht nicht aus (Soergel/Wolf Rn. 2; RGRK-BGB/Kregel Rn. 2; Staudinger/Löhnig, 2020, Rn. 9). Eine gemischte Schenkung gilt nicht als Kaufvertrag idS (BGH LM Nr. 8; MüKoBGB/Gergen Rn. 7; Staudinger/Löhnig, 2020, Rn. 9). Der Kaufvertrag zwischen dem Erben und dem Dritten muss rechtsgültig, insbes. formgültig geschlossen worden sein (vgl. § 2371); bedarf es einer behördlichen Genehmigung, muss diese erteilt worden sein (RGZ 170, 203 (206); BGH DNotZ 1960, 551 (552); MüKoBGB/Gergen Rn. 8; Staudinger/Löhnig, 2020 Rn. 11; Johannsen WM 1970, 746; RGRK-BGB/Kregel Rn. 2). Berufen sich Verkäufer und Dritter gegenüber dem Vorkaufsberechtigten auf die Formnichtigkeit des Vertrages, kann der Vorkaufsberechtigte nicht den Arglisteinwand erheben (RGZ 170, 203; RGRK-BGB/Kregel Rn. 2; Staudinger/Löhnig, 2020, Rn. 12; MüKoBGB/Gergen Rn. 10). Umgehungsgeschäfte, die bei wirtschaftlicher Betrachtungsweise einem Anteilskauf gleichstehen, lösen das Vorkaufsrecht ebenfalls aus (Beispiel: Hingabe des Anteils an Zahlungs statt für eine Geldschuld) (BGHZ 25, 174 (181 f.) = NJW 1957, 1515; RGZ 171, 185; OLG Rostock MDR 1999, 941; OLG Dresden ZEV 2004, 508, Ls.; RGRK-BGB/Kregel Rn. 2; MüKoBGB/Gergen Rn. 11). Bei einem Verkauf im Wege der **Zwangsversteigerung** oder einem Verkauf durch den **Insolvenzverwalter** eines Vermögens, zu dem ein Miterbenanteil gehört, gilt das Vorkaufsrecht hingegen nicht (§ 471), weil es sich nicht um einen freiwilligen Verkauf handelt (BGH NJW 1977, 37 m. krit. Anm. Schubert JR 1977, 284; Staudinger/Löhnig, 2020, Rn. 10). In diesen Fällen haben die Interessen der Gläubiger Vorrang vor dem Interesse der Miterben, die Zusammensetzung der Erbengemeinschaft zu kontrollieren.

3 **2. Miterbe als Verkäufer.** Das Vorkaufsrecht entsteht, wenn ein Miterbe seinen Anteil verkauft. Dem Miterben gleichzustellen sind Erben oder Erbeserben des Miterben, die in dessen erbrechtliche Stellung eingetreten sind (BGH NJW 1966, 2207; 1969, 92; LM Nr. 6; BGHZ 121, 47 (48) = NJW 1993, 726; MüKoBGB/Gergen Rn. 16; Staudinger/Löhnig, 2020, Rn. 15; Wendt/Rudy ZErb 2010, 250 (252)). Nachlassverwalter, Nachlassinsolvenzverwalter und Testamentsvollstrecker sind zum Verkauf von Erbanteilen nicht berechtigt (Lange/Kuchinke ErbR § 42 III 2b), sodass ein Vorkaufsrecht nicht entstehen kann. Verkauft der Erwerber eines Anteils den Anteil weiter, entsteht kein neues Vorkaufsrecht (→ § 2037 Rn. 1) (BGHZ 56, 115 (119) = NJW 1971, 1264 (1265); Staudinger/Löhnig, 2020, Rn. 14).

4 **3. Anteil an der Miterbengemeinschaft als Kaufgegenstand.** Kaufgegenstand muss der Anteil an der Miterbengemeinschaft oder ein Bruchteil dieses Anteils sein (§ 2033). Betreibt ein Erbe die Versteigerung des Nachlasses nach § 753 BGB, § 180 ZVG, steht den Miterben gegenüber dem meistbietenden Dritten kein Vorkaufsrecht zu (BGH NJW 1977, 1199); denn die Teilungsversteigerung bewirkt die Veräußerung des gesamten Nachlasses, nicht nur eines Anteils. Wird ein Miterbe (des Nachlasses 1) seinerseits von mehreren Erben beerbt (Nachlass 2), begründet die Veräußerung eines Anteils am Nachlass des Erben (Nachlass 2) nur ein Vorkaufsrecht der anderen Erben des Miterben (Nachlass 2), nicht jedoch der anderen Miterben (des Nachlasses 1) (BGH NJW 1975, 445). Eine Ausnahme gilt dann, wenn der Nachlass 2 ausschließlich aus dem Anteil am Nachlass 1 besteht und alle Miterben des zweiten Erbgangs ihre Anteile durch einheitliches Rechtsgeschäft verkaufen (MüKoBGB/Gergen Rn. 16).

5 **4. Verkauf an einen Dritten.** Der Anteil muss an einen Dritten verkauft worden sein. Der Verkauf an einen anderen Miterben löst das Vorkaufsrecht nicht aus (BGH MDR 1972, 128; LM Nr. 3; Staudinger/Löhnig, 2020, Rn. 16), auch dann nicht, wenn dieser Miterbe seinen eigenen

Anteil zuvor selbst verkauft hatte (RGZ 170, 203 (207); Staudinger/Löhnig, 2020, Rn. 16; MüKoBGB/Gergen Rn. 19). Das Vorkaufsrecht dient dem Schutz gegen das Eindringen Fremder in die Erbengemeinschaft, nicht jedoch dem Schutze einzelner Miterben vor einer Verschiebung der Gewichte innerhalb der Erbengemeinschaft. Der gesetzliche Erbe eines Miterben, dem der Anteil im Wege der vorweggenommenen Erbfolge übertragen wird, ist ebenfalls nicht Dritter (§ 470) (BGH MDR 1965, 891; 1971, 377; Wendt/Rudy ZErb 2010, 250 (251 f.), MüKoBGB/Gergen Rn. 20; RGRK-BGB/Kregel Rn. 4; aA Staudinger/Löhnig, 2020, Rn. 17). Dritter bleibt hingegen der Erwerber eines Anteils, der zwar in die vermögensrechtliche Stellung des Veräußerers eintritt, jedoch selbst nicht Erbe wird (grdl. BGHZ 56, 115 (116) = NJW 1971, 1264; BGHZ 121, 47 (49) = NJW 1993, 726; Soergel/Wolf Rn. 7; MüKoBGB/Gergen Rn. 19; Staudinger/Löhnig, 2020, Rn. 17). § 2034 soll überdies auch davor schützen, dass der Erwerber seine Rechtsposition gegenüber den übrigen Miterben verstärkt (BGH NJW-RR 1990, 1218; BGHZ 86, 379 (380) = NJW 1983, 1555 mAnm Hoegen LM Nr. 12).

## III. Vorkaufsberechtigte

**1. Miterben als Berechtigte.** Das Vorkaufsrecht steht den übrigen Miterben **zur gesamten** 6
**Hand** zu. Mehrere Erben können das Vorkaufsrecht nur gemeinsam ausüben (§ 472 S. 1). Ist es für einen der Miterben erloschen oder übt er das Recht nicht aus, sind die übrigen jedoch berechtigt, das Vorkaufsrecht im Ganzen auszuüben (§ 472 S. 2). Der Widerspruch des Miterben kann den Eintritt dieser Rechtsfolge nicht verhindern. § 472 S. 2 soll die Ausübung des Vorkaufsrechts gerade in derartigen Fällen ermöglichen (BGH MDR 1971, 377; RGZ 158, 57 (63 f.); Staudinger/Löhnig, 2016, Rn. 22; MüKoBGB/Gergen Rn. 25). Solange die Voraussetzungen des § 472 S. 2 im Verhältnis zu den widersprechenden Miterben allerdings nicht erfüllt sind, bleibt es jedoch dabei, dass die Mitwirkung aller anderen Miterben erforderlich ist (BGH NJW 1982, 330). Die Weigerung, der Ausübung des von anderen Miterben erklärten Vorkaufsrechts zuzustimmen, erfüllt den Tatbestand des § 472 S. 2 nicht. Auch eine entsprechende Anwendung des § 472 S. 2 kommt nicht in Betracht (BGH NJW 1982, 330; Soergel/Wolf Rn. 10). Die Ausübung des Vorkaufsrechts durch einen Miterben allein ist daher nur aufschiebend bedingt durch eine dahingehende Einigung aller Miterben, durch das Erlöschen des Rechts der anderen oder durch den Verzicht auf Ausübung durch die übrigen Miterben möglich und wirksam (BGH NJW 1982, 330; RGZ 158, 57 (60); OLG Naumburg OLGR 1999, 372 (373)). Die Ausübung des Vorkaufsrechts kann nicht deshalb als unzulässig angesehen werden, weil der Berechtigte nur zu einem geringen Bruchteil Miterbe ist und der Käufer schon nahezu alle Anteile der übrigen Miterben erworben hat (BGH MDR 1972, 128).

**2. Ausnahmen.** Der Miterbe, der seinen Anteil an einen Dritten **veräußert** hat, zählt nicht 7
mehr zu den vorkaufsberechtigten „übrigen Miterben" iSv Abs. 1 (BGHZ 121, 47 = NJW 1993, 726; MüKoBGB/Gergen Rn. 22; Staudinger/Löhnig, 2020, Rn. 21; Soergel/Wolf Rn. 8). Zwar ist er Miterbe geblieben. Er bedarf jedoch keines Schutzes mehr vor dem Eindringen Dritter in die Erbengemeinschaft oder vor der Verstärkung der Beteiligung eines Anteilserwerbers (BGHZ 121, 47 = NJW 1993, 726; BGHZ 188, 109 Rn. 13 = NJW 2011, 1226; Lange/Kuchinke ErbR § 42 III 2b; aA RGRK-BGB/Kregel Rn. 5). Gleiches gilt für einen Miterben, der sich bereits bindend verpflichtet hat, den Anteil weiterzuveräußern (BGH NJW-RR 1990, 1218; OLG Rostock MDR 1999, 941 (942)). Dabei bleibt es auch, wenn der Miterbe seinen Anteil wieder zurückerwirbt (BGHZ 188, 109 Rn. 18 = NJW 2011, 1226). Nicht vorkaufsberechtigt ist auch der **Dritte,** der gem. § 2033 einen Erbteil erworben hat (BGHZ 56, 115 (118) = NJW 1971, 1264; BGHZ 188, 109 Rn. 16 = NJW 2011, 1226; RGRK-BGB/Kregel Rn. 7). Der Erwerber wird zwar anstelle des Veräußerers Mitglied der Erbengemeinschaft. Er wird jedoch nicht „Miterbe". Erbe ist nur, wer aufgrund eines vom Gesetz anerkannten familienrechtlichen Verhältnisses oder durch letztwillige Verfügung als Rechtsnachfolger des Erblassers berufen ist. Der Erwerber gehört außerdem nicht in den Schutzbereich des § 2034, weil er aus freiem Entschluss in die Erbengemeinschaft eintritt und das Risiko eines künftigen Gemeinschafterwechsels tragen muss (BGHZ 56, 115 (118) = NJW 1971, 1264).

**3. Keine Übertragung des Vorkaufsrechts.** Das Vorkaufsrecht ist zusammen mit dem Erb- 8
teil, zu dem es gehört, **vererblich** (Abs. 2 S. 2; anders § 473 S. 1). Es kann jedoch nicht unter Lebenden übertragen oder belastet, insbes. nicht gepfändet werden (vgl. BGHZ 188, 109 Rn. 16 = NJW 2011, 1226). Wird ein vorkaufsberechtigter Miterbe von einer **Erbengemeinschaft** beerbt, stellt die Entscheidung über die Ausübung des Vorkaufsrechtes für diese eine Verwaltungsmaß-

nahme iSv § 2038 dar. § 472 S. 2 gilt insoweit nicht (Sieveking MDR 1989, 224 (225); MüKoBGB/Gergen Rn. 25).

## IV. Ausübung des Vorkaufsrechts

9 Das Vorkaufsrecht entsteht mit Abschluss des Kaufvertrags (§ 463). Es wird durch **formlose Erklärung** gegenüber dem Verkäufer ausgeübt (§ 464 Abs. 1). Hat der Verkäufer den Anteil bereits auf den Käufer übertragen, so kann das Vorkaufsrecht auch noch gegenüber dem Käufer ausgeübt werden (§ 2035 Abs. 1 S. 1); dem Verkäufer gegenüber erlischt das Vorkaufsrecht mit der Übertragung des Anteils. Das Vorkaufsrecht muss von den übrigen Miterben **gemeinschaftlich** (wenn auch nicht notwendig gleichzeitig) ausgeübt werden (§ 472 S. 1). Nur wenn das Vorkaufsrecht für einen der Miterben erloschen ist oder er sein Recht nicht ausübt, sind die übrigen berechtigt, das Vorkaufsrecht im Ganzen auszuüben (§ 472 S. 2; → Rn. 6). Die **Frist,** innerhalb derer das Vorkaufsrecht ausgeübt werden muss, beträgt zwei Monate (Abs. 2). Sie beginnt mit dem Zugang der Mitteilung über den Inhalt des mit dem Dritten geschlossenen Vertrages (§ 469 Abs. 2). Die Mitteilung muss klar und unmissverständlich sein, den Vertragsinhalt zutreffend wiedergeben (RGRK-BGB/Kregel Rn. 6; Staudinger/Löhnig, 2020, Rn. 40) und entweder vom Verkäufer oder vom Käufer des Anteils stammen (BGH WM 1979, 1066 (1067); 13.1.1960 – V ZR 142/58, mitgeteilt bei RGRK-BGB/Kregel Rn. 6 und Johannsen WM 1970, 738 (747)). Anderweitige Kenntnis des Berechtigten setzt die Frist nicht in Lauf (BGH WM 1962, 722 (723)). Die Frist läuft für jeden Vorkaufsberechtigten besonders (RGRK-BGB/Kregel Rn. 6; MüKoBGB/Gergen Rn. 29; vgl. auch BGH NJW 1982, 330). Sie wird nach § 187 Abs. 1, § 188 Abs. 2 und 3 berechnet. Hat der Erwerber den Anteil **weiterveräußert,** beginnt keine neue Frist. Das Vorkaufsrecht kann dem weiteren Zweiterwerber gegenüber nur innerhalb der durch die Erstmitteilung ausgelösten Frist ausgeübt werden (§ 2037; → § 2037 Rn. 1). Die **Beweislast** für den Zugang der Mitteilung und dessen Zeitpunkt trägt der Veräußerer, nach der Übertragung des Anteils der Erwerber (MüKoBGB/Gergen Rn. 30; Staudinger/Löhnig, 2020, Rn. 41).

## V. Rechtsfolgen

10 Das Vorkaufsrecht hat keine dingliche Wirkung, sondern begründet nur einen Anspruch des oder der Berechtigten auf Übertragung des Anteils Zug um Zug gegen Zahlung des Kaufpreises (BGH NJW 2016, 3233 Rn. 7). Wird das Vorkaufsrecht vor Übertragung des Anteils an den Käufer **gegenüber dem Verkäufer** ausgeübt, kommt der Kauf zwischen dem Vorkaufsberechtigten und dem Verkäufer zu denjenigen Bedingungen zustande, die der Verkäufer mit dem Käufer vereinbart hatte (§ 464 Abs. 2). Es handelt sich um ein **gesetzliches Schuldverhältnis,** auf das die allgemeinen Regeln über gegenseitige Verträge (etwa § 326) anwendbar sind (OLG Schleswig NJW-RR 1992, 1160 (1161); MüKoBGB/Gergen Rn. 35, 38; Staudinger/Löhnig, 2020, Rn. 42). Haben mehrere Vorkaufsberechtigte das Vorkaufsrecht gemeinsam ausgeübt, kann jeder von ihnen diesen Anspruch analog §§ 432, 2039 durchsetzen (MüKoBGB/Gergen Rn. 35). Mit Übertragung des Anteils erwerben die Miterben, die das Vorkaufsrecht geltend gemacht haben, den Anteil im Verhältnis ihrer Erbteile (vgl. §§ 1935, 2094) (BGH NJW 1983, 2142 (2143); BayObLGZ 1980, 328 (330); MüKoBGB/Gergen Rn. 36; Staudinger/Löhnig, 2020, Rn. 45). Hatte ein Miterbe zuvor bereits einen anderen Anteil erworben, bleibt dieser Anteil bei der Berechnung der Quote außer Betracht; denn in Ansehung des dazu erworbenen Anteils war der Miterbe nicht vorkaufsberechtigt (BGH NJW 1983, 2142 (2143)). Wird das Vorkaufsrecht nach Übertragung des Anteils **gegenüber dem Käufer** ausgeübt (§ 2035 Abs. 1 S. 1), richtet sich der Übertragungsanspruch aufgrund eines zwischen dem Käufer und dem Vorkaufsberechtigten entstehenden gesetzlichen Schuldverhältnisses gegen den Käufer (→ § 2035 Rn. 2). Der Käufer ist verpflichtet, den Erbteil auf den Vorkaufsberechtigten zu übertragen. Im Gegenzug hat dieser dem Käufer den Kaufpreis, die durch den Kaufvertrag entstandenen Kosten, die etwa durch die Ausübung des Vorkaufsrechts entstandenen Kosten sowie die Kosten einer Rückübertragung zu entstanden (BGH NJW 2016, 3233 Rn. 7). Die **Kosten** der Übertragung des Anteils tragen die Miterben, weil das Vorkaufsrecht allein ihren Interessen dient (Staudinger/Löhnig, 2020, Rn. 46).

## VI. Erlöschen des Vorkaufsrechts

11 Das Vorkaufsrecht erlischt durch Ablauf der Frist des Abs. 2, durch den Verzicht sämtlicher Berechtigter, durch Rückübertragung des Erbteils an den Veräußerer sowie durch jede Übertragung des Anteils, die das Vorkaufsrecht der Miterben nicht auslöst (→ Rn. 1) (MüKoBGB/Gergen Rn. 42; Staudinger/Löhnig, 2020, Rn. 49; Lange/Kuchinke ErbR § 42 III 3 f.).

## § 2035 Vorkaufsrecht gegenüber dem Käufer

**(1) [1]Ist der verkaufte Anteil auf den Käufer übertragen, so können die Miterben das ihnen nach § 2034 dem Verkäufer gegenüber zustehende Vorkaufsrecht dem Käufer gegenüber ausüben. [2]Dem Verkäufer gegenüber erlischt das Vorkaufsrecht mit der Übertragung des Anteils.**

**(2) Der Verkäufer hat die Miterben von der Übertragung unverzüglich zu benachrichtigen.**

### Überblick

Das Vorkaufsrecht erlischt dem Verkäufer gegenüber mit der Übertragung des Anteils (Abs. 1 S. 2). Solange die Frist des § 2034 Abs. 2 S. 1 noch nicht abgelaufen ist, kann das Vorkaufsrecht dem Käufer gegenüber ausgeübt werden (Abs. 1 S. 1). Um dies zu ermöglichen, hat der Verkäufer die Miterben von der Übertragung zu benachrichtigen (Abs. 2). Solange dies nicht erfolgt ist, ist das Vorkaufsrecht dem Verkäufer gegenüber auszuüben. Die rechtzeitige Ausübung

### I. Bedeutung der Norm

Hat der Verkäufer den Anteil schon an den Käufer übertragen, bevor die Miterben ihr Vorkaufsrecht ausgeübt haben, erlischt das Vorkaufsrecht der Miterben dem Verkäufer gegenüber (Abs. 1 S. 2). Die Miterben sind jedoch berechtigt, das Vorkaufsrecht **dem Käufer gegenüber** auszuüben (Abs. 1 S. 1). Diese Regelung stellt eine Besonderheit gegenüber den allgemeinen Bestimmungen der §§ 463 ff. dar, denn gem. § 464 Abs. 1 kann ein Vorkaufsrecht sonst nur gegenüber dem Verpflichteten geltend gemacht werden. § 2037 „verlängert" das Vorkaufsrecht weiter hinsichtlich Dritter, denen der Käufer seinerseits den Erbteil überträgt. 1

### II. Ausübung des Vorkaufsrechts gegenüber dem Käufer

**1. Ausübung vor Fristablauf.** Für die Ausübung des Vorkaufsrechts gegenüber dem Käufer gelten dieselben Regeln wie für die Ausübung des Vorkaufsrechts nach § 2034 (BGH NJW 2016, 3233 Rn. 7). Voraussetzung ist jedoch, dass die Frist des § 2034 Abs. 2 noch nicht abgelaufen ist. Die Frist beginnt mit der Übertragung auf den Käufer nicht neu. Gemäß Abs. 2 hat der Verkäufer die Miterben zwar **unverzüglich von der Übertragung zu unterrichten.** Auf den Lauf der Frist des § 2034 Abs. 2 hat diese Bestimmung jedoch keinen Einfluss. Die Mitteilungspflicht soll vielmehr sicherstellen, dass die Miterben wissen, wem gegenüber sie das Vorkaufsrecht geltend machen müssen. Solange die Mitteilung nicht erfolgt ist, kann das Vorkaufsrecht dem Verkäufer gegenüber ausgeübt werden (BGH WM 1979, 1066 (1067); Lange/Kuchinke ErbR § 42 III 3b m. Fn. 204) (Rechtsgedanke des § 407 Abs. 1) (Soergel/Wolf Rn. 3; MüKoBGB/Gergen Rn. 12; RGRK-BGB/Kregel Rn. 4; Staudinger/Löhnig, 2020, Rn. 14). Anderweitig erlangte Kenntnis ersetzt die Mitteilung nicht (BGH WM 1979, 1066 (1067)). 2

**2. Rechtsfolgen.** Mit der Ausübung des Vorkaufsrechts entsteht zwischen dem Vorkaufsberechtigten und dem Käufer ein **gesetzliches Schuldverhältnis** (BGH NJW 2016, 3233 Rn. 7). Der Käufer muss sich so behandeln lassen, als sei zwischen dem Verkäufer und dem oder den Vorkaufsberechtigten ein Kaufvertrag zustande gekommen, der auch ihm gegenüber wirkt und ihn zur Übertragung des Anteils verpflichtet (BGHZ 6, 85 (87 f.) = NJW 1952, 870; BGHZ 15, 102 = NJW 1954, 1883 (1884); Staudinger/Löhnig, 2020, Rn. 7; RGRK-BGB/Kregel Rn. 3; MüKoBGB/Gergen Rn. 6). Dieses Schuldverhältnis stellt keinen gegenseitigen Vertrag dar. §§ 320 ff. gelten nicht (BGHZ 15, 102 = NJW 1954, 1883 (1884); RGRK-BGB/Kregel Rn. 3; MüKoBGB/Gergen Rn. 6; Staudinger/Löhnig, 2020, Rn. 9). Der Übertragungsanspruch kann nicht auf einzelne Gegenstände beschränkt werden (BGH LM § 2034 Nr. 1; RGRK-BGB/Kregel Rn. 3; Erman/Bayer Rn. 3). Die **Kosten** der Ausübung des Vorkaufsrechtes und der Übertragung tragen die Vorkaufsberechtigten (Soergel/Wolf Rn. 4; RGRK-BGB/Kregel Rn. 3). Die Vorkaufsberechtigten sind außerdem verpflichtet, dem Käufer den etwa bereits gezahlten **Kaufpreis** zu erstatten oder ihn von der Verpflichtung zur Zahlung des Kaufpreises gegenüber dem Verkäufer freizustellen (MüKoBGB/Gergen Rn. 6; RGRK-BGB/Kregel Rn. 3; Soergel/Wolf Rn. 4). Mehrere Vorkaufsberechtigte haften als Gesamtschuldner (§ 427) (Lange/Kuchinke ErbR § 42 III 3c; Erman/Bayer Rn. 5; Staudinger/Löhnig, 2020, Rn. 12; Soergel/Wolf Rn. 4). Dem Käufer steht wegen dieser Ansprüche gegenüber dem Übertragungsverlangen der Vorkaufsberechtigten ein 3

**Zurückbehaltungsrecht** zu, das nicht aus § 320, sondern aus § 273 herzuleiten ist (BGHZ 15, 102 (106) = NJW 1954, 1883 (1884); Lange/Kuchinke ErbR § 42 III 3c wollen § 1100 S. 1 anwenden). Miterben erwerben den Anteil mit der Übertragung im Verhältnis ihrer Erbteile (Rechtsgedanke der §§ 1935, 2094 f.).

4 **3. Sonderfall: Weiterveräußerung trotz rechtzeitiger Vorkaufserklärung.** Keine besondere Regelung enthält das Gesetz für den Fall, dass der Verkäufer den Anteil nach fristgerecht erfolgter Vorkaufserklärung weiterveräußert. Allgemeinen Grundsätzen nach ist ein Vorkaufsrecht mit seiner Ausübung verbraucht (zB MüKoBGB/Gergen § 2034 Rn. 42). Danach könnte es gegen den Käufer nicht erneut ausgeübt werden. Diese Lösung würde jedoch dem Schutzzweck des § 2035 widersprechen. Mindestens eine erneute Ausübung des Vorkaufsrechts gegenüber dem Erwerber innerhalb der Frist des § 2034 Abs. 2 muss deshalb möglich sein (Lange/Kuchinke ErbR § 42 III 3a). Dieser Schutz versagt jedoch, wenn die Frist des § 2034 Abs. 2 bei Veräußerung des Anteils bereits abgelaufen ist. Die besseren Gründe sprechen deshalb für die Annahme, dass der Käufer die rechtzeitige Ausübung des Vorkaufsrechts gegen sich gelten lassen muss, ohne dass es einer erneuten Ausübung des Vorkaufsrechts ihm gegenüber bedarf (BGH NJW 2002, 820 (821) mAnm Kornexl ZEV 2002, 69; OLG Schleswig NJW-RR 1992, 1160 f.; Erman/Bayer Rn. 3; MüKoBGB/Gergen Rn. 10; Staudinger/Löhnig, 2020, Rn. 5). Der Erbteilskäufer ist dann gegen das Risiko geschützt, den Erbteil noch nach Zahlung des Kaufpreises auf vorkaufsberechtigte Miterben übertragen zu müssen, wenn die Fälligkeit des Kaufpreises von der Vorlage von Verzichtserklärungen sämtlicher vorkaufsberechtigter Miterben abhängig gemacht worden ist (Kornexl ZEV 2002, 69 (70)).

## § 2036 Haftung des Erbteilkäufers

**[1]Mit der Übertragung des Anteils auf die Miterben wird der Käufer von der Haftung für die Nachlassverbindlichkeiten frei. [2]Seine Haftung bleibt jedoch bestehen, soweit er den Nachlassgläubigern nach den §§ 1978 bis 1980 verantwortlich ist; die Vorschriften der §§ 1990, 1991 finden entsprechende Anwendung.**

### Überblick

Gem. § 2382 haftet der Käufer den Nachlassgläubigern vom Abschluss des Kaufs an. Mit der Übertragung auf die Vorkaufsberechtigten wird er von dieser Haftung frei (S. 1), vorbehaltlich einer Haftung nach §§ 1978–1980 (S. 2).

### I. Befreiung von der Haftung gegenüber den Nachlassgläubigern (S. 1)

1 Gemäß § 2382 Abs. 1 haftet der Käufer des Erbteils vom Abschluss des Kaufvertrages an den Nachlassgläubigern neben dem Erben. Die Haftung dauert fort, auch wenn der Käufer den Anteil weiterveräußert (MüKoBGB/Gergen Rn. 1; Grüneberg/Weidlich Rn. 1). Von dieser Haftung wird der Käufer gem. § 2036 S. 1 mit der Übertragung des Anteils auf den Miterben frei (BGH NJW 2016, 3233 Rn. 7). § 2036 setzt voraus, dass der Käufer den Anteil vor Ausübung des Vorkaufsrechtes übertragen erhalten hatte. War das nicht der Fall, endet seine Haftung mit der Übertragung des Anteils vom Verkäufer an den Vorkaufsberechtigten (MüKoBGB/Gergen Rn. 2; Staudinger/Löhnig, 2020, Rn. 4; aA RGRK-BGB/Kregel Rn. 1: die Haftung ende bereits mit der Ausübung des Vorkaufsrechtes gegenüber dem Erben gem. § 2035 Abs. 1). Die Haftung des Käufers endet auch dann, wenn er sein Haftungsbeschränkungsrecht bereits verloren hatte (MüKoBGB/Gergen Rn. 3; Staudinger/Löhnig, 2020, Rn. 5; RGRK-BGB/Kregel Rn. 2). In diesem Fall haftet der Erbe, der in den Kaufvertrag eingetreten ist, nach Maßgabe des § 2007 (also nur in Ansehung des hinzuerworbenen Erbteils) gem. § 2383 Abs. 1 S. 2 unbeschränkt.

### II. Fortdauer der Haftung für die ordnungsgemäße Verwaltung des Nachlasses (S. 2)

2 Als Mitglied der Erbengemeinschaft ist der Käufer, dem der Anteil übertragen worden ist, gem. §§ 1978–1980 für die ordnungsgemäße Verwaltung des Nachlasses verantwortlich. Nach diesen Vorschriften begründete Schadensersatzansprüche bleiben auch nach Übertragung des Anteils an den Vorkaufsberechtigten bestehen. Sie stellen Eigenverbindlichkeiten des Käufers dar. Der Hin-

weis auf §§ 1990, 1991 bedeutet, dass der Käufer auch dann gem. §§ 1978–1980 haftet, wenn wegen Dürftigkeit des Nachlasses keine Nachlassverwaltung und kein Nachlassinsolvenzverfahren stattfinden (RGRK-BGB/Kregel Rn. 3; Staudinger/Löhnig, 2020, Rn. 7). Während der Nachlassverwaltung oder des Nachlassinsolvenzverfahrens kann nur der Nachlassverwalter oder der Nachlassinsolvenzverwalter entsprechende Ansprüche gegen den Käufer geltend machen (vgl. § 1978 Abs. 2) (Staudinger/Löhnig, 2020, Rn. 8; RGRK-BGB/Kregel Rn. 3). Die Nachlassgläubiger können damit nicht unmittelbar gegen ihn vorgehen (MüKoBGB/Gergen Rn. 6).

## § 2037 Weiterveräußerung des Erbteils

**Überträgt der Käufer den Anteil auf einen anderen, so finden die Vorschriften der §§ 2033, 2035, 2036 entsprechende Anwendung.**

### Überblick

Wird der verkaufte Anteil vom Käufer auf einen Dritten übertragen, gelten die Vorschriften über das Vorkaufsrecht der Miterben ebenfalls.

Der Käufer des Erbanteils ist zur **Übertragung des Erbteils auf einen anderen** berechtigt 1
(§§ 2037, 2033). Macht er von dieser Möglichkeit Gebrauch, ist er verpflichtet, die Miterben unverzüglich von der Übertragung zu benachrichtigen (§ 2035 Abs. 2); denn die Miterben sind – solange die Mitteilung vom ersten Kauf ausgelöste Frist des § 2034 Abs. 2 läuft – auch im Verhältnis zum weiteren Erwerber zur Ausübung des Vorkaufsrechtes berechtigt (§§ 2037, 2035 Abs. 1). Der Übertragung muss nicht unbedingt ein Kauf zugrunde liegen. Anders als § 2034 knüpft § 2037 an die „Übertragung", also an das dingliche Geschäft an. Das Vorkaufsrecht muss innerhalb der durch die Mitteilung über den ersten Vorkaufsfall ausgelösten **Frist** des § 2034 Abs. 2 ausgeübt werden. § 2037 begründet **kein neues Vorkaufsrecht** (BGHZ 56, 115 = NJW 1971, 1264 (1265)), sondern „verlängert" dasjenige Vorkaufsrecht, das den Miterben gem. § 2034 gegen den Verkäufer zusteht (Staudinger/Löhnig, 2020, Rn. 5). Aus diesem Grund verweist § 2037 auch nicht auf § 2034. Der weitere Erwerber wird ebenso wie der erste Käufer mit Übertragung des Anteils auf den Vorkaufsberechtigten von der Haftung aus § 2382 frei (§§ 2037, 2036). Die Übertragung des Anteils auf ein Mitglied der Erbengemeinschaft berechtigt nicht zur Ausübung des Vorkaufsrechts (RGZ 170, 203 (207); RGRK-BGB/Kregel Rn. 1).

## § 2038 Gemeinschaftliche Verwaltung des Nachlasses

**(1) [1]Die Verwaltung des Nachlasses steht den Erben gemeinschaftlich zu. [2]Jeder Miterbe ist den anderen gegenüber verpflichtet, zu Maßregeln mitzuwirken, die zur ordnungsmäßigen Verwaltung erforderlich sind; die zur Erhaltung notwendigen Maßregeln kann jeder Miterbe ohne Mitwirkung der anderen treffen.**

**(2) [1]Die Vorschriften der §§ 743, 745, 746, 748 finden Anwendung. [2]Die Teilung der Früchte erfolgt erst bei der Auseinandersetzung. [3]Ist die Auseinandersetzung auf längere Zeit als ein Jahr ausgeschlossen, so kann jeder Miterbe am Schluss jedes Jahres die Teilung des Reinertrags verlangen.**

**Schrifttum:** Eberl-Borges, Geschäftsführung ohne Auftrag unter Miterben?, ZEV 2022, 1; Frieser/Potthast, Aufwendungsersatz in der Erbengemeinschaft, NJW 2021, 124; Jülicher, Mehrheitsgrundsatz und Minderheitenschutz bei der Erbengemeinschaft, AcP 175 (1975), 143; Mahlmann, Die Vertretung Minderjähriger in einer Erbengemeinschaft bei der Veräußerung von Nachlassgegenständen, ZEV 2009, 320; Speckmann, Der Anspruch des Miterben auf Auskunft über den Bestand des Nachlasses, NJW 1973, 1869; Stützel, Grenzen von Einzel- und Mehrheitsentscheidungen in der Erbengemeinschaft, NJW 2013, 3543; Wendt, Die Erbengemeinschaft – vom Gesetzgeber zur Handlungsunfähigkeit verdammt?, ErbR 2017, 58; Wernecke, Die Aufwendungs- und Schadensersatzansprüche bei der Notgeschäftsführung der Miterben – eine Zusammenschau, AcP 193 (1993), 240.

### Überblick

Die Miterben verwalten den Nachlass gemeinsam (Abs. 1 S. 1). § 2038 regelt insbes., wie mit Meinungsverschiedenheiten der Erben untereinander umzugehen ist. Bei Maßnahmen ordnungsgemäßer Verwaltung, zu denen auch Verfügungen wie die Ausübung eines Gestaltungsrechts gehören können, reicht ein Mehrheitsbeschluss. Jeder Miterbe hat Anspruch darauf, dass die anderen Miterben hieran mitwirken (Abs. 1 S. 2 Hs. 1). Dieser Anspruch kann klagweise durchgesetzt werden. Zur Notgeschäftsführung ist jeder Erbe allein berechtigt (Abs. 1 S. 2 Hs. 2). Hierunter fallen nur zur Erhaltung des Nachlasses notwendige Maßnahmen. Voraussetzung ist weiter, dass ein Mehrheitsbeschluss nicht rechtzeitig herbeigeführt werden kann. Abs. 2 S. 2 regelt Einzelheiten zu Fruchtziehung, Gebrauch und Lasten.

## I. Bedeutung der Norm

1 **1. Grundbegriffe.** § 2038 regelt die „Verwaltung" des Nachlasses. Dieser Begriff ist gesetzlich nicht definiert. Er umfasst alle Maßnahmen, die zur Verwahrung, Sicherung, Erhaltung und Vermehrung des Nachlasses sowie zur Gewinnung der Nutzungen und Bestreitung der laufenden Verbindlichkeiten erforderlich oder geeignet sind (BGH FamRZ 1965, 267 (269); BGHZ 164, 181 = NJW 2006, 439 (440); BGH NJW 2010, 765 Rn. 20; OLG Saarbrücken BeckRS 2018, 9530 Rn. 17; RGRK-BGB/Kregel Rn. 1). Grds. steht die Verwaltung des Nachlasses den Erben gemeinschaftlich zu (Abs. 1 S. 1). Das Gesetz unterscheidet jedoch drei Arten von Verwaltung (Eberl-Borges NJW 2020, 3137; Frieser/Potthast NJW 2021, 124). **Maßnahmen der ordnungsgemäßen Verwaltung** können mit Stimmenmehrheit beschlossen werden (Abs. 2 iVm § 745 Abs. 1). Die zur Erhaltung des Nachlasses oder einzelner Nachlassgegenstände **notwendigen Maßnahmen** kann jeder Miterbe sogar ohne Mitwirkung der anderen Miterben treffen (Abs. 1 S. 2 Hs. 2). **Außerordentliche Verwaltungsmaßnahmen** bedürfen dagegen der Zustimmung sämtlicher Miterben. Nicht zur Verwaltung gehören die Auseinandersetzung des Nachlasses (BGHZ 164, 181 = NJW 2006, 439 (440); OLG Saarbrücken BeckRS 2018, 9530 Rn. 21; MüKoBGB/Gergen Rn. 17) und die Totenfürsorge (RGRK-BGB/Kregel Rn. 8). Ziel der §§ 2038 ff., 743 ff. ist es, Wertverluste des Nachlasses bis zu dessen Teilung zu vermeiden (BGHZ 164, 181 = NJW 2006, 439 (441)). Die Erbengemeinschaft ist auf Auseinandersetzung angelegt (vgl. § 2042). Die bewusst rudimentäre Regelung der gemeinschaftlichen Verwaltung soll einen „heilsamen Einigungsdruck" erzeugen und so die Auseinandersetzung beschleunigen (Frieser/Potthast NJW 2021, 124 mwN). In der Praxis hat sich dieses Konzept nicht bewährt. Es ist in der höchstrichterlichen Rspr. der letzten Jahre deutlich modifiziert worden (→ § 2040 Rn. 2) (vgl. etwa Wendt ErbR 2021, 103 f.).

2 **2. Systematische Einordnung.** Das Gesetz unterscheidet seinem Wortlaut nach weder zwischen Geschäftsführung **(Innenverhältnis)** und Vertretung **(Außenverhältnis)** noch zwischen Verpflichtungen und Verfügungen. § 2038 wirkt deshalb nicht nur im Verhältnis der Miterben untereinander, sondern auch im Außenverhältnis (BGHZ 56, 47 (49 ff.) = NJW 1971, 1265 mAnm Johannsen LM Nr. 10; BGHZ 164, 181 = NJW 2006, 439 (440); MüKoBGB/Gergen Rn. 6; Erman/Bayer Rn. 12; aA Jülicher AcP 175 (1975), 143 (147 ff.)). Nicht ausdrücklich geregelt ist außerdem das Verhältnis zu § 2040, wonach Miterben nur gemeinsam über Nachlassgegenstände verfügen können. Nach der älteren Rspr. des BGH bezog sich § 2038 nicht auf Verfügungen iSv § 2040 (BGHZ 38, 122 (124) = NJW 1963, 244). Damit galt die speziellere Vorschrift des § 2040 auch für Verfügungen, die zugleich Verwaltungsmaßnahmen iSv § 2038 waren. Dieser Grundsatz gilt so nicht mehr (→ § 2040 Rn. 2) (vgl. BGHZ 183, 131 Rn. 18 ff. = NJW 2010, 765). Nach zwischenzeitlich gefestigter Rspr. des BGH schließt die Einordnung einer Maßnahme als **Verfügung** nach § 2040 nicht aus, dass es sich zugleich um eine Maßnahme der ordnungsgemäßen Verwaltung iSv § 2038 Abs. 1 S. 2 handeln kann, die als solche von den Miterben mehrheitlich beschlossen werden kann (BGHZ 183, 131 Rn. 15 ff., 26 ff. = NJW 2010, 765; BGH NJW 2013, 166 Rn. 13, jeweils zur Kündigung eines Mietverhältnisses; ZEV 2015, 339 Rn. 2 zur Kündigung eines Darlehens; OLG Hamm ZEV 2011, 538 (540); OLG Brandenburg ZEV 2012, 261; OLG Frankfurt ZEV 2012, 258; OLG Schleswig ZEV 2015, 101; OLG Düsseldorf ErbR 2018, 644, 645; OLG Brandenburg BeckRS 2019, 6704 Rn. 47). Selbst die Veräußerung eines zum Nachlass gehörenden und dessen einzigen werthaltigen Gegenstand bildenden Grundstücks soll eine Maßnahme ordnungsgemäßer Verwaltung darstellen, die keine wesentliche Veränderung des Nachlasses nach sich zieht (OLG Koblenz ZEV 2011, 321 (322) mAnm Schindler ZEV 2011, 322 (323); krit. Stützel NJW 2013, 3543 (3547 f.); aA KG BeckRS 2018, 42606 hinsichtlich der Kündigung eines Sparguthabens, das den einzigen Nachlassgegenstand darstellt; aA auch LG Köln BeckRS 2021, 15989 Rn. 8 ff.). Grundbuchrechtlich kann die Auflassung aber daran scheitern, dass die Voraussetzungen einer Maßnahme ordnungsgemäßer Mehrheitsverwaltung nicht mit öffentlichen Urkunden nachgewiesen wird (OLG München ZEV 2018, 651 m. krit. Anm. Eberl-Borges NJW

2020, 3137). Die Ausdehnung des Anwendungsbereichs des § 2038 gegenüber demjenigen des § 2040 wird in Teilen der instanzgerichtlichen Rspr. (vgl. OLG Hamm FGPrax 2013, 71) und der Lit. (MüKoBGB/Gergen § 2040 Rn. 6a; Muscheler LMK 2009, 295205) dahingehend verstanden, dass es nunmehr ausschließlich auf das Merkmal „ordnungsgemäße Nachlassverwaltung" ankomme; das Einstimmigkeitserfordernis des § 2040 Abs. 1 gelte nur noch in Fällen einer nicht ordnungsmäßigen Nachlassverwaltung. Für den jeweiligen Vertragspartner würde diese Auslegung zu beträchtlicher Rechtsunsicherheit führen, weil er kaum je beurteilen kann, ob sich die jeweilige Maßnahme (etwa eine Kündigung) im Rahmen ordnungsgemäßer Nachlassverwaltung bewegt (MüKoBGB/Gergen § 2040 Rn. 6a). Ob die dargestellte Rspr. in diesem umfassenden Sinne zu verstehen ist, erscheint jedoch zweifelhaft (so auch Leipold ZEV 2013, 82 (83)).

Notgeschäftsführungsmaßnahmen (§ 2038 Abs. 1 S. 2 Hs. 2) kann ein Miterbe auch dann treffen, wenn sie in einer Verfügung bestehen (BGH NJW 2010, 765 Rn. 29; OLG Frankfurt OLGR 1999, 226 (227); MüKoBGB/Gergen Rn. 62; aA OLG Neustadt MDR 1962, 574; RGRK-BGB/Kregel Rn. 5).

Die Vorschrift des § 2039, nach welcher jeder einzelne Miterbe Nachlassforderungen zur Leistung an alle Miterben einziehen darf, geht als die speziellere Vorschrift § 2038 vor. Auch dieser Grundsatz hat aber zwischenzeitlich Einschränkungen erfahren. Er schließt nicht aus, dass die Erbengemeinschaft mit Stimmenmehrheit einen der Teilhaber zur Einziehung einer Nachlassforderung ermächtigt, wenn die Einziehung der Forderung einer ordnungsgemäßen Verwaltung des Nachlasses entspricht (BGH NJW 2013, 166 Rn. 11 ff. mAnm Leipold ZEV 2013, 82; OLG Hamm FGPrax 2013, 266; aA Stützel NJW 2013, 3543 (3547)). Es handelt sich dann um eine Maßnahme nach § 2038, nicht um das auf Leistung an alle Erben zielende Einziehen einer Forderung nach § 2039. Im konkreten Fall hatte sich der überstimmte Miterbe geweigert, an der Errichtung eines gemeinsamen Kontos der Erbengemeinschaft mitzuwirken; in einem solchen Fall kann die Annahme einer Maßnahme ordnungsgemäßer Nachlassverwaltung in der Tat naheliegen (Leipold ZEV 2013, 82 (83).

**3. Ausnahmen.** Die Verwaltungsregelungen des § 2038 finden keine Anwendung, wenn der Nachlass von einem **Testamentsvollstrecker** (§ 2205), **Nachlassverwalter** (§ 1985) oder **Nachlassinsolvenzverwalter** (§ 80 Abs. 1 InsO) verwaltet wird (MüKoBGB/Gergen Rn. 19). Der Erblasser kann durch **letztwillige Verfügung** einzelnen Miterben oder Dritten bestimmte Verwaltungsbefugnisse einräumen. Darin kann die Anordnung einer Verwaltungsvollstreckung (§ 2209), eine Auflage (§ 1940) oder – wenn zugleich ein Vermögensvorteil zugewandt wird – ein Verwaltungsvorausvermächtnis (vgl. BGHZ 6, 76 (78) = NJW 1961, 1299; dazu MüKoBGB/Gergen Rn. 20) liegen. Auch die Miterben können einverständlich (BGH BB 1968, 1219) oder durch Mehrheitsbeschluss (Abs. 2, § 745 Abs. 1) (BGHZ 56, 47 (51 f.) = NJW 1971, 1265 (1266); MüKoBGB/Gergen Rn. 21) eine vom Gesetz abweichende Verwaltungsregelung beschließen. Eine derartige **Verwaltungsvereinbarung** kann jeder Miterbe aus wichtigem Grund kündigen (MüKoBGB/Gergen Rn. 21; vgl. auch BGHZ 34, 367 = NJW 1961, 1299). Je nach Lage des Falles kann die Übertragung der Nachlassverwaltung auf einen der Miterben oder auf einen Dritten eine Maßnahme ordnungsgemäßer Verwaltung darstellen (OLG Hamm ZEV 2011, 538 (541)). Anspruch auf die Verwaltung des Nachlasses durch einen Fremdverwalter hat ein Miterbe aber nur dann, wenn die Miterben selbst nicht in der Lage oder nicht bereit sind, den Nachlass ordnungsgemäß zu verwalten (BGH NJW 1983, 2142). 3

## II. Ordnungsgemäße Verwaltung

**1. Begriff.** Eine ordnungsgemäße Verwaltung ist gem. Abs. 2 iVm § 745 Abs. 1 und 2 eine solche, die der Beschaffenheit des gemeinschaftlichen Gegenstandes – des Nachlasses – und dem Interesse aller Miterben nach billigem Ermessen entspricht (MüKoBGB/Gergen Rn. 30). Welche Maßnahmen als solche der ordnungsgemäßen Verwaltung anzusehen sind, ist vom Standpunkt eines vernünftig und wirtschaftlich denkenden Beurteilers zu entscheiden (BGHZ 6, 76 = NJW 1952, 1252; BGH FamRZ 1965, 267 (269); BGHZ 164, 181 = NJW 2006, 439 (441); OLG Celle JR 1963, 221 (222); OLG Rostock ZEV 2018, 517 Rn. 5; OLG Saarbrücken BeckRS 2018, 9530 Rn. 26). Eine wesentliche Veränderung „des Gegenstandes" – bezogen auf den gesamten Nachlass (BGHZ 164, 181 = NJW 2006, 439 (440 f.); Ruby/Schindler ZEV 2006, 468 (470)) – kann nicht beschlossen oder verlangt werden (§ 745 Abs. 3) (OLG Koblenz ZEV 2011, 321 (322); LG Köln BeckRS 2021, 15989 Rn. 8 ff.). „Wesentlich" sind Veränderungen, durch die Zweckbestimmung oder Gestalt des Nachlasses in einschneidender Weise geändert werden würden (BGHZ 101, 24 (28) = NJW 1987, 3177; BGH NJW-RR 2004, 809; BGHZ 164, 181 = 4

NJW 2006, 439 (441); LG Köln BeckRS 2021, 15989 Rn. 10). Zur ordnungsgemäßen Verwaltung gehören alle Maßregeln zur Inbesitznahme, Verwahrung, Sicherung, Erhaltung und Vermehrung sowie zur Gewinnung der Nutzungen und Bestreitung der laufenden Verbindlichkeiten (BGHZ 164, 181 (184) = NJW 2006, 439 = ZEV 2006, 24; OLG Brandenburg ZEV 2012, 261 (263); OLG Karlsruhe ZEV 2014, 208 (209)).

5 **2. Beispiele.** Maßnahmen ordnungsgemäßer Verwaltung sind zB Instandsetzungs- oder Reparaturarbeiten, die aus Nachlassmitteln beglichen werden können (MüKoBGB/Gergen Rn. 32; Staudinger/Löhnig, 2016, Rn. 29), der Wiederaufbau eines abgebrannten Hauses unter Verwendung von Versicherungsleistungen (BGH DB 1954, 905 f.; MüKoBGB/Gergen Rn. 32), der Abschluss eines Miet- oder Pachtvertrages über ein Nachlassgrundstück, das bereits vermietet oder verpachtet gewesen war (BGHZ 56, 47 (50) = NJW 1971, 1265 (1266); KG KGR 2002, 102), oder die Geltendmachung eines Anspruchs auf Nutzungsentschädigung hinsichtlich eines zum Nachlass gehörendenden Grundstücks (OLG Rostock ZEV 2018, 517 Rn. 5). Die Kündigung eines Miet- oder Pachtvertrages oder eines Darlehens ist eine Verfügung iSv § 2040, kann aber zugleich eine Maßnahme der ordnungsgemäßen Verwaltung darstellen (→ Rn. 2). Nicht zur ordnungsmäßigen Verwaltung gehören **wesentliche Veränderungen** wie die Errichtung eines Neubaus (BGH DB 1954, 905 f.; RGRK-BGB/Kregel Rn. 6) oder die Anlegung eines Parkplatzes (LG Hannover NJW-RR 1990, 454) auf einem bisher ungenutzten Grundstück. Die Verpachtung eines Grundstücks stellt keine ordnungsmäßige Verwaltung dar, wenn im Zeitpunkt des Vertragsschlusses bereits die Teilungsversteigerung des Grundstücks beantragt worden war (OLG Brandenburg OLGR 1998, 9). Ebenfalls nicht zur ordnungsmäßigen Verwaltung gehört die Ausübung der Prostitution in einem zum Nachlass gehörenden Wohnhaus (OLG Hamm NJW-RR 1992, 329 (330)). Ein zum Nachlass gehörenden **Handelsgeschäft** kann nur im Einverständnis aller Miterben fortgeführt werden, weil die Erben in diesem Fall gem. § 27 HGB für die früheren Geschäftsverbindlichkeiten auch persönlich haften (BGHZ 30, 391 (394) = NJW 1959, 2114; BGHZ 32, 60 (67) = NJW 1960, 959). Die Fortführung durch nur einen Miterben wirkt dann für und gegen die anderen Miterben, wenn diese den Handelnden ausdrücklich oder stillschweigend bevollmächtigt hatten (BGHZ 30, 391 (394) = NJW 1959, 2114; BGHZ 32, 60 (67) = NJW 1960, 959). Das Informationsrecht nach § 51a GmbHG kann zur ordnungsgemäßen Verwaltung des Nachlasses gehören, weil es den Erben ermöglicht, ihre mitgliedschaftlichen Rechte in der GmbH auszuüben (OLG Karlsruhe ZEV 2014, 208 (209)). Es stellt keine ordnungsgemäße Nachlassverwaltung gem. § 2038 Abs. 1 S. 2 dar, wenn ein Miterbe von einem anderen Miterben die Begleichung von Nachlassverbindlichkeiten verlangt, obwohl feststeht, dass der Nachlass zur Begleichung aller Verbindlichkeiten nicht ausreicht (OLG Celle ZEV 2003, 203 m. insoweit zust. Anm. Schindler FamRZ 2004, 139). Die Erhebung einer aussichtslosen Klage oder die Einleitung eines aussichtslosen Aufgebotsverfahrens (OLG Karlsruhe RNotZ 2016, 463) gehören ebenfalls nicht zur ordnungsgemäßen Verwaltung des Nachlasses.

6 **3. Entscheidung durch Mehrheitsbeschluss.** Die Entscheidung erfolgt gem. Abs. 2 S. 1 iVm § 745 Abs. 1 durch Mehrheitsbeschluss der Miterben. Die Stimmanteile der einzelnen Erben richten sich nach der Erbquote (§ 745 Abs. 1 S. 2) (BayObLGZ 1963, 319 (324); OLG Rostock ZEV 2018, 517 Rn. 7; MüKoBGB/Gergen Rn. 35; RGRK-BGB/Kregel Rn. 8). Sind nur zwei Erben vorhanden, deren Erbteile unterschiedlich groß sind, hat derjenige mit dem größeren Erbteil von vornherein die Mehrheit. Eine Beschlussfassung kann auch konkludent erfolgen; der Einhaltung eines bestimmten Verfahrens bedarf es nicht (BGH NJW 2010, 765 Rn. 37; OLG Rostock ZEV 2018, 517 Rn. 8). Das Mehrheitsprinzip wird hierdurch nicht außer Kraft gesetzt (BGH NJW 2013, 166 Rn. 10). Auch derjenige Erbe ist stimmberechtigt, der Vorausempfänge auszugleichen hat und bei einer Verteilung nichts mehr beanspruchen kann. Die Ausübung des Stimmrechts in einem solchen Fall kann allerdings rechtsmissbräuchlich sein (MüKoBGB/Gergen Rn. 35). In bestimmten Fällen von Interessenkollision hat der betroffene Erbe entspr. dem Rechtsgedanken der § 47 Abs. 4 GmbHG, § 43 Abs. 6 GenG, § 34 kein Stimmrecht, etwa dann, wenn es um die Geltendmachung einer Nachlassforderung gegen diesen Miterben geht (BGHZ 56, 47 (52 ff.) = NJW 1971, 1265; Erman/Bayer Rn. 5). Wird ein Miterbe übergangen, wird der Mehrheitsbeschluss dadurch nicht ungültig (BGH NJW 2013, 166 Rn. 15); dem übergangenen Erben stehen allenfalls Schadensersatzansprüche zu (BGHZ 56, 47 (55 f.) = NJW 1971, 1265). Stimmberechtigt ist auch der Erwerber eines Nachlassanteils (§ 2033). Bereits gefasste Beschlüsse wirken für und gegen den Erwerber (Abs. 2 S. 1 iVm § 746). Ist ein Erbteil gepfändet worden, ist der Pfandgläubiger stimmberechtigt.

7 **4. Rechtsfolgen.** Der Mehrheitsbeschluss wirkt zunächst im Innenverhältnis, im Verhältnis der Erben zueinander. Hat die Mehrheit der Miterben eine ordnungsgemäße Maßnahme zur

Verwaltung des Nachlasses beschlossen, kann sie die Maßnahme – jedenfalls solange es sich nicht um eine Verfügung iSv § 2040 handelt – jedoch auch ohne die Mitwirkung der überstimmten Miterben mit Wirkung für und gegen die Erbengemeinschaft ausführen (BGHZ 56, 47 = NJW 1971, 1265). Der Beschluss gewährt **Vertretungsmacht zur Vertretung auch der überstimmten Erben** (BGHZ 56, 47 (51) = NJW 1971, 1265; RGRK-BGB/Kregel Rn. 8; MüKoBGB/Gergen Rn. 51; Erman/Bayer Rn. 12; aA Jülicher AcP 175 (1975), 143 ff.). Andernfalls müssten die überstimmten, aber nach wie vor widersprechenden Miterben im Klagewege auf Zustimmung in Anspruch genommen werden, was die Verwaltung des Nachlasses unnötig erschweren würde. Gerichtlich überprüft werden kann ein Mehrheitsbeschluss nur darauf, ob ein Fall ordnungsgemäßer Verwaltung vorlag und ob die wesentlichen Verfahrensvorschriften eingehalten worden sind. Die Frage der Zweckmäßigkeit wird hingegen nicht geprüft (OLG Schleswig NJW-RR 2015, 712 Rn. 40; MüKoBGB/Gergen Rn. 39; vgl. auch BGH-RR 2010, 1312 Rn. 14 zu § 745 Abs. 1). Der Mehrheitsbeschluss kann nach neuerer Rspr. des BGH zugleich eine **Verfügungsermächtigung** darstellen. Verfügungen – Rechtsgeschäfte, durch die bestehende Rechte übertragen, belastet, inhaltlich verändert oder aufgehoben werden – können die Miterben zwar grds. nur gemeinsam vornehmen (§ 2040 Abs. 1). Mittlerweile gelten jedoch auch Verfügungen als Maßnahmen ordnungsgemäßer Verwaltung (→ § 2040 Rn. 2). Müssen im Einzelfall Fristen eingehalten werden, kann das Notgeschäftsführungsrecht des Abs. 1 S. 2 Hs. 2 eingreifen.

**5. Mitwirkungspflicht.** Jeder Miterbe ist den anderen gegenüber verpflichtet, an Maßregeln mitzuwirken, die zur ordnungsgemäßen Verwaltung erforderlich sind (Abs. 1 S. 2 Hs. 1). Diese Mitwirkungspflicht kann gerichtlich durchgesetzt werden, soweit ein Mehrheitsbeschluss nicht zustande gekommen ist (BGHZ 6, 76 (84 f.) = NJW 1952, 1252; MüKoBGB/Gergen Rn. 42; RGRK-BGB/Kregel Rn. 4; Erman/Bayer Rn. 5a) oder – etwa weil ein tatsächliches Handeln des Miterben erforderlich wird – nicht ausreicht. Zuständig für eine solche Klage ist das **Prozessgericht.** Die Klage kann gem. § 2039 von jedem einzelnen Miterben gegen den oder die sich weigernden Miterben (BGH NJW-RR 1991, 1410) erhoben werden. Sie ist auf Zustimmung zu einer genau zu bezeichnenden Maßnahme (vgl. den Fall OLG Karlsruhe RNotZ 2016, 463) oder auf Vornahme einer ebenfalls genau zu bezeichnenden Handlung zu richten. Die Zustimmung gilt gem. § 894 Abs. 1 ZPO mit Rechtskraft des Urteils als erteilt; iÜ muss nach §§ 887, 888 ZPO **vollstreckt** werden. Einen Anspruch auf Zustimmung hat auch ein Miterbe, der gem. Abs. 1 S. 2 Hs. 2 zur alleinigen Notgeschäftsführung berechtigt wäre. Verstößt ein Miterbe gegen seine Mitwirkungspflicht, **haftet** er der Erbengemeinschaft für etwa entstandene Schäden (BGHZ 164, 181 = NJW 2006, 439 (440)). Für das Verschulden eines Erfüllungsgehilfen hat er nach § 278 einzustehen (MüKoBGB/Gergen Rn. 45). Von der Schadensersatzpflicht zu unterscheiden ist ein Anspruch in Geld, der sich als Folge eines Mitwirkungs- oder Neuregelungsverlangen ergibt, etwa ein Anspruch auf Nutzungsentschädigung für einen von einem Miterben allein genutzten Nachlassgegenstand. Voraussetzung ist ein hinreichend deutliches (Neu-)Regelungsverlangen eines Miterben (OLG Stuttgart ZEV 2019, 144 Rn. 25 ff., 30 mwN). Ein **Dritter** hat keinen unmittelbar gegen den Miterben durchsetzbaren Anspruch auf Erfüllung der Mitwirkungspflicht aus § 2038 Abs. 1 S. 2 (BGH NJW 1959, 2061 (2062); LG Aachen ZEV 2018, 519 Rn. 29; MüKoBGB/Gergen Rn. 46). Der Mitwirkungsanspruch eines Miterben kann jedoch einem Dritten zur Ausübung überlassen und von diesem im Wege der **Prozessstandschaft** geltend gemacht werden (BGH FamRZ 1965, 267 (270); MüKoBGB/Gergen Rn. 46). Die Zustimmung zu Maßnahmen, die nicht zur ordnungsgemäßen Verwaltung gehören, kann nicht verlangt werden (OLG Hamm ZEV 2011, 538 (540)). 8

**6. Auskunftspflicht.** Die Miterbenstellung begründet keine für die Bejahung einer Auskunftspflicht genügende Sonderbeziehung (BGH NJW-RR 1989, 450 mAnm Wassermann JR 1990, 17; RGZ 81, 30 (34); OLG Oldenburg ZEV 2009, 563 (564); LG Düsseldorf Rpfleger 2014, 379; RGRK-BGB/Kregel Rn. 13; aA MüKoBGB/Gergen Rn. 48; Erman/Bayer Rn. 10; Speckmann NJW 1973, 1869). Auskunfts- und Rechenschaftspflichten der Miterben untereinander sind in verschiedenen Einzelvorschriften geregelt. Nach **§ 2027** ist der Erbschaftsbesitzer verpflichtet, dem Erben Auskunft über den Bestand der Erbschaft und über den Verbleib der Erbschaftsgegenstände zu erteilen; die gleiche Verpflichtung trifft denjenigen, der eine Sache aus dem Nachlass in Besitz genommen hat, bevor der Erbe den Besitz tatsächlich ergriffen hat. Wer sich zurzeit des Erbfalls mit dem Erblasser in häuslicher Gemeinschaft befunden hat, ist verpflichtet, dem Erben auf Verlangen Auskunft darüber zu erteilen, welche erbschaftlichen Geschäfte er geführt hat und was ihm über den Verbleib der Erbschaftsgegenstände bekannt ist **(§ 2028).** Nach **§ 2057** haben die Miterben untereinander Auskunft über ausgleichspflichtige Zuwendungen zu erteilen. Hat ein Erbe als Beauftragter oder Geschäftsführer ohne Auftrag Nachlassgeschäfte geführt, ist er nach § 666 zur 9

Auskunft verpflichtet. Im Einzelfall kann darüber hinaus ein Auskunftsanspruch aus § 242 bestehen, wenn und soweit vom Bestehen eines Anspruchs ausgegangen werden kann, zu dessen Durchsetzung der Auskunftsanspruch dienen soll (BGHZ 97, 188 = NJW 1986, 1755; BGH NJW-RR 1989, 450). Die Errichtung eines **Inventars** (§§ 1993 ff., 2063) gehört nicht zur Verwaltung des Nachlasses. Die Miterben sind einander nicht verpflichtet, bei der Errichtung eines Inventars mitzuwirken (RGZ 81, 30 (32); MüKoBGB/Gergen Rn. 49; eine Mitwirkungspflicht in einem besonders gelagerten Einzelfall bejaht OLG Karlsruhe MDR 1972, 424). Dem Miterben bleibt immer die Möglichkeit, gem. § 2003 die amtliche Aufnahme des Inventars zu beantragen; im Einzelfall mögen auch Auskunftsrechte aus § 242 bestehen.

## III. Notgeschäftsführung

10 **1. Notwendige Erhaltungsmaßnahmen.** Die zur Erhaltung des Nachlasses notwendigen Maßregeln kann jeder Miterbe auch ohne Mitwirkung der anderen treffen (Abs. 1 S. 2 Hs. 2). Das Notgeschäftsführungsrecht ermächtigt nur zu Maßnahmen, die zur ordnungsgemäßen Verwaltung gehören (BGHZ 6, 76 (82 f.) = NJW 1952, 1252; LG Gießen FamRZ 1995, 121 (122); MüKoBGB/Gergen Rn. 56; RGRK-BGB/Kregel Rn. 6). Sie müssen notwendig sein, um Schaden vom Nachlass oder von einzelnen Nachlassgegenständen abzuwenden (MüKoBGB/Gergen Rn. 56). Geht es um einzelne Gegenstände, ist jeweils auch zu prüfen, ob die Maßnahme der ordnungsgemäßen Verwaltung des Gesamtnachlasses entspricht. Art und Weise der zu treffenden Maßnahmen sind vom Standpunkt eines vernünftig und wirtschaftlich denkenden Beurteilers aus zu entscheiden; dabei kommt der wirtschaftlichen Leistungsfähigkeit des Nachlasses eine besondere Bedeutung zu (BGHZ 6, 76 (81 f.) = NJW 1952, 1252). Maßnahmen, die nicht der Erhaltung, sondern der Verbesserung des Nachlasses dienen, und lediglich nützliche Maßnahmen werden vom Notgeschäftsführungsrecht nicht gedeckt. Voraussetzung des Notgeschäftsführungsrechtes ist schließlich, dass die Zustimmung der anderen Miterben nicht mehr rechtzeitig erlangt werden kann (OLG Nürnberg MDR 2014, 1097 (1098)). Die angestrebten Maßnahmen müssen eilbedürftig sein (Eberl-Borges ZEV 2021, 1 (2); aA Frieser/Potthast NJW 2021, 124 Rn. 15 für zwingend erforderliche Maßnahmen). Das gilt jedenfalls bei bedeutsamen Maßregeln, durch die erhebliche Verpflichtungen für den Nachlass oder die anderen Miterben begründet werden (BGHZ 6, 76 (80 ff.) = NJW 1952, 1252; OLG Hamm OLGZ 1985, 226). Das Notgeschäftsführungsrecht dient nicht dazu, einen Mehrheitsbeschluss zu unterlaufen.

11 **2. Wirkung des Notverwaltungsrechts.** Das Notgeschäftsführungsrecht des Abs. 1 S. 2 Hs. 2 wirkt nicht nur im Innenverhältnis, sondern berechtigt den Erben zur **Vertretung** auch der anderen Miterben (MüKoBGB/Gergen Rn. 61; aA OLG Neustadt MDR 1962, 574; RGRK-BGB/Kregel Rn. 5) sowie zur **Vornahme von Verfügungen** (BGH NJW 2010, 765 Rn. 29; OLG Frankfurt OLGR 1999, 226 (227); Staudinger/Löhnig, 2016, Rn. 21; MüKoBGB/Gergen Rn. 62; aA OLG Neustadt MDR 1962, 574; RGRK-BGB/Kregel Rn. 5); denn Abs. 1 S. 2 Hs. 2 geht § 2040 vor. Der handelnde Erbe begründet **Nachlasserbenschulden,** für die der Nachlass und er persönlich einzustehen haben (→ § 1967 Rn. 18). Er kann die Haftung jedoch durch ausdrückliche oder stillschweigende Vereinbarung auf den Nachlass **beschränken** (BGH BB 1968, 769 (770); RGZ 146, 343 (345 f.); MüKoBGB/Gergen Rn. 61, 27). Dazu reicht es aus, wenn er zum Ausdruck bringt, er handele nur für den Nachlass, und der andere Teil darauf eingeht (BGH BB 1968, 769 (770); RGRK-BGB/Johannsen § 1967 Rn. 12). Darlegungs- und **beweispflichtig** für die Voraussetzungen einer Haftungsbeschränkung ist der Erbe (RGZ 146, 343 (345 f.)). Hat sich der Miterbe persönlich verpflichtet, kann er von den anderen Miterben gem. Abs. 2 iVm § 748 anteilig entspr. den Erbquoten Freistellung oder Aufwendungsersatz verlangen (BGH NJW 1987, 3001; RGZ 109, 167 (171); Wernecke AcP 193 (1993), 240 (249)). Der einzelne Miterbe ist zur Notgeschäftsführung nicht nur berechtigt, sondern erforderlichenfalls auch **verpflichtet.** Ggf. muss er sogar eigenes Vermögen einsetzen, wenn nur so Schaden vom Nachlass abgewendet werden kann (BGH JZ 1953, 706; einschr. MüKoBGB/Gergen Rn. 55: nur dann, wenn der Aufwendungsersatzanspruch auch im Falle eines Nachlassinsolvenzverfahrens gedeckt wäre). Ein Verstoß gegen die Pflicht zur Notgeschäftsführung kann Schadensersatzansprüche der Erbengemeinschaft begründen.

12 **3. Beispiele.** Notwendige Erhaltungsmaßnahmen sind zB unaufschiebbare Reparaturmaßnahmen an einem Haus (BGHZ 6, 76 (84) = NJW 1952, 1252), die Anfechtungsklage gegen die Restitution eines Nachlassgegenstandes (BVerwG NJW 1998, 552), Rechtsbehelfe gegen Verwaltungsakte, die der Abwehr eines staatlichen Zugriffs auf einzelne Nachlassgegenstände dienen,

wenn nur so das zum Nachlass gehörende Recht erhalten werden kann (BVerwG NVwZ 2005, 810; ZOV 2013, 183 Rn. 3); die Anfechtung des Beschlusses einer Wohnungseigentümerversammlung (BayObLG FamRZ 1999, 187), die Anfechtungsklage gegen den Gesellschafterbeschluss einer GmbH (BGHZ 108, 21 (30 f.) = NJW 1989, 2694) und sonstige fristgebundene Gestaltungs- und sonstige Klagen, wenn nur durch sie ein zum Nachlass gehörendes Recht erhalten werden kann (BGHZ 94, 117 = NJW 1985, 1826; LG Wiesbaden WuM 1998, 18). **Keine** notwendigen Erhaltungsmaßnahmen sind idR der Wiederaufbau eines zerstörten Hauses auf Kosten des Nachlasses, umfangreiche Sanierungsarbeiten, die die Aufnahme eines Kredits erfordern (BGHZ 6, 76 (83 f.) = NJW 1952, 1252), die langjährige Übertragung von Nachlassaktien auf einen Treuhänder (RGZ 111, 405 (407 ff.)) oder der Abschluss eines langfristigen Mietvertrages (BGH NJW 1958, 2061).

**4. Überschreitung des Notverwaltungsrechts.** Liegen die Voraussetzungen der Notgeschäftsführung nicht vor und werden die fraglichen Maßnahmen auch nicht nachträglich genehmigt, werden die anderen Miterben nicht verpflichtet (BGH NJW 1958, 2061; MüKoBGB/Gergen Rn. 58). Auch wenn der Miterbe sein Notverwaltungsrecht überschritten hat, können ihm jedoch Ansprüche aus **Geschäftsführung ohne Auftrag** (§§ 683, 684) zustehen (BGH NJW 1987, 3001; ZEV 2003, 413; NJW 2021, 157 Rn. 9 ff.; OLG Düsseldorf FamRZ 2015, 285 f.; OLG Naumburg BeckRS 2021, 38757 Rn. 50; aA Eberl-Borges ZEV 2022, 1 (4)). § 2038 schließt einen auf anderen Rechtsgrundlagen beruhenden Anspruch eines Miterben gegen die übrigen auf Aufwendungsersatz oder Herausgabe einer Bereicherung nicht aus (BGH NJW 2021, 157 Rn. 10 mwN, 13). 13

## IV. Außerordentliche Verwaltung

**Gemeinschaftliches Handeln aller Miterben** ist für Maßnahmen erforderlich, die nicht zur ordnungsgemäßen Verwaltung gehören. Für Verfügungen gilt grds. § 2040. Hat ein Miterbe einer Maßnahme zunächst zugestimmt, weigert er sich dann aber, etwa erforderliche Erklärungen abzugeben oder Handlungen vorzunehmen, kann er wie im Falle der Mehrheitsverwaltung auf Abgabe der Erklärung oder Vornahme der Handlung in Anspruch genommen werden (→ Rn. 8) (MüKoBGB/Gergen Rn. 26, 42). Darauf, dass ein Miterbe einer Maßnahme der außerordentlichen Verwaltung, insbes. einer wesentlichen Veränderung des Nachlasses (§ 754 Abs. 3) zustimmt, haben die anderen Erben keinen Anspruch (RGRK-BGB/Kregel Rn. 4). Ein **Handelsgeschäft** kann wegen der damit verbundenen persönlichen Haftung aller Erben (§ 27 HGB) nur im Einverständnis aller Miterben fortgeführt werden (BGHZ 30, 391 (394) = NJW 1959, 2114; BGHZ 32, 60 (67) = NJW 1960, 959). 14

Gemeinschaftliche Verwaltung des Nachlasses erfordert nicht zwingend das gleichzeitige gemeinsame Tätigwerden aller Miterben (MüKoBGB/Gergen Rn. 24). Im Innenverhältnis ist zwar die Übereinstimmung aller stimmberechtigten Miterben erforderlich. Im Außenverhältnis reicht jedoch das Auftreten einzelner mit Zustimmung aller anderen Miterben. 15

## V. Fruchtziehung, Gebrauch und Lasten

**1. Früchte.** Früchte (§ 99) fallen gem. §§ 953, 2041 in den Nachlass. Jeder Miterbe hat gem. Abs. 2 S. 1 in Verbindung mit § 743 Abs. 1 Anspruch auf einen seinem Anteil entsprechenden Bruchteil davon. Dieses Recht kann ihm auch durch Mehrheitsbeschluss nicht entzogen werden (§ 745 Abs. 3 S. 2). Gemäß Abs. 2 S. 2 erfolgt die Teilung der Früchte erst bei der Auseinandersetzung. Dadurch soll ausgeschlossen werden, dass ein Miterbe Zahlungen erhält, obwohl ihm aufgrund von Ausgleichspflichten und Verbindlichkeiten dem Nachlass gegenüber keine Zahlungen oder nur geringere Zahlungen, als er bereits erhalten hat, zustehen (Prot. V 861; RGZ 81, 241 (243); OLG Hamburg MDR 1965, 665; MüKoBGB/Gergen Rn. 64; RGRK-BGB/Kregel Rn. 11). Die Erben können **einvernehmlich** eine frühere Teilung der Früchte beschließen; ein Mehrheitsbeschluss reicht dafür nicht aus (RGZ 81, 241 (243); OLG Hamburg MDR 1965, 665; RGRK-BGB/Kregel Rn. 11). Ausnahmsweise – nämlich dann, wenn die Auseinandersetzung durch Anordnung des Erblassers oder kraft Gesetzes auf längere Zeit als ein Jahr ausgeschlossen ist (§§ 2043 ff.) – kann jeder Miterbe am Schluss jedes Jahres die Teilung des Reinertrages verlangen. Dass sich die Auseinandersetzung über einen Zeitraum von mehr als einem Jahr hingezogen hat, reicht für einen solchen Anspruch jedoch nicht aus (RGZ 81, 241 (244); OLG Hamburg MDR 1965, 665). Allenfalls kann eine vorzeitige Teilung im Wege der **gegenständlichen Teilauseinandersetzung** verlangt werden, wenn besondere Gründe dies rechtfertigen und berechtigte 16

Belange der Erbengemeinschaft oder einzelner Miterben nicht beeinträchtigt werden (OLG Hamburg MDR 1965, 665; MüKoBGB/Gergen Rn. 64); zu den Voraussetzungen der Teilauseinandersetzung → § 2042 Rn. 9. Ein solcher Fall liegt etwa dann vor, wenn ein Miterbe den durch die Weiterführung eines zum Nachlass gehörenden Gewerbebetriebs erzielten Gewinn für sich behält und ein anderer Miterbe Herausgabe des ihm bei der endgültigen Auseinandersetzung zufallenden Anteils am Gewinn verlangt (BGH NJW 1963, 1541). Die **Teilung des Reinertrages** erfolgt nach den gem. §§ 2055, 2057a unter Berücksichtigung der Ausgleichungsrechte und -pflichten zu ermittelnden bereinigten Teilungsquoten (OLG Hamburg MDR 1956, 107; Meincke AcP 178 (1978), 45 (60); MüKoBGB/Gergen Rn. 65). Ein Miterbe, der bereits abgefunden worden ist, hat keinen Anspruch auf Teilnahme an den Nutzungen der unverteilten Masse mehr (RGRK-BGB/Kregel Rn. 11 unter Hinweis auf RG v. 17.2.1921 – IV 366/20; MüKoBGB/Gergen Rn. 64).

17 **2. Besitz und Nutzungen.** Jeder Miterbe ist gem. Abs. 2 S. 1 iVm § 743 Abs. 2 zum Besitz der Nachlassgegenstände berechtigt. Mit dem Erbfall geht der Besitz auf die Erben über (§ 857). Hat ein Miterbe einen Nachlassgegenstand ohne oder gegen den Willen der anderen Miterben an sich genommen, ist er gleichwohl berechtigter Besitzer, solange kein anderer Miterbe den Mitgebrauch für sich beansprucht (BGH NJW 1987, 3001; ZEV 1999, 233). Die Miterben können in einem solchen Fall auch keine Nutzungsentschädigung verlangen, solange sie den Gegenstand nicht herausverlangen oder eine anderweitige Gebrauchsregelung treffen (LG Münster FamRZ 2015, 1932, 1934; AG Mönchengladbach BeckRS 2019, 34748 Rn. 21). Die Regelung des **Gebrauchs** der Nachlassgegenstände ist Teil der Verwaltung des Nachlasses und kann durch Mehrheitsbeschluss erfolgen (Abs. 2 S. 1 iVm § 745 Abs. 1 und 2). Solange weder eine Vereinbarung noch ein Mehrheitsbeschluss vorliegt, kann jeder Miterbe gegenüber den anderen Miterben eine den Interessen aller Miterben entsprechende Verwaltung und Benutzung von Nachlassgegenständen verlangen (OLG Stuttgart ZEV 2019, 144 Rn. 22). Überlässt eine Erbengemeinschaft einer aus den Miterben bestehenden OHG den Gebrauch des ihr gehörigen Betriebsgrundstücks unentgeltlich und scheidet einer der Miterben aus der OHG aus, kann dieser gem. Abs. 2 S. 1 iVm § 745 Abs. 2 von diesem Zeitpunkt an von den anderen Miterben Vergütung für die Gebrauchsüberlassung verlangen (BGH NJW 1984, 45). Der Anspruch auf Nutzungsentschädigung entsteht, wenn der Miterbe ihn erstmals geltend macht (BGH NJW 1984, 45; 1974, 364). Der Miterbe kann unmittelbar auf Zahlung klagen (OLG Stuttgart ZEV 2019, 144 Rn. 32). Bis zur Auseinandersetzung ist die Klage auf Feststellung des Anspruchs als eines bei der Auseinandersetzung einzustellenden Rechnungspostens zu richten (BGH NJW 1984, 45). Abs. 2 S. 1 iVm § 745 Abs. 3 S. 2 garantieren nur die Nutzungsquote, nicht aber die reale Eigennutzung (BGH NJW-RR 1995, 267; BGHZ 164, 181 = NJW 2006, 439 (441)).

18 **3. Lasten- und Kostentragung.** Die Lasten des Nachlasses sowie einzelner Nachlassgegenstände und die Kosten der Erhaltung, Verwaltung und gemeinsamen Nutzung des Nachlasses tragen die Miterben intern nach dem Verhältnis ihrer Erbteile (Abs. 2 iVm § 748). Diese Verpflichtung ist auf die im Nachlass vorhandenen Mittel beschränkt und begründet keine Vorschusspflicht der Miterben (RGRK-BGB/Kregel Rn. 10; MüKoBGB/Gergen Rn. 66). Die Kosten einer nur für einen Miterbenanteil angeordneten **Testamentsvollstreckung** sind von allen Miterben in der ungeteilten Miterbengemeinschaft zu tragen (BGH NJW 1997, 1362 m. iErg zust. Anm. Wolf LM § 2221 Nr. 7). §§ 2038, 748 betreffen nur das Verhältnis der Miterben untereinander. Dritten gegenüber kann der Miterbe bis zur Teilung des Nachlasses die Berichtigung von Nachlassverbindlichkeiten aus seinem sonstigen Vermögen verweigern (§ 2059). Gegenüber dem Regressanspruch eines Miterben aus §§ 2038, 748 ist § 2059 nicht entspr. anwendbar (aA Wernecke AcP 193 (1993), 240 (251 ff.) für den Fall, dass der Ausgleichsberechtigte die Einrede gegenüber dem Nachlassgläubiger hätte erheben können). Der Anspruch auf Aufwendungsersatz nach Abs. 2 S. 2 iVm § 748 setzt einen Mehrheitsbeschluss oder eine berechtigte Notgeschäftsführerin voraus. Ein auf anderen Rechtsgrundlagen beruhender Anspruch eines Miterben gegen die übrigen auf Aufwendungsersatz oder Herausgabe einer Bereicherung wird durch § 2038 aber nicht ausgeschlossen. Das gilt insbes. für einen Anspruch aus **Geschäftsführung ohne Auftrag** (BGH NJW 2021, 157 Rn. 9 f mwN). §§ 2038, 748 begründen keinen Anspruch auf Vergütung der eigenen Verwaltungstätigkeit eines Miterben (BGH NJW-RR 1992, 771 (772)).

## § 2039 Nachlassforderungen

**[1]Gehört ein Anspruch zum Nachlass, so kann der Verpflichtete nur an alle Erben gemeinschaftlich leisten und jeder Miterbe nur die Leistung an alle Erben fordern. [2]Jeder**

**Miterbe kann verlangen, dass der Verpflichtete die zu leistende Sache für alle Erben hinterlegt oder, wenn sie sich nicht zur Hinterlegung eignet, an einen gerichtlich zu bestellenden Verwahrer abliefert.**

**Schrifttum:** Habermeier, Die Prozessführungsbefugnis eines Miterben für Gestaltungsprozesse: Gestaltungsklagen im Rahmen des § 2039 BGB, ZZP 105 (1992), 182.

## Überblick

Die Vorschrift enthält eine Ausnahme von dem in § 2038 normierten Grundsatz, dass die Verwaltung des Nachlasses den Miterben gemeinschaftlich zusteht. Jeder Miterbe kann allein Nachlassforderungen zum Nachlass ziehen. Die Leistung hat an alle Miterben gemeinschaftlich zu erfolgen. Eine Klage, die auf Leistung eines Bruchteils an den klagenden Erben gerichtet ist, ist unzulässig.

## I. Bedeutung der Norm

**1. Normzweck.** Auch die zum Nachlass gehörenden Ansprüche stehen den **Miterben in ihrer gesamthänderischen Verbundenheit** zu (§ 2032 Abs. 1). Erfüllt werden können zum Nachlass gehörende Ansprüche daher nur durch Leistung an alle Miterben gemeinsam (S. 1 Hs. 1). Allgemeinen Grundsätzen entspr. könnten sie auch nur von allen Miterben gemeinsam geltend gemacht werden. Jeder Miterbe könnte dann jeden Anspruch zunächst blockieren; er müsste notfalls im Klagewege zur Zustimmung zur beabsichtigten Durchsetzung der Forderung veranlasst werden. Um dies zu verhindern, bestimmt § 2039, dass **jeder Miterbe Leistung an alle Miterben verlangen** kann. Jeder Miterbe soll die durch Untätigkeit einzelner Miterben drohenden Nachteile abwenden, ohne selbst einen unberechtigten Sondervorteil zu haben und ohne erst umständlich auf Zustimmung der übrigen klagen zu müssen (BGHZ 167, 150 = NJW 2006, 1969 (1970); BGH NJW 2021, 634 Rn. 11; Reinert ZErb 2021, 191 (193)). Das Gesetz geht davon aus, dass die Einziehung bestehender Ansprüche jedenfalls im Interesse des Nachlasses liegt, sodass eine einheitliche Willensbildung der Miterbengemeinschaft wie bei sonstigen Verwaltungsmaßnahmen (§ 2038) oder bei Verfügungen über Nachlassgegenstände (§ 2040) entbehrlich ist. Allerdings schließt dieser Grundsatz nicht aus, dass die Erbengemeinschaft einen Miterben gem. § 2038 Abs. 2 S. 1, § 745 Abs. 1 durch Mehrheitsbeschluss zur Einziehung der Nachlassforderung ermächtigt, wenn dies einer ordnungsgemäßen Verwaltung entspricht (BGH NJW 2013, 166 Rn. 11 ff.). 1

**2. Berechtigte. Inhaber** des Anspruchs bleiben die Miterben in ihrer gesamthänderischen Verbundenheit. Die einzelnen Miterben sind lediglich berechtigt, den Anspruch in gesetzlicher Prozessstandschaft für die Erbengemeinschaft durchzusetzen (BGHZ 167, 150 = NJW 2006, 1969, 1970; BGHZ 208, 357 Rn. 14 = NJW 2016, 2652). Die Einziehungs- und Prozessführungsbefugnis steht jedem Miterben unabhängig vom gleichen Recht der anderen Miterben zu. Hat ein Miterbe seinen Anteil **veräußert** (§ 2033), tritt der Erwerber an seine Stelle; denn der Veräußerer bleibt zwar Erbe, ist aber nicht mehr Mitglied der Erbengemeinschaft. Hat der Miterbe seinen Anteil **verpfändet,** bleibt er zur Geltendmachung der zum Nachlass gehörenden Ansprüche befugt (BGH NJW 1968, 2059 (2060); MüKoBGB/Gergen Rn. 2; Johannsen WM 1970, 573 (578)). Die Einziehung eines Nachlassanspruchs mit dem Ziel der Hinterlegung für alle Miterben ist keine Maßnahme der Verwertung des Anteils; sie beeinträchtigt das Pfandrecht also nicht. Ist **Testamentsvollstreckung** angeordnet, kommt § 2039 nicht zum Tragen. Ein der Verwaltung des Testamentsvollstreckers unterliegendes Recht kann nur vom Testamentsvollstrecker geltend gemacht werden (§ 2212). 2

## II. Zum Nachlass gehörender Anspruch

**1. Ansprüche.** § 2039 gilt für zum Nachlass gehörende Ansprüche iSv § 194 Abs. 1 (BGHZ 167, 150 = NJW 2006, 1969 (1970)). Erfasst sind schuldrechtliche und dingliche Ansprüche sowie Ansprüche des öffentlichen Rechts, zB Unterlassungsansprüche, Freistellungsansprüche (RGZ 158, 40 (42); Soergel/Wolf Rn. 3; MüKoBGB/Gergen Rn. 5 ff.), der Anspruch auf Hinterlegung (§ 432 Abs. 1 S. 2), auch wenn die Erbengemeinschaft nur Teilhaberin der Geldforderung ist (BGH NJW 1983, 2020), der Anspruch auf Löschung eines Wohnrechts (BGH WM 1971, 653 (654)), der Anspruch auf Auseinandersetzung und Antrag auf Teilungsversteigerung nach § 181 3

ZVG, auch wenn die Gemeinschaft zwischen der Miterbengemeinschaft und einem Dritten besteht (RGZ 108, 422 (424)), der Anspruch auf Berichtigung des Grundbuchs (BGHZ 44, 367 (370 f.) = NJW 1966, 773; vgl. auch BGH NJW 1976, 1095), während die Berichtigung selbst gem. § 2040 von allen Miterben bewilligt und beantragt werden muss (Erman/Bayer Rn. 4; Soergel/Wolf Rn. 4), Schadensersatzansprüche, die gem. § 2041 zum Nachlass gehören (BGH NJW 1987, 316), der Ersatzanspruch gegen einen Notar, der bei der Beurkundung eines Rechtsgeschäfts, das sich auf den Nachlass bezieht, eine ihm gegenüber den Miterben obliegende Amtspflicht verletzt hat (BGH NJW 1987, 316), der Restitutionsanspruch nach § 1 VermG (BVerwG ZIP 1997, 940 = DtZ 1997, 234), der Anspruch auf Rückabwicklung der Bestellung einer Grundschuld an einem zum Nachlass gehörenden Grundstück (BGHZ 167, 150 = NJW 2006, 1969 (1970)), Ansprüche auf Auskunft und Rechenschaftslegung (OLG Düsseldorf FamRZ 2015, 790 (791)).

4 **2. Gestaltungsrechte.** Keine Ansprüche iSv § 2039 sind Gestaltungsrechte wie die Kündigung (RGZ 65, 5 (6); Staudinger/Löhnig, 2016, Rn. 14; RGRK-BGB/Kregel Rn. 1; Erman/Bayer Rn. 4a; vgl. auch Schmidt-Kessel WM-Beil. 8/1988, 1 (5) unter Hinweis auf BGH 28.1.1987 – IVa ZR 191/85), die Anfechtung nach §§ 119 ff. (anders die Anfechtung nach dem AnfG), der Rücktritt, der Widerruf (BGHZ 14, 251 (254 f.) = NJW 1954, 1523; BGHZ 108, 21 (30) = NJW 1989, 2694; Johannsen WM 1970, 573 (578)). Gestaltungsrechte begründen neue Ansprüche und sind damit gem. § 2040 der Erbengemeinschaft vorbehalten. Sie können von den Miterben nur gemeinsam ausgeübt werden. Auch die Genehmigung eines Rechtsgeschäfts kann nur durch alle Miterben gemeinsam erfolgen. Ein nicht unter § 2039 fallendes Gestaltungsrecht war auch die Fristsetzung mit Ablehnungsandrohung gem. § 326 Abs. 1 S. 1 aF, denn ihr kam nach fruchtlosem Ablauf der Frist Gestaltungswirkung zu (BGH NJW 2000, 506 (507)). Ausnahmsweise kann ein einzelner Miterbe Gestaltungsrechte unter den Voraussetzungen des § 2038 Abs. 1 S. 2 Hs. 2 (Notgeschäftsführung) allein ausüben (→ § 2038 Rn. 10; → § 2038 Rn. 10 ff.) (BGHZ 108, 21 (30 f.) = NJW 1989, 2694; Soergel/Wolf Rn. 6). **Mahnungen** sind keine Gestaltungsrechte, weil sie nur der Geltendmachung und Verwirklichung eines bereits bestehenden Anspruchs dienen (vgl. auch § 284 Abs. 1 S. 2) (Lange/Kuchinke ErbR § 43 III 4c; Soergel/Wolf Rn. 7; vgl. auch Johannsen WM 1970, 573 (578 f.)). Jeder Miterbe ist also berechtigt, den Schuldner in Verzug zu setzen. Ebenfalls unter § 2039 fällt der Antrag auf Bestimmung einer Inventarfrist (→ § 1994 Rn. 5 mN) (RGRK-BGB/Kregel Rn. 2; aA nur KG OLGRspr. 35, 360 f.).

5 **3. Ansprüche gegen einen Miterben.** Auch Ansprüche gegen einen Miterben können nach § 2039 von anderen Miterben im eigenen Namen geltend gemacht werden (BGH WM 1975, 1179 (1181); NJW 2014, 1886 Rn. 9; BGHZ 208, 357 Rn. 14 = NJW 2016, 2652; RGZ 65, 5 (8); OLG Saarbrücken FamRZ 2018, 1539; LG Neuruppin BeckRS 2021, 6910 Rn. 16; RGRK-BGB/Kregel Rn. 15). Auf die Frage der ordnungsgemäßen Verwaltung des Nachlasses kommt es insoweit nicht an (OLG Köln BeckRS 2018, 39279 Rn. 16). Dem in Anspruch genommenen Miterben kann im Hinblick auf sein Auseinandersetzungsguthaben (§ 2042) ein **Leistungsverweigerungsrecht** nach § 273 zustehen, wenn die Einziehung der Schuld nach den Umständen des Einzelfalls den Grundsätzen einer ordnungsgemäßen Verwaltung des Nachlasses widerspricht, den Miterben unbillig beschweren und damit gegen Treu und Glauben (§ 242) verstoßen würde (RGZ 65, 5 (10); Lange/Kuchinke ErbR § 43 III 4e), etwa dann, wenn mit Sicherheit abzusehen ist, dass die Schuld durch die Auseinandersetzungsforderung gedeckt ist (BGH WM 1971, 653 (655); RGZ 65, 5 (11); OLG Saarbrücken BeckRS 2018, 9530 Rn. 31; OLG Köln BeckRS 2018, 39279 Rn. 16; RGRK-BGB/Kregel Rn. 15; Erman/Bayer Rn. 5). Ein Zurückbehaltungsrecht kommt dann nicht in Betracht, wenn die Einziehung der Forderung zur **ordnungsgemäßen Verwaltung des Nachlasses** erforderlich ist, wenn eine Teilung der Forderung nicht möglich ist oder wenn entgegenstehende Anordnungen des Erblassers vorliegen (Dütz NJW 1967, 1105 (1108 ff.); Soergel/Wolf Rn. 18). Einem Erben, der selbst Schuldner ist, ist es nicht grds. nach Treu und Glauben verwehrt, eine gegen einen anderen Miterben gerichtete Forderung einzuziehen (BGH WM 1971, 653 (655)).

## III. Durchsetzung des Anspruchs

6 **1. Klage.** § 2039 umfasst die außergerichtliche und die gerichtliche Geltendmachung des Anspruchs sowie dessen Durchsetzung im Wege der Zwangsvollstreckung (Lange/Kuchinke ErbR § 43 III 4c). Der Miterbe klagt in eigenem Namen auf Leistung an die Erbengemeinschaft (BGH NJW 2014, 1886 Rn. 9). Der Widerspruch der übrigen Miterben macht die Klage regelmäßig nicht unzulässig (BGH NJW 2014, 1886 Rn. 9; Schütte NJW 2012, 2596; aA OLG Frankfurt

NJW 2012, 2595 f.). § 2039 dient gerade dazu, die Einziehung einer Forderung auch gegen den Widerspruch von Miterben und auch dann zu ermöglichen, wenn der widersprechende Miterbe Schuldner der Forderung ist (BGH NJW 2014, 1886 Rn. 9). Eine Ausnahme hat der BGH in einem Fall angenommen, in welchem der klagende Miterbe rechtsmissbräuchlich handelte und die übrigen Miterben, denen dieser Einwand nicht entgegen gehalten werden konnte, der Klage widersprachen (BGHZ 44, 367 = NJW 1966, 773). Neben Leistungsklagen kommen auch Klagen auf künftige Leistung, Feststellungs- (BGHZ 14, 251 (254) = NJW 1954, 1523; RGRK-BGB/Kregel Rn. 2; MüKoBGB/Gergen Rn. 22) und Widerklagen in Betracht. Im Falle einer **Feststellungsklage** muss die Klage auf Feststellung (oder negative Feststellung) eines mit der Erbengemeinschaft bestehenden Rechtsverhältnisses gerichtet sein (RGRK-BGB/Kregel Rn. 2; MüKoBGB/Gergen Rn. 22). Prozessuale **Gestaltungsklagen** wie die Vollstreckungsgegenklage nach § 767 ZPO oder die Nichtigkeitsklage nach 579 ZPO fallen ebenfalls unter § 2039, wenn mit ihnen ein zum Nachlass gehörender Anspruch durchgesetzt werden soll. Es handelt sich nicht um der gesamten Erbengemeinschaft vorbehaltene Gestaltungsrechte iSv § 2040, weil nur das richterliche Urteil Gestaltungswirkung hat (BGHZ 167, 150 = NJW 2006, 1969 (1970)). Nach Unterbrechung eines Prozesses des Erblassers (§ 239 ZPO) kann jeder Miterbe die Aufnahme des Verfahrens erklären (BGHZ 14, 251 = NJW 1954, 1523; BGHZ 23, 207 (212) = NJW 1957, 906; BGH NJW 1964, 2301; 2014, 1886 Rn. 10; Schmidt-Kessel WM-Beil. 8/1988, 1 (6) unter Hinweis auf BGH 25.9.1985 – IVa ZR 41/84; Lange/Kuchinke ErbR § 43 III 4c m. Fn. 156). Jeder Miterbe kann allein Rechtsmittel einlegen, Wiedereinsetzung in den vorigen Stand beantragen, einen Kostenfestsetzungsanspruch geltend machen (BGH NJW 2014, 1886 Rn. 9), die Wiederaufnahme eines vom Erblasser geführten Prozesses verlangen (BGHZ 14, 251 (254) = NJW 1954, 1523) oder Nichtigkeitsklage erheben (BGHZ 14, 251 (254 f.) = NJW 1954, 1523). Gestaltungsklagen sind dann zulässig, wenn sie der Durchsetzung eines Anspruchs der Erbengemeinschaft dienen (vgl. BGHZ 14, 251 (255) = NJW 1954, 1523) und für diese lediglich rechtlich vorteilhaft sind (etwa die Drittwiderspruchsklage nach § 771 ZPO) (Habermeier ZZP 105 (1992), 182). Der Widerspruch der anderen Miterben ist dann unbeachtlich. Die Klage jedes Miterben unterbricht die **Verjährung** des gesamten Anspruchs (BGHZ 94, 117 (123) = NJW 1985, 1826 zu § 744 Abs. 2; MüKoBGB/Gergen Rn. 20; Erman/Bayer Rn. 1; ebenso Soergel/Wolf Rn. 11 mit der Begr., die Klage stelle immer zugleich die Ausübung des Notverwaltungsrechtes gem. § 2038 Abs. 1 S. 2 dar; aA RGRK-BGB/Kregel Rn. 12; LG Wiesbaden WuM 1998, 18; offengelassen von BGH NJOZ 2007, 742 (746)). Die Verjährung eines Anspruchs der Miterbengemeinschaft aus unerlaubter Handlung beginnt erst mit der Kenntnis jedes einzelnen Miterben vom Schaden und von der Person des Schädigers (BGH ZEV 2007, 272 Rn. 20; OLG Celle NJW 1964, 869; RGRK-BGB/Kregel Rn. 12).

**2. Leistung an alle Miterben.** Der Miterbe kann idR nur Leistung an alle Miterben verlangen 7
(OLG München BeckRS 2020, 19870 Rn. 20). Das gilt auch für den Anspruch gegen den Miterben, auch in einem vom Erblasser begonnenen Rechtsstreit, den andere Miterben fortführen (BGH NJW 2014, 1886 Rn. 10). Geht es um die Herausgabe von Nachlassgegenständen, ist die Klage auf Einräumung des Mitbesitzes der anderen Miterben zu richten (OLG Stuttgart Rpfleger 1999, 130; Soergel/Wolf Rn. 18). Die Vollstreckung aus einem obsiegenden Urteil ist nur zugunsten aller Miterben möglich (KG NJW 1957, 1154). Hat der Miterbe eine Verurteilung zur Gewährung von Einsicht in schriftliche Unterlagen erwirkt, ist der Schuldner nur verpflichtet, die Einsichtnahme aller Miterben zu ermöglichen (AG Augsburg NJW-Spezial 2012, 680). Der Schuldner seinerseits kann sich nur durch Leistung an alle Miterben von seiner Schuld befreien (BGH NJW 2013, 166 Rn. 8; OLG Koblenz NJW-RR 2005, 1678; LG Heidelberg ZEV 2015, 634; MüKoBGB/Gergen Rn. 10). Der Annahmeverzug auch nur eines Miterben schließt den Verzug des Schuldners aus (MüKoBGB/Gergen Rn. 12). Mit Zustimmung der anderen Miterben kann der Miterbe auf **Leistung an sich selbst** klagen (OLG München BeckRS 2020, 19870 Rn. 21). Ist der Miterbe wirksam zur Einziehung der Forderung ermächtigt worden, hat die Zahlung an ihn allein nach § 362 Abs. 2, § 185 Abs. 1 Erfüllungswirkung (BGH NJW 2013, 166 Rn. 9). Der BGH hat eine Klage auf Leistung an den klagenden Miterben allein auch dann für zulässig gehalten, wenn damit die Auseinandersetzung in zulässiger Weise vorweggenommen wird, etwa dann, wenn die Klage gegen den einzigen Miterben gerichtet ist, Nachlassverbindlichkeiten nicht bestehen und der Kläger nur den Anteil verlangt, der ihm bei der endgültigen Auseinandersetzung zufallen würde (BGH MDR 1963, 578; NJW-RR 2005, 887 (891); ZEV 2007, 272 Rn. 15; ebenso OLG München BeckRS 2020, 19870 Rn. 25). Ein Erbe, der nicht Hoferbe geworden ist, kann von diesem nur Zahlung einer Abfindung an die ungeteilte Erbengemeinschaft verlangen, nicht Zahlung an sich allein (BGH ZEV 2007, 272). Die Zahlung auf das Konto eines einzelnen Miterben

ist nicht die nach § 2039 Abs. 1 geschuldete Leistung und stellt daher keine Erfüllung iSv § 362 Abs. 1 dar (BGH NJW 2013, 166 Rn. 8).

8 **3. Hinterlegung.** Jeder Miterbe kann verlangen, dass der Verpflichtete die zu leistende Sache hinterlegt. Das Hinterlegungsverlangen kann eine unzulässige Rechtsausübung darstellen, wenn – zum Beispiel beim Einziehen von Mietzinsforderungen – die Zahlung für eine ordnungsgemäße Verwaltung des Nachlasses erforderlich wäre (RGRK-BGB/Kregel Rn. 17). Geht es um ein Grundstück oder eine andere Sache, die sich nicht zur Hinterlegung eignet, kann die Herausgabe an einen gerichtlich bestimmten Verwahrer (§ 410 Nr. 3 FamFG) verlangt werden (RGZ 105, 246 (250); RGRK-BGB/Kregel Rn. 18).

## IV. Verfahren und Beweislast

9 **1. Prozessuale Fragen.** Klagen mehrere, aber nicht alle Miterben in eigenem Namen, besteht zwischen ihnen **keine notwendige Streitgenossenschaft;** denn jeder Miterbe könnte den Anspruch auch allein verfolgen (BGHZ 23, 207 (212 f.) = NJW 1957, 906; BGHZ 227, 336 Rn. 11 = NJW 2021, 634; RGRK-BGB/Kregel Rn. 9; Erman/Bayer Rn. 2; Reinert ZErb 2021, 191 (193)). Das gilt auch, wenn alle Miterben gemeinsam klagen (BGHZ 23, 207 (212 f.) = NJW 1957, 906; BGHZ 92, 351 (354) = NJW 1985, 385 zu § 1011; BFH FamRZ 1989, 975 (977); OLG Brandenburg OLGR 1998, 421; OLG Jena AgrarR 1999, 196; RGRK-BGB/Kregel Rn. 9; MüKoBGB/Gergen Rn. 20; unter Hinweis auf § 2039 Abs. 1 offengelassen von BGH NJW 1989, 2133 (2134); aA Staudinger/Löhnig, 2020, Rn. 39; Erman/Bayer Rn. 2; Lange/Kuchinke ErbR § 43 III 4d; diff. Soergel/Wolf Rn. 12: eine notwendige Streitgenossenschaft liege nur im Falle einer Gesamthandsklage vor, dann also, wenn alle Miterben in ihrer gesamthänderischen Verbundenheit klagen, nicht jedoch dann, wenn alle Miterben je ihr Sonderrecht aus § 2039 geltend machten). Miterben, die sich am Rechtsstreit nicht beteiligen, können als **Zeugen** vernommen werden. Ob **Prozesskostenhilfe** zu gewähren ist, richtet sich nach den persönlichen und wirtschaftlichen Verhältnissen desjenigen Erben, der den Prozess führt (BVerfG NJW-RR 1998, 1051; OLG Saarbrücken NJW 2009, 2070; Staudinger/Löhnig, 2020, Rn. 45). Wird jedoch ein vermögensloser Erbe nur vorgeschoben, um Prozesskostenhilfe zu erlangen, kann das rechtsmissbräuchlich sein (OLG Köln MDR 1954, 174; OLG Koblenz MDR 1957, 45 Ls.; OLG Saarbrücken NJW 2009, 2070; Staudinger/Löhnig, 2020, Rn. 45). Der **Streitwert** der von einem Miterben erhobenen Klage entspricht regelmäßig dem vollen Wert der geltend gemachten Forderung (BGH FamRZ 1956, 381; RGZ 149, 193; RGRK-BGB/Kregel Rn. 16; Staudinger/Löhnig, 2020, Rn. 46; Schneider Rpfleger 1982, 268; Roth NJW-Soezial 2016, 615). Ist der Beklagte zugleich Miterbe, mindert sich der Wert um den Erbanteil des Beklagten (BGH MDR 1958, 676; NJW 1967, 443; ZEV 2019, 706 Rn. 5; RGZ 156, 263 (264); OLG Saarbrücken BeckRS 2018, 9530 Rn. 40; RGRK-BGB/Kregel Rn. 16; Schneider Rpfleger 1982, 268 (270)). Unterliegt der klagende Miterbe, trägt er im Verhältnis zum Prozessgegner alle **Kosten** selbst (vgl. Wendt ErbR 2021, 103 (106)). Ihm steht dann, wenn er im Interesse der Erbengemeinschaft gehandelt hat, ein Aufwendungsersatzanspruch aus §§ 683, 670 gegen die Miterben zu. Ob dies der Fall war, richtet sich nach den allgemeinen Geschäftsführungsregeln, nicht nach erbrechtlichen Regeln (Wendt ErbR 2021, 103 (106)). Maßgebend für die Feststellung von Interesse und mutmaßlichem Willen der Erbengemeinschaft ist der Zeitpunkt der Klageerhebung (BGH NJW 2003, 3268 f.).

10 **2. Gegenrechte.** Der Anspruchsgegner kann nur solche Gegenrechte geltend machen, die sich gegen die Miterbengemeinschaft richten, nicht jedoch Rechte, die ihm nur gegen einzelne Miterben – auch gegen denjenigen Miterben, der den Anspruch durchsetzt – zustehen (BGHZ 44, 367 (370 f.) = NJW 1966, 773). Eine Ausnahme hat der BGH in dem Fall zugelassen, dass der klagende Miterbe sich arglistig gegenüber dem Anspruchsgegner verhalten hatte und die anderen Miterben, denen Arglist nicht vorgeworfen werden konnte, der Erhebung der Klage widersprochen hatten; die Klage wurde als unzulässig abgewiesen (BGHZ 44, 367 = NJW 1966, 773). **Gegenrechte der Erbengemeinschaft** gegenüber den Rechten des Anspruchsgegners, die im Wege der Replik eingewandt werden sollen, können wiederum nur von allen Erben gemeinsam ausgeübt werden (Soergel/Wolf Rn. 7); doch kann sich ein Miterbe allein auf eine bereits vom Erblasser oder nach dem Erbfall von allen Erben erklärte Aufrechnung berufen (MüKoBGB/Gergen Rn. 18).

11 **3. Rechtskraft.** Die Rechtskraft des zwischen dem Miterben und dem Gegner ergangenen Urteils wirkt nur im Verhältnis der Prozessparteien, nicht jedoch für oder gegen die anderen Miterben (BGHZ 167, 150 = NJW 2006, 1969 (1970); RGZ 44, 185; 93, 127 (129); 149, 193

(194); OLG Brandenburg OLGR 2008, 184 (186); RGRK-BGB/Kregel Rn. 12). Die Klage aller Miterben auf Feststellung, dass ein vom Erblasser eingegangenes Pachtverhältnis fortbesteht, ist hinsichtlich eines Miterben unzulässig, dem gegenüber das Gegenteil bereits rechtskräftig festgestellt worden ist (BGH NJW 1989, 2133 m. krit. Anm. Schilken NJW 1991, 281).

**4. Zwangsvollstreckung.** Jeder Miterbe kann die Zwangsvollstreckung gegen einen Nachlassschuldner betreiben (KG NJW 1957, 1154; LG Neuruppin BeckRS 2021, 6910 Rn. 16; MüKoBGB/Gergen Rn. 28; Staudinger/Löhnig, 2020, Rn. 44; RGRK-BGB/Kregel Rn. 12). Das gilt auch dann, wenn der Nachlassschuldner ein Miterbe ist (LG Neuruppin BeckRS 2021, 6910 Rn. 16). Jeder Miterbe, der allein oder zusammen mit den weiteren Miterben einen Titel über einen zum Nachlass gehörenden Anspruch erwirkt hat, kann die Erteilung einer vollstreckbaren Ausfertigung des Titels verlangen, wenn gesichert ist, dass die Zwangsvollstreckung allen Miterben zugutekommt (BGHZ 227, 336 Rn. 12 = NJW 2021, 634; LG Neuruppin BeckRS 2021, 6910 Rn. 16). Unter dieser Voraussetzung kann er verlangen, dass der Titel nur ihn als Vollstreckungsgläubiger ausweist (BGHZ 227, 336 Rn. 13 ff. = NJW 2021, 634, in Abweichung von BGH NJW 1995, 1162 (1163)). Aus dem Urteil, das ein einzelner Miterbe erwirkt hat, kann nur dieser Miterbe die Zwangsvollstreckung betreiben (RGRK-BGB/Kregel Rn. 12; Staudinger/Löhnig, 2020, Rn. 44; Roth NJW-Spezial 2016, 615). 12

**5. Beweislast.** Der Miterbe muss seine Stellung als Miterbe darlegen und beweisen (OLG Colmar OLGRspr. 30, 185; vgl. auch BGH ZInsO 2016, 1583 Rn. 5 zum Nachweis im Adhäsionsverfahren). Im Übrigen gelten die allgemeinen Regeln. 13

## § 2040 Verfügung über Nachlassgegenstände, Aufrechnung

**(1) Die Erben können über einen Nachlassgegenstand nur gemeinschaftlich verfügen.**

**(2) Gegen eine zum Nachlass gehörende Forderung kann der Schuldner nicht eine ihm gegen einen einzelnen Miterben zustehende Forderung aufrechnen.**

### Überblick

Miterben können nur gemeinsam über einen zum Nachlass gehörenden Gegenstand verfügen (Abs. 1). Ausnahmen von diesem Grundsatz folgen aus § 2038. Maßnahmen der Notgeschäftsführung können auch dann von einzelnen Miterben vorgenommen werden, wenn es sich um Verfügungen handelt (§ 2038 Abs. 1 S. 2 Fall 2); bei Maßnahmen der ordnungsgemäßen Verwaltung (§ 2038 Abs. 1 S. 2 Fall 1) reicht insoweit ein Mehrheitsbeschluss. Der Schuldner einer Nachlassforderung kann nicht mit einer Forderung gegen einen Miterben aufrechnen (Abs. 2).

### I. Bedeutung der Norm

**1. Normzweck.** Miterben können nur gemeinsam über einen Nachlassgegenstand verfügen (Abs. 1). Die Vorschrift des § 2040 ist Ausdruck der gesamthänderischen Bindung des Nachlasses und ergänzt § 2033 Abs. 2, wonach ein Miterbe über seinen Anteil an den einzelnen Nachlassgegenständen nicht verfügen kann. Die in beiden Vorschriften liegende **Erschwerung der Verfügungen über einzelne Nachlassgegenstände** dient einerseits dem Interesse der Miterben, die davor geschützt werden sollen, sich hinsichtlich einzelner Gegenstände mit Fremden auseinandersetzen zu müssen (BGHZ 56, 115 (121) = NJW 1971, 1264), andererseits auch dem gemeinsamen Interesse der Nachlassgläubiger und der Miterben an der Erhaltung des Nachlasses (BGH NJW 2007, 150 (151); MüKoBGB/Gergen Rn. 1). „Erben" iSv § 2040 sind die Mitglieder der Erbengemeinschaft, also auch die Nacherben nach Eintritt des Nacherbfalles (RGZ 93, 292 (296); MüKoBGB/Gergen Rn. 2) und die Erwerber eines Anteils (§ 2033 Abs. 1) (RGZ 112, 129 (132); Staudinger/Löhnig, 2020, Rn. 2; MüKoBGB/Gergen Rn. 2), nicht jedoch solche Erben, die ihren Anteil veräußert haben. § 2040 gilt nur für einzelne Nachlassgegenstände, nicht für den Nachlass insgesamt oder für Anteile am Nachlass. 1

**2. Regelungsbereich.** Das Gesetz unterscheidet zwischen der **Verwaltung** des Nachlasses (§ 2038), der **Durchsetzung von Ansprüchen** (§ 2039) und **Verfügungen** (§ 2040). Für die Verwaltung gilt gem. § 2038 Abs. 2, § 745 das Mehrheitsprinzip. Forderungen kann jeder Miterbe allein einziehen (§ 2039). Verfügungen können nur von allen Miterben gemeinsam vorgenommen 2 werden (§ 2040). Die Anwendungsbereiche von § 2039 und § 2040 überschneiden sich an sich nicht. Es ist lediglich zu prüfen, ob im Einzelfall eine Verfügung getroffen oder nur eine bereits bestehende Forderung eingezogen wird. Unklar ist demgegenüber das Verhältnis von § 2038 und § 2040. Grundsätzlich kommt § 2040 der Vorrang zu. Nach früher ständiger Rspr. galt § 2040 auch für Verfügungen, die zugleich **Maßnahmen der Verwaltung** darstellten (→ § 2038 Rn. 4 ff.) (BGHZ 38, 122, 124 = NJW 1963, 244). Eine Ausnahme stellten nach hM lediglich **Notgeschäftsführungsmaßnahmen** iSv § 2038 Abs. 1 S. 2 Hs. 2 dar, die ein Miterbe auch dann allein vornehmen konnte, wenn es sich um Verfügungen handelte (→ § 2038 Rn. 11) (vgl. BGHZ 108, 21 (30 f.) = NJW 1989, 2694). Seit einigen Jahren gelten diese Grundsätze so nicht mehr. In einem Urteil des 4. Zivilsenats aus dem Jahre 2005 (BGHZ 164, 181 (184 f.)= NJW 2006, 439) heißt es, unter den Begriff der gemeinschaftlichen Verwaltung des Nachlasses iSv § 2038 Abs. 1 fielen auch Verfügungen über Nachlassgegenstände; nur müsse neben der Ordnungsmäßigkeit die Erforderlichkeit der entsprechenden Verwaltungsmaßnahme durch besondere Umstände belegt sein, um eine Mitwirkungspflicht (§ 2038 Abs. 1 S. 2) zu begründen. Der Landwirtschaftssenat des BGH hat etwa zeitgleich ebenfalls Zweifel an den bisherigen Grundsätzen angemeldet und eine Lösung dahingehend für möglich gehalten, dass kein genereller Vorrang des § 2038 bestehe und eine Mehrheitsentscheidung ausreiche, wenn dadurch die auf den Erhalt des Nachlasses gerichteten Interessen der anderen nicht beeinträchtigt würden (BGH NJW 2007, 15 Rn. 16, 18 ff.). In der Folgezeit hat der BGH (XII. ZS) angenommen, die Erben könnten ein Mietverhältnis über eine zum Nachlass gehörende Sache wirksam mit Stimmenmehrheit kündigen, wenn sich die Kündigung als Maßnahme ordnungsgemäßer Nachlassverwaltung darstelle (BGHZ 183, 12 Rn. 26 ff. = NJW 2010, 765 (XII. ZS); vgl. auch schon NJW 2007, 150 (151) (Landwirtschaftssenat); ebenso Brox/Walker ErbR Rn. 507; zu § 745 Abs. 1 vgl. BGH (II. ZS) NJW-RR 2010, 1312 Rn. 3). Wenn die Erben durch Mehrheitsbeschluss einen Mietvertrag begründen könnten, müssten sie ihn ebenso durch Kündigung wieder beenden können. Ein allgemeiner Vorrang der Regel des § 2040 vor denjenigen des § 2038 lasse sich nicht überzeugend begründen. Dem überstimmten Miterben bleibe unbenommen, im Nachhinein gerichtlich überprüfen zu lassen, ob der Mehrheitsbeschluss, der Grundlage der Verfügung sei, den Anforderungen einer ordnungsgemäßen Verwaltung genüge. Diese Rspr. kann, soweit sie sich auf Gestaltungsrechte bezieht, zwischenzeitlich als gefestigt angesehen werden (BGH NJW 2011, 61 Rn. 20; MDR 2012, 1470 Rn. 13; ZEV 2015, 339 Rn. 2; NJW 2015, 1881 Rn. 18). Nach derzeitigem Stand der Rspr. des BGH schließt die Einordnung einer Maßnahme als Verfügung also nicht aus, dass es sich zugleich um eine Maßnahme der ordnungsgemäßen Verwaltung iSv § 2038 Abs. 1 S. 2 handelt, die als solche von den Miterben mehrheitlich beschlossen werden kann (ebenso OLG Brandenburg ZEV 2012, 261; OLG Frankfurt ZEV 2012, 258; OLG Schleswig NJW-RR 2015, 712). Gleiches gilt für die Einziehung einer zum Nachlass gehörenden Forderung, die an sich in § 2039 geregelt ist, zugleich aber eine Verfügung über einen Nachlassgegenstand iSv § 2040 Abs. 1 darstellt. Auch hierbei kann es sich um eine Maßnahme im Rahmen der laufenden Verwaltung des Nachlasses handeln, für die dann die erleichterten Voraussetzungen des § 2038 vorrangig Anwendung finden (BGH NJW 2013, 166 Rn. 13). Verfügungen, die Maßnahmen einer ordnungsgemäßen Verwaltung darstellen, können also auf der Grundlage einer Mehrheitsentscheidung nach § 745 Abs. 1 vorgenommen werden. Liegt ein gültiger Mehrheitsbeschluss vor (§ 745 Abs. 1 S. 2), verleiht dieser den im Außenverhältnis tätigen Gemeinschaftern die notwendige Vertretungsmacht, den Beschluss zu vollziehen (BGH NJW 2011, 61 Rn. 20). Im **Grundbuchverfahren** ist die Zustimmung aller Miterben etwa zur Löschung einer nicht mehr valutierten Grundschuld in der Form des § 29 Abs. 1 GBO nachzuweisen. Ein Mehrheitsbeschluss reicht hier nicht, weil im Grundbuchverfahren nicht geprüft werden kann, ob es sich insoweit um eine Maßnahme der ordnungsgemäßen Verwaltung handelt (OLG Hamm ZEV 2014, 419; vgl. auch OLG Köln NJW-RR 2014, 1415 zur Bewilligung der Eintragung einer Vormerkung). Gleiches gilt für die Bewilligung der Herausgabe im **Hinterlegungsverfahren.** Die Hinterlegungsstelle kann nicht prüfen, ob die Bewilligung zugleich eine Verwaltungsmaßnahme iSv § 2038 Abs. 1 S. 2 darstellt (KG BeckRS 2020, 421 Rn. 10).

## II. Verfügung über einen Nachlassgegenstand

3 **1. Begriffe und Beispiele. „Nachlassgegenstände"** sind alle Sachen (§ 90) und Rechte, die zum Nachlass gehören, nicht jedoch der Nachlass selbst. **„Verfügungen"** sind Rechtsgeschäfte, durch die bestehende Rechte mit unmittelbarer Wirkung übertragen, belastet, inhaltlich verändert oder aufgehoben werden (vgl. BGHZ 1, 294 (304) = NJW 1951, 645; BGH NJW 2006, 1969 (1970); 2007, 150 (151); KG BeckRS 2018, 42606 Rn. 8; MüKoBGB/Gergen Rn. 4;

Staudinger/Löhnig, 2020, Rn. 4), so zum **Beispie**l die Übereignung einer Sache, die Abtretung einer Forderung (RGZ 146, 314 (315)), der Erlass einer Forderung, der Verzicht auf ein sonstiges Recht (OLG Frankfurt OLGR 1999, 226 (227)), die Entgegennahme einer Leistung als Erfüllung (Staudinger/Löhnig, 2020, Rn. 9; RGRK-BGB/Kregel Rn. 2; aA Soergel/Wolf Rn. 16: die geschuldete Leistung dürfe jeder Miterbe allein entgegennehmen; unter § 2040 falle nur die Annahme der Leistung an Erfüllungs statt), die Aufrechnung mit einer zum Nachlass gehörenden Forderung (BGHZ 38, 122 (124) = NJW 1963, 244), die Zustimmung der Erbengemeinschaft als Grundstückseigentümerin zur Veräußerung eines Erbbaurechts (OLG Hamm OLGZ 1966, 574 = Rpfleger 1967, 415), die Löschungsbewilligung für eine Reallast (BayObLGZ 1988, 230). Verfügungen sind aber auch Erklärungen, die ein Schuldverhältnis umgestalten (Staudinger/ Löhnig, 2020, Rn. 7; vgl. auch BGH ZEV 2000, 63 (64)), zB die Kündigung eines Darlehens oder eines Giro- oder Sparkontos (RGZ 65, 5 (6); 146, 314 (316); OLG Brandenburg ZEV 2012, 261 (262); OLG Schleswig NJW-RR 2015, 712 Rn. 27; KG BeckRS 2018, 42606) die Kündigung eines Schuldverhältnisses (BGH NJW 2006, 1969 (1970); 2007, 150 f.; BGHZ 183, 131 = NJW 2010, 765 Rn. 13; BGH NJW 2011, 61 Rn. 20 = ZEV 2010, 639; OLG Brandenburg BeckRS 2019, 6704 Rn. 47), die Fristsetzung mit Ablehnungsandrohung gem. § 326 Abs. 1 S. 1 aF (BGH ZEV 2000, 63 f.), der Rücktritt (RGZ 151, 304 (312 f.)), die Anfechtung nach §§ 119 ff. (BGH NJW 1951, 308 Ls.; RGZ 107, 238 (239); OLG Düsseldorf NJW 1954, 1041) (nicht: die Anfechtung nach dem Anfechtungsgesetz, die nur einen unter § 2039 fallenden Anspruch darstellt), der Abschluss eines Vergleichs über eine zum Nachlass gehörende Forderung oder die Anfechtung eines unbedingt geschlossenen Vergleichs (RGRK-BGB/Kregel Rn. 2; MüKoBGB/Gergen Rn. 11), die Anfechtung eines Gesellschafterbeschlusses (BGHZ 108, 21 (30) = NJW 1989, 2694).

**2. Keine Verfügungen.** Keine Verfügungen sind die Begründung eines Schuldverhältnisses (die sich allein nach § 2038 richtet), der Widerruf einer abstrakten Vollmacht (die mit dem Erbfall zu Einzelvollmachten der einzelnen Miterben wird und daher von jedem einzelnen Miterben je für sich widerrufen werden kann (LG Aachen ZEV 2018, 519 Rn. 23); anders: die Kündigung des zugrundeliegenden Auftragsverhältnisses) (BGHZ 30, 391 (397 f.) = NJW 1959, 2114; RGRK-BGB/Kregel Rn. 2; Johannsen WM 1970, 573 (576); MüKoBGB/Gergen Rn. 12), der Widerruf eines unter Widerrufsvorbehalt geschlossenen gerichtlichen Vergleichs (BGHZ 46, 277 = NJW 1967, 440 mAnm Johannsen LM § 2038 Nr. 8 und Anm. Bökelmann JR 1967, 341; Johannsen WM 1970, 573 (577)), die Ausschlagung einer zum Nachlass gehörigen Erbschaft (Soergel/Wolf Rn. 4), der Antrag auf Bestimmung einer Inventarfrist (→ § 2039 Rn. 4; → § 1994 Rn. 5), die Einleitung eines Aufgebotsverfahrens (OLG Bamberg NJW 1966, 1413); der Widerspruch gegen die Verlängerung eines Mietverhältnisses (KG KGR 2002, 102). Beim **Anerkenntnis** ist zu unterscheiden: Wird ein Miterbe nach § 2058 in Anspruch genommen, kann er diesen nur gegen sich gerichteten Anspruch mit Wirkung nur gegen sich (§ 425 Abs. 1) anerkennen. Ein Anerkenntnis mit Wirkung für die Gesamthand fällt hingegen unter § 2040, verlangt also die Zustimmung aller Miterben (Staudinger/Löhnig, 2020, Rn. 9; RGRK-BGB/Kregel Rn. 2; aA für ein konstitutives – nicht für ein deklaratorisches – Anerkenntnis MüKoBGB/Gergen Rn. 12: es handele sich um die Begründung einer Verbindlichkeit, die allein unter § 2038 falle). 4

## III. Gemeinschaftliche Verfügung

**1. Gemeinschaftliches Handeln.** Die Erben können nur gemeinschaftlich über Nachlassgegenstände verfügen. „Gemeinschaftlich" bedeutet nicht, dass alle Erben gleichzeitig und in gleicher Weise handeln müssten. Ein Miterbe kann namens und in Vollmacht der anderen tätig werden (§ 164 Abs. 1). Handelt ein Miterbe als Vertreter ohne Vertretungsmacht, können die anderen Miterben sein Handeln genehmigen (§ 177 Abs. 1, § 184 Abs. 1). Handelt der Miterbe in eigenem Namen, ist die Verfügung wirksam, wenn die anderen Miterben vorher eingewilligt hatten (§ 185 Abs. 1) oder die Verfügung nachträglich genehmigen (§ 185 Abs. 2) (BGHZ 19, 138 = NJW 1956, 178; BGH WM 1964, 629 (630); NJW 2015, 1881 Rn. 19; RGZ 152, 380 (382 ff.); OLG Schleswig NJW-RR 2015, 712 Rn. 27; RGRK-BGB/Kregel Rn. 5; Staudinger/Löhnig, 2020, Rn. 14; aA früher RGZ 93, 292; offengelassen von RGZ 146, 314 (316)). Hat eine Erbin in der irrtümlichen Annahme, Alleinerbin ihres verstorbenen Ehemannes zu sein, ihren Kindern ein Nachlassgrundstück übereignet und wird sie dann von ihren Kindern beerbt, kann die Übereignung nach § 185 Abs. 2 S. 1 3. Fall wirksam werden (BGH WM 1964, 629). Die Zustimmung bedarf nicht der für das Rechtsgeschäft bestimmten Form (§ 167 Abs. 2, § 182 Abs. 2). Sie kann gegenüber dem handelnden Miterben oder gegenüber dem anderen Teil erklärt werden (§ 167 Abs. 1, § 182 Abs. 1). Ein einseitiges Rechtsgeschäft, etwa eine Kündigung, ist idR nicht genehmi- 5 gungsfähig (vgl. § 180 und die Ausnahmen in § 180 S. 2 und 3) (BGH NJW 2015, 1881 Rn. 19; RGZ 146, 314 (316)).

6 **2. Verfügungserklärung.** Auch im Falle einer einheitlichen Verfügung sind die Erklärungen der einzelnen Miterben gesondert auf ihre **Wirksamkeit** zu prüfen (MüKoBGB/Gergen Rn. 16). Bei minderjährigen Erben oder Erben, die unter Vormundschaft stehen, sind die Genehmigungserfordernisse der §§ 1643, 1821 f. zu beachten. Widerruft ein Miterbe zulässigerweise seine Erklärung oder die Erklärung des Erblassers, ist die Verfügung unwirksam (OLG Düsseldorf NJW 1956, 876 zur Rücknahme eines Eintragungsantrags).

7 **3. Klage.** Eine Klage auf Vornahme einer Verfügung über einen Nachlassgegenstand muss grds. gegen alle Miterben gerichtet werden (BGH NJW 1963, 1611; 1995, 58 (60); 1998, 682; RGZ 93, 292 (294 f.); OLG Naumburg NJW-RR 1998, 308 (309); Staudinger/Löhnig, 2020, Rn. 24). Eine Ausnahme gilt dann, wenn einzelne Miterben die Verfügung bereits vorgenommen haben, zur Vornahme der Verfügung verurteilt worden sind oder jedenfalls dazu bereit sind, die Verfügung vorzunehmen. In diesem Fall muss die Klage auf Mitwirkung bei der vorzunehmenden oder auf Genehmigung der bereits vorgenommenen Verfügung gerichtet sein (RGZ 93, 292 (295); 111, 338 (339 f.); 112, 129 (132); OLG Hamm OLGZ 1966, 574 (576) = Rpfleger 1967, 415 mAnm Haegele; MüKoBGB/Gergen Rn. 18). Jeder einzelne Miterbe kann im Wege der Gesamtschuldklage auf Herbeiführung der Verfügung in Anspruch genommen werden (BGH NJW 1963, 1611 (1612) = JZ 1964, 722 mAnm Bötticher; NJW 1998, 682). Für die Zwangsvollstreckung in einen Nachlass ist gem. § 747 ZPO bis zur Teilung ein gegen alle Erben ergangenes Urteil erforderlich. Geht es nur um die Abgabe einer Willenserklärung, gilt § 894 ZPO.

8 **4. Verfügungen gegenüber der Erbengemeinschaft.** Verfügungen eines Dritten gegenüber der Erbengemeinschaft müssen grds. gegenüber sämtlichen Miterben erfolgen. Die Kündigung eines Mietverhältnisses muss gegenüber allen Miterben erklärt werden. Wird ein einzelner Erbe gem. § 2058 als Gesamtschuldner in Anspruch genommen wird, reicht gem. § 425 Abs. 2 die Kündigung der Forderung ihm gegenüber aus (RGZ 71, 366 (369); OLG Rostock OLGR 30, 188; MüKoBGB/Gergen Rn. 17; Staudinger/Löhnig, 2020, Rn. 25), soweit sich nicht aus dem Schuldverhältnis etwas anderes ergibt. Eine Nachlassforderung kann nur durch Leistung an alle Miterben erfüllt werden.

## IV. Aufrechnung und andere Einwendungen

9 **1. Aufrechnung.** Der Schuldner einer zum Nachlass gehörenden Forderung kann gegenüber dieser Forderung nicht mit einer Forderung aufrechnen, die ihm nur gegen einen der Miterben zusteht (Abs. 2). Es fehlt am Erfordernis der Gegenseitigkeit (§ 387 Abs. 1). Die Aufrechnung bleibt auch bei Zustimmung des betroffenen Miterben unzulässig (MüKoBGB/Gergen Rn. 21; Staudinger/Löhnig, 2020, Rn. 31); denn in dem Abschluss eines entsprechenden Aufrechnungsvertrages (vgl. BGHZ 94, 132 (135) = NJW 1985, 2409; RGZ 72, 377 (378)) liegt erneut eine (den Nachlass schmälernde) Verfügung über einen Nachlassgegenstand, die der Zustimmung aller Miterben bedarf. Hat der Schuldner dagegen eine Forderung, für die sämtliche Miterben als Gesamtschuldner haften, ist die Aufrechnung – trotz an sich ebenfalls fehlender Gegenseitigkeit – als zulässig anzusehen (MüKoBGB/Gergen Rn. 21; Staudinger/Löhnig, 2020, Rn. 33). Ist der Schuldner zugleich **Miterbe** und steht ihm eine Gegenforderung gegen die Erbengemeinschaft zu, kann er die Aufrechnung nicht einseitig erklären, weil er damit zugleich über einen Nachlassgegenstand – die Forderung der Erbengemeinschaft – verfügen würde (Scheyhing JZ 1963, 477 (478)).

10 **2. Andere Gegenrechte.** Andere Gegenrechte – etwa Zurückbehaltungsrechte – kann der Schuldner ebenfalls nur dann geltend machen, wenn sie sich gegen alle Miterben richten (BGHZ 44, 367 (370) = NJW 1966, 773; RGZ 132, 81 (84); Staudinger/Löhnig, 2020, Rn. 31; RGRK-BGB/Kregel Rn. 8; vgl. auch → § 2039 Rn. 10). Gegenüber einem Herausgabeanspruch kann er nicht ein Besitzrecht einwenden, das ihm nur einem Miterben gegenüber zusteht (OLG München MDR 1957, 103; RGRK-BGB/Kregel Rn. 8; Staudinger/Löhnig, 2020, Rn. 31).

11 **3. Leistungsverweigerungsrecht des Miterben.** Ein als Gesamtschuldner (§ 2058) in Anspruch genommener Miterbe kann die Befriedigung des Gläubigers verweigern, solange und soweit sich der Gläubiger durch **Aufrechnung** gegen eine fällige Forderung der Erbengemeinschaft befriedigen kann (BGHZ 38, 122 = NJW 1963, 244 mAnm Mattern LM § 2058 Nr. 3 = JZ 1963, 475 mAnm Scheyhing; RGRK-BGB/Kregel Rn. 8). Macht er von diesem Zurückbehal-

tungsrecht Gebrauch, ist die Klage als unbegründet abzuweisen (BGHZ 38, 122 = NJW 1963, 244).

## § 2041 Unmittelbare Ersetzung

**[1]Was auf Grund eines zum Nachlass gehörenden Rechts oder als Ersatz für die Zerstörung, Beschädigung oder Entziehung eines Nachlassgegenstands oder durch ein Rechtsgeschäft erworben wird, das sich auf den Nachlass bezieht, gehört zum Nachlass. [2]Auf eine durch ein solches Rechtsgeschäft erworbene Forderung findet die Vorschrift des § 2019 Abs. 2 Anwendung.**

**Schrifttum:** Gross, Zur Anwendung des § 166 Abs. 2 BGB im Rahmen des § 2041 Satz 1 BGB, MDR 1965, 443; Krug, Die dingliche Surrogation bei der Miterbengemeinschaft, ZEV 1999, 381.

### Überblick

§ 2041 ordnet die dingliche Surrogation bei den im Tatbestand benannten nachlassbezogenen Vorgängen und Rechtsgeschäften an (Rechts-, Ersatz- und Beziehungssurrogation). Dadurch soll der Wert des Nachlasses erhalten bleiben. Ähnliche nachlassschützende Vorschriften enthalten die §§ 2019, 2111, 2374.

### I. Bedeutung der Norm

§ 2041 ordnet für die Erbengemeinschaft das **Ersetzungs- oder Surrogationsprinzip** an. 1
Vermögensgegenstände aus bestimmten Vorgängen und Rechtsgeschäften, die sich auf den Nachlass beziehen, werden kraft Gesetzes mit dinglicher Wirkung dem Nachlass zugewiesen. Jeder Umsatz einzelner Bestandteile des Vermögens und der darin liegende Abfluss realer Werte wird durch die rechtliche Neuzuordnung derjenigen Ersatzgegenstände zum Nachlassvermögen ausgeglichen, in die die abgeflossenen Werte eingegangen sind. Dadurch soll der Wert des Nachlasses unabhängig von dessen konkreter Zusammensetzung erhalten bleiben (BGHZ 109, 214 (217) = NJW 1990, 514; BGH ZEV 2000, 62 (63); Krug ZEV 1999, 381). Die dingliche Surrogation dient so dem Schutz der Miterben und der Nachlassgläubiger (BGHZ 109, 214 (217) = NJW 1990, 514; OLG Hamm OLGZ 1975, 164 (166); MüKoBGB/Gergen Rn. 1, 24; Staudinger/Löhnig, 2020, Rn. 1). Gleichzeitig ermöglicht § 2041 der Erbengemeinschaft im Rahmen ihrer Zweckbestimmung – der Erhaltung des Sondervermögens – die Teilnahme am allgemeinen Rechtsverkehr, insbes. die Fortführung eines Handelsgeschäftes. Die Erbengemeinschaft kann nicht rechtsgeschäftlich begründet und nach ihrer Auseinandersetzung nicht rechtsgeschäftlich wieder hergestellt werden. Ein Erwerb zum Nachlass ist daher nur im Wege der dinglichen Surrogation möglich (OLG Köln OLGZ 1965, 117 (118); OLG Hamm OLGZ 1975, 164 (166); Soergel/Wolf Rn. 1). § 2041 setzt ein Sondervermögen voraus, gilt also grds. nur für die **Erbengemeinschaft.** Im Falle eines **Alleinerben** wird § 2041 analog angewandt, wenn Testamentsvollstreckung angeordnet und so ein Sondervermögen gebildet worden ist (RGZ 138, 182 (183 f.); OLG Hamburg MDR 1982, 849 (850); BayObLG Rpfleger 1992, 62 (63); RGRK-BGB/Kregel Rn. 8; Staudinger/Löhnig, 2020, Rn. 24). Ist **Dauertestamentsvollstreckung** iSv § 2209 angeordnet, bildet der Nachlass ein Sondervermögen; § 2041 ist jedenfalls entspr. anwendbar (BGH NJW 2012, 316; OLG Schleswig ZEV 2014, 542 (543); Staudinger/Löhnig, 2020, Rn. 24). Weitere Vorschriften über die dingliche Surrogation enthalten § 2019 für den Erbschaftsbesitzer, § 2111 für den Vorerben und § 2374 für den Erbschaftsverkäufer sowie außerhalb des Erbrechts § 718 Abs. 2, § 1418 Abs. 2 Nr. 3, § 1473 und § 1638 Abs. 2.

### II. Voraussetzungen des Surrogationserwerbs

**1. Rechts- und Ersatzsurrogation.** Zum Nachlass gehört dasjenige, was aufgrund eines zum 2
Nachlass gehörenden Rechts erworben wird **(Rechtssurrogation).** Darunter fallen zum Beispiel der Erlös aus der Einziehung einer Nachlassforderung, der auf ein zum Nachlass gehörendes Pfandrecht oder Grundpfandrecht entfallende Verwertungserlös (Staudinger/Löhnig, 2020, Rn. 3) und die Eigentümergrundschuld, die nach Ablösung einer auf einem Nachlassgrundstück lastenden Hypothek entsteht (Staudinger/Löhnig, 2020, Rn. 3; aA MüKoBGB/Gergen Rn. 8: die Eigentümergrundschuld falle aufgrund von § 1163 Abs. 1 S. 2 in den Nachlass; ebenfalls aA Lange/

Kuchinke ErbR § 41 II 2b Fn. 18: der Erwerb eines Grundpfandrechtes bei Zurückzahlung des Rechts oder der Forderung gehöre zur Rechtsgeschäftssurrogation). Zum Nachlass gehört außerdem alles, was ein Ersatzpflichtiger als Ersatz für die Zerstörung, Beschädigung oder Entziehung eines Nachlassgegenstandes geleistet hat **(Ersatzsurrogation).** Der Ersatzanspruch selbst gehört ebenfalls zum Nachlass (RGZ 138, 132 (135); BGH NJW 1987, 316; MüKoBGB/Gergen Rn. 9; Staudinger/Löhnig, 2020, Rn. 4). Das gilt etwa für den Anspruch auf Schadensersatz wegen Nicht- oder Schlechterfüllung einer zum Nachlass gehörenden Kaufpreisforderung (BGH NJW 1987, 316) oder wegen pflichtwidriger Verkürzung des Nachlasses (LG Hamburg NZI 2022, 401 Rn. 30). In den Nachlass fallen auch Ersatzleistungen, die eine Sachversicherung erbringt (MüKoBGB/Gergen Rn. 9), Ausgleichsleistungen nach dem Lastenausgleichsgesetz (BGHZ 44, 336 = NJW 1966, 592; BGH MDR 1972, 851; RGRK-BGB/Kregel Rn. 5; MüKoBGB/Gergen Rn. 10; aA BVerwGE 24, 87 (89); 27, 86; Staudinger/Löhnig, 2020, Rn. 7) sowie Ansprüche nach dem Vermögensgesetz (BGHZ 123, 76 (79 f.) = NJW 1993, 2176; einschr. Wasmuth DNotZ 1992, 3, 16 f.: nur dann, wenn diese Ansprüche bereits dem Erblasser zugestanden hatten; ebenso Rauscher JR 1994, 485 (487); Krug ZEV 1999, 381).

3 **2. Beziehungssurrogation.** Zum Nachlass gehört schließlich, was durch ein Rechtsgeschäft erworben wird, das sich auf den Nachlass bezieht (Beziehungssurrogation). Wie die Beziehung des Rechtsgeschäftes zum Nachlass beschaffen sein muss, ist wegen des von § 2019 und § 2111 – den Vorschriften, die den Surrogationserwerb bei Verfügungen des Erbschaftsbesitzers und des Nacherben anordnet – verschiedenen Wortlauts des § 2041 streitig. In §§ 2019, 2111 wird nicht die „Beziehung zum Nachlass" vorausgesetzt, sondern der Erwerb „mit Mitteln der Erbschaft" (Mittelsurrogation); fraglich ist daher, ob eine nur objektive Beziehung zum Nachlass (Erwerb mit Mitteln der Erbschaft) iRd § 2041 notwendig und hinreichend ist oder ob eine subjektive Komponente (Wille des Miterben, für den Nachlass zu handeln) ausreicht oder wenigstens hinzutreten muss (vgl. BGH NJW 1968, 1824; Überblick über den Streitstand bei MüKoBGB/Gergen Rn. 13 ff. und Soergel/Wolf Rn. 7 ff.). Der Surrogationserwerb tritt jedenfalls ein, wenn sich das Rechtsgeschäft sowohl objektiv als auch nach dem Willen der Handelnden auf den Nachlass bezieht (BGH NJW 1987, 316; ZEV 2000, 62; OLG Köln OLGZ 1965, 117 (119 f.); OLG Hamm OLGZ 1975, 164 (166); OLG Düsseldorf OLGR 1998, 121 (122); Staudinger/Löhnig, 2016, Rn. 7). Eine rein objektive Beziehung reicht im Falle des **Erwerbs mit Mitteln der Erbschaft** aus (BGH NJW 1968, 1824; 2012, 316 Rn. 4; OLG München NJW 1956, 1880; MüKoBGB/Gergen Rn. 22 ff.; Staudinger/Löhnig, 2016, Rn. 8; Soergel/Wolf Rn. 8; RGRK-BGB/Kregel Rn. 3; Erman/Bayer Rn. 4b; aA KG NJW 1938, 2199 (2200); Lange/Kuchinke ErbR § 41 IV). Ob der Testamentsvollstrecker bei dem Erwerb mit Mitteln der Erbschaft eine testamentarische Anordnung iSv § 2216 Abs. 2 S. 1 befolgt, ist für die Frage der dinglichen Surrogation unerheblich (BGH NJW 2012, 316). Ein Rechtsgeschäft, das objektiv eine Maßnahme der Verwaltung eines Nachlasses darstellt (Beispiel: Verpachtung eines zum Nachlass gehörenden Gewerbebetriebes), bezieht sich auch dann auf den Nachlass, wenn ein Miterbe es im eigenen Namen und in der Absicht abschließt, den Pachtzins für sich einzuziehen (BGH NJW 1968, 1824; OLG Köln Rpfleger 1987, 409; Krug ZEV 1999, 381). Ansprüche daraus stehen kraft Gesetzes der Erbengemeinschaft zu. Bei einem Erwerb mit **nachlassfremden Mitteln** muss objektiv ein innerer Zusammenhang zwischen Nachlass und Erwerb bestehen. Die Miterben müssen zusätzlich in der Absicht gehandelt haben, für den Nachlass erwerben zu wollen (OLG München NJW 1956, 1880; OLG Frankfurt Rpfleger 1989, 53 (60); OLG Düsseldorf OLGR 1998, 121 (122 f.); wohl auch RGRK-BGB/Kregel Rn. 2; vgl. aber MüKoBGB/Gergen Rn. 26: eine Surrogation trete nur dann und erst dann ein, wenn die Erbengemeinschaft dem Handelnden seine Aufwendungen erstattet habe), wenn dieser Wille auch gegenüber dem Dritten nicht zum Ausdruck gekommen zu sein muss (vgl. S. 2 iVm § 2019 Abs. 2) (Soergel/Wolf Rn. 11). Die reine Absicht, für die Erbengemeinschaft handeln zu wollen, genügt nicht, weil die Erbengemeinschaft nur im Rahmen ihrer Zweckbestimmung am Rechtsverkehr teilnehmen, nicht jedoch den Nachlass beliebig erweitern kann (KG JW 1937, 2199 (2200); OLG Köln OLGZ 1965, 117 (120); Staudinger/Löhnig, 2020, Rn. 10).

4 **3. Einzelfälle.** Beim Verkauf eines Nachlassgrundstücks steht der Kaufpreisanspruch aufgrund dinglicher Surrogation der Erbengemeinschaft zu (BGH NJW 2000, 506 (507); OLG Jena NJW 1995, 3126 (3127); OLG Düsseldorf OLGR 1998, 121 (122); OLG München OLGR 1999, 140 (141); OLG Frankfurt OLGR 1999, 226 (227); OLG Koblenz ZEV 2011, 321 (322)). Bringt ein Vorerbe Nachlassgegenstände als seine Einlage in eine Kommanditgesellschaft ein und wird er Kommanditist, dann gehört seine Kommanditistenstellung als Surrogat zum Nachlass (BGHZ 109, 214 = NJW 1990, 514). Gleiches gilt, wenn der Testamentsvollstrecker mit Mitteln des Nachlasses

einen Kommanditanteil erwirbt (OLG Hamburg MDR 1982, 849 (850)) oder wenn die Erbengemeinschaft, die einen Geschäftsanteil an einer GmbH geerbt hat, im Wege der Kapitalerhöhung weitere Geschäftsanteile hinzuerwirbt (OLG Hamm OLGZ 1975, 164 (165 f.)). Eine objektive Beziehung zum Nachlass besteht etwa dann, wenn zum Nachlass eine ideelle Grundstückshälfte gehört und die Erbengemeinschaft die andere Grundstückshälfte erwirbt (KG JW 1937, 2199 (2200)), oder dann, wenn ein Grundstück im Zwangsversteigerungsverfahren ersteigert wird, um eine zum Nachlass gehörende Hypothek zu erhalten (RGZ 117, 257 (263 f.); Staudinger/Löhnig, 2020, Rn. 15). Kauft einer der Miterben Nachlassgegenstände von der Erbengemeinschaft, gehört der Rückgewähranspruch aus § 346 nach Rücktritt vom Kaufvertrag als Beziehungssurrogat zum Nachlass (BGH ZEV 2013, 84; zum Sachverhalt vgl. KG BeckRS 2012, 23096).

## III. Rechtsfolgen des Surrogationserwerbs

Der Ersatzgegenstand gehört **kraft Gesetzes** zum Nachlass. Ein Durchgangserwerb des han- 5
delnden Miterben findet nicht statt (Staudinger/Löhnig, 2020, Rn. 1). Der handelnde Miterbe ist auch nicht als Vertreter der Erbengemeinschaft anzusehen. Der Wille des Miterben, für den Nachlass handeln zu wollen, braucht (von der bei → Rn. 3 erörterten Ausnahme abgesehen) nicht vorhanden und nicht erkennbar zu sein (BGH NJW 1968, 1824). Nur bei einem Erwerb vom Nichtberechtigten kommt eine analoge Anwendung von § 166 Abs. 2 in Betracht (MüKoBGB/Gergen Rn. 30; Gross MDR 1965, 443). Die Verweisung in § 2041 dient dem Schutz des **gutgläubigen Vertragspartners** des Miterben oder des Testamentsvollstreckers. Im Falle der Beziehungssurrogation hat der Schuldner die Zugehörigkeit der Forderung zum Nachlass erst dann gegen sich gelten zu lassen, wenn er davon Kenntnis erlangt. Die Vorschriften der §§ 406–408 finden entsprechende Anwendung (§ 2041 S. 2, § 2019 Abs. 2).

# § 2042 Auseinandersetzung

**(1) Jeder Miterbe kann jederzeit die Auseinandersetzung verlangen, soweit sich nicht aus den §§ 2043 bis 2045 ein anderes ergibt.**

**(2) Die Vorschriften des § 749 Abs. 2, 3 und der §§ 750 bis 758 finden Anwendung.**

**Schrifttum:** Adam, Erbauseinandersetzung – Praxisrelevante Hintergründe und Muster einer Erbteilungsklage, MDR 2014, 1060; Behme, Mediations- und Schlichtungsklauseln in letztwilligen Verfügungen, JZ 2021, 396; Böttcher, Teilungsversteigerung – auch eine Form der Auseinandersetzung, AnwBl. 2015, 758; Grunewald, Die Vertretung mehrerer Miterben durch einen Rechtsanwalt bzw. eine Sozietät, ZEV 2006, 386; Johannsen, Die Rechtsprechung des Bundesgerichtshofs auf dem Gebiete des Erbrechts – 6. Teil: Die Erbengemeinschaft (1. Abschnitt), WM 1970, 573; Johannsen, Die Rechtsprechung des Bundesgerichtshofs auf dem Gebiete des Erbrechts – 6. Teil: Die Erbengemeinschaft (2. Abschnitt), WM 1970, 738; Krenz, Die Auseinandersetzung der Erbengemeinschaft – Dogmatische, rechtsvergleichende und rechtspolitische Aspekte, AcP 195 (1995), 361; Roth/Funke, Minderjährige Erben in der Erbengemeinschaft, NJW-Spezial 2013, 615; Sarres, Die Erbengemeinschaft und das Teilungskonzept des BGB, ZEV 1999, 377.

## Überblick

Die Vorschriften der §§ 2042–2057a regeln die Teilung des Nachlasses unter mehreren Miterben. Nach § 2042 kann im Grundsatz jeder Miterbe jederzeit die Auseinandersetzung verlangen. Die „Auseinandersetzung" umfasst den schuldrechtlichen Auseinandersetzungsvertrag sowie dessen Umsetzung, die dinglich wirkende Teilung. Kommt eine Einigung nicht zustande, kann der einzelne Miterbe eine Erbteilungsklage erheben oder das notarielle Vermittlungsverfahren einleiten.

## Übersicht

## I. Bedeutung der Norm

1 **1. Begriffe.** Grundsätzlich kann jeder Miterbe jederzeit die Auseinandersetzung verlangen. Auseinandersetzung ist die Aufhebung der unter den Miterben bestehenden Gemeinschaft zur gesamten Hand. Der jederzeit durchsetzbare Anspruch auf Auseinandersetzung ist Ausdruck dessen, dass die Erbengemeinschaft nicht auf Dauer angelegt ist, sondern nur für eine Übergangszeit besteht, bis die Nachlassverbindlichkeiten beglichen, die Nachlassforderungen eingezogen und die Anteile der Miterben errechnet worden sind (BGHZ 17, 299 (302) = NJW 1955, 1227; Rieger DNotZ 1999, 64). Der Begriff **„Auseinandersetzung"** umfasst den schuldrechtlichen Auseinandersetzungsvertrag und dessen dinglichen Vollzug, der auch als **„Teilung"** bezeichnet wird (§§ 2059, 2060). Vollzogen ist die Auseinandersetzung, wenn alle Nachlassgegenstände verteilt, dh mit dinglicher Wirkung auf die einzelnen Miterben übertragen worden sind. Wurden Nachlassgegenstände veräußert, wird der erzielte Erlös zunächst im Wege der dinglichen Surrogation Teil des Nachlasses. Die Auseinandersetzung ist in einem solchen Fall erst nach Teilung des Erlöses vollzogen (OLG Frankfurt OLGR 1999, 226). Mit der Teilung endet die Erbengemeinschaft. Durch vertragliche Vereinbarung kann sie nicht wieder hergestellt werden.

2 **2. Abweichende Regelungen.** Die Auseinandersetzung erfolgt nur dann nach §§ 2042 ff., 749 ff., wenn der Erblasser oder die Miterben keine anderen Regelungen getroffen haben. Ist **Testamentsvollstreckung** angeordnet, ist die Auseinandersetzung grds. Aufgabe des Testamentsvollstreckers (§ 2204; Ausnahme: § 2209), der sich an etwa vom Erblasser vorgegebene Teilungsanordnungen (§§ 2044, 2048 f.) zu halten hat. **Teilungsanordnungen** des Erblassers gehen den gesetzlichen Regelungen ebenfalls vor. Schließlich können die Miterben eine **Auseinandersetzungsvereinbarung** treffen und sich dabei auch über Teilungsanordnungen des Erblassers hinwegsetzen. Nur wenn eine Einigung nicht zustande kommt, ist nach den **gesetzlichen Bestimmungen** zu verfahren, wonach zunächst die Nachlassverbindlichkeiten zu begleichen sind (§ 2046) und der Überschuss im Verhältnis der Erbteile zu teilen ist (§ 2047).

3 **3. Verfahren.** Die Auseinandersetzung kann durch die **Teilungsversteigerung** eines zum Nachlass gehörenden Grundstücks vorbereitet werden (§ 753 iVm §§ 180, 181 ZVG). Jeder Miterbe ist befugt, zum Zwecke der Gesamtauseinandersetzung selbständig den Antrag auf Teilungsversteigerung zu stellen (§ 181 Abs. 2 ZVG) (Böttcher AnwBl. 2015, 758; vgl. auch BGH NJW-RR 1999, 504). Das Recht eines Miterben, die Teilungsversteigerung eines Nachlassgrundstücks zu betreiben, ist materiell-rechtlich dadurch bedingt, dass die Versteigerung die Auseinandersetzung der Erbengemeinschaft überhaupt bezweckt. Eine Versteigerung lediglich zu dem Zweck, den Erlös nur dieses Grundstücks zu teilen oder ihn ungeteilt in der fortbestehenden Erbengemeinschaft zu belassen, kann gegen den Willen der übrigen Erben nicht verlangt werden (RG JW 1919, 42 (43); KG ErbR 2012, 348 f.). Der Anspruch auf Auseinandersetzung kann im Wege der **Klage** durchgesetzt werden. Die **amtliche Vermittlung der Auseinandersetzung** vor dem Notar (§§ 363 ff. FamFG) kann von jedem Erben oder sonstigen Berechtigten (§ 363 Abs. 2 FamFG) beantragt werden, führt jedoch nur bei Einverständnis aller Beteiligten zum Erfolg (vgl. § 368 Abs. 1, § 370 FamFG). Für landwirtschaftliche Betriebe gibt es das **gerichtliche Zuweisungsverfahren nach §§ 13 ff. GrdstVG.**

## II. Anspruch auf Auseinandersetzung

4 **1. Berechtigte und Verpflichtete.** Der Auseinandersetzungsanspruch steht jedem Miterben zu. Der Gläubiger eines Pfandrechtes oder eines Nießbrauchs an einem Erbteil kann die Auseinandersetzung gemeinsam mit dem betroffenen Miterben verlangen (§ 1258 Abs. 2, § 1273 Abs. 2, § 1066 Abs. 2, § 1089), der **Pfandgläubiger** nach Eintritt der Verkaufsberechtigung auch allein (§ 1258 Abs. 2 S. 2). Anspruchsberechtigt sind der **Erwerber eines Erbteils** (§ 2033 Abs. 1) anstelle des Erben, dessen Anteil er erworben hat (BGHZ 96, 174 = NJW 1986, 931); der für einen Erbteil eingesetzte **Testamentsvollstrecker** anstelle des Erben, dessen Anteil er verwaltet

(MüKoBGB/Ann Rn. 6); der **Insolvenzverwalter** im Insolvenzverfahren über das Vermögen eines Erben anstelle des betroffenen Erben (MüKoInsO/Ganter § 47 Rn. 52); der Gläubiger, der den Anteil **gepfändet und zur Einziehung überwiesen** erhalten hat, anstelle des betroffenen Erben (Staudinger/Löhnig, 2020, Rn. 3; MüKoBGB/Ann Rn. 6). Der Anspruch auf Auseinandersetzung kann nicht selbständig abgetreten, wohl aber zur Ausübung überlassen werden (BGH FamRZ 1965, 267 (270); MüKoBGB/Ann Rn. 4). **Anspruchsgegner** sind alle anderen Mitglieder der Erbengemeinschaft (Miterben oder Erwerber eines Anteils) (RG JW 1904, 61; OLG Düsseldorf ZEV 2020, 219 (221)). **Inhaltlich** ist der Anspruch auf Mitwirkung bei allen für eine Auseinandersetzung erforderlichen Maßnahmen gerichtet (Zustimmung zur Verwertung von Nachlassgegenständen, Befriedigung von Nachlassgläubigern, Verteilung). Die **Vertretung mehrerer Miterben durch ein und denselben Rechtsanwalt** ist wegen des Verbots, widerstreitende Interessen zu vertreten (§ 43 Abs. 4 BRAO), berufsrechtlich problematisch. Der Rechtsanwalt darf die Auseinandersetzung einer Erbengemeinschaft nur dann durchführen, wenn er die Erben zuvor informiert, dass er gegensätzliche Standpunkte nicht durchsetzen wird, und die Erben damit einverstanden sind (BVerfG ZEV 2006, 413; vgl. ausf. Grunewald ZEV 2006, 386).

**2. Einschränkungen.** Auseinandersetzung kann grds. **jederzeit** verlangt werden. Es gibt 5
jedoch **Ausnahmen.** Die **Miterben** können die Auseinandersetzung vertraglich auf Zeit oder auf Dauer ausschließen. Eine solche Vereinbarung kann nur im Einverständnis aller Miterben getroffen werden. Kündbar ist sie dann nur aus wichtigem Grund. Sie wirkt auch gegen einen Sonderrechtsnachfolger (§ 751 S. 1), nicht jedoch gegen einen Gläubiger, der aufgrund eines nicht nur vorläufig vollstreckbaren Titels den Nachlassanteil eines Miterben gepfändet hat (§ 751 S. 2), einen Pfandgläubiger (§ 1273 Abs. 2, § 1258 Abs. 2 S. 2 Hs. 2) und einen Verwalter im Insolvenzverfahren über das Vermögen eines Miterben (§ 84 Abs. 2 S. 2 InsO). Die Vereinbarung kann durch schlüssiges Verhalten getroffen werden, etwa dadurch, dass die Miterben ein Unternehmen des Erblassers über Jahre hinweg fortführen; die zwischen den Erben bestehenden Rechtsbeziehungen unterstehen dann dem Recht der OHG (BGHZ 17, 299 (301 f.) = NJW 1955, 1227). Der **Erblasser** kann die Auseinandersetzung durch letztwillige Verfügung ausschließen oder erschweren (§ 2044); die Miterben – oder der Testamentsvollstrecker gemeinsam mit den Miterben, nicht jedoch der Testamentsvollstrecker allein – können sich allerdings einverständlich über eine solche Anordnung hinwegsetzen (→ § 2044 Rn. 3) (BGHZ 40, 115 (117) = NJW 1963, 2320). Von Gesetzes wegen ist die Auseinandersetzung ausgeschlossen, solange und soweit die Erbteile wegen der zu erwartenden Geburt eines Miterben noch **unbestimmt** sind (§ 2043). Jeder Miterbe kann verlangen, dass die Auseinandersetzung bis zum Ende eines **Aufgebotsverfahrens** oder bis zum Ablauf einer **Anmeldungsfrist** nach § 2061 aufgeschoben wird (§ 2045). Einschränkungen ergeben sich schließlich aus dem allgemeinen Verbot des **Rechtsmissbrauchs** (RGZ 65, 5 (10); OLG Oldenburg MDR 1948, 17 mAnm Beitzke; LG Verden NdsRPfl. 1948, 110; LG Hamburg MDR 1948, 22; LG Düsseldorf FamRZ 1955, 303 (304); RGRK-BGB/Kregel Rn. 15). Während der Nachlassverwaltung oder des Nachlassinsolvenzverfahrens können die Miterben die Auseinandersetzung nicht betreiben, weil ihnen die Befugnis fehlt, über den Nachlass zu verfügen (KG KGJ 49 A Nr. 21; MüKoBGB/Ann Rn. 8). Der Auseinandersetzungsanspruch **verjährt** nicht (Abs. 2 iVm § 758) (OLG Stuttgart ZEV 2019, 25; Holtmeyer ZEV 2013, 53 f.). Dies soll allerdings dann nicht gelten, wenn ein Miterbe im Besitz der Erbschaft und der Herausgabeanspruch gegen ihn aus § 2018 bereits verjährt ist (OLG Jena ZEV 2009, 194). Der in Anspruch genommene Miterbe kann sich grds. auch nicht auf Verwirkung berufen. Auch nach Ablauf eines Zeitraums von zehn Jahren darf er nicht darauf vertrauen, das hinterlassene Vermögen des Erblassers insgesamt auf Dauer behalten zu dürfen (OLG Koblenz MDR 2014, 164).

**3. Inhalt.** Seinem Inhalt nach ist der Anspruch dann, wenn keine Einigung der Miterben 6
zustande kommt (→ Rn. 10 ff.), auf eine Auseinandersetzung nach den vom Erblasser oder gesetzlich vorgegebenen **Auseinandersetzungsregeln** gerichtet. Vorrangig sind **Teilungsanordnungen des Erblassers** (§§ 2044, 2048, 2049). Eine Teilungsanordnung ist nur dann nicht verbindlich, wenn der Erbteil des Erben die Hälfte des gesetzlichen Erbteils nicht übersteigt und durch die Anordnung das Pflichtteilsrecht des Erben geschmälert wird (§ 2306 Abs. 1 S. 1). Der Erblasser kann nicht nur anordnen, wer welche Gegenstände erhalten soll. Er kann auch das einzuhaltende Verfahren regeln oder anordnen, dass die Auseinandersetzung nach dem billigen Ermessen eines Dritten zu erfolgen hat (§ 2048 S. 2). Soweit der Erblasser keine Anordnungen getroffen hat, gelten die **gesetzlichen Bestimmungen** (§ 2042 Abs. 2, § 2046 ff., § 752 ff.) (BGHZ 21, 229 (232) = NJW 1956, 1433; BayObLGZ 1974, 42 (46 f.)). Danach sind zunächst die **Nachlassverbindlichkeiten** zu berichtigen (§ 2046). Dazu ist der Nachlass, soweit erforderlich, in Geld umzusetzen (§ 2046 Abs. 3). Der **Überschuss** gebührt den Erben im Verhältnis ihrer Anteile (§ 2047),

wobei ggf. Ausgleichungspflichten (§§ 2050 ff.) und sonstige Ansprüche der Miterben untereinander (§ 756) zu berücksichtigen sind. In erster Linie erfolgt eine Teilung in Natur (§ 752). Soweit die Teilung in Natur nicht möglich ist, ist der Nachlass zu versilbern und der Erlös zu teilen. Dabei sind bewegliche Sachen nach den Vorschriften über den Pfandverkauf zu verkaufen, Grundstücke zwangszuversteigern (§ 180 ZVG) und Forderungen einzuziehen, hilfsweise zu verkaufen (§§ 753, 754). Die Teilung ist in einem solchen Fall erst mit der realen Aufteilung des Erlöses vollzogen (OLG Frankfurt OLGR 1999, 226). Eine **Teilung in Natur** (§ 752) setzt voraus, dass der Vermögensgegenstand in gleichartige Teile zerlegt und dass eine Realteilung im Verhältnis der Erbteile erfolgen kann; außerdem darf die Teilung keinen unverhältnismäßigen Wertverlust zur Folge haben (Krenz AcP 195 (1995), 361 (363)). Wertpapiere können geteilt werden, wenn mehrere gleichartige Stücke vorhanden sind und jedem Miterben Stücke im Wert seiner Beteiligung zugeteilt werden können (Erman/Bayer Rn. 4). Die Teilung verschiedenartiger Stücke so, dass jeder Miterbe iErg den gleichen Wert erhält, ist keine Teilung in Natur und damit nur im Einverständnis aller Miterben möglich (Krenz AcP 195 (1995), 361 (364)). Die Teilung eines mit einem Wohnhaus bebauten Hauses in Wohnungseigentumseinheiten stellt ebenfalls keine Teilung in Natur dar (BGH DB 1952, 968; OLG München NJW-RR 1991, 1097; Krenz AcP 195 (1995), 361 (363); aA RGRK-BGB/Kregel Rn. 28; Erman/Bayer Rn. 4). Ein Miterbe kann auch nicht verlangen, dass das Gesamthandseigentum an einem Gegenstand in Bruchteilseigentum umgewandelt wird (BGHZ 21, 229 (232 f.) = NJW 1956, 1433; Erman/Bayer Rn. 4). Ein zum Nachlass gehörender Erbteil kann dagegen gem. § 2033 Abs. 1 durch Übertragung von Bruchteilen in Höhe der jeweiligen Erbquote geteilt werden (BGH NJW 1963, 1610 (1611)).

7 **4. Verfahren. a) Zulässigkeit der Klage.** Der Anspruch auf Auseinandersetzung kann im Wege der **Klage** geltend gemacht werden. Zuständig ist das Prozessgericht. Die Klage kann an demjenigen Gericht erhoben werden, in dessen Bezirk der Erblasser seinen letzten allgemeinen Gerichtsstand hatte (§ 27 ZPO). Klagegegner sind diejenigen Miterben (oder sonstige Anspruchsverpflichtete wie Anteilserwerber oder Testamentsvollstrecker über einen Anteil), die mit dem vom Kläger vorgeschlagenen Teilungsplan nicht einverstanden sind (KG NJW 1971, 565; RGRK-BGB/Kregel Rn. 23; MüKoBGB/Ann Rn. 63; anders früher RG JW 1904, 61: alle Miterben seien zu verklagen; ebenso OLG Rostock ZEV 2009, 465). Mehrere Beklagte sind keine notwendigen Streitgenossen (RGRK-BGB/Kregel Rn. 23; Staudinger/Löhnig, 2020, Rn. 62; MüKoBGB/Ann Rn. 61). Der **Klageantrag** muss grds. auf Zustimmung zu einem bestimmten **Teilungsplan** lauten, den der Kläger vorzulegen hat (OLG Brandenburg OLGR 1998, 1521; OLG Düsseldorf OLGR 2000, 105; KG BeckRS 2015, 07658; OLG München BeckRS 2020, 19870 Rn. 44; MüKoBGB/Ann Rn. 62; Staudinger/Löhnig, 2020, Rn. 59; RGRK-BGB/Kregel Rn. 22; vgl. das Beispiel bei Adam MDR 2014, 1060 (1061)). Das Gericht, das gem. § 308 Abs. 1 ZPO an die Anträge der Parteien gebunden ist, ist nicht befugt, vom Antrag abzuweichen und einen eigenen Vorschlag an die Stelle desjenigen des Klägers zu setzen (BGH NJW 1959, 1493 (1494); OLG Brandenburg OLGR 1998, 1521 (1522); MüKoBGB/Ann Rn. 62; RGRK-BGB/Kregel Rn. 22; Johannsen WM 1970, 738 (744); Behme JZ 2021, 396 (398); krit. Krenz AcP 195 (1995), 361 (384 ff.) mN der älteren Lit.; vgl. auch Sarres ZEV 1999, 377 (379 f.)). Voraussetzung einer Klage soll nach früher vielfach vertretener Ansicht schließlich die **„Teilungsreife"** des Nachlasses sein (KG NJW 1961, 733; OLG Karlsruhe NJW 1974, 956; RGRK-BGB/Kregel Rn. 22). Diese Teilungsreife soll insbes. fehlen, wenn die Erben über den Bestand des Nachlasses streiten (KG NJW 1961, 733; aA anscheinend BGH NJW 1962, 914, zitiert nach Johannsen WM 1970, 739 (744)). Richtigerweise ist zu differenzieren: Vorfragen wie die Zugehörigkeit eines Gegenstandes zum Nachlass oder Bestand und Höhe einer Ausgleichspflicht können (und müssen) im Rahmen der Auseinandersetzungsklage geprüft werden. Je nach dem Ergebnis der Prüfung kann ein Teilungsplan unrichtig werden; dann ist die Klage als unbegründet abzuweisen. Diesem Umstand kann der Kläger jedoch durch Hilfsanträge Rechnung tragen (BGH NJW 1962, 914; MüKoBGB/Ann Rn. 58; Adam MDR 2014, 1060 (1061)). Zulässig ist eine Auseinandersetzungsklage folglich bereits dann, wenn der Kläger einen Teilungsplan vorlegt, der den Nachlass erschöpft und der als Ergebnis einer Auseinandersetzung annahmefähig wäre (OLG Saarbrücken BeckRS 2021, 30672 Rn. 17).

Wenn es vorrangiger Entscheidungen bedarf, die ein anderes Verfahren voraussetzen, muss die Klage als derzeit unbegründet abgewiesen werden (OLG Naumburg BeckRS 2021, 38757 Rn. 21; MüKoBGB/Ann Rn. 58). Das gilt etwa dann, wenn der Kläger Wertansätze des Erblassers nicht gelten lassen will. Die Miterben können sich nur einverständlich über derartige Vorgaben des Erblassers hinwegsetzen. Eine Anfechtung, die etwa mit einem Irrtum des Erblassers begründet werden könnte (§ 2078), ist gegenüber dem Nachlassgericht zu erklären (§ 2081); das Prozessgericht darf ihre Berechtigung nicht, auch nicht inzident, überprüfen (Adam MDR 2014, 1060 (1061)). Etwa erforderliche **familiengerichtliche Genehmigungen** (§§ 1821, 1822) müssen vor Erlass des Urteils im Auseinandersetzungsprozess vorliegen (KG NJW 1961, 733 (734); Johannsen WM 1970, 738 (744 f.); MüKoBGB/Ann Rn. 59). Das Urteil im Auseinandersetzungsprozess würde die familiengerichtliche Genehmigung nicht ersetzen, die beantragte Rechtsfolge – die Zustimmung des Miterben zum Teilungsplan – jedoch gleichwohl mit der Wirkung des § 894 ZPO aussprechen.

**b) Begründetheit der Klage.** Begründet ist die Klage, wenn der vorgeschlagene Teilungsplan 8
den jeweils einschlägigen Teilungsvorschriften entspricht (s. oben). Die veröffentlichte Rspr. stellt hier hohe Anforderungen. So ist eine Teilungsklage für unschlüssig gehalten worden, weil der Teilungsplan einen Vorwegabzug für eine nach Ansicht des Gerichts nicht abzugsfähige Nachlasserbenschuld vorsah (KG BeckRS 2015, 07658; wohl unrichtig, da Nachlasserbenschulden zu den Nachlassverbindlichkeiten gehören; gemeint war wohl eine Eigenverbindlichkeit des Erben). Soweit es zur **Begleichung von Nachlassverbindlichkeiten** erforderlich ist, den Nachlass teilweise in Geld umzusetzen (§ 2046 Abs. 3), ist dem Kläger hinsichtlich der Frage, welche Gegenstände veräußert werden sollen, gleichwohl ein gewisser Beurteilungsspielraum zuzugestehen. Im Grundsatz ist jedoch folgende **Reihenfolge** einzuhalten: verderbliches und übermäßig umfängliches Gut; nicht erhaltenswerte Gegenstände, insbes. vertretbare Sachen; erhaltenswerte, wertvolle Einheiten; Erinnerungsstücke (MüKoBGB/Ann Rn. 71). Das Risiko einer unrichtigen Beurteilung trägt auch hier der Kläger. Das Gericht ist jedoch in besonders hohem Maße zu rechtlichen Hinweisen verpflichtet (§ 139 ZPO). Das stattgebende rechtskräftige **Urteil** ersetzt gem. **§ 894 ZPO** die Zustimmung des oder der anderen Miterben zum Teilungsplan (LG Köln BeckRS 2021, 14818 Rn. 14). Für den **Vollzug der Auseinandersetzung** durch Übertragung der Nachlassgegenstände auf die Miterben gelten die allgemein für Verfügungen geltenden Regeln. Erforderlichenfalls muss Klage auf Abgabe der erforderlichen dinglichen Erklärungen erhoben werden (LG Köln BeckRS 2021, 14818 Rn. 14; MüKoBGB/Ann Rn. 68). Diese Klage kann mit der Klage auf Auseinandersetzung verbunden werden. Der **Streitwert** einer Auseinandersetzungsklage entspricht gem. § 48 Abs. 1 S. 1 GKG, § 3 ZPO dem auf den Kläger entfallenden Teil des streitbefindlichen Nachlasses (BGH NJW 1975, 1415; ZEV 2016, 573 Rn. 3; OLG Saarbrücken BeckRS 2021, 30672 Rn. 25; MüKoBGB/Ann Rn. 73; aA Staudinger/Löhnig, 2020, Rn. 66 unter Hinweis auf ältere Rspr. des BGH: Wert des gesamten Nachlasses, der auseinandergesetzt werden soll; ebenso Johannsen WM 1970, 738 (745); RGRK-BGB/Kregel Rn. 25). Beschränkt sich der Streit auf einzelne Punkte des Auseinandersetzungsplans, ist der wirtschaftliche Vorteil maßgebend, den sich der Kläger mit Blick auf diese Punkte verspricht (BGH ZEV 2016, 573 Rn. 3). Zulässig ist eine Klage auf **Feststellung einzelner Streitpunkte,** wenn eine solche Feststellung der Klärung der für die Auseinandersetzung maßgebenden Grundlagen dient; es müssen nicht unbedingt sämtliche Streitpunkte in einem einzigen Prozess geklärt werden (BGH NJW-RR 1990, 1220; BGHZ 1, 65 (74) = NJW 1951, 311). Der Antrag kann dahingehend lauten, dass ein bestimmter Gegenstand mit einem bestimmten Betrag bei der Auseinandersetzung zu berücksichtigen oder auszugleichen sei (BGH NJW-RR 1992, 771; MüKoBGB/Ann Rn. 65). Hat der Erblasser die Auseinandersetzung durch Teilungsanordnungen (§ 2048) umfassend geregelt, kann der Miterbe **ausnahmsweise unmittelbar Leistungsklage** auf Übereignung der ihm zugewiesenen Gegenstände erheben (OLG Frankfurt OLGZ 1977, 229 = NJW 1977, 253; MüKoBGB/Ann Rn. 67). Gleiches gilt etwa dann, wenn der Nachlass ausschließlich aus einer Geldforderung gegen einen Miterben besteht und auf den Kläger ein sofort berechenbarer Teil entfällt (BGH NJW-RR 1989, 1206; FamRZ 1989, 273 (274); RGZ 65, 5 (10)), oder in sonstigen überschaubaren Fällen (vgl. BGH NJW-RR 1989, 1206: Aufteilung des einzigen noch verbliebenen Geldbetrages; BGH NJW 2015, 1881 Rn. 22). Die Verurteilung zur Zustimmung zu einem Teilungsplan bewirkt jedoch keine Titulierung hieraus etwa folgender Zahlungsansprüche (vgl. BGH NJW 2015, 1881 Rn. 22). Eine auf § 2018 gestützte „Erbschaftsklage" gegen einen Miterben etwa auf Herausgabe eines Erlösanteils ist regelmäßig als Auseinandersetzungsklage zu verstehen (OLG München NJW-RR 1991, 1097; OLG Dresden OLG-NL 1998, 137 (139); RGRK-BGB/Kregel Rn. 24).

**5. Teilauseinandersetzung.** Der Anspruch auf Auseinandersetzung bezieht sich auf den 9
gesamten Nachlass. Anspruch auf Teilauseinandersetzung, etwa auf Übertragung eines bestimmten Gegenstandes, hat ein Miterbe regelmäßig nicht (BGH NJW 1985, 51 (52); OLG Hamburg MDR 1965, 665; OLG Rostock ZEV 2009, 465 f.; OLG Koblenz NJW-RR 2013, 584; OLG Koblenz FamRZ 2016, 1487, 1490; OLG München ZEV 2016, 325 (327); OLG Saarbrücken BeckRS 2018, 9530 Rn. 26; RGRK-BGB/Kregel Rn. 20). Ausnahmsweise kann eine teilweise Auseinandersetzung hinsichtlich bestimmter Teile des Nachlasses verlangt werden, wenn besondere Gründe

es rechtfertigen und die Belange der Erbengemeinschaft und der anderen Miterben nicht beeinträchtigt werden (BGH NJW 1985, 51 (52); 1963, 1611; OLG Koblenz MDR 2013, 349; OLG Oldenburg RdL 2014, 171 (172); vgl. auch RGZ 95, 325 (327); RGRK-BGB/Kregel Rn. 18; MüKoBGB/Ann Rn. 19). Das ist etwa dann der Fall, wenn es nur zwei Miterben gibt, Nachlassverbindlichkeiten nicht bestehen und der Kläger nur etwas begehrt, was ihm bei der endgültigen Auseinandersetzung ohnehin zufallen würde (BGH NJW 1963, 1611; OLG München BeckRS 2020, 19870 Rn. 25). Darlegungs- und beweispflichtig für das Vorliegen des Ausnahmetatbestandes ist derjenige, der Rechte aus ihm herleiten will (OLG Oldenburg RdL 2014, 171 (172)). Auch ein Anspruch auf vorzeitige Teilung der Nachlassfrüchte (vgl. § 2038 Abs. 2 S. 2) besteht nur ausnahmsweise (→ § 2038 Rn. 18) (OLG Hamburg MDR 1965, 665). Einer von mehreren Miterben kann grds. nicht verlangen, dass nur in Bezug auf ihn eine persönlich beschränkte Teilauseinandersetzung stattfindet, während die Erbengemeinschaft iÜ unter den anderen Miterben fortbestehen solle (BGH NJW 1985, 51; vgl. auch OLG München NJW-RR 1991, 1097 (1098)).

## III. Auseinandersetzungsvertrag

10 **1. Allgemeines.** Vorrangig richtet sich die Auseinandersetzung ganz oder teilweise nach den Absprachen, die die Miterben (Erwerber von Erbteilen, Testamentsvollstrecker über den Anteil eines Miterben, Insolvenzverwalter über das Vermögen eines Miterben) untereinander treffen (BGHZ 21, 229 (232) = NJW 1956, 433; BGH WM 1968, 1172 (1173); BayObLGZ 1974, 42 (47); Grüneberg/Weidlich Rn. 6; MüKoBGB/Ann Rn. 21). Zwingende gesetzliche Vorschriften dazu, welche Regelungen in einem Auseinandersetzungsvertrag enthalten sein müssen, gibt es nicht. Die Miterben können die Verteilung der **einzelnen Nachlassgegenstände** regeln (BGH NJW 1998, 1557). Sie können aber auch ihre **Anteile** auf einen der Miterben übertragen (§ 2033 Abs. 1) (BGH NJW 1998, 1557; BGHZ 86, 379 (381) = NJW 1983, 1555). Möglich ist schließlich auch eine (formfreie) Vereinbarung sämtlicher Miterben darüber, dass einer von ihnen gegen eine Abfindung aus der Erbengemeinschaft ausscheidet (sog. **Abschichtung**) (BGHZ 138, 8 (11) = NJW 1998, 1557 m. zust. Anm. Wolf LM Nr. 7 und krit. Anm. Rieger DNotZ 1999, 64; BGH ZEV 2005, 22; OLG Rostock ZEV 2009, 464; OLG Zweibrücken ZEV 2012, 264 m. zust. Anm. Böhringer; OLG Zweibrücken ZEV 2012, 416 (417); OLG Köln MDR 2014, 840 (841); OLG Frankfurt FGPrax 2019, 106; AG Bautzen FamRZ 2016, 1111; Reimann ZEV 1998, 213; Eberl-Borges MittRhNotK 1998, 242; Hillmann ZEV 1998, 281; Reimann MittBayNot 1998, 190). Die Abschichtung betrifft den Erbteil insgesamt. Eine auf einzelne Nachlassgegenstände beschränkte Abschichtung ist nicht möglich (OLG Frankfurt FGPrax 2019, 106).

11 **2. Form.** Der Auseinandersetzungsvertrag als solcher unterliegt keiner Form (KG KGJ 52 B Nr. 13; FamRZ 1963, 467 (468); Staudinger/Löhnig, 2020, Rn. 20; MüKoBGB/Ann Rn. 36; RGRK-BGB/Kregel Rn. 3). Er kann jedoch formbedürftige Regelungen enthalten und damit insgesamt formbedürftig sein. Ist in ihm eine Verpflichtung zur Übertragung eines Grundstücks oder eines GmbH-Anteils enthalten, gelten § 311b Abs. 1 oder § 15 Abs. 3 GmbHG. Verpflichtet sich ein Miterbe, seinen Erbteil gegen eine Abfindung auf die anderen Miterben zu übertragen, kann § 2371 in Betracht kommen, wonach ein Vertrag, durch den der Erbe die ihm angefallene Erbschaft verkauft, der notariellen Beurkundung bedarf. Die Abgrenzung zwischen einem **formfreien Auseinandersetzungsvertrag** und einem **formbedürftigen Erbteilskauf** erfolgte lange Zeit danach, ob die Erbengemeinschaft durch Übertragung aller Anteile auf einen Erben enden (Auseinandersetzungsvertrag) oder nur ein einzelner Miterbe gegen Abfindung aus einer fortbestehenden Erbengemeinschaft ausscheiden sollte (Erbteilskauf) (Johannsen WM 1970, 573 unter Hinweis auf BGH 11.3.1968 – III ZR 223/65; MüKoBGB/Ann Rn. 36). Im letztgenannten Fall des Ausscheidens eines einzelnen Miterbens kommt jedoch auch eine grds. formfreie **„Abschichtung"** in Betracht. Im Fall einer Abschichtung verzichtet der ausscheidende Miterbe auf seine Rechte als Mitglied der Erbengemeinschaft. Sein Erbteil wächst den verbleibenden Miterben kraft Gesetzes an (BGHZ 138, 8, 11 = NJW 1998, 1557; KG ZEV 2018, 648 Rn. 11; OLG Frankfurt FGPrax 2019, 106). Die Abschichtung ist nur dann formbedürftig, wenn als Abfindung die Leistung eines Gegenstands vereinbart wird, der durch ein formbedürftiges Rechtsgeschäft übertragen werden muss (BGHZ 138, 8, 14 = NJW 1998, 1557; OLG Zweibrücken ZEV 2012, 264; LG Köln NJW 2003, 2993; Jünemann ZEV 2005, 335 (338); vgl. auch BGH NJW 2011, 525 Rn. 23). Die Abgrenzung zwischen einer Abschichtungsvereinbarung und einem Erbteilskauf kann oft nach den Beteiligten erfolgen. Die Abschichtung muss zwischen allen Miterben vereinbart werden; Parteien eines Erbteilskaufs sind der ausscheidende Erbe als Verkäufer einerseits, ein Miterbe oder mehrere oder alle anderen Miterben als Käufer andererseits. Ein formnichtiger „Erbteilskauf" kann

dann, wenn alle übrigen Miterben auf der Käuferseite stehen, im Wege der Konversion (§ 140) als Auseinandersetzungsvertrag aufrechterhalten werden (RGZ 129, 122 (123 f.); RGRK-BGB/Kregel § 2371 Rn. 8). Ein **Vorkaufsrecht** nach § 24 BauGB wird durch die vertragliche Verpflichtung zur Übereignung eines einem Vorkaufsrecht unterliegenden Gegenstandes an einen der Gesamthandeigentümer im Wege der Erbauseinandersetzung nicht ausgelöst (BGH DNotZ 1970, 423 zu § 24 BBauG). Ist ein Miterbe im Wege der Abschichtung aus der Erbengemeinschaft ausgeschieden, vollzieht sich der Übergang eines zum Nachlass gehörenden Grundstücks oder Miteigentumsanteils hieran außerhalb des Grundbuchs, welches auf Antrag des ausgeschiedenen Erben entspr. zu berichtigen ist; einer Auflassung oder einer zusätzlichen Bewilligung der verbliebenen Miterben bedarf es nicht (OLG Zweibrücken ZEV 2012, 264; OLG München FamRZ 2016, 1700 (1701); OLG Frankfurt FGPrax 2019, 106; aA OLG München DNotZ 2011, 769; OLG Hamm FGPrax 2011, 226).

**3. Vollzug.** Der Auseinandersetzungsvertrag als solcher hat nur schuldrechtliche Wirkung. 12
Erst sein Vollzug – die **Teilung** – überführt die Gegenstände mit dinglicher Wirkung in die Alleinberechtigung der dafür vorgesehenen Person (BGH WM 1965, 1155 (1157); OLG Naumburg 9.2.1999 – 11 U 204/98; OLG München FamRZ 2016, 1700 (1701); MüKoBGB/Ann Rn. 42; Grüneberg/Weidlich Rn. 1). Die Teilung erfolgt nach den allgemeinen Regeln. **Einzelne Nachlassgegenstände** werden übereignet oder abgetreten (§ 929 oder §§ 873, 925, § 398). Eine Auflassung (§ 925) ist auch dann erforderlich, wenn das Eigentum an einem **Nachlassgrundstück** auf eine mit der Erbengemeinschaft personengleiche Bruchteilsgemeinschaft übertragen werden soll (BGHZ 21, 229 (231) = NJW 1956, 433; RGZ 57, 432 (435); Grüneberg/Weidlich Rn. 17). Die Voreintragung aller Miterben ist gem. § 40 Abs. 1 GBO nicht erforderlich (OLG München ZEV 2018, 268 Rn. 19). Die Eintragung eines Miterben in das Grundbuch ist auch dann nach Anm. Abs. 1 zu KV 14110 GNotKG gebührenfrei, wenn dieser ohne Voreintragung der Erbengemeinschaft erst aufgrund eines Erbauseinandersetzungsvertrages als Eigentümer eingetragen wird (OLG München NJW-RR 2006, 648; aA OLG Frankfurt FamRZ 2004, 286 f., jeweils noch zu § 60 Abs. 4 KostO). Ein **GmbH-Geschäftsanteil** kann nur mit Genehmigung der übrigen Gesellschafter geteilt werden (§ 17 Abs. 1 GmbHG), wenn der Gesellschaftsvertrag nichts anderes bestimmt (§ 17 Abs. 3 GmbHG). Die Übertragung des Anteils an einen Erben allein erfolgt im Wege der Abtretung (§ 15 Abs. 3 GmbHG), die im Gesellschaftsvertrag von der Zustimmung der übrigen Gesellschafter abhängig gemacht worden sein kann (§ 15 Abs. 5 GmbHG). **Aktien** können nicht geteilt werden (§ 8 Abs. 5 AktG). **Anteile am Nachlass** werden gem. § 2033 Abs. 1 durch notariellen Vertrag übertragen.

**4. Genehmigungen.** Ein Auseinandersetzungsvertrag kann unter verschiedenen Gesichts- 13
punkten genehmigungspflichtig sein. Steht ein Erbe unter Vormundschaft oder Pflegschaft, bedarf der Auseinandersetzungsvertrag gem. § 1822 Nr. 2 (iVm § 1915) der **familiengerichtlichen Genehmigung.** Wird ein minderjähriger Erbe von seinen Eltern vertreten, gilt § 1822 Nr. 2 nicht (vgl. § 1643 Abs. 1). Die Eltern können ihr Kind daher grds. beim Abschluss des „Erbteilungsvertrages" vertreten, ohne dass eine Genehmigung des Familiengerichts erforderlich wäre (Roth/Funke NJW-Spezial 2013, 615). § 1643 verweist allerdings auf § 1821 und § 1822 Nr. 1, 3, 5, 8–11. Umfasst der Auseinandersetzungsvertrag eines der in diesen Vorschriften genannten Rechtsgeschäfte (etwa ein Grundstücksgeschäft), muss er deshalb vom FamG genehmigt werden. Sind an der Auseinandersetzung mehrere Minderjährige und ihr gesetzlicher Vertreter beteiligt, muss für jeden der minderjährigen Erben ein eigener **Pfleger** bestellt werden (§ 181). Gleiches gilt, wenn Betreuer und Betreuter Miterben sind. Der Betreuer ist nach § 1908i Abs. 1 S. 1, § 1795 Abs. 2, § 181 gehindert, sein Amt als Betreuer auszuüben, sodass gem. § 1899 Abs. 4 ein Ergänzungsbetreuer zu bestellen ist (OLG München NJW-RR 2015, 1222). Das gilt nur dann nicht, wenn die Auseinandersetzung nach den gesetzlichen Vorschriften (§§ 2042, 2044, 749 ff.) erfolgt, weil es dann nur um die Erfüllung einer Verbindlichkeit – der Ansprüche der anderen Erben auf Mitwirkung bei der Auseinandersetzung – geht (BGHZ 21, 229 (232) = NJW 1956, 433; RGZ 67, 61 (64); 93, 334 (336); OLG München NJW-RR 2015, 1222 Rn. 9; MüKoBGB/Ann Rn. 38; Staudinger/Löhnig, 2016, Rn. 19). Die Zustimmung des **Ehegatten** ist im gesetzlichen Güterstand nur erforderlich, wenn der Erbteil das gesamte Vermögen des Erben ausmacht und insgesamt übertragen wird (BGHZ 35, 135 (143) = NJW 1961, 1301; MüKoBGB/Ann Rn. 39; RGRK-BGB/Kregel Rn. 7). Bei Gütergemeinschaft ist dann, wenn der Erbteil zum Gesamtgut gehört, die Zustimmung des Ehegatten erforderlich, wenn der Erbe das Gesamtgut nicht verwaltet (§ 1422) (MüKoBGB/Ann Rn. 39; RGRK-BGB/Kregel Rn. 7), wenn das Gesamtgut nur aus dem Erbteil besteht (§ 1423) oder wenn zum Nachlass ein Grundstück gehört

(§ 1424). Verwalten beide Ehegatten das Gesamtgut gemeinschaftlich, können sie den Auseinandersetzungsvertrag auch nur gemeinsam schließen (RGRK-BGB/Kregel Rn. 7).

14 **5. Willensmängel.** Für Abschlussmängel gelten die allgemeinen Regeln. Jeder Miterbe kann seine Zustimmungserklärung ggf. nach §§ 119 ff. anfechten (KG DNotZ 1952, 84; MüKoBGB/Ann Rn. 41). Ein geheimer Vorbehalt ist nach § 116 S. 1 unbeachtlich (OLG Köln ErbR 2021, 338, 340). Stellt der Auseinandersetzungsvertrag einen Vergleich iSv § 779 dar, gilt im Falle eines beiderseitigen Irrtums vorrangig § 779 (OLG München OLGR 1998, 145; MüKoBGB/Ann Rn. 41). Auch eine Anpassung nach den Grundsätzen des Wegfalls der Geschäftsgrundlage kann in Betracht kommen. Gemäß Abs. 2 iVm § 757 haben die Miterben einander für **Sach- und Rechtsmängel** der zugeteilten Nachlassgegenstände wie ein Verkäufer Gewähr zu leisten (Erman/Bayer Rn. 12; vgl. auch OLG München OLGR 1998, 145). Ein Miterbe kann bei Vorliegen eines Rücktrittsgrundes auch nach Vollzug einer Auseinandersetzungsvereinbarung von dieser zurücktreten (§§ 346 ff.) (BGH ZEV 2013, 84; zum Sachverhalt vgl. KG BeckRS 2012, 23096). Der Rückgewähranspruch nach § 348 gehört als Beziehungssurrogat (§ 2041) zum Nachlass mit der Folge, dass die Erbengemeinschaft über die Auseinandersetzung hinaus fortbesteht (BGH ZEV 2013, 84).

15 **6. Teilauseinandersetzung.** Eine teilweise Auseinandersetzung des Nachlasses ist grds. nur im Einverständnis aller Miterben möglich (→ Rn. 9) (BGH NJW 1985, 51 (52); MüKoBGB/Ann Rn. 17). Die Miterben können vereinbaren, dass die Erbengemeinschaft nur hinsichtlich einzelner Gegenstände aufgehoben wird (OLG Köln ErbR 2021, 338, 340) **(gegenständliche Teilauseinandersetzung)** oder dass nur einzelne Miterben aus der Miterbengemeinschaft ausscheiden **(persönliche Teilauseinandersetzung);** im letztgenannten Fall kann der einzelne Miterbe seinen Anteil auf die anderen Miterben übertragen (§ 2033 Abs. 1) oder im Wege der Abschichtung formlos aus der Erbengemeinschaft ausscheiden (BGH NJW 1998, 1557). Nicht zulässig ist dagegen eine gegenständliche Teilauseinandersetzung mit einzelnen Miterben. Es können nicht einzelne Nachlassgegenstände einigen Miterben mit der Maßgabe zugewiesen werden, dass die Erbengemeinschaft unter ihnen hinsichtlich dieser Gegenstände fortgesetzt werden soll; denn darin läge die unzulässige Begründung einer Erbengemeinschaft durch Vertrag (BGH WM 1975, 1110; MüKoBGB/Ann Rn. 15; RGRK-BGB/Kregel Rn. 20 mN der älteren Rspr). Die einverständliche Veräußerung eines Nachlassgegenstandes stellt keine Teilauseinandersetzung hinsichtlich dieses Gegenstandes dar; vielmehr tritt gem. § 2041 der Erlös an die Stelle des veräußerten Gegenstandes (LG Bremen BeckRS 2019, 6151 Rn. 32). Nach der Teilung kann die Erbengemeinschaft weder vertraglich (KG DNotZ 1952, 84) noch im Wege der Rückabwicklung eines nichtigen Erbteilübertragungsvertrages (BGH NJW-RR 2005, 808) wiederhergestellt werden.

## IV. Andere Arten der Auseinandersetzung

16 **1. Testamentsvollstreckung.** Hat der Erblasser Testamentsvollstreckung angeordnet, obliegt die Auseinandersetzung idR dem Testamentsvollstrecker (§ 2204; Ausnahme: § 2208). Eine Auseinandersetzung durch Vereinbarung der Miterben ist ausgeschlossen. Die Erben können nur gegen den Testamentsvollstrecker auf Auseinandersetzung und Teilung klagen oder dessen Entlassung (§ 2227) verlangen. Der Testamentsvollstrecker ist an die vom Erblasser getroffenen Teilungsanordnungen und an die gesetzlichen Auseinandersetzungsregeln gebunden (Staudinger/Löhnig, 2020, Rn. 41; RGRK-BGB/Kregel Rn. 12). Eine Bindung an Absprachen der Miterben untereinander besteht nicht (RGZ 61, 139 (145); 108, 289 (290); BayObLGZ 1953, 357 (363); Staudinger/Löhnig, 2020, Rn. 42; MüKoBGB/Ann Rn. 29); bindend kann jedoch eine Vereinbarung der Miterben dahingehend sein, dass eine Auseinandersetzung überhaupt unterbleibt und die Erbengemeinschaft für immer oder auf Zeit fortgesetzt werden soll (§§ 2204, 2042, 749 Abs. 2) (BayObLGZ 1953, 375 (363); MüKoBGB/Ann Rn. 29; Staudinger/Löhnig, 2020, Rn. 43). Ist die Testamentsvollstreckung nur für einen Erbteil angeordnet, kann der Testamentsvollstreckung nur den Anspruch des Miterben auf Auseinandersetzung durchsetzen. Die Auseinandersetzung selbst kann er nicht bewirken (OLG München FamRZ 2016, 1302 (1304).

17 **2. Vermittlungsverfahren.** Gemäß § 363 FamFG hat seit dem 1.9.2013 der **Notar** (vgl. § 23a Abs. 3 GVG) auf Antrag jedes Erben (oder des Erwerbers des Erbteils, des Pfandgläubigers oder des Nießbrauchers; § 363 Abs. 2 FamFG) die Auseinandersetzung zwischen den Beteiligten zu vermitteln. Das Verfahren findet nur auf Antrag statt. Der Notar vermittelt und beurkundet die Einigung der Beteiligten. Entscheidungs- oder Zwangsbefugnisse stehen ihm nicht zu. Das Vermittlungsverfahren dient nicht dazu, Streitigkeiten zwischen den Beteiligten zu entscheiden

(Holzer ZEV 2013, 656 (657)). Ergeben sich bei den Verhandlungen Streitpunkte über auseinandersetzungserhebliche Tatsachen, ist darüber eine Niederschrift aufzunehmen und das Verfahren bis zur Erledigung der Streitpunkte auszusetzen (§ 370 FamFG). Die Niederschrift muss erkennen lassen, in welchen Punkte Streit besteht; denn nach Ausräumung der Streitpunkte kann das Verfahren fortgesetzt werden (OLG Schleswig FGPrax 2013, 30). Ergeben sich Streitpunkte, die einer Vermittlung nicht zugänglich sind, bereits aus der Antragsschrift, soll der Antrag als unzulässig abzuweisen sein (OLG Düsseldorf NJW-RR 2003, 5; aA unter Hinweis auf das Ziel einer Vermittlung BeckOGK/Rißmann/Szalai Rn. 30; vgl. auch Behme JZ 2021, 396 (397)). Ausgeschlossen ist ein Vermittlungsverfahren jedenfalls dann, wenn ein Nachlassinsolvenzverfahren eröffnet worden ist, weil die Miterben in diesem Fall die Verwaltungs- und Verfügungsbefugnis über den Nachlass verlieren (§ 80 InsO); ob sie sich einigen oder nicht, ist dann ohne Belang. Dass die Vermittlung angesichts vorgerichtlicher Streitigkeiten nach Aktenlage wenig Aussicht auf Erfolg zu haben scheint, rechtfertigt die Ablehnung des Antrags hingegen nicht (OLG Düsseldorf NJW-RR 2013, 844 (845)). Gegen den erklärten Widerspruch eines Miterben findet ein Vermittlungsverfahren nicht statt (BeckOGK/Rißmann/Szalai Rn. 30.1; Behme JZ 2021, 39, (397); aA OLG Schleswig ZEV 2013, 678 (679)).

**a) Antragsvoraussetzungen.** Voraussetzung des Antrags ist, dass eine Erbengemeinschaft besteht und dass ein Nachlass vorhanden ist. Es darf kein zur Auseinandersetzung berechtigter Testamentsvollstreckung vorhanden sein (Abs. 1 Hs. 2). Das Vermittlungsverfahren findet nicht statt, wenn die Erbengemeinschaft bereits beendet ist, wenn streitige Rechtsverhältnisse auftreten oder die Berechtigung eines Beteiligten bestritten ist, wenn ein Dritter die Auseinandersetzung nach billigem Ermessen vornehmen soll (§ 2048 S. 2), wenn bereits Klage auf Auseinandersetzung erhoben worden ist, wenn die Erben das Recht, die Aufhebung der Erbengemeinschaft zu verlangen, durch Vereinbarung für immer oder auf Zeit ausgeschlossen haben (Abs. 2 iVm § 749 Abs. 2), wenn und solange die Auseinandersetzung nach §§ 2043 ff. ausgeschlossen oder aufgeschoben ist, wenn Nachlassverwaltung angeordnet oder wenn das Nachlassinsolvenzverfahren eröffnet worden ist (Keidel/Zimmermann FamFG § 363 Rn. 25–35). 18

**b) Verfahrensbeteiligte.** Beteiligte des Verfahrens sind der Antragsteller (§ 7 Abs. 1 FamFG) sowie diejenigen, deren Recht durch das Verfahren unmittelbar betroffen wird (§ 7 Abs. 2 Nr. 1 FamFG), mithin die Miterben, die ihren Anteil nicht veräußert haben, der Nacherbe, soweit seine Zustimmung erforderlich ist, die Rechtsnachfolger des Erben, Gläubiger, denen ein Pfandrecht, Pfändungspfandrecht oder Nießbrauch an einem Anteil zusteht, sowie bei Testamentsvollstreckung über einen Anteil der Testamentsvollstrecker. 19

**c) Zuständigkeit.** Nach § 23a Abs. 3 GVG idF des Gesetzes zur Übertragung von Aufgaben im Bereich der freiwilligen Gerichtsbarkeit auf Notare vom 26.6.2013 (BGBl. I 1800) sind für die den Amtsgerichten obliegenden Verrichtungen in Teilungssachen iSv § 342 Abs. 2 Nr. 1 FamFG anstelle der Amtsgerichte die **Notare** zuständig. Dadurch sollen die Gerichte entlastet werden (BT-Drs. 17/1469, 1). Für die Auseinandersetzung eines Nachlasses ist jeder Notar zuständig, der seinen Amtssitz im Bezirk des Amtsgerichts hat, in welchem der Erblasser seinen letzten Wohnsitz hatte (§ 344 Abs. 4a FamFG). In den Vorschriften der §§ 363 ff. FamG ist statt „das Gericht" jeweils „der Notar" zu lesen; die Geschäftsräume des Notars ersetzen die Geschäftsstelle des Gerichts. Für das Verfahren vor dem Notar sind die für das Amtsgericht geltenden Vorschriften entspr. anzuwenden (§ 492 Abs. 1 FamFG). Der Notar nimmt die Aufgaben des Richters, des Rechtspflegers und des Urkundsbeamten der Geschäftsstelle wahr. Bis zum Inkrafttreten des § 23a Abs. 3 GVG war der Rechtspfleger funktionell zuständig der **Rechtspfleger** (der Richtervorbehalt in § 16 Abs. 1 Nr. 8 RPflG aF für Genehmigungen, die außerhalb des Verfahrens vom Vormundschaftsrichter zu erteilen wären, ist durch das 1. Justizmodernisierungsgesetz vom 15.12.2004, BGBl. I 3392, aufgehoben worden). Nach Landesrecht (zB § 38 BayAGGVG, § 24 HessFGG, § 14 NdsFGG) konnte schon bisher anstelle des Nachlassgerichts oder neben diesem auch ein Notar zuständig sein (§ 487 FamFG, § 20 Abs. 5 BNotO). Für die bis zum 1.9.2013 beantragten Auseinandersetzungen gelten die bisherigen Vorschriften fort (§ 493 FamFG). 20

**d) Verhandlungstermin.** Der Notar setzt zunächst einen **vorbereitenden Verhandlungstermin** an. Die Beteiligten sind zu diesem Termin zu laden (§ 365 FamFG). Widerspricht ein Beteiligter im Verhandlungstermin der Durchführung des Vermittlungsverfahrens überhaupt, ist das Verfahren einzustellen (Keidel/Zimmermann FamFG § 368 Rn. 16; MüKoBGB/Ann Rn. 51). Der Notar kann nur eine Einigung der Beteiligten herbeiführen, nicht jedoch streitig über die Auseinandersetzung entscheiden. Treffen die erschienenen Beteiligten im Termin eine vorbereitende Vereinbarung, insbes. über die Art der Teilung, so hat der Notar die Vereinbarung zu 21 beurkunden (§ 366 FamFG); sind alle Beteiligten erschienen, hat der Notar die getroffene Vereinbarung zu bestätigen (§ 366 Abs. 2 FamFG). Ist ein Beteiligter nicht erschienen, wird ihm der Inhalt der Urkunde mitgeteilt. Er wird außerdem darauf hingewiesen, dass sein Einverständnis angenommen wird, wenn er nicht innerhalb einer gesetzten Frist die Anberaumung eines neuen Termins beantragt oder in dem neuen Termin nicht erscheint (§ 366 Abs. 3 FamFG). Erscheint er zum rechtzeitig beantragten neuen Termin, ist die Verhandlung fortzusetzen; andernfalls ist die getroffene Vereinbarung zu bestätigen.

22 **e) Auseinandersetzungsplan.** Sobald nach Lage der Sache die Auseinandersetzung stattfinden kann, hat der Notar einen Auseinandersetzungsplan (vgl. das Muster bei Holzer ZEV 2013, 656 (659)) anzufertigen und in einem weiteren Verhandlungstermin bei Einverständnis aller Beteiligten zu beurkunden (§ 368 Abs. 1 und 2 FamFG). In einfach gelagerten Sachen oder bei Einverständnis aller Beteiligten können Vorbereitungs- und Auseinandersetzungstermin zusammengefasst werden.

23 **f) Vollstreckungstitel.** Vereinbarungen nach § 366 Abs. 1 FamFG sowie Auseinandersetzungen nach § 368 FamFG werden mit Rechtskraft des Bestätigungsbeschlusses wirksam und für alle Beteiligten in gleicher Weise verbindlich wie eine vertragliche Vereinbarung oder Auseinandersetzung (§ 371 Abs. 1 FamFG). Aus der Vereinbarung sowie aus der Auseinandersetzung findet nach deren Wirksamwerden die Vollstreckung statt (§ 371 Abs. 2 FamFG). Kommt eine Einigung der Beteiligten nicht zustande, ist ein Protokoll über die Streitpunkte aufzunehmen und das Verfahren bis zur Erledigung der Streitpunkte auszusetzen (§ 370 FamFG).

24 **g) Rechtsmittel.** Ein Beschluss, durch den eine Frist nach § 366 Abs. 3 FamFG bestimmt wird, und ein Beschluss, durch den über die Wiedereinsetzung entschieden wird, ist entspr. §§ 567–572 ZPO mit der sofortigen Beschwerde anfechtbar. Die Beschwerde gegen den Bestätigungsbeschluss kann nur darauf gegründet werden, dass die Vorschriften über das Verfahren nicht beachtet wurden. Lässt ein Beteiligter Ladungen und Hinweise des Gerichts oder des Notars ungeöffnet zurückgehen, kann er sich nicht auf hierin begründete Verfahrensfehler berufen (OLG Zweibrücken ZErb 2016, 76).

25 Für das Verfahren vor dem Notar sind die für das Amtsgericht geltenden Vorschriften entspr. anzuwenden (§ 492 Abs. 1 FamFG). Der Notar nimmt die Aufgaben des Richters, des Rechtspflegers und des Urkundsbeamten der Geschäftsstelle wahr. Das gilt auch hinsichtlich der Rechtsmittel. Es obliegt nicht dem Amtsgericht, über eine Änderung der Entscheidung des Notars zu befinden. Zuständig ist vielmehr sogleich das Beschwerdegericht. Ist gegen die Entscheidung des Notars nach den allgemeinen Vorschriften kein Rechtsmittel gegeben, findet die Erinnerung statt, die innerhalb der für die Beschwerde geltenden Frist beim Notar einzulegen ist. Der Notar kann der Erinnerung abhelfen. Erinnerungen, denen er nicht abhilft, legt er dem Amtsgericht vor, in dessen Bezirk sich sein Amtssitz befindet; die Vorschriften über die Beschwerde sind sinngemäß anzuwenden (§ 492 Abs. 2 FamFG nF). Damit soll Art. 19 Abs. 4 GG Rechnung getragen werden (BT-Drs. 17/1469, 22 zu Nr. 12). Für die vor dem 1.9.2013 beantragten Auseinandersetzungen gelten die bisherigen Vorschriften fort (§ 493 FamFG).

26 **3. Zuweisung eines landwirtschaftlichen Betriebs.** Gehört zu einer durch gesetzliche Erbfolge entstandenen Erbengemeinschaft ein landwirtschaftlicher Betrieb, kann das Landwirtschaftsgericht ihn auf Antrag eines Miterben ungeteilt einem der Miterben zuweisen; kann der Betrieb in mehrere Betriebe geteilt werden, kann er geteilt einzelnen Miterben zugewiesen werden (§ 13 Abs. 1 GrdstVG) (vgl. den Fall OLG Brandenburg FamRZ 2016, 934 (935)). Die Zuweisung ist nur zulässig, wenn der Betrieb mit einer zur Bewirtschaftung geeigneten Hofstelle versehen ist und seine Erträge ohne Rücksicht auf die privatrechtlichen Belastungen im Wesentlichen zum Unterhalt einer bäuerlichen Familie ausreichen (§ 14 GrdstVG). Voraussetzung ist außerdem, dass ein Miterbe zur Übernahme und ordnungsgemäßen Bewirtschaftung des Betriebes bereit und in der Lage ist (§ 15 GrdstVG); denn Sinn und Zweck des Gesetzes ist die Erhaltung leistungsfähiger landwirtschaftlicher Betriebe (OLG Brandenburg FamRZ 2016, 934 (935)). Die übrigen Miterben werden in Höhe des wertmäßigen Anteils am Betrieb abgefunden; dabei ist der Betrieb entspr. § 2049 zum **Ertragswert** anzusetzen (§ 16 GrdstVG). Erhebliche Gewinne, die der Erwerber innerhalb von 15 Jahren nach der Zuweisung anders als durch Bewirtschaftung (insbes. durch Veräußerung) zieht, sind auf Verlangen der anderen Miterben ebenfalls auszugleichen (§ 17 GrdstVG). Das Zuweisungsverfahren ist unzulässig, solange die Auseinandersetzung ausgeschlossen oder ein zu ihrer Bewirkung berechtigter Testamentsvollstrecker vorhanden ist oder ein Miterbe den Aufschub der Auseinandersetzung verlangen kann (OLG Brandenburg FamRZ 2016, 934 (935)). Das notarielle Vermittlungsverfahren hat Vorrang, weil die Miterben sich in erster Linie

untereinander einigen sollen (§ 14 Abs. 2 GrdstVG) (MüKoBGB/Ann Rn. 76; Grüneberg/Weidlich Rn. 25). Das Zuweisungsverfahren geht wiederum der Auseinandersetzungsklage vor (MüKoBGB/Ann Rn. 76).

Das GrdstVG gilt nur bei gesetzlicher Erbfolge nach dem BGB. Landesrecht kann vorsehen, dass ein Hof mit dem Erbfall im Wege der Sondererbfolge unmittelbar einem der Miterben zufällt (Art. 64 EGBGB; vgl. insbes. § 1 **HöfeO** in den Ländern der früheren britischen Zone – Hamburg, Niedersachsen, Schleswig-Holstein und Nordrhein-Westfalen). Im Geltungsbereich der Höfeordnung kommt das Zuweisungsverfahren nur in Betracht, wenn kein Hoferbe vorhanden oder wirksam bestimmt ist, der Hof daher nach allgemeinem Recht vererbt wird (§ 10 HöfeO) (MüKoBGB/Ann Rn. 76; Grüneberg/Weidlich Rn. 24). 27

## § 2043 Aufschub der Auseinandersetzung

**(1) Soweit die Erbteile wegen der zu erwartenden Geburt eines Miterben noch unbestimmt sind, ist die Auseinandersetzung bis zur Hebung der Unbestimmtheit ausgeschlossen.**

**(2) Das Gleiche gilt, soweit die Erbteile deshalb noch unbestimmt sind, weil die Entscheidung über einen Antrag auf Annahme als Kind, über die Aufhebung des Annahmeverhältnisses oder über die Anerkennung einer vom Erblasser errichteten Stiftung als rechtsfähig noch aussteht.**

### Überblick

Die Auseinandersetzung ist ausgeschlossen, soweit und solange Erbteile unbestimmt sind.

### I. Voraussetzungen des Aufschubs

Die Auseinandersetzung ist ausgeschlossen, solange und soweit Erbteile unbestimmt sind. 1
Dadurch sollen die Rechte eines noch nicht existierenden Erben gewahrt bleiben (MüKoBGB/Ann Rn. 1; Soergel/Wolf Rn. 2). Abs. 1 betrifft den gezeugten, aber noch nicht geborenen Miterben **(nasciturus).** Wer zurzeit des Erbfalls bereits erzeugt war, gilt dann, wenn er lebend geboren wird, als vor dem Erbfall geboren (§ 1923 Abs. 2). Für den nasciturus nehmen die Eltern (§ 1912 Abs. 2) oder ein zu bestellender Pfleger (§ 1912 Abs. 1) an der Verwaltung des Nachlasses (§ 2038) teil (RGRK-BGB/Kregel Rn. 1; Erman/Bayer Rn. 2). Soweit Erbteile durch die Geburt eines weiteren Erben nicht beeinflusst werden können, kann die Auseinandersetzung bereits erfolgen (Erman/Bayer Rn. 2; Staudinger/Löhnig, 2020, Rn. 9; RGRK-BGB/Kregel Rn. 1; MüKoBGB/Ann Rn. 4), etwa dann, wenn nur die Anzahl der gem. § 1924 Abs. 3 eintretenden Erbeserben noch nicht feststeht. Ist bei gesetzlicher Erbfolge hingegen ungewiss, ob ein weiterer Abkömmling geboren werden wird, ist die Auseinandersetzung insgesamt ausgeschlossen. Ein **noch nicht Erzeugter** kann nicht gesetzlicher Erbe werden. Er kann auch nicht testamentarisch als Erbe eingesetzt werden (vgl. § 2101), sodass seinetwegen keine Unklarheit eintritt.

Ist im Zeitpunkt des Erbfalls noch nicht über die **Annahme als Kind** (§§ 1741 ff., 1767 ff.) 2
oder die **Aufhebung des Annahmeverhältnisses** (§§ 1760 ff., 1772) entschieden, ist die Auseinandersetzung ebenfalls ausgeschlossen (Abs. 2). Wenn die Annahme vor dem Tod des Annehmenden beantragt, aber erst danach ausgesprochen worden ist, gilt sie als vor dem Tod erfolgt (§ 1753 Abs. 2 und 3); die vor dem Tod des Annehmenden beantragte, aber erst nachträglich ausgesprochene Aufhebung der Annahme gilt als vor dem Tod aufgehoben (§ 1764 Abs. 1). Gleiches gilt schließlich für **Stiftungen** (§§ 80 ff.). Wird die Stiftung erst nach dem Tod des Stifters genehmigt, so gilt sie für die Zuwendungen des Stifters als schon vor dessen Tod entstanden (§ 84). Nach Art. 86 S. 2 EGBGB in der bis zum 29.7.1998 geltenden Fassung war § 2043 entspr. anwendbar, wenn der Erwerb der Erbschaft durch eine ausländische juristische Person von einer staatlichen Genehmigung abhing. Eine **analoge Anwendung** des § 2043 auf andere Fälle von Unbestimmtheit (verschollener Erbe; laufende Ausschlagungsfrist) ist wegen der Möglichkeit, gem. §§ 1911, 1960 einen Pfleger zu bestellen, ausgeschlossen (Staudinger/Löhnig, 2020, Rn. 2; MüKoBGB/Ann Rn. 8; Erman/Bayer Rn. 6).

## II. Rechtsfolgen

3 Eine entgegen § 2043 von den vorhandenen Miterben getroffene **Auseinandersetzungsvereinbarung** ist nicht nichtig; denn § 2043 stellt kein gesetzliches Verbot iSv § 134 dar. Ändert sich die Zusammensetzung der Erbengemeinschaft nicht mehr, hat die Vereinbarung Bestand. Andernfalls bleibt sie schwebend unwirksam. Der weitere Erbe kann sie genehmigen (§ 177); verpflichtet ist er dazu jedoch nicht (Soergel/Wolf Rn. 6; MüKoBGB/Ann Rn. 12). Auch eine entgegen § 2043 bereits **vollzogene Auseinandersetzung** kann nachträglich genehmigt werden (§ 185 Abs. 2) (Erman/Bayer Rn. 7; RGRK-BGB/Kregel Rn. 5; MüKoBGB/Ann Rn. 12; aA Lange/Kuchinke ErbR § 44 II 2d: den bekannten Miterben fehle die Rechtsmacht, über Nachlassgegenstände zu verfügen). Ist eine zulässige Teilauseinandersetzung erfolgt und kommt kein weiterer Erbe hinzu, ist der verbliebene Rest des Gesamthandsvermögens im Wege der Nachtragsauseinandersetzung zu verteilen. Ein **Vermittlungsverfahren** nach §§ 363 ff. FamFG kann nicht erfolgen, solange die Auseinandersetzung nach § 2043 aufgeschoben ist (Soergel/Wolf Rn. 7; Staudinger/Löhnig, 2020, Rn. 13). Im **Prozess** ist § 2043 von Amts wegen zu berücksichtigen.

## § 2044 Ausschluss der Auseinandersetzung

**(1) [1]Der Erblasser kann durch letztwillige Verfügung die Auseinandersetzung in Ansehung des Nachlasses oder einzelner Nachlassgegenstände ausschließen oder von der Einhaltung einer Kündigungsfrist abhängig machen. [2]Die Vorschriften des § 749 Abs. 2, 3, der §§ 750, 751 und des § 1010 Abs. 1 finden entsprechende Anwendung.**

**(2) [1]Die Verfügung wird unwirksam, wenn 30 Jahre seit dem Eintritt des Erbfalls verstrichen sind. [2]Der Erblasser kann jedoch anordnen, dass die Verfügung bis zum Eintritt eines bestimmten Ereignisses in der Person eines Miterben oder, falls er eine Nacherbfolge oder ein Vermächtnis anordnet, bis zum Eintritt der Nacherbfolge oder bis zum Anfall des Vermächtnisses gelten soll. [3]Ist der Miterbe, in dessen Person das Ereignis eintreten soll, eine juristische Person, so bewendet es bei der dreißigjährigen Frist.**

**Schrifttum:** Kiethe, Ausschluss der Auseinandersetzung der Erbengemeinschaft mit Verfügungsverbot über den Erbteil – Schutz vor unerwünschten Dritten beim Unternehmernachlass?, ZEV 2003, 225; Muscheler, Ausschluss der Erbauseinandersetzung durch den Erblasser, ZEV 2010, 340.

## Überblick

Der Erblasser kann die Auseinandersetzung des Nachlasses durch letztwillige Verfügung ganz oder teilweise ausschließen. Das Verbot hat nur schuldrechtliche Wirkung. Bei Vorliegen eines wichtigen Grundes kann jeder Miterbe trotz der Anordnung die Auseinandersetzung verlangen (Abs. 1 S. 2 iVm § 749 Abs. 2, 3). Die Frist von 30 Jahren kann sich maximal bis zum Tode des längstlebenden Miterben verlängern (Abs. 2).

## I. Bedeutung der Norm

1 § 2044 enthält eine weitere Ausnahme vom Grundsatz des § 2042, dass jeder Miterbe jederzeit die Auseinandersetzung verlangen kann. Der **Erblasser** kann die Teilung des Nachlasses ganz oder teilweise ausschließen, von einer Kündigung abhängig machen oder in anderer Weise erschweren, etwa anordnen, dass die Auseinandersetzung nur von einer Mehrheit der Erben verlangt werden kann (RGZ 110, 270 (273); Staudinger/Löhnig, 2020, Rn. 1, 4 ff.; MüKoBGB/Ann Rn. 6 mw Beispielen). Auf diese Weise kann der Nachlass auch gegen den Willen einzelner Miterben als Einheit erhalten bleiben. Abweichende Vereinbarungen aller Erben sind jedoch wirksam (MüKoBGB/Ann Rn. 8). Die Anordnung kann durch **Testament** oder als einseitige Verfügung in einem **Erbvertrag** (§ 2299) getroffen werden; stellt sie zugleich ein Vermächtnis oder eine Auflage dar, kann sie auch vertragsmäßig erfolgen (§ 2278 Abs. 2) (Staudinger/Löhnig, 2020, Rn. 2; RGRK-BGB/Kregel Rn. 1; MüKoBGB/Ann Rn. 3). Sie kann sich auf den gesamten Nachlass, auf einzelne Stämme oder auf bestimmte Gegenstände beziehen und kann auch dann angeordnet werden, wenn iÜ die gesetzliche Erbfolge gilt (BayObLGZ 1966, 408 (414) = NJW 1967, 1136). **Grenzen** ergeben sich in zeitlicher Hinsicht aus Abs. 2 und in sachlicher Hinsicht aus Abs. 1 S. 2 iVm § 749 Abs. 2 und 3, § 750, § 751. Das Auseinandersetzungsverbot hat nur **schuldrechtliche Wirkung.** Der dingliche Vollzug eines dem Verbot zuwiderlaufenden Ausei-

nandersetzungsvertrages oder Erbteilkaufvertrages ist gem. § 137 S. 1 wirksam (BGH ZEV 2009, 391 (392) Rn. 14; MüKoBGB/Ann Rn. 7; Kiethe ZEV 2003, 225 (227)).

## II. Mögliche Regelungen

Je nachdem, welches Ziel der Erblasser verfolgt, kann er den Anspruch auf Auseinandersetzung in unterschiedlicher Weise ausschließen oder beschränken. 2

**1. Vor- und Nacherbfolge.** Im Einzelfall können Zweifel bestehen, ob eine letztwillige Verfügung ein Auseinandersetzungsverbot oder die Anordnung einer Vor- und Nacherbfolge enthält. Die Anordnung: „Kein Verkauf des Grundbesitzes W. darf bis zu 20 Jahren nach meinem Tod nicht erfolgen, um den W. meinen nachrückenden Enkeln zu erhalten“ kann als befristetes Auseinandersetzungsverbot zu verstehen sein (LG München FamRZ 1998, 1538 (1539); vgl. aber auch BayObLG FamRZ 1990, 562). 3

**2. Vorausvermächtnis.** Der Erblasser kann den Anspruch des einzelnen Miterben gegen die übrigen Miterben auf Erbauseinandersetzung (§ 2042) ausschließen (BGHZ 40, 115 (117) = NJW 1963, 2320 = LM Nr. 1 mAnm Nirk). Diese Anordnung stellt ein Vorausvermächtnis (§ 2150) zugunsten der jeweils anderen Miterben dar (RGRK-BGB/Kregel Rn. 2; MüKoBGB/Ann Rn. 13; Staudinger/Löhnig, 2020, Rn. 9). Sie kann jedem Miterben gegenüber eingewandt werden, der die Auseinandersetzung verlangt. Im Einverständnis aller Miterben bleibt eine Auseinandersetzung jedoch zulässig (BGHZ 40, 115 (117) = NJW 1963, 2320). 4

**3. Auflage.** Der Erblasser kann die Auseinandersetzung auch für den Fall ausschließen, dass alle Miterben über eine Teilung des Nachlasses einig sind. Dann handelt es sich um eine Auflage (§ 2192) zulasten aller Miterben, die nach § 2194 durchgesetzt werden kann (BGHZ 40, 115 (117) = NJW 1963, 2320; BGH FamRZ 1985, 278; RGRK-BGB/Kregel Rn. 3; MüKoBGB/Ann Rn. 14; Staudinger/Löhnig, 2010, Rn. 12). Die Auflage begründet eine schuldrechtliche Unterlassungspflicht der Erben. Sie stellt kein gesetzliches, gerichtliches oder behördliches Verbot dar (§§ 134, 135, 136), sondern nur ein rechtsgeschäftliches Verbot (§ 137), dessen Verletzung die dingliche Wirksamkeit des Verfügungsgeschäfts nicht berührt (BGHZ 40, 115 (117) = NJW 1963, 2320). Allenfalls kommen Schadensersatzansprüche eines nach § 2194 Vollziehungsberechtigten in Betracht. Letztlich gibt es keine Möglichkeit, die Auseinandersetzung zu verhindern (§ 137 S. 1). 5

**4. Testamentsvollstreckung.** Hat der Erblasser Testamentsvollstreckung angeordnet und gem. § 2208 dessen Recht zur Auseinandersetzung des Nachlasses ausgeschlossen, ist eine von den Miterben und dem Testamentsvollstrecker einvernehmlich vorgenommene Auseinandersetzung gleichwohl wirksam (BGHZ 40, 115 (118) = NJW 1963, 2320; BGHZ 56, 275 (280 f.) = NJW 1971, 1805; MüKoBGB/Ann Rn. 6; RGRK-BGB/Kregel Rn. 3). Die Miterben allein können sich über eine solche Anordnung hingegen nicht hinwegsetzen (BGH ZEV 2009, 391 (392) Rn. 15). Sie haben auch keinen Anspruch darauf, dass der Testamentsvollstrecker mitwirkt. 6

## III. Grenzen des Ausschlusses

**1. Wichtiger Grund.** Trotz einer Ausschlussanordnung kann die Auseinandersetzung verlangt werden, wenn ein wichtiger Grund vorliegt (Abs. 1 S. 2 iVm § 749 Abs. 2); dieses Recht kann nicht ausgeschlossen werden (§ 749 Abs. 3). Ein wichtiger Grund kann darin liegen, dass der Fortbestand der gesamthänderischen Bindung wegen Verfeindung der Miterben trotz der Möglichkeit, einen Verwalter zu bestellen, nicht mehr zumutbar ist (LG Düsseldorf FamRZ 1955, 304, im konkreten Fall verneint; Staudinger/Löhnig, 2020, Rn. 23 f.; MüKoBGB/Ann Rn. 7) oder dass ein Miterbe wegen Vermögensverfalls oder aus anderen Gründen auf die Verwertung des Nachlasses angewiesen ist (Staudinger/Löhnig, 2016, Rn. 11). Geldbedarf, der auch durch eine Veräußerung oder Verpfändung des Anteils (§ 2033 Abs. 1) gedeckt werden könnte, reicht allein aber nicht aus (Lange/Kuchinke ErbR § 44 II 4b m Fn. 77; MüKoBGB/Ann Rn. 7). Befindet sich ein Miterbe nach Aufhebung des Insolvenzverfahrens in der „Wohlverhaltensphase“ zur Erlangung der **Restschuldbefreiung,** hat er nach § 295 Abs. 1 Nr. 2 InsO die Hälfte des Wertes des von Todes wegen erworbenen Vermögens an den Treuhänder herauszugeben; diese Obliegenheit stellt einen wichtigen Grund iSv Abs. 1 S. 2 dar (BGH NJW 2013, 870 Rn. 13). Ob ein wichtiger Grund gegeben ist, entscheidet bei Anordnung der Testamentsvollstreckung der Testamentsvollstrecker, im Vermittlungsverfahren der Notar und im Streitfall das Prozessgericht (RGRK-BGB/ 7

Kregel Rn. 7 unter Hinweis auf RG 11.6.1934 – IV 50/34; Grünberg/Weidlich Rn. 2; Staudinger/Löhnig, 2020, Rn. 23). Eine auf Zeit getroffene Anordnung tritt im Zweifel mit dem **Tod eines Miterben** außer Kraft (§ 750).

8 **2. Gläubiger und Pflichtteilsberechtigte.** Hat ein **Gläubiger** einen Anteil gepfändet, kann er ohne Rücksicht auf Anordnungen des Erblassers die Auseinandersetzung verlangen, wenn der Titel nicht nur vorläufig vollstreckbar ist (§ 751 S. 2). Dies gilt allerdings nicht, wenn Testamentsvollstreckung angeordnet worden ist. Hat der Gläubiger eines Miterben dessen Anteil gepfändet hat, kann er nicht die Teilungsversteigerung eines Grundstücks beantragen, das allein den Nachlass bildet; denn mit der Anordnung der Testamentsvollstreckung hat der Erblasser den Erben die Befugnis entzogen, über die der Testamentsvollstreckung unterliegenden Vermögensstücke zu verfügen (BGH ZEV 2009, 391 Rn. 15). Im **Insolvenzverfahren** über das Vermögen eines Miterben haben Anordnungen nach § 2044 ebenfalls keine Wirkung (§ 84 Abs. 2 S. 2 InsO). Gegenüber einem Erben, der zugleich **pflichtteilsberechtigt** ist und dessen Erbteil die Hälfte des gesetzlichen Erbteils nicht übersteigt, gilt der Ausschluss der Auseinandersetzung als nicht angeordnet (§ 2306).

9 **3. Zeitliche Grenzen.** Ein zeitlich unbegrenztes Auseinandersetzungsverbot verliert nach Ablauf von **dreißig Jahren** nach dem Erbfall seine Wirkung **(Abs. 2).** Diese zeitliche Grenze entspricht derjenigen in §§ 2109, 2162, 2163 und § 2210. Die Frist kann sich bis zum Tode des längstlebenden Miterben verlängern (vgl. die Fälle des Abs. 2 S. 2) (RGRK-BGB/Kregel Rn. 8; MüKoBGB/Ann Rn. 21). Für Erben, die juristische Personen sind, gilt ausnahmslos die Frist von dreißig Jahren (Abs. 2 S. 3).

## IV. Verfahrensfragen

10 **1. Eintragung in das Grundbuch.** Gemäß Abs. 1 S. 2 iVm § 1010 Abs. 1 kann ein Auseinandersetzungsverbot in das Grundbuch eingetragen werden, nach wohl hM aber nur dann, wenn der Erblasser hinsichtlich eines Nachlassgrundstücks die Umwandlung der Erbengemeinschaft in eine Bruchteilsgemeinschaft zugelassen, die Teilung der Bruchteilsgemeinschaft aber ausgeschlossen hat (RGRK-BGB/Kregel Rn. 7; Erman/Bayer Rn. 9; Muscheler ZEV 2010, 340 (341); wohl auch KG JW 1935, 3121; vgl. Lange/Kuchinke ErbR § 44 II 3a Fn. 73 mwN; zweifelnd MüKoBGB/Ann Rn. 20).

11 **2. Auseinandersetzungsverfahren.** Im Prozess über die **Klage eines Miterben auf Zustimmung zu einem Teilungsplan** (→ § 2042 Rn. 7) ist das Auseinandersetzungsverbot von Amts wegen zu berücksichtigen (Soergel/Wolf Rn. 3; Lange/Kuchinke ErbR § 44 II 3a m. Fn. 68). Der Notar hat den Antrag auf Einleitung des **Vermittlungsverfahrens** (§§ 363 ff. FamFG) zurückzuweisen (Staudinger/Löhnig, 2020, Rn. 21; Keidel/Zimmermann FamFG § 363 Rn. 32). Ein **gerichtliches Zuweisungsverfahren nach dem Grundstücksverkehrsgesetz** ist ebenfalls ausgeschlossen (§ 14 Abs. 3 GrdstVG). Betreibt ein Miterbe die Teilungsversteigerung (§ 180 ZVG), kann jeder der anderen Miterben im Wege der **Drittwiderspruchsklage** (§ 771 ZPO) dagegen vorgehen (OLG Bamberg JW 1927, 2373; OLG Hamburg NJW 1961, 610; OLG München FamRZ 2017, 742 (743); Lange/Kuchinke ErbR § 44 II 3a m. Fn. 68; Erman/Bayer Rn. 1; Muscheler ZEV 2010, 340 (341)). Die Anordnung wirkt auch gegen einen Einzelrechtsnachfolger eines Miterben (Abs. 1 S. 2 iVm § 751 S. 1).

## § 2045 Aufschub der Auseinandersetzung

**¹Jeder Miterbe kann verlangen, dass die Auseinandersetzung bis zur Beendigung des nach § 1970 zulässigen Aufgebotsverfahrens oder bis zum Ablauf der im § 2061 bestimmten Anmeldungsfrist aufgeschoben wird. ²Ist der Antrag auf Einleitung des Aufgebotsverfahrens noch nicht gestellt oder die öffentliche Aufforderung nach § 2061 noch nicht erlassen, so kann der Aufschub nur verlangt werden, wenn unverzüglich der Antrag gestellt oder die Aufforderung erlassen wird.**

### Überblick

Die Vorschrift schränkt wie §§ 2043, 2044 den Anspruch der Miterben auf jederzeitige Auseinandersetzung (vgl. § 2042) ein. Sie ermöglicht dem Miterben, die Haftung auf einen seiner Quote entsprechenden Teil der Forderung zu beschränken. S. 2 beugt Verzögerungen vor.

## I. Bedeutung der Norm

Die Vorschrift des § 2045 enthält neben denjenigen der §§ 2043, 2044 eine weitere Ausnahme vom Grundsatz des § 2042, dass jeder Miterbe jederzeit die Auseinandersetzung verlangen kann. Sie soll dem Erben die Möglichkeit erhalten, seine Haftung für noch nicht berichtigte Nachlassverbindlichkeiten auf den **seinem Erbteil entsprechenden Teil der Nachlassverbindlichkeit** zu beschränken. Gemäß § 2060 Nr. 1 haftet der Erbe nur für den seinem Erbteil entsprechenden Teil der Nachlassverbindlichkeit, wenn der Gläubiger im Aufgebotsverfahren ausgeschlossen worden ist. Gleiches gilt gem. § 2061 Abs. 1 für unbekannte Nachlassverbindlichkeiten, deren Inhaber sich auf ein Privataufgebot des Miterben nicht gemeldet haben. Solange das **Aufgebotsverfahren** oder **die im Privataufgebot gesetzte Frist** noch laufen, kann der Erbe die Teilung verweigern. Auch die Zuweisung eines landwirtschaftlichen Betriebes nach §§ 13, 14 GrdstVG ist ausgeschlossen (§ 14 Abs. 3 GrdstVG). Das Recht, die Auseinandersetzung zu verweigern, steht auch denjenigen Erben zu, die das Aufgebotsverfahren nicht beantragt haben; denn gem. § 460 Abs. 1 FamFG kommen der von einem Erben gestellte Antrag und dem von einem Erben erwirkte Ausschließungsbeschluss auch den anderen Erben zustatten. Gleiches gilt im Falle des Privataufgebots (vgl. § 2061 Abs. 1 S. 2). Bis zur Teilung kann jeder Erbe die Berichtigung von Nachlassverbindlichkeiten aus seinem Privatvermögen verweigern (§ 2059 Abs. 1). § 2045 gilt auch, wenn der Erbe bereits **unbeschränkt haftet** (RGRK-BGB/Kregel Rn. 1; Staudinger/Löhnig, 2020, Rn. 1; Erman/Bayer Rn. 1); denn § 2060 Nr. 1, § 2061 Abs. 1 betreffen nicht die Frage, mit welchem Vermögen der Erbe haftet (Nachlass oder Privatvermögen), sondern die Frage des Haftungsumfangs (gesamtschuldnerische oder nur anteilige Haftung) (→ § 2060 Rn. 1 ff.). Ergänzt werden die genannten Bestimmungen schließlich durch § 2015: Während des Aufgebotsverfahrens kann die Erbengemeinschaft im Falle einer Gesamthandklage (§ 2059 Abs. 2) ebenfalls die Berichtigung der Nachlassverbindlichkeit verweigern. 1

## II. Ende des Aufschubs

Das Recht, die Auseinandersetzung zu verweigern, endet mit der **Beendigung des Aufgebotsverfahrens.** Das Aufgebotsverfahren endet analog § 2015 Abs. 3 (RGRK-BGB/Kregel Rn. 2; Staudinger/Löhnig, 2020, Rn. 4) mit rechtskräftiger Zurückweisung des Antrags auf Erlass des Ausschließungsbeschlusses oder nach dessen Erlass mit Ablauf der Beschwerdefrist oder rechtskräftiger Erledigung der Beschwerde. Im Falle eines Privataufgebots endet das Verweigerungsrecht mit **Ablauf der Anmeldungsfrist.** Ist das Aufgebot noch nicht beantragt oder die öffentliche Aufforderung nach § 2061 noch nicht erlassen, kann der Aufschub nur verlangt werden, wenn unverzüglich (§ 121 Abs. 1 S. 1) der Antrag gestellt oder die Aufforderung erlassen wird. 2

## III. Verfahren

Im **Prozess** ist § 2045 nur auf Einrede des auf Zustimmung zur Auseinandersetzung in Anspruch genommenen Miterben zu beachten. Die Einrede führt nicht zur Abweisung der Klage als derzeit unbegründet. Vielmehr hat das Gericht den Prozess analog § 148 ZPO auszusetzen (RGRK-BGB/Kregel Rn. 3; MüKoBGB/Ann Rn. 4; Staudinger/Löhnig, 2020, Rn. 7). Ist das Aufgebot noch nicht beantragt oder die öffentliche Aufforderung noch nicht erlassen (S. 2), hat das Gericht die Frist zu bestimmen, innerhalb derer der Antrag oder die Aufforderung zu erfolgen haben (RGRK-BGB/Kregel Rn. 3). 3

## § 2046 Berichtigung der Nachlassverbindlichkeiten

**(1) [1]Aus dem Nachlass sind zunächst die Nachlassverbindlichkeiten zu berichtigen. [2]Ist eine Nachlassverbindlichkeit noch nicht fällig oder ist sie streitig, so ist das zur Berichtigung Erforderliche zurückzubehalten.**

**(2) Fällt eine Nachlassverbindlichkeit nur einigen Miterben zur Last, so können diese die Berichtigung nur aus dem verlangen, was ihnen bei der Auseinandersetzung zukommt.**

**(3) Zur Berichtigung ist der Nachlass, soweit erforderlich, in Geld umzusetzen.**

## Überblick

Vor der Auseinandersetzung des Nachlasses müssen die Nachlassverbindlichkeiten (§ 1967) beglichen werden (Abs. 1). Das gilt grundsätzlich auch für die Forderungen eines Miterben gegen den Nachlass. Die erforderlichen Mittel werden aus der Versilberung des Nachlasses gewonnen (Abs. 3). Die Pflicht des Abs. 1 besteht nur im Verhältnis der Miterben untereinander, nicht im Verhältnis zu den Gläubigern, denen die Miterben auch nach der Teilung noch haften.

## I. Bedeutung der Norm

1 Die Vorschrift des § 2046 verpflichtet die Miterben, vor der Teilung des Nachlasses die **Nachlassverbindlichkeiten zu berichtigen.** Sie dient den Interessen der einzelnen Miterben, die bis zur Teilung den Zugriff der Gläubiger auf ihr sonstiges Vermögen verhindern können (§ 2059 Abs. 1 S. 1) (BGHZ 57, 84 (93 f.) = NJW 1971, 2264 (2266); RGZ 95, 325 (328); OLG Brandenburg FamRZ 1998, 1521 (1522)). Kein Miterbe ist verpflichtet, einem Teilungsplan zuzustimmen, der die Tilgung der Nachlassverbindlichkeiten nicht vorsieht (OLG Brandenburg FamRZ 1998, 1521 (1522). In einem **Rechtsstreit** über eine Klage auf Zustimmung zu einem Teilungsplan ist § 2046 von Amts wegen zu beachten (Soergel/Wolf Rn. 2; wohl auch BGH NJW 1985, 51 (52) unter 3.; aA MüKoBGB/Ann Rn. 3: Einrede). § 2046 gilt nur im Verhältnis der Miterben untereinander (OLG Naumburg ZEV 2014, 251). Die **Gläubiger** können sich nicht auf § 2046 berufen (BGHZ 57, 84 (93) = NJW 1971, 2264 (2266); Staudinger/Löhnig, 2016, Rn. 2; Soergel/Wolf Rn. 2). Ihnen bleibt bis zur Teilung die Möglichkeit, in den ungeteilten Nachlass zu vollstrecken (§ 2059 Abs. 2). Nach der Teilung haften die Miterben unter den Voraussetzungen der §§ 2060, 2061 zwar nur anteilig; jedoch haben sie ggf. mit ihrem eigenen Vermögen für die ordnungsgemäße Verwaltung des Nachlasses einzustehen (§ 1991 Abs. 1, §§ 1978 ff.) (Staudinger/Löhnig, 2016, Rn. 2; RGRK-BGB/Kregel Rn. 1). § 2046 ist abdingbar. Im Einverständnis aller Miterben können die Miterben den Nachlass jederzeit unabhängig von noch bestehenden Nachlassverbindlichkeiten auseinandersetzen. Ein **Testamentsvollstrecker** ist demgegenüber an § 2046 gebunden (§ 2204) (BGHZ 57, 84 (93) = NJW 1971, 2264 (2266); RGZ 95, 325 (329); Staudinger/Löhnig, 2016, Rn. 4). **Sonderregelungen** gegenüber § 2046 enthalten § 16 Abs. 2 GrdstVG und § 15 Abs. 2 HöfeO, wonach Nachlassverbindlichkeiten zunächst aus dem außer dem Hof vorhandenen Vermögen zu berichtigen sind.

## II. Tilgung der Nachlassverbindlichkeiten vor Teilung

2 **1. Nachlassverbindlichkeiten.** Der Begriff der Nachlassverbindlichkeiten entspricht demjenigen des § 1967 (→ § 1967 Rn. 12 ff.). Er umfasst Pflichtteils- und Pflichtteilsergänzungsansprüche (BGH FamRZ 1989, 273 (274)) sowie moralische, nicht klagbare Verpflichtungen (Staudinger/Löhnig, 2020, Rn. 7). § 2046 gilt auch für Nachlassverbindlichkeiten, die im Verhältnis der Miterben untereinander nur **einem oder einzelnen Erben** zur Last fallen (Beispiel: Auflagen oder Vermächtnisse zulasten einzelner Miterben). Wenn der Erblasser im Wege der Teilungsanordnung (§ 2048) bestimmt hat, dass ein Miterbe die auf einem für ihn bestimmten Grundstück lastende Hypothek allein abzulösen hat, ist auch diese Verbindlichkeit grds. vor der Teilung zu berichtigen (RGZ 95, 325 (327 f.); Staudinger/Löhnig, 2020, Rn. 10). Der betroffene Miterbe kann jedoch nicht verlangen, dass der gesamte Nachlass eingesetzt wird. Die Tilgung hat vielmehr aus seinem Anteil am Überschuss – nur eben vor der Teilung – zu erfolgen (Abs. 2). Die anderen Miterben, die im Innenverhältnis nicht verpflichtet sind, im Außenverhältnis aber haften, können die Berichtigung aus dem gesamten ungeteilten Nachlass verlangen, um so der persönlichen Haftung zu entgehen (MüKoBGB/Ann Rn. 14; RGRK-BGB/Kregel Rn. 7).

3 **2. Forderungen eines Miterben.** § 2046 ist grds. auch auf Forderungen eines Miterben gegen den Nachlass anzuwenden (BGH NJW 1953, 510 Ls.; RGZ 93, 196 (197); OLG Koblenz BeckRS 2021, 31925 Rn. 4; MüKoBGB/Ann Rn. 4; Staudinger/Löhnig, 2020, Rn. 12). Der Miterbe kann verlangen, dass seine Forderung vor der Teilung berichtigt wird. Er kann notfalls Zahlungsklage gegen die übrigen Miterben erheben, und zwar sowohl im Wege der Gesamthand- als auch im Wege der Gesamtschuldklage (§§ 2058, 2059 Abs. 2; → § 2058 Rn. 4) (Staudinger/Löhnig, 2020, Rn. 13; MüKoBGB/Ann Rn. 8; Erman/Bayer Rn. 2; aA früher RGZ 93, 196 (197): nur Gesamthandsklage). Zur Vollstreckung in den Nachlass reichen trotz § 747 ZPO Vollstreckungstitel gegen die übrigen Miterben (Staudinger/Löhnig, 2020, Rn. 14). Wird die Forderung nur von einzelnen Miterben bestritten, können diese auf Einwilligung in die Befriedigung aus dem Nachlass in Anspruch genommen werden (RG JW 1929, 584 mAnm Hallstein; Soergel/

Wolf Rn. 6). Bei einer nur aus zwei Erben bestehenden Erbengemeinschaft kann der eine Miterbe eine Forderung, die ihm gegen den Erblasser zugestanden hatte, anteilig gegen den anderen Miterben geltend machen (BGH NJW 1953, 501 Ls.; Soergel/Wolf Rn. 6; Grüneberg/Weidlich Rn. 4). Auch ein Vorausvermächtnis (§ 2150) kann grds. vorab durchgesetzt werden, wenn kein entgegenstehender Wille des Erblassers erkennbar ist (KG OLGZ 1977, 457 (461); OLG Saarbrücken ZEV 2007, 579 (580)). Einschränkungen können sich aus dem Grundsatz von **Treu und Glauben** ergeben, etwa dann, wenn der Überschussanteil des Schuldner-Miterben die Forderung deckt und die sofortige Einziehung der Forderung ihn zur Verwertung von Grundbesitz nötigen würde (RGZ 65, 5 (10)), oder umgekehrt dann, wenn die Durchsetzung eines Herausgabe- oder Grundbuchberichtigungsanspruchs, dem der Miterbe eine eigene Forderung einredeweise entgegensetzt, zur Versilberung des Nachlasses (§ 2046 Abs. 3) und zur Begleichung auch der Forderung des Miterben dienen soll (RGRK-BGB/Kregel Rn. 2 unter Hinweis auf RG 30.6.1924 – IV 965/23). **Forderungen eines Miterben gegen einen anderen Miterben,** die sich auf die Erbengemeinschaft gründen, sind gem. § 2042 Abs. 2, § 756 bei der Auseinandersetzung aus dem Auseinandersetzungsguthaben des Miterben-Schuldners zu berichtigen. Sonstige Verbindlichkeiten, für die die Miterben gem. § 748 als Gesamtschuldner im Verhältnis ihrer Anteile haften, sind gem. §§ 2042, 755 bei der Auseinandersetzung zu begleichen (MüKoBGB/Ann Rn. 2; Staudinger/Löhnig, 2020, Rn. 11).

**3. Versilberung des Nachlasses.** Zur Berichtigung der Nachlassverbindlichkeiten ist der Nachlass, soweit erforderlich, **in Geld umzusetzen.** Die Verwertung erfolgt nach § 2042 Abs. 2, §§ 753, 754. Bewegliche Gegenstände werden nach den Vorschriften über den Pfandverkauf, Grundstücke im Wege der Teilungsversteigerung verwertet. Forderungen sind einzuziehen oder notfalls zu verkaufen. Die Auswahl der zu verwertenden Gegenstände muss einverständlich erfolgen. Die Vorbereitung der Auseinandersetzung gehört nicht mehr zur Verwaltung des Nachlasses, sodass §§ 2038, 745 nicht gelten (Staudinger/Löhnig, 2020, Rn. 24; Grüneberg/Weidlich Rn. 3; RGRK-BGB/Kregel Rn. 8; MüKoBGB/Ann Rn. 15); zu der bei der Verwertung einzuhaltenden Reihenfolge → § 2042 Rn. 8. Notfalls muss ein widersprechender Miterbe auf Zustimmung verklagt werden. Ein Miterbe ist nicht berechtigt, die Verwertung durch Ausübung eines Zurückbehaltungsrechts wegen seiner Ansprüche auf Erstattung von Auslagen für den Nachlass zu verhindern (RGRK-BGB/Kregel Rn. 8). Sind Nachlassverbindlichkeiten **noch nicht fällig oder streitig,** kann jeder Miterbe verlangen, dass die zur Begleichung erforderlichen Mittel vorläufig nicht verteilt werden (Abs. 1 S. 2). „Streitig" ist eine Nachlassverbindlichkeit schon dann, wenn nur unter den Erben Streit besteht (Staudinger/Löhnig, 2020, Rn. 22; MüKoBGB/Ann Rn. 11; RGRK-BGB/Kregel Rn. 6). Ein **Gläubiger** kann sich auf Abs. 1 S. 2 – wie auch auf die anderen Tatbestände des § 2046 – nicht berufen. 4

## § 2047 Verteilung des Überschusses

**(1) Der nach der Berichtigung der Nachlassverbindlichkeiten verbleibende Überschuss gebührt den Erben nach dem Verhältnis der Erbteile.**

**(2) Schriftstücke, die sich auf die persönlichen Verhältnisse des Erblassers, auf dessen Familie oder auf den ganzen Nachlass beziehen, bleiben gemeinschaftlich.**

### Überblick

Der Überschuss wird unter den Erben geteilt (Abs. 1). Die Vorschrift begründet einen Anspruch jedes Erben gegen die übrigen Erben auf Auskehr des jeweiligen Anteils. Hinsichtlich der in Abs. 2 genannten Schriftstücke besteht die Erbengemeinschaft fort, wenn die Erben keine abweichende Vereinbarung treffen.

### I. Verteilung des Überschusses (Abs. 1)

**1. Bedeutung der Norm.** § 2047 begründet einen **schuldrechtlichen Anspruch** des einzelnen Miterben gegen die anderen Miterben auf Übertragung des ihm zustehenden Teils des Überschusses. Der **Überschuss** besteht aus den Nachlassgegenständen, die nach Begleichung der Nachlassverbindlichkeiten (§ 2046) noch vorhanden sind (Staudinger/Löhnig, 2020, Rn. 4; MüKoBGB/Ann Rn. 3). Die Verteilung richtet sich – wenn die Miterben sich nicht anderweitig 1 einigen und der Erblasser keine Teilungsanordnungen (§ 2048) getroffen hat – nach den Vorschriften der §§ 752–754 (§ 2042 Abs. 2) (RGRK-BGB/Kregel Rn. 1; Erman/Bayer Rn. 1). Grundsätzlich hat eine Teilung in Natur zu erfolgen (§ 752). Ist das nicht möglich, erfolgt die Aufhebung der Gemeinschaft durch den Verkauf des gemeinschaftlichen Gegenstandes nach den Vorschriften über den Pfandverkauf oder im Wege der Teilungsversteigerung (§ 753). Ein im Nachlass befindlicher Erbteil kann gem. § 2033 Abs. 1 durch Übertragung von Bruchteilen in Höhe der jeweiligen Erbquote geteilt werden (BGH NJW 1963, 1610 (1611)). Forderungen sind gemeinschaftlich einzuziehen oder – falls dies noch nicht möglich ist – zu verkaufen (§ 754). Die **Teilung** selbst erfolgt durch Übertragung der einzelnen Gegenstände von der Erbengemeinschaft auf den einzelnen Erben. Dabei handelt es sich um ein Verkehrsgeschäft, das den allgemeinen Bestimmungen (etwa § 398; §§ 929 ff.; §§ 873, 925) unterfällt. Der Überschuss gebührt den Erben **nach dem Verhältnisse der Erbteile.** Die **Teilungsquote,** die von der Erbquote abweichen kann, ist nach §§ 2050 ff. zu ermitteln. Der Überschuss ist rechnerisch um auszugleichende Vorempfänge zu vermehren; der sich ergebende Betrag ist im Verhältnis der Erbquoten zu teilen; der Wert der jeweiligen Zuwendung ist vom jeweiligen Anteil abzuziehen (iE → § 2055 Rn. 3 f.) (BGHZ 96, 174 = NJW 1986, 931).

2 **2. Verfügungen über das Auseinandersetzungsguthaben.** Der Anspruch aus § 2047 kann nicht selbstständig abgetreten oder verpfändet werden (→ § 2033 Rn. 4 mN) (MüKoBGB/Gergen § 2033 Rn. 15; Grüneberg/Weidlich Rn. 1). War zuvor ein Anteil am Nachlass gem. § 2033 Abs. 1 auf einen Dritten übertragen worden, steht das Auseinandersetzungsguthaben dem Erwerber zu. Der Inhaber eines **Pfand- oder Pfändungspfandrechts** an einem Anteil am Nachlass muss der Auseinandersetzung zustimmen (§ 1276). Sein Pfandrecht setzt sich im Wege der dinglichen Surrogation an denjenigen Gegenständen fort, die dem Schuldner bei der Auseinandersetzung übertragen werden (→ § 2033 Rn. 4 mN) (BGHZ 52, 99 = NJW 1969, 1347 (1348 f.); BayObLG DB 1983, 708 (709). Ein Miterbe, der eine aus der Miterbenstellung herrührende Forderung gegen einen anderen Miterben hat, kann die Berichtigung dieser Forderung aus dem Anteil des Miterben verlangen (§ 2042 Abs. 2, § 756).

## II. Schriftstücke des Erblassers (Abs. 2)

3 Schriftstücke, die sich auf die persönlichen Verhältnisse des Erblassers, auf dessen Familie oder auf den ganzen Nachlass beziehen, gehören zum Nachlass. Das gilt grds. auch für den **digitalen Nachlass** (BGH FamRZ 2018, 1456 = NJW 2018, 3178; LG Berlin MDR 2016, 165; MüKoBGB/Leipold § 1922 Rn. 31 ff.; Steiner/Holzer ZEV 2015, 262 (263); aA KG ZEV 2017, 386). Nach § 2047 Abs. 2 sind auch solche Gegenstände vererblich, die für den Erblasser nur privat bedeutsam waren (Raude ZEV 2017, 433 (435)). Die persönlichen Schriftstücke bleiben gemeinschaftlich. Die Gesamthandsgemeinschaft besteht insoweit fort. Nachlassgläubiger und Gläubiger einzelner Erben können keinen Zugriff nehmen. Die Entscheidung darüber, wie die Schriftstücke verwahrt werden oder was sonst mit ihnen geschehen soll, stellt eine Maßnahme der Verwaltung des Nachlasses dar (§§ 2038, 745). Jeder Miterbe hat ein Recht auf Einsicht und auf sachgerechten Gebrauch (Staudinger/Löhnig, 2020, Rn. 7). Die Miterben können einverständlich (§ 745 Abs. 3) eine von Abs. 2 abweichende Regelung treffen, etwa bestimmte Schriftstücke einem Miterben zu Alleineigentum übertragen oder an Dritte veräußern. Auf **Familienfotos oder andere Erinnerungsstücke** ist Abs. 2 nicht entspr. anwendbar (MüKoBGB/Ann Rn. 7; anders § 2373 S. 2).

## § 2048 Teilungsanordnungen des Erblassers

**[1]Der Erblasser kann durch letztwillige Verfügung Anordnungen für die Auseinandersetzung treffen. [2]Er kann insbesondere anordnen, dass die Auseinandersetzung nach dem billigen Ermessen eines Dritten erfolgen soll. [3]Die von dem Dritten auf Grund der Anordnung getroffene Bestimmung ist für die Erben nicht verbindlich, wenn sie offenbar unbillig ist; die Bestimmung erfolgt in diesem Falle durch Urteil.**

**Schrifttum:** Eidenmüller, Vorausvermächtnis und Teilungsanordnung, JA 1991, 150; Lange/Horn, Rechtsgrundlage der Ausgleichspflicht bei der „überquotalen Teilungsanordnung", ZEV 2021, 1; Ruby, „Der Miterben Zähmung" durch ein Testament mit „drei Zügeln", ZEV 2007, 18.

### Überblick

Der Erblasser kann durch letztwillige Verfügung Anordnungen dazu treffen, wie der Nachlass unter den Erben verteilt werden soll (S. 1). Er kann einen Dritten bestimmen, der die Verteilung nach billigem Ermessen vorzunehmen hat (S. 2). Gegen eine offenbar unbillige Bestimmung kann das Prozessgericht angerufen werden (S. 3). Darlegungs- und beweispflichtig für die offenbare Unbilligkeit ist der klagende Miterbe. Das Gericht entscheidet nach billigem Ermessen.

## I. Bedeutung der Norm

Der Erblasser kann durch letztwillige Verfügung nicht nur die Auseinandersetzung ausschließen 1 oder erschweren (§ 2044), sondern auch Anordnungen dazu treffen, wie der Nachlass unter seine Erben verteilt werden soll. Diese Befugnis ist Teil der Testierfreiheit des Erblassers. Seine **Teilungsanordnungen** haben Vorrang vor den gesetzlichen Auseinandersetzungsregeln (BGH NJW 1985, 51 (52); 2002, 2712; OLG München FamRZ 2010, 758). Sie wirken nicht dinglich, sondern begründen eine **schuldrechtliche Verpflichtung** aller Miterben, die entsprechenden Übertragungsakte vorzunehmen (RGZ 110, 270 (274); BGH NJW 2002, 2712; OLG Neustadt MDR 1960, 497; KG OLGZ 1967, 358 (361); BayObLG FamRZ 1999, 470; OLG Oldenburg ZEV 2014, 417 (418); OLG Koblenz FamRZ 2016, 1487 (1490); OLG München FamRZ 2016, 1700 (1701); RGRK-BGB/Kregel Rn. 4). Die einer Teilungsanordnung widersprechende Teilungsversteigerung eines zum Nachlass gehörenden Grundstücks kann im Wege der (unechten) **Drittwiderspruchsklage** nach §§ 768, 771 ZPO verhindert werden (OLG Oldenburg ZEV 2014, 417; OLG München ZEV 2017, 742). Die Miterben können sich einverständlich über Teilungsanordnungen des Erblassers hinwegsetzen. Selbst wenn es sich um Auflagen iSd §§ 2192 ff. handelt, ist eine abweichende Verteilung der Nachlassgegenstände durch alle Miterben gemeinsam dinglich wirksam (BGHZ 40, 115 (117 f.) = NJW 1963, 2320 betr. Auseinandersetzungsverbot). Der **Testamentsvollstrecker** ist an Teilungsanordnungen des Erblassers gebunden (§§ 2203, 2204). Widersprechende Verfügungen sind allenfalls mit Zustimmung aller Miterben möglich (BGH NJW 1984, 2464 (2465); BGHZ 56, 275 (278) = NJW 1971, 1805 mAnm Mattern LM § 2208 Nr. 3). Gegenüber einem **pflichtteilsberechtigten Miterben,** dessen Erbteil die Hälfte des gesetzlichen Erbteils nicht übersteigt, gilt eine beschwerende Teilungsanordnung als nicht angeordnet (§ 2306 Abs. 1 S. 1). Der **Vorerbe** ist bei Ausführung einer Teilungsanordnung von den Beschränkungen der §§ 2113 f. befreit (BayObLGZ 1974, 312 (314); BayObLG FamRZ 1992, 728; OLG Hamm FGPrax 1995, 7 (8); MüKoBGB/Ann Rn. 9). Teilungsanordnungen lassen die Höhe der Erbteile und den Wert der Beteiligung der einzelnen Miterben am Nachlass grds. unberührt (BGH NJW 1985, 51 (52); Lange/Horn ZEV 2021, 1), wobei aber im Einzelfall im Wege der Auslegung zu ermitteln ist, ob der Erblasser nur eine Teilungsanordnung getroffen, (auch oder ausschließlich) ein Vorausvermächtnis (§ 2150) angeordnet oder sogar eine Erbeinsetzung mit unterschiedlichen Quoten gewollt hat (→ Rn. 2 ff.). Teilungsanordnungen können nicht in einem Erbvertrag, sondern nur einseitig getroffen werden (§ 2278 Abs. 2) (BGH NJW 1982, 441 (442))

## II. Teilungsanordnung

**1. Mögliche Regelungen.** Teilungsanordnungen können die **Verwaltung** oder die **Auseinandersetzung** des Nachlasses betreffen. Der Erblasser kann einzelnen Miterben bestimmte 2 Nachlassgegenstände zuweisen (vgl. BGH NJW 2002, 2712) oder einzelnen Miterben das Recht einräumen, Nachlassgegenstände unter Anrechnung eines bestimmten oder eines zu bestimmenden Wertes zu übernehmen **(Übernahmerecht).** Einen Sonderfall – das Recht zur Übernahme eines Landgutes gegen Anrechnung des Ertragswertes – regelt § 2049. Der Erblasser kann auch die Art der Verwertung bestimmter Gegenstände festlegen, die Auseinandersetzung verbieten oder einschränken (§ 2044) oder Regelungen dazu treffen, welcher Erbe im Innenverhältnis für bestimmte Nachlassverbindlichkeiten aufkommen soll (BGH LM § 138 (Cd) Nr. 2; MüKoBGB/Ann Rn. 7). Er kann die Auseinandersetzung einem Dritten übertragen (S. 2 und 3), einen Schiedsgutachter bestimmen oder für den Fall von Streitigkeiten die Durchführung eines Mediationsverfahrens anordnen (vgl. zur Zulässigkeit einer Mediationsklausel Risse ZEV 1999, 205 (209)). Gehört ein Gesellschaftsanteil an einer Kommanditgesellschaft zum Nachlass, kann der Erblasser eine für die Erben verbindliche Anordnung treffen, den Gesellschaftsvertrag im Rahmen der Auseinandersetzung zu ändern (BGH NJW-RR 1990, 1445 (1446): MüKoBGB/Ann Rn. 7).

3 **2. Rechtsfolgen im Unterschied zum Vorausvermächtnis.** Die Teilungsanordnung in der Form der Zuweisung eines bestimmten Gegenstandes hat zur Folge, dass der betreffende Erbe berechtigt ist, von den anderen Miterben die Übertragung dieses Gegenstandes zu verlangen. Es handelt sich dann um ein Gestaltungsrecht. Der Anspruch auf den Gegenstand entsteht erst mit der Erklärung, von dem Recht Gebrauch machen zu wollen (OLG Stuttgart FamRZ 2016, 735, 736; Staudinger/Löhnig, 2020, Rn. 11). Denkbar ist aber auch, dass der Erbe zur Übernahme des Gegenstandes verpflichtet sein soll. Teilweise wird weitergehend vertreten, dass die Teilungsanordnung als solche eine Pflicht zur Übernahme des zugewandten Gegenstandes begründet (Lange/Horn ZEV 2021, 1 (6)). Die entsprechende Verpflichtung entsteht unmittelbar mit dem Erbfall (Staudinger/Löhnig, 2020, Rn. 14). Der Wert des Gegenstandes wird auf den Erbteil angerechnet. Übersteigt der Wert des zugewandten Gegenstandes denjenigen des Erbteils, stellt sich die Frage eines Ausgleichs aus dem Privatvermögen des begünstigten Erben (Lange/Horn ZEV 2021, 1 (5 ff.)); ob der Erblasser einen Erben insoweit verpflichten kann, ist allerdings zweifelhaft. Der Erblasser kann ausdrücklich angeordnet oder erkennbar gewollt haben, dass der Erbe den Gegenstand zusätzlich zu seinem Erbteil erhalten soll. In diesem Fall handelt es sich um ein **Vorausvermächtnis** (§ 2150), das nicht auf den Erbteil angerechnet wird und schon vor der Auseinandersetzung des Nachlasses geltend gemacht (§§ 2174, 2176) oder ausgeschlagen (§ 2180) werden kann (OLG Koblenz NJW-RR 2014, 967 (968)). Der Vermächtnisnehmer steht in verschiedener Hinsicht besser als der Erbe. Insbesondere ist das Vorausvermächtnis bei Unzulänglichkeit des Nachlasses im Range zwar nach den Ansprüchen anderer Nachlassgläubiger zu befriedigen (§ 1991 Abs. 4 iVm § 327 Abs. 1 Nr. 2 InsO). Es gehört aber immer noch zu den Nachlassverbindlichkeiten, die vor Auskehr des Überschusses an die Erben zu berichtigen sind (§ 2046). Ist der zugewandte Gegenstand dem Vermächtnisnehmer übertragen worden, kann er allenfalls im Wege der Anfechtung (§ 5 AnfG) oder der Insolvenzanfechtung (§ 322 InsO) für Nachlassverbindlichkeiten in Anspruch genommen werden. Der durch Teilungsanordnung zugewiesene Gegenstand gehört dagegen zum **haftenden Nachlass** (BayObLGZ 1974, 312 (315); MüKoBGB/Ann Rn. 18). Der Erblasser kann dem Erben, dem er einen Nachlassgegenstand im Wege der Teilungsanordnung zugewiesen hat, zusätzlich einen den Wert des Erbteils übersteigenden Mehrwert im Wege eines Vorausvermächtnisses („Wertvorausvermächtnis") zuwenden (Lange/Horn ZEV 2021, 1 (7)).

4 **3. Abgrenzung Teilungsanordnung – Vorausvermächtnis.** Die Abgrenzung zwischen einer Teilungsanordnung und einem Vorausvermächtnis kann im Einzelfall schwierig sein, zumal Teilungsanordnung und Vorausvermächtnis nebeneinander vorliegen können (BGH NJW 1964, 2298 (2299); OLG Oldenburg FamRZ 1999, 532; vgl. die Gestaltungsvorschläge bei Lange/Horn ZEV 2021, 1 (2 ff.)). Ein Vermächtnis ist immer dann anzunehmen, wenn der Begünstigte nach dem Willen des Erblassers einen Vermögensvorteil gegenüber den übrigen Miterben bekommen soll (BGHZ 36, 115 = NJW 1962, 343; BGH NJW 1985, 51 (52); 1998, 682; RGRK-BGB/Kregel Rn. 1; MüKoBGB/Ann Rn. 17); denn es gibt grds. **keine wertverschiebende Teilungsanordnung** (BGH NJW-RR 1990, 1220; OLG Brandenburg FamRZ 1998, 1619 (1623); OLG München FamRZ 2010, 758; OLG Saarbrücken ZErb 2015, 153; Rauscher JR 1982, 155 (156); Lange/Horn ZEV 2021, 1). Ob der Erblasser den Erben begünstigen wollte, ist im Wege der Auslegung zu ermitteln. Indiz für einen Begünstigungswillen kann sein, dass der Erblasser den zu einem Vermögensvorteil des Begünstigten führenden objektiven „Mehrwert" kannte, während fehlende Kenntnis für das Fehlen eines Begünstigungswillens und damit gegen ein Vorausvermächtnis spricht. Aber auch bei fehlendem Begünstigungswillen – wenn etwa der Erblasser die volle Anrechnung des zugewandten Gegenstandes auf den Erbteil anordnet – kann ein Vorausvermächtnis anzunehmen sein, wenn der Erblasser dem Begünstigten den Gegenstand auch für den Fall zuwenden will, dass dieser die Erbschaft ausschlägt oder aus anderen Gründen nicht Erbe wird (BGH NJW 1995, 720 (721); OLG Düsseldorf FamRZ 1996, 444). Weist der Erblasser einem von mehreren Miterben Gegenstände zu, deren Wert denjenigen des Erbteils übersteigt, kann auch nur der Mehrbetrag im Wege des Vorausvermächtnisses zugewandt worden sein. Der Erblasser kann aber auch anordnen, dass der Erbe den Mehrbetrag ausgleicht (BGH NJW 1985, 51 (52)). Zu Leistungen aus seinem Privatvermögen kann der Erbe aber nicht gezwungen werden (MüKoBGB/Ann Rn. 17; Johannsen WM-Beil. 1/1985, 1 (8); Eidenmüller JA 1991, 150 (155) m. Fn. 42). Die Teilungsanordnung ist dann gegenstandslos. Im Einzelfall kann die Zuwendung bestimmter Vermögenswerte trotz der Regelung des § 2087 Abs. 2 als **Erbeinsetzung** zu verstehen sein (vgl. BGH LM § 2306 Nr. 11; NJW 1997, 392 mAnm Leipold LM § 2087 Nr. 3). Hat der Erblasser angeordnet, dass eine als „Erbe" bezeichnete Person einen bestimmten Geldbetrag „als Erbteil" erhalten solle, kann darin neben der Erbeinsetzung eine Teilungsanordnung dahingehend liegen, dass die Person diesen Betrag ohne Auseinandersetzung als Abfindung erhalten soll

(KG JW 1937, 2200; Staudinger/Löhnig, 2020, Rn. 20 unter Hinweis auf RG 24.10.1921 – IV 147/21; RGRK-BGB/Kregel Rn. 2).

**4. Bewertung.** Soweit es auf den **Wert** eines zugewiesenen Gegenstandes ankommt und der Erblasser keine abweichende Bestimmung getroffen hat, gilt der objektive Verkehrswert in demjenigen Zeitpunkt, in dem der Anspruch auf Ausführung der Teilungsanordnung entsteht (MüKoBGB/Ann Rn. 21; vgl. auch Erman/Bayer Rn. 4 im Anschluss an RGZ 170, 163 (171): maßgeblich sei der Wert, den der Erblasser angenommen hatte. Legt man jedoch einen anderen als den „wirklichen" Wert eines Gegenstandes zugrunde, kann es zu Wertverschiebungen kommen, die eine reine Teilungsanordnung gerade nicht zulässt). Für ein zum Nachlass gehörendes Unternehmen kann der Mittelwert aus Substanz- und Ertragswert ohne Berücksichtigung des goodwill angesetzt werden (BGH NJW 1982, 575). Bei Übernahme eines Landguts ist die Sondervorschrift des § 2049 zu beachten. 5

## III. Bestimmung durch einen Dritten

**1. Allgemeines.** Der Erblasser kann anordnen, dass die Auseinandersetzung nach dem **billigen Ermessen eines Dritten** erfolgen soll (S. 2). „Dritter" kann jede Person, auch ein Miterbe oder ein Testamentsvollstrecker sein (RGZ 110, 270 (274); OLG Stuttgart OLGR 1998, 234 (235); Staudinger/Löhnig, 2020, Rn. 30; Erman/Bayer Rn. 10; Ruby ZEV 2007, 18 (20)). Ob Testamentsvollstreckung (eventuell unter Beschränkung der Rechte gem. § 2208) oder nur die Übertragung der Auseinandersetzung gewollt ist, ist im Wege der Auslegung zu ermitteln. Der Testamentsvollstrecker kann zugleich die Verteilung vornehmen (§ 2205). Ein sonstiger Dritter kann nur einen schuldrechtlichen Teilungsplan erstellen, den die Miterben ausführen müssen. Die Miterben bleiben gem. § 2040 zur Verfügung über die Nachlassgegenstände berechtigt (RGZ 110, 270 (274); MüKoBGB/Ann Rn. 19). 6

**2. Offenbare Unbilligkeit.** Die von dem Dritten getroffene Bestimmung ist für die Erben nicht verbindlich, wenn sie offenbar unbillig ist (S. 3). Das ist dann der Fall, wenn sie sachlicher Gründe entbehrt und ihre Sachwidrigkeit für jeden auf dem betreffenden Gebiet Sachkundigen erkennbar zutage liegt (OLG Stuttgart OLGR 1998, 234 (235); Ruby ZEV 2007, 18 (21)). Die zu § 319 entwickelten Grundsätze sind entspr. heranzuziehen. Unverbindlich ist zum Beispiel die Bestimmung, dass Nachlassgrundstücke gegen einen in wertloser Währung zu zahlenden Kaufpreis zu veräußern seien (RGZ 110, 270 (274 f.)). Eine offenbare Unbilligkeit kann sich auch daraus ergeben, dass die Bestimmung in einem deutlichen Gegensatz zum Willen des Erblassers steht, keine hinreichenden Gründe für eine Abweichung vorhanden sind und der Spielraum überschritten ist, den der Erblasser dem Dritten durch die Ermessensentscheidung einräumen wollte (OLG Stuttgart OLGR 1998, 234). 7

**3. Verfahren.** Sind sich die Miterben einig, können sie die unbillige Bestimmung unbeachtet lassen (RGRK-BGB/Kregel Rn. 8; MüKoBGB/Ann Rn. 20) und den Nachlass selbst auseinandersetzen. Andernfalls erfolgt die Bestimmung durch **Urteil des Prozessgerichts** (S. 3 Hs. 2). Die Klage ist gegen den Dritten zu richten, wenn dieser die Auseinandersetzungsbestimmung in seiner Eigenschaft als Testamentsvollstrecker getroffen hat, sonst gegen die Miterben, die an der getroffenen Bestimmung festhalten wollen (RGRK-BGB/Kregel Rn. 8; MüKoBGB/Ann Rn. 20; Staudinger/Löhnig, 2020, Rn. 32). Der Klageantrag hat auf Bestimmung eines billigem Ermessen entsprechenden Teilungsplans durch das Gericht zu lauten (OLG Stuttgart OLGR 1998, 234 (235); MüKoBGB/Ann Rn. 20). Die Miterben sind keine notwendigen Streitgenossen (Ruby ZEV 2007, 18 (21)). 8

**Darlegungs- und beweispflichtig** für die tatsächlichen Voraussetzungen einer offenbaren Unbilligkeit ist der klagende Miterbe (OLG Stuttgart OLGR 1998, 234 (237); Ruby ZEV 2007, 18 (22)). Das Gericht ist nicht an die gesetzlichen Auseinandersetzungsregeln gebunden, sondern entscheidet seinerseits nach billigem Ermessen. Das Urteil ist ein **Gestaltungsurteil.** Es ersetzt nur die Teilungsbestimmung des Dritten, muss also noch umgesetzt werden. Die Abgabe der erforderlichen Erklärungen kann im Wege der Klage erzwungen werden. Kann oder will der Dritte die Bestimmung nicht treffen oder verzögert er sie unangemessen, erfolgt die Bestimmung ebenfalls durch Urteil (§ 319 Abs. 1 S. 2 Hs. 2 entspr.). (Staudinger/Löhnig, 2020, Rn. 33; RGRK-BGB/Kregel Rn. 9; Erman/Bayer Rn. 10; aA Kipp/Coing ErbR § 118 V 2d: die Anordnung des Erblassers sei unwirksam). 9

### § 2049 Übernahme eines Landguts

**(1) Hat der Erblasser angeordnet, dass einer der Miterben das Recht haben soll, ein zum Nachlass gehörendes Landgut zu übernehmen, so ist im Zweifel anzunehmen, dass das Landgut zu dem Ertragswert angesetzt werden soll.**

**(2) Der Ertragswert bestimmt sich nach dem Reinertrag, den das Landgut nach seiner bisherigen wirtschaftlichen Bestimmung bei ordnungsmäßiger Bewirtschaftung nachhaltig gewähren kann.**

#### Überblick

Die Vorschrift setzt ein zum Nachlass gehörendes Landgut sowie eine Teilungsanordnung (§ 2048) zugunsten eines Miterben voraus. Zum Schutz des landwirtschaftlichen Betriebes darf dieser nach Ertragswerten statt nach dem Verkehrswert bewertet werden.

## I. Bedeutung der Norm

1 § 2049 setzt eine letztwillige Verfügung des Erblassers des Inhalts voraus, dass nur einer von mehreren Erben ein zum Nachlass gehörendes Landgut übernehmen und fortführen soll. Im Zweifel, wenn der Erblasser also keine anderweitige Bestimmung getroffen hat, ist das Landgut bei der Errechnung der Auseinandersetzungs- und Abfindungsansprüche der weichenden Erben mit dem Ertragswert – nicht mit dem Verkehrswert – anzusetzen. Dadurch soll das Landgut auch nach dem Erbfall in seinem Bestand erhalten und seine Weiterführung ermöglicht werden. Der Übernehmer soll nicht mit erbrechtlichen Ansprüchen belastet werden, die über die Ertragskraft des Landguts hinausgehen und dadurch dessen Fortbestand gefährden (BGH NJW 1973, 995; BGHZ 98, 382 = NJW 1987, 1260). Geschützt wird nicht das individuelle Interesse des Übernehmers, sondern das **öffentliche Interesse an der Erhaltung leistungsfähiger Höfe in bäuerlichen Familien** (BVerfGE 15, 337 (342) = NJW 1963, 947; BVerfGE 67, 348 = NJW 1985, 1329; BGHZ 98, 382 = NJW 1985, 1329; MüKoBGB/Ann Rn. 1). Die damit verbundene Ungleichbehandlung des übernehmenden Erben einerseits, der zurückgesetzten Erben andererseits ist verfassungsgemäß, solange der Gesetzeszweck – die Erhaltung eines leistungsfähigen landwirtschaftlichen Betriebes in der Hand einer vom Gesetz begünstigten Person – im Einzelfall gewahrt wird (BGHZ 98, 382 = NJW 1987, 1260; BGH NJW-RR 1990, 66; OLG Hamm RdL 2014, 276). Im Rahmen des gerichtlichen Zuweisungsverfahren nach §§ 13 ff. GrdstVG ist § 2049 entspr. anwendbar (§ 16 Abs. 1 GrdstVG). Ähnliche Vorschriften enthalten § 1376 Abs. 3, § 1515 Abs. 2, § 2312. § 2049 gilt nur im Bereich der Erbfolge nach allgemeinem bürgerlichen Recht, nicht für die Sonderrechtsnachfolge nach der in Hamburg, Nordrhein-Westfalen, Niedersachsen und Schleswig-Holstein geltenden **Höfeordnung** (vgl. § 12 Abs. 2 HöfeO). In Brandenburg gilt das Gesetz über die Höfeordnung für das Land Brandenburg vom 19.6.2019, bis einschließlich 31.12.2023 allerdings nur dann, wenn der Eigentümer erklärt, dass die Besitzung Hof iSd Gesetzes sein soll, und der Hofvermerk im Grundbuch eingetragen wird.

## II. Einzelheiten

2 **1. Landgut.** Ein Landgut ist eine Besitzung, die im Zeitpunkt des Erbfalls eine zum selbständigen und dauernden Betrieb der Landwirtschaft einschließlich der Viehzucht oder der Forstwirtschaft geeignete und bestimmte Wirtschaftseinheit darstellt und mit den nötigen Wohn- und Wirtschaftsgebäuden versehen ist. Es muss eine gewisse Größe erreichen und für den Inhaber eine selbständige Erwerbsquelle darstellen, wobei der Inhaber neben der Landwirtschaft aber auch einen anderen Beruf ausüben kann. „Landwirtschaft" sind die Bodenbewirtschaftung und die mit der Bodennutzung verbundene Tierhaltung, um pflanzliche oder tierische Erzeugnisse zu gewinnen, sowie die gartenbauliche Erzeugung (vgl. § 585 Abs. 1 S. 2) (OLG München ZEV 2009, 301 mwN; Wöhrmann/Stöcker LandwirtschaftsErbR Rn. 11 ff.). Zur Landwirtschaft bestimmt ist ein Landgut, wenn die Absicht besteht, es dauernd unverändert als landwirtschaftliche Einheit beizubehalten (BGH NJW 1964, 1414 (1416)). Ein Landgut, das nicht mehr als geschlossene Einheit fortgeführt wird und nicht (mehr) lebensfähig ist, fällt nicht unter § 2049. Gleiches gilt für einen Hof, der zwar noch bewirtschaftet wird, von dem aber abzusehen ist, dass er als solcher nicht gehalten werden kann (BGHZ 98, 382 = NJW 1987, 1260; OLG Hamm RdL 2014, 276), oder für einen Hof, der aufgegeben werden muss, weil er im Bereich eines geplanten

Verkehrsflughafens liegt (BGH MDR 1984, 204). Ist zwischen den Parteien streitig, ob ein Hof noch gewinnbringend betrieben werden kann, muss regelmäßig ein Sachverständigengutachten eingeholt werden (vgl. etwa BGH ZEV 2008, 40 Rn. 5). **Einzelne Grundstücke,** die Bauerwartungs- oder Bauland geworden sind und die für die Bewirtschaftung des Landguts auf Dauer nicht benötigt werden, können gesondert zum Verkehrswert anzusetzen sein (BGHZ 98, 382 = NJW 1987, 1260; Wöhrmann/Stöcker LandwirtschaftsErbR Rn. 108; MüKoBGB/Ann Rn. 4). Grundstücke, die unmittelbar an ein Kieswerk angrenzen und für die die amtliche Genehmigung zum Abbau reicher Kiesvorkommen bereits erteilt ist, sind nicht zum Ertragswert anzusetzen, wenn sie zum Kiesabbau bestimmt sind und ohne Gefahr für die dauernde Lebensfähigkeit des Landguts aus diesem herausgelöst werden können (BGH NJW-RR 1992, 66). Ein **Mastbetrieb,** der nicht mindestens die Hälfte des Futters selbst erzeugt, ist ein Gewerbebetrieb und kein Landgut (BGH NJW-RR 2016, 1217 Rn. 37 zu § 1376; Graß ZEV 2017, 376 (380)). Maßgeblich ist der **Zeitpunkt des Erbfalls** (BGHZ 98, 375 (381) = NJW 1987, 951; BGH NJW-RR 1992, 770; OLG Hamm RdL 2012, 50; OLG Hamm RdL 2014, 276).

**2. Auslegungsregel bei Anordnung eines Übernahmerechts.** Der Erblasser muss durch **letztwillige Verfügung** angeordnet haben, dass einer der Erben zur **Übernahme** eines zum Nachlass gehörenden Landgutes berechtigt sein soll (§ 2048). Der durch die Anordnung begünstigte Erbe muss zur Übernahme des gesamten Hofes berechtigt sein. Soll der Erbe nur einen Bruchteil des Eigentums an einem Landgut übernehmen, gilt § 2049 (ebenso wie § 2312) nicht (BGH NJW 1973, 995; MüKoBGB/Ann Rn. 7). § 2049 enthält nur eine **Auslegungsregel** (MüKoBGB/Ann Rn. 6; RGRK-BGB/Kregel Rn. 2; Staudinger/Löhnig, 2020, Rn. 1). Der Erblasser kann abweichende Bestimmungen treffen, insbes. die Übernahme zum Verkehrswert anordnen (Staudinger/Löhnig, 2020, Rn. 10). Liegt der Ertragswert über dem Verkehrswert, ist § 2049 seinem Sinn und Zweck nach nicht anwendbar (MüKoBGB/Ann Rn. 7; RGRK-BGB/Kregel Rn. 2; Staudinger/Löhnig, 2020, Rn. 10). Für Übergabeverträge, die die Erbfolge vorwegnehmen, gilt § 2049 entspr. (BGH NJW 1964, 1323; Erman/Bayer Rn. 2; MüKoBGB/Ann Rn. 7). 3

**3. Bestimmung des Ertragswertes.** Der Ertragswert bestimmt sich nach dem Reinertrag, den das Landgut nach seiner bisherigen wirtschaftlichen Bestimmung bei ordnungsmäßiger Bewirtschaftung nachhaltig gewähren kann (Abs. 2). Damit sind die Kriterien beschrieben, die den Ertragswert bestimmen. Wie der Ertragswert festzustellen ist, kann landesrechtlich geregelt sein (Art. 137 EGBGB). Den Ländern ist jedoch nur die verfassungsmäßige Umsetzung der von § 2049 Abs. 2 vorgegebenen materiellen Bewertungskriterien, also der Erlass von Ausführungsvorschriften zu § 2049 Abs. 2, vorbehalten (BVerfG NJW 1988, 2723 (2724); aA RGRK-BGB/Kregel Rn. 4: § 2049 Abs. 2 gelte nur subsidiär). Der **Reinertrag** ist auf der Grundlage der bisherigen wirtschaftlichen Bestimmung des Landguts konkret und individuell zu ermitteln (Staudinger/Löhnig, 2020, Rn. 14). Dabei ist eine ordnungsmäßige Bewirtschaftung des Landguts zu unterstellen. Zweckmäßige Änderungen der Bewirtschaftungsweise, die ohne Änderung der wirtschaftlichen Bestimmung des Ganzen erfolgen können, können bei der Bemessung des Reinertrags berücksichtigt werden (RGRK-BGB/Kregel Rn. 5; MüKoBGB/Ann Rn. 8). Regelmäßig wird ein Sachverständigengutachten erforderlich (BVerfG NJW 1988, 2723 (2725); Staudinger/Löhnig, 2020, Rn. 13). Der **Ertragswert** ist nach betriebswirtschaftlichen Grundsätzen ein bestimmtes Vielfaches des Reinertrags (Grüneberg/Weidlich Rn. 2; vgl. BVerfG NJW 1988, 2723). Welcher Multiplikator anzuwenden ist, ist in den meisten Bundesländern in den Ausführungsgesetzen zum BGB landesrechtlich geregelt (vgl. die Zusammenstellung bei Wöhrmann/Stöcker LandwirtschaftsErbR Rn. 87 ff.). Fehlt eine landesrechtliche Regelung, ist die Vorschrift des § 36 Abs. 2 S. 3 BewG anzuwenden, die das 18fache des jährlichen Reinertrags vorsieht (vgl. Wöhrmann/Stöcker LandwirtschaftsErbR Rn. 91). Bei der Berechnung des Reinertrags (des Überschusses des Rohertrags über den Aufwand) stellt sich insbes. bei kleinen und mittleren Betrieben, die ohne Fremdarbeitskräfte bewirtschaftet werden, die Frage, wie der Lohnanspruch des Eigentümers und der (oft unentgeltlich tätigen) Angehörigen zu bemessen ist. Wird ein Lohn angesetzt, wie er in abhängiger Stellung zu erzielen wäre, führt dies oft zu einem negativen Reinertrag, obwohl der Hof nach wie vor die Existenzgrundlage des Bewirtschaftenden bildet. Reicht der Rohertrag als dessen Lebensgrundlage aus, kann der Hof trotz des negativen Reinertrags als „Landgut" iSv § 2049 anzusehen sein (OLG München ZEV 2009, 301 (302) m. zust. Anm. Kempfler ZEV 2010, 415). 4

## § 2050 Ausgleichungspflicht für Abkömmlinge als gesetzliche Erben

**(1) Abkömmlinge, die als gesetzliche Erben zur Erbfolge gelangen, sind verpflichtet, dasjenige, was sie von dem Erblasser bei dessen Lebzeiten als Ausstattung erhalten haben, bei der Auseinandersetzung untereinander zur Ausgleichung zu bringen, soweit nicht der Erblasser bei der Zuwendung ein anderes angeordnet hat.**

**(2) Zuschüsse, die zu dem Zwecke gegeben worden sind, als Einkünfte verwendet zu werden, sowie Aufwendungen für die Vorbildung zu einem Beruf sind insoweit zur Ausgleichung zu bringen, als sie das den Vermögensverhältnissen des Erblassers entsprechende Maß überstiegen haben.**

**(3) Andere Zuwendungen unter Lebenden sind zur Ausgleichung zu bringen, wenn der Erblasser bei der Zuwendung die Ausgleichung angeordnet hat.**

**Schrifttum:** J. Mayer, Nachträgliche Änderung von erbrechtlichen Anrechnungs- und Ausgleichungsbestimmungen, ZEV 1996, 441; Mohr, Ausgleichung und Anrechnung bei Schenkungen, ZEV 1999, 257; Roth, Die Ausstattung (§ 1624 BGB): ein vergessenes Rechtsinstitut zwischen familienrechtlicher Vermögensübertragung und regressrechtlichem Spagat, ZEV 2021, 352; Schindler, Zuwendungsarten bei der Ausgleichung unter Miterben nach § 2050 BGB, ZEV 2006, 389; Schneider, Der Streitwert der Miterbenklagen nach § 2039 und § 2050 BGB, Rpfleger 1982, 268.

### Überblick

Die Ausgleichung findet im Rahmen der Erbauseinandersetzung statt. Sie beruht auf der (widerlegbaren) Annahme, dass der Erblasser seine Abkömmlinge gleichmäßig begünstigen will. Die Vorschriften der §§ 2050 ff. sind dispositiv, gelten also nicht, wenn der Erblasser bei der Zuwendung eine anderweitige Bestimmung getroffen hat. Berechtigt und verpflichtet sind Abkömmlinge des Erblassers, die zur gesetzlichen Erbfolge berufen oder auf ihre gesetzlichen Erbteile eingesetzt worden sind. Ausstattungen sind immer auszugleichen, Zuschüsse und Ausbildungskosten nur, wenn sie das den Vermögensverhältnissen des Erblassers entsprechende Maß überstiegen haben. Sonstige Zuwendungen sind auszugleichen, wenn der Erblasser dies bei der Zuwendung angeordnet hat. Die Durchführung der Ausgleichung ist in § 2055 geregelt.

### I. Bedeutung der Norm

1 **1. Normzweck.** Die Vorschriften der §§ 2050 ff. über die Ausgleichung lebzeitiger Zuwendungen beruhen auf der Annahme, dass der Erblasser seine Abkömmlinge gleichmäßig bedenken will (BGHZ 65, 75 (77) = NJW 1975, 1831 (1832); MüKoBGB/Ann Rn. 1; RGRK-BGB/Kregel Rn. 1; Bredemeyer/Sutter ZEV 2022, 61). Sie setzen den Eintritt der **gesetzlichen Erbfolge** voraus. Bei gewillkürter Erbfolge gelten sie grds. nicht (Ausnahme: § 2052). Letztwillige Verfügungen trifft ein Erblasser regelmäßig unter Berücksichtigung lebzeitiger Zuwendungen; Ungleichbehandlungen sind dann gewollt.

2 **2. Rechtsnatur.** Die Ausgleichung ist **Teil des Auseinandersetzungsverfahrens** (vgl. BGH NJW-RR 2011, 207 Rn. 15). Sie wird in der Weise durchgeführt, dass bei der Auseinandersetzung des Nachlasses der Wert der Zuwendung dem Nachlass hinzugerechnet und dann auf den Anteil, der dem Zuwendungsempfänger zusteht, angerechnet wird (§ 2055). Es erfolgt also ein **rechnerischer Ausgleich.** Die Zuwendung selbst geht **endgültig** in das Vermögen des Empfängers über. Der Empfänger ist nicht verpflichtet, sie zum Nachlass zurück zu gewähren. Der Ausgleichungsberechtigte erhält (zunächst) auch keinen Zahlungsanspruch, sodass man nicht von einem Vermächtnis zu seinen Gunsten und zulasten des Ausgleichungsverpflichteten sprechen kann (MüKoBGB/Ann Rn. 17; Erman/Bayer Rn. 3; Staudinger/Löhnig, 2016, Rn. 7; aA Lange/Kuchinke ErbR § 15 III 4a: die Ausgleichung stelle „ihrem Wesen, wenn auch nicht ihrer Form nach" ein Vermächtnis dar). Hat ein Miterbe bereits zu Lebzeiten mehr erhalten, als ihm bei der Auseinandersetzung zukommen würde, so ist er nicht verpflichtet, den Mehrbetrag zum Nachlass zurück zu gewähren (§ 2056). Obwohl er jedoch keinen Anspruch auf einen Teil des Auseinandersetzungsguthabens mehr hat, bleibt er **Mitglied der Erbengemeinschaft** mit allen Rechten und Pflichten, die dazu gehören (Verwaltung und Nutzung gem. § 2038; Verfügungsberechtigung gem. § 2040; Schuldenhaftung gem. §§ 2058, 2059). Auf die Erbschaftsquoten haben Ausgleichungsrechte und -pflichten ebenfalls keinen Einfluss. Lediglich die Teilungsquoten nach § 2047 Abs. 1 verschieben sich (BGHZ 96, 174 = NJW 1986, 931; BayObLG OLGR 37, 253; Schmitz WM 1998, Sonderbeilage 3, 1 (6)). Gegenüber dem Anspruch des Vertragserben gegen den Beschenkten

aus § 2287 Abs. 1 kann keine Ausgleichung nach §§ 2050 ff. verlangt werden (BGH NJW-RR 2012, 207 Rn. 15).

**3. Anwendungsbereich.** § 2050 enthält **dispositives Recht.** Der Erblasser kann in den Grenzen des Pflichtteilsrechts (vgl. §§ 2316, 2325, 2329) vor oder bei der Zuwendung abweichende Anordnungen treffen. Nachträgliche Anordnungen sind nur eingeschränkt möglich. Will der Erblasser bei der Auseinandersetzung unter Miterben die Anrechnung von Vorempfängen auf den Erbteil über die dazu bestehenden gesetzlichen Regeln (§ 2050 Abs. 1, Abs. 3) hinaus erreichen, muss er die durch **letztwillige Verfügung** anordnen (→ Rn. 12). Durch Rechtsgeschäft unter Lebenden zwischen Erblasser und Zuwendungsempfänger können hingegen keine für eine Erbauseinandersetzung verbindliche Anordnungen getroffen werden (BGH ZEV 2010, 33 Rn. 16 m. krit. Anm. Leipold ZEV 2010, 35 f.). Die **Miterben** können dagegen nach dem Erbfall einvernehmlich eine von den §§ 2050 ff. abweichende Auseinandersetzungsvereinbarung schließen (RGZ 149, 129 (131); Erman/Bayer Rn. 10; Staudinger/Löhnig, 2016, Rn. 3; Soergel/Wolf Rn. 23; RGRK-BGB/Kregel Rn. 3). Auf Ausgleichungsansprüche der Miterben bei **qualifizierter Nachfolge in einen Gesellschaftsanteil** sind die §§ 2050 ff. (ohne § 2056) entspr. anzuwenden (MüKoBGB/Gergen § 2032 Rn. 60; weitergehend Soergel/Wolf Rn. 1: auch § 2056). 3

## II. Voraussetzungen der Ausgleichung

**1. Ausgleichungsverpflichtete.** Ausgleichungspflichtig sind alle Abkömmlinge des Erblassers, die zur gesetzlichen Erbfolge berufen oder durch letztwillige Verfügung auf ihre gesetzlichen Erbteile oder im Verhältnis ihrer gesetzlichen Erbteile eingesetzt worden sind (vgl. § 2052) und eine lebzeitige Zuwendung erhalten haben. Es kann sich um **Kinder,** aber auch um **entferntere Abkömmlinge** (Enkel, Urenkel) handeln. Bei entfernteren Abkömmlingen ist § 2053 zu beachten: Zuwendungen, die ein entfernterer Abkömmling zu einer Zeit erhalten hat, als er noch durch einen näheren Abkömmling ausgeschlossen war, sind nicht ausgleichungspflichtig, wenn der Erblasser nicht bei der Zuwendung die Ausgleichung angeordnet hatte. Fällt ein ausgleichungspflichtiger Abkömmling vor oder nach dem Tod des Erblassers weg, so ist der an seine Stelle tretende entferntere Abkömmling wegen der dem näheren Abkömmling gemachten Zuwendung ausgleichungspflichtig (§ 2051 Abs. 1). Im Zweifel sind auch die an die Stelle eines weggefallenen Abkömmlings tretenden Ersatzerben im gleichen Umfang wie der weggefallene Abkömmling ausgleichungspflichtig (§ 2051 Abs. 2). 4

**2. Ausgleichungsberechtigte.** Ausgleichungsberechtigt sind ebenfalls nur Abkömmlinge des Erblassers, die gesetzliche Erben geworden sind oder auf ihre oder im Verhältnis ihrer gesetzlichen Erbteile eingesetzt worden sind (§ 2052). Für entferntere Abkömmlinge gilt § 2051. Weder ausgleichungspflichtig noch ausgleichungsberechtigt ist der **Ehegatte** des Erblassers. Die Ausgleichung findet nur unter den Abkömmlingen statt. Sind die Abkömmlinge des Erblassers teils zur gesetzlichen Erbfolge berufen, teils durch letztwillige Verfügung abweichend bedacht worden, nehmen nur die kraft gesetzlicher Erbfolge berufenen Abkömmlinge an der Ausgleichung teil. Ausgleichungspflichtig und ausgleichungsberechtigt sind schließlich auch der **Erbteilskäufer** (vgl. §§ 2372, 2376) (Soergel/Wolf Rn. 5; RGRK-BGB/Kregel Rn. 6), der **Erbeserbe** und der **Gläubiger,** der den Anteil gepfändet hat. 5

**3. Lebzeitige Zuwendungen des Erblassers.** Auszugleichen sind lebzeitige Zuwendungen des Erblassers. **„Erblasser"** ist im Falle eines gemeinschaftlichen Testamentes auch der **zuerst verstorbene Ehegatte** (Grüneberg/Weidlich Rn. 6; MüKoBGB/Ann Rn. 6; Soergel/Wolf Rn. 11; RGRK-BGB/Kregel § 2052 Rn. 4; aA für § 2327 BGHZ 88, 102 (109) = NJW 1983, 2875 (2876); dazu Mohr ZEV 1999, 257 f.). Es muss sich um **lebzeitige** Zuwendungen gehandelt haben. Der zugewandte Vermögensgegenstand muss zu Lebzeiten des Erblassers endgültig aus dessen Vermögen ausgeschieden sein. Die Anordnung, ein als Darlehen geschuldeter Betrag solle dann, wenn er bis zum Tode des Erblassers noch nicht zurückgezahlt worden ist, nicht zurückgezahlt, sondern auf den Erbteil angerechnet werden, stellt keine Zuwendung unter Lebenden, sondern eine (entspr. formbedürftige) Verfügung von Todes wegen dar (RGRK-BGB/Kregel Rn. 15; aA Schindler ZEV 2006, 389 (390)). Ein Rechtsgeschäft zwischen dem Erblasser und dem Abkömmling ist nicht notwendige Voraussetzung einer Zuwendung. Es reicht **jeglicher Vermögensvorteil** aus, den der Abkömmling aus dem Vermögen des Erblassers erhalten hat (MüKoBGB/Ann Rn. 8; Staudinger/Löhnig, 2016, Rn. 17; RGRK-BGB/Kregel Rn. 14; Beispiele bei Schindler ZEV 2006, 389 (390)). Entgeltliche Zuwendungen sind daher ebenfalls auszugleichen, wenn und soweit der Abkömmling aus ihnen auf Kosten des Erblassers einen Vermögens- 6 vorteil erlangt hat (RGZ 73, 372 (377); MüKoBGB/Ann Rn. 11; Staudinger/Löhnig, 2016, Rn. 17; RGRK-BGB/Kregel Rn. 14; Lange/Kuchinke ErbR § 15 III 3b m. Fn. 25). Nicht auszugleichen sind solche Zuwendungen, die nicht zu einer Verminderung des Vermögens des Erblassers und damit nicht zu einer **Verringerung des Nachlasses** geführt haben.

7 **4. Zuwendungen.** § 2050 unterscheidet zwischen „Ausstattung", „Zuschüssen", „Aufwendungen für die Vorbildung zu einem Beruf" und „anderen Zuwendungen".

8 **a) Ausstattung.** Der Begriff der Ausstattung entspricht demjenigen in § 1624 (BGHZ 44, 91; RGRK-BGB/Kregel Rn. 7; Erman/Bayer Rn. 6). „Ausstattung" ist danach dasjenige, was einem Kind mit Rücksicht auf seine Verheiratung oder auf die Erlangung einer selbständigen Lebensstellung zur Begründung oder zur Erhaltung der Wirtschaft oder der Lebensstellung von dem Vater oder der Mutter zugewandt wird. Sie wird auch als „materielle Starthilfe zum letzten Schritt in die Selbständigkeit", als „Endziel der elterlichen Aufgabe gegenüber den Kindern" bezeichnet (Roth ZEV 2021, 352 (353)). Die einem Kind gewährte **„Aussteuer"** ist nur dann als Ausstattung iSv Abs. 1 anzusehen und auszugleichen, wenn sie zusätzlich zu einer angemessenen Berufsausbildung (vgl. Abs. 2) gewährt wird; denn Kinder, die ohne vorherige Berufsausbildung heiraten, würden andernfalls in einer unbilligen und mit dem Grundsatz der Gleichberechtigung nicht zu vereinbarenden Weise gegenüber ihren Geschwistern benachteiligt (vgl. BGH NJW 1982, 575; RGRK-BGB/Kregel Rn. 7; Soergel/Wolf Rn. 13; MüKoBGB/Ann Rn. 15). Ausstattungen sind grds. **immer auszugleichen** (Staudinger/Löhnig, 2016, Rn. 30). Eine Ausnahme gilt dann, wenn der Erblasser bei der Zuwendung angeordnet hat, dass die Zuwendung nicht, nur teilweise oder nur unter bestimmten Voraussetzungen auszugleichen ist (→ Rn. 12). Eine Ausstattung, die – wie etwa eine Leibrente iSv § 759 – zugleich als „Zuschuss" iSv Abs. 2 anzusehen ist, ist nur unter den Voraussetzungen des Abs. 2 ausgleichungspflichtig, dann also, wenn sie das dem Vermögen des Erblassers entsprechende Maß übersteigt (RGZ 79, 266 (267); MüKoBGB/Ann Rn. 15, 25; Soergel/Wolf Rn. 17; RGRK-BGB/Kregel Rn. 7); denn Abs. 2 ist gegenüber Abs. 1 die speziellere Vorschrift.

9 **b) Zuschüsse.** Zuschüsse sind zur Verwendung als Einkünfte bestimmt, wenn der fortlaufende Verbrauch des Empfängers aus ihnen bestritten werden soll. Voraussetzung ist, dass eine gewisse Dauer und Häufigkeit der Zuwendungen jedenfalls in Aussicht genommen war (RGRK-BGB/Kregel Rn. 9; Grüneberg/Weidlich Rn. 9). Ein einmaliger „Zuschuss" etwa für eine Reise oder eine größere Anschaffung fällt nicht unter Abs. 2, sondern unter Abs. 3. Zuschüsse sind nur dann auszugleichen, wenn und soweit sie das den Vermögensverhältnissen des Erblassers entsprechende Maß überstiegen haben.

10 **c) Vorbildung zu einem Beruf.** Die Vorbildung zu einem Beruf (vgl. § 1610 Abs. 2) ist die Ausbildung nach Abschluss einer allgemeinbildenden Schule. Dazu gehören etwa der Besuch einer Fachschule, einer Fachhochschule oder einer Hochschule, die Promotion oder die berufliche Weiterbildung oder Umschulung nach Abschluss einer ersten Berufsausbildung. Ob der Erblasser im Rahmen seiner Unterhaltspflicht nach § 1610 Abs. 2 zur Übernahme der Kosten verpflichtet war, ist unerheblich (RGZ 114, 52 (53 f.); aA MüKoBGB/Ann Rn. 25: Ausgleichung nur, soweit keine gesetzliche Leistungspflicht bestand). Die Ausbildung endet mit Ablegung der vorgesehenen Abschlussprüfung (RGRK-BGB/Kregel Rn. 13; MüKoBGB/Ann Rn. 25; Staudinger/Löhnig, 2016, Rn. 28). Aufwendungen für die **Ausübung eines Berufs** – etwa für die Einrichtung einer Arzt- oder Anwaltspraxis – sind keine Ausbildungskosten mehr, sondern stellen eine „Ausstattung" iSv Abs. 1 dar. Eine Aussteuer, die eine Tochter anstelle der Vorbildung zu einem Beruf erhält, ist nicht ausgleichungspflichtig, soweit sie die Kosten einer Ausbildung nicht überschreitet (→ Rn. 7). Ausgleichungspflichtig sind die Kosten der Vorbildung für einen Beruf nicht insgesamt, sondern nur insoweit, als sie das den Vermögensverhältnissen des Erblassers entsprechende Maß überstiegen haben. Wann dies der Fall ist, hängt von den Umständen des Einzelfalles ab. Es kommt darauf an, ob der Erblasser die entsprechenden Kosten nach seinen Vermögensverhältnissen im Zeitpunkt der Aufwendungen (RGZ 114, 52 (56); MüKoBGB/Ann Rn. 26; Soergel/Wolf Rn. 17) und unter Berücksichtigung des Ausbildungsbedarfs der anderen Abkömmlinge aufbringen konnte (RGRK-BGB/Kregel Rn. 13). Dass für die Ausbildung eines Abkömmlings mehr aufgewandt worden ist als für die Ausbildung eines anderen, begründet allein keine Ausgleichungspflicht (Soergel/Wolf Rn. 17; Grüneberg/Weidlich Rn. 10).

11 **d) Andere Zuwendungen.** Andere Zuwendungen können etwa Schenkungen, gemischte Schenkungen, Zuwendungen zur Bestreitung von Sonderausgaben, die Befreiung von Verbindlichkeiten oder auch die Begründung eines schuldrechtlichen Anspruchs des Abkömmlings (Bei-

spiel: Schenkungsversprechen) sein. Sie sind dann auszugleichen, wenn der Erblasser **die Ausgleichung vor oder bei der Zuwendung angeordnet** hat. Eine besondere Form ist für die Anordnung nicht vorgeschrieben, sodass grds. auch konkludente Ausgleichungsanordnungen denkbar sind (OLG Koblenz FamRZ 2013, 1164; Staudinger/Löhnig, 2016, Rn. 32). Das gilt nur dann nicht, wenn die Zuwendung selbst ein formbedürftiges Rechtsgeschäft darstellt und die Ausgleichungsanordnung Teil dieses Rechtsgeschäfts ist. Die Ausgleichungsanordnung muss außerdem entweder vor oder bei der Zuwendung **dem Zuwendungsempfänger zugehen.** Nimmt dieser die Zuwendung in Kenntnis der Ausgleichungsanordnung an, erklärt er sich mit der künftigen Ausgleichung einverstanden (RGZ 67, 306 (308); RGRK-BGB/Kregel Rn. 18). Ein minderjähriger Zuwendungsempfänger kann die Zuwendung gem. § 107 auch ohne Zustimmung des gesetzlichen Vertreters annehmen; denn die Ausgleichungsanordnung begründet keine schuldrechtliche Verpflichtung des Empfängers (BGHZ 15, 168 (171) = NJW 1955, 1353 mAnm Lange NJW 1955, 1339 = LM § 107 Nr. 1 mAnm Fischer = JZ 1955, 243 mAnm Westermann; RGRK-BGB/Kregel Rn. 18; MüKoBGB/Ann Rn. 31). **Nachträgliche** Ausgleichungsanordnungen sind nur im Wege einer **Verfügung von Todes wegen** – durch ein Vermächtnis zugunsten der anderen Erben – möglich (BGH ZEV 2010, 33 Rn. 16; RGZ 90, 419 (422); RGRK-BGB/Kregel Rn. 19; MüKoBGB/Ann Rn. 31; Soergel/Wolf Rn. 19; Staudinger/Löhnig, 2016, Rn. 35; J. Mayer ZEV 1996, 441 (443)). Das **Pflichtteilsrecht** des Zuwendungsempfängers muss dann jedoch ohne Berücksichtigung der Ausgleichungspflicht berechnet werden (vgl. § 2316 Abs. 1) (BGH NJW 1982, 575 (577); RGZ 67, 306 (307); RGRK-BGB/Kregel Rn. 19; Staudinger/Löhnig, 2016, Rn. 35). Um nachträglich eine Ausgleichungspflicht unabhängig vom Pflichtteilsrecht des Zuwendungsempfängers zu erreichen, müsste der Erblasser zusätzlich einen **Erbverzichtsvertrag** (§ 2346) mit diesem schließen (RGZ 67, 306 (307); 90, 419 (422); Staudinger/Löhnig, 2016, Rn. 35; RGRK-BGB/Kregel Rn. 19). Gleiches gilt für die nachträgliche Aufhebung einer bei der Zuwendung getroffenen Ausgleichungsanordnung. Auch sie kann nur durch Verfügung von Todes wegen – hier im Wege eines Vermächtnisses zugunsten des Zuwendungsempfängers – erfolgen (RGZ 90, 419 (422); MüKoBGB/Ann Rn. 32; Staudinger/Löhnig, 2016, Rn. 36; ausf. J. Mayer ZEV 1996, 441 (444) mit Formulierungsvorschlag), die den gem. § 2316 nach dem erhöhten Nachlass zu berechnenden Pflichtteil der anderen Miterben nicht beeinträchtigen kann.

**5. Abweichende Anordnungen des Erblassers.** Der Erblasser kann abweichende Anord- 12
nungen treffen. Er kann bei Zuwendung einer Ausstattung (Abs. 1) anordnen, dass keine Ausgleichung zu erfolgen hat oder dass die Zuwendung nur mit einem bestimmten niedrigeren Wert anzusetzen ist (Soergel/Wolf Rn. 22; MüKoBGB/Ann Rn. 21; RGRK-BGB/Kregel Rn. 8; Staudinger/Löhnig, 2016, Rn. 2). Gleiches gilt – trotz Fehlens einer entsprechenden Bestimmung im Gesetz – auch für Zuschüsse und für Aufwendungen für die Vorbildung zu einem Beruf iSv Abs. 2 (Soergel/Wolf Rn. 22; MüKoBGB/Ann Rn. 28). Der Erblasser kann anordnen, dass Zuschüsse oder Ausbildungsaufwendungen nicht, mit einem bestimmten Betrag oder insgesamt ausgeglichen werden sollen. **Pflichtteilsrechte** anderer ausgleichungsberechtigter Miterben bleiben von derartigen Anordnungen unberührt. Das folgt für Ausstattungen iSv Abs. 1 aus § 2316 Abs. 3, gilt aber auch für Zuwendungen nach Abs. 2, der lediglich eine Ergänzung des Abs. 1 darstellt (RGRK-BGB/Johannsen § 2316 Rn. 16). Die Anordnung muss **vor oder bei der Zuwendung** getroffen werden (→ Rn. 11). **Nachträgliche** Änderungen einmal getroffener (oder unterbliebener) Ausgleichungsanordnungen sind nur im Wege einer **Verfügung von Todes wegen** möglich (→ Rn. 11).

## III. Durchsetzung des Anspruchs auf Ausgleichung

**1. Klageart.** Bis zum Abschluss der Auseinandersetzung (§ 2042) kann ein ausgleichungsbe- 13
rechtigter Miterbe gegen den ausgleichungspflichtigen Miterben Klage auf **Feststellung** der Ausgleichungspflicht erheben; denn eine Klage auf Feststellung eines einzelnen Streitpunktes ist zulässig, wenn die Feststellung einer sinnvollen Klärung der Grundlagen der Erbauseinandersetzung dient. Der Antrag hat dahingehend zu lauten, dass eine bestimmte Zuwendung im Rahmen der Auseinandersetzung mit einem bestimmten Betrag anzusetzen und auszugleichen sei (→ § 2055 Rn. 5) (BGH NJW-RR 1990, 220; 1992, 771). Zulässig ist auch eine **Stufenklage** gem. § 254 ZPO auf Auskunft, Versicherung der Richtigkeit der Auskunft an Eides Statt (vgl. § 2057) und Feststellung der Ausgleichungspflicht (MüKoBGB/Ann Rn. 38; Schneider Rpfleger 1982, 268 (271)). Eine **Zahlungsklage** des ausgleichungsberechtigten Miterben kommt regelmäßig nicht in Betracht, solange die Auseinandersetzung noch nicht abgeschlossen ist und der ungeteilte Nachlass

für die gebotene Ausgleichung möglicherweise ausreicht. Die Zahlungsklage kann aber zugleich den Antrag auf Feststellung der Ausgleichungspflicht enthalten (BGH NJW-RR 1992, 771). Sind Ausgleichungsansprüche bei der Auseinandersetzung nicht berücksichtigt worden, steht dem ausgleichungsberechtigten Miterben nach Abschluss der Auseinandersetzung gegen den oder die ausgleichungspflichtigen Miterben in Höhe des auf ihn entfallenden Ausgleichungsbetrages ein **Zahlungsanspruch aus ungerechtfertigter Bereicherung** zu (§ 812 Abs. 1).

14 **2. Verfahren. Zuständig** für Klagen im Zusammenhang mit der Ausgleichung ist auch das Gericht, in dessen Bezirk der Erblasser seinen letzten inländischen Wohnsitz hatte (§ 27 ZPO) (BGH NJW 1992, 364). Eine Schiedsklausel im Testament ist unwirksam (LG Duisburg ZEV 2022, 103 m. zust. Anm. Burchard). Der **Streitwert** einer Klage auf Feststellung der Ausgleichungspflicht richtet sich nach dem Ausgleichungsinteresse des klagenden Miterben, entspricht also dem Betrag, der von der Ausgleichungssumme auf den Kläger entfallen würde (BGH FamRZ 1956, 381 mAnm Bosch; MüKoBGB/Ann Rn. 40; RGRK-BGB/Kregel Rn. 23; Schneider Rpfleger 1982, 268 (270 f.)). **Darlegungs- und beweispflichtig** für die tatsächlichen Voraussetzungen einer Ausgleichungspflicht ist derjenige, der Ausgleichung verlangt (RGRK-BGB/Kregel Rn. 22; Staudinger/Löhnig, 2020, Rn. 46; MüKoBGB/Ann Rn. 39; Sarres ZEV 2000, 349; Schindler ZEV 2006, 389 (393)). Ihm steht gegen die übrigen Erben gem. § 2057 ein **Auskunftsanspruch** hinsichtlich der ausgleichungspflichtigen Zuwendungen zu. Zu den tatsächlichen Voraussetzungen einer Ausgleichungspflicht gehören auch die Tatsachen, aus denen folgt, dass eine bestimmte Zuwendung eine (grds. ausgleichungspflichtige) „Ausstattung" iSv Abs. 1, nicht etwa eine (nur bei besonderer Anordnung ausgleichungspflichtige) „Schenkung" iSv Abs. 3 darstellt (MüKoBGB/Ann Rn. 39; RGRK-BGB/Kregel Rn. 22). Vom Gesetz abweichende Anordnungen des Erblassers – einen Ausschluss der Pflicht zur Ausgleichung nach Abs. 1 oder Abs. 2 oder umgekehrt eine Ausgleichungsanordnung nach Abs. 3 – muss derjenige darlegen und beweisen, der sich auf sie beruft (OLG Koblenz FamRZ 2013, 1164).

## § 2051 Ausgleichungspflicht bei Wegfall eines Abkömmlings

**(1) Fällt ein Abkömmling, der als Erbe zur Ausgleichung verpflichtet sein würde, vor oder nach dem Erbfall weg, so ist wegen der ihm gemachten Zuwendungen der an seine Stelle tretende Abkömmling zur Ausgleichung verpflichtet.**

**(2) Hat der Erblasser für den wegfallenden Abkömmling einen Ersatzerben eingesetzt, so ist im Zweifel anzunehmen, dass dieser nicht mehr erhalten soll, als der Abkömmling unter Berücksichtigung der Ausgleichungspflicht erhalten würde.**

### Überblick

Fällt ein ausgleichungspflichtiger Erbe weg, ist der an seine Stelle tretende Abkömmling zur Ausgleichung verpflichtet. Dies gilt auch dann, wenn der Erblasser für den wegfallenden Abkömmling einen Ersatzerben eingesetzt hat.

### I. Bedeutung der Norm

1 Die Ausgleichungspflicht trifft die **an die Stelle eines Miterben tretenden Abkömmlinge** ebenso wie den zunächst berufenen Abkömmling selbst. Diese Regelung beruht wie § 2050 auf der Annahme, dass der Erblasser alle Erbstämme gleichmäßig bedenken will. Vor allem aber sollen Manipulationen zum Nachteil der anderen Miterben ausgeschlossen sein. Ein Miterbe soll Ausgleichungspflichten gegenüber den anderen Miterben nicht durch Ausschlagung oder Erbverzicht zugunsten der an seine Stelle tretenden Abkömmlinge vereiteln können (Staudinger/Löhnig, 2020, Rn. 1; MüKoBGB/Ann Rn. 1). Bei der Berechnung des **Pflichtteils** ist § 2051 entspr. anwendbar (§ 2327 Abs. 2).

### II. Nachrückende Erben und Ersatzerben

2 **1. Nachrückende Erben.** Ein Abkömmling kann durch Tod vor dem Erbfall (§ 1924 Abs. 3), Ausschließung (§ 1938), Ausschlagung der Erbschaft (§ 1953), Erbunwürdigkeit (§ 2344), Erbverzicht (§§ 2346, 2349) oder „relative Erbunfähigkeit" (etwa gem. §§ 27, 7 BeurkG, § 16 Abs. 3 BeurkG, § 24 Abs. 2 BeurkG) wegfallen. Der an seine Stelle tretende Erbe ist zur Ausgleichung

verpflichtet, wenn er **ebenfalls Abkömmling des Erblassers** (nicht unbedingt Abkömmling des weggefallenen Erben; Beispiel: dessen Bruder oder Schwester) ist. Treten Geschwister an die Stelle des weggefallenen Erben, wird der Erhöhungsbetrag, um den sich der jeweilige Anteil der Geschwister erhöht, gem. §§ 1935, 2095 in Ansehung der Ausgleichungspflicht als besonderer Erbteil angesehen (Soergel/Wolf Rn. 2). Wird der weggefallene Erbe durch mehrere nachrückende Miterben ersetzt, trifft diese die Ausgleichungspflicht im Verhältnis ihrer Anteile (Soergel/Wolf Rn. 2).

**2. Ausnahmen.** Wurde der ausgleichungspflichtige Abkömmling vom Erblasser übergangen 3
und der „eintretende" Miterbe **unmittelbar durch letztwillige Verfügung** eingesetzt, gilt § 2051 nicht (RGRK-BGB/Kregel Rn. 2; MüKoBGB/Ann Rn. 3). Ebenfalls nicht von § 2051 erfasst wird der Fall, dass ein Abkömmling bereits endgültig Erbe des Erblassers geworden ist, verstirbt und von seinen gesetzlichen oder durch letztwillige Verfügung eingesetzten Erben beerbt wird. Die Ausgleichungspflicht trifft dann die Erbeserben ohne Rücksicht darauf, ob sie Nachkommen des Erblassers sind (RGRK-BGB/Kregel Rn. 2; Grüneberg/Weidlich Rn. 1). Hat nicht der weggefallene Erbe, sondern der an seine Stelle tretende Nachkomme die Zuwendung erhalten, gilt § 2053 (keine Ausgleichungspflicht, wenn der Erblasser die Ausgleichung nicht bei der Zuwendung angeordnet hat).

**3. Ersatzerben.** Der Erblasser kann für den Fall, dass ein Erbe vor oder nach dem Erbfall 4
wegfällt, einen anderen als Ersatzerben einsetzen (§ 2096). Ist der Ersatzerbe Abkömmling des Erblassers, gilt Abs. 1 (RGRK-BGB/Kregel Rn. 4). Aber auch in anderen Fällen soll der Ersatzerbe im Zweifel nicht mehr als der gesetzliche Erbe erhalten; er ist daher wie dieser zur Ausgleichung verpflichtet **(Abs. 2).** Ausgleichungsrechte des weggefallenen Abkömmlings bleiben dem Ersatzerben im Zweifel ebenfalls erhalten (RGRK-BGB/Kregel Rn. 4; Soergel/Wolf Rn. 5). Abs. 2 enthält eine **Auslegungsregel,** die dann nicht gilt, wenn der Erblasser bei Einsetzung des Ersatzerben eine abweichende Bestimmung getroffen hat (Soergel/Wolf Rn. 6; MüKoBGB/Ann Rn. 4). Darlegungs- und beweispflichtig für eine abweichende Bestimmung ist der Ersatzerbe (RGRK-BGB/Kregel Rn. 4; Soergel/Wolf Rn. 6; MüKoBGB/Ann Rn. 4). Bei **Zuwendungen an den Ersatzerben** gilt § 2053 Abs. 1.

## § 2052 Ausgleichungspflicht für Abkömmlinge als gewillkürte Erben

**Hat der Erblasser die Abkömmlinge auf dasjenige als Erben eingesetzt, was sie als gesetzliche Erben erhalten würden, oder hat er ihre Erbteile so bestimmt, dass sie zueinander in demselben Verhältnisse stehen wie die gesetzlichen Erbteile, so ist im Zweifel anzunehmen, dass die Abkömmlinge nach den §§ 2050, 2051 zur Ausgleichung verpflichtet sein sollen.**

### Überblick

Nach der Auslegungsregel des § 2052 gelten die Vorschriften über die Ausgleichung auch dann, wenn der Erblasser den Abkömmlingen durch letztwillige Verfügung ihren gesetzlichen Erbteil zugewandt oder sie im Verhältnis ihrer gesetzlichen Erbteile bedacht hat.

### I. Bedeutung der Norm

Die Ausgleichungspflichten der kraft **gesetzlicher Erbfolge** berufenen Nachkommen des 1
Erblassers untereinander beruhen auf der Annahme, dass der Erblasser seine Nachkommen im Zweifel gleich behandeln will. Bei letztwilligen Verfügungen kann davon ausgegangen werden, dass lebzeitige Zuwendungen berücksichtigt worden sind. Nimmt der Erblasser in seiner letztwilligen Verfügung jedoch nur auf die gesetzlichen Regelungen Bezug, sollen im Zweifel auch die Vorschriften über die Ausgleichung wieder gelten (OLG München FamRZ 2015, 1835 (1836); MüKoBGB/Ann Rn. 1; Staudinger/Löhnig, 2020, Rn. 1). Voraussetzung ist, dass der Erblasser seinen Abkömmlingen entweder den **gesetzlichen Erbteil zugewandt** (vgl. auch § 2066) oder sie – zB neben anderen Erben oder unter Ausschluss des Ehegatten – **im Verhältnis ihrer gesetzlichen Erbteile eingesetzt** hat (vgl. den Fall RGZ 90, 419 (420): Ehefrau und vier Kinder wurden zu je 1/5 eingesetzt; damit erbten die Kinder im Verhältnis ihrer gesetzlichen Erbteile). Ist ein Stamm von der Erbfolge ausgeschlossen oder übermäßig bedacht, sind aber die übrigen Erben im Verhältnis ihrer gesetzlichen Erbteile eingesetzt worden, bestehen Ausgleichungspflichten

zwischen diesen übrigen Erben (RGRK-BGB/Kregel Rn. 2; MüKoBGB/Ann Rn. 2). Vorausvermächtnisse, die einzelnen Erben ausgesetzt worden sind, ändern im Zweifel nichts am Verhältnis der Erbteile und damit auch nichts an den Ausgleichungspflichten (RGZ 90, 419 (420 f.); RGRK-BGB/Kregel Rn. 3 unter Hinweis auf RG 13.1.1910 – IV 150/09; Staudinger/Löhnig, 2020, Rn. 7). Im Falle eines **Berliner Testamentes** (§ 2269) sind auch Zuwendungen des erstverstorbenen Ehegatten auszugleichen (RGRK-BGB/Kregel Rn. 4 unter Hinweis auf RG 26.3.1914 – IV 686/13; Staudinger/Löhnig, 2020, Rn. 9; aA für § 2327 BGHZ 88, 102 = NJW 1983, 2875; dazu ausf. Mohr ZEV 1999, 257). § 2052 gilt auch dann, wenn die Nachkommen nicht als Erben, sondern als Ersatzerben eingesetzt worden sind (RGZ 90, 419 (420); Staudinger/Löhnig, 2020, Rn. 8).

## II. Abweichende Anordnungen des Erblassers

2 § 2052 enthält eine **Auslegungsregel.** Der Erblasser kann abweichende Anordnungen treffen. Ein entsprechender Wille des Erblassers kann sich aus der **letztwilligen Verfügung,** aber auch aus Umständen außerhalb der letztwilligen Verfügung **vor oder bei der Zuwendung** ergeben (§ 2050) (RGZ 90, 419 (421); Staudinger/Löhnig, 2020, Rn. 2). In der Anordnung, dass die Erben alles, was nach Abzug der Vorausvermächtnisse verbleibt, unter sich verteilen sollen, kann ein Ausschluss von Ausgleichungspflichten liegen (Soergel/Wolf Rn. 2). Die Zuwendung eines Vorausvermächtnisses an einen der Miterben kann einen Ausgleich für lebzeitige Zuwendungen an die anderen Miterben und damit ebenfalls einen Erlass von Ausgleichungspflichten bedeuten (RGZ 90, 419 (420 f.); RGRK-BGB/Kregel Rn. 3). Überträgt der Erblasser bei einem bindend gewordenen gemeinschaftlichen Testament einem seiner beiden zu Schlusserben eingesetzten Söhne Teile seines Vermögens „im Wege vorweggenommener Erbfolge“, kann das als Ausgleichungsanordnung iSv §§ 2052, 2050 Abs. 3 verstanden werden (BGHZ 82, 274 = NJW 1982, 43).

## § 2053 Zuwendung an entferntere oder angenommenen Abkömmling

**(1) Eine Zuwendung, die ein entfernterer Abkömmling vor dem Wegfall des ihn von der Erbfolge ausschließenden näheren Abkömmlings oder ein an die Stelle eines Abkömmlings als Ersatzerbe tretender Abkömmling von dem Erblasser erhalten hat, ist nicht zur Ausgleichung zu bringen, es sei denn, dass der Erblasser bei der Zuwendung die Ausgleichung angeordnet hat.**

**(2) Das Gleiche gilt, wenn ein Abkömmling, bevor er die rechtliche Stellung eines solchen erlangt hatte, eine Zuwendung von dem Erblasser erhalten hat.**

### Überblick

Zuwendungen an entfernte oder angenommene Abkömmlinge werden nicht ausgeglichen, wenn der Erblasser dies nicht bei der Zuwendung die Ausgleichung angeordnet hat.

## I. Zuwendungen an entferntere Abkömmlinge (Abs. 1)

1 § 2053 setzt eine an sich nach § 2050 Abs. 1 und 2 ausgleichungspflichtige Zuwendung an einen Abkömmling voraus, der im Zeitpunkt der Zuwendung nicht gesetzlicher Erbe des späteren Erblassers war (Beispiel: Zuwendung an den Enkel, während das Kind noch lebt). Zuwendungen an einen als Ersatzerben eingesetzten Abkömmling bei Lebzeiten des unmittelbar berufenen gesetzlichen oder nach § 2052 eingesetzten Erben stehen Zuwendungen an einen entfernten Abkömmling gleich. In solchen Fällen geht der Erblasser nicht davon aus, dass der Empfänger ihn beerben wird. Es gibt daher keine Grundlage für die Vermutung, der Erblasser wolle die Zuwendung bei der späteren Erbauseinandersetzung ausgeglichen wissen (RGZ 149, 129 (133 f.)). Die Zuwendungen sind deshalb nur dann auszugleichen, wenn der Erblasser die Ausgleichung **bei der Zuwendung angeordnet** hat. Darlegungs- und beweispflichtig für eine entsprechende Anordnung ist derjenige Miterbe, der die Ausgleichung verlangt (RGRK-BGB/Kregel Rn. 4). Die Anordnung gilt nur für den Zuwendungsempfänger, der tatsächlich Erbe wird, nicht für den vorrangigen gesetzlichen Erben (MüKoBGB/Ann Rn. 7; Staudinger/Löhnig, 2020, Rn. 7).

## II. Irrtumsfälle

Nimmt der Erblasser bei der Zuwendung irrtümlich an, es sei noch ein unmittelbarer Erbe vorhanden, ist die Zuwendung grds. nicht auszugleichen. Umgekehrt ist im Zweifel Ausgleichung gewollt, wenn der Erblasser den Zuwendungsempfänger für seinen unmittelbaren Erben hielt (RGRK-BGB/Kregel Rn. 1; Staudinger/Löhnig, 2020, Rn. 6; Soergel/Wolf Rn. 2; MüKoBGB/Ann Rn. 3). **Darlegungs- und beweispflichtig** für einen Irrtum des Erblassers ist jeweils derjenige Miterbe, der sich auf ihn beruft. Hatte der Erblasser den unmittelbaren Erben im Zeitpunkt der Zuwendung bereits enterbt, ist die Zuwendung bei Fehlen einer abweichenden Anordnung auszugleichen (RGZ 149, 129). 2

## III. Zuwendungen an spätere Abkömmlinge (Abs. 2)

Zuwendungen an einen Abkömmling, der diese Stellung erst nach der Zuwendung erwirbt, sind ebenfalls nur dann auszugleichen, wenn der Erblasser die Ausgleichung bei der Zuwendung angeordnet hat (Abs. 2). Unter diese Vorschrift fielen bis zum Inkrafttreten des Gesetzes zur Reform des Kindschaftsrechts (KindRG) vom 16.12.1997 (BGBl. I 2942) am 1.7.1998 vor allem die Fälle des § 1719 (Legitimation eines nichtehelichen Kindes durch nachfolgende Ehe der Eltern) und der §§ 1723 ff. (Ehelicherklärung). Seither bezieht sie sich nur noch auf die spätere **Annahme als Kind** (§§ 1741 ff., 1754, 1772). 3

# § 2054 Zuwendung aus dem Gesamtgut

**(1) [1]Eine Zuwendung, die aus dem Gesamtgut der Gütergemeinschaft erfolgt, gilt als von jedem der Ehegatten zur Hälfte gemacht. [2]Die Zuwendung gilt jedoch, wenn sie an einen Abkömmling erfolgt, der nur von einem der Ehegatten abstammt, oder wenn einer der Ehegatten wegen der Zuwendung zu dem Gesamtgut Ersatz zu leisten hat, als von diesem Ehegatten gemacht.**

**(2) Diese Vorschriften sind auf eine Zuwendung aus dem Gesamtgut der fortgesetzten Gütergemeinschaft entsprechend anzuwenden.**

### Überblick

Die Vorschrift ordnet Zuwendungen aus dem Gesamtgut den Ehegatten an gemeinsame Abkömmlinge jeweils hälftig zu. Zuwendungen an Abkömmlinge nur eines der Ehegatten werden allein diesem zugerechnet.

## I. Bedeutung der Norm

§ 2054 soll Unklarheiten darüber vermeiden helfen, **von welchem Erblasser** eine Zuwendung stammt. Haben Ehegatten gem. §§ 1419, 1421 bestimmt, dass nur einer von ihnen das Gesamtgut verwaltet, könnte nur der Verwalter als Geber anzusehen sein mit der Folge, dass nur unter seinen Erben eine Ausgleichung stattzufinden hätte. Das Gesamtgut gehört jedoch – unabhängig von der Frage der Verwaltung – beiden Ehegatten. Zuwendungen aus dem Gesamtgut werden daher im Zweifel beiden Ehegatten je zur Hälfte zugeordnet (Ausnahmen: Abs. 1 S. 2, Abs. 2). Eine entsprechende Vorschrift enthält § 2331 für den Pflichtteilsergänzungsanspruch. Für Zuwendungen aus dem gemeinsamen Eigentum von Ehegatten, die gem. Art. 234 § 4 Abs. 2 EGBGB die Fortgeltung des **gesetzlichen Güterstandes der Eigentums- und Vermögensgemeinschaft der ehemaligen DDR** gewählt haben, gilt § 2054 entspr. 1

## II. Zuwendung aus dem Gesamtgut (Abs. 1)

**1. Zuwendungen an gemeinsame Abkömmlinge.** Abs. 1 S. 1 regelt den Fall, dass Zuwendungen aus dem Gesamtgut an gemeinsame Abkömmlinge der Ehegatten erfolgen. Solche Zuwendungen werden **jedem der Ehegatten zur Hälfte** zugerechnet. Sie sind nach dem Tode jedes der beiden Ehegatten nach Maßgabe der §§ 2050 ff. je zur Hälfte auszugleichen. Jeder der Ehegatten kann selbständig darüber befinden, ob der ihm zuzurechnende Teil der Zuwendung auszugleichen ist oder nicht (MüKoBGB/Ann Rn. 6). Kann nach dem Tode des erstversterbenden Ehegatten eine Ausgleichung nicht erfolgen, weil dessen Anteil am Gesamtgut nicht ausreicht, ist nach 2 dem Tode des anderen Ehegatten eine entspr. höhere Ausgleichung vorzunehmen (Grüneberg/Weidlich Rn. 1; MüKoBGB/Ann Rn. 6; aA Soergel/Wolf Rn. 3; Staudinger/Löhnig, 2020, Rn. 3, die § 2056 anwenden wollen). Im Falle der **fortgesetzten Gütergemeinschaft** (§ 1483) findet die Ausgleichung erst nach dem Tode des zuletzt versterbenden Ehegatten statt (vgl. Abs. 2).

3 **2. Zuwendungen an einen Abkömmling, der nur von einem der Ehegatten abstammt.** Stammt der Abkömmling, der die Zuwendung erhalten hat, nur von einem der Ehegatten ab, wird die Zuwendung nur diesem Ehegatten zugerechnet (Abs. 1 S. 2). Darauf, wer die Zuwendung erbracht hat, kommt es nicht an (RGRK-BGB/Kregel Rn. 4). Nach dem Tode dieses Ehegatten ist sie ggf. in voller Höhe auszugleichen. Allerdings gilt das nur, soweit die Zuwendung von dem Anteil des zuwendenden Ehegatten gedeckt war, bezogen auf den Zeitpunkt der Beendigung der Gütergemeinschaft (RGZ 94, 262 (264 ff.); MüKoBGB/Ann Rn. 10; RGRK-BGB/Kregel Rn. 4). Ebenfalls nur einem Ehegatten zuzurechnen ist die Zuwendung dann, wenn der Ehegatte dem Gesamtgut **Ersatz zu leisten** hat. Das ist zum Beispiel dann der Fall, wenn und soweit der verwaltende Ehegatte einem gemeinschaftlichen Kind eine Ausstattung gewährt, die das dem Gesamtgut entsprechende Maß übersteigt (§ 1444 Abs. 1, § 1446, § 1476 Abs. 2), wenn er Zuwendungen in Benachteiligungsabsicht oder ohne die vorgeschriebene Zustimmung des anderen Ehegatten vornimmt (§§ 1423–1425) oder wenn er Zuwendungen aus seinem Vorbehaltsgut verspricht, aber aus dem Gesamtgut erfüllt (§ 1445).

## III. Fortgesetzte Gütergemeinschaft (Abs. 2)

4 Abs. 2 behandelt den Fall der fortgesetzten Gütergemeinschaft. Die Ehegatten können durch Ehevertrag vereinbaren, dass die Gütergemeinschaft nach dem Tode eines Ehegatten zwischen dem überlebenden Ehegatten und den gemeinschaftlichen Abkömmlingen fortgesetzt wird. In einem solchen Fall gehört der Anteil des verstorbenen Ehegatten nicht zum Nachlass (§ 1483 Abs. 1). Zuwendungen des verstorbenen Ehegatten aus dem Gesamtgut werden erst im Rahmen der Auseinandersetzung ausgeglichen, die nach Beendigung der fortgesetzten Gütergemeinschaft – also nach dem Tod des überlebenden Ehegatten (§ 1494) – vorzunehmen ist (§ 1503 Abs. 1 und 2) (Staudinger/Löhnig, 2020, Rn. 10). Bei fortgesetzter Gütergemeinschaft hat der überlebende Ehegatte die rechtliche Stellung des alleinverwaltenden Ehegatten (§ 1487 Abs. 1). Zuwendungen aus dem Gesamtgut nach dem Tode des erstverstorbenen Ehegatten werden, wie sich aus der Verweisung auf Abs. 1 ergibt, zur Hälfte dem Anteil des überlebenden Ehegatten und zur Hälfte dem Anteil der Abkömmlinge zugeordnet. Soweit der überlebende Ehegatte dem Gesamtgut ersatzpflichtig ist (vgl. § 1499 Nr. 3), gilt die Zuwendung als nur aus seinem Vermögen erfolgt.

## § 2055 Durchführung der Ausgleichung

**(1) [1]Bei der Auseinandersetzung wird jedem Miterben der Wert der Zuwendung, die er zur Ausgleichung zu bringen hat, auf seinen Erbteil angerechnet. [2]Der Wert der sämtlichen Zuwendungen, die zur Ausgleichung zu bringen sind, wird dem Nachlass hinzugerechnet, soweit dieser den Miterben zukommt, unter denen die Ausgleichung stattfindet.**

**(2) Der Wert bestimmt sich nach der Zeit, zu der die Zuwendung erfolgt ist.**

**Schrifttum:** Kohler, Das Geld als Wertmaßstab beim Erb- und Zugewinnausgleich, NJW 1963, 225; Krug, Die Kaufkraftproblematik bei ausgleichungspflichtigen Vorempfängen in der Erbteilung, ZEV 2000, 41; Meincke, Zum Verfahren der Miterbenausgleichung, AcP 178 (1978), 45.

### Überblick

Die Ausgleichung ist Teil der Auseinandersetzung des Nachlasses. Der (Netto-)Nachlass wird, soweit er auf die ausgleichungsberechtigten und -pflichtigen Abkömmlinge des Erblassers entfällt, rechnerisch um den Wert der Zuwendungen erhöht und dann im Verhältnis der Erbteile geteilt. Die Zuwendung wird dann vom Anteil des Begünstigten abgezogen. Der Wert des Nachlasses ist bezogen auf den Zeitpunkt des Erbfalls zu ermitteln, derjenige der Zuwendung auf den Zeitpunkt der Zuwendung, aber umgerechnet auf den Zeitpunkt des Erbfalls.

## I. Bedeutung der Norm

1 **1. Rechtsnatur.** Die Ausgleichung ist **Teil der Auseinandersetzung** des Nachlasses. Sie ist ein rein rechnerischer Vorgang. Der Anteil der ausgleichungspflichtigen Miterben wird geringer, weil der Vorempfang angerechnet wird; der Anteil der ausgleichungsberechtigten Miterben erhöht sich. Dadurch verschieben sich die **Teilungsquoten** (§ 2047) (BGHZ 96, 174 (179) = NJW 1986, 931; NiedersFG ZEV 2016, 108 (109)). Die **Ausgleichungspflicht** besteht darin, dass der Verpflichtete der Teilung unter Berücksichtigung des Vorempfangs zustimmen muss. Zahlungsansprüche bestehen vor Teilung des Nachlasses nicht (BGHZ 96, 174 (180) = NJW 1986, 931; BGH NJW-RR 1989, 259; 1992, 771; Schmitz WM-Sonderbeil. Nr. 3/1998, 1 (6)). Der ausgleichungsberechtigte Miterbe hat auch keinen Anspruch darauf, dass die Ausgleichung im Wege der Realteilung durchgeführt wird (OLG München NJW-RR 1991, 1097). Die Regelung des § 2055 ist **nicht zwingend.** Der Erblasser kann eine abweichende Verteilung des Nachlasses anordnen. Die an der Auseinandersetzung Beteiligten können einvernehmlich ebenfalls abweichende Regelungen treffen. Pflichtteilsansprüche, die unter Berücksichtigung von Ausgleichungsrechten und -pflichten zu berechnen sind (§ 2316), bleiben davon jedoch unberührt.

2 **2. Rechtswirkungen der Ausgleichung.** Auf die **Rechtsstellung** der Miterben wirken sich Ausgleichungsrechte und -pflichten grds. nicht aus. Das **Stimmrecht** bei Maßnahmen der Verwaltung gem. § 2038 Abs. 2, § 745 richtet sich bis zur Auseinandersetzung nach den gesetzlichen (oder im Falle des § 2052 den letztwillig verfügten) Erbquoten (RGRK-BGB/Kregel Rn. 8; MüKoBGB/Ann Rn. 6). Nur die Verteilung des Reinertrages nach § 2038 Abs. 2 S. 3 erfolgt bereits nach den gem. §§ 2050 ff. bereinigten Teilungsquoten. Ist eine Verteilung nach den Erbquoten erfolgt, sind zu viel bezogene Früchte bei der Auseinandersetzung zu erstatten (RGRK-BGB/Kregel Rn. 8; MüKoBGB/Ann Rn. 7). **Nachlassgläubigern** gegenüber haften ausgleichungspflichtige und ausgleichungsberechtigte Miterben bei Beschränkung der Haftung auf den Nachlass gem. § 2059 S. 1 vor der Teilung mit ihrem nicht bereinigten Erbteil (RGRK-BGB/Kregel Rn. 8). **Pfändet** der Gläubiger den Anteil allerdings im Wege der Zwangsvollstreckung, erlangt er hinsichtlich der Ausgleichungsrechte und -pflichten die Stellung, die der Erbe hatte (MüKoBGB/Ann Rn. 11; RGRK-BGB/Kregel Rn. 10). Gleiches gilt für den Erwerber eines Erbteils (§ 2033) sowie für den Erbeserben (RGRK-BGB/Kregel Rn. 10).

## II. Verfahren der Ausgleichung

3 **1. Grundsatz.** Voraussetzung der Ausgleichung ist, dass die Nachlassverbindlichkeiten beglichen sind. Ausgleichungsansprüche sind **keine Nachlassverbindlichkeiten** (BGH 30.4.1970 – III ZR 176/68, zitiert bei Johannsen WM 1972, 914 (919)). Vorab sind die Anteile derjenigen Miterben zu berechnen, die nicht an der Ausgleichung teilnehmen. Diese Anteile bleiben unverändert. Die **eigentliche Ausgleichung** vollzieht sich in drei Schritten. Der nach Abzug der Verbindlichkeiten und der Anteile der nicht beteiligten Erben verbleibende Nachlass wird rechnerisch um die auszugleichenden Zuwendungen erhöht (Abs. 1 S. 2). Er wird sodann nach dem Verhältnis der Erbteile der an der Ausgleichung beteiligten Miterben geteilt. Der Anteil des oder der ausgleichungspflichtigen Miterben wird schließlich um den Wert des Vorempfangs vermindert (FG Niedersachsen ZEV 2016, 108 (109)).

3.1 **Beispiel:** Der Erblasser, der im gesetzlichen Güterstand gelebt hat, wird von seiner Ehefrau und den Kindern A, B und C beerbt. Der Wert des Nachlasses beträgt 100.000. A hat 15.000, B hat 10.000 auszugleichen. Die Ehefrau erhält vorab die Hälfte des Nachlasses = 50.000 (§ 1931 Abs. 1 und 3, § 1371 Abs. 1), denn sie ist an der Ausgleichung nicht beteiligt. Den verbleibenden 50.000 werden die Vorempfänge zugezählt. Der Betrag von 75.000 wird rechnerisch unter A, B und C verteilt. Unter Abzug der Vorempfänge erhalten A (25.000 – 15.000 =) 10.000 und B (25.000 – 10.000 =) 15.000; C erhält die vollen 25.000. Hat ein Miterbe durch die Zuwendung mehr erhalten, als ihm bei der Auseinandersetzung zukommen würde, ist nach § 2056 zu verfahren.

4 **2. Wertermittlung.** Der **Wert des Nachlasses** ist bezogen auf den **Zeitpunkt des Erbfalles** zu ermitteln (BGHZ 65, 75 = NJW 1975, 1831; BGHZ 96, 174 (180 f.) = NJW 1986, 931; BGH NJW-RR 1989, 259; FG Niedersachsen ZEV 2016, 108 (110); Meincke AcP 178 (1978), 45 (59 ff.); Erman/Bayer Rn. 2; Grüneberg/Weidlich Rn. 3). Auf den Zeitpunkt der Auseinandersetzung kommt es nicht an (so aber Staudinger/Löhnig, 2020, Rn. 1; MüKoBGB/Ann Rn. 12; Krug ZEV 2000, 41 (43)). Der **Wert der Zuwendung** ist zunächst für den Zeitpunkt der

Zuwendung festzustellen (Abs. 2) und dann unter Berücksichtigung des **Kaufkraftschwundes** auf den Zeitpunkt des Erbfalls umzurechnen; denn die ausgleichungsberechtigten Miterben werden so gestellt, als sei der zugewandte Gegenstand seinem Wert nach im Zeitpunkt des Erbfalles noch im Nachlass gewesen (BGHZ 65, 75 = NJW 1975, 1831 mAnm Johannsen LM § 2325 Nr. 12/13; OLG Frankfurt BeckRS 2010, 06332; Nieders. FG ZEV 2016, 108 (109 f.); grdl. Kohler NJW 1963, 225, (227 ff.); aA Staudinger/Löhnig, 2020, Rn. 15: Abs. 2 bedeute nur, dass der Gegenstand der Zuwendung mit demjenigen Geldbetrag dem Nachlass zu- und dem Ausgleichspflichtigen angerechnet werden müsse, der im Zeitpunkt der Auseinandersetzung aufzuwenden wäre, um ihn in dem Zustand, den er im Zeitpunkt der Zuwendung hatte, zu erwerben). Umgerechnet wird, indem der Wert der Zuwendung mit der für das Jahr des Erbfalls geltenden Preisindexzahl für die Lebenshaltung multipliziert und durch die Preisindexzahl für das Jahr der Zuwendung dividiert wird. Besteht die Zuwendung in der schenkweisen Übereignung eines Grundstücks, ist Stichtag für die Bewertung der Schenkung der Tag der Eintragung im Grundbuch (BGHZ 65, 75 = NJW 1975, 1831). **Zinsen und Nutzungen** bleiben außer Betracht (RGRK-BGB/Kregel Rn. 5; Staudinger/Löhnig, 2020, Rn. 17; MüKoBGB/Ann Rn. 13; vgl. auch BGHZ 11, 206 (209) = NJW 1954, 348). Sie sollten dem Empfänger nach dem Willen des Erblassers bereits vor dem Erbfall zugutekommen und müssen daher nicht ausgeglichen werden. **Anordnungen des Erblassers,** zu welchem Wert Zuwendungen angerechnet werden sollen, haben grds. Vorrang. Bei einer ausgleichungspflichtigen Schenkung kann sich auch ohne ausdrückliche Erklärung aus den Umständen des Falles ergeben, dass für den Wert des Geschenks der Zeitpunkt des Erbfalls und nicht derjenige der Zuweisung maßgeblich sein soll (OLG Hamm MDR 1966, 330).

5 **3. Prozessuales.** Klagen im Zusammenhang mit der Ausgleichung können am Gerichtsstand der Erbschaft (§ 27 ZPO) erhoben werden (BGH NJW 1992, 364). Bis zur endgültigen Auseinandersetzung des Nachlasses kommt nur eine **Feststellungsklage** in Betracht. Die Klage auf Feststellung eines einzelnen Streitpunktes im Rahmen der Auseinandersetzung ist zulässig, wenn die Feststellung einer sinnvollen Klärung der Grundlagen der Erbauseinandersetzung dient (BGH NJW-RR 1990, 220; 1992, 771). Der Antrag hat dahingehend zu lauten, dass eine bestimmte Zuwendung im Rahmen der Auseinandersetzung mit einem bestimmten Betrag anzusetzen und auszugleichen sei. Ein solcher Feststellungsantrag kann in einer verfrüht erhobenen Zahlungsklage enthalten sein (BGH NJW-RR 1992, 771). Eine **Zahlungsklage** ist erst möglich, wenn der Nachlass ohne Berücksichtigung der Ausgleichungspflichten verteilt worden ist. Grundlage eines solchen Anspruchs ist dann § 812 (RGRK-BGB/Kregel Rn. 4; RGRK-BGB/Kregel § 2050 Rn. 21; vgl. auch BGH NJW-RR 1992, 771). Hat eine teilweise Auseinandersetzung ohne Berücksichtigung von Vorausempfängen stattgefunden, muss die Ausgleichung bei der Aufteilung des Restes des ungeteilten Nachlasses nachgeholt werden. Ein Zahlungsanspruch aus § 812 besteht solange nicht, wie der ungeteilte Nachlassrest möglicherweise für die gebotene Ausgleichung ausreicht (BGH NJW-RR 1992, 771). Streiten die Beteiligten über den Wert der Zuwendung, trägt der Ausgleichungsberechtigte die **Beweislast** dafür, dass die Zuwendung einen höheren als den vom Ausgleichungspflichtigen behaupteten Wert hat (MüKoBGB/Ann Rn. 18).

## § 2056 Mehrempfang

**[1]Hat ein Miterbe durch die Zuwendung mehr erhalten, als ihm bei der Auseinandersetzung zukommen würde, so ist er zur Herauszahlung des Mehrbetrags nicht verpflichtet. [2]Der Nachlass wird in einem solchen Falle unter den übrigen Erben in der Weise geteilt, dass der Wert der Zuwendung und der Erbteil des Miterben außer Ansatz bleiben.**

### Überblick

Den sog. Mehrempfang, um den die lebzeitigen, an sich auszugleichenden Zuwendungen den Erbteil übersteigen, braucht ein Miterbe nicht herauszugeben. Der Wert der Zuwendung und der Anteil des Miterben bleiben außer Betracht. Die übrigen Miterben teilen den Nachlass nach dem Verhältnis ihrer Erbteile.

### I. Keine Herausgabe des Mehrempfangs (S. 1)

1 Ein Miterbe, der durch ausgleichungspflichtige Zuwendungen mehr erhalten hat, als ihm bei einer Auseinandersetzung nach § 2055 zukommen würde, ist **nicht zur Herausgabe des Mehr-**

**betrags verpflichtet.** Auch diese Vorschrift entspricht dem vermuteten Willen des Erblassers, der im Zweifel wollte, dass die lebzeitige Zuwendung auf Dauer beim Empfänger verbleibt (Staudinger/Löhnig, 2020, Rn. 1; MüKoBGB/Ann Rn. 1). Sie gilt auch gegenüber einem **Pflichtteilsanspruch,** der gem. § 2316 Abs. 1 grds. unter Berücksichtigung der Ausgleichungspflichten zu berechnen ist (RGZ 77, 282 (283); RGRK-BGB/Kregel Rn. 1; Staudinger/Löhnig, 2020, Rn. 4). Scheidet ein Miterbe wegen eines zu hohen Vorempfangs aus der Verteilung aus, richtet sich der Pflichtteil – wie der Anteil der anderen Miterben – nur nach dem tatsächlich vorhandenen Nachlass, ggf. zuzüglich der ausgleichungspflichtigen Zuwendungen derjenigen Miterben, die beteiligt bleiben (BGH NJW 1965, 1526; RGRK-BGB/Kregel Rn. 3 unter Hinweis auf RG 3.7.1911 – IV 619/10). Handelt es sich bei den ausgleichungspflichtigen Zuwendungen um Schenkungen, kommt allerdings auch ein Anspruch auf **Pflichtteilsergänzung** gem. § 2325 in Betracht. Ob § 2056 auch auf Pflichtteilsergänzungsansprüche anwendbar ist (so RGZ 77, 282; Staudinger/Löhnig, 2020, Rn. 5; MüKoBGB/Ann Rn. 4), hat der BGH bisher offengelassen (BGH NJW 1965, 1526 (1527); dazu und zu RGZ 77, 282 vgl. Keßler DRiZ 1966, 395 (399)). Gegenüber einem Anspruch aus § 2329 auf Herausgabe des Geschenks nach den Vorschriften über die ungerechtfertigte Bereicherung kann sich der Erbe nicht auf § 2056 berufen (OLG München 16.6.1982 – 27 U 243/82; ebenso RGRK-BGB/Johannsen § 2325 Rn. 16). Der Erblasser kann grds. von der gesetzlichen Regelung **abweichende Ausgleichungsanordnungen** treffen. Er kann jedoch nicht die Rückerstattung von zu Lebzeiten unbedingt übertragenem Vermögen anordnen (OLG Celle OLGRspr. 32, 52; Staudinger/Löhnig, 2020, Rn. 2); denn über fremdes Vermögen kann er nicht letztwillig verfügen.

## II. Verfahren der Ausgleichung (S. 2)

**1. Einfache Anwendung.** Hat ein Miterbe durch lebzeitige Zuwendungen mehr als den ihm zustehenden Anteil erlangt, bleiben der Wert der Zuwendung und der Erbteil des Miterben bei der Teilung außer Ansatz. Die übrigen Erben teilen den Nachlass **im Verhältnis ihrer Anteile zueinander.** 2

**Beispiel:** Die Erben A, B und C erben zu gleichen Teilen (je ein Drittel). Der Nachlass beträgt 24000; A hat Vorausempfänge von 15.000 auszugleichen. Gemäß § 2055 wäre von einem Nachlass von (24.000 + 15.000 =) 39.000 auszugehen. Jeder Erbe erhielte ein Drittel = 13.000. A hat jedoch bereits 15.000 erhalten. Er ist nicht verpflichtet, die überschießenden 2000 herauszugeben; vielmehr bleiben er und die Zuwendung unberücksichtigt. B und C teilen den tatsächlich vorhandenen Nachlass im Verhältnis ihrer Erbteile, erhalten also jeder die Hälfte = 12.000. A bleibt Miterbe und bis zur Teilung Mitglied der Erbengemeinschaft. Das gilt dann, wenn es nur zwei Miterben gibt, auch für denjenigen, der bei der Teilung gem. § 2056 rechnerisch außer Betracht zu bleiben hat (Staudinger/Löhnig, 2016, Rn. 5). Der andere Miterbe wird erst mit der Auseinandersetzung alleiniger Eigentümer der zum Nachlass gehörenden Gegenstände. 2.1

**2. Wiederholte Anwendung.** Haben **mehrere Abkömmlinge Zuwendungen auszugleichen,** muss uU mehrfach gerechnet werden. 3

**Beispiel** (nach Staudinger/Löhnig, 2016, Rn. 7): Erben sind A zu einem Drittel, V und W als Kinder des vorverstorbenen B zu je 1/6 und X, Y und Z als Kinder des vorverstorbenen C zu je 1/9 (also im Verhältnis 6:3:3:2:2:2). Der Nachlass beträgt 28.000; W hat 8.000 auszugleichen und Z 12.000. Gemäß § 2055 ist von einem rechnerischen Nachlass von 48.000 auszugehen. Z, der nur 1/9 von 48.000 = 5.333,33 zu beanspruchen, aber bereits 12.000 erhalten hat, bleibt gem. § 2056 außer Betracht. Nunmehr beträgt der Nachlass 36.000 und ein Verhältnis der zur Teilung Berechtigten (ohne Z) von 6:3:3:2:2. W stünden davon 3/16 = 6.750 zu; er hat jedoch bereits 8.000 erhalten und scheidet gem. § 2056 ebenfalls aus. Es bleibt ein Nachlass von 28.000, der im Verhältnis von 6:3:2:2 unter A, V, X und Y zu teilen ist. Damit erhalten A 6/13, V 3/13 und X und Y je 2/13 von 28.000. 3.1

**3. Mehrere Erbteile.** Hat sich der Erbteil eines gesetzlichen Erben durch Wegfall eines anderen gesetzlichen Erben erhöht, gilt der Teil, um welchen sich der Erbteil erhöht, **in Ansehung der Ausgleichungspflicht als besonderer Erbteil** (§ 1935). Die Voraussetzungen des § 2056 sind für jeden Erbteil gesondert zu prüfen. Ist ein Erbteil überschwert, bleibt der andere Erbteil davon unberührt. Gleiches gilt bei der Anwachsung gem. § 2095 und bei der Berufung zu mehreren Erbanteilen durch mehrfache Verwandtschaft gem. § 1927 oder durch Testament (§ 2066) (RGRK-BGB/Kregel Rn. 4; Soergel/Wolf Rn. 2). 4

## § 2057 Auskunftspflicht

**[1]Jeder Miterbe ist verpflichtet, den übrigen Erben auf Verlangen Auskunft über die Zuwendungen zu erteilen, die er nach den §§ 2050 bis 2053 zur Ausgleichung zu bringen hat. [2]Die Vorschriften der §§ 260, 261 über die Verpflichtung zur Abgabe der eidesstattlichen Versicherung finden entsprechende Anwendung.**

### Überblick

Der Auskunftsanspruch des § 2057 dient der Vorbereitung einer Ausgleichung nach §§ 2050–2053. Anspruchsberechtigt ist jeder Miterbe, der Ausgleichung verlangen könnte. Anspruchsverpflichtet ist jeder Miterbe, der zur Ausgleichung verpflichtet sein könnte. Die Vorschriften der §§ 260, 2061 gelten entsprechend.

## I. Auskunftsanspruch des Miterben

1 **1. Bedeutung der Norm.** Der Auskunftsanspruch des § 2057 soll die ordnungsgemäße Durchführung der Ausgleichung gewährleisten; denn Ausgleichung verlangen kann nur, wer die auszugleichenden Vorempfänge kennt. Die Vorschrift wurde erforderlich, weil es keinen allgemeinen Auskunftsanspruch der Miterben untereinander gibt (BGH NJW-RR 1989, 450; Staudinger/Löhnig, 2020, Rn. 2; allg. Schöne, Auskunftsansprüche im Erbrecht, 1983; zur Entwicklung Sarres ZEV 2016, 306).

2 **2. Anspruchsvoraussetzungen. a) Auskunftsrecht.** Das Auskunftsrecht steht jedem Miterben zu, der Ausgleichung verlangen könnte. Es fällt nicht unter § 2038 oder § 2039 (BayObLG OLGRspr. 37, 253; Staudinger/Löhnig, 2020, Rn. 3; Erman/Bayer Rn. 2), kann also von jedem Miterben selbständig geltend gemacht werden. Auskunftsberechtigt ist auch der mit der Auseinandersetzung beauftragte Testamentsvollstrecker (Staudinger/Löhnig, 2020, Rn. 3; RGRK-BGB/Kregel Rn. 2; MüKoBGB/Ann Rn. 3). Der Nachlass- oder Nachlassinsolvenzverwalter hat nur bei Vorliegen eines besonderen Interesses Anspruch auf Auskunft, etwa dann, wenn eine Nachlassverbindlichkeit berichtigt werden soll, mit der nur ein Erbteil belastet ist (Staudinger/Löhnig, 2020, Rn. 4). Nach § 2057 auskunftsberechtigt ist schließlich auch ein pflichtteilsberechtigter Abkömmling, der nicht Erbe geworden ist (RGZ 73, 372 (374 f.); OLG Nürnberg NJW 1957, 1482; OLG Zweibrücken FamRZ 1987, 1197 (1198); OLG München NJW 2013, 2690 (2691); RGRK-BGB/Kregel Rn. 3 unter Hinweis auf BGH 24.9.1953 – IV ZR 37/53; MüKoBGB/Ann Rn. 5; Staudinger/Löhnig, 2020, Rn. 3); denn der Pflichtteilsanspruch ist unter Berücksichtigung der Ausgleichungspflichten zu berechnen (§ 2316 Abs. 1). Der Alleinerbe, der auf Auszahlung des Pflichtteils in Anspruch genommen wird, hat demgegenüber keinen Auskunftsanspruch entspr. § 2057 gegen den Pflichtteilsberechtigten (OLG München NJW 2013, 2690; aA – einen Anspruch bejahend – RGZ 73, 372 (376)).

3 **b) Auskunftspflicht.** Die Auskunftspflicht trifft jeden Miterben, der zur Ausgleichung nach §§ 2050 ff. verpflichtet sein könnte, aber auch jeden pflichtteilsberechtigten Abkömmling, der nicht Erbe geworden ist (OLG Nürnberg NJW 1957, 1482; Staudinger/Löhnig, 2020, Rn. 7; MüKoBGB/Ann Rn. 5; RGRK-BGB/Kregel Rn. 4).

4 **3. Inhalt des Anspruchs.** Gegenstand der Auskunft sind **alle Zuwendungen,** die auch nur möglicherweise unter §§ 2050 ff. fallen könnten (OLG München NJW 2013, 2690 f.). Der Auskunftsverpflichtete muss zwar nicht jede Kleinigkeit angeben, die er jemals vom Erblasser erhalten hat (RGZ 73, 372 (376); RGRK-BGB/Kregel Rn. 5). Die rechtliche Beurteilung der Frage, ob eine Zuwendung ausgleichungspflichtig ist, obliegt jedoch nicht dem Auskunftsverpflichteten. Im Zweifel muss eine Zuwendung deshalb offenbart werden, und zwar unter Angabe aller für und gegen eine Ausgleichungspflicht sprechenden Umstände (OLG München FamRZ 2015, 1877 (1879); RGRK-BGB/Kregel Rn. 5 unter Hinweis auf RG 14.7.1932 – IV 83/32; Staudinger/Löhnig, 2020, Rn. 9 f.; MüKoBGB/Ann Rn. 5). Anzugeben sind insbes. Art und Menge des Vorempfangs, alle wertbildenden Faktoren (BGHZ 183, 376 Rn. 28 = NJW 2010, 3023; BayObLG OLGRspr. 37, 253 f.), der Zeitpunkt der Zuwendung und die die Ausgleichungspflicht betreffenden Anordnungen des Erblassers (MüKoBGB/Ann Rn. 5). Ein Anspruch auf Einholung eines **Wertgutachtens** folgt nicht aus § 2057, sondern allenfalls nach allgemeinen Grundsätzen aus § 242 (OLG Hamm FamRZ 1983, 1279; MüKoBGB/Ann Rn. 5). Die Kosten hat ggf. der Anspruchsteller zu tragen (MüKoBGB/Ann Rn. 5; aA Schopp Anm. zu OLG Hamm FamRZ

1983, 1280). Eine bestimmte Form der Auskunft ist nicht vorgeschrieben. Schon aus Beweisgründen kann jedoch regelmäßig eine **schriftliche Auskunft** verlangt werden (Soergel/Wolf Rn. 6). Ein Verzeichnis ist dann vorzulegen, wenn ein Inbegriff von Gegenständen zugewandt worden ist (§ 260 Abs. 1). Ob der Auskunftsanspruch der regelmäßigen **Verjährung** nach §§ 195, 199 unterliegt, ist streitig (verneinend OLG Rostock ZEV 2009, 464 (465); bejahend OLG Stuttgart ZEV 2019, 25 m. krit. Anm. Jaeger), dürfte aber zu verneinen sein, weil der Ausgleichungsanspruch als solcher nicht verjährt und ein Auskunftsanspruch nicht vor dem Hauptanspruch verjährt, dem er dient (BGH NJW 2017, 2755).

## II. Durchsetzung des Auskunftsanspruchs

**1. Verfahren.** Im **Prozess** muss der Kläger, der Auskunft verlangt, nur seine Stellung als Auskunftsberechtigter und die Stellung des Beklagten als Auskunftsverpflichteter darlegen und erforderlichenfalls beweisen. Er braucht keine bestimmten Zuwendungen oder auch nur Anhaltspunkte dafür darzulegen, dass es Zuwendungen gegeben hat (MüKoBGB/Ann Rn. 6; aA Sarres ZEV 2000, 349 (351): Der Anspruchsteller müsse tatsachenorientierte Anknüpfungspunkte für eine Zuwendung darlegen). Anders kann es im Fall eines Rechtsgeschäfts sein, das äußerlich keine Zuwendung darstellt; dann muss der Kläger Tatsachen darlegen, die den Schluss auf eine Zuwendung zulassen (Staudinger/Löhnig, 2020, Rn. 11). Der **Klageantrag** kann ohne weitere Spezifizierung darauf gerichtet sein, Auskunft über ausgleichungspflichtige Zuwendungen zu erteilen (Soergel/Wolf Rn. 7; vgl. auch den Fall OLG Zweibrücken FamRZ 1987, 1197). Der Wert der Klage beträgt einen Bruchteil (1/4 bis 1/10) des Anspruchs, den die Auskunft vorbereiten soll (Soergel/Wolf Rn. 7). Die **Vollstreckung** richtet sich nach § 888 ZPO. 5

**2. Eidesstattliche Versicherung.** Wenn Grund zu der Annahme besteht, dass die Auskunft nicht mit der erforderlichen Sorgfalt erteilt worden ist, hat der Verpflichtete auf Verlangen des Berechtigten an Eides Statt zu versichern, dass er die zur Ausgleichung zu bringenden Zuwendungen so vollständig angegeben habe, als er dazu imstande sei (S. 2 iVm § 260 Abs. 2) (OLG München FamRZ 2016, 1877 (1878); RGRK-BGB/Kregel Rn. 8). Auf § 259 Abs. 3 verweist S. 2 nicht, sodass die eidesstattliche Versicherung auch in Angelegenheiten von geringer Bedeutung verlangt werden kann (Staudinger/Löhnig, 2020, Rn. 14; RGRK-BGB/Kregel Rn. 7). **Darlegungs- und beweispflichtig** für die Umstände, aus denen die mangelnde Sorgfalt bei der Auskunft folgt, ist der Anspruchsteller. Unvollständigkeit und mangelnde Sorgfalt brauchen aber nicht fest zu stehen. Ein auf Tatsachen beruhender Verdacht reicht aus (OLG München FamRZ 2015, 1835, 1836). Die **Vollstreckung** richtet sich nach §§ 889, 888 ZPO. Hat das Vollstreckungsgericht Anlass zur Annahme, dass die Auskunft nicht mit der erforderlichen Sorgfalt vorgenommen hat, kann das Vollstreckungsgericht im Verfahren nach § 889 ZPO gem. § 261 Abs. 1 auf Antrag des Gläubigers beschließen, dass der Schuldner seine unvollständige Auskunft nachbessert und die Vollständigkeit an Eides statt versichert (BGH MDR 2014, 1342 Rn. 11). Die **Kosten** der eidesstattlichen Versicherung trägt derjenige, der die Abgabe der Versicherung verlangt (§ 261 Abs. 3). 6

## § 2057a Ausgleichungspflicht bei besonderen Leistungen eines Abkömmlings

**(1) [1]Ein Abkömmling, der durch Mitarbeit im Haushalt, Beruf oder Geschäft des Erblassers während längerer Zeit, durch erhebliche Geldleistungen oder in anderer Weise in besonderem Maße dazu beigetragen hat, dass das Vermögen des Erblassers erhalten oder vermehrt wurde, kann bei der Auseinandersetzung eine Ausgleichung unter den Abkömmlingen verlangen, die mit ihm als gesetzliche Erben zur Erbfolge gelangen; § 2052 gilt entsprechend. [2]Dies gilt auch für einen Abkömmling, der den Erblasser während längerer Zeit gepflegt hat.**

**(2) [1]Eine Ausgleichung kann nicht verlangt werden, wenn für die Leistungen ein angemessenes Entgelt gewährt oder vereinbart worden ist oder soweit dem Abkömmling wegen seiner Leistungen ein Anspruch aus anderem Rechtsgrund zusteht. [2]Der Ausgleichungspflicht steht es nicht entgegen, wenn die Leistungen nach den §§ 1619, 1620 erbracht worden sind.**

**(3) Die Ausgleichung ist so zu bemessen, wie es mit Rücksicht auf die Dauer und den Umfang der Leistungen und auf den Wert des Nachlasses der Billigkeit entspricht.**

**(4) [1]Bei der Auseinandersetzung wird der Ausgleichungsbetrag dem Erbteil des ausgleichungsberechtigten Miterben hinzugerechnet. [2]Sämtliche Ausgleichungsbeträge**

**werden vom Werte des Nachlasses abgezogen, soweit dieser den Miterben zukommt, unter denen die Ausgleichung stattfindet.**

**Schrifttum:** Bosch, Erbrechtliche Probleme des „Nichtehelichengesetzes", FamRZ 1972, 169; Bredemeyer/Sutter, Die gerichtliche Durchsetzung der Ausgleichung von Pflegeleistungen, ZEV 2022, 61; Damrau, Erbersatzanspruch und Erbausgleich, FamRZ 1969, 579; Firsching, Gesetz über die rechtliche Stellung der nichtehelichen Kinder vom 19.8.1969, DNotZ 1970, 519; Kollmeyer, Ausgleich von Pflegeleistungen unter Abkömmlingen, NJW 2017, 1849; Ludyga, Die Berücksichtigung von Pflegeleistungen gem. § 2057a BGB nach der Erbrechtsreform, ZErb 2009, 289; Petersen, Die Beweislast bei der Ausgleichspflicht unter Miterben nach § 2057a BGB, ZEV 2000, 432; Schneider, Berücksichtigung von Pflegeleistungen eines Abkömmlings im Erbfall, ZEV 2018, 380; Teschner, § 2057a – Pflegeleistungen im Licht der Rechtsprechung, ZErb 2017, 61.

## Überblick

In § 2057a geht es um die Ausgleichung besonderer Leistungen einzelner Abkömmlinge zu Lebzeiten des Erblassers. Die Anspruchsvoraussetzungen ergeben sich aus Abs. 1 und 2. Die Höhe des Anspruchs richtet sich nach Dauer und Umfang der Leistungen einerseits, dem Wert des Nachlasses andererseits. Es handelt sich nicht um einen Zahlungsanspruch. Bei der Teilung des Nachlasses wird der Ausgleichungsbetrag vom Erbteil aller Abkömmlinge (nicht: des Ehegatten) abgezogen und dem Anteil des Berechtigten zugeschlagen.

## I. Bedeutung der Norm

1 **1. Normzweck.** § 2057a will den zur gesetzlichen Erbfolge berufenen Abkömmlingen, die den Erblasser in besonderer Weise unterstützt haben, einen **Ausgleich für an den Erblasser erbrachte Leistungen** gewähren, soweit ein solcher Ausgleich nicht bereits zu Lebzeiten des Erblassers erfolgt ist. Anders als in den anderen Vorschriften der §§ 2050 ff. geht es hier nicht um Zuwendungen des Erblassers an den Erben, sondern um **Zuwendungen des Erben an den Erblasser.** Die Vorschrift, die Art. 633 Schweizer ZGB nachgebildet worden ist, wurde durch Art. 1 Nr. 90 NEhelG (Gesetz über die rechtliche Stellung der nichtehelichen Kinder vom 19.8.1969, BGBl. I 1243 (1255)) eingeführt. Hintergrund der Neuregelung war die Annahme, dass die in § 2057a beschriebenen Leistungen typischerweise von im elterlichen Haushalt lebenden ehelichen Kindern erbracht werden, die gegenüber den seit dem Inkrafttreten des NEhelG erbersatzanspruchsberechtigten nichtehelichen Kindern nicht benachteiligt werden sollten (RGRK-BGB/Kregel Rn. 1; Ludyga ZErb 2009, 289 (290); seit dem 1.4.1998 sind eheliche und nichteheliche Kinder erbrechtlich gleichgestellt). Besondere Leistungen werden jedoch nicht vermutet, sondern müssen im Einzelfall – wenn auch bei erleichterter Darlegungslast (vgl. III.) – festgestellt werden (Kollmeyer NJW 2017, 1849 (1850)). Bei gewandelten gesellschaftlichen Bedingungen, die durch die Auflockerung von Familienstrukturen und die Harmonisierung der Lebensverhältnisse ehelicher und nichtehelicher Kinder gekennzeichnet sind, dient die Vorschrift nunmehr der sozialen und finanziellen Anerkennung individueller Leistungen (Ludyga ZErb 2009, 289 (290)). Das Erbrechtsgleichstellungsgesetz (Gesetz zur erbrechtlichen Gleichstellung nichtehelicher Kinder vom 1.4.1998, BGBl. I 2968) hat § 2057a daher unberührt gelassen. Auch ein **Hoferbe** kann einen Ausgleichungsanspruch nach § 2057a geltend machen (dazu Staudinger/Löhnig, 2020, Rn. 35; vgl. auch OLG Celle OLGR 1996, 214 (216)). § 2057a ist **abdingbar.** Der Erblasser kann Ausgleichungsansprüche durch letztwillige Verfügung ausschließen (BGH NJW-RR 2021, 600 Rn. 14). Eine solche Anordnung wird regelmäßig als Vermächtnis zugunsten der an sich ausgleichungspflichtigen Miterben anzusehen sein (MüKoBGB/Ann Rn. 3; RGRK-BGB/Kregel Rn. 7; Damrau FamRZ 1969, 571 (579); Bosch FamRZ 1972, 169 (174)). Ebenso können die Miterben einverständlich abweichende Auseinandersetzungsvereinbarungen treffen.

2 **2. Anwendungsbereich.** Gemäß Art. 12 § 10 Abs. 1 NEhelG galt die Ausgleichungspflicht gem. § 2057a nur für **Erbfälle nach dem 30.6.1970.** Das Gesetz über die rechtliche Stellung der nichtehelichen Kinder – NEhelG – vom 19.8.1969 trat am 1.7.1970 in Kraft. Die auszugleichenden Leistungen konnten vor dem 1.7.1970 erbracht worden sein (Bosch FamRZ 1972, 169 (173); Firsching DNotZ 1970, 519 (536)). Nichteheliche Kinder, die vor dem 1.7.1949 geboren worden sind, waren gem. Art. 12 § 10 Abs. 2 NEhelG nicht nach dem Vater erbberechtigt; die Frage einer Ausgleichung stellte sich in solchen Fällen deshalb nicht. Der EGMR hat diese Regelung in einer Entscheidung vom 28.5.2009 für konventionswidrig gehalten und Deutschland zu einer Entschädigungszahlung an ein betroffenes nichteheliches Kind verurteilt (EGMR FamRZ

2009, 1293). Im Zweiten Gesetz zur erbrechtlichen Gleichstellung nichtehelicher Kinder, zur Änderung der ZPO und der AO vom 11.4.2011 (BGBl. I 615), welches rückwirkend zum 29.5.2009 in Kraft gesetzt worden ist, wurde Art. 12 § 10 Abs. 2 NEhelG aufgehoben worden. Ein vor dem 1.7.1970 geborenes nichteheliches Kind und seine Abkömmlinge waren danach in bis zum 28.5.2009 – dem Tag der Entscheidung des EGMR – eingetretenen Erbfällen weiterhin vom Erbrecht nach dem Vater und dessen Verwandten ausgeschlossen (BGHZ 191, 229 = NJW 2012, 231). Das BVerfG hat die Übergangsregelung für verfassungsgemäß gehalten (BVerfG NJW 2013, 2103 = FamRZ 2013, 847). Nachdem der EGMR jedoch auch insoweit eine Konventionsverletzung festgestellt hat (EGMR ZEV 2017, 507), legt der BGH Art. 5 S. 2 ZwErbGleichG erweiternd dahingehend aus, dass auch Erbfälle vor dem 29.5.2009 erfasst sein können (BGH ZEV 2017, 510). Gleiches gilt dann für Ansprüche nach § 2057a. § 2057a ist gem. § 2316 auch bei der Berechnung des **Pflichtteilsanspruchs** anzuwenden, und zwar nicht nur zulasten, sondern auch zugunsten des oder der Erben; denn der Pflichtteilsberechtigte soll nicht weniger, aber auch nicht mehr als die Hälfte desjenigen erhalten, was er im Falle gesetzlicher Erbfolge zu beanspruchen hätte (BGH NJW 1993, 1197; NJW-RR 2021, 600 Rn. 11; OLG Nürnberg NJW 1992, 2303; aA OLG Stuttgart DNotZ 1989, 184). Der **Pflichtteilsergänzungsanspruch** (§ 2325) knüpft an den nach §§ 2316, 2057a zu ermittelnden Pflichtteil an. Hat der Beschenkte besondere Leistungen erbracht, kann der Pflichtteilsergänzungsanspruch auch nach § 2330 zu mindern sein (BGH ZEV 2006, 265 Rn. 15).

## II. Voraussetzungen des Ausgleichungsanspruchs

**1. Ausgleichungsbeteiligte.** Die Ausgleichung findet unter **mehreren Abkömmlingen** des Erblassers statt, die gemeinsam als gesetzliche Erben zur Erbfolge gelangt oder gem. § 2052 durch letztwillige Verfügung im Verhältnis ihrer gesetzlichen Erbteile eingesetzt worden sind. Ausgleichungsberechtigt sind Abkömmlinge, die **besondere Leistungen zugunsten des Erblassers** erbracht haben, sowie Abkömmlinge oder Ersatzerben, die an die Stelle eines vorrangig zur Erbfolge berufenen ausgleichungsberechtigten Abkömmlings treten (Rechtsgedanke des § 2051) (MüKoBGB/Ann Rn. 7; RGRK-BGB/Kregel Rn. 3; Damrau FamRZ 1969, 579 (580)). Die Leistungen können zu einer Zeit erbracht worden sein, als der betreffende Abkömmling noch durch **vorrangige Erben** von der Erbfolge ausgeschlossen war (Staudinger/Löhnig, 2020, Rn. 8; RGRK-BGB/Kregel Rn. 3; MüKoBGB/Ann Rn. 7; Damrau FamRZ 1969, 579 (580 f.)). Der Ausgleichungsanspruch des § 2057a knüpft in erster Linie an die objektive Vermehrung des Vermögens des Erblassers an (RGRK-BGB/Kregel Rn. 3). Der Rechtsgedanke des § 2053, der den vermuteten Willen des Erblassers zur Geltung bringen will, findet deshalb keine Anwendung. Ausgleichungsberechtigt ist gem. § 2372 auch der **Erbschaftskäufer** sowie der **Erbe** eines ausgleichungsberechtigten Miterben (MüKoBGB/Ann Rn. 8). Ausgleichungsverpflichtet sind die übrigen Miterben. 3

**2. Gegenstand der Ausgleichung.** Der Abkömmling muss **Leistungen** erbracht haben, die in besonderem Maße dazu beigetragen haben, **das Vermögen des Erblassers zu erhalten oder zu vermehren** (Abs. 1 S. 1). Die Leistungen müssen diejenigen anderer Abkömmlinge deutlich überstiegen haben (OLG Schleswig ZErb 2017, 210; Staudinger/Löhnig, 2020, Rn. 27). Die nach den jeweiligen Verhältnissen üblichen Leistungen bleiben außer Betracht (OLG Oldenburg FamRZ 1999, 1466 (1467); MüKoBGB/Ann Rn. 16; vgl. auch OLG Celle OLGR 1996, 214 (216)). Der Verzicht auf ein berufliches Einkommen ist nicht mehr erforderlich (BT-Drs. 16/8954, 16; Bredemeyer/Sutter ZEV 2022, 61). Das Gesetz nennt folgende Arten von „Leistungen“: 4

**a) Mitarbeit im Haushalt, Beruf oder Geschäft des Erblassers.** Der Abkömmling kann durch Mitarbeit im Haushalt, Beruf oder Geschäft des Erblassers während längerer Zeit zur Erhaltung und Vermehrung des Vermögens des Erblassers beigetragen haben. Zum **„Haushalt“** gehören alle Bereiche, die sich auf Wohn- und Aufenthaltsort des Erblassers beziehen und ihm die Lebensführung in häuslicher Hinsicht ermöglichen (Staudinger/Löhnig, 2020, Rn. 16). Bei der Formulierung **„Beruf oder Geschäft“** hat der Gesetzgeber in erster Linie an eine Mithilfe in einem landwirtschaftlichen oder kleinen gewerblichen Betrieb gedacht (BT-Drs. V/4179 Nr. 83a). Vom Wortlaut erfasst ist jedoch jede Art der Mitarbeit in jeglichem vom Erblasser ausgeübten Beruf (Staudinger/Löhnig, 2020, Rn. 17; RGRK-BGB/Kregel Rn. 5). Ob der Abkömmling haupt- oder nebenberuflich „mitgearbeitet“ (Staudinger/Löhnig, 2020, Rn. 19) und ob er die Leistungen selbst, durch Familienangehörige oder durch andere Personen erbracht hat (BGH NJW 1993, 1197 (1198) = LM § 2316 Nr. 3 mAnm Hohloch), ist unerheblich. Entscheidend ist, dass 5 die Mitarbeit planmäßig über einen längeren Zeitraum hinweg und **nicht nur gelegentlich oder aushilfsweise** erfolgte (Staudinger/Löhnig, 2020, Rn. 19; RGRK-BGB/Kregel Rn. 5; MüKoBGB/Ann Rn. 18). Hat der Abkömmling nur teilweise unentgeltlich gearbeitet, ist dieser Teil auszugleichen (Staudinger/Löhnig, 2016, Rn. 22; Odersky, Nichtehelichen-Gesetz, 4. Aufl. 1978, Anm. II 2c). Die Mitarbeit muss **in besonderem Maße** dazu beigetragen haben, das Vermögen des Erblassers zu erhalten oder zu vermehren. Das ist immer dann der Fall, wenn der Erblasser ohne die Mitarbeit des Abkömmlings eine andere Arbeitskraft hätte einstellen müssen, die er hätte bezahlen müssen (Staudinger/Löhnig, 2020, Rn. 20; OLG Naumburg 24.3.1999 – 5 U 249/98), oder wenn der Erblasser in ein Pflegeheim hätte ziehen müssen (OLG Schleswig ZEV 2013, 86 (91)). Steht fest, dass der Abkömmling erhebliche Leistungen erbracht hat, liegt darin ein Beweisanzeichen, das regelmäßig den Schluss auf eine Erhaltung oder Vermehrung des Vermögens des Erblassers zulässt. Eine Vermutung dahingehend, dass jegliche Mitarbeit das Vermögen des Erblassers erhalten oder vermehrt hat, gibt es jedoch nicht (Soergel/Wolf Rn. 9; aA Odersky, Nichtehelichen-Gesetz, 4. Aufl. 1978, Anm. II 2c).

6 **b) Geldleistungen.** Der Abkömmling kann **erhebliche** Geldleistungen erbracht haben. Ob hinsichtlich der „Erheblichkeit" ein objektiver Maßstab anzulegen ist (Soergel/Wolf Rn. 5) oder ob es auf die Verhältnisse des Erblassers ankommt (MüKoBGB/Ann Rn. 22; Lange/Kuchinke ErbR § 15 III 5c m. Fn. 59), ist umstritten. Richtigerweise dürfte darauf abzustellen sein, dass die Zuwendungen den Vermögensstand des Erblassers beeinflusst haben (MüKoBGB/Ann Rn. 22). **Unterhaltsleistungen** in Erfüllung der gesetzlichen Unterhaltspflicht begründen keinen Ausgleichungsanspruch (Staudinger/Löhnig, 2020, Rn. 21; MüKoBGB/Ann Rn. 22). Anderes kann für freiwillige Unterhaltsleistungen gelten, die zur Schonung des Vermögens des Erblassers geführt haben.

7 **c) Leistungen anderer Art.** Der Abkömmling kann Leistungen anderer Art erbracht haben. In Betracht kommen etwa Sachleistungen, die Gewährung eines zinslosen Darlehens oder auch die Übernahme einer Bürgschaft. Leistungen anderer Art können auch Pflegeleistungen zugunsten des Ehegatten des Erblassers sein, die der Erblasser sonst hätte bezahlen müssen (Staudinger/Löhnig, 2020, Rn. 26; MüKoBGB/Ann Rn. 26; Teschner ZErb 2017, 61).

8 **d) Pflegeleistungen.** Ausgleichung kann schließlich auch ein Abkömmling verlangen, der **den Erblasser während längerer Zeit gepflegt** hat (Abs. 1 S. 2). Was ein „längerer" Zeitraum ist, ist nach den Umständen des Einzelfalles zu entscheiden, insbes. danach, wie aufwändig und zeitintensiv die Pflege war. Auch hier muss es sich um eine „besondere" Leistung gehandelt haben, die sich von gelegentlichen Gefälligkeiten deutlich unterscheidet. Der Abkömmling kann von ihm selbst bezahlte Pflegekräfte eingesetzt haben. In **Erbfällen vor dem 1.1.2010** (vgl. Art. 229 § 23 Abs. 4 EGBGB) muss er zudem ganz oder teilweise auf berufliches Einkommen verzichtet haben (OLG Schleswig ZEV 2013, 86, 90; RGRK-BGB/Kregel Rn. 6). Wer nicht berufstätig und auch nicht berufswillig war, „verzichtete" nicht auf Einkommen und war deshalb nicht ausgleichungsberechtigt (OLG Düsseldorf OLGR 1998, 81 (82); Staudinger/Werner, 2010, Rn. 17; Soergel/Wolf Rn. 7). Der Zusatz „unter Verzicht auf berufliches Einkommen" ist mit dem Inkrafttreten des Gesetzes zur Änderung des Erb- und Verjährungsrechts vom 23.9.2009 (BGBl. I 3142) am 1.1.2010 entfallen. Diese zusätzliche Voraussetzung wurde dem Wert der erbrachten Pflegeleistung nicht gerecht und hat sich in der Praxis nicht bewährt. Auch wer zugunsten der Pflege nicht auf berufliches Einkommen verzichtet, erfüllt eine wichtige Aufgabe, die honoriert werden soll. Darüber hinaus wird berücksichtigt, dass der Pflegende regelmäßig dazu beiträgt, das Vermögen des Erblassers nicht durch teure ansonsten anderweitig in Anspruch zu nehmende Pflegeleistungen zu mindern (BT-Drs. 16/8954, 17). Der **Begriff der „Pflege"** kann in Anlehnung an § 14 SGB XI bestimmt werden. Er umfasst die Hilfe bei allen gewöhnlichen, regelmäßig wiederkehrenden Verrichtungen im Ablauf des täglichen Lebens, bei dem ein Pflegebedürftiger Unterstützung braucht. Auch die bloße Anwesenheit kann Teil der Pflegeleistung sein (OLG Schleswig ZEV 2017, 400 Rn. 50; zust. Kollmeyer NJW 2017, 1849 (1851)).

9 **3. Negative Voraussetzungen.** Ausgeschlossen ist ein Anspruch auf Ausgleichung, wenn und soweit für die Leistungen ein **angemessenes Entgelt gewährt** worden ist (Abs. 2 S. 1 Fall 1). War eine angemessene Gegenleistung nur **vereinbart,** erfolgt ebenfalls keine Ausgleichung (Abs. 2 S. 1 Fall 2). Der Anspruch auf die Gegenleistung ist eine Nachlassverbindlichkeit gem. §§ 1967, 1958 ff., die vorrangig aus dem ungeteilten Nachlass zu befriedigen ist. Schließlich entfällt eine Ausgleichung auch dann, wenn eine Gegenleistung nicht erbracht und nicht vereinbart worden ist, aber ein **Ersatz- oder Erstattungsanspruch des Abkömmlings aus einem anderen Rechtsgrund** folgt (Abs. 2 S. 1 Fall 3). Ansprüche des Abkömmlings können etwa aus Geschäfts-

führung ohne Auftrag (§§ 677 ff.) oder aus Bereicherungsrecht (§§ 812, 818) folgen. Ansprüche gegen den Nachlass gem. Abs. 2 S. 2 und 3 schließen die Ausgleichung allerdings nur dann aus, wenn der Abkömmling sie durchsetzen kann. Kann der Abkömmling etwa den Abschluss eines Vertrages mit dem Erblasser nicht beweisen, kann er auf § 2057a zurückgreifen (Damrau FamRZ 1969, 579 (581); Petersen ZEV 2000, 432 (433)). Gleiches gilt etwa dann, wenn vertragliche Ansprüche **verjährt** sind (Soergel/Wolf Rn. 15; aA MüKoBGB/Ann Rn. 31; Kollmeyer NJW 2017, 1849 (1851)). War der vertragliche oder sonstige Anspruch gegen den Erblasser hingegen wegen **Verzichts oder Verwirkung** nicht mehr durchsetzbar, kommt wegen des Verbots widersprüchlichen Verhaltens auch eine Ausgleichung nicht mehr in Betracht (Staudinger/Löhnig, 2020, Rn. 32). Sind die Leistungen nach §§ 1619, 1620 von einem im elterlichen Haushalt lebenden Kind erbracht worden, steht das einem Anspruch aus § 2057a nicht entgegen (Abs. 2 S. 2).

## III. Umfang und Durchführung der Ausgleichung

**1. Berechnung des Ausgleichungsanspruchs.** Der Ausgleichungsanspruch richtet sich einerseits nach **Art, Umfang und Dauer der Leistungen,** andererseits nach dem **Wert des Nachlasses** (Abs. 3). Der Gesetzgeber hat bewusst davon abgesehen, eine genaue Ermittlung der einzelnen Leistungen zu verlangen (Bericht des Rechtsausschusses, BT-Drs. V/4179 Nr. 83a). Eine genaue Aufrechnung aller einzelnen Leistungen, die der Abkömmling erbracht hat, sowie des Wertes der einzelnen Leistungen ist nicht erforderlich (BGHZ 101, 57 (64) = NJW 1988, 710; BGH NJW 1993, 1197 (1198); OLG Nürnberg NJW 1992, 2303 (2304); OLG Naumburg BeckRS 1999, 31024642; OLG Schleswig ZEV 2013, 86, 91). Entspr. geringer ist im Prozess auch die **Darlegungs- und Substantiierungspflicht** desjenigen, der Ausgleichung verlangt (OLG Oldenburg OLGR 1999, 176). Das Ergebnis hat der **Billigkeit** zu entsprechen. Der Anspruch auf Ausgleichung kann nicht den gesamten vorhandenen Nachlass umfassen, weil die Leistungen auch in Relation zum Nachlass zu bewerten sind (OLG Schleswig ZEV 2013, 86, 91; 2017, 400 Rn. 44; MüKoBGB/Ann Rn. 35; Staudinger/Löhnig, 2020, Rn. 40; RGRK-BGB/Kregel Rn. 9; Bredemeyer/Sutter ZEV 2022, 61 (62); aA Soergel/Wolf Rn. 17; offengelassen von BGH NJW 1993, 1197 (1198)). 10

**2. Durchführung der Ausgleichung.** § 2057a gewährt **keinen Zahlungsanspruch** des berechtigten gegen die verpflichteten Miterben (vgl. KG ZErb 2011, 52). Die Ausgleichung erfolgt vielmehr bei der **Teilung des Nachlasses** (Abs. 4). Der Ausgleichungsbetrag wird von demjenigen Teil des Nachlasses, der den Abkömmlingen – sowohl den berechtigten als auch den verpflichteten Abkömmlingen – zukommt, abgezogen. Der verbleibende Betrag wird im Verhältnis der Anteile der Abkömmlinge geteilt. Der Anteil des berechtigten Abkömmlings wird um den Ausgleichungsbetrag erhöht. 11

**Beispiel:** Der Erblasser, der im Güterstand der Zugewinngemeinschaft lebte, wird von seiner Ehefrau und den Kindern A und B beerbt. Der Wert des Nachlasses beträgt 120.000; A hat einen Ausgleichungsanspruch iHv 10.000. Die Ehefrau erhält unabhängig von diesem Anspruch 60.000; denn sie ist an der Ausgleichung nicht beteiligt. Der Rest wird um den Ausgleichungsbetrag von 10.000 vermindert und auf die Kinder verteilt. Auf A und B entfallen je (50.000 : 2 =) 25.000. Der Anteil des A wird um den Ausgleichungsbetrag von 10.000 vermehrt, sodass A 35.000 erhält. 11.1

**3. Berücksichtigung ausgleichungspflichtiger Zuwendungen des Erblassers.** Sind außerdem ausgleichungspflichtige Zuwendungen an einzelne Abkömmlinge zu berücksichtigen, sind diese Vorempfänge dem Nachlasswert zuzurechnen; der Ausgleichsanspruch des nach § 2057a ausgleichungsberechtigten Abkömmlings ist vom Endwert abzuziehen. Der sich ergebende Betrag ist unter sämtliche Abkömmlinge nach dem Verhältnis ihrer Erbteile zu teilen. Der Anteil derjenigen Miterben, die ausgleichungspflichtige Zuwendungen erhalten hatten, ist um den Wert der jeweiligen Zuwendung zu vermindern; der Anteil des nach § 2057a ausgleichungsberechtigten Miterben ist um den nach § 2057a ermittelten Ausgleichungsbetrag zu erhöhen. 12

**Beispiel** (nach Staudinger/Löhnig, 2020, Rn. 49): Der Erblasser, der im Güterstand der Zugewinngemeinschaft lebte, wird von seiner Ehefrau sowie seinen Kindern A, B und C beerbt. Der Wert des zu verteilenden Nachlasses beträgt 80.000. A hat einen Vorempfang von 7.000 auszugleichen; C hat gem. § 2057a Anspruch auf Ausgleichung in Höhe von 2000. Die Ehefrau, die nicht an der Ausgleichung beteiligt ist, erhält vorab 40.000. Der Vorempfang von 7.000 ist den verbleibenden 40.000 zuzuzählen; der Ausgleichungsanspruch von 2.000 ist abzuziehen. Die sich ergebenden 45.000 sind unter A, B und C zu verteilen. Der Anteil des A wird um die vorempfangenen 7.000 vermindert und beträgt (15.000 – 7.000 = 12.1

) 8.000. B erhält 15.000. Der Anteil des C erhöht sich um den Ausgleichungsbetrag von 2.000 und beträgt 17.000.

13 **4. Verfahren.** Im Streitfall hat das **Prozessgericht** den Ausgleichungsbetrag festzusetzen. Für eine Klage auf Ausgleichung unter Miterben ist der Gerichtsstand der Erbschaft (§ 27 ZPO) eröffnet (BGH NJW 1992, 364). Regelmäßig kommt nur eine **Feststellungsklage** in Betracht, weil der Ausgleichungsanspruch lediglich eine Vorfrage im Rahmen der Erbauseinandersetzung (§ 2042) darstellt (vgl. BGH NJW 1992, 364; OLG Schleswig ZErb 2017, 210; Bredemeyer/Sutter ZEV 2022, 61 (62)). Eine Klage auf Feststellung eines einzelnen Streitpunktes im Rahmen der Auseinandersetzung einer Erbengemeinschaft ist zulässig, wenn die Feststellung einer sinnvollen Klärung der Grundlagen der Erbauseinandersetzung dient (BGH NJW-RR 1990, 220). Weil es sich um eine Billigkeitsentscheidung handelt, wird ein **unbezifferter Klageantrag** für zulässig gehalten (MüKoBGB/Ann Rn. 37; Bredemeyer/Sutter ZEV 2022, 61 (63); vgl. auch BGH NJW 1992, 364 zum Sachverhalt), der auf die Feststellung gerichtet ist, dass ein in das Ermessen des Gerichts gestellter Betrag gem. § 2057a auszugleichen ist. Die Klage ist gegen diejenigen Miterben zu richten, die der vom Kläger verlangten Ausgleichung widersprochen haben (Bredemeyer/Sutter ZEV 2022, 61 (62)). **Darlegungs- und beweispflichtig** für die Anspruchsvoraussetzungen (besondere Leistungen, Erhaltung oder Vermehrung des Vermögens des Erblassers) ist der Miterbe, der die Ausgleichung verlangt. Ausschlusstatbestände, insbes. ein ausreichendes Entgelt, das der klagende Miterbe erhalten hat, haben die auf Ausgleichung in Anspruch genommenen Miterben zu beweisen (Staudinger/Löhnig, 2020, Rn. 29; Petersen ZEV 2000, 432; Bredemeyer/Sutter ZEV 2022, 61 (64)). Gleiches gilt hinsichtlich der Voraussetzungen eines vorrangigen Entgeltanspruchs nach Abs. 2 S. 1 Fall 2. Macht der Miterbe einen Entgeltanspruch aus einem anderen Rechtsgrund geltend, trifft zwar ihn die Darlegungs- und Beweislast für die anspruchsbegründenden Tatsachen. Sinn und Zweck des § 2057a liegen aber gerade darin, dem Miterben einen Anspruch für den Fall zu verschaffen, dass keine anderweitigen Ansprüche bestehen; dass ist auch dann der Fall, wenn er die Voraussetzungen anderer Ansprüche nicht beweisen kann (Damrau FamRZ 1969, 579 (580); Petersen ZEV 2000, 432 (433); Bredemeyer/Sutter ZEV 2022, 61). Für die Höhe des Ausgleichungsanspruchs gilt § 287 Abs. 2 ZPO. Ein Vermittlungsverfahren nach §§ 363 ff. FamFG ist gem. § 370 FamFG bis zum rechtskräftigen Abschluss des Rechtsstreits über die Ausgleichung auszusetzen.

## Untertitel 2. Rechtsverhältnis zwischen den Erben und den Nachlassgläubigern

### § 2058 Gesamtschuldnerische Haftung

**Die Erben haften für die gemeinschaftlichen Nachlassverbindlichkeiten als Gesamtschuldner.**

#### Überblick

Jeder Miterbe haftet für jede Nachlassverbindlichkeit, auch nach der Teilung des Nachlasses. Grundsätzlich gelten die allgemeinen Bestimmungen über die Gesamtschuld (§§ 421 ff.). Ergänzt wird die Bestimmung des § 2058 durch diejenige des § 2059, die sowohl die Voraussetzung einer Haftungsbeschränkung auf den ungeteilten Nachlass als auch die auf Leistung aus dem ungeteilte Nachlass zielende Gesamthandklage regelt.

#### I. Bedeutung der Norm

1 **1. Gesamtschuldnerische Haftung der Erben.** Nach § 2058 haften die Erben für die gemeinschaftlichen Nachlassverbindlichkeiten als Gesamtschuldner (§ 421). Das bedeutet, dass jeder Miterbe für die gesamte Forderung haftet, nicht nur für denjenigen Teil der Forderung, der seiner Erbquote entspricht. Diese Regelung dient insbes. den Interessen der Nachlassgläubiger, deren Rechtsstellung sich durch den Tod des Erblassers nicht verschlechtern soll (Prot. V 871). **Nach Teilung des Nachlasses** bleibt es grds. bei der gesamtschuldnerischen Haftung der Miter-

ben (BGH NJW 1998, 682 = LM Nr. 8 mAnm Marotzke; BayObLG FamRZ 1999, 1175 (1176); NJW-RR 2004, 944; OLG Oldenburg ZEV 2009, 563; Staudinger/Marotzke, 2020, Rn. 6). Dadurch sollen die Miterben angehalten werden, die Nachlassverbindlichkeiten vor der Teilung des Nachlasses zu begleichen (BGHZ 71, 180 (188) = NJW 1978, 1385; vgl. auch Prot. V S. 871). **Ausnahmen für die Zeit nach der Teilung** enthalten §§ 2060, 2061. Wenn der Gläubiger im Aufgebotsverfahren ausgeschlossen worden ist, die Nachlassverbindlichkeit den Miterben unbekannt geblieben ist, eine amtliche Sonderung des Nachlasses durch Nachlassverwaltung oder ein Nachlassinsolvenzverfahren stattgefunden hat oder ein Privataufgebot erfolglos geblieben ist, haftet der Miterbe, in dessen Person die Voraussetzungen einer der vier Tatbestände der §§ 2060, 2061 erfüllt sind, nicht als Gesamtschuldner, sondern nur anteilig im Verhältnis seines Erbteils zum gesamten Nachlass.

**2. Möglichkeiten der Beschränkung der Haftung auf den Nachlass.** Nicht in § 2058 2
geregelt ist die Frage, mit welcher **Vermögensmasse** der Miterbe haftet, ob er also seine Haftung **auf den Nachlass beschränken** kann oder auch mit seinem sonstigen Vermögen eintreten muss. Die Frage der gesamtschuldnerischen oder nur anteiligen Haftung hat mit derjenigen der Beschränkung der Haftung auf den Nachlass nichts zu tun. Ob der Miterbe seine Haftung auf den Nachlass beschränken kann, richtet sich vielmehr grds. nach den allgemeinen Vorschriften der §§ 1967–2017. Es gibt jedoch Ausnahmen. Ein im **Aufgebotsverfahren** nach §§ 1970 ff., 454 ff. FamFG ergangener Ausschließungsbeschluss kommt allen Miterben zugute, nicht nur demjenigen, der das Ausschlussverfahren beantragt hat (§ 460 Abs. 1 S. 1 FamFG). **Nachlassverwaltung** kann nur bis zur Teilung des Nachlasses und nur auf Antrag aller Miterben gemeinsam angeordnet werden (§ 2062). Sie ist ausgeschlossen, wenn auch nur ein Miterbe unbeschränkt haftet (→ § 2062 Rn. 2 mwN). Der Antrag auf Eröffnung des **Nachlassinsolvenzverfahrens** kann auch von einzelnen Miterben (§ 317 Abs. 1 InsO) und noch nach der Teilung des Nachlasses (§ 316 Abs. 2 InsO) beantragt werden; wird der Antrag nicht von allen Miterben gestellt, ist der Eröffnungsgrund jedoch glaubhaft zu machen (§ 317 Abs. 2 InsO). Gemäß **§ 2059 Abs. 1** können Miterben ihre Haftung bis zur Teilung unabhängig vom Vorliegen der Voraussetzungen der §§ 1975, 1990 ff. auf den Nachlass beschränken. Die **Inventarfrist** (§ 1994 Abs. 1) läuft für jeden Miterben gesondert. Die Inventarerrichtung durch einen Miterben kommt auch den anderen Miterben zugute, soweit sie nicht schon unbeschränkt haften (§ 2063 Abs. 1). Wegen dieser Sonderregelungen kann ein Nachlassgläubiger ein **rechtliches Interesse an der Feststellung** haben, ob der beklagte Erbe Allein- oder nur Miterbe ist (OLG Karlsruhe FamRZ 1967, 691 (694)).

## II. Voraussetzungen der gesamtschuldnerischen Haftung

**1. Gemeinschaftliche Nachlassverbindlichkeiten.** § 2058 gilt für gemeinschaftliche Nach- 3
lassverbindlichkeiten. Der Begriff der **Nachlassverbindlichkeit** in § 2058 entspricht demjenigen in § 1967. **Gemeinschaftlich** sind solche Nachlassverbindlichkeiten, für die alle Miterben haften. Das sind die vom Erblasser herrührenden Verbindlichkeiten sowie Verbindlichkeiten aus der ordnungsgemäßen Verwaltung des Nachlasses (§ 2038). Nicht gemeinschaftlich sind Verbindlichkeiten, die nur einen oder nur einige Miterben treffen, etwa aus Vermächtnissen und Auflagen zulasten einzelner Miterben (vgl. auch § 2046 Abs. 2). Nicht gemeinschaftlich ist auch die Verpflichtung zur Pflichtteilsergänzung gegenüber einem pflichtteilsberechtigten Miterben, die den begünstigten Erben selbst nicht trifft (RGRK-BGB/Kregel Rn. 2; MüKoBGB/Ann Rn. 11; Staudinger/Marotzke, 2020, Rn. 25). Ansprüche der Nachlassgläubiger gegen einen oder alle Miterben aus § 1978 Abs. 1 wegen **nicht ordnungsgemäßer Verwaltung des Nachlasses** fallen nicht unter § 2058. Sie richten sich gegen den jeweiligen Miterben persönlich und gelten gem. § 1978 Abs. 2 als zum Nachlasse gehörend (RGRK-BGB/Kregel Rn. 4; Erman/Bayer Rn. 1; MüKoBGB/Ann Rn. 12).

**2. Verbindlichkeiten gegenüber Miterben. a) Miterben-Gläubiger.** Auch Gläubiger, die 4
zugleich Miterben sind, können einen (oder mehrere) ihrer Miterben im Wege der Gesamtschuldklage in Anspruch nehmen. Das entspricht mittlerweile einhelliger Ansicht in Rspr. und Lit. (BGH NJW 1963, 711 (712); NJW-RR 1988, 710; MüKoBGB/Ann Rn. 28 f.; Erman/Bayer Rn. 4; RGRK-BGB/Kregel Rn. 7; Staudinger/Marotzke, 2020, Rn. 94). Nach stRspr des RG sollte der Miterben-Gläubiger von einem Miterben zwar nur den dessen Erbquote entsprechenden Teil der Forderung verlangen dürfen (RGZ 93, 196 (197); vgl. auch RGRK-BGB/Kregel Rn. 1). Anlass, die Miterben vor übermäßiger Inanspruchnahme zu schützen, besteht jedoch nicht. Werden sie **vor der Teilung** als Gesamtschuldner in Anspruch genommen, können sie gem. § 2059

Abs. 1 S. 1 die Berichtigung der Nachlassverbindlichkeit aus ihrem sonstigen Vermögen verweigern. Sie haften dann nur mit ihrem Anteil am Nachlass. Das gilt gem. § 2063 Abs. 2 sogar dann, wenn sie iÜ unbeschränkt haften. **Nach der Teilung** verdienen die in Anspruch genommenen Miterben deshalb keinen Schutz, weil sie die Möglichkeit gehabt hätten, ihre Zustimmung zur Teilung bis zur Erfüllung des Anspruchs zu verweigern (§ 2046 Abs. 1). Der Miterben-Gläubiger kann seine Forderung dann, wenn er im Wege der Gesamtschuldklage vorgeht, allerdings **nicht in voller Höhe** geltend machen, sondern nur **vermindert** um denjenigen Anteil, der seiner Erbquote entspricht (BGH NJW-RR 1988, 710 (711); RGZ 150, 844 (847 f.); MüKoBGB/Ann Rn. 28); denn in dieser Höhe wäre er Ausgleichs- und Rückgriffsansprüchen des in Anspruch genommen Miterben aus § 426 ausgesetzt (dolo-agit-Einwand). Für die Gesamthandklage (§ 2059 Abs. 2) gilt diese Einschränkung nicht.

5 **b) Ausnahmen.** Nur in Ausnahmefällen muss sich der Miterben-Gläubiger wegen seiner Forderung auf die Auseinandersetzung (§ 2042) verweisen lassen (BGH NJW-RR 1988, 710). Das ist etwa dann der Fall, wenn der Nachlass noch keine bereiten Mittel zur Verfügung hat und dem Gläubiger ein längeres Warten zugemutet werden kann oder wenn der Gläubiger bereits mehr aus dem Nachlass erhalten hat, als ihm bei der Auseinandersetzung endgültig zusteht, und der Mehrempfang die Forderung deckt (§ 242) (BGH LM § 2046 Nr. 1; Johannsen WM 1970, 573 (580); vgl. auch RGZ 93, 196 (197)).

## III. Durchsetzung der gesamtschuldnerischen Haftung

6 **1. Gesamtschuldklage und Gesamthandklage.** Bis zur Teilung hat der Gläubiger die Wahl zwischen der Gesamtschuldklage des § 2058 und der Gesamthandklage des § 2059 Abs. 2 (BGH NJW 1963, 1611 (1612); NJW-RR 1988, 710; NJW 2021, 2115 Rn. 8; OLG Naumburg NJW-RR 1998, 308 (309)). Welche Klageart gewollt ist, ist notfalls im Wege der Auslegung des Klageantrags und der Klagegründe zu ermitteln. Die **Gesamthandklage** zielt auf Leistung aus dem ungeteilten Nachlass. Grundsätzlich müssen sämtliche Miterben verklagt werden (zu Ausnahmen vgl. → § 2059 Rn. 6); sie sind notwendige Streitgenossen (→ § 2059 Rn. 6 mwN). Mit der **Gesamtschuldklage** können demgegenüber auch einzelne Miterben in Anspruch genommen werden (§ 421; vgl. BGH NJW 2021, 2115 Rn. 8). Werden mehrere Miterben als Gesamtschuldner verklagt, besteht zwischen ihnen keine notwendige Streitgenossenschaft (BGH NJW 1963, 1611; RGZ 68, 221 (223); OLG Naumburg NJW-RR 1998, 308 (309); MüKoBGB/Ann Rn. 22; RGRK-BGB/Kregel Rn. 11; vgl. auch BSG ZEV 2014, 434 (435): keine echte notwendige Beiladung iSv § 75 Abs. 2 Fall 1 SGG). Begehrt der Gläubiger die Vornahme einer **Verfügung,** muss er grds. alle Miterben verklagen; denn die Miterben sind grds. nur gemeinsam zu Verfügungen über Nachlassgegenstände befugt (§ 2040). Einzelne Miterben können allenfalls auf „Herbeiführung" einer Verfügung – etwa einer Auflassung – in Anspruch genommen werden (BGH NJW 1998, 682; 1963, 1611 (1612); RGZ 71, 366 (370); RGRK-BGB/Kregel Rn. 6; Johannsen WM 1970, 573 (580); ausf. Staudinger/Marotzke, 2020, Rn. 61 f., der vorschlägt, den Miterben auf (etwa) „Verschaffen des Eigentums, insbes. Erklärung der Auflassung" in Anspruch zu nehmen; für die Verpflichtung zur Eigentumsverschaffung gelte dann § 283; zust. MüKoBGB/Ann § 2058 Rn. 23 m. Fn. 41).

7 **2. Erbrechtliche Einwände gegen die Inanspruchnahme.** Der als Gesamtschuldner in Anspruch genommene Miterbe kann die allgemeinen erbrechtlichen Einwendungen erheben. Auch ein Miterbe kann vor Annahme der Erbschaft nicht verklagt werden (§ 1958). Jedem Miterben stehen die Dreimonatseinrede des § 2014, die Einrede des Aufgebotsverfahrens nach § 2015 und die Verschweigungs- und Versäumungseinreden der §§ 1973, 1974 zu. Außerdem kann er sich die Beschränkung der Haftung auf den Nachlass nach §§ 1975, 1990 ff. oder § 2059 Abs. 1 vorbehalten (§ 780 ZPO). Ob der Miterbe nach der Teilung **als Gesamtschuldner** oder gem. §§ 2060, 2061 **im Verhältnis seines Anteils** haftet, kann nicht gem. § 780 ZPO vorbehalten werden. Diese Frage muss vielmehr bereits im Erkenntnisverfahren entschieden werden.

8 **3. Einwände gegen den geltend gemachten Anspruch.** Gegenüber dem geltend gemachten Anspruch kann sich ein als Gesamtschuldner verklagter Miterbe nach den **allgemeinen Regeln über die Gesamtschuld** (§§ 421 ff.) verteidigen. Er kann mit eigenen Forderungen gegen die Nachlassforderung **aufrechnen.** Die Aufrechnung mit Forderungen anderer Miterben ist wegen fehlender Gegenseitigkeit unzulässig (§ 422 Abs. 2). Mit einer zum Nachlass gehörenden, also den Miterben in ihrer gesamthänderischen Verbundenheit zustehenden Forderung kann der einzelne Miterbe ebenfalls nicht aufrechnen, weil die Miterben nur gemeinsam über eine Nachlass-

forderung verfügen können (§ 2040). Ihm steht jedoch – entspr. dem Rechtsgedanken des § 770 Abs. 2 und des § 129 Abs. 2 HGB – das Recht zu, die Befriedigung des Gläubigers zu verweigern (BGHZ 38, 122 = NJW 1963, 244 mAnm Mattern LM Nr. 3 und Anm. Scheyhing JZ 1963, 477; RGRK-BGB/Kregel Rn. 11; MüKoBGB/Ann Rn. 26; Grüneberg/Grüneberg § 387 Rn. 5). Wird das Leistungsverweigerungsrecht ausgeübt, wird die Klage in Höhe der Gegenforderung als unbegründet abgewiesen (BGHZ 38, 122 = NJW 1963, 244; MüKoBGB/Ann Rn. 26; RGRK-BGB/Kregel Rn. 11; Johannsen WM 1970, 573 (580)). Ob sich ein Miterbe gegenüber einem Anspruch aus **ungerechtfertigter Bereicherung** (§§ 812, 818) damit verteidigen kann, dass andere Miterben iSv § 818 Abs. 3 nicht mehr bereichert seien, hat der BGH bisher offen gelassen (BGH WM 1982, 101 (102)). Die Einrede der **Verjährung** kann jeder Miterbe allein erheben. Verjährung, deren Neubeginn, Hemmung und Ablaufhemmung ist für jeden Miterben gesondert zu prüfen (Einzelwirkung; vgl. § 425 Abs. 2). Der in Anspruch genommene Miterbe kann sich folglich nicht auf die in der Person eines anderen Miterben eingetretene Verjährung berufen. Auch die Frist des § 211 (Ablaufhemmung) ist, wie sich aus § 425 Abs. 2 ergibt, für jeden Miterben gesondert von dem Zeitpunkt an zu berechnen, in welchem er die Erbschaft angenommen hat (BGH NJW 2014, 2574 Rn. 23 f. m. krit. Anm. Holtmeyer ZEV 2014, 547; OLG Frankfurt ZEV 2013, 674 m. zust. Anm. Löhnig).

**4. Verfahrensfragen.** Solange die Erben gem. § 2058 als Gesamtschuldner haften, ist gem. 9
§§ 28, 27 ZPO auch dasjenige Gericht **örtlich zuständig,** bei dem der Erblasser im Zeitpunkt seines Todes seinen allgemeinen Gerichtsstand hatte (BayObLG FamRZ 1999, 1175 (1176); NJW-RR 2004, 944). Der **Streitwert** entspricht auch bei Klagen auf Feststellung des Bestehens oder Nichtbestehens einer Nachlassverbindlichkeit dem vollen Wert der Verbindlichkeit (Soergel/Wolf Rn. 14). Nimmt ein Gläubiger-Miterbe einen anderen Miterben als Gesamtschuldner in Anspruch, gilt der auf den Kläger selbst entfallende Anteil als außer Streit befindlich und bleibt daher bei der Festsetzung des Streitwerts außer Betracht (RGZ 156, 263 (264 f.); RGRK-BGB/Kregel Rn. 12).

**5. Zwangsvollstreckung.** Die Zwangsvollstreckung in das Vermögen, das dem Miterben 10
außer seinem Anteil am Nachlass noch gehört, kann der Miterbe nach §§ 780, 785, 767 ZPO im Wege der Vollstreckungsgegenklage abwenden, wenn er unter dem Vorbehalt der beschränkten Erbenhaftung (§ 780 ZPO) verurteilt worden ist. Dem Gläubiger bleibt die Vollstreckung in den Anteil des Miterben am Nachlass gem. § 857 Abs. 1, § 829 ZPO. Zur Zwangsvollstreckung in den **ungeteilten Nachlass** ist ein gegen alle Miterben ergangenes Urteil erforderlich (§ 747 ZPO). Es braucht kein einheitliches Urteil vorzuliegen; ebenso können die Miterben in verschiedenen Prozessen gleich lautend verurteilt worden sein (RGZ 68, 221 (223); MüKoBGB/Ann Rn. 25; RGRK-BGB/Kregel Rn. 11). Dass die Miterben unter dem Vorbehalt der beschränkten Erbenhaftung (§ 780 ZPO) verurteilt worden sind, hindert die Zwangsvollstreckung in den Nachlass nicht.

## IV. Verhältnis der Miterben untereinander

**1. Mitwirkungspflicht.** Die Miterben sind gem. § 2038 Abs. 1 S. 2, § 2046 Abs. 2 einander 11
verpflichtet, vor der Teilung an der Begleichung der Nachlassverbindlichkeiten mitzuwirken (LG Bonn BeckRS 2013, 20210; RGRK-BGB/Kregel Rn. 14; MüKoBGB/Ann Rn. 31; Staudinger/Marotzke, 2020, Rn. 78).

**2. Rückgriffsansprüche vor der Teilung.** Hat ein Miterbe vor der Teilung des Nachlasses 12
trotz der Möglichkeit, gem. § 2059 Abs. 1 S. 1 die Haftung bis zur Teilung auf den Nachlass zu beschränken, eine Nachlassverbindlichkeit aus seinem Eigenvermögen beglichen, so stehen ihm grds. der Ausgleichsanspruch aus § 426 Abs. 1 und der Rückgriffsanspruch aus § 426 Abs. 2 gegen die übrigen Miterben zu. Macht er diese Ansprüche vor der Teilung mit der **Gesamtschuldklage** (§ 2058) gegen andere oder die anderen Miterben geltend, können diese sich ihrerseits auf § 2059 Abs. 1 S. 1 berufen (LG Bonn BeckRS 2013, 20210; MüKoBGB/Ann Rn. 31; Staudinger/Marotzke, 2020, Rn. 79). Dem Miterben bleibt die Möglichkeit, den Rückgriffsanspruch aus § 426 Abs. 2 im Wege der **Gesamthandklage** (§ 2059 Abs. 2) zur Begleichung aus dem ungeteilten Nachlass geltend zu machen. Der Anspruch auf Erstattung des verauslagten Betrages aus dem ungeteilten Nachlass besteht in voller Höhe; denn die volle Leistung aus dem ungeteilten Nachlass trifft jeden Miterben – auch den Anspruchsteller – nur in Höhe seines Anteils (LG Bonn BeckRS 2013, 20210; vgl. auch Staudinger/Marotzke, 2020, Rn. 81). Als Gläubiger des gem. § 426 Abs. 2 übergegangenen Anspruchs ist der Miterbe Nachlassgläubiger. Er kann unter den Voraussetzungen

des § 1981 Abs. 2 ohne Mitwirkung der übrigen Miterben Nachlassverwaltung beantragen und die übergegangene Forderung im Nachlassinsolvenzverfahren zur Tabelle anmelden (MüKoBGB/Ann Rn. 31; Staudinger/Marotzke, 2020, Rn. 84).

13 **3. Rückgriffsansprüche nach der Teilung.** Nach der Teilung kann der Miterbe von den übrigen Miterben gem. § 426 Abs. 1 und 2 nur anteiligen Ausgleich verlangen. Die Miterben sind nicht zu gleichen Teilen, sondern in Höhe der jeweils auf sie entfallenden **Teilungsquote** – der Erbquote unter Berücksichtigung von nach §§ 2050 ff. vorzunehmenden Ausgleichungen – zum Ausgleich verpflichtet (BayObLGZ 1970, 125 (132 f.); LG Bonn BeckRS 2013, 20210; RGRK-BGB/Kregel Rn. 14; Erman/Bayer Rn. 6; aA Staudinger/Marotzke, 2020, Rn. 88 f.: maßgeblich seien die ideellen Erbquoten). Gegenüber dem Ausgleichsanspruch des Miterben aus § 426 kann sich der in Anspruch genommene Miterbe gem. § 2063 Abs. 2 auch dann auf eine Beschränkung seiner Haftung berufen, wenn er gegenüber anderen Nachlassgläubigern (gem. § 1994 Abs. 1 wegen Versäumung der Inventarfrist oder gem. § 2005 Abs. 1 wegen Inventaruntreue) unbeschränkt haftet. § 2063 Abs. 2 gilt auch für den Rückgriffsanspruch des § 426 Abs. 2 aus übergegangenem Recht (→ § 2063 Rn. 6 mwN) (MüKoBGB/Ann Rn. 32). Für den Ausgleichsanspruch aus §§ 2058, 426 Abs. 1 gilt gem. § 199 Abs. 3a (§ 197 Abs. 1 Nr. 2 aF) die 30jährige Verjährungsfrist (OLG Oldenburg ZEV 2009, 563).

## V. Sonderfälle

14 **1. Landwirtschaftlicher Betrieb.** Gehört ein landwirtschaftlicher Betrieb zum Nachlass und wird der Betrieb nach §§ 13 ff. GrdstVG einem der Miterben zugewiesen, sind die Nachlassverbindlichkeiten, die im Zeitpunkt der Rechtskraft des Zuweisungsbeschlusses noch bestehen, aus dem außer dem Betrieb vorhandenen Vermögen zu berichtigen, soweit es ausreicht (§ 16 Abs. 2 GrdstVG). Reicht der Nachlass nicht aus, kann der Betrieb zugewiesen werden, ohne dass die Frage, wer für welche Nachlassschulden aufkommt, geklärt wird. Die Miterben bleiben gem. § 2058 nach den allgemeinen Regeln als Gesamtschuldner verpflichtet (Wöhrmann/Stöcker, Das Landwirtschaftserbrecht, GrdstVG § 16 Rn. 8). Im Geltungsbereich der HöfeO haftet der **Hoferbe** gem. § 15 HöfeO auch dann als Gesamtschuldner für die Nachlassverbindlichkeiten, wenn er an dem übrigen Nachlass nicht beteiligt ist. Die Nachlassverbindlichkeiten sind zunächst aus dem außer dem Hof vorhandenen Vermögen zu berichtigen (§ 15 Abs. 2 HöfeO). Soweit dieses Vermögen nicht ausreicht, ist der Hoferbe den Miterben gegenüber verpflichtet, die Nachlassverbindlichkeiten allein zu tragen und die Miterben von ihnen zu befreien (§ 15 Abs. 3 HöfeO).

15 **2. Anteil an einer Personengesellschaft.** War der Erblasser **persönlich haftender Gesellschafter** einer Personengesellschaft, so ist zu unterscheiden: Soweit der Erblasser für Verbindlichkeiten der Gesellschaft persönlich haftete, haften die Erben nach erbrechtlichen Grundsätzen. Werden einzelne oder alle Miterben aufgrund einer **einfachen oder qualifizierten Nachfolgeklausel** ihrerseits persönlich haftende Gesellschafter oder treten sie aufgrund einer Eintrittsklausel in die Gesellschaft ein, haften sie außerdem gem. §§ 128, 130 HGB für die vor ihrem Eintritt begründeten Verbindlichkeiten der Gesellschaft, ohne dass sie ihre Haftung beschränken könnten. Das gilt nur für solche Erben nicht, die innerhalb von drei Monaten ab Kenntnis vom Anfall der Erbschaft von ihrem **Recht aus § 139 Abs. 1 HGB** Gebrauch machen, also verlangen, dass ihnen unter Belassung des bisherigen Gewinnanteils die Stellung eines Kommanditisten eingeräumt wird. Scheiden sie daraufhin innerhalb der Frist von drei Monaten aus der Gesellschaft aus, wird die Gesellschaft aufgelöst oder wird ihnen die Stellung eine Kommanditisten eingeräumt, so haften sie für die bis dahin entstandenen Gesellschaftsschulden nur nach den allgemeinen Vorschriften über die Erbenhaftung (§ 139 Abs. 4 HGB) (vgl. BGHZ 55, 267 (271 ff.) = NJW 1971, 1268; MüKoBGB/Ann Rn. 18). War die Gesellschaft im Zeitpunkt des Erbfalls bereits aufgelöst, können die Erben ebenfalls ihre Haftung auf den Nachlass beschränken (BGH NJW 1982, 45).

## § 2059 Haftung bis zur Teilung

**(1) [1]Bis zur Teilung des Nachlasses kann jeder Miterbe die Berichtigung der Nachlassverbindlichkeiten aus dem Vermögen, das er außer seinem Anteil an dem Nachlass hat, verweigern. [2]Haftet er für eine Nachlassverbindlichkeit unbeschränkt, so steht ihm dieses Recht in Ansehung des seinem Erbteil entsprechenden Teils der Verbindlichkeit nicht zu.**

**(2) Das Recht der Nachlassgläubiger, die Befriedigung aus dem ungeteilten Nachlass von sämtlichen Miterben zu verlangen, bleibt unberührt.**

**Schrifttum:** Bräcklein, Wann ist ein Nachlass geteilt?, NJW 1967, 431; Garlichs, Titelerfordernisse bei der Vollstreckung in den ungeteilten Nachlass, JurBüro 1998, 243; Werkmüller, Haftungsbeschränkung und Schadensersatz beim Tod des Verkäufers im schwebenden M&A-Prozess, ZEV 2007, 16; H. P. Westermann, Haftung für Nachlassschulden bei Beerbung eines Personengesellschafters durch eine Erbengemeinschaft, AcP 173 (1973), 24.

## Überblick

Nachlassverbindlichkeiten werden aus dem ungeteilten Nachlass befriedigt (Abs. 2). Der einzelne Erbe, der noch nicht unbeschränkt, dh auch mit seinem Eigenvermögen haftet (dazu Abs. 1 S. 2), kann sich bis zur Teilung auf den Vorbehalt der beschränkten Erbenhaftung gem. § 780 Abs. 1 ZPO berufen. Eine Zwangsvollstreckung in das Eigenvermögen findet dann (zunächst) nicht statt.

## I. Bedeutung der Norm

**1. Gesamtschuldnerische Haftung der Miterben.** Miterben haften für die gemeinschaftlichen Nachlassverbindlichkeiten als Gesamtschuldner (§ 1958). Die gesamtschuldnerische Haftung beginnt grds. (vgl. aber § 1958) bereits mit dem Erbfall. Bis zur Teilung des Nachlasses kann jeder Miterbe jedoch die Befriedigung des Gläubigers aus dem Eigenvermögen – demjenigen Vermögen also, das er außer dem Nachlass besitzt – verweigern. **Grund dieser Regelung** ist, dass ein einzelner Miterbe die Erfüllung einer Nachlassverbindlichkeit aus dem Nachlass nicht bewirken kann; denn die Miterben können nur gemeinschaftlich über Nachlassgegenstände verfügen (§ 2040) (MüKoBGB/Ann Rn. 2 unter Hinweis auf Prot. V 871). Die Interessen des Gläubigers werden dadurch hinreichend gewahrt, dass er in den **ungeteilten Nachlass vollstrecken** kann (Abs. 2). Eine amtliche Sonderung des Nachlasses vom Eigenvermögen der Miterben ist nicht erforderlich, weil der Nachlass von Gesetzes wegen ein Sondervermögen darstellt, nämlich den Miterben zur gesamten Hand zusteht (§§ 2032, 2040). Nach der Teilung des Nachlasses – der Übertragung der Nachlassgegenstände auf die einzelnen Miterben – besteht kein Grund für ein Verweigerungsrecht der Miterben mehr. 1

**2. Teilung.** § 2059 gilt bis zur Teilung des Nachlasses. „Teilung" bedeutet hier die Aufhebung der gesamthänderischen Bindung des Nachlasses durch die dinglich wirkende Übertragung der Nachlassgegenstände auf die einzelnen Miterben (MüKoBGB/Ann Rn. 4). Der Nachlass ist iSv § 2059 geteilt, wenn ein so **erheblicher Teil der Nachlassgegenstände** in das Einzelvermögen der Miterben überführt worden ist, dass die Erbengemeinschaft bei wirtschaftlicher Betrachtung als Ganzes aufgelöst erscheint (OLG Celle FamRZ 2016, 157 (159); MüKoBGB/Ann Rn. 4; RGRK-BGB/Kregel Rn. 5; Staudinger/Marotzke, 2016, Rn. 32 f.; Lange/Kuchinke ErbR § 50 IV 1; H. P. Westermann AcP 173 (1973), 24 (30); aA Bräcklein NJW 1967, 431 (432): erforderlich sei zusätzlich das Bewusstsein der Miterben, dass der Nachlass geteilt und die Erbengemeinschaft aufgelöst worden sei). Die Teilung iSv § 2059 ist also nicht erst mit der Übertragung des letzten noch verbliebenen Nachlassgegenstandes erfolgt. Andererseits reicht die Verteilung einzelner – wenn auch wertvoller – Gegenstände nicht aus (RGZ 89, 403 (408)). Darauf, ob der ungeteilte Nachlass noch für die Befriedigung der Nachlassgläubiger ausreicht (so Soergel/Wolf Rn. 2), kommt es nicht an; denn es gibt auch Nachlässe, die von Anfang an überschuldet sind. Die **vorzeitig verteilten Gegenstände** gehören nicht mehr zum Nachlass, sondern zum Eigenvermögen des jeweiligen Miterben, dessen Verwertung dieser gem. Abs. 1 S. 1 verhindert werden kann (RGZ 89, 403 (408); Soergel/Wolf Rn. 4; Lange/Kuchinke ErbR § 50 IV 1 Fn. 36 mwN; H. P. Westermann AcP 173 (1973), 24 (31 ff.); aA Staudinger/Marotzke, 2016, Rn. 35; MüKoBGB/Ann Rn. 10; RGRK-BGB/Kregel Rn. 6; Werkmüller ZEV 2007, 16: das Leistungsverweigerungsrecht des Abs. 1 S. 1 sei im Wege der teleologischen Reduktion auf solche Vermögensgegenstände zu beschränken, die dem betroffenen Erben unabhängig vom Erbfall gehörten). Den Gläubigern bleibt die Möglichkeit, auf den zum Nachlass gehörenden Anspruch auf Rückgewähr nach § 1978, § 1991 Abs. 1, § 2059 Abs. 2 zuzugreifen (RGZ 89, 403 (408); Soergel/Wolf Rn. 4; Lange/Kuchinke ErbR § 50 IV 1 Fn. 36). Ein Anspruch aus § 1978 setzt zwar voraus, dass Nachlassverwaltung angeordnet oder das Nachlassinsolvenzverfahren eröffnet worden ist oder dass der Nachlass iSv § 1990 nicht zur Begleichung der Nachlassverbindlichkeiten ausreicht (RGRK-BGB/Kregel Rn. 13; MüKoBGB/Ann Rn. 10; H. P. Westermann AcP 173 (1973), 24 (31); auch RGZ 2

89, 403 (408) nimmt eine Pflicht zur Rückgewähr nur an, soweit dies zur Berichtigung der Nachlassverbindlichkeiten erforderlich ist). Wenn jedoch die Voraussetzungen der §§ 1980, 1981 und 1990 sämtlich nicht erfüllt sind, heißt das zugleich, dass der noch vorhandene Nachlass zur Befriedigung des Gläubigers ausreicht.

## II. Haftungsbeschränkungsrecht der Miterben (Abs. 1)

3 **1. Leistungsverweigerungsrecht der Miterben.** Einem als Gesamtschuldner in Anspruch genommenen Miterben stehen die **allgemeinen Leistungsverweigerungsrechte jedes Erben** zu. Gemäß § 1958 kann er vor Annahme der Erbschaft nicht in Anspruch genommen werden; die Zwangsvollstreckung ist nur in den Nachlass möglich (§ 778 ZPO). Nach der Annahme der Erbschaft gelten zunächst §§ 2014, 2015 iVm §§ 305, 780 ZPO. Der Miterbe kann auch eine Beschränkung seiner Haftung auf den Nachlass nach § 1975 (Nachlassverwaltung, die gem. § 2062 allerdings nur bis zur Teilung und von allen Miterben gemeinsam beantragt werden kann, oder Eröffnung des Nachlassinsolvenzverfahrens), nach §§ 1973, 1974 (Ausschluss des Gläubiger im Aufgebotsverfahren oder Versäumung der Fünfjahresfrist) oder nach §§ 1990 ff. (Unzulänglichkeitseinreden) herbeiführen. Abs. 1 S. 1 gibt dem Miterben bis zur Teilung des Nachlasses eine **zusätzliche Möglichkeit der Beschränkung der Haftung auf den Nachlass.** Es handelt sich um eine **Einrede,** die unabhängig von den Voraussetzungen erhoben werden kann, unter denen der Erbe den allgemeinen Vorschriften über die Erbenhaftung zufolge die Inanspruchnahme seines Eigenvermögens verhindern kann. Die Einrede hat allerdings nur **aufschiebende Wirkung** bis zur Teilung des Nachlasses. Trotz Erhebung der Einrede gerät der Miterbe in **Verzug** (OLG München OLGRspr. 30, 203 f.; MüKoBGB/Ann Rn. 15; Soergel/Wolf Rn. 6; aA Staudinger/Marotzke, 2016, Rn. 18 für den Fall, dass der Nachlass nicht ausreicht und der Miterbe nicht mit seinem eigenen Vermögen haftet).

4 **2. Verfahrensfragen.** Im **Prozess** führt die Einrede des Abs. 1 S. 1 nicht zu einer Abweisung der Klage, sondern zum Vorbehalt der beschränkten Erbenhaftung gem. § 780 Abs. 1 ZPO. Schon der allgemeine Vorbehalt des § 780 Abs. 1 ZPO wahrt die Rechte aus § 2059 Abs. 1 S. 1. Die Haftung braucht also nicht ausdrücklich „auf den Anteil am Nachlass" beschränkt zu werden (RGZ 71, 366 (371); MüKoBGB/Ann Rn. 14; Soergel/Wolf Rn. 5; RGRK-BGB/Kregel Rn. 8). Die **Zwangsvollstreckung** ist dann bis zur Teilung nur in den Anteil des Miterben am ungeteilten Nachlass (§ 859 Abs. 2 ZPO, § 857 ZPO) oder aufgrund eines Titels gegen alle Miterben (§ 747 ZPO) in den Nachlass selbst erlaubt. Vollstreckt der Gläubiger gleichwohl in das Eigenvermögen des Miterben, kann dieser gem. §§ 781, 785, 767 ZPO Vollstreckungsgegenklage erheben. Die Vollstreckungsgegenklage ist begründet, wenn der Erbe darlegt und notfalls auch beweist, dass mehrere Erben vorhanden sind und dass der Nachlass noch nicht geteilt worden ist (RGRK-BGB/Kregel Rn. 14; MüKoBGB/Ann Rn. 14; Soergel/Wolf Rn. 5). Hatte der Gläubiger nur auf **„Leistung aus dem Erbteil"** geklagt, bedarf es keines zusätzlichen Vorbehaltes mehr; denn aus einem Urteil, das auf Leistung aus dem Erbteil lautet, kann auch nur in den Erbteil vollstreckt werden (MüKoBGB/Ann Rn. 14; RGRK-BGB/Kregel Rn. 8). Der beklagte Miterbe kann demgegenüber bei uneingeschränktem Klageantrag eine auf Leistung aus dem Erbteil beschränkte Verurteilung nicht erreichen; denn der Gläubiger hat auch bei Vorliegen der Voraussetzungen des § 2059 Abs. 1 S. 1 Anspruch auf einen Titel, der ihm **nach der Teilung** die Zwangsvollstreckung in das Eigenvermögen der Miterben erlaubt (MüKoBGB/Ann Rn. 14). Erfolgt die Zwangsvollstreckung aus einem Titel, der noch gegen den **Erblasser** ergangen und gem. § 727 ZPO umgeschrieben worden ist, kann die Einrede des Abs. 1 S. 1 auch ohne Vorbehalt im Urteil erhoben werden. Obwohl § 2059 nur eine prozessuale Einrede enthält, kann ein Miterbe gegenüber einer gegen ihn persönlich gerichteten Forderung eines anderen Miterben nicht mit einer gegen den ungeteilten Nachlass gerichteten Forderung **aufrechnen** (OLG Celle ZEV 2016, 37 (39)).

5 **3. Teilhaftung bei Verlust des Rechts, die Haftung auf den Nachlass zu beschränken.** Haftet ein Miterbe bereits **unbeschränkt** (also auch mit seinem Eigenvermögen), steht ihm das Leistungsverweigerungsrecht hinsichtlich des Anteils, der auf ihn entfällt, nicht zu (S. 2); denn ein unbeschränkt haftender Erbe kann die Beschränkung seiner Haftung auf den Nachlass nicht mehr geltend machen (§ 2013). Ein Miterbe, der unbeschränkt haftet, hat jedoch die Möglichkeit, bis zur Teilung die Haftung mit dem Eigenvermögen auf den seinem Erbteil entsprechenden Teil der Forderung zu beschränken. Die Beschränkung erfolgt wie im Falle des Abs. 1 S. 1 durch **den Vorbehalt der beschränkten Erbenhaftung** nach § 780 ZPO, der ggf. im Wege der Vollstreckungsgegenklage nach §§ 781, 785, 767 ZPO durchgesetzt werden muss. Auf Antrag des Gläubi-

gers hat jedoch dann, wenn die iÜ unbeschränkte Haftung feststeht, eine die anteilige Haftung ausnehmende **Beschränkung** des Vorbehaltes zu erfolgen. **Beispiel:** Der Miterbe erbt (und haftet) zu einem Drittel; die Forderung beträgt 3.000. Dem Miterben wird auf Antrag des Gläubigers die Beschränkung der Haftung auf den Nachlass nur bis zur Teilung und nur wegen des 1000 übersteigenden Betrages vorbehalten (nach RGRK-BGB/Kregel Rn. 9; vgl. auch MüKoBGB/Ann Rn. 16; Soergel/Wolf Rn. 7). „Erbteil" ist hier der durch die Erbquote bestimmte **ideelle Erbteil,** nicht die durch etwaige Ausgleichungen beeinflusste Teilungsquote (RGRK-BGB/Kregel Rn. 9; MüKoBGB/Ann Rn. 16). Darlegungs- und beweispflichtig für die Voraussetzungen der unbeschränkten Haftung ist der Gläubiger (MüKoBGB/Ann Rn. 18; Soergel/Wolf Rn. 7; RGRK-BGB/Kregel Rn. 14). Gegenüber einem **Gläubiger, der zugleich Miterbe ist,** kann sich der in Anspruch genommene Miterbe auf die Beschränkung der Haftung auch dann berufen, wenn er unbeschränkt haftet (§ 2063 Abs. 2).

## III. Befriedigung aus dem ungeteilten Nachlass (Abs. 2)

**1. Gesamthandklage.** Nach Abs. 2 kann der Nachlassgläubiger von sämtlichen Miterben 6 uneingeschränkt Befriedigung aus dem ungeteilten Nachlass verlangen. Zur Zwangsvollstreckung in den ungeteilten Nachlass ist gem. § 747 ZPO ein gegen alle Erben ergangenes Urteil erforderlich. Mit der Gesamthandklage des Abs. 2 werden die Miterben als Träger des gesamthänderisch gebundenen Nachlasses in Anspruch genommen. Sie muss grds. gegen sämtliche Miterben gerichtet werden und begründet unter diesen eine notwendige Streitgenossenschaft nach § 62 ZPO (BGH NJW 1963, 1611 (1612) mAnm Bötticher JZ 1964, 723; NJW 2021, 2115 Rn. 8; RGZ 71, 366 (370 f.); AG Hannover ZVI 2021, 81 (85 f.); RGRK-BGB/Kregel Rn. 11; MüKoBGB/Ann Rn. 22; einschr. Soergel/Wolf Rn. 9; aA RGZ 68, 221 (222 f.)). Eine Gesamthandklage nur gegen einen oder einige der Miterben ist unzulässig. Das gilt nur dann nicht, wenn die nicht mitverklagten Miterben bereits geleistet haben oder leistungsbereit oder schon zur Leistung verurteilt worden sind (BGH NJW 1982, 441; 1995, 58; OLG Naumburg NJW-RR 1998, 308 (309); RGRK-BGB/Kregel Rn. 11; MüKoBGB/Ann Rn. 22; iErg ebenso Staudinger/Marotzke, 2020, § 2058 Rn. 63: der nicht gegen sämtliche Miterben gerichteten Klage fehle das Rechtsschutzbedürfnis, wenn die nicht mitverklagten Erben nicht bereits geleistet haben oder gesondert verurteilt worden oder leistungsbereit sind). Der Gläubiger hat die **Wahl,** ob er die Gesamtschuldklage nach § 2058 oder die Gesamthandklage nach § 2059 Abs. 2 erheben will. Welche Klage gemeint ist, muss erforderlichenfalls durch Auslegung des Klageantrags und der Klagegründe ermittelt werden (BGH NJW 1963, 1611 (1612); NJW-RR 1988, 710; 1992, 1151 (1152); OLG Naumburg NJW-RR 1998, 308 (309); OLG Jena OLGR 2003, 421). Aufgrund eines auf eine Gesamthandklage hin ergangenen Urteils kann **nur in den Nachlass** vollstreckt werden (BGH NJW-RR 1988, 710; MüKoBGB/Ann Rn. 20). Ist die Klage ausdrücklich auf Befriedigung aus dem ungeteilten Nachlass gerichtet, handelt es sich daher regelmäßig um eine Gesamthandklage. Eine Gesamthandklage liegt idR auch dann vor, wenn der Gläubiger einen Anspruch auf **Vornahme einer Verfügung,** etwa auf Auflassung eines Grundstücks, verfolgt; denn gem. § 2040 können die Miterben nur gemeinsam über einen Nachlassgegenstand verfügen (BGH NJW 1963, 1611 (1612)). Allerdings können einzelne Miterben als Gesamtschuldner (§ 2058) auf Herbeiführung der Auflassung in Anspruch genommen werden (→ § 2042 Rn. 7) (RGZ 71, 366 (370); BGH NJW 1963, 1611 (1612); 1998, 682). Ein Grundbuchberichtigungsanspruch soll ausschließlich im Wege der Gesamthandklage verfolgt werden können (OLG Naumburg NJW-RR 1998, 308).

**2. Verteidigung gegen die Gesamthandklage.** Gegenüber einer Gesamthandklage können 7 sich die Miterben mit solchen **Einwänden** verteidigen, die der Forderung selbst entgegenstehen, etwa dahingehend, dass die Forderung nicht entstanden, einredebehaftet oder durch Erfüllung erloschen sei. An speziell erbrechtlichen Einwänden kommen neben der Einrede aus § 1958 nur die Dreimonatseinrede des § 2014 sowie die Einrede des Aufgebotsverfahrens des § 2015 in Betracht (MüKoBGB/Ann Rn. 25). Die **Einrede der beschränkten Erbenhaftung** (§ 780 ZPO) braucht nicht erhoben zu werden, weil aus einem Urteil, das auf Leistung aus dem ungeteilten Nachlass lautet, nur in den Nachlass vollstreckt werden kann. Nur wenn nicht hinreichend deutlich ist, dass der Gläubiger eine derart eingeschränkte Verurteilung erstrebt, sollen die Miterben die Aufnahme des Vorbehaltes der beschränkten Erbenhaftung verlangen können (MüKoBGB/Ann Rn. 26; RGRK-BGB/Kregel Rn. 13; aA Soergel/Wolf Rn. 10, der von einer „immanenten Beschränkung des Gesamthandurteils auf das Vermögen der Erbengemeinschaft" ausgeht). Sinnvoller ist es, auf eine exakte Fassung des Klageantrags und des Urteilstenors hinzuwirken.

8 **3. Sonderfall Miterben-Nachlassgläubiger.** Auch der Gläubiger, der zugleich Miterbe ist, kann die Gesamthandklage erheben (BGH NJW 1963, 1611 (1612); NJW-RR 1988, 710 (711); OLG Karlsruhe NJW-RR 2005, 1317 (1318); OLG Koblenz BeckRS 2021, 31925 Rn. 4; RGRK-BGB/Kregel Rn. 12). Obwohl zur Zwangsvollstreckung in den Nachlass bis zur Teilung gem. § 747 ZPO grds. ein gegen alle Erben ergangenes Urteil erforderlich ist, reicht für den Miterben-Nachlassgläubiger ein Urteil gegen die anderen Miterben (MüKoBGB/Ann Rn. 27; Staudinger/Marotzke, 2020, § 2058 Rn. 97; Garlichs JurBüro 1998, 243 (244)). Sich selbst braucht (und kann) er nicht verklagen. Solange der Miterben-Gläubiger Befriedigung nur aus dem ungeteilten Nachlass verlangt, kann er seinen Anspruch **in voller Höhe** durchsetzen, braucht sich also nicht den seiner Erbquote entsprechenden Teil des Anspruchs anrechnen zu lassen (BGH NJW-RR 1988, 710 (711)). Nimmt er stattdessen – was grds. zulässig ist – einzelne oder alle Miterben gem. § 2058 als Gesamtschuldner in Anspruch, ist ein seiner Erbquote entsprechender Teil des Anspruchs abzusetzen (iE → § 2058 Rn. 4) (BGH NJW-RR 1988, 710 (711)).

9 **4. Zwangsvollstreckung in den ungeteilten Nachlass.** Die Zwangsvollstreckung in den ungeteilten Nachlass (§ 747 ZPO) setzt kein auf eine Gesamthandklage nach § 2059 Abs. 2 ergangenes einheitliches Urteil gegen alle Miterben voraus. Die Erben können gem. § 2058, in mehreren Prozessen und sogar nicht als Erben, sondern aus einem anderen Rechtsgrund gleichlautend verurteilt worden sein (BGHZ 53, 110 (115) = NJW 1970, 473; MüKoBGB/Ann Rn. 19). Werden die Erben als Gesamtschuldner (§ 2058) in Anspruch genommen, ist der Vorbehalt der beschränkten Erbenhaftung (§ 780 ZPO) zulässig und sinnvoll.

## § 2060 Haftung nach der Teilung

**Nach der Teilung des Nachlasses haftet jeder Miterbe nur für den seinem Erbteil entsprechenden Teil einer Nachlassverbindlichkeit:**

1. **wenn der Gläubiger im Aufgebotsverfahren ausgeschlossen ist; das Aufgebot erstreckt sich insoweit auch auf die in § 1972 bezeichneten Gläubiger sowie auf die Gläubiger, denen der Miterbe unbeschränkt haftet;**
2. **wenn der Gläubiger seine Forderung später als fünf Jahre nach dem in § 1974 Abs. 1 bestimmten Zeitpunkt geltend macht, es sei denn, dass die Forderung vor dem Ablauf der fünf Jahre dem Miterben bekannt geworden oder im Aufgebotsverfahren angemeldet worden ist; die Vorschrift findet keine Anwendung, soweit der Gläubiger nach § 1971 von dem Aufgebot nicht betroffen wird;**
3. **wenn das Nachlassinsolvenzverfahren eröffnet und durch Verteilung der Masse oder durch einen Insolvenzplan beendigt worden ist.**

### Überblick

§ 2060 regelt die Voraussetzungen, unter denen ein Miterbe ausnahmsweise – abweichend von § 2058 – nur für den seinem Erbteil entsprechenden Teil einer Nachlassverbindlichkeit haftet. Es geht hier um den Haftungsumfang, nicht, wie in § 2059 und in den allgemeinen Vorschriften der, um den Haftungsgegenstand (Nachlass oder Eigenvermögen).

### I. Bedeutung der Norm

1 **1. Ausnahme vom Grundsatz der gesamtschuldnerischen Haftung der Miterben.** Nach der Teilung des Nachlasses bleibt die gesamtschuldnerische Haftung der Miterben bestehen (BGH NJW 1998, 682 = LM § 2058 Nr. 8 mAnm Marotzke; WM 1982, 101; BayObLG FamRZ 1999, 1175 (1176); OLG Oldenburg ZEV 2009, 563; BSG ZEV 2014, 434, 436; HessFG EFG 2016, 523; Staudinger/Marotzke, 2020, Rn. 1; RGRK-BGB/Kregel Rn. 1; Erman/Bayer Rn. 2). Ist eine Nachlassverbindlichkeit nicht gem. § 2046 vor der Teilung des Nachlasses berichtigt worden, kann der Gläubiger auch nach der Teilung jeden Miterben auf Erfüllung der gesamten Forderung in Anspruch nehmen (§ 2058). Die §§ 2060, 2061 enthalten Ausnahmen von diesem Grundsatz. Unter den in diesen Vorschriften genannten Voraussetzungen haftet der einzelne Miterbe nur für den seinem Erbteil entsprechenden Teil der Nachlassverbindlichkeit **(„Teilhaftung")**. Den Erben, die alles getan haben, um die Nachlassgläubiger zu ermitteln und zu befriedigen, kann nach Vorstellung des historischen Gesetzgebers die strenge gesamtschuldnerische Haftung des § 2058 nicht zugemutet werden (MüKoBGB/Ann Rn. 1). „Erbteil" ist hier die **ideelle Erb-**

**quote,** nicht der durch etwaige Ausgleichungen beeinflusste Anteil am Überschuss (Teilungsquote) (BGH WM 1982, 101 (102); RGRK-BGB/Kregel Rn. 1; Erman/Bayer Rn. 2; MüKoBGB/Ann Rn. 4). Die Teilungsquote gilt nur im Innenverhältnis der Miterben untereinander (RGRK-BGB/Kregel § 2055 Rn. 9; MüKoBGB/Ann Rn. 4; Erman/Bayer Rn. 2; Grüneberg/Weidlich Rn. 1). Ausgleichsansprüche eines Miterben, der eine Nachlassforderung beglichen hat, sind auf die jeweilige Teilungsquote beschränkt.

**2. Folgen für die Nachlassgläubiger.** Die Teilhaftung kann dann, wenn die Haftung zugleich auf den Nachlass beschränkt ist, dazu führen, dass ein Nachlassgläubiger teilweise mit seiner Forderung ausfällt. **Beispiel** (nach RGRK-BGB/Kregel Rn. 2): Der Erblasser wird von A, B und C zu je einem Drittel beerbt. Der Wert des Nachlasses beträgt 3.000. Bei der Auseinandersetzung erhält A wegen auszugleichender Vorempfänge nichts; B und C erhalten je 1.500. Ein Nachlassgläubiger, der 1.500 zu fordern hat, kann bei Teilhaftung und Beschränkung der Haftung auf dem Nachlass von B und C nur je ein Drittel von 1.500, also (2 x 500 =) 1.000 verlangen. A, der nichts aus dem Nachlass erhalten hat, ist zu Zahlungen aus seinem eigenen Vermögen nicht verpflichtet. Dieses Ergebnis lässt sich damit rechtfertigen, dass der Gläubiger den Eintritt der Teilhaftung jedenfalls in den Fällen des § 2060 Nr. 1 und 2, § 2061 durch rechtzeitige Anmeldung der Forderung hätte verhindern können (Erman/Bayer Rn. 2; MüKoBGB/Ann Rn. 4; krit. RGRK-BGB/Kregel Rn. 2; Staudinger/Marotzke, 2016, Rn. 17 ff., 21 ff.). 2

**3. Haftungsgegenstand und Haftungsumfang.** §§ 2060, 2061 behandeln die Frage des **Haftungsumfanges** (Haftung für die gesamte Nachlassverbindlichkeit oder nur für einen Bruchteil), nicht die Frage des **Haftungsgegenstandes** (Nachlass oder auch Eigenvermögen des Erben). Ob der Erbe mit seinem gesamten Vermögen oder nur auf den Nachlass beschränkt haftet, richtet sich nach den allgemeinen Vorschriften über die Erbenhaftung. Auch wenn der Erbe unbeschränkt – also auch mit seinem eigenen Vermögen – haftet, haftet er unter den Voraussetzungen der §§ 2060 oder 2061 nur für den seinem Erbteil entsprechenden Teil der Nachlassschuld. 3

## II. Tatbestände des § 2060

**1. Ausschluss im Aufgebotsverfahren (Nr. 1).** Die Teilhaftung tritt gegenüber denjenigen Nachlassgläubigern ein, die im **Aufgebotsverfahren** nach §§ 1970–1974 ausgeschlossen worden sind. Einzelheiten ergeben sich aus §§ 454 ff. FamFG. **Jeder Miterbe** ist berechtigt, das Aufgebot der Nachlassgläubiger zu beantragen (§ 455 Abs. 1 FamFG, § 460 Abs. 2 FamFG). Im Aufgebot ist den Nachlassgläubigern, die sich nicht melden, zusätzlich – neben den Rechtsnachteilen des § 1973 und des § 458 Abs. 1 FamFG – **anzudrohen,** dass jeder Erbe nach der Teilung des Nachlasses nur für den seinem Erbteil entsprechenden Teil der Verbindlichkeit haftet (§ 460 Abs. 1 S. 2 FamFG). Der von einem einzelnen Miterben erwirkte Ausschließungsbeschluss kommt auch den anderen Miterben zugute (§ 460 Abs. 1 S. 1 FamFG). Auch derjenige Miterbe ist antragsberechtigt, der selbst bereits unbeschränkt (= auch mit seinem Eigenvermögen) für Nachlassverbindlichkeiten haftet (§ 460 Abs. 2 FamFG). Er haftet nach Erlass des Ausschließungsbeschlusses unbeschränkt, jedoch nur für den seinem Erbteil entsprechenden Teil der Nachlassforderung. Die Teilhaftung tritt auch im Verhältnis zu den Pflichtteils-, Vermächtnis- und Auflagengläubigern des § 1972 ein (Nr. 1 Hs. 2). Nur das Recht der Gläubiger dinglicher und ihnen gleichgestellter Rechte auf Befriedigung aus den ihnen haftenden Gegenständen (§ 1971) bleibt unberührt (MüKoBGB/Ann Rn. 7; RGRK-BGB/Kregel Rn. 6; Grüneberg/Weidlich Rn. 2). Anders als im Falle des § 2061 und der Nr. 2 kommt es auch dann zur Teilhaftung, wenn der Erbe **Kenntnis** von der Nachlassverbindlichkeit hatte (MüKoBGB/Ann Rn. 7; RGRK-BGB/Kregel Rn. 5; Grüneberg/Weidlich Rn. 2; aA Staudinger/Marotzke, 2020, Rn. 53 ff.). Die **Teilung** des Nachlasses (→ § 2059 Rn. 2), die Voraussetzung jeglicher Teilhaftung ist, darf **erst nach Erlass des Ausschließungsbeschlusses** erfolgt sein (→ § 2061 Rn. 2) (MüKoBGB/Ann Rn. 8; aA RGRK-BGB/Kregel Rn. 5; Staudinger/Marotzke, 2020, Rn. 68). Das folgt aus dem Wortlaut der Vorschrift (MüKoBGB/Ann Rn. 8) ebenso wie aus ihrem Sinn und Zweck. Miterben, die alles Erforderliche zur Befriedigung der Nachlassgläubiger unternommen haben, sollen nicht länger der strengen gesamtschuldnerischen Haftung des § 2058 unterworfen bleiben. Haben sie voreilig die Teilung vorgenommen, besteht kein Grund für eine Besserstellung. 4

**2. Verspätete Geltendmachung der Forderung (Nr. 2).** Ein Miterbe haftet auch dann nur anteilig, wenn der Gläubiger seine Forderung **später als fünf Jahre** nach dem in § 1974 Abs. 1 bestimmten Zeitpunkt – dem Erbfall oder der Rechtskraft des Beschlusses über die Todeserklärung oder die Feststellung der Todeszeit – geltend macht. Die Frist wird nicht nur durch Klage, sondern 5 auch durch außergerichtliche Zahlungsaufforderung oder Mahnung oder jedes sonstige Verhalten gewahrt, dem der Erbe entnehmen kann, dass der Gläubiger seine Forderung **durchsetzen will.** Das folgt auch daraus, dass – anders als in Nr. 1 – die Kenntnis des Erben von der Nachlassverbindlichkeit den Eintritt der Teilhaftung hindert. Es kommt jeweils auf die Kenntnis des in Anspruch genommenen Miterben an. Die Kenntnis anderer Erben wird **nicht zugerechnet,** sodass für ein und dieselbe Forderung ein Erbe als Gesamtschuldner und ein anderer Erbe nur anteilig haften kann (RGRK-BGB/Kregel Rn. 7; MüKoBGB/Ann Rn. 11; Staudinger/Marotzke, 2020, Rn. 76). Sind Gläubiger und Miterbe übereinstimmend, aber zu Unrecht der Ansicht, eine Nachlassforderung sei durch Erfüllung erloschen, steht dieser Irrtum der Unkenntnis der Forderung gleich (KG OLGZ 1967, 161 f. = NJW 1967, 1137). Hat der Gläubiger die Forderung im Rahmen eines von einem Miterben eingeleiteten **gerichtlichen Aufgebotsverfahren** nach §§ 454 ff. FamFG angemeldet, wirkt die Anmeldung gegenüber allen Miterben. Die Anmeldung der Forderung auf eine Aufforderung nach § 2061 hin steht der Anmeldung im Rahmen eines gerichtlichen Aufgebotsverfahrens nicht gleich, kann aber als Geltendmachung der Forderung zu verstehen sein (RGRK-BGB/Kregel Rn. 7; MüKoBGB/Ann Rn. 12; Grüneberg/Weidlich Rn. 3). Vor Ablauf der Fünfjahresfrist kann sich der in Anspruch genommene Miterbe regelmäßig nicht auf **Verwirkung** berufen (BGH WM 1982, 101 (102)). Nr. 2 gilt nicht für Gläubiger dinglicher oder diesen gleichgestellter Rechte iSv § 1971, soweit sie Befriedigung aus den ihnen haftenden Gegenständen verlangen (Hs. 2).

6 **3. Nachlassinsolvenzverfahren (Nr. 3).** Schließlich haften die Miterben auch dann nur anteilig, wenn das Nachlassinsolvenzverfahren eröffnet und durch Verteilung der Masse oder durch einen Insolvenzplan beendet worden ist. Voraussetzung der Teilhaftung ist, dass das Nachlassinsolvenzverfahren **vor der Teilung eröffnet** worden war. Gemäß § 316 Abs. 2 InsO ist die Eröffnung des Nachlassinsolvenzverfahrens auch nach der Teilung des Nachlasses noch zulässig; Teilhaftung kann dann jedoch nicht mehr eintreten (MüKoBGB/Ann Rn. 15; Grüneberg/Weidlich Rn. 4; aA RGRK-BGB/Kregel Rn. 9; Staudinger/Marotzke, 2020, Rn. 84). Die **Ausschüttung des gesamten Nachlasses an die Gläubiger** wird einer Nachlassteilung gleichgesetzt und führt zu einer entsprechenden Anwendung der Nr. 3 (Grüneberg/Weidlich Rn. 4; MüKoBGB/Ann Rn. 15). Wird das Nachlassinsolvenzverfahren mangels Masse (§ 207 InsO) oder mit Zustimmung der Gläubiger (§ 213 InsO) eingestellt, tritt die Teilhaftung nicht ein.

## III. Prozessuale Fragen

7 Die Teilhaftung nach §§ 2060, 2061 ist **keine Haftungsbeschränkung iSv § 780 ZPO,** die sich der in Anspruch genommene Miterbe vorbehalten könnte (BFH NJW 1960, 1975 (1976); RGRK-BGB/Kregel Rn. 12; K. Schmidt JR 1989, 45). § 780 ZPO betrifft nur die gegenständliche Beschränkung der Haftung auf den Nachlass, nicht den Umfang der Haftung eines Miterben. Im Prozess ist die Teilhaftung **von Amts wegen** zu berücksichtigen, ohne dass der Erbe eine entsprechende Einrede erheben müsste (Staudinger/Marotzke, 2020, Rn. 28). Der in Anspruch genommene Miterbe ist **darlegungs- und beweispflichtig** für die Voraussetzungen der Teilhaftung (RGRK-BGB/Kregel Rn. 12; Staudinger/Marotzke, 2020, Rn. 97; MüKoBGB/Ann Rn. 17). Er muss darlegen und beweisen, dass der Nachlass geteilt worden ist, dass ein Ausschließungsbeschluss im Aufgebotsverfahren ergangen ist (Nr. 1), dass fünf Jahre seit dem in § 1974 Abs. 1 bestimmten Zeitpunkt (dem Erbfall oder dem Zeitpunkt der Rechtskraft des Beschlusses über die Todeserklärung oder die Feststellung der Todeszeit) vergangen sind (Nr. 2) oder dass ein Nachlassinsolvenzverfahren eröffnet und durch Verteilung der Masse oder durch einen Insolvenzplan beendigt worden ist (Nr. 3), während der Gläubiger die Anmeldung im Aufgebotsverfahren (Nr. 1 und 2) und die Kenntnis des Erben (Nr. 2) beweisen muss (MüKoBGB/Ann Rn. 17). Treten die Voraussetzungen der Teilhaftung erst nach Schluss der letzten mündlichen Verhandlung der letzten Tatsacheninstanz ein (§ 767 Abs. 2 ZPO), kann der als Gesamtschuldner verurteilte Miterbe **Vollstreckungsgegenklage** nach § 767 ZPO erheben, um die Teilhaftung geltend zu machen (MüKoBGB/Ann Rn. 3; RGRK-BGB/Kregel Rn. 12).

### § 2061 Aufgebot der Nachlassgläubiger

**(1) [1]Jeder Miterbe kann die Nachlassgläubiger öffentlich auffordern, ihre Forderungen binnen sechs Monaten bei ihm oder bei dem Nachlassgericht anzumelden. [2]Ist die Aufforderung erfolgt, so haftet nach der Teilung jeder Miterbe nur für den seinem**

**Erbteil entsprechenden Teil einer Forderung, soweit nicht vor dem Ablauf der Frist die Anmeldung erfolgt oder die Forderung ihm zur Zeit der Teilung bekannt ist.**

**(2) [1]Die Aufforderung ist durch den Bundesanzeiger und durch das für die Bekanntmachungen des Nachlassgerichts bestimmte Blatt zu veröffentlichen. [2]Die Frist beginnt mit der letzten Einrückung. [3]Die Kosten fallen dem Erben zur Last, der die Aufforderung erlässt.**

## Überblick

Das Aufgebot der Nachlassgläubiger führt wie die Tatbestände des § 2060 Nr. 1–3 zu einer „Teilhaftung" des Miterben, also zu einer Haftung nur für den seinem Erbteil entsprechenden Teil der Nachlassverbindlichkeit nach Teilung des Nachlasses. Die Vorschriften der §§ 454 ff. FamFG für das gerichtliche Aufgebot, welches zu einer Beschränkung der Haftung auf den Nachlass führt, finden keine Anwendung.

## I. Bedeutung der Norm

Das **„Privataufgebot"** des § 2061 stellt eine der insgesamt vier Möglichkeiten dar, wie ein Miterbe seine Haftung auf einen seinem Erbteil entsprechenden Teil der Forderung des Nachlassgläubigers beschränken kann. Die anderen Fälle sind in § 2060 geregelt. Auch § 2061 betrifft nicht eine Beschränkung des Haftungsgegenstandes, sondern eine Beschränkung des Umfanges der Schuld, für die der einzelne Miterbe **(Teilhaftung)** einzustehen hat (→ § 2060 Rn. 1). 1

## II. Voraussetzungen der Teilhaftung

Voraussetzungen der Teilhaftung sind die öffentliche Aufforderung an die Nachlassgläubiger, ihre Forderung anzumelden, der Ablauf der Sechsmonatsfrist, ohne dass die Forderung angemeldet worden ist oder der Erbe Kenntnis von ihr erlangt hat, sowie die Teilung des Nachlasses. 2

**1. Öffentliche Aufforderung.** Jeder Miterbe – auch der, der bereits unbeschränkt mit seinem gesamten Vermögen haftet (§ 460 Abs. 2 FamFG) – kann das private Aufgebot der Nachlassgläubiger veranlassen. Er muss die Nachlassgläubiger öffentlich auffordern, ihre Forderungen innerhalb von sechs Monaten bei ihm oder bei dem Nachlassgericht anzumelden. Die Aufforderung muss im Bundesanzeiger und in dem für die Bekanntmachungen des Nachlassgerichts bestimmten Blatt veröffentlicht werden. Auf die Folgen des Fristablaufes braucht nicht hingewiesen zu werden (Staudinger/Marotzke, 2020, Rn. 4; anders § 460 FamFG für das gerichtliche Aufgebot). Bei dem Gläubigeraufgebot handelt es sich weder um eine Nachlasssache iSv § 342 Abs. 1 FamFG noch um eine Aufgebotssache iSv §§ 433 ff. FamFG (OLG ZEV 2017, 42). 3

**2. Fristablauf.** Die Frist von sechs Monaten beginnt mit der letzten Einrückung der Aufforderung (Abs. 2 S. 2). Sie wird nach §§ 187, 188, 193 berechnet. § 206 (Hemmung der Verjährung bei höherer Gewalt) gilt nicht, weil es sich um eine Ausschlussfrist handelt. Die fristgerechte (formfreie) **Anmeldung** bei dem Miterben, der das Aufgebot veranlasst hat, oder bei dem Nachlassgericht wirkt gegenüber sämtlichen Miterben. Die anderweitig erlangte **Kenntnis** eines Miterben wird den übrigen Miterben hingegen nicht zugerechnet. 4

**3. Teilung des Nachlasses.** Schließlich muss der Nachlass geteilt worden sein (§ 2042). Die Teilung darf erst nach Fristablauf vollzogen worden sein (MüKoBGB/Ann Rn. 5; Grüneberg/Weidlich Rn. 2; aA RGRK-BGB/Kregel: die Teilung darf während laufender Frist erfolgt sein; Staudinger/Marotzke, 2020, Rn. 10: das Aufforderungsverfahren kann nach Vollzug der Teilung noch eingeleitet werden). Das Gesetz enthält zwar keine ausdrückliche Einschränkung. § 2061 Abs. 1 S. 2 stellt jedoch auf die Kenntnis des Miterben „zurzeit der Teilung" ab. Die Teilung vor Fristablauf darf nicht zu einer Besserstellung der Miterben führen. 5

## III. Rechtsfolge

Jeder Miterbe – nicht nur derjenige, der das Aufforderungsverfahren durchgeführt hat – hat nur noch für den seinem ideellen Erbteil entsprechenden Teil der Schuld aufzukommen. Das Privataufgebot wirkt auch gegenüber den Gläubigern des § 1972 (Staudinger/Marotzke, 2020, Rn. 11; RGRK-BGB/Kregel Rn. 3; MüKoBGB/Ann Rn. 6; str.). Das Recht der dinglich gesicherten Gläubiger auf Befriedigung aus den ihnen haftenden Vermögensgegenständen (§ 1971) 6 bleibt allerdings unberührt (MüKoBGB/Ann Rn. 6; RGRK-BGB/Kregel Rn. 3; Staudinger/Marotzke, 2020, Rn. 11). Die **Kosten** fallen demjenigen Miterben zur Last, der die Aufforderung erlässt (Abs. 2 S. 3). Der Miterbe kann im Innenverhältnis einen Aufwendungsersatzanspruch aus Auftrag (§ 670) oder Geschäftsführung ohne Auftrag (§§ 683, 670) haben (MüKoBGB/Ann Rn. 7; RGRK-BGB/Kregel Rn. 6).

### IV. Beweislast

7 Der in Anspruch genommene Miterbe hat die ordnungsgemäße öffentliche Aufforderung, den Fristablauf und die Nachlassteilung nach Ablauf der Frist zu beweisen. Der Gläubiger trägt die Beweislast für die rechtzeitige Anmeldung oder die Kenntnis des in Anspruch genommenen Miterben im Zeitpunkt der Teilung (Staudinger/Marotzke, 2020, Rn. 12; RGRK-BGB/Kregel Rn. 7).

## § 2062 Antrag auf Nachlassverwaltung

**Die Anordnung einer Nachlassverwaltung kann von den Erben nur gemeinschaftlich beantragt werden; sie ist ausgeschlossen, wenn der Nachlass geteilt ist.**

### Überblick

Die Nachlassverwaltung (§ 1981) kann nur von den Erben gemeinsam und nur bis zur Teilung des Nachlasses beantragt werden. Ist ein Miterbe zugleich Nachlassgläubiger, steht ihm allerdings ein Antragsrecht nach § 1981 Abs. 2 zu.

### I. Gemeinschaftlicher Antrag (Hs. 1)

1 **1. Bedeutung der Norm.** Miterben können den Antrag auf Anordnung der Nachlassverwaltung (§ 1981 Abs. 1) nur gemeinsam stellen (OLG Brandenburg ZEV 2021, 237 Rn. 1). Mit Anordnung der Nachlassverwaltung verlieren die Erben die Befugnis, den Nachlass zu verwalten und über ihn zu verfügen (§ 1984 Abs. 1). Diese Rechtsfolge soll nur im **Einverständnis aller Miterben** eintreten können. Das Nachlassinsolvenzverfahren kann demgegenüber von jedem Erben allein beantragt werden (§ 317 Abs. 1 InsO). Das Nachlassinsolvenzverfahren entzieht den Erben zwar ebenfalls die Verwaltungs- und Verfügungsbefugnis; es setzt jedoch einen Insolvenzgrund voraus (§ 320 InsO), und bei Zahlungsunfähigkeit oder Überschuldung besteht eine Rechtspflicht, den Antrag zu stellen (§ 1980 Abs. 1). Andere haftungsbeschränkende Maßnahmen (Aufgebot, Inventar) kann jeder Erbe allein einleiten (vgl. § 991 Abs. 1 ZPO, §§ 1993, 2063). Ergänzt wird § 2062 durch § 2059 Abs. 1, § 2046. Der Miterbe, der eine Nachlassverwaltung allein nicht durchsetzen kann, kann bis zur Teilung des Nachlasses die Berichtigung von Nachlassverbindlichkeiten aus seinem nicht zum Nachlass gehörenden Vermögen verweigern und braucht einer Teilung des Nachlasses vor Berichtigung der Nachlassverbindlichkeiten nicht zuzustimmen.

2 **2. Einzelheiten.** Der Antrag auf Anordnung der Nachlassverwaltung ist keine Maßnahme der Nachlassverwaltung iSv § 2038. Deshalb reicht ein Mehrheitsbeschluss der Erbengemeinschaft nicht aus. Ein Mehrheitsbeschluss bindet die Miterben auch nicht untereinander. Das Einverständnis aller Miterben muss vielmehr noch im Zeitpunkt der Entscheidung über den Antrag vorliegen (KG JW 1932, 1389 (1390)). Ein Miterbe, der zugleich **Nachlassgläubiger** ist, kann in seiner Eigenschaft als Nachlassgläubiger unter den Voraussetzungen des § 1981 Abs. 2 allein die Anordnung der Nachlassverwaltung beantragen. Es reicht aus, dass das Verhalten oder die Vermögenslage auch nur eines Miterben die Befriedigung der Nachlassgläubiger zu gefährden scheint. Besteht der Nachlass im Wesentlichen aus einem **Anteil an einer Personengesellschaft,** der im Wege der Sonderrechtsnachfolge auf je einzelne Miterben übergegangen ist, steht den Miterben das Antragsrecht ausnahmsweise ebenfalls je einzeln zu (→ Rn. 6) (MüKoBGB/Ann Rn. 10). Haftet ein Miterbe allen Nachlassgläubigern gegenüber **unbeschränkt,** kann Nachlassverwaltung nicht mehr beantragt werden (MüKoBGB/Ann Rn. 3; RGRK-BGB/Kregel Rn. 1; aA Staudinger/Marotzke, 2020, Rn. 12). Das folgt aus § 2013 Abs. 1 S. 1 Hs. 2 und gilt auch für den Antrag eines Nachlassgläubigers.

3 **3. Rechtsbehelfe.** Gemäß § 359 Abs. 1 FamFG ist gegen eine Verfügung, die auf Antrag des Erben die Nachlassverwaltung anordnet, keine Beschwerde zulässig. Wird jedoch Nachlassverwal-

tung angeordnet, obwohl nicht alle Erben zugestimmt haben, kann jeder Miterbe Beschwerde nach §§ 58 ff. FamFG einlegen (OLG Brandenburg ZEV 2021, 327 Rn. 1 für den übergangenen Miterben; Keidel/Zimmermann FamFG § 359 Rn. 11). Gleiches gilt, wenn aus anderen kein wirksamer Antrag vorlag. Gegen die Ablehnung des Antrags auf Anordnung der Nachlassverwaltung sind die Miterben dagegen nur gemeinsam beschwerdeberechtigt (KG JW 1932, 1389 (1390); RGRK-BGB/Kregel Rn. 2; Keidel/Zimmermann FamFG § 359 Rn. 15). Wird die Nachlassverwaltung auf Antrag eines Nachlassgläubigers angeordnet, steht die Beschwerde gem. § 359 Abs. 2 FamFG jedem Miterben (sowie dem verwaltenden Testamentsvollstrecker) zu. Den Antrag, die Nachlassverwaltung wegen Zweckerreichung aufzuheben, kann jeder Miterbe auch allein stellen (→ § 1988 Rn. 5) (BGH ZEV 2017, 513).

## II. Ausschluss der Nachlassverwaltung nach Teilung (Hs. 2)

**1. Bedeutung der Norm.** Wenn der Nachlass geteilt ist, kann Nachlassverwaltung nicht mehr 4
beantragt werden. Durch diese Vorschrift sollen die Miterben dazu angehalten werden, schon im eigenen Interesse die Nachlassverbindlichkeiten vor der Teilung zu berichtigen (§ 2046). Auch ein Nachlassgläubiger kann nach Teilung des Nachlasses die Nachlassverwaltung nicht mehr beantragen (RGRK-BGB/Kregel Rn. 3; MüKoBGB/Ann Rn. 8; aA Börner JuS 1968, 108 (112); Staudinger/Marotzke, 2020, Rn. 18).

**2. Einzelheiten.** Geteilt ist der Nachlass, wenn ein so erheblicher Teil der Nachlassgegenstände 5
aus der Gesamthand in das Einzelvermögen der Miterben überführt worden ist, dass die Gemeinschaft als im Großen und Ganzen aufgelöst erscheint (→ § 2059 Rn. 2). Ist die Erbengemeinschaft ohne Teilung – etwa durch Vereinigung sämtlicher Erbteile in der Hand eines Miterben – aufgehoben worden, ist die Nachlassverwaltung nicht ausgeschlossen (RGRK-BGB/Kregel Rn. 3 unter Hinweis auf RG 27.9.1907 – VII 504/06; Staudinger/Marotzke, 2020, Rn. 23; Grüneberg/Weidlich Rn. 2; MüKoBGB/Ann Rn. 9). Eine weitere Ausnahme gilt dann, wenn der Erblasser **Gesellschafter einer Personengesellschaft** und im Gesellschaftsvertrag die Fortsetzung der Gesellschaft mit allen oder jedenfalls mehreren Miterben vorgesehen war. Stellte der Gesellschaftsanteil das wesentliche Vermögen des Erblassers dar, ist der Nachlass mit dem Übergang des Anteils auf die nachfolgeberechtigten Miterben (→ § 2032 Rn. 14) „geteilt"; gleichwohl kann Nachlassverwaltung noch angeordnet werden (Börner AcP 166 (1966), 426 (451 f.); und H. P. Westermann AcP 173 (1973), 24 (36 ff.); MüKoBGB/Ann Rn. 10; Grüneberg/Weidlich Rn. 2; iErg ebenso Staudinger/Marotzke, 2020, Rn. 25 ff.).

**3. Haftungsbeschränkung nach Teilung des Nachlasses.** Das Nachlassinsolvenzverfahren 6
kann auch nach Teilung des Nachlasses beantragt und eröffnet werden (§ 316 Abs. 2 InsO). Die Miterben können weiterhin das Aufgebotsverfahren (§§ 1970 ff.) einleiten (RGRK-BGB/Kregel Rn. 3; MüKoBGB/Ann Rn. 13) und ggf. die Erschöpfungs-, Unzulänglichkeits- oder Überschwerungseinrede (§§ 1989–1992) erheben. Ein Privataufgebot (§ 2061) ist nach Teilung des Nachlasses nicht mehr möglich (→ Rn. 2).

# § 2063 Errichtung eines Inventars, Haftungsbeschränkung

**(1) Die Errichtung des Inventars durch einen Miterben kommt auch den übrigen Erben zustatten, soweit nicht ihre Haftung für die Nachlassverbindlichkeiten unbeschränkt ist.**

**(2) Ein Miterbe kann sich den übrigen Erben gegenüber auf die Beschränkung seiner Haftung auch dann berufen, wenn er den anderen Nachlassgläubigern gegenüber unbeschränkt haftet.**

**Schrifttum:** Buchholz, Der Miterbe als Nachlassgläubiger – Überlegungen zur Auslegung des § 2063 Abs. 2 BGB, JR 1990, 45; Habersack, Erbenhaftung und Konvaleszenz – Zum Anwendungsbereich der Konvaleszenz kraft Haftung gem. § 185 Abs. 2 S. 1 Fall 3 BGB, JZ 1991, 70.

## Überblick

Jeder Erbe kann sich auf das von einem Miterben errichtete Inventar (vgl. §§ 1993 ff.) und die dadurch bewirkte Haftungsbeschränkung berufen, wenn er selbst noch nicht unbeschränkt haftet. Grund dafür ist, dass das Inventar den gesamten Nachlass erfasst, nicht nur den Anteil (§ 2001). Eine

Inventarverfehlung (§ 1994 Abs. 1, § 2005 Abs. 1) führt nicht zu einer unbeschränkten Haftung der übrigen Miterben. Die auf einer Inventarverfehlung beruhende unbeschränkte Haftung eines Miterben wirkt nicht im Verhältnis zu den anderen Erben, weil diese selbst den Bestand des Nachlasses ermitteln und ein Inventar errichten könnten, also insoweit keines Schutzes bedürfen.

## I. Inventarerrichtung durch einen Miterben (Abs. 1)

1 **1. Bedeutung der Norm.** Auch das von einem Miterben allein errichtete Inventar bezieht sich auf den gesamten Nachlass, nicht nur auf den Anteil des jeweiligen Miterben (§ 2001 Abs. 1; → § 2001 Rn. 1) (RGRK-BGB/Johannsen § 2001 Rn. 1). Mit einem solchen Inventar ist den Informationsinteressen der Nachlassgläubiger Genüge getan. **Entsprechende Regeln** gelten im Verhältnis der in Gütergemeinschaft lebenden Ehegatten zueinander (§ 2008 Abs. 1 S. 3), im Verhältnis zwischen Vorerben und Nacherben (§ 2144 Abs. 2) und im Verhältnis zwischen Erbschaftsverkäufer und Erbschaftskäufer (§ 2383).

2 **2. Einzelheiten.** Grundsätzlich errichtet jeder Miterbe das Inventar allein. Kein Miterbe kann von anderen Miterben Mitwirkung oder Auskunft verlangen; jeder Miterbe ist vielmehr verpflichtet, sich selbst über den Bestand des Nachlasses zu unterrichten. Jeder Miterbe kann auch allein die amtliche Aufnahme des Inventars (§ 2003) beantragen. Liegt ein Inventar vor, brauchen die anderen Miterben es sich nicht gem. § 2004 zu eigen zu machen, um die Wirkung des § 2063 Abs. 1 herbeizuführen (Staudinger/Marotzke, 2020, Rn. 6; RGRK-BGB/Kregel Rn. 1; MüKoBGB/Ann Rn. 2). Voraussetzung ist allerdings, dass die Miterben nicht bereits unbeschränkt haften. Inventarverfehlungen eines Miterben führen schon wegen § 425 nicht zu einer unbeschränkten Haftung der übrigen Miterben (Staudinger/Marotzke, 2020, Rn. 4 unter Hinweis auf § 425; MüKoBGB/Ann Rn. 2). Zu einer eidesstattlichen Versicherung gem. § 2006 Abs. 1 ist der Miterbe, der das Inventar nicht selbst errichtet hat, nicht verpflichtet (RGRK-BGB/Kregel Rn. 2; Grüneberg/Weidlich Rn. 1; aA Staudinger/Marotzke, 2020, Rn. 15 mit dem für sich genommen zutreffenden Hinweis darauf, dass die in diesem Zusammenhang stets zitierte Entscheidung RGZ 129, 239 (246) nicht die eidesstattliche Versicherung nach § 2006 Abs. 1, sondern ein im Rahmen eines Zivilprozesses als Auskunft nach § 2314 behandeltes Inventar betrifft, dessen Richtigkeit andere Erben nach § 260 versichern sollten; bei wertender Betrachtung dürfte allerdings kein Unterschied zwischen § 260 und § 2006 Abs. 1 bestehen). Ist das Inventar unrichtig oder unvollständig, kann auch einem Miterben, der das Inventar nicht selbst errichtet hat, gem. § 2005 Abs. 2 eine Frist zur Ergänzung des Inventars gesetzt werden (MüKoBGB/Ann Rn. 2; Staudinger/Marotzke, 2020, Rn. 13).

## II. Haftungsbeschränkung gegenüber Miterbengläubigern (Abs. 2)

3 **1. Bedeutung der Norm.** Ein Erbe, der eine Inventarverfehlung – Versäumung der Inventarfrist (§ 1994 Abs. 1) oder Inventaruntreue (§ 2005 Abs. 1) – begangen hat, haftet den Nachlassgläubigern gegenüber unbeschränkt. Im Verhältnis zu Nachlassgläubigern, die zugleich Miterben sind, tritt diese Rechtsfolge nicht ein. Miterben können sich idR selbst über den Bestand des Nachlasses informieren und selbst ein Inventar errichten. Darum sieht das Gesetz sie in dieser Hinsicht als nicht schutzwürdig an (Prot. V 805; MüKoBGB/Ann Rn. 3; krit. Staudinger/Marotzke, 2020, Rn. 19 f.).

4 **2. Einzelheiten. a) Haftungsbeschränkung.** § 2063 Abs. 2 begründet kein Recht zur Haftungsbeschränkung, sondern setzt ein solches Recht voraus. Es gibt keinen allgemeinen Grundsatz, dass ein Erbe gegenüber einem Miterben nur mit dem Nachlass haftet. Lediglich der Verlust des Haftungsbeschränkungsrechts wirkt sich im Verhältnis zu Miterben nicht aus (RGRK-BGB/Kregel Rn. 3; Staudinger/Marotzke, 2020, Rn. 19; aA wohl RGZ 93, 197; RGZ 110, 94 (95 f.)). Der Erbe muss sich die Haftungsbeschränkung gem. § 780 ZPO vorbehalten und sie im Vollstreckungsverfahren gem. § 785 ZPO im Wege der Vollstreckungsgegenklage geltend machen. Auch in übrigen gelten die allgemeinen Bestimmungen über die Erbenhaftung und die Beschränkung der Haftung auf den Nachlass. Nur § 2059 Abs. 1 S. 2 wird durch § 2063 Abs. 2 ausgeschlossen (MüKoBGB/Ann Rn. 5; RGRK-BGB/Kregel Rn. 3).

5 **b) Miterbengläubiger.** § 2063 Abs. 2 gilt nur für Forderungen des Miterbengläubigers, die sich gegen den Nachlass richten (Staudinger/Marotzke, 2020, Rn. 17). Der Erblasser kann aber auch Schuldner des anspruchstellenden Miterben gewesen sein; er kann dem Miterben ein Ver-

mächtnis ausgesetzt haben (§ 2150); dem Miterben können Pflichtteilsergänzungsansprüche nach §§ 2305, 2326 zustehen. Insoweit gilt § 2063 Abs. 2 nicht. Der Miterbe kann auch dadurch eine Forderung gegen einen Miterben erwerben, dass er eine Nachlassverbindlichkeit berichtigt, für die er als Gesamtschuldner einzustehen hatte (§§ 2058, 426 Abs. 1). § 2063 Abs. 2 gilt auch gegenüber dem gem. § 426 Abs. 2 **auf den Miterben übergegangenen Anspruch des Nachlassgläubigers** (Prot. V 805; Staudinger/Marotzke, 2020, Rn. 17; Buchholz JR 1990, 45 mN auch der älteren Lit.; aA MüKoBGB/Ann Rn. 7; Warnecke AcP 193 (1993), 240 (254 ff.)). Sinn und Zweck des § 2063 Abs. 2 – der Miterbe bedarf keines Schutzes vor Inventarverfehlungen – betreffen auch Ansprüche aus übergegangenem Recht (Buchholz JR 1990, 45 (49)).

**3. Verfügung eines Nichtberechtigten.** Gemäß **§ 185 Abs. 2 S. 1** wird die Verfügung eines 6
Nichtberechtigten wirksam, wenn der Berechtigte den Nichtberechtigten beerbt und für die Nachlassverbindlichkeiten unbeschränkt haftet. Grund dieser Regelung ist, dass Berechtigung und Verpflichtung in der Person des Erben zusammentreffen (RGZ 110, 94 (95); Habersack JZ 1991, 70 (71)). Der Erbe kann den Gegenstand, über den der Erblasser als Nichtberechtigter verfügt hat, nicht herausverlangen, weil ihn als unbeschränkt haftenden Rechtsnachfolger des Erblassers zugleich dessen Verpflichtung zur Überlassung trifft (dolo agit, qui petit, quod statim redditurus est). Hatte der Erblasser zugunsten eines der späteren Miterben verfügt, tritt keine Heilung der Verfügung ein. Der berechtigte Erbe haftet gem. § 2063 Abs. 2 dem Miterben gegenüber nicht unbeschränkt; eine Vereinigung von Recht und Pflicht findet nicht statt (Staudinger/Marotzke, 2020, Rn. 28; RGRK-BGB/Kregel Rn. 4). Das gilt auch, wenn der Erblasser als Vorerbe zugunsten eines von mehreren Nacherben unentgeltlich über einen Nachlassgegenstand verfügt hat und seinerseits von den Nacherben beerbt wird (BGH JZ 1953, 599; RGZ 110, 94 (96) unter Hinweis auf §§ 1976, 1991 Abs. 2).

# Abschnitt 3. Testament

## Titel 1. Allgemeine Vorschriften

### § 2064 Persönliche Errichtung

**Der Erblasser kann ein Testament nur persönlich errichten.**

#### Überblick

Der Erblasser muss das Testament zwingend persönlich errichten. Diese Vorschrift bezieht sich dabei auf die Form des Testaments, aber nicht auf den Inhalt. Sie schließt insbesondere jede Art von Vertretung beim Errichtungsakt aus (→ Rn. 2). Das von einem Vertreter errichtete Testament ist nicht ich und kann auch nicht nachträglich genehmigt werden (→ Rn. 4).

#### I. Sachlicher Geltungsbereich

1 Die persönliche Errichtung ist beim Testament zwingend vorgeschrieben, um die freie Willensentschließung zu sichern (BGH NJW 1955, 100 stellt auf Verantwortung für Abweichung von der gesetzlichen Erbfolge ab). Gleiches gilt gem. § 2274 für den **Erbvertrag** und gem. § 2374 Abs. 2 für den **Erbverzichtsvertrag.** § 2064 bezieht sich dabei auf die Form des Testaments, nicht auf den Inhalt. Die Vorschrift erfasst deshalb die Testamentserrichtung ebenso wie das Widerrufstestament (§ 2254) und das widersprechende Testament (§ 2258). Bei der Vernichtung oder Veränderung der Testamentsurkunde gem. § 2255 kann folgerichtig zwar der reale Akt, nicht dagegen die zwingend erforderliche Willensbildung einem Dritten überlassen werden (→ § 2255 Rn. 6). Beim Widerruf durch Rücknahme aus der amtlichen Verwahrung darf das Testament dem Testierenden aus dem gleichen Grund nur persönlich zurückgegeben werden (§ 2256 Abs. 2 S. 2). Entsprechendes gilt bei einem Erbvertrag gem. § 2300 Abs. 2 S. 2.

#### II. Gebot der persönlichen Errichtung

2 Diese Vorschrift schließt jede Art von **Vertretung** beim Errichtungsakt aus, sei es im Willen, sei es in der Erklärung (BGH NJW 1955, 100). Ausgeschlossen sind die rechtsgeschäftliche Vertretung ebenso wie die Errichtung durch einen gesetzlichen Vertreter (Vater, Mutter, Betreuer, Vormund) oder einen Vertreter kraft Amtes (zB Insolvenzverwalter). Verboten ist aber auch das **Handeln unter fremdem Namen** (BeckOGK/Gomille Rn. 9) sowie die **vollmachtlose Vertretung** bei der Errichtung. Ausprägungen dieses Gebots sind § 2229 Abs. 2 und § 1903 Abs. 2, die die Testamentserrichtung durch einen Minderjährigen ab dem 16. Lebensjahr oder durch einen Betreuten von der Zustimmungspflicht der Eltern bzw. des Betreuers befreien.

3 Dieses Gebot gilt uneingeschränkt für alle **Arten** der Testamentserrichtung. Bei der Abfassung eines privatschriftlichen Testaments muss der Text folgerichtig gem. § 2247 Abs. 1 eigenhändig vom Testierenden ge- und unterschrieben werden. Beim öffentlichen Testament muss der Erblasser gem. § 2232 S. 1 entweder seinen letzten Willen mündlich der Urkundsperson erklären oder bei Übergabe einer Schrift jedenfalls die Erklärung, dass diese seinen letzten Willen enthalte, höchstpersönlich abgeben. Gleiches gilt bei Errichtung eines Nottestaments vor dem Bürgermeister gem. § 2249 oder vor drei Zeugen gem. §§ 2250, 2251. § 2064 schließt eine Erbvertragserrichtung im Rahmen eines **Verfahrensvergleichs** nicht aus, vorausgesetzt, die Vertragspartner sind selbst anwesend und genehmigen den Vergleich höchstpersönlich, und zwar in einem Verfahren mit Rechtsanwaltszwang gemeinsam mit dem Rechtsanwalt (OLG Düsseldorf NJW 2007, 1290 (1291); OLG Bremen MittBayNot 2013, 55 (56); OLG Frankfurt BeckRS 2015, 06817; BeckOGK/Gomille Rn. 18).

#### III. Verstoß

4 Das von einem Vertreter errichtete Testament ist unheilbar nichtig. Es wird auch nicht durch nachträgliche Genehmigung des Testierenden wirksam (Grüneberg/Weidlich Rn. 2). Die Feststel-

lungslast für die Einhaltung des Gebots der persönlichen Errichtung trägt derjenige, der aus der Urkunde Rechte herleitet (BayObLG FamRZ 2001, 1321; 1985, 837).

## § 2065 Bestimmung durch Dritte

**(1) Der Erblasser kann eine letztwillige Verfügung nicht in der Weise treffen, dass ein anderer zu bestimmen hat, ob sie gelten oder nicht gelten soll.**

**(2) Der Erblasser kann die Bestimmung der Person, die eine Zuwendung erhalten soll, sowie die Bestimmung des Gegenstands der Zuwendung nicht einem anderen überlassen.**

### Überblick

Der in § 2065 geregelte Grundsatz der materiellen Höchstpersönlichkeit schränkt die Testierfreiheit des Erblassers ein. Der Erblasser muss Geltung und Inhalt aller erbrechtlichen Verfügungen eigenverantwortlich festlegen und darf keinem anderen die Entscheidung überlassen, ob und wann eine Verfügung gelten soll, wer Zuwendungsempfänger ist und welchen Gegenstand dieser erhalten soll (→ Rn. 2). Bei Erbeinsetzungen enthält § 14 Abs. 3 HöfeO eine Ausnahme. Bei Vermächtnissen und Auflagen erlaubt das Gesetz dagegen in weitem Umfang Ausnahmen, und zwar abgestuft nach der rechtlichen und wirtschaftlichen Bedeutung der verschiedenen Verfügungsarten (→ Rn. 3). § 2065 soll jedoch nur fremdbestimmte Verfügungen verhindern, nicht unbestimmte (→ Rn. 16). Kein Fall unzulässiger Fremdbestimmung ist eine Anordnung zu dem Zweck, den unklar oder unvollständig geäußerten Erblasserwillen später zu ermitteln, also beispielsweise die Bestimmung eines Schiedsgerichts für den Streitfall (→ Rn. 5) oder eine Schiedsgutachterklausel (→ Rn. 6). Die Beweggründe für den Wunsch eines Erblassers, die Entscheidung nicht selbst abschließend zu treffen, reichen von Unentschiedenheit über die Belohnung künftigen Verhaltens bis hin zur Regelung der Unternehmensnachfolge (→ Rn. 8 ff.). Im Zentrum der Kommentierung dieser Vorschrift steht die Abgrenzung zulässiger von verbotenen Entscheidungsverlagerungen (→ Rn. 12). Heftig umstritten ist vor allem die Abgrenzung des zulässigen Benennungsrechts vom unzulässigen Bestimmungsrecht (→ Rn. 17). Verfügungen, die den Verboten des § 2065 widersprechen, sind nichtig, sofern keine Umdeutung in eine zulässige letztwillige Verfügung möglich ist (→ Rn. 23).

### Übersicht



## I. Sinn und Funktion des § 2065

1 **1. Normzweck.** Zur Testierfreiheit (Art. 14 Abs. 1 GG) gehört auch das Recht zur Verlagerung der Entscheidung auf einen anderen (Frey, Flexibilisierung der Nachlaßgestaltung im Lichte von § 2065 BGB, 1999, 76 f. mwN). Die Rechtfertigung der durch § 2065 angeordneten Einschränkung dieser Freiheit ist höchst umstritten. Die Begründungsversuche (ausf. Darstellung bei Goebel DNotZ 2004, 101 (104 ff.)) reichen vom Schutz des gesetzlichen Erbfolgerechts (NK-BGB/Selbherr Rn. 1; Helms ZEV 2007, 1 (4 f.); Grossfeld JZ 1968, 113 (118)) und/oder der Familie (Leipold AcP 180 (1980), 160 (195)) über die Sicherung der Entscheidungshoheit des Erblassers (Lange/Kuchinke ErbR § 27 I 3) bzw. die persönliche Verantwortlichkeit des Vermögensinhabers (MüKoBGB/Leipold Rn. 1) bis hin zur Verhinderung von Erbschleicherei (Schäfer

BWNotZ 1961, 188 (190); vgl. Mugdan Prot. S. 522), können jedoch allesamt nicht überzeugend darlegen, weshalb das Gesetz bei der Erbeinsetzung verbietet, was es bei allen anderen Verfügungsarten mehr oder weniger freizügig erlaubt: das Bedrohungspotential eines Vermächtnisses ist nämlich keinesfalls geringer als das einer Erbeinsetzung (Frey, Flexibilisierung der Nachlaßgestaltung im Lichte von § 2065 BGB, 1999, 79 ff., 84 ff.; Goebel DNotZ 2004, 101 (104 ff.); jeweils mwN zu den Gegenauffassungen). Auch der Hinweis auf die hervorragende Bedeutung des Erben für das höchstpersönliche Recht des Erblassers auf Todesverarbeitung (Goebel DNotZ 2004, 101 (116 f.)) vermag nicht zu überzeugen, weil dabei – entgegen der alltäglichen Erfahrung in der Praxis – unterstellt wird, der Laie unterscheide zwischen Erbschaft und Vermächtnis (→ § 2087 Rn. 6). Die strikte Einschränkung der Testierfreiheit bezüglich der Erbeinsetzung soll vielmehr, worauf bereits während der Gesetzesberatungen hingewiesen wurde (Mugdan Prot. 30), im Interesse der Rechtssicherheit vermeiden, dass mangels Erbenbestimmung die Durchsetzung von Rechten durch oder gegen den Nachlass wesentlich erschwert wird (Schlüter ErbR 95 f.; F. Wagner, Der Grundsatz der Selbstentscheidung bei Errichtung letztwilliger Verfügungen – eine gesetzgeberische Unentschlossenheit?, 1997, 59, 100; Frohnmayer, Geschiedenentestament, 2004, 52 ff.; Schäfer BWNotZ 1961, 188 (204); Lange ErbR § 27 Rn. 11; vgl. auch Lange/Kuchinke ErbR § 27 I 3; Staudinger/Otte, 2019, Rn. 4: Macht ohne Verantwortung). Ein herrenloser Nachlass kann dabei allerdings nicht entstehen (Frohnmayer, Geschiedenentestament, 2004, 53; missverständlich Lange/Kuchinke ErbR § 27 I 3), soweit der Personenkreis, aus dem der Erbe gewählt werden soll, bestimmt oder bestimmbar ist, weil diese Personen dann unter der aufschiebenden Bedingung der Drittbestimmung zu Erben eingesetzt sind. Allerdings ist die damit in der – mehr oder weniger langen – Übergangszeit verbundene konstruktive Vorerbschaft der gesetzlichen Erben gem. § 2105 nur eine Notlösung und wenig praktikabel (Helms ZEV 2007, 1 (6); aA Goebel DNotZ 2004, 101 (106); Frey, Flexibilisierung der Nachlaßgestaltung im Lichte von § 2065 BGB, 1999, 91 ff.). Vor allem sind die gesetzlichen Vorerben dabei an der Nachlassverwaltung nicht sonderlich interessiert, wenn und soweit sie nicht gleichzeitig zum Kreis der Nacherben gehören. Daraus resultieren Gefahren für den Nachlass, die der Gesetzgeber bei der Erbeinsetzung durch § 2065 mit Recht weitgehend vermeiden will. Demnach sind nur, aber auch alle Entscheidungsverlagerungen unzulässig, die dazu führen können, dass die Erben beim Tod und, wenn vom Erblasser Nacherbschaft angeordnet ist, beim Nacherbfall noch nicht sicher feststehen. Dieses gesetzgeberische Ziel ist legitim, obwohl auch durch andere Erbfolgegestaltungen Ungewissheit über die Erbfolge entstehen kann (Frohnmayer, Geschiedenentestament, 2004, 54 f.; aA Schnabel, Das Geschiedenentestament, 2000, 72, 95).

2 **2. Gesetzessystematik. a) Grundsatz.** Das Selbstbestimmungsgebot gilt auf Grund seiner systematischen Stellung für **alle erbrechtlichen Verfügungen,** nicht jedoch für die ebenfalls in Verfügungen von Todes wegen möglichen **familienrechtlichen Anordnungen,** dh die Einschränkung der elterlichen Vermögenssorge (§ 1638), die Benennung oder den Ausschluss eines Vormunds für minderjährige Kinder (§§ 1776, 1782). Auch letztwillige Verfügungen über Rechte gegenüber Anbieter digitaler Dienste („digitaler Nachlass") sind erbrechtliche Verfügungen und unterliegen allen hierfür geltenden Bestimmungen des BGB. Zu diesem Problemkreis → § 1922 Rn. 100. Der Erblasser muss gem. § 2065 Geltung und Inhalt aller erbrechtlichen Verfügungen eigenverantwortlich festlegen, also seinen Willen vollständig und abschließend selbst bilden. Er darf daher keinem anderen die Entscheidung überlassen, ob und wann eine Verfügung gelten soll (Abs. 1), wer Zuwendungsempfänger ist (Abs. 2 Alt. 1) und welchen Gegenstand dieser erhalten soll (Abs. 2 Alt. 2). Die beiden Absätze des § 2065 überschneiden sich bei bedingten Erbeinsetzungen allerdings teilweise, weil bei diesen sowohl die Geltung als auch die Person des Erben und deren Erbteil betroffen sind.

3 **b) Ausnahmen.** Das Verbot, die Entscheidung über die Geltung einem anderen zu überantworten, gilt ausnahmslos für alle Verfügungen. Der Erblasser darf Anordnungen danach zwar aufschiebend oder auflösend bedingen, niemals aber ins freie Belieben eines anderen stellen. Einzige Ausnahme hierzu ist bei **Erbeinsetzungen** § 14 Abs. 3 HöfeO, der beim Ehegattenerbhof eine sonst verbotene Drittbestimmung durch den überlebenden Ehepartner zulässt (vgl. BGH NJW 1966, 1410; OLG Köln FamRZ 1995, 57). Bei allen anderen Verfügungen erlaubt das Gesetz dagegen in weitem Umfang Ausnahmen, und zwar abgestuft nach der rechtlichen und wirtschaftlichen Bedeutung der verschiedenen Verfügungsarten. Dabei verdrängen die Ausnahmeregelungen den Grundsatz aber nicht vollständig, sodass Verfügungen, die die dort gezogenen Grenzen überschreiten, gem. § 2065 nichtig, aber uU umdeutbar sind (→ Rn. 23). Bei **Vermächtnissen** darf der Erblasser gem. §§ 2151, 2152 die Auswahl zwischen mehreren von ihm bestimmten Vermächtnisnehmern einem anderen überlassen (vgl. OLG Nürnberg BeckRS 2020,

23455 Rn. 46 ff.). Gleiches gilt bei der Bestimmung des Gegenstands gem. §§ 2153–2156. Wegen des im Vermächtnisrecht subsidiär geltenden Selbstbestimmungsgebots kann der Erblasser dem Erben oder einem Dritten aber nicht das Recht vorbehalten zu entscheiden, ob der Vermächtnisnehmer überhaupt einen Anspruch auf Vermögenswerte erhält. Den Rechtsanspruch muss der Erblasser selbst einräumen, und zwar unabhängig davon, ob dieser für den Vermächtnisnehmer wirtschaftlich vorteilhaft ist. Bei **Auflagen** braucht der Erblasser noch nicht einmal den Kreis der Begünstigten festzulegen, wenn er nur den Zweck bestimmt hat (§ 2193 Abs. 1). Für den Auflagengegenstand gelten §§ 2153–2156 entspr. (§ 2192). Von Bedeutung ist diese Ausnahme vor allem bei der Auflage, eine Stiftung zu errichten. Unabdingbare Mindestvoraussetzung ist dabei jedoch, dass der Erblasser den Zweck der Stiftung bestimmt (OLG München BeckRS 2014, 12545; vgl. AG Hamburg BeckRS 2019, 53983 Rn. 22 ff. betr. Förderung des Tierparks; VG Ansbach BeckRS 2021, 9845 betr. wohltätige Stiftung; ausf. Muscheler ZEV 2014, 573 (576 ff.)). Die **Auseinandersetzung** kann gem. § 2048 S. 2 im Wege der **Teilungsanordnung** einem Dritten in der Weise übertragen werden, dass dieser die Entscheidung über die Nachlassverteilung nach billigem Ermessen treffen soll, vorausgesetzt, dass die gerichtliche Nachprüfbarkeit nicht ausgeschlossen wird. Der Erblasser kann gem. Abs. 1 zwar nicht die Entscheidung über die Anordnung der **Testamentsvollstreckung** einem anderen vorbehalten, wohl aber die Ernennung des Amtsinhabers (§§ 2198–2200).

## II. Vorrang der Auslegung

**1. Auslegung.** § 2065 soll fremdbestimmte Verfügungen verhindern, nicht unbestimmte (zu dieser Unterscheidung → Rn. 16). Enthält ein Testament nur unklare oder unvollständige Anordnungen, so ist der erklärte Wille des Erblassers zunächst durch **Auslegung** auf Grund der allgemeinen Auslegungsgrundsätze und der gesetzlichen Auslegungs- und Ergänzungsregeln festzustellen. Nur dann, aber auch immer dann, wenn nach dem Inhalt der Verfügung ein Dritter zur Entscheidung über Geltung, Empfänger oder Gegenstand berufen ist, stellt sich die Frage nach der Vereinbarkeit mit diesem Selbstbestimmungsgebot. Dabei kommt es weniger auf die richtige Wahl der Formulierung als vielmehr auf den vom Erblasser beabsichtigten Erfolg an, dem gem. § 2084 zur Geltung zu verhelfen ist, bevor gem. § 140 eine **Umdeutung** in eine zulässige Verfügung zu prüfen ist. Auch diese ist gegenüber der Nichtigkeitsfolge des § 2065 vorrangig (vgl. BGH NJW-RR 1987, 1090 (1091)). 4

**2. Verfahrensbestimmungen.** Kein Fall unzulässiger Fremdbestimmung ist eine Anordnung zu dem Zweck, den unklar oder unvollständig geäußerten Erblasserwillen später zu ermitteln, also beispielsweise die Bestimmung eines **Schiedsgerichts** für den Streitfall (OLG Celle BeckRS 2016, 02108 Rn. 4; Lange ZZP 128 (2015), 407 (418); Otte FS Rheinisches Notariat, 1998, 248; Erman/M. Schmidt Rn. 4; sehr weitegehend RGZ 100, 76; ausf. zum Schiedsverfahrensrecht Otte FamRZ 2006, 309; Bandel NotBZ 2005, 381 (383 ff.); Schulze MDR 2000, 314). In jedem Falle mit § 2065 unvereinbar ist es jedoch, wenn der Erblasser das Schiedsgericht offensichtlich nur eingesetzt hat, um die Entscheidung auf dieses zu verlagern. Darüber hinaus sind dem Erblasser bei der Einsetzung eines Schiedsgerichts Grenzen gezogen. Eine Schiedsgerichtsklausel iSd § 1066 ZPO kann der Erblasser nur für solche Angelegenheiten den Beteiligten verbindlich vorschreiben, in denen er auch kraft seiner Testierfreiheit selbst Verfügungen treffen könnte (Lange ZEV 2017, 1 (4)). Die Schiedsfähigkeit iSd § 1066 ZPO fehlt also vor allem bei Streitigkeiten über den gesetzlichen Pflichtteil (BGH BeckRS 2017, 111006; OLG München BeckRS 2016, 08633 Rn. 25) oder in dem Nachlassgericht vorbehaltenen Zuständigkeiten, die die Grenzen der Testierfreiheit gegenüber dem Erblasser sichern sollen, insbes. bei der Entscheidung gem. § 2216 Abs. 2 S. 2 über Anordnungen gegenüber bzw. die Entlassung von Testamentsvollstreckern gem. § 2227 (vgl. BGH BeckRS 2017, 111170 Rn. 11 ff.); in all diesen Fällen kann eine als Schiedsgerichtsklausel unzulässige Anordnung des Erblassers im Einzelfall als Schiedsgutachterklausel iSd § 317 verstanden werden (vgl. BGH BeckRS 2017, 111170 Rn. 15). 5

Auch eine **Schiedsgutachterklausel** iSd § 317 ist grds. mit § 2065 vereinbar (MüKoBGB/Leipold Rn. 10; Erman/M. Schmidt Rn. 4). Voraussetzung ist jedoch, dass die dem Schiedsgutachter übertragenen Aufgaben andernfalls von einem staatlichen Gericht erfüllt werden müssten (vgl. Bandel NotBZ 2005, 381 (384)). Deshalb widerspricht es dem Verbot des § 2065, wenn der Erblasser damit die Entscheidung auf den Schiedsgutachter verlagern will, und zwar trotz der Möglichkeit einer gerichtlichen Nachprüfung. Hat der Erblasser dagegen bei einer Schiedsgutachterklausel eine gerichtliche Nachprüfung analog § 319 Abs. 1 ausgeschlossen, sodass dessen Entscheidung unter allen Umständen verbindlich sein soll, verstößt eine solche Bestimmung gegen 6

§ 2065 und ist unwirksam (MüKoBGB/Leipold Rn. 8; auch Erman/M. Schmidt Rn. 4; aA Kipp/Coing ErbR § 18 III 6).

7 Auch dem **Testamentsvollstrecker** kann die Befugnis der Willensauslegung eingeräumt werden (Vgl. KG ZEV 1998, 182). Unzulässig ist es allerdings, dem Testamentsvollstrecker die Auslegung der Vollstreckungsanordnung selbst zu übertragen (BGH NJW-RR 1987, 1090; NJW 1964, 1316 (1317); vgl. dagegen Storz ZEV 2009, 265 (267 ff.): unzulässig, aber kein Problem des § 2065).

## III. Beweggründe für eine Entscheidungsverlagerung

8 **1. Unentschiedenheit des Erblassers.** Bei dieser in der Praxis häufigen Fallgruppe ist man sich weitgehend einig, dass ein Verstoß gegen § 2065 vorliegt (BayObLG NJW-RR 1998, 727; 1993, 138; LG Bonn Rpfleger 1989, 63). Umstritten ist allein, ob Unentschiedenheit auch dann gegeben ist, wenn diese durch Anordnung des Losentscheids oder durch leicht zu erfüllende Bedingungen verdeckt wird (→ Rn. 13) (KG NJW-RR 1999, 33). Die **alternative Erbeinsetzung,** ebenfalls Ausdruck der Unentschiedenheit, ist dagegen kein Anwendungsfall des § 2065 sondern ein Auslegungsproblem (BayObLG NJW 1999, 1118 (1119); aA MüKoBGB/Leipold § 2073 Rn. 10; NK-BGB/Selbherr Rn. 19; → § 2073 Rn. 3).

9 **2. Belohnung künftigen Verhaltens.** In der Praxis ebenso oft anzutreffen, ist der Wunsch, demjenigen etwas zuzuwenden, der den Erblasser pflegt oder sich in sonstiger Weise für ihn einsetzt (vgl. OLG Köln BeckRS 2016, 112474; BayObLG NJW-RR 1993, 138; Keim ZEV 2003, 137). Probleme bereiten diese Fälle deshalb, weil der Zuwendungsempfänger erst durch ein von seinem eigenen Willen oder Handeln abhängige, in der Zukunft liegende Bedingung (Potestativbedingung) ermittelt wird. Überraschend viele Gerichtsentscheidungen stellen dabei einen Verstoß gegen § 2065 fest (→ Rn. 13) (vgl. einerseits OLG Braunschweig BeckRS 2019, 4888; OLG Köln BeckRS 2016, 112474; KG ZEV 1999, 313; BayObLG FamRZ 1992, 987; 1991, 610; OLG Frankfurt NJW-RR 1992, 72; OLG Dresden NJW 1949, 346; LG Magdeburg Rpfleger 1999, andererseits OLG Frankfurt NJW-RR 1995, 711).

10 **3. Vorsorgende Unternehmens- bzw. Betriebsnachfolge.** Die Unternehmens- bzw. Betriebsnachfolge wird am besten rechtzeitig und zu Lebzeiten des Erblassers durch Vertrag mit allen pflichtteilsberechtigten Familienangehörigen geregelt. Solange die Kinder noch zu jung zur Fortführung sind, scheidet dieser Weg aus und es muss durch Verfügung von Todes wegen sichergestellt werden, dass nach dem Tod des Erblassers der Betrieb zunächst weitergeführt und der oder die geeignetsten Nachfolger bestimmt werden („Statthalterlösung"). Umstritten ist, ob und inwieweit dies durch Überlassung der Erbenbestimmung ohne Verstoß gegen § 2065 erreicht werden kann (BGH JZ 1954, 98; OLG Celle OLGR 2002, 314; RdL 1999, 328; OLG Karlsruhe NJW-RR 1999, 806; OLG Köln FamRZ 1995, 57; Rpfleger 1984, 236), oder ob hierzu die Anordnung eines Vermächtnisses gem. § 2151 erforderlich ist (BGH NJW 1965, 2201). Für die Regelung im Wege der Erbfolge spricht dabei die einfachere Abwicklung des Übergangs durch die damit verbundene Universalsukzession (→ Rn. 17 ff.).

11 **4. Nacherbfolgegestaltung durch den „superbefreiten" Vorerben.** Dient die Anordnung der Vor- und Nacherbschaft in erster Linie dazu, das Entstehen von Erb- oder Pflichtteilsrechten der **Kinder aus einer anderen Beziehung** (Kinder aus früherer Ehe oder nichteheliche Kinder) oder des früheren Ehe- oder Lebenspartners (**„Geschiedenentestament"**) zu vermeiden, so geht dies in aller Regel mit dem Wunsch einher, den Vorerben so wenig wie irgend möglich zu belasten. Trotz Ausschluss aller Beschränkungen gem. § 2136 und Ausnutzung sämtlicher von Rspr. und Lit. entwickelten weitergehenden Befreiungsmöglichkeiten (→ § 2136 Rn. 2 ff.) ist diese Konstruktion mit dem Nachteil verbunden, dass der Vorerbe vom Erblasser nicht zur Abänderung der angeordneten Nacherbfolge ermächtigt werden kann, ohne mit dem Verbot des § 2065 in Konflikt zu geraten. Folgende Lösungen dieses Problems sind denkbar und werden kontrovers diskutiert:

- Der Vorerbe wird vom Erblasser **ermächtigt,** die Nacherben und/oder deren Erbteile zu bestimmen. Hierher gehört auch diejenige Auffassung, die es erlaubt, die gewillkürten Erben eines anderen zu seinen Nacherben einzusetzen. Umstritten ist bei dieser Gestaltung, wie genau der Erblasser die Auswahlkriterien vorschreiben muss (→ Rn. 16 ff.).
- Die Nacherbfolge wird in der Weise **auflösend bedingt,** dass der Vorerbe unbeschränkter Vollerbe wird, wenn bei seinem Tod eine Verfügung über den eigenen Nachlass des Vorerben wirksam wird (BayObLG FamRZ 1991, 1488; BayObLGZ 1965, 457; 1982, 331; OLG Hamm

NJW-RR 2000, 78; Rpfleger 1976, 132). Nichts anderes meint die Einsetzung eines Nacherben unter der ausdrücklichen oder stillschweigenden (BayObLG FamRZ 1991, 1488; BayObLGZ 1983, 331) Potestativbedingung, dass der Vorerbe keine anderweitige Verfügung über seinen eigenen Nachlass trifft (BGH NJW 1981, 2051; 1951, 959; OLG Oldenburg NJW-RR 1991, 646; Wingerter, Die Erweiterung der Befugnisse des befreiten Vorerben, 2000, 42 f.; Staudinger/Otte, 2019, Rn. 49; MüKoBGB/Leipold Rn. 18; Schlüter ErbR Rn. 143; aA Erman/M. Schmidt Rn. 5; Brox FS Bartholomeyczik, 1973, 41 (49 f.); Stiegler BWNotZ 1986, 27; einschr. Herrmann AcP 155 (1954), 434; krit. Lange/Kuchinke ErbR § 27 I 7b). Dabei kann die Bedingung inhaltliche Anforderungen an die anderweitige Verfügung stellen (→ Rn. 14) (BGH NJW 1972, 1987; R. Kössinger in Nieder/Kössinger Testamentsgestaltung-HdB § 10 Rn. 70 mwN).

- Schließlich wird es für zulässig gehalten, dem Vorerben sogar zu gestatten, durch eigene Verfügung von Todes wegen den Nachlass unter den vom Erblasser selbst konkret eingesetzten Nacherben anders zu verteilen, ohne dass dadurch die Nacherbfolge entfällt (vgl. BGH NJW 1972, 1987; OLG Oldenburg Rpfleger 1966, 47; OLG Hamm OLGZ 1973, 103; KG DNotZ 1956, 195; BayObLGZ 1982, 331; J. Mayer ZEV 2000, 1 (7); Schnabel, Das Geschiedenentestament, 2000, 126 ff.). Gleichzustellen sind Klauseln, nach denen die vom Vorerben zu seinen eigenen Erben eingesetzten Personen zugleich Nacherben sein sollen (Soergel/Loritz/Uffmann Rn. 22; Frey, Flexibilisierung der Nachlaßgestaltung im Lichte von § 2065 BGB, 1999, 41; abl. Frank MittBayNot 1987, 234; krit. J. Mayer ZEV 2000, 1 (7); unentschieden OLG Stuttgart BWNotZ 1998, 47). Dieses Ergebnis lässt sich konstruktiv nur erreichen, wenn man die Nacherbfolge als **doppelt bedingt** einstuft: einerseits ist die Nacherbeneinsetzung der vom Erblasser bestimmten Personen auflösend bedingt durch die Errichtung einer Verfügung des Vorerben über sein eigenes Vermögen, andererseits ist die Nacherbeneinsetzung der vom Vorerben bestimmten Personen aufschiebend bedingt (→ Rn. 20).

## IV. Abgrenzung zulässiger von verbotenen Entscheidungsverlagerungen

**1. Geltung erbrechtlicher Verfügungen (Abs. 1). a) Widerrufs-, Änderungs-, Zustimmungsvorbehalt.** Die Wirksamkeit weder des gesamten Testaments noch einer einzelnen darin enthaltenen letztwilligen Verfügung darf von einem eigenständigen Willensentschluss einer anderen Person als der des Erblassers abhängen. Der Erblasser kann seine Verfügungen deshalb weder an die Zustimmung eines anderen knüpfen noch einen anderen ermächtigen, sie zu widerrufen oder zu ändern (vgl. RGZ 79, 32). Deshalb kann dem Längstlebenden in einem gemeinschaftlichen Testament oder Erbvertrag nicht das Recht eingeräumt werden, Zuwendungen des verstorbenen Ehegatten zu ändern oder aufzuheben, „wenn das Verhalten der im Testament bedachten Personen dem Überlebenden berechtigten Anlass zu Beschwerden gibt" (vgl. BGH NJW 1951, 959). 12

**b) Bedingung. aa) Potestativbedingung.** Aufschiebende und auflösende Bedingungen sind, wie §§ 2074, 2075 belegen, zulässig, und zwar selbst dann, wenn deren Eintritt allein vom Willen des Bedachten oder eines Dritten abhängt (dagegen Keuk FamRZ 1972, 9; Schlüter ErbR Rn. 208). Dabei ist, um das Verbot des Abs. 2 Alt. 1 nicht völlig leer laufen zu lassen, einschränkend zu fordern, dass für den Erblasser das Ereignis, nicht aber dessen Abhängigkeit vom Willen eines anderen im Vordergrund steht, die Bedingung also nicht auf eine Vertretung im Willen hinausläuft (BGH NJW 1955, 100; OLG Stuttgart FGPrax 2005, 221 (222); OLG Celle OLGR 2004, 126 (127); KG ZEV 1998, 182; MüKoBGB/Leipold Rn. 10 mwN; Schnabel, Das Geschiedenentestament, 2000, 98 ff.; großzügiger Helms ZEV 2007, 1 (3)). Macht der Erblasser die Zuwendung davon abhängig, dass ein Dritter eine geringe Geldsumme an eine gemeinnützige Einrichtung spendet, so erweckt dies zwar äußerlich den Anschein einer Potestativbedingung, ist in Wahrheit jedoch eine verbotene Entscheidungsverlagerung (Wagner ZEV 1998, 255; Soergel/Loritz/Uffmann Rn. 13). Eine Vertretung im Willen soll nach hM insbes. dann vorliegen, wenn zwar das Ereignis bestimmt ist (zB Betreuung im Alter (OLG Dresden NJW 1949, 346; vgl. dagegen OLG Köln BeckRS 2016, 112474, wonach der Begriff „Pflege" zu unbestimmt ist), Grabpflege (BayObLG NJW 1993, 138; FamRZ 1992, 987), Veranlassung der Einäscherung (LG Frankfurt a. M. MDR 1987, 762), Beerdigung (LG Magdeburg Rpfleger 1999, 1 ff.), Abziehen und Aufspannen der tätowierten Haut des Erblassers (KG ZEV 1998, 260 mAnm Wagner ZEV 1998, 255)), dessen Eintritt jedoch von jeder beliebigen Person ohne weiteres herbeigeführt werden kann, ohne dass der Erblasser den **Personenkreis näher festgelegt** hat (KG ZEV 1998, 260; BayObLG FamRZ 1992, 987; LG Magdeburg Rpfleger 1999, 493; MüKoBGB/Leipold Rn. 25, 28; NK-BGB/Selbherr Rn. 15). Richtiger Ansicht nach ist jedoch die Tatsache, dass der hinreichend 13 genug bestimmte Bedingungseintritt von einer unübersehbaren Zahl von Personen herbeigeführt werden kann, keine Frage der Entscheidungsverlagerung (Wagner ZEV 1998, 255). Ist die Bedingung bestimmt genug, so macht es keinen Unterschied, ob die Handlung von einem oder einer bestimmten größeren Zahl vorgenommen werden kann (Wagner ZEV 1998, 255). Die Quantität des Adressatenkreises ist bei Bestimmtheit der Bedingung kein Problem des § 2065 (→ Rn. 16). Der Erblasser kann dabei auch auf ein erst nach der Errichtung der Verfügung eintretendes Ereignis abstellen: zB künftige Pflege (MüKoBGB/Leipold Rn. 31; Keim ZEV 2014, 72), eigene Eheschließung, künftige Adoption (vgl. BayObLGZ 1965, 457 (461)). § 2065 steht auch nicht entgegen, wenn die Wirksamkeit der Verfügung davon abhängt, ob der Pflichtteil gefordert wird (OLG Hamm MDR 1968, 243; vgl. auch BayObLG FGPrax 2004, 35 (37)), ob eine Person heiratet (vgl. BayObLGZ 1996, 204 (208)), ob jemand stirbt, ob ein anderer eine bestimmte Ausbildung abschließt, ob der Testamentsvollstrecker geordnete und gesicherte wirtschaftliche Verhältnisse feststellt (KG ZEV 1998, 182 m. zust. Anm. Wagner ZEV 1998, 255) oder ob ein Dritter adoptiert wird (OLG Köln Rpfleger 1984, 236), da in all diesen Fällen das Ereignis vom Erblasser selbst genügend bestimmt ist und allein der Ereigniseintritt von einem Handeln, Dulden oder Unterlassen eines anderen abhängig ist. **Zu unbestimmt** sind jedoch Bedingungen wie „gute und uneigennützige Betreuung der Tochter" (KG ZEV 1999, 313). Zur verwandten Problematik der Abgrenzung des Bestimmungs- vom Bezeichnungsrecht → Rn. 18. Die aufschiebend bedingte Zuwendung ist auch dann unwirksam, wenn **niemand die Bedingung erfüllt,** etwa weil der Erblasser nicht pflegebedürftig geworden ist (OLG Frankfurt NJW-RR 1992, 72). Unzulässig ist schließlich eine Anordnung, wonach das von einem Dritten zu ziehende **Los** den Erben bestimmen soll, da eine solche Verfügung eindeutig erkennen lässt, dass der Erblasser gerade keine eigene Entscheidung treffen wollte (Staudinger/Otte, 2019, Rn. 7; Soergel/Loritz/Uffmann Rn. 15; MüKoBGB/Leipold Rn. 27; aA RG SeuffA 91, Nr. 106; Lange/Kuchinke ErbR § 27 I 6c; NK-BGB/Selbherr Rn. 18). Auch wenn § 2065 nur den Fall der Entscheidungsverlagerung auf Dritte erwähnt, so erfasst er doch auch alle anderen **Fälle der Unentschiedenheit** (Soergel/Loritz/Uffmann Rn. 13; aA Frey, Flexibilisierung der Nachlaßgestaltung im Lichte von § 2065 BGB, 1999, 36, 82).

14 **bb) Auflösend bedingte Nacherbeneinsetzung. (1) Letztwillige Verfügung des Vorerben.** Folgerichtig lässt die hM auch die Einsetzung von Nacherben unter der ausdrücklichen oder stillschweigenden (BayObLG FamRZ 1991, 1488) Potestativbedingung zu, dass der Vorerbe keine anderweitige Verfügung über seinen eigenen Nachlass trifft (BGH NJW 1951, 959; 1981, 2051; OLG Stuttgart FGPrax 2005, 221 (222); OLG Oldenburg NJW-RR 1991, 646; Wingerter, Die Erweiterung der Befugnisse des befreiten Vorerben, 2000, 42 f.; Staudinger/Otte, 2019, Rn. 49; MüKoBGB/Leipold Rn. 18; Schlüter ErbR Rn. 143; aA Erman/M. Schmidt Rn. 5; Brox FS Bartholomeyczik, 1973, 41 (49 f.); Stiegler BWNotZ 1986, 27; einschr. Herrmann AcP 155 (1954), 434; krit. Lange/Kuchinke ErbR § 27 I 7b). Der Eintritt oder Ausfall der Bedingung knüpft in diesem Fall nämlich unmittelbar und ausschließlich an das Vorhandensein einer Verfügung des Vorerben über seinen eigenen Nachlass an (vgl. MüKoBGB/Leipold Rn. 18). Der Erblasser kann bestimmen, dass selbst eine zu seinen Lebzeiten errichtete Verfügung diese Wirkung hat (vgl. BayObLG MittBayNot 1996, 112). Rspr. und hM lassen es dabei auch zu, dass der Erblasser den Bedingungseintritt nur mit solchen letztwilligen Verfügungen verbindet, die bestimmten inhaltlichen Anforderungen genügen (zB Verteilung unter gemeinsamen Abkömmlingen oder unter eingesetzten Nacherben) (BGH NJW 1972, 1987; Nieder/Kössinger, HdB der Testamentsgestaltung, 5. Aufl., § 10 Rn. 70 mwN). Diese Wirkung kann dabei nur eine Verfügung haben, die mit dem Tod des Vorerben wirksam wird. Formulierungen, die diesen Bedingungseintritt bereits mit der bloßen Errichtung eintreten lassen wollen, sind dagegen unzulässig (Wingerter, Die Erweiterung der Befugnisse des befreiten Vorerben, 2000, 47 f.; Brox FS Bartholomeyczik, 1973, 41 (44 f.); aA Herrmann AcP 155 (1955), 433 (438 f.)), weil ihr Bestand durch Widerruf, Anfechtung usw vernichtet werden kann, also nicht gesichert ist. Errichtet der Vorerbe im Falle einer zulässig bedingten Nacherbeneinsetzung eine anderweitige Verfügung, so entfällt die Nacherbeneinsetzung und er wird damit rückwirkend Vollerbe. Da dies aber endgültig erst mit dessen Tod feststeht, unterliegt er bis dahin den Beschränkungen als Vorerbe (vgl. N. Mayer ZEV 1996, 104). Deshalb darf ein Nacherbenvermerk im Grundbuch vorher nicht gelöscht werden (OLG Braunschweig Rpfleger 1991, 204). Soll nach der Bestimmung des Erblassers die Bedingung mit einer Verfügung eintreten, in der der Vorerbe nicht auch zugleich über sein eigenes Vermögen wirksam verfügt, so liegt darin eine Verletzung des Selbstbestimmungsgebots.

15 **(2) Übertragung zu Lebzeiten des Vorerben.** Zulässig ist es auch, den Vorerben zu ermächtigen, durch Rechtsgeschäft unter Lebenden über den Nachlass zu verfügen und damit die auflösende Bedingung der Nacherbschaft herbeizuführen (OLG Hamm MittRhNotK 1999, 312;

MüKoBGB/Leipold Rn. 19; NK-BGB/Selbherr Rn. 23; Keim ZEV 2003, 137 (140); aA Lange/Kuchinke ErbR § 27 I 7c). Rechtsunsicherheiten (→ Rn. 1) beim Tod des Vorerben entstehen nicht, da bereits vorher feststeht, dass der Nacherbfall nicht mehr eintreten wird. Der Nacherbenvermerk kann dann bereits zu Lebzeiten gelöscht werden (Lange/Kuchinke ErbR § 27 I 7c).

**2. Erbenbestimmung (Abs. 2 Alt. 1). a) Selbstbestimmung durch den Erblasser.** Der Erblasser muss die Person des Zuwendungsempfängers, also den Erben selbst bestimmen und darf einem anderen bei dessen Feststellung keine eigenständige Entscheidungsbefugnis einräumen (→ Rn. 17). Der Zuwendungsempfänger ist vom Erblasser so konkret zu bezeichnen, dass bei dessen Feststellung jede Willkür eines anderen ausgeschlossen ist. Dabei ist jedoch deutlich zwischen dem Bestimmungsgebot einerseits und dem Verbot der Entscheidungsverlagerung zu unterscheiden (Soergel/Loritz/Uffmann Rn. 31). Nicht jede **Unbestimmtheit der Erbeinsetzung** und/oder einer Bedingung verstößt gegen § 2065 (Falsch daher OLG München BeckRS 2013, 9727; ZEV 2001, 153 (154); KG ZEV 1999, 313; OLG Köln Rpfleger 1981, 357). Das auslegende Gericht ist kein anderer iS dieser Vorschrift, die unklare Formulierung also keine unzulässige Entscheidungsverlagerung (BayObLG FamRZ 2002, 200 (201); aA OLG München BeckRS 2013, 9727). Führt die Auslegung zu keinem eindeutigen Ergebnis, so ist der Verfügungsinhalt auf Grund der gesetzlichen Ergänzungs- bzw. Auslegungsregeln zu ermitteln. Erst nach Auslegung der Verfügung (zum Vorrang → Rn. 4) ist zu prüfen, ob gegen das Selbstbestimmungsgebot des § 2065 verstoßen worden ist (unrichtig daher NK-BGB/Selbherr Rn. 5). Nur, aber auch immer dann, wenn eine derartige Entscheidungsverlagerung festgestellt wird, liegt ein Verstoß gegen § 2065 vor. Die Einsetzung der „Blindenanstalt in Köln und Umgebung" (LG Bonn Rpfleger 1989, 63) oder des „Trägers eines noch zu errichtenden Altenheims" (BayObLGZ 1998, 100) oder „einer gemeinnützigen rechtsfähigen Institution für Kinderkrebshilfe" (OLG München ZEV 2001, 153) oder der Person, die „sich bis zu meinem Tod um mich kümmert" (OLG München BeckRS 2013, 9727) mag zu unbestimmt sein, ist jedoch kein Verstoß gegen Abs. 2. Der Erblasser kann, ohne das **Selbstbestimmungsgebot** zu verletzen, zwar die gesetzlichen Erben eines anderen zu seinen Erben einsetzen (Schäfer BWNotZ 1962, 203; Gaberdiel Rpfleger 1966, 265), nicht aber dessen gewillkürte Erben (Soergel/Loritz/Uffmann Rn. 14; aA NK-BGB/Selbherr Rn. 19). Stirbt der andere nämlich nach dem Erblasser können die Erben beim Erbfall nicht mit der für den Rechtsverkehr notwendigen Sicherheit (→ Rn. 1) festgestellt werden, während bei umgekehrter Reihenfolge der Erbfälle sich das Problem der uneingeschränkten Auswahlermächtigung stellt (→ Rn. 17 f.). Zur anderen Rechtslage bei der Nacherbeneinsetzung → Rn. 21. 16

**b) Zulässige Auswahlermächtigung für andere Personen. aa) Abgrenzung des Bezeichnungs- vom Bestimmungsrecht.** Nach hM ist eine Verfügung, mit der der Erblasser die Auswahl des Erben einem von ihm selbst bestimmten Dritten überlässt, dann mit Abs. 2 vereinbar, wenn er dabei die Auswahlkriterien genau bestimmt hat. Umstritten ist, wie genau der Erblasser die Auswahlkriterien selbst festlegen muss: 17

- Teile der Lit. gehen am weitesten und lassen es zu, dass der Erblasser die Entscheidung über den oder die Erben dem **freien Ermessen** eines anderen überträgt (Frey, Flexibilisierung der Nachlaßgestaltung im Lichte von § 2065 BGB, 1999, 101 ff.), allerdings einige nur für den Fall der Unsicherheit der bei Errichtung maßgebenden Umstände (Grossfeld JZ 1968, 120 f.; Stiegeler BWNotZ 1986, 25; Brox FS Bartholomeyczik, 1973, 54 f.; Westermann FS Möhring, 1965, 195 f.; noch weiter Rötelmann NJW 1958, 593) und andere wiederum nur unter der Voraussetzung, dass in analoger Anwendung des § 2151 der Personenkreis bestimmt ist (Sens, Die Erbenbestimmung durch Dritte, 1990, 98 ff.). Diese Autoren verkennen den Stellenwert der Norm für die Rechtssicherheit und übersehen, dass zwischen einer Erbeinsetzung und einem (Universal)Vermächtnis uU zwar kein wirtschaftlicher, wohl aber ein rechtlicher Unterschied besteht (→ Rn. 1) (Staudinger/Otte, 2019, Rn. 6).
- Nicht so weit wie diese Stimmen der Lit. ging das RG im „Ritterguts-Fall", wonach einem Dritten die bindende Erbenbestimmung überlassen werden könne, wenn sowohl der Personenkreis als auch die Auswahlkriterien so genau festgelegt seien, dass der **Willkür eines Dritten kein Raum** bleibe (RGZ 159, 296 (299)). Diese Entscheidung hat nicht nur in der Lit. (Staudinger/Otte, 2019, Rn. 30 f.; Goebel DNotZ 2004, 101 (117 f.)), sondern auch in der Rspr. (vgl. OLG Celle OLGR 2002, 314; RdL 1999, 328; NJW 1958, 953; OLG Karlsruhe NJW-RR 1999, 806; OLG Köln FamRZ 1995, 57; Rpfleger 1984, 236; OLG Hamm NJW-RR 1995, 1477 (1478); DNotZ 1951, 369 (370)) überwiegend Zustimmung erfahren.
- Der BGH verlangt dagegen, die Festlegungen müssten so genau sein, dass dem Dritten kein Entscheidungsspielraum mehr zustehe, dem anderen dürfe also **nicht die Bestimmung, sondern nur die Bezeichnung** überlassen werden (BGH NJW 1955, 100; vgl. dagegen BGH

NJW 1966, 1410; 1965, 2201; WM 1969, 664 f., die die Formulierungen des RG zumindest verbal aufgreifen). Die Auffassung des BGH hat teilweise Zustimmung (BayObLG NJW-RR 2000, 1174; NJW 1999, 1119 (1120); OLG Köln Rpfleger 1984, 236 (237); OLG Celle MDR 1965, 578; OLG Dresden NJW 1949, 346; NK-BGB/Selbherr Rn. 11; Erman/M. Schmidt Rn. 7 f.; F. Wagner, Der Grundsatz der Selbstentscheidung bei Errichtung letztwilliger Verfügungen – eine gesetzgeberische Unentschlossenheit?, 1997, 77 ff.), teilweise aber auch Ablehnung erfahren (MüKoBGB/Leipold Rn. 33; Staudinger/Otte, 2019, Rn. 35; Soergel/Loritz/Uffmann Rn. 30; Brox ErbR Rn. 104; Schlüter ErbR Rn. 142), letzteres vor allem deshalb, weil die Abgrenzung praktisch nicht durchführbar sei (vgl. etwa Staudinger/Otte, 2019, Rn. 31 f.) und weil sie einem anzuerkennenden Gestaltungsbedürfnis vor allem bei Unternehmens- oder Betriebsnachfolgen nicht genügend Rechnung trage (vgl. etwa MüKoBGB/Leipold Rn. 26). Die Gerichte zitieren dabei in aller Regel zwar den BGH, folgen aber in der Sache der großzügigeren Rspr. des RG (Goebel DNotZ 2004, 101 (103 f.)). Da ein wirtschaftlich vergleichbares Ergebnis durch Anordnung eines Auswahlvermächtnisses gem. § 2151 erzielt werden kann, überzeugt das zuletzt genannte Argument gegen diese höchstrichterliche Rspr. nicht. Die mit der Auffassung des BGH verbundenen Abgrenzungsprobleme zwischen Bestimmung und Bezeichnung sind auch nicht größer als die Frage, ob Personenkreis und Auswahlkriterien bestimmt genug sind. Für die restriktive Handhabung dieser Auswahlermächtigungen spricht letzten Endes die von diesen potentiell ausgehende Gefahr für die Rechtssicherheit, nämlich das Risiko, dass der Berechtigte die Auswahl nicht treffen will oder kann, oder aber Streit darüber entsteht, ob die Kriterien eingehalten oder überschritten wurden. All dies gefährdet die Rechtssicherheit, weil es die Durchsetzung von Ansprüchen durch und gegen den Nachlass erschwert (→ Rn. 1).

**18** Die überwiegende Auffassung sieht es dagegen auf der Grundlage der reichsgerichtlichen Entscheidung als zulässig an, den Erben von einem anderen bestimmen zu lassen, wenn sowohl der Personenkreis als auch die Kriterien der Auswahl hinreichend bestimmt sind. An der **Bestimmtheit des Personenkreises** soll es etwa fehlen bei der Beschränkung auf „19 Nachkommen von Halbgeschwistern" (OLG Hamm RdL 1961, 45 f.), nicht dagegen bei der Erbeinsetzung eines „künftigen Adoptivkindes, wenn es befähigt sei, ein bestimmtes wirtschaftliches Unternehmen zu führen" (OLG Köln Rpfleger, 1984, 236). Die Überschaubarkeit ist in diesem Zusammenhang ebenso wenig ein Bestimmtheitskriterium wie bei den Potestativbedingungen (→ Rn. 13) (aA Soergel/Loritz/Uffmann Rn. 31). Außerdem müssen die **Auswahlkriterien ausreichend bestimmt** sein. Dabei genügt es nach den allgemeinen Auslegungsgrundsätzen, dass diese Einschränkungen sich aus Umständen außerhalb der Urkunde ergeben, vorausgesetzt allerdings, es finden sich entsprechende Anhaltspunkte in der Verfügung selbst (→ § 2084 Rn. 8). Die Rspr. lässt es deshalb zu, dass sich die Auswahlkriterien aus den bei Hofübergaben üblichen Gepflogenheiten ergeben (BGH JZ 1954, 98; OLG Celle OLGR 2002, 314; RdL 1999, 328; OLG Karlsruhe NJW-RR 1999, 806; OLG Köln FamRZ 1995, 57; Rpfleger 1984, 236; OLG Hamm DNotZ 1951, 369; vgl. Staudinger/Otte, 2019, Rn. 14 f.). Zu unbestimmt soll dagegen eine mit einer Auswahlermächtigung verbundene Zuwendung an den „Würdigsten meiner Verwandten" (LG München I FamRZ 1998, 1261; ähnlich OLG Hamm DNotZ 1951, 369), an den nach „Neigung, allgemeinen Fähigkeiten und Charaktereigenschaften geeignetere" (OLG Celle RdL 1955, 137), an den für die Erhaltung und Bewirtschaftung des Grundbesitzes Geeignetsten (BayObLG FamRZ 2005, 65 (68)) oder an den Sachkundigsten (aA OLG Celle NJW 1958, 954; OLG Köln FamRZ 1995, 57; dagegen auch Soergel/Loritz/Uffmann Rn. 32) sein. Bestimmt genug sollen dagegen Kriterien wie die Ersatzerbfolge der „Rechtsnachfolger des Erben" (OLG Hamm BeckRS 2019, 4704), „geordnete und vor Gläubigern gesicherte wirtschaftliche Verhältnisse" (KG DNotZ 1999, 679), die Zuwendung an „nächstliegende männliche von G.schen Nachkommen" (OLG Karlsruhe NJW-RR 1999, 806) oder die Zuwendung an den „Chef des Adelshauses" (OLG Stuttgart FGPrax 2005, 221 (222)) sein. In jedem Fall müssen die Auswahlkriterien **vom Erblasser angeordnet,** nicht nur „empfohlen" werden, weil sonst ein freier Ermessensspielraum eröffnet würde (OLG Hamm NJW-RR 1995, 1477). Angesichts dieser widersprüchlichen Entscheidungen, die sich jedem Versuch der Systematisierung entziehen, kann nur mit allem Nachdruck davor gewarnt werden, bei der Erbfolgegestaltung den Weg einer derartigen Erbeinsetzung mit Auswahlermächtigung zu beschreiten. Die Anordnung eines Auswahlvermächtnisses iSd § 2151 ist auch unter Berücksichtigung der etwas schwierigeren Abwicklung wegen der fehlenden Gesamtrechtsnachfolge in jedem Falle vorzuziehen (→ Rn. 10).

**19** **bb) Auswahlberechtigter.** Der zur Auswahl berufene Dritte muss vom Erblasser genau festgelegt sein (BGH NJW 1965, 2201; BayObLGZ 1998, 160). Eine besondere Sachkunde braucht er nicht zu besitzen (Soergel/Loritz/Uffmann Rn. 32; aA OLG Celle NJW 1958, 953 (954)). Auch der Erbe, insbes. der Vorerbe, kann zur Auswahl ermächtigt werden. Ein Kollegialorgan ist allerdings dann als Entscheidungsträger ausgeschlossen, wenn seine Zusammensetzung ständig wechselt und vom Erblasser nicht vorausgesehen werden kann (vgl. OLG Celle FamRZ 1955, 223).

**cc) Auswahlverfahren.** Das Gesetz enthält keine Regelung über das Verfahren, wie eine solche Erbenbestimmung zu erfolgen hat. Diese Lücke ist, wenn und soweit das Testament keine Bestimmungen darüber enthält, nach hM durch analoge Anwendung des § 2198 zu schließen (MüKoBGB/Leipold Rn. 38 f.; aA OLG Celle NJW 1958, 953 (955)). Die Auswahlerklärung ist daher in öffentlich beglaubigter Form gegenüber dem Nachlassgericht abzugeben (KG Rpfleger 1998, 288). Das Nachlassgericht kann analog § 2198 Abs. 2 dem Auswahlberechtigten auf Antrag eines Beteiligten eine angemessene Frist setzen, nach deren Ablauf das Bestimmungsrecht auf das Gericht gem. § 319 Abs. 1 S. 2 analog übergeht. Die Bestimmung durch den Dritten unterliegt in analoger Anwendung des § 319 Abs. 1 S. 2 der gerichtlichen Überprüfung nur, wenn sie grob unbillig ist. Nach hM wirkt diese Auswahlerklärung auf den Todesfall zurück (Grüneberg/Weidlich Rn. 9). Bis dahin ist der Nachlass nach hM faktisch „herrenlos", ein Zustand, den der Gesetzgeber durch § 2065 eigentlich vermeiden wollte (→ Rn. 1). Jedem Bemühen um die zeitliche Einschränkung des Auswahlverfahrens ist daher die Eingrenzung des Bezeichnungsrechts entspr. der engen Rspr. des BGH vorzuziehen (→ Rn. 17). 20

**c) „Nacherbenbestimmung" durch den Vorerben.** Der Erblasser kann den Vorerben wie jeden anderen **ermächtigen, die Nacherben zu bezeichnen,** wenn er ihm die Auswahlkriterien fest vorgibt (→ Rn. 16 ff.). Zulässig ist es auch, die **Nacherbschaft** dadurch **auflösend zu bedingen,** dass der Vorerbe eine bestimmte andere Verfügung über sein eigenes Vermögen trifft (→ Rn. 14). Die hM hält es schließlich mit dem Gebot des Abs. 2 Alt. 1 für vereinbar, die Nacherbfolge fortbestehen zu lassen und dem Vorerben zu gestatten, durch eigene Verfügung von Todes wegen den **Nachlass unter den Nacherben anders zu verteilen** (BGH NJW 1972, 1987 (1988); OLG München BeckRS 2016, 03325 Rn. 14; OLG Oldenburg Rpfleger 1966, 47; OLG Hamm OLGZ 1973, 103; KG DNotZ 1956, 195; BayObLGZ 1982, 331; J. Mayer ZEV 2000, 1 (7); Grüneberg/Weidlich Rn. 9; Schnabel, Das Geschiedenentestament, 2000, 126 ff.; aA MüKoBGB/Leipold Rn. 18 mwN; OLG Hamm DNotZ 1967, 315 (317); ZEV 1995, 376; OLG Frankfurt DNotZ 2001, 143 (144) mAnm Kanzleiter; Brox Rn. 104; RGRK-BGB/Johannsen Rn. 16; Schlüter ErbR Rn. 143; Wingerter, Die Erweiterung der Befugnisse des befreiten Vorerben, 2000, 55 ff.; offen gelassen in BGH NJW 1981, 2051 (2052)). Danach sind die vom Erblasser selbst bestimmten Nacherben nur unter der auflösenden Bedingung eingesetzt, dass der Vorerbe nicht anderweitig verfügt, während die vom Vorerben ausgewählten Personen unter der aufschiebenden Bedingung der Verfügung des Vorerben über sein eigenes Vermögen zu Nacherben des Erblassers eingesetzt sind (OLG München BeckRS 2016, 03325 Rn. 14; J. Mayer ZEV 2000, 1 (7)). Gleichzustellen sind Klauseln, nach denen die vom Vorerben zu seinen eigenen Erben eingesetzten Personen zugleich Nacherben sein sollen (Soergel/Loritz/Uffmann Rn. 22; Frey, Flexibilisierung der Nachlaßgestaltung im Lichte von § 2065 BGB, 1999, 41; MüKoBGB/Leipold Rn. 20; abl. Frank MittBayNot 1987, 234; krit. J. Mayer ZEV 2000, 1 (7); unentschieden OLG Stuttgart BWNotZ 1998, 47), wobei teilweise mit Rücksicht auf Abs. 2 Alt. 1 einschränkend gefordert wird, dass die Nacherben einem vom Erblasser bestimmten Personenkreis (zB Abkömmlinge des Vorerben, gesetzliche Erben des Vorerben) entstammen müssen (MüKoBGB/Leipold Rn. 18; aA Schnabel, Das Geschiedenentestament, 2000, 127; Dieterle BWNotZ 1971, 14 (15); Gaberdiel Rpfleger 1966, 265; Schäfer BWNotZ 1962, 203). Unbestreitbar wird damit die Auswahl der Nacherben ebenso wie die Festlegung der Anteile auf den Vorerben verlagert (Lange/Kuchinke ErbR § 27 I 7c; MüKoBGB/Leipold Rn. 20), jedoch in einer mit dem Sinn des § 2065 (→ Rn. 1) vereinbaren Weise (Frohnmayer, Geschiedenentestament, 2004, 55, 60 f.). Im Unterschied zur Ungewissheit über die Person von Voll- oder Vorerben beim Tod des Erblassers entsteht durch die über die Nacherben keine Rechtsunsicherheit, die das Selbstbestimmungsgebot nach in → Rn. 1 vertretener Auffassung einzig und allein vermeiden will. Wichtig ist allein, dass spätestens mit dem Eintritt des Nacherbfalls feststeht, welche Personen Nacherben des ursprünglichen Erblassers geworden sind. Dies ist nur dann gesichert, wenn auf die Verfügung des Vorerben über seinen eigenen Nachlass abgestellt wird. 21

**3. Erbteilsbestimmung (Abs. 2 Alt. 2).** Der Erblasser muss bei einem Erben auch den Erbteil selbst bestimmen (BayObLG NJW-RR 1990, 1417). Diese Entscheidung kann der Erblasser nur im gleichen Ausmaß einem Dritten übertragen, wie die Entscheidung über den Zuwendungsempfänger (→ Rn. 16 ff.). Diese Alternative verbietet dem Erblasser auch, die Entscheidung 22 über den Zeitpunkt, zu dem der Nacherbfall eintritt, einem Dritten zu überlassen (BGH NJW 1955, 100).

## V. Rechtsfolgen eines Verstoßes

23 Verfügungen, die den Verboten des § 2065 widersprechen, sind **nichtig,** sofern keine Umdeutung in eine zulässige letztwillige Verfügung möglich ist (Zimmermann, „Quos Titius voluerit" – Höchstpersönliche Willensentscheidung des Erblassers oder „power of appointment", 1991, 56 ff.; MüKoBGB/Leipold Rn. 25). Dieser Vorschrift kann wegen des in § 2084 zum Ausdruck kommenden Grundsatzes der wohlwollenden Auslegung kein generelles Umdeutungsverbot entnommen werden (OLG Frankfurt DNotZ 2001, 143 mAnm Kanzleiter; aA Lange/Kuchinke ErbR § 27 I 8). Eine gegen § 2065 verstoßende Erbeinsetzung kann uU in ein Universalvermächtnis zugunsten der vom Vorerben bestimmten Erben (Kanzleiter DNotZ 2001, 149 (153)) oder in eine Zweckauflage (BGH NJW-RR 1987, 1090 (1091)) **umgedeutet** werden. Umstritten ist, ob bei einer **unwirksamen Ermächtigung zur Bestimmung der Nacherben** der Vorerbe unbeschränkter Vollerbe wird (BGH NJW 1986, 1812; OLG München BeckRS 2016, 03325 Rn. 15; OLG Frankfurt DNotZ 2001, 143; Lange/Kuchinke ErbR § 27 I 9) oder analog § 2104 die gesetzlichen Erben Nacherben werden (OLG Hamm NJW-RR 1995, 1477 (1478)). Die Lösung muss in erster Linie durch Auslegung des Erblasserwillens gefunden werden. Vor allem in den unter → Rn. 11 dargestellten Fällen ist der Erblasser in aller Regel am Fortbestand der Vor- und Nacherbschaft interessiert, sodass dann § 2104 zum Zuge kommt. Ist ein derartiger Erblasserwille dagegen nicht festzustellen, so dürfte die Auslegung – nicht die analoge Anwendung des § 2142 Abs. 2 – zur Vollerbschaft des „Vorerben" führen (auch → § 2104 Rn. 6).

## § 2066 Gesetzliche Erben des Erblassers

**[1]Hat der Erblasser seine gesetzlichen Erben ohne nähere Bestimmung bedacht, so sind diejenigen, welche zur Zeit des Erbfalls seine gesetzlichen Erben sein würden, nach dem Verhältnis ihrer gesetzlichen Erbteile bedacht. [2]Ist die Zuwendung unter einer aufschiebenden Bedingung oder unter Bestimmung eines Anfangstermins gemacht und tritt die Bedingung oder der Termin erst nach dem Erbfall ein, so sind im Zweifel diejenigen als bedacht anzusehen, welche die gesetzlichen Erben sein würden, wenn der Erblasser zur Zeit des Eintritts der Bedingung oder des Termins gestorben wäre.**

### Überblick

Diese Ergänzungsregel schließt eine Lücke in der Willensbildung des Erblassers, wenn dieser keine Erbquoten bestimmt hat. Sie gilt bei der Einsetzung von Erben, Vorerben, Nacherben und Ersatzerben. § 2066 ist analog anzuwenden, wenn der Erblasser nicht seine eigenen gesetzlichen Erben eingesetzt hat, sondern die einer anderen Person (→ Rn. 4). Die Ergänzungsregel greift nur ein, wenn die Erbquoten auch durch Auslegung nicht ermittelt werden können (→ Rn. 5). Rechtsfolge ist, dass alle zur Zeit des Erbfalls vorhandenen gesetzlichen Erben des Erblassers im Verhältnis der gesetzlichen Erbteile bedacht sind (→ Rn. 6 ff.).

## I. Einsetzung der gesetzlichen Erben ohne Erbteilsbestimmung (S. 1)

1 **1. Normzweck.** Diese Ergänzungsregel (RG JW 1938, 2972; MüKoBGB/Leipold Rn. 2; für Auslegungsregel Staudinger/Otte, 2019, Rn. 2; für Differenzierung nach dem Inhalt der auszulegenden Verfügung BeckOGK/Gomille Rn. 4) schließt bei einer pauschalen Einsetzung der gesetzlichen Erben ohne Angabe der Erbteilsquoten diese Lücke in der Willensbildung, indem sie die gesetzlichen Erbfolgevorschriften für anwendbar erklärt. Weil § 2066 S. 1 dem durch Auslegung ermittelten abweichenden Erblasserwillen den Vorrang einräumt, ist der praktische Unterschied zwischen diesen Auffassungen gering.

2 **2. Voraussetzungen. a) Art der Zuwendung.** S. 1 gilt zunächst bei der Einsetzung von **Erben** – auch von Vor-, Nach- oder Ersatzerben –, und zwar ohne Rücksicht darauf, ob diese in einem Testament, in einem gemeinschaftlichen Testament oder in einem Erbvertrag erfolgt ist. Auf einseitige Verfügungen in einem Erbvertrag ist diese Ergänzungsregel nämlich gem. § 2299 Abs. 2 S. 1 unmittelbar anwendbar und auf vertragsmäßige gem. § 2279 Abs. 1 analog (vgl.

Giencke FamRZ 1974, 241). Der Sinn dieser Regel rechtfertigt eine analoge Anwendung auf ein **Vermächtnis** zugunsten der gesetzlichen Erben (MüKoBGB/Leipold Rn. 7). Auch wenn eine **Auflage** nur Begünstigte kennt, so erscheint auch insoweit eine analoge Anwendung dieser Ergänzungsregel geboten (MüKoBGB/Leipold Rn. 7).

**b) Zuwendung an die gesetzlichen Erben. aa) Gesetzliche Erben des Erblassers.** S. 1 greift unmittelbar nur ein, wenn der Erblasser seine eigenen gesetzlichen Erben mit dieser allgemeinen Bezeichnung eingesetzt, mit einem Vermächtnis bedacht oder durch eine Auflage begünstigt hat. Formulierungen wie „mein gesetzlicher Erbe", „meine Erben" oder „meine rechtmäßigen Erben" erfüllen diese Bedingung ebenfalls. Die Einsetzung von „Angehörigen" reicht dagegen nicht aus (vgl. zum Vermächtnis OLG Koblenz BeckRS 2014, 15927). Hat der Erblasser die Zuwendungsempfänger dagegen namentlich erwähnt oder auf sonstige Weise individualisiert (zB meine Kinder), so ist diese Ergänzungsregel selbst dann nicht anwendbar, wenn dies auch die gesetzlichen Erben sind (KG JW 1938, 2475). In diesen Fällen ist der Erblasserwille vielmehr auf Grund § 2091 zu ergänzen. § 2091 ist deshalb immer dann anzuwenden, wenn die vom Erblasser gewählten Formulierungen auf bestimmte oder bestimmbare Personen hinweisen, wobei die Bestimmbarkeit gerade nicht auf den gesetzlichen Erbfolgeregeln beruhen darf. Allerdings kann die diesen beiden Ergänzungsregeln vorgehende Auslegung ergeben, dass namentlich, jedoch ohne Anteilsangabe eingesetzte Personen nicht zu gleichen Teilen, sondern im Verhältnis der gesetzlichen Erbteile begünstigt sein sollen (vgl. BayObLG BeckRS 2009, 28313; OLG Frankfurt OLGZ 1994, 324). 3

**bb) Gesetzliche Erben anderer Personen.** Die Ergänzungsregel des S. 1 ist analog anzuwenden, wenn der Erblasser nicht seine eigenen gesetzlichen Erben eingesetzt hat, sondern die einer anderen Person (OLG Frankfurt OLGZ 1994, 324; BayObLG NJW 1991, 1094 (1096); OLG Köln FamRZ 1970, 605; MüKoBGB/Leipold Rn. 4; Damrau/Seiler/Rudolf Rn. 12; gegen Analogie und für Auslegung Erman/M. Schmidt Rn. 8). Dies gilt vor allem für den Fall, dass Ehepartner in einem gemeinschaftlichen Testament oder in einem Erbvertrag die Abkömmlinge nur eines von ihnen zu Erben eingesetzt oder mit einem Vermächtnis bzw. mit einer Auflage begünstigt haben (vgl. OLG Stuttgart FamRZ 1973, 278; mit Recht abl. Stagl, Der Wortlaut als Grenze der Auslegung von Testamenten, 2003, 113 f.). Hat der Erblasser die gesetzlichen Erben eines anderen – etwa des Vorerben – als Nacherben eingesetzt, so ist im Rahmen der analogen Anwendung des S. 1 bei der Ermittlung der gesetzlichen Erben auf den Zeitpunkt der Nacherbfolge abzustellen (OLG Zweibrücken NJW-RR 1990, 1161; BayObLG ZEV 2001, 440 (441); NJW 1991, 1094 (1096); MüKoBGB/Leipold Rn. 4). 4

**c) Vorrang der Auslegung.** Der Erblasser darf keine Bestimmung über die Höhe der Anteile und/oder den für die Ermittlung der gesetzlichen Erben maßgebenden Zeitpunkt getroffen haben. Dabei genügt bereits Gedankenlosigkeit des Erblassers. Es braucht also nicht festgestellt zu werden, dass er die Rechtsfolge des § 2066 gewollt hätte, wenn er das Problem erkannt hätte. Ist nur einer dieser Punkte bestimmt oder durch erläuternde oder ergänzende Auslegung bestimmbar, so gilt die Regel des S. 1 nur für den anderen. Häufig vergisst der Erblasser nicht nur die Angabe der Bruchteile, sondern unterscheidet auch nicht deutlich zwischen den Begriffen „Kinder" und „Abkömmlingen" (zB „alle meine Abkömmlinge", „meine Kinder und deren Abkömmlinge"). Im Wege der ergänzenden Auslegung ist dann zu klären, ob der Erblasser tatsächlich alle Abkömmlinge zu gleichen Teilen oder – entspr. der gesetzlichen Erbfolgeregeln – nur seine Kinder zu Erben und deren Abkömmlinge zu Ersatzerben einsetzen wollte. Nur ausnahmsweise wird man in diesen Fällen zur Erbeinsetzung aller Abkömmlinge zu gleichen Teilen gelangen. Mit den Grundsätzen der erläuternden Auslegung unvereinbar ist es aber, in der Einsetzung der Kinder und deren Abkömmlingen eine Einsetzung der Kinder zu Vorerben und deren Abkömmlinge zu Nacherben zu sehen, weil für das einer solchen Erbfolgegestaltung wesentliche Nacheinander mehrerer Erben jeder Anhaltspunkt fehlt (aA BGH NJW 1993, 256). 5

**3. Rechtsfolgen. a) Personen und Anteile.** Alle zurzeit des Erbfalls vorhandenen gesetzlichen Erben des Erblassers und – im Falle der analogen Anwendung (→ Rn. 4) – einer anderen Person sind im Verhältnis ihrer gesetzlichen Erbteile (§§ 1924–1930) bedacht, nicht wie im Falle des § 2091 untereinander zu gleichen Anteilen. Soweit die danach berufenen Erben auf Grund des durch das Erbrechtsgleichstellungsgesetz mit Wirkung vom 1.4.1998 aufgehobenen § 1934a nur einen Erbersatzanspruch haben, so haben sie diese Rechtsstellung auch bei Anwendbarkeit des S. 1 (Böhm FamRZ 1972, 180 (181); MüKoBGB/Leipold Rn. 15). Hat ein **Ausländer** eine Verfügung errichtet, auf die kraft Gesetzes oder wirksamer Rechtswahl deutsches Recht 6

Anwendung findet, so sind im Falle des S. 1 die Bedachten auf Grund des deutschen Erbrechts zu ermitteln.

7 **b) Zeitpunkt.** Anzuwenden sind, soweit nicht ein Fall des S. 2 vorliegt (→ Rn. 10), die zurzeit des Erbfalls geltenden gesetzlichen Erbfolgeregeln. Haben diese sich zwischen der Errichtung der Verfügung von Todes wegen und dem Erbfall **geändert,** so ist auf das im Zeitpunkt des Erbfalls, des Vermächtnisanfalls usw geltende Recht abzustellen, weil der Erblasser sich auf die vom Gesetzgeber änderbaren gesetzlichen Erbfolgeregeln Bezug genommen hat (KG FamRZ 1961, 447 (448); MüKoBGB/Leipold Rn. 10; Soergel/Loritz/Uffmann Rn. 14; aA Meyer FamRZ 1957, 397 (398)). Anwendungsfälle sind etwa:

- das am 1.7.1958 in Kraft getretene Gleichberechtigungsgesetz (vgl. OLG Köln FamRZ 1970, 605 (606)),
- das am 1.7.1970 in Kraft getretene Nichtehelichengesetz (vgl. OLG Stuttgart FamRZ 1973, 278),
- das am 1.1.1977 in Kraft getretene Adoptionsgesetz (vgl. BayObLG FamRZ 1985, 426),
- das am 1.4.1998 in Kraft getretene Erbrechtsgleichstellungsgesetz (BGBl. 1997 I 2968),
- das in den neuen Bundesländern am 1.1.1976 in Kraft getretenen Zivilgesetzbuches der DDR sowie
- das am 3.10.1990 im Beitrittsgebiet wieder eingeführte BGB.

8 Ein abweichender Erblasserwille kann jedoch zur Anwendung des bei Errichtung geltenden Rechts führen (vgl. KG FamRZ 1961, 447; OLG Köln FamRZ 1970, 605)

9 **c) Anfechtung.** Die Rechtsfolge des S. 1 tritt zwar nicht gegen den erklärten Erblasserwillen (→ Rn. 4), wohl aber unabhängig von diesem ein. Nach dem Tod des Erblassers können beim Erblasser vorhandene Fehlvorstellungen über den Kreis der Erben, über die Höhe der Erbteile und/oder über das anwendbare Recht nur noch im Wege der **Anfechtung** gem. § 2078 geltend gemacht werden (vgl. BGH NJW 1981, 1736; MüKoBGB/Leipold Rn. 16). Bei einer vertragsmäßigen Verfügung in einem Erbvertrag oder einer wechselbezüglichen in einem gemeinschaftlichen Testament kommt auch eine Selbstanfechtung durch den Erblasser gem. § 2281 in Betracht.

## II. Zuwendung unter aufschiebender Bedingung oder Befristung (S. 2)

10 Diese Auslegungsregel gilt für Erbeinsetzungen (OLG Zweibrücken NJW-RR 1990, 1161), Vermächtnisse und Auflagen, die nicht schon mit dem Erbfall, sondern erst zu einem späteren Zeitpunkt wirksam werden, sei es bei Eintritt eines ungewissen Ereignisses (aufschiebende Bedingung), sei es zu einem bestimmten Zeitpunkt. Kann insoweit der Erblasserwille nicht eindeutig festgestellt werden, so ist der Kreis der gesetzlichen Erben so zu ermitteln, als wäre der Erblasser bzw. die andere Person im Zeitpunkt des Wirksamkeitseintritts gestorben. Dies hat ua zur Folge, dass auch eine erst nach dem Tod erzeugte Person hierdurch begünstigt wird. Diese Regelung gilt auch bei Einsetzung der gesetzlichen Erben zu Nacherben (→ Rn. 4) oder Nachvermächtnisnehmern. Sind die gesetzlichen Erben zu Nacherben eingesetzt, so schließt dies die Vererblichkeit des Nacherbenanwartschaftsrechts gem. § 2108 Abs. 2 S. 1 aus (MüKoBGB/Leipold Rn. 18).

## § 2067 Verwandte des Erblassers

**[1]Hat der Erblasser seine Verwandten oder seine nächsten Verwandten ohne nähere Bestimmung bedacht, so sind im Zweifel diejenigen Verwandten, welche zur Zeit des Erbfalls seine gesetzlichen Erben sein würden, als nach dem Verhältnis ihrer gesetzlichen Erbteile bedacht anzusehen. [2]Die Vorschrift des § 2066 Satz 2 findet Anwendung.**

### Überblick

Diese Auslegungsregel basiert auf dem Grundgedanken, dass niemand alle seine Verwandten zu gleichen Teilen bedenken will. Das Gesetz unterstellt vielmehr dem Erblasser, die Zuwendung nach den Regeln der gesetzlichen Erbfolge verteilen zu wollen. Die Auslegungsregel greift aber nur ein, wenn der Erblasser seine Verwandten oder seine nächsten Verwandten mit einem dieser Worte oder einer gleich bedeutenden Formulierung bedacht hat (→ Rn. 3). Die Vorschrift ist analog anzuwenden, wenn der Erblasser einen bestimmten oder bestimmbaren Kreis seiner Verwandten bedacht hat, ohne die Anteile zu bestimmen (→ Rn. 4). § 2067 ist analog anzuwenden, wenn der Erblasser nicht seine eigenen Verwandten bedacht hat, sondern die einer anderen Person

(→ Rn. 5). Vorrangig ist jedoch durch Auslegung zu ermitteln, was der Erblasser mit dem von ihm verwendeten Begriff verbunden hat (→ Rn. 6). Die Rechtsfolge dieser Auslegungsregel ist, dass alle zur Zeit des Erbfalls vorhandenen gesetzlichen Erben des Erblassers und im Falle der analogen Anwendung einer anderen Person im Verhältnis ihrer gesetzlichen Erbteile zueinander bedacht sind (→ Rn. 7).

## I. Normzweck

Diese Auslegungsregel (vgl. MüKoBGB/Leipold Rn. 2) basiert auf dem Grundgedanken, dass niemand alle seine Blutsverwandten aufsteigender wie absteigender Linie zu gleichen Teilen bedenken will, wenn er seine Verwandten pauschal als Empfänger bezeichnet hat. Das Gesetz unterstellt vielmehr dem Erblasser, die Zuwendung nach den Regeln der gesetzlichen Erbfolge verteilen zu wollen. § 2066 schränkt also die Zahl der Zuwendungsempfänger ein und entnimmt – bei mehreren – die Anteile den gesetzlichen Erbfolgebestimmungen. 1

## II. Voraussetzungen

**1. Art der Zuwendung.** § 2067 gilt für Erbeinsetzungen, Vermächtnisse und Auflagen, und zwar ohne Rücksicht darauf, ob diese Verfügungen in einem Testament, einem gemeinschaftlichen Testament oder einem Erbvertrag getroffen worden sind. 2

**2. Zuwendung an Verwandte iSd § 1589. a) Verwandte des Erblassers.** Die Auslegungsregel des § 2067 greift nur, aber auch immer dann ein, wenn der Erblasser seine „Verwandten" oder seine „nächsten Verwandten" mit einem dieser Worte oder einer gleichbedeutenden abstrakten Formulierung (zB „übrige Verwandte" (vgl. BayObLG FamRZ 1990, 649), „meine Familie") bedacht hat. Sind die Zuwendungsempfänger dagegen namentlich erwähnt, auf sonstige Weise individualisiert (zB meine Eltern und Geschwister), so ist diese Auslegungsregel nicht anwendbar (OLG Dresden BeckRS 2010, 24697); das Gleiche gilt, wenn der Erblasser den Begriff „Verwandte" erkennbar anders verstanden als in § 1589. § 2067 gilt auch dann, wenn neben den allgemein als Verwandten bezeichneten Personen noch individualisierte andere (zB Ehepartner, Stiefkind) bedacht wurden, allerdings nur in Ansehung des den Verwandten zugedachten Anteils, sodass diese ihn im Verhältnis der gesetzlichen Erbteile zueinander erhalten. Hat der Erblasser zwar die Verwandten individualisiert, aber vergessen, die Anteile zu bestimmen, so greift nicht etwa § 2067 ein, sondern § 2091, der zur gleichmäßigen Beteiligung der genannten Zuwendungsempfänger führt. 3

**b) Bestimmbarer Kreis der Verwandten des Erblassers.** Die Vorschrift ist analog anzuwenden, wenn der Erblasser zwar einen bestimmten oder bestimmbaren Kreis seiner Verwandten bedacht hat, aber ohne die Anteile anzugeben. Hierunter fallen etwa Zuwendungen an seine Kinder, seine Enkel (RG JW 1938, 2971; BayObLG NJW 1974, 954), seine Geschwister (OLG Düsseldorf DNotZ 1972, 41), die Kinder seiner Geschwister (OLG Hamm Rpfleger 1986, 480), seine Neffen und Nichten oder die Verwandten väterlicherseits (Staudinger/Otte, 2019, Rn. 5; MüKoBGB/Leipold Rn. 5; BayObLG NJWE-FER 2001, 125; aM OLG Düsseldorf DNotZ 1972, 41). 4

**c) Verwandte eines anderen.** § 2067 ist analog anzuwenden, wenn der Erblasser nicht seine eigenen Verwandten bedacht hat, sondern die einer anderen Person (MüKoBGB/Leipold Rn. 5 mwN; aA KG JFG 10, 65; Soergel/Loritz/Uffmann Rn. 13; Erman/M. Schmidt Rn. 3). Im Zweifel sind also diejenigen Verwandten des anderen bedacht, die dessen gesetzlichen Erben wären, wenn dieser im Zeitpunkt des Erbfalls gestorben wäre. Hat der Erblasser dabei die Verwandten eines anderen – etwa des Vorerben – als Nacherben eingesetzt, so ist bei deren Ermittlung auf den Zeitpunkt der Nacherbfolge abzustellen. In allen anderen Fällen, in denen gesetzliche Erben eines Dritten bedacht sind, kommt es bei der Ermittlung auf den Zeitpunkt des Erbfalls, des Vermächtnisanfalls usw an (→ Rn. 8; → § 2066 Rn. 1 ff.). 5

## III. Vorrang der Auslegung

Vorrangig ist der Sinngehalt, den der Erblasser mit dem von ihm verwendeten Wort „Verwandte", „nächste Verwandte" oder einer gleichbedeutenden Formulierung verbunden hat. Abweichend von § 1589 werden in der Alltagssprache hierunter regelmäßig auch der Ehepartner, uU sogar auch Verschwägerte, Stief- oder Pflegekinder verstanden (MüKoBGB/Leipold Rn. 3 6 mwN). Bei in der ehemaligen DDR vor dem 3.10.1991 abgefassten Testamenten liegt eine solche Auslegung schon deshalb nahe, weil nach § 365 Abs. 1 ZGB die Ehegatten zu den Erben erster Ordnung rechneten (vgl. Erman/M. Schmidt Rn. 2). Häufig werden mit dem Wort „Blutsverwandte" – abweichend von § 1589 – Adoptierte ausgeschlossen. Das Wort „Familie" ist ebenfalls nur selten ein Synonym für Verwandtschaft iSd § 1589, da hierunter im allgemeinen Sprachgebrauch auch der Ehegatte oder Partner einer nichtehelichen oder eingetragenen Lebenspartnerschaft, Schwiegerkinder, Stiefkinder, ja selbst Verschwägerte 2. Grades (zB Schwager) verstanden werden (Soergel/Loritz/Uffmann Rn. 13; MüKoBGB/Leipold Rn. 3; vgl. auch BayObLGZ 1957, 76). Die vorrangige Auslegung der Verfügung muss also ergeben, dass der Erblasser den Verwandtenbegriff nicht abweichend von § 1589 verstanden und dabei keine Bestimmung über die Höhe der Anteile und/oder den für die Ermittlung der Verwandten maßgebenden Zeitpunkt getroffen hat (vgl. BayObLG NJW 1992, 322). Ist nur einer dieser Punkte bestimmt oder durch Auslegung bestimmbar, so gilt die Regel des § 2067 nur für die offene Frage.

## IV. Rechtsfolgen

7 **1. Personen und Anteile.** Alle zurzeit des Erbfalls vorhandenen gesetzlichen Erben (§§ 1924–1930) des Erblassers und im Falle der analogen Anwendung einer anderen Person sind im Falle der Anwendbarkeit des § 2067 im Verhältnis ihrer gesetzlichen Erbteile zueinander bedacht, nicht wie im Falle des § 2091 untereinander zu gleichen Anteilen. Nach dem Erbfall geborene Verwandte sind bei einer Erbeinsetzung nicht zur Erbfolge – also einer Nacherbfolge – berufen, weil §§ 2066 ff. Erbfähigkeit nach § 1923 voraussetzen (Staudinger/Otte, 2019, Vorb. zu §§ 2066 ff. Rn. 2; a.M. AG Minden ErbR 2019, 257 m. abl. Anm. Otte). Im Falle der analogen Anwendung auf einen bestimmten Personenkreis ist dieser untereinander nicht zu gleichen Teilen, sondern im Verhältnis der gesetzlichen Erbteile zueinander begünstigt. Soweit die danach berufenen Erben auf Grund des durch das Erbrechtsgleichstellungsgesetz mit Wirkung vom 1.4.1998 aufgehobenen § 1934a nur einen Erbersatzanspruch haben, so haben sie diese Rechtsstellung auch bei Anwendbarkeit des S. 1 (MüKoBGB/Leipold Rn. 7; aA Staudinger/Otte, 2019, Rn. 3). Hat ein **Ausländer** eine Verfügung errichtet, auf die kraft Gesetzes oder wirksamer Rechtswahl deutsches Recht Anwendung findet, so sind im Falle des S. 1 die Bedachten auf Grund des deutschen Erbrechts zu ermitteln.

8 **2. Zeitpunkt.** Maßgebender Zeitpunkt ist der Erbfall. Aufgrund der Verweisung in S. 2 auf § 2066 S. 2 kommt es jedoch bei einer aufschiebend bedingten oder befristeten Zuwendung (Erbeinsetzung, Vermächtnis oder Auflage) abweichend hiervon auf die Gesetzeslage bei Eintritt der Bedingung oder des Termins an. Insoweit und wegen der Rechtslage bei Änderung der gesetzlichen Erbfolgeregeln zwischen Errichtung der Verfügung von Todes wegen und dem maßgeblichen Zeitpunkt → § 2066 Rn. 1 ff., → § 2066 Rn. 1 ff..

9 **3. Anfechtung.** Nach dem Tod des Erblassers können bei diesem vorhandene Fehlvorstellungen über den Kreis der Erben, die Höhe der Erbteile und/oder das anwendbare Recht allein im Wege der Anfechtung gem. § 2078 geltend gemacht werden. Bei einer vertragsmäßigen Verfügung in einem Erbvertrag kommt auch eine Anfechtung durch den Erblasser selbst gem. § 2281 in Betracht.

## § 2068 Kinder des Erblassers

**Hat der Erblasser seine Kinder ohne nähere Bestimmung bedacht und ist ein Kind vor der Errichtung des Testaments mit Hinterlassung von Abkömmlingen gestorben, so ist im Zweifel anzunehmen, dass die Abkömmlinge insoweit bedacht sind, als sie bei der gesetzlichen Erbfolge an die Stelle des Kindes treten würden.**

## Überblick

Die praktische Bedeutung dieser Auslegung ist gering. Sie regelt nur den äußerst seltenen Fall, dass der Erblasser seinen Kindern etwas zugewendet hat und eines davon – ohne dass er dies bei Testamentserrichtung weiß – bereits vorher verstorben ist. Der Erblasser muss seine Kinder mit diesem Wort eingesetzt haben (→ Rn. 3). Die Vorschrift ist analog anzuwenden, wenn der Erblasser die Kinder eines anderen eingesetzt hat (→ Rn. 4). Das eingesetzte Kind muss vor Errichtung der Verfügung von Todes wegen gestorben sein (→ Rn. 5).

## I. Normzweck

Die praktische Bedeutung dieser Auslegungsregel (Staudinger/Otte, 2019, Rn. 1; aA v. Lübtow ErbR I 285: Umdeutung; Soergel/Loritz/Uffmann Rn. 1; vgl. dazu auch BayObLG FamRZ 2001, 1561 (1563)) ist äußerst gering, weil sie nur den seltenen Fall erfasst, dass der Erblasser seinen Kindern – ohne nähere Individualisierung – etwas zugewendet hat und eines davon – ohne dass er dies bei Testamentserrichtung weiß – bereits verstorben ist. Diese unbewusste Lücke in der Willensbildung des Erblassers wird dadurch geschlossen, dass dann dessen Abkömmlinge nach den Regeln der gesetzlichen Erbfolge (§ 1923 Abs. 4) an die Stelle des vorverstorbenen Kindes treten. Stirbt ein Kind dagegen erst nach der Testamentserrichtung, so gilt nicht diese Auslegungsregel, sondern § 2069. 1

## II. Voraussetzungen

**1. Art der Zuwendung.** § 2068 gilt für Erbeinsetzungen aller Art ebenso wie für Vermächtnisse oder Auflagen, und zwar ohne Rücksicht darauf, ob diese Verfügungen in einem Testament, einem gemeinschaftlichen Testament oder einem Erbvertrag getroffen worden sind. 2

**2. Zuwendung an Kinder. a) Kinder des Erblassers.** § 2068 setzt voraus, dass der Erblasser in der Verfügung allgemein seine „Kinder" mit diesem Wort oder einer gleichbedeutenden Formulierung (zB „meine Töchter", „meine Söhne") bedacht hat. Zu den Kindern iSd § 2068 iVm § 1924 Abs. 4 zählen auch nichteheliche Kinder und Adoptivkinder (BayObLG FamRZ 1989, 1118), nicht dagegen Volljährige, die adoptiert worden sind (LG Mönchengladbach FamRZ 2000, 569; Staudinger/Otte, 2019, Rn. 3). § 2068 ist auch anzuwenden, wenn der Erblasser dabei eines oder mehrerer seiner Kinder iSd § 1924 Abs. 4 ausgeschlossen hat, etwa mit den Formulierungen: „meine leiblichen Kinder", „meine ehelichen Kinder", „meine Kinder aus 1. Ehe", „meine Töchter" (Staudinger/Otte, 2019, Rn. 2; MüKoBGB/Leipold Rn. 4; Erman/M. Schmidt Rn. 1). Die „nähere Bestimmung" fehlt auch dann, wenn der Erblasser die Höhe der Anteile der berufenen Kinder bestimmt hat, zB „meine Kinder aus 1. Ehe und der gemeinsame Sohn" (MüKoBGB/Leipold Rn. 2; aA Erman/M. Schmidt Rn. 1). Trotz der Verwendung des Wortes im Plural gilt die Vorschrift auch im Fall der Einsetzung des einzigen Kindes mit dieser allgemeinen Bezeichnung. Diese Auslegungsregel ist ihrem Zweck entspr. schließlich auch dann anzuwenden, wenn der Erblasser zusätzlich zur Bezeichnung „Kinder" diese teilweise namentlich aufgeführt hat, zB „meine Kinder Andrea und Christoph" (MüKoBGB/Leipold Rn. 4). Hat der Erblasser dagegen alle Kinder nur mit Namen erwähnt oder den Begriff „Kinder" erkennbar anders verstanden als § 1924 Abs. 4, so greift diese Auslegungsregel nicht ein. Sie gilt auch dann nicht, wenn der Erblasser seine „Nachkommen" oder „Abkömmlinge" bedacht hat, weil hierunter außer den Kindern iSd § 1924 Abs. 4 auch die Enkelkinder usw zu verstehen sind. Bei einer Zuwendung an Schwieger-, Stief- oder Pflegekinder kommt eine analoge Anwendung in Betracht (→ Rn. 4). 3

**b) Kinder eines anderen.** Hat der Erblasser nicht seine eigenen Kinder, sondern die eines anderen mit dieser völlig abstrakten Bezeichnung bedacht (zB „die Kinder meiner Frau", „meine Schwiegerkinder"), so ist § 2068 analog anzuwenden, weil der darin zum Ausdruck gekommene allgemeine Rechtsgedanke, die Abkömmlinge eines weggefallenen Kindes nach Stämmen gleichmäßig zu bedenken, auch dann trägt (MüKoBGB/Leipold Rn. 5; RGRK-BGB/Johannsen Rn. 6; aA KG FamRZ 1991, 486 (489): Ausgangspunkt; Staudinger/Otte, 2019, Rn. 9; Soergel/Loritz/Uffmann Rn. 14; Grüneberg/Weidlich Rn. 2: Anhaltspunkt). Sind dagegen in der Verfügung die Kinder eines anderen zusätzlich oder ausdrücklich namentlich erwähnt (zB „die Töchter Andrea und Hannah meiner Frau") oder einzelne Kinder ausgeschlossen (zB „die ehelichen Kinder meines Bruders"), so lässt dies auf eine besondere Motivation des Erblassers schließen, die eine Gleichbehandlung mit der Zuwendung an eigene Kinder verbietet. 4

**3. Tod vor Errichtung der Verfügung von Todes wegen.** Während § 2069 den Tod von Abkömmlingen nach Errichtung der Verfügung von Todes wegen regelt, gilt § 2068 nur für den äußerst seltenen Fall, dass der Erblasser ein zu diesem Zeitpunkt bereits verstorbenes Kind einsetzt. Unerheblich ist, ob der Erblasser vom Tod weiß. Hat er die Verfügung jedoch in Kenntnis des Todes eines Kindes errichtet, so kann diese Tatsache die Auslegung des Wortes „Kinder" rechtfertigen, dass er damit die vom verstorbenen Kind hinterlassenen Abkömmlinge von der Erbfolge ausschließen wollte. § 2068 findet keine Anwendung, wenn vor der Errichtung ein Erbverzichtsvertrag geschlossen worden ist. 5

## III. Vorrang der Auslegung

6 Der Erblasser darf mit dem Wort „Kinder" keinen von § 1924 Abs. 4 abweichenden Inhalt verbunden haben (vgl. BayObLG NJW 1974, 954 (955)). Hat der Erblasser nur einzelne Kinder, insbes. Adoptiv- und/oder nichteheliche Kinder, ausgeschlossen, so findet diese Bestimmung nur bezüglich der anderen Kinder Anwendung. Zur analogen Anwendung bei der Zuwendung an Schwieger-, Stief- oder Pflegekinder → Rn. 3 f.

## IV. Rechtsfolgen

7 Die Abkömmlinge eines vorverstorbenen Kindes treten nach den für den Tod des Erblassers geltenden Regeln des § 1924 Abs. 2–4 an dessen Stelle. Maßgebend ist der Zeitpunkt des Erbfalls (iÜ → § 2067 Rn. 7 ff.).

### § 2069 Abkömmlinge des Erblassers

**Hat der Erblasser einen seiner Abkömmlinge bedacht und fällt dieser nach der Errichtung des Testaments weg, so ist im Zweifel anzunehmen, dass dessen Abkömmlinge insoweit bedacht sind, als sie bei der gesetzlichen Erbfolge an dessen Stelle treten würden.**

## Überblick

Diese Auslegungsregel unterstellt, dass normalerweise der Erblasser beim Vorhandensein von Abkömmlingen des Verstorbenen diese entspr. der gesetzlichen Eintrittsregel des § 1924 Abs. 3 bedacht hätte. Sie gilt gleichermaßen für Testament und Erbvertrag und erfasst Erbeinsetzungen, Vermächtnisse und Auflagen (→ Rn. 2). Der Erblasser muss einem seiner Abkömmlinge eine Zuwendung gemacht haben (→ Rn. 3). Beim Wegfall des Abkömmlings durch Tod oder ein sonstiges Ereignis, welches den Anfall bei dem ursprünglich Bedachten verhindert (→ Rn. 14), rücken die Abkömmlinge des ursprünglich Bedachten insoweit nach, als sie bei der gesetzlichen Erbfolge an dessen Stelle treten würden (→ Rn. 18). Die Auslegungsregel des § 2069 ist Ausprägung einer allgemeinen Lebenserfahrung. Bei einer nur in der Seitenlinie verwandten Person oder bei jemandem, der mit dem Erblasser weder verwandt noch verschwägert ist, fehlt es an dieser Erfahrungsgrundlage, so dass grds. eine analoge Anwendung (→ Rn. 6). In solchen Fällen bedarf die Ersatzberufung der Abkömmlinge des Zuwendungsempfängers einer zusätzlichen Begründung auf der Grundlage des durch ergänzende Auslegung zu ermittelnden Erblasserwillens. Der durch Auslegung ermittelte tatsächliche oder hypothetische Erblasserwille schließt die Anwendung des § 2069 aus (→ Rn. 17).

## I. Normzweck

1 Vor allem bei der Abfassung eigenhändiger Testamente bedenken Erblasser oft nicht die Möglichkeit, dass Kinder, Enkelkinder usw durch Krankheit oder infolge eines Unfalls vor ihm sterben können, und lassen diesen Fall ungeregelt. § 2069 unterstellt, dass normalerweise der Erblasser beim Vorhandensein von Abkömmlingen des Verstorbenen diese entspr. der gesetzlichen Eintrittsregel des § 1924 Abs. 3 bedacht hätte. Hat der Erblasser mehrere Abkömmlinge bedacht, verhindert die gesetzliche Erbfolgeregelung des § 2069 die demgegenüber subsidiäre Anwachsung an den bzw. die anderen Abkömmlinge. Diese Auslegungsregel (MüKoBGB/Leipold Rn. 1 mwN, der jedoch zu weit geht, wenn er sie als „Wurzel der ergänzenden Auslegung" bezeichnet) greift jedoch erst ein, wenn der Erblasserwille weder durch erläuternde noch durch ergänzende Auslegung festgestellt werden kann. Waren die Abkömmlinge bereits zurzeit der Testamentserrichtung tot, greift dagegen die Auslegungsregel des § 2068 ein.

## II. Voraussetzungen

2 **1. Art der Zuwendung.** § 2069 gilt bei **Erbeinsetzungen** aller Art. Die Auslegungsregel erfasst auch den Wegfall eines zum Nacherben eingesetzten Abkömmlings durch Tod vor dem Erbfall, durch Ausschlagung der Nacherbschaft oder durch Erbunwürdigkeitserklärung; wegen der besonderen Probleme bei der Anwendung des § 2069 auf den Tod des Nacherben zwischen dem

des Erblassers und dem Nacherbfall wird auf → Rn. 11 verwiesen. Die Norm ist auch auf **Vermächtnisse** und **Auflagen** anzuwenden.

**2. Zuwendung an Abkömmlinge. a) Abkömmlinge des Erblassers.** Der Erblasser muss einen oder mehrere Personen, die mit ihm in absteigender gerader Linie verwandt sind (Kinder, Enkel, Urenkel usw), bedacht haben. Trotz des Plurals „Abkömmlinge" gilt § 2069 auch im Falle der Zuwendung an nur einen einzelnen solcher Nachkommen (BayObLGZ 1971, 386; MüKoBGB/Leipold Rn. 6 mwN). Die Art der **Bezeichnung** des Zuwendungsempfängers in der Verfügung ist im Rahmen des § 2069 ohne Bedeutung. Der Erblasser kann diese ganz oder zum Teil namentlich aufführen oder nur mit allgemeinen Bezeichnungen wie „Kinder", „leibliche Kinder" (vgl. OLG Düsseldorf NJW 1994, 266), „Enkelkinder", „Nachkommen" usw individualisieren. Der BGH wendet § 2069 auch dann an, wenn der zulässigerweise von einem Dritten bestimmte Zuwendungsempfänger, vor allem also ein Vermächtnisnehmer, wegfällt (BGH NJW 1969, 1111; aA MüKoBGB/Leipold Rn. 7). Zu den Abkömmlingen gehören auch **nichteheliche Kinder** sowie **Adoptivkinder,** bei denen jedoch besonders sorgfältig ein ausschließender Erblasserwillen zu prüfen ist (vgl. OLG Hamm FGPrax 1999, 64). Das Gleiche gilt für die von einem Abkömmling des Erblassers als Minderjährige an Kindes statt Angenommenen (BayObLG FamRZ 1985, 426 (427)). Keine Abkömmlinge idS sind dagegen **Stief- und Pflegekinder.** 3

**b) Besonderheiten beim „Berliner Modell". aa) Abkömmlinge des erstverstorbenen Ehepartners.** § 2069 kann bei einem gemeinschaftlichen Testament bzw. Erbvertrag in der Form des Berliner Modells (§ 2269) zwar nicht unmittelbar auf allein mit dem zuerst verstorbenen Ehepartner verwandte Schlusserben bzw. Vermächtnisnehmer angewandt werden, jedoch gebietet die vergleichbare Interessenlage eine analoge Anwendung dieser Auslegungsregel (BGH ZErb 2001, 14; OLG Hamm OLGZ 1982, 272 (277); BayObLG FamRZ 1991, 234 (235); FGPrax 2001, 248 (249); MüKoBGB/Leipold Rn. 5). Haben die Ehepartner also einen Abkömmling des zuerst Verstorbenen für den zweiten Erbfall bedacht, so treten bei dessen Wegfall seine Abkömmlinge an dessen Stelle, und zwar auf der Basis der gesetzlichen Erbfolgeregeln nach dem Erstverstorbenen (OLG Frankfurt FamRZ 1999, 772; LG Berlin FamRZ 1994, 785; fehlerhaft insoweit BayObLG FamRZ 1991, 234). 4

**bb) Wechselbezüglichkeit der Schlusserbfolge.** Bei einer wechselbezüglichen Schlusserbeneinsetzung in einem gemeinschaftlichen Testament ist umstritten, unter welchen Bedingungen die sich auf Grund dieser Auslegungsregelung ergebende Ersatzberufung der Abkömmlinge eines weggefallenen Schlusserben gleichfalls wechselbezüglichen, also bindenden Charakter hat. Dabei ist zu unterscheiden: 5

- Ergibt die Auslegung des gemeinschaftlichen Testaments, dass die Schlusserbeinsetzung der Kinder wechselbezügliche Wirkung iSd § 2270 Abs. 1 hat (zB „Der Nachlass fällt beim Tod des Längerlebenden in jedem Fall an unsere Kinder"), so kann die Auslegungsregel des § 2069 dazu führen, dass die Abkömmlinge der Kinder gleichfalls mit wechselbezüglicher Wirkung zu Ersatz-Schlusserben eingesetzt sind. Dies ist eine nach den allgemeinen Regeln zu beantwortende Frage der ergänzenden Auslegung des Testaments.
- Bleibt nach der Testamentsauslegung sowohl die Ersatzberufung der Abkömmlinge als auch der wechselbezügliche Charakter iSd § 2270 offen, findet zwar die Auslegungsregel des § 2069 Anwendung. Die von § 2069 angeordnete Ersatzerbfolge hat jedoch keine wechselbezügliche Wirkung, weil die kumulierte Anwendung von zwei Auslegungsregeln, nämlich des § 2069 und des § 2070 Abs. 2 ist nicht zulässig (BGH NJW 2002, 1126). § 2270 Abs. 2 verlangt schließlich eine „getroffene" Verfügung und nicht nur eine kraft Gesetzes dahin auszulegende. Die Nichterwähnung der Abkömmlinge deutet nach der allgemeinen Lebenserfahrung außerdem eher darauf hin, dass die Testierenden eine Bindung des Längstlebenden an die Ersatzberufung gerade nicht gewollt haben (aA Leipold JZ 2002, 895 (896)). Das Verbot der kumulierten Anwendung dieser beiden Auslegungsregeln darf auch nicht dadurch umgangen werden, dass die Ersatzberufung der Abkömmlinge unter Berufung auf die allgemeine Lebenserfahrung aus dem Testament herausgelesen wird, wenn zwischen den Testierenden und den Abkömmlingen „gute familiäre Beziehungen" bestehen (so aber OLG Hamm FGPrax 2003, 270 (272), bestätigt durch den unveröffentlichten Beschluss vom 7.10.2004 – 15 W 295/04; abl. Keim ZEV 2004, 245 (246); krit. MüKoBGB/Leipold Rn. 23; vgl. dagegen auch BayObLG ZEV 2004, 244). Das Gleiche gilt für den Versuch, die Anforderungen an die ergänzende Auslegung im Hinblick auf die Wechselbezüglichkeit so herabzusenken, dass diese zum Regelfall und der Rückgriff auf § 2270 Abs. 2 vermieden wird (so aber Steiner JuS 2003, 1054 (1056)).

6 **c) Abkömmlinge eines anderen.** Die Auslegungsregel des § 2069 ist Ausprägung einer allgemeinen Lebenserfahrung. Bei einer nur in der Seitenlinie verwandten Person oder bei jemandem, der mit dem Erblasser weder verwandt noch verschwägert ist, fehlt es an dieser Erfahrungsgrundlage, sodass – abgesehen von dem unter → Rn. 3 genannten Fall – eine analoge Anwendung ausscheidet (vgl. zB OLG München FGPrax 2006, 223 (224); BayObLG FGPrax 2003, 272; BayObLGZ 1982, 159 (163); MüKoBGB/Leipold Rn. 37 mwN). In diesen Fällen bedarf die Ersatzberufung der Abkömmlinge des Zuwendungsempfängers einer zusätzlichen Begründung auf der Grundlage des durch ergänzende Auslegung zu ermittelnden Erblasserwillens (OLG Hamm Rpfleger 2001, 595 (596)). Eine solche Auslegung kommt jedoch nur in Betracht, wenn das Testament konkrete Anhaltspunkte dafür enthält. Daran fehlt es, wenn der Erblasser davon ausging, mit dem früheren Testament keine Ersatzerbenanordnung getroffen zu haben und deshalb eine weitere letztwillige Verfügung errichtet hat (KG BeckRS 2020, 1629 Rn. 11). Eine Umkehrung dieser Auslegungsregel mit dem Ergebnis, dass bei Einsetzung von anderen Personen die Abkömmlinge stets nicht an die Stelle treten sollen, ist unzulässig.

7 Bei der Zuwendung an den Ehepartner (vgl. BayObLG ZEV 1996, 191 (192)), Geschwister (vgl. BayObLG NotBZ 2004, 280; OLG Karlsruhe FamRZ 1993, 363), Neffen oder Nichten und uU auch Cousin oder Cousinen liegt die Ersatzberufung von deren Abkömmlingen sehr nahe (abl. Perkams ZEV 2005, 510 (511 f.)). Nach der ständigen Rspr. des BayObLG und – ihm folgend – des OLG München soll die Rechtfertigung bereits darin liegen, dass der Erblasser die Erben mit dem Verwandtschaftsverhältnis (zB „Schwestern") bezeichnet hat (OLG München BeckRS 2007, 9108; BayObLG NJW-RR 1987, 263; NJWE-FER 1997, 36). Diese Rspr. ist jedoch abzulehnen, weil die Angabe des Verwandtschaftsgrads wertneutral ist und weder auf ein gutes noch ein schlechtes Verwandtschaftsverhältnis hindeutet. Auch der Vater, der seinem Sohn den Erb- oder Pflichtteil entzieht, bezeichnet diesen selbstverständlich als „Sohn" und nicht als „Herrn …". Auch bei nicht zu den Verwandten iSd § 1589 zählenden Familienangehörigen wie Stiefkindern (BayObLG Rpfleger 2005, 25; ZEV 1999, 353 (355); FamRZ 1976, 552; aA OLG Darmstadt OLGE 16, 75), Schwiegerkindern (vgl. OLG Oldenburg NdsRPfl. 1950, 73), Neffen des anderen Ehe- oder Lebenspartners (vgl. BayObLG FamRZ 2005, 555) usw kann im Einzelfall die ergänzende Auslegung zum gleichen Ergebnis führen wie § 2069. Auch die Erbeinsetzung des nichtehelichen Kindes eines Ehepartners spricht eher gegen eine Ersatzberufung von dessen Abkömmlingen, weil die Einsetzung gerade eines nichtehelichen Kindes auf besondere persönliche Beziehungen zu diesem hindeutet (vgl. Perkams ZEV 2005, 510; aA BayObLG ZEV 2005, 528).

8 Bei der Zuwendung an den Partner einer **nichtehelichen Lebensgemeinschaft** steht die persönliche Beziehung zum Erblasser derart im Vordergrund, dass nur unter besonderen Umständen (zB Aufnahme der Abkömmlinge des Partners in den gemeinsamen Haushalt, spätere Heirat) eine Einbeziehung der Abkömmlinge des Partners gerechtfertigt ist (vgl. OLG Hamm FamRZ 1976, 552; BayObLG FamRZ 1991, 865; NJW-RR 1993, 459; ZEV 2001, 151 (152); dagegen jedoch KG DNotZ 1976, 564). In all diesen Fällen muss – auch anhand von Umständen außerhalb der Urkunde – zweifelsfrei festgestellt werden, dass die persönlichen Beziehungen mindestens denen zu einem eigenen Abkömmling entsprechen. Dabei reicht eine Berufung auf eine allgemeine Lebenserfahrung nicht aus, da dies praktisch zu einer analogen Anwendung des § 2069 führen würde (aA OLG Hamm FGPrax 2003, 270 (272); vgl. auch Perkams ZEV 2005, 510 (511 f.)).

9 **3. Wegfall nach Errichtung der Verfügung.** § 2069 erfasst mit dem Wort Wegfall außer dem **Tod** des ursprünglich Bedachten sämtliche rechtlichen Ereignisse, die verhindern, dass ihm das Zugewandte anfällt, jedoch die Wirksamkeit der letztwilligen Verfügung als solche nicht beseitigt. Die Wirksamkeit der letztwilligen Verfügung als Ganzes beseitigen etwa **Widerruf** (§§ 2254 ff.), **Rücktritt** (§§ 2293 ff.), **Aufhebung** (§ 2271 Abs. 2) oder **Anfechtung** (MüKoBGB/Leipold Rn. 17; Staudinger/Otte, 2019, Rn. 18; aA RGZ 95, 97), sodass auf diese Ereignisse diese Auslegungsregel nicht anwendbar ist. Der bis zum 1.4.1998 zulässige **vorzeitige Erbausgleich** beseitigte zwar das gesetzliche Erbrecht, ließ jedoch die testamentarischen oder erbvertraglichen Zuwendungen in ihrer Wirkung unberührt, sodass eine solche Vereinbarung nicht zum Wegfall iSd § 2069 führt.

10 **a) Tod des Bedachten. aa) Zwischen Errichtung und Erbfall.** Hauptanwendungsfall des § 2069 ist der Tod des Bedachten nach der Errichtung der Verfügung von Todes wegen, aber vor dem Tod des Erblassers. Diese Auslegungsvorschrift gilt auch für den Fall, dass ein eingesetzter Nacherbe vor dem Erbfall stirbt. Stirbt der Bedachte dagegen bereits vor der Errichtung, so gilt nicht § 2069, sondern § 2068. Es genügt aber auch, wenn der Bedachte zwar in Wahrheit vor

der Errichtung gestorben ist, der Erblasser jedoch bei der Errichtung glaubte, dass dieser noch lebte (RGZ 149, 134; Staudinger/Otte, 2019, Rn. 5; aA v. Lübtow ErbR I 287).

**bb) Nach dem Erbfall.** Die Auslegungsregel greift auch dann nicht mehr ein, wenn der Bedachte erst nach dem Tod des Erblassers stirbt. Mit Eintritt des Erbfalls ist dem ursprünglich Bedachten der Zuwendungsgegenstand nämlich bereits angefallen, sodass jetzt die Erbfolgeregeln nach dem Bedachten selbst zur Anwendung gelangen. Steht eine **Zuwendung unter einer aufschiebenden Bedingung,** so treten nach Maßgabe des § 2069 die Abkömmlinge des Bedachten an dessen Stelle, wenn dieser vor dem Eintritt der aufschiebenden Bedingung stirbt (BGH NJW 1958, 22; MüKoBGB/Leipold Rn. 9). Da § 2069 auch für die **Einsetzung eines Abkömmlings als Nacherben** gilt (→ Rn. 2), ergeben sich besondere Probleme, wenn dieser zwar nach dem Tod des Erblassers, aber noch vor dem Nacherbfall stirbt. In diesem Fall konkurriert die Auslegungsregel des § 2069 mit der des § 2108 Abs. 2 S. 1. Nach der zuletzt genannten Regel treten in diesem Fall nämlich nicht die Abkömmlinge des Nacherben, sondern dessen (gesetzliche oder gewillkürten) Erben an die Stelle des Verstorbenen. Hat der Erblasser in seiner Verfügung diese Nachfolgefrage geregelt oder lässt sich ein entsprechender Erblasserwille durch Auslegung ermitteln, so kann das Verhältnis beider Vorschriften zueinander dahinstehen. Führt die Auslegung zu keinem zweifelsfreien Ergebnis, so wird man das Konkurrenzverhältnis zwischen beiden Auslegungsregeln mit der hM (BGH NJW 1963, 1150; Musielak ZEV 1995, 5 (7); MüKoBGB/Leipold Rn. 33; offen BayObLG ZEV 1995, 25 (26)) dahin lösen müssen, dass der Vererblichkeit der Nacherbenanwartschaft (§ 2108 Abs. 2 S. 1) der Vorrang vor der Ersatzberufung der Abkömmlinge des Nacherben (§ 2069) gebührt. § 2108 erscheint schon von seiner systematischen Stellung im Gesetz für diesen Fall als die speziellere Vorschrift. Außerdem bliebe bei einer Umkehrung des Verhältnisses nahezu kein Anwendungsbereich für diese Bestimmung. Allerdings ist bei der Anwendung des § 2108 Abs. 2 S. 1 besonders sorgfältig zu prüfen, ob nicht ein abweichender Erblasserwille festgestellt werden kann. Da in der Entscheidung für die Einsetzung von Nacherben regelmäßig ein Wille zur weitreichenden Gestaltung der Erbfolge zum Ausdruck kommt (→ § 2100 Rn. 6 ff.), dürfte in vielen Fällen die Ersatzberufung der eigenen Abkömmlinge des Erblassers als Auslegungsergebnis näher liegen als die Zulassung der freien Vererblichkeit iSd § 2108 Abs. 2 S. 1 (BGH NJW 1958, 22). Soweit die Auslegung der Nacherbeneinsetzung eine Ersatzberufung der Abkömmlinge des Nacherben ergibt, kommen diese in dem Umfang zur Nacherbfolge, in dem sie im Zeitpunkt des Nacherbfalls gesetzliche Erben des Nacherben geworden wären (MüKoBGB/Leipold Rn. 35 mwN). Ist die **Nacherbschaft nur aufschiebend bedingt** angeordnet, so muss gem. § 2108 Abs. 2 S. 2 iVm § 2074 der Bedachte den Bedingungseintritt erleben, sodass § 2069 zur Anwendung gelangt, wenn ein in dieser Weise eingesetzter Nacherbe vorher stirbt. 11

**b) Erbverzichtsvertrag.** Der Verzicht eines Abkömmlings auf sein gesetzliches Erbrecht (§ 2346 Abs. 1 S. 1) berührt die Wirksamkeit einer testamentarischen oder erbvertraglichen Erbeinsetzung nicht, sodass ein solcher Vertrag nicht zu den Wegfallgründen des § 2069 rechnet. Dagegen führt ein **Zuwendungsverzichtsvertrag** (§ 2352) zur Anwendbarkeit dieser Auslegungsregel (vgl. OLG München DNotZ 2006, 68). Ab dem 1.1.2010 erstreckt sich ein derartiger Verzicht auch auf die Abkömmlinge des Verzichtenden, weil nunmehr auch auf § 2349 verwiesen wird. Diese Neuregelung gilt auch für vor dem 1.1.2010 geschlossene Verzichtsverträge, wenn der Erbfall nach dem Inkrafttreten eingetreten ist. Bei vorher eingetretenen Erbfällen kommt es darauf an, ob der Verzicht gerade zugunsten der Abkömmlinge erfolgt (BGH NJW 1974, 43) oder ob der Verzichtende voll abgefunden worden ist (BGH NJW 1974, 43; OLG Hamm OLGZ 1982, 272 (278); MüKoBGB/Leipold Rn. 11). 12

**c) Ausschlagung.** Im Grundsatz herrscht Einigkeit darüber, dass auch die Ausschlagung des bedachten Abkömmlings zum Wegfall iSd § 2069 führt. Dies gilt unangefochten jedenfalls dann, wenn der Ausschlagende keinen Pflichtteilsanspruch hat, also durch nähere Verwandte vom Pflichtteil ausgeschlossen ist (§ 2309), ihm der Pflichtteil entzogen ist (§ 2333) oder er auf seinen Pflichtteil vertraglich verzichtet hat (§ 2346 Abs. 2). Ebenso besteht heute (aA noch RG WarnR 1931 Nr. 241; KG OLGE 24, 77 f.) Übereinstimmung in dem Ziel, den Stamm des ausschlagenden Abkömmlings nicht durch Ersatzberufung und **Pflichtteil** doppelt zu begünstigen und für den „Ungehorsam" auch noch zu belohnen (vgl. Staudinger/Otte, 2019, Rn. 10 f.; MüKoBGB/Leipold Rn. 13, jeweils mwN). Bei der Verwirklichung dieses Ziels gehen die Meinungen jedoch auseinander. Der BGH (BGH NJW 1960, 1899; ebenso OLG Frankfurt Rpfleger 1970, 391; OLG Stuttgart OLG Rpfleger 1982, 106; LG Köln MittRhNotK 1985, 149 zum Pflichtteilsergänzungsanspruch; vgl. auch Braga AcP 153 (1954), 144 (154); v. Lübtow ErbR I 287 Fn. 133a; RGRK-BGB/Johannsen Rn. 8) lehnt die Anwendung des § 2069 generell ab, wenn der ausschla- 13 gende Abkömmling seinen Pflichtteil verlangt (dagegen zu Recht Staudinger/Otte, 2019, Rn. 12a ff.; Lange/Kuchinke ErbR § 34 VI 3c Fn. 188; vgl. auch MüKoBGB/Leipold Rn. 13), während andere Gerichte (BayObLGZ 1962, 239 (244); NJW-RR 2000, 1391: allgemeine Lebenserfahrung; KG DNotZ 1942, 147; 1941, 424: tatsächliche Vermutung; OLG Düsseldorf NJW 1956, 1880 f.; OLG Celle NdsRPfl. 1953, 69 f.) das Problem durch erläuternde Auslegung des Erblasserwillens, aber mit ähnlichen Ergebnissen lösen wollen. Andere suchen die dogmatische Begründung in der Pflichtteilslastregelung des § 2320 und differenzieren zwischen Voll- bzw. Vorerbschaft einerseits und Nacherbschaft andererseits (MüKoBGB/Leipold Rn. 13 ff.; Erman/M. Schmidt Rn. 4; Lange/Kuchinke ErbR § 34 VI 3c; Grüneberg/Weidlich Rn. 3). Während die Doppelbegünstigung bei Ausschlagung einer Voll- bzw. Vorerbschaft durch § 2320 Abs. 1 vermieden werde, könne dieses Ziel bei Ausschlagung der Nacherbschaft nur dadurch erreicht werden, dass § 2069 nicht angewendet werde, wenn der Ausschlagende seinen Pflichtteil fordere bzw. einen solchen Anspruch bei Ausschlagung habe.

**14** Die besseren Argumente sprechen dafür, § 2069 grds. anzuwenden und lediglich im Wege der ergänzenden Auslegung einen abweichenden Erblasserwillen festzustellen, wenn der Stamm des ausschlagenden Abkömmlings trotz der in §§ 2320, 2321 enthaltenen Pflichtteilslastregelungen durch Pflichtteil und Ersatzberufung eine doppelte Begünstigung erfährt (ähnlich Staudinger/Otte, 2019, Rn. 12a; Soergel/Loritz/Uffmann Rn. 17). Die Ersatzberufung gem. § 2069 kommt daher in Betracht, wenn der ausgeschlagene Erbteil den Pflichtteil übersteigt. Wegen der Pflichtteilslastregelung des § 2320 Abs. 2 gilt dies selbst dann, wenn Beschwerungen iSd § 2306 Abs. 1 angeordnet sind. Gleiches gilt bei Ausschlagung eines Vermächtnisses wegen § 2321. Bei der Ausschlagung durch den Nacherben vermeidet die Pflichtteilslastregelung des § 2320 Abs. 2 zwar mit Eintritt des Nacherbfalls die Doppelbegünstigung des Stamms (aA insoweit Soergel/Loritz/Uffmann Rn. 18), entzieht dem Vorerben bis dahin jedoch den Teil des Nachlasses, der zur Auszahlung des Pflichtteils an den ausschlagenden Abkömmling notwendig ist (vgl. Staudinger/Otte, 2019, Rn. 14). Ist dieses Ergebnis vom Erblasser unerwünscht, etwa weil es ihm in besonderem Maße auf die Versorgung des Vorerben ankommt (zB Ehefrau, Behinderter), so ist dies im Rahmen der erläuternden Auslegung ein gewichtiger Anhaltspunkt gegen die Ersatzberufung der Abkömmlinge des Ausschlagenden gem. § 2069 (iErg ebenso Staudinger/Otte, 2019, Rn. 14 f.; Soergel/Loritz/Uffmann Rn. 19; MüKoBGB/Leipold Rn. 13 ff.). Entgegen der Auffassung des BGH (BGH NJW 1960, 1899) entfällt danach die Ersatzberufung gem. § 2069 nicht erst mit der **Forderung des Pflichtteils,** sondern – aus Gründen der Rechtssicherheit – bereits mit der Ausschlagung, wenn dem Ausschlagenden ein Pflichtteil zusteht (Soergel/Loritz/Uffmann Rn. 19).

**15** **d) Auflösende Bedingung (Verwirkungsklausel).** Hat der Erblasser bestimmt, dass die Zuwendung beim Eintritt eines bestimmten Ereignisses (zB Pflichtteilsverlangen, Verheiratung) wieder entfällt (auflösende Bedingung), so ist umstritten, ob diese Auslegungsregel zur Ersatzberufung der Abkömmlinge des ursprünglich Bedachten führt (RG JW 1938, 1600; Schopp MDR 1978, 10; Erman/M. Schmidt Rn. 4) oder sie auf diesen Fall generell (MüKoBGB/Leipold Rn. 8, 16) oder bei Bedingungseintritt nach dem Tod des Erblassers (Staudinger/Otte, 2019, Rn. 1) unanwendbar ist. Der Hinweis auf die fehlende Rückwirkung des Bedingungseintritts zur Begründung der Unanwendbarkeit des § 2069 ist für sich genommen nicht gewichtig genug, da dieses Kriterium nicht notwendiger Bestandteil des Tatbestandselements vom Wegfall ist (aA RGZ 95, 97 (98); MüKoBGB/Leipold Rn. 8). Man wird § 2069 zwar grds. anwenden, jedoch nach der Intention des Erblassers differenzieren müssen: Steht allein das Interesse des Erblassers im Vordergrund, den Bedachten zu einem bestimmten Verhalten zu veranlassen, so ist die Erstreckung der Ausschlusswirkung auf dessen Abkömmlinge zur Abschreckung nicht notwendig und deshalb auch nicht ohne besondere Anhaltspunkte zu vermuten (Wacke DNotZ 1990, 403 (412 f.)). Kommt dagegen der Verwirkungsklausel wie bei Pflichtteilssanktionsklauseln im Rahmen von Ehegattentestamenten oder -erbverträgen die weitere Funktion zu, eine Schlechterstellung Dritter – in diesem Fall des überlebenden Ehepartners bzw. anderer pflichtteilsberechtigter Abkömmlinge – zu vermeiden, so steht der Erblasserwille regelmäßig dem Nachrücken der Abkömmlinge des Bedachten und damit der Anwendung des § 2069 entgegen (KG DNotZ 1942, 147 f.).

**16** **e) Erbunwürdigkeitserklärung.** Gemäß § 2344 beseitigt die Erbunwürdigkeitserklärung rückwirkend auf den Tod des Erblassers den Anfall der Zuwendung, sodass in diesem Falle § 2069 ohne Einschränkung zum Zuge kommt (allgM, zB RGZ 7, 95 (97, 98)).

## III. Vorrang des abweichenden Erblasserwillens

Wenn und soweit der Erblasser für den Fall, dass ein bedachter Abkömmling nach der Errichtung stirbt oder aus sonstigen Gründen wegfällt, eine Regelung getroffen hat, so geht diese der Anwendung des § 2069 vor. Der abweichende Erblasserwille braucht dabei nicht notwendigerweise in der Verfügung von Todes wegen ihren Niederschlag gefunden zu haben. Es genügen im Wege der Auslegung auch außerhalb der Urkunde feststellbare Umstände, die auf einen abweichenden Willen schließen lassen. Dieser Wille braucht nicht real bei Errichtung der Verfügung vorhanden gewesen zu sein. Auch ein feststellbarer hypothetischer Wille reicht aus (BGH NJW 1960, 1899). Ergibt dagegen die Auslegung, dass der Erblasser den von § 2069 erfassten Fall überhaupt nicht bedacht hat, so greift diese Auslegungsvorschrift („im Zweifel") ein, da deren Anwendung nur bei einem abweichenden Erblasserwillen ausgeschlossen ist (OLG Köln FamRZ 1992, 242 (243)). Allein aus dem Umstand, dass der Erblasser trotz Kenntnis vom Wegfall eines Kindes seine Verfügung nicht geändert hat, kann nicht auf einen von § 2069 abweichenden Willen geschlossen werden, da dies auch Folge der Vorstellung des Erblassers sein kann, der Ersatz des Weggefallenen durch dessen Abkömmlinge sei die normale gesetzliche Regelung (OLG München BeckRS 2017, 107873; BayObLG FamRZ 1991, 614 (615)). Ebenso wenig schließt ein ausdrücklicher Verzicht auf „Ersatzerbenbestimmungen" oder „Ersatzerbenbenennung" in einem öffentlichen Testament die Anwendung dieser Auslegungsregel aus, weil darin sowohl ein Ausschluss der Ersatzerbfolge als auch ein Verzicht auf eine vom Gesetz abweichende Regelung liegen kann, der Erblasserwille also gerade nicht eindeutig ist (OLG München BeckRS 2009, 8378 mAnm Litzenburger FD-ErbR 2009, 278796; vgl. dagegen BayObLG FGPrax 2005, 71). Bei der Frage, ob § 2069 durch einen abweichenden Willen verdrängt wird, kommt es auf den realen bzw. hypothetischen Erblasserwillen zum **Zeitpunkt der Errichtung** an (Staudinger/Otte, 2019, Rn. 25, 28; Otte ZEV 2002, 151 f.; Schmucker DNotZ 2002, 665 f.; alle zutr. gegen BGH NJW 2002, 1126 (1127)). 17

## IV. Rechtsfolgen

Die Abkömmlinge eines weggefallenen Kindes treten nach den beim Tod des Erblassers geltenden Regeln des § 1924 Abs. 2–4 an die Stelle des Kindes. Maßgebend für die Bestimmung, wer als Abkömmling zur Ersatzerbfolge gelangt, ist der Zeitpunkt des Erbfalls. Bei einer aufschiebend bedingten/befristeten Zuwendung ist dagegen der Eintritt der Bedingung bzw. Befristung entscheidender Zeitpunkt. Beim Berliner Testament (→ Rn. 3) kommt es auf den Schlusserbfall an. Dies gilt in allen Fällen selbst dann, wenn sich die gesetzlichen Erbfolgeregeln nach der Errichtung, aber vor Erb- bzw. Anfall geändert haben (→ § 2066 Rn. 7) (Staudinger/Otte, 2019, Rn. 26; Staudinger/Otte, 2019, § 2066 Rn. 7 ff.). Im Übrigen wird auf → § 2067 Rn. 7 ff. verwiesen. 18

## § 2070 Abkömmlinge eines Dritten

**Hat der Erblasser die Abkömmlinge eines Dritten ohne nähere Bestimmung bedacht, so ist im Zweifel anzunehmen, dass diejenigen Abkömmlinge nicht bedacht sind, welche zur Zeit des Erbfalls oder, wenn die Zuwendung unter einer aufschiebenden Bedingung oder unter Bestimmung eines Anfangstermins gemacht ist und die Bedingung oder der Termin erst nach dem Erbfall eintritt, zur Zeit des Eintritts der Bedingung oder des Termins noch nicht gezeugt sind.**

### Überblick

Der Erblasser muss Abkömmlinge eines Dritten gedacht haben. Diese Auslegungsregel ist vor dem Hintergrund zu sehen, dass bei Einsetzung eines beim Erbfall noch nicht Erzeugten dieser Nacherbe und die gesetzlichen Erben bis zu dessen Geburt Vorerben werden würden. Mit dieser Vorschrift schließt das Gesetz deshalb die zur Zeit des Erbfalles Erzeugten, aber noch nicht geborenen Abkömmlinge des Dritten von der Zuwendung aus.

## I. Art der Zuwendung

§ 2070 gilt gleichermaßen für **Erbeinsetzungen aller Art,** für **Vermächtnisse** und für **Auflagen,** und zwar ohne Rücksicht darauf, ob diese Verfügungen in einem Testament, einem gemeinschaftlichen Testament oder einem Erbvertrag getroffen worden sind. 1

## II. Zuwendung an Abkömmlinge Dritter

2 Der Erblasser muss einen oder mehrere Abkömmlinge eines Dritten bedacht haben, also nicht etwa die Abkömmlinge eines eigenen Kindes (OLG Köln NJW-RR 1992, 1031). Würde man diese Auslegungsregel auch auf die Abkömmlinge eigener Nachkommen (zB Kindeskinder) analog anwenden, so würden beim Tod des Erblassers noch nicht erzeugte Abkömmlinge völlig von der Erbfolge ausgeschlossen, gleichstufige Abkömmlinge also ungleich behandelt, nur weil zufälligerweise einige vor und andere nach dem Erbfall erzeugt wurden (vgl. BeckOGK/Gomille Rn. 5). Aus gutem Grund ist der Gesetzgeber deshalb davon ausgegangen, dass eine so weitgehende Auslegungsregel dem Erblasserwillen, bezogen auf die eigenen Nachkommen, häufig nicht entspricht. Obwohl der Gesetzeswortlaut den Plural „Abkömmlinge" verwendet, gilt § 2070 auch im Falle der Zuwendung an nur einen einzelnen solcher Nachkommen (zB das einzige Kind). Diese Auslegungsregel greift nur ein, wenn der Erblasser die Abkömmlinge des Dritten mit dieser allgemeinen oder einer gleichwertigen Bezeichnung (zB Kinder, Nachkommen, Enkelkinder) bedacht hat. Im Falle namentlicher oder sonst individualisierender Erwähnung scheidet deren Anwendung aus.

## III. Vorrang der Auslegung

3 Die Auslegungsregel des § 2070 ist vor dem Hintergrund zu sehen, dass bei Einsetzung eines beim Erbfall noch nicht Erzeugten gem. § 1923, § 2101 Abs. 1, § 2106 Abs. 2 S. 1 dieser Nacherbe und die gesetzlichen Erben bis zu dessen Geburt Vorerben sind. Sie unterstellt, falls der Erblasser keinen abweichenden Willen hatte, dass nicht diese komplizierte Konstruktion gelten soll, sondern nur die beim Erbfall bereits erzeugten Abkömmlinge des Dritten Erbe werden. Der Erblasserwille ist dabei nach den allgemeinen Auslegungsgrundsätzen zu ermitteln. Hat der Erblasser allerdings die Abkömmlinge eines Dritten eingesetzt und sind beim Erbfall außer einem erzeugten, aber noch nicht geborenen Abkömmling keine weiteren des Dritten vorhanden, so ist im Rahmen der ergänzenden Auslegung davon auszugehen, dass der Erblasser die Geltung des § 2270 nicht will, der erzeugte Abkömmling also aufgrund § 1923, § 2101 Abs. 1, § 2106 Abs. 2 S. 1 Nacherbe ist (Staudinger/Otte, 2019, Rn. 3; Erman/M. Schmidt Rn. 1; aA Kipp/Coing ErbR § 22 V; RGRK-BGB/Johannsen Rn. 4; MüKoBGB/Leipold Rn. 6).

## IV. Rechtsfolgen

4 § 2070 schließt die zurzeit des Erbfalls, Nacherbfalls, Eintritts einer aufschiebenden Bedingung oder eines Anfangstermins erzeugten, aber noch nicht geborenen Abkömmlinge des Dritten von der Zuwendung aus, regelt aber darüber hinaus nicht, wer bei dieser Art der Zuwendung Erbe usw ist. Zu diesem Zweck kann § 2067 analog angewandt werden (→ § 2067 Rn. 4).

### § 2071 Personengruppe

**Hat der Erblasser ohne nähere Bestimmung eine Klasse von Personen oder Personen bedacht, die zu ihm in einem Dienst- oder Geschäftsverhältnis stehen, so ist im Zweifel anzunehmen, dass diejenigen bedacht sind, welche zur Zeit des Erbfalls der bezeichneten Klasse angehören oder in dem bezeichneten Verhältnis stehen.**

## Überblick

Erbrechtliche Zuwendungen sind nur dann rechtswirksam, wenn deren Empfänger bestimmt oder mindestens bestimmbar ist. Zu unbestimmte Bezeichnungen führen eigentlich zur Unwirksamkeit der Zuwendung. Diese Auslegungsregel soll dies bei Gruppenbezeichnungen vermeiden (→ Rn. 2 ff.).

## I. Normzweck

1 Eine erbrechtliche Zuwendung (Erbeinsetzung, Vermächtnis, Auflage) ist nur dann rechtswirksam, wenn deren Empfänger bestimmt oder mindestens an Hand der Auslegungsgrundsätze (→ § 2084 Rn. 6 bzw. → § 2084 Rn. 37) bestimmbar ist. Zu unbestimmte Empfängerbezeichnungen führen deshalb zur Unwirksamkeit der Zuwendung. Diese Folge vermeiden die Auslegungsregeln

der §§ 2071–2073 in Fällen der Mehrdeutigkeit der Empfängerbezeichnung. Die Auslegungsregel des § 2071 befasst sich dabei mit Zuwendungen, bei denen der Empfänger nur auf der Grundlage einer Sammelbezeichnung oder seiner Tätigkeit individualisiert werden kann.

## II. Voraussetzungen

Hat der Erblasser Personen nur mit einer **Gruppenbezeichnung** zu Erben eingesetzt, mit einem Vermächtnis bedacht oder durch eine Auflage begünstigt, so ergeben sich Probleme in zwei Richtungen: Ist die Bezeichnung derart unbestimmt, dass die Individualisierung von Personen oder Personengesamtheiten überhaupt nicht möglich ist (zB „alle wahren Kunstliebhaber"), so ist die Verfügung mangels Bestimmbarkeit des Erben unwirksam. 2

Genügt sie dagegen den Mindestanforderungen an die Bestimmbarkeit, so stellt sich die Frage, ob dabei auf den **Zeitpunkt** der Errichtung der Verfügung oder des Erbfalls abzustellen ist. Nur diese Auslegungsfrage löst § 2071, wenn und soweit der Erblasser diese nicht selbst entschieden hat. Ein abweichender Erblasserwille ist etwa anzunehmen, wenn die Belohnung einer langjährigen Beziehung Grundlage der Zuwendung ist (zB „die langjährige Mitarbeiterin", „meine treue Haushälterin"), die Person jedoch nach der Errichtung, aber vor dem Erbfall aus den Diensten ausgeschieden ist (MüKoBGB/Leipold Rn. 6). § 2071 gilt nur für den Fall, dass der Erblasser nicht bereits selbst die Personen durch Namen oder sonstige individuelle Merkmale bestimmt hat. Sie ist jedoch auch auf den Fall, dass die Bedachten zwar nicht als Gruppe, sondern unter Angabe einer Funktionsbezeichnung als Kette aufeinander folgender Amtsinhaber (zB „unser Bürgermeister") erwähnt sind, anwendbar. Dagegen ist im Falle der Einsetzung des Ehepartners ohne Namensangabe im Zweifel derjenige gemeint, mit dem der Erblasser bei Errichtung verheiratet war (RGZ 134, 277 (281); Lange/Kuchinke ErbR § 34 VI 3 f. Fn. 202; Soergel/Loritz/Uffmann Rn. 4; Damrau/Seiler/Rudolf Rn. 5; aA Lange JherJb 82 (1932), 1 (24)). 3

## III. Rechtsfolgen

Maßgebender Zeitpunkt für die Ermittlung der Zugehörigkeit zu der Personengruppe oder -kette ist der Erbfall, nicht die Errichtung der Verfügung von Todes wegen. Da eine den § 2066 S. 2, § 2070 Alt. 2 entsprechende Regel fehlt, gilt das Gleiche auch dann, wenn es sich um eine bedingte oder befristete Verfügung handelt. Das Verhältnis der Anteile richtet sich nach §§ 2091, 2157. 4

In der Regel unterliegen letztwillige Zuwendungen an Personen, zu denen ein Dienst- oder Geschäftsverhältnis besteht, der **Erbschaftsteuer,** aber nicht der **Einkommensteuer,** weil deren Rechtsgrund nicht das Arbeitsverhältnis, sondern vielmehr die letztwillige Verfügung ist (BFH BStBl. II 1986, 609 (610)). Die Zuwendung ist nur dann als Lohn einkommensteuerpflichtig, wenn dem Erwerber letztwillig etwas zugesprochen wird, worauf er bereits ohne die letztwillige Verfügung einen rechtlichen Anspruch hatte (vgl. BFH BStBl. II 1985, 137 (138)); dies muss sich eindeutig aus der letztwilligen Verfügung oder den Umständen ergeben (vgl. BFH BStBl. II 1990, 246 (249)). 5

## § 2072 Die Armen

**Hat der Erblasser die Armen ohne nähere Bestimmung bedacht, so ist im Zweifel anzunehmen, dass die öffentliche Armenkasse der Gemeinde, in deren Bezirk er seinen letzten Wohnsitz gehabt hat, unter der Auflage bedacht ist, das Zugewendete unter Arme zu verteilen.**

### Überblick

Diese Umdeutungsregel verhindert die Unwirksamkeit der letztwilligen Verfügung, wenn der Erblasser zwar den Zweck der Zuwendung bestimmt hat, aber nicht die Person(en). Sie greift auch bei allen vergleichbaren Zweckbeschreibungen ein (→ Rn. 2). Sie ist analog anzuwenden, wenn der Erblasser einen bestimmten Kreis bedürftiger Menschen bedacht hat (→ Rn. 3). Die Rechtsfolge ist, dass die kreisfreie Stadt bzw. den Landkreis, in deren bzw. dessen örtlichem Zuständigkeitsbereich der Erblasser seinen letzten Wohnsitz hatte, begünstigt ist (→ Rn. 6).

## I. Normzweck

1 Eine Erbeinsetzung oder ein Vermächtnis, das zwar den Zweck der Zuwendung angibt, aber den Empfänger nicht so genau bezeichnet, dass er durch erläuternde oder ergänzende Auslegung (→ § 2084 Rn. 6 bzw. → § 2084 Rn. 37) festgestellt werden kann, ist mangels Bestimmbarkeit unwirksam, es sei denn, bei wohlwollender Auslegung gem. § 2084 (→ § 2084 Rn. 30) kann die Zuwendung als den Erben oder Vermächtnisnehmer belastende Zweckauflage gem. § 2193 Abs. 1 oder als Verschaffungsvermächtnis mit Bestimmung der Berechtigten durch einen Dritten gem. §§ 2170, 2151 verstanden werden (vgl. zur Auflage BayObLG NJW 1988, 2742; NJW-RR 2000, 1174; OLG Oldenburg NJW-RR 1993, 581; zum Vermächtnis BayObLG ZEV 1998, 385 (386)). Die Unwirksamkeitsfolge vermeidet diese Umdeutungsregel (Soergel/Loritz/Uffmann Rn. 1; wohl auch OLG Hamm Rpfleger 1984, 417; aA KG NJW-RR 1993, 76; MüKoBGB/Leipold Rn. 1) für den Fall einer Zuwendung an die „Armen“ dadurch, dass dann der örtliche Träger der Sozialhilfe iSd § 3 Abs. 2 SGB XII als Empfänger gilt.

## II. Voraussetzungen

2 § 2072 betrifft allein **Erbeinsetzungen,** auch Nacherbeinsetzungen (vgl. OLG Hamm Rpfleger 1984, 417), und Vermächtnisse. Bei einer Beschwerung von Erben oder Vermächtnisnehmern mit einer Zweckauflage ist die Vorschrift dagegen nicht anwendbar (Staudinger/Otte, 2019, Rn. 2). Diese Umdeutungsregel greift nicht nur bei der im Gesetz erwähnten Formulierung „Armen“ sondern auch bei allen vergleichbaren Zweckbeschreibungen (zB für Bedürftige, für alte und gebrechliche Menschen, für sozial Schwache oder allgemein für soziale Zwecke) ein (KG OLG Hamm Rpfleger 1984, 417).

3 § 2072 ist darüber hinaus analog anzuwenden, wenn der Erblasser zwar nicht alle „Armen“, sondern nur einen bestimmten **Kreis generell bedürftiger Menschen** (vgl. KG NJW-RR 1993, 76) bedacht hat, wobei unerheblich ist, dass nicht alle vom Erblasser bezeichneten Personen arm sind (OLG Hamm Rpfleger 1984, 417). Wegen der vom Gesetz angeordneten Zuwendung an den örtlichen Träger der Sozialhilfe (→ Rn. 6) kommt eine Analogie nur in Betracht, wenn die Zuwendung zu einem der Sozialhilfe ähnlichen **karitativen Zweck** angeordnet worden ist, also beispielsweise zu Gunsten von Behinderten (BayObLG NJW-RR 2000, 1174; OLG Hamm Rpfleger 1984, 417), Waisen (vgl. BayObLG NJW-RR 1998, 727; KG OLGE 16, 259), Kriegsbeschädigten (vgl. KG NJW-RR 1993, 76), Alten oder Kranken. Zuwendungen zu sonstigen gemeinnützigen Aufgaben (zB Sportförderung, Tierschutz, Kulturförderung) rechtfertigen die Rechtsfolge des § 2072 nicht, und zwar weder im Wege der Analogie noch unter Berufung auf einen allgemeinen Rechtsgedanken (OLG Frankfurt BeckRS 2017, 124884 – guter Zweck; aA OLG Oldenburg NJW-RR 1993, 581 – Tierschutz; Staudinger/Otte, 2019, Rn. 6; Erman/M. Schmidt Rn. 2; NK-BGB/Selbherr Rn. 6).

4 Deshalb ist § 2072 auch nicht dazu geeignet, generell die Zuwendung an einen **gemeinnützigen Verein** auf den örtlichen zu konkretisieren (aA OLG Oldenburg NJW-RR 1993, 581), sondern es muss im Wege ergänzender Auslegung durch äußere Umstände (zB lebzeitige Spenden, Mitgliedschaft des Erblassers) eine Individualisierung vorgenommen werden (→ § 2084 Rn. 25).

5 Hat der Erblasser als Zuwendungsempfänger eine **nicht rechtsfähige Einrichtung** bezeichnet, beispielsweise ein Heim für körperbehinderte Kinder (vgl. BayObLG NJW-RR 2000, 1174) oder eine Blindenanstalt (aA LG Bonn Rpfleger 1989, 63), so findet § 2072 nur und immer dann Anwendung, wenn diese in kommunaler Trägerschaft steht und karitativ tätig ist, weil andernfalls die Rechtsfolge der Umdeutung in eine Zuwendung an den Träger der Sozialhilfe nicht passt (weitergehend Staudinger/Otte, 2019, Rn. 6; Soergel/Loritz/Uffmann Rn. 7 – überörtlicher Träger gem. § 97 Abs. 3 Nr. 4 SGB XII). Deshalb gilt diese Bestimmung auch nicht bei einer Zuwendung an „die Kirche“, wenn der Erblasser vergessen hat, die bedachte rechtsfähige kirchliche Institution näher zu individualisieren (→ § 2084 Rn. 25) (vgl. den Fall BayObLG NJW 1999, 1119).

## III. Rechtsfolgen

6 § 2072 bestimmt die kreisfreie Stadt bzw. den Landkreis, in deren bzw. dessen örtlichem Zuständigkeitsbereich der Erblasser seinen **letzten Wohnsitz** hatte, als Träger der Sozialhilfe iSd § 3 Abs. 2 SGB XII zum Erben bzw. Vermächtnisnehmer. Dies gilt auch, wenn der Erblasser nach der Errichtung seiner letztwilligen Verfügung seinen Wohnsitz gewechselt hat (zB Umzug in ein Alten- oder Pflegeheim), es sei denn, dass insoweit ein abweichender Erblasserwille („im

Zweifel“) festgestellt werden kann, der auf den Errichtungsort hinweist (BeckOGK/Gomille Rn. 9; MüKoBGB/Leipold Rn. 4). Dies ist insbes. bei einer erkennbar langjährigen und/oder engen Verbundenheit mit dem ursprünglichen Wohnort der Fall.

Bei mehreren Wohnsitzen (§ 7 Abs. 2) kommt es auf den **Hauptwohnsitz** an (Staudinger/ 7
Otte, 2019, Rn. 4; aA BeckOGK/Gomille Rn. 10; MüKoBGB/Leipold Rn. 5). Nur wenn ein solcher nicht feststellbar ist, sind in analoger Anwendung der §§ 2091, 2157 die Träger an allen Wohnsitzen untereinander zu gleichen Teilen bedacht.

Beim völligen **Fehlen eines inländischen Wohnsitzes** zurzeit des Erbfalls kommt es auf den 8
letzten Aufenthaltsort in der Bundesrepublik Deutschland an (MüKoBGB/Leipold Rn. 4).

Hat der Erblasser bei der Zweckbestimmung eine **geografische Festlegung** auf eine bestimmte 9
Gemeinde, Stadt, Region usw vorgenommen, so gebührt dieser Anordnung der Vorrang („im Zweifel“) vor der gesetzlichen Regel (BayObLG NJW-RR 2000, 1174 (1175)). Die Begünstigung des örtlichen Sozialhilfeträgers ist jedoch mit der Auflage verbunden, das Zugewendete unter den Armen oder an die vom Erblasser zulässigerweise bestimmten Empfänger im eigenen Zuständigkeitsbereich zu verteilen.

## § 2073 Mehrdeutige Bezeichnung

**Hat der Erblasser den Bedachten in einer Weise bezeichnet, die auf mehrere Personen passt, und lässt sich nicht ermitteln, wer von ihnen bedacht werden sollte, so gelten sie als zu gleichen Teilen bedacht.**

### Überblick

Der Empfänger einer erbrechtlichen Zuwendung muss durch Auslegung bestimmbar sein. Diese Unwirksamkeit vermeidet die § 2073, wenn der Erblasser zwar erkennbar eine oder mehrere bestimmte Personen bedenken wollte, die von ihm gewählte Bezeichnung jedoch auf eine größere Zahl von Personen hinweist. Eine analoge Anwendung dieser Auslegungsregel auf alternative Erbeinsetzungen ist umstritten (→ Rn. 3).

### I. Mehrdeutige Bezeichnung (§ 2073)

Eine erbrechtliche Zuwendung (Erbeinsetzung, Vermächtnis, Auflage) ist nur dann wirksam, 1
wenn deren Empfänger durch erläuternde oder ergänzende Auslegung bestimmbar ist. Die Auslegungsregel des § 2073 vermeidet dabei die Unwirksamkeit von Erbeinsetzungen, Vermächtnissen oder Auflagen, mit denen der Erblasser zwar erkennbar eine oder mehrere bestimmte Personen bedenken wollte, die von ihm gewählte Bezeichnung jedoch auf eine größere Zahl von Personen hinweist, ohne dass durch Auslegung geklärt werden kann, wer Zuwendungsempfänger sein soll, zB „mein Freund Hans“ beim Vorhandensein mehrerer Namensträger im Freundeskreis, „der Staat“ in einem vor dem 3.10.1990 in der DDR errichteten Testament (vgl. AG Leipzig Rpfleger 1995, 22 mAnm Gruber). Die gewählte Bezeichnung muss auf mehrere Personen passen, die als Bedachte auch tatsächlich in Betracht kommen. Ergibt sich aus äußeren Umständen im Wege der Auslegung, dass einzelne Personen, auf die die objektiv mehrdeutige Bezeichnung passt, überhaupt nicht als Bedachte in Frage kommen, zB Einsetzung „des Tierschutzvereins“ (OLG Celle FamRZ 2003, 787), Vermächtnis eines Pkw an „eine Schwester“, wenn von drei Schwestern nur zwei den Führerschein besitzen, so findet § 2073 nur im Verhältnis der Verbleibenden Anwendung (BayObLG NJW-RR 1990, 1417). Der Kreis der Bedachten muss begrenzt sein auf eine überschaubare Gruppe (zB nicht „Herr Maier“). Genügt die Verfügung noch nicht einmal diesen Mindestanforderungen an die Bestimmbarkeit, so ist die betreffende Verfügung unwirksam (vgl. KG OLGE 40, 114 (116); LG Bonn Rpfleger 1989, 63). § 2073 hilft auch dann nicht weiter, wenn die vom Erblasser bezeichnete Person nicht existiert oder nicht ausfindig gemacht werden kann (MüKoBGB/Leipold Rn. 5).

Mehrere Bedachte, die als Empfänger einer objektiv mehrdeutigen Bezeichnung in Betracht 2
kommen, erben bzw. erhalten den Vermächtnisgegenstand oder die Auflagenbegünstigung auf Grund dieser gesetzlichen Auslegungsregel zu gleichen Teilen.

### II. Alternative Erbeinsetzung

Im Unterschied zum Vermächtnis (vgl. §§ 2151, 2152) ist die alternative Erbeinsetzung im 3
Gesetz nicht geregelt worden (Prot. V 525). Eine **analoge Anwendung** des § 2073 scheidet

daher richtiger Ansicht nach aus (MüKoBGB/Leipold Rn. 10; Soergel/Loritz/Uffmann Rn. 9 f.; Erman/M. Schmidt Rn. 3; Spanke NJW 2005, 2947 (2949 f.); aA Baldus JR 1969, 179 (180); Grüneberg/Weidlich § 2065 Rn. 13; NK-BGB/Selbherr Rn. 6; vgl. dazu auch Staudinger/Otte, 2019, Rn. 8). Im Wege der erläuternden oder ergänzenden **Auslegung** ist vielmehr zu prüfen, ob die Bedachten zu Miterben, zu Vor- und Nacherben oder zu Ersatzerben eingesetzt sind (vgl. BGH NJW 1993, 256: Vor- und Nacherben; BayObLG NJW 1999, 1119 (1121): Ersatzerben; Spanke NJW 2005, 2947 (2948 f.); vgl. Staudinger/Otte, 2019, Rn. 8; → § 2066 Rn. 5). Scheidet diese Auslegung aus, ist eine **Umdeutung** in ein zulässiges Quoten-Alternativvermächtnis iSd §§ 2151, 2152 in Betracht zu ziehen. Nur, aber auch immer dann, wenn weder Auslegung noch Umdeutung gem. § 140 zu einem Ergebnis führen, ist diese Verfügung mangels Bestimmtheit als Erbeinsetzung unwirksam, weil der Erblasser die von § 2065 Abs. 2 zwingend geforderte eigene Entscheidung nicht getroffen hat. Dies muss selbst dann gelten, wenn der Erblasser bei der alternativen Erbeinsetzung zugleich bestimmt hat, dass alle seine gesetzlichen Erben ausgeschlossen sind, also der Fiskus Erbe würde. Allerdings wird man dabei in aller Regel im Wege ergänzender Auslegung feststellen können, dass er eine Begünstigung der eingesetzten Personen als Miterben dem Fiskalerbrecht vorziehen würde (iErg ebenso Spanke NJW 2005, 2947 (2950), der aber Umdeutung befürwortet).

## § 2074 Aufschiebende Bedingung

**Hat der Erblasser eine letztwillige Zuwendung unter einer aufschiebenden Bedingung gemacht, so ist im Zweifel anzunehmen, dass die Zuwendung nur gelten soll, wenn der Bedachte den Eintritt der Bedingung erlebt.**

### Überblick

Auch letztwillige Verfügungen, einschließlich Erbeinsetzungen, Vermächtnisse und Auflagen, können aufschiebend bedingt angeordnet werden. Weitgehend ungeklärt ist dabei im Erbrecht, unter welchen Voraussetzungen solche letztwilligen Verfügungen unwirksam sind. Unwirksamkeitsgründe können sein, Unbestimmtheit (→ Rn. 5), Verstoß gegen das Selbstbestimmungsgebot des § 2065 (→ Rn. 6) oder Sittenwidrigkeit (→ Rn. 7). Das Problem der Sittenwidrigkeit stellt sich vor allem bei Potestativbedingungen, die darauf zielen, den Bedachten zu einem bestimmten von seinem eigenen Willen abhängigen Verhalten zu veranlassen oder davon abzuhalten (→ Rn. 8). Der Erblasser darf grds. seine persönlichen Wünsche und Vorstellungen frei umsetzen. Dies schließt grds. auch das Recht zur Beeinflussung des Zuwendungsempfängers ein. Dieses umfassende Verfügungsrecht kann jedoch mit den Freiheitsrechten des Bedachten kollidieren, und zwar dann, wenn sich die Einflussnahme des Erblassers auf die Lebensführung des Bedachten zur die freie Willensbildung ausschließenden Fremdbestimmung verstärkt (→ Rn. 9 ff.). Nicht sittenwidrig sind alle Bedingungen, die geeignet und bestimmt sind, den Bestand des Nachlasses beim Bedachten zu erhalten oder vor dem Zugriff Dritter zu schützen (→ Rn. 19). Sittenwidrig sind dagegen alle Bedingungen, die erbrechtliche Zuwendungen in vollem Umfang von bestimmten persönlichkeitsbezogenen Entscheidungen des Bedachten abhängig machen, die in überhaupt keinem sachlichen Zusammenhang zum Zuwendungsgegenstand oder dessen Erhaltung stehen (→ Rn. 20). Umstritten sind die Folgen der Unwirksamkeit der Bedingung für die Verfügung selbst (→ Rn. 25). § 2074 regelt nur den Fall, dass der Bedachte vor dem Eintritt der Bedingung gestorben ist (→ Rn. 29).

### Übersicht

## I. Bedingungen bei Verfügungen von Todes wegen

**1. Begriff.** Bedingung bei Testamenten oder Erbverträgen ist eine Bestimmung des Erblassers, dass die Rechtswirkungen der gesamten Verfügung von Todes wegen, einer einzelnen darin enthaltenen Verfügung (Erbeinsetzung, Vermächtnis, Auflage, Teilungsanordnung, Testamentsvollstreckung usw) oder eines Teils davon vom Eintritt oder Nichteintritt eines nach dem Erbfall eintretenden Ereignisses abhängig sein sollen. Die grundsätzliche Zulässigkeit solcher Bedingungen bei Verfügungen von Todes wegen ist zwar nirgends ausdrücklich geregelt, ergibt sich jedoch aus den Bestimmungen des Allgemeinen Teils (§§ 158 ff. iVm §§ 2074, 2075). Im Unterschied zu einem Rechtsgeschäft unter Lebenden entfaltet eine Verfügung von Todes wegen erst ab dem Tod des Erblassers Rechtswirkungen, sodass bei Abhängigkeit der Wirkungen von **zwischen** der **Errichtung und** einschließlich dem **Erbfall eintretenden oder nicht eintretenden Umständen** (zB „falls bei meinem Tod keine Abkömmlinge vorhanden sind") keine Bedingung iSd Abschnitte 3 und 4 des Buchs 5 vorliegt (vgl. MüKoBGB/Leipold Rn. 6). An der Zulässigkeit solcher Bedingungen iwS bestehen allerdings ebenfalls keine Zweifel, solange sie bestimmt genug sind und weder sittenwidrig sind noch sonst gegen gesetzliche Vorschriften verstoßen. Gleichfalls nicht zu den Bedingungen zählen Verknüpfungen mit Umständen, von denen die Rechtswirkungen bereits nach dem Gesetz abhängen (zB „für den Fall meines Todes") (vgl. zur Abgrenzung BayObLG NJW-RR 2003, 296 (297)). Dies sind sog. **Rechtsbedingungen,** auf die weder §§ 158 ff. noch §§ 2074, 2075, 2104, 2105 Anwendung finden. 1

**2. Abgrenzung zum Motiv.** Die Bedingung unterscheidet sich von der bloßen Mitteilung des Motivs allein durch den Rechtsfolgewillen des Erblassers. Bei der Bedingung sollen nach dessen Willen die Rechtswirkungen von dem Umstand abhängen, bei der Mitteilung des Motivs dagegen nicht. Vermutungsregeln bestehen für keine der beiden Auslegungsmöglichkeiten. Hat der Erblasser einen **konkreten Anlass** zur Errichtung der Verfügung angegeben (zB „sollte mir während meines Urlaubs etwas passieren" (BayObLG MDR 1982, 145), „falls ich bei der bevorstehenden Operation sterbe", „für den Fall, dass uns beiden etwas zustoßen sollte" (BayObLG NJW-RR 1996, 1351)), so dürfte nur in seltenen Ausnahmefällen eine echte Bedingung gegeben sein. Selbst dann, wenn der angegebene Umstand für den Erblasser besonderes Gewicht hat (zB erklärte Pflegebereitschaft für Krankheitsfall (BayObLG FamRZ 1993, 1494 (1495)), Zusammenleben bis zum Tod (BayObLG FamRZ 1983, 1226)), so lässt dies allein noch nicht den sicheren Schluss auf das Vorliegen einer Bedingung zu. Will der Erblasser den Bedachten beispielsweise durch eine **Verwirkungsklausel** zu einem bestimmten Verhalten veranlassen, so wird man dagegen regelmäßig zur Annahme einer bedingten Zuwendung gelangen müssen. Die Auslegung als bloße Mitteilung des Beweggrundes ist keineswegs ohne jede rechtliche Relevanz, denn im Falle eines beachtlichen Motivirrtums kommt die Anfechtbarkeit der Verfügung gem. § 2078 Abs. 2 in Betracht. Die Anfechtungsregeln sind in ihrer Flexibilität vielfach auch besser geeignet, dem Erblasserwillen Geltung zu verschaffen, als die mit Annahme einer Bedingung eintretenden starren Wirksamkeitsfolgen (vgl. MüKoBGB/Leipold Rn. 8). 2

**3. Arten der Bedingungen. a) Aufschiebende Bedingung.** Bei der aufschiebenden Bedingung wird die Verfügung oder ein Teil davon erst mit Eintritt oder Nichteintritt eines nach dem Erbfall eintretenden Umstands wirksam (vgl. § 158 Abs. 1). Bei einer derart bedingten Erbeinsetzung tritt gem. § 2105 Abs. 1 auch ohne den Willen des Erblassers konstruktive Vor- und Nacherbschaft in der Weise ein, dass bis zum Bedingungseintritt die gesetzlichen Erben Vorerben und der derart Bedachte Nacherbe wird. Aufschiebend bedingte Vermächtnisse fallen gem. § 2177 erst mit dem Bedingungseintritt an. Die Ausschlagung derartiger Zuwendungen ist gem. § 1946 bereits ab dem Erbfall zulässig. 3

**b) Auflösende Bedingung, insbesondere Verwirkungsklauseln.** Bei der auflösenden Bedingung wird die mit dem Erbfall wirksam gewordene Verfügung mit dem danach eintretenden oder nicht eintretenden Umstand wieder aufgehoben (vgl. § 158 Abs. 2). Im Falle einer derart bedingten Erbeinsetzung tritt gem. § 2104 S. 1 konstruktive Vor- und Nacherbschaft in der Weise ein, dass nach dem Bedachten die gesetzlichen Erben des Erblassers Nacherben sind. Einem Vermächtnis unter einer auflösenden Bedingung kommt die Bedeutung eines Nachvermächtnisses (§ 2191) zu. Hauptanwendungsfälle solcher auflösend bedingter Zuwendungen sind Verwirkungsklauseln. Mit ihnen will der Erblasser durch nachträglichen Entzug entweder einer testamentarischen Zuwendung (Erbeinsetzung, Vermächtnis, Auflage) oder der kraft Gesetzes eingetretenen Erbfolge (Enterbung) den Bedachten mittelbar zu einem bestimmten Handeln, Dulden oder Unterlassen anhalten. Klassisches Beispiel für eine solche Klausel ist die Pflichtteilssanktionsklausel 4 im Rahmen von Ehegattentestamenten oder -erbverträgen nach dem Berliner Modell (→ § 2269 Rn. 45 ff.). Auch Wiederverheiratungsklauseln können als Verwirkungsklauseln ausgestattet sein. Der Inhalt derartiger Verwirkungsklauseln findet seine Grenze allein im Bestimmtheitserfordernis, im Gebot der Selbstbestimmung (§ 2065) und im Verbot unerlaubter oder sittenwidriger Bedingungen (→ Rn. 8 ff.).

5 **4. Unwirksamkeit von Bedingungen. a) Bestimmtheitserfordernis.** Wegen des in § 2084 verankerten Grundsatzes der wohlwollenden Auslegung wird man wohl nur in ganz seltenen Fällen wegen mangelnder Bestimmtheit zur Nichtigkeit der bedingten Verfügung gelangen (vgl. BGH BeckRS 2016, 17767 Rn. 14 ff.; Birk DNotZ 1972, 284 (299); Binz, Die erbrechtliche Verwirkungsklausel, 1968, 59). Dies gilt vor allem für **Straf- oder Verwirkungsklauseln.** Darunter sind alle einer Enterbung, einer Erbeinsetzung oder einem Vermächtnis beigefügten Bedingungen zu verstehen, die den gesetzlichen Erbteil bzw. den Bestand der Zuwendung davon abhängig machen, dass der Bedachte alle Maßnahmen unterlässt, die den letzten Willen des Erblassers vereiteln. Soll das verbotene Verhalten den Verlust der Zuwendung herbeiführen, so ist diese auflösend bedingt, was gem. § 2074 „im Zweifel" der Fall ist. Der Erblasser kann die Zuwendung aber auch unter eine aufschiebende Bedingung stellen (zB schriftlicher Verzicht auf das Pflichtteil nach dem Erbfall). Straf- und Verwirkungsklauseln sind in vollem Umfang nach den allgemein für letztwillige Verfügungen geltenden Grundsätzen auslegungsfähig. Der Inhalt muss durch erläuternde und ergänzende Auslegung festgestellt werden; der Grundsatz der wohlwollenden Auslegung (§ 2084) findet ebenfalls Anwendung. Selbst sehr vage formulierte Bedingungen (zB „wer Streit anfängt", „wer das Testament anficht", „wer sich den Bestimmungen dieses Testaments nicht unterwirft", „wer ungehorsam ist", „wer nicht einverstanden ist") können und müssen deshalb geltungserhaltend aus der dahinter stehenden Zweckrichtung, das mit der Verfügung von Todes wegen erstrebte wirtschaftliche Ergebnis zu sichern, ausgelegt werden (vgl. BGH BeckRS 2016, 17767; MüKoBGB/Leipold Rn. 30). Im Einzelfall ist zu ermitteln, welches konkrete Ereignis den Tatbestand verwirklicht (zB Anfechtung, Klageerhebung, bloße Behauptungen) (vgl. BGH BeckRS 2016, 17767; OLG Dresden Rpfleger 1999, 276). Einerseits wird das mündliche oder schriftliche Fordern des Pflichtteils bei derart vagen Formulierungen ohne sonstige Anhaltspunkte den Bedingungseintritt in aller Regel nicht herbeiführen (Lübbert NJW 1988, 2706 (2713); MüKoBGB/Leipold Rn. 30; Grüneberg/Weidlich Rn. 8). Dies gilt erst recht für ein vorausgehendes Auskunftsbegehren (BayObLG NJW-RR 1991, 394). Andererseits ist die Erhebung der Klage auf Auskunft über den Nachlass bzw. die Zahlung des Pflichtteils eine derart schwerwiegende Form der Auflehnung gegen den Erblasserwillen, dass auf jeden Fall dieses Ereignis die Rechtswirkungen der Verwirkungsklausel auslöst (aA OLG Frankfurt BeckRS 2014, 02334 m. abl. Anm. Litzenburger ErbR- recht 2014, 35574), selbst wenn weniger gravierende Verhaltensweisen mangels Unbestimmbarkeit unwirksam sein sollten. Selbst die Verwendung juristischer Fachbegriffe muss in eigenhändig verfassten Testamenten im Wege der Auslegung kritisch hinterfragt werden. In aller Regel meint in eigenhändigen Testamenten der Begriff der Anfechtung nicht die technische iSd §§ 2078 ff. sondern jeden Angriff auf den Erblasserwillen (OLG Dresden Rpfleger 1999, 276). Grundsätzlich ist zu verlangen, dass der Bedachte in Kenntnis der Verwirkungsklausel gehandelt, also bewusst dagegen verstoßen hat (BayObLGZ 1962, 47 (57); 1990, 58; für Verzicht auf Bewusstsein Staudinger/Otte, 2019, Rn. 66; für böswillige Gesinnung OLG Stuttgart OLGZ 1968, 246; OLG Braunschweig OLGZ 1977, 185). Dabei macht es keinen Unterschied, ob der Bedachte persönlich oder durch einen Vertreter bzw. Pfleger gehandelt hat (OLG Braunschweig OLGZ 1977, 185 (188)).

6 **b) Gebot der Selbstbestimmung (§ 2065).** Der Erblasser muss gem. § 2065 Geltung und Inhalt einer Verfügung selbst bestimmen. Er darf deshalb keinem anderen die Entscheidung überlassen, ob und wann die letztwillige Verfügung gelten soll (§ 2065 Abs. 1). Dieses Gebot kann bei den grds. zulässigen Potestativbedingungen Probleme bereiten (→ § 2065 Rn. 13).

7 **c) Sittenwidrigkeit (§ 138). aa) Grundsätze. (1) Zuwendung.** Die erbrechtliche Zuwendung selbst kann zwar nicht gegen die guten Sitten iSd § 138 Abs. 1 verstoßen (s. dazu → § 2078 Rn. 16), wohl aber eine damit verbundene Bedingung oder Auflage, wenn dadurch ein vergangenes oder künftiges, **sittenwidriges Verhalten des Empfängers** belohnt oder erreicht werden soll (zB Öffnen der Pulsadern (vgl. BayObLG FamRZ 1986, 606 f.), Begehung einer Straftat) (Staudinger/Otte, 2019, Vor §§ 2064 ff. Rn. 145 ff.). Nachdem § 1 S. 1 ProstG den entgeltlichen Geschlechtsverkehr anerkannt hat, kann die Entlohung per letztwilliger Verfügung („Geliebtentestament") entgegen der bisherigen Rspr. (BGH NJW 1969, 1343; 1970, 1273 (1274); FamRZ 1983, 53; BayObLG FamRZ 2002, 915; OLG Frankfurt FGPrax 1995, 66 f.) nicht

mehr länger als sittenwidrig eingestuft werden (Staudinger/Otte, 2019, Vor §§ 2064 ff. Rn. 147; Kroppenberg DNotZ 2006, 86 (103) Fn. 93; offengelassen von OLG Düsseldorf FGPrax 2009, 25 (26)). Ist der Erblasser von der Betreuung oder Versorgung durch den Zuwendungsempfänger abhängig, so ist die Zuwendung nur dann sittenwidrig, wenn der Bedachte die Zuwendung unter **Ausnutzung des Abhängigkeitsverhältnisses** erwirkt hat (OLG Braunschweig FamRZ 2000, 1189 zum Betreuer; BayObLG NJW 1998, 2369 (2370) zum Betreuer; vgl. BayObLG ZEV 2005, 345 (348) zum Generalbevollmächtigten; OLG Karlsruhe NJW 2001, 2804 zur Schenkung an Hausarzt). Verletzt der Erblasser durch die Zuwendung seine **ehelichen oder elterlichen Pflichten,** so ist für den Vorwurf der Sittenwidrigkeit kein Raum, weil der Gesetzgeber diese Konflikte durch das Pflichtteils- und Unterhaltsrecht abschließend gelöst hat (BayObLG FamRZ 1992, 226 (227); Ramm JZ 1970, 132; diff. Staudinger/Otte, 2019, Vor §§ 2064 ff. Rn. 163; aA für besonders schwerwiegende Ausnahmefälle: BGH NJW 1983, 674; BGHZ 111, 36 (40); OLG Düsseldorf FGPrax 2009, 25 (26); dagegen auch Lange/Kuchinke ErbR § 35 IV 5 Fn. 85: elterliche Pflicht). Der Erblasser ist auch nicht gehindert, eine Verfügung zugunsten eines Behinderten so auszugestalten, dass der Nachlass dem Zugriff des Trägers der Sozialhilfe dauerhaft und endgültig entzogen ist (**„Behindertentestament"**) (BGH NJW 1994, 248; 1990, 2055; ebenso OLG Frankfurt ZEV 2004, 24 (26); OVG Saarl NotBZ 2006, 330 (331); krit. J. Mayer DNotZ 1994, 347 (349 ff.); abl. Raiser MDR 1995, 237 (238); Eichenhofer JZ 1999, 226 (231); auch → § 2100 Rn. 14). Dies gilt auch für die Entscheidung der Eltern eines behinderten Kindes für die gegenseitige Vor- und die Einsetzung des behinderten Kindes zum Nacherben (zu dieser Gestaltung → § 2100 Rn. 19 unter Ziff. 3; aA, aber ohne Begr. Ivo ZErb 2004, 174 (176) Fn. 28). Auch das in Art. 3 GG verankerte **Diskriminierungsverbot** schränkt die Testierfreiheit nicht ein (BVerfG NJW 2000, 2495; einschr. BGH NJW 1999, 566 (569): „nur in eng begrenzten Ausnahmefällen"), sodass auch willkürliche Entscheidungen des Erblassers grds. anzuerkennen sind, und zwar selbst dann, wenn ihnen Motive zugrunde liegen, die einem Grundrechtsadressaten eine Differenzierung verbieten, etwa auf Grund Alter, Geschlecht, Beruf oder Religion (Brox Rn. 263; MüKoBGB/Armbrüster § 138 Rn. 21; Grunsky JZ 1972, 766; vgl. auch BGHZ 70, 313 (325 f.); aA Neuner NJW 2000, 1822 (1828) betr. Behinderung); aber auch → Rn. 13.

**(2) Bedingung.** Das Problem der Sittenwidrigkeit stellt sich vor allem bei **Potestativbedingungen,** die darauf zielen, den Bedachten zu einem bestimmten von seinem eigenen Willen abhängigen Verhalten zu veranlassen oder davon abzuhalten. Dazu gehören auch **Wiederverheiratungs- und Verwirkungsklauseln** für den Fall, dass jemand den letzten Willen des Erblassers angreift (zB Pflichtteilsforderung, Anfechtung). Die Grenzen solcher Bedingungen ergeben sich aus § 138. Dabei macht es keinen Unterschied, ob es sich um echte (aufschiebende oder auflösende) Bedingungen oder um Rechtsbedingungen, also Wirksamkeitsvoraussetzungen der Zuwendung oder sonstigen Verfügung selbst (→ Rn. 1), handelt. 8

Der Erblasser hat bei der Ausgestaltung solcher Bedingungen Grenzen zu beachten, obwohl er selbstverständlich berechtigt ist, die Zuwendung auch ganz zu unterlassen, und niemand einen Anspruch auf eine erbrechtliche Zuwendung erheben kann (Keuk FamRZ 1972, 9 (12 ff.); krit. dazu Gutmann NJW 2004, 2347 (2348); Schlüter ErbR Rn. 208; vgl. zur Abschlussfreiheit bei Verträgen auch BVerfG NJW 2006, 1783 (1784); 2001, 957 (958)). Allerdings gewährleistet die Erbrechtsgarantie des Art. 14 Abs. 1 GG auch das grds. unentziehbare Recht der Abkömmlinge auf eine bedarfsunabhängige wirtschaftliche Beteiligung am Nachlass, das allerdings durch das geltende Pflichtteilsrecht in ausreichendem Maße geschützt ist (BVerfG NJW 2005, 1561 (1563)). Unbeschadet des Pflichtteils ist der Erblasser auf Grund der ihm durch Art. 14 Abs. 1 GG garantierten Testierfreiheit bei der Verfügung über seinen Nachlass nicht zur Orientierung an den allgemeinen gesellschaftlichen Überzeugungen oder an den Anschauungen der Mehrheit der Bevölkerung verpflichtet (BVerfGE 67, 329 (341); 91, 346 (358)). Er darf dabei seine persönlichen Wünsche und Vorstellungen frei umsetzen (BVerfG FamRZ 2000, 945 (946)). Dies schließt grds. auch das Recht zur Beeinflussung des Zuwendungsempfängers ein. Dieses umfassende Verfügungsrecht kann jedoch mit den Freiheitsrechten des Bedachten kollidieren, und zwar dann, wenn sich die Einflussnahme des Erblassers auf die Lebensführung des Bedachten zur die freie Willensbildung ausschließenden **Fremdbestimmung** verstärkt (vgl. MüKoBGB/Leipold Rn. 18). In mittlerweile gefestigter Rspr. zieht das BVerfG der durch Art. 2 Abs. 1 GG garantierten Vertragsfreiheit immer dann Grenzen, wenn die Vertragsparität gestört ist, also ein Partner den Vertragsinhalt faktisch einseitig so bestimmen kann, dass das Selbstbestimmungsrecht des anderen sich zur Fremdbestimmung verkehrt (BVerfG NJW 2006, 1783 (1784) betr. Versicherungsvertrag; NJW 2005, 2376 (2377 f.) betr. Versicherungsvertrag; NJW 2005, 2363 (2365 f.) betr. Versicherungsvertrag; NJW 2001, 957 = FamRZ 2001, 343 mAnm Schwab betr. Ehevertrag; BVerfG NJW 2001, 2248 betr. 9

Ehevertrag; NJW 1994, 36 (38 f.) betr. Bürgschaft). Auch wenn diese Rspr. zur Privatautonomie bei Verträgen nicht auf einseitige erbrechtliche Verfügungen übertragen werden kann, weil es bei diesen wesensgemäß keine Störung der Vertragsparität geben kann, so gilt die dahinter stehende Überlegung, dass der Staat verpflichtet ist, den Bürger vor einer die Entscheidungsfreiheit ausschließenden Fremdbestimmung durch andere zu schützen, auch hier (ähnlich Gaier ZEV 2006, 2 (4 f.); vgl. zur Differenzierung auch Kroppenberg DNotZ 2006, 86 (101 ff.)).

**10** Das BVerfG hat sich in dem grundlegenden Lüth-Urteil zu den Grundrechten als „eine objektive Wertordnung, die als verfassungsrechtliche Grundentscheidung für alle Bereiche des Rechts gilt," bekannt und daraus abgeleitet, dass im bürgerlichen Recht ihr Rechtsgehalt vor allem bei Anwendung der Generalklauseln realisiert werden müsse (BVerfGE 7, 198 (203 ff.)). Später wurden den Grundrechten verschiedentlich Schutzpflichten entnommen, die es der öffentlichen Gewalt gebieten, den Grundrechtsträger vor Verletzungen und Gefährdungen durch Dritte vor allem durch Private zu schützen, die selbst gar nicht Adressaten der Grundrechte sind. Die **mittelbare Drittwirkung** erschöpft sich allerdings nicht in dieser Schutzpflicht des Gesetzgebers. Diese trifft auch den Zivilrichter, der die Normen des bürgerlichen Rechts anwendet (BVerfG NJW 2006, 1783 (1784); vgl. EGMR NJW 2005, 875 Rn. 58 zur EMRK). Letztlich lassen sich die Lehre von der mittelbaren Drittwirkung der Grundrechte und ihre Funktion als Schutzpflichten ohnehin nicht scharf voneinander trennen (Canaris AcP 184 (1984), 201 (225 ff., 232 ff.); Röthel NJW 2001, 1334). Im Ergebnis jedenfalls ist man sich weitgehend einig, dass bei der Auslegung unbestimmter Rechtsbegriffe sowie bei der Anwendung der Generalklauseln, vor allem der §§ 138, 242, das in den Grundrechten zum Ausdruck kommende Wertesystem als Maßstab der Entscheidung heranzuziehen ist. Die Generalklauseln dienen damit als „Einbruchsstellen" des Verfassungs- in das Zivilrecht (Gaier ZEV 2006, 2 (4); abl. Isensee DNotZ 2004, 754 (764 ff.)). Vor diesem Hintergrund kann die Rechtsordnung eine derartige Fremdbestimmung der vom Grundgesetz geschützten Freiheitsrechte des Bedachten nicht hinnehmen und muss deshalb der Testierfreiheit des Erblassers insoweit Grenzen setzen (entgegen Gutmann NJW 2004, 2347 (2348) geht es nicht nur um ein „Interesse"). Die richterliche Kontrolle darf unter Berufung auf diese Generalklauseln aber nicht selbst zur Fremdbestimmung des Erblassers entarten, sodass nur in Fällen besonders schwerwiegender Eingriffe in Grundrechte des Bedachten eine Korrektur zulässig ist (vgl. BGH NJW 1999, 566 (568); → Rn. 15 ff.). Deshalb ist „in dubio pro libertate" des Erblassers zu entscheiden (MüKoBGB/Leipold Rn. 20).

**11** **bb) Schutzbedürftige Grundrechte.** Schutzbedürftig sind zunächst alle Freiheitsrechte des Bedachten, die seine unabhängige, persönliche Lebensführung garantieren (zB Eheschließungsfreiheit, Berufsfreiheit, Religionsfreiheit). Diese **Persönlichkeitsrechte** sind umfassend gegen die Testierfreiheit des Erblassers abzuwägen. Dabei muss sich der Erblasser umso stärkere Beschränkungen seiner Testierfreiheit gefallen lassen, je stärker Persönlichkeitsrechte des Bedachten beeinträchtigt oder gefährdet werden. Auch wird man zwischen den einzelnen Persönlichkeitsrechten eine Abstufung nach ihrer Bedeutung vornehmen müssen, sodass Einschränkungen der Berufsfreiheit oder der Freiheit, den Wohnsitz zu bestimmen, viel eher zu akzeptieren sind als Eingriffe in die Eheschließungs- oder Religionsfreiheit. Eingriffe in die persönliche Unversehrtheit des Bedachten wird man sogar völlig abzulehnen haben.

**12** Bei den **vermögensbezogenen Freiheitsrechten** des Bedachten aus Art. 2 Abs. 1, 14 Abs. 1 GG ist zu differenzieren (für Beschränkung auf die Rechte zur persönlichen Lebensführung: MüKoBGB/Leipold Rn. 18; Keuk FamRZ 72, 9; aA Staudinger/Otte, 2019, Rn. 36 ff.): Nachlassbezogene Bedingungen (zB Verfügungsverbot, Verwaltungsauflagen) sind Ausfluss der Testierfreiheit des Erblassers und daher nicht sittenwidrig. Wird der Bedachte darüber hinaus jedoch zu Dispositionen über eigenes Vermögen oder Rechte gezwungen (zB Verzicht auf Rechte, Aufwendungen aus seinem Eigenvermögen), so sind der Testierfreiheit des Erblassers unter besonders außergewöhnlichen Umständen Grenzen zu ziehen (vgl. zum Pflichtteilsrecht MüKoBGB/Leipold Rn. 38). Die eigene Testierfreiheit des Bedachten wiederum wird durch das Erbrecht des BGB, vor allem durch § 2302, umfassend und ausreichend geschützt, sodass ein Rückgriff auf § 138 von vorneherein ausscheidet.

**13** Dagegen rechtfertigen **diskriminierende Wirkungen** der Verfügung alleine nicht den Vorwurf der Sittenwidrigkeit solcher Bedingungen, und zwar selbst dann nicht, wenn sie einem unmittelbaren Grundrechtsadressaten gem. Art. 3 GG verboten wären (Horsch Rpfleger 2005, 285 (291 f.) unter Hinweis auf BVerfG NJW 2004, 2008; vgl. dagegen EGMR NJW 2005, 875 Rn. 58 zur EMRK; aber → § 2084 Rn. 13 und → § 2084 Rn. 46). Deshalb ist der Erblasser nicht zu einer Gleichbehandlung seiner Abkömmlinge verpflichtet (BVerfG NJW 2005, 1561 (1563); 1985, 1455). Der Erblasser kann auch die Behinderung zum Anlass für eine zulässige, aber den Betroffenen benachteiligende Erbrechtsgestaltung nehmen (aA Neuner NJW 2000, 1822 (1828)). Das zum Zwecke der Umsetzung einer europäischen RL Gesetz gewordene allgemeine Diskriminierungsverbot erfasst gem. § 19 Abs. 4 AGG ausdrücklich nicht das Erbrecht.

**cc) Eingriff.** Eine sittenwidrige Fremdbestimmung und damit ein Eingriff in die Freiheitsrechte ist ausgeschlossen, wenn der Bedachte ohnehin zu dem erwarteten Verhalten entschlossen oder doch innerlich bereit war (Thielmann, Sittenwidrige Verfügungen von Todes wegen, 1973, 120 ff.; Keuk FamRZ 1972, 12; zum Erbverzicht Isensee DNotZ 2004, 754 (760)). **14**

Im Übrigen müssen sowohl das erstrebte Verhalten als auch die Zuwendung von einer solchen **Erheblichkeit** für den Bedachten sein, dass sie objektiv dazu geeignet sind, dessen freie Willensentscheidung weitgehend auszuschließen, damit überhaupt von einer grundrechtsrelevanten Fremdbestimmung ausgegangen werden kann (vgl. Gaier ZEV 2006, 2 (4 f.)). Mit Recht wird deshalb die „Hohenzollern-Entscheidung" des BVerfG kritisiert, die im konkreten Fall bereits eine mittelbare Beeinflussung ausreichen lassen will (BVerfG NJW 2004, 2008 = FamRZ 2004, 765 mAnm Staudinger, unter Aufhebung von BGH NJW 1999, 566; OLG Stuttgart ZEV 1998, 185 mAnm Otte; abl. Gutmann NJW 2004, 2347 (2348); Kroppenberg DNotZ 2006, 86 (95 ff.); Isensee DNotZ 2004, 754 (761 f.); zust. Paal JZ 2005, 436 (441)). Erforderlich ist vielmehr ein Druck auf den Zuwendungsempfänger, der ihm zwar nicht rechtlich, wohl aber faktisch die Möglichkeit der Entscheidungsfreiheit nimmt. **15**

Bedingungen wie regelmäßiger Grabbesuch (vgl. BGHZ 42, 327) oder Verweigerung des Zutritts zur Wohnung (BayObLG FamRZ 2001, 1326 (1327)) sind deshalb von vorneherein zu **geringfügig,** um Einfluss auf die Willensentscheidung des Bedachten gewinnen zu können. Setzt dagegen ein Erblasser erhebliche Vermögensvorteile als Druckmittel für zu Lebzeiten durchzuführende Besuche seiner Enkelkinder ein, kann eine an die Besuchspflicht geknüpfte bedingte Erbeinsetzung der Enkel sittenwidrig sein (OLG Frankfurt BeckRS 2019, 1992; Bary ZEV 2019, 215 (216); aM Bernauer DNotZ 2019, 782 (785)). **16**

Bei absolut geringfügigen Zuwendungen scheitert das Verdikt der Sittenwidrigkeit an der Erforderlichkeit eines Eingriffs (Scheuren-Brandes ZEV 2005, 185 (186) zieht die Grenze beim „angemessenen nachehelichen Unterhalt für die Dauer eines Jahres"). Bei **höheren Vermögenswerten** kommt es zunächst auf die Relation der Zuwendung zum vorhandenen Vermögen des Bedachten an (aA Gutmann NJW 2004, 2347 (2348); Isensee DNotZ 2004, 754 (762); Schmoeckel ErbR 140, 148 f.; vgl. auch OLG Frankfurt BeckRS 2019, 1992 Rn. 18). Es ist lebensfremd bei der Prüfung der zwanghaften Wirkung den Wert und die Bedeutung der Zuwendung für den Empfänger für unerheblich zu erklären, zumal auch faktische Eingriffe in Grundrechte entscheidungsrelevant sind (OLG Frankfurt BeckRS 2019, 1992 Rn. 18; MüKoBGB/Leipold Rn. 20; Gaier ZEV 2006, 2 (4); vgl. dagegen aber Gutmann NJW 2004, 2347 (2348); Isensee DNotZ 2004, 754 (763)). Übersteigt die Zuwendung das beim Erbfall vorhandene Eigenvermögen des Zuwendungsempfängers, so wird man in aller Regel von einer massiven Einflussnahme ausgehen müssen. In allen anderen Fällen wird man unter Berücksichtigung der Lebensführung und der sonstigen Vermögensverhältnisse des Bedachten im Einzelfall untersuchen und feststellen müssen, ob die Zuwendung den Empfänger unter einen derartigen Entscheidungszwang setzt (BVerfG NJW 2004, 2008 (2010)). Im Rahmen dieser Abwägung ist der Richter nicht berechtigt, die Gerechtigkeitsvorstellungen des Erblassers durch seine eigenen zu ersetzen (vgl. BGH NJW 1999, 566 (568)). Sittenwidrigkeit und damit Nichtigkeit der Verfügung kann nur in besonders schwerwiegenden Ausnahmefällen angenommen werden (BGH NJW 1999, 566 (568); 1983, 674). Dabei sind an auflösende Bedingungen strengere Anforderungen zu stellen als an aufschiebende, weil diese nur das Ausbleiben der Zuwendung bewirken, jene aber zu Vermögensverlusten. **17**

Der Eingriff beginnt in dem **Zeitpunkt,** in dem die Erwartung eines künftigen Vermögenserwerbs bei objektiver Betrachtung (aA Schmoeckel ErbR 140, 145: Motiv ist maßgebend) die freie Willensentscheidung des Bedachten ausschließt, und zwar unabhängig davon, ob die Bedingung diese Wirkung bereits bei der Errichtung oder erst später, uU sogar erst nach dem Erbfall entfaltet (Horsch Rpfleger 2005, 285 (290)). **18**

**dd) Bedingte Zuwendungen. (1) Zulässige Bedingungen zur Nachlasssicherung.** Nicht sittenwidrig sind danach insbes. alle Bedingungen, die im weitesten Sinne geeignet und bestimmt sind, den Bestand des Nachlasses beim Bedachten zu erhalten oder vor dem Zugriff Dritter zu schützen, und zwar selbst dann, wenn dadurch mittelbar Einfluss auf die persönliche Lebensführung des Bedachten genommen wird und weniger einschneidende Mittel (zB Testamentsvollstreckung, wohlwollende Pflichtteilsbeschränkung) zur Verfügung stehen (MüKoBGB/Leipold Rn. 22, 24; Schmoeckel ErbR 140, 145). Bei der Eignungsprüfung ist ein objektiver Maßstab anzulegen. Zulässig ist daher: **19**

- die Aufforderung, einen **Gesellschaftsvertrag** mit einem bestimmten Inhalt abzuschließen (OLG Stuttgart ZEV 1998, 225);
- die Bedingung, **Gütertrennung** zu vereinbaren oder durch Ehevertrag den Nachlass aus dem Zugewinnausgleich auszunehmen (einschr. bei nachvollziehbaren sachlichen Erwägungen MüKoBGB/Leipold Rn. 22);
- die Vereinbarung einer Klausel in einem gemeinschaftlichen Testament oder Erbvertrag zwischen Ehe- bzw. Lebenspartnern, wonach bei Wiederheirat oder Eingehung einer neuen Lebenspartnerschaft durch den überlebenden Partner der Nachlass des zuerst verstorbenen ganz oder teilweise für Dritte – meist Abkömmlinge – gesichert werden soll; unbedenklich sind jedoch nur solche **Wiederverheiratungsklauseln,** die vor allem der Sicherung des Nachlasses dienen (sachliche Rechtfertigung) und darüber hinaus die Freiheit des überlebenden Partners nicht stärker einschränken als hierzu erforderlich ist (Verhältnismäßigkeit); mit diesen Grundsätzen unvereinbar ist beispielsweise eine Vorerbeneinsetzung des überlebenden Teils mit der Maßgabe, dass bei dessen Wiederheirat oder der Eingehung einer neuen Lebenspartnerschaft der Nacherbfall eintritt, ohne dass dessen Erb- und Pflichtteilsrechte am Nachlass des zuerst verstorbenen Partners durch Vermächtnisse, insbes. Vorausvermächtnisse, ausreichend gewahrt sind (vgl. zu diesen Einschränkungen Staudinger/Otte, 2019, Rn. 44; Scheuren-Brandes ZEV 2005, 185 (186 ff.); Otte AcP 187 (1987), 603 (604); Gaier ZEV 2006, 2 (5); zu den Grenzen auch → § 2269 Rn. 43).
- die Verknüpfung von Zuwendungen mit **Verwirkungsklauseln,** die der Durchsetzung des letzten Willens dienen; sie können nur dann sittenwidrig iSd § 138 Abs. 1 sein, wenn sie den Bedachten derart massiv unter Druck setzen, dass er auf die Geltendmachung gesetzlich zwingend ausgestalteter Rechte, die für ihn erhebliche Bedeutung besitzen, verzichtet (ähnlich Staudinger/Otte, 2019, Rn. 61); zu den praktisch häufigsten Pflichtteilssanktionsklauseln in gemeinschaftlichen Testamenten oder Erbverträgen von Ehepartnern → § 2269 Rn. 45 ff.;
- eine **kaptatorische Verfügung,** bei der die Zuwendung davon abhängt, dass der Bedachte in einer bestimmten Weise über den Nachlass verfügt (Staudinger/Otte, 2019, Rn. 53 mwN);
- eine Bedingung, die an die Zugehörigkeit oder den **Austritt aus einer Religionsgemeinschaft** anknüpft, wenn andernfalls Gefahr für den Bestand des Zuwendungsgegenstands besteht (OLG Düsseldorf NJW 1988, 2615; aA Smid NJW 1990, 409 (416)); das Gleiche gilt für das Verlangen, den **Priesterberuf aufzugeben,** um zu vermeiden, dass der Nachlass oder Teile davon an die Religionsgemeinschaft fällt;
- eine Zuwendung, die eine erfolgreiche **Entziehungskur wegen einer Drogenabhängigkeit** voraussetzen, obwohl Eingriffe in die körperliche Unversehrtheit (zB Kastration eines Sexualstraftäters) eigentlich generell sittenwidrig sind (→ Rn. 11), weil eine wohlwollende Beschränkung iSd § 2338 insoweit nur eine unvollständige Ersatzlösung darstellt.

20 **(2) Sittenwidrige Bedingungen.** Sittenwidrig sind dagegen alle Bedingungen, die erbrechtliche Zuwendungen in vollem Umfang von bestimmten persönlichkeitsbezogenen Entscheidungen des Bedachten abhängig machen, die in überhaupt keinem sachlichen Zusammenhang zum Zuwendungsgegenstand oder dessen Erhaltung stehen (MüKoBGB/Leipold Rn. 19; zu eng dagegen Schlüter FG BGH, 2000, 575, 584; Schlüter ErbR Rn. 208). Sittenwidrig ist daher:
- das Verlangen nach **Heirat** einer bestimmten Person (vgl. Soergel/Loritz/Uffmann Rn. 25 f.; OLG Naumburg BeckRS 1998, 31024804); Gleiches gilt für das Verlangen, die Heirat einer bestimmten Person zu unterlassen (vgl. zu einer adligen Ebenbürtigkeitsklausel BVerfG NJW 2004, 2008; mit Recht aA Isensee DNotZ 2004, 754 (759 ff.); Gutmann NJW 2004, 2347; zweifelnd MüKoBGB/Leipold Rn. 26; vgl. zur Konsensualehe BayObLG ZEV 1997, 119 mAnm Otte).
- die Forderung einer **Ehescheidung** (Gutmann NJW 2004, 2347 (2349); aA BGH FamRZ 1956, 130; MüKoBGB/Leipold Rn. 24; einschr. Lange/Kuchinke ErbR § 35 IV 2) und/oder der Änderung des Namens im Falle einer Scheidung.
- die Bedingung, eine bestimmte Person zu **adoptieren.**
- die Zuwendung mit einem Wechsel der **Konfession** zu verknüpfen (RGZ 21, 279; RG SeuffA 69, Nr. 48; aA MüKoBGB/Leipold Rn. 24); Gleiches gilt für das Verlangen nach **Eintritt in den Priesterstand** (BayObLG SeuffA 80 Nr. 97).
- die Bedingung, einer **politischen Partei** beizutreten oder diese zu verlassen.
- die Einflussnahme auf die Wahl eines **Berufs** oder des **Wohnsitzes,** es sei denn, die Besonderheiten des Zuwendungsgegenstands rechtfertigen ausnahmsweise diese Bedingung unter dem Gesichtspunkt der Nachlasssicherung (Staudinger/Otte, 2019, Rn. 51; MüKoBGB/Leipold Rn. 23).

- die aufschiebende Bedingung, **den Erblasser regelmäßig zu besuchen** (OLG Frankfurt BeckRS 2019, 1992 Rn. 15 ff.)

**ee) Bedingung von Beschränkungen.** Anders ist dagegen zu urteilen, wenn nicht die Zuwendung in dieser Weise bedingt ist, sondern nur einzelne inhaltliche Regelungen mit solchen Ereignissen verknüpft sind (zB Befreiung des Vorerben entfällt mit der Heirat einer bestimmten Person). Macht der Erblasser diese Ereignisse nicht zur Bedingung der Zuwendung selbst sondern lediglich einer Testamentsvollstreckung, so ist diese selbst dann nicht sittenwidrig, wenn sie im Rahmen der gesetzlichen Regeln für den Bedachten wirtschaftlich sehr nachteilig ausgestaltet ist (vgl. OLG Düsseldorf NJW 1988, 2615; MüKoBGB/Leipold Rn. 22). Diese Beschränkungen muss der Erbe bzw. Vermächtnisnehmer als Ausfluss der Testierfreiheit hinnehmen. 21

**ff) Irrelevanz der Motive.** Achtbare Motive oder subjektive Einschätzungen des Erblassers können einer objektiv verwerflichen Bedingung diesen Charakter nicht nehmen (Staudinger/Otte, 2019, Rn. 37; ausf. dazu Thielmann, Sittenwidrige Verfügungen von Todes wegen, 1973, 131 ff.). Umgekehrt sind Fälle denkbar, in denen der Inhalt der Zuwendung und/oder der Bedingung zwar nicht verwerflich sind, wohl aber der Zweck oder der Beweggrund des Erblassers. Vor allem im Falle von **Rassismus** können staatliche Organe nicht zur rechtlichen Durchsetzung entsprechender Verfügungen verpflichtet sein (vgl. Soergel/Stein § 1937 Rn. 26; Schmoeckel ErbR 140, 145; Mikat FS Nipperdey, Bd. I, 1965, 597 ff.; Horsch Rpfleger 2005, 285 (292); aA Staudinger/Otte, 2019, Vor §§ 2064 ff. Rn. 152). Das in Art. 3 Abs. 3 GG enthaltene verfassungsrechtliche Verbot der Benachteiligung von Menschen wegen ihres Geschlechts, ihrer Abstammung, ihrer Heimat bzw. Herkunft, ihres Glaubens oder ihrer politischen Überzeugung bindet umfassend alle Organe der öffentlichen Gewalt (vgl. BVerfG NJW NJW 2016, 3153 Rn. 35; NJW 2011, 1201 Rn. 47; BGH NJW 2004, 1031), und schließt es aus, dass Maßnahmen von Amtsträgern den Anschein erwecken, dass eine in Art. 1, 3 GG verbotene Diskriminierung durch die öffentliche Gewalt gebilligt wird. Auf diesem Grundsatz beruht letztlich auch der Ordre-public-Vorbehalt im Kollisionsrecht (Art. 6 EGBGB), wonach ausländisches Recht ausnahmsweise dann nicht anzuwenden ist, wenn es wesentlichen Grundsätzen des inländischen Rechts, insbes. den Grundrechten – dort vor allem Art. 3 Abs. 3 GG - widerspricht (vgl. OLG München NJW-RR 2021, 138; OLG Frankfurt BeckRS 2015, 13743). S. zum Beurkundungsverbot der Notare in diesem Fall → BeurkG § 4 Rn. 4b. 22

**gg) Wertewandel nach der Errichtung.** Umstritten ist die Behandlung der Fälle, in denen sich die Wertmaßstäbe nach der Errichtung der Verfügung gewandelt haben. Während die höchstrichterliche Rspr. (BGH NJW 1987, 1878; 1956, 865; OLG Stuttgart ZEV 1998, 185 (186); BayObLG ZEV 1997, 119 (120); offen gelassen in BGHZ 118, 128) für die Beurteilung der objektiven Voraussetzungen auch bei Verfügungen von Todes wegen auf den Zeitpunkt der Errichtung abstellt, legen das BVerfG (BVerfG NJW 2004, 2008 (2010) – „Hohenzollern-Entscheidung") und die Lit. (Staudinger/Otte, 2019, Vor §§ 2064 ff. Rn. 179 ff.; Thielmann, Sittenwidrige Verfügungen von Todes wegen, 1973, 154 ff. mwN) überwiegend mit Recht die Verhältnisse beim Erbfall zugrunde (ausf. → § 138 Rn. 28). 23

**d) Unmöglichkeit oder Ausfall der Bedingung.** Ist der Eintritt des Ereignisses zurzeit des Erbfalls objektiv unmöglich, so ist die Bedingung unwirksam. Das Gleiche gilt, wenn der Bedingungseintritt nach dem Erbfall aus irgendeinem Grund nicht mehr eintreten kann (Ausfall der Bedingung). Dabei lassen sich nach der vom Erblasser vorgegebenen Funktion der Bedingung unterscheiden: 24

**1. Zeitorientierte Bedingungen:** Bei diesen ist die Zuwendung davon abhängig, dass mehrere Ereignisse in einer bestimmten zeitlichen Reihenfolge eintreten. Hierzu gehören insbes. die Überlebensbedingungen (zB „wenn meine Frau länger lebt", „wenn mein Sohn vor meiner Tochter stirbt"). Bei diesen Bedingungen wird die Zuwendung unwirksam, sobald deren Eintritt endgültig ausgeschlossen ist (zB Frau bzw. Tochter stirbt zuerst).

**2. Zweckorientierte Bedingungen:** Bei diesen will der Erblasser in erster Linie mit der Bedingung entweder ein zweckgerichtetes Verhalten (BayObLG FamRZ 1986, 606 betr. Pulsadern öffnen) oder sogar einen bestimmten Erfolg erreichen (zB „wenn er sich um meinen Hund kümmert", „solange er mein Haus nicht verkauft"). Die Unmöglichkeit bzw. der Bedingungsausfall kann durch Zweckerreichung oder Zwecklosigkeit eintreten, insbes. weil:

- der Zweck bereits vor dem Erbfall vom Erblasser selbst herbeigeführt worden ist (zB Manuskript wird vor dem Erbfall vom Erblasser veröffentlicht (OLG Bamberg BeckRS 2008, 8167 m. zust. Anm. Litzenburger ErbR-FD 2008, 261038),

- der Zweck nach dem Erbfall nicht durch den Bedachten, sondern durch einen anderen verwirklicht worden ist (zB andere Person pflegt die Eltern, Dritter betreut das behinderte Kind) oder
- das erwartete Verhalten des Bedachten zwecklos geworden ist (zB zu versorgender Hund stirbt vor dem Erbfall, Erblasser veräußert zu erhaltendes Haus selbst).

25 **5. Rechtsfolgen unwirksamer Bedingungen.** Umstritten sind die Folgen der Unwirksamkeit der Bedingung für die Verfügung selbst. Nach überwM sind Bedingung und Verfügung eine untrennbare Einheit, sodass weder § 139 noch § 2085 anwendbar ist, die Unwirksamkeit jener also die gesamte Anordnung erfasst, wenn kein abweichender Erblasserwille feststellbar ist (Grüneberg/Weidlich Rn. 4 f.; Haegele JurBüro 1969, 1 (5); Thielmann, Sittenwidrige Verfügungen von Todes wegen, 1973, 191; so bereits Mot. V 19 f.). Andere wiederum wollen zwischen aufschiebender und auflösender Bedingung differenzieren: während bei jener die Verfügung insgesamt nichtig sein soll, soll bei auflösender Bedingung § 139 oder § 2085 Anwendung finden (Staudinger/Otte, 2019, Rn. 77, § 2085 Rn. 14; Soergel/Loritz/Uffmann Rn. 32 f. und § 2085 Rn. 12 f.). Nach einer anderen Meinung soll bei sittenwidrigen Übergriffen in das Freiheitsrecht des Bedachten die Verfügung als unbedingte trotz eines entgegenstehenden Erblasserwillens aufrechterhalten werden, in allen anderen Fällen der Unwirksamkeit dagegen die Verfügung insgesamt nichtig sein, wenn kein abweichender Erblasserwille festgestellt werden kann (MüKoBGB/Leipold Rn. 27 f.).

26 Die Antwort auf diese Frage muss davon ausgehen, dass der Bedachte keinen Anspruch auf eine Zuwendung hat, ausgenommen auf einen etwaigen Pflichtteil (vgl. BVerfG NJW 2005, 1561 (1563)). Auch wenn die Rechtsordnung den rechts-, insbes. aber den sittenwidrigen Zwecken nicht zum Erfolg verhelfen darf, so darf die umfassende Testierfreiheit doch nicht mehr als notwendig eingeschränkt werden (aA MüKoBGB/Leipold Rn. 27 f. mwN). Im Wege der erläuternden oder ergänzenden Auslegung (→ § 2084 Rn. 6 ff. bzw. → § 2084 Rn. 37 ff.) muss daher ermittelt werden, ob und in welchem Umfang die Zuwendung trotz Unwirksamkeit der Bedingung nach dem Willen des Erblassers als unbedingte fortgelten soll (NK-BGB/Selbherr Rn. 28; Litzenburger ZEV 2008, 369 (370 f.); Lange/Kuchinke ErbR § 32 I c beta für sittenwidrige Bedingung).

27 Bei **zeitorientierten Bedingungen** (zum Begriff → Rn. 24) entfällt die Verfügung vollständig, wenn der Bedingungseintritt endgültig ausgeschlossen ist. Bei den **zweckorientierten Bedingungen** (zum Begriff → Rn. 24) ist weiter zwischen belohnenden und bestrafenden Zuwendungen zu unterscheiden:
- **Belohnende Zuwendungen:** Dient die Zuwendung dazu, den Empfänger dafür zu belohnen, dass er eine bestimmte Handlung vornimmt, unterlässt oder einen vorgegebenen Erfolg erreicht, so wird die gesamte Verfügung bei Zweckerreichung vor dem Erbfall (OLG Bamberg BeckRS 2008, 8167: Manuskript-Veröffentlichung), bei Zweckerreichung durch einen Dritten (zB Pflege der Eltern oder Betreuung des behinderten Kindes durch andere Person) oder bei Zwecklosigkeit (zB Tod des zu versorgenden Hundes) unwirksam.
- **Bestrafende Zuwendungen:** Dient die Zuwendung dagegen dazu, den Empfänger von einem bestimmten Verhalten abzuhalten (zB Heirat, Adoption) oder den Eintritt eines Ereignisses zu vermeiden (zB Hausverkauf), so gilt die Verfügung bedingungslos fort, wenn das vom Erblasser sanktionierte Verhalten oder Ereignis aus anderen Gründen nicht mehr eintreten kann (zB künftiger Ehepartner stirbt vor der Heirat, Erblasser hat Haus selbst veräußert), es sei denn, dass ein abweichender Erblasserwille festgestellt werden kann.

28 Auf die Unterscheidung zwischen aufschiebender und auflösender Bedingung kommt es bei dieser Auslegung nicht an (OLG Bamberg BeckRS 2008, 8167; Litzenburger ZEV 2008, 369 (370 f.); aA Staudinger/Otte, 2019, Rn. 77), zumal diese Abgrenzung ohnehin nach den gleichen Kriterien erfolgen müsste, also keineswegs einfacher ist als der hier vorgeschlagene Weg. Verläuft die Auslegung ohne eindeutiges Ergebnis, so scheidet eine analoge Anwendung des § 2085 bereits deshalb aus, weil die Bedingung nicht von der Zuwendung getrennt werden kann (ausf. Litzenburger ZEV 2008, 369 (371)).

## II. Rechtsfolgen aufschiebender Bedingungen gem. § 2074

29 Diese Auslegungsvorschrift („im Zweifel") regelt für den Fall einer aufschiebend bedingten Zuwendung (Erbeinsetzung, Vermächtnis oder Auflage) nur den Fall, dass der Bedachte vor dem Eintritt der Bedingung gestorben ist. Bei Zuwendungen unter einer Befristung gilt § 163, nicht diese Vorschrift (KG DNotZ 1955, 412). Mangels eines abweichenden Erblasserwillens ist die aufschiebend bedingte Zuwendung in vollem Umfang unwirksam, wenn der Bedachte vor dem Bedingungseintritt gestorben ist.

## § 2075 Auflösende Bedingung

**Hat der Erblasser eine letztwillige Zuwendung unter der Bedingung gemacht, dass der Bedachte während eines Zeitraums von unbestimmter Dauer etwas unterlässt oder fortgesetzt tut, so ist, wenn das Unterlassen oder das Tun lediglich in der Willkür des Bedachten liegt, im Zweifel anzunehmen, dass die Zuwendung von der auflösenden Bedingung abhängig sein soll, dass der Bedachte die Handlung vornimmt oder das Tun unterlässt.**

### Überblick

Diese Auslegungsregel betrifft eine Zuwendung unter einer wirksamen Potestativbedingung, bei der nach Auslegung unklar geblieben ist, ob es sich um eine aufschiebende oder eine auflösende Bedingung handelt (→ Rn. 2). Die Zuwendung fällt dann dem Bedachten mit dem Erbfall an, allerdings auflösend bedingt durch die Zuwiderhandlung (→ Rn. 3).

### I. Normzweck

1 Hat der Erblasser eine Erbeinsetzung, ein Vermächtnis oder eine Auflage dadurch bedingt, dass der Bedachte fortgesetzt etwas tut (zB „die Mutter pflegt") oder unterlässt (zB „nicht trinkt", „nicht spielt"), jedoch offengelassen, ob es sich um eine aufschiebende oder eine auflösende Bedingung handelt, so greift diese Auslegungsregel ein (BayObLG NJW-FER 1998, 205: „Grundstück richtig bewirtschaftet"). Im Falle einer aufschiebenden Bedingung käme der Bedachte bei einer derartigen Anordnung persönlich überhaupt nicht in den Genuss der Zuwendung, weil regelmäßig erst mit seinem Tod feststeht, ob er die Auflage eingehalten hat oder nicht. Gemäß § 2075 ist eine solche Bestimmung daher als auflösende Bedingung aufzufassen. Der Bedachte erhält damit die Zuwendung sofort. Diese entfällt jedoch iS einer auflösenden Bedingung, sobald der Bedachte der Auflage zuwiderhandelt.

### II. Voraussetzungen

2 Voraussetzung ist die Zuwendung unter einer wirksamen **Potestativbedingung.** Wegen der Wirksamkeit derartiger Bedingungen → § 2074 Rn. 5 ff. Das Verhalten muss nach dem Gesetzeswortlaut allein vom Willen des Bedachten abhängen, nicht aber von der Mitwirkung eines Dritten. Selbst bei einer Bedingung, einen anderen zu pflegen, ist dieses Kriterium problematisch, weil die Erfüllung dieser Auflage die Mitwirkung der zu pflegenden Person voraussetzt (vgl. BayObLG FamRZ 1993, 1494; MüKoBGB/Leipold Rn. 3). Das Gleiche gilt für eine Bedingung, der Bedachte müsse im Falle der Verheiratung Gütertrennung vereinbart haben (vgl. KG OLG FamRZ 1968, 334 m. krit. Anm. Bosch). In derartigen Fällen wird man jedoch, wenn feststeht, dass eine Bedingung gewollt ist, sich deren Art aber nicht durch Auslegung klären lässt, § 2075 analog anwenden müssen (Staudinger/Otte, 2019, Rn. 3). Die einschränkende Formulierung in § 2075 hat lediglich die Bedeutung, dass der Gesetzgeber im Falle der Abhängigkeit von der Mitwirkung eines Dritten keine Vermutungswirkung zugunsten einer Bedingung aufstellen wollte (MüKoBGB/Leipold Rn. 1). Steht der **Bedingungscharakter,** nicht jedoch deren Art bei einer Potestativbedingung fest, so macht es keinen Unterschied, ob das intendierte Verhalten ein fortgesetztes Tun oder Unterlassen oder ein einmaliges Ereignis ist. § 2075 ist daher mindestens analog auch auf derartige Bedingungen anzuwenden (für unmittelbare Anwendung Staudinger/Otte, 2019, Rn. 3). Bezeichnenderweise gelangen diejenigen, die die Anwendbarkeit des § 2075 insoweit ablehnen, auf Grund der allgemeinen Auslegungsgrundsätze zum gleichen Ergebnis (vgl. MüKoBGB/Leipold Rn. 3). Unter § 2075 fallen deshalb auch Verwirkungsklauseln, insbes. für den Fall der Geltendmachung des Pflichtteils (vgl. BayObLG FamRZ 1995, 1447 (1449); 1990, 1158; auch → § 2074 Rn. 5), sowie Wiederverheiratungsklauseln. Es macht schließlich auch keinen Unterschied, ob die Bedingung auf ein Verhalten von unbestimmter Dauer oder auf eine bestimmte Zeit gerichtet ist (einschr. MüKoBGB/Leipold Rn. 4; für die Anwendung von § 2074: Grüneberg/Weidlich Rn. 1).

### III. Rechtsfolgen

3 Die Zuwendung fällt dem Bedachten mit dem Erbfall an, allerdings auflösend bedingt durch die Zuwiderhandlung. Mit dieser verliert die Zuwendung ex nunc ihre Wirksamkeit. Bei einer

**Erbeinsetzung** tritt konstruktiv zwingend Nacherbfolge ein. Nacherben sind die vom Erblasser bestimmten Personen. Fehlt eine solche Bestimmung, gilt § 2104. Die Nacherbfolge ist aufschiebend bedingt. Bis dahin hat der Bedachte die Verfügungsbefugnisse eines befreiten Vorerben, wenn und soweit kein abweichender Erblasserwille zu ermitteln ist (MüKoBGB/Leipold Rn. 5; Zawar, Das Vermächtnis in der Kautelarjurisprudenz, dargestellt am aufschiebend bedingten oder befristeten Vermächtnis, 1983, 52). Bei einem **Vermächtnis** entfällt dieses ersatzlos, wenn der Erblasser nicht ausdrücklich ein Nachvermächtnis (§ 2191) angeordnet hat. Das auf Grund eines wirkungslos gewordenen Vermächtnisses Erlangte ist gem. § 812 Abs. 1 S. 2 von dem oder den Erben rückforderbar; ohne ausdrückliche Bestimmung des Erblassers brauchen die gezogenen Nutzungen nicht erstattet zu werden (MüKoBGB/Leipold Rn. 6).

## § 2076 Bedingung zum Vorteil eines Dritten

**Bezweckt die Bedingung, unter der eine letztwillige Zuwendung gemacht ist, den Vorteil eines Dritten, so gilt sie im Zweifel als eingetreten, wenn der Dritte die zum Eintritt der Bedingung erforderliche Mitwirkung verweigert.**

### Überblick

Diese Regel gilt, wenn der Erblasser eine Zuwendung mit der aufschiebenden Bedingung verknüpft, einem Dritten einen Vorteil zu verschaffen, ohne dass es sich dabei um ein Vermächtnis oder eine Auflage handelt. In diesem Fall gilt die Bedingung im Zweifel als eingetreten, so dass die Zuwendung dem Bedachten mit der Verweigerung der Mitwirkung anfällt (→ Rn. 6). Diese Norm ist auf eine erbrechtliche Zuwendung unter einer auflösenden Bedingung analog anzuwenden (→ Rn. 5).

### I. Normzweck

1 Hat der Erblasser eine erbrechtliche Zuwendung (Erbeinsetzung, Vermächtnis, Auflage) von einem Unterlassen oder Tun des Beschwerten oder des Bedachten abhängig gemacht, so gilt für diese bedingte Verfügung die allgemeine Bestimmung des § 162. Verhindert derjenige, der durch die Bedingung benachteiligt wird, deren Eintritt, so fingiert § 162 Abs. 1 deren Eintritt (OLG Hamm OLGZ 1968, 80 (85)). Führt dagegen der Begünstigte den Bedingungseintritt wider Treu und Glauben herbei, so vereitelt § 162 Abs. 2 den Erfolg. Bei einer erbrechtlichen Zuwendung, die zum Vorteil eines Dritten von einer aufschiebenden Bedingung abhängt (zB Unternehmensvermächtnis unter der Bedingung, dass ein verdienter Mitarbeiter zum Einzelprokuristen bestellt wird), legt § 2076 den Willen des Erblassers ergänzend (MüKoBGB/Leipold Rn. 1) dahin aus, dass die Bedingung auch dann eintritt, wenn der Dritte die erforderliche Mitwirkung verweigert (zB Mitarbeiter lehnt die Einzelprokura ab). Ein abweichender Erblasserwille hat Vorrang („im Zweifel").

### II. Voraussetzungen

2 **1. Aufschiebende Bedingung.** Diese Ergänzungsregel gilt nur bei einer Begünstigung des Dritten durch eine **Bedingung,** nicht dagegen bei der Anordnung eines Vermächtnisses oder einer Auflage zu seinen Gunsten. Allerdings kann trotz der Annahme eines Vermächtnisses oder einer Auflage § 2076 zum Zuge kommen, wenn deren Erfüllung zusätzlich zur Bedingung der Zuwendung an den Bedachten gemacht worden ist (MüKoBGB/Leipold Rn. 2). Diese Regel gilt unmittelbar nur bei einer Zuwendung, die vom Eintritt einer aufschiebenden Bedingung abhängt. Zu einer auflösend bedingten Zuwendung → Rn. 5.

3 Die Bedingung muss für den Dritten, nicht aber für den Bedachten oder den Erblasser, einen – nicht notwendigerweise geldwerten – **Vorteil** bringen, insbes. Geld- und Sachleistungen, Dienstleistungen, Wohnungsgewährung oder die Einräumung von Rechten. Da die Eheschließung ein komplexes Gefüge von Rechten und Pflichten auslöst, kann eine entsprechende Bedingung nicht als Vorteilsgewährung iSd § 2076 angesehen werden (MüKoBGB/Leipold Rn. 2; aA Staudinger/Otte, 2019, Rn. 3; Grüneberg/Weidlich Rn. 2; zur Sittenwidrigkeit einer solchen Bedingung → § 2074 Rn. 20). Die Bedingung muss wirksam sein, also bestimmt genug und nicht sittenwidrig (ausf. → § 2074 Rn. 5 ff.). So ist zB die Bedingung, den Erblasser töten zu lassen, bereits nach § 138 nichtig (Staudinger/Otte, 2019, Rn. 5; vgl. dagegen BayObLG FamRZ 1986, 606).

Die **Verweigerung** der erforderlichen Mitwirkung muss die alleinige Ursache für die Nichterfüllung der Bedingung sein. Unter Verweigerung ist dabei jede Willensäußerung oder jedes Verhalten zu verstehen, aus der bzw. dem sich der ernsthafte Wille des Dritten zur endgültigen Ablehnung ergibt. Scheitert die Erfüllung der Bedingung allein oder auch aus sonstigen Gründen (zB mangelnde Leistungsbereitschaft, Unmöglichkeit zur Erfüllung), so findet § 2076 keine Anwendung (vgl. BayObLG FamRZ 1986, 606 (607)). Im Unterschied zu § 162 kommt es im Rahmen des § 2076 nicht darauf an, ob die Verweigerung der Mitwirkung durch den Dritten treuwidrig ist. 4

**2. Auflösende Bedingung.** Diese Norm ist auf eine erbrechtliche Zuwendung unter einer auflösenden Bedingung analog anzuwenden. Hat der Erblasser den Fortbestand der erbrechtlichen Zuwendung davon abhängig gemacht, dass der Zuwendungsempfänger etwas für einen Dritten tut (zB pflegt, im Betrieb mitarbeitet), so gilt die auflösende Bedingung als nicht eingetreten, wenn der begünstigte Dritte den Zuwendungsempfänger am erforderlichen Handeln hindert (MüKoBGB/Leipold Rn. 3; Staudinger/Otte, 2019, Rn. 4). 5

## III. Rechtsfolgen

Bei einer **aufschiebenden Bedingung** führt § 2076 dazu, dass die Bedingung mit der Verweigerung der Mitwirkung durch den Dritten als eingetreten gilt, der Bedachte mit diesem Zeitpunkt also die Zuwendung erhält. Handelt es sich dagegen um eine **auflösende Bedingung,** so kann der Bedachte die Zuwendung bedingungslos behalten. 6

## § 2077 Unwirksamkeit letztwilliger Verfügungen bei Auflösung der Ehe oder Verlobung

**(1) [1]Eine letztwillige Verfügung, durch die der Erblasser seinen Ehegatten bedacht hat, ist unwirksam, wenn die Ehe vor dem Tode des Erblassers aufgelöst worden ist. [2]Der Auflösung der Ehe steht es gleich, wenn zur Zeit des Todes des Erblassers die Voraussetzungen für die Scheidung der Ehe gegeben waren und der Erblasser die Scheidung beantragt oder ihr zugestimmt hatte. [3]Das Gleiche gilt, wenn der Erblasser zur Zeit seines Todes berechtigt war, die Aufhebung der Ehe zu beantragen, und den Antrag gestellt hatte.**

**(2) Eine letztwillige Verfügung, durch die der Erblasser seinen Verlobten bedacht hat, ist unwirksam, wenn das Verlöbnis vor dem Tode des Erblassers aufgelöst worden ist.**

**(3) Die Verfügung ist nicht unwirksam, wenn anzunehmen ist, dass der Erblasser sie auch für einen solchen Fall getroffen haben würde.**

### Überblick

Diese Auslegungsregel gilt für Erbeinsetzungen, Vermächtnisse und Auflagen, die nach der Eheschließung bzw. Eingehung des Verlöbnisses verfügt worden sind. Auf die Partner einer nichtehelichen Lebensgemeinschaft ist § 2077 nicht analog anwendbar (→ Rn. 3). Dagegen findet § 2077 auf die Partner einer gleichgeschlechtlichen Lebenspartnerschaft iSd § 1 Abs. 1 S. 1 LPartG entspr. Anwendung (→ Rn. 4). § 2077 ist auf erbrechtliche Zuwendungen an Schwiegerkinder nach richtiger Auffassung des BGH nicht analog anwendbar (→ Rn. 5). Auch auf andere Rechtsgeschäfte, insbesondere auf Lebensversicherungsverträge, ist diese Auslegungsregel nicht analog anzuwenden (→ Rn. 6). Der Rechtskraft eines Aufhebungs- oder Scheidungsurteils steht es gleich, wenn der Erblasser noch vor seinem Tod den zur Einleitung eines solchen Verfahrens erforderlichen Antrag gestellt oder, im Falle der Ehescheidung, dem Antrag des anderen zugestimmt hat (→ Rn. 7 ff.). Auch die Auflösung des Verlöbnisses führt zur Unwirksamkeit (→ Rn. 11). Im Einzelfall kann die Auslegung ergeben, dass die Zuwendung trotz Auflösung der Ehe bzw. des Verlöbnisses fortgelten soll (→ Rn. 12). Umstritten ist die Anwendbarkeit, falls sich die Ehegatten nach der Scheidung aussöhnen oder erneut heiraten (→ Rn. 14). Der bedachte Ehegatte bzw. Verlobte trägt die Beweislast dafür, dass der Erblasser die Verfügung auch für den Fall der Ehe- bzw. Verlöbnisauflösung vor dem Erbfall getroffen haben würde (→ Rn. 16).

## I. Anwendungsbereich

**1. Zuwendung an Ehepartner bzw. Verlobten.** Diese dispositive Auslegungsregel (BGH FamRZ 1960, 28; OLG Rostock BeckRS 2021, 25585 Rn. 24; BayObLG FamRZ 1983, 1226 1

(1228); Schnabel, Das Geschiedenentestament, 2000, 26 ff. mwN; aA Muscheler DNotZ 1994, 733 (736) mwN: dispositiver Rechtssatz) gilt für Erbeinsetzungen, Vermächtnisse und Auflagen. Nach dem Wortlaut dieser Vorschrift müssen der Erblasser und sein Ehepartner (Abs. 1 S. 1) bzw. Verlobter (Abs. 2) zurzeit der Errichtung der letztwilligen Verfügung miteinander verheiratet bzw. verlobt sein (BGH FamRZ 1961, 364 (366)). Für vorher errichtete Verfügungen gilt diese Auslegungsregel daher grds. nicht. Sie ist ausnahmsweise auch dann anwendbar, wenn bei Testamentserrichtung Erblasser und Bedachter bereits **verlobt** waren und danach geheiratet haben (BGH FamRZ 1961, 364 (366); BayObLG FamRZ 1993, 362; MüKoBGB/Leipold Rn. 18). Im Unterschied dazu gilt sie aber dann nicht, wenn die späteren Ehegatten zurzeit der Errichtung der letztwilligen Verfügung zwar nicht verlobt waren, aber in einer eheähnlichen bzw. **nichtehelichen Lebensgemeinschaft** zusammengelebt haben (OLG Rostock BeckRS 2021, 25585 Rn. 24; OLG Frankfurt BeckRS 2016, 9184 Rn. 20; 2016, 6193 Rn. 12; OLG Celle ZEV 2003, 328 mAnm Leipold; BayObLG FamRZ 1983, 1226; BeckOGKBGB/Harke Rn. 11; MüKoBGB/Leipold Rn. 15). Allerdings wird die deshalb notwendige Abgrenzung einer Verlobung von einem Zusammenleben in einer eheähnlichen bzw. nichtehelichen Lebensgemeinschaft im Falle einer nachfolgenden Heirat erhebliche Beweisprobleme mit sich bringen (Vgl. OLG Frankfurt BeckRS 2016, 9184 Rn. 22). Trotzdem fehlt die für eine Analogie erforderliche unbeabsichtigte Gesetzeslücke, weil das Zusammenleben ohne Trauschein sowie der Verzicht auf förmliche Verlobungen schon seit langem zur gesellschaftlichen Normalität gehören und der Gesetzgeber bereits verschiedene Male erwogen hat, derartige Formen des Zusammenlebens rechtlich zu regeln. Notare, die mit der Beurkundung einer umfassenden Regelung aller Scheidungsfolgen beauftragt sind, sollten sich nicht dem etwaigen Vorwurf einer Verletzung ihrer erweiterten **Belehrungspflicht** gem. § 17 Abs. 1 S. 1 BeurkG (→ BeurkG § 17 Rn. 6) aussetzen und über die begrenzte Reichweite dieser Auslegungsregel bei vor der Eheschließung errichteten Testamenten und Erbverträgen belehren.

§ 2077 ist auf Ehen im **Gebiet der ehemaligen DDR** anzuwenden, die vor dem Beitritt geschieden wurde, wenn der Erblasser nach dem Beitritt verstorben ist (OLG Dresden BeckRS 2009, 88196).

2 Hat der Erblasser in seinem Testament den Erben, Vermächtnisnehmer oder Auflagebegünstigten mit dem Wort „mein Ehemann" bzw. „meine Ehefrau" oder einer gleichbedeutenden abstrakten Formulierung bezeichnet, so ist damit stets nur der bei Errichtung mit dem Erblasser verheiratete Ehepartner gemeint (vgl. RGZ 134, 277 (281); Lange/Kuchinke ErbR § 34 VI 3 f. Fn. 202; Soergel/Loritz/Uffmann § 2071 Rn. 4; Damrau/Seiler/Rudolf § 2071 Rn. 5; aA Lange JherJb 82 (1932), 1 (24)). Entsprechendes gilt beim Verlöbnis zwischen künftigen Ehepartnern, also dem ernst gemeinten gegenseitigen Eheversprechen.

3 **2. Zuwendung an Partner einer nichtehelichen Lebensgemeinschaft.** Auf die Zuwendung an den Partner einer nichtehelichen Lebensgemeinschaft ist § 2077 nicht analog anwendbar, weil die darin zum Ausdruck kommende Entscheidung, überhaupt nicht oder noch nicht heiraten zu wollen, keinen dem § 2077 vergleichbaren Schluss auf die Verknüpfung zwischen Partnerschaft und Zuwendung erlaubt (OLG Frankfurt BeckRS 2016, 09184 Rn. 20; 2016, 06193 Rn. 12; OLG Celle ZEV 2003, 328 mAnm Leipold; BayObLG FamRZ 1983, 1226; BeckOGKBGB/Harke Rn. 11; MüKoBGB/Leipold Rn. 15). Außerdem fehlt es bei diesen Partnerschaften an sicheren Anknüpfungspunkten für deren Beendigung, sodass erhebliche Rechtsunsicherheit die Folge einer analogen Anwendung wäre (BayObLG FamRZ 1983, 1226 (1228); MüKoBGB/Leipold Rn. 11; de Witt-Huffmann, Nichteheliche Lebensgemeinschaft, 2. Aufl. 1986, Rn. 303; aA Meier-Scherling DRiZ 1979, 296 (299); gegen dieses Argument: BeckOGKBGB/Harke Rn. 11). S. zur Zuwendung innerhalb einer nichtehelichen Lebensgemeinschaft im Falle der nachfolgenden Heirat → Rn. 1.

4 **3. Zuwendung an Partner bzw. Verlobten einer gleichgeschlechtlichen Lebenspartnerschaft.** Im Unterschied zu einer nichtehelichen Lebensgemeinschaft findet § 2077 auf die Partner einer gleichgeschlechtlichen Lebenspartnerschaft iSd § 1 Abs. 1 S. 1 LPartG entspr. Anwendung (§ 10 Abs. 5 LPartG). Der Eheauflösung bzw. -scheidung entspricht dabei die Aufhebung gem. § 15 LPartG. Gemäß § 10 Abs. 5 LPartG iVm § 2077 Abs. 1 S. 2 und 3 genügt es, wenn der verstorbene Lebenspartner die Aufhebung beantragt hatte und die Voraussetzungen des § 15 Abs. 2 LPartG beim Tod gegeben sind. Gemäß § 1 Abs. 3 LPartG, § 10 Abs. 5 LPartG gilt § 2077 Abs. 2 bei einem ernsthaften Versprechen, diese Partnerschaft einzugehen (Verlöbnis von Lebenspartnern), ebenfalls entspr. Deshalb kann auf die Ausführungen zu → Rn. 1 verwiesen werden.

**4. Zuwendung an Schwiegerkind.** § 2077 ist auf erbrechtliche Zuwendungen an Schwiegerkinder nach richtiger Auffassung des BGH nicht analog anwendbar (BGH NJW 2003, 2095; Litzenburger ZEV 2003, 385 (388 f.); aA OLG Saarbrücken NJW 1994, 589; Leipold ZEV 2003, 285; MüKoBGB/Leipold Rn. 5), weil dafür oft andere Gründe ausschlaggebend sind als allein der Bestand der Ehe mit dem eigenen Kind, beispielsweise die Anerkennung besonderer Verdienste um das Vermögen der Schwiegereltern, die Erwartung persönlicher Betreuung bei Krankheit oder die Hoffnung auf gute Versorgung der Enkelkinder. Diesen Besonderheiten wird die Beweislastregel des § 2077 Abs. 3 nicht gerecht. Auch § 2077 Abs. 1 S. 2 ist auf diese Fälle nicht zugeschnitten, weil bei ihnen eine Aussöhnung zwischen Kind und Schwiegerkind nach dem Tod des Erblassers noch möglich ist (Litzenburger ZEV 2003, 385 (389)). Bei derartigen Zuwendungen ist deshalb durch erläuternde oder ergänzende Auslegung (→ § 2084 Rn. 6 ff., → § 2084 Rn. 37 ff.) zu ermitteln, ob sie vom Bestand der Ehe mit dem Kind abhängig sind. Fehlt jeglicher **Hinweis auf die Ehe** mit dem Kind, so ist in aller Regel vom Fortbestand der erbrechtlichen Zuwendung nach der Scheidung vom eigenen Kind auszugehen. Ist dagegen das Schwiegerkind in einer Verfügung als „Ehefrau", „künftige Ehefrau" (vgl. OLG Saarbrücken NJW-RR 1994, 589), „Schwiegersohn" usw aufgeführt, so ist eine **Erbeinsetzung** mit der Scheidung vom eigenen Kind regelmäßig unwirksam geworden. Bei **Vermächtnissen** wird man sich dagegen mit dieser einfachen Bezugnahme auf die Ehe mit dem Kind nicht begnügen dürfen und untersuchen müssen, ob hierfür andere Motive ausschlaggebend waren (ausf. Litzenburger ZEV 2003, 385 (387 f.)). Bei der Gestaltung erbrechtlicher Zuwendungen an Schwiegerkinder sollte vor diesem Hintergrund unbedingt geregelt werden, ob und inwieweit diese vom Fortbestand der Ehe mit dem eigenen Kind abhängig sind, insbes. ob sie auflösend bedingt iSd §§ 2074, 2075 für den Fall sind, dass die Ehe nach dem Erbfall geschieden wird (vgl. die Gestaltungsvorschläge von Litzenburger ZEV 2003, 385 (390)). Unter **erbschaftsteuerlichen Gesichtspunkten** sind unmittelbare Zuwendungen an Schwiegerkinder jedoch zu vermeiden, weil diese in der Steuerklasse II versteuert werden müssen (§ 15 Abs. 1 ErbStG) und der Grundfreibetrag dabei nur 20.000 Euro beträgt (§ 16 Abs. 1 Nr. 4 ErbStG). Vorzuziehen sind „mittelbare Zuwendungen" über das eigene Kind, das dann unter Ausnutzung der günstigen Steuerklasse zwischen Ehegatten in Verbindung mit den hohen Freibeträgen das Vermögen oftmals steuerfrei weitergeben kann. Unmittelbare Zuwendungen an Schwiegerkinder sollten deshalb auf die Ersatzerbeinsetzung an Stelle des eigenen Kindes beschränkt werden, wenn die Ehe der beiden kinderlos geblieben ist. 5

**5. Rechtsgeschäfte zugunsten des Ehepartners bzw. Verlobten.** § 2077 ist auf andere Rechtsgeschäfte, insbes. auf Lebensversicherungsverträge, nicht entspr. anzuwenden, weil die von selbst eintretende Nichtigkeitsfolge mit dem schutzwürdigen Vertrauen des Versicherers nicht vereinbar und eine Regelungslücke gar nicht vorhanden ist (BGH NJW 1987, 3131; 1995, 1082 (1084); aA MüKoBGB/Leipold Rn. 37 mwN). Bei Lebensversicherungen bedarf der bezugsberechtigte Ehegatte im Verhältnis zu dem Versicherten eines Rechtsgrundes, um die Versicherungssumme behalten zu dürfen. Mit dem Scheitern der Ehe fällt diese Geschäftsgrundlage im Valutaverhältnis regelmäßig weg, es sei denn, die Versicherung war gerade für diesen Fall als Unterhaltssicherung des Bezugsberechtigten bestimmt (BGH NJW 1987, 3131). Die Auslegungsregel gilt auch nicht für einen **Erbverzichtsvertrag** (§ 2346 BGB) zwischen Eheleuten, die nach einer Ehescheidung ein weiteres Mal heiraten, weil der Bestand der Ehe keine Wirksamkeitsvoraussetzung eines derartigen Vertrags ist und dieser erst mit dem Erbfall seine erbrechtsgestaltende Wirkung entfaltet; allerdings dürfte jedem Verzichtenden wegen Änderung der Geschäftsgrundlage ein Rücktrittsrecht zustehen. 6

## II. Auflösungstatbestände

**1. Eheaufhebung oder -scheidung (Abs. 1). a) Rechtskräftiges Urteil.** Die Ehe kann unter den in §§ 1314, 1315 aufgeführten Voraussetzungen durch rechtskräftiges Urteil gem. § 1313 aufgehoben werden. Diese **Eheaufhebung** ist mit Wirkung ab dem 1.7.1998 an die Stelle des Nichtigkeits- oder Aufhebungsurteils nach dem EheG getreten. Bei vor dem 1.7.1998 geschlossenen Ehen ist zusätzlich die Einschränkung des Art. 226 Abs. 1 EGBGB zu beachten. Mit Rechtskraft des Aufhebungsurteils (§ 1313 S. 2) entfällt gem. § 2077 Abs. 1 S. 1 die Wirksamkeit einer Zuwendung an den Ehepartner der aufgelösten Ehe. Dieselbe Rechtsfolge tritt ein, wenn noch **vor dem 1.7.1998** die **Nichtigkeits- oder Aufhebungsklage** nach dem mit diesem Tag außer Kraft getretenen EheG erhoben (vgl. Art. 226 Abs. 2 EGBGB) oder rechtskräftig hierüber entschieden worden ist. Auch mit Rechtskraft eines **Scheidungsurteils** entfällt gem. § 2077 Abs. 1 7

S. 2 eine erbrechtliche Zuwendung an den geschiedenen Ehegatten. Wegen einer späteren Aussöhnung oder Wiederheirat wird auf → Rn. 14 verwiesen.

8 **b) Rechtshängiges Aufhebungs- oder Scheidungsverfahren.** Im Rahmen des § 2077 steht es der Rechtskraft eines Aufhebungs- oder Scheidungsurteils gleich, wenn der Erblasser noch vor seinem Tod den zur Einleitung eines solchen Verfahrens erforderlichen **Antrag gestellt** oder, im Falle der Ehescheidung, dem Antrag des anderen **zugestimmt** hat. Das vom Erblasser eingeleitete Aufhebungs- oder Scheidungsverfahren muss rechtshängig sein, die bloße Einreichung bei Gericht genügt nicht. Auch der Eingang bei einem örtlich unzuständigen Gericht ist tatbestandsmäßig (Damrau/Seiler/Rudolf Rn. 5). Unzureichend ist jedoch ein Antrag auf Prozesskostenhilfe (Staudinger/Otte, 2019, Rn. 15; Bock MittRhNotK 1977, 205 (207)). Wird der Aufhebungs- oder Scheidungsantrag zurückgenommen oder die Zustimmung zur Scheidung wirksam widerrufen, tritt die Rechtsfolge des § 2077 Abs. 1 nicht ein (Soergel/Loritz/Uffmann Rn. 6; vgl. OLG Naumburg BeckRS 2015, 10356).

9 Das Einverständnis des Erblassers zum Scheidungsbegehren des überlebenden Ehepartners braucht nicht unter Verwendung des Wortes „Zustimmung" erklärt zu werden (vgl. OLG Frankfurt NJW-RR 1990, 136; aA OLG Stuttgart NJW 1979, 662). Das eingeleitete Aufhebungs- oder Scheidungsverfahren hat nur aber auch immer dann die Rechtsfolge des § 2077 Abs. 1, wenn es nach **materiellem Recht** zur Auflösung der Ehe geführt hätte (OLG Zweibrücken Rpfleger 2000, 501).

10 Der Antragstellung durch den Erblasser steht es nicht gleich, wenn der bedachte Ehepartner das Aufhebungs- oder Scheidungsverfahren rechtshängig gemacht hat. Der Scheidungsantrag des Bedachten hat nur unter der Bedingung, dass der Erblasser ihm zugestimmt hat, die Wirkung des § 2077. Ist diese Zustimmung vom Erblasser erklärt worden, so entfällt die Zuwendung an den überlebenden Ehepartner selbst dann, wenn dieser seinen Antrag nach der Zustimmung wieder zurückgenommen hat. Diese Differenzierung zwischen den Folgen des Antrags bzw. der Zustimmung des Erblassers und dem bzw. der des Bedachten sichert das Selbstbestimmungsrecht des Erblassers über die Fortgeltung seiner Verfügungen (Staudinger/Kanzleiter, 2006, § 2268 Rn. 8 und Staudinger/Kanzleiter, 2006, § 2279 Rn. 13; aA Wirtz, Die erbrechtliche Position des Ehegatten im Scheidungsverfahren, 2003, 147 ff.: Verletzung von Art. 2 Abs. 1, 6, 6b; Staudinger/Otte, 2019, Rn. 18: analoge Anwendung wegen Gleichheitsgrundsatz; vgl. dagegen BayObLG FamRZ 1990, 322). Die Aufhebungswirkung darf ihm vom Bedachten nicht aufgedrängt werden. Hinzukommen muss sowohl bei Aufhebung als auch bei Scheidung der Ehe noch, dass der Antrag Erfolg gehabt und die Ehe aufgelöst oder geschieden worden wäre (vgl. OLG Zweibrücken Rpfleger 2000, 501; NJW 1995, 601).

11 **2. Verlöbnisauflösung (Abs. 2).** Das wirksam begründete Verlöbnis kann sowohl durch einvernehmliche Aufhebung als auch durch einseitige Rücktrittserklärung aufgelöst werden. Mit dem Wirksamwerden dieser Auflösungstatbestände entfällt gem. § 2077 Abs. 2 auch die Wirksamkeit einer Zuwendung des einen Verlobten an den anderen. Heiraten die Verlobten nach der Errichtung der Verfügung, so gilt Abs. 1, wenn die Ehe später aufgehoben oder geschieden wird. Versöhnen sich die Verlobten nach der Auflösung des Verlöbnisses wieder, gilt das Gleiche wie im Fall der Aussöhnung oder Wiederheirat von Ehegatten (→ Rn. 14).

## III. Vorrang der Auslegung (Abs. 3)

12 **1. Realer oder hypothetischer Wille.** Diese Auslegungsregel beruht auf dem Grundgedanken, dass jede Zuwendung an den Ehegatten oder Verlobten des Erblassers ihre Rechtfertigung in der gültigen Ehe bzw. in dem bestehenden Verlöbnis findet. Ein im Einzelfall festgestellter, abweichender Erblasserwille hat jedoch Vorrang. Auch wenn Abs. 3 nur den hypothetischen Erblasserwillen nennt, so ist doch auch der wirklich erklärte Wille zu beachten. Der Erblasser kann also den Eintritt der Rechtsfolge durch ausdrückliche Erklärung ausschließen (ausf. J. Mayer ZEV 1997, 280). Hat der Erblasser bei Errichtung des Testaments den Fall der Ehe- oder Verlöbnisauflösung nicht bedacht, so kommt es darauf an, wie sich der Erblasser entschieden hätte, hätte er den Fall der Ehe- oder Verlöbnisauflösung bedacht **(hypothetischer Erblasserwille)** (BGH BeckRS 1961, 31348711). Es ist also zu ermitteln, ob der Erblasser, hätte er die spätere Scheidung bzw. Trennung in Betracht gezogen, in gleicher Weise verfügt hätte (vgl. OLG Rostock BeckRS 2021, 25585 Rn. 25 f.). Allein die Tatsache der Errichtung nach der Trennung, aber vor Beantragung der Scheidung reicht nicht aus, einen abweichenden Fortgeltungswillen anzunehmen (OLG Zweibrücken FamRZ 1998, 1540).

Weil die Prüfung des hypothetischen Erblasserwillens mit erheblichen Unsicherheiten verbunden ist (vgl. OLG Rostock BeckRS 2021, 25585 Rn. 26), sollte das Testament eine **eindeutige Bestimmung** enthalten, unter welchen, möglichst leicht nachprüfbaren Umständen (zB Einreichung des Scheidungsantrags durch einen Ehepartner) die letztwilligen Verfügungen entfallen sollen (BeckOGK/Harke Rn. 33; J. Mayer ZEV 1997, 280 (282)). Dabei handelt es sich nicht um eine auflösende Bedingung, die gem. § 35 Abs. 1 S. 2 Hs. 2 GBO die Vorlage eines Erbscheins erforderlich macht, sondern lediglich um eine Konkretisierung dieser gesetzlichen Auslegungsregel (KG BeckRS 2012, 25094). Sollen die letztwilligen Verfügungen entgegen § 2077 weitergelten, so sollte auch dies ausdrücklich geregelt werden (vgl. OLG Rostock BeckRS 2021, 25585 Rn. 25 f.). 13

**2. Aussöhnung oder Wiederheirat.** Nach hM kommt es dabei allein auf den **Zeitpunkt** der Testamentserrichtung an (BGH FamRZ 1960, 28 (29); 1961, 364; BayObLG FamRZ 1996, 760 (762); Staudinger/Otte, 2019, Rn. 25; Soergel/Loritz/Uffmann Rn. 17; MüKoBGB/Leipold Rn. 25; Busse MittRhNotK 1998, 225 (226)), sodass eine nachträgliche anderslautende Willensäußerung unbeachtlich ist, es sei denn, diese lässt selbst den Rückschluss auf einen bereits bei Errichtung vorhandenen abweichenden Erblasserwillen zu. Nach aA ist auch der nachträgliche reale Wille des Erblassers zu berücksichtigen (Flume BGB AT 337; Kipp/Coing ErbR § 23 V 4; v. Lübtow ErbR I 293; Siber FS RG, Bd. III, 1929, 362 ff.). Dieser Streit erlangt praktische Bedeutung, wenn sich die Ehegatten nach der Scheidung **aussöhnen** oder **erneut heiraten.** Die hM verwirft die spätere Aussöhnung als Ausdruck einer irrelevanten Willensänderung, weil deren Berücksichtigung mit der Formstrenge testamentarischer Verfügungen nicht zu vereinbaren sei (vgl. MüKoBGB/Leipold Rn. 26 f.). Inkonsequenter Weise soll bei dem vergleichbaren Fall der Wiederheirat nach einem Teil der Lit. kein Fall des § 2077 vorliegen, sodass dann, wenn Erblasser und Bedachter sowohl bei Testamentserrichtung als auch beim Erbfall miteinander verheiratet waren, die Verfügungen wirksam sind (Soergel/Loritz/Uffmann Rn. 17; MüKoBGB/Leipold Rn. 27; Busse MittRhNotK 1998, 225 (227)). Andere wiederum bleiben konsequent und kommen in beiden Fällen gleichermaßen gem. § 2077 Abs. 1 zur Unwirksamkeit der Verfügung, wenn und soweit nicht iRd Abs. 3 ein abweichender hypothetischer Aufrechterhaltungswille des Erblassers festgestellt werden kann (KG FamRZ 1968, 217 m. abl. Anm. Bosch; BayObLG FamRZ 1994, 193; Soergel/Loritz/Uffmann Rn. 17; Tappmeier DNotZ 1987, 715 (717, 724)). Da die bereits angeführte Mindermeinung ohnehin den nachträglichen (hypothetischen oder realen) Erblasserwillen beachtet und § 2077 deshalb nicht anwendet, bleibt die Verfügung sowohl bei Aussöhnung als auch bei Wiederheirat wirksam, sofern kein abweichender Erblasserwille festgestellt wird. Mit der hM können (formlose) **Willensänderungen,** die im Widerspruch zum festgestellten hypothetischen Willen zurzeit der Errichtung stehen, wegen der Formenstrenge des Erbrechts nicht beachtet werden. Folglich ist die Verfügung trotz der Aussöhnung oder der erneuten Verheiratung mit dem Bedachten gem. § 2077 Abs. 1 unwirksam, es sei denn, ein Wille zur Fortgeltung kann festgestellt werden. Formlose Willensäußerungen und sonstige Verhaltensweisen sind dabei als äußere Umstände im Rahmen der Ermittlung des hypothetischen Willens nur insoweit beachtlich, als von diesen auf den bei Errichtung vorhandenen Willen zurückgeschlossen werden kann. Während eine Zuwendung trotz Auflösung bzw. Scheidung der Ehe oder des Verlöbnisses ein seltener Ausnahmefall sein wird (BayObLG FamRZ 1993, 362 (363)), dürfte dagegen im Falle der Aussöhnung oder Wiederheirat der Wille des Erblassers nahe liegen, die Begünstigung aufrechtzuerhalten. Die praktischen Ergebnisse werden sich allerdings trotz des Streits nicht wesentlich voneinander unterscheiden (vgl. Kuchinke DNotZ 1996, 306). 14

## IV. Rechtsfolge

Rechtsfolge des § 2077 ist die Unwirksamkeit einer Erbeinsetzung oder eines Vermächtnisses zugunsten des Ehepartners bzw. Verlobten des Erblassers. Bei einer Auflage entfällt der Vollziehungsanspruch. Enthält das Testament auch Verfügungen zugunsten Dritter, so bleiben diese uneingeschränkt wirksam. 15

## V. Beweisfragen

Der bedachte Ehegatte bzw. Verlobte trägt die Beweislast dafür, dass der Erblasser die Verfügung auch für den Fall der Ehe- bzw. Verlöbnisauflösung vor dem Erbfall getroffen haben würde (BGH FamRZ 1960, 28; BayObLG Rpfleger 1987, 503). Ein Verlobter ist ferner dafür beweispflichtig, dass das Verlöbnis bis zum Erbfall wirksam fortbestanden hat (BayObLG Rpfleger 1987, 503). Hatte der Erblasser vor seinem Tod die Aufhebung oder Scheidung der Ehe beantragt, so trägt der bedachte Ehepartner die Beweislast dafür, dass die Ehe nicht aufgelöst oder geschieden worden 16 wäre (OLG Bremen FamRZ 1986, 833; vgl. auch OLG Frankfurt FamRZ 1990, 136). Im Erbscheinsverfahren trifft die Feststellungslast denjenigen, der sich auf die Weitergeltung der letztwilligen Verfügung beruft (BayObLG FamRZ 1993, 362; OLG Bremen FamRZ 1986, 833).

## § 2078 Anfechtung wegen Irrtums oder Drohung

**(1) Eine letztwillige Verfügung kann angefochten werden, soweit der Erblasser über den Inhalt seiner Erklärung im Irrtum war oder eine Erklärung dieses Inhalts überhaupt nicht abgeben wollte und anzunehmen ist, dass er die Erklärung bei Kenntnis der Sachlage nicht abgegeben haben würde.**

**(2) Das Gleiche gilt, soweit der Erblasser zu der Verfügung durch die irrige Annahme oder Erwartung des Eintritts oder Nichteintritts eines Umstands oder widerrechtlich durch Drohung bestimmt worden ist.**

**(3) Die Vorschrift des § 122 findet keine Anwendung.**

### Überblick

Anfechtbar gem. §§ 2078 ff. ist nicht das gesamte Testament, sondern nur einzelne, mehrere und uU auch alle darin enthaltenen letztwilligen Verfügungen (→ Rn. 2). Umstritten ist die analoge Anwendung auf Schenkungsverträge zugunsten Dritter auf den Todesfall (→ Rn. 3). Ein Irrtum in der Erklärungshandlung (Abs. 1 Alt. 2) Irrtum liegt nur vor, wenn der Erblasser bei Errichtung der Verfügung eine Erklärung mit diesem Inhalt überhaupt nicht abgeben wollte, insbesondere sich verschrieben hat (→ Rn. 4). Beim Inhaltsirrtum muss der Erblasser bei Errichtung der Verfügung unzutreffende Vorstellungen über die Bedeutung seiner abgegebenen Erklärung gehabt haben (→ Rn. 5). Die besonderen erbrechtlichen Anfechtungsregeln unterscheiden sich von den allgemeinen Bestimmungen der §§ 119 ff. hauptsächlich durch die Zulassung der Anfechtung wegen eines sonst unbeachtlichen Motivirrtums (→ Rn. 6 ff.). Hat der Erblasser bei Errichtung der Verfügung, den Eintritt oder das Ausbleiben zukünftiger Tatsachen oder rechtlicher Wirkungen erwartet, so ist umstritten, in welchem Umfang er sich dieser Ereignisse bewusst gewesen sein muss (→ Rn. 8). Nur Fehlvorstellungen, die bereits zurzeit der Testamentserrichtung vorhanden waren, berechtigen zur Anfechtung (→ Rn. 10). Der Gesetzeswortlaut lässt offen, ob auch erst nach dem Erbfall eingetretene Veränderungen noch einen Anfechtungsgrund darstellen (→ Rn. 12). Bei einem Motivirrtum steht im Mittelpunkt jeder Prüfung die Frage nach der Kausalität zwischen Irrtum und Verfügung (→ Rn. 13). Ist der Erblasser rechtswidrig unter einer Drohung zu einer Verfügung veranlasst worden, so kann diese gem. § 2078 Abs. 2 Alt. 2 angefochten werden (→ Rn. 14). Die angefochtene letztwillige Verfügung ist von Anfang an, dh ab Errichtung, nichtig, jedoch nur in dem Umfang, in dem sie durch den Irrtum oder die Drohung kausal beeinflusst ist (→ Rn. 17). Umstritten ist, ob der Erblasser eine anfechtbare Verfügung in einem Testament oder eine solche mit einseitigem Charakter in einem gemeinschaftlichen Testament oder in einem Erbvertrag nach der Errichtung in Anwendung des § 144 formfrei bestätigen kann (→ Rn. 19).

### Übersicht



## I. Vorrang der Auslegung

1 Die Auslegung, auch die ergänzende, geht der Anfechtung vor (BGH LM § 2100 Nr. 1; NJW 1978, 264 (266); MüKoBGB/Leipold Rn. 11; krit. dazu Schubert/Czub JA 1980, 258). Die

Auslegung dient der Verwirklichung des Erblasserwillens, während die Anfechtung ihn vernichtet (§ 142). Eine zur Anfechtung berechtigende Diskrepanz zwischen dem Willen des Erblassers und seiner Erklärung oder zwischen dessen Vorstellungen und den wirklichen Umständen kann erst dann festgestellt werden, wenn zuvor sein wahrer Wille durch erläuternde und ergänzende Auslegung (s. bei § 2084) ermittelt worden ist.

## II. Anfechtungsgegenstand

Anfechtbar gem. §§ 2078 ff. ist nicht das gesamte Testament, sondern nur einzelne, mehrere und uU auch alle darin enthaltenen letztwilligen Verfügungen (RGZ 70, 391 (394); BGH NJW 1985, 2025 (2026)). Verfügungen in einem Testament und solche mit einseitigem Charakter in einem gemeinschaftlichen Testament oder in einem Erbvertrag können nur von anderen Personen als dem Erblasser angefochten werden, und zwar erst nach dessen Tod. Der Erblasser kann diese nämlich ohnehin jederzeit frei widerrufen, bedarf also keines Anfechtungsrechts (Staudinger/Kanzleiter, 2019, § 2271 Rn. 65; Staudinger/Otte, 2019, Rn. 1), und zwar selbst dann nicht, wenn er wegen Geschäftsunfähigkeit faktisch am Widerruf gehindert ist. In diesem Fall steht weder dem Betreuer (aA W. Lange ZEV 2008, 313 (318); Harke JZ 2004, 180 (183): analoge Anwendung des § 2282 Abs. 2) noch dem Vorsorgebevollmächtigten (vgl. M. Zimmer ZEV 2007, 159 (162)) ein Anfechtungsrecht zu; es genügt, dass die Berechtigten gem. § 2080 nach dem Tod des (geschäftsunfähigen) Erblassers dessen Verfügungen anfechten können. Bei einem gemeinschaftlichen Testament können darin getroffene wechselbezügliche Verfügungen vom Erblasser analog §§ 2281–2284 und von jeder anderen Person gem. §§ 2078 ff. angefochten werden, allerdings erst nach dem Tod des Erstversterbenden, da bis dahin jeder Beteiligte seine Verfügungen frei widerrufen kann. Vertragsmäßige Verfügungen in einem Erbvertrag können vom Erblasser gem. §§ 2281–2284 und nach dessen Tod von anderen Personen gem. §§ 2078 ff. angefochten werden. Auch die Erbvertragsaufhebung gem. § 2290 kann von Dritten auf diesem Weg angefochten werden (→ § 2290 Rn. 8). Schließlich unterliegen auch der Widerruf eines Testaments (§ 2254), der Widerruf durch Vernichtung (§ 2255) (RGZ 102, 69; Erman/M. Schmidt Rn. 4; aA Lange/Kuchinke ErbR § 23 III 2b mwN) sowie die Rücknahme eines öffentlichen Testaments aus der besonderen amtlichen Verwahrung (§ 2256) (KG NJW 1970, 612; BayObLG Rpfleger 2005, 541; FamRZ 1990, 1404; Erman/M. Schmidt Rn. 4; aA v. Lübtow NJW 1968, 1849; Kipp/Coing ErbR § 31 II 3) der Anfechtbarkeit gem. §§ 2078 ff. Der Umfang der Anfechtbarkeit hängt dabei davon ab, ob und in welchem Maße die Verfügung durch einen Irrtum oder eine Drohung beeinflusst worden ist. Das **Unterlassen** einer erbrechtlichen Verfügung wegen irriger Vorstellungen über die gesetzlichen Erbfolgeregeln (zB Erblasser hielt Ehepartner für gesetzlichen Alleinerben, weil keine gemeinsamen Abkömmlinge vorhanden sind), kann nicht angefochten werden (Lange/Kuchinke ErbR § 36 II 1a). 2

Umstritten ist die analoge Anwendung auf **Schenkungsverträge zugunsten Dritter** auf den Todesfall (dafür: MüKoBGB/Leipold Rn. 18; v. Hippel NJW 1966, 867; dagegen: BGH NJW 2004, 767 (769) = ZEV 2004, 118 (120) m. abl. Anm. Leipold; Staudinger/Otte, 2019, Rn. 4). Das Problem kann sich nur dann stellen, wenn das Schenkungsversprechen – ausnahmsweise – gem. § 518 Abs. 1 notariell beurkundet und das Widerrufsrecht ausgeschlossen ist und der Erblasser sich in einem Motivirrtum iSd Abs. 2 befunden oder einen Pflichtteilsberechtigten (§ 2079) übergangen hat. Die Ablehnung der analogen Anwendung führt zu dem merkwürdigen Ergebnis, dass sich der erbrechtlich gebundene Erblasser zwar von einem Erbvertrag lösen könnte, nicht aber von einem Schenkungsvertrag zugunsten eines Dritten auf den Todesfall, obwohl beide Rechtsgeschäfte bei wirtschaftlicher Betrachtung auf dasselbe Ergebnis hinauslaufen. Entgegen dem obiter dictum des BGH (BGH NJW 2004, 767 (769)) ist diese Ungleichbehandlung auch nicht durch den Vertrauensschutz des Schenknehmers zu rechtfertigen. Der Gesetzgeber beurteilt dessen Schutz an vielen Stellen ohnehin als nachrangig gegenüber den verschiedensten Interessen, etwa gegenüber dem Unterhaltsinteresse des Schenkgebers (§ 528), den Rechten der Pflichtteilsberechtigten (§ 2325 Abs. 1) oder der Insolvenzgläubiger (§ 134 InsO). Deshalb sollten auf derartige Schenkungsverträge §§ 2078, 2079 analog angewendet werden (Leipold ZEV 2004, 121). Bei zu Lebzeiten zu vollziehenden Verträgen über die **vorweggenommene Erbfolge** (Übergabeverträge) scheidet die analoge Anwendung dagegen aus, weil dadurch unmittelbar Rechte und Pflichten des Erwerbers begründet werden, sodass ein höherer Vertrauensschutz als bei erbrechtlichen Zuwendungen gerechtfertigt ist (MüKoBGB/Leipold Rn. 18; aA Olzen, Die vorweggenommene Erbfolge, 1984, 203 ff.). 3

## III. Anfechtungsgründe

4 **1. Irrtum in der Erklärungshandlung (Abs. 1 Alt. 2).** Ein derartiger Irrtum liegt nur vor, wenn der Erblasser bei Errichtung der Verfügung eine Erklärung mit diesem Inhalt überhaupt nicht abgeben wollte. Praktische Bedeutung hat diese Alternative vor allem beim Verschreiben des Erblassers in einem eigenhändigen Testament, bei einem Irrtum des mitunterzeichnenden Ehegatten über den Inhalt des vom Anderen eigenhändig geschriebenen gemeinschaftlichen Testaments oder bei einem Irrtum des Erblassers über den Inhalt einer dem Notar übergebenen Schrift. Da Abs. 1 Alt. 2 wörtlich mit § 119 Abs. 1 Alt. 2 übereinstimmt, kann in vollem Umfang auf die dortigen Ausführungen verwiesen werden. Anders als bei § 119 Abs. 1 kommt es bei der erforderlichen Kausalität zwischen Irrtum und Verfügung nicht auf die Betrachtung aus der Warte eines objektiven Dritten, sondern allein auf die subjektive, uU sogar irrationale Sichtweise des Erblassers an (vgl. BGH FamRZ 1956, 83).

5 **2. Inhaltsirrtum (Abs. 1 Alt. 1).** Beim Inhaltsirrtum muss der Erblasser bei Errichtung der Verfügung unzutreffende Vorstellungen über die Bedeutung seiner abgegebenen Erklärung gehabt haben. Ein solcher Inhaltsirrtum ist etwa zu bejahen bei einer falschen Vorstellung von den gesetzlichen Erbfolgeregeln (RGZ 70, 391), bei einer Verwechslung von Vor- und Nacherbschaft mit einem Nießbrauchsvermächtnis (RG LZ 20, 340), bei Unwissenheit über die mit vertragsmäßigen Verfügungen in einem Erbvertrag verbundene Bindungswirkung (BayObLG NJW-RR 1997, 1027; OLG Hamm OLG FamRZ 1967, 697), bei Nichterkennen der Tragweite eines Anfechtungsausschlusses für den Fall der Wiederverheiratung usw (BayObLG NJW-RR 1997, 1027), bei Unkenntnis der zeitlichen Beschränkung einer Nacherbeneinsetzung (RG Recht 1919 Nr. 2135) oder der Rechtsfolgen der Rücknahme eines notariellen Testaments bzw. Erbvertrags aus der Verwahrung (BayObLG Rpfleger 2005, 541; OLG München Rpfleger 2005, 606). Auch insoweit kann auf die Ausführungen zu dem wortgleichen § 119 Abs. 1 Alt. 1 verwiesen werden. Anders als bei § 119 Abs. 1 kommt es bei der erforderlichen Kausalität zwischen Irrtum und Verfügung nicht auf die Betrachtung aus der Warte eines objektiven Dritten, sondern allein auf die subjektive, uU sogar irrationale Sichtweise des Erblassers an.

6 **3. Motivirrtum (Abs. 2 Alt. 1).** Die besonderen erbrechtlichen Anfechtungsregeln unterscheiden sich von den allgemeinen Bestimmungen der §§ 119 ff. hauptsächlich durch die Zulassung der Anfechtung wegen eines sonst unbeachtlichen (vgl. § 119 Abs. 2) Motivirrtums (Abs. 2 Alt. 1). Diese Besonderheit hat ihren Grund darin, dass bei Verfügungen von Todes wegen die Übereinstimmung zwischen Wille und Rechtswirkung tragende Rechtsgrundlage ist und demgegenüber ein Interesse Dritter an deren Bestand zurückzutreten hat. Allerdings ist gerade bei Anfechtungen der Grundsatz vom Vorrang der Auslegung (→ Rn. 1) besonders sorgfältig zu beachten. Erst wenn den inneren Vorstellungen des Erblassers auch mit den Mitteln der Auslegung nicht zur Geltung verholfen werden kann, kommt eine Anfechtung auf Grund des Abs. 2 Alt. 1 in Betracht. Ihr Erfolg hängt dabei ganz entscheidend davon ab, dass die Fehlvorstellungen des Erblassers die getroffenen Verfügungen auch tatsächlich wesentlich (mit)beeinflusst haben. Beim Motivirrtum muss der Erblasser bei Errichtung der Verfügung mit der Wirklichkeit nicht übereinstimmende Vorstellungen gehabt haben, die für den konkreten Inhalt der Verfügung ursächlich waren. Im Einzelnen gilt Folgendes:

7 **a) Vorstellungen des Erblassers. aa) Wirkliche Vorstellungen.** Der Erblasser muss sich bei Errichtung der Verfügung entweder bestimmte vergangene oder gegenwärtige Tatsachen vorgestellt, oder den Eintritt oder das Ausbleiben zukünftiger Tatsachen oder rechtlicher Wirkungen seiner Verfügung subjektiv erwartet haben. Nur auf derart wirkliche Vorstellungen oder subjektiv sichere Erwartungen des Erblassers kann eine Anfechtung gestützt werden. Hatte der Erblasser bereits bei Errichtung erhebliche Zweifel am Eintritt oder Ausbleiben bestimmter Tatsachen oder Rechtswirkungen, ohne diesem Zweifel bei Abfassung der Verfügung durch Bedingungen, Auflagen, Testamentsvollstreckung oder andere geeignete Anordnungen Rechnung zu tragen, so hat er das entsprechende Risiko bewusst in Kauf genommen. Diese Inkaufnahme des Risikos durch den Erblasser ist zu respektieren und schließt die Anfechtbarkeit aus.

8 **bb) Selbstverständliche oder unbewusste Vorstellungen.** Hat der Erblasser bei Errichtung der Verfügung, den Eintritt oder das Ausbleiben zukünftiger Tatsachen oder rechtlicher Wirkungen erwartet, so ist umstritten, in welchem Umfang er sich dieser Ereignisse bewusst gewesen sein muss. Der Bogen der hierzu vertretenen Auffassungen reicht vom Ausschluss des Anfechtungsrechts, wenn sich der Erblasser dazu überhaupt keine Gedanken gemacht hat (RGZ 86, 206 (208)),

bis hin zur völligen Gleichstellung der Gedankenlosigkeit mit wirklichen Vorstellungen (RGZ 77, 165 (174); Kipp/Coing ErbR § 24 II 2b; Brox/Walker ErbR Rn. 237; Schlüter ErbR Rn. 234; Staudinger/Otte, 2019, Rn. 17; Soergel/Loritz/Uffmann Rn. 19). Der BGH vertritt demgegenüber in ständiger Rspr. eine vermittelnde Auffassung (BGH WM 1971, 1153 (1155); FamRZ 1983, 898 (899)). Danach berechtigen auch solche Vorstellungen und Erwartungen zur Anfechtung gem. Abs. 1 Alt. 1, die der Erblasser zwar nicht konkret bei Errichtung gehabt, aber dennoch als selbstverständlich seiner Verfügung zugrunde gelegt hat, sie also jederzeit in sein Bewusstsein hätte aufnehmen können (BGH WM 1971, 1153 (1155); FamRZ 1983, 898 (899)). Die Auffassungen in der Lit. reichen von Zustimmung zu dieser Rspr. (Erman/M. Schmidt Rn. 7 f.; Grüneberg/Weidlich Rn. 6) bis zu der Meinung, man solle auch völlig unbewusste Vorstellungen und Erwartungen als Anfechtungsgrund zulassen, dann aber im Rahmen der Kausalitätsprüfung einen strengen Maßstab anlegen (MüKoBGB/Leipold Rn. 33 f., 47). Letztlich läuft auch die zuletzt dargestellte Auffassung auf das gleiche Ergebnis wie die Rspr. des BGH hinaus. Da derartige Vorstellungen dadurch gekennzeichnet sind, dass der Erblasser sie nicht geäußert hat, ist deren Feststellung im Einzelfall sehr problematisch (MüKoBGB/Leipold Rn. 33 f.). Gleichgültig, ob man die Lösung über den Irrtumsbegriff oder über die Kausalität sucht, so wird – wie bei der eigentlich vorrangigen Auslegung – auf einen hypothetischen oder irrealen Willen abgestellt, der, da er – im Gegensatz zur Auslegung – in der Verfügung noch nicht einmal angedeutet sein muss, mit Hilfe der allgemeinen Lebenserfahrung ermittelt werden muss (vgl. W. Kössinger in Nieder/Kössinger Testamentsgestaltung-HdB § 24 Rn. 13 ff.). Auch die Rspr. weicht trotz des Festhaltens am Ausgangspunkt der unbewussten Vorstellungen im konkreten Fall doch immer wieder auf die Frage aus, ob allein die enttäuschten Erwartungen den Erblasser zu einer anderen Verfügung veranlasst hätten oder ob deren Inhalt durch weitere Motive getragen werden (vgl. BGH NJW-RR 1987, 1412). Die tragende Funktion kommt daher allein der Kausalitätsprüfung zu, nicht dem Irrtumsbegriff.

**cc) Gegenstand der Vorstellungen.** Die Erblasservorstellungen können sich auf vergangene, gegenwärtige oder zukünftige Tatsachen und Umstände aller Art beziehen. Sie müssen nicht die Person des Erblassers oder des Bedachten betreffen. Selbst eine Änderung der Gesetze (zB Änderung der gesetzlichen Erbfolgeregeln) oder der politischen oder wirtschaftlichen Verhältnisse (zB deutsche Einigung, Währungsverfall) kommen in Betracht. Der Irrtum kann sich auch auf vom Willen oder Handeln des Erblassers abhängige Umstände beziehen, solange er bei deren Herbeiführung nicht gegen Treu und Glauben verstößt (BGH NJW 1952, 419; FamRZ 1973, 539). Beispiele hierfür sind eine Heirat, die Eingehung einer nichtehelichen Lebensgemeinschaft (ausf. Ritter, Der Konflikt zwischen einer erbrechtlichen Bindung aus erster Ehe und einer Verfügung des überlebenden Ehegatten zugunsten eines neuen Lebenspartners, 1999, 137 ff.) oder eine Adoption (vgl. BGH NJW 1970, 279). Demzufolge kann ein Motivirrtum gegeben sein, wenn der Erblasser angenommen hat, es bestehe ein bestimmtes Verwandtschaftsverhältnis zum Bedachten, das gestörte Verhältnis zu diesem werde sich nicht bessern (BayObLG NJW-RR 2002, 367 (370)), der Bedachte sei verheiratet (BayObLG FamRZ 1984, 422) oder werde heiraten bzw. nicht (wieder)heiraten (vgl. RG Recht 1924 Nr. 649), dieser werde eine bestimmte Ausbildung erfolgreich abschließen, er werde keiner bestimmten (religiösen) Sekte angehören (OLG München NJW 1981, 2577) oder seine politische Einstellung ändern (BGH FamRZ 1956, 83) bzw. beibehalten, der Bedachte werde fortlaufend Zahlungen, bestimmte Dienste erbringen oder ihn betreuen und pflegen (BGH NJW 1952, 419; 1963, 246 (248); FamRZ 1983, 898), ein langjähriger Streit könne nicht beigelegt werden (OLG Köln FamRZ 1990, 1038), ein erzeugtes Kind werde lebend zur Welt kommen (RG WarnR 1914 Nr. 125), er selbst werde nicht mehr heiraten (RGZ 148, 218), seine Ehe werde harmonisch und glücklich verlaufen (BayObLG NJW-RR 1990, 200 (201); vgl. zur nichtehelichen Lebensgemeinschaft OLG Celle ZEV 2003, 328), der Bedachte werde keine Zerrüttung der Ehe verursachen (BGH LM Nr. 3) oder es werde ganz allgemein keine Unstimmigkeiten zwischen ihm und dem Bedachten kommen (BGH NJW 1963, 246 (248); NJW-RR 1987, 1412). Auch falsche Vorstellungen über Wert (RG Recht 1912 Nr. 449) bzw. Zusammensetzung (OLG Stuttgart BWNotZ 1960, 49) des eigenen Vermögens oder die Vermögensverhältnisse der Abkömmlinge (RGZ 172, 83) können einen Anfechtungsgrund darstellen. 9

**dd) Zeitpunkt und Vorstellungswandel.** Nur Fehlvorstellungen, die bereits zurzeit der Testamentserrichtung vorhanden waren, berechtigen zur Anfechtung (BGH NJW 1965, 688). Ein späterer Anschauungswandel muss unberücksichtigt bleiben, da andernfalls ein formloser Widerruf zugelassen würde (MüKoBGB/Leipold Rn. 39 gegen H. Lange JherJb 82 (1932), 1 (28 ff.)). Hat der Erblasser gegenüber dem Errichtungszeitpunkt beispielsweise seine eigene religiöse oder politische Überzeugung geändert, so ist dies rechtlich bedeutungslos, solange er seine ursprüngliche 10

Verfügung nicht widerruft (OLG München NJW-RR 1989, 1410). Das Gleiche gilt, wenn der Erblasser bei seinem Tod glaubte, es werde gesetzliche Erbfolge eintreten, weil er eine anderslautende, früher errichtete Verfügung vergessen hatte (BGH NJW 1965, 688), oder wenn er nachträglich die Wirkung einer solchen Verfügung falsch einschätzt (OLG Köln OLGZ 1970, 114).

11 **ee) Feststellung in der Verfügung.** Die Vorstellungen des Erblassers brauchen nicht in der Verfügung zum Ausdruck gekommen sein. Im Unterschied zur Auslegung brauchen sie dort noch nicht einmal angedeutet worden zu sein (BGH NJW 1965, 584). Hat der Erblasser jedoch seine Beweggründe niedergelegt, so ist bis zum Beweis des Gegenteils davon auszugehen, dass er sich hiervon leiten ließ (BGH LM Nr. 10; KG FamRZ 1977, 271; BayObLG FamRZ 1993, 1494 (1495)).

12 **b) Abweichen der Wirklichkeit von den Vorstellungen.** Ein Irrtum verlangt, dass zwischen Wirklichkeit und Vorstellungen eine Diskrepanz besteht, wobei deren Ursache völlig bedeutungslos ist. Der Gesetzeswortlaut lässt offen, ob auch erst nach dem Erbfall eingetretene Veränderungen noch einen Anfechtungsgrund darstellen. Nach einer in der Lit. vorherrschenden Meinung gebiete die Rechtssicherheit und der Vertrauensschutz, dass Entwicklungen nach dem Erbfall auf die Gültigkeit einer Verfügung keinen Einfluss mehr haben dürften (Grunewald NJW 1991, 1208 (1211); Bestelmeyer Rpfleger 1992, 321 (326); Erman/M. Schmidt Rn. 9). Nach einer anderen Meinung ist dagegen auf das Wirksamwerden der Verfügung, also uU auf den Nacherbfall oder den Bedingungseintritt, abzustellen (MüKoBGB/Leipold Rn. 37). In der Rspr. herrscht dagegen die zutreffende Auffassung vor, dass auch danach eintretende Wirklichkeitsänderungen zur Anfechtung berechtigen können, und zwar mit dem Argument, dass dem Vertrauensschutz durch die Anfechtungsfrist des § 2082 ausreichend Rechnung getragen sei (BGH DB 1966, 379; OLG Frankfurt FamRZ 1993, 613; LG Gießen DtZ 1993, 217 (218); vgl. auch Wasmuth DNotZ 1992, 3 (10); R. Meyer ZEV 1994, 12 (14)). Dieser Meinungsstreit hat vor dem Hintergrund der **deutschen Einheit** große praktische Bedeutung. Folgt man der Rspr., so können viele Verfügungen mit der Begründung angefochten werden, der Erblasser habe nicht mit der Änderung der politischen Verhältnisse im Zuge der deutschen Einheit gerechnet.

13 **c) Kausalität zwischen Irrtum und Verfügung.** Nach hier (→ Rn. 8) vertretener Auffassung steht im Mittelpunkt jeder Prüfung dieses Anfechtungsgrundes die Frage nach der Kausalität zwischen Irrtum und Verfügung. Anders als bei § 119 Abs. 1 kommt es dabei nicht auf die Betrachtung aus der Warte eines objektiven Dritten, sondern allein auf die subjektive, uU sogar irrationale Sichtweise des Erblassers an (BGH FamRZ 1956, 83). Die irrige Vorstellung braucht dabei nicht der alleinige Beweggrund für die Verfügung gewesen zu sein. Bei einem Bündel von Motiven muss der irrtumsbedingte Beweggrund aber von so großem Gewicht sein, dass jedenfalls dieser nicht hinweggedacht werden kann, ohne dass auch die Verfügung entfiele (BGH FamRZ 1956, 83; 1961, 364 (366)). Es ist dabei nur festzustellen, dass der Erblasser auf Grund seiner Betrachtungsweise die angefochtene Verfügung so nicht getroffen hätte. Bedeutungslos ist, ob er an deren Stelle eine andere gesetzt hätte und ggf. mit welchem Inhalt (MüKoBGB/Leipold Rn. 50; aA H. Lange JherJb 82 (1932), 1 (35 f.)))). Lässt man nach hier vertretener Auffassung die Anfechtung auf der Basis sog unbewusster oder selbstverständlicher Vorstellungen ohne jede Einschränkung zu (→ Rn. 8), so muss im Rahmen der Kausalitätsprüfung ein strenger Maßstab angelegt werden (Schubert/Czub JA 1980, 257 (262); ähnlich BGH NJW-RR 1987, 1412). Wegen der Kausalität bei Angabe des Motivs in der Verfügung wird auf → Rn. 11 verwiesen. Hat der Erblasser bereits in der Verfügung von Todes wegen auf das Anfechtungsrecht aus konkret bezeichneten Gründen „verzichtet" oder dieses „ausgeschlossen", so entfällt insoweit die Kausalität zwischen Irrtum und Verfügung. Dies gilt aber nur in Bezug auf die konkret bezeichneten Umstände. Ein genereller Verzicht oder Ausschluss des Anfechtungsrechts durch den Erblasser ist dagegen unwirksam (Bengel DNotZ 1984, 132 (138)). Zum nach Errichtung erklärten Verzicht auf das Anfechtungsrecht → Rn. 19.

14 **4. Anfechtung wegen Drohung (Abs. 2 Alt. 2).** Ist der Erblasser rechtswidrig unter Ankündigung eines künftigen Übels, auf dessen Eintritt oder Ausbleiben der Drohende Einfluss zu haben behauptete (Drohung), zu einer Verfügung veranlasst worden, so kann diese gem. Abs. 2 Alt. 2 angefochten werden. Die Drohung ist rechtswidrig, wenn entweder das angedrohte Übel (Mittel), der erstrebte Erfolg (Zweck) oder der Zweck-Mittel-Relation unerlaubt sind. Das fortgesetzte aufdringliche Bitten (RG Recht 1910 Nr. 1395) reicht ebenso wenig aus wie der Widerspruch gegen die Verfügung (BGH BWNotZ 1965, 348). Die Ankündigung einer Pflegeperson, einen hilfsbedürftigen Erblasser zu verlassen, dürfte dagegen regelmäßig die Anfechtung rechtfertigen, und zwar selbst im Falle des Fehlens einer Pflegepflicht. Wer droht, ist für die Anfechtbarkeit

ohne Bedeutung. Da der Tatbestand wörtlich mit § 123 Abs. 1 übereinstimmt, kann auf die dortigen Ausführungen Bezug genommen werden.

## IV. Verhältnis zu anderen Anfechtungstatbeständen und zu § 138 Abs. 1

§ 2078 schließt als **Spezialvorschrift** für letztwillige Verfügungen eine Anwendung der Anfechtungsgründe des Allgemeinen Teils (§§ 119 ff.) aus. § 2079, der die Anfechtung wegen Übergehens eines Pflichtteilsberechtigten betrifft, regelt einen besonderen Fall eines Motivirrtums, verzichtet jedoch im Unterschied zu Abs. 2 Alt. 1 auf die Notwendigkeit irgendwelcher Vorstellungen beim Erblasser. Beide Anfechtungstatbestände können nebeneinander angewendet werden. Das Gleiche gilt für die Anfechtung gem. §§ 2078 ff. und die Anfechtungsklage wegen Erbunwürdigkeit (§ 2342 Abs. 1) bzw. die Anfechtung wegen Vermächtnisunwürdigkeit (§ 2345 Abs. 1). **15**

Eine Anwendung des § 138 Abs. 1 wegen **Ausnutzens einer besonderen Vertrauensstellung bzw. eines persönlichen Einflusses** durch den bzw. die Erben (Umstandssittenwidrigkeit) ist im Bereich der Anfechtungstatbestände des § 2078 nach geltendem Recht ausgeschlossen, sodass ein Verhalten des bzw. der Erben oder Vermächtnisnehmer, das dessen Voraussetzungen nicht erfüllt, die Wirksamkeit der letztwilligen Verfügung des Erblassers unberührt lässt (vgl. BGH BeckRS 1990, 31065347; aA zum Berufsbetreuer: OLG Celle BeckRS 2021, 2415 m. abl. Anm. Litzenburger FD-ErbR 2021, 437206; OLG Braunschweig BeckRS 1999, 30843645; Ludyga NZS 2013, 201 (206)). Die verfassungsrechtlich fundierte, gesetzgeberische Grundentscheidung zugunsten der Wirksamkeit jedes Testaments (vgl. § 2084) darf nämlich nicht durch ein Verdikt der Sittenwidrigkeit wegen Ausnutzung von mehr oder weniger fassbaren Abhängigkeiten unterhalb der Anforderungen des § 2078 ausgehöhlt werden. Da der Einwand der Sittenwidrigkeit gem. § 138 Abs. 1 – im Gegensatz zu den erbrechtlichen Anfechtungstatbestände nach §§ 2078, 2079, 2342 und 2345 - an keinerlei Fristen gebunden ist, könnte noch lange Zeit nach dem Erbfall (im Fall des OLG Celle BeckRS 2021, 2415 sind es beispielsweise 16 Jahre) über die Wirksamkeit einer Erbeinsetzung wegen der Umstände, unter denen sie zustande gekommen ist, gestritten werden, was dem Gebot der Rechtssicherheit, dem das Erbrecht in besonderem Maße verpflichtet ist, elementar widerspricht. S. dagegen zur Inhaltssittenwidrigkeit von Bedingungen bei letztwilligen Verfügungen → § 2074 Rn. 7 ff. **16**

## V. Wirkung

Ist die Anfechtung vom Berechtigten (ein Minderjähriger kann selbst anfechten, vgl. Joussen ZEV 2003, 181 (184 ff.)) (§ 2080 bzw. § 2281) ordnungsgemäß (§ 2081 bzw. §§ 2282, 2283) und fristgerecht (§ 2082 bzw. § 2283) gegenüber dem richtigen Adressaten erklärt worden, so ist die angefochtene letztwillige Verfügung von Anfang an, dh ab Errichtung, nichtig (§ 142 Abs. 1), wenn und soweit ein Anfechtungsgrund gem. §§ 2078, 2079 gegeben ist. Unwirksam ist eine angefochtene Verfügung jedoch nur in dem Umfang, in dem sie durch den Irrtum oder die Drohung kausal beeinflusst ist, sodass bei Teilbarkeit dieser Verfügung (zB Anfechtbarkeit einer auflösenden Bedingung oder der Festsetzung der Höhe eines Herauszahlungsbetrags) deren Rest wirksam bleibt (§ 2085). Da sich die Anfechtbarkeit nur auf die Einzelverfügungen, nicht aber auf die gesamte Verfügung von Todes wegen bezieht (→ Rn. 2), so bleiben die vom Irrtum oder von der Drohung nicht beeinflussten weiteren Verfügungen in dem Testament usw wirksam. Die Wirkungen des Erbfalls treten so ein, als wäre die infolge Anfechtung nichtige Verfügung niemals getroffen worden. Dies gilt auch, wenn nur einer von mehreren Berechtigten die Verfügung angefochten hat (BGH NJW 1985, 2025 (2026); aA MüKoBGB/Leipold § 2080 Rn. 8). Ist keine andere wirksame Verfügung des Erblassers vorhanden, so tritt gesetzliche Erbfolge ein, andernfalls gilt jene. Verliert eine vertragsmäßige Verfügung in einem Erbvertrag oder eine wechselbezügliche in einem gemeinschaftlichen Testament auf diesem Wege ihre Gültigkeit, so entfällt damit auch die erbrechtliche Bindungswirkung (§ 2271 Abs. 2 bzw. § 2289 Abs. 1 S. 1), sodass danach errichtete Verfügungen von Todes wegen wieder wirksam werden. Ist die nichtige Verfügung zugleich Basis einer postmortalen Vollmacht, so ist auch diese unwirksam (offengelassen von OLG Köln Rpfleger 1992, 299 (300)). **17**

Der zivilrechtlichen Rechtslage folgend entfällt die **Erbschaftsteuer** mit Wirkung für die Vergangenheit und ein bereits ergangener Bescheid ist gem. § 175 Abs. 1 S. 1 Nr. 2 AO aufzuheben. Neuer Steuerschuldner ist der Nächstberufene, Ersatzerbe bzw. Ersatzvermächtnisnehmer. **18**

## VI. Bestätigung einer anfechtbaren Verfügung

19 **1. Bestätigung durch den Erblasser.** Umstritten ist, ob der Erblasser eine anfechtbare Verfügung in einem Testament oder eine solche mit einseitigem Charakter in einem gemeinschaftlichen Testament oder in einem Erbvertrag nach der Errichtung in Anwendung des § 144 formfrei bestätigen kann (Lange/Kuchinke ErbR § 36 V 2 mwN), oder ob dieses Ergebnis nur durch eine neue formgebundene Verfügung von Todes wegen (BayObLG Rpfleger 1975, 242; Bengel DNotZ 1984, 132 (134); Kipp/Coing ErbR § 24 VII 1) oder mindestens eine formgerechte Erklärung, die frühere Verfügung aufrechterhalten zu wollen (OLG Hamm FamRZ 1994, 1062 (1065) mwN), erreicht werden kann. Mit Recht lehnt die hM die unmittelbare Anwendung des § 144 ab, weil der Erblasser gar nicht anfechtungsberechtigt ist. Eine gleichwohl in Betracht zu ziehende analoge Anwendung scheitert an der Bedingung der Vergleichbarkeit zwischen der Bestätigung anfechtbarer Rechtsgeschäfte im Allgemeinen und anfechtbarer letztwilliger Verfügungen im Besonderen. Anders als bei Rechtsgeschäften unter Lebenden kann ein Streit über die erfolgte oder unterlassene Bestätigung erst nach dem Tod des Erblassers, also oft geraume Zeit später entschieden werden. Die Gründe, die generell für die Formgebundenheit der Verfügungen von Todes wegen genannt werden, sprechen daher gleichzeitig gegen die Zulassung einer formfreien Bestätigung. Mit der hM ist daher aus Gründen der Rechtssicherheit zu fordern, dass der Erblasser nur durch eine formgerechte neue Verfügung von Todes wegen die anfechtbare Anordnung bestätigen kann. Die teilweise zugelassene formgerechte Äußerung des Aufrechterhaltungswillens stellt in Wahrheit nichts anderes als eine neue Verfügung von Todes wegen dar. Die formlose Bestätigung ist aber möglicherweise ein Indiz für die fehlende Kausalität zwischen Irrtum bzw. Drohung und Verfügung (vgl. OLG Celle ZEV 2003, 328 (329); BayObLG FamRZ 2002, 915 (917); Rpfleger 1975, 242).

20 **2. Bestätigung nach dem Erbfall.** Der Anfechtungsberechtigte kann dagegen nach dem Erbfall in Anwendung des § 144 formfrei auf sein Anfechtungsrecht durch Bestätigung verzichten (MüKoBGB/Leipold Rn. 65; Staudinger/Otte, 2019, § 2080 Rn. 28 f.; aA Kipp/Coing ErbR § 24 VII 2). Hat nur einer von mehreren Berechtigten die anfechtbare Verfügung bestätigt, so kann diese gleichwohl noch von den übrigen angefochten werden.

## VII. Beweisfragen

21 Im Erbscheinsverfahren beschränkt sich die Amtsermittlungspflicht nur auf von den Beteiligten vorgetragene Anfechtungsgründe (BayObLGZ 1962, 47 (53)). Die Feststellungslast trifft in diesem Verfahren den Antragsteller, der sich auf eine wirksame Anfechtung beruft. Im Zivilprozess trägt hierfür derjenige die Beweislast, der aus der Anfechtung Rechte für sich herleiten will, meist also der Anfechtende selbst (BayObLG FamRZ 1977, 347; KG FamRZ 1977, 271). Es sind alle Beweismittel zugelassen. Auch mündliche Äußerungen des Erblassers, die keinen Niederschlag in einer Verfügung von Todes wegen gefunden haben, sind zu berücksichtigen (BGH NJW 1965, 584).

# § 2079 Anfechtung wegen Übergehung eines Pflichtteilsberechtigten

**[1]Eine letztwillige Verfügung kann angefochten werden, wenn der Erblasser einen zur Zeit des Erbfalls vorhandenen Pflichtteilsberechtigten übergangen hat, dessen Vorhandensein ihm bei der Errichtung der Verfügung nicht bekannt war oder der erst nach der Errichtung geboren oder pflichtteilsberechtigt geworden ist. [2]Die Anfechtung ist ausgeschlossen, soweit anzunehmen ist, dass der Erblasser auch bei Kenntnis der Sachlage die Verfügung getroffen haben würde.**

## Überblick

§ 2079 ist ein Unterfall des in § 2078 Abs. 2 bereits geregelten Motivirrtums. Es wird vermutet, dass der Erblasser den Pflichtteilsberechtigten nicht von der gesetzlichen Erbfolge ausgeschlossen hätte, wäre ihm bei der Errichtung des Testaments dessen Existenz oder später eintretende Pflichtteilsberechtigung bekannt gewesen. Der Pflichtteilsberechtigte ist grds. nur übergangen, wenn er in der angefochtenen Verfügung weder enterbt noch als Erbe eingesetzt oder mit einem Vermächtnis bedacht worden ist (→ Rn. 3 f.). Umstritten ist, ob auch eine hinter dem gesetzlichen Erbteil zurückbleibende Zuwendung gem. § 2079 anfechtbar ist, wenn der Erblasser zum Zeitpunkt der Verfügung nichts von der Pflichtteilsberechtigung des Bedachten wusste (→ Rn. 5). Der Erblasser darf bei Errichtung der Verfügung weder vom Vorhandensein der Person als solches, noch von deren Pflichtteilsberechtigung etwas gewusst haben (→ Rn. 6). Die Verfügung ist auch dann anfechtbar, wenn der Pflichtteilsberechtigte erst nach der Errichtung geboren wird oder nach der Errichtung erst pflichtteilsberechtigt geworden ist (→ Rn. 7). Ein festgestellter Aufrechterhaltungswille des Erblassers (zB Erblasser will bestimmte Personen aus besonderen Motiven bevorzugen) schließt die Anfechtung aus (→ Rn. 8 ff.). Umstritten ist, ob durch die Anfechtung die gesamte Verfügung von Todes wegen (Testament, gemeinschaftliches Testament oder Erbvertrag) unwirksam ist oder nur die einzelne Verfügung, die den Pflichtteilsberechtigten vom gesetzlichen Erbrecht ausschließt (→ Rn. 14 f.). Die gesetzliche Vermutung für die Kausalität zwischen Verfügung und Unkenntnis der Pflichtteilsberechtigung kehrt gegenüber § 2078 die Beweislast um (→ Rn. 16).

## I. Normzweck und Anwendungsbereich

Zweck dieses Anfechtungstatbestands ist der Schutz des Pflichtteilsberechtigten vor einem Ausschluss von der gesetzlichen Erbfolge durch den Erblasser in Unkenntnis dieser erbrechtlichen Sonderstellung. § 2079 ist damit ein Unterfall des in § 2078 Abs. 2 bereits geregelten Motivirrtums (Mot. V 50). Das Gesetz vermutet dabei, dass der Erblasser den Pflichtteilsberechtigten nicht von der gesetzlichen Erbfolge ausgeschlossen hätte, wäre ihm bei der Errichtung des Testaments dessen Existenz oder später eintretende Pflichtteilsberechtigung bekannt gewesen. Während beim Motivirrtum aus anderen Gründen gem. § 2078 Abs. 2 der Anfechtende die Beweislast trägt, kehrt S. 2 diese also um und erlegt sie demjenigen auf, der behauptet, der Erblasser habe die Verfügung auch in Kenntnis der Pflichtteilsberechtigung nicht anders getroffen. Beide Anfechtungstatbestände schließen sich zwar nicht gegenseitig aus, jedoch greift die Beweislastvergünstigung des § 2079 ausschließlich in Bezug auf die Frage der Pflichtteilsberechtigung ein, nicht aber hinsichtlich anderer Irrtumsgründe. Das Anfechtungsrecht steht nur dem Pflichtteilsberechtigten zu (§ 2080 Abs. 3). Der Erblasser braucht ein solches nur bei wechselbezüglichen Verfügungen in einem gemeinschaftlichen Testament oder bei vertragsmäßigen Verfügungen in einem Erbvertrag, um sich aus der erbrechtlichen Bindung zu befreien und seine Testierfreiheit wiederzuerlangen (§ 2281 Abs. 1). 1

## II. Anfechtungsgrund

**1. Vorhandensein eines Pflichtteilsberechtigten.** Als Pflichtteilsberechtigte kommen nur (leibliche oder adoptierte) **Abkömmlinge** des Erblassers, dessen **Ehepartner** oder dessen **Eltern** in Frage, die ohne die angefochtene Verfügung von Todes wegen zu gesetzlichen Erben berufen wären (§ 2303). Ein solcher Pflichtteilsberechtigter ist vorhanden, wenn er zurzeit des Erbfalls lebt oder mindestens erzeugt ist (§ 1923 Abs. 2). 2

**2. Übergehen. a) Nichterwähnung.** Der Pflichtteilsberechtigte ist unstreitig dann übergangen, wenn er in der angefochtenen Verfügung überhaupt nicht erwähnt, also weder enterbt noch als Erbe eingesetzt oder mit einem Vermächtnis bedacht worden ist (OLG Karlsruhe ZEV 1995, 454; BayObLG ZEV 1994, 106 (107)). Soll sich dagegen die Zuwendung nach der gesetzlichen Erbfolge richten, ist der Pflichtteilsberechtigte nicht übergangen worden (BGH ZEV 1995, 456). Von einem Übergehen kann deshalb auch dann nicht gesprochen werden, wenn der Pflichtteilsberechtigte auf Grund der gesetzlichen Auslegungsregel des § 2088 in Ansehung des nicht verfügten Nachlassteils als Erbe eingesetzt ist (MüKoBGB/Leipold Rn. 5; aA RGRK-BGB/Johannsen Rn. 12). Eine Anfechtbarkeit kann sich in diesem Fall jedoch aus § 2078 ergeben. 3

**b) Enterbung.** Die Enterbung durch den Erblasser schließt ein Übergehen iSd S. 1 von vorneherein aus. Dies gilt selbst dann, wenn die Enterbung erst im Wege ergänzender Auslegung der Verfügung des Erblassers entnommen werden kann. Ist die Enterbung jedoch lediglich die mittelbare Rechtsfolge der vollständigen anderweitigen Verteilung des Nachlasses durch den Erblasser an andere Personen, so ist der (mittelbar) enterbte Pflichtteilsberechtigte gem. S. 1 übergangen worden (MüKoBGB/Leipold Rn. 5; aA OLG Hamburg FamRZ 1990, 910 (911); vgl. auch Staudinger/Otte, 2019, Rn. 3). 4

**c) Zuwendung unterhalb des Pflichtteils.** Einigkeit besteht darüber, dass ein Pflichtteilsberechtigter nicht übergangen ist, wenn er mit einem über dem gesetzlichen Erbe liegenden Erbteil 5 oder Vermächtnis in der Verfügung bedacht worden ist. Umstritten ist jedoch, ob auch eine hinter dem gesetzlichen Erbteil zurückbleibende Zuwendung gem. § 2079 anfechtbar ist, wenn der Erblasser zum Zeitpunkt der Verfügung nichts von der Pflichtteilsberechtigung des Bedachten wusste. Die Gerichte haben in stRspr § 2079 restriktiv ausgelegt und die Anfechtbarkeit auch dann verneint, wenn der Berechtigte mit einem unter dem Erbteil liegenden Erbe oder Vermächtnis bedacht worden ist (RGZ 50, 238 (239 f.); 148, 218 (223); BayObLG ZEV 1994, 106 (107); OLG Hamm NJW-RR 1994, 462; OLG Celle NJW 1969, 101; s. auch Schubert/Czub JA 1980, 257 (261); Staudinger/Otte, 2019, Rn. 10 mwN). Nach der überwiegend in der Lit. vertretenen Auffassung sind auch mit weniger als dem gesetzlichen Erbteil Bedachte iSd § 2079 übergangen und damit auf Grund dieser Vorschrift zur Anfechtung berechtigt (Graf ZEV 1994, 109; Ebenroth/Koos ZEV 1995, 457; Lange/Kuchinke ErbR § 36 III 4b; MüKoBGB/Leipold Rn. 7). Eine vermittelnde Auffassung will nur bei „ganz geringfügigen" Zuwendungen ein Übergehen annehmen, also § 2079 anwenden (OLG Karlsruhe ZEV 1995, 454 m. abl. Anm. Ebenroth/Koos; Grüneberg/Weidlich Rn. 3). Die zuletzt genannte Auffassung bietet jedoch kein sicheres Auslegungskriterium und gefährdet damit die Rechtssicherheit, die § 2079 eigentlich schaffen will. Auch die in der Lit. überwiegend vertretene Auffassung führt in den Tatbestand des S. 1 ein dem Wortlaut fremdes quantitatives Element ein (BayObLG ZEV 1994, 106 (107)). Die danach notwendige Differenzierung zwischen Zuwendungen, die den Erbteil überschreiten, und denen, die darunter bleiben, bereitet dabei im Einzelfall uU erhebliche Schwierigkeiten (zB Vermächtnis mit Untervermächtnis zur Betreuung eines anderen in alten und kranken Tagen) und gefährdet damit die Rechtssicherheit ebenfalls (OLG Karlsruhe ZEV 1995, 454 (456) m. abl. Anm. Ebenroth/Koss). Zwar ist der Wortlaut der Norm unergiebig (einerseits BayObLG ZEV 1994, 106 (107); andererseits Lange/Kuchinke ErbR § 36 III 4b), jedoch sprechen Funktion und Systematik der Anfechtungstatbestände in §§ 2078, 2079 für die von der Rspr. vertretene, restriktive Auslegung. Das Anfechtungsrecht dient nicht der Sicherung der wirtschaftlichen Interessen der Pflichtteilsberechtigten, sondern soll ein Auseinanderfallen von Erblasserwille und Erklärungsinhalt verhindern. Deshalb kann es für die Anfechtung keinen Unterschied machen, ob der Bedachte mehr oder weniger erhalten hat, als ihm bei gesetzlicher Erbfolge zugestanden hätte. Entscheidend ist, ob der Erblasser bei Errichtung der Verfügung an die Person als solche gedacht hat. Nur dann, wenn er diese völlig übersehen hatte, ist die Beweiserleichterung gem. § 2079 (→ Rn. 9) gerechtfertigt. Ist der Pflichtteilsberechtigte vom Erblasser zwar bedacht worden, und sei es auch noch so geringfügig, so kann der Berechtigte immer noch mit dem Anfechtungsrecht des § 2078 Abs. 2 geltend machen, dass die Zuwendung größer ausgefallen wäre, wenn der Erblasser nicht nur die Person, sondern auch die Tatsache der späteren Pflichtteilsberechtigung (zB Heirat, Adoption) in seine Überlegungen mit einbezogen hätte (OLG Karlsruhe ZEV 1995, 454 (456)). Dafür allerdings trägt der Pflichtteilsberechtigte dann die Beweislast.

6 **3. Irrtum. a) Unkenntnis der Person und/oder der Pflichtteilsberechtigung.** Der Erblasser darf gem. S. 1 Alt. 1 zurzeit der Errichtung der Verfügung weder vom Vorhandensein der Person als solches, noch von deren Pflichtteilsberechtigung etwas gewusst haben. Hierher gehören zunächst Fälle, in denen dem Erblasser die Geburt eines Abkömmlings nicht bekannt war, oder in denen er eine Person irrtümlich für tot hielt. Die Anfechtbarkeit ist ferner gegeben, wenn der Erblasser bei Errichtung zwar von der Existenz der Person wusste, nicht dagegen von deren Pflichtteilsberechtigung. Eine Unkenntnis der Pflichtteilsberechtigung liegt dann vor, wenn der Erblasser die tatsächlichen Umstände (zB Verwandtschaftsgrad), aus denen sie sich ergibt, nicht kannte. Waren dem Erblasser diese Tatsachen jedoch bekannt, glaubte er jedoch irrtümlich, der Berechtigte habe kein Pflichtteilsrecht (sog Rechtsirrtum), so kann die Verfügung nach hM ebenfalls gem. § 2079 angefochten werden (RG WarnR 1927 Nr. 35; Staudinger/Otte, 2019, Rn. 7; Soergel/Loritz/Uffmann Rn. 4; aA MüKoBGB/Leipold Rn. 10). Der Grund des Nichtwissens ist für die Anfechtbarkeit bedeutungslos. Erfährt der Erblasser nach der Errichtung von der Person und/oder der Pflichtteilsberechtigung, so lässt dieser Umstand den Anfechtungsgrund des S. 1 nicht entfallen, kann jedoch in Verbindung mit der Aufrechterhaltung der Verfügung einen abweichenden Erblasserwillen iSd S. 2 belegen.

7 **b) Spätere Geburt oder Pflichtteilsberechtigung.** Die Verfügung ist auch dann anfechtbar, wenn der Pflichtteilsberechtigte erst nach der Errichtung geboren wird (S. 1 Alt. 2). Das Gleiche gilt, wenn die Person zwar zurzeit der Errichtung bereits vorhanden war, aber erst danach pflichtteilsberechtigt geworden ist. Die Ursache kann darin bestehen, dass vorgehende gesetzliche Erben vor dem Erbfall sterben oder der Erblasser heiratet (BayObLG FamRZ 1983, 952) oder einen anderen adoptiert (OLG Hamburg FamRZ 1990, 910). Dies kann aber auch die Folge einer Gesetzesänderung sein, beispielsweise das am 1.7.1970 in Kraft getretene NEhelG (vgl. BGH

NJW 1981, 1735). Entsteht das Pflichtteilsrecht nach der Errichtung durch Heirat des Erblassers oder Adoption, so schließt dies die Anfechtbarkeit nur unter besonderen Umständen aus, nämlich dann, wenn das beherrschende Motiv die treuwidrige Schaffung eines Anfechtungsgrundes ist (BGH FamRZ 1970, 79 (82); MüKoBGB/Leipold Rn. 12). Ist das Anfechtungsrecht lediglich willkommener Nebeneffekt, so ist dessen Ausübung nicht ausgeschlossen (aA OLG Hamburg MDR 1965, 139).

**4. Kein Aufrechterhaltungswille des Erblassers.** Hätte der Erblasser die angefochtene Verfügung auch dann getroffen, wenn er von der Pflichtteilsberechtigung im Zeitpunkt der Errichtung gewusst hätte, so ist die Anfechtung gem. S. 2 ausgeschlossen (vgl. BayObLG ZEV 2001, 314). Wie bei § 2078 ist dabei allein die Sichtweise des Erblassers maßgebend, also uU auch irrationale Überlegungen. Es kommt auf den Willen des Erblassers zurzeit der Errichtung der Verfügung an (BGH NJW 1981, 1735). Allerdings kann nach den allgemeinen Auslegungsgrundsätzen auch aus Umständen vor oder nach der Errichtung auf den hypothetischen Willen des Erblassers geschlossen werden, den hinzugekommenen Pflichtteilsberechtigten trotzdem von der Erbfolge auszuschließen (BayObLG ZEV 2000, 315; OLG Düsseldorf FamRZ 1999, 122 f.). Auf dieser Grundlage müssen alle Umstände ermittelt werden, aus denen abgeleitet werden kann, welche Motive den Erblasser zu seiner Verfügung veranlasst haben. 8

Ein Aufrechterhaltungswille iSd S. 2 ist vor allem dann gegeben, wenn der Erblasser bestimmte **Personen aus besonderen Motiven bevorzugen** wollte. Dies ist etwa der Fall, wenn der Erblasser seine Ehefrau zur Alleinerbin eingesetzt hat und aus der Ehe danach noch weitere Kinder hervorgehen, weil sich darin der Wunsch ausdrückt, die Ehefrau den Kindern vorzuziehen. Das Gleiche gilt, wenn der Erblasser einzelne Kinder bzw. andere Personen aus besonderen Gründen (zB Belohnung für Dienste, Versorgung wegen Krankheit, Unternehmensnachfolge, Erhalt für Enkel) gegenüber anderen bevorzugen wollte. 9

Ein Aufrechterhaltungswille kann dagegen nicht aus der **bloßen Untätigkeit** des Erblassers nach Kenntnis von der Pflichtteilsberechtigung gefolgert werden, da diese auch auf anderen Umständen (zB Vergesslichkeit, Rechtsirrtum, körperliche Hinfälligkeit des Erblassers, Kürze der noch zur Verfügung stehenden Lebenszeit) beruhen kann (OLG Hamburg FamRZ 1990, 910 (911); MüKoBGB/Leipold Rn. 18; Lange/Kuchinke ErbR § 36 IV 3). Es bedarf deshalb zusätzlich besonderer Umstände, aus denen abgeleitet werden kann, dass der Erblasser die Verfügung trotz des Hinzukommens eines Pflichtteilsberechtigten unverändert aufrechterhalten wollte. 10

War im Zeitpunkt der Errichtung für den Erblasser **absehbar,** dass er heiraten oder einen anderen adoptieren werde, so ist regelmäßig davon auszugehen, dass er diesen Umstand bei der Verfügung bereits berücksichtigt hatte (BayObLG FamRZ 1992, 988). Bei der Feststellung des hypothetischen Erblasserwillens gem. S. 2 darf kein anderer Umstand geprüft werden als die Kenntnis von der Pflichtteilsberechtigung (BGH LM Nr. 1 = DNotZ 1954, 272 (273)). Hätte der Erblasser aus anderen Überlegungen heraus die Verfügung so nicht getroffen, ist die Anfechtung über § 2078 eröffnet, aber nicht über § 2079. 11

Da dem Erblasser selbst kein Anfechtungsrecht zusteht, kann er auf das dem Pflichtteilsberechtigten vorbehaltene Recht zwar nicht verzichten, wohl aber nimmt ein „Verzicht" des Erblassers dem Übergehen jede rechtliche Relevanz iSd § 2079. Wegen der Bedeutung eines im Testament vom Erblasser erklärten „Verzichts" wird iÜ auf → § 2078 Rn. 13 und wegen der „Bestätigung" durch Aufrechterhaltung trotz Kenntniserlangung von der Pflichtteilsberechtigung wird auf → § 2078 Rn. 19 verwiesen. 12

## III. Wirkung

Die Anfechtung ist nur wirksam, wenn der übergangene Pflichtteilsberechtigte (§ 2080 Abs. 3), wobei ein Minderjähriger selbst zur Anfechtung berechtigt ist (vgl. Joussen ZEV 2003, 181 (184 ff.)), wegen Übergehens eines Pflichtteilsberechtigten gem. S. 1 ordnungsgemäß (§ 2081 bzw. § 2282) und fristgerecht (§ 2082 bzw. § 2283) die Anfechtung erklärt hat. 13

Umstritten ist dabei jedoch, ob damit die gesamte Verfügung von Todes wegen (Testament, gemeinschaftliches Testament oder Erbvertrag) unwirksam ist (OLG Schleswig BeckRS 2016, 03775; BayObLG NJW 1971, 1565; BayObLGZ 1980, 42 (49); OLG Brandenburg FamRZ 1998, 59 (62); OLG Frankfurt NJW-RR 1995, 1350; Tiedtke JZ 1988, 649; Kipp/Coing ErbR § 24 III 1b; ähnlich Reinicke NJW 1971, 1961 (1962 f.); diff. Staudinger/Otte, 2019, Rn. 14 ff.) oder nur die einzelne Verfügung, die den Pflichtteilsberechtigten vom gesetzlichen Erbrecht ausschließt (OLG Köln NJW 1956, 1522; LG Darmstadt JZ 1988, 671; Soergel/Loritz/Uffmann Rn. 9; MüKoBGB/Leipold Rn. 24; Jung AcP 194 (1994), 42 (77 ff.): nur Erbeinsetzungen, nicht aber Vermächtnisse). Der Zweck des § 2079, nämlich den Pflichtteilsberechtigten zu schützen, rechtfer- 14 tigt es richtiger Ansicht nach nicht, im Falle der **Anfechtung nach dem Tod** des Erblassers (MüKoBGB/Leipold Rn. 24 f.) den Erblasserwillen gänzlich zu vernichten. Unwirksam werden in diesem Falle also nur die den Anfechtenden belastenden Verfügungen, nicht aber diesen begünstigende Verfügungen (zB Enterbung, Einsetzung Dritter zu einem hinter dem gesetzlichen Erbteil zurückbleibenden Quote) und die für alle Erben gleichermaßen geltenden Verfügungen (zB Testamentsvollstreckung) (vgl. MüKoBGB/Leipold Rn. 24). Im Unterschied hierzu ist es bei einer für den Erblasser bindend gewordenen Verfügung Ziel der Norm, diesem wieder die uneingeschränkte Verfügungsmacht zu verschaffen. Deshalb werden im Falle einer **Anfechtung durch den Erblasser** selbst sämtliche Verfügungen unwirksam (MüKoBGB/Leipold Rn. 25).

**15** Nach beiden Auffassungen gebührt jedoch dem Erblasserwillen der Vorrang (OLG Düsseldorf NJWE-FER 1998, 180 (181); OLG Brandenburg FamRZ 1998, 59 (62)). Der Unterschied zwischen beiden Auffassungen beschränkt sich deshalb im wesentlich auf die – allerdings nicht zu unterschätzende – Beweislastfrage. Kann ein hypothetischer Wille nämlich nicht sicher festgestellt werden, so führt die zuerst genannte Auffassung zur Unwirksamkeit auch aller den Berechtigten nicht betreffenden Verfügungen, während bei der Gegenmeinung nur den gesetzlichen Erbteil ausschließende Verfügungen unwirksam werden, also Regelungen in Bezug auf Dritte weiter gelten. Im Übrigen wegen der Wirkungen → § 2078 Rn. 17.

## IV. Beweisfragen

**16** Die gesetzliche Vermutung für die Kausalität zwischen Verfügung und Unkenntnis der Pflichtteilsberechtigung führt hinsichtlich der Beweislast zu einem gravierenden Unterschied gegenüber § 2078. Die Beweislast für einen davon abweichenden realen oder hypothetischen Erblasserwillen trägt danach derjenige, der sich auf die Gültigkeit der Verfügung beruft, also der Anfechtungsgegner (OLG Frankfurt NJW-RR 1995, 1350; OLG Karlsruhe ZEV 1995, 454 (456)). Diese Vermutung streitet für den Anfechtenden, sodass im Falle der Nichtaufklärbarkeit der subjektiven Einstellung des Erblassers allein der Beweis der objektiven Tatbestandselemente der Anfechtung zum Erfolg verhilft.

## § 2080 Anfechtungsberechtigte

**(1) Zur Anfechtung ist derjenige berechtigt, welchem die Aufhebung der letztwilligen Verfügung unmittelbar zustatten kommen würde.**

**(2) Bezieht sich in den Fällen des § 2078 der Irrtum nur auf eine bestimmte Person und ist diese anfechtungsberechtigt oder würde sie anfechtungsberechtigt sein, wenn sie zur Zeit des Erbfalls gelebt hätte, so ist ein anderer zur Anfechtung nicht berechtigt.**

**(3) Im Falle des § 2079 steht das Anfechtungsrecht nur dem Pflichtteilsberechtigten zu.**

### Überblick

Die Vorschrift regelt, wer zur Anfechtung berechtigt ist. Grds. ist anfechtungsberechtigt, wer durch die letztwillige Verfügung unmittelbar benachteiligt ist (→ Rn. 2). Das Recht, eine Verfügung gem. § 2079 anzufechten, steht ausschließlich dem Pflichtteilsberechtigten selbst zu (→ Rn. 5). Jeder Anfechtungsberechtigte kann die Anfechtung unabhängig von allen anderen erklären, so dass im Erfolgsfalle nach hM die Nichtigkeit auch gegenüber allen anderen Anfechtungsberechtigten eintritt (→ Rn. 7).

## I. Anwendungsbereich

**1** Die Berechtigung zur Anfechtung ergibt sich in allen Fällen, in denen diese nach dem Tod des Erblassers erfolgt, aus § 2080, und zwar ohne Rücksicht darauf, ob sich diese auf Verfügungen in einem **Testament,** in einem **gemeinschaftlichen Testament** oder in einem **Erbvertrag** bezieht. In den beiden zuletzt genannten Fällen ist es auch belanglos, ob die Anfechtung einseitige oder bindende Verfügungen betrifft. Bei einseitigen Verfügungen ist ein Anfechtungsrecht des Erblassers wegen dessen Recht zum Widerruf von vorneherein unzulässig (Staudinger/Kanzleiter, 2019, § 2271 Rn. 65; Staudinger/Otte, 2019, Rn. 1; dagegen für analoge Anwendung des § 2282 Abs. 2 auf Betreuer des Erblassers W. Lange ZEV 2008, 313 (318); Harke JZ 2004, 180 (183); auch → § 2078 Rn. 2). Bei wechselbezüglichen bzw. vertragsmäßigen Verfügungen in einem gemeinschaftlichen Testament bzw. Erbvertrag ergibt sich die Befugnis zur Selbstanfechtung durch den Erblasser aus § 2281. Die Anfechtung durch Dritte vor dem Tod des Erblassers ist in allen Fällen unzulässig.

## II. Anfechtungsberechtigung

**1. Unmittelbare Begünstigung. a) Rechtlicher Vorteil.** Zur Anfechtung berechtigt ist nur, wer im Falle der Nichtigkeit der angefochtenen Verfügung ohne Dazwischentreten weiterer Umstände selbst einen rechtlichen Vorteil erlangt (vgl. MüKoBGB/Leipold Rn. 4). Rechtlicher Vorteil ist ein **Erbrecht** (zB Anfechtung der Erbeinsetzung eines anderen durch einen gesetzlichen Erben), ein Anspruch aus einem **Vermächtnis** (zB Anfechtung des Widerrufs eines Vermächtnisses durch Vermächtnisnehmer), der Wegfall einer **Beschwerung** (zB Anfechtung eines Vermächtnisses, einer Auflage oder einer Testamentsvollstreckung durch einen Erben), einer (auflösenden oder aufschiebenden) **Bedingung** oder eines **Verfügung- und Verwaltungsrechts** (zB Anfechtung des Widerrufs einer Testamentsvollstreckung durch den Testamentsvollstrecker oder einer Verwaltungsbeschränkung durch die Eltern). Da die **Auflage** dem dadurch Begünstigten keinen rechtlichen Anspruch gewährt, kann deren Widerruf nicht durch diesen, wohl aber durch denjenigen, der den Vollzug verlangen kann, angefochten werden (MüKoBGB/Leipold Rn. 4). Erhält der Anfechtende durch die Vernichtung der angefochtenen Verfügung ein **Gestaltungsrecht** (vgl. BGH NJW 1991, 169: Anfechtbarkeit der Ausschlagung) oder ein **Gestaltungsklagerecht** (zB Erbunwürdigkeitsklage), so liegt bereits darin eine rechtliche Besserstellung iSd § 2080 Abs. 1 (Schubert/Czub JA 1980, 257 (263); MüKoBGB/Leipold Rn. 4; aA Kipp/Coing ErbR § 24 IV 1a Fn. 48). Wegen der rechtlichen Vorteilhaftigkeit kann ein **Minderjähriger** gem. § 107 ohne Einwilligung des gesetzlichen Vertreters anfechten (Joussen ZEV 2003, 181 (184 ff.)). 2

**b) Unmittelbarkeit.** Dieses Kriterium schränkt das Anfechtungsrecht weiter ein. Sobald der rechtliche Vorteil vom Dazwischentreten weiterer Umstände abhängt (zB Tod eines vorgehenden gesetzlichen Erben), entfällt diese Berechtigung. Hängt der Eintritt der Begünstigung von einem Umstand ab, der rechtlich Rückwirkung auf den Erbfall hat (zB Ausschlagung, Anfechtung, Erbunwürdigkeitserklärung), so fehlt es nicht an der Unmittelbarkeit, wenn die Ausschlagung erklärt wird, die Anfechtung Erfolg hat oder die Erbunwürdigkeitserklärung ergeht. 3

**2. Einschränkungen. a) Personenbezogener Irrtum iSd § 2078.** Ein derartiger Irrtum liegt immer dann vor, wenn sich der Erblasser über eine Eigenschaft oder ein vergangenes, gegenwärtiges oder künftiges Verhalten einer Person geirrt hat (zB Tod des Bedachten, Heirat, Erfüllung oder Nichterfüllung einer Pflegepflicht, irrtümliche Annahme einer strafbaren Handlung). Abs. 2 schließt das Anfechtungsrecht anderer nur aus, wenn die betroffene Person selbst gem. Abs. 1 anfechtungsberechtigt ist, oder wenn sie vor dem Erbfall stirbt. Beim Tod nach dem Erblasser geht das Anfechtungsrecht dagegen auf die Erben des Betroffenen über. Diese Einschränkung gilt nicht im Falle der Anfechtung wegen Drohung (§ 2078 Abs. 2 Alt. 2). 4

**b) Anfechtung wegen Übergehens eines Pflichtteilsberechtigten.** Das Recht, eine Verfügung gem. § 2079 anzufechten, steht ausschließlich dem Pflichtteilsberechtigten selbst zu, nicht dagegen anderen Personen. Zur Selbstanfechtung wechselbezüglicher bzw. vertragsmäßiger Verfügungen durch den Erblasser s. jedoch → § 2281 Rn. 5. Stirbt der Pflichtteilsberechtigte vor dem Erblasser, so entfällt bereits der Anfechtungsgrund (→ § 2079 Rn. 1). Beim Tod nach dem Erblasser geht das Anfechtungsrecht des übergangenen Pflichtteilsberechtigten auf dessen Erben über. 5

**3. Ausschluss gem. § 2285.** Wird eine vertragsmäßige Verfügung in einem Erbvertrag oder eine wechselbezügliche in einem gemeinschaftlichen Testament von einem Dritten gem. §§ 2078, 2079 angefochten, so ist gem. § 2285 zu prüfen, ob das dem Erblasser zustehende Selbstanfechtungsrecht gem. § 2281 vor seinem Tod erloschen ist, sei es auf Grund Verzicht, sei es durch Verzeihung oder sei es in sonstiger Weise (→ § 2285 Rn. 1 ff.). 6

## III. Mehrheit von Anfechtungsberechtigten

Jeder Anfechtungsberechtigte kann die Anfechtung unabhängig von allen anderen erklären. Hat diese jedoch Erfolg, so bewirkt sie nach hM die Nichtigkeit auch gegenüber allen anderen Anfechtungsberechtigten (BGH NJW 1985, 2025 (2026); Erman/M. Schmidt Rn. 2; aA MüKoBGB/Leipold Rn. 8). § 2078 Abs. 1 verhilft nämlich der begründeten Anfechtung eines Berechtigten zum Erfolg, „soweit" die Verfügung von dem Willensmangel betroffen ist, und nicht 7 nur, „soweit der Anfechtungsberechtigte durch die Verfügung benachteiligt wird" (BGH NJW 1985, 2025 (2026)). Zudem ist bei diesem Verständnis der Gleichlauf der Anfechtung gem. § 2078 mit derjenigen nach § 2281 bei einem Erbvertrag oder einem gemeinschaftlichen Testament besser zu gewährleisten.

## IV. Vererblichkeit und Übertragbarkeit

8 Das entstandene Anfechtungsrecht geht mit dem Tod des Berechtigten auf dessen Erben über, ist jedoch auf Grund seines durch § 2080 belegten, höchstpersönlichen Charakters zu dessen Lebzeiten nicht übertragbar (MüKoBGB/Leipold Rn. 15 mwN). Es ist damit auch der Pfändung durch einen Gläubiger oder der Ausübung durch den Insolvenzverwalter entzogen. Möglich ist es allerdings, das infolge der erfolgreichen Anfechtung erlangte Recht zu pfänden oder zur Insolvenzmasse zu ziehen.

### § 2081 Anfechtungserklärung

**(1) Die Anfechtung einer letztwilligen Verfügung, durch die ein Erbe eingesetzt, ein gesetzlicher Erbe von der Erbfolge ausgeschlossen, ein Testamentsvollstrecker ernannt oder eine Verfügung solcher Art aufgehoben wird, erfolgt durch Erklärung gegenüber dem Nachlassgericht.**

**(2) [1]Das Nachlassgericht soll die Anfechtungserklärung demjenigen mitteilen, welchem die angefochtene Verfügung unmittelbar zustatten kommt. [2]Es hat die Einsicht der Erklärung jedem zu gestatten, der ein rechtliches Interesse glaubhaft macht.**

**(3) Die Vorschrift des Absatzes 1 gilt auch für die Anfechtung einer letztwilligen Verfügung, durch die ein Recht für einen anderen nicht begründet wird, insbesondere für die Anfechtung einer Auflage.**

## Überblick

Die Norm regelt nur die Anfechtung von Erbeinsetzungen, Enterbungen und Testamentsvollstreckerernennungen (→ Rn. 2 ff.). Vermächtnisse und andere letztwillige Verfügungen werden weder von Abs. 1 noch von Abs. 3 erfasst und müssen deshalb gemäß den allgemeinen Bestimmungen durch formlose Erklärung gegenüber denjenigen angefochten werden, der durch die angefochtene Verfügung unmittelbar einen rechtlichen Vorteil erlangt; dies ist in der Regel der Erbe (→ Rn. 6). Die Bestimmung dient der Rechtssicherheit. Außerdem gewährleistet sie, dass dem Nachlassgericht die für die Erteilung von Erbscheinen und Testamentsvollstreckerzeugnissen notwendigen Kenntnisse verschafft werden. Die Anfechtungserklärung muss keinen bestimmten Wortlaut haben, jedoch mit hinreichender Deutlichkeit erkennen lassen, welche Verfügung angefochten wird (→ Rn. 3). Die Anfechtung iSd § 2081 ist eine amtsempfangsbedürftige Willenserklärung. Sie wird mit Zugang beim Nachlassgericht wirksam und kann nicht mehr zurückgenommen werden (→ Rn. 8).

## I. Anwendungsbereich

1 Diese Vorschrift gilt für alle Anfechtungen von Verfügungen nach dem Tod des Erblassers, und zwar ohne Rücksicht darauf, ob sie in einem Testament, in einem gemeinschaftlichen Testament oder in einem Erbvertrag enthalten sind und ob sie einseitigen oder bindenden Charakter haben. Der Fall der Selbstanfechtung wechselbezüglicher bzw. vertragsmäßiger Verfügungen in einem gemeinschaftlichen Testament oder in einem Erbvertrag durch den Erblasser ist in § 2281 Abs. 1 geregelt.

## II. Differenzierung nach Verfügungstypen

2 **1. Erbeinsetzungen, Enterbungen, Testamentsvollstreckerernennungen. a) Zuständigkeit des Nachlassgerichts.** Die Bestimmung dient nicht allein der Rechtssicherheit (vgl. BGH FamRZ 1977, 786), sondern sichert dem Nachlassgericht auch die zur Erteilung von mit der materiellen Rechtslage übereinstimmenden Erbscheinen und Testamentsvollstreckerzeugnissen notwendigen Kenntnisse. Deshalb muss die Anfechtung von Erbeinsetzungen aller Art, also auch

von Ersatz-, Vor- und Nacherbeneinsetzungen, ebenso gegenüber dem Nachlassgericht erklärt werden wie Enterbungen oder der Widerruf aller derartigen Verfügungen. Da Teilungsanordnungen im Erbschein nicht ausgewiesen werden, verbietet es sich, diese dem Anwendungsbereich des Abs. 1 zu unterwerfen (Kipp/Coing ErbR § 24 V 1a; aA MüKoBGB/Leipold Rn. 6; für Anwendung des Abs. 3: Staudinger/Otte, 2019, Rn. 4). Das Gleiche gilt für ein Auseinandersetzungsverbot (Soergel/Loritz/Uffmann Rn. 7; Staudinger/Otte, 2019, Rn. 4; aA Kipp/Coing ErbR § 24 1a). Die isolierte Anfechtung der Befreiung des Vorerben ist dagegen ebenfalls gegenüber dem Gericht zu erklären (MüKoBGB/Leipold Rn. 6; Erman/M. Schmidt Rn. 5; aA Staudinger/Otte, 2019, Rn. 2), weil ein Erbschein auch hierüber Aussagen enthält. Auch die teilweise oder vollständige Anfechtung von Testamentsvollstreckerernennungen oder deren Widerruf ist gegenüber dem Nachlassgericht zu erklären. Trotz des etwas undeutlichen Gesetzeswortlauts muss dies auch für Erblasserbestimmungen zum Wirkungskreis gelten (Grüneberg/Weidlich Rn. 1), da ein Testamentsvollstreckerzeugnis ggf. Hinweise darauf beinhaltet. Zuständig zur Entgegennahme ist das Nachlassgericht (§ 343 FamFG). Bei Erklärung gegenüber einem unzuständigen Gericht wird diese erst mit Eingang beim zuständigen Amtsgericht wirksam (Staudinger/Otte, 2019, Rn. 5; Johannsen WM 1979, 598 (608); aA MüKoBGB/Leipold Rn. 9 mwN). Hält sich das unzuständige Gericht für berechtigt, die Anfechtungserklärung entgegenzunehmen, so ist diese damit analog § 2 FamFG wirksam (BGH FamRZ 1977, 786 zu § 7 FGG).

**b) Inhalt und Form der Erklärung.** Die Anfechtungserklärung muss keinen bestimmten 3 Wortlaut haben. Sie muss jedoch mit hinreichender Deutlichkeit erkennen lassen, welche Verfügung angefochten wird, und dass die Anfechtung auf einen Willensmangel gestützt wird (BayObLG FamRZ 1992, 226; OLG München Rpfleger 2005, 606; MüKoBGB/Leipold Rn. 17). Dagegen braucht nach hM die Anfechtungserklärung den Grund noch nicht zu beinhalten (BayObLG FamRZ 1989, 1346 (1348); Grüneberg/Weidlich Rn. 2; aA MüKoBGB/Leipold Rn. 19; v. Lübtow Bd. I S. 331 f.; Staudinger/Otte, 2019, Rn. 11; Soergel/Loritz/Uffmann Rn. 8). Auch wenn der Gegenmeinung zuzugeben ist, dass eine unbegründete Anfechtungserklärung dem Gegner nicht ermöglicht, sich auf diese in der Sache einzulassen, so kann doch nicht ohne ausreichende Gesetzesgrundlage ein Begründungserfordernis mit der Folge der Unwirksamkeit einer derartigen Erklärung aufgestellt werden. Es ist jedoch zu beachten, dass über die Rechtzeitigkeit (§ 2082) der Anfechtung nur nach Angabe des Grundes entschieden werden kann (BayObLG NJW-RR 1990, 200). Deshalb ist es zwar möglich, vor der Erklärung bereits gegebene Gründe nachzuschieben, nicht aber solche, die erst nach deren Zugang beim Nachlassgericht entstanden sind (Grüneberg/Weidlich Rn. 2; aA MüKoBGB/Leipold Rn. 19). Die Erklärung muss entweder schriftlich abgegeben oder gem. § 25 FamFG zu Protokoll der Geschäftsstelle des Nachlassgerichts erklärt werden. Die Anfechtung kann auch durch einen Vertreter erklärt werden, der jedoch gem. § 174 die Vollmachtsurkunde insbes. eine General- oder Vorsorgevollmacht im Original oder in notarieller Ausfertigung vorlegen muss.

**c) Verfahren und Kosten.** Als amtsempfangsbedürftige Willenserklärung wird die Anfech- 4 tung mit dem Zugang beim zuständigen Nachlassgericht (→ Rn. 2) wirksam (§ 130 Abs. 1 und 3). Das Gericht hat lediglich seine Zuständigkeit zu prüfen, also keine der anderen Anfechtungsvoraussetzungen (OLG Köln FamRZ 1993, 1124), und die Erklärung dann kommentarlos jedem durch die angefochtene Verfügung Begünstigten gem. Abs. 2 S. 1 mitzuteilen. Diese Mitteilung ist jedoch keine Wirksamkeitsbedingung der Anfechtung. Ist bereits ein Erbschein oder ein Testamentsvollstreckerzeugnis erteilt, so hat das Nachlassgericht von Amts wegen zu prüfen, ob diese eingezogen werden müssen (BayObLG FamRZ 1990, 1037). Gemäß Abs. 2 S. 2 ist jedem, der ein rechtliches Interesse glaubhaft macht, die Einsicht in die Erklärung zu gestatten und auf Antrag eine Abschrift davon zu erteilen.

**2. Letztwillige Verfügungen, die keine Rechte begründen.** Bei Verfügungen, die keine 5 Rechte eines anderen begründen, fehlt es gem. Abs. 3 an einem Anfechtungsgegner, der durch die angefochtene Verfügung einen rechtlichen Vorteil hat (vgl. § 143 Abs. 4 S. 1), sodass eine gegenüber § 143 eigenständige Regelung getroffen werden musste. Außer der beispielhaft erwähnten Auflage (§ 1940) gehören hierher das Teilungsverbot (§ 2044) (Soergel/Loritz/Uffmann Rn. 7; Staudinger/Otte, 2019, Rn. 4; aA Kipp/Coing ErbR § 24 V 1a), die Entziehung bzw. Beschränkung des Pflichtteils (§§ 2336, 2338) und die familienrechtlichen Anordnungen nach § 1418 Abs. 2 Nr. 2, § 1638 Abs. 1 oder § 1909 Abs. 1, nicht aber die Teilungsanordnung, die gem. § 143 Abs. 4 S. 1 anzufechten ist (→ Rn. 6) (Kipp/Coing ErbR § 24 V 1a; RGRK-BGB/Johannsen Rn. 9; aA Staudinger/Otte, 2019, Rn. 11; Grüneberg/Weidlich Rn. 1; Soergel/Loritz/Uffmann Rn. 7). Zu beachten ist, dass bei Verfügungen iSd Abs. 3 keine Mitteilungspflicht gem.

Abs. 2 S. 1 besteht. Das Einsichtsrecht, einschließlich des Rechts auf Abschriften, richtet sich nach § 13 FamFG.

6 **3. Sonstige letztwillige Verfügungen.** Vermächtnisse und Teilungsanordnungen (→ Rn. 2 und → Rn. 5) – bzw. deren Widerruf – werden weder von Abs. 1 noch von Abs. 3 erfasst und müssen deshalb gem. der allgemein geltenden Bestimmung des § 143 Abs. 4 S. 1 durch formlose Erklärung gegenüber demjenigen angefochten werden, der durch die angefochtene Verfügung unmittelbar einen rechtlichen Vorteil erlangt (OLG Koblenz BeckRS 2009, 88054). Die Anfechtung eines Vermächtnisses hat folglich gegenüber dem Vermächtnisnehmer und die einer Teilungsanordnung gegenüber dem daraus Berechtigten zu erfolgen. Wird der Widerruf derartiger Verfügungen angefochten, so ist Adressat der Erklärung bei einem Vermächtnis der damit Beschwerte und bei einer Teilungsanordnung die Erbengemeinschaft. Es gelten hierfür die allgemeinen Bestimmungen über Willenserklärungen, insbes. § 131 bei geschäftsunfähigen oder beschränkt geschäftsfähigen Personen. Wird die Anfechtung fälschlicherweise gegenüber dem Nachlassgericht erklärt, so gilt die Erklärung erst dann als zugegangen, wenn dieses sie dem richtigen Adressaten „mitteilt" (BayObLG FamRZ 1992, 862) oder dieser einen Durchschlag erhält (KG FamRZ 1977, 271 (273)). Zum Inhalt dieser Anfechtungserklärung → Rn. 3.

7 **4. Anfechtung unterschiedlicher Verfügungstypen.** Werden Verfügungen, die von § 2081 erfasst werden, gemeinsam mit solchen, für die § 143 Abs. 4 S. 1 gilt, angefochten, so genügt nach hM die einheitliche Anfechtung gegenüber dem Nachlassgericht nicht (Grüneberg/Weidlich Rn. 6; aA MüKoBGB/Leipold Rn. 15 mwN). Notwendig ist in derartigen Fällen eine doppelte Anfechtung, also zum einen gegenüber dem Nachlassgericht und zum anderen gegenüber dem Begünstigten der angefochtenen, nicht unter § 2081 fallenden Verfügung (BayObLGZ 1960, 490; KG FamRZ 1977, 271; Grüneberg/Weidlich Rn. 6). In Fällen, in denen eine erforderliche Anfechtungserklärung unterblieben ist, muss jedoch nach § 2085 geprüft werden, ob die wirksam angefochtene Verfügung nicht auch die Nichtigkeit der nicht formgerecht angefochtenen nach sich zieht (vgl. BayObLGZ 1960, 490).

## III. Rücknahme, Anfechtung und Verzicht

8 Die dem Nachlassgericht bzw. dem Anfechtungsgegner ordnungsgemäß zugegangene Anfechtungserklärung kann nicht mehr **zurückgenommen** werden, die Nichtigkeitsfolge also nicht mehr beseitigt werden. Die Anfechtungserklärung kann jedoch ihrerseits gem. §§ 119 ff. – nicht §§ 2078 ff. – **angefochten** werden (BayObLGZ 1930, 265 (269)). Der Berechtigte kann durch formlose Bestätigung – etwa durch Stellung eines Erbscheinsantrags – auf sein Anfechtungsrecht **verzichten,** vorausgesetzt jedoch, dass dieses materiell bestand und der Bestätigende die Anfechtbarkeit zu dieser Zeit kannte oder mit ihr rechnete (OLG München Rpfleger 2005, 606).

## § 2082 Anfechtungsfrist

**(1) Die Anfechtung kann nur binnen Jahresfrist erfolgen.**

**(2) [1]Die Frist beginnt mit dem Zeitpunkt, in welchem der Anfechtungsberechtigte von dem Anfechtungsgrund Kenntnis erlangt. [2]Auf den Lauf der Frist finden die für die Verjährung geltenden Vorschriften der §§ 206, 210, 211 entsprechende Anwendung.**

**(3) Die Anfechtung ist ausgeschlossen, wenn seit dem Erbfall 30 Jahre verstrichen sind.**

### Überblick

Im Interesse der Rechtssicherheit kann eine letztwillige Verfügung nur innerhalb eines Jahres ab dem Tag, an dem der Anfechtungsberechtigte Kenntnis vom Anfechtungsgrund erlangt hat, angefochten werden. Der Anfechtungsberechtigte kennt den Anfechtungsgrund nur, wenn ihm alle Tatsachen, aus denen sich die Anfechtbarkeit gem. §§ 2078, 2079 ableitet, zuverlässig bekannt sind. Das Kennenmüssen steht dem Wissen um diese Tatsachen nicht gleich (→ Rn. 1). Mit Ablauf der Jahresfrist entfällt das Anfechtungsrecht (→ Rn. 2 f.). Die Anfechtung ist ohne Rücksicht auf die Kenntnis des Berechtigten vom Anfechtungsgrund ausgeschlossen, wenn seit dem Erbfall mehr als 30 Jahre vergangen sind (→ Rn. 4).

## I. Jahresfrist

**1. Beginn.** Die Anfechtung auf Grund der §§ 2078, 2079 kann nur binnen eines Jahres ab dem Tag, an dem der Anfechtungsberechtigte Kenntnis vom Anfechtungsgrund erlangt hat, erfolgen. Die Frist beginnt jedoch in keinem Fall vor dem Tod des Erblassers. Wird eine Verfügung innerhalb eines Jahres nach dem Todestag angefochten, so ist die Frist in jedem Falle gewahrt, sodass der Anfechtungsgrund für die Prüfung der Rechtzeitigkeit ohne Bedeutung ist. Erfolgt die Anfechtung dagegen nach Ablauf eines Jahres ab dem Erbfall, so muss der Anfechtungsgrund feststehen, da andernfalls der Zeitpunkt der Kenntniserlangung des Anfechtungsberechtigten nicht ermittelt werden kann (BayObLG FamRZ 1990, 1037 (1038)). Der Anfechtungsberechtigte kennt den Anfechtungsgrund nur, wenn ihm alle Tatsachen, aus denen sich die Anfechtbarkeit gem. §§ 2078, 2079 ableitet, zuverlässig bekannt sind. Das Kennenmüssen steht dem Wissen um diese Tatsachen nicht gleich. Solange dem Berechtigten auch nur eine für den Erfolg der Anfechtung gem. §§ 2078, 2079 notwendige Tatsache nicht bekannt ist, beginnt die Jahresfrist nicht zu laufen. Dabei geht es nur um die den Anfechtungsgrund (§§ 2078, 2079) tragenden Tatsachen, nicht um die für die Anfechtungsberechtigung iSd § 2080 maßgebenden Umstände (Erman/M. Schmidt Rn. 3; diff. MüKoBGB/Leipold Rn. 5 ff.). Umstritten ist, ob und inwieweit ein Irrtum über die rechtlichen Schlussfolgerungen aus diesen Tatsachen den Fristbeginn beeinflussen. Die hM in Rspr. (BGH NJW 1970, 279; BayObLGZ 1975, 6 (10)) und Lit. (J. Mayer, Der Rechtsirrtum und seine Folgen im bürgerlichen Recht, 1989, 265 ff.; Rosemeier ZEV 1995, 124 (129)) differenziert zwischen dem unbeachtlichen sog bloßen Rechtsirrtum (zB Unkenntnis der Möglichkeit der Anfechtung oder deren Formerfordernisse (vgl. OLG Hamm FamRZ 1994, 849 (851)), Annahme des Widerrufs wechselbezüglicher Verfügungen in einem gemeinschaftlichen Testament durch einseitige Vernichtung (BayObLG NJW-RR 1990, 846) und einem solchen, der verhindert, dass der Berechtigte bestimmte Tatsachen zur Kenntnis nimmt. Nach dieser hM beginnt die Frist nicht, solange der Berechtigte glaubt, die anfechtbare Verfügung sei bereits angefochten (vgl. KG OLGZ 1968, 112) oder wirksam widerrufen worden (vgl. OLG Hamm OLGZ 1971, 312). Bei einem gemeinschaftlichen Testament oder einem Ehegattenerbvertrag nach dem Berliner Modell (vgl. § 2269) beginnt die Frist im Falle eines Angriffs auf die Enterbung beim ersten Erbfall mit der Kenntnis hiervon nach dem Tod des Erstversterbenden und im Falle der Anfechtung der Schlusserbeneinsetzung nach dem Tod des Längstlebenden (hM, zB BayObLG FamRZ 1977, 347; MüKoBGB/Leipold Rn. 10; aA OLG Frankfurt MDR 1959, 393). Heiratet der länger lebende Ehegatte noch einmal und übersieht er, dass er durch eine Schlusserbeneinsetzung gebunden ist, so beginnt die Anfechtungsfrist, sobald ihm der Beschluss des Nachlassgerichts zugeht, nicht erst mit der rechtskräftigen Entscheidung (OLG Frankfurt FGPrax 2001, 246 (247); aA KGJ 40, 47 ff.). 1

**2. Berechnung und Hemmung.** Die Jahresfrist des Abs. 1 wird unter Anwendung der §§ 187, 188 berechnet. Da es sich bei dieser Frist nicht um eine Verjährungsfrist, sondern um eine Ausschlussfrist handelt, erklärt Abs. 2 S. 2 die Vorschriften der §§ 206, 210 und 211 über die Fristhemmung für entspr. anwendbar. § 206 kommt vor allem in Fällen unrichtiger amtlicher Sachbehandlung – zB falsche Belehrung über Anfechtungsrecht (BayObLGZ 1960, 490), unrichtiger Erbschein (BayObLGZ 1989, 116) – zum Tragen (vgl. BGH NJW 1960, 283). Im Übrigen wird auf die Kommentierung zu §§ 210 und 211 verwiesen. 2

**3. Wirkung des Fristablaufs.** Mit Ablauf der Jahresfrist des Abs. 1 entfällt das Anfechtungsrecht. Da es sich hierbei nicht um eine Verjährungs-, sondern um eine echte Ausschlussfrist handelt, ist der Fristablauf auch dann von Amts wegen zu beachten, wenn sich der Anfechtungsgegner nicht darauf beruft. Nach Fristablauf bleibt dem Berechtigten nur noch die Einrede der Anfechtbarkeit gem. § 2083. 3

## II. 30-Jahresfrist

Die Anfechtung ist ohne Rücksicht auf die Kenntnis des Berechtigten vom Anfechtungsgrund gem. Abs. 3 ausgeschlossen, wenn seit dem Erbfall mehr als 30 Jahre vergangen sind. Die Berechnung dieser Frist erfolgt ebenfalls gem. §§ 187, 188. Eine Ablaufhemmung ist insoweit ausgeschlossen, und zwar auch im Falle der Testamentserrichtung in der ehemaligen DDR (OLG Frankfurt OLG FamRZ 1993, 858). Auch der Ablauf dieser Frist ist von Amts wegen zu beachten. 4

### III. Beweisfragen

5 Dem Anfechtenden obliegt es zu beweisen, dass die Anfechtung fristgerecht erfolgt ist. Behauptet der Anfechtungsgegner, der Anfechtende habe bereits früher Kenntnis vom Anfechtungsgrund gehabt, so ist er dafür beweispflichtig (BayObLGZ 1963, 260 (265); vgl. Johannsen WM 1972, 652).

### IV. Recht in den neuen Bundesländern

6 § 374 Abs. 2 S. 2 und 3 ZGB enthält eine § 2082 ähnliche Regelung. Die nach § 374 Abs. 2 S. 1 ZGB erforderliche Anfechtungsklage muss danach „innerhalb eines Jahres nach Kenntnis des Anfechtungsgrundes", spätestens jedoch innerhalb von zehn Jahren nach dem Erbfall erhoben worden sein. Diese Bestimmung gilt nur für Testamente, die zwischen dem 31.12.1975 und dem 3.10.1990 von einem Deutschen mit Wohnsitz in der ehemaligen DDR errichtet worden sind. Auf davor oder danach errichtete Verfügungen von Todes wegen findet ausschließlich § 2082 Anwendung. Bei Verfügungen von Todes wegen eines deutschen Staatsangehörigen mit dem Sitz in der Bundesrepublik Deutschland aus der Zeit zwischen dem 31.12.1975 und dem 3.10.1990, die Grundvermögen im Beitrittsgebiet zum Gegenstand haben, führt die gem. § 25 Abs. 2 RAG eintretende Nachlassspaltung insoweit ebenfalls zur Anwendung des § 374 Abs. 2 S. 2 und 3 ZGB. Für die Fristberechnung gelten §§ 470, 471 ZGB. Eine Hemmung oder Unterbrechung der Anfechtungsfristen ist im ZGB nicht vorgesehen. Im Übrigen kann wegen des Fristbeginns auf → Rn. 1 verwiesen werden. Soweit sich der Irrtum auf die mit der deutschen Einigung verbundene Änderung der politischen, rechtlichen oder wirtschaftlichen Verhältnisse bezieht (zB Wiedererlangung der Verfügungsmöglichkeiten für Westdeutsche über Grundbesitz im Beitrittsgebiet), so beginnt die Jahresfrist nicht vor dem Wirksamwerden des Einigungsvertrags am 3.10.1990 (LG Gießen FamRZ 1992, 603); die Zehnjahresfrist bleibt hierdurch jedoch unberührt.

## § 2083 Anfechtbarkeitseinrede

**Ist eine letztwillige Verfügung, durch die eine Verpflichtung zu einer Leistung begründet wird, anfechtbar, so kann der Beschwerte die Leistung verweigern, auch wenn die Anfechtung nach § 2082 ausgeschlossen ist.**

### Überblick

Die Vorschrift gewährt eine echte Einrede. Bei letztwilligen Verfügungen, durch die unmittelbar eine Verpflichtung zur Leistung begründet wird, also bei Vermächtnissen und Auflagen (→ Rn. 1). Erbeinsetzungen werden nicht erfasst.

### I. Voraussetzungen

1 Dieses Leistungsverweigerungsrecht gilt nur für Vermächtnisse und Auflagen, nicht jedoch für Teilungsanordnungen, Ausgleichspflichten, Erbeinsetzungen oder Nacherbeneinsetzungen. Diese Einrede steht dem mit dem Vermächtnis oder mit der Auflage Beschwerten jedoch nur dann zu, wenn er gem. § 2080 selbst anfechtungsberechtigt ist. Folglich kann auch ein Testamentsvollstrecker oder ein Nachlassverwalter ohne Vollmacht oder Zustimmung des Anfechtungsberechtigten diese Einrede nicht erheben (BGH NJW 1962, 1058). Mit diesem Leistungsverweigerungsrecht kann der Beschwerte nur Erfolg haben, wenn ein Anfechtungsgrund gem. §§ 2078, 2079 auch tatsächlich gegeben ist. Die Einrede ist nicht fristgebunden und kann daher bereits während der Anfechtungsfrist und auch noch nach deren Ablauf erhoben werden.

### II. Wirkung

2 § 2083 gewährt dem Anfechtungsberechtigten eine echte Einrede, sodass das Leistungsverweigerungsrecht nur berücksichtigt werden kann, wenn er sich innerhalb oder außerhalb des Prozesses darauf beruft. Beruft sich der Berechtigte bei einem Vermächtnis während der Anfechtungsfrist (§ 2082) auf diese Einrede, so liegt darin regelmäßig eine Anfechtungserklärung gem. § 143 Abs. 4 S. 1 (RGRK-BGB/Johannsen Rn. 3); bei einer Auflage ist dagegen § 2081 Abs. 3, 1 zu beachten. Hat der Berechtigte trotz dieser Einrede geleistet, so ist die Rückforderung gem. § 814 ausgeschlos-

sen; im Falle der Leistung in Unkenntnis dieses Leistungsverweigerungsrechts hat der Beschwerte einen Herausgabeanspruch gem. § 813.

## § 2084 Auslegung zugunsten der Wirksamkeit

**Lässt der Inhalt einer letztwilligen Verfügung verschiedene Auslegungen zu, so ist im Zweifel diejenige Auslegung vorzuziehen, bei welcher die Verfügung Erfolg haben kann.**

### Überblick

Ziel der Auslegung ist es, den auf den Eintritt oder das Ausbleiben erbrechtlicher Wirkungen gerichteten Testierwillen des Erblassers festzustellen. Während die erläuternde (einfache oder unmittelbare) Auslegung versucht, den vorhandenen (realen) Erblasserwillen zu ermitteln (→ Rn. 6), dient die – demgegenüber nachrangige – ergänzende Auslegung der Feststellung des hypothetischen Erblasserwillens im Falle einer Lückenhaftigkeit der Willensbildung, und zwar dadurch, dass anhand allgemeiner Erfahrungssätze aus einem äußeren Verhalten des Erblassers auf dessen dahinter stehenden wirklichen Willen geschlossen wird. Die erläuternde Auslegung endet und die ergänzende beginnt, wenn überhaupt keine Willensäußerung des Erblassers zum Gegenstand der Auslegung festgestellt werden kann (→ Rn. 37). Scheitert auch die ergänzende Auslegung, so greift die selten anzuwendende Bestimmung des § 2084 ein, um die anders nicht zu behebende Mehrdeutigkeit der Erblassererklärung in der Weise zu beheben, dass dem wahren Erblasserwillen auf dem nächstliegenden zulässigen Weg zur rechtlichen Geltung verholfen wird (→ Rn. 30). Die Dispositionsmöglichkeiten im Rahmen eines Auslegungsvertrags sind dagegen eng begrenzt (→ Rn. 56).

### Übersicht



## I. Ziel der Auslegung

Der Erblasser gestaltet durch eine Verfügung von Todes wegen (Testament, gemeinschaftliches Testament, Erbvertrag) die mit seinem Tod eintretende Erbfolge innerhalb der vom Gesetz gezogenen zwingenden Grenzen frei und eigenverantwortlich. Ziel der Auslegung ist es deshalb, den auf den Eintritt oder das Ausbleiben erbrechtlicher Wirkungen gerichteten **Testierwillen des Erblassers** festzustellen (→ § 2247 Rn. 3). In dem Bemühen, die Authentizität dieses Willens zu gewährleisten, lässt das Gesetz allerdings ausschließlich den formgerecht geäußerten Willen gelten, sodass nur der in der vorgeschriebenen Form erklärte Wille Rechtswirkungen äußern kann. Die Auslegung der verkörperten Erklärung ist ein wertender Vorgang, der darauf gerichtet ist, sich zwischen verschiedenen Deutungsmöglichkeiten zu entscheiden, und zwar für die „zutreffendste" Interpretation, nämlich für diejenige, die eine etwaige Diskrepanz zwischen Wille und Erklärung vermeidet und beide bestmöglich miteinander in Einklang bringt. Die Auslegung letztwilliger Verfügungen ist dabei besonders schwierig, weil der Erklärende nicht mehr befragt werden kann. Um Erblassererklärung und Wille zur Deckung zu bringen, ist der Auslegende bei seiner Entscheidung auf den Textzusammenhang und auf sein Wissen über den Anlass der Erklärung, über alle anderen hermeneutisch bedeutsamen Umstände sowie über den zu regelnden Sachverhalt angewiesen. Das Ergebnis der Auslegung ist deshalb nicht etwa logisch zwingend, sondern lediglich eine „durch hinreichende Gründe motivierte Wahl zwischen verschiedenen Deutungsmöglichkei- 1 ten" (Larenz, Methodenlehre der Rechtswissenschaft, 6. Aufl. 1991, 204). Der Richter kann sich dieser Entscheidung nicht entziehen und darf die Auslegung unter Berufung auf die Schwierigkeit oder gar Unlösbarkeit dieser Aufgabe nicht abbrechen (BGH NJW 1981, 2745 (2746)).

2 Dabei ist zwischen **zwei Auslegungsarten** zu unterscheiden (vgl. Larenz, Methodenlehre der Rechtswissenschaft, 6. Aufl. 1991, 300 f.): Während die erläuternde (einfache oder unmittelbare) Auslegung versucht, den vorhandenen (realen) Erblasserwillen zu ermitteln, dient die – demgegenüber nachrangige – ergänzende Auslegung der Feststellung des hypothetischen Erblasserwillens im Falle einer Lückenhaftigkeit der Willensbildung, und zwar dadurch, dass an Hand allgemeiner Erfahrungssätze aus einem äußeren Verhalten des Erblassers auf dessen dahinter stehenden wirklichen Willen geschlossen wird. Die erläuternde Auslegung endet und die ergänzende beginnt, wenn überhaupt keine Willensäußerung des Erblassers zum Gegenstand der Auslegung festgestellt werden kann. Mit Hilfe der ergänzenden Auslegung wird dann der in der Verfügung enthaltene „Sinnüberschuss" dazu verwendet, die Diskrepanz zwischen „Sinngehalt" und „Sinnform" zu überwinden (Larenz, Methodenlehre der Rechtswissenschaft, 6. Aufl. 1991, 301).

3 Die ergänzende Auslegung überschneidet sich dabei teilweise mit den zahlreichen **Auslegungs- und Ergänzungsregeln** des Erbrechts (zB § 2049 Abs. 1, § 2051 Abs. 2, §§ 2052, 2066–2077, § 2087 Abs. 1, §§ 2091, 2097, 2098, 2108 Abs. 2, § 2110 Abs. 1, 2, § 2268 Abs. 2, § 2269 Abs. 1, 2, § 2270 Abs. 2, § 2298 Abs. 3), in denen einige Grundsätze allgemeiner Lebenserfahrung vom Gesetz selbst zum Ausdruck gebracht werden. Diese Auslegungs- und Ergänzungsregeln sind jedoch nicht abschließend und sowohl gegenüber der erläuternden als auch gegenüber der ergänzenden Auslegung subsidiär.

4 Bei – trotz Auslegung – mehrdeutigen Erklärungen ist ferner der in § 2084 enthaltene Grundsatz der **wohlwollenden Auslegung** zu beachten (→ Rn. 30).

5 Die Auslegung, einschließlich der ergänzenden Methode, und die Anwendung der etwaigen Auslegungs- und Ergänzungsregeln, hat Vorrang vor der **Umdeutung** gem. § 140 (insbes. → § 2087 Rn. 25) und der Anfechtung gem. §§ 2078 ff. (vgl. BGH NJW 1978, 264 (266); BayObLGZ 1966, 390 (394); BayObLG FamRZ 1991, 982). Schließlich dient die Auslegung ebenso wie die zahlreichen gesetzlichen Auslegungs- und Ergänzungsregeln der umfassenden Verwirklichung des Erblasserwillens, während die Umdeutung nur auf ähnliche Ergebnisse und die Anfechtung auf eine Vermeidung ungewollter Wirkungen gerichtet ist.

## II. Erläuternde Auslegung

6 **1. Wortlaut als Anknüpfungspunkt.** Die Auslegung letztwilliger Verfügungen hat von der allgemeinen Grundregel des § 133 auszugehen, also den wahren Erblasserwillen zu erforschen, ohne am buchstäblichen Sinn des Ausdrucks haften zu bleiben. Ausgangspunkt jeder Auslegung einer solchen Verfügung ist deshalb die verkörperte Erklärung des Erblassers, der Wortlaut des auszulegenden Testaments oder Erbvertrags.

7 Der **Wortsinn** ist in einem ersten Schritt anhand der allgemein anerkannten Auslegungsmethoden zu ermitteln (vgl. BayObLG NJW-RR 2002, 296 (297): „solange meine Ehefrau lebt"). Regelmäßig wird der Erblasser einen Ausdruck oder eine Wortverbindung auch iSd allgemeinen Sprachgebrauchs (allgemeiner Wortsinn) verstanden haben (vgl. BGH Rpfleger 1993, 160; BayObLG NJW 1999, 1119). Weil ein Ausdruck nach dem allgemeinen Sprachgebrauch aber mehrere Bedeutungsvarianten haben kann, ist weiterhin der **Bedeutungszusammenhang** in der bzw. den Verfügung(en) von Todes wegen zu berücksichtigen (vgl. OLG Frankfurt OLGR 1999, 112 zur freien Verfügung; FamRZ 2001, 1173 zu „schenken"; OLG Düsseldorf BeckRS 2007, 2206 für Regel-Beispiel-Technik). Dabei ist davon auszugehen, dass gleiche Begriffe gleiche Sachverhalte meinen (vgl. BayObLG Rpfleger 1989, 22), und dass der Erblasser weder sinnlose noch widersprüchliche Regelungen treffen wollte (vgl. BGH NJW 1983, 672 (673); BayObLG ZEV 1998, 146 (147); FamRZ 1997, 1243). Verbleiben auch danach noch verschiedene Bedeutungsvarianten, so ist die dahinter stehende **Regelungsabsicht** des Erblassers zur Entscheidung heranzuziehen (BGH ZEV 2005, 117 (119): Pflichtteilsverwirkungsklausel, m. abl. Anm. Muscheler; vgl. auch BayObLG NJW-RR 2004, 1085 (1086); OLG Hamm BeckRS 2007, 17932 für kinderlosen Sohn, mAnm Litzenburger FD-ErbR 2007, 246258).

8 Der Auslegung bedürfen in erster Linie nach allgemeinem Sprachgebrauch **mehrdeutige Formulierungen.** Diese können sich beziehen auf die Person des Zuwendungsempfängers (BayObLG Rpfleger 1999, 447 betr. Eheleute; BayObLG ZEV 1997, 418 betr. Hauserben), auf den Zuwendungsgegenstand (OLG Naumburg BeckRS 2007, 3675 betr. Vermögen; BayObLG FamRZ 1984, 1269 betr. Ausbildungshilfe; OLG Brandenburg BeckRS 2008, 14671 betr. Entschädigungsforderung als Grundbesitz; BayObLG Rpfleger 1993, 405 betr. Haus und Grund; BGH BB 1958,

351 betr. Geschäft mit allen Aktiven und Passiven) oder auf einzelne Modalitäten der Zuwendung, insbes. Bedingungen (KG ZEV 1997, 247; OLG Karlsruhe DNotZ 1988, 188 betr. gemeinsames Versterben; BayObLG NJW-RR 1996, 262 betr. Geltendmachung des Pflichtteils). Auch die **Interpunktion** kann Mehrdeutigkeit verursachen (vgl. BayObLG NJW-RR 1997, 835 (836)).

Bis zur Grundsatzentscheidung des BGH (NJW 1983, 672) schloss die Rspr. bei einem eindeuti- 9
gen Wortlaut einer Verfügung jede weitere Auslegung aus (vgl. etwa RGZ 70, 391; BGH NJW 1951, 959 (960)). Der BGH hat mit seiner vorgenannten Entscheidung diese Eindeutigkeitsformel aufgegeben und sich dafür entschieden, iSd **Anhalts- oder Andeutungstheorie** die Frage der formgerechten Verkörperung erst in einem zweiten Auslegungsschritt zu prüfen, sodass der Wortlaut einer formbedürftigen Erklärung keine Auslegungsschranke mehr bildet. Im Gegensatz hierzu hat der EGMR auf der Grundlage von Art. 8 iVm Art. 14 MRK entschieden, dass es den nationalen Gerichten verboten sei, entgegen dem eindeutigen Wortlaut der Verfügung einen mit der Menschenrechtskonvention, insbes. mit dem Diskriminierungsverbot, nicht vereinbaren Inhalt zu geben (EGMR NJW 2005, 875 (878) betr. Adoptivkinder). Dieses Urteil ist jedoch nicht verallgemeinerungsfähig, weil der Gerichtshof zu Unrecht von einem eindeutigen Wortlaut der Verfügung ausgegangen ist (Staudinger ZEV 2005, 140 (141 f.)). Darüber hinaus hat der Gerichtshof die Bedeutung der ebenfalls durch die Menschenrechtskonvention geschützten Testierfreiheit des Erblassers verkannt, die – wie die Pflichtteilsrechtsregelungen in allen europäischen Ländern belegen – auch das Recht zur Ungleichbehandlung von Abkömmlingen umfasst (krit. deshalb MüKoBGB/Leipold Rn. 23 f., der dem Erblasser „im Zweifel" unterstellen will, „keine diskriminierenden Verfügungen treffen zu wollen"). Ausgehend vom erklärten Wortlaut ist deshalb mit dem BGH in einem ersten Schritt zu ermitteln, welchen Sinn gerade der Erblasser damit verbunden hat.

Das adäquate Verstehen eines (juristischen) Textes verlangt vom Auslegenden das Bemühen 10
um die Erfassung des **Vorverständnisses des Erklärenden** (vgl. Larenz, Methodenlehre der Rechtswissenschaft, 6. Aufl. 1991, 207 ff., 299 f.). Dieses notwendige Hineindenken in die sprachlichen Gewohnheiten des Erklärenden, seine sozialen Beziehungen, seine Lebensverhältnisse sowie seine Interessen darf nicht mit einem vorgefassten Verständnis, also einem Vor-Urteil, verwechselt werden. All diese Umstände müssen auch deshalb angemessen in die Interpretation einfließen, weil es bei der Auslegung letztwilliger Verfügungen allein auf den Verständnishorizont des Erklärenden ankommt (zur Auslegung wechselbezüglicher oder vertragsmäßiger Verfügungen → Rn. 19). Hat der Erblasser Begriffe abweichend vom allgemeinen Sprachgebrauch (→ Rn. 7) verwendet (zB Ehefrau als „Mutter", Vater als „Opa"), so ist deshalb sein subjektives Verständnis maßgebend (subjektiver Wortsinn), nicht der übliche Bedeutungsinhalt. Um einen vom Üblichen abweichenden Sprachgebrauch des Erblassers festzustellen und zu verstehen, kann auch auf außerhalb der Urkunde liegende Umstände, insbes. auf Äußerungen gegenüber Dritten, auf frühere (auch ungültige) Verfügungen oder auf eine allgemeine Lebenserfahrung, zurückgegriffen werden (vgl. zu Äußerungen BGH NJW-RR 1987, 1090 (1091); BayObLG ZEV 1996, 432 (433); 1994, 47 (48); zur Lebenserfahrung BGH NJW 1983, 672 (673); BayObLGZ 1982, 159 (164 f.); 1976, 67 (75); zu ungültigen Verfügungen OLG Frankfurt BeckRS 2007, 684). Dabei geht es in diesem ersten Auslegungsschritt nicht etwa um die Ermittlung des von der Erklärung losgelösten Erblasserwillens, sondern um die Klärung der Frage, was gerade der Erblasser mit diesen Worten sagen wollte (BGH FamRZ 1987, 475 (476)). Dabei kommt es allein auf den **Zeitpunkt der Errichtung** der Verfügung an, sodass spätere Meinungsäußerungen nur dann berücksichtigt werden dürfen, wenn sie den sicheren Schluss auf den zu diesem Zeitpunkt vorhandenen Willen des Erblassers erlauben (KG Rpfleger 2006, 127).

Dabei sind auch nach allgemeinem Sprachgebrauch klare und **eindeutige Formulierungen** 11
**auslegungsbedürftig und -fähig** (vgl. OLG Stuttgart BeckRS 2020, 37312: ausgeschlossen sind alle Verwandten; BayObLG Rpfleger 2003, 29: Gebäude; NJW-RR 2002, 366: Hälfte des Vermögens; NJW-RR 2001, 1521: Bestehen der Erbengemeinschaft; FamRZ 1997, 1570; ZEV 1996, 470; Rpfleger 1980, 104; OLG Düsseldorf NJW-RR 1999, 1527; zum Begriff des gleichzeitigen Versterbens BGH NJW 2019, 2317 (2319); OLG Brandenburg BeckRS 2019, 13885; OLG München NJW-RR 2014, 71; OLG Hamm BeckRS 2011, 4515; OLG Frankfurt FGPrax 1998, 110). Inhaltliche Widersprüche innerhalb einer auszulegenden Verfügung oder auch zwischen mehreren gültigen Verfügungen von Todes wegen können dazu führen, dass für sich betrachtet eindeutige Formulierungen anders interpretiert werden müssen (BGH LM Nr. 12 betr. Quotenfestlegung bei Erbeinsetzung nach Vermögensgruppen; LM Nr. 10 betr. Geschäft mit allen Aktiven bei Sonderregelung für bestimmte Grundstücke; MüKoBGB/Leipold Rn. 12).

Auch bei der Verwendung **juristischer Fachbegriffe** muss im Rahmen der Auslegung geprüft 12
werden, ob der Erblasser diese tatsächlich iSd juristischen Terminologie verstanden hat (vgl. Bay-

ObLG FamRZ 1999, 1392; ZEV 1994, 377: vererben; OLG Hamm Rpfleger 2003, 505: Nacherbe; BayObLG Rpfleger 1998, 72: Schlusserbe; NJW-RR 2002, 873: Miterbe; BGH NJW 1983, 277: Miterbe; BayObLG FamRZ 1989, 99 (101): Ersatzerbe; OLG München BeckRS 2020, 18793: Vielzahl von Erben). Dies gilt bei einer eigenhändig verfassten Verfügung von Todes wegen uneingeschränkt auch dann, wenn der Verfasser selbst Jurist ist oder sich durch einen solchen, insbes. durch einen Rechtsanwalt, hat beraten lassen. Allerdings wird bei einem erkennbar sprachlich unbeholfenen Erblasser, was sich vor allem in einer fehlerhaften Orthografie ausdrückt, der Wortlaut in einem selbst und ohne fachkundigen Rat verfassten eigenhändigen Testament nicht der gleiche Stellenwert zukommen wie bei einer insoweit versierteren Person (vgl. OLG Hamm BeckRS 2007, 2028). Bei einem öffentlichen Testament kommt es nicht auf den Verständnishorizont des beurkundenden Notars an, sondern auf den des Erklärenden (BGH NJW 1981, 1736; OLG Hamm FamRZ 1994, 188). Allerdings ist dabei zu vermuten, dass der Notar seine Amtspflichten, den wahren Erblasserwillen sorgfältig und umfassend zu ermitteln und eindeutig zu formulieren (§ 17 Abs. 1 BeurkG), auch tatsächlich erfüllt hat (OLG Oldenburg BeckRS 2019, 33752 Rn. 28; OLG Hamm Rpfleger 2001, 595 (596); BayObLG FamRZ 1996, 1037 (1038); OLG Saarbrücken NJW-RR 1994, 844 (846); OLG Köln Rpfleger 1982, 424; vgl. dagegen OLG Naumburg BeckRS 2019, 32092). Erst wenn konkrete Anhaltspunkte für ein pflichtwidriges Verhalten des Notars gegeben sind, sind auch die in einer solchen Verfügung enthaltenen Formulierungen auf ihre Übereinstimmung mit dem wahren Erblasserwillen zu überprüfen (OLG Hamm FGPrax 2005, 265 (266) betr. „Kinder" in Abänderungsvorbehalt; FamRZ 2002, 201 (202); OLG Saarbrücken NJW-RR 1994, 844 (846); KG FamRZ 1987, 413). Unabhängig davon kommen dem Verständnis des Notars und dessen Belehrungen bei der Auslegung des Erblasserwillens mindestens eine Indizwirkung zu (OLG Düsseldorf BeckRS 2007, 2206). Auch (letztwilligen) Erklärungen eines Beteiligten nach dem Tod des anderen (zB Testament des längerlebenden Beteiligten) können zwar ein Indiz für ein bestimmtes Verständnis der Formulierungen sein, ersetzt aber nicht die Auslegung der letztwilligen Verfügung des Verstorbenen nach den anerkannten Regeln.

**13** Die verfassungsrechtlich geschützte Testierfreiheit des Erblassers verbietet es auch dem **Richter,** seine eigenen Gerechtigkeitsvorstellungen in die auszulegende Verfügung zu projizieren, und zwar auch nicht unter Berufung auf eine allgemeine Lebenserfahrung (RGZ 142, 171 (174); BGH LM § 133 (B) Nr. 1; BayObLGZ 1966, 390 (394)). Nach dem Urteil des Europäischen Gerichtshofs für Menschenrechte vom 13.7.2004 ist es den staatlichen Gerichten darüber hinaus gem. Art. 8, 14 EMRK verboten, bei einem eindeutigen Wortlaut der Verfügung einen Inhalt zu geben, der im Widerspruch zur EMRK insbes. zu den Diskriminierungsverboten des Art. 8 EMRK steht (EGMR NJW 2005, 875 (878); aber auch → Rn. 9). In Übereinstimmung mit der Rspr. des BVerfG zur mittelbaren Drittwirkung der Grundrechte im Rahmen der zivilrechtlichen Generalklauseln (BVerfG NJW 2004, 2008 mwN) sieht der Gerichtshof in einer über den eindeutigen Inhalt eines Testaments hinausgehenden Auslegung einen eigenständigen Eingriff der staatlichen Gerichte in die Menschenrechte der Bedachten Personen; im entschiedenen Fall war der Wortlaut jedoch keineswegs eindeutig (→ Rn. 9).

**14** Hat sich der Erblasser bei einer einseitig testamentarischen Verfügung nachweisbar im Wort vergriffen, so gilt nach allgM das Gewollte, nicht das Erklärte (**falsa demonstratio non nocet** (BGH NJW 1981, 1736; MüKoBGB/Leipold Rn. 15; aA Stagl, Der Wortlaut als Grenze der Auslegung von Testamenten, 2003, 174 ff. mwN). Maßstab ist auch hier der Erklärenden-Horizont (MüKoBGB/Leipold Rn. 18). Die Anforderungen an die Willenserklärung des Erblassers können dabei nicht strenger sein als die an eine empfangsbedürftige Erklärung. Wenn dort die falsa demonstratio selbst bei formbedürftigen Rechtsgeschäften unschädlich ist, so muss gleiches für letztwillige Erklärungen gelten (vgl. BGH NJW 1979, 1350; vgl. dazu Köbl DNotZ 1983, 598; Hagen DNotZ 1984, 267 (283)). Weitgehend ungeklärt ist jedoch der Anwendungsbereich dieses Grundsatzes im Testamentsrecht, zumal wegen des gleichfalls erblasserorientierten Maßstabs der erläuternden Auslegung die Abgrenzung der Fälle der falsa demonstratio hiervon ohnehin schwierig zu begründen und durchzuführen ist.

**15** Bei einer **falsa nominatio** (vgl. v. Lübtow ErbR I 268), also der Falschbezeichnung eines Zuwendungsempfängers oder -gegenstands verzichtet die Rspr. auf das Erfordernis der Andeutung völlig (RG LZ 1921, 376: Nichte statt Schwester). Dagegen fordern Teile der Lit. auch in diesen Fällen einen Anhaltspunkt in der auszulegenden Verfügung (MüKoBGB/Leipold Rn. 19).

**16** Die Rspr. passt durchweg **falsch verwendete technische Begriffe** im Wege der erläuternden Auslegung dem wirklichen Willen an und fordert deshalb eine Andeutung in der Verfügung (vgl. BayObLG FamRZ 1999, 1392: vererben; OLG Hamm Rpfleger 2003, 505: Nacherbe; BayObLG Rpfleger 1998, 72: Schlusserbe; NJW-RR 2002, 873: Miterbe; BGH NJW 1983, 277; BayObLG FamRZ 1989, 99 (101): Ersatzerbe; FamRZ 1991, 98: gehören; FamRZ 1995, 1302: bekommen;

FamRZ 1989, 786: verwalten; ZEV 1994, 377: Mietwohnung vererben). In der Lit. wird dagegen unter Verzicht auf irgendwelche Anhaltspunkte die Anwendung der Regel der falsa demonstratio befürwortet (Lange/Kuchinke ErbR § 34 III 4).

Weiterhin umstritten ist, ob diese Regel auch bei einer **unbewussten Falschbezeichnung** 17
gilt (so Brox, Einschränkung der Irrtumsanfechtung, 1960, 86 ff., 141 ff.; Foerste DNotZ 1993, 84 (93 ff., 96); vgl. auch Lange/Kuchinke ErbR § 34 III 4). Andere ziehen in diesen Fällen eine Lösung über den Weg der Anfechtung gem. § 2078 Abs. 1 vor (MüKoBGB/Leipold Rn. 19; Staudinger/Otte, 2019, Vor § 2064 Rn. 36, 47). Die praktischen Unterschiede zwischen diesen Auffassungen dürften sehr gering sein.

Verzichtet man aber mit der Rspr. bei einer falsa demonstratio auf jede Andeutung im Testa- 18
ment, so sollte der Anwendungsbereich auf die Fälle der falsa nominatio des Zuwendungsempfängers oder -gegenstands beschränkt werden, damit die Formgebote der §§ 2232, 2247 nicht zu stark unterlaufen werden. Bezieht sich die falsche Erklärung dabei auf real existierende Zuwendungsempfänger oder -gegenstände, so ist besonders sorgfältig zu prüfen, ob eine zulässige Falschbezeichnung oder eine formnichtige Willensänderung vorliegt (so auch Lange/Kuchinke ErbR § 34 III 4).

Während es bei der Auslegung einseitiger letztwilliger Verfügungen ausschließlich auf den 19
Horizont des Erklärenden ankommt, ist bei **wechselbezüglichen oder vertragsmäßigen Verfügungen** in einem gemeinschaftlichen Testament bzw. Erbvertrag auf Grund des § 157 der auf dieser Grundlage ermittelte Erblasserwille nur in dem Umfang zu berücksichtigen, in dem dieser aus der Sicht des (Ehe)Partners bzw. anderen Vertragsteils bei Anwendung der verkehrsüblichen Sorgfalt erkennbar war (BGH NJW 1993, 256; 1991, 169 (170)). Auf dieser Grundlage kann eine nur dem Erblasser bekannte Bedeutung eines Wortes keine Geltung beanspruchen. Bei einem Ehe- und Erbvertrag kann auch die gleichzeitig vereinbarte Gütertrennung für die Auslegung eine entscheidende Bedeutung besitzen (BayObLG FamRZ 1986, 1151 (1153)). Im Falle einer Diskrepanz zwischen dem Verständnis des Erblassers und des Ehepartners bzw. anderen Vertragsteils kann die Verfügung nur in dem Umfang Geltung beanspruchen, in dem sich beide Auffassungen decken. Deshalb können spätere Verfügungen bzw. Erklärungen des überlebenden Beteiligten nur als Indiz für ein bestimmtes, übereinstimmendes Verständnis gewertet werden dürfen. Gerade bei der Verwendung des Begriffs „Abkömmling" in einer gemeinschaftlichen Verfügung ist in aller Regel davon auszugehen, dass sich beide Beteiligte übereinstimmend nur gemeinsame vorgestellt haben, und zwar mangels anderer Anhaltspunkte gleichgültig, ob diese leiblich oder adoptiert sind (unrichtig daher OLG Stuttgart FamRZ 1973, 278: nichteheliches Kind als Abkömmling; vgl. auch EGMR NJW 2005, 875 (878); OLG Hamm FGPrax 1999, 64; OLG Düsseldorf FamRZ 1998, 1206). Haben die Beteiligten übereinstimmend etwas anderes unter einem beurkundeten Begriff verstanden (falsa demonstratio non nocet), so ist das Gewollte, nicht das Beurkundete maßgebend (→ Rn. 14).

**2. Andeutung in Urkunde. a) Grundsätze.** Der so festgestellte Erblasserwille ist jedoch iSd 20
Andeutungstheorie nur bei entsprechenden Anhaltspunkten in der Urkunde formgerecht erklärt, auch wenn diese noch so geringfügig sind (BGH NJW 1981, 1737; 1985, 1554). Auf der Grundlage dieser Theorie ist erst in einem zweiten Schritt zu prüfen, ob der Erblasserwille auch formgerecht verkörpert ist (BGH NJW 1981, 1737; Brox JA 1984, 549 (553)). Dazu ist nur erforderlich, dass der auf der Grundlage äußerer Umstände ermittelte Wille des Erklärenden in der Urkunde irgendwie, also wenigstens andeutungsweise oder versteckt, zum Ausdruck kommt (Anhalts- oder Andeutungstheorie) (BGH NJW 1981, 1737; BGHZ 80, 246 (248)). Die Andeutungstheorie ist der notwendige Kompromiss zwischen der Willenstheorie, die ohne Rücksicht auf die Formgebote dem wahren Willen zum Erfolg verhilft, und der Erklärungstheorie, die nur den formgerecht erklärten Willen gelten lassen will (vgl. Stagl, Der Wortlaut als Grenze der Auslegung von Testamenten, 2003, 179 ff., der aber Willens- und Andeutungstheorie iErg ablehnt). Beide Extrempositionen werden den Besonderheiten im Erbrecht nicht gerecht. Formgebote verkommen zur Förmelei, wenn sie allein um ihrer selbst willen, eingefordert werden, während eine Materialisierung (vgl. zu diesem Begriff Canaris AcP 200 (2000), 273) der erbrechtlichen Auslegung der nachträglichen Verfälschung des Erblasserwillens Tür und Tor öffnen würde. Mittels der Andeutungstheorie wird im Wege praktischer Konkordanz sowohl dem Formerfordernis (§§ 2232, 2247) als auch dem Gebot der erfolgsorientierten Auslegung von letztwilligen Willenserklärungen (§ 2084) möglichst effektiv zur Geltung verholfen. Danach können nur solche letztwilligen Willenserklärungen Geltung beanspruchen, die vom Text bei weitestmöglicher Auslegung, wobei individuelle Eigen- und Gewohnheiten des Erblassers zu berücksichtigen sind, noch gedeckt sind. Bei einer notariell beurkundeten Verfügung von Todes wegen kommt es deshalb nicht auf das Verständnis des Notars,

sondern auf das des bzw. der Beteiligten an (vgl. den Fall BGH NJW 1981, 1736; aA OLG Bamberg OLGR 2002, 293).

21 An dieser Rspr. sollte trotz ihrer immer wieder kritisierten Unbestimmtheit festgehalten werden, weil auch alle Alternativen keinen Gewinn an Klarheit für sich verbuchen können (vgl. etwa Lange/Kuchinke ErbR § 34 III 2a). Kritikwürdig ist auch eher die **Handhabung in der Rspr.,** die der danach erforderlichen Arbeit am Text der verkörperten Erklärung nicht immer die notwendige Aufmerksamkeit widmet und oftmals dem außerhalb der Urkunde ermittelten Erblasserwillen iSd Willenstheorie zum Erfolg verhilft, ohne auch nur den geringsten Anhaltspunkt im Text der letztwilligen Verfügung anführen zu können (ausf. Stagl, Der Wortlaut als Grenze der Auslegung von Testamenten, 2003, 109 ff.). Kann danach dem anhand von Umständen außerhalb der Urkunde ermittelten Erblasserwillen nicht zur Geltung verholfen werden, so ist dies allerdings kein Versagen der Rechtsordnung oder der Rspr., sondern Folge der gesetzlichen Formvorschriften sowie Ausdruck der mit dem Selbstbestimmungsrecht des Erblassers notwendig verbundenen Eigenverantwortung für das von ihm verfasste Testament (ähnlich Lange/Kuchinke ErbR § 34 III 6a). Bei einer beurkundeten Verfügung von Todes wegen kommt eine Verletzung der Aufklärungs- und/oder Formulierungspflicht des Notars in Betracht (→ BeurkG § 17 Rn. 15). Dies entbindet den Richter allerdings nicht von seiner Pflicht zur Aufklärung aller entscheidungserheblichen Zweifel, denn dies ist schließlich Zweck jeder Auslegung (BGH NJW 1981, 2745 (2746)). Die Reichweite der im Text enthaltenen Andeutungen bestimmt im Prozess ebenso wie im Erbscheinsverfahren auch den Umfang der Beweisaufnahme, da nicht gedeckte Auslegungen von vorneherein nicht entscheidungserheblich sein können (BayObLG ZEV 2004, 200). In zwei Fällen verzichtet die höchstrichterliche Rspr. jedoch auf jeglichen Anhaltspunkt in der Urkunde. Dies ist einmal bei einer sog. falsa demonstratio (→ Rn. 14 ff.) der Fall, zum anderen dann, wenn außergewöhnliche, insbes. politische Gründe den Erblasser gezwungen haben, seinen wahren Willen zu verbergen (BGH FamRZ 1977, 786).

22 **b) Beispiele.** Im Wege erläuternder Auslegung kann so beispielsweise die **Bezeichnung des Zuwendungsempfängers im Singular** (zB Sohn, Tochter, Neffe, Tierschutzverein) beim Hinzukommen weiterer Personen gleicher Verwandtschaftskategorie nach Testamentserrichtung bzw. beim Vorhandensein mehrerer juristischer Personen eine Verfügung auch auf diese erstreckt werden (vgl. BayObLG FamRZ 1991, 982 (983): Sohn; OLG Celle NJW-RR 2003, 368: Tierschutzverein). Eine ausdrücklich erklärte Enterbung bestimmter Personen erfasst so auch deren Abkömmlinge, soweit ein entsprechender Erblasserwille durch Umstände außerhalb der Urkunde festgestellt worden ist (vgl. BayObLG FamRZ 1989, 1006; LG Neubrandenburg MDR 1995, 1238).

23 Bei **kumulativer oder alternativer Nennung** mehrerer Personen (zB „der Kirche oder einer Stadtverwaltung") ist unter Berücksichtigung grammatikalischer Umstände (zB bestimmter Artikel, Konjunktion, Interpunktion (vgl. BayObLG NJW-RR 1997, 835), Konjunktiv (vgl. BayObLG Rpfleger 1990, 208)) und äußerer Tatsachen (zB Mitgliedschaft in Kirche oder Verein) zu ermitteln, ob Miterbengemeinschaft, Vor- und Nacherbfolge oder Ersatzerbfolge gewollt ist (vgl. BayObLG NJW 1999, 1119). Dabei geht es jedoch zu weit, auf Grund der Aufzählung mehrerer Personen mit der Konjunktion „und" (zB Sohn und dessen Abkömmlinge) ohne weitere Anhaltspunkte eine Ersatzerbfolge zu konstruieren (→ § 2066 Rn. 4). Bei einer Aufzählung unter Verwendung des Wortes „oder" ist sorgfältig zu prüfen, ob sich der Erblasser dabei nicht in der Wortwahl vergriffen und eine kumulative Einsetzung gewollt hat. Letzteres ist immer dann wahrscheinlich, wenn die Person des Zuwendungsempfängers gegenüber dem vom Erblasser mit der Zuwendung verfolgten gemeinnützigen Zweck deutlich in den Hintergrund tritt (Spanke NJW 2005, 2947 (2949)). Zur alternativen Erbeinsetzung vgl. auch → § 2073 Rn. 3.

24 Hat der Erblasser zwar den **Zweck einer Zuwendung** (zB Tierschutz, Krebshilfe) angegeben, aber keinen Zuwendungsempfänger genannt, so kann es sich entweder um eine Zweckauflage der gesetzlichen Erben oder um die Zuwendung an eine juristische Person handeln, die sich überwiegend diesem Zweck widmet, vorausgesetzt allerdings, dass der Personenkreis iSd § 2065 hinreichend bestimmt ist oder die Umdeutungsregel des § 2072 eingreift (BayObLG NJW 1988, 2742; NJW-RR 2000, 1174 (1175); vgl. auch OLG Oldenburg NJW-RR 1993, 581).

25 Hat der Erblasser eine **juristische Person** nicht hinreichend bezeichnet, insbes. Name und/oder Sitz vergessen oder falsch geschrieben, ist bei karitativen Einrichtungen in kommunaler Trägerschaft (zB der Blindenanstalt) § 2072 anzuwenden (vgl. LG Bonn Rpfleger 1989, 63). Bei anderer Zweckbestimmung (zB Tierschutzverein) muss die Individualisierung auf eine bestimmte Institution durch äußere Umstände (zB Spendenverhalten, Mitgliedschaft des Erblassers) begründet werden (aA OLG Oldenburg NJW-RR 1993, 581; auch → § 2072 Rn. 4). Trifft die Bezeichnung auf mehrere juristische Personen zu, so kann erst dann auf § 2073 zurückgegriffen werden, wenn

auch äußere Umstände (zB lebzeitiges Spendenverhalten, Mitgliedschaft) keinen Schluss auf den Erblasserwillen zulassen (Teilweise aA BayObLG NJW 1999, 1119: Stadtverwaltung und Kirche; vgl. auch OLG Celle NJW-RR 2003, 368: Tierschutzverein).

Bei einer Zuwendung an eine selbst **nicht rechtsfähige Einrichtung** (zB Kinderkrebsstation, 26
Fakultät) einer juristischen Person oder rechtsfähigen Personenvereinigung (zB Verein) ist in aller Regel diese bedacht, und zwar mit der Auflage, den Nachlass bzw. den Gegenstand für die benannte Institution zu verwenden (vgl. OLG Köln NJW 1986, 2199).

Auch vom Erblasser **falsch verwendete technische Begriffe** lassen sich auf diesem Wege dem 27
festgestellten, wirklichen Willen anpassen, insbes. das Wort „vererben“ als Vermächtnis (BayObLG FamRZ 1999, 1392; 1995, 1302) und die Formulierungen „vermachen“, „bekommen“, „gehören“, „verwalten“, „meinen Nachlass regeln“, „meine (Miet)Wohnung vererben“ als Erbeinsetzungen auslegen (BayObLG FamRZ 1995, 1302; ZEV 1994, 377; FamRZ 1991, 98; 1989, 786; falsch aber BayObLG v. 8.4.2004 – 1Z BR 012/04, nv).

Irrt sich ein Erblasser bei Abfassung eines Testaments über das maßgebende Erbstatut und 28
verwendet deshalb materiell-rechtliche Institute eines Rechts, das nicht als Erbstatut berufen ist **(„Handeln unter falschem Recht“),** muss durch Auslegung nach den Regeln des Erbstatuts ermittelt werden, was er damit ausdrücken wollte (OLG Köln FGPrax 2014, 75 für Pflichtteil; BayObLGZ 2003, 68 (83) für Erbschaft und Vermächtnis). Erst danach ist bei einem Irrtum über das geltende Erbstatut, wenn das deutsche Recht anwendbar ist, im Wege der erläuternden (→ Rn. 6 ff.), notfalls der ergänzenden Auslegung (→ Rn. 37 ff.) der wirkliche Erblasserwille festzustellen. Nach dem Grundsatz der wohlwollenden Auslegung (→ Rn. 30 ff.) ist dem Sinngehalt des ausländischen Rechts in der Weise Rechnung zu tragen, dass dieser in die Begriffe des BGB „übersetzt“ wird (vgl. BayObLGZ 1995, 366 (374)). Dem Erblasser dürfen dabei jedoch keine letztwilligen Verfügungen untergeschoben werden, derer er sich bei Abfassung des Testaments nicht bewusst war (OLG Köln FGPrax 2014, 75 (76) für Pflichtteil).

Nach Inkrafttreten der EuErbVO zum 17.8.2015 (ABl. L 201, 107) ist jedoch vor der Auslegung 29
nach deutschem Recht zu prüfen, ob der Erblasser mit der Verwendung von Begriffen eines nicht anwendbaren Erbstatuts nicht etwa eine **Rechtswahl gem. Art. 22 Abs. 2 EuErbVO** („Die Rechtswahl muss … sich aus den Bestimmungen einer … Verfügung ergeben“) in zulässiger Form das Recht eines EU-Mitgliedsstaates vorgenommen hat. Diese Norm ist autonom auszulegen, nicht nach deutschen Auslegungsgrundsätzen. Doch nicht jede Erwähnung von Begriffen einer Rechtsordnung reicht für die Annahme einer solchen Rechtswahl aus (Solomon in Dutta/Herler, Die Europäische Erbrechtsverordnung, 2014, 20, 42, Rn. 60; aA Döbereiner MittBayNot 2013, 358 (363); Odersky notar 2013, 3 (5)). Die Bezugnahme auf Begriffe einer Rechtsordnung ist allenfalls ein Indiz und führt nur in Verbindung mit weiteren Umständen inner- oder außerhalb der Verfügungsurkunde zur Geltung dieser Rechtsordnung durch Rechtswahl gem. Art. 22 Abs. 2 EuErbVO (Dörner ZEV 2012, 505 (511)).

## III. Wohlwollende Auslegung (§ 2084)

**1. Zweck.** Gelingt es trotz Heranziehung auch aller außerhalb der Urkunde liegenden 30
Umstände nicht, der Verfügung einen in rechtlicher Hinsicht eindeutigen Inhalt zu entnehmen, so greift die selten anzuwendende Bestimmung des § 2084 ein. Diese Bestimmung ergänzt für den Fall nicht anders zu behebender Mehrdeutigkeit der Erblassererklärung die allgemeinen Auslegungsvorschriften der §§ 133, 157. Diese Sondervorschrift dient ebenfalls dem allgemeinen Auslegungsziel, dem wahren Erblasserwillen zur rechtlichen Geltung zu verhelfen. Sie besagt dabei nur, dass im seltenen Fall der Mehrdeutigkeit die rechtlich zulässige der unzulässigen Gestaltungsmöglichkeit vorzuziehen ist. Auch die wohlwollende Auslegung dient damit – wie § 133 – dem Ziel, dem rechtlich relevanten Erblasserwillen, allerdings begrenzt durch die gesetzlichen Schranken, zur Geltung zu verhelfen (vgl. zum Verhältnis des § 2084 zu § 133 MüKoBGB/Leipold Rn. 54 f. mwN).

**2. Anwendungsbereich. a) Eindeutigkeit des Ziels.** Für die wohlwollende Auslegung ist 31
kein Raum, wenn der vom Erblasser gewünschte Erfolg nicht zweifelsfrei festgestellt werden kann. Bleibt nach dem durch erläuternde Auslegung ermittelten Inhalt der Verfügung unklar, welche Person **Zuwendungsempfänger** sein soll, so kann diese Unklarheit nur dann durch Rückgriff auf § 2084 behoben werden, wenn deren Identität gegenüber dem Zweck der Zuwendung weniger ins Gewicht fällt (zB Zuwendung für Schulen (vgl. OLG Oldenburg NdsRPfl. 1948, 8) oder für Tierschutz) (vgl. OLG Oldenburg NJW-RR 1993, 581). Die wohlwollende Auslegung hilft jedoch in diesen Fällen nur weiter, wenn die Person unklar ist, nicht jedoch, wenn der Erblasser unter

Verstoß gegen § 2065 Abs. 2 den Zuwendungsempfänger nicht selbst festlegen, sondern dies anderen überlassen wollte. Aus den gleichen Überlegungen heraus können auch Unklarheiten bezüglich des **Zuwendungsgegenstands** nicht über § 2084 gelöst werden (vgl. RG SeuffA 75 Nr. 107).

32 **b) Mehrdeutigkeit des Wegs.** Die Auslegung nach § 2084 kann nur stattfinden, wenn zwar das vom Erblasser gewollte Ziel eindeutig feststeht, aber der dazu einzuschlagende rechtliche Weg zweifelhaft ist (OLG Hamburg BeckRS 2016, 06250 (Einzelzuwendung als Vorvermächtnis oder Vorerbschaft mit Vorausvermächtnis); KG JFG 22, 83). Der Inhalt der Verfügung muss mehrere Deutungen zulassen. Hat diese einen eindeutigen, aber unzulässigen Inhalt, kann sie nicht gem. § 2084 in eine Verfügung mit zulässigem Inhalt umgedeutet werden (BayObLGZ 1953, 195; MüKoBGB/Leipold Rn. 60). Einer unzulässigen Verfügung kann nur im Wege der ergänzenden Auslegung oder der Umdeutung (§ 140) zur Geltung verholfen werden. An der erforderlichen Mehrdeutigkeit fehlt es ferner, wenn der Erblasser Regelungen nur für einen bestimmten Sachverhalt getroffen hat, der allerdings mit einem anderen eine vergleichbare Interessenlage aufweist (zB Schlusserbeneinsetzung im Berliner Testament für den Fall des gemeinsamen Ablebens, nicht jedoch für das zeitliche Aufeinanderfolgen der beiden Erbfälle) (BGH WM 1975, 737; Grüneberg/Weidlich Rn. 15). In diesen Fällen wird aber regelmäßig die ergänzende Auslegung weiterhelfen können (→ Rn. 37 ff.), wenn nicht bereits die erläuternde Auslegung diesen Willen feststellen kann (vgl. OLG Stuttgart OLG FamRZ 1994, 852; OLG Köln FamRZ 1996, 310).

33 **c) Rechtsnatur der Willenserklärung.** § 2084 setzt das Vorhandensein einer Verfügung von Todes wegen voraus. Die wohlwollende Auslegung entbindet daher nicht von der Pflicht, die endgültige Verfügung von einem Entwurf, einer Ankündigung oder einem Wunsch abzugrenzen (BayObLGZ 1970, 173; OLG Köln FamRZ 1995, 1301). Die Frage nach dem Testierwillen, also dem auf die Herbeiführung der Rechtsfolgen gerichteten Willen (vgl. die Beispiele bei Prior JuS 1978, 772), kann also nicht offenbleiben, sondern muss durch Auslegung einer eindeutigen Antwort zugeführt werden. Dabei ist zu beachten, dass Formulierungen iS eines Wunsches, einer Erwartung oder ähnliche Redewendungen oft nur höfliche Umschreibungen eines Willens darstellen (BGH LM § 133 (B) Nr. 1; Werner JuS 1973, 434). § 2084 kann insoweit auch nicht analog herangezogen werden (hM, zB BGH LM Nr. 13; WM 1976, 744; aA OLG Stuttgart BWNotZ 1960, 150).

34 Eine analoge Anwendung des § 2084 ist jedoch geboten, wenn zwar der Rechtsfolgewille feststeht, aber zweifelhaft bleibt, ob es sich bei der Willenserklärung um eine **Verfügung von Todes wegen oder** ein **Rechtsgeschäft unter Lebenden** handelt (hM, zB BGH LM Nr. 13; NJW 1984, 46; FamRZ 1985, 693; MüKoBGB/Leipold Rn. 68; aA Soergel/Stein § 1937 Rn. 2 mwN). Folglich kann die Frage nach der Rechtsnatur dann offengelassen werden, wenn die Willenserklärung nur bei der rechtlichen Qualifizierung in dem einen oder in dem anderen Sinn rechtlich Erfolg haben kann. Nach hM gilt dies auch für die Frage, ob es sich dabei um ein Schenkungsversprechen von Todes wegen oder unter Lebenden handelt (BGH NJW 1988, 2731; aA Bork JZ 1988, 1059).

35 **d) Zweifelhafte Form.** Die Nichteinhaltung gesetzlicher Formvorschriften (zB Unterschrift, eigenhändiges Schreiben) kann nicht durch wohlwollende Auslegung ignoriert werden (BayObLG FamRZ 1983, 836; MüKoBGB/Leipold Rn. 67, 71). Ist dagegen die Erklärung mehrdeutig oder kann deren Rechtsnatur nicht eindeutig geklärt werden und genügt sie bei einer dieser Auslegungen den Formvorschriften, so ist gem. § 2084 diese Bedeutungsvariante zu wählen (zB eigenhändig geschriebener Erbvertragsnachtrag als gemeinschaftliches Testament) (BayObLGZ 1960, 192 (195)).

36 **3. Rechtsfolge.** Kommen nur zwei Auslegungsmöglichkeiten in Betracht, von denen eine rechtlich unzulässig ist, so gilt die andere. Können mehrere rechtlich zulässige Möglichkeiten den gleichen Erfolg herbeiführen, so ist bei der Auslegung im Rahmen des § 2084 diejenige vorzuziehen, die dem Zuwendungsempfänger die wenigsten Umstände und die geringsten Kosten verursacht (Grüneberg/Weidlich Rn. 13).

## IV. Ergänzende Auslegung

37 **1. Lücke in der Willensbildung.** Während mit der erläuternden Auslegung der vorhandene Erblasserwille festgestellt wird, werden mit der ergänzenden Auslegung Lücken in der Willensbildung geschlossen. Auch diese Methode dient dem Ziel jeder Auslegung, nämlich den rechtlich relevanten Erblasserwillen zu ermitteln. Die Zulässigkeit und Notwendigkeit dieser ergänzenden

Auslegung ist unumstritten, obwohl die dogmatischen Grundlagen hierfür nicht ganz klar sind (ausf. MüKoBGB/Leipold Rn. 74 f.). Die gleiche Methode, nämlich die Erforschung des hypothetischen Willens, ist auch im Rahmen anderer Vorschriften anzuwenden, so bei der Teilnichtigkeit (§ 2085), bei der Nichtigkeit wegen Eheauflösung (§ 2077 Abs. 3) oder bei der Umdeutung (§ 140).

Eine **ergänzungsfähige Lücke** liegt nur dann vor, wenn nach dem Gesamtbild der Verfügung, insbes. den damit verfolgten Zwecken, deren Unvollständigkeit vom Erblasser nicht gewollt ist. Dabei kommt es auf die erkennbare subjektive Einstellung des Erblassers an, nicht auf die Sichtweise eines objektiven Betrachters. Auch irrationale Erwägungen des Erblassers sind zu berücksichtigen. **Gegenstand der Ergänzung** können sein: 38

- Teile von Verfügungen (OLG Düsseldorf FamRZ 1998, 389: Befreiung des Vorerben; BayObLG NJWE-FER 2000, 93: Zuwendungsgegenstand; RG JW 1911, 115: Empfänger; OLG Oldenburg NdsRPfl. 1948, 8: Empfänger),
- ganze Zuwendungen (BayObLG FamRZ 1991, 982: Miterbe; DNotZ 1994, 399: Alleinerbe; ZEV 2001, 24: Ersatzerbe; OLG Hamm NJW-RR 1987, 648: Ersatzerbe),
- Enterbungen (BayObLG NJW-RR 1992, 840; LG Freiburg BWNotZ 1983, 123) oder
- sonstige erbrechtliche Verfügungen (vgl. OLG Düsseldorf FamRZ 1999, 958: Testamentsvollstreckung).

**a) Änderung der Sach- und Rechtslage.** Diese planwidrige Lücke kann dabei ihre Ursache in einer nach der Errichtung der Verfügung eingetretenen Änderung der Rechts- oder Sachlage haben. Die Änderung der Sachlage kann auch darin bestehen, dass der Erblasser den Eintritt oder das Ausbleiben einer bestimmten Tatsache erwartet hat. Handelt es sich dabei um eine innere Tatsache, dh eine Einstellung des Erblassers, oder um eine seinem Einfluss unterliegende äußere Tatsache (zB Eheschließung (vgl. RGZ 134, 277; krit. hierzu neuerdings MüKoBGB/Leipold Rn. 105 ff.), Eintritt in Sekte, Verkauf des Vermächtnisgegenstands) (vgl. BGH NJW 1957, 421; BGHZ 31, 14 (22)), so ist besonders sorgfältig zu prüfen, ob es sich dabei nicht um eine Willensänderung handelt, zu der es der Errichtung einer neuen Verfügung von Todes wegen bedarf. Heiratet der Erblasser nach der Errichtung neu, so beziehen sich Verfügungen zugunsten des Ehegatten grds. nicht auf den neuen, weil das Auswechseln des Zuwendungsempfängers einen neuen Entschluss erfordert, nicht jedoch eine Fortentwicklung der alten Verfügung darstellt (RGZ 134, 277; aA Brox Rn. 216; diff. MüKoBGB/Leipold Rn. 107 f.). Vor dem Erbfall eintretende Änderungen von äußeren Tatsachen, auf die der Erblasser keinen Einfluss hat, sind dagegen regelmäßig geeignet, eine planwidrige Lücke entstehen zu lassen. 39

Umstritten ist allerdings, ob dies auch für **Änderungen nach dem Erbfall** gilt (Dafür BGH NJW 1963, 1150; OLG Karlsruhe OLGZ 1981, 399; BayObLGZ 1988, 165; dagegen R. Meyer ZEV 1994, 12). Das Gebot der Rechtssicherheit, dem das Erbrecht in besonderem Maße verpflichtet ist, verbietet es jedoch einer mit einem bestimmten Inhalt wirksam gewordenen Verfügung nachträglich einen anderen Inhalt zu geben. Deshalb können nach dem Wirksamwerden eintretende Änderungen richtiger Ansicht nach im Wege der ergänzenden Auslegung nicht mehr berücksichtigt werden (MüKoBGB/Leipold Rn. 117 f.). Insoweit bleibt allein der Weg der Anfechtung. 40

Dies muss auch für die mit der **deutschen Einigung** eingetretene grundlegende Änderung der staatlichen, rechtlichen und wirtschaftlichen Verhältnisse gelten, soweit der vor dem 3.10.1990 verstorbene Erblasser keine entsprechenden Vorbehalte gemacht hat (OLG Oldenburg DtZ 1992, 290; Grunewald NJW 1991, 1208 (1210); Wasmuth DNotZ 1992, 3 (8); Bestelmeyer Rpfleger 1992, 321 (326); Grüneberg/Weidlich Rn. 10; Erman/M. Schmidt Rn. 7; aA OLG Frankfurt OLGZ 1993, 382; R. Meyer ZEV 1994, 12 (14)). Das Gebot der Rechtssicherheit kann nicht im Hinblick auf die Außergewöhnlichkeit eines Ereignisses relativiert werden. Zur Anfechtbarkeit von Verfügungen auf Grund der deutschen Einigung → § 2078 Rn. 12. 41

Bei einer erst nach dem Erbfall in Kraft tretenden Verfügung, also beispielsweise bei Anordnung der Nacherbfolge, bei aufschiebend bedingten oder erst nach dem Erbfall fällig werdenden Vermächtnissen oder Auflagen, bei dem Vermächtnis fortlaufender Zahlungen oder bei einem erst längere Zeit nach dem Erbfall ausübbaren Ankaufsrecht können auch zwischen dem Erbfall und dem Entstehen dieser Ansprüche eingetretene Änderungen zu einer ergänzenden Auslegung führen. Die gleichen Überlegungen greifen bei Verfügungen mit einer über den Erbfall lang hinaus reichenden Dauerwirkung (zB Dauertestamentsvollstreckung) (vgl. BayObLG FamRZ 1988, 325). Soweit der Erblasser allerdings für derart veränderte Umstände Vorsorge getroffen hat, kann dieser vorhandene Wille nicht im Wege der ergänzenden Auslegung korrigiert werden (vgl. BGH FamRZ 1983, 380 (382)), sondern allenfalls durch Umdeutung oder Anfechtung. Eine ergänzende 42

Auslegung ist in den Fällen späterer Änderungen der Sach- oder Rechtslage auch dann nicht von vorneherein ausgeschlossen, wenn dem Erblasser diese noch vor seinem Tod bekannt geworden sind (BayObLG FamRZ 1991, 982 (983)). Allerdings ist die Tatsache, dass er von den Veränderungen erfahren hat, ohne daraufhin die Verfügung zu ändern, dann beachtlich, wenn das Unterlassen der Änderung nicht nur darauf beruht, dass der Erblasser nicht mehr an die Verfügung gedacht hat.

43 **b) Ursprüngliche Lücke.** Auch ursprüngliche, also bei Errichtung vorhandene Lücken können grds. im Wege der ergänzenden Auslegung geschlossen werden (OLG Naumburg FGPrax 1996, 30 (31); Soergel/Loritz/Uffmann Rn. 38). Keine ergänzungsfähige Lücke stellen die Fälle dar, in denen der Erblasser absichtlich oder versehentlich den Zuwendungsempfänger oder -gegenstand nicht hinreichend genau selbst bestimmt hat. Das **Selbstbestimmungsgebot** des § 2065 (→ § 2065 Rn. 8 ff., → § 2065 Rn. 17 ff.) kann nicht durch ergänzende Auslegung außer Kraft gesetzt werden (vgl. OLG Köln Rpfleger 1981, 357; BayObLG FamRZ 1981, 402 (403)). Auch iÜ stellt nicht jede unheilbar **unwirksame Bestimmung** eine ergänzungsfähige Lücke dar. Schließlich will jeder Erblasser, dass seine Anordnungen auch wirksam, also umgesetzt werden. Dieser generelle rechtliche Testierwille ist jedoch für die Annahme einer planwidrigen Lücke zu wenig. Die bloße Unkenntnis der Rechtslage zurzeit der Errichtung erlaubt daher keine ergänzende Auslegung, sondern allenfalls eine Korrektur im Wege der erläuternden, vor allem aber der wohlwollenden Auslegung. Damit bleiben insoweit nur die Fälle übrig, in denen der Erblasser bei Errichtung die wahre Sachlage nicht kannte (zB Geburt oder Eheschließung eines Kindes). Hat der Erblasser in Kenntnis derartiger Umstände testiert, so scheidet eine ergänzende Auslegung aus. Zwischen den Fällen der Unkenntnis der Rechtslage und dem Nichtwissen von Tatsachen bei Errichtung sind die Fälle anzusiedeln, in denen der Erblasser zwar alle Tatsachen kennt, aber daraus die falschen rechtlichen Schlussfolgerungen zieht (vgl. BayObLG NJW-RR 1997, 1438: Wirksamkeit einer Verzichtsvereinbarung; BGH NJW 1978, 152: Beitritt zu einer OHG; NJW 1978, 264). In diesen Fällen kann im Wege der ergänzenden Auslegung dem wirklichen Willen des Erblassers zur Geltung verholfen werden.

44 **2. Ermittlung des hypothetischen Willens.** Bei der Ermittlung des hypothetischen Erblasserwillens ist der real feststellbare subjektive Wille zu Ende zu denken, also zu erforschen, was der Erblasser geregelt hätte, wenn er von der ergänzungsfähigen Lücke gewusst hätte. Auszugehen ist von den persönlichen Einstellungen des Erblassers, selbst von irrationalen. Dabei kommt es allein auf den Zeitpunkt der Errichtung an. Spätere Willensänderungen dürfen dabei nicht berücksichtigt werden. Einen neuen Entschluss kann der Erblasser nur durch Errichtung einer neuen oder Abänderung einer bestehenden Verfügung verwirklichen.

45 Die ergänzende Auslegung ist nicht nur bei allen einseitig testamentarischen Verfügungen, sondern auch bei **wechselbezüglichen oder vertragsgemäßen** in einem gemeinschaftlichen Testament bzw. Erbvertrag zulässig. Bei den zuletzt genannten **Verfügungen** kommt es jedoch nicht allein auf den hypothetischen Willen des Erblassers an. Maßgebend ist vielmehr gem. § 157 der übereinstimmende hypothetische Wille beider Beteiligten bzw. Vertragspartner, und zwar beim Erbvertrag auch dann, wenn nur ein Vertragsteil vertragsmäßig bindend verfügt hat (für gemeinschaftliches Testament KG OLGZ 1966, 506; BayObLGZ 1962, 142; für Erbvertrag BGH FamRZ 1983, 380). In beiden Fällen ist von der übereinstimmenden Zielsetzung beider Beteiligter auszugehen. Haben beide Beteiligte unterschiedliche Ziele verfolgt, so ist zwar auf die Zielsetzung des Erblassers abzustellen, jedoch mit der Besonderheit, dass der hypothetische Wille nur in dem Umfang gelten kann, in dem sich der andere bei verständiger Würdigung seiner eigenen Anschauungen darauf eingelassen hätte (vgl. BGH NJW 1993, 256 für gemeinschaftliches Testament). Auf dieser Grundlage ist dann zu entscheiden, was verfügt worden wäre, hätten beide die Lückenhaftigkeit erkannt. Das Ergebnis der ergänzenden Auslegung kann dabei auch darin bestehen, zwar die Verfügung des Erblassers inhaltlich fortbestehen zu lassen, jedoch die Bindung an die wechselbezüglichen bzw. vertragsmäßigen Verfügungen des anderen Beteiligten bzw. Vertragsteils einzuschränken (vgl. KG OLGZ 1966, 503 für Testamentsvollstreckeranordnung) oder sogar ganz zu beseitigen (vgl. KG NJW 1963, 766).

46 **3. Willensrichtung als Grundlage.** Nach der höchstrichterlichen Rspr. kann der hypothetische Erblasserwille nicht grenzenlos berücksichtigt werden, sondern nur in dem Umfang, in dem dieser seine Grundlage in der vom Erblasser real geäußerten Willensrichtung hat (RGZ 99, 82 (86); 142, 171 (175); BGH LM Nr. 5; FamRZ 1983, 380 (383); BGHZ 22, 357 (360); Soergel/Loritz/Uffmann Rn. 36; Staudinger/Otte, 2019, Vor §§ 2064 ff. Rn. 83 ff.; Schlüter ErbR Rn. 193; Kipp/Coing ErbR § 21 III 5b; aA Brox Rn. 201; v. Lübtow ErbR I 299; Keuk, Der

Erblasserwille post testamentum und die Auslegung des Testaments, 1965, 81). Auch die ergänzende Auslegung darf sich mit Rücksicht auf die Formvorschriften der §§ 2232, 2247 nicht völlig vom Wortlaut der auszulegenden Verfügung entfernen. Diese Formel darf dabei nicht mit der Andeutungstheorie im Rahmen der erläuternden Auslegung verwechselt werden (→ Rn. 20). Einen Anhaltspunkt idS kann es hier schon deshalb nicht geben, weil es andernfalls an einer ergänzungsfähigen Lücke fehlen würde. Richtigerweise muss das Ziel, nicht jedoch das Mittel oder der Weg in der auszulegenden Verfügung irgendwie zum Ausdruck kommen (ähnlich BGH NJW 1981, 1737; OLG Frankfurt BeckRS 2017, 124884 (Stiftung „zu einem guten Zweck"); OLG Hamm FamRZ 1998, 122; Staudinger/Otte, 2019, Vor §§ 2064 ff. Rn. 83; MüKoBGB/Leipold Rn. 88). Die festgestellte Motivation des Erblassers muss zweckgetreu zu Ende gedacht werden (vgl. BayObLGZ NJW 1988, 2744; Keuk, Der Erblasserwille post testamentum und die Auslegung des Testaments, 1965, 85, 87, 88; MüKoBGB/Leipold Rn. 91). Damit werden spätere Änderungen der Zielrichtung auf Grund neuer Entschlüsse ausgeschlossen. Ihre Rechtfertigung findet diese Einschränkung in den Formvorschriften des Erbrechts, da ohne diese formfreie Verfügungen zugelassen werden müssten (BayObLG NJW 1988, 2744). Bei der ergänzenden Auslegung haben die staatlichen Gerichte nach der Rspr. des EGMR die Menschenrechte, einschließlich der Diskriminierungsverbote des Art. 8 EMRK, zu beachten (NJW 2005, 875 (878); aber → Rn. 13).

Der Wille, der zu Ende gedacht werden muss, muss in irgendeiner Art seinen erkennbaren, wenngleich unvollkommenen **Niederschlag in der auszulegenden Urkunde** gefunden haben: 47

- Im günstigsten Falle erlauben in der Verfügung **angegebene Motive** das Weiterentwickeln der Verfügungen (BayObLG NJW-RR 1999, 1167 betr. Selbstmord wegen rassistischer Verfolgung; BayObLG ZEV 1997, 339 betr. Vorwegempfang; BayObLG FamRZ 1991, 231 betr. Gleichstellung; RGZ 99, 82 betr. Sohn mit Glücksgütern wenig, mit Kindern reich gesegnet).
- Fehlen Motivangaben in der Urkunde, so ist der **Sinn der getroffenen Verfügungen** zu Ende zu denken. Dabei kommt es in erster Linie auf die subjektiven Vor- und Einstellungen des Erblassers an. In zweiter Linie sind aber auch Sätze allgemeiner Lebenserfahrung heranzuziehen.

Bei einem Rückschluss von getroffenen auf angeblich **fehlende Verfügungen** ist jedoch einschränkend zu fordern, dass die getroffene Verfügung ohne die zu ergänzende **überhaupt keinen Sinn** ergibt, da sich andernfalls die Auslegung völlig vom Text lösen würde (OLG Schleswig BeckRS 2016, 19261; OLG München BeckRS 2013, 420 (Erbeinsetzung für den ersten Erbfall im Ehegattentestament fehlt); OLG Schleswig BeckRS 2013, 9366 (Änderungsvorbehalt und gestaffelte Nacherbfolge im Behindertentestament); BayObLG FamRZ 1994, 853: (Abgrenzung der Erbeinsetzung vom Vermächtnis; unrichtig aber OLG München Rpfleger 2005, 668 (669)). So ist es beispielsweise beim besten Willen nicht möglich, in die bloße, aber ausdrückliche Einsetzung der „Kinder" eine Ersatzerbeinsetzung von deren Kinder hineinzulesen (so aber OLG Hamm FGPrax 2003, 270 (272); zu dieser Entscheidung → § 2069 Rn. 5). Das Gleiche gilt für die Erbeinsetzung des nichtehelichen Kindes des Ehepartners (so aber BayObLG ZEV 2005, 528 m. abl. Anm. Perkams 510). Zu kritisieren ist auch die viel zu großzügige Rspr. zu einem konkludenten Ersuchen um Ernennung eines Ersatztestamentsvollstreckers, wenn die vom Erblasser ernannte Person das Amt ablehnt, stirbt oder vom Nachlassgericht abberufen wird (→ § 2200 Rn. 2 mwN) (für strengeren Maßstab auch LG Heidelberg BeckRS 2008, 20630). 48

Deshalb kann auch bei einem gemeinschaftlichen Testament von einer Schlusserbeneinsetzung nicht auf eine **gegenseitige Erbeinsetzung** der Ehepartner geschlossen werden (BGH NJW 1981, 1737 (wir … setzen unsere gemeinsamen Kinder … je zur Hälfte als Erben ein); vgl. dazu auch Flume NJW 1983, 2007 (2009); aA Brox JA 1984, 549 (557)). Haben in einem gemeinschaftlichen Testament die Ehegatten keine ausdrückliche Regelung der Erbfolge für den Fall des Todes des Erstversterbenden getroffen, aber bestimmt, dass beim zweiten Erbfall ein Sohn Erbe sein soll, so deutet dies nicht notwendig auf eine gegenseitige Erbeinsetzung hin; der Erblasserwille kann im Wege der konstruktiven Vorerbschaft gem. § 2105 Abs. 1 umgesetzt werden (OLG München BeckRS 2020, 3491 Rn. 17). 49

Auch von einer **Pflichtteils- oder Wiederverheiratungsklausel** (→ § 2269 Rn. 29 ff. bzw. → § 2269 Rn. 43 ff.) darf nicht auf eine Schlusserbeneinsetzung der Kinder geschlossen werden, weil auch ohne die zu ergänzende Verfügung diese Bestimmungen einen eigenständigen Sinn ergeben (ebenso OLG Karlsruhe ZEV 2006, 409; OLG Hamm NJW-RR 2004, 1520; OLG Saarbrücken NJW-RR 1992, 841; Lange/Kuchinke ErbR § 34 III 2a; aA OLG München FGPrax 2006, 123 (124); OLG Saarbrücken NJW-RR 1994, 844; BayObLGZ 1959, 199 (204); vgl. auch H.-J. Fischer ZEV 2005, 189 (190 f.)). Die Ausschlusswirkung einer Pflichtteilssanktionsklausel in einem gemeinschaftlichen Testament oder Ehegattenerbvertrag kann sich nämlich auch allein auf den gesetzlichen Erbteil beim Tod des längerlebenden Elternteils beziehen, setzt also keineswegs zwingend eine Schlusserbeneinsetzung voraus (Unrichtig daher KG BeckRS 2018, 09262; OLG 50

München FGPrax 2006, 123 (124)). Gleiches gilt für eine Wiederverheiratungsklausel. Eine Pflichtteilsklausel kann jedoch ausnahmsweise eine wechselbezügliche Schlusserbeneinsetzung beinhalten, wenn im Wege der Testamentsauslegung festgestellt werden kann, dass die Erblasser den Nachlass gleichmäßig auf alle gemeinsamen Kinder verteilen wollten (OLG München BeckRS 2015, 04370: „Jedes unserer Kinder soll gleich behandelt werden").

51 Teilweise zu großzügig verfährt die Rspr. vor allem beim **Vorversterben eines Erben** mit der Annahme von Ersatzerbeneinsetzungen im Wege ergänzender Auslegung (OLG Schleswig BeckRS 2013, 16700: Ehepartner des Neffen; OLG München FGPrax 2006, 223: Großneffe; BayObLGZ 1982, 159; OLG Hamm NJW-RR 1991, 1349: Schwiegerkind; OLG Karlsruhe NJW-RR 1992, 1482: Geschwisterkind; BayObLG NJW-RR 1993, 459 (460): Geliebte; NJW 1988, 2744: Neffe; vgl. dagegen zutr. BayObLG Rpfleger 2004, 25: nichteheliches Stiefkind). Richtigerweise muss man in allen weder von § 2069 erfassten noch vergleichbaren Fällen mangels jeglicher Andeutung eine ergänzende Auslegung ablehnen (KG BeckRS 2020, 1629 Rn. 11; BayObLG ZEV 2001, 24; BayObLG NJW-RR 1992, 73; OLG Hamm OLGZ 1977, 260). In diesen Fällen kann allerdings unter bestimmten Voraussetzungen auf den Rechtsgedanken des § 2069 zurückgegriffen werden (→ § 2069 Rn. 6).

52 Beim **Wegfall einer gemeinnützigen juristischen Person** steht der Zweck derart im Vordergrund, dass in aller Regel eine andere Person, die sich überwiegend den gleichen Aufgaben widmet, Zuwendungsempfänger ist, vorausgesetzt allerdings, dass der Personenkreis iSd § 2065 hinreichend bestimmt ist (vgl. OLG Stuttgart WM 1964, 1111).

53 Kein Problem der ergänzenden, sondern der erläuternden Auslegung stellt die Frage dar, ob durch Verwendung des **Singulars bei der Bezeichnung eines Zuwendungsempfängers** (zB Sohn, Tochter, Neffe) nach der Errichtung hinzugekommene Personen gleicher Verwandtschaftskategorie ausgeschlossen werden oder nicht (aA bezüglich der dogmatischen Einordnung BayObLG FamRZ 1991, 982 (983)). Erlauben weder angegebene Motive noch der Sinn der getroffenen Verfügungen eine Ergänzung, so scheitert diese Art der Auslegung am Mangel einer ausreichenden Andeutung. Die verbleibende Lückenhaftigkeit ist wie im Bereich der erläuternden Auslegung Folge der Verantwortung des Erblassers für die von ihm fehler- bzw. lückenhaft verfasste Verfügung und muss deshalb von der Rechtsordnung hingenommen werden, soweit nicht eine Willensergänzung auf Grund gesetzlicher Auslegungs- oder Ergänzungsregeln in Betracht kommt.

## V. Gesetzliche Auslegungs- und Ergänzungsregeln

54 Die gesetzlichen Auslegungs- und Ergänzungsregeln (zB §§ 2067, 2069, 2169) greifen nur ein, wenn sich weder der vorhandene (→ Rn. 6 ff.) noch der mutmaßliche Wille (→ Rn. 37 ff.) zweifelsfrei feststellen lässt. Sie setzen dabei niemals einen diesen Regeln entsprechenden Rechtsfolgewillen des Erblassers voraus. Es genügt vielmehr, wenn der Erblasser die intendierte Folge weder ausgeschlossen hat, noch bei Kenntnis der Lückenhaftigkeit seiner Willensbildung ausgeschlossen hätte (vgl. BGH NJW 1980, 1276 (1277); 1981, 2744).

## VI. Beweisfragen

55 Die Auslegung selbst ist zwar Rechtsanwendung, nicht jedoch die Feststellung der ihr zugrundezulegenden Tatsachen. Für diese Tatsachenfeststellung gelten die allgemeinen Beweisregeln. Im Zivilprozess trägt die Beweislast also derjenige, der aus einer behaupteten Tatsache in Verbindung mit einer bestimmten Auslegung Rechte für sich herleitet. Die für die Auslegung erforderlichen Tatsachen werden im Erbscheinsverfahren von Amts wegen ermittelt. Die gesetzlichen Auslegungs- und Ergänzungsregeln haben für die Verteilung der Darlegungs- und Beweis- bzw. der Feststellungslast entscheidende Bedeutung (Tappmeier NJW 1988, 2714).

## VII. Auslegungsvertrag

56 **1. Begriff und Zulässigkeit.** Dies ist ein Vertrag zwischen Personen, die ein Erbrecht oder einen Anspruch auf ein Vermächtnis behaupten oder bestreiten, über die Auslegung einer Verfügung von Todes wegen im Hinblick auf:

- die Erbenstellung (zur Alleinerbschaft BayObLGZ 29, 208; zur Vor- und Nacherbschaft BGH NJW 1986, 1812; 1993, 256; BayObLG FamRZ 1989, 99; OLG Frankfurt DNotZ 2001, 143; zur Ersatzerbfolge BayObLG FamRZ 1992, 355; OLG Karlsruhe FamRZ 1993, 363; zur Enterbung BayObLG NJW-RR 1997, 1368; OLG Hamm Rpfleger 1981, 402; OLG Stuttgart DNotZ 1971, 478),

- die Rechte und Pflichten mehrerer Erben untereinander (zB Teilungsverbote und -anordnungen) oder
- Rechte aus Vermächtnissen (BGH NJW 1981, 1562).

Der Disposition der Beteiligten entzogen und damit einer derartigen Vereinbarung nicht zugänglich sind dagegen Auflagen (§§ 2192 ff.), die Anordnung einer Testamentsvollstreckung (§§ 2197 ff.), die Vormundbenennung (§ 1776) und der Entzug der elterlichen Vermögenssorge für den Nachlass (§ 1638). Gleiches gilt im Hinblick auf die Testierfreiheit des Erblassers für die Feststellung des materiellen Erbrechts, die ausschließlich richterliche Aufgabe ist (so bereits Prot. II 499; vgl. auch KG Rpfleger 2004, 101 (102); OLG Frankfurt DNotZ 2001, 143 (149); Eisele, Vertragliches Einvernehmen über die Auslegung unklarer letztwilliger Verfügungen, 2002, 48; Selbherr ZErb 2005, 10 (12)). Die vereinbarte „Auslegung" ist allenfalls Motiv bzw. Geschäftsgrundlage eines solchen Vertrags, während unmittelbarer Regelungsgegenstand allein die Verpflichtung ist, die entsprechenden Rechtsfolgen wirtschaftlich herbeizuführen (BGH NJW 1986, 1812 (1813); Eisele, Vertragliches Einvernehmen über die Auslegung unklarer letztwilliger Verfügungen, 2002, 49 ff.; Weiß GS Küchenhoff, 1987, 389 (393 f.); Lange/Kuchinke ErbR § 34 IV b; aA Dressler ZEV 1999, 289 (291 f.)). Die Testierfreiheit des Erblassers wird hierdurch ebenso wenig verletzt wie etwa durch eine Vereinbarung zwischen mehreren Erben, die sich über Teilungsverbote oder -anordnungen des Erblassers hinwegsetzen (Mit anderer Begr. ebenso Dressler ZEV 1999, 289 (291)). 57

**2. Gegenstand.** Die Beteiligten sind dabei nicht darauf beschränkt, unter mehreren vertretbaren Auslegungen eine auszuwählen (aA OLG Frankfurt DNotZ 2001, 143 (149); Lange/Kuchinke ErbR § 34 IV 3a; Dressler ZEV 1999, 289 (290 f.)). Sie können auch eine nach allgemeinem Verständnis abwegige Interpretation vereinbaren, wie gerade der vom BGH 1986 entschiedene Fall belegt (BGH NJW 1986, 1812). Ein solcher Vertrag hat mindestens vergleichsähnlichen Charakter (KG Rpfleger 2004, 101 (102); OLG Frankfurt DNotZ 2001, 143 (149); offengelassen von BGH NJW 1986, 1812 (1813); Lange/Kuchinke ErbR § 34 IV 3b). Er verpflichtet die Beteiligten schuldrechtlich zur Herbeiführung der Rechtsfolgen, die der zugrunde gelegten Auslegung entsprechen (Eisele, Vertragliches Einvernehmen über die Auslegung unklarer letztwilliger Verfügungen, 2002, 49 ff.: „Binnenvergleich"; Weiß GS Küchenhoff, 1987, 389 (394); Selbherr ZErb 2005, 10 (12); aA Dressler ZEV 1999, 289 (291 f.): „ipso jure … bereits vollzogen"). Der Vertrag muss für alle denkbaren Auslegungen Rechtsfolgen enthalten und kann nur unter Mitwirkung der materiell-rechtlichen Inhaber der betroffenen Nachlassgegenstände erfüllt werden. Bei erbrechtsbezogenen Auslegungsverträgen bedarf es so in aller Regel vorsorglicher Erbschafts- bzw. Erbteilsübertragungen. 58

**3. Form.** Im Falle von Erbschafts- bzw. Erbteilsübertragungen ebenso wie bei Vereinbarungen über Grundstücke, grundstücksgleiche Rechte oder Geschäftsanteile an einer GmbH bedarf der Vertrag nach den dafür einschlägigen Vorschriften (zB §§ 2033, 2371, 2385, § 929 bzw. § 15 GmbHG) der notariellen Beurkundung (BGH NJW 1986, 1812 (1813) mwN; Eisele, Vertragliches Einvernehmen über die Auslegung unklarer letztwilliger Verfügungen, 2002, 59 ff. ausf. und nach Fallgruppen diff.; MüKoBGB/Leipold Rn. 144, 147; für generelle Beurkundungspflicht bei erbrechtsbezogenen Verträgen Dressler ZEV 1999, 289 (292); Selbherr ZErb 2005, 10 (15)). In allen anderen Fällen ist der Abschluss eines Auslegungsvertrags formfrei möglich. Er kann auch in einem gemeinsam gestellten Erbscheinsantrag enthalten sein (Dressler ZEV 1999, 289 (292); Eisele, Vertragliches Einvernehmen über die Auslegung unklarer letztwilliger Verfügungen, 2002, 75; vgl. BGH NJW 1986, 1812 (1813)). 59

**4. Wirkung.** Der Vertrag bindet unmittelbar nur die **Vertragsbeteiligten** und verpflichtet sie, uU auch konkludent gem. § 242 (Soergel/Loritz/Uffmann Rn. 31; Eisele, Vertragliches Einvernehmen über die Auslegung unklarer letztwilliger Verfügungen, 2002, 55 f.), die Rechtsfolgen durch Handeln (zB Herausgabe oder -zahlung, Antragsrücknahme), Dulden (zB keine Äußerung im Erbscheinsverfahren) oder Unterlassen (zB Verzicht auf Erbscheinsantrag oder Rechtsmittel) herbeizuführen (BGH JZ 1991, 727: Herausgabe; RG JW 1910, 998: Herauszahlung). Soweit aus Rechtsgründen erbrechtliche Wirkungen nicht durch Vereinbarung erzielt werden können (zB Vor- und Nacherbfolge, Testamentsvollstreckung), sind die Beteiligten darauf beschränkt, wirtschaftlich gleichwertige Ergebnisse herbeizuführen (vgl. Selbherr ZErb 2005, 10 (12 f.)). Bei Verletzung dieser Pflichten gelten §§ 280 ff. Bei einem umfassenden, erbrechtsbezogenen Auslegungsvertrag kann die darin als Erbe festgestellte Person gem. § 242 den Nachlassgläubigern nicht den Einwand entgegenhalten, sie habe überhaupt kein materielles Erbrecht (Eisele, Vertragliches Einvernehmen über die Auslegung unklarer letztwilliger Verfügungen, 2002, 89 ff. mwN). 60

61 Die Bindung der **Gerichte bzw. Behörden** kann dagegen nur eine mittelbare sein, wobei zu differenzieren ist:

- In einem **Zivilprozess** sind die Beteiligten bei Leistungsklagen verpflichtet, durch Anerkenntnis oder anerkenntnisähnliche Prozesshandlungen die vereinbarten Rechtsfolgen herbeizuführen, sodass eine gewisse prozessuale Dispositionsfreiheit besteht, die auch vom Gericht als unzulässige Rechtsausübung zu beachten ist, wenn sich einer von ihnen hierauf beruft (Selbherr ZErb 2005, 10 (14); Weiß GS Küchenhoff, 1987, 389 (401); MüKoBGB/Leipold Rn. 145; Soergel/Loritz/Uffmann Rn. 32). Im Feststellungsprozess über das Erbrecht scheidet ein Anerkenntnis dagegen aus (Weiß GS Küchenhoff, 1987, 389 (400 f.); diff. Eisele, Vertragliches Einvernehmen über die Auslegung unklarer letztwilliger Verfügungen, 2002, 111 f., 153 ff.; aA Selbherr ZErb 2005, 10 (14): Feststellungsklage mangels Statthaftigkeit unzulässig).
- Im **Erbscheinsverfahren** kann es im Hinblick auf dessen Funktion, die Testierfreiheit des Erblassers verfahrensmäßig abzusichern, sowie mit Rücksicht auf die mit öffentlichem Glauben verbundene drittschützende Wirkung des Erbscheins keine materiell-rechtliche Bindung an einen erbrechtsbezogenen Auslegungsvertrag geben (iErg ebenso BayObLG FamRZ 1991, 617 (618); Soergel/Loritz/Uffmann Rn. 32; Weiß GS Küchenhoff, 1987, 389 (405); Eisele, Vertragliches Einvernehmen über die Auslegung unklarer letztwilliger Verfügungen, 2002, 48 f.; Selbherr ZErb 2005, 10 (13); aA OLG Frankfurt MDR 1990, 56; Lange/Kuchinke ErbR § 34 IV 3c; aA bei „vertretbarer Interpretation" Dressler ZEV 1999, 289 (292); MüKoBGB/Leipold Rn. 146 f.; unklar OLG Frankfurt DNotZ 2001, 143 (148 f.)). Der Vertrag erzeugt jedoch verfahrensrechtliche Bindungswirkung in der Weise, dass er jeden Beteiligten verpflichtet, im Erbscheinsverfahren Erklärungen abzugeben, zurückzunehmen oder zu unterlassen (KG Rpfleger 2004, 101 (102); OLG Stuttgart MDR 1984, 403; MüKoBGB/Leipold Rn. 145 f.; Eisele, Vertragliches Einvernehmen über die Auslegung unklarer letztwilliger Verfügungen, 2002, 140 ff.; Selbherr ZErb 2005, 10 (13 f.); Keidel/Kuntze/Winkler/Kahl 15. Aufl. 2003, FGG § 19 Rn. 103 ff.; vgl. zur mittelbaren Bindung auf Grund Feststellungsurteils Eisele, Vertragliches Einvernehmen über die Auslegung unklarer letztwilliger Verfügungen, 2002, 128 ff.). Vereinbarungswidrig gestellte Anträge oder eingelegte Rechtsmittel sind dann mangels Rechtsschutzbedürfnis als unzulässig zu verwerfen, und zwar unabhängig davon, ob das Gericht die zugrunde gelegte Auslegung für vertretbar hält (vgl. zum Gerichtsvergleich KG Rpfleger 2004, 101 (102 ff.)). Auf diesem Weg unlösbar ist allerdings die abredewidrige Anregung eines Vertragsteils an das Gericht, einen Erbschein gem. § 2361 Abs. 1 S. 1 von Amts wegen einzuziehen (vgl. BayObLG FamRZ 1991, 617; 1997, 1365; 2003, 326). In diesem Fall sind die übrigen Beteiligten idR allein auf ihre Ersatz- und sonstigen Ansprüche gem. §§ 280 ff. angewiesen. Die Testierfreiheit des Erblassers verbietet es, einem Auslegungsvertrag oder einer über viele Jahre unangefochtenen Auslegung einer Verfügung eine indizielle Bedeutung für dessen bzw. deren Richtigkeit zuzumessen (Eisele, Vertragliches Einvernehmen über die Auslegung unklarer letztwilliger Verfügungen, 2002, 136 ff.; Weiß GS Küchenhoff, 1987, 389 (405); aA BGH NJW 1986, 1812 (1813); BayObLG FamRZ 1997, 1365; 2003, 326 (327); MüKoBGB/Leipold Rn. 149).
- Im **Grundbuchverfahren** ersetzt ein Auslegungsvertrag den Erbnachweis gem. § 35 Abs. 1 S. 2 GBO auch dann nicht, wenn zwar alle denkbaren Erben die erforderlichen Erklärungen abgeben, aber das materielle Erbrecht nicht geklärt werden kann, weil es sich dabei um eine eng auszulegende Ausnahmebestimmung zum Grundsatz der Pflicht zur Vorlage eines Erbscheins handelt (Vorsichtiger Selbherr ZErb 2005, 10 (15); aA Eisele, Vertragliches Einvernehmen über die Auslegung unklarer letztwilliger Verfügungen, 2002, 147 ff.).
- Im **Erbschaftsteuerverfahren** richtet sich die Besteuerung nicht nach der materiellen Rechtslage, sondern nach den Vereinbarungen im Auslegungsvertrag (BFH BStBl. III 1957, 447; BStBl. III 1961, 133; BStBl. II 1972, 886; FG München EFG 2001, 146 (147); Eisele, Vertragliches Einvernehmen über die Auslegung unklarer letztwilliger Verfügungen, 2002, 91 ff. auch zur Einkommen- und Grunderwerbsteuer; Selbherr ZErb 2005, 10 (15 ff.) mit Gestaltungsvorschlägen; vgl. auch BFH BStBl. II 2000, 588).

62 **5. Anfechtung.** Der Auslegungsvertrag kann gem. §§ 119 ff. angefochten werden. Die Anfechtung der zugrunde liegenden Verfügung von Todes wegen beinhaltet aber nicht automatisch die Anfechtung des Auslegungsvertrags (Weiß GS Küchenhoff, 1987, 389 (402); unklar BGH NJW 1986, 1812 (1813) = DNotZ 1987, 109 (112 f.) mAnm Cieslar). Wegen seines vergleichsähnlichen Charakters ist er grds. von der Wirksamkeit und der Auslegung der zugrundeliegenden Verfügung unabhängig (Weiß GS Küchenhoff, 1987, 389 (393); vgl. OLG Frankfurt DNotZ 2001, 143 (149)).

## § 2085 Teilweise Unwirksamkeit

**Die Unwirksamkeit einer von mehreren in einem Testament enthaltenen Verfügungen hat die Unwirksamkeit der übrigen Verfügungen nur zur Folge, wenn anzunehmen ist, dass der Erblasser diese ohne die unwirksame Verfügung nicht getroffen haben würde.**

### Überblick

Diese Vorschrift verfolgt den Zweck, dem erklärten Willen des Erblassers nach Möglichkeit zum Erfolg zu helfen. Deshalb wird die allgemeine Regel, dass die Teilnichtigkeit eines Rechtsgeschäfts zur Gesamtnichtigkeit führt (§ 139), umgekehrt. Voraussetzung ist in allen Fällen, dass der Inhalt der Verfügungen feststeht. Kann ein Teil der Verfügungen inhaltlich nicht (mehr) festgestellt werden, so kann nicht auf die Regelung des § 2085 zurückgegriffen werden (→ Rn. 3). Die Regel findet auf das Verhältnis mehrerer Testamente oder Erbverträge zueinander keine Anwendung (→ Rn. 4). Umstritten ist, ob § 2085 eingreift, wenn nur ein Teil einer Verfügung unwirksam ist (→ Rn. 6). Da es sich nur um eine Auslegungsregel handelt, kann der Erblasser durch die Aufnahme einer Teilnichtigkeitsklausel von § 2085 abweichen (→ Rn. 9).

### I. Normzweck

Diese Auslegungsregel dient – wie der Grundsatz wohlwollender Auslegung (§ 2084) – der Geltungserhaltung des letzten Willens. Deshalb soll entgegen der allgemeinen Regel des § 139 die Unwirksamkeit einzelner Verfügungen nicht alle anderen Verfügungen bzw. Verfügungsteile erfassen. Das Gesetz unterstellt, wenn kein abweichender Wille des Erblassers feststellbar ist, dass sich die Unwirksamkeit einer Verfügung nicht auch auf andere Verfügungen erstreckt. Im Wesentlichen bewirkt diese Vorschrift eine Umkehrung der Beweislast. 1

### II. Anwendungsbereich

Die Bestimmung gilt für **Testamente** ebenso wie für alle einseitig testamentarischen Verfügungen in gemeinschaftlichen Testamenten oder Erbverträgen. Die Auswirkung der Nichtigkeit einer bindenden Verfügung in einem **gemeinschaftlichen Testament** auf eine zu dieser wechselbezüglichen oder korrespektiven Anordnung regelt nicht § 2085, sondern die Sondervorschrift des § 2270. § 2085 regelt aber auch im Rahmen eines gemeinschaftlichen Testaments die Frage, ob eine nichtige wechselbezügliche Verfügung auch die Unwirksamkeit sonstiger von ihm getroffener (wechselbezüglicher oder einseitiger) Regelungen zur Folge hat (RGZ 116, 148; OLG Hamburg MDR 1955, 168 (169)). Beim zweiseitigen **Erbvertrag** hat die Unwirksamkeit einer vertragsmäßigen Verfügung – abweichend von § 2085 – im Zweifel die aller anderen vertragsmäßigen Verfügungen zur Folge (§ 2298 Abs. 1 und 2 S. 1). Für die Auswirkungen der Nichtigkeit vertragsmäßiger Verfügungen auf die einseitig testamentarischen Verfügungen im Erbvertrag hat dann aber wiederum § 2085 Bedeutung. Diese Vorschrift regelt beim einseitigen Erbvertrag, ob und in welchem Umfang die Nichtigkeit vertragsmäßiger Verfügungen sich auf darin mitenthaltene einseitig testamentarische Verfügungen auswirkt. 2

Voraussetzung ist in allen Fällen, dass der **Inhalt der Verfügungen feststeht.** Kann ein Teil der Verfügungen inhaltlich nicht (mehr) festgestellt werden (zB Verschwinden einer Testamentsseite), so kann nicht auf die Regelung des § 2085 zurückgegriffen werden; der ermittelte Inhalt ist, wenn und soweit er aus sich selbst heraus verständlich und als selbstständige Regelung gewollt ist, wirksam (BGH NJW 1955, 460; BayObLGZ 1967, 197 (206); MüKoBGB/Leipold Rn. 6; aA Staudinger/Otte, 2019, Rn. 4 f.). § 2085 gilt auch nicht für formunwirksame Zusätze, Streichungen, Einschaltungen zu einer gültigen Verfügung von Todes wegen (MüKoBGB/Leipold Rn. 8; RGRK-BGB/Johannsen Rn. 4). 3

§ 2085 findet auf das **Verhältnis mehrerer Testamente oder Erbverträge** zueinander ebenfalls keine Anwendung. Die Anwendung scheidet auch dann aus, wenn mehrere Testamente vorliegen und eines hiervon unwirksam ist (Soergel/Loritz/Uffmann Rn. 6). 4

### III. Voraussetzungen

**1. Mehrheit von Verfügungen.** Die Vorschrift ist ihrem Wortlaut nach nur dann anwendbar, wenn die Verfügung von Todes wegen mehrere selbstständige Verfügungen enthält, insbes. Zuwen- 5 dungen (Erbeinsetzung, Vermächtnis, Auflage), Enterbungen und Pflichtteilsentziehungen (vgl. BayObLG NJOZ 2003, 916 betr. Erbeinsetzung und Widerruf; LG Bonn NJW 1966, 2314 betr. Vermächtnis; OLG Zweibrücken FGPrax 1996, 152 betr. Enterbung; OLG Hamm FamRZ 1972, 660 betr. Pflichtteilsentzug; RG JW 1937, 2001 betr. Pflichtteilssanktionsklausel).

6 Ist nur ein **Teil einer Verfügung** unwirksam, so ist umstritten, ob in unmittelbarer Anwendung des § 139 grds. von der Nichtigkeit der gesamten Verfügung (RGZ 63, 23; BGH NJW 1962, 912; OLG Hamm OLGZ 1973, 83; offen gelassen in BGH NJW 1952, 17; 1959, 2113) oder in entsprechender Anwendung des § 2085 grds. von der Geltung des wirksamen Teils auszugehen ist (MüKoBGB/Leipold Rn. 11; Soergel/Loritz/Uffmann Rn. 11; Staudinger/Otte, 2019, Rn. 11; vgl. auch BGH NJW 1983, 277 (278)). Beide Auffassungen setzen allerdings die Teilbarkeit der einheitlichen Verfügung voraus. Teilbarkeit ist nur gegeben, wenn zwischen den einzelnen Bestandteilen kein rechtlich zwingender Zusammenhang besteht (ausf. BGH NJW 1959, 2113; OLG Hamm FamRZ 1965, 49). Teilbarkeit ist beispielsweise gegeben:

- bei Belastung mehrerer Erben mit einem Vermächtnis (RG SeuffA 75 Nr. 36) oder einer Auflage.
- bei einer sittenwidrigen Erbeinsetzung, wenn die Reduktion auf einen geringeren Anteil rechtlich zulässig ist (vgl. BGH NJW 1969, 1343; MüKoBGB/Leipold Rn. 10; aA Reinike NJW 1969, 1343; Husmann NJW 1971, 404; Soergel/Loritz/Uffmann Rn. 10).
- bei Anordnung der Testamentsvollstreckung für mehrere Erben (BGH NJW 1962, 912).
- zwischen einer Schiedsverfügung und einer Erbeinsetzung (Bandel NotBZ 2005, 381 (383 f.)).
- im Verhältnis der Vorerbschaft zur Anordnung der Nacherbfolge (Soergel/Loritz/Uffmann Rn. 10).

7 S. zum Streit über die Anwendbarkeit des § 2085 auf das Verhältnis einer Zuwendung zur beigefügten unwirksamen **Bedingung** → § 2074 Rn. 2525 ff.

8 **2. Unwirksamkeit.** Auf den Grund der Unwirksamkeit kommt es nicht an (vgl. BayObLG FamRZ 1989, 325 (326)). Sie kann auf einem Formmangel (vgl. BayObLG FamRZ 1986, 726), einem Verstoß gegen § 2065 (vgl. BayObLG NJW-RR 1999, 946), auf der Unwirksamkeit einer Pflichtteilsentziehung (vgl. BGH NJW 1959, 2113; OLG Hamm NJW 1972, 2132), auf einer Anfechtung (vgl. BGH NJW 1985, 2025), auf einer Veräußerung des Vermächtnisgegenstands, auf dem Vorversterben des Bedachten oder auf einem Sittenverstoß beruhen. Nach hM gehören dazu auch die Fälle der Ausschlagung, des Eintritts einer auflösenden Bedingung oder des endgültigen Ausfalls einer aufschiebenden Bedingung (Soergel/Loritz/Uffmann Rn. 9; Staudinger/Otte, 2019, Rn. 3; aA MüKoBGB/Leipold Rn. 4).

9 **3. Vorrang des Erblasserwillens.** Da es sich nur um eine Auslegungsregel (vgl. BayObLG NJW-RR 1999, 946) handelt, kann der Erblasser durch die Aufnahme einer **Teilnichtigkeitsklausel** abweichend von § 2085 erreichen, dass an Stelle der unwirksamen Verfügung eine zulässige Regelung tritt, die mit der weitestgehend möglichen Annäherung zum gewollten wirtschaftlichen Ergebnis führt (vgl. Kohler DNotZ 1961, 195). Dabei kommt es auf den Zeitpunkt der Errichtung an (Staudinger/Otte, 2019, Rn. 2).

## IV. Rechtsfolgen

10 § 2085 kehrt die Regel des § 139 um, sodass die Unwirksamkeit einzelner Verfügungen die Gültigkeit der nicht betroffenen unberührt lässt. Dasselbe gilt im Falle der Teilbarkeit für die einzelnen Elemente einer Verfügung. Ein abweichender Erblasserwille hat jedoch Vorrang vor der Anwendung dieser Auslegungsregel. Im Rahmen des § 2085 kann der Erblasser aber nur den Erhalt der Geltung der übrigen Verfügungen bzw. Teile von Verfügungen erreichen, niemals jedoch den Ersatz der ungültigen Bestimmung durch eine seinem hypothetischen Willen entsprechende. Die wichtigste praktische Konsequenz des § 2085 besteht in der **Umkehrung der Beweislast** gegenüber der Teilnichtigkeitsvorschrift des § 139. Bei Verfügungen von Todes wegen trifft die Beweislast für die Unwirksamkeit nicht betroffener Verfügungen bzw. Teile von Verfügungen denjenigen, der auch deren Unwirksamkeit behauptet (BGH NJW 1959, 2113).

## § 2086 Ergänzungsvorbehalt

**Ist einer letztwilligen Verfügung der Vorbehalt einer Ergänzung beigefügt, die Ergänzung aber unterblieben, so ist die Verfügung wirksam, sofern nicht anzunehmen ist, dass die Wirksamkeit von der Ergänzung abhängig sein sollte.**

## Überblick

Diese Norm gilt nur bei einer vom Erblasser gewollten Regelungslücke. § 2086 schließt nur Lücken im Text, nicht im Willen. Der letztwilligen Verfügung muss entnommen werden können, dass der Erblasser deren endgültige Geltung bis auf die vorbehaltenen Ergänzungen und Erläuterungen wollte (→ Rn. 3). Während § 154 bei einem offenem Einigungsmangel zur Unwirksamkeit des Vertrags führt, erklärt § 2086 die Lückenhaftigkeit einer letztwilligen Verfügung für unbeachtlich (→ Rn. 5).

## I. Normzweck

Im Gegensatz zu § 154 Abs. 1 S. 1 bestimmt § 2086, dass der einmal geäußerte Erblasserwille auch dann aufrechterhalten wird, wenn der Erblasser sich zwar die Ergänzung vorbehalten hat, diese aber tatsächlich unterblieben ist. Dies erscheint mit Blick auf § 2085 folgerichtig. Denn wenn die Unwirksamkeit nicht zur Ungültigkeit der restlichen Verfügungen führt, so muss das Gleiche auch bei bewusster Unvollständigkeit iSd § 2086 gelten (RGRK-BGB/Johannsen Rn. 1). Beide Vorschriften sind Ausprägungen des Grundsatzes der wohlwollenden Auslegung (§ 2084). 1

## II. Voraussetzungen

Die Auslegungsvorschrift des § 2086 gilt für letztwillige Verfügungen aller Art, also nicht nur für die erbrechtlichen Zuwendungen (zB Erbeinsetzungen, Vermächtnis), sondern auch für Teilungsanordnungen, Testamentsvollstreckerernennungen usw. Diese müssen allerdings formell und materiell wirksam sein. Erbeinsetzungen oder sonstige Verfügungen, die durch ihre Lückenhaftigkeit in Bezug auf die Geltung der Verfügung oder ihres Inhalts (zB Unbestimmtheit des Erben, offener Geldbetrag beim Vermächtnis) das Selbstbestimmungsgebot des § 2065 verletzen, sind ungültig, ohne dass auf § 2086 zurückgegriffen werden kann. 2

Die Lückenhaftigkeit muss im Rahmen des § 2086 vom Erblasser gewollt sein. Beruht die Lücke in der Verfügung dagegen auf Unkenntnis, so schließt dies die Anwendung des § 2086 aus und es ist auf eine entsprechende Auslegungs- bzw. Ergänzungsregel zur Lückenfüllung zurückzugreifen (zB §§ 2088 (Einsetzung auf einen Bruchteil), 2104 (Gesetzliche Erben als Nacherben), 2149 (Vermächtnis an den gesetzlichen Erben)). Zur Beweislast bei Konkurrenz mit solchen Auslegungs- bzw. Ergänzungsregeln → Rn. 6. 3

§ 2086 schließt nur Lücken im Text, nicht im Willen. Der letztwilligen Verfügung muss daher entnommen werden können, dass der Erblasser deren endgültige Geltung bis auf die vorbehaltenen Ergänzungen und Erläuterungen wollte. Bereits das Freilassen im Verfügungstext kann einen solchen Ergänzungs- oder Erläuterungsvorbehalt darstellen. Ein festgestellter abweichender Erblasserwille schließt die Anwendung des § 2086 aus. 4

## III. Rechtsfolgen

Während § 154 bei einem offenem Einigungsmangel zur Unwirksamkeit des Vertrags führt, erklärt § 2086 die Lückenhaftigkeit einer letztwilligen Verfügung für unbeachtlich. Die Verfügung ist trotz der Lücke wirksam, vorausgesetzt jedoch, dass eine sinnvolle Regelung übrig bleibt. Andernfalls ist die lückenhafte Verfügung nichtig. 5

## IV. Beweislast

Derjenige, der sich wegen Fehlens der vorbehaltenen Ergänzung auf die Unwirksamkeit der Verfügung beruft, trägt dafür die Beweislast (MüKoBGB/Leipold Rn. 2). Beim Streit darüber, ob die Lückenhaftigkeit iSd § 2086 gewollt oder iSd konkurrierenden Auslegungs- bzw. Ergänzungsregeln ungewollt ist (→ Rn. 3), kommt derjenigen Partei eine Beweiserleichterung zugute, die sich auf den Inhalt der Urkunde berufen kann (OLG Stuttgart BeckRS 2008, 14160 m. zust. Anm. Litzenburger ErbR-FD 2008, 264811); in diesem Fall liegt die Beweislast für außerhalb der Urkunde liegende Umstände bei der Partei, die sich auf sie beruft, weil jede Urkunde für die Vollständigkeit und Richtigkeit ihres Inhalts spricht (BGH NJW 1999, 1702 (1703)). 6

# Titel 2. Erbeinsetzung

## § 2087 Zuwendung des Vermögens, eines Bruchteils oder einzelner Gegenstände

**(1) Hat der Erblasser sein Vermögen oder einen Bruchteil seines Vermögens dem Bedachten zugewendet, so ist die Verfügung als Erbeinsetzung anzusehen, auch wenn der Bedachte nicht als Erbe bezeichnet ist.**

**(2) Sind dem Bedachten nur einzelne Gegenstände zugewendet, so ist im Zweifel nicht anzunehmen, dass er Erbe sein soll, auch wenn er als Erbe bezeichnet ist.**

### Überblick

Alle Vermögenszuwendungen von Todes wegen, die nicht als Auflage zu qualifizieren sind, sind entweder Erbeinsetzung oder Vermächtnis. So klar diese rechtliche Unterscheidung ist, so schwierig ist die Feststellung des Erblasserwillens durch Auslegung. Der Aussagegehalt des § 2087 Abs. 1 erschöpft sich bei dieser Abgrenzungsfrage in der Klarstellung, dass eine Erbeinsetzung auch vorliegen kann, wenn der Bedachte nicht als „Erbe" bezeichnet ist (→ Rn. 4 ff.). Die Auslegungsregel des § 2087 Abs. 2 führt bei ergebnisoffener Auslegung dazu, dass die Zuwendung einzelner oder mehrerer Gegenstände als Vermächtnisanordnung aufzufassen ist (→ Rn. 9 ff.). Dabei werden herkömmlicherweise zwei Fälle unterschieden, nämlich die Erbeinsetzung durch Einzelzuwendung des wesentlichen Vermögens (→ Rn. 10 ff.) und die Berufung zu Miterben im Verhältnis der zugewendeten Vermögensteile (→ Rn. 20 ff.). Die Höhe der Erbteile richtet sich nach dem Verhältnis der Werte der zugewendeten Vermögensgegenstände zueinander (→ Rn. 23). Fehlgeschlagene Rechtsgeschäfte, insbesondere Schenkungen, können in letztwillige Verfügungen umgedeutet werden, wenn die Erbeinsetzung oder das Vermächtnis nur ein anderes Mittel ist, um den wirtschaftlichen Erfolg des lebzeitigen Geschäfts zu erreichen und die rechtlichen Wirkungen der erbrechtlichen Zuwendung nicht über die des Rechtsgeschäfts unter Lebenden hinausgehen (→ Rn. 25).

### Übersicht



## I. Abgrenzungsproblem und Normzweck

1 Mit der **Erbeinsetzung** wendet der Erblasser sein vererbliches Vermögen oder einen Teil hiervon im Wege der Gesamtrechtsnachfolge einem anderen zu. Beim **Vermächtnis** erwirbt der Bedachte dagegen einen gegen den oder die Erben gerichteten Anspruch auf Erbringung irgendeiner Leistung, insbes. auf Übertragung eines Gegenstands im Wege der Einzelrechtsnachfolge. Die Erbfolge bezüglich einzelner Gegenstände ist dem BGB also fremd (aA Schrader NJW 1987, 117; dagegen jedoch mit Recht Otte NJW 1987, 3164; Staudinger/Otte, 2019, Rn. 4 f.). Eine Ausnahme bilden das Vorausvermächtnis zur freien Verfügung an den alleinigen Vorerben iSd § 2110 Abs. 2 (→ § 2110 Rn. 3), die Sondererbfolge bei Personengesellschaftsanteilen und das Hoferbfolgerecht. Das Gesetz verlangt folglich bei allen Vermögenszuwendungen von Todes wegen, die nicht als Auflage zu qualifizieren sind, eine eindeutige Zuordnung zu einer dieser beiden Kategorien. So klar diese rechtliche Unterscheidung ist, so schwierig ist die Feststellung des Erblasserwillens in der Praxis. Erschwert wird eine eindeutige Abgrenzung durch den Umstand, dass der Erblasser in einigen Fällen wirtschaftlich der Erbeinsetzung vergleichbare Ergebnisse auch durch ein Vermächtnis erreichen kann, so bei Zuwendung eines Bruchteils seines Vermögens als sog. **Quotenvermächtnis** (BGH NJW 1960, 1759; WM 1978, 377) oder des nach Tilgung der Verbindlichkeiten verbleibenden Nachlasses als sog. **Universalvermächtnis** (BayObLG FamRZ 1986, 728 (731)). Die **Nacherbfolge** kann faktisch auf einzelne Vermögenswerte, vor allem Immobilien,

beschränkt werden, indem der Erblasser dem Vorerben das restliche Vermögen im Voraus, also unbelastet durch das Nacherbenrecht, vermacht (→ § 2110 Rn. 3). Auch Sachgesamtheiten wie Unternehmen können vermacht werden. Die Zuweisung des gesetzlichen Pflichtteils kann entweder als Enterbung (§ 1938) oder als Quotenvermächtnis in Höhe des Pflichtteils eingestuft werden (BGH Rpfleger 2004, 697 (698); OLG Nürnberg FamRZ 2003, 1229).

Der Aussagegehalt des § 2087 Abs. 1 erschöpft sich bei dieser Abgrenzungsfrage in der Klarstellung, dass eine Erbeinsetzung auch vorliegen kann, wenn der Bedachte nicht als „Erbe" bezeichnet ist. Der Erblasser braucht bei der Einsetzung von Erben also keinen bestimmten Ausdruck zu verwenden. Diese Auslegungsregel (Staudinger/Otte, 2019, Rn. 2 f.) gilt dabei nicht nur für Erbeinsetzungen sondern ebenso für die Berufung zu Vor-, Nach- und Ersatzerben (vgl. OLG Brandenburg FamRZ 1998, 926). § 2087 Abs. 1 beschäftigt sich dabei aber nur mit einem Teilaspekt des grundlegenden Auslegungsproblems, eine Erbeinsetzung von einem Vermächtnis abzugrenzen. Zudem ist bereits nach den allgemeinen Auslegungsgrundsätzen der §§ 133, 2084 der Erblasserwille festzustellen, ohne dabei am „buchstäblichen Sinne des Ausdrucks zu haften". Damit leistet § 2087 Abs. 1 keinen praktisch bedeutsamen Beitrag zur Beantwortung der Frage, ob der Erblasser die Zuwendung als Erbeinsetzung oder als Vermächtnis verstanden wissen wollte. 2

Von ungleich größerem Gewicht ist dagegen die Auslegungsregel des § 2087 Abs. 2, die sich mit einem anderen Aspekt dieser Abgrenzungsproblematik beschäftigt. Sie führt bei ergebnisoffener Auslegung („im Zweifel") dazu, dass die Zuwendung einzelner oder mehrerer Gegenstände als Vermächtnisanordnung aufzufassen ist. Dabei erlauben weder die praktischen Schwierigkeiten noch der Umstand, dass bei Annahme der mit Teilungsanordnungen und Vermächtnissen belasteten gesetzlichen Erbfolge gleichwertige wirtschaftliche Ergebnisse eintreten, die Erbeinsetzung zur Ausnahme zu erklären und im Regelfall der Auslegung als Vermächtnis den Vorrang einzuräumen (falsch: OLG Naumburg BeckRS 2019, 32092; missverständlich: BGH NJW 1997, 392; NK-BGB/Krafka Rn. 5). Ebenso unzulässig ist es, allein auf die ungleichen Werte der zugewendeten Vermögenswerte abzustellen und die Zuwendung des höherwertigen Vermögenswertes allein deshalb als Erbeinsetzung einzustufen (OLG München BeckRS 2007, 9108 m. zust. Anm. Litzenburger FD-ErbR 12/2007). Die Nichterwähnung eines Erbprätendenten in einem Testament, das sich auf die Zuwendung von einzelnen Nachlassgegenständen beschränkt, ohne dass eine Gesamtverteilung des Nachlasses erfolgt, führt nicht zu dessen **Enterbung** (OLG München BeckRS 2020, 2909). 3

## II. Vermögenszuwendung als Erbeinsetzung

Hat der Erblasser einem anderen durch Verfügung von Todes wegen sein Vermögen oder einen Bruchteil davon zugewendet (zB „ich vermache alles", „den Rest erhält"), so ist durch erläuternde oder ergänzende Auslegung zu ermitteln, ob er den anderen zum Alleinerben einsetzen oder ihm ein Universalvermächtnis zukommen lassen bzw. ihn zum Miterben berufen oder ihm ein Quotenvermächtnis einräumen wollte. 4

§ 2087 Abs. 1 macht deutlich, dass im Mittelpunkt dieser Abgrenzung nicht die formale Bezeichnung des Zuwendungsempfängers sondern die Art des Vermögensübergangs steht. Auch die Quantität oder die Zahl der zugewendeten Vermögenswerte ist bedeutungslos, weil schließlich auch die Zuwendung eines einzelnen Vermögenswertes, der aber das Wesen des Nachlasses ausmacht, eine Erbeinsetzung beinhalten kann (vgl. OLG München BeckRS 2007, 9108 m. zust. Anm. Litzenburger ErbR-FD 12/2007) (→ Rn. 9 ff.). Ebenso belanglos ist die Hervorhebung der künftigen Rechtsstellung des Bedachten als Inhaber von Rechten und Pflichten (Staudinger/Otte, 2019, Rn. 7). Da der zentrale Unterschied zwischen diesen beiden Zuwendungstypen die Gesamtrechtsnachfolge auf der einen und die Singularsukzession auf der anderen Seite ist, ist bei der Abgrenzung auf die vom Erblasser mit der Zuwendung verfolgten **wirtschaftlichen Zwecke** abzustellen. Kommt es dem Erblasser maßgeblich darauf an, dass der Bedachte einen bestimmten Gegenstand ungeschmälert durch Nachlassverbindlichkeiten erhält, so spricht dies für die Annahme eines Vermächtnisses (vgl. BGH DNotZ 1972, 500 betr. Rückzahlung; BayObLG NJW-RR 2002, 875 betr. Geldsumme; diff. bei Geldsumme: Staudinger/Otte, 2019, Rn. 13). Ist dagegen erkennbar, dass der Erblasser sein Vermögen mehr oder weniger umfassend auf eine oder mehrere Personen übergehen lassen will, die dann auch noch die Nachlassabwicklung übernehmen soll bzw. sollen, so deutet dies eher auf eine Erbeinsetzung hin (vgl. KG FamRZ 2004, 44 (46); OLG Celle MDR 2003, 89: Bestattungskosten; BayObLG NJW-RR 1997, 517 (518); FamRZ 1986, 835 (837); DNotZ 2003, 440 (442); Staudinger/Otte, 2019, Rn. 8, 14). Für die Erbeinsetzung ist allerdings nicht entscheidend, dass dem Erben nach Begleichung der Nachlassverbindlichkeiten und Erfüllung der Vermächtnisse und Auflagen überhaupt ein wirtschaftlich nennenswerter Ver- 5 mögensvorteil verbleibt (BayObLG FamRZ 2001, 1174 (1176); 1986, 728 (731); 1986, 835 (837); KG FamRZ 2004, 44 (46)). Die Zuwendung eines Hausgrundstücks ist nicht als Alleinerbeneinsetzung auszulegen, wenn der Erblasser zum Zeitpunkt der Testamentserrichtung noch über ein Schweizer Bankkonto mit ähnlichem Wert verfügt; dies gilt auch dann, wenn der Erblasser wegen dieses „Schwarzgeldes" bei Bekanntwerden des Geldes erhebliche Steuernachzahlungen befürchtet. Ebenso irrelevant ist die Anordnung, die Nachlassverbindlichkeiten zu tragen, weil dies sowohl Bestandteil der Erbeinsetzung als auch Bedingung eines Vermächtnisses sein kann (vgl. den Fall OLG Naumburg BeckRS 2019, 32092). Der Erblasser kann den oder die Erben auch mit einem **Universalvermächtnis** beschweren, sodass dieser bzw. diese den nach der Abwicklung verbleibenden Wert einem Dritten auszuliefern hat bzw. haben. In diesem Falle bedarf es allerdings der sorgfältigen Abgrenzung zur Anordnung einer Nacherbfolge. Schließlich ist es möglich, verschiedene Vermögenszuwendungen unterschiedlich auszulegen, nämlich die eine als Erbeinsetzung und die andere als Vermächtnis. Deshalb ist jede Erblasserverfügung gesondert unter diesem Gesichtspunkt zu betrachten.

**6** Auf die Worte, mit denen der Erblasser die Vermögenszuwendung anordnet, kommt es nicht an. Dies ist nicht allein Folge des § 2087 Abs. 1 sondern ebenso Konsequenz der allgemeinen Auslegungsgrundsätze, wonach selbst eindeutig erscheinende Formulierungen einer erläuternden Auslegung zugänglich sind und Falschbezeichnungen im Wege der ergänzenden Auslegung korrigiert werden müssen (ausf. → § 2084 Rn. 14 ff.). Die Auslegung trägt damit auch der Tatsache Rechnung, dass in weiten Teilen der Bevölkerung die Begriffe „vererben" und „vermachen" synonym gebraucht werden, die Wortwahl insoweit also für die Auslegung regelmäßig unergiebig ist (vgl. OLG Köln Rpfleger 1992, 199; BayObLG FamRZ 1995, 835; 1999, 1392). Folglich ist eine Erbeinsetzung auch dann anzunehmen, wenn der Erblasser sein ganzes Vermögen oder Teile davon **„vermacht"**. Der Erblasser kann die Absicht, einem anderen sein Vermögen oder einen Teil hiervon im Wege der Gesamtrechtsnachfolge zuzuwenden, deshalb auf vielfältige Weise ausdrücken, etwa mit den Worten „mein ganzes Hab und Gut", „alles was ich besitze" oder „mein restliches Vermögen" (vgl. BayObLG NJWE-FER 2001, 182 (183)). Auch hinter einer Formulierung, dass ein Erbe einen Vermögensbruchteil Dritten **„herauszugeben"** habe, kann sich eine Erbeinsetzung des Dritten verbergen (vgl. OLG Rostock OLGE 30, 222 (223); OLG Oldenburg DNotZ 1958, 95; LG Köln FamRZ 1965, 581). Umgekehrt weist die Anordnung, eines der Kinder solle das Vermögen „bei einer nicht überhöhten Last" übernehmen, auf ein bloßes Vermächtnis hin, da sonst keine Übernahme stattfinden könnte (vgl. BayObLG FGPrax 2001, 207 (208)). Eine **„Vollmacht"**, das gesamte Vermögen zu verwalten und an sich zu nehmen, kann als Erbeinsetzung aufgefasst werden (vgl. BayObLG Rpfleger 1999, 184). Ist der Bedachte zur **freien Verfügung** über den Nachlass befugt und sollen Dritte den bei dessen Tod vorhandenen Rest erhalten, so ist der Bedachte Erbe und die Dritten sind Vermächtnisnehmer (vgl. Bremen DNotZ 1956, 149). Ob der Erblasser **über sein gesamtes Vermögen verfügen** wollte, ist aus der Sicht des Erblassers zu beurteilen, nicht dagegen vom Standpunkt eines objektiven Beobachters (OLG Koblenz OLGR 2001, 383: Hausgrundstück in der DDR).

**7** In einer **notariell beurkundeten Verfügung** von Todes wegen ist die Formulierung allerdings von gewichtigerer Bedeutung als in einem eigenhändig verfassten Testament, obwohl es auch bei jenem auf den Verständnishorizont des Erblassers und nicht des Notars ankommt. Es muss nämlich davon ausgegangen werden, dass der Notar seine Aufklärungs- und Formulierungspflicht gem. § 17 Abs. 1 BeurkG gewissenhaft erfüllt hat (auch → § 2084 Rn. 12).

**8** Hat der Erblasser bei der Vermögenszuwendung den Bedachten **als Erben bezeichnet,** so schließt dies eine Auslegung iS eines Vermächtnisses nicht von vorneherein aus (vgl. BayObLG FGPrax 2005, 126 (127)). Nach allgemeinen Auslegungsgrundsätzen sind falsch verwendete technische Begriffe nämlich gem. § 2084 dem wirklichen Willen anzupassen (vgl. BayObLG FamRZ 1999, 1392: vererben; OLG Köln Rpfleger 1992, 199: Universalerbe; OLG Hamm Rpfleger 2003, 505: Nacherbe; BayObLG Rpfleger 1998, 72: Schlusserbe; BayObLG NJW-RR 2002, 873: Miterbe; BGH NJW 1983, 277; BayObLG FamRZ 1989, 99 (101): Ersatzerbe; BayObLG FamRZ 1991, 98: gehören; BayObLG FamRZ 1995, 1302: bekommen; BayObLG FamRZ 1989, 786: verwalten; BayObLG ZEV 1994, 377: Mietwohnung vererben) (→ § 2084 Rn. 16). Allerdings ist im Falle der Bezeichnung der Bedachten als Erben, ohne dass die Zuwendung irgendeine Einschränkung der Befugnisse oder eine Herausgabepflicht erkennen lässt, von einer das gesamte Vermögen erfassenden Erbeinsetzung auszugehen, und zwar auch in Ansehung von Grundvermögen in der ehemaligen DDR (BayObLG ZEV 1995, 256 (259); OLG Hamm ZEV 1995, 252 (255)). Allein die Vielzahl von Bedachten und damit geringe Quoten erlauben sind noch keine tragfähige Grundlage für eine Auslegung, dass der Erblasser den insoweit Bedachten entgegen dem allgemeinen und juristischen Sprachgebrauch seiner gewählten Formulierungen ("erben") lediglich die Stellung als Quotenvermächtnisnehmer zuweisen wollte (OLG München NJW-RR 2020, 1461 (1462) Rn. 13; Staudinger/Otte, 2019, Rn. 7.1). Auch dann ist für eine Auslegung im Sinne einer Erbenstellung allein maßgebend, ob diese nach dem Willen des Erblassers jeweils eine unmittelbare Teilhabe an dem Nachlass oder nur einen schuldrechtlichen Anspruch gegen die Erben haben sollen. Ausschlaggebend für eine Erbeinsetzung ist dabei nicht die Bezeichnung als „Erbe", sondern das Fehlen jeglicher Einschränkung in gegenständlicher und verfügungsrechtlicher Hinsicht. Zu weiteren Auslegungsproblemen im Zusammenhang mit Erbeinsetzungen → § 2084 Rn. 22 ff.

## III. Zuwendung einzelner Gegenstände

Die Zuwendung einzelner Vermögenswerte ist gem. § 2087 Abs. 2 nur „im Zweifel" als Vermächtnisanordnung anzusehen, kann also ebenso gut eine Erbeinsetzung bedeuten. Die erläuternde oder ergänzende Auslegung gem. § 2084 kann also zum Ergebnis führen, dass der Erblasser mit dieser Zuwendung eine Erbeinsetzung ausdrücken wollte. Dabei werden herkömmlicherweise zwei Fälle unterschieden, nämlich die Erbeinsetzung durch Einzelzuwendung des wesentlichen Vermögens und die Berufung zu Miterben im Verhältnis der zugewendeten Vermögensteile. 9

**1. Gesamtvermögensverfügung durch Einzelzuwendungen.** Hat der Erblasser in der Verfügung Vermögensbestandteile einzeln aufgeführt und einem anderen zugewendet, so ist vor einem Rückgriff auf die Auslegungsregel des § 2087 Abs. 2 im Wege erläuternder oder ergänzender Auslegung festzustellen, ob darin nicht doch eine Erbeinsetzung des Bedachten liegt. Hat der Erblasser mehrere Personen in dieser Weise begünstigt, so sind die Voraussetzungen einer Erbeinsetzung nach Vermögensgruppen zu prüfen (→ Rn. 20). Bei der Auslegung von Einzelzuwendungen als Gesamtvermögensverfügung bedürfen die folgenden Gesichtspunkte der Klärung im Wege der Auslegung: 10

**a) Gleichstufigkeit der Zuwendungen.** In einem ersten Schritt müssen jene Einzelzuwendungen aus der Betrachtung ausgeschlossen werden, die der Erblasser eindeutig als Vermächtnisse angeordnet hat, weil es ihm darauf ankam, die Gegenstände dem Bedachten in jedem Fall und ungeschmälert durch Verbindlichkeiten zukommen zu lassen (vgl. BGH DNotZ 1972, 500; Staudinger/Otte, 2019, Rn. 22). Nur gleichstufige Einzelzuwendungen können als Gesamtvermögensverfügung auf- und zusammengefasst und als Erbeinsetzung ausgelegt werden. Dabei ist es jedoch nicht zulässig, bereits auf Grund des krassen Wertunterschieds die eine Zuwendung als Vermächtnis, die andere hingegen als Erbeinsetzung auf unterschiedliche Stufen zu stellen. Unzulässig ist es auch, im Falle der Zuwendung eines Hausgrundstücks eine Erbeinsetzung und bei der eines Geldbetrages ein Vermächtnis anzunehmen, ohne die Willensrichtung des Erblassers einer näheren Prüfung zu unterziehen (so jedoch OLG Bremen OLGR 2002, 215 (217); BayObLG FamRZ 2000, 1392 (1393) mwN; dagegen aber BayObLG NJW-RR 2002, 873). Maßgebend ist vielmehr der Zweck der Zuwendung (→ Rn. 5). 11

**b) Unvollständigkeit der Vermögenszuwendung.** Diese Fallgruppe unterscheidet sich von der unter II. behandelten Zuwendung des Vermögens oder von Vermögensbruchteilen (→ Rn. 20) dadurch, dass der Erblasser in seiner Verfügung nicht alle Vermögensteile aufgeführt und zugewendet hat. 12

**c) Gesamtverfügungswille.** Einzelzuwendungen können nur dann als Erbeinsetzung aufgefasst werden, wenn der Erblasser bei Errichtung der Verfügung davon ausging, damit **nahezu über sein gesamtes Vermögen zu verfügen.** Eine genaue Prozentzahl wird hier ebenso wenig wie bei § 1365 angegeben werden können, jedoch wird man dann, wenn keine weiteren Anhaltspunkte für den Erblasserwillen vorhanden sind, doch fordern müssen, dass der so zugewendete Wert mindestens 90% des gesamten Vermögens ausschöpfen muss (vgl. BGH ZEV 2000, 195 (84%); OLG Hamburg BeckRS 2016, 06250 (74% reicht nicht); BayObLG Rpfleger 2000, 217 (88,5%); FamRZ 1999, 1392 (1394) (77%); OLG Celle OLGR 2002, 246 (83%); MDR 2003, 89 (83–84%); vgl. auch OLG Koblenz BeckRS 2021, 41383 Rn. 8 (Schwarzgeld auf Schweizer Bankkonto); BayObLG ZEV 2004, 282 (283) (Hoferbe)). Es reicht aber auch aus, wenn der Erblasser zum Ausdruck gebracht hat, dass andere Personen als die ausdrücklich bedachten von der Rechtsnachfolge ausgeschlossen sein sollen, etwa durch Formulierungen wie „alle anderen bekommen nichts" oder durch den ausdrücklichen Wunsch, „keine Erbengemeinschaft entstehen" zu lassen (vgl. OLG Düsseldorf BeckRS 2007, 2206: Pflichtteil auszahlen). 13

Maßgebend sind die Wertvorstellungen des Erblassers bei Errichtung der Verfügung (BGH BeckRS 2016, 18927 Rn. 45; so auch BayObLG BeckRS 2009, 12351; OLG Köln BeckRS 14

1982, 31155231; falsch deshalb das obiter dictum in OLG Düsseldorf BeckRS 2019, 33579 Rn. 18 ff.), nicht dagegen im Zeitpunkt des Erbfalls. Weil es äußerst schwierig ist, die Vermögenswerte zurzeit der Errichtung der Verfügung von Todes wegen zu ermitteln, darf gem. § 352 a Abs. 2 S. 2 FamFG ausnahmsweise ein Erbschein ohne Erbquoten erteilt werden, wobei str. ist, ob es hierzu der Zustimmung aller Erben bedarf (OLG München NJW-RR 2019, 971 (972) mwN; Zimmermann ZEV 2015, 520 (521)) oder nur des Antragstellers (OLG Düsseldorf BeckRS 2019, 33885 Rn. 29 ff. mwN; diff. Bumiller/Harders/Harders FamFG § 352 a Rn. 5).

**15** Nach der Errichtung eingetretene Vermögensänderungen ändern an der so festgestellten Erbeinsetzung grds. nichts. Dies gilt vor allem dann, wenn der Erblasser den späteren Hinzuerwerb von Vermögen bereits in seine Überlegungen zurzeit der Verfügung einbezogen hatte (BayObLG BeckRS 2009, 27989: Anwachsen des Bankguthabens; ähnlich Staudinger/Otte, 2019, Rn. 27; vgl. BGH BeckRS 2017, 119417: Erbschaft; BayObLG FamRZ 2000, 916). Es ist also im Einzelfall zu prüfen, ob die durch Auslegung ermittelte Erbeinsetzung nach dem Regelungsplan des Erblassers auch ein den nachfolgenden, unvorhergesehenen Vermögenserwerb erfassen sollte (BGH BeckRS 2017, 119417 Rn. 19). In allen anderen Fällen muss im Wege der ergänzenden Auslegung der letztwilligen Verfügung ermittelt werden, was der Erblasser bestimmt hätte, hätte er die eingetretene Vermögensveränderung gekannt (BayObLG NJW-RR 1997, 517; KG NJW 1971, 1992). Diese Auslegung kann dazu führen, dass in Höhe des später erworbenen Vermögens eine Teilerbeinsetzung der gesetzlichen Erben gem. § 2088 Abs. 1 verfügt worden ist (Staudinger/Otte, 2019, Rn. 27). Im Anschluss an Otte (Staudinger/Otte, 2019, Rn. 27) ist im Rahmen der ergänzenden Auslegung zu differenzieren:

- Stand für den Erblasser die Person des Zuwendungsempfängers und dessen Begünstigung am Nachlass im Vordergrund, so ändert sich durch den weiteren Vermögenserwerb nichts (vgl. BGH BeckRS 2016, 18927)
- Kam es dem Erblasser darauf an, dem Zuwendungsempfänger gerade den zugewendeten Vermögenswert zukommen zu lassen, so kann für das später hinzuerworbene Vermögen die Auslegungsregel des § 2088 Abs. 1 BGB zum Zuge kommen (vgl. OLG Düsseldorf BeckRS 2016, 18624).

**16** Die vorstehenden Regeln gelten sinngemäß auch für den Fall der Erbeinsetzung durch Einzelzuwendungen, wenn sich zwischen dem grds. maßgeblichen Errichtungszeitpunkt (→ Rn. 14) und dem Erbfall das Verhältnis der Vermögenswerte zueinander verändert hat.

**17** Kann ein derartiger Erblasserwille jedoch nicht eindeutig festgestellt werden, so greift zwar die Auslegungsregel des § 2087 Abs. 2 ein, jedoch kann der spätere Vermögenserwerb einen Anfechtungsgrund als Motivirrtum gem. § 2078 Abs. 2 Alt. 1 liefern. Dies gilt auch für den Fall, dass sich zwischen dem grds. maßgeblichen Errichtungszeitpunkt (→ Rn. 14) und dem Erbfall das Verhältnis der Vermögenswerte zueinander verändert hat.

**18** Gehört ein Zuwendungsgegenstand allerdings beim Tode nicht mehr zum Nachlass, so wird er auch bei der Abgrenzung der Erbeinsetzung vom Vermächtnis nicht berücksichtigt, es sei denn, dass der Wille des Erblassers festgestellt werden kann, dass es diesem nicht so sehr auf den Übergang des Gegenstands, sondern auf die Begünstigung des Bedachten ankommt (vgl. BayObLG FamRZ 2002, 1293 (1294); MüKoBGB/Rudy Rn. 12). Eine Gesamtverfügung liegt auch dann noch vor, wenn der Erblasser die durch äußere Umstände manifestierte Absicht hatte, die im Testament nicht erwähnten Vermögenswerte noch vor seinem Tod an Dritte zu verschenken (BayObLG FamRZ 2005, 1202 (1203); MüKoBGB/Rudy Rn. 12).

**19** Der Erblasser muss dabei auch wissen und wollen, dass der Zuwendungsempfänger nicht nur die mit dem Gegenstand verbundenen Rechte und Pflichten übernehmen, sondern auch die darüber hinausgehende Verantwortung für den Nachlass und dessen Abwicklung tragen soll. Deshalb sind alle Anordnungen, die sich auf die Lasten und Kosten des Nachlasses beziehen, für die Auslegung als Erbeinsetzung von zentraler Bedeutung (vgl. OLG Celle MDR 2003, 89: Bestattungskosten; BayObLG FGPrax 2005, 217 (218); DNotZ 2003, 440 (442); NJW-RR 1997, 517 (518); FamRZ 1986, 835 (837)). Ein Gesamtverfügungswille ist auch dann anzunehmen, wenn der Erblasser alle seine Verwandten vom Erbe ausgeschlossen hat, weil nicht anzunehmen ist, dass die gesetzliche Erbfolge des Fiskus gewollt ist (vgl. BGH DNotZ 1972, 500; BayObLG FamRZ 1992, 862 (864)). Das Gleiche hat bei einem gemeinschaftlichen Testament zu gelten, wenn dieses erkennen lässt, dass die Verwandten eines Partners begünstigt, die des anderen hingegen ausgeschlossen sein sollen (BayObLG FGPrax 205, 162 (163)). Steht für den Erblasser dagegen im Vordergrund, dass der Bedachte einen bestimmten Gegenstand ungeschmälert durch Nachlassverbindlichkeiten erhält, so spricht dies für die Annahme eines Vermächtnisses (vgl. BGH DNotZ 1972, 500: Rückzahlung).

**2. Erbeinsetzung nach Vermögensgruppen.** Bei dieser Fallgruppe hat der Erblasser nicht sein gesamtes Vermögen einem oder mehreren zu Bruchteilen zugewandt, sondern Vermögensteile aufgeführt und verschiedenen Personen zugewendet, ohne Erbquoten festzulegen. Dabei kann es sich rechtlich entweder um Vermächtnisse oder um Erbeinsetzungen mit Teilungsanordnungen bzw. Vorausvermächtnissen handeln. Die Einordnung in dem einen oder anderen Sinne kann angesichts der Notwendigkeit, die Erbquoten festzustellen, nicht dahinstehen. Hat der Erblasser sein Vermögen in dieser Weise unter seinen gesetzlichen Erben verteilt, so kann darin auch die bloße Anerkennung der gesetzlichen Erbfolge und die Anordnung von Vermächtnissen bzw. Teilungsanordnungen liegen (vgl. BayObLG FamRZ 1990, 1156). Bei der Auslegung sind folgende Gesichtspunkte maßgebend: 20

**a) Gleichstufigkeit der Zuwendungen.** Sämtliche Einzelzuwendungen müssen in einem ersten Schritt darauf hin überprüft werden, ob sie rechtlich auf gleicher Stufe stehen. Mit diesem Kriterium werden die verschiedenen erbrechtlichen Zuwendungsarten, nämlich Erbeinsetzungen und Vermächtnisse, voneinander abgegrenzt. Nur mit Hilfe dieses Kriteriums wird gewährleistet, dass Vermächtnisse nicht regelhaft mit den in derselben Verfügung von Todes wegen enthaltenen Erbeinsetzungen zur Erbeinsetzung nach Vermögensgruppen iSd § 2087 Abs. 2 zusammengefasst werden. Nur gleichstufige Einzelzuwendungen können als Erbeinsetzung nach Vermögensgruppen auf- und zusammengefasst werden (falsch daher OLG Naumburg BeckRS 2019, 32092). Maßgebend dafür sind die Motive des Erblassers für die Zuwendungen. S. dazu ausführlich → Rn. 5. 21

**b) Gesamtverfügungswille.** Im Unterschied zur Erbeinsetzung durch Einzelzuwendung (→ Rn. 10) kommt die Erbeinsetzung nach Vermögensgruppen sowohl bei einer erschöpfenden Verfügung über alle Vermögensteile als auch bei nur das Hauptvermögen erfassenden Zuwendungen an verschiedene Personen in Betracht. Liegen keine allumfassenden Zuwendungen vor, so muss zunächst festgestellt werden, dass der Erblasser bei Errichtung der Verfügung wusste und wollte, damit sein Vermögen erschöpfend auf die Bedachten zu verteilen (→ Rn. 13 ff.) (vgl. BayObLG 2003, 331 (333) zu Schwarzgeldvermögen im Ausland). 22

**c) Erbquoten.** Die Höhe der Erbteile richtet sich nach dem Verhältnis der Werte der zugewendeten Vermögensgegenstände zueinander (BGH DNotZ 1972, 500; BayObLGZ 1963, 319 (324); Kipp/Coing ErbR § 44 I 6; aA BayObLG FamRZ 1985, 312 für Erbeinsetzung mit Teilungsanordnung). § 2091 findet daher keine Anwendung (MüKoBGB/Rudy Rn. 11). Dabei kommt es grds. auf die Wertverhältnisse bei Errichtung der Verfügung an. Tritt allerdings nach der Errichtung eine wesentliche Veränderung bezüglich der zugewendeten Gegenstände ein und stand für den Erblasser bei seiner Verfügung die Absicht im Vordergrund, den Bedachten gerade diese ohne Wertausgleich zukommen zu lassen, sind abweichend hiervon die Werte zurzeit des Erbfalls maßgebend (BayObLG FGPrax 2005, 162 (164); Staudinger/Otte, 2019, Rn. 28 ff.). 23

**3. Auslegungsregel des § 2087 Abs. 2.** Führt die Auslegung der Zuwendung einzelner Gegenstände nicht zu dem Ergebnis, dass der Erblasser damit praktisch über sein gesamtes Vermögen verfügt oder die Empfänger nach Vermögensgruppen zu Erben eingesetzt hat, so greift diese Auslegungsregel zugunsten der Qualifizierung als Vermächtnis ein. Jede Zuwendung, auf die der Bedachte – anders als bei der Auflage – einen eigenen Anspruch besitzt und die nicht als Erbeinsetzung zu qualifizieren ist, stellt danach ein Vermächtnis dar. Gegenstand eines Vermächtnisses kann – entgegen der missverständlichen Formulierung des § 2087 Abs. 2 – jede beliebige Leistung sein. 24

## IV. Umdeutung von Rechtsgeschäften unter Lebenden

Fehlgeschlagene Rechtsgeschäfte unter Lebenden können in letztwillige Verfügungen gem. § 140 umgedeutet werden, wenn die Erbeinsetzung oder das Vermächtnis nur ein anderes Mittel ist um den wirtschaftlichen Erfolg des lebzeitigen Geschäfts zu erreichen. Weitere Bedingung ist jedoch, dass die rechtlichen Wirkungen der erbrechtlichen Zuwendung nicht über die des Rechtsgeschäfts unter Lebenden hinausgehen. Schließlich müssen die spezifischen Formvorschriften für Verfügungen von Todes wegen eingehalten sein, also entweder notarielle Beurkundung oder Eigenhändigkeit der umzudeutenden Erklärung. Unter diesen Voraussetzungen kommt vor allem die Umdeutung von formnichtigen **Schenkungsversprechen** oder **Schuldanerkenntnissen** in Betracht (KG BeckRS 2009, 15619 betr. Schenkungsversprechen; OLG NJW 1947/48, 384 betr. Schenkungsversprechen; RG JW 1910, 467 betr. Schuldanerkenntnis). Ein formnichtiges Schenkungsversprechen kann aber nur dann in eine umfassende Erbeinsetzung umgedeutet werden, wenn sich aus dem Schriftstück oder den sonstigen Umständen der Wille des Erklärenden 25 ergibt, die Folgen seines Todes umfassend zu regeln (vgl. dazu BGH NJW 1964, 347 betr. Übergabe des gesamten Vermögens; NJW 1980, 2350 betr. Grundstückskaufvertrag). Kann ein solcher Gesamtverfügungswille (→ Rn. 13) nicht festgestellt werden, kommt allein die Umdeutung in ein Vermächtnis in Betracht (KG BeckRS 2009, 15619; MüKoBGB/Leipold § 2084 Rn. 136; aA Smid JuS 1987, 283 (289)). Bei der Ermittlung des Willens des Erklärenden finden die allgemeinen Grundsätze der (erläuternden und ergänzenden) Auslegung von letztwilligen Verfügungen ebenso Anwendung wie die gesetzlichen Auslegungsregeln, insbes. § 2087 Abs. 2.

## § 2088 Einsetzung auf Bruchteile

**(1) Hat der Erblasser nur einen Erben eingesetzt und die Einsetzung auf einen Bruchteil der Erbschaft beschränkt, so tritt in Ansehung des übrigen Teils die gesetzliche Erbfolge ein.**

**(2) Das Gleiche gilt, wenn der Erblasser mehrere Erben unter Beschränkung eines jeden auf einen Bruchteil eingesetzt hat und die Bruchteile das Ganze nicht erschöpfen.**

### Überblick

Diese Auslegungsregel führt dazu, dass der vom Erblasser nicht verteilte Bruchteil nach der gesetzlichen Erbfolge verteilt wird. Ist eine lediglich auf einen Bruchteil eingesetzte Person zugleich gesetzlicher Erbe, so ist durch Auslegung zu ermitteln, ob der Erblasser ihn durch die Bruchteilseinsetzung von der gem. § 2088 eintretenden gesetzlichen Erbfolge ausschließen wollte (→ Rn. 4).

### I. Voraussetzungen

1 **1. Erbeinsetzung auf nicht erschöpfenden Bruchteil.** Der Erblasser muss zu Erben entweder eine Person zu einem Bruchteil (Abs. 1) oder mehrere Personen zu Bruchteilen, die zusammen das Ganze nicht erschöpfen (Abs. 2), **eingesetzt** haben. Diese Ergänzungsregelung findet auf Vermächtnisse keine Anwendung. Der Erblasser braucht in seiner Verfügung nicht ausdrücklich Bruchteile anzugeben. Es genügt auch, wenn eine Zuwendung einzelner Vermögenswerte als Erbeinsetzung aufzufassen ist (KG FamRZ 1996, 125 betr. Immobilien im Westen; → § 2087 Rn. 7 f.). Bei mehreren Erben ist Abs. 2 nur anzuwenden, wenn alle auf Bruchteile eingesetzt sind, und zwar auch dann, wenn diese nur im Wege der Auslegung zu ermitteln sind. Hat der Erblasser die Bruchteile nur teilweise bestimmt und iÜ offen gelassen, so wird der offene Bruchteil nicht gem. Abs. 2, sondern gem. § 2092 Abs. 1 nach Kopfprinzip (§ 2091) unter den ohne Erbteilsbestimmung eingesetzten Personen verteilt (vgl. BayObLG FamRZ 1984, 825).

2 Nicht § 2094, sondern diese Ergänzungsregel greift richtiger Ansicht nach auch dann ein, wenn die Einsetzung eines von mehreren Erben von Anfang an **unwirksam** ist (BGH NJW 1969, 1343 (1346); Staudinger/Otte, 2019, Rn. 5 f.; diff. Soergel/Loritz/Uffmann Rn. 6). Abs. 2 ist darüber hinaus auf den Fall analog anzuwenden, dass mehrere Erben zusammen nur auf einen Bruchteil eingesetzt sind (für unmittelbare Anwendung MüKoBGB/Rudy Rn. 2; Staudinger/Otte, 2019, Rn. 2). Fällt dagegen ein eingesetzter Erbe (später) weg (zB nasciturus wird nicht lebend geboren) (vgl. RG WarnR 1914 Nr. 125), so ist dies kein Fall des Abs. 2, sondern des § 2094 (Anwachsung) bzw. des § 2096 (Ersatzerbe).

3 **2. Keine Beschränkung auf die eingesetzten Personen.** Die Ergänzungsregel des § 2088 ist gegenüber der des § 2089 subsidiär, sodass immer dann, wenn der Wille des Erblassers festgestellt werden kann, andere als die eingesetzten Personen von der Erbfolge auszuschließen, deren Bruchteile erhöht werden und die gesetzlichen Erben nicht zum Zuge kommen. Besondere Probleme bereitet in diesem Zusammenhang ein **Teilwiderruf ohne ersetzende Neuregelung** (vgl. KG JFG 6, 147). Eine Vermutung dafür, dass in diesen Fällen stets der Bruchteil der verbleibenden Erben gem. § 2089 zu erhöhen ist, kann jedenfalls nicht aufgestellt werden (MüKoBGB/Rudy Rn. 4; aA Ebenroth ErbR Rn. 429; diff. Soergel/Loritz/Uffmann Rn. 4). Letztlich ist diese Frage durch erläuternde oder ergänzende Auslegung zu entscheiden.

## II. Rechtsfolgen

Ist kein abweichender Erblasserwille feststellbar, so tritt bezüglich des nicht verteilten Bruchteils die gesetzliche Erbfolge ein. Ist eine lediglich auf einen Bruchteil eingesetzte Person zugleich gesetzlicher Erbe, so ist durch Auslegung zu ermitteln, ob der Erblasser ihn durch die Bruchteilseinsetzung von der gem. § 2088 eintretenden gesetzlichen Erbfolge ausschließen wollte (BayObLGZ 1965, 166 (177)). Eine Vermutung für die Enterbung besteht dabei nicht (MüKoBGB/Rudy Rn. 4; aA AK-BGB/Derleder Rn. 1). Ist auf Grund der Auslegung ein Ausschluss vom (weiteren) gesetzlichen Erbteil anzunehmen, so kann der eingesetzte Erbe diesen auch nicht durch Ausschlagung des zugewendeten Erbteils erlangen (MüKoBGB/Rudy Rn. 4). Ergibt die Auslegung dagegen, dass mit der Bruchteilseinsetzung ein solcher Ausschluss nicht verbunden sein soll, so erhöht sich der Bruchteil des eingesetzten (gesetzlichen) Erben um den gesetzlichen Erbteil. Diese Erhöhung hat dabei nicht die Bedeutung eines besonderen Erbteils iSd §§ 1935, 2095. Umstritten ist die Anwendung des durch das Erbrechtsgleichstellungsgesetzes mit Wirkung vom 1.4.1998 aufgehobenen § 1934a (vgl. hierzu MüKoBGB/Schlichting, 3. Aufl. 1997, Rn. 5 mwN). 4

## § 2089 Erhöhung der Bruchteile

**Sollen die eingesetzten Erben nach dem Willen des Erblassers die alleinigen Erben sein, so tritt, wenn jeder von ihnen auf einen Bruchteil der Erbschaft eingesetzt ist und die Bruchteile das Ganze nicht erschöpfen, eine verhältnismäßige Erhöhung der Bruchteile ein.**

### Überblick

Diese Ergänzungsregel unterscheidet sich von der des § 2088 Abs. 2 nur in dem Punkt, dass nach dem Erblasserwillen die eingesetzten Erben alle anderen Personen ausschließen sollen. Nur bei einem durch Auslegung festgestellten Ausschlusswillen gilt § 2089. Bezüglich des unverteilten Bruchteils tritt nicht die gesetzliche Erbfolge ein, sondern die Bruchteile der eingesetzten Erben erhöhen sich verhältnismäßig. § 2089 führt zu besonderen Erbteilen iSd §§ 1935, 2095, sondern lediglich zu einem höheren Bruchteil (→ Rn. 2).

### I. Voraussetzungen

Die Voraussetzungen dieser Ergänzungsregel unterscheiden sich von denen des § 2088 Abs. 2 nur in einem Punkt, nämlich im Willen des Erblassers, dass die eingesetzten Erben alle anderen Personen ausschließen sollen oder nicht. Ist ein derartiger Ausschlusswille nicht feststellbar, gilt § 2088 Abs. 2, andernfalls § 2089. Auf → § 2088 Rn. 3 wird verwiesen. Diese Ergänzungsregel gilt gem. § 2157 entspr., wenn der Erblasser denselben Vermögensgegenstand mehreren Personen vermacht hat, ohne selbst die Bruchteile erschöpfend festzulegen. 1

### II. Rechtsfolgen

Im Unterschied zu § 2088 Abs. 2 tritt bezüglich des unverteilten Bruchteils nicht die gesetzliche Erbfolge ein, sondern die Bruchteile der eingesetzten Erben erhöhen sich verhältnismäßig. § 2089 führt dabei nicht etwa zu besonderen Erbteilen iSd §§ 1935, 2095, sondern lediglich zu einem höheren Bruchteil. Die Erhöhung vollzieht sich dabei nicht nach dem Kopfprinzip, sondern im Verhältnis der vom Erblasser bestimmten Erbteile zueinander: Hat der Erblasser beispielsweise A zu 1/2 (= 6/12) und B zu 1/4 (= 3/12) eingesetzt, so wird das verbleibende 1/4 nicht etwa zu gleichen Teilen unter A und B verteilt, sondern im Verhältnis der Erbteile zueinander, sodass sich der Bruchteil des A um 1/6 auf 2/3 (= 6/12 + 2/12) und der des B nur um 1/12 auf 1/3 (= 3/12 + 1/12) erhöht – nicht etwa um jeweils 1/8. Wollte der Erblasser einen oder mehrere Erben auf den angegebenen Anteil beschränken und den übrigen Erben zusammen den Rest zuwenden, so findet die anteilsmäßige Erhöhung gem. §§ 1089, 2093 allerdings nur unter diesen übrigen Erben statt, wenn sich der Erblasser bei den Bruchteilen verrechnet hat: Setzt der Erblasser A, B und C zu je 1/4 Anteil ein, ordnet dabei jedoch an, dass A mit 1/4 (= 2/8) ausreichend versorgt ist, so teilen sich B und C das restliche 1/4, bekommen also jeweils 3/8 des Nachlasses. 2

## § 2090 Minderung der Bruchteile

**Ist jeder der eingesetzten Erben auf einen Bruchteil der Erbschaft eingesetzt und übersteigen die Bruchteile das Ganze, so tritt eine verhältnismäßige Minderung der Bruchteile ein.**

### I. Voraussetzungen

1 Diese Ergänzungsregel vermeidet die Unwirksamkeit einer Erbeinsetzung, bei der die Summe aller Bruchteile das Ganze übersteigt. Diese Widersprüchlichkeit löst § 2090 zugunsten der verhältnismäßigen Verringerung der angegebenen Bruchteile. § 2090 ist aber nur anzuwenden, wenn alle Erben auf Bruchteile eingesetzt sind. Hat der Erblasser die Bruchteile nur teilweise bestimmt und iÜ offen gelassen, so gilt § 2092 Abs. 2. Ein abweichender Erblasserwille kommt wohl nur dann in Betracht, wenn die Erbeinsetzungen in verschiedenen Verfügungen von Todes wegen enthalten sind. In diesem Falle ist anzunehmen, dass die frühere Erbeinsetzung in dem Umfang widerrufen (§ 2258) ist, der nötig ist, um dem in der späteren Verfügung eingesetzten Erben den darin bestimmten Erbteil zukommen zu lassen.

### II. Rechtsfolgen

2 Die Anwendung des § 2090 führt zur Minderung der angegebenen Bruchteile, und zwar nicht gleichmäßig, sondern im Verhältnis der Erbteile zueinander: Hat der Erblasser beispielsweise A zu 2/3 (= 8/12) und B und C zu je 1/4 (= je 3/12) eingesetzt, so hat er 1/6 (= 2/12) zu viel verteilt. Die Addition der Zähler 8, 3 und 3 ergibt als neuen Nenner die Zahl 14. Folglich erhalten auf Grund des § 2090 A 8/14 und B und C je 3/14. Wollte der Erblasser einem oder mehreren Erben den angegebenen Anteil ungeschmälert zuwenden, so findet die anteilsmäßige Verringerung nur unter diesen übrigen Erben statt: Setzt der Erblasser A, B, C und D zu gleichen Teilen ein, ordnet dabei jedoch an, dass A mindestens 1/3 (= 3/9) erhalten soll, so teilen sich B, C und D die restlichen 2/3 (= 6/9), bekommen also jeweils 2/9 des Nachlasses.

## § 2091 Unbestimmte Bruchteile

**Sind mehrere Erben eingesetzt, ohne dass die Erbteile bestimmt sind, so sind sie zu gleichen Teilen eingesetzt, soweit sich nicht aus den §§ 2066 bis 2069 ein anderes ergibt.**

### I. Voraussetzungen

1 **1. Unbestimmte Erbteile.** Diese Ergänzungsregel ist nur anzuwenden, wenn mindestens zwei Personen zu Erben eingesetzt sind und der Verfügung von Todes wegen die Erbteile weder durch erläuternde noch durch ergänzende Auslegung zu entnehmen sind. Kann die Größe der Erbteile durch erläuternde oder ergänzende Auslegung bestimmt werden, so ist für § 2091 kein Raum mehr (BayObLG FamRZ 1986, 610 (611)). Deshalb schließt auch die Zuwendung einzelner Gegenstände das Zurückgreifen auf diese Ergänzungsregel aus, wenn diese als Erbeinsetzung aufzufassen ist (→ § 2087 Rn. 7). Teilungsanordnungen stellen keine Erbteilsbestimmung dar und schließen die Anwendung deshalb nicht aus (BayObLG FamRZ 1985, 312 (314)). Zu bedenken ist im Rahmen der Auslegung ferner, dass die Unbestimmtheit der Erbteile auch eine bloße Bezugnahme auf das gesetzliche Erbrecht sein kann (zB Einsetzung des Bruders und dessen Tochter „zum gesetzlichen Erbteil"), was die Verteilung gem. § 2091 ausschließen würde (RGRK-BGB/Johannsen Rn. 1 unter Hinweis auf BGH 18.2.1959 – V ZR 199/57).

2 **2. Kein abweichender Erblasserwille.** Im Rahmen der Auslegung ist weiterhin zu prüfen, ob der Erblasser nicht anstelle des in § 2091 vorgesehenen Kopfprinzips eine Verteilung entspr. der Erbfolge nach Stämme bevorzugt (OLG Frankfurt FamRZ 1994, 327; OLG München HRR 1938 Nr. 156: gleichmäßige Verteilung an die gesetzlichen Erben). Zu weit geht es jedoch, die Verteilung nach Stämmen oder Gruppen, wenn sie der gesetzlichen Erbfolge näher kommt, zu einer allgemeinen Erfahrungsregel zu erheben und damit den Anwendungsbereich des § 2091 weiter zu verringern (Soergel/Loritz/Uffmann Rn. 14 Fn. 14; aA Staudinger/Otte, 2019, Rn. 2; NK-BGB/Krafka Rn. 2; zu diesem Auslegungsproblem auch → § 2084 Rn. 13). Auch die Verwendung von Begriffen wie „großer Teil" oder „bedeutender Betrag" erlauben keine diese Ausle-

gungsregel verdrängende ergänzende Testamentsauslegung (aA OLG Karlsruhe BeckRS 2011, 5045 m. abl. Anm. Litzenburger FD-ErbR 2011, 319532).

**3. Vorrang der §§ 2066–2069.** Die Auslegungsregeln der §§ 2066–2069 haben Vorrang vor der Anwendung des § 2091, und zwar auch dann, wenn diese lediglich analog heranzuziehen sind (BayObLG FamRZ 1986, 610). Bei Einsetzung seiner gesetzlichen Erben, seiner Verwandten, seiner Kinder oder seiner Abkömmlinge erhalten diese daher regelmäßig eine ihrem gesetzlichen Erbteil entsprechende Quote. 3

## II. Rechtsfolgen

Diese Ergänzungsregel führt dazu, dass alle eingesetzten Personen untereinander zu gleichen Teilen erben. Hat der Erblasser mehrere auf einen gemeinschaftlichen Erbteil gesetzt (§ 2093), so sind diese mangels abweichender Bestimmung gem. § 2091 untereinander hieran zu gleichen Bruchteilen beteiligt. Sind mehrere Gruppen von Erben (zB meine Kinder) oder gemeinschaftliche Erbteile iSd § 2093 in der Verfügung aufgeführt, so erfolgt die Quotelung zunächst im Verhältnis der Gruppen bzw. gemeinschaftlichen Erbteile zueinander und erst innerhalb der Gruppe nach der Regel des § 2091 (Staudinger/Otte, 2019, Rn. 2 mwN; vgl. BayObLG FamRZ 2000, 120: Eheleute). 4

# § 2092 Teilweise Einsetzung auf Bruchteile

**(1) Sind von mehreren Erben die einen auf Bruchteile, die anderen ohne Bruchteile eingesetzt, so erhalten die letzteren den freigebliebenen Teil der Erbschaft.**

**(2) Erschöpfen die bestimmten Bruchteile die Erbschaft, so tritt eine verhältnismäßige Minderung der Bruchteile in der Weise ein, dass jeder der ohne Bruchteile eingesetzten Erben so viel erhält wie der mit dem geringsten Bruchteil bedachte Erbe.**

## Überblick

Hat der Erblasser mehrere Erben eingesetzt, jedoch nur bei einem Teil von ihnen die Erbquoten bestimmt, so erhalten nach dieser Auslegungsregel diejenigen, deren Bruchteile offen geblieben sind, den nicht verteilten Anteil, und zwar im Zweifel gem. § 2091 untereinander zu gleichen Teilen.

## I. Nicht erschöpfende Bruchteile (Abs. 1)

Hat der Erblasser mehrere Erben eingesetzt, jedoch nur bei einem Teil von ihnen die Erbquoten bestimmt, so erhalten diejenigen, deren Bruchteile offen geblieben sind, den nicht verteilten Anteil, und zwar im Zweifel gem. § 2091 untereinander zu gleichen Teilen. Ein abweichender Erblasserwille geht dieser Rechtsfolge vor. 1

## II. Das Ganze erreichende oder übersteigende Bruchteile (Abs. 2)

Während Abs. 1 voraussetzt, dass die vom Erblasser bestimmten Erbteile das Ganze nicht voll erreichen, erfasst Abs. 2 den umgekehrten Fall: Die Summe der angegebenen Bruchteile erschöpft oder übersteigt das Ganze, sodass die ohne Bruchteilsangabe eingesetzten Erben nichts erhalten würden. Trotz des etwas missverständlichen Wortlauts findet Abs. 2 nicht nur Anwendung, wenn mindestens zwei Erben zu unterschiedlichen Quoten eingesetzt sind, sondern auch dann, wenn alle den gleichen Bruchteil erhalten sollen. Gemäß Abs. 2 erhält jeder Erbe ohne Quotenangabe den gleichen Bruchteil wie derjenige mit dem geringsten bestimmten Bruchteil. Da die Summe der Bruchteile das Ganze übersteigt, sind anschließend die Bruchteile gem. § 2090 zu mindern. Hat der Erblasser beispielsweise A zu 1/2 (= 6/12), B zu 1/4 (= 3/12), C zu 1/3 (= 4/12) und D ohne Bruchteilsbestimmung zu Erben eingesetzt, so erhält D auf Grund § 2092 Abs. 2 einen Erbteil von 1/4 (= 3/12), also den gleichen wie B. Anschließend sind die Anteile gem. § 2090 zu mindern. Der gemeinsame Nenner aller dieser Bruchteile ist 12. Aus der Addition aller Zähler ergibt sich der neue Nenner 16 (= 6 + 3 + 4 + 3). Folglich erhält A 6/16, B 3/16, C 4/16 und D – ebenso wie B – 3/16. 2

### § 2093 Gemeinschaftlicher Erbteil

**Sind einige von mehreren Erben auf einen und denselben Bruchteil der Erbschaft eingesetzt (gemeinschaftlicher Erbteil), so finden in Ansehung des gemeinschaftlichen Erbteils die Vorschriften der §§ 2089 bis 2092 entsprechende Anwendung.**

#### Überblick

Der Erblasser kann zwischen einzelnen eingesetzten Miterben engere Beziehungen dadurch herstellen, dass er sie auf einen gemeinschaftlichen Bruchteil einsetzt. In welcher Weise dies zu geschehen hat, bestimmt die Vorschrift jedoch nicht. Sie regelt nur die Rechtsfolgen, insbesondere die vorrangige Anwachsung innerhalb der Gruppe (→ Rn. 3).

#### I. Gemeinschaftlicher Erbteil

1 **1. Äußerliche Zusammenfassung.** Es reicht für die Annahme eines gemeinschaftlichen Erbteils iSd § 2093 nicht aus, dass der Erblasser die Erbeinsetzung mehrerer Personen in einem Satz, unter einer Ziffer, unter einem gemeinsamen Oberbegriff (zB Eheleute (BayObLGZ 1976, 122 (126); Rpfleger 1999, 447 (448)), weitere aus unserer Ehe noch hervorgehende Kinder, meine Geschwister) oder unter einem einheitlichen Bruchteil (zB zu 50 % meine beiden Söhne) äußerlich zusammengefasst hat.

2 **2. Sachliche Zusammengehörigkeit.** Diese äußerliche Zusammenfassung (→ Rn. 1) ist zwar eine notwendige, aber keine hinreichende Bedingung für die Anwendbarkeit des § 2093. Hinzutreten muss in jedem Fall aus der Sicht des Erblassers eine sachliche Rechtfertigung für die Anwendung der §§ 2089–2092 und des § 2094 Abs. 2 in dieser Gruppe. Es muss also zwischen den derart zusammengefassten entweder eine persönliche (zB Kinder aus erster Ehe, Kinder meines Bruders) oder eine sachliche Beziehung (zB meine Nachbarn, die Vereinsmitglieder) bestehen. Wenn eine solche Beziehung festgestellt werden kann, so steht der Anwendung dieser Regelung nicht entgegen, dass der Erblasser die „Unterbruchteile" bestimmt hat (RGRK-BGB/Johannsen Rn. 2). Da § 2093 nur eine Ergänzungsregel enthält, geht ein abweichender Erblasserwille vor.

#### II. Rechtsfolgen

3 Sind mehrere Erben iSd § 2093 vom Erblasser zu einer Gruppe zusammengefasst worden, so finden die Ergänzungsregeln der §§ 2089–2092 sowie die Anwachsung gem. § 2094 Abs. 2 nicht im Verhältnis aller Erben, sondern nur im Rahmen dieser Erbengruppe Anwendung. Eine weitergehende Bedeutung hat die Einsetzung auf einen „gemeinschaftlichen Erbteil" nicht. Es entsteht vor allem keine Untererbengemeinschaft, sondern jeder Erbe dieser Gruppe ist unmittelbar selbst mit seinem eigenen Bruchteil an der Erbengemeinschaft beteiligt. Die rechtliche Selbstständigkeit der Erbteile muss auch im Rahmen des Vorkaufsrechts der Miterben beachtet werden, sodass kein vorrangiges Vorkaufsrecht in dieser Erbengruppe besteht (AA Lange/Kuchinke ErbR § 27 III).

### § 2094 Anwachsung

**(1) [1]Sind mehrere Erben in der Weise eingesetzt, dass sie die gesetzliche Erbfolge ausschließen, und fällt einer der Erben vor oder nach dem Eintritt des Erbfalls weg, so wächst dessen Erbteil den übrigen Erben nach dem Verhältnis ihrer Erbteile an. [2]Sind einige der Erben auf einen gemeinschaftlichen Erbteil eingesetzt, so tritt die Anwachsung zunächst unter ihnen ein.**

**(2) Ist durch die Erbeinsetzung nur über einen Teil der Erbschaft verfügt und findet in Ansehung des übrigen Teils die gesetzliche Erbfolge statt, so tritt die Anwachsung unter den eingesetzten Erben nur ein, soweit sie auf einen gemeinschaftlichen Erbteil eingesetzt sind.**

**(3) Der Erblasser kann die Anwachsung ausschließen.**

### Überblick

Diese Auslegungsregel enthält eine Abweichung von der gesetzlichen Erbfolge. Die Vorschrift greift nur ein, wenn mehrere Erben in der Weise eingesetzt sind, dass sie die gesetzliche Erbfolge ausschließen. Im Falle der Anwachsung treten nicht die gesetzlichen Erben des Erblassers an die Stelle des weggefallenen Erben. Vielmehr wächst dessen Erbteil den übrigen eingesetzten Erben nach dem Verhältnis ihrer Erbteile zueinander an (→ Rn. 7). Dies gilt auch bei Teilerbeinsetzungen (→ Rn. 8).

## I. Anwachsung bei Ausschluss der gesetzlichen Erbfolge

**1. Voraussetzungen. a) Vollständiger Ausschluss der gesetzlichen Erbfolge.** Der Erblasser muss durch Verfügung von Todes wegen die gesetzliche Erbfolge vollständig ausgeschlossen haben. Der Ausschluss kann auch die Folge der Anwendung des § 2089 sein. Die Anwachsung gem. Abs. 1 findet dabei ohne Rücksicht darauf statt, ob der Erblasser bei Ausschließung der gesetzlichen Erbfolge auch die Größe der Bruchteile bestimmt hat oder diese auf Grund der gesetzlichen Ergänzungsregeln festgestellt werden müssen. Hat der Erblasser mehrere Erben auf einen **gemeinschaftlichen Erbteil** iSd § 2093 eingesetzt, so findet die Anwachsung unter dieser Erbengruppe auch dann statt, wenn der restliche Erbteil an die gesetzlichen Erben fällt. In diesem Sonderfall kommt es allein darauf an, dass der Erblasser bezogen auf den gemeinschaftlichen Erbteil den Eintritt der gesetzlichen Erbfolge vollständig ausgeschlossen hat. § 2094 findet nur auf Erbeinsetzungen Anwendung. Für Vermächtnisse gelten dagegen §§ 2158, 2159. 1

**b) Wegfall eines Miterben.** Unter Wegfall ist jedes Ereignis, durch das ein vom Erblasser tatsächlich eingesetzter Miterbe von der Erbfolge ausgeschlossen wird, zu verstehen. Dabei ist es gleichgültig, ob dieses Ereignis vor (zB Tod, Totgeburt des nasciturus (RG SeuffA 69 Nr. 145), Zuwendungsverzicht, auflösende Bedingung) oder nach dem Erbfall (zB Ausschlagung, und zwar auch durch den Erbeserben (§ 1952), Erbunwürdigkeitserklärung, Nichterleben einer aufschiebenden Bedingung) eintritt. Die hM will im Falle einer nichtigen Erbeinsetzung (zB Verstoß gegen die Bindungswirkung gem. §§ 2270, 2271; Anfechtung gem. §§ 2078, 2079; Verstoß gegen §§ 7, 27 BeurkG; Sittenwidrigkeit gem. § 138) die Anwachsungsregel nicht bzw. nicht unmittelbar anwenden, weil ohne eine wirksame Erbeinsetzung der Miterbe nicht „wegfallen" könne (Kipp/Coing ErbR § 45 I 3b; RGRK-BGB/Johannsen Rn. 2; v. Lübtow ErbR I 361; Grüneberg/Weidlich Rn. 2; diff. Staudinger/Otte, 2019, Rn. 2 und § 2088 Rn. 9; Soergel/Loritz/Uffmann Rn. 6; Erman/M. Schmidt Rn. 2). Diesem schwachen sprachlichen Argument ist jedoch mit dem Hinweis auf den Sinn der Anwachsungsregel zu begegnen. Das Gesetz geht mit Recht davon aus, dass der Erblasser grds. die Erbfolge vollständig und umfassend regeln will. Dabei ist es für ihn gleichgültig, aus welchem Grund eine von ihm getroffene Verfügung keine Rechtswirkungen äußert. § 2094 findet daher auch in allen Nichtigkeitsfällen Anwendung (OLG Oldenburg BeckRS 2019, 33752 Rn. 32 mwN; KG NJW 1956, 1523; Lange/Kuchinke ErbR § 27 VII 2; MüKoBGB/Rudy Rn. 3; für analoge Anwendung: Kipp/Coing ErbR § 45 I 3b; Erman/M. Schmidt Rn. 2). Hat der Erblasser dagegen die Erbeinsetzung selbst widerrufen, ohne eine Ersatzregelung zu schaffen, so kann nicht mehr davon ausgegangen werden, dass er eine vollständige Erbfolgeregelung anstrebt; § 2094 ist folglich nicht anwendbar (BayObLG FamRZ 1993, 736 (737); MüKoBGB/Rudy Rn. 3). Stirbt der eingesetzte Erbe nach dem Erbfall, so findet ebenfalls keine Anwachsung statt, weil er in diesem Fall ja bereits Erbe geworden ist. 2

**c) Kein Ausschluss der Anwachsung.** Abs. 3 stellt klar, dass der Erblasser die Anwachsung auch ausschließen kann, und zwar sowohl bezüglich aller Erben als auch bezüglich einzelner oder mehrerer von ihnen. Der Ausschluss muss zwar Bestandteil einer Verfügung von Todes wegen sein, braucht aber nicht ausdrücklich erklärt zu werden (BayObLG FamRZ 1993, 736 (737)). Der entsprechende Erblasserwille muss durch Auslegung ermittelt werden, wobei die Beweislast derjenige trägt, der sich auf den Ausschluss beruft (RG HRR 1928 Nr. 960). Allerdings liegt in der Erbeinsetzung auf einen Bruchteil für sich allein noch keine Ausschließung der Anwachsung (KG FamRZ 1977, 344 (345); BayObLG FamRZ 1993, 736 (737), Staudinger/Otte, 2019, Rn. 10 mwN). Ergibt sich aber aus der Verfügung, dass ein Erbe auf alle Fälle nur den ihm zugewiesenen Bruchteil erhalten soll, dann ist für ihn die Anwachsung ausgeschlossen. Voraussetzung für einen derartigen Willen ist aber, dass der Erblasser für den Wegfall eines Miterben bewusst eine von der gesetzlichen abweichende Regelung treffen wollte (Staudinger/Otte, 2019, Rn. 10; verneinend für den Fall ergänzender Auslegung OLG Hamburg FamRZ 1988, 1322 (1323)). 3

4 Hat der Erblasser **Ersatzerben** berufen, so wird gem. § 2099 vermutet, dass damit die Anwachsung ausgeschlossen ist. Die Berufung von Ersatzerben, einschließlich der Ersatznacherben (§ 2102 Abs. 1), geht der Anwachsung vor. Von besonderer Bedeutung ist in diesem Zusammenhang die Auslegungsregel des § 2069, wonach die Abkömmlinge eingesetzter Kinder im Zweifel nach den Regeln der gesetzlichen Erbfolge zu Ersatzerben berufen sind. S. zur Ergänzung lückenhafter Verfügungen um Ersatzerbeinsetzungen im Wege ergänzender Auslegung auch → § 2084 Rn. 48, → § 2084 Rn. 51.

5 Verwirklicht jedoch bei einem gemeinschaftlichen Testament oder Ehegattenerbvertrag nach dem Berliner Modell ein Kind den Tatbestand einer **Pflichtteilssanktionsklausel** (Verwirkungsklausel), so greift regelmäßig nicht die Ersatzberufung gem. § 2069, sondern die Anwachsung an die übrigen Nachkommen gem. § 2094 ein (KG DNotZ 1942, 147). Zur Bindungswirkung Rn. → Rn. 6.

6 Als Bestandteil der Erbeinsetzung kann der Verzicht auf den Ausschluss der Anwachsung in einem gemeinschaftlichen Testament **wechselbezüglichen Charakter** iSd § 2270 oder in einem Erbvertrag **vertragsmäßige Bindungswirkung** iSd § 2278 haben (OLG Nürnberg BeckRS 2016, 120101; OLG Hamm BeckRS 2015, 03513; Keller ZEV 2002, 439 (440); → § 2270 Rn. 4). Da im Unterschied zur Auslegungsregel des § 2069 vor der Anwendung dieser Ergänzungsregel der Erblasserwille festgestellt werden muss, durch die Bezeichnung der Erben die gesetzliche Erbfolge ausschließen zu wollen, ist ein Anknüpfungspunkt in der getroffenen Verfügung für eine Anwendung der Auslegungsregel des § 2270 Abs. 2 gegeben. Die höchstrichterliche Rspr. zur Unanwendbarkeit dieser Auslegungsregel bei Ersatzberufung auf der Grundlage des § 2069 (→ § 2069 Rn. 5) ist deshalb auf diesen Fall nicht übertragbar (OLG Nürnberg BeckRS 2016, 120101; Ivo ZEV 2004, 205; vgl. auch DNotI-Report 2012, 192 (193)). Die Anwachsungsregel führt deshalb regelmäßig zur Bindung des überlebenden Erblassers, wenn ein Änderungsvorbehalt fehlt. Tritt bei einer Pflichtteilssanktionsklausel im Rahmen des Berliner Modells gem. § 2269 die enterbende Wirkung unmittelbar mit der Tatbestandserfüllung ein, so kann der länger lebende die Wirkung gem. § 2094 Abs. 1 S. 1 nur dann wieder aufheben, wenn ihm dieses Verfügungsrecht ausdrücklich vorbehalten worden ist.

7 **2. Rechtsfolgen der Anwachsung.** Der Wegfall eines oder mehrerer Miterben führt zu einer Erhöhung der Bruchteile der verbleibenden Miterben. Die Anwachsung wirkt dabei auch zugunsten eines Erbeserben, wenn der vorrangig berufene Erbe mit Wirkung auf den Erbfall wegfällt. Hat der Erblasser einige Erben auf einen **gemeinschaftlichen Erbteil** iSd § 2093 eingesetzt, so findet die Anwachsung zunächst unter diesen Erben statt (Abs. 1 S. 2). Sind in dem zuletzt genannten Fall jedoch alle auf den gemeinschaftlichen Erbteil eingesetzten Personen weggefallen, so wächst der damit völlig freigewordene gemeinschaftliche Erbteil allen übrigen Erben im Verhältnis ihrer Bruchteile an. Abs. 1 führt dabei nicht etwa zu besonderen Erbteilen iSd §§ 1935, 2095, sondern lediglich zu einem höheren Bruchteil. Die Erhöhung vollzieht sich dabei nicht nach dem Kopfprinzip, sondern im Verhältnis der vom Erblasser bestimmten Erbteile zueinander. Hat der Erblasser beispielsweise A zu 1/2 sowie B und C zu je 1/4 eingesetzt und fällt B als Miterbe weg, so wird das offene 1/4 nicht etwa zu gleichen Teilen unter A und C verteilt, sondern im Verhältnis der Erbteile zueinander, sodass sich der Bruchteil des A um 1/6 und der des C nur um 1/12 erhöht, nicht etwa um jeweils 1/8.

## II. Anwachsung bei Teilerbeinsetzung

8 Hat der Erblasser lediglich über einen Teil der Erbschaft verfügt und tritt bezüglich des Restes gesetzliche Erbfolge ein, so kommt eine Anwachsung nur im Verhältnis solcher Miterben in Betracht, die auf einen gemeinschaftlichen Erbteil iSd § 2093 eingesetzt sind. Wenn beispielsweise A und B zu je 1/4 Bruchteil und C und D zusammen auf einen gemeinschaftlichen Erbteil von 1/4 eingesetzt sind, so tritt beim Wegfall des B keine Anwachsung und bei dem des C nur an den D ein.

### § 2095 Angewachsener Erbteil

**Der durch Anwachsung einem Erben anfallende Erbteil gilt in Ansehung der Vermächtnisse und Auflagen, mit denen dieser Erbe oder der wegfallende Erbe beschwert ist, sowie in Ansehung der Ausgleichungspflicht als besonderer Erbteil.**

### Überblick

Die Vorschrift ist vergleichbar mit § 1935. Sie verhindert, dass die Anwachsung im Ergebnis zum Nachteil der Erden wirkt, wenn der zusätzliche Erbteil mit Vermächtnissen oder Auflagen beschwert ist. Die Anwachsung führt deshalb nicht zu zwei selbstständigen Erbteilen, sondern bewirkt lediglich eine Erhöhung des einheitlichen Erbteils, der Bezugspunkt sämtlicher Rechte und Pflichten ist. Vor allem kann der eingesetzte Erbe diesen Erbteil nur insgesamt annehmen oder ausschlagen.

### I. Einheitlichkeit des Erbteils

Die Anwachsung gem. § 2094 führt nicht zu zwei selbstständigen Erbteilen, sondern bewirkt lediglich eine Bruchteilserhöhung des im Grundsatz einheitlichen Erbteils. Dieser einheitliche Erbteil ist Bezugspunkt sämtlicher Rechte und Pflichten. Vor allem kann der eingesetzte Erbe diesen Erbteil nur insgesamt annehmen oder ausschlagen. Ferner haftet er mit dem gesamten Erbteil für die Nachlassverbindlichkeiten. Dieser Grundsatz der Einheitlichkeit wird jedoch von § 2095 in einigen Fällen durchbrochen. 1

### II. Beschwerung mit Vermächtnis oder Auflage

Die Anwachsung könnte für den begünstigten Erben nachteilige Wirkungen haben, wenn der angewachsene Erbteil durch Vermächtnisse oder Auflagen über seinen Wert hinaus beschwert ist. Er müsste nämlich wegen des Grundsatzes der Einheitlichkeit des Erbteils diese Belastungen aus seinem ursprünglichen Erbteil mit erfüllen, erhielte also weniger als ohne die Anwachsung. Die Anwachsung soll weder den Erben schlechter stellen, noch Vermächtnisnehmern oder Auflagebegünstigten Vorteile verschaffen. Ohne die Regelung des § 2095 könnten diese nicht nur auf den eigentlich belasteten Erbteil, sondern auf den gesamten (einheitlichen) Erbteil zugreifen. § 2095 verhindert dies, indem er für diese Art der Beschwerungen eine **Trennung in zwei Erbteile** fingiert. Der Erfüllungsanspruch ist folglich durch die Größe des Erbteils, auf dem das Vermächtnis oder die Auflage lastet begrenzt. Der Erbe kann sich bei Erschöpfung des eigentlich belasteten Erbteils daher auf § 1991 Abs. 4, § 1992 berufen. Ferner haftet der Erbe gem. § 2095 iVm § 2007 S. 2 nur mit dem belasteten Erbteil, vorausgesetzt allerdings, dass der ursprüngliche und der angewachsene Teil nicht einheitlich belastet sind. Die in § 2095 enthaltene Fiktion der Selbstständigkeit wirkt sich im Rahmen des **Pflichtteilsrechts** dahingehend aus, dass der Erbe die Pflichtteilslast getrennt für jeden Teil gem. § 2318 Abs. 1 und 2 auf den Vermächtnisnehmer oder Auflagebegünstigten abwälzen kann (grundlegend Fürnrohr JW 1912, 6). Die Vorschrift ist **dispositiv,** sodass der Erblasser eine abweichende Bestimmung treffen kann (MüKoBGB/Rudy Rn. 5). 2

### III. Ausgleichspflicht

Hat gem. § 2052 im Verhältnis der eingesetzten Abkömmlinge eines Erblassers ein Ausgleich stattzufinden, so fingiert § 2095 auch insoweit eine Verselbstständigung beider Teile des sonst einheitlichen Erbteils. Ein abweichender Erblasserwille hat Vorrang. 3

## § 2096 Ersatzerbe

**Der Erblasser kann für den Fall, dass ein Erbe vor oder nach dem Eintritt des Erbfalls wegfällt, einen anderen als Erben einsetzen (Ersatzerbe).**

### Überblick

Eine gesetzliche Ersatzerbfolge gibt es nicht, auch in den Fällen der §§ 2069, 2102 nicht, weil die entsprechende Vermutung allein auf dem Erblasserwillen basiert. Den Umfang der Ersatzerbfolge kann der Erblasser frei bestimmen. Umstritten ist, ob auch ein ausdrücklich eingesetzter Ersatzerbe zurücktreten muss, wenn ein eingesetzter Abkömmling des Erblassers wegfällt, ob also § 2069 Vorrang vor § 2096 genießen (→ Rn. 2). Wegfall ist jedes Ereignis, durch das ein vom Erblasser tatsächlich eingesetzter Miterbe von der Erbfolge ausgeschlossen wird, also auch die anfängliche oder nachträgliche Nichtigkeit (→ Rn. 3 ff.). In der Praxis bereitet die Abgrenzung der Ersatz- von der Nacherbschaft erhebliche Schwierigkeiten, weil die Worte „Ersatzerbe“ und „Nacherbe“ im allgemeinen Sprachgebrauch oft synonym verwendet werden. Erst mit Eintritt des Erbfalls erlangt der Ersatzerbe ein Anwartschaftsrecht, während seine Rechtsposition bis dahin ungesichert ist (→ Rn. 8).

## I. Einsetzung zum Ersatzerben

1 **1. Anordnung der Ersatzerbschaft.** § 2096 eröffnet dem Erblasser die Möglichkeit, durch Verfügung von Todes wegen zu bestimmen, dass beim Wegfall eines Erben ein anderer an dessen Stelle treten soll (zB „ersatzweise …"). Eine gesetzliche Ersatzerbfolge gibt es nicht. Auch in den Fällen der §§ 2069, 2102, in denen das Gesetz für typische Sachverhalte Vermutungsregeln zugunsten einer Ersatzerbschaft aufstellt, tritt die Ersatzerbfolge niemals auf Grund des Gesetzes, sondern allein auf der Basis des Erblasserwillens ein. Den Umfang der Ersatzerbfolge kann der Erblasser frei bestimmen. So kann er sich einer eigenen unmittelbaren Erbeinsetzung enthalten und nur für den Wegfall eines gesetzlichen Erben einen Ersatzerben bestimmen (MüKoBGB/Rudy Rn. 5; aA Grüneberg/Weidlich Rn. 1). Der Erblasser kann auch mehrere Ersatzerben einsetzen. Sind diese **nebeneinander** berufen, so gilt, wenn die Bruchteile nicht bestimmt sind (§ 2091). Der Erblasser kann mehrere Ersatzerben auch **nacheinander** berufen (zB „ersatzweise …, weiter ersatzweise …"). Auf die Einsetzung zum Ersatzerben finden die allgemeinen Vorschriften Anwendung. Fällt etwa ein vom Erblasser eingesetzter Abkömmling weg, so treten dessen Abkömmlinge nach den Regeln der gesetzlichen Erbfolge gem. § 2069 an dessen Stelle.

2 Es ist nach wie vor umstritten, ob auch ein ausdrücklich eingesetzter Ersatzerbe zurücktreten muss, wenn ein eingesetzter Abkömmling des Erblassers wegfällt, ob also **§ 2069 Vorrang vor § 2096** genießen (dafür: Erman/M. Schmidt Rn. 3; Musielak ZEV 1995, 7; dagegen: Diederichsen NJW 1965, 671 (674); Soergel/Loritz/Uffmann Rn. 3; gegen generelle Festlegung: BayObLG NJW-RR 1994, 460 m. krit. Anm. J. Mayer MittBayNot 1994, 111; Staudinger/Otte, 2019, Rn. 3; MüKoBGB/Rudy Rn. 8; Lange/Kuchinke ErbR § 27 VII 2). Die Auslegungsregel des § 2069 soll nur verhindern, dass eine an sich eindeutige Erbeinsetzung eines Abkömmlings durch die spätere tatsächliche Entwicklung entstandene Lücke, nämlich den Wegfall des Bedachten unwirksam wird, nicht aber eine Mehrdeutigkeit der Erbeinsetzung beheben (J. Mayer MittBayNot 1994, 111). Wie anders als durch Einsetzung von Ersatzerben soll der Erblasser zu erkennen geben, dass er für den Wegfall eines Abkömmlings Vorsorge getroffen hat (aA BayObLG NJW-RR 1994, 460; Lange/Kuchinke ErbR § 27 VII 2; vgl. Formulierung bei J. Mayer MittBayNot 1994, 111). Ein genereller Vorrang der Ersatzerbschaft der Abkömmlinge gem. § 2069 kann daher nicht angenommen werden. Es bedarf vielmehr der Würdigung aller Umstände des Einzelfalls (Staudinger/Otte, 2019, Rn. 3). Das Gleiche gilt für das **Verhältnis zu § 2102,** sodass eingesetzte Ersatzerben für den Vorerben den Rückgriff auf diese Bestimmung für den Zweifelsfall ausschließen (aA Erman/M. Schmidt Rn. 3).

3 **2. Bestimmung des Ersatzerbfalls.** Wegfall ist jedes **Ereignis,** durch das ein vom Erblasser tatsächlich eingesetzter Miterbe von der Erbfolge ausgeschlossen wird. Anders als bei § 2094 (→ § 2094 Rn. 2) besteht im Rahmen des § 2096 Einigkeit darüber, dass unter Wegfall auch die anfängliche oder nachträgliche Nichtigkeit (zB Anfechtung gem. §§ 2078, 2079) der Erbeinsetzung zu verstehen ist (vgl. OLG Oldenburg BeckRS 2019, 33752 Rn. 33). Dabei ist es gleichgültig, ob dieses Ereignis vor (zB Tod, Totgeburt des nasciturus, Zuwendungsverzicht, auflösende Bedingung) oder nach dem Erbfall (zB Ausschlagung, und zwar auch durch den Erbeserben (§ 1952), Erbunwürdigkeitserklärung, Nichterleben einer aufschiebenden Bedingung) eintritt. Stirbt der Erstberufene jedoch erst nach dem Erbfall, so ist für eine Ersatzerbenregelung kein Raum mehr, weil damit der Nachlass auf den eingesetzten Erben übergegangen ist, vorbehaltlich des Rechts zur Ausschlagung.

4 Auch wenn die Ersatzerbeneinsetzung ihrem Wesen nach eine durch den Wegfall des vorrangig Berufenen aufschiebend bedingte Erbeinsetzung ist, findet **§ 2074 keine Anwendung,** sodass der Ersatzberufene nur den Erbfall, nicht dagegen den Wegfall des vorrangig Berufenen (Ersatzerbfall) erleben muss. Fällt der berufene Erbe nach dem Tod des Erblassers weg (zB Erbschaftsausschlagung), so gelangt der Ersatzerbe selbst dann zur Erbfolge, wenn er zwar den Tod des Erblassers, nicht aber den Tag des Wegfalls erlebt hat; der dem Ersatzerben angefallene Nachlass bzw. Erbteil steht dann dessen Erben zur Verfügung.

5 Dem Erblasser steht es frei, die Ersatzerbeinsetzung auf einzelne oder mehrere von ihm bestimmte Wegfallgründe zu **beschränken,** etwa für den Fall des Vorversterbens oder der Ausschlagung. In diesem Falle handelt es sich allerdings um eine iSd § 2074 aufschiebend bedingte Ersatzberufung, sodass der Ersatzerbe sowohl den Erbfall als auch den Bedingungseintritt (Ersatz-

erbfall) erleben muss (BayObLG NJW 1960, 965; MüKoBGB/Rudy Rn. 5; aA Soergel/Loritz/Uffmann Rn. 9).

**3. Abgrenzung zur Nacherbschaft.** Während der Ersatzerbe mit dem Erbfall Rechtsnachfolger des Erblassers wird, erbt der Nacherbe erst, nachdem ein anderer bereits (Vor)Erbe war. In der Praxis bereitet die Abgrenzung der Ersatz- von der Nacherbschaft erhebliche Schwierigkeiten. Dies liegt vor allem daran, dass die Worte „Ersatzerbe" und „Nacherbe" im allgemeinen Sprachgebrauch oft synonym verwendet werden. Können Auslegungsschwierigkeiten nicht behoben werden, so löst § 2102 dieses Problem zugunsten der Ersatzerbeneinsetzung. 6

## II. Ersatzerbfall

**1. Eintritt.** Der Ersatzerbe tritt mit Wirkung auf den Zeitpunkt, zu dem der Erstberufene Erbe geworden wäre, an dessen Stelle. Der Erstberufene darf – anders als der Vorerbe im Falle einer Nacherbschaft – nie Erbe geworden sein. Ist der Erstberufene nach dem Erbfall weggefallen, wirkt dieser Grund jedoch auf diesen zurück (→ Rn. 2), so wird der Ersatzerbe so behandelt, als wäre er bereits zurzeit des Erbfalls Erbe geworden. 7

**2. Rechtsstellung.** Erst mit Eintritt des Erbfalls erlangt der Ersatzerbe ein Anwartschaftsrecht, während seine Rechtsposition bis dahin ungesichert ist (BayObLGZ 1960, 410; MüKoBGB/Rudy Rn. 10 mwN; aA OLG Hamm NJW 1970, 1606; Wübben, Anwartschaftsrechte im Erbrecht, 2001, 335 f.). Das Anwartschaftsrecht ist mangels abweichender Bestimmung vererblich und übertragbar. Dazu ist allerdings notwendig, dass der Ersatzerbe den Erblasser überlebt. Erlebt er den Erbfall, so braucht er einen etwa erst danach eintretenden Wegfall des Erstberufenen nicht mehr zu erleben. Der Erblasser kann allerdings durch Anordnung einer echten Bedingung iSd § 2074 oder durch mehrfache Ersatzerbenberufung etwas anderes bestimmen. Der Ersatzerbe tritt in alle Rechte und Pflichten des weggefallenen Erstberufenen aus der Erbschaft ein, also auch in die Pflicht zur Ausgleichung (§ 2050 Abs. 2) oder zur Erfüllung von Vermächtnissen und Auflagen (vgl. §§ 2161, 2192). Der Voraus (§ 1932) steht wegen seines höchstpersönlichen Charakters regelmäßig nicht dem Ersatzerben zu (MüKoBGB/Rudy Rn. 11, diff. Staudinger/Otte, 2019, Rn. 11). Ob dem Ersatzerben auch ein dem Erstberufenen zugewendetes Vorausvermächtnis zusteht, hängt allein vom Erblasserwillen ab (vgl. OLG Kiel OLGE 34, 283). Wegen der Besonderheiten bei der Ersatznacherbschaft → § 2102 Rn. 6. 8

### § 2097 Auslegungsregel bei Ersatzerben

**Ist jemand für den Fall, dass der zunächst berufene Erbe nicht Erbe sein kann, oder für den Fall, dass er nicht Erbe sein will, als Ersatzerbe eingesetzt, so ist im Zweifel anzunehmen, dass er für beide Fälle eingesetzt ist.**

## Überblick

Diese Auslegungsregel greift ein, wenn bei der Ersatzerbeneinsetzung als Grund für den Wegfall entweder nur der Tod des Erstberufenen oder allein die Ausschlagung angegeben worden ist und erstreckt sie auf beide Tatbestände.

## I. Erstreckung auf alle Wegfallgründe

Diese Auslegungsregel erfasst den seltenen Fall, dass sich der Erblasser lediglich im Ausdruck vergriffen hat, indem er bei der Ersatzerbeneinsetzung als Grund für den Wegfall entweder nur den Tod des Erstberufenen („nicht Erbe sein kann") oder allein die Ausschlagung („nicht Erbe sein will") aufgeführt hat (vgl. RGZ 113, 45 (50); BayObLG FamRZ 1989, 666; OLG Düsseldorf DNotZ 1974, 367; OLG Dresden ZBlFG 17, 302). Hat der Erblasser nicht ausdrücklich etwas anderes bestimmt und kann auch durch Auslegung kein abweichender Wille festgestellt werden, so erstreckt § 2097 den jeweils benannten Fall auch auf alle nicht erwähnten Gründe für den Wegfall (zB Erbunwürdigkeit, Eintritt einer auflösenden Bedingung, Ausfall einer aufschiebenden Bedingung, Sittenwidrigkeit gem. § 138, Verstoß gegen ein Verbotsgesetz, Ausschlagung). Auch wenn die Ersatzerbeneinsetzung ihrem Wesen nach eine durch den Wegfall des vorrangig Berufenen aufschiebend bedingte Erbeinsetzung ist, findet **§ 2074 keine Anwendung,** sodass der Ersatz- 1 berufene nur den Erbfall, nicht dagegen den Zeitpunkt des (späteren) Wegfalls erleben muss (→ § 2096 Rn. 4 f.). Dies bedeutet, dass der Ersatzberufene auch dann Erbe wird, wenn er beim Erbfall noch lebt, aber vor der Erbschaftsausschlagung usw stirbt; in diesem Fall erhalten die Erben des Ersatzerben den Nachlass bzw. Erbteil des verstorbenen Ersatzerben. Die Auslegungsregel des § 2097 ist gem. § 2190 auf Vermächtnisse entspr. anwendbar.

2 In einem gemeinschaftlichen Testament bzw. in einem Erbvertrag kann diese Rechtsfolge dieser Auslegungsregel **wechselbezügliche bzw. vertragsmäßige Bindungswirkung** aufgrund der Vermutung des § 2270 Abs. 2 haben. Die höchstrichterliche Rspr. zur Unanwendbarkeit dieser Auslegungsregel bei Ersatzberufung auf der Grundlage des § 2069 (→ § 2069 Rn. 5) ist auf § 2097 nicht übertragbar, weil die Erblasser in diesem Fall eine Verfügung getroffen haben, wenn auch eine nicht alle Fallgestaltungen erfassende (Keim ZEV 2002, 437 (438)). Die Auslegungsregel des § 2097 führt deshalb regelmäßig zur Bindung des überlebenden Erblassers, wenn ein Änderungsvorbehalt fehlt.

## II. Ausschluss der Anwendbarkeit

3 Der Erblasser kann die Ersatzberufung auch auf einzelne Wegfallgründe beschränken (→ § 2096 Rn. 3 und → § 2096 Rn. 5) oder die Anwendbarkeit dieser Auslegungsregel völlig ausschließen. Im Wege der ergänzenden Auslegung wird man dabei immer dann einen Ausschluss der Ersatzerbfolgeregelung gem. § 2097 anzunehmen haben, wenn in Folge der Ausschlagung des zunächst berufenen Nacherben die Erbschaft auf Grund der Auslegungsregel des § 2069 an dessen Abkömmlinge fällt, weil sonst dieser Familienstamm sowohl den Pflichtteil als auch den Erbteil erhalten würde (BGH NJW 1960, 1899; BayObLG ZEV 2000, 274 (275 f.); OLG Stuttgart Rpfleger 1982, 106; OLG Frankfurt Rpfleger 1970, 391; OLG Zweibrücken OLGZ 1984, 3).

# § 2098 Wechselseitige Einsetzung als Ersatzerben

**(1) Sind die Erben gegenseitig oder sind für einen von ihnen die übrigen als Ersatzerben eingesetzt, so ist im Zweifel anzunehmen, dass sie nach dem Verhältnis ihrer Erbteile als Ersatzerben eingesetzt sind.**

**(2) Sind die Erben gegenseitig als Ersatzerben eingesetzt, so gehen Erben, die auf einen gemeinschaftlichen Erbteil eingesetzt sind, im Zweifel als Ersatzerben für diesen Erbteil den anderen vor.**

## Überblick

Die Vorschrift ist eine Ergänzung zu § 2094. Im Falle des Abs. 1 treten die Miterben des weggefallenen Erben nicht zu gleichen Teilen, sondern im Verhältnis ihrer Erbteile an dessen Stelle (→ Rn. 2). Im Falle der Einsetzung auf einen gemeinschaftlichen Erbteil iSd § 2093 gilt das Gleiche, wenn einer von ihnen wegfällt und alle vom Erblasser gegenseitig zu Ersatzerben eingesetzt sind, allerdings nur im Verhältnis dieser Erbengruppe zueinander (→ Rn. 3).

## I. Voraussetzungen

1 Hat der Erblasser mehrere Ersatzerben nebeneinander eingesetzt, ohne jedoch die Bruchteile zu bestimmen, so erben sie bei Wegfall des zunächst berufenen Erben im Zweifel gem. § 2091 zu gleichen Teilen. Hiervon macht § 2098 eine Ausnahme für den Fall, dass zu Ersatzerben ausschließlich sämtliche Miterben des weggefallenen Erben bestimmt sind. Ein solcher Fall ist nach dem ausdrücklichen Wortlaut des Gesetzes auch gegeben, wenn der Erblasser die Erben „gegenseitig" zu Ersatzerben berufen hat. Diese Auslegungsregel greift auch dann ein, wenn der Erblasser nur bei einem Miterben alle anderen zu Ersatzerben eingesetzt hat. Für § 2098 ist jedoch kein Raum, wenn nicht sämtliche Miterben des weggefallenen Erben eingesetzt sind oder neben den ersatzweise berufenen Miterben noch mindestens ein Dritter an dessen Stelle treten soll. Ein abweichender Erblasserwille geht vor.

## II. Rechtsfolgen

2 Im Falle des Abs. 1 treten die Miterben des weggefallenen Erben nicht zu gleichen Teilen, sondern **im Verhältnis ihrer Erbteile** an dessen Stelle. Hat der Erblasser beispielsweise A zu 1/

2, B zu 1/4 und C und D zu je 1/8 eingesetzt, so erhalten, wenn A wegfällt, von dessen 1/2-Bruchteilsanteil B 2/4 und C und D je 1/4, sodass zusammen mit ihren ureigenen Erbteilen B 1/2 und C und D je 1/4 erben.

Sind die mehrere Erben auf einen **gemeinschaftlichen Erbteil** iSd § 2093 eingesetzt, so gilt das Gleiche, wenn einer von ihnen wegfällt und alle vom Erblasser gegenseitig zu Ersatzerben eingesetzt sind (Abs. 2), allerdings nur im Verhältnis dieser Erbengruppe zueinander. In beiden Fällen führt diese Auslegungsregel zum gleichen rechnerischen Ergebnis wie die Anwachsung gem. § 2094. Im Gegensatz zur Anwachsung entstehen jedoch keine einheitlichen Erbteile. Der eigene und der ersatzweise zugefallene Erbteil bleiben rechtlich selbstständig, was vor allem für § 2007 von Bedeutung ist. Eine getrennte Annahme oder Ausschlagung ist jedoch trotzdem nur unter den Voraussetzungen des § 1951 zulässig. 3

## § 2099 Ersatzerbe und Anwachsung

**Das Recht des Ersatzerben geht dem Anwachsungsrecht vor.**

### Überblick

Die Anwachsung ist gegenüber der Einsetzung von Ersatzerben subsidiär. Diese Rechtsfolge ist aber entgegen einer der missverständlichen Formulierung des Gesetzes keineswegs zwingend. Der Ersatzerbfolge gebührt selbst dann der Vorrang, wenn diese nicht Folge einer Verfügung des Erblassers sondern einer gesetzlichen Auslegungs- oder Ergänzungsregel ist (→ Rn. 2).

### I. Subsidiarität der Anwachsung

Diese Vorschrift räumt der Berufung von Ersatzerben den Vorrang vor der Anwachsung iSd § 2094 ein. Die Anwachsung ist gegenüber der Einsetzung von Ersatzerben subsidiär (vgl. Wacke DNotZ 1990, 403 (416)). Mit der Einsetzung von Ersatzerben schließt der Erblasser deshalb zwangsläufig insoweit die Anwachsung gem. § 2094 Abs. 3 aus. Diese Rechtsfolge ist aber entgegen einer verbreiteten, aber missverständlichen Formulierung keineswegs zwingend (vgl. MüKoBGB/Rudy Rn. 1; NK-BGB/Krafka Rn. 1; Damrau/Stehlin Rn. 1; Schopp MDR 1978, 10 (12)). Dem Erblasser ist es nämlich auf Grund seiner Testierfreiheit sehr wohl möglich, durch eine ausdrückliche Regelung die Anwachsung auf bestimmte Fälle zu beschränken und iÜ Ersatzerbfolge anzuordnen (zB „Stirbt meine Tochter, so wächst deren Erbteil meinem Sohn an. Lebt auch dieser nicht mehr, so erben die Kinder meiner Tochter zu gleichen Teilen“). Die Anwachsung ist noch nicht einmal die kategorische Folge des völligen Fehlens einer Ersatzerbschaft, weil der Erblasser die Anwachsung ausschließen und zugleich auf die Einsetzung von Ersatzerben verzichten kann, was allerdings die gesetzliche Erbfolge in den frei gewordenen Erbteil bewirkt. Nur in dem seltenen Fall, dass der Erblasser für das gleiche Ereignis sowohl Ersatzerben bestimmt als auch die Anwachsung angeordnet hat, greift § 2099 korrigierend zu Gunsten der Ersatzerbeneinsetzung ein. Hat beispielsweise der Erblasser seine beiden Kinder zu Miterben eingesetzt und verfügt, dass beim Vorversterben eines von beiden dessen Erbteil an das andere Kind „und“ an die Abkömmlinge des Verstorbenen fallen soll, so führt diese Regel zur Ersatzerbfolge der Abkömmlinge des verstorbenen Miterben. Gleiches gilt, wenn der Erblasser beide Institute nicht kumulativ sondern alternativ („oder“) nebeneinander gestellt hat. 1

### II. Fehlen einer Ersatzerbfolgeregelung

Da die Anwachsung gegenüber der Ersatzerbfolge nur subsidiär ist, kommt sie nur zum Zuge, wenn der Erblasser keine Ersatzerben bestimmt hat oder alle von ihm eingesetzten weggefallen sind. Dabei reicht es aus, wenn die Lücke in einer Verfügung im Wege ergänzender Auslegung durch eine Ersatzerbfolgeregelung geschlossen werden kann (ausf. → § 2084 Rn. 48, → § 2084 Rn. 51). Der Ersatzerbfolge gebührt selbst dann der Vorrang, wenn diese nicht Folge einer Verfügung des Erblassers sondern einer gesetzlichen Auslegungs- oder Ergänzungsregel ist (zB §§ 2069, 2097). Treten auf Grund der Auslegungsregel des § 2069 die Abkömmlinge eines eingesetzten Erben an dessen Stellen, so ist für eine Anwachsung an Miterben deshalb kein Raum mehr (MüKoBGB/Rudy Rn. 1). Auch die Einsetzung von Nacherben verdrängt gem. § 2102 im Zweifel die Anwachsung. Hat der Erblasser für mehrere Miterben einen einzigen Ersatzerben bestimmt, so ist zu untersuchen, ob der Erblasser die Miterben zunächst gegenseitig zu Ersatzerben 2 berufen wollte, sodass der Ersatzerbe erst beim Wegfall des letzten berufenen Miterben zur Erbfolge gelangen soll, oder ob der Ersatzerbe bereits beim Wegfall eines Miterben sofort an dessen Stelle treten soll. In jedem Fall ist durch Auslegung vorrangig zu ermitteln, ob überhaupt eine Ersatzerbeinsetzung vorliegt (BayObLG FamRZ 1992, 355 (356); OLG Karlsruhe FamRZ 1993, 363 (364)).

# Titel 3. Einsetzung eines Nacherben

## § 2100 Nacherbe

**Der Erblasser kann einen Erben in der Weise einsetzen, dass dieser erst Erbe wird, nachdem zunächst ein anderer Erbe geworden ist (Nacherbe).**

### Überblick

Nacherbschaft ist das zeitliche Aufeinanderfolgen von mindestens zwei Personen als Erben des Erblassers. Die Beweggründe hierfür reichen von der Einflussnahme auf die Erbfolge nach dem Vorerben, insbesondere beim Geschiedenentestament (→ Rn. 6 ff.) über die Vermeidung von Pflichtteilsansprüchen, insbesondere bei Patchworkfamilien (→ Rn. 10) bis hin zur Versorgung oder Schutz des Vorerben, insbesondere beim Behindertentestament und Bedürftigentestament (→ Rn. 11 ff.). Nacherbfolge tritt nur ein, wenn der Erblasser mindestens zwei Personen in der Weise zu Erben einsetzt, dass der eine den Nachlass zeitlich nach dem anderen erhalten soll. Er kann auch mehrere Personen nebeneinander zu Mitnacherben einsetzen. Dieser Wille ist durch Auslegung zu ermitteln (→ Rn. 27 ff.). Die Nacherbeneinsetzung braucht sich nicht auf den gesamten Nachlass zu beziehen, sondern kann auf einen Erbteil oder den Bruchteil eines Erbteils beschränkt werden (→ Rn. 30 ff.). Die wirksame Einsetzung eines oder mehrerer Nacherben hat zwingend zur Folge, dass der Vorerbe den Nachlass bzw. Erbteil als Sondervermögen zu verwalten hat und nur eingeschränkt über hierzu gehörende Vermögensgegenstände verfügen kann, wobei der Erblasser weitgehende Befreiung von diesen Verboten anordnen kann (→ Rn. 34 ff.). Zulässig ist schließlich auch die Anordnung mehrfacher Nacherbfolgen nacheinander, so dass der Nacherbe seinerseits wieder durch die Einsetzung eines weiteren Nacherben beschwert ist (→ Rn. 39). Die Nacherbeneinsetzung ist einem Nießbrauchsvermächtnis in seiner Wirkung ähnlich und muss deshalb im Rahmen der Auslegung hiervon abgegrenzt werden (→ Rn. 40). Ein weiteres Abgrenzungsproblem folgt aus der Tatsache, dass im allgemeinen Sprachgebrauch nicht deutlich zwischen „Nacherbe" und „Ersatzerbe" unterschieden wird (→ Rn. 41). Der Vorerbe tritt zunächst mit dem Tod des Erblassers – wie ein Vollerbe – in alle dessen Rechte und Pflichten, soweit sie vererblich sind, ein. Mit dem Erbfall entsteht ein gesetzliches Schuldverhältnis mit den sich aus §§ 2110 ff. ergebenden Rechten und Pflichten (→ Rn. 44 ff.). Der Nacherbe kann sein Anwartschaftsrecht nur in dem Umfang übertragen und verpfänden (→ Rn. 51 ff.). Der Vorerbe verliert mit dem Eintritt des Nacherbfalls seine rechtliche Stellung als Erbe des Erblassers und alle Rechte und Pflichten gehen ipso jure auf den oder die eingesetzten Nacherben im Wege der Gesamtrechtsnachfolge über (→ Rn. 59).

### Übersicht

## I. Begriff der Nacherbschaft

Nacherbschaft ist das zeitliche Aufeinanderfolgen von mindestens zwei Personen als Erben des Erblassers, wobei der zunächst berufene Vorerbe zum Zwecke der Sicherung des Nacherben gewissen Beschränkungen in seiner Verwaltungs- und Verfügungsbefugnis unterliegt. Der Begriff ist damit durch **drei Elemente** geprägt: 1

- das Vorhandensein eines Nacherben,
- das den Wechsel der Erben auslösende Ereignis (Nacherbfall) und
- die Einschränkung der Verwaltungs- und Verfügungsbefugnisse des Vorerben.

Der **Nacherbe** ist eine Person, die zeitlich nach einem anderen, dem sog. Vorerben, Erbe des Erblassers wird. Der Nacherbe ist Erbe des Erblassers, nicht des Vorerben. Zwischen Vor- und Nacherben besteht daher keine Erbengemeinschaft (BGH NJW 1993, 1582). 2

Das Ereignis, mit dem das Erbrecht des Vorerben endet und das des Nacherben beginnt, bezeichnet man als **Nacherbfall.** Dieser muss zwingend zeitlich nach dem Erbfall, dh dem Tod des Erblassers, eintreten. Allerdings ist es möglich einen Nacherben zugleich als Ersatzerben anstelle des Vorerben einzusetzen (vgl. § 2102), sodass das vom Erblasser bestimmte Ereignis sowohl den Nach- als auch den Ersatzerbfall auslösen kann. Diese Gestaltungsmöglichkeit ändert jedoch nichts an dem unverzichtbaren Erfordernis, dass zwischen Erbfall und Nacherbfall mindestens eine logische Sekunde liegen muss. Selbst wenn der Nacherbfall mit dem Tod des Erblassers zusammenfällt, scheidet die Annahme einer Nacherbschaft aus, weil kein anderer zwischenzeitlich (Vor)Erbe geworden ist. Hat der Erblasser vergessen, den Nacherbfall zu regeln, so hilft die Ergänzungsregel des § 2106 weiter. 3

Schließlich gehört zum Begriff der Nacherbschaft, dass der Vorerbe bestimmten **Verwaltungs- und Verfügungsbeschränkungen** unterliegt. Deshalb schließt eine Anordnung des Erblassers, dass der Vorerbe völlig schrankenlos über den Nachlass verfügen kann, die Annahme einer Nacherbschaft aus (→ § 2136 Rn. 2). 4

Die Nacherbfolge tritt nur ein, wenn alle drei Elemente vom Willen des Erblassers getragen sind. Dabei ist es nicht erforderlich, dass er alle Einzelheiten in der Verfügung geregelt hat. Es genügt, wenn im Wege der Auslegung oder unter Zuhilfenahme der gesetzlichen Auslegungs- und Ergänzungsregeln in den § 2101 und §§ 2103–2107 festgestellt werden kann, dass er die Nacherbfolge will. Steht dieser Erblasserwille fest, so können einzelne der drei Elemente im Wege der erläuternden oder ergänzenden Auslegung ermittelt werden. Zur besonders problematischen Abgrenzung zwischen Trennungslösung (Vor- und Nacherbfolge), Einheitslösung und Nießbrauchsvermächtnis in gemeinschaftlichen Testamenten oder Ehegattenerbverträgen → § 2269 Rn. 6 ff. 5

## II. Beweggründe für die Nacherbschaft

**1. Einflussnahme auf die Erbfolge nach dem Vorerben. a) Allgemeines.** In diesen Fällen will der Erblasser Einfluss darauf nehmen, was mit seinem Nachlass beim Tod des Vorerben oder bei Eintritt eines anderen Ereignisses geschieht. Zu dieser Fallgruppe zählen insbes.: 6

1. **Wiederverheiratungsklauseln** (vgl. Simshäuser FamRZ 1972, 273; Haegele Rpfleger 1976, 73; Zawar DNotZ 1986, 515)
2. **Geschiedenentestamente** (→ Rn. 7) und
3. Testamente von Erblassern, die die **Nachfolge in Unternehmen** oder bei umfangreichem **Grundbesitz** auf lange Sicht selbst bestimmen wollen.

**b) Geschiedenentestament.** Die größte praktische Bedeutung innerhalb dieser Fallgruppe hat das „Geschiedenentestament", mit dem der Erblasser seinen früheren Ehe- oder Lebenspartner einer nichtehelichen Lebensgemeinschaft unter allen erdenklichen Umständen von der Teilhabe am eigenen Vermögen ausschließen will, also auch in dem seltenen Fall, dass das gemeinsame Kind nach dem Erbfall, aber vor dem ehemaligen Partner stirbt. Dabei besteht das zentrale Gestaltungsproblem darin, dem Kind das Recht vorzubehalten, sowohl durch lebzeitiges Rechtsgeschäft als auch durch Verfügung von Todes wegen den Nachlass zwischen seinem Ehepartner und den eigenen Abkömmlingen möglichst frei verteilen zu können. Die erbrechtliche Konstruktion muss in einem angemessenen Verhältnis zum verfolgten Ziel stehen, da die Wahrscheinlichkeit, dass das gemeinsame Kind vor den geschiedenen Eltern stirbt, nicht sehr hoch ist. Alle angebotenen Lösungen haben Stärken und Schwächen: 7

**aa) Erbschaftslösung.** Mit der Anordnung der Nacherbschaft kann der Erblasser selbst den weiteren Weg des Nachlasses nach dem Tod des gemeinsamen Kindes bestimmen: Der Vorerbe 8 kann ermächtigt werden, aus dem Kreis seiner gesetzlichen Erben frei auszuwählen, wer Erbe seines eigenen Nachlasses und damit zugleich auch Nacherbe werden soll. Dabei werden aber der andere Elternteil und dessen eigene Abkömmlinge als Nacherben ausgeschlossen. Nach hM ist diese Art der Nacherbeneinsetzung zwar kein Verstoß gegen das Selbstbestimmungsgebot des § 2065 (→ § 2065 Rn. 14, → § 2065 Rn. 21). Dies ist jedoch kein verlässlicher Schutz vor abweichenden Gerichtsentscheidungen (vgl. die knappen Ausführungen in OLG Frankfurt DNotZ 2001, 143 (144) mAnm Kanzleiter; dagegen auch Ivo DNotZ 2002, 260 (263 ff.)). Auch die Sicherung der lebzeitigen Verfügungsfreiheit des Vorerben bereitet dieser Konstruktion Probleme, weil dieser durch § 2136 Grenzen gezogen werden, die nur eingeschränkt erweitert werden können (ausf. Fohnmayer, Geschiedenentestament, 2004, 86 ff.; ausf. → § 2136 Rn. 2 ff.). Das eigentliche Ziel des „superbefreiten Vorerben" (Zawar DNotZ 1989, 116 (141)) wird mit dieser Lösung deshalb letztlich verfehlt.

9 **bb) Vermächtnislösung.** Soll das Kind zu seinen Lebzeiten keinerlei Beschränkungen unterworfen sein, so ist die Anordnung eines aufschiebend bedingten Universalvermächtnisses für den Fall, dass bei dessen Tod Nachlassgegenstände an den anderen Elternteil fallen, der befreiten Vorerbschaft deshalb vorzuziehen (zur Zulässigkeit Schnabel, Das Geschiedenentestament, 2000, 141 f.). Bei einem solchen Vermächtnis unterliegt das zum Erben eingesetzte Kind bei lebzeitigen Rechtsgeschäften weder den Schutzvorschriften der §§ 2113 ff. noch der Vorschrift des § 161. Wegen der geringeren gesetzlichen Regelungsdichte besteht allerdings erhöhter Gestaltungsbedarf (J. Mayer ZEV 2000, 1 (8)). Nach hM kann das Kind gem. § 2151 Abs. 2 auch ermächtigt werden, durch eigene Verfügung von Todes wegen den oder die Vermächtnisnehmer aus einem vorgegebenen Personenkreis selbst auszuwählen (Fohnmayer, Geschiedenentestament, 2004, 117 ff. mwN). Dabei wird jedoch übersehen, dass die Auswahlerklärung ein Rechtsgeschäft unter Lebenden ist, dem Begünstigten also vor dem Tod des Kindes zugehen muss (aA Schnabel, Das Geschiedenentestament, 2000, 156 ff.; Wagner ZEV 1997, 369 (370)). Das Bestimmungsrecht ist zudem nicht vererblich und erlischt mit dem Tod des Berechtigten (MüKoBGB/Rudy § 2151 Rn. 13). Deshalb muss der Erblasser die Vermächtnisnehmer selbst festlegen und kann die Auswahl nicht der letztwilligen Verfügung des Erben überlassen, sodass diese Lösung die Verfügungsfreiheit des Kindes in erbrechtlicher Hinsicht einschränkt (aA Hölscher ZEV 2009, 213 (217)).

10 **2. Vermeidung von Pflichtteilsansprüchen.** Bei dieser Fallgruppe würde der Erblasser eigentlich einen anderen, regelmäßig seinen Ehe- oder Lebenspartner, zum Vollerben einsetzen, wenn damit nicht notwendigerweise die Pflichtteilsansprüche von Personen, die bei dessen Tod pflichtteilsberechtigt sind (zB Kinder aus erster Ehe, Eltern), eine Erhöhung erfahren würden. Ordnet der Erblasser in derartigen Fällen Nacherbschaft an, so kommt es ihm zusätzlich darauf an, den vom Vorerben nicht aufgebrauchten Nachlass von ihm selbst ausgewählten Personen (zB eigene Kinder, Geschwister, Eltern) zukommen zu lassen. Ist es dem Erblasser jedoch gleichgültig, wer das Vermögen nach dem zunächst eingesetzten Erben erhält, kann auf die Anordnung von Nacherbschaft verzichtet werden. Da der Nachlass mit dem Eintritt des Nacherbfalls von selbst auf die Nacherben übergeht, können Personen, die nur nach dem Vorerben pflichtteilsberechtigt sind, hieraus keine eigenen Ansprüche herleiten.

11 **3. Versorgung oder Schutz des Vorerben. a) Allgemeines.** Die Anordnung der Nacherbschaft kann auch dem Ziel dienen, den Vorerben durch Zuwendung des Ertrags zu versorgen und zugleich die Substanz vor dem Zugriff Dritter (zB Gläubiger, Träger der Sozialhilfe) zu schützen (vgl. zum „Bedürftigentestament" bzw. „Verschuldetentestament" J. Mayer in Mayer/Bonefeld/Wälzholz/Weidlich, Testamentsvollstreckung, 2. Aufl. 2005, Rn. 610 ff.; Baltzer, Das Vor- und Nachvermächtnis in der Kautelarjurisprudenz, 2007, 182 ff.; ferner → Rn. 12 ff.). Zur schwierigen Abgrenzung vom Nießbrauchsvermächtnis → Rn. 30. Zu dieser Fallgruppe gehören auch Verfügungen, die in der Absicht der wohlwollenden Beschränkung zum Schutz des Vorerben vor Verschwendung usw errichtet werden (vgl. § 2338). Mit der Anordnung der Nacherbschaft kann der Vorerbe auch vor seinen eigenen Gläubigern geschützt werden (vgl. § 2115), vorausgesetzt, sie wird mit einer Testamentsvollstreckung verbunden (vgl. OLG Frankfurt NJW-RR 2001, 367 (368); Flik BWNotZ 1979, 53).

12 **b) Testament zugunsten Behinderter (Behindertentestament).** Hierher gehört schließlich auch das Testament von Eltern zugunsten behinderter Kinder (vgl. Settergren, Das „Behindertentestament" im Spannungsfeld zwischen Privatautonomie und sozialhilferechtlichem Nachrangprinzip, 1999, 49 ff.; Hartmann ZEV 2001, 89; van de Loo NJW 1990, 2852; Krampe AcP 191 (1991), 526; Bengel ZEV 1994, 29; krit. Eichenhofer JZ 1999, 226; Raiser MDR 1995, 237). Damit soll vermieden werden, dass der Träger der Sozialhilfe unter Hinweis auf den Erb- oder

Pflichtteil des Behinderten seine Leistungen auf Grund des in § 2 Abs. 1 SGB XII, § 9 SGB I normierten Grundsatzes der Nachrangigkeit der Sozialhilfe so lange einstellt, bis der Nachlass bzw. der Erb- oder Pflichtteil aufgebraucht ist. Die Eltern bewegen sich dabei im Spannungsfeld zwischen erbrechtlicher Testierfreiheit (Art. 14 Abs. 1 GG) und sozialhilferechtlichem Nachrangprinzip (§ 2 Abs. 1 SGB XII, § 9 SGB I): das Kind soll durch die Erbschaft dauerhaft versorgt werden, ohne dass der Sozialhilfeträger auf Substanz und Ertrag des Vermögens zugreifen kann.

Die Überleitung des **Rechts zur Ausschlagung** der Erbschaft (§ 2306) bzw. des Vermächtnisses 13 (§ 2307) gem. § 93 Abs. 1 SGB XII scheitert sowohl an der Höchstpersönlichkeit als auch an der Rechtsnatur als Gestaltungsrecht (BGH BeckRS 2011, 2577 mwN). Wegen der faktisch gleichen Wirkung kann der Sozialhilfeträger auch nicht seine Hilfeleistungen gem. § 26 Abs. 1 Nr. 1 SGB XII auf das zum Lebensunterhalt Unerlässliche beschränken, wenn der Behinderte bzw. dessen Betreuer es trotz Aufforderung unterlässt, die Erbschaft gem. §§ 2306, 2307 auszuschlagen und seinen Pflichtteil zu verlangen (vgl. VGH BW Justiz 1994, 100; dagegen Settergren, Das „Behindertentestament" im Spannungsfeld zwischen Privatautonomie und sozialhilferechtlichem Nachrangprinzip, 1999, 114 ff.; Nieder NJW 1994, 1264 (1266); Karpen MittRhNotK 1988, 131 (149)). Ob der Gesetzgeber berechtigt ist, eine derartige Einmischung in eine innerfamiliäre Entscheidung zu gestatten, muss im Hinblick auf die Erbrechtsgarantie des Art. 14 Abs. 1 GG (so auch R. Kössinger in Nieder/Kössinger Testamentsgestaltung-HdB § 21 Rn. 106; vgl. SächsOVG NJW 1997, 2898) und den Schutz der Familie gem. Art. 6 Abs. 1 GG bezweifelt werden (zweifelnd auch BGH NJW 1994, 248 (251); krit. zu diesem Argument dagegen van de Loo ZEV 2006, 473 (476)).

Mit Recht hat es der BGH abgelehnt, entsprechende Testamentsgestaltungen wegen **Sittenwidrigkeit (§ 138)** zu verwerfen, soweit deren Leitmotiv die Wahrung des Familienfriedens ist 14 und sich die den Sozialleistungsträger benachteiligende Wirkung als reiner Reflex darstellt (BGH BeckRS 2011, 2577; NJW 1990, 2055; 1994, 248 jeweils mwN). Der das Sozialleistungsrecht durchziehende Nachranggrundsatz der Hilfe wird schließlich an verschiedenen Stellen (§ 19 Abs. 3 SGB XII, §§ 92, 94 Abs. 2 SGB XII) vom Gesetzgeber selbst in so erheblichem Maße durchbrochen, dass eine Einschränkung der Privatautonomie allein deswegen nicht zu rechtfertigen ist. Mit einer **Erbteilsübertragung** wird der Schutzmechanismus, der durch die testamentarischen Regelungen geschaffen wurde, allerdings aufgehoben und die empfangene Gegenleistung stellt auch gegenüber dem Staat kein Schonvermögen mehr dar (LG Kassel BeckRS 2013, 19528).

**aa) Schutz der Vermögenssubstanz vor dem Zugriff. (1) Vermächtnislösung.** Bei ihr 15 wird die unerwünschte Erbengemeinschaft mit dem Längstlebenden bzw. den gesunden Abkömmlingen dadurch vermieden, dass der Behinderte an Stelle seines gesetzlichen Erbteils ein Vorvermächtnis erhält. Mit dem Tod des Behinderten erwerben die gesunden Abkömmlinge oder gemeinnützige Einrichtungen im Wege des Nachvermächtnisses den Anspruch gegen den Nachlass des Vorerben auf Auskehrung des noch vorhandenen Vermächtnisrestes (§ 2191) (Baltzer, Das Vor- und Nachvermächtnis in der Kautelarjurisprudenz, 2007, 172 ff., 214 ff.; Heinz-Grimm/Krampe/Pieroth, Testamente zugunsten von Menschen mit geistiger Behinderung, 3. Aufl. 1997, 21 f., 239 ff., 242 ff.; Spall MittBayNot 2001, 249; vgl. zur Gestaltung auch DNotI-Report 1999, 149; Hartmann ZEV 2001, 89 (91); Joussen NJW 2003, 1851 (1852 f.)). Anstelle dieser „klassischen" Vorvermächtnislösung kommen selbstverständlich auch einfache Vermächtnisse von Wohn- oder lebenslangen Rentenrechten zu Gunsten des Behinderten bzw. Bedürftigen als im Einzelfall angemessene Problemlösung in Betracht, soweit ihr Wert nicht hinter dem Pflichtteil zurückbleibt.

Bei einer gemeinschaftlichen Verfügung der Eltern setzen sich diese wie beim Berliner Modell 16 (§ 2269) gegenseitig zu unbeschränkten Vollerben ein, jedoch belastet mit einem derartigen Vorvermächtnis. Haben sie außer dem Behinderten keine weiteren Abkömmlinge, so wird dieser vom Längstlebenden zum Schlusserben eingesetzt, jedoch nur als nicht befreiter Vorerbe, sodass der Nachlass mit dem Tod des Vorerben ungeschmälert auf eine oder mehrere gemeinnützige Einrichtungen übergeht. S. zu den landesrechtlichen Zuwendungsverboten an den Träger des Heims, in dem der Behinderte wohnt, → Rn. 18.

Da das Nachvermächtnis nur einen schuldrechtlichen Anspruch auf Herausgabe des Vermächt- 17 nisgegenstands gegen den Nachlass des Vorvermächtnisnehmers begründet, besteht die Gefahr, dass der Träger der Sozialhilfe als Gläubiger am Nachlass des Behinderten den nachrangigen Herausgabeanspruch des Nachvermächtnisnehmers vereitelt, und zwar entweder gem. § 102 SGB XII bzw. § 35 SGB II oder gem. § 327 Abs. 1 Nr. 2 InsO (zur Rechtslage vor dem Inkrafttreten der Eingliederungshilfe-Reform am 1.1.2020: Damrau ZEV 1998, 1 (2 f.); krit. dazu DNotI-Report 1999, 149; aA Baltzer, Das Vor- und Nachvermächtnis in der Kautelarjurisprudenz, 2007, 90 ff.; Hartmann ZEV 2001, 89 (91 ff.); Dillmann RNotZ 2002, 1 (3) rät zur Vorsicht; ausf. zur

Rechtslage ab dem 1.1.2020 Schneider ZEV 2019, 453 (456)). Nach hM scheidet der **Zugriff des Sozialleistungsträgers** allerdings bereits deshalb aus, weil das Nachvermächtnis nicht vom Vorvermächtnisnehmer angeordnet wurde, sondern vom ursprünglichen Erblasser, also das Vorvermächtnis von Anfang an mit dem aufschiebend befristeten Herausgabeanspruch zugunsten der Nachvermächtnisnehmer belastet gewesen ist (Baltzer, Das Vor- und Nachvermächtnis in der Kautelarjurisprudenz, 2007, 95 ff.; Joussen NJW 2003, 1851 (1852 f.); Karpen MittRhNotK 1988, 131 (138)). Ist Vermächtnisvollstreckung (→ Rn. 13) zum Zwecke der Erfüllung dieses Nachvermächtnisses angeordnet (§ 2223), scheidet ein Zugriff gem. § 2214 ohnehin aus (Hartmann ZEV 2001, 89 (92)). Umstritten ist jedoch, ob dieser Schutz nicht mit dem Tod des Behinderten entfällt (so Damrau ZEV 1998, 1; Damrau/J. Mayer ZEV 2001, 293 (294); aA Hartmann ZEV 2001, 89 (92)). Offen und ebenso wenig entschieden ist außerdem, ob der Nachvermächtnisnehmer in **Analogie zu § 2385 Abs. 1, § 2382** nicht für die Schulden des Vorvermächtnisnehmers haftet, weil es sich um ein Universalvermächtnis handelt (Settergren, Das „Behindertentestament" im Spannungsfeld zwischen Privatautonomie und sozialhilferechtlichem Nachrangprinzip, 1999, 41; Joussen NJW 2003, 1851 (1852 f.); aA Baltzer, Das Vor- und Nachvermächtnis in der Kautelarjurisprudenz, 2007, 104 ff.; Hartmann ZEV 2001, 89 (93 f.)). Nicht zu unterschätzen ist die Gefahr von **Rechtsprechungs- und/oder Gesetzesänderungen,** weil die Frage, ob der Sozialleistungsträger Zugriff auf den Nachlass hat, erst beim Tod des Behinderten entschieden wird, nicht aber bereits beim Tod des längstlebenden Elternteils. Zur Überleitbarkeit des Ausschlagungsrechts → Rn. 13.

18 **(2) Erbschaftslösungen.** Bei ihnen wird der Behinderte zum Vorerben und der Längstlebende bzw. die gesunden Geschwister bzw. deren Abkömmlinge oder, wenn solche nicht vorhanden sind, eine oder mehrere gemeinnützige Einrichtungen zu Nacherben eingesetzt. Eine Befreiung von den gesetzlichen Beschränkungen (befreite Vorerbschaft) scheidet dabei wegen der sonst drohenden Haftung für eigene Verbindlichkeiten des behinderten Vorerben gem. § 2115 aus. Bei der Einsetzung des Heimträgers, in dessen Einrichtung der Behinderte wohnt, zum Nacherben sind die gesetzlichen Zuwendungsverbote der landesrechtlichen Heimgesetze (zB § 7 WTG NRW) zu beachten. Das Testament, mit dem der Heimträger zum Nacherben eingesetzt wird und von dem dieser erst nach dem Tode des Erblassers erfährt („stilles Testament"), ist dagegen auch nach diesen Vorschriften nicht nach § 134 unwirksam (vgl. BGH BeckRS 2011, 26790 Rn. 16 ff. zu § 14 HeimG). Grziwotz schlägt dagegen unter dem Schlagwort „umgekehrte Vermächtnislösung", obwohl es sich in Wahrheit um die strengste Form einer Erbschaftslösung handelt, vor, den Behinderten zum alleinigen, nicht befreiten Vorerben und die gesunden Kinder bzw. gemeinnützige Einrichtungen zu Nacherben einzusetzen (Grziwotz ZEV 2002, 409; NotBZ 2006, 149 (154 f.)). Er unterschätzt dabei jedoch Aufwand und Kosten der Vermächtniserfüllung, die im Wege der Singularsukzession zu erfolgen hat, vor allem bei großen Nachlässen (Grziwotz NotBZ 2006, 149 (155) Fn. 44 übersieht den Zeitaufwand und die Umstände, die bei Unternehmen oder Konten bei verschiedenen Banken unvermeidlich sind; dagegen zutr. G. Müller in LHFM NotarHdB Teil 4 Rn. 487). Der behinderte Erbe bzw. dessen Betreuer kann – unabhängig von der Erbteilsgröße – gem. § 2306 Abs. 1 zwischen der Annahme der Vorerbschaft einerseits und dem Pflichtteil frei wählen. Deshalb kommt es darauf an, den Behinderten durch die Testamentsgestaltung wirtschaftlich besser zu stellen, als er bei Einforderung des Pflichtteils stehen würde.

19 Bei der schwierigen Gestaltung **gemeinschaftlicher Verfügungen von Eltern** zugunsten behinderter Kinder kommt das **Berliner Modell** (§ 2269) als sichere Gestaltung nur in Frage, wenn die Behinderung die Geschäftsfähigkeit nicht ausschließt und das kranke Kind vor dem ersten Erbfall auf sein gesetzliches Pflichtteil verzichtet (BGH BeckRS 2011, 2577). Ist das Kind dagegen geschäftsunfähig, scheidet diese Gestaltungsform aus, weil es dann im nicht vorhersehbaren Ermessen des Sozialleistungsträgers steht, ob er gem. § 93 SGB XII den beim ersten Erbfall entstehenden Pflichtteil (§ 2303) des Behinderten auf sich überleitet oder nicht (BGH ZEV 2006, 76; DNotZ 2005, 296 (297); OLG Karlsruhe ZEV 2004, 26 (27); Spall ZEV 2004, 28; Spall MittBayNot 2003, 356 (358 ff.); van de Loo ZEV 2006, 473 (476 f.); aA OLG Frankfurt ZEV 2004, 24 m. abl. Anm. Spall; vgl. auch LG Konstanz MittBayNot 2003, 398). Diese Ermessensentscheidung kann nicht von den ordentlichen Gerichten überprüft werden. Gegen die Überleitung durch die Behörde sprechen dabei die Gefahr, dass der Erbe, insbes. der längerlebende Elternteil, andernfalls seine freiwilligen materiellen oder persönlichen Fürsorgeleistungen einstellt (BVerwGE 34, 219 (224)), oder der Verlust des Schlusserbteils infolge einer Pflichtteilssanktionsklausel (BGH ZEV 2006, 76 (77); DNotZ 2005, 296). Eine solche Klausel gilt auch bei Überleitung und Geltendmachung durch den Träger der Sozialhilfe (OLG Hamm BeckRS 2013, 5749). Von dieser

Gestaltungsvariante ist daher abzuraten, wenn der Schutz des behinderten Erben vor dem Zugriff des Sozialhilfeträgers im Vordergrund steht (Litzenburger RNotZ 2005, 162 (164 f.)).

20 Überwiegend wird die **Einsetzung des Behinderten zum nicht befreiten Mitvorerben** empfohlen, und zwar sowohl neben dem Längstlebenden beim Tod des zuerst versterbenden Elternteils als auch neben den gesunden Abkömmlingen beim Tod des Längerlebenden (v. Dickhuth-Harrach, HdB der Erbfolgegestaltung, 2011, 1472 ff.). Dies führt aber zu generell unerwünschten Erbengemeinschaften zwischen längerlebendem Elternteil und behindertem Kind. Die damit verbundenen Probleme, insbes. die gesamthänderische Bindung sowie die Einschränkung der Verfügungsfreiheit, lassen sich mit Teilungsanordnungen und Vermächtnissen nur schwer lösen (aA Hartmann ZEV 2001, 89 (96)). Weiterer Nachteil ist, dass der längerlebende Elternteil nicht sicher sein kann, zugleich Betreuer und Verwaltungstestamentsvollstrecker sein zu können, ohne von einem familienfremden Ergänzungsbetreuer wegen der Führung der Testamentsvollstreckung kontrolliert zu werden (vgl. OLG Nürnberg ZEV 2002, 158 mAnm Schlüter; OLG Hamm MittBayNot 1994, 53 m. abl. Anm. Reimann; BayObLG Rpfleger 1977, 440; LG Frankfurt a. M. Rpfleger 1990, 207 mAnm Meyer-Stolte; Soergel/Najdecki § 2215 Rn. 7; aA OLG Zweibrücken BeckRS 2007, 819; Damrau ZEV 1994, 1 f.; Kirchner MittBayNot 1997, 203 (205); Kirchner MittBayNot 2002, 368 (369); MüKoBGB/Zimmermann § 2215 Rn. 9). Besteht das Vermögen der Eltern des behinderten Kindes überwiegend aus einer selbstgenutzten Immobilie mit einem hohen Wert und ist das Kind in einer Behinderteneinrichtung untergebracht, so muss im Hinblick auf die Steuerfreiheit für eigengenutzte Immobilien gem. § 13 Nr. 4b ErbStG im Wege der Teilungsanordnung bestimmt werden, dass das Eigentum hieran dem überlebenden Elternteil zusteht, während das behinderte Kind aus dem Nachlass einen Wertausgleich erhält; andernfalls entfällt die sachliche Steuerbefreiung, soweit der Behinderte daran mit seinem Erbteil beteiligt ist.

21 Bei einer gemeinschaftlichen Verfügung von Eltern zugunsten behinderter Kinder lassen sich die aufgezeigten Nachteile der beiden anderen Lösungen (→ Rn. 19, → Rn. 20) durch eine Erbfolgegestaltung auf der Basis des **Trennungsmodells** (→ § 2269 Rn. 2) weitgehend vermeiden, ohne dass deshalb die Gefahr des Zugriffs des Trägers der Sozialhilfe auf Vermögenssubstanz oder -ertrag erhöht wird (Formulierungsvorschlag bei Litzenburger RNotZ 2004, 138 (146 f.); abl. Kornexl, Nachlassplanung bei Problemkindern, 2006, Rn. 291: nur Alternative zur Enterbungslösung in besonders gelagerten Fällen; Ivo ZErb 2004, 174 (176) Fn. 28: sittenwidrig, aber ohne Begr.). Setzen sich die Eltern gegenseitig zu befreiten Vorerben und die Kinder – darunter den Behinderten – zum Nacherben ein, so kann der Behinderte oder dessen Betreuer bei einer über dem gesetzlichen Erbteil liegenden Nacherbschaft gem. § 2306 Abs. 2 wählen, ob er den Geldpflichtteil oder den Nachlassanteil will. In dieser Beziehung unterscheidet sich dieses Modell nicht von dem klassischen Vorschlag (s. vorhergehender Spiegelstrich). Die Ausschlagung muss innerhalb von drei Jahren ab Kenntnis vom Erbfall erfolgen, da andernfalls der Pflichtteil verjährt. Dieses Ausschlagungsrecht kann der Träger der Sozialhilfe ebenso wenig gem. § 93 SGB XII auf sich überleiten wie das gem. § 2306 Abs. 1 S. 2 (→ Rn. 9). Die Verfügungsfreiheit des Längstlebenden kann durch Übertragungs- und/oder Verfügungsvorbehalte (→ § 2136 Rn. 3) derjenigen beim Berliner Modell (§ 2269) angenähert werden. Zu große Freiheiten sind aber zu vermeiden, weil andernfalls der Betreuer zur Ausschlagung, zu der er allerdings gem. § 1822 Nr. 2, § 1908i Abs. 1 S. 1 der gerichtlichen Genehmigung bedarf, berechtigt sein kann (vgl. Ivo ZErb 2004, 174 (176) Fn. 28). Das finanzielle Interesse des Trägers der Sozialhilfe ist dabei jedoch bedeutungslos (vgl. BGH DNotZ 2005, 296 (297); anders dagegen bei der Ausschlagung eines unbeschwerten Erbteils OLG Stuttgart NJW 2001, 3484). In aller Regel ist die Ausschlagung für den Behinderten aber nachteiliger als eine richtig gestaltete Nacherbschaft. Der Behinderte ist wie bei allen anderen Erbschaftslösungen Nacherbe und zugleich nicht befreiter Vorerbe (sog. mehrfache Nacherbfolge, → Rn. 29).

22 **bb) Schutz des Ertrags durch Verwaltungstestamentsvollstreckung.** Die Anordnung der nicht befreiten Vorerbschaft oder des Vorvermächtnisses für den Behinderten ist jedoch nutzlos, wenn nicht außer der Substanz auch der Ertrag in den vom Erb- und Sozialhilferecht gezogenen Grenzen dem Zugriff des Trägers der Sozialhilfe vorenthalten wird. Die entsprechenden Anordnungen sind ebenso wenig sittenwidrig wie die Einsetzung des Behinderten zum nicht befreiten Vorerben (BSG BeckRS 2015, 67245; OVG Saarl NotBZ 2006, 330 (331)). Der Betreuer des Behinderten hat allerdings wegen der zu befürchtenden Interessenkollision keinen Anspruch darauf, auch zum Testamentsvollstrecker ernannt zu werden (vgl. OLG München BeckRS 2007, 6544 mAnm Litzenburger FD-ErbR 2007, 225307). Der Zugriff des behinderten Kindes auf den Ertrag kann durch diese Anordnung allerdings nur eingeschränkt (§ 2216 Abs. 2 S. 1), nicht aber vollständig ausgeschlossen werden (§ 2220):

1. Die Auskehrung des Ertrags kann gem. § 2216 nicht dem freien **Ermessen** des Testamentsvollstreckers vorbehalten werden (Settergren, Das „Behindertentestament" im Spannungsfeld zwischen Privatautonomie und sozialhilferechtlichem Nachrangprinzip, 1999, 200; DNotI-Report 1996, 48 (49)).
2. Zulässig und empfehlenswert ist eine Anordnung, wonach der Ertrag nicht zur Zahlung einer **Betreuervergütung** verwendet werden darf (BGH BeckRS 2017, 103144; 2013, 6899).KV .KVAKV
3. Zulässig ist es auch, den Anspruch auf **Naturalleistungen** zu beschränken und dem Testamentsvollstrecker die Befugnis einzuräumen darüber zu entscheiden, in welcher Form diese konkret erfolgen (Settergren, Das „Behindertentestament" im Spannungsfeld zwischen Privatautonomie und sozialhilferechtlichem Nachrangprinzip, 1999, 194 mwN).
4. Umstritten ist, ob nicht aufgebrauchte Erträge dem Vorerben überhaupt vorenthalten werden können (so Krampe AcP 191 (1991), 527 (544 ff.); ähnlich Nieder NJW 1994, 1264 (1265); Settergren, Das „Behindertentestament" im Spannungsfeld zwischen Privatautonomie und sozialhilferechtlichem Nachrangprinzip, 1999, 193 ff.), wenn und soweit der Behinderte ohne die Erträge seinen Unterhalt nicht bestreiten kann. Nach einer neuen höchstrichterlichen Entscheidung ist der Testamentsvollstrecker jedoch grds. befugt, **Erträge zu thesaurieren** und muss nur Nutzungen, die der Erbe zur Bestreitung seines angemessenen Unterhalts oder zur Begleichung fälliger Steuerschulden benötigt, an diesen herausgeben (BGH BeckRS 2019, 27746). Ungeklärt ist ferner, ob das Nachlassgericht mit dieser Begründung einschränkende Anordnungen des Erblassers gem. § 2216 Abs. 2 S. 2 aufheben kann (so Otte JZ 1990, 1027 (1028)). Überwiegend wird dem mit Recht entgegen gehalten, dass nach § 2216 Abs. 1 S. 1 den Anordnungen des Erblassers der Vorrang gebührt, und zwar sowohl gegenüber dem Gebot der ordnungsgemäßen Verwaltung iSd § 2216 Abs. 1 als auch gegenüber der Aufhebungskompetenz des Nachlassgerichts (§ 2216 Abs. 2 S. 2; → § 2216 Rn. 40) (Eichenhofer JZ 1999, 226 (229 f.); R. Kössinger in Nieder/Kössinger Testamentsgestaltung-HdB § 21 Rn. 107; Joussen ZErb 2003, 134 (135 f.); DNotI-Report 1996, 48 (52); vgl. dazu BGH BeckRS 2019, 27746). Die Bildung einer Rücklage (R. Kössinger in Nieder/Kössinger Testamentsgestaltung-HdB § 21 Rn. 107) löst das Problem nicht wirklich, weil dann die beim Tod des behinderten Vorerben noch vorhandene Rücklage nicht mit der Nacherbschaftssubstanz auf die Nacherben übergeht, sondern in den Nachlass des Vorerben fällt, wo sie dem Zugriff des Sozialhifeträgers ausgesetzt ist. Empfehlenswerter erscheint es demgegenüber, bis zur höchstrichterlichen Klärung dieser zentralen Frage den Nacherbfall mit einer Gerichtsentscheidung eintreten zu lassen, die den Anspruch des Behinderten auf den Ertrag feststellt (vgl. van de Loo MittRhNotK 1989, 233 (251) aE).
5. Ein Behindertentestament ist nicht allein deshalb gem. § 138 Abs. 1 sittenwidrig, weil in der letztwilligen Verfügung **konkrete Verwaltungsanweisungen,** aus denen sich ergibt, in welchem Umfang und zu welchen Zwecken der Betroffene Vorteile aus dem Nachlass erhalten soll, an den Testamentsvollstrecker **fehlen,** weil dann die in § 2216 enthaltenen gesetzlichen Regelungen gelten (BGH BeckRS 2019, 27746).

23 **c) Testament zugunsten von Arbeitsunfähigen oder Langzeitarbeitslosen (Bedürftigentestament).** Die gleichen zivil- und sozialrechtlichen Probleme wie bei einem Behindertentestament (→ Rn. 12 ff.) stellen sich, wenn potentielle Erben zwar nicht krank, aber aus anderen Gründen für einen mehr oder weniger absehbaren Zeitraum auf Sozialhilfe oder Arbeitslosengeld II („Hartz-IV-Empfänger") angewiesen sind („Bedürftigkeit" iSd § 9 SGB II bzw. § 9 Abs. 1 SGB XII). Bei einem Berliner Testament (§ 2269) ist der den Schlusserben beim ersten Erbfall kraft Gesetzes zustehende Pflichtteil (§ 2303 Abs. 1) verwertbares Vermögen iSd § 12 Abs. 1, 3 S. 1 Nr. 6 SGB II, wenn dieser Anspruch vom Erben aus dem vorhandenen Barvermögen bezahlt werden kann oder diesem nach Bezahlung ein Nachlass verbleibt, der die Belastungsgrenze nach § 9 Abs. 5 SGB II übersteigt (vgl. BSG BeckRS 2010, 72315; Litzenburger FD-ErbR 2010, 308332 m. Gestaltungsvorschlag).

24 Ebenso wenig wie das Behindertentestament ist das Bedürftigentestament **sittenwidrig** (BGH BeckRS 2011, 2577; BSG BeckRS 2015, 67245 mAnm Litzenburger FD-ErbR 2015, 372338; OLG Köln BeckRS 2010, 1139; Keim ZEV 2010, 56; zweifelnd MüKoBGB/Leipold Vor § 2064 Rn. 24). Auch der generelle Verzicht des Bedürftigen auf sein Pflichtteil, der dem Sozialleistungsträger den Zugriff verwehrt, ist nicht allein deshalb sittenwidrig (BGH BeckRS 2011, 2577).

25 Während eine Behinderung in aller Regel lebenslange Abhängigkeit von Sozialleistungen bedeutet, ist der Anspruch auf Grundsicherung für Arbeitsuchende in den meisten Fällen nur **vorübergehender Natur.** Spätestens mit dem Eintritt in das Rentenalter und dem Bezug der

Altersrente machen die Beschränkungen durch nicht befreite Vorerbschaft verbunden mit Verwaltungstestamentsvollstreckung keinen Sinn mehr. Deshalb muss beim Bedürftigentestament Vorsorge für den Wegfall der Abhängigkeit von Sozialhilfe bzw. Arbeitslosengeld II getroffen werden. Es lassen sich Anfechtungs-, Bedingungs- und Befreiungslösungen unterscheiden: bei der Befreiungslösung kann der Sozialleistungsempfänger nach dem Wegfall des Anspruchs auf Sozialhilfe bzw. Arbeitslosengeld II nur erreichen, dass er als Vorerbe nicht mehr sämtlichen gesetzlichen Beschränkungen unterliegt, also befreiter Vorerbe wird, während die Anfechtungs- und die Bedingungslösung darauf gerichtet sind, dem Erben dann die uneingeschränkte Vollerbenstellung zu verschaffen (zur Befreiungslösung Litzenburger ZEV 2009, 278 (280 f.); zur Anfechtungslösung Limmer ZEV 2004, 133 (140); Everts ZErb 2005, 353 (356 f.); zur Bedingungslösung Langenfeld, Testamentsgestaltung, 3. Aufl. 2002, Rn. 433).

Die auch beim Bedürftigentestament zwingend erforderliche Dauertestamentsvollstreckung (→ 26 Rn. 22) mit ihrer bevormundenden Wirkung bereitet – anders als beim Testament zugunsten eines geschäftsunfähigen behinderten Menschen – ein ganz erhebliches Vermittlungsproblem. Dem Vorerben kann allerdings das Recht eingeräumt werden, die Person des Testamentsvollstreckers selbst auszuwählen, und zwar durch einen für das Nachlassgericht bindenden Vorschlag eines Ersatztestamentsvollstreckers **(konstruktives Abberufungsverlangen);** in Verbindung mit der Befreiungslösung (→ Rn. 25) kann der Sozialleistungsempfänger sich sogar gänzlich von der Beschwerung durch die Testamentsvollstreckung befreien (s. den Formulierungsvorschlag von Litzenburger ZEV 2009, 278 (280 f.)).

## III. Anordnung der Nacherbschaft

**1. Wirksame Verfügung von Todes wegen.** Die Einsetzung von Nacherben kann nur in 27 einer wirksamen, insbes. formgültigen Verfügung von Todes wegen erfolgen. Die Berufung eines oder mehrerer Nacherben ist Erbeinsetzung iSd §§ 1937, 1941 Abs. 1, sodass auf alle dafür geltenden Bestimmungen einschließlich der Auslegungs- und Ergänzungsregeln zurückgegriffen werden kann. Die Einsetzung von Nacherben kann in einem gemeinschaftlichen Testament auch wechselbezüglich (vgl. § 2070) und in einem Erbvertrag vertragsmäßig sein (vgl. § 2278).

**2. Vor- und Nacherbe.** Nacherbfolge tritt nur ein, wenn der Erblasser mindestens zwei 28 Personen in der Weise zu Erben einsetzt, dass der eine den Nachlass zeitlich nach dem anderen erhalten soll. Er kann auch mehrere Personen nebeneinander zu Mitnacherben einsetzen. Wie bei jeder anderen Erbeinsetzung auch kann der Erblasser auf eine namentliche Nennung verzichten und die **Person** des Vor- oder Nacherben mit allgemeinen Begriffen (zB Kinder des Vorerben, meine Verwandten) **kennzeichnen,** vorausgesetzt, dass diese eindeutig auf eine oder mehrere bestimmte Personen hinweisen. Gemäß § 2065 muss der Erblasser die Person des Nacherben selbst bestimmen und darf die Auswahl keinem anderen überlassen. Dies schließt nach hM jedoch nicht aus, zu Nacherben diejenigen einzusetzen, die der Vorerbe zu Erben seines eigenen Nachlasses einsetzt (→ § 2065 Rn. 14, → § 2065 Rn. 21). Hat der Erblasser zwar den **Nacherbfall geregelt,** nicht jedoch, wer bis dahin oder ab dann Vor- bzw. Nacherbe sein soll, so tritt dennoch Nacherbfolge ein. In diesem Fall sind die gesetzlichen Erben des Erblassers bei einer auflösenden Bedingung oder Befristung Nacherben (§ 2104) und bei einer aufschiebenden Bedingung oder Befristung Vorerben (§ 2105). Die Annahme einer Nacherbeneinsetzung wird auch nicht durch die Verwendung der Begriffe „Alleinerbe" oder „Universalerbe" für denjenigen, der zunächst Erbe werden soll, also den Vorerben, ausgeschlossen (OLG Karlsruhe FGPrax 2006, 78 (79); BayObLG NJW-RR 2002, 296 (297)). Auch der Vorerbe kann **„Alleinerbe"** sein (RGZ 160, 109 (111)). Das Wort **Universalerbe** umschreibt dagegen allein die rechtlichen Wirkungen der Universalsukzession, die sowohl bei Vor- als auch bei Vollerbschaft eintritt (Unklar MüKoBGB/Grunsky Rn. 10). Der „Schlusserbe" in einem „Berliner Testament" kann sowohl Voll- als auch Vorerbe sein (OLG Karlsruhe NJW-RR 1999, 806). Selbst die Verwendung des Begriffs **„Ersatzerbe"** durch einen juristischen Laien muss im Rahmen der Auslegung hinterfragt werden (RG HRR 1932 Nr. 1055; BGH LM Nr. 1). Der Gebrauch des Worts **„Vollerbe"** spricht jedoch regelmäßig gegen die Anordnung einer Nacherbfolge (MüKoBGB/Grunsky Rn. 10). Zu vergleichbaren Auslegungsfragen beim gemeinschaftlichen Testament → § 2269 Rn. 13 ff.

Der Vorerbe muss den Erbfall, der Nacherbe auch den Nacherbfall erleben. Für den Fall, dass 29 der Vorerbe vor ihm stirbt oder aus einem anderen Grund (zB Erbschaftsausschlagung, Erbunwürdigkeit) wegfällt, kann der Erblasser einen **Ersatz-Vorerben** bestimmen, der – wie der zunächst Berufene – mit dem Nacherbfall seine Erbenstellung verliert. Fehlt eine solche ausdrückliche Einsetzung eines Ersatz-Vorerben, so ist der Nacherbe Ersatzerbe (§ 2102 Abs. 1), allerdings ohne

Beschränkung durch eine weitere Nacherbeneinsetzung. Auch für den oder die Nacherben können **Ersatz-Nacherben** eingesetzt werden. Fallen vor oder mit dem Nacherbfall alle eingesetzten Nacherben und Ersatz-Nacherben weg (zB Tod, Ausschlagung der Nacherbschaft, Zuwendungsverzichtsvertrag, Erbunwürdigkeitserklärung), so fehlt es an dem für die Nacherbfolge wesentlichen „zweiten Erben" und die Beschränkung des Vorerben durch die Nacherbeneinsetzung entfällt ersatzlos. Der Vorerbe erlangt damit die Rechtsstellung eines unbeschränkten Vollerben und kann völlig frei über den mit seinem eigenen Vermögen zusammenfallenden Nachlass verfügen.

30 **3. Gegenstand und Umfang der Nacherbfolge.** Die Nacherbeneinsetzung braucht sich nicht auf den gesamten Nachlass zu beziehen, sondern kann auf einen Erbteil oder den Bruchteil eines Erbteils beschränkt werden (BGH NJW 1980, 1276; BayObLG NJW-RR 2003, 297 (299); BayObLGZ 1961, 200 (205); MüKoBGB/Grunsky Rn. 19). Wird die Nacherbschaft auf den **Bruchteil eines Erbteils** oder des Nachlasses bei Alleinerbschaft des Vorerben beschränkt, so hat der beschwerte Vorerbe den unbelasteten Teil getrennt vom belasteten zu verwalten. Eine auf einen Bruchteil beschränkte Erbeinsetzung bewirkt bei einem Mitvoll- und -vorerben, dass wegen der teilweise angeordneten Nacherbschaft die Verfügung über den gesamten Nachlass bis zu dessen Auseinandersetzung eingeschränkt ist; nach der Auseinandersetzung setzt sich das Nacherbenrecht an dem Vorerbteil fort. Ein in dieser Weise eingesetzter Alleinvoll- und -vorerbe kann dagegen allenfalls unter analoger Anwendung des § 2120 (Grüneberg/Edenhofer, 66. Aufl. 2007, Rn. 4) über den freien Teil des Nachlasses verfügen (BayObLGZ 1961, 200 (206); BayObLG NJW 1958, 1683; weitergehend BeckOGK/Küpper Rn. 55). Im Erbschein bzw. Europäischen Nachlasszeugnis ist die teilweise Anordnung der Vollerbschaft und der Vor- und Nacherbschaft anzugeben (vgl. BeckOGK/Deppenkemper § 2139 Rn. 51 mwN).

31 Der Erblasser kann einzelne oder mehrere Nachlassgegenstände insbes. dadurch aus der Nacherbfolge ausnehmen, dass er diese dem Vorerben als **Vorausvermächtnis** zur freien Verfügung vermacht (§ 2110 Abs. 2).

32 Unzulässig ist dagegen die Beschränkung der Nacherbeneinsetzung auf einzelne oder mehrere **Nachlassgegenstände** (MüKoBGB/Grunsky Rn. 19; aA Schrader NJW 1987, 117). Dies gilt auch für Sachgesamtheiten wie Unternehmen oder umfangreiches Immobiliarvermögen (Ember NJW 1982, 87). Eine derart unzulässige Nacherbeneinsetzung kann jedoch regelmäßig in ein Vermächtnis, insbes. in ein Nachvermächtnis, umgedeutet werden, um dem Erblasserwillen zur Geltung zu verschaffen.

33 Die Nacherbfolge erfasst zwar keine Vermögenswerte, die der Erblasser Dritten auf Grund eines **Vertrages zugunsten Dritter** (zB Bezugsberechtigung aus einer Lebensversicherung) zugewendet hat. Hat der Erblasser das Bezugsrecht jedoch dem „Erben" eingeräumt und Nacherbfolge angeordnet, so steht dieses dem Vorerben nicht persönlich, sondern belastet mit dem Recht des Nacherben zu (Muscheler ZEV 1999, 229 (230); aA OLG Schleswig ZEV 1999, 107).

34 **4. Verwaltungs- und Verfügungsbeschränkungen des Vorerben.** Die wirksame Einsetzung eines oder mehrerer Nacherben hat zwingend zur Folge, dass der Vorerbe den Nachlass bzw. Erbteil als Sondervermögen zu verwalten hat und nur eingeschränkt über hierzu gehörende Vermögensgegenstände verfügen kann. **Verfügt der Vorerbe** über den Nachlass des Erblassers selbst **letztwillig,** so wird diese mit dem Nacherbfall unwirksam, wenn und soweit dadurch das Anwartschaftsrecht des Nacherben beeinträchtigt wird.

35 Der Erblasser kann den Vorerben nur von einigen, niemals jedoch von allen gesetzlichen Verwaltungs- und Verfügungsbeschränkungen befreien. Es braucht allerdings nicht sichergestellt zu werden, dass beim Nacherbfall tatsächlich noch Vermögenswerte übrig bleiben (MüKoBGB/Grunsky Rn. 7). Eine über § 2136 hinausgehende Befreiung schließt die Annahme einer Nacherbeneinsetzung aus (vgl. Bühler BWNotZ 1967, 179 (180)). Umgekehrt kann der Erblasser jedoch die **Pflichten des Vorerben** gegenüber dem Nacherben über das gesetzliche Maß hinaus **erweitern** (RGRK-BGB/Johannsen Rn. 17; MüKoBGB/Grunsky Rn. 7) (zB Erweiterung der Rechenschaftspflicht, Einschränkung des Fruchtziehungsrechts), vorausgesetzt allerdings, dass dies nicht auf ein bloßes Nießbrauchsvermächtnis hinausläuft (→ Rn. 40).

36 In der bloßen Bezugnahme auf alle oder einzelne dieser Verwaltungs- und Verfügungsbeschränkungen kann die Anordnung einer Nacherbfolge liegen. Verbietet der Erblasser dem zunächst Berufenen, selbst letztwillig über den geerbten Nachlass zu verfügen, so lässt dies auf den Willen schließen, dass der Nachlass mit dem Tod des (Vor)Erben auf die gesetzlichen Erben entweder des Vorerben oder des Erblassers (§ 2104) übergehen soll. Das Gleiche gilt bei einem Gebot, zugunsten bestimmter Personen letztwillig zu verfügen, oder bei einem Verbot, nicht an andere als die vom Erblasser angegebenen Personen zu vererben (BayObLGZ 1958, 226).

**5. Nacherbfall.** Der Erblasser muss auch den Termin oder das Ereignis festlegen, mit dessen Eintritt der Vorerbe aufhört, Erbe zu sein, und der Nachlass des Erblassers im Wege der Gesamtrechtsnachfolge auf den Nacherben als Erben des Erblassers übergeht (vgl. BayObLGZ 2001, 127 (131) betr. Termin). Hat er dies versäumt, so tritt der Nacherbfall nach der Ergänzungsregel des § 2106 Abs. 1 mit dem Tod des Vorerben ein. Der Erblasser kann jedes andere Ereignis zum Auslöser des Nacherbfalls bestimmen, selbst solche, die vom freien Willensentschluss des Vorerben abhängen, zB Heirat (BayObLGZ 1966, 227), Abschluss eines Studiums, Bau eines Hauses (BayObLG NJW-RR 2004, 1376), Einlass einer unerwünschten Person ins Haus (BayObLG DNotZ 2001, 138), Errichtung einer Verfügung von Todes wegen über seinen eigenen Nachlass (→ § 2065 Rn. 14). Der Erblasser darf jedoch wegen des Gebots der Selbstbestimmung (§ 2065 Abs. 1) niemals so weit gehen, den Eintritt des Nacherbfalls in das freie Belieben eines Dritten, insbes. des Vorerben, zu stellen. Selbst bei Ereignissen, deren Eintritt vom freien Willensentschluss abhängt, muss doch das Ereignis, nicht die freie Entscheidung im Vordergrund stehen. Verstößt eine Regelung des Nacherbfalls gegen das Gebot des § 2065 Abs. 1, so ist Nichtigkeit der Nacherbfolge die Konsequenz, da § 2106 Abs. 1 nur bei Unvollständigkeit, nicht aber bei Unwirksamkeit eingreift (→ § 2106 Rn. 3). Hat der Erblasser den Nacherbfall zulässigerweise von einem Ereignis abhängig gemacht, auf dessen Eintritt der Nacherbe Einfluss hat, so fällt er in entsprechender Anwendung des § 162 Abs. 2 als Nacherbe weg, wenn er den Nacherbfall treuwidrig herbeigeführt hat, etwa durch Tötung des Vorerben (BGH NJW 1968, 2051); ob damit der Vorerbe Vollerbe wird oder Ersatz-Nacherbfolge eintritt, ist Auslegungsfrage. Hat dagegen der Vorerbe Einfluss auf den Eintritt des Nacherbfalls ausgeübt, so ist allenfalls in extremen Fällen eine analoge Anwendung des § 162 Abs. 1 denkbar, sodass der Nacherbfall als eingetreten gilt (MüKoBGB/Grunsky § 2106 Rn. 1). 37

**6. Bedingung und Befristung der Nacherbschaft.** Die Nacherbfolge ist begriffsnotwendig bedingt oder befristet, nämlich durch den Nacherbfall. Die Nacherbschaft kann darüber hinaus jedoch an zusätzliche Bedingungen oder Befristungen geknüpft werden. Nach hM ist es zulässig, den Eintritt der Nacherbschaft davon abhängig zu machen, dass der Vorerbe nicht anderweitig über seinen eigenen Nachlass verfügt (→ § 2065 Rn. 14). Im Rahmen von gemeinschaftlichen Testamenten und Ehegattenerbverträgen ist im Zusammenhang mit einer Wiederverheiratungsklausel umstritten, ob eine auflösend bedingte Vollerbschaft und damit eine aufschiebend bedingte Vorerbschaft rechtlich möglich ist (→ § 2269 Rn. 32). 38

Zulässig ist schließlich auch die Anordnung **mehrfacher Nacherbfolgen** nacheinander, sodass der Nacherbe seinerseits wieder durch die Einsetzung eines weiteren Nacherben beschwert ist (Zawar DNotZ 1986, 515 (520)). Der erste Nacherbe ist im Verhältnis zu seinem Nacherben wiederum Vorerbe usw. Mit dieser Anordnung mehrfacher Nacherbfolgen kann jedoch der Erbgang nur im zeitlichen Rahmen des § 2109 vorherbestimmt werden. Bei einer derartigen Nacherbeneinsetzung bedarf ein Vorerbe zu gem. §§ 2112 ff. verbotenen Verfügungen nicht nur der Zustimmung des ersten Nacherben, sondern auch aller weiteren Nacherben. Diese mehrfache Nacherbfolge ist bereits beim Erbfall sowohl im Grundbuch (Soergel/Wegmann Vor § 2100 Rn. 9), Schiffs- und Luftverkehrsregister als auch im Erbschein (BayObLG NJW-RR 1990, 199) zu vermerken. 39

**7. Einzelne Abgrenzungsprobleme. a) Nießbrauchsvermächtnis.** Die Nacherbeneinsetzung ist einem Nießbrauchsvermächtnis in seiner Wirkung ähnlich. Dieses Abgrenzungsproblem stellt sich dabei nicht nur im Rahmen eines Ehegattentestaments nach dem Berliner Modell (→ § 2269 Rn. 4), sondern auch bei Einzeltestamenten und sonstigen Verfügungen von Todes wegen. Das entscheidende Kriterium zur Abgrenzung der Vorerbschaft vom Nießbrauchsvermächtnis ist der Umfang des Rechts des Bedachten zur **Verfügung über die Substanz** des Nachlasses. Räumt der Erblasser dem Begünstigten auch das Recht zur Veräußerung aller Nachlassgegenstände ein, so muss regelmäßig die Anordnung einer befreiten Vorerbschaft angenommen werden, jedoch mit den nicht abdingbaren Beschränkungen gem. § 2136. Größere Probleme bereiten dagegen die Fälle, in denen der Begünstigte nur eingeschränkt oder überhaupt nicht über die Substanz des Nachlasses verfügen darf, da damit sowohl eine nicht befreite Vorerbschaft als auch ein Nießbrauchsvermächtnis gewollt sein kann. Hier ist weiter zu erforschen, ob es dem Erblasser darauf ankommt, dass das Eigentum usw an den Nachlassgegenständen bereits sofort auf Dritte übergehen oder vorerst dem Begünstigten verbleiben soll. In jenem Fall ist ein Nießbrauchsvermächtnis und in dem zuletzt genannten nicht oder teilweise befreite Vorerbschaft anzunehmen. Wendet der Erblasser in einem nach dem Inkrafttreten des Gesetzes zur Reform des Erbschaftsteuer- und Bewertungsgesetzes zum 1.1.2009 errichteten Testament seinem Ehe- oder Partner einer eingetragenen Lebenspartnerschaft die „Eigennutzung“ an der selbstbewohnten Immobilie zu, so ist idR 40 davon auszugehen, dass dieser nicht Nießbraucher sondern Eigentümer – und damit Erbe – werden soll, um die Befreiung der eigengenutzten Immobilie von der Erbschaftsteuer gem. § 13 Nr. 4b ErbStG in Anspruch nehmen zu können. Das Gleiche gilt, wenn die Zuwendung der Eigennutzung sich auf das gesamte Vermögen bezieht, das aber im Wesentlichen nur aus der selbstbewohnten Immobilie besteht. In einem zweiten Auslegungsschritt muss in diesen Fällen ermittelt werden, ob der Partner Vor- oder Vollerbe sein soll. Räumt der Erblasser dem Begünstigten ein Verfügungsrecht über einzelne Nachlassgegenstände (zB Immobilie) oder den gesamten Nachlass nur unter bestimmten Voraussetzungen (zB Not, Pflegefall, Übersiedlung in Altenheim) ein, so kann darin sowohl eine nur eingeschränkte befreite Vorerbschaft als auch ein mit einem aufschiebend bedingten Vermächtnis des Eigentums verbundenes Nießbrauchsvermächtnis liegen. Soll in derartigen Fällen die Verfügung des Begünstigten ohne Zutun des Dritten möglich sein, so spricht dies für eine teilweise befreite Vorerbschaft. Kommt es dem Erblasser insoweit jedoch auf die Mitwirkung des Dritten an, so liegt ein Nießbrauchsvermächtnis, verbunden mit einem aufschiebend bedingten Vermächtnis am Eigentum, nahe. Führt die Auslegung zu keinem eindeutigen Ergebnis, so wird man in den meisten Fällen zu einer nicht oder, soweit angeordnet, eingeschränkt befreiten Vorerbschaft gelangen. Angesichts der starken Wandlungen im Einkommen- und Erbschaftsteuerrecht verbietet sich eine Abgrenzung der Nacherbschaft vom Nießbrauchsvermächtnis unter Hinweis auf steuerliche Vor- oder Nachteile der einen oder anderen Lösung (so aber BayObLG NJW 1960, 1765; Staudinger/Avenarius, 2019, Rn. 23; MüKoBGB/Grunsky Rn. 12).

41 **b) Ersatzerbschaft.** Ein weiteres Abgrenzungsproblem folgt aus der Tatsache, dass im allgemeinen Sprachgebrauch nicht deutlich zwischen „Nacherbe" und „Ersatzerbe" unterschieden wird. Auch scheinbar eindeutige Fachbegriffe müssen im Rahmen der Auslegung auf ihren Regelungsgehalt überprüft werden (→ § 2084 Rn. 12). Hat sich der Erblasser im Wort vergriffen, so gilt das Gewollte, nicht das Geschriebene. Besondere Vorsicht ist bei der Verwendung des Worts „Nacherbe" oder gleichbedeutender Formulierungen (zB „danach erbt ...") in ohne fachkundigen Rat abgefassten eigenhändigen Testamenten geboten (BGH LM Nr. 1). In den seltensten Fällen ist sich ein Laie der weitreichenden Bedeutung einer Nacherbschaft für den Vorerben bewusst, vor allem der damit einhergehenden Verfügungsbeschränkungen und Abhängigkeiten vom Nacherben. Wenn sich aus dem weiteren Text der Verfügung oder sonstigen Umständen nicht ausdrücklich ein Hinweis darauf ergibt, dass diese Beschränkungen wirklich gewollt sind, so ist von Ersatzerbschaft auszugehen. Zu vergleichbaren Auslegungsfragen beim gemeinschaftlichen Testament → § 2269 Rn. 13 ff.

42 **c) Testamentsvollstreckung.** Hat der Erblasser eine Person bestimmt, die seinen Nachlass oder einen Teil hiervon bis zu einem bestimmten Ereignis verwalten soll, so kann dies die Anordnung einer Nacherbfolge, aber auch einer Testamentsvollstreckung bedeuten (vgl. MüKoBGB/Grunsky Rn. 7). Dieses Abgrenzungsproblem taucht insbes. dann auf, wenn der Erblasser zulässigerweise die Verwaltungsbefugnisse über das gesetzliche Maß hinaus beschränkt hat (→ Rn. 35). Bei dieser Abgrenzung kommt es maßgeblich darauf an, ob und in welchem Umfang der zur Verwaltung berufenen Person eigene Nutzungs- und Fruchtziehungsrechte eingeräumt worden sind. Soll diese Verwaltung – mit Ausnahme einer Vergütung – völlig uneigennützig sein, so deutet dies auf die Anordnung einer Testamentsvollstreckung hin. Soll diese Person dagegen mehr oder weniger frei auch über die Nutzungen verfügen dürfen, so dürfte eine nicht befreite Vor- und Nacherbschaft gewollt sein.

43 **d) Selbstbestimmung der Erbfolge durch Vollerben.** Der Wille des Erblassers kann auch darauf gerichtet sein, die Festlegung der weiteren Erbfolge der freien Entschließung des Vollerben zu überlassen und insoweit lediglich Wünsche zu äußern. Es muss daher sicher festgestellt werden, ob die Äußerungen des Erblassers einen unmittelbaren Geltungswillen enthalten oder nur einen rechtlich unverbindlichen Wunsch ausdrücken (vgl. MüKoBGB/Grunsky Rn. 7). Hat der Erblasser dem (Vor)Erben Verwaltungs- und Verfügungsbeschränkungen auferlegt, so besteht kein Zweifel daran, dass er damit Nacherbschaft angeordnet hat. Schwieriger sind dagegen solche Fälle zu beurteilen, in denen er diese Fragen ungeregelt gelassen und den weiteren Fortgang der Erbfolge mit unverbindlich erscheinenden Formulierungen umschrieben hat (zB „ich wünsche", „soll den Nachlass herausgeben", „soll vererben an", „sollen erben, wenn der Vorerbe es will"). Hat der Erblasser allerdings Redewendungen iS einer Herausgabepflicht gebraucht, so kann die Ergänzungsregel des § 2103 zur Nacherbfolge führen. In allen anderen Fällen wird die feststellbare Motivation des Erblassers den Ausschlag geben müssen.

## IV. Rechtliche Stellung des Vor- und des Nacherben

**1. Vor dem Nacherbfall. a) Vorerbe.** Der Vorerbe tritt zunächst mit dem Tod des Erblassers – wie ein Vollerbe – in alle dessen Rechte und Pflichten, soweit sie vererblich sind, ein. Mit dem Erbfall entsteht ein **gesetzliches Schuldverhältnis** mit den sich aus §§ 2110 ff. ergebenden Rechten und Pflichten, das darauf gerichtet ist, dem Nacherben den Nachlass möglichst ungeschmälert zu erhalten (Lange AcP 2012, 334 (336 f.)). Danach ist der Vor- dem Nacherben gegenüber zur ordnungsgemäßen Verwaltung verpflichtet. Eine Pflichtverletzung kann bei Eintritt des Nacherbfalls einen Schadensersatzanspruch des Nach- gegen den Vorerben begründen (MüKoBGB/Grunsky Rn. 24). Mit Rücksicht auf die zeitliche Begrenzung der Vorerbschaft bildet der Nachlass in der Hand des Vorerben ein von seinem eigenen Vermögen rechtlich getrenntes **Sondervermögen,** über das er nur eingeschränkt nach Maßgabe der §§ 2112–2119 verfügen kann. Diese Vorschriften schließen insbes. **Verfügungen des Vorerben** über Grundstücke, grundstücksgleiche Rechte und Rechte hieran sowie über Schiffe aus, wenn und soweit ihnen der Nacherbe nicht zugestimmt hat. Eine tatsächliche Trennung des Nachlasses vom Eigenvermögen ist nicht notwendig, ab empfehlenswert (Lange Erbrecht § 11 Rn. 122 f.). Der Erblasser kann den Vorerben in einer Verfügung von Todes wegen im Rahmen der § 2136 zwar weitgehend, aber nie vollständig von einigen Verfügungsbeschränkungen und einer Reihe von Pflichten befreien **(befreite Vorerbschaft).** Die nicht ausschließbaren Beschränkungen (§ 2113 Abs. 2, 3) und Verpflichtungen (§§ 2121, 2122 und 2124–2126) machen das Wesen der Vorerbschaft aus. Diese können nicht entfallen, ohne dass auch die Anordnung der Nacherbschaft entfällt. Vor Verfügungen im Wege der **Zwangsvollstreckung** schützt den Nacherben § 2115. In Falle einer **Insolvenz des Vorerben** ist der Nacherbe durch § 83 InsO iVm § 2115 geschützt. 44

Der Vorerbe unterscheidet sich vom Nießbrauchsvermächtnisnehmer im Wesentlichen dadurch, dass jener Inhaber der Vermögenssubstanz wird, dieser dagegen ausschließlich die Nutzungen ziehen darf. Der **Erwerb der Vermögenssubstanz** durch den Vorerben ist dabei völlig unabhängig von der Befreiung iSd § 2136. Gehört zum Nachlass ein vererblicher Gesellschaftsanteil, wird der Vorerbe folgerichtig anstelle des Erblassers Gesellschafter, und zwar auch mit dem Recht, an Satzungsänderungen mitzuwirken, selbst wenn diese zum Ausschluss der Vererblichkeit und damit zum Nichtnachrücken des Nacherben führen (BGH NJW 1977, 1540). Der nicht befreite Vorerbe darf über Grundstücke, grundstücksgleiche Rechte, Grundstücksrechte oder Schiffe nur mit Zustimmung des Nacherben verfügen. Vom Erblasser eingesetzte Ersatz-Nacherben brauchen nicht zuzustimmen, wohl aber im Falle mehrfacher Nacherbfolge der oder die weiteren Nacherben. Hat der Erblasser dem Vorerben Verfügungen über Grundbesitz gem. §§ 2136, 2113 Abs. 1 gestattet, so kann dieser ohne Zustimmung des oder der Nacherben in beliebiger Weise darüber verfügen, solange es sich nicht um eine unentgeltliche oder schenkweise getroffene Verfügung (§ 2113 Abs. 2) handelt. Unabhängig vom Umfang seiner Verfügungsbefugnis über die Substanz gebühren dem Vorerben bis zum Nacherbfall die vollen Nutzungen (§ 100). Ihm fallen dagegen die Fruchtziehungs- (§ 102) und gewöhnlichen Erhaltungskosten (§ 2124 Abs. 1) zur Last. Das Ziel sämtlicher Beschränkungen des Vorerben ist es, dem **Nacherben die Substanz zu erhalten.** Nur diese ist dem Nacherben mit Eintritt des Nacherbfalls herauszugeben (§ 2130), während dem Vorerben die gezogenen Nutzungen verbleiben. Falls der Nacherbe ausschlägt oder sein Recht auf den Vorerben überträgt, verbleibt dem Vorerben der Nachlass im Zweifel in vollem Umfang (§ 2142). 45

Der Vorerbe ist dem Nacherben gegenüber ferner zur **Errichtung eines Inventarverzeichnisses** verpflichtet (§ 2121). Darüber hinaus kann der Nacherbe gem. § 2127 **Auskunft** über den Bestand des Nachlasses verlangen, wenn sein Anwartschaftsrecht in Gefahr ist. 46

Der Vorerbe kann auch seine **Vorerbschaft veräußern oder belasten,** allerdings ohne dadurch die Rechte des Nacherben schmälern zu können, der richtiger Ansicht nach weiterhin die Herausgabe des Nachlasses und nicht nur des Erlöses verlangen kann (Soergel/Wegmann § 2111 Rn. 11; MüKoBGB/Grunsky Rn. 21; Erman/M. Schmidt § 2112 Rn. 2; aA Kipp/Coing ErbR § 49 II 2b; v. Lübtow ErbR II 887; RGRK-BGB/Johannsen § 2111 Rn. 10). Handelt es sich dabei um einen Verkauf der Vorerbschaft, so steht dem Nacherben in analoger Anwendung der §§ 2034, 2035 das Vorkaufsrecht zu. 47

Zur **Auseinandersetzung der Erbengemeinschaft** bedarf der Vorerbe nicht der Zustimmung von Nacherben oder weiteren Nacherben bei mehrfacher Nacherbfolge, es sei denn, dass von ihr Vermögensgegenstände iSd §§ 2113, 2114 betroffen sind (RGZ 75, 363 (366); OLG Hamm ZEV 1995, 336). Die Nacherbschaft bezieht sich nach Vollzug der Auseinandersetzung auf den vom Vorerben hierbei erlangten Vermögenswert (→ § 2111 Rn. 8). 48

49 **b) Nacherbe. aa) Anwartschaftsrecht.** Der Nacherbe, nicht aber der Ersatznacherbe, erlangt mit dem Tod des Erblassers (Erbfall) ein Anwartschaftsrecht (BGH NJW 1962, 1910 (1912); 1983, 2244 (2245 f.); aA Weckesser, Die Anwartschaft des Nacherben, Ersatzerben und Ersatznacherben, 1985, 121 ff. mwN). Dies gilt selbst dann, wenn die Anordnung der Nacherbschaft unter einer auflösenden oder aufschiebenden Bedingung oder Befristung erfolgt. Dieses Anwartschaftsrecht hat seine Rechtsgrundlage in der Vererblichkeit gem. § 2108 Abs. 2 und in den Beschränkungen der Verwaltungs- und Verfügungsbefugnis, die dem Vorerben zum Schutze des Nacherben durch die §§ 2110 ff. kraft Gesetzes auferlegt sind. Der Umfang des Anwartschaftsrechts kann in den Grenzen des § 2136 vom Erblasser eingeschränkt werden. Hat der Erblasser für den Wegfall des Nacherben Vorsorge durch die Einsetzung von Ersatznacherben getroffen, entfällt das Anwartschaftsrecht im Wege der auflösenden Bedingung, wenn der Nacherbe den Nacherbfall entweder nicht erlebt oder aus sonstigen Gründen (zB Ausschlagung, Erbunwürdigkeit) als Nacherbe wegfällt (OLG Schleswig BeckRS 2010, 17300). Nur dieses Verständnis des Nacherbenanwartschaftsrechts bringt den vorrangigen Willen des Erblassers, die Erbfolge in einer bestimmten Art und Weise zu regeln, zur Geltung und verhindert, dass die Rechtsposition der Ersatznacherben durch eine abweichende Verfügung des Nacherben beeinträchtigt wird (zur Übertragbarkeit in diesem Fall → Rn. 51).

50 **bb) Übertragbarkeit und Pfändbarkeit.** Das Anwartschaftsrecht ist nicht nur vererblich, sondern auch auf Dritte oder den Vorerben **übertragbar.** Der Erblasser kann jedoch nicht nur die Vererblichkeit gem. § 2108 Abs. 2 sondern auch die Übertragbarkeit des Nacherben-Anwartschaftsrechts ausschließen oder einschränken (aA bezüglich der Übertragbarkeit Staudinger/Avenarius, 2019, Rn. 76 mwN). Es ist zwar denkbar, dass der Erblasser die Vererblichkeit des Anwartschaftsrechts gem. § 2108 Abs. 2 ausgeschlossen hat, nicht aber die Übertragung durch Rechtsgeschäft unter Lebenden (Lange/Kuchinke ErbR § 28 VII 3e Fn. 258), doch bedarf es für eine derartige Differenzierung eines überzeugenden Rechtfertigungsgrundes, da andernfalls die vom Erblasser gewollte Erbfolgegestaltung allzu leicht umgangen werden kann.

51 Der Nacherbe kann sein Anwartschaftsrecht nur in dem Umfang übertragen, in dem es ihm selbst zusteht (vgl. BayObLG NJW 1970, 1794 (1796); OLG Hamm DNotZ 1970, 688 (689 f.)). Ist es durch die Einsetzung von **Ersatznacherben** auflösend bedingt (→ Rn. 49), so geht das Anwartschaftsrecht nur dann auf den Erwerber über, wenn diese Bedingung nicht eintritt, weil der Nacherbe weder vor dem Nacherbfall stirbt noch aus sonstigen Gründen (zB Ausschlagung, Erbunwürdigkeit) wegfällt (OLG Schleswig BeckRS 2010, 17300; BayObLG NJW 1970, 1794 (1796)). Trotz des Bedingungseintritts ist eine Übertragung der Nacherbenanwartschaft aber möglich, wenn auch sämtliche Ersatznacherben, einschließlich der nachrangig eingesetzten und der gem. § 2069 ersatzweise berufenen Abkömmlinge von Kindern, ihre Ersatznacherbenrechte in analoger Anwendung des § 2033 Abs. 1 S. 2 ebenfalls auf den Erwerber übertragen. Für noch nicht vorhandene Ersatznacherben ist hierzu allerdings die Bestellung eines Pflegers gem. § 1913 und die Einholung der betreuungsgerichtlichen Genehmigung erforderlich (LG Duisburg NJW 1960, 1205 (1206)). Der Ersatznacherbenvermerk darf im Grundbuch nicht gelöscht werden, wenn nur der Nacherbe sein Anwartschaftsrecht übertragen hat (OLG Hamm DNotZ 1970, 688). Hat der Erblasser **mehrfache Nacherbfolge** angeordnet, also den Nacherben seinerseits mit dem Recht eines anderen Nacherben belastet, wird das Recht des weiteren Nacherben durch eine gleichwohl erfolgte Übertragung in keiner Weise beeinträchtigt, es sei denn, der weitere Nacherbe sowie sämtliche weiteren Ersatznacherben übertragen ihre Rechte ebenfalls auf den Erwerber. Die Zustimmung des Vorerben ist in keinem Fall erforderlich.

52 Die Übertragung der Anwartschaft bedarf in analoger Anwendung des § 2033 Abs. 1 S. 2 der notariellen Beurkundung, und zwar auch dann, wenn der alleinige Nacherbe sein Anwartschaftsrecht überträgt (RGZ 101, 185 (189 ff.); Friederich, Rechtsgeschäfte zwischen Vorerben und Nacherben, 1999, Rn. 20 mwN; zweifelnd Harder ZEV 1995, 453). Zulässig ist es auch, nur einen Bruchteil des Anwartschaftsrechts zu übertragen, sofern dies sich nicht als verbotene Verfügung über einzelne Nachlassgegenstände darstellt. Das schuldrechtliche Geschäft bedarf analog §§ 2371, 2385 ebenfalls der notariellen Beurkundung. Bei einem Verkauf des Anwartschaftsrechts steht den Mit-Nacherben in analoger Anwendung der §§ 2034, 2035 das Vorkaufsrecht zu, und zwar auch bei einem Verkauf an den Vorerben. Diesem wiederum steht in entsprechender Anwendung der gleichen Vorschrift das Vorkaufsrecht zu, wenn keiner der eingesetzten Nacherben von seinem Vorkaufsrecht Gebrauch macht.

53 Bei den **Wirkungen** der Übertragung ist zwischen dem Erwerb durch den Vorerben oder durch Dritte zu unterscheiden: (1.) Erwirbt der **Vorerbe** das Nacherbenanwartschaftsrecht, so erlangt er damit die Rechtsstellung eines Vollerben, sofern weder Mitnacherben noch Ersatzna-

cherben eingesetzt sind und auch keine mehrfache Nacherbfolge angeordnet ist (vgl. BayObLG FamRZ 1992, 728). (2.) Wird das Anwartschaftsrecht an einen **Dritten** veräußert, so wird dieser zwar nicht Nacherbe und braucht deshalb auch nicht im Erbschein angegeben zu werden, erlangt jedoch die volle Rechtsstellung des Nacherben. Folglich benötigt der Vorerbe ggf. zu einer Veräußerung von Grundbesitz dessen Zustimmung, nicht mehr die des eingesetzten Nacherben. Mit dem Nacherbfall erwirbt der Erwerber ohne Durchgangserwerb den Nachlass und haftet an Stelle des eingesetzten Nacherben für die Nachlassverbindlichkeiten. Auch das Recht, die Nacherbschaft auszuschlagen, geht auf den Erwerber über. Richtiger Ansicht nach führt die Anwartschaftsübertragung zum Verlust des Ausschlagungsrechts, und zwar entgegen der hM nicht unter dem Gesichtspunkt einer stillschweigenden Annahme, sondern auf Grund des Verbots des venire contra factum proprium (§ 242). Selbst eine entgegenstehende Erklärung im Übertragungsvertrag kann daher das Ausschlagungsrecht dem Erwerber nicht erhalten.

Aus der Übertragbarkeit folgt die Verpfändbarkeit und die Pfändbarkeit des Anwartschaftsrechts. **54**
Die **Verpfändung** bedarf in analoger Anwendung des § 2033 Abs. 1 S. 2 der notariellen Beurkundung (Grüneberg/Weidlich Vor § 2100 Rn. 7). Die **Pfändung** erfolgt nach § 857 ZPO, wobei umstritten ist, wem der Pfändungsbeschluss als Drittschuldner iSd § 829 Abs. 3 ZPO zuzustellen ist. Während die einen nur einen anderen Mitnacherben als Drittschuldner ansehen (Soergel/Wegmann Rn. 16 mwN), halten andere die Zustellung an den Vorerben für ausreichend (LG Stuttgart BeckRS 2010, 25433; MüKoBGB/Grunsky Rn. 42). Drittschuldner sind aber sowohl der Vorerbe als auch ein etwaiger Mitnacherbe, da die Pfändung des Nacherbenanwartschaftsrechts nicht nur die Rechte und Pflichten gegenüber dem Vorerben (zB §§ 2121, 2127, 2130) sondern auch die mit dem Nacherbfall entstehenden Ansprüche gegenüber anderen Nacherben, insbes. den Auseinandersetzungsanspruch, erfasst. Sind weitere Nacherben vorhanden, so ist er auch diesen zuzustellen. Die Pfändung ist beim Vorhandensein von Grundbesitz im Grundbuch einzutragen. Trotz der Pfändung kann der eingesetzte Nacherbe die Nacherbschaft noch ausschlagen und damit die Pfändung gegenstandslos machen (Lange/Kuchinke ErbR § 28 VII 3e; Grüneberg/Weidlich Vor § 2100 Rn. 6).

**cc) Schutz vor Verfügungen des Vorerben.** Das Anwartschaftsrecht des Nacherben schützt **55**
ihn zwar vor einem Entzug des Rechts als solchem, ist jedoch gefährdet durch Verfügungen des Vorerben. Diese hat der Nacherbe gem. § 2112 hinzunehmen, soweit nicht §§ 2113–2115 derartige Verfügungen verbieten. Für den Nacherben besonders gefährlich sind dabei die **Vorschriften über den gutgläubigen Erwerb** vom Nichtberechtigten, die gem. § 2113 Abs. 3 auf Verfügungen des Vorerben entsprechende Anwendung finden. Ist Grundbesitz vorhanden, so wird der Nacherbe vor einem gutgläubigen Erwerb Dritter (§§ 892, 2113 Abs. 3) durch den in Abteilung II des Grundbuchs von Amts wegen gleichzeitig mit der Eintragung des Vorerben als Eigentümer einzutragenden **Nacherbenvermerk** geschützt. Dieser Schutz gilt dabei nicht nur im Falle des Erwerbs vom Vorerben, sondern auch bei dem von jedem späteren Erwerber. Entsprechendes gilt für Schiffe (§ 54 SchRegO) und Luftfahrzeuge (§ 86 Abs. 1 LuftRG). Der Nacherbenvermerk soll den Nacherbfall angeben, muss jedoch zwingend die Nacherben und ggf. weitere Nacherben oder Ersatznacherben mit Namen oder allgemeinen Begriffen (zB die Kinder des Vorerben) bezeichnen. Die Eintragung des Nacherbenvermerk unterbleibt, wenn der Nacherbe in öffentlicher oder öffentlich beglaubigter Form hierauf verzichtet (OLG Köln NJW 1955, 634; OLG Frankfurt Rpfleger 1980, 228; BayObLG NJW-RR 1989, 1096; aA Bestelmeyer Rpfleger 1994, 189 (190) mwN zur Gegenmeinung). Bei Einsetzung von Ersatznacherben bedarf ein derartiger Verzicht auch deren Zustimmung (OLG Düsseldorf BeckRS 2019, 36437 Rn. 19; OLG München BeckRS 2015, 8316; OLG Hamm NJW 1969, 1490; OLG Frankfurt OLGZ 1970, 443). Ein solcher **Verzicht** beinhaltet weder eine Ausschlagung der Nacherbschaft noch einen Verzicht auf das Nacherbenrecht als solches, sondern ist ausschließlich auf die grundbuchliche bzw. registerrechtliche Sicherung beschränkt (OLG Hamm NJW 1970, 1606; BayObLG NJW 1970, 1794; aA Bestelmeyer Rpfleger 1994, 189 (191) mwN zur Gegenmeinung). Veräußert der Vorerbe den Grundbesitz, das Schiff oder das Luftfahrzeug, so wird der Nacherbenvermerk entweder gar nicht erst eingetragen oder, wenn er bereits eingetragen ist, von Amts wegen wieder gelöscht, wenn der Vorerbe auf Grund der Befreiung durch den Erblasser zu dieser berechtigt ist (→ § 2113 Rn. 10) oder der Nacherbe ihr zugestimmt hat (BayObLG NJW 1959, 1780). Der Vermerk ist auch dann von Amts wegen zu **löschen,** wenn der Nacherbe sein Anwartschaftsrecht zulässigerweise auf den Vorerben übertragen hat (OLG Hamm JMBl. NRW 1953, 80; KG DNotZ 1933, 291).

Dem Schutz des Nacherben vor gem. §§ 2112 ff. unzulässigen Verfügungen dient auch das **56**
Gebot, das Nacherbenrecht im **Erbschein** anzugeben (§ 2363); die Ermittlung der Nacherben

erfolgt von Amts wegen (§ 2358), aber nicht nach §§ 2354 ff.; dabei dürfen die Anforderungen an die Darlegungen nicht überspannt werden (OLG Frankfurt NJW 1953, 507). Hat der Nacherbe jedoch sein Anwartschaftsrecht auf den Vorerben übertragen und sind keine eingesetzten weiteren Nacherben oder Ersatz-Nacherben vorhanden, so braucht der Nacherbenvermerk nicht mehr aufgenommen zu werden, weil der Vorerbe dann unbeschränkter Vollerbe geworden ist. Damit wird ebenfalls ein gutgläubiger Erwerb vom Vorerben ausgeschlossen.

57 Im **Handelsregister** wird nur der Vorerbe eingetragen, wenn zum Nachlass ein Handelsgeschäft oder ein Gesellschaftsanteil gehört. Da diese Eintragung keinen gutgläubigen Erwerb ermöglicht, scheidet ein Nacherbenvermerk aus.

58 Gefährdet oder beeinträchtigt der Vorerbe durch Verfügungen oder andere Verwaltungsmaßnahmen das Anwartschaftsrecht des Nacherben, so kann dieser zwar nicht auf vorzeitige Herausgabe des Nachlasses oder einzelner Gegenstände klagen, wohl aber **Auskunft** gem. § 2126, **Feststellung des Zustands** der Erbschaft gem. § 2122, Aufstellung eines **Wirtschaftsplans** gem. § 2123, **Sicherheitsleistung** gem. § 2128 und/oder **Entziehung der Verwaltungsbefugnis** gem. § 2129 verlangen.

59 **2. Ab dem Nacherbfall.** Der Vorerbe verliert mit dem Eintritt des Nacherbfalls seine rechtliche Stellung als Erbe des Erblassers. Alle Rechte und Pflichten des Erblassers gehen ipso jure auf den oder die eingesetzten Nacherben im Wege der Gesamtrechtsnachfolge (§ 1922) über (§ 2139). Der Vorerbe ist verpflichtet, dem bzw. den Nacherben den Nachlass unter Einbehalt der von ihm zulässigerweise gezogenen Nutzungen herauszugeben. Hat der Vorerbe Verwendungen gemacht, die gem. § 2124 nicht notwendig waren, so kann er gem. § 2125 deren Ersatz nach den Vorschriften über die Geschäftsführung ohne Auftrag verlangen. Das Grundbuch, das Schiffsregister oder das Luftfahrzeugregister ist zu berichtigen. Ein dem Vorerben erteilter Erbschein muss eingezogen werden. Der oder die Nacherben müssen einen auf sie ausgestellten (Nach)Erbschein nach dem Erblasser beantragen, weil die Angabe der Nacherben im (Vor)Erbschein keinen Nachweis über die Nacherbenstellung liefert (vgl. BGH NJW 1982, 2499).

## § 2101 Noch nicht gezeugter Nacherbe

**(1) [1]Ist eine zur Zeit des Erbfalls noch nicht gezeugte Person als Erbe eingesetzt, so ist im Zweifel anzunehmen, dass sie als Nacherbe eingesetzt ist. [2]Entspricht es nicht dem Willen des Erblassers, dass der Eingesetzte Nacherbe werden soll, so ist die Einsetzung unwirksam.**

**(2) Das Gleiche gilt von der Einsetzung einer juristischen Person, die erst nach dem Erbfall zur Entstehung gelangt; die Vorschrift des § 84 bleibt unberührt.**

### Überblick

Die Umdeutungsregel betrifft den Fall, dass die als Erbe eingesetzte Person zur Zeit des Erbfalls noch nicht gezeugt und die Erbeinsetzung nach § 1923 unwirksam wäre. Der nasciturus ist danach als Nacherbe eingesetzt. Steht fest, dass der Bedachte nicht mehr geboren werden kann, so wird der Vorerbe Vollerbe. Die Vorschrift ist entsprechend anwendbar, wenn der Erblasser eine bei Eintritt des Nacherbfalls nicht wenigstens schon gezeugte Person eingesetzt hat. Sie gilt ferner entsprechend bei der Einsetzung einer juristischen Person, die erst nach dem Erbfall entsteht. Im Falle der Gründung einer Stiftung nach dem Erbfall ordnet Abs. 2 Hs. 2 iVm § 84 Rückwirkung an, so dass sie für die Zuwendungen des Stifters als schon vor dessen Tod entstanden gilt (→ Rn. 5).

### I. Erbeinsetzung noch nicht gezeugter Personen

1 **1. Normzweck.** Die Einsetzung einer zurzeit des Erbfalls noch nicht gezeugten Person ist einem Umkehrschluss aus § 1923 Abs. 2 zufolge unwirksam. Hat der Erblasser eine oder mehrere zurzeit des Erbfalls noch nicht einmal gezeugte Personen zu seinen Erben eingesetzt, so wird die damit eigentlich verbundene Unwirksamkeit durch **Umdeutung in eine Nacherbeneinsetzung** gem. Abs. 1 S. 1 vermieden (OLG Köln DNotZ 1993, 813: leibliche Nachkommen meiner Kinder). Der Erblasser braucht nur die Erbeinsetzung zu wollen, nicht aber den Eintritt der Nacherbfolge. Selbst dann, wenn er an diese Möglichkeit überhaupt nicht gedacht hat, greift diese

Umdeutungsregel ein (vgl. Diederichsen NJW 1965, 671 (675)). Nur, wenn fest steht, dass der Erblasser den Eintritt der Nacherbfolge abgelehnt hat oder hätte, scheidet gem. Abs. 1 S. 2 die Umdeutung aus und die Erbeinsetzung ist nichtig. Die **Beweislast** für einen ablehnenden Erblasserwillen trägt, wer sich auf die Unwirksamkeit der Erbeinsetzung beruft.

**2. Voraussetzung.** Die Anwendung dieser Umdeutungsregel setzt die positive Feststellung voraus, dass die **Erbeinsetzung** eines noch nicht Gezeugten vom Erblasser gewollt ist (OLG Köln DNotZ 1993, 813). An die Bestimmtheit einer derartigen Erbeinsetzung sind die allgemeinen Anforderungen zu stellen. Hat der Erblasser bei der Erbeinsetzung allgemeine und damit ungenaue Bezeichnungen verwendet, so findet bei Einsetzung seiner gesetzlichen Erben ohne nähere Bestimmung § 2066, seiner Verwandten § 2067, seiner Kinder § 2068, seiner Abkömmlinge § 2069 und der Abkömmlinge eines Dritten § 2070 als Auslegungsregeln Anwendung. In allen diesen Fällen sind zurzeit des Erbfalls noch nicht Gezeugte von der Erbfolge ausgeschlossen, sodass bereits deshalb die Umdeutungsregel des Abs. 1 nicht eingreifen kann. Dies gilt auch, wenn und soweit die vorgenannten Auslegungsregeln analog angewendet werden können. Hat der Erblasser neben beim Erbfall bereits vorhandenen oder doch mindestens gezeugten Personen auch eine oder mehrere noch nicht gezeugte eingesetzt, so findet Abs. 1 ebenfalls Anwendung, allerdings nur in Bezug auf die noch nicht Gezeugten (→ Rn. 4). 2

**3. Rechtsfolgen.** Hat der Erblasser ausschließlich eine oder mehrere beim Erbfall noch nicht gezeugte Personen zu Erben eingesetzt, so sind gem. § 2105 Abs. 2 Alt. 2 mangels abweichender Bestimmung die gesetzlichen Erben des Erblassers bis zur Geburt nicht befreite Vorerben. Mit dem Zeitpunkt, in dem feststeht, dass der oder die Eingesetzten nicht mehr geboren werden kann bzw. können (zB Gebärunfähigkeit der Mutter der Erben), so entfällt die Nacherbfolge und die gesetzlichen Erben erhalten endgültig die Rechtsstellung von Vollerben. Die gleiche Wirkung hat der Ablauf der 30-Jahresfrist des § 2109. 3

Aus dem **Nebeneinander geborener bzw. gezeugter und noch nicht gezeugter Personen** ergeben sich folgende Probleme: Die zurzeit des Erbfalls geborenen oder doch zumindest gezeugten Personen werden mit dem Tod des Erblassers auf Grund der allgemeinen Vorschriften endgültig dessen unbeschränkte Vollerben. Bezüglich der noch nicht gezeugten Erben greift Abs. 1 S. 1 mit der Folge ein, dass diese lediglich Nacherben sind. Gemäß § 2105 Abs. 2 Alt. 2 wären an sich die gesetzlichen Erben des Erblassers Vorerben. Insoweit ist jedoch von einem abweichenden Erblasserwillen auszugehen, sodass nicht die gesetzlichen Erben des Erblassers, sondern nur die beim Erbfall vorhandenen bzw. bereits gezeugten Erben nicht befreite Vorerben sind. Diese Personen sind folglich Voll- und Vorerben in einem, jedoch ohne dass zurzeit des Erbfalls feststeht zu welcher Erbquote. Diese kann erst endgültig angegeben werden, wenn sicher ist, dass keine weitere Person mehr gezeugt werden kann. Bis dahin ist daher die Angabe der eigentlich sowohl im Erbscheinsantrag als auch im **Erbschein** anzugebenden Erbquote aus sachlichen Gründen unmöglich und kann folgerichtig offen bleiben oder als Mindesterbteil angegeben werden (OLG Düsseldorf DNotZ 1978, 683 (684); OLG Hamm Rpfleger 1969, 299 (300); Nieder DNotZ 1993, 816 (820)). Im Erbschein muss angegeben werden, dass die Vollerben in einer noch nicht endgültig feststehenden Größe Vorerben für eingesetzte, noch nicht gezeugte Nacherben sind (Formulierungsvorschlag: OLG Köln DNotZ 1993, 813; Nieder DNotZ 1993, 816 (820 f.); Eschelbach Rpfleger 1992, 393). Trotz ihrer Rechtsstellung als unbeschränkte Miterben unterliegen die beim Erbfall vorhandenen oder wenigstens bereits gezeugten Personen in vollem Umfang den Beschränkungen der §§ 2110 ff., insbes. den Verfügungsbeschränkungen der §§ 2112 ff. Die Rechte der unbekannten Nacherben werden durch einen erforderlichenfalls zu bestellenden Pfleger gem. § 1913 wahrgenommen. Es gehört zu den Amtspflichten eines Notars bei der Beurkundung einer Erbeinsetzung noch nicht gezeugter Personen, den Erblasser auf diese Beschränkungen der Vollerben hinzuweisen (OLG Köln DNotZ 1993, 813 m. zust. Anm. Nieder). 4

## II. Einsetzung noch nicht entstandener juristischer Person

Abs. 1 gilt entspr. für die Einsetzung einer beim Erbfall noch nicht entstandenen juristischen Person. Abweichend von diesem Grundsatz gilt gem. § 84 eine vom Erblasser selbst errichtete, aber erst nach seinem Tod genehmigte bzw. anerkannte **Stiftung** als vorher entstanden. Sie wird daher Vollerbe, nicht nur Nacherbe. Dies gilt auch für Stiftungen ausländischen Rechts (BayObLGZ 1965, 77). 5

## § 2102 Nacherbe und Ersatzerbe

**(1) Die Einsetzung als Nacherbe enthält im Zweifel auch die Einsetzung als Ersatzerbe.**

**(2) Ist zweifelhaft, ob jemand als Ersatzerbe oder als Nacherbe eingesetzt ist, so gilt er als Ersatzerbe.**

### Überblick

Diese Auslegungsregel bestimmt bei einem durch Auslegung nicht feststellbaren Erblasserwillen zum einen, dass bei Wegfall des Vorerben der Nacherbe auch als Ersatzerbe anzusehen ist (→ Rn. 1 ff.) und zum anderen, dass bei Zweifeln, ob jemand zum Ersatzerben oder zum Nacherben eingesetzt wurde, von einer Ersatzerbeneinsetzung auszugehen ist (→ Rn. 6 ff.). Sie findet auch im Rahmen eines gemeinschaftlichen Testaments oder eines zweiseitigen Erbvertrags, in dem sich die Beteiligten gegenseitig zu Vorerben und einen oder mehrere Dritte zu Nacherben eingesetzt haben (Trennungsprinzip), Anwendung (→ Rn. 5). Der Ersatznacherbe hat bis zum Nacherbfall ein vererbliches und übertragbares Anwartschaftsrecht (→ Rn. 9).

## I. Wegfall des Vorerben

1 Auf der Grundlage des § 2096 kann der Erblasser einen Ersatzerben für den Fall bestimmen, dass ein eingesetzter Vorerbe vor dem oder mit Rückwirkung auf den Erbfall wegfällt, insbes. durch Vorversterben, Ausschlagung oder Erbunwürdigkeitserklärung. Wegen des Begriffs Wegfall → § 2096 Rn. 2. Fällt der Vorerbe dagegen erst **nach dem Erbfall** weg und wirkt das Ereignis auch nicht auf den Erbfall zurück, also insbes. beim Versterben nach dem Erblasser, so hängt die Entscheidung, wer dann Erbe wird, nicht von der Regelung der Ersatzerbfolge, sondern von der Ausgestaltung der Nacherbfolge ab. Bei einem Wegfall vor dem Erbfall stehen dem Erblasser zwei Gestaltungen zur Verfügung:

2 **1. Ersatz-Vorerbe.** Der Erblasser kann an die Stelle eines weggefallenen Vorerben entweder eine andere Person als Ersatz-Vorerben oder die eigentlich zum Nacherben berufene Person als Ersatzerben setzen. Hat der Erblasser sich für einen Ersatz-Vorerben entschieden, so hat dieser bis zum Eintritt des Nacherbfalls die gleiche rechtliche Stellung wie der zunächst zum Vorerben Berufene.

3 **2. Nacherbe als Ersatzerbe (Abs. 1).** Stattdessen kann der Erblasser auch den eingesetzten Nacherben als Ersatzerben an die Stelle des Vorerben treten lassen, und zwar mit der Folge, dass der Nacherbe unmittelbarer und unbeschränkter Vollerbe wird, es sei denn, es ist mehrfache Nacherbfolge angeordnet. Diese Ersatzregelung tritt dabei nicht nur dann ein, wenn der Erblasser dies ausdrücklich angeordnet hat oder dies im Wege der ergänzenden Auslegung der Verfügung entnommen werden kann. Gemäß der **Auslegungsregel** des Abs. 1 (Staudinger/Avenarius, 2019, Rn. 1; aA Soergel/Wegmann Rn. 2: Ergänzungsregel) tritt ein eingesetzter Nacherbe auch bei einem offenen Auslegungsergebnis als Vollerbe an die Stelle des Vorerben. Dabei ist es gleichgültig, ob die Nacherbfolge auf einer ausdrücklichen Anordnung des Erblassers oder auf einer Auslegungsregel (zB Abs. 2, § 2103) beruht. Eine beim Erbfall nicht vorhandene Person, die auch noch nicht erzeugt ist, kann selbst dann nicht Ersatzerbe auf Grund des Abs. 1 werden, wenn sie wirksam als Nacherbe eingesetzt ist. Wer als Ersatzerbe an die Stelle des Vorerben treten soll, muss zurzeit des Erbfalls geboren, mindestens jedoch erzeugt sein. Hat der Erblasser sowohl vorhandene als auch beim Erbfall noch nicht erzeugte Personen zu Nacherben eingesetzt, so werden die beim Erbfall bereits vorhandenen Mitnacherben auf Grund des § 2101 Abs. 1 teilweise Voll- und teilweise Vorerben für die noch nicht Erzeugten (→ § 2101 Rn. 4). Sind dagegen alle eingesetzten Nacherben beim Tod des Erblassers noch nicht erzeugt, so treten gem. § 2101 Abs. 1, § 2105 Abs. 2 Alt. 2 die gesetzlichen Erben des Erblassers an die Stelle des Vorerben, während die noch nicht erzeugten Nacherben bis zur Geburt sind. Sind mehrere Nacherben nacheinander eingesetzt, so sind diese in der angeordneten Reihenfolge auch Ersatz-Nacherben gem. Abs. 1, wenn kein anderer Erblasserwille festzustellen ist.

4 Ein **abweichender Erblasserwille** geht der Auslegungsregel des Abs. 1 vor. Für die Bestimmung von Ersatzerben für den weggefallenen Vorerben gilt § 2096. Der Erblasser kann auch einen oder mehrere Mit-Vorerben als Ersatzerben eines anderen Vorerben berufen. Kann der Verfügung entnommen werden, dass der Erblasser die eingesetzten Nacherben in jedem Falle erst mit dem Nacherbfall (zB bestimmtes Lebensalter der Nacherben) zur Erbfolge gelangen lassen wollte, gilt

diese Auslegungsregel ebenfalls nicht und auf der Grundlage des § 2105 werden die gesetzlichen Erben des Erblassers Vorerben bis dahin (vgl. RG Recht 22 Nr. 438).

Richtiger Ansicht nach findet diese Auslegungsregel auch im Rahmen eines **gemeinschaftlichen Testaments oder eines zweiseitigen Erbvertrags,** in dem sich die Beteiligten gegenseitig zu Vorerben und einen oder mehrere Dritte zu Nacherben eingesetzt haben (Trennungsprinzip), Anwendung (BGH FamRZ 1987, 475; OLG Hamm FGPrax 2005, 74 (76); Rpfleger 2001, 595 (596); KG NJW-RR 1987, 451; OLG Oldenburg MDR 1999, 232; Nehlsen-von Stryk DNotZ 1988, 147; Muscheler JZ 1994, 630; Erman/M. Schmidt Rn. 3; aA OLG Karlsruhe FamRZ 1970, 255 (256); MüKoBGB/Grunsky Rn. 4). Enthält die Verfügung keine Regelung über die Erbfolge bezüglich des eigenen Nachlasses des Längstlebenden, so ist deshalb Abs. 1 anzuwenden und der oder die zu Nacherben eingesetzten Dritten sind dessen Erben, es sei denn, dass ein abweichender Erblasserwille festgestellt werden kann. Diese Ersatzerbfolge auf Grund des Abs. 1 hat jedoch regelmäßig keine wechselbezügliche bzw. vertragsgemäße Bindungswirkung, kann also von jedem einseitig testamentarisch geändert werden (vgl. OLG Karlsruhe ZEV 2003, 281; KG NJW-RR 1987, 451; aA OLG Oldenburg MDR 1999, 232; OLG Celle FamRZ 2003, 887 (888); offen gelassen BGH ZEV 1999, 26; OLG Hamm FGPrax 2005, 74 (76); vgl. auch Keim ZEV 2002, 437 (438)). 5

## II. Vermutung der Ersatzerbschaft gem. Abs. 2

Abs. 2 beschäftigt sich mit dem praktisch wichtigen Problem, dass vor allem in ohne fachkundigen Rat errichteten Verfügungen von Todes wegen zwischen den Begriffen Nach- und Ersatzerben in einer Vielzahl von Fällen überhaupt nicht unterschieden wird oder mit diesen Worten falsche Inhalte verbunden werden. Diese Bestimmung entbindet jedoch nicht von der Notwendigkeit, den wahren Erblasserwillen durch Auslegung zu erforschen. Wegen der schwierigen Abgrenzung → § 2084 Rn. 22; → § 2269 Rn. 14. Auch vom Notar beurkundete Verfügungen sind auslegungsfähig, weil der Wille der Beteiligten ausschlaggebend ist, nicht aber die Vorstellungen des Notars (→ § 2084 Rn. 12). 6

Führt diese Auslegung jedoch zu keinem Ergebnis in der einen oder in der anderen Richtung, so tritt kraft dieser Vermutungsregel (Erman/M. Schmidt Rn. 4; aA Staudinger/Avenarius, 2019, Rn. 9; BayObLG NJWE-FER 2000, 127 (128)) Ersatz-, nicht Nacherbfolge ein. Diese Vorschrift trägt der praktischen Erfahrung Rechnung, dass die mit einer Nacherbeneinsetzung verbundenen Beschränkungen des Vorerben in seiner Verwaltungs- und Verfügungsfreiheit selten gewollt sind, wenn nicht sachliche Gründe ausnahmsweise dafür sprechen. 7

## III. Wegfall des Nacherben

**1. Ersatznacherben.** Auf der Grundlage des § 2096 kann der Erblasser auch für den Fall, dass der Nacherbe vor dem Nacherbfall wegfällt, einen oder mehrere Ersatznacherben bestimmen. Der Ersatznacherbe muss zurzeit des Nacherbfalls vorhanden oder mindestens erzeugt sein. Hat der Erblasser jedoch beim Nacherbfall noch nicht erzeugte Personen zu Ersatznacherben eingesetzt, so sind die gesetzlichen Erben des Erblassers Ersatznach- und zugleich Vorerben für die noch nicht erzeugte Person, die erst mit Geburt Erbe wird (§§ 2101, 2105). Das den Ersatzerbfall auslösende Ereignis kann vor oder, wenn das Ereignis auf den Nacherbfall zurückwirkt, auch nach dem Nacherbfall (zB Ausschlagung der Nacherbschaft, Erbunwürdigkeit) eintreten. 8

**2. Rechtsstellung des Ersatznacherben. a) Anwartschaftsrecht.** Der Ersatznacherbe hat bis zum Nacherbfall ein vererbliches und übertragbares Anwartschaftsrecht (MüKoBGB/Grunsky Rn. 11; aA Schmidt BWNotZ 1966, 142; Becher NJW 1969, 1463), das jedoch im Vergleich zu dem des zunächst berufenen Nacherben schwächer ausgestaltet ist, weil der Ersatz-Nacherbe bis zum Ersatznacherbfall keine eigenständigen und unmittelbaren Rechte gegenüber dem Vorerben bezüglich des Nachlasses hat. Verfügungen des Vorerben über Nachlassgegenstände bedürfen deshalb zur Wirksamkeit nur der Zustimmung des Nacherben, nicht der des Ersatznacherben. Hat der Vorerbe mit Zustimmung des Nacherben wirksam über einen Nachlassgegenstand verfügt, so enden damit auch die Rechte des Ersatznacherben hieran und setzen sich kraft dinglicher Surrogation an den Ersatzgegenständen fort. Das Anwartschaftsrecht des Ersatznacherben wird durch eine etwaige Übertragung des Anwartschaftsrechts durch den Nacherben (→ § 2100 Rn. 50) nicht eingeschränkt. Trotz einer Übertragung durch den zunächst berufenen Nacherben auf den Vorerben oder einen Dritten wird der Ersatznacherbe mit dem Ersatznacherbfall Erbe des Erblassers. Diese Folge tritt nur dann nicht ein, wenn der Ersatz-Nacherbe auch sein eigenes Anwartschafts- 9 recht auf den Vorerben oder den Dritten übertragen oder der Übertragung des Nacherbenanwartschaftsrechts zugestimmt hat. Im Falle der Übertragung auf den Vorerben wird dieser Vollerbe, wenn keine weiteren Ersatz-Nacherben oder weiteren Nacherben im Falle mehrfacher Nacherbfolge eingesetzt sind. Die Übertragung des Anwartschaftsrechts des Ersatz-Nacherben geschieht nach den gleichen Regeln wie die Abtretung des Nacherben-Anwartschaftsrechts (→ § 2100 Rn. 50).

10 **b) Erbschein und Grundbuch.** Erbschein wie Nacherbenvermerk im Grundbuch dienen dazu, im Rechtsverkehr ein vollständiges Bild der Erbfolge und der Verfügungsbeschränkungen zu geben, sodass richtiger Ansicht nach in beiden auch der Ersatznacherbe anzugeben ist (OLG Hamm DNotZ 1966, 108; aA Becher NJW 1969, 1763). Da die Angabe des Ersatz-Nacherben im Nacherbenvermerk auch dessen Schutz dient, bleibt er im Grundbuch auch dann eingetragen, wenn der Nacherbe sein Anwartschaftsrecht auf den Vorerben oder einen Dritten überträgt, es sei denn, dass die Übertragung mit Zustimmung des Ersatz-Nacherben erfolgt ist (OLG Hamm NJW 1970, 1606).

## § 2103 Anordnung der Herausgabe der Erbschaft

**Hat der Erblasser angeordnet, dass der Erbe mit dem Eintritt eines bestimmten Zeitpunkts oder Ereignisses die Erbschaft einem anderen herausgeben soll, so ist anzunehmen, dass der andere als Nacherbe eingesetzt ist.**

### Überblick

Die Auslegungsregel betrifft die Abgrenzung zwischen der Zuwendung eines Vermächtnisses und der Einsetzung zum Nacherben, wenn der Erblasser die Herausgabe einer Erbschaft angeordnet hat. Diese Norm soll die Institution der Vor- und Nacherbschaft wegen ihrer dinglichen Wirkungen und dem damit verbundenen Schutz des Zuwendungsempfängers bevorzugen. Der Erblasser muss dem Herausgabepflichtigen zumindest vorübergehend die Stellung eines Vorerben zugedacht haben (→ Rn. 3). Die Herausgabepflicht muss sich auf den gesamten Nachlass oder einen Bruchteil hiervon beziehen (→ Rn. 4).

### I. Normzweck

1 Trotz der missverständlichen Formulierung („ist anzunehmen") enthält § 2103 keine gesetzliche Fiktion, sondern eine Auslegungsregel (Staudinger/Avenarius, 2019, Rn. 1; MüKoBGB/Grunsky Rn. 1; aA Soergel/Wegmann Rn. 1: Ergänzungsregel). Diese knüpft an die praktische Erfahrung an, dass juristische Laien bei der Abfassung eigenhändiger Testamente häufig zwar die Herausgabepflicht ausdrücklich regeln, aber nicht eindeutig zwischen Herausgabevermächtnis und Anordnung der Vor- und Nacherbfolge unterscheiden. Bei einem offenen Auslegungsergebnis führt § 2103 deshalb zwangsläufig zur Vor- und Nacherbschaft. Diese Norm hat nicht den Sinn, die Verfügung vor der Unwirksamkeit zu schützen, sondern die Institution der Vor- und Nacherbschaft wegen ihrer dinglichen Wirkungen und dem damit verbundenen Schutz des Zuwendungsempfängers zu bevorzugen (vgl. Staudinger/Avenarius, 2019, Rn. 1).

### II. Voraussetzungen

2 **1. Anordnung der Herausgabe.** Die Auslegungsregel findet nicht nur dann Anwendung, wenn der Erblasser das Wort „Herausgabe" verwendet. Auch vergleichbare Formulierungen wie „teilen", „weitergeben", „ausliefern" oder „überlassen" führen bei einem offenen Auslegungsergebnis über § 2103 zur Vor- und Nacherbfolge (vgl. Staudinger/Avenarius, 2019, Rn. 8). Hauptanwendungsfall dieser Norm sind Anordnungen, in denen der Erbe bei Wiederverheiratung zur Herausgabe des Nachlasses oder eines Teils hiervon an Abkömmlinge verpflichtet wird (vgl. KG OLGE 39, 17).

3 **2. Herausgabezeitpunkt.** Der Erblasser muss dem Herausgabepflichtigen zumindest vorübergehend die Stellung eines Vorerben zugedacht haben, und zwar gleichgültig, ob dieser als gewillkürter oder als gesetzlicher Erbe berufen ist (RG LZ 1923, 321 f.). Der Herausgabezeitpunkt muss also nach dem Tod des Erblassers liegen, um auf § 2103 zurückgreifen zu können. Fallen

dagegen Herausgabezeitpunkt und Erbfall zusammen, so kann die Verfügung richtiger Ansicht nach nicht als Vermächtnis, sondern allenfalls als Erbeinsetzung des Herausgabeberechtigten, verbunden mit einer Testamentsvollstreckung durch den Herausgabepflichtigen aufrechterhalten werden (MüKoBGB/Grunsky Rn. 2; Grüneberg/Weidlich Rn. 2; Soergel/Wegmann Rn. 2; aA Staudinger/Avenarius, 2019, Rn. 3). Den Zeitpunkt der Herausgabe kann der Erblasser im Hinblick auf die Auslegungsregel des § 2106 zwar offen lassen, darf die Entscheidung hierüber jedoch wegen § 2065 Abs. 2 Alt. 2 nicht einem Dritten überlassen (BGH NJW 1955, 100). Im zuletzt genannten Fall ist die Anordnung jedoch keineswegs unwirksam, sondern muss entgegen der Grundregel des § 2103 als Vermächtnis aufgefasst werden.

**3. Umfang der Herausgabepflicht.** Sie kann sich auf den gesamten Nachlass oder einen Bruchteil hiervon beziehen (KG OLGE 11, 239; Staudinger/Avenarius, 2019, Rn. 4). Bei einer Erbenmehrheit kann sie auch auf den Erbteil eines Miterben oder einen Teil hiervon beschränkt werden. Sind dagegen nur einzelne oder Nachlassgegenstände herauszugeben und handelt es sich in Wahrheit nicht doch um eine Erbeinsetzung (§ 2087 Abs. 1), so handelt es sich nicht um die Anordnung einer Nacherbfolge, sondern nur um ein Vermächtnis. Muss der Erbe nur den bei Eintritt des Ereignisses (Nacherbfall) vorhandenen Nachlass weitergeben, so handelt es sich um eine Nacherbeneinsetzung auf den Überrest iSd § 2137, sodass der beschwerte Vorerbe, soweit zulässig, von allen gesetzlichen Beschränkungen und Verpflichtungen befreit ist (RGZ 152, 189 (190)). 4

**4. Berechtigter.** Der Erblasser muss den Berechtigten selbst bestimmen. Die Auslegungsregeln der §§ 2066–2073, 2104 können dabei jedoch herangezogen werden. Hat der Erblasser diese Festlegungen einem Dritten in einer nicht mit § 2065 zu vereinbarenden Weise überlassen, ist die Umdeutung der Anordnung in ein Vermächtnis geboten. 5

## III. Vorrang des Erblasserwillens

Der Erblasser braucht nur die Herausgabe zu wollen, nicht jedoch den Eintritt der Nacherbfolge. Die Nacherbfolge tritt andererseits nicht ein, wenn der Erblasser diese abgelehnt hat oder hätte. Im Falle der Ablehnung durch den Erblasser ist ein aufschiebend bedingtes Vermächtnis anzunehmen, sofern die sonstigen Voraussetzungen für eine derartige Zuwendung gegeben sind (vgl. BayObLGZ 1922, 94; Erman/M. Schmidt Rn. 2). Auch die Herausgabe des gesamten Nachlasses kann als **Universalvermächtnis** zulässig sein (→ § 2087 Rn. 1). Der Erblasser kann folglich statt der Anordnung der Nacherbfolge den Vollerben mit dem Vermächtnis beschweren, bei Eintritt eines bestimmten Ereignisses, also auch erst mit dessen Tod, den Nachlass an einen anderen herauszugeben (G. Müller ZEV 1996, 179 (181)). Mit der durch ein solches **Herausgabevermächtnis** eintretenden größeren Verfügungsfreiheit des Vollerben, die über die eines bis zur Grenze des § 2136 umfassend befreiten Vorerben hinausgeht, korrespondiert jedoch ein deutlich geringerer Schutz des Vermächtnisnehmers vor beeinträchtigenden Verfügungen (vgl. ausf. J. Mayer ZEV 2000, 1 (8 f.); Zawar DNotZ 1986, 515 (521)). 6

## § 2104 Gesetzliche Erben als Nacherben

**[1]Hat der Erblasser angeordnet, dass der Erbe nur bis zu dem Eintritt eines bestimmten Zeitpunkts oder Ereignisses Erbe sein soll, ohne zu bestimmen, wer alsdann die Erbschaft erhalten soll, so ist anzunehmen, dass als Nacherben diejenigen eingesetzt sind, welche die gesetzlichen Erben des Erblassers sein würden, wenn er zur Zeit des Eintritts des Zeitpunkts oder des Ereignisses gestorben wäre. [2]Der Fiskus gehört nicht zu den gesetzlichen Erben im Sinne dieser Vorschrift.**

### Überblick

Die Ergänzungsregel zur sog. konstruktiven Nacherbschaft greift ein, wenn der Erblasser zwar die Vor- und Nacherbfolge wollte, aber die Person des Nacherben nicht hinreichend bezeichnet hat (→ Rn. 2). Bei Ausschlagung der Nacherbschaft aus, ohne dass Ersatznacherben bestimmt sind, greift an Stelle von § 2104 § 2142 Abs. 2 ein und der Vorerbe wird unbeschränkter Vollerbe (→ Rn. 4). Es ist umstritten, ob und in welchen Fällen diese Ergänzungsregel des § 2104 auf andere Unvollständigkeitsfälle analog heranzuziehen ist (→ Rn. 5 f.). Nacherben sind danach die gesetzlichen Erben des Erblassers, und zwar zur Zeit des Eintritts des Nacherbfalls (→ Rn. 8).

Die nach § 2104 berufenen Nacherben erwerben mit dem Erbfall (noch) kein Anwartschaftsrecht (→ Rn. 9).

## I. Normzweck

1 Zu den drei Elementen, die den Begriff der Nacherbfolge bilden (→ § 2100 Rn. 1), gehört auch die Bestimmung der Personen, die zeitlich nach dem Vorerben den Nachlass erhalten sollen. Hat der Erblasser bei der Anordnung einer Nacherbfolge die Nacherben nicht bestimmt und können diese auch nicht im Wege der erläuternden oder ergänzenden Auslegung ermittelt werden (vgl. BGH NJW 1963, 1150; LG Köln MittRhNotK 1962, 549), so wird die Unwirksamkeit dieser unvollständigen Verfügung durch § 2104 in der Weise vermieden, dass dann diejenigen Nacherben sind, die bei Eintritt des Nacherbfalls die gesetzlichen Erben des Erblassers, nicht des Vorerben, geworden wären (sog. **konstruktive Nacherbfolge**).

## II. Voraussetzungen

2 **1. Bestimmung des Nacherbfalls und des Vorerben.** Die konstruktive Nacherbfolge auf Grund des § 2104 tritt nur ein, wenn der Erblasser mindestens sowohl den Vorerben als auch den Nacherbfall bestimmt hat. Hat er den oder die Nacherben, nicht aber den oder die Vorerben bestimmt, so tritt die konstruktive Vorerbfolge gem. § 2105 ein. An die Bestimmung des oder der **Vorerben** sind die allgemeinen Anforderungen zu stellen. Es genügt, wenn sich der oder die Vorerben nur auf Grund von Auslegungsregeln (zB §§ 2066 ff.) ermitteln lassen. Die konstruktive Nacherbfolge tritt auch dann ein, wenn der Erblasser die Nacherbfolge auf einen von mehreren Erben oder auf einen Bruchteil des Nachlasses oder eines Erbteils beschränkt hat. Bezieht sich die Anordnung des Erblassers jedoch nur auf einen oder einzelne Nachlassgegenstände, so ist keine Nacherbfolge, sondern ein aufschiebend bedingtes Vermächtnis gewollt und § 2104 findet keine Anwendung. Diese Ergänzungsregel gilt aber auch dann, wenn nur bestimmt ist, wer Vorerbe werden soll, und der Nacherbfall sich noch nicht einmal durch erläuternde oder ergänzende Auslegung ermitteln lässt. In diesem Fall wird der im Hinblick auf den **Nacherbfall** und den Nacherben doppelt unvollständige, letzte Wille des Erblassers einerseits durch § 2106 Abs. 1 und andererseits durch § 2104 ergänzt. Beide Vorschriften lassen sich nebeneinander anwenden (BayObLG FamRZ 1996, 1577 (1578); Soergel/Wegmann Rn. 3; Staudinger/Avenarius, 2019, Rn. 3). Voraussetzung ist jedoch, dass der Wille des Erblassers feststeht, den Vorerben nur auf Zeit einzusetzen.

3 **2. Unvollständige Nacherbenbestimmung. a) Lückenhafte Willensbildung.** § 2104 gilt unmittelbar nur für solche Fälle, in denen der Erblasser bei seinem Tod keine wirksame Verfügung von Todes wegen mit einer Bestimmung der Nacherben hinterlassen hat (BGH NJW 1986, 1812; BayObLG Rpfleger 2002, 28 (29)). Dabei ist es gleichgültig, ob die Lückenhaftigkeit der Willensbildung von Anfang an bestand oder nachträglich durch Aufhebung, Widerruf usw der Verfügung mit der Nacherbeneinsetzung entstanden ist (vgl. BayObLG FamRZ 1991, 1114; Staudinger/Avenarius, 2019, Rn. 10). Die Lücke kann auch die Folge einer Formungültigkeit der Verfügung sein, in der der Nacherbe bestimmt worden ist (aA MüKoBGB/Grunsky Rn. 3). Haben sich Ehe- oder Lebenspartner in einer gemeinsamen Verfügung von Todes wegen gegenseitig zu Vorerben eingesetzt, aber die Nacherbenbestimmung vergessen, so führt § 2104 zur Nacherbschaft der Personen, die die gesetzlichen Erben des Zuerstverstorbenen geworden wären, wäre dieser zurzeit des Nacherbfalls gestorben. Sind in diesem Fall „die gesetzlichen Erben" jedes Partners zu Nacherben eingesetzt, liegt keine lückenhafte Willensbildung iSd § 2104 vor, weil auf Grund des § 2066 diejenigen Personen Nacherben sind, die beim Nacherbfall zu den gesetzlichen Erben des Erblassers gehören (KG DNotZ 1935, 826; Staudinger/Avenarius, 2019, Rn. 12; aA RGRK-BGB/Johannsen Rn. 8).

4 **b) Ausschlagung der Nacherbschaft.** Schlägt der Nacherbe die Nacherbschaft aus und fehlt eine Bestimmung von Ersatznacherben, so greift nicht etwa § 2104 ein, sondern der Vorerbe wird gem. § 2142 Abs. 2 unbeschränkter Vollerbe (Staudinger/Avenarius, 2019, Rn. 9).

5 **c) Sonstige Unvollständigkeitsgründe.** Das Fehlen von Nacherben kann jedoch noch andere Ursachen haben, nämlich das Vorversterben der eingesetzten Person, das Ausbleiben der Geburt erwarteter Personen (zB Kinderlosigkeit der Ehepartner bei gegenseitiger Vorerbeinsetzung), die Erbunwürdigkeit des Nacherben oder die Unwirksamkeit der Berufung des Nacherben, die wiederum beruhen kann entweder auf einem Verstoß gegen das Selbstbestimmungsgebot des

§ 2065 oder auf einer Verletzung eines Verbotsgesetzes (zB § 14 HeimG, §§ 7, 27 BeurkG) oder auf einer erfolgreichen Anfechtung iSd §§ 2078, 2079. Es ist umstritten, ob und in welchen dieser Fälle die Ergänzungsregel des § 2104 analog heranzuziehen ist. Teilweise wird auch die Auffassung vertreten, dass in diesen Fällen unter analoger Anwendung des § 2142 Abs. 2 der Eintritt der Vollerbschaft des Vorerben generell der Ersatzberufung der gesetzlichen Erben über § 2104 vorzuziehen ist (Coing NJW 1975, 521; vgl. Staudinger/Avenarius, 2019, Rn. 9). Es lassen sich folgende Fallgruppen unterscheiden:

1. **Vorversterben oder Ausbleiben der Geburt des Nacherben:** Nach überwiegender Auffassung soll § 2104 keine Anwendung finden, wenn der eingesetzte Nacherbe vor Eintritt des Nacherbfalls verstirbt und keine Ersatznacherbfolge angeordnet ist, es sei denn, der Vorerbe soll den Nachlass nur bis zu einem bestimmten Termin oder Ereignis behalten dürfen (BGH NJW 86, 1812; RG SeuffBl 72, 731; Grüneberg/Weidlich Rn. 2; MüKoBGB/Grunsky Rn. 3: idR). Wenn der eingesetzte Nacherbe gar nicht erst geboren wird, soll eine analoge Anwendung zwar denkbar sein, es jedoch in aller Regel dem Willen der Eheleute eher entsprechen, dass der Überlebende dann unbeschränkter Erbe des zuerst verstorbenen Ehepartners wird (KG OLGE 44, 91; Soergel/Wegmann Rn. 2; MüKoBGB/Grunsky Rn. 3; Staudinger/Avenarius, 2019, Rn. 10; Grüneberg/Weidlich Rn. 3).
2. **Verstoß gegen das Selbstbestimmungsgebot des § 2065:** Nach hM ist es unter bestimmten Voraussetzungen mit § 2065 vereinbar, die Bezeichnung der Nacherben dem Vorerben oder einem sonstigen Dritten zu überlassen (ausf. → § 2065 Rn. 12, 14 und 19). Hat der Erblasser jedoch die Grenzen einer zulässigen Delegation der Nacherbenbestimmung überschritten, ist umstritten, ob der Vorerbe dann unbeschränkter Vollerbe wird (BGH NJW 1986, 1812; OLG Frankfurt DNotZ 2001, 143; Lange/Kuchinke ErbR § 27 I 9) oder analog § 2104 die gesetzlichen Erben Nacherben werden (OLG Hamm NJW-RR 1995, 1477; → § 2065 Rn. 23).
3. **Unwirksamkeit wegen Gesetzesverstoß oder Anfechtung:** Die analoge Anwendung des § 2104 auf die Fälle, in denen die Nacherbenbestimmung infolge eines Verstoßes gegen Verbotsgesetze (zB § 14 HeimG, §§ 7, 27 BeurkG) oder infolge Anfechtung der letztwilligen Verfügung (§§ 2078, 2079) unwirksam wird, ist ebenfalls umstritten (dafür: KG JW 1938, 2821; Soergel/Wegmann Rn. 2; Grüneberg/Weidlich Rn. 2 f.; dagegen: Staudinger/Avenarius, 2019, Rn. 10; diff. MüKoBGB/Grunsky Rn. 3 f.; Damrau/Hennicke Rn. 3; vgl. auch BGH NJW 1986, 1812).
4. **Erbunwürdigkeitserklärung:** Wird der Nacherbe gem. § 2344 für erbunwürdig erklärt und fehlt eine Ersatznacherbenregelung, so soll in Anwendung des allgemeinen Rechtsgedankens des § 2142 Abs. 2 der Vorerbe unbeschränkter Vollerbe werden, § 2104 also nicht anwendbar sein (Staudinger/Avenarius, 2019, Rn. 9).

Die in Rspr. und Lit. zur Lösung dieser Streitfragen allgemein befürwortete Differenzierung nach 6
den Ursachen für die Unvollständigkeit der Willenserklärung sollte besser ersetzt werden durch eine Unterscheidung anhand der vom Erblasser mit der Nacherbfolge verfolgten Motive. Die Rechtsfolge des § 2104 auf Grund einer Analogie ist doch nur dann sachlich gerechtfertigt, wenn diese Unvollständigkeitsfälle mit dem Fall einer lückenhaften Willensbildung vergleichbar sind. Dazu muss aber im Wege ergänzender Auslegung festgestellt werden können, dass der Erblasser auch bei Kenntnis dieser Umstände, die zum Wegfall des oder der eingesetzten Nacherben geführt haben, an den Beschränkungen des Vorerben durch die Nacherbfolge festgehalten hätte. Zielt also die Einsetzung von Nacherben vor allem darauf, den Nachlass beim Vorerben vor diesem selbst (zB Verschwendungssucht), vor seinen Gläubigern (zB „Behindertentestament") oder vor seinen Erben (zB „Geschiedenentestament") zu schützen, so ist die Ausgangslage vergleichbar und § 2104 kann analog herangezogen werden. In diesem Fall ist allerdings sorgfältig zu prüfen, ob die Nacherbfolge aller gesetzlichen Erben wirklich vom Erblasser gewollt ist. Hat er nämlich unter Verstoß gegen § 2065 den Vorerben zur Auswahl der Nacherben aus einem bestimmten Personenkreis ermächtigt, hat diese Eingrenzung Vorrang vor der Rechtsfolgenanordnung des § 2104. Dient die angeordnete Nacherbfolge dagegen überwiegend dem Ziel, den Nachlass dem oder den Nacherben zu sichern (zB Kinder aus unterschiedlichen Beziehungen, eigenen Verwandten, Unternehmensnachfolge), so ist bei einem nachträglichen Wegfall des Nacherben – gleich aus welchem dieser Gründe – für eine Analogie zu § 2104 kein Raum mehr, sodass dann der Vorerbe auf Grund ergänzender Auslegung unbeschränkter Vollerbe wird (Teilweise ähnlich MüKoBGB/Grunsky Rn. 3 f.; Damrau/Hennicke Rn. 3). Es wird allerdings nicht allzu oft vorkommen, dass der Erblasser durch den Schutz des Nacherben motiviert Vorerbschaft anordnet, aber die Berufung des oder der Nacherben vergisst.

**3. Vorrang des Erblasserwillens.** Bei dieser Vorschrift handelt es sich um eine Auslegungsre- 7
gel, obwohl der Gesetzeswortlaut den Anschein einer Fiktion („so ist anzunehmen") erweckt

(MüKoBGB/Grunsky Rn. 4 mwN; für Ergänzungsregel Jauernig/Stürner Rn. 1). Ein abweichender Erblasserwille geht deshalb der Anwendung des § 2104 vor (MüKoBGB/Grunsky Rn. 4). Hat der Erblasser etwa seine gesetzlichen Erben oder bei einer Ehegattenverfügung mit einer gegenseitigen Vorerbeneinsetzung die des Erstversterbenden als Nacherben bestimmt, so ist nicht auf der Grundlage des § 2104, sondern durch erläuternde Auslegung zu ermitteln, wer damit gemeint ist (BayObLGZ 1966, 227 (232); MüKoBGB/Grunsky Rn. 2). Ein abweichender Erblasserwille ist regelmäßig auch dann anzunehmen, wenn der Erblasser nur einen von mehreren Miterben auf Zeit eingesetzt hat. In diesem Fall werden nicht die gesetzlichen Erben des Erblassers Nacherben, sondern der betroffene Erbteil wächst gem. § 2094 den übrigen Erben an. Das Gleiche gilt bei einer auflösend bedingten Erbeinsetzung mehrerer Personen (zB Verwirkungsklausel), wenn die Bedingung nur bei einem oder mehreren aus diesem Kreis (zB Abkömmlinge) eintritt (Hilgers MittRhNotK 1962, 381 (391)). Hat es der Erblasser dem Vorerben entgegen § 2065 Abs. 2 überlassen, die Nacherben aus einem bestimmten Personenkreis auszuwählen, drückt sich in dieser Beschränkung ein die Anwendung des § 2104 ausschließender Erblasserwille aus (OLG Frankfurt DNotZ 2001, 143 (145 ff.); MüKoBGB/Grunsky Rn. 3a; übersehen in OLG Hamm NJW-RR 1995, 1477).

## III. Rechtsfolgen

8 Im Falle der Anwendbarkeit des § 2104 werden diejenigen Personen, die die gesetzlichen Erben des Erblassers geworden wären, wenn dieser **zurzeit des Nacherbfalls** gestorben wäre, dessen Nacherben. Zum Kreis der gesetzlichen Erben des Erblassers gehören auch adoptierte und nichteheliche Kinder, nicht dagegen, wer durch Erbunwürdigkeitserklärung (§§ 2339 ff.) oder durch Erbverzicht (§§ 2346 ff.) ausgeschieden ist (Staudinger/Avenarius, 2019, Rn. 7; Soergel/Wegmann Rn. 4). Der Fiskus ist nach S. 2 ebenfalls als gesetzlicher Erbe ausgeschlossen, sodass denn, wenn außer diesem keine gesetzlichen Erben vorhanden sind, der Vorerben unbeschränkter Vollerbe wird (Staudinger/Avenarius, 2019, Rn. 5; MüKoBGB/Grunsky Rn. 5). Wegen der Einzelheiten wird auf § 2066 verwiesen.

9 Bei der konstruktiven Nacherbschaft auf Grund des § 2104 erwerben die gesetzlichen Erben des Erblassers mit dessen Tod **kein vererbliches Anwartschaftsrecht** iSd § 2108 Abs. 2 (BayObLGZ 1966, 227 (229)). Anders als im Falle einer vollständigen Nacherbeneinsetzung steht bei dieser nämlich erst mit dem Nacherbfall auf Grund der beschriebenen hypothetischen Erbfolgeüberlegungen fest, wer Nacherbe ist. Den gesetzlichen Erben steht trotz dieser Ungewissheit bereits ab dem Erbfall das Recht zur Ausschlagung oder zur Übertragung der künftigen, jedoch ungesicherten Nacherbschaft zu (MüKoBGB/Grunsky Rn. 4; aA Erman/M. Schmidt Rn. 6). Stellt sich jedoch nachträglich heraus, dass der ausschlagende oder übertragende gesetzliche Erbe nicht zum Kreis der Nacherben gehört, so bleibt die Ausschlagung bzw. Übertragung wirkungslos.

10 Wenn und soweit Handlungen und Erklärungen gegenüber dem Vorerben notwendig sind, insbes. also bei Verfügungen gem. § 2113, ist auf Grund des § 1913 die Bestellung eines **Pflegers für alle noch unbekannten Nacherben** erforderlich. Nach zutreffender hM ist dieser für alle gesetzlichen Erben, also auch für die bereits vorhandenen zu bestellen, weil nicht absehbar ist, ob diese auch tatsächlich Nacherben werden (BGH MDR 1968, 484; BayObLGZ 1996, 227 (229); OLG Hamm Rpfleger 1969, 347; aA Kanzleiter DNotZ 1970, 326; Soergel/Wegmann Rn. 5; MüKoBGB/Grunsky Rn. 6).

### § 2105 Gesetzliche Erben als Vorerben

**(1) Hat der Erblasser angeordnet, dass der eingesetzte Erbe die Erbschaft erst mit dem Eintritt eines bestimmten Zeitpunkts oder Ereignisses erhalten soll, ohne zu bestimmen, wer bis dahin Erbe sein soll, so sind die gesetzlichen Erben des Erblassers die Vorerben.**

**(2) Das Gleiche gilt, wenn die Persönlichkeit des Erben durch ein erst nach dem Erbfall eintretendes Ereignis bestimmt werden soll oder wenn die Einsetzung einer zur Zeit des Erbfalls noch nicht gezeugten Person oder einer zu dieser Zeit noch nicht entstandenen juristischen Person als Erbe nach § 2101 als Nacherbeinsetzung anzusehen ist.**

## Überblick

Die Auslegungsregel zur sog. konstruktiven Vorerbschaft gilt für den Fall, dass der Erblasser zwar die Vor- und Nacherbfolge angeordnet hat, aber den Vorerben nicht hinreichend bestimmt bezeichnet hat (→ Rn. 2 ff.). Sie ist analog anwendbar, wenn zwar der Vorerbe wirksam eingesetzt ist, aber entweder die Nacherbeneinsetzung nichtig ist oder der eingesetzte Vorerbe später wegfällt (→ Rn. 4 f.). Vorerben sind die gesetzlichen Erben des Erblassers (→ Rn. 9). § 2105 Abs. 2 enthält eine entsprechende Regelung für den Fall, dass es an der Bestimmbarkeit oder an der Erbfähigkeit des Vorerben mangelt (→ Rn. 6).

## I. Konstruktive Vorerbschaft (Abs. 1)

**1. Normzweck.** Zu den drei Elementen, die den Begriff der Nacherbfolge bilden (→ § 2100 Rn. 1), gehört auch die Bestimmung der Person(en), die zeitlich vor dem Nacherben den Nachlass erhalten soll(en). Zur Vermeidung eines herrenlosen Nachlasses tritt deshalb auf Grund des Abs. 1 konstruktive Vorerbfolge immer dann ein, wenn der Erblasser lediglich Nacherbe und Nacherbfall bestimmt hat, also ab wann welche Person(en) Erbe sein sollen, nicht jedoch, wer bis dahin (Vor)Erbe sein soll. Hat der Erblasser dagegen die Vor-, nicht aber die Nacherben bestimmt, so tritt gem. § 2104 konstruktive Nacherbschaft ein. 1

**2. Voraussetzungen. a) Bestimmung des Nacherbfalls und des Nacherben.** Die konstruktive Vorerbfolge auf Grund des Abs. 1 tritt nur ein, wenn der Erblasser mindestens sowohl den Nacherben als auch den Nacherbfall bestimmt hat. Hat er den oder die Vorerben, nicht aber den oder die Nacherben bestimmt, so tritt die konstruktive Nacherbfolge gem. § 2104 ein. An die Bestimmung des oder der Nacherben sind die allgemeinen Anforderungen zu stellen. Bezieht sich die Anordnung des Erblassers jedoch nur auf einen oder einzelne Nachlassgegenstände, so ist keine Nacherbfolge, sondern ein aufschiebend bedingtes Vermächtnis gewollt und § 2105 findet keine Anwendung. Die Ergänzungsregel des Abs. 1 gilt selbst dann, wenn nur bestimmt ist, wer Nacherbe werden soll, und der Nacherbfall sich auch nicht durch Auslegung ermitteln lässt. In diesem Fall wird der im Hinblick auf den Nacherbfall und den Vorerben unvollständige letzte Wille des Erblassers einerseits durch § 2106 Abs. 1 und andererseits durch Abs. 1 ergänzt. Beide Vorschriften sind also nebeneinander anzuwenden. Voraussetzung ist jedoch stets, dass der Wille des Erblassers feststeht, den Nachlass erst ab einem bestimmten Ereignis oder Termin auf den Nacherben übergehen zu lassen. 2

**b) Unvollständige Vorerbeneinsetzung. aa) Lückenhafte Willensbildung.** Abs. 2 gilt unmittelbar nur für solche Fälle, in denen in einer Verfügung von Todes wegen die Bestimmung des Vorerben fehlt, obwohl ein anderer den Nachlass erst ab einem Termin oder Ereignis nach dem Tod des Erblassers als Erbe erhalten soll (OLG München BeckRS 2020, 3491 Rn. 17 (gemeinschaftliches Testament mit Erbeinsetzung nur für den zweiten Erbfall)). Dabei ist es gleichgültig, ob die Lückenhaftigkeit der Willensbildung von Anfang an bestand oder nachträglich durch Aufhebung usw der Verfügung mit der Vorerbeneinsetzung entstanden ist (MüKoBGB/Grunsky Rn. 2). Ist der Erbe unter der Bedingung eingesetzt ist, dass er die Erbschaft innerhalb einer bestimmten Frist nicht ausschlägt, tritt, wenn nichts anderes angeordnet ist, in der Zwischenzeit konstruktive Vorerbfolge gem. Abs. 1 ein (Soergel/Wegmann Rn. 2; Staudinger/Avenarius, 2019, Rn. 8). Das Gleiche gilt bei der Anordnung, dass der Erbe für eine bestimmte Zeit ab dem Erbfall nur die Stellung eines Nießbrauchers haben soll (OLG Hamburg OLGE 37, 258). 3

**bb) Sonstige Unvollständigkeitsgründe.** Das Fehlen von Vorerben kann jedoch noch andere Ursachen haben, nämlich: 4

- das Vorversterben der eingesetzten Person, ohne dass Ersatzvorerben bestimmt oder auf Grund von Auslegungsregeln ermittelt werden können,
- die **Ausschlagung** der Vorerbschaft,
- die **Erbunwürdigkeit** des Vorerben oder
- die **Unwirksamkeit** der Berufung des Vorerben, die wiederum beruhen kann entweder auf einem Verstoß gegen das Selbstbestimmungsgebot des § 2065 oder auf einer Verletzung eines Verbotsgesetzes (zB § 14 HeimG, §§ 7, 27 BeurkG) oder auf einer erfolgreichen Anfechtung iSd § 2078 f.

Eine **analoge Anwendung** des Abs. 1 kommt in all diesen Fällen nur unter der Bedingung in Frage, dass im Wege ergänzender Auslegung festgestellt werden kann, dass der Erblasser auch bei Kenntnis der Umstände, die zum Wegfall des oder der eingesetzten Vorerben geführt haben, daran 5 festgehalten hätte, den Nachlass nicht bereits mit seinem Tod, sondern erst später auf den Nacherben übergehen zu lassen (Staudinger/Avenarius, 2019, Rn. 7; RGRK-BGB/Johannsen Rn. 1; Erman/M. Schmidt Rn. 3; gegen Analogie, aber auf Grund ergänzender Auslegung iErg gleich: MüKoBGB/Grunsky Rn. 2). Für eine Aufrechterhaltung der Nacherbfolge trotz des Wegfalls des Vorerben sprechen beispielsweise die Minderjährigkeit des Nacherben oder die zeitlich begrenzte Gefahr des Zugriffs von Gläubigern des Nacherben auf den Nachlass.

### II. Ungewissheit des Nacherben (Abs. 2)

6 Die gesetzlichen Erben des Erblassers werden gem. Abs. 2 Alt. 1 auch dann Vorerben, wenn die Person des Nacherben erst durch ein ab dem Erbfall eintretendes Ereignis (zB künftige Ehefrau des noch unverheirateten Sohns) bestimmt wird. Ist das vor dem Erbfall eingetretene Ereignis dem Erblasser nur nicht bekannt geworden, so tritt keine konstruktive Vorerbschaft gem. § 2105 ein, sondern die demzufolge beim Erbfall objektiv feststehende Person wird unmittelbar Vollerbe. Die subjektive Ungewissheit steht der objektiven also nicht gleich.

7 Darüber hinaus stellt Abs. 2 Alt. 2 und Alt. 3 die notwendige Ergänzung zu § 2101 für den Fall der Erbeinsetzung noch nicht erzeugter natürlicher bzw. noch nicht entstandener juristischer Personen dar. Mangels abweichender Erblasserbestimmung werden auch insoweit die gesetzlichen Erben des Erblassers beim Erbfall Vorerben, und zwar bis zu dem in § 2106 Abs. 2 geregelten Nacherbfall. Dies gilt unabhängig davon, ob der Vorerbe vor der Geburt bzw. dem Entstehen der juristischen Person stirbt oder aus irgendeinem anderen Grund wegfällt (→ § 2096 Rn. 2) (Damrau ZEV 2004, 19 (20); MüKoBGB/Grunsky Rn. 2; dagegen nur bei Anfechtung: Staudinger/Avenarius, 2019, Rn. 7; RGRK-BGB/Johannsen Rn. 1).

### III. Vorrang des Erblasserwillens

8 Bei dieser Vorschrift handelt es sich um eine Auslegungsregel, obwohl der Gesetzeswortlaut den Anschein einer Fiktion („so sind") erweckt (MüKoBGB/Grunsky Rn. 1; für Ergänzungsregel Soergel/Wegmann Rn. 3). Ein abweichender Erblasserwille geht der Anwendung des § 2105 deshalb vor (vgl. RG SeuffA 89 Nr. 72). Sollen nach dem Willen des Erblassers einer oder einige von mehreren Miterben den Nachlass erst später erhalten, so ist durch Auslegung festzustellen, ob die sofort bedachten Miterben insoweit Vorerben bezüglich der Erbteile der Nacherben sein sollen; es tritt keine Anwachsung ein (MüKoBGB/Grunsky Rn. 2).

### IV. Rechtsfolge

9 Rechtsfolge des § 2105 ist, dass die gesetzlichen Erben des Erblassers beim Erbfall Vorerben werden. Wegen der Einzelheiten wird auf → § 2066 Rn. 5 f. verwiesen.

## § 2106 Eintritt der Nacherbfolge

**(1) Hat der Erblasser einen Nacherben eingesetzt, ohne den Zeitpunkt oder das Ereignis zu bestimmen, mit dem die Nacherbfolge eintreten soll, so fällt die Erbschaft dem Nacherben mit dem Tode des Vorerben an.**

**(2) [1]Ist die Einsetzung einer noch nicht gezeugten Person als Erbe nach § 2101 Abs. 1 als Nacherbeinsetzung anzusehen, so fällt die Erbschaft dem Nacherben mit dessen Geburt an. [2]Im Falle des § 2101 Abs. 2 tritt der Anfall mit der Entstehung der juristischen Person ein.**

### I. Normzweck

1 Zu den drei Elementen, die den Begriff der Nacherbfolge bilden (→ § 2100 Rn. 1), gehört auch die Bestimmung des Nacherbfalls. Hat der Erblasser zwar die Vor- und Nacherben bestimmt, jedoch nicht geregelt, mit welchem Ereignis der Nachlass übergehen soll (Nacherbfall), so ergänzt Abs. 1 eine derart unvollständige Anordnung in der Weise, dass dann der Tod des Vorerben der für den Übergang des Nachlasses maßgebliche Zeitpunkt sein soll. Diese Auslegungsregel (Staudinger/Avenarius, 2019, Rn. 1; für Ergänzungsregel Soergel/Wegmann Rn. 1; Jauernig/Stürner Rn. 1) gilt selbst dann, wenn nur bestimmt ist, wer **Vorerbe** werden soll. Der im Hinblick auf den Nacherbfall und den Nacherben unvollständige letzte Wille des Erblassers wird dann

einerseits durch Abs. 1 und andererseits durch § 2104 ergänzt. Beide Vorschriften lassen sich nebeneinander anwenden (BayObLGZ 1975, 62 (66); BayObLG FamRZ 1996, 1577 (1578); Soergel/Wegmann § 2104 Rn. 3; Staudinger/Avenarius, 2019, § 2104 Rn. 3). Das Gleiche gilt bei Bestimmung nur des oder der **Nacherben,** also im Verhältnis zu § 2105 Abs. 1. Voraussetzung ist jedoch in beiden Fällen, dass der Wille des Erblassers feststeht, den Nachlass vom Vor- auf den Nacherben übergehen zu lassen. Praktische Relevanz dürfte das Nebeneinander von Abs. 1 einerseits und von § 2104 bzw. § 2105 Abs. 1 andererseits nur haben, wenn der Erblasser sich darauf beschränkt, den oder die Eingesetzten schlicht als „Vorerben" (BayObLG FamRZ 1996, 1577) bzw. „Nacherben" zu bezeichnen.

## II. Fehlende Bestimmung des Nacherbfalls

**1. Unvollständigkeit.** Abs. 1 gilt nur, wenn in der Verfügung von Todes wegen die Bestimmung des Nacherbfalls fehlt. Dies kann auch bei einer bedingt angeordneten Nacherbschaft der Fall sein, weil der Bedingungseintritt nicht mit dem Nacherbfall verwechselt werden darf (Staudinger/Avenarius, 2019, Rn. 2). Die Lückenhaftigkeit der Willensbildung kann von Anfang an bestanden haben oder nachträglich durch Aufhebung, Widerruf usw der Verfügung mit der Bestimmung des Nacherbfalls entstanden sein. 2

**2. Unwirksamkeit.** Ist dagegen die vom Erblasser getroffene Regelung des Nacherbfalls unwirksam, insbes. weil er die Bestimmung des Nacherbfalls unter Verstoß gegen § 2065 Abs. 1 einem Dritten überlassen hat (→ § 2100 Rn. 37), fehlt es am Merkmal der unvollständigen Regelung durch den Erblasser, sodass Abs. 1 nicht unmittelbar herangezogen werden kann (aA Staudinger/Avenarius, 2019, Rn. 5, 1; Damrau/Hennicke Rn. 1; NK-BGB/Gierl Rn. 2, der dabei zu Unrecht BGH NJW 1955, 100 zitiert). 3

Eine analoge Anwendung des § 2106 ist im Falle der Unwirksamkeit nur gerechtfertigt, wenn geklärt ist, dass der Erblasser auch bei Kenntnis von der Unwirksamkeit des bestimmten Nacherbfalls an der Nacherbfolge festgehalten hätte. Ein derartiger Erblasserwille wird vor allem dann fehlen, wenn der Übergang des Nachlasses auf den Nacherben nur für einen überschaubaren Zeitraum hinausgeschoben werden soll, also insbes. bei Minderjährigkeit des Nacherben oder bei Verfügungen zur Regelung der Unternehmensnachfolge. In derartigen Fällen ist eine Umdeutung in eine sofortige Vollerbeneinsetzung mit Testamentsvollstreckung denkbar. 4

## III. Nacherbfall bei noch nicht erzeugter bzw. entstandener Person

**1. Folgen der Umdeutung gem. § 2101.** Abs. 2 ist wie § 2105 Abs. 1 eine notwendige Ergänzung zu § 2101, der die Einsetzung von noch nicht erzeugten natürlichen oder noch nicht entstandenen juristischen Personen „im Zweifel" als Einsetzung zu Nacherben umdeutet. Diese werden deshalb nicht bereits mit dem Erbfall rückwirkend Erbe, sondern sie sind bis zur Geburt bzw. Entstehung Nacherben, während die gesetzlichen Erben des Erblassers mit dem Erbfall gem. § 2105 Abs. 2 Vorerben sind. Hat der Erblasser die noch nicht erzeugte bzw. entstandene Person ausdrücklich als Nacherbe bezeichnet, so gilt nicht Abs. 2, sondern Abs. 1, sodass der Nacherbfall nicht bereits mit der Geburt bzw. der Entstehung, sondern erst mit dem Tod des Vorerben eintritt (MüKoBGB/Grunsky Rn. 5; Soergel/Wegmann Rn. 3; aA RGRK-BGB/Johannsen Rn. 2: Vermutung; Damrau ZEV 2004, 19 (21): analoge Anwendung des Abs. 2). Da der Erblasserwille der Regelung des Abs. 1 vorgeht, kann sich im Wege der Auslegung allerdings ergeben, dass der Nacherbfall gleichwohl mit der Geburt bzw. mit dem Entstehen der Person eintreten soll, weil die Interimslage so kurz wie möglich sein soll (ähnlich Staudinger/Avenarius, 2019, Rn. 7). 5

**2. Tod des Vorerben.** Stirbt der Vorerbe vor der Geburt bzw. dem Entstehen der Person, aber nach dem Erbfall, so geht seine Rechtsstellung zunächst auf seine eigenen Erben über, von denen der Nacherbe den Nachlass dann nach der Geburt bzw. dem Entstehen heraus verlangen kann. Ist in diesem Fall Abs. 1 anwendbar (→ Rn. 5), so erwirbt die noch nicht erzeugte bzw. entstandene Person den Nachlass trotzdem erst mit der Geburt bzw. der Entstehung von den Erben des Vorerben, nicht jedoch mit Rückwirkung auf den Tod des Vorerben (MüKoBGB/Grunsky Rn. 5). 6

## § 2107 Kinderloser Vorerbe

**Hat der Erblasser einem Abkömmling, der zur Zeit der Errichtung der letztwilligen Verfügung keinen Abkömmling hat oder von dem der Erblasser zu dieser Zeit nicht weiß, dass er einen Abkömmling hat, für die Zeit nach dessen Tode einen Nacherben bestimmt, so ist anzunehmen, dass der Nacherbe nur für den Fall eingesetzt ist, dass der Abkömmling ohne Nachkommenschaft stirbt.**

### Überblick

Die Auslegungsregel gilt für den Fall, dass der Erblasser den Nacherbfall nicht bestimmt hat, dass dieser mit dem Tod des Vorerben eintreten soll (→ Rn. 2). Nach § 2106 Abs. 2 S. 1 tritt der Nacherbfall mit der Geburt des Nacherben ein, wenn eine noch nicht gezeugte Person zum Nacherben eingesetzt ist (→ Rn. 5). Entsprechendes gilt für eine noch nicht entstandene juristische Person.

### I. Voraussetzungen

1 **1. Einsetzung eines Abkömmlings zum Vorerben.** Diese Auslegungsregel geht – ähnlich wie §§ 2079, 2069 – davon aus, dass der Erblasser eigene Nachkommen regelmäßig nicht zugunsten Dritter von der Erbschaft ausschließen will. Folgerichtig unterstellt § 2107 bei einer Einsetzung eines kinderlosen Abkömmlings des Erblassers zum Vorerben, dass der Nachlass nur dann auf den oder die Nacherben übergehen soll, wenn der zum Vorerben berufene Abkömmling ohne eigene Nachkommen verstirbt. Der Vorerbe muss im Zeitpunkt der Errichtung **Abkömmling des Erblassers** sein. Wird er erst nach diesem Zeitpunkt vom Erblasser adoptiert, so findet zwar § 2107 keine Anwendung, jedoch kommt eine Irrtumsanfechtung gem. § 2078 Abs. 2 in Betracht, wenn der Vorerbe später noch Kinder bekommt oder adoptiert. Für die Anwendbarkeit des § 2107 ist es gleichgültig, ob der oder die eingesetzten Nacherben familienfremde Dritte oder andere Abkömmlinge des Erblassers sind (BGH NJW 1981, 2743 (2744)). Ebenso ist bedeutungslos, ob es sich um ausdrücklich eingesetzte oder auf Grund des § 2104 berufene Nacherben handelt. Der zum Vorerben eingesetzte Abkömmling darf zurzeit der Errichtung der entsprechenden Verfügung von Todes wegen **keinen Abkömmling haben.** § 2107 ist jedoch auch dann anwendbar, wenn der Erblasser zurzeit der Errichtung vom Vorhandensein von Abkömmlingen des Vorerben **nichts weiß.** Zu den Abkömmlingen zählen nicht nur die leiblichen und ehelichen, sondern auch die adoptierten und die nichtehelichen. Wenn der als Vorerbe eingesetzte Abkömmling vor dem Erblasser stirbt oder aus sonstigen Gründen wegfällt (zB Ausschlagung), kann § 2107 nicht eingreifen (hM, zB MüKoBGB/Grunsky Rn. 5; Soergel/Wegmann Rn. 2; aA Staudinger/Avenarius, 2019, Rn. 9: analoge Anwendung des § 2107), sodass bei einem Irrtum des Erblassers über das Vorhandensein von Nachkommen des eingesetzten Abkömmlings die letztwillige Verfügung allenfalls gem. § 2078 Abs. 2, § 2079 angefochten werden kann.

2 **2. Tod des Vorerben als Nacherbfall.** § 2107 gilt nur, wenn der Nacherbfall mit dem Tod des Vorerben eintritt. Es ist gleichgültig, ob der Erblasser dies ausdrücklich bestimmt hat, oder ob dies die Folge des § 2106 Abs. 1 ist. Hat der Erblasser jedoch irgendein anderes Ereignis zum Nacherbfall erklärt, so hat er damit den Willen zum Ausschluss künftiger oder ihm unbekannter Abkömmlinge des Vorerben hinreichend deutlich zum Ausdruck gebracht; eine Anwendung des § 2107 scheidet dann aus (MüKoBGB/Grunsky Rn. 5). § 2107 ist daher bei der Einsetzung noch nicht erzeugter Personen (§ 2101 Abs. 1) unanwendbar, weil gem. § 2106 Abs. 2 der Nacherbfall nicht mit dem Tod des Vorerben, sondern mit der Geburt des Nacherben eintritt. Auch im Falle des § 2105 gilt § 2107 nicht (Grüneberg/Weidlich Rn. 1; MüKoBGB/Grunsky Rn. 5).

3 **3. Vorrang des Erblasserwillens.** Ein abweichender Erblasserwille schließt die Anwendung des § 2107 aus, wenn und soweit sich dafür Anhaltspunkte in der Verfügung von Todes wegen finden lassen (OLG Nürnberg BeckRS 2012, 21842 zum Schutz des Nachlasses vor Gläubigern des Vorerben). Erfährt der Erblasser nachträglich vom Vorhandensein eines Abkömmlings und ändert er, obwohl er hierzu in der Lage war, seine Verfügung nicht, so ist von einem § 2107 ausschließenden Erblasserwillen auszugehen (MüKoBGB/Grunsky Rn. 3).

## II. Rechtsfolgen

**1. Tod des Vorerben ohne Abkömmlinge.** Stirbt der Vorerbe ohne Abkömmlinge, so tritt mit dem Tod die vom Erblasser angeordnete Nacherbfolge ein. Damit steht endgültig fest, dass der zunächst berufene Abkömmling vom Erbfall bis zu seinem Tod nur Vorerbe war. 4

**2. Tod des Vorerben mit Abkömmlingen.** Sind beim Tod des Vorerben zumindest bereits erzeugte (Staudinger/Avenarius, 2019, Rn. 6; MüKoBGB/Grunsky Rn. 3) Abkömmlinge vorhanden, so ist damit die in § 2107 enthaltene auflösende Bedingung für die Nacherbfolge eingetreten. Diese Wirkung tritt unmittelbar kraft Gesetzes ein, sodass es keiner Anfechtung der letztwilligen Verfügung bedarf. Zu den Abkömmlingen des Vorerben zählen alle leiblichen oder adoptierten (BayObLG FamRZ 1985, 426; OLG Stuttgart BWNotZ 1984, 21), ehelichen oder nichtehelichen Kinder usw. Das Verwandtschaftsverhältnis muss zurzeit des Todes des Vorerben bestehen. Hat der Vorerbe jedoch eine Person zu dem Zweck an Kindes Statt angenommen, damit den Eintritt der Nacherbfolge zu verhindern, so wird man in analoger Anwendung des § 162 Abs. 2 den Eintritt der auflösenden Bedingung gem. § 2107 verneinen müssen, sodass trotz der Adoption der Nachlass an den oder die Nacherben herauszugeben ist (Staudinger/Avenarius, 2019, Rn. 6; MüKoBGB/Grunsky Rn. 3). Hinterlässt der Vorerbe bei seinem Tod idS Abkömmlinge, so entfällt die angeordnete Nacherbfolge auf Grund der auflösenden Bedingung des § 2107 und es steht rückwirkend auf den Tod des Erblassers fest, dass der eingesetzte Abkömmling nicht Vor-, sondern unbeschränkter Vollerbe war. Alle von diesem vorgenommenen Verfügungen werden damit nachträglich in vollem Umfang wirksam. Der eigentlich als Vorerbe eingesetzte Abkömmling wird nach den für die Erbfolge nach ihm geltenden allgemeinen Vorschriften beerbt. Er kann also seine Abkömmlinge durch Verfügung von Todes wegen von der eigenen Erbfolge ausschließen und auf den Pflichtteil beschränken (vgl. BGH NJW 1980, 1277). Die beim Tod des Vorerben vorhandenen Abkömmlinge des „Vorerben" werden nicht Nacherben des Erblassers. 5

**3. Rechtliche Stellung des Vor- und des Nacherben. a) Abkömmling als Vorerbe.** Der eingesetzte Abkömmling hat bis zu seinem Tod die rechtliche Stellung eines Vorerben, weil erst dann der Eintritt der in § 2107 enthaltenen auflösenden Bedingung für die Nacherbfolge endgültig geklärt ist. Diese rechtliche Stellung ändert sich nicht bereits durch die Geburt oder Adoption eines Kindes zu Lebzeiten des Vorerben, sondern erst dadurch, dass dieser Abkömmling den Vorerben überlebt. Ob der Abkömmling die Verfügungs- und Verwaltungsbefugnisse eines befreiten oder eines nicht befreiten Vorerben hat, hängt von den Beweggründen des Erblassers für die Anordnung der Nacherbfolge ab. Im Zweifel wird man jedoch von einer iSd § 2136 befreiten Vorerbschaft ausgehen können (BayObLG WM 1981, 824). 6

**b) Nacherbe.** Nach zutreffender hM ist das Nacherbenrecht durch § 2107 auflösend bedingt (BayObLG Rpfleger 1981, 64; MüKoBGB/Grunsky Rn. 6 mwN; Staudinger/Avenarius, 2019, Rn. 3; aA Kipp/Coing ErbR § 47 III 4: Bedingung nach gesetzlicher Auslegung). Der Nacherbe erwirbt mit dem Erbfall ein vererbliches und übertragbares, allerdings gem. § 2107 auflösend bedingtes Anwartschaftsrecht. Ihm stehen – wie jedem anderen Nacherben auch – gegenüber dem als Vorerben eingesetzten Abkömmling des Erblassers die Rechte aus §§ 2112 ff. zu. Verbotswidrige Verfügungen des Vorerben werden nachträglich wirksam, wenn einer seiner Abkömmlinge ihn überlebt. 7

## § 2108 Erbfähigkeit; Vererblichkeit des Nacherbrechts

**(1) Die Vorschrift des § 1923 findet auf die Nacherbfolge entsprechende Anwendung.**

**(2) [1]Stirbt der eingesetzte Nacherbe vor dem Eintritt des Falles der Nacherbfolge, aber nach dem Eintritt des Erbfalls, so geht sein Recht auf seine Erben über, sofern nicht ein anderer Wille des Erblassers anzunehmen ist. [2]Ist der Nacherbe unter einer aufschiebenden Bedingung eingesetzt, so bewendet es bei der Vorschrift des § 2074.**

### Überblick

Die Vorschrift regelt zwei Aspekte der Vererblichkeit bei der Nacherbfolge. Abs. 1 bestimmt, dass der Nacherbe beim Eintritt des Nacherbfalls erbfähig iSd § 1923, also leben oder mindestens erzeugt sein muss (→ Rn. 1 f.). Der Nacherbe erlangt bereits beim Erbfall ein Anwartschaftsrecht, das gem. Abs. 2 grds. vererblich ist (→ Rn. 3 ff.). Der Erblasser kann die Vererblichkeit allerdings ausschließen. Dies auch aus den Umständen des Einzelfalls ergeben (→ Rn. 8 ff.). Die Einsetzung eines Ersatz-Nacherben genügt reicht für den Ausschluss der Vererblichkeit nicht ohne das Hinzutreten weiterer Umstände aus (→ Rn. 9), Umstritten ist das Verhältnis zur Auslegungsregel des § 2069, wenn der Nacherbe Abkömmlinge hat (→ Rn. 5). Die Vererblichkeit ist nach Abs. 2 S. 2 ausgeschlossen, wenn der Nacherbfall von einer aufschiebenden Bedingung abhängt; dann wird die Nacherbfolge wirksam, wenn der eingesetzte Nacherbe den Bedingungseintritt selbst erlebt (→ Rn. 7). Die Nacherbenanwartschaft ist übertragbar, verpfändbar und pfändbar, soweit der Erblasser dies nicht ausgeschlossen oder eingeschränkt hat (→ Rn. 13).

## I. Anwendbarkeit des § 1923

1 **1. Tod des Nacherben vor dem Nacherbfall.** Weil Abs. 1 die entsprechende Anwendung des § 1923 Abs. 1 auf die Nacherbfolge vorschreibt, wird Nacherbe nur, wer den Nacherbfall auch erlebt. Stirbt er vorher, so ist zu unterscheiden zwischen dem Tod vor und nach dem Erblasser. Überlebt der Erblasser selbst den eingesetzten Nacherben, wird die Nacherbfolge hinfällig und der als Vorerbe Berufene unbeschränkter Vollerbe. Diese Folge tritt jedoch nicht ein, wenn der Erblasser Ersatz-Nacherben oder weitere Nacherben bestimmt hat. Stirbt der eingesetzte Nacherbe zwar nach dem Erblasser, aber vor dem Erbfall, so geht, wenn und soweit der Erblasser nichts anderes bestimmt hat, gem. Abs. 2 das Anwartschaftsrecht auf die Erben des Nacherben über.

2 **2. Nacherbfähigkeit des nasciturus.** Der eingesetzte Nacherbe braucht beim Nacherbfall zwar noch nicht geboren, muss aber bereits erzeugt sein (§ 1923 Abs. 2, § 2108 Abs. 1). Der nasciturus gilt als vor dem Nacherbfall geboren. Der noch nicht Erzeugte kann beim Nacherbfall nicht unmittelbar Nacherbe werden, sondern erhält auf Grund der § 2101 Abs. 1, § 2106 erst mit seiner Geburt als weiterer Nacherbe den Nachlass.

## II. Vererblichkeit der Nacherbenanwartschaft

3 **1. Grundsatz der Vererblichkeit. a) Bedeutung.** Mit dem Tod des Erblassers erwirbt der Nacherbe nach der Regel des Abs. 2 S. 1 ein unentziehbares Anwartschaftsrecht (→ § 2100 Rn. 49). Dieses geht mit dem Tod des Nacherben nach dem Erbfall, aber vor oder gleichzeitig (Soergel/Wegmann Rn. 3 mwN) mit dem Eintritt des Nacherbfalls gem. Abs. 2 S. 1 grds. auf dessen eigene – gesetzliche oder testamentarische – Erben über. Der Nacherbe hat es auf Grund dieser Vererblichkeit der Nacherbenanwartschaft in der Hand zu bestimmen, wer für den Fall, dass er vor Eintritt des Nacherbfalls stirbt, Nacherbe wird. Er kann als Erblasser dieses Anwartschaftsrechts auch beliebige Belastungen und Beschränkungen anordnen (zB Testamentsvollstreckung, Vermächtnis). In gleicher Weise wie das Anwartschaftsrecht des Nacherben ist auch die Rechtsstellung eines weiteren Nacherben vererblich (KG DNotZ 1955, 308).

4 **b) Gesetzliche Erben als Nacherben.** Hat der Erblasser „seine gesetzlichen Erben" zu Nacherben eingesetzt, so geht die Auslegungsregel des § 2066 S. 2 dem Grundsatz der Vererblichkeit vor, wenn im Einzelfall kein abweichender Erblasserwille festgestellt werden kann (OLG Bremen NJW 1970, 1923). In diesem Falle werden die gesetzlichen Erben des Erblassers, die beim Tod zurzeit des Nacherbfalls seine gesetzlichen Erben wären, Nacherben (→ § 2066 Rn. 5 f.), nicht aber die eigenen Erben des vor dem Nacherbfall verstorbenen Nacherben.

5 **c) Abkömmling(e) als Nacherbe(n).** Hat der Erblasser einen seiner Abkömmlinge zum Nacherben eingesetzt, ist das Konkurrenzverhältnis zwischen Abs. 2 S. 1 und § 2069 nach wie vor ungeklärt. Nach Auffassung des RG (RGZ 169, 38) gebührt der Vererblichkeit der Nacherbenanwartschaft weder bei einer ausdrücklichen Ersatznacherbenregelung noch bei einer Einsetzung von Abkömmlingen zum Nacherben (mit der Folge der Anwendbarkeit des § 2069 BGB) der Vorrang. Der BGH hat sich dieser Rspr. bei der Einsetzung von Abkömmlingen zum Nacherben zwar im Grundsatz angeschlossen, allerdings darauf hingewiesen, dass es entscheidend auf den konkret zu ermittelnden Willen des Erblassers ankomme und weniger auf die mehr theoretischen Erwägungen zur generellen Rangfolge der in §§ 2069, 2096 und Abs. 2 S. 1 bezeichneten Fälle (BGH NJW 1963, 1150 (1151)). Demgemäß wird heute der konkreten Ermittlung des Erblasserwillens in Rspr. und Lit. wesentliche Bedeutung zugemessen (BayObLG NJW-RR 1994, 460 (461) mwN; MüKoBGB/Leipold § 2069 Rn. 24). Da in der Entscheidung für die Einsetzung von Nacherben regelmäßig ein Wille zur weitreichenden Gestaltung der Erbfolge zum Ausdruck

kommt, dürfte in vielen Fällen die Ersatzberufung der eigenen Abkömmlinge des Erblassers als Auslegungsergebnis näher liegen als die Zulassung der freien Vererblichkeit iSd Abs. 2 S. 1. Schon geringe Anhaltspunkte hierfür rechtfertigen es, einen die Vererblichkeit der Nacherbenanwartschaft ausschließenden Erblasserwille anzunehmen und damit auf Grund des § 2069 zu einer Einsetzung der Abkömmlinge als Ersatz-Nacherben zu gelangen (vgl. OLG Köln OLGZ 1968, 91; BayObLG Rpfleger 1983, 11). Haben sich Eltern in einem **gemeinschaftlichen Testament** oder **Ehegattenerbvertrag** gegenseitig zu Vorerben und einen gemeinsamen Abkömmling jeweils zum Nacherben eingesetzt, so ist regelmäßig von einem Ausschluss der Vererblichkeit und demgemäß von einer Einsetzung der Abkömmlinge zu Ersatz-Nacherben auszugehen (Erman/M. Schmidt § 2069 Rn. 7). Soweit die Auslegung der Nacherbeneinsetzung eine Ersatzberufung der Abkömmlinge des Nacherben ergibt, kommen diese in dem Umfang zur Nacherbfolge, in dem sie im Zeitpunkt des Nacherbfalls gesetzliche Erben des Nacherben geworden wären (MüKoBGB/Leipold § 2069 Rn. 25 mwN). Bei **Kinderlosigkeit** des zum Nacherben eingesetzten Kindes müssen dagegen besondere Umstände festgestellt werden, die den Übergang des Nacherbenanwartschaftsrechts auf das Schwiegerkind ausschließen (vgl. OLG Karlsruhe ZEV 2009, 34: keine Blutsverwandte im örtlichen Umfeld, mAnm Litzenburger FD-ErbR 2008, 272604).

**d) Anwachsung bei Tod eines Mit-Nacherben.** Stirbt von mehreren Nacherben einer vor 6
oder gleichzeitig mit dem Nacherbfall, so wächst dessen Erbteil nicht gem. § 2094 den verbleibenden an, sondern seine Nacherbenanwartschaft geht gem. Abs. 2 S. 1 auf seine Erben über (OLG Stuttgart FamRZ 1994, 1553; BayObLG FamRZ 1996, 1240 (1241); MüKoBGB/Grunsky Rn. 6; einschr. v. Lübtow ErbR II 884 f.).

**2. Ausschluss der Vererblichkeit. a) Aufschiebende Bedingung iSd § 2074.** Kraft der 7
Anordnung des Abs. 2 S. 2 ist die Vererblichkeit jedoch ausgeschlossen, wenn der Nacherbfall von einer aufschiebenden Bedingung iSd § 2074 (zB Wiederverheiratung der Vorerbin) abhängt (BayObLGZ 1966, 227). In diesem Falle tritt die Nacherbfolge nur dann ein, wenn der eingesetzte Nacherbe den Bedingungseintritt selbst erlebt. Stirbt er vorher, so geht seine Nacherbenanwartschaft nicht gem. Abs. 2 auf seine Erben über. Ggf. treten vom Erblasser eingesetzte Ersatz-Nacherben oder weitere Nacherben an die Stelle des verstorbenen Nacherben. Sind weder Ersatz-Nacherben noch weitere Nacherben bestimmt, so entfällt die Nacherbfolge und der Vor- wird unbeschränkter Vollerbe. Der Erblasser kann jedoch in Abweichung von dieser Auslegungsregel auch für diesen Fall die Vererblichkeit anordnen (OLG Braunschweig MDR 1956, 296). Ist die Nacherbfolge **befristet** oder **auflösend bedingt,** so gilt der Grundsatz der Vererblichkeit (Abs. 2 S. 1) uneingeschränkt.

**b) Anordnung des Erblassers.** Der Erblasser kann die Vererblichkeit ganz oder teilweise 8
ausschließen. Ein derartiger Ausschluss ist im Verhältnis zum Grundsatz der Vererblichkeit (Abs. 2 S. 1) die **Ausnahme.** Kann ein dahingehender Erblasserwille auch nicht im Wege der ergänzenden Auslegung zweifelsfrei festgestellt werden, ist von der Vererblichkeit auszugehen. **Beweispflichtig** ist, wer sich auf die Unvererblichkeit der Nacherbenanwartschaft beruft (MüKoBGB/Grunsky Rn. 6).

Der Ausschluss der Vererblichkeit braucht nicht ausdrücklich erklärt zu werden, sondern kann 9
auch durch gleichbedeutende Anordnungen konkludent geschehen. Die Einsetzung eines **Ersatz-Nacherben** (§ 2096) genügt für sich allein nicht für die Annahme einer konkludenten Ausschließung der Vererblichkeit der Nacherbenanwartschaft, da der Ersatz-Nacherbe nicht nur im Fall des Todes des eingesetzten Nacherben an dessen Stelle tritt, sondern auch bei jedem anderen Ereignis, das wie die Ausschlagung oder die Feststellung der Erbunwürdigkeit zu dessen Wegfall führt (RGZ 142, 171; BayObLG NJW 1961, 1799; aA Haegele Rpfleger 1967, 162; Kipp/Coing ErbR § 47 IV 2b; Soergel/Wegmann Rn. 5; K. H. Schmitz in Baumgärtel/Laumen/Prütting Beweislast-HdB Rn. 2; offengelassen von BGH NJW 1963, 1150). Es bedarf weiterer Anhaltspunkte, um den Ausschluss der Vererblichkeit zu rechtfertigen (BayObLG NJW-RR 1994, 460 mAnm J. Mayer MittBayNot 1994, 111; OLG Braunschweig FamRZ 1995, 443 (444)). Ein derartiges Indiz kann die ausdrückliche Beschränkung der Verfügungsfreiheit des Nacherben (zB „das Haus soll nicht verkauft werden"), die ausschließliche Einsetzung engster Familienangehöriger zu Vor- und Nacherben (OLG Oldenburg Rpfleger 1989, 106) oder das erkennbare Motiv, den Nachlass der Familie zu erhalten (BayObLG NJW-RR 1994, 460 (461); Soergel/Wegmann Rn. 6), sein. Eine dahingehende Vermutung kann jedoch keinesfalls aufgestellt werden (BGH NJW 1963, 1150; Soergel/Wegmann Rn. 5; aA OLG Zweibrücken Rpfleger 1977, 305 (306)).

Die Einsetzung eines **weiteren Nacherben** im Rahmen mehrfacher Nacherbfolge kann nur 10
dann als hinreichendes Indiz für den Ausschluss der Vererblichkeit angesehen werden, wenn der

Tod des vorherigen Nacherben den Nacherbfall auslöst (KG DNotZ 1955, 413). In allen anderen Fällen werden die Rechte des weiteren Nacherben nicht davon berührt, ob der Nachlass mit dem Tod des vorherigen Nacherben zunächst auf dessen Erben oder auf Ersatz-Nacherben übergeht. Wie bei der Einsetzung von Ersatz-Nacherben (→ Rn. 9) bedarf es weiterer Anhaltspunkte für den Ausschluss der Vererblichkeit.

11 Hat der Erblasser in der Verfügung ausschließlich **engste Familienangehörige bedacht,** so spricht dies gegen die Vererblichkeit der Nacherbenanwartschaft (OLG Oldenburg Rpfleger 1989, 106). Allein der Umstand, dass ein Abkömmling zum Nacherben eingesetzt ist, reicht jedoch nicht aus, um einen Ausschluss der Vererblichkeit anzunehmen (BGH NJW 1963, 1150; OLG Köln OLGZ 1968, 91). Hat der Erblasser in sonstiger Weise erkennbar in dem Bemühen verfügt, den Nachlass der Familie zu erhalten, so ist die Vererblichkeit damit ausgeschlossen.

12 Hat der Erblasser die **Vererblichkeit** vollständig **ausgeschlossen,** so hat der Wegfall des Nacherben zur **Folge,** dass entweder der Vorerbe unbeschränkter Vollerbe wird oder ein oder mehrere Ersatznacherben aufrücken, sei es kraft Gesetzes oder kraft letztwilliger Verfügung. Gegen den Wegfall der Nacherbschaft und für den Eintritt der Ersatznacherben spricht, wenn der Erblasser gerade das weitere Schicksal des Nachlasses bestimmen wollte (OLG Karlsruhe FGPrax 1999, 155). Anstatt des vollständigen Ausschlusses kann der Erblasser die Vererblichkeit auch nur **einschränken,** insbes. auf einen Bruchteil, nicht jedoch einzelne Nachlassgegenstände, oder auf einen bestimmten Personenkreis (zB leibliche Abkömmlinge, Verwandte) (MüKoBGB/Grunsky Rn. 7). Wenn und soweit die Erben des Nacherben zu diesem begünstigten Personenkreis gehören, erwerben sie mit dem Tod des Nacherben zunächst die Nacherbenanwartschaft und später mit dem Nacherbfall den Nachlass des ursprünglichen Erblassers. Miterben des Nacherben, die nicht gleichzeitig zu den Begünstigten gehören, sind dabei ausgeschlossen. Falls der Nacherbe ausschließlich von Personen beerbt wird, die nicht zum begünstigten Kreis gehören, so ist die Vererblichkeit der Nacherbenanwartschaft mit der Folge ausgeschlossen, dass entweder Ersatznacherbfolge oder Vollerbschaft des „Vorerben" eintritt. Die Vererblichkeit kann auch zeitlich eingeschränkt werden (zB Tod des Nacherben bis zu einem bestimmten Termin) (MüKoBGB/Grunsky Rn. 7).

## III. Übertragbarkeit der Nacherbenanwartschaft

13 Wenn und soweit die Nacherbenanwartschaft vererblich ist, ist sie auch übertragbar, verpfändbar und pfändbar. Allerdings kann der Erblasser die Vererblichkeit zulassen und die Übertragbarkeit ausschließen oder umgekehrt (Soergel/Wegmann Rn. 11). Wegen der Voraussetzungen und der Wirkungen der Übertragung und Pfändung → § 2100 Rn. 50 ff. Die Übertragbarkeit endet mit Eintritt des Nacherbfalls, weil damit das Anwartschaftsrecht endet. Von da an kann Gegenstand der Übertragung usw nur der Nachlass bzw. der Erbteil sein.

## § 2109 Unwirksamwerden der Nacherbschaft

**(1) [1]Die Einsetzung eines Nacherben wird mit dem Ablauf von 30 Jahren nach dem Erbfall unwirksam, wenn nicht vorher der Fall der Nacherbfolge eingetreten ist. [2]Sie bleibt auch nach dieser Zeit wirksam,**

1. **wenn die Nacherbfolge für den Fall angeordnet ist, dass in der Person des Vorerben oder des Nacherben ein bestimmtes Ereignis eintritt, und derjenige, in dessen Person das Ereignis eintreten soll, zur Zeit des Erbfalls lebt,**
2. **wenn dem Vorerben oder einem Nacherben für den Fall, dass ihm ein Bruder oder eine Schwester geboren wird, der Bruder oder die Schwester als Nacherbe bestimmt ist.**

**(2) Ist der Vorerbe oder der Nacherbe, in dessen Person das Ereignis eintreten soll, eine juristische Person, so bewendet es bei der dreißigjährigen Frist.**

### Überblick

Wegen der weitreichenden Beschränkungen für den Vorerben begrenzt diese Vorschrift deren Dauer auf höchstens 30 Jahre. Diese Höchstgrenze gilt auch bei der Einsetzung von juristischen Personen. Die Ausnahmen in Abs. 1 S. 2 führen in der Praxis dazu, dass der Ausnahme- zum Regelfall wird. Danach bleibt nämlich die Anordnung der Vor- und Nacherbschaft auch nach Fristablauf wirksam, wenn die Nacherbfolge für den Fall angeordnet ist, dass in der Person des Vor- oder Nacherben ein bestimmtes Ereignis eintritt und derjenige, auf den diesbezüglich abgestellt wird, zur Zeit des (ersten) Erbfalls gelebt hat (→ Rn. 2). Auch im Falle der Einsetzung ungeborener Geschwister des Vorerben zu Nacherben oder – bei mehrfacher Erbfolge – zu weiteren Nacherben verzichtet das Gesetz auf die Einhaltung der 30-Jahres-Frist (→ Rn. 3).

## I. Höchstdauer der Nacherbfolge

Die mit der Nacherbfolge notwendigerweise verbundenen Beschränkungen des Vorerben sollen nicht auf Dauer gelten. Deshalb unterbindet Abs. 1 S. 1 Nacherbschaften mit einer Dauer von mehr als 30 Jahren ab dem Tod des Erblassers. Mit Fristablauf wird der Vorerbe kraft Gesetzes **unbeschränkter Vollerbe.** Im Falle der Anordnung mehrfacher Nacherbfolgen wird derjenige, der zurzeit des Fristablaufs Vorerbe ist, in dieser Weise begünstigt. Kam es dem Erblasser jedoch erkennbar darauf an, den Nachlass dem Nacherben in jedem Falle zukommen zu lassen, so entfällt abweichend von dieser Regel nicht die Einsetzung des Nacherben, sondern mit Fristablauf **gilt der Nacherbfall als eingetreten** (OLG Hamburg OLGZ 1985, 538; Staudinger/Avenarius, 2019, Rn. 6; MüKoBGB/Grunsky Rn. 2). Die Höchstfrist beginnt mit dem auf den Tod des Erblassers folgenden Tag und endet 30 Jahre später. Der Sinn dieser Vorschrift, nämlich übermäßige Bindungen durch Verfügungen des Erblassers zu vermeiden, rechtfertigt die analoge Anwendung auf **gesellschaftsrechtliche Nachfolgeklauseln** (dafür Däubler JZ 1969, 502; Westermann JuS 1979, 763; Soergel/Wegmann Rn. 1; dagegen Staudinger/Avenarius, 2019, Rn. 13). 1

## II. Ausnahmen von der Befristung

**1. Personenbezogenes Ereignis als Nacherbfall.** Die zeitliche Beschränkung gilt nicht, wenn der Nacherbfall durch ein Ereignis in der Person des Vor- oder Nacherben ausgelöst wird und diese Person beim Tod des Erblassers bereits **geboren oder** doch zumindest **erzeugt** war (MüKoBGB/Grunsky Rn. 3 mwN). Die Regelung des Nacherbfalls braucht dabei nicht ausdrücklich durch den Erblasser erfolgt zu sein. Die Ausnahme von der Befristung des Abs. 1 S. 1 gilt auch, wenn auf Grund des § 2106 Abs. 1 der Tod des Vorerben den Nacherbfall auslöst (BGH NJW 1969, 1112; BayObLG FamRZ 1976, 104; 1990, 320). Umstritten ist, ob nur **personenspezifische Ereignisse** in Frage kommen (RGRK-BGB/Johannsen Rn. 7; Erman/M. Schmidt Rn. 2; Brox/Walker Rn. 354), oder ob **jedes Ereignis,** einschließlich des Tods des Vorerben, zu Lebzeiten der Person des Vor- oder Nacherben ausreicht (MüKoBGB/Grunsky Rn. 4; Staudinger/Avenarius, 2019, Rn. 8; vgl. auch LG Berlin NJW 1993, 272). Der Wortlaut der Norm („in der Person") spricht zwar für die zuerst genannte Auffassung, deren sinnorientierte Auslegung jedoch für die zuletzt genannte. Die Norm soll zeitlich unbegrenzte erbrechtliche Regelungen verhindern. Eine über 30 Jahre hinausgehende Bindung erscheint jedoch dann unproblematisch, wenn Vor- oder Nacherbe beim Erbfall bereits vorhanden, mindestens aber erzeugt war und dieser den Nacherbfall noch erlebt. Die Begrenztheit des menschlichen Lebens des Vor- oder Nacherben bildet damit die äußerste zeitliche Schranke, die die Überschreitung der 30-Jahresfrist rechtfertigt. Folgerichtig schließt Abs. 2 die Anwendung dieser Ausnahmevorschrift auf juristische Personen aus, da es bei ihnen an dieser natürlichen Grenzziehung fehlt. Einer ohnehin schwer zu fassenden zusätzlichen Spezifizierung bedarf es daher nicht. Die Nacherbfolge kann also auch nach Ablauf der 30-jährigen Frist des Abs. 1 S. 1 eintreten, wenn entweder der Vor- oder der Nacherbe beim Erbfall bereits vorhanden war und der Nacherbfall zu Lebzeiten eines der beiden oder mit dem Tod des Vorerben eintritt. Bei dem Ereignis kann es sich auch um eine vom Willen des Vor- oder Nacherben abhängige **Potestativbedingung** handeln (BGH NJW 1969, 1112). Eine Überschreitung der 30-Jahresfrist ist demzufolge zulässig, wenn der Nacherbfall abhängt von der Heirat (BayObLGZ 1975, 63), dem Erreichen eines bestimmten Alters, vom Abschluss einer Ausbildung oder vom Erleben der Wiedervereinigung (LG Berlin NJW 1993, 272) oder sonstiger Ereignisse allgemeiner Art Abs. 2 schließt die Anwendung dieser Ausnahme zur gesetzlichen Befristung bei **juristischen Personen** aus, sodass bei in deren Person begründeten Nacherbfällen die Nacherbfolge mit Ablauf der 30 Jahre endet. Diese Vorschrift gilt analog für KG und OHG (Lange/Kuchinke ErbR § 28 VII 2b; Staudinger/Avenarius, 2019, Rn. 11). 2

**2. Einsetzung ungeborener Geschwister als Nacherben.** Auch im Falle der Einsetzung ungeborener Geschwister des Vorerben zu Nacherben oder – bei mehrfacher Erbfolge – zu weiteren Nacherben verzichtet das Gesetz auf die Einhaltung der starren 30-Jahres-Frist des Abs. 1 S. 1 und begnügt sich mit der Grenzziehung durch die Lebensdauer von Vater und Mutter des eingesetzten Vor- oder Nacherben (→ Rn. 2). Nach dem Tod beider Elternteile kann der Nacherbfall nicht mehr eintreten. Zu den Geschwistern gehören auch Halbgeschwister, legitimierte Kinder 3 iSd §§ 1719, 1736 und Adoptivkinder, soweit sie als Minderjährige mit der Wirkung des § 1754 angenommen wurden (Staudinger/Avenarius, 2019, Rn. 9; MüKoBGB/Grunsky Rn. 6; aA Soergel/Wegmann Rn. 4 mwN; Grüneberg/Weidlich Rn. 5), von Vater oder Mutter des eingesetzten Vorerben (MüKoBGB/Grunsky Rn. 5).

## § 2110 Umfang des Nacherbrechts

**(1) Das Recht des Nacherben erstreckt sich im Zweifel auf einen Erbteil, der dem Vorerben infolge des Wegfalls eines Miterben anfällt.**

**(2) Das Recht des Nacherben erstreckt sich im Zweifel nicht auf ein dem Vorerben zugewendetes Vorausvermächtnis.**

### Überblick

Diese beiden Auslegungsregeln betreffen den Umfang des Nacherbenrechts und machen deutlich, dass der Erblasser durch entsprechende Erbfolgegestaltungen die Verfügungs- und sonstigen Beschränkungen des Vorerben bezogen auf einzelne oder mehrere Nachlassgegenstände ausschließen oder verringern kann. Erwirbt der Vorerbe beim Wegfall eines Miterben ein weiteres Erbteil, so unterliegt gem. Abs. 1 auch dieser der Nacherbschaft (→ Rn. 2). Von großer praktischer Bedeutung ist die Regel des Abs. 2, wonach sich das Recht des Nacherben im Zweifel nicht auf ein dem Vorerben zugewandtes Vorausvermächtnis erstreckt (→ Rn. 3 ff.).

### I. Normzweck

1 Beide Auslegungsregeln gehen von der Überlegung aus, dass der Erblasser „im Zweifel" dem Nacherben all das zuwenden will, was der Vorerbe aus dem Nachlass des Erblassers erhalten hat (Staudinger/Avenarius, 2019, Rn. 1; Planck/Flad Anm. 1).

### II. Wegfall eines Miterben

2 Das Recht des Nacherben erstreckt sich gem. § 2110 Abs. 1, wenn sich kein abweichender Erblasserwille feststellen lässt („im Zweifel"), auch auf einen gem. § 1935, durch Anwachsung (§ 2094) oder infolge Ersatzberufung (§ 2096) erhöhten Erbteil. Der Wegfall des Miterben nach dem Nacherbfall genügt, da die Wirkungen der Ausschlagung (§ 1953), der Anfechtung (§§ 2078, 2079), der Erbunwürdigkeitserklärung (§ 2344) oder das Nichterleben einer aufschiebenden Bedingung (§ 2074) auf den Erbfall zurückbezogen wird.

### III. Vorausvermächtnis an den Vorerben

3 **1. Verfügungsfreiheit des Vorerben und Nacherbenrecht.** Ein Vorausvermächtnis (§ 2150) erhält der Vorerbe außerhalb und zusätzlich zu seinem Erbteil. Einem Vorerben im Wege des Vorausvermächtnis zugewendete Gegenstände unterliegen deshalb nicht den Beschränkungen der Nacherbfolge und sind beim Nacherbfall nicht an den Nacherben herauszugeben (§ 2130).

4 Der Erblasser kann den Vorerben und Vorausvermächtnisnehmer jedoch mit dem sog. „Nachvermächtnis auf den Überrest" belasten, sodass das, was beim Nacherbfall vom Vermächtnisgegenstand noch übrig ist, an den Nacherben als **Nachvermächtnisnehmer** herauszugeben ist (→ § 2136 Rn. 3). Auch die Einsetzung eines Ersatzvermächtnisnehmers (§ 2190) ist zulässig.

5 Der Erwerb des vermachten Gegenstands durch den **alleinigen Vorerben** erfolgt bereits kraft Erbenrechts, nicht erst durch Anfall des Vermächtnisses (§ 2176 BGB). Diese mit dem Erbfall eintretende dingliche Wirkung unterscheidet das Vorausvermächtnis an den alleinigen Vorerben von allen sonstigen Vermächtnissen, die gem. § 2174 bloß schuldrechtliche Wirkung gegenüber dem bzw. den Erben haben (BGH NJW 1960, 959; Staudinger/Avenarius, 2019, Rn. 7 mwN; aA Staudinger/Otte, 2003, § 2150 Rn. 4 f. mwN; Sonntag ZEV 1996, 450). Beim Vorausvermächtnis an den einzigen Vorerben handelt es sich folglich um ein dem deutschen Erbrecht sonst fremdes **Vindikationslegat** (Staudinger/Avenarius, 2019, Rn. 7; vgl. BGH NJW 1995, 58, 59; ferner Otte NJW 1987, 3164). Will der Erblasser einen bestimmten Vermögensgegenstand zunächst einer Person und nach deren Tod einer anderen Person zuwenden, kann er dies entweder durch ein aufschiebend bedingtes Vermächtnis oder durch Vor- und Nacherbschaft erreichen,

verbunden mit einem Vorausvermächtnis aller übrigen Nachlassgegenstände (OLG Hamburg BeckRS 2016, 06250). Kommt es dem Erblasser bei einer Erbengemeinschaft ausschließlich darauf an, einen **Mitvorerben** gegenüber dem oder den anderen über seinen Erbteil hinaus durch Zuwendung eines bestimmten Gegenstands (zB Grundstück) zu bevorzugen, kann er abweichend von der Auslegungsregel des § 2110 Abs. 2 („im Zweifel") bestimmen, dass der vermachte Gegenstand nach Erfüllung des Vorausvermächtnisses weiterhin den Verfügungsbeschränkungen der §§ 2112 ff. unterliegt und bei Eintritt des Nacherbfalls den bzw. dem Nacherben herauszugeben ist (Ludwig DNotZ 2001, 102 (112) mwN; Wingerter, Die Erweiterung der Befugnisse des befreiten Vorerben, 2000, 14; Staudinger/Avenarius, 2019, Rn. 5, 8; aA Nolting, Die Befreiung des Vorerben über die Grenzen des § 2136 BGB hinaus, 2001/2003, 127 ff. mwN; MüKoBGB/Grunsky Rn. 3: entspr. idR nicht dem Erblasserwillen); dies gilt selbst dann, wenn der Vermächtnisgegenstand erst verschafft werden muss (§ 2169). Fehlt eine von der Auslegungsregel abweichende Erblasserverfügung, so erwirbt der Mit-Vorerbe das freie Verfügungsrecht am vermachten Gegenstand erst mit der Leistung der Erbengemeinschaft an ihn; hierdurch unterscheidet sich das Vorausvermächtnis an einen Mitvorerben von dem an einen Alleinerben.

**2. Annahme und Ausschlagung.** Die Fiktion des § 2150 führt dazu, dass der Vorerbe Voraus- 6
vermächtnis und Vorerbschaft völlig unabhängig voneinander annehmen bzw. ausschlagen kann (§ 2180 bzw. § 1942). Der Erblasser kann jedoch anordnen, dass beide Zuwendungen miteinander stehen und fallen sollen. Jedoch reichen weder die Bezeichnung als „Vorausvermächtnis" noch die Zuwendung an den „Vorerben" zur Annahme eines derartigen Verknüpfungswillens aus. Schlägt der alleinige Vorerbe die Vorerbschaft aus und nimmt nur das (Voraus)Vermächtnis an, so entfällt dessen dingliche Wirkung kraft Erbenrechts (→ Rn. 3) und er ist auf die Erfüllung wie bei jedem anderen Vermächtnis auch angewiesen.

**3. Grundbuch und Erbschein.** Ist dem Vorerben ein Grundstück oder ein grundstücksglei- 7
ches Recht in dieser Weise im Voraus vermacht, darf im Grundbuch kein **Nacherbenvermerk** eingetragen werden (OLG München DNotZ 1942, 383 = JFG 23, 300; Soergel/Wegmann Rn. 2). In dem einem Vorerben erteilten **Erbschein** sind die ihm außerhalb des Erbteils bzw. Nachlasses vermachten Gegenstände mit dem Hinweis aufzuführen, dass sich das Nacherbenrecht nicht hierauf bezieht (KG DNotZ 1940, 410 = JFG 21, 122; MüKoBGB/Grunsky Rn. 3; einschr. Köster Rpfleger 2000, 90 (97)). Auch der dem Nacherben erteilte Erbschein muss angeben, dass sich das Erbrecht nicht auf diese Gegenstände erstreckt; die Berechnung und Ausweisung des anteiligen Werts des Vorausvermächtnisses im Verhältnis zum Gesamtnachlass ist nicht erforderlich (OLG München BeckRS 2014, 18695).

## § 2111 Unmittelbare Ersetzung

**(1) [1]Zur Erbschaft gehört, was der Vorerbe auf Grund eines zur Erbschaft gehörenden Rechts oder als Ersatz für die Zerstörung, Beschädigung oder Entziehung eines Erbschaftsgegenstands oder durch Rechtsgeschäft mit Mitteln der Erbschaft erwirbt, sofern nicht der Erwerb ihm als Nutzung gebührt. [2]Die Zugehörigkeit einer durch Rechtsgeschäft erworbenen Forderung zur Erbschaft hat der Schuldner erst dann gegen sich gelten zu lassen, wenn er von der Zugehörigkeit Kenntnis erlangt; die Vorschriften der §§ 406 bis 408 finden entsprechende Anwendung.**

**(2) Zur Erbschaft gehört auch, was der Vorerbe dem Inventar eines erbschaftlichen Grundstücks einverleibt.**

### Überblick

Die dingliche Surrogation des § 2111 dient der Substanzsicherung und ist für den Schutz des Nacherben von zentraler Bedeutung. Sie tritt unmittelbar kraft Gesetzes ein und kann weder durch Anordnungen des Erblassers noch durch Vereinbarung zwischen Vor- und Nacherbe oder zwischen Vorerbe und Geschäftspartner erweitert oder eingeschränkt werden (→ Rn. 1). Zum Erwerb auf Grund eines zur Erbschaft gehörenden Rechts gehört nur, was unmittelbar kraft Gesetzes auf Grund eines zur Erbschaft gehörenden Rechts erworben wird (→ Rn. 2). Zu den Surrogaten gem. Abs. 1 S. 1 Alt. 2 gehören alle Gegenstände, die der Vorerbe als Ersatz für die Zerstörung, Beschädigung oder Entziehung eines Nachlassgegenstands erhalten hat, und zwar ohne Rücksicht darauf, ob der Anspruch auf Gesetz oder Rechtsgeschäft beruht (→ Rn. 3). Der

Erwerb durch den Vorerben gem. Abs. 1 S. 1 Alt. 3 ist nur möglich, wenn dem Vorerben ein Vermögenswert zufließt, sei es in Form eines Rechts, des Eigentums oder des Besitzes an einer Sache (→ Rn. 4 ff.). Umstritten ist, ob die dingliche Surrogation nur bei einem Vermögenserwerb auf der Grundlage eines Rechtsgeschäfts eintritt oder ein wirtschaftlich gleichstehendes Austauschverhältnis ausreicht, bei denen jedoch formal das Gesetz (zB Entstehen einer Eigentümergrundschuld durch Rückzahlung einer hypothekarisch gesicherten Forderung) oder ein Hoheitsakt (zB Zuschlag in der Zwangsversteigerung) den Rechtsgrund bildet (→ Rn. 7). Der Surrogationstatbestand des Abs. 2 kommt nur dann zum Tragen, wenn der Vorerbe die Inventargegenstände mit Mitteln aus seinem eigenen freien Vermögen erworben hat (→ Rn. 9). Die Nutzungen des Nachlasses zwischen Erb- und Nacherbfall stehen dem Vorerben zu und gehören als Surrogate zwar zum Nachlass, gebühren jedoch dem Vorerben und sind deshalb nicht an den Nacherben herauszugeben (→ Rn. 10 ff.). Dies gilt insbesondere bei Gesellschaftsbeteiligungen und Einzelunternehmen (→ Rn. 11 ff.). Der Erblasser kann die Surrogation nicht vollständig ausschließen, wohl aber den Umfang des Nacherbenrechts einschränken, insbesondere durch Vorausvermächtnisse (→ Rn. 18). Die Surrogation kann weder vom Vor- noch vom Nacherben einseitig ausgeschlossen oder geändert werden, so dass der Vorerbe weder Nachlassgegenstände in sein freies Eigenvermögen überführen noch eigenes Vermögen dem Nachlass einverleiben kann (→ Rn. 19). Die Surrogation tritt mit dem sachenrechtlichen Erwerb ein (→ Rn. 20 f.).

## Übersicht



## I. Funktion und Bedeutung des Surrogationsprinzips

1 Die dingliche Surrogation des § 2111 dient der **Substanzsicherung** (BGH NJW-RR 1988, 386) und ist für den Schutz des Nacherben vor Nachlassveränderungen zwischen Erb- und Nacherbfall von zentraler Bedeutung. Ohne die Regelung des § 2111 wäre er auf schuldrechtliche Ersatz- und Ausgleichsansprüche gegen den Vorerben angewiesen. Demgegenüber erstreckt diese Vorschrift den Herausgabeanspruch des Nacherben über die beim Erbfall bereits vorhandenen Nachlassgegenstände hinaus auf die Surrogate iSd § 2111. Die Surrogationswirkung tritt auch bei selbst durch Surrogation hinzugekommenen Gegenständen ein (Kettensurrogation). Diese **dingliche Surrogation** tritt unmittelbar kraft Gesetzes ein und kann weder durch Anordnungen des Erblassers noch durch Vereinbarung zwischen Vor- und Nacherbe oder zwischen Vorerbe und Geschäftspartner erweitert oder eingeschränkt werden. Allerdings kann der schuldrechtliche Herausgabeanspruch des Nach- gegen den Vorerben sowohl durch Anordnungen des Erblassers als auch durch Vereinbarung zwischen Vor- und Nacherbe modifiziert werden (→ Rn. 12 f.). § 2111 dient ausschließlich der Substanzsicherung und ändert daher nichts an dem Grundsatz, dass die **Nutzungen** des Nachlasses dem Vorerben gebühren (BGH NJW 1990, 514; MüKoBGB/Grunsky Rn. 28). Die Nutzungen, die dem Vorerben verbleiben, sind daher von den Surrogaten, die dem Nacherben herauszugeben sind, abzugrenzen (→ Rn. 10). Das Surrogationsprinzip bezieht sich auf nicht mehr, aber auch nicht weniger als die Substanz des Nachlasses, und zwar einschließlich der zwischen Erb- und Nacherbfall auf Grund des § 2111 an die Stelle von Nachlassgegenständen getretenen Surrogate. Dem Vorerben ist es folglich verwehrt, Nachlassgegenstände in sein eigenes freies Vermögen überzuführen oder umgekehrt eigene Vermögenswerte dem Nachlass einzuverleiben. Derartige Vermögensverschiebungen sind im Rahmen des § 2111 unbeachtlich (OLG Köln NJW-RR 1987, 267; MüKoBGB/Grunsky Rn. 7; Staudinger/Avenarius, 2019, Rn. 6 f.).

## II. Tatbestände der dinglichen Surrogation

**1. Erwerb auf Grund eines zur Erbschaft gehörenden Rechts.** Der Tatbestand des Abs. 1 S. 1 Alt. 1 erfasst nur, was unmittelbar kraft Gesetzes auf Grund eines zur Erbschaft gehörenden Rechts erworben wird, also insbes. durch Verbindung und Vermischung (§§ 946 ff.), Ersitzung (§ 937), Schatzfund in einer zur Erbschaft gehörenden Sache (§ 984) oder die Annahme einer noch dem Erblasser angefallenen Erbschaft (§ 1952), nicht jedoch den Erwerb des Grundstückseigentums durch Ausschluss des bisherigen Eigentümers gem. § 927 Abs. 2 (RGZ 76, 357 (360); MüKoBGB/Grunsky Rn. 10; aA Staudinger/Avenarius, 2019, Rn. 16). Sobald der Erwerb durch ein Rechtsgeschäft oder ein wirtschaftlich gleichstehendes Ereignis vermittelt wird, handelt es sich um einen Erwerb mit Mitteln der Erbschaft iSd Abs. 1 S. 1 Alt. 3 (→ Rn. 4 ff.). 2

**2. Ersatzerwerb.** Zu den Surrogaten gehören gem. Abs. 1 S. 1 Alt. 2 auch alle Gegenstände, die der Vorerbe als Ersatz für die Zerstörung, Beschädigung oder Entziehung eines Nachlassgegenstands erhalten hat, und zwar ohne Rücksicht darauf, ob der Anspruch auf Gesetz oder Rechtsgeschäft beruht, also insbes. Schadensersatzleistungen aller Art, einschließlich solcher aus Gefährdungshaftung, Versicherungsleistungen (MüKoBGB/Grunsky Rn. 11; zweifelnd Lange/Kuchinke ErbR § 41 Fn. 22), Enteignungsentschädigungen (BGH RdL 1956, 189), der Lastenausgleich für vom Erblasser eingebüßte Vermögenswerte (BGH NJW 1966, 592), Leistungen auf Grund des VermG wegen Enteignungen im Gebiet der ehemaligen DDR (Wasmuth DNotZ 1992, 3), ein Überschuss aus der Zwangsversteigerung eines Nachlassgrundstücks (BGH NJW 1993, 3198) oder Bereicherungsansprüche, vor allem auf Grund des § 951 (MüKoBGB/Grunsky Rn. 11). Diese Alternative erfasst nur unmittelbar als Ersatz an die Stelle des Nachlassgegenstandes getretenen Schadensersatz- oder Bereicherungsansprüche, nicht dagegen den dinglichen Herausgabeanspruch oder den Anspruch auf das Entgelt gem. § 816 Abs. 1 S. 1 (Lange/Kuchinke ErbR § 41 II 2c). 3

**3. Erwerb mit Mitteln aus dem Nachlass. a) Erwerb durch Vorerben.** Die Surrogation auf der Grundlage des Abs. 1 S. 1 Alt. 3 ist nur möglich, wenn dem Vorerben ein **Vermögenswert** zufließt, sei es in Form eines Rechts, des Eigentums oder des Besitzes an einer Sache. Selbst eine vermögenswerte Rechtsposition wie eine unrichtige Grundbucheintragung stellt ein derartiges Surrogat dar (vgl. Roggendorff MittRhNotK 1981, 29 (33); Staudinger/Gursky, 2016, § 2019 Rn. 5). Eine dingliche Surrogation kommt grds. auch bei allen höchstpersönlichen und nicht übertragbaren Vermögenswerten (zB Nießbrauch) in Betracht (BGH NJW 1990, 514; Grüneberg/Weidlich Rn. 5; aA Roggendorff MittRhNotK 1981, 29 (33)). Davon zu unterscheiden ist die Frage, ob der Nacherbe mit dem Nacherbfall die Herausgabe derartiger Vermögenswerte verlangen kann. Wenn und soweit dies aus rechtlichen Gründen ausgeschlossen ist, zB Nießbrauch (Lange/Kuchinke ErbR § 41 III 2d), Kommanditanteil, so erfasst das Nacherbenrecht doch mindestens einen etwaigen Anspruch auf Wertersatz, insbes. ein Abfindungs- oder Auseinandersetzungsguthaben aus unvererblichen und nicht abtretbaren Gesellschaftsbeteiligungen (BGH NJW 1990, 514). Ein Vermögenserwerb ist dagegen aus tatsächlichen Gründen nicht gegeben, wenn der Vorerbe mit Nachlassmitteln eigene **Verbindlichkeiten** bezahlt, den Nachlass verschleudert (zB Verschwendung infolge Drogenmissbrauchs) oder der Gegenstand durch **Verbindung, Vermischung oder Verarbeitung** (§§ 946 ff., 950) untergegangen ist (Roggendorff MittRhNotK 1981, 29 (33); vgl. Lange/Kuchinke ErbR § 41 III 2d). Im zuletzt genannten Fall tritt allerdings Surrogation gem. Abs. 1 S. 1 Alt. 1 ein (→ Rn. 2). Der Vermögenserwerb muss beim Vorerben eintreten. Handelt der Vorerbe als **Vertreter** eines Dritten oder schließt er unter Einsatz von Nachlassmitteln einen echten **Vertrag zugunsten Dritter,** so tritt keine dingliche Surrogation ein (Roggendorff MittRhNotK 1981, 29 (33)). Völlig ohne Bedeutung ist der Wille des Vorerben und/oder des Geschäftspartners, anstelle des Nachlasses das eigene freie Vermögen des Vorerben bereichern zu wollen. 4

**b) Einsatz von Mitteln aus dem Nachlass.** Nachlassmittel sind nur, aber auch immer dann eingesetzt, wenn sie in tatsächlicher Hinsicht aus dem Vermögen des Vorerben weggegeben worden sind. Nach zutreffender hM ist der Eintritt der dinglichen Surrogation nicht von der Wirksamkeit der zugrundeliegenden Verfügung abhängig (Roggendorff MittRhNotK 1981, 29 (33, 34) mwN; aA Böhm, Surrogation trotz Unwirksamkeit einer Verfügung?, 1973, 25, 39). Dabei kommt es nur darauf an, dass der **Verlust** der Nachlassmittel objektiv eingetreten ist. Auch wenn der Vorerbe und/oder sein Geschäftspartner die eingesetzten Mittel gutgläubig für Eigenvermögen hält, tritt die Surrogation ein (Grüneberg/Weidlich Rn. 5). Die Einschaltung eines Dritten (zB Zwischenfinanzierung über Kreditinstitut) schließt die Surrogation ebenfalls nicht aus, wenn der Nachlass dadurch objektiv geschmälert wird (BGH NJW 1990, 1237 (1238)). Nimmt der Vorerbe zum 5

Zwecke des Erwerbs einen **Kredit** mit der Absicht auf, diesen aus dem Nachlass zu tilgen, so fällt der erworbene Vermögenswert selbst dann sofort in den Nachlass, wenn die Tilgung anschließend tatsächlich aus dem Eigenvermögen erfolgt; der Vorerbe ist in diesem Fall auf Aufwendungsersatzansprüche gegen den Nacherben beschränkt (MüKoBGB/Grunsky Rn. 22). Wird der Kredit vom Vorerben in der Absicht aufgenommen, diesen mit eigenen Mitteln zurückzuzahlen, so tritt Surrogation nur und erst ein, wenn später die Rückzahlung aus dem Nachlass erfolgt (BGH NJW 1990, 1237 (1238)). In beiden Fällen ist es unerheblich, ob zur Sicherung des Kredits Rechte, insbes. Grundpfandrechte, an Nachlassgegenständen für die Gläubiger bestellt werden. Ausschlaggebend ist allein die erkennbare Willensrichtung des Vorerben bei der Kreditaufnahme, wobei allerdings die Stellung von Sicherheiten ein Indiz in der einen oder anderen Richtung sein kann. Erfüllt der Vorerbe aus seinem freien Eigenvermögen eine **Nachlassverbindlichkeit,** die durch ein Pfandrecht oder ein Grundpfandrecht an einem Nachlassgegenstand gesichert ist, so fallen weder die Rückgriffsansprüche noch etwaige Eigentümergrundschulden oder Rückgewähransprüche in den Nachlass, sondern stehen dem Vorerben zur freien Verfügung (BGH NJW 1993, 3198). Wegen der Rechtsfolgen eines Erwerbs, der nur zum Teil auf dem Einsatz von Nachlassmitteln beruht, wird auf → Rn. 15 verwiesen.

6 **c) Ursächlichkeit des Mitteleinsatzes für Erwerb.** Der Mitteleinsatz muss für den beim Vorerben eingetretenen Vermögenserwerb ursächlich sein. Dazu bedarf es keines rechtlichen Kausalverhältnisses. Es genügt vielmehr jeder wirtschaftliche Zusammenhang, der die Mittelhingabe und den Vermögenserwerb als Austauschvorgang erscheinen lässt (Roggendorff MittRhNotK 1981, 29 (33)). Folglich ergreift Abs. 1 S. 1 Alt. 3 auch alle Gegengeschenke, die durch die Schenkung aus dem Nachlass motiviert sind.

7 **d) Erwerb auf Grund Rechtsgeschäfts.** Umstritten ist, ob die dingliche Surrogation nur bei einem Vermögenserwerb auf der Grundlage eines Rechtsgeschäfts eintritt (RGZ 136, 353 (357); RGRK-BGB/Johannsen Rn. 6; Grüneberg/Weidlich Rn. 3), oder ob dazu auch wirtschaftlich gleichstehende Austauschverhältnisse ausreichen, bei denen jedoch formal das **Gesetz** (zB Entstehen einer Eigentümergrundschuld durch Rückzahlung einer hypothekarisch gesicherten Forderung) oder ein **Hoheitsakt** (zB Zuschlag in der Zwangsversteigerung) den Rechtsgrund bildet (Kipp/Coing ErbR § 49 II 2a; Brox ErbR Rn. 578; Soergel/Wegmann Rn. 9; MüKoBGB/Grunsky Rn. 18; Roggendorff MittRhNotK 1981, 29 (33)). Die engere Auffassung kann sich auf den Wortlaut des Gesetzes berufen. Nimmt man jedoch den Zweck des Surrogationsprinzips, dem Nacherben die Substanz des Nachlasses zu sichern, ernst, so kann man die dadurch entstehende Regelungslücke nicht hinnehmen. Deshalb kann es allein darauf ankommen, ob der Austauschvorgang wirtschaftlich einem rechtsgeschäftlichen gleichsteht, nicht jedoch auf die rechtstechnische Ausgestaltung. Losgelöst von den Meinungsunterschieden zur Rechtsnatur der Erfüllung ist deshalb auch jede Leistung zur Erfüllung einer Nachlassforderung deren Surrogat. Etwa bestellte Sicherheiten (zB Grundpfandrechte) fallen damit ebenfalls in den Nachlass.

8 Die Art des Geschäfts, das dem Erwerb zugrunde liegt, ist ohne jede Bedeutung. Bei einem **Kauf- oder Tauschvertrag** erfasst § 2111 die Gegenleistung. Bei einer **Auseinandersetzung** der Erbengemeinschaft sind Surrogat diejenigen Vermögenswerte, die der Vorerbe dabei erwirbt (BGH DNotZ 2001, 392 (394); OLG Hamm ZEV 1995, 336). Folglich ist bei auf Grund der Erbauseinandersetzung durch den Vorerben erlangtem Grundbesitz der Nacherbenvermerk einzutragen (BayObLG FamRZ 1987, 104; OLG Hamm NJW-RR 1995, 1289). Bei einer Versteigerung zum Zwecke der Auseinandersetzung der Erbengemeinschaft ist der dem Vorerben gebührende Anteil am Versteigerungserlös Surrogat iSd § 2111 (MüKoBGB/Grunsky Rn. 18). Verwendet der Vorerbe Nachlassmittel zur Durchführung der **Kapitalerhöhung** bei einer juristischen Person, so fällt der dabei erworbene Gesellschaftsanteil (zB Aktie) in den Nachlass. Übt der Vorerbe bei einer Kapitalerhöhung zum Nachlass gehörende Bezugsrechte aus, so fallen die erworbenen Gesellschaftsanteile ohne Rücksicht darauf, ob dieser Zuzahlungen aus seinem Eigenvermögen erbracht hat, in das erbrechtliche Sondervermögen, unbeschadet eines entsprechenden Ausgleichsanspruchs nach dem Nacherbfall (Roggendorff MittRhNotK 1981, 29 (38); Staudinger/Avenarius, 2019, Rn. 38). Scheidet der Vorerbe aus einer **Personengesellschaft** aus oder wird eine **Gesellschaft aufgelöst,** so fällt das Auseinandersetzungs- bzw. Abfindungsguthaben in den Nachlass (MüKoBGB/Grunsky Rn. 25). Bei der Bestellung von **Sicherheiten** an Nachlassgegenständen (zB Grundschulden, Hypotheken, Pfandrechte) für eigene Schulden des Vorerben oder für solche von Dritten sind Surrogate die für den Fall der Befriedigung der Gläubiger entstehenden Rückgriffsansprüche gegen den Schuldner bzw. die von diesem zur Freistellung erworbenen Vermögenswerte.

**4. Inventarerwerb.** Der Surrogationstatbestand des Abs. 2, der inhaltlich den § 588 Abs. 2, § 1048 Abs. 1 entspricht, kommt nur dann zum Tragen, wenn der Vorerbe die Inventargegenstände mit Mitteln aus seinem eigenen freien Vermögen erworben hat, weil andernfalls Abs. 1 eingreifen würde. Inventargegenstände gehören selbst dann zum Nachlass, wenn sie nicht als Ersatz für weggefallene Gegenstände angeschafft worden sind. Ersatzansprüche des Vorerben ergeben sich aus §§ 2124, 2125 und Wegnahmerechte aus § 2125 Abs. 2. 9

## III. Keine Surrogation der Nutzungen

**1. Grundsätze.** Die Nutzungen (§§ 99, 100) des Nachlasses zwischen Erb- und Nacherbfall stehen dem Vorerben als dessen Inhaber kraft eigenen Rechts zu. Sie gehören als Surrogate zwar zum Nachlass, gebühren jedoch dem Vorerben und sind deshalb nicht an den Nacherben herauszugeben (BGH NJW 1981, 115). Dieses Grundprinzip der Nacherbfolge wird durch Abs. 1 S. 1 letzter Hs. anerkannt. Diese Verteilungsregel betrifft jedoch ausschließlich das Verhältnis zwischen Vor- und Nacherbe, sodass Nachlassgläubiger vollen Zugriff auf die Nutzungen haben. Der Vorerbe hat nur Anspruch auf die Nutzungen zwischen Erb- und Nacherbfall, sodass er die von ihm gezogenen, auf diesen Zeitraum entfallenden Nutzungen beim Nacherbfall behalten kann. Soweit Nutzungen für diese Zeit erst nach dem Nacherbfall gezogen werden können (zB Auflösung von Kapital- oder Gewinnrücklagen, Gewinnausschüttung auf Grund Gewinnverwendungsbeschluss einer Kapitalgesellschaft), kann der Vorerbe vom Nacherben deren Herausgabe als ungerechtfertigte Bereicherung (§§ 812 ff.) fordern. Nutzungen aus der Zeit vor dem Tod des Erblassers sind vom Vorerben beim Nacherbfall herauszugeben. Nutzungen, die der Vorerbe bis zum Nacherbfall gezogen hat, gehen in sein Vermögen selbst dann über, wenn er dabei die Grenzen einer ordnungsgemäßen Wirtschaft überschritten hat (Übermaßfrüchte) (Dillmann RNotZ 2002, 1 (5)). 10

**2. Gesellschaftsbeteiligungen und Einzelunternehmen. a) Gewinnverteilungsgrundsatz.** Zu den Nutzungen gehört bei Gesellschaftsbeteiligungen oder Einzelunternehmen der Anspruch auf den laufenden Gewinn, nicht dagegen der Gewinn aus Veräußerungsgeschäften dieser Beteiligungen, einschließlich etwaiger Bezugsrechte (Erman/M. Schmidt Rn. 6), oder Unternehmen (vgl. MüKoBGB/Grunsky Rn. 38). Soweit in dem Gewinn der Gesellschaft oder des Einzelunternehmens außerordentliche Gewinne (zB Teilbetriebsveräußerung, Verkauf von Beteiligungen an anderen Unternehmen) enthalten sind, gebühren auch diese als Nutzung dem Vorerben (Roggendorff MittRhNotK 1981, 29 (37)). Wird dagegen bei einer Kapitalgesellschaft das Grund- bzw. Stammkapital aus Gesellschaftsmitteln durch Rücklagenumwandlung erhöht, so stehen die dabei entstandenen Beteiligungen nicht etwa dem Vorerben zu, sondern gebühren als Surrogate dem Nacherben (Grüneberg/Weidlich Rn. 7). 11

**b) Abgrenzungsbilanz.** Dem Vorerben steht nicht der Bruttogewinn, sondern nur der nach Abzug der Steuern verbleibende Reingewinn zu (Wachter ZEV 2001, 78 (79)). Der Gewinn oder Verlust ist auf der Basis der jährlich (ausf. MüKoBGB/Grunsky Rn. 30) zu erstellenden Handelsbilanz zu ermitteln (Grüneberg/Weidlich Rn. 7; Soergel/Wegmann Rn. 15; Staudinger/Avenarius, 2019, Rn. 40; Bökelmann, Nutzungen und Gewinn beim Unternehmensnießbrauch, 1971, 249 (Steuerbilanz)), die jedoch zum Zwecke der Nutzungsabgrenzung zwischen Vor- und Nacherbe zu korrigieren ist (MüKoBGB/Grunsky Rn. 34). Wenn die Gesellschaft oder das Unternehmen nicht ohnehin bereits kraft Gesetzes bilanzierungspflichtig ist, ist allein zu diesem Zweck eine Bilanz zu erstellen. 12

Für diese Abgrenzungsbilanz gelten folgende Besonderheiten: 13

- Gemäß § 253 HGB zulässige **stille Reserven** sind aufzulösen (MüKoBGB/Grunsky Rn. 34).
- Abweichend von den Vorschriften des Handelsrechts rechnen auch das zwischen Erb- und Nacherbfall erbrachte **Eigenkapital** (§ 266 Abs. 3 A. I. HGB, § 272 HGB) sowie die in diesem Zeitraum entstandenen (freien) Kapital- (§ 266 Abs. 3 A. II. HGB) (vgl. Roggendorf MittRhNotK 1981, 29 (37); aA Hadding FS Bartholomeyczik, 1973, 75, 90) und **Gewinnrücklagen** (§ 266 Abs. 3 A. III. HGB) zum Gewinn. Das Gleiche gilt für einen in dieser Zeit gebildeten **Gewinn- oder Verlustvortrag** (§ 266 Abs. 3 A. IV. HGB).
- Zweckgebundene **Rückstellungen** iSd § 249 HGB, insbes. Pensionsrückstellungen, Steuerrückstellungen oder Rückstellungen wegen bestimmter Geschäftsrisiken, wirken sich erst gewinnerhöhend aus, wenn und sobald sie aufgelöst werden, weil das Ausbleiben des Geschäftsrisikos endgültig feststeht (§ 249 Abs. 3 S. 2 HGB), und zwar auch dann, wenn dies erst nach dem Nacherbfall geschieht (Timmann, Vor- und Nacherbschaft innerhalb der zweigliedrigen

OHG oder KG, 2000, 130; Erman/M. Schmidt Rn. 6; einschr. MüKoBGB/Grunsky Rn. 39). Die Bildung derartiger Rückstellungen ist zwar Ausdruck der dem Vorerben obliegenden Erhaltungspflicht (MüKoBGB/Grunsky Rn. 39). Wird jedoch nachträglich festgestellt, dass die entsprechenden Geschäftsrisiken nicht mehr eintreten können, so sind diese gewinnerhöhend aufzulösen, und zwar unabhängig, ob dies vor oder nach dem Nacherbfall geschieht. Verdeckte Gewinnausschüttungen (zB verbilligter Warenbezug, unangemessen hohes Geschäftsführergehalt) stellen keine Nutzung dar, sondern begründen Wertersatzansprüche des Nacherben gem. § 2133, soweit sie das übliche Maß übersteigen (aA Roggendorff MittRhNotK 1981, 29 (33)).

14 Bei all diesen Bilanzkorrekturen ist jedoch zu berücksichtigen, dass bei der Auflösung stiller Reserven und bei der Berücksichtigung von Eigenkapital, Rücklagen, Gewinn- und Verlustvorträgen sowie Rückstellungen der Vorerbe nur Anspruch auf diese hat, wenn und soweit diese nach dem Tod des Erblassers, aber vor dem Nacherbfall dem Grunde nach entstanden sind (ähnlich MüKoBGB/Grunsky Rn. 38; Erman/M. Schmidt Rn. 6).

15 Eine **zeitliche Zuordnung** ist zwar äußerst schwierig, jedoch für die nach dem Gesetz notwendige Abgrenzung unerlässlich. Der so ermittelte Gewinn steht im Verhältnis zum Nacherben dem Vorerben als Nutzung zu, und zwar ohne Rücksicht darauf, ob er den Anspruch auf diesen Gewinn nach Gesetz oder Gesellschaftsvertrag realisieren kann. Unerheblich ist daher der Zeitpunkt der Beschlussfassung über die Gewinnverwendung. Wenn und soweit der Gewinn zwischen Erb- und Nacherbfall erwirtschaftet worden ist, gebührt er dem Vorerben (BGH NJW 1990, 514 (515); MüKoBGB/Grunsky Rn. 38). Ist eine **Realisierung** aus irgendeinem Grunde vorerst ausgeschlossen, so kann der Vorerbe seinen Anspruch ggf. aus dem Auseinandersetzungsguthaben befriedigen. Kann der Anspruch erst nach Eintritt des Nacherbfalls durchgesetzt werden, so hat der Vorerbe insoweit einen Anspruch aus ungerechtfertigter Bereicherung gegen den Nacherben (Erman/M. Schmidt Rn. 6). Sind vor Eintritt des Nacherbfalls Rücklagen oder Rückstellungen aus der Zeit vor dem Tod des Erblassers aufgelöst worden, fallen die dem Vorerben zugeflossenen Beträge in den Nachlass (Roggendorff MittRhNotK 1981, 29 (33)).

16 Entstandene **Verluste** sind durch später erzielte Gewinne auszugleichen, soweit sie nicht durch früher gebildete Rücklagen gedeckt sind (Bökelmann, Nutzungen und Gewinn beim Unternehmensnießbrauch, 1971, 251, 183 f.; MüKoBGB/Grunsky Rn. 31; Soergel/Wegmann Rn. 15; diff. Timmann, Vor- und Nacherbschaft innerhalb der zweigliedrigen OHG oder KG, 2000, 137 ff.). Die Pflicht zum Ausgleich von späteren Verlusten durch frühere Gewinne hängt richtiger Auffassung nach von der Art der Gesellschaftsbeteiligung bzw. des Unternehmens ab. Bei der Beteiligung an einer Kapitalgesellschaft oder bei einer Kommanditeinlage ist eine derartige Pflicht zum Verlustausgleich lediglich bis zur Höhe noch ausstehender Einlagen oder im Gesellschaftsvertrag vorgesehener Nachschüsse gegeben. In allen anderen Fällen ist der Vorerbe dagegen verpflichtet, frühere Gewinne in vollem Umfang zum Verlustausgleich zu verwenden (für Verlustausgleichspflicht in allen Fällen Soergel/Wegmann Rn. 15; gegen jede Ausgleichspflicht MüKoBGB/Grunsky Rn. 31; diff. Staudinger/Avenarius, 2019, Rn. 40). Dem Vorerben verbleibt damit lediglich der Saldo aus Gewinnen und Verlusten in dieser Zeit.

17 **c) Entnahmerecht des Vorerben.** Ob dem Vorerben bei einem defizitären Unternehmen, stets ein Entnahmerecht in Höhe des angemessenen Geschäftsführer- oder Unternehmerlohns (MüKoBGB/Grunsky Rn. 35) oder analog § 122 HGB (Soergel/Wegmann Rn. 15; Erman/M. Schmidt Rn. 6; abl. Timmann, Vor- und Nacherbschaft innerhalb der zweigliedrigen OHG oder KG, 2000, 133) zusteht, hängt davon ab, ob die Anordnung der Nacherbfolge nach dem Willen des Erblassers der Sicherung des Lebensunterhalts des Vorerben dienen soll. Wollte er dagegen in erster Linie das Unternehmen dem Nacherben erhalten, so kann ein derartiges Entnahmerecht nur angenommen werden, wenn der Erblasser dieses ausdrücklich angeordnet hat. Erfasst die Nacherbfolge noch **weitere Gegenstände oder Sachgesamtheiten,** so sind die Nutzungen aus dem Saldo sämtlicher Erträge hieraus zu ermitteln (MüKoBGB/Grunsky Rn. 32, 36).

## IV. Abweichung von der gesetzlichen Surrogation

18 **1. Anordnungen des Erblassers.** Der Erblasser kann die Surrogation nicht vollständig **ausschließen,** wohl aber deren Bezugsgröße, nämlich den Umfang des Nacherbenrechts, **einschränken** (→ § 2100 Rn. 30). Er kann insbes. durch Zuwendung von Vorausvermächtnissen (§ 2110 Abs. 2) oder Auflagen an den Vorerben den Anspruch des Nacherben auf Herausgabe von bestimmten Gegenständen und/oder Nutzungen einschränken oder ganz ausschließen (MüKoBGB/Grunsky Rn. 28). Der Erblasser kann insbes. regeln, in welchem Umfang der Vorerbe berechtigt ist, die Nutzungen des Nachlasses zu ziehen. Gehört ein Unternehmen zum Nachlass,

so kann und sollte der Erblasser die Art und Weise der Gewinnermittlung, den Gewinn- und Verlustausgleich sowie Mindestentnahmerechte festlegen. Derartige Anordnungen des Erblassers beschränken oder erweitern zwar den Herausgabeanspruch des Nacherben, ohne damit allerdings die kraft Gesetzes zwingend eintretende Surrogation verhindern zu können.

**2. Vereinbarung zwischen Vor- und Nacherbe.** Die Surrogation kann weder vom Vor- 19
noch vom Nacherben **einseitig** ausgeschlossen oder geändert werden. Dem Vorerben ist es insbes. verwehrt, Nachlassgegenstände in sein freies Eigenvermögen zu überführen oder eigenes Vermögen dem Nachlass einzuverleiben. Da der Vorerbe mit Zustimmung des Nacherben den Nachlass beeinträchtigende Verfügungen iSd §§ 2112 ff. vornehmen kann, muss es auch zugelassen werden, dass Vor- und Nacherbe gemeinsam durch **Vereinbarung,** insbes. im Wege des Vergleichs oder der vorweggenommenen Nacherbfolge, den Umfang des Nachlasses und damit die Bezugsgröße der dinglichen Surrogation festlegen (MüKoBGB/Grunsky Rn. 4; Reimann DNotZ 2007, 579 (591 f.); offen gelassen in BGH NJW 1963, 2320 (2322)). Dagegen kann die Zustimmung des Testamentsvollstreckers diese Wirkung nicht entfalten (OLG Köln NJW-RR 1987, 267). Zur Zulässigkeit von Vereinbarungen zwischen Vor- und Nacherbe, Nachlassgegenstände in das durch Nacherbenrecht unbelastete Eigenvermögen zu überführen, → § 2113 Rn. 29.

## V. Wirkungen der Surrogation

**1. Zeitpunkt.** Die Surrogationswirkung tritt grds. mit dem Erwerb durch den Vorerben ein. 20
Beim noch nicht (vollständig) erfüllten Vertrag tritt die Surrogation erst ein, wenn der veräußerte Gegenstand nach sachenrechtlichen Grundsätzen übereignet oder abgetreten ist. Steht dem Vorerben ein noch nicht erfüllter Anspruch auf eine Gegenleistung zu, so gehört zunächst dieser Anspruch und ab Erfüllung die Gegenleistung (zB Geld) zum Nachlass. Zum Surrogationszeitpunkt bei einem kreditfinanzierten Erwerb → Rn. 5.

**2. Teilweiser Mitteleinsatz.** Werden zum Zwecke des Erwerbs eines Gegenstands nur teil- 21
weise Mittel aus dem Nachlass verwendet, so fällt nur der diesem Anteil entsprechende Teil im Wege der Surrogation in den Nachlass. Hat der Vorerbe die restlichen Mittel seinem eigenen freien Vermögen entnommen, so wird er nach außen Alleineigentümer bzw. alleiniger Inhaber des Vermögensgegenstands, während er im Verhältnis zum Nacherben auf Grund der teilweisen dinglichen Surrogation den gesetzlichen Verfügungs- und Verwaltungsbeschränkungen unterliegt. Mit Eintritt des Nacherbfalls werden der Vor- und der Nacherbe in Gemeinschaft gem. §§ 741 ff. Eigentümer bzw. Inhaber des Vermögenswerts, wobei sich die Anteile abweichend von § 742 nach dem Verhältnis der eingesetzten Mittel zueinander bemessen. Eine derartige Aufteilung ist jedoch entgegen der Ansicht des BGH ausgeschlossen, wenn der Vorerbe mit Nachlassmitteln ein Gebäude auf einem eigenen Grundstück mit der Folge errichtet, dass jenes wesentlicher Bestandteil des Grundstücks wird (§§ 93, 94) ((BGH NJW 1977, 1631; Peters NJW 1977, 2075; Roggendorff MittRhNotK 1981, 29 (31); M. Wolf JuS 1981, 14; Staudinger/Avenarius, 2019, Rn. 3). Nach § 946 folgt das Eigentum am Gebäude dem am Grundstück, und nicht umgekehrt. Zudem erwirbt der Vorerbe das Eigentum am Gebäude nicht auf Grund des Mitteleinsatzes, sondern der sachenrechtlichen Vorschrift des § 946.

**3. Nacherbenvermerk.** Wird vom Vorerben ein Grundstück oder ein grundstücksgleiches 22
Recht im Wege der dinglichen Surrogation erworben, so ist von Amts wegen im Grundbuch ein Nacherbenvermerk einzutragen (OLG Hamm NJW-RR 1995, 1289; BayObLG FamRZ 1987, 104). Entsprechendes gilt beim Erwerb eines Schiffes oder eines Luftfahrzeugs.

**4. Vertrauensschutz gem. Abs. 1 S. 2.** Der Schuldner einer Forderung, die im Wege der 23
dinglichen Surrogation in den Nachlass gefallen ist, wird in seinem Vertrauen ebenso geschützt wie durch § 2019 Abs. 2. Beruht der Forderungserwerb nicht auf einem Rechtsgeschäft, können die §§ 851, 893 und § 2367 eingreifen.

## VI. Beweisfragen

Die Beweislast für den Eintritt der dinglichen Surrogation trägt nach den allgemeinen Regeln 24
der Nacherbe. Hat der Vorerbe jedoch Nachlass- und Eigenvermögen in einer Weise verwaltet, dass für Außenstehende eine Unterscheidung nicht möglich ist (zB gemeinsames Bankkonto), so trägt dieser die Beweislast dafür, dass der Erwerb nicht mit Mitteln des Nachlasses erfolgt ist (MüKoBGB/Grunsky Rn. 16). Nur so kann einer Umgehung der Surrogationsregeln wirksam

begegnet werden. Außerdem hat es allein der Vorerbe in der Hand, für eine getrennte Vermögensverwaltung zu sorgen.

## § 2112 Verfügungsrecht des Vorerben

**Der Vorerbe kann über die zur Erbschaft gehörenden Gegenstände verfügen, soweit sich nicht aus den Vorschriften der §§ 2113 bis 2115 ein anderes ergibt.**

### Überblick

Der Vorerbe kann sowohl über die gesamte Erbschaft bzw. seinen Erbteil als auch über einzelne Nachlassgegenstände grds. völlig frei verfügen, unterliegt dabei jedoch den Verfügungsbeschränkungen der §§ 2113–2115, die sich ausschließlich auf einzelne Nachlassgegenstände beziehen. Dies gilt auch für zum Nachlass gehörende Unternehmen oder Gesellschaftsbeteiligungen (→ Rn. 3 f.). Der Erblasser kann den Vorerben von allen in den §§ 2113–2115 enthaltenen Verfügungsbeschränkungen befreien, ausgenommen jedoch das Verbot gem. § 2113 Abs. 2 unentgeltlich zu verfügen (→ Rn. 5). Der Vorerbe kann mit Wirkung für den Nachlass Verbindlichkeiten begründen, die jedoch als Nachlassverbindlichkeiten vom Nacherben nach Eintritt des Nacherbfalls nur dann zu erfüllen, wenn der Vorerbe sich dabei im Rahmen ordnungsgemäßer Verwaltung gehalten hat (→ Rn. 1). Weder das Prozessführungsrecht (→ Rn. 6) noch das Recht, letztwillig zu verfügen (→ Rn. 7), wird durch §§ 2112 ff. eingeschränkt.

### I. Verpflichtungsgeschäfte

1 Der Vorerbe ist durch §§ 2112 ff. nicht gehindert, Verbindlichkeiten mit Wirkung für den Nachlass einzugehen (Kipp/Coing ErbR § 49 IV 1b; Erman/M. Schmidt Rn. 1). Derartige Verpflichtungsgeschäfte sind jedoch als **Nachlassverbindlichkeiten** vom Nacherben nach Eintritt des Nacherbfalls nur dann zu erfüllen, wenn der Vorerbe sich dabei im Rahmen ordnungsgemäßer Verwaltung (→ § 2120 Rn. 2 f.) gehalten hat (BGH NJW 1960, 959). Sind dagegen die Grenzen ordnungsgemäßer Verwaltung vom Vorerben überschritten worden, so handelt es sich bei diesen Verpflichtungen nicht um Nachlassverbindlichkeiten, sodass für deren Erfüllung nicht der Nach-, sondern ausschließlich der **Vorerbe haftet.** (MüKoBGB/Grunsky § 2144 Rn. 2) Die Eingehung von Verpflichtungen durch den Vorerben überschreitet immer dann die Grenzen ordnungsgemäßer Verwaltung, wenn das Erfüllungsgeschäft in einer Verfügung besteht, die gem. §§ 2113–2115 dem Nacherben gegenüber unwirksam ist.

### II. Rechtsgeschäftliche Verfügungen

2 **1. Grundsatz der Verfügungsfreiheit.** Der Vorerbe kann als Inhaber des Nachlasses – anders als der mit einem Nießbrauchsvermächtnis Bedachte – sowohl über die gesamte Erbschaft bzw. seinen Erbteil als auch über einzelne Nachlassgegenstände grds. völlig frei verfügen. Da sich die Verfügungsbeschränkungen der §§ 2113–2115 ausschließlich auf **einzelne Nachlassgegenstände** beziehen, unterliegt der Vorerbe bei einer Verfügung über die **gesamte Erbschaft** oder einen Teil hiervon keinerlei Beschränkungen. Die Verfügung beseitigt jedoch nicht die Belastung mit dem Recht des Nacherben. Das Gleiche gilt für die Vereinbarung der Gütergemeinschaft zwischen dem Vorerben und dessen Ehegatten (BayObLGZ 1989, 899). Auch die Verfügungen über einzelne Nachlassgegenstände sind zunächst wirksam, und zwar selbst dann, wenn sie gegen §§ 2113–2115 verstoßen. Wenn und soweit derartige Verfügungen gegen diese Beschränkungen verstoßen, werden sie mit Wirkung ab dem Nacherbfall absolut, dh gegenüber jedermann, unwirksam.

3 Gehört ein **Unternehmen** oder eine **Gesellschaftsbeteiligung** zum Nachlass, so unterliegt der Vorerbe bis zum Nacherbfall keinerlei Beschränkungen in seiner Verfügungsbefugnis. Er kann sich folglich im Handelsregister als Firmeninhaber, persönlich haftender Gesellschafter oder Kommanditist eintragen lassen, ohne dass dort das Nacherbenrecht vermerkt wird. Der Nacherbe braucht bei den Registeranmeldungen nicht mitzuwirken. Bei Gesellschaften wird der Vorerbe auf Grund **gesellschaftsvertraglicher Nachfolgeklauseln** entweder unmittelbar oder durch Ausübung eines Eintrittsrechts Gesellschafter. Er kann dann ohne Mitwirkung des Nacherben aus der Gesellschaft austreten, diese kündigen, die Beteiligung veräußern oder belasten sowie Änderungen des Gesellschaftsvertrags oder der Gesellschaftsform (Umwandlungen) zustimmen

(MüKoBGB/Grunsky Rn. 5 ff.). Der Vorerbe kann bei einer Kommanditgesellschaft auch die Umwandlung einer Beteiligung in eine Kommanditistenstellung (§ 139 Abs. 1 HGB) verlangen, ohne dass der Nacherbe zustimmen muss. Hat der Vorerbe auf diesem Weg die Rechtsstellung eines Kommanditisten erlangt, so kann der Nacherbe nach dem Nacherbfall nicht mehr verlangen, persönlich haftender Gesellschafter zu werden (BGH NJW 1977, 1540 (1541)). Mit dem Nacherbfall übernimmt der Nacherbe die Gesellschafterstellung so wie sie sich dann darstellt. An den infolge des Nacherbfalls etwa notwendigen Handelsregisteranmeldungen müssen sowohl der Nach- als auch der Vorerbe bzw. dessen Erben mitwirken (Langenbach MittRhNotK 1965, 81 (106)).

**2. Gesetzliche Verfügungsbeschränkungen.** Die Verfügungsfreiheit bezüglich einzelner 4
Nachlassgegenstände wird ausschließlich durch §§ 2113–2115 eingeschränkt. Diese Vorschriften gelten für **Verfügungen im technischen Sinne,** also für die Begründung (zB Erbbaurechtsbestellung) (BGHZ 52, 269), dingliche Übertragung, Belastung oder Änderung von Rechten sowie für die Aufgabe von Rechten oder Sachen, nicht dagegen für Verpflichtungsgeschäfte aller Art Nach diesen Vorschriften sind unwirksam unentgeltliche Verfügungen (§ 2113 Abs. 2), Verfügungen über Grundstücke, grundstücksgleiche Rechte (zB Erbbaurecht, Gebäudeeigentum), Rechte an einem Grundstück (zB Grundpfandrechte, Nießbrauch), eingetragene Schiffe oder Schiffsbauwerke (§ 2113 Abs. 1), Verfügungen im Wege der Zwangsvollstreckung, der Arrestvollziehung oder durch den Insolvenzverwalter (§ 2115) sowie Verfügungen über Hypothekenforderungen, Grund- und Rentenschulden (§ 2114).

**3. Erweiterungen der Verfügungsfreiheit.** Der Erblasser kann den Vorerben von allen in 5
den §§ 2113–2115 enthaltenen Verfügungsbeschränkungen befreien, ausgenommen jedoch die Beschränkung des § 2113 Abs. 2, wonach unentgeltliche Verfügungen des Vorerben über Nachlassgegenstände aller Art bei Eintritt des Nacherbfalls unwirksam werden. Eine weitergehende Befreiungsmöglichkeit schließt § 2136 aus (→ § 2136 Rn. 1). Hat der Erblasser den Vorerben auch zu unentgeltlichen Verfügungen ermächtigt, so schließt dies die Annahme einer Nacherbfolge aus. Zu den alternativen Gestaltungen, um die Verfügungsfreiheit des „Vorerben" zu erweitern, → § 2136 Rn. 2 ff., insbes. zur eingeschränkten Zulässigkeit von Vorsorge- und Generalvollmachten für den Vorerben zur Wahrnehmung der Nacherbenrechte → § 2136 Rn. 6.

## III. Prozessführung

Das Recht des Vorerben, mit Wirkung für den Nachlass Prozesse sowohl aktiv als auch passiv 6
zu führen, wird durch §§ 2112 ff. nicht eingeschränkt (BFH NJW 1970, 79). Er bedarf dazu keiner Mitwirkung des Nacherben. Die mit Eintritt des Nacherbfalls verbundene Rechtskrafterstreckung ist in § 326 ZPO geregelt, die Unterbrechung bzw. Aussetzung in §§ 242, 246 ZPO und die Erteilung vollstreckbarer Ausfertigungen in § 728 Abs. 1 ZPO.

## IV. Letztwillige Verfügungen

Letztwillige Verfügungen des Vorerben werden von §§ 2112 ff. nicht erfasst. Tritt der Nacherb- 7
fall nicht mit dem Tod des Vorerben ein, so kann dieser mangels einer abweichenden Bestimmung durch den Erblasser letztwillig regeln, wer bis zu diesem Ereignis den Nachlass erwirbt, ohne damit die Rechte des Nacherben zu beeinträchtigen (Grüneberg/Weidlich Rn. 5; entgegen Raape AcP 140 (1940), 233). Hat der Erblasser den Nacherben unter der – nach hM – zulässigen Bedingung eingesetzt, dass der Vorerbe nicht anders über seinen eigenen Nachlass verfügt, so kommt diesem sogar volle Testierfreiheit zu (→ § 2065 Rn. 14).

## § 2113 Verfügungen über Grundstücke, Schiffe und Schiffsbauwerke; Schenkungen

**(1) Die Verfügung des Vorerben über ein zur Erbschaft gehörendes Grundstück oder Recht an einem Grundstück oder über ein zur Erbschaft gehörendes eingetragenes Schiff oder Schiffsbauwerk ist im Falle des Eintritts der Nacherbfolge insoweit unwirksam, als sie das Recht des Nacherben vereiteln oder beeinträchtigen würde.**

**(2) [1]Das Gleiche gilt von der Verfügung über einen Erbschaftsgegenstand, die unentgeltlich oder zum Zwecke der Erfüllung eines von dem Vorerben erteilten Schenkungsversprechens erfolgt. [2]Ausgenommen sind Schenkungen, durch die einer sittlichen Pflicht oder einer auf den Anstand zu nehmenden Rücksicht entsprochen wird.**

**(3) Die Vorschriften zugunsten derjenigen, welche Rechte von einem Nichtberechtigten herleiten, finden entsprechende Anwendung.**

## Überblick

Zum Schutz des Nacherben darf der Vorerbe grds. nicht über Immobilien aller Art verfügen. Verfügungen über Gesellschaftsanteile werden nicht erfasst, und zwar selbst dann, wenn das Vermögen ausschließlich oder überwiegend aus Immobilien besteht (→ Rn. 2). Umstritten ist, ob und unter welchen Voraussetzungen Abs. 1 auf Verfügungen über Grundstücke analog anzuwenden ist, falls eine zweigliedrige Gesamthandsgemeinschaft (→ Rn. 7) aufgelöst wird oder ein Anteil an einer mehrgliedrigen Gesamthandgemeinschaft übergeht (→ Rn. 8 ff.). Der Verfügungsbegriff des § 2113 Abs. 1 ist technisch, nicht wirtschaftlich zu verstehen (→ Rn. 10). Der Erblasser kann den Vorerben von den Verfügungsbeschränkungen des Abs. 1 befreien, durch Einsetzung des Nacherben auf den Überrest (§ 2137). Die Befreiung kann umfassend sein, aber auch auf einzelne Verfügungen oder in sonstiger Weise beschränkt werden (→ Rn. 12 f.). Das Verbot des Abs. 2, von dem der Erblasser gem. § 2136 keine Befreiung erteilen kann, bezieht sich nicht nur auf die von Abs. 1 erfassten Gegenstände, sondern auf alle zum Nachlass gehörenden Gegenstände, also auch auf bewegliche Sachen, Forderungen und Gesellschaftsanteile (→ Rn. 14 ff.). Rechtsgrund einer unentgeltlichen Verfügung muss nicht notwendigerweise ein Schenkungsvertrag iSd § 516 sein; der Begriff geht weiter (→ Rn. 16 ff.). Umstritten ist, ob Verfügungen des Vorerben, die ohne Rechtsgrund erfolgt sind, von Abs. 2 als unentgeltliche erfasst oder gem. §§ 812 ff. rückabzuwickeln sind (→ Rn. 19). Auch Beschlüsse im Gesellschaftsrecht können unentgeltlich in diesem Sinne sein (→ Rn. 20). Das Verfügungsverbot gilt nicht für Anstandsschenkungen (→ Rn. 21). Eine tatbestandsmäßige Verfügung des Vorerben wird erst mit Eintritt des Nacherbfalls unwirksam, und zwar nur in dem Umfang, in dem sie das Recht des Nacherben beeinträchtigt oder vereitelt (→ Rn. 22 ff.). Umstritten ist dabei, ob eine Beeinträchtigung des Nacherbenrechts vorliegt, wenn und soweit der Vorerbe mit der Verfügung nur eine vom Erblasser vor seinem Tod begründete Verpflichtung oder Dritten zugewendete Vermächtnisse, Auflagen oder Teilungsanordnungen erfüllt (→ Rn. 25). Die Zustimmung des Nacherben zu einer Verfügung des Vorerben beinhaltet einen Verzicht auf das Nacherbenrecht und schließt dessen Vereitelung oder Beeinträchtigung mit der Folge aus, dass das Verfügungsgeschäft auch für die Zeit ab dem Nacherbfall wirksam bleibt (→ Rn. 29). Solange der zunächst berufene Nacherbe noch lebt und auch nicht aus sonstigen Gründen weggefallen ist, bedarf es zur Wirksamkeit der Verfügung nicht der Zustimmung des Ersatznacherben (→ Rn. 32). Ein Dritter kann einen Nachlassgegenstand gutgläubig erwerben, wenn er von der Nacherbfolge nichts weiß, oder bei entgeltlichen Verfügungen von einer Befreiung von diesem Verfügungsverbot ausging (→ Rn. 36). Der Nacherbe kann ab dem Eintritt des Nacherbfalls die Rückabwicklung der ihm gegenüber unwirksamen Verfügung vom Erwerber verlangen (→ Rn. 37). Der Nacherbe kann Auskunft verlangen (→ Rn. 38).

## Übersicht



## I. Verfügungen über Grundstücke und Schiffe (Abs. 1)

1 **1. Verfügungsgegenstand und Nachlasszugehörigkeit. a) Grundstück, grundstücksgleiches Recht, dingliches Grundstücksrecht oder Schiff.** Abs. 1 betrifft zunächst alle Verfügungen des Vorerben über sein **Allein- oder Bruchteilseigentum** an einem Grundstück oder an einem **Wohnungs- oder Teileigentum,** einschließlich des Tauschs von Sondereigentumsräumen und Sondernutzungsrechten. Ist der Vorerbe Mitglied einer Erbengemeinschaft nach dem

Erblasser, so gilt Abs. 1 auch für sämtliche Verfügungen, die zum Zwecke der vollständigen oder teilweisen **Auseinandersetzung des Nachlasses des Erblassers** vorgenommen werden (OLG Hamm NJW-RR 1995, 1289 mAnm Graf ZEV 1995, 339). Die Vorschrift gilt auch für Verfügungen über ein ihm allein oder in Bruchteilsgemeinschaft mit Anderen gehörendes **Erbbaurecht** (§ 11 Abs. 1 S. 1 ErbbauRG) oder **Gebäudeeigentum** (Art. 233 § 4 Abs. 1 S. 1 EGBGB). Auch **Dauerwohnrechte** (§§ 31 ff. WEG) werden erfasst. Ferner wird der Vorerbe durch diese Bestimmung bei Verfügungen über **dingliche Rechte an einem Grundstück** oder grundstücksgleiche Rechte (zB Grundpfandrecht, Grunddienstbarkeit, beschränkte persönliche Dienstbarkeit, dingliches Vorkaufsrecht, Nießbrauch, Reallast) in seiner Freiheit eingeschränkt. Zu diesen dinglichen Rechten gehören auch Vormerkungen und Rechte auf eine Überbaurente (RGZ 118, 230; KG Rpfleger 1974, 222). Diese Verfügungsbeschränkung erfasst dabei alle Grundstücke, grundstücksgleichen Rechte und dinglichen Grundstücksrechte ohne Rücksicht darauf, ob sie von Anfang an zum Nachlass gehört haben oder erst später als Surrogat gem. § 2111 in den Nachlass gefallen sind. Surrogate für veräußerte Grundstücke, grundstücksgleiche Rechte oder dingliche Grundstücksrechte unterfallen der Vorschrift des § 2113 jedoch nur dann, wenn es sich bei diesen ebenfalls um Grundbesitz oder Grundstücksrechte handelt (MüKoBGB/Grunsky Rn. 2; aA BGH RdL 1956, 189: Enteignungsentschädigung). Abs. 1 gilt auch für Verfügungen über im Schiffsregister eingetragene **Schiffe** und **Schiffsbauwerke** (Krieger DJ 1941, 97). Auch wenn dingliche Rechte an einem eingetragenen Schiff nicht erwähnt sind, wird man Abs. 1 doch auch auf Verfügungen über Schiffshypotheken anwenden müssen (vgl. § 2114 S. 1).

**b) Gesellschaftsanteil.** Dagegen fallen Verfügungen über Anteile an Personen- oder Kapitalgesellschaften nicht in den Anwendungsbereich dieser Bestimmung, weil einerseits Gesellschaftsanteile von Abs. 1 gar nicht erfasst werden und andererseits der zum Gesellschaftsvermögen gehörende Grundbesitz nicht unmittelbar zum Nachlass gehört. Dies gilt selbst dann, wenn das Vermögen dieser Gesellschaften ausschließlich oder überwiegend aus Grundstücken, Wohnungs- oder Teileigentum oder grundstücksgleichen Rechten besteht (BGH NJW 1976, 893; MüKoBGB/Grunsky Rn. 5 f.; aA Michalski DB-Beil. 16/1987, 15). Derartige mittelbare Verfügungen über Grundstücke und grundstücksgleiche Rechte werden auch dann nicht von Abs. 1 erfasst, wenn sie wirtschaftlich auf eine Verfügung über das Grundstück oder grundstücksgleiche Recht hinauslaufen, etwa durch Veräußerung oder Belastung sämtlicher Gesellschaftsanteile. Selbst dann, wenn alle Anteile an einer Kapitalgesellschaft zum Nachlass gehören, scheidet eine Anwendung des § 2113 aus, weil mangels Eintrag der Gesellschafter im Register der Gesellschaft ein Nacherbenvermerk ausscheidet, der Nacherbe also vor Verfügungen des Vorerben ohnehin nicht wirksam geschützt werden kann. In derartigen Fällen noch weiterzugehen und einen gutgläubigen Erwerb sogar völlig auszuschließen, kommt schon deshalb nicht in Betracht, weil dies den Nacherben bei Verfügungen über Gesellschaftsanteile besserstellen würde als bei solchen über Grundstücke oder grundstücksgleiche Rechte (MüKoBGB/Grunsky Rn. 6). Haben sich dagegen bei einer Personengesellschaft bereits zu Lebzeiten des Erblassers alle Anteile in dessen Hand vereinigt, so fällt das dadurch entstandene Alleineigentum in den Anwendungsbereich des § 2113. Zur Vereinigung aller Anteile an einer zweigliedrigen Personengesellschaft in der Hand des Vorerben mit oder nach dem Tod des Erblassers → Rn. 5. In all diesen Fällen scheidet auch eine analoge Anwendung des § 2113 aus. Dagegen spricht vor allem die in § 2112 getroffene gesetzgeberische Grundentscheidung für die Verfügungsfreiheit des Vorerben, die sich mit einer Ausdehnung der Ausnahmevorschrift des § 2113 auf wirtschaftlich gleichwertige Verfügungen nicht verträgt (Staudinger/Avenarius, 2019, Rn. 2; MüKoBGB/Grunsky Rn. 1). 2

**c) Erbteil.** Der Vorerbe ist durch § 2113 nicht gehindert, ohne Zustimmung des Nacherben über einen Erbteil des Erblassers am Nachlass eines Dritten, der seinerseits noch ungeteilten, im Gesamthandseigentum aller Miterben befindlichen Grundbesitz enthält, zu verfügen, weil unmittelbarer Nachlassgegenstand der Erbteil, nicht der Gesamthandsanteil am Grundstück oder grundstücksgleichen Recht ist. 3

Die Verfügungsbeschränkung des Abs. 1 bezieht sich ausschließlich auf einzelne Nachlassgegenstände, sodass der Vorerbe bei einer Verfügung über die gesamte Erbschaft oder einen Teil hiervon keinerlei Beschränkungen unterliegt. Die Verfügung beseitigt jedoch nicht die Belastung mit dem Recht des Nacherben. 4

**d) Grundstück als Bestandteil eines Gesamthandsvermögens.** Verfügt eine Gemeinschaft (zB Erbengemeinschaft, OHG, Gesellschaft bürgerlichen Rechts, Gütergemeinschaft) über ein zum Gesamthandsvermögen gehörendes Grundstück (→ Rn. 1), so scheidet eine unmittelbare Anwendung des Abs. 1 schon deshalb aus, weil Gegenstand der Nacherbfolge nur der Gesamt- 5 handsanteil selbst, nicht aber die Anteile an den zum Gesamthandsvermögen gehörenden einzelnen Gegenständen sind (BGH DNotZ 2007, 700 (702)).

6 Umstritten ist, ob und unter welchen Voraussetzungen Abs. 1 auf Verfügungen über Grundstücke (→ Rn. 1) analog anzuwenden ist. Dabei sind folgende Fallgruppen zu unterscheiden:

7 **aa) Auflösung einer zweigliedrigen Gesamthandsgemeinschaft.** Vereinigen sich mit dem Erbfall sämtliche Anteile an einer **Personengesellschaft** (zB OHG, GbR) oder an einer **Erbengemeinschaft** in der Person des überlebenden Mitgesellschafters bzw. -erben und ist dieser zugleich Vorerbe des Erblassers, so wird der Vorerbe sachenrechtlich Alleineigentümer aller zum Gesamthandsvermögen gehörender Grundstücke (→ Rn. 1). Die gleiche Rechtsfolge tritt bei vereinbarter **Gütergemeinschaft** ein, wenn der überlebende Ehepartner zum Vorerben eingesetzt ist und zum Gesamtgut Grundstücke (→ Rn. 1) gehören. Einigkeit besteht über das Ziel, dass der Vorerbe infolge dieser Vereinigung des zum Nachlass gehörenden Anteils mit der eigenen Beteiligung nicht in seiner Verfügungsfreiheit über sein ursprüngliches Vermögen beschränkt werden darf. Die hM – allen voran der BGH – kommt in einer Abwägung der beteiligten Interessen zu dem Schluss, dass der Schutz des Nacherben hinter der Verfügungsfreiheit des Vorerben zurückzustehen habe (BGH NJW 1958, 708; 1964, 768; 1976, 893 unter Aufgabe von NJW 1970, 943; BayObLG ZEV 1996, 64 m. abl. Anm. Kanzleiter; Staudinger/Avenarius, 2019, Rn. 10 ff.; Soergel/Wegmann Rn. 3; MüKoBGB/Grunsky Rn. 3 f.; diff. zwischen Abs. 1 und Abs. 2: Timmann, Vor- und Nacherbschaft innerhalb der zweigliedrigen OHG oder KG, 2000, 144 ff., 154 f. betr. OHG und KG). Die Gegenmeinung bringt beide Interessen dadurch in Einklang, dass sie das Alleineigentum in einen Anteil, über den der Vorerbe nach wie vor frei verfügen kann, und in einen dem analog heranzuziehenden Verfügungsverbot des Abs. 1 unterworfenen fiktiven Anteil zerlegt, ohne allerdings die sachenrechtliche Eigentumszuordnung in Frage zu stellen (KG JFG 1, 358 betr. Gütergemeinschaft; Custodis FS Rheinisches Notariat, 1998, 170 ff. mwN; K. Schmidt FamRZ 1976, 683; Kanzleiter ZEV 1996, 66; Schmid BWNotZ 1996, 144; Stimpel FS Rowedder, 1994, 489 ff.). Bei dieser Zerlegung geht es den Vertretern dieser Auffassung allein darum, einen Anknüpfungspunkt für die Verfügungsbeschränkung des Abs. 1 zu erhalten, also zu diesem Zweck die Gesamthandgemeinschaft in ihren Bestandteilen als fortbestehend zu fingieren. Der Untergang der Gesamthand durch die Vereinigung aller Anteile in der Person des Vorerben ist schließlich nur eine Erscheinung auf Zeit, nämlich bis zum Eintritt des Nacherbfalls. Mit diesem Ereignis lebt die durch Vereinigung erloschene Gesamthandgemeinschaft zwischen Vor- und Nacherbe wieder auf, damit der Nacherbe erwerben kann, was der Erblasser bei seinem Tod hinterlassen hat oder was als Surrogat an die Stelle von beim Tod vorhandenen Nachlassgegenständen getreten ist (→ § 2143 Rn. 2). Die Fiktion des Fortbestands der Gesamthand erweist sich damit keineswegs als systemfremd, sondern als Konsequenz aus der Tatsache, dass bei angeordneter Nacherbfolge zwischen dem freien Vermögen des Vorerben und dem mit dem Nacherbenrecht belasteten Nachlass unterschieden werden muss. Im Rahmen der dinglichen Surrogation gem. § 2111 hat die dort hM auch keine Bedenken gegen eine derartige Zerlegung, wenn das Surrogat nur zum Teil mit Mitteln des Nachlasses erworben worden ist (→ § 2111 Rn. 15). Folglich ist entgegen der hM davon auszugehen, dass in allen drei genannten Fällen die Gesamthandanteile sachenrechtlich zwar im Alleineigentum des Vorerben aufgehen, aber zum Zwecke der Vermögens- und Nachlasstrennung im Rahmen der Nacherbfolge als selbstständige Anteile bis zum Eintritt des Nacherbfalls oder dem endgültigen Ausfallen der Nacherbschaft fortbestehen (Schmid BWNotZ 1996, 144 (145); zu weitgehend K. Schmidt FamRZ 1976, 683). Dagegen kann auch nicht eingewandt werden, dass der Vorerbe damit die Verfügungsfreiheit über seinen eigenen Anteil verliere, weil er diese nämlich wegen des Gesamthandcharakters auch bis dahin nicht besessen hat (Custodis FS Rheinisches Notariat, 1998, 179 ff.; vgl. Timmann, Vor- und Nacherbschaft innerhalb der zweigliedrigen OHG oder KG, 2000, 152; aA BGH NJW 2007, 2114; 1976, 893; Edelmann, Beschränkungen des Vorerben nach § 2113 BGB bei Verfügungen über Gegenstände eines Gesamthandsvermögens, 1975, 135). Die gesamthänderische Bindung wird nach der hier vertretenen Auffassung allerdings über die sachenrechtliche Auflösung hinaus beibehalten, im Interesse des Nacherben. Eine Schlechterstellung des Vorerben gegenüber vorher ist damit nicht verbunden, allerdings – entgegen der hM – auch keine Besserstellung. Praktische Probleme ergeben sich bei dieser Lösung nicht: Im Grundbuch kann ein **Nacherbenvermerk** eingetragen werden, der zum Ausdruck bringt, dass nur der geerbte oder im Wege der dinglichen Surrogation erworbene Anteil vom Nacherbenrecht und damit von den Verfügungsbeschränkungen des Abs. 1 betroffen ist (Ludwig Rpfleger 1987, 155; aA BGH NJW 2007, 2114; 1976, 893; OLG Köln NJW-RR 1987, 267; BayObLG ZEV 1996, 64). Dieser Nacherbenvermerk ist gleichzeitig mit der Grundbuchberichtigung von Amts wegen im Grundbuch einzutragen. Will der Vorerbe anschließend über sein

sachenrechtliches Alleineigentum verfügen, so kann er dies tun, allerdings nur mit **Zustimmung des Nacherben.** Dadurch wird der Vorerbe aber nicht stärker belastet als durch die bis zum Tod des Erblassers oder bis zur Surrogation bestehende gesamthänderische Bindung. Den Eingriff in seine bisherigen Rechte muss er als Folge der Erbschaftsannahme hinnehmen (→ Rn. 9).

**bb) Anteil an einer mehrgliedrigen Gesamthandgemeinschaft.** Anders ist die Rechtslage, wenn zum Nachlass, für den Vor- und Nacherbschaft angeordnet worden ist, nur ein Anteil an einer Erbengemeinschaft mit weiteren Personen gehört. Bei einer analogen Anwendung des Abs. 1 auf einen solchen Erbteil, wenn zum Nachlass Grundstücke gehören, würde in bestehende Rechte Dritter, nämlich der unbeteiligten Miterben eingegriffen. Die Abhängigkeit von der zusätzlichen Zustimmung des oder der Nacherben bedeutet für die Miterben ein unzumutbares Verfügungshindernis. Auch der Umstand, dass sich die Miterben jederzeit durch Erbauseinandersetzung der Verfügungsbeschränkung entledigen können, rechtfertigt den Eingriff nicht, weil sie so die Freiheit verlieren, über Zeitpunkt und Art und Weise der Auseinandersetzung nach Belieben zu entscheiden. Deshalb muss der Schutz des Nacherben vor abweichenden Verfügungen des Vorerben in diesen Fallgestaltungen hintangestellt werden, weil sonst in die bestehenden Rechte der Miterben eingegriffen würde (BGH NJW 2007, 2114, Divergenzbeschluss gegen OLG Hamm Rpfleger 1985, 21). Das Gleiche muss auch für alle anderen Gesamthandsgemeinschaften gelten. Folglich darf in diesen Fällen auch kein Nacherbenvermerk gem. § 51 GBO im Grundbuch eingetragen werden. 8

Trotz dieser Entscheidung des BGH wird an der in → Rn. 6 vertretenen Auffassung festgehalten, dass im Falle der Auflösung einer zweigliedrigen Gesamthandgemeinschaft Abs. 1 analog mit der Folge anzuwenden ist, dass im Grundbuch ein Nacherbenvermerk gem. § 51 GBO einzutragen ist. Der Unterschied besteht nämlich darin, dass bei einer sachenrechtlichen Vereinigung des Grundstückseigentums in der Hand des Vorerben kein Eingriff in Rechte Dritter stattfindet. Die mit der Vereinigung eintretende Verfügungsbeschränkung ist Folge der Annahme der Vorerbschaft. Will der Vorerbe diese vermeiden, so kann er dies durch Erbschaftsausschlagung erreichen. Da es ein Recht auf Erbschaft nicht gibt, gebührt in diesen speziellen Fällen dem Schutz des Nacherben Vorrang. 9

**2. Verfügung.** Der Verfügungsbegriff des § 2113 Abs. 1 ist technisch, nicht wirtschaftlich zu verstehen, erfasst also alle vom Vorerben vorgenommenen Rechtsgeschäfte, die unmittelbar auf Einräumung, Übertragung, inhaltliche Änderung oder Aufhebung eines Rechts an einem Grundstück, grundstücksgleichen Recht, dinglichen Recht an einem Grundstück oder einem Schiff gerichtet sind (BGH BeckRS 2016, 04427 Rn. 30, 31 (Gebrauchsüberlassung von Räumen unter Verzicht auf Eigenbedarfskündigung)). Unter den Begriff der **Einräumung** fallen beispielsweise die Bestellung von Erbbaurechten (BGH NJW 1969, 2043), von Grundpfandrechten oder sonstigen dinglichen Rechten an Grundstücken oder grundstücksgleichen Rechten oder von Dauerwohn- oder -nutzungsrechten nach dem WEG. Die Begründung von Wohnungs- oder Teileigentum gem. § 8 WEG ist keine Verfügung iSd Abs. 1. Dies gilt auch für die vertragliche Einräumung gem. § 3, wenn und soweit das Miteigentum am Grundstück sich an allen neuen Einheiten unverändert fortsetzt; andernfalls ist diese unter dem Gesichtspunkt der Eigentumsübertragung zustimmungspflichtig. Der in der Anerkennung eines verjährten Pflichtteilsanspruchs liegende **Verzicht auf die Einrede der Verjährung** ist ebenfalls ein Verfügungsgeschäft (vgl. BGH NJW 1973, 1690 (1691) mAnm Waltjen NJW 1973, 2061). Zu den **Übertragungsgeschäften** gehören die Auflassung, die Abtretung oder die Einigung gem. §§ 929 ff. Abs. 1 erfasst **Änderungen** eines Erbbaurechts oder eines dinglichen Rechts an einem Grundstück oder grundstücksgleichen Recht. Auch Rangänderungen, insbes. Rücktritte (LG Frankenthal MDR 1976, 666 betr. Grundpfandrecht; LG Braunschweig Rpfleger 1976, 310 betr. Erbbauzins), fallen hierunter. Zu den **aufhebenden Verfügungen** gehören der Verzicht auf das Eigentum (BGH Rpfleger 1999, 331) oder Grundstücksrechte (RGZ 102, 332 (Löschung einer Hypothek)), die Aufhebung von Erbbaurechten oder die Eigentumsaufgabe. Verfügung iSd Abs. 1 ist auch die Gestaltungserklärung gem. § 915 bei einem Überbau (KG Rpfleger 1974, 222). Auch die Bewilligung einer **Vormerkung** (§ 885 Abs. 1 S. 1 Alt. 2, § 883) ist Verfügungsgeschäft iSd Abs. 1, weil sie zwar in erster Linie einen schuldrechtlichen Anspruch sichert, letzten Endes jedoch nur Durchgangsstadium zur eigentlichen Rechtsänderung ist (MüKoBGB/Lieder Rn. 12; Staudinger/Avenarius, 2019, Rn. 51; Lange/Kuchinke ErbR § 28 Fn. 91; aA Erman/M. Schmidt Rn. 9). Nicht zu den Verfügungsgeschäften gehören die reine **Eintragungsbewilligung** (§ 19 GBO) und der Antrag auf Durchführung der **Teilungsversteigerung** (BayObLG NJW 1965, 1966; OLG Celle NJW 1968, 801; OLG Hamm NJW 1969, 516), weil es sich in beiden Fällen nur um verfahrensrechtliche Erklärungen handelt. Auch die Vereinbarung der **Gütergemeinschaft** zwischen Ehepartnern fällt nicht unter Abs. 1 10

(BayObLGZ 1989, 114). Zwar stellt die Einräumung einer **Baulast,** eines objektiv öffentlichen Rechts, keine Verfügung iSd § 2113 dar, jedoch wird diese Bestimmung insoweit wegen der einer Grunddienstbarkeit vergleichbaren Wirkung analog angewendet (VGH BW NJW 1990, 268). Das Ersuchen auf **Löschung des Hofvermerks** (§ 1 Abs. 4 HöfeO, § 3 Abs. 1 Nr. 2 HöfeVfO) ist ebenfalls eine Verfügung idS, weil sich durch die Aufgabe der Hofeigenschaft die eigentumsrechtlichen Bindungen ändern; der Hofvorerbe benötigt deshalb zur Hofaufgabeerklärung die Zustimmung der Nacherben (vgl. BGH ZEV 2004, 335 (336)). Der Vorerbe ist durch Abs. 1 nicht gehindert, sich zur Verfügung über Nachlassgrundstücke usw zu **verpflichten** (→ § 2112 Rn. 1). Stimmt der Nacherbe einer solchen Verfügung nicht zu, so haftet der Vorerbe dem Vertragspartner gegenüber unter dem Gesichtspunkt der Rechtsgewährleistung (MüKoBGB/Grunsky Rn. 8). Zur Bindungswirkung derartiger Verpflichtungsgeschäfte für den Nacherben → § 2112 Rn. 1.

11 **3. Verfügender.** Es muss sich um eine Verfügung des **Vorerben** handelt. Ist über den Nachlass bzw. den Erbteil des Vorerben Testamentsvollstreckung angeordnet, so unterliegt auch der **Testamentsvollstrecker** den Beschränkungen des Abs. 1, da seine Befugnisse nicht weiter reichen können als die des Vorerben (MüKoBGB/Grunsky § 2112 Rn. 7; Soergel/Wegmann Rn. 1; aA OLG Neustadt NJW 1956, 1881). Nur dann, wenn der Testamentsvollstrecker sowohl den Nachlass als auch das Nacherbenrecht verwaltet, kann er Verfügungen ohne die Zustimmung des Nacherben treffen (BGH NJW 1963, 2320 (2321); BayObLG FamRZ 1991, 984). Bei einer Verfügung im Wege der **Zwangsvollstreckung,** der **Arrestvollziehung** oder durch den **Insolvenzverwalter** gilt § 2115. Verfügt ein Dritter als Nichtberechtigter, so gilt § 2113 ebenfalls nicht.

12 **4. Befreiung vom Verfügungsverbot.** Der Erblasser kann den Vorerben gem. § 2136 von den Verfügungsbeschränkungen des Abs. 1 befreien. Dies kann auch konkludent geschehen, etwa durch Einsetzung des Nacherben auf den Überrest (§ 2137). Die Befreiung kann umfassend sein, aber auch auf einzelne Verfügungen (zB Veräußerungsverbot mit der Erlaubnis, Belastungen vorzunehmen), Verfügungsgegenstände (zB eines von mehreren Grundstücken) oder in sonstiger Weise (zB Veräußerung oder Belastung nur zugunsten gemeinsamer Abkömmlinge) beschränkt werden. Während die Befreiung der vollen Dispositionsfreiheit des Erblassers unterliegt, kann der Anwendungsbereich des Abs. 1 nicht mit der Folge der absoluten Unwirksamkeit erweitert werden. Um ähnliche Wirkungen zu erreichen, muss der Erblasser bedingte Vermächtnisse (zB aufschiebend bedingte Abtretungspflicht bei Veräußerung eines Gesellschaftsanteils an einen Familienfremden) oder Auflagen anordnen.

13 Hat der Erblasser den Vorerben zulässigerweise ganz oder teilweise von der Verfügungsbeschränkung des Abs. 1 befreit, ist die hierdurch gedeckte Verfügung kraft Gesetzes von Anfang an wirksam. Ein im Grundbuch oder Schiffsregister eingetragener **Nacherbenvermerk** ist auf Antrag des Vorerben nur dann zu löschen, wenn dem Gericht offenkundig oder nachgewiesen ist, dass der Vorerbe zur Verfügung befugt ist; die Nacherben sind gem. § 7 Abs. 2 Nr. 1 FamFG vom Grundbuchamt von Amts wegen anzuhören, und zwar selbst dann, wenn an der Entgeltlichkeit der Verfügung kein Zweifel besteht (OLG Düsseldorf BeckRS 2012, 7711 unter II 1b, Bundesrepublik Deutschland). Die Verfügung darf daher keinesfalls unentgeltlich iSd Abs. 2 sein. Das Gericht hat diesen Vermerk allerdings bereits dann zu löschen, wenn die allgemeine Lebenserfahrung für ein entgeltliches Geschäft spricht (KG DNotZ 1993, 607 (609) mwN; Staudinger/Avenarius, 2019, Rn. 96; Dillmann RNotZ 2002, 1 (14 f.)). Dies ist bei einem Kauf- oder Tauschvertrag mit einer Person, die mit dem Vorerben weder verwandt oder verschwägert, noch verheiratet ist, regelmäßig anzunehmen, sodass ein Wertgutachten vom Gericht in derartigen Fällen nicht verlangt werden kann. Das Gleiche gilt für die Bestellung, Änderung oder Aufhebung eines dinglichen Rechts für eine solche Person (zB Grundpfandrechtsbestellung für ein Kreditinstitut) (Wehrstedt MittRhNotK 1999, 103 (104 f.)). In all diesen Fällen fließt die Gegenleistung auf Grund des Surrogationsprinzips (§ 2111) ohne Rücksicht darauf in den Nachlass, ob der Vorerbe diese zur Tilgung eigener Verbindlichkeiten oder für eigene Vermögensgegenstände verwendet (Wehrstedt MittRhNotK 1999, 103; gegen Hennings, Eintragungen in Abteilung II des Grundbuchs, 13. Aufl. 2006, Anm. 16.4.3). In allen anderen Fällen bedarf es des Nachweises der Entgeltlichkeit durch Vorlage von Wertgutachten und/oder Verwendungsnachweisen.

## II. Unentgeltliche Verfügung (Abs. 2)

14 **1. Verfügungsgegenstand.** Das Verbot des Abs. 2, von dem der Erblasser gem. § 2136 keine Befreiung erteilen kann, bezieht sich nicht nur auf die von Abs. 1 erfassten Gegenstände, sondern

auf **alle** zum Nachlass gehörenden **Gegenstände,** also auch auf bewegliche Sachen, Forderungen und Gesellschaftsanteile. Ebenso wie Abs. 1 muss es sich um Verfügungen über einzelne oder mehrere Nachlassgegenstände handeln, sodass der Vorerbe ungehindert durch Abs. 2 unentgeltlich über den gesamten Nachlass bzw. seinen Erbteil hieran verfügen darf, ohne damit jedoch den Eintritt des Nacherbfolge verhindern zu können.

**2. Unentgeltliche Verfügung. a) Begriff.** Der Verfügungsbegriff ist wie in Abs. 1 (→ Rn. 7) technisch zu verstehen. Unentgeltlich ist eine derartige Verfügung nach stRspr des BGH, wenn der vom Vorerben weg- oder aufgegebene Vermögenswert wirtschaftlich überhaupt einen Wert hat (BGH NJW 1984, 366 (367); Rpfleger 1999, 331), ihm **objektiv** kein wirtschaftlich vollwertiges Entgelt gegenübersteht und der Vorerbe diese Ungleichwertigkeit **subjektiv** entweder kennt oder bei ordnungsgemäßer Verwaltung iSd § 2120 hätte erkennen müssen (BGH NJW 1991, 842 (843); 1984, 366 (367); 1952, 698; MüKoBGB/Grunsky Rn. 25; für Einigung über Unentgeltlichkeit Spellenberg FamRZ 1974, 350; für objektiven Begriff Harder DNotZ 1994, 822 (828); aA Pyszka, Unentgeltliche Verfügungen des Vorerben und des Testamentsvollstreckers, 1989, 111). Geht der Vorerbe irrtümlich von der Gleichwertigkeit beider Leistungen aus, so hindert dies die Annahme einer unentgeltlichen Verfügung nicht, wenn sich das Rechtsgeschäft bei objektiver Betrachtung als nicht ordnungsgemäß iSd § 2120 darstellt. Entscheidungserheblich ist also weder der Erkenntnishorizont des Vorerben noch der des Vertragspartners (aA Harder DNotZ 1994, 822 (828)), sondern allein der **objektive Maßstab,** der an eine ordnungsgemäße Verwaltung zu stellen ist (BGH NJW 1984, 366 (367)). Maßgebend ist dabei keine rechtliche, sondern eine **wirtschaftliche Betrachtung** (MüKoBGB/Grunsky Rn. 25), abgestellt auf den **Zeitpunkt der Verfügung** (BayObLGZ 1957, 285). Deshalb ist die Bestellung eines Grundpfandrechts im Rahmen eines Grundstückskaufvertrags auf Grund einer **Finanzierungsvollmacht** zu Gunsten der Bank, die den Kaufpreis finanziert und letztlich an den befreiten Vorerben als Verkäufer auszahlt, keine unentgeltliche Verfügung (Wehrstedt MittRhNotK 1999, 103; diff. Gaberdiel/Gladenbeck, Kreditsicherung durch Grundschulden, 8. Aufl. 2008, Rn. 198). Auf die „Gutgläubigkeit" des Vorerben hinsichtlich der „hinreichenden Entgeltlichkeit" kommt es nicht an, wenn er die Ungleichwertigkeit der Gegenleistung nach dem Maßstab ordnungsgemäßer Verwaltung hätte erkennen können (OLG München BeckRS 2018, 8893). Äußerst zweifelhaft ist, ob eine – für sich betrachtet ganz oder teilweise unentgeltliche – Verfügung des Vorerben zugunsten eines von mehreren **Mitnacherben** den Charakter der Unentgeltlichkeit verliert, wenn sich der begünstigte Nacherbe den dadurch empfangenen Mehrwert später auf die Nacherbschaft „anrechnen" lassen muss (so aber OLG Braunschweig FamRZ 1995, 443 (445) in einem obiter dictum unter Berufung auf RGZ 159, 385 (391 f.)). 15

**b) Zweiseitige Verträge.** Rechtsgrund einer unentgeltlichen Verfügung muss nicht notwendigerweise ein **Schenkungsvertrag** iSd § 516 sein. Der Begriff der Unentgeltlichkeit geht darüber hinaus. Er erfasst auch **gemischte Schenkungen,** durch die Ehe motivierte Zuwendungen an einen Ehegatten (sog. **unbenannte oder ehebedingte Zuwendung**) (BGH NJW 1992, 564; MüKoBGB/Grunsky Rn. 25; Lange/Kuchinke ErbR § 28 IV 6c mwN) und jeden anderen Vertrag, bei dem der Wert der Leistung des Vertragspartners objektiv hinter dem des Nachlassgegenstands, über den der Vorerbe vertragsgemäß verfügt hat, zurückbleibt. 16

Der Begriff der **Gegenleistung** ist in einem weiten Sinn zu verstehen, sodass auch nur konditionell oder kausal mit der Verfügung verknüpfte Leistungen hierunter fallen. Eine Gegenleistung kann allerdings nur berücksichtigt werden, wenn sie in den Nachlass gelangt ist. Bei einem noch nicht erfüllten Vertrag fällt dabei zunächst der Anspruch auf die Gegenleistung und nach Erfüllung dieser selbst in den Nachlass (→ § 2111 Rn. 14). Leistet der Vertragspartner dagegen **an einen Dritten,** so ist die Verfügung unentgeltlich und damit unwirksam (MüKoBGB/Grunsky Rn. 29). Bei einer Leistung an den Vorerben ist zu unterscheiden. Der Vorerbe erwirbt kraft dinglicher Surrogation gem. § 2111 den vom Vertragspartner an ihn geleisteten Gegenstand grds. als **Nachlassbestandteil,** selbst wenn der Vorerbe und/oder der andere Teil den Gegenstand in das eigene freie Vermögen des Vorerben übergehen lassen wollen (MüKoBGB/Grunsky Rn. 30 f.). Gelangt die Gegenleistung jedoch ausnahmsweise in das Eigenvermögen eines nicht befreiten Vorerben, so ist sie unbeachtlich und die Verfügung des Vorerben unentgeltlich. Da der befreite Vorerbe gem. §§ 2134, 2136 zum Eigenverbrauch berechtigt ist, eine Beeinträchtigung des Nacherbenrechts also ausgeschlossen ist (BGH NJW 1985, 382 (383)), spielt es bei diesem keine Rolle, ob die Gegenleistung in das freie Eigenvermögen oder in den gebundenen Nachlass fällt (BGH NJW 1984, 366 (367); 1977, 1540; OLG Hamm OLG FamRZ 1991, 113 (115); MüKoBGB/Grunsky Rn. 30 f.). In beiden Fällen ist die Gegenleistung geeignet, der Verfügung die Unentgeltlichkeit zu nehmen. Danach kann zwar der befreite, nicht aber der § 2134 unterworfene Vorerbe einen 17

Nachlassgegenstand gegen eine **Leibrente,** die unter Berücksichtigung der normalen statistischen Lebenserwartung dem Wert des Verfügungsgegenstands entspricht, veräußern (BGH NJW 1977, 1631; OLG Hamm FamRZ 1991, 113 (115); MüKoBGB/Grunsky Rn. 31; Soergel/Harder Rn. 18). Richtiger Ansicht nach handelt es sich dabei jedoch nur dann um eine zulässige entgeltliche Verfügung, wenn die Rente beim vorzeitigen Ableben für eine festgelegte Mindestdauer weiter zu zahlen ist (OLG Hamm FamRZ 1991, 113 (115); Soergel/Wegmann Rn. 19; aA Brinkmann Rpfleger 1991, 299; MüKoBGB/Grunsky Rn. 31; Erman/M. Schmidt Rn. 14), und zwar nicht an die Erben des Vorerben, sondern an den Nacherben (MüKoBGB/Grunsky Rn. 31). Ist die Rente beim vorzeitigen Ableben des Vorerben an dessen Erben zu zahlen, ist die Verfügung insoweit unentgeltlich (→ Rn. 24). Behält sich der Vorerbe bei der Verfügung Rechte am Verfügungsgegenstand vor (zB Grundstücksübertragung gegen Vorbehalt des Nießbrauchs oder Wohnrechts), so ist das vorbehaltene Recht keine Gegenleistung, sondern mindert den Wert der Verfügung des Vorerben (OLG Braunschweig FamRZ 1995, 443; Grüneberg/Weidlich Rn. 10). Die Leistungen sind mit den Verkehrswerten anzusetzen, die sich bei objektiver Betrachtung auf Grund der für die einzelnen Vermögensgegenstände geltenden **Bewertungsgrundsätze** ergeben. Bei Grundbesitz kommt es deshalb auf den erzielbaren Verkaufspreis an. Eine Leibrente ist mit ihrem kapitalisierten Wert anzusetzen. Ist eine **Forderung uneinbringlich,** so ist sie wertlos und ein Verzicht auf deren Erlangung oder Geltendmachung nicht unentgeltlich (vgl. BGH NJW 1984, 366 (367)).

18 **c) Einseitige Geschäfte, insbesondere Schenkungsversprechen.** Abs. 2 S. 1 erwähnt die Erfüllung eines Schenkungsversprechens iSd §§ 516, 518 als Musterbeispiel einer unentgeltlichen Verfügung. Das Verfügungsverbot gilt jedoch auch für alle anderen einseitigen Erklärungen, die nicht mindestens kausal iSd § 812 Abs. 1 S. 2 Alt. 2 mit einer Gegenleistung verknüpft sind. Hierzu zählen beispielsweise die **Eigentumsaufgabe** (§ 959), die **Auslobung** (§ 657), die Errichtung einer **Stiftung** (§ 81), die **Anerkennung** einer unwirksamen oder einredebehafteten, insbes. verjährten Forderung gegen den Nachlass, der **Verzicht** auf eine Nachlassforderung oder das abstrakte **Schuldanerkenntnis.** Bei der **Aufrechnung** einer Nachlassforderung gegen eine Forderung, deren Schuldner der Vorerbe höchstpersönlich ist, ist zu unterscheiden. Die vom Vorerben erklärte Aufrechnung ist eine unentgeltliche Verfügung iSd Abs. 2 und daher unwirksam, weil der Verlust der Nachlassforderung nicht durch ein Surrogat ausgeglichen, mithin das Nacherbenrecht vereitelt wird (MüKoBGB/Grunsky § 2115 Rn. 9). Nutzt dagegen der Schuldner der Nachlassforderung oder ein eigener Gläubiger des Vorerben diese Aufrechnungslage aus, so ist die Aufrechnungserklärung in analoger Anwendung des § 394 unwirksam, weil sie einer gem. § 2115 unzulässigen Zwangsverfügung gegen den Nachlass wirtschaftlich gleichsteht (allgM, zB RGZ 80, 30 (33); Staudinger/Avenarius, 2019, § 2115 Rn. 4; RGRK-BGB/Johannsen § 2115 Rn. 4).

19 **d) Rechtsgrundlose Verfügungen.** Umstritten ist, ob Verfügungen des Vorerben, die ohne Rechtsgrund erfolgt sind, von Abs. 2 als unentgeltliche erfasst und damit **unwirksam** sind (RGZ 105, 246; 163, 348 (357); Lange/Kuchinke ErbR § 28 IV 6c; Brox/Walker ErbR Rn. 363), **oder** ob sie außerhalb des Anwendungsbereichs dieser Norm liegen und gem. §§ 812 ff. **zurückabzuwickeln** sind (Spellenberg FamRZ 1974, 350 (353); Soergel/Wegmann Rn. 19). Richtig dürfte sein, danach zu differenzieren, ob der rechtsgrundlosen Verfügung des Vorerben eine tatsächliche Gegenleistung des anderen gegenübersteht oder nicht (MüKoBGB/Grunsky Rn. 36). Hat der Vorerbe mit der Verfügung ohne rechtliche Verpflichtung eine einseitige Leistung erbracht (zB Erfüllung eines nichtigen Vermächtnisses), so ist es weder mit dem Wortlaut noch mit dem Sinn des Abs. 2 zu vereinbaren, diese als entgeltlich einzuordnen und aus dem Anwendungsbereich dieser Norm auszunehmen. Die Unwirksamkeitsfolge des Abs. 2 ist insoweit die adäquate Rechtsfolge. Sind dagegen rechtsgrundlos Leistungen tatsächlich ausgetauscht worden, so liegt wirtschaftlich betrachtet eine entgeltliche Verfügung vor, sodass die Rückabwicklung ausschließlich über das Bereicherungsrecht (§§ 812 ff.) zu erfolgen hat.

20 **e) Verfügungen im Gesellschaftsrecht.** Auch die Zustimmung des Vorerben zur **Änderung eines Gesellschaftsvertrags** bzw. einer Satzung einer Kapitalgesellschaft kann eine unentgeltliche Verfügung beinhalten, wenn und soweit sie in die Mitgliedschaftsrechte (zB Stimmrecht, Gewinnverteilung, Veräußerungsbeschränkungen, Abfindungsregeln, Kündigungsvorschriften, Einziehungsregeln) eingreifen. Änderungen, die allein die Zusammensetzung und das Verfahren der Gesellschaftsorgane betreffen, sind dagegen regelmäßig keine unentgeltlichen Verfügungen. Bei der Beurteilung der Unentgeltlichkeit kann es nicht allein darauf ankommen, ob sich diese Änderung als Maßnahme ordnungsgemäßer Verwaltung iSd § 2120 darstellt (so Harder DNotZ 1994, 822 (825)). Andernfalls könnte der Erblasser durch Befreiung von der Beschränkung des § 2120

dem Vorerben entgegen der zwingenden Verbotsnorm des Abs. 2 insoweit völlig freie Hand geben. Außerdem kann die damit verbundene Unsicherheit im Beurteilungsmaßstab den Mitgesellschaftern nicht zugemutet werden. Richtiger Ansicht nach ist die Zustimmung zur Änderung dann keine unentgeltliche Verfügung iSd Abs. 2, wenn die Vertragsänderung alle Gesellschafter gleichmäßig betrifft oder die den Vorerben stärker belastende Änderung vor allem dazu dient, die Mitgesellschafter zu zusätzlichen Leistungen für die Erhaltung oder Stärkung des Gesellschaftsunternehmens (zB Nachschüsse, zusätzliche Arbeitsleistung) zu veranlassen (BGH NJW 1981, 115; MüKoBGB/Grunsky Rn. 26). Bei der Beurteilung der Änderungen kommt es nicht auf die abstrakte Formulierung, sondern auf die naheliegenden tatsächlichen Wirkungen an, sodass eine Verringerung der Abfindungsleistung für den Todesfall bei einem sehr alten Vorerben benachteiligend wirken und damit gem. Abs. 2 unzulässig sein kann (BGH NJW 1981, 115). Das freiwillige **Ausscheiden** aus einer Gesellschaft kann eine unentgeltliche Verfügung sein, wenn und soweit die dafür zu gewährende Abfindung erheblich unter dem wirklichen Wert der Beteiligung liegt (zB Ausscheiden zum Buchwert, Ausklammern der stillen Reserven) (BGH NJW 1984, 362; vgl. dazu ausf. Paschke ZIP 1985, 129; Ebling BB 1983, 1933).

**3. Keine Anstandsschenkung (Abs. 2 S. 2).** Aus dem Anwendungsbereich dieses Verfügungsverbots ausdrücklich ausgenommen sind Anstandsschenkungen, also alle Fälle, in denen gem. § 534 sowohl die Rückforderung als auch der Widerruf ausgeschlossen ist. Die sittliche Verpflichtung zur Schenkung muss in der Person des Vorerben bestehen, und zwar in der Weise, dass deren Erfüllung gerade aus dem Nachlass und nicht aus dem freien Eigenvermögen des Vorerben geboten ist (MüKoBGB/Grunsky Rn. 39). Hierunter fällt vor allem die Unterstützung dem Erblasser nahestehender Personen (zB Ehegatte, Lebenspartner, Abkömmlinge). Aber auch die Erfüllung formunwirksamer Vermächtnisse und Auflagen gehören hierher, ebenso die Anerkennung eines verjährten Pflichtteilsanspruchs (BGH NJW 1973, 1690; Waltjen NJW 1973, 2061). Die Höhe der Schenkung muss angemessen sein, andernfalls handelt es sich hinsichtlich des die Angemessenheitsgrenze übersteigenden Betrags um eine unentgeltliche Verfügung iSd Abs. 2 S. 1. Nicht zu den Anstandsschenkungen gehört die Ausstattung iSd § 1624, sodass derartige Zuwendungen dem Vorerben durch Abs. 2 verboten sind (RG Warn 42 Nr. 89). 21

## III. Unwirksamkeit der Verfügung

**1. Bedeutung der Unwirksamkeit.** Eine von Abs. 1 und/oder Abs. 2 erfasste Verfügung des Vorerben ist zunächst umfassend wirksam (BGH NJW 1969, 2043). Sie wird erst mit Eintritt des Nacherbfalls unwirksam, und zwar nur in dem Umfang, in dem sie das Recht des Nacherben beeinträchtigt oder vereitelt. Eine nur **teilweise unentgeltliche Verfügung,** insbes. eine gemischte Schenkung, wird nach hM von da an in vollem Umfang unwirksam (BGH NJW 1985, 382; 1952, 598; OLG Hamm Rpfleger 1971, 174; Staudinger/Avenarius, 2019, Rn. 65; aA MüKoBGB/Grunsky Rn. 37 f.); zu damit auftretenden Rückabwicklungsprobleme → Rn. 24. Hat der Vorerbe unter einer auflösenden Bedingung oder Befristung verfügt und tritt das Ereignis bzw. der Termin vor, spätestens jedoch mit dem Nacherbfall (zB Tod des Vorerben ist auflösende Befristung des Nießbrauchs und zugleich Nacherbfall) ein, so wird das Recht des Nacherben hierdurch nicht beeinträchtigt. Da das **Erbbaurecht** bedingungsfeindlich ist (§ 1 Abs. 4 S. 1 ErbbauRG), kann dieses weder durch den Nacherbfall, noch durch ein sonstiges Ereignis auflösend bedingt sein. Im Übrigen ist ein vom Vorerben bestelltes Erbbaurecht bis zum Nacherbfall, längstens jedoch bis zur vereinbarten Laufzeit wirksam; die Unwirksamkeit tritt erst mit dem Nacherbfall ein (BGH NJW 1969, 2043; aA Soergel/Harder Rn. 14 f. mwN). Eine vom Vorerben entgegen § 2113 erklärte **Auflassung** ist bedingungs- und befristungsfeindlich (§ 925 Abs. 2), wird also stets mit Wirkung ab dem Nacherbfall unwirksam. Die Unwirksamkeit tritt mit dem Nacherbfall von selbst ein und **wirkt gegenüber jedermann,** sodass sich sowohl der Nacherbe als auch jeder Dritte auf sie berufen kann. Bereits vor dem Nacherbfall kann der Nacherbe die dann eintretende Unwirksamkeit gegenüber dem Vorerben oder dem am Verfügungsgeschäft beteiligten Dritten durch Gerichtsurteil feststellen lassen (RGZ 139, 343 (347); BGH NJW 1969, 2043; aA OLG Celle MDR 1954, 547). Schadensersatzansprüche stehen dem Nacherben dagegen erst ab dem Nacherbfall zu. **Entfällt die Nacherbfolge,** so werden damit alle Verfügungen des Vorerben endgültig wirksam, weil er damit nachträglich unbeschränkter Vollerbe geworden ist. 22

**2. Vereitelung oder Beeinträchtigung des Nacherbenrechts. a) Begriffe.** Eine verbotswidrige Verfügung des Vorerben wird mit dem Nacherbfall nur dann und in dem Umfang unwirksam, in dem sie das Recht des Nacherben auf den Verfügungsgegenstand entweder vollständig 23

**ausschließt** (zB Auflassung, Einigung gem. §§ 929 ff., Abtretung, Verzicht, Aufhebung) oder in irgendeiner Form **beeinträchtigt,** insbes. durch Belastung mit Rechten Dritter (zB Grundpfandrechte, Nießbrauch, Dienstbarkeit) oder durch sonstige Beschränkungen (zB Vormerkung, Baulast). Die Vereitelung oder Beeinträchtigung des Nacherbenrechts beurteilt sich nach **rechtlichen,** nicht nach wirtschaftlichen **Gesichtspunkten** (allgM, zB MüKoBGB/Grunsky Rn. 11). Selbst dann, wenn die Gegenleistung beim Nacherbfall noch im Nachlass vorhanden ist (vgl. Thiesing AcP 94 (1903), 233) oder sich das Geschäft als wirtschaftlich günstig herausstellt, ist die Verfügung absolut nichtig. Aus diesem Grunde kann der Vorerbe ohne Zustimmung des Nacherben auch nicht einen von Abs. 1 betroffenen Nachlassgegenstand gegen einen gleichwertigen Gegenstand aus dem eigenen Vermögen austauschen (OLG Stuttgart OLGZ 1973, 262; OLG Köln NJW-RR 1987, 267). Dagegen ist die Umwandlung eines Grundpfandrechts von einem Brief- in ein Buchrecht und umgekehrt rechtlich neutral (Dillmann RNotZ 2002, 1 (10)). Ebenso wenig bedarf der Nacherbe eines Schutzes vor der Löschung eines rangletzten Grundpfandrechts, weil die Eintragung einer neuen Belastung an der frei gewordenen Rangstelle ihm gegenüber ohnehin gem. Abs. 1 unwirksam wäre (OLG Hamm BeckRS 2012, 18883; MüKoBGB/Grunsky Rn. 11; Dillmann RNotZ 2002, 1 (10)); in allen anderen Fällen darf die Löschung eines Grundpfandrechts dagegen erst erfolgen, wenn dem Grundbuchamt entweder die Zustimmung oder der Nachweis vorgelegt wird, dass die Rechte des Nacherben hierdurch rechtlich nicht beeinträchtigt werden.

24 **b) Umfang des Nacherbenrechts.** Eine Vereitelung oder Beeinträchtigung des Nacherbenrechts kommt nur in Betracht, wenn der Verfügungsgegenstand vom Umfang des Nacherbenrechts erfasst wird. § 2113 ist deshalb auf dem Vorerben im Voraus vermachte Gegenstände (vgl. § 2110) nicht anwendbar. Das Nacherbenrecht umfasst dagegen auch Nachlassgegenstände, die der Erblasser Dritten zugewendet hat (→ Rn. 22).

25 **c) Erfüllung von Nachlassverbindlichkeiten.** Keine Vereitelung oder Beeinträchtigung des Nacherbenrechts liegt nach hM vor, wenn der Vorerbe mit der Verfügung nur eine vom Erblasser vor seinem Tod wirksam begründete Verpflichtung (zB Auflassung zu einem vom Erblasser abgeschlossenen Grundstückskaufvertrag; Löschung bei eingetragener Löschungsvormerkung) (OLG Saarbrücken DNotZ 1950, 66) oder letztwillig angeordnete Teilungsanordnungen, Vermächtnisse oder Auflagen erfüllt (OLG Düsseldorf DNotZ 2003, 637; BayObLG BeckRS 2011, 3512 unter II. 3. h) bb); DNotZ 2001, 808 (809); OLG Hamm NJW-RR 1996, 1230; NJW-RR 1995, 1289; BeckOGK/Müller-Christmann BGB § 2113 Rn. 41 ff.; Deimann Rpfleger 1978, 244; Schlüter ErbR Rn. 752; Jauernig/Stürner Rn. 2; Soergel/Wegmann Rn. 14; Staudinger/Avenarius, 2019, Rn. 53; aA MüKoBGB/Grunsky Rn. 14 mwN; unentschieden Erman/M. Schmidt Rn. 4). Der Umstand, dass der Nacherbe diese Nachlassverbindlichkeiten (§ 1967) in gleicher Weise erfüllen müsste wie der Vorerbe, schließe eine Beeinträchtigung seines Herausgabeanspruchs gegen den Vorerben aus.

26 Dieser Auffassung wird von anderer Seite der Einwand entgegengehalten, dass sie mit dem Wortlaut des § 2120 S. 1 nicht vereinbar sei (MüKoBGB/Grunsky Rn. 14 mwN; Lange/Kuchinke ErbR § 28 Fn. 82; v. Lübtow ErbR II 893; Friederich, Rechtsgeschäfte zwischen Vorerben und Nacherben, 1999, Rn. 84 ff.; Brox/Walker ErbR Rn. 350; Ebenroth ErbR Rn. 564). Die in § 2120 S. 1 angeordnete Pflicht des Nacherben, der Erfüllung von Nachlassverbindlichkeiten durch den Vorerben als Maßnahmen ordnungsmäßiger Verwaltung zuzustimmen, setze voraus, dass der Vorerbe dessen Zustimmung überhaupt bedürfe, also §§ 2113–2115 auch für derartige Verfügungsgeschäfte gelten würden (MüKoBGB/Grunsky Rn. 14 mwN). Dadurch erhalte der Nacherbe die Gelegenheit, selbst zu prüfen, ob die Erfüllung notwendig sei und sich im Rahmen der Verbindlichkeit halte, insbes. wirksam und fällig sei. Diese Meinung führt allerdings zu dem vom historischen Gesetzgeber ausdrücklich nicht gewünschten Ergebnis, dass die Verwaltungsbefugnis des Vorerben „in unerträglicher Weise erschwert werden würde“ (Mot. V 107 f.), weil zu allen Verfügungen die Zustimmung des Nacherben eingeholt werden müsste (BeckOGK/Müller-Christmann BGB § 2113 Rn. 43).

27 Die Erfüllung von **Teilungsanordnungen, Vermächtnissen und Auflagen** ist dem Vorerben jedoch unabhängig von diesem Meinungsstreit schon deshalb ohne Zustimmung des Nacherben gestattet, weil der Erblasser mit deren Anordnung den Vorerben sowohl zur Erfüllung dieser letztwilligen Verfügungen verpflichtet als auch gem. § 2136 zu diesem Zweck von der Beschränkung des § 2113 Abs. 1 befreit hat (BayObLG DNotZ 2001, 808 (809); BeckRS 2011, 3512 unter II. 3. h) bb); OLG Düsseldorf DNotZ 2003, 637; OLG Hamm NJW-RR 1996, 1230; NJW-RR 1995, 1289; Kipp/Coing ErbR § 49 vor Fn. 32; Planck/Flad Anm. 1; Soergel/Wegmann Rn. 14; Brox/Walker ErbR Rn. 362; vgl. auch MüKoBGB/Grunsky Rn. 14; Staudinger/Avenarius, 2019, Rn. 53). Jedes andere Verständnis würde dem Erblasser widersprüchliche letztwil-

lige Verfügungen unterstellen. Voraussetzung ist jedoch, dass die Teilungsanordnung, das Vermächtnis bzw. die Auflage wirksam und fällig ist (vgl. BayObLGZ 1974, 312). Der entsprechende Nachweis gegenüber dem Grundbuchamt kann dabei nach einer Meinung nur durch eine öffentliche Urkunde geführt werden (BayObLGZ 1974, 312 (316); Staudinger/Avenarius, 2019, § 2113 Rn. 53; BGB-RGRK/Johannsen Rn. 50–52), nach einer anderen dagegen auch durch ein privatschriftliches Testament (OLG Düsseldorf ZEV 2003, 296 m. zust. Anm. Ivo; OLG Hamm NJW-RR 1996, 1230 (1231 f.); offengelassen von BayObLG DNotZ 2001, 808; vgl. OLG Frankfurt BeckRS 2018, 29159 Rn. 22 (Wertgutachten)). Richtigerweise muss die Einsicht in die Nachlassakten bzw. die Vorlage eines privatschriftlichen Testaments nebst Eröffnungsprotokoll hierzu ausreichen (OLG Düsseldorf ZEV 2003, 296 m. zust. Anm. Ivo). Die erforderliche Auslegung der Verfügungen des Erblassers obliegt dabei dem Grundbuchamt, sodass es nicht zulässig ist, rein vorsorglich die Zustimmung des Nacherben zu fordern.

Bei **allen anderen Nachlassverbindlichkeiten,** einschließlich der vom Erblasser schuldrecht- 28
lich begründeten und bei seinem Tod noch nicht vollzogenen Rechtsgeschäfte (zB Auflassung zum Grundstückkaufvertrag, Löschungsbewilligung), wird man richtiger Weise dagegen die Zustimmung des Nacherben gem. § 2120 S. 1 fordern müssen. Damit werden nämlich die Probleme der hM vermieden, die entstehen, wenn die erfüllte Nachlassverbindlichkeit nicht bestand, einredebehaftet oder unwirksam war, ebenso die Schwierigkeiten bei Überschreiten der Grenzen der Erfüllungspflicht. Der Nacherbe kann dann selbst prüfen, ob eine Beeinträchtigung seiner Rechte vorliegt, und der Geschäftspartner ist nicht auf den durchaus unsicheren Erwerb aufgrund guten Glaubens gem. § 2113 Abs. 3 angewiesen (vgl. zu diesem Gesichtspunkt Mot. V 107). Das Grundbuchamt wird in diesen Fällen die Vorlage der Zustimmung des Nacherben fordern müssen.

**d) Zustimmung des Nacherben.** Die Zustimmung des Nacherben zu einer Verfügung des 29
Vorerben iSd § 2113 beinhaltet, wie § 2120 S. 1 belegt, einen Verzicht auf das Nacherbenrecht (OLG Schleswig Rpfleger 1968, 325; Grüneberg/Weidlich Rn. 5) und schließt dessen Vereitelung oder Beeinträchtigung mit der Folge aus, dass das Verfügungsgeschäft auch für die Zeit ab dem Nacherbfall wirksam bleibt (BGH NJW 1963, 2320; ausf. dazu Friederich, Rechtsgeschäfte zwischen Vorerben und Nacherben, 1999, Rn. 136 ff.). In analoger Anwendung des § 185 ist es unerheblich, ob der Nacherbe in die Verfügung vorher eingewilligt oder ob er diese nachträglich genehmigt hat. Entspricht die Verfügung ordnungsgemäßer Verwaltung, was insbes. bei der Erfüllung von Nachlassverbindlichkeiten (→ Rn. 21) der Fall ist, so ist der Nacherbe verpflichtet, diese Zustimmung zu erteilen (§ 2120 S. 1). **Nach Eintritt des Nacherbfalls** kann die damit eingetretene absolute Unwirksamkeit zwar nicht mehr durch Zustimmung des Nacherben gem. § 2113 beseitigt werden, wohl aber kann die unwirksame Verfügung des Vorerben gem. § 185 Abs. 2 genehmigt werden (vgl. Staudinger/Avenarius, 2019, Rn. 17).

Unter Berufung auf praktische Bedürfnisse ist anerkannt, dass auch ein **Eigenerwerb von** 30
**einzelnen Nachlassgegenständen** durch den Vorerben möglich ist. Die Begründungen hierfür (ausf. zum Stand der Meinungen Lange AcP 2012, 334 (345 ff.)) reichen von der Fiktion einer Doppelverfügung im Wege einer Veräußerung an den Nacherben unter gleichzeitigem Rückerwerb durch den Vorerben (Kipp/Coing ErbR § 50 I 3c), über die Annahme einer Insichverfügung in analoger Anwendung der § 185 Abs. 1, § 2113 Abs. 2 (Soergel/Wegmann § 2111 Rn. 14), über eine analoge Anwendung der Bestimmungen über die Auseinandersetzung einer Erbengemeinschaft gem. § 2042 (BayObLG NJW-RR 2005, 956), bis hin zur Zulassung einer Freigabeerklärung in analoger Anwendung der Befugnisse eines Testamentsvollstreckers gem. § 2217 Abs. 1 (Keim DNotZ 2003, 822 (829 ff.)). Unabhängig von der dogmatischen Begründung ist jedoch zu fordern, dass der Eigenerwerb faktisch nicht völlig zur Aushöhlung der vom Erblasser angeordneten Vor- und Nacherbfolge führt. Wenn und soweit die Beschränkung durch die Nacherbschaft allerdings durch Übertragung des Nacherbenanwartschaftsrechts auf den Vorerben vollständig beseitigt werden kann (→ § 2108 Rn. 13), so ist der Eigenerwerb einzelner Nachlassgegenstände als Minus ohne jede Einschränkung zulässig. Auch ohne die Übertragbarkeit des Nacherbenanwartschaftsrechts ist der Eigenerwerb zuzulassen, wenn neben dem bzw. den Nacherben auch die Ersatznacherben zustimmen, weil dann Rechte Dritter nicht tangiert werden. Im Übrigen gebührt bei nicht befreiter Vorerbschaft dem Erblasserwillen der Vorrang vor dem in Rspr. und Lit. ohne rechtliche Grundlage postulierten praktischen Bedürfnis, sodass ein davon abweichender Eigenerwerb durch den Vorerben abgelehnt werden muss (krit. auch Lange AcP 2012, 334 (355 ff.)). Allerdings steht es dem Nacherben stets frei, nach Eintritt des Nacherbfalls auf die Herausgabe einzelner Nachlassgegenstände (§ 2130 Abs. 1 S. 1) zu verzichten und so dem Eigenerwerb nachträglich zur Geltung zu verhelfen.

31 Die Zustimmung bedarf **keiner Form,** kann also auch durch schlüssiges Verhalten konkludent erteilt werden, beispielsweise durch vorzeitige Auflassung eines Grundstücks durch den Vor- an den Nacherben (Maurer DNotZ 1981, 223 (224 f.)). Sie kann entweder an den Vorerben oder an den Partner des Verfügungsgeschäfts **adressiert** sein (OLG Hamm NJW 1965, 1489 (1490)).

32 Die Zustimmung ist **vom Nacherben** – bei mehreren von allen – zu erteilen. Ist das Nacherbenanwartschaftsrecht ge- oder verpfändet worden, so bedarf es zur Wirksamkeit auch der Zustimmung des Pfandrechtsgläubigers. Hat der Erblasser einen Nacherben unter einer Bedingung eingesetzt oder mehrfache Nacherbfolge angeordnet, so ist zusätzlich auch die Zustimmung des **bedingten** (OLG Hamm DNotZ 1970, 360; Heider ZEV 1995, 1 (3)) bzw. **weiteren Nacherben** (RGZ 145, 316 (321); OLG Hamm OLGZ 75, 150 (155); RGRK-BGB/Johannsen Rn. 39; MüKoBGB/Grunsky Rn. 15; ausf. Friederich, Rechtsgeschäfte zwischen Vorerben und Nacherben, 1999, Rn. 58 ff.) zur Wirksamkeit der Verfügung notwendig. Dies gilt auch dann, wenn der Nachlassgegenstand vorzeitig vom Vor- auf den zunächst berufenen Nacherben übertragen werden soll (Heider ZEV 1995, 1 (4 f.)). Solange der zunächst berufene Nacherbe noch lebt und auch nicht aus sonstigen Gründen weggefallen ist, bedarf es zur Wirksamkeit der Verfügung nicht der Zustimmung des **Ersatznacherben** (BGH NJW 1963, 2320; Dillmann RNotZ 2002, 1 (11)); die Löschung des Nacherbenvermerks hat von Amts wegen und ohne Anhörung der Ersatznacherben zu erfolgen (Henn DNotZ 2013, 246 (249 ff.); aA OLG München NJW-RR 2013, 211 (212) m. abl. Anm. Litzenburger FD-ErbR 2013, 346365). Die vom Nacherben erklärte Zustimmung wirkt gegenüber dem Ersatznacherben selbst dann, wenn der Nacherbe anschließend vor dem Nacherbfall wegfällt und der Ersatznacherbe zur Erbfolge gelangt. Wirkt allerdings der Wegfall des Nacherben wie bei der Erbunwürdigkeitserklärung auf den Erbfall zurück, so war der Ersatznacherbe bereits im Zeitpunkt der Verfügung Nacherbe, sodass es seiner Zustimmung bedurft hätte (MüKoBGB/Grunsky § 2102 Rn. 10).

33 Ist für den Nacherben **Testamentsvollstreckung** mit der Befugnis, auch dessen Rechte gegenüber dem Vorerben wahrzunehmen, angeordnet, so ist der Testamentsvollstrecker, nicht der Nacherbe zur Erteilung der Zustimmung zuständig.

34 Der gesetzliche Vertreter, der für einen **Minderjährigen** zustimmt oder dessen Erklärung genehmigt, bedarf hierzu – außer bei Grundpfandrechten – gem. § 1821 Abs. 1 Nr. 1, § 1821 Abs. 2 der familiengerichtlichen Genehmigung (OLG Karlsruhe RJA 17, 22). Da die Zustimmung des Nacherben zur Verfügung ein einseitiges Rechtsgeschäft ist, kann die familiengerichtliche Genehmigung nicht nachträglich eingeholt werden (§ 1831 S. 1). Wurde die vorherige Einholung vergessen, so muss die Zustimmungserklärung des gesetzlichen Vertreters nach der Genehmigungserteilung dem Vorerben oder dem Erwerber als Adressaten (→ Rn. 24) erneut zugestellt werden. Ist der gesetzliche Vertreter selbst Vorerbe, so kann er die Zustimmung gem. § 181 weder selbst erteilen noch die des Minderjährigen genehmigen, und zwar auch dann nicht, wenn die Zustimmung bzw. Genehmigung dem anderen Teil des Verfügungsgeschäfts gegenüber erklärt wird (MüKoBGB/Grunsky Rn. 16; Grüneberg/Weidlich Rn. 6; Coing NJW 1985, 6 (8); aA BGH NJW 1963, 2320; OLG Hamm OLG NJW 1965, 1490; Soergel/Wegmann Rn. 11). Der Interessenwiderstreit, den § 181 vermeiden soll, besteht unabhängig vom Adressaten der Erklärung. Ist der Nacherbe unbekannt, insbes. noch nicht erzeugt, so ist gem. § 1913 ein Pfleger zu bestellen (Kanzleiter DNotZ 1970, 330).

35 **e) Wirksamwerden analog § 185 Abs. 2.** In analoger Anwendung des § 185 Abs. 2 wird eine unter Verstoß gegen § 2113 vorgenommene Verfügung wirksam, sobald der Vorerbe das Grundstück usw durch wirksame Übertragung des Nacherbenrechts oder durch Wegfall der Nacherbfolge nachträglich zur völlig freien Verfügung erhält (OLG München FamRZ 1971, 93 (94); MüKoBGB/Grunsky Rn. 18). Eine Verfügung des Vorerben wird ferner wirksam, wenn der Nacherbe dessen unbeschränkt haftender Erbe wird (RGZ 110, 94; OLG München FamRZ 1971, 93 (94); MüKoBGB/Grunsky Rn. 18). In beiden Fällen wird die Verfügung nicht von Anfang, sondern erst ab dem jeweiligen Ereignis wirksam.

36 **3. Gutgläubiger Erwerb (Abs. 3).** Ein Dritter kann einen Nachlassgegenstand gem. Abs. 3, der der Regelung des § 161 Abs. 3 entspricht, gutgläubig erwerben, wenn der Dritte von der Nacherbfolge nichts weiß. Bei entgeltlichen Verfügungen iSd Abs. 1 ist ein gutgläubiger Erwerb trotz Kenntnis des Dritten von der Nacherbfolge möglich, wenn er von einer Befreiung von diesem Verfügungsverbot ausging. Bei **Grundstücken,** grundstücksgleichen Rechten und dinglichen Grundstücksrechten sowie im Schiffsregister eingetragenen Schiffen ist ein gutgläubiger Erwerb stets ausgeschlossen, wenn ein Nacherbenvermerk (ausf. → § 2100 Rn. 37) im Grundbuch bzw. Schiffsregister eingetragen ist (§ 2113 Abs. 3, § 892 Abs. 1 bzw. § 54 SchRegO). Solange der Vorerbe noch nicht im Grundbuch bzw. Schiffsregister als Eigentümer oder Berechtigter eingetra-

gen ist, kann der Dritte sich nicht darauf berufen, er habe den Vorerben gutgläubig für einen uneingeschränkt verfügungsbefugten Vollerben gehalten (BGH NJW 1970, 943 mAnm Batsch NJW 1970, 1314). Ist im Grundbuch bzw. Schiffsregister zu Unrecht eine Befreiung des Vorerben vom Verfügungsverbot des Abs. 1 eingetragen (vgl. § 51 GBO), so ist eine entgeltliche Verfügung zugunsten eines gutgläubigen Erwerbers auch ohne Zustimmung des Nacherben wirksam (Batsch NJW 1970, 1314). Bei einer ganz oder teilweise unentgeltlichen Verfügung nützt der gute Glaube dagegen nichts, weil vom Verbot des Abs. 2 keine Befreiung erteilt werden kann. Ein gutgläubiger Erwerb **beweglicher Sachen** auf Grund einer ganz oder teilweise unentgeltlichen Verfügung iSd Abs. 2 ist gem. § 932 Abs. 2 nur möglich, wenn die Unkenntnis vom Verfügungsverbot nicht auf grober Fahrlässigkeit des Dritten beruht. Ist in einem dem Vorerben erteilten Erbschein die Nacherbfolge nicht erwähnt, so kann ein gutgläubiger Dritter sowohl bewegliche Sachen als auch alle anderen Nachlassgegenstände, bei denen ein gutgläubiger Erwerb sonst nicht vorgesehen ist (zB **Forderungen, Gesellschaftsanteile**), wirksam ohne Zustimmung des Nacherben erwerben (§ 2366) (vgl. OLG Hamm DNotZ 1963, 562).

**4. Rückabwicklung unwirksamer Verfügungen.** Der Nacherbe kann ab dem Eintritt des Nacherbfalls die Rückabwicklung der ihm gegenüber unwirksamen Verfügung vom Erwerber verlangen, dh bei einer **Übertragung** die Rückübertragung, bei einer **Belastung** oder **Änderung** deren Aufhebung und bei einer **Aufhebung** eines Rechts dessen Wiedereinräumung. Bei Grundstücken und grundstücksgleichen Rechten hat der Nacherbe Anspruch auf Berichtigung des Grundbuchs gem. § 894 (BGH NJW 1985, 382). Bei einer **teilweise unentgeltlichen Verfügung** kann der Erwerber die Rückabwicklung nach hM nicht durch eine Ausgleichszahlung in Höhe der Wertdifferenz zwischen Verfügungsgegenstand und Gegenleistung abwenden (BGH NJW 1985, 382; 1952, 598; OLG Hamm Rpfleger 1971, 174; Staudinger/Avenarius, 2019, Rn. 66; aA MüKoBGB/Grunsky Rn. 37, 40; Brox/Walker ErbR Rn. 363). Der Erwerber braucht den Nachlassgegenstand nur Zug um Zug gegen Rückgewähr der Gegenleistung herauszugeben (Zurückbehaltungsrecht). Die Nutzungen und die Verwendungen werden für die Zeit bis zum Eintritt des Nacherbfalls nur gem. den für das Verhältnis des Vor- zum Nacherben geltenden Vorschriften der §§ 2124–2126 ausgeglichen, und erst ab diesem Zeitpunkt gem. §§ 987 ff. (BGH NJW 1985, 382 (383 f.)). Der Nacherbe kann allerdings darauf verzichten, die Unwirksamkeit gegenüber dem Dritten geltend zu machen und stattdessen gegen Abtretung seiner Rechte gegenüber dem Dritten vom Vorerben vollen Schadensersatz verlangen. Anspruchsgrundlage dieses Schadensersatzanspruchs ist beim befreiten Vorerben § 2138 Abs. 2, iÜ §§ 2130, 2131. 37

## IV. Auskunftsanspruch und Beweisfragen

Der Nacherbe kann auf Grund seines allgemeinen Anspruchs auf Rechenschaft gem. § 2130 Abs. 2 vom **Vorerben** auch Auskunft über von diesem vorgenommene Verfügungen iSd Abs. 1 und 2 verlangen. Liegen Anhaltspunkte dafür vor, dass derartige Verfügungen vorgenommen wurden, so kann der Nacherbe unmittelbar vom **Erwerber** Auskunft verlangen, wenn diese vom Vorerben nicht mehr zu erlangen ist (zB Tod des Vorerben) (vgl. BGH NJW 1972, 907 (908) mAnm Johannsen). 38

Nach den allgemeinen Beweisregeln hat der Nacherbe die Tatbestandsvoraussetzungen des Abs. 1 und 2 zu beweisen, der Erwerber dagegen die Voraussetzungen, aus denen sich der gutgläubige Erwerb herleitet (aA K. H. Schmitz in Baumgärtel/Laumen/Prütting Beweislast-HdB §§ 2112, 2113 Rn. 1 Fn. 2). Verweigert der Erwerber die Auskunft über die Unentgeltlichkeit einer Verfügung iSd Abs. 2, so geht die Beweislast insoweit auf ihn über. 39

## § 2114 Verfügungen über Hypothekenforderungen, Grund- und Rentenschulden

**[1]Gehört zur Erbschaft eine Hypothekenforderung, eine Grundschuld, eine Rentenschuld oder eine Schiffshypothekenforderung, so steht die Kündigung und die Einziehung dem Vorerben zu. [2]Der Vorerbe kann jedoch nur verlangen, dass das Kapital an ihn nach Beibringung der Einwilligung des Nacherben gezahlt oder dass es für ihn und den Nacherben hinterlegt wird. [3]Auf andere Verfügungen über die Hypothekenforderung, die Grundschuld, die Rentenschuld oder die Schiffshypothekenforderung findet die Vorschrift des § 2113 Anwendung.**

## Überblick

Die Vorschrift enthält für zwei bestimmte Verfügungen über Grundpfandrechte und Schiffshypothek und die dadurch gesicherten Forderungen Sonderbestimmungen zu § 2113. Zwecks Erleichterung der Nachlassverwaltung darf der Vorerbe mit Wirkung für und gegen den Nacherben die Forderungen aus Grundpfandrechten oder Schiffshypotheken durch Kündigung fällig stellen und einziehen.

## I. Normzweck und Anwendungsbereich

1 Der nicht befreite Vorerbe darf gem. § 2113 Abs. 1 in keiner Weise über eine Hypothekenforderung, ein Grundpfandrecht oder eine Schiffshypothek verfügen, während dem befreiten Vorerben allein unentgeltliche Verfügungen durch § 2113 Abs. 2 verboten sind. § 2113 erfasst dabei außer der Abtretung, der Aufhebung (Löschung), der Verpfändung, der Umwandlung einer Hypothek in eine Grundschuld, der umgekehrten Umwandlung, der vom Vorerben erklärten Aufrechnung auch die von § 2114 speziell geregelten Fälle der Kündigung und Einziehung. Zwecks Erleichterung der Nachlassverwaltung erlaubt § 2114 es dem Vorerben abweichend vom Grundsatz des § 2113, mit Wirkung für und gegen den Nacherben die vorbezeichneten Forderungen aus Grundpfandrechten oder Schiffshypotheken durch Kündigung fällig zu stellen und alle Rechtshandlungen, die zur anschließenden Geltendmachung des Rechts erforderlich sind, vorzunehmen (Einziehung). Alle anderen Verfügungen unterliegen gem. S. 3 den allgemein geltenden Beschränkungen des § 2113.

## II. Kündigung

2 Der Vorerbe darf gem. S. 1 eine Hypothekenforderung, ein Grundpfandrecht oder eine Schiffshypothek ohne Zustimmung des Nacherben durch Kündigung fällig stellen (zB §§ 1141, 1185 Abs. 2, § 1193). Unter Kündigung ist dabei nicht nur die vom Vorererben erklärte, sondern auch die ihm gegenüber abgegebene Kündigung des Schuldners bzw. Eigentümers zu verstehen. Auch eine ordnungswidrige Kündigung durch den Vorerben ist wirksam, kann diesen aber gem. § 2131 schadensersatzpflichtig machen.

## III. Einziehungs- und Empfangszuständigkeit

3 **1. Hauptschuld. a) Einziehung.** S. 2 ordnet die Einziehung der Forderungen aus Grundpfandrechten und Schiffshypotheken ebenfalls dem Kompetenzbereich des Vorerben zu. Unter Einziehung sind dabei alle zur Erlangung der Zahlung erforderlichen Maßnahmen, einschließlich der gerichtlichen Durchsetzung und der Einleitung (RGZ 136, 353 (358)) und Durchführung der Zwangsvollstreckung, zu verstehen. Auch die Entgegennahme von Zahlungen gehört eigentlich zur Einziehung idS, ist jedoch durch S. 2 einer besonderen, einschränkenden Regelung unterworfen. Alle danach zulässigen Einziehungsmaßnahmen sind dem Nacherben gegenüber selbst dann wirksam, wenn sie nicht der ordnungsgemäßen Verwaltung des Nachlasses entsprechen, können aber unter dieser Voraussetzung Schadensersatzansprüche des Nacherben gem. § 2131 rechtfertigen.

4 **b) Empfangszuständigkeit. aa) Hinterlegung.** Die Empfangszuständigkeit des Vorerben in Ansehung der Hauptforderung ist zum Schutze des Nacherben durch S. 2 eingeschränkt. Der Vorerbe kann deshalb bei Einziehung des Kapitals gem. S. 2 nur die Hinterlegung des Geldbetrags (§§ 372 ff.) für den Nacherben und sich verlangen, es sei denn, der Erblasser hat den Vorerben gem. § 2136 von dieser Beschränkung befreit oder der Nacherbe stimmt der Zahlung an den Vorerben allein zu. Bei mehreren Nacherben bedarf es der Zustimmung aller. Auch die Zustimmung bedingt eingesetzter oder weiterer Nacherben ist erforderlich, nicht dagegen die der Ersatznacherben. Eine Zustimmungspflicht kann sich aus § 2120 S. 1 ergeben. Der hinterlegte Betrag fällt kraft dinglicher Surrogation gem. § 2111 in den Nachlass, wenn und soweit der Erblasser nicht etwas anderes bestimmt hat.

5 Auf **freiwillige Zahlungen** des Schuldners ist S. 2 analog anzuwenden, sodass auch diese nicht an den Vorerben geleistet sondern allenfalls hinterlegt werden dürfen (BGH FamRZ 1970, 192).

6 **bb) Zahlung.** Eine ohne Einwilligung des Nacherben geleistete Zahlung hat diesem gegenüber keine schuldbefreiende Wirkung (BGH FamRZ 1970, 192). Der Nacherbe kann die Zahlung allerdings auch nachträglich noch genehmigen. Fehlt die Eintragung des Nacherbenvermerks im

Grundbuch oder Schiffsregister, so kann sich eine Empfangszuständigkeit auch unter dem Aspekt des Rechtscheins ergeben (Staudinger/Avenarius, 2019, Rn. 11). Auch wenn die Zahlung an den Vorerben danach schuldbefreiende Wirkung gegenüber dem Nacherben entfaltet, so fällt der Betrag kraft dinglicher Surrogation gem. § 2111 in den Nachlass, es sei denn, der Erblasser hat etwas anderes angeordnet.

**2. Nebenforderungen.** Auf Zinsen und Nebenleistungen findet S. 2 keine Anwendung, und zwar auch dann nicht, wenn es sich um Rückstände aus der Zeit vor dem Erbfall handelt. Diese Nebenforderungen kann der Vorerbe daher ohne Rücksicht darauf einziehen, ob sie ihm als Nutzungen gebühren oder nicht (Staudinger/Avenarius, 2019, Rn. 3; MüKoBGB/Grunsky Rn. 3). 7

## § 2115 Zwangsvollstreckungsverfügungen gegen Vorerben

**[1]Eine Verfügung über einen Erbschaftsgegenstand, die im Wege der Zwangsvollstreckung oder der Arrestvollziehung oder durch den Insolvenzverwalter erfolgt, ist im Falle des Eintritts der Nacherbfolge insoweit unwirksam, als sie das Recht des Nacherben vereiteln oder beeinträchtigen würde. [2]Die Verfügung ist unbeschränkt wirksam, wenn der Anspruch eines Nachlassgläubigers oder ein an einem Erbschaftsgegenstand bestehendes Recht geltend gemacht wird, das im Falle des Eintritts der Nacherbfolge dem Nacherben gegenüber wirksam ist.**

### Überblick

Zum Schutze des Nacherben werden Vollstreckungsmaßnahmen in den dem Nacherbenrecht unterliegenden Nachlass beim Eintritt des Nacherbfalls unwirksam. Erfasst werden grds. alle Erbschaftsgegenstände (→ Rn. 1). Dieser Schutz greift nur bei Zwangsvollstreckungen wegen Geldforderungen (§§ 803–871 ZPO) ein (→ Rn. 2). Bei Immobilien ist die Teilungsversteigerung gem. §§ 180 ff. ZVG möglich (→ Rn. 2). Da auch der Nacherbe ab dem Nacherbfall für die Erfüllung der Nachlassverbindlichkeiten haftet, können diese bereits vor diesem Zeitpunkt zwangsweise durchgesetzt werden (→ Rn. 3). Die Unwirksamkeitsfolge ist auf den Eintritt des Nacherbfalls aufgeschoben, so dass zwar bis dahin alle Zwangsverfügungen wirksam sind, jedoch mit dem Nacherbfall in dem Umfang absolut unwirksam werden, in dem sie das Recht des Nacherben vereiteln oder beeinträchtigen (→ Rn. 4). Ein gutgläubiger Erwerb ist nicht möglich (→ Rn. 5).

### I. Erbschaftsgegenstand

Jeder **Gegenstand,** der zum Nachlass gehört, sei es von Anfang an, sei es nachträglich auf Grund dinglicher Surrogation gem. § 2111, wird durch § 2115 vor Zwangsverfügungen Dritter geschützt. Diese Vorschrift gilt daher für Zwangsverfügungen in bewegliche Sachen, Grundstücke, grundstücksgleiche Rechte, Schiffe, dingliche und sonstige Rechte aller Art, Forderungen, Erbteile oder Gesellschaftsanteile, soweit sie überhaupt pfändbar sind bzw. der Verfügungsbefugnis des Insolvenzverwalters unterliegen. Während der Vorerbe bei rechtsgeschäftlichen Verfügungen dem Nacherben gem. §§ 2130, 2131 für die Ordnungsmäßigkeit verantwortlich ist, scheidet bei Zwangsverfügungen eine derartige Haftung des Vorerben grds. aus. Folgerichtig ist es für die Anwendung des § 2115 bedeutungslos, ob der Vorerbe eine entsprechende Verfügung hätte vornehmen können. Dies ist auch der Grund dafür, dass § 2115 auch bei befreiter Vorerbschaft gilt, der Erblasser also gem. § 2136 hiervon nicht befreien kann. Bei alleiniger Vorerbschaft kann nie in den Nachlass selbst, sondern nur in die Nachlassgegenstände vollstreckt werden. Diese wiederum sind durch § 2115 vor dem Zugriff der Eigengläubiger des Vorerben geschützt (Kessel MittRhNotK 1991, 137 (140)). § 2115 schließt dagegen die Pfändung eines **Miterbenanteils** gem. § 859 Abs. 2 ZPO nicht aus (Kessel MittRhNotK 1991, 137 (140)). Richtiger Auffassung nach scheitert die Befriedigung des Pfandrechtsgläubigers in diesem Fall aber daran, dass die bei Auseinandersetzung erworbenen Vermögensgegenstände ebenfalls den Beschränkungen des § 2115 unterliegen (OLG Celle NJW 1968, 801; Kessel MittRhNotK 1991, 137 (140); Haegele BWNotZ 1975, 129 (132); aA Engelmann, Letztwillige Verfügungen zugunsten Verschuldeter oder Sozialhilfeempfänger, 1999, 103). Wird eine zweigliedrige **Gesamthandsgemeinschaft** (Personengesellschaft, Erbengemeinschaft, Gütergemeinschaftsehe) durch den Tod des Erblassers aufgelöst und der bisherige Mitgesellschafter, Miterbe bzw. Ehegatte Vorerbe, so ist auch nach der Auflösung 1 eine Vollstreckung in das bisherige Gesamthandsvermögen zum Schutze des Nacherben weiterhin unzulässig (→ § 2113 Rn. 5) (aA Timmann, Vor- und Nacherbschaft innerhalb der zweigliedrigen OHG oder KG, 2000, 63 ff.). Die Eigengläubiger des Vorerben sollen durch den Tod des Erblassers nicht besser gestellt werden. Ihre Befriedigung können sie nur in dem Umfang erlangen, in dem dies bis zum Tod des Erblassers möglich war. Analog § 1976 kann daher nur der fiktive Anspruch des Vorerben am Auseinandersetzungsguthaben gepfändet werden (Timmann, Vor- und Nacherbschaft innerhalb der zweigliedrigen OHG oder KG, 2000, 62 f., 69; Stimpel FS Rowedder, 1994, 477 (498); vgl. BGHZ 47, 293 (296); 91, 132 (135 f.)). Der Kündigung einer Personengesellschaft gem. § 725 bzw. § 135 HGB bedarf es nicht, jedoch sind bei einer OHG die weiteren Voraussetzungen des § 135 HGB analog heranzuziehen (Timmann, Vor- und Nacherbschaft innerhalb der zweigliedrigen OHG oder KG, 2000, 65 ff.).

## II. Zwangsverfügung

2 **1. Grundsatz.** S. 1 Alt. 1 gilt nur für die **Zwangsvollstreckung** wegen Geldforderungen (§§ 803–871 ZPO) aus einem gegen den Vorerben ergangenen oder wirksam gewordenen Urteil oder sonstigen Vollstreckungstitel in Erbschaftsgegenstände. Der Vollstreckung aus einem auf die Abgabe einer Willenserklärung (§§ 894, 895 ZPO) gerichteten Urteil oder sonstigen Vollstreckungstitel steht § 2115 nicht entgegen, uU jedoch § 2113 (allgM, zB Staudinger/Avenarius, 2019, Rn. 16 f.; Soergel/Wegmann Rn. 2). Das Gleiche gilt für die Verurteilung zur Eigentumsverschaffung einer beweglichen Sache gem. § 897 ZPO (MüKoBGB/Grunsky Rn. 6). Bei Grundstücken und grundstücksgleichen Rechten werden nur die Zwangsversteigerung und die Zwangsvollstreckung von S. 1 Alt. 1 erfasst, **nicht** jedoch die **Teilungsversteigerung** gem. §§ 180 ff. ZVG (BayObLG NJW 1965, 1966; Staudinger/Avenarius, 2019, Rn. 14). Im Falle der Teilungsversteigerung ist der Nacherbenvermerk mit dem Zuschlagsbeschluss im Grundbuch zu löschen, während der Überschuss als Surrogat gem. § 2111 in den Nachlass fällt. S. 1 Alt. 2 stellt ferner klar, dass auch die **Vollziehung eines Arrestes** (§ 928 ZPO) als Zwangsverfügung gegen den Vorerben im gleichen Umfang unzulässig ist wie die Zwangsvollstreckung wegen Geldforderungen. Im Insolvenzverfahren über das Vermögen des Vorerben darf der **Insolvenzverwalter** nicht über zum Nachlass gehörende Erbschaftsgegenstände verfügen (S. 1 Alt. 3). Die **Kündigung einer Personengesellschaft gem. § 135 HGB,** an der der Vorerbe mit einem zum Nachlass gehörenden Gesellschaftsanteil beteiligt ist, steht wirtschaftlich einer Zwangsverfügung iSd S. 1 gleich, sodass diese Vorschrift insoweit entspr. anzuwenden ist (Soergel/Wegmann Rn. 4). Auch die von einem persönlichen Gläubiger des Vorerben mit einer Nachlassforderung erklärte **Aufrechnung** hat eine vergleichbare Wirkung, sodass diese in analoger Anwendung des § 394 unwirksam ist (→ § 2113 Rn. 14) (RGZ 80, 30 = JW 1912, 90; Staudinger/Avenarius, 2019, Rn. 4 mwN).

3 **2. Ausnahmen.** Da auch der Nacherbe ab dem Nacherbfall für die Erfüllung der **Nachlassverbindlichkeiten** haftet, können diese gem. § 2115 wirksam bereits vor diesem Zeitpunkt zwangsweise durchgesetzt (LG Glogau JW 1938, 458; Soergel/Wegmann Rn. 11) oder vom Insolvenzverwalter (OLG Jena HRR 1933 Nr. 830) befriedigt werden (S. 2 Alt. 1). Unerheblich ist dabei, ob die Nachlassverbindlichkeit vom Erblasser oder durch ordnungsgemäße Verwaltung des Vorerben begründet worden ist. Schließlich sind alle Zwangsvollstreckungsmaßnahmen dem Nacherben gegenüber wirksam, die der Durchsetzung eines auch nach dem Eintritt des Nacherbfalls wirksamen **dinglichen Rechts** an einem Erbschaftsgegenstand (zB Pfandrecht, auch Vermieterpfandrecht (OLG Frankfurt OLGE 1933, 151; MüKoBGB/Grunsky Rn. 5; aA Staudinger/Avenarius, 2019, Rn. 7), Grundpfandrecht, Nießbrauch) dienen (S. 2 Alt. 2), und zwar gleichgültig, ob dieses bereits beim Tod des Erblassers bestand oder danach gem. § 2113 wirksam vom Vorerben begründet worden ist. Ist die Bestellung des Rechts durch den Vorerben dem Nacherben gegenüber gem. § 2113 unwirksam, insbes. bei unbefreiter Vorerbschaft (RGZ 133, 263 (265): Hypothek für persönliche Schuld des Vorerben) oder mangelnder Zustimmung des Nacherben, so ist es auch dessen Durchsetzung im Wege der Zwangsvollstreckung gem. § 2115. Ein gem. S. 1 wirksam gegenüber dem Vorerben begründetes Pfändungspfandrecht kann dagegen nicht gem. S. 2 Alt. 2 durchgesetzt werden (RGRK-BGB/Johannsen Rn. 12).

## III. Unwirksamkeit

4 Wie bei § 2113 (→ § 2113 Rn. 18) ist die **Unwirksamkeitsfolge** auf den Eintritt des Nacherbfalls **aufgeschoben,** sodass jedenfalls bis dahin alle gegen den Vorerben gerichteten Zwangsverfügungen iSd S. 1 in vollem Umfang wirksam sind. Derartige Maßnahmen werden – hier wie dort –

jedoch mit dem Nacherbfall nur in dem Umfang absolut unwirksam (BGHZ 33, 76 (86)), in dem sie das Recht des Nacherben vereiteln oder beeinträchtigen (→ § 2113 Rn. 19 ff.). Bis zum Nacherbfall vorgenommene Maßnahmen der Zwangsvollstreckung sind wirksam. Um den Schutz des Nacherben in verfahrensmäßiger Hinsicht bis dahin nicht leer laufen zu lassen, enthalten § 83 Abs. 2 InsO für das Insolvenzverfahren und § 773 ZPO für das Zwangsvollstreckungsverfahren **Verwertungsverbote.** In der Einzelvollstreckung kann der Nacherbe bei Zuwiderhandlung gegen das Veräußerungs- und Überweisungsverbot des § 773 die Widerspruchsklage erheben (§§ 771, 773 S. 2 ZPO). Die mit dem Nacherbfall eintretende Unwirksamkeit macht die bis dahin erfolgten Zwangsverfügungen, insbes. Pfandrechtsbegründung, Eintragung einer Sicherungshypothek, Anordnung und Durchführung der Zwangsverwaltung oder Anordnung der Zwangsversteigerung jedoch nicht unzulässig, sodass dem Nacherben dagegen zunächst kein Widerspruchsrecht zusteht, wohl aber ein Anspruch auf **Sicherheitsleistung** gegen den Vorerben gem. § 2128. Erst ab dem Nacherbfall kann der Nacherbe die Aufhebung dieser Maßnahmen verlangen, wenn und soweit sie das Nacherbenrecht vereiteln oder beeinträchtigen und über den Zeitpunkt des Nacherbfalls hinaus Wirkungen entfalten. Eine Vereitelung oder Beeinträchtigung des Nacherbenrechts ist ausgeschlossen, wenn sich die Zwangsverfügung nur auf die dem Vorerben ohnehin gebührenden **Nutzungen** des Nachlassgegenstands bezieht (RGZ 80, 1 (7); RGRK-BGB/Johannsen Rn. 8; Staudinger/Avenarius, 2019, Rn. 27). Die Anordnung und Durchführung der **Zwangsverwaltung** über ein Nachlassgrundstück ist bis zum Eintritt des Nacherbfalls zulässig.

## IV. Gutgläubiger Erwerb

Soweit eine Zwangsverfügung gem. § 2115 dem Nacherben gegenüber ab dem Nacherbfall unwirksam ist, kann ein Dritter den Erbschaftsgegenstand auch nicht in gutem Glauben an das Nichtbestehen des Nacherbenrechts erwerben (allgM, zB MüKoBGB/Grunsky Rn. 11). Die Gutglaubensvorschriften der §§ 892 f., 932 ff. sind auf rechtsgeschäftliche Verfügungen, nicht auf hoheitliche Maßnahmen zugeschnitten. Wird gegen das Verwertungsverbot des § 773 ZPO verstoßen, so kann der Nacherbe nach Eintritt des Nacherbfalls vom Erwerber die Rückübertragung verlangen (MüKoBGB/Grunsky Rn. 11; aA Grüneberg/Weidlich Rn. 2; Staudinger/Avenarius, 2019, Rn. 24, 27). Geschieht die Verwertung allerdings durch freihändige Veräußerung nach § 825 ZPO oder durch den Gerichtsvollzieher im Wege der Versteigerung, so erwirbt der gutgläubige Dritte den betreffenden Erbschaftsgegenstand unbelastet mit dem Nacherbenrecht, während der Nacherbe in diesem Fall auf einen Bereicherungsanspruch gegen den betreibenden Gläubiger in Höhe des Erlöses angewiesen ist. Veräußert der Insolvenzverwalter entgegen § 83 Abs. 2 InsO einen Nachlassgegenstand, so erwirbt der gutgläubige Dritte nach hM diesen, frei vom Nacherbenrecht (RGRK-BGB/Johannsen Rn. 15; Soergel/Harder Rn. 13; aA Staudinger/Avenarius, 2019, Rn. 24). 5

## V. Auskunftsanspruch

Bei konkreter Gefahr von Verfügungen iSd § 2115 kann der Nacherbe auf der Grundlage des § 242 Auskunft verlangen (Sarres ZEV 2004, 56 (57)). Der Erblasser kann diesen Anspruch ganz oder teilweise ausschließen. 6

## § 2116 Hinterlegung von Wertpapieren

**(1) [1]Der Vorerbe hat auf Verlangen des Nacherben die zur Erbschaft gehörenden Inhaberpapiere nebst den Erneuerungsscheinen bei einer Hinterlegungsstelle mit der Bestimmung zu hinterlegen, dass die Herausgabe nur mit Zustimmung des Nacherben verlangt werden kann. [2]Die Hinterlegung von Inhaberpapieren, die nach § 92 zu den verbrauchbaren Sachen gehören, sowie von Zins-, Renten- oder Gewinnanteilscheinen kann nicht verlangt werden. [3]Den Inhaberpapieren stehen Orderpapiere gleich, die mit Blankoindossament versehen sind.**

**(2) Über die hinterlegten Papiere kann der Vorerbe nur mit Zustimmung des Nacherben verfügen.**

### Überblick

Die Vorschrift will den Nacherben davor schützen, dass der Vorerbe über Wertpapiere verfügt und dadurch dessen Rechte beeinträchtigt werden. Die Verfügungen sind zwar wirksam, doch kann der Nacherbe die Hinterlegung von Inhaberpapieren und sonstigen leicht verkehrsfähigen Wertpapieren verlangen.

## I. Hinterlegungsverlangen

1 Der Nacherbe kann bei Inhaberpapieren und sonstigen leicht verkehrsfähigen Wertpapieren zum Schutz vor Verfügungen des Vorerben von diesem deren Hinterlegung verlangen. Der nicht gem. § 2136 von dieser Pflicht befreite Vorerbe ist nur und erst zu dieser Hinterlegung verpflichtet, wenn der Nacherbe sie verlangt (vgl. zur Durchsetzung OLG Oldenburg Rpfleger 1966, 18). Ist der Nacherbe minderjährig kann auch ein Elternteil, der selbst Vorerbe ist, dieses Verlangen regelmäßig auch ohne Pflegerbestellung stellen (OLG Frankfurt FamRZ 1964, 154). Bis zur tatsächlichen Hinterlegung kann der Vorerbe im Rahmen der §§ 2112, 2113 Abs. 2 frei über diese Wertpapiere verfügen. Verzögert der Vorerbe die Hinterlegung, macht er sich schadensersatzpflichtig.

## II. Hinterlegungspflichtige Wertpapiere

2 **Inhaberpapiere** sind Schuldverschreibungen auf den Inhaber (§§ 793 ff.), Erneuerungsscheine (§ 805), Inhabergrundschuldbriefe (§ 1199), Inhaberrentenschuldbriefe (§ 1199) und Inhaberaktien (§§ 10, 68 Abs. 1 AktG, § 278 Abs. 3 AktG) samt Erneuerungsscheinen (Talons, § 805). **Orderpapiere** sind nur dann zu hinterlegen, wenn sie mit einem Blankoindossament versehen sind (§ 2116 Abs. 1 S. 3). Dazu gehören Wechsel (§§ 12, 13, 16 WG), Schecks (§§ 14, 16 ScheckG), kaufmännische Orderpapiere (§§ 363, 365 HGB), Orderschuldverschreibungen (§ 808a) und Namensaktien (§ 68 AktG). Füllt der Vorerbe das Blankoindossament, wozu er auch noch einem Verlangen des Nacherben berechtigt ist, aus, so entfällt bei Orderpapieren damit die Hinterlegungspflicht (MüKoBGB/Grunsky Rn. 4). Legitimationspapiere (§ 808) wie Sparbücher oder Pfandscheine sind ebenso wenig zu hinterlegen wie Inhaberpapiere, die gem. § 92 verbrauchbare Sachen sind (zB Banknoten, Inhaberzeichen gem. § 807).

3 Umstritten ist, ob Wertpapiere, die zu einem **Betriebsvermögen** gehören, von der Hinterlegungspflicht generell ausgenommen sind (so Staudinger/Avenarius, 2019, Rn. 3; aA Damrau/Hennicke Rn. 3; wohl auch R. Kössinger in Nieder/Kössinger Testamentsgestaltung-HdB § 10 Rn. 113). Dieser Pflicht liegt der Gedanke zugrunde, den Nacherben vor einer rechtswidrigen Veräußerung leicht handelbarer Wertpapiere zu schützen. Bei Betrieben, zu deren Finanzvermögen solche Wertpapiere gehören, würde eine generelle Pflicht zur Hinterlegung Umschichtungen von Finanz- in Anlage- oder Umlaufvermögen und damit den Fortbestand des Handelsgeschäfts uU erheblich gefährden. In aller Regel wird dem Erblasser die Fortführung des Betriebs wichtiger sein als der Schutz des Nacherben vor Veräußerungen des Finanzvermögens. Wenn der Erblasser nicht ausdrücklich etwas anderes bestimmt hat, ist der Vorerbe in diesem Fall deshalb von der Hinterlegungspflicht gem. § 2136 befreit.

## III. Hinterlegung

4 Hinterlegungsstellen sind die Amtsgerichte (zB Art. 2 Abs. 2 BayHintG) oder die Bundes- oder Landeszentralbanken (zB Art. 27 BayHintG). Das Verfahren und die Anlegung regeln die Hinterlegungsgesetze der Länder. Mit der Hinterlegung verliert der Vorerbe gem. Abs. 2 sein alleiniges Verfügungsrecht. Dieses **Verfügungsverbot** (§ 137) macht jede entgegenstehende Verfügung des Vorerben von Anfang an unwirksam. Zu Verfügungen ist er nur noch mit Zustimmung des Nacherben befugt. Die Zustimmung kann vorher als Einwilligung oder nachträglich als Genehmigung erteilt werden. Eine Zustimmungspflicht kann sich aus § 2120 S. 1 ergeben. Gibt die Hinterlegungsstelle die Wertpapiere an den Vorerben heraus, so endet das Verfügungsverbot damit selbst dann, wenn der Nacherbe nicht zugestimmt hatte (Staudinger/Avenarius, 2019, Rn. 11). Ein Dritter kann die Wertpapiere vom Vorerben gutgläubig nur dann erwerben, wenn die Hinterlegungsstelle sie dem Dritten aushändigt (§ 934) (MüKoBGB/Grunsky Rn. 2; aA Soergel/Wegmann Rn. 5).

## IV. Auskunftsanspruch

5 Bei einem Verstoß gegen § 2116 kann der Nacherbe vom Vorerben Auskunft verlangen (Sarres ZEV 2004, 56 (57)). Der Erblasser kann diesen Anspruch ganz oder teilweise ausschließen.

## § 2117 Umschreibung; Umwandlung

**[1]Der Vorerbe kann die Inhaberpapiere, statt sie nach § 2116 zu hinterlegen, auf seinen Namen mit der Bestimmung umschreiben lassen, dass er über sie nur mit Zustimmung des Nacherben verfügen kann. [2]Sind die Papiere vom Bund oder von einem Land ausgestellt, so kann er sie mit der gleichen Bestimmung in Buchforderungen gegen den Bund oder das Land umwandeln lassen.**

### Überblick

Statt der Hinterlegung gem. § 2116 kann der Vorerbe die Inhaberpapiere in Namenspapiere umschreiben lassen.

Der Vorerbe kann Inhaberpapiere auch, nachdem der Nacherbe die Hinterlegung gem. § 2116 verlangt hat, anstatt sie zu hinterlegen in der Weise auf seinen Namen umschreiben lassen, dass er über diese nur gemeinsam mit dem Nacherben verfügungsberechtigt ist. Der Erblasser kann den Vorerben hiervon **befreien** (§ 2136). Die Umschreibung erfolgt gem. § 806. 1

Bei vom Bund oder einem Bundesland ausgestellten Papieren kann die Umwandlung in eine Buchforderung gem. dem BSchuWG vom 12.7.2006 (BGBl. I 1466) erfolgen. Auf von einer kommunalen Gebietskörperschaft ausgestellte Inhaberpapiere findet § 2117 entsprechende Anwendung. 2

## § 2118 Sperrvermerk im Schuldbuch

**Gehören zur Erbschaft Buchforderungen gegen den Bund oder ein Land, so ist der Vorerbe auf Verlangen des Nacherben verpflichtet, in das Schuldbuch den Vermerk eintragen zu lassen, dass er über die Forderungen nur mit Zustimmung des Nacherben verfügen kann.**

### Überblick

Der Nacherbe kann vom Vorerben verlangen, dass bei Schuldbuchforderungen gegen den Bund oder ein Bundesland in das Schuldbuch ein Sperrvermerk eingetragen wird, damit der Vorerbe ohne Zustimmung des Nacherben über die entsprechende Forderung nicht mehr verfügen kann.

Zu den **Buchforderungen** gegen den Bund oder ein Bundesland s. das gem. VO vom 13.12.1949 (BGBl. 1950 I 1) längstens bis 31.12.2008 anzuwendende Reichsschuldbuchgesetz vom 21.5.1910 (RGBl. I 840 idF vom 17.11.1939, RGBl. I 2298). 1

Der Vorerbe braucht den Sperrvermerk mit dem Wortlaut des § 2118 im Schuldbuch nur auf Verlangen des Nacherben eintragen zu lassen. Bis dahin kann er im Rahmen der §§ 2112, 2113 Abs. 2 frei verfügen. Der Sperrvermerk enthält ein **Verfügungsverbot** (§ 137), sodass der Vorerbe nur noch mit Zustimmung des Nacherben, zu der gem. § 2120 S. 1 verpflichtet sein kann, über den Stamm der Forderung verfügen kann. Die Sperrwirkung bezieht sich nicht auf die Zinsforderungen. Der Erblasser kann den Vorerben gem. § 2136 von dieser Pflicht **befreien.** 2

## § 2119 Anlegung von Geld

**Geld, das nach den Regeln einer ordnungsmäßigen Wirtschaft dauernd anzulegen ist, darf der Vorerbe nur nach den für die Anlegung von Mündelgeld geltenden Vorschriften anlegen.**

### Überblick

Zum Nachlass gehörende Geldmittel sind vom Vorerben nach den Grundsätzen der ordnungsgemäßen Wirtschaft iSd. § 2120 dauerhaft und gem. §§ 1806, 1807 sicher anzulegen. Es gilt ein objektiver Maßstab, so dass die persönlichen Bedürfnisse des Vorerben hinter der Sicherung des Nachlasses für den Nacherben zurückstehen müssen (→ Rn. 2).

## I. Anlagepflicht

1 § 2119 verpflichtet den Vorerben, zum Nachlass gehörendes Geld anzulegen. Unerheblich ist dabei, ob dieses bereits beim Erbfall vorhanden oder später im Wege der dinglichen Surrogation gem. § 2111 hinzugekommen ist. Diese Anlagepflicht dient dazu, dem Nacherben die Substanz des Nachlasses wirtschaftlich zu erhalten. Der Nacherbe kann grds. nicht verlangen, dass vom Erblasser bereits angelegtes Geld in eine andere Anlageform umgewandelt wird. Bei spekulativer Anlageform kann eine andere Anlage jedoch unter dem Gesichtspunkt ordnungsgemäßer Verwaltung mit der Folge geboten sein, dass der Vorerbe im Falle des Unterlassens dem Nacherben auf Schadensersatz haftet. Endet jedoch eine Geldanlage durch Zeitablauf usw, so greift von da an wieder die Anlagepflicht des § 2119. Diese Pflicht gilt auch bei ausländischer Währung. Die **Befreiung** von dieser Geldanlagepflicht durch den Erblasser ist jedoch gem. § 2136 möglich.

2 Die Pflicht zur mündelsicheren Anlage hängt weiter davon ab, ob diese nach den Regeln einer **ordnungsgemäßen Verwaltung** des Nachlasses geboten ist. Zum Begriff der ordnungsmäßigen Verwaltung → § 2120 Rn. 2 ff. Keine Anlagepflicht besteht daher, wenn das Geld kurzfristig zur Begleichung von Nachlassverbindlichkeiten oder in sonstiger Weise zur Verwaltung des Nachlasses benötigt wird. Im Übrigen ist grds. von einer Anlagepflicht auszugehen. Der Vorerbe kann sich dabei nicht darauf berufen, dass er sein Eigenvermögen auch nicht besser angelegt habe. Es ist ein **objektiver Maßstab** anzulegen, bei dem die persönlichen Bedürfnisse des Vorerben hinter der Sicherung des Nachlasses für den Nacherben zurückstehen müssen.

## II. Sichere Anlage und Haftung

3 Die Anlage hat gem. §§ 1806, 1807 zwingend mündelsicher zu erfolgen (gegen analoge Anwendung der §§ 1809, 1810 LG Lüneburg WM 2002, 2242 f.). **Ab dem 1.1.2023** schreibt das Gesetz (BGBl. 2021 I 882) keine mündelsichere Anlage mehr vor, sondern verweist über § 240a auf eine Rechtsverordnung des Bundesministers der Justiz, die die Voraussetzungen der zulässigen Anlagen bestimmt. Dem Vorerben steht trotz des missverständlichen Gesetzeswortlauts („darf") kein Ermessensspielraum zu (vgl. MüKoBGB/Grunsky Rn. 3). Die Pflicht besteht **kraft Gesetzes,** ohne dass der Nacherbe die Anlage zuvor verlangt haben muss. Weder zur Anlage noch zum Abheben benötigt der Vorerbe die Zustimmung des Nacherben (Staudinger/Avenarius, 2019, Rn. 6; Soergel/Harder Rn. 3; Damrau/Hennicke Rn. 4; aA Ordemann MDR 1967, 424; MüKoBGB/Grunsky Rn. 4). Erfüllt der Vorerbe diese Pflicht nicht unverzüglich nach Eintritt der Voraussetzungen des § 2119, kann der Nacherbe gem. § 2128 Sicherheitsleistung verlangen und die Anlage durch Klage erzwingen (RGZ 73, 4; OLG Stuttgart OLGZ 1918, 318). Außerdem haftet der Vor- dem Nacherben gegenüber wegen dieser Pflichtwidrigkeit auf Schadensersatz. Bei kurzfristig für die Nachlassverwaltung, insbes. für die Erfüllung der Nachlassverbindlichkeiten, benötigten Geldern wird der strenge Haftungsmaßstab des § 2119 durch den des § 2131 ersetzt (RGZ 73, 4 (7); MüKoBGB/Grunsky Rn. 2).

## III. Auskunftsanspruch

4 Auf der Grundlage des § 242, der insoweit nicht durch § 2127 verdrängt wird, ist der nicht befreite Vorerbe verpflichtet, dem Nacherben Auskunft über die Anlage zu geben, wenn dieser nur so darüber entscheiden kann, ob er gem. § 2128 Sicherheitsleistung verlangen soll (LG Berlin ZEV 2002, 160 m. zust. Anm. Krug; Sarres ZEV 2004, 56 (57); Staudinger/Avenarius, 2019, Rn. 8; Damrau/Hennicke Rn. 3). Der Erblasser kann diesem Auskunftsanspruch ganz oder teilweise ausschließen.

### § 2120 Einwilligungspflicht des Nacherben

**[1]Ist zur ordnungsmäßigen Verwaltung, insbesondere zur Berichtigung von Nachlassverbindlichkeiten, eine Verfügung erforderlich, die der Vorerbe nicht mit Wirkung gegen den Nacherben vornehmen kann, so ist der Nacherbe dem Vorerben gegenüber verpflichtet, seine Einwilligung zu der Verfügung zu erteilen. [2]Die Einwilligung ist auf Verlangen in öffentlich beglaubigter Form zu erklären. [3]Die Kosten der Beglaubigung fallen dem Vorerben zur Last.**

## Überblick

Die Vorschrift enthält das Grundprinzip der Nachlassverwaltung durch den Vorerben, nämlich die Pflicht zur ordnungsgemäßen Verwaltung (→ Rn. 2 ff.). Der Vorerbe hat den wirtschaftlichen Wert des Nachlasses zu erhalten und nach Möglichkeit sogar zu vermehren. Er hat sich dabei in erster Linie an dem geäußerten oder hypothetischen Willen des Erblassers zu orientieren, der den Maßstab ordnungsmäßiger Verwaltung anders definieren kann (→ Rn. 2). § 2120 begründet eine Verpflichtung des Nacherben, Verfügungen des Vorerben, die ohne Zustimmung des Nacherben unwirksam wären, zuzustimmen, um den Nachlass – letztlich also den Nacherben – vor Schäden und sonstigen Nachteilen zu bewahren (→ Rn. 4). Die Berichtigung der Nachlassverbindlichkeiten (§ 1967) ist stets eine Maßnahme ordnungsmäßiger Nachlassverwaltung (→ Rn. 3).

## I. Normzweck und Anwendungsbereich

1 Die Vorschrift soll den Vorerben einerseits nach außen im Rechtsverkehr zur Verfügung legitimieren und ihn andererseits nach innen vor Schadensersatzansprüchen des Nacherben gem. §§ 2130, 2131 schützen (Mot. V 117; ausf. zur Entstehungsgeschichte Harder DNotZ 1994, 822). Dabei regelt § 2120 allein die Rechte und Pflichten im Verhältnis zwischen Vor- und Nacherben. Um dem Vorerben die notwendige Rechtssicherheit bei der Verwaltung des Nachlasses zu verschaffen, kann dieser verlangen, dass der Nacherbe unter der Voraussetzung des S. 1 nicht erst der **Verfügung,** sondern bereits der Eingehung der **Verpflichtung** hierzu zustimmt (RGZ 90, 91 (96); MüKoBGB/Grunsky Rn. 3; einschr. Staudinger/Avenarius, 2019, Rn. 16). Ferner hat der Vorerbe Anspruch darauf, dass der Nacherbe einer gem. §§ 2112 ff. an sich **zustimmungsfreien Verfügung** (zB Grundstücksverkauf gegen Leibrente bei befreiter Vorerbschaft) zustimmt, um deren Vollzug im Grundbuch oder den Erwerb durch einen Dritten, der das Nacherbenrecht kennt und daher nicht gutgläubig ist, zweifelsfrei zu ermöglichen (vgl. RGZ 148, 385 (390 f.); Staudinger/Avenarius, 2019, Rn. 11). Hat der Nacherbe, nachdem er vom Vorerben wahrheitsgemäß (Mit Recht MüKoBGB/Grunsky Rn. 2) und nachprüfbar über Art und Grund der Verfügung unterrichtet worden ist (OLG Düsseldorf NJW-RR 1996, 905), einer Verfügung, zu der materiellrechtlich die Zustimmung erforderlich ist, zugestimmt, so sind insoweit Schadensersatzansprüche des Nacherben gegen den Vorerben ausgeschlossen (allgM, zB RGZ 148, 385 (391); OLG Düsseldorf NJW-RR 1996, 905; Soergel/Wegmann Rn. 9). Stimmt der Nacherbe dagegen einem an sich zustimmungsfreien Geschäft zu, um den Vollzug zu ermöglichen, so ist ein derart weitgehender Ausschluss von Schadensersatzansprüchen schon deshalb nicht gerechtfertigt, weil sich die Prüfung auf die Frage der Zustimmungsfreiheit, nicht aber auf die Ordnungsmäßigkeit der Verfügung bezieht.

## II. Ordnungsmäßige Verwaltung

2 Dieser Begriff stellt den Maßstab dafür dar, ob und in welchem Umfang der Vorerbe unter Berücksichtigung der ihm grds. obliegenden Pflicht zur wirtschaftlichen Erhaltung der Substanz des Nachlasses über einzelne Nachlassgegenstände zugunsten Dritter verfügen darf (ähnlich RGZ 105, 248; vgl. auch BGH NJW 1993, 1582). Der Vorerbe hat den wirtschaftlichen Wert des Nachlasses zu erhalten, nach Möglichkeit sogar zu vermehren, ohne dabei die berechtigten Ansprüche Dritter zu vernachlässigen. Er hat sich dabei in erster Linie an dem geäußerten oder hypothetischen Willen des Erblassers zu orientieren. Der Erblasser kann dabei zwar den Maßstab ordnungsmäßiger Verwaltung anders definieren, insbes. auch unwirtschaftliche, anderen Zwecken dienende Verfügungen zulassen oder verbieten (MüKoBGB/Grunsky Rn. 7), den Vorerben aber **niemals völlig** von der Pflicht des S. 1 zur wirtschaftlichen Erhaltung der Substanz des Nachlasses **befreien** (§ 2136). Soweit der Erblasser keine eigenen Regeln für die ordnungsgemäße Nachlassverwaltung aufgestellt hat, richtet diese sich nach einem **objektiven Maßstab.** Die beachtenswerten Interessen des Vorerben erschöpfen sich in dem Recht auf die Nutzungen des Nachlasses (→ § 2111 Rn. 10 ff.). Persönliche Interessen des Vorerben an der Verfügung über die Substanz des Nachlasses sind dagegen völlig unbeachtlich. Auch die Vernachlässigung wirtschaftlicher Gesichtspunkt bei der Verwaltung des Eigenvermögens ändert den gem. S. 1 anzulegenden Maßstab an die Nachlassverwaltung nicht. Grds. ist auf die einzelne Verfügung abzustellen. Würde die einzelne Verfügung zwar nicht isoliert, wohl aber in Verbindung mit früheren unwirtschaftlichen Verfügungen die Substanz gefährden, so kann ausnahmsweise unter diesem Gesichtspunkt ihre Ordnungsmäßigkeit verneint werden (BGH WM 1973, 361). Die Zustimmungspflicht zu einem Verkauf hängt ganz wesentlich von der beabsichtigten Verwendung des Erlöses ab (RGZ 148, 385 (391); Soergel/Wegmann Rn. 4). Bei der **Führung eines Unternehmens** steht dem Vorerben ein weiter Hand-

lungsspielraum zu, dessen äußerste Grenzen von den allgemeinen Gesetzen und ggf. vom Gesellschaftsvertrag, insbes. dem Unternehmensgegenstand, gezogen werden. Nur im Falle der Überschreitung dieser äußersten Beschränkungen ist die Geschäftsführung durch den Vorerben nicht ordnungsgemäß (ausf. Timmann, Vor- und Nacherbschaft innerhalb der zweigliedrigen OHG oder KG, 2000, 163 ff. mwN). Der Vorerbe haftet nicht für einen bestimmten Erfolg (vgl. BGHZ 135, 244 (253)).

3 Die Berichtigung der **Nachlassverbindlichkeiten** (§ 1967) ist bereits nach dem Wortlaut des S. 1 eine Maßnahme ordnungsmäßiger Nachlassverwaltung (→ § 2113 Rn. 22). Die Erfüllung unwirksamer oder einredebehafteter, insbes. verjährter Nachlassverbindlichkeiten gegenüber Dritten ist jedoch nur ausnahmsweise ordnungsgemäß (zB Erfüllung eines formnichtigen Vermächtnisses). Es ist nicht zu beanstanden, dass zur Erfüllung fälliger Nachlassverbindlichkeiten Vermögenswerte verkauft oder sonst entgeltlich veräußert werden, wenn der Nachlass die dazu notwendigen Mittel nicht enthält (MüKoBGB/Grunsky Rn. 5). Auch der Verkauf zur **Abwendung einer drohenden Enteignung** ist ordnungsgemäß, wenn die Enteignungsentschädigung unter dem Verkaufspreis liegt (BGH LM Nr. 2/3; KG Rpfleger 1974, 222). Die ganz oder teilweise **unentgeltliche Verfügung** (→ § 2113 Rn. 11 ff.) ist dagegen unter keinen Umständen ordnungsgemäß iSd S. 1. Die **Kreditaufnahme** zur Befriedigung von Nachlassverbindlichkeiten ist dann ordnungsgemäß, wenn der Nachlass auch durch wirtschaftlich sinnvollen Verkauf von Gegenständen nicht zu deren Erfüllung ausreicht. In allen anderen Fällen ist die Kreditaufnahme dagegen generell unzulässig, wenn die Tilgung und Verzinsung langfristig nur unter Verminderung der Substanz des Nachlasses erfolgen kann und/oder die Verwendung zur Erhaltung der Substanz des Nachlasses nicht sichergestellt ist, zB Einschaltung eines Treuhänders (BGH NJW 1990, 1237; 1993, 1582; 1993, 3198; einschr. MüKoBGB/Grunsky Rn. 6). Ist der Vor- zugleich Miterbe, so entspricht es ordnungsgemäßer Verwaltung zum Zwecke der **Auseinandersetzung** der Erbengemeinschaft über Nachlassgegenstände zu verfügen (BayObLG NJW 1958, 1684; Soergel/Wegmann Rn. 6).

## III. Zustimmungspflicht

4 Ist die Verfügung eine Maßnahme ordnungsgemäßer Verwaltung, so ist jeder Nacherbe auf Verlangen des Vorerben unverzüglich zur Erteilung der Zustimmung verpflichtet. Inhaber des Anspruchs ist ausschließlich der Vorerbe, der diesen aber an den Geschäftspartner abtreten kann (MüKoBGB/Grunsky Rn. 8 mwN). Ist für den Nacherben Testamentsvollstreckung angeordnet, so richtet sich der Anspruch gegen diesen. Bei einer Pflegschaft für noch nicht erzeugte oder unbekannte Nacherben ist der Pfleger für die Zustimmung verantwortlich. Auch wenn S. 1 nur die vorherige Zustimmung, also die **Einwilligung** regelt, so gilt diese Vorschrift auch für die Aufforderung zur nachträglichen **Genehmigung** (allgM, zB RGRK-BGB/Johannsen Rn. 5; Soergel/Wegmann Rn. 10). Wegen der Erklärung wird auf → § 2113 Rn. 23 verwiesen. Die Zustimmung bedarf nach materiellem Recht grds. keiner **Form.** Verpflichtet sich der Nacherbe jedoch zur Einwilligung in die Veräußerung von Grundstücken, so bedarf diese Verpflichtung der notariellen Beurkundung gem. § 311b Abs. 1 S. 1 (BGH NJW 1972, 581). Erteilt der Nacherbe diese Einwilligung bereits vor der Verfügung, so ist dazu keine notarielle Beurkundung erforderlich. Auf Verlangen des Vorerben ist die Zustimmung jedoch in allen Fällen in öffentlich beglaubigter Form (§ 129) zu erklären, vor allem bei Grundstücksgeschäften im Hinblick auf § 29 GBO. Die **Kosten** der Beglaubigung hat der Vorerbe aus seinem Eigenvermögen zu bezahlen, nicht aus dem Nachlass, weil es sich um Erhaltungskosten iSd § 2124 Abs. 1 handelt (MüKoBGB/Grunsky Rn. 10).

## IV. Beweislast

5 Der Vorerbe trägt die Beweislast dafür, dass die Verfügung zur ordnungsgemäßen Verwaltung erforderlich ist. Der Vorerbe kann die Leistungsklage auch dann erheben, wenn zweifelhaft ist, ob es zur Vornahme der Verfügung der Zustimmung des Nacherben bedarf (NK-BGB/Gierl Rn. 14; aA Staudinger/Avenarius, 2019, Rn. 10).

## § 2121 Verzeichnis der Erbschaftsgegenstände

**(1) [1]Der Vorerbe hat dem Nacherben auf Verlangen ein Verzeichnis der zur Erbschaft gehörenden Gegenstände mitzuteilen. [2]Das Verzeichnis ist mit der Angabe des Tages der Aufnahme zu versehen und von dem Vorerben zu unterzeichnen; der Vorerbe hat auf Verlangen die Unterzeichnung öffentlich beglaubigen zu lassen.**

**(2) Der Nacherbe kann verlangen, dass er bei der Aufnahme des Verzeichnisses zugezogen wird.**

**(3) Der Vorerbe ist berechtigt und auf Verlangen des Nacherben verpflichtet, das Verzeichnis durch die zuständige Behörde oder durch einen zuständigen Beamten oder Notar aufnehmen zu lassen.**

**(4) Die Kosten der Aufnahme und der Beglaubigung fallen der Erbschaft zur Last.**

## Überblick

Die Abgrenzung des Eigenvermögens vom Nachlass bei Eintritt des Nacherbfalls ist in aller Regel schwierig. Deshalb hat der Nacherbe das Recht, vom Vorerben die Erstellung eines Verzeichnisses der Erbschaftsgegenstände zu verlangen (→ Rn. 1 f.). Der Anspruch kann zu jedem beliebigen Zeitpunkt geltend gemacht werden, also auch noch lange Zeit nach dem Erbfall, aber nur ein einziges Mal (→ Rn. 3). Maßgeblicher Stichtag ist der Tag der Erstellung des Verzeichnisses, aber nicht der Erbfall (→ Rn. 4). Das Verzeichnis ist vom Vorerben oder, wenn Testamentsvollstreckung für den Nacherben angeordnet ist, vom Testamentsvollstrecker aufzustellen (→ Rn. 5 f.). Die anfallenden Kosten hat grundsätzlich der Nachlass zu tragen (→ Rn. 7). Dem Verzeichnis kommt keine Vermutung der Vollständigkeit zu (→ Rn. 8).

## I. Anspruch

**1. Gläubiger.** Das Nachlassverzeichnis dient dazu, ein Beweismittel zu schaffen, auf dessen Grundlage bei Eintritt der Nacherbfolge die vermögensrechtlichen Beziehungen zwischen Vor- und Nacherbe abgewickelt werden können. Der Erblasser kann den Vorerben von der Pflicht zur Errichtung des Nachlassverzeichnisses **nicht befreien** (§ 2136). Das Nachlassverzeichnis ist nur zu erstellen, wenn der **Nacherbe** dies verlangt. Bei mehreren Nacherben kann jeder von ihnen, auch gegen den Willen der anderen, die Aufstellung des Verzeichnisses verlangen (RGZ 98, 25 (26); MüKoBGB/Grunsky Rn. 1). Dieser Anspruch steht auch einem bedingt eingesetzten Nacherben oder einem weiteren Nacherben bei mehrfacher Nacherbfolge zu, **nicht** dagegen einem **Ersatznacherben** vor dem Wegfall des zunächst Berufenen (RGZ 145, 316; MüKoBGB/Grunsky Rn. 1). Hat der Erblasser einen **Testamentsvollstrecker** zur Verwaltung des Nacherbenrechts eingesetzt (§ 2222), so kann nur dieser, nicht der Nacherbe die Errichtung des Nachlassverzeichnisses fordern (BGH NJW 1995, 456). 1

**2. Schuldner.** Zur Errichtung des Nachlassverzeichnisses verpflichtet ist der **Vorerbe,** und zwar auch dann, wenn er nur Miterbe neben unbeschränkten Vollerben ist. Mehrere Vorerben müssen das Verzeichnis gemeinsam erstellen. Bei **mehrfacher Nacherbfolge** ist der erste Nacherbe hierzu erst verpflichtet, nachdem der erste Nacherbfall eingetreten ist. Ein **Testamentsvollstrecker** für den Vorerben ist an dessen Stelle zur Errichtung des Verzeichnisses verpflichtet (Staudinger/Avenarius, 2019, Rn. 3; MüKoBGB/Grunsky Rn. 2; aA Soergel/Wegmann Rn. 5). 2

**3. Durchsetzung.** Der Nacherbe kann den Anspruch zu jedem beliebigen Zeitpunkt geltend machen, auch noch lange Zeit nach dem Erbfall, aber **nur ein einziges Mal** (BGH NJW 1999, 456). Auch spätere Veränderungen des Nachlasses berechtigen den Nacherben nicht, ein neues oder eine Ergänzung des vorhandenen Verzeichnisses zu verlangen (Soergel/Wegmann Rn. 4; MüKoBGB/Grunsky Rn. 3; einschr. Staudinger/Avenarius, 2019, Rn. 1). Hat der Vorerbe einmal ein derartiges Verzeichnis erstellt, so können auch andere bzw. weitere Nacherben später kein neues mehr verlangen (MüKoBGB/Grunsky Rn. 3; Soergel/Wegmann Rn. 5; aA Staudinger/Avenarius, 2019, Rn. 2; Erman/M. Schmidt Rn. 2). Die gerichtliche Durchsetzung erfolgt im Prozesswege, nicht im Verfahren nach dem FamFG. Die **Zwangsvollstreckung** geschieht nach Maßgabe des § 888 ZPO. Mit dem Eintritt des Nacherbfalls erlischt der Anspruch und der Nacherbe ist auf seinen Auskunftsanspruch gem. § 2130 Abs. 2 angewiesen (RGZ 98, 25 (26); MüKoBGB/Grunsky Rn. 4). Von dieser einmaligen Pflicht zur Erstellung eines Nachlassverzeichnisses ist der – auch mehrmals mögliche – Anspruch auf **Auskunft wegen** erheblicher Verletzungen **der Rechte des Nacherben** infolge der Verwaltung durch den Vorerben (zB Verstöße gegen §§ 2113–2117, 2119) zu unterscheiden (ausf. Sarres ZEV 2004, 56 (57 f.)). 3

## II. Verzeichnis

4 **1. Inhalt.** In dem Verzeichnis sind alle im Zeitpunkt der Errichtung (BGH NJW 1995, 456) vorhandenen und zum Nachlass gehörenden Gegenstände aufzuführen, und zwar ohne Rücksicht darauf, ob diese von Anfang an zur Erbschaft gehörten oder nachträglich im Wege der dinglichen Surrogation gem. § 2111 dazugekommen sind. Über Veränderungen zwischen dem Erbfall und dem Errichtungszeitpunkt kann der Nacherbe Auskunft gem. § 2127 beanspruchen. Die vorhandenen Gegenstände müssen bestimmbar angegeben werden, brauchen jedoch nicht mit Wertangaben versehen zu werden (RGRK-BGB/Johannsen Rn. 5). Nachlassverbindlichkeiten brauchen ebenso wenig aufgeführt zu werden (MüKoBGB/Grunsky Rn. 5) wie Erinnerungsstücke ohne materiellen Wert (OLG München BeckRS 2020, 429 Rn. 33; vgl. Staudinger/Avenarius, 2019, Rn. 6). Der Nacherbe kann auf Grund des § 2121 nicht die Vorlage der Bilanz eines zum Nachlass gehörenden Unternehmens verlangen (MüKoBGB/Grunsky Rn. 5).

5 **2. Verfahren.** Das Verzeichnis ist vom Vorerben oder, wenn Testamentsvollstreckung für den Nacherben angeordnet ist, vom Testamentsvollstrecker aufzustellen. Der Vorerbe kann dieses gem. Abs. 3 auch von einem Notar (§ 20 Abs. 1 BNotO) oder der bzw. dem nach Landesrecht zuständigen Behörde bzw. Beamten errichten lassen. Auf Verlangen des Nacherben ist er hierzu sogar verpflichtet. Der Nacherbe hat zwar ein Recht auf Anwesenheit, nicht aber auf Beeinflussung des Inhalts (Abs. 2).

6 **3. Schriftform.** Das Verzeichnis ist schriftlich abzufassen und muss unter Angabe des Datums vom Vorerben bzw. Testamentsvollstrecker mit dem Namen unterschrieben sein. Die Unterzeichnung muss grds. höchstpersönlich erfolgen. Bei Geschäftsunfähigen oder beschränkt Geschäftsfähigen hat der gesetzliche Vertreter zu unterschreiben. Für juristische Personen haben deren gesetzliche Vertretungsorgane zu unterschreiben. Auf Verlangen ist die Unterschrift öffentlich zu beglaubigen. Der Vorerbe braucht die Richtigkeit des Verzeichnisses nicht eidesstattlich zu versichern (KG OLGE 21, 235; OLG Braunschweig OLGE 26, 337). Eine eidesstattliche Versicherung kann nur über §§ 2127, 260 erreicht werden.

7 **4. Kosten.** Die Kosten der Aufnahme, einschließlich der öffentlichen Unterschriftsbeglaubigung, fallen als Nachlassverbindlichkeit dem Nachlass zur Last, wenn der Nacherbe dies verlangt hat (hM, zB Soergel/Wegmann Rn. 6; Staudinger/Avenarius, 2019, Rn. 8; aA MüKoBGB/Grunsky Rn. 10). Bei freiwilliger Errichtung sind es vom Vorerben zu tragende Erhaltungskosten iSd § 2124.

8 **5. Wirkung.** Das Nachlassverzeichnis ist eine frei zu würdigende Beweisurkunde. Anders als dem Inventar gem. § 2009 kommt dem Verzeichnis iSd § 2121 nicht die Vermutung der Vollständigkeit zu (RGRK-BGB/Johannsen Rn. 7). Auch die Aufnahme durch einen Notar oder die nach Landesrecht zuständige Stelle erhöht den Beweiswert nicht. Da der Notar oder die nach Landesrecht zuständige Stelle die Nachlasszugehörigkeit überhaupt weder prüfen kann noch muss (Zimmer NotBZ 2005, 208 (210 f.); Zimmer ZEV 2008, 365 (367 ff.); aA zu § 2314 OLG Celle DNotZ 2003, 62 (63); Nieder ZErb 204, 60 (64)), ist der Beweiswert gegenüber einem vom Vorerben selbst errichteten Verzeichnis sogar vermindert.

## § 2122 Feststellung des Zustands der Erbschaft

**[1]Der Vorerbe kann den Zustand der zur Erbschaft gehörenden Sachen auf seine Kosten durch Sachverständige feststellen lassen. [2]Das gleiche Recht steht dem Nacherben zu.**

### Überblick

Bei Eintritt des Nacherbfalls kann Streit über den Umfang des Herausgabeanspruchs oder über eventuelle Schadensersatzansprüche entstehen. Deshalb haben sowohl der Vorerbe als auch der Nacherbe das Recht, den Zustand, nicht jedoch den Wert der Nachlassgegenstände, durch einen Sachverständigen feststellen zu lassen. Die Ernennung des Sachverständigen erfolgt durch das Amtsgericht im Verfahren gem. § 410 FamFG.

## I. Anspruch des Nacherben

Zur Sicherung der beim Nacherbfall erforderlichen Abwicklung kann der Nacherbe gem. S. 2 auf eigene Kosten den **tatsächlichen Zustand** der zum Nachlass gehörenden Sachen feststellen lassen, auch wenn die Rechte des Nacherben nicht verletzt oder gefährdet sind. Den Anspruch kann jeder Nacherbe, auch der bedingt eingesetzte und der weitere, in den Grenzen des § 226 auch wiederholt geltend machen. Mehrere Nacherben können diese Feststellung getrennt voneinander betreiben. Eine eigene Zustandsfeststellung durch den Vorerben (S. 1) schließt diejenige durch den Nacherben nicht aus. Der Anspruch des Nacherben erlischt mit dem Nacherbfall. Der Erblasser kann den Vorerben von der Pflicht zur Duldung dieser Zustandsfeststellung **nicht befreien** (§ 2136). 1

## II. Verfahren

Das Verfahren richtet sich nach §§ 410 ff. FamFG. Der Vorerbe ist gem. § 809 zur Vorlegung der Sachen verpflichtet (MüKoBGB/Grunsky Rn. 2). Auch wenn Ziel des Verfahrens nur die Feststellung des tatsächlichen Zustands der Sachen ist, so kann dabei auch deren **Wert** ermittelt werden (BGH NJW 1981, 2051; Erman/M. Schmidt Rn. 1). Die Kosten trägt der Antragsteller. Sie fallen nicht dem Nachlass zur Last. 2

## § 2123 Wirtschaftsplan

**(1) [1]Gehört ein Wald zur Erbschaft, so kann sowohl der Vorerbe als der Nacherbe verlangen, dass das Maß der Nutzung und die Art der wirtschaftlichen Behandlung durch einen Wirtschaftsplan festgestellt werden. [2]Tritt eine erhebliche Änderung der Umstände ein, so kann jeder Teil eine entsprechende Änderung des Wirtschaftsplans verlangen. [3]Die Kosten fallen der Erbschaft zur Last.**

**(2) Das Gleiche gilt, wenn ein Bergwerk oder eine andere auf Gewinnung von Bodenbestandteilen gerichtete Anlage zur Erbschaft gehört.**

### Überblick

Um Streitigkeiten zwischen Vor- und Nacherbe über die ordnungsgemäße Nutzungsziehung zu vermeiden, haben beide das Recht, das Maß der Nutzung durch einen Wirtschaftsplan verbindlich festlegen zu lassen.

Die Vorschrift entspricht bis auf die Kostenregelung dem für den Nießbrauch geltenden § 1038. Vor- und Nacherbe haben den Wirtschaftsplan gemeinsam aufzustellen. Dabei kann auch die Zuziehung eines Sachverständigen verlangt werden (BeckOGK/Theilig Rn. 5). Der Erblasser kann den Vorerben von dieser Pflicht befreien (§ 2136). 1

Voraussetzung ist, dass zum Nachlass entweder ein Wald (Abs. 1), ein Bergwerk oder eine andere auf Gewinnung von Bodenbestandteilen gerichtete Anlage (Abs. 2) gehört. Der Begriff der Anlage ist weit zu verstehen. Auch durch dingliche Surrogation gem. § 2111 in den Nachlass gefallene Wälder und Anlagen lösen die Pflicht zur Aufstellung eines Wirtschaftsplans aus (BeckOGK/Theilig Rn. 6 f.). 2

Verklagt der Nacherbe den Vorerben auf Zustimmung, fallen die Prozesskosten dem Vorerben zur Last (§ 91 ff. ZPO); Abs. 1 S. 3 gilt nicht für diese Kosten (BeckOGK/Theilig Rn. 16). 3

## § 2124 Erhaltungskosten

**(1) Der Vorerbe trägt dem Nacherben gegenüber die gewöhnlichen Erhaltungskosten.**

**(2) [1]Andere Aufwendungen, die der Vorerbe zum Zwecke der Erhaltung von Erbschaftsgegenständen den Umständen nach für erforderlich halten darf, kann er aus der Erbschaft bestreiten. [2]Bestreitet er sie aus seinem Vermögen, so ist der Nacherbe im Falle des Eintritts der Nacherbfolge zum Ersatz verpflichtet.**

## Überblick

§§ 2124–2126 regeln im Verhältnis zwischen Vor- und Nacherbe zueinander, wer von ihnen die Erhaltungskosten (§ 2124), die sonstigen Verwendungen (§ 2125) und die außerordentlichen, auf dem Stamm der Erbschaft liegenden Lasten (§ 2126) zu tragen hat. Gem. § 2124 Abs. 1 muss Vorerbe die gewöhnlichen Erhaltungskosten aus dem Eigenvermögen bestreiten, während alle außergewöhnlichen Kosten zur Erhaltung von Erbschaftsgegenständen gem. § 2124 Abs. 2 zu Lasten des Nachlasses gehen. Gewöhnliche Erhaltungskosten sind diejenigen, die regelmäßig aufgewendet werden müssen, um den Nachlass oder die zu ihm gehörenden Gegenstände tatsächlich und rechtlich in dem vorhandenen Zustand zu erhalten (→ Rn. 2). Dem Nachlass zur Last fallen dagegen alle Aufwendungen, die zwar der Erhaltung dienen, aber nicht regelmäßig in einem überschaubaren Zeitrahmen anfallen oder über das zur bloßen Zustandserhaltung erforderliche Maß hinausgehen (→ Rn. 4). Der Vorerbe muss beweisen, dass es sich nicht um gewöhnlichen Erhaltungsaufwand gehandelt hat (→ Rn. 6).

## I. Lastenverteilungsregel

1 §§ 2124–2126 regeln im Verhältnis zwischen Vor- und Nacherbe zueinander, wer von ihnen die Erhaltungskosten (§ 2124), die sonstigen Verwendungen (§ 2125) und die außerordentlichen, auf dem Stamm der Erbschaft liegenden Lasten (§ 2126) zu tragen hat. Der Erblasser kann den Vorerben dabei zwar nicht von der Pflicht zur Lastentragung befreien (§ 2136), jedoch durch entsprechende Vermächtnisse oder Auflagen zugunsten des Vorerben diese dem Nacherben auferlegen. Auch Vor- und Nacherbe können miteinander eine abweichende Vereinbarung treffen. Ungeachtet dieser allein im Innenverhältnis geltenden Regelungen haftet bis zum Nacherbfall allein der Vorerbe den Nachlassgläubigern für die Erfüllung.

## II. Gewöhnliche Erhaltungskosten

2 **1. Begriff und Abgrenzungen.** Diese Kosten belasten den Vorerben, weil ihm auch die Nutzungen gebühren. Gewöhnliche Erhaltungskosten sind diejenigen, die regelmäßig aufgewendet werden müssen, um den Nachlass oder die zu ihm gehörenden Gegenstände tatsächlich und rechtlich in dem vorhandenen Zustand zu erhalten (BGH NJW 1993, 3198; vgl. auch Voit ZEV 1994, 138). Von einem regelmäßigen Erhaltungsaufwand kann allerdings dann nicht mehr die Rede sein, wenn der Zeitraum für die Wiederkehr üblicherweise mehr als ein paar Jahre beträgt (zB Austausch eines Heizungsbrenners) (Voit ZEV 1994, 138 (139); vgl. BGH NJW 1969, 1847). Hierunter fallen verschleißbedingte Reparatur- und Ausbesserungsarbeiten (zB Fassadenanstrich), nicht aber wertverbessernde Umbauten (vgl. BGH NJW 1993, 3198 betr. Fenstereinbau). Auch auf Nachlassgegenstände erhobene Steuern (vgl. BGH NJW 1985, 382 (384)), Beiträge (vgl. BGH NJW 1991, 1736 betr. Erschließungsbeiträge) und Versicherungsprämien (zB Kfz-Haftpflichtversicherung, Gebäudeversicherung) gehören zu den gewöhnlichen Erhaltungskosten. Ferner hat der Vorerbe die Zinsen auf Nachlassverbindlichkeiten oder Grundpfandrechte, die Verwaltungskosten eines Wertpapierdepots und die Kontoführungsgebühren zu tragen. Zu den gewöhnlichen Erhaltungskosten gehören ferner die mit der Verwaltung des Nachlasses als solches regelmäßig verbundene Kosten (vgl. § 2120 S. 3). Für die Abgrenzung der gewöhnlichen (Abs. 1) von den sonstigen Erhaltungskosten (Abs. 2) kommt es nicht darauf an, ob die anfallenden Kosten aus dem Ertrag bestritten werden können (BGH NJW 1993, 3198; MüKoBGB/Grunsky Rn. 2). Bei einem zum Nachlass gehörenden Unternehmen sind die laufenden Betriebsausgaben (zB Löhne, Rohstoffe (vgl. BGH FamRZ 1973, 187), Steuern, Zinsen) entgegen der hM (Staudinger/Avenarius, 2019, Rn. 6; Soergel/Harder Rn. 4; Ebenroth ErbR Rn. 610) keine gewöhnlichen Erhaltungskosten, die dem Vorerben zusätzlich zur Last fallen, sondern mindern allein den dem Vorerben gebührenden Gewinn (ausf. MüKoBGB/Grunsky Rn. 4; vgl. OLG München ZEV 2009, 622 (623)). Der Vorerbe trägt die Erhaltungslast jedoch nur für die Zeit zwischen Erb- und Nacherbfall. Für die zeitliche Abgrenzung der Erhaltungsaufwendungen kommt es gem. § 103 nicht auf die Fälligkeit, sondern auf den Zeitraum an, auf den sie sich sachlich beziehen.

3 **2. Ersatzansprüche.** Unterlässt der Vorerbe zur Erhaltung gewöhnlich notwendige Maßnahmen, so macht sich der Vor- gegenüber dem Nacherben nach §§ 2130, 2131 schadensersatzpflichtig. Der Vorerbe darf die ihm persönlich zur Last fallenden gewöhnlichen Erhaltungskosten – im Unterschied zu den Aufwendungen iSd Abs. 2 – nicht aus dem Nachlass bezahlen. Entnimmt er dem Nachlass dennoch Mittel, so ist er dem Nacherben insoweit gem. § 2134 zum Wertersatz verpflichtet. Übersteigen allerdings die Erhaltungsaufwendungen die Nutzungen und können diese

auch nicht durch Veräußerung von Nachlassgegenständen gedeckt werden, so hat der Vorerbe diese zwar auch aus seinem Eigenvermögen zu bestreiten, kann jedoch vom Nacherben ab dem Nacherbfall deren Erstattung fordern.

## III. Außergewöhnliche Erhaltungsaufwendungen

**1. Verwendung der Erbschaft.** Abs. 2 S. 1 erfasst alle Aufwendungen, die zwar ebenfalls der Erhaltung des Nachlasses oder der dazu gehörenden Gegenstände dienen, aber **nicht regelmäßig** in einem überschaubaren Zeitrahmen anfallen oder **über** das zur bloßen **Zustandserhaltung** erforderliche Maß **hinausgehen.** Hierunter fallen daher insbes. wertsteigernde Maßnahmen wie vollständige Erneuerung eines undichten Daches, Fassadenrenovierung mit besserer Isolierung, Einbau von besseren Wärme- oder Lärmschutzfenstern (vgl. BGH FamRZ 1973, 187), Wiederaufbau eines abgebrannten Hauses. Auch die Kosten eines Rechtsstreits fallen unter Abs. 2 S. 1, es sei denn, dieser bezieht sich ausschließlich auf die dem Vorerben gebührenden Nutzungen des Nachlasses oder er ist offensichtlich ohne Erfolgsaussicht. In den zuletzt genannten Fällen hat der Vorerbe diese Kosten aus seinem Eigenvermögen zu bezahlen. Bei der Entscheidung über diese Tatbestandsvoraussetzung kommt es jedoch nicht auf die Sicht eines objektiven Dritten an, sondern – wie im Auftragsrecht (§ 670) – darauf, ob der Vorerbe die Maßnahme nach seinem in gutem Glauben ausgeübten Ermessen für erforderlich halten durfte (RGRK-BGB/Johannsen Rn. 8; Grüneberg/Weidlich Rn. 3). Außergewöhnlichen Aufwendungen des Vorerben, denen der **Nacherbe zugestimmt** hat, gelten idS als erforderlich und fallen daher dem Nachlass zur Last (MüKoBGB/Grunsky § 2125 Rn. 1). Waren die Erhaltungsaufwendungen auch nach diesem subjektiven Maßstab nicht notwendig, so greift § 2125 ein. Zur Bezahlung der unter Abs. 2 S. 1 fallenden Erhaltungsaufwendungen kann der Vorerbe auf den Nachlass zugreifen. Zu diesem Zweck kann er auch Nachlassgegenstände verkaufen, wobei auch ein nicht befreiter Vorerbe gem. § 2120 S. 1 die Zustimmung des Nacherben verlangen kann, wenn und soweit der Nachlass zur Bezahlung nicht genügend Mittel enthält. Der Vorerbe kann zu diesem Zweck aber auch Kredit aufnehmen. Allerdings hat er nach richtiger Ansicht die dafür zu entrichtenden Zinsen als gewöhnlichen Erhaltungsaufwand aus seinem Eigenvermögen zu zahlen, während er die Tilgungsleistungen in vollem Umfang (BGH NJW 2004, 2981 (2982); 1994, 1152 (1153); dagegen einschr. BGH FamRZ 1973, 187; Grüneberg/Weidlich Rn. 4) dem Nachlass entnehmen darf (Voit ZEV 1994, 138 (140 ff.) mausfBegr; Dillmann RNotZ 2002, 1 (6)). 4

**2. Ersatzanspruch des Vorerben.** Wenn und soweit der Vorerbe unter § 2124 fallende Erhaltungsaufwendungen aus seinem Eigenvermögen bestritten hat, kann er gem. Abs. 2 S. 2 mit Eintritt des Nacherbfalls vom Nacherben hierfür Ersatz verlangen. Zinsen kann er erst ab Fälligkeit dieser Forderung (§ 256), also ab dem Nacherbfall verlangen. Dieser Anspruch besteht unabhängig vom weiteren Schicksal des Nachlassgegenstands. Der Nachlass braucht insbes. zurzeit des Nacherbfalls nicht bereichert zu sein. Der Vorerbe kann jedoch im Vorgriff auf diesen Erstattungsanspruch die Aufwendungen aus dem Nachlass entnehmen. Müssen dazu Nachlassgegenstände veräußert werden, muss der Nacherbe gem. § 2120 S. 1 zustimmen. 5

## IV. Beweislast

Der Vorerbe muss beweisen, dass es sich nicht um gewöhnlichen Erhaltungsaufwand iSd Abs. 1 gehandelt und er die Kosten nicht aus Mitteln der Erbschaft bestritten hat (BGH NJW 1993, 3198 (3199)). 6

## § 2125 Verwendungen; Wegnahmerecht

**(1) Macht der Vorerbe Verwendungen auf die Erbschaft, die nicht unter die Vorschrift des § 2124 fallen, so ist der Nacherbe im Falle des Eintritts der Nacherbfolge nach den Vorschriften über die Geschäftsführung ohne Auftrag zum Ersatz verpflichtet.**

**(2) Der Vorerbe ist berechtigt, eine Einrichtung, mit der er eine zur Erbschaft gehörende Sache versehen hat, wegzunehmen.**

## Überblick

Verwendungen des Vorerben auf die Erbschaft, die keine Erhaltungsaufwendungen iSd § 2124 darstellen, sind ihm vom Nacherben nach den Vorschriften der Geschäftsführung ohne Auftrag zu erstatten. Die Höhe des Anspruchs hängt davon ab, ob die Verwendungen dem Interesse und dem Willen des Nacherben entsprochen haben, im öffentlichen Interesse waren oder vom Nacherben genehmigt worden sind; andernfalls haftet der Nacherbe für diese nur nach Bereicherungsgrundsätzen (→ Rn. 1). Außerdem räumt § 2125 Abs. 2 dem Vorerben ein Wegnahmerecht ein, falls er eine Einrichtung aus seinem Eigenvermögen mit einer zur Nacherbschaft gehörende Sache verbunden hat (→ Rn. 2).

## I. Verwendungsersatzanspruch

1 Für alle Aufwendungen des Vorerben auf den Nachlass oder einzelne zum Nachlass gehörende Gegenstände, die weder gewöhnliche Erhaltungskosten (§ 2124 Abs. 1) noch außergewöhnliche Erhaltungsaufwendungen (§ 2124 Abs. 2) sind, kann dieser vom Nacherben Ersatz nur nach den für die Geschäftsführung ohne Auftrag geltenden Bestimmungen der §§ 683 f. verlangen. Verwendungen iSd Abs. 1 sind beispielsweise die Bebauung eines Grundstücks, der Umbau eines Gebäudes, die Modernisierung und Umgestaltung eines Betriebes (MüKoBGB/Grunsky Rn. 1; aA RGRK-BGB/Johannsen Rn. 1; NK-BGB/Gierl § 2124 Rn. 7 Fn. 19) oder die Führung eines aussichtslosen Prozesses. Entsprechen diese Aufwendungen dem wirklichen oder mutmaßlichen Interesse des Nacherben, so kann der Vorerbe gem. § 683, Abs. 1 ab dem Nacherbfall vom Nacherben vollen Ersatz verlangen; ebenso, wenn der Nacherbe die Verwendungen des Vorerben nachträglich genehmigt (§§ 683, 684 S. 2, Abs. 1). Andernfalls kann der Vorerbe dagegen nur Bereicherungsansprüche gem. § 684 S. 1, Abs. 1 gegen den Nacherben geltend machen. Abs. 1 verweigert dem Vorerben – anders als § 2124 Abs. 2 S. 1 – das Recht, diese Verwendungen vor dem Nacherbfall dem Nachlass zu entnehmen. Bestreitet der Vorerbe diese mit Nachlassmitteln, so muss er diese dem Nacherben gem. § 2134 beim Nacherbfall ersetzen, wenn und soweit der Nacherbe nicht umgekehrt gem. §§ 683, 684, Abs. 1 zur Erstattung verpflichtet ist.

## II. Wegnahmerecht

2 Der Vorerbe ist gem. Abs. 2 jederzeit zur Wegnahme berechtigt, nicht verpflichtet. § 258 findet Anwendung. Dieses Recht bezieht sich auch auf Sachen, die der Vorerbe dem Inventar eines Nachlassgrundstücks einverleibt hat (§ 2111 Abs. 2) (MüKoBGB/Grunsky Rn. 3; Soergel/Wegmann Rn. 3; Brox ErbR Rn. 610; aA Staudinger/Avenarius, 2019, Rn. 5; Erman/M. Schmidt Rn. 2; Grüneberg/Weidlich Rn. 2). Das Wegnahmerecht besteht unabhängig von einem Ersatzanspruch des Vorerben gem. Abs. 1. Der Nacherbe kann dem Ersatzanspruch des Vorerben gem. Abs. 1 also auch nicht dieses Wegnahmerecht entgegenhalten. Übt der Vorerbe sein Wegnahmerecht aus, so muss er sich den Wert der weggenommenen Einrichtung auf seinen Ersatzanspruch gem. Abs. 1 anrechnen lassen.

### § 2126 Außerordentliche Lasten

**[1]Der Vorerbe hat im Verhältnis zu dem Nacherben nicht die außerordentlichen Lasten zu tragen, die als auf den Stammwert der Erbschaftsgegenstände gelegt anzusehen sind. [2]Auf diese Lasten findet die Vorschrift des § 2124 Abs. 2 Anwendung.**

## Überblick

Außerordentliche Lasten für Erbschaftsgegenstände hat im Innenverhältnis zwischen Vor- und Nacherben der zuletzt Genannte zu tragen. Nach Eintritt des Nacherbfalls steht dem Vorerben ein Erstattungsanspruch gegen den Nacherben zu.

## I. Privatrechtliche Lasten

1 § 2126 gilt zunächst für alle privatrechtlichen Lasten, die nicht nur die dem Vorerben gebührenden Nutzungen, sondern die Substanz der Erbschaft betreffen und grds. nicht in regelmäßig wiederkehrenden Leistungen bestehen (BGH NJW 1956, 1070). Dazu gehören beispielsweise die Erblasserschulden, die Beerdigungskosten, die Erfüllung von Vermächtnissen, Auflagen oder Pflichtteilsansprüchen, soweit der Vorerbe nicht diese Last allein zu tragen hat, der Anspruch auf den Dreißigsten (§ 1969) oder die Testamentsvollstreckervergütung. Auch das Kapital während der Vorerbschaft fällig werdender Grundpfandrechte zählt zu diesen außerordentlichen Lasten,

nicht aber die vom Vorerben gem. § 2124 Abs. 1 zu tragenden Zinsen. Auch bei der Tilgungshypothek ist zwischen Zins- und Tilgungsanteil zu unterscheiden (OLG Stuttgart BWNotZ 1961, 92; MüKoBGB/Grunsky Rn. 3; aA Staudinger/Avenarius, 2019, § 2124 Rn. 8).

## II. Abgaben

Auch dem öffentlichen Recht angehörende einmalige Lasten wie die Erschließungs- und Ausbaubeiträge nach Baugesetzbuch oder Kommunalabgabengesetz (sog. **Erschließungsbeiträge**) fallen unter diesen Begriff, nicht dagegen wiederkehrende Beiträge nach den Kommunalabgabengesetzen (zB Verkehrsanlagenbeitrag, Kanalbeitrag). Auch die **Gerichtsgebühren** für alle Maßnahmen, die die Erbschaft betreffen (zB Testamentseröffnung, Ernennung des Testamentsvollstreckers, Erbschein, Nachlassverwaltung), sind außerordentliche Lasten iSd § 2126. Zu diesen gehören auch alle einmalig anfallenden Steuern wie die **Erbschaftsteuer** (§ 20 Abs. 4 ErbStG). Kann die Erbschaftsteuer für die Vorerbschaft nicht aus dem Nachlassvermögen bezahlt werden und ist deshalb ein Regress gem. § 20 Abs. 4 ErbStG faktisch ausgeschlossen, darf das Finanzamt nach dem Tod des Vorerben nicht dessen Erben, sondern nur den Nacherben für die durch die Vorerbschaft veranlasste Erbschaftsteuer in Anspruch nehmen (BFH BeckRS 2016, 94954). Vom Nacherben zu tragende außerordentliche Lasten sind auch die infolge einer Veräußerung einer wesentlichen Beteiligung an einer Kapitalgesellschaft (§ 17 EStG) oder eines Gewerbebetriebs (§ 16 EStG) anfallende **Einkommensteuer.** Soweit die Veräußerung umsatzsteuerpflichtig ist, ist auch die Umsatzsteuer eine außerordentliche Last. **Wiederkehrende Steuern** wie Grundsteuer, Kraftfahrzeugsteuer oder Gewerbesteuer sind dagegen vom Vorerben gem. § 2124 Abs. 1 zu tragen, soweit sie sich nicht als laufende Betriebsausgaben eines Unternehmens lediglich gewinnmindernd auswirken (→ § 2124 Rn. 1 ff.). **Säumnis- und Vollstreckungskosten** sind dagegen keine außerordentlichen Lasten, weil sie nicht auf dem Erbschaftsanfall und der dadurch entstandenen, auf dem Stammwert der Erbschaft liegenden Erbschaftssteuer beruhen, sondern allein darauf, dass die Steuerschuld nicht beglichen worden ist (OLG Frankfurt BeckRS 2016, 00442 Rn. 27). 2

### § 2127 Auskunftsrecht des Nacherben

**Der Nacherbe ist berechtigt, von dem Vorerben Auskunft über den Bestand der Erbschaft zu verlangen, wenn Grund zu der Annahme besteht, dass der Vorerbe durch seine Verwaltung die Rechte des Nacherben erheblich verletzt.**

## Überblick

Voraussetzung dieses Auskunftsanspruchs ist die erhebliche Gefährdung der Rechte des Nacherben durch ein entsprechendes Verhalten des Vorerben (→ Rn. 1). Unter dieser Voraussetzung kann der Nacherbe, die Vorlage eines Verzeichnisses über den aktuellen Bestand der Erbschaft verlangen, und zwar bei neuer Gefährdung auch wiederholt (→ Rn. 2). Die Verjährungsfrist beträgt 30 Jahre (→ Rn. 3).

## I. Anspruch

Der Auskunftsanspruch steht dem Nacherben (→ § 2121 Rn. 1) zu und richtet sich gegen den Vorerben (→ § 2121 Rn. 2). Die Auskunft kann in der Zeit zwischen Erb- und Nacherbfall nur verlangt werden, wenn und sobald die Rechte des Nacherben durch die Verwaltung des Vorerben erheblich gefährdet erscheinen. Der Anspruch kann bei Vorliegen eines neuen Grundes auch mehrmals geltend gemacht werden. Die Maßnahmen des Vorerben müssen das Nacherbenrecht nicht tatsächlich verletzt haben. Die Gefahr einer erst künftigen Verletzung reicht aus. Das Auskunftsverlangen kann dabei nur auf eine Maßnahme des Vorerben gestützt werden, die nicht ordnungsgemäß iSd § 2120 S. 1 (→ § 2120 Rn. 2) (RGZ 149, 65 (68)) oder sonst objektiv pflichtwidrig ist und sich auf dem Nacherbenrecht unterliegende Nachlassgegenstände oder Nutzungen bezieht (§§ 2110, 2111). Auf ein Verschulden des Vorerben kommt es nicht an. Die zu erwartende Verletzung muss erheblich sein, darf also – wirtschaftlich betrachtet – den Nachlass oder einzelne Gegenstände nicht nur unwesentlich beeinträchtigen oder nicht nur unwesentliche Teile betreffen (vgl. MüKoBGB/Grunsky Rn. 3). Die gerichtliche Durchsetzung erfolgt im Prozesswege (BGH WM 1966, 373). Mit dem Eintritt des Nacherbfalls erlischt der Anspruch und der Nacherbe ist auf seinen Auskunftsanspruch gem. § 2130 Abs. 2 angewiesen. § 2127 schließt 1 einen auf § 242 gestützten Auskunftsanspruch des Nacherben gegen den nicht befreiten Vorerben über die ordnungsmäßige Wirtschaft (zB mündelsichere Anlage) nicht aus (LG Berlin ZEV 2002, 160 m. zust. Anm. Krug; vgl. Sarres ZEV 2004, 56 (57); → § 2119 Rn. 4).

## II. Inhalt des Auskunftsanspruchs

2 Der Vorerbe hat Auskunft über den Bestand des gesamten Nachlasses im Zeitpunkt des Auskunftsbegehrens zu geben, und zwar ohne Rücksicht darauf, ob die Nachlassgegenstände von Anfang an dazu gehörten oder erst nachträglich im Wege der dinglichen Surrogation gem. § 2111 hinzugekommen sind. Der Auskunftsanspruch geht über den Anspruch auf Errichtung eines Nachlassverzeichnisses (§ 2121) hinaus und verlangt auch die Auflistung (§ 260 Abs. 1) der zum Nachlass außer den Sachen gehörenden Vermögensgegenstände sowie der Nachlassverbindlichkeiten. Über den Verbleib von Nachlassgegenständen braucht der Vorerbe dabei keine Auskunft zu geben (BayObLG Recht 1903 Nr. 2379; Staudinger/Avenarius, 2019, Rn. 6). Entgegen der hM (Soergel/Harder Rn. 4; MüKoBGB/Grunsky Rn. 4) genügt der Vorerbe seiner Auskunftspflicht nicht, wenn er lediglich auf ein Nachlassverzeichnis Bezug nimmt und nur die Veränderungen mitteilt (Staudinger/Avenarius, 2019, Rn. 10). Der Vorerbe ist trotz der früheren Errichtung eines Verzeichnisses iSd § 2121 gem. § 260 Abs. 1, § 2127 zur Erstellung eines neuen umfassenderen Bestandsverzeichnisses verpflichtet. Unter den Voraussetzungen des § 260 Abs. 2 hat er die Richtigkeit und Vollständigkeit eidesstattlich zu versichern.

## III. Verjährung

3 Da dieser Auskunftsanspruch der Sicherung des Herausgabeanspruchs des Nacherben, für den nach § 197 Abs. 1 Nr. 2 die 30-jährige Verjährungsfrist gilt, unterliegt auch er der gleichen langen Verjährungsfrist (BeckOGK/Deppenkemper Rn. 29). Die Frist beginnt mit Eintritt der Umstände, die die Annahme einer Verletzung der Nacherbenrechte rechtfertigen, ohne dass es darauf ankommt, ob oder wann der Nacherbe hiervon Kenntnis erlangt hat (§ 200 S. 1).

# § 2128 Sicherheitsleistung

**(1) Wird durch das Verhalten des Vorerben oder durch seine ungünstige Vermögenslage die Besorgnis einer erheblichen Verletzung der Rechte des Nacherben begründet, so kann der Nacherbe Sicherheitsleistung verlangen.**

**(2) Die für die Verpflichtung des Nießbrauchers zur Sicherheitsleistung geltende Vorschrift des § 1052 findet entsprechende Anwendung.**

## Überblick

Der Nacherbe kann zu Sicherung seines Herausgabeanspruchs bei der nicht befreiten Vorerbschaft einen Anspruch auf Sicherheitsleistung geltend machen, wenn die Besorgnis besteht, dass durch das Verhalten des Vorerben oder seine ungünstige Vermögenslage seine Rechte gefährdet werden. Auf ein Verschulden des Vorerben kommt es dabei nicht an. Bei ordnungsgemäßer Verwaltung des Nachlasses durch den Vorerben iSd § 2120 S. 1 ist der Anspruch ausgeschlossen (→ Rn. 1). Sicherheit ist in Höhe des gesamten Nachlasswertes zu leisten (→ Rn. 2). Wird die Sicherheit trotz Fristsetzung durch ein Gericht nicht geleistet, so kann die Zwangsverwaltung des gefährdeten Nachlasses angeordnet werden (→ Rn. 3).

## I. Anspruchsvoraussetzungen

1 Der Nacherbe (→ § 2121 Rn. 1) kann vom Vorerben (→ § 2121 Rn. 2) Sicherheitsleistung fordern, wenn und sobald die Rechte des Nacherben durch **pflichtwidriges Verhalten** oder die ungünstigen Vermögensverhältnisse des Vorerben erheblich gefährdet erscheinen. Das Nacherbenrecht muss nicht tatsächlich verletzt worden sein (BeckOGK/Deppenkemper Rn. 4; aM Löhnig, Treuhand – Interessenwahrnehmung und Interessenkonflikte, 2006, 473 f.). Die Gefahr einer erst künftigen Verletzung reicht aus. Diese Besorgnis muss sich jedoch stets auf dem Nacherbenrecht unterliegende Nachlassgegenstände gem. §§ 2110, 2111 oder Nutzungen beziehen, die gem. §§ 2130, 2139 bei Eintritt des Nacherbfalls dem Nacherben zustehen (MüKoBGB/Grunsky Rn. 1; aM RGRK-BGB/Johannsen Rn. 1; NK-BGB/Gierl Rn. 3). Auf ein Verschulden des Vorerben

kommt es dabei nicht an (RG JW 1920, 380). Sicherheit ist dann nicht zu leisten, wenn das Verhalten des Vorerben ordnungsgemäß iSd § 2120 S. 1 ist (→ § 2120 Rn. 2 f.) und der Nacherbe diesem deshalb zustimmen muss (RGZ 149, 65 (68); BeckOGK/Deppenkemper Rn. 6 mwN). Hat der Vorerbe dagegen seine Pflicht zur ordnungsgemäßen Verwaltung aus § 2120 S. 1 verletzt, so ist ein Sicherheitsverlangen gem. § 2128 BGB unstreitig ohne weiteres gerechtfertigt (OLG Schleswig BeckRS 2017, 152568; BeckRS 2016, 9157). Umstritten ist, ob es ausreicht, wenn das Verhalten des Vorerben aus sonstigen Gründen objektiv pflichtwidrig ist (RG SeuffA 74 Nr. 13; RGRK-BGB/Johannsen Rn. 1; Staudinger/Avenarius, 2019, Rn. 3; Erman/M. Schmidt Rn. 1; aM MüKoBGB/Grunsky Rn. 1). Die in diesem Zusammenhang als Beispiel angeführte schlechte Verwaltung des eigenen Vermögens durch den Vorerben (Vgl. RG WarnR 1922 Nr. 17) unterfällt jedoch dem alternativen Tatbestandsmerkmal der ungünstigen Vermögenslage des Vorerben, rechtfertigt die Erweiterung der Sicherungsgründe also nicht. Angesichts der Bedingung, dass dem Nacherbenrecht Gefahr drohen muss, spricht viel dafür, kein Verhalten ausreichen zu lassen, das keine Pflichtverletzung gerade gegenüber dem Nacherben darstellt (So aber Staudinger/Avenarius, 2019, Rn. 3). Pflichtwidrigkeiten, die ein Sicherheitsverlangen rechtfertigen, sind beispielsweise unzulässige Verfügungen über Nachlassgegenstände ohne die Zustimmung des Nacherben, wenn kein Anspruch auf deren Erteilung besteht (RGZ 149, 65 (68)); OLG Schleswig BeckRS 2016, 9157 unter B 1; OLG Celle OLGZ 1969, 22 (24), die eigennützige Verwendung von Nachlassgegenständen, unzulässige Entnahme von Nutzungen oder Steuerzahlungen aus dem Nachlass (OLG Schleswig BeckRS 2016, 9157), das Unterlassen der mündelsicheren Anlage gem. § 2119 (OLG Schleswig BeckRS 2016, 9157), die Errichtung eines unrichtigen oder unvollständigen Nachlassverzeichnisses (RG Recht 1922 Nr. 86), das Unterlassen der Errichtung eines solchen Verzeichnisses (OLG Schleswig BeckRS 2016, 9157), die Erteilung einer falschen Auskunft oder das Nicht-Eintreiben von Nachlassforderungen. Auf der anderen Seite besteht kein Anspruch auf Sicherheitsleistung aus § 2128, wenn der Vorerbe die Wirksamkeit der Einsetzung des Nacherben und damit das Nacherbenrecht als solches bestreitet (AM Staudinger/Avenarius, 2019, Rn. 3), weil das Sicherungsverlangen nur auf der Grundlage einer wirksamen Nacherbeneinsetzung Erfolg haben kann (Vgl. OLG Schleswig BeckRS 2016, 9157 unter B 1).

Im Unterschied zu § 2127 reicht für das Sicherungsverlangen des Nacherben alternativ die **ungünstige Vermögenslage des Vorerben** aus, wenn sich daraus die Besorgnis einer Verletzung der Rechte des Nacherben ergibt, insbes. bei dem Versuch von Gläubigern des Vorerben, entgegen § 2115 in Nachlassgegenstände zu vollstrecken (MüKoBGB/Grunsky Rn. 2) oder bei schlechter Verwaltung des eigenen Vermögens (Vgl. RG WarnR 1922 Nr. 17). Dazu zählen ferner Zwangsvollstreckungen in das Eigenvermögen des Vorerben (Vgl. OLG Schleswig BeckRS 2017, 152568) oder die Vermögenslosigkeit des Vorerben, wenn dadurch zu befürchten ist, dass der Vorerbe dem Grunde nach entstandene Ersatzansprüche des Nacherben nicht befriedigen kann (NK-BGB/Gierl Rn. 3; Staudinger/Avenarius, 2019, Rn. 6). Unter dieser Bedingung kann auch die Überschuldung des Vorerben ausreichen (BeckOGK/Deppenkemper Rn. 10; aM MüKoBGB/Grunsky Rn. 2). Ein Verschulden des Vorerben ist auch insoweit nicht erforderlich.

Die zu erwartende Verletzung muss in beiden Alternativen **erheblich** sein, darf also – wirtschaftlich betrachtet – den Nachlass oder einzelne Gegenstände nicht nur unwesentlich beeinträchtigen oder nicht nur unwesentliche Teile betreffen. Die gerichtliche Durchsetzung erfolgt im Prozesswege (RGZ 59, 200 (201)). Mit dem Eintritt des Nacherbfalls erlischt der Anspruch. Dieser Anspruch auf Sicherheitsleistung steht dem Erlass eines Arrestes oder einer einstweiligen Verfügung nicht entgegen (Staudinger/Avenarius, 2019, Rn. 17). Dies gilt vor allem dann, wenn der Erblasser den Vorerben von der Pflicht zur Sicherheitsleistung iSd § 2128 befreit hat (§ 2136).

## II. Sicherheitsleistung

Die Sicherheit ist auf Grund des Abs. 1 gem. §§ 232 ff. regelmäßig in Höhe des gesamten Nachlasswertes zu leisten (OLG Rostock OLGZ 39, 25). Bezieht sich die drohende Verletzung des Nacherbenrechts nur auf einen Teil des Nachlasses oder einen einzelnen Nachlassgegenstand, so ist nur dessen Wert maßgebend. Die Sicherheitsleistung kann mit Nachlassmitteln erfolgen. **2**

## III. Verwalterbestellung

Leistet der rechtskräftig verurteilte Vorerbe innerhalb der vom Prozessgericht (§ 255 Abs. 2 ZPO) oder vom Vollstreckungsgericht (§ 764 ZPO) gesetzten Frist die Sicherheit (Abs. 1) nicht, so entzieht das Vollstreckungsgericht auf zusätzlichen Antrag des Nacherben dem Vorerben die Verwaltung des Nachlasses und überträgt sie einem von ihm bestellten Verwalter (Abs. 2, § 1052). **3**

Bezieht sich der Anspruch auf Sicherheitsleistung nur auf einen Teil des Nachlasses oder einen einzelnen Nachlassgegenstand, so kann nur dessen Verwaltung entzogen und einem Verwalter übertragen werden. Auch der Nacherbe kann zum Verwalter bestellt werden, nicht jedoch der Vorerbe (OLG München BayZ 1934, 248). Die Verwaltervergütung wird vom Gericht festgesetzt und ist den dem Vorerben gebührenden Nutzungen zu entnehmen (MüKoBGB/Grunsky Rn. 5). Der Vorerbe kann die Aufhebung der Verwaltung durch nachträgliche Sicherheitsleistung erzwingen (Abs. 2, § 1052 Abs. 3).

## IV. Verjährung

4 Der Anspruch auf Sicherheitsleistung verjährt 30 Jahre ab Eintritt der Umstände, die die Annahme einer Verletzung der Nacherbenrechte rechtfertigen, ohne dass es darauf ankommt, ob oder wann der Nacherbe hiervon Kenntnis erlangt hat (§ 197 Abs. 1 Nr. 2, § 200 S. 1).

## § 2129 Wirkung einer Entziehung der Verwaltung

**(1) Wird dem Vorerben die Verwaltung nach der Vorschrift des § 1052 entzogen, so verliert er das Recht, über Erbschaftsgegenstände zu verfügen.**

**(2) [1]Die Vorschriften zugunsten derjenigen, welche Rechte von einem Nichtberechtigten herleiten, finden entsprechende Anwendung. [2]Für die zur Erbschaft gehörenden Forderungen ist die Entziehung der Verwaltung dem Schuldner gegenüber erst wirksam, wenn er von der getroffenen Anordnung Kenntnis erlangt oder wenn ihm eine Mitteilung von der Anordnung zugestellt wird. [3]Das Gleiche gilt von der Aufhebung der Entziehung.**

## Überblick

Die Bestimmung regelt Rechtsfolgen, falls dem Vorerben durch gerichtliche Anordnung die Verwaltung entzogen wurde. Da der Vorerbe durch die Zwangsverwaltung gem. Abs. 1 seine Verfügungsbefugnis verliert, enthält Abs. 2 Bestimmungen zum Schutz des gutgläubigen Rechtsverkehrs.

## I. Verfügungsverbot

1 Mit der Vollstreckbarkeit, dh mit dem Erlass (§§ 793, 794 Abs. 1 Nr. 3 ZPO), des Beschlusses über die Entziehung der Nachlassverwaltung gem. § 2128 Abs. 2, § 1052 hat der Vorerbe dem Verwalter den Nachlass herauszugeben und das bisher dem Vorerben zustehende Verfügungsrecht geht im gleichen Umfang auf den Verwalter über. Bezieht sich die Entziehung nur auf einen Teil des Nachlasses oder einzelne Nachlassgegenstände, so geht die Verwaltungs- und Verfügungsbefugnis nur in diesem Umfang auf den Verwalter über. Dem Vorerben ist es ab diesem Zeitpunkt verboten (§ 137), über vom Beschluss betroffene und darin erwähnte (vgl. zur Herausgabepflicht Soergel/Wegmann Rn. 2; Staudinger/Avenarius, 2019, Rn. 4; aA MüKoBGB/Grunsky Rn. 2) Nachlassgegenstände aller Art zu verfügen. S. zum Verfügungsbegriff → § 2113 Rn. 7. Verfügungen des Vorerben sind nur mit Zustimmung des Nacherben (→ § 2113 Rn. 22) oder in den sonstigen Fällen des § 185 Abs. 2 (→ § 2113 Rn. 23) wirksam. Mit der Aufhebung der Entziehung, also insbes. durch nachträgliche Sicherheitsleistung (§ 2128 Abs. 2, § 1052 Abs. 3) entfällt dieses Verfügungsverbot wieder.

## II. Gutglaubensschutz

2 Kennt ein **Erwerber** die Verfügungsbeschränkung des Vorerben nicht und ist, wenn es sich um Grundstücke, grundstücksgleiche Rechte oder Schiffe handelt, diese auch nicht im Grundbuch bzw. Schiffsregister eingetragen, so kann er gem. §§ 892 ff., 932 ff. den Verfügungsgegenstand gutgläubig erwerben (Abs. 2 S. 1). Eine Berufung auf einen Erbschein ist nicht möglich, da dieser keine Aussage über die Entziehung der Verwaltungsbefugnis enthalten kann (Staudinger/Avenarius, 2019, Rn. 6). Die Verfügungsbeschränkung ist allerdings zum Zwecke der Verhinderung eines gutgläubigen Erwerbs auf Antrag des Verwalters oder des Nacherben gem. §§ 13, 22 GBO im Grundbuch einzutragen, nicht von Amts wegen (§ 51 GBO) (Lange/Kuchinke ErbR § 28 V 6b). Entsprechendes gilt für das Schiffsregister. Der **Schuldner einer Nachlassforderung**

kann, solange er von der Entziehung der Verwaltungsbefugnis nichts weiß, mit schuldbefreiender Wirkung an den Vorerben leisten (Abs. 2 S. 2). Solange er von der Aufhebung der Verwaltung keine Kenntnis hat, kann er mit gleicher Wirkung an den Verwalter leisten (Abs. 2 S. 3). Die Zustellung der Mitteilung der Anordnung wie der Aufhebung an den Schuldner geschieht auf Antrag des Verwalters oder des Nacherben gem. § 132.

## § 2130 Herausgabepflicht nach dem Eintritt der Nacherbfolge, Rechenschaftspflicht

**(1) [1]Der Vorerbe ist nach dem Eintritt der Nacherbfolge verpflichtet, dem Nacherben die Erbschaft in dem Zustand herauszugeben, der sich bei einer bis zur Herausgabe fortgesetzten ordnungsmäßigen Verwaltung ergibt. [2]Auf die Herausgabe eines landwirtschaftlichen Grundstücks findet die Vorschrift des § 596a, auf die Herausgabe eines Landguts finden die Vorschriften der §§ 596a, 596b entsprechende Anwendung.**

**(2) Der Vorerbe hat auf Verlangen Rechenschaft abzulegen.**

### Überblick

Der Vorerbe hat den gesamten zurzeit des Nacherbfalls vorhandenen Nachlass sowie die im Wege der dinglichen Surrogation gem. § 2111 bis dahin in den Nachlass gefallenen Gegenstände dem Nacherben herauszugeben (→ Rn. 2 ff.). Die Herausgabepflicht bezieht sich jedoch nur auf die Substanz des Nachlasses, nicht auf die zwischen Erb- und Nacherbfall entstandenen Nutzungen, die dem Vorerben verbleiben (→ Rn. 4). Hat der Vorerbe seine Pflicht zur ordnungsmäßigen Verwaltung des Nachlasses iSd. § 2120 verletzt und kann er deshalb seine Herausgabepflicht nicht erfüllen, so hat er dem Nacherben den daraus resultierenden Schaden gem. § 280 Abs. 1 zu ersetzen, sobald der Nacherbfall eingetreten ist (→ Rn. 5). Der Anspruch auf Rechenschaftslegung gem. Abs. 2 geschieht nach Maßgabe der §§ 259–261 und bezieht sich nur auf die Substanz des Nachlasses, nicht auf die dem Vorerben zustehenden Nutzungen (→ Rn. 6).

### I. Herausgabeanspruch

**1. Verhältnis zu anderen Anspruchsgrundlagen.** Mit dem Nacherbfall erwirbt der Nacherbe kraft Gesetzes (§ 2139) den Nachlass, sodass der Anspruch des Abs. 1 nicht auf Verschaffung des Eigentums usw, sondern der tatsächlichen Verfügungsgewalt, insbes. auf die Einräumung des Besitzes an den Nachlassgegenständen, gerichtet ist. Der Nacherbe kann daneben die Herausgabe einzelner, zum Nachlass gehörender Sachen auch gem. §§ 985, 894 verlangen. Der Herausgabeanspruch des Abs. 1 verdrängt dagegen als lex specialis Erbschaftsansprüche gem. §§ 2018 ff. (Grüneberg/Weidlich Rn. 2; m. anderer Begr. MüKoBGB/Grunsky Rn. 2). 1

**2. Anspruchsgläubiger.** Die Herausgabe kann nur vom Nacherben verlangt werden, dem die Erbschaft gem. § 2139 mit dem Nacherbfall angefallen ist. Besteht zwischen mehreren Nacherben eine Erbengemeinschaft, so kann nur die Herausgabe an die Gesamthand verlangt werden, allerdings von jedem Nacherben allein. Der Herausgabeanspruch ist nicht selbstständig abtretbar, geht jedoch beim Tod des Nacherben nach dem Nacherbfall auf dessen Erben über, wenn und soweit der Erblasser für diesen Fall keine weitere Nacherbfolge angeordnet hat. Der Vorerbe kann nur durch Herausgabe an den Nacherben mit schuldbefreiender Wirkung leisten. 2

**3. Anspruchsschuldner.** Zur Herausgabe ist der **Vorerbe** verpflichtet, nach seinem Tod dessen Erben (RGZ 163, 51 (53)). Ist für den Vorerben Testamentsvollstreckung angeordnet, so hat der Testamentsvollstrecker den Nachlass anstelle des Vorerben herauszugeben. Ist für Vor- und Nacherbe dieselbe Person zum Testamentsvollstrecker bestellt, so entfällt der Herausgabeanspruch (Grüneberg/Weidlich Rn. 4). Ein Herausgabeanspruch gegen **Dritte** kann nicht auf Abs. 1, sondern nur auf §§ 2018 ff. oder auf speziell für einzelne Nachlassgegenstände geltende Rechtsgrundlagen (zB § 985) gestützt werden. 3

**4. Inhalt des Anspruchs.** Der Vorerbe hat den gesamten zurzeit des Nacherbfalls vorhandenen Nachlass herauszugeben. Dazu gehören auch die im Wege der **dinglichen Surrogation** gem. § 2111 bis dahin in den Nachlass gefallenen Gegenstände. Auch vom Vorerben erwirtschaftete **Wertsteigerungen,** die über das bei ordnungsgemäßer Wirtschaft zu fordernde Maß hinausgehen, sind herauszugeben. Die Herausgabepflicht bezieht sich jedoch nur auf die Substanz des Nachlasses, 4 nicht auf die zwischen Erb- und Nacherbfall entstandenen **Nutzungen.** Diese gebühren dem Vorerben, sodass er sie auch nicht herauszugeben hat. Herauszugeben ist der Nachlass in dem **Zustand,** in dem sie sich zurzeit des Nacherbfalls befindet. Folglich bindet den Nacherben auch eine erklärte, aber im Grundbuch noch nicht eingetragene Auflassung eines Grundstücks (KG DNotZ 1942, 108). Zum Eigenerwerb von Nachlassgegenständen durch den Vorerben → § 2113 Rn. 29. Hat der Vorerbe zwischen Erb- und Nacherbfall die tatsächliche Verfügungsgewalt über bis dahin zum Nachlass gehörende Gegenstände auf Grund von Verfügungen oder in sonstiger Weise tatsächlich verloren, so entfällt damit ein Herausgabeanspruch und der Nacherbe kann vom Vorerben allenfalls **Schadensersatz** verlangen (→ Rn. 5). Der von allen gesetzlichen Beschränkungen und Verpflichtungen befreite Vorerbe (§ 2137) braucht ohnehin nur herauszugeben, was beim Nacherbfall vorhanden ist (§ 2138); eine weitergehende Befreiung von der Herausgabepflicht durch den Erblasser ist dagegen ausgeschlossen. Der Vorerbe kann wegen der von ihm gemachten außergewöhnlichen Erhaltungsaufwendungen (§ 2124 Abs. 2) oder sonstiger Aufwendungen, zu deren Erstattung der Nacherbe gem. § 2125 Abs. 2, §§ 683, 684 verpflichtet ist, dem Herausgabeanspruch ein **Zurückbehaltungsrecht** entgegenhalten (§ 273 Abs. 2).

## II. Schadensersatzanspruch gem. § 280 Abs. 1

5 Verletzt der Vorerbe seine Pflicht zur ordnungsmäßigen Verwaltung des Nachlasses und kann er deshalb seine Herausgabepflicht gem. Abs. 1 nicht erfüllen, so hat er dem Nacherben den daraus resultierenden Schaden gem. § 280 Abs. 1 zu ersetzen, sobald der Nacherbfall eingetreten ist. Vor dem Nacherbfall stehen dem Nacherben nur der Anspruch auf Beweissicherung gem. §§ 2121, 2122, 2127 und auf Sicherheitsleistung gem. §§ 2128, 2129 zu. Die Verwaltung des Vorerben begründet nur dann einen Schadensersatzanspruch, wenn das Gesamtergebnis beim Nacherbfall, nicht nur einzelne Maßnahmen den Anforderungen einer **ordnungsmäßigen Verwaltung** (→ § 2120 Rn. 2) **widerspricht.** Der an die Ordnungsmäßigkeit anzulegende **Sorgfaltsmaßstab** ergibt sich aus § 2131. Der von allen gesetzlichen Beschränkungen und Verpflichtungen befreite Vorerbe (§ 2137) haftet dabei nur für die Nachlassminderung auf Grund unentgeltlicher Verfügungen iSd § 2113 Abs. 2 (§ 2138 Abs. 2). Der Vorerbe hat dem Nacherben die Differenz zwischen dem tatsächlichen Nachlasswert beim Nacherbfall und dem, den er bei ordnungsmäßiger Verwaltung gehabt hätte, zu ersetzen. Ist eine Verfügung gem. § 2113 dem Nacherben gegenüber unwirksam, kann der Nacherbe vollen Ersatz verlangen, wenn er im Gegenzug seine Ansprüche gegen den Dritten an den Vorerben abtritt (MüKoBGB/Grunsky Rn. 7).

## III. Rechenschaftslegung

6 Die Rechenschaftslegung gem. Abs. 2 geschieht nach Maßgabe der §§ 259–261. Der Erblasser kann den Vorerben von dieser Pflicht befreien (§ 2136). Die Rechenschaftspflicht bezieht sich allerdings nur auf die Substanz des Nachlasses, nicht auf die dem Vorerben zustehenden Nutzungen. Hat der Vorerbe vor dem Nacherbfall ein Nachlassverzeichnis (§ 2121) errichtet oder Auskunft gem. § 2127 erteilt, so kann er hierauf Bezug nehmen und sich auf die Mitteilung von Veränderungen beschränken (Erman/M. Schmidt Rn. 5). Diese Rechenschaftspflicht kann im Prozess auch mittels der Stufenklage (§ 254 ZPO) in Verbindung mit dem Herausgabe- oder Schadensersatzanspruch durchgesetzt werden.

# § 2131 Umfang der Sorgfaltspflicht

**Der Vorerbe hat dem Nacherben gegenüber in Ansehung der Verwaltung nur für diejenige Sorgfalt einzustehen, welche er in eigenen Angelegenheiten anzuwenden pflegt.**

## Überblick

Die Vorschrift privilegiert den Vorerben hinsichtlich seiner Pflicht zur ordnungsgemäßen Verwaltung des Nachlasses, indem er nur für diejenige Sorgfalt einzustehen hat, die er in eigenen Angelegenheiten anzuwenden pflegt.

## I. Subjektiver Haftungsmaßstab

Der Vorerbe haftet bei der Verwaltung des Nachlasses nur bei Verletzung der in eigenen Angelegenheiten, dh bei der Verwaltung des Eigenvermögens, angewandten Sorgfalt, es sei denn er hat sich vorsätzlich oder grob fahrlässig pflichtwidrig verhalten (§ 277). Diese Haftungserleichterung greift jedoch nur bei solchen Anspruchsgrundlagen ein, die von einem Verschulden des Vorerben abhängen, vor allem also bei Schadensersatzansprüchen wegen nicht ordnungsmäßiger Verwaltung des Nachlasses (→ § 2130 Rn. 5). Die Beurteilung einer Maßnahme als ordnungsmäßig richtet sich ebenfalls nicht nach dem subjektiven Maßstab des § 2131, sondern immer, auch bei befreiter Vorerbschaft, nach objektiven Kriterien (→ § 2120 Rn. 2). Verletzt der Vorerbe eine ihm vom Gesetz oder vom Erblasser auferlegte, verschuldensunabhängige Pflicht (zB §§ 2113–2119, 2123, 2133, 2134), so kann sich der Vorerbe demgegenüber nicht darauf berufen, dass er in eigenen Sachen auch nicht anders gehandelt hätte (RGZ 73, 4 (7)). Die **Beweislast** dafür, dass er auch in eigenen Angelegenheiten nicht sorgfältiger verfährt, trägt der Vorerbe. 1

## II. Haftungserleichterung und -verschärfung

Der Erblasser kann den Vorerben auch von diesem Haftungsmaßstab **befreien** (§ 2136), sodass dieser dann nur noch für Nachlassminderungen durch vorsätzliches Verhalten in Beeinträchtigungsabsicht (RGZ 70, 332 (334)) oder durch unentgeltliche Verfügungen iSd § 2113 Abs. 2 haftet (§ 2138 Abs. 2). Eine weitergehende Befreiung ist nicht möglich. Der Erblasser kann durch letztwillige Verfügung die Haftung auch **verschärfen,** und zwar entweder durch die Anordnung einer generellen Haftung auch für leichte Fahrlässigkeit oder durch Bestimmung konkreter, verschuldensunabhängiger Pflichten (vgl. Staudinger/Avenarius, 2019, Rn. 1; MüKoBGB/Grunsky Rn. 1). 2

## § 2132 Keine Haftung für gewöhnliche Abnutzung

**Veränderungen oder Verschlechterungen von Erbschaftssachen, die durch ordnungsmäßige Benutzung herbeigeführt werden, hat der Vorerbe nicht zu vertreten.**

### Überblick

Der Vorerbe haftet nur für solche Verschlechterungen, die durch eine nicht ordnungsgemäße Benutzung entstanden sind. Er trägt die Beweislast für eine ordnungsgemäße Benutzung.

### I. Abnutzungen

Diese Vorschrift präzisiert den bereits in § 2130 Abs. 1 enthaltenen Grundsatz, dass der Vorerbe zur Nutzung bis hin zum völligen Verschleiß des Nachlasses bzw. einzelner Gegenstände berechtigt, wenn er sich dabei in den Grenzen einer ordnungsmäßigen Verwaltung iSd § 2120 (→ § 2120 Rn. 1 ff.) hält (vgl. §§ 548, 602 und 1050). Allerdings trägt der Vorerbe die **Beweislast** dafür, dass die Verschlechterung Folge einer ordnungsmäßigen Nutzung ist (MüKoBGB/Grunsky Rn. 1). 1

### II. Befreiung

Da § 2132 nur eine Ausprägung des § 2130 Abs. 1 ist, kann der Erblasser dem Vorerben auch eine weitergehende Abnutzung gestatten, obwohl diese Vorschrift in § 2136 nicht erwähnt ist (Staudinger/Avenarius, 2019, Rn. 2; Soergel/Wegmann Rn. 2). Der befreite Vorerbe haftet nur gem. § 2138 Abs. 2. 2

## § 2133 Ordnungswidrige oder übermäßige Fruchtziehung

**Zieht der Vorerbe Früchte den Regeln einer ordnungsmäßigen Wirtschaft zuwider oder zieht er Früchte deshalb im Übermaß, weil dies infolge eines besonderen Ereignisses notwendig geworden ist, so gebührt ihm der Wert der Früchte nur insoweit, als durch den ordnungswidrigen oder den übermäßigen Fruchtbezug die ihm gebührenden Nutzungen beeinträchtigt werden und nicht der Wert der Früchte nach den Regeln einer ordnungsmäßigen Wirtschaft zur Wiederherstellung der Sache zu verwenden ist.**

### Überblick

Bis zum Eintritt des Nacherbfalls gebühren dem Vorerben als Eigentümer und Inhaber der zum Nachlass gehörenden Gegenstände und Rechte sämtliche von ihm gezogenen Früchte, und zwar auch der Übermaßfrüchte. Im Verhältnis zum Nacherben darf er gem. § 2130 nur die bei ordnungsgemäßer Verwaltung zu ziehenden Früchte behalten. Diese Norm gewährt dem Nacherben einen schuldrechtlichen Anspruch auf Wertersatz der übermäßig gezogenen Früchte.

## I. Wertersatzanspruch

1 Dem Vorerben gehören (vgl. § 953) zwar auch die ordnungswidrig oder auf Grund eines außergewöhnlichen Ereignisses (zB Schnee- oder Windbruch) übermäßig angefallenen Früchte. Allerdings gebühren (§ 2111) diese dem Vorerben im Verhältnis zum Nacherben gem. § 2133 – abweichend von § 101 – nur so weit, dass dem Vorerben unter Verrechnung mit späteren Mindererträgen die Früchte verbleiben, die er bei ordnungsgemäßer Bewirtschaftung nach Abzug etwaiger Wiederherstellungskosten während der gesamten Vorerbschaft bezogen hätte (MüKoBGB/Grunsky Rn. 2). Ein Ausgleich mit früheren, ungewöhnlich niedrigen Erträgen ist dagegen ausgeschlossen. Die darüber hinausgehenden Früchte (Übermaßfrüchte) stehen dem Nacherben zu, wenn und soweit der Erblasser den Vorerben nicht von der Pflicht zu deren Herausgabe befreit hat (§ 2136); der vollständig befreite Vorerbe haftet dann nur im Rahmen des § 2138 Abs. 2. Vor dem Hintergrund dieser Verteilungsregel verpflichtet § 2133 den Vorerben, dem Nacherben ab dem Nacherbfall den Wert der im Übermaß gezogenen Früchte zu ersetzen. Der Vorerbe ist dagegen nicht zur Herausgabe dieser Früchte verpflichtet (MüKoBGB/Grunsky Rn. 1; Soergel/Wegmann Rn. 4; aA Grüneberg/Weidlich Rn. 1). Der Nacherbe kann Sicherheitsleistung wegen eines übermäßigen Fruchtbezugs nur unter den engen Voraussetzungen des § 2128 verlangen.

## II. Schadensersatzanspruch

2 Der Nacherbe kann daneben gem. §§ 2130, 2131 wegen der einer ordnungsgemäßen Bewirtschaftung widersprechenden Fruchtziehung vom Vorerben Schadensersatz verlangen, wenn dadurch – wirtschaftlich betrachtet – die Substanz des Nachlasses verringert worden ist.

## § 2134 Eigennützige Verwendung

**[1]Hat der Vorerbe einen Erbschaftsgegenstand für sich verwendet, so ist er nach dem Eintritt der Nacherbfolge dem Nacherben gegenüber zum Ersatz des Wertes verpflichtet. [2]Eine weitergehende Haftung wegen Verschuldens bleibt unberührt.**

### Überblick

Der Nacherbe kann vom nicht befreiten Vorerben Wertersatz verlangen, wenn dieser Erbschaftsgegenstände eigennützig verwendet hat, also diesen übermäßig abgenutzt, über diesen wirksam verfügt hat oder eine Sache durch Verbindung, Vermischung oder Verarbeitung untergegangen ist. Daneben bleiben Schadensersatzansprüche nach S. 2 des Nacherben gegen den Vorerben bei schuldhaftem Verhalten unberührt (→ Rn. 2).

## I. Wertersatzanspruch

1 Der Vorerbe darf Nachlassgegenstände nur dann für eigene Zwecke verwenden oder verbrauchen, wenn der Erblasser ihm dies gestattet, ihn also von der Wertersatzpflicht des S. 1 befreit hat (§ 2136). Unerheblich ist, ob der Gegenstand von Anfang an zum Nachlass gehörte oder erst später im Wege der dinglichen Surrogation hinzugekommen ist. § 2134 bezieht sich nur auf die **Substanz** des Nachlasses, nicht auf die dem Vorerben gebührenden Nutzungen, die er in beliebiger Weise für sich verwenden kann. Eine **eigennützige Verwendung** liegt immer dann vor, wenn ein Nachlassgegenstand nicht mehr gem. § 2130 herausgegeben werden kann, weil der Vorerbe diesen übermäßig iSd § 2132 abgenutzt, über diesen wirksam verfügt hat oder eine Sache durch Verbindung, Vermischung oder Verarbeitung gem. §§ 946 ff. (zB Hausbau auf zum Eigenvermögen gehörenden Grundstück) untergegangen ist, ohne dass dem Nachlass ein wirtschaftlich vollwertiges Surrogat zugeflossen ist. Da der Nacherbe keinen Anspruch auf die konkrete Zusammensetzung, sondern nur auf den wirtschaftlichen Wert des Nachlasses hat, scheidet ein Wertersatzanspruch

nach § 2134 immer dann aus, wenn der mit der eigennützigen Verwendung verbundene Verlust im Wege der dinglichen Surrogation gem. § 2111 voll ausgeglichen wird (BGHZ 40, 115 (124) = NJW 1963, 2320). Beruht die eigennützige Verwendung auf einer gem. § 2113 gegenüber dem Nacherben **unwirksamen Verfügung,** so kann dieser wählen, ob er die Unwirksamkeit der Verfügung geltend machen oder unter Genehmigung der Verfügung Wertersatz verlangen will (Soergel/Wegmann Rn. 1; MüKoBGB/Grunsky Rn. 2). Der Anspruch aus S. 1 ist auf **Ersatz des objektiven Werts** des verwendeten Gegenstands, den dieser im Zeitpunkt der Verwendung hatte (MüKoBGB/Grunsky Rn. 4), gerichtet. Spätere Wertveränderungen sind unerheblich. Der Wertersatzpflicht tritt erst mit dem Nacherbfall ein. Vorher kann der Nacherbe unter den Voraussetzungen des § 2128 die Leistung einer angemessenen Sicherheit verlangen.

## II. Schadensersatzanspruch

Einen über den bloßen Wertersatz hinausgehenden Schadensersatz nach den §§ 249 ff. kann 2
der Nacherbe ebenfalls verlangen, wenn der Vorerbe seine an sich gem. § 2130 bestehende Herausgabepflicht durch die eigennützige Verwendung schuldhaft (§ 2131) verletzt hat (S. 2). Der Vorerbe hat folglich nicht das Recht, nach freiem Ermessen Nachlassgegenstände für sich zu verwenden, wenn er nur bereit ist, Wertersatz gem. S. 1 zu leisten. Jede eigennützige Verwendung ist demnach pflichtwidrig und verpflichtet zum Schadensersatz, wenn die Pflichtverletzung schuldhaft war. Der vollständig **befreite Vorerbe** ist dagegen wegen einer eigennützigen Verwendung zum Wertersatz überhaupt nicht, und zum Schadensersatz nur im Rahmen des § 2138 Abs. 2 verpflichtet, da er grds. die beim Nacherbfall tatsächlich vorhandenen Nachlassgegenstände herauszugeben braucht (BGH NJW 1977, 1631; 1983, 2874).

## § 2135 Miet- und Pachtverhältnis bei der Nacherbfolge

**Hat der Vorerbe ein zur Erbschaft gehörendes Grundstück oder eingetragenes Schiff vermietet oder verpachtet, so findet, wenn das Miet- oder Pachtverhältnis bei dem Eintritt der Nacherbfolge noch besteht, die Vorschrift des § 1056 entsprechende Anwendung.**

### Überblick

Da der Nacherbe nicht der Erbe des Vorerben ist, gehen die von diesem abgeschlossene Miet- und Pachtverträge mit Eintritt des Nacherbfalls nicht auf den Nacherben über. Zum Schutz der Mieter und Pächter von Immobilien ordnet diese Vorschrift an, dass der Nacherbe in alle Rechte und Pflichten an Stelle des Vorerben eintritt, also „Nacherbfolge Miete nicht bricht". Dies gilt nicht bei beweglichen Sachen.

## I. Grundstück, grundstücksgleiches Recht oder eingetragenes Schiff

**Vom Vorerben** zwischen Erb- und Nacherbfall eingegangene Miet- oder Pachtverhältnisse 1
über ein Grundstück, einschließlich Wohnungs- und Teileigentum, über ein Erbbaurecht, über Gebäudeeigentum oder über ein eingetragenes Schiff, das zum Nachlass gehört, erlöschen nicht mit dem Erbfall, sondern gehen gem. §§ 2134, 1056 Abs. 2, §§ 571 ff. auf den Nacherben über. Der Nacherbe tritt mit Wirkung vom Nacherbfall nach Maßgabe der § 1056 Abs. 1, § 571 Abs. 1 an Stelle des Vorerben in das Rechtsverhältnis ein, während der Vorerbe nur bis zur Mitteilung des Nacherbfalls an den Mieter bzw. Pächter als Bürge für Schadensersatzpflichten gem. § 1056 Abs. 1, § 571 Abs. 2 weiter haftet. Der Nacherbe kann dieses Miet- oder Pachtverhältnis gem. § 1056 Abs. 2 unter Beachtung etwaiger Kündigungsschutzbestimmungen innerhalb der gesetzlichen Frist kündigen. Diese Kündigung ist jedoch ausgeschlossen, wenn der Nacherbe dem vom Vorerben abgeschlossenen Vertrag zugestimmt hat oder gem. § 2120 S. 1 als Maßnahme ordnungsgemäßer Verwaltung (zB Wohnung in einem Mietshaus) hätte zustimmen müssen. Wegen der sonstigen Rechtsfolgen dieser Verweisung s. die Ausführungen zu § 1056. Die bereits **vom Erblasser** abgeschlossene Miet- oder Pachtverträge gehen kraft gesetzlicher Gesamtrechtsnachfolge auf den Nacherben als dessen Rechtsnachfolger über.

## II. Bewegliche Sache

2 Der **vom Vorerben** zwischen Erb- und Nacherbfall abgeschlossene Miet- oder Pachtvertrag über eine zum Nachlass gehörende bewegliche Sache ist dem Nacherben gegenüber unwirksam, sodass der Nacherbe vom Mieter bzw. Pächter deren Herausgabe verlangen kann. Der Mieter bzw. Pächter hat allenfalls Ansprüche gegen den Vorerben wegen Nichterfüllung des Miet- oder Pachtvertrags. An einen **vom Erblasser** gebundenen Vertrag ist der Nacherbe als dessen Rechtsnachfolger gebunden.

### § 2136 Befreiung des Vorerben

**Der Erblasser kann den Vorerben von den Beschränkungen und Verpflichtungen des § 2113 Abs. 1 und der §§ 2114, 2116 bis 2119, 2123, 2127 bis 2131, 2133, 2134 befreien.**

## Überblick

§ 2136 zählt alle Beschränkungen und Verpflichtungen, von denen der Erblasser den Vorerben befreien kann, abschließend auf. Zur Erweiterung der Verfügungsbefugnisse über die Befreiungsgrenze dieser Norm hinaus kann sich der Erblasser jedoch anderer zulässiger Gestaltungsmöglichkeiten bedienen, nämlich Voraus- und sonstige Vermächtnisse (→ Rn. 3 ff.), trans- und postmortaler Vollmachten (→ Rn. 6) sowie der Bestellung des Vorerben zum Testamentsvollstrecker für Nacherben (→ Rn. 9). Der Wille zur Befreiung des Vorerben von den gesetzlichen Beschränkungen und Verpflichtungen muss mindestens andeutungsweise der Verfügung entnommen werden können (→ Rn. 11 ff.).

## I. Dispositionsfreiheit des Erblassers

1 **1. Zwingende Beschränkungen und Verpflichtungen.** § 2136 zählt alle Beschränkungen und Verpflichtungen, von denen der Erblasser den Vorerben befreien kann, abschließend auf. Da § 2132, der die Haftung des Vorerben für Abnutzungen im Rahmen ordnungsmäßiger Verwaltung ausschließt, nur eine Ausprägung des in § 2130 enthaltenen allgemeinen Verwaltungsgrundsatzes ist, kann trotz der Nichterwähnung in § 2136 der Erblasser den Vorerben über § 2130 von dieser Beschränkung ebenfalls befreien, sodass der Vorerbe dann auch überobligationsmäßige Verschlechterungen nicht zu vertreten hat. **Keine Befreiung** ist möglich vom dinglichen Surrogationsprinzip (§ 2111) (OLG Köln NJW-RR 1987, 267), vom Verbot unentgeltlicher Verfügungen (§ 2113 Abs. 2, 3), von der Unwirksamkeit der Zwangsverfügungen iSd § 2115, von der Pflicht zur Errichtung eines Nachlassverzeichnisses (§ 2121) oder zur Duldung der Zustandsfeststellung (§ 2122 S. 2), von der Belastung des Vorerben mit den gewöhnlichen Erhaltungskosten (§ 2124 Abs. 1) (Staudinger/Avenarius, 2019, Rn. 10; Staudinger/Avenarius, 2019, Vor §§ 2124 ff. Rn. 1 weist zu Recht auf die mittelbare Befreiung über § 2134 hin) oder von der Schadensersatzpflicht des § 2128 Abs. 2 bei Einsetzung auf den Überrest (§ 2137).

2 **2. Erweiterungen der Verfügungsfreiheit.** § 2136 zieht die äußerste Grenze, über die hinaus eine Befreiung nicht möglich ist. Der Erblasser kann sich jedoch anderer zulässiger Gestaltungsmöglichkeiten bedienen, um die Verfügungsfreiheit des Vorerben zu erweitern. Will der Erblasser dem Vorerben eine darüber hinausgehende Verfügungs- und Gestaltungsfreiheit einräumen, so ist stets zu beachten, dass § 2136 der Testierfreiheit Grenzen zieht, die nicht überschritten werden können, ohne die Vor- und Nacherbschaft in ihrem Wesen in Frage zu stellen. Der Erblasser kann sich der Vor- und Nacherbschaft nur in der vom Gesetz vorgegebenen Form bedienen. Es steht ihm selbstverständlich frei, andere erbrechtliche Instrumentarien zu nutzen, um das gleiche Ergebnis zu erreichen. Der Umkehrschluss jedoch, dass das, was auf anderem Weg erreichbar ist, auch im Rahmen der Vor- und Nacherbschaft zulässig sein muss, verkennt die der Rechtssicherheit dienende Funktion des numerus clausus im Erbrecht (dies verkennt Wingerter, Die Erweiterung der Befugnisse des befreiten Vorerben, 2000, 88). Gestaltungen, die dem Vorerben bei wirtschaftlicher Betrachtung Freiheiten einräumen, die über das in § 2136 zugelassene Maß hinausgehen, wecken im Gegenteil regelmäßig Zweifel am Erblasserwillen, eine Vor- und Nacherbschaft anzuordnen (vgl. Bühler BWNotZ 1967, 179 (180)). In Fällen unzulässiger Erweiterungen der Verfügungs- und Gestaltungsmöglichkeiten des Vorerben wird man daher oft zum Ergebnis gelangen müssen, dass Vollerbschaft gewollt ist, und zwar beschwert mit einem Nachvermächtnis zugunsten des

„Nacherben". Eine Erweiterung der Verfügungsbefugnisse bedeutet es auch, wenn die Nacherbeneinsetzung dadurch auflösend bedingt wird, dass der Vorerbe in einer bestimmten Weise anderweitig verfügt (→ § 2065 Rn. 14 f.).

**a) Vorausvermächtnis.** Die Verfügungsbeschränkungen beziehen sich nicht auf alle Nachlassgegenstände schlechthin, sondern lediglich auf solche, die bei Eintritt des Nacherbfalls dem Nacherben zufallen. Deshalb kann der Vorerbe über alle Nachlassgegenstände, die ihm im Voraus, also zusätzlich zur Erbschaft bzw. zum Erbteil, vermacht worden sind (→ § 2110 Rn. 2), ohne jede Einschränkung durch §§ 2113–2115 frei verfügen. Da das Vorausvermächtnis auch an aufschiebende Bedingungen geknüpft werden kann, ist es zulässig, dem Vorerben das Recht einzuräumen, durch Rechtsgeschäft unter Lebenden **(Übertragungsvorbehalt)** oder durch Verfügung von Todes wegen **(Verfügungsvorbehalt)** über bestimmte Nachlassgegenstände entweder frei oder in eingegrenzter Weise zu verfügen (J. Mayer ZEV 2000, 1 (5) mwN; vgl. OLG Hamm MittRhNotK 1999, 312). Mit einer derartigen Verfügung wird das Vorausvermächtnis wirksam und der betroffene Nachlassgegenstand vom Nacherbenrecht frei. Will der Erblasser dem Vorerben zwar die völlig freie Verfügung durch Rechtsgeschäft unter Lebenden ermöglichen, aber dennoch die Rechtsnachfolge bei Eintritt des Nacherbenfalls bestimmen, so kann der Vorerbe und Vorausvermächtnisnehmer mit einem **Nachvermächtnis** (§ 2191) zugunsten des Nacherben beschwert werden (ausf. Wingerter, Die Erweiterung der Befugnisse des befreiten Vorerben, 2000, 15 ff.). Dabei kann der Erblasser den Umfang der Verfügungsfreiheit des Vorerben und Vorausvermächtnisnehmer frei festlegen und sogar anordnen, dass nur der dann noch vorhandene Vermächtnisgegenstand an den Nacherben herauszugeben ist **(Nachvermächtnis auf den Überrest)** (Wingerter, Die Erweiterung der Befugnisse des befreiten Vorerben, 2000, 24 ff.; vgl. auch Bengel NJW 1990, 1826 (1829)). Der Erblasser hat den Vorerben damit von jeder Schadensersatzpflicht gem. §§ 2179, 160, 281, 282 befreit. Dies ist mit dem Enthaftungsverbot des § 276 Abs. 2 ebenso wie mit dem Selbstbestimmungsgebot des § 2065 Abs. 2 vereinbar (Wingerter, Die Erweiterung der Befugnisse des befreiten Vorerben, 2000, 24 ff. mwN; Zawar, Das Vermächtnis in der Kautelarjurisprudenz, 1983, 104 f.). Handelt der Vorausvermächtnisnehmer jedoch allein in Beeinträchtigungsabsicht, so können sich Ansprüche des Nacherben aus §§ 134, 138, 226 ergeben. Durch ein **Wahl-Vorausvermächtnis** (§§ 2154, 2150) kann der Erblasser dem Vorerben sogar das Recht übertragen, den Vermächtnisgegenstand selbst zu bestimmen (Kanzleiter FS Schippel, 287 (300)). 3

**b) Genehmigungsvermächtnis.** Umstritten ist, ob der Erblasser dem Vorerben mit dem Nacherbfall den Anspruch gegen den Nacherben vermachen kann, generell allen (OLG Düsseldorf ZEV 2000, 29 (30) m. abl. Anm. Wübben; Staudinger/Avenarius, 2019, Rn. 7; unentschieden Wingerter, Die Erweiterung der Befugnisse des befreiten Vorerben, 2000, 89 ff.; Dillmann RNotZ 2002, 1 (19)) oder wenigstens bestimmten (Kipp/Coing ErbR § 51 III 1b; R. Kössinger in Nieder/Kössinger Testamentsgestaltung-HdB § 10 Rn. 44; Wingerter, Die Erweiterung der Befugnisse des befreiten Vorerben, 2000, 85 ff.) unentgeltlichen Verfügungen zuzustimmen. Richtiger Ansicht nach sind jedoch beide Auffassungen mit dem zwingenden Charakter des § 2136 unvereinbar (MüKoBGB/Grunsky Rn. 10; Soergel/Wegmann Rn. 2; Frohnmayer, Geschiedenentestament, 2004, 90 f.; iErg ebenso Wübben ZEV 2000, 30 (31); unentschieden J. Mayer ZEV 2000, 1 (4); G. Müller ZEV 1996, 179 (180)). Derart unzulässige Umgehungen führen jedoch nur dann zur Nichtigkeit der Verfügung, wenn dem Erblasserwillen nicht durch wohlwollende Auslegung (§ 2084) oder Umdeutung (§ 140) Geltung verschafft werden kann. Die zu frei ausgestaltete „Vorerbeneinsetzung" des Längstlebenden in einem gemeinschaftlichen Testament nach dem Berliner Modell (§ 2269) kann als Vollerbeinsetzung und die „Nacherbeneinsetzung" des Dritten als Schlusserbeinsetzung aufgefasst werden (OLG Karlsruhe OLGZ 1969, 500). Der unzulässigen Gestattung unentgeltlicher Verfügungen iSd § 2113 Abs. 2 (zB Verpflichtung des Nacherben, allen unentgeltlichen Verfügungen zuzustimmen) (BGH NJW 1953, 219) kann als ein Vorausvermächtnis iSd § 2110 Abs. 2 Geltung verschafft werden (→ Rn. 3), vorausgesetzt, sie bezieht sich auf einzelne bestimmte Nachlassgegenstände (zB Vorerbe kann mit dem Haus nach Belieben verfahren). 4

**c) Lastenverteilungsvermächtnis oder -auflage.** Von den Lastenverteilungsvorschriften der §§ 2124–2126 kann der Erblasser zwar keine Befreiung erteilen, wohl aber durch Vermächtnis oder Auflage erreichen, dass der Nacherbe dem Vorerben die nach dem Gesetz eigentlich von diesem zu tragenden Aufwendungen zu erstatten hat. Derartige Gestaltungen sind jedoch nur bis zu der Grenze zulässig, wo jede Beschränkung des Vorerben zugunsten des Nacherben faktisch beseitigt wird. 5

6 **d) Trans- oder postmortale Generalvollmacht.** Der Erblasser kann auch einem Erben über seinen Tod hinaus (transmortal) oder ab seinem Tod (postmortal) Vollmachten erteilen. Sowohl beim einzigen Vollerben als auch beim einzigen Vorerben ist jedoch umstritten, ob eine derartige Vollmacht durch Konfusion erlischt (Staudinger/Avenarius, 2019, Rn. 33; BeckOGK/Müller-Christmann § 2112 Rn. 67; Weidlich ZEV 2016, 57 (64); J. Mayer ZEV 2000, 1 (5); vgl. zum Alleinerben: OLG München BeckRS 2016, 15621; BeckRS 2016, 14500; OLG Hamm DNotZ 2013, 689 (693); OLG Stuttgart NJW 1948, 627; aA KG BeckRS 2021, 3764; BeckRS 2020, 29779). Dabei bestreiten die einen die Vergleichbarkeit einer Vertretungsmacht mit der Vereinigung von Schuld und Forderung, dh die Konfusion an sich (Lange ZEV 2013, 343), während die anderen der Legitimationswirkung der vorgelegten Vollmachtsurkunde den Vorrang einräumen wollen (MüKoBGB/Schubert § 168 Rn. 52; BeckOK GBO/Wilsch, Stand: 1.10.2017, GBO § 35 Rn. 78; Herrler DNotZ 2013, 508 (520 ff.); Amann MittBayNot 2013, 367 (370); Keim DNotZ 2013, 692 (695); Mensch ZNotP 2013, 171). Diese Streitfrage ist in diesem Zusammenhang jedoch bedeutungslos, wenn man Vorsorge- und Generalvollmachten so auslegt, dass sie den Bevollmächtigten zur **Vertretung der Erben „im weitesten Sinne"** ermächtigen, sodass dieser auch mit Wirkung für und gegen den bzw. die Nacherben handeln kann (KGJ 36, 166 (171); KGJ 43, 157; OLG Stuttgart BeckRS 2019, 11670 Rn. 11; Weidlich 2016, 57 (64); Keim DNotZ 2008, 175 (179); Amann MittBayNot 2013, 367; Zimmer ZEV 2014, 526 (532); aA BeckOGK/Müller-Christmann § 2112 Rn. 67; MüKoBGB/Grunsky § 2112 Rn. 10; Soergel/Wegmann § 2112 Rn. 30; Staudinger/Avenarius, 2019, § 2112 Rn. 33; Muscheler ZEV 2019, 533 (535); einschränkend für „übliche Vorsorgevollmachten" Keim ZEV 2020, 1 (5); unentschieden OLG München BeckRS 2019, 11659 Rn. 23 f.). Weder der Einwand des zwischen Vor- und Nacherben fehlenden Grundverhältnisses (MüKoBGB/Grunsky § 2112 Rn. 10) noch die praktischen Schwierigkeiten eines Widerrufs einer solchen Vollmacht durch den bzw. die Nacherben (Staudinger/Avenarius, 2019, § 2112 Rn. 33 f.), rechtfertigen es, diese von vorneherein einschränkend auszulegen (ausf. Keim DNotZ 2008, 175 (179 ff.)). Der Nacherbe leitet seine mit dem Erbfall entstandenen Rechte vom Erblasser ab und muss alle Einschränkungen, die dieser aufgrund seiner Testierfreiheit verfügt hat, gegen sich gelten lassen, so insbes. die Anordnung einer Nacherbenvollstreckung gem. § 2222, die dem Nacherben ebenfalls jede Einwirkungsmöglichkeit entzieht.

7 Bei diesem Verständnis einer Vorsorge- und Generalvollmacht widerstreiten allerdings die uneingeschränkte Legitimationswirkung der Vollmachtsurkunde gem. § 172, die auch die Vertretung des Nacherben ab dem Erbfall ausnahmslos zulässt, mit den äußersten Grenzen der Anordnung einer befreiten Vorerbschaft gem. §§ 2136, 2113, 2114. Es besteht jedoch weitgehend Einigkeit darüber, dass mit einer allumfassenden Vollmacht die gesetzliche Verbotsnorm des § 2136 nicht umgangen werden darf (KGJ 36, 166, 171; KGJ 43, 157 (161); OLG München BeckRS 2019, 11659 Rn. 23; Keim ZEV 2020, 1 (5); Weidlich 2016, 57 (64); Keim DNotZ 2008, 175 (181); aA OLG Stuttgart BeckRS 2019, 11670 Rn. 11 ff.; Muscheler ZEV 2019, 532). Eine von §§ 2136, 2113, 2114 nicht gedeckte Ausübung der dem Vorerben eingeräumten Vertretungsmacht kann sich nach höchstrichterlicher ständiger Rspr. als deren Missbrauch, einem Fall der unzulässigen Rechtsausübung gem. § 242, darstellen (Keim ZEV 2020, 1 (4 f.); vgl. BGH NJW 1966, 1911). Der **Missbrauch der Vertretungsmacht** hat dabei zur Folge, dass das Vertreterhandeln nach § 242 nicht gegen den Vertretenen, also hier den Nacherben, wirkt (BGH NJW 1999, 2883 (2884)). Da es sich bei § 2136 um eine vom Gesetzgeber zwingend angeordnete Begrenzung der Testierfreiheit zum Schutze des Nacherben handelt, ist eine Verfügung ohne deren Beachtung unschwer als Rechtsmissbrauch der nach außen unbegrenzten Vertretungsmacht aufgrund der erteilten Vollmacht zu qualifizieren.

8 Bei Grundstücken und Grundstücksrechten kann das Grundbuchamt infolge des ihm gegenüber gem. § 35 GBO zu führenden Erbfolgenachweises die Verfügungsbeschränkungen des Vorerben sicher mit der Folge erkennen, dass es die Vollmacht nicht gelten lässt, sondern die Zustimmung der Nacherben fordert. Entsprechendes gilt bei Eintragungen im Schiffs- oder Handelsregister. Bei allen anderen Nachlassgegenständen folgt aus der Anwendung dieser Grundsätze über den Missbrauch der Vertretungsmacht ein Schutz für den bzw. die Nacherben nur dann, wenn der Geschäftspartner von der beschränkten Vorerbenstellung weiß, was vor allem bei Rechtsgeschäften mit Familienangehörigen der Fall sein dürfte. In allen anderen Fällen kann sich dagegen der Rechtsverkehr uneingeschränkt auf die **Legitimationswirkung** der Vollmachtsurkunde gem. § 172 verlassen, sodass nur in Ausnahmefällen, nämlich bei Kenntnis der eingeschränkten Verfügungsbefugnis als Vorerbe eine Unwirksamkeit gem. § 242 iVm §§ 2136, 2113 Abs. 2 eintritt.

9 **e) Bestellung des Vorerben zum Testamentsvollstrecker für Nacherben.** Würde man es zulassen, dass der Vorerbe zum Testamentsvollstrecker für den Nacherben bestellt wird, so erlangte

jener im Widerspruch zu § 2136 die Möglichkeit, ungehindert durch §§ 2113–2115 und unkontrolliert über alle dem Nacherbenrecht unterliegenden Nachlassgegenstände frei zu verfügen. Dies ist weder mit dem Wesen der Nacherbschaft noch mit dem der Testamentsvollstreckung vereinbar. Die Bestellung des Vorerben zum alleinigen Testamentsvollstrecker für den Nacherben ist deshalb ausgeschlossen, nicht dagegen die Berufung zum Mit-Testamentsvollstrecker (KG JFG 11, 125; OLG Karlsruhe MDR 1981, 943 f.; aA nur Rohlff DNotZ 1971, 518).

**3. Zusätzliche Einschränkungen der Verfügungsfreiheit.** Dem Erblasser steht es andererseits frei, die Verfügungsfreiheit des Vorerben über die gesetzlichen Beschränkungen des Gesetzes hinaus weiter zu beschränken (BayObLGZ 1958, 304; 1959, 128). Dies kann geschehen durch ein **Nießbrauchsvermächtnis,** mit dem die eigentlich dem Vorerben gebührenden Nutzungen dem Nacherben oder einem Dritten zugewendet werden. Der Erblasser kann dem Vorerben im Wege von Vermächtnissen oder Auflagen die **Verfügung** über bestimmte Nachlassgegenstände **verbieten oder** solche Geschäfte **einschränken,** allerdings nicht mit der Folge der Unwirksamkeit widersprechender Verfügungen des Vorerben. Die Sanktionen müssen in der letztwilligen Verfügung selbst geregelt werden (zB Pflicht zur Übereignung an Nacherben bei Verstoß). Auch die Erteilung einer **postmortalen Vollmacht an Dritte** (zB Nacherben) mit Wirkung für und gegen den Vorerben stellen eine weitergehende Einschränkung der Verfügungsmöglichkeiten dar. In einer postmortalen Vollmacht kann der Erblasser das Widerrufsrecht des Vorerben zwar nicht ganz ausschließen, wohl aber auf einen Widerruf aus wichtigem Grund beschränken (BGH WM 1976, 1130 (1132); Lukas, Vollmacht von Todes wegen, 2000, 62 ff.). Ebenfalls zulässig ist die Beschwerung des Vorerben, auch des umfassend befreiten (BayObLG NJW 1959, 1920), mit einer **Testamentsvollstreckung.** Testamentsvollstrecker kann auch der Nacherbe sein. Ein Testamentsvollstrecker, dessen Verwaltungsbefugnisse sich auf Vor- und Nacherbschaft bezieht, kann über Nachlassgegenstände im Rahmen des § 2205 verfügen; andernfalls ist ihm dies verwehrt (vgl. BGH NJW 1990, 2055 (2056)). 10

## II. Anordnung der Befreiung iSd § 2136

**1. Verfügung von Todes wegen.** Die Befreiung muss in einer wirksamen Verfügung von Todes wegen enthalten sein, wenngleich nicht notwendigerweise in derjenigen, mit der die Nacherbfolge angeordnet worden ist. Eine bestimmte Formulierung ist nicht vorgeschrieben. Der Wille zur Befreiung des Vorerben von den gesetzlichen Beschränkungen und Verpflichtungen muss mindestens andeutungsweise der Verfügung entnommen werden können, wenn auch unter Auswertung außerhalb der Urkunde liegender Umstände (BGH RdL 1969, 101; OLG Stuttgart Rpfleger 1980, 387; BayObLG MittBayNot 2004, 450 (452); FamRZ 1976, 549). 11

**2. Umfang der Befreiung.** Der Erblasser kann bis zur äußersten, von § 2136 gezogenen Grenze den Umfang der Befreiung völlig frei bestimmen. Hat er mehrere Vorerben eingesetzt, so kann er deren Verwaltungs- und Verfügungsrechte unterschiedlich ausgestalten (OLG Stuttgart Rpfleger 1980, 387). Fällt der Vorerbe vor dem Nacherbfall weg, so ist durch Auslegung zu ermitteln, ob die dem zunächst Berufenen eingeräumte Befreiung auch für den Ersatzvorerben oder die Erben des Vorerben gelten soll. Auch eine gegenständliche Einschränkung der Befreiung ist bedenkenlos zulässig (zB Vorerbe ist bei der Verwaltung des Nachlasses, ausgenommen den Grundbesitz, von den gesetzlichen Beschränkungen befreit). Der Erblasser kann auch einzelne Verfügungsarten zulassen und andere verbieten (zB der Vorerbe darf Grundbesitz belasten, aber nicht veräußern). Ferner kann der Erblasser die Befreiung auf eine oder mehrere der in § 2136 aufgeführten Belastungen beschränken. Schließlich ist es zulässig, eine Befreiung von einer Bedingung abhängig zu machen (zB in der Not darf der Vorerbe den Nachlass aufbrauchen; im Krankheits- oder Pflegefalle darf das Wohnhaus verkauft werden). Auch der Umfang der Befreiung ist durch Auslegung nach den allgemeinen Grundsätzen zu ermitteln. Es besteht dabei keine Auslegungsregel, dass eine dem Vorerben erteilte Befreiung im Zweifel für den gesamten Nachlass und alle Verfügungen iSd § 2113 Abs. 1, §§ 2114, 2116–2119 gilt (aA MüKoBGB/Grunsky Rn. 9). 12

**3. Einzelne Auslegungsprobleme.** Bei einer Einsetzung zum **„befreiten"** oder „von allen gesetzlichen Beschränkungen und Verpflichtungen befreiten" Vorerben steht die vollständige Befreiung von allen in § 2136 erwähnten Beschränkungen regelmäßig außer Zweifel. Hat der Erblasser zwar die Veräußerung und/oder Belastung bestimmter Nachlassgegenstände erlaubt (zB der Vorerbe kann mit dem Wohnhaus machen, was er will), sich iÜ zur Befreiung nicht geäußert, so liegt darin nur eine **gegenständlich beschränkte Befreiung,** es sei denn, dass er außer dem 13 erwähnten Gegenstand kein weiteres nennenswertes Vermögen hinterlässt. Allein **die Gestattung letztwilliger Verfügungen** über den Nachlass ist dagegen für die Frage der Befreiung unergiebig, weil sowohl der befreite als auch der nicht befreite Vorerbe an derartigen das Nacherbenrecht beeinträchtigenden Verfügungen gehindert ist (vgl. aber → § 2112 Rn. 7). Ist für den Vorerben **Testamentsvollstreckung** angeordnet, so kann allein dieser Umstand weder für noch gegen eine Befreiung angeführt werden. Hat der Erblasser dem Testamentsvollstrecker die Sicherung des Nachlasses bzw. einzelner Gegenstände zugunsten des Nacherben auferlegt, so spricht dies gegen eine Befreiung des Vorerben und damit des Testamentsvollstreckers. Dagegen kann **die Zuwendung der uneingeschränkten Nutznießung,** sofern es sich nicht nur um ein Nießbrauchsvermächtnis handelt, eine befreite Vorerbschaft bedeuten. Allein die Bezeichnung des Vorerben als **Universal- oder Alleinerben** besagt nichts über dessen Verwaltungs- und Verfügungsbefugnis (BGH FamRZ 1970, 192; aA ohne Begr. OLG Düsseldorf FamRZ 1998, 389 mAnm Avenarius). Es kann ohne weitere Anhaltspunkte auch nicht unterstellt werden, dass ein vom Erblasser teilweise zum unbeschränkten Voll- und teilweise zum Vorerben Eingesetzter befreit sein soll (BayObLG NJW 1958, 1683). Die **Nähe bzw. Ferne der Verwandtschaft** des Erblassers zum Vorerbe einerseits und zum Nacherben andererseits kann ein wichtiges Indiz für oder gegen eine Befreiung darstellen. Ist der Vorerbe der Ehegatte oder ein naher Verwandter, der Nacherbe dagegen nur ein entfernter, so spricht dies dann für eine Befreiung, wenn der Vorerbe mit dazu beigetragen hat, das Vermögen des Erblassers aufzubauen oder zu erhalten (BayObLGZ 1960, 432 (437); OLG Hamm NJW-RR 1997, 453). Andererseits reicht bei einer gegenseitigen Vorerbeneinsetzung von Ehegatten allein die Tatsache, dass Nacherben die gemeinsamen Kinder (MüKoBGB/Grunsky Rn. 3; aA OLG Köln HEZ 2, 37) oder ein entfernt oder nicht verwandter Dritter (BGH NJW 1951, 345; BayObLGZ 1960, 432 (437)) ist, für sich allein nicht aus, um deswegen befreite Vorerbschaft anzunehmen. In allen diesen Fällen kommt es letztlich auf die Beweggründe für die Anordnung der Nacherbfolge (→ § 2100 Rn. 3 ff.) an. Steht erkennbar die Versorgung des Vorerben im Vordergrund, so ist in diesen Fällen von befreiter Vorerbschaft auszugehen. Will der Erblasser dagegen den Nacherben sichern oder langfristig Einfluss auf die Erbfolge nehmen, so liegt die Annahme einer nicht befreiten Vorerbschaft näher. Setzt der Erblasser in einer Patch-Work-Familie seinen Partner zum Vorerben ein und ordnet zugleich an, dass dieser das Vermögen für die eigenen Kinder des Erblassers aufgrund **Vollmacht** verwalten soll, so ist dies ein Indiz gegen den Willen zur Befreiung (OLG München BeckRS 2018, 28664).

**14** Bei einer **Wiederverheiratungsklausel** in einem gemeinschaftlichen Testament nach dem Berliner Modell (§ 2269), wonach mit der Wiederverheiratung der Längstlebende Vorerbe und der Schlusserbe Nacherbe wird, ist ohne gegenteilige Anhaltspunkte im Zweifel von befreiter Vorerbschaft auszugehen (→ § 2269 Rn. 32). Dies gilt auch für eine entsprechende Klausel in einem einseitigen Testament, wonach im Falle der Verheiratung des Vollerben (zB Ehegatte) dieser nurmehr Vor- und andere Personen (zB Kinder des Erblassers) Nacherben sind (BGH FamRZ 1961, 275 (276) mwN; BayObLGZ 1966, 227 (232 f.); OLG Hamm DNotZ 1972, 96; Staudinger/Avenarius, 2019, Rn. 21; MüKoBGB/Grunsky Rn. 5; einschr. Soergel/Wegmann Rn. 6; vgl. auch Dippel AcP 177 (1977), 349 (361)). Diese Vermutung für eine befreite Vorerbschaft kann nicht ohne weiteres auf sonstige Fälle einer bedingten Erbeinsetzung dieser Art übertragen werden, da tragender Gesichtspunkt der zur Wiederverheiratungsklausel vertretenen Auffassung das zwischen Ehegatten typischerweise bestehende Vertrauensverhältnis ist.

## III. Erbschein

**15** Die etwaige Befreiung des Vorerben ist im Erbschein anzugeben (§ 2363 Abs. 1 S. 2). Die Angaben müssen klar erkennen lassen, ob es sich um eine vollständige oder um eine gegenständlich oder auf einzelne Verfügungen iSd § 2113 Abs. 1, §§ 2114, 2116–2119 begrenzte (BayObLG FamRZ 1983, 839) Befreiung handelt. Hat der Erblasser dem Vorerben ein Vorausvermächtnis iSd § 2110 Abs. 2 zugewendet, so ist auch dies anzugeben, da der Vorerbe dadurch ein freies Verfügungsrecht hierüber erlangt hat (→ § 2110 Rn. 2). Liegt keine umfassende Befreiung vor, so braucht der Erbschein nur auszuweisen, worauf sich die Nacherbfolge bezieht und/oder welche Verfügungen dem Vorerben erlaubt sind. Andere Befreiungen brauchen und können im Erbschein als Ausweis des Verfügungsrechts nicht aufgeführt zu werden.

## IV. Nacherbenvermerk im Grundbuch

**16** Bei der Eintragung des Vorerben im Grundbuch ist gem. § 51 GBO von Amts wegen auch die Nacherbfolge zu vermerken. Dabei ist auch eine etwaige Befreiung anzugeben, und zwar nur die hier allein interessierende Befreiung von § 2113 Abs. 1, § 2114. Ist im Nacherbenvermerk die Befreiung von § 2113 Abs. 1 angegeben, so ist dieser bei einer Veräußerung von Amts wegen wieder zu löschen, wenn deren Entgeltlichkeit offenkundig oder dem Grundbuchamt gegenüber nachgewiesen (zB Verkehrswertgutachten eines Sachverständigen) ist (→ § 2113 Rn. 10).

## § 2137 Auslegungsregel für die Befreiung

**(1) Hat der Erblasser den Nacherben auf dasjenige eingesetzt, was von der Erbschaft bei dem Eintritt der Nacherbfolge übrig sein wird, so gilt die Befreiung von allen im § 2136 bezeichneten Beschränkungen und Verpflichtungen als angeordnet.**

**(2) Das Gleiche ist im Zweifel anzunehmen, wenn der Erblasser bestimmt hat, dass der Vorerbe zur freien Verfügung über die Erbschaft berechtigt sein soll.**

### Überblick

Diese Auslegungs- bzw. Vermutungsregeln betreffen zwei in Verfügungen von Todes wegen immer wieder vorkommende Formulierungen, bei denen eine Befreiung iSd § 2136 anzunehmen ist, nämlich die Wendung „Einsetzung des Nacherben auf den Überrest" und „Einräumung der freien Verfügung des Vorerben über die Erbschaft". Die Beachtlichkeit eines entgegenstehenden Erblasserwillens ist streitig (→ Rn. 2).

### I. Einsetzung auf den Überrest

1 Hat der Erblasser mit den in Abs. 1 enthaltenen Worten oder gleichbedeutenden Formulierungen (zB „kann die Erbschaft aufbrauchen") auf den beim Nacherbfall vorhandenen Rest des Nachlasses eingesetzt, so gilt dies als umfassende Befreiung von den Beschränkungen und Verpflichtungen, von denen § 2136 eine solche zulässt. Diese Bestimmung ist jedoch nur dann **anwendbar,** wenn feststeht, dass Nacherbfolge eintreten soll. Die Auslegung derartiger Formulierungen kann im Einzelfall auch ergeben, dass der „Vorerbe" unbeschränkter Vollerbe sein soll, jedoch belastet mit einem durch den „Nacherbfall" aufschiebend bedingten Vermächtnis an dem gesamten dann vorhandenen Nachlass zugunsten des „Nacherben" (vgl. OLG Oldenburg DNotZ 1958, 95; OLG Bremen DNotZ 1956, 149).

2 Die **Rechtsfolge** besteht in der umfassenden Befreiung des Vorerben von allen in § 2136 aufgeführten Beschränkungen und Verpflichtungen. Darüber hinaus führt eine Anordnung iSd Abs. 1 zur Beschränkung des Herausgabeanspruchs gem. § 2133 Abs. 2. Umstritten ist, ob ein entgegenstehender **Erblasserwille beachtlich** ist oder nicht. Die Beantwortung dieser Frage hängt davon ab, ob man Abs. 1 mit der hM als unwiderlegbare Ergänzungsregel (Soergel/Wegmann Rn. 1; Grüneberg/Weidlich Rn. 1) oder mit der Gegenansicht als widerlegbare Vermutungsregel (MüKoBGB/Grunsky Rn. 1; Staudinger/Avenarius, 2019, Rn. 5) auffasst. Für die hM spricht, dass Abs. 1 – im Gegensatz zu Abs. 2 – nicht die Formulierung „im Zweifel" enthält. Bei dem fließenden Übergang zwischen den Formulierungen beider Absätze erscheint es jedoch nicht sinnvoll, die Abgrenzungsprobleme durch unterschiedliche Rechtsfolgen zu verschärfen (MüKoBGB/Grunsky Rn. 1). Zudem muss die hM bereits den Tatbestand verneinen, wenn der Erblasser trotz einer Einsetzung auf den Überrest die Befugnisse des Vorerben eingeschränkt wissen will. Richtiger Auffassung nach ist auch Abs. 1 als widerlegbare Vermutungsregel einzuordnen.

### II. Gestattung der freien Verfügung

3 Hat der Erblasser dem Vorerben die freie Verfügung über die Erbschaft gestattet, so kommt es nicht darauf an, ob er dies genau mit den Worten des Gesetzes oder mit gleichbedeutenden Formulierungen – zB Einsetzung des Nacherben auf das, worüber Vorerbe nicht anderweitig verfügt hat (vgl. OLG Bremen DNotZ 1956, 149) – getan hat. Entscheidend ist auch insoweit, dass der Wille zur Anordnung der Nacherbfolge feststeht (→ Rn. 1). Rechtsfolge dieser Auslegungsregel ist die umfassende Befreiung von allen gesetzlichen Beschränkungen und Verpflichtungen, soweit § 2136 dies erlaubt, sowie die Anwendbarkeit des § 2138 Abs. 1. Ein entgegenstehender Erblasserwille schließt die Anwendung dieser Bestimmung aus.

## § 2138 Beschränkte Herausgabepflicht

**(1) [1]Die Herausgabepflicht des Vorerben beschränkt sich in den Fällen des § 2137 auf die bei ihm noch vorhandenen Erbschaftsgegenstände. [2]Für Verwendungen auf Gegenstände, die er infolge dieser Beschränkung nicht herauszugeben hat, kann er nicht Ersatz verlangen.**

**(2) Hat der Vorerbe der Vorschrift des § 2113 Abs. 2 zuwider über einen Erbschaftsgegenstand verfügt oder hat er die Erbschaft in der Absicht, den Nacherben zu benachteiligen, vermindert, so ist er dem Nacherben zum Schadensersatz verpflichtet.**

### Überblick

Diese Vorschrift trägt dem Umstand Rechnung, dass ein umfassend befreiter Vorerbe den Nachlass vollständig aufbrauchen darf. Folgerichtig ist die Herausgabepflicht auf die tatsächlich vorhandene Erbschaftsgegenstände zu beschränken (→ Rn. 1). Damit korrespondiert, dass der befreite Vorerben kein Verwendungsersatzanspruch gegen den Nacherben haben kann (→ Rn. 2). Darüber hinaus enthält Abs. 2 eine Schadensersatzpflicht des befreiten Vorerben, falls er entgegen § 2112 Abs. 2 über Nachlassgegenstände unentgeltlich verfügt oder die Erbschaft in der Absicht, den Nacherben zu beeinträchtigen, vermindert hat (→ Rn. 3 f.).

### I. Beschränkung der Herausgabepflicht

1 Der umfassend befreite Vorerbe braucht, ohne Rücksicht darauf, ob die Befreiung auf einer Anordnung iSd § 2137 oder auf einer anderen Erblasserbestimmung beruht, gem. Abs. 1 S. 2 nur die beim Nacherbfall **tatsächlich vorhandenen,** zum Nachlass gehörenden **Gegenstände** herauszugeben. Dabei ist es gleichgültig, ob die dann vorhandenen Gegenstände von Anfang an zum Nachlass gehört haben oder erst später im Wege der dinglichen Surrogation gem. § 2111 hinzugekommen sind. In diesem Punkt unterscheidet sich der Herausgabeanspruch des § 2130 nicht von dem des Abs. 1 S. 2. Der wesentliche Unterschied besteht darin, dass der umfassend befreite Vorerbe nicht für beim Nacherbfall nicht mehr vorhandene Gegenstände haftet, die er entgegen den Regeln einer ordnungsmäßigen Wirtschaft, insbes. für sich selbst verwendet hat. Der umfassend befreite Vorerbe ist insbes. von der **Pflicht zur ordnungsgemäßen Verwaltung** (§ 2120 S. 1, § 2130) ebenso entbunden wie vom **Verbot der eigennützigen Verwendung** (§ 2134) (OLG Karlsruhe ZEV 1994, 45 mAnm Kummer; MüKoBGB/Grunsky Rn. 2). Folgerichtig entfällt eine Haftung des Vorerben auch dann gem. Abs. 1 S. 1, wenn dieser zwar nicht von allen Beschränkungen und Verpflichtungen, von denen nach § 2136 Befreiung zulässig ist, wohl aber mindestens von § 2113 Abs. 1, § 2120 S. 1, §§ 2130 und 2134 befreit ist.

### II. Ausschluss des Verwendungsersatzanspruchs

2 Der Einschränkung des Herausgabeanspruchs gem. Abs. 1 korrespondiert der Ausschluss des Verwendungsersatzanspruchs für solche Gegenstände, die demgemäß nicht herauszugeben sind. Bezüglich beim Nacherbfall nicht mehr vorhandener Nachlassgegenstände sind Verwendungsersatzansprüche des Vorerben gem. § 2124 Abs. 1, § 2125 Abs. 1 in vollem Umfang ausgeschlossen. Da der Ausschluss Folge der Beschränkung des Herausgabeanspruchs ist, kann der Vorerbe dagegen den Ersatz seiner Verwendungen auf solche Gegenstände verlangen, die auch der nicht befreite Vorerbe nicht hätte herausgeben müssen, insbes. bei nicht zu vertretender Unmöglichkeit, zB vom Blitz getroffenes Haus, beim Sturm gesunkenes Schiff (MüKoBGB/Grunsky Rn. 3).

### III. Schadensersatzpflicht

3 **1. Voraussetzungen.** Da der umfassend, mindestens jedoch von § 2113 Abs. 1, § 2120 S. 1, §§ 2130 und 2134 befreite Vorerbe dem Nacherben nicht für eine ordnungsgemäße Verwaltung haftet (→ Rn. 1), trifft ihn auch keine Schadensersatzpflicht gegenüber dem Nacherben für beim Nacherbfall nicht mehr vorhandene Nachlassgegenstände. Dieser in Abs. 1 S. 1 enthaltene Grundsatz erfährt in Abs. 2 zwei Ausnahmen, in denen auch der befreite Vorerbe für den Verlust von Nachlassgegenständen haftet. Die erste Ausnahme bezieht sich auf die auch einem umfassend befreiten Vorerben verbotenen **unentgeltlichen Verfügungen iSd § 2113 Abs. 2.** Hat der Vorerbe schuldhaft eine solche Verfügung vorgenommen, so hat er für den daraus resultierenden Schaden auch dann einzustehen, wenn er nicht in Beeinträchtigungsabsicht gehandelt hat (Soergel/

Wegmann Rn. 3; unrichtig BGH NJW 1958, 708). Zum Wahlrecht des Nacherben zwischen Geltendmachen der Unwirksamkeit gegenüber dem Dritten und dem Schadensersatzanspruch gegenüber dem Vorerben → § 2113 Rn. 24. Hat der Vorerbe in **Beeinträchtigungsabsicht** den Nachlass wirtschaftlich vermindert, ist er zum Ersatz des Schadens ohne Rücksicht auf die Art des schädigenden Handelns, Duldens oder Unterlassens verpflichtet.

**2. Rechtsfolgen.** Der Vorerbe hat die Differenz zwischen dem tatsächlichen Wert des Nachlasses bei Herausgabe und dem Wert zu ersetzen, den dieser ohne die beeinträchtigende Maßnahme gehabt hätte. Maßgebender Zeitpunkt ist nicht etwa das für die Nachlassminderung ursächliche Verhalten des Vorerben (MüKoBGB/Grunsky Rn. 4). Die Ersatzpflicht tritt erst mit dem Nacherbfall ein, jedoch kann der Nacherbe Feststellungsklage erheben und – ungehindert durch den hier nicht anwendbaren § 2128 – Arreste oder einstweilige Verfügungen erwirken. Die **Verjährung** tritt gem. § **197 Abs. 1 Nr. 2, § 200** 30 Jahre nach Eintritt der Nacherbfolge ein, ohne dass es darauf ankommt, ob oder wann der Nacherbe von der Verfügung erfahren hat. 4

## § 2139 Wirkung des Eintritts der Nacherbfolge

**Mit dem Eintritt des Falles der Nacherbfolge hört der Vorerbe auf, Erbe zu sein, und fällt die Erbschaft dem Nacherben an.**

### Überblick

Mit dem Nacherbfall geht der der Nacherbfolge unterliegende Nachlass im Wege der Universalsukzession auf den Nacherben über (→ Rn. 1 ff.). Auch die Nachlassverbindlichkeiten gehen mit dem Eintritt des Nacherbfalls kraft Gesetzes auf den Nacherben über (→ Rn. 4 f.). Der Nacherbe ist Rechtsnachfolger des Erblassers, nicht des Vorerben. Mit dem Nacherbfall tritt eine Trennung der Vermögensmassen ein. Während das Eigenvermögen dem Vorerben verbleib, ist der der Nacherbfolge unterliegende Nachlass an den Nacherben herauszugeben. Ein Rechtsstreit zwischen dem Vorerben und einem Dritten wird infolge des Nacherbfalls gem. §§ 239, 242, 246 ZPO unterbrochen (→ Rn. 7). Dem Vorerben vom Erblasser erteilte Vollmachten bleiben auch dem Nacherben gegenüber gültig, nicht dagegen vom Vorerben selbst erteilte Vollmachten (→ Rn. 8 f.). Ein Vorerbschein ist einzuziehen (→ Rn. 11) und Grundbücher sowie sonstige Register sind zu berichtigen (→ Rn. 12 f.).

## I. Gesamtrechtsnachfolge nach dem Erblasser

**1. Anfall der Erbschaft.** Der Nachlass geht mit Eintritt des vom Erblasser bestimmten Nacherbfalls (→ § 2100 Rn. 13) **kraft Gesetzes** mit allen zu diesem Zeitpunkt dazugehörigen vererblichen Rechten (zB Eigentum an Sachen, Forderungen und sonstigen Ansprüchen, Gesellschaftsanteile) und Pflichten, insbes. Nachlassverbindlichkeiten (§ 1967 Abs. 2), auf den Nacherben über. Der Nacherbe ist **Rechtsnachfolger des Erblassers,** nicht des Vorerben. Die Nachlasszugehörigkeit richtet sich nach §§ 2110, 2111. Der Anfall der Erbschaft an den Nacherben erfolgt mit unmittelbarer **dinglicher Wirkung,** sodass besondere Übertragungshandlungen wie Auflassungen, Einigungen, Abtretungen oder Schuldübernahmen nicht mehr notwendig sind. Grundbuch sowie Handels- und sonstige Register sind nur zu berichtigen. Nacherbe ist, wenn der eingesetzte Nacherbe aus irgendeinem Grund weggefallen ist, ein **Ersatznacherbe,** nicht aber der **weitere Nacherbe** im Rahmen einer mehrfachen Nacherbfolge (→ § 2100 Rn. 15). Der weitere Nacherbe kommt erst mit dem weiteren Nacherbfall zum Zuge. Hat der Nacherbe sein **Nacherbenanwartschaftsrecht** wirksam auf einen Dritten **übertragen** (→ § 2100 Rn. 30 f.), so wird dieser mit dem Nacherbfall Gesamtrechtsnachfolger des Erblassers, vorausgesetzt, der Nachlass wäre ohne diese Übertragung dem veräußernden Nacherben angefallen (OLG Düsseldorf MDR 1981, 143; OLG Düsseldorf NJW-RR 1991, 332). Ist der Nacherbe dagegen vor dem Nacherbfall weggefallen und tritt damit ein eingesetzter Ersatznacherbe an seine Stelle, so geht der Nachlass auf diesen, nicht aber auf den Dritten über. 1

Der Nachlass geht in dem **rechtlichen Zustand** über, in dem er sich beim Nacherbfall befindet. Nachlassgegenstände, die zwischen Erb- und Nacherbfall vom Vorerben veräußert worden sind, erwirbt der Nacherbe nicht, und zwar gleichgültig, ob diese Verfügungen dem Nacherben gegenüber wirksam sind oder nicht. Wenn diese Verfügungen dem Nacherben gegenüber unwirksam sind, kann dieser entweder die Rückabwicklung vom Dritten oder Schadensersatz vom Vorer- 2 ben fordern. Hat der Vorerbe ein Nachlassgrundstück an einen Dritten aufgelassen, ist aber die Eigentumsumschreibung noch nicht erfolgt, so ist auch der Nacherbe an die Auflassung gebunden, unbeschadet seines Rechts, Rückauflassung vom Dritten oder Schadensersatz vom Vorerben zu fordern.

3 **2. Besitzübergang.** Mit dem Nacherbfall geht auch der Herausgabeanspruch gegen einen Dritten aus einem Besitzmittlungsverhältnis (mittelbarer Besitz) automatisch auf den Nacherben über. Dagegen kann der unmittelbare Besitz, begriffen als tatsächliche Sachherrschaft, in dieser Weise nicht von selbst auf den Nacherben übergehen. § 857 ist nicht anwendbar (Lange/Kuchinke ErbR § 28 VIII 2b). Allein der Erlangung des unmittelbaren Besitzes an allen Erbschaftsgegenständen dient der Herausgabeanspruch des § 2130. Dieser richtet sich, wenn der Nacherbfall mit dem Tod des Vorerben eingetreten ist, gegen dessen Erben; andernfalls gegen den Vorerben selbst. Hatte der Vorerbe vor dem Nacherbfall den Besitz an den Erbschaftsgegenständen noch gar nicht erlangt, so geht das Besitzrecht unmittelbar vom Erblasser auf den Nacherben über.

4 **3. Übergang der Nachlassverbindlichkeiten.** Die Haftung für die Nachlassverbindlichkeiten (§ 1967 Abs. 2) geht mit dem Eintritt des Nacherbfalls **kraft Gesetzes** auf den Nacherben über. Es bedarf keiner rechtsgeschäftlichen Schuldübernahme. Zu den Nachlassverbindlichkeiten gehören auch die Kosten der Beerdigung des Erblassers (§ 1968) und der bei dessen Tod zu zahlende „Dreißigste" (§ 1969), nicht aber die entsprechenden Kosten für den Todesfall des Vorerben (OLG Celle HRR 1941 Nr. 127; Grüneberg/Weidlich § 2144 Rn. 2). Der Vorerbe wird mit dem Nacherbfall **von der Haftung für alle Nachlassverbindlichkeiten,** für die die Haftung auf den Nacherben übergegangen ist, **befreit.** Die Haftung des Vorerben besteht gem. § 2145 nur für die nicht auf den Nacherben übergegangenen Nachlassverbindlichkeiten fort. Dazu gehören die Ansprüche aus Pflichtteilsrechten, Vermächtnissen oder Auflagen, wenn der Erblasser dem Vorerben persönlich die Pflichtteilslast gem. § 2324 auferlegt bzw. diesen als solchen mit dem Vermächtnis oder der Auflage beschwert hat (Kipp/Coing ErbR § 52 I 1). Zu den Nachlassverbindlichkeiten gehören auch **vom Vorerben** in Bezug auf den Nachlass **begründete Verpflichtungen,** wenn der Vorerbe von der Pflicht zur ordnungsmäßigen Nachlassverwaltung (§ 2120 S. 1, § 2130) befreit ist (vgl. §§ 2136, 2137) oder er sich dabei pflichtgemäß verhalten hat (BGH NJW 1960, 959; Soergel/Wegmann § 2144 Rn. 1 f.; MüKoBGB/Grunsky § 2144 Rn. 2). Bei **nicht befreiter Vorerbschaft** ist daher anhand der Grundsätze ordnungsmäßiger Verwaltung (→ § 2120 Rn. 2) zu prüfen, welche Verbindlichkeiten diesen Anforderungen genügen und damit auf den Nacherben übergehen, und welche nicht. Bei der Fortführung eines zum Nachlass gehörenden **Handelsgeschäfts** unter der bisherigen Firma (§ 27 Abs. 1 HGB, § 25 HGB) geht die Haftung für alle im Betrieb begründeten Verbindlichkeiten ohne Rücksicht auf die Ordnungsmäßigkeit als Nachlassverbindlichkeit auf den Nacherben über (BGH NJW 1960, 959; MüKoBGB/Grunsky § 2144 Rn. 3). Bei im Rahmen ordnungsgemäßer Verwaltung eingegangenen Nachlassverbindlichkeiten kann der Vorerbe vom Nacherben Freistellung von der persönlichen Haftung verlangen. Wenn und soweit der Nacherbe danach nicht für vom Vorerben begründete Verbindlichkeiten haftet, besteht dessen persönliche Haftung fort (§ 2145).

5 Die Nachlassverbindlichkeiten gehen in dem **Zustand** über, in dem sie sich zurzeit des Nacherbfalls befinden. Der Nacherbe hat daher auch die Rechtsfolgen zu tragen, die durch das Verhalten des Vorerben entstanden sind (zB Verzug, Stundung durch Vorerben), allerdings vorbehaltlich interner Regressansprüche gem. §§ 2130, 2131 gegen den Vorerben. Umgekehrt kommt dem Nacherben auch eine dem Vorerben gewährte Stundung zugute. Die Wirkungen eines vom Vorerben geltend gemachten Zurückbehaltungsrechts entfallen mit dem Nacherbfall, wenn dieses sich nicht auf eine Nachlassforderung bezieht (MüKoBGB/Grunsky Rn. 4). S. zur Aufrechnung durch den Vorerben → § 2113 Rn. 14.

6 **4. Rechte Dritter an Nachlassgegenständen.** Auch Rechte Dritter an Nachlassgegenständen werden durch den Nacherbfall grds. nicht beeinträchtigt. Dies gilt zunächst uneingeschränkt für alle bereits **vom Erblasser begründeten Rechte** Dritter am Nachlass bzw. an einzelnen Nachlassgegenständen, weil der Nacherbe als dessen Gesamtrechtsnachfolger unmittelbar in die sich daraus ergebenden Pflichten eintritt. Darüber hinaus sind auch alle **vom Vorerben begründeten Rechte** Dritter dem Nacherben gegenüber wirksam, wenn dieser umfassend von allen Beschränkungen und Verpflichtungen befreit war oder sich dabei als nicht befreiter Vorerbe im Rahmen ordnungsgemäßer Verwaltung gehalten hat (→ Rn. 4). Hat der nicht befreite Vorerbe dagegen die Grenzen ordnungsgemäßer Verwaltung überschritten, so sind die solchermaßen begründeten Rechte Dritter dem Nacherben gegenüber unwirksam und dieser kann deren Aufhebung mit Wirkung ab dem Nacherbfall verlangen.

**5. Prozessführung.** Ein Rechtsstreit zwischen dem Vorerben und einem Dritten wird infolge des Nacherbfalls gem. §§ 239, 242, 246 ZPO unterbrochen. Der Vorerbe verliert die Klagebefugnis, die auf den Nacherben übergeht. Dessen rechtliche Stellung im weiteren Verfahren ist in § 246 ZPO geregelt. Die Rechtskrafterstreckung ist in § 326 ZPO geregelt, die Umschreibung des Vollstreckungstitels gegen den Nacherben in § 726 ZPO. Bei der Vollstreckung aus einem Urteil gegen den Vorerben ist § 2115 zu beachten. Ein Rechtsstreit zwischen Vor- und Nacherben wird nicht unterbrochen, kann jedoch uU durch den Tod des Vorerben seine Erledigung finden (zB pflichtwidrige Verwaltung durch den Verstorbenen). 7

**6. Vollmacht.** Eine **vom Erblasser** erteilte, über seinen Tod hinaus geltende Vollmacht ist auch dem Nacherben gegenüber wirksam, wenn sie nicht vom Vorerben widerrufen worden ist. Ab dem Nacherbfall steht das Widerrufsrecht allein dem Nacherben zu. Die einem Mitnacherben vom Erblasser erteilte Prokura für ein zum Nachlass gehörendes Handelsgeschäft soll nach einer Entscheidung des BGH mit dem Nacherbfall erlöschen, weil die damit eingeräumte Vertretungsmacht mit der Rechtsstellung zwischen Mit-Nacherben nicht vereinbar sei (BGH NJW 1960, 959; Soergel/Wegmann Rn. 5). 8

Eine **vom Vorerben** erteilte trans- oder postmortale Vollmacht, die sich nicht ausschließlich auf den Nachlass oder einzelne Nachlassgegenstände bezieht, bleibt zwar trotz des Nacherbfalls zwar weiterhin gültig, bezieht sich jedoch von da an nicht mehr auf die Erbschaft, sondern nur noch auf das freie Eigenvermögen des Vorerben (ungenau MüKoBGB/Grunsky Rn. 5; Grüneberg/Weidlich Rn. 3). Betrifft dagegen eine vom Vorerben erteilte Vollmacht nur den Nachlass oder einzelne dazu gehörende Gegenstände, so verliert sie mit dem Nacherbfall ihre Gültigkeit in vollem Umfang (KG JFG 5, 308; OLG Schleswig SchlHA 1962, 174). Eine auf den Nachlass beschränkte Vollmacht wirkt jedoch auch für und gegen den Nacherben, wenn dieser ihr – auch konkludent – zugestimmt hat oder sie üblicher Bestandteil einer auch dem Nacherben gegenüber wirksamen Maßnahme ordnungsgemäßer Nachlassverwaltung ist, zB Auflassungsvollmacht in einem Grundstücksteilflächenkaufvertrag, wenn der Vorerbe von § 2113 Abs. 1 befreit ist (Soergel/Wegmann § 2112 Rn. 10); unter dieser Bedingung ist auch die Erteilung einer postmortalen Nachlassvollmacht durch den Vorerben für den Nacherben bindend (vgl. Staudinger/Reimann Vorb. §§ 2197–2228 Rn. 78; aA KGJ 50, 159). 9

**7. Ausschlagungsrecht des Vorerben.** Hatte der Vorerbe beim Nacherbfall sein Recht zur Ausschlagung noch nicht verloren, so kann er dieses auch noch nach diesem Zeitpunkt ausüben. Ist der Nacherbfall mit dem Tod des Vorerben eingetreten, geht dieses Recht auf dessen eigene Erben über (BGHZ 44, 152 = NJW 1965, 2295). Der Fortbestand dieses Ausschlagungsrechts hindert jedoch den Anfall an den Nacherben gem. § 2139 nicht (MüKoBGB/Grunsky Rn. 6; aA v. Lübtow JZ 1969, 502). Die Ausübung oder Nichtausübung dieses Rechts entscheidet allein darüber, wer Vorerbe wird, also gegen wen sich die Ansprüche des Nacherben zu richten haben. 10

## II. Erbschein

Der dem Vorerben erteilte Erbschein wird mit dem Nacherbfall unrichtig und ist von Amts wegen gem. § 2361 einzuziehen. Der Nacherbe kann die Herausgabe dieses Erbscheins verlangen (§ 2363) und einen ihn selbst als Erben des Erblassers ausweisenden Erbschein beantragen. 11

## III. Berichtigung von Grundbuch, Handels- und sonstigen Registern

Das Grundbuch wird kraft Gesetzes mit dem Nacherbfall unrichtig und muss berichtigt werden. Der Nacherbe kann diese beantragen. Das Grundbuchamt kann die **Berichtigung** gem. §§ 82 ff. GBO erzwingen. Mit der Umschreibung des Eigentums auf den Nacherben ist ein Nacherbenvermerk gem. § 51 GBO auch ohne ausdrücklichen Antrag zu löschen, weil dieser im Berichtigungsantrag konkludent eingeschlossen ist (MüKoBGB/Grunsky Rn. 8; unklar Grüneberg/Weidlich Rn. 6). Der Vermerk über eine **mehrfache Nacherbfolge** kann erst gelöscht werden, wenn auch der Letzte angeordnete Nacherbfall eingetreten ist. Zunächst hat der Nacherbe dem Grundbuchamt durch öffentliche Urkunde (§ 29 GBO) den **Eintritt des Nacherbfalls nachzuweisen** (zB Sterbeurkunde, wenn Nacherbfall bei Tod des Vorerben eintritt), es sei denn, der Eintritt ist dem Gericht offenkundig (vgl. OLG Köln MDR 1965, 993; offengelassen von BGH NJW 1982, 2499). Nach zutreffender hM muss der Nacherbe zusätzlich sein **Erbrecht** immer durch Vorlage entweder eines neuen auf ihn lautenden Erbscheins oder einer öffentlich beurkundeten Verfügung von Todes wegen nebst beglaubigter Abschrift des Eröffnungsprotokolls (vgl. § 35 GBO) nachweisen (BGH NJW 1982, 2499; BayObLGZ 1982, 252; MüKoBGB/Grunsky Rn. 8). Bei einem 12 eigenhändigen Testament oder einer unklaren notariellen Verfügung von Todes wegen ist ein Erbschein vorzulegen. Weder der Vor- noch ein Ersatznacherbe müssen der Eintragung des Nacherben zustimmen.

13 Auch **andere Register,** insbes. das Handels-, das Partnerschaftsgesellschafts- und das Genossenschaftsregister, müssen nach dem Nacherbfall berichtigt werden, wenn und soweit der Erblasser oder der Vorerbe als Rechtsnachfolger des Erblassers als **Geschäftsinhaber oder Gesellschafter** eingetragen ist. Die Berichtigung erfolgt auf Anmeldung der für einen Inhaber- oder Gesellschafterwechsel anmeldepflichtigen Personen. Gemäß § 12 Abs. 2 S. 2 HGB ist der Eintritt der Nacherbfolge durch öffentliche Urkunde nachzuweisen. Dazu ist die Vorlage entweder eines Erbscheins oder einer beglaubigten Abschrift einer notariell beurkundeten Verfügung von Todes wegen nebst Eröffnungsprotokoll erforderlich und ausreichend (vgl. zum Nachweis durch Vorlage eines öffentlichen Testaments nebst Eröffnungsprotokoll BGH NJW 2005, 2779 (2780)). Bei einem eigenhändigen Testament oder einer unklaren notariellen Verfügung von Todes wegen (vgl. OLG Hamburg NJW 1966, 986) ist dagegen ein Erbschein vorzulegen. Der Nacherbe ist an Stelle des Erblassers bzw. des Vorerben einzutragen. Selbst bei angeordneter mehrfacher Nacherbfolge, kann und wird dies im Register nicht vermerkt. Eintragungen des Erblassers und/oder des verstorbenen Vorerben als **Vorstand, Geschäftsführer** usw sind dagegen auf Anmeldung unter Vorlage einer Sterbeurkunde zu löschen.

## § 2140 Verfügungen des Vorerben nach Eintritt der Nacherbfolge

**[1]Der Vorerbe ist auch nach dem Eintritt des Falles der Nacherbfolge zur Verfügung über Nachlassgegenstände in dem gleichen Umfang wie vorher berechtigt, bis er von dem Eintritt Kenntnis erlangt oder ihn kennen muss. [2]Ein Dritter kann sich auf diese Berechtigung nicht berufen, wenn er bei der Vornahme eines Rechtsgeschäfts den Eintritt kennt oder kennen muss.**

### Überblick

Die Vorschrift regelt den Fall, dass nach Eintritt des Nacherbfalls noch Verwaltungshandlungen vom Vorerben vorgenommen werden. Einerseits dient sie dem Schutz des gutgläubigen Vorerben, der vom Eintritt des Nacherbfalls noch nichts weiß (→ Rn. 1 ff.). Andererseits erstreckt S. 2 diesen Schutz zwar auf gutgläubige Dritte, doch diese müssen sowohl dieser als auch der Vorerbe an den Fortbestand der Vorerbschaft geglaubt haben (→ Rn. 4).

### I. Gutgläubigkeit des Vorerben

1 **1. Verfügungsgeschäfte.** Die Verfügungsmacht des Vorerben endet zwar kraft Gesetzes mit dem Eintritt des Nacherbfalls, jedoch genießen gem. S. 1 auch danach noch vom Vorerben vorgenommene Verfügungen iSd §§ 2113–2119, 2134 einen Schutz, solange er von dem Eintritt (zB Geburt des eingesetzten Nacherben) ohne eigenes Verschulden nichts weiß. Beruht die Unkenntnis vom eingetretenen Nacherbfall auf leichter Fahrlässigkeit, so verdient der Vorerbe keinen Schutz mehr. Hat der Vorerbe vor dem Zeitpunkt, zu dem er von dem eingetretenen Nacherbfall erfahren hat oder diesen hätte kennen müssen, Verfügungen vorgenommen, so sind diese wirksam, während die späteren unwirksam sind. **Keinen Schutz** gewährt S. 1 den Erben des Vorerben, wenn der Nacherbfall mit dessen Tod eintritt (Staudinger/Avenarius, 2019, Rn. 2). War dem Vorerben noch nicht einmal die Anordnung der Nacherbfolge bekannt, so kann er sich ebenfalls nicht auf S. 1 berufen (MüKoBGB/Grunsky Rn. 1). Schließlich schützt diese Vorschrift ihn auch nicht, wenn er den Nachlass an den falschen Nacherben herausgibt.

2 Solange der Vorerbe den eingetretenen Nacherbfall nicht kennt und auch nicht kennen muss, kann er in dem bis zum Nacherbfall zulässigen Umfang weiterhin verfügen. Damit behalten alle bis dahin geltenden Befreiungen von Verfügungsverboten ihre Gültigkeit. Verfügungen des umfassend befreiten Vorerben sind ebenso wirksam wie solche des nicht befreiten Vorerben, die sich im Rahmen einer ordnungsgemäßen Nachlassverwaltung halten. Verfügungen, die auch vor dem Nacherbfall dem Nacherben gegenüber unwirksam gewesen wären, sind es auch gem. § 2140 nicht. Schadensersatzansprüche des Nach- gegen den Vorerben wegen der nach dem Nacherbfall im Rahmen des S. 1 vorgenommenen Verfügungen sind ausgeschlossen. Diese Bestimmung macht den Vorerben jedoch nicht zum Berechtigten, sodass er gem. § 816 die durch die Verfügung

erlangte Bereicherung an den Nacherben abzuführen hat (MüKoBGB/Grunsky Rn. 3). Diese Rechtsfolgen des S. 1 treten unabhängig davon ein, ob auch der Dritte, zu dessen Gunsten die Verfügung erfolgt ist, gutgläubig ist.

**2. Verpflichtungsgeschäfte.** Der Schutz des gutgläubigen Vorerben kann nur dann verwirklicht werden, wenn S. 1 auch auf schuldrechtliche Verträge über Erbschaftsgegenstände analog angewandt wird (Soergel/Wegmann Rn. 2; MüKoBGB/Grunsky Rn. 4). War der Vorerbe umfassend befreit oder hat er sich als nicht befreiter Vorerbe im Rahmen ordnungsgemäßer Nachlassverwaltung gehalten, so geht die eingegangene Verbindlichkeit auf den Nacherben über, der seinerseits verpflichtet ist, den Vorerben hiervon freizustellen. 3

## II. Schutz des gutgläubigen Dritten

Waren sowohl der Vorerbe als auch der Dritte, zu dessen Gunsten verfügt wurde, in diesem Zeitpunkt in Ansehung des bereits eingetretenen Nacherbfalls gutgläubig, so ist die Verfügung, die der umfassend befreite Vorerbe oder der nicht befreite Vorerbe im Rahmen ordnungsmäßiger Nachlassverwaltung vorgenommen hat, in vollem Umfang auch gegenüber dem Nacherben wirksam. Er kann weder vom Dritten Rückabwicklung noch vom Vorerben Schadensersatz verlangen, wohl aber gem. § 816 Herausgabe des Erlöses. War zwar der Vorerbe gutgläubig, nicht aber der Dritte, so kann der Nacherbe von diesem die Rückabwicklung verlangen, jedoch nicht vom Vorerben Schadensersatz. War der Vorerbe bösgläubig, so scheidet zwar der gutgläubige Erwerb durch den Dritten gem. § 2140 aus, nicht aber der auf Grund der §§ 892, 893, 932, 2366. Der gutgläubige Nachlassschuldner ist in analoger Anwendung der §§ 406–408, 412 geschützt. Dabei steht die fahrlässige Unkenntnis dem Wissen gleich. 4

### § 2141 Unterhalt der werdenden Mutter eines Nacherben

**Ist bei dem Eintritt des Falles der Nacherbfolge die Geburt eines Nacherben zu erwarten, so findet auf den Unterhaltsanspruch der Mutter die Vorschrift des § 1963 entsprechende Anwendung.**

## Überblick

Die Bestimmung ergänzt den Unterhaltsanspruch der werdenden Mutter eines Erben gem. § 1963. Ihr steht ein Unterhaltsanspruch auch dann zu, wenn im Zeitpunkt des Eintritts des Nacherbfalls der Nacherbe zwar noch nicht geboren, aber schon gezeugt ist. Die Vorschrift ist analog anzuwenden, wenn die Erbeinsetzung einer im Erbfall noch nicht gezeugten Person als Nacherbeneinsetzung umgedeutet wird.

## I. Anwendungsbereich

§ 2141 enthält eine Rechtsgrundverweisung auf § 1963 für den Fall, dass der Erblasser einen beim Nacherbfall bereits erzeugten, aber erst danach geborenen Nacherben eingesetzt hat. Unter den weiteren Voraussetzungen des § 1963 kann die Mutter dieses Kindes aus dem Nachlass, vertreten durch den Pfleger des Kindes als noch unbekanntem Nacherben, Unterhalt verlangen. 1

## II. Analoge Anwendung

Diese Vorschrift gilt unmittelbar zwar nur für den Fall des § 1923, dass das Kind nach dem Nacherbfall zur Welt kommt, muss jedoch auch auf den analog angewendet werden, dass die Geburt des Kindes selbst den Nacherbfall auslöst (§ 2101 Abs. 1, § 2106 Abs. 2 S. 1) (allgM, zB MüKoBGB/Grunsky Rn. 2). In diesem Fall richtet sich der Anspruch gegen den Vorerben, der diesen aus der Substanz des Nachlasses erfüllen muss und kann. Hat er den Unterhaltsanspruch aus seinem persönlichen Vermögen erfüllt, kann er Ersatz vom Nacherben verlangen (Soergel/HarderWegmann Rn. 2). 2

### § 2142 Ausschlagung der Nacherbschaft

**(1) Der Nacherbe kann die Erbschaft ausschlagen, sobald der Erbfall eingetreten ist.**

**(2) Schlägt der Nacherbe die Erbschaft aus, so verbleibt sie dem Vorerben, soweit nicht der Erblasser ein anderes bestimmt hat.**

## Überblick

Der Nacherbe braucht den Nacherbfall nicht abzuwarten, sondern kann die Nacherbschaft schon ab dem Tod des Erblassers ausschlagen (→ Rn. 1 f.). Der Grundsatz des Abs. 2, dass die Erbschaft nach der Ausschlagung durch den Nacherben dem Vorerben verbleibt (→ Rn. 3), tritt deshalb in der Praxis selten ein, weil der Erblasser regelmäßig für den Wegfall des Nacherben durch Ausschlagung entweder Anwachsung an Mitnacherben angeordnet (§ 2094) oder Ersatznacherben berufen (§ 2096) hat (→ Rn. 4).

## I. Ausschlagungsrecht des Nacherben

1 Der Nacherbe kann, was Abs. 1 lediglich klarstellt (MüKoBGB/Grunsky Rn. 1; aA NK-BGB/Gierl Rn. 2 Fn. 3), die Nacherbschaft gem. § 1946 bereits **ab dem Tod des Erblassers** ausschlagen. Den Nacherbfall braucht er nicht abzuwarten. Auch der bedingt eingesetzte Nacherbe oder ein weiterer Nacherbe bei mehrfacher Nacherbfolge kann von da an bereits die Nacherbschaft ausschlagen. Die **Ausschlagungsfrist** (§ 1944) beginnt jedoch frühestens mit dem Zeitpunkt, in dem der Nacherbe von dem Eintritt des Nacherbfalls erfährt (BayObLGZ 1966, 271 (274)). Ist der Nacherbe nach dem Erblasser pflichtteilsberechtigt und seinerseits mit Anordnungen iSd § 2306 beschwert, so beginnt diese Frist erst dann, wenn er auch von diesen Kenntnis erlangt hat (§ 2306 Abs. 1 S. 2 Hs. 2). Wegen der **Verjährung eines Pflichtteilsanspruchs** innerhalb von drei Jahren ab dem Tod des Erblassers (§ 2332 Abs. 2) kann der Nacherbe zu einer Ausschlagung vor dem Nacherbfall gezwungen sein (RG LZ 25, 1071). Hängt die Länge der Ausschlagungsfrist gem. § 1944 Abs. 3 vom Wohnsitz ab, so ist der des Erblassers maßgebend und nicht der des Vorerben (MüKoBGB/Grunsky Rn. 1).

## II. Ausschlagungserklärung

2 Der Nacherbe hat die Ausschlagung gem. §§ 1945, 1947 selbst zu erklären. Zwar ist gem. § 1945 Abs. 3 eine Vertretung zulässig, doch ist das Ausschlagungsrecht weder **übertragbar** noch **pfändbar** (LG Hildesheim BeckRS 2009, 10677) noch im Rahmen des Rechts der Sozialhilfe bzw. der Grundsicherung für Arbeitssuchende (ALG II oder „Hartz IV") überleitungsfähig (auch → § 2100 Rn. 9). Gläubiger sollen diese Entscheidung nicht an sich ziehen können (vgl. BGH NJW 1993, 2876 (2877 f.)). Für einen **unbekannten,** insbes. noch nicht geborenen **Nacherben** handelt dessen Pfleger. Der **minderjährige Nacherbe** wird von seinen Eltern bzw. von seinem Vormund vertreten. Auch wenn ein Elternteil oder beide Eltern Vorerben sind, bedarf es regelmäßig keiner Bestellung eines Pflegers für die Entscheidung über die Ausschlagung (OLG Frankfurt FamRZ 1964, 154). **Stirbt der Nacherbe** vor dem Nacherbfall, ohne die Nacherbschaft ausgeschlagen oder angenommen (→ Rn. 5) zu haben, so geht dieses Recht auf dessen Erben über, wenn die Nacherbenanwartschaft vererblich ist (→ § 2108 Rn. 2 ff.). Andernfalls erlischt das Ausschlagungsrecht des Nacherben mit dessen Tod und ein eingesetzter Ersatznacherbe kann ab dann die Nacherbschaft ausschlagen oder annehmen (vgl. RG JW 1931, 1354; BGH NJW 1965, 2295). Beim Tod des Nacherben nach dem Nacherbfall steht das Ausschlagungsrecht dessen Erben zu (§ 1952). Zur Ausschlagung der Nacherbschaft durch den Erwerber der Nacherbenanwartschaft → § 2100 Rn. 35.

## III. Wirkung der Ausschlagung

3 Mit der Ausschlagung der Nacherbschaft entfällt die Nacherbfolge ersatzlos, sodass der Vorerbe damit die rechtliche Stellung eines unbeschränkten Vollerben erhält. Erfolgt die Ausschlagung erst nach dem Nacherbfall, wird der Vorerbe bzw. dessen Erbe rückwirkend unbeschränkter Vollerbe des Erblassers. Der Nacherbe hat es wegen der Bedingungsfeindlichkeit (§ 1947) der Ausschlagung nicht in der Hand, diese Wirkung sicherzustellen, sodass, wenn es ihm ganz wesentlich auf dieses Ergebnis ankommt, er allenfalls sein Nacherbenanwartschaftsrecht auf den Vorerben übertragen kann (→ § 2100 Rn. 34 f.). Abs. 2 gilt nicht, wenn der Nacherbe aus anderen Gründen (zB Erbunwürdigkeitserklärung, Erbverzicht, Anfechtung) wegfällt.

4 Der Erblasser kann jedoch von diesem Grundsatz abweichen, indem er für den Wegfall des Nacherben durch Ausschlagung **Anwachsung** an Mitnacherben anordnet (§ 2094) (vgl. LG Düsseldorf MittRhNotK 1961, 125; BayObLG FamRZ 1962, 538) oder **Ersatznacherben** beruft (§ 2096). Dabei ist es unerheblich, ob die Einsetzung der Ersatznacherben auf einer gesetzlichen Ergänzungs- bzw. Auslegungsregel oder einer ausdrücklichen Verfügung des Erblassers beruht. Gemäß § 2069 treten so etwa die Abkömmlinge des Nacherben an dessen Stelle, wenn der

Nacherbe seinerseits Abkömmling des Erblassers ist (→ § 2069 Rn. 1). Bei der Feststellung des Erbrechts mehrerer Abkömmlinge des Nacherben kommt es nicht auf den Zeitpunkt der Ausschlagung, sondern auf den Eintritt des Nacherbfalls an (MüKoBGB/Grunsky Rn. 5). Schlägt der neben anderen Verwandten eingesetzte Nacherbe aus, um seinen Pflichtteil zu erhalten, so entspricht es regelmäßig nicht dem Erblasserwillen, dessen Abkömmlinge an seine Stelle treten zu lassen, da dadurch der Stamm des Ausschlagenden wirtschaftlich bevorzugt wäre (→ § 2069 Rn. 11).

## IV. Annahme durch den Nacherben

Auch der Nacherbe kann die Nacherbschaft bereits ab dem Tod des Erblassers gem. § 1946 annehmen (allgM, zB MüKoBGB/Grunsky Rn. 6). Die Annahme ist vor allem deshalb notwendig, um den Erwerber des Nacherbenanwartschaftsrechts vor einer späteren Ausschlagung durch den Nacherben zu schützen (→ § 2100 Rn. 35). Die Annahme erfolgt gegenüber dem Nachlassgericht (Grüneberg/Weidlich Rn. 4). 5

# § 2143 Wiederaufleben erloschener Rechtsverhältnisse

**Tritt die Nacherbfolge ein, so gelten die infolge des Erbfalls durch Vereinigung von Recht und Verbindlichkeit oder von Recht und Belastung erloschenen Rechtsverhältnisse als nicht erloschen.**

## Überblick

Zwar erlöschen die zwischen dem Erblasser und dem Vorerben bestehenden Rechtsverhältnisse gem. § 1922 in vollem Umfang, doch bestimmt diese Vorschrift hiervon eine Ausnahme. Mit Eintritt des Nacherbfalls leben danach die früheren Rechtsverhältnisse wieder auf, allerdings nur mit Wirkung für die Zukunft (→ Rn. 2). Entsprechendes gilt für die akzessorischen Sicherungsrechte (→ Rn. 2).

## I. Voraussetzungen

Mit dem Erbfall erlöschen die zwischen dem Erblasser und dem Vorerben bestehenden Rechtsverhältnisse in vollem Umfang (→ § 1922 Rn. 1 ff.). Die Unterscheidung zwischen dem mit dem Nacherbenrecht belasteten Nachlass und dem freien Eigenvermögen des Vorerben betrifft allein das Innenverhältnis des Vor- zum Nacherben, kann jedoch eine Ausnahme von der durch den Erbfall eintretenden Konfusion nicht rechtfertigen. Ausnahmsweise kann die Konfusion jedoch unterbleiben, so bei Testamentsvollstreckung für den Vorerben, Nachlassverwaltung oder Nachlassinsolvenz. In diesen Ausnahmefällen bedarf es mangels Konfusion keines Wiederauflebens gem. § 2143 (BGH NJW 1967, 2399; MüKoBGB/Grunsky Rn. 3). Im Hinblick auf die zeitliche Beschränkung der Vorerbschaft durch die Nacherbfolge kann die erbfallbedingte Konfusion nur eine zeitweilige sein. Folgerichtig ordnet § 2143 das Wiederaufleben aller infolge Konfusion beim Erbfall erloschenen Rechte und Pflichten zwischen Vorerbe und dem Nachlass des Erblassers mit Wirkung vom Eintritt des Nacherbfalls an. Dies gilt selbst dann, wenn sich die Vorerbschaft nur auf einen Teil des Nachlasses bezieht (Staudinger/Avenarius, 2019, Rn. 2). 1

## II. Wirkungen

Mit dem Eintritt des Nacherbfalls leben die beim Erbfall erloschenen Rechtsverhältnisse kraft Gesetzes ohne besondere Rechtshandlungen wieder auf. Diese Wirkung beschränkt sich dabei nicht nur auf die Beziehungen zwischen Vor- und Nacherbe, sondern gilt ohne jede Einschränkung auch gegenüber Dritten. Das Wiederaufleben **wirkt** jedoch **nicht auf den Erbfall zurück,** sodass für die Zeit zwischen Erb- und Nacherbfall keine Zinsen zu zahlen oder sonstige Nutzungen zu entschädigen sind. Die **Verjährung** der zeitweilig erloschenen Forderungen und Ansprüche ist durch § 202 gehemmt. Mit dem Recht leben auch etwaige **Sicherheiten** wie Bürgschaften und Pfandrechte wieder auf (Soergel/Wegmann Rn. 2). Der Rang des wieder entstandenen Pfandrechts richtet sich allerdings nicht nach dem Zeitpunkt der ursprünglichen Bestellung, sondern nach den Verhältnissen bei Eintritt des Nacherbfalls (MüKoBGB/Grunsky Rn. 2). Bereits vor dem Nacherbfall kann **Klage** erhoben werden, **festzustellen,** dass ein Recht mit dessen 2

Eintritt gem. § 2143 wieder entsteht (BGH LM § 2100 Nr. 5). Wird eine zweigliedrige **Personengesellschaft** (GbR, OHG, KG) durch den Tod des Erblassers aufgelöst und der bisherige Mitgesellschafter Vorerbe, so entsteht in analoger Anwendung des § 2143 kraft Gesetzes mit Eintritt des Nacherbfalls Gesamthandsvermögen zwischen Nacherben und dem Vorerben als früherem Mitgesellschafter (Flume BGB AT I 1 102; Timmann, Vor- und Nacherbschaft innerhalb der zweigliedrigen OHG oder KG, 2000, 92 ff.; ähnlich Stimpel FS Rowedder, 1994, 481; aA H. Westermann Personengesellschaftsrecht Rn. 501: Anspruch auf Einbringung gem. § 2130). Dem Nacherben eines persönlich haftenden Gesellschafters steht das Wahlrecht gem. § 139 HGB zu (s. zu den Folgen Timmann, Vor- und Nacherbschaft innerhalb der zweigliedrigen OHG oder KG, 2000, 96 ff.).

## § 2144 Haftung des Nacherben für Nachlassverbindlichkeiten

**(1) Die Vorschriften über die Beschränkung der Haftung des Erben für die Nachlassverbindlichkeiten gelten auch für den Nacherben; an die Stelle des Nachlasses tritt dasjenige, was der Nacherbe aus der Erbschaft erlangt, mit Einschluss der ihm gegen den Vorerben als solchen zustehenden Ansprüche.**

**(2) Das von dem Vorerben errichtete Inventar kommt auch dem Nacherben zustatten.**

**(3) Der Nacherbe kann sich dem Vorerben gegenüber auf die Beschränkung seiner Haftung auch dann berufen, wenn er den übrigen Nachlassgläubigern gegenüber unbeschränkt haftet.**

### Überblick

Die Vorschrift stellt zunächst klar, dass auch die Haftung des Nacherben nach den allgemeinen Vorschriften beschränkbar ist. Außerdem beschränkt sie das Haftungsobjekt auf den Nachlass, den er tatsächlich erlangt hat (→ Rn. 1 ff.). Abs. 2 erstreckt die haftungsbeschränkende Wirkung des vom Vorerben errichteten Inventars auch auf den Nacherben. Hat der Vorerben kein Inventar errichtet, kann der Nacherbe zur Beschränkung seiner eigenen Haftung als Erbe dies bezogen auf den Erbfall nachholen (→ Rn. 4). Nach Abs. 3 ist die Haftung des Nacherben im Verhältnis zum Vorerben unabhängig von der gegenüber Dritten beschränkbar (→ Rn. 5).

### I. Haftungsbeschränkungen

1 Die Haftung für die Nachlassverbindlichkeiten geht mit dem Eintritt des Nacherbfalls kraft Gesetzes auf den Nacherben über. Es bedarf keiner rechtsgeschäftlichen Schuldübernahme. S. zum Übergang der Nachlassverbindlichkeiten → § 2139 Rn. 4 f. Wenn und soweit die Haftung auf den Nacherben übergegangen ist, kann er diese gem. §§ 1975 ff. durch Beantragung der **Nachlassverwaltung** oder des **Nachlassinsolvenzverfahrens** beschränken. Ferner kann er im Wege des **Aufgebotsverfahrens gem. § 1970** die Nachlassgläubiger zur Forderungsanmeldung auffordern lassen. Schließlich kommt er auch in den Genuss der **Versäumungsfrist des § 1974,** die trotz angeordneter Nacherbfolge mit dem Erb-, nicht erst mit dem Nacherbfall beginnt. Dem Nacherben steht auch die **Dürftigkeitseinrede** (§§ 1990–1992) zu. Alle diese Rechte stehen dem Nacherben ab dem Nacherbfall auch dann zu, wenn der Vorerbe von diesen Möglichkeiten keinen Gebrauch gemacht oder diese verloren hatte (MüKoBGB/Grunsky Rn. 5).

2 Andererseits kommen **Rechtshandlungen des Vorerben** zum Zwecke der Haftungsbeschränkung auch dem Nacherben zugute, ohne dass er diese erneut in die Wege leiten muss. Ein Ausschließungsbeschluss auf Grund eines vom Vorerben beantragten **Aufgebots** gem. § 1970 wirkt auch zugunsten des Nacherben (§ 461 FamFG). Der Nacherbe kann die Aufhebung einer noch vom Vorerben eingeleiteten und beim Nacherbfall noch nicht abgeschlossenen **Nachlassverwaltung** verlangen (MüKoBGB/Grunsky Rn. 5). Sie ist weiterzuführen, wenn sie von einem Nachlassgläubiger beantragt worden ist und die Gründe des § 1981 Abs. 2 auch auf den Nacherben zutreffen; andernfalls ist sie auf Antrag ebenfalls aufzuheben (MüKoBGB/Grunsky Rn. 5; Soergel/Wegmann Rn. 5). Ist die Nachlassverwaltung beim Nacherbfall bereits abgeschlossen, so wirkt die damit verbundene Haftungsbeschränkung (§ 1975) auch zugunsten des Nacherben weiter (Lange/Kuchinke ErbR § 51 II 2 f.; MüKoBGB/Grunsky Rn. 5). Das vor dem Nacherbfall abgeschlossene **Nachlasskonkurs- bzw. Nachlassinsolvenzverfahren** bewirkt auch eine

Beschränkung der Haftung des Nacherben auf den Nachlass (MüKoBGB/Grunsky Rn. 6). Bei einem schwebenden Verfahren gilt das zur Nachlassverwaltung Gesagte.

Im Falle der Haftungsbeschränkung haftet der Nacherbe gem. Abs. 1 Hs. 2 mit dem beim Nacherbfall tatsächlich vorhandenen Nachlass zuzüglich der gegen den Vorerben bestehenden Ansprüche, insbes. auf Schadensersatz gem. §§ 2130–2134, 2138 Abs. 2 und Herausgabe gem. § 2130. 3

## II. Nachlassinventar

Nur ein Nachlassverzeichnis, das der Vorerbe innerhalb der Inventarfrist, formgerecht und iSd § 2005 Abs. 1 vollständig und richtig aufgestellt hat, entbindet den Nacherben gem. Abs. 2 von der Pflicht zur erneuten Aufstellung. Hat der Vorerbe nur noch nicht die eidesstattliche Versicherung noch nicht abgegeben, so ist der Nacherbe zu deren Abgabe verpflichtet. Das Gleiche gilt gem. § 2006 Abs. 4, wenn der Nacherbe vom Vorhandensein weiterer Nachlassgegenstände weiß. Dem Nacherben kann auch aufgegeben werden, das vom Vorerben errichtete Inventar iSd § 2005 Abs. 2 zu vervollständigen. Entspricht das vorhandene Verzeichnis den genannten Anforderungen nicht oder hat der Vorerbe überhaupt keines errichtet, so bleibt der Nacherbe zu dessen Aufstellung verpflichtet. Ein vom Nacherben aufzustellendes Nachlassinventar muss den Bestand der Erbschaft zurzeit des Erbfalls wiedergeben. Es kommt also nicht auf den Eintritt des Nacherbfalls an (hM, zB MüKoBGB/Grunsky Rn. 10; aA Meincke, Das Recht der Nachlassbewertung im BGB, 1973, § 14 II 3). Über die seit dem Erbfall eingetretenen Veränderungen muss der Nacherbe gem. §§ 1991, 1978 Auskunft geben. 4

## III. Haftungsbeschränkung gegenüber dem Vorerben

Auch wenn der Nacherbe gegenüber Dritten unbeschränkt haftet (§ 2013 Abs. 1), haftet er gegenüber den Ansprüchen des Vorerben auf Grund der § 2124 Abs. 2 bis § 2126, § 2121 Abs. 4, § 2143 immer nur mit dem beim Nacherbfall tatsächlich vorhandenen Nachlass. Der Nacherbe muss diese Haftungsbeschränkung besonders geltend machen und den Vorbehalt gem. § 780 ZPO erwirken. 5

## § 2145 Haftung des Vorerben für Nachlassverbindlichkeiten

**(1) [1]Der Vorerbe haftet nach dem Eintritt der Nacherbfolge für die Nachlassverbindlichkeiten noch insoweit, als der Nacherbe nicht haftet. [2]Die Haftung bleibt auch für diejenigen Nachlassverbindlichkeiten bestehen, welche im Verhältnis zwischen dem Vorerben und dem Nacherben dem Vorerben zur Last fallen.**

**(2) [1]Der Vorerbe kann nach dem Eintritt der Nacherbfolge die Berichtigung der Nachlassverbindlichkeiten, sofern nicht seine Haftung unbeschränkt ist, insoweit verweigern, als dasjenige nicht ausreicht, was ihm von der Erbschaft gebührt. [2]Die Vorschriften der §§ 1990, 1991 finden entsprechende Anwendung.**

### Überblick

Die Vorschrift regelt die Haftung des Vorerben gegenüber den Nachlassgläubigern für Nachlassverbindlichkeiten. Durch den Wechsel der Erbenstellung bei Eintritt des Nacherbfalls sollen die Nachlassgläubiger nicht benachteiligt werden. Deshalb enthält diese Vorschrift einige Ausnahmen. Für die vom Vorerben eingegangenen Verbindlichkeiten hat er in jedem Fall in vollem Umfang persönlich einzustehen (→ Rn. 3). Er haftet auch für die ihm im Verhältnis zum Nacherben gem. §§ 2124–2126 zur Last fallenden Nachlassverbindlichkeiten persönlich weiter (→ Rn. 4). Der Vorerbe haftet für die ihm persönlich auferlegten Pflichtteilsansprüche (§ 2324), Vermächtnisse oder Auflagen. Außerdem haftet der Vorerbe persönlich weiter, wenn der Nacherbe seine Haftung wirksam beschränkt hat und der Nachlass zur Deckung von Nachlassverbindlichkeiten nicht ausreicht. Schließlich haftet nach hM der Vorerbe für einen unbeschränkt haftenden Nacherben dann, wenn der Gläubiger einer Nachlassverbindlichkeit bei diesem keine Befriedigung erlangen kann (→ Rn. 5). Der Vorerbe kann die Dürftigkeitseinrede gem. Abs. 2 nicht erheben, wenn er zurzeit des Nacherbfalls unbeschränkt gehaftet hat (→ Rn. 6).

## I. Fortdauernde Eigenhaftung des Vorerben

1 Mit dem Nacherbfall endet die Erbenstellung des Vorerben (§ 2139). Damit wird er auch kraft Gesetzes grds. von der Haftung für die Nachlassverbindlichkeiten (§ 1967 Abs. 2) frei (→ § 2139 Rn. 1 ff. f.). Gegen den Vorerben gerichtete Klagen werden damit unbegründet. Gegen ihn gerichtete Vollstreckungen kann er mit der Vollstreckungsgegenklage (§§ 767, 769 ZPO) abwehren. Die Haftungsbefreiung des Vorerben tritt jedoch gem. Abs. 1 in folgenden Fällen nicht ein:

2 **1. Unbeschränkt haftender Vorerbe.** Haftet der Vorerbe zurzeit des Nacherbfalls unbeschränkt, so dauert diese Haftung nach hM weiter, ohne dass er selbst diese danach noch beschränken kann (hM, zB MüKoBGB/Grunsky Rn. 2; aA Kipp/Coing ErbR § 52 vor 1; v. Lübtow ErbR I 1213 f.; Siber, Haftung für Nachlassschulden nach geltendem und künftigem Recht, 1937, 126 f.). Allerdings kann der Nacherbe die Haftungsbeschränkung herbeiführen, Die Einschränkung des Abs. 2, wonach der Vorerbe die Dürftigkeitseinrede nur erheben kann, „sofern nicht seine Haftung unbeschränkt ist", setzt diese fortdauernde Haftung stillschweigend voraus. In diesem Fall haften Vor- und Nacherbe gemeinsam als Gesamtschuldner für die Nachlassverbindlichkeiten. Der Vorerbe kann jedoch unter den Voraussetzungen der §§ 2124 ff. Ausgleich vom Nacherben fordern.

3 **2. Beschränkt haftender Vorerbe. a) Eigenverbindlichkeiten.** Auch der Vorerbe, der für die Nachlassverbindlichkeiten nur beschränkt haftet, hat für die von ihm eingegangenen Verbindlichkeiten in vollem Umfang persönlich einzustehen. Dazu gehören alle vom Vorerben zum Zwecke der Nachlassverwaltung begründeten Verbindlichkeiten. Für die Haftung **gegenüber Dritten** kommt es dabei nicht darauf an, ob der Vorerbe umfassend von allen Beschränkungen und Verpflichtungen befreit war oder er sich als nicht befreiter Vorerbe dabei pflichtgemäß verhalten hat. Der umfassend befreite bzw. der pflichtgemäß handelnde Vorerbe kann allerdings **im Innenverhältnis** vom Nacherben die Freistellung von derartigen Verbindlichkeiten verlangen (vgl. auch §§ 2139, 2140). Eigenverbindlichkeiten sind auch die Ansprüche des Nacherben aus der Verwaltung des Nachlasses (§§ 2130, 2131, 2134, 2138 Abs. 2) und die Ansprüche der Nachlassgläubiger wegen der Verletzung der Verwaltungspflicht (§§ 1978, 1991).

4 **b) Interne Belastung des Vorerben (Abs. 1 S. 2).** Der Vorerbe haftet auch für die ihm im Verhältnis zum Nacherben gem. §§ 2124–2126 zur Last fallenden Nachlassverbindlichkeiten persönlich weiter, also beispielsweise aus der Vorerbschaft rückständige Zinsen auf Nachlassschulden oder gewöhnliche Erhaltungskosten (§ 2124 Abs. 1). Für diese Verbindlichkeiten haften Vor- und Nacherbe dem Dritten zwar als Gesamtschuldner, jedoch kann der Nach- vom Vorerben im Innenverhältnis Freistellung bzw. Zahlungsausgleich verlangen.

5 **c) Nichthaftung des Nacherben (Abs. 1 S. 1).** Zunächst haftet der Vorerbe für die ihm persönlich auferlegten Pflichtteilsansprüche (§ 2324), Vermächtnisse oder Auflagen. Außerdem haftet der Vorerbe persönlich weiter, wenn der Nacherbe seine Haftung wirksam beschränkt hat und der Nachlass zur Deckung von Nachlassverbindlichkeiten nicht ausreicht. Schließlich haftet nach hM der Vorerbe für einen unbeschränkt haftenden Nacherben dann, wenn der Gläubiger einer Nachlassverbindlichkeit bei diesem keine Befriedigung erlangen kann (hM, zB MüKoBGB/Grunsky Rn. 6; Soergel/Wegmann Rn. 4; aA Staudinger/Avenarius, 2019, Rn. 3). Den Nachlassgläubigern darf durch den Eintritt des Nacherbfalls nicht die Haftungsgrundlage entzogen werden. In allen diesen Fällen haftet der Vorerbe aber nicht neben dem Nacherben, sondern nur subsidiär. Die Haftung des Vorerben entsteht jedoch nicht erst mit einem erfolglosen Vollstreckungsversuch aus einem Vollstreckungstitel, sondern bereits dann, wenn der Gläubiger nachweist, dass eine Durchsetzung aussichtslos ist. Der Vorerbe haftet nur mit dem, was ihm aus der Erbschaft verblieben ist, also mit den Nutzungen und den für sich verwendeten Vermögenswerten. Die Haftung reduziert sich um die vom Nacherben erhaltene Summe (Grüneberg/Weidlich Rn. 1).

## II. Dürftigkeitseinrede

6 Der Vorerbe kann die Dürftigkeitseinrede gem. Abs. 2 nicht erheben, wenn er zurzeit des Nacherbfalls unbeschränkt gehaftet hat (→ Rn. 2) oder es sich um Eigenverbindlichkeiten (→ Rn. 3) handelt. In diesen Fällen haftet der Vorerbe mit seinem gesamten Vermögen. In allen anderen Fällen der Weiterhaftung des Vorerben, kann er die Erfüllung der Nachlassverbindlichkeiten gem. Abs. 2 auf die ihm aus der Erbschaft gebührenden Nutzungen und auf die für sich verwendeten Nachlassgegenstände beschränken. Zusätzlich haftet er den Nachlassgläubigern für Schäden bei der Verwaltung des Nachlasses gem. §§ 1991, 1978 mit seinem privaten Vermögen.

Beweist der Vorerbe, dass ihm aus der Erbschaft nichts verblieben ist, so ist eine gegen ihn gerichtete Klage abzuweisen. Andernfalls muss der Vorerbe einen Vorbehalt der Haftungsbeschränkung gem. § 780 ZPO erwirken.

## § 2146 Anzeigepflicht des Vorerben gegenüber Nachlassgläubigern

**(1) [1]Der Vorerbe ist den Nachlassgläubigern gegenüber verpflichtet, den Eintritt der Nacherbfolge unverzüglich dem Nachlassgericht anzuzeigen. [2]Die Anzeige des Vorerben wird durch die Anzeige des Nacherben ersetzt.**

**(2) Das Nachlassgericht hat die Einsicht der Anzeige jedem zu gestatten, der ein rechtliches Interesse glaubhaft macht.**

### Überblick

Um die Nachlassgläubiger schnellstmöglich über den Eintritt der Nacherbfolge zu informieren, ist der Vorerbe verpflichtet, dem Nachlassgericht den Eintritt des Nacherbfalls mitzuteilen. Eine Verletzung dieser Pflicht kann zu Schadenersatzansprüchen führen.

### I. Anzeigepflicht (Abs. 1)

Um die Nachlassgläubiger schnellstmöglich über den Eintritt der Nacherbfolge zu informieren, 1 ist der Vorerbe verpflichtet, dem zuständigen Nachlassgericht (§ 343 FamFG) unverzüglich, also ohne schuldhaftes Zögern den Eintritt des Nacherbfalls mitzuteilen. Die Anzeige an die einzelnen Gläubiger ist weder notwendig noch ausreichend. Eine Prüfung der Anzeige auf ihren Wahrheitsgehalt durch das Nachlassgericht findet nicht statt. Dieses nimmt die Anzeige nur entgegen.

Der Vorerbe hat den Nachlassgläubigern einen durch die Nichtanzeige entstandenen Schaden zu 2 ersetzen, und zwar entweder gem. § 280 Abs. 1 oder gem. § 823 Abs. 2 iVm § 2146 (BeckOGK/Deppenkemper Rn. 7).

### II. Mitteilungspflicht (Abs. 2)

Das Nachlassgericht braucht die Nachlassgläubiger usw nicht von Amts wegen zu informieren. 3 Dieser sowie jeder andere, der ein rechtliches Interesse hat, kann die Anzeige einsehen bzw. eine Abschrift hiervon verlangen.

# Titel 4. Vermächtnis

## § 2147 Beschwerter

**[1]Mit einem Vermächtnis kann der Erbe oder ein Vermächtnisnehmer beschwert werden. [2]Soweit nicht der Erblasser ein anderes bestimmt hat, ist der Erbe beschwert.**

### Überblick

Die Vorschrift legt fest, wen der Erblasser mit einem Vermächtnis beschweren kann. Das BGB geht davon aus, dass nur derjenige mit einem Vermächtnis beschwert werden darf, der vom Erblasser etwas aus der Erbschaft erhalten hat. Beschwert werden können demzufolge nach S. 1 nur Erben (→ Rn. 2 f.) und Vermächtnisnehmer (→ Rn. 4). Soweit der Erblasser nichts anderes bestimmt hat, ist nach der Auslegungsregel des S. 2 der Erbe beschwert (→ Rn. 2). Zu sonstigen Beschwerten → Rn. 5 ff.

### I. Begriff und Gegenstand des Vermächtnisses

Eine **Begriffsbestimmung** enthält **§ 1939** (→ § 1939 Rn. 2). Das Vermächtnis ist danach 1 eine Verfügung von Todes wegen, durch die der Erblasser dem Bedachten einen Anspruch auf eine Leistung gegen den Beschwerten zuwendet. Nach außen bedeutet Beschwerung mit einem

Vermächtnis die Passivlegitimation hinsichtlich des Anspruchs aus § 2174. Gegenstand eines Vermächtnisses kann jeder Vermögensvorteil sein (→ § 1939 Rn. 4).

## II. Beschwerter

2 **1. Erbe.** Soweit der Erblasser nichts anderes bestimmt hat, sind nach der **Auslegungsregel** des **S. 2** der Erbe, bei einer Erbengemeinschaft sämtliche Miterben beschwert. Die anderweitige Bestimmung braucht nicht ausdrücklich getroffen worden zu sein, sie kann sich auch aus den Umständen ergeben (OLG Celle ZEV 2000, 200 mAnm Kummer). Ob die Erbenstellung auf Testament, Erbvertrag oder Gesetz beruht, ist ohne Belang. Bei Miterben (und mehreren Vermächtnisnehmern) können alle, mehrere oder nur einer von ihnen beschwert sein.

3 Die zulässige Beschwerung eines **Ersatzerben** wird nur dann wirksam, wenn der Ersatzerbfall eintritt (§ 2096); Entsprechendes gilt für den **Nacherben** (Fall des aufschiebend bedingten Vermächtnisses; → § 2177 Rn. 2). Hat der Erblasser nur den Vorerben beschwert, beginnt dessen Haftung mit dem Erbfall, und sie überdauert den Nacherbfall (§ 2145 Abs. 1 S. 1). Ist bei angeordneter Vor- und Nacherbschaft nicht näher bestimmt, wer mit dem Vermächtnis beschwert sein soll, ist zunächst der Vorerbe beschwert. Soweit das Vermächtnis nicht vom Vorerben erfüllt ist, geht die Verpflichtung als Nachlassverbindlichkeit auf den Nacherben über. Sind dem Nacherben Verpflichtungen auferlegt, die er schon vor dem Eintritt des Nacherbfalls erbringen soll, so ist zu prüfen, ob es sich um eine Bedingung für das Nacherbenrecht oder um einen unverbindlichen Wunsch des Erblassers handelt (BayObLGZ 1966, 271 = NJW 1967, 446; Staudinger/Otte, 2019, Rn. 3). Wie der Erbe kann auch der Hoferbe beschwert sein, der den Hof im Wege der vorweggenommenen Erbfolge durch Übergabevertrag erhalten hat (BGHZ 37, 192 (194) = NJW 1962, 1615).

4 **2. Vermächtnisnehmer.** Ist ein Vermächtnisnehmer mit einem Vermächtnis beschwert, handelt es sich um ein **Untervermächtnis** (vgl. § 2186). Es kann nicht nur der durch Testament oder Erbvertrag eingesetzte Vermächtnisnehmer beschwert werden, sondern auch der Begünstigte bei einem gesetzlichen Vermächtnis (Soergel/Ludyga Rn. 14; Kipp/Coing ErbR § 54 I 2; diff. Lange/Kuchinke ErbR § 29 V 1a; abl. AK-BGB/Dubischar Rn. 6), ebenso der **Untervermächtnisnehmer** selbst (NK-BGB/Horn Rn. 6). Für die Beschwerung des Vermächtnisnehmers enthalten §§ 2186–2188, 2191 spezielle Regelungen.

5 **3. Sonstige Beschwerte.** Beschwert werden kann auch der durch ein **Schenkungsversprechen** gem. § 2301 Abs. 1 Begünstigte, da auf die Schenkung auf den Todesfall die Vorschriften über Verfügungen von Todes wegen anzuwenden sind, was zur Anwendung des Vermächtnisrechts führt. Dies gilt nicht für den Begünstigten einer vollzogenen unentgeltlichen Zuwendung unter Lebenden, selbst wenn der Rechtserwerb erst beim Tod des Erblassers eintritt (BGH NJW-RR 1986, 164).

6 Mit einem Vermächtnis kann aber beschwert werden, wer aus einem **Vertrag zugunsten Dritter** das Recht auf die versprochene Leistung mit dem Tod des Versprechensempfängers erwirbt (§ 331; § 159 VVG) (Soergel/Ludyga Rn. 15; Lange/Kuchinke ErbR § 29 III 1a; Kipp/Coing ErbR § 54 I 3; Brox/Walker ErbR § 27 Rn. 5; aA BeckOGK/Hölscher Rn. 15; Grüneberg/Weidlich Rn. 4; MüKoBGB/Rudy Rn. 6; NK-BGB/Horn Rn. 9; Lange ErbR § 28 Rn. 80). Denn er steht wirtschaftlich einem Vermächtnisnehmer gleich und kann – parallel zur Ausschlagung – den Erwerb mit rückwirkender Kraft ablehnen (§ 333).

7 **Nicht beschwert** werden kann der **Pflichtteilsberechtigte,** da er nicht Erbe wird und sein Anspruch nicht gemindert werden darf. Ebenso wenig kann der **Erbeserbe** (oder der Erbe des Vermächtnisnehmers) Beschwerter sein. Insoweit kommt jedoch eine Haftung nach § 1967 als Erbe eines Beschwerten in Betracht. Hat der Erblasser in einer Verfügung den Erben eines Erben beschwert, so ist durch Auslegung zu ermitteln, ob nicht in Wirklichkeit der Erbe beschwert und das Vermächtnis erst mit dessen Tod fällig sein soll (vgl. § 2181) (NK-BGB/Horn Rn. 8; RGRK-BGB/Johannsen Rn. 7). Als Beschwerter scheidet aus, wem zwar auf Grund letztwilliger Verfügung, aber nicht aus eigenem Recht etwas zukommt, zB der Auflagenbegünstigte (diff. Soergel/Ludyga Rn. 12).

## § 2148 Mehrere Beschwerte

**Sind mehrere Erben oder mehrere Vermächtnisnehmer mit demselben Vermächtnis beschwert, so sind im Zweifel die Erben nach dem Verhältnis der Erbteile, die Vermächtnisnehmer nach dem Verhältnis des Wertes der Vermächtnisse beschwert.**

### Überblick

Nach der Auslegungsregel des § 2148 gelten im Innenverhältnis Erben und Vermächtnisnehmer entsprechend ihrer Teilhabe am Nachlass als beschwert. Zu unterscheiden ist dabei zwischen der Haftung im Außenverhältnis und der Verteilung der Last im Innenverhältnis (→ Rn. 2).

### I. Normzweck

Die Vorschrift enthält eine **Auslegungsregel** für den Fall der Beschwerung mehrerer Erben oder Vermächtnisnehmer. Danach tritt eine verhältnismäßige Beschwerung nach dem Umfang der Teilhabe am Nachlass ein, sofern nicht der Wille des Erblassers etwas anderes ergibt. Zu unterscheiden ist dabei zwischen der Haftung im Außenverhältnis und der Verteilung der Last im Innenverhältnis. 1

### II. Anwendungsbereich

Wenn mehrere Erben mit dem Vermächtnis beschwert sind, haften sie nach außen gem. § 2058 als Gesamtschuldner; die Aufteilung nach § 2148 ist nur für das **Innenverhältnis** von Bedeutung (BeckOGK/Hölscher Rn. 4; Staudinger/Otte, 2019, Rn. 4; MüKoBGB/Rudy Rn. 2; Muscheler ErbR Rn. 2611; aA RGRK-BGB/Johannsen Rn. 3). Dies gilt auch, wenn nur ein Teil der Miterben oder der Vermächtnisnehmer beschwert ist (allgM; aA Erman/Nobis Rn. 2). Der Erblasser kann sowohl bestimmen, dass die Beschwerten im Außenverhältnis nur anteilig haften, als auch eine von der gesetzlichen Regel abweichende Verteilung im Innenverhältnis anordnen. § 2148 ist entspr. anzuwenden, wenn mehrere Erben und Vermächtnisnehmer gemeinsam mit einem Vermächtnis beschwert sind (Soergel/Ludyga Rn. 3; Staudinger/Otte, 2019, Rn. 5; anders Mot. V 137). Eine gesetzliche Ausnahme zu § 2148 enthält § 2320. 2

Im Falle einer alternativen Beschwerung (A oder B soll das Vermächtnis erfüllen) ist eine gesamtschuldnerische Beschwerung anzunehmen. Auch hier richtet sich der Ausgleich im Innenverhältnis nach § 2148 (BeckOGK/Hölscher Rn. 16). 3

### III. Ausgleichsmaßstab

Unter mehreren beschwerten **Miterben** ist nach § 2148 das **Verhältnis der Erbteile** maßgebend. Vorausvermächtnisse oder Vermächtnisse, die nur einen einzelnen Miterben beschweren, bleiben außer Betracht. Bei mehreren beschwerten **Vermächtnisnehmern** ist nach der gesetzlichen Regelung der **Wert der Vermächtnisse** – und zwar im Zeitpunkt des Erbfalls (Staudinger/Otte, 2019, Rn. 6) – maßgebend. Treffen Erben und Vermächtnisnehmer als gemeinsam Beschwerte zusammen, ist einheitlich auf den Wert der Zuwendung abzustellen (MüKoBGB/Rudy Rn. 9). 4

## § 2149 Vermächtnis an die gesetzlichen Erben

**[1]Hat der Erblasser bestimmt, dass dem eingesetzten Erben ein Erbschaftsgegenstand nicht zufallen soll, so gilt der Gegenstand als den gesetzlichen Erben vermacht. [2]Der Fiskus gehört nicht zu den gesetzlichen Erben im Sinne dieser Vorschrift.**

### Überblick

Die Vorschrift enthält eine Ergänzungsregel für den Fall, dass der Erblasser den eingesetzten Erben von einem Nachlassgegenstand ausgeschlossen hat ohne jedoch insoweit den Begünstigten zu bezeichnen (→ Rn. 1). Diese Anordnung gilt als Vermächtnis mit den gesetzlichen Erben als Vermächtnisnehmern. Die Vermutung gilt nur, wenn ein einzelner Erbschaftsgegenstand dem eingesetzten Erben nicht zufallen soll (→ Rn. 2).

### I. Normzweck

Ähnlich wie §§ 2088, 2104, 2105 dient die Vorschrift dazu, eine lückenhafte Verfügung des Erblassers zu **ergänzen.** Hat dieser die Anordnung getroffen, dass dem eingesetzten Erben ein Erbschaftsgegenstand nicht zufallen soll, ohne jedoch den Begünstigten zu bezeichnen, so gilt die Anordnung als Vermächtnis mit den gesetzlichen Erben als Vermächtnisnehmern. Der dafür 1 gelegentlich verwendete Ausdruck „Negativvermächtnis" ist irreführend, weil es sich hier um ein tatsächlich bestehendes Vermächtnis handelt mit der Besonderheit, dass der Vermächtnisnehmer gesetzlich bestimmt ist (NK-BGB/Horn Rn. 1).

## II. Anwendungsbereich

2 Die Vermutung gilt nur, wenn ein **einzelner Erbschaftsgegenstand** dem eingesetzten Erben nicht zufallen soll. Eine unwirksame Zuwendung als Vermächtnis steht dem Vorenthalten nicht gleich (BeckOGK/Hölscher Rn. 4; MüKoBGB/Rudy Rn. 2); die gesetzlichen Erben treten daher nicht an die Stelle des mit der unwirksamen Zuwendung Bedachten. Werden Bruchteile der Erbschaft dem eingesetzten Erben vorenthalten, so ist § 2088 einschlägig. Hat sich der Erblasser vorbehalten, noch über bestimmte Gegenstände zu verfügen, die vorbehaltene Verfügung aber nicht getroffen, greift § 2086 ein (BeckOGK/Hölscher Rn. 3). Die **Beweislast** für einen Vorbehalt nach § 2086 trifft den eingesetzten Erben (OLG Stuttgart ZEV 2008, 434; jurisPK-BGB/Reymann Rn. 11). Wenn der Erblasser dem Erben verboten hat, über Erbschaftsgegenstände unter Lebenden oder von Todes wegen zu verfügen, muss durch Auslegung ermittelt werden, ob ein Nachvermächtnis zugunsten der gesetzlichen Erben (§ 2191), eine Auflage (§ 2192), eine auflösend bedingte Zuwendung oder nur ein unverbindlicher Wunsch vorliegt.

## III. Zuwendung an den gesetzlichen Erben

3 Der dem eingesetzten Erben vorenthaltene Gegenstand gilt als den **gesetzlichen Erben,** zu denen nach S. 2 der **Fiskus nicht** gehört, vermacht. Sind mehrere gesetzliche Erben vorhanden, so sind diese im Zweifel nach dem Verhältnis ihrer gesetzlichen Erbteile bedacht. Ist gesetzlicher Erbe der Fiskus, tritt die in S. 1 angeordnete Rechtsfolge nicht ein. Es fehlt dann an einem Vermächtnisnehmer, sodass der Erbschaftsgegenstand dem eingesetzten Erben verbleibt, falls nicht ein anderer Wille des Erblassers erkennbar ist (MüKoBGB/Rudy Rn. 6).

# § 2150 Vorausvermächtnis

**Das einem Erben zugewendete Vermächtnis (Vorausvermächtnis) gilt als Vermächtnis auch insoweit, als der Erbe selbst beschwert ist.**

## Überblick

Die Vorschrift stellt klar, dass Erben zugleich Vermächtnisnehmer sein können (→ Rn. 1). Die Wirkungen des Vorausvermächtnisses hängen davon ab, ob es dem Alleinerben (→ Rn. 3), Vorerben (→ Rn. 4 f.) oder Miterben (→ Rn. 7 f.) zugewendet ist. Umstritten sind die Wirkungen des Vorausvermächtnisses an den alleinigen Vorerben. (→ Rn. 5). Zur schwierigen Abgrenzung zwischen einem Vorausvermächtnis und einer Teilungsanordnung werden in Rechtsprechung und Literatur unterschiedliche Kriterien herangezogen (→ Rn. 8). Eine Kombination von Vorausvermächtnis und Teilungsanordnung ist möglich → Rn. 11). Dem mit einem Vorausvermächtnis bedachten Miterben steht zur Durchsetzung seines Anspruchs schon vor der Erbauseinandersetzung gegen die übrigen Miterben die Gesamthandsklage nach § 2059 Abs. 2, aber auch die Gesamtschuldklage nach § 2058 zu (→ Rn. 12). Zur Verjährung → Rn. 13.

## I. Normzweck

1 Auch ein Erbe oder Miterbe kann Vermächtnisnehmer sein. Das Vermächtnis zugunsten des Erben nennt das Gesetz **Vorausvermächtnis,** unabhängig davon, ob der Erbe mit diesem Vermächtnis beschwert ist oder nicht. Der Zweck der Vorschrift liegt in der Feststellung, dass die Beschwerung eines (Mit-)Erben mit einem Vermächtnis zugunsten dieses Erben selbst möglich ist. Allerdings kann der Erbe gegen sich selbst nicht den Anspruch des Vermächtnisnehmers aus § 2174 haben. Deshalb arbeitet das Gesetz mit einer Fiktion („gilt als Vermächtnis"). Ein Vorausvermächtnis kann Gegenstand einer wechselbezüglichen Verfügung in einem gemeinschaftlichen Testament sowie einer bindenden vertragsmäßigen Verfügung in einem Erbvertrag sein (MüKoBGB/Rudy Rn. 5; Staudinger/Otte, 2019, Rn. 23).

## II. Zuwendung an den Erben

Jeder Erbe (Alleinerbe, Vor- oder Nacherbe, Miterbe) kann mit einem Vorausvermächtnis bedacht werden. Gegenüber Dritten (Miterben, anderen Vermächtnisnehmern und Nachlassgläubigern) gewährt die Einordnung einer Zuwendung als Vermächtnis dem bedachten Erben eine bessere Stellung. 2

**1. Vorausvermächtnis zugunsten eines Alleinerben.** Die rechtlichen Wirkungen und Vorteile des Vermächtnisses zugunsten eines Alleinerben liegen in Folgendem: Vermächtniszuwendung und Alleinerbeneinsetzung sind in ihrem Bestand voneinander unabhängig. Der bedachte und zugleich beschwerte Erbe kann die Erbschaft ausschlagen und das Vermächtnis annehmen und umgekehrt. Die Unwirksamkeit der Erbeinsetzung lässt idR die Wirksamkeit des Vermächtnisses unangetastet (vgl. § 2085). Der Verkauf der Erbschaft erfasst im Zweifel nicht das Vorausvermächtnis (§ 2373). Für die Frage, ob die Erbschaft mit Vermächtnissen überschwert ist (§ 1992), kann der Erbe das Vorausvermächtnis mit in Ansatz bringen. In den Fällen, in denen das Erlöschen eines Rechtsverhältnisses infolge der durch den Erbfall eingetretenen Vereinigung von Recht und Verbindlichkeit in einer Person als nicht eingetreten gilt, steht dem Alleinerben ausnahmsweise auch der Anspruch aus § 2174 zu, so bei Nachlassverwaltung und Nachlassinsolvenz (§ 1976); ferner bei der Dürftigkeitseinrede (§ 1991 Abs. 2) und beim Erbschaftskauf (§ 2377). Anderen Vermächtnisnehmern steht der Alleinerbe als Vorausvermächtnisnehmer im Range gleich (§ 327 Abs. 2 Nr. 2 InsO). 3

**2. Vorausvermächtnis zugunsten eines Vorerben.** Das einem **Vorerben** gemachte Vorausvermächtnis unterliegt im Zweifel nach § 2110 Abs. 2 nicht dem Recht des Nacherben; der Vermächtnisgegenstand fällt also beim Eintritt des Nacherbfalls nicht nach § 2139 dem Nacherben an. Ein Vorausvermächtnis zugunsten des alleinigen Vorerben ist nicht schon deshalb anzunehmen, weil der Erblasser im Testament ausdrücklich einzelne Gegenstände genannt hat, die der Vorerbe erhalten soll. Denn dies kann auch geschehen sein, um die Wichtigkeit dieser Gegenstände hervorzuheben (BGHZ 32, 60 = NJW 1960, 959 (961)). 4

Ist der Bedachte der **alleinige Vorerbe,** hat das Vorausvermächtnis nach hM **dingliche Wirkung** (BGHZ 32, 60 = NJW 1960, 959; Burandt/Rojahn/Burandt Rn. 4; Muscheler ErbR Rn. 1624). Die Kombination von alleiniger Vorerbschaft und Vorausvermächtnis führt danach zu dem singulären Fall der gegenständlich beschränkten Vollerbschaft. Die hM, die davon ausgeht, dass das Vermächtnisobjekt aus dem Nachlass mit Eintritt des Erbfalls ipso jure ausscheidet, ist erheblichen Bedenken ausgesetzt (NK-BGB/Horn Rn. 7 f.; Staudinger/Otte, 2019, Rn. 6; Sonntag ZEV 1996, 450). Mit einer im Vordringen befindlichen Auffassung ist davon auszugehen, dass das Objekt des Vorausvermächtnisses nicht aus dem Nachlass im weiteren Sinne ausscheidet, sondern nur aus der Vorerbmasse. Die besondere Wirkung des Vorausvermächtnisses beim alleinigen Vorerben besteht daher darin, dass bei Eintritt des Nacherbfalles § 2139 nicht gilt und es insoweit nicht zu einem Anfall an den Nacherben kommt und diesem auch kein schuldrechtlicher Herausgabeanspruch hinsichtlich des Objekts des Vorausvermächtnisses zusteht (BeckOGK/Müller-Christmann § 2110 Rn. 20 ff.). Das Vorausvermächtnis schafft vielmehr bezüglich des Vermächtnisobjekts einen selbstständigen Behaltensgrund gegenüber dem sonstigen Nachlass, welcher der Nacherbschaft und ihrer Bindungen unterliegt. Das Vorausvermächtnis für den alleinigen Vorerben bewirkt demnach, dass das Vermächtnisobjekt nunmehr dem freien „Eigenvermögen" des Vorerben zugewiesen wird (BeckOGK/Hölscher Rn. 32; NK-BGB/Horn Rn. 7a; Staudinger/Otte, 2019, Rn. 6). 5

Wegen der besonderen Wirkung ist – als Ausnahme zu dem Grundsatz, dass Vermächtnisse im Erbschein nicht aufgeführt werden – im **Erbschein** anzugeben, dass sich das Recht des Nacherben nicht auf den Gegenstand des Vorausvermächtnisses erstreckt (BayObLG FamRZ 2005, 489). Handelt es sich bei dem Gegenstand des Vorausvermächtnisses um ein Grundstück, so ist im Falle des § 2110 Abs. 2 die Eintragung eines Nacherbenvermerks unzulässig (KG OLGE 30, 202; Soergel/Ludyga Rn. 4; Staudinger/Otte, 2019, Rn. 3). 6

**3. Vorausvermächtnis zugunsten eines Miterben. a) Beschwerung mit dem Vermächtnis.** Ist einem **Miterben** ein Vorausvermächtnis zugewendet, ist er nach § 2147 S. 2 auch **mit beschwert,** falls der Erblasser keine andere Anordnung getroffen hat. Dies führt zu dem Ergebnis, dass der Miterbe den vollen Wert des Vermächtnisses erhält, jedoch mit seiner Erbquote nur an dem entspr. verringerten Nachlass beteiligt ist. Sind mehrere Miterben mit einem Vermächtnisgegenstand bedacht und zugleich mit beschwert, so gelten für das Verhältnis ihrer Beschwerung § 2148, für den Anteil des Einzelnen am Vermächtnisgegenstand dagegen §§ 2157, 2091 (zu gleichen Teilen) (RGRK-BGB/Johannsen Rn. 6). Eine andere Bestimmung iSd § 2147 7

S. 2 liegt vor, wenn der Erblasser zum Ausdruck gebracht hat, dass dem Bedachten das Vermächtnis in vollem Umfang über dasjenige hinaus zugutekommen soll, was er sonst als Erbe erhalten würde.

8 **b) Abgrenzung zur Teilungsanordnung.** Obwohl sich mit einer Teilungsanordnung das gleiche Ziel erreichen lässt wie mit einem Vorausvermächtnis, weichen beide Rechtsinstitute in ihren wirtschaftlichen Wirkungen und in den Rechtsfolgen deutlich voneinander ab (näher Gergen ZErb 2006, 362 ff.; Muscheler ErbR Rn. 2630 ff.). Im Unterschied zur Teilungsanordnung (§ 2048), die auf Durchführung der Auseinandersetzung gerichtet ist, soll das Vorausvermächtnis dem Miterben einen über seine Erbquote hinausgehenden Vermögensvorteil bringen (Loritz NJW 1988, 2697; Eidenmüller JA 1991, 150).

9 Eine einhellige Meinung zu den Abgrenzungskriterien hat sich noch nicht herausgebildet: Während in der Rspr. (zur Entwicklung Rudolf, Teilungsanordnung und Vorausvermächtnis, 1966, 65 ff.; Gergen ZErb 2006, 362 ff.) für die Abgrenzung zur Teilungsanordnung zunächst auf das Kriterium der **Anrechnung,** später auf den **Begünstigungswillen** des Erblassers abgestellt wurde (BGHZ 36, 115 = NJW 1962, 343; OLG Nürnberg MDR 1974, 671; Coing JZ 1962, 529; Benk MittRhNotK 1963, 53; krit. Bürger MDR 1986, 371; Bürger MDR 1986, 445; Muscheler ErbR 2008, 105 (108)) wird in jüngerer Zeit auch darauf abgehoben, ob der Erblasser einem Miterben Gegenstände zugewiesen hat, deren Wert höher ist, als diesem nach der Quote bei der Auseinandersetzung zukäme **(Kriterium der Wertverschiebung)** (BGH NJW-RR 1990, 1220; FamRZ 1987, 475 (476)). Vorzugswürdig ist die zunehmend in der Lit. vertretene Auffassung, die die Abgrenzung danach vornimmt, welche Rechtsfolgen der Erblasser wollte (jurisPK-BGB/Reymann Rn. 33; Muscheler ErbR Rn. 2650; Gergen ZErb 2006, 362 (369), allerdings mit unterschiedlicher Betonung der Bedeutung des Begünstigungswillens). Charakteristisch für ein Vorausvermächtnis ist danach, dass der Vorausvermächtnisnehmer einen rechtlich selbstständigen Anspruch (neben der Erbschaft) erhält. Soll nach dem Erblasserwillen der Bedachte entscheiden können, ob er einen Übernahmegegenstand erwerben will oder nicht, handelt es sich um ein Vorausvermächtnis (BGHZ 36, 115 (117) = NJW 1962, 343; Staudinger/Otte, 2019, Rn. 18; krit. Grunsky JZ 1963, 250), da die Teilungsanordnung für den Bedachten bindend ist, während man ein Vermächtnis ausschlagen bzw. auf die Geltendmachung verzichten kann. Folglich ist immer dann von einer Teilungsanordnung auszugehen, wenn der Erblasser den Bedachten auf die Übernahme des Gegenstands festlegen wollte. Zwingend handelt es sich um ein Vermächtnis, wenn der Erblasserwille dahin geht, dass der Bedachte den Gegenstand auch dann erhalten soll, falls er wider Erwarten nicht Erbe wird (BGH ZEV 1995, 144 (145); Staudinger/Otte, 2019, Rn. 16).

10 Nimmt der Erblasser testamentarisch Einzelzuwendungen von Gegenständen oder Vermögensgruppen vor, die nach seiner Vorstellung praktisch sein gesamtes Vermögen ausmachen, ist regelmäßig von einer Erbeinsetzung auszugehen, da nicht angenommen werden kann, dass ein Erblasser seinen gesamten wesentlichen Nachlass verteilt, ohne einen Erben einsetzen zu wollen (OLG Stuttgart NJW-RR 2018, 904; OLG München FamRZ 2010, 758). Zur Abgrenzung von Vorausvermächtnis und Teilungsanordnung auch → § 2048 Rn. 4.

11 **c) Kombination von Vorausvermächtnis und Teilungsanordnung.** Muss sich der Miterbe nach dem Willen des Erblassers den Wert des ihm zugewiesenen Gegenstands teilweise auf seinen Erbteil anrechnen lassen, kann (wegen des Mehrwerts) eine Kombination von Teilungsanordnung und Vorausvermächtnis vorliegen (BGH NJW-RR 1990, 1220 (1221); LG Karlsruhe FamRZ 2006, 447; MüKoBGB/Rudy Rn. 8; krit. BeckOGK/Hölscher Rn. 14; Staudinger/Otte, 2019, Rn. 23).

12 **d) Durchsetzung des Vorausvermächtnisses.** Der mit einem Vorausvermächtnis bedachte Miterbe kann die Erfüllung seines Vermächtnisanspruches schon vor der Erbauseinandersetzung verlangen, und zwar unabhängig davon, ob er mitbeschwert ist. Er ist insoweit **Nachlassgläubiger,** und ihm steht gegen die übrigen Miterben die **Gesamthandsklage** nach § 2059 Abs. 2 zu (RGZ 93, 196 (197) – auch zu den Grenzen für die Durchsetzung; KG OLGZ 1977, 457 (461); MüKoBGB/Rudy Rn. 9). Für die daneben mögliche Gesamtschuldklage (BeckOGK/Hölscher Rn. 36) nach § 2058 ist zu berücksichtigen, dass der bedachte Miterbe selbst als Gesamtschuldner haftet. Zur Zwangsvollstreckung in den ungeteilten Nachlass bedarf es eines gegen sämtliche Erben ergangenen Urteils (§ 747 ZPO). Ausreichend sind aber auch durch Einzelklagen gegen die Miterben erwirkte Urteile (OLG München ZEV 2017, 478).

13 **e) Verjährung.** Für den Anspruch auf Erfüllung des Vorausvermächtnisses gilt – wie bei sonstigen Vermächtnissen nach § 2174 – die **3-jährige Verjährungsfrist** nach § 195. Dagegen ist der Anspruch auf Vornahme der Erbauseinandersetzung aufgrund einer vom Erblasser angeordneten

Teilungsanordnung unverjährbar (§ 2042 Abs. 2, § 758). Da Erben sich häufig und aus den unterschiedlichen Gründen Zeit mit der Auseinandersetzung des Nachlasses lassen, stellt sich die Frage, ob und unter welchen Umständen die Erben an der Erhebung der Verjährungseinrede gehindert sind. Soweit nicht schon eine Hemmung der Verjährung nach § 203 wegen Verhandlungen eingreift, gelten die allgemeinen Grundsätze, wonach im Einzelfall die Erhebung der Verjährungseinrede **rechtsmissbräuchlich** sein kann (Staudinger/Otte, 2019, Rn. 25; zust. NK-BGB/Horn Rn. 21).

## § 2151 Bestimmungsrecht des Beschwerten oder eines Dritten bei mehreren Bedachten

**(1) Der Erblasser kann mehrere mit einem Vermächtnis in der Weise bedenken, dass der Beschwerte oder ein Dritter zu bestimmen hat, wer von den mehreren das Vermächtnis erhalten soll.**

**(2) Die Bestimmung des Beschwerten erfolgt durch Erklärung gegenüber demjenigen, welcher das Vermächtnis erhalten soll; die Bestimmung des Dritten erfolgt durch Erklärung gegenüber dem Beschwerten.**

**(3) [1]Kann der Beschwerte oder der Dritte die Bestimmung nicht treffen, so sind die Bedachten Gesamtgläubiger. [2]Das Gleiche gilt, wenn das Nachlassgericht dem Beschwerten oder dem Dritten auf Antrag eines der Beteiligten eine Frist zur Abgabe der Erklärung bestimmt hat und die Frist verstrichen ist, sofern nicht vorher die Erklärung erfolgt. [3]Der Bedachte, der das Vermächtnis erhält, ist im Zweifel nicht zur Teilung verpflichtet.**

### Überblick

Die Vorschrift lockert das Prinzip der Höchstpersönlichkeit der Verfügungen von Todes wegen (§ 2065 Abs. 2) bezüglich der Person des Vermächtnisnehmers. Der Erblasser kann mehrere mit einem Vermächtnis bedenken und die Entscheidung, wer das Vermächtnis aus diesem von ihm bestimmten Personenkreis (→ Rn. 2) erhält, einem anderen überlassen. Die Auswahl kann dem Beschwerten oder einem Dritten übertragen werden (→ Rn. 3). Die (unwiderrufliche) Bestimmung des Berechtigten erfolgt durch formlose empfangsbedürftige Willenserklärung (→ Rn. 6). Zur gerichtlichen Nachprüfbarkeit der Bestimmung → Rn. 7. Kann der dazu Berechtigte die Bestimmung nicht mehr treffen, so geht sein Wahlrecht nicht auf eine andere Person über, sondern es erlischt (→ Rn. 10).

### I. Normzweck

§ 2151 begnügt sich mit einer allgemeinen Bestimmung des Personenkreises durch den Erblasser, während die endgültige Auswahl ein anderer trifft (zur Zulässigkeit des sog. Universalvermächtnisses Dobroschke DB 1967, 803; NK-BGB/Horn Rn. 2; Staudinger/Otte, 2019, Rn. 1). Da in der Zuwendung eines Gegenstands oder einer Sachgesamtheit ein Vermächtnis auch dann liegen kann, wenn die Zuwendung das Vermögen des Erblassers ganz oder nahezu ganz umfasst, hat die Bestimmung Bedeutung beim sog. vorzeitigen Unternehmertestament (näher dazu NK-BGB/Horn Rn. 20; jurisPK-BGB/Reymann Rn. 5 ff.). 1

### II. Angabe eines bestimmten Personenkreises

Der Erblasser muss in der letztwilligen Verfügung einen **überschaubaren Kreis von Personen,** aus denen der Vermächtnisnehmer ausgewählt werden soll, **bestimmt** angegeben haben. Bleibt zweifelhaft, wer zu diesem Kreis zählt, liegt kein wirksames Vermächtnis vor; eine Umdeutung in eine Auflage ist möglich (RGZ 96, 15; Staudinger/Otte, 2019, Rn. 2; Haegele BWNotZ 1972, 74 (78)). Zu dem vom Erblasser angegebenen Personenkreis können sowohl **Erben** gehören, da § 2151 auch für das Vorausvermächtnis gilt (KG JW 1937, 2200 (2201)), als auch der Beschwerte und sogar derjenige, der die Bestimmung zu treffen hat (BeckOGK/Hölscher Rn. 5; Grüneberg/Weidlich Rn. 1; Staudinger/Otte, 2019, Rn. 3). Verändert sich der Personenkreis bis zum Erbfall, sind §§ 2066–2071 zu beachten. Der vermachte Gegenstand muss bestimmt sein; andernfalls gelten zusätzlich §§ 2154–2156. 2

### III. Bestimmungsberechtigter

3 Die Auswahl kann dem **Beschwerten** oder einem **Dritten** (zB Testamentsvollstrecker, überlebender Ehegatte; Steuer- oder Unternehmensberater bei Unternehmensnachfolge) übertragen werden. Sie kann auch mehreren zustehen, die entspr. § 317 Abs. 2 im Zweifel einstimmig entscheiden müssen. Fehlt eine Angabe des Bestimmungsberechtigten, so ist dies der Beschwerte (jurisPK-BGB/Reymann Rn. 22; NK-BGB/Horn Rn. 8). Das Bestimmungsrecht ist weder übertragbar noch vererblich (BeckOGK/Hölscher Rn. 8; MüKoBGB/Rudy Rn. 10; aA Kurth ZEV 2021, 357 (358).

4 Die Rechtsstellung der zur Auswahl vorgesehenen Personen bis zur Auswahlentscheidung wird in der Literatur unterschiedlich beurteilt (zum Meinungsstand BeckOGK/Hölscher Rn. 14; NK-BGB/Horn Rn. 7 ff.). Nach einer Auffassung werden die zur Auswahl vorgesehenen Personen mit dem Erbfall bereits Gesamtgläubiger – die nicht Ausgewählten auflösend bedingt durch die Auswahlentscheidung des Bestimmungsberechtigten (Grüneberg/Weidlich Rn. 1; MüKoBGB/Rudy Rn. 7; Soergel/Ludyga Rn. 2). Eine andere Ansicht geht davon aus, dass sämtliche Begünstigten mit dem Eintritt des Erbfalls auflösend bedingt (durch die Bestimmung bzw. durch den Ausfall der Bestimmung) Mitgläubiger (§ 432) sind; gleichzeitig seien alle Begünstigten aufschiebend bedingt durch den Ausfall der Auswahlentscheidung als Gesamtgläubiger eingesetzt, während der letztlich Ausgewählte aufschiebend bedingt durch die entsprechende Auswahlentscheidung als Einzelgläubiger zum Zuge gelange (Jünemann ZEV 2011, 163). Vereinzelt wird abstellend auf den Erblasserwillen sowohl Gesamt- als auch Mitgläubigerschaft verneint und „von der Gläubigerstellung eines noch unbekannten Beteiligten" gesprochen (Staudinger/Otte, 2019, Rn. 4).

5 Überzeugend erscheint der Ansatz von Hölscher, wonach das Bestimmungsvermächtnis einen besonderen Vermächtnistyp darstellt, für den charakteristisch ist, dass ähnlich einem Bestimmungsrecht bezüglich einer Vertragsleistung (§§ 315 ff.) der Vermächtnisanspruch hinsichtlich der Person des Vermächtnisnehmers vorerst konkretisierungsbedürftig, aber wirksam ist (BeckOGK/Hölscher Rn. 19 ff.; zust NK-BGB/Horn Rn. 7c;. jurisPK-BGB/Reymann Rn. 35).

### IV. Bestimmungserklärung

6 **1. Ausübung.** Die Bestimmung des Berechtigten erfolgt durch formlose empfangsbedürftige Willenserklärung. Ist der Beschwerte bestimmungsberechtigt, muss die Erklärung gegenüber demjenigen abgegeben werden, der das Vermächtnis erhalten soll. Steht das Bestimmungsrecht einem Dritten zu, erfolgt die Erklärung gegenüber dem Beschwerten (Abs. 2). Die **Bestimmung** ist in allen Fällen **unwiderruflich.** Bei Willensmängeln ist die Erklärung anfechtbar; allerdings ist ein Irrtum über die Eignung der ausgewählten Person unbeachtlich (Klunzinger BB 1970, 1197 (1201); BeckOGK/Hölscher Rn. 12).

7 **2. Nachprüfbarkeit.** Überwiegend wird eine **gerichtliche Nachprüfung** der Bestimmung verneint (Damrau/Tanck/Linnartz Rn. 17; RGRK-BGB/Johannsen Rn. 6 f.), sofern nicht Arglist oder ein Sittenverstoß vorliegt. Richtig ist, dass das Gericht eine unbillige Bestimmung nicht ersetzen kann, wie sich auch aus Abs. 3 ergibt, der bei Unmöglichkeit eine von § 319 Abs. 1 S. 2 abweichende Regelung trifft.

8 Hinsichtlich der weiteren Frage, ob eine Bestimmung bei Verstoß gegen die Billigkeit unwirksam ist, muss danach unterschieden werden, ob die Anordnung des Erblassers eine Ausrichtung der Auswahlentscheidung an irgendwelchen Kriterien vorsieht oder nicht (Kipp/Coing ErbR § 55 III 5; Burandt/Rojahn/Burandt Rn. 5; NK-BGB/Horn Rn. 11). Im letzteren Fall erfolgt die Auswahl nach dem freien Belieben des Bestimmungsberechtigten und ist keiner gerichtlichen Kontrolle unterworfen. Dies gilt auch, wenn der Auswahlberechtigte sich selbst als Empfänger der Zuwendung bezeichnet hat (Staudinger/Otte, 2019, Rn. 8). Hat der Erblasser Auswahlkriterien aufgestellt, scheidet eine gerichtliche Überprüfung gleichwohl aus, wenn er dem Bestimmungsberechtigten die letztgültige Entscheidung überlassen wollte.

9 Nur wenn nach dem Erblasserwillen die Anwendung der von ihm aufgestellten Richtlinien gerichtlich überprüfbar sein sollte, kann die Entscheidung wegen **offensichtlicher Unbilligkeit** nach § 319 Abs. 1 S. 1 unwirksam sein. Ein Verstoß gegen die guten Sitten macht die Auswahlentscheidung nach § 138 Abs. 1 nichtig.

10 **3. Erlöschen.** Kann der dazu Berechtigte die Bestimmung nicht mehr treffen, etwa weil er verstorben oder geschäftsunfähig geworden ist, so geht sein **Wahlrecht** nicht, wie bei § 2154 Abs. 2 S. 1, auf eine andere Person über, sondern es **erlischt.**

11 Dasselbe gilt, wenn eine ihm vom Nachlassgericht gesetzte Frist zur Abgabe der Erklärung verstrichen ist. Im Fristbestimmungsverfahren ist die Wirksamkeit des Testaments und seine Ausle-

gung nicht Gegenstand der Prüfung; das Nachlassgericht überprüft nur, ob ein Sachverhalt vorliegt, bei dem eine Fristsetzung ernsthaft in Betracht kommt (OLG Düsseldorf ZEV 2018, 33; OLG Stuttgart FamRZ 1996, 1175). Zuständig für die Fristsetzung ist der Rechtspfleger (§ 3 Nr. 2 lit. c RPflG). Gemäß § 40 Abs. 1 FamFG beginnt die Frist zu laufen mit der Bekanntgabe des Fristsetzungsbeschlusses durch das Nachlassgericht (OLG Düsseldorf ZEV 2018, 33).

Die Unmöglichkeit der Bestimmung und die Fristversäumung haben nach Abs. 3 zur Folge, 12
dass sämtliche Bedachte **Gesamtgläubiger** sind (§ 428; Fall der gesetzlichen Gesamtgläubigerschaft) und der Beschwerte gem. § 428 mit befreiender Wirkung an jeden der Gesamtgläubiger leisten kann. Der Bedachte, der dann das Vermächtnis erhält, ist im Zweifel nach S. 3 aber – im Unterschied zur Regelung in § 430 – nicht zur Teilung mit den übrigen Mitgläubigern verpflichtet.

## § 2152 Wahlweise Bedachte

**Hat der Erblasser mehrere mit einem Vermächtnis in der Weise bedacht, dass nur der eine oder der andere das Vermächtnis erhalten soll, so ist anzunehmen, dass der Beschwerte bestimmen soll, wer von ihnen das Vermächtnis erhält.**

### Überblick

Die Vorschrift enthält eine Auslegungsregel für die Ausübung des Bestimmungsrechts bei mehreren wahlweise bedachten Vermächtnisnehmern.

Die Vorschrift betrifft den Fall, dass der Erblasser mehrere Personen alternativ mit einem 1
Vermächtnis bedacht hat **(Personenwahlvermächtnis).** Im Unterschied zur Konstellation bei § 2151 sind die Personen konkret („mein Bruder B.“) bezeichnet und nicht nach Gattungsmerkmalen („meine Verwandten väterlicherseits“) bestimmt (aA BeckOGK/Hölscher Rn. 3). Der Erblasserwille wird dahingehend ergänzt, dass der Beschwerte ein **Wahlrecht** haben soll.

Andere Anordnungen des Erblassers sind möglich. § 2152 ist auch anwendbar, wenn mehr als 2
zwei Personen zur Wahl stehen und wenn nicht nur einer, sondern mehrere bestimmt werden sollen. Für die **Ausübung** des Bestimmungsrechts gilt § 2151 Abs. 2 und 3.

## § 2153 Bestimmung der Anteile

**(1) [1]Der Erblasser kann mehrere mit einem Vermächtnis in der Weise bedenken, dass der Beschwerte oder ein Dritter zu bestimmen hat, was jeder von dem vermachten Gegenstand erhalten soll. [2]Die Bestimmung erfolgt nach § 2151 Abs. 2.**

**(2) [1]Kann der Beschwerte oder der Dritte die Bestimmung nicht treffen, so sind die Bedachten zu gleichen Teilen berechtigt. [2]Die Vorschrift des § 2151 Abs. 3 Satz 2 findet entsprechende Anwendung.**

### Überblick

Die Vorschrift regelt den Fall, dass der Erblasser mehrere mit einem Vermächtnis bedenkt und die Entscheidung, was die Vermächtnisnehmer von dem vermachten Gegenstand erhalten soll, einem anderen überlässt. Der Erblasser muss einen Personenkreis und den zur Verteilung kommenden Gegenstand bestimmt haben (→ Rn. 1). Die Bestimmung der Anteile kann dem Beschwerten oder einem Dritten übertragen werden (→ Rn. 2). Kann der Beschwerte oder der Dritte die Bestimmung nicht treffen, so sind nach Abs. 2 die Bedachten zu gleichen Teilen berechtigt.

### I. Normzweck und Anwendungsbereich

Die Vorschrift lässt bei Verteilung eines Gegenstandes unter mehreren Vermächtnisnehmern 1
die Bestimmung der (realen oder ideellen) Anteile jedes einzelnen durch den Beschwerten oder einen Dritten zu. Der Erblasser muss allerdings sowohl den Kreis der bedachten Personen als auch den zur Verteilung kommenden Gegenstand selbst bestimmt haben. Eine Verbindung von § 2153 mit der Bestimmungsmöglichkeit nach § 2151 ist zulässig (RGZ 96, 15 (17); Soergel/Ludyga Rn. 1). Ist der vermachte Gegenstand nicht bestimmt, gelten darüber hinaus §§ 2154–2156, sodass

vielfältige Kombinationen denkbar sind; zum sog. Supervermächtnis → § 2156 Rn. 2. Der Erblasser kann das Bestimmungsrecht auf die Zuweisung von feststehenden realen Teilen beschränken.

## II. Bestimmungsrecht

2 Die Bestimmung der Anteile kann dem **Beschwerten** oder einem **Dritten** übertragen werden. Im ersten Fall ist die Erklärung gegenüber dem Vermächtnisnehmer, im zweiten Fall gegenüber dem Beschwerten abzugeben (Abs. 1 S. 2 iVm § 2151 Abs. 2). Dabei braucht die Bestimmung nicht gleichzeitig gegenüber allen Bedachten zu erfolgen; verbindlich ist sie erst, wenn der ganze Gegenstand aufgeteilt ist (BeckOGK/Hölscher Rn. 9; RGRK-BGB/Johannsen Rn. 2).

3 Wie bei § 2151, auf dessen Abs. 3 S. 2 verwiesen wird, kann dem Bestimmungsberechtigten für die Vornahme der Bestimmung vom Nachlassgericht auf Antrag eines Beteiligten eine **Frist** gesetzt werden (Abs. 2 S. 2). Im Falle der Fristversäumung wie auch im Falle der Unmöglichkeit der Bestimmung tritt aber nicht wie bei § 2151 Abs. 3 Gesamtgläubigerschaft ein, vielmehr sind die Bedachten zu gleichen Teilen berechtigt (Abs. 2 S. 1).

4 Ist die Bestimmung in sich widerspruchsvoll, zB weil mehr als das Ganze verteilt wird, ist sie in vollem Umfang nichtig, und es greift Abs. 2 ein (Berechtigung zu gleichen Teilen) (NK-BGB/Horn Rn. 7). Die einmal vollzogene Verteilung ist für die Bestimmenden unwiderruflich; iÜ gilt für die Anfechtbarkeit und Nachprüfbarkeit das zu § 2151 Gesagte entspr. (→ § 2151 Rn. 6, → § 2151 Rn. 7).

### § 2154 Wahlvermächtnis

**(1) [1]Der Erblasser kann ein Vermächtnis in der Art anordnen, dass der Bedachte von mehreren Gegenständen nur den einen oder den anderen erhalten soll. [2]Ist in einem solchen Falle die Wahl einem Dritten übertragen, so erfolgt sie durch Erklärung gegenüber dem Beschwerten.**

**(2) [1]Kann der Dritte die Wahl nicht treffen, so geht das Wahlrecht auf den Beschwerten über. [2]Die Vorschrift des § 2151 Abs. 3 Satz 2 findet entsprechende Anwendung.**

## Überblick

Ordnet der Erblasser in einem Vermächtnis an, dass der Vermächtnisnehmer nur einen von mehreren Gegenständen erhält, liegt ein Wahlvermächtnis vor (→ Rn. 1). Die Bestimmung kann durch Beschwerte, Bedachte und Dritte erfolgen (→ Rn. 4 ff.). Im Zweifel steht die Bestimmung dem Beschwerten zu.

## I. Normzweck und Anwendungsbereich

1 Die Vorschrift behandelt das sog. **Wahlvermächtnis.** Ein Wahlvermächtnis liegt vor, wenn der Erblasser bestimmt, dass der Vermächtnisnehmer von mehreren Gegenständen nur den einen oder anderen erhalten soll. Das durch das Vermächtnis entstehende Schuldverhältnis ist eine Wahlschuld, auf die §§ 262–265 Anwendung finden. Ist auch der Bedachte nicht bestimmt, gelten daneben §§ 2151, 2152 sowie § 2153, wenn die Verteilung an mehrere Bedachte nicht geregelt ist.

2 Für die Anwendung des § 2154 ist es ohne Belang, ob die zur Wahl stehenden Gegenstände individuell oder der Gattung nach (dann gilt zusätzlich § 2155) bestimmt sind; ferner, ob sie schon in der Erbschaft vorhanden oder vom Beschwerten erst noch zu beschaffen sind (RGRK-BGB/Johannsen Rn. 1). Im letzteren Fall ist das Vermächtnis nach § 2169 Abs. 1 nur wirksam, wenn der Erblasser den Gegenstand auch dann zuwenden wollte, wenn er nicht zum Nachlass gehört **(Wahlverschaffungsvermächtnis).**

3 § 2154 gilt nach hM auch für den Fall, dass die Bezeichnung des Vermächtnisgegenstandes ungenau ist und auf mehrere im Nachlass befindliche Gegenstände zutrifft (MüKoBGB/Rudy Rn. 2; NK-BGB/Horn Rn. 3a; Staudinger/Otte, 2019, Rn. 10 sieht hierin einen Fall des beschränkten Gattungsvermächtnisses; ebenso BeckOGK/Hölscher Rn. 6; Damrau/Tanck/Linnartz Rn. 4; diff. Soergel/Ludyga Rn. 2). Hängt die Bestimmung des vermachten Gegenstandes von einem vom Erblasser festgelegten Ereignis ab, liegt kein Wahlvermächtnis, sondern ein bedingtes Vermächtnis vor (Soergel/Ludyga Rn. 3; Burandt/Rojahn/Burandt Rn. 2), das nicht von § 2154 erfasst wird.

## II. Auswahl des Gegenstandes

**1. Wahlrecht des Beschwerten.** Hat der Erblasser die Wahl nicht einem Dritten übertragen, so gelten im Verhältnis von Bedachtem und Beschwertem unmittelbar **§§ 262–265.** Danach steht das Wahlrecht **im Zweifel** dem **Beschwerten** zu (§ 262). Er übt es nach § 263 Abs. 1 durch **unwiderrufliche Erklärung** gegenüber dem Bedachten aus, wobei die gewählte Leistung als die von Anfang an geschuldete gilt (§ 263 Abs. 2). Hierdurch geht die Gefahr des zufälligen Untergangs auf den Bedachten über. Nimmt der Beschwerte die Wahl nicht vor Beginn der Zwangsvollstreckung vor, so kann der Vermächtnisnehmer nach § 264 Abs. 1 die Zwangsvollstreckung nach seiner Wahl auf den einen oder anderen Gegenstand richten. Solange der Vermächtnisnehmer den von ihm gewählten Gegenstand nicht ganz oder teilweise empfangen hat, kann sich der Beschwerte durch die Leistung des anderen Gegenstandes von seiner Verpflichtung befreien. Zur Unmöglichkeit vgl. § 265. 4

**2. Wahlrecht des Bedachten.** Der Erblasser kann den **Bedachten** selbst wählen lassen. In diesem Fall erfolgt die Wahl durch Erklärung des Bedachten gegenüber dem **Beschwerten** (§ 263 Abs. 1). Auch dann gilt die gewählte Leistung als die von Anfang an geschuldete. Gerät der Bedachte in Annahmeverzug, wozu gem. § 295 ein wörtliches Angebot der zur Wahl stehenden Leistungen genügt, so gilt § 264 Abs. 2. 5

**3. Wahlrecht eines Dritten.** Hat der Erblasser die Wahl einem **Dritten** übertragen, so erfolgt sie durch Erklärung gegenüber dem **Beschwerten** (Abs. 1 S. 2). Ist der Dritte zur Wahl nicht bereit oder nicht in der Lage, oder nimmt er sie innerhalb einer vom Nachlassgericht nach § 2151 Abs. 3 S. 2 gesetzten Frist nicht vor, so geht das Wahlrecht auf den Beschwerten über (Abs. 2 S. 2). 6

**4. Mehrere Wahlberechtigte.** Sind mehrere Bedachte wahlberechtigt, so können sie die Wahl nur gemeinschaftlich vornehmen (§ 747 S. 2). Auch für die Wahl durch mehrere Beschwerte oder mehrere Dritte (§ 317 Abs. 2) ist Übereinstimmung erforderlich (Staudinger/Otte, 2019, Rn. 5). 7

**5. Vorlagepflicht.** Der wahlberechtigte Bedachte (oder Dritte) kann nach §§ 242, 809 vom Beschwerten die Vorlage der Gegenstände verlangen, unter denen die Wahl zu treffen ist. 8

# § 2155 Gattungsvermächtnis

**(1) Hat der Erblasser die vermachte Sache nur der Gattung nach bestimmt, so ist eine den Verhältnissen des Bedachten entsprechende Sache zu leisten.**

**(2) Ist die Bestimmung der Sache dem Bedachten oder einem Dritten übertragen, so finden die nach § 2154 für die Wahl des Dritten geltenden Vorschriften Anwendung.**

**(3) Entspricht die von dem Bedachten oder dem Dritten getroffene Bestimmung den Verhältnissen des Bedachten offenbar nicht, so hat der Beschwerte so zu leisten, wie wenn der Erblasser über die Bestimmung der Sache keine Anordnung getroffen hätte.**

## Überblick

Ein Gattungsvermächtnis liegt vor, wenn der Erblasser den Vermächtnisgegenstand nur der Gattung nach bestimmt hat (→ Rn. 1). Abweichend von § 243 Abs. 1 ist nicht eine Sache mittlerer Art und Güte, sondern eine den Verhältnissen des Bedachten entsprechende Sache zu leisten (→ Rn. 5). Die Bestimmung der Sache obliegt regelmäßig dem Beschwerten und wird durch Auswahl der Sache im Rahmen der erforderlichen Leistungshandlung vorgenommen (→ Rn. 6). Hat der Erblasser die Bestimmung der Sache dem Bedachten oder einem Dritten übertragen, so gelten nach Abs. 2 die Vorschriften über das Wahlrecht des Dritten beim Wahlvermächtnis entsprechend (→ Rn. 7).

## I. Normzweck

Ein (in der Gestaltungspraxis eher seltenes) Gattungsvermächtnis liegt vor, wenn der Erblasser den Vermächtnisgegenstand nur der Gattung nach bestimmt hat. Abweichend von § 243 Abs. 1 ist beim Gattungsvermächtnis nicht eine Sache mittlerer Art und Güte, sondern eine den Verhältnissen des Bedachten entsprechende Sache zu leisten. 1

## II. Anwendungsbereich

2 Die Regelung bezieht sich nicht nur auf **körperliche Gegenstände,** sondern zB auch auf **Rechte** (OLG Bremen ZEV 2001, 401: Wohnrecht; BeckOGK/Hölscher Rn. 3; MüKoBGB/Rudy Rn. 2; Staudinger/Otte, 2019, Rn. 2; aA Lange/Kuchinke ErbR § 29 V 2c). Nicht anzuwenden ist § 2155 auf das Vermächtnis einer Geldsumme (Staudinger/Otte, 2019, Rn. 3; Soergel/Ludyga Rn. 2; aA MüKoBGB/Rudy Rn. 2), weil hier eine nähere Bestimmung des Leistungsinhalts nicht in Betracht kommt. Unerheblich ist, ob ein Gegenstand der fraglichen Art zurzeit des Erbfalls im Nachlass vorhanden ist; die Regel des § 2169 gilt nur für das Vermächtnis eines bestimmten Gegenstandes (BeckOGK/Hölscher Rn. 5).

3 Der Erblasser kann allerdings auch ein **beschränktes Gattungsvermächtnis** (auch gemischt-generisches Vermächtnis genannt) anordnen, indem er festlegt, dass eine der Gattung nach bestimmte Sache nur aus den im Nachlass befindlichen Sachen geleistet werden soll (OLG Düsseldorf ZEV 2018, 33). Ob ein solches Vermächtnis als Wahl- oder Gattungsvermächtnis zu behandeln ist, muss durch Auslegung im Einzelfall ermittelt werden (Staudinger/Otte, 2019, Rn. 4, 5; NK-BGB/Horn Rn. 6 f.).

## III. Vorerfüllung durch Erblasser

4 Hat der Erblasser schon **zu Lebzeiten** dem Bedachten eine dem Vermächtnis entsprechende Zuwendung gemacht, ist durch Auslegung zu ermitteln, ob das Vermächtnis unter der auflösenden Bedingung steht, dass der Erblasser selbst noch eine entsprechende Zuwendung an den Bedachten vornimmt (OLG Hamm MDR 1995, 1236; zust. Leipold JZ 1996, 287). Denkbar ist auch, dass der Erblasser auf eine künftige Schuld geleistet hat (→ § 2174 Rn. 14) (Staudinger/Otte, 2019, Rn. 6; Kuchinke JZ 1983, 483).

## IV. Bestimmung der Sache

5 **1. Maßstab.** Der Beschwerte hat eine den **Verhältnissen des Bedachten entsprechende Sache** zu leisten. Es wird auf die Verhältnisse, nicht auf die Bedürfnisse des Bedachten abgestellt; häufig richten sich die Bedürfnisse jedoch nach den Verhältnissen, sodass feinsinnige Differenzierungen hier nicht angebracht sind. Entscheidend ist, was der Erblasser als für den Bedachten passend angesehen hat. Soweit hierfür keine Anhaltspunkte vorliegen, kommt hilfsweise § 243 zur Anwendung (Prot. V 197, 198).

6 **2. Bestimmung durch den Beschwerten.** Die Bestimmung der Sache obliegt, wie sich aus § 243 Abs. 2 ergibt, regelmäßig dem **Beschwerten** und wird durch Auswahl der Sache im Rahmen der erforderlichen Leistungshandlung vorgenommen. Bei Mängeln der Sache ist der Beschwerte zur Gewährleistung nach §§ 2182, 2183 verpflichtet. Entspricht die vom Beschwerten getroffene Bestimmung nicht den Verhältnissen des Bedachten, braucht dieser die angebotene Sache nicht als Erfüllung seines Vermächtnisanspruchs anzunehmen. Eine **Klage** auf Leistung einer dem Standard entsprechende Sache hat nicht zum Gegenstand, dass das Gericht die Sache bestimmt, vielmehr kann dieses nur die Grundsätze aufstellen, nach denen die zu leistende Sache auszuwählen ist (OLG Bremen ZEV 2001, 401 auch zur Fassung des Klageantrags). Die **Vollstreckung** richtet sich nach § 884 ZPO iVm § 883 Abs. 1 ZPO. Lediglich wenn im Falle eines beschränkten Gattungsvermächtnisses nur eine bestimmte Sache den Verhältnissen des Bedachten entspricht, können Klageantrag und Verurteilung auf diese gerichtet sein (Staudinger/Otte, 2019, Rn. 8).

7 **3. Bestimmung durch den Bedachten oder einen Dritten.** Hat der Erblasser die Bestimmung der Sache dem Bedachten oder einem Dritten übertragen, so gelten nach Abs. 2 die Vorschriften über das Wahlrecht des Dritten beim Wahlvermächtnis entspr. Wird die Ausübung der Wahl durch den Dritten oder den Bedachten unmöglich oder erfolgt sie nicht innerhalb der vom Nachlassgericht gesetzten Frist (§ 2154 Abs. 2 S. 2, § 2151 Abs. 3 S. 2), geht das Bestimmungsrecht auf den Beschwerten über. Dasselbe gilt nach Abs. 3, wenn die vom Bedachten oder vom Dritten getroffene Bestimmung den Verhältnissen des Bedachten **offenbar nicht entspricht.** Gemeint sind Fälle des Missbrauchs und des erheblichen Irrtums bei Einschätzung der Verhältnisse des Bedachten. Abweichend von § 319 Abs. 1 S. 2 wird eine unbillige Bestimmung nicht durch das Gericht ersetzt (BeckOGK/Hölscher Rn. 13).

## V. Beweislast

Der Bedachte hat zu beweisen, dass die von ihm beanspruchte Sache seinen Verhältnissen entspricht oder nach Abs. 2 vom Dritten bestimmt ist. Will der Beschwerte hiervon abweichen, muss er die offenbare Unrichtigkeit der getroffenen Bestimmung beweisen (Schmitz in Baumgärtel/Laumen/Prütting Beweislast-HdB Rn. 2; BeckOGK/Hölscher Rn. 16). 8

### § 2156 Zweckvermächtnis

**[1]Der Erblasser kann bei der Anordnung eines Vermächtnisses, dessen Zweck er bestimmt hat, die Bestimmung der Leistung dem billigen Ermessen des Beschwerten oder eines Dritten überlassen. [2]Auf ein solches Vermächtnis finden die Vorschriften der §§ 315 bis 319 entsprechende Anwendung.**

## Überblick

Auch diese Vorschrift, die das Zweckvermächtnis behandelt, lockert das Prinzip der Höchstpersönlichkeit der Verfügungen von Todes wegen. Abweichend von § 2065 Abs. 2 kann der Erblasser die konkrete Bestimmung der Leistung dem billigen Ermessen des Beschwerten oder eines Dritten überlassen, wenn er den Vermächtniszweck bezeichnet hat (→ Rn. 1). Der Erblasser kann die Bestimmung dem Beschwerten oder einem Dritten, nicht jedoch dem Bedachten überlassen (→ Rn. 3). Die Bestimmung ist nur verbindlich, wenn sie der Billigkeit entspricht (→ Rn. 4).

## I. Voraussetzungen

Voraussetzung ist, dass der Erblasser selbst das Vermächtnis anordnet und lediglich Art und Gegenstand der Leistung offen lässt. Daran fehlt es, wenn er zwar einen Zweck bestimmt hat, einem anderen aber die Entscheidung überlässt, ob eine Zuwendung erfolgen soll (RG WarnR 1911 Nr. 42). Fehlt eine ausreichende Zweckvorgabe, ist das Vermächtnis unwirksam (NK-BGB/Horn Rn. 9). 1

Der Erblasser muss den **Vermächtniszweck** so genau bezeichnen, dass der Bestimmungsberechtigte genügend Anhaltspunkte für die Ausübung seines Ermessens hat (BayObLG NJW-RR 1999, 946 mAnm Mayer MittBayNot 1999, 447; Staudinger/Otte, 2019, Rn. 2). Das Bestimmungsrecht erstreckt sich auf Gegenstand, Zeit und Bedingungen der Leistung. Allerdings kann die Bestimmungsbefugnis nach § 2156 mit einer solchen nach § 2151 verbunden werden (RGZ 96, 15 (19); zB durch die Anordnung, dass zwei von mehreren Neffen des Erblassers Geldvermächtnisse in Höhe der zur Finanzierung einer Ausbildung notwendigen Beträge erhalten sollen). Auch § 2153 kann neben § 2156 zur Anwendung kommen, sodass sich vielfältige Gestaltungsmöglichkeiten ergeben (instruktiv NK-BGB/Horn § 2151 Rn. 22). Im Schrifttum wird bei einer bestimmten von erbschaftssteuerrechtlichen Erwägungen geleiteten Gestaltung von einem **„Supervermächtnis"** gesprochen (BeckOGK/Hölscher § 2151 Rn. 44 ff.; jurisPK-BGB/Reymann § 2151 Rn. 50 ff.; Kanzleiter FS Brambring, 2012, 225 ff.). 2

## II. Bestimmung der Leistung

Der Erblasser kann die Bestimmung der Leistung dem **Beschwerten** oder einem **Dritten, nicht** jedoch dem **Bedachten** (BGH NJW 1991, 1885 mAnm Kanzleiter DNotZ 1992, 509; BeckOGK/Hölscher Rn. 10; MüKoBGB/Rudy Rn. 4; Staudinger/Otte, 2019, Rn. 3; aA Soergel/Ludyga Rn. 4) überlassen. Die Ermächtigung ist nur mit der Maßgabe wirksam, dass die Leistung nach billigem Ermessen, also nicht nach Belieben (BGH NJW 1984, 2570; Grüneberg/Weidlich Rn. 1) bestimmt wird. Für die Bestimmung gelten gem. S. 2 die **§§ 315–319.** Bei Bestimmung durch den Beschwerten hat dieser seine Erklärung, die unwiderruflich ist, gegenüber dem Bedachten abzugeben; mehrere Beschwerte müssen einstimmig wählen. Bei Bestimmung durch einen Dritten genügt es, wenn die Erklärung gegenüber dem Beschwerten oder dem Bedachten abgegeben wird (§ 318 Abs. 1). Mehrere Dritte können die Bestimmung im Zweifel nur übereinstimmend treffen (§ 317 Abs. 2). Eine **Anfechtung** der Bestimmungserklärung wegen Irrtums, Drohung oder arglistiger Täuschung ist nach § 318 Abs. 2 nur dem Bedachten oder dem Beschwerten möglich. 3

4 Die Bestimmung durch den Dritten ist nicht verbindlich, wenn sie **offenbar unbillig** ist. Die **Beweislast** trägt derjenige, der sich auf die Unbilligkeit beruft (Schmitz in Baumgärtel/Laumen/Prütting Beweislast-HdB Rn. 1). In diesem Fall und wenn der Dritte die Bestimmung nicht treffen kann oder will oder wenn er sie verzögert, erfolgt die Bestimmung durch Urteil (§ 319 Abs. 1).

## § 2157 Gemeinschaftliches Vermächtnis

**Ist mehreren derselbe Gegenstand vermacht, so finden die Vorschriften der §§ 2089 bis 2093 entsprechende Anwendung.**

### Überblick

Die Vorschrift regelt das gemeinschaftliche Vermächtnis. Hat der Erblasser einen Gegenstand mehreren vermacht und eine Anordnung über die Vermächtnisanteile getroffen, gelten §§ 2089–2093 (→ Rn. 4). Ob ein gemeinschaftliches Vermächtnis vorliegt oder mehrere selbstständige Vermächtnisse, ist durch Auslegung zu ermitteln (→ Rn. 2).

### I. Normzweck

1 § 2157 verweist für das sog. **gemeinschaftliche Vermächtnis,** bei dem der Erblasser denselben Gegenstand mehreren Bedachten vermacht, die Aufteilung unter ihnen aber nicht oder nicht vollständig geregelt hat und auch kein Bestimmungsberechtigter nach §§ 2151–2153 eingesetzt ist, auf die §§ 2089–2093. Ergänzend sind §§ 2158, 2159 zu beachten.

### II. Zuwendung desselben Gegenstandes

2 Ob ein gemeinschaftliches Vermächtnis oder mehrere selbstständige Vermächtnisse, durch die der Erblasser mehreren Bedachten jeweils Teile eines Gegenstandes zugewendet hat, vorliegen, ist durch Auslegung zu ermitteln (Muscheler NJW 2012, 1399 ff.). Entscheidend ist, ob der Erblasser wollte, dass der **Gegenstand insgesamt** von seinen Vermächtnisanordnungen erfasst und dem Beschwerten entzogen wird. Dabei kommt es für das Vorliegen eines gemeinschaftlichen Vermächtnisses nicht darauf an, ob der vermachte Gegenstand in Natur teilbar ist oder nicht (Staudinger/Otte, 2019, Rn. 3; NK-BGB/Horn Rn. 2).

3 § 2157 ist entspr. anwendbar, wenn die vom Erblasser getroffene Aufteilung unwirksam ist oder unwirksam wird (BeckOGK/Hölscher Rn. 7; NK-BGB/Horn Rn. 4).

### III. Verweisung auf §§ 2089–2093

4 Die in Bezug genommenen Vorschriften, die für die Erbquoten mehrerer nebeneinander eingesetzter Erben gelten, lassen sich ohne Probleme auf das gemeinschaftliche Vermächtnis übertragen: Erschöpfen die vom Erblasser bestimmten Bruchteile das Ganze nicht, so erhöhen sich die Bruchteile verhältnismäßig **(§ 2089);** übersteigen sie das Ganze, sind sie verhältnismäßig zu mindern **(§ 2090).** Ist eine Teilung vom Erblasser nicht vorgenommen, so sind die Bedachten, soweit sich nicht aus §§ 2066–2069 etwas anderes ergibt, zu gleichen Teilen eingesetzt **(§ 2091). § 2092** kommt zur Anwendung, wenn einzelnen Bedachten bestimmte Teile zugewiesen sind, anderen nicht. **§ 2093** gilt, wenn einigen von mehreren Bedachten derselbe Bruchteil des vermachten Gegenstands zugewendet ist.

### IV. Gemeinsamer Anspruch der Vermächtnisnehmer

5 Die Vermächtnisnehmer sind beim gemeinschaftlichen Vermächtnis, anders als im Fall des § 2151 Abs. 3 S. 1, nicht Gesamtgläubiger iSd § 428. Bei Teilbarkeit der Leistungspflicht des Beschwerten steht jedem Vermächtnisnehmer ein Anspruch auf Leistung des entsprechenden Teils zu (§ 420). Bei Unteilbarkeit kann jeder Bedachte nach § 432 Leistung an alle fordern. § 432 gilt auch, wenn die Aufteilung nach dem Willen des Erblassers nur für das Innenverhältnis der Bedachten gelten soll (BeckOGK/Hölscher Rn. 8; Soergel/Ludyga Rn. 3). Über seinen ideellen Anteil kann jeder Bedachte nach § 747 S. 1 allein verfügen.

## § 2158 Anwachsung

**(1) [1]Ist mehreren derselbe Gegenstand vermacht, so wächst, wenn einer von ihnen vor oder nach dem Erbfall wegfällt, dessen Anteil den übrigen Bedachten nach dem Verhältnis ihrer Anteile an. [2]Dies gilt auch dann, wenn der Erblasser die Anteile der Bedachten bestimmt hat. [3]Sind einige der Bedachten zu demselben Anteil berufen, so tritt die Anwachsung zunächst unter ihnen ein.**

**(2) Der Erblasser kann die Anwachsung ausschließen.**

### Überblick

Die Vorschrift regelt die Anwachsung beim gemeinschaftlichen Vermächtnis. Anwachsungsvoraussetzung ist der Wegfall eines Bedachten vor und nach dem Erbfall (→ Rn. 4) oder der Eintritt eines dem Wegfall gleichzustellenden Ereignisses (→ Rn. 3). § 2158 sieht die Anwachsung als Regelfall vor (→ Rn. 4); der anwachsende Teil ist rechtlich nicht selbstständig (→ Rn. 5). Die Anwachsung kann testamentarisch ausgeschlossen werden (→ Rn. 6).

### I. Normzweck

Die Vorschrift, die der Regelung in § 2094 bei der Erbeinsetzung entspricht, regelt die **Anwachsung** beim gemeinschaftlichen Vermächtnis. Sie gilt unabhängig davon, ob der Erblasser die Aufteilung unter den Bedachten korrekt vorgenommen oder diese nach § 2157 iVm §§ 2089–2093 zu erfolgen hat. 1

### II. Wegfall des Bedachten

Erfasst ist der **Wegfall vor** dem Erbfall (Tod, § 2160; Verzicht, § 2352) und **nach** dem **Erbfall,** soweit er mit Rückwirkung auf diesen eintritt (Ausschlagung des Vermächtnisses, § 2180 Abs. 3, § 1953 Abs. 1; Vermächtnisunwürdigkeit, § 2345; Anfechtung, § 2078; Nichterleben einer Bedingung, §§ 2177, 2074). 2

Dem Wegfall steht es gleich, wenn das Vermächtnis wegen Zeitablaufs nach §§ 2162, 2163 nicht wirksam wird. Dasselbe gilt für die Fälle der Nichtigkeit und anfänglichen Unwirksamkeit der Vermächtnisanordnung (Burandt/Rojahn/Burandt Rn. 4; NK-BGB/Horn Rn. 2). Bei Wegfall eines Vermächtnisnehmers wegen Eintritt einer auflösenden Bedingung oder eines Endtermins ist § 2158 analog anwendbar (RGZ 148, 336; BeckOGK/Hölscher Rn. 7; MüKoBGB/Rudy Rn. 2; eingehend Staudinger/Otte, 2019, Rn. 4). Stirbt ein Bedachter nach Anfall des Vermächtnisses (§§ 2176–2178), so kommt es nur zur Anwachsung, wenn seine Erben wirksam ausschlagen (NK-BGB/Horn Rn. 3; Grüneberg/Weidlich Rn. 1). 3

### III. Anwachsung

Die Anwachsung wird von § 2158 als Regelfall angesehen; sie tritt kraft Gesetzes ein und führt zu einer **Erhöhung des Anspruchs** der anwachsungsberechtigten Vermächtnisnehmer gegen den Beschwerten, und zwar entspr. dem Verhältnis ihrer Anteile an dem vermachten Gegenstand. Nach Abs. 1 S. 2 tritt die Anwachsung auch dann ein, wenn der Erblasser die Anteile bestimmt hat (Mot. V 186). 4

Der anwachsende Vermächtnisteil ist rechtlich nicht selbstständig; er kann nicht gesondert angenommen oder ausgeschlagen werden (§ 2180 Abs. 3, § 1950). § 2159 fingiert allerdings eine gewisse Selbstständigkeit. Sind einige der Bedachten zu demselben Anteil berufen, findet nach S. 3 die Anwachsung wie bei § 2094 Abs. 1 S. 2 zunächst unter ihnen statt. 5

### IV. Ausschluss der Anwachsung

Die Anwachsung kann nach Abs. 2 ausdrücklich oder konkludent, insbes. durch Einsetzung eines Ersatzvermächtnisnehmers (§§ 2190, 2099) **ausgeschlossen** werden. Eine Anwachsung tritt auch dann nicht ein, wenn ein Ersatzvermächtnisnehmer kraft Gesetzes (§ 2069) an die Stelle des Weggefallenen tritt. Hat der Erblasser die Anwachsung ausgeschlossen und greift keine Ersatzberufung ein, kommt der Wegfall dem Beschwerten zugute. 6

### § 2159 Selbständigkeit der Anwachsung

**Der durch Anwachsung einem Vermächtnisnehmer anfallende Anteil gilt in Ansehung der Vermächtnisse und Auflagen, mit denen dieser oder der wegfallende Vermächtnisnehmer beschwert ist, als besonderes Vermächtnis.**

#### Überblick

§ 2159 macht eine Ausnahme vom Grundsatz der rechtlichen Unselbstständigkeit des durch Anwachsung anfallenden Anteils (§ 2158). Für die Beschwerung mit Untervermächtnissen und Auflagen wird die rechtliche Selbstständigkeit des anwachsenden Anteils fingiert.

1 Die Vorschrift entspricht mit Ausnahme der bei Vermächtnissen nicht geltenden Ausgleichungspflicht der Regelung in § 2095 für den anwachsenden Erbteil. Der angewachsene Anteil gilt hinsichtlich einer Beschwerung mit Untervermächtnissen und Auflagen als **besonderes Vermächtnis.** Jedes Vermächtnis haftet deshalb nur für die auf ihm lastende Beschwerung, nicht für die Beschwerung des anderen Vermächtnisses – ein Umstand, der von Bedeutung für das Leistungsverweigerungsrecht nach § 2187 ist. Abweichend von § 2159 kann der Erblasser anordnen, dass der ursprüngliche und der angewachsene Anteil als Einheit zu behandeln sind. Ein **Nachvermächtnis** erstreckt sich gem. § 2191 Abs. 2, § 2110 Abs. 1 im Zweifel auf den durch Anwachsung angefallenen Teil.

### § 2160 Vorversterben des Bedachten

**Ein Vermächtnis ist unwirksam, wenn der Bedachte zur Zeit des Erbfalls nicht mehr lebt.**

#### Überblick

Das Vorversterben des Bedachten führt zur Unwirksamkeit eines Vermächtnisses. Rechtsfolge ist, dass die Beschwerung des mit dem Vermächtnis Belasteten wegfällt (→ Rn. 3).

#### I. Normzweck

1 Im Gegensatz zur Erbeinsetzung (vgl. § 1923) ist für die Wirksamkeit des Vermächtnisses nicht erforderlich, dass der Bedachte zum Zeitpunkt des Erbfalls bereits lebt oder jedenfalls erzeugt ist. Vielmehr ist allein entscheidend, dass der Bedachte zum Zeitpunkt des Erbfalls noch nicht gestorben ist.

#### II. Anwendungsbereich

2 Die Vorschrift greift nicht ein, wenn – auch unter Heranziehung des § 2069 (BayObLG NJW-RR 1997, 517 (519)) – ein Ersatzberufener oder Anwachsungsberechtigter zum Zeitpunkt des Erbfalls lebt (BeckOGK/Hölscher Rn. 5). Ein Vermächtnis zugunsten „Mutter Teresa“ kann auf die Hilfstätigkeit der Bedachten, dh auf den von ihr gegründeten Orden bezogen werden (OLG Jena OLG-NL 2003, 89). § 2160 gilt entspr. für ein Vermächtnis zugunsten einer **juristischen Person** (allgM). Die Auslegung kann jedoch ergeben, dass die Nachfolgeorganisation einer nicht mehr bestehenden juristischen Person als bedacht anzusehen ist (OLG Oldenburg NdsRPfl. 1948, 8).

#### III. Rechtsfolgen

3 Aus der Unwirksamkeit des Vermächtnisses folgt nicht, dass etwa die Erben des Vermächtnisnehmers an dessen Stelle treten, sondern nur, dass die **Beschwerung** des mit dem Vermächtnis Belasteten **wegfällt.** Die Unwirksamkeit des Vermächtnisses kommt also dem Beschwerten zugute. Der Wegfall eines Hauptvermächtnisses hat nicht die Unwirksamkeit des Untervermächtnisses zur Folge (MüKoBGB/Rudy Rn. 2); mit ihm ist vielmehr nach § 2161 der Erbe beschwert.

## § 2161 Wegfall des Beschwerten

**[1]Ein Vermächtnis bleibt, sofern nicht ein anderer Wille des Erblassers anzunehmen ist, wirksam, wenn der Beschwerte nicht Erbe oder Vermächtnisnehmer wird. [2]Beschwert ist in diesem Falle derjenige, welchem der Wegfall des zunächst Beschwerten unmittelbar zustatten kommt.**

### Überblick

Im Gegensatz zum Wegfall des Bedachten (§ 2160) berührt der Wegfall des Beschwerten (→ Rn. 1) nach der Auslegungsregel des § 2161 die Wirksamkeit des Vermächtnisses im Zweifel nicht. Der durch den Wegfall des Beschwerten Begünstigte hat in diesem Fall das Vermächtnis zu erfüllen (→ Rn. 3). Ein abweichender Wille des Erblassers kann sich aus den Umständen ergeben, wenn der Erblasser beispielsweise nur den weggefallenen Beschwerten persönlich belasten wollte (→ Rn. 4).

### I. Normzweck

§ 2161 regelt den Wegfall des Beschwerten: Wird dieser nicht Erbe oder Vermächtnisnehmer, hat dies, sofern nicht ein anderer Wille des Erblassers anzunehmen ist, auf den Bestand des Vermächtnisses keinen Einfluss. 1

### II. Wegfall des zunächst Beschwerten

Wegfall ist im weiten Sinn zu verstehen; darunter fällt nicht nur Vorversterben, Ausschlagung oder Erbunwürdigkeit des zunächst Beschwerten, sondern auch der Widerruf der ursprünglichen Erbeinsetzung (RG WarnR 1936 Nr. 41; BeckOGK/Hölscher Rn. 3; Staudinger/Otte, 2019, Rn. 1). Rückt der Bedachte als (Mit-)Erbe nach, kann das ihm zugewendete Vermächtnis als Vorausvermächtnis bestehen bleiben (RG Recht 1913 Nr. 1615; RGRK-BGB/Johannsen Rn. 1). 2

### III. Ersatzbeschwerter

Mit dem Vermächtnis ist nach S. 2 derjenige beschwert, dem der Wegfall des zunächst Beschwerten (rechtlich) unmittelbar zustattenkommt. Das kann zB sein der Ersatzberufene, der Anwachsungsberechtigte oder der gesetzliche Erbe bei Wegfall des eingesetzten. Auf einen wirtschaftlichen Vorteil kommt es dabei nicht an. Wer an die Stelle eines weggefallenen Hauptvermächtnisnehmers tritt, haftet nach § 2187 Abs. 2 nur im Umfang des bisher Beschwerten. 3

### IV. Abweichender Wille des Erblassers

Ein abweichender Wille des Erblassers kann sich aus den Umständen ergeben, so wenn der Erblasser nur den weggefallenen Beschwerten persönlich belasten wollte oder wenn nur der zunächst Beschwerte zur Erbringung der vermachten Leistung in der Lage war. Dies kann insbes. bei speziellen Dienst- und Werkleistungen der Fall sein. Die Darlegungs- und **Beweislast** für einen von § 2161 abweichenden Willen trägt derjenige, der sich darauf beruft (jurisPK-BGB/Reymann Rn. 9). 4

## § 2162 Dreißigjährige Frist für aufgeschobenes Vermächtnis

**(1) Ein Vermächtnis, das unter einer aufschiebenden Bedingung oder unter Bestimmung eines Anfangstermins angeordnet ist, wird mit dem Ablauf von 30 Jahren nach dem Erbfall unwirksam, wenn nicht vorher die Bedingung oder der Termin eingetreten ist.**

**(2) Ist der Bedachte zur Zeit des Erbfalls noch nicht gezeugt oder wird seine Persönlichkeit durch ein erst nach dem Erbfall eintretendes Ereignis bestimmt, so wird das Vermächtnis mit dem Ablauf von 30 Jahren nach dem Erbfall unwirksam, wenn nicht vorher der Bedachte erzeugt oder das Ereignis eingetreten ist, durch das seine Persönlichkeit bestimmt wird.**

### Überblick

Die Vorschrift sieht für die Geltung aufgeschobener Vermächtnisse eine Frist von 30 Jahren vor. Der Anfall des Vermächtnisses muss spätestens vor Ablauf dieser Frist eingetreten sein; ansonsten wird das Vermächtnis unwirksam (→ Rn. 2).

## I. Normzweck

1 § 2162 setzt (ähnlich wie § 2044 Abs. 2; §§ 2109, 2210) für das **Wirksamwerden** – und nicht wie das Gesetz ungenau formuliert „für die Wirksamkeit" – von Vermächtnissen eine **zeitliche Grenze,** weil erbrechtliche Schwebezustände im Interesse der Rechtssicherheit und zur Vermeidung übermäßig langer Einschränkungen der Verfügungs- und Testierfreiheit der Betroffenen nicht auf unabsehbare Zeit andauern sollen.

## II. Voraussetzungen

2 Der Schwebezustand ergibt sich dann, wenn das Vermächtnis aufschiebend bedingt oder aufschiebend befristet ist und Bedingung und Termin erst nach dem Erbfall eintreten (vgl. § 2177) oder wenn der Bedachte zum Zeitpunkt des Erbfalls noch nicht erzeugt oder seine „Persönlichkeit" durch ein erst nach dem Erbfall eintretendes Ereignis bestimmt wird (vgl. § 2178). Vorbehaltlich der Regelung in § 2163 wird das Vermächtnis in diesen Fällen nach Abs. 1 mit Ablauf von **dreißig Jahren** nach dem Erbfall **endgültig unwirksam.** Die Frist, die auch für das Unter- und Nachvermächtnis gilt, spielt keine Rolle mehr, sobald der Schwebezustand vor ihrem Ablauf beendet wird, und zwar unabhängig davon, ob der Vermächtnisanspruch erst später fällig wird (BGHR BGB § 2174 Verjährung 1 = VIZ 2000, 677). Dann kann aber Verjährung eintreten oder das Vermächtnis durch Eintritt einer auflösenden Bedingung oder eines Endtermins unwirksam werden (NK-BGB/Horn Rn. 4). Die Abgrenzung zwischen Aufschieben der Entstehung und der Fälligkeit bereitet im Einzelfall Schwierigkeiten (→ § 2176 Rn. 4). Für die Berechnung der Frist, die mit dem Erbfall beginnt, gilt § 188 Abs. 2 Alt. 1. Im Falle des Abs. 2 (noch nicht erzeugter Bedachter) verlängert sich die Frist iErg um die Empfängniszeit.

3 Angefallene Vermächtnisse unter auflösender Bedingung oder auflösender Befristung unterfallen nicht § 2162 (BeckOGK/Hölscher Rn. 9; jurisPK-BGB/Reymann Rn. 11; Geuder RNotZ 2021, 305 (309)). Ob § 2162 auf Vermächtnisse, welche wiederkehrende Leistungen zum Gegenstand haben, anzuwenden ist, hängt iErg davon ab, ob der Anspruch auf wiederkehrende Leistungen einheitlich anfällt und nur sukzessiv fällig wird (dann greift § 2162 nicht ein, wenn der Anfall innerhalb der 30-Jahre-Frist erfolgt ist) oder sukzessive in Höhe des jeweiligen Teilbetrags anfällt (dann greift § 2162 für Teilbeträge nach Fristablauf ein) (jurisPK-BGB/Reymann Rn. 13). Was der Erblasser gewollt hat, ist **Auslegungsfrage.**

## § 2163 Ausnahmen von der dreißigjährigen Frist

**(1) Das Vermächtnis bleibt in den Fällen des § 2162 auch nach dem Ablauf von 30 Jahren wirksam:**

1. **wenn es für den Fall angeordnet ist, dass in der Person des Beschwerten oder des Bedachten ein bestimmtes Ereignis eintritt, und derjenige, in dessen Person das Ereignis eintreten soll, zur Zeit des Erbfalls lebt,**
2. **wenn ein Erbe, ein Nacherbe oder ein Vermächtnisnehmer für den Fall, dass ihm ein Bruder oder eine Schwester geboren wird, mit einem Vermächtnis zugunsten des Bruders oder der Schwester beschwert ist.**

**(2) Ist der Beschwerte oder der Bedachte, in dessen Person das Ereignis eintreten soll, eine juristische Person, so bewendet es bei der dreißigjährigen Frist.**

### Überblick

Die § 2109 Abs. 1 S. 2 entsprechende Vorschrift regelt in Abs. 1 eine Ausnahme zu § 2162, indem sie für einzelne Fallgestaltungen die dort angeordnete 30-jährige Frist für das Wirksamwerden von Vermächtnissen aufhebt.

## I. Allgemeines

Die Vorschrift sieht zwei Gründe für die Verlängerung der 30-jährigen Frist des § 2162 vor: Den Eintritt eines Ereignisses in der Person des Beschwerten oder des Bedachten (Nr. 1) und die Geburt von Geschwistern (Nr. 2). Abs. 2 schreibt dagegen parallel zu § 2109 Abs. 2 für juristische Personen die 30-jährige Frist des § 2162 fest. 1

## II. Ereignis in der Person

**Ereignis** iSd Abs. 1 Nr. 1 kann auch auf dem Willen des Bedachten oder Beschwerten und deren eigenen Handeln beruhen (zB Scheidung oder Wiederverheiratung). Es muss nicht unmittelbar den Beschwerten oder Bedachten in seiner Stellung als Person berühren, vielmehr genügt es, wenn seine vermögensrechtliche Position betroffen wird (BGH NJW 1969, 1112; jurisPK-BGB/Reymann Rn. 13), etwa der Eintritt der Insolvenz oder der Verkauf eines Grundstücks. Allerdings muss das Ereignis einen Bezug zur Person des Betroffenen haben, allgemeine Vorgänge reichen nicht aus (BeckOGK/Hölscher Rn. 5; Erman/Nobis Rn. 2). Eine Erweiterung oder analoge Anwendung der Ausnahmeregelung verbietet sich im Hinblick auf den Verkehrsschutz (BGH NJW-RR 1992, 643; MüKoBGB/Rudy Rn. 2; NK-BGB/Horn Rn. 4). 2

## III. Geburt von Geschwistern

Bei Abs. 1 Nr. 2 reicht die Geburt von Halbgeschwistern aus. Die Annahme eines Minderjährigen an Kindes Statt ist nach § 1754 der Geburt eines Kindes des Annehmenden gleichzustellen (BeckOGK/Hölscher Rn. 7). 3

### § 2164 Erstreckung auf Zubehör und Ersatzansprüche

**(1) Das Vermächtnis einer Sache erstreckt sich im Zweifel auf das zur Zeit des Erbfalls vorhandene Zubehör.**

**(2) Hat der Erblasser wegen einer nach der Anordnung des Vermächtnisses erfolgten Beschädigung der Sache einen Anspruch auf Ersatz der Minderung des Wertes, so erstreckt sich im Zweifel das Vermächtnis auf diesen Anspruch.**

## Überblick

Die Vorschrift enthält zwei Auslegungsregeln für die Zugehörigkeit von Zubehör und Ersatzansprüchen zum Gegenstand des Vermächtnisses. Nach Abs. 1 ist im Zweifel mitvermacht das Zubehör, wie es nach Umfang und Zustand im Zeitpunkt des Erbfalls tatsächlich vorhanden ist (→ Rn. 2).

Abs. 2 ist eine Ausprägung des Surrogationsprinzips. Erfasst werden Ersatzansprüche des Erblassers wegen Minderung des Wertes auf Grund einer Beschädigung der Sache nach Anordnung des Vermächtnisses; nach Sinn und Zweck der Vorschrift auch Ansprüche wegen einer vor Anordnung des Vermächtnisses erfolgten Beschädigung (→ Rn. 4), ferner Ansprüche wegen Mängel des vermachten Gegenstands (→ Rn. 5). Der im Zweifel nach Abs. 2 mitvermachte Anspruch ist auf Abtretung des Ersatzanspruchs gerichtet (→ Rn. 6).

## I. Normzweck

§ 2164 will dem Gedanken der **wirtschaftlichen Einheit** Rechnung tragen. Üblicherweise wird der Erblasser den Vermächtnisgegenstand mit der Hauptsache bezeichnen, aber das Zubehör mitvermachen wollen (Abs. 1; vgl. auch § 311c und §§ 926, 1096). Auch wird er im Allgemeinen für den Fall einer Beschädigung der vermachten Sache wollen, dass etwaige Ersatzansprüche dem Bedachten zustehen (Abs. 2). 1

## II. Erstreckung auf Zubehör

**1. Zubehör im Zeitpunkt des Erbfalls.** § 2164 knüpft an die Begriffsbestimmung des Zubehörs in §§ 97, 98 an. Mit vermacht ist im Zweifel das Zubehör, wie es nach Umfang und Zustand im **Zeitpunkt des Erbfalls** tatsächlich vorhanden ist. Der Zeitpunkt des Erbfalls ist auch 2 bei bedingten und befristeten Vermächtnissen maßgebend (MüKoBGB/Rudy Rn. 2; Soergel/Ludyga Rn. 2; jurisPK-BGB/Reymann Rn. 5; aA Planck/Flad Anm. 1). Der Beschwerte muss daher für die bis zum Anfall des Vermächtnisses eingetretenen Verluste und Verschlechterungen Ersatz leisten (§§ 2179, 160 Abs. 1). Er darf jedoch Zubehörstücke im Rahmen ordnungsgemäßer Wirtschaft auswechseln (Staudinger/Otte, 2019, Rn. 4; BeckOGK/Hölscher Rn. 5). Das Zubehör muss nicht notwendig im Eigentum des Erblassers stehen. Nach dem zu ermittelnden Willen des Erblassers kann bei nicht dem Erblasser gehörenden Zubehör der Besitz vermacht (§ 2169 Abs. 2) oder ein Verschaffungsvermächtnis gewollt sein. Zu **Bestandteilen** → § 2174 Rn. 6.

3 **2. Sach- und Rechtsinbegriffe.** Der Erhalt der wirtschaftlichen Einheit ist nicht nur im Verhältnis Hauptsache und Zubehör, sondern auch bei **Sachinbegriffen,** wie Haushaltsgegenständen, oder **Rechtsinbegriffen,** wie Unternehmen oder Vermögen, angezeigt. In entsprechender Anwendung des Abs. 1 sind daher alle zum Zeitpunkt des Erbfalls zu diesem Inbegriff gehörenden Sachen vom Vermächtnis erfasst (Soergel/Ludyga Rn. 1; Reichel AcP 138 (1934), 199). Die Auslegung kann ergeben, dass sonstige mit der Sache in einem wirtschaftlichen Zusammenhang stehende Gegenstände als mit vermacht gelten, wenn die Sache nur mit ihnen sinnvoll wirtschaftlich genutzt werden kann, zB ein Wegerecht für ein Grundstück (RGRK-BGB/Johannsen Rn. 13; BeckOGK/Hölscher Rn. 8).

## III. Ersatzansprüche wegen Beschädigung

4 Abs. 2 ist eine Ausprägung des Surrogationsprinzips. Ausdrücklich geregelt ist nur die Erstreckung des Vermächtnisses auf Ersatzansprüche des Erblassers wegen Minderung des Wertes auf Grund einer **Beschädigung** der Sache **nach Anordnung** des Vermächtnisses. Nach Sinn und Zweck der Vorschrift werden auch Ansprüche wegen einer **vor Anordnung** des Vermächtnisses erfolgten Beschädigung erfasst, jedenfalls dann, wenn der Erblasser zum Zeitpunkt der Anordnung von ihnen keine Kenntnis hatte (MüKoBGB/Rudy Rn. 5; Staudinger/Otte, 2019, Rn. 9; Soergel/Ludyga Rn. 5; aA RGRK-BGB/Johannsen Rn. 11). Für den Fall des Untergangs oder der Entziehung der Sache sieht § 2169 Abs. 3 eine entsprechende Regelung vor; bei Verbindung, Vermischung und Verarbeitung gilt § 2172 Abs. 2. In Betracht kommen vertragliche und deliktische Schadensersatzansprüche und Ansprüche aus Versicherungsverträgen wegen Beschädigung der Sache.

5 Des Weiteren fallen **Ansprüche wegen Mängel** des vermachten Gegenstands unter Abs. 2; ob dies auch für die Wandelung (§ 462 aF) bzw. den Rücktritt (§ 437 Nr. 2, § 440, § 323) gilt, ist umstritten, aber iErg zu bejahen (BeckOGK/Hölscher Rn. 9; MüKoBGB/Rudy Rn. 5; aA Staudinger/Otte, 2019, Rn. 9; Burandt/Rojahn/Burandt Rn. 9). Wird die Sache erst nach dem Erbfall beschädigt, gilt nicht Abs. 2, vielmehr kann der Bedachte Abtretung des Ersatzanspruchs nach § 285 verlangen (→ § 2174 Rn. 16).

6 In allen Fällen stehen die Ersatzansprüche dem Vermächtnisnehmer nicht unmittelbar zu, er kann nur vom Beschwerten deren Abtretung verlangen. Der **Höhe** nach erfasst der Anspruch nur den Substanzwert der Sache; er erstreckt sich nicht auf einen darüber hinausgehenden Schadensersatzanspruch (jurisPK-BGB/Reymann Rn. 11). Kann der dem Erblasser erwachsene Ersatzanspruch nicht realisiert werden, muss der Beschwerte für den Ausfall nicht aufkommen. Wird der Ersatzanspruch vor dem Erbfall erfüllt, gilt § 2173.

## § 2165 Belastungen

**(1) [1]Ist ein zur Erbschaft gehörender Gegenstand vermacht, so kann der Vermächtnisnehmer im Zweifel nicht die Beseitigung der Rechte verlangen, mit denen der Gegenstand belastet ist. [2]Steht dem Erblasser ein Anspruch auf die Beseitigung zu, so erstreckt sich im Zweifel das Vermächtnis auf diesen Anspruch.**

**(2) Ruht auf einem vermachten Grundstück eine Hypothek, Grundschuld oder Rentenschuld, die dem Erblasser selbst zusteht, so ist aus den Umständen zu entnehmen, ob die Hypothek, Grundschuld oder Rentenschuld als mitvermacht zu gelten hat.**

### Überblick

Nach der Auslegungsregel des Abs. 1 soll der Vermächtnisnehmer im Zweifel nicht die Beseitigung der auf dem vermachten Gegenstand ruhenden Lasten verlangen können. Voraussetzung ist, dass der Gegenstand zur Erbschaft gehört, bei einem Verschaffungsvermächtnis gilt § 2182 (→ Rn. 2). Abs. 1 gilt für alle dinglichen Belastungen, auch für Hypotheken, Grundschulden und Rentenschulden, soweit sie einem anderen als dem Erblasser zustehen. Für Grundpfandrechte sind jedoch Sonderregelungen zu beachten (→ Rn. 4). Der Bedachte hat nur die dingliche Belastung zu dulden, er haftet nicht persönlich (→ Rn. 5). Allerdings ist ihm – ebenfalls im Zweifel – ein schon dem Erblasser zustehender Anspruch auf Beseitigung der Belastung zu übertragen (→ Rn. 6). Für Eigentümergrundpfandrechte verweist Abs. 2 auf die Umstände des Einzelfalls (→ Rn. 7).

## I. Normzweck

Die Vorschrift beruht auf der Erwägung, dass der Vermächtnisnehmer grds. nur das erhalten soll, was auch dem Erblasser zustand. Deshalb soll er nach Abs. 1 **im Zweifel** nicht die Beseitigung der auf dem vermachten Gegenstand ruhenden Lasten verlangen können. Allerdings ist ihm – ebenfalls im Zweifel – ein schon dem Erblasser zustehender Anspruch auf Beseitigung der Belastung zu übertragen. Für **Eigentümergrundpfandrechte** verweist Abs. 2 – ohne Auslegungsregel wie in Abs. 1 – auf die Umstände des Einzelfalls. Bei einem erbvertraglich vermachten Gegenstand ist hinsichtlich der Belastungen § 2288 Abs. 2 zu beachten. 1

## II. Übergang mit Belastungen

**1. Anwendungsbereich.** Der Gegenstand muss (im Zeitpunkt des Erbfalls) **zur Erbschaft gehören.** Bei einem Verschaffungsvermächtnis (§ 2170) haftet der Beschwerte für die Lastenfreiheit nach § 2182 Abs. 2; beim Gattungsvermächtnis bestimmt sich die Haftung nach § 2182 Abs. 1, sofern es sich nicht um ein beschränktes Gattungsvermächtnis handelt (→ § 2155 Rn. 1 ff.); für das Grundstücksvermächtnis ist in § 2182 Abs. 3 eine Sonderregelung enthalten. Für die Anwendung des Abs. 1 ist es unerheblich, ob der Erblasser die Belastung kannte. 2

Ein **sicherungsübereigneter Gegenstand** gehört nicht mehr zur Erbschaft und fällt daher nicht unter Abs. 1. Der Wille des Erblassers kann aber dahin gehen, dass er dem Bedachten vom Erben zu verschaffen ist (§ 2169 Abs. 1, § 2170), zumindest ist der Anspruch auf Rückübertragung des Sicherungsgutes nach § 2169 Abs. 3 als vermacht anzusehen (Staudinger/Otte, 2019, Rn. 5; BeckOGK/Schellenberger Rn. 5). 3

**2. Belastungen.** Abs. 1 gilt für alle **dinglichen** Belastungen, auch für Hypotheken, Grundschulden und Rentenschulden, soweit sie einem anderen als dem Erblasser zustehen. Für **Grundpfandrechte** sind jedoch eine Reihe von Sonderregelungen zu beachten (vgl. §§ 2166–2168). Auch **öffentliche Lasten** können unter Abs. 1 fallen, ebenso **Pfandrechte,** wobei allerdings häufig anzunehmen sein wird, dass der Wille des Erblassers auf lastenfreie Übertragung gerichtet war, der Bedachte vom Beschwerten somit Ablösung des Pfandrechts verlangen kann (NK-BGB/Horn Rn. 5; diff. Soergel/Ludyga Rn. 2). 4

Der **Bedachte** hat nur die dingliche Belastung zu dulden, er **haftet nicht persönlich.** Befriedigt er dennoch den Gläubiger, so geht die Forderung gegen den Erben nach §§ 1249, 268 Abs. 3 auf ihn über. Vermietung und Verpachtung begründen keine dinglichen Rechte; insoweit helfen § 566 und § 986 Abs. 2. 5

**3. Beseitigungsanspruch.** Der Beschwerte kommt seiner Leistungspflicht gegenüber dem Bedachten nach, wenn er den Vermächtnisgegenstand mit den Eigenschaften überträgt, die dieser zum Zeitpunkt des Erbfalls hat. Eine Ausnahme gilt, wenn dem Erblasser wegen der Belastung des Vermächtnisgegenstands ein Beseitigungsanspruch, zB der Anspruch auf Aufhebung oder Rückübertragung der nicht mehr valutierten Sicherungsgrundschuld zusteht (zur Anwendung des Abs. 1 S. 2, wenn ein durch ein Grundpfandrecht gesichertes Bauspardarlehen durch eine vom Erblasser abgeschlossene Risiko-Lebensversicherung abgelöst werden soll, vgl. BGH WM 1980, 310). Dieser Anspruch ist nach Abs. 1 S. 2 im Zweifel mit vermacht und vom Beschwerten abzutreten. 6

## III. Grundpfandrechte des Erblassers

Die Regelung in Abs. 2 erfasst Hypotheken, Grundschulden und Rentenschulden, die dem Erblasser selbst am vermachten Grundstück zustehen. Maßgebend ist die materiell-rechtliche Lage und nicht die Eintragung im Grundbuch. Die Auslegungsregel des Abs. 1 gilt nur, solange kein anderer auf lastenfreie Übertragung gerichteter Wille des Erblassers feststeht (BGH NJW 1998, 7

682). Hat der Erblasser die Schuld getilgt, sprechen die Umstände eher dafür, dass er das Grundstück für unbelastet hielt und es in seinem gesamten wirtschaftlichen Wert vermachen wollte. Bei einer vorläufigen Eigentümergrundschuld kann dagegen eher davon ausgegangen werden, dass sie nicht mitvermacht sein soll (Soergel/Ludyga Rn. 4; jurisPK-BGB/Reymann Rn. 17; anders NK-BGB/Horn Rn. 8; BeckOGK/Schellenberger Rn. 27).

8 Der **Bedachte** hat die Darlegungs- und **Beweislast** dafür, dass Grundpfandrechte mit vermacht sind (MüKoBGB/Rudy Rn. 7; Schmitz in Baumgärtel/Laumen/Prütting Beweislast-HdB Rn. 3; vgl. BayObLGZ 2001, 118).

## § 2166 Belastung mit einer Hypothek

**(1) [1]Ist ein vermachtes Grundstück, das zur Erbschaft gehört, mit einer Hypothek für eine Schuld des Erblassers oder für eine Schuld belastet, zu deren Berichtigung der Erblasser dem Schuldner gegenüber verpflichtet ist, so ist der Vermächtnisnehmer im Zweifel dem Erben gegenüber zur rechtzeitigen Befriedigung des Gläubigers insoweit verpflichtet, als die Schuld durch den Wert des Grundstücks gedeckt wird. [2]Der Wert bestimmt sich nach der Zeit, zu welcher das Eigentum auf den Vermächtnisnehmer übergeht; er wird unter Abzug der Belastungen berechnet, die der Hypothek im Range vorgehen.**

**(2) Ist dem Erblasser gegenüber ein Dritter zur Berichtigung der Schuld verpflichtet, so besteht die Verpflichtung des Vermächtnisnehmers im Zweifel nur insoweit, als der Erbe die Berichtigung nicht von dem Dritten erlangen kann.**

**(3) Auf eine Hypothek der im § 1190 bezeichneten Art finden diese Vorschriften keine Anwendung.**

### Überblick

Die Vorschrift betrifft ein Grundstücksvermächtnis und begründet im Innenverhältnis (→ Rn. 2) eine Ausgleichspflicht des Vermächtnisnehmers gegenüber dem Erben. Voraussetzung ist, dass das Grundstück zur Erbschaft gehört und mit einer Hypothek für eine eigene Schuld des Erblassers oder für eine solche Schuld belastet ist, zu deren Berichtigung der Erblasser dem Schuldner gegenüber verpflichtet ist (→ Rn. 3). Eine Verpflichtung des Vermächtnisnehmers besteht nach Abs. 3 nicht im Fall einer Höchstbetragshypothek (→ Rn. 4); auf Sicherungsgrundschulden, die in ihrer wirtschaftlichen Funktion der Höchstbetragshypothek entsprechen, ist Abs. 3 analog anwendbar (→ Rn. 5). Der Vermächtnisnehmer muss für eine persönliche Schuld nach Abs. 2 im Zweifel nicht haften, soweit ein Dritter dem Erblasser gegenüber zur Berichtigung der Schuld verpflichtet ist (→ Rn. 6).

Der Vermächtnisnehmer ist zur Befriedigung des Gläubigers nur insoweit verpflichtet, als die Schuld durch den Wert des Grundstücks gedeckt ist. Dieser bestimmt sich nach dem Zeitpunkt des Eigentumsübergangs auf den Vermächtnisnehmer. Abzustellen ist auf den Verkehrswert zum Zeitpunkt der Grundbucheintragung (→ Rn. 7). Abzuziehen sind nach Abs. 1 S. 2 Hs. 2 die Belastungen, die der Hypothek im Rang vorgehen (→ Rn. 8).

### I. Normzweck

1 Der Vermächtnisnehmer hat im Zweifel nach § 2165 keinen Anspruch auf Übertragung eines lastenfreien Gegenstandes. Ohne die Regelung des § 2166 könnte der Vermächtnisnehmer diesen Grundsatz dadurch außer Kraft setzen, dass er den Hypothekengläubiger befriedigt und damit gem. § 1143 die persönliche Forderung gegen den nach § 1967 für die Erblasserschuld haftenden Erben erwirbt. Deshalb ist der Vermächtnisnehmer dem Erben gegenüber zur rechtzeitigen Befriedigung des Gläubigers insoweit verpflichtet, als die Schuld durch den Wert des Grundstücks gedeckt ist. § 2166 führt aber nicht zu einer Haftung des Vermächtnisnehmers nach außen gegenüber dem Gläubiger.

### II. Verpflichtung des Vermächtnisnehmers

2 **1. Innenverhältnis.** Die Pflicht zur Befriedigung des Gläubigers betrifft nur das Verhältnis zwischen Vermächtnisnehmer und Erben. Die Regelung gilt nur **im Zweifel,** wobei der Erblasser

sowohl die Ausgleichspflicht des Vermächtnisnehmers ausschließen als auch (durch Untervermächtnis zugunsten des Erben) anordnen kann, dass der Vermächtnisnehmer die persönliche Schuld im Außenverhältnis übernehmen muss (BGH NJW 1963, 1612; OLG Bremen ZEV 2021, 238; NK-BGB/Horn Rn. 3). Greift die gesetzliche Regelung ein, so ist der Vermächtnisnehmer **verpflichtet,** den Gläubiger bei Fälligkeit der Schuld zu befriedigen; er schuldet aber weder Freistellung des Erben noch Sicherheitsleistung (MüKoBGB/Rudy Rn. 2; Staudinger/Otte, 2019, Rn. 3). Der Erbe, der nach dem Erbfall fällige Zins- und Tilgungsraten begleicht, handelt als Geschäftsführer ohne Auftrag für den nach Abs. 1 S. 1 zur Begleichung der persönlichen Schuld verpflichteten Vermächtnisnehmer mit der Folge eines Aufwendungsersatzanspruchs nach § 670, § 683 S. 1, § 677 (OLG Celle FamRZ 2016, 582).

**2. Voraussetzungen.** Das vermachte Grundstück muss **zur Erbschaft gehören** und mit einer Hypothek für eine eigene Schuld des Erblassers oder für eine solche Schuld belastet sein, zu deren Berichtigung der Erblasser dem Schuldner gegenüber verpflichtet ist. Der Erbe kann Befriedigung des Gläubigers nicht vor der Übereignung des Grundstücks an den Vermächtnisnehmer verlangen (MüKoBGB/Rudy Rn. 3). § 2166 gilt entspr. für **Grundschulden,** die der Sicherung einer persönlichen Schuld des Erblassers dienen (BGH NJW 1963, 1612; KG NJW 1961, 1680; NK-BGB/Horn Rn. 2). Es kommt nicht darauf an, ob die gesicherte Forderung in Bezug zum Grundstück steht oder diesem zugutekommt (OLG Bremen ZEV 2021, 238; MüKoBGB/Rudy Rn. 3; aA Grüneberg/Weidlich Rn. 3). 3

Eine Verpflichtung des Vermächtnisnehmers besteht nach **Abs. 3** nicht im Fall einer **Höchstbetragshypothek** (§ 1190). Dies beruht auf der Überlegung, dass Höchstbetragshypotheken ihrer Art nach zur Sicherung einer Forderung aus laufender Geschäftsbeziehung bestimmt sind und ein Bezug zum belasteten Grundstück fehlt (RGRK-BGB/Johannsen Rn. 9; jurisPK-BGB/Reymann Rn. 11; abw. Staudinger/Otte, 2019, Rn. 9). 4

Auf **Sicherungsgrundschulden,** die in ihrer wirtschaftlichen Funktion der Höchstbetragshypothek entsprechen, also ein Kreditverhältnis in laufender Rechnung mit wechselndem Bestand sichern, ist **Abs. 3 analog anwendbar** (BGHZ 37, 233 (245 f.) = NJW 1962, 1715; Erman/Nobis Rn. 3), auf andere Grundschulden dagegen nicht (jurisPK-BGB/Reymann Rn. 13; NK-BGB/Horn Rn. 5; aA Grunewald/Rizor ZEV 2008, 510 (512)). 5

**3. Subsidiarität.** Der Vermächtnisnehmer muss für eine persönliche Schuld nach **Abs. 2** im Zweifel nicht haften, soweit ein Dritter dem Erblasser gegenüber zur Berichtigung der Schuld verpflichtet ist. Angesprochen sind hier Fälle, in denen der Erblasser die Hypothek für eine Forderung bestellt hatte, für die er als Bürge (§ 775) oder als Gesamtschuldner (§ 426) haftete. Kann der Erbe die Berichtigung von dem Dritten erlangen, entfällt die Verpflichtung des Vermächtnisnehmers. Zur Vorausklage gegen den Dritten ist der Erbe jedoch nicht verpflichtet (Burandt/Rojahn/Burandt Rn. 5; MüKoBGB/Rudy Rn. 6). 6

**4. Umfang der Verpflichtung.** Die Verpflichtung des Vermächtnisnehmers ist der Höhe nach begrenzt. Er ist zur Befriedigung des Gläubigers nur insoweit verpflichtet, als die Schuld durch den Wert des Grundstücks gedeckt ist. Obergrenze ist demnach der Wert des Grundstücks. Dieser bestimmt sich nach dem Zeitpunkt des Eigentumsübergangs auf den Vermächtnisnehmer. Abzustellen ist auf den **Verkehrswert** (vgl. § 194 BauGB, § 9 Abs. 2 BewG) **zum Zeitpunkt der Grundbucheintragung** (§§ 873, 925) (MüKoBGB/Rudy Rn. 8; NK-BGB/Horn Rn. 7). 7

**Abzuziehen** sind nach Abs. 1 S. 2 Hs. 2 die Belastungen, die der Hypothek im Rang vorgehen. Auch hier kommt es auf die Verhältnisse zum Zeitpunkt des Eigentumsübergangs an. Belastungen, die nicht vom Vermächtnisnehmer selbst, sondern vom Erben oder einem Dritten zu tragen sind, nicht abzuziehen (Soergel/Ludyga Rn. 3), ist problematisch, weil dann der Vermächtnisnehmer insgesamt zu einem über den Verkehrswert hinausgehenden Betrag in Anspruch genommen werden könnte (Staudinger/Otte, 2019, Rn. 6; NK-BGB/Horn Rn. 7). Die auf Abs. 3 gestützte Auffassung, eine Höchstbetragshypothek und eine ihr gleichgestellte (→ Rn. 5) Sicherungsgrundschuld seien nicht abzuziehen (MüKoBGB/Rudy Rn. 9; Soergel/Ludyga Rn. 3), verkennt, dass diese Vorschrift nur die Frage regelt, ob der Vermächtnisnehmer dem Erben gegenüber auch zur Befriedigung des Gläubigers einer Höchstbetragshypothek verpflichtet ist, während es bei der Frage der Abzugsfähigkeit um den Umfang der Ausgleichungspflicht geht (BeckOGK/Schellenberger Rn. 14; NK-BGB/Horn Rn. 7; Staudinger/Otte, 2019, Rn. 6). 8

**Nicht abzuziehen** sind die iSv § 2165 Abs. 2 mit vermachten Grundpfandrechte, es sei denn der Erblasser wollte ihren Wert dem Bedachten zukommen lassen. 9

**Befriedigt** der Vermächtnisnehmer den Gläubiger in vollem Umfang, obwohl er nach § 2166 hierzu nicht verpflichtet ist, erwirbt er in Höhe des überschießenden Betrags die persönliche 10

Forderung (§ 1143). Leistet der Erbe auf die persönliche Schuld, geht nach § 1164 die Hypothek in Höhe des Schuldbetrags auf ihn über, dessen Berichtigung er vom Vermächtnisnehmer verlangen kann.

## § 2167 Belastung mit einer Gesamthypothek

**[1]Sind neben dem vermachten Grundstück andere zur Erbschaft gehörende Grundstücke mit der Hypothek belastet, so beschränkt sich die im § 2166 bestimmte Verpflichtung des Vermächtnisnehmers im Zweifel auf den Teil der Schuld, der dem Verhältnis des Wertes des vermachten Grundstücks zu dem Werte der sämtlichen Grundstücke entspricht. [2]Der Wert wird nach § 2166 Abs. 1 Satz 2 berechnet.**

### Überblick

Die Vorschrift enthält eine Auslegungsregel, die § 2166 für den Fall ergänzt, dass neben dem vermachten Grundstück andere zum Nachlass gehörende Grundstücke mit einer Gesamthypothek belastet sind. Die Beschränkung hat nur Bedeutung im Verhältnis zwischen dem Vermächtnisnehmer und dem Erben (→ Rn. 1). Lastet eine Gesamthypothek auf Nachlassgrundstücken und auf nicht zum Nachlass gehörenden Grundstücken, verbleibt es bei der Regel des § 2166 (→ Rn. 2).

1 Wenn neben dem vermachten Grundstück andere zum Nachlass gehörende Grundstücke mit einer **Gesamthypothek** belastet sind, ist der Vermächtnisnehmer nur in den von § 2166 gesteckten Grenzen zur Berichtigung der persönlichen Schuld im Verhältnis des Wertes des vermachten Grundstücks zum Wert der anderen Grundstücke verpflichtet (Anwendungsbeispiel bei Staudinger/Otte, 2019, Rn. 1). Für die Wertberechnung gilt § 2166 Abs. 1 S. 2 (→ § 2166 Rn. 7 f.). Die Beschränkung des § 2167 hat nur Bedeutung im Verhältnis zwischen dem Vermächtnisnehmer und dem Erben. Nach außen besteht die dingliche Haftung des Vermächtnisnehmers als Eigentümer des vermachten Grundstücks gem. § 1132 Abs. 1 für die Forderung in voller Höhe.

2 Lastet eine Gesamthypothek auf Nachlassgrundstücken und auf nicht zum Nachlass gehörenden Grundstücken, verbleibt es bei der Regel des § 2166 (NK-BGB/Horn Rn. 2; Soergel/Ludyga Rn. 3). Gehören einige der gesamtbelasteten Grundstücke zum Nachlass, andere dagegen nicht, ist für die anteilige Minderung der Verpflichtung des Vermächtnisnehmers maßgebend, in welchem Verhältnis der Wert des vermachten Grundstücks zum Wert der anderen dem Erblasser gehörenden belasteten Grundstücke steht; die übrigen nicht zur Erbschaft gehörenden belasteten Grundstücke bleiben unberücksichtigt (RGRK-BGB/Johannsen Rn. 4; Staudinger/Otte, 2019, Rn. 3).

## § 2168 Belastung mit einer Gesamtgrundschuld

**(1) [1]Besteht an mehreren zur Erbschaft gehörenden Grundstücken eine Gesamtgrundschuld oder eine Gesamtrentenschuld und ist eines dieser Grundstücke vermacht, so ist der Vermächtnisnehmer im Zweifel dem Erben gegenüber zur Befriedigung des Gläubigers in Höhe des Teils der Grundschuld oder der Rentenschuld verpflichtet, der dem Verhältnis des Wertes des vermachten Grundstücks zu dem Wert der sämtlichen Grundstücke entspricht. [2]Der Wert wird nach § 2166 Abs. 1 Satz 2 berechnet.**

**(2) Ist neben dem vermachten Grundstück ein nicht zur Erbschaft gehörendes Grundstück mit einer Gesamtgrundschuld oder einer Gesamtrentenschuld belastet, so finden, wenn der Erblasser zur Zeit des Erbfalls gegenüber dem Eigentümer des anderen Grundstücks oder einem Rechtsvorgänger des Eigentümers zur Befriedigung des Gläubigers verpflichtet ist, die Vorschriften des § 2166 Abs. 1 und des § 2167 entsprechende Anwendung.**

### Überblick

Abs. 1 ist die Parallelvorschrift zu § 2167 für den Fall der Belastung mit einer Gesamtgrundschuld oder einer Gesamtrentenschuld. Die fehlende Verweisung auf § 2166 Abs. 1 S. 1 und Abs. 2 stellt ein Redaktionsversehen dar (→ Rn. 2). Abs. 2 erweitert die Ausgleichspflicht des Vermächtnisnehmers (→ Rn. 3).

### I. Normzweck

Abs. 1 stellt – was sich aus dem Wortlaut nicht klar ergibt – für Gesamtgrundschulden und Gesamtrentenschulden die **Parallelvorschrift zu § 2167** dar. Abs. 2 erweitert die Ausgleichspflicht des Vermächtnisnehmers auf eine Ersatzverpflichtung des Erblassers gegenüber dem Eigentümer eines gesamtbelasteten Grundstücks. 1

### II. Umfang der Verpflichtung des Vermächtnisnehmers

Für die Gesamtgrundschuld und die Gesamtrentenschuld gilt das bei § 2167 für die Gesamthypothek Gesagte. Hinsichtlich der Wertberechnung wird auf § 2166 Abs. 1 S. 2 verwiesen. Allerdings fehlt in § 2168 die Verweisung auf § 2166 Abs. 1 S. 1 und § 2166 Abs. 2, wonach der Vermächtnisnehmer die persönliche Schuld des Erblassers nur bis zur Höhe des Grundstückswertes befriedigen muss und geltend machen kann, ein Dritter sei dem Erblasser gegenüber zur Berichtigung der Schuld verpflichtet und dazu auch in der Lage. Nach allgM handelt es sich hierbei um ein **Redaktionsversehen** (BeckOGK/Schellenberger Rn. 3; jurisPK-BGB/Reymann Rn. 4); ein Grund für eine abweichende Regelung besteht nicht. 2

**Abs. 2** enthält eine Erweiterung des § 2166 Abs. 1. Dort ist vorausgesetzt, dass der Erblasser persönlicher Schuldner oder dem persönlichen Schuldner gegenüber zur Berichtigung der Schuld verpflichtet war. Nach Abs. 2 reicht eine Verpflichtung gegenüber dem Eigentümer eines mitbelasteten Grundstücks (oder gegenüber dessen Rechtsvorgänger) aus. Auch unter diesen Voraussetzungen muss also der Vermächtnisnehmer im Verhältnis zum Erben den Gläubiger befriedigen. Die hM wendet die Vorschrift unter Berufung auf ihren Sinn und Zweck darüber hinaus dann an, wenn der Erblasser nicht dem Eigentümer, sondern dem Schuldner gegenüber zur Befriedigung des Gläubigers verpflichtet war oder diesem persönlich haftete (MüKoBGB/Rudy Rn. 3; NK-BGB/Horn Rn. 3; Staudinger/Otte, 2019, Rn. 3). Für den Umfang der Verpflichtung des Vermächtnisnehmers gegenüber dem Erben gilt das zu §§ 2166, 2167 Gesagte entspr. 3

## § 2168a Anwendung auf Schiffe, Schiffsbauwerke und Schiffshypotheken

**§ 2165 Abs. 2, §§ 2166, 2167 gelten sinngemäß für eingetragene Schiffe und Schiffsbauwerke und für Schiffshypotheken.**

### Überblick

§ 2168a regelt die entsprechende Anwendung von § 2165 Abs. 2, § 2166, § 2167 für eingetragene Schiffe und Schiffsbauwerke sowie Schiffshypotheken.

Die Vorschrift bestimmt die sinngemäße Anwendung der § 2165 Abs. 2, § 2166, § 2167 für eingetragene Schiffe und Schiffsbauwerke und für Schiffshypotheken (§§ 8, 24 ff., 76 ff. SchiffRG). Ein Nießbrauch an einem eingetragenen Schiff (§ 9 SchiffRG) ist nach § 2165 Abs. 1 zu behandeln. Die Anwendung des § 2165 Abs. 2 wird nur selten in Betracht kommen, da die Schiffshypothek grds. bei Vereinigung mit dem Eigentum erlischt (§ 64 Abs. 1 SchiffRG). Im Falle einer Gesamtschiffshypothek gilt § 2167. Auf § 2168 wird nicht verwiesen, da das Gesetz nur die Schiffshypothek und keine Schiffsgrundschuld kennt. 1

Zur sinngemäßen Anwendung des § 2168a auf Luftfahrzeuge vgl. § 98 Abs. 2 LuftRG. 2

## § 2169 Vermächtnis fremder Gegenstände

**(1) Das Vermächtnis eines bestimmten Gegenstands ist unwirksam, soweit der Gegenstand zur Zeit des Erbfalls nicht zur Erbschaft gehört, es sei denn, dass der Gegenstand dem Bedachten auch für den Fall zugewendet sein soll, dass er nicht zur Erbschaft gehört.**

**(2) Hat der Erblasser nur den Besitz der vermachten Sache, so gilt im Zweifel der Besitz als vermacht, es sei denn, dass er dem Bedachten keinen rechtlichen Vorteil gewährt.**

**(3) Steht dem Erblasser ein Anspruch auf Leistung des vermachten Gegenstands oder, falls der Gegenstand nach der Anordnung des Vermächtnisses untergegangen oder dem**

**Erblasser entzogen worden ist, ein Anspruch auf Ersatz des Wertes zu, so gilt im Zweifel der Anspruch als vermacht.**

**(4) Zur Erbschaft gehört im Sinne des Absatzes 1 ein Gegenstand nicht, wenn der Erblasser zu dessen Veräußerung verpflichtet ist.**

## Überblick

Das Vermächtnis eines fremden Gegenstandes ist grundsätzlich unwirksam (→ Rn. 6), es sei denn der Erblasser hat den Gegenstand auch für den Fall zuwenden wollen, dass er nicht zur Erbschaft gehört (sog. Verschaffungsvermächtnis). Der nach Abs. 1 Hs. 2 erforderliche qualifizierte Zuwendungswille setzt nicht zwingend das Bewusstsein voraus, dass der vermachte Gegenstand nicht zum Nachlass zählt (→ Rn. 7). Maßgebend ist der Zeitpunkt des Erbfalls (→ Rn. 3). Die Vorschrift betrifft nur das Vermächtnis, das sich auf einen bestimmten Gegenstand (Sache oder Recht) bezieht (→ Rn. 2). Die Ausnahmeregelung in Abs. 4 rechnet einen Gegenstand auch dann nicht mehr zur Erbschaft, wenn der Erblasser zu dessen Veräußerung verpflichtet ist (→ Rn. 5). Gehört der vermachte Gegenstand nicht zur Erbschaft, wird die Unwirksamkeit des Vermächtnisses vermutet, zur Beweislast → Rn. 8.

Sofern der Erblasser nur den Besitz der vermachten Sache hat, so gilt nach der Auslegungsregel des Abs. 2 der Besitz als vermacht, es sei denn, dass dieser dem Bedachten keinen rechtlichen Vorteil gewährt (→ Rn. 9). Nach der Auslegungsregel in Abs. 3 tritt im Zweifel ein Anspruch auf Leistung des vermachten Gegenstandes oder ein Ersatzanspruch an die Stelle des Gegenstandes (→ Rn. 10). Wertersatzansprüche gelten im Zweifel als vermacht, wenn der Gegenstand nach Anordnung des Vermächtnisses untergegangen ist oder dem Erblasser entzogen wurde (→ Rn. 12).

## I. Normzweck

1 Die Regelung in Abs. 1 beruht auf der Erwägung, dass der Erblasser im Regelfall nur solche Gegenstände durch letztwillige Verfügung zuwenden will, die beim Erbfall noch zu seinem Vermögen gehören (Mot. V 143). Aus wirtschaftlichen Gründen zählt Abs. 4 dazu nicht mehr einen Gegenstand, zu dessen Veräußerung der Erblasser verpflichtet ist. Das Vermächtnis eines **fremden Gegenstandes** ist grds. **unwirksam,** es sei denn der Erblasser hat den Gegenstand auch für den Fall zuwenden wollen, dass er nicht zur Erbschaft gehört (sog. **Verschaffungsvermächtnis,** § 2170). Die Auslegungsregel des Abs. 2 trägt dem Umstand Rechnung, dass bereits der Besitz als solcher eine vorteilhafte Position verschaffen kann. Beim Wertersatzanspruch nach Abs. 3 spielt der im Erbrecht zentrale Surrogationsgedanke eine Rolle.

## II. Unwirksamkeit des Vermächtnisses

2 **1. Anwendungsbereich.** Die Vorschrift betrifft nur das Vermächtnis, das sich auf einen **bestimmten Gegenstand** (Sache oder Recht) bezieht. Sie gilt also nur für das **Stückvermächtnis,** auch soweit es Gegenstand eines Wahlvermächtnisses ist (→ § 2154 Rn. 2). Auf Gattungsvermächtnisse (§ 2155) passt § 2169 nicht, anders bei einem beschränkten Gattungsvermächtnis (→ § 2155 Rn. 2). Unerheblich ist, ob der Gegenstand durch Testament oder Erbvertrag zugewendet wurde. Da die Bindungswirkung des Erbvertrags und des gemeinschaftlichen Testaments die Verfügungsbefugnis zu Lebzeiten nicht einschränkt, kann der Erblasser den Tatbestand des § 2169 Abs. 1 durch Veräußerung des Vermächtnisgegenstandes herbeiführen (BGHZ 31, 13 = NJW 1959, 2252; OLG Stuttgart BWNotZ 1958, 307).

3 **2. Fehlende Zugehörigkeit zur Erbschaft.** Maßgebend ist der **Zeitpunkt des Erbfalls,** nicht der der Anordnung oder des Anfalls des Vermächtnisses. Aus welchen Gründen der Gegenstand nicht mehr Teil der Erbschaft ist, spielt keine Rolle (BGH NJW 1957, 421: Veräußerung durch Erblasser selbst).

4 Gegenstände, die zu einem **Gesamthandsvermögen** gehören, an dem der Erblasser beteiligt ist, gehören nicht zu dessen Nachlass (BGH NJW 1964, 2298; BayObLG NJW-RR 2003, 293; Burandt/Rojahn/Burandt Rn. 6) – auch nicht zu der seiner Beteiligung entsprechenden Quote. Die Auslegung der letztwilligen Verfügung kann jedoch ergeben, dass der Anteil an der Gesamthandsberechtigung oder der Auseinandersetzungsanspruch zugewendet werden soll. Ist der Erblasser dagegen zu einem ideellen **Bruchteil** an dem vermachten Gegenstand beteiligt, ist das Vermächtnis hinsichtlich des dem Erblasser gehörenden Anteils unbedenklich wirksam; iÜ kommt ein Verschaffungsvermächtnis in Betracht. Stand dem Erblasser ein Anwartschaftsrecht zu, wird

dieses idR mitvermacht sein (MüKoBGB/Rudy Rn. 7; NK-BGB/Horn Rn. 4; Soergel/Ludyga Rn. 4). Die Vermutung des Abs. 1 Hs. 1 spricht allerdings dafür, dass noch zu erbringende Kaufpreisraten vom Bedachten zu leisten sind (BeckOGK/Schellenberger Rn. 6).

Die **Ausnahmeregelung** in Abs. 4 rechnet aus wirtschaftlichen Gründen einen Gegenstand auch dann nicht mehr zur Erbschaft, wenn der Erblasser zu dessen **Veräußerung verpflichtet** ist. Die Verpflichtung muss im Zeitpunkt des Erbfalls wirksam gewesen sein; die Rückwirkung einer ggf. erforderlichen Genehmigung (§ 184 Abs. 1) ist zu beachten. Ob die Gegenleistung für die Veräußerung des Gegenstandes ihrerseits vermacht sein soll, ist durch Auslegung zu klären (OLG Nürnberg NJW 1956, 1882). 5

**3. Rechtsfolgen der Unwirksamkeit.** Gehört der vermachte Gegenstand nicht zur Erbschaft, so wird die **Unwirksamkeit** des Vermächtnisses **vermutet.** Es besteht dann kein Anspruch des Vermächtnisnehmers auf den bestimmten Gegenstand. Ist dieser nur noch teilweise vorhanden, so beschränkt sich das Vermächtnis auf den zum Zeitpunkt des Erbfalls noch zum Nachlass gehörenden Teil. Entsprechendes gilt, wenn der Gegenstand erst teilweise vorhanden ist. Das nach Abs. 1 unwirksame Vermächtnis ist nicht ohne jede rechtliche Bedeutung: Es kann Grundlage für ein „Sekundärvermächtnis" nach Abs. 2, 3 sein (MüKoBGB/Rudy Rn. 8; Staudinger/Otte, 2019, Rn. 10). 6

## III. Pflicht zur Verschaffung

Auch wenn ein Gegenstand nicht zur Erbschaft gehört, kann das darauf gerichtete Vermächtnis gleichwohl wirksam sein, wenn der Erblasser angeordnet hat oder wenn im Wege der Auslegung anzunehmen ist, dass der Gegenstand dem Bedachten auch für den Fall der Nichtzugehörigkeit zugewendet sein soll (Abs. 1 letzter Hs.). Der Beschwerte muss dann dem Bedachten den Gegenstand verschaffen (§ 2170 Abs. 1). Der nach Abs. 1 Hs. 2 erforderliche **qualifizierte Zuwendungswille** setzt nicht zwingend das Bewusstsein voraus, dass der vermachte Gegenstand nicht zum Nachlass zählt (BGH NJW 1983, 937; OLG München OLGR 1997, 225; OLG Karlsruhe ErbR 2008, 298; BeckOGK/Schellenberger Rn. 11). Die Kenntnis des Erblassers von der Nichtzugehörigkeit zum Nachlass ist aber ein wichtiges Indiz für ein Verschaffungsvermächtnis (BGH NJW 1984, 731 (732); OLG Celle MDR 1950, 353; OLG Bremen ZEV 2001, 402). Ein Verschaffungsvermächtnis liegt auch dann nahe, wenn der Gegenstand zwar nicht rechtlich zum Nachlass zählt, aber wirtschaftlich in ihm enthalten ist, etwa als Bestandteil eines Gesamthandsvermögens, an dem der Erblasser beteiligt ist (BeckOGK/Schellenberger Rn. 11; Soergel/Ludyga Rn. 11). Geht der Erblasser irrtümlich von seiner alleinigen Berechtigung aus, hängt das Vorliegen eines Verschaffungsvermächtnisses von der Intensität des Zuwendungswillens ab (BGH NJW 1984, 731; OLG Oldenburg FamRZ 1999, 532). 7

Die **Beweislast** dafür, dass der Vermächtnisgegenstand nicht zur Erbschaft gehört, trägt der Beschwerte. Dagegen muss der Bedachte darlegen und beweisen, dass der Erblasser entgegen der Regel des Abs. 1 einen nicht zur Erbschaft gehörenden Gegenstand zuwenden wollte (Schmitz in Baumgärtel/Laumen/Prütting Beweislast-HdB Rn. 2; OLG Karlsruhe ErbR 2008, 298). 8

## IV. Vermächtnis des Besitzes

Die **Auslegungsregel** des Abs. 2 greift erst ein, wenn die Nichtzugehörigkeit der vermachten Sache zum Nachlass bewiesen oder unstreitig ist. Der Anspruch des Bedachten auf Einräumung des Besitzes entfällt dann, wenn der Besitz ihm keinen rechtlichen Vorteil (zB aus §§ 937 ff., §§ 994 ff., § 1006) gewährt. Dies ist etwa der Fall, wenn der Erblasser die Sache unrechtmäßig besessen hat und mit dem Besitz auch kein Zurückbehaltungsrecht verbunden ist (diff. Staudinger/Otte, 2019, Rn. 14). 9

## V. Vermächtnis des Leistungs- oder Wertersatzanspruchs

**1. Auslegungsregel.** Abs. 3 ist ebenfalls eine **Auslegungsregel.** Danach tritt im Zweifel ein Anspruch auf Leistung des vermachten Gegenstandes oder ein Ersatzanspruch an die Stelle des Gegenstandes. Hat der Erblasser den Ersatz bereits erhalten, gilt § 2173. Der Grundsatz des Abs. 3 kann nicht zu einer allgemeinen Surrogationsregel erweitert werden (BGH NJW 1957, 421; OLG Rostock ZEV 2009, 624; MüKoBGB/Rudy Rn. 15; Soergel/Ludyga Rn. 14). Auf die **freiwillige Veräußerung** des Vermächtnisgegenstandes durch den Erblasser ist Abs. 3 daher nicht analog anwendbar. Im Wege der ergänzenden Auslegung kann freilich der Veräußerungserlös als vermacht 10 gelten (**Wertersatzvermächtnis**) (BGHZ 22, 357 = NJW 1957, 421; BGHZ 31, 13 (22) = NJW 1959, 2252; KG FamRZ 1977, 267 (270); jurisPK-BGB/Reymann Rn. 20; s. auch OLG Koblenz ZEV 2021, 243). In den Fällen der Abs. 2 und 3, die Ausnahmen von der Unwirksamkeitsregel enthalten, trägt der Bedachte die Beweislast dafür, dass ein Ausnahmetatbestand erfüllt ist (OLG Rostock ZEV 2009, 624; Schmitz in Baumgärtel/Laumen/Prütting Beweislast-HdB Rn. 5).

11 **2. Anspruch auf Leistung.** Der Anspruch auf Leistung (zB Übereignung einer Sache) gebührt dem Bedachten so, wie er in der Person des Erblassers bestand. Unerheblich ist, ob der Erblasser wusste, dass der Erwerb noch nicht vollendet war. Richtet sich der Leistungsanspruch gegen den Bedachten selbst, liegt ein **Befreiungsvermächtnis** (→ § 2173 Rn. 8) vor.

12 **3. Wertersatzanspruch.** Wertersatzansprüche gelten **im Zweifel** als vermacht, wenn der Gegenstand nach Anordnung des Vermächtnisses **untergegangen** ist oder dem Erblasser **entzogen** wurde (zu Ansprüchen wegen Beschädigung vgl. § 2164 Abs. 2). Der Wortlaut der Vorschrift stellt darauf ab, dass der Untergang oder die Entziehung des Gegenstandes nach Anordnung des Vermächtnisses stattgefunden hat. Dem wird der Fall gleichgestellt, dass der Anspruch bereits vor Anordnung vorhanden, dem Erblasser aber nicht bekannt war (MüKoBGB/Rudy Rn. 14; Staudinger/Otte, 2019, Rn. 15). Wie bei § 2164 Abs. 2 (→ § 2164 Rn. 6) ist der Ersatzanspruch nur insoweit als vermacht anzusehen, als er den Wertverlust abgilt.

## § 2170 Verschaffungsvermächtnis

**(1) Ist das Vermächtnis eines Gegenstands, der zur Zeit des Erbfalls nicht zur Erbschaft gehört, nach § 2169 Abs. 1 wirksam, so hat der Beschwerte den Gegenstand dem Bedachten zu verschaffen.**

**(2) [1]Ist der Beschwerte zur Verschaffung außerstande, so hat er den Wert zu entrichten. [2]Ist die Verschaffung nur mit unverhältnismäßigen Aufwendungen möglich, so kann sich der Beschwerte durch Entrichtung des Wertes befreien.**

### Überblick

§ 2170 regelt die Rechtsfolgen eines nach § 2169 Abs. 1 angeordneten Verschaffungsvermächtnisses. Der Beschwerte muss nach Abs. 1 dem Bedachten den Gegenstand verschaffen (→ Rn. 2), wobei hinsichtlich der Verpflichtung zu unterscheiden ist, ob der Gegenstand einem Dritten (→ Rn. 3) dem Beschwerten (→ Rn. 4) oder dem Bedachten selbst (→ Rn. 5) gehört.

Ist der Beschwerte zur Verschaffung außerstande (→ Rn. 6) hat er nach Abs. 2 den Wert zu entrichten. Der Wert bestimmt sich nach objektiven Kriterien (Verkehrswert), wobei der Erblasser eine abweichende Festsetzung anordnen kann (→ Rn. 7). Zur Haftung bei objektiver Unmöglichkeit und nachträglichem Unvermögen → Rn. 8 f. Sofern die Verschaffung nur mit unverhältnismäßigen Aufwendungen möglich ist, kann sich der Beschwerte durch Entrichtung des Wertes befreien (→ Rn. 10).

### I. Normzweck

1 Die Vorschrift knüpft an § 2169 Abs. 1 an, wonach das Vermächtnis eines zum Zeitpunkt des Erbfalls nicht zum Nachlass gehörenden Gegenstandes wirksam ist, wenn er nach dem Willen des Erblassers dem Bedachten auch für diesen Fall zugewendet sein soll. Der Beschwerte muss dann nach Abs. 1 dem Bedachten den **Gegenstand** (eventuell mit Zubehör, § 2164) **verschaffen.** Abs. 2 nimmt darauf Rücksicht, dass der Beschwerte sich nicht selbst zur Verschaffung des Gegenstandes verpflichtet, sondern den Willen des Erblassers auszuführen hat. Deshalb soll er nicht schadensersatzpflichtig sein, wenn er zur Verschaffung außerstande ist. Aus der Unmöglichkeit der Verschaffung des Gegenstandes soll dem Beschwerten aber auch kein Vorteil erwachsen; er muss **Wertersatz** leisten (Abs. 2 S. 1). Ist die Verschaffung des Gegenstandes zwar nicht unmöglich, aber nur mit unverhältnismäßigen Aufwendungen durchführbar, kann sich der Beschwerte durch Entrichtung des Wertes befreien (Abs. 2 S. 2).

## II. Verschaffungspflicht

**1. Grundsatz.** Als zu verschaffender Gegenstand kommt alles in Betracht, was als Vermächtnis zugewendet werden kann, naturgemäß aber nicht ein Geldbetrag. Sofern die Erben beschwert sind, handelt es sich bei der Verschaffungspflicht um eine **Nachlassverbindlichkeit** (§ 1967 Abs. 2). Wenn der Erblasser nichts anderes angeordnet hat, haftet der Beschwerte für **Rechtsmängel** nach Gewährleistungsregeln wie ein Verkäufer (§ 2182 Abs. 2); für **Sachmängel** besteht keine Haftung (Umkehrschluss aus § 2182 Abs. 2 iVm Abs. 1 S. 2 und § 2183). Bei der Verpflichtung des Beschwerten ist danach zu unterscheiden, wem der Gegenstand gehört: 2

**2. Gegenstand gehört einem Dritten.** Wie sich der Beschwerte den Gegenstand verschafft, bleibt ihm überlassen. Er kann ihn selbst erwerben und dem Vermächtnisnehmer übertragen oder den Dritten veranlassen, den Gegenstand unmittelbar zu übergeben. Denkbar ist schließlich, dass der Beschwerte den Vermächtnisnehmer mit der Beschaffung beauftragt. Sofern nicht Abs. 2 eingreift, kann der Bedachte seinen Verschaffungsanspruch klageweise durchsetzen und nach § 887 ZPO vollstrecken; § 887 Abs. 3 ZPO steht nicht entgegen (ausf. zur Zwangsvollstreckung Staudinger/Otte, 2019, Rn. 12–15; Bühler DNotZ 1964, 581 (590 ff.)). Der **Klageantrag** ist darauf zu richten, dass der Beschwerte die Bereitschaft des Dritten herbeiführt, den vermachten Gegenstand an den Beschwerten oder den Bedachten zu veräußern. 3

**3. Gegenstand gehört dem Beschwerten selbst.** In diesem Fall ist der Beschwerte nach § 2174 unmittelbar zur Leistung des Gegenstandes verpflichtet. Die Vollstreckung des Anspruchs richtet sich nach § 894 ZPO, soweit es um die dingliche Einigung geht, hinsichtlich der Übergabe nach § 897 ZPO. Ist der Beschwerte Miterbe, kann er bis zur Teilung die Erfüllung des Vermächtnisses verweigern (§ 2059 Abs. 1), weil der Vermächtnisgegenstand zu seinem Eigenvermögen gehört (MüKoBGB/Rudy Rn. 8). 4

**4. Gegenstand gehört dem Bedachten.** Das Vermächtnis, dem Bedachten einen ihm schon gehörenden Gegenstand zu verschaffen, geht ins Leere. Die Verfügung kann jedoch dahin auszulegen sein, dass der Beschwerte dem Bedachten den Wert des Gegenstandes bezahlen oder die Unkosten der Beschaffung ersetzen soll (v. Lübtow ErbR I 383). Denkbar ist auch ein Vermächtnis auf Befreiung von einem Recht (etwa auf Herausgabe), das der Beschwerte an dem Gegenstand hat (MüKoBGB/Rudy Rn. 9). 5

## III. Unmöglichkeit der Verschaffung

**1. Unvermögen. Abs. 2 S. 1** bestimmt für den Fall der subjektiven Unmöglichkeit (**Unvermögen:** der Beschwerte ist zur Verschaffung außerstande), dass dieser nicht von der Verpflichtung zur Leistung frei wird, sondern **Wertersatz** zu erbringen hat. Die Verschaffung des einem Dritten gehörenden Gegenstandes kann daran scheitern, dass der Dritte zur Veräußerung nicht oder nur zu einem für den Beschwerten unerschwinglichen Preis bereit ist. Diese Umstände muss der Beschwerte beweisen. Unvermögen ist erst dann zu bejahen, wenn der Beschwerte alles ihm zum Zwecke der Verschaffung Zumutbare getan hat. Diese zeitliche Komponente kann zu Unsicherheiten für den Bedachten bei der prozessualen Durchsetzung seines Anspruchs führen (NK-BGB/Horn Rn. 10). Der Erblasser kann in der Vermächtnisanordnung einen Endtermin für die Verschaffungsbemühungen setzen und die Nichtverschaffung zur auflösenden Bedingung für die Zuwendung an ihn machen (Bühler DNotZ 1964, 581 (588); Burandt/Rojahn/Burandt Rn. 8). Nicht mit dem Unvermögen gleichzusetzen ist die Herbeiführung der erbrechtlichen Haftungsbeschränkung durch den mit dem Verschaffungsvermächtnis Beschwerten (NK-BGB/Horn Rn. 11; Staudinger/Otte, 2019, Rn. 9). 6

**2. Wertersatz.** Die infolge Unmöglichkeit eintretende Verpflichtung zum **Wertersatz** ist endgültig und sie entfällt auch dann nicht, wenn das Unvermögen des Beschwerten endet (MüKoBGB/Rudy Rn. 12). Der Wert bestimmt sich nach **objektiven Kriterien** (Verkehrswert), wobei der Erblasser eine abweichende Festsetzung anordnen kann. Maßgebend für die Wertbestimmung ist der **Zeitpunkt,** in dem der Ersatzanspruch entsteht, dh sobald vom dauernden Unvermögen des Beschwerten zur Verschaffung des Gegenstandes auszugehen ist (BeckOGK/Schellenberger Rn. 18; RGRK-BGB/Johannsen Rn. 16). 7

**3. Objektive Unmöglichkeit und nachträgliches Unvermögen.** Bei anfänglicher **objektiver Unmöglichkeit** (die Verschaffung ist jedermann unmöglich) zum Zeitpunkt des Erbfalls 8 greift **§ 2171** ein. Beruht sie auf Verbindung, Vermischung, Verarbeitung oder Vermengung, gilt § 2172. Bei nachträglichen Leistungshindernissen ist § 2170 nicht anwendbar; die Grenzen der Leistungspflicht des Beschwerten ergeben sich insoweit aus § 275 Abs. 2 (jurisPK-BGB/Reymann Rn. 18; Arnold/Budzikiewicz GS Hübner, 2012, 357 (364 ff.)). Wird die Verschaffung nach dem Erbfall aus Gründen, die der Beschwerte nicht zu vertreten hat, (nachträglich) unmöglich, ist der Anspruch auf Leistung nach **§ 275 Abs. 1** ausgeschlossen; es kommt nur ein Anspruch des Vermächtnisnehmers nach § 285 Abs. 1 in Betracht (Staudinger/Otte, 2019, Rn. 6). Hatte der Beschwerte allerdings bereits Wertersatz geleistet, verbleibt es dabei (Bühler DNotZ 1964, 581 (588)).

9 Wenn die Leistung infolge eines Umstands **nachträglich unmöglich** wird, den der Beschwerte zu vertreten hat, haftet er nach § 275 Abs. 4, §§ 280, 283 auf Schadensersatz (NK-BGB/Horn Rn. 15; Grüneberg/Weidlich Rn. 3; aA Burandt/Rojahn/Burandt Rn. 12; MüKoBGB/Rudy Rn. 13: nur, wenn der Beschwerte ohne die Unmöglichkeit zur Leistung des Vermächtnisses imstande gewesen wäre). Auch bei **zu vertretendem nachträglichen Unvermögen** haftet der Beschwerte nach den allgemeinen Bestimmungen der § 275 Abs. 4, §§ 280, 283–285 (NK-BGB/Horn Rn. 16); eine Beschränkung auf den idR niedrigeren Wertersatz wäre nicht sachgerecht.

10 **4. Ersetzungsbefugnis.** Ist dem Beschwerten die Verschaffung nur mit **unverhältnismäßigen Aufwendungen** möglich, so kann er sich nach Abs. 2 S. 2 durch Entrichtung des Werts befreien. Unverhältnismäßigkeit liegt bei einem weit über das normale Maß hinausgehenden Ungleichgewicht zwischen dem Wert des Vermächtnisgegenstandes und dem von dem Dritten hierfür geforderten Preis vor (wegen der Bestimmung des Werts → Rn. 7). Hier ist der **Zeitpunkt** der tatsächlichen Leistung auf Grund der Ersetzungsbefugnis maßgebend (BeckOGK/Schellenberger Rn. 21; RGRK-BGB/Johannsen Rn. 16).

## § 2171 Unmöglichkeit, gesetzliches Verbot

**(1) Ein Vermächtnis, das auf eine zur Zeit des Erbfalls für jedermann unmögliche Leistung gerichtet ist oder gegen ein zu dieser Zeit bestehendes gesetzliches Verbot verstößt, ist unwirksam.**

**(2) Die Unmöglichkeit der Leistung steht der Gültigkeit des Vermächtnisses nicht entgegen, wenn die Unmöglichkeit behoben werden kann und das Vermächtnis für den Fall zugewendet ist, dass die Leistung möglich wird.**

**(3) Wird ein Vermächtnis, das auf eine unmögliche Leistung gerichtet ist, unter einer anderen aufschiebenden Bedingung oder unter Bestimmung eines Anfangstermins zugewendet, so ist das Vermächtnis gültig, wenn die Unmöglichkeit vor dem Eintritt der Bedingung oder des Termins behoben wird.**

### Überblick

§ 2171 stellt eine Ausnahmevorschrift zu § 311a dar und legt in Abs. 1 fest, dass die anfängliche objektive Unmöglichkeit (→ Rn. 2) weiterhin zur Unwirksamkeit des Vermächtnisses führt. Entscheidend für die Unwirksamkeit ist, dass die (tatsächliche oder rechtliche) Unmöglichkeit zum Zeitpunkt des Erbfalls besteht (→ Rn. 3). Das auf eine unmögliche Leistung gerichtete Vermächtnis ist nach Abs. 2 gültig, wenn die Unmöglichkeit behebbar ist und das Vermächtnis auch für diesen Fall zugewendet worden ist (→ Rn. 3). Fällt das Vermächtnis erst mit dem Eintritt einer aufschiebenden Bedingung oder eines Anfangstermins an, so kommt es für die Gültigkeit nach Abs. 3 darauf an, ob die Unmöglichkeit vor Eintritt der Bedingung oder des Termins behoben wird (→ Rn. 4). Ein Verstoß gegen ein gesetzliches Verbot macht das Vermächtnis schon nach § 134 nichtig (→ Rn. 8).

### I. Normzweck

1 Nachdem § 311a nunmehr die Wirksamkeit eines Vertrags auch bei anfänglicher objektiver Unmöglichkeit anordnet, stellt § 2171 eine **Ausnahmevorschrift** dar, wonach – entgegen der Regelung im Schuldrecht – die anfängliche objektive Unmöglichkeit weiterhin zur Unwirksamkeit des Vermächtnisses führt. Von diesem Grundsatz sind nach Abs. 2 und Abs. 3 zwei Fallgruppen ausgenommen.

## II. Anwendungsbereich

§ 2171 betrifft die **anfängliche Unmöglichkeit.** Der Zusatz „für jedermann" stellt klar, dass die Vorschrift den Fall der **objektiven Unmöglichkeit** erfasst. Für den Sonderfall, dass die Unmöglichkeit auf Verbindung, Vermischung oder Verarbeitung beruht, enthält § 2172 eine spezielle Regelung, während § 2173 das Erlöschen einer vermachten Forderung durch Erfüllung vor dem Erbfall behandelt. Zu den weiteren Formen und Folgen der Unmöglichkeit → § 2174 Rn. 16; für das Verschaffungsvermächtnis → § 2170 Rn. 6 ff. 2

## III. Unmöglichkeit zur Zeit des Erbfalls

§ 2171 gilt sowohl für die **tatsächliche** wie für die **rechtliche** Unmöglichkeit. Entscheidend für die Unwirksamkeit ist, dass die Unmöglichkeit zum Zeitpunkt des Erbfalls besteht. Das auf eine unmögliche Leistung gerichtete Vermächtnis ist nach **Abs. 2** gültig, wenn die Unmöglichkeit behebbar ist und das Vermächtnis auch für diesen Fall zugewendet worden ist. 3

Das Gesetz sieht das Möglichwerden der Leistung als aufschiebende Bedingung an, wie sich aus dem Wortlaut des Abs. 3 („andere") ergibt. Fällt das Vermächtnis nicht schon mit dem Erbfall, sondern erst mit dem Eintritt einer aufschiebenden Bedingung oder eines Anfangstermins (§ 2177) an, so kommt es für die Gültigkeit nach **Abs. 3** darauf an, ob die Unmöglichkeit vor Eintritt der Bedingung oder des Termins behoben wird. Bei § 2178 ist der Zeitpunkt der Geburt des Bedachten bzw. der Eintritt des näher bezeichneten Ereignisses entscheidend. 4

Keine objektive Unmöglichkeit liegt vor, wenn der vermachte Gegenstand bereits dem Bedachten gehört. Das Vermächtnis kann in diesem Fall wegen **Zweckerreichung** unwirksam sein (→ § 2170 Rn. 5) (Soergel/Ludyga Rn. 3; für objektive Unmöglichkeit Staudinger/Otte, 2019, Rn. 3). 5

Fehlt zum maßgebenden Zeitpunkt eine zur Erfüllung des Vermächtnisses erforderliche **Genehmigung,** ist das Vermächtnis bis zur Entscheidung über die Genehmigung (oder dem Wegfall des Genehmigungserfordernisses) schwebend unwirksam (BGHZ 37, 233 (235) = NJW 1962, 1715). Die genehmigungsbedürftige Leistung wird erst dann (nachträglich) unmöglich, wenn die Genehmigung endgültig versagt wird. 6

## IV. Rechtsfolgen

§ 2171 ordnet die **Unwirksamkeit** des Vermächtnisses an, spricht also nicht wie § 306 aF von Nichtigkeit. Weil der maßgebende Zeitpunkt für die Unmöglichkeit erst später liegt, kann ein Vermächtnis nicht von vornherein als wirkungslos bezeichnet werden (Prot. V 173). Bei Unmöglichkeit wegen Untergangs oder Entziehung des vermachten Gegenstands kann ein Ersatzanspruch nach § 2169 Abs. 3 vermacht sein. 7

## V. Verstoß gegen gesetzliches Verbot

Ein Verstoß gegen ein gesetzliches Verbot macht das Vermächtnis schon nach **§ 134** nichtig. Anwendungsbeispiele für gesetzliche Verbote sind selten (aus der Rspr. BGH NJW-RR 1987, 839 = BGHR BGB § 2174 Jagdpacht 1; LG Köln NJW-RR 1990, 13 betr. Pfändungsschutz; iErg verneint; LG München II ZEV 1995, 373 (375) betr. Kulturgüterschutzgesetz; iErg verneint). Hinsichtlich des maßgebenden Zeitpunkts kann auf die Ausführungen zur Unmöglichkeit (→ Rn. 3) verwiesen werden. Entscheidend ist auch hier nicht der **Zeitpunkt** der Anordnung des Vermächtnisses, sondern der **des Erbfalls** bzw. nach Abs. 3 der des späteren Anfalls des Vermächtnisses (problematisch daher OLG Frankfurt NJW 1972, 398). 8

Bei einem Verstoß gegen die guten Sitten ist das Vermächtnis nach § 138 nichtig (BeckOGK/Schellenberger Rn. 11 f.). 9

## § 2172 Verbindung, Vermischung, Vermengung der vermachten Sache

**(1) Die Leistung einer vermachten Sache gilt auch dann als unmöglich, wenn die Sache mit einer anderen Sache in solcher Weise verbunden, vermischt oder vermengt worden ist, dass nach den §§ 946 bis 948 das Eigentum an der anderen Sache sich auf sie erstreckt oder Miteigentum eingetreten ist, oder wenn sie in solcher Weise verarbeitet oder umgebildet worden ist, dass nach § 950 derjenige, welcher die neue Sache hergestellt hat, Eigentümer geworden ist.**

**(2) [1]Ist die Verbindung, Vermischung oder Vermengung durch einen anderen als den Erblasser erfolgt und hat der Erblasser dadurch Miteigentum erworben, so gilt im Zweifel das Miteigentum als vermacht; steht dem Erblasser ein Recht zur Wegnahme der verbundenen Sache zu, so gilt im Zweifel dieses Recht als vermacht. [2]Im Falle der Verarbeitung oder Umbildung durch einen anderen als den Erblasser bewendet es bei der Vorschrift des § 2169 Abs. 3.**

### Überblick

Die Vorschrift schließt an § 2171 an und regelt in Abs. 1 einen weiteren Fall der Unmöglichkeit. Danach gilt die Leistung einer vermachten Sache grundsätzlich auch dann als unmöglich, wenn die Sache mit einer anderen Sache verbunden, vermischt oder vermengt worden ist (→ Rn. 2). Abs. 2 enthält eine Auslegungsregel für den Fall, dass die Verbindung, Vermischung oder Vermengung durch einen anderen als den Erblasser erfolgt ist und ordnet insoweit „Vermächtnissurrogate" an (→ Rn. 4).

## I. Normzweck

1 Die unübersichtliche Vorschrift regelt in Abs. 1, dass die Leistung einer vermachten Sache auch dann als unmöglich iSv § 2171 anzusehen ist, wenn infolge Verbindung, Vermischung und Vermengung (§§ 946–948) das Eigentum an der anderen Sache sich auf die vermachte Sache erstreckt oder Miteigentum an der gemeinsamen Sache eingetreten ist, oder wenn die vermachte Sache durch Verarbeitung (§ 950) Eigentum desjenigen geworden ist, der die neue Sache hergestellt hat. Abs. 2 enthält eine **Auslegungsregel** für den Fall der Verbindung etc durch einen anderen als den Erblasser.

## II. Voraussetzungen

2 § 2172 bezieht sich in zeitlicher Hinsicht nur auf Verbindungen etc **bis zum Erbfall** (MüKoBGB/Rudy Rn. 2; Staudinger/Otte, 2019, Rn. 2). Danach gelten die allgemeinen Grundsätze über die Haftung des Beschwerten gegenüber dem Vermächtnisnehmer (→ § 2174 Rn. 16). In sachlicher Hinsicht erfasst die Vorschrift nur Verbindungen etc, die die **Eigentumsverhältnisse** an der vermachten Sache **ändern.** Sie gilt also zB nicht, wenn die dem Erblasser gehörende vermachte Sache als die Hauptsache anzusehen und der Erblasser nach § 946, § 947 Abs. 2, § 948 Alleineigentümer geblieben ist. Unerheblich ist hingegen, dass eine Änderung der Eigentumsverhältnisse nicht eingetreten ist, weil der Erblasser Eigentümer aller in die Verbindung etc einbezogenen Sachen war und er selbst die Verbindung vorgenommen hat. Entscheidend ist nur, dass das Eigentum an der vermachten Sache nicht mehr besteht (jurisPK-BGB/Reymann Rn. 7; MüKoBGB/Rudy Rn. 3; Staudinger/Otte, 2019, Rn. 2).

## III. Rechtsfolgen

3 Aus Abs. 1 iVm § 2171 ergibt sich die **Unwirksamkeit des Vermächtnisses,** soweit es um den ursprünglichen Vermächtnisgegenstand geht. Es kann jedoch stattdessen etwas anderes wirksam vermacht sein, etwa ein in Abs. 2 vorgesehener Ersatz (→ Rn. 4) (NK-BGB/Horn Rn. 5). § 2172 ist **abdingbar;** aus den Umständen kann auf einen anderen Erblasserwillen geschlossen werden (BeckOGK/Schellenberger Rn. 12).

## IV. Verbindung etc durch einen anderen

4 **Abs. 2** regelt die Verbindung etc durch einen anderen als den Erblasser. Auch hier tritt unter den Voraussetzungen des Abs. 1 Unmöglichkeit ein; es gilt aber im Zweifel das vom Erblasser erworbene Miteigentum oder ein ihm erwachsenes Wegnahmerecht (§ 951 Abs. 2) als vermacht. Für den Fall der Verarbeitung durch einen anderen als den Erblasser verweist Abs. 2 S. 2 auf § 2169 Abs. 3. Danach ist im Zweifel der Wertersatzanspruch des Erblassers gegen den Verarbeiter nach § 951 Abs. 1 vermacht. In den Fällen der Verbindung etc durch den **Erblasser** selbst kann die Auslegung ergeben, dass anstelle des ursprünglichen Vermächtnisgegenstands ein Miteigentumsanteil, ein Wegnahmerecht oder der Wert der Sache vermacht sein soll (NK-BGB/Horn Rn. 5; RGRK-BGB/Johannsen Rn. 7).

## § 2173 Forderungsvermächtnis

**[1]Hat der Erblasser eine ihm zustehende Forderung vermacht, so ist, wenn vor dem Erbfall die Leistung erfolgt und der geleistete Gegenstand noch in der Erbschaft vorhanden ist, im Zweifel anzunehmen, dass dem Bedachten dieser Gegenstand zugewendet sein soll. [2]War die Forderung auf die Zahlung einer Geldsumme gerichtet, so gilt im Zweifel die entsprechende Geldsumme als vermacht, auch wenn sich eine solche in der Erbschaft nicht vorfindet.**

### Überblick

§ 2173 enthält eine Auslegungsregel für den Fall, dass bei einem Forderungsvermächtnis die vermachte Forderung vor dem Erbfall (→ Rn. 4) durch Leistung erlischt. Im Zweifel soll dann der auf die Forderung geleistete Gegenstand zugewendet sein (→ Rn. 6). Zusätzliche Voraussetzung ist, dass der geleistete Gegenstand noch in der Erbschaft vorhanden ist. Diese Einschränkung gilt nach S. 2 nicht, wenn die Forderung auf Leistung einer Geldsumme gerichtet war (→ Rn. 5). Vom Forderungsvermächtnis abzugrenzen sind das Befreiungsvermächtnis (→ Rn. 8), bei dem eine analoge Anwendung des § 2173 in Betracht kommt und das Schuldvermächtnis (→ Rn. 9), auf das § 2173 nicht anwendbar ist.

### I. Normzweck

Aufgrund eines Forderungsvermächtnisses erlangt der Bedachte einen Anspruch auf Abtretung 1
der vermachten Forderung. § 2173 enthält eine **Auslegungsregel** für den Fall, dass bei einem Forderungsvermächtnis die vermachte Forderung vor dem Erbfall durch Leistung erlischt. Damit wäre das Vermächtnis gem. § 2171 unwirksam, weil es auf eine anfänglich unmögliche Leistung (Übertragung einer nicht mehr bestehenden Forderung) gerichtet ist. Dieses Ergebnis entspricht im Allgemeinen nicht dem Willen des Erblassers. § 2173 sieht daher vor, dass im Zweifel anstelle der nicht mehr bestehenden Forderung der durch die Leistung in das Vermögen des Erblassers gelangte Gegenstand zugewendet sein soll.

Bei **Zahlungsansprüchen** gilt diese Auslegungsregel nach S. 2 auch dann, wenn sich eine der 2
Leistung entsprechende Geldsumme nicht mehr in der Erbschaft befindet.

### II. Voraussetzungen

**1. Forderung des Erblassers.** Die Vorschrift gilt nur für den Fall, dass der Erblasser eine 3
**ihm zustehende** Forderung vermacht hat. Die Wirksamkeit eines Vermächtnisses, das eine dem Beschwerten oder einem Dritten zustehende Forderung betrifft, richtet sich nach §§ 2169, 2170. Unter § 2173 fallen auch Wertpapiere, die eine Forderung verbriefen (insbes. Sparbuch) (Burandt/Rojahn/Burandt Rn. 2; Staudinger/Otte, 2019, Rn. 2), sowie mittelbar vermachte Forderungen, zB der Ersatzanspruch für den untergegangenen oder beschädigten ursprünglichen Vermächtnisgegenstand (§ 2164 Abs. 2 und § 2169 Abs. 3), und dingliche Verwertungsrechte.

**2. Leistung vor dem Erbfall.** Die Leistung des Schuldners muss **vor dem Erbfall,** nicht 4
notwendig nach Anordnung des Vermächtnisses erfolgt sein. Die Rechtsfolgen der Leistung nach dem Erbfall bestimmen sich nach §§ 275 ff., insbes. nach § 285. Wie die Leistung vor dem Erbfall erfolgt, freiwillig oder im Wege der Zwangsvollstreckung, und wer sie erbringt, der Schuldner oder ein Dritter, spielt keine Rolle. § 2173 ist auch anzuwenden, wenn die Leistung nicht zum Erlöschen der Forderung geführt hat, sondern diese, zB nach § 774 Abs. 1, auf den Leistenden übergegangen ist (Staudinger/Otte, 2019, Rn. 3). **Erfüllungssurrogate** können uU der Leistung gleichgestellt werden; unproblematisch ist dies bei der Aufrechnung gegenüber einer vermachten Geldforderung. Wird die Aufrechnung erst nach dem Erbfall erklärt, führt die Rückwirkung nach § 389 nicht zur Anwendung des § 2173 (BeckOGK/Schellenberger Rn. 5; jurisPK-BGB/Reymann Rn. 9; Staudinger/Otte, 2019, Rn. 5). Keine Leistung auf die Forderung ist das Entgelt für die Veräußerung der Forderung an einen Dritten. Da diese Art der Verwertung wirtschaftlich der Einziehung der Forderung entspricht, gilt jedoch auch hier § 2173 (KG OLGE 10, 302; NK-BGB/Horn Rn. 3; Staudinger/Otte, 2019, Rn. 6).

**3. Vorhandensein der Leistung in der Erbschaft.** Zusätzliche Voraussetzung ist, dass der 5
geleistete Gegenstand noch in der Erbschaft vorhanden ist. Diese Einschränkung gilt nach **S. 2** nicht, wenn die Forderung auf Leistung einer **Geldsumme** gerichtet war. Ohne Bedeutung ist,

ob der Erblasser den geleisteten Geldbetrag in anderen, noch vorhandenen Vermögenswerten angelegt oder ob er ihn verbraucht hat. Sind Forderungen mit wechselndem Bestand vermacht, insbes. Guthaben auf laufenden oder Sparkonten, wird der Erblasserwille regelmäßig dahin gehen, das beim Erbfall vorhandene Guthaben zu vermachen, nicht jedoch zusätzlich den Wert der vom Erblasser nach Anordnung des Vermächtnisses abgehobenen Beträge (OLG Koblenz FamRZ 1998, 579; MüKoBGB/Rudy Rn. 5; Warlich/Kühne ZErb 2012, 259). Allerdings kann auch der bereits abgehobene Betrag vermacht sein (OLG Karlsruhe NJW-RR 2005, 1317), insbes. wenn er im Zeitpunkt des Erbfalls noch nicht verbraucht ist (OLG Düsseldorf OLGR 1995, 300; Staudinger/Otte, 2019, Rn. 9; NK-BGB/Horn Rn. 10).

## III. Rechtsfolgen, Beweislast

6 **Im Zweifel** soll der auf die Forderung geleistete Gegenstand zugewendet sein. Mit der Leistung der geschuldeten Geldsumme an den Erblasser wird das Forderungsvermächtnis durch ein **Geldvermächtnis** ersetzt, was es auch im Fall der Einzahlung des bar geleisteten Geldes auf ein Bankkonto bleibt.

7 Der Vermächtnisnehmer trägt die **Beweislast** dafür, dass der Gegenstand, der zur Erfüllung der vermachten Forderung an den Erblasser geleistet wurde, zurzeit des Erbfalls noch im Vermögen des Erblassers vorhanden war. Im Übrigen trifft die Darlegungs- und Beweislast denjenigen, der einen von der Auslegungsregel des § 2173 abweichenden Erblasserwillen behauptet.

## IV. Befreiungsvermächtnis, Schuldvermächtnis

8 **1. Befreiungsvermächtnis.** Der Erblasser kann dem Bedachten auch die Befreiung von einer Schuld zuwenden. Handelt es sich um eine Schuld gegenüber dem Erblasser selbst, hat der Beschwerte dem Vermächtnisnehmer die Schuld zu erlassen (§ 397; **Erlassvermächtnis**); sie erlischt nicht von selbst mit dem Anfall der Erbschaft (BGH NJW 1964, 764). Ist Gläubiger der Forderung ein Dritter, so hat der Beschwerte die Befreiung herbeizuführen. Hat der Bedachte vor dem Erbfall seine Schuld erfüllt, ist § 2173 entspr. anzuwenden, dem Bedachten ist also im Zweifel das von ihm an den Erblasser Geleistete vermacht (MüKoBGB/Rudy Rn. 7; Soergel/Ludyga Rn. 9).

9 **2. Schuldvermächtnis.** Der Erblasser kann dem Bedachten zuwenden, was er ihm ohnehin schuldet. Der Sinn eines solchen, nicht unter § 2173 fallenden Vermächtnisses liegt in einer Stärkung der Gläubigerstellung des Bedachten; es kommt in seiner Wirkung einem Schuldanerkenntnis gleich (BGH NJW 1986, 2571 (2572)). Ist die Schuld bereits getilgt, ist das Vermächtnis nach § 2171 unwirksam. War der Erblasser von der irrtümlichen Annahme ausgegangen, dass die Schuld bestehe, kann das Schuldvermächtnis nach § 2078 angefochten werden (Grüneberg/Weidlich Rn. 5).

## § 2174 Vermächtnisanspruch

**Durch das Vermächtnis wird für den Bedachten das Recht begründet, von dem Beschwerten die Leistung des vermachten Gegenstands zu fordern.**

### Überblick

§ 2174 ist die zentrale Norm des Vermächtnisrechts und Grundlage eines schuldrechtlichen Anspruchs des Vermächtnisnehmers gegen den Beschwerten. Der Vermächtnisnehmer ist nicht dinglich am Nachlass beteiligt, sondern nur Nachlassgläubiger (→ Rn. 2). Vor dem Erbfall hat er kein Anwartschaftsrecht (→ Rn. 3). Für den Anspruch gelten die Regeln des Allgemeinen Schuldrechts, soweit nicht erbrechtliche Vorschriften vorgehen (→ Rn. 4); er entsteht mit dem Anfall des Vermächtnisses. Dieser tritt grds. mit dem Erbfall ein (§ 2176), in den Fällen der §§ 2177, 2178 zu einem späteren Zeitpunkt (→ Rn. 5). Vom Anfall des Vermächtnisses ist die Fälligkeit der Vermächtnisforderung zu unterscheiden, die ohne weitere Bestimmung sofort eintritt. In der Regel geht der Anspruch auf Übereignung der vermachten Sache oder Abtretung des vermachten Rechts (→ Rn. 6). Der Vermächtnisanspruch ist vom Erbfall an abtretbar und vererblich (→ Rn. 9). Aus der schuldrechtlichen Natur des Vermächtnisses folgt, dass zum Übergang des vermachten Gegenstands auf den Bedachten ein Erfüllungsgeschäft erforderlich ist. Dessen

Inhalt richtet sich nach der Art des vermachten Gegenstandes (→ Rn. 10). Die Kosten der Erfüllung des Vermächtnisses hat idR der Beschwerte zu tragen (→ Rn. 15). Der Erblasser kann den erst mit seinem Tod entstehenden Vermächtnisanspruch schon zu Lebzeiten erfüllen; zu den Auswirkungen → Rn. 14.

Bei Leistungsstörungen gelten die Regeln des Allgemeinen Schuldrechts für Schadensersatz wegen Pflichtverletzungen (§§ 280 ff.), die durch einzelne Sonderregelungen überlagert werden (→ Rn. 16). Der Vermächtnisanspruch verjährt nunmehr nach § 195 in der Regelfrist von drei Jahren (→ Rn. 19).

## Übersicht



## I. Normzweck

§ 2174 ist die **zentrale Vorschrift des Vermächtnisrechts.** Sie stellt klar, dass der Bedachte mit dem Erbfall den ihm zugewendeten Vermögensvorteil nicht unmittelbar erwirbt, sondern nur einen Anspruch gegen den Beschwerten auf Leistung des vermachten Gegenstandes hat. Ausnahmen von der nur schuldrechtlichen Wirkung des Vermächtnisses bestehen beim Vorausvermächtnis für den alleinigen Vorerben (→ § 2150 Rn. 4) und in landesrechtlichen Regelungen gem. Art. 139 EGBGB. 1

Damit hat sich das BGB – mit Rücksicht auf die Belange der Nachlassgläubiger – gegen das sog. Vindikationslegat des römischen und gemeinen Rechts entschieden, wonach ein Vermächtnis von Sachen, die dem Erblasser gehörten, zum unmittelbaren Rechtserwerb des Vermächtnisnehmers führte (zu den Gründen Staudinger/Otte, 2019, Rn. 4 ff.; Muscheler, Universalsukzession und Vonselbsterwerb, 2002, 99 ff.). 1.1

## II. Rechtsstellung des Vermächtnisnehmers

Der Vermächtnisnehmer ist nicht dinglich am Nachlass beteiligt, sondern nur **Nachlassgläubiger.** Der eigene Anspruch auf den vermachten Gegenstand unterscheidet ihn wiederum vom Auflagenbegünstigten, der kein Recht auf die Vollziehung der Auflage hat. Allerdings behandelt das Gesetz den Vermächtnisnehmer in verschiedener Hinsicht als Nachlassgläubiger zweiter Klasse, so zB in der Nachlassinsolvenz (§ 327 Abs. 1 Nr. 2 InsO) und im Aufgebotsverfahren, wo er sogar hinter den ausgeschlossenen Gläubigern zurücktreten muss (§§ 1973, 1974). Der Vermächtnisnehmer ist nicht nur hinsichtlich der Durchsetzung seines Anspruchs in einer eher schwachen Position, er kann seinerseits **erbrechtlichen Belastungen** unterworfen werden. So ist es möglich, ihn mit einem Vermächtnis (§ 2147) oder einer Auflage zu beschweren, und der Vermächtnisgegenstand kann der Testamentsvollstreckung unterliegen. Der Vermächtnisanspruch kann wegen **Vermächtnisunwürdigkeit** nach § 2345 durch Anfechtung wegfallen. 2

Der Vermächtnisnehmer hat vor dem Erbfall **kein Anwartschaftsrecht,** sondern nur eine mehr oder weniger begründete tatsächliche Aussicht auf einen Anspruch (dies gilt auch bei erbvertraglicher Einsetzung → § 2286 Rn. 2). Eine Anwartschaft, die auch dinglich gesichert werden kann, besteht nach dem Erbfall für den unter einer aufschiebenden Bedingung oder Befristung eingesetzten Vermächtnisnehmer für die Zeit bis zum Anfall des Vermächtnisses oder dem Ausfall der Bedingung (→ § 2179 Rn. 7). Im **Erbschein** wird das Vermächtnis nicht aufgeführt; zur Ausnahme beim Vorausvermächtnis für einen alleinigen Vorerben → § 2150 Rn. 6. 3

## III. Vermächtnisanspruch

4 **1. Allgemeines.** Für den Anspruch gelten vorbehaltlich abweichender Bestimmungen durch den Erblasser die **Regeln des Allgemeinen Schuldrechts,** soweit nicht erbrechtliche Vorschriften, zB über die beschränkte Erbenhaftung, vorgehen. **Gläubiger** des Vermächtnisanspruchs ist der **Bedachte, Schuldner** der **Beschwerte.** Mit einem Vermächtnis beschwert werden können Erben und Vermächtnisnehmer (§ 2147 S. 1); den Bedachten bestimmt der Erblasser (§ 2065 Abs. 2), ausnahmsweise der Beschwerte oder ein Dritter (§ 2151 Abs. 1, § 2152).

5 **2. Entstehung.** Der Anspruch des Bedachten gegen den Beschwerten entsteht mit dem **Anfall** des Vermächtnisses. Dieser tritt grds. mit dem Erbfall ein (§ 2176), in den Fällen der §§ 2177, 2178 zu einem späteren Zeitpunkt. Vom Anfall des Vermächtnisses ist die **Fälligkeit** der Vermächtnisforderung zu unterscheiden (→ § 2176 Rn. 4). Sofern der Erblasser nichts anderes bestimmt hat, ist der Vermächtnisanspruch nach § 271 sofort fällig. Hinausgeschoben wird die Fälligkeit in §§ 2181, 2186.

6 **3. Inhalt des Anspruchs. a) Umfang.** In der Regel geht der Anspruch auf Übereignung der vermachten Sache oder Abtretung des vermachten Rechts. Zur Erstreckung des Vermächtnisses auf Zubehör → § 2164 Rn. 2. **Bestandteile** einer Sache sind auch ohne ausdrückliche Regelung oder Anordnung des Erblassers grds. mit vermacht. Sie können aber trotz § 93 vom Erblasser zum Gegenstand eines selbstständigen Vermächtnisses gemacht oder von einem Vermächtnis ausgenommen werden (Staudinger/Otte, 2019, § 2164 Rn. 5). **Verzinslich** ist die Vermächtnisforderung, wenn der Erblasser nichts Gegenteiliges anordnet, nur im Falle des Verzugs und der Rechtshängigkeit (§ 288 Abs. 1, § 291). **Nebenpflichten** ergeben sich durch Auslegung der Vermächtnisanordnung, aus Treu und Glauben oder durch entsprechende Anwendung anderer Vorschriften.

7 **b) Auskunft.** Einen **Auskunftsanspruch** des Vermächtnisnehmers sieht das Gesetz nicht vor. Je nach Art der Anordnung („Vermächtnis in Höhe des Betrags des Pflichtteils") (vgl. RGZ 129, 239) ist der Vermächtnisnehmer auf zuverlässige Kenntnis vom Bestand des Nachlasses angewiesen. In diesen Fällen wird man ihm gem. § 242 auch einen Auskunftsanspruch und uU einen Anspruch auf Rechnungslegung und auf Wertermittlung (LG Karlsruhe ZErb 2005, 130) zubilligen müssen (Keilbach FamRZ 1996, 1191; s. auch OLG Oldenburg ZEV 2001, 276). Umgekehrt kann der Erblasserwille auch dahin gehen, einen Auskunftsanspruch gerade auszuschließen. Beim Wahlvermächtnis besteht ein **Anspruch auf Vorlegung** nach § 809 (→ § 2154 Rn. 8).

8 **4. Einfluss veränderter Umstände.** Die Regeln über die **Störung der Geschäftsgrundlage (§ 313)** sind auf Vermächtnisse **nicht anwendbar** (BGH NJW 1993, 850; MüKoBGB/Rudy Rn. 13; BeckOGK/Schellenberger Rn. 29). Wer die Erbschaft annimmt, unterliegt den Anordnungen des Erblassers und muss diese bis zur Erschöpfung des Nachlasses erfüllen. Wesentlichen Änderungen von Umständen, auf denen der Erblasserwille aufgebaut hat, kann durch Testamentsanfechtung oder ergänzende Auslegung Rechnung getragen werden.

9 **5. Übertragbarkeit des Anspruchs.** Der Vermächtnisanspruch ist vom Erbfall an **abtretbar** und **vererblich.** Einer Vereinbarung über die Abtretung des künftigen Anspruchs steht § 311b Abs. 4 S. 2 entgegen (BGHZ 104, 279 = NJW 1988, 2726 (2727)). Nach hM ist der Erblasser gehindert, die Abtretbarkeit entspr. § 399 auszuschließen (NK-BGB/Horn Rn. 7; Soergel/Ludyga Rn. 12; aA MüKoBGB/Rudy Rn. 14; Kipp/Coing ErbR § 63 I); er kann jedoch ein durch die Abtretung des Anspruchs auflösend bedingtes Vermächtnis anordnen. § 399 greift ein, wenn sich im Falle der Abtretung die Schuld des Beschwerten inhaltlich ändern würde (BGH JZ 1958, 665 mAnm Baumgärtel JZ 1958, 654). Soweit der Vermächtnisanspruch abtretbar ist, kann er auch **gepfändet** werden.

10 **6. Erfüllung des Anspruchs. a) Allgemeines.** Aus der schuldrechtlichen Natur des Vermächtnisses folgt, dass zum Übergang des vermachten Gegenstandes auf den Bedachten ein Erfüllungsgeschäft erforderlich ist. Dessen Inhalt richtet sich nach der Art des vermachten Gegenstandes, zB Einigung und Übergabe bei einer beweglichen Sache, Auflassung und Eintragung im Grundbuch bei einem Grundstück, Abtretung bei einer Forderung. Entsprechend sind bei einer klageweisen Durchsetzung die Anträge zu formulieren. Bei einem **Nießbrauchvermächtnis** (§ 1089) muss der Nießbrauch in Vollzug des Vermächtnisses an den einzelnen Gegenständen nach den für diese maßgeblichen Regeln bestellt werden (jurisPK-BGB/Reymann Rn. 125 ff.; Roth/Maulbetsch/Schulte, Vermächtnisrecht, 2013, § 3 Rn. 31 ff.). **Erfüllungsort** für das Vermächtnis ist gem. § 269 Abs. 1 der Wohnort des Beschwerten, sofern sich aus der Anordnung des Erblassers

oder der Natur des Schuldverhältnisses nichts anderes ergibt (Staudinger/Otte, 2019, Rn. 17; aA Soergel/Ludyga Rn. 9: Wohnsitz des Erblassers).

**b) Genehmigungsbedürftigkeit.** Zur Erfüllung des Vermächtnisanspruchs kann eine behördliche Genehmigung erforderlich sein, zB nach § 2 GrdstVG. Genehmigungsbedürftig nach dieser Vorschrift ist das Vollzugsgeschäft, nicht schon die Vermächtnisanordnung (Grüneberg/Weidlich Rn. 4; Staudinger/Otte, 2019, Rn. 26; aA Soergel/Ludyga Rn. 3). Nach § 16 HöfeO bedarf bereits die Vermächtnisanordnung der Genehmigung. Für Eltern, Vormund und Betreuer ist das Erfordernis der familiengerichtlichen Genehmigung nach §§ 1821, 1822, 1643 zu beachten. Wird eine für das Erfüllungsgeschäft notwendige Genehmigung endgültig versagt, liegt nachträgliche Unmöglichkeit vor (→ § 2171 Rn. 4). **11**

**c) Minderjähriger als Vermächtnisnehmer.** Ist der Vermächtnisnehmer beim Anfall des Vermächtnisses **minderjährig,** hängt die Erforderlichkeit einer Einwilligung des gesetzlichen Vertreters (§ 107) davon ab, ob die Vermächtniserfüllung für den Minderjährigen lediglich rechtlich vorteilhaft ist, was regelmäßig der Fall sein dürfte. Wird der Minderjährige infolge der Übertragung des Vermächtnisgegenstands mit Verpflichtungen belastet, für die er auch persönlich haftet, kann die Mitwirkung des gesetzlichen Vertreters notwendig werden (vgl. BGH ZEV 2011, 40; Keim ZEV 2011, 563). Zur Annahme und Ausschlagung des Vermächtnisses → § 2180 Rn. 9 ff. **12**

Ist der gesetzliche Vertreter, der für einen Minderjährigen handeln müsste (§§ 107, 1626, 1629), selbst mit dem zu erfüllenden Vermächtnis beschwert, handelt es sich bei der Vermächtniserfüllung zwar um ein Insichgeschäft nach § 181, das aber die Erfüllung einer entstandenen Verbindlichkeit zum Gegenstand hat und deshalb nicht die Mitwirkung eines Ergänzungspflegers (§ 1909 Abs. 1) erforderlich macht (OLG München ZEV 2011, 658; 2013, 202; jurisPK-BGB/Reymann Rn. 141 ff.; eingehend NK-BGB/Horn Rn. 38 ff.). **13**

**d) Vorerfüllung.** Der Erblasser kann den erst mit seinem Tod entstehenden Vermächtnisanspruch schon zu Lebzeiten erfüllen. Bei einem Stückvermächtnis kann dies die Unwirksamkeit des Vermächtnisses nach § 2171 zur Folge haben. Bei einem Gattungsvermächtnis macht dagegen die Leistung des Erblassers das Vermächtnis nicht unwirksam. Denkbar ist, dass der Erblasser zur Erfüllung eines zukünftigen Vermächtnisanspruchs geleistet hat (OLG Hamm MDR 1995, 1236; zust. Leipold JZ 1996, 287 (295); Staudinger/Otte, 2019, Rn. 29; Kuchinke JZ 1983, 483). Die **Beweislast,** dass der Erblasser zur Erfüllung eines Vermächtnisses geleistet hat oder – was auch in Betracht kommt – das Vermächtnis unter der auflösenden Bedingung angeordnet hatte, dass der Bedachte den Gegenstand schon vor dem Erbfall erhalten werde, liegt beim Beschwerten (OLG Hamm MDR 1995, 1236). Anstelle einer Vorerfüllung kann auch eine Schenkung vorliegen (OLG München NJW-RR 1989, 1410 (1411)), ohne dass damit der Wille des Bedachten zum Verzicht auf den Vermächtnisanspruch verbunden sein muss. **14**

**e) Kosten der Erfüllung.** Die Kosten der Erfüllung des Vermächtnisses hat idR der Beschwerte zu tragen (BeckOGK/Schellenberger Rn. 51; Soergel/Ludyga Rn. 17). Auch die Kosten der Grundbuchumschreibung fallen dem mit einem Grundstücksvermächtnis Beschwerten zur Last (BGH NJW 1963, 1602). **15**

## IV. Haftung des Beschwerten

Bei **Leistungsstörungen** gelten die Regeln des Allgemeinen Schuldrechts für Schadensersatz wegen Pflichtverletzungen (§§ 280 ff.), die durch einzelne Sonderregelungen (zB § 2171 für anfängliche objektive Unmöglichkeit, § 2170 für das Unvermögen beim Verschaffungsvermächtnis) überlagert werden. Auch die gesetzlichen Regelungen der faktischen und persönlichen Unmöglichkeit (§ 275 Abs. 2 und 3), die dem Schuldner ein Leistungsverweigerungsrecht (Einrede) geben, sind auf das Vermächtnis anwendbar. Wegen schuldhafter Herbeiführung nachträglicher Unmöglichkeit der Erfüllung haftet der Beschwerte nach § 275 Abs. 1, 4, § 280 Abs. 1, 3, §§ 283–285; wegen Verzugs nach § 280 Abs. 2, § 286. Nachträgliches Unvermögen beim Gattungsvermächtnis hat der Beschwerte nach den allgemeinen Vorschriften (§ 276) zu vertreten. Den Beschwerten trifft insoweit das Beschaffungsrisiko. Im Falle der nachträglichen Unmöglichkeit muss der Beschwerte ein Surrogat, das er infolge des zur Unmöglichkeit führenden Umstands erlangt hat, nach § 285 herausgeben. Hier kommen insbes. Schadensersatzansprüche gegen Dritte wegen Zerstörung oder Entziehung des Vermächtnisgegenstands in Betracht (Anwendungsfall der Drittschadensliquidation, vgl. Staudinger/Otte, 2019, Rn. 32). Die **Haftung für Rechts- und Sachmängel** ist in §§ 2182, 2183 für das Gattungsvermächtnis normiert. Beim Stückvermächtnis **16** gibt es keine Haftung für Sachmängel; die Frage, ob der Vermächtnisnehmer den Vermächtnisgegenstand frei von Rechten Dritter verlangen kann, ist abschließend in §§ 2165–2168 geregelt.

## V. Durchsetzung des Vermächtnisanspruchs

17 **1. Allgemeines.** Die Verpflichtung aus dem Vermächtnis ist, falls der Erbe beschwert ist, eine **Nachlassverbindlichkeit.** Der Anspruch ist ggf. gegenüber dem Nachlasspfleger, dem Nachlassverwalter, dem Nachlassinsolvenzverwalter oder dem Testamentsvollstrecker geltend zu machen; gegen den Erben nicht vor Annahme der Erbschaft (§ 1958). Ist für den Vermächtnisnehmer Testamentsvollstreckung angeordnet, obliegt die Geltendmachung dem Testamentsvollstrecker. Inhalt und Rechtswirkungen eines Vermächtnisses kann der Bedachte auch dann feststellen lassen, wenn möglicherweise nur noch Wertersatz- oder Schadensersatzansprüche bestehen, es sei denn der Beschwerte weist nach, dass jedweder Anspruch entfällt (OLG Koblenz BeckRS 2013, 15006).

18 **2. Einreden und Einwendungen. Einreden** und **Einwendungen** des Beschwerten können sich aus dem durch das Vermächtnis begründeten Schuldverhältnis ergeben. Denkbar ist ein **Zurückbehaltungsrecht** bei Vorleistungspflicht des Bedachten. Wegen eines Ersatzanspruchs des Beschwerten für Verwendungen s. § 2185. Auch das Pflichtteilsrecht kann dem Vermächtnisanspruch Grenzen setzen (vgl. § 2306 und die Kürzungsrechte nach §§ 2318, 2322, 2323); auf § 818 Abs. 3 kann sich der Beschwerte nicht berufen (OLG Naumburg FamRZ 2007, 1047).

19 Der Vermächtnisanspruch, der früher der 30-jährigen Verjährungsfrist unterfiel (BGH NJW 2007, 2174), **verjährt** nunmehr nach § 195 in der **Regelfrist von drei Jahren.** Für den Fristbeginn gilt § 199 Abs. 1; ohne Rücksicht auf Kenntnis und grob fahrlässige Unkenntnis verjährt der Anspruch in 30 Jahren seit seiner Entstehung (§ 199 Abs. 3a). Zum Überleitungsrecht s. Art. 229 § 23 EGBGB. Hinsichtlich der Verjährung der vermachten Forderung, die sich nach allgemeinen Vorschriften richtet, ist die Ablaufhemmung nach § 211 zu beachten.

20 Ansprüche auf Übertragung des Eigentums an einem Grundstück verjähren innerhalb von zehn Jahren, auch wenn die Übertragung aufgrund eines Vermächtnisses erfolgen soll (OLG München ErbR 2021, 440; NK-BGB/Horn Rn. 26).

21 **3. Gerichtsstand.** Nach § 27 ZPO ist **Gerichtsstand** für den Vermächtnisanspruch (neben dem Wohnsitz des Beschwerten, § 13 ZPO) auch das Gericht, bei dem der Erblasser zum Zeitpunkt des Erbfalls seinen allgemeinen Gerichtsstand hatte. Nicht in Betracht kommt der Gerichtsstand des Erfüllungsorts (§ 29 ZPO), weil der Streit aus dem Vermächtnis kein Vertragsverhältnis betrifft.

## VI. Sicherung des Anspruchs

22 Besondere **Sicherungsrechte** des Vermächtnisnehmers sieht das Gesetz nicht vor. Ob ein Anspruch auf Sicherung mit vermacht ist, ist eine Frage der Auslegung (RG JR 1925 Nr. 1526; BayObLG HRR 1935 Nr. 132). Bei Gefährdung seines Anspruchs stehen dem Vermächtnisnehmer nach dem Erbfall die allgemeinen Möglichkeiten (Arrest, einstweilige Verfügung, bei Grundstücksrechten Sicherung durch Vormerkung) zu Gebote (Halding-Hoppenheit RNotZ 2005, 311; Roth/Maulbetsch/Schulte, Vermächtnisrecht, 2013, § 5 Rn. 9 ff.; zur Möglichkeit einer schuldrechtlichen Verpflichtung, nicht über einen Gegenstand zu verfügen, vgl. BGH NJW 1959, 2252). Außerdem kann er nach § 1981 Abs. 2 Nachlassverwaltung beantragen.

## § 2175 Wiederaufleben erloschener Rechtsverhältnisse

**Hat der Erblasser eine ihm gegen den Erben zustehende Forderung oder hat er ein Recht vermacht, mit dem eine Sache oder ein Recht des Erben belastet ist, so gelten die infolge des Erbfalls durch Vereinigung von Recht und Verbindlichkeit oder von Recht und Belastung erloschenen Rechtsverhältnisse in Ansehung des Vermächtnisses als nicht erloschen.**

### Überblick

Vermacht der Erblasser eine Forderung, welche sich gegen den Erben richtet oder ein Recht, mit dem eine Sache oder ein Recht des Erben belastet ist, so würden Forderung und Recht aufgrund Konfusion bzw. Konsolidation mit dem Erbfall eigentlich erlöschen. Das unerwünschte dann aus § 2169 folgende Ergebnis der Unwirksamkeit des Vermächtnisses will die Vorschrift verhindern, indem sie anordnet, dass Konfusion und Konsolidation in Ansehung des Vermächtnisses als nicht eingetreten gelten.

## I. Normzweck

Ist Vermächtnisgegenstand eine Forderung des Erblassers gegen den Erben oder ein Recht des Erblassers, mit dem eine Sache oder ein Recht des Erben belastet ist, würde mit dem Erbfall in der Person des Erben Vereinigung von Schuld und Forderung (Konfusion) bzw. von Eigentum und Belastung (Konsolidation) eintreten. Folge wäre die Unwirksamkeit des Vermächtnisses nach §§ 2169, 2171. Dieses unerwünschte Ergebnis will die Vorschrift verhindern, indem sie anordnet, dass Konfusion und Konsolidation in Ansehung des Vermächtnisses als nicht eingetreten gelten. Für den Fall der Konsolidation sieht bereits § 889 (für Grundstücke) eine entsprechende sachenrechtliche Regelung vor. 1

## II. Rechtsfolgen

Die Forderung oder das Recht gelten **in Ansehung des Vermächtnisses** als nicht erloschen. Mit dieser Einschränkung soll ein „relatives Nichterlöschen" (Mot. V 177; krit. zu dieser Formulierung MüKoBGB/Rudy Rn. 4) ausgedrückt werden. Soweit das Fortbestehen fingiert wird, bleiben auch akzessorische Sicherheiten (Pfandrechte, Bürgschaften) bestehen. Die fingierte Forderung fällt dem Vermächtnisnehmer nicht automatisch zu; er hat nur einen Anspruch darauf, dass sie ihm nach § 2174 übertragen wird. Die Klage auf Abtretung der Forderung kann mit der Klage auf Erfüllung verbunden werden (Staudinger/Otte, 2019, Rn. 3; Soergel/Ludyga Rn. 4). 2

Nicht anwendbar ist § 2175 bei unvererblichen Forderungen oder Rechten. Diese erlöschen mit dem Erbfall; nach § 2169 Abs. 1 ist das Vermächtnis insoweit unwirksam. Diskutiert wird eine analoge Anwendung bei einer zwischen Erblasser und Erben bestehenden Personengesellschaft (MüKoBGB/Rudy Rn. 6; BeckOGK/Schellenberger Rn. 5). 3

## § 2176 Anfall des Vermächtnisses

**Die Forderung des Vermächtnisnehmers kommt, unbeschadet des Rechts, das Vermächtnis auszuschlagen, zur Entstehung (Anfall des Vermächtnisses) mit dem Erbfall.**

## Überblick

Die Vorschrift regelt neben dem Entstehungszeitpunkt **(**Anfall**)** auch die Möglichkeit der Ausschlagung eines Vermächtnisses. Das Vermächtnis fällt mit dem Zeitpunkt des Erbfalls an (→ Rn. 1); mit dem Anfall ist der Bedachte Inhaber der Vermächtnisforderung (→ Rn. 3). Vom Anfall des Vermächtnisses ist die Fälligkeit des Anspruchs zu unterscheiden, über die § 2176 nichts aussagt. Es gilt – soweit eine Erblasseranordnung fehlt – die allgemeine Regel des § 271 Abs. 1: Der Vermächtnisnehmer kann die Leistung sofort verlangen (→ Rn. 4).

## I. Normzweck

Die Vorschrift regelt neben dem Entstehungszeitpunkt **(Anfall)** auch die Möglichkeit der Ausschlagung eines Vermächtnisses. Entstehungszeitpunkt ist nach der Regelvorschrift des § 2176 der Erbfall, Ausnahmen enthalten §§ 2177, 2178. 1

## II. Anfall und Fälligkeit

**1. Anfall.** Das Vermächtnis fällt mit dem **Zeitpunkt des Erbfalls** an. Vor Eintritt des Erbfalls besteht keine rechtlich gesicherte Anwartschaft, sondern lediglich eine tatsächliche Aussicht (→ § 2174 Rn. 3) (BGHZ 12, 115 = NJW 1954, 633; BGH NJW 1961, 1915 (1916); OLG Saarbrücken ErbR 2019, 510). Der Anspruch entsteht ohne Zutun des Bedachten und setzt nicht dessen Kenntnis vom Eintritt des Erbfalls voraus. Ist nur ein Nacherbe mit einem Vermächtnis beschwert, gilt § 2177. Auch das Untervermächtnis fällt grds. mit dem Erbfall an. 2

3 **2. Rechtswirkungen des Anfalls.** Mit dem Anfall ist der Bedachte Inhaber der Vermächtnisforderung. Er kann über sie verfügen; sie ist damit auch vererblich und pfändbar. Vom Anfall an stehen dem Vermächtnisnehmer die Früchte der vermachten Sache zu (§ 2184).

4 **3. Fälligkeit.** Über die **Fälligkeit** des Anspruchs sagt § 2176 nichts aus. Es gilt – soweit eine ausdrückliche oder im Wege der Auslegung ermittelbare Erblasseranordnung fehlt – die allgemeine Regel des § 271 Abs. 1: Der Vermächtnisnehmer kann die Leistung **sofort** verlangen. Zu beachten sind allerdings die erbrechtlichen Sperren des § 2014 (Dreimonatseinrede) und des § 1958 (keine Klage gegen den Erben vor Annahme der Erbschaft). Bei Beschwerung des Vermächtnisnehmers ist der gegen diesen gerichtete Anspruch aus dem Untervermächtnis nach § 2186 erst fällig, wenn er Erfüllung des ihm zugewendeten Vermächtnisses verlangen kann.

5 Bei **Anordnungen des Erblassers** ist im Wege der Auslegung zu ermitteln, ob die Entstehung des Anspruchs (dann § 2177) oder die Fälligkeit hinausgeschoben werden soll (dazu BeckOGK/Müller-Engels Rn. 19 ff.). Die Anordnung, der Vermächtnisnehmer solle das Vermächtnis erst mit Erreichen eines bestimmten Alters erhalten, bedeutet nicht zwingend ein Hinausschieben des Anfalls (RG Recht 1913 Nr. 2883). Weichen Entstehung und Fälligkeit voneinander ab, muss im Einzelfall entschieden werden, welcher Zeitpunkt zB für eine Wertberechnung bei einem Quotenvermächtnis maßgebend ist (BeckOGK/Müller-Engels Rn. 30 ff.; jurisPK-BGB/Reymann Rn. 9).

## § 2177 Anfall bei einer Bedingung oder Befristung

**Ist das Vermächtnis unter einer aufschiebenden Bedingung oder unter Bestimmung eines Anfangstermins angeordnet und tritt die Bedingung oder der Termin erst nach dem Erbfall ein, so erfolgt der Anfall des Vermächtnisses mit dem Eintritt der Bedingung oder des Termins.**

### Überblick

Die Vorschrift enthält eine Sonderregelung über den Anfall eines Vermächtnisses bei einer Bedingung oder Befristung. Ist ein Vermächtnis unter einer aufschiebenden Bedingung (→ Rn. 2) oder Bestimmung eines Anfangstermins (→ Rn. 3) angeordnet, die bis zum Erbfall noch nicht eingetreten sind, so fällt es erst mit deren Eintritt an. In der Zeit zwischen Erbfall und Anfall des Vermächtnisses steht dem Vermächtnisnehmer gem. § 2179 bereits eine geschützte Anwartschaft zu (→ Rn. 1).

### I. Normzweck

1 Die Vorschrift, die der Regelung in § 158 Abs. 1 und § 163 entspricht, enthält eine Ausnahme von § 2176. Ist ein Vermächtnis unter einer aufschiebenden Bedingung oder Bestimmung eines Anfangstermins angeordnet, die bis zum Erbfall noch nicht eingetreten sind, so fällt es erst mit deren Eintritt an. In der Zeit zwischen Erbfall und späterem Anfall des Vermächtnisses steht dem Vermächtnisnehmer gem. § 2179 bereits eine geschützte (übertragbare) **Anwartschaft** zu. Die zeitlichen Grenzen der §§ 2162, 2163 sind zu beachten. Aufschiebend bedingte und befristete Vermächtnisse finden in der Kautelarpraxis Verwendung als Bestandteil von Wiederverheiratungsklauseln in gemeinschaftlichen Testamenten (→ § 2269 Rn. 31 ff.) oder in Form der sog. Jastrowschen Klausel (→ § 2269 Rn. 59)

### II. Aufschiebend bedingtes Vermächtnis

2 Ob der Erblasser das Vermächtnis unter einer **aufschiebenden** Bedingung angeordnet hat, ist nach den Umständen des Einzelfalls zu entscheiden (Beispiele bei Zawar, Das Vermächtnis in der Kautelarjurisprudenz, 1983, 16 ff.; BeckOGK/Müller-Engels Rn. 8). Nach **§ 2074** soll eine aufschiebend bedingte Zuwendung im Zweifel nur gelten, wenn der Bedachte den Eintritt der Bedingung erlebt. Nach dem Willen des Erblassers kann das Vermächtnis auch mit dem Eintritt der Bedingung an den Erben des Bedachten fallen. Dies ist insbes. unter den Voraussetzungen des § 2069 anzunehmen, da diese Vorschrift von § 2074 nicht verdrängt wird (BGH NJW 1958, 22; Soergel/Ludyga Rn. 1). Der Erblasser kann durch aufschiebende Bedingungen auch mehrere Vermächtnisse gestaffelt nacheinander in der Weise zuwenden, dass das spätere Vermächtnis jeweils beim Tod des vorhergehenden Bedachten anfällt (BGH NJW-RR 1992, 643 (644)).

Ein **aufschiebend bedingtes** Vermächtnis liegt zB vor, wenn ein **Nacherbe** mit einem Vermächtnis **beschwert** ist; der Anspruch entsteht dann erst mit dem Nacherbfall. Das Vermächtnis kann aber schon vor dem Nacherbfall anfallen, wenn der Nacherbe den Nachlass vorher vom Vorerben durch Rechtsgeschäft unter Lebenden erhält (OLG Celle FamRZ 1998, 1335; dazu BeckOGK/Müller-Engels Rn. 11). 3

Ob sich die Unmöglichkeit des Bedingungseintritts auch auf die Wirksamkeit des Vermächtnisses auswirkt, ist nach dem Erblasserwillen zu beurteilen. War dem Erblasser die objektive Unmöglichkeit des Bedingungseintritts bekannt, wird bei Ausfall der Bedingung das Vermächtnis im Zweifel insgesamt wirkungslos. War dem Erblasser dagegen die Unmöglichkeit des Bedingungseintritts nicht bekannt oder ist die Unmöglichkeit erst nach Errichtung eingetreten, kann die Auslegung des Erblasserwillens ergeben, dass die Zuwendung dem Bedachten gleichwohl mit dem Erbfall anfallen soll. Hat ein Vermächtnis Belohnungs- und/oder Gegenleistungscharakter, kann der Ausfall der Bedingung zum Wegfall des Vermächtnisses insgesamt führen (OLG Bamberg NJW-RR 2008, 1325; BeckOGK/Müller-Engels Rn. 17). 4

### III. Befristetes Vermächtnis

Auch das **befristete** (vgl. § 163) Vermächtnis fällt nicht mit dem Erbfall an. Maßgebend für den Anfall des Vermächtnisses ist vielmehr der Eintritt des vom Erblasser angeordneten Termins. § 2074 gilt bei der Befristung nicht; die Anwartschaft auf ein solches Vermächtnis geht daher auf die Erben des Bedachten über. Die Auslegung kann allerdings ergeben, dass der Vermächtnisnehmer den Anfangstermin erleben muss. Nicht jede Fristsetzung in einem Vermächtnis enthält die Bestimmung eines Anfangstermins iSv § 2177. Vielmehr muss in jedem Einzelfall geprüft werden, ob der Erblasser nicht lediglich die Fälligkeit des Vermächtnisses aufschieben wollte, ohne den Anfall (§ 2176) vom Eintritt eines Termins abhängig zu machen **(betagtes Vermächtnis)** (Beispiele bei Soergel/Ludyga Rn. 5, 6; zur (uneinheitlichen) Terminologie Staudinger/Otte, 2019, Rn. 4). Die Unterscheidung ist von Bedeutung für den Ausschluss der Kondizierbarkeit des vor Fälligkeit Geleisteten (§ 813 Abs. 2), für die Anwendbarkeit der §§ 2162, 2163 und für den Zeitpunkt des Rechts der Fruchtziehung (§ 2184). 5

Bei einem Vermächtnis, das die Erbringung wiederkehrender Leistungen zum Inhalt hat, stellt sich die Frage, ob die Teilleistungen erst befristet zur Entstehung gelangen oder ob lediglich deren Fälligkeit hinausgeschoben ist (→ § 2162 Rn. 3). Überwiegend wird – vor allem bei Leibrenten – davon ausgegangen, dass das einheitliche Recht („Stammrecht") mit dem Erbfall entsteht und lediglich die Fälligkeit der wiederkehrenden Leistungen nach und nach eintritt (BGH WM 1966, 248, Burandt/Rojahn/Burandt Rn. 5; Staudinger/Otte, 2019, Rn. 6). 6

### IV. Auflösend bedingtes Vermächtnis

Für das **auflösend bedingte** und für das unter Bestimmung eines Endtermins zugewendete Vermächtnis sieht das Gesetz keine Regelung vor. Ist die Bedingung oder der Termin schon vor dem Erbfall eingetreten, wird das Vermächtnis hinfällig, wenn nicht ein Ersatzvermächtnis (§ 2190) vorgesehen ist. Wenn es nach dem Erbfall (= Anfall) zum Eintritt der Bedingung oder des Endtermins kommt, kann der Beschwerte die Rückgewähr des Vermächtnisgegenstands verlangen (BGH BWNotZ 1961, 229), es sei denn, es handelt sich um ein Nachvermächtnis (§ 2191). Hat der Erblasser verfügt, dass beim Eintritt der Bedingung oder des Termins der Gegenstand an den Beschwerten herauszugeben ist, liegt ein **Rückvermächtnis** vor (BayObLG Rpfleger 1981, 190; OLG Frankfurt ZEV 1997, 295 mAnm Skibbe). 7

## § 2178 Anfall bei einem noch nicht erzeugten oder bestimmten Bedachten

**Ist der Bedachte zur Zeit des Erbfalls noch nicht gezeugt oder wird seine Persönlichkeit durch ein erst nach dem Erbfall eintretendes Ereignis bestimmt, so erfolgt der Anfall des Vermächtnisses im ersteren Falle mit der Geburt, im letzteren Falle mit dem Eintritt des Ereignisses.**

### Überblick

Die Vorschrift enthält eine weitere Ausnahme von der Grundregel des § 2176. Da der Vermächtnisanspruch einen Berechtigten als Subjekt voraussetzt, kann der Anspruch, wenn der Bedachte zum Zeitpunkt des Erbfalls als Subjekt noch nicht existiert oder seine Person erst durch ein nach dem Erbfall eintretendes Ereignis bestimmt wird, nicht schon mit dem Erbfall entstehen (→ Rn. 1). Der Anfall wird bis zur entsprechenden Klärung aufgeschoben. Dem beim Erbfall noch nicht Erzeugten fällt das Vermächtnis mit der Geburt an (→ Rn. 3); bei Bestimmung durch ein nach dem Erbfall eintretendes Ereignis mit dem Eintritt des Ereignisses (→ Rn. 2). Auf juristische Personen ist die Vorschrift entsprechend anwendbar (→ Rn. 4).

## I. Normzweck

1 Der Vorschrift, die eine weitere Ausnahme von der Regel des § 2176 enthält, lässt sich entnehmen, dass auch eine Person bedacht werden kann, die beim Erbfall noch nicht erzeugt ist oder deren „Persönlichkeit" noch nicht feststeht. Da der Vermächtnisanspruch jedoch einen Berechtigten als Subjekt voraussetzt, kann der Anspruch, wenn der Bedachte zum Zeitpunkt des Erbfalls als Subjekt noch nicht existiert oder seine Person erst durch ein nach dem Erbfall eintretendes Ereignis bestimmt wird, nicht schon mit dem Erbfall entstehen. Zeitliche Schranken ergeben sich auch hier aus §§ 2162, 2163.

## II. Anwendungsfälle

2 **1. Noch nicht erzeugter Bedachter.** Dem beim Erbfall noch nicht Erzeugten fällt das Vermächtnis mit der Geburt an. Bis dahin wird es wie ein aufschiebend bedingtes Vermächtnis behandelt (§ 2179). Eine Rückbeziehung des Anfalls auf den Zeitpunkt der Erzeugung ist nicht vorgesehen. Dagegen gilt für den nasciturus die Rückbeziehung nach § 1923 Abs. 2, sodass ihm das Vermächtnis mit dem Erbfall anfällt (§ 2176) (BeckOGK/Müller-Engels Rn. 4; Grüneberg/Weidlich Rn. 1; Hafner BWNotZ 1984, 67; aA NK-BGB/Horn § 2176 Rn. 5; Soergel/Ludyga Rn. 3).

3 **2. Bestimmung durch ein Ereignis nach dem Erbfall.** Der Bedachte kann durch ein nach dem Erbfall eintretendes Ereignis bestimmt werden. Dann fällt ihm das Vermächtnis mit dem Eintritt des Ereignisses an. Kein Ereignis idS stellt die Bestimmung des Vermächtnisnehmers durch eine Erklärung nach §§ 2151, 2152 dar.

4 **3. Juristische Personen.** Auf **juristische Personen** ist die Vorschrift entspr. anwendbar (MüKoBGB/Rudy Rn. 4); teilweise wird auch von der unmittelbaren Anwendbarkeit des § 2178 ausgegangen (Bildung der juristischen Person als Ereignis) (Erman/Nobis Rn. 2; RGRK-BGB/Johannsen Rn. 2). Bei Stiftungen ist die Fiktion des § 84 zu beachten.

## III. Schwebezeit

5 Der Vermächtnisnehmer wird in der Zeit zwischen Erbfall und Anfall des Vermächtnisses nach § 2179 über die Anwendung der Vorschriften, die für aufschiebend bedingte Leistungspflichten gelten (→ § 2179 Rn. 1 ff. ff.) geschützt (BeckOGK/Müller-Engels Rn. 10).

### § 2179 Schwebezeit

**Für die Zeit zwischen dem Erbfall und dem Anfall des Vermächtnisses finden in den Fällen der §§ 2177, 2178 die Vorschriften Anwendung, die für den Fall gelten, dass eine Leistung unter einer aufschiebenden Bedingung geschuldet wird.**

## Überblick

Die Vorschrift betrifft beim aufschiebend bedingten oder befristeten Vermächtnis die Schwebezeit zwischen Erbfall und späterem Anfall des Vermächtnisses. Zum Schutz des Bedachten finden die Vorschriften Anwendung, die für den Fall gelten, dass eine Leistung unter einer aufschiebenden Bedingung geschuldet wird (→ Rn. 1). Im Einzelnen sind anwendbar: § 160, wonach im Fall des Eintritts der Bedingung der Beschwerte haftet, wenn er während der Schwebezeit das von der Bedingung abhängige Recht durch sein Verschulden vereitelt oder beeinträchtigt hat (→ Rn. 2). § 162: Wird der Eintritt der Bedingung von der Partei, zu deren Nachteil er gereichen würde, wider Treu und Glauben verhindert, so gilt die Bedingung als eingetreten (→ Rn. 3). Nicht anwendbar ist dagegen § 161 (→ Rn. 4); zur Anwendbarkeit des § 159 → Rn. 5. Obwohl

§ 2179 nicht auf § 285 verweist, schuldet der Beschwerte bei Eintritt der Bedingung Ersatz für eine vermachte Sache, deren Herausgabe nach dem Erbfall unmöglich geworden ist (→ Rn. 6). Aus der Anwendbarkeit der § 160 Abs. 1, § 162, § 285 folgt, dass der Bedachte zwischen Erbfall und Eintritt oder Ausfall der Bedingung bzw. Eintritt des Endtermins bereits eine geschützte Rechtsposition (Anwartschaft). Zu Sicherungsmaßnahmen → Rn. 8.

## I. Normzweck

Mit dem Erbfall entsteht beim „normalen" Vermächtnis nach §§ 2174, 2176 der Anspruch auf Leistung des vermachten Gegenstands. Beim aufschiebend bedingten oder befristeten Vermächtnis, bei dem der Anfall nach §§ 2177, 2178 hinausgeschoben ist, soll der Bedachte nicht bis zum späteren Anfall schutzlos sein. Daher finden in dieser **Schwebezeit** nach § 2179 die Vorschriften Anwendung, die für den Fall gelten, dass eine Leistung unter einer aufschiebenden Bedingung geschuldet wird. Für auflösend bedingte oder befristete Vermächtnisse gilt die Vorschrift nicht (BeckOGK/Müller-Engels Rn. 5; NK-BGB/Horn Rn. 3; Staudinger/Otte, 2019, Rn. 16). 1

## II. Anwendbare Vorschriften

Der Umfang der Verweisung ist unklar. Unproblematisch ist, dass im Fall des Eintritts der Bedingung der Beschwerte nach **§ 160** haftet, wenn er während der Schwebezeit das von der Bedingung abhängige Recht durch sein Verschulden vereitelt oder beeinträchtigt hat. Der Beschwerte hat eine Verpflichtung zur ordnungsgemäßen Verwaltung des Vermächtnisgegenstands (BGHZ 114, 16 = NJW 1991, 1736); er haftet für jedes Verschulden (§ 276). Nach hM kann der Erblasser allerdings den Haftungsmaßstab mildern (Bühler BWNotZ 1967, 174 (180); Soergel/Ludyga Rn. 2). Für Erfüllungsgehilfen muss der Beschwerte nach § 278 einstehen. 2

Keine besonderen Probleme wirft auch die Anwendung des **§ 162** auf: Niemand kann sich auf den Eintritt oder Nichteintritt eines Ereignisses berufen, den er selbst treuwidrig herbeigeführt oder verhindert hat (OLG Stuttgart FamRZ 1981, 818). 3

Dagegen passt **§ 161** (Schutz gegen Zwischenverfügungen) nicht. Die Anwartschaft auf einen schuldrechtlichen Anspruch kann nicht stärker geschützt sein als der Anspruch selbst (NK-BGB/Horn Rn. 8; Bungeroth NJW 1967, 1357; Zawar, Das Vermächtnis in der Kautelarjurisprudenz, 1983, 38 f.; Wübben, Anwartschaftsrechte im Erbrecht und ihre kautelarjuristische Ausgestaltung, 1998, 178; teilweise abw. Gudian NJW 1967, 431). Für diesen gibt es jedoch keinen aus § 161 folgenden Schutz gegen Zwischenverfügungen des Beschwerten über den Vermächtnisgegenstand (BeckOGK/Müller-Engels Rn. 16). 4

Die Frage nach der Geltung des **§ 159** stellt sich vor allem dann, wenn der Beschwerte zwischen Erbfall und Vermächtnisanfall Nutzungen gezogen hat. Hat der Erblasser eine Rückwirkung vorgesehen, muss der Beschwerte dem Vermächtnisnehmer Nutzungen, die er bis zum Vermächtnisanfall gezogen hat, ersetzen (§ 2184). Im Gegenzug kann er vom Vermächtnisnehmer Ersatz für während der Schwebezeit gemachte Verwendungen verlangen (§ 2185). Hat der Erblasser keine Rückwirkung angeordnet, so hat der Beschwerte dem Vermächtnisnehmer die gezogenen Nutzungen nicht zu ersetzen. Für die während der Schwebezeit getätigten Verwendungen kann der Beschwerte auch in diesem Fall Ersatz nach § 2185 fordern. 5

Obwohl § 2179 nicht auf **§ 285** verweist, besteht Einigkeit, dass der Beschwerte bei Eintritt der Bedingung den Ersatz für eine vermachte Sache schuldet, deren Herausgabe nach dem Erbfall unmöglich geworden ist (BeckOGK/Müller-Engels Rn. 12; jurisPK-BGB/Reymann Rn. 20; MüKoBGB/Rudy Rn. 5; Zawar, Das Vermächtnis in der Kautelarjurisprudenz, 1983, 42). 6

## III. Rechtsstellung des Bedachten

**1. Anwartschaft.** Aus der Anwendbarkeit der § 160 Abs. 1, § 162, § 285 folgt, dass der Bedachte zwischen Erbfall und Eintritt oder Ausfall der Bedingung bzw. Eintritt des Endtermins bereits eine geschützte Rechtsposition hat. Diese **Anwartschaft** ist – sofern nicht § 2074 entgegensteht – vererblich, unter Lebenden übertragbar und sie kann gepfändet (BGH MDR 1963, 824; NK-BGB/Horn Rn. 13) und verpfändet werden. Entsprechend § 2142 Abs. 1, § 1946 kann der Bedachte das Vermächtnis schon vor dem Anfall ausschlagen oder annehmen. 7

**2. Sicherung.** Gegen eine **Gefährdung** des aufschiebend bedingten oder befristeten Vermächtnisanspruchs kommt ein **Arrest** oder eine **einstweilige Verfügung** in Betracht (Bungeroth NJW 1967, 1357). In der Insolvenz des Beschwerten gelten für die aufschiebend bedingten oder 8 befristeten Vermächtnisansprüche §§ 95, 191 InsO. Die Vermächtnisforderung kann auch durch eine **Hypothek** gesichert werden; ein Anspruch auf hypothekarische Sicherung kann nach dem Inhalt der letztwilligen Verfügung mitvermacht sein (RG DNotZ 1932, 539; Burandt/Rojahn/Burandt Rn. 6). Ist das Vermächtnis auf ein Grundstück oder ein Grundstücksrecht gerichtet, kann der künftige oder bedingte Anspruch des Vermächtnisnehmers durch eine **Vormerkung** gesichert werden (BayObLG Rpfleger 1981, 190; Staudinger/Otte, 2019, Rn. 12; Zawar, Das Vermächtnis in der Kautelarjurisprudenz, 1983, 90 ff.). Bei Ungewissheit über die Person des Vermächtnisnehmers kommt eine Pflegerbestellung nach § 1913 in Betracht.

9 **3. Auskunft.** Der Vermächtnisnehmer hat vor dem Anfall des Vermächtnisses nicht nur einen aus § 242 folgenden Auskunftsanspruch, sondern auch schon einen Anspruch auf Vorlegung eines Verzeichnisses nach § 260 (BeckOGK/Müller-Engels Rn. 27; Staudinger/Otte, 2019, Rn. 13).

## § 2180 Annahme und Ausschlagung

**(1) Der Vermächtnisnehmer kann das Vermächtnis nicht mehr ausschlagen, wenn er es angenommen hat.**

**(2) [1]Die Annahme sowie die Ausschlagung des Vermächtnisses erfolgt durch Erklärung gegenüber dem Beschwerten. [2]Die Erklärung kann erst nach dem Eintritt des Erbfalls abgegeben werden; sie ist unwirksam, wenn sie unter einer Bedingung oder einer Zeitbestimmung abgegeben wird.**

**(3) Die für die Annahme und die Ausschlagung einer Erbschaft geltenden Vorschriften des § 1950, des § 1952 Abs. 1, 3 und des § 1953 Abs. 1, 2 finden entsprechende Anwendung.**

### Überblick

Die Vorschrift regelt die Voraussetzungen und die Rechtsfolgen der Annahme und der Ausschlagung eines Vermächtnisses. Die empfangsbedürftige Annahmeerklärung des Vermächtnisnehmers ist formfrei und kann ausdrücklich oder konkludent abgegeben werden. Vertretung in der Erklärung ist zulässig (→ Rn. 3). Die Erklärung ist bedingungs- und befristungsfeindlich (Abs. 2 S. 2). Erklärungsempfänger ist der Beschwerte, ggf. der Testamentsvollstrecker (→ Rn. 5). Eine Frist für die (Annahme- oder Ausschlagungs-)Erklärung besteht im Unterschied zu § 1944 nicht (→ Rn. 6). Die Wirkung der Annahme besteht nach Abs. 1 nur darin, dass der Vermächtnisnehmer das Vermächtnis nicht mehr ausschlagen kann (→ Rn. 7). Die Annahme ist unwiderruflich, aber als Willenserklärung nach allgemeinen Vorschriften (§§ 119 ff.) anfechtbar (→ Rn. 8). Zur Vermächtnisannahme durch Minderjährige → Rn. 9 f. Die Ausschlagung hat nach § 1953, auf den Abs. 3 verweist, zur Folge, dass der Anfall an den Ausschlagenden als nicht erfolgt gilt. Das Vermächtnis fällt demjenigen an, der berufen sein würde, wenn der Ausschlagende zur Zeit des Erbfalls nicht gelebt hätte (→ Rn. 14).

### I. Normzweck

1 Die bereits aus § 2176 folgende Möglichkeit des Bedachten, ein **Vermächtnis auszuschlagen,** wird durch § 2180 konkretisiert. Die Vorschrift trägt dem Gedanken Rechnung, dass sich niemand eine Zuwendung aufdrängen lassen muss. Natürlich steht es dem Bedachten auch ohne Ausschlagung frei, die Geltendmachung seiner Forderung zu unterlassen. Im Vergleich zur Annahme und Ausschlagung der Erbschaft (§§ 1942 ff.) sind die Anforderungen an die Erklärungen des Vermächtnisnehmers geringer.

2 Van Venrooy sieht Annahme und Ausschlagung als auf eine Rechtsgrundabrede bezogen, kraft deren der Vermächtnisnehmer die Zuwendung behalten dürfe (van Venrooy, Annahme und Ausschlagung von Vermächtnissen, 1990, 12 ff.). Die Aussetzung eines Vermächtnisses bedeutet danach zum einen die Zuwendung iSd § 2174, zum anderen den Antrag des Erblassers an den Vermächtnisnehmer, hinsichtlich des rechtlichen Grundes für das Behaltendürfen übereinzukommen. Die „Annahme“ dieses Antrags erfolge nach § 2180. Diese Auffassung kehrt das traditionelle Verständnis zum Verhältnis von Annahme und Ausschlagung um: Während nach hM die Annahme lediglich ein Verzicht auf die Ausschlagung ist, klärt sich die Rechtslage nach van Venrooy stets durch die Annahme des Vermächtnisses (mit überzeugenden Argumenten gegen die Konstruktion Muscheler, Universalsukzession und Vonselbsterwerb, 2002, 192 ff.; abl. auch NK-BGB/Horn Rn. 5a; Staudinger/Otte, 2019, Rn. 22).

## II. Annahme

**1. Annahmeerklärung.** Die empfangsbedürftige Erklärung des Vermächtnisnehmers ist formfrei und kann ausdrücklich oder konkludent (OLG Stuttgart ZEV 1998, 24; OLG Oldenburg OLGR 1999, 106) abgegeben werden. Anders als bei der Annahme der Erbschaft kann ein Vermächtnis nicht durch ein Verhalten angenommen werden, das nicht zur Kenntnis des Erklärungsempfängers gelangt. **Vertretung** in der Erklärung ist **zulässig.** Die Erklärung ist **bedingungs-** und **befristungsfeindlich** (Abs. 2 S. 2). 3

Durch die Verweisung in Abs. 3 auf § 1950 wird die Beschränkung von Annahme und Ausschlagung auf einen Teil des Vermächtnisses ausgeschlossen. Wer zu mehreren Vermächtnissen berufen ist, kann das eine annehmen, das andere ausschlagen; die einschränkenden Voraussetzungen des § 1951 gelten insoweit nicht. Wird eine Sachgesamtheit vermächtnisweise zugewandt, so richtet sich die Antwort auf die Frage, ob es sich um ein einheitliches Vermächtnis handelt oder um eine Vielzahl von Einzelvermächtnissen, nach dem Willen des Erblassers, der ggf. durch Auslegung zu ermitteln ist. Werden Haushaltsgegenstände zugewandt, handelt es sich im Zweifel nicht um mehrere Einzelvermächtnisse (BeckOGK/Forschner Rn. 15). 4

**2. Erklärungsempfänger.** Erklärungsempfänger ist nicht das Nachlassgericht, sondern nach Abs. 2 S. 1 der **Beschwerte.** Es genügt aber, wenn das Nachlassgericht eine ihm gegenüber abgegebene Erklärung dem Beschwerten (dem mutmaßlichen Willen des Vermächtnisnehmers entspr.) mitteilt (RGZ 113, 234 (237 f.); MüKoBGB/Rudy Rn. 3; Soergel/Ludyga Rn. 2). Wenn der Vermächtnisanspruch gegenüber dem Testamentsvollstrecker oder dem Nachlasspfleger geltend gemacht werden muss, kann diesen gegenüber auch die Annahme erklärt werden (RG DJZ 1924, 475; OLG Stuttgart Recht 1910 Nr. 931). 5

**3. Zeitpunkt der Erklärung.** Die Erklärung kann erst **nach dem Erbfall** abgegeben werden (bei hinausgeschobenen Vermächtnissen (§ 2177) aber schon vor dem Anfall, BGH NJW 2001, 520 für Ausschlagung). Eine **Frist** für die (Annahme- oder Ausschlagungs-)Erklärung besteht im Unterschied zu § 1944 nicht. Der Erblasser kann allerdings anordnen, dass der Bedachte binnen bestimmter Frist die Annahme erklären muss (Becker ZEV 2021, 737; Reichel AcP 138 (1934), 202 f.). Ist ein Pflichtteilsberechtigter mit einem Vermächtnis bedacht, kann ihn der beschwerte Erbe nach § 2307 Abs. 2 unter Bestimmung einer angemessenen Frist zur Erklärung über die Annahme des Vermächtnisses auffordern. Mit dem fruchtlosen Ablauf der Frist gilt das Vermächtnis als ausgeschlagen. 6

**4. Wirkung der Annahme.** Die Wirkung der Annahme besteht nach Abs. 1 nur darin, dass der Vermächtnisnehmer das Vermächtnis nicht mehr ausschlagen kann. Der Bedachte kann nunmehr mit der Annahme der Leistung in Verzug geraten. 7

**5. Anfechtung der Annahme.** Die Annahme ist **unwiderruflich,** aber als Willenserklärung nach allgemeinen Vorschriften (§§ 119 ff.) **anfechtbar.** Die speziellen, für Annahme und Ausschlagung einer Erbschaft geltenden Anfechtungsregeln nach §§ 1954 ff. sind nicht anwendbar. Eine besondere Anfechtungsmöglichkeit sieht § 2308 für den Fall vor, dass ein mit einem Vermächtnis bedachter Pflichtteilsberechtigter das Vermächtnis ausgeschlagen hat. Die hM bejaht in diesem Fall eine Anfechtungsmöglichkeit auch für die Annahme (→ § 2308 Rn. 8). 8

**6. Vermächtnisannahme durch Minderjährige.** Unter welchen Voraussetzungen ein Minderjähriger ein Vermächtnis annehmen kann, hängt davon ab, ob die Annahme eines Vermächtnisses ein **lediglich rechtlich vorteilhaftes Rechtsgeschäft** ist (§ 107). Sollte dies nicht der Fall sein, könnte nur der gesetzliche Vertreter für den Minderjährigen annehmen. Ist der gesetzliche Vertreter selbst der Beschwerte (Vertretungsausschluss nach § 1629 Abs. 2 S. 1, § 1795 Abs. 2, § 181), wäre die Bestellung eines Ergänzungspflegers nach § 1909 Abs. 1 erforderlich. 9

Die Annahme eines **unbelasteten Vermächtnisses** ist lediglich rechtlich vorteilhaft und damit ohne Einwilligung des gesetzlichen Vertreters möglich (OLG München ZEV 2011, 658). Dies gilt nicht für Vermächtnisse, die mit einem Untervermächtnis oder einer Auflage beschwert sind, und ebenso in den Fällen des § 2307 Abs. 1, weil der Wert des Vermächtnisses den Pflichtteilsanspruch mindert. 10

Der Auffassung, bei Annahme eines Vermächtnisses sei wegen des Verlusts des Ausschlagungsrechts stets von einem nicht lediglich rechtlich vorteilhaften Rechtsgeschäft auszugehen (jurisPK-BGB/Reymann Rn. 37; Keim ZEV 2011, 563, (565)), ist nicht zu folgen (BeckOGK/Forschner Rn. 8; NK-BGB/Horn Rn. 19). Der mit dem Vorteil der Annahme verbundene Verlust des Ausschlagungsrechts ist notwendige Voraussetzung eines kondiktionsfesten Erwerbs des Vermächt- 11 nisgegenstandes (Staudinger/Otte, 2019, Rn. 3). Die Annahme eines unbeschwerten Vermächtnisses durch den beschränkt Geschäftsfähigen ist daher auch ohne Einwilligung des gesetzlichen Vertreters wirksam, sofern kein Fall des § 2307 Abs. 1 vorliegt.

12 Von der Frage der Wirksamkeit der Annahme ist die Frage der Wirksamkeit des Erfüllungsgeschäfts (→ § 2174 Rn. 12) zu trennen.

## III. Ausschlagung

13 **1. Allgemeines.** Für die **Erklärung** des Vermächtnisnehmers und ihre **Anfechtung** kann auf die Ausführungen zur Annahme verwiesen werden. Die Vorschrift des § 1944, wonach die Ausschlagung nur binnen sechs Wochen erfolgen kann, findet auf das Vermächtnis keine Anwendung, da in § 2180 Abs. 3 auf diese Bestimmung gerade nicht verwiesen wird; auch eine analoge Anwendung scheidet aus (BeckOGK/Forschner Rn. 19). Bei mehreren Beschwerten genügt es, wenn der Bedachte die Ausschlagung einem gegenüber erklärt (Pentz JR 1999, 138). Die Ausschlagung bedarf im Unterschied zur Annahme der familiengerichtlichen Genehmigung (§ 1822 Nr. 2, § 1643 Abs. 2). Die Pfändung seines Anspruchs hindert den Vermächtnisnehmer nicht an der Ausschlagung (MüKoBGB/Rudy Rn. 7). Ein Vermächtnis kann auch dann noch ausgeschlagen werden, wenn es mit Erfolg nach § 2078 angefochten oder der Beschwerte nach § 275 Abs. 1 frei geworden ist (MüKoBGB/Rudy Rn. 7; Staudinger/Otte, 2019, Rn. 14). Das Ausschlagungsrecht steht nach dem in Abs. 3 für entspr. anwendbar erklärten § 1952 auch den **Erben** des Bedachten zu.

14 **2. Wirkung der Ausschlagung.** Die Ausschlagung hat nach § 1953, auf den Abs. 3 verweist, zur Folge, dass der **Anfall** an den Ausschlagenden **als nicht erfolgt gilt.** Das Vermächtnis fällt demjenigen an, der berufen sein würde, wenn der Ausschlagende zurzeit des Erbfalls nicht gelebt hätte; der Anfall gilt als mit dem Erbfall erfolgt. Die entsprechende Anwendung von § 1953 Abs. 2 erlangt nur Bedeutung, wenn der Erblasser einen Ersatzvermächtnisnehmer berufen hat, was sich auch aus § 2069 ergeben kann. Maßgeblicher **Zeitpunkt** für die Frage, wer berufen sein würde, ist der **Erbfall** (Grüneberg/Weidlich Rn. 3; Staudinger/Otte, 2019, Rn. 20), in den Fällen der §§ 2177, 2178 der spätere Anfall (aA BeckOGK/Forschner Rn. 33). Greift weder Ersatzberufung noch Anwachsung (§ 2158) ein, ist das Vermächtnis hinfällig. Untervermächtnisse (§ 2186) werden nach § 2161 von der Ausschlagung durch den Hauptbedachten im Zweifel nicht berührt.

## IV. Verzicht und Erlass

15 Auf den Vermächtnisanspruch kann vor dem Erbfall durch Vertrag mit dem Erblasser (§ 2352) **verzichtet** werden (Weidlich ZEV 2007, 463). Nach dem Erbfall ist zum Verzicht ein **Erlassvertrag** mit dem Beschwerten erforderlich. Bei Gütergemeinschaft ist nach Annahme des Vermächtnisses durch einen Ehegatten (§ 1455 Nr. 1) ein Verzicht nur noch unter Mitwirkung des anderen Ehegatten möglich (OLG Stuttgart ZEV 1998, 24 mAnm Wolf).

### § 2181 Fälligkeit bei Beliebigkeit

**Ist die Zeit der Erfüllung eines Vermächtnisses dem freien Belieben des Beschwerten überlassen, so wird die Leistung im Zweifel mit dem Tode des Beschwerten fällig.**

## Überblick

§ 2181 enthält eine Auslegungsregel für den Eintritt der Fälligkeit des Vermächtnisses. Wenn der Erblasser die Erfüllung des Vermächtnisses dem freien Belieben des Beschwerten überlassen hat, ist Fälligkeitszeitpunkt der Tod des Beschwerten.

## I. Fälligkeit des Vermächtnisses

1 § 2181 enthält eine **Auslegungsregel** für den Eintritt der **Fälligkeit** des Vermächtnisses; der Anfall richtet sich nach §§ 2176–2178. Grds. wird der Vermächtnisanspruch gem. § 271 Abs. 1 mit seiner Entstehung fällig. Der Erblasser kann anordnen, dass die Fälligkeit erst zu einem späteren Zeitpunkt eintreten soll. §§ 2162, 2163 sind beim Aufschub der Fälligkeit nicht anwendbar, da

die zeitliche Begrenzung nur für die Entstehung des Anspruchs, nicht für den Eintritt der Fälligkeit gilt.

## II. Aufschub der Fälligkeit

Ein **Aufschub der Fälligkeit** liegt nach § 2181 vor, wenn der Erblasser die Erfüllung des Vermächtnisses dem freien Belieben des Beschwerten überlassen hat. Fälligkeitszeitpunkt ist dann der Tod des Beschwerten. Davor kann dieser zwar erfüllen (§ 271 Abs. 2), der Bedachte aber nicht Erfüllung verlangen. Eine Klage auf Feststellung der befristeten Verpflichtung (§ 256 Abs. 1 ZPO) ist jedoch möglich (RG WarnR 1919 Nr. 198; Erman/Nobis Rn. 1; Grüneberg/Weidlich Rn. 1). Ist die Vermächtnisschuld bis zum Tod des Beschwerten nicht erfüllt, haften die Erben für die Nachlassverbindlichkeit. Eine Haftungsbeschränkung, auf die sich schon der Beschwerte hätte berufen können (insbes. nach § 1992), kommt auch ihnen zugute (BeckOGK/Forschner Rn. 9; MüKoBGB/Rudy Rn. 1). 2

§ 2181 bewirkt nur einen Aufschub der Fälligkeit, sagt aber nichts darüber, ob dem Beschwerten bis zu seinem Tod auch die Früchte des Vermächtnisgegenstands (§ 2184) zustehen. In der Regel wird dies dem Erblasserwillen entsprechen (BeckOGK/Forschner Rn. 11; Soergel/Ludyga Rn. 3). Mit dem Recht zum Fruchtbezug korrespondiert, dass der Beschwerte Verwendungen nicht ersetzt bekommt und die Lasten zu tragen hat (§ 2185). 3

### § 2182 Haftung für Rechtsmängel

**(1) [1]Ist ein nur der Gattung nach bestimmter Gegenstand vermacht, so hat der Beschwerte die gleichen Verpflichtungen wie ein Verkäufer nach den Vorschriften des § 433 Abs. 1 Satz 1, der §§ 436, 452 und 453. [2]Er hat den Gegenstand dem Vermächtnisnehmer frei von Rechtsmängeln im Sinne des § 435 zu verschaffen. [3]§ 444 findet entsprechende Anwendung.**

**(2) Dasselbe gilt im Zweifel, wenn ein bestimmter nicht zur Erbschaft gehörender Gegenstand vermacht ist, unbeschadet der sich aus dem § 2170 ergebenden Beschränkung der Haftung.**

**(3) Ist ein Grundstück Gegenstand des Vermächtnisses, so haftet der Beschwerte im Zweifel nicht für die Freiheit des Grundstücks von Grunddienstbarkeiten, beschränkten persönlichen Dienstbarkeiten und Reallasten.**

## Überblick

§ 2182 regelt die Haftung für Rechtsmängel. Eine Rechtmängelhaftung des Beschwerten ist nur für Gattungsvermächtnisse (→ Rn. 1) und „im Zweifel" für Verschaffungsvermächtnisse (→ Rn. 7) angeordnet. Abs. 1 bestimmt, dass den Beschwerten die gleichen Verpflichtungen treffen wie einen Verkäufer (→ Rn. 3). Abs. 3 schränkt die Verschaffungspflicht ein, wenn Gegenstand des Gattungsvermächtnisses ein Grundstück ist. Da § 2182 Abs. 1 nicht auf § 437 verweist, findet das kaufrechtliche Haftungssystem keine Anwendung auf Rechtsmängel, die Haftung des Beschwerten bestimmt sich vielmehr nach §§ 275 ff. (→ Rn. 4). Für die Verjährung gelten §§ 195 ff. (→ Rn. 9).

## I. Normzweck

§§ 2182, 2183 regeln die **Rechts- und Sachmängelhaftung** des Beschwerten. Die Vorschriften gelten allerdings nur für das **Gattungs-** und das **Verschaffungsvermächtnis.** Beim Stückvermächtnis wird es dem Erblasserwillen entsprechen, dass der Bedachte den Vermächtnisgegenstand in dem rechtlichen und tatsächlichen Zustand erhält, wie er sich im Nachlass befindet. Der Erblasser kann jedoch zusätzlich anordnen, dass der Beschwerte den Vermächtnisgegenstand lastenfrei zu übertragen oder vorhandene Sachmängel zu beseitigen hat (MüKoBGB/Rudy Rn. 1). Umgekehrt kann der Erblasser auch beim Gattungs- und Verschaffungsvermächtnis die Haftung nach § 2182 ganz ausschließen; § 444 gilt hierfür nicht. Beim beschränkten Gattungsvermächtnis (→ § 2155 Rn. 2) ist § 2182 anwendbar, es sei denn, sämtliche zum Nachlass gehörenden Gegenstände der Gattung weisen den gleichen Rechtsmangel auf (NK-BGB/Horn Rn. 3; Staudinger/Otte, 2019, Rn. 9). 1

2 Die Mängelhaftung ist zu unterscheiden von den Rechtsfolgen, die sich daraus ergeben, dass der Vermächtnisgegenstand vor dem Erbfall verschlechtert wird oder untergeht (§ 2164 Abs. 2, § 2169 Abs. 3) oder dass die Leistung nach dem Erbfall unmöglich wird (→ § 2174 Rn. 16).

## II. Rechtsverschaffungspflicht beim Gattungsvermächtnis

3 § 2182 regelt die Haftung für **Rechtsmängel. Abs. 1** bestimmt, dass den Beschwerten die gleichen **Verpflichtungen** treffen wie einen **Verkäufer.** Der Beschwerte ist damit gem. § 433 Abs. 1 S. 1 verpflichtet, dem Bedachten eine dessen Verhältnissen entsprechende Sache (§ 2155) zu übergeben und ihm Eigentum daran zu verschaffen. Der Verweis auf § 433 Abs. 1 S. 1 ist eigentlich überflüssig, da sich die Verpflichtung des Beschwerten, dem Vermächtnisnehmer die Sache zu übergeben und ihm das Eigentum hieran zu verschaffen, bereits aus § 2155 bzw. § 2170 ergibt. Ist ein **Recht** vermacht, ist er nach § 453 Abs. 1, § 433 Abs. 1 S. 1 verpflichtet, das Recht zu übertragen und, wenn das Recht zum Besitz einer Sache berechtigt, die Sache zu übergeben (§ 453 Abs. 3). Die Sache muss **frei von Rechtsmängeln** iSd § 435 verschafft werden (Abs. 1 S. 2), wobei gem. § 435 S. 2 nicht bestehende, aber im Grundbuch eingetragene Rechte einem Rechtsmangel gleichstehen. **Abs. 3** schränkt die Verschaffungspflicht ein, wenn Gegenstand des Gattungsvermächtnisses ein Grundstück ist. Der Beschwerte muss nach § 436 Abs. 1 Erschließungs- und sonstige Anliegerbeiträge für Maßnahmen tragen, die bis zum Anfall des Vermächtnisses bautechnisch begonnen wurden; für die Freiheit des Grundstücks von anderen öffentlichen Abgaben und Lasten haftet er dagegen nach § 436 Abs. 2 nicht.

## III. Haftung für Rechtsmängel beim Gattungsvermächtnis

4 Da § 2182 Abs. 1 nicht auf § 437 verweist, findet das kaufrechtliche Haftungssystem keine Anwendung auf Rechtsmängel (BeckOGK/Forschner Rn. 16; Erman/Nobis Rn. 2; Grüneberg/Weidlich Rn. 2; Soergel/Ludyga Rn. 2). Nach aA (Burandt/Rojahn/Burandt Rn. 4; NK-BGB/Horn Rn. 7; PWW/Schiemann Rn. 2; Staudinger/Otte, 2019, Rn. 5; Schlichting ZEV 2002, 478) bestimmen sich die Rechte des Bedachten nach § 437; er könnte also nach § 437 Nr. 1, § 439 auch Nacherfüllung verlangen. Die **Haftung des Beschwerten** bestimmt sich vielmehr nach **§§ 275 ff.** Ist der Vermächtnisgegenstand mit Rechtsmängeln behaftet, so stellt dies eine Pflichtverletzung iSd § 280 Abs. 1 dar. Zugleich hat die Beschwerte die Leistung nicht wie geschuldet erbracht (§ 281 Abs. 1). Sofern der Beschwerte die Pflichtverletzung zu vertreten hat, kann der Bedachte nach § 280 Abs. 1 Ersatz des hierdurch entstandenen Schadens verlangen oder nach § 281 Abs. 1 vorgehen. Verlangt der Vermächtnisnehmer Schadensersatz statt der Leistung, ist der Beschwerte zur Rückforderung des Geleisteten berechtigt (§ 281 Abs. 5).

5 Die **Beweislast** für den Rechtsmangel richtet sich nach allgemeinen Regeln (§ 363) dh die Beweislast trifft den Beschwerten, solange der Bedachten den von dem Beschwerten ausgewählten Gegenstand noch nicht als Erfüllung angenommen hat. Nach Annahme als Erfüllung kehrt sich die Beweislast um (Schmitz in Baumgärtel/Laumen/Prütting Beweislast-HdB Rn. 2).

6 Der Beschwerte muss allerdings **Auskunft** über die rechtlichen Verhältnisse erteilen und zum Beweis dienende Urkunden herausgeben. Eine Vereinbarung zwischen dem Beschwerten und dem Bedachten, dass die Rechtsmängelhaftung erlassen oder beschränkt werden soll, ist nichtig, wenn der Beschwerte den Mangel arglistig verschweigt oder wenn eine Beschaffenheitsgarantie vorliegt (§ 2182 Abs. 1 S. 3 iVm § 444).

## IV. Haftung für Rechtsmängel beim Verschaffungsvermächtnis

7 Auch bei einem Verschaffungsvermächtnis hat der Bedachte grds. Anspruch auf einen von Rechtsmängeln freien Gegenstand, sodass im Zweifel die in Abs. 1 in Bezug genommenen Vorschriften gelten. **Abs. 2** berücksichtigt jedoch, dass § 2170 Abs. 2 die Verpflichtungen des mit einem Verschaffungsvermächtnis Beschwerten wesentlich einschränkt. Im Falle des Unvermögens muss dieser nur Wertersatz leisten. Erfordert die Verschaffung unverhältnismäßige Aufwendungen, kann er sich durch Entrichtung des Werts befreien. Bestand das vermachte Recht entgegen der Annahme des Erblassers schon beim Erbfall nicht, greift § 2171 ein; für eine Rechtsmängelhaftung des Beschwerten ist kein Raum (MüKoBGB/Rudy Rn. 9; Staudinger/Otte, 2019, Rn. 8).

## V. Haftung für Rechtsmängel beim Wahlvermächtnis

8 Ein **Wahlvermächtnis** kann ebenfalls auf einen nur der Gattung nach bestimmten Gegenstand gerichtet sein (→ § 2154 Rn. 2). Ist dies der Fall, greift wie beim Wahlverschaffungsvermächtnis § 2182 ein (Staudinger/Otte, 2019, Rn. 9).

## VI. Verjährung

Im Rahmen der Anwendung kaufrechtlicher Vorschriften würde § 438 Anwendung finden. Hält man dagegen die allgemeinen schuldrechtlichen Leistungsstörungsregeln für einschlägig (→ Rn. 4), greifen §§ 195 ff. ein (BeckOGK/Forschner Rn. 19; jurisPK-BGB/Reymann Rn. 10). 9

# § 2183 Haftung für Sachmängel

**[1]Ist eine nur der Gattung nach bestimmte Sache vermacht, so kann der Vermächtnisnehmer, wenn die geleistete Sache mangelhaft ist, verlangen, dass ihm anstelle der mangelhaften Sache eine mangelfreie geliefert wird. [2]Hat der Beschwerte einen Sachmangel arglistig verschwiegen, so kann der Vermächtnisnehmer anstelle der Lieferung einer mangelfreien Sache Schadensersatz statt der Leistung verlangen, ohne dass er eine Frist zur Nacherfüllung setzen muss. [3]Auf diese Ansprüche finden die für die Sachmängelhaftung beim Kauf einer Sache geltenden Vorschriften entsprechende Anwendung.**

## Überblick

Die Vorschrift behandelt die Haftung für Sachmängel im Vermächtnisrecht. Sie ordnet eine Sachmängelhaftung nur für Gattungsvermächtnisse, nicht aber für Stückvermächtnisse an (→ Rn. 1). Ob ein Sachmangel vorliegt, bestimmt sich nach § 434, wobei die in § 2155 Abs. 1 enthaltene Modifizierung des Begriffs Gattungsschuld zu beachten ist (→ Rn. 2). Ausdrücklich geregelt sind Ansprüche auf Nachlieferung, falls die Sache mangelhaft ist sowie auf Schadenersatz bei arglistigem Verschweigen des Mangels (→ Rn. 3 f.). Zum Nachbesserungsanspruch → Rn. 3.

## I. Normzweck

§ 2183 sieht nur für das **Gattungsvermächtnis** eine **Sachmängelhaftung** vor, die allerdings auf Nachlieferung und Schadensersatz beschränkt ist. Für das Stückvermächtnis gilt die Vorschrift nicht (→ § 2182 Rn. 1) (NK-BGB/Horn Rn. 1). Soweit der Beschwerte eine Verschlechterung des Vermächtnisgegenstands zu vertreten hat, haftet er wegen positiver Forderungsverletzung (§ 280 Abs. 1 und Abs. 3 iVm § 281 Abs. 1) (Staudinger/Otte, 2019, Rn. 5). 1

## II. Voraussetzungen

Ob ein **Sachmangel** vorliegt, bestimmt sich nach § 434, wobei die in § 2155 Abs. 1 enthaltene Modifizierung des Begriffs Gattungsschuld zu beachten ist (→ § 2155 Rn. 4). Danach ist zunächst die vom Erblasser bestimmte Beschaffenheit der Sache maßgebend. Hat er eine solche Bestimmung nicht getroffen, so ist nach § 2155 eine den Verhältnissen des Bedachten entsprechende Sache zu leisten. § 434 Abs. 1 S. 3 passt auf das Vermächtnis nicht, dagegen dürften Abs. 2 und Abs. 3 anwendbar sein. 2

## III. Rechtsfolgen

§ 2183 erwähnt ausdrücklich das **Nachlieferungsrecht** und – bei arglistigem Verschweigen – den Anspruch auf **Schadensersatz.** Im Schrifttum wird teilweise dem Bedachten auch ein Anspruch auf Nachbesserung (§ 439 Abs. 1) zugebilligt (Erman/Nobis Rn. 2; Grüneberg/Weidlich Rn. 2; MüKoBGB/Rudy Rn. 4; Schlichting ZEV 2002, 478 (479); Amend ZEV 2002, 227 (229); dagegen BeckOGK/Forschner Rn. 4). Dies mag in Ausnahmefällen sachgerecht sein (NK-BGB/Horn Rn. 6; Soergel/Ludyga Rn. 2). Auf diese Ansprüche finden nach S. 3 die Vorschriften über Sachmängelhaftung beim Kauf einer Sache entsprechende Anwendung. Daraus folgt, dass die Rechte des Vermächtnisnehmers nach § 442 entfallen können. Ferner sind anwendbar § 444 (**Haftungsausschluss** außer im Falle der Arglist) und § 438 Abs. 1–3 (**Verjährung**) begrenzt auf die in S. 1 und S. 2 genannten Ansprüche. 3

Hat der Beschwerte einen Sachmangel **arglistig verschwiegen,** so kann der Vermächtnisnehmer nach S. 2 statt der Lieferung einer mangelfreien Sache Schadensersatz statt der Leistung verlangen. Während der Geltung des § 463 aF war anerkannt, dass das Vorspiegeln einer Eigenschaft in arglistiger Absicht dem arglistigen Verschweigen eines Sachmangels gleichzustellen ist. Diese Gleichstellung hat bei § 2183 weiterhin ihre Berechtigung (MüKoBGB/Rudy Rn. 3; NK-BGB/Horn Rn. 7). 4

## § 2184 Früchte; Nutzungen

**[1]Ist ein bestimmter zur Erbschaft gehörender Gegenstand vermacht, so hat der Beschwerte dem Vermächtnisnehmer auch die seit dem Anfall des Vermächtnisses gezogenen Früchte sowie das sonst auf Grund des vermachten Rechts Erlangte herauszugeben. [2]Für Nutzungen, die nicht zu den Früchten gehören, hat der Beschwerte nicht Ersatz zu leisten.**

### Überblick

Die (nicht zwingende) Vorschrift regelt, wem die zwischen Anfall des Vermächtnisses und seiner Erfüllung gezogenen Früchte zustehen. Sie findet Anwendung auf Stückvermächtnisse, nicht aber auf Gattungsvermächtnisse (→ Rn. 1). Herauszugeben sind nur die Früchte, die aus der Sache selbst tatsächlich gezogen werden (→ Rn. 2). Für Nutzungen, die nicht zu den Früchten gehören, muss der Beschwerte nach S. 2 keinen Ersatz leisten (→ Rn. 5).

### I. Anwendungsbereich

1 §§ 2184, 2185 regeln, wem die zwischen Anfall des Vermächtnisses und seiner Erfüllung gezogenen Früchte zustehen und wer die in diesem Zeitraum gemachten Verwendungen tragen muss. Die Regelungen sind **nicht zwingend;** der Erblasser kann abweichende Anordnungen treffen. Nach seinem Wortlaut bezieht sich § 2184 nur auf das **Stückvermächtnis.** Einigkeit besteht darüber, dass die Vorschrift für das Gattungsvermächtnis nicht gilt. Beim **Verschaffungsvermächtnis** gilt § 2184 ab dem Zeitpunkt, in dem der Beschwerte den Besitz an der Sache erlangt (Burandt/Rojahn/Burandt Rn. 1; NK-BGB/Horn Rn. 3; Staudinger/Otte, 2019, Rn. 8; aA BeckOGK/Forschner Rn. 4; MüKoBGB/Rudy Rn. 2; Muscheler Hereditare 2 (2012), 169 (178)). Beim **Wahlvermächtnis** ist § 2184 vom Zeitpunkt der Wahl an und unter der Voraussetzung anwendbar, dass ein zur Erbschaft gehörender Gegenstand gewählt wurde. Für eine Teilungsanordnung wird eine analoge Anwendung überwiegend bejaht (OLG Celle BeckRS 2002, 30294749; NK-BGB/Horn Rn. 4; Trappe ZEV 2018, 123; aA BeckOGK/Forschner Rn. 8).

### II. Herausgabe gezogener Früchte

2 Herauszugeben sind nach S. 1 die seit dem Anfall **gezogenen Früchte.** Es muss sich um Früchte (vgl. § 99) handeln, die auf den Vermächtnisgegenstand entfallen. Dies ist nicht der Fall bei einer vom Beschwerten erzielten Miete, wenn dem Bedachten das Recht zur unentgeltlichen Benutzung von Räumen übertragen war, er dieses Recht aber nicht genutzt hat (OLG Stuttgart OLGE 6, 313; NK-BGB/Horn Rn. 6; krit. Staudinger/Otte, 2019, Rn. 2). Ist der Nießbrauch an einer Sache vermacht, sind Früchte der Sache erst vom Zeitpunkt der Bestellung des Nießbrauchs Früchte des Vermächtnisgegenstandes (KG NJW 1964, 1808). Für die zeitliche Zuordnung der Früchte ist § 101, für den Ersatz der Gewinnungskosten § 102 zu beachten.

3 Bei Verletzung der Herausgabepflicht haftet der Beschwerte nach §§ 275 ff. Hat er für gezogene, aber nicht mehr vorhandene Früchte einen Ersatz erlangt, gilt § 285.

4 Für **nicht gezogene Früchte** ist kein Ersatz zu leisten. Ab Verzug oder Rechtshängigkeit (§ 286, § 292 iVm § 987 Abs. 2) kann sich der Beschwerte jedoch schadensersatzpflichtig machen, wenn er es unterlässt, die Früchte zu ziehen. Die bloße Kenntnis des Beschwerten davon, dass ein Vermächtnisanspruch besteht, begründet noch keine verschärfte Haftung.

### III. Herausgabe des sonst Erlangten

5 Die in § 2184 weiter geregelte Verpflichtung, das „sonst auf Grund eines vermachten Rechtes Erlangte" herauszugeben, kann einen Erwerb nach §§ 946 ff. und – der Vollständigkeit halber sei es erwähnt – einen Schatzfund (§ 984) erfassen (zur Behandlung von „gezogenen Früchten von gezogenen Vermächtnisfrüchten", zB verzinslich angelegter Mietzins aus dem vermachten Grundstück, vgl. Muscheler Hereditare 2 (2012), 169 (183 ff.)). Für Nutzungen, die nicht zu den Früchten gehören, muss der Beschwerte nach S. 2 keinen Ersatz leisten. Hierzu zählen die **Gebrauchsvorteile** (§ 100), zB die Benutzung von Räumen in einem vermachten Wohnhaus.

### § 2185 Ersatz von Verwendungen und Aufwendungen

**Ist eine bestimmte zur Erbschaft gehörende Sache vermacht, so kann der Beschwerte für die nach dem Erbfall auf die Sache gemachten Verwendungen sowie für Aufwendungen, die er nach dem Erbfall zur Bestreitung von Lasten der Sache gemacht hat, Ersatz nach den Vorschriften verlangen, die für das Verhältnis zwischen dem Besitzer und dem Eigentümer gelten.**

## Überblick

Wie der Beschwerte nach § 2184 grundsätzlich die zwischen Anfall und Erfüllung des Vermächtnisses gezogenen Früchte an den Bedachten herausgeben muss, kann er umgekehrt die nach dem Erbfall auf die Sache gemachten Aufwendungen von dem Bedachten ersetzt verlangen. Verwiesen wird auf die Vorschriften, die für das Verhältnis zwischen dem Besitzer und dem Eigentümer gelten (§§ 994 ff.). § 2185 gilt nur für das Stückvermächtnis; zu den anderen Vermächtnisarten → Rn. 2. Erfasst werden alle nach dem Erbfall gemachten Verwendungen bzw. Aufwendungen des Beschwerten, ohne Rücksicht darauf, ob das Vermächtnis schon angefallen oder angenommen war (→ Rn. 3). Für notwendige Verwendungen kann der Beschwerte Ersatz verlangen (→ Rn. 4). Für notwendige Verwendungen, die der Beschwerte nach Eintritt der Rechtshängigkeit oder Bösgläubigkeit macht, bestimmt sich sein Anspruch auf Verwendungsersatz nach den Vorschriften über die Geschäftsführung ohne Auftrag (→ Rn. 5); für andere als notwendige Verwendungen gilt § 996 (→ Rn. 7).

## I. Normzweck

Der Pflicht des Beschwerten, die Nutzungen herauszugeben, stellt § 2185 den Anspruch auf Verwendungsersatz gegenüber. Die Vorschrift betrifft **Verwendungen** auf eine bestimmte zur Erbschaft gehörende Sache. Verwiesen wird auf die Vorschriften, die für das Verhältnis zwischen dem Besitzer und dem Eigentümer gelten (§§ 994 ff.). Auch diese Regelung ist **nicht zwingend.** 1

## II. Anwendungsbereich

§ 2185 gilt nur für das **Stückvermächtnis.** Für das Verschaffungsvermächtnis hat das Gesetz die Frage von Verwendungsersatzansprüchen bewusst nicht geregelt (Prot. V 236). Nach dem Willen des Erblassers kann aber die Regelung auch auf das Vermächtnis zur Verschaffung einer Sache angewendet werden. § 2185 ist jedenfalls von dem Zeitpunkt an entspr. anwendbar, in dem der Beschwerte den Gegenstand zum Zwecke der Erfüllung des Vermächtnisses erwirbt (→ § 2184 Rn. 1) (jurisPK-BGB/Reymann Rn. 4; Staudinger/Otte, 2019, Rn. 9). Die Vorschrift (und nicht §§ 2124 ff.) ist auch auf das Verhältnis Vorvermächtnisnehmer und Nachvermächtnisnehmer anzuwenden (BGHZ 114, 16 (18 f.) = NJW 1991, 1736; Damrau/Tanck/Linnartz Rn. 1; NK-BGB/Horn Rn. 2; aA Bengel NJW 1990, 1826 (1829)). Für ein **Gattungsvermächtnis** gilt § 2185 nicht. Die Anwendbarkeit auf das **Wahlvermächtnis** ist nach denselben Grundsätzen zu beurteilen wie bei § 2184 (→ § 2184 Rn. 1). Teilweise wird eine Anwendung des § 2185 auf unkörperliche Gegenstände befürwortet (Kipp/Coing ErbR § 58 VII; Zawar, Das Vermächtnis in der Kautelarjurisprudenz, 1983, 67). 2

## III. Verwendungsersatzansprüche

**1. Verwendungen.** Zum Begriff der **Verwendungen** → § 2022 Rn. 3. Erfasst werden alle **nach dem Erbfall** gemachten Verwendungen bzw. Aufwendungen des Beschwerten, ohne Rücksicht darauf, ob das Vermächtnis schon angefallen oder angenommen war. Bei rückständigen Kosten für Verwendungen, die vom Erblasser veranlasst wurden, und bei rückständigen vom Erblasser herrührenden Lasten, die der Beschwerte nach dem Erbfall begleicht, ist danach zu fragen, ob nach dem Willen des Erblassers der Wert des Vermächtnisgegenstandes dem Bedachten ungeschmälert zukommen oder der Beschwerte vor weiteren Unkosten wegen des Vermächtnisgegenstands bewahrt werden sollte. Wegen der Grundtendenz des § 2185 ist im Zweifel letzteres anzunehmen (NK-BGB/Horn Rn. 3; Staudinger/Otte, 2019, Rn. 4; aA LG Osnabrück NJW-RR 2003, 1373; BeckOGK/Forschner Rn. 10.1). 3

**2. Notwendige Verwendungen.** Für **notwendige Verwendungen** – dazu gehören nach § 995 S. 1 auch die **Aufwendungen** zur **Bestreitung von Lasten** der Sache – kann der 4

Beschwerte grds. Ersatz verlangen (§ 994 Abs. 1 S. 1). Nach § 994 Abs. 1 S. 2, § 995 S. 2 sind jedoch die gewöhnlichen Erhaltungskosten und die gewöhnlichen Lasten für die Zeit ausgenommen, für welche dem Beschwerten die Nutzungen verbleiben. **Nutzungen** verbleiben dem Beschwerten gem. § 2184 für die Zeit zwischen Erbfall und Anfall des Vermächtnisses. Nach dem Vermächtnisanfall muss der Beschwerte zwar die Früchte herausgeben (§ 2184 S. 1), es verbleiben ihm aber die sonstigen Nutzungen. Im Einzelnen sind daher schwierige Abgrenzungen in zeitlicher und gegenständlicher Hinsicht erforderlich (Einzelheiten bei MüKoBGB/Rudy Rn. 4). Zu den erstattungsfähigen Verwendungen werden auch die Kosten eines (nicht von vornherein aussichtslosen) Rechtsstreits wegen des Vermächtnisgegenstands gerechnet (MüKoBGB/Rudy Rn. 4; Soergel/Ludyga Rn. 2; enger Mot. V 204). Keine Lasten gem. §§ 2185, 995 S. 2 sind Darlehensverpflichtungen, die grundpfandrechtlich nicht an dem Vermächtnisgegenstand gesichert, sondern von dem Beschwerten persönlich zu begleichen sind (OLG Karlsruhe BeckRS 2015, 06245).

5 Für notwendige **Verwendungen,** die der Beschwerte **nach Eintritt der Rechtshängigkeit oder Bösgläubigkeit** macht (§ 994 Abs. 2, § 995 iVm § 990), bestimmt sich sein Anspruch auf Verwendungsersatz nach den Vorschriften über die Geschäftsführung ohne Auftrag. Der entgegenstehende wirkliche Wille des Bedachten lässt den Ersatzanspruch aus §§ 683, 670 entfallen und beschränkt die Verpflichtung des Bedachten auf den Wert der eingetretenen Bereicherung (§ 684). Wenn die Verwendung eine nach § 1978 gebotene Verwaltungsmaßnahme betrifft, ist allerdings der entgegenstehende Wille unbeachtlich (Erman/Nobis Rn. 2; MüKoBGB/Rudy Rn. 5; Staudinger/Otte, 2019, Rn. 6; aA Soergel/Ludyga Rn. 2).

6 Nach hM ist der Beschwerte nicht erst **bösgläubig,** wenn er den Anfall des bedingten oder befristeten Vermächtnisses kennt, sondern schon mit Kenntnis (oder der grobfahrlässigen Unkenntnis) der Vermächtnisanordnung, jedenfalls dann, wenn der spätere Anfall nicht zweifelhaft ist (BGH NJW 1991, 1736 = JZ 1991, 986 mAnm Leipold; MüKoBGB/Rudy Rn. 5).

7 **3. Andere Verwendungen.** Für andere als notwendige Verwendungen kann der Beschwerte nach § 996 Ersatz nur verlangen, wenn sie vor Eintritt der Rechtshängigkeit oder der Bösgläubigkeit gemacht worden sind. Außerdem ist der Anspruch auf die zurzeit der Leistung des Vermächtnisses noch vorhandene Werterhöhung beschränkt.

8 **4. Inhalt und Geltendmachung des Anspruchs.** Insoweit kann im Wesentlichen auf §§ 997–1003 verwiesen werden. Nach § 999 Abs. 1 kann ein beschwerter Nacherbe Verwendungen des Vorerben und ein beschwerter Vermächtnisnehmer solche des Erben ersetzt verlangen. Die **Beweislast** für die Erbringung von Verwendungen trägt der Beschwerte. Nach Aufhebung des § 197 Abs. 1 Nr. 2 gilt nun die **Regelverjährungsfrist** (§§ 195, 199). Gibt der Beschwerte den Vermächtnisgegenstand heraus, erlischt der Verwendungsersatzanspruch mit Ablauf eines Monats nach § 1002.

## § 2186 Fälligkeit eines Untervermächtnisses oder einer Auflage

**Ist ein Vermächtnisnehmer mit einem Vermächtnis oder einer Auflage beschwert, so ist er zur Erfüllung erst dann verpflichtet, wenn er die Erfüllung des ihm zugewendeten Vermächtnisses zu verlangen berechtigt ist.**

### Überblick

Der mit einem Untervermächtnis (→ Rn. 2) (oder einer Auflage) beschwerte (Haupt-) Vermächtnisnehmer soll nach der zwingenden Regel des § 2186 erst dann leisten müssen, wenn er seinerseits die Erfüllung des ihm zugewendeten Vermächtnisses verlangen kann. Sofern der Hauptvermächtnisnehmer Erfüllung verlangen kann, ist es unerheblich, ob der Anspruch tatsächlich erfüllt worden ist (→ Rn. 4). Der Untervermächtnisnehmer trägt die Darlegungs- und Beweislast für Anfall und Fälligkeit von Haupt- und Untervermächtnis (→ Rn. 5).

### I. Normzweck

1 Nach § 2147 kann auch der Vermächtnisnehmer mit einem Vermächtnis beschwert werden; dieses Vermächtnis wird **Untervermächtnis** genannt. Der mit einem Untervermächtnis (oder einer Auflage) beschwerte (Haupt-)Vermächtnisnehmer soll erst dann leisten müssen, wenn er seinerseits die Erfüllung des ihm zugewendeten Vermächtnisses verlangen kann. Diese Regelung trägt dem Umstand Rechnung, dass dem Hauptvermächtnisnehmer nicht der Nachlass zur Verfü-

gung steht, um Vermächtnisse oder Auflagen zu erfüllen und dass er sich auch nicht auf die Verteidigungsmöglichkeiten des Erben (zB die aufschiebenden Einreden nach §§ 2014 f.) berufen kann.

## II. Untervermächtnis

Ein gesetzlich geregelter Fall des Untervermächtnisses ist das **Nachvermächtnis** nach § 2191. 2
Für das Untervermächtnis gelten dieselben Regeln wie für Vermächtnisse allgemein, soweit nicht Unterschiede gerade daraus folgen, dass der Anspruch sich nicht gegen den Erben richtet, also keine Nachlassverbindlichkeit sein kann. Schlägt der Hauptvermächtnisnehmer aus und kommt sein Wegfall dem Erben unmittelbar nach § 2161 zustatten, entfallen auch diese Unterschiede mit Ausnahme der Haftungsbeschränkung des § 2187 Abs. 2. Das Untervermächtnis kann auf eine andere Leistung als das Hauptvermächtnis gerichtet sein (Burandt/Rojahn/Burandt Rn. 1; NK-BGB/Horn Rn. 4).

**Entstehungszeitpunkt** ist der Erbfall (§ 2176), es sei denn das Untervermächtnis fällt auf 3
Grund der §§ 2177, 2178 erst zu einem späteren Zeitpunkt an. Ein unbedingtes und unbefristetes Untervermächtnis entsteht, wenn das Hauptvermächtnis aufschiebend bedingt ist, entgegen § 2176 nicht schon mit dem Erbfall, sondern erst bei dessen Anfall (MüKoBGB/Rudy Rn. 4; Staudinger/Otte, 2019, Rn. 3). Für die **Fälligkeit** des Anspruchs des Untervermächtnisnehmers gilt § 271. Die Fälligkeitsregelung des § 2186 ist **zwingend.** Der Berechtigung des Hauptvermächtnisnehmers, die Erfüllung zu verlangen, kann zB entgegenstehen, dass der Erbe sich auf ein Leistungsverweigerungsrecht, etwa nach § 2014, berufen hat.

Sofern der Hauptvermächtnisnehmer Erfüllung verlangen kann, ist es unerheblich, ob der 4
Anspruch tatsächlich erfüllt worden ist. Eine Stundungsabrede zwischen Erbe und Hauptvermächtnisnehmer muss sich der Untervermächtnisnehmer nicht entgegenhalten lassen (MüKoBGB/Rudy Rn. 5; Soergel/Ludyga Rn. 2). Auch ist es für die Fälligkeit des Untervermächtnisses ohne Bedeutung, ob der Hauptvermächtnisnehmer das Vermächtnis bereits angenommen hat. Wurde das Hauptvermächtnis vorzeitig durch den Erben erfüllt, gewährt § 2186 keinen Aufschub mehr (BeckOGK/Forschner Rn. 15; NK-BGB/Horn Rn. 9; Damrau/Tanck/Linnartz Rn. 5). Hat der Erblasser den Hauptvermächtnisgegenstand bereits zu seinen Lebzeiten auf den Hauptvermächtnisnehmer übertragen, stellt sich die Frage, ob das Hauptvermächtnis hierdurch gegenstandslos wird (§ 2171 Abs. 1) (was OLG Köln FamRZ 2014, 1945 verneint) und welche Auswirkungen dies auf das Untervermächtnis hat.

Der Untervermächtnisnehmer trägt die **Darlegungs- und Beweislast** für Anfall und Fälligkeit 5
von Haupt- und Untervermächtnis (NK-BGB/Horn Rn. 10; Schmitz in Baumgärtel/Laumen/Prütting Beweislast-HdB Rn. 3; aA Staudinger/Otte, 2019, Rn. 7). Macht der Hauptvermächtnisnehmer geltend, dass der Erbe die Erfüllung verweigern könne, obliegt ihm hierfür die Beweislast (Schmitz in Baumgärtel/Laumen/Prütting Beweislast-HdB Rn. 4).

## § 2187 Haftung des Hauptvermächtnisnehmers

**(1) Ein Vermächtnisnehmer, der mit einem Vermächtnis oder einer Auflage beschwert ist, kann die Erfüllung auch nach der Annahme des ihm zugewendeten Vermächtnisses insoweit verweigern, als dasjenige, was er aus dem Vermächtnis erhält, zur Erfüllung nicht ausreicht.**

**(2) Tritt nach § 2161 ein anderer an die Stelle des beschwerten Vermächtnisnehmers, so haftet er nicht weiter, als der Vermächtnisnehmer haften würde.**

**(3) Die für die Haftung des Erben geltende Vorschrift des § 1992 findet entsprechende Anwendung.**

### Überblick

Die Vorschrift ermöglicht dem mit einem Untervermächtnis oder einer Auflage beschwerten (Haupt)Vermächtnisnehmer, seine Haftung auf das ihm Zugewendete zu beschränken (→ Rn. 1). Soweit mehr von ihm verlangt wird, gibt § 2187 Abs. 1 ein Recht zur Leistungsverweigerung, für dessen Geltendmachung Abs. 3 auf § 1992 verweist. Er ist in diesem Fall jedoch verpflichtet, das Erlangte zum Zwecke der Befriedigung des Untervermächtnisnehmers im Wege der Zwangsvollstreckung herauszugeben oder er kann sich durch Zahlung des Werts des Hauptvermächtnisses von seiner Leistungspflicht befreien (→ Rn. 3). Die Haftungsbeschränkung kann nur berücksichtigt werden, wenn sie im Urteil vorbehalten ist, was voraussetzt, dass sich der Hauptvermächtnisnehmer im Prozess darauf berufen hat (→ Rn. 5). Ist nach § 2161 an die Stelle des ursprünglich Beschwerten ein anderer getreten, haftet dieser nach Abs. 2 nicht weiter, als der Vermächtnisnehmer haften würde (→ Rn. 4).

## I. Normzweck

1 §§ 2187, 2188 regeln den **Umfang der Haftung** des **Hauptvermächtnisnehmers.** Da es sich bei dem Untervermächtnis nicht um eine Nachlassverbindlichkeit handelt, kann sich der Beschwerte nicht auf die Möglichkeiten der Haftungsbeschränkung nach §§ 1975–1992 berufen. Der mit einem Untervermächtnis beschwerte Vermächtnisnehmer soll aber nicht mehr leisten müssen, als er selbst aus dem Vermächtnis erhält (**gegenständliche Haftungsbeschränkung**).

## II. Beschränkung auf den Wert des Hauptvermächtnisses

2 **1. Voraussetzungen.** Entscheidend ist, was der Hauptvermächtnisnehmer erhält, dh was ihm wirtschaftlich zufließt. Dem Hauptvermächtnisnehmer ist die Berufung auf § 2187 verwehrt, wenn er es schuldhaft versäumt hat, seinen Anspruch geltend zu machen, wobei er grds. verpflichtet ist, alles ihm Zumutbare zu unternehmen, um den Hauptvermächtnisanspruch durchzusetzen. Klage erheben muss er jedoch nicht, allerdings kann dann der Untervermächtnisnehmer Abtretung der Forderung aus dem Hauptvermächtnis verlangen (MüKoBGB/Rudy Rn. 2; NK-BGB/Horn Rn. 2). Bei mehreren Vermächtnissen desselben Bedachten kommt es darauf an, ob das Untervermächtnis aus dem jeweils beschwerten Vermächtnis erfüllt werden kann.

3 **2. Recht zur Erfüllungsverweigerung.** Nach Abs. 3 ist auf die Haftungsbeschränkung § 1992 entspr. anzuwenden. Danach kann der Hauptvermächtnisnehmer, soweit das ihm zugewendete Vermächtnis zur Erfüllung der ihm auferlegten Beschwerung nicht ausreicht, die **Erfüllung verweigern** (§ 1992 iVm § 1990 Abs. 1 S. 1). Er ist in diesem Fall jedoch verpflichtet, das Erlangte zum Zwecke der Befriedigung des Untervermächtnisnehmers im Wege der Zwangsvollstreckung herauszugeben (§ 1990 Abs. 1 S. 2), oder er kann sich durch Zahlung des Werts des Hauptvermächtnisses (§ 1992 S. 2) von seiner Leistungspflicht befreien. Bei mehreren Untervermächtnissen oder Auflagen muss der Vermächtnisnehmer § 1991 Abs. 4 beachten. Da Vermächtnisse und Auflagen in der Insolvenz denselben Rang haben (§ 327 Abs. 1 Nr. 2 InsO), sind die Unteransprüche gleichmäßig zu kürzen, wenn nicht der Erblasser etwas anderes angeordnet hat (vgl. § 2189). Falls die Unzulänglichkeit des Hauptvermächtnisses auf die Verwaltung des Vermächtnisgegenstandes durch den Hauptvermächtnisnehmer zurückzuführen ist, kommt eine **Schadensersatzverpflichtung** nach § 1991 Abs. 1, § 1978 in Betracht (Staudinger/Otte, 2019, Rn. 7). Andererseits kann der Hauptvermächtnisnehmer **Aufwendungen,** die er auf das Hauptvermächtnis getätigt hat, nach § 1978 Abs. 3 ersetzt verlangen (BeckOGK/Forschner Rn. 14). Für Aufwendungen auf das Untervermächtnis/den Gegenstand der Auflage kommt ein Aufwendungsersatzanspruch entspr. § 2185 in Betracht.

4 **3. Haftungsbeschränkung des Ersatzbeschwerten.** Ist nach § 2161 an die Stelle des ursprünglich Beschwerten ein anderer getreten, haftet dieser (ist dies ein Ersatzvermächtnisnehmer, würde sich die Rechtsfolge bereits unmittelbar aus Abs. 1 ergeben) nach Abs. 2 nicht weiter, als der Vermächtnisnehmer haften würde. Bei einem anwachsungsberechtigten Mitvermächtnisnehmer ist § 2159 zu beachten. Wenn an die Stelle des zunächst Beschwerten der Erbe getreten ist, greift die Privilegierung des Abs. 2 auch dann ein, wenn der Erbe als solcher schon unbeschränkt haftet (Staudinger/Otte, 2019, Rn. 5).

## III. Prozessuale Geltendmachung

5 Prozessual führt § 786 ZPO zur entsprechenden Anwendung von § 780 Abs. 1, §§ 781, 785 ZPO. Die **Haftungsbeschränkung** kann demnach nur berücksichtigt werden, wenn sie im **Urteil vorbehalten** ist, was voraussetzt, dass sich der Hauptvermächtnisnehmer im Prozess darauf berufen hat. Zur Durchsetzung der Haftungsbeschränkung muss der Vermächtnisnehmer nach §§ 781, 785 ZPO die **Vollstreckungsabwehrklage** (§ 767 ZPO) erheben und ggf. Anträge auf vorläufige Maßnahmen nach §§ 769, 770 ZPO stellen.

### § 2188 Kürzung der Beschwerungen

**Wird die einem Vermächtnisnehmer gebührende Leistung auf Grund der Beschränkung der Haftung des Erben, wegen eines Pflichtteilsanspruchs oder in Gemäßheit des § 2187 gekürzt, so kann der Vermächtnisnehmer, sofern nicht ein anderer Wille des Erblassers anzunehmen ist, die ihm auferlegten Beschwerungen verhältnismäßig kürzen.**

#### Überblick

Wird das Hauptvermächtnis aus den in § 2188 genannten Gründen (→ Rn. 2) gekürzt, soll durch entsprechende Kürzung der auf ihm ruhenden Beschwerungen die ursprüngliche Wertrelation wiederhergestellt werden (→ Rn. 1). Der Hauptvermächtnisnehmer kann die ihn treffende Kürzung anteilig weitergeben (→ Rn. 3). Die Kürzungseinrede muss bereits im Erkenntnisverfahren geltend gemacht werden, um Wirksamkeit zu entfalten (→ Rn. 4).

## I. Normzweck

Der Vorschrift liegt die Annahme zugrunde, dass der Erblasser von einem bestimmten Wertverhältnis zwischen Hauptvermächtnis und dessen Beschwerungen ausging. Wird das Hauptvermächtnis aus den in § 2188 genannten Gründen gekürzt, soll durch entsprechende Kürzung der auf ihm ruhenden Beschwerungen das ursprüngliche Verhältnis wiederhergestellt werden, sofern nicht ein anderer Wille des Erblassers anzunehmen ist. 1

## II. Voraussetzungen

Die einem Vermächtnisnehmer gebührende Leistung kann auf Grund der Beschränkungen der Haftung des Erben (§ 327 InsO, §§ 1990–1992), wegen eines Pflichtteilsanspruchs (§§ 2318, 2322–2324) oder nach § 2187 gekürzt worden sein. Bei Minderung eines Vermächtnisanteils nach §§ 2157, 2090 ist die Vorschrift entspr. anwendbar (Soergel/Ludyga Rn. 1; Staudinger/Otte, 2019, Rn. 5). 2

## III. Rechtsfolgen

Der Hauptvermächtnisnehmer kann die ihn treffende **Kürzung anteilig weitergeben;** er muss also die gegen ihn gerichteten Ansprüche nur in der Höhe der Quote erfüllen, auf die sein Anspruch herabgesetzt worden ist. Ist als Untervermächtnis ein unteilbarer Gegenstand vermacht, kann der Untervermächtnisnehmer den Gegenstand nur gegen Zahlung eines Betrages verlangen, der – bezogen auf den Wert des Gegenstandes – der Kürzungsquote entspricht (BGHZ 19, 309 = NJW 1956, 507; BeckOGK/Forschner Rn. 20). Ist er zur Zahlung des Ausgleichsbetrags nicht bereit, kann sich der Hauptvermächtnisnehmer durch Zahlung des gekürzten Wertes des Untervermächtnisses befreien. Gerade bei Zuwendung eines unteilbaren Gegenstandes kann sich ein abweichender Wille des Erblassers ergeben. 3

Die Kürzung des Untervermächtnisses nach § 2188 tritt nicht automatisch mit der Kürzung des Hauptvermächtnisses ein. Vielmehr muss der Hauptvermächtnisnehmer seine Kürzungsbefugnis **einredeweise** geltend machen. § 2188 gibt insoweit ein **Leistungsverweigerungsrecht,** dessen Voraussetzungen vom Hauptvermächtnisnehmer zu beweisen sind. Anders als bei § 2187 (→ § 2187 Rn. 1 ff.) wirkt sich die Geltendmachung des Kürzungsrechts bereits im Erkenntnisverfahren aus (NK-BGB/Horn Rn. 5). 4

### § 2189 Anordnung eines Vorrangs

**Der Erblasser kann für den Fall, dass die dem Erben oder einem Vermächtnisnehmer auferlegten Vermächtnisse und Auflagen auf Grund der Beschränkung der Haftung des Erben, wegen eines Pflichtteilsanspruchs oder in Gemäßheit der §§ 2187, 2188 gekürzt werden, durch Verfügung von Todes wegen anordnen, dass ein Vermächtnis oder eine Auflage den Vorrang vor den übrigen Beschwerungen haben soll.**

#### Überblick

Die Vorschrift gestattet dem Erblasser, durch eine Anordnung von der in §§ 2187, 2188 vorgesehenen Kürzungsverteilung abzuweichen.

1 Tritt eine Kürzung nach den in § 2188 näher bezeichneten Regelungen ein, würden im Verhältnis von Hauptvermächtnisnehmer und Untervermächtnisnehmern oder den Vollzugsberechtigten bei einer Auflage alle Unteransprüche anteilig gekürzt. § 2189 räumt dem Erblasser die Möglichkeit ein, für den Fall von Kürzungen, die sich auf mehrere Vermächtnisse und Auflagen auswirken, anzuordnen, dass ein Vermächtnis oder eine Auflage den Vorrang vor den übrigen Beschwerungen haben soll (Beispiel bei MüKoBGB/Rudy Rn. 2).

2 Diese Rangordnung gilt auch im **Nachlassinsolvenzverfahren** (§ 327 Abs. 2 S. 2 InsO); eine **Ausnahme** gilt nach § 327 Abs. 2 S. 1 InsO für das „pflichtteilsersetzende" Vermächtnis.

## § 2190 Ersatzvermächtnisnehmer

**Hat der Erblasser für den Fall, dass der zunächst Bedachte das Vermächtnis nicht erwirbt, den Gegenstand des Vermächtnisses einem anderen zugewendet, so finden die für die Einsetzung eines Ersatzerben geltenden Vorschriften der §§ 2097 bis 2099 entsprechende Anwendung.**

### Überblick

Die Berufung zum Ersatzvermächtnisnehmer ist eine bedingte Zuwendung eines Vermächtnisses. Die Bedingung besteht darin, dass der zunächst Bedachte das Vermächtnis nicht erwirbt (→ Rn. 2). Eine Ersatzberufung kann ausdrücklich oder stillschweigend erfolgen. Die Vorschriften zur Ersatzerbschaft sind entsprechend anwendbar (→ Rn. 3).

### I. Normzweck

1 Für den Fall, dass der zunächst Bedachte das Vermächtnis nicht erwirbt, kann der Erblasser den Gegenstand des Vermächtnisses einem anderen zuwenden. Man spricht von einem **Ersatzvermächtnis,** das von einem Nachvermächtnis (§ 2191) zu unterscheiden ist, bei dem zunächst ein anderer das Vermächtnis erworben haben muss. § 2190 ordnet die entsprechende Anwendung der für den Ersatzerben geltenden §§ 2097–2099 an.

### II. Voraussetzungen

2 Die Berufung zum Ersatzvermächtnisnehmer ist eine **bedingte** Zuwendung eines Vermächtnisses. Die Bedingung besteht darin, dass der zunächst Bedachte das Vermächtnis nicht erwirbt. Es muss eine ausdrückliche oder stillschweigende (beachte § 2069) Ersatzberufung durch den Erblasser vorliegen. Nach der gesetzlichen Auslegungsregel des § 2191 Abs. 2 iVm § 2102 Abs. 1 enthält die Einsetzung als Nachvermächtnisnehmer im Zweifel zugleich die Einsetzung als Ersatzvermächtnisnehmer. Der zunächst Bedachte darf das Vermächtnis nicht „erworben" haben, dh es darf ihm nicht angefallen sein. Neben dem Wegfall durch Tod vor dem Erbfall (§ 2160), dem Verzicht (§ 2352) und der Ausschlagung des Vermächtnisses (§ 2180) kommen beispielsweise die Fälle der Nichtigkeit der Anordnung, deren Anfechtung (§ 2078) oder der Eintritt einer auflösenden Bedingung oder eines Endtermins in Betracht (Burandt/Rojahn/Burandt Rn. 2). Es ist nicht erforderlich, dass der Ersatzvermächtnisnehmer zum Zeitpunkt des Erbfalls schon lebt oder erzeugt ist (vgl. § 2178).

### III. Entsprechende Anwendung der §§ 2097–2099

3 Ist die Ersatzberufung für den Fall angeordnet, dass der zunächst Eingesetzte nicht Vermächtnisnehmer sein kann oder nicht sein will, so ist im Zweifel Ersatzberufung für beide Fälle anzunehmen (§ 2097). Der Anwendungsbereich des **§ 2098** beschränkt sich auf den Fall, dass mehreren Vermächtnisnehmern derselbe Gegenstand zugewendet worden ist, der ihnen anteilig zusteht (Staudinger/Otte, 2019, Rn. 7; weitergehend BeckOGK/Forschner Rn. 12; MüKoBGB/Rudy Rn. 5; Lange/Kuchinke ErbR § 29 V 1b). Das Recht des Ersatzvermächtnisnehmers geht dem Anwachsungsrecht vor (§ 2099).

4 Kommt kein Ersatzvermächtnis zum Zug und tritt auch keine Anwachsung nach § 2158 ein, wird das Vermächtnis unwirksam (§ 2160). Das Vermächtnisobjekt verbleibt dann dem Erben (BeckOGK/Forschner Rn. 22; NK-BGB/Horn Rn. 6).

### § 2191 Nachvermächtnisnehmer

**(1) Hat der Erblasser den vermachten Gegenstand von einem nach dem Anfall des Vermächtnisses eintretenden bestimmten Zeitpunkt oder Ereignis an einem Dritten zugewendet, so gilt der erste Vermächtnisnehmer als beschwert.**

**(2) Auf das Vermächtnis finden die für die Einsetzung eines Nacherben geltenden Vorschriften des § 2102, des § 2106 Abs. 1, des § 2107 und des § 2110 Abs. 1 entsprechende Anwendung.**

#### Überblick

Ein Nachvermächtnis liegt vor, wenn der Erblasser denselben Gegenstand zeitlich nacheinander verschiedenen Personen in der Weise zuwendet, dass bei Eintritt eines bestimmten Ereignisses oder Termins der erste Vermächtnisnehmer diesen dem zweiten („Nachvermächtnisnehmer") herauszugeben hat (→ Rn. 1). Das Nachvermächtnis ist ein Untervermächtnis mit der Besonderheit, dass der Gegenstand beider Vermächtnisse übereinstimmt (→ Rn. 3). Beschwert ist der Vorvermächtnisnehmer, dem das Vermächtnis vor dem Nachvermächtnisnehmer zustand. Trotz des Wortlauts enthält Abs. 1 keine Fiktion, sondern nur eine Auslegungsregel (→ Rn. 5). Der Nachvermächtnisnehmer hat gegen den Beschwerten einen aufschiebend bedingten oder befristeten schuldrechtlichen Anspruch auf Übertragung des Vermächtnisgegenstands (→ Rn. 6). Hat der Erblasser den Zeitpunkt oder das Ereignis nicht bestimmt, fällt das Nachvermächtnis mit dem Tod des ersten Vermächtnisnehmers an (→ Rn. 7). Zum Schutz des Nachbedachten greift für die Schwebezeit zwischen Erbfall und Anfall des Nachvermächtnisses § 2179 ein; der Nachvermächtnisnehmer hat allerdings kein Anwartschaftsrecht am Vermächtnisgegenstand (→ Rn. 8). Für Schulden des Vorvermächtnisnehmers haftet der Nachvermächtnisnehmer nicht. Die diesbezüglichen Vorschriften der Vor- und Nacherbschaft sind nicht entsprechend anwendbar (→ Rn. 9).

#### I. Normzweck

1 Will der Erblasser den vermachten Gegenstand ab einem nach Anfall des Vermächtnisses eintretenden Zeitpunkt oder Ereignis einem Dritten zuwenden, stellt § 2191 die Möglichkeit des sog. **Nachvermächtnisses** zur Verfügung. Die Vorschrift verweist – eingeschränkt – auf die Regelungen über die Nacherbeneinsetzung. Das Nachvermächtnis unterscheidet sich vom Ersatzvermächtnis dadurch, dass der erste Vermächtnisnehmer nicht wegfällt, sondern seine Stellung als Vermächtnisnehmer beibehält, um das Nachvermächtnis durch Leistung des ihm nicht mehr zustehenden Vermächtnisgegenstands zu erfüllen. Da mit dem Nachvermächtnis der Vorvermächtnisnehmer beschwert ist, stellt das Nachvermächtnis immer auch ein Untervermächtnis dar (Muscheler AcP 208 (2008), 69 (70 ff.)). Es findet zunehmend Verwendung beim Geschiedenentestament und im Rahmen eines sog Behindertentestaments (eingehend zu Gestaltungsmöglichkeiten Hartmann ZEV 2001, 89; Damrau/Mayer ZEV 2001, 293; BeckOGK/Müller-Engels Rn. 85 ff.).

#### II. Anordnung und Inhalt des Nachvermächtnisses

2 **1. Anordnung.** Ein Nachvermächtnis kann ausdrücklich angeordnet sein oder sich aus dem auszulegenden Willen des Erblassers ergeben, etwa wenn ein Ehegatte dem anderen bestimmte Gegenstände als Vermächtnis zuwendet mit der Bestimmung, er solle die Gegenstände einem gemeinsamen Kind „vererben" und einem anderen Kind angemessenen Ausgleich gewähren (vgl. Keßler DRiZ 1966, 395 (398); BGH BWNotZ 1961, 229). **Kein Nachvermächtnis** liegt vor, wenn der Erblasser den Vermächtnisgegenstand zunächst durch Teilungsanordnung einem Erben zugewiesen und bestimmt hat, dass dieser ihn an einen Dritten herauszugeben habe; in diesem Fall ist nicht ein Vermächtnisnehmer, sondern ein Erbe beschwert). Gegen die Anordnung eines Nachvermächtnisses können im Einzelfall die in Abs. 2 für anwendbar erklärten §§ 2102, 2107 sprechen: Ist zweifelhaft, ob jemand als Ersatzvermächtnisnehmer oder als Nachvermächtnisnehmer eingesetzt ist, so gilt er bei entsprechender Anwendung des § 2102 Abs. 2 als Ersatzvermächtnisnehmer (zur Abgrenzung BeckOGK/Müller-Engels Rn. 44). Der Erblasser kann mehrere Nachvermächtnisse hintereinander anordnen (BayObLG Rpfleger 1981, 190; BGH NJW 1991, 1736; Werkmüller ZEV 1999, 343), wobei eine zeitliche Grenze durch §§ 2162, 2163 gezogen wird. Ist Nachvermächtnisnehmer der mit dem Vermächtnis seinerseits Beschwerte, spricht man von einem **Rückvermächtnis** (OLG Frankfurt ZEV 1997, 295 mAnm Skibbe).

3 **2. Inhalt.** Das Nachvermächtnis ist ein **Untervermächtnis** mit der Besonderheit, dass der Gegenstand beider Vermächtnisse übereinstimmt (Identitätsgebot). Für **die Identität des Gegenstands** genügt es bei einem Sachinbegriff (zB Hoteleinrichtung), dass dieser keine grundlegenden Veränderungen erfahren hat. Die Identität wird ferner nicht berührt durch Austausch von Teilen einer Sache im Rahmen einer Reparatur. Das Nachvermächtnis kann sich von vornherein auf reale oder ideelle Teile der vermachten Sache oder auf eine bestimmte Menge vertretbarer Sachen beschränken. Das Recht des Nachvermächtnisnehmers erstreckt sich nach dem in Abs. 2 für anwendbar erklärten § 2110 Abs. 1 im Zweifel auf einen Vermächtnisanteil, der dem Vorvermächtnisnehmer infolge Wegfalls eines Mitvermächtnisnehmers anfällt. Ein Nachvermächtnis auf den „**Überrest**", also auf das, was im Zeitpunkt des Nachvermächtnisanfalls bei dem frei verfügungsberechtigten Vorvermächtnisnehmer noch vorhanden ist, ist möglich (NK-BGB/Horn Rn. 21; Staudinger/Otte, 2019, Rn. 3; Bengel NJW 1990, 1826 (1829)).

## III. Beschwerung des Vorvermächtnisnehmers

4 Beschwert ist der Vorvermächtnisnehmer, dem das Vermächtnis vor dem Nachvermächtnisnehmer zustand. Trotz des Wortlauts enthält **Abs. 1** keine Fiktion, sondern nur eine **Auslegungsregel** (Burandt/Rojahn/Burandt Rn. 1; Soergel/Ludyga Rn. 5), die klarstellt, dass die Beschwerung nicht den Erben trifft. Der Bedachte hat gegen den Vorvermächtnisnehmer einen (aufschiebend bedingten oder befristeten) schuldrechtlichen Anspruch, der sich auch dann nicht gegen den Erben richtet, wenn dieser als Eigentümer des vermachten Grundstücks eingetragen ist (OGH NJW 1950, 596; RGRK-BGB/Johannsen Rn. 5). Der **Vorvermächtnisnehmer** ist **nicht verfügungsbeschränkt** wie ein Vorerbe (BeckOGK/Müller-Engels Rn. 27; Erman/Nobis Rn. 2; Zawar, Das Vermächtnis in der Kautelarjurisprudenz, 1983, 61). Er ist jedoch gem. §§ 2177, 2179, 160 zu einer **ordnungsgemäßen Verwaltung** im Interesse des Nachvermächtnisnehmers verpflichtet. Für Verwendungen des Vorvermächtnisnehmers gilt § 2185, nicht §§ 2124 ff. (BGH NJW 1991, 1736; Erman/Nobis Rn. 3; aA Maur NJW 1990, 1161). Für die Frage der **Bösgläubigkeit** (§§ 2185, 994 Abs. 2) stellt die Rspr. nicht erst auf die Kenntnis vom Anfall des bedingten oder befristeten Vermächtnisses ab, sondern auf die Kenntnis der Vermächtnisanordnung, jedenfalls wenn der spätere Anfall nicht zweifelhaft ist (→ § 2185 Rn. 5) (krit. Baltzer, Das Vor- und Nachvermächtnis in der Kautelarjurisprudenz, 2007, Rn. 95 ff.).

## IV. Rechtsstellung des Nachvermächtnisnehmers

5 **1. Vermächtnisanspruch.** Der Nachvermächtnisnehmer hat gegen den Beschwerten einen aufschiebend bedingten oder befristeten **schuldrechtlichen Anspruch** auf Übertragung des Vermächtnisgegenstands. Der Anspruch richtet sich nach den Regeln des Untervermächtnisses. Da Schuldner des Nachvermächtnisses der Vorvermächtnisnehmer und nicht der Erbe ist, wirkt die Anrechnung des nicht ausgeschlagenen Nachvermächtnisses auf den Pflichtteil gem. § 2307 Abs. 1 S. 1 nicht zugunsten des Vorvermächtnisnehmers. Dieser bleibt vielmehr ohne Rücksicht auf eine Erfüllung des Pflichtteilsanspruchs zur Erfüllung des Nachvermächtnisses verpflichtet.

6 **2. Anfall.** Das Nachvermächtnis ist **aufschiebend bedingt** oder **befristet** (§ 2177). Hat der Erblasser den Zeitpunkt oder das Ereignis nicht bestimmt, fällt das Nachvermächtnis mit dem **Tod des ersten Vermächtnisnehmers** an (§ 2191 Abs. 2 iVm § 2106 Abs. 1). Das Nachvermächtnis kann erst nach dem Erbfall, aber schon vor Eintritt des Nachvermächtnisfalles ausgeschlagen werden. Schlägt der Nachvermächtnisnehmer das Vermächtnis aus, so verbleibt es dem ersten Vermächtnisnehmer, soweit weder ein Ersatzvermächtnisnehmer noch ein Anwachsungsberechtigter vorhanden ist (BGH NJW 2001, 520).

7 **3. Rechtsstellung in der Schwebezeit.** Der Nachvermächtnisnehmer genießt nicht den Schutz des Nacherben, die Vorschriften über die Nacherbschaft sind (abgesehen von den in Abs. 2 ausdrücklich genannten Regelungen) nicht anwendbar (RG WarnR 1910 Nr. 157; Staudinger/Otte, 2019, Rn. 9; Muscheler AcP 208 (2008), 69 (78)). Zum Schutz des Nachbedachten greift für die Schwebezeit zwischen Erbfall und Anfall des Nachvermächtnisses **§ 2179** ein (wegen der Einzelheiten → § 2179 Rn. 2 ff.). Bei der Anwendung von § 160 Abs. 1 ist zu beachten, dass der Nachvermächtnisnehmer Schadensersatz nur bei einem vom Vorvermächtnisnehmer zu vertretenden Verschulden verlangen kann und der mit dem Vorvermächtnis Beschwerte weder Erfüllungsgehilfe des Vorvermächtnisnehmers noch mit dem Nachvermächtnisnehmer unmittelbar schuldrechtlich verbunden ist (Staudinger/Otte, 2019, Rn. 7). Ob man die Position des Nachvermächtnisnehmers ab Erbfall als „**Anwartschaft**" qualifiziert (BGH MDR 1963, 824; Burandt/

Rojahn/Burandt Rn. 5; Grüneberg/Weidlich Rn. 2; Bengel NJW 1990, 1826 (1827)) oder diese Bezeichnung für eine begriffliche Überhöhung der Rechtsposition hält (Muscheler AcP 208 (2008), 69 (82); krit. auch Watzek MittRhNotK 1999, 37 (40 f.); Zawar DNotZ 1986, 515 (524)), Einigkeit besteht darin, dass der Nachvermächtnisnehmer jedenfalls **kein Anwartschaftsrecht** am Vermächtnisgegenstand hat und seine Rechtsposition im Vergleich zum Nacherben erheblich schwächer ausgestaltet ist. Gleichwohl kann der Nachvermächtnisnehmer ab dem Eintritt des Erbfalls über die ihm zustehende bedingte oder befristete Forderung rechtlich disponieren (BeckOGK/Müller-Engels Rn. 77). Die Forderung kann unter Lebenden **übertragen** (BGH MDR 1963, 824; NK-BGB/Horn Rn. 12), gepfändet und verpfändet werden. Das befristete Nachvermächtnis ist, wenn der Erblasser nichts anderes bestimmt hat, auch **vererblich** (Baltzer, Das Vor- und Nachvermächtnis in der Kautelarjurisprudenz, 2007, Rn. 259 ff.). Bei bedingten Nachvermächtnissen steht § 2074 im Zweifel der Vererblichkeit entgegen (vgl. aber BGH NJW 1958, 22; Muscheler AcP 208 (2008), 69 (83): kein Vorrang des § 2074 vor § 2069).

**4. Sicherung der Rechtsstellung.** Der künftige Anspruch des Nachvermächtnisnehmers kann durch **Vormerkung** gesichert werden, wenn Gegenstand des Nachvermächtnisses ein Grundstück oder ein Grundstücksrecht ist (BayObLG Rpfleger 1981, 190; OLG Frankfurt OLGR 1999, 112; LG Stuttgart BWNotZ 1999, 22; näher Bengel NJW 1990, 1826 (1828 f.); Watzek MittRhNotK 1999, 37 (42 ff.)). Bei einer Insolvenz des Vorvermächtnisnehmers vor Anfall des Nachvermächtnisses folgt aus der ausdrücklichen Erwähnung von aufschiebend bedingten Rechten in § 238 Abs. 1 S. 3 InsO, § 77 Abs. 3 Nr. 2 InsO, § 191 InsO, dass der Anspruch aus dem Nachvermächtnis am Insolvenzverfahren teilnimmt (Baltzer, Das Vor- und Nachvermächtnis in der Kautelarjurisprudenz, 2007, Rn. 316; Baltzer ZEV 2008, 116; zur Stellung des Nachvermächtnisnehmers im Nachlassinsolvenzverfahren des Vorvermächtnisnehmers vgl. NK-BGB/Horn Rn. 18; Baltzer ZEV 2008, 116 (117 ff.); Hartmann ZEV 2007, 458 (461)). 8

**5. Schuldenhaftung.** Für Schulden des Vorvermächtnisnehmers haftet der Nachvermächtnisnehmer nicht. Die diesbezüglichen Vorschriften der Vor- und Nacherbschaft (§§ 2142–2144) sind nicht entspr. anwendbar (BeckOGK/Müller-Engels Rn. 82). Er haftet auch nicht nach § 102 SGB XII auf Ersatz der Kosten der Sozialhilfe (BVerwGE 66, 161 (163) = BeckRS 1982, 30442570; BGHZ 123, 368 (375) = NJW 1994, 248; Staudinger/Otte, 2019, Rn. 13). Aus der Verpflichtung des Nachvermächtnisnehmers zur Tragung notwendiger Verwendungen (§ 2185, §§ 994 ff.) kann eine Verpflichtung zur Tilgung von Krediten folgen, die der Vorvermächtnisnehmer zur ordnungsgemäßen Instandhaltung des Vermächtnisgegenstands aufgenommen hatte. Da der Vorvermächtnisnehmer jedoch seinerseits verpflichtet war, die anfallenden Zins- und Tilgungsleistungen aus seinem sonstigen Vermögen zu erbringen, reduziert sich die Schuldübernahmelast des Nachvermächtnisnehmers auf die verbleibenden Resttilgungsraten (jurisPK-BGB/Reymann Rn. 77; NK-BGB/Horn Rn. 20). 9

# Titel 5. Auflage

## § 2192 Anzuwendende Vorschriften

**Auf eine Auflage finden die für letztwillige Zuwendungen geltenden Vorschriften der §§ 2065, 2147, 2148, 2154 bis 2156, 2161, 2171, 2181 entsprechende Anwendung.**

### Überblick

Gegenstand der Auflage (Begriffsbestimmung in § 1940) kann jede Verpflichtung zu einer Leistung – Tun oder Unterlassen – sein (→ Rn. 1). Obwohl die Auflage nicht als Zuwendung gilt, findet eine Reihe von Vorschriften über Zuwendungen entsprechende Anwendung, vor allem Vorschriften aus dem Vermächtnisrecht (→ Rn. 3 ff.). Nicht anwendbar sind grds. die Vorschriften, die einen Bedachten voraussetzen (→ Rn. 8). Die mit der Auflage verbundene Begünstigung stellt lediglich einen Reflex der dem Beschwerten auferlegten Verpflichtung dar, sie enthält keinen Anspruch auf Vollziehung der Auflage (→ Rn. 11).

## I. Gegenstand der Auflage

1 Gegenstand der Auflage kann jede Verpflichtung zu einer Leistung – Tun oder Unterlassen – sein (→ § 1940 Rn. 1 ff.). Um eine vermögenswerte Leistung braucht es sich dabei nicht zu handeln. § 2192 bestimmt, dass einzelne für letztwillige Zuwendungen geltende Vorschriften entspr. anwendbar sind.

## II. Ausdrücklich für anwendbar erklärte Vorschriften

2 Obwohl die Auflage nicht als Zuwendung gilt (→ § 1940 Rn. 1 ff.), findet eine Reihe von Vorschriften über Zuwendungen entsprechende Anwendung, vor allem Vorschriften aus dem Vermächtnisrecht. Die Aufzählung in § 2192 ist **nicht abschließend.** Es können weitere Vorschriften des Vermächtnisrechts entspr. angewandt werden, soweit dies nicht durch das Fehlen einer Berechtigung des Begünstigten ausgeschlossen ist.

3 **1. Höchstpersönlichkeit.** Nach (dem bereits unmittelbar anzuwendenden) **§ 2065 Abs. 1** kann der Erblasser eine Auflage nicht in der Weise anordnen, dass ein anderer zu bestimmen hat, ob sie gelten oder nicht gelten soll. Das Verbot des § 2065 Abs. 2, die Bestimmung der Person des Empfängers oder des Gegenstands einer Auflage einem Dritten zu überlassen, wird durch § 2156 und auch durch § 2193 erheblich gelockert.

4 **2. Beschwerung.** Mit einer Auflage beschwert werden kann nur der **Erbe** oder ein **Vermächtnisnehmer** (§§ 2192, 2147). Fehlt eine nähere Bestimmung, ist der Erbe beschwert (§ 2147 S. 2). Eine Unterauflage, dh die Beschwerung des durch eine Auflage Begünstigten mit einer Auflage, ist nicht möglich (Soergel/Magnus Rn. 3; Staudinger/Otte, 2019, Rn. 3). Im **Innenverhältnis** gilt, dass mehrere mit einer Auflage beschwerte Erben im Zweifel nach dem Verhältnis ihrer Erbteile, mehrere Vermächtnisnehmer nach dem Verhältnis des Werts ihrer Vermächtnisse beschwert sind **(§ 2148).** Nach **§ 2161** bleibt die Anordnung einer Auflage im Zweifel auch dann wirksam, wenn der mit ihr Beschwerte nicht Erbe oder Vermächtnisnehmer wird. Beschwert ist dann derjenige, dem der Wegfall des zunächst Beschwerten unmittelbar zustattenkommt. Die weiteren Vorschriften über die Beschwerung eines Vermächtnisnehmers (§§ 2186–2189) gelten, wie sich schon aus dem Wortlaut dieser Normen ergibt, auch für die Auflage.

5 **3. Wahl-, Gattungs- und Zweckauflage.** Der Erblasser kann eine Auflage in der Art anordnen, dass der Beschwerte von mehreren Leistungen nur die eine oder andere zu erbringen hat **(§ 2154 Abs. 1).** Das **Wahlrecht** steht nach § 262 im Zweifel dem Beschwerten zu. Ist es einem Dritten übertragen, gelten § 2154 Abs. 1 S. 2, Abs. 2. Auch der Begünstigte kann wie ein beliebiger Dritter das Wahlrecht erhalten. Hat der Erblasser eine Auflage angeordnet, bei der die Leistung nur der **Gattung** nach bestimmt ist, so ist eine den Verhältnissen des Leistungsempfängers entsprechende Leistung zu erbringen **(§ 2155 Abs. 1).** Der Erblasser kann bei einer Auflage, deren **Zweck** er bestimmt hat, die Bestimmung der Leistung dem billigen Ermessen des Beschwerten oder eines Dritten überlassen. Dann gelten nach § 2156 die §§ 315–319 entspr.

6 **4. Unmögliche und verbotene Leistung.** Die Anordnung einer Auflage, die auf eine zurzeit des Erbfalls **unmögliche** Leistung gerichtet ist oder die gegen ein zu dieser Zeit bestehendes gesetzliches **Verbot** verstößt, ist unwirksam **(§ 2171 S. 1).** Steht die Auflage unter einer aufschiebenden Bedingung oder Befristung, ist für die Beurteilung der Zeitpunkt des Eintritts der Bedingung bzw. des Termins maßgebend (§ 2171 Abs. 3).

7 **5. Fälligkeit.** Ist die Zeit der Erfüllung einer Auflage in das freie Belieben des Beschwerten gestellt, wird die Leistung nach **§ 2181** im Zweifel erst mit dem Tode des Beschwerten fällig.

## III. Anwendbarkeit der übrigen Vorschriften des Vermächtnisrechts

8 **Nicht anwendbar** sind grds. die Vorschriften, die einen Bedachten voraussetzen. Deshalb ist auch eine Ausschlagung der Auflage nicht möglich (allgM; aA Lange/Kuchinke ErbR § 30 III 2; die Ausschlagung einer Auflage kommt allerdings im Rahmen des § 2271 Abs. 2 S. 1 in Betracht; NK-BGB/Kroiß Rn. 13; MüKoBGB/Musielak § 2271 Rn. 21). Die Bestimmungen über die zeitlichen Grenzen (§§ 2162, 2163) gelten für die Auflage nicht, da der Gesetzgeber eine der Stiftung ähnliche Dauerwirkung ermöglichen wollte (Prot. V 243, 308; Staudinger/Otte, 2019, Rn. 20). Für die Anwendung der §§ 2151–2153 besteht angesichts der Regelung in § 2193 kein Bedürfnis. Die Vorschriften über Inhalt und Umfang der Leistungspflicht beim Vermächtnis (§§ 2164–2170, 2172, 2173) sind – bei entsprechender Fallgestaltung – auch auf die Auflage

anwendbar. Der Erblasser kann somit mittels einer Auflage auch Gegenstände zuwenden, die ihm nicht gehören und die nicht in den Nachlass fallen. Für die Haftung des Beschwerten für Rechtsmängel, Sachmängel und die Herausgabe von Nutzungen sind die §§ 2182–2184 heranzuziehen. Allerdings haftet der Beschwerte bei der Auflage nicht auf Schadensersatz wegen Nichterfüllung (→ § 2194 Rn. 1 ff.). Gegen die Anwendbarkeit der Regelung über den Verwendungsersatz (§ 2185) spricht, dass dieser Anspruch nach § 1000 als Gegenrecht geltend zu machen ist, was hier ausscheidet (Burandt/Rojahn/Burandt Rn. 7; Staudinger/Otte, 2019, Rn. 24; für die Anwendbarkeit BeckOGK/Grädler Rn. 43; MüKoBGB/Rudy Rn. 9; NK-BGB/Kroiß Rn. 15; Soergel/Magnus Rn. 13).

## IV. Anwendbarkeit der allgemeinen erbrechtlichen Vorschriften

**Anwendbar** sind die allgemeinen Vorschriften über letztwillige Verfügungen (zB die Bestim- 9
mungen über die Anfechtung, §§ 2078 ff. und die Auslegungsregel des § 2084), soweit nicht die Besonderheiten der Auflage im Einzelfall entgegenstehen. Nicht anwendbar ist zB die Anrechnungsvorschrift des § 2307 sowie § 1371 Abs. 2.

Keine Anwendung findet nach allgM § 2345 – eine „Auflagenunwürdigkeit" gibt es nicht (→ 10
§ 2345 Rn. 1 ff.). Allerdings kann in Extremfällen dem Vollziehungsanspruch des Vollziehungsberechtigten der Einwand unzulässiger Rechtsausübung entgegen gehalten werden. (BeckOGK/Grädler Rn. 50; NK-BGB/Kroiß Rn. 17).

## V. Stellung des Begünstigten

Die Begünstigung stellt lediglich einen Reflex der dem Beschwerten auferlegten Verpflichtung 11
dar, sie enthält **keinen Anspruch auf Vollziehung** der Auflage. Es ist für die Auflage nicht einmal Voraussetzung, dass es einen Begünstigten gibt (BeckOGK/Grädler Rn. 9), da sie auch Leistungen zum Inhalt haben kann, die keinem bestimmten Rechtssubjekt, sondern der Allgemeinheit oder einem Zweck zugutekommen. Auch wenn der Begünstigte keinen Anspruch hat, ist die vom Beschwerten an ihn erbrachte Leistung nicht ohne Rechtsgrund erfolgt und daher nicht kondizierbar. Dies rechtfertigt es jedoch nicht, von einer „schuldrechtlichen Anwartschaft" des Begünstigten zu sprechen (so aber Lange/Kuchinke ErbR § 30 III 2; dagegen BeckOGK/Grädler Rn. 13; MüKoBGB/Rudy Rn. 10; Staudinger/Otte, 2019, Rn. 12).

## § 2193 Bestimmung des Begünstigten, Vollziehungsfrist

**(1) Der Erblasser kann bei der Anordnung einer Auflage, deren Zweck er bestimmt hat, die Bestimmung der Person, an welche die Leistung erfolgen soll, dem Beschwerten oder einem Dritten überlassen.**

**(2) Steht die Bestimmung dem Beschwerten zu, so kann ihm, wenn er zur Vollziehung der Auflage rechtskräftig verurteilt ist, von dem Kläger eine angemessene Frist zur Vollziehung bestimmt werden; nach dem Ablauf der Frist ist der Kläger berechtigt, die Bestimmung zu treffen, wenn nicht die Vollziehung rechtzeitig erfolgt.**

**(3) [1]Steht die Bestimmung einem Dritten zu, so erfolgt sie durch Erklärung gegenüber dem Beschwerten. [2]Kann der Dritte die Bestimmung nicht treffen, so geht das Bestimmungsrecht auf den Beschwerten über. [3]Die Vorschrift des § 2151 Abs. 3 Satz 2 findet entsprechende Anwendung; zu den Beteiligten im Sinne dieser Vorschrift gehören der Beschwerte und diejenigen, welche die Vollziehung der Auflage zu verlangen berechtigt sind.**

### Überblick

Die Vorschrift räumt dem Erblasser die Möglichkeit ein, sich auf die Anordnung des Zwecks der Auflage zu beschränken und die Bestimmung des Leistungsempfängers dem Beschwerten oder einem Dritten zu überlassen. Es reicht aus, dass der Erblasser den Zweck der Auflage wenigstens in erkennbaren Umrissen angegeben hat (→ Rn. 2). Entgegen § 2065 Abs. 2 kann auch die Bestimmung des Leistungsempfängers dem Beschwerten oder einem Dritten überlassen werden (→ Rn. 3). Wenn der Erblasser nichts anderes angeordnet hat, kann das Bestimmungsrecht nach freiem Belieben ausgeübt werden (→ Rn. 4).

## I. Normzweck

1 Bei der Auflage, die keinen Anspruch des Begünstigten begründet, ist das Bedürfnis nach Festlegung von Person und Gegenstand durch den Erblasser im Vergleich zur Erbeinsetzung (§ 2065 Abs. 2) und selbst zu den schon gelockerten Bindungen beim Vermächtnis (§§ 2151–2156) deutlich geringer. Daher räumt § 2193 dem Erblasser die Möglichkeit ein, sich auf die Anordnung des Zwecks der Auflage zu beschränken und die Bestimmung des Leistungsempfängers dem Beschwerten oder einem Dritten zu überlassen.

## II. Bestimmung des Zwecks

2 Der Erblasser muss zwar **Geltung und Zweck** der Auflage selbst bestimmen, hinsichtlich der Genauigkeit der Zweckbestimmung ist die Rspr. jedoch großzügig (Überblick bei BeckOGK/Grädler Rn. 4.1). Es reicht aus, dass der Erblasser den Zweck der Auflage wenigstens in erkennbaren Umrissen angegeben hat. Die Zweckbestimmung braucht keinen Hinweis auf den Empfänger zu enthalten. Als ausreichend wurde zB angesehen: „zu römisch-katholischen kirchlichen Zwecken“ (OLG Köln OLGE 18, 319) und „zu frommen und wohltätigen Zwecken“ (BayObLGZ 13, 743; ähnlich OLG Düsseldorf ErbR 2015, 27); Errichtung einer unselbstständigen Stiftung in der Weise, dass der Erblasser einem Dritten die Auswahl des Stiftungsträgers und die inhaltliche Fassung der Stiftungssatzung überlässt (OLG München NJW 2014, 2448; Muscheler ZEV 2014, 573). Fehlt es an einer ausreichenden Zweckbestimmung, ist die Auflage unwirksam (OLG Celle FamRZ 2017, 1720; jurisPK-BGB/Linnartz Rn. 7).

## III. Bestimmung des Leistungsempfängers

3 Entgegen § 2065 Abs. 2 und über §§ 2156, 2192 hinaus kann die Bestimmung des Leistungsempfängers dem **Beschwerten** oder einem **Dritten** überlassen werden. Der Beschwerte trifft die Bestimmung nicht durch Erklärung, sondern dadurch, dass er die Auflage tatsächlich erfüllt, während der Dritte die Bestimmung durch Erklärung gegenüber dem Beschwerten vornimmt (Abs. 3 S. 1). Das Bestimmungsrecht geht auf den Beschwerten über, wenn der Dritte die Bestimmung nicht zu treffen vermag (Abs. 3 S. 2) oder eine vom Nachlassgericht (zuständig ist der Rechtspfleger, § 3 Nr. 2 lit. c RPflG) gesetzte Frist ungenutzt verstreichen lässt (Abs. 3 S. 3 iVm § 2151 Abs. 3 S. 2).

4 Wenn der Erblasser nichts anderes angeordnet hat, kann das Bestimmungsrecht nach **freiem Belieben** ausgeübt werden. Die **gerichtliche Nachprüfung** beschränkt sich darauf, ob die Bestimmung arglistig ist oder ihren Zweck verfehlt (BGHZ 121, 357 (361) = NJW 1993, 2168; Staudinger/Otte, 2019, Rn. 7). Der Erblasser ist nicht gehindert, die Ausübung des Bestimmungsrechts nach **billigem Ermessen** zu verlangen (Staudinger/Otte, 2019, Rn. 6).

5 Wer die Unwirksamkeit der Bestimmung geltend macht, trägt die **Beweislast;** den Gegner kann jedoch wegen größerer Sachnähe eine Darlegungslast treffen (BGHZ 121, 357 (361) = NJW 1993, 2168 mAnm Schubert JR 1994, 158; BeckOGK/Grädler Rn. 17; NK-BGB/Kroiß Rn. 12).

## IV. Fristsetzung

6 Bleibt der Beschwerte untätig, so kann der vollziehungsberechtigte Kläger (→ § 2194 Rn. 2 ff.) ihm nach Abs. 2 entweder im Urteil (§ 255 Abs. 2 ZPO) eine angemessene Frist setzen lassen oder nach rechtskräftigem Abschluss des Verfahrens selbst eine Frist setzen. Nach fruchtlosem Ablauf der Frist geht das Bestimmungsrecht auf den Kläger über. Abs. 2 Hs. 2 ist nicht entspr. anwendbar, wenn die getroffene Bestimmung sich als unwirksam erweist; vielmehr bleibt dann der Berechtigte verpflichtet, eine wirksame Bestimmung nachzuholen (BGHZ 121, 357 (361) = NJW 1993, 2168; Grüneberg/Weidlich Rn. 3).

## § 2194 Anspruch auf Vollziehung

**[1]Die Vollziehung einer Auflage können der Erbe, der Miterbe und derjenige verlangen, welchem der Wegfall des mit der Auflage zunächst Beschwerten unmittelbar zustatten kommen würde. [2]Liegt die Vollziehung im öffentlichen Interesse, so kann auch die zuständige Behörde die Vollziehung verlangen.**

### Überblick

Die Vorschrift räumt bestimmten Personen und – wenn die Vollziehung im öffentlichen Interesse liegt – der zuständigen Behörde (→ Rn. 5) das Recht ein, die Erfüllung zu verlangen (→ Rn. 1). Die Vollziehung der Auflage kann neben dem Erben derjenige verlangen, dem der Wegfall des mit der Auflage zunächst Beschwerten unmittelbar zustattenkommen würde. Außerdem der Testamentsvollstrecker und derjenige, dem der Erblasser in seiner letztwilligen Verfügung ausdrücklich das Recht eingeräumt hat (→ Rn. 4). Streitig ist, ob vollziehungsberechtigt auch eine Person sein kann, die zum Kreis der Begünstigten gehört (→ Rn. 3). Das Recht auf Vollziehung ist als fremdnütziges Recht weder übertragbar noch pfändbar. Der Vollziehungsberechtigte kann nur Leistung an den Begünstigten verlangen. Ein ausdrücklicher Verzicht auf das Vollziehungsrecht ist zulässig, wenn er dem Willen des Erblassers entspricht (→ Rn. 7).

## I. Normzweck

Da bei der Auflage der Beschwerte zwar zur Vollziehung der Auflage verpflichtet ist, dem Begünstigten aber ein Recht auf Leistung nicht zugewendet wird, muss verhindert werden, dass die Erfüllung der Auflage dem Belieben des Beschwerten überlassen ist. Die Vorschrift räumt daher bestimmten Personen und – wenn die Vollziehung im öffentlichen Interesse liegt – der zuständigen Behörde das Recht ein, die Erfüllung zu verlangen. 1

## II. Vollziehungsberechtigte Personen

**1. Erben und Wegfallbegünstigte.** Die **Vollziehung der Auflage** können verlangen der **Erbe** von dem beschwerten Vermächtnisnehmer, der **Miterbe** von dem beschwerten Miterben oder dem Vermächtnisnehmer (und zwar unabhängig davon, ob der Miterbe selbst durch die Auflage beschwert ist und die anderen Miterben von ihm seinerseits Erfüllung fordern können), sowie derjenige, dem der Wegfall des mit der Auflage zunächst Beschwerten unmittelbar zustattenkommen würde (§§ 2161, 2192). Entscheidend sind insoweit allein rechtliche Kriterien, nicht der Eintritt eines Vermögenszuwachses. 2

Vollziehungsberechtigt kann auch eine Person sein, die zum **Kreis der Begünstigten** gehört (str.; bejahend OLG Karlsruhe NJW-RR 2004, 1307; BeckOGK/Grädler Rn. 13; Burandt/Rojahn/Burandt Rn. 2; MüKoBGB/Rudy Rn. 3; Staudinger/Otte, 2019, Rn. 9; aA Soergel/Magnus Rn. 7; Lange ErbR § 31 Rn. 29; Muscheler ErbR Rn. 2681 ff.; Vorwerk ZEV 1998, 297). Dass der Auflagenbegünstigte keinen Anspruch aus § 1940 hat, rechtfertigt nicht die Annahme, die Ausübung eines dem Vollziehungsberechtigten selbst zugutekommenden Vollziehungsrechts stelle eine Umgehung dar. Zweck des Klagerechts ist es, die Verpflichtung zur Leistung durchzusetzen, auf die kein Anspruch besteht. Dieser Zweck wird erreicht, gleichgültig ob die Auflage einen Dritten oder den Vollziehungsberechtigten selbst begünstigt (OLG Karlsruhe NJW-RR 2004, 1307). 3

**2. Testamentsvollstrecker und sonstige vom Erblasser Ermächtigte.** § 2194 zählt die Vollziehungsberechtigten nicht abschließend auf. Anerkannt ist, dass auch der **Testamentsvollstrecker** die Vollziehung verlangen kann (BayObLGZ 1986, 34; BayObLG NJW-RR 1991, 523; OLG Karlsruhe FamRZ 2017, 1975; Lange/Kuchinke ErbR § 30 III 3b; diff. NK-BGB/Kroiß Rn. 5, 6); dies folgt schon aus § 2208 Abs. 2, §§ 2203, 2223. Die Vollziehungsberechtigung des Testamentsvollstreckers schließt die anderer in § 2194 ausdrücklich genannter Personen nicht aus; § 2212 gilt nicht entspr. (MüKoBGB/Rudy Rn. 4; aA LG Braunschweig MDR 1955, 169). Darüber hinaus ist klagebefugt derjenige, dem der **Erblasser** in seiner letztwilligen Verfügung ausdrücklich das **Recht eingeräumt** hat, die Vollziehung der Auflage zu verlangen (Grüneberg/Weidlich Rn. 2; Staudinger/Otte, 2019, Rn. 6); der Erblasser kann den Kreis der Berechtigten auch einschränken. 4

**3. Behörden.** Bei **öffentlichem Interesse** an der Vollziehung der Auflage steht das Klagerecht als Partei kraft Amtes der nach Landesrecht (einschlägige landesrechtliche Regelungen bei BeckOGK/Grädler Rn. 9.1; Staudinger/Otte, 2019, Rn. 11) zuständigen Behörde zu. Das öffentliche Interesse ist zu bejahen, wenn die Vollziehung einem Zweck dient, den zu fördern zu den Aufgaben des Staates oder einer sonstigen Person des öffentlichen Rechts zählt. Im Streitfall hat das ordentliche Gericht das Vorliegen dieses Interesses zu prüfen (vgl. OLG Schleswig SchHA 2017, 466). 5

### III. Inhalt und Durchsetzung des Vollziehungsrechts

6 Das Recht auf Vollziehung ist als **fremdnütziges Recht** weder übertragbar noch pfändbar. Die Vollziehungsberechtigung der Erben geht bei deren Tod auf ihre Erben über (jurisPK-BGB/Linnartz Rn. 7; MüKoBGB/Rudy Rn. 6; Soergel/Magnus Rn. 11; Staudinger/Otte, 2019, Rn. 7; aA BeckOGK/Grädler Rn. 19; NK-BGB/Kroiß Rn. 13; Vorwerk ZEV 1998, 297 (298)). Ansonsten gibt es keine Rechtsnachfolge in die Vollziehungsberechtigung. Der Vollziehungsberechtigte kann nur Leistung an den Begünstigten verlangen (zur Bestimmtheit des Klagantrags OLG Schleswig SchlHA 2017, 466). Bei Nichterfüllung besteht kein Schadensersatzanspruch, da ein Schaden begrifflich ausgeschlossen ist (vgl. aber § 2196) (MüKoBGB/Rudy Rn. 9). Ob sich die Auflage dann auf einen Ersatzgegenstand erstreckt und ob eine Veränderung der Verhältnisse zu einer inhaltlichen Änderung der Auflage führt, ist Auslegungsfrage. Eine Verpflichtung, die Vollziehung der Auflage zu verlangen, besteht nicht.

7 Ein ausdrücklicher **Verzicht** auf das Vollziehungsrecht ist zulässig, wenn er dem Willen des Erblassers entspricht (Soergel/Magnus Rn. 12; Grüneberg/Weidlich Rn. 1; Muscheler Rn. 2684; weitergehend MüKoBGB/Rudy Rn. 7; Staudinger/Otte, 2019, Rn. 13; NK-BGB/Kroiß Rn. 18; enger Lange/Kuchinke ErbR § 30 III 3c). Eine Vereinbarung, welche die Durchsetzung des Vollziehungsanspruchs vereiteln soll, verstößt gegen § 138 (BGHZ 121, 357 (367) = NJW 1993, 2168; BeckOGK/Grädler Rn. 21; Haß SchlHA 1978, 61; zurückhaltender MüKoBGB/Rudy Rn. 7).

8 Der Vollziehungsanspruch entsteht mit dem Erbfall, bei einer bedingten oder befristeten Auflage mit dem Eintritt der Bedingung oder des Termins. Für die **Verjährung** gelten jetzt die allgemeinen Vorschriften nach §§ 195 ff.

9 Im Wege der Klage kann der Vollziehungsberechtigte verlangen, dass der Beschwerte die Auflage vollzieht. Die Klage kann nach § 27 ZPO am **Gerichtsstand der Erbschaft** erhoben werden.

## § 2195 Verhältnis von Auflage und Zuwendung

**Die Unwirksamkeit einer Auflage hat die Unwirksamkeit der unter der Auflage gemachten Zuwendung nur zur Folge, wenn anzunehmen ist, dass der Erblasser die Zuwendung nicht ohne die Auflage gemacht haben würde.**

### Überblick

Die Bestandsunabhängigkeit der Auflage ist die Regel, es sei denn, dem Erblasser kam es in erster Linie auf die Erfüllung der Auflage an (→ Rn. 1). Im umgekehrten Fall führt eine Unwirksamkeit der Zuwendung idR nicht zur Unwirksamkeit der angeordneten Auflage (→ Rn. 4). Die Beweislast für die Abhängigkeit der Zuwendung von der Wirksamkeit der Auflage hat derjenige, der die Unwirksamkeit der Zuwendung geltend macht (→ Rn. 5).

### I. Normzweck

1 Die Vorschrift bestätigt für die Auflage den Grundsatz des § 2085. Die **Selbstständigkeit der Auflage** ist danach die Regel, es sei denn, dem Erblasser kam es in erster Linie auf die Erfüllung der Auflage an.

### II. Unwirksamkeit der Auflage

2 Die vom Tatbestand vorausgesetzte Unwirksamkeit der Auflage darf nur dann angenommen werden, wenn die nach § 2084 gebotene Auslegung ergibt, dass dem Erblasserwillen nicht durch eine andere Form der Vollziehung Geltung verschafft werden kann (vgl. OLG München ZEV 2022, 42). Eine Veränderung der Umstände macht die Auflage noch nicht unwirksam, wenn dem mit ihr zum Ausdruck gebrachten Willen des Erblassers auf eine andere Art der Vollziehung Rechnung getragen werden kann (BGH NJW 1965, 688 = LM Nr. 1 mAnm Kreft; Soergel/Magnus Rn. 3).

3 Unwirksamkeit der Auflage kann von Anfang an bestehen (Unmöglichkeit, Sittenwidrigkeit, Anfechtung) oder nachträglich eintreten (Ausfall oder Eintritt einer Bedingung). Der Grund der Unwirksamkeit sowie der Zeitpunkt ihres Eintritts sind unerheblich (BeckOGK/Grädler Rn. 4).

4 Umgekehrt entfällt die Auflage nicht notwendig durch eine Unwirksamkeit der Zuwendung (RG Gruchot 52, 1087, wo allerdings iErg ein Abhängigkeitsverhältnis bejaht wurde). Wird der vom Erblas-

ser in Aussicht genommene Beschwerte nicht Erbe oder Vermächtnisnehmer, so bleibt die Auflage zu Lasten der nachrückenden Erben oder Vermächtnisnehmers erhalten (BeckOGK/Grädler Rn. 6).

## III. Beweislast

Da die Bestandsunabhängigkeit der Regelfall ist, hat die **Beweislast** für die Abhängigkeit der Zuwendung von der Wirksamkeit der Auflage derjenige, der die Unwirksamkeit der Zuwendung geltend macht (NK-BGB/Kroiß Rn. 6). 5

## § 2196 Unmöglichkeit der Vollziehung

**(1) Wird die Vollziehung einer Auflage infolge eines von dem Beschwerten zu vertretenden Umstands unmöglich, so kann derjenige, welchem der Wegfall des zunächst Beschwerten unmittelbar zustatten kommen würde, die Herausgabe der Zuwendung nach den Vorschriften über die Herausgabe einer ungerechtfertigten Bereicherung insoweit fordern, als die Zuwendung zur Vollziehung der Auflage hätte verwendet werden müssen.**

**(2) Das Gleiche gilt, wenn der Beschwerte zur Vollziehung einer Auflage, die nicht durch einen Dritten vollzogen werden kann, rechtskräftig verurteilt ist und die zulässigen Zwangsmittel erfolglos gegen ihn angewendet worden sind.**

### Überblick

Bei verschuldeter Unmöglichkeit hat der Beschwerte die Zuwendung nach bereicherungsrechtlichen Grundsätzen insoweit herauszugeben, als sie zur Erfüllung der Auflage zu verwenden gewesen wäre. Die Bestimmung greift nur ein, wenn die Zuwendung wirksam bleibt, obwohl die Erfüllung der Auflage unmöglich geworden ist. § 2196 setzt voraus, dass die Unmöglichkeit der Vollziehung der Auflage vom Beschwerten zu vertreten ist (→ Rn. 2). Hat der Beschwerte die Unmöglichkeit nicht zu vertreten, wird er gem. § 275 von der Verpflichtung zur Leistung der Auflage frei (→ Rn. 5). Die Verpflichtung zur Herausgabe erstreckt sich auf die Nutzungen, die aus dem Gegenstand der herauszugebenden Zuwendung gezogen wurden, sowie auf dasjenige, was der Zuwendungsempfänger auf Grund des erlangten Rechts oder als Ersatz für die Zerstörung, Beschädigung oder Entziehung des zugewendeten Gegenstands erwirbt (→ Rn. 7).

## I. Normzweck

Hinter der – in der Praxis nahezu bedeutungslosen – Vorschrift steht die Erwägung, dass der Beschwerte nicht den Vollzug der Auflage soll vereiteln und gleichwohl die Zuwendung, die er zur Vollziehung der Auflage hätte verwenden müssen, behalten dürfen. Bei **verschuldeter Unmöglichkeit** soll sich der Beschwerte nicht bereichern dürfen, sofern nicht überhaupt die Zuwendung nach dem Erblasserwillen entfällt. 1

## II. Voraussetzungen des Anspruchs

Die Bestimmung greift nur ein, wenn die Zuwendung wirksam bleibt (vgl. § 2195), obwohl die Erfüllung der Auflage **unmöglich** geworden ist. § 2196 setzt voraus, dass die Unmöglichkeit der Vollziehung der Auflage vom Beschwerten zu vertreten ist. Für das Vertretenmüssen gilt der allgemeine Maßstab des § 276; für Hilfspersonen haftet der Beschwerte nach § 278 (zur Unmöglichkeit bei Verbrauch der Nachlassmittel OLG Schleswig SchlHA 2017, 466). Der Erblasser kann die Nichtvollziehung der Auflage auch zur auflösenden Bedingung der Zuwendung machen. 2

§ 2196 ist **nicht zwingend.** Insbesondere ist bei Unmöglichkeit der Leistung zu prüfen, ob sich die Auflage nach dem Willen des Erblassers nicht auf einen Ersatzgegenstand erstreckt oder dem Erblasserwillen durch eine andere Art der Vollziehung Rechnung getragen werden kann. Die Vorschrift gilt entspr., wenn der Erblasser einen gesetzlichen Erben mit einer Auflage belastet hat (BeckOGK/Grädler Rn. 7; RGRK-BGB/Johannsen Rn. 6). 3

Das Gleiche wie bei der zu vertretenden Unmöglichkeit (Abs. 1) gilt nach **Abs. 2** dann, wenn der Beschwerte zur Vollziehung einer Auflage, die nicht durch einen Dritten vollzogen werden kann, rechtskräftig verurteilt ist und die Zwangsvollstreckung gegen ihn ergebnislos verläuft. Gemeint ist die Zwangsvollstreckung nach § 888 ZPO (unvertretbare Handlung) und § 890 4

ZPO (Unterlassung und Duldung). Kann auch ein Dritter die Auflage vollziehen, erfolgt die Zwangsvollstreckung nach § 887 ZPO ohnehin auf Kosten des Schuldners.

5 Hat der Beschwerte die Unmöglichkeit nicht zu vertreten, wird er gem. § 275 von der Verpflichtung zur Leistung der Auflage frei; die Zuwendung verbleibt ihm dann ungeschmälert.

## III. Anspruchsberechtigung

6 Nicht jeder Vollziehungsberechtigte nach § 2194 ist anspruchsberechtigt, sondern nur derjenige, dem der Wegfall des zunächst Beschwerten unmittelbar zustatten kommen würde. Nicht anspruchsberechtigt ist demnach der Testamentsvollstrecker (MüKoBGB/Rudy Rn. 4; Soergel/Magnus Rn. 4; abw. Sturm, Der Vollziehungsberechtigte der erbrechtlichen Auflage und seine Befugnisse, 1985, 186), wohl aber uU der Auflagenbegünstigte (→ § 2194 Rn. 1 ff. f.) (Burandt/Rojahn/Burandt Rn. 3; MüKoBGB/Rudy Rn. 4; aA Soergel/Magnus Rn. 4). Steht der Anspruch mehreren Personen zu, so kann bei einer teilbaren Leistung jeder nur den auf ihn entfallenden Teil fordern (§ 420), bei einer unteilbaren Leistung gilt § 432.

## IV. Inhalt des Anspruchs

7 Erreicht werden soll, dass der Beschwerte wirtschaftlich nicht besser steht, als wenn er die Auflage erfüllt hätte. Die Zuwendung ist daher nach **bereicherungsrechtlichen Grundsätzen** insoweit herauszugeben, als sie zur Erfüllung der Auflage zu verwenden gewesen wäre. Die Verpflichtung zur Herausgabe erstreckt sich auf die **Nutzungen,** die aus dem Gegenstand der herauszugebenden Zuwendung gezogen wurden, sowie auf dasjenige, was der Zuwendungsempfänger auf Grund des erlangten Rechts oder als Ersatz für die Zerstörung, Beschädigung oder Entziehung des zugewendeten Gegenstands erwirbt (§ 818 Abs. 1). Ist die Herausgabe wegen der Beschaffenheit der Zuwendung nicht möglich oder ist der Beschwerte aus einem anderen Grunde zur Herausgabe außerstande, so hat er den Wert der Zuwendung zu ersetzen (§ 818 Abs. 2).

8 Der Anspruch kann nicht nur entstehen, wenn die Auflage – was freilich die Regel sein wird – eine geldwerte Leistung zum Gegenstand hatte, sondern auch, wenn ihre Erfüllung mit Kosten verbunden gewesen wäre, zB Grabpflege (MüKoBGB/Rudy Rn. 8; Soergel/Magnus Rn. 9). Die Verpflichtung zur Herausgabe oder zum Wertersatz ist ausgeschlossen, wenn der Empfänger der Zuwendung nicht mehr bereichert ist (§ 818 Abs. 3). Die Haftung des Beschwerten verschärft sich nach allgemeinen Regeln mit Eintritt der Rechtshängigkeit (§ 818 Abs. 4) und sobald er Kenntnis davon erlangt, dass die Erfüllung der Auflage infolge eines von ihm zu vertretenden Umstands unmöglich geworden ist (§ 819). Eine Verpflichtung des Anspruchsberechtigten, die Auflage mit dem Erlangten zu erfüllen, ist nicht anzuerkennen (BeckOGK/Grädler Rn. 14; MüKoBGB/Rudy Rn. 8; Soergel/Magnus Rn. 10; Staudinger/Otte, 2019, Rn. 6; aA Kipp/Coing ErbR § 65 III; v. Lübtow ErbR I 396).

## V. Verjährung

9 Ist der Anspruch auf Vollziehung einer Auflage (§ 2194) verjährt und tritt danach die Unmöglichkeit der Vollziehung ein, kann der auf Herausgabe der Zuwendung in Anspruch Genommene sich auf die eingetretene **Verjährung** berufen, selbst wenn der Anspruch aus § 2196 noch nicht verjährt ist (OLG Frankfurt FamRZ 2013, 1165).

# Titel 6. Testamentsvollstrecker

### § 2197 Ernennung des Testamentsvollstreckers

**(1) Der Erblasser kann durch Testament einen oder mehrere Testamentsvollstrecker ernennen.**

**(2) Der Erblasser kann für den Fall, dass der ernannte Testamentsvollstrecker vor oder nach der Annahme des Amts wegfällt, einen anderen Testamentsvollstrecker ernennen.**

**Schrifttum:** Adams, Interessenkonflikte des Testamentsvollstreckers, 1997.

## Überblick

Die Vorschrift gewährt dem Erblasser die Möglichkeit, durch Verfügung von Todes wegen einen oder mehrere Testamentsvollstrecker zu ernennen. Ferner wird ihm gestattet, auch einen Ersatztestamentsvollstrecker zu ernennen.

## Übersicht



## I. Gesetzesüberblick

1 Die §§ 2197–2202 behandeln die Ernennung des Testamentsvollstreckers, die Annahme des Amts und seine Ablehnung, die §§ 2203–2209 legen die Regelaufgaben und die Befugnisse fest, § 2210 behandelt die Dauer der Verwaltungsvollstreckung, die §§ 2211–2214 enthalten die Verfügungsbeschränkungen des Erben, das Prozessführungsrecht des Testamentsvollstreckers und den Pfändungsschutz vor Eigengläubigern des Erben. Die §§ 2215–2220 regeln die Rechte und Pflichten des Testamentsvollstreckers gegenüber den Erben, insbes. auch seine Haftung (§ 2219), § 2221 die Vergütung des Testamentsvollstreckers. Die §§ 2222, 2223 betreffen die Sonderfälle der Nacherben- und Vermächtnisvollstreckung, § 2224 die Ausübung des Amts durch mehrere Testamentsvollstrecker. Die §§ 2225–2227 regeln die vorzeitige Beendigung des Amts des konkret amtierenden Testamentsvollstreckers, insbes. bei seinem Tod, bei Kündigung und bei Entlassung; § 2228 gewährt ein Akteneinsichtsrecht bei Glaubhaftmachung eines rechtlichen Interesses.

## II. Allgemeines zur Testamentsvollstreckung

2 **1. Sondervermögen.** Durch die Anordnung einer Testamentsvollstreckung kann der Erblasser in besonders starker Weise die Durchsetzung seiner verschiedensten **Vorstellungen über den Tod hinaus sichern und Einfluss auf den Nachlass nehmen** (→ § 2209 Rn. 4) (zu den verschiedenen Zwecken der Testamentsvollstreckung s. Nieder/Kössinger Testamentsgestaltung-HdB/R. Kössinger § 15 Rn. 4; Schleifenbaum ErbR 2015, 170). Dabei leitet der Testamentsvollstrecker seine Legitimation direkt vom Willen des Erblassers ab (Staudinger/Dutta, 2021, Vor § 2197 Rn. 6; Bengel/Reimann TV-HdB/Dietz § 1 Rn. 2). Er wird im Interesse des Erblassers und nicht der Erben tätig. Als Instrument der erbrechtlichen Gestaltung kommt der Anordnung der Testamentsvollstreckung große praktische Bedeutung zu. Durch die Anordnung greift der Erblasser in die sonst unbeschränkte Rechts- und Handlungszuständigkeit des Erben ein. Es kommt zu einer Trennung von Inhaberschaft und Ausübung der Rechte (Lange ErbR § 64 Rn. 86; MüKoBGB/Zimmermann § 2205 Rn. 1, 3): Der Erbe behält zwar die Rechtsträgerschaft, der vom Testamentsvollstrecker verwaltete Nachlass(-teil) wird jedoch ein **Sondervermögen,** das mit dem Erbfall vom sonstigen (Eigen-)Vermögen des Erben getrennt ist (vgl. BGHZ 48, 214 = NJW 1967, 2399; Bengel/Reimann TV-HdB/Dietz § 1 Rn. 3). Soweit das Verwaltungsrecht des Testamentsvollstreckers reicht, ist der Erbe idR von der rechtlichen (§ 2211) und der tatsächlichen Verfügungsmöglichkeit ausgeschlossen (§ 2205); Eigengläubigern des Erben ist die Zwangsvollstreckung in den Nachlass insoweit verwehrt (§ 2214). Soweit der Testamentsvollstrecker in Ausübung

seines Amts Verpflichtungen begründet, handelt es sich um Nachlassverbindlichkeiten (§§ 2206, 2207), auch wenn diese uU lange nach dem Erbfall entstehen. Der Erbe kann daher die Haftung hierfür nach erbrechtlichen Grundsätzen beschränken.

3 Grundsätzlich stellt der Nachlass in der Hand des Alleinerben kein Sondervermögen dar; vielmehr verschmilzt der ererbte Nachlass dem Eigenvermögen des Erben zu einer Einheit. Wegen des Zusammenfallens von Gläubiger- und Schuldnerstellung in der Hand des **Alleinerben** tritt **Konfusion** ein. Dies ist bei einer angeordneten Testamentsvollstreckung **nicht der Fall,** da dem Erben die Verfügungsgewalt über die geerbten, aber der Testamentsvollstreckung unterliegenden Nachlassbestandteile entzogen ist (BeckOGK/Grotheer § 2205 Rn. 15, 28; Lange ErbR § 64 Rn. 86, 89).

4 **2. Aufgabeneröffnung durch Erblasseranordnung.** Der Erblasser entscheidet nicht nur, **ob** eine Testamentsvollstreckung über seinen Nachlass stattfindet. Er kann ferner die zeitlichen und gegenständlichen Grenzen, aber auch noch weitere Einzelheiten, also das **„Wie"** der Testamentsvollstreckung, in sehr großem Umfang nach seinen Vorstellungen bestimmen. Zur Durchführung der vielfältigen, vom Erblasser verfolgten Aufgaben stellt ihm das Gesetz drei **Grundtypen der Testamentsvollstreckung** zur Verfügung: Den Regelfall der ausführenden oder Abwicklungsvollstreckung (§§ 2203, 2204), die reine Verwaltungsvollstreckung (§ 2209 S. 1 Hs. 1) und die Dauervollstreckung (§ 2209 S. 1 Hs. 2) mit einer Verwaltung des Nachlasses nach Erledigung der sonst getroffenen Auflagen. Daneben bestehen noch Sonderformen (die Nacherbenvollstreckung, § 2222; die Vermächtnisvollstreckung, § 2223; die lediglich beaufsichtigende Testamentsvollstreckung, § 2208 Abs. 2).

5 Ein großer **Teil der praktischen Probleme** der Testamentsvollstreckung resultiert daraus, dass die Befugnisse (§§ 2203–2209) des Testamentsvollstreckers im Gesetz nur sehr allgemein umschrieben sind. Die konkrete Zulässigkeit der Maßnahmen bestimmt sich immer erst aufgrund der vom Erblasser hierzu getroffenen Anordnungen und – da solche meist fehlen – erst durch Rückgriff auf die vom Erblasser mit der Testamentsvollstreckung verfolgten Zwecke. Erst durch diese **funktionale Betrachtungsweise** kann in vielen Fällen der konkrete Umfang der Verwaltungsrechte des Testamentsvollstreckers ermittelt werden. Die Aufgabenstellung des Testamentsvollstreckers bestimmt seine Befugnisse. Denn das Gesetz ermöglicht es, dem Testamentsvollstrecker Rechtsmacht vom weitesten Bereich bis zu den engsten Begrenzungen einzuräumen (Lange ErbR § 64 Rn. 87; Muscheler ErbR II Rn. 2807). Es bedarf daher einer sehr sorgfältigen Ausgestaltung der Anordnung der Testamentsvollstreckung (ausf. und sehr praxisbezogen Rott ErbR 2015, 346).

6 **3. Rechtsstellung des Testamentsvollstreckers. a) Treuhänder und Inhaber eines privaten Amts.** Nach heute hM hat der Testamentsvollstrecker die „Stellung eines Treuhänders und ist Inhaber eines privaten Amts" (BGHZ 25, 275 (279); Grüneberg/Weidlich Vor § 2197 Rn. 2). Weder die sog. „Vertretertheorie", nach der der Testamentsvollstrecker als Vertreter des Nachlasses oder der Erben handelt, noch die reine Treuhandtheorie haben sich durchgesetzt (Bengel/Reimann TV-HdB/Dietz § 1 Rn. 11; zum Theorienstreit ausf. Muscheler ErbR II Rn. 2721 ff.). Dieses private Amt ist dem Testamentsvollstrecker vom Erblasser übertragen. Er übt kraft **eigenen Rechts** die Verwaltungs- und Verfügungsbefugnisse in eigenem Namen über den Nachlass aus (OLG Hamm BeckRS 2019, 5530 Rn. 15; Muscheler ErbR II Rn. 2804), und zwar unabhängig vom Willen des Erben, aber gem. dem Willen des Erblassers (daher fremdnützig) und nach dem Gesetz. Der Testamentsvollstrecker ist wegen dieser selbstständigen Rechtsstellung nicht der Vertreter des Erben oder des Erblassers, auch wenn durch die Annahme des Amts ein gesetzliches „Pflichtverhältnis eigener Art" begründet wird (BGHZ 25, 275 (280)), das im Gesetz in den §§ 2216–2219 näher ausgestaltet ist.

7 Als **Träger eines eigenen Amts** hat der Testamentsvollstrecker gegenüber den Erben eine weitgehende freie, **unabhängige Stellung** (RGZ 133, 128). Man spricht auch von der Machtfülle des Testamentsvollstreckers (Reimann FamRZ 1995, 588). Er darf aber umgekehrt nicht nach subjektiven Beurteilungen entscheiden, sondern allein nach objektiven Gesichtspunkten (Bengel/Reimann TV-HdB/Dietz § 1 Rn. 11) und dem Willen des Erblassers. Diese Rechtsstellung des Testamentsvollstreckers verbietet aber nicht, dass er Vereinbarungen mit den Erben über die Art und Durchführung seiner Aufgaben trifft (etwa einen Auseinandersetzungsvertrag abschließt), wenn er dadurch nur nicht seine **Unabhängigkeit** verliert (Steiner ZEV 2020, 330).

8 Trotz seiner Amtsfunktion ist die Rechtsstellung des Testamentsvollstreckers derjenigen eines **gesetzlichen Vertreters angenähert** (Bengel/Reimann TV-HdB/Dietz § 1 Rn. 12; Staudinger/Dutta, 2021, Vor § 2197 Rn. 20): Eigentümer des Nachlasses ist der Erbe. Im Rahmen der vom Testamentsvollstrecker vorgenommenen Verwaltung treffen die daraus resultierenden Rechte und

Pflichten letztlich auch den Erben. Es gelten daher die Bestimmungen der §§ 181, 211, 278, 254 und 241 ZPO für den Testamentsvollstrecker entspr. (Bengel/Reimann TV-HdB/Dietz § 1 Rn. 12). Wie ein Vertreter, so hat auch der Testamentsvollstrecker bei seinen Handlungen offenzulegen, dass er in dieser Funktion agiert, da er sonst persönlich haftbar gemacht werden kann (arg. § 164 Abs. 2) (Grüneberg/Weidlich Vor § 2197 Rn. 2).

**b) Das Verhältnis des Testamentsvollstreckers zu den Erben.** Zwischen dem Testaments- 9
vollstrecker und dem Erben besteht kein Auftragsverhältnis, sondern ein **gesetzliches Schuldverhältnis** (BeckOGK/Grotheer Rn. 61; Wendt ErbR 2018, 178 (179)). Die Verfügungsbefugnis des Testamentsvollstreckers schließt diejenige des Erben aus (§ 2211). Der Testamentsvollstrecker hat gegenüber dem Erben das Recht, die Herausgabe des Nachlasses (§ 2205 S. 1), den Ersatz seiner notwendigen Aufwendungen (§§ 2218, 670) und eine angemessene Vergütung zu verlangen (§ 2221). Die **Pflichten** des Testamentsvollstreckers gegenüber dem Erben ergeben sich im Wesentlichen aus den §§ 2215–2219 und sind nach den Vorgaben, die der Erblasser machen kann, gem. § 2220 weitgehend zwingend. Nicht im Gesetz geregelt sind die Fälle eines **Interessenkonflikts** zwischen dem Erben und dem Testamentsvollstrecker. Die Rspr. weicht bei einem dauerhaften Interessengegensatz oft auf eine Entlassung nach § 2227 aus (Muscheler AcP 197 (1997), 226 (292); Adams, Interessenkonflikte des Testamentsvollstreckers, 1997).

**c) Verhältnis des Testamentsvollstreckers zum Nachlassgericht.** Da der Testamentsvoll- 10
strecker sein Amt und seine selbstständige Rechtsstellung vom Erblasser ableitet, unterliegt er im Allgemeinen nicht der Aufsicht des Nachlassgerichts. Das Gesetz kennt **keine gerichtliche** oder behördliche **Dauerkontrolle** des Testamentsvollstreckers (Lange ErbR § 64 Rn. 107; eingehend Reimann FamRZ 1995, 588 (589 ff.); BeckOGK/Grotheer Rn. 122; zum Konzept des BGB-Gesetzgebers in diesem Kontext Muscheler ErbR II Rn. 2712). Das gilt selbst dann, wenn der Erblasser dies anordnet, denn bei den Befugnissen des Nachlassgerichts handelt es sich um solche mit öffentlichem Charakter, die keiner privaten Disposition zugänglich sind (BayObLGZ 1953, 357 (361); Reimann FamRZ 1995, 588 (590)). Das Nachlassgericht kann dem Testamentsvollstrecker daher nicht durch **einstweilige Anordnung** ein **konkretes Handeln** untersagen (OLG Köln OLGZ 1987, 280) oder durch Ordnungsstrafen zur Führung seiner Geschäfte anhalten (OLG Zweibrücken NJW-RR 2004, 941; Staudinger/Dutta, 2021, Vor § 2197 Rn. 27). Daran hat sich auch nach dem Inkrafttreten des **FamFG** nichts geändert. Wenn dieses die früher nur richterrechtlich anerkannte Möglichkeit des Erlasses einer einstweiligen Anordnung in den §§ 49 ff. FamFG ausdrücklich normiert, so ist damit keine inhaltliche Erweiterung der Eingriffsbefugnisse in die Rechte des Testamentsvollstreckers verbunden (OLG Karlsruhe ZEV 2013, 205 (206) m. abl. Anm. Reimann = ZErb 2012, 336 m. abl. Anm. Zimmermann; J. Mayer ZEV 2013, 469; aA Zimmermann ZEV 2010, 368; Staudinger/Dutta, 2021, Vor § 2197 Rn. 35; diff.: als „flankierende Maßnahme" bei einem bereits anhängigen Entlassungsverfahren zulässig, wenn die Entlassung sehr wahrscheinlich ist, Zimmermann ZEV 2009, 53 (58)); zur einstweiligen Anordnung im Entlassungsverfahren → § 2227 Rn. 29). Denn das Gesetz sieht in bestimmten Situationen bestimmte Mitwirkungs- und Entscheidungsbefugnisse des Nachlassgerichts vor (§ 2198 Abs. 2, §§ 2200, 2216 Abs. 2 S. 2, § 2224 Abs. 1 S. 1, § 2227, Testamentsvollstreckerzeugnis nach § 2368), die jedoch eine abschließende Regelung der Eingriffsbefugnisse darstellen. Gleichwohl soll das Nachlassgericht einem Testamentsvollstrecker **im Einzelfall** vorläufig die **Aufnahme des Amts untersagen** können (so OLG Schleswig ErbR 2017, 439 (440)).

**d) Verhältnis des Testamentsvollstreckers zum Ergänzungspfleger eines minderjähri- 11
gen Erben.** Nach § 1638 Abs. 1 kann der Erblasser bei einem minderjährigen Erben die Eltern durch letztwillige Verfügung von der Vermögenssorge für das vererbte Vermögen ausschließen. Dann ist für das vererbte Vermögen ein Ergänzungspfleger zu bestellen (§ 1909 Abs. 1 S. 2). Hat der Erblasser eine Person als Ergänzungspfleger benannt, ist diese zu berufen (§ 1917 Abs. 1 Hs. 1). Höchstrichterlich ungeklärt ist, ob die zum Testamentsvollstrecker benannte Person zugleich Ergänzungspfleger sein kann, wenn so vom Erblasser angeordnet, oder ob ein **Interessengegensatz bei dieser Doppelstellung** besteht. Für den Fall, dass testamentarisch der eine Elternteil von der Verwaltung des Nachlasses ausgeschlossen und der andere, den Nachlass gem. § 1638 Abs. 3 S. 1 allein verwaltende Elternteil zum Testamentsvollstrecker berufen ist, hat der BGH keinen Interessenwiderstreit erkennen können. Der Testamentsvollstrecker sei nicht nach § 1629 Abs. 2 S. 1, § 1795 Abs. 2 mit § 181 an der Ausübung seiner elterlichen Sorge gehindert (BGH NJW-RR 2008, 963). Das OLG Hamm hat diese Rspr. auf den Fall übertragen, dass der Bruder des Erblassers zum Ergänzungspfleger bestellt und zugleich als Testamentsvollstecker berufen ist. Eine Doppelstellung führe nicht per se zu einem Interessengegensatz (OLG Hamm ErbR 2018,

272 mAnm Rust; aA OLG Schleswig NJW-RR 2007, 1597 (1598)). Richtigerweise kommt es zu Beurteilung auf die Umstände des Einzelfalles an. So kann es im wohlverstandenen Interesse des minderjährigen Erben liegen, dass die Aufgaben der Testamentsvollstreckung und diejenigen des Pflegers von derselben Person ausgeübt werden; dies muss aber nicht so sein. Zu beachten ist ferner das Widerspruchsrecht des minderjährigen Erben gegen die testamentarische Bestimmung des Ergänzungspflegers nach § 1778 Abs. 1 Nr. 5.

12 **4. Nachweis des Amts.** Das Amt des Testamentsvollstreckers beginnt bereits mit Vorliegen der gesetzlichen Voraussetzungen: Anordnung der Testamentsvollstreckung durch den Erblasser, Eintritt des Erbfalls, uU Ernennung des konkreten Testamentsvollstreckers nach den §§ 2198–2200 und Antritt des Amts. Damit bestehen die Verfügungs- und Verpflichtungsbefugnis des Testamentsvollstreckers und alle mit dem Amt verbundenen Rechte und Pflichten ohne weitere Kundmachung nach außen (Bengel/Reimann TV-HdB/Reimann § 2 Rn. 275). Zur Erleichterung des Rechtsverkehrs bedarf es jedoch der **Publizierung** des Amts, des Amtsinhabers und der damit verbundenen Befugnisse in verschiedenen Registern und Zeugnissen, die zT auch einen gutgläubigen Erwerb ermöglichen, wenn entgegen der dort getroffenen amtlichen Verlautbarung keine Testamentsvollstreckung besteht oder ein anderer Testamentsvollstrecker oder mit anderen Befugnissen berufen ist.

13 **a) Erbschein.** Wegen der sich aus der bestehenden Testamentsvollstreckung ergebenden **Beschränkung** der (dinglichen) Verfügungsmacht des Erben ist die Testamentsvollstreckung im Erbschein anzugeben, § 352b Abs. 2 FamFG (BeckOK FamFG/Schlögel FamFG § 352b Rn. 10).

14 **b) Testamentsvollstreckerzeugnis.** Der eigentlichen Legitimation des Testamentsvollstreckers dient das Testamentsvollstreckerzeugnis mit dem damit verbundenen **öffentlichen Glauben** (§ 2368, → § 2368 Rn. 1 ff.; § 354 FamFG) (Lange ErbR § 80 Rn. 119 ff.). Jedoch kann der Testamentsvollstrecker den Beweis seiner Ernennung und seines Amtsantritts auch in anderer Weise führen, insbes. auch im Grundbuchverkehr durch Vorlage der entsprechenden Verfügung von Todes wegen in einer öffentlichen Urkunde, der Niederschrift über ihre Eröffnung und des Nachweises der Amtsannahme (§ 35 Abs. 2 GBO iVm § 35 Abs. 1 S. 2 GBO) (Staudinger/Dutta, 2021, Vor § 2197 Rn. 118). Eine Amtsannahmebestätigung stellt kein Testamentsvollstreckerzeugnis dar (OLG Braunschweig FGPrax 2019, 83).

15 **c) Grundbuch.** Im Grundbuch ist mit der Eintragung der Erbfolge zugleich der Testamentsvollstreckervermerk einzutragen (§ 52 GBO). Dieser Eintrag **verhindert** materiell-rechtlich einen **gutgläubigen Erwerb** vom Erben (der sonst nach § 2111 Abs. 2 möglich wäre) und sperrt verfahrensrechtlich gegen Verfügungen der Erben (BayObLG ZEV 1999, 67). Zu Einzelheiten → § 2205 Rn. 71. Entsprechende Vermerke gibt es nach § 55 SchRegO und § 86 Abs. 1 LuftRG (dazu etwa Bengel/Reimann TV-HdB/Reimann § 2 Rn. 326). Im Anwendungsbereich des § 35 Abs. 2 S. 2 GBO bedarf es des Nachweises der Annahme des Amts des Testamentsvollstreckers. Im Grundsatz kann der Nachweis der Amtsannahme durch eine gesiegelte Eingangsbestätigung seitens des Nachlassgerichts geführt werden. Daneben kommt der Nachweis der Annahme durch ein sog. Annahmezeugnis in Betracht (OLG Hamm ErbR 2017, 271; OLG München ZEV 2016, 439).

16 **d) Handelsregister. aa) Eintragungsfähigkeit.** Weitgehend geklärt ist, ob die Testamentsvollstreckung im **Handelsregister** verlautbart werden kann oder gar muss, auch wenn eine gesetzliche Regelung fehlt. Die Testamentsvollstreckung über einen **Anteil eines Kommanditisten** ist nach gefestigter Rspr. zulässig und führt auch zu einer dinglich wirkenden Beschränkung der Rechtsmacht seines Inhabers (grdl. BGHZ 108, 187 = NJW 1989, 3152). Ausgehend von einem ganz anderen Verständnis hatte das RG die Eintragungsfähigkeit noch verneint (RGZ 132, 138). Die wohl **überwM in der Lit.** bejaht unter Bezug auf die Wirkungen der Testamentsvollstreckung über den Kommanditanteil nach §§ 2211, 2114 daher die Eintragungsfähigkeit, zumal dies auch Einflüsse auf die Wirksamkeit von Gesellschafterbeschlüssen haben kann (s. Plank ZEV 1998, 325 (327 ff.) mwN; Reimann DNotZ 1990, 190 (194); Ulmer NJW 1990, 73 (82); Soergel/Becker § 2205 Rn. 87; aA Damrau BWNotZ 1990, 69). Begründet wird dies damit, dass die Rspr. den Kreis der eintragungsfähigen Tatsachen auch im anderen Zusammenhang erweitert habe (etwa bei der Befreiung von § 181). Zweck des Handelsregisters sei es auch, die wichtigsten Rechtsverhältnisse des Unternehmens zu verlautbaren, wozu auch die Folgen einer direkten Testamentsvollstreckung an einem KG-Anteil gehören.

17 Der **BGH** hat sich für den Fall der angeordneten **Dauertestamentsvollstreckung an einem Kommanditanteil** der hM angeschlossen und die **Eintragungsfähigkeit** des Testamentsvollstre-

ckervermerks **bejaht** (BGH ZEV 2012, 335 m. krit. Anm. Zimmermann; offen gelassen noch in BGHZ 108, 187 = NJW 1989, 3152 (3153)). Denn grds. hat der Testamentsvollstrecker die Rechte und Pflichten der Erben auch bezüglich des Kommanditanteils auszuüben. Daraus ergeben sich weitreichende Konsequenzen für die Gesellschafterstellung, etwa für die Haftung, weil Eigengläubiger des Gesellschafter-Erben auf den der Verwaltung des Testamentsvollstreckers unterliegenden KG-Anteil nicht zugreifen können. Auch können Änderungen des Gesellschaftsvertrags ohne Zustimmung des Testamentsvollstreckers nicht vorgenommen werden. Aufgabe der **Publizitätsfunktion** des Handelsregisters ist es gerade Auskunft über die Personen zu geben, die entscheidenden Einfluss auf die Geschicke der Gesellschaft haben. Hierzu gehört der Testamentsvollstrecker. Anders sieht es für die **Testamentsvollstreckung in einen GmbH-Anteil** aus. Bei der GmbH gehört der Testamentsvollstreckervermerk nach Ansicht des BGH nicht zu den gesetzlich vorgesehenen Angaben in der Gesellschafterliste (vgl. § 40 Abs. 1 S. 1 GmbHG). Der Grundsatz der Registerklarheit steht einer beliebigen Erweiterung durch freiwillige Angaben der Beteiligten im Wege. Anders als bei der KG besteht bei der GmbH kein Bedürfnis, die Gesellschaftsgläubiger durch die Verlautbarung der Testamentsvollstreckung zu schützen, da die Gesellschafter nicht persönlich haften (§ 13 Abs. 2 GmbHG) (BGH ZEV 2015, 285; zuvor bereits OLG München DNotZ 2012, 305; OLG Köln ZEV 2014, 668 mAnm v. Oertzen; Wicke ZGR 2015, 161 (183)). Der Inhalt der Gesellschafterliste ermöglicht zwar den Erwerb eines Geschäftsanteils vom Nichtberechtigten, schützt jedoch gerade nicht den guten Glauben in Bezug auf die Verfügungsbefugnis des Gesellschafters, die durch die Testamentsvollstreckung eingeschränkt wird. Auch zu seiner Legitimation bedarf der Testamentsvollstrecker dieser Aufnahme nicht, weil ihm das Testamentsvollstreckerzeugnis zur Verfügung steht.

**bb) Anmeldepflicht.** Anmeldeberechtigt aber auch -verpflichtet zur Bewirkung der Eintra- 18
gung eines Gesellschafter-Erben in das Handelsregister ist der **Testamentsvollstrecker,** soweit seine Befugnis reicht (BGHZ 108, 187 (190) = NJW 1989, 3152 für Kommanditanteil; NK-BGB/Kroiß § 2205 Rn. 81; Winkler TV Rn. 288). Jedoch ergibt sich diesbezüglich eine sehr differenzierte Rechtslage, die zum einen auf den vielfältigen Ausgestaltungsmöglichkeiten der Testamentsvollstreckung beruht, zum anderen darauf, dass die Testamentsvollstreckung im handels- und gesellschaftsrechtlichen Bereich nur eingeschränkt zulässig ist (→ § 2205 Rn. 32 ff.). So kann dem Testamentsvollstrecker die Anmeldebefugnis nur bei einer Verwaltungsvollstreckung zustehen, **nicht** aber bei einer nur beaufsichtigenden Testamentsvollstreckung oder bei einer reinen **Abwicklungsvollstreckung** (KG OLGZ 1991, 261 = NJW-RR 1991, 835; OLG Hamm ZEV 2011, 200; OLG München ZEV 2009, 475 = MittBayNot 2010, 144 m. krit. Anm. Tersteegen; Damrau BWNotZ 1990, 69), wenn nicht ausnahmsweise der Testamentsvollstrecker weitere Auseinandersetzungsmaßnahmen durchführen muss, etwa eine Vermächtniserfüllung (NK-BGB/Kroiß § 2205 Rn. 82; Bengel/Reimann TV-HdB/Pauli § 5 Rn. 214b). Das Ausscheiden des Erblassers kann der Testamentsvollstrecker dagegen für die Erben auch dann anmelden, wenn er nur eingeschränkte Aufgaben wahrnimmt (KG OLGZ 1991, 261 = NJW-RR 1991, 835; Bengel/Reimann TV-HdB/Reimann § 2 Rn. 342). Im Übrigen kommt es darauf an, in welcher Art und Weise die Fortführung des Handelsgeschäfts oder der Beteiligung eines vollhaftenden Gesellschafters erfolgt. Dies hängt davon ab, welche der zulässigen „Ersatzlösungen" (→ § 2205 Rn. 35 ff.) gewählt werden (eingehend Mayer/Bonefeld TV-HdB/J. Mayer § 7 Rn. 38 f.; NK-BGB/Kroiß § 2205 Rn. 81 ff.): **(1)** Erfolgt die Fortführung aufgrund der sog. **Vollmachtlösung,** ist allein der Erbe noch Inhaber des Geschäfts oder der Beteiligung und nur dieser ist anmeldepflichtig. **(2)** Wird dagegen die **Treuhandlösung** gewählt, so ist allein der Testamentsvollstrecker Inhaber des Handelsgeschäfts bzw. der Beteiligung, sodass grds. er allein, aber auch nur persönlich und nicht in seiner Eigenschaft als Testamentsvollstrecker, in das Handelsregister eingetragen wird und auch nur er anmeldepflichtig ist. Allerdings bedarf es zunächst einer treuhänderischen Übertragung auf ihn, wofür nach allerdings umstrittener Meinung der Erbe allein zur Anmeldung berechtigt, aber auch verpflichtet ist. Soweit der **Testamentsvollstrecker** zur Anmeldung **befugt** ist, besteht grds. **kein** eigenes Anmelderecht der Erben (Schaub ZEV 1994, 71 (78); Bengel/Reimann TV-HdB/Reimann § 2 Rn. 342; offenlassend BGHZ 108, 187 = NJW 1989, 3152). Davon muss allerdings dann eine Ausnahme gemacht werden, wenn durch das Verhalten des Testamentsvollstreckers eine eigene persönliche Haftung des Gesellschaftererben droht, etwa weil der Testamentsvollstrecker die vom Erben nach § 139 HGB gewählte Stellung als Kommanditist nicht in das Handelsregister eintragen lässt (Bengel/Reimann TV-HdB/Pauli § 5 Rn. 213; aA Schaub ZEV 1994, 71 (78)).

**e) Europäisches Nachlasszeugnis.** Das Europäische Nachlasszeugnis dient auch Testaments- 19
vollstreckern, die sich **in einem anderen Mitgliedstaat** auf ihre Rechtsstellung berufen oder

ihre Befugnisse ausüben müssen, als Nachweis (Art. 63 EuErbVO). Der korrespondierende Gutglaubensschutz ist in Art. 69 Abs. 3 und 4 EuErbVO geregelt. Dem Testamentsvollstrecker steht das Recht zu, ein Nachlasszeugnis zum Nachweis seiner Befugnisse zu beantragen (zum Inhalt vgl. Art. 68 EuErbVO). Anders als das Testamentsvollstreckerzeugnis nach deutschem Recht schützt das Europäische Nachlasszeugnis einerseits auch den guten Glauben an den Fortbestand des Amtes (Art. 69 Abs. 3 und 4 EuErbVO), ist andererseits aber gem. Art. 70 EuErbVO; § 42 IntErbRVG in seiner Gültigkeit auf sechs Monate befristet (BeckOGK/Grotheer Rn. 136; Lange DNotZ 2012, 168 (178)).

## III. Normzweck des § 2197

20 Im Testamentsvollstreckerrecht ist zwischen der Anordnung der Testamentsvollstreckung (dem **Amt im abstrakt-funktionellen Sinne**) und der Ernennung des Testamentsvollstreckers als Bestimmung einer bestimmten Person, also des Amtsinhabers, zu unterscheiden (Lange ErbR § 63 Rn. 24, 28). Leider ist schon das Gesetz insoweit nicht präzise. § 2197 betrifft unmittelbar nur die Ernennung des Testamentsvollstreckers, was aber als notwendige Bedingung wiederum die Anordnung der Testamentsvollstreckung durch den Erblasser voraussetzt. Die Norm selbst bestimmt zum einen die **Form** der Ernennung des Testamentsvollstreckers durch den Erblasser. Zum anderen wird klargestellt, dass der Erblasser einen oder mehrere Testamentsvollstrecker ernennen kann, auch einen **Ersatz-Testamentsvollstrecker** (Abs. 2) (MüKoBGB/Zimmermann Rn. 1).

## IV. Anordnung der Testamentsvollstreckung

21 **1. Grundsatz der Eigenanordnung, Form.** Kein Testamentsvollstrecker ohne eine letztwillige Anordnung der Testamentsvollstreckung: Diese Anordnung ist also logisch stets der Ernennung des individuellen Testamentsvollstreckers vorgelagert. Sie ist Verfügung von Todes wegen und muss dabei immer durch den Erblasser selbst erfolgen (Grundsatz der Eigenanordnung, § 2065). Eine Vertretung im Willen scheidet dabei aus (BeckOGK/Grotheer Rn. 210; Lange ErbR § 63 Rn. 34). Nur die Bestimmung der Person des Testamentsvollstreckers kann nach Maßgabe der §§ 2198–2200 einem anderen überlassen werden (→ Rn. 28 ff.). Es muss sich um eine definitive Anordnung handeln, dass der Eintritt der Testamentsvollstreckung so vom Erblasser gewollt ist, nicht nur um einen Wunsch oder eine unverbindliche Vorstellung (LG Darmstadt ZEV 2002, 320). Die Anordnung der Testamentsvollstreckung geschieht in der **Form** eines **Testaments,** ohne dass dort weitere Bestimmungen enthalten sein müssen (OLG Saarbrücken NJW-RR 2019, 906 (907)). Sie kann wie jede einseitige Verfügung auch jederzeit widerrufen werden (§§ 2253 ff.). Die Anordnung durch **Rechtsgeschäft unter Lebenden** ist nicht möglich (Bengel/Reimann TV-HdB/Reimann § 2 Rn. 22). Hierin können jedoch uU ein Auftrag und eine aufgrund desselben erteilte Vollmacht (§ 168) gesehen werden, die zwar über den Tod hinaus fortdauern (§ 672), dann jedoch durch den Erben widerruflich sind (§ 671) (MüKoBGB/Zimmermann Rn. 19).

22 Die Anordnung der Testamentsvollstreckung kann auch in ein **gemeinschaftliches Testament** (§§ 2265 ff.) oder in einen Erbvertrag aufgenommen werden, dort aber nicht die besondere Qualität einer wechselbezüglichen (vgl. § 2270 Abs. 3) oder vertragsmäßigen Verfügung (§ 2299 Abs. 1, § 2278 Abs. 2) erhalten (zur Frage, ob der nachträgliche Austausch der Person des Testamentsvollstreckers dem längerlebenden Erben gestattet ist, OLG Schleswig ZEV 2020, 158 mAnm Knittel). Daher kann sie auch dann jederzeit und nur unter Beachtung der §§ 2253 ff. vom verfügenden Erblasser widerrufen werden (BeckOGK/Grotheer Rn. 212; Staudinger/Dutta, 2021, Rn. 19). Da das gemeinschaftliche Testament wie auch der zweiseitige Erbvertrag Verfügungen von Todes wegen durch mehrere Personen enthalten, ist klar zu formulieren, wessen Nachlass von der Testamentsvollstreckung erfasst sein soll. In Zweifelsfällen tendiert die Rspr. dazu, bei Ehegattenerbverträgen und gemeinschaftlichen Testamenten für die Nachlässe beider Ehegatten je eine Testamentsvollstreckung anzunehmen (BayObLGZ 1985, 233 (239) = FamRZ 1985, 1187), insbes. wenn ein Dritter und nicht der Längerlebende zum Testamentsvollstrecker berufen wird. Von einer Anordnung nur für den zweiten Erbfall ist aber dann auszugehen, wenn sich die Ehegatten gegenseitig zu Alleinerben einsetzen, für den ersten Todesfall keine besonderen ausführungsbedürftigen Anordnungen treffen und auch keine Anhaltspunkte für eine Dauervollstreckung vorhanden sind (KG HRR 1937 Nr. 259; Granicky NJW 1957, 407; Staudinger/Dutta, 2021, Rn. 19; MüKoBGB/Zimmermann Rn. 5; zur Möglichkeit der Abänderung durch den überlebenden Ehegatten nach dem ersten Erbfall Tanck ZErb 2014, 269).

**2. Wirksamkeit der Anordnung.** Die Wirksamkeit der Anordnung setzt die Wirksamkeit der sie enthaltenden Verfügung von Todes wegen voraus. Der Erblasser muss daher **testierfähig** sein (§ 2229). Auch darf die Anordnung der Testamentsvollstreckung nicht gegen das Gesetz oder die guten Sitten verstoßen (§§ 134, 138), wobei in der Rspr. hierzu diskutierte Problembereiche die Einsetzung der Lebenspartnerin im sog. „Mätressen-Testament" (BGH FamRZ 1954, 194 (198) = NJW 1954, 1364; die Entscheidung ist überholt, vgl. Lange ErbR § 12 Rn. 51 f.), das Behinderten-Testament (BGHZ 111, 36 = NJW 1990, 2055; BGHZ 123, 368 = NJW 1994, 248; BGH ZEV 2020, 41 mAnm Zimmer) und die Einflussnahme auf die Religions- und Gewissensfreiheit durch entsprechende Verfügungen sind (zur Sittenwidrigkeit der Testamentsvollstreckung, wenn der Erbe weiterhin der Scientology Church angehört, LG Düsseldorf NJW 1987, 3141; aufgehoben durch OLG Düsseldorf NJW 1988, 2615). Auch durch eine Anfechtung (§§ 2078 ff.) oder infolge einer ergänzenden Auslegung kann die Anordnung entfallen, etwa wenn die Gründe, weswegen die Testamentsvollstreckung angeordnet wurde, im Erbfall keine Rolle mehr spielen (BayObLG NJW-RR 2002, 367: Irrtum über die künftige Entwicklung des Lebenswandels der als Erbin eingesetzten Tochter – dort auch zur Abgrenzung von Anfechtung und Auslegung). Des Weiteren muss der Erblasser die **Testierfreiheit** besitzen, darf also nicht durch eine Verfügung von Todes wegen in einem Erbvertrag oder durch ein gemeinschaftliches Testament gebunden sein. Gegenüber einem Vertragserben eines **Erbvertrags** kann daher die Anordnung der Testamentsvollstreckung grds. nur in dem gleichen Erbvertrag selbst erfolgen (§ 2289 Abs. 1 S. 1 wirkt gegen frühere → § 2289 Rn. 4, Abs. 1 S. 2 gegen spätere Verfügungen → § 2289 Rn. 9), in einem späteren Erbvertrag mit dem gleichen Vertragspartner, bei Vorliegen eines ausreichenden Änderungsvorbehalts (hier sind Beschränkungen möglich und auch häufig, Staudinger/Dutta, 2021, Rn. 48; OLG Stuttgart OLGZ 1979, 49), nach entsprechendem Aufhebungsvertrag (§ 2290), durch gemeinschaftliches Testament der gleichen Ehegatten, die ursprünglich verfügten (§ 2292) oder in den Ausnahmefällen der §§ 2293 ff., 2289 Abs. 2 (Staudinger/Dutta, 2021, Rn. 54). Auch bei einem **gemeinschaftlichen Testament** (§ 2269) kann der längerlebende Ehegatte den bindend eingesetzten Schlusserben grds. nicht mehr durch Anordnung einer Testamentsvollstreckung belasten, wenn nicht eine entsprechende Freistellungsbefugnis ausdrücklich angeordnet ist oder sich durch Auslegung ermitteln lässt (OLG Köln NJW-RR 1991, 525; KG DNotZ 1942, 101; OLG Schleswig ZEV 2020, 158; zum Austausch des Testamentsvollstreckers s. Keim ZEV 2021, 129 ff.) oder wenigstens § 2271 Abs. 3, § 2289 Abs. 2 eingreift. Ist die hinsichtlich des ganzen Nachlasses angeordnete Testamentsvollstreckung bezüglich einzelner Miterben wegen eines Verstoßes gegen eine erbvertragliche Bindung unwirksam, kann die Anordnung gegenüber den anderen gültig sein, wenn die **Erbteilsvollstreckung** dem Erblasserwillen entspricht (BayObLG NJW-RR 1991, 6 (8)). 23

Die Anordnung war in den bis zum 31.12.2009 eingetretenen Erbfällen (vgl. Art. 229 § 23 Abs. 4 EGBGB) nach **§ 2306 Abs. 1 S. 1 aF** unwirksam, wenn damit ein **Pflichtteilsberechtigter** beschwert war, dem nicht mehr als die Hälfte des gesetzlichen Erbteils hinterlassen wurde. Durch die Neufassung des § 2306 Abs. 1 ist der Unwirksamkeitsgrund für die ab dem 1.1.2010 eintretenden Erbfälle entfallen; vielmehr muss nunmehr der Pflichtteilsberechtigte, der mit einer Testamentsvollstreckung belastet ist, unabhängig von der Höhe des ihm zugewandten Erbteils immer ausschlagen, will er sich dieser Anordnung entziehen (ausf. zum Wahlrecht des pflichtteilsberechtigten Erben MüKoBGB/Lange § 2306 Rn. 21 ff.). Auch wegen eines Verstoßes gegen ein **gesetzliches Verbot** kann die Anordnung der Testamentsvollstreckung nichtig sein (§ 134), so etwa die Ernennung eines Heimleiters oder eines Heimmitarbeiters nach § 14 HeimG oder den entsprechenden landesrechtlichen Nachfolgebestimmungen, wenn der Vergütungsanspruch nicht ausgeschlossen ist (KG ZEV 2018, 526 Rn. 22; NK-BGB/Kroiß Rn. 19; Everts ZEV 2006, 544 (546); aA Rossak MittBayNot 1998, 407: bereits die Einsetzung als Testamentsvollstrecker ist eine unzulässige geldwerte Leistung iSv § 14 HeimG; für Abstellen auf Umstände des Einzelfalls G. Müller, Zehn Jahre Deutsches Notarinstitut, 2003, 153, 160). 24

An einem **einzelkaufmännischen Unternehmen** und einer **voll haftenden Gesellschaftsbeteiligung** ist eine direkte Testamentsvollstreckung nach hM nicht anerkannt; sie wird hier nur im beschränkten Umfang, an der sog. „Außenseite des Unternehmens" bzw. der Beteiligung zugelassen (eingehend → § 2205 Rn. 29 ff., → § 2205 Rn. 57) (BGHZ 98, 48 (58) = NJW 1986, 2431; BGH NJW 1985, 1953 (1954); Staudinger/Dutta, 2021, Rn. 59). 25

**3. Bedingte oder beschränkte Anordnung.** Die Anordnung der Testamentsvollstreckung kann auch unter einer aufschiebenden oder auflösenden **Bedingung** oder unter der Bestimmung eines **Anfangs- oder Endtermins** getroffen werden (OLG Köln ZEV 2015, 277; BeckOGK/Grotheer Rn. 205; Klinger ZEV 2021, 148 ff.), zB bis zum Eintritt der Volljährigkeit des Erben. 26

Die Anordnung kann auch (ausdrücklich oder stillschweigend) nur für den Fall getroffen sein, dass eine bestimmte Person Erbe wird. Dient sie nur ganz bestimmten Zwecken (Schutz des Nachlasses vor den Eigengläubigern) und werden diese aber anders erreicht oder die Zweckverfolgung durch Änderung der Verhältnisse gegenstandslos, entfällt damit auch die Testamentsvollstreckungsanordnung (RG LZ 1922, 513; Staudinger/Dutta, 2021, Rn. 67). Lässt sich diese beschränkte Zweckverfolgung nicht durch Auslegung unter Zugrundelegung der Andeutungstheorie ermitteln, so kann die Beschränkung durch Anfechtung beseitigt werden (§§ 2078 ff.), wobei dieser Weg auch dem Erben selbst eröffnet ist (§ 2080) (Staudinger/Dutta, 2021, Rn. 67). Die Testamentsvollstreckung kann auch auf einen Erbteil **(Erbteilsvollstreckung)** (eingehend Muscheler AcP 195 (1995), 35) (→ § 2208 Rn. 10) oder bestimmte Nachlassgegenstände (Grundstücke, Unternehmen) beschränkt werden (→ § 2208 Rn. 8).

27 **4. Wortlaut der Anordnung.** Ein bestimmter Wortlaut ist für die Anordnung der Testamentsvollstreckung nicht vorgeschrieben (RGZ 92, 68 (72); BayObLGZ 1992, 175 (178) = FamRZ 1992, 1354). So liegt regelmäßig in der Übertragung des Bestimmungsrechts auf einen Dritten (§ 2198) oder im Ersuchen an das Nachlassgericht zur Bestimmung eines Testamentsvollstreckers (§ 2200) die (konkludente) Anordnung der Testamentsvollstreckung (Staudinger/Dutta, 2021, Rn. 2). Wie auch sonst im Erbrecht ist bei unklaren Verfügungen der Sinn durch Auslegung zu ermitteln (§ 133) (Staudinger/Dutta, 2021, Rn. 29 f.). Entscheidend ist, dass eine bestimmte Person den Nachlass oder Teile hiervon im fremden Interesse und nach dem Willen und den Anordnungen des Erblassers verwalten soll (MüKoBGB/Zimmermann Rn. 6; zur Abgrenzung von Wünschen vgl. auch OLG Düsseldorf FamRZ 1999, 958). Dann kann auch mit Bezeichnungen wie Pfleger (OLG Rostock OLGE 26, 344; KGJ 20, A 21, 25), Kurator, Beistand, Treuhänder, Verwalter, ja sogar mit der Wendung „Bevollmächtigter" (BayObLGZ 1982, 59 (60) = Rpfleger 1982, 266) eine Testamentsvollstreckung gemeint sein. Jedoch ist eine sorgfältige Auslegung geboten. Abzugrenzen ist nicht nur von **familienrechtlichen Anordnungen** (§ 1639, § 1803, § 1909 Abs. 1 S. 2, § 1917), sondern vor allem von **letztwilligen Zuwendungen.** Für die Letztgenannten spricht, wenn nach dem Willen des Erblassers das eigene Interesse des Berufenen im Vordergrund steht (MüKoBGB/Zimmermann Rn. 7). Zu unterscheiden ist die Anordnung der Testamentsvollstreckung dabei insbes. von der **Erbeinsetzung** unter Auflage (BayObLG ZEV 1996, 33 (34): Beschränkung der Verfügungsmacht entscheidend; vgl. auch BayObLG NJW-RR 2004, 1593 (1594), wo wegen der Besonderheiten des Einzelfalls in der Ernennung einer Person zum Testamentsvollstrecker und der Bestimmung, dass diese über alle Konten und Bankdepots sofort verfügen kann, eine Alleinerbeneinsetzung gesehen wurde), einer **Vermächtniszuwendung** (auch eine großzügig bemessene Testamentsvollstreckervergütung kann ein solches sein), insbes. eines Verwaltungsvermächtnisses (OGHZ 4, 223 (225)), und einer Anordnung nach § 2048 (BayObLGZ 1992, 175 (178)). Große Schwierigkeiten bereitet auch die Unterscheidung, ob eine Vor- und Nacherbschaft angeordnet wird oder nur ein Nießbrauch mit einer Testamentsvollstreckung (sog. Dispositionsnießbrauch). Die **Vorerbschaft** ist dabei regelmäßig dann anzunehmen, wenn das Verwaltungsrecht im eigenen Interesse des Benannten und zu dessen Nutzen eingeräumt werden soll (KGJ 30, A 92, 95; OLG München DNotZ 1938, 172; MüKoBGB/Zimmermann Rn. 7). So etwa, wenn die Ehefrau bis zu ihrem Tod oder zur Wiederverheiratung den „Nießbrauch" und die uneingeschränkte Verfügung über den Nachlass haben soll (BayObLGZ 22, 75). Das Nachlassgericht hat von Amts wegen zu prüfen, ob der Erblasser Testamentsvollstreckung angeordnet hat; ein Auslegungsvertrag zwischen den Erben und der als Testamentsvollstrecker benannten Person entbindet hiervon nicht. Dem in der Vereinbarung zum Ausdruck kommenden Verständnis kommt aber indizielle Bedeutung zu.

## V. Ernennung des Testamentsvollstreckers

28 **1. Ernennung durch das Nachlassgericht.** Die allgemeine Anordnung des Amts der Testamentsvollstreckung muss im Wege der Ernennung eines bestimmten Testamentsvollstreckers durch das Nachlassgericht **umgesetzt** werden. Eine **namentliche Bezeichnung** des Testamentsvollstreckers ist dabei nicht vorgeschrieben, sie kann sich auch hier durch Auslegung ergeben (OLG Rostock ZEV 2020, 156 (157); zu einem Sonderfall in einem gemeinschaftlichen Testament RG BayZ 1921, 148).

29 Die Person des Testamentsvollstreckers kann ernannt werden durch den Erblasser selbst (§ 2197), einen von ihm dazu ermächtigten Dritten (§ 2198), den zunächst berufenen Testamentsvollstrecker selbst, der einen Mitvollstrecker oder einen Nachfolger ernennt (§ 2199), oder durch das Nachlassgericht, das im Testament vom Erblasser hierum ersucht wurde (§ 2200). Hat der Erblasser testa-

mentarisch eine bestimmte Person zum Testamentsvollstrecker bestellt, hat das Nachlassgericht vor Ausstellung des Testamentsvollstreckerzeugnisses zu prüfen, ob bei dieser Person ein Interessenkonflikt vorliegt, der der Tätigkeit als Testamentsvollstrecker entgegenstehen könnte (OLG Rostock ZEV 2020, 156 (158)).

**2. Person des Testamentsvollstreckers. a) Grundsätze.** Das Gesetz enthält nur in § 2201 (Geschäftsunfähigkeit uÄ) eine Einschränkung der Fähigkeit, Testamentsvollstrecker zu werden. Daher kann im Prinzip **jedermann Testamentsvollstrecker** werden (Lange ErbR § 63 Rn. 28), sofern nicht besondere Hinderungsgründe im Einzelfall bestehen. Da er seine Aufgaben und Befugnisse direkt aus der Ernennung durch den Erblasser herleitet, braucht er grds. (anders bei § 2200) keine besondere Eignung oder Ausbildung zu besitzen (Muscheler ErbR II Rn. 2747). Wird ein **gesetzlicher Vertreter,** wie ein Elternteil eines Minderjährigen oder ein Betreuer, zum Testamentsvollstrecker eingesetzt, so kann die damit verbundene Doppelfunktion nach der zT in der Rspr. vertretenen Auffassung wegen eines Interessengegensatzes iSv § 1796 zur Anordnung einer Ergänzungspflegschaft oder Ergänzungsbetreuung führen, insbes. zur Wahrnehmung von Auskunfts- und Kontrollrechten (OLG Köln ZEV 2019, 149 f.; OLG Nürnberg ZEV 2002, 158 m. abl. Anm. Schlüter; OLG Hamm FamRZ 1993, 1122; NK-BGB/Kroiß Rn. 13 f.; anders aber OLG Zweibrücken ZEV 2007, 333; eingehend → § 2218 Rn. 18). Der BGH betont dazu zwar, dass dies einen sich aus dem Einzelfall ergebenden Interessenwiderstreit voraussetzt (BGH ZEV 2008, 330 mAnm Muscheler = FamRZ 2008, 1156 mAnm W. Zimmermann). Er relativiert diese Anforderung aber durch die Feststellung, dass ein „typischer" Interessengegensatz im Regelfall die Annahme rechtfertigen wird, dass es auch im Einzelfall zu Konfliktsituationen kommt, denen durch die Pflegerbestellung vorzubeugen ist (BGH ZEV 2008, 330 (332); krit. gegen diesen Ansatz zu Recht Muscheler ZEV 2008, 333, weil dadurch dem gesetzlichen Vertreter eine Art Beweislast dafür auferlegt wird, dass nach seinem bisherigen Verhalten keine Pflegerbestellung notwendig ist). 30

Ein Erblasser, der durch letztwillige Verfügung einen Sorgeberechtigten des minderjährigen Erben von der Verwaltung des geerbten Vermögens ausschließt (§ 1638 Abs. 1), kann einen Testamentsvollstrecker benennen. Er kann dabei bestimmen, dass der Testamentsvollstrecker zugleich als Ergänzungspfleger die Vermögenssorge bzgl. des geerbten Vermögens ausüben soll; eine solche **Doppelfunktion** soll nicht per se zu einem unvereinbaren Interessengegensatz führen (so OLG Brandenburg ZEV 2019, 151 mAnm Litzenburger ZEV 2019, 152; OLG Hamm NJW-RR 2017, 909 f.). Daran ist zutreffend, dass es nicht auf einen abstrakten Interessengegensatz, sondern auf eine konkrete Gefährdung des Kindeswohls im Einzelfall ankommt. Einerseits besteht damit keine generelle Inkompatibilität zwischen den Funktionen. Andererseits ist die Doppelfunktion auch nicht in jedem Fall zulässig. 31

Auch **juristische Personen** können Testamentsvollstrecker sein (arg. § 2210 S. 3) sowie die **Personenhandelsgesellschaften** OHG und KG (§§ 124, 161 Abs. 1 HGB), die EWIV und die freiberufliche Partnerschaftsgesellschaft nach dem PartGG (Staudinger/Dutta, 2021, Rn. 79; Zimmermann ZEV 2021, 742 ff.). Nach früher hM galt dies nicht für einen nichtrechtsfähigen Verein und auch nicht für eine **GbR:** soweit es sich hierbei aber um einen überschaubaren Personenkreis handelte (Rechtsanwaltssozietät als GbR) konnte aber die Verfügung idR dahingehend ausgelegt werden, dass die einzelnen Mitglieder derselben gemeinsam und persönlich zur Testamentsvollstreckung berufen waren (zur Umsatzsteuerpflicht der Sozietät s. aber BFH NJW 1988, 224). Dies wird man nunmehr großzügiger sehen können. Denn nach der Rspr. des II. ZS des BGH (BGHZ 146, 341 = NJW 2001, 1056; BGH NJW 2002, 1207) besitzt die **GbR** entgegen der früher überwiegend vertretenen individualistischen Auffassung zur Gesamthand eine eigene **Rechtsfähigkeit,** soweit sie als Außengesellschaft durch Teilnahme am Rechtsverkehr eigene Rechte und Pflichten begründet. Dies muss dann konsequenterweise dazu führen, dass man die GbR als fähig ansieht, selbst und als solche Testamentsvollstrecker werden zu können (MüKoBGB/Zimmermann Rn. 9; NK-BGB/Kroiß Rn. 10; Grüneberg/Weidlich Rn. 5; Staudinger/Dutta, 2021, Rn. 79; dem zuneigend Damrau/Tanck/Bonefeld Rn. 49). Jedoch geschieht dies um den Preis einer weitreichenden, akzessorischen und persönlichen Haftung der Gesellschafter analog § 128 HGB (Grüneberg/Sprau § 714 Rn. 12 ff.). Die gleichen Grundsätze gelten für den **nichtrechtsfähigen Verein** (NK-BGB/Kroiß Rn. 10; Grüneberg/Weidlich Rn. 5; Staudinger/Dutta, 2021, Rn. 79). 32

Von der Einsetzung einer juristischen Person als Testamentsvollstrecker zu trennen ist die Frage, wer dort die Aufgaben der Testamentsvollstreckung übernimmt. Zwar ist das Amt höchstpersönlich ausgestaltet und ist der Testamentsvollstrecker nach § 2218 Abs. 1, § 664 Abs. 1 S. 1 im Zweifel zur persönlichen Amtsführung verpflichtet. Doch hilft das bei einer juristischen Person nicht 32a viel weiter als bis zur Aussage, dass dort vorrangig die Geschäftsführung zur Durchführung der Testamentsvollstreckung verpflichtet ist. Ob und inwieweit der Erblasser darüber hinaus Anordnungen zur höchstpersönlichen Amtsführung im Sinne personaler Einschränkungen treffen kann (vgl. § 2208 Abs. 1 S. 1) ist ungeklärt. Zulässig dürfte aber die Anordnung sein, die Fortdauer der Testamentsvollstreckung an das Verbleiben einer bestimmten Person in der Geschäftsführung zu binden.

**33** Aus der **Natur der Sache** oder besonderen gesetzlichen Bestimmungen können sich **Beschränkungen** hinsichtlich der Zulässigkeit der Berufung zum Testamentsvollstrecker ergeben (Staudinger/Dutta, 2021, Rn. 76). So kann etwa eine **Behörde** (§ 1 Abs. 4 BVwVfG) nicht Testamentsvollstrecker werden, weil dies zu einer Erweiterung des gesetzlich festgelegten öffentlichen Wirkungskreises durch privatrechtliche Verfügung führt (OLG Saarbrücken NJW-RR 2019, 906 (907); Lange ErbR § 63 Rn. 29; MüKoBGB/Zimmermann Rn. 9). Jedoch kann die Auslegung ergeben, dass einer ihrer Amtsinhaber aufgrund seiner berufstypischen Sachkompetenz, etwa der gerade amtierende Leiter der Behörde oder der gerade amtierende Notar, zum Testamentsvollstrecker berufen sein soll (BayObLGZ 20, 55; Staudinger/Dutta, 2021, Rn. 80). Diese **institutionalisierende Bezeichnung** führt auch dazu, dass zugleich eine Bestimmung eines Ersatzvollstreckers vorliegt, da der jeweils amtierende Amtsinhaber zur Vollstreckung berufen wird (Staudinger/Dutta, 2021, Rn. 80, der hierauf die zeitliche Beschränkung der § 2210 S. 3, § 2163 Abs. 2 anwenden will). Auch das **Nachlassgericht** oder der zuständige Nachlassrichter können aus dem gleichen Grund nicht ernannt werden (MüKoBGB/Zimmermann Rn. 9). Jedoch wird hier oftmals eine Auslegung ergeben, dass wenigstens nach § 2200 verfahren werden kann (OLG Saarbrücken NJW-RR 2019, 906 (907)).

**34** **b) Rechtsdienstleistungsgesetz, berufsrechtliche Beschränkungen.** Nach § 5 Abs. 2 **RDG** gelten als erlaubte Nebenleistungen Rechtsdienstleistungen, die im Zusammenhang mit einer Testamentsvollstreckung erbracht werden. Daraus ergibt sich, dass die **Testamentsvollstreckung als solche nicht** als **Rechtsdienstleistung** angesehen wird, und zwar unabhängig davon, um welche Art von Testamentsvollstreckung (zB Abwicklungs-, Verwaltungs- oder Dauertestamentsvollstreckung) es sich dabei handelt (Begr. RegE, BT-Drs. 16/6634, 55; Römermann/Kusiak ZErb 2008, 266 (269)). Darüber hinaus sind aber auch alle mit der Testamentsvollstreckung im Zusammenhang stehenden **Rechtsdienstleistungen** als Nebentätigkeit erlaubt, sodass der Vollstrecker Erbquoten ermitteln, die Gültigkeit von Verfügungen von Todes wegen prüfen und diese auch auslegen darf. Für die Feststellung, ob die Tätigkeit erlaubt ist, kommt es daher nur darauf an, dass sie im Zusammenhang mit der Testamentsvollstreckung steht; demgegenüber ist es unerheblich, ob es sich um eine Nebenleistung iSv § 5 Abs. 1 RDG handelt, oder ob ein Nichtjurist diesbezgl. anwaltlichen Rat eingeholt hätte (Grunewald ZEV 2008, 257 (259); vgl. auch Römermann/Kusiak ZErb 2008, 266 (269)). Ein gewisses Korrektiv ergibt sich allerdings durch die Haftungsnorm des § 2219 (eingehend dazu Römermann/Kusiak ZErb 2008, 266 (269)): So kann im Einzelfall der Testamentsvollstrecker verpflichtet sein, bei mangelnder eigener Rechtskenntnis anwaltlichen Rat einzuholen; andernfalls kann er sich haftbar machen (Begr. RegE, BT-Drs. 16/6634, 55). Nicht zu den erlaubten Rechtsdienstleistungen gehören solche, die das Amt des Testamentsvollstreckers erst begründen, wie zB Fragen der Testamentsgestaltung (Begr. RegE, BT-Drs. 16/6634, 55; Römermann/Kusiak ZErb 2008, 266 (269)), und zwar auch dann, wenn eine Bank den nach den Angaben des Erblassers von ihr verfassten Entwurf an einen von ihr beauftragten Rechtsanwalt zur Prüfung weiterleitet (OLG Karlsruhe ZEV 2007, 179; vgl. dazu auch OLG Karlsruhe ZIP 2012, 20).

**35** Unter der Geltung des früheren Rechtsberatungsgesetzes war es lange Zeit heftig umstritten, ob die Tätigkeit eines Testamentsvollstreckers eine grds. erlaubnispflichtige Tätigkeit nach Art. 1 § 1 RBerG darstellte. Diese Streitfrage betraf insbes. die Übernahme der Testamentsvollstreckung durch Banken, Steuerberater, aber auch Wirtschaftsprüfer. Der Wettbewerbssenat des BGH hatte in zwei Entscheidungen vom 11.11.2004 zu Recht ausdrücklich festgestellt, dass die Tätigkeit eines Testamentsvollstreckers keine Besorgung fremder Rechtsangelegenheiten iSv Art. 1 § 1 Abs. 1 S. 1 RBerG ist (für Steuerberater BGH NJW 2005, 968 = ZEV 2005, 123 mAnm Stracke; für Banken BGH NJW 2005, 969 = ZEV 2005, 122; dazu etwa J. Lang ZflR 2005, 353; J. Mayer MittBayNot 2005, 366). Die gesetzliche Regelung im RDG ist daher eine konsequente Weiterentwicklung der höchstrichterlichen Rspr.

**36** **Rechtsanwälte, Steuerberater** und **Wirtschaftsprüfer** sind idR gerade wegen ihrer Berufsverschwiegenheit und Sachkunde besonders als Testamentsvollstrecker geeignet. Dies stellt für sie regelmäßig eine berufstypische Tätigkeit dar (BFH ZEV 1998, 358 mAnm Henssler, betr. Rechtsanwalt; sie ist aber bei einem Wirtschaftsprüfer keine Beratungsleistung iSd § 3a Abs. 4

Nr. 3 UStG, BFHE 202, 191 = NJW-RR 2003, 1702). Ggf. hat der Bankmitarbeiter eine Nebentätigkeitsgenehmigung einzuholen, die das Kreditinstitut nicht mit der pauschalen Behauptung widerstreitender Interessen aufgrund von Geschäftsbeziehungen zum Erblasser/Erben ablehnen darf (ArbG Lörrach ZErb 2016, 260). Besondere berufsrechtliche Beschränkungen bestehen hier prinzipiell nicht (§ 3 BRAO, § 57 Abs. 3 Nr. 2 und 3 StBerG, § 15 S. 1 Nr. 8 BOStB, § 43 WPO) (Staudinger/Dutta, 2021, Rn. 95; eingehend Bengel/Reimann TV-HdB/Sandkühler § 11 Rn. 1 ff. betr. Rechtsanwalt, Rn. 2 ff.; Carlé KÖSDI 1989, 75556). Dem **Rechtsanwalt** ist jedoch die Übernahme des Amts nach § 45 Abs. 2 Nr. 1 BRAO verwehrt, wenn er zuvor gegen den Träger des zu verwaltenden Vermögens tätig geworden ist (zur Erweiterung auf den Sozius s. § 45 Abs. 3 BRAO); vgl. auch das Vertretungsverbot nach § 43a BRAO, das auch im Zusammenhang mit einer Testamentsvollstreckung gilt (Knöfel NJW 2005, 6 (8)). Nach Ansicht des BGH handelt es sich bei § 45 BRAO um ein Verbotsgesetz gem. § 134 BGB (BGH NJW 1997, 946 (947); das OLG Hamburg ZEV 2018, 708 hingegen meint, die Ernennung des Rechtsanwalts sei gleichwohl wirksam, da die Testierfreiheit des Erblassers zur Unanwendbarkeit von § 45 Abs. 2 Nr. 1 BRAO führen soll).

Die Führung eines **Einzelunternehmens** oder die Übernahme einer Vollhaftung bei einer Personenhandelsgesellschaft durch einen Steuerberater oder Wirtschaftsprüfer stellt ein Verstoß gegen das Gewerbeverbot (§ 57 Abs. 4 Nr. 1 StBerG; § 16 BOStB; § 43a Abs. 3 Nr. 1 WPO) dar (Bengel/Reimann TV-HdB/Sandkühler § 11 Rn. 45, 55; zum Steuerberater Streck DStR 1991, 593; zu Abgrenzungsfragen Feiter DStR 2006, 484 (485)). Bezeichnet sich ein Rechtsanwalt als **„zertifizierter Testamentsvollstrecker"**, so erwartet der Verkehr nicht nur, dass er über besondere Kenntnisse verfügt, sondern auch über praktische Erfahrungen auf dem Gebiet der Testamentsvollstreckung; andernfalls liegt eine auch berufsrechtlich (§ 43b BRAO, § 6 BORA) **unzulässige Werbung** vor, die einen Unterlassungsanspruch nach § 8 Abs. 1 S. 1, Abs. 3 Nr. 2, § 5 Abs. 1 S. 2 Nr. 3 UWG begründet (BGH NJW 2012, 235 = DStR 2012, 322 mAnm Rechner; Staudinger/Dutta, 2021, Rn. 95). 37

Bei einer Testamentsvollstreckung durch **Banken** sind zum einen die sich aus § 181 ergebenden Probleme zu beachten (Staudinger/Dutta, 2021, Rn. 96). Zum anderen ist zu berücksichtigen, dass auch das Substitutionsverbot hier Grenzen setzt (allg. → § 2218 Rn. 5 f.). Die sich hier ergebenden praktischen Probleme dürfen nicht unterschätzt werden. So wird die Auffassung vertreten, dass es eine gegen § 2216 verstoßende Verwaltungsmaßnahme darstelle, wenn Nachlassvermögen durch eine Bank in bankeigene Kapitalanlagen oder solche ihrer Tochterunternehmen investiert werde (→ § 2216 Rn. 14) (A. Schmitz ZErb 2005, 74). 38

Der **Notar,** der seine Ernennung zum Testamentsvollstrecker beurkundet, verstößt gegen das Mitwirkungsverbot der §§ 27, 7 BeurkG, sodass diese Anordnung nichtig ist (§ 125); der Fortbestand des übrigen Teils der Verfügung richtet sich nach § 2085 (OLG Bremen NJW-RR 2016, 76 (77); OLG Düsseldorf ZEV 2021, 512; eingehend dazu und zum Folgenden Mayer/Bonefeld TV-HdB/J. Mayer § 24 Rn. 6). In der Praxis wird überwiegend eine **„Ersatzlösung"** als zulässig angesehen. Danach wird in der notariellen Verfügung von Todes wegen lediglich die Anordnung der Testamentsvollstreckung getroffen. Erst durch ein separates **Ergänzungstestament** (privatschriftlich oder vor einem anderen Notar) erfolgt dann die Ernennung des Urkundsnotars, wobei sichergestellt werden muss, dass es zu keiner Verknüpfung mit dem ursprünglichen notariellen Testament kommt (OLG Bremen NJW-RR 2016, 76 (77); OLG Oldenburg DNotZ 1990, 431; LG Göttingen DNotZ 1952, 445; MüKoBGB/Zimmermann Rn. 12). Errichtet der Erblasser im Anschluss an die notarielle Beurkundung einer letztwilligen Verfügung also handschriftlich ein Testament, in dem er den Urkundsnotar zum Testamentsvollstrecker bestimmt, führt dies nicht zur Formunwirksamkeit des privatschriftlichen Testaments (OLG Köln ZEV 2018, 271). Die Beurkundung der Ernennung durch den **Notar-Sozius** hatte der BGH zunächst für zulässig gehalten, auch wenn der beurkundende Sozius über den Sozietätsvertrag später wieder an der Vergütung des Testamentsvollstreckers beteiligt ist (BGH NJW 1997, 946 = DNotZ 1997, 466 mAnm Reimann = ZEV 1997, 113 mAnm Kummer und m. krit. Anm. Moritz JZ 1997, 953). Jedoch verstößt ein solches Verfahren seit dem 8.9.1998 gegen das Mitwirkungsverbot des § 3 Abs. 1 S. 1 Nr. 4 BeurkG; eingefügt durch Gesetz vom 31.8.1998, BGBl. I 2585 (dazu Bengel/Reimann TV-HdB/Sandkühler § 11 Rn. 30 f.). Allerdings wird dadurch die Wirksamkeit der Verfügung nicht berührt (dazu etwa BeckOGK/Gößl BeurkG § 3 Rn. 3). 39

**c) Erbe als Testamentsvollstrecker.** Bei der Einsetzung eines Erben zum Testamentsvollstrecker sind teilweise Beschränkungen zu beachten. Hier gilt der Grundsatz: Eine Testamentsvollstreckung ist nur zulässig, wenn die mit der Erbschaft an sich verbundenen Verwaltungs- und Verfügungsrechte wenigstens teilweise zwischen Erben und Testamentsvollstrecker aufgeteilt werden 40 und sich diese durch „checks and balances" gegenseitig kontrollieren. Ein **Alleinerbe** kann daher grds. nicht der einzige Testamentsvollstrecker sein, da er nicht sich selbst in seiner Herrschaftsmacht beschränken kann (RGZ 77, 177 (178); 163, 57 (58); BayObLG NJW-RR 2005, 232 (233); OLG Düsseldorf FamRZ 2016, 2150 (2152); OLG Jena ZEV 2009, 244 zum alleinigen befreiten Vorerben als einzigem Testamentsvollstrecker; MüKoBGB/Zimmermann Rn. 11; aA Adams ZEV 1998, 321). Jedoch kann ein Alleinerbe oder alleiniger Vorerbe dann zugleich Erbentestamentsvollstrecker sein, wenn sich die Testamentsvollstreckung auf die sofortige Erfüllung eines Vermächtnisses beschränkt und das Nachlassgericht bei groben Pflichtverstößen einen anderen Testamentsvollstrecker ernennen kann (BGH NJW-RR 2005, 591 = ZEV 2005, 205 mAnm Adams; aA aber Bestelmeyer FamRZ 2005, 1829; weitergehender als der BGH dagegen NK-BGB/Kroiß Rn. 11, insbes. ohne Beschränkung auf den sofortigen Vollzug des Vermächtnisses). Dadurch wird insbes. die Pfändung durch Eigengläubiger des Erben in das Vermächtnisobjekt verhindert (§ 2214). Ebenfalls möglich ist auch eine **Vermächtnisvollstreckung** (§ 2223) durch den Alleinerben, da damit der Vermächtnisnehmer belastet wird, oder die Einsetzung des Erben zu **einem von mehreren Testamentsvollstreckern,** die das Amt gemeinschaftlich führen (RGZ 163, 57 (58); KG JFG 11, 121 (125) = JW 1933, 2915 mAnm Löning; Staudinger/Dutta, 2021, Rn. 82; BeckOGK/Grotheer Rn. 71). Ein **Miterbe** kann Testamentsvollstrecker werden, weil er dadurch mehr Rechte erlangt als durch die Erbenstellung (BGHZ 30, 67 = NJW 1959, 1429; MüKoBGB/Zimmermann Rn. 11; BeckOGK/Grotheer Rn. 72 f.). Auch alle Miterben können zu Testamentsvollstreckern berufen werden, weil dann bei Meinungsverschiedenheiten das Nachlassgericht (§ 2224 Abs. 1 S. 1) entscheiden kann und nicht die Mehrheit nach § 2038 Abs. 2 (Grüneberg/Weidlich Rn. 5; MüKoBGB/Zimmermann Rn. 11; der Erblasser kann auch von der gemeinschaftlichen Amtsführung abweichen und Entscheidung durch Mehrheitsbeschluss anordnen, BayObLG Rpfleger 2001, 548 (549)).

**41** Dagegen kann der alleinige **Vorerbe,** mit Ausnahme des Sonderfalls der Vermächtniserfüllung, nicht zum alleinigen Testamentsvollstrecker berufen werden (RGZ 77, 177; OLG Karlsruhe MDR 1981, 943; Staudinger/Dutta, 2021, Rn. 83; Bengel/Reimann TV-HdB/Dietz § 5 Rn. 344; aA Rohlff DNotZ 1971, 527 ff.), auch nicht zum Nacherbentestamentsvollstrecker nach § 2222, da dadurch die Kontrollrechte der Nacherben ausgeschaltet werden können. Möglich sind jedoch folgende Kombinationen der Berufung des Erben zum Testamentsvollstrecker bei der Vor- und Nacherbschaft (→ § 2222 Rn. 4) (Nieder/Kössinger Testamentsgestaltung-HdB/R. Kössinger § 10 Rn. 96 ff.; Staudinger/Dutta, 2021, Rn. 54): Der Vorerbe kann ernannt werden zum Vermächtnisvollstrecker (§ 2223) oder der alleinige Vorerbe neben anderen Mitvollstreckern an der Vorerbschaft zum Testamentsvollstrecker, wenn gewährleistet ist, dass bei Wegfall eines Testamentsvollstreckers der Vorerbe nicht zur alleinigen Vollstreckung berufen ist (BayObLGZ 1976, 67 = NJW 1976, 1692). Möglich ist auch, einen Mitvorerben zum Testamentsvollstrecker und zugleich zum Nacherbenvollstrecker zu ernennen, wenn die Vollstreckung durch ein Testamentsvollstreckerkollegium ausgeübt wird (BayObLGZ 1976, 67 = NJW 1976, 1692). Von mehreren Vorerben kann einer zum Testamentsvollstrecker nach § 2222 berufen werden (BayObLGZ 1989, 183 (186) = NJW-RR 1989, 96). Der Nacherbe oder einer von mehreren kann zum Testamentsvollstrecker benannt werden, der den Vorerben belastet (BayObLG NJW 1959, 1920).

**41a** **d) Ernennung eines Ersatztestamentsvollstreckers (Abs. 2).** Der Erblasser kann für den Fall, dass der zunächst ernannte Testamentsvollstrecker vor oder nach der Annahme des Amts wegfällt, einen **Ersatztestamentsvollstrecker** ernennen (Abs. 2) und sogar mehrere hintereinander (gestuft) berufen (Lange ErbR § 63 Rn. 32). Zwar stehen dem Wegfall vor oder nach Annahme des Amtes die Ablehnung des Amtes und die Ablehnungsfiktion gem. § 2202 Abs. 2 und 3 gleich. Allerdings kann der Erblasser für einzelne Fälle des Wegfalls unterschiedliche ersatzweise Anordnungen treffen. Fehlt es an einer Ersatztestamentsvollstreckerberufung durch den Erblasser, ist ein ersatzweises Ernennungsersuchen an das Nachlassgericht gem. § 2200 zu prüfen. Im Wege der Auslegung ist zu klären, ob der Erblasserwillen auch den Fall der Unwirksamkeit der Ernennung, etwa nach § 2201, von seiner Ernennung eines Ersatztestamentsvollstreckers erfasst wissen wollte (weitergehend BeckOGK/Grotheer Rn. 230: dies sei der Regelfall).

## VI. Schwebezustand zwischen Anordnung und Ernennung

**42** Probleme ergeben sich bei verzögertem Amtsbeginn, etwa bei fehlender Ernennung des Testamentsvollstreckers nach §§ 2198, 2200, noch nicht erfolgter Amtsannahme (§ 2202 Abs. 1) oder bei einem Amtswechsel nach §§ 2225, 2227. Unstrittig ist, dass in dieser Zwischenzeit der Erbe über die der Testamentsvollstreckung unterliegenden Gegenstände nicht verfügen kann (§ 2211) und diese auch nicht dem Zugriff seiner Eigengläubiger unterliegen (§ 2214) (OLG Köln BeckRS

2019, 30561 Rn. 43; Lange ErbR § 63 Rn. 39). Denn die Verfügungsbefugnis des Erben ist vom Erbfall an entfallen und nicht erst mit der Annahme des Amtes durch den Testamentsvollstrecker. Dies gilt auch für die in § 2212 angeordnete alleinige Prozessführungsbefugnis des Testamentsvollstreckers.

Für den noch **„unbekannten Testamentsvollstrecker"** ist entweder analog § 1960 oder nach § 1913 die Anordnung einer Nachlasspflegschaft durch das mit diesen Problemen vertraute Nachlassgericht der richtige Weg (Bengel/Reimann TV-HdB/Dietz § 1 Rn. 16, aA Damrau ZEV 1996, 81 (83) – Pflegerbestellung nach § 1913 durch das Vormundschaftsgericht). 43

## VII. Vermeintlicher Testamentsvollstrecker

Die Anordnung der Testamentsvollstreckung oder zumindest die Ernennung des konkreten Testamentsvollstreckers kann von Anfang an unwirksam sein oder rückwirkend unwirksam werden. Zudem kann sie oder für die Zukunft unwirksam werden, etwa durch Zeitablauf oder Aufgabenbeendigung. 44

Zur Lösung der entstehenden Probleme bei einem vermeintlichen Testamentsvollstrecker wird teilweise befürwortet, hierfür § 177 entspr. anzuwenden (eingehend Naegele, Das vermeintliche Testamentsvollstreckeramt, 1986). Richtigerweise muss man differenzieren: Für die **Vergütung** und den Aufwendungsersatz kommt es nach der Rspr. darauf an, ob die Erben der Testamentsvollstreckung von Anfang an widersprochen haben (ausf. → § 2221 Rn. 36) (BGHZ 69, 235 = NJW 1977, 1726; Winkler TV Rn. 632). Für das **Außenverhältnis** richtet sich die Wirksamkeit von Verfügungen und Verpflichtungen nach den allgemeinen Gutglaubensvorschriften. Hier kommt vor allem dem Testamentsvollstreckerzeugnis eine besondere Bedeutung zu. Denn ist es erteilt, so gelten die Vorschriften über den Erbschein entspr. (§§ 2368, 2365), und zwar auch dann, wenn der im Zeugnis benannte Testamentsvollstrecker in Wahrheit keiner war (Bengel/Reimann TV-HdB/Dietz § 1 Rn. 240; Staudinger/Dutta, 2021, Rn. 107). Weist sich der Testamentsvollstrecker in anderer Weise aus (Vorlage des Testaments und Ausfertigung der Annahmeerklärung), so gelten die Grundsätze der Anscheinsvollmacht (Bengel/Reimann TV-HdB/Dietz § 1 Rn. 241; Staudinger/Dutta, 2021, Rn. 107). Soweit auch die Duldungsvollmacht gelten soll, ist dies nur in den Fällen des vom Erben veranlassten Rechtsscheins richtig. 45

Für das **Innenverhältnis** zum Erben besteht eine gesetzliche Regelung nur in dem Fall, dass die zunächst bestehende Testamentsvollstreckung später erloschen ist (§ 2218 Abs. 1, § 674). Zugunsten des Testamentsvollstreckers wird die Fortdauer des Amts so lange unterstellt, bis er vom Erlöschen des Amts Kenntnis erlangt oder das Erlöschen zumindest kennen musste, wobei bereits leichte Fahrlässigkeit schadet. Die anderen Fallgestaltungen sind gesetzlich nicht geregelt. Die Vorschriften über die Geschäftsführung ohne Auftrag (§§ 677 ff.) können nicht direkt angewandt werden, weil der vermeintliche Testamentsvollstrecker hier ja gerade glaubt, ein eigenes Geschäft zu führen (Bengel/Reimann TV-HdB/Dietz § 1 Rn. 236). Eine Analogie zu §§ 2218, 674 wird jedoch bejaht, wenn der Testamentsvollstrecker im guten Glauben an die Innehabung des Amts handelte (Bengel/Reimann TV-HdB/Dietz § 1 Rn. 238; Soergel/Becker § 2218 Rn. 33; Winkler TV Rn. 633). Für die Haftung des vermeintlichen Testamentsvollstreckers gilt § 2219 zum Schutz der Erben entspr. 46

## VIII. Testamentsvollstreckung und Vollmachten des Erblassers

**1. Grundsätzliches zur Vollmacht des Erblassers.** Die Erteilung einer Vollmacht über den Tod des Vollmachtgebers hinaus (sog. **transmortale** Vollmacht) (BGHZ 87, 18 (25) = NJW 1983, 1487; OLG Frankfurt DNotZ 2012, 140; eingehend dazu Seif AcP 200 (2000), 192) oder aber erst mit Wirkung ab dem Tod des Vollmachtgebers (**postmortale** Vollmacht) ist grds. zulässig (RGZ 114, 351 (354) betr. Auflassungsvollmacht; LZ 1926, 1326; Staudinger/Dutta, 2021, Vor § 2197 Rn. 61; eingehend hierzu Trapp ZEV 1995, 314; Amann MittBayNot 2013, 367). Dies kann sinnvoll und notwendig sein, etwa wenn die Testamentsvollstreckung überhaupt nicht zulässig ist, so bei Fällen mit Auslandsberührung oder bei Unternehmen und Gesellschaftsbeteiligungen (→ § 2205 Rn. 32 ff.). 47

Nach hM und Rspr. können Vollmacht und Testamentsvollstreckung grds. selbstständig nebeneinanderstehen und die Vollmacht dem Vollmachtnehmer eigenständige, vom Erblasser und nicht vom Testamentsvollstrecker abgeleitete Befugnisse verleihen. Dies gilt unabhängig von der Reihenfolge, in der diese Maßnahmen angeordnet wurden (BGH WM 1962, 860; RGZ 88, 345; 106, 186; OLG Hamburg DNotZ 1967, 31; OLG München ZEV 2012, 376; FamRZ 2013, 402 = ErbR 2013, 33 (34) m. zust. Anm. Wendt, der auf den Gesichtspunkt der Zulässigkeit der Kombi- 48 nation erbrechtlicher Gestaltungsinstrumente hinweist; eingehend dazu auch Weidlich MittBayNot 2013, 196 mit weitergehenden Hinw.; Amann MittBayNot 2013, 367 f.; Becker ZEV 2018, 692). Ist der Bevollmächtigte nicht zugleich der ernannte Testamentsvollstrecker, kann es zu einem **Konkurrenzverhältnis** mit nebeneinander bestehenden Zuständigkeiten kommen. Um dies zu vermeiden, wird vereinzelt ein Regel-Ausnahme-Verhältnis vertreten: Mit Eintritt des Erbfalls sei der Bevollmächtigte nunmehr als Bevollmächtigter der Erben anzusehen und könne daher nur noch im Rahmen der Verfügungsmacht der Erben handeln, die aber durch die Testamentsvollstreckung (§§ 2211, 2212) beschränkt sei. Anderes gelte nur, wenn der Erblasser ausdrücklich die Rechte des Testamentsvollstreckers durch die des Bevollmächtigten einschränken will (§ 2208 Abs. 1 S. 1) (Staudinger/Dutta, 2021, Vor § 2197 Rn. 81, Staudinger/Dutta, 2021, § 2211 Rn. 12). Dem kann jedoch nicht gefolgt werden, denn der Vertreter leitet seine Rechtsmacht gerade originär vom Erblasser und eben nicht erst vom Erben ab (zutr. Amann MittBayNot 2013, 367 mwN; s. auch Lehmann/Hahn ZEV 2013, 579 f.). Daher ist im Grundsatz von einem generellen Nebeneinander von Vollmacht und Testamentsvollstreckung auszugehen, dessen Auflösung **durch Auslegung** zu klären ist. So wird es im Allgemeinen dem wirklichen oder zumindest mutmaßlichen **Willen** des Erblassers entsprechen, dass **keine voneinander unabhängigen Machtbefugnisse** des Testamentsvollstreckers einerseits und des Bevollmächtigten andererseits mit gegenseitigen Störungsmöglichkeiten bestehen. In einem solchen Fall ist davon auszugehen, dass die dem Dritten erteilte Vollmacht nur die Vermögensteile betrifft, die nicht der Testamentsvollstreckung unterliegen, oder andererseits der Umfang der Testamentsvollstreckung nach § 2208 Abs. 1 entspr. eingeschränkt ist und nicht die von der Vollmacht abgedeckten Bereiche erfasst. Umgekehrt kann es Fälle geben, in denen Vollmachtnehmer wie Testamentsvollstrecker die gleichen Befugnisse besitzen, insbes. wenn eine Interessenkollision ausgeschlossen ist. Letztlich ist dies in Zweifelsfällen durch umfassende Auslegung des Erblasserwillens zu klären (OLG München ZEV 2012, 376 (377); FamRZ 2013, 402; Becker ZEV 2018, 692 (693); MüKoBGB/Zimmermann Vor § 2197 Rn. 13).

**49** Wird die Vollmacht **im Interesse des Bevollmächtigten** erteilt, etwa zur Löschung einer an seinem Grundbesitz für den Erblasser eingetragenen Rückauflassungsvormerkung, so spricht dies für ihren selbstständigen Fortbestand unabhängig von der Testamentsvollstreckung (OLG München FamRZ 2013, 402 Rn. 10). Allerdings können sich Einschränkungen der jeweiligen Handlungsbefugnisse aus dem **Innenverhältnis** zwischen Bevollmächtigtem und Testamentsvollstrecker ergeben (dazu Amann MittBayNot 2013, 367 (368); Weidlich MittBayNot 2013, 196 (197 f.)).

**50** Die Vollmacht kann durch **Rechtsgeschäft unter Lebenden** als Außen- oder Innenvollmacht (§ 167 Abs. 1) erteilt werden, was grds. **formfrei** möglich ist (§ 167 Abs. 2). Bei Grundbuchsachen bedarf es jedoch des Nachweises in der Form des § 29 GBO (Staudinger/Dutta, 2021, Vor § 2197 Rn. 73). Eine **kausale Vollmacht,** die von einem Grundverhältnis abhängig ist (oftmals Auftrag) erlischt nach § 168 S. 1, § 672 S. 1, § 675 im Zweifel nicht mit dem Tod des Vollmachtgebers. Besteht kein Grundverhältnis (sog. **isolierte Vollmacht**) ist ggf. durch Auslegung zu ermitteln, ob durch den Tod des Vollmachtgebers die Vollmacht erlischt, jedoch ist dies idR zu verneinen (Bengel/Reimann TV-HdB/Dietz § 1 Rn. 43). Die postmortale Vollmacht kann auch in einer **Verfügung von Todes wegen** erteilt werden (RGZ 170, 380 (383); OLG Köln NJW 1950, 702; Staudinger/Dutta, 2021, Vor § 2197 Rn. 64). Dabei stellt sich jedoch das Problem des Zugangs der Vollmachtserteilung als empfangsbedürftige Willenserklärung und auch das des Nachweises durch die entsprechende Vollmachtsurkunde, da das Testament bzw. der Erbvertrag nach dem Erbfall bei den Nachlassakten verbleibt (dazu Staudinger/Dutta, 2021, Vor § 2197 Rn. 68).

**51** Der Bevollmächtigte **vertritt** die Erben (BGHZ 87, 19; OLG Hamburg DNotZ 1967, 31). Der Umfang der Vertretungsmacht wird durch die Vollmachtserteilung des Erblassers festgelegt. Jedoch erstreckt sich diese grds. nur auf den Nachlass, nicht aber auf das persönliche Vermögen des Erben (insoweit gilt die Wertung des § 2206 Abs. 1 zumindest durch Auslegung) (MüKoBGB/Zimmermann Vor § 2197 Rn. 14; iE ebenso RGZ 106, 185 (187); BGH NJW 1962, 1798 obiter dictum; FamRZ 1983, 477; Bengel/Reimann TV-HdB/Dietz § 1 Rn. 48; Winkler TV Rn. 244; aA Reithmann BB 1984, 197). Dabei kann der Bevollmächtigte mangels ausdrücklich getroffener Beschränkung auch unentgeltlich über die Nachlassgegenstände verfügen (Staudinger/Dutta, 2021, Vor § 2197 Rn. 75). Die **Weisungs-** und **Widerrufsrechte** liegen grds. beim Testamentsvollstrecker (Staudinger/Dutta, 2021, Vor § 2197 Rn. 78 ff.; MüKoBGB/Zimmermann Vor § 2197 Rn. 15). Soweit die **Erben minderjährig** sind, bedarf es weder der Zustimmung des gesetzlichen Vertreters noch der Genehmigung des Familiengerichts, da der Bevollmächtigte aus eigenem Recht handelt und der Minderjährige nur mit dem Nachlass verpflichtet wird (RGZ 88, 345; 106, 185 (187); Bengel/Reimann TV-HdB/Dietz § 1 Rn. 50). Beschränkungen der Vollmacht können sich aus § 181 und den Grundsätzen über den Missbrauch der Vollmacht ergeben.

Soweit die Vollmacht für den **Alleinerben** erteilt wurde, soll diese grds. wegen einer Art von **Konfusion** erlöschen, was zum Teil damit begründet wird, dass niemand sein eigener Vertreter sein könne (OLG Hamm ZEV 2013, 341 m. abl. Anm. Lange = DNotZ 2013, 689 m. krit. Anm. Keim = FamRZ 2013, 1513 mAnm Dutta, der die dogmatische Sicht der einen Meinung mit der pragmatischen der anderen „harmonisieren“ möchte; zu Recht krit. Herrler DNotZ 2017, 508). Die Gegenansicht lässt demgegenüber zu Recht die Vollmacht auch hier weiter gelten. Sie betont zutreffend, dass eine Vollmacht auch und gerade in dieser Situation der erleichterten erbrechtlichen Legitimation dient und dass es für den Rechtsverkehr oftmals nicht erkennbar ist, ob die Vollmacht erloschen ist, weil nur ein Alleinerbe vorhanden ist, oder diese noch fortbesteht, weil der Bevollmächtigte nur Miterbe oder gar kein Erbe ist (Keim DNotZ 2013, 694; Lange ZEV 2013, 343; Kurze ZErb 2008, 399 (405); Weidlich MittBayNot 2013, 196 (199); Meyer-Stolte Rpfleger 1993, 235 (236); diese Konsequenz zieht das OLG München ErbR 2013, 33 (34) = MittBayNot 2013, 230 nicht). Unabhängig von diesem Theorienstreit bleiben die vom Bevollmächtigten nach dem Erbfall abgeschlossenen Rechtsgeschäfte zumindest dann wirksam, wenn der Bevollmächtigte bei deren Abschluss vom Tod des Vollmachtgebers nichts wusste, da sie als Willenserklärungen im eigenen Namen umzudeuten sind (Staudinger/Dutta, 2021, Vor § 2197 Rn. 87; Klaus NJW 1948, 627; Keim DNotZ 2013, 694; zweifelnd Bestelmeyer notar 2013, 147 (161) Fn. 139; teilweise wird angenommen, dass die Vollmacht beim Vorerben bestehen bleibt, so Bengel/Reimann TV-HdB/Dietz § 1 Rn. 51a; für Erlöschen der Vollmacht des alleinigen Vorerben KGJ 43, 157 (160)). Daneben kommt die Wirksamkeit des Rechtsgeschäftes nach Rechtsscheinsgrundsätzen (Anscheins- oder Duldungsvollmacht) in Betracht (Bengel/Reimann TV-HdB/Dietz § 1 Rn. 51a) oder eine Ermächtigung nach § 185 Abs. 1, die regelmäßig in der Vollmacht mit enthalten ist und auch gegenüber den Befugnissen des Testamentsvollstreckers wirkt (Amann MittBayNot 2013, 367 (370)). **Keine Konfusion** tritt ein, wenn der bevollmächtigte Alleinerbe mit einer Testamentsvollstreckung beschwert ist, denn dann soll der Bevollmächtigte idR im Umfang der Vollmacht die Verfügungsbefugnis erlangen, von der er durch die Testamentsvollstrecker ausgeschlossen ist (OLG München ErbR 2013, 33 (34) = MittBayNot 2013, 230). 52

**2. Vollmacht für den Testamentsvollstrecker.** Der Erblasser kann dem Testamentsvollstrecker eine **postmortale Vollmacht** (OLG Köln NJW-RR 1992, 1357), ja sogar eine **Generalvollmacht** erteilen (BGH NJW 1962, 1718; BayObLG NJW-RR 1996, 714; Becker ZEV 2018, 692 (692 f.)). Dabei kann die Vollmacht im Einzelfall die Machtbefugnisse des Testamentsvollstreckers sachlich oder zeitlich erweitern (Überblick bei Zimmermann ZEV 2021, 141 (142)). So gilt das Verbot des § 2205 S. 3 nicht von vornherein und in jedem Fall für die Vollmacht. Wenn der Testamentsvollstrecker aufgrund dieser Vollmacht tätig wird, unterliegt er nicht den Beschränkungen des Rechts der Testamentsvollstreckung (etwa nach § 2205 S. 3) (BGH NJW 1962, 1718 mAnm Haegele, zugleich zum Missbrauch der Vollmacht) und benötigt keinen Erbnachweis oder Testamentsvollstreckerzeugnis. Eine Generalvollmacht wird auch nicht dadurch eingeschränkt, dass der Bevollmächtigte Testamentsvollstrecker ist; vielmehr erweitert eine solche Vollmacht die Position des Testamentsvollstreckers. Ein besonderes Schutzbedürfnis für den Erben besteht hier nicht, soweit der Erbe die Vollmacht widerrufen kann (Staudinger/Dutta, 2021, Vor § 2197 Rn. 76). Die einzige gesetzliche Schranke für den bevollmächtigten Testamentsvollstrecker besteht in dem Verbot, die Vollmacht zu missbrauchen (BGH DNotZ 1963, 305; BayObLG NJW-RR 1996, 714; Bengel/Reimann TV-HdB/Dietz § 1 Rn. 53; Staudinger/Dutta, 2021, Vor § 2197 Rn. 98). Zudem muss eine über den Tod hinaus wirkende **Generalvollmacht widerruflich** sein, da sie sonst die Erben unzulässig „knebeln“ würde (BeckOGK/Grotheer Rn. 165.1 und 173 f.; Röhm DB 1969, 1977; Grüneberg/Weidlich Vor § 2197 Rn. 12). Diese Widerruflichkeit kann vom Erblasser auf den Widerruf aus wichtigem Grund beschränkt werden, wenn der Vollmacht ein auf Gegenstände des Erblasservermögens bezogener Verwaltungsauftrag zugrunde liegt. Darin muss das von der Rechtsordnung anerkannte Interesse des Erblassers an einer postmortalen Vermögenssorge zum Ausdruck kommen (OLG Köln ErbR 2016, 41 (42)). Zur Vollmacht des Testamentsvollstreckers → § 2218 Rn. 7. 53

**3. Widerruf.** Hinsichtlich des Widerrufs einer Vollmacht ist zu unterscheiden: Die Widerruflichkeit einer kausalen post- oder transmortalen Vollmacht richtet sich nach dem zugrunde liegenden Rechtsgeschäft (zB Auftrag; hier grds. frei widerruflich, § 671 Abs. 1, § 168). Die abstrakte oder isolierte Vollmacht ist grds. stets widerruflich, weil ihr kein bestimmtes Rechtsgeschäft zugrunde liegt (RG SeuffA 79 Nr. 221; Staudinger/Dutta, 2021, Vor § 2197 Rn. 91; MüKoBGB/Zimmermann Vor § 2197 Rn. 17). 54

**Zum Widerruf berechtigt** ist bei mehreren Miterben jeder einzelne für sich; jedoch wird dadurch die Vertretungsmacht gegenüber den anderen, nicht widerrufenden Miterben nicht 55 berührt (RG JW 1938, 1892; Grüneberg/Weidlich Vor § 2197 Rn. 13; Bengel/Reimann TV-HdB/Dietz § 1 Rn. 56). Soweit in der Verfügung von Todes wegen nichts anderes bestimmt ist, kann der Testamentsvollstrecker die einem Dritten erteilte widerrufliche Vollmacht auch iR seines Verwaltungsrechts (§ 2205) widerrufen, und ist uU nach § 2216 hierzu verpflichtet (Staudinger/Dutta, 2021, Vor § 2197 Rn. 94; Bengel/Reimann TV-HdB/Dietz § 1 Rn. 57).

56 Gegen einen Widerruf der Vollmacht kann der Testamentsvollstrecker nach hM dadurch geschützt werden, dass die Beibehaltung derselben den Erben zur **Auflage** gemacht wird, deren Einhaltung sogar der gleiche Testamentsvollstrecker überwachen kann; auch kann die Erfüllung dieser Anordnung zur Bedingung für die Beibehaltung der Erbenstellung gemacht werden (Staudinger/Dutta, 2021, Vor § 2197 Rn. 99; Nieder/Kössinger Testamentsgestaltung-HdB/R. Kössinger § 15 Rn. 99).

## IX. Kollisionsrechtliche Fragen

57 **1. Ehemalige DDR.** Soweit beim Tod eines deutschen Erblassers mit ständigem Wohnsitz in der **DDR** das dort früher geltende Erbrecht zur Anwendung kommt (Art. 235 § 1 EGBGB), ist für Erbfälle in der Zeit zwischen dem 1.1.1976 und dem 2.10.1990 zu berücksichtigen, dass nach dem ZGB der DDR zwar eine Testamentsvollstreckung möglich war, der Testamentsvollstrecker dort aber eine wesentlich schwächere Position hatte; insbes. trat keine Verfügungsbeschränkung des Erben ein; auch eine Dauertestamentsvollstreckung war nicht möglich (§ 371 Abs. 3 ZGB) (zur Rechtsstellung nach DDR-ZGB OLG Jena OLG-NL 1995, 270; Janke DtZ 1994, 364). Im Übrigen bestimmte sich das Verhältnis zwischen Erbe und Testamentsvollstrecker nach dem allgemeinen Vertretungs- (§§ 53 ff. ZGB) (zur Widerruflichkeit KG ZEV 1995, 335) und Auftragsrecht (§§ 275 ff. ZGB). Kommt es zu einer Nachlassspaltung, weil ein „westdeutscher" Erblasser Immobilien in der früheren DDR hinterließ, so führt dies bei einer Testamentsvollstreckung, die den gesamten Nachlass umfasst, auch zu einer sog. **gespaltenen Testamentsvollstreckung** (KG ZEV 1996, 234; dazu Rehm ZEV 1996, 207). Dabei sind die unterschiedlichen Bestimmungen der beiden Rechtsordnungen in Übereinstimmung zu bringen (dazu etwa Staudinger/Dutta, 2021, Vor § 2197 Rn. 142; v. Morgen/Götting DtZ 1994, 199 (201 ff.)).

58 **2. Testamentsvollstreckung bei Auslandsbezug.** Das **Erbstatut** entscheidet über die Zulässigkeit einer Testamentsvollstreckung, die Wirksamkeit der Ernennung eines Testamentsvollstreckers, dessen Rechtsstellung, seine Einzelbefugnisse sowie seine Entlassung. Die EuErbVO enthält in den Art. 20 ff. EuErbVO erbrechtliche Kollisionsnormen, die das Erbkollisionsrecht umfassend für die mitgliedstaatlichen Gerichte und Behörden regeln. Sie sind universell ausgestaltet (Art. 20 EuErbVO), legen das anwendbare Recht also auch dann fest, wenn es sich um Rechte eines Drittstaats handelt (MüKoBGB/Dutta EuErbVO Vor Art. 20 Rn. 19). Dem nach Art. 21 oder 22 EuErbVO anzuwendende Recht unterliegt die gesamte Rechtsnachfolge von Todes wegen (Art. 23 Abs. 1 EuErbVO) – auch die Rechte und Pflichten des Testamentsvollstreckers (Art. 23 Abs. 2 lit. f EuErbVO). Vom Erbstatut werden zudem die Rechte und Pflichten des Testamentsvollstreckers gegenüber Dritten bei Verfügungen über Nachlassgegenstände, beim Eingehen von Verbindlichkeiten für den Nachlass oder beim Begleichen von Nachverbindlichkeiten erfasst. Gleiches gilt zwar auch für prozessuale Rechte, die aus der Stellung als Testamentsvollstrecker folgen; allerdings hat hier eine Abgrenzung zur lex fori zu erfolgen. Der Begriff der Testamentsvollstreckung ist hingegen autonom auszulegen (MüKoBGB/Dutta EuErbVO Art. 23 Rn. 23). Soweit also nach der EuErbVO (oder gem. Art. 25 EGBGB) deutsches Erbrecht zur Anwendung kommt, ist bei Verfügungen von Todes wegen, die nach ausländischem Recht errichtet wurden und Rechtsinstitute verwenden, die **keine Entsprechung im deutschen Recht** finden, im Wege der Angleichung zu prüfen, ob diese nach ihrem Sinn und Zweck die gleiche Funktion wie eine Testamentsvollstreckung besitzen (NK-BGB/Kroiß Vor §§ 2197 ff. Rn. 21). Eine **Abgrenzung** hat insbes. gegenüber einer Verwaltungsauflage oder eine Vollmacht zu erfolgen. Die Anordnung eines „trustee" oder „executor" nach **US-amerikanischem Recht** beispielsweise kann je nach den Umständen des Einzelfalls als Testamentsvollstrecker iSd BGB behandelt werden (OLG Brandenburg FGPrax 2001, 206; OLG Frankfurt DNotZ 1972, 542; BayObLGZ 1980, 42 zum „executor", der regelmäßig mit dem Testamentsvollstrecker deutschen Rechts nicht vergleichbar ist; zu den Sicherungsbefugnissen des executors LG Heidelberg IPRax 1992, 170; zur Rechtsstellung des von einem Gericht des Staates New York eingesetzten Administrators KG RzW 1972, 409; zur steuerlichen Behandlung BFHE 160, 272 = BStBl. II 1990, 786; BFHE 153, 422 = BStBl. II 1988, 808; FG München UVR 1996, 22; zur Auslegung, wenn ein deutscher Erblasser den Begriff „executor" verwendet, LG Hamburg IPRspr. 1994, Nr. 130, 290).

Der Nachweis der Erbfolge kann bei grenzüberschreitenden Erbfällen grds. nur durch einen Erbschein oder ein Europäisches Nachlasszeugnis geführt werden (vgl. § 35 Abs. 1 S. 1 GBO). Das **Europäisches Nachlasszeugnis** wird ausschließlich auf Antrag erteilt (Art. 65 Abs. 1 EuErbVO; Erwägungsgrund 72 EuErbVO; § 36 Abs. 1 IntErbRVG); ein Anwaltszwang besteht dabei nicht. Zum Kreis der antragsberechtigten Personen zählen nach Art. 63 Abs. 1 EuErbVO die Erben, Vermächtnisnehmer, Testamentsvollstrecker und Nachlassverwalter (Lange DNotZ 2016, 103 (104 f.)). Sonstige Angelegenheiten der freiwilligen Gerichtsbarkeit, deren internationale Zuständigkeit die EuErbVO nicht vorgibt, richten sich nach dem FamFG, zumal das IntErbRVG nur für das Europäische Nachlasszeugnis und nicht für das **Testamentsvollstreckerzeugnis** gilt. Für die Ausstellung des Testamentsvollstreckerzeugnisses bestimmt sich seit dem Inkrafttreten des FamFG zum 1.9.2009 und der Aufgabe des früher angewandten „Gleichlaufgrundsatzes" die **internationale Zuständigkeit** der deutschen Nachlassgerichte nach der örtlichen Zuständigkeit (§ 105 FamFG). Demnach ist ein nach § 343 FamFG örtlich zuständiges Nachlassgericht immer auch international zuständig (Fröhler BWNotZ 2015, 47; Lange ErbR 2016, 58 (59 f.)). Es hat demnach auch in Anwendung ausländischen Erbrechts ein entsprechendes Testamentsvollstreckerzeugnis zu erteilen (Staudinger/Herzog, 2016, § 2368 Rn. 13 f.). Dieses beansprucht demnach Weltgeltung (Fröhler BWNotZ 2008, 183 (186 f.)). Besteht die örtliche Zuständigkeit, dann erteilt das deutsche Nachlassgericht auch dann ein unbeschränkt geltendes Testamentsvollstreckerzeugnis, wenn dies in Anwendung ausländischen Rechts ergeht (zum Verfahren eingehend MüKoBGB/Grziwotz § 2368 Rn. 28). 59

Gelangt **ausländisches Erbrecht** zur Anwendung, so konnte früher ein **„Fremdrechtstestamentsvollstreckerzeugnis"** durch ein deutsches Nachlassgericht dann erteilt werden, wenn die nach ausländischem Recht zur Anwendung kommenden Rechtsinstitute mit der **Testamentsvollstreckung** nach dem deutschen Recht **funktionell vergleichbar** sind (Staudinger/Dörner, 2017, EGBGB Art. 25 Rn. 915; MüKoBGB/Grziwotz § 2368 Rn. 27; Bengel/Reimann TV-HdB/Sieghörtner § 9 Rn. 115; ausf. Länderberichte bei Bengel/Reimann TV-HdB/Becker § 9 Rn. 174 ff.). Allerdings ist das Zeugnis nach Ansicht des EuGH als eine Entscheidung nach Art. 4 ff. EuErbVO einzustufen (EuGH ZEV 2018, 465 – Oberle mAnm Zimmermann), weshalb gegenständlich beschränkte Fremdrechtserbscheine wohl der Vergangenheit angehören dürften. Eine Belegenheitszuständigkeit kennt die EuErbVO nur ausnahmsweise und subsidiär in Art. 10 bei Erblassern mit letztem gewöhnlichen Aufenthalt in einem Drittstaat. 60

## § 2198 Bestimmung des Testamentsvollstreckers durch einen Dritten

**(1) [1]Der Erblasser kann die Bestimmung der Person des Testamentsvollstreckers einem Dritten überlassen. [2]Die Bestimmung erfolgt durch Erklärung gegenüber dem Nachlassgericht; die Erklärung ist in öffentlich beglaubigter Form abzugeben.**

**(2) Das Bestimmungsrecht des Dritten erlischt mit dem Ablauf einer ihm auf Antrag eines der Beteiligten von dem Nachlassgericht bestimmten Frist.**

### Überblick

Während die eigentliche Anordnung der Testamentsvollstreckung vom Erblasser selbst getroffen werden muss, kann er die Bestimmung der Person des konkret amtierenden Testamentsvollstreckers vom Erblasser einem Dritten überlassen.

### I. Normzweck

Die Vorschrift ermöglicht dem Erblasser zwar nicht die Anordnung der Testamentsvollstreckung im Allgemeinen, wohl aber die Bestimmung der Person des Testamentsvollstreckers einem **Dritten** zu überlassen. Dies stellt eine Ausnahme vom Grundsatz des § 2065 dar. 1

### II. Voraussetzung des Bestimmungsrechts

Erforderlich ist, dass der Erblasser selbst die Anordnung der Testamentsvollstreckung im Allgemeinen verfügt hat (Grundsatz der Eigenanordnung, → § 2197 Rn. 20). Jedoch ergibt eine wohlwollende Auslegung (§ 2084) eines bloßen Bestimmungsrechts idR, dass der Erblasser auch die Testamentsvollstreckung als solche anordnen wollte (Greiser DFG 1939, 216; MüKoBGB/Zimmermann Rn. 2). Zum Bestimmungsberechtigten kann grds. **jeder** geschäftsfähige Dritte 2 berufen werden, auch eine juristische Person oder der Leiter einer Behörde (KG JW 1938, 1900: Präsident der Anwaltskammer; OLG Hamm DNotZ 1965, 487: Direktor des Amtsgerichts), und zwar als Amtsperson oder privat, aber auch der Alleinerbe, der sich dann allerdings nicht selbst zum Testamentsvollstrecker ernennen kann (RGZ 92, 68 (72)). Der **beurkundende Notar** selbst kann jedoch nicht zum Bestimmungsberechtigten berufen werden, da er durch das Gestaltungsrecht einen (wenn auch mehr verfahrensmäßigen) „rechtlichen Vorteil" iSd § 7 BeurkG erlangt (BGH NJW 2013, 52; BeckOGK/Leitzen Rn. 16; Reimann DNotZ 1994, 659 (664); NK-BGB/Kroiß Rn. 2; MüKoBGB/Zimmermann Rn. 3; die abw. Entscheidung des OLG Neustadt DNotZ 1951, 339 ist durch die zwischenzeitliche Änderung des Beurkundungsrechts überholt).

## III. Durchführung der Bestimmung

3 **1. Bestimmungsentscheidung des Dritten.** Wenn keine besonderen Vorgaben seitens des Erblassers vorliegen, kann der Dritte zum Testamentsvollstrecker **jede Person** ernennen, die auch der Erblasser selbst hätte ernennen können (Lange ErbR § 63 Rn. 34). Die Aufgabe des Bestimmungsberechtigten erschöpft sich allein in dieser Entscheidung (Staudinger/Dutta, 2021, Rn. 4). Er kann weder vom Nachlassgericht noch vom Erben im Wege der Klage zur Ausübung seines Rechts gezwungen werden. Auch **haftet** er weder dem Erben noch sonstigen Nachlassbeteiligten für seine Auswahl des Testamentsvollstreckers, außer beim Vorliegen der Voraussetzungen des § 826 (Staudinger/Dutta, 2021, Rn. 4; MüKoBGB/Zimmermann Rn. 5). Der Bestimmungsberechtigte kann – wenn der Erblasser dies nicht ausschließt – den Testamentsvollstrecker mit **Einschränkungen berufen,** also unter Bedingungen, auf Zeit oder nur für bestimmte Nachlassteile (Bengel/Reimann TV-HdB/Reimann § 2 Rn. 158, 162).

4 **2. Bestimmungserklärung.** Die Erklärung der Bestimmung muss dem zuständigen Nachlassgericht (§ 343 FamFG) zugehen (amtsempfangsbedürftig), wobei § 130 hierfür entspr. gilt. Sie ist sodann unwiderruflich (NK-BGB/Kroiß Rn. 4; einschr. Zimmermann TV Rn. 61: bis zur Amtsannahme widerruflich), jedoch unter den Voraussetzungen der §§ 119, 123 anfechtbar (NK-BGB/Kroiß Rn. 4). Die Erklärung gegenüber dem sachlich unzuständigen Gericht ist unwirksam, die gegenüber dem örtlich unzuständigen Amtsgericht fristgerecht abgegebene ist selbst dann wirksam, wenn sie erst nach dem Ablauf der Frist des § 2198 Abs. 2 beim örtlich zuständigen Gericht durch Weiterleitung eingeht (NK-BGB/Kroiß Rn. 4; MüKoBGB/Zimmermann Rn. 6). Das Bestimmungsrecht des Dritten ist grds. ein höchstpersönliches Recht, bei dem eine **Vertretung im Willen ist nicht möglich** ist (Staudinger/Dutta, 2021, Rn. 12 hält aber eine Vertretung bei der Abgabe der Erklärung für möglich). Da nur der Erblasser den Bestimmungsberechtigten auswählen darf, kann diese Auswahl nicht einem Bevollmächtigten zugewiesen werden. Wenn der zum Testamentsvollstrecker Ernannte das Amt nicht annimmt oder die Ernennung aus anderem Grunde unwirksam ist, kann das Bestimmungsrecht durch den Dritten nochmals ausgeübt werden, denn das deutsche Zivilrecht kennt keinen Grundsatz, dass eine Gestaltungsbefugnis durch die unwirksame Ausübung eines ermächtigenden Gestaltungsrechts erlischt (NK-BGB/Kroiß Rn. 4; Säcker ZEV 2006, 288 (292); Grüneberg/Weidlich Rn. 2; aA Damrau FamRZ 2004, 421).

5 Für die Bestimmungserklärung schreibt Abs. 1 S. 2, § 129 die Form der **öffentlichen Beglaubigung** vor; eine Erklärung zur Niederschrift vor dem Nachlassgericht reicht nicht aus, da sie nur im Rahmen des § 1 Abs. 2 BeurkG, § 68 BeurkG möglich ist (BeckOGK/Leitzen Rn. 34.1). Die öffentliche Beglaubigung ist selbst dann erforderlich, wenn der Erblasser eine geringere Form vorschreibt. Die Form der öffentlichen Beglaubigung genügt aber umgekehrt selbst dann, wenn der Erblasser eine notarielle Beurkundung (§§ 8 ff. BeurkG) ausdrücklich vorgeschrieben hat, denn der Unterschied zwischen einer Beglaubigung und einer Beurkundung dürfte nur den wenigsten Erblassern bekannt sein (MüKoBGB/Zimmermann Rn. 7; Winkler TV Rn. 46 Fn. 4; Grüneberg/Weidlich Rn. 2; aA Staudinger/Dutta, 2021, Rn. 13; RGRK-BGB/Kregel Rn. 5). Ein Mangel in der Form führt zur Unwirksamkeit der Bestimmungserklärung.

6 Umstritten ist, ob **öffentliche Urkunden,** die iR ihrer Zuständigkeit von Gerichten, Ämtern, Amtsinhabern und Behörden errichtet werden, einer Beglaubigung bedürfen oder nicht. Dies wurde namentlich für die in amtlicher Form erfolgte Bestimmung des Testamentsvollstreckers durch den Präsidenten des OLG (OLG Stuttgart NJW-RR 1986, 7) oder der Anwaltskammer (KG JFG 23, 306) oder durch einen Notar mittels einer Eigenurkunde (OLG Neustadt DNotZ 1951, 339) verneint. Demgegenüber wurde eine Beglaubigung nach § 129 verlangt für den Präsidenten der IHK (KG JW 1938, 1900) und den Amtsgerichtsdirektor (OLG Hamm DNotZ 1965, 487). Entscheidend für die Entbehrlichkeit einer gesonderten Beglaubigung muss sein, dass die Bestimmung des Testamentsvollstreckers vom Leiter einer öffentlichen Behörde (hieran fehlt es

bei der IHK) als Teil seiner amtlichen Aufgabe wahrgenommen wird (Soergel/Becker Rn. 6; dies ist weit auszulegen; aA BeckOGK/Leitzen Rn. 35.2; MüKoBGB/Zimmermann Rn. 7: auch ein Behördenleiter handle hier als Privatperson, da die Ausübung des Bestimmungsrechts nicht zu den Zuständigkeiten einer staatlichen Einrichtung zähle).

Die **Kosten** der Beglaubigung und der für die Entgegennahme der Erklärung bei Gericht anfallenden Gebühr iHv 15 Euro (nach KV 12410 Abs. 1 Nr. 4 GNotKG) trägt allein der Erbe (§ 24 Nr. 8 GNotKG). Eine Benachrichtigung des Erben und des Testamentsvollstreckers ist gesetzlich nicht vorgesehen, aber zweckmäßig (MüKoBGB/Zimmermann Rn. 8). 7

## IV. Dauer des Bestimmungsrechts

**1. Fristsetzung durch den Erblasser.** Das Bestimmungsrecht ist an sich **unbefristet.** Jedoch kann der Erblasser eine entsprechende Ausübungsfrist setzen. Umstritten ist, ob das Nachlassgericht diese Frist verkürzen und/oder verlängern darf. Die Lit. ist uneinheitlich (Grüneberg/Weidlich Rn. 3; Staudinger/Dutta, 2021, Rn. 19: Anpassung nur bei unangemessener Frist; nach MüKoBGB/Zimmermann Rn. 10 ist weder Verkürzung noch Verlängerung möglich). Da der Erblasserwille grds. Vorrang genießt und eine Kompetenz zur Abänderung nicht besteht, kann das Gericht die Frist nicht verändern. 8

**2. Fristsetzung durch das Nachlassgericht.** Auf Antrag eines Beteiligten kann das Nachlassgericht eine Frist zur Ausübung des Bestimmungsrechts setzen (Abs. 2). **Antragsberechtigt** ist jeder, der ein rechtliches Interesse an der Klarstellung hat (BGHZ 35, 296 (299) = NJW 1961, 1717; BeckOGK/Leitzen Rn. 48; Staudinger/Dutta, 2021, Rn. 23), also der Erbe, Vor- oder Nacherbe, Pflichtteilsberechtigter, Vermächtnisnehmer, Nachlassgläubiger (BGHZ 35, 296 (299) = NJW 1961, 1717; OLG Düsseldorf ZEV 2004, 67 mAnm Damrau), Auflagebegünstigter (ebenso Staudinger/Dutta, 2021, Rn. 24; Zimmermann TV Rn. 69; Grüneberg/Weidlich Rn. 4; aA LG Verden MDR 1955, 231). Das Verfahren nach Abs. 2 ist auch anwendbar, wenn der Bestimmungsberechtigte sein Recht wegen Geschäftsunfähigkeit nicht länger ausüben kann; mit Ablauf der Frist erlischt sein Bestimmungsrecht. Sodann ist es eine Frage der Testamentsauslegung, ob damit die Testamentsvollstreckung in Gänze entfällt oder ob das Nachlassgericht einen Testamentsvollstrecker benennen kann. Dabei kommt es insbes. darauf an, ob die Testamentsvollstreckung vorrangig aus sachlichen Gründen oder mit Blick auf die konkrete Person angeordnet worden ist (→ § 2200 Rn. 3). 9

Funktionell zuständig ist der Rechtspfleger (§ 3 Nr. 2 lit. c RPflG), der durch Beschluss entscheidet. Die **Gebühr** ist nach KV 12411 Nr. 5 GNotKG festzusetzen. Das Bestimmungsrecht erlischt, wenn nicht bis zum Fristablauf beim Nachlassgericht die entsprechende Erklärung eingeht oder schon vorher die Bestimmung verweigert wird. Dadurch wird die Anordnung der Testamentsvollstreckung hinfällig, sofern nicht Vorsorge dagegen getroffen wurde, etwa eine Bestimmung nach § 2200 (Soergel/Becker Rn. 9; was auch stillschweigend geschehen kann, Winkler TV Rn. 47) oder ein Ersatztestamentsvollstrecker für diese Fallgestaltung angeordnet wurde. 10

Die **Fristbestimmung** ist mit der sofortigen **Beschwerde** in entsprechender Anwendung der §§ 567–572 ZPO anfechtbar (§ 355 Abs. 1 FamFG). Wird die **Fristbestimmung abgelehnt,** ist dagegen die befristete Beschwerde nach den §§ 58 ff. FamFG statthaft (BeckOK FamFG/Schlögel FamFG § 355 Rn. 6). 11

## V. Entscheidungen über die Wirksamkeit

Entscheidungen über die Wirksamkeit der Ernennung trifft das Prozessgericht. Das Nachlassgericht entscheidet hierüber lediglich mittelbar im Rahmen der Erteilung eines Testamentsvollstreckerzeugnisses (§ 2368). 12

## § 2199 Ernennung eines Mitvollstreckers oder Nachfolgers

**(1) Der Erblasser kann den Testamentsvollstrecker ermächtigen, einen oder mehrere Mitvollstrecker zu ernennen.**

**(2) Der Erblasser kann den Testamentsvollstrecker ermächtigen, einen Nachfolger zu ernennen.**

**(3) Die Ernennung erfolgt nach § 2198 Abs. 1 Satz 2.**

### Überblick

Die Vorschrift gibt dem Erblasser die Möglichkeit, den Testamentsvollstrecker zu ermächtigen, einen Mitvollstrecker oder einen Nachfolger zu benennen.

## I. Normzweck

1 Die Vorschrift enthält – neben § 2198 und § 2200 – eine zusätzliche Möglichkeit, durch die Anordnung eines Dritten die Person des Testamentsvollstreckers zu ernennen. Denn § 2199 ermöglicht dem Erblasser, den **Testamentsvollstrecker** zu ermächtigen, einen **Mitvollstrecker** oder einen **Nachfolger** zu ernennen. Die damit übertragene Entscheidung betrifft hier nicht nur die Person des zu ernennenden Testamentsvollstreckers, sondern auch die Frage, ob ein Nachfolger oder ein Mitvollstrecker überhaupt ernannt wird (Lange ErbR § 63 Rn. 32). Durch die Bestimmung des Nachfolgers in Verbindung mit einer Kündigung nach § 2226 kann der zunächst ernannte Testamentsvollstrecker sein Amt sogar gleichsam auf eine vom ihm ausgewählte Person übertragen (→ Rn. 8) (MüKoBGB/Zimmermann Rn. 1).

## II. Voraussetzung und Ausübung der Ermächtigung

2 **1. Ermächtigungsanordnung.** Die Ermächtigung zur Ernennung muss in einer wirksamen einseitigen **Verfügung von Todes wegen** vom Erblasser selbst angeordnet sein. Einem Dritten kann der Erblasser das Ermächtigungsrecht nicht einräumen, sodass eine Subdelegierung nicht möglich ist (KG OLGE 44, 96 (100)). Die Ermächtigung setzt zum einen die allgemeine Anordnung einer Testamentsvollstreckung voraus, die durch den Erblasser immer persönlich getroffen werden muss. Zum anderen ist erforderlich, dass die Ernennung zum Testamentsvollstrecker wirksam ist; andernfalls kann der unwirksam Ernannte trotz der Ermächtigung keinen Nachfolger oder Mitvollstrecker ernennen. Es kann aber dann immer noch ein konkludentes Ersuchen iSd § 2200 vorliegen (BayObLG Rpfleger 1988, 67; OLG Zweibrücken FamRZ 2000, 323 (324) = ZEV 2001, 27 mAnm Damrau; Winkler TV Rn. 76). Die Ermächtigung kann unter **Bedingungen** ausgesprochen werden, dass etwa bestimmte Ereignisse für die Benennung eines Nachfolgers eingetreten sein müssen. Jedoch kann die Ermächtigung nicht über den von § 2199 gezogenen Rahmen hinausgehen, sodass der bereits ernannte Testamentsvollstrecker nicht berechtigt ist, den von ihm schon ernannten Mitvollstrecker oder Nachfolger wieder abzusetzen (Staudinger/Dutta, 2021, Rn. 2) oder abweichende Anordnungen nach § 2224 Abs. 1 S. 3 zu treffen (MüKoBGB/Zimmermann Rn. 2).

3 **2. Ausübung der Ermächtigung.** Ob von der Ermächtigung Gebrauch gemacht wird, steht im **freien Ermessen** des Testamentsvollstreckers (MüKoBGB/Zimmermann Rn. 3). Die bloße Ermächtigung begründet daher keine Verpflichtung, hiervon Gebrauch zu machen. Diese kann sich auch nicht mittelbar dadurch ergeben, dass bei einem dahin gehenden Willen des Erblassers, einen Mitvollstrecker zu ernennen, das Unterlassen ein wichtiger Grund zur Entlassung nach § 2227 oder ein Haftungstatbestand (§ 2219) wäre. Denn dies wäre eine unzulässige Erweiterung des Pflichtenkreises des Testamentsvollstreckers (MüKoBGB/Zimmermann Rn. 4; aA Staudinger/Dutta, 2021, Rn. 11: Haftung aus § 2219 bei Nichtausübung des Rechtes, wenn es im Sinn der Anordnung liegt, dass ein Mitvollstrecker oder Nachfolger ernannt werden soll). Jedoch kann sich der ermächtigte Testamentsvollstrecker durch Vertrag mit dem Erblasser oder den Erben zur Vornahme der Ernennung verpflichten (MüKoBGB/Zimmermann Rn. 3). Eine Fristbestimmung wie in § 2198 Abs. 2 ist hier nicht möglich (BeckOGK/Leitzen Rn. 36; MüKoBGB/Zimmermann Rn. 5).

4 Das **Ernennungsrecht** des Testamentsvollstreckers **beginnt** frühestens mit seiner Amtsannahme, bei abweichender Anordnung des Erblassers auch später. Es **endet** mit dem Erlöschen seines Amts (Staudinger/Dutta, 2021, Rn. 9, 16). Das bloße Vorliegen eines Entlassungsgrundes beendet sein Ernennungsrecht nicht; erst die förmliche Entlassung durch das Nachlassgericht (§ 2227) lässt das Ernennungsrecht des Testamentsvollstreckers entfallen (KG JW 1928, 1943). Bei einer Kündigung (§ 2226) muss die Ernennungserklärung spätestens mit dem Kündigungsschreiben beim Nachlassgericht eingehen (Winkler TV Rn. 49 Fn. 4; MüKoBGB/Zimmermann Rn. 6). Jedoch kann die Auslegung des Erblasserwillens in Einzelfall ergeben, dass der Testamentsvollstrecker auch noch **nach Beendigung** seines Amts zur Ernennung eines Nachfolgers berechtigt sein soll. Das Ernennungsrecht beruht in solchen Fällen aber nicht etwa auf einer Nachwirkung seines Amts (so aber Staudinger/Dutta, 2021, Rn. 17), sondern auf der Annahme eines Bestimmungsrechts nach § 2198 (iErg ebenso NK-BGB/Kroiß Rn. 2; Erman/M. Schmidt Rn. 2). Auf die

Ernennungserklärung findet **§ 130 Abs. 2** Anwendung, sodass es genügt, wenn der Ernennungsberechtigte bis zu seinem Tod alles getan hat, was von ihm aus zu tun war, um die Wirksamkeit der Erklärung herbeizuführen, auch wenn die Erklärung erst später beim Nachlassgericht eingeht (KG HRR 1936 Nr. 953; anders bei bewusster Zugangsverzögerung, Haegele BWNotZ 1974, 112, wenn also etwa bestimmt wurde, dass die Erklärung erst nach dem Tode zugehen soll, NK-BGB/Kroiß Rn. 3).

Wenn die ernannte Person das **Amt des Testamentsvollstreckers nicht annimmt** oder seine Ernennung aus anderem Grunde unwirksam ist, so kann das Ernennungsrecht durch den Ernennungsberechtigten nochmals ausgeübt werden. Denn dem BGB ist der Grundsatz, wonach eine Gestaltungsbefugnis durch die unwirksame Ausübung des Gestaltungsrechts erlöschen soll, unbekannt (NK-BGB/Kroiß § 2198 Rn. 4; Säcker ZEV 2006, 288 (292); ebenso für den Fall der Benennung des Nachfolgers auch Winkler TV Rn. 51a, weil es bereits einen Testamentsvollstrecker gibt; aA Damrau FamRZ 2004, 421). 5

Die Ernennung erfolgt durch **öffentlich beglaubigte Erklärung** gegenüber dem Nachlassgericht und wird mit dem Eingang dort wirksam (§ 2199 Abs. 3, § 2198 Abs. 1 S. 2). Kostenschuldner der hierfür beim Nachlassgericht anfallenden **Festgebühr** von 15 Euro nach KV 12410 Abs. 1 Nr. 4 GNotKG ist der Erbe nach § 24 Nr. 8 GNotKG. 6

**3. Grenzen der Ermächtigung.** Soweit keine abweichende Anordnung des Erblassers vorliegt, kann der Testamentsvollstrecker **jede Person** als Nachfolger oder Mitvollstrecker ernennen, die auch der Erblasser ernennen könnte. Jedoch **haftet** der Testamentsvollstrecker – anders als der Dritte nach § 2198 – gem. § 2219 für eine **sorgfältige Auswahl** (Staudinger/Dutta, 2021, Rn. 11; BeckOGK/Leitzen Rn. 35). 7

Als **Grenze des Ernennungsrechts** lässt sich angeben, dass der Testamentsvollstrecker nicht berechtigt ist, ohne die Kündigung seines Amts seine Aufgaben und Pflichten als Ganzes und dauernd unmittelbar auf einen anderen, gleichsam als seinen Nachfolger, zu übertragen; daran ändert auch eine Zustimmung der Erben nichts (RGZ 81, 166 (170); KGJ 41, 75 (78); Staudinger/Dutta, 2021, Rn. 17). Vielmehr muss er erst einen Nachfolger benennen und dann kündigen; in der Zeit zwischen Kündigung und Annahme des Amts durch den Nachfolger besteht die Testamentsvollstreckung im abstrakten Sinne fort, das Amt des konkreten Testamentsvollstreckers ist aber „verwaist" (Staudinger/Dutta, 2021, Rn. 17). Die Erteilung einer **Generalvollmacht,** auch an einen Mitvollstrecker oder vorgesehenen Nachfolger, ist jedoch zulässig, sofern sie nur jederzeit widerruflich ist, denn durch die Widerrufsmöglichkeit bleibt der zunächst berufene Testamentsvollstrecker „Herr der Verwaltung" (KG JFG 7, 279 = JW 1930, 1074 mAnm Herzfelder; MüKoBGB/Zimmermann Rn. 11; aA KGJ 27 A 197, 199; OLG Hamburg OLG 10, 303). 8

Fraglich ist, ob einem Testamentsvollstrecker das testamentarisch eingeräumte Recht zur Ernennung seines Nachfolgers auch dann noch zusteht, wenn er wegen **grober Pflichtverletzung** gem. § 2227 aus seinem Amt **entlassen** werden soll. Da jedes Benennungsrecht voraussetzt, dass der Testamentsvollstrecker sein Amt noch inne hat, darf es noch nicht zu einer förmlichen Entlassung durch das Nachlassgericht gekommen sein (→ Rn. 4). Ist es zu einer erheblichen Pflichtverletzung gekommen, ist durch Auslegung der letztwilligen Verfügung zu ermitteln, ob der Erblasser den Testamentsvollstrecker noch mit dem Bestimmungsrecht betrauen wollte, oder ob das Bestimmungsrecht nicht länger interessengerecht ist, etwa weil der Testamentsvollstrecker den Nachlass schuldhaft geschmälert hat. Es ist also zu untersuchen, ob das Bestimmungsrecht entfallen ist (Knorr NJW 2018, 2598 (2599)). Ist dies nicht der Fall, stellt sich die Folgefrage, ob das Nachlassgericht vor der Entlassung dem Testamentsvollstrecker Gelegenheit geben muss, einen Nachfolger zu bestimmen. Dies wird zumeist bejaht (OLG Hamm NJW-RR 2007, 878 (880); OLG München ZEV 2008, 532 (535); OLG Schleswig ZEV 2014, 542 (543); vgl. aber → Rn. 12). 9

## III. Ernennung eines Mitvollstreckers

Möglich ist, dass nach dem Willen des Erblassers der zunächst berufene Testamentsvollstrecker sein Amt **nur gemeinschaftlich** mit dem von ihm erst noch zu berufenden Mitvollstrecker ausüben soll (Lange ErbR § 63 Rn. 79). Hierfür bedarf es aber besonderer Anhaltspunkte. Sind sie vorhanden, so besteht zwar von Anfang an eine wirksame Testamentsvollstreckung (wichtig für §§ 2211, 2214), die Aufgabe des Testamentsvollstreckers erschöpft sich jedoch zunächst in der Ernennung des Mitvollstreckers (BeckOGK/Leitzen Rn. 19; NK-BGB/Kroiß Rn. 5). Wird von dem Ernennungsrecht kein Gebrauch gemacht, so kann der dann eintretende Schwebezustand regelmäßig nur durch eine Entlassung (§ 2227) behoben werden (NK-BGB/Kroiß Rn. 6; Damrau/Tanck/Bonefeld Rn. 5; MüKoBGB/Zimmermann Rn. 7). Die Gegenansicht will in unnötiger Komplizierung zunächst nur ein Benennungsrecht nach § 2198 annehmen und erst mit der Aus- 10 übung dieses Rechts den zur Ernennung Berechtigten zum Testamentsvollstrecker machen, was die Möglichkeit der Fristsetzung nach § 2198 Abs. 2 schafft (Soergel/Becker Rn. 4).

11 Ohne besondere Anordnung des Erblassers ist der ermächtigte Testamentsvollstrecker zur **Aufgabenabgrenzung** zwischen den Mitvollstreckern nicht befugt. Er kann sich insbes. nicht zum „Obervollstrecker" berufen oder sich besonders genehme Tätigkeitsbereiche vorbehalten (Staudinger/Dutta, 2021, Rn. 15; MüKoBGB/Zimmermann Rn. 7).

## IV. Ernennung eines Nachfolgers

12 Eine Nachfolgerernennung setzt begrifflich voraus, dass der ermächtigte Testamentsvollstrecker zunächst einmal das **Amt angetreten** hat und es auch **noch ausübt.** Dann kann der Nachfolger für den Fall des Erlöschens des eigenen Amts bestimmt werden (§§ 2225–2227), falls der Testamentsvollstrecker hierzu nicht nur für den Fall des Vorliegens **bestimmter Erlöschensgründe** befugt sein soll. So kann die Auslegung der Verfügung von Todes wegen ergeben, dass ihm kein Ernennungsrecht für den Fall seiner Entlassung wegen einer **Pflichtverletzung** zustehen soll, weil er dadurch das in ihm vom Erblasser gesetzte Vertrauen enttäuscht hat (→ Rn. 9). Ist dies der Fall, muss ihm das Nachlassgericht vor seiner Entlassung keine Möglichkeit zur Benennung eines Nachfolgers geben (OLG München ZEV 2008, 532 (535)). Ist die Testamentsvollstreckung, etwa wegen Zweckerreichung, beendet, so kann ein Nachfolger nicht mehr ernannt werden (MüKoBGB/Zimmermann Rn. 8). Soll nach der Verfügung von Todes wegen der Nachfolger bereits bei Annahme des Amts bestimmt werden, so entspricht auch ein späteres Nachholen während der noch bestehenden Amtszeit idR dem Erblasserwillen (KG JW 1928, 1943).

13 Im Rahmen der Nachfolgerernennung kann eine Mehrzahl von Nachfolgern ernannt werden, wobei zudem die Möglichkeit besteht, die Aufgabenverteilung in dem künftigen Testamentsvollstreckergremium festzulegen (Staudinger/Dutta, 2021, Rn. 21). Ein **„Splitting des Testamentsvollstreckeramts"** dergestalt, dass der ermächtigte Testamentsvollstrecker sein Amt teilweise niederlegt und für diesen „frei" werdenden Aufgabenbereich einen Nachfolger bestimmt, ist nach den zur Zulässigkeit einer Teilkündigung des Testamentsvollstreckeramts entwickelten Grundsätzen (→ § 2226 Rn. 5) dann möglich, wenn ein entsprechender Wille des Erblassers wenigstens durch Auslegung feststellbar ist (KGJ 43 A 88, 90; KG JW 1939, 421; OLG Hamm OLGZ 1991, 388 = NJW-RR 1991, 837 (838) = FamRZ 1992, 113 mAnm Reimann; vgl. auch RGZ 81, 166 (170); NK-BGB/Kroiß Rn. 10; Damrau/Tanck/Bonefeld Rn. 8; ohne Abstellen auf den Erblasserwillen BeckOGK/Leitzen Rn. 26; Staudinger/Dutta, 2021, Rn. 20). Der ermächtigte Testamentsvollstrecker kann auch den Aufgabenkreis des Nachfolgers einschränken (Winkler TV Rn. 49). Denn dies stellt gegenüber der umfassenden Nachfolgerbenennung ein zulässiges „Minus" des Ernennungsrechts dar. Der so ernannte Nachfolger kann seinerseits **wiederum** einen **Nachfolger** nur dann ernennen, wenn auch ihm eine solche Ermächtigung gewährt wurde, was zumindest im Wege der Auslegung feststellbar sein muss (NK-BGB/Kroiß Rn. 10; MüKoBGB/Zimmermann Rn. 10; Staudinger/Dutta, 2021, Rn. 18; weitergehend Erman/M. Schmidt Rn. 2: bereits im Zweifel sei dies möglich). Hierfür spricht nicht nur, dass sonst die Gefahr einer zu großen zeitlichen Ausdehnung der Testamentsvollstreckung bestünde (§ 2210 gilt nur bei der Dauer- und Verwaltungsvollstreckung), sondern vor allem die systematische Überlegung, dass immer zunächst eine Ermächtigung für ein Benennungsrecht vorhanden sein muss.

## V. Mehrere Testamentsvollstrecker

14 Bei **mehreren Testamentsvollstreckern** hängt vieles maßgeblich von der Auslegung der letztwilligen Anordnungen des Erblassers ab. Regelmäßig kann jeder Ermächtigte grds. seinen eigenen Nachfolger alleine und ohne Zustimmung der anderen wählen (KG DFG 1942, 45; NK-BGB/Kroiß Rn. 10; BeckOGK/Leitzen Rn. 9). Im Einzelfall kann das Recht auch mehreren von ihnen zustehen, dann nicht aber notwendig allen gemeinschaftlich. Sind jedoch **mehrere Testamentsvollstrecker** zur Ernennung berufen, ist es eine Frage der Auslegung, ob die Ausübung der Ermächtigung durch Mehrheits- oder durch einstimmigen Beschluss erfolgen muss. Eine Entscheidung nach § 2224 Abs. 1 S. 1 Hs. 2 durch das Nachlassgericht ist nicht möglich (OLG Hamburg OLGE 44, 96; Staudinger/Dutta, 2021, Rn. 5; diff. und aA KG Recht 1914 Nr. 1117; MüKoBGB/Zimmermann Rn. 2: § 2224 Abs. 1, wenn mehrere Testamentsvollstrecker gemeinsam entscheiden sollen, dagegen dann nicht, wenn bei mehreren Vollstreckern einer allein ermächtigt ist).

## § 2200 Ernennung durch das Nachlassgericht

**(1) Hat der Erblasser in dem Testament das Nachlassgericht ersucht, einen Testamentsvollstrecker zu ernennen, so kann das Nachlassgericht die Ernennung vornehmen.**

**(2) Das Nachlassgericht soll vor der Ernennung die Beteiligten hören, wenn es ohne erhebliche Verzögerung und ohne unverhältnismäßige Kosten geschehen kann.**

### Überblick

Die Vorschrift ermöglicht dem Erblasser, die Ernennung des Testamentsvollstreckers, nicht aber die Anordnung der Testamentsvollstreckung als solche, dem Nachlassgericht zu übertragen.

### I. Normzweck

Die Bestimmung enthält eine weitere Möglichkeit, dass anstelle des Erblassers ein anderer den Testamentsvollstrecker ernennt. Dem kommt große praktische Bedeutung zu, wenn eine vom Erblasser bereits getroffene anderweitige Ernennung fehlschlägt oder aber vor Beendigung der Testamentsvollstreckung der zur Vollstreckung berufene Amtsinhaber wegfällt. Die Ernennungszuständigkeit des Nachlassgerichts leitet sich stets von einem konkreten Ersuchen des Erblassers ab. Daher kann aus dieser Vorschrift keine allgemeine Hilfszuständigkeit des Nachlassgerichts immer schon dann hergeleitet werden, wenn im Nachlassinteresse eine Ernennung zur Sicherung der Testamentsvollstreckung angezeigt wäre (Lange ErbR § 63 Rn. 24; Grüneberg/Weidlich Rn. 1). 1

### II. Ernennung durch das Nachlassgericht

**1. Ersuchen des Erblassers.** Tatbestandsvoraussetzung für die gerichtliche Ernennung des Testamentsvollstreckers ist ein entsprechendes Ersuchen des Erblassers, nicht aber eines anderen Beteiligten (BayObLGZ 16, 128; MüKoBGB/Zimmermann Rn. 2). Dies hat durch den Erblasser selbst in der Form eines „Testaments" zu geschehen und muss dort wenigstens irgendwie zum Ausdruck kommen. Fehlt es an einer ausdrücklichen Erklärung, so kann sich ein solches Ersuchen durch **Auslegung,** und zwar auch durch ergänzende (§§ 133, 2084), ergeben (BayObLG FamRZ 1987, 98; NJW-RR 1988, 387 (388); KG OLGZ 1992, 138; OLG Hamm ZEV 2015, 532 (533); OLG Schleswig BeckRS 2015, 18543). § 2200 Abs. 1 stellt aber keine automatische Auffangnorm dar (→ Rn. 3). Daher kann in der Bestimmung eines Testamentsvollstreckers durch den Erblasser nicht ohne Weiteres ein Ersuchen an das Nachlassgericht liegen, wenn die von ihm ausgewählte Person das ihr angetragene Amt nicht annimmt. Die Rspr. ist gleichwohl sehr großzügig und nimmt einen dahingehenden Erblasserwillen bei einem Wegfall des Testamentsvollstreckers, etwa durch Kündigung, Nichtannahme des Amts oder Tod des Amtsinhabers ohne Ersatztestamentsvollstrecker bereits dann an, wenn der Erblasser – hätte er die Veränderung vorhergesehen – vermutlich die Ernennung durch das Nachlassgericht gewünscht hätte, insbes. weil die mit der Testamentsvollstreckung verfolgten Ziele noch nicht erreicht sind (BayObLG NJW-RR 2003, 224 (225); 1988, 387; ZEV 1997, 338 (338); OLG Schleswig BeckRS 2015, 18543; OLG Hamm OLGZ 1976, 20; ZEV 2001, 271 (272): in concreto verneint, weil restliche Aufgabenerfüllung ohne gerichtliche Auseinandersetzung nach Auffassung des zuletzt amtierenden Testamentsvollstreckers nicht mehr möglich war; OLG Zweibrücken ZEV 2001, 27 m. krit. Anm. Damrau: bei Unwirksamkeit der Testamentsvollstreckerernennung; OLG Zweibrücken FamRZ 2006, 891 = FGPrax 2006, 169; dazu Staudinger/Dutta, 2021, Rn. 7 f.; Winkler TV Rn. 75 ff., jeweils m. Rspr.-Beispielen; bei der Auslegung ist aber zu beachten, dass die Abwicklungs- und nicht die Verwaltungsvollstreckung der Regelfall ist, iE BayObLG ZEV 2001, 284 (285)). 2

Auch die Ernennung eines weiteren Testamentsvollstreckers ist unter Beachtung der Voraussetzung des § 2200 möglich (OLG Saarbrücken ZEV 2021, 633 (634)). Hier wie dort muss das Ersuchen vom Erblasser herrühren; eines des Erben genügt nicht. Die Einsetzung eines weiteren Testamentsvollstreckers kann vom Erblasser namentlich dann gewollt sein, wenn sein Wille darauf gerichtet ist, die Testamentsvollstreckung auch nach dem Wegfall der ihm benannten Person fortdauern zu lassen, was durch Auslegung zu ermitteln ist (OLG Düsseldorf BeckRS 2019, 13957 Rn. 22 f.; OLG Saarbrücken ZEV 2021, 633 (634)). 2a

Will man die Vorschrift **nicht** zu einer **Auffangnorm** einer unvollständigen Testamentsvollstreckerernennung **umfunktionieren,** so sind **entgegen** dieser Neigung **der gerichtlichen Praxis** an ein Ernennungsersuchen strengere Anforderungen zu stellen (Erman/M. Schmidt Rn. 1; krit. 3

gegen die ausufernde Gerichtspraxis wohl auch Damrau/Tanck/Bonefeld Rn. 2). Es muss sich daher ein entsprechender Wille des Erblassers aus der Verfügung von Todes wegen iSd Andeutungstheorie entnehmen lassen (OLG Düsseldorf ZErb 2018, 148 (151); OLG Frankfurt ZErb 2017, 86; OLG Hamm ZEV 2015, 532 (533) m. krit. Anm. Otte; OLG Schleswig FamRZ 2016, 1702 (1703); LG Heidelberg ZEV 2008, 535 (536); so wohl auch BayObLG NJW-RR 2003, 224 (225); ähnlich Staudinger/Dutta, 2021, Rn. 7, der aber auch andere Umstände genügen lässt). Mit der hM kann dies idR dann bejaht werden, wenn die Verfügung von Todes wegen zwar die Anordnung der Testamentsvollstreckung als solche enthält, aber die Ernennung der Person fehlt, da hier vieles dafür spricht, dass es dem Erblasser um eine ordnungsgemäße Nachlassabwicklung oder -verwaltung ging. Ist die benannte Person wegen Nichtannahme des Amts weggefallen, ist zu erforschen, ob das Testament in seiner Gesamtheit den Willen des Erblassers erkennen lässt, die Testamentsvollstreckung auch bei einem solchen Wegfall fortdauern zu lassen oder nicht. Es kann dabei erforderlich sein, danach zu differenzieren, ob die Anordnung aus sachlichen Gründen der Nachlassabwicklung bzw. -verwaltung oder aber personenbezogen mit Blick auf die konkrete Person des Testamentsvollstreckers erfolgt ist (OLG Hamburg FGPrax 2019, 283). Ein konkludentes (oder gar stillschweigendes) Ernennungsersuchen ist namentlich bei Fehlen anderer Anhaltspunkte idR zu verneinen, wenn ein nach §§ 2198, 2199 benannter Bestimmungsberechtigter sein Recht nicht ausübt oder ein ernannter Testamentsvollstrecker vor oder nach Antritt des Amts ohne Ernennung eines Nachfolgers wegfällt (NK-BGB/Kroiß Rn. 4; MüKoBGB/Zimmermann Rn. 4). Hier müssen weitere Gesichtspunkte für die Annahme eines Ernennungsersuchens hinzukommen, wie die konkrete Gefährdung des mit der Testamentsvollstreckung verfolgten Zieles, so etwa der noch erforderliche Ausschluss der geschiedenen Ehefrau von der gesetzlichen Vertretung oder gar des Erben von der Verwaltung (KG OLGE 43, 401), der Schutz des minderjährigen Erbens (OLG Schleswig BeckRS 2015, 18543); die Sicherung einer komplizierten Erbauseinandersetzung, Zuwendung eines Grundstücks zu wohltätigen Zwecken, deren Bestimmung nicht den Erben überlassen werden soll (BayObLG ZEV 1997, 338 (339)), nicht aber Fortbestehen der Testamentsvollstreckung über Jahrzehnte hinweg, um ggf. auch später noch Nachlassgläubigern die Geltendmachung ihrer Ansprüche gegen einen Testamentsvollstrecker zu ermöglichen (BayObLG ZEV 2001, 284). An einem mutmaßlichen Erblasserwillen, die Testamentsvollstreckung auch bei Ablehnung des Amts durch die berufene Person durchführen zu lassen, **fehlt es,** wenn der Berufene aufgrund seiner vom Erblasser besonders geschätzten Sachkompetenz für das Amt ausgewählt worden ist. Bei einer derart personenbezogenen Auswahl wäre eine gerichtliche Bestellung eines Ersatztestamentsvollstreckers nicht ermessensgerecht (OLG Schleswig BeckRS 2016, 04412). Will der Erblasser „die Bestimmung des Testamentsvollstreckers gesondert privatschriftlich" vornehmen, so liegt kein Ersuchen an das Nachlassgericht vor, sondern ein ausdrücklicher Vorbehalt (OLG Frankfurt ZErb 2017, 86 f.). Eine nach § 2198 unzulässige Berufung des Nachlassrichters als Bestimmungsberechtigten kann in ein Ersuchen nach § 2200 umgedeutet werden (OLG Hamm DNotZ 1965, 487). Das Ersuchen kann auch bedingt gestellt werden, etwa dass der zunächst Ernannte das Amt nicht annimmt oder ein Benennungsrecht nach §§ 2198 f. nicht ausgeübt wird (KG OLGE 40, 132; Staudinger/Dutta, 2021, Rn. 4).

4 **2. Verfahren. a) Zuständigkeit, Entscheidungsgang. Örtlich zuständig** ist das Amtsgericht des letzten Wohnsitzes des Erblassers (§ 343 FamFG) als Nachlassgericht, also nicht das Prozessgericht oder gar das Grundbuchamt (BeckOGK/Leitzen Rn. 17 f.). **Funktionell zuständig** ist grds. der Richter (§ 16 Abs. 1 Nr. 2 RPflG), sofern nicht die betreffende Landesregierung von der Möglichkeit zur Aufhebung des Richtervorbehalts aufgrund der Öffnungsklausel des § 19 Abs. 1 S. 1 Nr. 3 RPflG Gebrauch gemacht hat. Das Nachlassgericht hat von Amts wegen zu prüfen, ob ein die Ernennung rechtfertigendes Ersuchen vorliegt (BayObLGZ 16, 128).

5 Nach **Abs. 2** hat das Nachlassgericht vor der Entscheidung die **Beteiligten** zu **hören,** jedoch mit der Einschränkung, dass dies ohne erhebliche Verzögerungen und ohne unverhältnismäßige Kosten geschehen kann (NK-BGB/Kroiß Rn. 8). Wegen Art. 103 GG wird jedoch nur im Ausnahmefall von der Anhörung abzusehen sein. Gleichwohl handelt es sich bei Abs. 2 um eine bloße **Ordnungsvorschrift,** deren Nichtbeachtung die Wirksamkeit der Ernennung nicht beeinträchtigt (OLG Schleswig BeckRS 2015, 18543). Im Übrigen erscheint die Vorschrift des Abs. 2 nach dem Inkrafttreten des FamFG entbehrlich (BeckOGK/Leitzen Rn. 23.1: kein eigenständiger Bedeutungsgehalt; Grüneberg/Weidlich Rn. 3 hält sie gar für bedeutungslos; anders hingegen MüKoBGB/Zimmermann Rn. 8, der eine Erweiterung der „Kann-Beteiligten" des § 345 FamFG durch § 2200 Abs. 2 annimmt). Denn nach § 345 Abs. 3 S. 2 FamFG kann das Nachlassgericht die in diesem Ernennungsverfahren Beteiligten hinzuziehen. Dies sind insbes. die Erben, und zwar nur die, welche mit der Testamentsvollstreckung belastet sind, und etwaige

Mitvollstrecker. Auf deren Antrag hin sind diese als förmliche Beteiligte hinzuziehen (§ 345 Abs. 3 S. 3 FamFG); über dieses Antragsrecht sind sie rechtzeitig zu belehren (§ 7 Abs. 4 S. 2 FamFG). Ihrem Zuziehungsantrag muss entsprochen werden (BeckOK FamFG/Schlögel § 345 Rn. 13).

Wer **Beteiligter** ist, bestimmt sich mit Blick auf § 345 Abs. 3 FamFG danach, ob durch die **6** Entscheidung seine Rechte und Pflichten unmittelbar betroffen werden, sodass ein materieller Beteiligtenbegriff gilt (BayObLG ZEV 2001, 284; Damrau/Tanck/Bonefeld Rn. 10; vgl. auch Grüneberg/Weidlich § 2353 Rn. 35), der demjenigen des § 2198 entspricht (NK-BGB/Kroiß Rn. 8; MüKoBGB/Zimmermann Rn. 8). Nach § 345 Abs. 3 S. 1 FamFG ist **zwingender** und daher hinzuzuziehender Beteiligter derjenige, dessen Ernennung als Testamentsvollstrecker das Nachlassgericht in Betracht zieht (Staudinger/Dutta, 2021, Rn. 12; zu der hier vorliegenden formell-rechtlichen Beteiligung Maluche ZEV 2010, 551 f.). Zwingend anzuhören ist ferner der Antragsteller, etwa ein Nachlassgläubiger. Beteiligt werden können die in § 345 Abs. 3 S. 2 FamFG genannten Erben und Mitvollstrecker, letztere sofern sie nicht schon nach § 345 Abs. 3 S. 1 FamFG zu beteiligen sind. Die Frage der **Beschwerdeberechtigung** der Verfahrensbeteiligten richtet sich nach § 59 FamFG.

**b) Prüfung des Ernennungsersuchens.** Das Nachlassgericht hat zunächst zu prüfen, ob ein **7** wirksames Ernennungsersuchen vorliegt. Ist dies der Fall, so steht es nach hM im **pflichtgemäßen Ermessen** des Gerichts („kann"), **ob** unter Berücksichtigung der Lage des Nachlasses, der Interessen der Beteiligten und vor allem des mit der Testamentsvollstreckung vom Erblasser verfolgten Zwecks ein Testamentsvollstrecker zu ernennen ist (BayObLGZ 2003, 306 = FamRZ 2004, 1406 (1407); OLG Hamm OLGZ 1984, 272 (288) = Rpfleger 1984, 316; KG OLGE 30, 208 Anm. 1; NK-BGB/Kroiß Rn. 5; Lange ErbR § 63 Rn. 37; Bengel/Reimann TV-HdB/Reimann § 2 Rn. 188; Winkler TV Rn. 79; MüKoBGB/Zimmermann Rn. 5). Abgelehnt werden kann nicht bei reiner Arbeitsüberlastung (Bengel/Reimann TV-HdB/Reimann § 2 Rn. 188; NK-BGB/Kroiß Rn. 5). Eine Ablehnung ist aber denkbar, wenn alle dem Testamentsvollstrecker zugewiesenen Aufgaben bereits erfüllt wurden oder sich sonst erledigt haben bzw. wenn die Testamentsvollstreckung ihren Sinn verloren hat (BGHZ 41, 23 = NJW 1964, 1316; OLG Hamburg ErbR 2017, 737 (739); hier endet das Amt bereits kraft Gesetzes). Auch Zweckmäßigkeitsgründe können berücksichtigt werden, etwa wenn die Höhe der testamentarisch festgelegten Vergütung für neutrale Dritte unattraktiv ist (OLG Hamburg FGPrax 2018, 283; MüKoBGB/Zimmermann Rn. 5). Lehnt das Nachlassgericht die Ernennung eines Testamentsvollstreckers ab, so **endet** die Testamentsvollstreckung insgesamt (OLG Zweibrücken NJW-RR 2013, 261).

Bei seiner **Auswahlentscheidung** für den Testamentsvollstrecker ist das Nachlassgericht so **8** gestellt wie der Erblasser selbst. Es hat die Auswahl nach pflichtgemäßem Ermessen zu treffen. Jedoch ist es an die Weisungen des Erblassers, nicht aber an die Vorschläge und Wünsche der anderen Beteiligten gebunden (KG OLGE 40, 132; OLG Hamm Rpfleger 1959, 53; NK-BGB/Kroiß Rn. 6), mögen sich auch die Erben auf einen ihnen genehmen Testamentsvollstrecker verständigt haben. Es gibt kein allgemeines Recht auf Ernennung zum Testamentsvollstrecker. Ein durch gerichtliche Entscheidung entlassener Testamentsvollstrecker kann daher gegen die Entscheidung des Nachlassgerichts, einen Nachfolger nicht zu ernennen, keine Beschwerde erheben (→ Rn. 13). Im Rahmen seines Auswahlermessens **hat das Gericht zu prüfen,** ob der Testamentsvollstrecker für die Aufgabe geeignet ist. So wird es gegen sein pflichtgemäßes Ermessen verstoßen, wenn es eine Person auswählt, die offensichtlich ungeeignet ist oder bei der das Entstehen von Entlassungsgründen sehr wahrscheinlich ist (anders aber OLG Köln ErbR 2020, 495 (496) mit zu Recht abl Anm Weiler). In der Regel wird ein Fachanwalt für Erbrecht in Betracht kommen oder wer sich durch entsprechende Zertifizierungslehrgänge als Testamentsvollstrecker qualifiziert hat (eingehend zur Auswahlentscheidung des Nachlassgerichts, die dem einzelnen Bewerber nur eine „faire Chance" geben muss, Zimmermann ZEV 2007, 313). Auch der Notar, der die Verfügung von Todes wegen beurkundet hat, die die allgemeine Anordnung der Testamentsvollstreckung und das Ernennungsersuchen enthält, kann ernannt werden. Die §§ 7, 27 BeurkG stehen auch dann nicht entgegen, wenn der Notar einen entsprechenden Ernennungswunsch mitbeurkundet hat (OLG Stuttgart OLGZ 1990, 14 = DNotZ 1990, 430 mAnm Reimann; Damrau/Tanck/Bonefeld Rn. 6; Staudinger/Dutta, 2021, Rn. 11). Zu berücksichtigen ist es bei der Ernennung zudem, dass nach dem Erblasserwillen der Testamentsvollstrecker keine oder eine nur niedrige Vergütung erhalten soll (Bengel/Reimann TV-HdB/Reimann § 2 Rn. 189: Berufstestamentsvollstrecker scheidet dann idR aus).

Eine **fehlerhafte Testamentsvollstreckerernennung** kann in den Fällen des Ermessensnicht- **9** gebrauchs oder des fehlerhaften Ermessensgebrauchs einen Amtshaftungsanspruch auslösen nach § 839 BGB, Art. 34 GG (MüKoBGB/Zimmermann Rn. 7; NK-BGB/Kroiß Rn. 7), insbes.

wenn wegen des Fehlens eines Testamentsvollstreckers der Nachlass nicht handlungsfähig ist. Eine ohne entsprechendes Ersuchen erfolgte Ernennung ist gegenstandslos (NK-BGB/Kroiß Rn. 9). Der dadurch hervorgerufene Rechtsschein kann aber mit Hilfe des übergeordneten Gerichts beseitigt werden (BayObLG ZEV 1995, 24 mAnm Klumpp; dazu krit. Leipold JZ 1996, 287 (295); aA – als rechtsgestaltende Verfügung wirksam, aber aufhebbar – OLG Hamburg NJW 1965, 968); zur Behandlung anderer Mängel → Rn. 11.

10 **c) Entscheidung des Nachlassgerichts.** Das Nachlassgericht entscheidet durch **Beschluss,** der inhaltlich eine Ernennung oder Ablehnung ist. Ein Vorbescheid war selbst unter der Geltung des FGG nicht zulässig, weil – anders als bei der Erteilung eines unrichtigen Testamentsvollstreckerzeugnisses – hiervon keine Publizitätswirkungen ausgehen, die vollendete Tatsachen schaffen können (BayObLGZ 1993, 389 mAnm Graf ZEV 1994, 106; OLG Hamm OLGZ 1984, 282). Der Ernennungsbeschluss wird dadurch wirksam, dass er dem Ernannten zu Protokoll bekannt gemacht oder förmlich zugestellt wird (§ 40 FamFG) (MüKoBGB/Zimmermann Rn. 9; Staudinger/Dutta, 2021, Rn. 14); er muss dabei allen Beteiligten bekannt gemacht werden. Er ist eine rechtsgestaltende Verfügung der freiwilligen Gerichtsbarkeit (NK-BGB/Kroiß Rn. 9). Die frühere Auffassung, wonach auch in der Erteilung eines Testamentsvollstreckerzeugnisses eine solche Ernennung liegen kann (BayObLGZ 1985, 233; 1987, 46; 1992, 175), ist durch die Neuregelung aufgrund des FamFG überholt (Grüneberg/Weidlich Rn. 6). Für die Ernennung fällt eine **Gebühr** von 0,5 aus 10 % des Nachlasswertes im Zeitpunkt des Erbfalls an, ohne Abzug der Nachlassverbindlichkeiten (§ 65 GNotKG, KV 12420 GNotKG) (für überhöht hält dies Kroiß ZEV 2013, 413 (417)). Kostenschuldner sind die Erben (§ 24 Nr. 7 GNotKG).

11 Mit der Bekanntgabe wird die Ernennungsverfügung wirksam. Damit tritt eine **Bindung** ein: Das Nachlassgericht kann die wirksame Ernennung nicht mehr von Amts wegen aufheben (anders aber bei wirksamer Anfechtung, OLG Köln FamRZ 1993, 1124) und nicht im Erbscheinsverfahren mit den gleichen Beteiligten abermals überprüfen (OLG Karlsruhe NJW-RR 1996, 652; NK-BGB/Kroiß Rn. 9). Als rechtsgestaltender Akt der freiwilligen Gerichtsbarkeit ist der Beschluss mit der Bekanntgabe auch für **andere** Behörden, das **Prozessgericht,** das Grundbuchamt und das Registergericht **bindend,** wenn er nicht nichtig ist (OLG Hamburg NJW 1965, 968; Staudinger/Dutta, 2021, Rn. 22; MüKoBGB/Zimmermann Rn. 11). Diese Bindung greift jedoch nur hinsichtlich der Tatsache der Ernennung ein. Andere **Unwirksamkeitsgründe,** wie fehlende oder unwirksame Anordnung der Testamentsvollstreckung oder Beendigung der Testamentsvollstreckung wegen Erledigung der Aufgaben werden hiervon nicht erfasst (NK-BGB/Kroiß Rn. 9; MüKoBGB/Zimmermann Rn. 11; eingehend dazu Staudinger/Dutta, 2021, Rn. 23 f.). Für den Fall des fehlenden Ernennungsersuchens ist dies strittig (→ Rn. 9).

## III. Rechtsbehelfe

12 Sowohl gegen die Ernennung selbst als auch gegen deren **Ablehnung** ist die befristete Beschwerde nach den §§ 58 ff. FamFG gegeben. Bei einer **Ernennung** sind **beschwerdeberechtigt** (vgl. § 59 FamFG) die Erben, die **Miterben,** und zwar auch dann, wenn ihr Anteil nicht von der **Erbteilsvollstreckung** betroffen ist, da im Rahmen des § 2038 der Testamentsvollstrecker auch ihnen gegenüber Rechte und Aufgaben wahrnimmt und sie uU auch für dessen Vergütung haften (Reimann MittBayNot 2008, 392; aA OLG Hamm NJW-RR 2009, 155, wenn nur die Auswahl der betreffenden Person als Testamentsvollstrecker angegriffen wird), ebenso wenn ihre Anteile gepfändet sind (Grüneberg/Weidlich Rn. 8), die Mitvollstrecker, der aufschiebend bedingt bestimmte **Ersatztestamentsvollstrecker,** wenn durch die gerichtliche Ernennung der Eintritt der Bedingung hinausgeschoben wird (OLG München NJW 2009, 2140), die Nachlassgläubiger (KG OLGE 40, 132 Fn. 1b), die Vermächtnisnehmer (KG RJA 8, 189) und die Pflichtteilsberechtigten (BayObLGZ 16, 128; KG OLGZ 40, 132 Fn. 1b), nicht aber der ernannte Testamentsvollstrecker selbst, da er das Amt nicht annehmen muss (Winkler TV Rn. 84; MüKoBGB/Zimmermann Rn. 14). Die Beschwerde kann auch darauf gestützt werden, dass von Anfang an ein Entlassungsgrund (§ 2227) bestanden hat (Staudinger/Dutta, 2021, Rn. 17). Wird die Ernennung eines Testamentsvollstreckers auf eine Beschwerde hin aufgehoben, so wird sie auch dann rückwirkend beseitigt, wenn die Ernennung durch Mitteilung an den Testamentsvollstrecker wirksam geworden und ein Testamentsvollstreckerzeugnis erteilt ist (BayObLG 7.4.1988 – BReg 1 Z 58/87).

13 **Gegen** die **Ablehnung** der Ernennung kann jeder Beschwerde erheben, der dadurch unmittelbar in seinen **Rechten** betroffen ist (§ 59 FamFG) (Staudinger/Dutta, 2021, Rn. 19), insbes. auch der Pflichtteilsberechtigte (KG NJW 1963, 1553; Staudinger/Dutta, 2021, Rn. 20) und der **Vermächtnisnehmer,** wenn es zu den Aufgaben des Testamentsvollstreckers gehört, dieses

Vermächtnis zu erfüllen, da er dann einen gegen den Testamentsvollstrecker durchsetzbaren Anspruch besitzt (BGH NJW-RR 2013, 905 = FamRZ 2013, 1035 mAnm Zimmermann; BeckOGK/Leitzen Rn. 40). **Nicht beschwerdeberechtigt** sind hingegen solche Nachlassgläubiger, die keinen Vollstreckungstitel besitzen (OLG Düsseldorf ZEV 2004, 67; offenlassend BayObLG FamRZ 2002, 641 (642) = ZEV 2001, 284). Auch derjenige, der infolge einer ablehnenden gerichtlichen Entscheidung nicht Testamentsvollstrecker geworden ist, hat kein Beschwerderecht, denn er hat kein Recht auf Ernennung. Gleiches gilt für den entlassenen Testamentsvollstrecker, der sich gegen die Entscheidung des Nachlassgerichts wendet, keinen neuen Testamentsvollstrecker zu benennen. Die Testamentsvollstreckung erfolgt nicht im Interesse des Vollstreckers, sondern im Interesse der Erben (OLG Karlsruhe NJW-RR 2015, 1489; OLG München ZErb 2016, 172 (173)).

Wird die **Ernennung** im Beschwerdeverfahren **aufgehoben,** so steht dem Testamentsvollstre- **14**
cker nur die zulassungsgebundene **Rechtsbeschwerde** (§§ 70 ff. FamFG) zu (KG OLGZ 1992, 139 (141); NK-BGB/Kroiß Rn. 11; MüKoBGB/Zimmermann Rn. 14), sofern er das Amt angenommen hatte. Die zwischenzeitlich vorgenommenen Rechtsgeschäfte des Testamentsvollstreckers bleiben nach § 47 FamFG wirksam (Grüneberg/Weidlich Rn. 8). Seine Rechtsstellung gegenüber den Erben bestimmt sich bei unwirksamer Ernennung nach den Grundsätzen des vermeintlichen Testamentsvollstreckers (→ § 2197 Rn. 44 ff.). Besteht nach der Entlassung des Testamentsvollstreckers zwischen den Erben Streit darüber, ob das Amt erloschen ist, so hat hierüber das Prozessgericht zu entscheiden (OLG Saarbrücken NJW-RR 2020, 655).

## § 2201 Unwirksamkeit der Ernennung

**Die Ernennung des Testamentsvollstreckers ist unwirksam, wenn er zu der Zeit, zu welcher er das Amt anzutreten hat, geschäftsunfähig oder in der Geschäftsfähigkeit beschränkt ist oder nach § 1896 zur Besorgung seiner Vermögensangelegenheiten einen Betreuer erhalten hat.**

### Überblick

Die Vorschrift regelt Gründe, wonach die Ernennung zum Testamentsvollstrecker unwirksam ist, insbesondere wenn er bereits zu dem Zeitpunkt, in dem er das Amt anzutreten hat, geschäftsunfähig ist. Tritt ein Unfähigkeitsgrund später ein, so erlischt sein Amt nach § 2225.

### I. Unfähigkeitsgründe

Das Gesetz nennt **nur** drei Gründe für die Unfähigkeit, das Amt des Testamentsvollstreckers **1**
zu übernehmen. Der Ernannte darf **erstens** weder geschäftsunfähig (§ 104) noch **zweitens** in der Geschäftsfähigkeit beschränkt sein (§§ 106, 114). Auch darf er **drittens** nach § 1896 keinen Betreuer zur Besorgung seiner sämtlichen Vermögensangelegenheiten erhalten haben. Im dritten Fall soll bereits eine vorläufige Betreueranordnung hinsichtlich aller Vermögensangelegenheiten nach §§ 300, 301 FamFG genügen (so BayObLGZ 1994, 313 (316 f.) = ZEV 1995, 63 m. zust. Anm. Damrau; NK-BGB/Kroiß Rn. 2; daran zu Recht zweifelnd wegen der Endgültigkeit dieser Wirkung MüKoBGB/Zimmermann Rn. 2). Eine Betreuerbestellung nur wegen persönlicher oder auch wegen einzelner Vermögensangelegenheiten führt demgegenüber noch nicht zur Ernennungsunfähigkeit (Soergel/Becker Rn. 1; Staudinger/Dutta, 2021, Rn. 2).

Bloße Unfähigkeits- oder **Untauglichkeitsgründe** fallen nicht unter diese Vorschrift und **2**
berechtigen allenfalls zu einer Entlassung nach § 2227. Wird über das Vermögen des Testamentsvollstreckers ein Insolvenzverfahren eröffnet oder hat er eine eidesstattliche Versicherung nach § 807 ZPO abzugeben, so hindert dies seine Ernennung nicht und macht sie auch bei späterem Eintritt solcher Ereignisse nicht unwirksam. Auch hier bleibt im Einzelfall lediglich die Entlassung (NK-BGB/Kroiß Rn. 3; BeckOGK/Leitzen Rn. 3), wenn einer der Entlassungsgründe des § 2227 vorliegt, wozu der Vermögensverfall allein jedoch nicht zählt. Die in § 2201 genannten Unwirksamkeitsgründe sind zudem nicht der Analogiebildung zugänglich.

### II. Maßgeblicher Zeitpunkt

Maßgeblicher Zeitpunkt die Unwirksamkeit der Ernennung ist weder der Erbfall noch die **3**
Annahme des Amts, sondern derjenige, in dem der Testamentsvollstrecker sein **Amt anzutreten**

hat, also der Moment, in dem der Ernannte nach Kenntnis von seiner Ernennung in der Lage ist, sich über die Annahme des Amts zu erklären (KGJ 41, 70; NK-BGB/Kroiß Rn. 4; Damrau/Tanck/Bonefeld Rn. 3; Staudinger/Dutta, 2021, Rn. 4; für das Abstellen auf die Amtsannahme aber Zimmermann ErbR 2020, 452). Tritt der Unfähigkeitsgrund erst später ein, so gilt § 2225. Erfolgt jedoch die Ernennung unter einer **aufschiebenden Bedingung** oder **Befristung,** so ist der Eintritt dieser Bedingung oder dieses Zeitpunktes maßgebend (NK-BGB/Kroiß Rn. 4; MüKoBGB/Zimmermann Rn. 3).

## III. Rechtsfolge

4 Bei Vorliegen einer der drei in § 2201 genannten Mängel ist die Ernennung des konkret von einem Unwirksamkeitsgrund betroffenen Testamentsvollstreckers von vornherein und kraft Gesetzes **unwirksam.** Es bedarf keiner Entlassung oder Aufhebungserklärung durch das Nachlassgericht (Staudinger/Dutta, 2021, Rn. 3; MüKoBGB/Zimmermann Rn. 4). Auch wenn der Unfähigkeitsgrund nachträglich wegfällt (etwa durch Eintritt der Volljährigkeit), bleibt die Ernennung gleichwohl unwirksam (BayObLGZ 1994, 313 (316 f.) = ZEV 1995, 63; KGJ 41, 70; NK-BGB/Kroiß Rn. 5; MüKoBGB/Zimmermann Rn. 4; diff. Staudinger/Dutta, 2021, Rn. 5 ff.: wenn Betreuungsgrund von Anfang an nicht bestand, sei die Ernennung wirksam). Es kann aber eine neue Ernennung nach §§ 2198, 2200 erfolgen, wenn die Voraussetzungen hierfür vorliegen. Im Übrigen gilt auch hier, dass die Unwirksamkeit der Ernennung eines konkreten Testamentsvollstreckers nicht zum Wegfall des gesamten Amts der Testamentsvollstreckung (im abstrakten Sinn) führt. Fehlt es an der ausdrücklichen Ernennung eines Ersatzvollstreckers, so kann immer noch eine Ernennung eines Testamentsvollstreckers durch das Nachlassgericht nach § 2200 in Betracht kommen, insbes. auch durch Annahme eines „konkludenten Erblasserersuchens" (NK-BGB/Kroiß Rn. 6).

## § 2202 Annahme und Ablehnung des Amts

**(1) Das Amt des Testamentsvollstreckers beginnt mit dem Zeitpunkt, in welchem der Ernannte das Amt annimmt.**

**(2) [1]Die Annahme sowie die Ablehnung des Amts erfolgt durch Erklärung gegenüber dem Nachlassgericht. [2]Die Erklärung kann erst nach dem Eintritt des Erbfalls abgegeben werden; sie ist unwirksam, wenn sie unter einer Bedingung oder einer Zeitbestimmung abgegeben wird.**

**(3) [1]Das Nachlassgericht kann dem Ernannten auf Antrag eines der Beteiligten eine Frist zur Erklärung über die Annahme bestimmen. [2]Mit dem Ablauf der Frist gilt das Amt als abgelehnt, wenn nicht die Annahme vorher erklärt wird.**

## Überblick

Die Vorschrift regelt Einzelheiten zur Annahme und zur Ablehnung des Testamentsvollstreckeramts.

## I. Normzweck

1 Nicht bereits der Erbfall oder die Ernennung des Testamentsvollstreckers macht den dazu Berufenen zum Testamentsvollstrecker. Der Beginn des Amts setzt vielmehr kumulativ voraus (Lange ErbR § 63 Rn. 39):

- Die Anordnung der Testamentsvollstreckung durch den Erblasser (formgerecht in einer Verfügung von Todes wegen),
- die Ernennung des Testamentsvollstreckers durch den Erblasser selbst oder nach §§ 2198, 2199, 2200 sowie
- die Annahme des Amts durch den Ernannten (§ 2202 Abs. 1).

2 Da die Rechte und Pflichten der konkreten Person des Testamentsvollstreckers erst mit der Annahme beginnen, stellt das Gesetz aus Gründen der Rechtssicherheit hierfür besondere Form- und Verfahrensvorschriften auf.

## II. Annahme des Amts (Abs. 2)

**1. Erklärungsempfänger.** Die Annahme des Amts wie auch seine Ablehnung erfolgt durch den Ernannten mittels einer amtsempfangsbedürftigen Erklärung gegenüber dem **Nachlassgericht** (Abs. 2 S. 1). Örtlich zuständig ist dabei dasjenige Gericht, das für die Eröffnung der Verfügung von Todes wegen berufen ist, also idR dasjenige Nachlassgericht, in dessen Bezirk der Erblasser im Zeitpunkt seines Todes seinen gewöhnlichen Aufenthalt hatte (§ 343 Abs. 1 FamFG). Die **Erklärung** wird erst mit ihrem Eingang beim zuständigen Nachlassgericht **wirksam** (Staudinger/Dutta, 2021, Rn. 4); dies gilt auch dann, wenn sie gegenüber einer unzuständigen Abteilung desselben, zuständigen AG erklärt wird (LG Saarbrücken FamRZ 2009, 1252 (1253); Lange ErbR § 63). Wird die Annahmeerklärung gegenüber einem **unzuständigen Gericht** abgegeben und leitet dieses die Erklärung an das zuständige Nachlassgericht weiter, so tritt die Wirksamkeit der Annahmeerklärung ebenfalls erst mit dem Zugang beim zuständigen Nachlassgericht ein, ohne dass es zu einer zeitlichen Rückwirkung käme (NK-BGB/Kroiß Rn. 4). 3

**2. Annahmefähigkeit.** Die Erklärung der Annahme oder ihrer Ablehnung setzt Geschäftsfähigkeit des Testamentsvollstreckers voraus (→ § 2201 Rn. 1). Maßgeblicher Zeitpunkt die Unwirksamkeit der Ernennung ist weder der Erbfall noch die Annahme des Amts, sondern derjenige, in dem der Testamentsvollstrecker sein Amt anzutreten hat → § 2201 Rn. 3. Ist der Ernannte zu diesem Zeitpunkt in seiner Geschäftsfähigkeit beschränkt, ist eine Annahme durch seinen gesetzlichen Vertreter grds. nicht möglich (BeckOGK/Leitzen Rn. 5; aA NK-BGB/Kroiß Rn. 8: wegen der höchstpersönlichen Natur der Amtsannahme sei eine Erklärung des beschränkt Geschäftsfähigen mit Zustimmung seines gesetzlichen Vertreters nach § 107 möglich). Eine Ausnahme wird man aber für den Fall zulassen, dass die Ernennung aufschiebend bedingt oder befristet angeordnet ist und bis zum Amtsantritt mit der vollen Geschäftsfähigkeit zu rechnen ist, etwa bei Eintritt der Volljährigkeit (Grüneberg/Weidlich Rn. 1). 4

**3. Inhalt.** Ein besonderer Inhalt der Annahme- oder Ablehnungserklärung ist gesetzlich nicht vorgeschrieben. Jedoch muss der Wille zur Amtsübernahme oder Amtsablehnung deutlich zum Ausdruck kommen. Eine bloß „stillschweigende Erklärung" genügt nicht (Prot. V 253). Anders als die Anordnung der Testamentsvollstreckung durch den Erblasser ist die Annahme- oder Ablehnungserklärung des Ernannten als Verfahrenshandlung **bedingungsfeindlich, unwiderruflich** und kann auch unter keiner Zeitbestimmung abgegeben werden (§ 2202 Abs. 2 S. 2, § 130 Abs. 1 S. 2). Nach einer Ablehnung des Amts ist daher eine Annahme nicht länger möglich. Jedoch ist eine erneute Benennung durch einen Dritten oder das Nachlassgericht möglich, wenn der Erblasser eine solche Möglichkeit in der Verfügung von Todes wegen vorgesehen hat (Bengel/Reimann TV-HdB/Reimann § 2 Rn. 263). 5

Umstritten ist, ob eine **Teilannahme** des Amts grds. möglich ist, wenn dies dem (zumindest hypothetischen) Willen des Erblassers entspricht, insbes. wenn ansonsten kein Testamentsvollstrecker zum Zuge kommt. Eine solche Aufteilung des Testamentsvollstreckeramts durch eine Teilannahme zwischen dem zunächst berufenen Testamentsvollstrecker und dem iÜ nachrückenden Ersatztestamentsvollstrecker wird zumeist abgelehnt, da sie regelmäßig nicht dem Erblasserwillen entspreche, weil eine Aufgabensplittung idR zu einer Aufgabenerschwernis führe (Grunsky/Hohmann ZEV 2005, 41 (43 ff.); zust. NK-BGB/Kroiß Rn. 6). Dabei wird jedoch bereits im Ansatz verkannt, dass eine solche Teilannahme eine **unzulässige Bedingung** darstellt und daher zur Unwirksamkeit der Annahmeerklärung führt (→ Rn. 5). Anders liegt es nur dann, wenn der Erblasser, und sei es nur stillschweigend, eine Anordnung von Nebenvollstreckern (§ 2224) mit verschiedenen Aufgabenbereichen verfügt hat. 6

**4. Form.** Zur Erklärung der Annahme des Amts genügt **privatschriftliche Form** (Lange ErbR § 63 Rn. 42). Sie wird mit einem Eingangsstempel versehen zu den Nachlassakten gegeben, ohne dass eine Mitteilung des Annahmeschreibens an die Erben erfolgt. Wegen § 2228 reicht eine rein mündliche Erklärung nicht. (Nur) eine solche mündliche Annahmeerklärung ist daher zu Protokoll des Nachlassgerichts oder zu Protokoll der Geschäftsstelle eines jeden beliebigen Amtsgerichts abzugeben (§ 25 FamFG), um wirksam zu sein (Staudinger/Dutta, 2021, Rn. 6, 8; Damrau/Tanck/Bonefeld Rn. 2; aA MüKoBGB/Zimmermann Rn. 5: schriftliche Abgabe oder Protokollierung keine Wirksamkeitsvoraussetzung; vgl. auch Grüneberg/Weidlich Rn. 1: zwingend zu protokollieren nach § 25 Abs. 2 FamFG wegen § 2228, ohne dass dies jedoch Wirksamkeitsvoraussetzung sei). Jedoch ist die Erklärung erst mit Eingang beim zuständigen Nachlassgericht wirksam → Rn. 3. 7

8 Die Erklärung der **Annahme** des Amtes durch den Testamentsvollstrecker kann grds. auch **konkludent** erfolgen, wobei aber die Protokollierung zu beachten ist. Regelmäßig ist insbes. in einem Antrag auf Erteilung eines (deutschen) Testamentsvollstreckerzeugnisses mit Blick auf § 2228 die konkludente Erklärung der Annahme des Amts zu sehen (BGH WM 1961, 479 = NJW 1961, 1112).

9 **5. Zeitpunkt der Annahmeerklärung.** Die Annahmeerklärung kann erst nach dem Eintritt des Erbfalls abgegeben werden (Abs. 2 S. 2 Hs. 1). Der Amtsbeginn ist jedoch unabhängig von der Annahme der Erbschaft durch den oder die Erben und von der Eröffnung des Testaments (Grüneberg/Weidlich Rn. 1). Hängt die Bestimmung der Person des Testamentsvollstreckers von der Erklärung eines Dritten ab (§§ 2198, 2199, 2200), so kann die Annahme nicht vor Abgabe derselben erfolgen, da bis dahin die Person des Testamentsvollstreckers eben noch nicht feststeht (OLG Colmar OLGE 26, 349; Staudinger/Dutta, 2021, Rn. 14).

10 **6. Erklärungsfrist (Abs. 3).** Das Nachlassgericht kann auf Antrag eines Beteiligten eine Frist zur Erklärung über die Annahme bestimmen (Abs. 3). Die Antragsberechtigung entspricht derjenigen bei § 2198 (→ § 2198 Rn. 9). Ist der Amtsbeginn vom Eintritt einer Bedingung oder Befristung abhängig, ist vorher eine Fristbestimmung nicht möglich (Grüneberg/Weidlich Rn. 3; Erman/M. Schmidt Rn. 4). Eine Fristsetzung ist auch ohne entsprechenden Antrag eines Beteiligten, also von Amts wegen, zulässig (MüKoBGB/Zimmermann Rn. 10; aA Bengel/Reimann TV-HdB/Reimann § 2 Rn. 270 und 272: nur auf Antrag). Ohne einen solchen Antrag tritt jedoch nicht die Ablehnungswirkung nach Abs. 3 S. 2 ein, wenn die Annahme nicht fristgerecht erklärt wird (BeckOGK/Leitzen Rn. 32).

11 Nach Ablauf dieser Frist **gilt die Annahme als abgelehnt,** wenn sie nicht vorher ausdrücklich erklärt wurde (Abs. 3 S. 2). Zuständig zur Fristbestimmung ist der Rechtspfleger (§ 3 Nr. 2 lit. c RPflG, § 16 RPflG), der durch Beschluss entscheidet. Gegen die Ablehnung der Fristbestimmung ist die befristete **Beschwerde** zulässig (§§ 58 ff. FamFG); sie steht nur dem Antragsteller zu. Gegen die **Verfügung zur Fristbestimmung** ist gem. § 355 Abs. 1 FamFG die sofortige Beschwerde in entsprechender Anwendung der §§ 567–572 ZPO zulässig; beschwerdeberechtigt ist hier der Ernannte (Staudinger/Dutta, 2021, Rn. 17).

12 **7. Kosten und Amtsannahmebestätigung.** Für die Entgegennahme der Annahme- oder Ablehnungserklärung fällt eine **Festgebühr** von 15 Euro nach KV 12410 Abs. 1 Nr. 4 GNotKG an; Kostenschuldner sind die Erben (§ 24 Nr. 8 GNotKG). Für die Fristbestimmung fällt eine Festgebühr von 25 Euro nach KV 12411 Nr. 5 GNotKG an; Kostenschuldner ist der Antragsteller (§ 22 Abs. 1 GNotKG).

13 Für manche Geschäfte des Testamentsvollstreckers reicht die Vorlage des öffentlichen Testaments und der Eröffnungsniederschrift sowie ein **Nachweis der Amtsannahme** aus. Dieser Nachweis kann entweder durch ein Zeugnis des Nachlassgerichts oder aber durch eine Bescheinigung der bzw. Niederschrift über die Annahmeerklärung des Testamentsvollstreckers erbracht werden. Eine solche Amtsannahmebestätigung stellt kein Testamentsvollstreckerzeugnis gem. § 2368 dar (MüKoBGB/Grziwotz § 2368 Rn. 57), zumal keine sachliche Prüfung des Nachlassgerichts erfolgt, sondern nur ein tatsächlicher Vorgang bescheinigt wird. Die Amtsannahmebestätigung ist kostenfrei zu erteilen, denn sie ist – als Eingangsbestätigung der Annahmeerklärung – mit der Festgebühr bereits abgegolten (OLG Braunschweig FGPrax 2019, 83 mAnm Bestelmeyer).

## III. Pflicht zur Amtsannahme?

14 Eine Annahmeverpflichtung besteht nach dem BGB grds. nicht, wie sich aus Kündigungsmöglichkeit nach § 2226 ergibt (Grüneberg/Weidlich Rn. 2; Damrau/Tanck/Bonefeld Rn. 7). Teilweise wird eine **vertragliche Verpflichtung** zwischen dem Erblasser oder dem Erben und dem Ernannten für möglich und einklagbar gehalten, wodurch sich der zum Testamentsvollstrecker Berufene zur Amtsannahme verpflichtet (Soergel/Becker Rn. 1; Staudinger/Dutta, 2021, Rn. 26, zweifelnd aber hinsichtlich der Urteilswirkung des § 894 ZPO; NK-BGB/Kroiß Rn. 9 bejaht zwar vertragliche Verpflichtung, verneint jedoch Klagbarkeit der Verpflichtung). Hieraus soll auch eine Schadensersatzpflicht entstehen können, wenn kein wichtiger Grund vorliegt, der nach Amtsannahme zur Kündigung berechtigen würde (NK-BGB/Kroiß Rn. 9). Dies ist jedoch abzulehnen (MüKoBGB/Zimmermann Rn. 2; offenlassend Grüneberg/Weidlich Rn. 2 mit Hinweis auf Schwierigkeiten bei der Schadensfeststellung). Denn ein solchermaßen gezwungener Vollstrecker ist kein guter Treuhänder des Nachlasses; zudem könnte er jederzeit sein Amt niederlegen (§§ 2226, 671 Abs. 3); auch dürfte ein erlittener Schaden wegen der nicht erfolgten Amtsübernahme kaum

beweis- und bezifferbar sein (zust. Damrau/Tanck/Bonefeld Rn. 7; Letzteres räumen auch Staudinger/Dutta, 2021, Rn. 26 und Muscheler NJW 2009, 2081 ein).

Der Erblasser kann aber mittelbar durch eine **Zuwendung** unter der Bedingung der Amtsannahme und -fortführung den Testamentsvollstrecker zu einer solchen Handlung bewegen (MüKoBGB/Zimmermann Rn. 2). Eine Bindung des Erblassers zur Ernennung eines bestimmten Testamentsvollstreckers scheitert an § 2302 und an der Unzulässigkeit des Kündigungsverzichts nach § 2226 S. 1. 15

## IV. Rechtsgeschäfte vor Amtsbeginn

Rechtsgeschäfte des Testamentsvollstreckers vor dem Beginn seines Amtes sind unwirksam. Sie werden auch nicht durch die spätere Amtsannahme automatisch wirksam (hM, so etwa Staudinger/Dutta, 2021, Rn. 33; MüKoBGB/Zimmermann Rn. 4). Ein einseitiges Rechtsgeschäft ist daher grds. nichtig (§§ 180, 141). Im Übrigen kann der Testamentsvollstrecker nach Annahme des Amts die vorher vorgenommenen schuldrechtlichen Verträge nach den §§ 177, 184 genehmigen. Entsprechendes gilt für vorher als Nichtberechtigter getätigte Verfügungen nach § 185 Abs. 2 S. 1 Alt. 1 (Bengel/Reimann TV-HdB/Reimann § 2 Rn. 274; Damrau/Tanck/Bonefeld Rn. 3). Teilweise wird angenommen, dass die Verfügungsgeschäfte entspr. § 185 Abs. 2 S. 1 Alt. 2 mit dem Amtsantritt von selbst und ex nunc wirksam werden (so Staudinger/Dutta, 2021, Rn. 33 im Anschluss an RGZ 111, 247 (250); 149, 19 (22); K. Müller JZ 1981, 377; ebenso ohne jede Problemerörterung OLG München ZEV 2006, 173 (174); wohl auch MüKoBGB/Zimmermann Rn. 4). Ein Fall der Konvaleszenz nach § 185 Abs. 2 S. 1 Alt. 2 liegt jedoch nicht vor. Die Vorschrift ist nicht unmittelbar anwendbar, da der Testamentsvollstrecker den Gegenstand, über den er zuvor verfügt hat, nicht durch die Erlangung des Amts „erwirbt". Für eine entsprechende Anwendung ist kein Raum. Dies hat zur Folge, dass vor dem Amtsantritt getroffene unwirksame Verfügungen des später zum Testamentsvollstrecker Ernannten nicht dadurch wirksam werden, dass die Person später das Amt annimmt und so die Verfügungsbefugnis erlangt (OLG Nürnberg ZEV 2017, 98 (99) mAnm Zimmermann; NK-BGB/Kroiß Rn. 3; Erman/M. Schmidt Rn. 5). 16

# § 2203 Aufgabe des Testamentsvollstreckers

**Der Testamentsvollstrecker hat die letztwilligen Verfügungen des Erblassers zur Ausführung zu bringen.**

## Überblick

Die Aufgabe des Testamentsvollstreckers besteht darin, entsprechend dem Willen und unter Beachtung der Anordnungen des Erblassers die letztwilligen Verfügungen zu erfüllen. Die Vorschrift betont den Vorrang des Erblasserwillens und bestimmt, dass der Testamentsvollstrecker dabei im Regelfall die Anordnungen des Erblassers umzusetzen hat.

## I. Arten der Testamentsvollstreckung

Jeder Testamentsvollstrecker leitet seine Legitimation, seine Rechtsposition und auch seinen Aufgabenbereich unmittelbar vom Willen des Erblassers ab. Daher ist vorrangig zu untersuchen, welche Anordnungen der Erblasser getroffen hat. Der **Regelfall** der Testamentsvollstreckung ist die Abwicklungsvollstreckung (auch ausführende Testamentsvollstreckung) (vgl. etwa BayObLGZ 1976, 67 (71 f.)) der §§ 2203–2207. Die **Ausnahme** bildet die Verwaltungsvollstreckung mit dem Sonderfall der Dauervollstreckung (§ 2209). Die Anordnung der Testamentsvollstreckung ohne nähere Angaben ist daher regelmäßig als ausführende Testamentsvollstreckung zu verstehen. Nach dem gesetzlichen Grundmodell umfasst dabei die Aufgabe des Testamentsvollstreckers grds. den gesamten Nachlass, er ist sog. **Generalvollstrecker,** jedoch ist eine gegenständliche Beschränkung genauso möglich (§ 2208 Abs. 1 S. 2, Spezialvollstrecker) wie die Kombination der Verwaltungsvollstreckung hinsichtlich des einen Teils, und die Abwicklungsvollstreckung hinsichtlich des anderen Teils des Nachlasses. 1

## II. Aufgabenstellung des Testamentsvollstreckers bei der Abwicklungsvollstreckung

2 **1. Grundsatz.** Die Hauptaufgabe des Testamentsvollstreckers ist die **Ausführung der Verfügungen von Todes wegen** des Erblassers. Der Testamentsvollstrecker hat dabei die Pflicht, durch die Abwicklung den Endzustand herbeizuführen, den der Erblasser hinsichtlich des Nachlasses wollte (BGH NJW 2015, 1965; Lange ErbR § 64 Rn. 85 f.). Mit der vollständigen Erfüllung dieser Aufgabe endet das Amt des Abwicklungsvollstreckers von selbst und ohne weiteres Zutun des Nachlassgerichts (BGHZ 41, 23 (25) = NJW 1964, 1316). Im Rahmen dieser Abwicklung sind sämtliche Erblasseranordnungen auszuführen, soweit letztwillig nichts anderes bestimmt ist. Regelmäßig ist der Nachlass in Besitz zu nehmen und zu verwalten, soweit er der Vollstreckung unterliegt. Es sind die Nachlassverbindlichkeiten zu erfüllen, Vermächtnisse und Auflagen zu erfüllen und ein etwa verbleibender Teil des Nachlasses an die Erben entspr. der ihnen zustehenden Beteiligung auszukehren (MüKoBGB/Zimmermann Rn. 9; Staudinger/Dutta, 2021, Rn. 4).

3 **2. Mögliche Aufgabenstellungen. Sachlich** wird die Aufgabe des Abwicklungsvollstreckers durch die vom Erblasser getroffenen **letztwilligen Anordnungen** bestimmt, sodass auch hier der Grundsatz der **Maßgeblichkeit des Erblasserwillens** gilt. Denn innerhalb der zwingenden gesetzlichen Schranken ist der Wille des Erblassers die oberste Norm für die Aufgaben und Befugnisse des Testamentsvollstreckers (BGH ZErb 2015, 290 (291); BayObLG NJW 1976, 1692; NJW-RR 2000, 298 (300); Schmidl ZErb 2021, 212 (213)). Als solche Anordnungen kommen in Betracht (vgl. MüKoBGB/Zimmermann Rn. 9 mwN): Vollzug von **Vermächtnissen** (→ § 2223 Rn. 2 f.), Auflagen, die Erbauseinandersetzung (§ 2204), die Ausübung von Urheberrechten nach § 28 Abs. 2 UrhG, die Erfüllung von (See-)Bestattungs- und Grabpflegeanordnungen, sonstige besonders zugewiesene Verwaltungsaufgaben (etwa nach § 2048 S. 2, § 2151 Abs. 1, §§ 2153, 2154, 2155 Abs. 2, Bestimmung eines Miterben als Nachfolger in eine Gesellschaftsbeteiligung) (BGH NJW 1986, 581). Soweit der Vermächtnisnehmer mit Auflagen und Beschwerungen belastet ist (zB Unter- oder Nachvermächtnis), obliegt im Zweifel auch deren Erfüllung dem Testamentsvollstrecker (→ § 2223 Rn. 2 f.) (BGH WM 1970, 930; OLG Karlsruhe FamRZ 2017, 1974 (1976); NK-BGB/Kroiß Rn. 2). Eine direkte **Erweiterung** der gesetzlich bestimmten Rechtsstellung des Testamentsvollstreckers ist **nicht** möglich (RG WarnR 1915 Nr. 292; Staudinger/Dutta, 2021, Rn. 5), auch **nicht mit Zustimmung** der Erben (Soergel/Becker Rn. 11 f.; BeckOGK/Leitzen Rn. 12).

4 Der Erblasser kann einem Testamentsvollstrecker die Aufgabe zuweisen, eine als rechtsfähig anzuerkennende **Stiftung von Todes wegen zu errichten** (vgl. § 83). Dabei ist grds. anzunehmen, dass der Testamentsvollstrecker zur Mitwirkung bei der Anerkennung verpflichtet ist. Dazu kann auch die Erfüllung der Vermächtniszuwendung zählen. Es soll zulässig sein, den Testamentsvollstrecker mit der Anfertigung/Konkretisierung der Stiftungssatzung zu beauftragen. Der Erblasser/Stifter kann dem Testamentsvollstrecker aber wegen § 2065 jedenfalls die Stiftungserklärung gem. § 81 Abs. 1 S. 2 nicht überlassen (OLG Düsseldorf ZEV 2018, 663 (664 f.); Lange ErbR § 111 Rn. 20). Nach der Errichtung der Stiftung hat der Testamentsvollstrecker dann das Stiftungsvermögen an den Stiftungsvorstand herauszugeben (Lange ZStV 2019, 85 (89 f.)).

5 **Mittelbar** kann eine Aufgabenerweiterung des Testamentsvollstreckers dadurch geschehen, dass der Testamentsvollstrecker zum Schiedsrichter (§ 1066 ZPO) (BGHZ 15, 199 (203) = NJW 1955, 100; RGZ 100, 76 (77); Kohler DNotZ 1962, 125 (129); Haas ZEV 2007, 49 (54)) oder Schiedsgutachter ernannt wird (Lange ZZP 128 (2015), 407 (428 f.); Staudinger/Dutta, 2021, Rn. 5). Dadurch darf allerdings das **Drittbestimmungsverbot** des § 2065 nicht umgangen werden. Daher kann der Testamentsvollstrecker nicht ermächtigt werden, über die Gültigkeit der gesamten Verfügung von Todes wegen zu entscheiden (BGHZ 15, 199 (200) = NJW 1955, 100; BGHZ 41, 23 (26) = NJW 1964, 1316; Bengel/Reimann TV-HdB/Schaub § 3 Rn. 140 f.). Auch darf der Testamentsvollstrecker nicht zum Richter in eigener Sache gemacht werden, sodass er nicht über das Bestehen der Testamentsvollstreckung und die sich hieraus ergebenden Rechte und Pflichten entscheiden kann (BGHZ 41, 23 (25 f.); NK-BGB/Kroiß Rn. 9; Haas ZEV 2007, 49 (54)). Die **Erbeinsetzung unter** einer **Bedingung,** deren Eintritt vom Testamentsvollstrecker festgestellt werden soll, verstößt aber nicht gegen § 2065, wenn die Voraussetzungen des Bedingungseintritts durch sachliche Kriterien hinreichend bestimmt angegeben und nicht dem Ermessen des Testamentsvollstreckers überlassen sind und die Anordnung des Erblassers dahin auszulegen ist, dass er ggf. zur Feststellung des Bedingungseintritts verpflichtet ist. Die Feststellung des Bedingungseintritts erfolgt dann analog § 2198 Abs. 1 S. 2 durch Abgabe einer öffentlich beglaubigten

Erklärung gegenüber dem Nachlassgericht (KG ZEV 1998, 182 mAnm Wagner = DNotZ 1999, 679 mAnm Zawar; Staudinger/Dutta, 2021, Rn. 5).

Aus seiner **Aufgabenstellung** heraus **begrenzt** wird die Amtspflicht des Testamentsvollstreckers auf die Ausführung von Verfügungen von Todes wegen, sofern sie ihrer Natur nach überhaupt vollzugsfähig sind. Ausgenommen sind die **familienrechtlichen Anordnungen** (§§ 1639, 1803, 1909, 1917) (Staudinger/Dutta, 2021, Rn. 9). **Gegenständlich beschränkt** ist der Testamentsvollstrecker dahingehend, dass nur der Nachlass seinem Verwaltungsrecht unterliegt. Was aufgrund eines wirksamen Vertrages zugunsten Dritter auf den Todesfall (§ 331, etwa Lebensversicherungen, Sparverträge mit Drittbegünstigungen) außerhalb des Nachlasses erworben wurde, unterliegt daher nicht seiner Verfügungsbefugnis (dazu etwa OLG Schleswig ZEV 1995, 415). Jedoch ist hier zu beachten, dass bei solchen Drittbegünstigungen oftmals im Valutaverhältnis zwischen Erblasser und Begünstigtem noch kein wirksamer Rechtsgrund im Erbfall vorliegt, vielmehr erst nach dem Tod das Angebot des Erblassers auf Abschluss eines Schenkungsvertrags (§ 516) angenommen werden muss. Es kann daher zu einer „Wettlaufsituation" kommen, weil vor Annahme des Angebots der Testamentsvollstrecker das Schenkungsangebot widerrufen kann und dies auch muss, wenn dies dem Erblasserwillen und § 2216 Abs. 1 entspricht (Muscheler WM 1994, 921 ff.; ausf. zu diesen Problemen Schmalz-Brüggemann ZEV 1996, 84). Auch bei Gemeinschaftskonten, insbes. sog. „Oder-Konten", ist für die umgehende Sicherung der Rechte der Erben zu sorgen (Bengel/Reimann TV-HdB/Dietz § 5 Rn. 411 f.). Dies kann dadurch geschehen, dass der Testamentsvollstrecker die Befugnis der Erben des Mitkontoinhabers zur alleinigen Verfügung über das Konto widerruft, was nach den Allgemeinen Geschäftsbedingungen der Banken und Sparkassen idR zulässig ist, sodass aus dem „Oder-Konto" ein „Und-Konto" wird (eingehend Mayer/Bonefeld TV-HdB/J. Mayer § 26 Rn. 14 ff.). 6

**3. Typischer Ablauf einer Abwicklungsvollstreckung. a) Testamentseröffnung, Nachlassverhandlung.** Zur ordnungsgemäßen Aufgabenerfüllung hat sich der Testamentsvollstrecker mit dem Nachlassgericht in Verbindung zu setzen und auf die baldige Testamentseröffnung hinzuwirken, damit er gesicherte Kenntnis vom Umfang seiner Aufgaben und der durchzuführenden Verfügung von Todes wegen erlangt (MüKoBGB/Zimmermann Rn. 6). Soweit erforderlich, hat er einen Erbschein zu beantragen (→ § 2205 Rn. 11) (zum Antragsrecht NK-BGB/Kroiß Rn. 10) und auch ein Testamentsvollstreckerzeugnis, damit er für den Nachlass handlungsfähig wird. 7

**b) Konstituierung des Nachlasses.** Vorrangig hat der Testamentsvollstrecker die Konstituierung des Nachlasses vorzunehmen, dh die verbindliche und nach außen dokumentierte Abgrenzung der von ihm verwalteten Nachlassobjekte (Lange ErbR § 64 Rn. 89 ff.; Aufzählung bei BeckOGK/Leitzen Rn. 32; umfassend Mayer/Bonefeld TV-HdB/Bonefeld § 28 Rn. 1 ff.). Hierzu gehört insbes.: Ermittlung und **Inbesitznahme** des Nachlasses (keine Besitzerlangung nach § 857), bei Grundstücken Eintragung eines Testamentsvollstreckervermerks (§ 52 GBO) zur Verhinderung eines gutgläubigen Erwerbs, erforderliche Sicherung des Nachlasses, die Erstellung und Übermittlung des Nachlassverzeichnisses (§ 2215, s. Erl. dort), Unterstützung des Erben bei der Inventaraufnahme (→ § 2215 Rn. 19), Abgabe der Erbschaftsteuererklärung und Begleichung der Erbschaftsteuer (→ Rn. 14 f.), Regulierung anderer Nachlassverbindlichkeiten, nicht jedoch **Handelsregisteranmeldungen** (OLG Hamm ZEV 2011, 200; OLG München ZEV 2009, 475 = MittBayNot 2010, 144 m. krit. Anm. Tersteegen). 8

**c) Ermittlung der Abwicklungspflichten aus der Verfügung von Todes wegen.** Gilt die Maßgeblichkeit des Willens des Erblassers als Richtlinie und Marge des Testamentsvollstreckers, so muss er diesen zunächst aus der Verfügung von Todes wegen ermitteln. Daher gehört es zum Pflichtenkreis des Abwicklungsvollstreckers, die **Rechtswirksamkeit** der **letztwilligen Verfügung zu prüfen** und dabei, soweit erforderlich, nach dem wahren Erblasserwillen in eigener Verantwortung **auszulegen** (OLG Schleswig BeckRS 2015, 18543; vgl. auch BayObLG NJW-RR 1989, 587). Entsteht infolge seiner schuldhaften Fehlbeurteilung ein Schaden, haftet der Testamentsvollstrecker hierfür (§ 2219) (MüKoBGB/Zimmermann Rn. 7; Staudinger/Dutta, 2021, Rn. 12). Jedoch ist der Testamentsvollstrecker zu einer allseits verbindlichen (authentischen) Interpretation nicht befugt, falls er nicht zusätzlich zum Schiedsrichter berufen ist (Zimmermann ZEV 2021, 222 (226); teilw. anders jedoch Uffmann ErbR 2020, 218 ff.: begrenzte Auslegungskompetenz). Bei einem Streit über Gültigkeit und Tragweite einer Verfügung von Todes wegen kann daher der Testamentsvollstrecker **Feststellungsklage** nach § 256 Abs. 1 ZPO erheben (OLG Schleswig BeckRS 2015, 18543; Erman/M. Schmidt Rn. 4). Auszuführen sind auch solche Anordnungen des Erblassers, die ihren Grund in einem ideellen Interesse haben (RGZ 74, 215 (218); 105, 246 (250); Staudinger/Dutta, 2021, Rn. 34). 9

10 **d) Durchführung der Abwicklungsvollstreckung.** Der so ermittelte Wille des Erblassers bildet die **Richtschnur** für die Amtsführung des Testamentsvollstreckers (MüKoBGB/Zimmermann Rn. 13; NK-BGB/Kroiß Rn. 15). Die **Mittel** und Instrumentarien **zur Ausführung** der letztwilligen Anordnungen finden sich in den § 2205 (Verwaltung, Besitznahme, Verfügungen) und §§ 2206, 2207 (Eingehung von Verbindlichkeiten). Eigenes Vermögen muss der Testamentsvollstrecker hierfür nicht einsetzen (Staudinger/Dutta, 2021, Rn. 27). Jedoch hat er ggf. das Nachlassinsolvenzverfahren zu beantragen (§§ 315 ff. InsO) oder die Dürftigkeitseinrede (§ 1992) zu erheben. Auch in der idR kürzeren „Interimszeit" der Abwicklungsvollstreckung gilt für seine Verwaltung **§ 2216,** aber immer bezogen und zugeschnitten auf das Ziel der möglichst zügigen Abwicklung; insoweit ist die Rechtslage anders als bei der Verwaltungsvollstreckung. Allerdings ist zu beachten, dass das Gesetz eine zeitlich unbegrenzte Abwicklungsvollstreckung zulässt, denn erst mit der Erledigung aller dem Vollstrecker zugewiesenen Aufgaben findet die Abwicklungsvollstreckung ihr Ende (BGHZ 41, 23; Wendt ErbR 2018, 178 (181)). Sind im Testament nachträgliche Ausgleichsverpflichtungen wirksam angeordnet (§ 2050 Abs. 3), muss der Testamentsvollstrecker im Rahmen der Erbauseinandersetzung Vorempfänge prüfen und im Rahmen der Teilung berücksichtigen (Tanck ZErb 2019, 142 (143)).

11 Eine besondere **Aufklärungspflicht** des Testamentsvollstreckers gegenüber den Erben, etwa über Möglichkeit der Ausschlagung nach § 2306, besteht nicht (Kohler DNotZ 1958, 246; Grüneberg/Weidlich Rn. 1). Auch besteht keine allgemeine Pflicht zur Anhörung oder Anzeige der Ausführung der letztwilligen Verfügung oder zur Vornahme anderer Verwaltungsmaßnahmen (MüKoBGB/Zimmermann Rn. 16; Staudinger/Dutta, 2021, Rn. 32), vgl. jedoch die Sonderregelung des § 2204 Abs. 2. Zur **Anfechtung** der Verfügung von Todes wegen (§ 2078) oder Erhebung der Anfechtungseinrede ist der Testamentsvollstrecker grds. nicht berechtigt, da er nicht selbst Erbe oder Vermächtnisnehmer ist. Dies ist allein Aufgabe der Erben (BGH NJW 1962, 1058). Ein eigenes Anfechtungsrecht des Testamentsvollstreckers besteht nur hinsichtlich der Anordnungen, die sein Recht als Testamentsvollstrecker einschränken oder gar aufheben (Staudinger/Dutta, 2021, Rn. 17).

12 **e) Unabhängigkeit der Amtsführung.** An die Weisungen der Erben ist der Testamentsvollstrecker nicht gebunden; hier gilt der Grundsatz der Unabhängigkeit der Amtsführung (BGHZ 25, 275 (279 f.) = NJW 1957, 1916; BGH NJW 2015, 1965; Lange ErbR § 67 Rn. 181), denn § 2218 verweist gerade nicht auf § 665. Dadurch soll die Umsetzung des Erblasserwillens gesichert werden, und zwar auch und gerade gegen den Willen aller Erben, wenn dies sein muss. Denn oftmals ist ein solcher Interessengegensatz gerade Grund für die Anordnung der Testamentsvollstreckung. Unwirksam ist daher auch jede Abrede zwischen Testamentsvollstrecker und Erben, die die freie Stellung des Testamentsvollstreckers beeinträchtigt (iE → § 2218 Rn. 2) (MüKoBGB/Zimmermann Rn. 14). Gleichwohl kann der Erbe im Falle eines Streits mit dem Testamentsvollstrecker über die Gültigkeit, Auslegung oder Tragweite einer letztwilligen Verfügung regelmäßig Feststellungsklage (§ 256 Abs. 1 ZPO) erheben, da er ein Interesse an der alsbaldigen gerichtlichen Klärung hat (OLG Frankfurt FamRZ 2018, 641). Auch das Nachlassgericht übt keine allgemeine Aufsicht über den Testamentsvollstrecker aus.

13 Unabhängigkeit bedeutet nicht Höchstpersönlichkeit der Amtsführung des Testamentsvollstreckers, der deshalb grds. befugt ist, sich für die Besorgung einzelner Geschäfte eines **Stellvertreters** zu bedienen. Neben der Einzelvollmacht ist auch die Erteilung einer Generalvollmacht zulässig, solange dem Testamentsvollstrecker das Recht zum jederzeitigen Widerruf zusteht – es sei denn, der Erblasser hat dies anders geregelt (KG ZEV 2019, 27 Rn. 17; Wendt ErbR 2020, 15 (17)) (→ § 2218 Rn. 7). Darin liegt grds. kein Verstoß gegen das **Substitutionsverbot** gem. §§ 2218 Abs. 1, 664 Abs. 1 S. 2 (→ § 2218 Rn. 7), wonach „im Zweifel die Ausführung des Auftrags nicht einem Dritten übertragen" werden darf; hiervon ist die Bevollmächtigung zu unterscheiden. Allerdings sind die Grenzen des Substitutionsverbots fließend und kann die Unterscheidung zur Bevollmächtigung im Einzelfall schwierig sein, wenn der Testamentsvollstrecker den Bevollmächtigten weitgehend selbstständig handeln lässt. In Fällen, in denen der Testamentsvollstrecker einen Dritten bevollmächtigt hat, muss geklärt werden, ob diese Vollmacht ausschließlich für solche Geschäfte gilt, die ihn persönlich als Privatperson betreffen, oder auch seine Tätigkeit als Testamentsvollstrecker erfassen soll (zu ungenau daher KG ZEV 2019, 27 Rn. 22; wie hier Müller-Engels ZEV 2019, 251 (253)). Derzeit noch ungeklärt ist, ob ein Testamentsvollstrecker, der Inhaber eines Handelsgeschäfts (§ 48 HGB) ist, im Rahmen der Durchführung der Testamentsvollstreckung einen Prokuristen bestellen kann, sofern der Erblasser dies nicht ausgeschlossen hat. Die erforderliche Widerruflichkeit folgt zwar aus § 52 Abs. 1 HGB. Schwierigkeiten können gleich-

wohl bestehen, da der Prokurist lediglich für das Handelsgeschäft tätig sein darf und nicht für den gesamten Nachlass (vgl. dazu OLG Köln ZEV 2020, 175 mAnm Reinmann).

**f) Steuerliche Pflichten. aa) Erbschaftsteuer.** Ist wirksam Testamentsvollstreckung angeordnet, wird der Testamentsvollstrecker in das Besteuerungsverfahren einbezogen. Nach § 31 Abs. 5 S. 1 ErbStG hat nicht der Erbe, sondern der Testamentsvollstrecker die **Erbschaftsteuererklärung** hinsichtlich des von ihm verwalteten Nachlasses abzugeben (nach Ansicht des FG Hamburg ZEV 2020, 727 f. dürfte er auch verpflichtet sein, die Feststellungserklärungen für den zum Nachlass gehörenden Grundbesitz nach § 153 Abs. 4 S. 1 BewG zu unterschreiben). Dies gilt jedoch nur, soweit seine **Verwaltungsbefugnis** reicht, sodass die Steuererklärungspflicht den Testamentsvollstrecker hinsichtlich des Vermächtniserwerbs nur dann trifft, wenn der Erblasser anordnet, dass der Testamentsvollstrecker auch nach der Vermächtniserfüllung das Vermächtnisobjekt zu verwalten hat (BFH NJW-RR 1999, 1594; Mayer/Bonefeld TV-HdB/Wälzholz/Vassel-Knauf § 46 Rn. 34 mw Details). Ist die Testamentsvollstreckung aus einem anderen Grund **gegenständlich beschränkt** (§ 2208 Abs. 1 S. 2), etwa auf das Inlandsvermögen, so hat er auch nur diesbezüglich die Steuererklärungspflicht zu erfüllen (Mayer/Bonefeld TV-HdB/Wälzholz/Vassel-Knauf § 46 Rn. 35). Für den nicht der Testamentsvollstreckung unterliegenden Nachlass haben die Erben die Erbschaftsteuererklärung abzugeben, jedoch können aus Gründen der Vereinfachung die Erklärungen in einer von Testamentsvollstrecker und Erben zusammengefassten Erklärung abgegeben werden, wenn nur klar wird, wer inhaltlich für welchen Teil verantwortlich ist (Mayer/Bonefeld TV-HdB/Wälzholz/Vassel-Knauf § 46 Rn. 36). Die Verpflichtung des Testamentsvollstreckers zur Abgabe der Erbschaftsteuererklärung setzt keine entsprechende vorherige Aufforderung des Finanzamts nach § 31 Abs. 1 ErbStG an die Erben zur Abgabe der Erklärung voraus (BFH BStBl. II 2000, 233 = ZEV 2000, 167; Mayer/Bonefeld TV-HdB/Wälzholz/Vassel-Knauf § 46 Rn. 37), wohl aber in entsprechender Anwendung dieser Vorschrift eine entsprechende Aufforderung an ihn (FG Düsseldorf BeckRS 2011, 94885; Mayer/Bonefeld TV-HdB/Wälzholz/Vassel-Knauf § 46 Rn. 38; Viskorf FR 1999, 1257 (1258); offengelassen von BFH BStBl. II 2000, 233 = ZEV 2000, 167). Zur Ausübung **erbschaftsteuerrechtlicher Wahlrechte** (etwa nach § 6 Abs. 2 ErbStG) ist der Testamentsvollstrecker nicht befugt, da hierzu nur der eigentliche Steuerschuldner berechtigt ist (Häfke ZEV 1997, 429 (432); eingehend dazu Mayer/Bonefeld TV-HdB/Wälzholz/Vassel-Knauf § 46 Rn. 46, 112). Soweit der Testamentsvollstrecker zur Abgabe der Erbschaftsteuererklärung verpflichtet gewesen ist, ist ihm gegenüber auch der Erbschaftsteuerbescheid bekannt zu gegeben (§ 32 Abs. 1 S. 1 ErbStG). Er ist hier Bekanntgabeadressat, während Inhaltsadressat der Erbe als Steuerschuldner ist. Wenn dagegen der Testamentsvollstrecker selbst, etwa als Miterbe, zugleich Steuerschuldner ist oder aber nach § 32 Abs. 1 S. 2 ErbStG auf Zahlung aus dem Nachlass in Anspruch genommen wird, ist er zugleich Bekanntgabe- und Inhaltsadressat. Daher muss dem Bescheid wenigstens im Wege der Auslegung zu entnehmen sein, ob der Testamentsvollstrecker auf Zahlung der Erbschaftsteuer in Anspruch genommen wird (Mayer/Bonefeld TV-HdB/Wälzholz/Vassel-Knauf § 46 Rn. 67). Andernfalls ist der Bescheid auf die entsprechende Anfechtung hin aufzuheben (BFH BStBl. II 1986, 524). In diesem Sonderfall ist auch ausnahmsweise der Testamentsvollstrecker zur Einlegung von **Rechtsbehelfen** im eigenen Namen befugt (BFH BStBl. II 1986, 524; Mayer/Bonefeld TV-HdB/Wälzholz/Vassel-Knauf § 46 Rn. 80), während dies ansonsten nicht der Fall ist (BFH BStBl. II 1982, 262; Kapp DStR 1985, 725 (727)). 14

Weiter hat der Testamentsvollstrecker gem. § 32 Abs. 1 S. 2 ErbStG für die **Bezahlung der Erbschaftsteuer** zu sorgen; dh er muss dafür Sorge tragen, dass er die Erbschaftsteuer, die im Erbfall unbedingt angefallen ist, aus dem Nachlass zahlen kann. Soweit er diese Verpflichtung vorsätzlich oder grob fahrlässig verletzt, haftet er hierfür nach § 69 AO persönlich für den Ausfall (eingehend Holler/Kreisner ErbR 2022, 120 (124); Mayer/Bonefeld TV-HdB/Wälzholz/Vassel-Knauf § 46 Rn. 95 ff.); der Testamentsvollstrecker ist Vermögensverwalter gem. § 34 Abs. 3 AO. Ist der Testamentsvollstrecker Rechtsanwalt, Notar oder gar Steuerberater oder Wirtschaftsprüfer, so wird jedoch regelmäßig jede Pflichtverletzung als grobe Fahrlässigkeit angesehen, da dann das nötige Fachwissen zu unterstellen ist (FG Hessen ZEV 1996, 398). 15

Nicht hinreichend geklärt ist, was unter der Erbschaftsteuer konkret zu verstehen ist. Nach wohl überwiegender Ansicht geht die Zahlungssorge des Testamentsvollstreckers weit und bezieht sich auf die gesamte Erbschaftssteuer nicht nur auf die festgelegte Steuer. So sei die **Nachsteuer** keine selbstständige Steuer, weshalb die Zahlungssorge auch die Nachsteuern umfasse, wenn sich einer der Nachversteuerungstatbestände der §§ 13, 13a ErbStG verwirklicht sei (Blum/Schauer ZEV 2012, 92 (93); aA Purucker ZErb 2011, 265 (266)). Insbesondere bei der Abwicklungsvollstreckung wird es aber nur in den seltensten Fällen vorhersehbar sein, dass nach fünf oder zehn Jahren eine solche Steuer entsteht; daher kann der Testamentsvollstrecker ohne hinreichend kon- 16 krete Anhaltspunkte die Auseinandersetzung auch nicht so lange verweigern (Blum/Schauer ZEV 2012, 92 (93)). Eine Pflicht, auch für die Zahlung der im Erbfall nur bedingten Nachlasssteuer auf Verdacht hin zu sorgen, trifft ihn daher nicht. Anders liegt der Fall dann, wenn er während der Dauer seines Amtes erkennt, dass eine Befreiung weggefallen ist und er dies entgegen § 153 Abs. 1 S. 2 AO nicht anzeigt (ebenso Daragan ZErb 2018, 161 ff.).

**17** Zur Durchsetzung dieser Haftung hat das Finanzamt einen **Haftungsbescheid** gem. § 191 AO zu erlassen (Mayer/Bonefeld TV-HdB/Wälzholz/Vassel-Knauf § 45 Rn. 72). Zur Erfüllung seiner steuerlichen Pflichten hat daher der Testamentsvollstrecker für den richtigen Wertansatz in der Steuererklärung zu sorgen und darauf zu achten, dass nur so viel vom Nachlass an die Erben ausgekehrt wird, dass zur Erfüllung der Zahlungspflicht dem Testamentsvollstrecker genügend verbleibt (eingehend Bengel/Reimann TV-HdB/Piltz/Holtz § 8 Rn. 57 ff., 86 ff.; Mayer/Bonefeld TV-HdB/Wälzholz/Vassel-Knauf § 46 Rn. 97 ff.), ggf. ist auch eine „Sicherungsverpfändung" zu erwägen (Blum/Schauer ZEV 2012, 92 (95)). Die steuerliche Verpflichtung, für die Bezahlung der Erbschaftsteuer zu sorgen, geht dabei Anordnungen des Erblassers zur Erbauseinandersetzung, etwa zur umgehenden Erfüllung von Vermächtnissen, vor (Piltz ZEV 2001, 262 (263)). Der Nachlass haftet bis zur Auseinandersetzung unter den Miterben für die Erbschaftsteuer der am Erbfall Beteiligten (§ 20 Abs. 3 ErbStG). Ob hierunter auch der Vermächtnisnehmer fällt, ist höchstrichterlich ungeklärt (vgl. Weidmann ZEV 2014, 404 (407)). Jedenfalls ist zur Erfüllung der Erbschaftsteuer, die durch die **Erfüllung eines Vermächtnisses** ausgelöst wird, weder der Nachlass noch der Testamentsvollstrecker persönlich verpflichtet. Der Testamentsvollstrecker ist lediglich Zugangsvertreter gem. § 32 Abs. 1 S. 1 ErbStG. Ihm steht ein Anspruch gegen den Vermächtnisnehmer auf Freistellung des Nachlasses von der Erbschaftsteuer nur dann zu, wenn eine Steuerfestsetzung gegen den Nachlass erfolgt ist (OLG Karlsruhe BeckRS 2015, 16176).

**18** **bb) Andere steuerliche Pflichten des Testamentsvollstreckers.** Weiter begründet § 34 Abs. 3 AO ein **steuerliches Pflichtenverhältnis** zwischen Finanzamt und Testamentsvollstrecker. Hiervon kann der Erblasser nicht befreien (Holler/Kreisner ErbR 2022, 120 ff.; Winkler TV Rn. 749). Jedoch besteht eine gewisse Akzessorietät zwischen den steuerlichen Pflichten und den zivilrechtlichen Verwaltungsbefugnissen des Testamentsvollstreckers, die sich aus dem Gesetz oder den Bestimmungen des Erblassers ergeben. Denn die steuerlichen Pflichten des Testamentsvollstreckers können nicht weiter gehen als seine zivilrechtlichen Befugnisse (Mayer/Bonefeld TV-HdB/Wälzholz/Vassel-Knauf § 46 Rn. 10 ff.). Dies gilt insbes. bei einer gegenständlich beschränkten Testamentsvollstreckung (§ 2208 Abs. 1 S. 2) (eingehend Bengel/Reimann TV-HdB/Piltz/Holtz § 8 Rn. 5 ff.; vgl. BFHE 100, 346 = BStBl. II 1971, 119; BFHE 188, 440 = ZEV 1999, 325). Auch wenn Steuerschuldner für die im Zeitpunkt des Erbfalls bereits entstandene **Einkommensteuer** der Erbe und nicht der Nachlass ist, hat der Testamentsvollstrecker wegen § 34 AO die noch ausstehende Einkommensteuererklärung für diesen abzugeben (Mayer/Bonefeld TV-HdB/Wälzholz/Vassel-Knauf § 46 Rn. 20; Häfke ZEV 1997, 429 (431)). Stellt er fest, dass eine zu Lebzeiten des Erblassers abgegebene Steuererklärung unrichtig ist, trifft ihn die strafbewehrte (§ 370 AO) Anzeige- und **Berichtigungspflicht** nach § 153 Abs. 1 AO, § 34 AO (eingehend Mayer/Bonefeld TV-HdB/Wälzholz/Vassel-Knauf § 46 Rn. 84 ff.), der er sich durch sofortige Amtsniederlegung entziehen kann (Mayer/Bonefeld TV-HdB/Wälzholz/Vassel-Knauf § 46 Rn. 88, str.). Die bloße Erkennbarkeit der Unrichtigkeit von Steuererklärungen begründet jedoch noch keine Berichtigungspflicht (Bengel/Reimann TV-HdB/Piltz/Holtz § 8 Rn. 25; Häfke ZEV 1997, 429 (431); Mayer/Bonefeld TV-HdB/Wälzholz/Vassel-Knauf § 46 Rn. 84; anders Staudinger/Dutta, 2021, § 2205 Rn. 250). Für Steuertatbestände, die erst **nach dem Erbfall** durch den Erben verwirklicht werden, ist Steuerpflichtiger grds. der Erbe (Mayer/Bonefeld TV-HdB/Wälzholz/Vassel-Knauf § 46 Rn. 49 ff.), dem gegenüber der Steuerbescheid bekanntzugeben ist und der auch die alleinige Befugnis zur Einlegung von Rechtsmitteln besitzt (NK-BGB/Kroiß Vor § 2197 Rn. 28; für Steuererklärungspflicht einschr. Mayer/Bonefeld TV-HdB/Wälzholz/Vassel-Knauf § 46 Rn. 51). Allerdings ist der Testamentsvollstrecker im Rahmen der ordnungsgemäßen Nachlassverwaltung (§ 2216) verpflichtet, dem Erben die Mittel aus dem von ihm verwalteten Nachlass zur Verfügung zu stellen, derer der Erbe bedarf, um die Einkommensteuer zu bezahlen, welche die aus dem Nachlass stammenden Erträge betreffen (NK-BGB/Kroiß Vor § 2197 Rn. 28; MüKoBGB/Zimmermann § 2209 Rn. 10). Führt jedoch der Testamentsvollstrecker als **Treuhänder ein einzelkaufmännisches Unternehmen** fort (→ § 2205 Rn. 36 ff.), so wird er umsatzsteuerrechtlich als Unternehmer angesehen und ist daher diesbezüglich umsatzsteuerpflichtig (BFH BStBl. II 1991, 191; Bengel/Reimann TV-HdB/Piltz/Holtz § 8 Rn. 114); ob dies auch ertragsteuerlich so zu sehen, ist umstr. (vgl. Mayer/Bonefeld TV-HdB/Wälzholz/Vassel-Knauf § 46 Rn. 152 mwN; Bengel/Reimann TV-HdB/Piltz/Holtz § 8 Rn. 107 ff.).

## III. Rechte der Erben gegen den Testamentsvollstrecker

Der Erbe besitzt nur sehr **eingeschränkte Kontrollmöglichkeiten.** Jedoch kann der Erbe, bei mehreren jeder einzelne Miterbe, oder auch der Vermächtnisnehmer, auf Erfüllung der dem Testamentsvollstrecker auferlegten Pflichten klagen, notfalls auch eine einstweilige Verfügung erwirken (RGZ 73, 26 (28); OLG Köln OLGZ 1987, 280). Bei Meinungsverschiedenheiten zwischen Erben und Testamentsvollstrecker, ob, welche und wie letztwillige Anordnungen auszuführen sind, kann der Erbe auch eine Feststellungsklage (§ 256 Abs. 1 ZPO) erheben, sofern ein eigenes Feststellungsinteresse hieran besteht, weil etwa mit deren Ausführung bereits begonnen wird (NK-BGB/Kroiß Rn. 11; Staudinger/Dutta, 2021, Rn. 36), und auch eine einstweilige Verfügung erwirken. 19

**Erbprätendentenstreitigkeiten** zwischen Erbanwärtern untereinander müssen zwischen diesen ausgeführt werden. Der Testamentsvollstrecker ist hieran nicht beteiligt, da er den Nachlass als solchen und nicht bestimmte Erben vertritt (MüKoBGB/Zimmermann Rn. 8). 20

## § 2204 Auseinandersetzung unter Miterben

**(1) Der Testamentsvollstrecker hat, wenn mehrere Erben vorhanden sind, die Auseinandersetzung unter ihnen nach Maßgabe der §§ 2042 bis 2057a zu bewirken.**

**(2) Der Testamentsvollstrecker hat die Erben über den Auseinandersetzungsplan vor der Ausführung zu hören.**

### Überblick

Die Vorschrift bestimmt, dass es im Rahmen der Abwicklungsvollstreckung Aufgabe des Testamentsvollstreckers ist, zwischen mehreren Erben die Auseinandersetzung zu bewirken. Sind mehrere Erben vorhanden, obliegt dem Testamentsvollstrecker neben der Ausführung letztwilliger Anordnungen (§ 2203) die Auseinandersetzung des Nachlasses, verstanden als die Auflösung der gesamthänderischen Bindung über die Nachlassbestandteile durch ihre Verteilung, einschließlich der Surrogate.

### Übersicht



## I. Normzweck

Die Auseinandersetzung des Nachlasses gehört zum Regeltypus der Testamentsvollstreckung. 1
Der Testamentsvollstrecker ist kraft Gesetzes bei Vorhandensein mehrerer Erben **auch ohne besondere Anordnung** mit dieser Aufgabe betraut, denn das Gesetz geht von einem entsprechenden mutmaßlichen Willen des Erblassers aus (Staudinger/Dutta, 2021, Rn. 1). Dementsprechend ist der Testamentsvollstrecker nur zur Auseinandersetzung des Nachlasses nicht nur berechtigt, sondern auch verpflichtet. Mit dieser Auseinandersetzungspflicht korrespondiert der subjektive Anspruch der Erben, die Auseinandersetzung zu verlangen (→ Rn. 2). Jedoch kann der Erblasser dem Testamentsvollstrecker das Recht zur Auseinandersetzung des Nachlasses ganz entziehen oder auf Teile des Nachlasses beschränken (§ 2208 Abs. 1, § 2209 S. 1). Soweit der Testamentsvollstrecker zur Auseinandersetzung befugt ist, ist sowohl eine amtliche Vermittlung der Auseinandersetzung (§§ 363 ff. FamFG) (Grüneberg/Weidlich Rn. 1; Staudinger/Dutta, 2021, Rn. 6) als auch ein Zuweisungsverfahren nach dem Grundstücksverkehrsgesetz (§ 14 Abs. 3 GrdstVG) **ausgeschlossen.** Dies gilt selbst dann, wenn alle Erben und auch der Testamentsvollstrecker darin einig sind, dass nicht dieser die Auseinandersetzung bewirken, sondern das Nachlassgericht um Vermittlung

angegangen werden soll. Anders liegt es hingegen, wenn **nur eine Erbteilsvollstreckung** angeordnet ist, denn hier kann der Testamentsvollstreckt die Auseinandersetzung nicht selbst bewirken. Er kann sie lediglich anstelle des Miterben betreiben, dessen Erbteil er verwaltet (vgl. § 2211).

## II. Pflicht zur Auseinandersetzung

2 Mit seiner Aufgabenstellung verknüpft ist die Pflicht des Testamentsvollstreckers zur Auseinandersetzung, die von jedem Erben eingeklagt und bei Nichtbefolgung sogar eine Haftung begründen kann (§ 2219). Die Pflicht besteht auch, wenn über einen Teil des Nachlasses Streit besteht (BGH WM 1977, 276). Der Testamentsvollstrecker hat entspr. den Anordnungen des Erblassers, möglicherweise nach billigem Ermessen (§ 2048), und nach den gesetzlichen Bestimmungen den Nachlass zu teilen, ohne an die Weisungen der Erben gebunden zu sein. Er kann dabei Vereinbarungen aller Erben, die den Anordnungen des Erblassers nicht widersprechen, befolgen und vollziehen. Zum Aufschub der Auseinandersetzung auf Wunsch der Erben → Rn. 9. Die Auseinandersetzung hat bei Fehlen abweichender Erblasseranordnungen „alsbald", also nicht „sofort" zu erfolgen (OLG München OLGR 1994, 225: „mit tunlicher Beschleunigung"; Reimann DNotZ 2016, 769 (772 f.)). Durch eine verzögerliche Sachbehandlung darf nicht entgegen dem Erblasserwillen eine Verwaltungsvollstreckung begründet werden (OLG München OLGR 1994, 225). Auch wenn Nachlassverbindlichkeiten vorhanden sind, darf der Testamentsvollstrecker die Auseinandersetzung nicht aufschieben, bis sämtliche Verbindlichkeiten erfüllt sind. Der Testamentsvollstrecker hat vielmehr nur die Beträge, die zur Tilgung zweifelhafter, bestrittener oder noch nicht fälliger Forderungen erforderlich sind, zurückzubehalten (§ 2046 Abs. 1 S. 2). Jedoch ist die Auseinandersetzung aufzuschieben (vgl. auch → § 2042 Rn. 5), wenn wegen Unbestimmtheit der Erbteile, zeitweiligem Ausschluss durch den Erblasser oder aufgrund einer von ihm bestimmten Kündigungsfrist oder wegen des Aufgebots der Nachlassgläubiger ein **Auseinandersetzungshindernis** vorliegt (§§ 2043–2045).

## III. Vorgaben für die Auseinandersetzung

3 **1. Anordnung des Erblassers.** Primär richtet sich die Art und Weise der vom Testamentsvollstrecker durchzuführenden Auseinandersetzung nach den letztwilligen Anordnungen des Erblassers (BeckOGK/Leitzen Rn. 3 ff.; Staudinger/Dutta, 2021, Rn. 30). Der Erblasser kann die Rechte des Testamentsvollstreckers mit schuldrechtlicher (Verwaltungsanordnungen gem. § 2216 Abs. 2) und mit dinglicher Wirkung (§ 2208) beschränken; er kann dem Testamentsvollstrecker das Recht zur Auseinandersetzung des Nachlasses entziehen oder es auf einzelne Nachlassgegenstände beschränken. Der Erblasser kann den Testamentsvollstrecker umgekehrt nach § 2048 S. 2 ermächtigen, die Auseinandersetzung nach billigem Ermessen vorzunehmen (vgl. aber § 2048 S. 3). Durch Verwaltungsanweisung kann etwa bestimmt werden, dass bewegliche Nachlassgegenstände nicht freihändig zu verkaufen sind, sondern nach den Regeln über den Pfandverkauf. Über solche und andere Verwaltungsanweisungen kann sich der Testamentsvollstrecker aber hinwegsetzen.

4 Der Erblasser kann ein **Teilungsverbot** (§ 2044 Abs. 1) angeordnet haben. Jeder Miterbe kann jederzeit die Auseinandersetzung verlangen (§ 2042 Abs. 1). Dies kann der Erblasser durch letztwillige Verfügung verhindern, indem er die Teilung des Nachlasses ganz oder teilweise ausschließt bzw. von der Einhaltung einer Kündigungsfrist abhängig macht. Beim Teilungsverbot handelt es sich lediglich um ein rechtsgeschäftliches Verbot, das keine dingliche, sondern **nur eine schuldrechtliche Unterlassungspflicht der Erben** begründet, die durch die Testamentsvollstreckung abgesichert wird. Nach Ansicht des BGH wirkt das Teilungsverbot **für den Testamentsvollstrecker** aber eine absolut-dinglich beschränkend (BGHZ 40, 115 (118) = NJW 1963, 2320; 56, 275 (281) = NJW 1971, 1805) mit der Folge, dass er grds. nur zu einer Auseinandersetzung des Nachlasses befugt ist, wenn er gemeinsam mit allen Erben über einen Nachlassgegenstand verfügt.

5 **2. Gesetzliche Vorschriften.** Soweit der Erblasser keine besonderen Bestimmungen getroffen hat, ist der Testamentsvollstrecker zur Durchführung der Auseinandersetzungen nach den gesetzlichen Vorschriften verpflichtet. Abs. 1 **verweist** insoweit ausdrücklich auf die **§§ 2042–2056** (OLG Karlsruhe NJW-RR 1994, 905; Staudinger/Dutta, 2021, Rn. 31; Muscheler AcP 195 (1995), 68; aA Zimmermann TV Rn. 663; Damrau/Tanck/Bonefeld Rn. 2). So muss die Auseinandersetzung etwa unterbleiben, solange die Erbteile wegen der zu erwartenden Geburt eines Miterben oder aus einigen anderen Gründen noch unbestimmt sind. Eine gegenständliche oder persönliche Teilauseinandersetzung entspricht nicht diesen Bestimmungen, sodass sie der Testamentsvollstre-

cker grds. nur mit Zustimmung aller Miterben vornehmen kann; ggf. ist die Zustimmung eines gesetzlichen Vertreters (Betreuers) erforderlich (RGZ 95, 325 (327)).

Bei der Auseinandersetzung hat der Testamentsvollstrecker zuerst den Bestand und die Höhe der **Nachlassverbindlichkeiten** (§ 1967) zu ermitteln (BGHZ 51, 125 (127) = NJW 1969, 424) und diese sodann gem. § 2046 zu berichtigen (RGZ 95, 325 (329)), weil sonst die Erben die Einrede des ungeteilten Nachlasses nach § 2059 verlieren (Krug ZErb 2000, 15). Wegen § 2213 Abs. 1 S. 3 ist er aber nicht berechtigt, eine Pflichtteilsforderung ohne den Willen des Erben mit Wirkung gegen diesen anzuerkennen (BGHZ 51, 125 (127) = NJW 1969, 424). Für die Rangordnung der zu erfüllenden Verbindlichkeiten gilt § 327 InsO. Bei noch nicht fälligen oder streitigen Verbindlichkeiten ist das zur Begleichung Erforderliche zurückzubehalten (§ 2046 Abs. 1 S. 2), nicht aber darf die ganze Auseinandersetzung unterbleiben, bis diese alle erfüllt sind (RGZ 95, 325). 6

Dabei sind die gesetzlichen oder vom Erblasser angeordneten **Ausgleichspflichten** (§§ 2050 ff.) vom Testamentsvollstrecker zu beachten, da diese die Erbquoten verändern (allgM, etwa Winkler TV Rn. 512; Grüneberg/Weidlich Rn. 3). Dieser Umstand stellt eine besondere Haftungsgefahr dar, die nur teilweise dadurch gemindert wird, dass dem Testamentsvollstrecker durch den Verweis der Auskunftsanspruch nach § 2057 Abs. 1 zusteht (Mayer/Bonefeld TV-HdB/J. Mayer § 1 Rn. 4; vgl. auch BT-Drs. 16/8954, 18 f.). Da zudem eine Einigung der Erben über die Ausgleichungspflicht den Testamentsvollstrecker bindet, weil es sich um dispositive Normen handelt (Staudinger/Dutta, 2021, Rn. 43; MüKoBGB/Zimmermann Rn. 13), sollte er zur Minimierung seines Haftungsrisikos (§ 2219) immer auf ein solches Einvernehmen hinwirken. 7

Der nach Begleichung der Nachlassverbindlichkeiten verbleibende Überschuss ist auf die Erben nach dem Verhältnis ihrer Erbteile zu verteilen (§ 2047). Die Teilung hat bei teilbaren Gegenständen in Natur zu erfolgen (§ 2042 Abs. 2, § 752) (Auflistung teilbarer Gegenstände etwa bei Bengel/Reimann TV-HdB/Schaub § 4 Rn. 230 ff.). **Unteilbare Gegenstände** darf der Testamentsvollstrecker **an einzelne Erben** unter Anrechnung auf ihren Erbteil nur **zuweisen,** wenn alle Erben mit dieser Abweichung von der gesetzlichen Regelung einverstanden sind. Dies ergibt sich aus der Verweisung des § 2042 Abs. 2 auf § 753 (NK-BGB/Kroiß Rn. 4; die Gegenmeinung hält eine solche Zuweisung stets für zulässig, RGZ 108, 289 (290 f.)). Ansonsten hat der Testamentsvollstrecker die Nachlassgegenstände, die er zur Befriedigung der Nachlassverbindlichkeiten oder zur Verteilung unter den Erben veräußern muss, nach seinem pflichtgemäßen Ermessen im Wege des Pfandverkaufs oder der Zwangsversteigerung zu veräußern oder aber auch durch einen **freihändigen Verkauf.** Insoweit erweitert § 2205 S. 2 die Handlungsmöglichkeiten des Testamentsvollstreckers (RGZ 108, 289; Winkler TV Rn. 512); dies gilt auch für Nachlassgrundstücke (OLG Zweibrücken FGPrax 1997, 109). Daneben besteht bei Immobilien die Möglichkeit der freihändigen öffentlichen Versteigerung, etwa durch einen Notar (§ 20 Abs. 3 BNotO) oder der Zwangsversteigerung nach § 175 Abs. 1 S. 2 ZVG iVm § 455 Abs. 2 FamFG (Staudinger/Dutta, 2021, Rn. 38; Bengel/Reimann TV-HdB/Schaub § 4 Rn. 233). Neben der „klassischen Erbauseinandersetzung" nach den genannten Vorschriften kann der Testamentsvollstrecker auch die vom BGH (BGHZ 138, 8 = NJW 1998, 1557) als zulässig anerkannte **Abschichtung** wählen, wenn nur ein oder einzelne Erben aus der Erbengemeinschaft ausscheiden sollen (LG Stuttgart ZEV 2002, 237; Staudinger/Dutta, 2021, Rn. 34). 8

## IV. Vereinbarungen der Erben

Vereinbarungen der Erben über die Auseinandersetzung **binden** den Testamentsvollstrecker grds. **nicht,** wie sich aus der Unabhängigkeit seiner Amtsführung ergibt (RGZ 61, 145; 85, 1 (8); 108, 290; MüKoBGB/Zimmermann Rn. 19). Dabei ist unerheblich, ob die Auseinandersetzung nach dem Ermessen des Testamentsvollstreckers (§ 2048 S. 2), nach den Anordnungen des Erblassers oder nach den gesetzlichen Vorschriften erfolgt (RGZ 108, 290 (291)). Von diesem Grundsatz bestehen zwei **Ausnahmen: (1)** Gebunden ist der Testamentsvollstrecker an eine Vereinbarung der Erben, einschließlich der Nacherben (aber nicht der Ersatznacherben), über eine abweichende **Ausgleichungspflicht** oder wenn ein Ausgleichsberechtigter auf die Ausgleichung verzichtet (→ Rn. 7) (Bengel/Reimann TV-HdB/Schaub § 4 Rn. 249). **(2)** Weiter muss der Testamentsvollstrecker die übereinstimmende Vereinbarung aller Erben über den (ganzen oder teilweisen) **Ausschluss oder Aufschub der Auseinandersetzung** beachten, wenn keine ausdrückliche Anordnung des Erblassers oder ein wichtiger Grund für die Auseinandersetzung (§ 749 Abs. 2) vorliegt. Denn die Erben haben zwar ein Recht auf Auseinandersetzung, aber keine Pflicht, diese zu dulden (BayObLGZ 21, 312; OLG München DNotZ 1936, 810; OLG Nürnberg WM 2010, 1286; NK-BGB/Kroiß Rn. 23; BeckOGK/Leitzen Rn. 11). Soweit demnach der 9

Nachlass nicht auseinanderzusetzen ist, wird teilweise die Ansicht vertreten, dass der Testamentsvollstrecker diesen insoweit den Erben zu überlassen (§ 2217) und sein Amt für beendet zu betrachten hat (NK-BGB/Kroiß Rn. 24; Winkler TV Rn. 542; Bengel/Reimann TV-HdB/Schaub § 4 Rn. 250; Staudinger/Dutta, 2021, Rn. 14; sogar für automatische Beendigung bei reiner Abwicklungsvollstreckung OLG Nürnberg WM 2010, 1286). Jedoch ist diese Auffassung abzulehnen, weil sonst die Miterben in der Lage wären, durch einen auch nur kurzfristigen Ausschluss der Auseinandersetzung eine ihnen unliebsame Testamentsvollstreckung zu beenden (Zimmermann TV Rn. 660; Mayer/Bonefeld TV-HdB/J. Mayer § 18 Rn. 2). Zudem ist die Bindung des Testamentsvollstreckers in diesen Ausnahmefällen nur schuldrechtlicher Art. Ein Verstoß hiergegen berührt daher die Wirksamkeit einer abweichenden Verfügung grds. nicht (KG OLGE 40, 112; MüKoBGB/Zimmermann Rn. 22; Soergel/Becker Rn. 18; Staudinger/Dutta, 2021, Rn. 13), wenn sie nicht im Ausnahmefall wegen erkennbarem Missbrauch der Verfügungsmacht unwirksam ist. Allerdings begründet der Verstoß gegen den Beschluss über den Auseinandersetzungsausschluss uU Schadensersatzpflichten nach § 2219 (Winkler TV Rn. 542).

**10** Soweit jedoch die übereinstimmenden Vorstellungen der Erben mit den Anordnungen des Erblassers vereinbar sind, sollte der Testamentsvollstrecker diesen Wunsch beachten, zumal dies sein **Haftungsrisiko minimiert** (Staudinger/Dutta, 2021, Rn. 36; MüKoBGB/Zimmermann Rn. 19). Teilweise wird sogar befürwortet, dass er bei Vorliegen eines vernünftigen Grundes einer vom Erblasserwillen abweichenden (einstimmig getroffenen) Vereinbarung der Erben folgen soll (so MüKoBGB/Zimmermann Rn. 19). Dies geht aber angesichts der unabhängigen Amtsstellung des Testamentsvollstreckers zu weit. Ob er einer solchen Vereinbarung folgt, steht allein in seinem Ermessen. Eine von der **Anordnung des Erblassers** abweichende Verfügung ist jedenfalls wirksam, wenn ihr alle Erben, einschließlich der Nacherben, zugestimmt haben (→ Rn. 4).

## V. Auseinandersetzungsplan

**11** **1. Rechtsnatur, Wirkung.** Zur Durchführung der Erbauseinandersetzung hat der Testamentsvollstrecker einen Auseinandersetzungsplan (Teilungsplan) aufzustellen (Abs. 2). Dies ist eine einseitige, empfangsbedürftige Willenserklärung (BayObLGZ 1967, 230 (240)), wie der Testamentsvollstrecker beabsichtigt, bei der Auseinandersetzung vorzugehen. Der Plan bedarf keiner Form, bei Vorhandensein von Grundstücken auch nicht nach § 311b Abs. 1 (NK-BGB/Kroiß Rn. 9; Winkler TV Rn. 525), da es sich um eine einseitig feststellende Erklärung handelt (MüKoBGB/Zimmermann Rn. 4). Dem Plan kommt lediglich eine schuldrechtliche Wirkung zu, weshalb er erst noch dinglich zu vollziehen ist, etwa durch Auflassung und Grundbuchumschreibung bei Grundstücken, §§ 873, 925. Der Auseinandersetzungsplan **bindet** die Erben und den Testamentsvollstrecker erst, wenn er (ausdrücklich oder stillschweigend) vom Testamentsvollstrecker durch Erklärung gegenüber den Erben für verbindlich erklärt wurde (NK-BGB/Kroiß Rn. 7). Bis dahin kann er jederzeit wieder geändert werden. Auch bei einem Wegfall der Testamentsvollstreckung vor seinem Vollzug bleiben die Erben noch gebunden, können den Plan jedoch wieder einstimmig aufheben (RG JW 1938, 2972; NK-BGB/Kroiß Rn. 7).

**12** **2. Verfahren.** Inhaltlich hat sich der Auseinandersetzungsplan an die für die Auseinandersetzung geltenden Vorgaben zu halten (→ Rn. 3 ff.). Soweit dies geschieht, ist eine Zustimmung der Erben nicht erforderlich, da dadurch nur der gesetzliche Auseinandersetzungsanspruch konkretisiert wird (RG JW 1916, 1586). Ist eine Testamentsbestimmung objektiv nicht eindeutig, steht dem Testamentsvollstrecker bei der Auslegung ein gewisser Ermessensspielraum zu (OLG Köln ZEV 1999, 226).

**13** **a) Anhörung der Erben.** Der Testamentsvollstrecker hat die Erben nach Abs. 2 nur vor der Ausführung des Auseinandersetzungsplans zu **hören,** also erst nach dessen Verbindlicherklärung. Gleichwohl ist eine Anhörung bereits vor der Planaufstellung sinnvoll (Bengel/Reimann TV-HdB/Schaub § 4 Rn. 236; zust. Staudinger/Dutta, 2021, Rn. 48). Die Anhörungspflicht besteht gegenüber denjenigen Erben, die von der Auseinandersetzung tatsächlich betroffen sind. Für abwesende, ungeborene und – falls deren gesetzliche Vertreter an der Erbengemeinschaft beteiligt sind – minderjährige Erben ist eine Pflegerbestellung (§§ 1909, 1911 ff.) erforderlich (Staudinger/Dutta, 2021, Rn. 48; Winkler TV Rn. 520). Dabei ist für jeden Miterben ein besonderer Pfleger zu bestellen (NK-BGB/Kroiß Rn. 10; aA für den Teilungsplan Damrau ZEV 1994, 1 (4), weil die minderjährigen Kinder „auf derselben Seite stünden"). Ist der **Testamentsvollstrecker** ein Elternteil eines minderjährigen Erben, so kann er nicht zugleich als **gesetzlicher Vertreter** mitwirken (§ 1629 Abs. 2, § 1795 Abs. 2, § 181) (Damrau ZEV 1994, 1 (4); vgl. auch OLG

Hamm OLGZ 1993, 392, wonach sich eine weitgehende Unvereinbarkeit von Testamentsvollstreckung und elterlicher Sorge in einer Person ergibt). Die unterlassene Anhörung führt nicht zur Unwirksamkeit des Auseinandersetzungsplans, kann jedoch uU eine Haftung nach § 2219 begründen (NK-BGB/Kroiß Rn. 11; Staudinger/Dutta, 2021, Rn. 48). Einen Nachweis über die Anhörung der Erben kann das Grundbuchamt nicht verlangen (Winkler TV Rn. 519).

**b) Widerspruch eines Erben.** Hält sich der Auseinandersetzungsplan an die gesetzlichen Vorgaben oder die Anordnungen des Erblassers, so bedarf er nicht der Genehmigung der Erben (BayObLGZ 1967, 230 (240)). Der Widerspruch eines Erben hindert demnach die Ausführung des Planes nicht (BeckOGK/Leitzen Rn. 58: kein Suspensiveffekt). Vielmehr muss der Erbe hiergegen gerichtliche Schritte einleiten (→ Rn. 27). Eine familiengerichtliche Genehmigung des ordnungsgemäßen Plans ist bei Minderjährigen nach § 1643 Abs. 2 nicht erforderlich (NK-BGB/Kroiß Rn. 9; Grüneberg/Weidlich Rn. 4). 14

**c) Unwirksamkeit des Auseinandersetzungsplans.** Aus der Zustimmungsfreiheit des ordnungsgemäß errichteten Auseinandersetzungsplans und seiner verbindlichen Wirkung ergibt sich umgekehrt, dass ein nicht entspr. den gesetzlichen Vorgaben (→ Rn. 3 ff.) errichteter Plan **unwirksam** ist. Als **Folge** kann er von den Erben angefochten werden (Winkler TV Rn. 533) und darf nicht vom Testamentsvollstrecker vollzogen werden (RG JW 1938, 2972; OLG Hamburg HansRGZ 1934, B 367; Staudinger/Dutta, 2021, Rn. 50). Gleiches gilt bei einem offenbar unbilligen Auseinandersetzungsplan, wenn die Auseinandersetzung nach dem Ermessen des Testamentsvollstreckers zu bewirken war (§ 2048 S. 2 und 3) oder dieser sein sonst bestehendes Auswahlermessen bei der Durchführung der Auseinandersetzung überschritten hat (weitergehend nehmen MüKoBGB/Zimmermann Rn. 7; Staudinger/Dutta, 2021, Rn. 51, die Unwirksamkeit immer an, wenn der Teilungsplan offenbar unbillig ist). Entspr. der weitgehend unabhängigen Stellung des Testamentsvollstreckers ist ihm allerdings ein weiter Ermessensspielraum zuzubilligen (MüKoBGB/Zimmermann Rn. 7; Staudinger/Dutta, 2021, Rn. 51; vgl. auch OLG Hamburg HansRGZ 1934, B 367). Die Ausführung eines unwirksamen Auseinandersetzungsplans macht den Testamentsvollstrecker schadensersatzpflichtig (§ 2219) (Staudinger/Dutta, 2021, Rn. 52). 15

Stimmen die Miterben ausdrücklich oder konkludent einem unwirksamen Auseinandersetzungsplan zu, so stellt sich die durch Auslegung zu klärende Frage, ob hierin der **konkludente Abschluss eines Auseinandersetzungsvertrags** zu sehen ist (dazu etwa NK-BGB/Kroiß Rn. 15); allerdings kann hier, wie auch sonst im Zivilrecht, aus einem einfachen Schweigen der Miterben auf die Planmitteilung des Testamentsvollstreckers nicht auf eine vertragliche Zustimmung geschlossen werden (zutr. Damrau/Tanck/Bonefeld Rn. 15). Erhält ein Miterbe durch die Auseinandersetzung aufgrund eines unwirksamen Auseinandersetzungsplans **mehr,** als ihm aufgrund seiner **Erbquote** gebührt, dann liegt insoweit eine unentgeltliche und damit unwirksame Verfügung vor (§ 2205 S. 3). Dies führt konsequenterweise zu einem Anspruch nach § 985, der dem Testamentsvollstrecker während seiner Amtsdauer und danach den Miterben (§ 2039) zusteht (NK-BGB/Kroiß Rn. 19). Demgegenüber gewährt hier die Rspr. und hM nur einen Bereicherungsanspruch nach § 812 (BGH nach Johannsen WM 1970, 738 (744); MüKoBGB/Zimmermann Rn. 7; Erman/M. Schmidt Rn. 5). 16

**d) Ausführung des Auseinandersetzungsplans.** Der Auseinandersetzungsplan des Testamentsvollstreckers wirkt nur **schuldrechtlich verpflichtend;** er muss daher für die dingliche Rechtsänderung vollzogen werden, was durch die Vornahme der entsprechenden Erfüllungsakte in ihrer entsprechenden gesetzlichen Form erfolgt. Dies kann der Testamentsvollstrecker aufgrund seiner Verfügungsbefugnis nach § 2205 S. 2 leisten. Bei beweglichen Sachen nach §§ 929 ff., bei Forderungen durch Abtretung nach § 398, bei Grundstücken nach §§ 873, 925 (Auflassung und Grundbucheintragung), bei Geschäftsanteilen an einer GmbH durch die notariell beurkundete Abtretung (§ 15 Abs. 3 GmbHG). 17

Allerdings kann der Testamentsvollstrecker dabei grds. **nicht** den Empfänger des Zuzuteilenden **vertreten** (BeckOGK/Leitzen Rn. 60; Grüneberg/Weidlich Rn. 5), sodass etwa bei der Auflassung von Grundbesitz der Erwerber selbst mitwirken muss, wozu dieser aber verpflichtet ist. Dabei ist durch den Testamentsvollstrecker zu erklären, dass die Übereignung aufgrund des Auseinandersetzungsplans unter Anrechnung auf den Erbteil des erwerbenden Miterben erfolgt, also gerade nicht unentgeltlich (Winkler TV Rn. 527; die „Gegenleistung" ist hier die Aufgabe der Gesamthandsberechtigung und damit der Verlust des Auseinandersetzungsanspruchs, BayObLGZ 1986, 208 (210)). Etwaige Genehmigungspflichten (§ 2 GrdstVG) sind zu beachten. In der neueren Rspr. wird die Auffassung vertreten, der Testamentsvollstrecker könne dann gleichzeitig als Vertreter des Erwerbers auftreten, wenn es um die Erfüllung eines Vermächtnisses geht (OLG Hamm ZEV 2011, 18

198; dazu abl. Muscheler ZEV 2011, 230; OLG München NJW-RR 2013, 1231 = MittBayNot 2013, 393 m. krit. Anm. Reimann; → § 2223 Rn. 10).

19 Ist der Testamentsvollstrecker selbst zugleich **Miterbe,** so ist regelmäßig davon auszugehen, dass der Erblasser ihm trotz eines möglichen Interessenwiderstreits die Vornahme der entsprechenden Rechtsgeschäfte gestattet hat, selbst wenn keine ausdrückliche Befreiung von den Beschränkungen des **§ 181** angeordnet wurde. Der Testamentsvollstrecker kann daher das ihm aufgrund des Auseinandersetzungsplans Zugewandte annehmen, insbes. Grundbesitz an sich selbst auflassen (RGZ 61, 139; MüKoBGB/Zimmermann Rn. 10). Die **Kosten** der Auseinandersetzung tragen die Erben (Bengel/Reimann TV-HdB/Schaub § 4 Rn. 258).

## VI. Sonderfälle

20 **1. Auseinandersetzungsvereinbarung.** Anstelle des Auseinandersetzungsplans kann – bei entsprechender Einigkeit über die Aufteilung des Nachlasses – der Testamentsvollstrecker auch einen Auseinandersetzungsvertrag mit den Erben abschließen. Dieser tritt dann an die Stelle des Auseinandersetzungsplans (BGH DNotZ 1956, 406; Winkler TV Rn. 518; NK-BGB/Kroiß Rn. 13: „planersetzende Auseinandersetzungsvereinbarung"). Hierbei bedarf es der Mitwirkung sämtlicher Erben, da es sich insoweit um einen gegenseitigen schuldrechtlichen Vertrag handelt, der den Rechtsgrund für die Auseinandersetzung und damit den Erwerb der Nachlassgegenstände bildet (Winkler TV Rn. 518; Bengel/Reimann TV-HdB/Schaub § 4 Rn. 259).

21 **a) Vorteile.** Die Vorteile der vertraglichen Lösung liegen darin, dass in dem Auseinandersetzungsvertrag von dem Willen des Erblassers abgewichen werden kann (NK-BGB/Kroiß Rn. 15; Mayer/Bonefeld TV-HdB/J. Mayer § 18 Rn. 361), durch die Beteiligung aller Erben eine Befriedungsfunktion eintritt und die Haftungsgefahr des Testamentsvollstreckers reduziert wird (Bengel/Reimann TV-HdB/Schaub § 4 Rn. 260; NK-BGB/Kroiß Rn. 16). Erforderlich ist allerdings, dass sämtliche Miterben zustimmen, wobei auch die Nacherben mitwirken müssen (BGHZ 57, 84 = WM 1971, 1393; BayObLG FamRZ 1987, 104 (106)), ebenso auch die Vermächtnisnehmer, solange ihre Vermächtnisse noch nicht erfüllt sind (BayObLG FamRZ 1987, 104 (106); Winkler TV Rn. 518; aA NK-BGB/Kroiß Rn. 16 wegen der nur schuldrechtlichen Wirkung des Vermächtnisses).

22 **b) Form.** Der Auseinandersetzungsvertrag bedarf grds. keiner besonderen Form, soweit darin keine formbedürftigen Vereinbarungen enthalten sind (§ 311b Abs. 1, § 15 GmbHG) (Staudinger/Dutta, 2021, Rn. 58). § 2371 gilt hier nicht (Bengel/Reimann TV-HdB/Schaub § 4 Rn. 263; Zunft JZ 1956, 550).

23 **c) Genehmigungserfordernisse.** Wenn ein Miterbe unter Betreuung, Pflegschaft oder Vormundschaft steht, bedarf der Auseinandersetzungsvertrag als solcher bereits der familiengerichtlichen Genehmigung nach § 1822 Nr. 2, nicht jedoch, wenn Eltern für ihre Kinder handeln (vgl. § 1643 Abs. 1, der diesen Genehmigungstatbestand hier für nicht anwendbar erklärt). Allerdings kann sich eine Genehmigungspflicht aus anderen Bestimmungen ergeben, etwa wenn über Grundbesitz verfügt wird (§ 1643 Abs. 1, § 1821 Abs. 1 Nr. 1). Sind die Eltern aber selbst oder ein Verwandter von ihnen aus gerader Linie neben den Kindern an der Erbengemeinschaft beteiligt, so können sie nach § 1629 Abs. 2, § 1795 Abs. 1 und 2, § 181 ihre Kinder nicht vertreten; daher ist dann die Bestellung eines **Ergänzungspflegers** (§ 1909) erforderlich. Dabei bedarf jeder Minderjährige eines eigenen Pflegers (BGHZ 21, 229 = NJW 1956, 1433). Inwieweit Genehmigungserfordernisse und Zustimmungspflichten zu dem Auseinandersetzungsvertrag bestehen, richtet sich nach den allgemeinen Rechtsbestimmungen. § 1365 ist zu beachten (BGHZ 35, 135 (143 f.) = NJW 1961, 1301; NK-BGB/Kroiß Rn. 14). Gesetzliche Vorkaufsrechte bestehen hingegen nicht, da es sich um keinen Verkauf handelt (→ § 2385 Rn. 3 mwN) (BGH DNotZ 1970, 423; Bengel/Reimann TV-HdB/Schaub § 4 Rn. 268).

24 **d) Vollzug des Auseinandersetzungsvertrages.** Da von einem Auseinandersetzungsvertrag, ebenso wie von einem Teilungsplan, lediglich schuldrechtliche Wirkung ausgeht, bedarf er genauso wie der Teilungsplan eines Vollzugs durch Vornahme der entsprechenden dinglichen Verfügungsgeschäfte, also etwa der Auflassung von der Erbengemeinschaft an den einzelnen erwerbenden Erben (Bengel/Reimann TV-HdB/Schaub § 4 Rn. 261).

25 **2. Erbteilsvollstreckung, beschränkte Testamentsvollstreckung.** Soweit eine Testamentsvollstreckung nur für einen **bestimmten Erbteil** angeordnet ist, kann der Testamentsvollstrecker nicht allein die umfassende Auseinandersetzung nach § 2204 vornehmen. Denn seine Befugnisse

betreffen nur diesen Erbteil. Er kann daher lediglich im Rahmen der allgemeinen Erbauseinandersetzung die Rechte des betreffenden Erben wahrnehmen und auf die Auseinandersetzung hinwirken (RGZ 61, 358; Preuschen FamRZ 1993, 1390 (1393); eingehend Muscheler AcP 195 (1995), 35 (70 f.)). Hierzu kann er jedoch die Auseinandersetzung nach § 2042 verlangen (NK-BGB/Kroiß Rn. 26), aber auch die amtliche Vermittlung derselben nach § 363 FamFG (KGJ 28, A 16, 19 = OLGE 10, 313 (314)). Zur Erbteilsvollstreckung → § 2208 Rn. 10. Ist die Testamentsvollstreckung auf **reale Teile** des Nachlasses beschränkt (§ 2208), so kann der Vollstrecker nur diesbezüglich die Auseinandersetzung bewirken.

**3. Miterben-Testamentsvollstrecker.** Ist der Testamentsvollstrecker zugleich auch Miterbe, 26
so hat er genauso die Auseinandersetzung zu bewirken. § 181 steht dem nicht entgegen. In Ausführung des ordnungsgemäßen Auseinandersetzungsplans kann er ein Grundstück auch an sich selbst auflassen (RGZ 61, 139 (145); Bengel/Reimann TV-HdB/Schaub § 4 Rn. 255).

## VII. Prozessuales

Jeder **Erbe** kann seinen Widerspruch gegen den Auseinandersetzungsplan mit einer **Feststel-** 27
**lungsklage** (§ 256 Abs. 1 ZPO) vor dem Prozessgericht gegen den Testamentsvollstrecker geltend machen, wenn dieser gegen die gesetzlichen Vorschriften (→ Rn. 15) verstößt (OLG Karlsruhe NJW-RR 1994, 905; eingehend zum Folgenden Mayer/Bonefeld TV-HdB/J. Mayer § 18 Rn. 357); die Miterben müssen nicht mitverklagt werden, da sie keine notwendigen Streitgenossen sind (OLG Karlsruhe NJW-RR 1994, 905). Der Erbe kann gegen den Teilungsplan, wenn der Vollzug droht, auch bereits eine einstweilige Verfügung nach § 940 ZPO erwirken (OLG Hamburg HansRGZ 1934 B 367; Soergel/Becker Rn. 44). Daneben hat er auch die Möglichkeit, eine **Leistungsklage** auf Auseinandersetzung des Nachlasses nach den Anordnungen des Erblassers oder nach den gesetzlichen Vorschriften oder aber – soweit all dies fehlt – nach billigem Ermessen zu erheben (OLG Hamburg HansRGZ 1934 B 367; Staudinger/Dutta, 2021, Rn. 49; diff. Zimmermann TV Rn. 678; für Erhebung einer „Gestaltungsklage" Winkler TV Rn. 533). Der **Testamentsvollstrecker** hat gegen den widersprechenden Erben ebenfalls die Möglichkeit einer Feststellungsklage zu erheben (MüKoBGB/Zimmermann Rn. 8; Staudinger/Dutta, 2021, Rn. 49).

## § 2205 Verwaltung des Nachlasses, Verfügungsbefugnis

**[1]Der Testamentsvollstrecker hat den Nachlass zu verwalten. [2]Er ist insbesondere berechtigt, den Nachlass in Besitz zu nehmen und über die Nachlassgegenstände zu verfügen. [3]Zu unentgeltlichen Verfügungen ist er nur berechtigt, soweit sie einer sittlichen Pflicht oder einer auf den Anstand zu nehmenden Rücksicht entsprechen.**

**Schrifttum:** Dauner-Lieb, Unternehmen in Sondervermögen, 1998; Eichten, Der OHG-Anteil im Spannungsfeld von Erb-und Gesellschaftsrecht, 2020; Lorz, Testamentsvollstreckung und Unternehmensrecht, 1995; Muscheler, Die Haftungsordnung der Testamentsvollstreckung, 1994.

### Überblick

§ 2205 enthält nähere Bestimmungen über die Befugnisse des Testamentsvollstreckers, deren Zulässigkeit iE sich aber immer erst aus der mit der Anordnung verfolgten Zwecksetzung ergibt. Die einzelnen Nachlassgegenstände unterfallen dem Verwaltungs- und Verfügungsrecht des Testamentsvollstreckers, sofern der Erblasser keine einschränkenden Verfügungen getroffen hat. Im Umfang seiner Verwaltungs- und Verfügungsbefugnisse schließt der Testamentsvollstrecker eine Verfügung des Erben aus (vgl. § 2211).

### Übersicht

## I. Normzweck

1 Die Vorschrift gewährt dem Testamentsvollstrecker die rechtlichen **Mittel,** um seine Aufgaben zu erfüllen. Zum einen erhält er ein **Verwaltungsrecht** (S. 1). Zum anderen wird ihm eine **Verfügungsbefugnis** eingeräumt (S. 2). Damit korrespondierend wird die Rechtsmacht der Erben zur Verwirklichung der Zwecke der Testamentsvollstreckung entspr. eingeschränkt, die uU nur noch die reine Rechtsträgerschaft behalten. Damit entsteht eine im deutschen Recht im Allgemeinen nicht übliche Abspaltung von Verwaltungs- und Verfügungsrechten vom Rechtsinhaber durch Absonderung des Nachlasses vom Eigenvermögen des Erben (Lange ErbR § 64 Rn. 102). Die durch die Norm gewährten Befugnisse sind aber grds. nur Mittel zum Zweck (Staudinger/Dutta, 2021, Rn. 4), weshalb sich ihr wahrer Umfang und ihre Bedeutung erst aus der konkreten Aufgabenstellung erschließen und konkretisieren (→ § 2197 Rn. 4). Die Begrenzung der Verfügungsbefugnis (S. 3) dient dem Schutz des gem. § 2211 von der Verfügung ausgeschlossenen Erben gegenüber dem allein verfügungsberechtigten Testamentsvollstrecker und soll eine Verminderung des Nachlasses ohne Zufluss gleichwertiger Vermögenswerte verhindern (BGH NJW 1963, 1613 (1614); NJW-RR 2016, 457). Bei der Nachlassabwicklung sind die Vorgaben des GWG zu beachten (vgl. BGH ZEV 2021, 440 mAnm Litzenburger).

## II. Verwaltung des Nachlasses

2 **1. Begriff.** Die Verwaltung umfasst all diejenigen Maßnahmen, die zur Erhaltung, Sicherung, Nutzung und Mehrung des verwalteten Vermögens erforderlich oder zweckdienlich sind. Hierzu gehören die Besitzausübung, die Prozessführung (§ 2205 S. 2, § 2212 f.), die Verfügung über Nachlassgegenstände und das Eingehen von Nachlassverbindlichkeiten (§ 2205 S. 2, § 2206 f.), aber auch Maßnahmen rein tatsächlicher Art zählen dazu (Lange ErbR § 64 Rn. 103 ff.; Staudinger/Dutta, 2021, Rn. 8).

3 **2. Dauer und Umfang. a) Dauer.** Das Verwaltungsrecht beginnt erst mit der Annahme des Amts durch den Testamentsvollstrecker (§ 2202; → § 2202 Rn. 1) und endet mit dem Erlöschen des Amts (→ § 2225 Rn. 2), wobei bei der Dauervollstreckung und Verwaltungsvollstreckung die zeitliche Grenze des § 2210 zu beachten ist. Hinsichtlich einzelner Nachlassobjekte erlischt es mit der Freigabe nach § 2217 Abs. 1 (MüKoBGB/Zimmermann Rn. 12; Grüneberg/Weidlich Rn. 3). Wird gerichtlich **Nachlassverwaltung** angeordnet (§§ 1981, 1984, 1985), so ruht das Verwaltungsrecht des Testamentsvollstreckers; das Gleiche gilt bei Anordnung eines **Nachlassinsolvenzverfahrens** hinsichtlich des diesem Verfahren unterliegenden Nachlasses, nicht aber hinsichtlich des beschlagnahmefreien Teils desselben (OLG Hamburg BeckRS 2015, 14473; Weidlich MittBayNot 2007, 62; eingehend hierzu Zimmermann TV Rn. 643a ff.). Nach Beendigung dieser Verfahren leben jedoch die alten Befugnisse des Testamentsvollstreckers wieder auf (Weidlich MittBayNot 2007, 62; vgl. auch RG LZ 1919, 875: Nachlassverwalter). Ein Insolvenzverfahren über das Eigenvermögen des Erben berührt dagegen die Befugnis des Testamentsvollstreckers nicht, hier gehen die §§ 2211, 2214 vor (→ § 2214 Rn. 4) (BGH NJW 2006, 2698 (2699); LG Aachen NJW 1960, 46 mAnm Buch; Winkler TV Rn. 474).

4 **b) Umfang.** Der **Umfang des Verwaltungsrechts** des Testamentsvollstreckers ist grds. ausschließlich und unbeschränkt, erstreckt sich regelmäßig auf den gesamten Nachlass und schließt insoweit die Verfügungsmöglichkeit des Erben aus. Durch die Anordnung der Testamentsvollstreckung sind dem Erben bzw. den Miterben die Verwaltungsrechte über den Nachlass entzogen. Das Verwaltungsrecht des Testamentsvollstreckers ist im Verhältnis zu dem bzw. den Erben grds.

ausschließlich, also den Erben verdrängend. Beschränkt wird es lediglich durch das Schenkungsverbot (S. 3), durch Anordnungen des Erblassers nach § 2208 (BGH NJW 1984, 2464 = JR 1985, 106 mAnm Damrau) und durch den Grundsatz der ordnungsgemäßen Verwaltung (§§ 2206, 2216) (Staudinger/Dutta, 2021, Rn. 47). Der Erblasser kann insbes. die Testamentsvollstreckung auf einen Bruchteil des Nachlasses oder gar einen bestimmten Erbteil beschränken **(Erbteilsvollstreckung,** → § 2208 Rn. 10) (Muscheler AcP 195 (1995), 35). Durch **Pfändung** oder Verpfändung des Erbteils wird das Verwaltungsrecht des Testamentsvollstreckers am Nachlass jedoch nicht beeinträchtigt, da das Pfandrecht nur am Erbteil entsteht (BayObLGZ 1982, 459 (462) = FamRZ 1983, 840; MüKoBGB/Zimmermann Rn. 65).

Bei angeordneter Nacherbschaft gelten unstr. die Verfügungsbeschränkungen des § 2113 dann nicht, wenn der Testamentsvollstrecker zugleich für die **Vor- und Nacherben** eingesetzt ist (BGHZ 40, 115 (119) = NJW 1963, 2320; OLG Düsseldorf FamRZ 2012, 1332; MüKoBGB/Zimmermann § 2222 Rn. 9; Staudinger/Dutta, 2021, Rn. 227 mwN). Ist eine **Testamentsvollstreckung** hingegen **ausschließlich** für die **Vorerbschaft** angeordnet, so ist **umstritten,** ob auch der Testamentsvollstrecker durch die Rechte der Nacherben beschränkt ist, also die §§ 2113, 2114 ebenfalls noch gelten. **Einerseits** wird mit dem Berufungsgrund und den Aufgaben des Testamentsvollstreckers argumentiert. Dieser leite seine Befugnisse gerade nicht vom Vorerben, sondern vom Erblasser ab, weshalb der Erblasserwille auch bei derartigen Gestaltungen maßgeblich sei. Und dieser entscheide daher, ob der Nacherbenschutz vor der Verfügungsmöglichkeit des Testamentsvollstreckers vorrangig sein soll (KG OLGE 34, 297 (298); Recht 1915 Nr. 1117; OLG Neustadt NJW 1956, 1881; Engelmann MittBayNot 1999, 509 (512)). Sei dies gewollt, so könne der Erblasser systemimmanente, dem Recht der Testamentsvollstreckung entstammende entsprechende Anordnungen treffen (§ 2216 Abs. 2 S. 1), ggf. auch mit dinglicher Wirkung (§ 2208 Abs. 1 S. 1 Hs. 2). **Andererseits** wird die Auffassung vertreten, dass sich die Testamentsvollstreckung nur auf die Vorerbschaft beziehe und daher lediglich die dem Vorerben zustehenden Rechte wahrnehmen könne. Daher bedürfe der Testamentsvollstrecker in den Fällen der §§ 2113 ff. der Zustimmung der Nacherben (OLG München ZEV 2016, 325 (327) m. zust. Anm. Reimann; Bengel/Reimann TV-HdB/Schaub § 4 Rn. 199; Zimmermann TV Rn. 373; offengelassen von BGH ZEV 2017, 155 (156)). Der zweiten Ansicht ist zuzustimmen, da die Testamentsvollstreckung nur für den Vorerben gerade dann angeordnet wird, wenn es um die Wahrnehmung der Rechte des Vorerben geht, was nicht zuletzt beim Behindertentestament eine Rolle spielen kann. Dem Erblasser steht es frei, den Umfang der Testamentsvollstreckung festzulegen. Ordnet er sie nur für den Vorerben an, so ist der Testamentsvollstrecker nicht befugt, auch im Namen des Nacherben zu handeln. Der Erblasser muss vielmehr zugleich Nacherbenvollstreckung anordnen (§ 2222), wenn er den Zugriff des Testamentsvollstreckers erweitern will. 5

**Ausgeschlossen** sind die persönlichen Rechtsverhältnisse des Erben, die nicht zum Nachlass gehören. Ebenfalls ausgeschlossen vom Verwaltungsrecht des Testamentsvollstreckers ist die Rechtsstellung des Erben in Bezug auf den Nachlass selbst, weshalb er nicht für den Erben die Erbschaft annehmen oder ausschlagen kann. Gleiches gilt für die Übertragung eines Erbteils auf einen Miterben gem. § 2033 Abs. 1, denn dieses Recht steht allein dem einzelnen Miterben zu. Davon zu unterscheiden ist der Fall, dass der Erbteil an einem anderen Nachlass als einzelner Nachlassgegenstand schon zum Nachlass des Erblassers gehört und dort der Testamentsvollstreckung unterlegen hat. Hier ist der Testamentsvollstrecker nicht von einer Verfügung ausgeschlossen (BGH NJW 1984, 2464 (2465)). 5a

**3. Gegenstand der Verwaltung.** Gegenstand des Verwaltungsrechts des Testamentsvollstreckers ist grds. der **gesamte Nachlass,** einschließlich der Nutzungen (BGH NJW-RR 1988, 386) und auch eines Erbteils, der bereits dem Erblasser zugestanden hat (BGH NJW 1984, 2464), sowie der **Surrogationserwerb** nach § 2019 (BGH NJW 1991, 842); nicht jedoch die Gegenleistung bei einem Erbteilsverkauf als Surrogat. Ein in den Nachlass fallender Pflichtteilsanspruch wird hinsichtlich seiner Geltendmachung und seiner Verfolgung von der Verwaltungsbefugnis des Testamentsvollstreckers umfasst (BGH ZErb 2015, 60). 6

Sollten im Einzelfall die Voraussetzungen der §§ 2019, 2041, 2111 nicht vorliegen, so findet eine **dingliche Surrogation** im Wege einer Gesamtanalogie zu diesen Vorschriften hinsichtlich des vom Testamentsvollstrecker verwalteten Nachlasses immer dann statt, wenn Ersatz für die Zerstörung, Beschädigung oder Entziehung dieses Vermögens zu erlangen ist. Gleiches gilt, wenn ein Rechtsgeschäft mit Mitteln des Nachlasses vorgenommen wird. Für diese dingliche Surrogation genügt eine **objektive Beziehung** zum Nachlass, sodass es auf den entgegenstehenden Willen des Testamentsvollstreckers nicht ankommt. Diese Surrogation ist deswegen geboten, weil es sich bei dem vom Testamentsvollstrecker verwalteten Nachlass um ein Sondervermögen handelt, das 7 der Verwaltung der Erben und dem Zugriff der Eigengläubiger entzogen ist (§§ 2211, 2214), und das seiner Erhaltung solange bedarf, wie die Testamentsvollstreckung und die damit verfolgten Zwecke, die ohne diese Rechtsfolge gefährdet sein könnten, andauern. Daher gilt dieser Gedanke auch dann, wenn nur ein Erbe vorhanden ist (BGH NJW 2012, 316; RGZ 138, 132 (133 f.); OLG Hamm ZEV 2001, 275 bei mehreren Miterben; BeckOGK/Grotheer Rn. 32; Krug ZEV 1999, 381 (383); ausf. hierzu NK-BGB/Kroiß Rn. 10; Stiebitz, Die Surrogation im Erbrecht, Diss. Erlangen-Nürnberg 2006, 189 ff.; aA Kipp/Coing ErbR § 68 III 1 für die Verwaltungsvollstreckung und Stiebitz, Die Surrogation im Erbrecht, 2006, 194 ff. für die Vermächtnisverwaltungsvollstreckung, wobei Stiebitz aber den eigentlichen Zweck der dinglichen Surrogation nicht erörtert und daher nicht erkennt, dass dieser auch dort gilt). Allerdings ist im Einzelfall immer zu prüfen, ob nicht der Surrogation entgegensteht, dass bereits vorher aufgrund einer Freigabe der Nachlassteil aus dem Verwaltungsrecht des Testamentsvollstreckers geschieden war (Krug ZEV 1999, 381 (383)) oder der Verkaufserlös im Wege der teilweisen Nachlassauseinandersetzung an die Erben ausgekehrt wurde und sich die Testamentsvollstreckung, etwa wegen des Fehlens der Anordnung einer Verwaltungsvollstreckung, nicht an den Erlösanteilen fortsetzt (BayObLG NJW-RR 1992, 328 = DNotZ 1993, 399 (401 f.) m. krit. Anm. Weidlich = FamRZ 1992, 604 m. krit. Anm. Damrau).

8 **Höchstpersönliche Rechte** des Erblassers, die über seinen Tod hinaus fortwirken, und solche persönlichen Rechte, die durch das Eintreten des Erben in die Rechtsposition des Verstorbenen neu entstehen, die aber ihrer Natur nach nicht durch Dritte ausgeübt werden können, unterliegen nicht der Verwaltung des Testamentsvollstreckers (RGZ 85, 1 (4) zu § 1477 Abs. 2; NK-BGB/Kroiß Rn. 3).

9 Gleiches gilt für all das, was die grds. Rechtsstellung des Erben zum Nachlass betrifft. Der **Testamentsvollstrecker** kann daher **nicht erklären** oder geltend machen (vgl. Bengel/Reimann TV-HdB/Dietz § 1 Rn. 72 ff.; NK-BGB/Kroiß Rn. 3; Damrau/Tanck/Bonefeld Rn. 3): eine Annahme oder Ausschlagung einer Erbschaft oder eines Vermächtnisses (Staudinger/Otte, 2017, § 1943 Rn. 12), und zwar auch dann nicht, wenn der Erwerb dem Erblasser bereits angefallen war (arg. § 83 Abs. 1 InsO) (Staudinger/Dutta, 2021, Rn. 27; Grüneberg/Weidlich Rn. 4), die Anfechtung letztwilliger Verfügungen nach § 2078, die Erhebung der Einrede der Anfechtbarkeit nach § 2083 (vgl. BGH NJW 1962, 1058), das Anfechtungsrecht nach §§ 2341, 2345 bei Erbunwürdigkeit (Weiler DNotZ 1952, 291), die Verfügung über einen Erbteil (§ 2033) (BGH NJW 1984, 2464) oder über den Nachlass im Ganzen, die Erbenrechte im Erbprätendentenstreit (MüKoBGB/Zimmermann § 2203 Rn. 8), den Widerruf einer Schenkung nach § 530 Abs. 2, einen Anspruch aus beeinträchtigender Schenkung nach § 2287 (RGZ 77, 5 (6 f.); BGHZ 78, 1 (3) = NJW 1980, 2461; BGH NJW 1989, 2389; eingehend hierzu Muscheler FamRZ 1994, 1361 (1363)), Ansprüche aus Verletzung des Persönlichkeits- und Namensrechts, soweit sie nicht vermögensrechtlicher Natur sind (RG Recht 1921 Nr. 2319; zur Abgrenzung BGH LM ZPO § 546 Nr. 73), oder aus einem Lastenausgleich, soweit der Erbe persönlich geschädigt ist (KG FamRZ 1969, 677), einen Schadensersatzanspruch eines Vermächtnisnehmers gegen den Testamentsvollstrecker mangels Nachlasszugehörigkeit (RGZ 138, 132 (134)), die Anfechtung einer familiengerichtlichen Genehmigung zu einem Vergleich über das Erbrecht des Betroffenen (OLG Zweibrücken OLGZ 1980, 142 (143)) sowie die Rechte der Familienangehörigen nach § 563 beim Tod des Mieters (NK-BGB/Kroiß Rn. 4). Zuwendungen aufgrund von **Verträgen zugunsten Dritter** auf den Todesfall oder widerrufliche Bezugsberechtigungen von Lebensversicherungen unterfallen nicht mehr der Testamentsvollstreckung, soweit sie vollzogen und damit im Zuwendungsverhältnis zum Begünstigten rechtsbeständig wurden (Reimann ZEV 1997, 129 (132 f.); eingehend hierzu Schmalz-Brüggemann ZEV 1996, 84; J. Mayer DNotZ 2000, 905 (909 ff.), auch zu Möglichkeiten, diese Zuwendungen in die Testamentsvollstreckung einzubeziehen). Ob der Testamentsvollstrecker, soweit dies noch möglich ist, sie widerrufen muss, richtet sich nach dem Erblasserwillen (Staudinger/Dutta, 2021, Rn. 237; Muscheler WM 1994, 921).

10 Demgegenüber **unterliegen grds.** der **Verwaltung des Testamentsvollstreckers** (vgl. etwa Staudinger/Dutta, 2021, Rn. 7 ff.): **Urheberrechte** bei entsprechender Anordnung nach § 28 Abs. 2 S. 1 UrhG, die Geltendmachung von **Schadensersatzansprüchen** der Erben nach § 2219 gegen einen früheren Testamentsvollstrecker (RGZ 138, 132 (133 f.); BGH LM § 2219 Nr. 4), die Ausgleichsansprüche eines **Handelsvertreters** (§ 89b HGB) (MüKoBGB/Zimmermann Rn. 9), **Restitutionsansprüche** nach dem VermG, und zwar auch dann, wenn der Erbfall bereits vor dem Inkrafttreten des Vermögensgesetzes eingetreten war und der vermögensrechtliche Anspruch deshalb unmittelbar in der Person des Rechtsnachfolgers des verstorbenen Geschädigten entstanden ist (BVerwG ZEV 2003, 519: analoge Anwendung des Erbrechts; aA Hülmann VIZ 2002, 263), das Antragsrecht auf **Todeserklärung** eines (Mit-)Erben, sofern dieser vor dem Erblasser verstorben

ist (§ 16 Abs. 2 lit. c) VerschG) (OLG Frankfurt OLGZ 1977, 407 (408), wenn dies für die Ausführungen nach § 2203 bedeutsam ist), oder auf Feststellung des wahrscheinlichsten Todeszeitpunkts (OLG Düsseldorf OLGZ 1966, 222 f.). Bei Ansprüchen aus **Versicherungsverhältnissen** ist zu differenzieren: soweit es sich um Sachversicherungen handelt (zB Gebäudeversicherung), ist ein Verwaltungsrecht gegeben hinsichtlich der bereits vor dem Erbfall entstandenen Rechte und Pflichten oder soweit sie auf der Verwaltungshandlung des Testamentsvollstreckers im weitesten Sinne beruhen; bei Ansprüchen aus einer Berufshaftpflicht des Erblassers jedoch nicht (ausf. Staudinger/Dutta, 2021, Rn. 32 f.).

Daneben kann auch eine **konkurrierende Zuständigkeit** zwischen Testamentsvollstrecker und Erben bestehen. **Beide** sind etwa **berechtigt** zur Beantragung eines Erbscheins (§ 2353; §§ 352 ff. FamFG) (Grüneberg/Weidlich § 2353 Rn. 10) oder dessen Einziehung als unrichtig (§ 2361; § 353 FamFG) oder zur Antragstellung für ein Testamentsvollstreckerzeugnis (§ 2368; § 354 FamFG), da beide materiell betroffen sind (umstr., wie hier Winkler TV Rn. 687; MüKoBGB/Grziwotz § 2368 Rn. 6; dagegen OLG Hamm NJW 1974, 505; BayObLG MDR 1978, 142; Staudinger/Herzog, 2016, § 2368 Rn. 2 ff.). Weiter kann der Testamentsvollstrecker die Rechte der Erben – neben deren fortbestehender Berechtigung – zur **Haftungsbeschränkung** geltend machen, insbes. ein Nachlassinsolvenzverfahren beantragen, soweit ihm die Verwaltung des gesamten Nachlasses zusteht (§ 317 Abs. 1 InsO) (Staudinger/Dutta, 2021, Rn. 222; Bengel/Reimann TV-HdB/Klinger § 5 Rn. 555). Eine Antragspflicht gegenüber den Nachlassgläubigern wird nur teilweise bejaht (Winkler TV Rn. 170), jedoch besteht mittelbarer Zwang hierzu zur Vermeidung der Haftung gegenüber den Erben, § 2219, oder bei einer Nachlassverwaltung (§ 1981) (Bengel/Reimann TV-HdB/Schaub § 4 Rn. 270 ff.). Der Testamentsvollstrecker kann die aufschiebenden Einreden nach §§ 2014, 2015 sowie die Rechte aus §§ 1990, 1992 geltend machen und das Aufgebot der Nachlassgläubiger (§§ 1970 ff.) und die Zwangsversteigerung beantragen (§ 175 Abs. 1 S. 2 ZVG) (MüKoBGB/Zimmermann Rn. 4). Eine **Inventarerrichtungsfrist** (§ 1994) kann ihm nicht gestellt werden, da dies ausschließlich Sache des Erben ist und die Testamentsvollstreckung keine beschränkte Erbenhaftung bewirkt (Grüneberg/Weidlich Rn. 5; Winkler TV Rn. 174). Bei Passivprozessen ergibt sich nach § 2213 uU ebenso eine geteilte Zuständigkeit. Auch Auskunfts- und **Informationsrechte,** etwa gegenüber Banken, können sowohl Testamentsvollstrecker wie Erbe unabhängig voneinander geltend machen (Damrau/Tanck/Bonefeld Rn. 4). 11

**4. Inhalt des Verwaltungsrechts.** Art und Umfang des Verwaltungsrechts des Testamentsvollstreckers orientieren sich an den ihm zugewiesenen Aufgaben, weshalb auch hier eine funktionsbezogene Betrachtung angebracht ist. Aus der konkret zugewiesenen Aufgabenstellung lassen sich daher die zur Zweckerreichung erforderlichen Befugnisse im Einzelfall ermitteln („instrumentale Ausstattung“ der Testamentsvollstreckung) (Schmidl ZErb 2021, 212). Die §§ 2205 ff. geben hierfür nur einen allgemeinen Rahmen, was dem Testamentsvollstrecker generell an Rechtsmacht zugewiesen werden kann. S. 2 enthält dementsprechend keine abschließende Aufzählung der eingeräumten Rechte („insbes. …“) (Lange ErbR § 64 Rn. 109 f.). Zu den gewöhnlichen Aufgaben gehören namentlich das Hinwirken auf eine baldige Testamentseröffnung mit amtlicher Erbenfeststellung, die **Konstituierung** und gebotene Sicherung des Nachlasses (→ § 2203 Rn. 7 ff.), die Geltendmachung der zum Nachlass gehörenden Forderungen, auch gegen die Erben (Johannsen WM 1961, 1407), die **Entgegennahme von Willenserklärungen** für den Nachlass (Kündigung, Aufrechnung) und die Erfüllung bestehender Verkehrssicherungspflichten und steuerlicher Pflichten, soweit sie den Nachlass betreffen (→ § 2203 Rn. 14). Auch die **Berichtigung der Nachlassverbindlichkeiten** (§ 1967), einschließlich der Steuerschulden (vgl. ausdrücklich § 31 Abs. 1 S. 2 ErbStG), gehört zu den Verwaltungsaufgaben des Testamentsvollstreckers, und zwar auch bei der reinen Verwaltungsvollstreckung, da dies hier zur ordnungsgemäßen Nachlassverwaltung (§ 2216 Abs. 1) zählt (MüKoBGB/Zimmermann Rn. 11); bei der Auseinandersetzungsvollstreckung ergibt sich dies bereits aus §§ 2204, 2046, 2047. 12

**5. Besitzrecht.** Der Besitz geht nach § 857 mit dem Erbfall zunächst auf die Erben über; hieran ändert auch die Anordnung einer Testamentsvollstreckung nichts (RGZ 83, 223 (229); Lange ErbR § 64 Rn. 89). Macht jedoch der Testamentsvollstrecker von dem ihm in S. 2 eingeräumten Recht Gebrauch und erlangt er die tatsächliche Gewalt (§ 854 Abs. 1), so wird der Testamentsvollstrecker unmittelbarer Besitzer, der Erbe mittelbarer Besitzer (§ 868) (zu Einzelheiten, auch der klageweisen Durchsetzung, Bengel/Reimann TV-HdB/Schaub § 4 Rn. 7 ff.). Erst ab dann stehen dem Testamentsvollstrecker die Besitzschutzrechte zu (BeckOGK/Grotheer Rn. 18). Soweit die Erben dem Testamentsvollstrecker nicht den Besitz einräumen, ist dies im Klagewege durchzusetzen, bei noch unbekannten Erben gegen einen Abwesenheitspfleger des 13 bzw. der Erben (OLG Oldenburg NdsRPfl. 1948, 10; Dietz in Bengel/Reimann TV-HdB § 1 Rn. 65). Dabei steht dem Testamentsvollstrecker ein vorbereitender Auskunftsanspruch nach § 260 Abs. 1 einschließlich des Anspruchs auf eidesstattliche Versicherung zu, um sich die erforderliche Klarheit von Umfang und Zusammensetzung des Nachlasses zu verschaffen (NK-BGB/Kroiß Rn. 8). Beides kann im Wege der Stufenklage geltend gemacht werden. Allerdings begründen die sich aus S. 2 ergebenden Rechte **keinen** von der **materiellen Rechtslage losgelösten Herausgabeanspruch.** Da der Testamentsvollstrecker das Recht des Erben geltend macht, muss er sich sämtliche Einwendungen entgegenhalten lassen, die auch dem Erben gegenüber bestehen würden (KG FamRZ 2013, 977 Rn. 90 ff.; bereits RGZ 138, 132 (136 f.)). Die Möglichkeit des § 2205 S. 2 macht den Testamentsvollstrecker nicht zum Besitzer des auf dem Nachlassgrundstück gelagerten, nicht zum Nachlass gehörenden Abfalls (VGH Mannheim BeckRS 2017, 137192).

## III. Verfügungsbefugnis

**14** S. 2 gewährt dem Testamentsvollstrecker als Ausfluss des Verwaltungsrechts und zur Erfüllung der zugewiesenen Aufgaben eine Verfügungsbefugnis. Sie bezieht sich nur auf die einzelnen zum verwalteten Nachlass gehörenden Gegenstände und Rechte, einschließlich hierzu gehörender Erbanteile an einem Drittnachlass (BGH NJW 1984, 2464), nicht aber auf die **Anteile mehrerer Miterben** am verwalteten Nachlass (§ 2033) (Staudinger/Dutta, 2021, Rn. 64).

**15** **1. Grundsatz der unbeschränkten Verfügungsbefugnis.** Die Verfügungsbefugnis nach S. 2 steht idR dem schlichten Verwaltungsvollstrecker zu (KG DR 1944, 245), aber auch dem Abwicklungsvollstrecker (§§ 2203, 2204) oder dem Dauervollstrecker (§ 2209). Inwieweit der Testamentsvollstrecker die nach den allgemeinen Bestimmungen bestehenden Befugnisse aber tatsächlich ausüben **darf,** ist im Einzelfall immer nach den mit der Testamentsvollstreckung verfolgten Zwecken im Wege einer **funktionsbezogenen Betrachtung** und nach den Kriterien der ordnungsgemäßen Nachlassverwaltung zu beurteilen (Damrau/Tanck/Bonefeld Rn. 2; Todtenhöfer RNotZ 2017, 557 (562)). Die vom Testamentsvollstrecker vorgenommenen Verfügungen wirken unmittelbar für und gegen die Erben (RGZ 59, 361 (366); 76, 125 (126); MüKoBGB/Zimmermann Rn. 60). Seine Verfügungsmacht ist **ausschließlich und absolut,** weil sie insoweit die Verfügungsmacht des Erben verdrängt (§ 2211). Sie ist **unbeschränkt** in **gegenständlicher Hinsicht,** weil sie sich grds. auf den gesamten verwaltungsfähigen Nachlass erstreckt (→ Rn. 4), soweit kein abweichender Erblasserwille anzunehmen ist (§ 2208). Sie ist ihrer **Art** nach unbeschränkt, da die Verfügung im Interesse des Verkehrsschutzes selbst dann wirksam ist, wenn sie einer ordnungsgemäßen Verwaltung widerspricht. Dies ist bei der Verpflichtungsbefugnis anders (§ 2206 S. 1), was dort als kausale Beschränkung bezeichnet wird (→ § 2206 Rn. 1). Diese unbeschränkte Verfügungsbefugnis wird nur durch zwei **Ausnahmen** durchbrochen: durch das Schenkungsverbot (S. 3, → Rn. 24 ff.) und das Verbot des Selbstkontrahierens (→ Rn. 19).

**16** Die **Zustimmung** der Erben ist für die gesetzlich bestehende Verfügungsbefugnis des Testamentsvollstreckers grds. unerheblich. Umgekehrt macht eine Zustimmung aller Erben, einschließlich der Nacherben (ohne Ersatznacherben) und der Vermächtnisnehmer (solange ein Vermächtnis noch nicht erfüllt ist) eine gegen das Schenkungsverbot (→ Rn. 31) oder gegen § 181 (→ Rn. 20) verstoßende Verfügung jedoch wirksam (BGHZ 40, 115 (119) = NJW 1963, 2320; BGHZ 57, 84 (94) = NJW 1971, 2264; BayObLG NJW-RR 1989, 587; aA Tamoj/Weigand ErbR 2021, 290 (292 ff.)). Der Testamentsvollstrecker kann sich nicht durch eine Vereinbarung mit den Erben verpflichten, keine Handlungen vorzunehmen und keine Erklärungen abzugeben, denen die Miterben nicht vorher zugestimmt haben (BGHZ 25, 275 (279)). Jedoch kann der Erblasser anordnen, dass Verfügungen der Zustimmung der Erben bedürfen (§ 2208); dies ist vom Testamentsvollstrecker zu beachten und bewirkt eine dingliche Verfügungsbeschränkung (MüKoBGB/Zimmermann Rn. 61, 93).

**17** Aus der grds. bestehenden unbeschränkten Verfügungsbefugnis des Testamentsvollstreckers folgt, dass **Verfügungsbeschränkungen des Erben** nicht auf die Ebene des Testamentsvollstreckers durchschlagen, sofern sich die Handlungen des Testamentsvollstreckers nur innerhalb seiner allgemeinen Aufgabenzuweisung und der daraus folgenden allgemeinen Befugnisse bewegen. Seine Aufgabenerfüllung würde sonst durch die beim Erben bestehenden Beschränkungen gerade vereitelt. Zur Verfügungsbeschränkung durch den Nacherben → Rn. 4. Ist der Erbe **geschäftsunfähig** oder beschränkt geschäftsfähig, berührt dies dementsprechend nicht die Verfügungsmacht des Testamentsvollstreckers (Staudinger/Dutta, 2021, Rn. 126). Der Testamentsvollstrecker bedarf daher bei einem minderjährigen Erben auch nicht der sonst für einen gesetzlichen Vertreter erforderlichen **familiengerichtlichen Genehmigung** (BGH ZEV 2006, 262; RGZ 61, 139 (144); BayObLGZ 1991, 390 (392) = NJW-RR 1992, 328 = FamRZ 1992, 604 mAnm Damrau;

OLG Hamm DNotZ 1983, 381 (382); KG OLGE 38, 259 (260)). Auch **güterrechtliche Beschränkungen** wirken nicht gegen den Testamentsvollstrecker, sodass seine Verfügungen selbst dann wirksam sind, wenn beim Erben selbst die verfügungshindernden Voraussetzungen der §§ 1365, 1423, 1424 bei Zugewinngemeinschaft oder Gütergemeinschaft vorliegen (BeckOGK/Grotheer Rn. 104; MüKoBGB/Zimmermann Rn. 97). Denn der Testamentsvollstrecker leitet seine Rechtsmacht direkt vom Erblasser und nicht vom Erben ab. Auch eine **Pfändung** oder Verpfändung eines Miterbenanteils (KG JR 1952, 323 (324)) hindert die Verfügungsbefugnis des Testamentsvollstreckers ebenso wenig wie ein Insolvenzverfahren eines Miterben über sein Eigenvermögen (LG Aachen NJW 1960, 46; Winkler TV Rn. 474); zur Nachlassinsolvenz → Rn. 3.

Die **Verfügungsbefugnis** des Testamentsvollstreckers **kann entfallen;** er kann sterben, geschäftsunfähig oder in seiner Geschäftsfähigkeit beschränkt werden. Es kann nach § 1896 für ihn zur Besorgung seiner Vermögensangelegenheiten ein Betreuer bestellt werden. Der Testamentsvollstrecker kann sein Amt kündigen (§ 2226) oder entlassen werden (§ 2227). Fällt die Verfügungsbefugnis des Testamentsvollstreckers weg, so stellt sich Frage nach der **analogen Anwendung des § 878,** was in der Kommentarliteratur teilweise aus Wertungsgesichtspunkten befürwortet wird (→ § 878 Rn. 15) (MüKoBGB/Kohler § 878 Rn. 11); in der Rspr. herrscht eher eine ablehnende Auffassung vor, bzw. ist die Frage bislang offengelassen worden (OLG Frankfurt OLGZ 1980, 100 (103 f.); BayObLG ZEV 1999, 67 (68 f.) mAnm Reimann; OLG Köln ZEV 2020, 35 (37) mAnm Reimann). Die Frage nach dem Fortbestand der Verfügungsbefugnis spielt namentlich eine Rolle, wenn die Amtsstellung des Verfügenden endet, bevor die Grundbucheintragung erfolgt ist. 18

**2. Insichgeschäfte des Testamentsvollstreckers. a) Anwendung des § 181.** Auch wenn der Testamentsvollstrecker nicht der Vertreter der Erben, sondern Treuhänder des Nachlasses ist, so gebietet der Schutzzweck des § 181 doch die entsprechende Anwendung dieser Norm (BGHZ 30, 67 (69 f.) = NJW 1959, 1429; BGHZ 51, 209 (214) = NJW 1969, 841; OLG Frankfurt ZEV 1998, 350 mAnm Damrau; der Erwerb des Nachlassgrundstücks in der Teilungsversteigerung fällt aber nicht unter § 181, BGH ZEV 2001, 358). Demnach ist ein Insichgeschäft nur dann wirksam, wenn es ausschließlich in der Erfüllung einer Verbindlichkeit besteht (rechtlich lediglich vorteilhaft) oder eine Gestattung vorliegt. Die **Gestattung** kann dabei nur durch den Erblasser, ausdrücklich oder stillschweigend (BGH WM 1960, 1419 (1420)), erfolgen und muss uU durch Auslegung der Verfügung von Todes wegen ermittelt werden. Aber selbst wenn eine Gestattung angenommen werden kann, ist diese unwirksam, wenn sie gegen das Gebot der ordnungsgemäßen Verwaltung verstößt (§ 2216 Abs. 1), da der Erblasser – anders als der Erbe – den Testamentsvollstrecker hiervon nicht befreien kann (§ 2220) (BGHZ 30, 67 (70 f.) = NJW 1959, 1429; BGH WM 1960, 1419; KG JW 1935, 2755). Umgekehrt kann eine Gestattung angenommen werden, wenn das Rechtsgeschäft **ordnungsgemäßer Nachlassverwaltung** entspricht (BGHZ 30, 67 (70) = NJW 1959, 1429; BGH WM 1960, 1419 (1420)), wobei an das Vorliegen strenge Anforderungen zu stellen sind. Beschränkungen aus dem Innenverhältnis schlagen dann hier zwar auf das rechtliche Können im Außenverhältnis durch, was aber den Verkehrsschutz insoweit nicht unzulässig beeinträchtigt, da bei solchen Insichgeschäften der Dritte nicht besonders schutzwürdig ist (MüKoBGB/Zimmermann Rn. 88). Allein der Umstand jedoch, dass außerhalb des Anwendungsbereichs des § 181 irgendein Interessenwiderstreit bei der Amtsausführung entstehen kann, macht die Verfügung im Verkehrsinteresse noch nicht unzulässig. 19

Aus der Anwendung des § 181 folgt, dass ein unzulässiges Insichgeschäft grds. nicht endgültig nichtig ist, sondern nur **schwebend unwirksam.** Der Mangel kann durch eine Genehmigung entspr. § 177 geheilt werden (RGZ 80, 416 (418) für Fideikommissadministrator); dazu ist aber nicht nur die Zustimmung aller übrigen Erben, einschließlich der Nacherben (aber nicht Ersatznacherben) erforderlich (BGHZ 30, 67 (71) = NJW 1959, 1429), sondern auch die der noch nicht befriedigten Vermächtnisnehmer, deren Interesse ebenfalls durch § 2216 geschützt wird (→ Rn. 16) (MüKoBGB/Zimmermann Rn. 91; aA Damrau/Tanck/Bonefeld Rn. 15). Der Miterbenvollstrecker mit dem gleichen Aufgabenkreis kann allerdings nicht zustimmen, da es um die Wirksamkeit seiner eigenen Handlung geht (BGH WM 1973, 360). Dass das Geschäft dem ausdrücklichen oder stillschweigenden Erblasserwillen widerspricht, beeinträchtigt die Zustimmungsfähigkeit nicht, da auch sonst Erben und Testamentsvollstrecker sich gemeinsam über den Erblasserwillen hinwegsetzen können (Mattern BWNotZ 1961, 155; Grüneberg/Weidlich Rn. 25). Die nachträgliche Zustimmung wirkt auf den Geschäftsabschluss zurück (§ 184 Abs. 1); die Verweigerung führt zur endgültigen Nichtigkeit. 20

21 **Beweispflichtig** für die Gestattung des Selbstkontrahierens durch den Erblasser ist der Testamentsvollstrecker, nicht sein Prozessgegner (BGHZ 30, 67 (71) = NJW 1959, 1429 (1430); BeckOGK/Grotheer Rn. 96; NK-BGB/Kroiß Rn. 25). Der Testamentsvollstrecker kann den Beweis dadurch führen, dass er die Ordnungsmäßigkeit iSv § 2216 nachweist; denn so weit reicht grds. auch die Gestattung. Dass die Gestattung geringeren Umfang hätte, müsste hier die Gegenseite beweisen. Der Testamentsvollstrecker kann aber auch die Gestattung unmittelbar nachweisen; dann ist die Gegenseite für den Ausnahmetatbestand beweispflichtig, dass trotz dieser Gestattung etwa der Rahmen ordnungsmäßiger Verwaltung des Nachlasses (§ 2216) überschritten sei (BGHZ 30, 67 (71) = NJW 1959, 1429).

22 **b) Beispielsfälle.** Der Testamentsvollstrecker kann zur **Erfüllung einer wirksamen Nachlassverbindlichkeit** bei einem Grundstücksvermächtnis die Auflassung für den Erben, aber auch für den (minderjährigen) Vermächtnisnehmer erklären (OLG Hamm NJW-RR 2011, 11), oder auch mit sich selbst kontrahieren, etwa ein Grundstück an sich selbst auflassen, wenn ein entsprechendes Vermächtnis (BayObLG DNotZ 1983, 176; OLG Düsseldorf NJW 2014, 322 (323)), eine Teilungsanordnung oder Auflage zu seinen Gunsten besteht (Staudinger/Dutta, 2021, Rn. 118). Auch kann der Miterbenvollstrecker bei der Erbauseinandersetzung sich selbst einen Anteil an einem Nachlassgrundstück auflassen (Staudinger/Dutta, 2021, Rn. 118; bei OLG Frankfurt NJW-RR 1998, 795 werden die beiden Alternativen von § 181 durcheinandergeworfen), jedoch dann nicht, wenn dies weit unter Wert erfolgt, es sei denn, es liegt ein Vorausvermächtnis vor (BGHZ 30, 67 (70) = NJW 1959, 1429).

23 Der Testamentsvollstrecker ist nicht befugt, sich aus Nachlassmitteln ein **Darlehen zu gewähren** (OLG Frankfurt NJW-RR 1998, 795). Auch darf ein Testamentsvollstrecker, der einen Geschäftsanteil an einer GmbH verwaltet, nicht über seine Bestellung und Anstellung als Geschäftsführer der Gesellschaft mitentscheiden, wenn nicht der Erblasser oder die Erben ihm dies gestatten (BGHZ 51, 209 (214) = NJW 1969, 841, wobei hier § 181 analog angewendet wird; richtigerweise müsste nunmehr § 47 Abs. 4 GmbHG entspr. gelten).

24 **3. Unentgeltliche Verfügungen.** Nach S. 3 sind dem Testamentsvollstrecker unentgeltliche Verfügungen über den Nachlass verwehrt, sofern nicht eine Pflicht- und Anstandsschenkung (§ 534) vorliegt. Insoweit handelt es sich um eine **dinglich wirkende Verfügungsbeschränkung** (Lange ErbR § 65 Rn. 136). Hiervon kann auch der Erblasser nicht befreien (§ 2207 S. 2) (Staudinger/Dutta, 2021, Rn. 76). Jedoch kann er dem Testamentsvollstrecker eine (post- oder transmortale) Vollmacht zur Vornahme solcher Rechtsgeschäfte erteilen, die jedoch von den Erben widerrufen werden kann (BGH NJW 1962, 1718; Grüneberg/Weidlich Vor § 2197 Rn. 12). Bezweckt wird mit dem Schenkungsverbot, dass das Nachlassvermögen während der Testamentsvollstreckung zumindest wertmäßig erhalten bleibt. Da die Vorschrift § 2113 Abs. 2 nachgebildet ist (Damrau/Tanck/Bonefeld Rn. 17), bestimmt die hM und Rspr. die Unentgeltlichkeit nach den dazu entwickelten Kriterien (Staudinger/Dutta, 2021, Rn. 77).

25 **a) Voraussetzungen.** § 2205 S. 3 enthält keine eigenständige Bestimmung des Begriffs der Unentgeltlichkeit. Für eine unentgeltliche Verfügung idS ist **objektiv** erforderlich, dass der Testamentsvollstrecker ohne gleichwertige Gegenleistung ein Vermögensopfer aus dem Nachlass erbringt. **Subjektiv** muss er entweder wissen, dass diesem keine gleichwertige Gegenleistung an die Erbschaft gegenübersteht oder aber bei ordnungsgemäßer Verwaltung des Nachlasses unter Berücksichtigung seiner künftigen Pflicht zur Herausgabe der Erbschaft an die Erben das Fehlen einer ausreichenden Gegenleistung zumindest hätte erkennen müssen (RGZ 105, 246 (248); BGHZ 5, 173 (182) = NJW 1952, 698; BGHZ 7, 274 (278) = NJW 1953, 219; BGHZ 57, 84 (89) = NJW 1971, 2264; BGH NJW 1963, 1613; 1991, 842; OLG Düsseldorf BeckRS 2015, 15525 Rn. 57; OLG Frankfurt ZEV 2012, 325 (327)). Nach dieser Definition kann § 2205 S. 3 auch für eine **Teilunentgeltlichkeit** gelten mit der Folge, dass eine entsprechende Verfügung ohne Mitwirkung des Erben unwirksam ist (→ Rn. 28). Gegenüber dem bei §§ 2287, 2325 angewandten Schenkungsbegriff sind die Voraussetzungen für die Anwendung von § 2205 S. 3 insoweit erleichtert, als das Bewusstsein der Unentgeltlichkeit nicht vorliegen muss, denn es wird auf das normative Tatbestandsmerkmal der Erkennbarkeit der Unentgeltlichkeit ausgewichen (ausdrücklich so BGH NJW 1991, 842; OLG Frankfurt ZEV 2012, 325 (327); für die Anwendung der allgemeinen Schenkungskriterien hingegen K. Müller WM 1982, 466 (470); für Annahme eines „Ermessensspielraums" des Testamentsvollstreckers Damrau/Tanck/Bonefeld Rn. 18). Auch wird allein auf das Bewusstsein des Testamentsvollstreckers abgestellt und nicht auf die Erkennbarkeit der pflichtwidrigen Unter-Wert-Veräußerung durch den an sich schutzbedürftigen Vertragspartner (zu Recht krit. Muscheler ErbR II Rn. 2805). Wenn daher die hM an der Erkennbarkeit

der Ungleichheit der beiderseitigen Leistungen durch den Testamentsvollstrecker anknüpft (so deutlich MüKoBGB/Zimmermann Rn. 75), kann dies als Rechtfertigungsgrund für die Zurücksetzung des Verkehrsschutzinteresses nur dann akzeptiert werden, wenn die objektive Ungleichgewichtigkeit **deutlich ersichtlich** ist (zust. NK-BGB/Kroiß Rn. 14; Grüneberg/Weidlich Rn. 28), was in der Praxis angesichts des Systems der freien Preisbildung nicht so häufig vorkommen dürfte. Zudem ist für die Beurteilung der Gleichwertigkeit der Leistungen von **objektiv-wirtschaftlichen Bewertungsgesichtspunkten** auszugehen (zust. BeckOGK/Grotheer Rn. 76; Zimmermann TV Rn. 476 billigt dem Testamentsvollstrecker beim Preis einen Ermessensspielraum zu; aA Jung Rpfleger 1999, 204 (208)). Dabei ist der Zeitpunkt der Vornahme des Rechtsgeschäfts maßgebend (BGH WM 1970, 1422). Nach Ansicht des BGH ist zur Beurteilung der Unentgeltlichkeit des Erwerbs eines in den Nachlass fallenden Miteigentumsanteils an einem Grundstück durch den Testamentsvollstrecker persönlich kein Wertabschlag vorzunehmen, wenn sich durch den Erwerb sämtliche Miteigentumsanteile an dem Grundstück in seiner Hand vereinigen (BGH ZEV 2016, 202; zu Recht abl. Muscheler ZEV 2017, 44; diff. hingegen OLG Düsseldorf RNotZ 2015, 575 (579 f.)).

Der **gute Glaube des Erwerbers** ist nicht geschützt (→ Rn. 31). Eine dem § 2211 Abs. 2 entsprechende Vorschrift fehlt an dieser Stelle. 26

Entspr. dem Zweck des Schenkungsverbots können nur **Gegenleistungen,** die dem **Nachlass zugutekommen,** für die Prüfung berücksichtigt werden, ob eine entgeltliche Verfügung vorliegt (RG DRWiss 1939, 1949). Dabei genügt allerdings, wenn eine dingliche Surrogation (→ Rn. 6) zugunsten des Nachlasses eintritt (BeckOGK/Grotheer Rn. 77). Das Risiko, dass der Testamentsvollstrecker die vereinbarte adäquate Gegenleistung **veruntreut** oder sonst dem Nachlass vorenthält, müssen die Erben tragen, weshalb es die Entgeltlichkeit nicht ausschließt (Staudinger/Dutta, 2021, Rn. 83; MüKoBGB/Zimmermann Rn. 78). Anderes gilt mangels Schutzwürdigkeit, wenn die Pflichtwidrigkeit der Verwendung der Gegenleistung mit dem Vertragspartner von vornherein vereinbart war (KG JW 1938, 949). Werden aufgrund eines gültigen, entgeltlichen Vertrags Verfügungen im Wege einer ungesicherten Vorleistung erbracht, sind diese grds. wirksam, auch wenn der Schuldner die Gegenleistung nicht erbringt und der Testamentsvollstrecker daher vom Vertrag zurücktritt oder Schadensersatz statt der Leistung verlangt (KG DNotZ 1972, 176 (180); NK-BGB/Kroiß Rn. 15, dort auch zur Vertragsgestaltung zur Risikovermeidung; MüKoBGB/Zimmermann Rn. 79; Damrau/Tanck/Bonefeld Rn. 22; aA OLG Hamm Rpfleger 1971, 147; Bengel/Reimann TV-HdB/Schaub § 4 Rn. 135). Eine andere Frage ist, ob sich der Testamentsvollstrecker nicht nach § 2219 haftbar gemacht hat. Eine **rechtsgrundlose Verfügung** wird einer unentgeltlichen gleichgestellt (RGZ 105, 246; 163, 348 (357); OLG München ZEV 2011, 195 (196 f.); MüKoBGB/Zimmermann Rn. 79; abw. Staudinger/Dutta, 2021, Rn. 87, der die Problematik im Bereich des § 2216 Abs. 1 ansiedelt und bei ernsthaften Zweifeln am Vorliegen eines wirksamen Rechtsgrunds verlangt, dass die Erfüllung bis zur wirksamen Klärung aufgeschoben wird). Hierzu zählt auch die Erfüllung eines nichtigen Vermächtnisses (OLG München ZEV 2011, 195). 27

Die **teilweise unentgeltliche Verfügung** ist im Ganzen unwirksam (RG HRR 1937 Nr. 11; BGH NJW 1963, 1613 (1614); NK-BGB/Kroiß Rn. 14). Doch wird es dabei oftmals – zumindest nach der hier vertretenen Auffassung (→ Rn. 25) – an dem subjektiven Tatbestandsmerkmal fehlen. 28

An **Beispielsfällen** sind zu nennen (ausf. NK-BGB/Kroiß Rn. 17 f.; Damrau/Tanck/Bonefeld Rn. 24): Die ordnungsgemäße **Erfüllung einer wirksam bestehenden letztwilligen Verfügung** (Vermächtnis, Auflage, Teilungsanordnung) ist nie eine unentgeltliche Verfügung, da der Nachlass dadurch von einer Verbindlichkeit befreit wird (BayObLG NJW-RR 1989, 587; OLG Düsseldorf NJW-RR 1991, 1056 betr. Teilungsanordnung; OLG Düsseldorf NJW 2014, 322 (323) betr. Vermächtnis; OLG München ZErb 2017, 115; KG OLGZ 1992, 139 betr. Auflage; KG ZEV 2009, 313 betr. Vermächtnis; OLG München RNotZ 2010, 397). Zum Nachweis gegenüber dem Grundbuchamt → Rn. 78. Ein vom Erblasser mit der Bestimmung des Berechtigten einer **Zweckauflage beauftragter Testamentsvollstrecker** handelt bei der Übertragung eines Nachlassgegenstandes mit Verfügungsbefugnis, wenn der Empfangsberechtigte wirksam bestimmt wurde und das Geschäft der Zweckauflage entspricht (OLG München RNotZ 2017, 386). 29

Erfolgt dagegen die Leistung zur **Erfüllung einer vermeintlichen Nachlassverbindlichkeit,** so liegt objektiv eine unentgeltliche Verfügung vor, sodass es für das Eingreifen des Schenkungsverbots allein auf die subjektive Tatbestandsseite ankommt (RGZ 105, 246; Staudinger/Dutta, 2021, Rn. 84). Der Testamentsvollstrecker ist an die Teilungsanordnung des Erblassers gebunden, nicht jedoch an eine abweichende Vereinbarung der Erben (OLG München ErbR 2018, 714). Die 30

**überquotale Zuteilung** im Rahmen einer Erbauseinandersetzung ist hingegen objektiv eine unentgeltliche Verfügung, sofern nicht vom Erwerber entsprechende Gleichstellungsgelder zu bezahlen sind, die zu einer Kompensation der „Mehrzuteilung" führen (BGH NJW 1963, 1613; für die Berücksichtigung der Ausgleichszahlungen KG DNotZ 1972, 176 (177); MüKoBGB/Zimmermann Rn. 77). Auch ein **Vergleich** kann eine unentgeltliche Verfügung sein, wobei die Grenze zumindest dann überschritten ist, wenn der Nachlass mehr als zwei Drittel des Werts der streitigen Forderung einbüßt (BGH NJW 1991, 842). Die **Löschung einer Eigentümergrundschuld** ist aber dann kein unentgeltliches Rechtsgeschäft, wenn nachrangige Grundpfandrechte aufrücken, soweit diese einen gesetzlichen Löschungsanspruch nach § 1179a haben, oder an diese die auf Löschung gerichteten Rückgewähransprüche abgetreten wurden. Eine auf eine Änderung des Gesellschaftsvertrags zielende **Stimmrechtsausübung** in einer Gesellschafterversammlung kann unentgeltlich sein, wenn dadurch nicht gleichmäßig belastend in die Stellung aller Gesellschafter eingegriffen wird (J. Mayer ZEV 2002, 209 (212)). **Kein Fall des § 2205 S. 3** liegt jedoch gegenüber der kontoführenden Bank vor, wenn der Testamentsvollstrecker auf das Guthaben des Erben zugreift, weil die Vorschrift eine unmittelbare Einwirkung auf dessen Vermögen voraussetzt (OLG Koblenz NJW-RR 2008, 965).

31 **b) Rechtsfolge.** Einen **Gutglaubensschutz** gegen die dinglich wirkende Verfügungsbeschränkung des S. 3 gibt es nicht, da eine dem § 2211 Abs. 2 entsprechende Vorschrift fehlt (BeckOGK/Grotheer Rn. 83.1). Dagegen greifen die Gutglaubensschutzvorschriften dann ein, wenn der Erwerber annimmt, der Testamentsvollstrecker verfüge als Eigentümer (OLG Hamm ZEV 2001, 275 (276)). Dabei ist jedoch zu beachten, dass die subjektiven Tatbestandserfordernisse für § 2205 S. 3 gegeben sein müssen (→ Rn. 25). Der Verstoß gegen das **Schenkungsverbot** führt zu einer – allerdings nur schwebenden – Unwirksamkeit der Verfügung (Becker BWNotZ 2019, 167 (169); Schaub ZEV 2001, 257). Da das Schenkungsverbot aber nur den Schutz der Erben, einschließlich der Nacherben (aber ohne Ersatznacherben) und der Vermächtnisnehmer vor ungerechtfertigten Verfügungen des Testamentsvollstreckers bezweckt (→ Rn. 24), entfällt die Verfügungsbeschränkung, wenn diese im Einzelfall ihre **Zustimmung** erteilen (BGHZ 57, 84 (92) = NJW 1971, 2264; BayObLGZ 1986, 206 (210); BayObLG NJW-RR 1989, 587; OLG Düsseldorf BeckRS 2015, 15525 Rn. 56; Becker BWNotZ 2019, 167 (169); aA RGZ 74, 219; 105, 247). Dabei kommt es nicht darauf an, ob die Verfügung dem Willen des Erblassers, den Grundsätzen ordnungsgemäßer Nachlassverwaltung (§ 2216) oder den Interessen der sonstigen Nachlassgläubiger entspricht (BGHZ 57, 84 (92) = NJW 1971, 2264; Winkler TV Rn. 202; MüKoBGB/Zimmermann Rn. 83); zur ähnlichen Problematik beim Insichgeschäft → Rn. 16. Die Zustimmung bedarf nicht der Form des Hauptgeschäfts, bei Grundstücksverfügungen minderjähriger Erben aber der familiengerichtlichen Genehmigung (Mattern WM 1973, 535; Staudinger/Dutta, 2021, Rn. 103; aA Zimmermann TV Rn. 489: kein Genehmigungstatbestand vorhanden), wobei die gesetzlichen Schenkungsverbote (§§ 1641, 1804) zu beachten sind (MüKoBGB/Zimmermann Rn. 84), und ist dem Grundbuchamt in der Form des § 29 GBO nachzuweisen (KG OLGZ 1992, 138). Wird die Genehmigung auch nur durch einen der Zustimmungsberechtigten **verweigert,** so ist die unentgeltliche Verfügung endgültig unwirksam (MüKoBGB/Zimmermann Rn. 84).

## IV. Das Verwaltungsrecht des Testamentsvollstreckers im Unternehmensbereich

32 **1. Grundsätzliches Verhältnis von Testamentsvollstreckung und Unternehmensnachfolge in einer Personengesellschaft.** Im Unternehmensbereich gilt nach ganz hM der Grundsatz, dass der Testamentsvollstrecker aufgrund seines Amts kein Handelsgeschäft führen darf; auch eine **verwaltende Testamentsvollstreckung** an einer Beteiligung eines persönlich haftenden Gesellschafters ist grds. nicht zulässig. Dies ergibt sich daraus, dass die **Haftungsgrundsätze des Handelsrechts** mit denen des **Erbrechts unvereinbar** sind (zum Ganzen Lange ErbR § 101 Rn. 18 ff.; Kämper RNotZ 2016, 625 (627 f.); Mayer/Bonefeld TV-HdB/Weidlich § 19 Rn. 3 ff.). Denn nach Handels- und Gesellschaftsrecht haften der Einzelkaufmann und der persönlich haftende Gesellschafter grds. unbeschränkt und **unbeschränkbar** mit ihrem Privatvermögen für Geschäfts- bzw. Gesellschaftsverbindlichkeiten (§§ 22, 25, 27, 128, 130 HGB). Nach erbrechtlichen Grundsätzen kann jedoch ein Testamentsvollstrecker Verbindlichkeiten stets nur für den Nachlass eingehen (§ 2206), nicht jedoch für die Erben persönlich, die aber Inhaber des Handelsgeschäfts sind. Aber auch der Testamentsvollstrecker haftet nicht selbst und persönlich für solche Verbindlichkeiten, die aus der Unternehmensfortführung entstehen. Zudem kann der Erbe bei

Nachlassverbindlichkeiten eine Beschränkung seiner Haftung auf den Nachlass herbeiführen (§§ 1967, 1973 ff., 1980, 1990), was auch der Testamentsvollstrecker nicht verhindern kann. Durch die Anordnung der Testamentsvollstreckung könnte daher der Erblasser aufgrund der erbrechtlichen Bestimmungen ein Unternehmen mit beschränkter Haftung außerhalb der handelsrechtlichen Formen des GmbH- und Aktienrechts und ohne Einhaltung der dort vorgeschriebenen Bestimmungen der Kapitalaufbringung und Kapitalerhaltung schaffen. Wegen des **Vorrangs des Handelsrechts vor dem Erbrecht** (Art. 2 EGHGB) wird dies für unzulässig angesehen. Daher ist nach hM eine **verwaltende Testamentsvollstreckung** an einzelkaufmännischen Unternehmen oder einer persönlich haftenden Beteiligung an einer Personengesellschaft grds. nicht möglich (zu den Besonderheiten einer Kommanditistenstellung → Rn. 60) (BGHZ 12, 100 (102) = NJW 1954, 636; BGHZ 24, 106 (113) = NJW 1957, 1026 betr. Gesellschaftsanteil; RGZ 132, 138 (144); OLG Düsseldorf ZEV 2008, 142 mAnm Grunsky; Bengel/Reimann TV-HdB/Pauli § 5 Rn. 111; Grüneberg/Weidlich Rn. 7; aA Muscheler, Die Haftungsordnung der Testamentsvollstreckung, 1994, 295 ff., 416 unter Bezug auf die Praxis vor RGZ 132, 138; Muscheler WM 1998, 2261 (2277 f.) wegen § 1629a; Winkler TV Rn. 293a; für eine echte Testamentsvollstrecker-Lösung bereits Baur FS Dölle, 1963, 249 und wohl auch MüKoBGB/Zimmermann Rn. 19 ff. und NK-BGB/Kroiß Rn. 33 unter Bezug auf die nunmehr zulässige Gründung von Einmann-GmbHs und Einmann-AGs; diff. auch Kämper RNotZ 2016, 625 (626 ff.); grds. Abl. Eichten, Der OHG-Anteil im Spannungsfeld von Erb-und Gesellschaftsrecht, 2020, 104 ff.). Da somit die verwaltende Testamentsvollstreckung im Bereich der Unternehmensnachfolge nach hM unzulässig ist, wurden **Ersatzlösungen** entwickelt (→ Rn. 35 ff.).

Dagegen ist nach hM eine **reine Abwicklungsvollstreckung** zulässig, weil hier der Testa- 33
mentsvollstrecker nur während eines überschaubaren Zeitraums tätig wird. Denn mit der Durchführung der Abwicklung endet das Verwaltungs- und Verfügungsrecht des Testamentsvollstreckers. Zudem ist sein Aufgabenkreis ohnehin beschränkt und nicht auf Unternehmensfortführung ausgerichtet; daher stellen sich hier die Haftungsprobleme nicht oder zumindest nicht in dieser Schärfe (Klarner ZErb 2017, 271 (272); Staudinger/Dutta, 2021, Rn. 144; MüKoBGB/Zimmermann Rn. 18; zur hier zulässigen erbrechtlichen Haftungsbeschränkung s. auch Muscheler, Die Haftungsordnung der Testamentsvollstreckung, 1994, 398 bei Fn. 45; krit. gegen die Zulässigkeit der Abwicklungsvollstreckung aber NK-BGB/Kroiß Rn. 32, der zu Recht betont, dass das Handelsrecht über die Dreimonatsfrist des § 27 Abs. 2 HGB hinaus keine Haftungsbeschränkung zulässt. Daher wird konsequent die Einstellung der werbenden Tätigkeit in dieser Frist verlangt, Damrau/Tanck/Bonefeld Rn. 27). Auch die **Veräußerung** eines Unternehmens oder einer Unternehmensbeteiligung durch den Testamentsvollstrecker wird als zulässig angesehen, muss jedoch auf einer entsprechenden Anordnung des Erblassers beruhen oder sich zumindest als ordnungsgemäße Nachlassverwaltung (§ 2216 Abs. 1) darstellen, damit sich der Testamentsvollstrecker nicht nach § 2219 schadensersatzpflichtig macht (Werkmüller ZEV 2006, 491).

Die Nachfolge in Personengesellschaften ist heute durch die Figur der **Singularsukzession** 34
beim Vorhandensein mehrerer Erben gekennzeichnet, die im Wesentlichen seit den 1990er Jahren gefestigt erscheint und an der sich die Rechtspraxis zu orientieren hat. Dies gilt auch für die daraus resultierenden Folgen für die Testamentsvollstreckung in der Personengesellschaft, wie oben dargestellt sind. Gleichwohl ist daran zu erinnern, dass die Grundannahmen, auf denen diese Veränderung des Erbrechtsgefüges beruht, **nicht zwingend** sind. Auch führt sie zu Widersprüchen und zu erheblichen Komplexitäten. An dieser Stelle kann nur darauf hingewiesen werden, dass stets drei Vermögen zu trennen sind: das Eigenvermögen jedes Miterben, das gebundene Nachlassvermögen der Erbengemeinschaft sowie das dem Gesellschaftserben im Wege der Singularsukzession zufallende Sondervermögen (weiterführend und mit eigenem Lösungsansatz Eichten, Der OHG-Anteil im Spannungsfeld von Erb-und Gesellschaftsrecht, 2020, 114 ff., 339 ff.).

**2. Einzelkaufmännisches Unternehmen. a) Vollmachtslösung.** Der Testamentsvollstre- 35
cker kann das Handelsgeschäft als **Bevollmächtigter** der Erben führen (BGHZ 12, 102 = NJW 1954, 636; KG JW 1936, 1137; Kämper RNotZ 2016, 625 (641 f.); Winkler TV Rn. 309 ff.); die Erben sind dann Inhaber des Handelsgeschäfts (mit entsprechendem eigenen **Handelsregistereintrag,** dort kein Testamentsvollstreckervermerk), haften persönlich und unbeschränkbar. Ihnen kommt jedoch die Geschäftserfahrung des Testamentsvollstreckers zugute. Zur Fortführung bedarf es aber entweder des Einverständnisses der Erben oder einer entsprechenden Anordnung des Erblassers. Die wegen § 2206 erforderliche Erteilung der Vollmacht zur Begründung einer unbeschränkbaren Haftung (Prokura, Generalhandlungsvollmacht) kann zur Bedingung für die Erbeinsetzung gemacht oder deren Erfüllung durch Auflage angeordnet, der grundlose Widerruf zur auflösenden Bedingung der Zuwendung gemacht werden (Todtenhöfer RNotZ 2017, 557 (567);

eingehend Lorz, Testamentsvollstreckung und Unternehmensrecht, 1995, 37 ff.). Ein Weisungsrecht im Innenverhältnis ist im Interesse der unabhängigen Fortführung durch den Testamentsvollstrecker auszuschließen (eingehend zu diesen Gestaltungen und deren Zulässigkeit MüKoBGB/Zimmermann Rn. 25; Winkler TV Rn. 313 f., 353 ff.; Bedenken gegen eine solche Auflage BGH BB 1969, 773 = WM 1969, 492; ausf. hierzu Johannsen WM 1970, 570. Abl. zur Vollmachtslösung wegen des Drucks zur Unternehmensfortführung NK-BGB/Kroiß Rn. 36; Kroiß ZEV 1994, 205 (210 f.); MüKoBGB/Zimmermann Rn. 26; John BB 1980, 757 (758), der sogar § 138 bejaht (ebenso Schopp Rpfleger 1978, 79); Nordemann NJW 1963, 1139; Dauner-Lieb, Unternehmen in Sondervermögen, 1998, 276 ff.; Brandner FS Stimpel, 1985, 997 (1003)). Gegen solche letztwilligen Anordnungen können sich die Erben allerdings durch die Erbschaftsausschlagung wehren, sodass in solchen Verfügungen kein Verstoß gegen § 138 liegt (Winkler TV Rn. 360; aA etwa John BB 1980, 757 (758); krit. im Hinblick auf § 2206 NK-BGB/Kroiß Rn. 36, jedoch geht es hier um die Haftung aufgrund der erteilten Vollmacht). Zudem ist der Erbe durch die Verpflichtung des Testamentsvollstreckers zur ordnungsgemäßen Nachlassverwaltung (§ 2216) und seine Haftung nach § 2219 sowie die Möglichkeit der Entlassung des Testamentsvollstreckers nach § 2227 bei Pflichtverletzungen ausreichend geschützt (BGHZ 12, 100 (103 f.) = NJW 1954, 636). Die Erben sind zudem berechtigt, selbst tätig zu werden, und können so dem Bevollmächtigten Konkurrenz machen oder seine Entscheidungen durch eigene wieder revidieren, da eine verdrängende Vollmacht nicht möglich ist (krit. Ulmer ZHR 146 (1982), 555 (570 ff.)).

**36** **b) Treuhandlösung.** Der Testamentsvollstrecker kann das einzelkaufmännische Unternehmen als **Treuhänder** übernehmen und dann **nach außen im eigenen Namen und in eigener Haftung, aber für Rechnung der Erben fortführen** (Dauner-Lieb, Unternehmen in Sondervermögen, 1998, 276 ff.; Mayer/Bonefeld TV-HdB/Weidlich § 19 Rn. 14 ff.; Kämper RNotZ 2016, 625 (640 f.)); **er haftet** dann im Außenverhältnis **persönlich** und uneingeschränkt, also auch mit seinem Privatvermögen. Im Innenverhältnis (Treuhandauftragsverhältnis) hat er jedoch einen Anspruch auf Befreiung von der aus seiner Tätigkeit entstandenen unbeschränkten Haftung nach §§ 2218, 670 (BGHZ 12, 100 (104) = NJW 1954, 636; Winkler TV Rn. 308). Aber wie bei jeder Freistellungssituation besteht das Risiko der Rückdeckung. Umstritten ist zudem, ob die Erben gegenüber diesem Freistellungsanspruch ihre Haftung (erbrechtlich) auf den Nachlass beschränken können (bejahend NK-BGB/Kroiß Rn. 37; Staudinger/Dutta, 2021, Rn. 151; John BB 1980, 757 (761); MüKoBGB/Zimmermann Rn. 28; zu Recht verneinend, weil neben dem gesetzlichen Schuldverhältnis aufgrund der Testamentsvollstreckung noch ein vertragliches Geschäftsbesorgungsverhältnis besteht, Winkler TV Rn. 308; Bengel/Reimann TV-HdB/Pauli § 5 Rn. 127). Da diese Art der Fortführung über die gewöhnlichen Aufgaben der Testamentsvollstreckung hinausgeht, wird teilweise gefordert, dass der Testamentsvollstrecker seine Rechte nur wahrnehmen könne, wenn der Erblasser auch hier die Erben durch Auflagen oder Bedingungen zur Durchführung der Treuhandlösung und der damit verbundenen Maßnahmen verpflichtet habe (so Bengel/Reimann TV-HdB/Pauli § 5 Rn. 123).

**37** Demgegenüber ist davon auszugehen, dass die Anordnung einer Testamentsvollstreckung im Unternehmensbereich im Zweifel gleichzeitig die Auflage an die Erben enthält, dem Testamentsvollstrecker das Handelsgeschäft treuhänderisch zu übertragen (Staudinger/Dutta, 2021, Rn. 149; nach BGHZ 24, 106 (112) = NJW 1957, 1026 ist dies dann anzunehmen, wenn der Erbe eine Vollmachtserteilung an den Testamentsvollstrecker ablehnt). Der Testamentsvollstrecker führt im Innenverhältnis die **Geschäfte auf Rechnung** der Erben (Rechnungslegung erforderlich) und wegen des Anspruchs auf Haftungsbefreiung sogar auf Risiko der Erben. Daher bedurfte es früher nach hM bei **minderjährigen Erben** für die Fortführung des Unternehmens einer familiengerichtlichen Genehmigung nach § 1822 Nr. 3. Durch das zum 1.1.1999 in Kraft getretene Minderjährigenhaftungsbegrenzungsgesetz ist der Minderjährige jedoch ausreichend geschützt (Haftungsbeschränkung nach § 1629a, bei Gesellschaften Sonderkündigungsrecht nach § 723 Abs. 1 Nr. 2), sodass sich diese Auffassung wohl nicht mehr vertreten lässt (ebenso Mayer/Bonefeld TV-HdB/Weidlich § 19 Rn. 17; Reimann DNotZ 1999, 179 (194 f.)).

**38** **Inhaber des Geschäftsvermögens** bleiben grds. die **Erben** (MüKoBGB/Zimmermann Rn. 27). Man spricht insoweit von der **Verwaltungstreuhand;** die Stellung des Testamentsvollstreckers ist hier der eines Pächters ähnlich (Staudinger/Dutta, 2021, Rn. 150; Mayer/Bonefeld TV-HdB/Weidlich § 19 Rn. 18). Es bedarf daher keiner Übertragungsakte (etwa Auflassung bei Grundstücken) zwischen den Erben und dem Testamentsvollstrecker. Auch wenn der Testamentsvollstrecker hier an sich nicht in dieser Eigenschaft tätig wird, verpflichtet und berechtigt er durch seine ordnungsgemäße Verwaltungstätigkeit den Nachlass, sodass dieser etwa auch aus den entsprechenden Geschäften Eigentum erwirbt (MüKoBGB/Zimmermann Rn. 27; zu den konstruktiven Problemen John BB 1980, 757 (759); abl. Goebel ZEV 2003, 261 (262)). Kraft der dem Testamentsvollstrecker zustehenden Verfügungsbefugnis, die sich aus der entsprechenden erbrechtlichen Anordnung ergibt, ist er dazu berechtigt (Staudinger/Dutta, 2021, Rn. 150; Bengel/Reimann TV-HdB/Pauli § 5 Rn. 126; Mayer/Bonefeld TV-HdB/Weidlich § 19 Rn. 18). Diese Befugnis geht aber nur soweit, wie der Testamentsvollstrecker hierzu legitimiert ist, sodass bei Überschreitung der ihm gezogenen Grenzen das Geschäftsvermögen nicht haftet (Staudinger/Dutta, 2021, Rn. 150). Die Eigengläubiger des Testamentsvollstreckers können auf das den Erben nach wie vor gehörende Unternehmensvermögen nicht zugreifen (Soergel/Becker Rn. 50).

Bei der **Vollrechtstreuhand** wird demgegenüber der Testamentsvollstrecker Eigentümer des Geschäftsvermögens; hierzu sind entsprechende Übertragungsakte erforderlich. Diese Regelung muss wegen ihrer einschneidenden Wirkungen ausdrücklich angeordnet werden (NK-BGB/Kroiß Rn. 39; krit. gegen die Vollrechtstreuhand Muscheler, Die Haftungsordnung der Testamentsvollstreckung, 1994, 330 ff.); ansonsten ist nur von einer Verwaltungstreuhand auszugehen. Da der Testamentsvollstrecker hier formal Eigentümer des Betriebsvermögens wird, können zwar seine Eigengläubiger hierauf zugreifen, die Erben aber wegen des bestehenden uneigennützigen Treuhandverhältnisses dann erfolgreich **Drittwiderspruchsklage** nach § 771 ZPO erheben (NK-BGB/Kroiß Rn. 38; Winkler TV Rn. 306). Dies gilt auch für die Gegenstände, die der Testamentsvollstrecker erst später in Ausübung seiner Befugnisse erworben hat (Mayer/Bonefeld TV-HdB/Weidlich § 19 Rn. 19; dazu eingehend Winkler TV Rn. 306). 39

Die Überlassung des Handelsgeschäfts an den Testamentsvollstrecker steht sowohl bei der Verwaltungs- als auch bei der Vollrechtstreuhand für die Erben einer Geschäftseinstellung gleich, sodass für die Erben hinsichtlich der Altschulden die **Haftungsbeschränkung** nach § 25 Abs. 1 HGB, § 27 Abs. 2 HGB eintritt, sofern dies fristgerecht innerhalb der dreimonatigen Frist erfolgt (RGZ 132, 144; KG JW 1939, 104; eingehend hierzu MüKoBGB/Zimmermann Rn. 27; Winkler TV Rn. 304). Ob auch der Testamentsvollstrecker bei einer Firmenfortführung wie jeder sonstige Geschäftsnachfolger ebenso die Möglichkeit eines Haftungsausschlusses nach § 25 Abs. 2 HBG, § 27 HGB hat, ist nicht unumstritten, aber zu bejahen (Winkler TV Rn. 304 mwN; Staudinger/Dutta, 2021, Rn. 151; offenlassend Mayer/Bonefeld TV-HdB/Weidlich § 19 Rn. 16). In das **Handelsregister** wird der Testamentsvollstrecker als Firmeninhaber eingetragen, weshalb für einen Testamentsvollstreckervermerk kein Raum mehr ist. Dass im Innenverhältnis für Rechnung der Erben gehandelt wird, ist insoweit unerheblich (RGZ 132, 138; BayObLGZ 1972, 259). Bei der **Handelsregisteranmeldung** haben alle Erben mitzuwirken, da sie nach außen eine Übertragung des Handelsgeschäfts von den Erben auf den Testamentsvollstrecker anmelden (NK-BGB/Kroiß Rn. 81; MüKoBGB/Zimmermann Rn. 27; Staudinger/Dutta, 2021, Rn. 152). Eine Prokuraerteilung durch den Testamentsvollstrecker ist ebenso zulässig wie der Widerruf einer bereits vom Erblasser erteilten Prokura (KG NJW 1959, 1086; Grüneberg/Weidlich Rn. 9; Winkler TV Rn. 302). 40

**c) Weisungsgeberlösung.** Der Testamentsvollstrecker kann ferner im Außenverhältnis das Handelsgeschäft freigeben und sich **im Innenverhältnis die Entscheidungsbefugnis vorbehalten** (NK-BGB/Kroiß Rn. 40; Kämper RNotZ 2016, 625 (642); Formulierungsvorschlag bei Weidlich ZEV 1998, 339 (342)). Dies setzt entweder eine entsprechende Anordnung des Erblassers oder aber eine Einigung mit dem Erben voraus. Verstöße gegen die Weisungsauflagen wirken nicht dinglich nach außen. Im Einzelnen ist hierzu vieles ungeklärt, insbes. welche Sanktionen bei Nichtbeachtung der Anweisungen eintreten. 41

**d) Beaufsichtigende Testamentsvollstreckung; andere Wege.** Aufgrund der Rspr. des BGH zur Verwaltungsvollstreckung an der „Außenseite" einer Beteiligung an einer Personengesellschaft (BGH NJW 1985, 1953) wird teilweise auch bei einzelkaufmännischen Unternehmen für möglich gehalten, dass der Erbe das Unternehmen lediglich unter der Aufsicht des Testamentsvollstreckers fortführt (→ Rn. 57). Die Rechtslage soll insoweit nicht anders sein als bei einer vollhaftenden Beteiligung an einer Personengesellschaft (Bengel/Reimann TV-HdB/Pauli § 5 Rn. 147; Staudinger/Dutta, 2021, Rn. 160). Dann könnten im Innenverhältnis die Erben agieren, im **Außenverhältnis** aber ohne den Testamentsvollstrecker nicht über das Betriebsvermögen und das Unternehmen im Ganzen verfügen. Die Vollstreckung durch Eigengläubiger der Erben wäre ebenfalls nicht möglich (§ 2214). Dies wäre auch mit einer der anderen Ersatzlösungen kombinierbar. Sowohl die beaufsichtigende Testamentsvollstreckung als auch die über einzelne Gegenstände des Betriebsvermögens sind nicht deshalb unzulässig, weil sie wegen der dadurch eintretenden Beschränkung der Vollstreckungsmöglichkeiten der Gläubiger bezüglich der neuen Geschäftsschulden (§ 2214) den oben genannten Haftungsbedenken (→ Rn. 32) ausgesetzt sind. Vielmehr tritt hier eine Verpflichtung durch eigene Tätigkeit des Erben oder die eines vertretungsberechtigten 42

Mitgesellschafters (§ 128 HGB) oder sonst nach allgemeinem Vertretungsrecht (zB § 54 HGB) ein und führt zunächst zu einer dem Grunde nach bestehenden unbeschränkten persönlichen Haftung des aus solchen Rechtsgeschäften Verpflichteten. Dass die der Verwaltung des Testamentsvollstreckers unterliegenden Nachlassobjekte dem Zugriff der Eigengläubiger des Erben entzogen sind (§ 2214), ist nicht ungewöhnlich, denn der gute Glaube des Rechtsverkehrs an den Umfang der Haftung wird grds. nicht geschützt. Möglich ist auch eine **Testamentsvollstreckung über einzelne Gegenstände des Betriebsvermögens,** etwa um wertvolle Grundstücke der Verfügungsmacht der Erben und dem Vollstreckungszugriff der Eigengläubiger derselben zu entziehen (Bengel/Reimann TV-HdB/Pauli § 5 Rn. 148; NK-BGB/Kroiß Rn. 42).

**43** In Betracht kommt uU auch noch eine sog. **Umwandlungsanordnung** an den Testamentsvollstrecker, die zugleich eine die Erben belastende Auflage ist, wonach das Unternehmen durch den Testamentsvollstrecker in eine GmbH oder Aktiengesellschaft überführt werden soll (§ 152 S. 1 UmwG, §§ 125, 135 Abs. 2 UmwG) (Staudinger/Dutta, 2021, Rn. 161; NK-BGB/Kroiß Rn. 44; dazu auch LG Mannheim ZEV 1999, 443 mAnm Wenninger; eingehend etwa Weidlich MittBayNot 1996, 1; Winkler TV Rn. 379). Die Testamentsvollstreckung besteht auch nach einer Verschmelzung oder Spaltung (§§ 20, 131 UmwG) oder einem Formwechsel (§ 202 Abs. 1 Nr. 2 UmwG) an dem neuen Geschäftsanteil weiter (J. Mayer ZEV 2002, 209 (213 ff.); Mayer/Bonefeld TV-HdB/Weidlich § 19 Rn. 24; Weidlich MittBayNot 1996, 1 (2); A. Pentz NZG 1999, 826). Da die Testamentsvollstreckung bei Kapitalgesellschaften leichter möglich und zudem effektiver ist (Bengel/Reimann TV-HdB/Pauli § 5 Rn. 143), ist dies eine für die Praxis interessante Gestaltungsmöglichkeit. Hierfür kann der Erblasser bereits zu Lebzeiten Vorsorge treffen, etwa durch Gründung einer sog. Vorratsgesellschaft. Ist dies nicht der Fall, aber vom Erblasser eine Umwandlungsanordnung verfügt, so ist unerheblich, ob der Testamentsvollstrecker aufgrund der Treuhand- oder der Vollmachtslösung sein Amt ausübt, weil er in beiden Fällen die entsprechende Verfügungsmacht besitzt (zutr. Soergel/Becker Rn. 37). Fehlt es an einer entsprechenden Anordnung des Erblassers, so ist für eine Umwandlung stets Voraussetzung, dass diese eine ordnungsgemäße Nachlassverwaltung (§ 2216) darstellt. Aber selbst wenn dies zutrifft, wird eingewandt, dass zum einen eine persönliche Haftung der Gründer einträte (§ 24 GmbHG, § 46 AktG) und zum anderen höchstpersönliche Mitgliedschaftsrechte betroffen wären (vgl. Frank ZEV 2003, 5, Fn. 17; Dörrie GmbHR 1996, 245; J. Mayer ZEV 2002, 209 (215)), sodass deswegen eine Zustimmung der Erben erforderlich ist (NK-BGB/Kroiß Rn. 79; J. Mayer ZEV 2002, 209 (215); Winkler TV Rn. 379; Weidlich MittBayNot 1996, 1 (3); aA etwa LG Mannheim ZEV 1999, 443 und MüKoBGB/Zimmermann Rn. 24, wenn Gründerhaftung der Erben „praktisch ausgeschlossen" ist – aber wann ist dies der Fall?). Weiter ist jedenfalls notwendig, dass der Testamentsvollstrecker überhaupt die notwendige Rechtsmacht zur Verfügung über das Unternehmen besitzt, sodass die Umwandlung – ausgehend von der hM zur Unzulässigkeit einer direkten Testamentsvollstreckung im handelsrechtlichen Bereich – nicht möglich ist, wenn weder die Vollmachts- noch die Treuhandlösung vom Erblasser angeordnet wurde (ähnlich Winkler TV Rn. 379). Fehlt ihm diese Rechtsmacht, so kann er die Umwandlung nur aufgrund einer ausdrücklichen Zustimmung der Erben vornehmen. Seine bislang nur beschränkten Befugnisse, etwa an der Außenseite der Beteiligung, erweitern sich dann nicht ohne Weiteres auf eine umfassende Testamentsvollstreckung an dem Kapitalgesellschaftsanteil. Jedoch tritt dann keine „Versteinerung" seiner Befugnisse ein, wenn eine sachgerechte Auslegung ergibt, dass der Erblasser für den Fall einer solchen Umwandlung eine entsprechende Erweiterung der Rechtsmacht des Testamentsvollstreckers wollte (NK-BGB/Kroiß Rn. 78; J. Mayer ZEV 2002, 209 (215 f.)). Darauf, ob die Umstrukturierung innerhalb der Frist des § 27 Abs. 2 HGB vorgenommen wird, kann es dabei nicht ankommen.

**44** **3. Gesellschafter einer OHG, einer EWIV, einer GbR, Komplementär einer KG.** Soweit sich hier die Gesellschafternachfolge im Wege des Erbrechts vollzieht (bei den sog. einfachen oder qualifizierten Nachfolgeklauseln (→ § 1922 Rn. 86 ff.) (etwa Lange ErbR § 102 Rn. 39 ff., 88 ff.), bestehen aus der Sicht des Erbrechts an sich keine Bedenken gegen die Zulässigkeit einer Verwaltungsvollstreckung. Unerheblich ist in diesem Zusammenhang, dass hier der Erwerb kraft Gesetzes aufgrund einer **Sondererbfolge** (BGHZ 98, 48 = NJW 1986, 2431; BGHZ 108, 187 = NJW 1989, 3152; Klarner ZErb 2017, 271 (273)) erfolgt, denn insoweit handelt es sich nicht um einen „Erwerb am Nachlass vorbei" (Todtenhöfer RNotZ 2017, 557 (558); MüKoBGB/Zimmermann Rn. 15), was die Verwaltungs- und Verfügungsbefugnis des Testamentsvollstreckers ausschließen würde. Besonderheiten ergeben sich aber auch hier aus dem Handels- und Gesellschaftsrecht. Die Rspr. spricht hier davon, dass eine Testamentsvollstreckung an einer solchen Beteiligung möglich, aber die Rechtsposition des Testamentsvollstreckers „aus im Gesellschaftsrecht wurzelnden Gründen begrenzt" ist (BGHZ 98, 48 (57) = NJW 1986, 2431; BGH ZEV 1996, 110 (111)).

Einer **Auseinandersetzungsvollstreckung** (§ 2204) am vererbten Anteil einer werbenden Gesellschaft bedarf es nicht, weil infolge dieser Sondererbfolge die Beteiligung automatisch auf die dazu berufenen Miterben im Umfang ihrer Erbquoten übergeht (NK-BGB/Kroiß Rn. 48; MüKoBGB/Zimmermann Rn. 30); diese Sondererbfolge umfasst dabei auch die an sich selbstständig nach § 717 S. 2 abtretbaren **Vermögensansprüche** (eingehend NK-BGB/Kroiß Rn. 49). Die folgenden Ausführungen beziehen sich daher auf die **Verwaltungsvollstreckung.** Der mögliche Aufgabenbereich des Testamentsvollstreckers hängt aber davon ab, welches **„Schicksal"** die Gesellschaftsbeteiligung des Erblassers im Erbfall aufgrund der Regelungen des Gesetzes oder des Gesellschaftsvertrags für den Fall des Todes eines Gesellschafters erfährt. 45

**a) Auflösung.** Wird die Gesellschaft mit dem Tod eines voll haftenden Gesellschafters aufgelöst (bei der GbR die gesetzliche Regel, kraft Gesetzes seit 1.7.1998 nicht mehr bei der OHG und KG, vgl. § 131 Abs. 3 Nr. 1 HGB), so entsteht bis zur endgültigen Auseinandersetzung unter den Gesellschaftern eine Abwicklungsgesellschaft. Ein Haftungskonflikt zwischen Erbrecht einerseits und Handels- und Gesellschaftsrecht andererseits besteht nicht. Der Anteil an der Liquidationsgesellschaft gehört zum Nachlass und wird allein vom Testamentsvollstrecker verwaltet; insbes. kann er sämtliche **Liquidationsansprüche** für die Erben geltend machen (NK-BGB/Kroiß Rn. 67; MüKoBGB/Zimmermann Rn. 31). Erfolgt jedoch eine Umwandlung in eine werbende Gesellschaft, so kann dies nur mit Zustimmung der Erben erfolgen (NK-BGB/Kroiß Rn. 67). Erwarb aber der Erbe einen Anteil an einer werbenden Gesellschaft, die erst später aufgelöst wird, so soll zwar das Auseinandersetzungsguthaben der Zuständigkeit des Testamentsvollstreckers unterfallen (BGH NJW 1985, 1953 (1954)), für die Abwicklung soll aber der Gesellschaftererbe zuständig sein (MüKoBGB/Zimmermann Rn. 31). 46

**b) Fortsetzung unter den verbleibenden Gesellschaftern.** Tritt diese Folge kraft Gesetzes ein (bei der OHG oder dem Tod eines persönlich haftenden Gesellschafters einer KG) oder ist dies bei einer GbR vereinbart, kann der Testamentsvollstrecker die Abfindungsansprüche der Erben gegen die Gesellschaft (§ 738 Abs. 1 S. 2, § 105 HGB) geltend machen, die allein seiner Verfügung unterliegen (BGH NJW 1985, 1953 (1954); Grüneberg/Weidlich Rn. 11). Gleiches gilt, wenn der Erbe in Ausübung seines Wahlrechts nach § 139 Abs. 2 HGB seine an sich vererbliche Gesellschafterstellung gekündigt hat. Dabei steht dieses Wahlrecht wegen seiner höchstpersönlichen Natur allein dem Erben zu (Mayer/Bonefeld TV-HdB/Weidlich § 19 Rn. 31). 47

**c) Fortsetzung einer Gesellschaft mit den Erben.** Wird die Personengesellschaft aufgrund einer einfachen oder qualifizierten Nachfolgeklausel mit dem oder den Erben fortgesetzt, so können die Rechte eines voll haftenden Gesellschafters aufgrund der handels- und gesellschaftsrechtlichen Besonderheiten nicht einer Testamentsvollstreckung im üblichen Sinne unterworfen werden. Dies gilt zum einen wegen des nicht lösbaren Haftungskonflikts zwischen der an sich unbeschränkbaren handelsrechtlichen Haftung der Gesellschaftererben nach den §§ 128, 130 HGB einerseits und der auf den Nachlass beschränkbaren erbrechtlichen Haftung der vom Testamentsvollstrecker eingegangenen Nachlassverwaltungsschulden andererseits (→ Rn. 32). Zum anderen ergeben sich Probleme wegen des höchstpersönlichen Charakters von Beteiligungen an Personengesellschaften. Da keinem Mitgesellschafter in der von besonderen persönlichen Verhältnissen geprägten Arbeits- und Haftungsgemeinschaft ein anderer ohne dessen Willen aufgedrängt werden darf, unterliegen die Rechte eines vollhaftenden Gesellschafters grds. nicht einer direkten Testamentsvollstreckung (RGZ 170, 392; BGHZ 24, 106 (112) = NJW 1957, 1026; BGHZ 68, 225 (239) = NJW 1977, 1339 allg. zur Nachfolgeklausel; BGH NJW 1981, 749; BGHZ 98, 48 (55 ff.) = NJW 1986, 2431; BGHZ 108, 187 (195) = NJW 1989, 3152; Bommert BB 1984, 178 f.; Weidlich ZEV 1994, 205 (207); NK-BGB/Kroiß Rn. 59 f.; die Unvereinbarkeitsthese von der gesellschaftsrechtlich zwingenden unbeschränkten und der beschränkbaren erbrechtlichen Haftung wird immer wieder in Frage gestellt, vgl. etwa Muscheler, Die Haftungsordnung der Testamentsvollstreckung, 1994, 549 ff.; dem zust. MüKoBGB/Zimmermann Rn. 36; auch hält Faust DB 2002, 189 (193) eine Testamentsvollstreckung dann für zulässig, wenn dem Erben ein jederzeitiges Kündigungsrecht oder eine Verlängerung seines Wahlrechts nach § 139 HGB auf die Dauer der Vollstreckung eingeräumt wird). Der Testamentsvollstrecker kann den Erben nicht aus der vererbten Gesellschafterstellung verdrängen. 48

**aa) Testamentsvollstreckung aufgrund Ersatzlösungen.** Wie beim einzelkaufmännischen Unternehmen sind zur Vermeidung der von der hM gesehenen Probleme (→ Rn. 48) **Ersatzlö-** 49

**sungen** (→ Rn. 35 ff.) möglich (Staudinger/Dutta, 2021, Rn. 173 ff.; Mayer/Bonefeld TV-HdB/Weidlich § 19 Rn. 34 ff.).

- **Treuhandlösung:** Hier handelt der Testamentsvollstrecker im eigenen Namen und unter eigener (unbeschränkbarer) Haftung (§ 128 HGB) (BGHZ 12, 100 (102) = NJW 1954, 636; RGZ 132, 138 (142); jedoch besteht die Möglichkeit der Haftungsbefreiung über den Aufwendungsersatz nach §§ 2218, 670, 257; umstritten ist, ob die Erben sich dagegen auf die erbrechtliche Haftungsbeschränkung berufen können, → Rn. 36), aber für Rechnung der Gesellschafter-Erben, weshalb der Testamentsvollstrecker in das Handelsregister eingetragen wird. Der Gesellschaftsanteil wird dem Testamentsvollstrecker treuhänderisch übertragen (Winkler TV Rn. 349);
- **Vollmachtslösung:** Hier bleiben die Erben Gesellschafter. Der Testamentsvollstrecker nimmt als deren Bevollmächtigter ihre Gesellschafterrechte wahr, wozu eine Vollmacht erforderlich ist, durch die nur die Gesellschafter-Erben verpflichtet werden;
- **Weisungsgeberlösung:** mit bloßer Mitsprache im Innenverhältnis.

50 **Voraussetzung** dafür ist jeweils, dass zum einen wegen der Höchstpersönlichkeit der Gesellschafterbeziehungen die Gesellschafter die Rechtsausübung durch den Testamentsvollstrecker im Gesellschaftsvertrag zulassen oder ihr wenigstens nachträglich zustimmen (Bengel/Reimann TV-HdB/Pauli § 5 Rn. 159; Winkler TV Rn. 346 f.; dies kann uU bereits in der bloßen Vereinbarung einer einfachen Nachfolgeklausel gesehen werden, nicht aber bei einer qualifizierten Nachfolgeklausel, die gerade nur für bestimmte Personen einen Eintritt in die Arbeits- und Haftungsgemeinschaft der Gesellschaft eröffnen möchte; so zutr. OLG Düsseldorf ZEV 2008, 142 (143) mAnm Grunsky; Winkler TV Rn. 347; noch einschränkender MüKoBGB/Zimmermann Rn. 34: Einverständnis mit „jedem Anteilserwerber" bedeute nicht ohne weiteres, dass anstelle des Gesellschaftererben ein Testamentsvollstrecker dessen Rechte wahrnehmen könne) und zum anderen der Erbe durch entsprechende Auflage verpflichtet wird, die Ausübung der Mitgliedschaftsrechte durch den Testamentsvollstrecker zu dulden. Die Treuhandlösung hat auch hier den **Nachteil,** dass der Testamentsvollstrecker im Außenverhältnis der vollen persönlichen Haftung ausgesetzt ist (§ 128 HGB).

51 **bb) Grenzen der Testamentsvollstreckung.** Das Gesellschaftsrecht und das Erbrecht setzen sowohl der Vollmachts- als auch der Treuhandlösung sowie der beaufsichtigenden Testamentsvollstreckung enge Schranken.

52 **(1) Grenzen im Interesse der übrigen Gesellschafter.** Der Testamentsvollstrecker kann **in** der Gesellschaft aufgrund einer der Ersatzlösungen **nur mitwirken,** wenn die **überlebenden Gesellschafter** – bereits im Voraus im Gesellschaftsvertrag oder im Einzelfall – **zustimmen;** für die Praxis empfiehlt sich eine vorsorgliche gesellschaftsvertragliche Regelung. Die fehlende Zustimmung hindert aber nicht die Testamentsvollstreckung an der sog. „Außenseite" der Gesellschaftsbeteiligung (BGHZ 98, 48 (55 ff.) = NJW 1986, 2431; Muscheler, Die Haftungsordnung der Testamentsvollstreckung, 1994, 478 ff.). Auch gegen den Grundsatz der Selbstorganschaft wird nicht verstoßen, da dieser nur verbietet, dass sämtliche Gesellschafter von der Geschäftsführung und Vertretung ausgeschlossen werden (NK-BGB/Kroiß Rn. 53; iE ebenso MüKoBGB/Zimmermann Rn. 37).

53 **(2) Grenzen im Interesse des betroffenen Gesellschafters selbst.** Gesellschaftsrechtliche Beschränkungen sollen sich aus der sog. **Kernrechtsproblematik** ergeben (D. Mayer ZIP 1990, 976 f.; Bengel/Reimann TV-HdB/Pauli § 5 Rn. 176 ff.; Weidlich ZEV 1994, 205 (208 ff.); offenlassend BGHZ 108, 187 (198 f.) = NJW 1989, 3152; eingehend Mayer/Bonefeld TV-HdB/Weidlich § 19 Rn. 41; krit. gegen diese Übertragung zu Recht Dörrie ZEV 1996, 374; Lorz, Testamentsvollstreckung und Unternehmensrecht, 1995, 173 ff.; Lorz FS Boujong, 1996, 319; Todtenhöfer RNotZ 2017, 557 (564); Wicke ZGR 2015, 161 (178)): Sie wurde zum Schutz von Minderheitsgesellschaftern entwickelt (vgl. etwa BGHZ 20, 363 (369) = NJW 1956, 1198; BGHZ 203, 77 = NJW 2015, 859). Danach gibt es unentziehbare Rechte, die auch durch einen Mehrheitsbeschluss nicht beseitigt werden können, sondern nur von Anfang an durch Satzung oder Gesellschaftsvertrag. Dagegen lässt sich **zu Recht einwenden,** dass der systemimmanente Schutz des Gesellschaftererben gegenüber dem Testamentsvollstrecker bereits durch die Ausschlagungsmöglichkeit zur Pflichtteilserlangung nach § 2306 Abs. 1, 2 und die speziell für das Verhältnis zwischen Erben und Testamentsvollstrecker geltenden Bestimmungen der § 2205 S. 3, §§ 2206, 2216 Abs. 1, §§ 2218, 2219 verwirklicht wird (Brandner FS Kellermann, 1991, 37 (45); Dörrie ZEV 1996, 370 (374); Lorz FS Boujong, 1996, 319 (325 ff.); Everts MittBayNot 2003, 427 (429); so auch LG Mannheim ZEV 1999, 444). Demgegenüber ist die Rollenverteilung bei der Testamentsvollstreckung im Gesellschaftsbereich gerade eine andere: Der Testamentsvollstrecker

hat gerade die Minderheitsrechte des Gesellschaftererben gegenüber den Mehrheitsgesellschaftern wahrzunehmen, sodass sich durch die Kernbereichslehre, wenn man sie denn überhaupt für anwendbar hält, keine Einschränkung der Rechte des Testamentsvollstreckers ergibt (Brandner FS Kellermann, 1991, 37 (44); Hehemann BB 1995, 1301 (1309); Lorz, Testamentsvollstreckung und Unternehmensrecht, 1995, 173 ff.; MüKoBGB/Zimmermann Rn. 37; Muscheler, Die Haftungsordnung der Testamentsvollstreckung, 1994, § 18 II 1, 505; Staudinger/Dutta, 2021, Rn. 192; diff. Mayer/Bonefeld TV-HdB/Weidlich § 19 Rn. 41; Weidlich ZEV 1994, 205 (208): Anwendbarkeit der Kernbereichslehre mit Einschränkung der Befugnisse des Testamentsvollstreckers nur, soweit das Erbrecht dem Gesellschaftererben nicht annähernd gleiche Befugnisse verleiht). Zudem ist in der jüngeren Rspr. fraglich, ob die Kernbereichslehre weiter aufrechterhalten wird (vgl. BGH NZG 2015, 995; 2011, 510; 2009, 1347).

Überträgt man – entgegen der hier vertretenen Ansicht – die Kernbereichslehre auf die Testamentsvollstreckung an Gesellschaftsbeteiligungen, sollen dadurch die Rechtsbefugnisse des Testamentsvollstreckers beschränkt werden. Dieser Kernbereich des Gesellschafters, in den der Testamentsvollstrecker ohne Zustimmung des Gesellschafter-Erben nicht eingreifen darf, umfasst dabei alle Rechte, die die Rechtsstellung des Gesellschafters in ihrem eigentlichen Bestand erhalten, also Änderungen des Kapitalanteils, der Gewinnbeteiligung, des Auseinandersetzungsguthabens, der handelsrechtlichen Haftung und Änderung der Informations- und Kontrollrechte (§ 118 Abs. 2 HGB), das Recht zur Kündigung aus wichtigem Grund uÄ (eingehend Bengel/Reimann TV-HdB/Pauli § 5 Rn. 176 ff.; Mayer/Bonefeld TV-HdB/Weidlich § 19 Rn. 41). Zur Ausübung dieser Rechte und zur Stimmrechtsabgabe bedarf der Testamentsvollstrecker der Zustimmung des betroffenen Gesellschafter-Erben (Winkler TV Rn. 372; Quack BB 1989, 2271 (2273); NK-BGB/Kroiß Rn. 55). Zur Umstrukturierung einer Personengesellschaft in eine Kapitalgesellschaft aufgrund einer entsprechenden Erblasseranordnung bedarf der Testamentsvollstrecker aber nicht der Zustimmung der Erben, wenn für diese keine weitergehenden persönlichen Verpflichtungen begründet werden (LG Mannheim ZEV 1999, 443 mAnm Wenninger; aA wohl Winkler TV Rn. 379; Weidlich MittBayNot 1996, 1; Weidlich MittBayNot 2000, 572; zu den Haftungsgefahren aber → Rn. 41). 54

**Erbrechtliche Grenzen** ergeben sich aus dem **Gebot der ordnungsgemäßen Verwaltung** des Nachlasses (§ 2206 Abs. 1 S. 1, § 2216 Abs. 1) und dem **Verbot unentgeltlicher Verfügungen** (§ 2205 S. 3) (dazu etwa MüKoBGB/Zimmermann Rn. 35). Der Testamentsvollstrecker ist hiernach nicht berechtigt, an Verträgen (insbes. Satzungsänderungen) und Beschlüssen mitzuwirken, die Leistungspflichten einführen, die nicht mit Nachlassmitteln erfüllt werden können oder zu einem einseitigen Rechtsverlust für den Gesellschafter führen (Reimann DNotZ 1990, 192; Bengel/Reimann TV-HdB/Pauli § 5 Rn. 183). 55

War der **Erbe bereits** vor dem Erbfall (aus eigenem Recht) **Gesellschafter** und erbt er eine Kommanditbeteiligung, könnte sich die Testamentsvollstreckung wegen des bisher unterstellten **„Spaltungsverbots"** (BGHZ 24, 106 (113) = NJW 1957, 1026), auch Grundsatz der **Einheitlichkeit der Beteiligung** genannt, uU nicht realisieren lassen (BGH DNotZ 1990, 190). Nach der jüngeren Rspr. des Erbrechtssenats des BGH schließt das Zusammentreffen von eigenem und ererbtem Gesellschaftsanteil eine Testamentsvollstreckung nicht per se aus. Das gelte jedenfalls dann, soweit es sich um die Verwaltung der aus dem Anteil folgenden übertragbaren Vermögensrechte handle (BGH ZEV 1996, 110 (111) mAnm Lorz). Zur Lösung der sich ergebenden verschiedenen Problemlagen muss daher uU der Anteil vermögensmäßig in einen „Eigenanteil" und einen dem Nachlass zugehörenden Anteil aufgeteilt werden (Mayer/Bonefeld TV-HdB/Weidlich § 19 Rn. 43). Angesichts der sich hier ergebenden, vielfach noch nicht geklärten Probleme ist eine **Umstrukturierung** in eine Kapitalgesellschaft (GmbH, AG) dringend zu empfehlen (→ Rn. 43). 56

**cc) Beaufsichtigende Testamentsvollstreckung an der „Außenseite der Beteiligung".** 57
Nach der Ansicht des BGH (BGH NJW 1985, 1953; BGHZ 98, 48 (56 f.) = NJW 1986, 2431; BGHZ 108, 187 (195) = NJW 1989, 3152; BGH NJW 1998, 1313; ZEV 1996, 110) besteht außer den genannten Ersatzlösungen die Möglichkeit einer sog. beaufsichtigenden Testamentsvollstreckung. Danach ergibt sich für eine Testamentsvollstreckung über eine der oben genannten Beteiligungen eine vielschichtige und in ihren praktischen Auswirkungen zT nach wie vor unübersichtliche Situation (Reimann DNotZ 1990, 192; Lorz ZEV 1996, 112): Der Testamentsvollstrecker kann in der Gesellschaft selbst (außerhalb der genannten Ersatzlösungen) nicht selbst für die Erben in ihrer Eigenschaft als Gesellschafter handeln, etwa bei Vertretung der Gesellschafter bei der Geschäftsführung oder bei der Stimmrechtsausübung (vgl. auch K. Schmidt ZGR 1988, 140 (155) sowie anschaulich den Fall von OLG Düsseldorf ZEV 2008, 142 mAnm Grunsky) (also an

der sog. **Innenseite**). Er kann jedoch eine **beaufsichtigende Funktion** über den Erben haben, also an der **„Außenseite"** der **Beteiligung.** Umgekehrt kann jedoch dem Gesellschaftererben die Verfügungsbefugnis über seine Beteiligung auch mit dinglicher Wirkung durch den Testamentsvollstrecker entzogen werden. Der Testamentsvollstrecker kann also verhindern, dass der Gesellschaftererbe über den ererbten Anteil verfügt, etwa durch Verkauf oder Verpfändung. Fehlt seine Zustimmung, so bleibt die Maßnahme des Erben unwirksam. Auch § 2214 gilt: Eigengläubiger der Erben können also nicht in die Beteiligung vollstrecken (iE BGHZ 98, 48 (56) = NJW 1986, 2431; Weidlich ZEV 1994, 208). Aufgrund der Testamentsvollstreckung an der Außenseite der Beteiligung bedarf der Gesellschaftererbe für alle Maßnahmen, die sein Abfindungsguthaben, die Ergebnisverwendung (Ausschüttung oder Thesaurierung) und die Verfügungsmöglichkeit über seine Beteiligung und eine dahingehende Änderung des Gesellschaftsvertrags betreffen, zu ihrer Wirksamkeit der Zustimmung des Testamentsvollstreckers (Staudinger/Dutta, 2021, Rn. 169; D. Mayer ZIP 1990, 979; Bengel/Reimann TV-HdB/Pauli § 5 Rn. 161 ff. mw Einzelheiten). Zur Sicherung dieser Befugnisse stehen dem Testamentsvollstrecker zudem entsprechende Auskunfts- und Kontrollrechte zu (Bengel/Reimann TV-HdB/Pauli § 5 Rn. 165).

58 Die **Geschäftsführung** selbst und andere zu einer Haftung der Gesellschaft führenden Handlungsbefugnisse verbleiben bei der Testamentsvollstreckung „an der Außenseite" beim persönlich haftenden Gesellschafter, weshalb bei dieser Konstruktion keine haftungsrechtlichen Divergenzen entstehen. Auch kann der Gesellschafter-Erbe ohne Zustimmung des Testamentsvollstreckers seine Beteiligung kündigen (Dörrie ZEV 1996, 375), ein dadurch entstehendes Abfindungsguthaben unterliegt dann jedoch wieder voll der Testamentsvollstreckung (Bengel/Reimann TV-HdB/Pauli § 5 Rn. 165).

59 **d) Gesellschaftsvertragsvertragliches Eintrittsrecht.** Die Testamentsvollstreckung erfasst ein gesellschaftsvertraglich eingeräumtes Eintrittsrecht nicht, da dieses kraft Gesellschaftsvertrages entsteht und nicht im Erbgang erworben wird (BGHZ 22, 186 = NJW 1957, 180; MüKoBGB/Zimmermann Rn. 39).

60 **4. Kommanditbeteiligung.** Beim Tod eines Kommanditisten wird die KG nicht aufgelöst, sondern kraft Gesetzes mit den Erben fortgesetzt, sofern der Gesellschaftsvertrag nichts anderes anordnet (§ 177 HGB). Der Kommanditanteil geht nicht im Wege der Gesamtrechtsnachfolge über; die zur Nachfolge des Kommanditisten berufenen Erben erwerben im Wege der Sonderrechtsnachfolge jeweils eigenständig Gesellschaftsanteile im Umfang ihrer individuellen Erbquoten. An der so vererblichen Kommanditbeteiligung ist eine Testamentsvollstreckung möglich, bezogen auf die sog. Außenseite des Gesellschaftsanteils, jenseits der inneren, mitgliedschaftlichen Angelegenheiten der Gesellschaft (BGHZ 108, 187 (192) = NJW 1989, 3152; Lange ErbR § 102 Rn. 126; Schneider NJW 2015, 1142). Voraussetzung ist, dass die übrigen Gesellschafter – im Gesellschaftsvertrag oder im Einzelfall – der Wahrnehmung der Gesellschafterrechte durch den **Testamentsvollstrecker zugestimmt** haben. Der Testamentsvollstrecker nimmt dann grds. **alle Rechte und Pflichten des Erben in der Gesellschaft und an der „Außenseite"** (§§ 2205, 2216) **wahr.** Dies ist hier mit den gesellschaftsrechtlichen Besonderheiten leichter vereinbar, da die Haftung des Kommanditisten kraft Gesetzes beschränkt (§ 171 Abs. 1 HGB) und er nicht geschäftsführungs- und vertretungsbefugt ist (§ 170 HGB). Auch wenn die Einlage noch nicht (voll) geleistet oder zurückgezahlt wird, so steht dies der Testamentsvollstreckung am Anteil eines Kommanditisten nach Ansicht des BGH nicht entgegen. Im erstgenannten Fall beruht die persönliche Haftung des Gesellschaftererben noch auf dem Verhalten des Erblassers und hat mit der Testamentsvollstreckung nichts zu tun. Lässt sich dagegen der Testamentsvollstrecker die Einlage ganz oder teilweise ohne Zustimmung des Erben zurückzahlen, wird sich dessen persönliche – nicht auf das Nachlassvermögen beschränkbare – Haftung nach § 172 Abs. 4 HGB wegen des nötigen Schutzes der Gläubiger nicht vermeiden lassen. Die damit für ihn verbundenen Gefahren dürften aber dadurch gemildert sein, dass man Maßnahmen, die zur persönlichen Haftung des Erben führen, nicht mehr als ordnungsgemäße Verwaltung des Nachlasses (§ 2216 Abs. 1) wird ansehen können. Das hat dann zur Folge, dass sie entweder durch die Vertretungsbefugnis des Testamentsvollstreckers nicht gedeckt sind oder dass die Rückzahlung der Einlage ohne Zustimmung des Erben den Testamentsvollstrecker zumindest idR unter dem Gesichtspunkt des dem Geschäftsgegner erkennbaren Missbrauchs der Verwaltungsbefugnis zur Rückgewähr verpflichtet (BGHZ 108, 187 (197 f.) = NJW 1989, 3152; NK-BGB/Kroiß Rn. 50; MüKoBGB/Zimmermann Rn. 44; aA Muscheler, Die Haftungsordnung der Testamentsvollstreckung, 1994, 516 ff.; die Zulässigkeit offen lassend, wenn abw. von den gesetzlichen Bestimmungen der Kommanditist geschäftsführungs- bzw. vertretungsbefugt ist, BGHZ 108, 187; jedoch handelt es sich dann um idR nicht vererbliche Sonderrechtseinräumungen; teilweise wird bei Vererblichkeit dieser Rechte

dann Zustimmung aller Gesellschafter gefordert, da dadurch umfassende Vertretungsmacht eröffnet wird, Staudinger/Dutta, 2021, Rn. 193; Bengel/Reimann TV-HdB/Pauli § 5 Rn. 206). Zur Eintragung eines Testamentsvollstreckervermerks im Handelsregister → § 2197 Rn. 17.

Der wirksam ernannte Testamentsvollstrecker soll befugt sein, über den Kommanditanteil des Erben ganz oder teilweise zu verfügen, sofern der Anteil verkehrsfähig ist. Dem Erben ist dann die Verfügung untersagt (so OLG Koblenz ErbR 2017, 267 (269) mAnm Rust; KG ZEV 2009, 313 zur GbR). Ein bereits gehaltener Kommanditanteil und der ererbte Anteil vereinigen sich dann nicht zu einem einheitlichen Kommanditanteil, wenn nur der zweite Anteil der Verwaltung durch den Testamentsvollstrecker unterliegt; die angeordnete Testamentsvollstreckung verhindert die Vereinigung beider Anteile (OLG Koblenz ErbR 2017, 267 (269) mAnm Rust). **61**

**Fehlt** die Zustimmung der übrigen Gesellschafter, so ist die Anordnung der Testamentsvollstrecker nicht völlig unwirksam, die Rechte des Testamentsvollstreckers bleiben nur auf die **„Außenseite"** der Beteiligung beschränkt (OLG Koblenz FamRZ 2016, 1704 (1705); Bengel/Reimann TV-HdB/Pauli § 5 Rn. 202, 193; Schneider NJW 2015, 1142 (1144); aA OLG Hamm NJW-RR 1991, 837); der Testamentsvollstrecker hat lediglich Befugnisse hinsichtlich des mitgliedschaftlich nicht gebundenen Vermögens. Für das Innenverhältnis gilt, dass sich die Gesellschafter wegen ihres persönlichen Verbunds niemanden in der KG aufdrängen lassen müssen. Die Zustimmung ist handelsrechtlich bedingt, bedarf also nicht erbrechtlicher Formen, und kann daher bereits in den Gesellschaftsvertrag aufgenommen werden (Reimann FamRZ 1992, 113 (117)). Sie kann auch stillschweigend erteilt werden (OLG Hamm NJW-RR 1991, 837); davon ist auszugehen, wenn nach dem Gesellschaftsvertrag der Anteil ohnehin frei veräußerlich ist, so idR bei einer „Publikums-KG" (Ulmer NJW 1990, 73 (76)), nicht aber ohne Weiteres bei der Vereinbarung einer einfachen Nachfolgeklausel (NK-BGB/Kroiß Rn. 52; Stimpel FS Brandner, 1996, 778; aA Staudinger/Dutta, 2021, Rn. 167). **62**

**5. Stille Gesellschaft.** Beim **Tod des stillen Gesellschafters** wird die Gesellschaft nicht aufgelöst (§ 234 Abs. 2 HGB). Der Testamentsvollstrecker kann die Rechte seiner Erben wahrnehmen, wenn der Geschäftsinhaber dem zustimmt (BGH WM 1962, 1084; NK-BGB/Kroiß Rn. 68; MüKoBGB/Zimmermann Rn. 49). Durch den **Tod des Geschäftsinhabers** wird die Gesellschaft aufgelöst, wenn der Gesellschaftsvertrag nichts anderes bestimmt (§ 727 Abs. 1). Der Testamentsvollstrecker hat sodann das Guthaben des stillen Gesellschafters zu befriedigen. Wird die Gesellschaft jedoch fortgeführt, so befindet sich der Testamentsvollstrecker in der gleichen Situation wie bei Fortführung eines Einzelunternehmens, sodass die diesbzgl. entwickelten Grundsätze (→ Rn. 32 ff.) gelten (NK-BGB/Kroiß Rn. 68; Winkler TV Rn. 389). **63**

**6. GmbH.** Die Testamentsvollstreckung an einem GmbH-Geschäftsanteil ist nach allgM **zulässig.** Der Testamentsvollstrecker verwaltet den Geschäftsanteil kraft eigenen Rechts und unter Ausschluss der Erben, einschließlich der Ausübung des Stimmrechts (BGHZ 24, 106 = NJW 1957, 1026; BGH NJW 1959, 1820; BGHZ 51, 209 = NJW 1969, 841; BGHZ 201, 216 = ZEV 2014, 662 (664) mAnm Reimann; eingehend dazu Lange FS 25 Jahre DNotI, 2018, 665 (667 f.); Todtenhöfer RNotZ 2017, 557; Wachter ZNotP 1999, 226). Dies gilt grds. auch bei einer **personalistisch strukturierten Gesellschaft,** wobei sich bei ihr aber erhebliche Probleme ergeben können, wenn die **Satzung** oder auch das Gesetz (zB bei einer Freiberufler-GmbH) die **höchstpersönliche Ausübung** der Mitgliedschaftsrechte, insbes. des Stimmrechts vorschreibt (Lange FS 25 Jahre DNotI, 2018, 665 (670)). Hier ist insoweit die Testamentsvollstreckung an der „Innenseite" des Geschäftsanteils ausgeschlossen, an der „Außenseite" bleibt sie dennoch bestehen (→ Rn. 57) (Winkler TV Rn. 399 f.; Mayer/Bonefeld TV-HdB/Weidlich § 19 Rn. 64 f.; J. Mayer ZEV 2002, 213). Auch kann in der **Satzung** der GmbH geregelt werden, dass der Testamentsvollstrecker **nicht** befugt ist, die Verwaltungsrechte an den Geschäftsanteilen auszuüben (OLG Frankfurt ZEV 2008, 606). Umstritten ist, ob der Testamentsvollstreckung gesellschaftsrechtlich durch die **Kernrechtsbereichstheorie** (→ Rn. 53) Grenzen gezogen werden (zur Anwendung bei der GmbH vgl. etwa v. Burchardt GmbHR 1954, 150; Priester FS Stimpel, 1985, 481 ff.; Mayer/Bonefeld TV-HdB/Weidlich § 19 Rn. 66 f.; eingehend J. Mayer ZEV 2002, 209 (213)), wenn man diese für das Testamentsvollstreckerrecht überhaupt für anwendbar hält (abl. Lange FS 25 Jahre DNotI, 2018, 665 (672 f.); Bengel/Reimann TV-HdB/Pauli § 5 Rn. 249; Staudinger/Dutta, 2021, Rn. 192) oder nicht sogar insgesamt ablehnt (abl. die wohl mittlerweile hM, vgl. Dörrie ZEV 1996, 370 (374); Wicke ZGR 2015, 161 (178): eines Rückgriffs auf die Kernbereichslehre bedürfe es gar nicht, da der erforderliche Schutz des Gesellschafter-Erben vor der „Fremdherrschaft" des Testamentsvollstreckers systemkonform bereits durch die erbrechtlichen Vorschriften der §§ 2205, 2206, 2216, 2218, 2219 gewährleistet sei). **64**

**65** Probleme ergeben sich (ausf. und praxisbezogen Winkler TV Rn. 393 ff.; Bengel/Reimann TV-HdB/Pauli § 5 Rn. 245 ff.) in **erbrechtlicher Hinsicht** aus der beschränkten Verpflichtungsbefugnis des Testamentsvollstreckers, insbes. bei Kapitalerhöhungen gegen Bar- oder Sacheinlage (Dörrie ZEV 1996, 370 (371 ff.); Lange FS 25 Jahre DNotI, 2018, 665 (671); Lorz, Testamentsvollstreckung und Unternehmensrecht, 1995, 261 ff.; J. Mayer ZEV 2002, 209 (211)). Soll die Kapitalerhöhung gegen Bar- oder Sacheinlage erfolgen, sind zwei Problemkreise aufgeworfen: die Begründung einer wirksamen eigenen Einlageverpflichtung durch die Übernahmeerklärung und die Gefahr der Ausfallhaftung für die Einlageverpflichtung der übrigen Gesellschafter (§ 24 GmbHG). Ist die zu erbringende Einlage nicht aus dem Nachlass gedeckt und erteilen die Altgesellschafter keine Zustimmung zur Abgabe der Übernahmeerklärung nach § 55 Abs. 1 GmbHG, ist der Testamentsvollstrecker nicht berechtigt, eine entsprechende Erklärung ohne Mitwirkung des Gesellschafter-Erben abzugeben (vgl. § 2206 Abs. 1). Aus denselben Gründen ist dem Testamentsvollstrecker der Erwerb eines Geschäftsanteils an einer bestehenden GmbH ohne Zustimmung durch den Erben nur möglich, wenn dieser durch die Transaktion nicht persönlich und unbeschränkt verpflichtet wird. Zur Gründung einer GmbH durch den Testamentsvollstrecker → Rn. 67. Auch hat der Testamentsvollstrecker § 2205 S. 3 zu beachten, etwa wenn es um die Veränderung von Mitgliedschaftsrechten geht, denen keine vollwertige Gegenleistung gegenübersteht. An seiner Wahl zum **Geschäftsführer** darf der Testamentsvollstrecker nur dann mitwirken, wenn ihm dies vom Erblasser oder Erben ausdrücklich gestattet wurde (Mayer/Bonefeld TV-HdB/Weidlich § 19 Rn. 63).

**66** Ist der Testamentsvollstrecker vom **Stimmrecht** hinsichtlich des zum Nachlass gehörenden Geschäftsanteils **ausgeschlossen** (§ 47 Abs. 4 GmbHG), so treten an seine Stelle insoweit ausnahmsweise die Erben (BGHZ 108, 21 = NJW 1989, 2694 (2696); BGHZ 201, 216 = ZEV 2014, 662 (665) mAnm Reimann; zur Möglichkeit, für Konfliktfälle einen Ersatztestamentsvollstrecker zu bestellen Wachter BB 2014, 2065; Heckschen/Strnad NZG 2014, 1201 (1208)). Ein solches Stimmrechtsverbot führt jedoch **nur** zum **Ausschluss** des Testamentsvollstreckers von der **Stimmrechtsabgabe.** Demgegenüber werden die **übrigen Gesellschafterrechte** nach wie vor vom Testamentsvollstrecker ausgeübt, sofern der Gesellschaftsvertrag nichts anderes bestimmt. Dies gilt namentlich für das Teilnahmerecht (Todtenhöfer RNotZ 2017, 557 (563); vgl. auch Wicke ZGR 2015, 161 (170 f., 172 f.) zu den weiteren Mitgliedschaftsrechten). Insbesondere steht nach wie vor ihm und nicht den Gesellschaftererben das **Recht** zur **Einberufung** der Gesellschafterversammlung zu, auch wenn dort ein Beschluss gefasst wird, hinsichtlich dessen für ihn das Stimmrechtsverbot gilt. Die Folge dieser nur **punktuellen Beschränkung** der Verwaltungsrechte des Testamentsvollstreckers ist, dass bei einer Einberufung durch die Gesellschaftererben die entsprechenden Gesellschafterbeschlüsse nichtig sind, wenn diese nicht in einer rügelosen Universalversammlung gefasst werden. Steht demnach den Gesellschaftererben trotz des Stimmrechtsverbots kein eigenes Einberufungsrecht zu, können die Erben eine Einberufung dieser Versammlung nur über die ihnen aus ihrem **erbrechtlichen Verhältnis** zum Testamentsvollstrecker zustehenden Rechte, insbes. aus dem Anspruch aus § 2216 Abs. 1, erreichen (BGHZ 201, 216 = ZEV 2014, 662 (664) mAnm Reimann; eingehend und instruktiv Wicke ZGR 2015, 161 (168 ff.)). Diese vom BGH vorgenommene Trennung zwischen der gesellschaftsrechtlichen und der erbrechtlichen Ebene zwingt zwar die Erben, einen uU dornenvollen Weg bis hin zur Geltendmachung von Haftungsansprüchen (§ 2219) und einer etwaigen Entlassung des Testamentsvollstreckers (§ 2227) zu beschreiten, schützt aber die Gesellschaft vor den „internen Streitigkeiten" zwischen den Erben und dem Testamentsvollstrecker. Wirken Erbe und Testamentsvollstrecker gemeinsam an einem Gesellschafterbeschluss mit, so soll es auf den Willen aller Mitwirkenden ankommen (OLG Hamm NZG 2015, 678 (682)).

**67** Die **Gründung einer GmbH** durch einen Testamentsvollstrecker ist wegen der damit verbundenen strengen persönlichen und unbeschränkbaren Haftung (nach §§ 9, 9a GmbHG, § 3 Abs. 2 GmbHG, § 24 GmbHG und den Grundsätzen der Unterbilanzhaftung bei Eintragung) mit § 2206 grds. nicht vereinbar und daher aus gesellschaftsrechtlichen Gründen unzulässig (J. Mayer ZEV 2002, 209 (211 f.); NK-BGB/Kroiß Rn. 77). Daher ist dies nur dann möglich, wenn eine persönliche Haftung der Gesellschafter-Erben ausgeschlossen ist, etwa weil die Geschäftsanteile aller Gesellschafter bereits vor der Gründung voll einbezahlt sind (Mayer/Bonefeld TV-HdB/Weidlich § 19 Rn. 71), oder der Testamentsvollstrecker aufgrund gesonderter Ermächtigung der Erben diese im vollen Umfang persönlich verpflichten kann; letzteres kann der Erblasser durch Formulierung einer Auflage sicherstellen (eingehend hierzu Bengel/Reimann TV-HdB/Pauli § 5 Rn. 244). Diese Grundsätze gelten auch für einen **Beteiligungserwerb** (NK-BGB/Kroiß Rn. 77; J. Mayer ZEV 2002, 209 (211 f.) für die GmbH; für den Erwerb eines Kommanditanteils aufgrund Teilungsanordnung LG Berlin ZEV 2004, 29 mAnm Rosener). Zur Eintragung eines **Testamentsvollstreckervermerks** im Handelsregister → § 2197 Rn. 17.

**7. Aktiengesellschaft.** Hier finden im Wesentlichen die gleichen Grundsätze wie bei der GmbH Anwendung (→ Rn. 64). Insbesondere verwaltet der Testamentsvollstrecker die zum Nachlass gehörenden Namens- und Inhaberaktien und übt das Stimmrecht (§ 134 AktG) und das Bezugsrecht (§ 186 AktG) aus (MüKoBGB/Zimmermann Rn. 54; eingehend Frank ZEV 2002, 389). Wegen des Grundsatzes der **Satzungsstrenge** (§ 23 Abs. 5 AktG) kann jedoch, anders als bei der GmbH, der Testamentsvollstrecker nicht von der Stimmrechtsabgabe oder von der Wahrnehmung anderer Gesellschafterrechte durch die Satzung ausgeschlossen werden (Wicke ZGR 2015, 161 (166)). Probleme entstehen, wenn der Testamentsvollstrecker zugleich zum Vorstand oder zum Aufsichtsrat der Aktiengesellschaft gehört (Frank NZG 2002, 898) oder es bei größeren Beteiligungen an börsenorientierten Kapitalgesellschaften zu einem Kontrollerwerb durch Erbgang iSd §§ 29 ff. WpÜG kommt (Werkmüller ZEV 2006, 491 (492 f.); allg. zu den WpÜG-Pflichten bei einer erbrechtlichen Nachfolge Wiesbrock/Zens ZEV 2006, 137). 68

**8. Genossenschaften.** Nach § 77 Abs. 1 GenG geht mit dem Tod eines Genossen dessen Mitgliedschaft auf die Erben über, endet aber mit dem Schluss des Geschäftsjahrs, in dem der Erbfall eingetreten ist (befristete Nachfolgeklausel). Bis dahin nimmt der Testamentsvollstrecker die Mitgliedschaftsrechte wahr. § 77 Abs. 2 GenG sieht die darüber hinausgehende Fortsetzung der Mitgliedschaft bei besonderen Regelungen des Statuts vor. Die hierzu erforderlichen Erklärungen über die Fortsetzung der Mitgliedschaft kann der Testamentsvollstrecker nur abgeben, wenn dadurch keine weiter gehenden Verpflichtungen des Erben entstehen (NK-BGB/Kroiß Rn. 75; ohne die Einschränkung, dass keine weitergehenden Verpflichtungen entstehen dürfen, MüKoBGB/Zimmermann Rn. 55; aA – keinerlei Vertretungsmöglichkeit durch den Testamentsvollstrecker – Staudinger/Dutta, 2021, Rn. 211; Grüneberg/Weidlich Rn. 21). 69

**9. Mischformen.** Für GmbH & Co und „GmbH & Still" gilt das, was für die jeweilige Unternehmensform entwickelt wurde (Staudinger/Dutta, 2021, Rn. 212). 70

## V. Testamentsvollstreckung und Grundbuch

**1. Eintragung und Bedeutung des Testamentsvollstreckervermerks.** Um einen gutgläubigen Erwerb Dritter (§ 2211 Abs. 2, § 892) zu verhindern und die Verfügungsbefugnis des Testamentsvollstreckers zu schützen, bestimmt die Verfahrensvorschrift des § 52 GBO (eingehend Zahn MittRhNotK 2000, 89; vgl. auch Mayer/Bonefeld TV-HdB/J. Mayer § 17 Rn. 3 ff.; Schmenger BWNotZ 2004, 97; Walloschek ZEV 2011, 167), dass im Grundbuch von Amts wegen ein **Testamentsvollstreckervermerk** einzutragen ist (zur Eintragung bei einer Vermächtnisvollstreckung, wenn der Vermächtnisnehmer nur mit Zustimmung des Testamentsvollstreckers über Grundbesitz verfügen kann, BayObLGZ 1990, 82 = NJW-RR 1990, 844), und zwar grds. zugleich mit der Berichtigung des Grundbuchs durch Eintragung der Erben nach Eintritt des Erbfalls; jedoch keine Eintragung des Testamentsvollstreckervermerks ohne die Erbfolge, da der isolierte Vermerk aus sich heraus nicht verständlich wäre (BayObLGZ 1995, 363 (365) = ZEV 1996, 150 mAnm Schaub; Bengel/Reimann TV-HdB/Reimann § 2 Rn. 329; str.). Der Erblasser kann die Eintragung des Testamentsvollstreckervermerks nicht ausschließen; auch der Testamentsvollstrecker kann hierauf nicht verzichten (Winkler TV Rn. 281); allerdings kann der Nacherbentestamentsvollstrecker auf die Eintragung eines Nacherbenvermerks verzichten, (BayObLGZ 1989, 183 (186)). 71

**Nicht im Grundbuch eingetragen** werden der Name des Testamentsvollstreckers, nähere Angaben über seinen Wirkungskreis und (außer bei § 2222) seine Befugnisse (Winkler TV Rn. 277). Ist die Testamentsvollstreckung vom Erblasser unter einer **aufschiebenden Bedingung** angeordnet (§ 158 Abs. 1), so kann die Eintragung des entsprechenden Vermerks erst **mit Eintritt** der Bedingung in das Grundbuch eingetragen werden. Denn durch eine frühere Eintragung würde das Grundbuch unklar, weil sich dann hieraus nicht mit der erforderlichen Deutlichkeit ergibt, welche Person verfügungsbefugt ist. Hinzukommt, dass der Nachweis, ob die Bedingung eingetreten ist, oftmals mit erheblichen Schwierigkeiten verbunden sein kann, zumal auch ein Testamentsvollstreckerzeugnis, mit dem sich der Testamentsvollstrecker legitimieren könnte, vor Bedingungseintritt nicht erteilt wird (OLG Köln ZEV 2015, 277 (278 f.) mAnm Litzenburger; Klinger ZEV 2021 148 (150)). 72

Der Antrag auf **Berichtigung** des Grundbuchs durch Eintragung der Erbfolge als Eigentümer (§§ 13, 22 GBO) ist vom Testamentsvollstrecker zu stellen, wozu das Grundbuchamt nach § 82 73

GBO anhalten kann. Antragsberechtigt ist hierzu nach umstrittener aber wohl noch hM allein der Testamentsvollstrecker, nicht aber der Erbe (KGJ 51, 216; OLG München JFG 20, 373; aA LG Stuttgart NJW-RR 1998, 665; Winkler TV Rn. 273; MüKoBGB/Zimmermann Rn. 102).

74 In **materiellrechtlicher Hinsicht** verhindert der Vermerk, dass eine unzulässige Verfügung der Erben über §§ 892, 893 zu einem gutgläubigen Erwerb eines Dritten führt. In **grundbuchrechtlicher Hinsicht** sperrt der Testamentsvollstreckervermerk das Grundbuch sogar gegen Eintragungen aufgrund von Verfügungen des Erben, falls nicht die Zustimmung des Testamentsvollstreckers in der Form des § 29 GBO nachgewiesen wird (MüKoBGB/Zimmermann Rn. 100).

75 **2. Löschung des Testamentsvollstreckervermerks.** Die **Löschung** des Testamentsvollstreckervermerks (eingehend Mayer/Bonefeld TV-HdB/J. Mayer § 17 Rn. 5 ff.; Weidlich MittBayNot 2006, 390) erfolgt entweder bei Gegenstandslosigkeit nach § 84 Abs. 1 GBO oder auf einen entsprechenden Antrag hin. Voraussetzung für die Löschung auf Antrag wegen Unrichtigkeitsnachweises nach § 22 GBO ist etwa, dass die Testamentsvollstreckung beendet ist (bei Amtsniederlegung ist aber eine Ersatzberufung zu prüfen) oder dass der Nachlassgegenstand der Verfügungsbefugnis des Testamentsvollstreckers nicht mehr unterliegt, weil er wirksam innerhalb der Verfügungsbefugnis des Testamentsvollstreckers veräußert wurde (BGHZ 56, 275 = NJW 1971, 1805), so auch bei einer Vermächtniserfüllung, wenn diesbezüglich keine sich daran anschließende Testamentsvollstreckung angeordnet ist (LG Aachen Rpfleger 1986, 306 = MittRhNotK 1987, 26; ebenso zur Erbauseinandersetzung OLG Hamm FamRZ 2003, 710 = Rpfleger 2002, 618), oder eine zulässige Freigabe nach § 2217 vorliegt (eingehend J. Mayer in Mayer/Bonfeld TV-HdB § 17 Rn. 5). Bei der Prüfung des Nachweises der Unrichtigkeit eines Testamentsvollstreckervermerks ist das Grundbuchamt durch die Erteilung eines die Testamentsvollstreckung ausweisenden Erbscheins oder eines Testamentsvollstreckerzeugnisses nicht gehindert, die Beendigung der Testamentsvollstreckung festzustellen. Vielmehr besitzt das Nachlassgericht eine eigene Prüfungskompetenz (OLG München Rpfleger 2005, 661; dazu Zimmermann ZEV 2006, 174). Eine Löschung allein aufgrund der Bewilligung des Testamentsvollstreckers ist nicht möglich (BayObLG NJW-RR 1990, 906), uU liegt aber darin eine Freigabe (OLG Hamm Rpfleger 1958, 15; MüKoBGB/Zimmermann Rn. 100).

76 **3. Eintragungen im Zusammenhang mit Verfügungen des Testamentsvollstreckers. a) Nachweis der Testamentsvollstreckerstellung.** Da durch die Anordnung der Testamentsvollstreckung der Erbe die Verfügungsbefugnis über den Nachlass verliert, welcher der Testamentsvollstreckung unterliegt (§ 2211 Abs. 1), muss die für eine Eintragung im Grundbuch nach § 19 GBO erforderliche **Eintragungsbewilligung** allein vom **verfügungsberechtigten Testamentsvollstrecker** abgegeben werden.

77 Gegenüber dem Grundbuchamt ist der Nachweis der Verfügungsbefugnis durch ein **Testamentsvollstreckerzeugnis** (§ 2368; § 35 Abs. 2 GBO) zu führen. Das Zeugnis ist in Urschrift oder Ausfertigung vorzulegen. Der Vorlage eines Erbscheins bedarf es grds. nicht. Die Vorlage des Testamentsvollstreckerzeugnisses wird ersetzt durch die Verweisung auf die das Testamentsvollstreckerzeugnis enthaltenden Nachlassakten des gleichen Amtsgerichts. Der Vorlage eines Testamentsvollstreckerzeugnisses bedarf es ferner dann nicht, wenn der Testamentsvollstrecker in einer öffentlich beurkundeten Verfügung von Todes wegen ernannt wurde; hier genügt gem. § 35 Abs. 1 S. 2 GBO, wenn eine beglaubigte Abschrift der Verfügung von Todes wegen nebst der Eröffnungsniederschrift vorgelegt und die Amtsannahme nachgewiesen wird (OLG Hamm ZEV 2016, 640 f.; OLG München ErbR 2016, 527 (528); ZEV 2016, 439 (440)).

78 **b) Prüfungspflicht und -umfang.** Das **Grundbuchamt** hat bei sämtlichen Verfügungen aufgrund einer Bewilligung des Testamentsvollstreckers dessen Verfügungsbefugnis zu prüfen. Ansonsten liegt eine Amtspflichtverletzung vor, welche die Eintragung eines Amtswiderspruchs rechtfertigt (BayObLG NJW-RR 1989, 587; OLG München FamRZ 2018, 1200 f.; OLG Zweibrücken Rpfleger 1968, 88; Riedel Rpfleger 1966, 175). Dies gilt auch für Fälle des § 2205 S. 3, weil der Testamentsvollstrecker zu einer **unentgeltlichen Verfügung** nicht berechtigt ist. Da dem Grundbuchamt die Verfügungsbefugnis des Testamentsvollstreckers **nachzuweisen** ist, muss nachgewiesen werden, dass er entweder in Erfüllung einer letztwilligen Verfügung des Erblassers oder einer wirksamen Verpflichtung handelt (BayObLG NJW-RR 1989, 587; OLG München BeckRS 2016, 11028; RNotZ 2016, 528 (529); ZEV 2011, 197: ob es sich um Erfüllung einer Teilungsanordnung oder eines (Voraus-) Vermächtnisses handelt, kann aber auch bei einem eigenhändigen Testament offenbleiben). Hierzu ist die Vorlage der entsprechenden Verfügung von Todes wegen in beglaubigter Abschrift samt entsprechender Eröffnungsniederschrift erforderlich (OLG Düsseldorf NJW 2014, 322 (323); Staudinger/Dutta, 2021, Rn. 123) oder aber die Verfügung des

Testamentsvollstreckers ist **entgeltlich** (OLG Frankfurt ZEV 2012, 325 (326 f.); Schaub ZEV 2001, 257 (260); eingehend dazu Keim ZEV 2007, 470). Im Falle einer Verfügung des Testamentsvollstreckers zur **Erfüllung einer Vermächtnisanordnung** ist ein entsprechender Vermächtnisanspruch des Leistungsempfängers nachzuweisen. Auch sind bei einer Vermächtniserfüllung ernsthafte Zweifel an der **Testierfähigkeit** des Erblassers zu beachten, die zur Unwirksamkeit der Anordnung führen würden (OLG München ZEV 2011, 195 (196)).

Zur **Entgeltlichkeit** gehört, dass eine vereinbarte Gegenleistung dem **Nachlass zufließt** **79** (RGZ 125, 242 (245 f.)). Ein Mittelverwendungsnachweis kann aber nicht verlangt werden (NK-BGB/Kroiß Rn. 28). Der erforderliche **Nachweis muss nicht in der Form des § 29 GBO** erbracht werden, da dies regelmäßig nicht möglich wäre. Er kann daher auch im Wege der freien Beweiswürdigung erbracht werden, also etwa durch Vorlage eines privatschriftlichen Testaments (BayObLG NJW-RR 1989, 587; OLG München RNotZ 2015, 359 (361); LG Köln MittRhNotK 1989, 172; ausf. Schmenger BWNotZ 2004, 97 (109); eingehend zur Prüfungspflicht des Grundbuchamts bzgl. der Entgeltlichkeit Keim ZEV 2014, 648). Es genügt daher, dass Zweifel an der Pflichtmäßigkeit der Verfügung ausgeräumt werden, indem der Testamentsvollstrecker den Rechtsgrund und die für seine Verfügung maßgebenden Beweggründe darlegt, wenn dies verständlich und den Realitäten gerecht erscheint und dadurch begründete Zweifel an der Pflichtmäßigkeit der Handlung nicht ersichtlich sind (KGJ 33 A 164, 174; OLG Zweibrücken Rpfleger 1968, 89; BayObLG NJW-RR 1989, 587; Zahn MittRhNotK 2000, 89 (107) mwN). Damit lässt die Rspr. Beweiserleichterungen zu (vgl. OLG München RNotZ 2016, 528 (529), wonach der Nachweis, eine Vermächtnisanforderung zu erfüllen, nicht in der Form des § 29 GBO erbracht werden muss; dies gilt auch für den Nachweis, dass der Bedachte den Vermächtnisanspruch wirksam an einen Dritten abgetreten hat).

Wenn es um die **(Teil)Unentgeltlichkeit der Verfügung** geht, muss das Grundbuchamt **80** aufgrund der dargelegten Umstände in der Lage sein, nach allgemeinen **Erfahrungssätzen** keine Zweifel an der Entgeltlichkeit zu haben. Sind im Testamentsvollstreckerzeugnis keine Abweichungen vom gesetzlichen Umfang der Befugnisse nach §§ 2203–2206 angegeben, hat das Grundbuchamt regelmäßig von der gesetzlichen Verfügungsbefugnis nach § 2205 S. 2 und 3 auszugehen, denn die Vermutungswirkung des § 2368 Abs. 3, § 2365 gilt auch gegenüber dem Grundbuchamt. Prüfungsrecht und Prüfungspflicht des Grundbuchamts sind in dieser Konstellation daher darauf beschränkt, ob der Testamentsvollstrecker die gesetzlichen Schranken seiner Verfügungsmacht eingehalten hat (OLG München ZErb 2018, 11 (12)). Bei einem zweiseitigen Rechtsgeschäft mit einem Dritten kann es bei einer entsprechenden Erklärung des Testamentsvollstreckers über die Entgeltlichkeit von der allgemeinen Lebenserfahrung ausgehen, dass ein Veräußerungsvertrag an einen **Nichterben** grds. voll entgeltlich sein wird (OLG München ZEV 2012, 328; dazu weiterführend Amann MittBayNot 2012, 207; Jung Rpfleger 1999, 204 (207); zur Parallelproblematik bei der Nacherbschaft OLG Frankfurt FamRZ 2012, 743). Dabei sind die Erklärungen der Beteiligten grds. als wahr zu betrachten, sofern nicht Anhaltspunkte für die Unrichtigkeit bestehen (RGZ 65, 214 (223) zum Vorerben; vgl. auch BGHZ 57, 84 (95) = NJW 1971, 2264). Soweit jedoch ein Miterbe erwirbt, gelten diese Grundsätze nicht (OLG Frankfurt ZEV 2012, 325 (326) m. strengen Anforderungen; dazu auch Keim ZEV 2014, 648 (649 f.)). Entgegen der von mehreren Obergerichten vertretenen Auffassung (OLG Köln BWNotZ 2019, 74 Rn. 13; OLG Frankfurt ZEV 2011, 534; OLG München ZEV 2012, 328; dazu krit. Amann MittBayNot 2012, 292; OLG Zweibrücken ZEV 2007, 32) hat das Grundbuchamt allerdings die Prüfung, ob eine entgeltliche Verfügung vorliegt, bereits **bei Eintragung** einer **Auflassungsvormerkung** (§ 883) vorzunehmen. Zwar kann durch die Auflassungsvormerkung auch ein künftiger Anspruch gesichert und ein aufgrund der fehlenden Verpflichtungsbefugnis des Testamentsvollstreckers zunächst schwebend unwirksamer Vertrag durch die Genehmigung der Erben wirksam werden; jedoch fehlt dem Testamentsvollstrecker bis dahin die für die Eintragung der Auflassungsvormerkung ebenfalls erforderliche **Bewilligungsbefugnis** (Keim ZEV 2014, 648 (650); Amann MittBayNot 2012, 267 (269); MüKoBGB/Zimmermann Rn. 103).

Bei der Bestellung einer **Fremdgrundschuld** muss der Testamentsvollstrecker dem Grund- **81** buchamt darlegen, ob Anlass hierfür eine Darlehensaufnahme ist und an wen das Darlehen ausgezahlt wird (LG Aachen Rpfleger 1984, 98; Bengel/Reimann TV-HdB/Schaub § 5 Rn. 70). Bei der Bestellung einer **Eigentümerbriefgrundschuld** entsteht eine Beeinträchtigung des Nachlasses erst mit der Abtretung (NK-BGB/Kroiß Rn. 28); die Rechtslage entspricht dann derjenigen bei der Bestellung einer Fremdgrundschuld. Wegen des Schenkungsverbots sind unentgeltliche Zuwendungen des Testamentsvollstreckers nicht zulässig. Die **Ausstattung** (§ 1624) gilt zwar grds. nach dem Gesetz nicht als Schenkung, soweit sie die Vermögensverhältnisse des Ausstattungsgebers nicht übersteigt. Sie erfolgt jedoch objektiv unentgeltlich. Daher ist der Testamentsvollstrecker zu ihrer Vornahme nicht berechtigt, wenn nicht eine ausdrückliche wirksame Anordnung des Erblassers hierzu vorliegt (Staudinger/Dutta, 2021, Rn. 77; zu weiteren Einzelfällen vgl. die ausf. Aufstellung von Bengel/Reimann TV-HdB/Schaub § 5 Rn. 58–107). Stimmen die Erben und Vermächtnisnehmer einer unentgeltlichen Verfügung zu und verleihen dieser dadurch Wirksamkeit, ist dies dem Grundbuchamt in der Form des § 29 GBO nachzuweisen (BayObLG DNotZ 1996, 20; eingehend zu diesen Fragen Staudinger/Dutta, 2021, Rn. 103 f.).

82 Da auch **§ 181** die Verfügungsbefugnis des Testamentsvollstreckers beschränkt, ist dies vom Grundbuchamt zu beachten. Der Testamentsvollstrecker muss dementsprechend substantiiert vortragen, dass die Verfügung dem Gebot ordnungsgemäßer Verwaltung entspricht. Für den Nachweis, der auch hier nicht in der Form des § 29 GBO geführt werden muss, gelten die gleichen Grundsätze wie bei der Unentgeltlichkeit (MüKoBGB/Zimmermann Rn. 104; NK-BGB/Kroiß Rn. 29).

## § 2206 Eingehung von Verbindlichkeiten

**(1) [1]Der Testamentsvollstrecker ist berechtigt, Verbindlichkeiten für den Nachlass einzugehen, soweit die Eingehung zur ordnungsmäßigen Verwaltung erforderlich ist. [2]Die Verbindlichkeit zu einer Verfügung über einen Nachlassgegenstand kann der Testamentsvollstrecker für den Nachlass auch dann eingehen, wenn er zu der Verfügung berechtigt ist.**

**(2) Der Erbe ist verpflichtet, zur Eingehung solcher Verbindlichkeiten seine Einwilligung zu erteilen, unbeschadet des Rechts, die Beschränkung seiner Haftung für die Nachlassverbindlichkeiten geltend zu machen.**

### Überblick

Die Vorschrift regelt die kraft Gesetzes bestehende Verpflichtungsbefugnis des Testamentsvollstreckers, die der Erblasser nach Maßgabe des § 2207 erweitern kann.

### I. Normzweck

1 Die Vorschrift ergänzt § 2205 S. 1. Während das Gesetz dem Testamentsvollstrecker aber grds. eine unbeschränkte Verfügungsbefugnis gibt (→ § 2205 Rn. 15), begrenzt es dessen Verpflichtungsbefugnis entspr. dem Zweck der Testamentsvollstreckung auf das, was zur ordnungsgemäßen Nachlassverwaltung erforderlich ist (Abs. 1 S. 1). Der für das Innenverhältnis geltende § 2216 Abs. 1 schlägt somit auf das rechtliche Können des Testamentsvollstreckers im Außenverhältnis durch, was als **kausale Beschränkung** der Verpflichtungsbefugnis bezeichnet wird (MüKoBGB/Zimmermann Rn. 1; NK-BGB/Kroiß Rn. 1).

2 Von diesem Grundsatz macht das Gesetz **zwei Ausnahmen:**

- Die unbeschränkte Verfügungsbefugnis des § 2205 S. 2 gebietet es, dass auch die hierauf gerichteten Verpflichtungen uneingeschränkt wirksam sind (Abs. 1 S. 2). Denn ohne diese **Deckungsgleichheit von Verpflichtungs- und Verfügungsbefugnis** könnte eine erbrachte Leistung nach § 812 wegen des fehlenden rechtlichen Grundes wieder kondiziert werden, wenn es sich um keine ordnungsgemäße Nachlassverwaltung handelte. Dies würde zu einer Erschwerung des Rechtsverkehrs führen. Daher soll die Verpflichtungsbefugnis nicht hinter der dinglichen Verfügungsmacht zurückstehen (OLG München ZEV 2014, 658 (659); Lange ErbR § 64 Rn. 122).
- Weiter ist bei der komplexen Dauer- und **Verwaltungsvollstreckung** mit regelmäßig zahlreichen Verpflichtungsgeschäften im Zweifel anzunehmen, dass der Testamentsvollstrecker die erweiterte Verpflichtungsbefugnis des § 2207 besitzt (§ 2209 S. 2).

### II. Verpflichtungsbefugnis des Testamentsvollstreckers (Abs. 1)

3 Der Tatbestand des § 2206 Abs. 1 differenziert an sich nach zwei unterschiedlichen Arten von Verpflichtungen. Dadurch ergeben sich gegenüber dem allgemeinen Vertretungsrecht Besonderheiten (→ Rn. 1). Diese werden jedoch durch die von der Rspr. vorgenommene Fortentwicklung der Norm im praktischen Ergebnis wieder weitgehend beseitigt (zutr. Damrau/Tanck/Bonefeld Rn. 1).

**1. Reine Verpflichtungsgeschäfte.** Zur Eingehung von Verbindlichkeiten, deren Erfüllung keine Verfügung über Nachlassgegenstände erfordert, ist der Testamentsvollstrecker grds. nur befugt, wenn dies zur **ordnungsgemäßen Nachlassverwaltung** erforderlich ist (Abs. 1 S. 1) oder eine erweiterte Verpflichtungsbefugnis nach §§ 2207, 2209 S. 2 vorliegt. Zu dieser Art von Rechtsgeschäften gehören Miet-, Dienst- und Darlehensverträge (NK-BGB/Kroiß Rn. 2), die Eingehung von Wechselverbindlichkeiten für den Nachlass (RGZ 60, 30 (32)), Schuldanerkenntnisse (Staudinger/Dutta, 2021, Rn. 3), das Ausbieten einer Nachlasshypothek (KG JW 1932, 1398) sowie die Führung eines Prozesses mit dem Abschluss von Vergleichen und Anerkenntnissen (MüKoBGB/Zimmermann Rn. 3), wegen § 2213 Abs. 1 S. 3 aber nicht die Anerkennung streitiger Pflichtteilsforderungen (BGH NJW 1969, 424; zust. MüKoBGB/Zimmermann Rn. 3; Erman/M. Schmidt Rn. 1); eingehend zu dieser Problematik → § 2213 Rn. 8. **Gesellschaftsverträge** kann der Testamentsvollstrecker nur dann für den Nachlass abschließen, wenn dadurch ausschließlich der Nachlass und nicht das Eigenvermögen der Erben verpflichtet wird (Staudinger/Dutta, 2021, Rn. 5). 4

Nach dem Wortlaut des § 2206 Abs. 1 S. 1 ist allein das **objektive Vorliegen** einer ordnungsgemäßen Nachlassverwaltung dafür entscheidend, ob eine Verbindlichkeit für den Nachlass wirksam eingegangen wird. Aus Gründen des Verkehrsschutzes genügt es aber für das Entstehen einer wirksamen Nachlassverbindlichkeit bereits, wenn der Geschäftspartner bei Vertragsabschluss **angenommen hat und ohne Fahrlässigkeit annehmen konnte,** dass die Eingehung der Verbindlichkeiten zur ordnungsgemäßen Nachlassverwaltung erforderlich sei, selbst wenn dies objektiv nicht der Fall war (RGZ 83, 348 (353); 130, 131 (134); BGH NJW 1983, 40 (41); NK-BGB/Kroiß Rn. 3). Dabei schadet allerdings bereits leichte Fahrlässigkeit. Teilweise wird eine Prüfungspflicht des Vertragsgegners per se verneint (Soergel/Becker Rn. 5), was aber dann zu weit geht, wenn sich aufgrund konkreter Anhaltspunkte Verdachtsmomente für die Ordnungswidrigkeit der Maßnahme ergeben, weil der Dritte dann nicht länger schutzbedürftig ist (NK-BGB/Kroiß Rn. 3; MüKoBGB/Zimmermann Rn. 7). Konnte der Dritte erkennen, dass der Testamentsvollstrecker seine Befugnisse überschreitet, so kann er keine Rechte gegen den Nachlass herleiten. Eine persönliche Haftung des Testamentsvollstreckers nach § 179, die überwiegend angenommen wird (so etwa Staudinger/Dutta, 2021, Rn. 13), scheitert hier an § 179 Abs. 3, denn die Erkennbarkeit der Ordnungswidrigkeit bedingt zugleich die der fehlenden Verpflichtungsmacht (MüKoBGB/Zimmermann Rn. 8; Muscheler, Die Haftungsordnung der Testamentsvollstreckung, 1994, 190; Grüneberg/Weidlich Rn. 1). 5

**2. Verpflichtung zur Verfügung über einen Nachlassgegenstand.** Besteht eine Verpflichtung zur Verfügung, so **entspricht** nach Abs. 1 S. 2 die **Verpflichtungsbefugnis der Verfügungsbefugnis** des § 2205 S. 2. Die Verpflichtungsbefugnis des Testamentsvollstreckers ist also nur durch das Schenkungsverbot des § 2205 S. 3 und etwaige Anordnungen des Erblassers (§ 2208) beschränkt. Zu den unter Abs. 1 S. 2 fallenden Rechtsgeschäften gehören etwa Veräußerung oder Belastung eines Grundstücks, nicht aber eine Kreditaufnahme, die durch ein Grundpfandrecht abgesichert wird, da das Sicherungsgeschäft von der rein schuldrechtlichen Darlehensaufnahme zu trennen ist (NK-BGB/Kroiß Rn. 10; Staudinger/Dutta, 2021, Rn. 8; aA wegen des wirtschaftlichen Zusammenhangs KGJ 27, 192). Für die Wirksamkeit der Verpflichtung nach außen kommt es zunächst nicht darauf an, ob deren Eingehung zur ordnungsgemäßen Verwaltung des Nachlasses erforderlich war; dies kann allenfalls Schadensersatzansprüche der Nachlassberechtigten gegen den Testamentsvollstrecker auslösen (§ 2219) (BGH NJW-RR 1989, 642; OLG Düsseldorf BeckRS 2015, 15525 Rn. 78). Jedoch wird hier zum Schutze des Nachlasses der im allgemeinen Vertretungsrecht entwickelte Rechtsgedanke der **rechtsmissbräuchlichen Ausübung der Vertretungsmacht** angewandt: Kannte der Dritte die rechtsmissbräuchliche Ausübung der Befugnisse des Vertreters oder musste er diese zumindest kennen, so kann er keine Rechte gegen den Nachlass geltend machen (RGZ 75, 299 (301); 83, 348 (353); 130, 131 (134); BGH NJW 1983, 40; NJW-RR 1989, 642 f.; OLG München ZEV 2014, 658 (659); Winkler TV Rn. 193); auch die diesbezügliche Verfügung ist unwirksam (MüKoBGB/Zimmermann Rn. 5). Der Dritte kann allenfalls den Testamentsvollstrecker nach § 179 persönlich in Anspruch nehmen (einschr. zur Haftung nach § 179 zu Recht Muscheler, Die Haftungsordnung der Testamentsvollstreckung, 1994, 190 f.). Dabei ist auch hier zu beachten, dass den Vertragspartner im Allgemeinen **keine** besondere **Prüfungspflicht** trifft, ob und inwieweit der Vertreter im Innenverhältnis gebunden ist, von einer nach außen unbeschränkten Vertretungsmacht nur beschränkten Gebrauch zu machen. Nur dann, wenn der Bevollmächtigte in ersichtlich verdächtiger Weise von seiner Vertretungsmacht Gebrauch macht, kann der Einwand der Arglist (oder der unzulässigen Rechtsausübung) begründet sein (BGH NJW-RR 1989, 642; vgl. auch OLG Koblenz NJW-RR 2008, 6

965: massive, evidente Verdachtsmomente erforderlich). In Ausnahmefällen kommt sogar eine Nichtigkeit des Vertrags nach § 138 Abs. 1 in Betracht, wenn der Testamentsvollstrecker und der Dritte bewusst zum Nachteil des Nachlasses zusammengewirkt haben **(Kollusion);** hierzu bedarf es aber eines Treuebruchs durch den Testamentsvollstrecker und einer bewussten Ausnutzung desselben durch den Vertragspartner selbst (BGH NJW-RR 1989, 642 f.).

7 Nicht geschützt wird der **gute Glaube** des Vertragspartners an das **Bestehen der Verfügungsbefugnis,** die Grundlage für die Verpflichtungsmacht ist (Staudinger/Dutta, 2021, Rn. 13; MüKoBGB/Zimmermann Rn. 5). Soweit sich die Beschränkung der allgemeinen Verfügungsbefugnis des Testamentsvollstreckers aus Anordnungen nach § 2208 ergibt, wird der Dritte idR durch § 2368 geschützt, weil derartige Beschränkungen in das Testamentsvollstreckerzeugnis eingetragen werden müssen (Grüneberg/Weidlich § 2368 Rn. 2) und ein solches meist vorgelegt werden sollte. Problematischer ist ein Verstoß gegen das Schenkungsverbot des § 2205 S. 3, denn hier kommt es nach hM nicht darauf an, dass der Dritte die Unentgeltlichkeit erkennen konnte (→ § 2205 Rn. 25) (RGZ 105, 250; BGH NJW 1963, 1614; KG OLGZ 1992, 139; MüKoBGB/Zimmermann § 2205 Rn. 75; anders aber bei § 2206, jedoch ohne Auseinandersetzung mit der hM, Staudinger/Dutta, 2021, Rn. 10).

8 **3. Rechtsfolge, Haftung der Erben.** Soweit der Testamentsvollstrecker **im Rahmen seiner Verpflichtungsbefugnis** und unter Offenlegung seiner Amtseigenschaft (vgl. § 164 Abs. 2) **handelt,** entsteht für die Erben eine **Nachlassverbindlichkeit** (§ 1967), und zwar eine Nachlassverwaltungsschuld (vgl. BGH NJW 2012, 316 zu Hausgeldschulden, die während der Testamentsvollstreckung fällig werden). Sie haften dafür nach den allgemeinen Grundsätzen mit der Möglichkeit der erbrechtlichen Haftungsbeschränkung, wie Abs. 2 nochmals betont (BeckOGK/Grotheer Rn. 9). Im Nachlassinsolvenzverfahren handelt es sich um Masseschulden (§ 324 Abs. 1 Nr. 5 InsO) (Lange ErbR § 64 Rn. 127; NK-BGB/Kroiß Rn. 5; MüKoBGB/Zimmermann Rn. 14; krit. dagegen Muscheler, Die Haftungsordnung der Testamentsvollstreckung, 1994, 140 ff.). Für die Haftung mit dem gesamten Nachlass ist es unerheblich, ob im Einzelfall die Testamentsvollstreckung nur auf bestimmte **Nachlassgegenstände beschränkt** ist (Staudinger/Dutta, 2021, § 2208 Rn. 11), allerdings kann der Anspruch dann wegen § 2213 Abs. 1 S. 2 nur gegen den Erben geltend gemacht werden. Zu beachten ist die Rspr. des BFH für **Steuerschulden,** die auf Steuertatbeständen beruhen, die erst nach dem Erbfall verwirklicht werden. Hier liegt eine gegenüber dem allgemeinen Zivilrecht abweichende steuerliche Beurteilung vor. Erzielt der Erbe in seiner Person Einkünfte, so richten sich die einkommensteuerrechtlichen Ansprüche, auch soweit sie aus Erträgen des Nachlassvermögens resultieren, gegen die Erben und nicht gegen den Nachlass, der selbst kein Einkommensteuer- oder Körperschaftsteuersubjekt ist. Der Erbe kann sich daher abweichend von den zivilrechtlichen Vorstellungen nicht auf die erbrechtliche Haftungsbeschränkung berufen, mag der die Einkünfteerzielung begründende Tatbestand auch durch das Verhalten eines Nachlassverwalters verwirklicht worden sein (vgl. dazu BFH BStBl. II 1992, 781 = NJW 1993, 350 zum Nachlassverwalter, jedoch dürfte diese Rspr. auf den Testamentsvollstrecker übertragbar sein, vgl. dazu – wenn iE zu Recht krit. NK-BGB/Kroiß Rn. 7; Staudinger/Kunz, 2020, § 1967 Rn. 124 ff.).

9 Liegt eine **Erbteilsvollstreckung** vor, so gelten jedoch Besonderheiten, weil die allgemeine Verpflichtungsbefugnis des Testamentsvollstreckers durch die Kompetenzordnung des § 2038 überlagert wird (Muscheler AcP 195 (1995), 35 (60 f.)). **Vor der Teilung** des Nachlasses sind daher die sich aus der Erbengemeinschaft ergebenden Beschränkungen zu berücksichtigen. Eine gemeinschaftliche Nachlassverbindlichkeit, für die sämtliche Erben als Gesamtschuldner haften (§ 2058), entsteht nur, wenn der Erbteilsvollstrecker die Verbindlichkeiten entweder zusammen mit den übrigen Erben oder bei § 2038 Abs. 2, § 745 Abs. 1 zusammen mit der Mehrheit der Erben begründet oder er allein bei Vorliegen der Voraussetzungen des Notgeschäftsführungsrechts nach § 2038 Abs. 1 S. 2 Hs. 2 handelt und die Eingehung der Verbindlichkeit ordnungsgemäßer Nachlassverwaltung entspricht. Die von der Testamentsvollstreckung freien Erben haften dabei unbeschränkbar und persönlich, wenn sie entweder selbst handelten oder dem Testamentsvollstrecker entsprechende Vollmacht erteilt haben; es handelt sich um echte **Nachlasserbenschulden.** Demgegenüber liegen bei dem Miterben, für den der Erbteilsvollstrecker nach § 2038 oder aufgrund seiner Testamentsvollstreckungseigenschaft handelt, **Nachlassverwaltungsschulden** vor, sodass die erbrechtliche Haftungsbeschränkung möglich ist (eingehend zu diesen Fragen Muscheler AcP 195 (1995), 35 ff.; Mayer/Bonefeld TV-HdB/J. Mayer § 16 Rn. 3 ff.). **Nach der Nachlassteilung** kommt es darauf an, ob sich das Verwaltungsrecht des Testamentsvollstreckers auf das dem Miterben im Rahmen der Auseinandersetzung zugeteilte Ersatzobjekt erstreckt (→ § 2208 Rn. 10). In diesem Fall hat der Testamentsvollstrecker hinsichtlich dieses Erben die Regelbefug-

nisse. Er kann also nach den §§ 2206, 2207, die analog anzuwenden sind, entsprechende Nachlassverbindlichkeiten eingehen, die aber nicht den gesamten Nachlass betreffen (aA Muscheler AcP 195 (1995), 35 (48), wonach hier immer noch „gemeinschaftliche Nachlassverbindlichkeiten" entstehen; ebenso wohl NK-BGB/Kroiß Rn. 6), sondern nur den Miterben, für den der Vollstrecker noch seine Verwaltungsrechte ausübt. Für den betroffenen Miterben handelt es sich dann um Nachlassverwaltungsschulden, für die er seine Haftung nach den allgemeinen Bestimmungen immer noch beschränken kann (insoweit gilt § 2206 zumindest analog, vgl. Bengel/Reimann TV-HdB/Klinger § 3 Rn. 56; anders Soergel/Becker Rn. 8: entsprechende Haftungsbeschränkung nur, wenn der Testamentsvollstrecker bei Eingehung der Verbindlichkeiten seine beschränkte Verwaltungsbefugnis offengelegt hat).

Werden die **Grenzen** der Verpflichtungsbefugnis (→ Rn. 4 ff.) vom Testamentsvollstrecker **nicht beachtet,** so entsteht eine Nachlassverbindlichkeit nur, wenn das Rechtsgeschäft wirksam nach § 184 genehmigt wird. Wird das Verpflichtungsgeschäft vor Annahme des Testamentsvollstreckeramts oder durch den vermeintlichen Testamentsvollstrecker abgeschlossen, so kann eine wirksame, den Nachlass verpflichtende Genehmigung nur vom verwaltungsberechtigten Testamentsvollstrecker erteilt werden; in den anderen Fällen geschieht dies durch den Erben (NK-BGB/Kroiß Rn. 9; Staudinger/Dutta, 2021, Rn. 21 ff.; eingehend dazu K. Müller JZ 1981, 370). Der **Testamentsvollstrecker** haftet für die im Rahmen seiner Befugnisse eingegangenen Verbindlichkeiten **nicht persönlich,** wenn er erkennbar für den Nachlass auftritt (Offenkundigkeit) (RGZ 80, 418; NK-BGB/Kroiß Rn. 5). Ist das Handeln für den Nachlass nicht hinreichend erkennbar, so liegt ein Eigengeschäft vor, das den Testamentsvollstrecker persönlich verpflichtet (NK-BGB/Kroiß Rn. 5). Ein gegen den Testamentsvollstrecker ergehendes Urteil bedarf nicht des **Vorbehalts** der **beschränkten Erbenhaftung** (§ 780 Abs. 2), da der Testamentsvollstrecker stets nur mit Wirkung auf den Nachlass verurteilt werden kann (MüKoBGB/Zimmermann Rn. 14). 10

Für das Vorliegen von Willensmängeln, der Gutgläubigkeit und der **Kenntnis** oder Nichtkenntnis von Umständen kommt es allein auf die Person des Testamentsvollstreckers an, da er der Vertragspartner ist. Eine mögliche Kenntnis der Erben kann dem Testamentsvollstrecker auch nicht über die Grundsätze der Organisation des innerbetrieblichen Informationsaustauschs zugerechnet werden (BGH ZEV 2021, 382 (384)). Für ein Verschulden des Testamentsvollstreckers bei Erfüllung einer Nachlassverbindlichkeit haften die Erben nach § 278, ebenso für ein Verschulden bei Vertragsverhandlungen (§ 280 Abs. 1, § 311 Abs. 2 Nr. 1, culpa in contrahendo) (NK-BGB/Kroiß Rn. 8; MüKoBGB/Zimmermann Rn. 15). Eine eigene Haftung des Testamentsvollstreckers für culpa in contrahendo besteht nur, soweit er bei den Verhandlungen besonderes persönliches Vertrauen in Anspruch genommen hat (§ 311 Abs. 3) (BeckOGK/Grotheer Rn. 11; weitergehend Muscheler, Die Haftungsordnung der Testamentsvollstreckung, 1994, 199 ff., der eine grds. Eigenhaftung des Testamentsvollstreckers aus einem institutionalisierten, rollengebundenen Vertrauen herleitet). 11

## III. Einwilligung der Erben (Abs. 2)

Abs. 2 **bezweckt,** Klarheit darüber zu schaffen, ob eine wirksame Nachlassverbindlichkeit begründet wurde, was im Fall von Abs. 1 S. 1 besonders problematisch sein kann, aber auch bei anderen Verpflichtungen, wenn eine Verfügungsbeschränkung nach § 2208 anzunehmen ist. Dadurch dass sich der Testamentsvollstrecker, ggf. klageweise, mittels Einwilligung der Rechtmäßigkeit seines Handelns versichern kann, reduziert er zugleich sein Haftungsrisiko (§ 2219). Die Verpflichtung des Erben besteht nur gegenüber dem Testamentsvollstrecker, nicht aber gegenüber dem Vertragspartner (Staudinger/Dutta, 2021, Rn. 14). Zur Einwilligung verpflichtet sind nur der Erbe und der Vorerbe, nicht aber die Nacherben (OLG Neustadt NJW 1956, 1881). Der Vorschrift kann nicht entnommen werden, dass es bei Minderjährigkeit des Erben im Außenverhältnis einer Genehmigung der Einwilligung bedarf (OLG Karlsruhe ZEV 2015, 703 (704 f.)). 12

Der **Anspruch auf Einwilligung** besteht nur, wenn die Eingehung der Verbindlichkeit zur ordnungsgemäßen Nachlassverwaltung erforderlich ist. Dies gilt auch dann, wenn es sich um Verpflichtungsgeschäfte iSv Abs. 1 S. 2 handelt. Denn hier hängt zwar das Bestehen der Verpflichtungsbefugnis nicht von der Ordnungsmäßigkeit der Maßnahme ab, jedoch kann dem Erben nicht zugemutet werden, in ein ordnungswidriges Rechtsgeschäft einzuwilligen und dadurch den Testamentsvollstrecker noch zu entlasten (MüKoBGB/Zimmermann Rn. 11; Grüneberg/Weidlich Rn. 3). 13

Die **Wirkung der Einwilligung** besteht primär darin, dass sie den Testamentsvollstrecker von einer Haftung nach § 2219 befreit. Die Möglichkeit der erbrechtlichen Haftungsbeschränkung verliert der Erbe dadurch nicht (Abs. 2 Hs. 2). Daneben lässt die Einwilligung das Verpflichtungsge- 14 schäft gegenüber dem Geschäftspartner auch dann wirksam werden, wenn hierfür zunächst keine Verpflichtungsbefugnis bestand (ebenso: MüKoBGB/Zimmermann Rn. 12; Muscheler, Die Haftungsordnung der Testamentsvollstreckung, 1994, 194. Mit Blick auf den Normzweck aA: Staudinger/Dutta, 2021, Rn. 17; Erman/M. Schmidt Rn. 3). Dies gilt auch dann, wenn der Testamentsvollstrecker offenkundig über seine Verpflichtungsbefugnis hinausgegangen ist, etwa ein unzulässiges Schenkungsversprechen abgab (aA RGZ 74, 217 (219)). Denn die Einschränkung der Verpflichtungsbefugnis erfolgt allein im **Interesse der Erben** und gehört nicht zu den institutionellen Schranken der Testamentsvollstreckung; auf diesen Schutz können daher die Erben verzichten (Muscheler, Die Haftungsordnung der Testamentsvollstreckung, 1994, 194; einschr. K. Müller JZ 1981, 371 (379): keine Heilung bei eindeutig aus dem Rahmen fallenden Geschäften; zurückhaltend auch BeckOGK/Grotheer Rn. 43.1 f.: nicht beliebig erweiterbar).

## IV. Prozessuales

15 Im Streitfall ist der Vertragspartner sowohl im Rahmen des Abs. 1 S. 1 (→ Rn. 5) wie auch in den Fällen des Missbrauchs des Vollstreckeramts (→ Rn. 6) **beweispflichtig** dafür, dass er ohne Fahrlässigkeit von der Ordnungsmäßigkeit des Handelns des Testamentsvollstreckers ausgehen konnte (Staudinger/Dutta, 2021, Rn. 13; Grüneberg/Weidlich Rn. 1; für die Beweispflicht des Erben Muscheler, Die Haftungsordnung der Testamentsvollstreckung, 1994, 190). Dies gilt auch für den Einwand der unzulässigen Rechtsausübung in diesem Zusammenhang (BGHR BGB § 2206 Abs. 1 S. 2 Beweislast 1). Der Anspruch auf Einwilligung nach Abs. 2 kann vom Testamentsvollstrecker mittels Leistungsklage geltend gemacht werden (NK-BGB/Kroiß Rn. 16). Der **Erbe** kann bei Vorliegen der allgemeinen Voraussetzungen des § 256 ZPO bereits während noch andauernder Testamentsvollstreckung gegen den Testamentsvollstrecker oder Geschäftsgegner eine **Klage auf Feststellung** der Unwirksamkeit der Verpflichtung erheben (Damrau/Tanck/Bonefeld Rn. 9). Auch eine Klage des Erben gegen den Testamentsvollstrecker auf Unterlassung des Rechtsgeschäfts ist möglich (MüKoBGB/Zimmermann Rn. 11).

## § 2207 Erweiterte Verpflichtungsbefugnis

**[1]Der Erblasser kann anordnen, dass der Testamentsvollstrecker in der Eingehung von Verbindlichkeiten für den Nachlass nicht beschränkt sein soll. [2]Der Testamentsvollstrecker ist auch in einem solchen Falle zu einem Schenkungsversprechen nur nach Maßgabe des § 2205 Satz 3 berechtigt.**

### Überblick

Als Ausfluss seiner Testierfreiheit ermächtigt die Vorschrift den Erblasser, die gesetzliche Verpflichtungsbefugnis des Testamentsvollstreckers über die Befugnis des § 2206 hinaus zu erweitern.

### I. Normzweck

1 Als Ausnahme zu § 2206 Abs. 1 ermöglicht § 2207 eine **Erweiterung der Verpflichtungsbefugnis** des Testamentsvollstreckers. Diese Erweiterung ist auch im **Interesse des Vertragspartners,** der einen wirksamen Anspruch selbst dann erhält, wenn dies nicht einer ordnungsgemäßen Nachlassverwaltung entspricht. Dadurch wird die Bereitschaft des Rechtsverkehrs erhöht, mit einem Testamentsvollstrecker zu kontrahieren, was letztlich wieder für den verwalteten Nachlass nützlich sein kann (Soergel/Becker Rn. 1).

### II. Begründung, Grenzen

2 Die Anordnung der erweiterten Verpflichtungsbefugnis erfolgt durch Verfügung von Todes wegen des Erblassers. Die Anordnung kann ausdrücklich oder aber sinngemäß erfolgen, namentlich durch die Bestimmung der Art der vom Testamentsvollstrecker durchzuführenden Aufgaben (Erman/M. Schmidt Rn. 1). Besteht eine **Verwaltungsvollstreckung,** so ist die Erweiterung der Verpflichtungsbefugnis aufgrund der Auslegungsregel des § 2209 S. 2 im Zweifel anzunehmen. Ist vom Testamentsvollstrecker ein **Verschaffungsvermächtnis** (§§ 2169, 2170) zu erfüllen, so soll in der Anordnung des Vermächtnisses regelmäßig eine Ermächtigung nach § 2207 liegen, damit der Testamentsvollstrecker alle zur Beschaffung des Vermächtnisobjekts erforderlichen Maßnahmen

ergreifen kann (so RGZ 85, 1 (7); NK-BGB/Kroiß Rn. 6). Richtigerweise aber greift bereits § 2206 Abs. 1 S. 1 ein, da es sich um eine Maßnahme der ordnungsgemäßen Nachlassverwaltung handelt (MüKoBGB/Zimmermann Rn. 4).

**Grenzen** der Verpflichtungsermächtigung stellen Schenkungsversprechen dar, die über eine Pflicht- oder Anstandsschenkung hinausgehen (§ 2207 S. 2, § 2205 S. 3), und zu denen auch nach § 2207 nicht ermächtigt werden kann. Ferner kann der Erblasser den Testamentsvollstrecker nicht ermächtigen, den Erben mit seinem **Privatvermögen** unbeschränkbar zu verpflichten, also ihm die erbrechtliche Haftungsbeschränkung auf den Nachlass zu nehmen (BGHZ 12, 100 (103) = NJW 1954, 636; NK-BGB/Kroiß Rn. 3). Daneben begrenzen die Grundsätze des **Missbrauchs der Verpflichtungsbefugnis** (→ § 2206 Rn. 6) die Wirkungen einer Anordnung nach § 2207, da auch hier der Vertragspartner bei erkennbarem Ermächtigungsmissbrauch nicht schützenswert ist (NK-BGB/Kroiß Rn. 3 will den Drittschutz sogar nur dann versagen, wenn der Vertragspartner die Überschreitung der internen Befugnisse erkannte oder grob fahrlässig nicht kannte – allerdings lässt sich eine solche Privilegierung gegenüber § 2206 dem Gesetzeswortlaut nicht entnehmen). Jedoch wird es hier idR an der Evidenz der Erkennbarkeit der Überschreitung der internen Befugnisse des Testamentsvollstreckers fehlen; insbes. kommt hier eine **Prüfungspflicht kaum in Betracht** (BeckOGK/Grotheer Rn. 6; daher räumt NK-BGB/Kroiß Rn. 3 Fn. 2 zu Recht ein, dass die Streitfrage, ob bereits einfache Fahrlässigkeit des Vertragsgegners zur Unwirksamkeit des Rechtsgeschäfts führt, kaum praktische Bedeutung hat). 3

## III. Rechtsfolgen

Die erweiterte Verpflichtungsbefugnis wirkt lediglich im **Außenverhältnis** des Testamentsvollstreckers zu seinem Vertragspartner, weil damit eine wirksame Verpflichtung begründet wird, auch wenn diese keine ordnungsgemäße Nachlassverwaltung darstellt. Mit dem Einwand der ordnungswidrigen Verpflichtung gegenüber Dritten sind sowohl Erbe wie auch Testamentsvollstrecker abgeschnitten. Als für den Rechtsverkehr wesentliche Veränderung der Befugnisse des Testamentsvollstreckers ist die erweiterte Verpflichtungsbefugnis in das **Testamentsvollstreckerzeugnis** aufzunehmen (§ 2368 Abs. 1 S. 2) (NK-BGB/Kroiß Rn. 6; Staudinger/Dutta, 2021, Rn. 2). 4

Für das **Innenverhältnis** zum Erben bleibt es jedoch nach wie vor dabei, dass der Testamentsvollstrecker zur ordnungsgemäßen Verwaltung des Nachlasses gem. § 2216 verpflichtet ist, was bei Nichtbeachtung zu einer Schadensersatzpflicht nach § 2219 und sogar zur Entlassung (§ 2227) führen kann (Damrau/Tanck/Bonefeld Rn. 2; BeckOGK/Grotheer Rn. 7); von diesen Pflichten kann auch der Erblasser nicht befreien (§ 2220). 5

Da das Innenverhältnis nicht berührt wird, hat der Testamentsvollstrecker auch hier einen Anspruch auf die **Einwilligung der Erben** nach § 2206 Abs. 2, aber wie dort nur, wenn die Eingehung der Verbindlichkeit zur ordnungsgemäßen Nachlassverwaltung erforderlich war (BeckOGK/Grotheer Rn. 8; Staudinger/Dutta, 2021, Rn. 5 ff.). 6

## § 2208 Beschränkung der Rechte des Testamentsvollstreckers, Ausführung durch den Erben

**(1) [1]Der Testamentsvollstrecker hat die in den §§ 2203 bis 2206 bestimmten Rechte nicht, soweit anzunehmen ist, dass sie ihm nach dem Willen des Erblassers nicht zustehen sollen. [2]Unterliegen der Verwaltung des Testamentsvollstreckers nur einzelne Nachlassgegenstände, so stehen ihm die in § 2205 Satz 2 bestimmten Befugnisse nur in Ansehung dieser Gegenstände zu.**

**(2) Hat der Testamentsvollstrecker Verfügungen des Erblassers nicht selbst zur Ausführung zu bringen, so kann er die Ausführung von dem Erben verlangen, sofern nicht ein anderer Wille des Erblassers anzunehmen ist.**

## Überblick

§ 2208 ist Ausdruck der Gestaltungsfreiheit, die der Erblasser hinsichtlich der Modalitäten der Ausgestaltung der Testamentsvollstreckung besitzt. Sachliche wie personenbezogene Einschränkungen der Befugnisse des Testamentsvollstreckers bis hin zu einer rein intern überwachenden Testamentsvollstreckung sind möglich, wie die Norm verdeutlicht.

## I. Normzweck

1 Eröffnet der Wille des Erblassers überhaupt erst die Handlungsmacht des Testamentsvollstreckers, so bestimmt er auch dessen Befugnisse im Detail. Daher ermöglicht § 2208 die **Einschränkung** der **gesetzlichen Regelbefugnisse** der §§ 2203–2206. Denn die Vielzahl der Aufgaben, zu deren Erfüllung eine Testamentsvollstreckung angeordnet werden kann, sowie das Spannungsfeld, das zwischen dem Erfordernis einer optimalen Aufgabenerfüllung mit umfangreichen Befugnissen des Testamentsvollstreckers einerseits und der Gefahr einer Übermacht des Testamentsvollstreckers andererseits besteht, erfordern dies. Damit kann der Erblasser eine **„Testamentsvollstreckung nach Maß“** entspr. seinen individuellen Bedürfnissen schaffen: vom Generalvollstrecker bis hin zum Spezialvollstrecker mit ganz geringen Befugnissen. Zudem stellt das auch ein Mittel zur Kontrolle des Testamentsvollstreckers dar (BeckOGK/Grotheer Rn. 1 f.; Lange ErbR § 64 Rn. 145 ff.).

## II. Beschränkung der Rechte des Testamentsvollstreckers (Abs. 1)

2 **1. Maßgeblichkeit des Erblasserwillens.** Maßgeblich dafür, in welchem Umfang die gesetzlichen Regelbefugnisse des Testamentsvollstreckers beschränkt werden, ist der erklärte Wille des Erblassers (Abs. 1 S. 1). Ein solcher Beschränkungswille muss entweder in einer Verfügung von Todes wegen ausdrücklich geäußert worden sein. Er kann sich aber auch durch Auslegung – ggf. auch aus einer ergänzenden – ergeben, wenn er aus dem mutmaßlichen Erblasserwillen und dem Sinnzusammenhang der letztwilligen Verfügung und vor allem den mit der Testamentsvollstreckung verfolgten Regelungszielen des Erblassers **erkennbar** zum Ausdruck kommt (NK-BGB/Kroiß Rn. 4; Damrau/Tanck/Bonefeld Rn. 1). Dabei sind insbes. unverbindliche Wünsche von bindenden Anordnungen genau abzugrenzen. Im Rahmen der Auslegung können auch außerhalb der Verfügung von Todes wegen gemachte Äußerungen des Erblassers oder sonstige Umstände herangezogen werden, wenn nur die Erfordernisse der **Andeutungstheorie** beachtet werden (zust. NK-BGB/Kroiß Rn. 4; Staudinger/Dutta, 2021, Rn. 4). Dabei ist jedoch zu beachten, dass nach dem gesetzlichen Grundmodell der Testamentsvollstrecker zumindest im Rahmen der Abwicklungsvollstreckung sehr weitreichende Befugnisse hat und demnach § 2208 eine **Ausnahmevorschrift** ist. Daher ist auch im Interesse des Verkehrsschutzes Zurückhaltung mit der Annahme von dinglich wirkenden Beschränkungen der Verfügungsmacht geboten (Damrau/Tanck/Bonefeld Rn. 1; Damrau JR 1985, 106; BeckOGK/Grotheer Rn. 4; Keim ZEV 2002, 132 (135); Muscheler ZEV 2018, 405); zur Abgrenzung bei der ähnlichen Problematik der Verwaltungsanordnung → § 2216 Rn. 29 f. Beschränkungen sollten nur dort angenommen werden, wo sie zur Erreichung der testamentarischen Regelungsziele unbedingt erforderlich sind. Deshalb gehen Zweifel am Beschränkungswillen des Erblassers zulasten desjenigen, der sich auf eine solche Beschränkung beruft (MüKoBGB/Zimmermann Rn. 6 unter unzutr. Bezug auf BGHZ 56, 275 (280) = NJW 1971, 1805).

3 Eine **Beschränkung der Befugnisse** ist im Einzelfall etwa anzunehmen, wenn bei der Verfügung über einen Nachlassgegenstand erhebliche Interessenkonflikte entstehen können (RGZ 61, 139 (143); RG JW 1938, 1454). Die unwirksame Anordnung des Erblassers, dass der Testamentsvollstrecker der umfassenden Kontrolle des Nachlassgerichts unterstehen soll, kann dahingehend ausgelegt werden, dass eine Beschränkung der Verfügungsmacht nach Abs. 1 S. 1 gewollt war (KG OLGE 7, 360; MüKoBGB/Zimmermann Rn. 6). Wegen des gebotenen Verkehrsschutzes (→ Rn. 2) bedeutet jedoch die Anordnung einer befreiten Vorerbschaft noch nicht stets und notwendig die Beschränkung der Handlungsmacht des für den Vorerben bestellten Testamentsvollstreckers (RG JW 1938, 1454; BayObLGZ 1958, 299 (304)). Gleiches gilt, wenn der Testamentsvollstrecker dem Vorerben bei Eintritt bestimmter Voraussetzungen den Nachlass herausgeben soll (BayObLGZ 1959, 129) oder bei der Zuwendung eines Nießbrauchs am Nachlass (BGH LM § 2203 Nr. 1). Bei **Auseinandersetzungsanordnungen** und anderen zunächst auf die Auseinandersetzung des Nachlasses gerichteten Verfügungen sollte ohne ausdrückliche Bestimmung idR keine dingliche Verfügungsbeschränkung angenommen werden (Grüneberg/Weidlich Rn. 1; anders aber BGH NJW 1984, 2464: Anordnung zum Verkauf des Nachlasses und Erlösverteilung; sowie BGHZ 40, 115 (118) = NJW 1963, 2320; BGHZ 6, 275 (278) = NJW 1971, 2264; OLG Zweibrücken ZEV 2001, 274 = DNotZ 2001, 399 m. krit. Anm. K. Winkler, jeweils zum Auseinandersetzungsverbot nach § 2044).

4 **2. Arten der Beschränkungen.** Hinsichtlich des Maßes der Beschränkungen gilt zunächst der **Grundsatz,** dass ein **Mindestumfang** für die dem Testamentsvollstrecker verbleibenden

Rechte gesetzlich **nicht vorgeschrieben** ist (KGJ 44 A 81). Einzige Aufgabe des Testamentsvollstreckers kann daher die Ausführung einer Bestattungsanordnung sein (BayObLG NJW-RR 1986, 629). Es liegt aber eine **unzulässige Denaturierung** des Amts vor, wenn der Ernannte nicht wenigstens eine der für eine Testamentsvollstreckung möglichen Aufgaben und Rechte erhält (RGZ 81, 166 (168); Muscheler AcP 195 (1995), 36 Fn. 5). Systematisch lassen sich dabei unterscheiden: Aufgaben-, Kompetenz-, Objekt-, Zeit- und Personenbeschränkungen (Muscheler AcP 195 (1995), 36). Gesetzlich geregelt sind einige Typen der Testamentsvollstreckung, dies ist aber keine abschließende Aufzählung, wie sich auch aus Abs. 1 S. 1 ergibt. Denkbar sind dabei folgende Beschränkungen:

**a) Inhaltliche Beschränkungen.** Der Erblasser kann dem Testamentsvollstrecker die gesetzlichen Verwaltungs-, Verfügungs- und Verpflichtungsbefugnisse ganz oder teilweise entziehen oder ihm auch nur einzelne Aufgaben mit uU eingeschränkten Befugnissen übertragen, etwa den Verkauf von Nachlassimmobilien und anschließender Verteilung des Erlöses (BGH NJW 1984, 2464; unklar die Aufgabenstellung bei OLG Zweibrücken DNotZ 2001, 399; einschr. K. Winkler DNotZ 2001, 404: die Verfügungsmacht könne nicht aus bestimmten Rechtsgründen, zB zur Sicherung der Erbauseinandersetzung, entzogen werden). Zu inhaltlichen Beschränkungen gehören die gesetzlich geregelten Typen von Testamentsvollstreckungen wie **Nacherbentestamentsvollstreckung** nach § 2222 oder eine **Vermächtnisvollstreckung** nach § 2223 oder die Übertragung einer **reinen Verwaltungsvollstreckung** als einzige Aufgabe, ohne eine Erbauseinandersetzung (§ 2209 S. 1 Hs. 1). 5

Der Erblasser kann ferner festlegen, dass der Testamentsvollstrecker bestimmte Rechtsgeschäfte, wie etwa die Veräußerung von Grundbesitz oder von Wechselverbindlichkeiten, gar nicht oder nur wie ein Vorerbe oder nur mit **Zustimmung der Erben** vornehmen darf (NK-BGB/Kroiß Rn. 8; Damrau/Tanck/Bonefeld Rn. 2; Winkler TV Rn. 145). Umgekehrt kann dem Testamentsvollstrecker auch nur ein bloßes **Einspruchsrecht** dahingehend eingeräumt werden, dass bestimmte Verfügungen des Erben nur mit Zustimmung des Testamentsvollstreckers zulässig sind (KGJ 44 A 81; Staudinger/Dutta, 2021, Rn. 14). 6

Zulässig ist auch eine Beschränkung der Befugnisse des Testamentsvollstreckers dadurch, dass er an **Weisungen oder Zustimmungsrechte Dritter** gebunden ist, wobei Dritter idS nur der (Mit-)Erbe oder ein Mitvollstrecker sein kann, nicht aber ein sonstiger Dritter sein darf (Verbot einer **„Megavollstreckung"**) (Damrau/Tanck/Bonefeld Rn. 3; Reimann FamRZ 1995, 592; KG ErbR 2022, 149 (153); eingehend Mayer/Bonefeld TV-HdB/J. Mayer § 9 Rn. 119). Eine solche dinglich wirkende Anordnung verstößt gegen § 137 S. 1. Eine unzulässige Anordnung kann jedoch uU in die Ernennung eines Mitvollstreckers oder eine Verwaltungsanordnung nach § 2216 Abs. 2 umgedeutet werden (KG ErbR 2022, 149 (153); Wendt ErbR 2022, 115 (117 f.)). 7

**b) Gegenständliche Beschränkungen.** Im Rahmen der gegenständlichen Beschränkungen kann dem Testamentsvollstrecker nur die Verwaltung einzelner Nachlassgegenstände zugewiesen werden (§ 2208 Abs. 1 S. 2), etwa die über ein Unternehmen, über Urheber- oder Erfinderrechte, über ein Grundstück, aber auch über einen gesamthänderisch gebundenen Anteil hieran (BayObLGZ 1982, 59 = Rpfleger 1982, 226; aA BeckOGK/Grotheer Rn. 8.2). 8

Zu beachten ist hier, dass die Vorschriften des Testamentsvollstreckerrechts, deren Anwendung voraussetzt, dass der Testamentsvollstrecker die Verwaltung des ganzen Nachlasses hat, **dann** gerade **nicht anwendbar** sind, wenn der Testamentsvollstrecker nur einzelne Gegenstände verwaltet (vgl. § 748 Abs. 2 ZPO, § 2213 Abs. 1 BGB, § 779 Abs. 2 S. 2 ZPO, § 780 Abs. 2 ZPO, § 317 Abs. 2 InsO, § 359 Abs. 2 FamFG, § 40 Abs. 2 GBO). 9

**c) Erbteilsvollstreckung.** Die Testamentsvollstreckung kann vom Erblasser auf den Erbteil eines Miterben oder Mitvorerben beschränkt werden (KGJ 31 A 259; OLG München JFG 15, 262; Staudinger/Dutta, 2021, Rn. 17; eingehend Muscheler AcP 195 (1995), 35; Mayer/Bonefeld TV-HdB/J. Mayer § 16 Rn. 1 ff.). Die Erbteilsvollstreckung kann sich auch mittelbar dadurch ergeben, dass die für den ganzen Nachlass angeordnete Testamentsvollstreckung bezüglich eines Miterben unwirksam ist (vgl. auch BGH NJW 1962, 912: fehlgeschlagene Anordnung der Testamentsvollstreckung am gesamten Nachlass beinhaltet wenigstens Erbteilsvollstreckung am einzelnen Erbteil eines Miterben). Bei der Erbteilsvollstreckung übt der Vollstrecker die Rechte des von dieser Anordnung betroffenen Miterben aus. Er hat also grds. all diejenigen Verwaltungsrechte, die dem einzelnen Miterben zustehen, aber auch nicht mehr. Er kann also Verwaltungsrechte nach § 2038 wahrnehmen, Ansprüche nach § 2039 geltend machen, gemeinschaftliche Verfügungen über Nachlassgegenstände mit den anderen Miterben nach § 2040 treffen. Nach umstr., aber zutr. Ansicht kann der Testamentsvollstrecker auch das dem Miterben zustehende Vorkaufsrecht (§ 2034) 10 ausüben (NK-BGB/Kroiß Rn. 13; MüKoBGB/Zimmermann Rn. 11; Staudinger/Dutta, 2021, Rn. 17; Mayer/Bonefeld TV-HdB/J. Mayer § 19 Rn. 8; aA Muscheler AcP 195 (1995), 35 (58)), das allerdings den Berechtigten gemeinsam in ihrer gesamthänderischen Verbundenheit zusteht (§ 472). Zur **Verfügung über** den **Erbteil** selbst (Veräußerung, Verpfändung) ist der Testamentsvollstrecker aber kraft seines Amts nicht berechtigt (→ § 2205 Rn. 9) (BGH NJW 1984, 2464 = JR 1985, 104 mAnm Damrau; MüKoBGB/Zimmermann Rn. 11; aA KGJ 28, A 16, 19). Er ist auch nicht berechtigt, die **Auseinandersetzung** des Nachlasses zu bewirken (§ 2204), sondern kann sie nur anstelle des einzelnen Miterben betreiben (§ 2042; → § 2204 Rn. 25) (Staudinger/Dutta, 2021, Rn. 17; Muscheler AcP 195 (1995), 35 (67 ff.)). **Nach der Auseinandersetzung** erstreckt sich das Verwaltungsrecht des Testamentsvollstreckers sowie die sich daraus ergebenden Beschränkungen der §§ 2211, 2214 auf die dem Miterben zugeteilten Nachlassgegenstände, soweit kein abweichender Erblasserwillen erkennbar ist (KGJ 31 A 259, 262; NK-BGB/Kroiß Rn. 13; Mayer/Bonefeld TV-HdB/J. Mayer § 19 Rn. 5; MüKoBGB/Zimmermann Rn. 11; zu dieser Frage eingehend auch Muscheler AcP 195 (1995), 35 (47)). Zur Haftung der Erben bei der Erbteilsvollstreckung → § 2206 Rn. 9.

11 **d) Zeitliche Beschränkung.** Eine Beschränkung in zeitlicher Hinsicht ist möglich durch eine auflösende Bedingung (§ 158 Abs. 2) (BayObLG NJW 1976, 1692; Damrau/Tanck/Bonefeld Rn. 3) oder zeitliche Befristung (§ 163), wobei hier jedoch die durch § 2210 gesetzten Grenzen zu beachten sind. Der Erblasser kann den Testamentsvollstrecker auch ermächtigen, die Testamentsvollstreckung bereits vorher zu beenden, wenn die Entscheidungskriterien hierfür vom Erblasser ausreichend klar bestimmt sind. Möglich ist daher, dass die Testamentsvollstreckung endet, wenn die Erhaltung des Nachlasses gesichert ist (Staudinger/Dutta, 2021, Rn. 14).

12 **e) Wirkungen der Beschränkung.** Die genannten Beschränkungen **wirken sämtlich dinglich** (anders als die nur schuldrechtlich wirkenden Verwaltungsanordnungen nach § 2216 Abs. 2 S. 1), also vorbehaltlich des Schutzes durch § 2368 auch gegenüber Dritten, sodass dagegen verstoßende Verfügungen des Testamentsvollstreckers grds. **unwirksam** sind (OLG München FamRZ 2016, 848 (850); NK-BGB/Kroiß Rn. 16 mwN) und nicht lediglich Schadensersatzansprüche gegen den Testamentsvollstrecker (§ 2219) begründen. Dies ergibt sich aus dem Wortlaut von Abs. 1 S. 1 („hat die … Rechte nicht") wie aus der beschränkten Funktion des Amts des Testamentsvollstreckers, die in einer Geschäftsbesorgung mit einer Abhängigkeit der Befugnisse vom Inhalt der zugewiesenen Verwaltungsaufgabe besteht (BGHZ 56, 275 = NJW 1971, 1805; BGH NJW 1984, 2464 betr. bestimmte Anordnungen zur Auseinandersetzung; OLG Zweibrücken Rpfleger 2001, 173 = DNotZ 2001, 399; MüKoBGB/Zimmermann § 2205 Rn. 93). Nicht zuletzt wegen der dinglichen Wirkung sollte man mit der Annahme solch weitreichender Verfügungsbeschränkungen im Verkehrsschutzinteresse zurückhaltend umgehen (→ Rn. 3 f.).

13 Soweit aber der Testamentsvollstrecker aufgrund einer entsprechenden Erblasseranordnung nach § 2208 nicht verfügen kann, hat dies nicht zur Folge, dass damit überhaupt niemand verfügungsbefugt ist. Das würde gegen § 137 S. 1 verstoßen und systemwidrig zu einer „res extra commercium" mit fideikommissartigen Zuständen führen (das übersieht Lehmann AcP 188 (1988), 1, der die Verweisung des Abs. 1 S. 1 auf § 2205 S. 2 wegen eines Verstoßes gegen § 137 S. 1 für unbeachtlich hält). Vielmehr können die **Erben und** der **Testamentsvollstrecker** in solchen Fällen **gemeinsam** über die Nachlassgegenstände **verfügen** (BGHZ 40, 115 (118) = NJW 1963, 2320: Erbteilungsverbot; BGHZ 56, 275 (278, 281) = NJW 1971, 1805: Minderjährige bedürfen aber der familiengerichtlichen Genehmigung nach § 1821 Abs. 1 Nr. 1; BGH NJW 1984, 2464; MüKoBGB/Zimmermann Rn. 5; noch weitergehend OLG Zweibrücken DNotZ 2001, 399 (401): Zustimmung der Nießbrauchsvermächtnisnehmerin erforderlich, für die Auseinandersetzungsverbot letztwillig verfügt sei, jedoch kann ein bloßer Vermächtnisanspruch, der noch nicht einmal erfüllt ist, nicht dinglich zugunsten eines Nichterben wirken, Winkler DNotZ 2001, 405; Schmenger BWNotZ 2004, 97 (113)). Die Beschränkungen des Testamentsvollstreckers gelten nicht, wenn er aufgrund einer vom Erblasser erteilten Generalvollmacht handelt (str., → § 2197 Rn. 52) (MüKoBGB/Zimmermann Rn. 5).

14 Die somit dinglich wirkenden Verfügungsbeschränkungen nach § 2208 Abs. 1 sind gem. § 2368 Abs. 1 S. 2 in ein **Testamentsvollstreckerzeugnis** einzutragen (MüKoBGB/Grziwotz § 2368 Rn. 35). Unterblieb das, so kann sich ein Dritter auf die unbeschränkte Verfügungsbefugnis berufen, falls er die Beschränkung nicht positiv kannte (§ 2368 Abs. 1 und 3, § 2366). Dabei ist es wegen der Publizitätswirkung des Testamentsvollstreckerzeugnisses aber nicht erforderlich, dass der Dritte sich dieses vorlegen lässt (vgl. zur Parallelproblematik beim Erbschein MüKoBGB/Grziwotz § 2366 Rn. 25; offenbar übersehen bei Staudinger/Dutta, 2021, Rn. 20). Liegt kein Testamentsvollstreckerzeugnis vor, so gibt es keinen Schutz des guten Glaubens in die unbe-

schränkte Verfügungsbefugnis des Testamentsvollstreckers (MüKoBGB/Zimmermann § 2205 Rn. 94).

## III. Beaufsichtigende Testamentsvollstreckung (Abs. 2)

Der Erblasser kann auch eine bloße beaufsichtigende Vollstreckung nach Abs. 2 verfügen, sodass der Testamentsvollstrecker nur einen Anspruch auf die Ausführung der letztwilligen Anordnungen hat. Hierzu gehören nicht nur Auflagen, sondern auch die Erfüllung von Vermächtnissen, Teilungsanordnungen oder die Herausgabe der Erbschaft an den Nacherben (BeckOGK/Grotheer Rn. 12; NK-BGB/Kroiß Rn. 14 f.). Dies kann vom Testamentsvollstrecker auch eingeklagt werden. Unterliegt er dabei, so hat der Nachlass die Prozesskosten zu tragen, wenn die Prozessführung § 2216 Abs. 1 entsprach (NK-BGB/Kroiß Rn. 15; Staudinger/Dutta, 2021, Rn. 23; Grüneberg/Weidlich Rn. 6). Bei Nichterfüllung dieser Erblasseranordnungen durch den Erben kann der Testamentsvollstrecker grds. Schadensersatz zugunsten des entsprechenden Berechtigten verlangen (NK-BGB/Kroiß Rn. 15; Soergel/Becker Rn. 12) und muss dies auch, um sich nicht selbst wegen einer Verletzung seiner Aufsichtspflicht haftbar zu machen (NK-BGB/Kroiß Rn. 15; Staudinger/Dutta, 2021, Rn. 20). Abweichend davon kann bei Nichtvollziehung einer **Auflage** der Testamentsvollstrecker schon mangels eines Leistungsberechtigten keinen **Schadensersatzanspruch** geltend machen (Damrau/Tanck/Bonefeld Rn. 4), und haftet daher auch nicht selbst nach § 2219 gegenüber dem aus der Auflage Begünstigten (RG WarnR 1937 Nr. 133; Staudinger/Dutta, 2021, Rn. 23). 15

Der Testamentsvollstrecker hat bei einer Anordnung nach Abs. 2 grds. nur eine beaufsichtigende und beratende Funktion und gerade **keine Verfügungs- oder Verpflichtungsbefugnis** nach §§ 2205, 2206. Auch tritt eine Vermögenssonderung wegen der internen Aufgabenwahrnehmung nicht ein, sodass die §§ 2211, 2214 nicht gelten (MüKoBGB/Zimmermann Rn. 12; Ulmer JuS 1986, 856 (859)). Daher ist die lediglich beaufsichtigende Testamentsvollstreckung **nicht** in den **Erbschein** aufzunehmen, denn sie beschränkt den Erben in seiner Verfügungsmacht nicht (BayObLG FamRZ 1991, 986; OLG Köln ZEV 2017, 521). Umgekehrt ist im **Testamentsvollstreckerzeugnis** dieser beschränkte Aufgabenkreis ausdrücklich zu vermerken (BayObLG NJW-RR 1991, 523; BeckOGK/Grotheer Rn. 15). 16

Soll der Ernannte selbst die abgeschwächten Befugnisse und Aufgaben des Abs. 2 nicht haben, so ist er kein Testamentsvollstrecker mehr, sondern nur reiner Berater der Erben (Grüneberg/Weidlich Rn. 6; Staudinger/Dutta, 2021, Rn. 24). 17

## IV. Erweiterung der Rechte des Testamentsvollstreckers

**Grundsätzlich** kann der Erblasser die Befugnisse des Testamentsvollstreckers über die im Gesetz vorgesehenen Möglichkeiten (§§ 2209, 2220) hinaus nicht erweitern (RG WarnR 1915 Nr. 292; Winkler TV Rn. 142). Dies gilt insbes. zum Schutze des Rechtsverkehrs, soweit dadurch in das Rechtsverhältnis des Testamentsvollstreckers zu Dritten eingegriffen wird. 18

Jedoch kann der Erblasser dem Testamentsvollstrecker selbstverständlich diejenigen Befugnisse einräumen, die er **jedem Dritten** auch einräumen könnte (§§ 2151, 2153–2156, 2193, 2048 S. 2). Auch eine (allerdings widerrufliche) Generalvollmacht für den Testamentsvollstrecker ist möglich (→ § 2197 Rn. 47 ff.). Auch die Anordnung der Dauervollstreckung (§ 2209 S. 1 Hs. 2) stellt eine zulässige wichtige Erweiterung der Befugnisse des Testamentsvollstreckers dar, ebenso die Erteilung der erweiterten Verpflichtungsbefugnis (§ 2207), die Berufung zum Schiedsrichter oder Schiedsgutachter (→ § 2203 Rn. 5), aber auch schon die Befreiung von den Beschränkungen des § 181. 19

Die **Zustimmung** der Erben, einschließlich der Nacherben, zu Verfügungen des hierzu dinglich nicht berechtigten Testamentsvollstreckers verleiht diesen nach § 185 Wirksamkeit (Staudinger/Dutta, 2021, Rn. 30; aA Lehmann AcP 188 (1988), 1 (4)); die Zustimmung von Vermächtnisnehmern, die dadurch beeinträchtigt werden könnten, ist jedoch nicht erforderlich (→ Rn. 13). 20

## § 2209 Dauervollstreckung

**[1]Der Erblasser kann einem Testamentsvollstrecker die Verwaltung des Nachlasses übertragen, ohne ihm andere Aufgaben als die Verwaltung zuzuweisen; er kann auch anordnen, dass der Testamentsvollstrecker die Verwaltung nach der Erledigung der ihm sonst zugewiesenen Aufgaben fortzuführen hat. [2]Im Zweifel ist anzunehmen, dass einem solchen Testamentsvollstrecker die im § 2207 bezeichnete Ermächtigung erteilt ist.**

## Überblick

Die Bestimmung regelt mit der Verwaltungs- und der Dauervollstreckung zwei Sonderformen der Testamentsvollstreckung, bei denen nicht die Auseinandersetzung, sondern die längerfristige Verwaltung des Nachlasses im Vordergrund steht. Bei Dauervollstreckung hat der Testamentsvollstrecker neben der normalerweise von ihm vorzunehmenden Aufgaben, insbesondere der Erbauseinandersetzung, auch noch den Nachlass zu verwalten. Bei der Verwaltungsvollstreckung ist die Nachlassverwaltung seine einzige Aufgabe.

## I. Normzweck

1 Die Vorschrift bestimmt, dass dem Testamentsvollstrecker die **Verwaltung** des Nachlasses auch als alleinige und selbstständige Aufgabe übertragen werden kann (sog. Verwaltungsvollstreckung), im Gegensatz zu §§ 2203, 2204. Darin liegt eine inhaltliche Beschränkung der Aufgaben des Testamentsvollstreckers, aber zugleich auch eine zeitliche und sachliche Erweiterung der Rechtsmacht des Testamentsvollstreckers (vgl. auch die erweiterte Verpflichtungsbefugnis nach S. 2) (Lange ErbR § 62 Rn. 15 f.; MüKoBGB/Zimmermann Rn. 1). Mit der dadurch entstehenden Verstärkung der herrschaftlichen Stellung des Testamentsvollstreckers stellt sich zugleich die Frage seiner Kontrolle (ausf. Reimann FamRZ 1995, 588). Ohne eine entsprechende Anordnung des Erblassers verbleibt es beim gesetzlichen Regeltypus mit den damit einhergehenden Befugnissen. Die kurzfristige Abwicklungs- und die langfristige Dauertestamentsvollstreckung unterscheiden sich ganz grds. So erlischt die Abwicklungsvollstreckung mit der Erledigung der Aufgaben. Bei der Dauervollstreckung hingegen ist die Nachlassverwaltung Selbstzweck, weshalb eine Erledigung durch die Erfüllung der Aufgaben nicht eintreten kann (Reimann DNotZ 2016, 769 (773)). Die Dauertestamentsvollstreckung ist lediglich zeitlich durch die Anordnungen des Erblassers (Befristung, auflösende Bedingung usw.) oder durch das Gesetz begrenzt (§ 2210).

## II. Verwaltungsvollstreckung

2 **1. Arten.** Die Norm unterscheidet zwischen der sog. Verwaltungs- und der sog. Dauervollstreckung. Möglich ist die **Verwaltungsvollstreckung ieS.** Hier hat der Testamentsvollstrecker keine anderen Aufgaben, als die reine Verwaltung des Nachlasses zu erledigen (S. 1 Hs. 1). Die gelegentlich anzutreffende Formulierung, wonach die Verwaltung hier Selbstzweck sei (so etwa Staudinger/Dutta, 2021, Rn. 4), ist etwas irreführend; natürlich verfolgt der Erblasser mit dieser Anordnung – uU sehr weitreichende – Zwecke.

3 Demgegenüber tritt bei der **Dauervollstreckung** (S. 1 Hs. 2) diese Verwaltungsvollstreckung zu der Abwicklungsvollstreckung (§§ 2203, 2204) hinzu (NK-BGB/Kroiß Rn. 11) und verlängert den Zeitraum der Testamentsvollstreckung. Es schließt sich an die Abwicklungsvollstreckung eine Verwaltungsvollstreckung an; dabei ist auch die umgekehrte zeitliche Reihenfolge möglich (BeckOGK/Suttmann Rn. 2, 2.4). Das bedeutet, dass dem Dauervollstrecker regelmäßig auch die Auseinandersetzung obliegt (§ 2209 S. 1 Hs. 1, § 2204 Abs. 1). Der Inhalt seines Verwaltungsrechts ist aber iÜ der gleiche wie bei S. 1 Hs. 1 (MüKoBGB/Zimmermann Rn. 2; zu § 2207 NK-BGB/Kroiß Rn. 11). Auch bestehen diese Befugnisse bereits ab dem Erbfall bzw. mit der Annahme des Amtes (§ 2202 Abs. 1) (Schmidl ZErb 2020, 153 (155)).

4 **2. Zwecke der Verwaltungsvollstreckung.** Mit der Anordnung der Verwaltungsvollstreckung können Zwecke verschiedenster Art verfolgt werden. Gemeinsam ist ihnen, dass sie dem Erblasser die Möglichkeit eröffnen, den Erben von Verwaltung und Verfügung über den Nachlass langfristig fernzuhalten. In Betracht kommen dabei (vgl. etwa NK-BGB/Kroiß Rn. 12 ff.): Schutz des Nachlasses vor dem Zugriff von ungeeigneten, unerfahrenen oder gar böswilligen Erben, bis hin zur Pflichtteilsbeschränkung in guter Absicht (§ 2338), Einräumung einer bevorzugten Stellung für einen Miterben oder Vermächtnisnehmer (etwa sog. Dispositionsnießbrauch für Ehegatten durch Nießbrauchsvermächtnis und Testamentsvollstreckung), Erhaltung eines größeren Vermögens oder Unternehmens für längere Zeit (NK-BGB/Kroiß Rn. 12; Staudinger/Dutta, 2021, Rn. 10; Winkler TV Rn. 132), Verhinderung des Zugriffs der Eigengläubiger des Erben (§ 2214; hier ist aber zum optimalen Schutz noch Nacherbeneinsetzung zweckmäßig), Ausschluss eines unfähigen oder verschuldeten Elternteils oder gesetzlichen Vertreters des Erben von der Verwaltung des Nachlasses (als Alternative zu § 1638) (eine Bestellung eines Ergänzungspflegers ist bei § 2209 zur Wahrung der Rechte des Minderjährigen gegenüber dem Testamentsvollstrecker grds. nicht erforderlich, LG Dortmund NJW 1959, 2264; MüKoBGB/Zimmermann Rn. 5; Winkler TV Rn. 132 Fn. 5; Grüneberg/Weidlich Rn. 6; aA KGJ 38 A 73) und letztlich Nutzbarmachung des

Vermögens und die Erzielung von Erträgen durch kontinuierliche und geplante Vermögensverwaltung im weitesten Sinn (BGH NJW-RR 1991, 835 (836); MüKoBGB/Zimmermann Rn. 3).

**3. Anordnung der Verwaltungsvollstreckung.** Die Verwaltungsvollstreckung in beiden Varianten kann vom Erblasser ausdrücklich angeordnet werden. Sie kann aber auch **ohne ausdrückliche Anordnung** des Erblassers angenommen werden. Erforderlich ist dann eine Auslegung nach den allgemeinen Grundsätzen. Wegen der weitreichenden Wirkung der Verwaltungsvollstreckung, die zudem der gesetzliche Ausnahmefall ist, ist jedoch für deren Annahme ein strenger Maßstab anzulegen (NK-BGB/Kroiß Rn. 2). Probleme bereiten auch hier die Abgrenzung der Anordnung von Vor- und Nacherbschaft von Testamentsvollstreckung und Nießbrauch (→ § 2197 Rn. 26). Enthält eine Verfügung von Todes wegen im Wesentlichen nichts anderes als die Einsetzung eines Alleinerben und die Ernennung eines Testamentsvollstreckers, so liegt es nahe, die Testamentsvollstreckung als eine Dauervollstreckung anzusehen, weil sie sonst keinen Sinn hätte (BGH NJW 1983, 2247; BayObLGZ 1988, 42 (46 f.) = FamRZ 1988, 770; BeckOGK/Suttmann Rn. 15; MüKoBGB/Zimmermann Rn. 7). Da auch die Abwicklungsvollstreckung die Durchführung von erforderlichen Verwaltungsmaßnahmen bis zur Beendigung der Testamentsvollstreckung erfordert, bedeutet die Wendung, dass dem Testamentsvollstrecker die unbeschränkte Verwaltung übertragen werde, nicht notwendig die Anordnung einer Verwaltungsvollstreckung (OLG Kiel SchlA 1912, 155). Die Bestimmung, der Erbe könne über das ihm zugewendete Geldvermögen nicht frei verfügen, sondern habe es zusammen mit einer anderen Person anzulegen, kann eine Anordnung einer Dauervollstreckung sein (BayObLG ZEV 1996, 33, mit Abgrenzung zur Auflage). 5

**4. Ausgestaltung der Verwaltungsvollstreckung.** Inhaltlich hier kann der Erblasser die Verwaltung auf einzelne Nachlassgegenstände oder Aufgaben, zB den Grundbesitz, Ausübung des Stimmrechts in einer GmbH (OLG Hamm BB 1956, 511), Mitwirkung an Satzungsänderungen oder bei der Willensbildung in einer Stiftung (BGHZ 41, 23 (27) = NJW 1964, 1316; Lange ZStV 2019, 85 (87)), beschränken (§ 2308 Abs. 1 S. 2) (MüKoBGB/Zimmermann Rn. 8 mw Beispielen). 6

Erstreckt sich die **Testamentsvollstreckung auf sämtliche Miterben,** so ist die **Auseinandersetzung** während der Dauer der Verwaltung durch den Testamentsvollstrecker regelmäßig **ausgeschlossen** (§ 2044) (Reimann DNotZ 2016, 769 (775 f.); MüKoBGB/Zimmermann Rn. 9; Erman/M. Schmidt Rn. 2; aA Scheuren-Brandes ZEV 2007, 306). Die Verwaltung des Nachlasses ist bei der Dauervollstreckung Selbstzweck, weshalb namentlich kein Erlöschen mit Erledigung sonstiger Aufgaben eintritt. Bestimmten die Erben den Zeitpunkt der Erbteilung, so könnte die vom Erblasser gewollte Dauervollstreckung unterlaufen werden. Bei **angeordneter Dauertestamentsvollstreckung** besteht daher regelmäßig ein Teilungsverbot, ohne die Beschränkung der Rechte des Testamentsvollstreckers gem. § 2308. Die Erben können die Erbteilung erst nach Abschluss der letzten Vollstreckungsmaßnahme verlangen. Wie sonst kann sich der Testamentsvollstrecker aber mit Zustimmung aller betroffenen Erben über diese Bindungen hinwegsetzen (BGHZ 41, 115 = NJW 1964, 1677; LG Bremen Rpfleger 1967, 411; NK-BGB/Kroiß Rn. 5). Sind **mehrere Erben** vorhanden, **kann** die Verwaltung auch **auf einzelne Erbteile beschränkt** werden. Ist die Vollstreckung auf einen oder einzelne von mehreren Erben beschränkt (**beschränkte Testamentsvollstreckung bzw. Erbteilsvollstreckung**) (dazu Muscheler AcP 195 (1995), 35; NK-BGB/Kroiß Rn. 6), so unterliegt grds. auch das noch dem Verwaltungsrecht des Testamentsvollstreckers, was dem betreffenden Erben im Rahmen der Erbauseinandersetzung zugewiesen wird, sofern **kein entgegenstehender Wille** des Erblassers feststellbar ist (→ § 2208 Rn. 10) (Grüneberg/Weidlich Rn. 3; MüKoBGB/Zimmermann Rn. 9; im Fall von OLG Hamm FamRZ 2003, 710 war ein solcher Wille ohne weiteres feststellbar). Aus der Anordnung einer Erbteilsvollstreckung kann für sich genommen kein Auseinandersetzungsverbot abgeleitet werden. Der Erbteilsvollstrecker besitzt keine Rechtsmacht über die Erbteile der übrigen Miterben und kann sie nicht an der Durchsetzung des ihnen nach § 2042 zustehenden Auseinandersetzungsanspruchs hindern (Keim DNotZ 2014, 895 (898)). 7

Bei angeordneter Abwicklungsvollstreckung endet die Testamentsvollstreckung regelmäßig mit der behördlichen Anerkennung der **Stiftung von Todes** wegen; die Rechte der Stiftung gegenüber dem Nachlass nimmt sodann der Vorstand wahr (Lange ZStV 2019, 85 (89)). Grundsätzlich kann der Erblasser die Testamentsvollstreckung aber auch über einen längeren Zeitraum hinweg anordnen. Vor allem die Zulässigkeit der **Dauertestamentsvollstreckung** über das der Stiftung zugewiesene Vermögen ist jedoch umstritten. Der Versuch, den unmittelbaren Zugriff des Stiftungsvorstandes auf das Stiftungsvermögen zu verhindern oder ihn bei seiner Verwaltung durch den Testamentsvollstrecker zu überwachen, ist mit der Aufgabe des Vorstandes, das Stiftungsvermö- 8 gen zu verwalten, seiner Eigenverantwortung und der staatlichen Stiftungsaufsicht unvereinbar ist (OLG Frankfurt ZEV 2011, 605; Staudinger/Hüttemann/Rawert, 2017, § 83 Rn. 20 ff.; Lange ZStV 2019, 85 (89); MüKoBGB/Weitemeyer § 83 Rn. 17; dagegen zweifelnd Anm. Reimann ZEV 2011, 609; aA Schewe ZSt 2004, 301 (305); Schewe ZEV 2012, 236). Demgegenüber wird es überwiegend als zulässig angesehen, dass eine bereits existente Stiftung zur Erbin eines Nachlasses eingesetzt wird, der mit einer Dauertestamentsvollstreckung belastet ist, sog. Zustiftung (Lange ZStV 2019, 85 (89) mwN; krit. jedoch Staudinger/Hüttemann/Rawert, 2017, § 83 Rn. 19; MüKoBGB/Weitemeyer § 83 Rn. 17).

9 **5. Grenzen der Verwaltungsvollstreckung.** Grenzen setzt in **zeitlicher Hinsicht** § 2210 (mit Ausnahmen), während der durch das Pflichtteilsrecht nach § 2306 Abs. 1 S. 1 aF frühere bestehende Unwirksamkeitsgrund bei einer Erbeinsetzung, welche die Hälfte des gesetzlichen Erbteils nicht überstieg, für die ab dem 1.1.2010 eingetretenen Erbfälle durch das ErbVerjRÄndG beseitigt wurde (Art. 229 § 23 Abs. 4 EGBGB). Im Falle einer besonders übermäßigen Beschränkung des Erben kommt bei Vorliegen außergewöhnlicher Umstände eine Nichtigkeit nach **§ 138** in Betracht, jedoch ist dabei der Zweck der Testamentsvollstreckung wohlwollend zu berücksichtigen (→ § 2197 Rn. 20) (OLG Düsseldorf NJW 1988, 2615 (2617) betr. Sektenzugehörigkeit des Erben). Unter Umständen besteht eine Anfechtungsmöglichkeit nach den §§ 2078 ff. (MüKoBGB/Zimmermann Rn. 21). § 2216 Abs. 2 S. 2 bietet demgegenüber keine Möglichkeit zur Beseitigung der Testamentsvollstreckung, da deren eigentliche Anordnung dadurch nicht außer Kraft gesetzt werden kann (allgM, Damrau/Tanck/Bonefeld Rn. 10). Auch eine Freigabe nach § 2217 scheidet bei den Fällen des § 2209 idR aus, weil im Allgemeinen durch die Herausgabe an die Erben die Verwaltungsaufgabe unerfüllbar würde (NK-BGB/Kroiß Rn. 10; MüKoBGB/Zimmermann Rn. 20, dort auch zu Ausnahmen).

## III. Rechtsfolgen

10 **1. Rechtsstellung des Verwaltungsvollstreckers. a) Grundsätzliches.** Die Befugnisse des Verwaltungsvollstreckers unterscheiden sich formal nicht von denen des Abwicklungsvollstreckers; insoweit gilt insbes. auch § 2205, sodass der Verwaltungsvollstrecker im Zweifel auch befugt ist, über die Nachlassgegenstände zu verfügen (OLG Bremen FamRZ 2013, 1515 (1516) = ZEV 2013, 335; Staudinger/Dutta, 2021, Rn. 19). Wegen der unterschiedlichen Aufgabenstellung (→ Rn. 2 f.) dienen die Befugnisse hier aber einem anderen Zweck und werden hierdurch instrumentalisiert (MüKoBGB/Zimmermann Rn. 10; Staudinger/Dutta, 2021, Rn. 19). § 2209 schließt auch die Erben (einschließlich des befreiten Vorerben) für die Dauer der Vollstreckung vom Nachlass aus (§ 2211); ebenso Eigengläubiger (§ 2214) und gesetzliche Verwaltungsrechte (§§ 1626, 1628 f., 1678, 1793, 1794, 1803, → Rn. 4). Auch der **Pflichtenkatalog** stimmt – sieht man von den durch die andere Aufgabenstellung bedingten Besonderheiten ab – im Allgemeinen mit demjenigen des Abwicklungsvollstreckers überein (NK-BGB/Kroiß Rn. 7). Allerdings ist auf Verlangen jährliche Rechnung zu legen (§ 2218 Abs. 2); auch besteht während der Dauer der Verwaltungsvollstreckung keine Herausgabepflicht (§§ 2218, 667) (Staudinger/Dutta, 2021, Rn. 21; MüKoBGB/Zimmermann Rn. 10; es besteht nicht einmal ein bedingter Herausgabeanspruch des Erben, OLG Stuttgart WürttZ 1924, 23). Entspr. der unterschiedlichen Zwecksetzung sind auch die **steuerlichen Pflichten** gegenüber der Abwicklungsvollstreckung (→ § 2203 Rn. 14 f.) anders; die nach dem Erbfall fällig werdenden Ertragsteuern schuldet zwar der Erbe (anders uU bei der sog. Treuhandlösung, → § 2205 Rn. 36 ff., bei kaufmännischen Einzelunternehmen und Gesellschaftsbeteiligungen), jedoch hat der Testamentsvollstrecker ihm grds. die zu deren Erfüllung erforderlichen Mittel auszukehren (NK-BGB/Kroiß Rn. 10; eingehend dazu Mayer/Bonefeld TV-HdB/Wälzholz/Vassel-Knauf § 46 Rn. 100; Bengel/Reimann TV-HdB/Piltz/Holtz § 8 Rn. 101 ff., zur Auskehrungspflicht Rn. 167), jedoch setzt dies voraus, dass die Auskehrung den Grundsätzen der ordnungsgemäßen Verwaltung entspricht (→ § 2217 Rn. 2). Eine **Außenprüfung** kann auch gegen den Testamentsvollstrecker hinsichtlich des von ihm verwalteten Nachlasses angeordnet werden (FG Baden-Württemberg EFG 1990, 400). Führt er ein zum Nachlass gehöriges Handelsgeschäft fort, so haftet er für sozialversicherungsrechtliche Beitragsansprüche persönlich und unbeschränkt, wenn er im eigenen Namen nach außen als Inhaber des Handelsgeschäfts auftritt (BSG Breith 1986, 651).

11 **b) Eingehung von Verbindlichkeiten (S. 2).** Nach der Auslegungsregel des S. 2 ist der Testamentsvollstrecker im Zweifel in der Eingehung von Verbindlichkeiten für den Nachlass nicht beschränkt; es gilt insoweit nicht die kausale Beschränkung des § 2206, zumal das Verkehrsschutz-

interesse bei der länger währenden Verwaltungsvollstreckung dies gebietet (MüKoBGB/Zimmermann Rn. 11; Staudinger/Dutta, 2021, Rn. 23). Bei der Dauervollstreckung besteht die **erweiterte Verpflichtungsbefugnis** schon während der reinen Abwicklungsphase (NK-BGB/Kroiß Rn. 11; MüKoBGB/Zimmermann Rn. 11).

**c) Erträgnisse des Nachlasses.** Die Behandlung der Nachlasserträge richtet sich primär nach den Anordnungen des Erblassers, im Fall der Pflichtteilsbeschränkung in guter Absicht nach § 2338 Abs. 1 S. 2. Besondere Bedeutung haben Verwaltungsanordnungen des Erblassers hinsichtlich der Verwendung der Erträge im Rahmen eines Behindertentestaments (→ § 2216 Rn. 31) (dazu etwa NK-BGB/Kroiß Rn. 17; Mayer/Bonefeld TV-HdB/J. Mayer § 22 Rn. 69 ff.). Fehlen Anordnungen zur Verwendung der Erträge, so kann der Erbe Herausgabe der Nutzungen vom Testamentsvollstrecker nur dann verlangen, wenn das den Grundsätzen der ordnungsmäßigen Verwaltung (§ 2216) entspricht (BGH NJW-RR 1988, 386; FamRZ 1986, 900; diff. RG BayZ 1922, 123: Erbenstellung dürfe nicht völlig ihres wirtschaftlichen Inhalts beraubt werden; für Anwendung des § 2217 MüKoBGB/Zimmermann Rn. 12; für totale Thesaurierungsmöglichkeit Staudinger/Dutta, 2021, Rn. 24). Vgl. ferner → § 2216 Rn. 17. Ist Vor- und **Nacherbschaft** angeordnet, so ist für die Auskehrung der Nutzungen die beiderseitige Interessenlage (hohe Ertragsauskehrung für den Vorerben und Substanzmehrung für den Nacherben durch Thesaurierung) angemessen zu berücksichtigen. Der Testamentsvollstrecker darf daher weder die dem Vorerben gebührenden Nutzungen schmälern noch die Substanz zum Nachteil des Nacherben mindern oder gefährden. Dabei muss er auch die §§ 2124–2126 beachten, die den Ausgleich von Aufwendungen zwischen Vor- und Nacherben regeln (BGH NJW-RR 1988, 386; Staudinger/Dutta, 2021, Rn. 24). 12

**d) Testamentsvollstreckerzeugnis.** In den Fällen des § 2209 ist die Tatsache des Bestehens der Dauer- bzw. Verwaltungsvollstreckung und deren Dauer anzugeben (BGH NJW-RR 1991, 835 (836); BayObLGZ 1992, 175 (179); KG ZErb 2015, 89 (90); MüKoBGB/Grziwotz § 2368 Rn. 36 f.). Darin sind jedoch gesetzliche Beschränkungen der Befugnisse des Testamentsvollstreckers, die sich aus dem Gesellschaftsrecht ergeben, nicht aufzunehmen (BGH NJW 1996, 1284 = ZEV 1996, 112 mAnm Lorz). Fehlt es an den erforderlichen Angaben, so ist das Testamentsvollstreckerzeugnis einzuziehen (OLG Zweibrücken FamRZ 1998, 581). Schweigt das Testamentsvollstreckerzeugnis zu § 2209, so wird damit bezeugt, dass dem Testamentsvollstrecker nur die nach den §§ 2203–2206 mit dem Amt verbundenen Regelbefugnisse zustehen (KG ZErb 2015, 89 (90); OLGZ 1991, 262 = NJW-RR 1991, 835; MüKoBGB/Grziwotz § 2368 Rn. 35). 13

**2. Rechtsstellung der Erben.** Als „Kehrseite" der Verwaltungsvollstreckung ist der Erbe in seiner Verwaltungs- und Verfügungsbefugnis zeitlich und gegenständlich entspr. eingeschränkt (vgl. etwa MüKoBGB/Zimmermann Rn. 19). Die Verwaltungsvollstreckung berührt aber nicht den Tatbestand der Einkunftserzielung iSd EStG, der nach dem Tode des Erblassers grds. allein von den Erben verwirklicht wird. Die einkommensteuerlichen Ansprüche richten sich – auch soweit sie aus Erträgen des Nachlassvermögens resultieren – gegen die Erben, nicht gegen den Nachlass (BFHE 179, 222 = NJW-RR 1996, 1025; Mayer/Bonefeld TV-HdB/Wälzholz/Vassel-Knauf § 46 Rn. 25 ff.). 14

## § 2210 Dreißigjährige Frist für die Dauervollstreckung

**[1]Eine nach § 2209 getroffene Anordnung wird unwirksam, wenn seit dem Erbfall 30 Jahre verstrichen sind. [2]Der Erblasser kann jedoch anordnen, dass die Verwaltung bis zum Tode des Erben oder des Testamentsvollstreckers oder bis zum Eintritt eines anderen Ereignisses in der Person des einen oder des anderen fortdauern soll. [3]Die Vorschrift des § 2163 Abs. 2 findet entsprechende Anwendung.**

### Überblick

Die Vorschrift enthält in S. 1 eine absolute Zeitgrenze für die Verwaltungs- und Dauertestamentsvollstreckung sowie in S. 2 wichtige Ausnahmen.

### I. Normzweck

Über die Dauer der Verwaltungsvollstreckung (§ 2209) entscheidet vorrangig der Erblasser. Die in § 2210 normierten Höchstfristen begrenzen seine Testierfreiheit in zeitlicher Hinsicht, denn 1 anders als die Abwicklungsvollstreckung endet die Verwaltungsvollstreckung nicht automatisch mit Erledigung der dem Testamentsvollstrecker zugewiesenen Aufgaben. **Zweck dieser zeitlichen Begrenzung** ist es, grds. zu verhindern, dass dem Erben die Herrschaft über den Nachlass durch eine Verwaltungsvollstreckung sehr lange oder sogar für immer entzogen wird (Lange ErbR § 63 Rn. 68). Dadurch sollen fideikommissarische Zustände mit einer Bindung des Vermögens über viele Jahre hinaus vermieden werden (zur Entwicklung des familiengebundenen Vermögens durch Familienfideikommisse Staudinger/Mittelstädt, 2021, EGBGB Art. 59 Rn. 8 ff.; zu den Gründen für die zeitliche Begrenzung iE s. Sasse, Grenzen der Vermögensperpetuierung bei Verfügungen des Erblassers, 1997, 61 ff.). Die hier gewählte Zeitgrenze von 30 Jahren findet sich auch in anderen erbrechtlichen Bestimmungen (§§ 2109, 2162, 2044 Abs. 2). Satz 2 macht allerdings hiervon wieder erhebliche, auch praktisch bedeutsame Ausnahmen (→ Rn. 4 ff.). Zu beachten ist, dass § 2210 auf die Abwicklungsvollstreckung nicht anzuwenden ist, da hier das Amt des Testamentsvollstreckers von selbst mit der Ausführung aller Aufgaben endet, die der Erblasser angeordnet hat.

## II. Zeitliche Begrenzung der Verwaltungsvollstreckung

2 **1. Grundsatz (S. 1).** Die Höchstgrenze von 30 Jahren gilt allein für die **Verwaltungsvollstreckung** iSv § 2209 (RGZ 155, 350 (352); Damrau/Tanck/Bonefeld Rn. 1), hier allerdings für jede ihrer Formen, also für die Dauer- wie die reine Verwaltungsvollstreckung (Lange ErbR § 63 Rn. 69; zu den Unterschieden → § 2209 Rn. 2 f.). Für die **Abwicklungsvollstreckung** (§ 2203) besteht dagegen keine zeitliche Grenze, weil aufgrund ihrer sachlichen Begrenzung davon ausgegangen wird, dass sie in angemessener und überschaubarer Zeit beendet werden kann (BGHZ 41, 23 (27) = NJW 1964, 1316; OLG Schleswig ZEV 2009, 296 (298); LG Heidelberg ZEV 2008, 535 (536); BeckOGK/Suttmann Rn. 24).

3 Die Frist des § 2210 beginnt **mit** dem **Erbfall.** Sofern die Verwaltungsvollstreckung nicht ohnehin für kürzere Zeit durch Bestimmung eines Endtermins oder einer auflösenden Bedingung angeordnet wurde, was in Zweifelsfällen durch Auslegung ermittelt werden muss (Staudinger/Dutta, 2021, Rn. 14), und auch nicht durch vorzeitige Aufgabenerledigung endet, ist sie grds., soweit nicht eine der Ausnahmemöglichkeiten nach S. 2 eingreift, mit Ablauf der 30-Jahrefrist von selbst beendet (Staudinger/Dutta, 2021, Rn. 20; BeckOGK/Suttmann Rn. 26 f.). Einer Aufhebung durch das Nachlassgericht oder einer Amtsniederlegung durch den Testamentsvollstrecker bedarf es dann nicht (RGZ 81, 166 (167 f.)). Aus der Möglichkeit des Erblassers, durch eine entsprechende Anordnung die Verwaltungsvollstreckung über die Zeitgrenze des S. 1 hinaus auf die Lebenszeit des Erben zu verlängern, kann nicht der Gegenschluss gezogen werden, dass mangels eines abweichenden Erblasserwillens jede Verwaltungsvollstreckung automatisch mit dem Tod des Erben erlischt (Gutachten DNotI-Report 2007, 3 (4)). Der Erblasser kann auch ein auf 30 Jahre ernanntes Testamentsvollstrecker-Kollegium ermächtigen, die Beendigung der Verwaltung selbst vorzeitig zu beschließen (BayObLGZ 1976, 67 (80) = NJW 1976, 1692).

4 **2. Ausnahmen (S. 2).** Als Ausnahme zu § 2210 S. 1 lässt S. 2 Anordnungen des Erblassers zu, die eine **Durchbrechung** der **zeitlichen Höchstdauer** bewirken und sogar eine lebenslängliche Beschränkung der Erben ermöglichen. Die Verwaltungsvollstreckung kann nämlich bis **zum Tod des Erben** (auch Nacherben) oder des **Testamentsvollstreckers** festgelegt werden oder bis zum **Eintritt** eines **anderen Ereignisses** in der Person des Erben oder Testamentsvollstreckers (zB Heirat oder Erreichung eines bestimmten Lebensalters). Die Gründe zur Verlängerung der Verwaltungsvollstreckung stehen zueinander in keinem Ausschließlichkeitsverhältnis, sodass der Erblasser diese miteinander kombinieren kann, etwa bis zum Eintritt eines bestimmten Ereignisses, mindestens aber bis zum Tod des Erben (BGHZ 174, 346 = NJW 2008, 1157; KG KGR 2007, 229; Lange ErbR § 63 Rn. 74; Zimmermann ZEV 2006, 508; BeckOGK/Suttmann Rn. 28 ff.; aA LG Berlin ZEV 2006, 506 (507)). Wenn der Testamentsvollstrecker berechtigt ist, einen Nachfolger zu ernennen (§ 2199 Abs. 2), könnte durch Anordnung der Testamentsvollstreckung auf Lebenszeit des Vollstreckers die Testamentsvollstreckung zeitlich nahezu uneingeschränkt fortdauern. Im Wege einer einschränkenden Interpretation nahm die **früher herrschende Generationstheorie** an, dass die Verwaltung in Anlehnung an § 2109 Abs. 1 S. 2 Nr. 1, § 2163 Abs. 1 Nr. 1 nur dann bis zum Tod des Nachfolgers dauert, wenn dieser zurzeit des Erbfalls bereits gelebt hat (NK-BGB/Kroiß Rn. 6; Damrau/Tanck/Bonefeld Rn. 4). Demgegenüber hat sich der **BGH** für die Anwendung der sog. **Amtstheorie** entschieden. Sind demnach seit dem Erbfall 30 Jahre verstrichen und soll die Verwaltung des Nachlasses nach dem Willen des Erblassers über 30 Jahre hinaus bis zum Tode des Testamentsvollstreckers fortdauern, verliert die Anordnung der Dauertestaments-

vollstreckung insgesamt ihre Wirksamkeit mit dem Tode des letzten Testamentsvollstreckers, der innerhalb von 30 Jahren seit dem Erbfall zum Testamentsvollstrecker ernannt wurde (BGHZ 174, 346 = ZEV 2008, 138 mAnm Reimann; dazu Zimmer NJW 2008, 1125; Zimmermann FamRZ 2008, 504; Weidlich MittBayNot 2008, 263 m. Hinweisen zu den praktischen Konsequenzen; die gegen die BGH-Entscheidung erhobene Verfassungsbeschwerde hat das BVerfG nicht zur Entscheidung angenommen, NJW-RR 2010, 156).

Nach Ansicht des KG ergibt sich aus der BGH-Judikatur nicht, dass die Ernennung von (Mit-) Testamentsvollstreckern nach Maßgabe der Verfügung von Todes wegen nur bis zum Ablauf der 30-Jahresfrist wirksam möglich ist. Die Amtstheorie soll vielmehr nur etwas über die Dauer der Testamentsvollstreckung in ihrer Gesamtheit (im abstrakten Sinn) besagen. Solange diese noch besteht, können auch andere Ersatzmitvollstrecker ernannt werden; jedoch ist deren Bestellung auf die Gesamtlaufzeit der Testamentsvollstreckung im abstrakten Sinn befristet (KG ZEV 2008, 528 (529) mAnm Reimann). Wird der Testamentsvollstrecker mit der Ausübung eines **Urheberrechts** (§ 28 Abs. 2 UrhG) betraut, gilt § 2210 insoweit nicht; die maximale Schutzfrist beträgt dann 70 Jahre (§ 28 Abs. 2 S. 2 UrhG, § 64 UrhG) (vgl. Damrau/Tanck/Bonefeld Rn. 5; Staudinger/Dutta, 2021, Rn. 25; MüKoBGB/Zimmermann Rn. 6). 5

Ist eine **juristische Person** der Erbe oder Testamentsvollstrecker (etwa eine Bank), bleibt es auf jeden Fall bei der 30-jährigen Frist und damit beim Grundsatz von S. 1 (S. 3 iVm § 2163 Abs. 2), ansonsten wäre die Verwaltungsvollstreckung für ewige Zeiten möglich (Staudinger/Dutta, 2021, Rn. 38; teilweise weitergehend aber Reich ZEV 2012, 349 (351);Wendt ErbR 2018, 178 (184 f.)). 6

## III. Rechtsfolgen

Das BGB unterscheidet zwischen der Beendigung des Amtes des einzelnen Testamentsvollstreckers einerseits und derjenigen der Testamentsvollstreckung insgesamt andererseits. § 2210 führt zur Beendigung der gesamten Verwaltungsvollstreckung, nicht nur zum Ablauf der Amtszeit des gerade amtierenden Testamentsvollstreckers. Damit erlöschen insoweit alle Verwaltungs-, Verfügungs- und Verpflichtungsbefugnisse des Testamentsvollstreckers. Danach vorgenommene Rechtshandlungen sind unwirksam (Staudinger/Dutta, 2021, Rn. 57), vom Testamentsvollstrecker erteilte Vollmachten erlöschen (KGJ 41, 79 (80 f.)). Hat der Erblasser eine feste zeitliche Höchstgrenze festgelegt, die unter der 30-jährigen Frist des § 2210 bemessen ist, so geht diese Anordnung der Regelung des § 2210 vor (zur Auslegung der Anordnung, der Nachlass sei am 25. Geburtstag des jüngsten Erben herauszugeben, OLG Düsseldorf ErbR 2020, 664 (665)). 7

## § 2211 Verfügungsbeschränkung des Erben

**(1) Über einen der Verwaltung des Testamentsvollstreckers unterliegenden Nachlassgegenstand kann der Erbe nicht verfügen.**

**(2) Die Vorschriften zugunsten derjenigen, welche Rechte von einem Nichtberechtigten herleiten, finden entsprechende Anwendung.**

### Überblick

Mit dem umfassenden Verfügungsrecht des Testamentsvollstreckers korrespondiert umgekehrt eine entsprechende Einschränkung der Verfügungsbefugnis des Testamentsvollstreckers (Abs. 1). Zugleich wird der erforderliche Gutglaubensschutz normiert (Abs. 2).

### I. Normzweck

Die mit der Verleihung der Verfügungsbefugnis an den Testamentsvollstrecker verfolgten Ziele (etwa bei der Anordnung wegen eines noch unreifen Erben) könnten vielfach nicht erreicht werden, wenn der Erbe daneben noch frei verfügungsberechtigt wäre (Mot. V 233). Daher ordnet die Bestimmung in Ergänzung zu den §§ 2205, 2206 und als Ausnahme zu § 137 an, dass der Testamentsvollstrecker nicht nur die alleinige Verwaltung, sondern auch das ausschließliche Verfügungsrecht über den der Testamentsvollstreckung unterliegenden Nachlass hat. Mit dem Verfügungsrecht des Testamentsvollstreckers korrespondiert insofern zwingend die Entziehung der Verfügungsmacht des Erben (Lange ErbR § 65 Rn. 152). Die angeordnete Testamentsvollstreckung schränkt die Verfügungsbefugnis des betroffenen Erben ein; dessen Gläubiger, die nicht zu den 1

Nachlassgläubigern gehören, können nicht auf die der Verwaltung des Testamentsvollstreckers unterliegenden Nachlassgegenstände zugreifen. Aus Gründen des Verkehrsschutzes finden jedoch nach Abs. 2 die Vorschriften über den gutgläubigen Erwerb vom Nichtberechtigten entsprechende Anwendung.

## II. Beschränkung der Verfügungsmacht (Abs. 1)

2 **1. Rechtsnatur, Wirkungen.** Die von § 2211 verfügte Entziehung der Verfügungsbefugnis des Erben hat **dingliche Wirkung** (BGHZ 48, 214 (219) = NJW 1967, 2399; BGHZ 56, 275 (278) = NJW 1971, 1805) und ist nicht lediglich ein relatives Veräußerungsverbot iSv § 135 ausgestaltet. Eine trotzdem vorgenommene Verfügung des Erben ist nicht nur dem Testamentsvollstrecker, sondern jedermann gegenüber absolut unwirksam, nicht aber nichtig. Es handelt sich nur um eine **schwebende Unwirksamkeit** (RGZ 87, 432 (433 f.); NK-BGB/Kroiß Rn. 7). § 2211 hindert auch nicht daran, dass die **Erben mit Zustimmung des Testamentsvollstreckers** gemeinsam über die Nachlassgegenstände verfügen können (BGHZ 56, 275 (278) = NJW 1971, 1805). Diese Möglichkeit kann auch der Erblasser nicht ausschließen.

3 Durch die ausschließliche Verfügungsbefugnis des Testamentsvollstreckers entsteht ein vom sonstigen Vermögen des Erben getrenntes **Sondervermögen,** das auch dem Zugriff seiner Eigengläubiger entzogen ist (§ 2214). Dies gilt sogar für den Alleinerben (BGHZ 48, 214 (219) = NJW 1967, 2399; BGH NJW 1983, 2247; MüKoBGB/Zimmermann Rn. 2). Die Verfügungsbeschränkung bleibt auch im Insolvenzverfahren über das Vermögen des Erben bestehen, da § 80 Abs. 2 InsO nicht anwendbar ist (→ § 2214 Rn. 4) (NK-BGB/Kroiß Rn. 3; Staudinger/Dutta, 2021, Rn. 2) und verhindert eine Einsatzpflicht des Vermögens nach den Bestimmungen des Sozialhilferechts (§§ 90 f. SGB XII) (BGH ZErb 2015, 290 (291); OVG Saarl ZErb 2006, 275 zum Behindertentestament; VGH BW NJW 1993, 152; NK-BGB/Kroiß Rn. 3). Die Verfügungsbeschränkung hindert den Erben nicht, Verpflichtungsgeschäfte über das der Verwaltung des Testamentsvollstreckers unterliegende Vermögen einzugehen. Dadurch entsteht jedoch keine Nachlassverbindlichkeit, die vom Testamentsvollstrecker zu erfüllen wäre; der Erbe wird daraus nur **persönlich** verpflichtet (RG HRR 1929 Nr. 1833; NK-BGB/Kroiß Rn. 10). Auch hat der Gläubiger einer solchen Forderung gegenüber einem vom Testamentsvollstrecker geltend gemachten Anspruch des Nachlasses mangels Gegenseitigkeit kein Aufrechnungs- oder Zurückbehaltungsrecht (BGHZ 25, 275 (282); BeckOGK/Suttmann Rn. 4.1).

4 **2. Wirksame Verfügung der Erben.** Der **Erbe** kann über einen dem Verwaltungsrecht des Testamentsvollstreckers unterliegenden Nachlassgegenstand **wirksam verfügen,** wenn der Testamentsvollstrecker in eine Verfügung von vornherein einwilligt oder diese später genehmigt. In beiden Fällen wird eine solche Verfügung als von Anfang an wirksam angesehen (§§ 185, 184 Abs. 1) (RGZ 87, 432 (434); NK-BGB/Kroiß Rn. 7; Lange ErbR § 65 Rn. 157). Dies gilt selbst dann, wenn dabei gegen Anordnungen des Erblassers verstoßen wird. Entfällt das Verwaltungsrecht des Testamentsvollstreckers (durch Beendigung der Testamentsvollstreckung infolge Zeitablaufs oder nach § 2217 Abs. 1 S. 2), so werden die Verfügungen des Erben geheilt, ohne dass es einer Genehmigung oder Bestätigung bedürfte; jedoch tritt hier keine Rückwirkung ein (RGZ 87, 432; RG LZ 1915, 1931; NK-BGB/Kroiß Rn. 7; BeckOGK/Suttmann Rn. 13). Die Heilung ist nicht mehr möglich, wenn der Testamentsvollstrecker während seines Verwaltungsrechts bereits eine abweichende Verfügung getroffen hat (Staudinger/Dutta, 2021, Rn. 4; Damrau/Tanck/Bonefeld Rn. 3). Der Erbe kann auch unter der **aufschiebenden Bedingung** des Wegfalls des Verwaltungsrechts des Testamentsvollstreckers verfügen und sich insoweit bereits binden; verfügt aber der Testamentsvollstrecker vorher noch abweichend, so geht diese Zwischenverfügung in ihrer Wirksamkeit vor (NK-BGB/Kroiß Rn. 9; MüKoBGB/Zimmermann Rn. 12).

5 **3. Dauer der Verfügungsbeschränkung.** Der Entzug der Verfügungsbefugnis **beginnt** – mangels abweichender Erblasseranordnung – bereits **mit dem Erbfall,** nicht erst mit dem Amtsantritt des Testamentsvollstreckers, da sonst der Normzweck durch Eigenverfügungen der Erben gefährdet würde (BGHZ 25, 275 (282); 48, 214 (220) = NJW 1967, 2399; NK-BGB/Kroiß Rn. 6; BeckOGK/Suttmann Rn. 5). Bis zum förmlichen Amtsantritt besteht somit eine Schwebezeit, in der niemand über den Nachlass verfügen kann (→ § 2197 Rn. 42 f.). Kommt es zu keiner Amtsannahme durch einen Testamentsvollstrecker (alle, einschließlich der Ersatzmänner, lehnen ab oder fallen aus anderen Gründen weg), so sind die von den Erben mittlerweile getroffenen Verfügungen von Anfang an wegen Gegenstandslosigkeit der Testamentsvollstreckung wirksam (MüKoBGB/Zimmermann Rn. 3; Staudinger/Dutta, 2021, Rn. 6).

Mit dem Wegfall des Verfügungsrechts des Testamentsvollstreckers **endet** gleichzeitig die Entziehung der Verfügungsbefugnis für den Erben. Dies kann hinsichtlich des ganzen Nachlasses der Fall sein (Zweckerreichung, Ablauf der Dauer der Testamentsvollstreckung), aber auch nur bezüglich einzelner Gegenstände, die aus der Testamentsvollstreckung ausscheiden, etwa durch Freigabe nach § 2217 Abs. 1 (BeckOGK/Suttmann Rn. 8; MüKoBGB/Zimmermann Rn. 3). Auch zeitliche Unterbrechungen sind denkbar (Staudinger/Dutta, 2021, Rn. 8). 6

**4. Umfang der Verfügungsbeschränkung.** Die Verfügungsbeschränkung des Erben besteht ausschließlich hinsichtlich der der Verwaltung des Testamentsvollstreckers unterliegenden Gegenstände (§ 2208 Abs. 1) einschließlich der **Reinerträge,** sofern auch sie der Testamentsvollstreckung unterworfen wurden (RG WarnR 1919 Nr. 71; Staudinger/Dutta, 2021, Rn. 10). Besteht ein noch nicht vollzogener Anspruch der Erben auf Freigabe (§ 2217 Abs. 1), so kann stattdessen auch die Zustimmung des Testamentsvollstreckers in die beabsichtigte Verfügung verlangt werden (MüKoBGB/Zimmermann Rn. 5; Erman/M. Schmidt Rn. 1). Die Verfügungsbeschränkung des Erben besteht nicht, soweit der Testamentsvollstrecker hinsichtlich eines Nachlassgegenstands an einer Verfügung aus **rechtlichen Gründen** verhindert ist, etwa wegen eines Interessenwiderstreits, es sei denn, der Erblasser hat eine Ersatztestamentsvollstreckung hierfür vorgesehen (OLG München DNotZ 1937, 337; Staudinger/Dutta, 2021, Rn. 11). 7

Verfügungen über einen **Anteil eines Miterben** gehören generell nicht zu den Befugnissen eines Testamentsvollstreckers (→ § 2205 Rn. 9). Dementsprechend wird durch die Anordnung einer Testamentsvollstreckung die Verfügungsbefugnis des Erben hierüber nicht eingeschränkt, sodass dieser zur **Verpfändung** oder Abtretung des Erbanteils (§ 2033) befugt ist. Jedoch beeinträchtigt die erfolgte Abtretung oder Verpfändung eines Miterbenanteils das Verwaltungs- und Verfügungsrecht des Testamentsvollstreckers hinsichtlich einzelner Nachlassgegenstände nicht, da der Erwerber des Erbteils oder der Pfandgläubiger hieran nicht mehr Rechte erwerben kann, als der Miterbe besitzt (NK-BGB/Kroiß Rn. 5; vgl. auch KG DNotZ 1941, 127). Soweit der Erbe hierfür eine Gegenleistung erhält, unterliegt diese aber nicht mehr der Testamentsvollstreckung (NK-BGB/Kroiß Rn. 5; MüKoBGB/Zimmermann Rn. 6). 8

**5. Verfügungsbegriff.** Da das Testamentsvollstreckerrecht keinen eigenständigen Verfügungsbegriff kennt, ist der **allgemeine Verfügungsbegriff** maßgeblich. Danach ist Verfügung jedes privatrechtliche Rechtsgeschäft, durch das ein Recht unmittelbar begründet, aufgehoben, übertragen oder inhaltlich verändert wird (→ § 135 Rn. 2). Eine Verfügung iSd § 2211 ist daher auch die Kündigung der Miete nach dem Tod des Mieters nach § 569 (RGZ 74, 35) oder die Bewilligung eines Vorkaufsrechts an einem Nachlassgrundstück (OLG Düsseldorf NJW 1963, 162). **Reine Verwaltungsmaßnahmen tatsächlicher Art** (wie Umbau des Hauses) fallen zwar nicht unter die Verfügungsbeschränkung, können jedoch vom Testamentsvollstrecker aufgrund seines allgemeinen Verwaltungsrechts (§ 2205 S. 2) verhindert werden (NK-BGB/Kroiß Rn. 2; Winkler TV Rn. 231; MüKoBGB/Zimmermann Rn. 4; aA Staudinger/Dutta, 2021, Rn. 15, der auch solche zu den Verfügungen iSd Vorschrift rechnet). 9

## III. Gutglaubensschutz (Abs. 2)

Abs. 2 erklärt die Vorschriften zugunsten derjenigen, welche Rechte von einem Nichtberechtigten herleiten, für entspr. anwendbar. Der Verweisung bedurfte es, weil der Erbe zwar formell der Rechtsinhaber ist, ihm aber die Verfügungsbefugnis durch Abs. 1 entzogen wird. Entspr. gelten insbes. **§§ 932 ff., 892, 893, 1032, 1207, 1244, 2364 ff.** Besonderheiten sind hinsichtlich des gutgläubigen Erwerbs eines Geschäftsanteils an einer GmbH vom Nichtberechtigten **§ 16 Abs. 3 GmbHG** zu beachten. Geschützt wird (nur) der gute Glaube an die Berechtigung, nicht jedoch an das Nichtbestehen einer Testamentsvollstreckung, weil nach Ansicht des BGH (BGHZ 191, 84 = DStR 2011, 2206) die Gesellschafterliste keinen Vertrauenstatbestand dafür begründet, dass der Gesellschafter nicht in seiner Verfügungsmacht über den Geschäftsanteil beschränkt ist. Es erscheint daher fraglich, ob unter Rückgriff auf § 16 Abs. 3 GmbHG iVm § 2211 Abs. 2 ein gutgläubiger Erwerb vom Nichtberechtigten möglich ist (zu dieser Problematik s. Gutachten DNotI-Report 2013, 37 (38)). Dementsprechend wird von den Obergerichten die Eintragung eines Testamentsvollstreckervermerks in die nach § 40 GmbHG in das Handelsregister einzustellende Gesellschafterliste abgelehnt (→ § 2197 Rn. 17). 10

Geschützt werden nach Abs. 2 gutgläubige Dritte **bei Rechtsgeschäften mit dem Erben,** wenn sie auf die Verfügungsmacht der Erben vertrauten, weil sie entweder das Bestehen der Testamentsvollstreckung nicht kannten oder gutgläubig annahmen, dass der Gegenstand nicht zum Nachlass gehört, oder zumindest glaubten, dass er der Verwaltung des Testamentsvollstreckers nicht 11 unterliege (MüKoBGB/Zimmermann Rn. 14; Grüneberg/Weidlich Rn. 4). Ein gutgläubiger Erwerb ist ausgeschlossen, wenn die Verwaltungsbefugnis des Testamentsvollstreckers nach außen kundgemacht wurde, was bei Grundstücken durch Eintragung des **Testamentsvollstreckervermerks** in das Grundbuch (§ 52 GBO), bei Schiffen in das Schiffsregister (§ 55 SchRegO) geschieht. Auch im **Erbschein** wird die Testamentsvollstreckung als Verfügungsbeschränkung eingetragen (§ 2364 Abs. 1), sodass derjenige, der eine bewegliche Sache erwirbt und weiß, dass eine Testamentsvollstreckung angeordnet ist, nicht gutgläubig nach § 932 erwirbt, wenn er glaubt, das Verwaltungsrecht beziehe sich nicht auf den erworbenen Gegenstand (Staudinger/Dutta, 2021, Rn. 26). Auch steht der Besitz des Testamentsvollstreckers oftmals einem gutgläubigen Erwerb entgegen (§ 935). Umstritten ist, ob derjenige grob fahrlässig handelt (§ 932 Abs. 2), der es bei positiver Kenntnis der Nachlasszugehörigkeit unterlässt, sich einen Erbschein vorlegen zu lassen. Teilweise wird dies bejaht (NK-BGB/Kroiß Rn. 11; Staudinger/Dutta, 2021, Rn. 25). Dem ist aber nicht zuzustimmen, da eine so weitgehende Prüfungspflicht zu verneinen und der Erbschein gerade nicht die alleinige Nachweismöglichkeit hinsichtlich des Bestehens des Erbrechts ist (Damrau/Tanck/Bonefeld Rn. 11). Der gute Glaube kann auch auf einem **Rechtsirrtum** beruhen, doch wird dieser hier relativ selten in Betracht kommen (MüKoBGB/Zimmermann Rn. 18; Staudinger/Dutta, 2021, Rn. 20; stärker einschr. NK-BGB/Kroiß Rn. 11: „entlastet normalerweise nicht"). Die irrtümliche Annahme, der Testamentsvollstrecker habe der Verfügung des Erben zugestimmt, ist jedenfalls kein Rechts-, sondern ein Tatsachenirrtum.

12 Geschützt wird auch ein Dritter, der als Schuldner in **Unkenntnis der Verfügungsbeschränkung** an den Erben anstatt an den empfangsberechtigten Testamentsvollstrecker **leistet.** § 1984 Abs. 1 S. 2 BGB, § 407 Abs. 1 BGB, § 82 InsO, gelten insoweit entspr. (Grüneberg/Weidlich Rn. 4). Die Beweislast dafür, dass der Schuldner bei Leistung die Nachlasszugehörigkeit kannte, trägt dabei der Testamentsvollstrecker (NK-BGB/Kroiß Rn. 12; MüKoBGB/Zimmermann Rn. 17). Dieser Schutz gilt auch für die Bank, die bei schuldloser Unkenntnis der Testamentsvollstreckung ein Guthaben an den Erben auszahlt. Hat die Bank zwar Kenntnis hiervon, es jedoch unterlassen, die kontoführende Stelle davon zu benachrichtigen, so wird sie von der Schuld nicht befreit (OLG Bremen MDR 1964, 328; NK-BGB/Kroiß Rn. 12).

13 Eine der Testamentsvollstreckung unterliegende **Forderung** kann ein Dritter vom Erben nicht **gutgläubig erwerben,** da es diesbezüglich an einem Gutglaubenstatbestand fehlt (BeckOGK/Suttmann Rn. 26.1).

14 Nicht geschützt durch die Verweisung des Abs. 2 werden **Rechtsgeschäfte mit dem Testamentsvollstrecker** selbst, etwa wenn der Dritte zu Unrecht eine Verfügungsbefugnis des Testamentsvollstreckers annimmt, obwohl dieser durch eine Anordnung nach § 2208 beschränkt ist (NK-BGB/Kroiß Rn. 13). Hier hilft allenfalls §§ 2368, 2366 (Grüneberg/Weidlich Rn. 5; Staudinger/Dutta, 2021, Rn. 19). Jedoch geht die Vermutung des Testamentsvollstreckerzeugnisses nicht dahin, dass das Amt im Zeitpunkt der Vorlage des Zeugnisses noch besteht (→ § 2368 Rn. 26).

## § 2212 Gerichtliche Geltendmachung von der Testamentsvollstreckung unterliegenden Rechten

**Ein der Verwaltung des Testamentsvollstreckers unterliegendes Recht kann nur von dem Testamentsvollstrecker gerichtlich geltend gemacht werden.**

### Überblick

Die Vorschrift bestimmt, dass bezüglich des Nachlasses, der der Verwaltung des Testamentsvollstreckers unterliegt, der Testamentsvollstrecker auch allein die Prozessführungsbefugnis im Aktivprozess besitzt.

### I. Normzweck

1 Die umfassende Verwaltungs- und Verfügungsbefugnis gebietet, dem Testamentsvollstrecker auch in prozessualer Hinsicht besondere Befugnisse einzuräumen. § 2212 regelt dabei die Prozessführungsbefugnis für Aktivprozesse, § 2213 diejenige für Passivprozesse. Ergänzt wird dies durch besondere Bestimmungen der ZPO, nämlich § 327 ZPO zur Rechtskraft und den §§ 748, 749, 779 Abs. 2 ZPO, § 780 Abs. 2 ZPO zur Zwangsvollstreckung.

## II. Rechtsstellung des Testamentsvollstreckers im Aktivprozess

Der Testamentsvollstrecker ist als Prozesspartei nicht Vertreter der Erben oder des Nachlasses, sondern **Partei kraft Amts** (§ 116 S. 1 Nr. 1 ZPO) (BGHZ 51, 125 (128) = NJW 1969, 424; RGZ 68, 257; Lange ErbR § 66 Rn. 165; Winkler TV Rn. 432), klagt also im eigenen Namen und auch auf Leistung an sich. Er kann daher als Partei vernommen werden (§§ 445 ff. ZPO), der Erbe dagegen als Zeuge (§§ 373 ff. ZPO), sofern er nicht Streitgenosse des Testamentsvollstreckers ist (OLG Hamburg OLGE 4, 122). Der Erbe kann weiter in dem Prozess als Nebenintervenient (§ 66, § 68, § 69 ZPO) auftreten, ja sogar als Hauptintervenient (§ 64 ZPO), wenn das Recht des Testamentsvollstreckers bestritten ist (Staudinger/Dutta, 2021, Rn. 16). Ihm kann auch der Streit verkündet werden (§§ 72 ff. ZPO), etwa wenn dem Testamentsvollstrecker ein Haftungsregress nach § 2219 droht. Unter den Voraussetzungen der §§ 114, 116 S. 1 Nr. 1 ZPO ist dem Testamentsvollstrecker **Prozesskostenhilfe** zu gewähren, wenn die prozesserforderlichen Mittel weder aus dem verwalteten Nachlass noch von den Erben oder den sonstigen an der Prozessdurchführung interessierten Personen aufgebracht werden können und die sonstigen Voraussetzungen hierfür vorliegen (Grunsky NJW 1980, 2041 (2044); Zimmermann TV Rn. 613a). 2

Im **eigenen Namen** (und damit nicht nach § 2212) klagt dagegen der Testamentsvollstrecker, wenn es um seine persönlichen Rechte und Pflichten geht, etwa um seine Ansprüche auf Aufwendungsersatz (§§ 2218, 670), Vergütung (§ 2221) oder Schadensersatz (§ 2219) (BGH NJW-RR 1987, 1090; MüKoBGB/Zimmermann Rn. 11), geht. Gleiches gilt, wenn es sich um die Rechtsstellung des Testamentsvollstreckers selbst handelt, also etwa darum, ob er wirksam ernannt wurde oder sein Amt bereits beendet ist (vgl. auch → Rn. 11). Er trägt hier die durch ein etwaiges Unterliegen entstehenden Kosten allein und persönlich (Soergel/Becker Rn. 16). 3

## III. Prozessführungsrecht für Aktivprozesse

**1. Grundsatz.** § 2212 gilt ausschließlich für Aktivprozesse, also für die Geltendmachung von Rechten, die den Nachlass betreffen. Als Ausfluss des Verwaltungs- und Verfügungsrechts weist § 2212 dem Testamentsvollstrecker das Prozessführungsrecht hierfür zu, soweit das betreffende Recht seiner Verwaltung unterliegt, wobei es allein darauf ankommt, ob dieses konkrete Recht der Testamentsvollstreckung unterfällt (BGH NJW-RR 1987, 1090; BeckOGK/Suttmann Rn. 6). Das Prozessführungsrecht folgt also grds. dem tatsächlich bestehenden Verfügungsrecht (BGHZ 31, 279 (280) = NJW 1960, 523). Je nach den Anordnungen des Erblassers hierzu kann es daher dem Testamentsvollstrecker oder dem Erben zustehen. Möglich ist auch, dass wegen eines gemeinschaftlichen Verfügungsrechts das Prozessführungsrecht dem Erben und dem Testamentsvollstrecker gemeinschaftlich zusteht (Staudinger/Dutta, 2021, Rn. 6), sodass beide notwendige Streitgenossen sind (§ 62 Abs. 1 Alt. 2 ZPO). Die Einsetzung eines **„executors“** durch einen deutschen Erblasser ist in diejenige eines Testamentsvollstreckers umzudeuten, dem dann die Befugnis aus § 2212 zukommt (LG Hamburg IPRspr. 1994, 290). Bei einem der Verwaltung des Testamentsvollstreckers unterliegenden Recht ist die Klage des Erben unzulässig (OLG Köln BeckRS 2019, 30561 Rn. 42). 4

Auch **mehrere Testamentsvollstrecker** sind grds. notwendige Streitgenossen, sofern sie zur gemeinsamen Vollstreckung berufen sind (§ 2224 Abs. 1) (RGZ 98, 173; NK-BGB/Kroiß Rn. 9). Dagegen kann einer von mehreren Mitvollstreckern allein klagen, wenn er insoweit zur alleinigen Verwaltung des betroffenen Rechts berufen (§ 2224 Abs. 1 S. 3) oder die Prozessführung zur Erhaltung eines Nachlassgegenstands erforderlich ist (§ 2224 Abs. 2) (OLG Saarbrücken NJW 1967, 1137; Staudinger/Dutta, 2021, Rn. 6). 5

Fehlt das Prozessführungsrecht, so ist die entsprechende Klage nicht wegen fehlender Aktivlegitimation als unbegründet, sondern wegen einer fehlenden **Prozessvoraussetzung** als unzulässig abzuweisen (BGHZ 1, 65 (68) = NJW 1951, 311; BGHZ 31, 279 (280); NK-BGB/Kroiß Rn. 20; aA BGHZ 41, 23 (24) ohne Begr.). 6

**2. Ausnahme: Letztwillige Anordnung, gewillkürte Prozessstandschaft.** § 2212 ist **nicht zwingend** (MüKoBGB/Zimmermann Rn. 3; BGH NJW 1963, 297 zur ähnlichen Situation beim Nachlassverwalter), sodass der Erblasser durch entsprechende Anordnung das Prozessführungsrecht den Erben zuweisen kann (§ 2208 Abs. 1 S. 1), denn das Prozessführungsrecht ist Teil des Verwaltungsrechts des Testamentsvollstreckers (Staudinger/Dutta, 2021, Rn. 7; MüKoBGB/Zimmermann Rn. 3). Auch kann der prozessführungsberechtigte Testamentsvollstrecker die Erben zur Prozessführung im Wege der **gewillkürten Prozessstandschaft** wirksam ermächtigen (BFHE 153, 504 = DStR 1989, 103; Staudinger/Dutta, 2021, Rn. 8; MüKoBGB/Zimmermann Rn. 18; 7

BGHZ 35, 180 (183) = NJW 1961, 1528 zum Konkursverwalter; BGHZ 38, 281 (286) = NJW 1963, 297 für Nachlassverwalter; BFH BB 1988, 2024 für Steuererstattungsansprüche; aA Koch JZ 1984, 809 (812); eine Unzulässigkeit der Ermächtigung nimmt auch Zimmermann TV Rn. 597 an, wenn dadurch das Kostenrisiko verschoben werden soll, weil etwa der Erbe wegen Vermögenslosigkeit kein solches hat). Diese weist die Besonderheit auf, dass ein eigenes Recht, das jedoch der Verfügungsbefugnis durch den Rechtsinhaber entzogen ist, im eigenen Namen geltend gemacht wird. Die prozessualen Voraussetzungen hierfür liegen idR vor, insbes. ergibt sich das schutzwürdige Interesse für die Geltendmachung durch den Erben aus seiner eigenen Rechtsinhaberschaft. Jedoch darf der Testamentsvollstrecker die Ermächtigung nur im Rahmen seiner ordnungsgemäßen Verwaltung erteilen (§ 2216 Abs. 1), wozu auch gehört, dass das durch den Prozess Zugesprochene seiner Verwaltung unterworfen bleibt (MüKoBGB/Zimmermann Rn. 18; Zimmermann TV Rn. 597). Dies muss der Testamentsvollstrecker nur dann nicht beachten, wenn er zur Freigabe nach § 2217 Abs. 1 befugt wäre.

**8** **3. Umfang des Prozessführungsrechts.** Ohne ausdrückliche Einschränkung des Erblassers ist der Testamentsvollstrecker grds. zu **jeder Art der gerichtlichen Geltendmachung** des seiner Verwaltung unterliegenden Nachlassrechtes berechtigt. Er kann also Klage (auch Feststellungs- und Widerklage) erheben, eine Aufrechnung erklären, Einreden geltend machen, Vollstreckungsgegenklage nach § 767 ZPO erheben (BeckOGK/Suttmann Rn. 3; aA Garlichs, Passivprozesse des Testamentsvollstreckers, 1995, Rn. 7, 301: dies sei als Geltendmachung einer Einwendung ein Passivprozess, § 2213), Arrest oder einstweilige Verfügung beantragen, Mahn- oder Vollstreckungsbescheid erwirken (NK-BGB/Kroiß Rn. 3) oder den Nachlass in einer Patentnichtigkeitsklage vertreten (BGH NJW 1966, 2059 = GRUR 1967, 56 m. krit. Anm. Pietzcker: Klage ist jedoch gegen den Erben zu richten, § 81 Abs. 1 S. 2 PatG). Die Prozessführung kann sowohl die ordentliche Zivil- als auch die Verwaltungsgerichtsbarkeit (MüKoBGB/Zimmermann Rn. 7; aber keine Berechtigung zur Stellung von Beihilfeanträgen bei einem verstorbenen Beamten, BayVGH BayVBl. 1983, 698, zweifelhaft), ein Schiedsverfahren (eingehend Staudinger/Dutta, 2021, Rn. 30 ff.), aber auch ein finanzgerichtliches Verfahren oder ein solches der freiwilligen Gerichtsbarkeit (zB Antrag auf Berichtigung des Grundbuchs) betreffen (RGZ 61, 145; BayObLGZ 1951, 454).

**9** Prozessrechtlich ist der Testamentsvollstrecker an sich auch zur Abgabe von Verzichten, Anerkenntnissen und Vergleichen berechtigt (§§ 306, 307 ZPO, § 779). Zu beachten ist jedoch, dass diese Erklärungen auch eine materiell-rechtliche Seite haben und Anordnungen des Erblassers (§ 2208) und das **Schenkungsverbot** (§ 2205 S. 3) derartigen Verfügungen Grenzen setzen. Wird hiergegen verstoßen, so schlägt die Nichtigkeit der materiell-rechtlichen Seite nach der von der hM vertretenen Theorie über die Doppelnatur dieser Prozesshandlungen (BGHZ 79, 71 (74) zum Prozessvergleich; Musielak/Voit/Foerste ZPO § 278 Rn. 16) auch auf die Wirksamkeit der prozessualen Seite durch (NK-BGB/Kroiß Rn. 10; Musielak/Voit/Lackmann ZPO § 794 Rn. 20), sodass dann keine Verfahrensbeendigung eintritt (Damrau/Tanck/Bonefeld Rn. 7; offen gelassen von BeckOGK/Suttmann Rn. 5).

**10** **4. Einschränkung des Prozessführungsrechts.** Ein Prozessführungsrecht des Testamentsvollstreckers fehlt, wenn er das **Verwaltungsrecht** über den Nachlassgegenstand **verliert,** etwa durch eine Freigabe, oder wenn der Testamentsvollstrecker selbst Schuldner des Nachlasses ist, denn niemand kann sich selbst verklagen (RGZ 82, 151; RG LZ 1914, 1714; Staudinger/Dutta, 2021, Rn. 11). Daher können die Erben auch **Schadensersatzansprüche** (§ 2219) gegen den Testamentsvollstrecker geltend machen, solange nicht ein anderer als Vollstrecker berufen ist (NK-BGB/Kroiß Rn. 18; BeckOGK/Suttmann Rn. 9), das Gleiche gilt für einen Herausgabeanspruch des Erben gegen den Testamentsvollstrecker (BGH NJW-RR 2003, 217; MüKoBGB/Zimmermann Rn. 17). Kein Prozessführungsrecht des Testamentsvollstreckers besteht für Rechtsstreitigkeiten über den Kreis der **Gesellschafter,** auch wenn deren Anteile an einer Personengesellschaft zum Nachlass gehören, weil die Befugnisse, die unmittelbar die Mitgliedschaftsrechte der Erben berühren, nicht der Testamentsvollstreckung unterliegen (BGH NJW 1998, 1313 (Gesellschaftsrechtssenat)). Ebenso wenig ist der Abwicklungsvollstrecker für eine Klage auf Feststellung der Auflösung einer Kommanditgesellschaft prozessführungsbefugt, deren Gesellschaftsanteile im Wege der Sondererbfolge (Singularsukzession) auf die Miterben übergegangen sind (OLG Hamm NJW-RR 2002, 729).

**11** Weil das **Erbrecht** als solches nicht der Testamentsvollstreckung unterliegt, ist der Testamentsvollstrecker zur prozessualen Feststellung des Erbrechts als solches grds. nicht berechtigt (RG LZ 1922, 198; NK-BGB/Kroiß Rn. 13). Ein solcher Streit ist zwischen den Erbprätendenten selbst auszutragen. Der Testamentsvollstrecker hat jedoch dann eine Klagebefugnis auf Feststellung des

Bestehens oder Nichtbestehens eines von einem Erbanwärter in Anspruch genommenen Erbrechts, wenn er in dieser Eigenschaft ein rechtliches Interesse hat. Indiz hierfür ist, dass er **Klarheit** benötigt, um sich nicht selbst schadensersatzpflichtig nach § 2219 zu machen (BGH NJW-RR 1987, 1090; OLG Karlsruhe ZEV 2005, 256 mAnm Otte; BeckOGK/Suttmann Rn. 11.1), oder um eine ihm obliegende Erbauseinandersetzung durchzuführen (Staudinger/Dutta, 2021, Rn. 26; MüKoBGB/Zimmermann Rn. 10). Ein solches Urteil nimmt aber nicht an der erweiterten Rechtskraftwirkung des § 327 Abs. 1 ZPO teil, weil das Erbrecht als solches der Verwaltung nicht unterliegt, und wirkt daher nicht für und gegen die (anderen) Erben (RG JW 1919, 724; Löwisch DRiZ 1971, 273; MüKoBGB/Zimmermann Rn. 10). Der Erbschaftsanspruch gegen den Erbschaftsbesitzer nach § 2018 unterliegt demgegenüber in jedem Fall der Testamentsvollstreckung (Staudinger/Dutta, 2021, Rn. 28).

**5. Verjährung, Unterbrechung des Prozesses.** Für Ansprüche des Nachlasses ist die **Verjährungshemmung** nach § 211 zu beachten; Gleiches gilt für solche Ansprüche, die gegen ihn gerichtet sind, zum Schutze des Nachlasses aber auch seiner Gläubiger wird die Verjährung nicht vor Ablauf von sechs Monaten seit der Amtsannahme durch den Testamentsvollstrecker beendet, soweit der Anspruch der Testamentsvollstreckung unterliegt (RGZ 100, 279 (281); MüKoBGB/Zimmermann Rn. 5). 12

Bei einem **Wechsel der Person** des Testamentsvollstreckers gelten die §§ 241, 246 ZPO entspr. (RG WarnR 1913 Nr. 330; NK-BGB/Kroiß Rn. 24). Fällt die Testamentsvollstreckung insgesamt weg oder zumindest das Verwaltungsrecht an dem geltend gemachten Recht, so finden die §§ 239, 246 ZPO Anwendung (RGZ 155, 350; BGH NJW 1964, 2301; Zimmermann TV Rn. 611). Ein vom Erblasser geführter und durch seinen Tod unterbrochener Rechtsstreit kann aber auch gegen den Testamentsvollstrecker wieder aufgenommen werden, sofern das Recht seiner Verwaltung unterliegt (§§ 243, 241 ZPO) (Staudinger/Dutta, 2021, Rn. 18). Bei zunächst nach dem Tod einer Partei erfolgter Aussetzung des Prozesses kann über die Frage, ob der Testamentsvollstrecker zur Prozessführung berechtigt ist, in einem weiteren Verfahren nach Aussetzungsende entschieden werden (BGH VersR 1983, 666). Bei einem Aktivprozess ist die Aufnahme des Prozesses durch den Erben mangels Prozessführungsrecht ausgeschlossen (BGHZ 104, 1 (3) = NJW 1988, 1390). 13

**6. Rechtskrafterstreckung, Klauselumschreibung.** Nach § 327 Abs. 1 ZPO wirkt ein Urteil, das zwischen dem Testamentsvollstrecker und einem Dritten über ein der Verwaltung unterliegendes Recht nach § 2212 ergeht, **für und gegen den Erben.** Hierzu gehören auch Feststellungsurteile (RG Gruchot 50, 387). Will **nach Beendigung** der Testamentsvollstreckung der Erbe aus einem solchen Urteil die Zwangsvollstreckung betreiben, so muss er sich nach § 728 Abs. 2 ZPO, § 727 ZPO eine vollstreckbare Ausfertigung erteilen lassen, sog. „Umschreibung der Vollstreckungsklausel auf den Erben" (Lange ErbR § 66 Rn. 174; s. dazu Scheel NotBZ 2000, 146 (153) mit Formulierungsvorschlag). Hierzu muss er seine Erbenstellung und auch die Beendigung der Testamentsvollstreckung in der Form des § 727 Abs. 1 ZPO nachweisen, wenn dies nicht offenkundig ist (NK-BGB/Kroiß Rn. 32). 14

**Urteile,** die **zwischen** dem **Erben** und einem **Dritten** ergehen, wirken nur dann für und gegen den Testamentsvollstrecker, wenn eine gewillkürte Prozessstandschaft vorlag (→ Rn. 7) (Staudinger/Dutta, 2021, Rn. 21; MüKoBGB/Zimmermann Rn. 19). Für Klagen des Testamentsvollstreckers auf Feststellung des Erbrechts gilt § 327 ZPO nicht (→ Rn. 11). 15

Ist für den **Erblasser** bereits ein Urteil oder sonstiger **Vollstreckungstitel** (etwa nach § 794 ZPO) **vorhanden,** so wirkt dies auch für den Testamentsvollstrecker, sodass dieser sich eine vollstreckbare Ausfertigung erteilen lassen kann (§§ 749, 727 ZPO; sog. „Umschreibung der Vollstreckungsklausel"). Jedoch muss er dazu nachweisen, dass das betreffende Recht seiner Verwaltung unterliegt (NK-BGB/Kroiß Rn. 29; Staudinger/Dutta, 2021, Rn. 22; Zimmermann TV Rn. 633), was auch durch Testamentsvollstreckerzeugnis geschehen kann. 16

**7. Kosten des Rechtsstreits, Risiken des Testamentsvollstreckers.** Soweit der Testamentsvollstrecker einen nach § 2212 geführten Rechtsstreit verliert, wird er zwar zur **Kostentragung** nach §§ 91 ff. ZPO verurteilt, jedoch trägt diese – soweit keine Pflichtwidrigkeit des Testamentsvollstreckers vorliegt – der Nachlass, in den auch allein aus dem Kostenfestsetzungsbeschluss vollstreckt werden kann (RG JW 1901, 183; NK-BGB/Kroiß Rn. 27; MüKoBGB/Zimmermann Rn. 13; eingehend Soergel/Becker Rn. 16). 17

Aus einer **pflichtwidrigen Prozessführung** resultiert eine Verpflichtung des Testamentsvollstreckers, den Erben den dadurch entstandenen Schaden zu ersetzen (§ 2219) (NK-BGB/Kroiß Rn. 27; BeckOGK/Suttmann Rn. 17.1). Hat er die Prozesskosten bereits aus dem Nachlass ent- 18 nommenen, so ist er dann nach § 2219 zu deren Rückzahlung verpflichtet (Staudinger/Dutta, 2021, § 2218 Rn. 34 und § 2219 Rn. 5). Eine solche Ersatzpflicht besteht aber nicht immer schon dann, wenn der Testamentsvollstrecker einen Prozess verloren hat. Vielmehr fallen auch in diesem Fall die Prozesskosten dem Nachlass zur Last, wenn sich der Testamentsvollstrecker unter Anwendung der von einem gewissenhaften Testamentsvollstrecker zu erwartenden Sorgfalt, unter Berücksichtigung etwaiger besonderer beruflicher Qualifikationen, etwa als Rechtsanwalt, zur Prozessführung entschlossen hatte (BGH NJW 1967, 443; OLG Karlsruhe NJW-RR 2005, 452).

## § 2213 Gerichtliche Geltendmachung von Ansprüchen gegen den Nachlass

**(1) [1]Ein Anspruch, der sich gegen den Nachlass richtet, kann sowohl gegen den Erben als gegen den Testamentsvollstrecker gerichtlich geltend gemacht werden. [2]Steht dem Testamentsvollstrecker nicht die Verwaltung des Nachlasses zu, so ist die Geltendmachung nur gegen den Erben zulässig. [3]Ein Pflichtteilsanspruch kann, auch wenn dem Testamentsvollstrecker die Verwaltung des Nachlasses zusteht, nur gegen den Erben geltend gemacht werden.**

**(2) Die Vorschrift des § 1958 findet auf den Testamentsvollstrecker keine Anwendung.**

**(3) Ein Nachlassgläubiger, der seinen Anspruch gegen den Erben geltend macht, kann den Anspruch auch gegen den Testamentsvollstrecker dahin geltend machen, dass dieser die Zwangsvollstreckung in die seiner Verwaltung unterliegenden Nachlassgegenstände dulde.**

### Überblick

Die Vorschrift regelt die Prozessführungsbefugnis des Testamentsvollstreckers bei Passivprozessen und grenzt diese von derjenigen des Erben ab.

### Übersicht



## I. Normzweck

1 Werden Ansprüche gegen den Nachlass gerichtlich geltend gemacht, ist der Erbe, der die Erbschaft angenommen hat (§ 1958), immer prozessführungsberechtigt, dh, er kann von den Nachlassgläubigern verklagt werden. Denn der Erbe haftet für Nachlassverbindlichkeiten auch persönlich. Daher muss den Gläubigern die Möglichkeit offen stehen, auch auf das **Eigenvermögen der Erben zuzugreifen,** unbeschadet des Rechts des Erben, die Beschränkung der Erbenhaftung zu erklären (§ 780 Abs. 1 ZPO, § 781 ZPO, § 785 ZPO). Soweit jedoch das Verwaltungsrecht des Testamentsvollstreckers besteht, ist für den Nachlassgläubiger ein allein gegen den Erben ergangenes Urteil nur von beschränktem Wert, weil zur Zwangsvollstreckung in den Nachlass nach § 748 ZPO noch ein Titel gegen den Testamentsvollstrecker erforderlich ist (Lange ErbR § 66 Rn. 173; BFH NJW-RR 1996, 1025). Daher ist **auch der Testamentsvollstrecker** passiv prozessführungsbefugt, sodass es für den Gläubiger idR empfehlenswert ist, Erben und Testamentsvollstrecker zu verklagen, sofern ein entsprechendes Verwaltungsrecht des Testamentsvollstreckers (noch) besteht.

## II. Passivprozesse gegen den Nachlass

**1. Begriff.** Zu den sich gegen den Nachlass richtenden Prozessen fallen **alle gerichtlichen Streitigkeiten,** in denen wegen einer Nachlassverbindlichkeit (§§ 1967, 1968) eine Leistung aus dem Nachlass verlangt oder deren Feststellung beansprucht wird (MüKoBGB/Zimmermann Rn. 2; Staudinger/Dutta, 2021, Rn. 1), auch eine solche aus einem vom Testamentsvollstrecker geschlossenen Vertrag (§ 2206) (OLG Koblenz OLGR 1997, 260). Auf die Art der Gerichtsbarkeit, etwa Finanz- (BFH NJW-RR 1996, 1025) oder Verwaltungsgerichtsbarkeit (OVG NRW NVwZ-RR 1997, 62: Anfechtungsklage gegen einen Leistungsbescheid), und die Verfahrensart kommt es nicht an. Daher gehört hierzu auch eine negative Feststellungsklage gegen einen Dritten, der sich eines Anspruchs gegen den Nachlass berühmt, oder eine Wiederaufnahme durch eine Restitutionsklage (§ 580 ZPO). Für das Vorliegen eines Passivprozesses kommt es nicht formell auf die Parteirolle im Prozess an, sondern allein materiell darauf, ob ein gegen den Nachlass gerichteter Anspruch „abgewehrt" wird, was auch durch eine Anfechtungsklage gegen einen Leistungsbescheid (Erschließungskosten) geschehen kann (OVG NRW NVwZ-RR 1997, 62; offenlassend für die Anfechtung eines Erbschaftsteuerbescheids BFHE 153, 504 = DStR 1989, 103). Aus § 2213 Abs. 1 leitet die finanzgerichtliche Rspr. her, dass für **vor dem Erbfall** entstandene Steuern des Erblassers der Finanzverwaltung ein **Wahlrecht** zusteht. Sie kann daher die **Steuerbescheide** entweder dem oder den Erben oder aber auch dem Testamentsvollstrecker (§ 32 Abs. 1 ErbStG) als sog. „Bekanntgabeadressaten" **bekanntgeben,** wenn der Testamentsvollstrecker im Rahmen seiner Verwaltung des gesamten Nachlasses nach § 2213 Abs. 1 zur Erfüllung von Nachlassverbindlichkeiten verpflichtet ist und er zur Begleichung der Steuerschuld aus dem verwalteten Nachlass herangezogen werden soll (BFH NJW 1989, 936; BStBl. II 1989, 792; DStR 2003, 2068 für Einkommensteuerschuld des Erblassers; dem folgend AEAO zu § 122 Rn. 2.13.1.1; dazu Bengel/Reimann TV-HdB/Piltz/Holtz § 8 Rn. 31; Mayer/Bonefeld TV-HdB/Wälzholz/Vassel-Knauf § 46 Rn. 64; anders aber bei der Bekanntgabe von Erschließungsbeiträgen nach §§ 127 ff. BauGB, weil das Entstehen der damit verbundenen persönlichen Beitragspflicht einen Zugang des Bescheids an den Grundstückseigentümer selbst erfordere, HessVGH NVwZ-RR 1992, 322). Eine **Anfechtungsbefugnis** wird dem Testamentsvollstrecker aber unter Bezug auf § 350 AO abgesprochen (BFH BStBl. II 1974, 100; BStBl. II 1988, 946; NJW-RR 1996, 1025; Bengel/Reimann TV-HdB/Piltz/Holtz § 8 Rn. 33, 149; vgl. dazu krit. Mayer/Bonefeld TV-HdB/Wälzholz/Vassel-Knauf § 46 Rn. 80), was nicht konsequent ist. 2

**Nicht** unter § 2213 fallen Streitigkeiten der Erbanwärter um das Erbrecht oder der Miterben untereinander über das Bestehen einer Ausgleichspflicht (§§ 2050 ff.) oder eine Patentnichtigkeitsklage (→ § 2212 Rn. 8) (BGH NJW 1966, 2059) oder eine Klage wegen des Erbschaftsanspruchs gegen den Testamentsvollstrecker (§ 2018), weil dieser den Nachlass nicht aufgrund eines zu Unrecht behaupteten Erbrechts in Besitz hat (RGZ 81, 151; OLG München OLGE 40, 134). 3

Ebenfalls **nicht** zu § 2213 gehört die Geltendmachung von **Ansprüchen gegen den Testamentsvollstrecker persönlich** (NK-BGB/Kroiß Rn. 17; Staudinger/Dutta, 2021, Rn. 3). Der Testamentsvollstrecker ist hier nicht als Partei kraft Amts, sondern persönlich zu verklagen. Dazu zählen etwa: Schadensersatzansprüche nach § 2219 (BGHZ 41, 23 (40) = NJW 1964, 1316; BeckOGK/Suttmann Rn. 24), Herausgabeansprüche nach §§ 2218, 667 (BGH NJW-RR 1988, 386), die Erstellung eines Nachlassverzeichnisses oder die Pflicht zur Rechnungslegung (KG OLGE 10, 303; aA OLG Koblenz NJW-RR 1993, 462). Gleiches gilt, wenn der Testamentsvollstrecker auf Rückerstattung von zu Unrecht dem Nachlass entnommener Beträge verklagt wird (KG OLGE 25, 16), ein Anspruch auf Freigabe nach § 2217 Abs. 1 verfolgt wird (OGHZ 2, 45 (48)), wenn geklärt werden soll, ob der Testamentsvollstrecker wirksam ernannt (MüKoBGB/Zimmermann Rn. 3) oder sein Amt nicht schon beendet ist (Damrau/Tanck/Bonefeld Rn. 21). Dies gilt kurz gesagt, wenn seine **Amtsstellung** und/oder seine Befugnisse strittig sind (vgl. BGH NJW-RR 1987, 1090; OGHZ 2, 45; eingehend hierzu, aber zT abw., Garlichs ZEV 1996, 447. Die theoretische Abgrenzung nimmt Keßler DRiZ 1967, 299 (301) danach vor, ob gegen den Nachlass vollstreckt wird oder der Nachlass die Kosten trägt). 4

**2. Testamentsvollstreckung umfasst den gesamten Nachlass.** In diesem Regelfall der Testamentsvollstreckung kann der Nachlassgläubiger den **Testamentsvollstrecker allein** oder **nur den Erben** oder **beide gleichzeitig** auf Leistung oder Feststellung verklagen (Abs. 1 S. 1). Er kann aber auch gegen den Erben auf Leistung und gegen den Testamentsvollstrecker auf Duldung der Zwangsvollstreckung klagen, und zwar gemeinsam wie auch getrennt, da er zur Zwangsvollstreckung in den Nachlass einen Titel gegen den Testamentsvollstrecker (§ 748 Abs. 1 ZPO) und zur Zwangsvollstreckung in das Eigenvermögen des Erben einen Leistungstitel gegen 5 diesen benötigt (MüKoBGB/Zimmermann Rn. 8; NK-BGB/Kroiß Rn. 4 f.). Zur Rechtslage bei mehreren **Gesamtvollstreckern** → § 2224 Rn. 4. **Vor** der **Annahme der Erbschaft** kann gegen den Erben keine Klage erhoben werden (§ 1958), wohl aber bereits gegen den Testamentsvollstrecker (Abs. 2), wenn er das Amt angenommen hat (§ 2202 Abs. 1) und iÜ die passive Prozessführungsbefugnis besitzt (MüKoBGB/Zimmermann Rn. 4).

6 **3. Gegenständlich beschränkte Testamentsvollstreckung (§ 2208 Abs. 1 S. 2).** Ist die angeordnete Testamentsvollstreckung gegenständlich beschränkt, kann der Nachlassgläubiger **nur gegen** den Erben **Leistungsklage** erheben, nicht aber gegen den Testamentsvollstrecker (Abs. 1 S. 2). Gegen den **Testamentsvollstrecker** ist **nur Klage auf Duldung der Zwangsvollstreckung** zulässig (Abs. 3), aber auch erforderlich, wenn der Gläubiger in den Teil des dem Verwaltungsrecht des Testamentsvollstreckers unterliegenden Nachlasses vollstrecken will (§ 748 Abs. 2 ZPO, sog. Zweititeltheorie) (KG NJW 1963, 1553; OLG Hamm Rpfleger 1977, 306; BFH NJW-RR 1996, 1025; NK-BGB/Kroiß Rn. 10; aA Garlichs/Mantel MDR 1998, 511 (514 ff.) aufgrund eines anderen Verständnisses von § 748 ZPO); ansonsten kann nur in das Eigenvermögen des Erben oder in den nicht der Testamentsvollstreckung unterworfenen Nachlass vollstreckt werden (NK-BGB/Kroiß Rn. 10). Dies gilt auch für dingliche Ansprüche. Eine unzulässige Leistungsklage gegen den Testamentsvollstrecker kann jedoch als zulässige Duldungsklage angesehen werden, und zwar auch noch in der Revisionsinstanz (RG HRR 1932 Nr. 1453; MüKoBGB/Zimmermann Rn. 10). Gegen die Duldungsklage hat der Testamentsvollstrecker alle materiellen Einwendungen und Einreden des Erben (MüKoBGB/Zimmermann Rn. 10).

7 **4. Kein Verwaltungsrecht des Testamentsvollstreckers.** In diesen Fällen, etwa bei der beaufsichtigenden Testamentsvollstreckung, ergeben sich gegenüber der sonstigen Durchsetzung erbrechtlicher Ansprüche keine Besonderheiten. Die Klage ist allein gegen den Erben zu richten. Ein Duldungstitel gegen den Testamentsvollstrecker ist für die Zwangsvollstreckung nicht erforderlich (MüKoBGB/Zimmermann Rn. 12). Umgekehrt ist auch nur der Erbe zur Führung von Rechtsstreitigkeiten berechtigt, die sich auf Ansprüche gegen den Nachlass beziehen (Staudinger/Dutta, 2021, Rn. 15; MüKoBGB/Zimmermann Rn. 12).

8 **5. Geltendmachung besonderer Ansprüche. Pflichtteilsansprüche** können nur gegen den Erben geltend gemacht werden, und zwar selbst dann, wenn dem Testamentsvollstrecker die Verwaltung des ganzen Nachlasses zusteht (Abs. 1 S. 3). Es besteht aber die Möglichkeit, dass die Erben den Testamentsvollstrecker diesbezüglich beauftragen und bevollmächtigen. Hierzu gehören auch die eine Pflichtteilszahlung vorbereitenden Ansprüche, etwa auf Auskunft oder Wertermittlung nach § 2314 (RGZ 50, 224 (225); RG JW 1910, 189; OLG Hamburg BeckRS 2015, 14473; BeckOGK/Suttmann Rn. 17 ff.; krit. Klingelhöffer ZEV 2000, 261, der auch hier den Testamentsvollstrecker für passiv legitimiert hält, weil nur dieser aufgrund seines Verwaltungsrechts diese Ansprüche erfüllen kann). Dabei setzt die Zwangsvollstreckung des Pflichtteilsberechtigten nach § 888 ZPO aus einem Auskunftstitel gegen den Erben einen Duldungstitel gegen den Testamentsvollstrecker nicht voraus (OLG Dresden ZEV 2003, 289). Will der Pflichtteilsgläubiger jedoch in den vom Testamentsvollstrecker verwalteten Nachlass oder Nachlassteil wegen des Pflichtteilsanspruchs vollstrecken, so bedarf es hierfür noch eines Duldungsurteils gegen den Testamentsvollstrecker (§ 748 Abs. 3 ZPO) (LG Heidelberg NJW-RR 1991, 969; Lange ErbR § 66 Rn. 163). **Ab der Eröffnung des Insolvenzverfahrens** über den Nachlass können allerdings Pflichtteils- sowie Pflichtteilsergänzungsansprüche nur noch gegen den Insolvenzverwalter mit dem Klageziel „Zahlung aus dem vom Testamentsvollstrecker verwalteten Nachlass" verfolgt werden, weil auf diesen das Verwaltungs- und Verfügungsrecht des Schuldners nach § 80 Abs. 1 InsO übergegangen ist (BGH NJW 2006, 2698 (2700); OLG Köln ZEV 2005, 307, Vorinstanz zum genannten BGH-Urteil; Weidlich MittBayNot 2007, 61 (62); aA Marotzke ZEV 2005, 311). Aus Abs. 1 S. 3 ergibt sich auch, dass der Testamentsvollstrecker gegen den Willen des Erben eine Pflichtteilsforderung **nicht anerkennen** darf (BGHZ 51, 125 (129 f.) = NJW 1969, 424), sein Anerkenntnis bindet jedenfalls die Erben nicht. Zur Erfüllung von Pflichtteilsansprüchen ist der Testamentsvollstrecker **nur** berechtigt, wenn es sich um unstreitige handelt (BGHZ 51, 125 (130 f.) = NJW 1969, 424; OLG München Rpfleger 2003, 588 mAnm Bestelmeyer). In diesem Fall ist er den Erben zu deren Erfüllung sogar verpflichtet, wenn dies die ordnungsgemäße Nachlassverwaltung (§ 2216 Abs. 1) gebietet (vgl. Staudinger/Dutta, 2021, Rn. 19; MüKoBGB/Zimmermann Rn. 13). Zu pauschal Zimmermann (Testamentsvollstreckung Rn. 607): der Testamentsvollstrecker könne „freiwillig zahlen"; denn zahlt er zu viel, haftet er (§ 2219).

9 Der **Erblasser** kann in seiner Verfügung von Todes wegen dem Testamentsvollstrecker die Aufgabe zuweisen, für die **Erfüllung der Pflichtteilsansprüche zu sorgen,** jedoch führt dies

nicht dazu, dass der Pflichtteilsberechtigte den Anspruch nicht mehr gegen den Nachlass durchsetzen kann; insoweit handelt es sich bei Abs. 1 S. 3 um „halbzwingendes Recht" (Köpf ZEV 2013, 235; vgl. auch LG Stuttgart ZEV 2009, 396 (397) m. abl. Anm. Storz; aA BeckOGK/Suttmann Rn. 20: keine Dispositionsbefugnis des Erblassers). Für streitige Pflichtteilsansprüche resultiert aus § 2046 Abs. 1 S. 2 für den Testamentsvollstrecker die Pflicht, das zur Befriedigung Erforderliche zurückzubehalten (BGHZ 51, 125 (131) = NJW 1969, 424). An ein Anerkenntnis des Erben ist der Testamentsvollstrecker ist nicht gebunden, weil sonst der Erbe im Einvernehmen mit dem Pflichtteilsberechtigten durch Anerkennung eines höheren Pflichtteilsanspruchs Nachlasswerte dem Verwaltungsrecht des Vollstreckers entziehen könnte. Daher wirkt die Rechtskraft eines Leistungsurteils gegen den Erben nicht im Duldungsprozess gegen den Testamentsvollstrecker (BGHZ 51, 125 (130) = NJW 1969, 424; OLG Celle MDR 1967, 46; NK-BGB/Kroiß Rn. 14).

Auf **Vermächtnisse,** die zur Deckung des Pflichtteilsanspruchs angeordnet sind, ist § 2213 10
Abs. 1 S. 3 nicht analog anzuwenden, da es sich um eine eng auszulegende Ausnahmevorschrift handelt und der Gedanke des persönlichen und familiären Näheverhältnisses ansonsten bei allen Vermächtnissen für nahe Angehörige eine Passivlegitimation des Testamentsvollstrecker ausschließen würde. Dies gilt zumindest dann, wenn das Vermächtnis nicht wie der Pflichtteilsanspruch auf Geld, sondern Sachleistung gerichtet ist (aA Gerken ZErb 2006, 404 (406) unter unzutr. Bezug auf RGZ 50, 224 (225), wo es nur um die Anwendung von § 2314 ging).

Ist der **Testamentsvollstrecker selbst der Gläubiger,** so ist gegen den Erben zu klagen. 11
Dann genügt zur Vollstreckung in den Nachlass auch nur ein Titel gegen den Erben (Soergel/Becker Rn. 7). Hierher gehören etwa Streitigkeiten, ob dem Testamentsvollstrecker ein Vermächtnis zusteht oder über die Höhe seiner Vergütung (§ 2221).

## III. Stellung des Testamentsvollstreckers im Passivprozess, Verfahrensfragen

Wie bei den Fällen des § 2212 so ist der Testamentsvollstrecker auch hier (→ § 2212 Rn. 2) 12
selbst **Prozesspartei,** nämlich Partei kraft Amts. Soweit mehrere **Gesamtvollstrecker** (§ 2224) gemeinsam verklagt werden, so sind sie notwendige Streitgenossen (§ 62 ZPO), weshalb keiner von ihnen Zeuge sein kann. Werden dagegen nur einzelne von ihnen verklagt, so können die anderen in diesem Prozess als Zeugen auftreten (Damrau ZEV 2013, 647 (650)). Ist nur der Erbe oder der Testamentsvollstrecker verklagt, so kann der jeweils andere als Streithelfer beitreten (§ 66 ZPO) oder es kann ihm der Streit verkündet werden (§ 72 ZPO). Mangels Rechtskrafterstreckung sind in einem gegen den Erben gerichteten Verfahren Erbe und Testamentsvollstrecker keine notwendigen Streitgenossen (BFH NJW-RR 1996, 1025). Die gegen den Erben erhobene Leistungs- oder Feststellungsklage und die gegen den Testamentsvollstrecker erhobene Klage (auf Leistung, Feststellung oder Duldung) können als einheitlicher Rechtsstreit (§ 59 ZPO) oder aber auch getrennt verfolgt werden (MüKoBGB/Zimmermann Rn. 15). Sowohl der Erbe als auch der Testamentsvollstrecker können am **Gerichtsstand** der Erbschaft (§§ 27, 28 ZPO) verklagt werden (MüKoBGB/Zimmermann Rn. 17; Staudinger/Dutta, 2021, Rn. 25). Dort können auch alle Gesamtvollstrecker (§ 2224) verklagt werden (Damrau ZEV 2013, 647 (649)). Bei unterschiedlichem Gerichtsstand kann nach § 36 Nr. 3 ZPO die Bestimmung eines zuständigen Gerichts beantragt werden.

Nach der **Unterbrechung eines Prozesses** durch den Tod einer Partei kann bei einem 13
Passivprozess sowohl der verwaltungsberechtigte Testamentsvollstrecker als auch der Erbe das Verfahren wieder aufnehmen (§ 239 ZPO). Hat der Erbe das Verfahren wieder aufgenommen, so kann der gegnerische Kläger den Testamentsvollstrecker auch gegen dessen Willen durch Anzeige seiner Fortsetzungsabsicht hineinziehen (BGHZ 104, 1 (5) = NJW 1988, 1390). § 239 ZPO gilt in einem verwaltungsbehördlichen Widerspruchsverfahren (§§ 68 ff. VwGO) entspr.; dabei kann die Widerspruchsbehörde auch bei einer Testamentsvollstreckung das Verfahren durch Erklärung gegenüber dem Erben wieder aufnehmen (OVG Brem NVwZ 1985, 917).

## IV. Rechtskraft, Klauselumschreibungen

Ein **gegen den Erblasser** ergangenes Urteil oder ein sonstiger Vollstreckungstitel (zB § 794 14
ZPO) wirkt auch gegen den Testamentsvollstrecker, jedoch bedarf es nach den §§ 749, 727, 795 ZPO einer entsprechenden Umschreibung der Vollstreckungsklausel (Scheel NotBZ 2000, 146 (153)), es sei denn, mit der Vollstreckung wurde bereits im Erbfall begonnen (→ Rn. 18).

Das im Prozess **gegen den Testamentsvollstrecker** ergangene Leistungsurteil über ein seiner 15
Verwaltung unterliegendes Nachlassrecht hat auch Rechtswirkungen für und gegen den Erben (§ 327 Abs. 2 ZPO). Daraus kann in den Nachlass vollstreckt werden (§ 748 Abs. 1 ZPO).

Jedoch wirken Duldungstitel gegen den Testamentsvollstrecker nicht gegen den Erben bei einer Vollstreckung in sein Eigenvermögen (Staudinger/Dutta, 2021, Rn. 13). Das gegen den Testamentsvollstrecker ergangene Leistungsurteil kann jederzeit gegen den Erben **umgeschrieben** werden, sofern der Titel gegen ihn nach § 327 Abs. 2 ZPO wirkt (§ 728 Abs. 2 ZPO) (eingehend zur Titelumschreibung Zimmermann TV Rn. 632 ff.; Winkler TV Rn. 455 ff.). Aus dem umgeschriebenen Titel ist auch eine Zwangsvollstreckung in das Eigenvermögen des Erben möglich; jedoch kann der Erbe hier selbst dann die Beschränkung seiner Haftung geltend machen, wenn dies in dem Urteil nicht vorbehalten war (§ 780 Abs. 2 ZPO) (Damrau/Tanck/Bonefeld Rn. 23). Eine auf die Haftungsbeschränkung gestützte Vollstreckungsgegenklage ist aber unbegründet, wenn der Erbe unbeschränkbar haftet (etwa nach § 2013) (Staudinger/Dutta, 2021, Rn. 9).

16 Die **Rechtskraft** eines **zu Ungunsten des Erben ergangenen Leistungsurteils** wirkt nicht gegen den Testamentsvollstrecker (RGZ 109, 166 (167); NK-BGB/Kroiß Rn. 26; MüKoBGB/Zimmermann Rn. 7). Eine § 327 Abs. 2 ZPO entsprechende Regelung fehlt. Jedoch kann der Testamentsvollstrecker sich auf die Rechtskraft eines **zugunsten des Erben** ergangenen **klageabweisenden Urteils** berufen, was als Prozessvoraussetzung eine Klage unzulässig macht. Denn könnte der Testamentsvollstrecker wegen der gleichen Nachlassverbindlichkeiten verurteilt werden, so würde dieses neue Urteil nach § 327 Abs. 2 ZPO gegen den Nachlass wirken und damit der Rechtskraft des ersten Urteils widersprechen (MüKoBGB/Zimmermann Rn. 7; Zimmermann TV Rn. 602).

17 Ist die **Testamentsvollstreckung erloschen** und unterliegt daher der Nachlass der alleinigen Verfügung und Verwaltung des Erben, so kann der Titel gegen diesen nach § 728 Abs. 2 ZPO, § 327 ZPO umgeschrieben werden (Damrau ZEV 2013, 647 (651)). Entsprechendes gilt bei der **Freigabe** einzelner Nachlassgegenstände bezüglicher dieser (zur Beendigung der Prozessführungsbefugnis Musielak/Voit/Lackmann ZPO § 728 Rn. 2; zur Freigabe KG NJW-RR 1987, 3 (4)). Jedoch muss die Beendigung der Verfügungsbefugnis des Testamentsvollstreckers bei der Umschreibung für den Erben und die Voraussetzungen des § 327 ZPO durch öffentliche oder öffentlich beglaubigte Urkunden nachgewiesen werden (Musielak/Voit/Lackmann ZPO § 728 Rn. 3). Zur Umschreibung bei Gesamtvollstreckern → Rn. 22.

## V. Zwangsvollstreckung

18 **1. Vollstreckungstitel gegen den Erblasser.** Liegt bereits ein Vollstreckungstitel gegen den Erblasser vor, so gilt: Wurde die **Zwangsvollstreckung im Erbfall bereits begonnen,** kann sie auch nach der Ernennung des Testamentsvollstreckers fortgeführt werden, ohne dass es einer neuen Vollstreckungsklausel bedarf (§ 779 Abs. 1, 2 S. 2 ZPO). Hatte die Zwangsvollstreckung noch nicht begonnen, so bedarf es einer Klauselumschreibung: **Gegen die Erben,** wenn der Nachlass keiner Verwaltung durch den Testamentsvollstrecker unterliegt (§ 727 ZPO), gegen den Testamentsvollstrecker, wenn er den Nachlass verwaltet und in diesen vollstreckt werden soll (§ 749 ZPO), gegen beide bei Teilverwaltungen, wenn in den verwalteten Nachlassteil vollstreckt wird (§§ 749, 748 Abs. 2 ZPO) (MüKoBGB/Zimmermann Rn. 19).

19 **2. Durchführung der Vollstreckung.** Für die Durchführung der Zwangsvollstreckung während bestehender Testamentsvollstreckung ist § 748 ZPO zu beachten: Aus einem **gegen den Erben** gerichteten Titel kann die Zwangsvollstreckung nur in dessen **Eigenvermögen** erfolgen, der Erbe kann aber die beschränkte Haftung geltend machen (MüKoBGB/Zimmermann Rn. 22; unrichtig Bengel/Reimann TV-HdB/Klinger § 5 Rn. 473, wonach nur bei keinerlei Verwaltungsrecht des Testamentsvollstreckers Vollstreckung in den Eigennachlass möglich sei). Zur Zwangsvollstreckung in den **verwalteten Nachlass** ist ein Titel gegen den Testamentsvollstrecker erforderlich und genügend (§ 748 Abs. 1 und 2 ZPO); der Vorbehalt der beschränkten Erbenhaftung ist hier nicht erforderlich (§ 780 Abs. 2 ZPO).

20 Bei einer **Teilverwaltung** (§ 2208 Abs. 1 S. 2) bedarf es eines Leistungsurteils gegen den Erben, der sich die Haftungsbeschränkung vorbehalten muss (§ 780 Abs. 1 ZPO). Zur Zwangsvollstreckung in das verwaltete Nachlassobjekt ist ein Duldungsurteil gegen den Testamentsvollstrecker erforderlich (§ 748 Abs. 2 ZPO, § 2213 Abs. 1 S. 2, § 2213 Abs. 3) (MüKoBGB/Zimmermann Rn. 21). Zur Vollstreckung wegen eines Pflichtteilsanspruchs in den Nachlass bedarf es gem. § 748 Abs. 3 ZPO eines Leistungstitels gegen Erben und eines Duldungstitels gegen den Testamentsvollstrecker.

21 **3. Besonderheiten bei Gesamtvollstreckern (§ 2224).** Bei **Gesamtvollstreckern** mit gemeinschaftlicher Verwaltung (§ 2224 Abs. 1 S. 1) ist es erforderlich, dass für die Zwangsvollstre-

ckung ein entsprechender Titel gegen alle vorliegt, wobei getrennte Urteile oder sonstige entsprechende Titel in verschiedenen Urkunden vorliegen können (Musielak/Voit/Lackmann ZPO § 748 Rn. 4). Bei Teilverwaltungen mit getrennten Aufgabenkreisen ist nach § 748 Abs. 2 ZPO ein Leistungsurteil gegen den Erben und ein Duldungstitel gegen den entsprechenden Testamentsvollstrecker erforderlich (Musielak/Voit/Lackmann ZPO § 748 Rn. 5).

Ergab sich ein **Wechsel** im Amt eines Gesamtvollstreckers, kann der Vollstreckungstitel gegen 22
den Amtsnachfolger in entsprechender Anwendung des an sich für die Gütergemeinschaft geltenden § 742 ZPO nach § 727 ZPO **umgeschrieben** werden (Damrau ZEV 2013, 647 (651)). Ist kein Nachfolger vorhanden, so ist eine Umschreibung gegen die verbleibenden Testamentsvollstrecker möglich.

## § 2214 Gläubiger des Erben

**Gläubiger des Erben, die nicht zu den Nachlassgläubigern gehören, können sich nicht an die der Verwaltung des Testamentsvollstreckers unterliegenden Nachlassgegenstände halten.**

### Überblick

Die Vorschrift bestimmt, dass die Eigengläubiger des Erben keinen Zugriff auf den der Verwaltung des Testamentsvollstreckers unterliegenden Nachlass haben.

### I. Normzweck

Das Fehlen der Verfügungsbefugnis des Erben muss vollstreckungsrechtlich dadurch ergänzt 1
werden, dass Gläubiger des Erben, die keine Nachlassgläubiger sind (Privatgläubiger, Eigengläubiger) keinen Zugriff auf das der Verwaltung des Testamentsvollstreckers unterliegende Vermögen haben. Ansonsten könnte die Testamentsvollstreckung viele der ihr zugedachten **Aufgaben nicht erfüllen** (Lange ErbR § 64 Rn. 102), man denke etwa an die Testamentsvollstreckung beim **überschuldeten Erben,** bei dem das Gesetz die Testamentsvollstreckung zur Bewahrung des Nachlasses ausdrücklich vorsieht (§ 2338 Abs. 1), oder beim Behindertentestament. Zugleich zeigt die Bestimmung, dass durch die Testamentsvollstreckung ein vom übrigen Vermögen des Erben zu unterscheidendes **Sondervermögen** entsteht (zum Entstehen eines Sondervermögens BGHZ 48, 214 (219) = NJW 1967, 2399).

### II. Umfang des Zugriffsverbots

Erfasst werden vom Zugriffsverbot des § 2214 ausschließlich **persönliche Forderungen der** 2
**Eigengläubiger** der Erben. Hierzu gehören auch solche, die der Erbe ohne Zustimmung des Testamentsvollstreckers hinsichtlich der der Verwaltung des Testamentsvollstreckers unterliegenden Nachlassgegenstände eingegangen ist; aus solchen Rechtsgeschäften wird nur der Erbe, nicht aber der Nachlass selbst verpflichtet (vgl. BGH NJW 2015, 1965 (1966) zum Anspruch des Betreuers des Erben auf Vergütung seiner Tätigkeit). Nicht von der Vorschrift betroffen sind wirksam begründete **dingliche Verwertungsrechte** an Nachlassgegenständen (Grundpfandrechte, Pfandrechte), mögen diese auch zur Sicherung von privaten Schulden des Erben bestellt worden sein (Staudinger/Dutta, 2021, Rn. 4; MüKoBGB/Zimmermann Rn. 8).

Die Zugriffssperre **beginnt** bereits mit dem Erbfall und nicht erst mit der Amtsannahme des 3
Testamentsvollstreckers (§ 2202). Sie gilt für **jede Art** der Testamentsvollstreckung. Der Vollstreckungsschutz hat daher naturgemäß bei der Verwaltungsvollstreckung die größte Bedeutung, bei der uU jahrzehntelang der Zugriff der Eigengläubiger ausgeschlossen werden kann (§§ 2209, 2210). Aber auch bei der Abwicklungsvollstreckung (§§ 2203, 2204) ist dies wichtig, denn diese kann sich ebenfalls über Jahre hinziehen und sichert hier etwa die einem Vermächtnisnehmer zustehenden Objekte vor dem Zugriff der Eigengläubiger des Erben.

Das Zugriffsverbot betrifft **jede Art der Zwangsvollstreckung,** sei es eine Einzelvollstre- 4
ckung, auch wenn sie bedingt durch die Beendigung der Testamentsvollstreckung erfolgt (vgl. RG LZ 1916, 1473; BeckOGK/Suttmann Rn. 16), sei es als Gesamtvollstreckung, sodass es auch im **Insolvenzverfahren** des **Erben** zu beachten ist. Auch hier geht hinsichtlich des Nachlasses, der der Testamentsvollstreckung unterliegt, die Verfügungsbefugnis nicht auf den Insolvenzverwalter nach § 80 Abs. 2 S. 1 InsO über. Der einer Testamentsvollstreckung unterliegende Nachlass

wird Bestandteil der Insolvenzmasse, wenn über das Vermögen des Erben das Insolvenzverfahren eröffnet wird (BGH NJW 2006, 2698; ebenso etwa OLG Köln ZEV 2005, 307 mAnm Marotzke; Winkler TV Rn. 474). Dadurch wird dem Umstand Rechnung getragen, dass der der Testamentsvollstreckung unterliegende Nachlass nach § 2214 nicht schlechthin unpfändbar ist, sondern nur für die Eigengläubiger des Erben. Vielmehr bildet der der Testamentsvollstreckung unterliegende Nachlass eine **Sondermasse,** aus der nur die echten Nachlassgläubiger zu befriedigen sind, insbes. die Pflichtteilsberechtigten, weshalb deren Ansprüche auch gegen den Insolvenzverwalter geltend zu machen sind. Da die Testamentsvollstreckung während des Insolvenzverfahrens fortbesteht, folgt daraus, dass

- die Verfügungsbeschränkung des Erben nach § 2211 auch für den Insolvenzverwalter gilt,
- die Eigengläubiger keine Befriedigung aus den der Testamentsvollstreckung unterliegenden Gegenständen verlangen können, weil insoweit noch das Zugriffsverbot des § 2214 weiter besteht,
- der Testamentsvollstrecker im Rahmen seiner Befugnisse den Nachlass weiter verwalten und über Nachlassgegenstände verfügen kann. Umgekehrt kann bis zur Beendigung der Testamentsvollstreckung der Insolvenzverwalter den Nachlass nicht verwerten.

Ein Erbteil eines **Miterben** ist dagegen pfändbar (→ Rn. 6) und unterliegt daher dem Verfügungsrecht des Insolvenzverwalters (NK-BGB/Kroiß Rn. 4). Ungeklärte Fragen bestehen bei der **Restschuldbefreiung** (§ 286 InsO) (eingehend Damrau MDR 2000, 255 (256)): Während der sog. Wohlverhaltensphase obliegt es dem Erben, die Erbschaft zur Hälfte an den Treuhänder zur Verteilung an die Gläubiger herauszugeben (§ 295 Abs. 1 Nr. 2 InsO). Daher muss er bei der reinen Abwicklungsvollstreckung nach Durchführung der Nachlassteilung die ihm gebührenden Erbschaftsgegenstände in Höhe der Hälfte des ihm Zugeteilten an den Treuhänder herausgegeben. Diese Herausgabepflicht trifft allein den Erben und nicht den Testamentsvollstrecker (NK-BGB/Kroiß Rn. 5; Damrau/Tanck/Bonefeld Rn. 7). Besteht jedoch eine Vollstreckung nach § 2209, so kann der **Alleinerbe** mangels Verfügungsbefugnis (§ 2211) dieser Obliegenheit aus Rechtsgründen nicht nachkommen (NK-BGB/Kroiß Rn. 5; Damrau/Tanck/Bonefeld Rn. 8). Anders liegt es beim **Miterben,** denn dieser ist durch die Testamentsvollstreckung nicht gehindert, über seinen Erbteil zu verfügen (→ § 2205 Rn. 9); er hat daher grds. dessen Hälfte an den Treuhänder abzutreten. Damit steht der Miterbe in diesem Verfahren schlechter als der Alleinerbe, weshalb teilweise vertreten wird, dass der Treuhänder verpflichtet sei, nach § 242 auf die Herausgabe zu verzichten (Damrau MDR 2000, 256), was angesichts des Zwecks dieses Verfahrens wohl zu weit geht (zust. NK-BGB/Kroiß Rn. 5; Damrau/Tanck/Bonefeld Rn. 8). Die als ungerecht empfundene Benachteiligung des Miterben lässt sich nicht dadurch vermeiden, dass er mit einer Erbteilsvollstreckung belastet wird, denn diese nimmt dem Miterben nicht das Recht, über den Erbteil zu verfügen (→ § 2208 Rn. 10) (Muscheler AcP 195 (1995), 35 (62) mwN; aA KGJ 28 A 16, 19). Ist der Miterbe auch mit einer Nacherbschaft belastet, die mit seinem Tod eintritt, so ist der Miterbenanteil wirtschaftlich ohnehin weitgehend wertlos. Zur **Nachlassinsolvenz** → § 2225 Rn. 4.

5 **Nicht** vom Zugriffsverbot **erfasst** werden die nicht der Testamentsvollstreckung unterliegenden und die bereits nach § 2217 freigegebenen Nachlassgegenstände (NK-BGB/Kroiß Rn. 4) sowie Ansprüche des Erben gegen den Testamentsvollstrecker auf Freigabe von Nachlassgegenständen nach § 2217 Abs. 1 und auf Auskehrung von **Nachlasserträgen** (BeckOGK/Suttmann Rn. 6; MüKoBGB/Zimmermann Rn. 6; zu Gestaltungsüberlegungen Gutbell ZEV 2001, 260 (261); zum Pfändungsschutz der Erträge nach § 850b Abs. 1 Nr. 3 ZPO OLG Frankfurt ZEV 2001, 156), jedoch ist bei der Pflichtteilsbeschränkung in guter Absicht der **Vollstreckungsschutz** des **§ 863 Abs. 1 S. 2 ZPO** zu beachten, sowie bei fortlaufenden Einkünften aufgrund fürsorglicher Zuwendung derjenige nach § 850 Abs. 1 Nr. 3 ZPO.

6 Auch ein **Erbanteil eines Miterben** oder eines Vorerben kann nach § 859 Abs. 2 ZPO wirksam gepfändet werden, insbes. um die Auseinandersetzung des Nachlasses zu bewirken. Dagegen bietet § 2214 keinen Schutz (Muscheler AcP 195 (1995), 35 (65); BeckOGK/Suttmann Rn. 9; eingehend zu den sich hieraus ergebenden Problemen Mayer/Bonefeld TV-HdB/J. Mayer § 16 Rn. 10 ff.), denn der Erbteil unterliegt nicht der Testamentsvollstreckung (→ § 2205 Rn. 9). Für die wirksame Pfändung bedarf es der Zustellung des Pfändungsbeschlusses an den Testamentsvollstrecker (RGZ 86, 294 (296)). Die Erbteilspfändung kann ohne Zustimmung des Testamentsvollstreckers im Grundbuch eines zum Nachlass gehörenden Grundstücks eingetragen werden (RGZ 86, 294). Durch die Erbteilspfändung wird der Testamentsvollstrecker an der Ausübung seiner Verwaltungs- und Verfügungsbefugnisse nicht gehindert (KG JR 1952, 323; BayObLGZ 1982, 459; Mayer/Bonefeld TV-HdB/J. Mayer § 16 Rn. 12 f.). Die Pfändung beschränkt nur den Erben (Soergel/Becker Rn. 4). Daher kann der Testamentsvollstrecker auch Nachlassgegenstände veräußern,

jedoch setzt sich im Allgemeinen (anders beim Erbteilsvollstrecker, wenn die Testamentsvollstreckung sich bei der Auseinandersetzung an dem einem Miterben Zugeteilten fortsetzt: Hier wirkt § 2214 unmittelbar, sodass das Pfandrecht untergeht, Mayer/Bonefeld TV-HdB/J. Mayer § 16 Rn. 14 f.) das Pfandrecht am Surrogat fort (Staudinger/Dutta, 2021, Rn. 14; Bengel/Reimann TV-HdB/Dietz § 1 Rn. 229).

Im Allgemeinen wirkt ein ausdrücklich verfügtes **Auseinandersetzungsverbot** nach § 2044 7 an sich nicht gegenüber einem Pfändungsgläubiger, der einen nicht nur vorläufig vollstreckbaren Titel besitzt (§ 2044 Abs. 1 S. 2, § 751 S. 2). Anders liegt es jedoch, wenn eine Testamentsvollstreckung angeordnet ist. Denn in der Anordnung einer echten Dauervollstreckung ist zwangsläufig ein **befristetes Erbteilungsverbot** enthalten, das als Ausnahmevorschrift den §§ 751, 2044 vorgeht und somit den Pfändungsgläubiger hindert, die vorzeitige Erbauseinandersetzung zu betreiben, und zwar auch durch eine Teilungsversteigerung (§ 180 ZVG). Ansonsten würde der Alleinerbe mit einem umfassenden Vollstreckungsschutz bevorzugt und der Vollstreckungsschutz des § 863 ZPO durch die vorzeitige Auseinandersetzung des Nachlasses unterlaufen (NK-BGB/Kroiß Rn. 6; MüKoBGB/Zimmermann Rn. 6; Nieder/Kössinger Testamentsgestaltung-HdB/R. Kössinger § 15 Rn. 249; Bengel/Reimann TV-HdB/Dietz § 1 Rn. 223; wohl auch Winkler TV Rn. 180; BayObLG ZEV 2006, 209 (212)).

## III. Rechtsfolgen, Durchsetzung des Zugriffsverbots

Eine gegen § 2214 verstoßende Vollstreckung ist **unzulässig,** was vom Vollstreckungsgericht 8 von Amts wegen zu beachten ist (Winkler TV Rn. 180). Sie ist aber nicht nichtig (Schmidt DJZ 1935, 552), weshalb der Testamentsvollstrecker Erinnerung nach § 766 ZPO erheben muss (Staudinger/Dutta, 2021, Rn. 6; MüKoBGB/Zimmermann Rn. 5); auch eine Drittwiderspruchsklage ist möglich (NK-BGB/Kroiß Rn. 2). Eine Klage des Eigengläubigers gegen den Testamentsvollstrecker auf Duldung der Zwangsvollstreckung in den verwalteten Nachlass (§ 2213 Abs. 3) ist materiell-rechtlich unbegründet (MüKoBGB/Zimmermann Rn. 7). Gegenüber der Anordnung der Vor- und Nacherbschaft (§ 2115) gewährt die Testamentsvollstreckung den besseren Pfändungsschutz des Nachlasses vor den Eigengläubigern, denn bei der Testamentsvollstreckung ist bereits die Pfändung und nicht erst die Verwertung unzulässig und auch die Erträge können bei entsprechender Anordnung dem Zugriff entzogen werden (Staudinger/Dutta, 2021, Rn. 1).

## § 2215 Nachlassverzeichnis

**(1) Der Testamentsvollstrecker hat dem Erben unverzüglich nach der Annahme des Amts ein Verzeichnis der seiner Verwaltung unterliegenden Nachlassgegenstände und der bekannten Nachlassverbindlichkeiten mitzuteilen und ihm die zur Aufnahme des Inventars sonst erforderliche Beihilfe zu leisten.**

**(2) Das Verzeichnis ist mit der Angabe des Tages der Aufnahme zu versehen und von dem Testamentsvollstrecker zu unterzeichnen; der Testamentsvollstrecker hat auf Verlangen die Unterzeichnung öffentlich beglaubigen zu lassen.**

**(3) Der Erbe kann verlangen, dass er bei der Aufnahme des Verzeichnisses zugezogen wird.**

**(4) Der Testamentsvollstrecker ist berechtigt und auf Verlangen des Erben verpflichtet, das Verzeichnis durch die zuständige Behörde oder durch einen zuständigen Beamten oder Notar aufnehmen zu lassen.**

**(5) Die Kosten der Aufnahme und der Beglaubigung fallen dem Nachlass zur Last.**

### Überblick

Die Bestimmung regelt eine der zentralen Pflichten des Testamentsvollstreckers, nämlich die Erstellung des Nachlassverzeichnisses. Der Testamentsvollstrecker muss ein Verzeichnis über die seiner Verwaltung unterliegenden Gegenstände erstellen und dem Erben zuleiten. Es ist auch möglich, ein amtliches Nachlassverzeichnis aufstellen zu lassen.

## Übersicht



## I. Normzweck, Bedeutung

1 Das Nachlassverzeichnis ist die unverzichtbare Grundlage für jede ordnungsgemäße Amtsführung und Abwicklung durch den Testamentsvollstrecker und wichtiges Kontrollmittel der Erben. Die Verpflichtung zur Nachlassherausgabe und zur Rechnungslegung nach §§ 2218, 666, 667 ergibt sich ihrem Umfang nach aus dem Nachlassverzeichnis. Das Verzeichnis ist zudem Grundlage zur Prüfung der Verwaltung selbst (§ 2216). Da auf diese Weise Vermögensänderungen dokumentiert werden, ist es auch für die Haftung des Testamentsvollstreckers nach § 2219 bedeutsam (Lange ErbR § 64 Rn. 90; BeckOGK/Suttmann Rn. 3).

## II. Verpflichtung zur Übermittlung des Nachlassverzeichnisses

2 Die Erstellung und Übermittlung des Nachlassverzeichnisses an die Erben ist eine der **zentralen Pflichten** des Testamentsvollstreckers (BayObLG ZEV 1997, 381 (383)). Ein Verstoß stellt regelmäßig eine grobe Pflichtverletzung dar (LG Frankfurt a. M. BWNotZ 1981, 117; OLG Hamm OLGZ 1986, 1 = Rpfleger 1986, 16; OLG Koblenz NJW-RR 1993, 462), die zum Schadensersatz verpflichten kann (OLG Koblenz NJW 2009, 1153). Nach der Annahme des Amts ist der Testamentsvollstrecker unaufgefordert verpflichtet, dem Erben **unverzüglich,** dh ohne schuldhaftes Zögern (§ 121), ein Nachlassverzeichnis vorzulegen (§ 2215 Abs. 1); auch das Verzeichnen des Nachlasses hat unverzüglich zu erfolgen (vgl. BayObLG ZEV 1997, 381 (383); BayObLG ZEV 2002, 155 mAnm Klingelhöffer ZEV 2002, 157). Die Verpflichtung gilt bei der Abwicklungsvollstreckung (§§ 2203, 2204) wie bei der Dauervollstreckung (§ 2209) gleichermaßen. Mehrere Testamentsvollstrecker müssen ein gemeinsames Verzeichnis erstellen (OLG Schleswig BeckRS 2006, 12127; Zimmermann ZEV 2019, 197).

3 Die Verpflichtung **endet** mit der Kündigung des Amts, und zwar selbst dann, wenn bisher noch gar kein Verzeichnis erstellt wurde (OLG Koblenz NJW-RR 1993, 462; NK-BGB/Kroiß Rn. 4). Ein Nachfolge-Testamentsvollstrecker hat ein Nachlassverzeichnis aber nur dann zu erstellen, wenn dieses von seinem Vorgänger noch nicht erstellt wurde. Ansonsten ist der Anspruch der Erben auf Erstellung des Verzeichnisses bereits erfüllt. Als Folge der Kündigung des Amtes des Testamentsvollstreckers kann der Erbe diese Person nicht länger in Anspruch nehmen. Denn die in seiner Eigenschaft als Testamentsvollstrecker und damit als Partei kraft Amtes in Anspruch genommene Person ist mit der Kündigung nicht mehr Testamentsvollstrecker (OLG Koblenz NJW-RR 1993, 462).

4 Die **Verpflichtung** besteht **gegenüber** dem Erben (Grüneberg/Weidlich Rn. 1), bei mehreren gegenüber jedem Miterben bezüglich des gesamten Nachlasses mit Hinweis auf die jeweilige Erbquote und schon vor der Auseinandersetzung, gegenüber einem Nacherben nach Eintritt des Erbfalls (Nicht aber vorher, KG OLGE 18, 344; wer für Vor- und Nacherbe als Testamentsvollstrecker bestellt ist, hat somit zwei Verzeichnisse zu erstellen), gegenüber einem Pfändungsgläubiger des Erbteils und gegenüber dem Nießbrauchsberechtigten an einem Erbteil oder an der Erbschaft (wegen §§ 1035, 1068) (Winkler TV Rn. 485). Zum Kreise der berechtigten Empfänger zählt auch der Vorerbe. Der Vorerbe bzw. Erbe muss sich nur beim Vorliegen berechtigter Zweifel durch einen Erbschein legitimieren. Der Anspruch auf Errichtung und Übermittlung des Nachlassverzeichnisses ist klagbar und wird nach § 887 ZPO **vollstreckt.**

5 Von seiner Verpflichtung zur Erstellung eines Nachlassverzeichnisses kann der **Erblasser** den Testamentsvollstrecker **nicht befreien** (§ 2220), jedoch kann der Erbe nach dem Erbfall auf diesen Schutz verzichten, und zwar auch stillschweigend (OLG Hamburg OLGE 43, 403; Damrau/Tanck/Bonefeld Rn. 4). Aber selbst wenn die Erben zunächst auf das Verzeichnis verzichtet haben, können sie später die Erstellung verlangen, da der Verzicht jederzeit widerrufen werden kann (OLG Köln NJW-RR 2005, 94; Zimmermann ZEV 2019, 198, (198)).

Demgegenüber können **Pflichtteilsberechtigte** (RGZ 50, 225), Auflagenbegünstigte und grds. auch **Vermächtnisnehmer** eine solche Aufstellung **nicht verlangen.** Jedoch kann sich aus § 2219 die mittelbare Verpflichtung ergeben, dem Vermächtnisnehmer im Einzelfall ein Nachlassverzeichnis vorzulegen (Bengel/Reimann TV-HdB/Klinger § 3 Rn. 14). Auch Gläubiger des Erben sind nicht berechtigt, ein Nachlassverzeichnis zu verlangen. 6

## III. Inhalt und Form des Nachlassverzeichnisses

**1. Inhalt.** Das Nachlassverzeichnis des Testamentsvollstreckers ist eine geordnete, vollständige Zusammenstellung der Aktiva und Passiva; es ist jedoch kein Inventar iSv § 1993. Es hat nur die seiner Verwaltung unterliegenden Nachlassbestandteile zu erfassen (Grundsatz der **Funktionsbezogenheit** der Pflichten des Testamentsvollstreckers). Die Pflichtaufgabe umfasst die vollständige Auflistung aller hierzu gehörenden Nachlassgegenstände, Nachlassrechte und -verbindlichkeiten, also der Aktiva und Passiva, soweit sie der Verwaltung des Testamentsvollstreckers unterliegen. Insoweit kann man vom **Grundsatz der Vollständigkeit der Nachlasserfassung** sprechen. Daher hat der Testamentsvollstrecker auch auf solche Aktiva und Passiva hinzuweisen, deren Zuordnung zum Nachlass fraglich oder bestritten ist (LG Freiburg NJWE-FER 1997, 39; Lange ErbR § 64 Rn. 96). 7

Eine **genaue Beschreibung** sämtlicher Nachlassgegenstände ist nicht erforderlich. Auch muss der Testamentsvollstrecker nicht den Wert der Gegenstände selbst oder durch sachkundige Dritte ermitteln lassen (OLG München ZEV 2009, 293 (295); BeckOGK/Suttmann Rn. 8); dies kann allerdings einmal im Einzelfall zur Individualisierung uU geboten sein. Bei Wertpapieren ist eine Einzelauflistung nicht erforderlich, es genügt die Angabe der Bank und Depotnummer (Bengel/Reimann TV-HdB/Klinger § 3 Rn. 18; aA wohl BayObLGZ 14, 580 (585), wonach eine summarische Bezeichnung nicht zulässig ist; enger auch Zimmermann ZEV 2019, 197 (200), der eine Depotaufstellung fordert). 8

Die genaue Erfüllung der Pflicht aus § 2215 erfordert eine sorgfältige Erfassung des betroffenen Nachlasses, der daher vom Testamentsvollstrecker zu sichten und genau zu ermitteln ist. Der Testamentsvollstrecker ist dabei verpflichtet, alle ihm zugänglichen Erkenntnismöglichkeiten auszuschöpfen (BGH NJW 1981, 1271 zum gutgläubigen Erwerb eines Nachlassgegenstands durch den Testamentsvollstrecker). Zu einer **Ergänzung** des Nachlassverzeichnisses ist der Testamentsvollstrecker aufgrund seiner Verpflichtung zur Erstellung eines vollständigen Verzeichnisses auch ohne Antrag eines Erben verpflichtet (Winkler TV Rn. 490; NK-BGB/Kroiß Rn. 14). 9

**Abgrenzungsprobleme** können hinsichtlich des Umfangs des Nachlasses bei einer Schenkung auf den Todesfall (§ 2301) und bei einer unbedingten Schenkung unter Lebenden mit einer lediglich auf den Todesfall hinausgeschobenen Erfüllung auftreten (eingehend Bengel/Reimann TV-HdB/Klinger § 3 Rn. 22 ff.; Winkler TV Rn. 488). 10

Bei einer **Erbteilsvollstreckung** besteht bis zur Erbauseinandersetzung die Aufgabe des Testamentsvollstreckers zwar nur darin, die Rechte des betreffenden Miterben innerhalb der Erbengemeinschaft auszuüben. Entspr. dem Normzweck des Nachlassverzeichnisses, insbes. zur Sicherung der Kontrolle der Erben (→ Rn. 1), muss dieses aber die zunächst nur der Mitverwaltung des Testamentsvollstreckers unterliegenden Nachlassgegenstände enthalten (OLG München ZEV 2009, 293). 11

**2. Form (Abs. 2).** Aus § 2215 Abs. 2, wonach das Nachlassverzeichnis mit der Angabe des Tages der Aufnahme zu versehen und zu unterschreiben ist, ergibt sich mittelbar das **Schriftformerfordernis;** das Verzeichnis ist unter Angabe des Errichtungstages eigenhändig zu unterzeichnen (LG Frankfurt a. M. BWNotZ 1981, 117). Erben können verlangen, dass ein Notar die Unterschrift des Testamentsvollstreckers unter dem Verzeichnis beglaubigt (§ 129) (OLG Schleswig BeckRS 2006, 12127 Rn. 32; BeckOGK/Suttmann Rn. 19). Sie können umgekehrt auf die Einhaltung der Schriftform auch verzichten. 12

§ 2215 Abs. 2 bestimmt keinen **Stichtag** für die Erstellung des Nachlassverzeichnisses. Grds. in Betracht kommen daher folgende vier Zeitpunkte: derjenige des Erbfalls, derjenige der Amtsannahme durch den Vollstrecker, derjenige der Erteilung des Testamentsvollstreckerzeugnisses sowie derjenige der Errichtung des Verzeichnisses. Zutreffend ist auf den **Zeitpunkt der Annahme des Amtes** durch den Testamentsvollstrecker abzustellen. Der Testamentsvollstrecker kann den Vermögensstatus nur auf den Zeitpunkt seiner Amtsannahme erstellen, da sich die Lage zu einem früheren Zeitpunkt seiner gesicherten Kenntnis entzieht. Gegen das Abstellen auf die Erteilung des Zeugnisses spricht, dass dieser von den Beteiligten nicht beeinflusst werden kann und ein Zeugnis nicht in allen Fällen erteilt werden muss (NK-BGB/Kroiß Rn. 9; BeckOGK/Suttmann 13

Rn. 13). Soweit der Testamentsvollstrecker erkennen kann, dass sich seit dem Erbfall Veränderungen ergeben haben, sollte er dies im Verzeichnis unaufgefordert vermerken (Bengel/Reimann TV-HdB/Klinger § 3 Rn. 28; Staudinger/Dutta, 2021, Rn. 9).

14 Für die **Inventarerrichtungsfrist** gilt nicht § 1994, sondern es ist „unverzüglich", dh ohne schuldhaftes Zögern zu handeln (§ 121 Abs. 1). Erhebliche Schwierigkeiten bei der Erfassung der Vermögenswerte können die Frist verlängern (BayObLGZ 14, 580 (585); BayObLG ZEV 1997, 381 (383)).

15 **3. Amtliches Nachlassverzeichnis (Abs. 4).** Der Testamentsvollstrecker ist berechtigt und auf Verlangen der Erben auch verpflichtet, das Verzeichnis durch die zuständige Behörde oder durch einen zuständigen Beamten oder Notar aufnehmen zu lassen (§ 2215 Abs. 4, § 20 Abs. 1 BNotO) (zur Zuständigkeit anderer Stellen in den einzelnen Bundesländern s. Bengel/Reimann TV-HdB/Klinger § 3 Rn. 35; wichtig ist die Beachtung der sachlichen Zuständigkeit, Bengel/Reimann TV-HdB/Klinger § 3 Rn. 34). Die so mit der Aufnahme betraute Amtsperson ist zur Vornahme eigener Ermittlungen berechtigt und verpflichtet (Damrau/Tanck/Bonefeld Rn. 12; Lange ErbR § 64 Rn. 97). Deshalb kommt einem solchen Verzeichnis eine größere Richtigkeitsgewähr zu (NK-BGB/Kroiß Rn. 12; Staudinger/Dutta, 2021, Rn. 5). Für die Erstellung des Nachlassverzeichnisses gelten im Wesentlichen die gleichen Grundsätze wie bei dem nach § 2314 Abs. 1 (→ § 2314 Rn. 15) zu errichtenden (Mayer/Bonefeld TV-HdB/J. Mayer § 8 Rn. 11 ff.). Dabei soll der Notar nur innerhalb seines Amtsbereichs tätig werden, sofern nicht besondere berechtigte Interessen der Rechtsuchenden ein Tätigwerden außerhalb des Amtsbereichs gebieten (§ 10a BNotO).

16 Die Erstellung eines amtlichen Nachlassverzeichnisses kann der Erbe auch noch nach **längerer Zeit** verlangen (RG JW 1916, 673; MüKoBGB/Zimmermann Rn. 6), zumal sich durch die Testamentsvollstreckung der verwaltete Nachlass vom Eigenvermögen des Erben unterscheiden lässt, während dies bei einem Verzeichnis nach § 2314 schwieriger ist. Liegt jedoch bereits ein ordentliches Nachlassverzeichnis des Testamentsvollstreckers vor, so kann es sein, dass ein späteres amtliches Nachlassverzeichnis zu keiner größeren Klarheit oder Übersichtlichkeit führt und damit keine höhere Richtigkeitsvermutung erzielt (OLG Köln NJW-RR 1992, 8 = FamRZ 1992, 1104 zu einem Nachlassverzeichnis im Pflichtteilsrecht).

17 **4. Zuziehung des Erben (Abs. 3).** Der Erbe kann verlangen, zur Aufnahme des Verzeichnisses zugezogen werden (§ 2215 Abs. 3); das Recht kann vom Erblasser nicht eingeschränkt werden. Um dem Erben diese Mitwirkung zu ermöglichen, hat der Testamentsvollstrecker ihm rechtzeitig den **Termin** der Aufnahme des Verzeichnisses **anzugeben** (Zimmermann ZEV 2021, 141 (144)). Aus der Stellung im Gesetz könnte man ableiten, dass das Zuziehungsrecht nur für die Aufnahme durch den Testamentsvollstrecker gibt. Wegen der Möglichkeit, die amtliche Aufnahme zu verlangen (§ 2215 Abs. 4) wird man aber dem Erben das Recht, bei der Aufnahme durch den Beamten oder Notar nicht verwehren können.

18 **5. Besonderheiten bei minderjährigen Erben.** Sind bei einem minderjährigen Erben dessen Eltern zugleich Testamentsvollstrecker und gesetzliche Vertreter, so wird teilweise die Ansicht vertreten, zur Prüfung des vorgelegten Nachlassverzeichnisses müsse ein Ergänzungspfleger bestellt werden, denn der gesetzliche Vertreter sei hiervon nach §§ 1630, 1795, 181 oder wenigstens nach § 1796 ausgeschlossen (OLG Hamm OLGZ 1993, 392 = MittBayNot 1994, 53 m. abl. Anm. Reimann; allg. zur Rechenschaftslegungspflicht OLG Nürnberg ZEV 2002, 158 mAnm Schlüter; aA aber OLG Zweibrücken ZEV 2007, 333). Jedoch ist die Bestellung eines Ergänzungspflegers nicht in jedem Fall erforderlich; es kommt vielmehr auf den Einzelfall an (vgl. OLG Zweibrücken ZEV 2007, 333). So genügt es, wenn der Testamentsvollstrecker-Elternteil das von ihm nach § 1640 zu erstellende Nachlassverzeichnis dem FamG vorlegt. Dadurch ist der Minderjährige ausreichend geschützt (Damrau ZEV 1995, 1 f.; Damrau/Tanck/Bonefeld Rn. 8; BeckOGK/Suttmann Rn. 33). Zur Problematik → § 2218 Rn. 18.

## IV. Unterstützung des Erben bei der Inventaraufnahme

19 Bei der vom Erben nach den gesetzlichen Bestimmungen vorzunehmenden **Aufnahme des Inventars** (zB nach §§ 1993 ff., 2001 ff.) hat der Testamentsvollstrecker alle erforderliche Hilfestellung zu leisten (§ 2215 Abs. 1 aE). Denn die Errichtung des Nachlassverzeichnisses ersetzt nicht die Errichtung des Inventars. Das Nachlassverzeichnis muss – anders als das Inventar – weder eine Beschreibung der Nachlassgegenstände noch eine Wertangabe (MüKoBGB/Küpper § 2001 Rn. 2) enthalten. Die Hilfeleistung des Testamentsvollstreckers besteht dabei im Wesentlichen (vgl. Ben-

gel/Reimann TV-HdB/Klinger § 3 Rn. 87 ff.) in der genauen Beschreibung der Nachlassgegenstände, ggf. deren Vorlage und der Auskunft zur und Unterstützung bei der Wertermittlung (besonders bei § 2314 – Pflichtteils- und Pflichtteilsergänzungsanspruch). Erfüllt das Nachlassverzeichnis bereits diese gesteigerten Anforderungen an ein solches Inventar und wurde es auch beim Nachlassgericht eingereicht, so kann sich der Erbe hierauf zur Erfüllung der ihm obliegenden Inventarerrichtungspflichten berufen. Zur Wahrung der Inventarerrichtungsfrist gem. § 2004 genügt dabei, dass er vor Fristablauf erklärt, dass dieses auch als von ihm errichtetes Inventar gelten soll (Bengel/Reimann TV-HdB/Klinger § 3 Rn. 92; Staudinger/Dutta, 2021, Rn. 15).

## V. Rechtsfolgen und Kostentragung

**Beweisfunktion:** Trotz seiner wichtigen Funktion hat das Nachlassverzeichnisses lediglich die Wirkung einer frei zu würdigenden Urkunde; es besitzt insbes. keine Vollständigkeitsvermutung iSv § 2009. Es beweist also nur, dass die aufgeführten Gegenstände im Zeitpunkt der Errichtung nach dem Wissen des Testamentsvollstreckers zum Nachlass gehörten. Dagegen ist ein einfacher Gegenbeweis zulässig (Bengel/Reimann TV-HdB/Klinger § 3 Rn. 9). Ein solcher ist sogar dann möglich, wenn ein amtliches Nachlassverzeichnis aufgenommen wurde; dies hat zwar eine höhere Richtigkeitsvermutung als ein privates Verzeichnis, ist aber ebenfalls grds. widerleglich (OLG Oldenburg NJW-RR 1993, 782 zu einem notariellen Verzeichnis zur Berechnung des Pflichtteilsanspruchs). 20

**Eidesstattliche Versicherung:** Bestehen Anhaltspunkte dafür, dass der Testamentsvollstrecker nicht mit der erforderlichen Sorgfalt das Nachlassverzeichnis erstellt hat, so kann der Erbe verlangen, dass dessen Vollständigkeit und Richtigkeit eidesstattlich versichert wird (§ 2218 Abs. 1, §§ 666, 260 Abs. 2, § 261). Zuständig hierfür ist aber nicht der Notar (Nieder ZErb 2004, 60 (65)), sondern das Amtsgericht, in dessen Bezirk die Verpflichtung nach § 2215 zu erfüllen ist (§ 410 Nr. 1 FamFG). Ist jedoch die klageweise Erzwingung erforderlich (§ 889 ZPO), so ist das Prozessgericht zuständig (Winkler TV Rn. 493; Zimmermann ZEV 2019, 197 (200)). 21

**Folgen der Nichtbeachtung des § 2215:** Der Erbe kann den Testamentsvollstrecker auf Aufstellung und Mitteilung des Verzeichnisses verklagen; zuständig ist das Prozessgericht (weiterführend Zimmermann ZEV 2019, 197 (199)). Gleiches gilt auch für die **Hilfeleistung bei der Inventaraufnahme** (OLGE 16, 269; Staudinger/Dutta, 2021, Rn. 3). Ein Verstoß gegen § 2215, insbes. gegen die Mitteilungspflicht, kann eine **Haftung** nach § 2219 begründen und bei grober Pflichtverletzung eine **Entlassung** des Testamentsvollstreckers rechtfertigen (§ 2227, → § 2227 Rn. 13) (OLG Schleswig ErbR 2016, 398, wo das Vorliegen einer groben Pflichtverletzung iErg verneint wurde). 22

Die **Kosten** für die Aufnahme und Beglaubigung trägt der Nachlass, wie sich aus Abs. 5 ergibt. Entstehen jedoch Kosten durch ein pflichtwidriges Verhalten des Testamentsvollstreckers, so hat er diese persönlich zu tragen, weil der Nachlass hiermit nicht belastet werden darf (Bengel/Reimann TV-HdB/Klinger § 3 Rn. 47). Ist es erforderlich, dass der Testamentsvollstrecker den Wert der Nachlassgegenstände des Nachlasses ermitteln lassen muss, trägt der Nachlass auch die hierdurch anfallenden Kosten (NK-BGB/Kroiß Rn. 8; MüKoBGB/Zimmermann Rn. 10). 23

## § 2216 Ordnungsmäßige Verwaltung des Nachlasses, Befolgung von Anordnungen

**(1) Der Testamentsvollstrecker ist zur ordnungsmäßigen Verwaltung des Nachlasses verpflichtet.**

**(2) [1]Anordnungen, die der Erblasser für die Verwaltung durch letztwillige Verfügung getroffen hat, sind von dem Testamentsvollstrecker zu befolgen. [2]Sie können jedoch auf Antrag des Testamentsvollstreckers oder eines anderen Beteiligten von dem Nachlassgericht außer Kraft gesetzt werden, wenn ihre Befolgung den Nachlass erheblich gefährden würde. [3]Das Gericht soll vor der Entscheidung, soweit tunlich, die Beteiligten hören.**

**Schrifttum:** Zeising, Pflichten und Haftung des Testamentsvollstreckers bei der Verwaltung von Großvermögen, 2004.

## Überblick

Die Vorschrift formuliert die Verpflichtung des Testamentsvollstreckers zur ordnungsgemäßen Nachlassverwaltung unter Beachtung der Vorgaben des Erblassers.

## Übersicht



## I. Normzweck

1 Hat der Erblasser einen Testamentsvollstrecker zur (Dauer-)Verwaltung des Nachlasses bestimmt (§ 2209), ist der Testamentsvollstrecker zur ordnungsgemäßen Verwaltung verpflichtet. Aber auch der Abwicklungsvollstrecker muss den Nachlass zumeist in Besitz nehmen und für eine Übergangszeit verwalten. Die Verwaltungspflicht des Testamentsvollstreckers nach Abs. 1 ist das **Korrelat** zu dem nach außen bestehenden umfassenden Verwaltungs- und Verfügungsrecht des Testamentsvollstreckers. Sie begrenzt die grds. unabhängige Stellung des Testamentsvollstreckers auch und gerade **zur Sicherung** der mit der Testamentsvollstreckung **verfolgten Aufgaben.** Abs. 1 ist daher zwingendes Recht und Grundlage des zwischen Erben und Testamentsvollstrecker bestehenden **gesetzlichen Schuldverhältnisses** (BGHZ 25, 275 (280) = NJW 1957, 1916; BeckOGK/Suttmann Rn. 8); der Erblasser kann den Testamentsvollstrecker nicht von der Verpflichtung befreien. Zudem hat der Testamentsvollstrecker bei seiner Verwaltung des Nachlasses die Anordnungen des Erblassers zu beachten, vgl. Abs. 2 S. 1.

1a Die fundamentale Pflicht des Testamentsvollstreckers regelt das Gesetz nur äußerst knapp und begnügt sich mit dem **unbestimmten Rechtsbegriff,** dass der Nachlass ordnungsgemäß zu verwalten ist. Entscheidend zur Konkretisierung ist letztlich immer das **objektive Nachlassinteresse** (BGHZ 25, 275 (280) = NJW 1957, 1916; Lange ErbR § 64 Rn. 103). Regelmäßig hat der Testamentsvollstrecker den Nachlass in Besitz zu nehmen, während der Dauer in seinem Besitz zu halten und ordnungsgemäß zu verwalten. Das gilt grds. auch für die Nutzungen des Nachlasses. Wie § 2216 Abs. 2 verdeutlicht, ist dabei vorrangig den **Anordnungen des Erblassers** zu folgen.

## II. Ordnungsgemäße Nachlassverwaltung

2 **1. Grundsätze. a) Inhalt der Verwaltungspflicht.** Allgemein formuliert fallen unter den **Begriff der Verwaltung** vorrangig sämtliche Maßnahmen, die der Erhaltung, Sicherung, Nutzung und Vermehrung des verwalteten Vermögens dienen. Nach Abs. 1 hat der Testamentsvollstrecker idR autonom über die Art der Nachlassverwaltung zu entscheiden (Staudinger/Dutta, 2021, Rn. 2), wenngleich er zur ordnungsgemäßen Verwaltung verpflichtet ist. Dieser Grundsatz wird durch Abs. 2 S. 1 eingeschränkt: Anordnungen des Erblassers, die dieser durch Verfügung von Todes wegen getroffen hat, sind vom Testamentsvollstrecker zu befolgen. Ferner bestimmt der **Zweck der Verwaltung** das Ziel und die Maßnahmen der Verwaltungspflicht des Testamentsvollstreckers.

3 Die Verpflichtung zur ordnungsgemäßen Verwaltung ist **fortlaufend** zu erfüllen. Daher steht dem Erben kein Zurückbehaltungsrecht wegen der mangelhaften oder nicht erfüllten Verpflichtung gegen den Testamentsvollstrecker zu. Was unter ordnungsgemäßer Nachlassverwaltung zu verstehen ist, bestimmt sich somit (BayObLGZ 1997, 1 (12); OLG Düsseldorf OLGR 1996, 71; OLG Zweibrücken FamRZ 1989, 788 (789); BeckOGK/Suttmann Rn. 9 ff.):

- nach den letztwilligen Anordnungen des Erblassers,
- nach dem **Zweck** der Verwaltung, also den Aufgaben, die der Erblasser dem Testamentsvollstrecker übertragen hat,
- nach den Umständen des Einzelfalls.

4 Der **Zweck der Anordnung** der Testamentsvollstreckung ist für die Erfassung der Verwaltungspflicht von besonderer Bedeutung (funktionsbezogene Betrachtung). Die ordnungsgemäße Verwaltung bei einer Abwicklungsvollstreckung (§ 2203) ist eine andere als bei einer Verwaltungsvollstreckung (§ 2209) (MüKoBGB/Zimmermann Rn. 2). Während es bei Letztgenannter im Wesentlichen um eine mittel- bis langfristig angelegte Vermögensverwaltung geht, steht bei der Abwicklungsvollstreckung die Erfüllung der letztwilligen Anordnungen des Erblassers im Vordergrund. Ist die Verwaltung reiner Selbstzweck, so ist die Nutzbarmachung des Nachlasses nach den allgemein gültigen Regeln über die Vermögensverwaltung zu beurteilen, jedoch immer noch iSd Erblassers unter Berücksichtigung der besonderen Interessen der Erben (Staudinger/Dutta, 2021,

Rn. 4, 8). Daher kann der Testamentsvollstrecker mit den Erben eine Vereinbarung über die Vermögensanlage treffen.

Die Rspr. betont regelmäßig, dass die ordnungsmäßige Verwaltung (§ 2216 Abs. 1) den Testamentsvollstrecker zu besonderer Gewissenhaftigkeit und Sorgfalt anhält (so bereits RGZ 130, 131 (135)). Der Testamentsvollstrecker müsse das ihm anvertraute Vermögen erhalten und sichern, Verluste verhindern und die Nutzungen gewährleisten. Dabei sind an die Ordnungsmäßigkeit der Verwaltung stets **strenge Anforderungen** gestellt worden (zB BGH NJW 1959, 1820; 1967, 443; LG Bremen ZErb 2019, 234 (236); Ahlbory/Suchan ErbR 2017, 464 (466)). 5

Inhalt und Umfang der Verwaltungspflicht werden in erster Linie durch die vom Erblasser im Testament getroffenen Einzelanordnungen und die von ihm **festgelegten Aufgaben** bestimmt. So kann er den Testamentsvollstrecker anweisen, die Nachlasserträge in einer bestimmten Art und Weise zu verwenden. Innerhalb des so vorgegebenen Bindungsrahmens werden die Verwalterpflichten konkretisiert durch das **objektive Nachlassinteresse** und besonders durch die **allgemeinen Regeln der Wirtschaftlichkeit** (BGH NJW 1967, 443; 1987, 1070; BayObLG ZEV 1998, 348 (350); dazu krit., weil sich hieraus wenig konkrete Handlungsrichtlinien ableiten lassen, Mayer/Bonefeld TV-HdB/J. Mayer § 18 Rn. 124). 6

Fehlen besondere Verwaltungsanordnungen des Erblassers, so werden **Inhalt und Grenzen** einer ordnungsgemäßen Nachlassverwaltung in erster Linie durch **objektive Maßstäbe** bestimmt (BGHZ 25, 275 (280) = NJW 1957, 1916; BGH WM 1967, 25 (28); BayObLGZ 1976, 67 (87); NJW RR 1990, 1420; OLG Frankfurt ZEV 2016, 329 (330); LG Bremen ZErb 2019, 234 (236); BeckOGK/Suttmann Rn. 12). Diesem objektiv verstandenen Nachlassinteresse entspr. hat der Testamentsvollstrecker das zu verwaltende Vermögen zu erhalten und zu mehren sowie Verluste zu verhindern. Das RG hatte den Begriff der Ordnungsgemäßheit der Nachlassverwaltung hingegen noch rein subjektiv aufgefasst (RGZ 73, 26 (29)). Eine rein subjektive Mühewaltung würde aber dem von Abs. 1 verfolgten Zweck der Erhaltung des Nachlasses für die verfolgten Aufgaben nicht genügen. Der Testamentsvollstrecker muss daher in jedem Einzelfall wirtschaftlich, vernünftig und aus allgemein nachvollziehbaren Gründen handeln. Dabei genügt es nicht, wenn er nur entspr. seinen persönlichen Möglichkeiten und Fähigkeiten handelt, die Amtsführung aber trotzdem nicht objektiven Wirtschaftlichkeitsanforderungen entspricht (Mayer/Bonefeld TV-HdB/Schaub § 4 Rn. 22). Der Testamentsvollstrecker darf sich gerade nicht mit einem mäßigen Erfolg begnügen, wenn die Möglichkeit zu einer besseren Ergebniserzielung besteht (etwa für einen höheren Kaufpreis) und nach seiner Veranlagung und seinen Kenntnissen er diese Möglichkeit zu erkennen und zu verwirklichen weiß (BGH WM 1967, 25 (27); OLG Düsseldorf OLGR 1996, 71; AG Bremen WM 1993, 1959). Eine **überdurchschnittliche persönliche Qualifizierung** hebt also die Anforderungen, während eine unterdurchschnittliche diese nicht senkt. 7

Die Beurteilung der Ordnungsmäßigkeit der Verwaltung hat anhand **aller Umstände** des Einzelfalls zu erfolgen (NK-BGB/Kroiß Rn. 2; MüKoBGB/Zimmermann Rn. 4; eingehend Mayer/Bonefeld TV-HdB/J. Mayer § 18 Rn. 98 ff.). Selbst eine **Unter-Wert-Veräußerung** kann daher gerechtfertigt sein, wenn eine andere Verwertungsmöglichkeit nicht besteht, der Erlös für eine erforderliche Sanierung des übrigen Nachlasses dringend benötigt wird und dies nach einer wirtschaftlichen Vergleichsberechnung immer noch wirtschaftlich vorteilhafter für den Nachlass ist als die Aufnahme von Krediten auf dem Kapitalmarkt (Mayer/Bonefeld TV-HdB/Schaub § 4 Rn. 24; s. aber BGH NJW-RR 2001, 1369: Unzulässigkeit der Teilungsversteigerung zum halben Verkehrswert, wenn vorher kein Bemühen um bessere Verwertung). Zu den Grundsätzen ordnungsgemäßer Nachlassverwaltung gehört auch die **Vermeidung von Interessenkonflikten** (Schmitz ZErb 2005, 74 ff. (80 f.), auch aus rechtsvergleichender Sicht, Mayer/Bonefeld TV-HdB/J. Mayer § 18 Rn. 134). Dies gilt insbes. bei der **Testamentsvollstreckung durch Banken** (zur Vermögensanlage als Teil der Nachlassverwaltung → Rn. 14). Hierbei gilt der Grundsatz des Vorrangs der Erbeninteressen vor den eigenen Interessen der testamentsvollstreckenden Bank (Lang in Lange/Werkmüller, Der Erbfall in der Bankpraxis, 2002, § 25 Rn. 126; eingehend zu den Problemen der Testamentsvollstreckung durch Banken W. Zimmermann ZEV 2007, 313). Dabei ist allerdings zu beachten, dass die Bank den Bestimmungen des **WpHG** unterliegt, die ihr etwa ein häufiges Kaufen oder Verkaufen von Wertpapieren zum Zwecke der Erzielung provisionspflichtiger Umsätze verbietet (Zeising, Pflichten und Haftung eines Testamentsvollstreckers bei der Verwaltung von Großvermögen, 2004, Rn. 256 f.; iE ebenso Schaub FamRZ 1995, 845 (850); hingegen übersieht Schmitz ZErb 2005, 81 diese spezialgesetzliche Verpflichtung). Problematischer ist es jedoch für die testamentsvollstreckende Bank, dass sie nach dem Gebot der **produktiven Nachlassverwaltung** verpflichtet ist, den Nachlass bei einer anderen Bank anzulegen, wenn diese bessere Anlagerenditen bietet (Mayer/Bonefeld TV-HdB/J. Mayer § 18 Rn. 134; Schmitz ZErb 8

2005, 81 fordert daher sogar eine organisatorische Trennung der Testamentsvollstreckung vom übrigen Bankgeschäft).

9 **b) Ermessensspielraum, Leitbild.** Gerade bei einer längerdauernden Nachlassverwaltung oder bei **besonders strukturierten Nachlässen** (etwa Unternehmen, größeres Anlagevermögen) wird vom Testamentsvollstrecker ein besonderes Maß an **Eigeninitiative** verlangt (Staudinger/Dutta, 2021, Rn. 12; Mayer/Bonefeld TV-HdB/Schaub § 4 Rn. 26). Ob eine Maßnahme dabei wirtschaftlich geboten ist, hat er in eigener Verantwortung zu entscheiden (BayObLGZ 1997, 1 (18)). Hier, aber auch bei der Verwaltung sonstiger Nachlässe, ist ein nicht zu engherzig zu bemessender **Ermessensspielraum** für den Testamentsvollstrecker anzuerkennen, der genügend Raum für wirtschaftlich sinnvolle Eigeninitiative lässt und auch die Eingehung eines wirtschaftlich kalkulierten Risikos nicht ausschließt (BGHZ 25, 275 (283): Einziehung einer Forderung; BGH WM 1967, 25 (27); NJW 1987, 1070 (1071): Anlageentscheidung; ZEV 1995, 110; BayObLGZ 1976, 67 (87); 1990, 177 (182 f.); BayObLG ZEV 1998, 348 (350); Farkas-Richling ZEV 2007, 310; Muscheler AcP 1997 (1997), 226 (249)). Die Bandbreite für die Ermessensentscheidung muss sich dabei an den im konkreten Fall zu bewältigenden Aufgaben orientieren. Der Testamentsvollstrecker handelt erst dann pflichtwidrig, wenn er die Grenzen dieses Ermessens überschreitet (BGH NJW 1987, 1070 (1071); BayObLGZ 1990, 181 f.; MüKoBGB/Zimmermann Rn. 4; Winkler TV Rn. 167). Diese Grenzen des wirtschaftlichen Ermessens werden durch die **allgemeinen Grundsätze der Wirtschaftlichkeit** gezogen (BayObLG ZEV 1998, 348 (350); Mayer/Bonefeld TV-HdB/J. Mayer § 18 Rn. 101). Sind mehrere Wege zur Verwirklichung der Verwaltungsaufgabe gleichermaßen geeignet, so kann der Testamentsvollstrecker sich zwischen diesen entscheiden (Staudinger/Dutta, 2021, Rn. 13; MüKoBGB/Zimmermann Rn. 4). Reine Zweckmäßigkeitsfragen entscheidet der Testamentsvollstrecker allein in eigener Verantwortung (Grüneberg/Weidlich Rn. 2).

10 Als Leitbild für das Ausmaß des zulässigen Ermessens dient der **„dynamische Geschäftsführer"**, der unter Abwägung auch Risiken eingeht, um neue Chancen zu nutzen (Winkler TV Rn. 169; BGH WM 1967, 25 (27); Schmidt-Kessel WM 1988, Sonderbeilage 13; Mayer/Bonefeld TV-HdB/Schaub § 4 Rn. 27). Dabei muss er nicht wie ein Rechtsanwalt oder Notar bei der Beratung Dritter den sichersten Weg gehen (BGH NJW 1987, 1070). Die Rspr. verlangt also **„Solidität und Dynamik"** (Winkler TV Rn. 169). Damit sind auch spekulative Anlagen nicht grds. ausgeschlossen, wenn sie zwar mit besonderem Risiko, aber mit großer Renditeerwartung verbunden sind. Allerdings dürfen sie nicht den gesamten Nachlass erfassen. Die Grenze des Ermessens wird auf alle Fälle überschritten bei einer **absehbaren Schädigung** des Nachlasses (BGHZ 25, 275 = NJW 1957, 1916) und nicht mehr abwägbaren Risiken (Warentermingeschäften) (Staudinger/Dutta, 2021, Rn. 12; vgl. eingehend auch Schaub FamRZ 1995, 845).

11 **c) Berechtigter der Verpflichtung.** Die Verpflichtung nach Abs. 1 besteht gegenüber dem Erben (auch Nacherben) und dem Vermächtnisnehmer (BGH ZErb 2015, 290 (291)), nicht aber gegenüber den Nachlassgläubigern oder -schuldnern, also auch nicht gegenüber den Pflichtteilsberechtigten (BayObLGZ 1997, 1 (19) = FamRZ 1997, 905; BeckOGK/Suttmann Rn. 4). Die Interessen eines Schlusserben bei einem Berliner Testament (§ 2269) hat der Testamentsvollstrecker nur in sehr eingeschränktem Umfang zu berücksichtigen. Die Pflicht zur ordnungsgemäßen Verwaltung gibt dem Erben das Recht, den Testamentsvollstrecker auf deren Einhaltung unmittelbar zu **verklagen** (BGHZ 25, 275 (283) = NJW 1957, 1916; OLG Düsseldorf OLGR 1996, 71; MüKoBGB/Zimmermann Rn. 6) und sogar einstweiligen Rechtsschutz in Anspruch zu nehmen (OLG Köln NJW-RR 1987, 71). Dabei ist der einstweilige Rechtsschutz nach §§ 935 ff. ZPO möglich; umstritten ist, ob er sich auch nach § 49 FamFG richten kann (verneinend OLG Karlsruhe ZEV 2013, 205 (206); bejahend BeckOGK/Suttmann Rn. 7).

12 Es besteht zwar Einigkeit darin, dass Erbe bzw. Vermächtnisnehmer auf Vornahme oder Unterlassung einer bestimmten Verwaltungsmaßnahme klagen können. Umstritten ist dabei aber die genaue **Kompetenzverteilung** zwischen **Nachlassgericht und Prozessgericht.** Auch bestehen unterschiedliche Ansichten hinsichtlich der Grenzen gerichtlicher Eingriffe im vorläufigen Rechtsschutz (weiterführend Mayer ZEV 2013, 469; Staudinger/Dutta, 2021, Vor §§ 2197 ff. Rn. 35, 44; Staudinger/Dutta, 2021, § 2217 Rn. 38).

13 **d) ABC der ordnungsgemäßen Nachlassverwaltung.** Die folgende Darstellung behandelt allein die Fallkonstellation, dass keine besondere Verwaltungsanordnung des Erblassers (Abs. 2 S. 1) vorliegt, aber eine länger andauernde Verwaltungs- oder Dauertestamentsvollstreckung (s. auch Staudinger/Dutta, 2021, Rn. 15 ff.; MüKoBGB/Zimmermann Rn. 7 ff.). **Zu beachten** ist: Es handelt sich nur um allgemeine Aussagen dahingehend, dass die genannten Maßnahmen nur

generell fähig sind, Grundlage einer ordnungsgemäßen Verwaltung zu sein. Ob im konkreten Einzelfall die betreffende Maßnahme wirklich zulässig ist, richtet sich insbes. nach der jeweils mit der Testamentsvollstreckung verfolgten Zielsetzung **(funktionelle Betrachtungsweise!),** bei Rechtsgeschäften aber auch nach ihrer konkreten Ausgestaltung.

**Anlage von Geld und Verwaltung von Wertpapieren** (eingehend Mayer/Bonefeld TV-HdB/J. Mayer § 18 Rn. 103 ff., zu den einzelnen Anlageformen Rn. 139 ff.; Farkas-Richling ZEV 2007, 310; Klumpp ZEV 1994, 68 ff.; Bengel/Reimann TV-HdB/Klinger § 5 Rn. 635 ff. mit Kriterien zur Anlageentscheidung): Der Testamentsvollstrecker ist grds. nicht verpflichtet, diese Nachlasswerte mündelsicher oder sonst in bestimmter Weise anzulegen und Wertpapiere zu hinterlegen. Für ihn gelten weder die für einen Vormund noch die für einen Vorerben bestehenden besonderen Pflichten entspr. (Staudinger/Dutta, 2021, Rn. 24; MüKoBGB/Zimmermann Rn. 11; vgl. auch LG Heidelberg ZEV 2019, 152 zur Anlage in Form eines offenen Treuhandkontos bei einem Behindertentestament). Jedoch können im Wege einer Analogie der Grundkanon der Pflichten eines Vermögensverwalters auch für die Anlageentscheidungen eines Testamentsvollstreckers und die Beurteilung der Ordnungsgemäßheit seines Verhaltens nutzbar gemacht werden (Zeising, Pflichten und Haftung eines Testamentsvollstreckers bei der Verwaltung von Großvermögen, 2004, Rn. 261 ff.; Mayer/Bonefeld TV-HdB/J. Mayer § 18 Rn. 105). Bei der **Auswahl von Kapitalanlagen** hat der Testamentsvollstrecker die dabei zu erwartende Rendite, ihr Risiko, ihre Inflationsanfälligkeit, etwa damit verbundene Kosten und Steuern, ihre Liquidierbarkeit und Marktfähigkeit sowie den Einfluss der allgemeinen wirtschaftlichen Entwicklung zu beachten (Schmitz ZErb 2003, 3 (6); NK-BGB/Kroiß Rn. 3). Dabei hat der BGH in begrenztem Umfang auch **spekulative Anlagen** als ordnungsgemäße Verwaltung angesehen (NJW 1987, 1070 (1071) mAnm Reimann). Allerdings gilt hier insbes. das Gebot der Diversifikation (Mayer/Bonefeld TV-HdB/J. Mayer § 18 Rn. 127 ff.) und es besteht im besonderen Maße eine Benachrichtigungspflicht, wenn sich Kursrückgänge abzeichnen (Mayer/Bonefeld TV-HdB/J. Mayer § 18 Rn. 165 f.). Durch das hier geltende Gebot der **produktiven Verwaltung** und die Grundsätze der Wirtschaftlichkeit (Mayer/Bonefeld TV-HdB/J. Mayer § 18 Rn. 124 f.) wird der Testamentsvollstrecker letztlich einem gewissen Erfolgszwang unterworfen (Staudinger/Dutta, 2021, Rn. 24). Der Testamentsvollstrecker steht also in einem Spannungsfeld zwischen Substanzerhaltung und Nutzbarmachung des Vermögens (MüKoBGB/Zimmermann Rn. 11). Er soll sich mit mündelsicheren Anlagen daher dann nicht zufrieden geben können, wenn sich bessere Anlagemöglichkeiten bieten (Bengel/Reimann TV-HdB/Klinger § 5 Rn. 605). Dies setzt Kenntnis der verschiedenen Anlageformen voraus (zu den allg. Grundsätzen für Vermögensverwalter und deren Nutzbarmachung für den Testamentsvollstrecker Mayer/Bonefeld TV-HdB/J. Mayer § 18 Rn. 107 ff.). Mit einer größeren **Sparbuchanlage** darf er sich dabei nicht begnügen, wenn andere Anlageformen mit höherer Rendite bei vertretbarem Risiko zu haben sind (Klumpp ZEV 1994, 65 (69); Zimmermann TV Rn. 426; AG Bremen WM 1993, 1959; großzügiger jedoch BGH ZEV 1995, 110 bei einer kurzfristigen Festgeldanlage eines Verkaufserlöses). Auch das **frühere Anlageverhalten** des Erblassers ist nicht völlig irrelevant. Insbesondere wenn es um die Feststellung der Anlageziele geht, wird man in diesem früheren Anlageverhalten eine erhebliche Bedeutung und Richtungssetzung zubilligen müssen (Mayer/Bonefeld TV-HdB/J. Mayer § 18 Rn. 135; so auch Lang in Lange/Werkmüller, Der Erbfall in der Bankpraxis, § 25 Rn. 125 im Rahmen der Bestimmung der erforderlichen Diversifikation; aA etwa Schaub FamRZ 1995, 845 (850)). **Warentermingeschäfte** sind allerdings höchst spekulativ (Klumpp ZEV 1994, 69). Jedoch können Termingeschäfte vom Testamentsvollstrecker grds. zur Absicherung von **Kursrisiken** genutzt werden. Allerdings müssen die allgemeinen Grenzen für spekulative Anlagen eingehalten werden. Daher darf wegen des hohen Risikos das spekulativ eingesetzte Kapital insgesamt nur einen geringen Teil des Nachlasses ausmachen (Mayer/Bonefeld TV-HdB/J. Mayer § 18 Rn. 146; NK-BGB/Kroiß Rn. 6; Schaub FamRZ 1995, 845 (850); großzügiger wohl Werkmüller WM 2000, 1361 (1366), der der testamentsvollstreckenden Bank empfiehlt, bei ihrer „Kalkulation nur den Nettobestand des Nachlasses zugrunde zu legen", weil die Erben mit ihrem Privatvermögen ggf. nicht haften; krit. dagegen zu Recht Zimmermann TV Rn. 425 Fn. 1320). Bei der Anlage von Großvermögen wird unter Beachtung des Grundsatzes der Diversifikation ein Einsatz von maximal 10 % des Nachlasses zulässig sein (Zeising, Pflichten und Haftung eines Testamentsvollstreckers bei der Verwaltung von Großvermögen, 2004, Rn. 304; für viel weniger als 10 % Zimmermann, Testamentsvollstreckung, Rn. 425; völlig abl. dagegen Klumpp ZEV 1994, 69; Staudinger/Dutta, 2021, Rn. 25). Aus dem Grundsatz der ordnungsgemäßen Nachlassverwaltung ergibt sich nicht nur die Pflicht zur ständigen Kontrolle der Anlagen, sondern auch zur **Umschichtung** des Nachlasses, wenn dies wirtschaftlich geboten ist (Mayer/Bonefeld TV-HdB/J. Mayer § 18 Rn. 135; NK-BGB/Kroiß Rn. 7; vgl. BGH NJW 1967, 443: Verkauf anderer Wertpapiere, um Bezugsrecht für günstige neue Aktien). 14

15 Vor allem bei großen Nachlässen ist es unter dem Gesichtspunkt der ordnungsgemäßen Nachlassverwaltung oftmals erforderlich, die **Vermögensverwaltung** an spezialisierte Dritte, wie Fondsgesellschaften, Banken oder professionelle **Vermögensverwalter zu übertragen.** Dann verbleibt aber für den Testamentsvollstrecker immer die Verpflichtung der sorgfältigen Auswahl und Überwachung des qualifizierten Beraters (eingehend Zeising, Pflichten und Haftung eines Testamentsvollstreckers bei der Verwaltung von Großvermögen, 2004, Rn. 415 ff.; Mayer/Bonefeld TV-HdB/J. Mayer § 18 Rn. 174 ff.). Daher kann den Testamentsvollstrecker der Vorwurf des Überwachungsverschuldens treffen, wenn er den Fehler des von ihm eingeschalteten Beraters bei ihm zumutbarer Aufmerksamkeit hätte erkennen und verhindern können (LG Bremen ZErb 2019, 234 (236)).

16 **Ausführung von Verfügungen von Todes wegen:** Vor deren Ausführung (§ 2203) hat der Testamentsvollstrecker deren Rechtswirksamkeit zu prüfen und in eigener Verantwortung auszulegen (BGH ZEV 2001, 278; Damrau/Tanck/Bonefeld Rn. 8; BeckOGK/Suttmann Rn. 24). Bei einer Erbauseinandersetzung sind bestehende Ausgleichspflichten (§§ 2050 ff.) zu beachten.

17 **Auskehrung von Erträgen:** Nutzungen fallen grds. in den Nachlass und unterliegen der Verwaltung durch den Testamentsvollstrecker, der daher befugt ist, Erträge zu **thesaurieren** (Umkehrschluss aus § 2338 Abs. 1 S. 2). Fehlt es an entsprechenden Angaben im Testament und können diese auch nicht im Wege der ergänzenden Auslegung bestimmt werden, so wird die Verwaltungspflicht des Testamentsvollstreckers durch das objektive Nachlassinteresse und damit durch die allgemeinen Regeln der Wirtschaftlichkeit bestimmt. Wann und in welcher Höhe die Erträge an die Erben auszuzahlen sind, ist nicht nach § 2217 zu entscheiden, sondern bestimmt sich allein nach § 2216 (OLG Frankfurt FamRZ 2016, 1496 (1497) mAnm Schmidt; zur Vor- und Nacherbschaft BGH Rpfleger 1986, 434; BeckOGK/Suttmann Rn. 18 ff.; diff. MüKoBGB/Zimmermann § 2217 Rn. 5, § 2216 Rn. 10). Bei einem Behindertentestament wird man dementsprechend auch ohne ausdrückliche Anordnung dem Grundgedanken der Verfügung entnehmen können, dass der Zugriff des Sozialhilfeträgers auf das ererbte Vermögen, einschließlich seiner Erträge, ausgeschlossen sein soll (zu weitgehend daher LSG Nordrhein-Westfalen ZEV 2019, 417 (418 f.) mAm Testeegen; vgl. dazu Roglmeier ZErb 2022, 424 (427 f.).

18 Nicht abschließend geklärt ist, ob und unter welchen Voraussetzungen der **Erbe** – vorbehaltlich anderslautender letztwilliger Verfügungen – **Herausgabe** der Erträge bzw. Nutzungen vom Testamentsvollstrecker **verlangen kann.** Nach dem gerade gesagten unterliegt die Thesaurierungsfrage der Entscheidungshoheit und der pflichtgemäßen Ermessensausübung des Testamentsvollstreckers. Der Erbe kann die Herausgabe von Erträgen bzw. Nutzungen somit nur dann verlangen, wenn dies den Grundsätzen der ordnungsgemäßen Verwaltung entspricht. Maßgeblich ist der im Einzelfall durch Auslegung zu ermittelnde Erblasserwille, mithin was der Erblasser durch seine Verwaltungsanweisung bezweckt hat (→ Rn. 17) (BGH ZEV 2013, 337 (338)). Daraus folgt, dass der Erbe grds. keinen Anspruch auf Auskehrung besitzt. Damit ist die Frage aufgeworfen, ob es Fälle gibt, in denen das Ermessen des Testamentsvollstreckers **ausnahmsweise** dergestalt reduziert sein kann, dass dem Erbe ein Anspruch auf Herausgabe zusteht. Ein entsprechender besonderer Erbenbelang wird in folgenden Konstellationen diskutiert: Der Erbe benötigt die Erträge zur Bestreitung seines Unterhalts, er benötigt ihn zur Bestreitung von Unterhaltspflichten oder zur Begleichung nachlassbedingter Steuern. Zwar sind diese Fallgruppen im Grundsatz weitgehend anerkennt. Nicht hinreichend klar ist indes, ob der Erbe dabei tatsächlich einen Anspruch gegen den Testamentsvollstrecker hat und bejahendenfalls worauf sich dieser Anspruch stützt (ausführlich dazu Schmidl ZErb 2020, 153; Schmidl ZErb 2020, 196 u. Schmidl ZErb 2021, 212). Die jüngere Rspr. benennt diese Ausnahmefälle zwar, äußert sich aber nicht explizit zum Bestehen eines Anspruchs (BGH ZEV 2020, 41 mAm Zimmer; OLG Frankfurt ZEV 2016, 329 Rn. 24; vgl. ferner RG Recht 1922 Nr. 615; LZ 1918, 1268; Damrau/Tanck/Bonefeld Rn. 10; MüKoBGB/Zimmermann Rn. 10; Winkler TV Rn. 178). Auch scheint danach der „Anspruch" unter dem Vorbehalt der ordnungsgemäßen Nachlassverwaltung zu stehen. Damit wird aber das Recht des Testamentsvollstreckers zur pflichtgemäßen Nachlassverwaltung auch in den genannten Fallgruppen nicht in Frage gestellt. Besteht eine entsprechende Ermessensreduktion und reichen die Einkünfte aus, hat der Testamentsvollstrecker dem Erben die zur Erfüllung von dessen gesetzlicher Unterhaltspflicht bzw. zur Tilgung der Steuerschuld notwendigen Mittel auszukehren. Besteht ein solcher „Anspruch" auf Auszahlung, so ist der Grundsatz der Gleichbehandlung der Erben durch den Testamentsvollstrecker zu beachten (OLG Frankfurt ZEV 2016, 329 Rn. 28 f. – dort auch zu Einschränkungen des Grundsatzes).

19 **Eingehung von Dauerschuldverhältnissen:** Dies kann auch dann eine ordnungsgemäße Nachlassverwaltung sein, wenn sie die Laufzeit der Testamentsvollstreckung überschreiten

(MüKoBGB/Zimmermann Rn. 9; Bengel/Reimann TV-HdB/Dietz § 1 Rn. 82). Wichtig ist, dass sie nach Art und eben auch nach Dauer zur Verwirklichung der Zwecke der Testamentsvollstreckung erforderlich sind (Damrau/Tanck/Bonefeld Rn. 9). So kann etwa der Abschluss eines langfristigen Mietvertrags sinnvoll sein, wenn er der Anmietung gewerblicher Räume zur angeordneten Fortführung des hinterlassenen Handelsgeschäfts dient (zust. NK-BGB/Kroiß Rn. 10); liegt dagegen eine reine Abwicklungsvollstreckung vor, so ist dies nicht zulässig.

**Geltendmachung von Nachlassrechten:** Solche sind grds. geltend zu machen, insbes. sind Forderungen einzuziehen und die erforderlichen Rechtsmittel einzulegen (OLG Düsseldorf OLGR 1996, 71 f.), und zwar so rechtzeitig, dass eine Schädigung des Nachlasses ausgeschlossen ist (BGHZ 25, 275 (283 f.); Mayer/Bonefeld TV-HdB/Schaub § 4 Rn. 30). Die Führung überflüssiger, insbes. aussichtsloser Prozesse ist jedoch zu vermeiden (NK-BGB/Kroiß Rn. 9; BeckOGK/Suttmann Rn. 15). Beauftragt der Testamentsvollstrecker einen Rechtsanwalt mit der fristwahrenden Einspruchseinlegung gegen einen Erbschaftsteuerbescheid, obwohl dies für ihn erkennbar überflüssig war, hat er leichtfertig seine Pflichten verletzt und haftet den Erben daher auf Ersatz des hierdurch entstandenen Schadens (BGH ZEV 2000, 195). 20

**Geschäftsbetrieb:** Hier kann es erforderlich sein, im Rahmen der ordnungsgemäßen Nachlassverwaltung die Erträge, die nicht zum Lebensunterhalt der Erben benötigt werden, in den Betrieb einer zum Nachlass gehörenden Fabrik zu investieren (RG Recht Nr. 615; Staudinger/Dutta, 2021, Rn. 18). Im Übrigen kommt es darauf an, ob der Testamentsvollstrecker nur eine überwachende Funktion hat, oder selbst das Unternehmen leiten muss. 21

**Grundschuldbestellung:** Die Bestellung eines Grundpfandrechts für Dritte oder die Abtretung einer Eigentümergrundschuld ist nur dann eine ordnungsgemäße Nachlassverwaltung, wenn die gesamte Darlehensvaluta dafür wieder in den Nachlass gelangt (Bengel/Reimann TV-HdB/Dietz § 1 Rn. 118), keine unübliche Sicherheitsgewährung darstellt und die zugrunde liegende Darlehensaufnahme selbst für die Nachlassverwaltung – ausgehend vom Zweck der Testamentsvollstreckung – objektiv erforderlich war. 22

**Grundstückserwerb:** Das Überlassen von Geld an den Vormund des minderjährigen Erben durch den Testamentsvollstrecker zum Erwerb eines Grundstücks kann eine Freigabe iSv § 2217 darstellen, weshalb der Erwerb nicht mehr zum Nachlass gehört. Es kommt für die Abgrenzung auf die konkreten Vorstellungen der Beteiligten bei den Verhandlungen an (Staudinger/Dutta, 2021, Rn. 20). 23

**Haftungsbeschränkungen, Insolvenz:** Bei Kenntnis der Nachlassüberschuldung ist der Testamentsvollstrecker berechtigt und wegen § 2216 gegenüber den Erben auch verpflichtet, ein Insolvenzverfahren zu beantragen (§ 317 InsO) (Damrau/Tanck/Bonefeld Rn. 14; zur insolvenzvermeidenden Sanierungspflicht Schmidl ZEV 2021, 135 ff.). Die Verpflichtung zur Antragstellung obliegt dem Testamentsvollstrecker nicht im Interesse der Nachlassgläubiger. Gegenüber den Erben kann sich eine Haftung des Testamentsvollstreckers bei verspäteter Antragstellung ergeben (vgl. § 2219). Allerdings trifft den Testamentsvollstrecker keine Haftung aus § 1980 Abs. 1 S. 2 (NK-BGB/Kroiß Rn. 13; MüKoBGB/Zimmermann Rn. 14). Er ist berechtigt, einen erforderlichen Antrag auf Nachlassverwaltung nach § 1981 und ein Aufgebotsverfahren zum Gläubigerausschluss nach §§ 1970 ff. zu stellen (MüKoBGB/Zimmermann Rn. 14; Winkler TV Rn. 174). Ein Inventarerrichtungsrecht (§ 1993) hat der Testamentsvollstrecker nicht, auch kann ihm keine Inventarfrist (§ 1994) bestimmt werden (NK-BGB/Kroiß Rn. 13; Damrau/Tanck/Bonefeld Rn. 14). 24

**Prüfung der Wirksamkeit früherer Veräußerungen:** Soweit solche nichtig sind, besitzt der Nachlass noch entsprechende Ansprüche, die auch hinsichtlich der Durchsetzbarkeit zu prüfen sind (BayObLGZ 27, 78; Staudinger/Dutta, 2021, Rn. 15). Dabei wird man aber nur dann eine solche Prüfungspflicht für erforderlich halten, wenn sich für den Testamentsvollstrecker konkrete Anhaltspunkte für die Nichtigkeit im Laufe seiner Tätigkeit ergeben. Eine besondere Fehlersuche muss er nicht betreiben. 25

**Veräußerung und Belastung von Nachlassgrundstücken:** Auch hier kann die ordnungsgemäße Verwaltung solche Verfügungen nach der konkret vorliegenden Situation erfordern. Der BGH (NJW-RR 1989, 642) hat dabei auch einen Verkauf ohne Mehrung des Nachlasswertes für zulässig gehalten. Jedoch handelt der Testamentsvollstrecker pflichtwidrig, wenn er es zur Versteigerung eines Grundstücks für die Hälfte seines Verkehrswerts kommen lässt, ohne sich zuvor um eine bessere Verwertung, etwa durch freihändigen Verkauf, nachhaltig zu bemühen (BGH NJW-RR 2001, 1369). Zur ordnungsgemäßen Nachlassverwaltung gehört in diesem Zusammenhang auch die Belastung des Verkaufsobjekts mit Grundpfandrechten zur Kaufpreisfinanzierung (NK-BGB/Kroiß Rn. 15; Bengel/Reimann TV-HdB/Dietz § 1 Rn. 95). 26

27 **Verkehrssicherungs- und Überwachungspflichten:** Dies gehört zur ordnungsgemäßen Nachlassverwaltung, da dadurch Haftpflichtansprüchen gegen den Nachlass vorgebeugt wird. Zu erfüllen sind daher Räum- und Streupflichten. Aber auch die Aufsichtspflicht über einen Geschäftsführer einer GmbH, an der der Nachlass beteiligt ist, ist auszuüben, weshalb die Informationsrechte nach § 51a GmbHG wahrzunehmen sind (MüKoBGB/Zimmermann Rn. 13; BayObLGZ 1997, 1 (19)). **Beauftragt** der Testamentsvollstrecker im Rahmen der Nachlassverwaltung zulässigerweise **andere Personen** (→ § 2218 Rn. 5), hat er Kontroll- und Überwachungspflichten, so auch bezüglich der Angemessenheit der Kosten einer Grundstücksverwaltung, auch wenn diese im Einverständnis mit dem Bedachten von einem Dritten ausgeübt wird (BGH NJW-RR 1999, 574).

28 **e) Rechtsfolgen ordnungswidriger Verwaltung.** Ein Verstoß gegen § 2216 Abs. 1 hat folgende Wirkungen (Staudinger/Dutta, 2021, Rn. 27 f.):

- jeder Erbe kann gegen den Testamentsvollstrecker darauf klagen, dass dieser seine Pflichten erfüllt (BGHZ 25, 275 (283); BeckOGK/Suttmann Rn. 27);
- eine schuldhafte Pflichtverletzung führt zu einer **Haftung** des Testamentsvollstreckers nach § 2219 gegenüber den dadurch geschädigten Erben oder Vermächtnisnehmern;
- die Missachtung dieser Grundsätze kann zu einer **Entlassung** des Testamentsvollstreckers durch das Nachlassgericht nach § 2227 führen (→ § 2227 Rn. 12) (BayObLGZ 1990, 177 (183); 1997, 1 (19 ff.));
- auch ordnungswidrige **Verfügungen** sind nach außen hin grds. gegen den Nachlass **wirksam.** Anderes gilt nur dann, wenn der **Missbrauch** des Verwaltungsrechts auch dem Geschäftsgegner erkennbar oder sogar bekannt war (BGH DNotZ 1959, 480);
- **Verbindlichkeiten,** die der Testamentsvollstrecker eingeht, sind nur dann gegen den Nachlass wirksam, wenn sie zur ordnungsgemäßen Nachlassverwaltung erforderlich waren (§ 2206), es sei denn, der Erblasser hat insoweit nach § 2207 etwas anderes bestimmt oder § 2206 Abs. 1 S. 2 greift ein.

29 **2. Verwaltungsanordnungen (Abs. 2 S. 1). a) Begriff und Inhalt.** Der Testamentsvollstrecker ist an Anordnungen des Erblassers über die Nachlassverwaltung gebunden (§ 2216 Abs. 2 S. 1) (zur Auslegung im Zusammenhang mit der Verwaltung von Geschäftsanteilen BayObLGZ 1997, 1 (13 ff.)). In Betracht kommen etwa Bestimmungen über die Verwendung von **Nachlasserträgen** oder das Verbot, über bestimmte Nachlassgegenstände zu verfügen (BeckOGK/Suttmann Rn. 35 f.; MüKoBGB/Zimmermann Rn. 19), wobei klarzustellen ist, ob dies nicht auch eine dinglich wirkende Beschränkung der Verfügungsbefugnis des Testamentsvollstreckers nach § 2208 darstellt. Der Erblasser kann ferner bestimmen, dass der Testamentsvollstrecker die **Weisungen Dritter** zu befolgen hat (§ 2216 Abs. 2 S. 1, § 2208). Hingegen braucht der Testamentsvollstrecker grds. die Anordnungen von Erben nicht zu befolgen. Vielmehr hat er die Anordnungen und erkennbaren Wünsche des Erblassers auch und gerade **gegen den Willen der Erben** zu beachten (RGZ 74, 215; zu einem Beanstandungsverbot zu Lasten der Erben und zugunsten des Testamentsvollstreckers bei der Unternehmensnachfolge RGZ 73, 26).

30 Anders liegt es, wenn der Erblasser Weisungsrechte der Erben hinsichtlich der Nachlassverwaltung in seiner Verfügung von Todes wegen ausdrücklich begründet (Staudinger/Dutta, 2021, Rn. 30). So kann der Erblasser etwa bestimmen, dass generell oder zu ausgewählten Maßnahmen (etwa wie beim Vorerben) die Zustimmung der Erben zu erholen ist. Möglich ist auch eine sog. **„Demokratie-Klausel“,** wonach es einer Zustimmung einer bestimmten Mehrheit der Erben für bestimmte Verwaltungshandlungen bedarf. Dadurch lässt sich ein abgestuftes System von Kontrollmechanismen entwickeln, das flexibler ist als die dinglich wirkenden Beschränkungen der Verfügungsbefugnis nach § 2208, weil es nur schuldrechtlich wirkt, aber wegen des drohenden Regresses (§ 2219) trotzdem vom Testamentsvollstrecker beachtet wird (eingehend Reimann FamRZ 1995, 588 (591 f.)).

31 Besondere Bedeutung haben **Verwaltungsanordnungen** im Rahmen eines sog. **Behindertentestaments** (vgl. etwa Joussen NJW 2003, 1851; van de Loo MittRhNotK 1989, 233 (236); Mayer/Bonefeld TV-HdB/J. Mayer § 18 Rn. 588, 597). Dadurch erteilt der Erblasser die Anweisung, aus den Erträgen des Erbteils des Behinderten diesem Zuwendungen zu machen, die einerseits zwar nicht auf Sozialleistungen anzurechnen sind, andererseits aber ihm einen Standard über demjenigen gewähren sollen, was ihm nach dem Sozialhilferecht zukommt. Letztlich gewinnt das Behindertentestament aus dieser Anordnung seine legitimierende Wirkung, dass es kein reines „Familienerhaltungstestament“ ist, denn die Beschränkungen des Vorerben (§ 2113) und die Entziehung der Verwaltung durch die Testamentsvollstreckung (§ 2211) bieten dem Behinderten keine unmittelbaren Vorteile. Hingegen bringen die Verwaltungsanordnungen dem behinderten

Erben die Vorteile der Erbschaft (BGHZ 188, 96 = ZEV 2011, 258 mAnm Zimmer). Üblicherweise sehen derartige Verwaltungsanweisungen an den Testamentsvollstrecker konkrete Leistungen für das behinderte Kind vor. Sie sind **positiv** (vgl. etwa der Vorschlag von Ivo Erbrecht Effektiv 2004, 42 (44)) entspr. dem Zweck zu formulieren, den das Behindertentestament nach der Rspr. des BGH auch haben muss, damit es nicht dem Sittenwidrigkeitsverdikt zum Opfer fällt: Es muss **zu** einer **Verbesserung der Lebensqualität des Behinderten führen,** indem Leistungen zugewandt werden, die er gerade durch den Standard der Sozialhilfe nicht bekommen würde. Letztlich ist damit die Verwaltungsanordnung der Prüfstein dafür, ob das Behindertentestament wirklich dem Behinderten gerecht wird. Viele der bislang üblichen Texte erwecken mit ihrer „negativen Anordnung", dass nur solche Leistungen zu erbringen sind, die nicht zu einer Kürzung von Sozialhilfeleistungen führen, doch mittelbar den Eindruck einer „unzulässigen Nachrangvereinbarung", weil der Grundsatz der Subsidiarität von Sozialhilfeleistungen (§ 2 Abs. 1 SGB XII) umgangen werden soll (Mayer/Bonefeld TV-HdB/J. Mayer § 18 Rn. 597). Nach Ansicht des XII. Zivilsenats des BGH führt das **Fehlen von Verwaltungsanordnungen** für den Testamentsvollstrecker, aus denen sich ergibt, in welchem Umfang und zu welchem Zwecken der Betroffene Vorteile aus dem Nachlass erhalten soll, aber **nicht per se zur Sittenwidrigkeit** der letztwilligen Verfügung (§ 138 Abs. 1). Zur Begründung führt der Senat aus, dass die behinderte Person als Vorerbe „wahrer Erbe" sei (BGH ZEV 2020, 41 Rn. 16 mAm Zimmer). Als solcher könne er auch bei angeordneter Testamentsvollstreckung die Herausgabe der Nutzungen verlangen, was sich aus der Pflicht zur ordnungsgemäßen Nachlassverwaltung ergebe. Daher sei das Behindertentestament auch ohne konkrete Anweisung an den Testamentsvollstrecker wirksam.

Von derartigen Verwaltungsanordnungen des Erblassers **zu unterscheiden** (zur Abgrenzung von letztwilligen Verfügungen anderer Art, wie Vermächtnis und Übernahmerecht eingehend Soergel/Damrau Rn. 9) sind reine **Weisungen** an den Testamentsvollstrecker, die durch **Auftrag** unter Lebenden erteilt werden und die auch noch der Erbe jederzeit widerrufen kann (§§ 672, 671) (BeckOGK/Suttmann Rn. 41). Ebenso sind davon zu unterscheiden reine **Wünsche oder Vorschläge** des Erblassers für die Nachlassverwaltung, die nicht verbindlich sind und keine Befolgungspflicht des Testamentsvollstreckers auslösen. Verwaltungsanordnungen sind dann anzunehmen, wenn ohne ihre Beachtung der Zweck der Testamentsvollstreckung verfehlt würde (BayObLG NJW 1976, 1692). Wünsche, Hoffnungen und Bitten können aber dadurch eine mittelbare rechtliche Bedeutung erlangen, dass sie den eigentlichen Zweck der Testamentsvollstreckung deutlich machen (BayObLG NJW 1976, 1692); dabei ist die Andeutungstheorie zu beachten. 32

**b) Form der Verwaltungsanordnung.** Nur die in einer **letztwilligen Verfügung** getroffenen Anordnungen sind nach dem ausdrücklichen Gesetzeswortlaut für den Testamentsvollstrecker verbindlich (§ 2216 Abs. 2 S. 1). Dabei müssen bei einem privatschriftlichen Testament die Grundsätze und Richtlinien der Verwaltungsanordnung in der handschriftlichen Testamentsurkunde selbst aufgenommen sein (Staudinger/Dutta, 2021, Rn. 32). Die Einhaltung des Formgebots wird allerdings zT relativiert. So soll sich aus der Nichtbefolgung mündlicher oder sonstiger Anordnungen (etwa in Briefen) im Einzelfall ein Entlassungsgrund nach § 2227 ableiten lassen (so Staudinger/Dutta, 2021, Rn. 32). Zudem lässt sich aus Verwaltungsanordnungen der **Zweck** der Testamentsvollstreckung herleiten, der letztlich die Kriterien festlegt, was im vorliegenden Fall unter einer ordnungsgemäßen Verwaltung zu verstehen ist (BayObLG NJW 1976, 1692; MüKoBGB/Zimmermann Rn. 19). 33

**c) Rechtsfolgen.** Der Erbe hat einen durchsetzbaren Anspruch darauf, dass der Testamentsvollstrecker die vom Erblasser getroffenen Verwaltungsanordnungen umsetzt (BGH NJW 2015, 1965 (1966)). Derartige Verwaltungsanordnungen nach § 2216 Abs. 2 S. 1 wirken – anders als Verfügungsbeschränkungen nach § 2208 – nur **schuldrechtlich.** Setzt sich der Testamentsvollstrecker daher über solche hinweg, so ist grds. die betreffende Verfügung trotzdem wirksam, es sei denn, der Geschäftspartner hat den Missbrauch der Verfügungsmacht grob fahrlässig nicht erkannt oder sogar erkannt (OLG München FamRZ 2016, 848 (849 f.)). Im Verhältnis zum Erben kann jedoch eine Schadensersatzverpflichtung nach § 2219 bei einer schuldhaften Pflichtverletzung entstehen. Zudem kann sich aus einem solchen Verhalten ein Entlassungsgrund ergeben. 34

Die Bindung an die Verwaltungsanordnung ist keine absolute. Ihre Befolgung kann infolge zwischenzeitlich eingetretener Veränderungen nicht mehr dem mutmaßlichen Willen des Erblassers entsprechen und durch **ergänzende Auslegung** beseitigt werden. Mitunter ist auch eine Anfechtung (§ 2078) möglich. 35

**3. Außerkraftsetzung durch Nachlassgericht (Abs. 2 S. 2).** Da Auslegung und Anfechtung mit Unsicherheiten belastet sind, sieht das Gesetz vor, dass auf Antrag des Testamentsvollstre- 36 ckers oder eines anderen Beteiligten die Verwaltungsanordnung vom Nachlassgericht außer Kraft gesetzt werden kann (§ 2216 Abs. 2 S. 2) (zu Einzelheiten in formeller wie materieller Hinsicht s. etwa Staudinger/Dutta, 2021, Rn. 39 ff.). **Schutzrichtung der Norm** ist der Nachlass selbst, der ansonsten erheblich gefährdet wäre.

37 **a) Verfahren.** Das Verfahren der Außerkraftsetzung setzt einen entsprechenden Antrag voraus; es besteht gerade kein allgemeines Aufsichtsrecht des Nachlassgerichts (Lange ErbR § 64 Rn. 110). **Antragsberechtigt** ist der Testamentsvollstrecker (mehrere nur gemeinsam) (OLG München JFG 20, 121; BeckOGK/Suttmann Rn. 47.1). Bei Anordnung selbstständiger Wirkungskreise (§ 2224 Abs. 1 S. 3) ist jedoch jeder innerhalb seines Wirkungskreises allein antragsberechtigt (Staudinger/Dutta, 2021, Rn. 45; MüKoBGB/Zimmermann Rn. 27). Antragsberechtigt ist ferner jeder am Nachlass Beteiligte, der am Vollzug oder Nichtvollzug der Anordnung ein rechtlich geschütztes Interesse haben kann, also die Erben, Vermächtnisnehmer, Auflageberechtigte (BayObLGZ 1982, 459 (461)), nicht jedoch die Nachlassgläubiger, Nachlassschuldner (KG RJA 10, 114; Staudinger/Dutta, 2021, Rn. 45) oder ein Eigengläubiger eines Miterben, der den Erbteil gepfändet hat (deren Interesse wird durch § 2219 genügt) (BayObLGZ 1982, 459 (461)). Vor der Entscheidung soll das Nachlassgericht die Beteiligten hören. Abs. 2 S. 3 bestimmt dies zwar nur, wenn es „tunlich" ist. Wegen der verfassungsrechtlichen Gewährleistung des rechtlichen Gehörs (Art. 103 Abs. 1 GG), kommt dieser Pflicht aber grds. zwingende Bedeutung zu (BayObLG ZEV 1998, 348 (349) zur wortgleichen Bestimmung des § 2227 Abs. 2; dort auch zur Heilung im Beschwerdeverfahren). Es handelt sich daher auch nicht um eine reine Ordnungsvorschrift, deren Verletzung folgenlos bliebe (MüKoBGB/Zimmermann Rn. 28; aA Staudinger/Dutta, 2021, Rn. 46: reine Ordnungsvorschrift). Zuständig ist der Richter (§ 16 Abs. 1 Nr. 3 RPflG).

38 **b) Aufhebungsvoraussetzungen.** Für eine **Gefährdung des Nachlasses** reicht es aus, wenn diejenigen Interessen von am Nachlass beteiligten Personen gefährdet werden, die der Erblasser durch seine Verwaltungsanordnungen hat fördern wollen (BayObLGZ 1961, 155 (159); OLG München ZErb 2017, 195 f.). **Gegenstand** der Außerkraftsetzung können wirtschaftliche Maßnahmen wie aber auch solche rechtsgeschäftlicher Art sein (Damrau/Tanck/Bonefeld Rn. 19), **nicht aber** die Testamentsvollstreckung als solche (KG JR 1951, 732; HRR 1942 Nr. 691), ihre Dauer, die Zahl der Testamentsvollstrecker und die ihnen zustehende Vergütung (KG JW 1937, 475), oder gar angeordnete Auflagen (§ 2192) (BayObLGZ 1961, 155), eine mit der Testamentsvollstreckung verbundene Nacherbeneinsetzung (KG HRR 1942 Nr. 691) oder eine Bestattungsanordnung (Staudinger/Dutta, 2021, Rn. 44; zweifelnd MüKoBGB/Zimmermann Rn. 24). Eine Teilungsanordnung kann oftmals mit einer Verwaltungsanordnung zusammentreffen. Dann ist es zulässig, die Verwaltungsanordnung außer Kraft zu setzen, ohne dass dadurch die Wirkung der Teilungsanordnung hiervon beeinträchtigt würde (Staudinger/Dutta, 2021, Rn. 42 mit Beispielen; KG JFG 14, 154 = JW 1936, 3484).

39 Voraussetzung der Aufhebung ist eine **erhebliche Gefährdung** des Nachlasses durch die Befolgung der getroffenen Verwaltungsanordnung. Entspr. der gebotenen funktionalen Betrachtungsweise muss dabei auch und gerade der **Zweck der Testamentsvollstreckung** berücksichtigt werden. Denn in der Gefährdung des Zwecks ist auch die Gefährdung des Nachlasses zu sehen (MüKoBGB/Zimmermann Rn. 22). **Gefährdet** die Verwaltungsanordnung die **wirtschaftliche Existenz** des Erben, ist die Anordnung daher dann aufzuheben, wenn der Zweck der Testamentsvollstreckung nicht darauf gerichtet war, den Nachlass ohne Rücksicht auf die wirtschaftlichen Interessen des Erben zu verwalten (MüKoBGB/Zimmermann Rn. 22; vgl. auch KG HRR 1933 Nr. 1765; JW 1936, 3484, wo die wirtschaftliche Sicherstellung gerade bezweckt war).

40 Wollte der Erblasser dagegen durch die Verwaltungsanordnung den Nachlass sichern und den **Zugriff des Erben** ganz oder teilweise **ausschließen,** kann die so gewollte Thesaurierung nicht mit der Floskel „der Schädigung der am Nachlass interessierten Personen" aufgehoben und der Erblasserwille völlig konterkariert werden, man denke etwa an eine Testamentsvollstreckung hinsichtlich überschuldeter oder „leichtsinniger" Erben oder an ein Behindertentestament (zum Behindertentestament Krampe AcP 191 (1991), 526 m. ausf. Rspr.-Analyse; anders Otte JZ 1990, 1027 (1028); iE wohl ebenso wie hier Staudinger/Dutta, 2021, Rn. 28; MüKoBGB/Zimmermann Rn. 21). Bloße Unzweckmäßigkeit genügt jedenfalls für ein außer Kraft setzen nicht (Staudinger/Dutta, 2021, Rn. 41).

41 **c) Entscheidungsinhalt.** Das Nachlassgericht kann lediglich die Verwaltungsanordnungen des Erblassers ganz oder teilweise außer Kraft setzen, einschränken, mit Bedingungen versehen (Staudinger/Dutta, 2021, Rn. 46) oder einen darauf gerichteten Antrag ablehnen. Es kann jedoch **keine eigenen Anordnungen** über die Verwaltung treffen (KG OLGZ 1971, 220; MüKoBGB/

Zimmermann Rn. 23). Eine Außerkraftsetzung ist auch noch möglich, wenn der Testamentsvollstrecker sich bereits eigenmächtig und faktisch über die Anordnung hinweggesetzt hat, da er wegen der Haftungsgefahr hieran ein berechtigtes Interesse besitzt; insoweit hat sich das Verfahren nicht vollständig erledigt (MüKoBGB/Zimmermann Rn. 23; Danrau/Tanck/Bonefeld Rn. 18; aA KG RJA 10, 114; Staudinger/Dutta, 2021, Rn. 40). Die Entscheidung wird mit der Bekanntgabe wirksam (§ 40 FamFG).

**d) Rechtsmittel.** Die **stattgebende Entscheidung** unterliegt der befristeten Beschwerde (§§ 58 ff. FamFG); beschwerdeberechtigt ist jeder, der dadurch beeinträchtigt wird (§ 59 FamFG, → Rn. 37). Der Träger der Sozialhilfe ist nicht beschwerdeberechtigt, solange es um eine rein wirtschaftliche Betroffenheit geht (OLG München ZEV 2017, 710 (711)). Führen **mehrere Testamentsvollstrecker** das Amt gemeinschaftlich, so steht jedem von ihnen ein selbstständiges Beschwerderecht zu (§ 355 Abs. 3 FamFG). Wird der **Antrag abgelehnt,** kann nur der Antragsteller (§ 59 Abs. 2 FamFG) die einfache Beschwerde erheben, bei mehreren Testamentsvollstreckern mit gemeinschaftlicher Verwaltungsaufgabe nur diese gemeinsam (OLG München JFG 20, 121; MüKoBGB/Zimmermann Rn. 29; Staudinger/Dutta, 2021, Rn. 47; gegen eine Analogie spricht, dass keine planwidrige Regelungslücke vorliegt, denn der Gesetzgeber des FamFG hat in Kenntnis der Streitfrage offenbar bewusst diese Frage nicht gelöst; BeckOK FamFG/Schlögel FamFG § 355 Rn. 16). 42

## § 2217 Überlassung von Nachlassgegenständen

**(1) [1]Der Testamentsvollstrecker hat Nachlassgegenstände, deren er zur Erfüllung seiner Obliegenheiten offenbar nicht bedarf, dem Erben auf Verlangen zur freien Verfügung zu überlassen. [2]Mit der Überlassung erlischt sein Recht zur Verwaltung der Gegenstände.**

**(2) Wegen Nachlassverbindlichkeiten, die nicht auf einem Vermächtnis oder einer Auflage beruhen, sowie wegen bedingter und betagter Vermächtnisse oder Auflagen kann der Testamentsvollstrecker die Überlassung der Gegenstände nicht verweigern, wenn der Erbe für die Berichtigung der Verbindlichkeiten oder für die Vollziehung der Vermächtnisse oder Auflagen Sicherheit leistet.**

### Überblick

Die Vorschrift bestimmt, unter welcher Voraussetzung der Erbe bereits vor der Beendigung der Testamentsvollstreckung einen Anspruch auf Herausgabe von Nachlassgegenständen zur freien Verfügung hat.

### I. Normzweck

Jede Testamentsvollstreckung ist zweckgebunden und schränkt die Erben in ihrem Verwaltungs- und Verfügungsrecht über den Nachlass erheblich ein. Um eine zu übermächtige Stellung des Testamentsvollstreckers zu verhindern, gibt Abs. 1 daher den Erben einen Anspruch auf Freigabe hinsichtlich des zur Zweckverfolgung nicht mehr benötigten Nachlasses. Mit der Freigabe erlangen die Erben die uneingeschränkte Verfügungsmacht über die freigegebenen Gegenstände (Lange ErbR § 64 Rn. 111). Umgekehrt verliert der Testamentsvollstrecker mit der Überlassung seine Verwaltungs- und Verfügungsmacht an dem Nachlassgegenstand. Der Erblasser kann den Testamentsvollstrecker von der Freigabeverpflichtung befreien (§ 2220; → Rn. 13). 1

### II. Freigabepflicht (Abs. 1)

**1. Voraussetzungen. Freigabefähig** sind nur solche Nachlassgegenstände, deren der Testamentsvollstrecker zur Erfüllung seiner Obliegenheiten offenbar (also eindeutig) nicht mehr bedarf. Dies ist nach dem **Zweck** der Testamentsvollstreckung und objektiven Kriterien zu bestimmen, also funktionsabhängig. Beim Regeltyp der **Abwicklungsvollstreckung** benötigt der Testamentsvollstrecker nur die jeweiligen Gegenstände, die er zur Ausführung der Verfügung von Todes wegen (§ 2203) und zur Begleichung von Nachlassverbindlichkeiten (Erbschaftsteuer etc) braucht, also namentlich diejenigen Gegenstände, die zur Erfüllung von Nachlassverbindlichkeiten, von Vermächtnissen oder Auflagen erforderlich sind. Bei der **Auseinandersetzungsvollstreckung** 2 benötigt er demgegenüber grds. den gesamten Nachlass bis zur Schlussverteilung, wenn nicht sein Aufgabenfeld gegenständlich eingeschränkt ist oder alle Miterben durch Vereinbarung die Auseinandersetzung ausschließen, was den Testamentsvollstrecker bindet (Staudinger/Dutta, 2021, Rn. 11). Ist aber **Verwaltungsvollstreckung** oder **Dauervollstreckung** angeordnet (§ 2209 S. 1), so ist eine Freigabe nach hM grds. ausgeschlossen (BGHZ 56, 275 (284) = NJW 1971, 1805; RG HRR 1929 Nr. 1652; vgl. NK-BGB/Kroiß Rn. 3; Bengel/Reimann TV-HdB/Pauli § 6 Rn. 170); dabei ist aber zu beachten, dass auch bei diesen Vollstreckungsformen die Testamentsvollstreckung nicht reiner Selbstzweck ist. Es kann sich daher auch bei ihnen aus den Anordnungen des Erblassers ergeben, dass gewisse Nachlassgegenstände nicht mehr zur Verwaltung erforderlich und daher freizugeben sind (OLG Köln ZEV 2000, 231 (232): Wegfall des Sicherungszwecks; zust. NK-BGB/Kroiß Rn. 3; BeckOGK/Suttmann Rn. 9). Vor **Erledigung der steuerlichen Pflichten** (insbes. § 31 Abs. 5 ErbStG, § 32 Abs. 1 S. 2 ErbStG) besteht aber solange kein Freigabeanspruch, wie nicht feststeht, ob der Testamentsvollstrecker den Nachlass zur Erfüllung seiner steuerlichen Pflichten benötigt.

3 Ob auch die **Nutzungen** an den Erben herauszugeben sind, beurteilt sich nach der in § 2216 niedergelegten Pflicht zur ordnungsgemäßen Verwaltung und nicht nach § 2217 (BGH NJW-RR 1986, 1096; für Freigabeanspruch aufgrund Ermessensreduzierung MüKoBGB/Zimmermann Rn. 5), also insbes. danach, ob die Grundsätze ordnungsgemäßer Verwaltung dies gebieten.

4 Die Freigabepflicht des Testamentsvollstreckers setzt ein entsprechendes **Freigabeverlangen** des Erben voraus. Es richtet sich inhaltlich auf die vollständige Aufgabe des Verwaltungs- und Verfügungsrechts des Testamentsvollstreckers (MüKoBGB/Zimmermann Rn. 7). Es ist selbst eine Verfügung, sodass bei mehreren Erben diese zusammen das Recht geltend machen müssen (§ 2040, es gilt nicht § 2039, da kein Nachlassanspruch besteht) (NK-BGB/Kroiß Rn. 5; Staudinger/Dutta, 2021, Rn. 8; Bengel/Reimann TV-HdB/Pauli § 6 Rn. 176; für § 2039 hingegen Muscheler ZEV 1996, 401 f.; Damrau/Tanck/Bonefeld Rn. 4). Der aus der Freigabepflicht resultierende Freigabeanspruch des Erben ist abtretbar und pfändbar (BeckOGK/Suttmann Rn. 14; MüKoBGB/Zimmermann Rn. 6).

5 Da die Freigabe eine Amtshandlung des Testamentsvollstreckers ist, kann sie von ihm erst nach seinem wirksamen Amtsantritt vorgenommen werden (KG DNotZ 1942, 225). Ein Zurückbehaltungsrecht wegen seiner Vergütung oder anderer Erstattungsforderungen steht dem Testamentsvollstrecker nicht zu (RG HRR 1930 Nr. 1110; MüKoBGB/Zimmermann Rn. 6; Staudinger/Dutta, 2021, Rn. 14; aA Grüneberg/Weidlich Rn. 3; Bengel/Reimann TV-HdB/Pauli § 6 Rn. 175; teilweise anders Muscheler ZEV 1996, 401 (402)). Eine Freigabe setzt zudem eine fortbestehende Testamentsvollstreckung voraus (OLG Nürnberg ZEV 2021, 171 (174); Weidlich ZEV 2021, 492 (497)).

6 **2. Rechtsnatur und Form der Freigabe.** Die Freigabe ist nach mittlerweile hM ein einseitiges, abstraktes, dingliches Rechtsgeschäft, das durch eine formlose, **empfangsbedürftige Willenserklärung** zustande kommt und den Verzicht auf das Verwaltungs- und Verfügungsrecht des Testamentsvollstreckers hinsichtlich des betreffenden Gegenstandes enthält (OLG Frankfurt MittBayNot 2007, 511 (512); OLG München FamRZ 2016, 848 (850); Damrau/Tanck/Bonefeld Rn. 5; Staudinger/Dutta, 2021, Rn. 15; Damrau FamRZ 1992, 606; BeckOGK/Suttmann Rn. 16, 19; aA – Realakt – OLG Hamm OLGZ 1973, 258 (261); vgl. auch die Nachweise bei Muscheler ZEV 1996, 401 (402 f.) mwN; dieser sieht darin nicht einen Verzicht, sondern eine Übertragung des Verwaltungsrechts des Testamentsvollstreckers auf den Erben durch Vertrag, wofür gute Gründe (etwa Zurückweisungsmöglichkeit) sprechen). Dabei treten die Rechtswirkungen unabhängig vom Willen des Erblassers kraft Gesetzes ein. Überlässt der Testamentsvollstrecker den Nachlassgegenstand dem Erben zur freien Verfügung, tritt die Wirkung der Freigabe unabhängig davon ein, ob die Voraussetzungen für einen entsprechenden Freigabeanspruch vorgelegen haben. Ein Irrtum des Testamentsvollstreckers über die Voraussetzungen seiner Überlassungspflicht ist daher ebenso unbeachtlich (Staudinger/Dutta, 2021, Rn. 16) wie ein pflichtwidriges Handeln (BGH ZEV 2017, 407 (408)). Die Eigentumsverhältnisse werden dadurch nicht geändert; der Rechtsgrund besteht in der Erfüllung der Verpflichtung aus § 2217 Abs. 1 S. 1 (Soergel/Becker Rn. 5). Die Erklärung kann **formlos** erfolgen (NK-BGB/Kroiß Rn. 10; Damrau/Tanck/Bonefeld Rn. 5). Gegenüber dem Grundbuchamt ist sie allerdings in der Form des § 29 GBO nachzuweisen (OLG Hamm OLGZ 1973, 258); ist der Testamentsvollstrecker selbst Notar, so genügt eine Eigenurkunde nicht (OLG Düsseldorf DNotZ 1989, 638). Ein Prüfungsrecht über das Vorliegen der Voraussetzungen des § 2217 hat das Grundbuchamt nicht (Bengel/Reimann TV-HdB/Pauli § 6 Rn. 186; Staudinger/Dutta, 2021, Rn. 19; aA AG Starnberg Rpfleger 1985, 57 bei einem bekannten Verfügungsverbot).

Keine Freigabe liegt vor, wenn der Testamentsvollstrecker dem Erben lediglich die Verwaltung und Nutznießung eines Nachlassobjektes überlässt, sich aber die Verfügung vorbehält (Damrau/Tanck/Bonefeld Rn. 5; Grüneberg/Weidlich Rn. 5; aA LG Hannover JR 1950, 693 mAnm Hartung). Auch seine Zustimmung zu einer Grundbucheintragung (Vorkaufsrecht) bedeutet noch keine Freigabe iSv § 2217 (OLG Düsseldorf NJW 1963, 162). Die Freigabe kann auch **konkludent** abgegeben werden. So zB, wenn ein Handelsgeschäft zur Führung im eigenen Namen überlassen wird (BGHZ 12, 100 (104)). Auch kann die Freigabe in der Überlassung der Führung eines Rechtsstreits über Nachlassgegenstände durch den Erben liegen (RG Recht 1919 Nr. 1536; BeckOGK/Suttmann Rn. 16). Wegen der weitreichenden Folgen der Freigabe wird man aber verlangen müssen, dass hinreichend klar zum Ausdruck kommt, dass der Testamentsvollstrecker den Nachlassgegenstand endgültig aus seiner Verfügungsmacht entlassen wollte (MüKoBGB/Zimmermann Rn. 8). Nach Ansicht das BayObLG führt eine vom Testamentsvollstrecker vorgenommene Teilerbauseinandersetzung hinsichtlich eines Verkaufserlöses zwischen den Erben dazu, dass das Verwaltungsrecht des Testamentsvollstreckers erlischt (BayObLGZ 1991, 390 (393) = NJW-RR 1992, 328; krit. Damrau FamRZ 1992, 604). Dabei wird verkannt, dass auch eine Testamentsvollstreckung an bereits auseinander gesetzten Nachlassobjekten möglich ist (Muscheler ZEV 1996, 401 (404)). Entscheidend sind der Zweck der Testamentsvollstreckung (Dauervollstreckung) und die in diesem Lichte auszulegende Erklärung des Testamentsvollstreckers. 7

**3. Wirkung der Freigabe.** Der Testamentsvollstrecker verliert durch die Überlassung an die Erben hinsichtlich der freigegebenen Objekte die **Verwaltungs-, Verfügungs-** und **Prozessführungsbefugnis** (Abs. 1 S. 2). Damit erlischt zugleich der Pfändungsschutz gegen Eigengläubiger des Erben nach § 2214. Die Freigabe ist selbst dann dinglich wirksam, wenn die sachlich-rechtlichen Voraussetzungen für den Freigabeanspruch nach § 2217 Abs. 1 fehlen; die Wirkungen der Freigabe hängen nicht vom Vorliegen der Voraussetzungen nach § 2217 Abs. 1 ab (aber → Rn. 9). Sie können beispielsweise eintreten, wenn der Testamentsvollstrecker pflichtwidrig gehandelt oder sich in einem Irrtum befunden hat (BGH ZEV 2017, 407 (408); BGHZ 56, 275 (284); BayObLGZ 1991, 390 (393); BeckOGK/Suttmann Rn. 21). Die Freigabe führt zur Löschung des Testamentsvollstreckervermerks (§ 52 GBO, § 55 SchRegO). Erfolgte die Freigabe bereits vor Eintragung des entsprechenden Vermerks, so kann dieser von Anfang an unterbleiben (KGJ 40, 212). Setzen Testamentsvollstrecker und Erben den Nachlass dergestalt auseinander, dass Gesamthandseigentum der Erbengemeinschaft in Bruchteilseigentum umgewandelt wird, so ist der Testamentsvollstreckervermerk im Grundbuch zu löschen, auch wenn die Voraussetzungen des § 2217 nicht vorlagen (BGHZ 56, 275 = NJW 1971, 1805). 8

Eine **Rückgängigmachung** der Freigabe ist nach hM grds. möglich, indem der Erbe an dem ihm überlassenen Nachlassobjekt dem Testamentsvollstrecker die Verfügungsgewalt **freiwillig** zurückgibt (KG 40, 207; Grüneberg/Weidlich Rn. 6; aA BayObLGZ 1992, 390). Eine einmal erfolgte Freigabe kann somit nicht ohne weiteres rückgängig gemacht werden; sie bindet den freigebenden Testamentsvollstrecker und etwaige Nachfolger. Wenn der Testamentsvollstrecker jedoch **ohne Rechtsgrund,** also beim Fehlen der in § 2227 Abs. 1 niedergelegten Voraussetzungen, einen vermeintlichen Freigabeanspruch erfüllte, ohne den Mangel der Freigabepflicht zu erkennen (§ 814), kann er vom Erben die Wiederherstellung des Verwaltungsrechts, bei Unmöglichkeit der Herausgabe Wertersatz verlangen (§ 812 Abs. 1 S. 1, § 818 Abs. 2). Dies ist etwa dann der Fall, wenn der Testamentsvollstrecker irrtümlich angenommen hat, er bedürfe bestimmter Nachlassgegenstände zur Erfüllung seiner Obliegenheiten nicht oder wenn er die Freigabehandlung als solche gar nicht erkannt hat (BGHZ 12, 100 (105) = NJW 1954, 636; BGHZ 24, 106 (109) = NJW 1957, 1026; Lange ErbR § 64 Rn. 113). Die Voraussetzungen des bereicherungsrechtlichen Rückabwicklungsanspruchs werden vereinzelt vom BGH großzügig bejaht (BGH ZEV 2017, 407 (408)). 9

## III. Freigabe gegen Sicherheitsleistung (Abs. 2)

Eine **Erweiterung des Freigabeanspruches** ergibt sich dann, wenn der Testamentsvollstrecker Nachlassgegenstände für die Berichtigung von Nachlassverbindlichkeiten oder zur Vollziehung von bedingten oder betagten Vermächtnissen oder Auflagen benötigt, der Erbe hierfür aber entsprechende Sicherheiten leistet. Für die Sicherheitsleistung gelten die §§ 232 ff. Berechtigter der Sicherheitsleistungen ist grds. der Testamentsvollstrecker (MüKoBGB/Zimmermann Rn. 12). Jedoch genügt es, wenn die Sicherheit dem Gläubiger, Vermächtnisnehmer oder Auflagenberechtigten geleistet und dem Testamentsvollstrecker nachgewiesen wird (MüKoBGB/Zimmermann Rn. 12; Staudinger/Dutta, 2021, Rn. 24). 10

## IV. Freiwillige Freigabe

11 Eine freiwillige Freigabe des Testamentsvollstreckers unabhängig vom Vorliegen der Voraussetzungen nach Abs. 1 (ohne Verlangen und Entbehrlichkeit) ist grds. möglich. Allerdings kann der Testamentsvollstrecker dadurch seine Pflicht zur ordnungsgemäßen Verwaltung verletzen und sich haftbar machen (§ 2219). Dinglich wirksam ist eine solche Freigabe trotzdem. Nur wenn der Erblasser dem Testamentsvollstrecker die Veräußerung eines seiner Verwaltung unterliegenden Nachlassobjektes untersagt hat (§ 2216 Abs. 2, § 2208), darf der Testamentsvollstrecker den Nachlassgegenstand nicht den Erben zur freien Verfügung überlassen. Stimmen jedoch alle Erben, einschließlich der Nacherben zu, so ist die Freigabe trotz des fehlenden rechtlichen Dürfens wirksam; einer Zustimmung der Vermächtnisnehmer bedarf es nicht (BGHZ 56, 275 (284) = NJW 1971, 1085; BGHZ 57, 84 (87) = NJW 1971, 2264; KGJ 40, 207 (212); Staudinger/Dutta, 2021, Rn. 4; MüKoBGB/Zimmermann Rn. 13; Winkler TV Rn. 501 ff.; aA Muscheler ZEV 1996, 401 (405) unter Bezug auf das Schenkungsverbot, § 2205 S. 3). Begründet wird dieses **Freigaberecht** damit, dass auch eine rechtsgrundlose Freigabe iSv Abs. 1 dinglich wirksam ist (→ Rn. 8), und dass die Interessen der Erben, denen der Testamentsvollstrecker dienen müsse, durch die Nichtbeachtung der vom Erblasser gesetzten Verfügungsschranke nicht beeinträchtigt wird, wenn der Erbe selbst zustimme. Auch aus § 137 soll sich dies ergeben.

12 Eine weitere Ausnahme von diesem unbeschränkten, grds. zustimmungsfreien Freigaberecht macht der BGH nur dann, wenn die freiwillige Freigabe bewusst eine unentgeltliche Verfügung des Erben vorbereite und ermögliche, mittels derer das Nachlassobjekt dem Nachlass und der diesbezüglich getroffenen Anordnungen (hier Vermächtnis) entzogen werde **(Umgehungsargument).** Dann sei die Verfügung nur wirksam, wenn auch der Vermächtnisnehmer zustimme, mag dadurch auch sein Vermächtnisanspruch nicht betroffen sein (BGHZ 57, 84 (94); ebenso AG Starnberg Rpfleger 1985, 57). Bei dieser allein auf die Interessen der Erben und Vermächtnisnehmer bezogenen Argumentation wird übersehen, dass die Anordnung der Testamentsvollstreckung oftmals den Grund darin hat, den Erben von der Verfügung auszuschließen (etwa bei § 2209, aber auch bei § 2203). Durch die freiwillige Freigabe könnte der Zweck der Testamentsvollstreckung somit konterkariert, ja die Testamentsvollstreckung sogar „auf kaltem Wege" beseitigt werden (Muscheler ErbR II Rn. 2761). Damit eine gewisse Korrektur über die Haftung (§ 2219, für Dritte uU nach § 823) besteht, ist aber eine klare Trennung zwischen dem nach außen bestehenden „rechtlichen Können" – iSd weitreichenden Rspr. des BGH – und dem Überschreiten des internen „Dürfens", entspr. der Erblasseranordnungen, vorzunehmen, welches den Haftungsgrund bildet (dafür Staudinger/Dutta, 2021, Rn. 4). Auch sollte man in diesen Fällen einem Testamentsvollstrecker-Nachfolger das Recht zur Rückforderung der zu Unrecht freigegebenen Nachlassobjekte gewähren (Bengel/Reimann TV-HdB/Pauli § 6 Rn. 214; Staudinger/Dutta, 2021, Rn. 4).

## V. Befreiung durch Erblasser

13 Der Erblasser kann den Testamentsvollstrecker durch ausdrückliche Bestimmung in der letztwilligen Verfügung von der Pflicht zur Freigabe entbehrlicher Nachlassgegenstände befreien (vollständige Abdingbarkeit, vgl. § 2220). Der Erblasser kann dem Testamentsvollstrecker sogar untersagen, Nachlassgegenstände an den Erben herauszugeben, selbst wenn er sie nicht mehr benötigen sollte (Staudinger/Dutta, 2021, Rn. 2). Ob der Erblasser den Testamentsvollstrecker letztwillig ermächtigen kann, Nachlassgegenstände nach freiem Ermessen herauszugehen, ist derzeit ungeklärt. ME kann es eine solche vom Gesetz losgelöste in das Ermessen des Testamentsvollstreckers gestellte Freigabeberechtigung nicht geben. Liegen die Voraussetzungen des § 2217 vor, ist der Testamentsvollstrecker zur Freigabe verpflichtet; ein Ermessenspielraum besteht dann nicht. Auch kann der Testamentsvollstrecker sich nicht sämtlicher Nachlassgegenstände entledigen und damit die Testamentsvollstreckung faktisch beenden (Keim ZEV 2012, 450 (455 f.); Staudinger/Dutta, 2021, Rn. 3).

## § 2218 Rechtsverhältnis zum Erben; Rechnungslegung

**(1) Auf das Rechtsverhältnis zwischen dem Testamentsvollstrecker und dem Erben finden die für den Auftrag geltenden Vorschriften der §§ 664, 666 bis 668, 670, des § 673 Satz 2 und des § 674 entsprechende Anwendung.**

**(2) Bei einer länger dauernden Verwaltung kann der Erbe jährlich Rechnungslegung verlangen.**

**Schrifttum:** Muscheler, Die Haftungsordnung der Testamentsvollstreckung, 1994; Zeising, Pflichten und Haftung des Testamentsvollstreckers bei der Verwaltung von Großvermögen, 2004.

## Überblick

Die Bestimmung regelt Einzelheiten zu den Rechten und Pflichten aus dem gesetzlichen Schuldverhältnis zwischen den Erben und dem Testamentsvollstrecker. Im Wesentlichen wird dies durch Verweisungen auf bestimmte Vorschriften des Auftragsrechts erreicht.

## Übersicht



## I. Normzweck, Berechtigter und Verpflichteter

Zwischen dem Erben und dem Testamentsvollstrecker besteht ein gesetzliches Schuldverhältnis, 1 das auf dem Willen des Erblassers beruht, aber durch das Gesetz ausgestaltet wird (BGHZ 69, 235 (238) = NJW 1977, 1726; RG JW 1936, 3390; Lange ErbR § 67 Rn. 177), und zwar durch Verweisung auf bestimmte Normen des Auftragsrechts. Daraus ergibt sich im Umkehrschluss, dass hier iÜ gerade kein Auftragsverhältnis besteht (Winkler TV Rn. 467; vgl. auch BGHZ 69, 235 (238) = NJW 1977, 1726); es handelt sich insoweit nur um eine Rechtsfolgenverweisung (Staudinger/Dutta, 2021, Rn. 2). Der Testamentsvollstrecker ist daher insbes. gegenüber den Erben nicht weisungsgebunden (BGHZ 25, 275 (279) = NJW 1957, 1916; BGHZ 30, 67 (73) = NJW 1959, 1429).

Die in Abs. 1 genannten Bestimmungen sind im Verhältnis des Testamentsvollstreckers zum 2 Erben **zwingend** (§ 2220). Jedoch kann der Erbe nach Eintritt des Erbfalls auf diese **Rechte verzichten** oder hierüber eine modifizierende Vereinbarung mit dem Testamentsvollstrecker abschließen. Ihre Gestaltungsfreiheit ist jedoch begrenzt durch die Grundstruktur des Amts des Testamentsvollstreckers: Das Amt im Ganzen darf **nicht übertragbar** gemacht werden (RGZ 81, 166 (170); Staudinger/Dutta, 2021, Rn. 3). Auch kann sich der Testamentsvollstrecker nicht generell dem Willen der Erben unterwerfen, indem er sich verpflichtet, nur solche Handlungen vorzunehmen, denen die Erben zuvor zugestimmt haben, oder sein Amt jederzeit auf Verlangen eines Miterben niederzulegen (BGHZ 25, 275 (279 ff.) = NJW 1957, 1916; BGHZ 30, 67 (73) = NJW 1959, 1429; NK-BGB/Kroiß Rn. 1). Jedoch ist die Verpflichtung zur Vornahme bestimmter konkret festgelegter Handlungen möglich (BeckOGK/Tolksdorf Rn. 5).

Die Ansprüche aus Abs. 1 stehen dem **Erben** zu, mehreren zwar nicht nach § 2039, weil die 3 Ansprüche nicht zum Nachlass gehören, aber nach § 432 (RGZ 86, 66 (68); BeckOGK/Tolksdorf Rn. 6; Göddecke/Kautler ZEV 2020, 517 (521); aA BGH NJW 1965, 396; Staudinger/Dutta, 2021, Rn. 4, 24: § 2039). Der Umstand, dass die Erben zugleich Mitvollstrecker sind, steht den Ansprüchen nicht entgegen (BayObLG Rpfleger 2001, 548 (550)). Dagegen besteht keine Informationspflicht des Testamentsvollstreckers gegenüber dem **Nacherben** über Rechtsgeschäfte des befreiten Vorerben, die nicht zur Vorerbschaft gehörende Vermögenswerte betreffen (OLG Celle OLGR 2001, 38). Für **Vermächtnisnehmer** und **Pflichtteilsberechtigte** (hier aber § 2314) gilt § 2218 nicht (RGZ 50, 224; auch nicht analog, vgl. Göddecke/Kautler ZEV 2020, 517 (519)). Jedoch können dem Vermächtnisnehmer entsprechende Rechte mitvermacht werden, und zwar auch stillschweigend, etwa wenn Gegenstand und Umfang des Vermächtnisses nur so bestimmt werden können, sowie bei einem Vermächtnis über einen Sachinbegriff mit wechselndem Bestand (BGH WM 1964, 950; OLG Oldenburg ZEV 2001, 276 (277) für Bankguthaben; NK-BGB/Kroiß Rn. 22; eingehend zu den Auskunftsansprüchen des Vermächtnisnehmers NK-BGB/Horn § 2174 Rn. 22).

Die Ansprüche aus § 2218 **richten sich gegen** den Testamentsvollstrecker persönlich, der im 4 Fall des Unterliegens auch die Prozesskosten persönlich zu tragen hat (BGHZ 41, 23 (30) = NJW 1964, 1316); bei mehreren Vollstreckern ist grds. jeder verpflichtet (→ § 2224 Rn. 5). Auf das im Gesetz nicht geregelte Rechtsverhältnis zwischen dem Testamentsvollstrecker und seinem

**Nachfolger** ist Abs. 1 entspr. anwendbar (BGH NJW 1972, 1660; Staudinger/Dutta, 2021, Rn. 9).

## II. Anzuwendende Vorschriften des Auftragsrechts

5 **1. Zuziehung Dritter (§ 664).** Das Amt des Testamentsvollstreckers ist höchstpersönlicher Natur; selbst mit Zustimmung der Erben darf der Testamentsvollstrecker daher sein **Amt nicht im Ganzen** auf Dritte so übertragen, dass diese insgesamt an seine Stelle treten, weil dies mit dem Amt und der Vertrauensstellung des Testamentsvollstreckers unvereinbar ist (→ Rn. 2); der Testamentsvollstrecker muss Herr der Dinge bleiben (RGZ 81, 166 (170); Mot. V 219; Lange ErbR § 67 Rn. 181; Schmidl ZEV 2021, 135 (137)). Solange kein abweichender Erblasserwille vorhanden ist, ist der Testamentsvollstrecker zur persönlichen Amtsführung verpflichtet (§§ 2218 Abs. 1, 664 Abs. 1 S. 1) (Müller-Engels ZEV 2019, 252 (253)). Davon nicht berührt wird lediglich die Bestimmung eines Nachfolgers nach § 2199, beruht sie doch auf einer ausdrücklichen Ermächtigung des Erblassers (Damrau/Tanck/Bonefeld Rn. 14). Das Übertragungsverbot gilt aber grds. für die ganze oder teilweise Übertragung der **Ausführung** von Testamentsvollstreckeraufgaben an Dritte in deren eigener Verantwortung (§ 664 Abs. 1 S. 2; **Substitution**) (MüKoBGB/Zimmermann Rn. 5). Eine Substitution ist jedoch mit Einverständnis des Erblassers möglich (NK-BGB/Kroiß Rn. 3), das sich auch aus den Umständen des Einzelfalls unter Berücksichtigung der Grundsätze ordnungsgemäßer Verwaltung (§ 2216 Abs. 1) ergeben kann (NK-BGB/Kroiß Rn. 3; Damrau/Tanck/Bonefeld Rn. 15). Dabei sind die Aufgabe der Testamentsvollstreckung, deren Umfang und Schwierigkeit, die Vorbildung des Testamentsvollstreckers und die vorgesehene Vergütung zu berücksichtigen (Soergel/Becker Rn. 2). In der Regel erwartet der Erblasser aber, dass der Testamentsvollstrecker den Kernbereich der Aufgaben in eigener Verantwortung wahrnimmt (BGH NJW 1983, 40 (41)). Bei sehr umfangreichen oder schwierigen Nachlässen kann jedoch eine **Substitution im Interesse des Nachlasses** geboten sein, etwa hinsichtlich der Vermögensverwaltung bei Großvermögen auf Banken, Fondgesellschaften oder auf professionelle Vermögensverwalter, jedoch unter Festsetzung der Anlagestrategie mit Fixierung der Ertragsziele und des Risikos durch den Testamentsvollstrecker (Zeising, Pflichten und Haftung des Testamentsvollstreckers bei der Verwaltung von Großvermögen, 2004, Rn. 418 ff.; wenig substantiiert zum Substitutionsverbot bei der Testamentsvollstreckung durch Banken Mayer/Bonefeld TV-HdB/Bonefeld § 12 Rn. 1027 ff.). Ist ihm eine Substitution gestattet, haftet der Testamentsvollstrecker für ein Auswahl- oder Aufsichtsverschulden (§ 664 Abs. 1 S. 2). Bei einer unerlaubten Substitution ist er zum Ersatz desjenigen Schadens verpflichtet, der ohne die unzulässige Übertragung nicht entstanden wäre (Differenzhypothese, MüKoBGB/Zimmermann Rn. 5; Grüneberg/Weidlich Rn. 2). Für das Verschulden eines Gehilfen haftet er nach § 278 (§ 664 Abs. 1 S. 3).

6 Nach der **Art der Aufgaben** ist zu unterscheiden zwischen denen, die der Testamentsvollstrecker selbst erfüllen muss (idR zumindest immer die Überwachung von Hilfspersonen), und solchen, deren Erledigung durch Dritte als selbstständige Vertragspartner er nur **zu veranlassen** hat, etwa die Reparatur eines Hauses durch einen Handwerker (Staudinger/Dutta, 2021, Rn. 11; Damrau/Tanck/Bonefeld Rn. 16). Besitzt der Testamentsvollstrecker für letzteres die erforderliche Sachkunde selbst nicht, so besteht seine Verpflichtung lediglich darin, einen geeigneten **Fachmann** mit der Ausführung zu beauftragen, anzuweisen und zu beaufsichtigen (Lange ErbR § 67 Rn. 182; NK-BGB/Kroiß Rn. 4). Hat er **selbst** die notwendigen Fähigkeiten (etwa selbst Handwerker), so ist er ohne besondere Anordnung des Erblassers (Damrau/Tanck/Bonefeld Rn. 15) grds. nicht verpflichtet, die nicht zu den typischen Testamentsvollstreckeraufgaben gehörenden Maßnahmen persönlich durchzuführen (NK-BGB/Kroiß Rn. 4; Damrau/Tanck/Bonefeld Rn. 16; aA BGH NJW 2003, 3268 für die außergerichtliche Streitbeilegung durch einen Anwaltstestamentsvollstrecker), kann dies aber gegen angemessene Vergütung tun (MüKoBGB/Zimmermann Rn. 6). Seine besonderen Qualifikationen hat der Testamentsvollstrecker nur dann **ohne besondere Vergütung** in den Dienst des Nachlasses zu stellen, wenn sich ein dahingehender Wille des Erblassers ausdrücklich oder aus den Umständen (Ernennung wegen dieser besonderen Sachkunde, besondere Vergütungsanordnung) ermitteln lässt (BGH NJW 1983, 40 (41); Staudinger/Dutta, 2021, Rn. 11).

7 Im Rahmen seiner Tätigkeit kann der Testamentsvollstrecker auch ohne besondere Ermächtigung **Vollmachten** iRe ordnungsgemäßen Verwaltung an Dritte für einzelne Geschäfte **(Spezialvollmacht)** oder für einzelne Geschäftsbereiche (Art- oder Gattungsvollmacht) erteilen, etwa Bankvollmachten oder die Bevollmächtigung eines Rechtsanwalts (KG OLGE 9, 408; 19, 275; KGJ 32 A 91, 93; Staudinger/Dutta, 2021, Rn. 15; MüKoBGB/Zimmermann Rn. 7). Bei einer Hinderung an seiner persönlichen Amtsausübung muss er dies sogar. Führt er ein Handelsgeschäft

fort, soll er auch eine **Prokura** (§ 48 HGB) oder Handlungsvollmacht (§ 54 HGB) gewähren können (NK-BGB/Kroiß Rn. 6; MüKoBGB/Zimmermann Rn. 7; vgl. auch OLG Köln ZEV 2020, 175 mAm Reimann; → § 2203 Rn. 13). Nach der hM kann er sogar eine **Generalvollmacht** erteilen, wenn dies dem ausdrücklichen Willen des Erblassers nicht widerspricht und dem Testamentsvollstrecker das Recht zum Widerruf verbleibt. Denn nur so ist er ggf. rechtlich in der Lage, seinen Willen durchzusetzen und nach Ausübung des Widerrufs der Vollmacht die Aufgaben selbst zu übernehmen (KG JW 1930, 1074; KG ZEV 2019, 27 Rn. 17; Müller-Engels ZEV 2019, 251 (252); Wendt ErbR 2020, 15 (17); etwas enger MüKoBGB/Zimmermann Rn. 7 mit dem Zusatz: interne Entscheidungsbefugnis müsse verbleiben und es dürfe keine verbotene Vollübertragung vorliegen; zurückhaltend auch Bengel/Reimann TV-HdB/Pauli § 6 Rn. 23 ff.; gänzlich abl. Winkler TV Rn. 468: zulässig nur bei ausdrücklicher Ermächtigung; widersprüchlich Damrau/Tanck/Bonefeld Rn. 18, wonach sich eine Generalvollmacht nur auf „bestimmte Bereiche" beziehen dürfe, dann aber ist sie keine Generalvollmacht). Von der Frage, ob der Testamentsvollstrecker wirksam eine (General-)Vollmacht erteilen kann, ist die Folgefrage zu unterscheiden, ob die erteilte Vollmacht nur ihn als „Privatperson" oder zugleich auch in seiner Eigenschaft als Testamentsvollstrecker betreffen soll (zu ungenau daher KG ZEV 2019, 27 (28); wie hier Müller-Engels ZEV 2019, 251 (253); → § 2203 Rn. 13). Mit Beendigung der Testamentsvollstreckung im Ganzen (also im abstrakt-funktionellen Sinn) erlischt die Vollmacht, nicht aber schon mit einem Wechsel in der Person des Testamentsvollstreckers (NK-BGB/Kroiß Rn. 6; Winkler ZEV 2001, 283; Staudinger/Dutta, 2021, Rn. 16; dem zuneigend MüKoBGB/Zimmermann Rn. 7; aA OLG Düsseldorf ZEV 2001, 281 (282), was aber der Rechtslage bei den Fällen der Beendigung der gesetzlichen Vertretungsmacht widerspricht; noch weitergehend als hier Muscheler ZEV 2008, 213 (215 f.) mit beachtlichen Gründen: der vom Testamentsvollstrecker Bevollmächtigte vertrete die Erben, weshalb das Ende der Testamentsvollstreckung nicht zwingend zum Ende der Vollmacht führe, sondern es auf die Amtsbefugnisse des Testamentsvollstreckers und die Auslegung des Rechtsgeschäfts der Vollmachtserteilung im Einzelfall ankomme). Davon zu unterscheiden ist die Geschäftsführungsbefugnis und -pflicht, die grds. beim Testamentsvollstrecker bleibt.

**2. Auskunfts- und Rechenschaftspflicht (§ 666).** § 666 enthält drei **Informationspflichten:** die Benachrichtigungspflicht, die Auskunftspflicht und die Rechenschaftspflicht. Diese Grundpflichten werden durch Abs. 2 und § 2215 erweitert und ergänzt. Sie sollen den Erben dazu befähigen, seine jeweilige Situation stets richtig und vollständig zu beurteilen, sodass er seine Rechte, besonders gegen den Testamentsvollstrecker, rechtzeitig ausüben kann. Die Pflicht besteht laufend, ohne dass der Testamentsvollstrecker dazu von den Erben aufgefordert werden muss (OLG Karlsruhe BeckRS 2015, 10164; Staudinger/Dutta, 2021, Rn. 18). Der Erbe als Rechtsträger darf im Hinblick auf seine Vermögensinteressen nicht uninformiert bleiben. Deshalb bedarf es zur Erfüllung der Rechenschaftspflicht einer in sich und aus sich heraus verständlichen Zusammenstellung der Einnahmen und Ausgaben, die nicht nur den derzeitigen Zustand, sondern auch die Entwicklung innerhalb des Rechnungsjahres umfasst (OLG Köln BeckRS 2018, 36801 Rn. 22). Der Anspruch aus § 666 geht aber auf Leistung an alle Erben, was zu praktischen Schwierigkeiten führen kann. Daher wird die Zulässigkeit der Anordnung von **Gruppenvertretungsklauseln** diskutiert (→ § 2220 Rn. 4) (Staudinger/Dutta, 2021, Rn. 40; Bengel/Reimann TV-HdB/Pauli § 6 Rn. 315 f.). Ein Zurückbehaltungsrecht, etwa wegen seiner Vergütung, steht dem Testamentsvollstrecker nicht zu (OLG Düsseldorf JW 1925, 2147; Staudinger/Dutta, 2021, Rn. 24). Die Ansprüche sind nicht selbstständig abtretbar und pfändbar, gehen aber mit dem Erbteil über (KG JW 1930, 1014). Sie **verjähren** nach der Aufhebung des § 197 Abs. 1 Nr. 2 durch das ErbVerjRÄndG in der Regelverjährung des §§ 195, 199 (demgegenüber wurde nach früherem Recht die lange 30-jährige Verjährung für erbrechtliche Ansprüche nach § 197 Abs. 1 Nr. 2 bejaht, vgl. nur BGH NJW 2007, 2174). Die **Kosten** trägt beim Auskunftserteilungsanspruch und bei der Rechnungslegung der Nachlass, da es sich um Amtspflichten des Testamentsvollstreckers handelt (BeckOGK/Tolksdorf Rn. 46). 8

Einen **Anspruch auf Entlastung** durch die Erben hat der Testamentsvollstrecker nach hM nicht (OLG München OLGR 1994, 225; NK-BGB/Kroiß Rn. 20; Winkler TV Rn. 554; Damrau/Tanck/Bonefeld Rn. 67: anders bezüglich eines einzelnen Geschäfts; dafür aber Bengel/Reimann TV-HdB/Pauli § 6 Rn. 336 ff. unter Hinweis auf die grds. andere Stellung des Testamentsvollstreckers gegenüber einem „einfachen" Beauftragten). Jedoch wird die Zulässigkeit einer **Klage** des Testamentsvollstreckers auf **Feststellung** gegenüber den Erben bejaht, dass diesen nach der Rechenschaftsablegung keine weiteren Ansprüche mehr gegen den Testamentsvollstrecker zustehen, oder dass er bei Ausführung einzelner Geschäfte seine Pflichten ordnungsgemäß erfüllt hat (RG WarnR 1909 Nr. 245 = JW 1909, 75 (76); NK-BGB/Kroiß Rn. 20). Das Feststellungsinte- 9 resse für eine solche Klage ist stets besonders zu prüfen (Damrau/Tanck/Bonefeld Rn. 69). Umgekehrt können die Erben den Testamentsvollstrecker **aufgrund eines eigenen Entschlusses** entlasten. Dieser Schritt bedeutet eine Billigung der bisherigen Verwaltungshandlungen des Testamentsvollstreckers, wodurch die Erben mit Präklusionswirkung mit der Geltendmachung sämtlicher Ersatzansprüche ausgeschlossen sind (Damrau/Tanck/Bonefeld Rn. 61 ff. mit zusätzlichen Details). Eine Entlastung des Testamentsvollstreckers kann auch durch andere Personen erteilt werden, die von der Testamentsvollstreckung konkret betroffen sind, so von einem Vermächtnisnehmer oder einem Auflagebegünstigten (Damrau/Tanck/Bonefeld Rn. 59), jedoch wirkt diese Entlastung dann nur gegen diese selbst.

**10** **a) Benachrichtigungspflicht.** Die Benachrichtigungspflicht ist vom Testamentsvollstrecker **unaufgefordert** und vor Geschäftsabschluss zu erfüllen (BayObLG ZEV 1998, 348 (349); Winkler TV Rn. 477). Sie besteht nicht vor jedem Geschäftsabschluss (RGZ 130, 131 (139)) oder bei bloß **vorbereitenden Verwaltungsmaßnahmen,** kann sich aber aus den besonderen Umständen des Einzelfalls ergeben (NK-BGB/Kroiß Rn. 13; Winkler TV Rn. 477). **Maßstab** für die Benachrichtigungspflicht ist, ob die jeweilige **objektive wirtschaftliche** oder sonstige **Situation des Nachlasses** und der darauf bezogenen Geschäfte für einen **umsichtigen** und gewissenhaften **Testamentsvollstrecker** eine Information des Erben gebietet, damit der Erbe seine Rechte wahrnehmen, Pflichten erfüllen und sachgerechte Entscheidungen treffen kann (Staudinger/Dutta, 2021, Rn. 19; Sarres ZEV 2000, 90 (91)). Die Intensität dieser Pflicht steigert sich immer dann, wenn über die gewöhnliche Amtsführung hinaus (den „Alltag des Testamentsvollstreckers") objektiv die Gefährdung von Interessen der Erben möglich erscheint (vgl. etwa NK-BGB/Kroiß Rn. 13; Damrau/Tanck/Bonefeld Rn. 22), besonders bei risikobehafteten Geschäften oder solchen, die nur für einzelne der Erben vorteilhaft erscheinen, etwa bei einer ungerechtfertigten Bevorzugung, oder gar bei „Insichgeschäften" des Testamentsvollstreckers (BGHZ 30, 67 (72) = NJW 1959, 1429) oder wenn eine **wesentliche Abweichung** der Verwaltung von dem vom Erblasser angenommenen Lauf der Dinge beabsichtigt ist. Je nach der konkreten Lebenssituation kann es sich um eine **Aufklärungs-, Beratungs-** und auch **Warnpflicht** handeln (Bengel/Reimann TV-HdB/Pauli § 6 Rn. 73).

**11** Besondere Benachrichtigungspflichten können sich für den Testamentsvollstrecker ergeben, wenn er speziellen **berufsspezifischen Pflichten** unterliegt, etwa als Steuerberater oder Rechtsanwalt. Diese besonderen Pflichten **überlagern** seine allgemeinen (Bengel/Reimann TV-HdB/Pauli § 6 Rn. 75; Damrau/Tanck/Bonefeld Rn. 23; eingehend J. Mayer in TV-HdB § 12 Rn. 242 f.). Für die Pflichtverletzungen aus dem Mandatsverhältnis gilt die kenntnisabhängige Regelverjährung des § 195 (Mayer/Bonefeld TV-HdB/J. Mayer § 12 Rn. 16).

**12** Im Zusammenhang mit der **Verwaltung von Kapitalvermögen** durch den Testamentsvollstrecker haben sich gewisse Besonderheiten entwickelt; dies gilt namentlich bei besonders **bedeutsamen Anlageentscheidungen.** So besteht insbes. dann eine vorherige Informations- und sogar Anhörungspflicht des Testamentsvollstreckers, wenn von der bisherigen Anlagestrategie abgewichen wird, oder wenn umfangreiche oder besonders risikoträchtige Maßnahmen ergriffen werden (Lang in Lange/Werkmüller, Der Erbfall in der Bankpraxis, 2002, § 25 Rn. 139; allg. hierzu Bengel/Reimann TV-HdB/Pauli § 6 Rn. 63 ff., 69 unter Analyse der bisherigen Rspr.; Mayer/Bonefeld TV-HdB/J. Mayer § 12 Rn. 163). Eine Benachrichtigungspflicht ist ferner dann anzunehmen, wenn der Nachlass **erhebliche Verluste** erlitten hat. So wird das **Eingreifen der Benachrichtigungspflicht** bereits bei einem Verlust von **5 %** des Portfolios angenommen (Balzer, Vermögensverwaltung durch Kreditinstitute, 1998, 108; Schäfer/Müller, Haftung für fehlerhafte Wertpapierdienstleistungen, Rn. 275), teilweise aber auch erst bei 20–30 % (Vortmann WM 1995, 1745 (1749)). Zutreffender erscheint es, nach der **Struktur des Nachlasses** zu differenzieren. Genau entgegen Zeising (Zeising, Pflichten und Haftung des Testamentsvollstreckers bei Verwaltung von Großvermögen, 2004, Rn. 465) ist jedoch bei einem Portfolio, das ausschließlich **konservative Werte** enthält, die Benachrichtigungspflicht erst bei einem Verlust von 20 % oder mehr zu bejahen, während bei **risikobehafteten Anlageformen** bereits bei 10 % die Grenze zu ziehen ist, weil hier die Gefahr des Totalverlustes insoweit größer ist, als sich auch bei dem Restnachlass kurzfristig erhebliche Vermögensverluste ergeben können (Mayer/Bonefeld TV-HdB/J. Mayer § 12 Rn. 165 f.). Die Dokumentationspflichten nach **§ 83 Abs. 1 WpHG** treffen jedoch den Testamentsvollstrecker nicht, es sei denn, er betreibt selbst ein Wertpapierdienstleistungsunternehmen (Mayer/Bonefeld TV-HdB/J. Mayer § 12 Rn. 168; BeckOGK/Tolksdorf Rn. 5). Die Benachrichtigungspflichten sind **nicht einklagbar,** können aber bei Nichtbeachtung zu einer Haftung nach § 2219 oder einer Entlassung nach § 2227 führen (BayObLG ZEV 1998, 348 (349); NK-BGB/Kroiß Rn. 14; zur Haftung s. auch BGHZ 30, 67 = NJW 1959, 1429).

**b) Auskunftspflicht.** Die Auskunftspflicht des Testamentsvollstreckers setzt immer ein entsprechendes Verlangen des Erben voraus, welches Zeitpunkt und Inhalt bestimmt (MüKoBGB/Schäfer § 666 Rn. 26). Soweit ein Auskunftsanspruch dem Grunde nach besteht, ist er umfassend, also absolut. Dem Testamentsvollstrecker steht insoweit kein Auskunftsverweigerungsrecht, etwa iSd StPO oder der ZPO, zu (NK-BGB/Kroiß Rn. 11; Sarres ZEV 2000, 90 (92); Damrau/Tanck/Bonefeld Rn. 29). Die Auskunftspflicht wird aber **inhaltlich begrenzt** durch den Zweck, dem Berechtigten die Nachrichten und den Kenntnisstand zu verschaffen, den er benötigt, um seine jeweilige Rechtsposition und seine tatsächliche Stellung während der Dauer der Testamentsvollstreckung richtig und vollständig beurteilen zu können (Bengel/Reimann TV-HdB/Pauli § 6 Rn. 83 unter Bezug auf BGHZ 109, 260 (266) zum Auskunftsanspruch bei Unterhalt). Er soll also immer „up to date" sein (zum Umfang des Auskunftsrechts des Nacherben gegen den Nacherbentestamentsvollstrecker BGHZ 127, 360 = ZEV 1995, 67 mAnm Skibbe). Weitere **Beschränkungen** ergeben sich aus dem allgemeinen Schikaneverbot und dem Grundsatz von Treu und Glauben (Bengel/Reimann TV-HdB/Pauli § 6 Rn. 84; NK-BGB/Kroiß Rn. 11). 13

**c) Rechenschaftspflicht.** Auch die Rechnungslegungspflicht besteht nur **auf Verlangen** (Damrau/Tanck/Bonefeld Rn. 41; NK-BGB/Kroiß Rn. 15). Sie erfordert genauere Informationen als die Auskunftspflicht (BGHZ 39, 87 (92, 94) = NJW 1963, 950) mit Darstellung des gesamten Ablaufs und aller Ergebnisse der Geschäftstätigkeit (Bengel/Reimann TV-HdB/Pauli § 6 Rn. 242). Ein Anspruch hierauf besteht schon dann, wenn die Aufgaben des Testamentsvollstreckers zwar noch nicht völlig, aber doch wenigstens in der Hauptsache erledigt sind (Staudinger/Dutta, 2021, Rn. 21). Bei länger als ein Jahr dauernder Verwaltung ist zudem auf Verlangen **jährlich** Rechnung zu legen **(Abs. 2),** dies gilt aber nicht nur für eine Vollstreckung nach § 2209, sondern auch für eine dementsprechend andauernde Abwicklungsvollstreckung (NK-BGB/Kroiß Rn. 17). Zur Erfüllung dieser Verpflichtung ist dem Testamentsvollstrecker eine **angemessene Frist** zuzubilligen (BayObLG ZEV 1998, 348 (349); OLG Düsseldorf ErbR 2017, 676 (679)). 14

Die Rechenschaft muss folgende Anforderungen erfüllen (Damrau/Tanck/Bonefeld Rn. 41; Mayer/Bonefeld TV-HdB/J. Mayer § 12 Rn. 256 ff.): Sie muss **vollständig** sein, also alle erheblichen Tatsachen enthalten, so weit wie möglich **richtig** sein, also mit größtmöglicher Sorgfalt erfüllt werden, sie muss übersichtlich und **verständlich** sein und sie muss **verifizierbar,** also nachprüfbar sein (MüKoBGB/Schäfer § 666 Rn. 31; Winkler TV Rn. 483; Sarres ZEV 2000, 90 (92)). Die Rechenschaft muss alles enthalten, was Relevanz zum Nachlass hat oder auch nur haben kann (Bengel/Reimann TV-HdB/Pauli § 6 Rn. 296). Die Rechenschaftsablegung muss den Erben die Prüfung ermöglichen, ob und in welcher Höhe ihnen Ansprüche gegen den Testamentsvollstrecker zustehen (OLG Düsseldorf OLGR 1998, 80); das Erforderliche bestimmt sich nach den Umständen des Einzelfalls (Winkler TV Rn. 551). 15

Jedoch Rechenschaft und **Rechnungslegung** sind nicht dasselbe. Die in § 666 Var. 3 genannte Rechnungslegung ist rudimentär in den §§ 259, 261 geregelt (MüKoBGB/Schäfer § 666 Rn. 32). Rechnungslegung ist namentlich dann geboten, wenn Einnahmen und Ausgaben angefallen sind; diese sind dann zu dokumentieren. Soweit üblicherweise Belege erteilt werden, sind diese vorzulegen (Winkler TV Rn. 483; Bengel/Reimann TV-HdB/Pauli § 6 Rn. 244). Sind erforderliche Belege verloren gegangen, so sind sie zu rekonstruieren oder Ersatz zu beschaffen (Bengel/Reimann TV-HdB/Pauli § 6 Rn. 271). Zu Einzelheiten über Umfang und Form der Rechenschaftsablegung des Testamentsvollstreckers s. Bengel/Reimann TV-HdB/Pauli § 6 Rn. 267 ff.; Damrau/Tanck/Bonefeld Rn. 38 ff. 16

Wenn die Voraussetzungen der § 259 Abs. 2, § 260 Abs. 2 vorliegen, kann der Erbe verlangen, dass der Testamentsvollstrecker eine **eidesstattliche Versicherung** bezüglich seiner Abrechnung ablegt (NK-BGB/Kroiß Rn. 19; Staudinger/Dutta, 2021, Rn. 27; iE Bengel/Reimann TV-HdB/Pauli § 6 Rn. 346 ff.). Eine **Verpflichtung der Erben** zur Überprüfung des Rechenschaftsberichts besteht nicht, auch nicht aufgrund eines besonderen Treue- und Näheverhältnisses (Damrau/Tanck/Bonefeld Rn. 50; aA Bengel/Reimann TV-HdB/Pauli § 6 Rn. 333). 17

Soweit der Testamentsvollstrecker zugleich gesetzlicher Vertreter eines **Minderjährigen** ist (→ § 2197 Rn. 30), ist er an sich gehindert, den **Rechenschaftsablegungsanspruch** des minderjährigen Erben gegen sich **geltend zu machen** oder die Rechnungslegung zu überprüfen (§ 1795 Abs. 2, §§ 181, 1629 Abs. 2); es müsste hierfür eigentlich ein Ergänzungspfleger bestellt werden (Winkler TV Rn. 557; Staudinger/Dutta, 2021, Rn. 25; auch OLG Zweibrücken ZEV 2007, 333 verneint bei Eltern einen Interessengegensatz, weil diese die „natürlichen Verwalter der Kinderinteressen" sind; aA, weil kein unter §§ 1795, 181 fallendes Rechtsgeschäft, OLG Hamm OLGZ 1993, 392 = MittBayNot 1994, 53 m. krit. Anm. Reimann (wobei das OLG aber Entziehung der Vertretungsmacht nach § 1796 für möglich hält); zur kostenrechtlichen Behandlung 18

BayObLGZ 1980, 324 = Rpfleger 1981, 125; eingehend zur Problematik Damrau/Tanck/Bonefeld Rn. 9 ff.). Für den Normalfall ist trotzdem keine Pflegerbestellung erforderlich, denn ein gesetzlicher Vertreter ist gesetzlich nach **§ 1640** ohnehin verpflichtet, ein Verzeichnis über das von Todes wegen erworbene Vermögen zu erstellen und dies mit der Versicherung der Vollständigkeit und Richtigkeit versehen dem FamG einzureichen. Ansonsten ist der gesetzliche Vertreter während der Dauer der elterlichen Sorge weder dem FamG noch gegenüber dem Erben rechenschaftspflichtig, wenn nicht im Einzelfall eine entsprechende Anordnung des Familiengerichts nach § 1667 bei Gefährdung des Kindesvermögens erfolgt (Bonefeld ZErb 2007, 2; Damrau ZEV 1994, 1 (3); Staudinger/Dutta, 2021, Rn. 25; auch OLG Zweibrücken ZEV 2007, 333 verneint bei Eltern einen Interessengegensatz, weil diese die „natürlichen Verwalter der Kinderinteressen" sind; aA OLG Hamm OLGZ 1993, 392 = MittBayNot 1994, 53 m. krit. Anm. Reimann, wobei das Gericht wegen des Interessengegensatzes die Möglichkeit der Entziehung der Vertretungsmacht nach § 1796 bejaht, was dann zur Pflegerbestellung führt; ebenso OLG Nürnberg ZEV 2002, 158 m. abl. Anm. Schlüter. Zu Auswegslösungen durch Gestaltung der letztwilligen Verfügungen Kirchner MittBayNot 1997, 203 (205) und Reimann MittBayNot 1994, 55 (56) sowie auch Bonefeld ZErb 2007, 2 f. mit der Anordnung einer Nebenvollstreckung mit dem Aufgabenkreis Wahrnehmung der Auskunfts- und Rechenschaftsrechte des Erben, wobei aber übersehen wird, dass auch der „Nebenvollstrecker" im hier bestehenden gesetzlichen Schuldverhältnis zwischen Erben und Testamentsvollstrecker nach wie vor die Rechte des Testamentsvollstreckers wahrzunehmen hat und das aus Sicht des Minderjährigen uU bestehende Defizit der Wahrnehmung seiner Rechte durch eine andere Person wahrzunehmen ist). Der **BGH** sieht dies jedoch strenger: Im Einzelfall komme durchaus eine Entziehung der gesetzlichen Vertretungsmacht und Anordnung einer Ergänzungspflegschaft zur Wahrnehmung der Rechte des Minderjährigen gegenüber den Eltern als Testamentsvollstreckern in Betracht (§ 1629 Abs. 2 S. 3, §§ 1796, 1909 Abs. 1). Dies setzt allerdings einen sich aus dem Einzelfall ergebenden Interessenwiderstreit voraus (BGH ZEV 2008, 330 mAnm Muscheler = FamRZ 2008, 1156 mAnm W. Zimmermann). Dabei ist aber nach Ansicht des BGH zu berücksichtigen, dass ein „typischer" Interessengegensatz im Regelfall die Annahme rechtfertigen wird, dass es auch im Einzelfall zu Konfliktsituationen kommt, denen durch die Pflegerbestellung vorzubeugen ist (BGH ZEV 2008, 330 (332); krit. dagegen zu Recht Muscheler ZEV 2008, 333, weil dadurch dem gesetzlichen Vertreter eine Art Beweislast dafür auferlegt wird, dass nach seinem bisherigen Verhalten keine Pflegerbestellung notwendig ist).

19 **3. Herausgabepflicht (§ 667).** Nach Beendigung des Amts besteht für den Testamentsvollstrecker eine Herausgabepflicht bezüglich des Nachlasses (eingehend Bengel/Reimann TV-HdB/Pauli § 6 Rn. 158 ff.; weitergehend will Mylich ZEV 2019, 246 ff. entgegen der hM aus der Norm eine periodische Herausgabepflicht für Erträge ableiten will). Dazu gehört alles, was er in Ausübung des Amts erlangt hat (BGH NJW 1972, 1660), auch Gewinne, Früchte, Zubehör, Aktien und Surrogate des Nachlasses (NK-BGB/Kroiß Rn. 30). Er hat weiter ein Verzeichnis der herauszugebenden Gegenstände vorzulegen und unter den Voraussetzungen des § 260 Abs. 2 dessen Richtigkeit an Eides statt zu versichern. Soweit das Nachlassverzeichnis noch ein zutreffendes Bild gibt, kann darauf Bezug genommen werden (Staudinger/Dutta, 2021, Rn. 28).

20 **4. Verzinsungspflicht (§ 668).** Der Testamentsvollstrecker hat Nachlassgelder, die er für sich verwendet hat, ab dem Verwendungszeitpunkt zu verzinsen, und zwar mit 4% (§ 246), der höhere Zinssatz des § 288 gilt erst ab Verzug (NK-BGB/Kroiß Rn. 31); daneben kann ein Anspruch aus § 2219 bestehen.

21 **5. Aufwendungsersatz (§ 670).** Seine in Ausübung seines Amts gemachten Auslagen erhält der Testamentsvollstrecker ersetzt, soweit er sie den Umständen nach **für erforderlich** halten konnte. Auch die in seiner Amtseigenschaft durch die Geltendmachung von Nachlassforderungen verursachten **Prozess- und Anwaltskosten** sind, soweit sie den Testamentsvollstrecker nicht etwa wegen überflüssigen oder leichtfertigen Prozessierens nach § 2219 selbst treffen, vom Nachlass zu tragen, auch wenn der Prozess verloren geht (BGHZ 69, 235 (241) = NJW 1977, 1726; BGH NJW 1967, 443 sub III 2; OLG Karlsruhe NJW-RR 2005, 452). Dies gilt auch für die Kosten, die der Testamentsvollstrecker eines **Miterben** wegen einer Nachlassforderung gegenüber einem anderen Miterben ohne Erfolg gerichtlich geltend macht. Haben jedoch gemeinschaftliche Testamentsvollstrecker zur Klärung von **Meinungsverschiedenheiten** nach **§ 2224 Abs. 1 S. 1 Hs. 2** das Nachlassgericht angerufen, so können sie eine Erstattung der Verfahrenskosten nicht zusätzlich zu ihrer Vergütung aus dem Nachlass verlangen (BGH NJW 2003, 3268 (3269)). Auch die Kosten aus **persönlichen Prozessen,** etwa wegen der ihm zustehenden Vergütung, hat der Testaments-

vollstrecker alleine zu tragen; soweit der Testamentsvollstrecker aber auch einen solchen Prozess für erforderlich halten durfte, um den **letzten Willen des Erblassers** zu verteidigen (Klärung der Gültigkeit des Testaments oder Wirksamkeit einer Entlassung), besteht ein Aufwendungsersatzanspruch (RG JW 1936, 3388 (3390); Winkler TV Rn. 636; Grüneberg/Weidlich Rn. 5; ohne die Differenzierung nach persönlichen und als Amtsinhaber geführten Prozessen MüKoBGB/Zimmermann Rn. 22). Zum ersatzfähigen Aufwand gehören auch Kosten für die **Einschaltung notwendiger Hilfspersonen,** nicht jedoch wegen eigener Arbeitsüberlastung (OLG Koblenz JurBüro 1992, 398).

Erstattungsfähige Aufwendungen sind uU auch solche für sog. **Berufsdienste,** die ein Rechtsanwalt, Steuerberater, Wirtschaftsprüfer im Zusammenhang mit der Testamentsvollstreckung erbringt (→ § 2221 Rn. 32 ff.). Ob die Prämie für den Abschluss einer ausreichenden **Vermögenshaftpflichtversicherung** des Testamentsvollstreckers als erforderliche Aufwendung (§§ 2218, 670) vom Nachlass zu tragen ist, ist umstritten (bejahend NK-BGB/Kroiß Rn. 34; nur für den nicht berufsmäßigen: Zimmermann TV Rn. 783 aE, 735; nur bei Nachlassverwaltungen, die mit besonderem Haftungsrisiko verbunden sind: Reimann DStR 2002, 2008 (2011); aA aber Muscheler, Die Haftungsordnung der Testamentsvollstreckung, 1994, 229 bei Fn. 193; Winkler TV Rn. 566 bei Fn. 4; wohl auch Bengel/Reimann TV-HdB/Niemöller § 12 Rn. 119), sollte aber dann bejaht werden, wenn der Anwalt als Testamentsvollstrecker zur Ausübung seiner anwaltlichen Tätigkeit verpflichtet ist, denn wenn der „Normal-Testamentsvollstrecker" einen Anwalt beauftragen würde, wären diese Aufwendungen auch in dessen Honorar „eingepreist". 22

Für den Aufwendungsersatz besteht **kein** Anspruch auf **Vorschuss,** weil nicht auf § 669 verwiesen wird. Der Anspruch ist nach § 271 sofort fällig, stellt eine Nachlassverbindlichkeit dar (§ 1967) und kann dadurch erfüllt werden, dass der Testamentsvollstrecker die entsprechenden Mittel selbst aus dem Nachlass entnimmt (Damrau/Tanck/Bonefeld Rn. 54). Der Aufwendungsersatzanspruch **verjährt** in der Regelverjährung des §§ 195, 199 (demgegenüber wurde nach früherem Recht die lange erbrechtliche Verjährung nach § 197 Abs. 1 Nr. 2 bejaht, vgl. BGH NJW 2007, 2174). Daneben kommen dem Testamentsvollstrecker bezüglich des Auslagenersatzanspruchs die Bestimmungen der §§ 256, 257 zugute (Damrau/Tanck/Bonefeld Rn. 54). Zum Aufwendungsanspruch des **vermeintlichen Testamentsvollstreckers** → § 2221 Rn. 36. 23

**6. Tod des Testamentsvollstreckers (§ 673 S. 2).** Mit dem Tod des Testamentsvollstreckers endet das Amt des konkreten Amtsinhabers. Die Erben des Testamentsvollstreckers haben daher eine Anzeigepflicht hierzu gegenüber den Erben, deren Nachlass verwaltet wird; Anzeige an das Nachlassgericht kann zudem zweckmäßig sein (Zimmermann ZEV 2020, 20 ff.). Bei Gefahr im Verzug haben sie sogar die notwendigen Vollstreckeraufgaben zu erledigen, bis der verständigte Erbe oder der Nachfolger des verstorbenen Testamentsvollstreckers selbst das Erforderliche veranlassen kann. Insoweit gilt der Erbe des Testamentsvollstreckers als mit der Vollstreckung beauftragt (§ 673 S. 2) (Staudinger/Dutta, 2021, Rn. 34). 24

**7. Unterstellte Fortdauer des Amts (§ 674).** Es handelt sich um eine Schutzvorschrift zugunsten des Testamentsvollstreckers, der vom Erlöschen seines Amts keine Kenntnis hat und auch keine haben muss (leichte Fahrlässigkeit schadet, vgl. § 122 Abs. 2) (Damrau/Tanck/Bonefeld Rn. 57; Staudinger/Dutta, 2021, Rn. 38). Die Vorschrift ist **nicht anwendbar,** wenn der Testamentsvollstrecker entlassen wird (§ 2227) (NK-BGB/Kroiß Rn. 36; MüKoBGB/Zimmermann Rn. 25), was ihm zudem bekannt gemacht werden muss (dazu §§ 40, 41, 15 FamFG), oder die Testamentsvollstreckung infolge der Ausführung aller Aufgaben gegenstandslos wird (BGHZ 41, 23 (30) = NJW 1964, 1316; Grüneberg/Weidlich Rn. 7) oder bei einem **vermeintlichen Testamentsvollstrecker,** der aufgrund irriger Testamentsauslegung seine wirksame Ernennung behauptet (BGHZ 69, 235 (240) = NJW 1977, 1726). Soweit die Fiktion eingreift, bewirkt sie, dass auch die Pflichten des Testamentsvollstreckers fortbestehen; sie kommt dann aber auch den gutgläubigen Dritten, die vom Testamentsvollstrecker einen Nachlassgegenstand erwerben, zugute (§§ 674, 169) (Staudinger/Dutta, 2021, Rn. 38). 25

## § 2219 Haftung des Testamentsvollstreckers

**(1) Verletzt der Testamentsvollstrecker die ihm obliegenden Verpflichtungen, so ist er, wenn ihm ein Verschulden zur Last fällt, für den daraus entstehenden Schaden dem Erben und, soweit ein Vermächtnis zu vollziehen ist, auch dem Vermächtnisnehmer verantwortlich.**

**(2) Mehrere Testamentsvollstrecker, denen ein Verschulden zur Last fällt, haften als Gesamtschuldner.**

## Überblick

Die Vorschrift enthält eine eigenständige Haftungsgrundlage für Schadensersatzansprüche gegen den Testamentsvollstrecker. Ferner wird Gesamtschuldnerschaft angeordnet, wenn mehreren Testamentsvollstreckern ein Verschuldensvorwurf gemacht werden kann.

## I. Normzweck

1 Die Haftung des Testamentsvollstreckers ist das Korrektiv zu seiner umfassenden Rechtsmacht und relativ freien Stellung. Die Norm dient daher nicht nur dem Schadensausgleich, sondern auch der Sicherung, dass der Testamentsvollstrecker verantwortlich handelt (MüKoBGB/Zimmermann Rn. 1). Angesichts der oft schwierigen Aufgaben trägt er ein hohes persönliches Haftungsrisiko (Bengel/Reimann TV-HdB/Niemöller § 12 Rn. 3).

## II. Haftung des Testamentsvollstreckers

2 **1. Anspruchsberechtigte.** Der Testamentsvollstrecker haftet gegenüber dem **Erben.** Der Anspruch aus § 2219 gehört zum **Nachlass** (analog § 2041) (RGZ 138, 132 (133 f.)). Die Erben sind an der Geltendmachung von Schadensersatzansprüchen **gegen den amtierenden Testamentsvollstrecker** nicht gehindert, weil der Testamentsvollstrecker als Nachlassschuldner insoweit infolge einer rechtlichen Verhinderung von der Vertretung des Nachlasses ausgeschlossen ist (RGZ 98, 173 (175); 138, 132 (135): OLG München ErbR 2018, 105 (108); MüKoBGB/Zimmermann Rn. 6). Die Geltendmachung des Anspruchs **nach der Beendigung des Amts** des pflichtwidrigen Testamentsvollstreckers ist zunächst Aufgabe des neuen Testamentsvollstreckers (§ 2212) (BGH MDR 1958, 670; RGZ 138, 132 (133 f.); BGH ZEV 2002, 499 f. mAnm Otte; OLG Schleswig ZEV 2014, 542). Soweit der Ersatzanspruch nicht zum Aufgabenkreis des neuen Testamentsvollstreckers gehört, gilt bei mehreren Erben für die Geltendmachung grds. § 2039, für die Verfügung hierüber § 2040 (MüKoBGB/Zimmermann Rn. 6). Soweit nur ein Miterbe an seinem Erbteil geschädigt wurde, steht ihm allerdings der Anspruch alleine zu (OLG Schleswig ZEV 2014, 542; Bengel/Reimann TV-HdB/Niemöller § 12 Rn. 17); dies soll allerdings dann nicht gelten, wenn die Voraussetzungen für eine Teilauseinandersetzung nicht vorgelegen haben und der Miterbe daher nur Zahlung an die Erbengemeinschaft verlangen kann (OLG Schleswig ZEV 2014, 542). Auch für den **Nacherben** kann nach Eintritt des Nacherbfalls gegen den Testamentsvollstrecker der Vorerbschaft ein Anspruch nach § 2219 bestehen, da der Testamentsvollstrecker auch hier die Interessen des Nacherben zu berücksichtigen hat, die uU mit denen des Vorerben kollidieren können (BGH NJW-RR 1988, 386 (387); ebenso wohl Winkler TV Rn. 562). Daneben kann auch der Nacherbentestamentsvollstrecker (§ 2222) haften (NK-BGB/Kroiß Rn. 13).

3 Der Testamentsvollstrecker haftet auch gegenüber dem **Vermächtnisnehmer,** soweit ein Vermächtnis zu vollziehen ist; dies gilt auch für Unter- und Nachvermächtnisse (Lange ErbR § 67 Rn. 187; eingehend zur Haftung gegenüber dem Vermächtnisnehmer Muscheler ZEV 2013, 229 (232 ff.)), und nicht nur für die reine Vermächtnisvollstreckung (§ 2223). Dieser Anspruch gehört nicht zum Nachlass (RGZ 138, 132 (134 f.)). Der Vermächtnisnehmer ist dabei nicht gehalten, etwa ihm wegen des vereitelten Vermächtnisanspruchs zustehende Ersatzansprüche zunächst gegen die Erben oder sonstigen Beschwerten geltend zu machen (BGH LM § 2258 Nr. 1). Den **übrigen Nachlassbeteiligten** gegenüber, also etwa dem Pflichtteilsberechtigten, dem Auflagebegünstigten (NK-BGB/Kroiß Rn. 15; BeckOGK/Tolksdorf Rn. 4; Muscheler ZEV 2013, 229 (234 f.) m. dem Hinweis, dass es deshalb zu bedenklichen Ergebnissen kommt; aA Damrau/Tanck/Bonefeld Rn. 2 für den durch eine Wertauflage Begünstigten; jedoch übersteigt dies den Wortlaut der Norm und ließe sich daher nur durch eine Analogie begründen, die zulasten des Haftungsschuldners ginge und daher rechtsstaatlichen Bedenken unterliegt; zur Problematik auch Muscheler, Die Haftungsordnung der Testamentsvollstreckung, 1994, 180 ff.) oder den Nachlassgläubigern (vgl. LAG Berlin ZFSH/SGB 2003, 105 für Ansprüche der Arbeitnehmer des vom Testamentsvollstrecker fortgeführten Unternehmens) haftet der Testamentsvollstrecker nach § 2219 nicht, sondern – da es an einem gesetzlichen Schuldverhältnis fehlt – allenfalls nach den §§ 823 ff. (MüKoBGB/Zimmermann Rn. 8. Muscheler, Die Haftungsordnung der Testamentsvollstreckung, 1994, 226 ff.

will den Nachlassgläubigern bei pflichtwidriger Nachlassverwaltung durch die Möglichkeit der Drittschadensliquidation helfen).

**2. Haftungsschuldner.** Der **Testamentsvollstrecker** haftet nach § 2219 persönlich und unbeschränkbar. Der Normzweck gebietet es, die Vorschrift auf das Verhalten des **vermeintlichen Testamentsvollstreckers entspr.** anzuwenden, da der Erbe/Vermächtnisnehmer gerade auch vor dessen Handlungen geschützt werden soll (vgl. RG JW 1937, 3187 zur Haftung eines Gesamtgutsverwalters; NK-BGB/Kroiß Rn. 8; Muscheler, Die Haftungsordnung der Testamentsvollstreckung, 1994, 216 f.). Dabei ist es unerheblich, ob überhaupt keine wirksame Testamentsvollstreckung angeordnet wurde oder nur die Bestellung des betreffenden Testamentsvollstreckers unwirksam war (Staudinger/Dutta, 2021, Rn. 20). Genehmigt der später wirksam ernannte Testamentsvollstrecker zu Unrecht die Handlungen seines Vorgängers, so kann dies zu seiner eigenen Haftung nach § 2219 führen (NK-BGB/Kroiß Rn. 8; Staudinger/Dutta, 2021, Rn. 22; zT wird dabei eine Gesamtschuldnerschaft von vermeintlichem Testamentsvollstrecker und dem später genehmigenden angenommen, Naegele, Das vermeintliche Testamentsvollstreckeramt, 1986, 70 ff.). 4

**Mehrere Testamentsvollstrecker,** denen ein Verschulden zur Last fällt, haften nach Abs. 2 als Gesamtschuldner (§§ 421 ff.), und zwar im Innenverhältnis grds. zu gleichen Teilen, jedoch kann hier § 1833 Abs. 2 S. 2 analog angewandt werden (Staudinger/Dutta, 2021, Rn. 20; Bengel/Reimann TV-HdB/Niemöller § 12 Rn. 71). Die gesamtschuldnerische Haftung setzt aber voraus, dass die in Anspruch genommenen Testamentsvollstrecker das gesamte Amt gemeinsam führen (§ 2224 Abs. 1 S. 1) und jeden von ihnen wenigstens ein Überwachungsverschulden trifft (MüKoBGB/Zimmermann Rn. 5; die Haftung bereits eines Testamentsvollstreckers lässt offenbar genügen Staudinger/Dutta, 2021, Rn. 18 und wohl auch OLG Koblenz JurBüro 1992, 398). Weist aber der Erblasser jedem von ihnen einen gesonderten Wirkungskreis zur selbstständigen Wahrnehmung (**Nebenvollstreckung,** § 2224 Abs. 1 S. 3) zu, so haftet jeder nur für seinen Wirkungskreis, es sei denn, die anderen wären zu seiner Aufsicht ernannt (NK-BGB/Kroiß Rn. 9; MüKoBGB/Zimmermann Rn. 5). Eine lediglich interne Aufgabenverteilung durch Vereinbarung der Mitvollstrecker ändert jedoch an der nach außen fortbestehenden gesamtschuldnerischen Haftung nichts; sie ist nur für den Gesamtschuldnerausgleich im Innenverhältnis von Bedeutung (NK-BGB/Kroiß Rn. 9; Staudinger/Dutta, 2021, Rn. 20). Soweit Testamentsvollstrecker **sukzessiv tätig werden,** wie zB der Erstvollstrecker und Amtsnachfolger, ist Abs. 2 nicht einschlägig. Eine gesamtschuldnerische Haftung kommt daher nur in Betracht, wenn es zu einer Überlagerung des pflichtwidrigen Verhaltens kommt (Reimann ZEV 2004, 234 (237); NK-BGB/Kroiß Rn. 9). 5

**3. Haftungsvoraussetzungen. a) Objektive Pflichtverletzung.** Voraussetzung der Haftung des Testamentsvollstreckers ist eine Verletzung der ihm obliegenden Pflichten. Diese ergeben sich aus dem **Gesetz** (§§ 2203–2209, §§ 2215–2218, § 2226 S. 3), besonders aus der Generalklausel des § 2216 Abs. 1 (ordnungsgemäße Verwaltung des Nachlasses), ihrerseits konkretisiert durch die vom Erblasser verfolgten Zwecke der Testamentsvollstreckung (eingehend → § 2216 Rn. 4 ff.) (Ahlbory/Suchan ErbR 2017, 464 (466); Damrau/Tanck/Bonefeld Rn. 7), und vor allem aus dem tatsächlichen **Willen des Erblassers.** Dieser erschließt sich primär aus der hinterlassenen Verfügung von Todes wegen, aber auch ein sonst geäußerter Wille ist maßgeblich, wenn er dem Testamentsvollstrecker bekannt war (BayObLGZ 1976, 67), etwa aus einem Briefwechsel (NK-BGB/Kroiß Rn. 2). So handelt ein Testamentsvollstrecker pflichtwidrig, wenn er bei der Verteilung des Nachlasses die im Testament gemachten Vorgaben zur Anrechnung bereits erfolgter Zahlungen nicht berücksichtigt (OLG München ZErb 2019, 119 (120 f.)). Die Beweislast für eine solche nicht in einer Verfügung von Todes wegen niedergelegte Willensäußerung trägt allerdings der Testamentsvollstrecker (NK-BGB/Kroiß Rn. 2; aA BeckOGK/Tolksdorf Rn. 9). Den Willen des Erblassers hat der Testamentsvollstrecker auch und gerade gegenüber einem abweichenden Willen aller Erben zu vertreten. Bei Veränderung der Umstände nach dem Erbfall hat man mitunter auch auf den **mutmaßlichen Willen** des Erblassers abzustellen, mag dieser auch schwer zu ermitteln sein (Staudinger/Dutta, 2021, Rn. 6). Soweit hierfür konkrete Anhaltspunkte fehlen, ist im Streitfall auf die allgemeine Lebenserfahrung zurückzugreifen. 6

Der Grundsatz der ordnungsmäßigen Verwaltung (§ 2216 Abs. 1) verpflichtet den Testamentsvollstrecker **zu besonderer Gewissenhaftigkeit** und **Sorgfalt** (RGZ 130, 131 (135)). Dabei sind an die Ordnungsmäßigkeit der Verwaltung zwar stets **strenge Anforderungen** zu stellen (BGH NJW 1959, 1820; WM 1967, 25 (27); Ahlbory/Suchan ErbR 2017, 464 (466)). Gleichwohl hat die Rspr. nicht verkannt, dass der Testamentsvollstrecker bei der Verwaltung des Nachlasses weithin nach seinem Ermessen entscheidet. Nur wenn er die Grenzen des ihm eingeräumten Ermessens überschreitet, verstößt er gegen seine Pflicht zu ordnungsmäßiger Verwaltung des Nach- 7 lasses (BGHZ 25, 275 (283 f.)), etwa wenn sein Vorgehen zu einer Schädigung des Nachlasses führt (BGH NJW 1987, 1070; Überblick zur Haftungsrechtsprechung bei Bengel/Reimann TV-HdB/Niemöller § 12 Rn. 75 ff. und Zimmermann TV Rn. 770). Überblick zum **Pflichtenkatalog** des Testamentsvollstreckers (→ § 2216 Rn. 2 ff.); besondere Sorgfalt gilt im Falle der Überschuldung des Nachlasses allein aufgrund von Vermächtnissen (OLG Köln ErbR 2018, 266 (267 f.)). Zur Haftung wegen einer pflichtwidrigen **Prozessführung** → Rn. 17 f.

8 **b) Verschulden.** Haftungsvoraussetzung ist ein Verschulden iSv § 276 (Vorsatz oder Fahrlässigkeit). Für die Beurteilung der anzuwendenden Sorgfalt (§ 276 Abs. 2) gilt – wie auch sonst im Zivilrecht – ein **objektiver Sorgfaltsmaßstab** (NK-BGB/Kroiß Rn. 4; Damrau/Tanck/Bonefeld Rn. 8). Gerade der Normzweck des § 2219 schließt zudem die Anwendbarkeit eines subjektiven Fahrlässigkeitsbegriffs aus (anders Bengel/Reimann TV-HdB/Niemöller § 12 Rn. 42 unter Verkennung des im Zivilrecht geltenden objektiven Fahrlässigkeitsbegriffs). Hieraus ergibt sich zugleich, dass für den Testamentsvollstrecker das Maß an Umsicht und Sorgfalt erforderlich ist, das nach dem Urteil besonnener und gewissenhafter Angehöriger des in Betracht kommenden Verkehrskreises zu beachten ist (BGH NJW 1972, 151; OLG Köln NJW-RR 1990, 793). Vergleichsmaßstab ist also quasi ein „Otto-Normal-Testamentsvollstrecker". An die Sorgfalt des Testamentsvollstreckers sind im Hinblick auf die von ihm übernommene Vertrauensstellung hohe Anforderungen zu stellen (RGZ 130, 131 (135); MüKoBGB/Zimmermann Rn. 11). Soweit eine bestimmte sorglose Handhabung verkehrsüblich ist, entlastet dies daher den Testamentsvollstrecker nicht (Zimmermann TV Rn. 772). Besitzt der Testamentsvollstrecker darüber hinausgehende **besondere Qualifikationen,** so muss er auch bei der Ausübung seines Amts die sonst in seinem Beruf geltenden Standards (etwa als Steuerberater oder Rechtsanwalt etc) beachten (OLG Karlsruhe NJW-RR 2005, 452; NK-BGB/Kroiß Rn. 4), zumal ihn der Erblasser idR gerade wegen dieser besonderen Befähigungen zum Testamentsvollstrecker berufen hat.

9 Fühlt er sich **generell überfordert,** so muss er die Annahme des Amts ablehnen (OLG Stuttgart BWNotZ 1962, 61; Winkler TV Rn. 560), ansonsten ergibt sich seine Haftung letztlich aus einer Art „Übernahmeverschulden". Fühlt der Testamentsvollstrecker sich **nur in einzelnen,** bestimmten Situationen überfordert, so hat er sich entsprechender sachkundiger Berater zu bedienen (Steuerberater, Rechtsanwalt, Anlageberater). Dabei haftet der Testamentsvollstrecker nach § 2219 für die gewissenhafte **Auswahl** eines qualifizierten **Beraters.** Dabei kann ihn ein Auswahlverschulden treffen. Ferner kann den Testamentsvollstrecker ein **Überwachungsverschulden** treffen, wenn er den Fehler des eingeschalteten Beraters bei zumutbarer Aufmerksamkeit hätte erkennen und verhindern können (Bengel/Reimann TV-HdB/Niemöller § 12 Rn. 46). Bedient sich der Testamentsvollstrecker bei der Ausführung seiner Aufgaben dritter Personen, so werden diese mit Wissen und Wollen des Testamentsvollstreckers tätig, der daher das Verschulden seiner **Erfüllungsgehilfen** wie eigenes zu vertreten hat (§ 278) (MüKoBGB/Zimmermann Rn. 4; Winkler TV Rn. 561; einschränkend Ahlbory/Suchan ErbR 2017, 464 (469) für vom Testamentsvollstrecker hinzugezogene Sachverständige).

10 Weitere Voraussetzung einer fahrlässigen Handlung ist die **Vorhersehbarkeit** eines schädigenden Erfolges. Dabei erfolgt die Beurteilung eines Verschuldens aus der Sicht des damals zur Handlung berufenen Testamentsvollstreckers anhand einer „ex-ante-Betrachtung" (OLG Karlsruhe NJW-RR 2005, 452 (454); BeckOGK/Tolksdorf Rn. 23), was letztlich zu einer Reduzierung der Haftungsanforderungen führt (Ahlbory/Suchan ErbR 2017, 464 (467); vgl. auch OLG Hamburg OLGE 44, 95; KG OLGE 46, 230).

11 **c) Kausalität.** Die Pflichtverletzung des Testamentsvollstreckers muss für den Schaden des Erben oder Vermächtnisnehmers ursächlich geworden sein. Insoweit gelten die allgemeinen Regeln über die **haftungsbegründende** (Ursächlichkeit des Fehlers des Testamentsvollstreckers für die Rechtsgutverletzung) und **haftungsausfüllende Kausalität** (Ursachenzusammenhang zwischen Rechtsgutverletzung und geltend gemachtem Schaden) (Lange ErbR § 67 Rn. 190; Staudinger/Dutta, 2021, Rn. 12). Besondere Bedeutung kommt in diesem Zusammenhang den Problemkreisen des „Zurechnungszusammenhangs" und des „rechtmäßigen Alternativverhaltens" zu, also die Prüfung der Frage, wie sich die Vermögenslage von Erben und Vermächtnisnehmern darstellen würde, wenn der Testamentsvollstrecker sich pflichtgemäß verhalten hätte (NK-BGB/Kroiß Rn. 7; eingehend zu diesen Fragen Bengel/Reimann TV-HdB/Niemöller § 12 Rn. 51 ff.).

12 **4. Haftungsfolgen.** Bei einer schuldhaften Pflichtverletzung des Testamentsvollstreckers kann der Erbe/Vermächtnisnehmer den Ersatz des eingetretenen **Schadens** (§ 249) nach § 2219 fordern. Dieser Anspruch kann auch auf Ersatz der erforderlich gewordenen Anwaltskosten gerichtet sein, wenn die Einschaltung des Rechtsanwalts zur Durchsetzung der Pflichten des Testamentsvollstre-

ckers erforderlich war, wobei bei einem schwierigen und komplexen Fall anstelle der gesetzlichen Vergütung auch ein angemessenes Zeithonorar geltend gemacht werden kann (OLG Koblenz ZEV 2008, 527). Ferner kann der Erbe/Vermächtnisnehmer die Entlassung des pflichtwidrig handelnden Testamentsvollstreckers beantragen oder auf die **Erfüllung** bestimmter Verpflichtungen klagen, etwa auf Einhaltung der Grenzen der Testamentsvollstreckung (RGZ 73, 26 (28)) oder auf Freistellung von Ansprüchen Dritter. Dies kann auch im Wege einer Stufenklage (§ 254 ZPO) erfolgen (Staudinger/Dutta, 2021, Rn. 13). Geht der Erbe von der Schadensersatzforderung zum Erfüllungsanspruch über, liegt darin keine Klageänderung (§ 264 Nr. 3 ZPO) (Damrau/Tanck/Bonefeld Rn. 10; Staudinger/Dutta, 2021, Rn. 14; Zimmermann TV Rn. 768; str.; zT wird dies als Parteiänderung betrachtet, da sich der Schadensersatzanspruch gegen den Testamentsvollstrecker persönlich richtet, der Erfüllungsanspruch aber gegen den Testamentsvollstrecker in seiner Amtseigenschaft, BGHZ 21, 285 (287)).

**5. Verjährung, Aufrechnung.** Die Ansprüche aus § 2219 verjährten als erbrechtliche Ansprüche bis zum 31.12.2009 nach § 197 Abs. 1 Nr. 2 aF nach 30 Jahren (BGH NJW 2002, 3773 = ZEV 2002, 499 m. abl. Anm. Otte, zum alten Verjährungsrecht, daher nur obiter dictum; ausdrücklich nochmals BGH NJW-RR 2003, 352; NJW 2007, 2174 für alle erbrechtlichen Ansprüche aus dem Buch 5 des BGB, soweit keine ausdrückliche Sonderregelung getroffen). Zum 1.1.2010 ist § 197 Abs. 1 Nr. 2 aF durch das ErbVerjÄndG vom 24.9.2009 (BGBl. I 3142) aufgehoben worden. Seither gilt die dreijährige Regelverjährung des § 195. Verjährungsbeginn und Verjährungshöchstfristen regelt § 199. Nach § 199 Abs. 3a verjähren Ansprüche, die auf einem Erbfall beruhen oder deren Geltendmachung die Kenntnis einer Verfügung von Todes wegen voraussetzt, ohne Rücksicht auf die Kenntnis oder grob fahrlässige Unkenntnis in 30 Jahren von der Entstehung des Anspruchs an. Dies gilt auch für Schadensersatzansprüche gegen einen Testamentsvollstrecker aus § 2219, sofern der Anspruchsberechtigte durch eine Verfügung von Todes wegen berufen worden ist oder die Kenntnis davon Voraussetzung für die Geltendmachung des Anspruchs ist (Küpper ZEV 2010, 397 ff.). Die Besonderheiten des Übergangsrechts regelt Art. 229 § 23 EGBGB. 13

Eine **Aufrechnung** mit Honorarforderungen nach § 2221 wird grds. für möglich gehalten (Staudinger/Dutta, 2021, Rn. 24). Jedoch ist § 393 zu beachten (NK-BGB/Kroiß Rn. 21). Zudem muss die Vergütungsforderung **fällig** sein, was meist erst mit dem Ende der Testamentsvollstreckung der Fall sein dürfte (vgl. Staudinger/Dutta, 2021, Rn. 24). 14

**6. Befreiung von der Haftung.** Der Erblasser kann den Testamentsvollstrecker nicht von seiner Haftpflicht aus § 2219 befreien, auch nicht mittelbar dadurch, dass er die Anforderungen an seine Sorgfalt herabschraubt (Staudinger/Dutta, 2021, Rn. 15; MüKoBGB/Zimmermann Rn. 3). Auch ein sog. **Befreiungsvermächtnis** ist nicht möglich, durch das dem Testamentsvollstrecker ein Anspruch auf Erlass der Schadensersatzansprüche vermacht wird (→ § 2220 Rn. 3) (RGZ 98, 173 (175); 138, 132 (135); Damrau/Tanck/Bonefeld § 2220 Rn. 4). 15

**Nach** Eintritt des **Erbfalls** kann aber der **Erbe** nicht nur einen bereits entstandenen Schadensersatzanspruch erlassen, sondern durch Vertrag für die Zukunft auf die Haftung des Testamentsvollstreckers verzichten, die Grenze bildet § 276 Abs. 3 (Staudinger/Dutta, 2021, Rn. 16; Bengel/Reimann TV-HdB/Niemöller § 12 Rn. 70.; einschr. NK-BGB/Kroiß Rn. 17: der Betroffene müsse die rechtlichen und wirtschaftlichen Folgen in gleicher Weise wie der Testamentsvollstrecker beurteilen können). Bei mehreren Erben muss dies allerdings durch alle Erben geschehen, da es sich um eine einheitliche Nachlassforderung handelt, wenn nicht im Einzelfall der Anspruch einem allein als dem einzig Geschädigten zusteht (NK-BGB/Kroiß Rn. 13). Die Zustimmung des von einer konkreten Verwaltungsmaßnahme betroffenen Erben (bei Nacherben auch durch diese (KG DJZ 1932, 1230) und des betroffenen Vermächtnisnehmers schließt ebenfalls die Haftung aus, und zwar auch dann, wenn es sich um ein pflichtwidriges Verhalten handelt (MüKoBGB/Zimmermann Rn. 3; Soergel/Damrau Rn. 1; krit. hiergegen aus der Sicht der Nachlassgläubiger Muscheler, Die Haftungsordnung der Testamentsvollstreckung, 1994, 214 f.). 16

**7. Mitverschulden.** Ein mitwirkendes Verschulden des Geschädigten ist nach § 254 zu berücksichtigen, wenn er diejenige Sorgfalt außer Acht lässt, die jedem ordentlichen und vernünftigen Menschen obliegt, um sich vor Schaden zu bewahren (RGZ 138, 132 (137); OLG Karlsruhe BeckRS 2015, 10164; Winkler TV Rn. 564; Bengel/Reimann TV-HdB/Niemöller § 12 Rn. 60 f.). Ein solches kann etwa darin liegen, dass der Erbe durch eine rechtzeitige Klageerhebung gegen den Testamentsvollstrecker oder einen Entlassungsantrag den Schaden hätte verhindern oder reduzieren können (MüKoBGB/Zimmermann Rn. 2). 17

## III. Der Haftpflichtprozess

18 Der Anspruch des Erben (nicht aber des Vermächtnisnehmers) aus § 2219 gehört zum Nachlass (→ Rn. 2 auch zur Aktivlegitimation). Die Haftpflichtklage ist gegen die Person des Testamentsvollstreckers selbst zu richten, nicht gegen ihn als Partei kraft Amts, da er für den Anspruch aus § 2219 persönlich haftet (Damrau/Tanck/Bonefeld Rn. 14). Unterliegt er, trägt er die Kosten persönlich (Damrau/Tanck/Bonefeld Rn. 14). Die **Darlegungs- und Beweislast** trägt für alle Tatbestandsvoraussetzungen der Kläger (NK-BGB/Kroiß Rn. 23; vgl. auch Reimann ZEV 2006, 186). Bei einem Streit über die Zulässigkeit eines Insichgeschäfts kehrt sich die Beweislast hinsichtlich der objektiven Pflichtwidrigkeit um; der Testamentsvollstrecker hat hier die Ordnungsmäßigkeit des Geschäfts zu beweisen, (BGHZ 30, 67 (69) = NJW 1959, 1429). Bezüglich der haftungsausfüllenden Kausalität besteht allerdings die Möglichkeit der Beweiserleichterung (Bengel/Reimann TV-HdB/Niemöller § 12 Rn. 116 f.; Staudinger/Dutta, 2021, Rn. 35). Bei einer Testamentsvollstreckung über Geschäftsanteile kommt eine analoge Anwendung von § 93 Abs. 2 AktG in Betracht (Reimann ZEV 2006, 186 (189); BeckOGK/Tolksdorf Rn. 24). Der Testamentsvollstrecker seinerseits kann negative Feststellungsklage erheben, dass Schadensersatzansprüche nicht bestehen (vgl. NK-BGB/Kroiß Rn. 23; Grüneberg/Weidlich Rn. 4; Damrau/Tanck/Bonefeld Rn. 14).

## IV. Weitere Haftungsfragen

19 **1. Andere Haftung des Testamentsvollstreckers.** Mit der Haftung aus § 2219 kann im Einzelfall eine solche aus unerlaubter Handlung **konkurrieren,** die auch den Testamentsvollstrecker persönlich trifft (BGH LM § 823 (Ad) Nr. 1). Dabei ist § 831 ist unanwendbar, da der Testamentsvollstrecker nicht Verrichtungsgehilfe des Erben ist (→ Rn. 20). Jedoch geht die Haftung aus § 2219 insoweit weiter, als sie auch die Haftung für Vermögensschäden jenseits von § 826 umfasst (NK-BGB/Kroiß Rn. 1). Für einen **Verrichtungsgehilfen** haftet der Testamentsvollstrecker nach § 831 (RG WarnR 1914, Nr. 127 bei Übertragung der Verkehrssicherungspflicht). Verwirklicht der Testamentsvollstrecker in seiner Person die Voraussetzungen einer **Gefährdungshaftung** (§ 7 StVG, § 838), haftet er auch hierfür (RGZ 159, 337 (344 f.); Muscheler, Die Haftungsordnung der Testamentsvollstreckung, 1994, 234 f.; NK-BGB/Kroiß Rn. 1). Bei der Verletzung steuerlicher Pflichten kommt die sehr weit reichende Haftung nach § 69, § 71 AO in Betracht (Bengel/Reimann TV-HdB/Piltz/Holtz § 8 Rn. 92 ff.; Reimann ZEV 2001, 262; Mayer/Bonefeld TV-HdB/Neubauer/Vassel-Knauf § 46 Rn. 122 ff.). **Berufsrechtliche Haftungsnormen** (etwa § 19 BNotO) finden auf die Tätigkeit als Testamentsvollstrecker keine Anwendung, mag dieser auch Rechtsanwalt oder Notar sein. Dabei können Abgrenzungsprobleme auftreten, da hier eine besondere Mandatsübernahme durch den Rechtsanwalt oder Steuerberater möglich ist (wenn § 181 gewahrt wird). In Zweifelsfällen wird man dabei davon ausgehen müssen, dass jede Tätigkeit des Testamentsvollstreckers, die im weitesten Sinn mit der Nachlassverwaltung zu tun hat, seinem Amt und nicht seiner Tätigkeit als Rechtsanwalt oder Steuerberater zuzurechnen ist (NK-BGB/Kroiß Rn. 1). Soweit der für den Nachlass handelnde Testamentsvollstrecker nicht wirksam bestellt oder von seinem Amt bereits wieder abberufen war (sog. **vermeintlicher Testamentsvollstrecker**), kann er gegenüber den **Geschäftspartnern** nach § 179 als vollmachtloser Vertreter haften, eventuell auch aus culpa in contrahendo (§ 311 Abs. 2, 3, § 280 Abs. 1), uU kommt sogar eine Drittschadensliquidation in Betracht (OLG Hamm NJW 1994, 666; Muscheler, Die Haftungsordnung der Testamentsvollstreckung, 1994, 216 f., 226; letzterer bejaht sogar eine Eigenhaftung des Vollstreckers aus pVV (§ 280) unter dem Gesichtspunkt des „institutionalisierten Vertrauens“, 208).

20 **2. Haftung der Erben für pflichtwidriges Verhalten des Testamentsvollstreckers.** § 278 findet auf das gesetzliche Schuldverhältnis des Testamentsvollstreckers zu den Erben Anwendung, sodass die Erben für sein Verschulden im Rahmen von Vertrags- und Sonderbeziehungen (vorbehaltlich der beschränkten Erbenhaftung nach § 1978) in gleichem Umfang haften wie für eigenes (BGH WM 1957, 514 (515); RGZ 144, 399 (402); Grüneberg/Weidlich Rn. 5; Winkler TV Rn. 568). Die Frage, ob die Erben für **unerlaubte Handlungen** des Testamentsvollstreckers haften, die dieser anlässlich seiner Amtsführung begeht, ist umstritten: Eine Haftung nach § 831 scheidet aus, da der Testamentsvollstrecker nicht der Verrichtungsgehilfe des Erben ist, weil es an einer Weisungsabhängigkeit fehlt (BGH WM 1957, 514 (516); NK-BGB/Kroiß Rn. 20; Grüneberg/Weidlich Rn. 5; für analoge Anwendung des § 831 aber Burgard

FamRZ 2000, 1269 (1273) wegen der Pflicht nach § 2216; Staudinger/Dutta, 2021, Rn. 29). Wurde die deliktische Handlung im inneren Zusammenhang mit der Amtsführung begangen, wird teilweise eine Erbenhaftung **analog § 31** bejaht (NK-BGB/Kroiß Rn. 20; MüKoBGB/ Zimmermann Rn. 18; John AcP 181 (1981), 150 (156 f.)); dem wird man für den Bereich der Verwaltungsvollstreckung folgen müssen, da es sich hier um ein außenorientiertes Organisationsgefüge mit stiftungsähnlichem Charakter handelt (Muscheler, Die Haftungsordnung der Testamentsvollstreckung, 1994, 243 f.).

### § 2220 Zwingendes Recht

**Der Erblasser kann den Testamentsvollstrecker nicht von den ihm nach den §§ 2215, 2216, 2218, 2219 obliegenden Verpflichtungen befreien.**

## Überblick

Zwischen dem Erben und dem Testamentsvollstrecker entsteht ein gesetzliches Schuldverhältnis. Die sich hieraus ergebenden Rechte und Pflichten kann der Erblasser nur nach den Vorgaben des § 2220 ausgestalten. Nach dem Erbfall ist dieses Schuldverhältnis jedoch der weitgehend freien Disposition von Erben und Testamentsvollstrecker überlassen.

## I. Normzweck

Die Vorschrift will verhindern, dass der Erblasser in der Ausgestaltung der von ihm verfügten Testamentsvollstreckung so weit geht, dass der Erbe praktisch der **Willkür des Testamentsvollstreckers** ausgeliefert ist (OLG Karlsruhe ZEV 2009, 466 (467); Zimmermann ZEV 2021, 141 (144); NK-BGB/Kroiß Rn. 1: Schutzvorschrift für den Erben). Sie dient daher dem Schutz des Erben durch Schaffung **zwingender** gesetzlicher Bestimmungen. Das vom Gesetz vorgegebene Schuldverhältnis zwischen Testamentsvollstrecker und Erben kann daher nur im bestimmten Umfang modifiziert werden. 1

## II. Inhalt und Reichweite des Befreiungsverbots

Nach **§ 2220** kann der Erblasser den Testamentsvollstrecker nicht von den Pflichten befreien, die ihn nach §§ 2215, 2216, 2218 und 2219 treffen (Überblick bei Zimmermann ZEV 2021, 441 (145 f.), also insbes. nicht von der Pflicht zur Aufnahme und Übermittlung des Nachlassverzeichnisses, zur ordnungsgemäßen Verwaltung (einschl. § 664), zur Auskunftserteilung, Rechenschaftslegung, Abgabe einer eidesstattlichen Versicherung (§§ 666, 259, 260), von der Anzeige- und Fortführungspflicht (§ 673 S. 2), von der Pflicht zur Herausgabe des Nachlasses an den Erben (§ 667 und § 668) oder von der Verpflichtung zum Ersatz des verschuldeten Schadens, wobei auch die Reduzierung des Haftungsmaßstabs (etwa nur für Vorsatz und grobe Fahrlässigkeit) nicht zulässig ist (→ § 2219 Rn. 15) (NK-BGB/Kroiß Rn. 2; Damrau/Tanck/Bonefeld Rn. 1; aA BeckOGK/Tolksdorf Rn. 9). 2

Einschränkungen der genannten Rechte und **Umgehungsversuche** sind hinsichtlich ihrer Zulässigkeit am Schutzzweck der Vorschrift zu messen. Unzulässig sind daher sog. Befreiungsvermächtnisse, wonach dem Testamentsvollstrecker ein Anspruch auf Erlass von Schadensersatzforderungen zugewandt wird (→ § 2219 Rn. 15) (RGZ 133, 129 (135); BeckOGK/Tolksdorf Rn. 2). Nicht möglich ist es auch, den Erben bei der Ausübung der ihm zwingend zustehenden Rechte an die Zustimmung eines Dritten oder Schiedsgerichts zu binden (RGZ 133, 128 (135 f.); Staudinger/Dutta, 2021, Rn. 1), wozu auch das Recht gehört, die Entlassung des Testamentsvollstreckers zu beantragen (§ 2227; → § 2219 Rn. 15) (BGH BeckRS 2017, 111170; Lange ZZP 128 (2015), 407 (427 f.); Zimmermann ZEV 2021, 141 (143)). Der Erbe muss die uneingeschränkte Möglichkeit haben, seine Rechte selbst und direkt geltend zu machen (MüKoBGB/Zimmermann Rn. 3). 3

**Modifizierungen** der Rechenschaftspflicht (§§ 2218, 666) sind nur im beschränkten Umfang zulässig. Diskutiert werden hier die im Gesellschaftsrecht (BGH NJW 1967, 826; K. Schmidt ZHR 146 (1982), 525) entwickelten **Gruppenvertretungsklauseln,** wonach bei einer Vielzahl von Erben nur ein gemeinsamer Vertreter diese Rechte geltend machen kann. Dies ist aber nur dann zulässig, wenn der Erblasser lediglich die obligatorische Vertretung anordnet, die Wahl des Vertreters aber den Erben vorbehalten bleibt und bei Untätigkeit des 4

Vertreters oder wenn seine Wahl nicht zustande kommt, die Rechte der einzelnen Erben wieder aufleben (NK-BGB/Kroiß Rn. 5; Damrau/Tanck/Bonefeld Rn. 3; Staudinger/Dutta, 2021, Rn. 3).

5 Daneben bestehen noch weitere **gesetzliche Befreiungsverbote,** so hinsichtlich des Verbots der unentgeltlichen Verfügungen (§ 2205 S. 3) und der Verpflichtung hierzu (§ 2207 S. 2). Auch § 2227 ist zwingend. Eine besonders übermäßige Beschränkung der Rechtsstellung des Erben kann nach § 138 in besonders gelagerten Fällen nichtig sein (OLG München JFG 14, 428; MüKoBGB/Zimmermann Rn. 5: nur in besonderen Ausnahmefällen; großzügiger wohl Staudinger/Dutta, 2021, Rn. 4).

## III. Rechtsfolgen des Verstoßes

6 Soweit Erblasseranordnungen gegen das Befreiungsverbot verstoßen, sind sie unwirksam (§ 125) (MüKoBGB/Zimmermann Rn. 4; Staudinger/Dutta, 2021, Rn. 4). Davon bleiben jedoch die iÜ zur Testamentsvollstreckung getroffenen Anordnungen idR unberührt (§ 2084). Im Einzelfall kann sich allerdings auch die Frage stellen, ob nicht im Wege der Auslegung angenommen werden kann, dass der Erblasser in Wahrheit den Testamentsvollstrecker zum befreiten Vorerben einsetzen wollte, den formal zum Erben Berufenen aber nur zum Nacherben, und zwar eingesetzt auf den Überrest (§ 2137). Im Hinblick auf § 2084 wird man dies zwar nicht ausschließen können (NK-BGB/Kroiß Rn. 6; Staudinger/Dutta, 2021, Rn. 4; hiergegen aber MüKoBGB/Zimmermann Rn. 6, jedoch geht es hier nicht um Umdeutung, sondern Auslegung); an die Berufung zum (befreiten) Vorerben sind dabei aber strenge Anforderungen zu stellen (Staudinger/Dutta, 2021, Rn. 4).

## IV. Zustimmung des Erben

7 Der Erbe kann nach Eintritt des Erbfalls auf den Schutz des § 2220 verzichten (OLG Hamburg OLGE 43, 403; Winkler TV Rn. 142). Bei einer Erbengemeinschaft ist ein Verzicht auf einen bereits entstandenen Schadensersatzanspruch grds. nur durch alle Erben möglich (→ § 2219 Rn. 16) (NK-BGB/Kroiß Rn. 1; Staudinger/Dutta, 2021, Rn. 5).

## § 2221 Vergütung des Testamentsvollstreckers

**Der Testamentsvollstrecker kann für die Führung seines Amts eine angemessene Vergütung verlangen, sofern nicht der Erblasser ein anderes bestimmt hat.**

**Schrifttum:** Birk, Vergütung und Aufwendungsersatz des Testamentsvollstreckers, 2003; Lieb, Die Vergütung des Testamentsvollstreckers, 2004; Schiffer/Rott/Pruns, Die Vergütung des Testamentsvollstreckers, 2014.

### Überblick

Die Vorschrift regelt, wenn auch nur in sehr knapper und rudimentärer Form, den Vergütungsanspruch des Testamentsvollstreckers. Dabei wird der Vorrang des Erblasserwillens betont.

### Übersicht

## I. Normzweck

Das Amt des Testamentsvollstreckers ist eine je nach seiner konkreten Aufgabenstellung mit viel Arbeit, Mühen und Haftungsrisiken verbundene Dienstleistung. Zum Ausgleich sieht das Gesetz eine angemessene Vergütung vor, soweit der Erblasser keine abweichende Anordnung getroffen hat. Die gesetzliche Vergütungsregelung ist allerdings unzulänglich ausgestaltet; trotz Bemühungen von Rspr. und Lit. sind nicht alle Zweifelsfragen bislang befriedigend geklärt (Winkler TV Rn. 570). Zudem prallen regelmäßig unterschiedliche Vorstellungen bei dem Testamentsvollstrecker einerseits und den Erben andererseits aufeinander. **1**

## II. Vergütungsbestimmung durch den Erblasser

Ob und in welcher Höhe der Testamentsvollstrecker eine Vergütung erhält, bestimmt zunächst allein der Erblasser; es gilt der Grundsatz des **Vorrangs und der Maßgeblichkeit des Erblasserwillens** (BayObLG Rpfleger 1980, 152: dieser Wille ist ggf. durch Auslegung festzustellen). Er kann letztwillig entweder die Vergütung vollumfänglich ausschließen oder sie nach Höhe und Zahlungsweise vorgeben. Hat er entweder Höhe und Zahlungsweise der Vergütung festgelegt oder diese gar ganz ausgeschlossen, so findet eine gerichtliche Überprüfung dieser Anordnung nicht statt; die Bestimmung gilt als angemessen (Schiffer/Rott in Schiffer/Rott/Pruns, Die Vergütung des Testamentsvollstreckers, 2014, § 2 Rn. 4; Lange ErbR § 67 Rn. 198). Die allgemeinen Schranken, wie etwa § 138, gelten aber auch hier. Die Bestimmung ist aber der (ergänzenden) Auslegung zugänglich. § 2216 Abs. 2 S. 2 ist hier nicht anwendbar (MüKoBGB/Zimmermann Rn. 4). Ist der Testamentsvollstrecker mit dieser Regelung nicht einverstanden, bleibt ihm nur die Möglichkeit, die Übernahme des angetragenen Testamentsvollstreckeramtes insgesamt abzulehnen. Erfährt der Testamentsvollstrecker erst durch ein nachträglich aufgefundenes Testament, dass er das Amt unentgeltlich führen muss, so kann er kündigen, wobei ihm dann teilweise wenigstens für seine bisher geleistete Tätigkeit eine angemessene Vergütung zugebilligt wird (→ Rn. 36) (Winkler TV Rn. 629). Der Erblasser kann auch bestimmen, dass die Vergütung durch einen Dritten oder sogar durch den Testamentsvollstrecker selbst festgesetzt wird (§§ 315 ff.). Überschreitet der Testamentsvollstrecker dabei jedoch die Grenzen des billigen Ermessens, so ist § 319 anwendbar (NK-BGB/Kroiß Rn. 3). **2**

Die Erblasseranordnung zur Vergütung muss durch Verfügung von Todes wegen in der dafür vorgeschriebenen **Form** erfolgen. Ob dem Formerfordernis durch ein bloßes Verweisen auf die üblichen „Tabellen" (→ Rn. 15 ff.) genügt wird, wird vereinzelt bezweifelt (Zimmermann ZEV 2001, 334 (335); Zimmermann TV Rn. 690), ist aber zu bejahen, da auf offenkundige Tatsachen iSv § 291 ZPO Bezug genommen werden kann. Hierzu wird man diese allgemein zugänglichen Vergütungstabellen zählen können (NK-BGB/Kroiß Rn. 38; Lieb, Die Vergütung des Testamentsvollstreckers, 2004, Rn. 39 ff.; Bengel/Reimann TV-HdB/Eckelskemper/Schmitz § 10 Rn. 2; Reithmann ZEV 2001, 385; Staudinger/Dutta, 2021, Rn. 27; zu Vermeidungsstrategien Mayer/Bonefeld TV-HdB/J. Mayer § 21 Rn. 4 f.). Soll sich die Vergütung des Testamentsvollstreckers nach der „Rheinischen Tabelle" richten, ist durch Auslegung zu ermitteln, ob der Erblasser damit die ursprüngliche Rheinische Tabelle für das Notariat in Rheinpreußen aus dem Jahr 1925 (→ Rn. 15) oder aber die sog Neue Rheinische Tabelle (→ Rn. 16) gemeint hat (OLG München ErbR 2022, 266 (267 f.). **3**

Eine mündliche Absprache hingegen kann nur im Rahmen einer Auslegung nach den allgemeinen Grundsätzen Bedeutung erlangen (BayObLG Rpfleger 1980, 152 (153); NK-BGB/Kroiß Rn. 2). Liegt **keine ausdrückliche Ermächtigung** zur Festlegung der Vergütung vor, so besteht kein Selbstbestimmungsrecht des Testamentsvollstreckers (BGH NJW 1963, 1615; OLG Köln ZEV 2008, 335; MüKoBGB/Zimmermann Rn. 5; allgM).

## III. Vergütungsvereinbarung mit den Erben

Möglich und empfehlenswert ist eine Vereinbarung des Testamentsvollstreckers mit den Erben über die zu zahlende Vergütung. Diese ist auch dann wirksam, wenn sie einer Vergütungsanordnung des Erblassers widerspricht (Winkler TV Rn. 574). Die Beteiligten können sogar neben der vom Erblasser festgelegten Vergütung eine weitere, etwa zusätzlich zur sog. Regelvergütung, vereinbaren (RG JW 1936, 3388; vgl. auch FG Hessen EFG 1991, 332). Allerdings dürfen durch solche Vereinbarungen nicht die anderen Nachlassbeteiligten, wie Vermächtnisnehmer oder Nachlassgläubiger, in ihren Rechten gefährdet werden; anderenfalls könnte dies eine Haftung des Erben **4** gegen die Nachlassgläubiger begründen (§ 1978) (BeckOGK/Tolksdorf Rn. 7; MüKoBGB/Zimmermann Rn. 6).

## IV. Angemessene Vergütung

5 **1. Grundsatz: funktionsgerechte Vergütung.** Besteht keine Anordnung des Erblassers zur Vergütung, kann der Testamentsvollstrecker eine angemessene Vergütung verlangen. Die §§ 316, 315 gelten hierfür entspr. (Staudinger/Dutta, 2021, Rn. 28). Nach dem Gesetzeswortlaut bestimmt sich die Angemessenheit dabei nach dem ausgeführten Amt. Hieraus und dem Ausgleichsgedanken (→ Rn. 1) ist das **Differenzierungsgebot** zu entnehmen, wonach sich die Vergütungsbemessung nach dem konkret zu bewältigenden Aufgaben- und Pflichtenkreis des Testamentsvollstreckers richtet (BGH NJW 1963, 487; 1967, 2400; ZEV 2005, 22 (23); Bonefeld ZEV 2021, 153; Lange ErbR § 67 Rn. 199). Auch hier hat daher – wie in anderen Bereichen des Testamentsvollstreckerrechts – eine **funktionelle Betrachtungsweise** zu erfolgen (→ § 2197 Rn. 4 f.). Daher ist zunächst festzustellen, welche Aufgaben der Testamentsvollstrecker eigentlich zu erfüllen hat. Dazu ist ein Anforderungsprofil zu erstellen (**Differenzierungsgebot**). Dabei sind die Besonderheiten des Einzelfalls genau zu berücksichtigen, die üblichen „Tabellenwerte“ (→ Rn. 15 ff.) liefern dafür nur einen beschränkten Anhaltspunkt. Auch die im Vordringen befindliche Fallgruppenbildung (→ Rn. 24 f.) kann hierzu nur eine „grobe Einordnungshilfe“ ergeben, Abweichungen nach oben und unten sind im Einzelfall immer möglich. Weiter ergibt sich aus dem Grundsatz der Angemessenheit die Geltung des **Äquivalenzprinzips** (Tiling ZEV 1998, 331; Staudinger/Dutta, 2021, Rn. 31): Die erbrachte Tätigkeit muss den übernommenen und erfüllten Aufgaben des Testamentsvollstreckers angemessen sein. Hierbei werden auch der Umfang des Nachlasses und die Zahl der wahrzunehmenden Aufgaben bedeutsam, also auch ein **quantitatives Element.**

6 Davon ausgehend haben **Rspr. und Lit. Kriterien für** die Bemessung der **Angemessenheit** der Vergütung aufgestellt, die weniger auf formelle, sondern primär auf materielle Umstände abstellen (vgl. etwa BGH NJW 1963, 487; 1967, 2400; NK-BGB/Kroiß Rn. 5; Staudinger/Dutta, 2021, Rn. 33). Daher sind bei der Bemessung der Angemessenheit der Vergütung zu berücksichtigen: die **Art** der Testamentsvollstreckung und der daraus resultierende Pflichtenkreis (Abwicklungsvollstreckung, Verwaltungsvollstreckung, Dauervollstreckung), deren **Gegenstand** (Art, Strukturierung, Umfang und Wert, etwa bei einer Unternehmensverwaltung), die **Dauer** und die Besonderheiten bei der Durchführung, wie Umfang und Schwierigkeiten der zu erwartenden Geschäfte, die Zahl der beteiligten Personen und ihr Alter, die Größe der Verantwortung und die Notwendigkeit von Vorkenntnissen, Fachwissen und Erfahrungen; auch der erzielte Erfolg soll berücksichtigungsfähig sein (BGH NJW 1963, 487; FG Hessen EFG 1991, 332 mAnm Schuhmann; Bengel/Reimann TV-HdB/Eckelskemper/Schmitz § 10 Rn. 16; Staudinger/Dutta, 2021, Rn. 33; MüKoBGB/Zimmermann Rn. 8). Für die Umsatzsteuerbelastung ist dies strittig (→ Rn. 41) (dafür Bengel/Reimann TV-HdB/Eckelskemper/Schmitz § 10 Rn. 16; aA OLG Köln ZEV 1994, 118 mAnm Klingelhöffer; OLG Frankfurt OLGR 2000, 86). Auch wenn diese Kriterien keine stringente Problemlösung im Wege einer exakten mathematischen Ableitung ermöglichen, so handelt es sich doch um keine Leerformeln (so aber Reimann DNotZ 2001, 344 (346)). Vielmehr wird deutlich, dass die Bestimmung der Angemessenheit der Vergütung nicht im Wege einer deduktiv-juristischen, sondern nur durch eine mehr typologisch-wertende Betrachtung des Einzelfalls zu bestimmen ist. Damit ist zwar ein bedauerlicher Verlust an Rechtssicherheit verbunden, jedoch hat der BGH zutreffend hervorgehoben, dass sich aus dem Begriff der Angemessenheit der Vergütung bereits ihrer Natur nach ergibt, dass diese nur im Rahmen des Ermessensspielraums bestimmt werden kann (BGH NJW 1963, 487; 1967, 2400; ZEV 2005, 22 (23)). Die Angemessenheitsprüfung erfolgt funktionell bezogen auf die vom Testamentsvollstrecker durchzuführenden Tätigkeiten (krit. Schiffer/Rott in Schiffer/Rott/Pruns, Die Vergütung des Testamentsvollstreckers, 2014, § 2 Rn. 7 f.).

7 Vor diesem Hintergrund und zur Ausfüllung des unbestimmten Begriffs der Angemessenheit greift die Praxis häufig auf **Tabellen** zurück, die von Einzelpersonen oder privaten Organisationen entwickelt worden sind (→ Rn. 15 ff.). Sie müssen von den Gerichten nicht anerkannt werden und haben daher nur empfehlenden Charakter. So unterschiedlich die Vergütungstabellen auch sind, so gehen sie doch zumeist von einer Grundvergütung aus, die den Nachlasswert als Bezugsgröße annimmt. Die Rspr. hingegen betont regelmäßig, dass sich die Frage der Angemessenheit der Vergütung nur durch die Umstände des konkreten Einzelfalls ermitteln ließe, was jede **schematische Herangehensweise verbiete.** Ein weiteres Problem besteht

darin, dass die Tabellen von den Nachlassaktiva ausgehen, die zum Verkehrswert anzusetzen sind, was zu zufälligen Ergebnissen führen kann (ebenso Schiffer/Rott in Schiffer/Rott/Pruns, Die Vergütung des Testamentsvollstreckers, 2014, § 2 Rn. 16). Gehört die Abwicklung der Verbindlichkeiten zum Pflichtenkreise des Testamentsvollstreckers, so sind jedenfalls sämtliche Vermögenswerte in den Nachlassbewertung einzubeziehen (Bruttonachlasswert, OLG Schleswig ZEV 2009, 625 (629)). Einen weiteren Streitpunkt bilden die Zuschläge, die die verschiedenen Tabellen vorsehen, sowohl bei der Frage, ob überhaupt ein Zuschlagstatbestand vorliegt und falls ja, in welcher Höhe dann der Zuschlag „angemessen" erfolgen sollte.

**2. Bemessungsgrundsätze. a) Wert- oder Zeitgebühr?.** Zwar ist eine zeitbezogene Ver- 8
gütung in der anwaltlichen Beratungspraxis durchaus üblich und kann diese Vergütungsform auch grds. ein faires Vergütungsprinzip darstellen. Gleichwohl wird sie, entgegen einer Mindermeinung, welche die Bestimmung der angemessenen Vergütung am **Zeitaufwand** orientiert (vor allem Zimmermann ZEV 2001, 334 ff.; Zimmermann TV Rn. 711 f.; Zimmermann FS Damrau, 2007, 37 ff.; dem offenbar zuneigend Damrau/Tanck/Bonefeld Rn. 26; Rott/Schiffer in Schiffer/Rott/Pruns, Die Vergütung des Testamentsvollstreckers, 2014, § 7 Rn. 4 ff.; vgl. auch den Vorschlag von Kraft ZEV 2019, 678), von der Rspr. und ganz hM abgelehnt. Diese legen der Bestimmung der Testamentsvollstreckervergütung den Nachlasswert zugrunde und wenden daher eine **Wertgebühr** an (BGH NJW 1963, 487; 1967, 2400; ZEV 2005, 22 (23); OLG Karlsruhe ZEV 2001, 286; NK-BGB/Kroiß Rn. 6; Haas/Lieb ZErb 2002, 202 (203); Reimann DStR 2002, 2008; Winkler TV Rn. 573). Dabei ist zu berücksichtigen, dass in der Wertgebühr die Größe des Nachlasses, dessen Wert und Umfang, das Maß der Verantwortung und damit auch die Gefahr der Haftung des Testamentsvollstreckers besonders zum Ausdruck kommt und damit auch dem Gedanken des Äquivalenzprinzips (→ Rn. 5) eher entspricht, während dies bei der Zeitvergütung nur durch Zu- oder Abschläge zu realisieren wäre, die zudem einer quantitativen Rechtfertigung bedürften. Dagegen soll die Abrechnung nach **Zeitaufwand** den „Bummler" und den wenig sachkundigen Testamentsvollstrecker bevorzugen, sodass ein uU langwieriger Streit über die objektive Notwendigkeit des angesetzten Zeitaufwands entsteht (Lieb, Die Vergütung des Testamentsvollstreckers, 2004, Rn. 102 ff.). Allerdings steigen Umfang und Schwierigkeit der Aufgaben nicht zwingend automatisch mit dem Wert des Nachlasses (explizit: Bonefeld ZEV 2021, 153 (155): die Werthaltigkeit des Nachlasses sei eigentlich von sekundärer Bedeutung). Ob man dem zustimmt oder nicht; auch die Abrechnung nach Zeit kann Fehlsteuerungen nicht verhindern. Setzt man etwa die Vergütung pro Zeiteinheit zu niedrig an, so wird sich kaum eine qualifizierte Person zur Übernahme der häufig schwierigen Testamentsvollstreckung bereit erklären, wenn man nicht eine großzügige Zeitberechnung zubilligt (Damrau/Tanck/Bonefeld Rn. 26: für berufsmäßige Testamentsvollstrecker ein Netto-Stundensatz von 120–150 Euro, für nicht berufsmäßige von 80–100 Euro; Birk, Vergütung und Aufwendungsersatz des Testamentsvollstreckers, 2003, 106 ff., differenziert noch stärker und gewährt bei ersteren, wenn sie Rechtsanwälte oder Wirtschaftsprüfer sind, 120 Euro zuzüglich Zuschlagsmöglichkeiten, bei anderen berufsmäßigen Vollstreckern mit nachgewiesenen Fachkenntnissen nur 85 Euro, bei nicht berufsmäßigen Testamentsvollstreckern billigt er nur Stundensätze von 25–60 Euro zu; ohne konkrete Vorschläge MüKoBGB/Zimmermann Rn. 24). Zutreffend betont der BGH, dass eine am Nachlasswert ausgerichtete Vergütungsbemessung „zulässig und der Rechtssicherheit und dem Rechtsfrieden förderlich" ist, und billigt damit explizit die Ansicht der Vorinstanz, welche den Ansatz einer Zeitgebühr ausdrücklich verworfen hatte (BGH ZEV 2005, 22 (24) mAnm Haas/Lieb). Gleichwohl scheint hier das letzte Wort noch nicht gesprochen worden zu sein, da durchaus Konstellationen bestehen, in denen eine Zeitvergütung zu angemessenen Ergebnissen führen kann. Grds. zulässig (§ 138) bleibt jedenfalls die Anordnung des Erblassers, wonach die Vergütung anhand des Zeitaufwandes zu berechnen ist (LG Köln BeckRS 2010, 14385).

**b) Bezugsgröße.** Erfasst die Testamentsvollstreckung den ganzen Nachlass, so ist Bezugs- 9
größe grds. der **Bruttowert** desselben, also die Summe des Aktivvermögens (Bengel/Reimann TV-HdB/Eckelskemper/Schmitz § 10 Rn. 29) ohne Abzug der Nachlassverbindlichkeiten, nicht aber der Nettowert (BGH NJW 1967, 2402; OLG Schleswig ZEV 2009, 625 = MittBayNot 2010, 139 m. zust. Anm. Reimann; Mayer/Bonefeld TV-HdB/J. Mayer § 21 Rn. 31; Reimann DNotZ 2001, 344 (346); MüKoBGB/Zimmermann Rn. 8; Tiling ZEV 1998, 331; aA OLG Hamburg HRR 1933 Nr. 1766). Denn die Schuldenregulierung ist besonders aufwändig und stellt normalerweise eine Hauptaufgabe der Testamentsvollstreckung dar. Anderes gilt nur, wenn die Schuldenregulierung nicht zum Aufgabenbereich der Testamentsvollstreckung gehört (BGH NJW 1967, 2402; Glaser NJW 1962, 1999). Ist die Testamentsvollstre-

ckung nur auf **bestimmte Teile** des Nachlasses beschränkt, so kann nur deren Wert herangezogen werden (NK-BGB/Kroiß Rn. 7; Reimann DNotZ 2001, 344 (348); vgl. auch Mayer/Bonefeld TV-HdB/J. Mayer § 21 Rn. 19). Daher ist bei einer **Erbteilsvollstreckung** bei einem noch nicht auseinandergesetzten Nachlass ein Abschlag von einem Drittel von dem Gesamtwert des Nachlasses nicht zu beanstanden (BGH ZEV 2005, 22 (23) mAnm Haas). Nimmt der Testamentsvollstrecker verschiedene Aufgaben wahr, so ist hierfür der **maßgebliche Zeitpunkt** zu bestimmen: Für die sog. **Regel-** und die **Konstituierungsgebühr** (→ Rn. 12) ist der **Bewertungsstichtag** der Zeitpunkt des Erbfalls, unabhängig von späteren Wertveränderungen (BGH DNotZ 1964, 171 (173 f.) = NJW 1963, 1615). Bei **Sondergebühren** sind spätere Veränderungen von Wert und Zusammensetzung des Nachlasses grds. zu berücksichtigen, also Wertsteigerungen oder Wertminderungen und Verringerung des Nachlasses durch Freigaben und Teilerbauseinandersetzungen bei einer besonderen Vergütung für die Erbauseinandersetzung (BGH DNotZ 1964, 171 (174); KG NJW 1974, 752; MüKoBGB/Zimmermann Rn. 8; Winkler TV Rn. 593; gegen die Berücksichtigung allgemeiner Wertschwankungen bei der Verwaltungsvollstreckung aber Staudinger/Dutta, 2021, Rn. 41).

**10** Bewertungsgrundlage ist der **Verkehrswert** (gemeine Wert) des Nachlasses (allgM, NK-BGB/Kroiß Rn. 7; Staudinger/Dutta, 2021, Rn. 39; krit. bezüglich der Bewertung von Gesellschaftsbeteiligungen Klingelhöffer Vermögensverwaltung Rn. 318 f.), nicht aber frühere steuerliche Bewertungsverfahren, wie etwa die Einheitswerte oder das Stuttgarter Verfahren, die zu realitätsfernen Ergebnissen führten (Staudinger/Dutta, 2021, Rn. 39), es sei denn, der Erblasser hätte ausdrücklich eine diesbezügliche Anordnung getroffen (NK-BGB/Kroiß Rn. 7; Lieb, Die Vergütung des Testamentsvollstreckers, 2004, Rn. 129; Staudinger/Dutta, 2021, Rn. 39; Winkler TV Rn. 591).

**11** Die zu berücksichtigenden Vorempfänge (§§ 2050 ff.) sind ebenso anzurechnen, wie auf den Pflichtteil anzurechnende **Vorempfänge.** Ist der Testamentsvollstrecker mit ihm befasst, so ist auch der **fiktive Nachlass** zu berücksichtigen. Darunter sind die Schenkungen und unbenannten Zuwendungen zu verstehen, die der Erblasser innerhalb der letzten zehn Jahre vor seinem Tod vorgenommen hat, vgl. § 2325 (Voss/Targan ZErb 2007, 241 (244 ff.); aA OLG Schleswig ZEV 2009, 625 = MittBayNot 2010, 139 m. zust. Anm. Reimann, wo jedoch ein Vergütungszuschlag zugebilligt wurde; unklar Eckelskemper RNotZ 2010, 242 (248).

**12** **c) Die Gebührentatbestände.** Ausgehend von der funktionalen Betrachtungsweise und dem Differenzierungsgebot (→ Rn. 5) liegt es nahe, anhand der Regeltypen der Testamentsvollstreckung verschiedene Gebühren- bzw. Vergütungstatbestände festzulegen. Daher teilt man üblicherweise (vgl. etwa Klingelhöffer ZEV 1994, 120 f.; NK-BGB/Kroiß Rn. 9 ff.; Damrau/Tanck/Bonefeld Rn. 6; Mayer/Bonefeld TV-HdB/J. Mayer § 21 Rn. 56; MüKoBGB/Zimmermann Rn. 18 ff.; s. auch tabellarischen Überblick bei Tiling ZEV 1998, 331 (333)) die möglichen Vergütungen für den Testamentsvollstrecker entspr. den vorzunehmenden Aufgaben wie folgt ein:

- die **Regelvergütung** (auch Grund- oder Vollstreckungsgebühr) (OLG Köln ZEV 1994, 118; Lieb, Die Vergütung des Testamentsvollstreckers, 2004, Rn. 148 ff.), die grds. immer anfällt und für die Abwicklung und Auseinandersetzung (Abwicklungsvollstreckung) des Nachlasses gezahlt wird;
- die **Konstituierungsgebühr** zur Abgeltung der Arbeit des Testamentsvollstreckers bei Übernahme des Amts für Ermittlung und Inbesitznahme des Nachlasses (§ 2205), Aufstellung und Mitteilung des Nachlassverzeichnisses (§ 2215) sowie Regulierung der Nachlassverbindlichkeiten, Erbschaftsteuererklärung und Begleichung von Steuerschulden;
- die periodische **Verwaltungsgebühr,** wenn Aufgabe des Testamentsvollstreckers die Nachlassverwaltung ist (Verwaltungsvollstreckung, § 2209 S. 1 Hs. 1), die jährlich zu bezahlen ist (vgl. etwa NK-BGB/Kroiß Rn. 21 f.; Lieb, Die Vergütung des Testamentsvollstreckers, 2004, Rn. 167 ff.);
- eine **besondere Auseinandersetzungsgebühr** (OLG Köln MittRhNotK 1993, 323; Grüneberg/Weidlich Rn. 7).

**13** Bedauerlicherweise bestehen für die Praxis keine gesicherten Erkenntnisse darüber, in welchem Verhältnis diese Gebührenarten zueinander stehen (Klingelhöffer ZEV 1994, 121). Jedoch herrscht Übereinstimmung insoweit, als auch bei einer „Aufspaltung" in mehrere „Gebührentatbestände" die Angemessenheit der von den Erben zu entrichtenden **Gesamtvergütung** (→ Rn. 25) gewahrt werden muss (MüKoBGB/Zimmermann Rn. 18; OLG Köln ZEV 1995, 70) und es eine „Abschlussgebühr", die nach der Beendigung der Testamentsvollstreckung zu zahlen wäre, nicht gibt (Staudinger/Dutta, 2021, Rn. 44). Auch ist eine **Vergütungsobergrenze** anzunehmen (→ Rn. 23 ff.). Anstelle der einfachen Addition der sich aus den verschiedenen

„Gebührentatbeständen" ergebenden Vergütungssätze setzt sich daher immer mehr durch, dass ausgehend vom Ansatz einer der genannten Gebühren Zu- oder uU auch Abschläge zu machen sind (so etwa Lieb, Die Vergütung des Testamentsvollstreckers, 2004, Rn. 186 ff.; NK-BGB/Kroiß Rn. 15 ff.). Die vorstehende Aufgliederung der tätigkeitsbezogenen Vergütung ist daher letztlich nur ein Hilfsmittel, damit der Testamentsvollstrecker bei einem Rechtsstreit mit dem Vergütungsschuldner seine Forderung plausibler darlegen und im Prozess substantiieren kann, um den „unbestimmten Rechtsbegriff" der „Angemessenheit" zu konkretisieren und seine Forderung transparenter zu machen (Mayer/Bonefeld TV-HdB/J. Mayer § 21 Rn. 47; ähnlich auch Lieb, Die Vergütung des Testamentsvollstreckers, 2004, Rn. 213 f.). Daher sollte auch nicht von „Gebührenarten" im eigentlichen Sinne, sondern von „Gebührenmerkmalen" gesprochen werden. Mit diesen Vorbehalten, die zudem angesichts des Fehlens einer klarstellenden Rspr. zu machen sind, wird man von folgenden Grundsätzen ausgehen müssen (vgl. auch Damrau/Tanck/Bonefeld Rn. 6; Lieb, Die Vergütung des Testamentsvollstreckers, 2004, Rn. 213 ff.; Zimmermann TV Rn. 704a):

- Obliegt dem Testamentsvollstrecker der **Normaltypus** der Testamentsvollstreckung, nämlich die **Abwicklungs- und Auseinandersetzungsvollstreckung** (§§ 2203 ff.), so kann eine zusätzliche Konstituierungsgebühr nicht verlangt werden (Tiling ZEV 1998, 333), eine zusätzliche Auseinandersetzungsgebühr kommt nur ausnahmsweise in Betracht (MüKoBGB/Zimmermann Rn. 19). Es bleibt bei der **Regelgebühr** (= Grundgebühr).
- Eine **Konstituierungsgebühr** scheidet daher grds. bei der Abwicklungsvollstreckung aus (BayObLGZ 1972, 379; OLG Köln ZEV 1994, 118 (119)). Dagegen kommt sie neben einer anfallenden periodischen Verwaltungsgebühr in Betracht, wenn die Konstituierung eine besonders aufwändige Tätigkeit erfordert (Ausnahmefall) (Grüneberg/Weidlich Rn. 7; MüKoBGB/Zimmermann Rn. 20).
- Eine **Verwaltungsgebühr** kommt bei der Verwaltungs- oder Dauertestamentsvollstreckung (§ 2209) in Frage, was jedoch eine längere oder umfangreiche und zeitraubende Tätigkeit voraussetzt (OLG Köln ZEV 1995, 70 (71): ein Jahr nicht genügend), aber auch bei einer länger hinausgeschobenen Erbauseinandersetzung im Falle der zunächst nur als Abwicklungsvollstreckung gedachten Testamentsvollstreckung möglich ist (MüKoBGB/Zimmermann Rn. 21). Sie kann offensichtlich **zusätzlich zur Grundgebühr** verlangt werden, wenn diese die ebenfalls mit angeordnete Auseinandersetzung abdeckt (so wohl OLG Köln ZEV 1994, 118 (120)).
- Eine besondere **Auseinandersetzungsgebühr** scheidet grds. aus; sie ist im Normalfall durch die Grundgebühr abgedeckt. Sie kann nur dann verlangt werden, wenn die Auseinandersetzung auf Konstituierung und lange Verwaltung nach Jahren folgt und besonders anspruchsvoll und schwierig ist und damit über die Tätigkeit hinausgeht, die im Regelfall mit der normalen Abwicklungsvollstreckung (Normaltyp) verbunden ist, denn dann ist sie von der Grundgebühr nicht abgegolten (OLG Köln ZEV 1994, 118 (120); Grüneberg/Weidlich Rn. 7; Tiling ZEV 1998, 331 (334), großzügiger). Zu weitreichend, weil die Regelaufgaben des Testamentsvollstreckers (§§ 2203, 2204) verkennend, ist die Auffassung (Winkler TV Rn. 590), dass eine vom Testamentsvollstrecker bewirkte Auseinandersetzung „stets eine angemessene Erhöhung der normalen Vergütung" zur Folge habe und zwar mit einem Zuschlag von 70–80% auf die Sätze des Rheinischen Notariats.

**d) Vergütungssätze.** Stehen Bezugsgröße und Vergütungstatbestand fest, so sind Vergütungssätze erforderlich, um daraus die konkrete Vergütung zu berechnen (KG NJW 1974, 752). Soweit man davon ausgeht, dass sich die Vergütung des Testamentsvollstreckers nach einer Wertgebühr richtet (→ Rn. 8), sind hier Vomhundertsätze allgemein üblich, die sich auf den Bruttowert des Nachlasses beziehen (→ Rn. 9). Hierfür wurden in der Praxis verschiedene Tabellen entwickelt, die zwar praktikabel sind, bei denen aber umstritten ist, ob sie wirklich im Einzelfall zutreffend die vom Gesetz verlangte Angemessenheit sichern **(„Tabellenstreit")** (Bengel/Reimann TV-HdB/Eckelskemper/Schmitz § 10 Rn. 36; Reimann in Schiffer/Rott/Pruns, Die Vergütung des Testamentsvollstreckers, 2014, § 3 Rn. 10 ff.). Jedenfalls dürfen sie nicht zu schematisch angewandt werden (OLG Köln ZEV 1995, 70). Allen Tabellen ist gemein, dass sie nicht begründen, weshalb bei den von ihnen festgesetzten Stufen bzw. Prozentsätzen die Vergütung angemessen sein soll, bei anderen Werten hingegen nicht. **14**

Die **Rheinische Tabelle** aus dem Jahr 1925 (vom Verein für das Notariat in Rheinpreußen, JW 1935, 1831 = DNotZ 1935, 623) ist die am längsten gebräuchliche, die auch von der Rspr. (BGH NJW 1967, 2400; OLG Köln NJW-RR 1987, 1097; 1994, 269; OLG Düsseldorf MittRhNotK 1996, 172. Für die Tabelle von Tschischgale aber OLG Frankfurt OLGR 2000, **15**

86 = MDR 2000, 788) und Teilen der Lit. immer noch überwiegend bevorzugt wird. Die dort genannten RM-Beträge verstanden sich früher in DM und werden im Verhältnis 2:1 auf Euro umgerechnet (Lieb, Die Vergütung des Testamentsvollstreckers, 2004, Rn. 151). Keine Einigkeit besteht darüber, ob diese Sätze sich nur auf die Konstituierung (Winkler TV Rn. 580, 590) oder auch auf die anschließenden Abschnitte der Testamentsvollstreckung beziehen (vgl. etwa Bengel/Reimann TV-HdB/Eckelskemper/Schmitz § 10 Rn. 74; Klingelhöffer ZEV 1994, 121; vgl. auch OLG Düsseldorf MittRhNotK 1996, 172: bei anschließender längerer Verwaltungstätigkeit mit umfangreicher, zeitraubender Tätigkeit kann eine höhere Gebühr angemessen sein). Nach dem Wortlaut der Tabelle mit der Verwendung des Wortes „Regelfall" ist wohl davon auszugehen, dass die dort genannten Sätze eine „normale Konstituierung" und eine Verwaltung in überschaubarer Zeit mit anschließend normaler Abwicklung umfassen sollen (OLG Düsseldorf MittRhNotK 1996, 172; Damrau/Tanck/Bonefeld Rn. 11; Lieb, Die Vergütung des Testamentsvollstreckers, 2004, Rn. 153). Nach dem OLG Köln kann aber auch die nach der Rheinischen Tabelle sich ergebende Vergütungshöhe zu hoch sein, wenn ein nur geringer Zeit- und Schwierigkeitsaufwand bestand, der Testamentsvollstrecker zugleich selbst Miterbe ist und als Erbe in ähnlichem Umfang hätte tätig werden müssen (OLG Köln ZEV 1995, 70). Eine **Erhöhung** der „Rheinischen Tabelle" wurde von der Rspr. trotz der seit 1925 eingetretenen Veränderungen über viele Jahre hinweg abgelehnt (BGH NJW 1967, 2400 (2402); OLG Köln NJW-RR 1987, 1097 (1098); für Anhebung aber OLG Karlsruhe ZEV 2001, 286 (287); für angemessene Anpassung auch Zimmermann FS Damrau, 2007, 37 (60 f.)). Teilweise wird jedoch im Schrifttum gefordert, gewisse **Zuschläge** zu diesen Sätzen zu machen, so von 20–40 bzw. 50% (für Letzteres etwa Winkler TV Rn. 581; für generelle Neuberechnung Bengel/Reimann TV-HdB/Eckelskemper/Schmitz § 10 Rn. 44 ff.; für Anpassungsbedürftigkeit auch Lieb, Die Vergütung des Testamentsvollstreckers, 2004, Rn. 154 ff. mit eingehender Darstellung).

**16** Die Vergütungsempfehlungen des **Deutschen Notarvereins** (ZEV 2000, 181, dazu auch www.dnotv.de; tabellarische Übersichten bei Mayer/Bonefeld TV-HdB/J. Mayer § 21 Rn. 27 ff.; Damrau/Tanck/Bonefeld Rn. 17 ff.; dazu eingehend Bengel/Reimann TV-HdB/Eckelskemper/Schmitz § 10 Rn. 51 ff.; dazu zust. Reimann DNotZ 2001, 344 (355 f.); zur (unzutr.) Kritik an dieser Tabelle Eckelskemper RNotZ 2010, 242 (245 f.)) verstehen sich als „Nachfolgemodell" der Rheinischen Tabelle und wird daher auch **„Neue Rheinische Tabelle"** genannt (gebilligt von OLG Köln ZEV 2008, 335; OLG Schleswig ZEV 2009, 629). Sie gehen über diese noch hinaus, weil sie nicht nur Vergütungssätze enthalten, sondern auch noch weitreichendere Vergütungsempfehlungen: Ausgegangen wird dabei von einem Vergütungsgrundbetrag für die normale Abwicklung; je nach der konkreten Ausgestaltung der Testamentsvollstreckung werden hierzu Zuschläge gemacht. Diese Empfehlungen führen idR zu einer erheblich höheren Vergütung (krit., weil immer nur Zuschläge gemacht werden, Zimmermann FS Damrau, 2007, 37 (51 ff.)); gleichwohl, oder deshalb, scheint ihre Verbreitung zuzunehmen (so Bonefeld ZEV 2021, 153).

**17** Daneben finden in der Praxis noch weitere Tabellen Anwendung, so insbes. die sog. **„Möhring'sche Tabelle"** (Möhring/Beisswingert/Klingelhöffer Vermögensverwaltung 224 ff.), die in der Praxis recht häufig verwendet wird (Damrau/Tanck/Bonefeld Rn. 13; Lieb, Die Vergütung des Testamentsvollstreckers, 2004, Rn. 165; empfehlend etwa Winkler TV Rn. 582; gebilligt durch OLG Karlsruhe ZEV 2001, 286; OLG Köln NJW-RR 1987, 1414 (1415)) und später von Klingelhöffer weiterentwickelt wurde (Klingelhöffer Vermögensverwaltung Rn. 323), sowie die **Tabelle von Tschischgale** (Tschischgale JurBüro 1965, 89 (93)), die einmal vom OLG Frankfurt gebilligt wurde (OLG Frankfurt OLGR 2000, 86 = MDR 2000, 788 (789)). Andere Tabellen, wie etwa die **„Berliner Praxis"** (dazu Tilling ZEV 1998, 331 (336)) oder die Tabellen von **Steiner** (Groll/Steiner ErbRBeratung-HdB Rn. 29.400 ff.) und **Eckelskemper/Schmitz** (Bengel/Reimann TV-HdB/Eckelskemper/Schmitz § 10 Rn. 39), finden sich nur in den Erläuterungsbüchern und Kommentaren. Zum Vergleich wird darüber hinaus die **Insolvenzrechtliche Vergütungsverordnung (VVG)** herangezogen, ob die Sachverhalte nicht durchgängig vergleichbar sind.

Die Die Tabellen weichen teilweise deutlich voneinander ab, wie dieser Überblick verdeutlicht: **18**

<table>
<tr><th>Brutto-Nachlasswert in Euro</th><th>Rheinische Tabelle</th><th>Möhring'sche Tabelle, fortentwickelt von Klingelhöffer</th><th>Tschischgale (Regelfall – umgestellt auf Euro im Verhältnis 1 : 2)</th><th>Deutscher Notarverein (neue Rheinische Tabelle)</th></tr>
<tr><td>bis zu 2.500 Euro</td><td>4%</td><td rowspan="4">7,5%</td><td rowspan="2">5%,<br>max. 500 Euro</td><td rowspan="10">4%</td></tr>
<tr><td>bis zu 10.000 Euro</td><td>4%</td></tr>
<tr><td>bis zu 10.225 Euro</td><td>4%</td><td rowspan="4">3,75%,<br>max. 1.500 Euro</td></tr>
<tr><td>bis zu 12.500 Euro</td><td>3%</td></tr>
<tr><td>bis zu 25.000 Euro</td><td>3%</td><td>7%</td></tr>
<tr><td>bis zu 50.000 Euro</td><td>3%</td><td>6%</td></tr>
<tr><td>bis zu 51.129 Euro</td><td>3%</td><td>5%</td><td rowspan="5">2,5%,<br>max. 11.250 Euro</td></tr>
<tr><td>bis zu 100.000 Euro</td><td>2%</td><td>5%</td></tr>
<tr><td>bis zu 200.000 Euro</td><td>2%</td><td>4,5%</td></tr>
<tr><td>bis zu 250.000 Euro</td><td>2%</td><td rowspan="2">4%</td></tr>
<tr><td>bis zu 500.000 Euro</td><td>2%</td><td>3%</td></tr>
<tr><td>bis zu 511.291 Euro</td><td>2%</td><td>3%</td><td rowspan="6">1,25%</td><td rowspan="4">2,5%</td></tr>
<tr><td>bis zu 1.000.000 Euro</td><td>1%</td><td>3%</td></tr>
<tr><td>bis zu 1.250.000 Euro</td><td>1%</td><td rowspan="4">1%</td></tr>
<tr><td>bis zu 2.500.000 Euro</td><td>1%</td></tr>
<tr><td>bis zu 5.000.000 Euro</td><td>1%</td><td>2,0%</td></tr>
<tr><td>darüber</td><td>1%</td><td>1,5%</td></tr>
</table>

Dabei ist allerdings zu beachten, dass die Tabellen teilweise **unterschiedlich anzuwenden** sind. Bei der Rheinischen Tabelle und der Tabelle von Tschischgale erfolgt die Berechnung der Gebühr stufenweise und jeweils gesondert für jede Wertstufe; erst die Addition der einzelnen sich danach ergebenden Beträge ergibt die Vergütung (Berechnungsbeispiele etwa bei Staudinger/Dutta, 2021, Rn. 46). Bei der von Klingelhöffer fortentwickelten Möhring'schen Tabelle wird demgegenüber die Vergütung bis zu dem unter dem Nachlasswert liegenden Schwellenwert einheitlich ermittelt; dann wird der Betrag berechnet, der sich aus dem Prozentsatz für den nächsten Schwellenwert ergibt (vgl. Klingelhöffer Vermögensverwaltung Rn. 323). Bei einem Nachlass von 268.000 Euro ergibt sich demnach die Vergütung durch Ansatz von 4,5% aus 200.000 Euro zuzüglich von 4% aus 68.000 Euro, also insgesamt 11.720 Euro. Demgegenüber kann bei den Empfehlungen des Deutschen Notarvereins (Neue Rheinische Tabelle) die Vergütung grds. direkt aus der Tabelle abgelesen und linear angewandt werden; nur damit durch das Überschreiten einer Wertstufe die Vergütung aufgrund der dann eintretenden Degression nicht niedriger ausfällt als bei Ansatz des Nachlasses unterhalb dieser Wertstufe ist mindestens der höchste Betrag der vorigen Stufe maßgebend.

19 Die Anwendung der verschiedenen Tabellen führt zu ganz **unterschiedlichen Vergütungen.** So errechnet etwa Bonefeld (Mayer/Bonefeld TV-HdB/Bonefeld § 44 Rn. 42 f.; vgl. auch Zimmermann TV Rn. 706a) Folgendes:

| Nachlass in Euro | Rheinische Tabelle | Tschischgale | Klingelhöffer | Deutscher Notarverein | Mittelwert |
|---|---|---|---|---|---|
| 50.000 Euro | 1.600 Euro | 2.000 Euro | 3.000 Euro | 2.000 Euro | 2.150 Euro |
| 250.000 Euro | 5.600 Euro | 7.000 Euro | 9.000 Euro | 10.000 Euro | 7.900 Euro |
| 500.000 Euro | 10.600 Euro | 13.250 Euro | 20.000 Euro | 15.000 Euro | 14.712,50 Euro |
| 2,5 Mio. Euro | 30.600 Euro | 38.250 Euro | 45.000 | 62.500 Euro | 44.087,50 Euro |

20 Der **BGH** hat die Anwendung der „alten Rheinischen Tabelle" als akzeptable Grundlage bezeichnet, jedoch mit der Einschränkung, dass jeder von den Einzelfallumständen abweichende **Schematismus zu vermeiden** sei und die Besonderheiten des Einzelfalls nicht außer Acht gelassen werden dürften, weil diese Tabellenwerte nur einen Anhalt für die Fälle gäben, in denen der Testamentsvollstrecker die üblichen Aufgaben einer Nachlassabwicklung erfülle (BGH NJW 1963, 487; 1967, 876; gegen schematische Anwendung der Tabellen auch BGH ZEV 2005, 22 (23)). Er hat weiter betont, dass es in der Natur der Sache liegt, dass die Angemessenheit der Vergütung nur im Rahmen eines Ermessensspielraumes bestimmt werden kann, meint damit aber offenbar die eingeschränkte Revisibilität der Entscheidung der Tatsacheninstanz, nicht aber einen Ermessensspielraum des Testamentsvollstreckers (Mayer/Bonefeld TV-HdB/J. Mayer § 21 Rn. 38). Die Rspr. beschränkt sich daher im Wesentlichen darauf zu überprüfen, ob die festgesetzte Gebühr offensichtlich unangemessen ist. Dazu wird man feststellen können, dass keine der in der Praxis verwandten Gebührentabellen offensichtlich unangemessen ist, weil diese sonst dort nicht angewendet werden würden. Jedoch bietet die einseitige Festlegung des Testamentsvollstreckers auf eine der Tabellenwerte ein erhebliches „Restrisiko" in einem Prozess. Es liegt daher nahe, zur Beendigung des „Tabellenstreits" den goldenen Schnitt zu machen und ein **„arithmetisches Mittel"** aus den genannten, in der Praxis verwandten Tabellen von Tschischgale, Klingelhöffer und des Deutschen Notarvereins sowie der Rheinischen Tabelle zu bilden (Mayer/Bonefeld TV-HdB/J. Mayer § 21 Rn. 38). Die Vergütungsempfehlungen des Deutschen Notarvereins wurden mittlerweile in einigen Gerichtsentscheidungen als Mittel zur Bestimmung der Angemessenheit der Vergütung gebilligt (OLG Schleswig ZEV 2009, 625 mAnm Klumpp; LG Köln RNotZ 2007, 40; von OLG Köln ZEV 2008, 335 gebilligt, weil die Beteiligten von diesen „übereinstimmend" ausgingen). Zu beachten ist auch, dass **Differenzierungsgebot und Äquivalenzprinzip** verlangen, dass jede Tabelle nur als grobes Raster genutzt wird. Stets müssen ergänzende Faktoren berücksichtigt und gewichtet werden (ebenso Bonefeld ZEV 2021, 153; Reimann in Schiffer/Rott/Pruns, Die Vergütung des Testamentsvollstreckers, 2014, § 3 Rn. 23–25); eine rein schematische Anwendung einer Tabellenvergütung ist abzulehnen.

21 **e) Sonderfall Verwaltungsvollstreckung.** Bei länger andauernder Verwaltungsvollstreckung (§ 2209) ist mittlerweile unbestritten, dass nicht die oben genannten allgemeinen Tabellenwerte anzusetzen sind, und überwiegend anerkannt, dass die Vergütung in periodischen Zeitabschnitten zu erbringen ist, und zwar meist jährlich (NK-BGB/Kroiß Rn. 21; Klingelhöffer Vermögensverwaltung Rn. 324; Lieb, Die Vergütung des Testamentsvollstreckers, 2004, Rn. 169; ausf. Winkler TV Rn. 595 ff.). Der **Höhe** nach werden genannt: Entweder bezogen auf den Bruttonachlass Werte von jährlich 1/3% bis 1/2% des Nachlasses (KG NJW 1974, 752; Tiling ZEV 1998, 331 (334); Haas/Lieb ZErb 2002, 202 (208); OLG Köln NJW-RR 1994, 269 (270) spricht von 1/3 bis ¼%) oder aber vom Jahresbetrag der laufenden Einkünfte 2–4% (OLG Düsseldorf MittRhNotK 1996, 172; Winkler TV Rn. 595 ff.; Glaser DB 1979, 877; nur referierend BGH NJW 1967, 876. Vergütungsempfehlungen des Deutschen Notarvereins Ziff. III 1: 1/3 bis 1/2% des Nachlassbruttowerts jährlich, oder, wenn höher 2–4% des Nachlassbruttoertrags). Die allein am Ertrag orientierte Bestimmung der Verwaltungsvergütung birgt die Gefahr, dass der Testamentsvollstrecker im eigenen Interesse nach einer möglichst hohen Gewinnmaximierung strebt und notwendige Investitionen unterlässt. Sie wird daher bei der Testamentsvollstreckung über einen umfangreichen Nachlass und des sich für den Testamentsvollstrecker ergebenden Arbeitsaufwands seiner erhöhten Verantwortung nicht gerecht (Mayer/Bonefeld TV-HdB/J. Mayer § 21 Rn. 39). Daher ist eine

am Ertrag ausgerichtete Bemessung der Vergütung nur bei der „einfachen" **Verwaltung** von Konten und **Sparguthaben** angemessen. Bei Wertpapieren wie Aktien ist wegen des damit verbundenen Haftungsrisikos (dazu Klumpp ZEV 1994, 65) sicherlich eine höhere Vergütung anzusetzen. Ansonsten ist der Bruttowert des Nachlasses anzusetzen mit den oben genannten, wiederum je nach der Aufgabenstellung zu erhöhenden oder zu verminderten Prozentbruchteilen. Soweit es um die Verwaltung von Grundstücken und **Mietshäusern** geht, wird man aber mindestens den Betrag ansetzen müssen, den auch gewerbliche Hausverwaltungen für derartige Tätigkeiten verlangen (OLG Hamburg HansRGZ 1936, B 145; NK-BGB/Kroiß Rn. 21). Dort werden Vergütungen von 3–8% der Nettojahresmieten vereinbart, aber letztlich zeigt sich hier kein bundeseinheitliches Bild (Bengel/Reimann TV-HdB/Eckelskemper/Schmitz § 10 Rn. 81).

Hat der Testamentsvollstrecker eine **unternehmerische Tätigkeit** auszuüben, wird oftmals vorgeschlagen, ihm eine **Gewinnbeteiligung** zuzubilligen (Tiling ZEV 1998, 338; ausf. zur gesamten Problematik Mayer/Bonefeld TV-HdB/J. Mayer § 21 Rn. 40 ff.), wobei noch nicht abschließend geklärt ist, ob dies nur bei einem **eigenen Haftungsrisiko** (bei der sog. Treuhandlösung, → § 2205 Rn. 36) zulässig ist. Das LG Hamburg hat bei erfolgreicher Unternehmenstätigkeit **10%** des bilanzierten Reingewinns als angemessen angesehen (MDR 1959, 761; dem zust. Winkler TV Rn. 600; ebenso wohl Staudinger/Dutta, 2021, Rn. 57 und bei Vollrechtstreuhand mit Übernahme der Unternehmerstellung bei Personengesellschaft auch die Vergütungsempfehlungen des Deutschen Notarvereins Ziff. III 2a. Auch BGH DNotZ 1964, 164 (171) verweist auf diese Entscheidung und rechtfertigt eine hohe Vergütung mit dem Unternehmerrisiko; darunter versteht der BGH allerdings offensichtlich das Haftungsrisiko im Innenverhältnis zu den Erben und dass der Testamentsvollstrecker uU keinen Reingewinn mehr erwirtschaftet, Bengel/Reimann TV-HdB/Eckelskemper/Schmitz § 10 Rn. 99). Dadurch besteht allerdings ggf die Gefahr eines „Raubbau-Treibens" zulasten einer gesunden Unternehmensstruktur. Bei Unternehmen mit geringer oder keiner Ertragsaussicht wird es schwierig sein, einen geeigneten Testamentsvollstrecker zu finden (Bengel/Reimann TV-HdB/Eckelskemper/Schmitz § 10 Rn. 103). Richtiger ist es daher, sich für die Bemessung der Vergütung an den **Gehältern** entsprechender **Geschäftsführer** oder Vorstandsmitglieder vergleichbarer Unternehmen zu orientieren, wird doch nur dies einer funktionsbezogenen Beurteilung gerecht (NK-BGB/Kroiß Rn. 22; MüKoBGB/Zimmermann Rn. 21; Tiling ZEV 1998, 331 (338); Winkler TV Rn. 600; Mayer/Bonefeld TV-HdB/J. Mayer § 21 Rn. 42). Allerdings gibt es hier ganz erhebliche Differenzen in den Gehaltsstrukturen (Bengel/Reimann TV-HdB/Eckelskemper/Schmitz § 10 Rn. 101 f.). Soweit nur eine beaufsichtigende Testamentsvollstreckung über das gesamte Unternehmen angeordnet ist, kann man sich für die Bemessung der Vergütung an entsprechenden Gehältern von Aufsichtsratsmitgliedern orientieren (Staudinger/Dutta, 2021, Rn. 57). – Auch bei **besonders werthaltigen, großen Nachlässen** jenseits von etwa 5 Mio. Euro bieten die Tabellen nur eingeschränkt überzeugende Lösungen. Hier kommt es in besonderem Maße auf die Berücksichtigung des Differenzierungsgebotes und die tätigkeitsbezogenen Umstände an (vgl. den Vorschlag von Bonefeld ZEV 2021, 153 ff.). 22

**f) Zu- und Abschläge, Obergrenze.** Das bloße Abstellen auf Gebührentatbestände und Gebührenhöhe in Abhängigkeit vom Nachlasswert wird dem Differenzierungsgebot und den vielfältigen Ausgestaltungen und Anforderungen, die bei einer Testamentsvollstreckung im Einzelfall auftreten können, nicht gerecht. Denn dadurch werden von den in → Rn. 6 dargestellten Kriterien nur die Merkmale „Regeltypus der Testamentsvollstreckung" und das quantitative Element „Nachlasswert" erfasst (NK-BGB/Kroiß Rn. 15; vgl. auch Reimann DNotZ 2001, 344 (347); DStR 2002, 2008 (2009)). Daher wird in der Lit. zunehmend die Auffassung vertreten, die übrigen qualitativen Merkmale zur Bestimmung der Vergütung der Testamentsvollstreckung durch ein System von Zu- und Abschlägen von den so zunächst ermittelten Werten zu bestimmen, wobei die Insolvenzrechtliche Vergütungsordnung (InsVV) vielfach als Modell herangezogen wird (so etwa Bengel/Reimann TV-HdB/Eckelskemper/Schmitz § 10 Rn. 105; Damrau/Tanck/Bonefeld Rn. 26; Reimann DNotZ 2001, 344 (347); Mayer/Bonefeld TV-HdB/J. Mayer § 21 Rn. 44 und 49 ff. m. ausf. Fallgruppenbildung). Und auch in der veröffentlichten Rspr. werden vielfach solche Zu- und Abschläge gemacht (zu Details → Rn. 23.1). Dabei wird betont, dass die Tabellenwerte nicht schematisch auf den Einzelfall angewandt werden dürften und nur einen Anhalt für die Fälle geben würden, in denen der Testamentsvollstrecker die üblichen Aufgaben der Nachlassabwicklung erfüllt (BGH NJW 1963, 487; 1967, 876) 23

Vgl. etwa die Übersichten bei NK-BGB/Kroiß Rn. 16 ff.; Mayer/Bonefeld TV-HdB/J. Mayer § 21 Rn. 49 ff.; für Zuschläge OLG Köln ZEV 1994, 118 (119): 50% Zuschlag zur Regelvergütung, weil Abwicklung und Aufteilung des Nachlasses einen Umfang erreicht hat, der über dem Durchschnitt lag und zwei Grundstücke zu verkaufen waren; FG Hessen EFG 1991, 333: bei drei letztwilligen Verfügungen 23.1

und 55 Vermächtnisnehmern ein Vergütungssatz von 5% aus 588.000 DM; OLG Düsseldorf MittRhNotK 1996, 172 zur Verwaltungsvollstreckung; bei einer Erbteilsvollstreckung hat es BGH ZEV 2005, 222 (223) mAnm Haas/Lieb gebilligt, wenn für die Vergütungsbemessung zunächst vom gesamten Nachlasswert ausgegangen wurde und dann ein Abschlag von einem Drittel gemacht wurde; vgl. auch OLG Düsseldorf ZEV 1998, 356 (357) bei Vergütung eines Nachlasspflegers entspr. der Rheinischen Tabelle; zu Abschlägen OLG Köln NJW-RR 1995, 202 = ZEV 1995, 70 (71), weil Testamentsvollstrecker als Miterbe und Bevollmächtigter auch ohne das Amt handeln konnte und musste. Ausführliches System von Zuschlägen je nach Aufgabenstellung Vergütungsempfehlungen des Deutschen Notarvereins (→ Rn. 16) Ziff. II.

24 Die Bildung von **fallgruppenorientierten Zu- und Abschlägen** ist in der Tat eine sachgerechte Methode zur Verwirklichung der Einzelfallgerechtigkeit. Nicht zu Unrecht hat der Gesetzgeber bei der neu geschaffenen **insolvenzrechtlichen Vergütungsordnung** (InsVV) dort ausdrücklich ein System von Zu- und Abschlägen normiert. Durch die Vornahme von **Abschlägen** kann insbes. der vorzeitigen **Beendigung** des Amts (vgl. OLG Hamburg OLGE 18, 320 (321); Tiling ZEV 1998, 331) oder einer zu langsamen und wenig effektiv durchgeführten Testamentsvollstreckung (OLG Frankfurt OLGR 2000, 86 = MDR 2000, 788 (789)) Rechnung getragen werden. Zusammen mit **Fallgruppen** (Staudinger/Dutta, 2021, Rn. 47 ff.; Bengel/Reimann TV-HdB/Eckelskemper/Schmitz § 10 Rn. 109 ff.; Mayer/Bonefeld TV-HdB/J. Mayer § 21 Rn. 49 ff.) kann dies zu praktisch tauglichen Lösungsansätzen führen, wenngleich es naturgemäß auch keine allgemein gültige Lösung für jeden Einzelfall liefern kann. Liegt jedoch eine typische Fallgestaltung vor, so kann die **Angemessenheit** der hierfür allgemein entwickelten Vergütungsregelung **vermutet** werden, jedoch ist der Beweis des Gegenteils möglich (Staudinger/Dutta, 2021, Rn. 51). Für die praktische Tauglichkeit ist es dabei wichtig, dass nicht nur zu ermitteln ist, wann Zu- und Abschläge zu machen sind, sondern auch, in welcher Höhe dies zu geschehen hat. Ein klares, sachlich differenziertes System schlägt Eckelskemper vor (Bengel/Reimann TV-HdB/Eckelskemper/Schmitz § 10 Rn. 86 ff., 112 ff.), während die Bemühungen von Lieb zu sehr im Unverbindlichen bleiben (Lieb, Die Vergütung des Testamentsvollstreckers, 2004, Rn. 207 ff., 229 f.). Das ausgefeilteste und transparenteste System enthalten die Empfehlungen des Deutschen Notarvereins (→ Rn. 16), welches es den Beteiligten auch ermöglicht, die Berechnung nachzuvollziehen und zu überprüfen (Staudinger/Dutta, 2021, Rn. 49). Es wird daher den Anforderungen am besten gerecht, die an ein Vergütungsmodell zu stellen sind, nämlich dass dieses der Rechtssicherheit und dem Rechtsfrieden förderlich ist, wie auch der BGH betont hat (BGH ZEV 2005, 22 (23) mAnm Haas/Lieb). Der Nachteil der Empfehlungen des Deutschen Notarvereins, dass diese tendenziell recht hohen Vergütungen führen (so zutr. MüKoBGB/Zimmermann Rn. 17), liegt im Wesentlichen daran, dass die Vergütungssätze als solche zu hoch angesetzt werden. Das kann aber nach dem hiesigen Ansatz, ein arithmetisches Mittel (→ Rn. 20) aus den gängigen Tabellen zu bilden, vermieden werden.

25 Aber auch wenn man die Empfehlungen des Deutschen Notarvereins nicht anwendet, so wird man von dem Vergütungstatbestand (→ Rn. 12) auszugehen haben, der der **Schwerpunkt** der Tätigkeit des Testamentsvollstreckers ist (Verwaltungsvollstreckung, Abwicklungsvollstreckung), und entsprechende Zu- und Abschläge machen. Treffen mehrere der genannten Erschwerungsgründe zusammen, so sind sie jeweils gesondert zu berücksichtigen; für die Vergütung sind dann entsprechende Zu- oder auch Abschläge zu tätigen, sodass man wegen des **Grundsatzes der einheitlichen Gesamtvergütung** zu einer einheitlichen Gebühr kommt. Anerkannt ist jedoch, dass es eine **Gesamtobergrenze** für die Testamentsvollstreckervergütung gibt, die in den neueren Stellungnahmen bei **12%** des Nachlasswertes angesetzt wird (FG Hessen EFG 1991, 333; Bengel/Reimann TV-HdB/Eckelskemper/Schmitz § 10 Rn. 85; Winkler TV Rn. 601: „mit allem Vorbehalt"; Tiling ZEV 1998, 335 mit der Differenzierung, dass bei Nachlasswerten unter 100.000 DM dies zu wenig sei; ähnlich NK-BGB/Kroiß Rn. 20; lediglich diese Grenze referierend Staudinger/Dutta, 2021, Rn. 62. Die Vergütungsempfehlungen des Deutschen Notarvereins sehen in Ziff. II 2 als Gesamtvergütung idR das Dreifache des Grundbetrags vor). Bei der **Verwaltungsvollstreckung** fallen jedoch periodisch zu zahlende Vergütungen an, sodass diese zusätzlich zur Konstituierungsgebühr zu vergüten sind; dabei kann die 12%-Grenze nicht gelten, da die Verwaltungsvollstreckung uU viele Jahrzehnte dauern kann (Tiling ZEV 1998, 335; NK-BGB/Kroiß Rn. 20; Reimann DNotZ 2001, 334 (345); Reimann DStR 2002, 2008 (2010)). Dieses quasi „interpolierende Verfahren" stellt allerdings nur ein praktisches Hilfsmittel für eine transparentere Vergütungsberechnung dar.

26 **3. Mehrere Testamentsvollstrecker.** Auch für den Fall, dass mehrere Testamentsvollstrecker tätig sind, enthält das Gesetz keine Regelung. Jedenfalls steht jedem einzelnen Testamentsvollstrecker der Vergütungsanspruch eigenständig zu, den er auch ohne die Mitwirkung der Mitvollstre-

cker geltend machen kann. Darüber hinaus ist zwischen einer parallelen und einer sukzessiven Tätigkeit mehrerer Vollstrecker zu unterscheiden. Bei einer **sukzessiven Tätigkeit** erhält jeder Testamentsvollstrecker nur für diejenigen Tätigkeiten eine Vergütung, die er selbst und nicht etwa sein Vorgänger oder Nachfolger erbracht hat, eine angemessene Vergütung. Bei gemeinschaftlicher oder **paralleler Tätigkeit** mehrerer Testamentsvollstrecker ist die Vergütung weder schematisch zu teilen noch einfach zu vervielfältigen (allgM, vgl. etwa Reimann in Schiffer/Rott/Pruns, Die Vergütung des Testamentsvollstreckers, 2014, § 3 Rn. 39 f.; anders noch OLG Stuttgart BWNotZ 1961, 92). Jeder Testamentsvollstrecker erhält vielmehr eine individuelle Vergütung nach Maßgabe seiner Tätigkeit (BGH NJW 1967, 2400 (2401); NK-BGB/Kroiß Rn. 24; Staudinger/Dutta, 2021, Rn. 62). Daher ist die Tätigkeit nach Umfang, Dauer und Verantwortung festzustellen und, wenn nach einem Regelsatz verfahren werden soll, daraufhin zu überprüfen, ob sie diesen üblichen Aufgaben entsprach oder aber ein Abweichen nach oben oder unten gerechtfertigt ist. Auch hier erfolgt also wieder eine **funktionsbezogene Betrachtung.** Dann ist weiter zu prüfen, ob das Vorhandensein eines oder mehrerer Testamentsvollstrecker Anlass geben könnte, eine Kürzung für angemessen zu halten, sei es unter dem Gesichtspunkt der Funktionsteilung, einer sonstigen Erleichterung der Tätigkeit oder der Verantwortungsteilung (BGH NJW 1967, 2400; ausf. Mayer/Bonefeld TV-HdB/J. Mayer § 21 Rn. 82 f.; Lieb, Die Vergütung des Testamentsvollstreckers, 2004, Rn. 238; vgl. Vergütungsempfehlungen des Deutschen Notarvereins (→ Rn. 16) Ziff. V; OLG Karlsruhe ZEV 2001, 286 (287) hat bei Aufgabenabgrenzung in Teilbereichen, Mitverantwortung iÜ jedem 75% der Regelvergütung zuerkannt). Wenn mehrere Testamentsvollstrecker das in **§ 2224 Abs. 1 S. 1 Hs. 2** vorgesehene Verfahren zur Herstellung eines einverständlichen Verwaltungshandelns beschreiten, können sie dessen Kosten nicht zusätzlich zu der von ihnen beanspruchten Vergütung aus dem Nachlass ersetzt verlangen (BGH ZEV 2003, 413 m. krit. Anm. v. Morgen).

## V. Vergütungsanspruch

**1. Schuldner.** Der Erblasser legt fest, wer Schuldner des Vergütungsanspruchs ist, zumal das Gesetz diesbezüglich schweigt. Daher ist vorrangig durch (ggf. ergänzende) **Auslegung** zu ermitteln, was der Erblasser gewollt hat. Angesichts der Testierfreiheit sollte man sich pauschaler Aussagen zur Kostentragungspflicht enthalten, sondern immer zuerst die Auslegung bemühen (ebenso Bengel/Reimann TV-HdB/Eckelskemper/Schmitz § 10 Rn. 130; Zimmermann TV Rn. 727). Die folgenden Aussagen sind daher unter dem Vorbehalt zu verstehen, dass kein abweichender Erblasserwille ermittelbar ist. 27

Bei Fehlen einer Anordnung des Erblassers geht die hM grds. davon aus, dass Schuldner des Vergütungsanspruchs der oder die **Erben** sind, da es sich um eine **Nachlassverbindlichkeit** (Erblasserschuld) handelt; für das Insolvenzverfahren vgl. § 324 Abs. 1 Nr. 6 InsO (Damrau/Tanck/Bonefeld § 2206 Rn. 2; MüKoBGB/Zimmermann § 2206 Rn. 1). Auch wenn die Testamentsvollstreckung nur hinsichtlich eines **Miterbenanteils** angeordnet ist, sind diese Kosten von allen Miterben zu tragen, solange die Erbengemeinschaft noch besteht, denn es handelt sich um eine gemeinschaftliche Nachlassverbindlichkeit iSv § 2046 Abs. 1, § 2058 und um gemeinschaftliche Kosten der Verwaltung iSv §§ 2038, 748. Für die Erfüllung der gemeinschaftlichen Nachlassverbindlichkeiten gilt im Innenverhältnis unter den Miterben § 426. Die Höhe ihrer Beiträge bestimmt sich dabei nach ihren Erbanteilen (BGH ZEV 1997, 116 mAnm v. Morgen). In besonderen Fällen kann die **Auslegung** der Verfügung von Todes wegen ergeben, dass die Vergütung allein der mit einer Testamentsvollstreckung belastete Miterbe zu entrichten hat (v. Morgen ZEV 1997, 117; Muscheler ZEV 1996, 184; Damrau/Tanck/Bonefeld Rn. 25; BeckOGK/Tolksdorf Rn. 74). Schließt sich nach der Auseinandersetzung des Nachlasses für einen Miterben fortsetzend eine Verwaltungsvollstreckung an, hat die damit verbundenen Kosten der mit der Testamentsvollstreckung allein belastete Miterbe zu tragen, ohne gesamtschuldnerische Mithaftung der Miterben. 27a

Ist **Vor- und Nacherbschaft** angeordnet, zu muss genau zwischen den unterschiedlichen Varianten differenziert werden. Ist Dauervollstreckung nur für den Vorerben oder ausschließlich für den Nacherben angeordnet und hat der Erblasser nichts Abweichendes geregelt, so ist die Schuldnerschaft nach hM wie folgt: Im ersten Fall hat der Vorerbe die Vergütung zu tragen, solange seine Vorerbschaft andauert. Im zweiten Fall hat der Nacherbe mit Eintritt des Nacherbfalls die Vergütung zu tragen. (Bengel/Reimann TV-HdB/Eckelskemper/Schmitz § 10 Rn. 135; Zimmermann TV Rn. 725). Ist Testamentsvollstreckung für den Vor- und den Nacherben angeordnet, muss genau untersucht werden, in welchem Interesse sie besteht. Bei der **Nacherbentestamentsvollstreckung** iSv § 2222 soll nach wohl hM diese nur dem Nacherben zugute kommen, weshalb, wenn die Auslegung nichts anderes ergibt, im Zweifel davon auszugehen sei, dass allein dieser 27b

Vergütungsschuldner sei (NK-BGB/Kroiß Rn. 29; Winkler TV Rn. 640; Zimmermann TV Rn. 725). Hiergegen richten sich Stimmen mit dem beachtlichen Hinweis darauf, dass auch hier vorrangig genau die Interessenlage zu klären sei, die der Anordnung zugrunde gelegen habe (vgl. Bengel/Reimann TV-HdB/Eckelskemper/Schmitz § 10 Rn. 135; BeckOGK/Tolksdorf Rn. 77).

**27c** Bei der reinen **Vermächtnisvollstreckung** (§ 2223) hat die Vergütung im Zweifel der Vermächtnisnehmer zu tragen (NK-BGB/Kroiß Rn. 29; Damrau/Tanck/Bonefeld Rn. 28; Zimmermann TV Rn. 726); auch geht hier aber die Auslegung vor. Gleiches gilt, wenn der Testamentsvollstrecker den Vermächtnisgegenstand auf Dauer zu verwalten hat (Winkler TV Rn. 641 iVm 162; aA wohl Muscheler ZEV 1996, 185 (186)). Ist es aber Aufgabe des Testamentsvollstreckers im Rahmen der **Abwicklung** für die Vermächtniserfüllung zu sorgen, so wird es sich regelmäßig um Kosten der Vermächtniserfüllung handeln, die nach allgemeinen Grundsätzen der Erbe als damit Belasteter allein zu bezahlen hat, wenn der Erblasser nicht Abweichendes angeordnet hat (NK-BGB/Kroiß Rn. 29; Muscheler ZEV 1996, 185; Zimmermann TV Rn. 726).

**28** **2. Fälligkeit.** Soweit nichts anderes bestimmt ist, ist die Vergütung erst nach Beendigung des Amts in einem Betrag zur Zahlung fällig, wenn der Testamentsvollstrecker alle seine Pflichten, insbes. seine Pflicht zur Rechnungslegung (§§ 2218, 666) erfüllt hat (OLG Köln BeckRS 2018, 36801 Rn. 18; NK-BGB/Kroiß Rn. 25). Bei länger währenden Verwaltungen ist sie aber in regelmäßigen Zeitabschnitten zu entrichten (Staudinger/Dutta, 2021, Rn. 10), und zwar hier nachträglich nach Ablauf des Verwaltungsjahres, entspr. der Rechnungslegungspflicht (BayObLGZ 1972, 379; NK-BGB/Kroiß Rn. 25; Tiling ZEV 1998, 331 (333); BeckOGK/Tolksdorf Rn. 65). Es entspricht jedoch hier gerade der Angemessenheit der Vergütung, dass bei der ersten Zahlung die bei Beginn der Testamentsvollstreckung regelmäßig erhöhte Arbeitsbelastung entspr. berücksichtigt und daher die erste Jahreszahlung entspr. höher angesetzt wird (BayObLGZ 1972, 379; Staudinger/Dutta, 2021, Rn. 10; Zimmermann TV Rn. 721).

**29** **3. Vorschuss, Entnahmerecht, Zurückbehaltung.** Der Testamentsvollstrecker hat kein Recht auf einen **Vorschuss** (keine Verweisung auf § 669) (BGH WM 1972, 101 (102); OLG Köln NJW-RR 1987, 1097). Diesen benötigt er ohnehin nicht, da er aufgrund seines Verfügungsrechts in der Lage ist, die ihm zustehende und fällige Vergütung **selbst zu entnehmen** (BeckOGK/Tolksdorf Rn. 67; Grüneberg/Weidlich Rn. 14). Dies gilt auch für die Schlussvergütung (Bengel/Reimann TV-HdB/Eckelskemper/Schmitz § 10 Rn. 146; missverständlich BGH NJW 1957, 947 f.). Da er jedoch ohne ausdrückliche Ermächtigung des Erblassers nicht zur verbindlichen Festsetzung der Vergütung berechtigt ist, trägt er das Risiko dafür, dass sich bei einer gerichtlichen Überprüfung herausstellt, dass er zu viel entnommen hat (BGH NJW 1963, 1615 f.; Grüneberg/Weidlich Rn. 14). Aus dem Entnahmerecht ergibt sich jedoch nicht das Recht, zu diesem Zweck einzelne Nachlassgegenstände zu verkaufen; die Zulässigkeit eines solchen Verhaltens richtet sich vielmehr allein nach § 2216 Abs. 1 und somit nach den Umständen des Einzelfalls (BGH NJW 1963, 1614 (1615); Tiling ZEV 1998, 331 (338) mit Beispielen; eingehend dazu auch Zimmermann TV Rn. 728). Wertvolle Nachlassgegenstände darf der Vollstrecker zudem nur dann veräußern, wenn besondere Umstände dies rechtfertigen oder die Erben dem zustimmen (BGH BB 1973, 499).

**30** Der **Testamentsvollstrecker** hat wegen seiner fälligen Vergütungs- und Aufwendungsersatzansprüche gegen den Erben ein **Zurückbehaltungsrecht,** soweit es sich nicht um Ansprüche des Erben aus § 2217 (Freigabe) und auf Auskunft und Rechnungslegung (§ 2218) handelt (Staudinger/Dutta, 2021, Rn. 15). Sein Zurückbehaltungsrecht besteht auch gegen den Herausgabeanspruch des Erben (§§ 2218, 667) (BGH LM Nr. 1).

**31** **4. Verjährung, Verwirkung.** Seit der Aufhebung des § 197 Abs. 1 Nr. 2 durch das ErbVerjRÄndG verjährt der Vergütungsanspruch des Testamentsvollstreckers entspr. der **Regelverjährung** des §§ 195, 199 in drei Jahren (BeckOGK/Tolksdorf Rn. 72; eingehender, insbes. zu den Problemen bei periodisch fällig werdender Vergütung Bengel/Reimann TV-HdB/Eckelskemper/Schmitz § 10 Rn. 127; Mayer/Bonefeld TV-HdB/J. Mayer § 21 Rn. 78). Zum Übergangsrecht s. Art. 229 § 23 EGBGB. Der Vergütungsanspruch kann allerdings **verwirkt** werden, wenn der Testamentsvollstrecker in besonders schwerer Weise vorsätzlich oder grob fahrlässig gegen seine Amtspflichten verstoßen hat, weil er sich bewusst über die Interessen der von ihm zu betreuenden Personen hinweggesetzt und mit seiner Tätigkeit eigene Interessen oder die anderer verfolgt hat (BGH NJW 1976, 1402; DNotZ 1980, 164; LG Mainz ZErb 2018, 66 mAm Stritter ZErb 2018, 68; NK-BGB/Kroiß Rn. 27; Mayer/Bonefeld TV-HdB/J. Mayer § 21 Rn. 79). Die Vergütung ist hingegen nicht schon dann verwirkt, wenn der Testamentsvollstrecker im Bestreben, sein Amt zum Wohl der von ihm betreuten Personen auszuüben, infolge irriger Beurteilung der Sach- oder

Rechtslage fehlerhafte Entschlüsse fasst (BGH NJW 1976, 1402). Unter Umständen kommen hier aber Abschläge in Betracht (OLG Frankfurt OLGR 2000, 86 bei verzögerter Amtsführung ohne Aufstellung von Nachlassverzeichnis und Auseinandersetzungsplan) oder gar Schadensersatzansprüche.

**5. Aufwendungsersatz, Berufsdienste.** Neben dem Vergütungsanspruch besteht uU ein Anspruch des Testamentsvollstreckers auf Ersatz seiner Auslagen nach §§ 2218, 670. Dies setzt zum einen voraus, dass die gemachten Aufwendungen mit dem Willen des Erblassers vereinbar sind, und zum anderen, dass sie der Testamentsvollstrecker nach den Umständen des Einzelfalls, insbes. unter dem Gesichtspunkt der ordnungsgemäßen Nachlassverwaltung (§ 2216 Abs. 1) für erforderlich halten kann (Winkler TV Rn. 637). Der Anspruch auf Auslagenersatz ist sofort zur Zahlung **fällig** und unterliegt einer eigenen Verjährung (→ § 2218 Rn. 23). Hiervon erfasst werden grds. auch Aufwendungen des Testamentsvollstreckers für **Hilfskräfte,** die der Testamentsvollstrecker für die Aufgabenbewältigung einsetzt. Allerdings ist genau zu prüfen, ob der Einsatz unter dem Gesichtspunkt der ordnungsgemäßen Amtsführung erforderlich war (OLG Koblenz JurBüro 1992, 398) und ob die Aufwendungen nicht bereits mit der Vergütung ganz oder teilweise abgegolten sein sollten (Staudinger/Dutta, 2021, Rn. 20). 32

Ist der Testamentsvollstrecker **Rechtsanwalt,** Notar, Steuerberater oder Wirtschaftsprüfer, so kann er für **allgemeine Tätigkeiten,** die jedermann leisten kann und die er auch – wenn es um sein Privatvermögen ginge – selbst leisten würde, keinen zusätzlichen Auslagenersatz fordern; diese sind durch die Vergütung grds. abgegolten (Soergel/Becker § 2218 Rn. 26; Bengel/Reimann TV-HdB/Eckelskemper/Schmitz § 10 Rn. 120). Hierzu gehört auch der Einsatz der eigenen Kanzlei für behördliche Verrichtungen und allerlei Anträge und Schriftwechsel im Rahmen der gewöhnlichen Abwicklung. 33

Davon zu unterscheiden ist die Konstellation, in der ein Testamentsvollstrecker mit sich selbst in seiner Eigenschaft als Rechtsanwalt etc – wozu er bei Befreiung von § 181 befugt ist – einen **besonderen Geschäftsbesorgungsvertrag ua** abschließt, etwa zur Führung eines Prozesses für den Nachlass. Hier kann er für diese „Extratätigkeit" die gesetzlichen Gebühren seiner Berufsgruppe gesondert verlangen, wenn dies nach objektiven Kriterien erforderlich war und nach dem Erblasserwillen nicht mit der allgemeinen Vergütung abgegolten sein sollte (Winkler TV Rn. 635; MüKoBGB/Zimmermann Rn. 35). Ob **allein** die **Leistung** seiner **besonderen beruflichen Dienste** (Prozessvertretung, besondere steuerliche Beratung) für die Zubilligung einer Sondervergütung ausreichend ist (so aber Winkler TV Rn. 635), bedarf einer besonderen Prüfung. Oftmals wird die Auslegung ergeben, dass die festgesetzte Vergütung diese Berufsdienste mit umfassen soll (Bengel/Reimann TV-HdB/Eckelskemper/Schmitz § 10 Rn. 120), und zwar zumindest dann, wenn diese typischerweise vorhersehbar waren, üblicherweise von einem Normaltestamentsvollstrecker miterledigt werden und keinen besonderen Zusatzaufwand erfordern. Ist dies nicht der Fall, so kommt es darauf an, ob ein anderer Testamentsvollstrecker, der nicht einer solchen besonderen Berufsgruppe angehört, die Angelegenheit berechtigterweise einem Rechtsanwalt oder Steuerberater oder einer sonstig besonders sachkundigen Person übertragen hätte, weil dies für eine ordnungsgemäße Nachlassverwaltung erforderlich war. Dann kann er bei Fehlen eines abweichenden Erblasserwillens die üblichen Gebührensätze verlangen (OLG Frankfurt OLGR 2000, 86; NK-BGB/Kroiß Rn. 30; Winkler TV Rn. 635; vgl. auch RGZ 149, 121 (124), wo die Frage nur kurz gestreift wird). 34

**Delegiert** der Testamentsvollstrecker Arbeiten, die er an sich selbst in dieser Eigenschaft zu erbringen hat (etwa die Hausverwaltung, Erledigung einfacherer Steuerangelegenheiten durch einen Rechtsanwalt) an Dritte, so verringern die hierfür anfallenden Kosten die Höhe der als angemessen anzusehenden Testamentsvollstreckervergütung (OLG Koblenz JurBüro 1992, 398 = VersR 1993, 198; BGH BB 1967, 184; Winkler TV Rn. 637; Mayer/Bonefeld TV-HdB/J. Mayer § 21 Rn. 68). Dies gilt jedoch dann nicht, wenn es der Grundsatz der ordnungsgemäßen Nachlassverwaltung gebietet, einen sachkundigen Dritten einzuschalten (BGH BB 1967, 184; Lieb, Die Vergütung des Testamentsvollstreckers, 2004, Rn. 326). 35

## VI. Vergütung des vermeintlichen Testamentsvollstreckers

Wer als sog. vermeintlicher Testamentsvollstrecker tätig gewesen ist, kann je nach Lage des Einzelfalls auch dann, wenn sich seine Ernennung als rechtsunwirksam erweist, im Einzelfall eine Vergütung verlangen. Dabei sind zwei Fallgruppen auseinander zu halten: die ursprünglich wirksame, aber später weggefallene Testamentsvollstreckung einerseits und die von Anfang an unwirksame Testamentsvollstreckung andererseits. Bei ersterer folgt der Vergütungsanspruch aus § 2221, solange der Testamentsvollstrecker ohne Verschulden vom Fortbestand seines Amts ausge- 36 hen durfte. In der zweiten Fallgruppe besteht kein Anspruch nach § 2221, da das gesetzliche Schuldverhältnis nicht bestanden hat. Hat der vermeintliche Vollstrecker im Vertrauen auf seine wirksame Einsetzung für den Nachlass gehandelt, so soll er für seine geleistete Tätigkeit gleichwohl eine angemessene Vergütung erhalten, und zwar aufgrund eines wenigstens konkludent abgeschlossenen Geschäftsbesorgungsvertrags, §§ 675, 612 (BGH NJW 1963, 1615; eingehend hierzu Staudinger/Dutta, 2021, Rn. 64). Wenn jedoch die Wirksamkeit der Ernennung von Anfang an durch die Erben bestritten wird, kann der Testamentsvollstrecker auch bei eigener Gutgläubigkeit weder Vergütung noch Auslagenersatz beanspruchen, wenn tatsächlich keine wirksame Ernennung vorlag (BGH NJW 1977, 1726 mAnm Schelter; Lange ErbR § 67 Rn. 180; NK-BGB/Kroiß § 2197 Rn. 23; dazu auch Mayer/Bonefeld TV-HdB/J. Mayer § 21 Rn. 87 f.; aA – für Zubilligung eines Anspruchs allein nach Vertrauensgesichtspunkten – Winkler TV Rn. 632 f.; Tiling ZEV 1998, 339; krit. zur BGH-Rspr. auch Bengel/Reimann TV-HdB/Eckelskemper/Schmitz § 10 Rn. 172 ff.).

## VII. Festsetzung der Vergütung, Prozessuales

37 Der Streit über das Bestehen, die Höhe oder die Fälligkeit der Vergütung zwischen dem Testamentsvollstrecker und dem Schuldner des Vergütungsanspruchs (etwa Erben) ist vor dem sachlich und örtlich zuständigen **Prozessgericht** auszutragen. Das Nachlassgericht ist hierfür nicht zuständig (BGH NJW 1957, 947; OLG Bremen MDR 1963, 314; Winkler TV Rn. 620). Anders liegt es, wenn es durch Anordnung des Erblassers zur schiedsgutachterlichen Festsetzung nach § 317 berufen ist (BGH WM 1972, 101; Winkler TV Rn. 620), wobei dann aber der Nachlassrichter als Privatperson tätig wird (Bengel/Reimann TV-HdB/Eckelskemper/Schmitz § 10 Rn. 156). Bei Erhebung einer Klage auf Feststellung oder Zahlung der angemessenen Vergütung ist deren Höhe im Klageantrag grds. betragsmäßig genau zu bezeichnen (§ 253 Abs. 2 Nr. 2 ZPO) (RG JW 1937, 3184; NK-BGB/Kroiß Rn. 32; Erman/M. Schmidt Rn. 5). Eine Ausnahme ist hiervon zu machen, wenn eine Bezifferung nicht möglich oder nicht zumutbar ist, wobei dann allerdings die Angabe eines Mindestbetrags und der Bemessungsgrundlage erforderlich ist (NK-BGB/Kroiß Rn. 32; Winkler TV Rn. 621; Bengel/Reimann TV-HdB/Eckelskemper/Schmitz § 10 Rn. 159; aA MüKoBGB/Zimmermann Rn. 7).

## VIII. Besteuerung der Vergütung

38 **Erbschaftsteuer:** Wenn die Testamentsvollstreckervergütung die Grenze der Angemessenheit übersteigt, so ist der darüber liegende Betrag zivilrechtlich als Vermächtnis anzusehen, das allerdings unter der Bedingung der Annahme des Amts steht (BayObLG Rpfleger 1982, 227). Von dieser zivilrechtlichen Einordnung hat sich aber der **BFH** bei der erbschaftsteuerrechtlichen Beurteilung gelöst. Vielmehr ist nach seiner Ansicht eine vom Erblasser als Testamentsvollstreckerhonorar bezeichnete Vergütung, die tatsächlich und rechtlich mit der Testamentsvollstreckung zusammenhängt, weil sie der Testamentsvollstrecker nur dann erhält, wenn er sein Amt ausübt, kein Vermächtnis iSd §§ 2147 ff., auch nicht soweit sie eine angemessene Höhe iSd § 2221 übersteigt. Einer Beurteilung als Vermächtnis und damit einer Besteuerung nach § 3 Abs. 1 Nr. 1 ErbStG, § 9 Abs. 1 Nr. 1 ErbStG stehe entgegen, dass der Testamentsvollstrecker aufgrund der Verfügungen des Erblassers im Testament einen Anspruch auf die Vergütung nur im Hinblick auf die Führung seines Amts hat (BFH NJW 2005, 1967 = ZErb 2005, 221 mAnm Gebel; NK-BGB/Kroiß Rn. 41; dazu auch Wälzholz ZErb 2005, 247 sowie Mayer/Bonefeld TV-HdB/Wälzholz/Vassel-Knauf § 45 Rn. 35 ff.). Damit wird einerseits eine Doppelbesteuerung auch noch mit der Einkommensteuer vermieden. Andererseits eröffnen sich damit Gestaltungsmöglichkeiten mit einer Option zur uU günstigeren Erbschaftsteuer, wenn die Zuwendung unabhängig von der Amtsübernahme gewährt wird (Wälzholz ZErb 2005, 247). Ist die Zuwendung demnach erbschaftsteuerpflichtig, so ist die Unterscheidung zwischen Konstituierungs- und Verwaltungsgebühr für die Abzugsfähigkeit der Testamentsvollstreckergebühren nach § 10 Abs. 5 Nr. 3 ErbStG bedeutsam, weil die Kosten der Nachlassverwaltung nicht abzugsfähig sind (Mayer/Bonefeld TV-HdB/Wälzholz/Vassel-Knauf § 45 Rn. 40).

39 **Ertragsteuer:** Die Testamentsvollstreckervergütung unterliegt grds. gem. § 18 Abs. 1 Nr. 3 EStG als **Einkünfte aus sonstiger selbstständiger Arbeit** der **Einkommensteuer.** Die im Rahmen der **freiberuflichen Tätigkeit,** zB als Notar oder Rechtsanwalt, ausgeübte Testamentsvollstreckung ist der hauptberuflich ausgeübten eines solchen „Katalogberufs" zuzurechnen und somit nach **§ 18 Abs. 1 Nr. 1 EStG** als freiberufliche Tätigkeit steuerpflichtig, sofern es sich nur um eine gelegentliche Wahrnehmung solcher Tätigkeiten mit geringem Umfang handelt (BFH BStBl. II 1990, 1028 = DStR 1990, 737; Winkler TV Rn. 653 ff.; Bengel/Reimann TV-HdB/

Eckelskemper/Schmitz § 10 Rn. 182; auch Olbing AnwBl 2005, 289; zu den unterschiedlichen Folgen zwischen Abs. 1 Nr. 1 und Nr. 3 s. etwa Mayer/Bonefeld TV-HdB/Wälzholz/Vassel-Knauf § 45 Rn. 5).

**Gewerbesteuer:** Eine Gewerbesteuerpflicht kann dann entstehen, wenn der Testamentsvollstrecker im Rahmen der Testamentsvollstreckungstätigkeit mehrere Hilfskräfte beschäftigt (sog. **Vervielfältigungstheorie**) (ausführlicher zur Vervielfältigungstheorie Bengel/Reimann TV-HdB/Eckelskemper/Schmitz § 10 Rn. 183 ff.; Mayer/Bonefeld TV-HdB/Wälzholz/Vassel-Knauf § 45 Rn. 6 f.). Bei Freiberuflern (Rechtsanwalt, Notar) ist allerdings die iRd **freiberuflichen Tätigkeit** iSv § 18 Abs. 1 Nr. 1 EStG ausgeübte Testamentsvollstreckung idR der Hauptberufstätigkeit und damit den Einkünften aus selbstständiger Arbeit zuzurechnen, sodass die Beschäftigung fachlich vorgebildeter Mitarbeiter solange in gewerbesteuerrechtlicher Sicht unschädlich ist, als der qualifizierte Berufsträger aufgrund eigener Fachkenntnis weiterhin leitend und eigenverantwortlich tätig ist (ausf. Mayer/Bonefeld TV-HdB/Neubauer/Vassel-Knauf § 45 Rn. 1 ff.; Bengel/Reimann TV-HdB/Eckelskemper/Schmitz § 10 Rn. 182 ff.). Soweit aufgrund der sog. **Treuhandlösung** der Testamentsvollstrecker ein Gewerbe fortführt, kommt hierfür eine Gewerbesteuerpflicht in Betracht (Bengel/Reimann TV-HdB/Piltz/Holtz § 8 Rn. 110; abl. Mayer/Bonefeld TV-HdB/Wälzholz/Vassel-Knauf § 45 Rn. 46 f.). Durch die Anrechnung der Gewerbesteuer auf die Einkommensteuer nach § 35 EStG haben sich die hieraus ergebenden Probleme etwas entschärft. 40

**Umsatzsteuer:** Die Testamentsvollstreckervergütung unterliegt nach ständiger Rspr. und Praxis der Finanzverwaltung der Umsatzsteuer gem. § 1 Abs. 1 UStG, sofern das Erfordernis der **Nachhaltigkeit** erfüllt ist. Dies ist bei einem Freiberufler auch dann der Fall, wenn er nur gelegentlich eine Testamentsvollstreckung übernimmt. Denn das Gesamtbild der Verhältnisse wird insoweit durch die daneben betriebene sonstige freiberufliche Tätigkeit geprägt (etwa BFH BFH/NV 1996, 938; ZEV 2002, 469; FG Bremen EFG 1989, 39; LG Berlin NJW-RR 1998, 931; eingehend zur Problematik Bengel/Reimann TV-HdB/Eckelskemper/Schmitz § 10 Rn. 221 ff.; Mayer/Bonefeld TV-HdB/Wälzholz/Vassel-Knauf § 45 Rn. 53 ff.; Tiling ZEV 1998, 336; krit. dagegen Kirnberger ZEV 1998, 342). Dies gilt auch dann, wenn nur eine einzige Testamentsvollstreckung durchgeführt wird, da als Erfüllung des Tatbestandsmerkmals der **Nachhaltigkeit** bereits ausreicht, wenn ein Rechtsverhältnis aufgenommen wird, das durch eine Vielzahl von Handlungen bestimmt wird, wie etwa die Verwaltungsvollstreckung (FG Bremen EFG 1989, 39). Auch eine einzige länger dauernde Auseinandersetzungsvollstreckung kann eine nachhaltige und damit umsatzsteuerpflichtige Tätigkeit begründen (BFH BFH/NV 1996, 938; 2002, 1504 = ZEV 2002, 469; ZEV 2006, 45; oftmals wird hier aber Steuerfreiheit nach § 19 UStG eintreten, vgl. Kronthaler ZEV 2006, 46; diese Möglichkeit kann auch durch abschnittsweise Rechnungsstellung nach einzelnen Verwaltungshandlungen genutzt werden, Eckelskemper RNotZ 2010, 242 (249)). Nur in besonders gelagerten Ausnahmefällen wird angenommen, dass die Umsatzsteuerpflicht entfällt (Winkler TV Rn. 657; Mayer/Bonefeld TV-HdB/Wälzholz/Vassel-Knauf § 45 Rn. 54), so bei der Auseinandersetzung eines durchschnittlichen Haushalts (FG Hamburg EFG 1984, 316; Tiling ZEV 1998, 336) oder soweit ein begünstigter Miterbe oder Vermächtnisnehmer als Testamentsvollstrecker ermächtigt ist, den Vermächtnisgegenstand auf sich zu übertragen (FG München DStRE 2005, 595). Fehlt es an einer ausdrücklichen Anordnung des Erblassers, so ist umstritten, ob der Testamentsvollstrecker die Umsatzsteuer auf die tatsächlich geschuldete Vergütung, also etwa die og Tabellenwerte, aufschlagen darf, mit anderen Worten, ob es sich bei den Tabellenwerten um Brutto- oder um Nettowerte handelt (Bruttovergütung: KG NJW 1974, 752; OLG Köln NJW-RR 1994, 269; OLG Frankfurt OLGR 2000, 86; als obiter dictum auch BGHZ 46, 268 (276) = NJW 1967, 876; NK-BGB/Kroiß Rn. 23; Mayer/Bonefeld TV-HdB/Neubauer/Vassel-Knauf § 45 Rn. 71; Nettovergütung: Erman/M. Schmidt Rn. 20; Haas/Lieb ZErb 2002, 202 (211); Winkler TV Rn. 660; Tiling ZEV 1998, 331 (337); Kirnberger ZEV 1998, 342 (344), der unter angemessener Vergütung nur die Nettovergütung versteht; ebenso für Berücksichtigung im Rahmen der Angemessenheit Staudinger/Reimann, 2016, Rn. 63; anders die Spezialregelung in § 1 Abs. 1 S. 3 BVormVG). Die og Tabellenwerte sind nach zutreffender Ansicht **„Bruttovergütungen"**, aus denen der Testamentsvollstrecker die Umsatzsteuer abführen muss. Anders liegt es, wenn eine abweichende Anordnung des Erblassers vorliegt oder die in Bezug genommene Tabelle, wie etwa die Empfehlungen des Deutschen Notarvereins (Neue Rheinische Tabelle unter Ziff. IV), dies anders bestimmt (Staudinger/Dutta, 2021, Rn. 63 aE; Mayer/Bonefeld TV-HdB/Wälzholz/Vassel-Knauf § 45 Rn. 62; ausdrücklich gebilligt von OLG Schleswig ZEV 2009, 625 (631) = MittBayNot 2010, 139 mAnm Reimann; ebenso LG Köln RNotZ 2007, 40). 41

### § 2222 Nacherbenvollstrecker

**Der Erblasser kann einen Testamentsvollstrecker auch zu dem Zwecke ernennen, dass dieser bis zu dem Eintritt einer angeordneten Nacherbfolge die Rechte des Nacherben ausübt und dessen Pflichten erfüllt.**

## Überblick

Die Vorschrift befasst sich mit der Rechtsstellung eines Testamentsvollstreckers, der Rechte und Pflichten der Nacherben vor Eintritt des Nacherbfalls wahrzunehmen hat.

## I. Normzweck, Abgrenzung

1 Den Nacherben stehen bereits vor Eintritt des Nacherbfalls verschiedene Kontroll- und Zustimmungsrechte zu, aber damit auch bestimmte Pflichten. Für die Zwischenphase bis zum Eintritt des Nacherbfalls will das Gesetz eine Testamentsvollstreckung eröffnen. Zu **unterscheiden** ist diese (echte) Nacherbentestamentsvollstreckung nach § 2222 **von anderen Formen der Testamentsvollstreckung,** die ebenfalls im Zusammenhang mit der Anordnung einer Vor- und Nacherbschaft in Betracht kommen sind. Namentlich kommen noch folgende Gestaltungsoptionen in Betracht (Nieder/Kössinger Testamentsgestaltung-HdB/R. Kössinger § 10 Rn. 96 ff.; Lange ErbR § 62 Rn. 17): **(a)** Abwicklungstestamentsvollstreckung; **(b)** Testamentsvollstreckung nur für die **Vorerbschaft** mit solange dauernder Verwaltungsvollstreckung (§ 2209) und Wahrnehmung der Verwaltungs- und Verfügungsbefugnis des Vorerben; **(c)** Testamentsvollstreckung für die **Nacherbschaft,** eine Verwaltungsvollstreckung, die erst mit dem Nacherbfall beginnt und den Nacherben belastet; **(d)** Testamentsvollstreckung **während der Dauer der Vor- und Nacherbschaft:** Verwaltungsvollstreckung, die sowohl Vor- und Nacherben belastet als auch die Verwaltungs- und Verfügungsbefugnisse beider einschränkt. Die echte Nacherbentestamentsvollstreckung gem. § 2222 kann mit all diesen Anordnungen kombiniert werden; zur Person des Testamentsvollstreckers → Rn. 5.

## II. Nacherbentestamentsvollstreckung

2 **1. Zweck.** Sie dient dem **Schutz** des Nacherben **durch eine wirksame Beaufsichtigung** des Vorerben, wobei der Nacherbentestamentsvollstrecker den Willen des Erblassers auszuführen hat. Er nimmt anstelle des Nacherben dessen Rechte in dessen wohlverstandenem Interesse wahr (RGZ 77, 177; OLG München BeckRS 2020, 429 Rn. 26 f.). Allerdings ist dafür ein Vertrauensverhältnis zwischen Nacherben und Nacherbentestamentsvollstrecker keine Voraussetzung. Zweckmäßig ist die Nacherbentestamentsvollstreckung dann, wenn der Nacherbe minderjährig ist oder unter einer Betreuung steht, denn dann wird die Einschaltung des Familiengerichts in vielen Fällen entbehrlich. Ein „Muss" für die Gestaltung ist sie, wenn die Nacherben noch nicht gezeugt sind oder ihre Person erst durch ein künftiges Ereignis bestimmt wird (sog. „unbekannte Nacherben"). Hierdurch wird die sonst erforderliche Bestellung eines Pflegers (§§ 1913, 1912) entbehrlich. Zudem unterliegt die Nacherbentestamentsvollstreckung grds. nicht der Aufsicht des Familien- oder Nachlassgerichts (BayObLGZ 1989, 183 (186) = NJW-RR 1989, 1096; Kanzleiter DNotZ 1970, 335). Zur Frage der Kontrolle bei der Rechnungslegung und Errichtung des Nachlassverzeichnisses → § 2218 Rn. 14 ff.; → § 2215 Rn. 2 ff.

3 **2. Anordnung.** Die Anordnung der Nacherbentestamentsvollstreckung muss – wie sonst auch – in einer Verfügung von Todes wegen durch den Erblasser selbst erfolgen (§ 2197). Angesichts der vielfältigen Kombinationsmöglichkeiten (→ Rn. 1) können zahlreiche Abgrenzungsprobleme auftreten, die durch eine sachgerechte Auslegung (§ 2084), die sich am Zweck der angeordneten Testamentsvollstreckung orientiert, zu lösen sind (BayObLGZ 1989, 183 (186) = NJW-RR 1989, 1096). Da die Nacherbentestamentsvollstreckung nicht zu den Regelaufgaben eines Testamentsvollstreckers gehört, ist sie nur bei Vorliegen besonderer Umstände anzunehmen (BayObLGZ 1959, 128; LG Oldenburg Rpfleger 1981, 197; BeckOGK/Tolksdorf Rn. 10).

4 **3. Beginn und Ende der Nacherbentestamentsvollstreckung.** Diese **beginnt** bereits mit dem eigentlichen Erbfall, da gerade ab dann die Kontrollrechte des Nacherben wahrzunehmen sind. Der Erblasser kann aber auch einen späteren Beginn festlegen (Staudinger/Dutta, 2021, Rn. 19). Das Amt endet spätestens mit dem Eintritt der Nacherbfolge (§ 2139), etwa nach § 2106 mit dem Tod des Vorerben, bei mehreren mit dem Tod des letzten von ihnen (BayObLG NJW-

RR 1995, 711 (713) = ZEV 1995, 22 mAnm Klumpp; NK-BGB/Kroiß Rn. 8). Der Erblasser kann eine frühere Beendigung bestimmen (etwa Volljährigkeit des Nacherben) oder ein Wiederaufleben bei bestimmten Ereignissen (Staudinger/Dutta, 2021, Rn. 20). Er kann aber nicht den Zeitpunkt des Eintritts der Nacherbfolge dem Testamentsvollstrecker überlassen (§ 2065) (BGHZ 15, 199 (200) = NJW 1955, 100). Bei mehrfach gestufter Nacherbfolge kann die Nacherbentestamentsvollstreckung bis zum Eintritt sämtlicher Nacherbfolgen bestehen bleiben und erlischt erst dann (NK-BGB/Kroiß Rn. 8). Kommt es zu keiner Vorerbschaft (etwa durch Ausschlagung der Erbschaft durch den Vorerben), so ist die Nacherbentestamentsvollstreckung gegenstandslos (NK-BGB/Kroiß Rn. 8; BeckOGK/Tolksdorf Rn. 28).

**4. Person.** Aus der mit der Nacherbentestamentsvollstreckung bezweckten Kontrolle des Vorerben (→ Rn. 2) kann sich ergeben, dass bestimmte Personen nicht zum Nacherbentestamentsvollstrecker ernannt werden dürfen, weil es sonst zu einer Interessenkollision kommt. Einen solchen Interessenkonflikt hatte das RG angenommen, wenn der **einzige Vorerbe** zum alleinigen Nacherbentestamentsvollstrecker ernannt worden ist, weil sonst die damit beabsichtigte Beaufsichtigung des Vorerben entfallen würde (RGZ 77, 177 (178); ebenso OLG Karlsruhe MDR 1981, 943; aA BeckOGK/Tolksdorf Rn. 18). Jedoch kann der Vorerbe zu einem von mehreren Nacherbentestamentsvollstreckern in gemeinschaftlicher Ausführung (§ 2224 Abs. 1 S. 1) ernannt werden, weil er dann durch den Mitvollstrecker ausreichend überwacht wird (KG JFG 11, 126; BayObLGZ 1959, 129; Grüneberg/Weidlich Rn. 2). Umstritten ist hingegen der Fall, wenn von mehreren Vorerben einer zum alleinigen Testamentsvollstrecker nach § 2222 ernannt wird. Während die Rspr. hier tendenziell keinen Interessenkonflikt erkennt (BayObLGZ 1989, 183 (186) = NJW-RR 1989, 1096; inzident auch BGH ZEV 2005, 204 mAnm Adams; BayObLG ZEV 1995, 22; dem folgend Spernath ZErb 2016, 1 (3 f.); Zimmermann TV Rn. 173), betonen andere Stimmen das Fehlen einer Kontrolle (NK-BGB/Kroiß § 2197 Rn. 12). Sie übersehen aber, dass die Interessenkollision auf den Willen des Erblassers zurückgeht und mit der Bestellung des Vorerben zum Nacherbentestamentsvollstrecker Erleichterungen im Grundbuchverkehr einhergehen, die durchaus vom Erblasser gewollt sein können. 5

Der alleinige **Nacherbe** kann nicht zugleich Nacherbentestamentsvollstrecker sein, weil dafür kein rechtliches Bedürfnis besteht (Zimmermann TV Rn. 173; zweifelnd Staudinger/Dutta, 2021, Rn. 17). Möglich ist es jedoch, wenn einer von mehreren Nacherben zum Nacherbenvollstrecker ernannt wird (BeckOGK/Tolksdorf Rn. 21) oder die gleiche Person als Testamentsvollstrecker für den Vorerben und als Nacherbentestamentsvollstrecker fungiert, wobei den Testamentsvollstrecker hier bereits vor Eintritt des Nacherbfalls umfangreiche Auskunftspflichten treffen (BGHZ 127, 360 (362) = ZEV 1995, 67 mAnm Skibbe; aA Zimmermann TV Rn. 173). Die sich im letztgenannten Fall ergebende Aufgabenkumulation ist nicht unproblematisch und kann zu Interessenkollisionen führen (Skibbe FS Brandner, 1996, 769 ff.). Der gesetzliche Vertreter eines Erben kann zugleich Testamentsvollstrecker sein (BGH ZEV 2008, 330). 6

**5. Aufgaben und Befugnisse.** Die Aufgaben des Nacherbentestamentsvollstreckers richten sich nicht nach den §§ 2203 ff.; maßgebend für seine Aufgaben und Befugnisse sind vielmehr die Rechte des Nacherben gegenüber dem Vorerben. Der Nacherbenvollstrecker hat daher insbes. kein allgemeines Verwaltungs- und Verfügungsrecht über die Nachlassgegenstände. Vielmehr ist er ausschließlich zur **Wahrnehmung der Rechte und Pflichten des Nacherben** gegenüber dem Vorerben verpflichtet. Der Nacherbentestamentsvollstrecker hat nicht mehr, aber auch nicht weniger Rechte und Pflichten, als sie den Nacherben im Allgemeinen gegenüber einem Vorerben vor Eintritt des Nacherbfalls zustehen (BGHZ 127, 260 (363) = NJW 1995, 456; OLG München BeckRS 2020, 429 Rn. 26 ff.; etwas anders akzentuiert Staudinger/Dutta, 2021, Rn. 11 ff.). Hieraus ergibt sich, dass für den Nacherbentestamentsvollstrecker zwar grds. die für das Rechtsverhältnis zwischen Erben und Testamentsvollstrecker im Allgemeinen geltenden Vorschriften entspr. anzuwenden sind, jedoch durch die besondere Zielsetzung überlagert und eingeschränkt werden. 7

Mit der Eintragung der Nacherbschaft im Grundbuch (§ 51 GBO) ist auch die Beschränkung der Wahrnehmung der Rechte der Nacherben durch den Nacherbentestamentsvollstrecker einzutragen. Im Erbschein sind die sich hieraus ergebenden Beschränkungen, nicht aber die Person des Nacherbenvollstreckers, zu vermerken (KGJ 43 A 92; NK-BGB/Kroiß Rn. 10; MüKoBGB/Zimmermann Rn. 7). Auf Antrag erhält der Nacherbentestamentsvollstrecker gem. § 2368 ein entsprechendes Testamentsvollstreckerzeugnis (NK-BGB/Kroiß Rn. 10; MüKoBGB/Grziwotz § 2368 Rn. 37). 8

**6. Die Rechtsverhältnisse. a) Verhältnis zum Vorerben.** Die **Befugnisse und Verpflichtungen** des Nacherbentestamentsvollstreckers im Außenverhältnis zum Vorerben ergeben sich 9 entspr. seiner Aufgabenstellung aus den Rechten des Nacherben bis zum Eintritt des Nacherbfalls (vgl. etwa die Aufstellung bei Zimmermann TV Rn. 175). Wie dieser kann und muss er den Vorerben entspr. den §§ 2116–2119, 2121–2123, 2127, 2128, 2115 iVm § 773 ZPO **beaufsichtigen,** Bei einem befreiten Vorerben sind die eingeräumten Erleichterungen zu beachten (§§ 2136, 2137). Der Nacherbentestamentsvollstrecker erteilt auch anstelle des Nacherben zu Verfügungen des Vorerben die **erforderlichen Zustimmungen** (§§ 2113 ff.), und zwar aus eigenem Recht, sodass es bei minderjährigen Nacherben keiner familiengerichtlichen Genehmigung bedarf (vgl. etwa BayObLGZ 1989, 183 (186) = NJW-RR 1989, 1096: keine Kontrolle des (damals noch zuständigen) Vormundschaftsgerichts; NK-BGB/Kroiß Rn. 4; MüKoBGB/Zimmermann Rn. 5). Unentgeltlichen Verfügungen des Vorerben kann er jedoch wegen § 2205 S. 3 nicht zustimmen (Damrau/Tanck/Bonefeld Rn. 3), es sei denn, dem Nacherben fließt hierfür ein adäquates Entgelt zu (Keim ZEV 2007, 470 (474); eingehend Keim ZErb 2008, 5 (7 f.)). Auch ist der Nacherbentestamentsvollstrecker an die Grundsätze der ordnungsgemäßen Nachlassverwaltung (§ 2216) bei seinen Entscheidungen gebunden (Bengel/Reimann TV-HdB/Schaub § 4 Rn. 210). Seine **Pflichten** gegenüber dem Vorerben ergeben sich aus § 2120 und § 2123. Daher ist der Nacherbenvollstrecker unter den Voraussetzungen des § 2120 auf Verlangen des Vorerben zur Unterstützung bei der Verwaltung durch die Erteilung einer Einwilligung verpflichtet (OLG München BeckRS 2020, 429 (Rn. 30)). Bei einer entsprechenden Pflichtverletzung haftet er auch gegenüber dem Vorerben nach § 2219 (Staudinger/Dutta, 2021, Rn. 25). Bei Rechtsstreitigkeiten über die Rechte und Pflichten des Nacherben ist nur der Nacherbentestamentsvollstrecker nach den §§ 2212–2213 aktiv und passiv zur **Prozessführung** legitimiert (Zimmermann TV Rn. 176); das in einem solchen Prozess ergehende Urteil wirkt für und gegen den Nacherben (§ 327 ZPO) (Staudinger/Dutta, 2021, Rn. 14).

10 **b) Verhältnis zum Nacherben.** Auch im Fall des § 2222 trifft den Testamentsvollstrecker die **Pflicht** zur ordnungsmäßigen Verwaltung der Rechte der Nacherben gem. § 2216. Ferner er haftet gem. § 2219, wenn ihm ein Verschulden zur Last fällt, für den daraus entstehenden Schaden (BGHZ 127, 360 (362) = NJW 1995, 456; Zimmermann TV Rn. 180). Eine Verpflichtung zur Inventarisierung nach § 2215 besteht für ihn aber nicht, da er nicht einzelne Nachlassgegenstände, sondern lediglich die Rechte des Nacherben verwaltet. Jedoch muss er den Anspruch nach § 2121 auf die Erstellung eines Verzeichnisses der zur Erbschaft gehörenden Gegenstände gegen den Vorerben geltend machen, und zwar selbst dann, wenn er zugleich dessen Vollstrecker ist (NK-BGB/Kroiß Rn. 4; Grüneberg/Weidlich Rn. 5; wohl auch OLG München BeckRS 2020, 429 (Rn. 33)). Daneben ist er dem Nacherben gegenüber auf dessen Verlangen darüber auskunftspflichtig (§§ 2218, 666), und zwar schon vor dem Nacherbfall (BGHZ 127, 360 (364) = NJW 1995, 456; vgl. auch Zimmermann TV Rn. 180). Art und Umfang der Auskunftspflicht richten sich nach den Bedürfnissen der Nacherben, wobei auf die Belange des Nacherbentestamentsvollstreckers und des Vorerben angemessen Rücksicht zu nehmen ist. Nicht restlos geklärt ist, ob ein gegenüber dem Nachlassgericht erstelltes Nachlassverzeichnis (§ 2121) ausreicht. Dies wird man dann annehmen, wenn es nach Kenntnis des Nacherbentestamentsvollstreckers zutrifft und keine detailliertere Auflistung erforderlich macht. In dem Nachlassverzeichnis werden keine Verbindlichkeiten aufgeführt, zumal § 2121 nur von „Gegenständen" spricht (→ § 2121 Rn. 4); auch besteht keine Vollständigkeitsvermutung (vgl. dazu OLG München BeckRS 2020, 429 (Rn. 33)). Ist die begehrte Auskunft einmal erteilt, braucht sie grds. nicht für einen späteren Stichtag wiederholt zu werden. Der **Anspruch für die Vergütung** (§ 2221; → § 2221 Rn. 25) richtet sich gegen den Nacherben (Staudinger/Dutta, 2021, Rn. 24; Schmitz ErbR 2010, 184).

11 Über die Rechtsstellung des Nacherben als solche kann er allerdings nicht verfügen, insbes. nicht dessen Anwartschaftsrecht übertragen oder hierauf verzichten (BayObLGZ 1989, 183 (186) = NJW-RR 1989, 1096; KG JW 1937, 1553; NK-BGB/Kroiß Rn. 5; Zimmermann TV Rn. 178), wohl aber auf die Sicherung der Nacherbenrechte durch Eintragung eines Nacherbenvermerks (§ 51 GBO) (BayObLGZ 1989, 183 (186)).

## § 2223 Vermächtnisvollstrecker

**Der Erblasser kann einen Testamentsvollstrecker auch zu dem Zwecke ernennen, dass dieser für die Ausführung der einem Vermächtnisnehmer auferlegten Beschwerungen sorgt.**

## Überblick

Die Vorschrift betrifft den Fall, in dem der Testamentsvollstrecker dafür zu sorgen hat, dass der Vermächtnisnehmer die ihm auferlegten Beschwerungen, wie Untervermächtnisse oder Auflagen zu erfüllen hat. Zugleich stellt die Norm klar, dass der Testamentsvollstrecker auch im Rechtskreis des Vermächtnisnehmers tätig werden kann.

## Übersicht



# I. Normzweck, Abgrenzung

**1. Geregelte Fallgruppe.** Ein Vermächtnis begründet mit dem Erbfall für den Bedachten das Recht, vom Beschwerten (Erbe oder Vermächtnisnehmer, § 2147 S. 1) die Leistung des vermachten Gegenstandes zu fordern (§ 2174). Als zum Vermögen des Vermächtnisnehmers gehörig wird der schuldrechtliche Anspruch nicht von einer Testamentsvollstreckung über den Nachlass erfasst. Ist Schuldner des Anspruchs der Erbe, stellt eine zur Erfüllung des Vermächtnisses angeordnete Testamentsvollstreckung eine Beschränkung des Erben dar. Übereignet der Testamentsvollstrecker den vermächtnisweise zugewandten Nachlassgegenstand an den Vermächtnisnehmer, so handelt er an Stelle des Erben; es liegt kein Fall des § 2223 vor (Lange DNotZ 2018, 804 (805)). Die Vorschrift betrifft an sich nur die Konstellation, dass der Vollstrecker mit der beschränkten Aufgabe betraut ist, für die **Ausführung** einer dem Vermächtnisnehmer auferlegten **Beschwerung** (Untervermächtnis, Nachvermächtnis, Auflage) zu sorgen. Daneben bestehen aber noch andere Möglichkeiten, eine Testamentsvollstreckung mit Vermächtnisbezug anzuordnen (→ Rn. 2 f.). 1

**2. Andere Funktionen der Testamentsvollstreckung bei Vermächtnissen.** Sowohl aus dem Gesetzeswortlaut des § 2223 („auch") als auch aus § 2338 Abs. 1 S. 1 lässt sich herleiten, dass die Norm **keine abschließende Regelung** enthält (OLG München MittBayNot 2013, 393 (394) mAnm Reimann). Daher kann der Erblasser den Vermächtnisnehmer mit anderen Arten der Testamentsvollstreckung belasten, etwa mit einer **Verwaltungsvollstreckung** hinsichtlich des Vermächtnisobjekts **nach der Vermächtniserfüllung** (§§ 2209, 2210 gelten entspr.), was aber keine Vermächtnisvollstreckung gem. § 2223, sondern einen Fall der Dauertestamentsvollstreckung nach § 2209 darstellt (Lange DNotZ 2018, 804 (806); MüKoBGB/Zimmermann Rn. 2 und 5). Dies mag die einzige Aufgabe sein oder aber sich an die Ausführung von Beschwerungen iSd § 2223 anschließen (BGHZ 13, 203 (205 f.) = NJW 1954, 1036; BayObLG NJW-RR 1986, 629; FamRZ 1991, 490; BayObLG 25.1.1978 – 1 Z 101/77; OLG München Rpfleger 2013, 453 = MittBayNot 2013, 393; Lange ErbR § 62 Rn. 23; NK-BGB/Kroiß Rn. 3; Grüneberg/Weidlich Rn. 2; zur einkommensteuerlichen Behandlung BFH BStBl. II 1995, 714 = NJW 1995, 2406 (2407)). Auch kann dem Testamentsvollstrecker lediglich die Aufgabe zukommen, das ausgesetzte Vermächtnis im Rahmen der Abwicklungsvollstreckung gem. § 2203 zu erfüllen, etwa weil der Erbe nicht voll geschäftsfähig ist, was ebenfalls keinen Fall des § 2223 darstellt. 2

Vielfältige Gestaltungsmöglichkeiten bestehen ferner hinsichtlich der zu Testamentsvollstreckern bestellten Personen. Der Testamentsvollstrecker kann etwa **gleichzeitig** für den **Erben** und den **Vermächtnisnehmer** ernannt werden, was man als **Kombinationslösung** mit großem Aufgabenkreis nach §§ 2203, 2204, 2223 bezeichnen kann (BGHZ 13, 203 (205 f.) = NJW 1954, 1036; zu Auslegungsfragen in diesem Kontext OLG Karlsruhe ZEV 1999, 438; zur Gestaltung vgl. Tschernoster RNotZ 2017, 125 (132)). Zum Testamentsvollstrecker kann auch der Vermächtnisnehmer selbst eingesetzt werden; man spricht von einer **vermächtnisflankierenden Testamentsvollstreckung,** was den Vorteil hat, dass er die Vermächtniserfüllung an sich selbst vornehmen kann (OLG Düsseldorf ZEV 2014, 200; Winkler TV Rn. 222). 3

Bei der Vermächtnisvollstreckung nach § 2223 kann der Alleinerbe Vermächtnisvollstrecker sein, da kein Interessenwiderstreit besteht (BGH ZEV 2005, 205 mAnm Adams). Demgegenüber darf der alleinige Vermächtnisnehmer, der mit der zu erfüllenden Beschwerung belastet ist, wegen der entstehenden Interessenkollision nicht zum Vermächtnisvollstrecker gem. § 2223 ernannt werden (→ Rn. 16).

4 Angesichts der Vielzahl von Gestaltungsmöglichkeiten ist im Einzelfall durch **Auslegung** der letztwilligen Verfügung zu ermitteln, was vom Erblasser tatsächlich gewollt ist (OLG Hamm BeckRS 2018, 44289 Rn. 4). Dies gelingt dann relativ eindeutig, wenn der Erblasser den Testamentsvollstrecker mit entsprechenden Aufgaben konkret betraut hat. Hat er hingegen nur **ganz allgemein** Testamentsvollstreckung angeordnet, so muss durch Auslegung ermittelt werden, ob dem Testamentsvollstrecker (auch) die Aufgabe der Einhaltung der Beschwerungen des Vermächtnisnehmers gem. § 2223 auferlegt worden ist (Im Einzelfall kann daneben eine unbeschränkte Abwicklungstestamentsvollstreckung angeordnet sein OLG Karlsruhe FGPrax 2000, 28 (29)). Hat der Testamentsvollstrecker nach dem Erblasserwillen für die Ausführung **sämtlicher Anordnungen** zu sorgen, so ist regelmäßig anzunehmen, dass er (auch) die Aufgaben nach § 2223 wahrnehmen soll (Staudinger/Dutta, 2021, Rn. 7). Ansonsten ist dies im Zweifel aber zu verneinen, da die allgemeine Mitverwaltung des Vermächtnisses eine Aufgabenerweiterung darstellt (KG OLGE 18, 336; aA wegen § 2203 NK-BGB/Kroiß Rn. 2; Staudinger/Dutta, 2021, Rn. 7). Ist die Testamentsvollstreckung entspr. der allgemeinen Regelaufgabe der §§ 2203, 2204 auf die Abwicklung und Auseinandersetzung beschränkt, so erlischt mit der Vermächtniserfüllung die Verfügungsbeschränkung (§ 2211) und ein entsprechender Testamentsvollstreckervermerk ist im Grundbuch zu löschen (LG Aachen Rpfleger 1986, 306).

## II. Vermächtnisvollstreckung

5 **1. Entsprechende Anwendung der allgemeinen Grundsätze der Testamentsvollstreckung.** Ist wirksam eine Vermächtnisvollstreckung gem. § 2223 angeordnet, so tritt an die Stelle des Nachlasses das beschwerte Vermächtnis. Es sind weitgehend diejenigen Vorschriften entspr. anzuwenden, die für die Testamentsvollstreckung gelten, durch die ein Erbe beschränkt ist (BGHZ 13, 203 (206); BayObLG DNotZ 1991, 548 (549)). Entsprechend anwendbar sind damit insbes. die §§ 2203, 2205; unentgeltliche Geschäfte sind daher untersagt (§ 2205 S. 3). Für Verpflichtungsgeschäfte gelten die §§ 2206, 2207 entspr. Der Vermächtnisnehmer selbst kann in entsprechender Anwendung des § 2211 Abs. 1 über den ihm vermachten Gegenstand nicht verfügen (OLG Hamburg ZErb 2016, 204, 205). Mangels abweichenden Erblasserwillens ist der Vermächtnisvollstrecker entspr. den §§ 2212, 2213 in Ansehung des vermachten Gegenstandes und gegenüber den durch die Beschwerung Begünstigten klagebefugt und verklagbar. Hat der Vermächtnisvollstrecker Vermächtnisgegenstände an den Vermächtnisnehmer zu dessen freier Verfügung überlassen, ist § 2217 entspr. anzuwenden. Mit der Freigabe verliert der Vermächtnisvollstrecker daher seine Verwaltungs-, Verfügungs- und Prozessführungsbefugnis.

6 **2. Befugnisse. a) Anordnungen des Erblassers.** Der Aufgabenumfang und die **Befugnisse** des Vermächtnisvollstreckers richten sich nach der Aufgabenstellung und den ausdrücklichen Anordnungen des Erblassers, wie sie im Testament ihren Niederschlag gefunden haben (§ 2203) (BeckOGK/Tolksdorf Rn. 5; zu verkürzt NK-BGB/Kroiß Rn. 6, wonach diese den allgemeinen Rechten des Testamentsvollstreckers entsprächen). Ist demnach **nichts Besonderes** anzunehmen (→ Rn. 5), gelten auch für die Vollstreckung nach § 2223 die allgemeinen Vorschriften über die Testamentsvollstreckung entspr. (BayObLGZ 1990, 82 (85 f.) = NJW-RR 1990, 844; OLG Hamburg ZErb 2016, 204 (207 f.)), jedoch immer mit dem Blickwinkel auf die begrenzte Aufgabenstellung und objektmäßig beschränkt auf den Vermächtnisgegenstand (MüKoBGB/Zimmermann Rn. 5). Es richtet sich dementsprechend nach den Anordnungen des Erblassers, ob der Vermächtnisvollstrecker die Beschwerungen selbst zu vollziehen hat, wie es der Regelfall des § 2203 vorsieht, oder ob er nur deren Ausführung überwachen soll (§ 2208 Abs. 2) (MüKoBGB/Zimmermann Rn. 3; Staudinger/Dutta, 2021, Rn. 10). Liegt der erstgenannte Fall vor (§ 2203), so hat der Vollstrecker die dem Vermächtnisnehmer auferlegten Beschwerungen nach den Anordnungen des Erblassers auszuführen. Hierzu gehört die Erfüllung der Untervermächtnisse (§ 2186) und Auflagen (§§ 2192 ff.), (OLG Karlsruhe FamRZ 2017, 1975 (1976)) bei der Vorvermächtnisvollstreckung aber nicht die Erfüllung des Nachvermächtnisses (§ 2191), denn mit Eintritt des Nachvermächtnisfalls endet sein Amt (→ Rn. 5 f.) (Damrau/J. Mayer ZEV 2001, 293 (294); aA RG DJZ 1924, 475; Hartmann ZEV 2001, 89 (91); MüKoBGB/Zimmermann Rn. 3; Spall ZEV 2002, 5, jedoch mit zT unklarem Verständnis der verschiedenen Arten der Testamentsvollstreckung).

Der Erblasser kann die **Aufgaben und Befugnisse** des Vermächtnisvollstreckers auch **einschränken** (§ 2208). So mag sich die ihm zugewiesene Aufgabe darin erschöpfen, dass der Vermächtnisnehmer über das vermachte Grundstück nur mit Zustimmung des Testamentsvollstreckers verfügen kann, was auch dinglich wirkt (BayObLGZ 1990, 82 (85 f.) = NJW-RR 1990, 844). Dem Erblasser verbleibt umgekehrt die Möglichkeit, eine **weitere Testamentsvollstreckung** (§ 2203) anzuordnen (so möglicherweise im Fall von BGH NJW 2001, 520; eingehend dazu NK-BGB/Horn § 2191 Rn. 24 f.; zur Besteuerung des Vorvermächtnisnehmers beim vom Testamentsvollstrecker angelegten Kapitalbetrag FG Düsseldorf ZEV 2017, 111). 7

Ist die einzige Aufgabe des Testamentsvollstreckers die Erfüllung des Vermächtnisses, so endet das Amt mit der Erfüllung oder aber mit der Ausschlagung durch den Vermächtnisnehmer. Dies gilt wegen des Zwecks der Vermächtnisvollstreckung selbst dann, wenn die beiden Beendigungstatbestände nicht ausdrücklich in der letztwilligen Verfügung angegeben sind (OLG Nürnberg ZEV 2021, 171 (173) mAnm Litzenburger – dort auch zum Nachweis gegenüber dem Grundbuchamt). 8

**b) Befugnisse des Vermächtnisvollstreckers.** Der Vermächtnisvollstrecker hat auf der Grundlage seiner Befugnisse den Vermächtnisanspruch als Grundlage für die Ausführung der eigentlichen Anordnung **geltend zu machen,** notfalls sogar gerichtlich. Die **Geltendmachung des Vermächtnisses** durch den Vermächtnisvollstrecker und seine (dingliche) Erfüllung sind nicht mit der Annahme des Vermächtnisses gem. § 2180 zu verwechseln. Annahme und Ausschlagung können allein durch den Vermächtnisnehmer oder einem entsprechenden Bevollmächtigten erklärt werden, nicht aber durch den Vermächtnisvollstrecker (OLG München Rpfleger 2013, 453 = MittBayNot 2013, 393; Muscheler ZEV 2011, 230 (232); Keim ZEV 2011, 563 (568)). Dies kann bedeuten, dass bei einer späteren Vermächtnisausschlagung, die nicht fristgebunden ist, da § 2180 Abs. 3 nicht auf § 1944 verweist, das Vermächtnisobjekt wieder zurück zu übertragen ist (dagegen krit., nicht zu Unrecht, Muscheler ZEV 2011, 230 (232 f.); mit eigenem Lösungsansatz für das Minderjährigenrecht, Keim ZEV 2011, 563 (568)). Damit besteht das nicht abschließend geklärte Problem des Auseinanderfallens von Erfüllung und Annahme des Vermächtnisses (weiterführend Lange DNotZ 2018, 804 (811)). – Wer nach der letztwilligen Verfügung die **Vollziehung der Auflage** verlangen kann (§ 2194), muss sich an den Vollstrecker wenden, zu dessen Aufgabenkreis diese Pflicht zählt. Allerdings muss es bei der Vermächtnisvollstreckung nach § 2223 um eine Auflage gehen, die mit dem Vermächtnis verbunden ist. 9

In zwei Entscheidungen ist vertreten worden, dass bei einem **Grundstücksvermächtnis** der Vollstrecker auch die Auflassung **für den Vermächtnisnehmer entgegennehmen** darf, ohne dass es bei einem Minderjährigen der Mitwirkung des gesetzlichen Vertreters oder einer sonst uU erforderlichen familiengerichtlichen Genehmigung bedarf (OLG Hamm ZEV 2011, 198 dazu abl. Muscheler ZEV 2011, 230; OLG München NJW-RR 2013, 1231 = MittBayNot 2013, 393 m. krit. Anm. Reimann). Da die Befugnis des Vollstreckers, den Vermächtnisnehmer bei der Entgegennahme der Auflassung zu vertreten, nicht in jedem Fall besteht, ist dem nur unter folgenden Einschränkungen zuzustimmen: Zum einen besteht eine **Kompetenz** des Vollstreckers, den **Vermächtnisnehmer** bei der Entgegennahme der Auflassung zu **vertreten** nur, wenn er nicht nur für die Vollziehung des Vermächtnisses aus der Sicht des mit dem Vermächtnis Beschwerten zu sorgen hat, sondern auch „auf der Seite" des Vermächtnisnehmers eine entsprechende Aufgabe wahrnehmen muss. Dafür kann die Vermächtniserfüllung nur eine Art „zwingende Vorstufe" sein, also etwa, um das Vermächtnisobjekt danach zu verwalten, etwa als Dauertestamentsvollstrecker, oder um sodann noch als Vermächtnisvollstrecker gem. § 2223 die Erfüllung eines Untervermächtnisses zu bewirken (ebenso Bengel/Reimann TV-HdB/Schaub § 5 Rn. 90; Lehmann/Hahn ZEV 2013, 579; wohl auch OLG Frankfurt ZEV 2018, 522 (523) mAnm Litzenburger = MittBayNot 2019, 171 mAnm Weidlich; Staudinger/Dutta, 2021, Rn. 4 hält eine sog. „erfüllungsbezogene Verwaltung des Vermächtnisanspruchs" durch einen Testamentsvollstrecker für möglich; Muscheler ZEV 2011, 230 (232 f.) lehnt aber offenbar all dies ab; Reimann MittBayNot 2013, 395 verkennt offenbar die im Fall des OLG München daneben angeordneten Aufgabe des Testamentsvollstreckers; zutr. dagegen Lehmann/Hahn ZEV 2013, 579). Besitzt der Testamentsvollstrecker dann sowohl für den Vermächtnisnehmer als auch für den mit dem Vermächtnis Beschwerten die entsprechende Erfüllungskompetenz, stellen sich keine Probleme wegen der Beschränkungen des **§ 181,** denn der Testamentsvollstrecker handelt kraft seines Amts für beide Seiten und in Erfüllung einer Verbindlichkeit (Muscheler ZEV 2011, 230 (233); zust. Staudinger/Dutta, 2021, Rn. 4; vgl. auch wohl auch OLG Frankfurt ZEV 2018, 522 (523) mAnm Litzenburger = MittBayNot 2019, 171 mAnm Weidlich). – Ist durch die Testamentsvollstreckung hingegen nur der Erbe, nicht auch der Vermächtnisnehmer beschränkt, so umfasst die Rechtsmacht des Testamentsvollstreckers nicht auch die Entgegennahme der Auflassung für den Vermächtnisnehmer 10

(Muscheler ZEV 2011, 230; aA aber wohl OLG Hamm RNotZ 2010, 587). – Zudem kann der Erblasser den Testamentsvollstrecker von den Beschränkungen des § 181 befreien (zu den Folgen vgl. OLG Frankfurt ZEV 2018, 522 (523) mAnm Litzenburger = MittBayNot 2019, 171 mAnm Weidlich).

11 Mit der **Freigabe des Vermächtnisgegenstands** hat der Testamentsvollstrecker seine Verwaltungs-, Verfügungs- und Prozessführungsbefugnisse als Vermächtnisvollstrecker verloren. Der Untervermächtnisnehmer kann seinen Anspruch ausschl. gegen den Hauptvermächtnisnehmer (§ 2217 analog) geltend machen (OLG Hamburg ZErb 2016, 204).

12 **c) Vermächtnisverwaltung.** Der Vermächtnisvollstrecker ist zur ordnungsgemäßen **Verwaltung des vermachten Gegenstandes** verpflichtet (§ 2216). Ist er gem. § 2223 damit betraut, die dem Vermächtnisnehmer auferlegten Beschwerungen auszuführen, muss er dazu regelmäßig den Vermächtnisgegenstand in Besitz nehmen; in diesem Fall ist § 2205 S. 2 entspr. anzuwenden. Wenn es zur Erfüllung der letztwillig angeordneten Beschwerungen erforderlich ist, so ist der Vermächtnisnehmer von der Verfügung über den vermachten Gegenstand ausgeschlossen (vgl. § 2211) und der Vermächtnisvollstrecker hat entspr. der Zwecksetzung der angeordneten Verwaltungsvollstreckung darüber zu verfügen (NK-BGB/Kroiß Rn. 6; MüKoBGB/Zimmermann Rn. 5). Über den Vermächtnisanspruch samt Ausschlagungsrecht selbst kann der Testamentsvollstrecker allerdings nicht verfügen, da er auch sonst über die Grundlage für seine Verwaltung, den Erbteil, nicht selbst verfügen kann. Kann oder soll hingegen nur der Vermächtnisnehmer die ihm auferlegten **Beschwerungen persönlich erfüllen,** so kommt eine Vollziehung der letztwilligen Anordnung des Erblassers durch den Vermächtnisvollstrecker nicht in Betracht; er kann lediglich die Vollziehung vom Vermächtnisnehmer verlangen (§ 2208 Abs. 2). Eine Vollziehung der Anordnung des Erblassers durch den Testamentsvollstrecker selbst scheidet ferner auch dann aus, wenn nicht vertretbare Handlungen zu erbringen sind (BeckOGK/Tolksdorf Rn. 6).

13 Der Vermächtnisvollstrecker kann entspr. § 2206 **Verbindlichkeiten eingehen,** die ausschließlich Wirkungen gegenüber dem Vermächtnisnehmer zeitigen. Eine **Haftungsbeschränkung** auf den Vermächtnisgegenstand ist gesetzlich nicht vorgesehen. Eine entsprechende Anwendung der Regeln über die Haftungsbeschränkung des Erben (§§ 1975, 1990) kommt nach h. M. nicht in Betracht. Gleichwohl muss der Vermächtnisnehmer, ebenso wie der Erbe, sein Privatvermögen schützen können. Dazu wird vorgeschlagen, die Vorschrift über die beschränkte Haftung des Vermächtnisnehmers hinsichtlich der ihm auferlegten Beschwerungen (§ 2187) analog anzuwenden (Staudinger/Dutta, 2021, Rn. 12). Andere Stimmen plädieren dafür, dass von vornherein ausschließlich mit dem verwalteten Gegenstand gehaftet werde, wenn der Verwaltungsvollstrecker sich als solcher zu erkennen gegeben habe. Geschieht dies nicht, so soll § 179 entspr. Anwendung finden (Damrau/Tanck/Bonefeld Rn. 2; Staudinger/Dutta, 2021, Rn. 12; aA NK-BGB/Kroiß Rn. 6: Haftung des gesamten Nachlasses). Allerdings gilt für die Wirksamkeit derartiger Verpflichtungen zudem noch die kausale Beschränkung auf den Aufgabenkreis des Vollstreckers (§ 2206; → § 2206 Rn. 1). Schließlich wird noch vorgetragen, die Grundsätze der gegenständlich beschränkten Testamentsvollstreckung seien analog anzuwenden (Grüneberg/Weidlich Rn. 1: Sonderform einer gegenständlich beschränkten Testamentsvollstreckung).

14 **3. Prozessuales.** Ein seiner Verwaltung unterliegendes Recht kann allein der Vermächtnisvollstrecker gerichtlich geltend machen; auch kann nur er den Hauptvermächtnisanspruch **einklagen** (§§ 2212, 2213). Der Vermächtnisnehmer ist von der Prozessführung ausgeschlossen. Ein Urteil für oder gegen den Vermächtnisvollstrecker wirkt für oder gegen den Vermächtnisnehmer (**Rechtskrafterstreckung** gem. § 327 Abs. 1 ZPO). Für Passivprozesse, etwa auf Erfüllung der angeordneten Beschwerungen bei Klage des Untervermächtnisnehmers, gilt § 2213 (RG DJZ 1924, 475; BeckOGK/Tolksdorf Rn. 20). Privatgläubiger können während der Dauer der Vollstreckung nicht in das Vermächtnisobjekt vollstrecken, soweit dadurch die Erfüllung der Beschwerung beeinträchtigt würde (§ 2214) (Lange DNotZ 2018, 804 (813); Staudinger/Dutta, 2021, Rn. 17).

15 Ein Anspruch, der sich gegen den Nachlass richtet, kann sowohl gegen den Erben, als auch gegen den Testamentsvollstrecker gerichtlich geltend gemacht werden, wenn der gesamte Nachlass seiner Verwaltung unterliegt. Entsprechend kann der Anspruch des Untervermächtnisnehmers, der sich gegen den Vermächtnisnehmer richtet, sowohl gegen diesen als auch gegen den Vermächtnisvollstrecker geltend gemacht werden. Ein Nachvermächtnisnehmer kann den Vermächtnisvollstrecker auf Erfüllung verklagen, wenn der Vollstrecker für den Vollzug des Nachvermächtnisses sorgen soll. Der Vermächtnisvollstrecker ist auch zur Entgegennahme der Ausschlagungserklärung des Nachvermächtnisnehmers befugt; das Nachvermächtnis kann erst nach dem Erbfall, aber schon vor Eintritt des Nachvermächtnisfalls ausgeschlagen werden (BGH NJW 2001, 520 f.; Bengel NJW 1990, 1826 (1827)).

## III. Person des Vermächtnisvollstreckers

Auch hier gilt als Richtschnur der Grundsatz, dass „niemand zum Richter in eigener Sache" bestellt werden darf, um Interessenkollisionen zu vermeiden. So kann zwar der Alleinerbe zum Vermächtnisvollstrecker mit den Regelaufgaben des § 2223 bestellt werden (Winkler TV Rn. 163; Staudinger/Dutta, 2021, Rn. 21) und auch der Vermächtnisnehmer zum Testamentsvollstrecker mit der alleinigen Aufgabe der Vermächtniserfüllung (MüKoBGB/Zimmermann Rn. 8; Bengel/Reimann TV-HdB/Dietz § 5 Rn. 358 f. mit Formulierungsvorschlag), sog. „vermächtnisflankierende Testamentsvollstreckung" (Nieder/Kössinger Testamentsgestaltung-HdB/R. Kössinger § 15 Rn. 17). Der alleinige Vermächtnisnehmer, der mit der zu erfüllenden Beschwerung belastet ist, darf wegen der entstehenden Interessenkollision nicht zum Vermächtnisvollstrecker iSv § 2223 ernannt werden (NK-BGB/Kroiß Rn. 9; Lange DNotZ 2018, 804 (807)). 16

## IV. Testamentsvollstreckerzeugnis, Grundbuch

Auch dem Vermächtnisvollstrecker ist auf Antrag ein **Testamentsvollstreckerzeugnis** (§ 2368; §§ 354, 352 ff. FamFG) zu erteilen, in dem allerdings sein beschränkter Aufgabenkreis zu vermerken ist (BayObLGZ 1986, 34 = NJW-RR 1986, 629; NK-BGB/Kroiß Rn. 10; Winkler TV Rn. 691; zur Ermittlungspflicht des Nachlassgerichts hierbei BayObLGZ 1984, 225). Im **Erbschein** soll die Vermächtnisvollstreckung nicht aufzunehmen sein (KGJ 43, 92 (94) = OLGE 26, 354; KGJ 46, 141 (144); OLG München FamRZ 2016, 1811 (1812)), was aber nur dann richtig ist, wenn der Testamentsvollstrecker **nur** für die **Erfüllung** der Beschwerungen **durch** den **Vermächtnisnehmer** zu sorgen hat, nicht aber – wie bei der Kombinationslösung (→ Rn. 4) – zugleich auch für die eigentliche Vermächtniserfüllung. Denn im zweiten Fall handelt er auch als Testamentsvollstrecker und beschränkt die Rechte des Erben, worauf im Erbschein hingewiesen werden muss. 17

Das Zeugnis des Vermächtnisvollstreckers gilt auch als **Nachweis gegenüber dem Grundbuchamt** (§ 29 GBO). Soweit die Vermächtnisvollstreckung mit dinglicher Wirkung angeordnet ist, kann und muss zum Schutz des Begünstigten ein entsprechender Vermerk (§ 52 GBO) auch an einem davon betroffenen Grundstück im Grundbuch eingetragen werden (BayObLGZ 1990, 82 (84 f.) = NJW-RR 1990, 844; NK-BGB/Kroiß Rn. 10; Bengel/Reimann TV-HdB/Dietz § 5 Rn. 362; abschwächend Staudinger/Dutta, 2021, Rn. 25: „kann eingetragen werden"). Gegen die unterlassene oder durch Entscheidung abgelehnte Eintragung eines Testamentsvollstreckervermerks kann Beschwerde nach § 11 Abs. 1 RPflG, § 71 Abs. 1 GBO mit dem Ziel eingelegt werden, die Eintragung von Amts wegen nachzuholen (OLG München FamRZ 2016, 1811 (1812)). Solange der Vermächtnisnehmer noch Eigentümer ist, erscheint die Nachholung grds. möglich. 18

## V. Haftung und Vergütung des Vermächtnisvollstreckers

Zwischen dem Testamentsvollstrecker nach § 2223 und dem Vermächtnisnehmer besteht ein gesetzliches Schuldverhältnis. Soweit angeordnet, ist der Testamentsvollstrecker daraus sowohl dem Vermächtnisnehmer also auch dem Untervermächtnisnehmer verantwortlich. Die Haftung des Testamentsvollstreckers bestimmt sich auch hier nach § 2219 (OLG Hamburg ZErb 2016, 207 f.), die gegenüber dem Vermächtnisnehmer, dem Nachvermächtnisnehmer, dem Untervermächtnisnehmer und überhaupt gegenüber jedem in Betracht kommt, der aus der angeordneten Beschwerung begünstigt wird (MüKoBGB/Zimmermann Rn. 5 aE). 19

Wer Schuldner des Vergütungsanspruchs (§ 2221) ist, ist gesetzlich nicht geregelt. Daher ist vorrangig zu prüfen, ob der Erblasser diesbezüglich Anordnungen, ggf. konkludent getroffen hat. Ist dies nicht der Fall und lassen sich solche auch nicht im Wege der (ergänzenden) Auslegung ermitteln, so richtet sich der Anspruch bei der reinen Vermächtnisvollstreckung im Zweifel nicht gegen den Erben, sondern gegen den (Unter-) Vermächtnisnehmer. Dies gilt insbes., wenn dem Testamentsvollstrecker die erfüllungsbezogene Verwaltung des Vermächtnisses obliegt (NK-BGB/Kroiß Rn. 7; Damrau/Tanck/Bonefeld Rn. 4; aA Muscheler ZEV 1996, 185; Zimmermann TV Rn. 726). Im Übrigen gelten auch hier die §§ 2217 ff. 19a

## VI. Vorvermächtnis- und Nachvermächtnisvollstreckung

In entsprechender Anwendung ist auch die Anordnung eines **Nachvermächtnistestamentsvollstreckers** – analog dem Nacherbentestamentsvollstrecker (§ 2222) – zur Wahrnehmung der Rechte und Pflichten des Nachvermächtnisnehmers für die Zeit zwischen dem Erbfall und dem 20

Anfall des Nachvermächtnisses möglich (BFH MittBayNot 2014, 197 (198); Bengel NJW 1990, 1826 (1829)). In einer solchen Konstellation ist wiederum zu beachten, dass keine dinglich wirkende Verfügungsbeschränkung beim Vorvermächtnisnehmer besteht (Bengel NJW 1990, 1826 (1829); Dieterich NJW 1971, 2017; NK-BGB/Kroiß Rn. 5; Staudinger/Dutta, 2021, Rn. 14). – Davon zu trennen ist der Fall, in dem der **Nachvermächtnisnehmer beschwert** ist; hier kann es im Einzelfall sinnvoll sein, einen Testamentsvollstrecker einzusetzen.

21 Umstritten ist, ob zu den Pflichten des Vermächtnisvollstreckers **bei einer reinen Vorvermächtnisvollstreckung** auch die Erfüllung des Nachvermächtnisses (§ 2191) zählt oder nicht. Dies wird man verneinen müssen, denn mit dem Eintritt des Nachvermächtnisfalls endet das Amt des Vorvermächtnisvollstreckers automatisch (Damrau/J. Mayer ZEV 2001, 293 (294); Lange DNotZ 2018, 804, (809); aA Hartmann ZEV 2001, 89, (91)). Die ausschließliche Vorvermächtnisvollstreckung dient lediglich dazu, den noch nicht fälligen Anspruch des Nachvermächtnisnehmers zu schützen, da der Vorvermächtnisnehmer, anders als der Vorerbe (§ 2113), während der Dauer des Vorvermächtnisses keinen dinglich wirkenden Verfügungsbeschränkungen unterliegt. Dem Erblasser verbleibt aber die Möglichkeit, eine weitere Testamentsvollstreckung (§ 2203) anzuordnen, um so eine durchgehende und kontinuitätswahrende Vollstreckung zu gewährleisten (Spall ZEV 2002, 5 (6); so möglicherweise im Fall von BGH NJW 2001, 520).

## § 2224 Mehrere Testamentsvollstrecker

**(1) [1]Mehrere Testamentsvollstrecker führen das Amt gemeinschaftlich; bei einer Meinungsverschiedenheit entscheidet das Nachlassgericht. [2]Fällt einer von ihnen weg, so führen die übrigen das Amt allein. [3]Der Erblasser kann abweichende Anordnungen treffen.**

**(2) Jeder Testamentsvollstrecker ist berechtigt, ohne Zustimmung der anderen Testamentsvollstrecker diejenigen Maßregeln zu treffen, welche zur Erhaltung eines der gemeinschaftlichen Verwaltung unterliegenden Nachlassgegenstands notwendig sind.**

### Überblick

Die Vorschrift regelt knapp einige Rechtsfragen, wenn mehrere Testamentsvollstrecker bestellt sind und sieht insbesondere ein besonderes Verfahren zur Entscheidung von Meinungsverschiedenheiten vor dem Nachlassgericht vor.

### I. Normzweck

1 Die Ernennung mehrerer Testamentsvollstrecker kann für die Verwirklichung der Ziele der Testamentsvollstreckung zweckmäßig sein, insbes. bei großen oder schwierig strukturierten Nachlässen. Auch kann damit Fachkompetenz verstärkt, Verantwortung verteilt und gegenseitige Kontrolle geschaffen werden (NK-BGB/Kroiß Rn. 22). Jedoch entsteht durch die Personenmehrheit auch entsprechender Regelungsbedarf und Konfliktpotenzial (NK-BGB/Kroiß Rn. 22). Die Vorschrift bestimmt daher in groben Zügen, wie die Verwaltung gemeinschaftlich zu führen ist (Gesamtvollstreckung), dass bei Meinungsverschiedenheiten das Nachlassgericht entscheidet und bei Wegfall eines Testamentsvollstreckers die übrigen das Amt weiterführen. Die Vorschrift ist gegenüber den **Anordnungen** des Erblassers subsidiär (Abs. 1 S. 3).

### II. Mehrere Testamentsvollstrecker

2 **1. Gesamtvollstreckung.** Der Erblasser kann mehrere Testamentsvollstrecker ernennen (§§ 2197, 2199, 2200); eine gesetzliche Höchstzahl gibt es nicht (BeckOGK/Tolksdorf Rn. 5). Keine Ernennung zum Testamentsvollstrecker liegt idR vor, wenn der Erblasser bestimmt, dass der Rat einer bestimmten Person (Rechtsanwalt, Steuerberater) einzuholen oder gar deren Zustimmung erforderlich ist; es handelt sich in solchen Fällen meist um eine reine Verwaltungsanordnung (§ 2216 Abs. 2) (RGZ 130, 131 (138); MüKoBGB/Zimmermann Rn. 2). Stets ist daher – ggf. durch Auslegung – zu ermitteln, ob tatsächlich mehrere Testamentsvollstrecker gemeinschaftlich berufen worden ist. Auch kann eine Abgrenzung vom bloßen Nebenvollstrecker geboten sein. Mangels abweichender Erblasseranordnung führen mehrere Testamentsvollstrecker das Amt **gemeinschaftlich** (Abs. 1 S. 1). Das bedeutet, dass sie ihre Entscheidungen im Innenverhältnis

einstimmig treffen müssen und jeder von ihnen nach außen beim Abschluss der entsprechenden Rechtsgeschäfte mitwirken muss, soweit nicht ausnahmsweise Abs. 2 eingreift (BGH NJW 1967, 2402; Lange ErbR § 63 Rn. 79; BeckOGK/Tolksdorf Rn. 11). Soweit es an der erforderlichen Zustimmung nur eines Mitvollstreckers fehlt, ist das Rechtsgeschäft schwebend unwirksam; es kann aber durch die nachträgliche Genehmigung der anderen Mitvollstrecker oder notfalls durch Entscheidung des Nachlassgerichts rückwirkend wirksam werden (§ 185) (RG JW 1932, 1358; Damrau/Tanck/Bonefeld Rn. 2; MüKoBGB/Zimmermann Rn. 5; Staudinger/Dutta, 2021, Rn. 16). Handelt ein Testamentsvollstrecker, so genügt es, wenn sich aus den Umständen das Handeln für den anderen ergibt (§ 164 Abs. 1 S. 2) (BGH NJW-RR 1994, 963), was aber nicht die entsprechende Vollmacht oder Nachgenehmigung entbehrlich macht.

Aus gemeinschaftlicher Amtsführung folgt, dass jedes Rechtsgeschäft zu seiner **Wirksamkeit nach außen** der Mitwirkung sämtlicher Testamentsvollstrecker bedarf (→ Rn. 12). Gemeinschaftliches Handeln meint aber nicht simultanes Handeln. Daher sind vorherige Ermächtigungen und nachträgliche Genehmigungen zulässig. Die **Kenntnis** eines Mitvollstreckers müssen sich die übrigen Testamentsvollstrecker nach § 166 zurechnen lassen. 3

Aus der gemeinsamen Amtsführung folgt, dass auch Anträge und Beschwerden in streitigen und in FamFG-Verfahren von sämtlichen Testamentsvollstreckern gemeinsam gestellt bzw. eingelegt werden müssen (MüKoBGB/Zimmermann Rn. 6; Staudinger/Dutta, 2021, Rn. 18), etwa auf Eröffnung eines Nachlassinsolvenzverfahrens (BeckOGK/Tolksdorf Rn. 14), auf Grundbuchberichtigung (Staudinger/Dutta, 2021, Rn. 18), auf Aufhebung einer Verwaltungsanordnung nach § 2216 Abs. 2 S. 2, nicht jedoch bei Anträgen nach Abs. 1 S. 1 Hs. 2 oder nach § 355 Abs. 2 und 3 FamFG (MüKoBGB/Zimmermann Rn. 6). Bei Aktivprozessen (§ 2212) im Bereich der gemeinsamen Amtsführung müssen grds. alle Vollstrecker miteinander Klage erheben und sind daher **notwendige Streitgenossen** (§ 62 ZPO). Bei **Passivprozessen** sind sie es nur dann, wenn die begehrte Handlung nur gemeinsam erfüllt werden kann, also **nicht** bei solchen, die auf Auskunft oder Rechnungslegung gegen einzelne Vollstrecker nach §§ 2218, 666 gerichtet sind (NK-BGB/Kroiß Rn. 4; Damrau/Tanck/Bonefeld Rn. 9; Staudinger/Dutta, 2021, Rn. 19), sie nacheinander verklagt werden sollen, nur einzelne nicht zahlungsbereit sind (Staudinger/Dutta, 2021, Rn. 19) oder wenn gegen einzelne von ihnen bereits eine vollstreckbare Urkunde (§ 794 Abs. 1 Nr. 5 ZPO) vorliegt. Nur wenn mehrere gemeinsam verklagt werden und der Streitgegenstand unteilbar oder identisch ist, dürfen keine widersprechenden Entscheidungen ergehen. Dann liegt in solchen Fällen eine notwendige Streitgenossenschaft vor, die man als **„zufällige"** bezeichnen kann (Damrau ZEV 2013, 647 (648) mit weiteren Details). Die Ernennung eines Nachfolgers nach § 2199 Abs. 2 gehört nicht zur Amtsführung (KG DFG 1942, 45; Staudinger/Dutta, 2021, Rn. 26). 4

Die Gesamtvollstrecker können die Ausführung bestimmter Aufgaben der Testamentsvollstreckung (Hausverwaltung) auf einen **Dritten** per **Auftrag** übertragen (KG JFG 7, 279; Grüneberg/Weidlich Rn. 1), wozu wiederum alle mitwirken müssen. Sie können auch die Aufgaben nach bestimmten Gebieten **unter sich verteilen** (NK-BGB/Kroiß Rn. 3) und sich auch gegenseitig bevollmächtigen. All dies hat allerdings nur interne Wirkung und ändert nichts an ihrer gemeinschaftlich fortbestehenden Verantwortung und Haftung (§ 2219 Abs. 2) (BGH NJW 1967, 2400; Staudinger/Dutta, 2021, Rn. 13). Auch die Auskunfts- und Rechenschaftspflichten und die sonstigen Pflichten nach §§ 2218, 666 treffen nach wie vor jeden der Mitvollstrecker, und zwar jeden von ihnen allein (RG JW 1913, 495; MüKoBGB/Zimmermann Rn. 8). 5

**2. Entscheidung des Nachlassgerichts.** Bei Meinungsverschiedenheiten über die Amtsführung der Gesamtvollstrecker entscheidet auf Antrag das Nachlassgericht (bei landwirtschaftlichen Grundstücken iSd HöfeO das Landwirtschaftsgericht) (Damrau/Tanck/Bonefeld Rn. 7). **Antragsberechtigt** ist jeder Mitvollstrecker allein, aber auch alle sonst am Nachlass im materiellen Sinn Beteiligten (KG OLGE 30, 209; NK-BGB/Kroiß Rn. 7; MüKoBGB/Zimmermann Rn. 13; Staudinger/Dutta, 2021, Rn. 28; aA Damrau/Tanck/Bonefeld Rn. 6; Zimmermann TV Rn. 219: keine Antragsberechtigung bei nur materieller Berechtigung), also Erbe und Vermächtnisnehmer, nicht aber ein Dritter, mit dem ein Rechtsgeschäft geschlossen wurde (MüKoBGB/Zimmermann Rn. 13). Funktionell zuständig ist der Richter (§ 16 Abs. 1 Nr. 4 RPflG). **Prüfungsgegenstand** ist ein **tatsächliches Verhalten,** das in Ausführung der Verwaltungsaufgabe vorgenommen wird, also die **sachgemäße und zweckmäßige Amtsführung** (BGHZ 20, 264 (266) = NJW 1956, 986; BayObLG MDR 1978, 142; MüKoBGB/Zimmermann Rn. 10). Entschieden wird zB über die Notwendigkeit und Zweckmäßigkeit eines Rechtsgeschäfts (§ 2216 Abs. 1), über die Verwendung oder das Anlegen von Nachlassgeldern, über einen Auseinandersetzungsplan, über die gemeinschaftlich vorzunehmende Ernennung eines weiteren Mitvollstreckers (KG Recht 1914 6

Nr. 1117; NK-BGB/Kroiß Rn. 5 mwN). Der ordentliche Rechtsweg zum Prozessgericht ist dann ausgeschlossen.

7 Das **Prozessgericht** ist dagegen allein zuständig, wenn es sich um eine persönliche Aufgabe handelt, etwa um die Ernennung eines Testamentsvollstreckers durch einen Vollstrecker allein (§ 2199 Abs. 2) (Staudinger/Dutta, 2021, Rn. 25; BeckOGK/Tolksdorf Rn. 19), um die Frage, ob die betreffende Handlung überhaupt zum Verwaltungskreis der Testamentsvollstreckung gehört (BGHZ 20, 264 (268) = NJW 1956, 986), wenn es um eigene Rechte und Pflichten des Testamentsvollstreckers geht, weil er etwa selbst Schuldner oder Gläubiger des Nachlasses ist (sog. Drittbeziehungen) (KG OLGE 30, 209; Staudinger/Dutta, 2021, Rn. 27), oder wenn sich die Testamentsvollstrecker **ausschließlich** um eine **Rechtsfrage** streiten, etwa eine Auslegung des Testaments (BGHZ 20, 264 (268) = NJW 1956, 986; NK-BGB/Kroiß Rn. 5; Staudinger/Dutta, 2021, Rn. 22; aA Zimmermann TV Rn. 217, weil die Testamentsauslegung zu den ureigensten Aufgaben des Nachlassgerichts gehöre), oder die Berechtigung eines Testamentsvollstreckers zur Geldentnahme aus dem Nachlass oder ob für eine Handlung alle Testamentsvollstrecker mitwirken müssen (MüKoBGB/Zimmermann Rn. 11; Staudinger/Dutta, 2021, Rn. 22). Soweit jedoch eine Rechtsfrage eine **Vorfrage** für die umstrittene Amtshandlung ist, hat das Nachlassgericht ausnahmsweise auch hierüber „inzident" zu entscheiden, auch wenn diese der Grund für die Meinungsverschiedenheit ist (NK-BGB/Kroiß Rn. 6; Damrau/Tanck/Bonefeld Rn. 5; MüKoBGB/Zimmermann Rn. 12; KG Recht 1914 Nr. 1117; aA OLG Hamburg MDR 1953, 364; der Ls. von BGHZ 20, 264 (267 f.) = NJW 1956, 986 scheint eine Vorfragenkompetenz über Rechtsfragen auszuschließen, die Entscheidungsgründe lassen dies aber offen).

8 **Prüfungsmaßstab** ist die **Zweckmäßigkeit** der Verwaltungshandlung (BayObLG MDR 1978, 142; Staudinger/Dutta, 2021, Rn. 30), wobei aber auch immer über die Rechtmäßigkeit derselben als Vorfrage zu entscheiden ist (so auch BGHZ 20, 264 (269) = NJW 1956, 986: „denn der Richter kann nicht dazu gezwungen werden, einem von ihm als gesetzwidrig erkannten Vorschlage beizutreten"; vgl. auch NK-BGB/Kroiß Rn. 6). Der **Entscheidungsinhalt** kann darin bestehen, dass eine der von den Testamentsvollstreckern vorgetragenen Meinungen gebilligt wird oder alle abgelehnt werden. Allenfalls können geringfügige Modifikationen vom Nachlassgericht selbst vorgenommen werden (OLG München JFG 15, 344). Keinesfalls kann es selbst die Entscheidungskompetenz völlig an sich ziehen und anstelle der Testamentsvollstrecker eine von keinem von ihnen vorgeschlagene Entscheidung fällen (KG JW 1936, 1017; NK-BGB/Kroiß Rn. 9; Grüneberg/Weidlich Rn. 4). Die Entscheidung bindet ein Prozessgericht nicht (NK-BGB/Kroiß Rn. 6; MüKoBGB/Zimmermann Rn. 15). Die Verfügung wird mit der Bekanntgabe wirksam (§§ 40, 15 FamFG).

9 Der **Entscheidungstenor** lautet dahingehend, dass die betreffende Verwaltungsmaßnahme gebilligt wird. Sie ersetzt nicht die Zustimmung des sich bisher verweigernden Mitvollstreckers, wie sich aus dem abweichenden Wortlaut in § 1365 Abs. 2, § 1369 Abs. 2, § 1426 ergibt. Die fehlende Willenserklärung muss daher ggf. erzwungen werden (KG DR 1943, 353; NK-BGB/Kroiß Rn. 10; Staudinger/Dutta, 2021, Rn. 29; Grüneberg/Weidlich Rn. 4; aA MüKoBGB/Zimmermann Rn. 14; Erman/M. Schmidt Rn. 3). Da aber **Schadensersatz** bei Weigerung droht (§ 2219), wird dies selten nötig sein. Hinsichtlich des **Wirksamwerdens** des Beschlusses des Nachlassgerichts, mit dem über die Meinungsverschiedenheit entschieden wird, ist zu differenzieren: **(1)** Entscheidet das Nachlassgericht durch den Beschluss über die **Vornahme eines Rechtsgeschäfts,** sei es zustimmend oder ablehnend (Heinemann ZFE 2009, 8 (13)), ist aufgrund der ausdrücklichen Verweisung des § 355 Abs. 2 FamFG die Bestimmung des § 40 Abs. 3 FamFG anzuwenden. Demnach wird der Beschluss erst mit der formellen Rechtskraft (§ 45 FamFG) wirksam (§ 40 Abs. 3 S. 1 FamFG); bei Gefahr im Verzuge kann jedoch das Gericht die sofortige Wirksamkeit des Beschlusses anordnen (§ 40 Abs. 3 S. 2 FamFG). **(2)** Die **anderen** streitentscheidenden **Beschlüsse** des Nachlassgerichts werden demgegenüber mit der Bekanntgabe wirksam (§ 40 Abs. 1 FamFG), die Sondervorschrift des § 40 Abs. 3 FamFG ist hier gerade nicht anwendbar. Die **Gebühren** richten sich nach Nr. 12420 KV GNotKG.

10 **Rechtsmittel** gegen den Beschluss des Nachlassgerichts ist die befristete Beschwerde § 355 Abs. 2 FamFG, § 40 Abs. 3 FamFG) (BeckOK FamFG/Schlögel FamFG § 355 Rn. 17). Während bei sonstigen Beschlüssen die Beschwerdefrist ein Monat beträgt (§ 63 FamFG), ist in den Fällen, in denen über die Vornahme eines Rechtsgeschäfts entschieden wurde, die Frist auf zwei Wochen verkürzt (§ 355 Abs. 2 aE FamFG); dennoch handelt es sich nicht um eine sofortige Beschwerde, für welche die §§ 567 ff. ZPO gelten (BeckOK FamFG/Schlögel FamFG § 355 Rn. 13). **Beschwerdeberechtigt** gegen die Antragsablehnung ist nur der Antragsteller (§ 59 Abs. 2 FamFG) (NK-BGB/Kroiß Rn. 11 fordert bei mehreren Testamentsvollstreckern Beschwerdeerhebung durch alle, jedoch geht dies zu weit, vgl. Zimmermann TV Rn. 219 für den verfahrenseröffnenden

Antrag), gegen eine stattgebende Entscheidung jeder Testamentsvollstrecker und auch alle sonst materiell Betroffenen, wenn ihre Rechte beeinträchtigt werden (§ 59 Abs. 1 FamFG) (KG OLGE 30, 209; NK-BGB/Kroiß Rn. 11; Staudinger/Dutta, 2021, Rn. 34; Zimmermann TV Rn. 225: nur die Testamentsvollstrecker).

## III. Wegfall eines Mitvollstreckers

Fällt einer der Mitvollstrecker weg, so führen die übrigen Mitvollstrecker das Amt allein fort (Abs. 1 S. 2), bei ursprünglich zweien der verbleibende andere Mitvollstrecker (RGZ 61, 139 (143); KG JR 1955, 65), sofern keine abweichende Anordnung des Erblassers vorliegt (Abs. 1 S. 3). Ein Wegfall liegt vor, wenn der Testamentsvollstrecker tatsächlich oder rechtlich durch in seiner Person liegende Gründe **dauernd verhindert** ist, das Amt auszuüben (MüKoBGB/Zimmermann Rn. 19; Soergel/Becker Rn. 23), dies mag bereits vor oder erst nach der Annahme des Amts eintreten. In Betracht kommt etwa eine Amtsniederlegung (§ 2226), eine Entlassung (§ 2227), oder eine Beendigung des konkreten Amts aus anderen Gründen (Zeitablauf) oder wenn der Testamentsvollstrecker vermisst ist (OGH NJW 1950, 64), ja auch wegen eines Interessenwiderstreits oder der Beschränkungen des § 181 bezüglich einzelner Rechtsgeschäfte oder Prozesse, etwa wenn ein Testamentsvollstrecker wegen einer Nachlassforderung verklagt wird (RGZ 58, 299; 61, 139 (143); 98, 173; Staudinger/Dutta, 2021, Rn. 39). Bei nur **vorübergehender Verhinderung** greift Abs. 1 S. 2 nicht ein; die übrigen Testamentsvollstrecker können dann allein unter den Voraussetzungen des Abs. 2 (Notmaßnahmen) wirksam für den Nachlass handeln oder die sonst erforderliche Genehmigung des verhinderten Testamentsvollstreckers nachträglich beibringen und hierzu auch die Entscheidung des Nachlassgerichts nach Abs. 1 S. 1 Hs. 2 herbeiführen (NK-BGB/Kroiß Rn. 13; Staudinger/Dutta, 2021, Rn. 40; MüKoBGB/Zimmermann Rn. 19). **11**

## IV. Abweichende Anordnungen des Erblassers

Der Erblasser kann zwar nach Abs. 1 S. 3 abweichende Anordnungen treffen, allerdings lediglich für die in Abs. 1 angesprochenen Fälle und ausschließlich durch eine Verfügung von Todes wegen. Dabei können sie sich auf die Amtsführung **mehrerer Testamentsvollstrecker** beziehen (Abs. 1 S. 1). Soweit sie vom Gesetz abweichend das Handlungsverhältnis regeln, sind sie im Testamentsvollstreckerzeugnis anzugeben (OLG Zweibrücken BeckRS 1991, 30843881). Möglich sind etwa (vgl. zum Folgenden etwa NK-BGB/Kroiß Rn. 14; MüKoBGB/Zimmermann Rn. 3; Staudinger/Dutta, 2021, Rn. 5 ff.) die Einräumung einer Alleinhandlungsbefugnis für jeden, uU mit einem Widerspruchsrecht für die anderen, oder sogar die Zuweisung bestimmter Wirkungskreise an einen Testamentsvollstrecker zur selbstständigen Aufgabenerfüllung **(Nebenvollstreckung),** was aber am Recht zur Vornahme von Notmaßnahmen nach Abs. 2 nichts ändert (MüKoBGB/Zimmermann Rn. 3 aE; aA hingegen NK-BGB/Kroiß Rn. 17, der wegen der Selbstständigkeit der Aufgabenkreise Abs. 2 nicht anwenden will), aber auch die Anordnung der gegenseitigen Vertretung untereinander im Falle der Verhinderung. Auch kann das Einstimmigkeitsprinzip durch einen **Mehrheitsentscheid** ersetzt werden (BayObLG Rpfleger 2001, 548: mit Wirkung für Außenverhältnis; NK-BGB/Kroiß Rn. 15), oder bestimmt werden, dass die Ansicht eines bestimmten Testamentsvollstreckers den Ausschlag gibt (Staudinger/Dutta, 2021, Rn. 6), was jeweils im Zweifel auch zur Umsetzung des Beschlusses im Außenverhältnis ohne Mitwirkung des überstimmten Vollstreckers und unter Ausschluss des Nachlassgerichts berechtigt (NK-BGB/Kroiß Rn. 15; Staudinger/Dutta, 2021, Rn. 6; aA Winkler TV Rn. 458). Die Streitentscheidung kann auch einem Dritten oder Schiedsrichter überlassen werden (NK-BGB/Kroiß Rn. 16; Staudinger/Dutta, 2021, Rn. 6). **12**

Der Erblasser kann auch für den Wegfall eines Mitvollstreckers (Abs. 1 S. 2) **abweichende Bestimmungen** hierzu treffen, etwa über ein ersatzweises Nachrücken eines Testamentsvollstreckers (selbst nach § 2197 Abs. 2 oder durch Drittbestimmung im weitesten Sinne nach §§ 2198, 2199 und 2200) oder dass die Testamentsvollstreckung insgesamt beendet ist. Auch dies hat in einer Verfügung von Todes wegen zu erfolgen. **13**

## V. Notwendige Erhaltungsmaßnahmen (Abs. 2)

Aus Abs. 2 folgt, dass jeder Testamentsvollstrecker auch ohne die Zustimmung der übrigen Vollstrecker notwendige Erhaltungsmaßnahmen treffen darf; sie sind dann auch nach außen wirksam (MüKoBGB/Zimmermann Rn. 16). Unter diese Kategorie fallen nicht nur Maßnahmen tatsächlicher (Instandsetzung), sondern auch rechtlicher Art (Staudinger/Dutta, 2021, Rn. 44), **14** wie Klageerhebung (RGZ 98, 173; ausf. mit zahlreichen Details Damrau ZEV 2013, 584 ff.), bei drohender Verjährung oder Beweisschwierigkeiten, Einlegung eines befristeten Rechtsmittels oder auch Verteidigung gegen Forderungen mittels einer Beschwerdeeinlegung (OLG Saarbrücken OLGZ 1967, 220 = NJW 1967, 1137). Dabei muss die Klage grds. auf Leistung an alle Gesamtvollstrecker gerichtet sein (Damrau ZEV 2013, 584 (586 f.)). Jedoch müssen diese zur Erhaltung des Nachlasses **objektiv notwendig** sein, das subjektive „für erforderlich halten" genügt nicht (MüKoBGB/Zimmermann Rn. 16; Staudinger/Dutta, 2021, Rn. 46; aus prozessualer Sicht Damrau ZEV 2013, 584 f.). Liegen die Voraussetzungen des Abs. 2 nicht vor, dann hängt die Wirksamkeit eines Rechtsgeschäfts von der Genehmigung durch die anderen Testamentsvollstrecker ab (§§ 177 ff.; § 185); soweit sie nicht erteilt wird, kann auch das Nachlassgericht nach Abs. 1 S. 1 angerufen werden (NK-BGB/Kroiß Rn. 19; MüKoBGB/Zimmermann Rn. 17). Abs. 2 ist **nicht dispositiv** (NK-BGB/Kroiß Rn. 19).

## § 2225 Erlöschen des Amts des Testamentsvollstreckers

**Das Amt des Testamentsvollstreckers erlischt, wenn er stirbt oder wenn ein Fall eintritt, in welchem die Ernennung nach § 2201 unwirksam sein würde.**

### Überblick

Das Gesetz enthält in den §§ 2225–2227 eine unvollständige Aufzählung der Beendigungsgründe. § 2225 betrifft dabei ausschließlich die Fälle des Versterbens des Testamentsvollstreckers oder des späteren Eintritts eines Falls des § 2201, insbesondere bei plötzlicher Geschäftsunfähigkeit.

### I. Überblick über die Beendigungstatbestände

1 Grds zu unterscheiden ist zwischen der Beendigung des Amts des konkret amtierenden Testamentsvollstreckers einerseits und der insgesamt eintretenden Beendigung der Testamentsvollstreckung andererseits (Lange ErbR § 63 Rn. 48). Das Gesetz regelt in den §§ 2225–2227 lediglich das Erlöschen des Amts des konkret berufenen Testamentsvollstreckers, nicht aber die Beendigung Testamentsvollstreckung an sich. Als Erlöschensgründe des Amts des **konkret** berufenen **Testamentsvollstreckers** kommen in Betracht: Tod des Testamentsvollstreckers (§ 2225 Alt. 1) oder Eintritt seiner Amtsunfähigkeit (§ 2225 Alt. 2 iVm § 2201), Verlust der Rechtsfähigkeit bei juristischen Personen (analog § 2225), Kündigung durch den Testamentsvollstrecker (§ 2226) sowie seine Entlassung durch das Nachlassgericht (§ 2227).

2 Die **Testamentsvollstreckung endet insgesamt** (Damrau/Tanck/Bonefeld Rn. 3; zum Nachweis der Beendigung im Grundbuchverfahren OLG München NJW-RR 2020, 1210) in folgenden Konstellationen: aufgrund einer entsprechenden **Anordnung** des Erblassers, insbes. bei einem Endtermin oder einer auflösenden Bedingung oder Befristung oder, wenn die Anordnung der Testamentsvollstreckung inhaltlich auf eine bestimmte Person der ursprünglichen Miterben bezogen ist, mit der Veräußerung des Erbteils (Bengel/Reimann TV-HdB/Klinger § 7 Rn. 46; eingehend Grunsky FS Otte, 2005, 113 (116 ff.) mit Fallgruppenbildung). Gleiches folgt aus der **Erledigung aller Aufgaben,** was funktionsbezogen zu bestimmen ist (BGH ZErb 2019, 99 (100) zur Abwicklungsvollstreckung; KG OLGE 34, 299 zur Errichtung einer Stiftung; OLG Saarbrücken ZEV 2020 97 Rn. 7) sowie durch die **Erschöpfung** des Nachlasses. Stellt sich später heraus, dass doch noch nicht alle Aufgaben erfüllt waren, so dauert die Testamentsvollstreckung in Wahrheit fort und der Testamentsvollstrecker kann seine Tätigkeit wieder aufnehmen (BeckOGK/Tolksdorf Rn. 13). Die **Verwaltungsvollstreckung** endet nach § 2209 spätestens mit Ablauf der 30-Jahresfrist (§ 2210, mit Ausnahmen). Die **Nacherbentestamentsvollstreckung** endet bei Eintritt des Nacherbfalls (§ 2222). Das Amt erlischt bei einer reinen **Auseinandersetzungsvollstreckung** auch, wenn die Erben vereinbaren oder beschließen (§ 749 Abs. 2), dass die Auseinandersetzung unterbleiben soll, die Erbengemeinschaft also auf Dauer fortgesetzt wird und auch sonst keine Aufgaben mehr vom Testamentsvollstrecker zu erfüllen sind (BayObLGZ 1953, 357; LG Hannover JR 1950, 693 mAnm Hartung; Staudinger/Dutta, 2021, Rn. 3; MüKoBGB/Zimmermann Rn. 1).

3 Hinsichtlich **einzelner Nachlassgegenstände** endet die Testamentsvollstreckung mit deren wirksamer Veräußerung oder Freigabe (§ 2217) oder durch **„partielles Hinauswachsen aus dem Nachlass"** (Bengel/Reimann TV-HdB/Klinger § 7 Rn. 68 ff., 125 ff.): Im Unternehmensbereich können bei länger dauernder Testamentsvollstreckung und erfolgreichem eigenen Einsatz des

Gesellschafter-Erbens die Erträge des Nachlasses zu einem angemessenen Anteil „aus dem Nachlass hinauswachsen" und ausschließlich dem Eigenvermögen des Erben zuzuordnen sein (BGH DNotZ 1987, 116 (120) zum Testamentsvollstrecker; allg. zum Verhältnis laufender Gewinn und Nachlasszugehörigkeit BGHZ 91, 132 (137); BGH NJW 1984, 2570 (2573)). Gründe des Gläubigerschutzes und die Wahrung der Eigenrechte der Erben gebieten dann die Annahme einer partiellen Beendigung der Testamentsvollstreckung (Bengel/Reimann TV-HdB/Klinger § 7 Rn. 125 f. und zum Folgenden). Damit erlischt hieran das Verwaltungs- und Verfügungsrecht des Testamentsvollstreckers. Da die Grenzen fließend sind, entstehen für den Umfang der Testamentsvollstreckerrechte erhebliche Abgrenzungsprobleme.

Demgegenüber **endet das Amt nicht** (NK-BGB/Kroiß Rn. 6; Damrau/Tanck/Bonefeld Rn. 4) in folgenden Konstellationen: mit der Eröffnung eines Nachlassinsolvenzverfahrens oder der Anordnung einer Nachlassverwaltung (jedoch ruhen die Befugnisse des Testamentsvollstreckers während der Dauer dieser Verfahren, → § 2205 Rn. 3); durch eigene Insolvenz des Testamentsvollstreckers oder wenn dieser zu einer Freiheitsstrafe verurteilt wird (dann aber seine Entlassung nach § 2227 möglich, → § 2227 Rn. 9 ff.); durch die irrige Annahme der vollständigen Aufgabenerledigung (BGH NJW 1962, 912; MüKoBGB/Zimmermann Rn. 2); durch entsprechende Vereinbarung mit den Erben, jedoch kann sich daraus eine Pflicht zur Amtsniederlegung ergeben (BGH NJW 1962, 912); mit dem Tod des Erben, es sei denn die Testamentsvollstreckung ist ausdrücklich nur für dessen Lebensdauer angeordnet (OLG München NJW 1951, 74). 4

## II. Amtsbeendigungsfälle des § 2225

**1. Tod des Testamentsvollstreckers.** Das Amt des konkret berufenen Testamentsvollstreckers erlischt mit seinem Ableben (§ 2225 Alt. 1); sein Amt ist nicht vererblich (Grüneberg/Weidlich Rn. 2). Der Erbe des Testamentsvollstreckers ist jedoch gem. §§ 2218, 673 S. 2 anzeige- und einstweilen auch besorgungspflichtig (Damrau/Tanck/Bonefeld Rn. 5; MüKoBGB/Zimmermann Rn. 4). Ob der Tod des konkret berufenen Testamentsvollstreckers auch zur Beendigung der Testamentsvollstreckung insgesamt führt, ist durch Auslegung des Erblasserwillens zu ermitteln (OLG München ZEV 2006, 173 (174) mAm Zimmermann; OLG Saarbrücken ZEV 2020, 97 Rn. 7) (→ Rn. 9). 5

**2. Nachträglicher Eintritt der Amtsunfähigkeit.** Das Amt des konkret amtierenden Testamentsvollstreckers erlischt nach § 2225 Alt. 2 auch, wenn ein Fall eintritt, in welchem die Ernennung nach § 2201 unwirksam ist, also wenn 6

- der Testamentsvollstrecker geschäftsunfähig wird (§ 104);
- in seiner Geschäftsfähigkeit beschränkt wird (§ 106) oder
- der Testamentsvollstrecker nach § 1896 zur Besorgung seiner sämtlichen Vermögensangelegenheiten einen Betreuer erhalten hat. Bereits die Bestellung eines vorläufigen Betreuers nach §§ 300, 301 FamFG) führt nach hM zur Amtsbeendigung (BayObLGZ 1994, 313 (316 f.) = ZEV 1995, 63 mAnm Damrau). Diese Ansicht hat aber zur Folge, dass durch eine lediglich vorläufige Anordnung bereits die endgültige Amtsunfähigkeit eintritt (krit. daher zu Recht BeckOGK/Tolksdorf Rn. 10; Zimmermann ErbR 2020, 452 (456)).

Die Testamentsvollstreckung durch den betroffenen Vollstrecker lebt bei Wegfall eines Unfähigkeitsgrunds nicht wieder auf (MüKoBGB/Zimmermann Rn. 5). 7

**3. Verlust der Rechtsfähigkeit juristischer Personen.** Wie der Tod einer natürlichen Person beendet der Verlust der Rechtsfähigkeit der zur Vollstreckung berufenen juristischen Person das Amt des Testamentsvollstreckers (§ 2225 analog) (Grüneberg/Weidlich Rn. 2; eingehend dazu Reimann ZEV 2000, 381 mwN). Bei einer **Umwandlung** ist nach den einzelnen Tatbeständen des Umwandlungsgesetzes zu unterscheiden (Bengel/Reimann TV-HdB/Reimann § 2 Rn. 204): Bei Verschmelzung durch Neugründung (§ 36 Abs. 1 S. 1 UmwG, § 20 Abs. 1 Nr. 2 S. 1 UmwG) erlischt die Testamentsvollstreckung, bei einem Formwechsel (§§ 190 ff. UmwG) dauert das Amt fort, bei Verschmelzung durch Aufnahme (§ 20 Abs. 1 Nr. 1 UmwG) nur, wenn der aufnehmende Rechtsträger der Testamentsvollstrecker war (Reimann ZEV 2000, 381; Damrau/Tanck/Bonefeld Rn. 7; s. auch NK-BGB/Kroiß Rn. 9). 8

## III. Rechtsfolgen der Amtsbeendigung

**1. Fortdauer der Testamentsvollstreckung.** Der Tod des Testamentsvollstreckers und die anderen in → Rn. 1 genannten Fälle beenden zunächst nur das Amt des amtierenden Testaments- 9 vollstreckers; ist ein **weiterer Testamentsvollstrecker** vorhanden (§ 2224 Abs. 1 S. 2), ein Ersatztestamentsvollstrecker vorgesehen oder zulässigerweise ein Nachfolger benannt (§ 2197 Abs. 2, §§ 2198, 2199 Abs. 2, § 2200), so setzt dieser sodann die Testamentsvollstreckung fort (RGZ 156, 76). Die Ernennungsmöglichkeit nach § 2200 (→ § 2200 Rn. 2) kann sich auch erst durch Auslegung des Erblasserwillens ergeben (zur Rechtslage bei juristischen Personen Reimann ZEV 2000, 385). Die Verfügungsbeschränkungen der Erben (§ 2211), der Testamentsvollstreckervermerk im Grundbuch (§ 52 GBO) und vom Testamentsvollstrecker erteilte **Vollmachten** bleiben idR dann bestehen (→ Rn. 10). Das **Testamentsvollstreckerzeugnis** wird nach § 2368 Abs. 3 Hs. 2 automatisch kraftlos, weshalb ein Einziehungsverfahren (§ 2361) nicht möglich ist. Jedoch wird das Nachlassgericht bei entsprechender Kenntnis vom Erlöschen des Amts dessen Rückgabe verlangen, damit kein falscher Rechtsschein entsteht (MüKoBGB/Grziwotz § 2368 Rn. 48 mwN; NK-BGB/Kroiß Rn. 13). Die Herausgabe- und Rechenschaftspflicht nach § 2218 besteht gegenüber dem Nachfolger; für rechtshängige Prozesse gilt §§ 241, 246 ZPO (MüKoBGB/Zimmermann Rn. 8).

10 **2. Beendigung der Testamentsvollstreckung im Ganzen.** In den Fällen von → Rn. 2 endet die Testamentsvollstreckung insgesamt. Der Erbe erlangt seine Verfügungs- und Verwaltungsbefugnis wieder, und die danach vom Testamentsvollstrecker vorgenommenen Rechtshandlungen sind unwirksam. Gleiches gilt bei mehrstufigen Erwerbstatbeständen, wenn diese bis dahin noch nicht vollendet sind (etwa noch ausstehende Grundbucheintragung). Ob **§ 878** Anwendung findet, wird kontrovers diskutiert. Die hM lehnt dies ab; auch soll keine entsprechende Anwendung möglich sein (BayObLG NJW 1956, 1279; OLG Celle NJW 1953, 945; OLG Frankfurt OLGZ 1980, 100; AG Starnberg Rpfleger 1999, 743; offenlassend BayObLG ZEV 1999, 67 m. krit. Anm. Reimann). Dies widerspricht aber dem Schutzzweck der Norm und führt zu zufälligen Ergebnissen (vgl. etwa OLG Brandenburg VIZ 1995, 365 = OLG-NL 1995, 127 für staatlichen Verwalter nach VermG; LG Neubrandenburg MDR 1995, 491 für Gesamtvollstreckung; Böhringer BWNotZ 1985, 137 (139 f.); Schaub ZEV 2000, 49 (51); Zahn MittRhNotK 2000, 89 (108); Schmenger BWNotZ 2004, 97 (119); für praktische Lösungsmöglichkeiten beim Grundstückskauf mit Vermeidung der Hinterlegung auf Notaranderkonto NK-BGB/Kroiß Rn. 12; Heil RNotZ 2001, 269 (270 f.)). Ein Testamentsvollstreckerzeugnis wird grds. von selbst kraftlos (§ 2368 Abs. 3); ein Testamentsvollstreckervermerk ist im Grundbuch auf Antrag zu löschen (§§ 13, 22 GBO) (dazu etwa BGH ZErb 2019, 99 (100 f.); Bengel/Reimann TV-HdB/Dietz § 7 Rn. 151). Entspr. dem Unterschied zwischen dem Erlöschen des Amts des konkret amtierenden Testamentsvollstreckers und der Beendigung der Testamentsvollstreckung im abstrakt-funktionellen Sinn **endet** die von dem Testamentsvollstrecker erteilte **Vollmacht** nicht bereits mit einem Wechsel in der Person des Testamentsvollstreckers, sondern erst mit der Beendigung der Testamentsvollstreckung insgesamt (MüKoBGB/Zimmermann Rn. 8; MüKoBGB/Schubert § 168 Rn. 43; Winkler ZEV 2001, 282 f.; Winkler TV Rn. 469; Zimmermann TV Rn. 315; NK-BGB/Kroiß § 2218 Rn. 6; aA OLG Düsseldorf ZEV 2001, 281 (m. abl. Anm. Winkler) unter Verkennung des Unterschieds zwischen dem Testamentsvollstrecker und der Testamentsvollstreckung als Amt im funktionell-abstrakten Sinn; KGJ 41, 79 (80 f.), wo dieser Unterschied immerhin gesehen, aber der Amtstheorie gefolgt wird). Bei der gelegentlich verwendeten Formulierung, dass mit dem „Ende des Testamentsvollstreckeramtes" die Vollmacht erlösche (so etwa Bengel/Reimann TV-HdB/Pauli § 6 Rn. 29), wird nicht immer klar, ob damit das Amt im konkreten Sinn oder aber im abstrakt-funktionellen Sinn gemeint ist.

11 Vollmachtsurkunden sind zur Vermeidung einer sich aus § 179 ergebenden Haftung des Testamentsvollstreckers zurückzufordern oder für kraftlos zu erklären (§§ 175, 176) (RG DRiZ 1933 Nr. 295; NK-BGB/Kroiß Rn. 17). Der Testamentsvollstrecker bleibt weiter gegenüber dem Erben nach §§ 2218, 666, 667 herausgabe- und rechenschaftspflichtig. Im Falle der Unkenntnis über die Amtsbeendigung (praktisch nur bei Erledigung aller Aufgaben) gilt jedoch das Amt zugunsten des Testamentsvollstreckers als fortbestehend **(Fiktion des Fortbestehens),** bis dieser von dem Erlöschen wenigstens Kenntnis erlangen musste (§§ 2218, 674). Prozesse werden nach § 239 ZPO unterbrochen oder nach § 246 ZPO auf Antrag ausgesetzt (MüKoBGB/Zimmermann Rn. 7).

12 Ein **Streit über die Amtsbeendigung** ist grds. vor dem Prozessgericht und nicht vor dem Nachlassgericht auszutragen (BGHZ 41, 23 (28) = NJW 1964, 1316; OLG Saarbrücken NJW-RR 2020, 655). Jedoch hat mitunter auch das Nachlassgericht hierüber als Vorfrage zu befinden (BayObLGZ 1988, 42 (46) = FamRZ 1988, 770).

13 Mit der Beendigung der Testamentsvollstreckung im Ganzen ist das Grundbuch wegen des **eingetragenen Testamentsvollstreckervermerks** (§ 52 GBO) unrichtig geworden; der Vermerk ist zu **löschen.** Die Löschung kann nicht aufgrund einer Berichtigungsbewilligung des

Testamentsvollstreckers erfolgen, sondern nur dadurch, dass dem Grundbuchamt die Unrichtigkeit nachgewiesen wird. An die Führung des Unrichtigkeitsnachweises sind strenge Anforderungen zu stellen; der Nachweis hat regelmäßig in der Form des § 29 GBO zu erfolgen. Handelt es sich um die Beendigung der Testamentsvollstreckung im Ganzen wegen Erledigung der Aufgaben, kann ein solcher Nachweis in der Form des § 29 GBO zwar regelmäßig nicht geführt werden. Gleichwohl wird ein Abweichen nur in Ausnahmefällen zugelassen (OLG München ZEV 2019, 273 (275) mAm Weidlich).

## § 2226 Kündigung durch den Testamentsvollstrecker

**[1]Der Testamentsvollstrecker kann das Amt jederzeit kündigen. [2]Die Kündigung erfolgt durch Erklärung gegenüber dem Nachlassgericht. [3]Die Vorschrift des § 671 Abs. 2, 3 findet entsprechende Anwendung.**

### Überblick

Die Vorschrift formuliert die grundsätzliche Zulässigkeit der Kündigung durch den Testamentsvollstrecker. Ferner werden die dabei von ihm zu beachtenden Einzelheiten der Kündigung normiert.

### I. Normzweck

Wie ein Beauftragter kann der Testamentsvollstrecker das ihm übertragene Amt jederzeit und 1
mit sofortiger Wirkung kündigen. Damit kann er sich der oftmals undankbaren Amtsführung für die Zukunft entledigen, ohne sich in irgendeiner Weise rechtfertigen zu müssen. Der Erblasser kann das Kündigungsrecht nicht ausschließen, wohl aber dadurch **erschweren,** dass er dem Testamentsvollstrecker etwas unter der auflösenden Bedingung zuwendet, wonach die Zuwendung entfällt, sollte er kündigen (BeckOGK/Tolksdorf Rn. 4; MüKoBGB/Zimmermann Rn. 1). Die in den §§ 2225–2227 aufgezählten Beendigungsgründe sind nicht abschließend.

### II. Kündigung

**1. Zulässigkeit.** Nach seiner Amtsannahme darf der Testamentsvollstrecker sein Amt jederzeit 2
kündigen; eine Kündigungsfrist besteht nicht. Allerdings darf die Kündigung **nicht zur Unzeit** erfolgen (§ 2226 S. 3, § 671 Abs. 2). Die Kündigung muss also zu einem Zeitpunkt erklärt werden, zu dem der Ersatztestamentsvollstrecker oder, wenn keiner vorhanden ist, der Erbe für die Besorgung der dem Testamentsvollstrecker übertragenen Aufgaben anderweitige Vorsorge treffen kann (NK-BGB/Kroiß Rn. 2; Staudinger/Dutta, 2021, Rn. 5; MüKoBGB/Zimmermann Rn. 3). Das Verbot der Kündigung zur Unzeit entfällt allerdings dann, wenn ein **wichtiger Grund** für die sofortige Beendigung vorliegt (§ 2226 S. 3, § 671 Abs. 2 S. 1), also etwa eine schwere Erkrankung des Testamentsvollstreckers. Jedoch ist an die Annahme eines solchen wichtigen Grundes ein strenger Maßstab anzulegen (MüKoBGB/Zimmermann Rn. 3). Erfolgt die Kündigung zur Unzeit ohne wichtigen Grund, so ist sie trotzdem unter Beachtung von § 2226 S. 2 wirksam (RGZ 100, 95 (97); NK-BGB/Kroiß Rn. 2; Damrau/Tanck/Bonefeld Rn. 7; MüKoBGB/Zimmermann Rn. 3; Staudinger/Dutta, 2021, Rn. 6; aA van Venrooy JZ 1981, 53 (57): Nichtigkeit nach § 134). Wie aus dem Verweis in § 2226 S. 3 folgt, ist der Testamentsvollstrecker aber gegenüber den Erben zum Ersatz des daraus entstandenen Schadens verpflichtet (§ 671 Abs. 2 S. 2). Seiner drohenden Haftungsgefahr kann der Testamentsvollstrecker dadurch begegnen, dass er mit einer angemessenen Frist kündigt (Damrau/Tanck/Bonefeld Rn. 8).

**2. Wirksamwerden, Wirksamkeit.** Seine Kündigung muss der Testamentsvollstrecker gegen- 3
über dem Nachlassgericht erklären (§ 2226 S. 2, sog. **amtsempfangsbedürftige Willenserklärung**); sie wird mit dem Zugang der Niederlegungserklärung dort wirksam (§ 130 Abs. 3). Eine besondere Form für die Kündigung ist nicht vorgeschrieben. Es ist daher auch eine **stillschweigende Kündigung** möglich, wenn auch nicht zweckmäßig (Bengel/Reimann TV-HdB/Klinger § 7 Rn. 16). Sie kann etwa darin gesehen werden, dass der Antrag auf Erteilung eines Testamentsvollstreckerzeugnisses so nicht mehr weiter verfolgt wird (OLG Hamm OLGZ 1991, 388 = NJW-RR 1991, 837; OLG Düsseldorf ZEV 1998, 353 (354)).

4 Die Festlegung eines späteren Zeitpunkts, zu dem die Kündigung wirksam werden soll, ist möglich (NK-BGB/Kroiß Rn. 4; Bengel/Reimann TV-HdB/Klinger § 7 Rn. 15). Ein späterer Widerruf der erklärten Kündigung ist nicht zulässig (NK-BGB/Kroiß Rn. 4), wohl aber ist die Willenserklärung nach § 119 **anfechtbar,** aber auch nur durch eine entsprechende Erklärung gegenüber dem Nachlassgericht (Grüneberg/Weidlich Rn. 1; MüKoBGB/Zimmermann Rn. 2; Staudinger/Dutta, 2021, Rn. 8). Anfechtungsgrund kann sein, dass der Testamentsvollstrecker glaubt, durch seine Kündigung werde die Testamentsvollstreckung insgesamt beendet, während tatsächlich ein Ersatztestamentsvollstrecker zum Zuge kommt (Bengel/Reimann TV-HdB/Klinger § 7 Rn. 15). Die Anfechtung der Kündigung soll zu einer **Schadensersatzpflicht** des Testamentsvollstreckers führen (nach § 2219, § 671 Abs. 2, nicht § 122) (NK-BGB/Kroiß Rn. 4; Grüneberg/Weidlich Rn. 1), was aber praktisch nur schwer vorstellbar ist (MüKoBGB/Zimmermann Rn. 2).

5 **3. Teilkündigung.** Eine Kündigung, die sich auf einen **Teil der Aufgaben** des Testamentsvollstreckers bezieht, ist nur zulässig, wenn dies dem (zumindest hypothetischen) Willen des Erblassers entspricht (Grunsky/Hohmann ZEV 2005, 41 (45); NK-BGB/Kroiß Rn. 3; aA Zimmermann TV Rn. 827: entscheidend sei, ob die Kündigung auf einen Teilbereich beschränkbar sei und welchen Willen der Testamentsvollstrecker habe; der Erblasserwille sei wegen § 2226 gerade nicht maßgeblich). Lässt sich ein dahingehender Wille nicht feststellen, ist die Teilkündigung unwirksam und der Testamentsvollstrecker bleibt uneingeschränkt im Amt (KG HRR 1939 = JW 1939, 421; OLG Hamm DNotZ 1992, 330 mAnm Winkler = FamRZ 1992, 113 m. abl. Anm. Reimann; NK-BGB/Kroiß Rn. 3; Grunsky/Hohmann ZEV 2005, 41 (45); Winkler TV Rn. 788; aA MüKoBGB/Zimmermann Rn. 2; Staudinger/Dutta, 2021, Rn. 4: Amt ende im vollen Umfang). Will der Testamentsvollstrecker sein Amt nicht länger ausüben, so mag er eine Totalkündigung aussprechen (zutr. Grunsky/Hohmann ZEV 2005, 41 (45)). Von **mehreren Testamentsvollstreckern** kann jeder für sich alleine kündigen. Damit endet jedoch das Amt der anderen Mitvollstrecker nur dann, wenn dies dem Willen des Erblassers entspricht (BeckOGK/Tolksdorf Rn. 13), was durch Auslegung unter Berücksichtigung der Zwecke der Testamentsvollstreckung zu ermitteln ist (§ 2224 Abs. 1 S. 2 und 3).

## III. Vereinbarungen mit den Erben

6 Ein vertraglicher (schuldrechtlicher) **Kündigungsverzicht** mit den Erben oder auch mit dem Erblasser ist möglich (Staudinger/Dutta, 2021, Rn. 2 f.; BeckOGK/Tolksdorf Rn. 5 ff. u. 14). Er hindert den Testamentsvollstrecker jedoch dann nicht an der Kündigung, wenn ein wichtiger Grund (Krankheit, Arbeitsüberlastung, Verfeindung etc) vorliegt (§ 2226 S. 3, § 671 Abs. 3) (Grüneberg/Weidlich Rn. 1). Erfolgt ohne einen solchen wichtigen Grund entgegen der Abrede über den Kündigungsverzicht eine Kündigung, ist umstritten, ob die abredewidrige Kündigung unwirksam ist oder der Testamentsvollstrecker sich hierauf zumindest nicht berufen darf (§ 242) (dass die Berufung auf die Kündigung nach § 242 ausgeschlossen sein könnte, deutet OLG Koblenz NJW-RR 1993, 462 an), oder aber die Kündigung nach außen zwar wirksam ist, aber den Testamentsvollstrecker gem. § 2219 zum Schadensersatz verpflichtet (für Wirksamkeit der Kündigung mit bloßer Haftung nach § 2219 zu Recht Staudinger/Dutta, 2021, Rn. 6; dagegen MüKoBGB/Zimmermann Rn. 4).

7 Umgekehrt kann sich der Testamentsvollstrecker gegenüber den Erben verpflichten, sein Amt zu einem bestimmten, im Voraus festgelegten Zeitpunkt oder bei Eintritt eines bestimmten Ereignisses niederzulegen, denn er kann auch ohne entspr. Vereinbarungen jederzeit – wenn auch nicht zur Unzeit – das Amt kündigen; sog. **Kündigungsvereinbarung** (RGZ 156, 70; BGHZ 25, 275 (281) = NJW 1962, 912; Keller ErbR 2021, 573 (574); Winkler TV Rn. 789). Diese Verpflichtung ist auch einklagbar (BGHZ 25, 275 (281); OLG Hamm NJW-RR 2008, 1687; NK-BGB/Kroiß Rn. 5), und zwar vor dem Prozessgericht, auch wenn dieses als Vorfrage über einen Entlassungsgrund iSv § 2227 zu entscheiden hat (OLG Hamm NJW-RR 2008, 1687), und kann als zusätzlicher Gesichtspunkt im Rahmen der Amtsführung bei der Entscheidung über die Entlassung des Testamentsvollstreckers aus wichtigem Grund berücksichtigt werden (OLG Hamm NJW-RR 2008, 1687). Jedoch darf durch solche Vereinbarungen mit den Erben die Unabhängigkeit des Testamentsvollstreckers und die Verpflichtung aus § 2216 Abs. 1 nicht eingeschränkt werden (eingehend und anschaulich zu den verschiedenen Vereinbarungsmöglichkeiten Keller ErbR 2021, 573 (574 f.); Reimann NJW 2005, 789; zu Inhalt und Grenzen von entgeltlichen Vereinbarungen dieser Art Kühn ZErb 2009, 140). Unzulässig ist daher die Verpflichtung des Testamentsvollstreckers, das Amt jederzeit auf Verlangen der Erben niederzulegen (BGHZ 25, 275; Staudinger/Dutta, 2021, Rn. 3). Weiter ist zu beachten, dass durch die Kündigung nicht zwingend die Testamentsvollstreckung insgesamt (also die im funktional-abstrakten Sinn) erlischt (→ Rn. 8);

jedoch kann dann ein aufgrund einer solchen Vereinbarung an den Testamentsvollstrecker gezahltes Entgelt uU wegen Wegfalls der Geschäftsgrundlage (§ 313) zurückgefordert werden (Kühn ZErb 2009, 140). Daneben wird in der Lit. die **Freigabevereinbarung** diskutiert. Danach soll der Testamentsvollstrecker vor dem Ende der Testamentsvollstreckung den wesentlichen Teil des Nachlasses freigeben. Ist Dauertestamentsvollstreckung angeordnet, stellt die Freigabe aber eine Pflichtwidrigkeit des Testamentsvollstreckers dar. Zudem kann die Vereinbarung die Vorgaben des § 2217 Abs. 1 nicht außer Kraft setzen. Liegen aber die dort genannten Voraussetzungen für eine Freigabe vor, ist die Vereinbarung überflüssig (weiterführend Keller ErbR 2021, 573 (575); Kühn ZErb 2009, 140 (142); Reimann NJW 2005, 789 (791); Werner ZEV 2010, 126 (130)).

## IV. Rechtsfolgen der Kündigung, Verfahrensfragen

Mit der Kündigung erlischt das Amt des niederlegenden Testamentsvollstreckers. Das bedeutet jedoch noch nicht insgesamt das Ende der Testamentsvollstreckung, namentlich wenn Ersatztestamentsvollstrecker vorgesehen sind oder Nachfolger berufen werden können (MüKoBGB/Zimmermann Rn. 6). Die Kündigung wirkt sich zudem auf die Höhe der geschuldeten **Vergütung** (→ § 2221 Rn. 24) aus (Soergel/Becker Rn. 1). 8

Für die Entgegennahme der Kündigung durch das Nachlassgericht fällt eine **Festgebühr** von 15 Euro nach KV 12410 Abs. 1 Nr. 4 GNotKG an. Eine Streitigkeit über die Wirksamkeit der Kündigung ist vor dem Prozessgericht und nicht vor dem Nachlassgericht zu führen (OLG Saarbrücken NJW-RR 2020, 655; NK-BGB/Kroiß Rn. 8). 9

### § 2227 Entlassung des Testamentsvollstreckers

**Das Nachlassgericht kann den Testamentsvollstrecker auf Antrag eines der Beteiligten entlassen, wenn ein wichtiger Grund vorliegt; ein solcher Grund ist insbesondere grobe Pflichtverletzung oder Unfähigkeit zur ordnungsmäßigen Geschäftsführung.**

### Überblick

Die Vorschrift regelt, ob und unter welchen Voraussetzungen der Testamentsvollstrecker durch das Nachlassgericht entlassen werden kann. Sie gibt Beispiele für einen wichtigen Entlassungsgrund an.

### Übersicht



## I. Normzweck

Die Vorschrift will den Erben sowohl vor einer nicht ordnungsgemäßen als auch vor einer zu weit gehenden Rechtsausübung durch den Testamentsvollstrecker schützen (RGZ 133, 128 (135)). Es ist „nicht zuzulassen, dass ein Erblasser den Erben mit gebundenen Händen dem ausgedehnten Machtbereich des Testamentsvollstreckers überliefert" (BGH NJW 2017, 2112 (2113); OLG Rostock 2018 BeckRS 23525 (Rn. 53)). Unter den nur beschränkten gesetzlichen **Kontrollmöglichkeiten** ist der Entlassungsantrag „das schärfste Schwert in der Hand der Erben" (Muscheler AcP 197 (1997), 226 (227)). Daher ist jede Erblasseranordnung, durch die das Recht des Erben, einen Entlassungsantrag zu stellen, ausgeschlossen, eingeschränkt oder erschwert wird, unwirksam (→ § 2220 Rn. 3) (NK-BGB/Kroiß Rn. 1; MüKoBGB/Zimmermann Rn. 1). Die Entlassung wird meist gegen den Willen des Testamentsvollstreckers erfolgen, denn stimmt er zu, so kommt dies einer Amtsniederlegung nach § 2226 gleich (Staudinger/Dutta, 2021, Rn. 2). 1

## II. Entlassungsvoraussetzungen

2 Die Entlassung erfolgt durch ein förmliches **Verfahren vor dem Nachlassgericht,** das anstelle des dem Geschäftsherrn bei einem Auftragsverhältnis zustehenden Widerrufsrechts (§ 671 Abs. 1) tritt. Das Entlassungsverfahren schließt nicht aus, dass zugleich vor einem Prozessgericht über die Wirksamkeit der Ernennung oder über die Erfüllung der Pflichten des Testamentsvollstreckers gestritten wird (RGZ 168, 177 (179)).

3 **1. Entlassungsantrag.** Die Entlassung erfolgt nur auf Antrag, für den § 23 FamFG gilt **(Antragsverfahren).** Das Nachlassgericht kann nicht von Amts wegen tätig werden (OLG Hamburg ZEV 2020, 290 (Rn. 17); Lange ErbR § 63 Rn. 58). Der Antrag ist beim örtlich zuständigen Nachlassgericht zu stellen (§ 343 FamFG). Er kann bis zur Rechtskraft der Entscheidung jederzeit zurückgenommen werden (§ 22 Abs. 1 FamFG) (RGZ 133, 128 (133); Staudinger/Dutta, 2021, Rn. 25; MüKoBGB/Zimmermann Rn. 2). Streitigkeiten über die Entlassung des Testamentsvollstreckers, die auf einer letztwilligen Verfügung gem. § 1066 ZPO und nicht auf einer zwischen dem Testamentsvollstrecker und den Erben und sonstigen Beteiligten vereinbarten Schiedsklausel beruhen, können allerdings nicht dem **Schiedsgericht** zugewiesen werden. Die hM begründet dies mit einer entsprechenden Anwendung des § 2220 und dem Gedanken, dass der Erblasser den Erben nicht schutzlos der „Machtfülle" des Testamentsvollstreckers aussetzen dürfe; seine Anordnungsbefugnis ist daher eingeschränkt. (BGH ZEV 2017, 412; RGZ 133, 128 (133); OLG Karlsruhe NJW 2010, 688; OLG Stuttgart ZEV 2017, 269 mAnm Lange; Lange ZZP 128 (2015), 407 (427 f.); Musielak/Voit/Voit ZPO § 1066 Rn. 3 f.; aA MüKoBGB/Zimmermann Rn. 2; ausf. Muscheler ZEV 2009, 317: zulässig, wenn alle Beteiligten iSd Abs. 1 auch beim Schiedsgericht antragsberechtigt sind und dort das Vorliegen des „wichtigen Grunds" zum einzigen und zwingenden materiellen Entscheidungskriterium gemacht wird). Eine testamentarisch angeordnete Schiedsklausel ist unwirksam, soweit sich ein Testamentsvollstrecker als Einzelvollstrecker auch über Streitigkeiten zwischen ihm und den Erben entscheiden soll (BGH ZEV 2019, 146 (149)). Erbe und Testamentsvollstrecker können sich aber dahingehend „vergleichen", dass der Testamentsvollstrecker sich zur Amtsniederlegung verpflichtet (Soergel/Becker Rn. 24).

4 Ein **Minderjähriger** kann wegen einer etwaigen Kostenpflicht bei seinem Unterliegen den Antrag nicht persönlich stellen (kein lediglich rechtlicher Vorteil, § 107) (BayObLGZ 1967, 230 (239); NK-BGB/Kroiß Rn. 4); er bedarf daher in den Fällen des § 1638 (BGHZ 106, 96 (99) = NJW 1989, 984) oder wenn der gesetzliche Vertreter selbst der Testamentsvollstrecker ist (§§ 1795, 181) (BayObLGZ 1967, 230; Staudinger/Dutta, 2021, Rn. 28), eines Ergänzungspflegers (§ 1913). Es besteht die Möglichkeit zur Genehmigung der bereits erfolgten Verfahrenshandlung (OLG Frankfurt DNotZ 1965, 482).

5 Im Verfahren der freiwilligen Gerichtsbarkeit tritt eine **Erledigung der Hauptsache** dann ein, wenn der Verfahrensgegenstand durch ein Ereignis fortgefallen ist, das eine Änderung der Sach- und Rechtslage herbeigeführt hat. Der Eintritt der Erledigung begründet ein Verfahrenshindernis, da die Sachentscheidung über den weggefallenen Verfahrensgegenstand nicht mehr ergehen kann. Im Verfahren über die Entlassung eines Testamentsvollstreckers tritt eine solche zur Unzulässigkeit des Antrags führende Erledigung dann ein, wenn das Amt des Testamentsvollstreckers in anderer Weise als durch die Entlassung beendet ist, etwa durch Erledigung aller Aufgaben (BayObLG ZEV 1995, 370 mAnm Winkler; OLG Düsseldorf ErbR 2018, 718 (720)) oder bei einer Aufgabenerledigung durch Insolvenz des vom Testamentsvollstrecker fortzuführenden Unternehmens (OLG Hamm NJW-RR 2002, 1300). Bei Erledigung des Verfahrens gilt § 91a ZPO entspr. (OLG Celle NdsRPfl. 1961, 199).

6 **Berechtigt,** einen Antrag auf Entlassung zu stellen, ist nach Abs. 1 jeder „Beteiligte". Dabei ist der **materielle Beteiligtenbegriff** zugrunde zu legen. Hierunter fallen somit nur diejenigen Personen, deren Rechte und Pflichten durch die Entscheidung, ob und wie der Testamentsvollstrecker sein Amt ausübt, unmittelbar betroffen werden (BGHZ 35, 296 (300) = NJW 1961, 1717; OLG Hamm ZEV 2018, 524 (525); KG JFG 5, 154). Ein lediglich wirtschaftliches Interesse genügt nicht (→ Rn. 7). Den Entlassungsantrag können daher stellen (vgl. etwa Staudinger/Dutta, 2021, Rn. 26 ff.; Grüneberg/Weidlich Rn. 7.; Muscheler AcP 197 (1997), 226 (238 f.)): der der Testamentsvollstreckung unterworfene **Erbe** (OLG Hamburg ZEV 2020, 38 Rn. 23); der **Nacherbe;** der **Vermächtnisnehmer** (BGHZ 35, 296 (300) = NJW 1961, 1717; KG JFG 5, 154; OLG Hamm OLGZ 1986, 1 (2)); der **Mitvollstrecker** (nicht aber der frühere Testamentsvollstrecker hinsichtlich des jetzt amtierenden, OLG Köln NJW-RR 1987, 1098). Antragsberechtigt ist ferner der **Miterbe,** selbst wenn er seinen Anteil mittlerweile veräußert hat (§ 2033) (OLG Düsseldorf ErbR 2017, 676 (677)) oder dieser verpfändet ist, denn seine Erbenhaftung besteht fort (KG Recht 1929, Nr. 1232; OLG Hamm OLGZ 1986, 1 (2) = Rpfleger 1986, 16; BayObLGZ

16, 68 (69); es ist nicht einmal die Zustimmung des Pfandgläubigers erforderlich). Unterliegt sein Erbteil nicht der Verwaltung des Testamentsvollstreckers, so muss der Miterbe in eigenen rechtlichen Interessen nachteilig betroffen sein. Dies kann durch die Art und Weise der Durchführung der Testamentsvollstreckung der Fall sein, etwa weil dem Testamentsvollstrecker im Innenverhältnis der Erbengemeinschaft die Verwaltungs- und Entscheidungsbefugnis für den der Testamentsvollstreckung unterliegenden Erbteil zukommt, wobei er uU sogar Alleinentscheidungen für den gesamten Nachlass treffen darf (vgl. § 2038 Abs. 1 S. 2 Hs. 2). Auch ist denkbar, dass der Testamentsvollstrecker dem Miterben gegenüber eine konkrete Pflichtwidrigkeit begangen hat (OLG Hamburg ZEV 2020, 290 Rn. 17; OLG Hamm ZEV 2009, 565, OLG Celle OLGR 2005, 112; Muscheler AcP 197 (1997), 226 (239) Fn. 41; Zimmermann TV Rn. 805; aA OLG München ZErb 2005, 424 mAnm Muscheler – diese Ansicht hat es nunmehr aufgegeben, OLG München ZEV 2020, 554 mAnm Reimann). Antragsberechtigt ist zudem der **Pflichtteilsberechtigte** (KG JFG 5, 154 (155 f.); OLGE 40, 136; NJW-RR 2005, 809; BayObLGZ 1967, 239; OLG Bremen ErbR 2016, 396 (397); aA AG Berlin-Schöneberg ZEV 2000, 32; Muscheler AcP 197 (1997), 226 (240 f.), der kritisiert, dass der Pflichtteilsberechtigte gegenüber dem gewöhnlichen Nachlassgläubiger bevorzugt werde), und zwar auch dann, wenn eine in ihrer Wirksamkeit zweifelhafte Pflichtteilsentziehung vorliegt (OLG Hildesheim MDR 1964, 849). Zwar stellt der Pflichtteilsanspruch nur einen Geldzahlungsanspruch dar (MüKoBGB/Lange § 2311 Rn. 1) und es wird dem Pflichtteilsberechtigten in § 2218 weder ein Auskunfts- noch ein Rechnungslegungsanspruch gegen den Testamentsvollstrecker eingeräumt. Gleichwohl besitzt der Pflichtteilsberechtigte im Vergleich zu den übrigen Nachlassgläubigern eine herausgehobene Rechtsstellung. Auch seine Interessenlage rechtfertigt es, ihm die Antragsberechtigung zuzusprechen. Antragsberechtigt sind schließlich der **bestimmungsberechtigte Dritte** iSv § 2198 (KGJ 41, 30; aA Soergel/Becker Rn. 26) und der **Auflagenberechtigte** (§ 2194), nicht aber der Auflagenbegünstigte (LG Verden MDR 1955, 231; Damrau/Tanck/Bonefeld Rn. 5).

**Nicht antragsberechtigt** sind aber: der normale Nachlassgläubiger (da sein Interesse wirtschaftlicher Art ist und durch die Beantragung der Nachlassverwaltung ausreichend geschützt wird) (BGHZ 35, 296 (300) = NJW 1961, 1717; MüKoBGB/Zimmermann Rn. 6); Eigengläubiger des Erben, die seinen Erbteil gepfändet haben (LG Stuttgart BWNotZ 1992, 59); der bereits früher entlassene Testamentsvollstrecker bezüglich seines Nachfolgers (OLG München NJW-RR 2011, 1092); oder die Staatsanwaltschaft, eine Devisenstelle oder eine sonstige Behörde (NK-BGB/Kroiß Rn. 3; MüKoBGB/Zimmermann Rn. 6; aA KG JFG 16, 74 für Devisenstelle; diff. Staudinger/Dutta, 2021, Rn. 31). Der Testamentsvollstrecker selbst hat kein Antragsrecht, da er das Amt jederzeit kündigen kann (§ 2226) (Staudinger/Dutta, 2021, Rn. 29; MüKoBGB/Zimmermann Rn. 6). Für eine unmittelbare Betroffenheit in eigenen Rechten oder Pflichten reicht es nicht, dass der Antragsteller gemeinsam mit dem Erblasser Gesellschafter einer GbR oder einer GmbH war. Auch die Stellung als Miteigentümer einer Sache (§§ 741 ff.) genügt nicht. Der Wechsel in der Person des Mitgesellschafters bzw. Miteigentümers durch den Erbfall erfolgt, ohne dass die Testamentsvollstreckung die rechtliche Position des anderen Mitgesellschafters oder Miteigentümers berührt; daher besteht kein Antragsrecht (OLG Hamm ZEV 2018, 524 (525 f.)). Auch die Stellung als Miteigentümer einer Immobilie begründet lediglich ein wirtschaftliches Interesse, was nicht genügt. 7

**2. Wirksame Testamentsvollstreckung.** Ein Sachbescheidungsinteresse für den Entlassungsantrag fehlt, wenn schon keine wirksame Ernennung vorlag (BayObLGZ 1985, 233 (238); NK-BGB/Kroiß Rn. 2), das Amt noch nicht angenommen wurde (BayObLGZ 13, 49; Staudinger/Dutta, 2021, Rn. 2; MüKoBGB/Zimmermann Rn. 3: es solle verhindert werden, dass es zu einem Amtsbeginn kommt) oder das Amt bereits beendet ist, etwa durch Zeitablauf oder infolge vollständiger Aufgabenerfüllung (KG HRR 1937 Nr. 259; BayObLGZ 1953, 357 (362)). Besteht hierüber Streit, so hat sich das Nachlassgericht im Verfahren der freiwilligen Gerichtsbarkeit mit dieser Vorfrage zu befassen. 8

**3. Wichtiger Grund.** Jede Entlassung setzt das Vorliegen eines wichtigen Grundes voraus. Das Gesetz gibt zur Konkretisierung in Abs. 1 lediglich zwei nicht abschließende Beispielsfälle („insbes.") vor. Neben diesen Beispielen können daher auch andere, ihnen gleichwertige Sachverhalte einen wichtigen Grund für die Entlassung des Testamentsvollstreckers geben. Einigkeit besteht darin, dass es bei gesetzlich nicht benannten Entlassungsgründen ebenfalls darauf ankommen muss, dass die dem Testamentsvollstrecker obliegenden Pflichten in erheblicher Weise nicht erfüllt wurden oder werden (KG ErbR 2016, 222; OLG Rostock BeckRS 2018 23525 (Rn. 53)). Tendenziell ist festzustellen, dass die Nachlassgerichte den Tatbestand des § 2227 eher weit auslegen (besonders krit. Muscheler AcP 197 (1997), 226 (260)). Auch werden die gesetzlichen und die 9 nicht benannten wichtigen Gründe bei der Beurteilung verwoben. Es findet eine **„Gesamtschau“** statt: Maßgeblich ist, ob die tatsächlichen Umstände in ihrer Gesamtheit die Merkmale des Rechtsbegriffs „wichtiger Grund“ erfüllen (BayObLGZ 1997, 1 (12) = FamRZ 1997, 905; OLG Hamm ZEV 2001, 278 (280). Allerdings sollen Verdienste um die Nachlassabwicklung einen begründeten Entlassungsgrund nicht aufwiegen können (BayObLG FamRZ 2001, 124 (125)); sie sollten jedoch im Rahmen des Versagungsermessens (→ Rn. 25) berücksichtigt werden). Es ist eine ex-ante-Sichtweise vorzunehmen; maßgeblich ist also der **Zeitpunkt** der Handlung oder Unterlassung.

**10** Die Entlassung ist regelmäßig dann zulässig, wenn die gegebenen Umstände den Erblasser mutmaßlich zur Nichternennung oder zum Widerruf veranlasst hätten, die Entlassung also dem **mutmaßlichen Erblasserwillen** entspricht (KG ErbR 2016, 222 f.; OLG Naumburg ZErb 2006, 199). Es ist danach zu prüfen, ob ein längeres Verbleiben im Amt der Ausführung des Erblasserwillens hinderlich ist oder die Interessen der am Nachlass Beteiligten schädigen oder erheblich gefährden kann. Der Wille des Erblassers steht nicht zur Disposition, auch nicht zu derjenigen des Testamentsvollstreckers (OLG Rostock BeckRS 2018, 23525 (Rn. 53)), denn der Testamentsvollstrecker ist dem Willen und dem Interesse des Erblassers verpflichtet (vgl. dazu OLG Hamburg BeckRS 2019, 30237 (Rn. 43)). Da aber der Erblasser den Testamentsvollstrecker nicht von zwingenden Pflichten befreien kann (vgl. § 2220), vermag sich der Testamentsvollstrecker im Falle ihrer Nichterfüllung nicht erfolgreich auf den Erblasserwillen zu berufen. Soweit es um die Erfüllung dieser Pflichten geht, steht auch § 2227 nicht zur Disposition des Erblassers (OLG Hamburg ZEV 2020, 290 Rn. 23).

**11** Bei einer **Erbteilsvollstreckung** ist die unterschiedliche Interessenlage bei einem Entlassungsantrag des unbelasteten Miterben zu beachten, wenn der mit der Testamentsvollstreckung belastete Miterbe es bei dieser belassen will (OLG Celle OLGR 2005, 112), wenn man hier überhaupt eine Antragsberechtigung bejaht (→ Rn. 6 f.).

**12** **a) Grobe Pflichtverletzung.** Zur Umschreibung des verschuldensabhängigen Tatbestandsmerkmals der groben Pflichtverletzung finden sich im Wesentlichen zwei Definitionen (Muscheler AcP 197 (1997), 226 (261); Trappe ErbR 2021, 395 (397)). **Zum einen** heißt es: „Eine grobe Pflichtverletzung besteht in jedem schuldhaften Verhalten, das die Belange der Beteiligten erheblich gefährdet, vor allem bei strafbarer Untreue (§ 266 StGB), bei Täuschung der Erben über die Werthaltigkeit des Nachlasses (OLG Naumburg ZErb 2006, 199), aber auch bei minder schweren Verstößen, wie etwa der Nichtbefolgung von Anordnungen des Erblassers oder ordnungswidriger Verwaltung“ (BayObLGZ 1976, 67 (73); BayObLG Rpfleger 1980, 152; Lange ErbR § 63 Rn. 61; ähnlich mit einer Akzentuierung auf den Verstoß gegen Interessen der Erben OLG Köln OLGZ 1992, 192 (195) = FamRZ 1992, 723). **Zum anderen** wird dahingehend formuliert, eine grobe Pflichtverletzung wäre „in einer erheblichen und schuldhaften Zuwiderhandlung des Vollstreckers gegen die ihm vom Erblasser und Gesetz auferlegten Pflichten zu erblicken“ (OLG Zweibrücken DNotZ 1973, 112; FamRZ 1989, 789; ähnlich BayObLG FamRZ 1991, 615 (616); ZEV 1997, 381 (382); OLG Saarbrücken ZEV 2019, 29; Staudinger/Dutta, 2021, Rn. 8). Als Konsequenz verdiene es Beachtung, ob bestimmte Umstände den Erblasser, wenn er noch lebte, mutmaßlich zum Widerruf der Ernennung des von ihm ausgewählten Testamentsvollstreckers veranlasst hätten. Daher rechtfertigten ihm bekannte Tatsachen regelmäßig nicht die Entlassung (OLG Düsseldorf ErbR 2017, 271 (272)).

**12a** In jedem Fall ist es unerheblich, ob die grobe Pflichtverletzung aus einem Handeln oder einem Unterlassen resultiert. Auch muss kein Schaden eingetreten sein. Allerdings muss dem Testamentsvollstrecker ein **Verschuldensvorwurf** gemacht werden können, denn § 2227 setzt regelmäßig Verschulden voraus (OLG Düsseldorf ErbR 2022, 142 (146). Daran kann es bei einem beachtlichen Rechtsirrtum fehlen (BGH NJW 2017, 2112 (2114).

**13** Als grobe Pflichtverletzung sind in der Rspr. bspw. angesehen worden (vgl. die Nachweise bei Muscheler AcP 197 (1997), 226 (261 f.); Staudinger/Dutta, 2021, Rn. 8 f.): eigennütziges Verhalten (KG OLGE 44, 96 (98); OLG Düsseldorf NJW-RR 2013, 331); völlige **Untätigkeit** (OLG Köln NJW-RR 2005, 94; bei Untätigkeit, wenn es um die Rechte der Nacherben geht: KG OLGE 44, 96 (98)), insbes. wenn er sich im Rahmen der Anhörung eines Entlassungsverfahrens zu bestimmten Leistungen verpflichtet hat (BayObLG ZEV 1999, 226); längerfristige Verzögerung des vom Erblasser im Testament zur Vermächtniserfüllung angeordneten Immobilienverkaufs (BayObLG FamRZ 2000, 1055: über 1½ Jahre); Unvermögen, die Auseinandersetzung in gehöriger Weise durchzuführen (BayObLG FamRZ 1991, 235 (236)), wofür die langjährige Dauer einer Abwicklungsvollstreckung ein Anzeichen sein kann (OLG Köln NJW-RR 2005, 94 (95): zehnjährige Abwicklungsvollstreckung); die fehlende Errichtung der **Erbschaftsteuer** (OLG Naumburg

ZEV 2021, 385 mAnm Hindahl); der **Verstoß gegen** eine wenn auch nur schuldrechtlich wirkende **Verwaltungsanordnung** (§ 2216) (BayObLGZ 1997, 1 (13); 1976, 67 (73); vgl. OLG Saarbrücken ZEV 2019, 29: Missbrauch des in ihn vom Erblasser gesetzten Vertrauens), wenn nicht vorher wenigstens ein Antrag auf deren Außerkraftsetzung gestellt wurde (BayObLGZ 1999, 296 (304 ff.) = ZEV 1999, 485); die Auszahlung eines Verkaufserlöses an einen eine zweifelhafte Pflichtteilsforderung stellenden früheren Mitvollstrecker entgegen der ausdrücklichen Verwendungsanweisungen des Erblassers (OLG Zweibrücken FamRZ 1989, 788); aber auch die **nur teilweise** Auszahlung eines fälligen **Vermächtnisses** trotz hinreichender Nachlassmittel (KG DFG 1943, 133); die Weigerung, entgegen dem Wunsch der Erben ein Vermächtnis vollständig zu erfüllen, obwohl hierzu bereits stattgebendes Teilurteil auf Auskunft vorliegt (BayObLG FamRZ 2001, 124); die rechtswidrige Zueignung von Pfandbriefen (OLG Zweibrücken DNotZ 1973, 112 (113)). In Frage kommen aber auch die ungerechtfertigte und leichtfertige Führung von **Prozessen,** die das Interesse der Erben gefährden (KG DFG 1943, 133); eine böswillig ungenügende **Abrechnung** (BayObLGZ 16, 68 (72)); die Verletzung der Pflicht zur Aufstellung eines Auseinandersetzungsplans und der Anhörungspflicht (§ 2204 Abs. 2) (RGZ 130, 131 (139); BayObLG ZEV 2000, 315 (316) = FamRZ 2001, 54), wie umgekehrt konkrete Vorschläge zu einer im Testament ausgeschlossenen Nachlassauseinandersetzung einen Entlassungsgrund bilden (OLG Karlsruhe NJW-RR 2005, 527 (528) bei grob eigennützigen Auseinandersetzungsvorschlag); die Bestellung eines Generalbevollmächtigten, der ungeeignet ist oder dessen Bestellung unter solchen Umständen erfolgt, die dies für den Nachlass als gefährlich erscheinen lassen (KG JW 1930, 1074). Zwar muss sich der Testamentsvollstrecker Kenntnis über den zu verwaltenden Nachlass verschaffen. Hierzu gehört aber nicht zwingend die Kenntnis solcher Nachlassunterlagen, die jahrelang zurückliegen und für die künftige Verwaltung keine Rolle spielen (OLG Düsseldorf ZEV 1999, 226).

Die **Nichterstellung eines Nachlassverzeichnisses** durch den Testamentsvollstrecker trotz 14
Mahnung und Fristsetzung kann ebenfalls eine grobe Pflichtverletzung darstellen. Allerdings müssen dazu grds. besondere Umstände hinzukommen, wie Gefährdung der Interessen der Erben, um einen „groben Verstoß" anzunehmen (OLG Schleswig ErbR 2016, 398; OLG Hamm OLGZ 1986, 1 (4 ff.) = Rpfleger 1986, 16: Testamentsvollstrecker war Rechtsanwalt; BayObLG ZEV 1997, 381: bei vom Testamentsvollstrecker zu Unrecht behaupteter Erbenstellung; großzügig aber BayObLGZ 2001, 167 (173) bei irrtümlicher Annahme, es genüge Ausfüllung des vom Nachlassgericht verlangten Vordrucks; keine grobe Pflichtverletzung auch, wenn das dem Nachlassgericht eingereichte detaillierte Verzeichnis den Erben einen ausreichenden Überblick gibt und diese den Testamentsvollstrecker nicht zur Abgabe eines besonderen Nachlassverzeichnisses aufforderten, vgl. BayObLG FamRZ 2002, 989; s. auch BayObLG NJW-RR 2004, 366 (367) bei Erstellung erst acht Monate nach Amtsantritt, wenn Erbe gebotene Mitwirkung verzögert hat. Eine Gefährdung der Erbeninteressen als zusätzliches Erfordernis fordern hier: OLG Schleswig OLGR 2006, 634: bei zusätzlich „mangelnder Kooperationsbereitschaft"; OLG Zweibrücken FGPrax 1997, 109; OLG Köln OLGZ 1992, 192 = FamRZ 1992, 723; strenger aber LG Frankfurt a. M. BWNotZ 1981, 117: bei sogar mündlich erteilter Auskunft; dagegen keine grobe Pflichtwidrigkeit, wenn bereits anderer Miterbe ausreichendes Nachlassverzeichnis erstellt hat, OLG München ZEV 2009, 293). Dementsprechend ist bei einem Erbteilsvollstrecker kein Entlassungsgrund, wenn zwar dieser kein Nachlassverzeichnis erstellt hat, aber ein anderer Miterbe beim Nachlassgericht ein Verzeichnis eingereicht hat, in dem die zum Nachlass gehörenden Gegenstände und Verbindlichkeiten iE aufgeführt sind (OLG München BeckRS 2009, 4004). Der Testamentsvollstrecker ist grds. zur Entnahme der im nach § 2221 zustehenden Vergütung aus dem Nachlass berechtigt.

Die **Entnahme einer überhöhten Vergütung,** die sie sich nicht mehr in möglichen Grenzen 15
der Angemessenheit hält, kann allerdings eine grobe Pflichtverletzung darstellen, die eine Entlassung zu rechtfertigen vermag (BayObLGZ 1972, 380; OLG Hamburg ZEV 2020, 38 Rn. 26 ff.; zur Vergütung nach der „Rheinischen Tabelle"; OLG Köln NJW-RR 1987, 1097 (1098): Entnahme zu höheren Sätzen als der „Rheinischen Tabelle"; BayObLG FamRZ 1987, 101 (104); 1991, 615 (616); OLG Köln MDR 1963, 473; KG JW 1937, 435; ebenso bei unberechtigter Vorschussentnahme, BayObLG ZEV 2000, 315 (316), oder wenn das Einziehen einer überhöhten Vergütung sogar zur Unzeit erfolgte, KG ErbR 2011, 94) wie die hartnäckige **Verweigerung der Auskunfts- und Rechnungslegung** über den Stand der Verwaltung (§§ 2218, 666) (BayObLG NJW-RR 1988, 645; BayObLGZ 16, 68 (72); BayObLG Rpfleger 2001, 548 (549 f.); KG OLGE 8, 280), wobei jedoch zu beachten ist, dass Auskunfts- und auch Rechnungslegungspflicht nach § 2218 Abs. 2 nur auf Verlangen geschuldet werden und nicht sofort, sondern innerhalb angemessener Frist zu erbringen sind (BayObLG ZEV 1998, 348 (349)).

16 Bei **unternehmerischen Entscheidungen** ist die Rspr. demgegenüber großzügiger: Hier liegt eine grobe Pflichtverletzung nur vor, wenn schon einfachste und ganz nahe liegende Überlegungen nicht angestellt werden und das nicht beachtet wird, was jedem einleuchten muss (BayObLGZ 1990, 177 (183) = NJW-RR 1990, 1420; Damrau/Tanck/Bonefeld Rn. 9). Was die Frage der **Ordnungsmäßigkeit der Verwaltung** angeht, so orientieren sich die Verwalterpflichten in erster Linie an den Anordnungen des Erblassers, konkretisiert durch das objektive Nachlassinteresse und die allgemeinen Regeln der Wirtschaftlichkeit der Verwaltung (BayObLG ZEV 1998, 348 (350); BGH NJW 1987, 1070; BeckOGK/Tolksdorf Rn. 22). Der Testamentsvollstrecker entscheidet dabei in eigener Verantwortung, wobei ihm ein angemessener, nicht engherzig zu bemessender Ermessensspielraum zukommt, der ausreichend Raum für wirtschaftlich sinnvolle Eigeninitiative zulässt und auch die Eingehung eines wirtschaftlich kalkulierten, geschäftlichen Risikos nicht ausschließt (BGHZ 25, 275 (283); BGH NJW 1987, 1070 (1071); BayObLGZ 1990, 177 (182 f.) = NJW-RR 1990, 1420 = FamRZ 1990, 1279: nur eingeschränkte Überprüfbarkeit der unternehmerischen Entscheidung im nachlassgerichtlichen Entlassungsverfahren; BayObLG ZEV 1998, 348 (350); Muscheler AcP 197 (1997), 226 (249); Staudinger/Dutta, 2021, Rn. 5 ff.). Dies ändert aber nichts daran, dass an die Grundsätze der ordnungsgemäßen Verwaltung strenge Anforderungen nach objektiven Kriterien zu stellen sind (BGH NJW 1959, 1820 (1821); BayObLG ZEV 1998, 350).

17 **b) Unfähigkeit zur ordnungsgemäßen Amtsführung.** Die Unfähigkeit ist im weitesten Sinne zu verstehen (vgl. auch § 117 HGB, § 27 Abs. 2) und setzt **kein Verschulden** auf Seiten des Testamentsvollstreckers voraus. Sie kann eine **tatsächliche** sein, weil der Testamentsvollstrecker den ihm gestellten Aufgaben nicht gewachsen ist. In Betracht kommen kann eine **Verhinderung aus tatsächlichen** oder **rechtlichen Gründen.** Zusätzlich wird gefordert, dass dadurch die Interessen der Beteiligten oder des Nachlasses gefährdet werden (NK-BGB/Kroiß Rn. 9; ähnlich etwa BayObLG FamRZ 1991, 235 (236)). Unfähig ist der durch Krankheit, Abwesenheit, Verschollenheit oder Haft auf Dauer oder längere Zeit verhinderte Testamentsvollstrecker, wenn dadurch eine ordnungsgemäße Geschäftsführung nicht mehr möglich ist (OLG Hamm ErbR 2022, 137 (139) mAnm Tamoj; BeckOGK/Tolksdorf Rn. 9). Soweit ein geeigneter Bevollmächtigter vorhanden oder ausreichende Kommunikation (Email, Briefverkehr etc.) möglich ist, besteht jedoch kein Entlassungsgrund (BayObLG FamRZ 1991, 615; KG JW 1916, 920; KGJ 47 A 92; OLG Celle NJW 1947/48, 117). Nicht ausreichend ist, wenn der Testamentsvollstrecker nur an der Vornahme einzelner Nachlassmaßnahmen aus **Rechtsgründen** gehindert ist (RGZ 98, 173 (174)) oder gleichzeitig Nachlassschuldner ist (OLG Hamburg LZ 1914, 1399), wenn nicht der Anspruch für den Nachlass von wesentlicher Bedeutung ist und durch die Nichtgeltendmachung die Interessen der Erben erheblich gefährdet würde (OLG Dresden JFG 3, 169). Auch mögliche Schadensersatzansprüche der Erben gegen den Testamentsvollstrecker geben für sich allein keinen Entlassungsgrund (BayObLGZ 30, 299 (301); BeckOGK/Tolksdorf Rn. 7).

18 **c) Entlassung aus anderen wichtigen Gründen.** Das Gesetz stellt keine Kriterien auf, mittels derer sich der Begriff des wichtigen Grundes definieren ließe. Jedenfalls ist kein Verschulden ist erforderlich. Aus den von der Rspr. entschiedenen Fällen haben sich in Wesentlichen **drei Fallgruppen** herausgebildet, bei denen die Entlassung des Testamentsvollstreckers gerechtfertigt sein kann. Wie Muscheler (AcP 197 (1997), 226 (266 ff.)) gezeigt hat, basieren die von der Rspr. dazu gefundenen Lösungen aber nicht durchweg auf ihren Ausgangsformeln, ja sind in sich mitunter sogar wenig überzeugend.

19 Nach der **ersten Fallgruppe** liegt ein wichtiger Grund zur Entlassung vor, wenn der Testamentsvollstrecker durch sein persönliches Verhalten oder die bei ihm bestehenden Verhältnisse begründeten Anlass zu der Annahme gibt, dass ein längeres Verbleiben im Amt der Ausführung des Erblasserwillens hinderlich ist oder dass sich daraus eine Schädigung oder eine erhebliche Gefährdung der an der Ausführung oder am Nachlass Beteiligten ergeben würde (BayObLGZ 1997, 1 (12) = FamRZ 1997, 905; OLG Düsseldorf ZEV 1994, 302 (303); OLG Hamm Rpfleger 1994, 213 (214); OLG Köln ErbR 2016, 41 (43); OLG München ZEV 2020, 554 (555) mAnm Reimann; wN zur Rspr. bei Muscheler AcP 197 (1997), 226 (263) Fn. 123).

20 Die **zweite Standardformulierung** stellt auf den (zumindest mutmaßlichen) Willen des Erblassers zum Widerruf der Ernennung ab und steht in der Tradition der Vertretertheorie (Muscheler AcP 197 (1997), 226 (264 f.)). Danach ist die Entlassung „schon dann zulässig, wenn Umstände vorliegen, die den Erblasser, wenn er noch lebte, mutmaßlich zum Widerruf der Ernennung des erwählten Testamentsvollstreckers veranlasst hätten und objektiv betrachtet diesen Widerruf so erscheinen ließen, daß er im Interesse der Erben oder sonst Beteiligten liegt“ (BayObLGZ 1985, 298 (307); ähnlich BayObLGZ 1957, 317 (320); 1976, 67 (73); BayObLG NJW-RR 1988, 645

(646); FamRZ 1991, 490 (491); ZEV 1995, 366 mAnm Bengel; OLG Düsseldorf ZEV 1994, 302 (303); NJW-RR 2013, 331; OLG Köln OLGZ 1969, 281; einschr. OLG Hamm ZEV 2001, 278 (280): nur ein Abwägungsgesichtspunkt). Daher kann auch eine vom Erblasser nicht mehr verwirklichte Absicht, die Ernennung zu widerrufen, berücksichtigt werden (BayObLG FamRZ 1991, 490).

Die **dritte** der benutzten **Formeln** lautet: „Tatsachen, die dem Erblasser bei der Berufung des Testamentsvollstreckers bekannt waren, rechtfertigen regelmäßig nicht dessen Entlassung; hierbei muss vielmehr berücksichtigt werden, ob der Erblasser diesen Testamentsvollstrecker nicht ernannt hätte, wenn er die späteren Auswirkungen dieser Tatsachen gekannt hätte" (OLG Düsseldorf MittRhNotK 1964, 505; BayObLG FamRZ 1991, 490 (491); NJW-RR 1996, 714 (715)). Dabei handelt es sich um eine Einschränkung der nach den beiden erstgenannten Formeln möglichen Entlassung durch einen vermuteten Erblasserwillen (Muscheler AcP 197 (1997), 226 (266); Trappe ErbR 2021, 395 (397)). 21

**aa) Objektiv gerechtfertigtes Misstrauen.** Ein auf Tatsachen und nicht nur subjektiven Einschätzungen beruhendes, also objektiv gerechtfertigtes Misstrauen in die unparteiische Amtsführung kann ein Entlassungsgrund sein, wenn der Testamentsvollstrecker den Beteiligten dazu Anlass gegeben hat, mag dies auch unverschuldet gewesen sein (BayObLGZ 1985, 298 (302); 1990, 177 (181) = NJW-RR 1990, 1420; 1997, 1 (26) = FamRZ 1997, 905; ZEV 1995, 366 mAnm Bengel; FamRZ 2005, 935; OLG Düsseldorf OLGZ 1969, 281 (282); OLG Zweibrücken FamRZ 1989, 788 (789); FGPrax 1997, 109; OLG Hamm DNotZ 1994, 417 (418); OLG München ZEV 2020, 366 Rn. 24; wN bei Muscheler AcP 197 (1997), 226 (266), Fn. 131 und AcP 197 (1997), 226 (286 ff.); die Lit. folgt dem überwiegend: NK-BGB/Kroiß Rn. 13; Trappe ErbR 2021, 395 (398); abl. Muscheler AcP 197 (1997), 226 (286 ff.): rechtfertigt Entlassung nur, wenn dies den Erblasser zum Widerruf der Ernennung veranlasst hätte und dies objektiv den Interessen der Erben entspreche). Dies kann der Fall sein, wenn der Testamentsvollstrecker sich selbst im Wege eines unzulässigen **Insichgeschäfts** ein Darlehen aus der der Erbin zustehenden Lebensversicherungssumme gewährt (OLG Frankfurt ZEV 1998, 350 mAnm Damrau), oder der Testamentsvollstrecker seine Rechnungslegungspflicht nicht erfüllt (BayObLG ZEV 1998, 348 (349)), oder durch den Verdacht, der Testamentsvollstrecker habe eine Generalvollmacht kurz vor dem Erbfall zu seinem eigenen Vorteil ausgenutzt (BayObLG ZEV 1995, 366 mAnm Bengel), oder wenn er ein Testament unrichtig auslegt (BayObLGZ 1985, 298 (303), sehr weitreichend; anders bei str. Auslegungsfrage und vertretbarer Ansicht, BayObLGZ 2001, 167 (170 f.) = NJW-RR 2002, 77) (→ Rn. 24), oder dass der Testamentsvollstrecker die eidesstattliche Versicherung abgeben musste und sich daraus eine objektive Gefährdung der Interessen der Erben ergeben hat (OLG Hamm DNotZ 1994, 417). Dabei ist zu beachten, dass strukturell das Amt des Testamentsvollstreckers kein Vertrauensverhältnis zu den Erben voraussetzt, ja oftmals sogar Spannungen und Streitigkeiten bedingt, also solche Umstände eher ein Anzeichen für die sachgerechte Amtsführung sind (MüKoBGB/Zimmermann Rn. 11). Daher ist an diesen Entlassungsgrund ein strenger Maßstab anzulegen: Die Erben dürfen nicht in die Lage versetzt werden, einen ihnen lästigen Testamentsvollstrecker durch eigenes feindseliges Verhalten aus dem Amt zu drängen (BayObLG FamRZ 1991, 615 (617); BayObLGZ 1997, 1 (25 f.) = FamRZ 1997, 905; BayObLG FamRZ 2005, 935; NK-BGB/Kroiß Rn. 13). Die Erben müssen dem Testamentsvollstrecker daher auch eine Chance geben, sein Amt unter vernünftigen Bedingungen anzutreten (OLG Düsseldorf FamRZ 2000, 191 (192)). Zudem werden hierunter überwiegend die sog. Verdachtsfälle subsumiert (s. die Detailanalyse bei Muscheler AcP 197 (1997), 226 (285 ff.)), was weitere Zurückhaltung gebietet (für die Anwendung der Grundsätze der arbeitsrechtlichen Verdachtskündigung Muscheler AcP 197 (1997), 226 (287 f.)). 22

**bb) Feindschaft.** Feindschaften und Spannungen zwischen dem Testamentsvollstrecker und den Erben, aber auch unter Mitvollstreckern, werden immer wieder als Entlassungsgrund angeführt. Angesichts dessen, dass die Testamentsvollstreckung strukturell auf Auseinandersetzung mit den Erben angelegt sein kann, wird hier fast immer zu Recht die Einschränkung gemacht (→ Rn. 22), dass eine Entlassung nur unter besonderen Umständen gerechtfertigt sei (BayObLGZ 1953, 357 (364); 1988, 42 (49) = FamRZ 1988, 770; BayObLGZ 1990, 177 (181) = NJW-RR 1990, 1420; OLG Düsseldorf ZEV 1995, 302 (303); KG OLGE 34, 300 (304); OLG Köln OLGZ 1969, 281 (282); OLG Stuttgart OLGZ 1968, 457 (458); BeckOGK/Tolksdorf Rn. 12, 15). Wann dies ausnahmsweise der Fall sein soll, wird nicht einheitlich beantwortet (s. den Rspr.-Überblick bei Muscheler AcP 197 (1997), 226 (268 ff.)). Möglich soll sie sein, wenn dadurch die ordnungsgemäße Amtsführung gefährdet wird (BayObLGZ 1988, 42 (49) = FamRZ 1988, 770; OLG Hamm ZEV 2001, 278 (280): frühere anwaltliche Vertretung gegen die Erben mit „harter Vorgehensweise" 23 genügt nicht) oder jede Verständigung bei der Verwaltung des Nachlasses ausgeschlossen erscheint (OLG Stuttgart OLGZ 1968, 457 (458)). Die Entlassung ist aber abzulehnen, wenn der persönliche von dem rein geschäftlichen Verkehr getrennt werden kann und der geschäftliche noch möglich ist (BayObLGZ 13, 570; ähnlich OLG Stuttgart OLGZ 1968, 457 (458)). Überhaupt ist hier ein noch strengerer Maßstab anzulegen, um den Erben nicht ein „freies Hinauskündigen" eines unliebsamen Vollstreckers zu ermöglichen. So kann es gerade im Zweck der Testamentsvollstreckung liegen, dass Spannungen zwischen Vollstrecker und Erben entstehen, etwa wenn der Nachlass weitgehend gegenüber dem verschwendungssüchtigen Erben „thesauriert" oder die Erben schon früher verfeindet waren und der Testamentsvollstrecker „mediatisieren" soll. Spannungen und Zerwürfnisse sind daher nur dann ein Kündigungsgrund, wenn dies „per se" eine grobe Pflichtverletzung ist oder eine zentrale Pflicht des Testamentsvollstreckers nach dem Erblasserwillen gerade die Aufrechterhaltung eines Vertrauensverhältnisses oder der besonderen persönlichen Beziehung ist (Muscheler AcP 197 (1997), 226 (288 ff.) mit eingehender Kritik an der hM).

24 **cc) Interessengegensatz.** Ein Interessengegensatz zwischen Erbe und Testamentsvollstrecker kann nach stRspr ebenfalls ein Entlassungsgrund sein, wobei allerdings überwiegend verlangt wird, dass es sich um einen erheblichen Interessenkonflikt handelt (BayObLGZ 1985, 298 (302); 1997, 1 (26); 2001, 167 (170 ff.); BayObLG FamRZ 1991, 490 (491); NJW-RR 1996, 714 (715); FamRZ 2005, 934: Inanspruchnahme eines in Wirklichkeit nicht bestehenden Vorkaufsrechts; NK-BGB/Kroiß Rn. 14; ähnlich einschränkend MüKoBGB/Zimmermann Rn. 10; Staudinger/Dutta, 2021, Rn. 20). Vgl. auch → Rn. 17 zur Unfähigkeit aus Rechtsgründen. Auch reicht es nicht aus, wenn der Testamentsvollstrecker bei der Verwaltung nur einzelner Nachlassgegenstände ausgeschlossen ist (BayObLG NJW-RR 1996, 714 (715)). Dabei ist zu beachten, dass sich ein Teil der Fälle des Interessenkonflikts anderweitig befriedigend lösen lässt (Muscheler AcP 197 (1997), 226 (291 ff.)), auch wenn es im Recht der Testamentsvollstreckung an einer dem § 1796 entsprechenden Norm fehlt. So hilft etwa die Anwendung des § 181 (→ § 2205 Rn. 19), bei mehreren Vollstreckern die des § 2224 Abs. 1 S. 2 (→ § 2224 Rn. 11) (RGZ 58, 299; 61, 143; 98, 173 (174)). Man wird daher auch hier das Vorliegen oder Drohen einer **erheblichen Pflichtverletzung** fordern müssen (Muscheler AcP 197 (1997), 226 (293); ähnlich auch BayObLGZ 2001, 167 (170 f.), wonach es darauf ankommt, welche negativen Auswirkungen auf die Amtsführung daraus resultieren), wobei es sich dabei auch um eine solche aus einem Auftragsverhältnis zu einer Vollmacht handeln kann (vgl. den Fall von BayObLG ZEV 1995, 366 mAnm Bengel). Auch hier ist ein strenger Maßstab anzulegen (Bengel ZEV 1995, 370). Zu weitreichend ist daher BayObLGZ 1988, 42 (49 f.), wonach ein unvereinbarer Interessengegensatz vorliegen soll, wenn der Testamentsvollstrecker zugleich Nießbraucher ist, denn dadurch wird nur in zulässiger Weise eine gegenüber der Vorerbschaft abgeschwächte Rechtsstellung geschaffen, was eine bewährte Gestaltung des deutschen Erbrechts ist. Auch Differenzen zwischen einem Erben und dem Testamentsvollstrecker bei der **Testamentsauslegung** begründen nicht von vornherein einen die Entlassung rechtfertigenden erheblichen Interessengegensatz. Vielmehr können erst die mit einer bestimmten Auslegung verbundenen Auswirkungen auf die Amtsführung des Testamentsvollstreckers einen wichtigen Grund zu Entlassung bilden (BayObLG NJW-RR 2004, 366 (368)), etwa weil die Einseitigkeit der vom Testamentsvollstrecker vorgenommenen Auslegung die Besorgnis eigennütziger Amtsführung begründet (BayObLGZ 1985, 298 (302, 304) = FamRZ 1986, 104), weil der Testamentsvollstrecker durch eine fernliegende oder nicht vertretbare Auslegung ein berechtigtes Misstrauen hervorruft, er befleißige sich nicht der für die Ausübung seines Amts notwendigen Unparteilichkeit (BayObLGZ 1997, 1 (26) = FamRZ 1997, 905) oder weil die vom Testamentsvollstrecker vorgenommene Auslegung die Interessen der Erben nachhaltig gefährdet oder schädigt (BayObLGZ 2001, 167 (170) = NJW-RR 2002, 77). Einen Entlassungsgrund stellt es jedoch dar, wenn der Testamentsvollstrecker ihm zustehende Grundpfandrechte als Mittel zum Zweck des Verbleibs im Amte als Testamentsvollstrecker einsetzt, ohne dem Erben in nachvollziehbarer oder gar prüfbarer Weise das Bestehen seiner Forderungen darzulegen (OLG Düsseldorf NJW-RR 2013, 331 (332 f.)).

25 **d) Gerichtliches Versagungsermessen.** Auch wenn der unbestimmte Rechtsbegriff des „wichtigen Grundes" erfüllt ist, muss nach ganz hM das Nachlassgericht den Testamentsvollstrecker noch nicht zwingend entlassen. Vielmehr wird dem Gericht ein Versagungsermessen eingeräumt (OLG Düsseldorf ErbR 2017, 271 (272); OLG Naumburg ZEV 2021, 385 (Tz. 13) mAnm Hindahl; Trappe ErbR 2021, 395 (398 f.)). Wortlaut („kann") und Normstruktur der Vorschrift legen dies nahe. Das Gericht muss daher beim Vorliegen eines wichtigen Grundes den Testamentsvollstrecker nicht zwingend entlassen. Vielmehr hat es nach pflichtgemäßem Ermessen (Lange ErbR § 63 Rn. 64; MüKoBGB/Zimmermann Rn. 7) zu prüfen, ob nicht überwiegende Gründe

für das Verbleiben des Testamentsvollstreckers im Amt oder aber für seine Abberufung sprechen (Entlassungs- contra Fortführungsinteresse) (so etwa BayObLGZ 1976, 67 (73 f.); 1985, 298 (302 f.); 1997, 1 (12); BayObLG ZEV 2000, 135 (136); FamRZ 2000, 1055 (1056); OLG Celle OLGZ 1978, 442 (443); OLG Köln NJW-RR 1987, 1414 (1415); OLG Hamm OLGZ 1986, 1 (6 ff.); OLG Karlsruhe NJW-RR 2005, 527 (528); KG FamRZ 2011, 1254; OLG Zweibrücken FamRZ 1999, 472; NK-BGB/Kroiß Rn. 15; Winkler TV Rn. 800; Staudinger/Dutta, 2021, Rn. 37; aA Muscheler AcP 197 (1997), 226 (249 ff.): gebundene Entscheidung). Abwägungskriterien sind: (vgl. dazu Muscheler AcP 197 (1997), 226 (245 ff.) und praxisbezogen Zimmermann TV Rn. 795; soweit er jedoch bei einem „berufsmäßigen, honorierten Testamentsvollstrecker" eine Entlassung eher als bei einem „ehrenamtlichen" für möglich hält, darf diese Wertung nicht absolutiert werden) der (mutmaßliche) Wille des Erblassers, insbes. ob dieser nicht eine mangelhafte Verwaltung einem völligen Wegfall der Testamentsvollstreckung vorgezogen hätte (BayObLGZ 34, 311; OLG Hamm OLGZ 1986, 1 (6 ff.); jetzt auch MüKoBGB/Zimmermann Rn. 7), sowie die Interessen der Steller des Entlassungsantrags, aber auch der Erben, die an der Testamentsvollstreckung festhalten wollen, und ob der Erbe den Nachlass selbst ordnungsgemäß verwalten könne (BayObLG FamRZ 1987, 101 (102)). Bei der Würdigung des Fortführungsinteresses ist allerdings zu beachten, dass die Entlassung des aktuell amtierenden Testamentsvollstreckers nicht zum Wegfall der gesamten Testamentsvollstreckung führen muss. Denn häufig ist ein Ersatzvollstrecker benannt oder es ist zumindest im Wege der ergänzenden Auslegung ein stillschweigendes Ersuchen an das Nachlassgericht nach § 2200 anzunehmen, wonach dieses einen Ersatzvollstrecker ernennen soll (Mayer/Bonefeld TV-HdB/Bonefeld § 44 Rn. 55). Die mangelnde Kooperationsbereitschaft der Erben kann zu deren Lasten berücksichtigt werden (OLG Düsseldorf ZEV 1999, 226; BayObLG FamRZ 2000, 1055 (1056)), ebenso wenn der Testamentsvollstrecker nicht mehr an dem einen Entlassungsgrund darstellenden Verhalten festhalten will und der Nachlass im Wesentlichen abgewickelt ist (BayObLG FamRZ 2000, 1053, Ls.). Allerdings mag es nach der hM Fälle geben, in denen sich das **Ermessen auf Null** reduziert und damit die Entlassung zwingend geboten ist. Angesichts des Normzwecks der wirksamen Kontrolle über die Macht des Testamentsvollstreckers kann dies durchaus praktisch bedeutsam sein.

## III. Verfahrensfragen

**1. Entlassungsverfahren.** Über den Antrag auf Entlassung des Testamentsvollstreckers entscheidet das Nachlassgericht (§ 343 FamFG). **Funktionell zuständig** ist dort grds. der Richter (§ 16 Abs. 1 Nr. 5 RPflG), falls nicht von dem landesrechtlichen Vorbehalt des § 19 Abs. 1 Nr. 3 RPflG Gebrauch gemacht wurde. Dabei gilt das **Amtsermittlungsverfahren** (§ 26 FamFG) (BayObLGZ 34, 311; 1957, 317; Trappe ErbR 2021, 395). Etwaige in einem vorangegangenen Entlassungsverfahren festgestellte Pflichtverletzungen eines Testamentsvollstreckers sind in einem späteren Entlassungsverfahren „nicht verbraucht" (OLG Naumburg ZEV 2021, 385 (Tz. 15) mAnm Hindahl). Über den Antrag auf Entlassung kann unabhängig davon entschieden werden, ob über den Antrag auf Erteilung eines Testamentsvollstreckerzeugnisses bereits entschieden wurde (OLG Hamburg ErbR 2021, 889). 26

An die von den Beteiligten vorgebrachten Entlassungsgründe ist das Nachlassgericht dabei nicht gebunden (MüKoBGB/Zimmermann Rn. 13; Grüneberg/Weidlich Rn. 10). Im Entlassungsverfahren ist der Testamentsvollstrecker als sog. „Muss-Beteiligter" zwingend immer zu beteiligen (§ 345 Abs. 4 S. 1 Nr. 2 FamFG). Jedoch muss dessen Anhörung grds. nicht mündlich erfolgen (OLG Köln NJW-RR 2005, 94 (95)). Zudem kann der Verfahrensfehler geheilt werden, und zwar auch durch das Beschwerdegericht als zweite Tatsacheninstanz (BayObLG ZEV 1998, 348 (349); NJW-RR 1991, 1098 (1100)). Eine Anhörung muss auch dann nicht gewährt werden, wenn zwar der Testamentsvollstrecker vor seiner Abberufung noch einen Nachfolger benennen könnte, dies aber im konkreten Fall dem mutmaßlichen Willen des Erblassers widerspräche, weil das von diesem dem Testamentsvollstrecker entgegengebrachte Vertrauen durch dessen Verhalten enttäuscht wurde (OLG München NJW-RR 2008, 1690). Die **übrigen Beteiligten,** deren Recht durch das Entlassungsverfahren unmittelbar betroffen ist, kann das Nachlassgericht als sog. „Kann-Beteiligte" hinzuziehen (§ 345 Abs. 4 S. 2 FamFG). Insoweit hat das Nachlassgericht einen gewissen Ermessensspielraum (Maluche ZEV 2010, 551 (554)). Auf ihren Antrag sind sie jedoch hinzuzuziehen (§ 345 Abs. 4 S. 3 FamFG). Bei Bedenken gegen die Zulässigkeit des Antrags hat der Richter darauf hinzuweisen (BGHZ 106, 96 = NJW 1989, 984). 27

Im Verfahren auf Entlassung des Testamentsvollstreckers muss grds. die Vorfrage nach seiner wirksamen Einsetzung geprüft und bejaht werden, stellt dies doch eine Voraussetzung dafür dar, dass er überhaupt entlassen werden kann. Hiervon soll ausnahmsweise dann abgesehen werden 28 können, wenn dies voraussichtlich mit langwierigen Ermittlungen verbunden wäre (so OLG Saarbrücken BeckRS 2020, 23422 Rn. 13).

**29** Die Entscheidung des Nachlassgerichts ergeht durch **Beschluss** (§ 38 FamFG). Er wird mit der **Bekanntmachung** an den Testamentsvollstrecker wirksam (§ 40 FamFG). Erfolgt die Entlassung gegen den Willen des Testamentsvollstreckers, ist ihm der Beschluss förmlich zuzustellen (§ 41 Abs. 1 S. 2 FamFG, § 15 Abs. 2 S. 1 FamFG) (Maluche ZEV 2010, 551 (554); Staudinger/Dutta, 2021, Rn. 35). Auch wenn gegen diesen die befristete Beschwerde (→ Rn. 32) eingelegt wird, bleibt er zunächst wirksam (Staudinger/Dutta, 2021, Rn. 35). Die Beschwerde hat also keine aufschiebende Wirkung, bis das Beschwerdegericht die Entlassungsverfügung aufhebt. Eine Aussetzung der Vollziehung des angefochtenen Beschlusses nach § 64 Abs. 3 FamFG kommt nicht in Betracht, da die Entlassungsentscheidung keines Vollzugs mehr bedarf, sondern sofort wirksam wird (weiterführend BeckOGK/Tolksdorf Rn. 59 ff.). Die in der Zwischenzeit bis zur Aufhebung des Entlassungsbeschlusses vom Testamentsvollstrecker getätigten Rechtsgeschäfte sind aber wirksam (§ 47 FamFG) (zum alten Recht nach § 32 FGG analog, BayObLGZ 1959, 128 (131)).

**30** Unter der Geltung des FGG war ganz hM, dass das Nachlassgericht im Wege einer einstweiligen Anordnung **keine vorläufige Amtsenthebung** aussprechen oder die vorläufige Untersagung der Amtsgeschäfte anordnen durfte (BayObLG FamRZ 1987, 101 (104); KG OLGE 46, 231; OLG Köln NJW-RR 1987, 71; OLG Hamm FamRZ 2011, 148 (149); Reimann FamRZ 1995, 588 (590); Muscheler AcP 197 (1997), 226 (257)). Dies wurde damit begründet, dass es als Eingriff in die Rechtsstellung des Testamentsvollstreckers hierfür einer Rechtsgrundlage bedürfe. Jedoch wurde es als zulässig angesehen, dass das Beschwerdegericht nach § 24 Abs. 3 FGG anordnete, dass der Testamentsvollstrecker bei Vorliegen einer Entlassungsverfügung durch die erste Instanz bis zur Entscheidung über die Beschwerde weiterhin im Amt bleibt (BayObLG FamRZ 1991, 235 (236)). An diesen Grundsätzen hat sich auch **unter dem FamFG nichts geändert** (Staudinger/Dutta, 2021, Rn. 38): Denn nach § 64 Abs. 3 FamFG kann das Nachlassgericht nicht nur die Vollziehung der angefochtenen Entscheidung aussetzen (was wegen der Gestaltungswirkung des Entlassungsbeschlusses hier nicht zulässig ist), sondern auch darüber hinausgehende Anordnungen treffen, etwa solche, dass der Testamentsvollstrecker vorläufig im Amt bleibt (MüKoBGB/Zimmermann Rn. 14). Nach wie vor bedürfen jedoch Eingriffe in die Befugnisse des Testamentsvollstreckers einer **gesetzlichen Grundlage,** da sie das Prinzip durchbrechen, dass es kein allgemeines Kontrollrecht des Nachlassgerichts gibt (Muscheler AcP 197 (1997), 226 (259); dazu → § 2197 Rn. 10). Daher ist auch in der Hauptsache durch das **Nachlassgericht** keine zeitweilige Entlassung (Suspendierung) möglich (Muscheler AcP 197 (1997), 226 (259)), auch keine Untersagung der Vornahme bestimmter Verwaltungshandlungen, auch nicht als „Annex zur Eingriffskompetenz des § 2227" (Muscheler AcP 197 (1997), 226 (259); anders MüKoBGB/Zimmermann Rn. 14 für den Fall, dass ein Entlassungsantrag gestellt und die Entlassung sehr wahrscheinlich). Dies käme zudem uU einer Vorwegnahme der Hauptsache gleich. Eine Belassung im Amt unter Auflagen sieht das Gesetz ebenfalls nicht vor (Muscheler AcP 197 (1997), 226 (251); tendenziell in diese Richtung aber OLG Hamm OLGZ 1986, 1 (8)). Auch eine **einstweilige Verfügung** des **Prozessgerichts** (§ 935 ZPO), die auf die Anordnung solcher vorläufigen, generalisierenden Maßnahmen gerichtet ist, ist **unzulässig,** insbes. eine allgemeine Untersagungsverfügung, dass der Testamentsvollstrecker sich jeder Tätigkeit enthalten muss (Muscheler AcP 197 (1997), 226 (257) Fn. 90).

**31** Die **Gerichtskosten** richten sich nach § 65 GNotKG, KV 12420 GNotKG (Gebühr von 0,5 aus 10 % des Nachlasswertes im Erbfall ohne Abzug der Nachlassverbindlichkeiten), Kostenschuldner sind die Erben (§ 24 Nr. 7 GNotKG). Eine Kostenerstattung kann nach § 81 FamFG angeordnet werden (MüKoBGB/Zimmermann Rn. 17). Ob der Testamentsvollstrecker die ihm entstandenen oder auferlegten Kosten des Verfahrens dem Nachlass entnehmen kann, hängt davon ab, ob er das Verfahren für erforderlich halten durfte, um den Erblasserwillen zu verteidigen (OLG Hamburg MDR 1963, 423; OLG Oldenburg NJW-RR 1996, 582).

**32** **2. Rechtsmittel.** Gegen die **Entlassungsverfügung** des Nachlassgerichts, durch die der Testamentsvollstrecker gegen seinen Willen entlassen wird, kann er und jeder andere Beteiligte, der dadurch beschwert ist, die **befristete Beschwerde** (§§ 58 ff. FamFG) einlegen (zur Wiedereinsetzung in den vorigen Stand BayObLG NJW-RR 2002, 287). Gegen die Entscheidung des Beschwerdegerichts (OLG, vgl. § 119 Abs. 1 Nr. 1 lit. a, lit. b GVG), gibt es keine weitere Beschwerde mehr, sondern nur noch die zulassungsbedingte **Rechtsbeschwerde** zum BGH (§§ 70 ff. FamFG). Dabei sind auch diejenigen Beteiligten beschwerdeberechtigt, die zunächst den Entlassungsantrag nicht gestellt haben, aber zum Zeitpunkt der Beschwerdeeinlegung hierzu noch berechtigt wären (Staudinger/Dutta, 2021, Rn. 36), aber nicht mehr ein Pflichtteilsberechtigter, wenn sein gegen den Nachlass gerichteter Anspruch erfüllt ist, und zwar auch dann, wenn er mit dem Entlassungsvorbringen Regressansprüche gegen den Testamentsvollstrecker begründen will (KG NJW-RR 2005, 809 (810 f.)). Die befristete Beschwerde hat keine **aufschiebende Wirkung** (→ Rn. 29). Gegen die **Ablehnung** des Entlassungsantrags ist ebenfalls die fristgebundene Beschwerde nach §§ 58 ff. FamFG statthaft, die nur für den Antragsteller zulässig ist (§ 59 Abs. 2 FamFG) (Maluche ZEV 2010, 551 (554)). Die Kosten des Beschwerdeverfahrens richten sich nach KV Nr. 12421 GNotKG und kann sich unter den Voraussetzungen der KV Nr. 12422 GNotKG ermäßigen.

Ob ein wichtiger Grund vorliegt, ist eine **Tat- und Rechtsfrage** (BayObLG FamRZ 1987, 101 (102); BayObLGZ 1990, 177 (181) = NJW-RR 1990, 1420; OLG Düsseldorf ZEV 1994, 302 (303) betont, dass dies ein „unbestimmter Rechtsbegriff" ist; Staudinger/Dutta, 2021, Rn. 37). Die Frage, ob bei Vorliegen eines wichtigen Grundes wegen des von der hM angenommenen Versagungsermessens (→ Rn. 25) die Entlassung erfolgen soll, ist eine Ermessensfrage („kann") (OLG Hamm OLGZ 1986, 1 (7)). Die tatsächliche Beurteilung des Nachlassgerichts kann vom Rechtsbeschwerdegericht überhaupt nicht nachgeprüft werden, die Beurteilungs- und Ermessensentscheidung nur insoweit, als ein Rechtsfehler zugrunde liegt (BayObLG NJW-RR 1996, 714; OLG Hamm OLGZ 1986, 1 (6 ff.); OLG Düsseldorf ZEV 1994, 302 (303); NK-BGB/Kroiß Rn. 20; aA OLG Oldenburg FamRZ 1999, 472: Ermessensausübung kann vom Rechtsbeschwerdegericht bei geklärtem Sachverhalt nachgeholt werden; zu den Anforderungen an die Begründungspflicht der Tatsacheninstanz BayObLG ZEV 2000, 315). Hinzu kommt, dass die Rspr. der Tatsacheninstanz hinsichtlich der Frage des Vorliegens eines wichtigen Grundes einen **Beurteilungsspielraum** einräumt, der genauso wie die Ermessensausübung nur eingeschränkt überprüfbar ist (BayObLGZ 1990, 177 (183) = NJW-RR 1990, 1420, aber offenbar nur bei unternehmerischen Entscheidungen; BayObLG ZEV 1998, 348 (350): bei der Beurteilung der Nachlassverwaltung; OLG Köln NJW-RR 1987, 1415: generell). 33

## IV. Rechtsfolge

Die Entlassung ist ein rechtsgestaltender Akt und **beendet** nur das Amt des **konkret amtierenden Testamentsvollstreckers** (Damrau/Tanck/Bonefeld Rn. 21). Ein Testamentsvollstreckerzeugnis wird zwar von selbst kraftlos (§ 2368 Abs. 3 Hs. 2); bei Aufhebung des Entlassungsbeschlusses durch das Beschwerdegericht gilt das Zeugnis aber als weiterhin wirksam (BayObLGZ 1959, 128; Grüneberg/Weidlich § 2368 Rn. 10; aA Bestelmeyer ZEV 1997, 316 (320)). Die **Ernennung** eines **neuen Testamentsvollstreckers** setzt einen dahingehenden Antrag eines Beteiligten nicht voraus; entscheidend ist der Erblasserwille. Zu klären ist daher, ob es dem Erblasser bei der Anordnung der Testamentsvollstreckung weniger um die ausgewählte Person als vielmehr um sein Interesse an einer ordnungsgemäßen Nachlassabwicklung oder -verwaltung ging (vgl. OLG Düsseldorf ZEV 2018, 458; OLG Hamburg FGPrax 2018, 283 (284)). 34

Das Nachlassgericht ist demgegenüber nicht befugt, die Testamentsvollstreckung insgesamt aufzuheben (BayObLGZ 1953, 357 (361); Staudinger/Dutta, 2021, Rn. 42; aA Vogel JW 1934, 1400). Jedoch kann die gesamte Testamentsvollstreckung (im funktional-abstrakten Sinn) beendet sein, wenn der Erblasser nicht für Ersatzvollstrecker gesorgt hat (§ 2224 Abs. 1 S. 2 und 3, § 2197 Abs. 2, § 2198, § 2199) oder wenn auch Ersatzmänner entweder selbst kündigen oder entlassen werden (Staudinger/Dutta, 2021, Rn. 42) und auch kein Ersuchen an das Nachlassgericht nach § 2200 anzunehmen ist. Nur dann wird auch der Erbschein, in dem nur das Bestehen der Testamentsvollstreckung als solche, nicht aber der amtierende Testamentsvollstrecker eingetragen ist, unrichtig und ist einzuziehen. Ob die Testamentsvollstreckung beendet ist oder nicht entscheidet im Streitfall das Prozessgericht (OLG Schleswig SchlHA 1957, 303; OLG Saarbrücken NJW-RR 2020, 655). Erklären sämtliche Miterben übereinstimmend, dass sie eine Auseinandersetzung des Nachlasses nicht wünschen und den Nachlass dauerhaft in ungeteilter Erbengemeinschaft verwalten wollen, führt dieser Schritt bei einer Auseinandersetzungsvollstreckung zur Beendigung der Testamentsvollstreckung, weil die Aufgabe der Testamentsvollstreckung mit der Erklärung nicht länger besteht (OLG Nürnberg BeckRS 2010, 13473). 35

Eine **Wiedereinsetzung** in das Amt ist **nicht möglich,** auch wenn die Entlassungsgründe weggefallen sind. Der Testamentsvollstrecker hat keinen Anspruch auf Wiedereinsetzung in sein früheres Amt. Es kommt allerdings eine erneute Ernennung nach § 2200 in Betracht, wenn die Voraussetzungen vorliegen. Ein Gesuch auf Wiedereinsetzung des früheren Testamentsvollstreckers kann ein Ersuchen nach § 2200 enthalten. Das Nachlassgericht darf dem nur entsprechen, wenn keine Umstände mehr vorliegen, die gegen die Entlassung sprechen (BayObLGZ 1964, 153; OLG Saarbrücken ZEV 2018, 406). 36

### V. Internationale Zuständigkeit; Auslandsbezug

**37** Die Regelungen zur Zuständigkeit des Nachlassgerichts und zur Erforderlichkeit des Antrags finden sich teilweise im BGB (§ 2368), teilweise im FamFG (§ 354 Abs. 2 FamFG). Für die Erteilung eines Testamentsvollstreckerzeugnisses enthält die EuErbVO für Erbfälle ab dem 17.8.2015 keine Zuständigkeitsregel; insbes. umfasst Art. 13 EuErbVO nicht die Entgegennahme der Annahme, Ablehnung oder Kündigung (§§ 2202, 2226 S. 2) des Testamentsvollstreckeramts (Dutta FamFG 2013, 4 (7); Lange ErbR 2016, 58 (61)). Diese Aufgabe bleibt auch von § 31 IntErbRVG unberührt. Mangels besonderer Vorgaben verbleibt es daher für die **internationale Zuständigkeit** des nachlassgerichtlichen Verfahrens bei § 105 mit § 343 FamFG mit Art. 4 ff. EuErbVO. Danach ist grds. das Gericht örtlich zuständig, in dessen Bezirk der Erblasser im Zeitpunkt seines Todes seinen gewöhnlichen Aufenthalt hatte (Wagner/Scholz FamRZ 2014, 714 (721)). Das nach § 343 FamFG örtlich zuständige Nachlassgericht ist daher auch international zuständig. Demnach kann ein örtlich zuständiges deutsches **Nachlassgericht** einen nach ausländischem Recht ernannten Testamentsvollstrecker entlassen, wenn dies nach dem zur Anwendung berufenen ausländischen Erbstatut möglich ist. Dazu kommt es nicht mehr – wie früher, als die Zuständigkeit deutscher Nachlassgerichte sich allein aus einer Notzuständigkeit ergab – darauf an, dass die Entlassung dringend geboten ist (übersehen bei MüKoBGB/Zimmermann Rn. 19; Damrau/Tanck/Bonefeld Rn. 19).

**38** Die **Entlassung durch** ein **ausländisches Gericht** oder eine Behörde ist grds. anzuerkennen (Art. 39 EuErbVO). Sie ist nur zu versagen, wenn die Grundsätze eines rechtsstaatlichen Verfahrens erheblich verletzt worden sind, wozu die Gewährung rechtlichen Gehörs und gerichtliche Überprüfung des Entlassungsaktes einer Verwaltungsbehörde gehören (KG JZ 1967, 123 mAnm Wengler; MüKoBGB/Zimmermann Rn. 19). Nimmt der Testamentsvollstrecker irrigerweise sein Amt auch hinsichtlich im Ausland belegener Teile des Nachlasses in Anspruch, so kann er die Unterlassung notwendiger Maßnahmen nicht damit rechtfertigen, er sei hierfür nicht zuständig gewesen (BayObLG ZEV 2005, 168).

## § 2228 Akteneinsicht

**Das Nachlassgericht hat die Einsicht der nach § 2198 Abs. 1 Satz 2, § 2199 Abs. 3, § 2202 Abs. 2, § 2226 Satz 2 abgegebenen Erklärungen jedem zu gestatten, der ein rechtliches Interesse glaubhaft macht.**

### Überblick

Die Vorschrift begründet ein eigenständiges Einsichtsrecht für verschiedene Erklärungen, die im Zusammenhang mit einer Testamentsvollstreckung abgegeben werden müssen.

**1** Die Vorschrift stellt eine eigenständige Anspruchsgrundlage dar, wobei der Anspruch ausdrücklich auf bestimmte Erklärungen beschränkt ist, die gegenüber dem Nachlassgericht abzugeben sind. Die Einsicht in **andere Akten** und **Abschriften** bestimmt sich demgegenüber nach den allgemeinen Bestimmungen der §§ 13, 357 FamFG (s. zu den korrespondieren Ansprüchen BeckOGK/Tolksdorf Rn. 15).

**2** Ein **Interesse** liegt regelmäßig vor, wenn die Kenntnis vom Inhalt der Erklärung für ein bestehendes oder mögliches zukünftiges Rechtsverhältnis von Bedeutung sein kann, was namentlich für die Ausübung von Gestaltungsrechten oder die Abgabe einer eigenen Erklärung gilt (BeckOGK/Tolksdorf Rn. 2). **Rechtlich** (und nicht lediglich wirtschaftlich) ist das Interesse, wenn es unmittelbar aus einem dem Anspruchsteller zustehenden Recht oder einer ihn betreffenden Pflicht folgt, bzw. wenn es für ein bestehendes oder mögliches zukünftiges Rechtsverhältnis von Bedeutung sein kann (BGHZ 4, 323 (325) = NJW 1952, 579). Es reicht aus, wenn sich aus dem Vortrag des Antragstellers schlüssig ergibt. Voraussetzung hierfür ist ferner, dass das rechtliche Interesse (§ 13 Abs. 2 FamFG) **glaubhaft** (vgl. dazu § 31 FamFG) gemacht wird (Damrau/Tanck/Bonefeld Rn. 1 mit Beispielen; Staudinger/Dutta, 2021, Rn. 2; MüKoBGB/Zimmermann Rn. 2).

**3** In den genannten Fällen hat das Nachlassgericht als zentrale Auskunftsstelle Einsicht in die dort genannten Unterlagen zu gewähren. Zuständig hierfür ist innerhalb der ihm übertragenen Angelegenheiten der Rechtspfleger (§ 4 Abs. 1 RPflG), ansonsten der Richter. Gegen die Verweigerung ist der Rechtsbehelf der befristeten Beschwerde statthaft (§§ 58 ff. FamFG) (NK-BGB/Kroiß Rn. 1; MüKoBGB/Zimmermann Rn. 2); die Beschwerdefrist beträgt nach § 63 Abs. 1

FamFG einen Monat und beginnt mit der schriftlichen Bekanntgabe des Beschlusses ggü dem Antragsteller (§ 63 Abs. 3 S. 1 FamFG). Die Akteneinsicht ist gebührenfrei; für die Erteilung von Abschriften fallen Schreibauslagen an (nach KV 31000 GNotKG).

## Titel 7. Errichtung und Aufhebung eines Testaments

### § 2229 Testierfähigkeit Minderjähriger, Testierunfähigkeit

**(1) Ein Minderjähriger kann ein Testament erst errichten, wenn er das 16. Lebensjahr vollendet hat.**

**(2) Der Minderjährige bedarf zur Errichtung eines Testaments nicht der Zustimmung seines gesetzlichen Vertreters.**

**(3) (weggefallen)**

**(4) Wer wegen krankhafter Störung der Geistestätigkeit, wegen Geistesschwäche oder wegen Bewusstseinsstörung nicht in der Lage ist, die Bedeutung einer von ihm abgegebenen Willenserklärung einzusehen und nach dieser Einsicht zu handeln, kann ein Testament nicht errichten.**

#### Überblick

Testier- und Geschäftsfähigkeit decken sich weitgehend, jedoch nicht vollständig. Das Gesetz selbst regelt in § 2229 Abs. 4 nur die Testierunfähigkeit und geht davon aus, dass bis zur Feststellung des Gegenteils jeder, der das 16. Lebensjahr vollendet hat (§ 2229 Abs. 1), testierfähig ist (→ Rn. 2). Die Testierfähigkeit beinhaltet drei Elemente, nämlich das Wissen, überhaupt ein Testament zu errichten, die Fähigkeit zur Einsicht in die Bedeutung der einzelnen Anordnungen und die dementsprechende Handlungsfähigkeit (→ Rn. 3). Umstritten ist, ob es eine nach der Schwierigkeit der Materie abgestufte (relative) Testierfähigkeit gibt (→ Rn. 4). Ebenso ist umstritten, sind die Auswirkungen einer partiellen, d.h. einer nur für einen bestimmten, gegenständlich abgegrenzten Kreis von Angelegenheiten fehlenden Testierfähigkeit auf die Wirksamkeit von Verfügungen außerhalb des betroffenen Lebensbereichs (→ Rn. 5). Minderjährige werden mit der Vollendung des 16. Lebensjahres testierfähig (→ Rn. 7). Nicht jede krankhafte Störung der Geistestätigkeit, Geistesschwäche oder Bewusstseinsstörung schließt die Testierfähigkeit einer Person (→ Rn. 8 ff.). Wer sich auf die Testierunfähigkeit beruft, muss sie beweisen (→ Rn. 13). Ein Notar ist verpflichtet, sich von der Testierfähigkeit des Testierenden zu überzeugen (→ Rn. 14). Im Erbscheinsverfahren trifft die Feststellungslast denjenigen, der sich auf die daraus hergeleitete Unwirksamkeit des Testaments beruft. Das Gericht ist von Amts wegen zur Untersuchung der Testierfähigkeit verpflichtet (→ Rn. 15).

#### I. Testierfähigkeit

Wer ein Testament errichtet, aufhebt oder ändert, muss während des gesamten Vorgangs, also vom Beginn der Errichtung bis zum Abschluss (zB Unterzeichnung durch Erblasser), testierfähig sein (BGH NJW 1959, 1822; BayObLG ZEV 1996, 392 mAnm Jerschke). Der anschließende Wegfall dieser Fähigkeit ist ohne Bedeutung. **Testier- und Geschäftsfähigkeit** decken sich weitgehend, jedoch nicht vollständig. Darunter ist die persönliche Befähigung des Erblassers zur rechtswirksamen Errichtung, Aufhebung oder Änderung eines Testaments zu verstehen. 1

Das Gesetz selbst regelt in § 2229 Abs. 4 nicht etwa die Testierfähigkeit, sondern nur deren Gegenteil, nämlich die **Testierunfähigkeit.** Damit stellt sich die Testierunfähigkeit wegen Geistesstörungen als Ausnahme von der bei einem Volljährigen (§ 2) oder einem Minderjährigen, der das 16. Lebensjahr vollendet hat (§ 2229 Abs. 1), regelmäßig gegebenen Testierfähigkeit dar. Jeder, der das 16. Lebensjahr vollendet hat, ist demzufolge testierfähig, solange nicht bewiesen ist, dass die Voraussetzungen des Abs. 4 gegeben sind. Dies gilt auch für denjenigen, für den **Betreuung** angeordnet ist (OLG Hamm FamRZ 2004, 659). Auch für diesen gilt die Vermutung der Testierfähigkeit. Es kommt im Einzelfall darauf an, aus welchen Gründen die Betreuung angeordnet worden ist. Auf die im Betreuungsverfahren eingeholten Gutachten kann zu diesem Zweck zurückgegriffen werden. Das Betreuungsgericht kann die Testamentserrichtung nicht von der Einwilligung 2 eines Betreuers abhängig machen (§ 1903 Abs. 2). Hat ein Entmündigter vor dem 1.1.1992 ein Testament errichtet, so ist dieses gem. § 2229 Abs. 3 aF unwirksam. Daran hat sich auch durch die Umwandlung der Vormundschaft in eine Betreuung nichts geändert (Hahn FamRZ 1991, 24 (27)). Bei Erbfällen von **Ausländern** ab dem 17.8.2015 richtet sich die Gültigkeit eines Testaments innerhalb der EU nach **Art. 24 EuErbVO,** wenn der Erblasser Angehöriger eines EU-Mitgliedstaates ist oder seinen gewöhnlichen Aufenthalt (Art. 21 EuErbVO) in einem EU-Staat hat (Auslandsbezug). Bei **Staatenlosen** ist Art. 5 Abs. 2 EGBGB zu beachten.

3 Die **Testierfähigkeit** beinhaltet drei Elemente, nämlich:
1. das **Wissen,** überhaupt ein Testament zu errichten,
2. die **Fähigkeit zur Einsicht** in die Bedeutung der einzelnen Anordnungen und
3. die dementsprechende **Handlungsfähigkeit.**

Der Erblasser muss demnach wissen, dass er ein Testament errichtet, sich selbstständig ein klares Urteil über die Vor- und Nachteile der einzelnen Anordnungen, insbes. über deren Auswirkungen auf die persönlichen und wirtschaftlichen Verhältnisse der Betroffenen, und die Gründe, die für oder gegen ihre sittliche Berechtigung sprechen, bilden und ohne Einflussnahme Dritter den Inhalt des Testaments selbst bestimmen können (vgl. BGH NJW 1959, 1822; BayObLG FamRZ 1984, 1043; OLG Köln NJW-RR 1991, 1412). Eine **Mitwirkung Dritter** ist dadurch jedoch nicht ausgeschlossen, wenn nur der Erblasser trotz der Beratung durch diese noch zu eigenständigen Entschlüssen fähig ist (vgl. BayObLG FamRZ 1990, 318). Diese Einsichts- und Handlungsfähigkeit ist grds. nicht teilbar, ist also entweder in vollem Umfang oder überhaupt nicht gegeben.

4 Umstritten ist, ob es eine nach der Schwierigkeit der Materie abgestufte **(relative) Testierfähigkeit** gibt (dagegen: BGH NJW 1959, 1587; 1970, 1680 (1681); Damrau/R. Weber Rn. 25; dafür: OLG Köln NJW 1960, 1389; Staudinger/Baumann, 2018, Rn. 19; Reimann/Bengel/Dietz/Voit Rn. 12; MüKoBGB/Sticherling Rn. 22 f.). Dabei stimmen alle jedoch darin überein, dass der Erblasser nicht nur allgemeine Vorstellungen von einem Testament haben darf, sondern die Folgen der konkreten Erklärungen überblicken können muss (BGH FamRZ 1958, 127 (128); OLG Köln NJW-RR 1994, 396; OLG Hamm FamRZ 1997, 1026 (1027)). Die eigentliche Streitfrage entzündet sich deshalb daran, ob ein Erblasser zwar ein Testament mit einfachen Regelungen (zB Erbeinsetzung), nicht aber mit schwierigen und komplexen Anordnungen (zB mehrfache Vor- und Nacherbschaften) errichten kann. Die hM lehnt eine derartige Relativierung ab, weil sie die Rechtssicherheit gefährdet. Es ist schwierig genug, Kriterien zur Beurteilung der Testierfähigkeit zu finden. Diese Probleme würden durch diese weitere Relativierung nur noch zusätzlich verschärft. Der hM ist jedoch entgegenzuhalten, dass die Gefährdung der Rechtssicherheit zunächst einmal die Konsequenz aus der Abschaffung der Entmündigung ist. In der Folge muss der gesamte Rechtsverkehr mit der Unsicherheit zurechtkommen, dass der Geschäftspartner zurzeit der Vornahme des Rechtsgeschäfts geschäftsunfähig ist (vgl. Staudinger/Baumann, 2018, Rn. 19f). Darüber hinaus spricht für die Anerkennung der partiellen Testierfähigkeit, dass das Bundesverfassungsgericht mit seiner Entscheidung zur faktischen Testierunfähigkeit im Falle von Mehrfachbehinderungen (BVerfG NJW 1999, 1853 (1854 f.)) der ungehinderten Testiermöglichkeit den Vorrang vor dem Interesse der Allgemeinheit an rechtssicheren Gestaltungen eingeräumt hat (Staudinger/Baumann, 2018, Rn. 19c). Eine notarielle Beurkundung eines Testaments sollte vor diesem Hintergrund nicht allein deshalb abgelehnt werden, weil der Beteiligte schwierigere erbrechtliche Zusammenhänge nicht versteht (Staudinger/Baumann, 2018, Rn. 19j; vgl. OLG München BeckRS 2007, 15789 unter 2 c aa); in einem Vermerk in der Urkunde sollte der Notar jedoch den Ablauf der tatsächlichen Verhandlung festhalten.

5 Davon zu unterscheiden ist die ebenfalls umstrittene Frage nach den Auswirkungen einer **partiellen,** dh einer nur für einen bestimmten, gegenständlich abgegrenzten Kreis von Angelegenheiten (zB Verfolgungswahn) fehlenden Testierfähigkeit auf die Wirksamkeit von Verfügungen außerhalb des betroffenen Lebensbereichs (BGHZ 18, 184; BGH Rpfleger 1991, 205; BayObLG 1991, 59; Weser MittBayNot 1992, 169; Klingelhöffer ZEV 1997, 92 ff.). Die hM und vor allem die neuere Rspr. lässt keine Ausnahme vom Grundsatz der Unteilbarkeit der Einsichtsfähigkeit zu (BayObLG NJW 1992, 248 (249); Soergel/Klingseis Rn. 12; Staudinger/Baumann, 2018, Rn. 18; MüKoBGB/Burkart, 3. Aufl. 1997, Rn. 12; Weser MittBayNot 1992, 161 (169)). In seltenen Ausnahmefällen wird man jedoch, ohne die Rechtssicherheit zu gefährden, zu dem Ergebnis gelangen müssen, dass diejenigen Verfügungen in dem Testament ausnahmsweise trotzdem gültig sind, die sicher nicht durch die krankhaften Zwangsvorstellungen beeinflusst sind und völlig unabhängig von der nichtigen Verfügung gelten können und sollen. Deshalb ist die Enterbung eines Kindes wegen Verfolgungswahns unwirksam und die des anderen wegen Straftaten gültig; diese Differenzierung gilt aber nicht bei einer Alleinerbeinsetzung des anderen oder einer Zuwendung an eine gemeinnützige Einrichtung (Reimann/Bengel/Dietz/Voit Rn. 15). Hätte der Erblasser

nämlich getrennte Testamente errichtet, so wäre auch nach hM das eine gültig und das andere nicht. Die Testierfähigkeit ist bei einem öffentlichen Testament vom beurkundenden Notar von Amts wegen zu prüfen. Er soll seine entsprechenden Wahrnehmungen in der Niederschrift vermerken (§ 28 BeurkG). Fehlt die Testierfähigkeit, soll er die Beurkundung ablehnen (§ 11 Abs. 1 BeurkG).

Zur Testierfähigkeit in einem weiteren Sinne gehört auch die **Beherrschung der persönlichen Techniken** wie Lesen, Schreiben, Sprechen und Hören, die notwendig sind, ein formgerechtes Testament zu errichten (zB Schreibfähigkeit bei eigenhändigem Testament). Das Fehlen einzelner dieser Befähigungen schließt die Testamentserrichtung nicht gänzlich aus, erfordert jedoch uU die Einhaltung besonderer Verfahren (vgl. §§ 22, 23, 24 BeurkG) oder Testamentsformen (vgl. § 2233 Abs. 2, § 2247 Abs. 4). 6

## II. Testierfähigkeit Minderjähriger

Der Minderjährige wird mit der **Vollendung seines 16. Lebensjahres** testierfähig (Abs. 1). 7
Ein vor diesem Zeitpunkt errichtetes Testament ist unheilbar nichtig, und zwar ohne Rücksicht auf die tatsächlich vorhandenen intellektuellen Fähigkeiten (krit. Staudinger/Baumann, 2018, Rn. 23 ff.). Ein aus diesem Grund nichtiges Testament kann auch nicht durch nachträgliche **Genehmigung** wirksam werden. Bei der Berechnung des Lebensalters ist gem. § 187 Abs. 2 der Tag der Geburt mitzurechnen. Der Minderjährige, der das 16. Lebensjahr vollendet hat, kann ohne Zustimmung seines gesetzlichen Vertreters ein Testament errichten (Abs. 2). Er kann dies jedoch nicht in allen einem Volljährigen zu Gebote stehenden Testamentsformen tun. Minderjährige können weder ein eigenhändiges Testament (§ 2231 Nr. 2, § 2247), noch ein öffentliches Testament durch Übergabe einer verschlossenen Schrift (§ 2233 Abs. 1) errichten. Das **öffentliche Testament** eines Minderjährigen kann folglich nur entweder durch mündliche Erklärung oder durch Übergabe einer offenen Schrift errichtet werden.

## III. Testierunfähigkeit infolge Geistesstörungen

**1. Voraussetzungen.** Nicht jede krankhafte Störung der Geistestätigkeit, Geistesschwäche 8
oder Bewusstseinsstörung schließt die Testierfähigkeit einer Person, die das 16. Lebensjahr vollendet hat, aus. Dies ist nur dann der Fall, wenn diese Krankheiten bzw. Zustände dazu führen, dass dem Erblasser nicht bewusst ist, ein Testament zu errichten, oder er die Tragweite der einzelnen Anordnungen nicht beurteilen (Einsichtsfähigkeit) oder er den Inhalt nicht selbst ohne bestimmenden Einfluss Dritter gestalten (Handlungsfähigkeit) kann (→ Rn. 3). Testierunfähig sind Personen dann, wenn sich ihre Erwägungen oder Entschlüsse nach allgemeiner Verkehrsauffassung selbst unter Würdigung der besonderen Lebensumstände und der subjektiven (irrationalen) Einstellungen des Erblassers nicht mehr als freie Willensentscheidungen darstellen, sondern als **krankheits- bzw. zustandsbedingt zwanghafte Entscheidungen** (vgl. die Zusammenstellung mit Rechtsprechungsübersicht bei Hausmann/Hohloch/Sieghörtner, HdB des Erbrechts, 2008, S. 418 ff.). Demnach reicht keineswegs jede irrationale Entscheidung zur Verneinung der Testierfähigkeit aus. Erst dann, wenn der Betreffende dabei von Vorstellungen in einer Weise beeinflusst worden ist, die zwanghaft andere vernünftige Entscheidungen von vornherein ausgeschlossen haben, ist die Testierfähigkeit nicht mehr gegeben (LG Stuttgart BWNotZ 1986, 13). Das Testament ist dann nämlich nicht mehr Ausdruck einer freien und selbstbestimmten Willensentscheidung, sondern zwanghafter Vorstellungen.

**Psychopathie, Rauschgiftsucht oder querulatorische Veranlagung** führen deshalb nur 9
unter Hinzutreten besonderer Umstände, insbes. fortgeschrittener Gehirnbeeinträchtigungen, zur Testierunfähigkeit (BayObLGZ 1991, 59 (64 f.); BayObLG FamRZ 1992, 724; 1996, 1109). Allerdings können psychopathische Vorstellungen ein solches Ausmaß erreichen, dass ein zwanghaftes Verhalten und damit Testierunfähigkeit gegeben ist (BGH FamRZ 1959, 237). Eine sich an die Testamentserrichtung sich unmittelbar anschließende Selbsttötung rechtfertigt es nicht, einen die Testierfähigkeit ausschließenden Geisteszustand zu unterstellen, wenn nicht weitere Umstände hinzutreten (BGH NJW 1951, 481; BayObLG Rpfleger 1984, 317; FamRZ 1985, 539; 1990, 801). Bei **Altersdemenz oder Cerebralsklerose** muss auf Grund des gesamten Verhaltens des Erblassers und des Gesamtbildes seiner Persönlichkeit die Testierfähigkeit überprüft werden (BayObLG FamRZ 1996, 566; 1997, 1511; OLG Düsseldorf FamRZ 1998, 1064). Es gibt aber keine absolute Testierunfähigkeit, sodass keine Krankheitserscheinung es rechtfertigt, ohne weitere Feststellungen Geistesstörungen zu unterstellen (MüKoBGB/Sticherling Rn. 27). **Intelligenzmängel** beseitigen die Testierfähigkeit solange nicht, solange sie die Fähigkeit zur

eigenen Willensbildung nicht ausschließen. Das für die Testierfähigkeit notwendige Wissen und die Einsichts- und Handlungsfähigkeit darf nicht nur allgemeiner Art sein, sondern muss gerade in Bezug auf das konkrete Testament gegeben sein (BGH NJW 1959, 1822; BayObLG FamRZ 1991, 990). Deshalb reicht es nicht mehr aus, wenn der Erblasser den vom Notar oder von einem Dritten vorgefertigten Inhalt nur gedankenlos bestätigt. Reine **Entscheidungsschwäche** und die damit verbundene leichte Beeinflussbarkeit schließen die Testierfähigkeit dann nicht aus, wenn sie nicht den Grad übermäßiger Beherrschung durch Dritte erreichen.

10 **Bewusstseinsstörungen** sind beispielsweise hochgradige Trunkenheit, schwerer Rausch, Entziehungserscheinungen bei einem Rauschgiftsüchtigen, manische seelische Depressionen, schwere Gedächtnisschwäche oder epileptische Anfälle. Auch die Gewaltanwendung oder die Drohung mit Gewalt oder einem für den Erblasser empfindlichen Übel (zB Einstellung der Betreuung, Androhen des Verlassens) kann den Grad einer Bewusstseinsstörung erreichen, wenn dadurch der Wille des Testierenden zwanghaft auf eine bestimmte Entscheidung gerichtet wird.

11 Dabei kommt es nur auf den Zeitpunkt der Errichtung an, sodass es gleichgültig ist, ob die Krankheit oder der Zustand von Dauer oder nur vorübergehender Natur war. Bei wechselhaftem Geistes- oder Gesundheitszustand sind die in **lichten Momenten** errichteten Testamente wirksam (ausf. Wetterling/Neubauer ZEV 1995, 46). Erleidet der Erblasser nach der Vorbesprechung des Testamentsinhalts einen Schlaganfall mit Bewusstseinstrübung, so reicht es nach BGHZ 30, 294 aus, wenn sich dessen Fähigkeiten bei der nachfolgenden Beurkundung auf das Verstehen und Billigen des Testamentsinhalts beschränkt (MüKoBGB/Hagena Rn. 4; aA Lange/Kuchinke ErbR § 18 II 1 Fn. 10).

12 **2. Rechtsfolgen.** Das im Zustande der Testierunfähigkeit errichtete Testament ist seinem gesamten Inhalt nach unheilbar nichtig. Wird der Erblasser später wieder testierfähig, so kann die Nichtigkeit nicht durch Genehmigung geheilt werden. Es bleibt nichts anderes übrig, als das Testament erneut zu errichten.

## IV. Beweisfragen

13 Bis zum vollen **Beweis des Gegenteils** ist der Erblasser als testierfähig zu betrachten. Dies gilt auch für den unter Betreuung stehenden Erblasser (OLG Frankfurt FamRZ 1996, 635). Bloße Zweifel genügen nicht zur Feststellung der Testierunfähigkeit (BGH NJW 1955, 1714). Anlass zur Prüfung der Testierfähigkeit von Amts wegen geben nur konkrete Tatsachen (zB ärztliche Atteste), nicht aber unsubstantiierte Behauptungen von Beteiligten, die Anordnung einer Betreuung, Alkoholismus oder die regelmäßige Einnahme von Drogen bzw. starken Medikamenten (vgl. BayObLG FamRZ 1997, 1029 zu Behauptungen; OLG Hamm ZEV 1997, 75 (76) zu Medikamenten). Bestehen danach begründete Zweifel an der Testierfähigkeit, so ist in aller Regel, das Gutachten eines Neurologen einzuholen (vgl. BGH FamRZ 1984, 1003); die Vernehmung von Personen, mit denen der Erblasser Kontakt hatte, ersetzt die Einholung eines Gutachtens nicht (vgl. OLG Köln FamRZ 1992, 729 (731)). Trotz der zentralen Bedeutung des Gutachtens in dieser Frage kann das Gericht zur vollen Überzeugung der Testierunfähigkeit auch dann gelangen, wenn der Sachverständige den Erblasser nur mit hoher Wahrscheinlichkeit für testierunfähig hält (BGH NJW 1959, 1822). Bei widersprechenden Feststellungen mehrerer Sachverständiger kann das Gericht dem zeitnäheren Gutachten den Vorzug geben (BayObLG NJWE-FER 1998, 13). Bei zwei übereinstimmenden Gutachten braucht kein weiteres Gutachten eingeholt zu werden, selbst wenn ein anderer Arzt Zweifel hieran äußert (BayObLG ZEV 1997, 510 (511)). Die Einholung eines Obergutachtens ist nur in schwierigen Fällen oder bei groben Mängeln des bzw. der vorliegenden Gutachtens geboten und steht in allen anderen Fällen im pflichtgemäßen Ermessen des Gerichts (OLG Köln NJW 1994, 396). Steht der Errichtungszeitpunkt des Testaments nicht konkret fest, sodass zu klären ist, ob der Erblasser irgendwann innerhalb eines längeren Testierzeitraums testierunfähig war, ist davon auszugehen, dass jedenfalls während des Andauerns der Phase einer krankhaften Störung des Geisteszustands Testierunfähigkeit vorlag (OLG Jena NJW-RR 2005, 1247). Der Umfang der Ermittlungen richtet sich nach den Umständen des Einzelfalls, jedoch ist mit Rücksicht auf die besondere Tragweite dieser Frage eine sorgfältige und gewissenhafte Untersuchung geboten (OLG Frankfurt NJW-RR 1998, 870). Das Gericht ist an die Feststellungen der Gutachter nicht gebunden, sondern hat die Schlussfolgerungen hieraus in eigener Verantwortung zu ziehen.

14 Es gehört zu den Amtspflichten des Notars bei der **Beurkundung,** das Vorliegen der Testierfähigkeit zu prüfen. Er muss sich vor der Beurkundung einer letztwilligen Verfügung von der Testierfähigkeit des Erblassers und der konkreten Testierfreiheit hinsichtlich der gewünschten Art der Verfügung von Todes wegen zu überzeugen. Dazu genügt die Befragung des Erblassers, voraus-

gesetzt, dass die Antworten sich mit seinen eigenen Wahrnehmungen decken (vgl. BGH NJW 1963, 1972). Die in der Niederschrift hierzu getroffenen tatsächlichen Feststellungen gem. § 28 BeurkG nehmen an der Beweiskraft der öffentlichen Urkunde gem. § 418 ZPO teil. Das Nachlassgericht ist trotzdem zu Ermittlungen von Amts wegen verpflichtet, wenn der Notar Zweifel dokumentiert, aber letztlich doch beurkundet hat (OLG Düsseldorf BeckRS 2013, 6209). Das Fehlen eines solchen Vermerks macht die Urkunde nicht unwirksam, sondern überantwortet diese Frage der freien Beweiswürdigung durch das angerufene Gericht. Ist der Notar von der Testierunfähigkeit überzeugt, so hat er die Beurkundung abzulehnen (§ 11 Abs. 1 BeurkG). In Zweifelsfällen sollte der Notar, den behandelnden Hausarzt befragen sowie einschlägige Gerichtsakten, insbes. in Betreuungsfällen, beiziehen.

Im **Erbscheinsverfahren** gibt es zwar keine formelle Beweislast, jedoch trifft die entsprechende Feststellungslast denjenigen, der sich auf die daraus hergeleitete Unwirksamkeit des Testaments beruft. Auch in diesem Verfahren richtet sich der Ermittlungsumfang nach den Umständen des Einzelfalls. Das Gericht ist von Amts wegen zur Untersuchung verpflichtet und dabei nicht an den Vortrag der Beteiligten gebunden (BayObLG FamRZ 1990, 1281). Anlass für derartige Ermittlungen sind jedoch nur konkrete auffällige Verhaltensweisen des Erblassers, nicht bloße unbestimmte Behauptungen (OLG Hamm FGPrax 1997, 68; BayObLG FamRZ 1997, 1028). Bei der Prüfung der Testierfähigkeit sind dabei zunächst die tatsächlichen Verhaltensauffälligkeiten festzustellen (zB Zeugenvernehmung des Urkundsnotars, soweit dessen Feststellungen in der Urkunde nicht ausreichen), um im Anschluss hieran den medizinischen Befund untersuchen zu können (zB ärztliches Attest oder Zeugenvernehmung des behandelnden Arztes) (OLG Hamm OLGZ 1989, 271; Rpfleger 1989, 23; OLG Frankfurt NJW-RR 1996, 1159). Regelmäßig wird dann die Einholung eines Fachgutachtens durch einen Psychiater notwendig sein (BGH FamRZ 1984, 1003). Zweifel an der Schlüssigkeit oder am sachlichen Gehalt des Gutachtens sind vom Gericht durch Nachfrage zu klären (BayObLG Rpfleger 1988, 67). Vom Gutachter geäußerten Zweifeln muss das Gericht nachgehen (BayObLG Rpfleger 1988, 67). Das Gericht ist an die Feststellungen des Gutachters nicht gebunden, muss sich aber mit diesen inhaltlich auseinandersetzen. 15

Im Wege des **Anscheinsbeweises** ist von der Testierunfähigkeit dann auszugehen, wenn diese zwar für einen vor und für einen danach liegenden Zeitpunkt, nicht jedoch für die Testamentserrichtung festgestellt werden kann (OLG Karlsruhe OLGZ 1982, 280; BayObLG FamRZ 1990, 801 (803); OLG Köln NJW-RR 1991, 1412). Kann jedoch die Möglichkeit eines lichten Augenblicks nicht mit Sicherheit ausgeschlossen werden, so scheidet ein derartiger Anscheinsbeweis aus (BayObLG ZEV 1994, 303 mAnm Jerschke). 16

Steht zwar die Testierunfähigkeit für einen **bestimmten Zeitraum** fest, in dem der Erblasser ein undatiertes oder ein falsch datiertes eigenhändiges Testament errichtet hat, so muss derjenige, der aus diesem Testament Rechte herleitet, den vollen Beweis dafür erbringen, dass dieses undatierte Testament nicht innerhalb dieser Frist errichtet wurde (BayObLG NJW-RR 1996, 1160; ZEV 2001, 399 mAnm J. Mayer). 17

## § 2230 (weggefallen)

## § 2231 Ordentliche Testamente

**Ein Testament kann in ordentlicher Form errichtet werden**
**1. zur Niederschrift eines Notars,**
**2. durch eine vom Erblasser nach § 2247 abgegebene Erklärung.**

### Überblick

Die Vorschrift zählt die ordentlichen Testamentsformen abschließend auf und grenzt diese damit von den außerordentlichen (→ Rn. 2). Die speziellen Formvorschriften dienen dem Schutz der Willensautonomie des Erblassers und sollen verantwortliches Testieren fördern und Streitigkeiten über den Inhalt letztwilliger Verfügungen vermeiden (→ Rn. 1). Das notarielle und das eigenhändige Testament sind rechtlich gleichwertig, haben aber jeweils Vor- und Nachteile (→ Rn. 3 f.). Allen außerordentlichen Testamentsformen ist gemeinsam, dass deren Errichtung grds. nur zulässig ist, wenn aus im Einzelnen bestimmten Gründen ein ordentliches Testament nicht verfasst werden kann, und sie deshalb nur begrenzte Zeit gültig sind (→ Rn. 5).

## I. Zwecke des Formzwangs

1 Das Gesetz schreibt für alle Verfügungen von Todes wegen (Testament, gemeinschaftliches Testament und Erbvertrag) die Einhaltung bestimmter Formen vor. § 2231 gilt dabei für Testamente ebenso wie für gemeinschaftliche Testamente. Diese Formvorschriften verfolgen verschiedene Zwecke: Der Erblasser soll persönlich seinen Willen bilden und diesen möglichst deutlich in der Verfügung von Todes wegen zum Ausdruck zu bringen. Durch die Formerfordernisse sollen Vorüberlegungen und Entwürfe von der maßgebenden Verfügung exakt abgegrenzt werden. Das Erfordernis der Eigenhändigkeit eines Testaments bietet zudem eine erhöhte Sicherheit vor Verfälschungen des Erblasserwillens. Bei einem öffentlichen Testament werden durch die notarielle Beratung falsche oder unklare Formulierungen ausgeschlossen. Alle diese Formzwecke tragen in ihrer Gesamtheit dazu bei, verantwortliches Testieren zu fördern und Streitigkeiten über den Inhalt letztwilliger Verfügungen zu vermeiden (BGH NJW 1981, 1737 (1738)). Der Formzwang dient damit dem Schutz der Willensautonomie des Erblassers.

## II. Ordentliche Testamentsformen

2 § 2231 zählt zwei **Arten** auf, nämlich das öffentliche Testament (§ 2231 Nr. 1, § 2232, 2233) und das eigenhändige (einseitige oder gemeinschaftliche) Testament (§ 2231 Nr. 2, §§ 2247, 2267). Daneben steht das Konsulartestament (§ 10 Abs. 1 Nr. 1 KonsularG, § 10 Abs. 2 KonsularG, § 11 KonsularG), das Deutsche im Ausland vor einem Konsularbeamten errichten können. Das Konsulartestament gehört ebenfalls zu den ordentlichen öffentlichen Testamenten, weil der Konsularbeamte dabei gem. § 10 Abs. 2 KonsularG an die Stelle des inländischen Notars tritt. Allen ordentlichen Testamentsformen ist gemeinsam, dass ihre Geltungsdauer nicht beschränkt ist und ihre Errichtung keine Notsituation voraussetzt. Das eigenhändige Testament und das öffentliche Testament stehen gleichberechtigt nebeneinander. Die Wahl zwischen beiden Formen steht – von den Einschränkungen des § 2233 bei Minderjährigen und Behinderten abgesehen – dem Erblasser grds. frei.

3 Die Mitwirkung des Notars bei der Gestaltung und Formulierung des öffentlichen Testaments erhöht allerdings die **Rechtssicherheit.** Durch die Feststellungen des Notars zur Testierfähigkeit verringert sich das Risiko entsprechender Anfechtungen erheblich. Formulierungen in einem öffentlichen Testament werden nur in Ausnahmefällen Anlass zu Streitigkeiten geben; iÜ haftet der Notar gem. § 19a BNotO für etwaige Amtspflichtverletzungen bei der Abfassung des Testaments.

4 Demgegenüber hat das eigenhändige Testament den Vorteil, dass seine Errichtung zunächst nichts kostet. Da bei einem eigenhändigen Testament wie bei gesetzlicher Erbfolge der Erbnachweis nur durch einen Erbschein geführt werden kann, entstehen jedoch später höhere **Kosten** als bei Errichtung einer notariell beurkundeten Verfügung. Diese ersetzt im Grundbuchverkehr gem. § 35 GBO einen kostenpflichtigen Erbschein. Auch im Geschäftsverkehr mit Versicherungen, Banken und sonstigen Dritten reicht die Vorlage einer vom Amtsgericht eröffneten notariell beurkundeten Verfügung von Todes wegen aus (BGH NJW 2005, 2779). Da die Beurkundung des Erbscheinsantrags und die Erteilung des Erbscheins je eine volle Gebühr nach der Kostenordnung auslösen, die Beurkundung eines Testaments jedoch nur einmal eine Gebühr, erweist sich das eigenhändige Testament sogar als doppelt so teuer wie das notariell beurkundete. Bei einem gemeinschaftlichen Testament nach dem Berliner Modell iSd § 2269 ist das notariell beurkundete ebenfalls billiger als das eigenhändig verfasste, vorausgesetzt allerdings, dass die Schlusserben namentlich aufgeführt sind. Recht betrachtet, spricht das Kostenargument daher sogar für das notariell beurkundete Testament und gegen das eigenhändig verfasste.

## III. Außerordentliche Testamentsformen

5 Diesen Testamentsformen ist gemeinsam, dass deren Errichtung grds. nur zulässig ist, wenn – aus bei den einzelnen Vorschriften näher geregelten Gründen – ein ordentliches Testament nicht verfasst werden kann; ferner ist bei ihnen die Gültigkeitsdauer nur begrenzt. Außerordentliche Testamente sind das **Bürgermeistertestament** (§§ 2249, 2252), das **Dreizeugentestament** (§§ 2250, 2252) und das **Seetestament** (§§ 2251, 2252). Zu den außerordentlichen Testamentsformen gehört auch das in der Zeit vom 30.1.1933 bis zum 8.5.1945 zulässige **Verfolgtentestament** (Art. 80 REG amZ, Art. 67 REG brZ, Art. 69 REAO Berlin, § 73 EntschädG Rhld-Pf und Württ.-Hohenzollern, § 68 EntschädG Baden) (ausf. Staudinger/Baumann, 2003, Vor § 2229 Rn. 42). Auch das **Militärtestament** aufgrund des Gesetzes über die freiwillige Gerichtsbarkeit und andere Rechtsangelegenheiten in der Wehrmacht vom 24.4.1934 (RGBl. I 335 (352)) gehört hierher (ausf. Staudinger/Baumann, 2003, Vor § 2229 Rn. 38 ff.).

## § 2232 Öffentliches Testament

**[1]Zur Niederschrift eines Notars wird ein Testament errichtet, indem der Erblasser dem Notar seinen letzten Willen erklärt oder ihm eine Schrift mit der Erklärung übergibt, dass die Schrift seinen letzten Willen enthalte. [2]Der Erblasser kann die Schrift offen oder verschlossen übergeben; sie braucht nicht von ihm geschrieben zu sein.**

### Überblick

Die Notare sind für die Beurkundung öffentlicher Testamente zuständig (→ Rn. 1 ff.). Die Errichtung eines Testaments erfolgt in aller Regel durch das verständlich gesprochene Wort (→ Rn. 4). Die mündliche Erklärung ist jedoch nicht mehr zwingend vorgeschrieben, was vor allem Behinderten die Möglichkeit eröffnet, den letzten Willen in jeder anderen Art und Weise zu erklären. Es reichen alle Mittel nonverbaler unmittelbarer Kommunikation zwischen Beteiligtem und Notar aus (→ Rn. 5 f.). Das Beurkundungsverfahren sowie der notwendige Inhalt der Niederschrift sind im BeurkG geregelt (→ Rn. 7 ff.), insbesondere Verfahrensbesonderheiten bei Behinderung des Erblassers (→ Rn. 11). Eine weitere Möglichkeit, ein öffentliches Testament zu errichten, ist die Übergabe einer Schrift (→ Rn. 13 ff.). Das vom Notar beurkundete Testament ist eine öffentliche Urkunde und begründet damit vollen Beweis der beurkundeten Erklärung (§ 415 ZPO) und der anderen bezeugten Tatsachen (§ 418 ZPO) (→ Rn. 20 f.). Die Ausfertigung des gerichtlichen Eröffnungsprotokolls reicht in Verbindung mit einem in beglaubigter Abschrift beigefügten Testament oder Erbvertrag grundsätzlich als Erbnachweis aus, vorausgesetzt allerdings, dass sich der Verfügung von Todes wegen mit den Mitteln einfacher erläuternder Auslegung die Person des oder der Erben entnehmen lässt (→ Rn. 22 ff.).

### Übersicht



## I. Beurkundung durch den Notar

**1. Sachliche Zuständigkeit.** Seit dem 1.1.1970 kann das öffentliche Testament iSd § 2231 Nr. 1 im **Inland** nur noch vor dem deutschen Notar, Notarvertreter oder Notariatsverwalter und im **Ausland** ausschließlich vor dem Konsularbeamten errichtet werden. § 11a S. 3 BNotO berechtigt einen im Ausland bestellten Notar nicht zu Beurkundungen auf dem Gebiet der Bundesrepublik Deutschland. Noch vor dem 1.1.1970 errichtete Verfügungen sind nur dann wirksam, wenn sie den damals geltenden strengeren Vorschriften der §§ 2232–2246 aF entsprechen (OLG Frankfurt DNotZ 1971, 498). Mit dem Außerkrafttreten dieser Vorschriften ist auch die Beurkundungszuständigkeit der Amtsgerichte entfallen. 1

**2. Örtliche Zuständigkeit.** Unbeschadet der notarrechtlichen Beschränkung der Amtstätigkeit auf den Amtsbereich bzw. den OLG-Bezirk kann jeder deutsche Notar gem. § 2 BeurkG im gesamten **Gebiet der Bundesrepublik Deutschland** Verfügungen von Todes wegen beurkunden. Im Ausland von einem deutschen Notar errichtete Verfügungen von Todes wegen sind dagegen unwirksam. § 11a S. 1 BNotO erlaubt dem deutschen Notar keine Auslandsbeurkundung, sondern nur die Unterstützung des ausländischen Notars. Im **Ausland** liegt die Beurkundungszuständigkeit ausschließlich beim Konsularbeamten. Deutsche **Seeschiffe** und **Flugzeuge** gelten jedoch nicht als Ausland. Durch Art. 231 § 7 Abs. 1 EGBGB sind vor dem 3.10.1990 von Notaren der Bundesrepublik Deutschland auf dem Gebiet der ehemaligen DDR vorgenommene Beurkundungen mit ex-tunc-Wirkung (BGH DtZ 1993, 210) als formgültig anzusehen. 2

3 **3. Beurkundungsverbote.** Der Notar hat die Beurkundungsverbote der §§ 3, 6, 7 und 27 BeurkG zu beachten. Unzulässig ist die Beurkundung eines Testaments durch den Notar folglich insbes. dann, wenn der Erblasser sein Ehegatte, ein mit ihm in gerader Linie Verwandter (§ 6 Abs. 1 BeurkG) ist oder der Notar selbst, sein Ehegatte oder naher Verwandter eine Zuwendung erhält oder als Testamentsvollstrecker eingesetzt ist (§§ 7, 27 BeurkG). Im Falle der Nichtbeachtung der in §§ 6 und 7 enthaltenen Verbote ist die Beurkundung sogar ganz bzw. bezüglich der den Notar oder dessen Angehörigen begünstigenden Verfügung unwirksam.

## II. Errichtung durch Erklärung

4 **1. Erklärung. a) Mündliche Erklärung.** Mit dem Inkrafttreten des OLG-Vertretungsänderungsgesetzes am 1.8.2002 ist zwar der Zwang zur mündlichen Erklärung entfallen, jedoch wird der Erblasser auch künftig in aller Regel durch das verständlich gesprochene Wort testieren. Die Erklärungsformen können auch miteinander kombiniert werden (MüKoBGB/Sticherling Rn. 11). Auf vor dem 1.8.2002 errichtete Verfügungen von Todes wegen ist die Neuregelung anzuwenden, wenn der Erbfall ab dem 1.8.2002 eingetreten ist (Grüneberg/Weidlich Rn. 2; Soergel/Klingseis Rn. 13; vgl. auch BT-Drs. 14/9266, 52; aA Reimann/Bengel/Dietz/Voit Rn. 7, 8: Errichtungszeitpunkt); eine Ausnahme gilt jedoch bei einem stummen und schreibunfähigen Erblasser (→ § 2233 Rn. 7). Die Erklärung muss in einer **Sprache** erfolgen, die auch der Notar sicher beherrscht (Unklar insoweit Grüneberg/Weidlich Rn. 2). Für die Abfassung der Niederschrift sind jedoch die §§ 5, 16, 32 BeurkG zu beachten. Da Adressat dieser Erklärung der Notar ist, kommt es allein darauf an, dass dieser – nicht etwa zugezogene Zeugen oder der zweite Notar – die mündliche Erklärung akustisch versteht (Reimann/Bengel/Dietz/Voit Rn. 9; MüKoBGB/Sticherling Rn. 17; aA OGHZ 2, 45; 3, 383). Der Erblasser braucht sich dabei nicht in ausführlicher oder zusammenhängender Rede zu erklären (MüKoBGB/Sticherling Rn. 8). Es reicht aus, wenn der Erblasser auf entsprechende Fragen des Notars mit einem verständlichen „Ja" antworten kann (allgM, zB BGH NJW 1962, 1149; BayObLG MittRhNotK 1999, 349 (350)). Hinzukommen muss jedoch die – nicht notwendig sprachliche – Fähigkeit, die Ablehnung auszudrücken, zB durch Kopfschütteln oder entsprechende Handbewegungen. Kann der Erblasser seine Zustimmung allenfalls durch unverständliches Lallen oder durch Gebärden ausdrücken, so kann er kein Testament durch mündliche Erklärung errichten (BGHZ 2, 172; BayObLG DNotZ 1969, 301 (303); aA RGZ 161, 378 (382 f.)), wohl aber durch andere Erklärung (→ Rn. 5). Die mündliche Erklärung kann in der Weise abgegeben werden, dass der Notar einen vorbereiteten Text verliest und den Erblasser wiederholt während der Beurkundung sowie am Ende befragt, ob dies sein Wille sei. Es genügt, wenn der Erblasser nach dem Verlesen der Niederschrift auf die Frage des Notars, ob er mit dem Inhalt einverstanden sei, mit einem „Ja" antwortet (BGH NJW 1962, 1149; DNotZ 1952, 75; BayObLG NJW-RR 2000, 456 (458); OLG Hamm NJW 2002, 3410 (3412)), nicht dagegen allein das wortlose Unterschreiben der Niederschrift gem. § 13 Abs. 1 S. 1 BeurkG (KG DNotZ 1960, 485), weil hier jede Äußerung fehlt. Auch wenn die von § 2232 geforderte Erklärung mit der Genehmigung iSd § 13 Abs. 1 S. 1 BeurkG zusammenfallen kann, so sind beide Akte doch sorgfältig zu trennen. Der Notar – nicht zugezogene Zeugen oder zugezogener zweiter Notar – muss das gesprochene Wort **unmittelbar** persönlich hören. Der Einsatz von Lautverstärkern (Soergel/Klingseis Rn. 15) oder der Einsatz einer Sprech- und/oder Videoanlage begegnet bei mündlicher Erklärung (zur anderen Art der Erklärung jedoch → Rn. 5) keinen Bedenken, wenn der Notar sicher ist, dass die wechselseitige Verständigung unverfälscht stattfindet (Grüneberg/Weidlich Rn. 2; Reimann/Bengel/Dietz/Voit Rn. 10; Soergel/Klingseis Rn. 15; Damrau/R. Weber Rn. 8). Die Wiedergabe mündlicher Erklärungen mittels technischer Aufzeichnungen (zB Tonband, Video, DVD, CD-ROM) genügt nur, wenn das Medium in Anwesenheit des Beteiligten abgespielt und von diesem vor dem Notar persönlich bestätigt wird (Reimann/Bengel/Dietz/Voit Rn. 10; Soergel/Klingseis Rn. 15). Mündliche Erklärungen mittels (Bild)Telefon oder Sprachcomputer genügen nicht den Mindestanforderungen des § 2232 S. 1 Alt. 1 (MüKoBGB/Sticherling Rn. 5). In der **Niederschrift** braucht nicht angegeben zu werden, dass die Erklärung mündlich erfolgt ist.

5 **b) Andere Erklärung.** Seit dem 1.8.2002 (zur Übergangsregelung → Rn. 4) ist die mündliche Erklärung jedoch nicht mehr zwingend vorgeschrieben, was vor allem Behinderten die Möglichkeit eröffnet, den letzten Willen in jeder anderen Art und Weise zu erklären. Es reichen alle Mittel nonverbaler unmittelbarer Kommunikation zwischen Beteiligtem und Notar aus. Dabei kommen von Seiten des Beteiligten Gebärden und schriftliche Äußerungen in Betracht, von Seiten des Notars mündliche oder schriftliche Fragen, insbes. Suggestivfragen. Bei anderen **Gebär-**

**den oder Gesten** als dem allgemein verständlichen Kopfnicken oder -schütteln (zB Hand heben, Mimik) muss sich der Notar vergewissern, dass der Beteiligte und er der Gebärde oder der Geste dieselbe Bedeutung geben. **Unverständliche Laute** lassen dagegen nicht eindeutig erkennen, ob sie Zustimmung oder Ablehnung signalisieren sollen, sodass sie allenfalls in Verbindung mit Gebärden oder Gesten als Erklärung verwertbar sind (ohne diese Einschränkung Grüneberg/Weidlich Rn. 2). Bei allen nicht verbalen Erklärungen ist Grundbedingung, dass der Notar als Adressat den dadurch geäußerten Willen eindeutig feststellen kann (Reimann/Bengel/Dietz/Voit Rn. 9). Die Erklärung kann in der Weise abgegeben werden, dass der Notar einen vorbereiteten Text verliest und den Erblasser wiederholt während der Beurkundung sowie am Ende befragt, ob dies sein Wille sei. Es genügt jedoch, wenn der Erblasser nach dem Verlesen der Niederschrift auf die Frage des Notars, ob er mit dem Inhalt einverstanden sei, in der beschriebenen Weise sein Einverständnis unmissverständlich äußert, insbes. durch Gesten. Bei einem hörbehinderten Beteiligten kann der Notar die Fragen auch schriftlich vorlegen. Auch **schriftliche Erklärungen** des Beteiligten auf vom Notar gestellte Fragen genügen nun für die Errichtung nach § 2232 S. 1. Stellt die schriftliche Erklärung jedoch den ausformulierten letzten Willen dar, so handelt es sich um die Errichtung durch Schriftübergabe (§ 2232 S. 1 Alt. 2; → Rn. 13), nicht durch Erklärung. Allein das wortlose Unterschreiben der Niederschrift gem. § 13 Abs. 1 S. 1 BeurkG reicht in keinem Fall aus, weil hier jede, nach dem Gesetz erforderliche zusätzliche Äußerung des Beteiligten fehlt. Die Kommunikation zwischen dem Beteiligten und dem Notar muss – wie bei der mündlichen Erklärung – **unmittelbar** stattfinden, allenfalls unter Einschaltung der Verständigungsperson (§ 24 BeurkG) oder des Gebärden- oder Sprachdolmetschers (§§ 22 bzw. 16 BeurkG) (Grüneberg/ Weidlich Rn. 2). Der Notar muss die Gebärden, Gesten oder Laute also ohne technische Hilfsmittel (zB Videokamera, Bildtelefon, DVD, CD-ROM) persönlich wahrnehmen können, während umgekehrt der Beteilige die mündlichen oder schriftlichen Fragen und Erklärungen des Notars unbeeinflusst durch technische Übertragungsmittel wie Sprechanlagen (aA bezüglich nonverbaler Kommunikation, wenn Verfälschung „mit Sicherheit" ausgeschlossen werden kann, Grüneberg/ Weidlich Rn. 2; Reimann/Bengel/Dietz/Voit Rn. 10; Soergel/Klingseis Rn. 15; vgl. zur alten Rechtslage OLG Frankfurt NJW 1973, 1131), Videoanlagen oder Bildtelefonen verstehen können muss. Bei schriftlichen Äußerungen muss er das Niederschreiben durch den Beteiligten (zB Eingabe über die Tastatur in den Computer) persönlich überwachen.

Gerade bei nonverbaler Kommunikation kommt es in stärkerem Maße als bei mündlichen Erklärungen (→ Rn. 4 aE) darauf an, dass der Notar die wechselseitige optische und akustische Verständigung unmittelbar persönlich verfolgen und sicher überwachen kann. Dem Notar wird mit der Zulassung nonverbaler Erklärungen also eine erhebliche Verantwortung übertragen, verbunden mit nicht geringen Haftungsgefahren. Er sollte deshalb nicht nur den Inhalt der Willenserklärungen in der **Niederschrift** festhalten, sondern außerdem auch die Art und Weise der Kommunikation, und zwar so genau wie irgend möglich. So nehmen diese tatsächlichen Feststellungen auch an der Beweiskraft gem. § 415 ZPO teil. Auch sollte er die für die Beteiligung behinderter Personen vorgesehenen **Verfahrensvorschriften** einhalten, vor allem aber bei einem hör- und sprachbehinderten Beteiligten, mit dem eine Verständigung nicht möglich ist, eine Verständigungsperson gem. § 24 BeurkG und bei einem schreibunfähigen Beteiligten einen Schreibzeugen gem. § 25 BeurkG hinzuziehen, weil die Nichtbeachtung dieser Bestimmungen die Unwirksamkeit der Beurkundung zur Folge hätte. 6

**2. Niederschrift.** Das Beurkundungsverfahren sowie der notwendige Inhalt der Niederschrift sind im BeurkG (s. dort) geregelt. 7

**a) Inhalt der Niederschrift.** Der Notar kann die Niederschrift in deutscher oder in einer anderen, von ihm beherrschten **Sprache** abfassen (§ 5 BeurkG). Die Niederschrift muss die **Bezeichnung des Notars und des Erblassers** (§ 9 Abs. 1 S. 1 Nr. 1 BeurkG), die Feststellungen des Notars zur **Identität** (§ 10 BeurkG) und **Testierfähigkeit** des Erblassers (§ 28 BeurkG) sowie die mündliche **Erklärung des Erblassers** in ihrem rechtlich relevanten Ergebnis vollständig enthalten (§ 9 Abs. 1 S. 1 Nr. 2, 2 und 3 BeurkG). Die Niederschrift muss keinen Vermerk darüber enthalten, dass der Wille gerade „mündlich" erklärt worden ist; es genügt vielmehr die allgemein übliche Eingangsformel: „Der/Die Erschienene erklärte" (RGZ 161, 381). Unter den Voraussetzungen des § 9 Abs. 1 S. 2, 3 BeurkG kann dabei auch auf Schriftstücke, Karten, Zeichnungen oder Ablichtungen als Anlagen verwiesen werden. Auch **Verweisungen** auf andere notarielle Niederschriften, behördliche Karten, Zeichnungen oder Verzeichnisse gem. § 13a BeurkG sind zulässig. Beide in § 2232 S. 1 vorgesehenen Errichtungsformen können auch miteinander kombiniert werden, sodass der Erblasser auch eine mitübergebene (offene oder verschlossene) Schrift mit der Erklärung, diese enthalte seinen letzten Willen, der Niederschrift beifügen 8 lassen kann. Die übergebene Schrift wird dadurch jedoch keine Anlage iSd § 9 Abs. 1 S. 2 BeurkG und braucht daher weder vorgelesen noch mit Schnur und Siegel mit der Niederschrift verbunden zu werden. Der Notar hat bei einer Kombination beider Errichtungsarten allerdings die für beide geltenden Förmlichkeiten gleichzeitig zu beachten.

9 **b) Vorlesen, Genehmigung und Unterschriften.** Die Niederschrift ist gem. § 13 Abs. 1 S. 1 BeurkG dem Erblasser in Gegenwart des Notars vorzulesen, vom Erblasser zu genehmigen und eigenhändig zu unterschreiben. Da das Gesetz ein Vorlesen verlangt, genügt das Selbstlesen durch den Beteiligten nicht (→ BeurkG § 13 Rn. 1). Die Niederschrift muss gem. § 13 Abs. 3 S. 1 BeurkG auch vom Notar unterschrieben werden. Das Fehlen seiner Unterschrift führt nur dann zur Nichtigkeit, wenn er die Unterschrift weder rechtzeitig nachgeholt (→ BeurkG § 13 Rn. 14 ff.), noch die Aufschrift auf dem Testamentsumschlag gem. § 35 BeurkG unterschrieben hat.

10 **c) Mitwirkung von Zeugen oder eines zweiten Notars.** Auf Verlangen des Erblassers sind zur Beurkundung bis zu zwei Zeugen oder ein zweiter Notar beizuziehen (§ 29 BeurkG).

11 **d) Verfahrensbesonderheiten bei Behinderung des Erblassers.** Vermag der Erblasser nach seinen Angaben oder nach Überzeugung des Notars nicht hinreichend zu hören, zu sehen, zu sprechen, beherrscht jener die Urkundssprache nicht ausreichend oder kann er seinen Namen oder sogar überhaupt nicht schreiben, so soll dies in der Niederschrift vermerkt werden (§ 16 Abs. 1 BeurkG, § 22 Abs. 1 BeurkG, § 24 Abs. 1 S. 1 BeurkG, § 25 S. 1 und 2 BeurkG). Einem **tauben** Erblasser muss dann die Niederschrift anstelle des Vorlesens zur Durchsicht vorgelegt werden (§§ 23, 22 BeurkG). Ihm muss dann aber auch die Frage, ob er den Inhalt der Niederschrift als seinen letzten Willen billige, schriftlich vorgelegt werden (BGH NJW 1962, 1149; für Zulässigkeit mündlicher Frage Staudinger/Baumann, 2018, Rn. 35). Ist mit ihm auch eine schriftliche Verständigung nicht möglich, ist zusätzlich gem. § 24 BeurkG eine Vertrauensperson hinzuziehen. Im Falle der **Blindheit** soll ein Zeuge oder ein zweiter Notar an der Beurkundung teilnehmen (§ 22 BeurkG). Kann der Erblasser **nicht sprechen,** so kann er gem. § 2233 Abs. 3, § 31 BeurkG ein öffentliches Testament nur durch Übergabe einer Schrift errichten. Ist der Erblasser der **Urkundssprache nicht mächtig,** so ist gem. §§ 32, 16 BeurkG die Niederschrift sowohl mündlich als auch schriftlich zu übersetzen. Kann der Erblasser nur seinen **Namen nicht schreiben,** so ist gem. § 25 BeurkG ein Schreibzeuge oder ein zweiter Notar hinzuzuziehen.

12 **3. Verstoß.** Genügt die Äußerung des Erblassers nicht den Anforderungen des § 2232 S. 1 Alt. 1 an die Mündlichkeit der Erklärung, so ist das Testament als mündliches öffentliches Testament nichtig (§ 125). Hat der Notar die Muss-Vorschriften des BeurkG über Inhalt und äußeren Ablauf der Beurkundung nicht eingehalten, so ist das Testament ebenfalls als öffentliches Testament nichtig. Es ist dann jedoch in eine andere Testamentsform umzudeuten, wenn es in vollem Umfang deren Anforderungen entspricht.

## III. Errichtung durch Übergabe einer Schrift

13 **1. Schriftstück.** Schriftstück ist jede Verkörperung von Schriftzeichen, sodass weder die Art der Verkörperung (Papier, Karton usw), noch die der verwendeten Schriftzeichen (lateinische Schrift, Bilderschrift, Blindenschrift usw), noch die Sprache von Bedeutung sind. Wird allerdings eine nicht allgemein verständliche oder eine chiffrierte Schrift verwendet, so fordert der Zweck der Testamentserrichtung, dass die Übersetzungsmittel mitgeliefert werden (aA Reimann/Bengel/Dietz/Voit Rn. 17). Die **Schriftzeichen** müssen zwar nicht vom Notar gelesen werden können, aber vom Erblasser (MüKoBGB/Sticherling Rn. 19). Kann auch dieser die Schriftzeichen nicht lesen, so ist er als leseunfähig zu behandeln und kann gem. § 2233 Abs. 2 nicht durch Übergabe einer Schrift testieren (Reimann/Bengel/Dietz/Voit Rn. 17; aA Lange/Kuchinke ErbR § 19 III 3a Fn. 44). Der Notar hat in diesem Fall diese Art der Testamentserrichtung gem. § 4 BeurkG abzulehnen. Das Gleiche gilt für die verwendete **Sprache.** Der Erblasser kann dabei auch eine Sprache wählen, die zwar er selbst, nicht dagegen der Notar versteht (MüKoBGB/Burkart Rn. 16). § 5 BeurkG gilt nicht für das übergebene Schriftstück, sondern allein für die vom Notar verfasste Niederschrift. Wenn der Notar im Falle der Übergabe einer offenen Schrift die Schriftzeichen und/oder die Sprache nicht versteht, so muss er sich die zur Erfüllung seiner Prüfungs- und Belehrungspflicht gem. § 30 S. 4 BeurkG erforderlichen Kenntnisse durch Nachfragen beschaffen. Die Testamentserrichtung durch Übergabe von **Bildern, Tonbändern, Disketten, CDs oder DVDs** ist mangels Schriftlichkeit völlig ausgeschlossen. Die Schrift braucht nicht vom Erblasser

oder dem Notar geschrieben zu sein. Der **Urheber** ist ohne Bedeutung. Ort, Datum oder Unterschrift sind entbehrlich. Umstritten ist, ob der Erblasser vom Inhalt des Schriftstücks **Kenntnis** genommen haben muss (RGRK-BGB/Kregel Rn. 6; Grüneberg/Weidlich Rn. 3; Erman/S. Kappler/T. Kappler Rn. 5; NK-BGB/Kroiß Rn. 22). Richtiger Ansicht nach genügt es, wenn der Erblasser die Möglichkeit hat, die Schrift zu lesen (RGZ 76, 94; Reimann/Bengel/Dietz/Voit Rn. 17; MüKoBGB/Burkart Rn. 16; Soergel/Harder Rn. 4). Die gegenteilige Auffassung würde den Rechtsfrieden erheblich gefährden, weil sie Anfechtungen wegen fehlender Kenntnisnahme Tür und Tor öffnen würde.

**2. Übergabe.** Die Schrift muss bei der Übergabe vorhanden sein (RGZ 81, 34). Die Übergabe ist nicht sachen-, sondern **erbrechtlicher Natur** und braucht daher nicht körperlich aus der Hand des Erblassers in die Hand des Notars zu erfolgen (Reimann/Bengel/Dietz/Voit Rn. 20). Es genügt bereits, dass der Erblasser tatsächlich in der Lage ist, die in der Hand des Notars befindliche – uU sogar von diesem entworfene und mitgebrachte – Schrift entgegenzunehmen, und diese als von ihm übergeben bezeichnet (RGZ 150, 189 (191); Soergel/Harder Rn. 6; Reimann/Bengel/Dietz/Voit Rn. 20; Winkler BeurkG § 30 Rn. 6; Grziwotz/Heinemann BeurkG § 30 Rn. 7; krit. Kipp/Coing ErbR § 27 IV 2). Jede andere Sichtweise wäre übertriebener Formalismus und würde die Gefahr von Anfechtungen wegen mangelnder körperlicher Übergabe erheblich erhöhen. 14

Der Erblasser kann selbst entscheiden, ob er dem Notar das Schriftstück **offen oder verschlossen** übergibt. Der Minderjährige kann jedoch abweichend hiervon nur durch Übergabe einer offenen Schrift testieren (§ 2233 Abs. 1). Eine offen übergebene Schrift hat der Notar zu lesen, sofern er die verwendete Sprache beherrscht, und den Erblasser gem. § 30 S. 4 BeurkG zu belehren. Versteht der Notar die Sprache der offen übergebenen Schrift nicht oder wird diese verschlossen übergeben, so sollte der Notar, wozu er allerdings grds. nicht verpflichtet ist, den Erblasser über den Inhalt befragen und mindestens darüber belehren, dass im Falle des Eingreifens eines Mitwirkungsverbots gem. §§ 6, 7, 27 BeurkG das Testament ganz bzw. teilweise nichtig ist. 15

Werden **mehrere Schriftstücke** gleichzeitig übergeben, so gilt ihr Inhalt losgelöst vom Zeitpunkt der tatsächlichen Abfassung der Schrift als im Zeitpunkt der Übergabe erklärt. Widersprechen sich diese inhaltlich, so heben sie sich gegenseitig auf (Reimann/Bengel/Dietz/Voit Rn. 19). 16

**3. Testiererklärung.** Der Erblasser muss erklären, dass die übergebene Schrift seinen letzten Willen enthalte. Der Testierwille kann mündlich oder in jeder anderen Form kommuniziert werden (zur anderen Form der Erklärung → Rn. 5). Hat der Erblasser die Niederschrift genehmigt und eigenhändig unterschrieben, so liegt darin konkludent auch die erforderliche Erklärung (BGH NJW 1962, 1149). 17

**4. Niederschrift.** Die Niederschrift des Notars muss in diesem Fall außer der Bezeichnung des Notars und des Erblassers, der Identitätsfeststellung und der Überzeugung von der Testierfähigkeit des Erblassers nur die Feststellung enthalten, dass dem Notar die beigefügte Schrift (offen oder verschlossen) übergeben wurde und der Erblasser mündlich erklärt habe, dass es sich dabei um seinen letzten Willen handele. Die übergebene Schrift ist zwar Bestandteil des öffentlichen Testaments, nicht aber im verfahrensrechtlichen Sinne Bestandteil der Niederschrift gem. § 9 Abs. 1 S. 2 und 3 BeurkG. Sie braucht daher weder vorgelesen noch mit Schnur und Siegel mit der Urschrift verbunden zu werden. Als Bestandteil der öffentlichen Urkunde kommt auch der beigefügten Schrift die Beweiskraft des § 415 ZPO zu. Im Übrigen wird auf → Rn. 7 ff. verwiesen. 18

**5. Verstoß.** Genügt die übergebene Schrift oder die Äußerung des Erblassers nicht den Anforderungen des § 2232 S. 1 Alt. 2, so ist das Testament als mündliches öffentliches Testament nichtig (§ 125). Enthält die Niederschrift nicht die gem. § 30 S. 1 BeurkG vorgeschriebene Feststellung zur Übergabe der Schrift, so ist das Testament ebenfalls als öffentliches Testament nichtig. Fehlt lediglich die Feststellung zur mündlichen Erklärung des Erblassers in der Niederschrift, so ist das öffentliche Testament dennoch wirksam, wenn diese tatsächlich abgegeben worden ist. Letzteres wird allerdings nicht auf Grund § 415 ZPO vermutet, sondern muss erforderlichenfalls von demjenigen bewiesen werden, der sich auf dieses Testament beruft. Das nichtige Testament ist in ein eigenhändiges Testament umzudeuten, wenn die übergebene Schrift vom Erblasser eigenhändig ge- und unterschrieben worden ist. 19

## IV. Beweiskraft des öffentlichen Testaments

Das vom Notar beurkundete Testament ist eine öffentliche Urkunde und begründet damit vollen Beweis der beurkundeten Erklärung (§ 415 ZPO) und der anderen bezeugten Tatsachen 20

(§ 418 ZPO), insbes. die Identität des Erblassers (LG Berlin NJW 1962, 1353) oder die Überzeugung des Notars von dessen Testierfähigkeit (vgl. OGH BrZ 2, 45). Der Einwand, dass der Erblasser unterschrieben habe, ohne der Verlesung zugehört zu haben, ist abgeschnitten. Jede andere Beweiswürdigung ist damit ausgeschlossen (BGH WM 1978, 636). Weist das äußere Erscheinungsbild der Urkunde jedoch Mängel (zB nicht unterschriebene Streichungen, Lücken, Risse, Radierungen) auf, so fehlt insoweit die Beweiskraft (§ 419 ZPO) und das Gericht entscheidet nach den allgemeinen Beweisregeln; dem nicht betroffenen Teil kommt jedoch weiterhin volle Beweiskraft zu. Sind die Änderungen, Einschaltungen und Streichungen allerdings unter Beachtung der gesetzlichen Vorschriften erfolgt, so bleibt die volle Beweiskraft erhalten (BGH DNotZ 1967, 177).

21 Im Grundbuch- und Registerverfahren genügt gem. § 35 Abs. 1 S. 2 GBO, § 12 Abs. 1 S. 4 HGB die Vorlage eines öffentlichen Testaments in Verbindung mit dem Eröffnungsprotokoll des Nachlassgerichts als **Erbnachweis** aus. Auch in allen anderen Fällen kann der Erbnachweis durch die Vorlage eines öffentlichen Testaments geführt werden (vgl. zum Handelsregister OLG München BeckRS 2017, 145830 Rn. 2).

## V. Erbnachweis durch Testamente und Erbverträge

22 Die Ausfertigung des gerichtlichen Eröffnungsprotokolls gem. § 348 Abs. 1 S. 2 FamFG reicht in Verbindung mit einem in beglaubigter Abschrift beigefügten Testament oder Erbvertrag grds. als **Erbnachweis** aus, vorausgesetzt allerdings, dass sich der Verfügung von Todes wegen mit den Mitteln einfacher erläuternder Auslegung (→ § 2084 Rn. 6 ff.) die Person des oder der Erben entnehmen lässt (vgl. BGH NJW 2005, 2779; BayObLG DNotZ 1995, 306; LG Lüneburg ZEV 2009, 303 (304) m. zust. Anm. Gahle). Dies gilt selbst dann, wenn bei der Auslegung über die Anwendbarkeit ausländischen Rechts zu entscheiden ist (vgl. LG München I BeckRS 2007, 5788). Bedarf es dagegen der ergänzenden Auslegung (→ § 2084 Rn. 37 ff.) oder des Rückgriffs auf gesetzliche Auslegungs- oder Ergänzungsregeln (zB §§ 2069, 2087), um die Person des Erben oder die Erbquote zu bestimmen, fehlt es wegen der dann notwendigen Erforschung von Umständen außerhalb der Testamentsurkunde an der notwendigen Eindeutigkeit der Erbeinsetzung, weil im allgemeinen Rechtsverkehr weder die Nachlassakten beigezogen noch schwierigere Rechts- und Auslegungsfragen geklärt werden können; auch eidesstattliche Versicherungen scheiden als Auslegungsgrundlage aus. Zur anderen Rechtslage beim Erbnachweis in Grundbuch- und Registerverfahren → Rn. 23. Die Eignung als Erbnachweis entfällt deshalb im allgemeinen Rechtsverkehr insbes. dann, wenn:

- die Erben nicht namentlich bezeichnet sind (vgl. OLG Hamm DNotZ 1966, 180; OLG Köln MittRhNotK 1988, 44);
- bei mehreren Erben – auch Ersatz- oder Nacherben – die Erbquoten nicht angegeben sind (vgl. dagegen OLG Frankfurt BeckRS 2011, 18927 m. krit. Anm. Litzenburger FD-ErbR 2011, 321918);
- für den Fall des Vorversterbens eines Erben kein Ersatzerbe namentlich eingesetzt ist;
- die Erbschaft ausgeschlagen worden ist (vgl. OLG Frankfurt NJW-RR 2018, 902; OLG Hamm ZEV 2017, 455; OLG München BeckRS 2016, 15299 Rn. 18; aA LG Aschaffenburg BeckRS 2009, 27244);
- die Verfügung die Nacherbfolge für einen anderen Fall als den Tod des Vorerben anordnet oder die Nacherben darin nicht namentlich bezeichnet sind (vgl. BGH NJW 1982, 2994; OLG Stuttgart BeckRS 2009, 87847 für eheliche Abkömmlinge; OLG Stuttgart NJW-RR 1992, 516);
- die Erbeinsetzung bedingt ist, vor allem durch Wiederheirat oder durch das Geltendmachen des Pflichtteils (vgl. dagegen den Fall KG DNotZ 2007, 395: Ausschlagung als auflösende Bedingung); dagegen lassen reine Änderungsvorbehalte bei wechselbezüglichen bzw. vertragsmäßigen Verfügungen (zB Enterbungsrecht des Überlebenden, falls der Pflichtteil von einem Abkömmling gefordert wird) die Eignung des Eröffnungsprotokolls als Erbnachweis nicht entfallen;
- die Wirkungen auf frühere Verfügungen nicht unmissverständlich angegeben oder erkennbar sind;
- die Gültigkeit einer Anordnung von der erbrechtlichen Bindungswirkung früherer Verfügungen abhängt und diese sich nicht ausdrücklich aus der Urkunde ergibt (aA zu § 35 GBO OLG Schleswig NJOZ 2006, 3887);
- die Verfügung später durch ein eigenhändiges Testament ganz oder teilweise widerrufen worden ist (vgl. einerseits BayObLG NJW-RR 1987, 266 und andererseits LG Lüneburg ZEV 2009, 303);

- ein Rücktrittsrecht von einem Erbvertrag entweder gem. § 2293 kraft Vereinbarung vorbehalten (zu § 35 GBO OLG München BeckRS 2011, 26280: uneingeschränkter Vorbehalt) oder aber mit Rücksicht auf Gegenleistungen des Bedachten (zB Erb- und Pflegevertrag) gem. § 2295 kraft Gesetzes gegeben ist (zu § 35 GBO aA OLG München BeckRS 2012, 14109); dagegen kann die Eignung als Erbnachweis nicht mit dem Hinweis auf das Rücktrittsrecht bei Verfehlungen des Bedachten iSd § 2294 bei einem Erbvertrag, auf den stets möglichen Widerruf wechselbezüglicher Verfügungen iSd § 2271 bei einem gemeinschaftlichen Testament oder auf die immer denkbare Anfechtbarkeit iSd §§ 2078, 2079, 2281 bei Verfügungen von Todes wegen aller Art in Frage gestellt werden, weil es sich in all diesen Fällen um allgemein gültige, gesetzliche Wirksamkeitseinschränkungen handelt;
- zur Unwirksamkeit führende Muss-Bestimmungen des Beurkundungsrechts unzweifelhaft verletzt sind (vgl. den Fall OLG Stuttgart MittRhNotK 1990, 280).

**Sonderregelungen** gelten im Grundbuchverfahren (§ 35 Abs. 1 S. 2 GBO), im Schiffsregister- 23
verfahren (§ 41 Abs. 1 S. 2 SchRegO), im Registerverfahren für Luftfahrzeuge (§ 86 Abs. 1 LuftRG) sowie im Handelsregisterverfahren (§ 12 Abs. 2 S. 2 HGB) (KG DNotZ 2006, 550 (551); 2001, 408 (410); OLG Köln DNotZ 2005, 555; OLG Hamburg NJW 1966, 986; vgl. auch DNotI-Report 2006, 209). In diesen Verfahren kann sowohl die Beiziehung der beim selben Amtsgericht geführten Nachlassakten als auch die Beantwortung schwieriger Rechtsfragen, insbes. die Anwendung von Auslegungsregeln, durch den hierfür ausgebildeten Rechtspfleger verlangt werden (OLG Köln BeckRS 1999, 30080598 unter 2 mwN). Zweifel am Erbrecht des Antragstellers, die auf vollkommen fern liegenden oder abstrakten Möglichkeiten beruhen, rechtfertigen es nicht, die Vorlage eines Erbscheins zu verlangen (OLG Frankfurt MittRhNotK 1998, 363 (364) zur Aufhebung; Völzmann RNotZ 2013, 380 (384) mwN; vgl. dagegen OLG Naumburg BeckRS 2018, 41778 zu einer Scheidungsklausel m. abl. Anm. Litzenburger FD-ErbR 2019, 417615). Das Eröffnungsprotokoll kann nicht durch Vorlage eines Auslegungsvertrags ersetzt werden (OLG München BeckRS 2012, 24447). Zum Nachweis negativer, erbfolgerelevanter Tatsachen genügt die Abgabe einer eidesstattlichen Versicherung, wenn auch das Nachlassgericht im Erbscheinsverfahren diese ohne weitere Ermittlungen der eigenen Entscheidung über das Erbrecht zugrundelegen würde und keine konkreten Anhaltspunkte für deren Unrichtigkeit gegeben sind (OLG Hamm NJW-RR 2011, 1097 (1098) mwN); dies gilt insbes. für:

- die Nichtforderung des Pflichtteils bei einer **Pflichtteilssanktionsklausel** (OLG Frankfurt BeckRS 2013, 7536; 2013, 6309; OLG Hamm NJW-RR 2011, 1097; OLG München BeckRS 2013, 1178; KG NJW-RR 2012, 8479; aA Böhringer BWNotZ 1988, 155 (158) mwN),
- die Nichtheirat bei einer Wiederverheiratungsklausel,
- die Nichterrichtung eines Ehevertrags mit einem vom gesetzlichen **Güterstand** abweichenden Güterstandes (BayObLG MittBayNot 2003, 489),
- das **Fehlen weiterer Abkömmlinge** (OLG Düsseldorf RNotZ 2010, 260 (261 f.); BayObLG NJW-RR 2000, 1545 (1546)),
- das Nichtausüben eines **Rücktrittsrechts** von einem Erbvertrag (OLG München BeckRS 2011, 26280: freier Rücktrittsvorbehalt; aA OLG Düsseldorf BeckRS 2013, 7411: keine Versicherung erforderlich; OLG München BeckRS 2012, 14109: gesetzliches Rücktrittsrecht in einem Pflegevertrag, m. krit. Anm. Litzenburger FD-ErbR 2012, 334607),
- das Nichteinreichen eines **Scheidungs- oder Auflösungsantrags** der Ehe, und zwar sowohl im Falle der gesetzlichen Auslegungsregel des § 2077 Abs. 1 als auch bei Verwendung einer davon abweichenden **Scheidungsklausel** (aA OLG Naumburg BeckRS 2018, 41778 m. abl. Anm. Litzenburger FD-ErbR 2019, 417615); ein **Negativattest des** für die theoretisch eingereichte Scheidung zuständigen **Familiengerichts** ist keine geeignete Nachweisgrundlage für die Tatsache der Nichtantragstellung (aA OLG Naumburg BeckRS 2018, 41778 Rn. 9 ff. m. abl. Anm. Litzenburger FD-ErbR 2019, 417615), weil § 122 FamFG derart komplexe örtliche Zuständigkeitsregeln enthält, die es dem Gericht unmöglich machen zu bestimmen, welches Gericht konkret diese Bestätigung abgeben soll (vgl. dazu den nicht veröffentlichten Beschluss des LG Berlin vom 30.3.2009, Az. 106 T 178/08, zitiert bei Lange ZEV 2009, 371 Fn. 2 und 3),
- die **Auflösung eines Verlöbnisses** iSd § 2077 Abs. 2 (Litzenburger FD-ErbR 2019, 417615 unter 3).

Keinesfalls sind die Gerichte aber außerhalb des förmlichen Erbscheinverfahrens verpflichtet, eine ergänzende Auslegung vorzunehmen oder gesetzliche Auslegungs- oder Ergänzungsregeln (zB § 2069) anzuwenden (→ Rn. 22).

Einem Nachlassschuldner steht **kein allgemeines Leistungsverweigerungsrecht** zu bis ihm 24
ein Erbschein oder ein Europäisches Nachlasszeugnis vorgelegt wird, und zwar obwohl er bei

ungerechtfertigter Leistung an den Scheinerben zur nochmaligen Leistung verpflichtet ist (BGH NJW 2005, 2779; ZEV 2005, 170; WM 1961, 479 (481)). Davon abweichende Vereinbarungen sind zwar zulässig (BGH WM 1961, 479 (481)), jedoch gem. § 307 Abs. 1, § 309 Nr. 7 nicht in Allgemeinen Geschäftsbedingungen (BGH BeckRS 2013, 18986 (Banken)). Folgerichtig begnügen sich jetzt alle **Kreditinstitute** mit einer beglaubigten Abschrift der letztwilligen Verfügung (Testament, Erbvertrag) nebst zugehöriger Eröffnungsniederschrift (Ziff. 5 S. 2 AGB). Auch im Ausland reicht das eröffnete Testament als Legitimation gegenüber Banken aus (vgl. Niels Becker ZEV 2007, 208 (209) betr. Schweiz).

**25** Auch die Anbieter digitaler Dienste (zB E-Mail-Account, soziales Netzwerk, Cloud-Computing, Audio-, Video- und E-Book-Sammlung) können zum Nachweis der Erbfolge in die Vertragsbeziehungen mit dem Erblasser keinen Erbschein und kein Europäisches Nachlasszeugnis verlangen. Nachdem der BGH in seinem Grundsatzurteil zur uneingeschränkten Vererblichkeit des digitalen Nachlasses den von Facebook früher einmal zugelassenen Gedenkzustand wegen der faktischen Aushöhlung der Erbenstellung für unwirksam erklärt hat (BGH BeckRS 2018, 16463 Rn. 26 ff.), ist nicht damit zu rechnen, dass er Behinderungen der Durchsetzung der Erbenrechte durch hohe Anforderungen an den Erbnachweis billigen wird. Auch beim **digitalen Nachlass** reicht deshalb als Erbnachweis gegenüber allen Anbietern digitaler Dienst die Vorlage des gerichtlichen Eröffnungsprotokolls nebst beglaubigter Abschrift der eröffneten Verfügung von Todes wegen mit eindeutiger Erbeinsetzung aus (→ Rn. 22).

**26** Zur **Belehrungspflicht des Notars** über die Möglichkeit des Erbnachweises durch Vorlage des Eröffnungsprotokolls nebst Verfügung von Todes wegen bei der Beurkundung eines Erbscheinantrags → BeurkG § 17 Rn. 11.

**27** Ist ein **Testamentsvollstrecker** in einer öffentlich beurkundeten Verfügung von Todes wegen ernannt worden, reicht es für das **Grundbuch** nach § 35 Abs. 2 GBO aus, wenn die Verfügung von Todes wegen nebst Eröffnungsniederschrift und ein Zeugnis des Nachlassgerichts über die Annahme oder die Niederschrift über die Annahmeerklärung vorgelegt wird (OLG München BeckRS 2016, 12546 Rn. 19; KGJ 38, A 129, 136 f.). Die bloße Erklärung in der dem Grundbuchamt vorgelegten Bewilligung, das Amt des Testamentsvollstreckers gegenüber dem Nachlassgericht angenommen zu haben, oder die Bezugnahme auf die Nachlassakten genügt nicht, wenn die Annahme (nur) in privatschriftlicher Form gegenüber dem Nachlassgericht erklärt worden ist (OLG München BeckRS 2016, 12546 Rn. 19). Vielmehr ist ein Zeugnis des Nachlassgerichts über die Annahme vorzulegen (vgl. dazu OLG Hamm BeckRS 2017, 103965; OLG München BeckRS 2016, 12546; MüKoBGB/Grziwotz § 2368 Rn. 59). Gleiches gilt gegenüber dem **Registergericht.**

**28** Dagegen genügt **im allgemeinen Rechtsverkehr,** vor allem gegenüber Banken und Versicherungen, die Vorlage der schriftlichen Bestätigung des Nachlassgerichts, die (privatschriftliche) Annahmeerklärung empfangen zu haben. Dabei findet im Unterschied zu dem vorstehend erwähnten, für Grundbuch bzw. Handelsregister bestimmten Annahmezeugnis keine sachliche Prüfung der Annahme durch das Nachlassgericht statt. Auf die kostenlose Erteilung dieses Zeugnisses über den tatsächlichen Vorgang des Zugangs der Annahmeerklärung hat der Testamentsvollstrecker einen Rechtsanspruch (MüKoBGB/Grziwotz § 2368 Rn. 57).

**29** Die vorstehenden Ausführungen → Rn. 22 ff. gelten iÜ sinngemäß für den Nachweis der Verfügungsbefugnis eines Testamentsvollstreckers. Das Eröffnungsprotokoll ist darüber hinaus auch dann unzureichend, wenn die Reichweite der Verfügungsbefugnis des Testamentsvollstreckers vom Gesetz abweicht, aber nicht hinreichend deutlich in der letztwilligen Verfügung bestimmt ist.

## § 2233 Sonderfälle

**(1) Ist der Erblasser minderjährig, so kann er das Testament nur durch eine Erklärung gegenüber dem Notar oder durch Übergabe einer offenen Schrift errichten.**

**(2) Ist der Erblasser nach seinen Angaben oder nach der Überzeugung des Notars nicht im Stande, Geschriebenes zu lesen, so kann er das Testament nur durch eine Erklärung gegenüber dem Notar errichten.**

### Überblick

Die Testamentserrichtung vor einem Notar bietet in besonders gelagerten Fällen einen wirksamen Schutz vor übereilten Entscheidungen und Missbrauch. Testierfähige Minderjährige werden deshalb vom Gesetzgeber dadurch besonders geschützt, dass sie ein Testament nur durch Erklärung gegenüber dem Notar oder Übergabe einer offenen Schrift errichten können (→ Rn. 1 ff.). Auch ein leseunkundiger Erblasser wird zur Vermeidung von Missbrauch auf die Testamentserrichtung durch Erklärung gegenüber dem Notar beschränkt (→ Rn. 4 ff.). Besondere Probleme ergeben sich, wenn ein stummer und schreibunfähiger Erblasser trotz dieser Behinderung ein ordentliches Testament errichten will (→ Rn. 7 ff.).

## I. Errichtung durch Minderjährigen

**1. Minderjährigkeit.** Die Beschränkung des § 2233 Abs. 1 gilt für alle Personen zwischen dem Beginn des 17. Lebensjahres (§ 2229 Abs. 1) und der Vollendung des 18. Lebensjahres (§ 2). Bis einschließlich 31.12.1974 endete die Minderjährigkeit mit der Vollendung des 21. Lebensjahres, sodass bis dahin jüngere Personen ein öffentliches Testament nur dann auch durch mündliche Erklärung oder Übergabe einer verschlossenen Schrift errichten konnten, wenn sie auf Grund der §§ 3–5 in der bis dahin geltenden Fassung durch Gerichtsbeschluss für volljährig erklärt worden waren. 1

**2. Rechtsfolge und Verstoß.** Auch wenn § 2229 Abs. 1 dem Minderjährigen, der das 16. Lebensjahr vollendet hat, in vollem Umfang die Testierfähigkeit zuerkennt, so darf er sich zu seinem eigenen Schutz nur solcher Errichtungsformen bedienen, die die fachkundige Beratung durch den Notar sicherstellen. Deshalb kann er gem. § 2233 Abs. 1 ein öffentliches Testament nur durch **Übergabe einer offenen Schrift** und gem. § 2247 Abs. 4 ein eigenhändiges Testament überhaupt nicht errichten. 2

War der Erblasser im Zeitpunkt der Errichtung, also bei Übergabe einer verschlossenen Schrift, noch nicht volljährig, so ist das öffentliche Testament unheilbar nichtig (§ 125 S. 1) und kann auch nicht durch Genehmigung nach Eintritt der Volljährigkeit rückwirkend in Kraft gesetzt werden. Erfolgt allerdings diese „Genehmigung" in der Form eines seinerseits wirksamen öffentlichen oder eines eigenhändigen Testaments, so enthält dieses den letzten Willen. 3

## II. Errichtung durch Leseunfähigen

**1. Leseunfähigkeit.** Der Erblasser ist leseunfähig, wenn er die in der übergebenen Schrift gebrauchten **Schriftzeichen** nicht entziffern oder die darin verwendete **Sprache** nicht verstehen kann (RGZ 38, 242 (244); MüKoBGB/Sticherling Rn. 10). Das Fehlen auch nur einer dieser beiden Fähigkeiten löst das Verbot der Testamentserrichtung durch Schriftübergabe aus. Auf die Art der Schriftzeichen oder der Sprache kommt es dabei nicht an. Der Erblasser muss in der Lage sein, das Schriftstück, das seinen letzten Willen enthält, auch zu verstehen. Eine Rechtsordnung, die den Grundsatz der Höchstpersönlichkeit der Willensbildung in Form der §§ 2064, 2065 an die Spitze der Vorschriften über das Testament gestellt hat und sich in zahlreichen Einzelbestimmungen um die Kongruenz zwischen wirklichem und erklärtem Willen bemüht, kann ein Schriftstück dann nicht als letzten Willen akzeptieren, wenn der Erblasser noch nicht einmal theoretisch in der Lage ist, dieses zu verstehen (Reimann/Bengel/Dietz/Voit Rn. 6). Die abstrakte Fähigkeit, die Schrift lesen zu können, genügt daher nicht, wenn der Erblasser nicht in der Lage ist, das Gelesene auch zu verstehen, etwa bei einer von ihm nicht beherrschten **Fremdsprache.** Leseunkundig ist auch der Blinde, der die **Blindenschrift** nicht versteht. Allerdings braucht nur der Erblasser die Schriftzeichen entziffern und die Sprache verstehen zu können. Ist nur der Notar hierzu außerstande, so ist dies bedeutungslos. Die Grundlagen zur Erfüllung seiner Prüfungs- und Belehrungspflichten gem. § 30 S. 4 BeurkG kann er sich auch durch Nachfragen verschaffen. **Grund und Dauer** der Leseunfähigkeit sind ohne Bedeutung, wenn diese nur gerade im Zeitpunkt der Übergabe der Schrift gegeben ist. Damit können nicht nur der Analphabet oder der dauerhaft Erblindete, sondern auch der nur zeitweise Sehunfähige (zB Krankheit, Verband, Vergessen der Brille) ein öffentliches Testament nur durch mündliche Erklärung gegenüber dem Notar errichten. Kann ein leseunfähiger Erblasser seinen **Namen nicht schreiben,** so muss gem. § 25 BeurkG zur Beurkundung ein Zeuge oder ein zweiter Notar als Schreibzeuge hinzugezogen werden. Eine weitergehende schriftliche Verständigungsmöglichkeit ist nicht zu fordern. 4

**2. Feststellung der Leseunfähigkeit.** Die Leseunfähigkeit ist nur dann rechtlich relevant, wenn der Beteiligte sie zugibt oder der Notar von dieser überzeugt ist. Beide Alternativen stehen sich gleichwertig gegenüber, sodass allein die Tatsache der **Erklärung des Beteiligten,** er könne nicht lesen, das Errichtungsverbot auslöst (zur Stummheit OLG Hamm MittRhNotK 1999, 314 5

(315)). Verweigert der Beteiligte allerdings eine eindeutige Erklärung oder behauptet er, lesen zu können, so hat der Notar diese Fähigkeit zu erforschen, wenn er konkrete Anhaltspunkte hat, dass die Erklärung falsch ist. Wie der Notar sich diese **Überzeugung** verschafft, ist seinem pflichtgemäßen Ermessen überlassen. Gelangt der Notar zur Überzeugung, dass der Beteiligte entgegen der eigenen Erklärung nicht lesen kann, hat er die Beurkundung durch Schriftübergabe gem. § 4 BeurkG abzulehnen. Im Zweifel sollte er sich hierfür und damit für die Errichtung durch mündliche oder nonverbale Erklärung entscheiden, um etwaigen Amtshaftungsansprüchen zu entgehen. Auch wenn eine ausdrückliche Vorschrift fehlt, sollte der Notar in analoger Anwendung des § 22 Abs. 1 BeurkG die Tatsache der Leseunfähigkeit und die Art ihrer Feststellung in der Niederschrift vermerken (vgl. Grüneberg/Weidlich Rn. 2).

6 **3. Rechtsfolge und Verstoß.** Um die Kongruenz zwischen wirklichem und erklärtem Willen zu sichern, darf der leseunfähige Erblasser ein öffentliches Testament nur durch mündliche Erklärung gegenüber dem Notar, nicht durch Übergabe einer Schrift, die er nicht verstehen kann, errichten. Das von einem tatsächlich leseunkundigen Erblasser durch Schriftübergabe errichtete öffentliche Testament ist nur unter der weiteren Voraussetzung unheilbar nichtig (§ 125), dass entweder der Beteiligte diese mangelnde Fähigkeit offenbart oder der Notar zwar davon überzeugt war, dieser könne nicht lesen, aber dennoch die Schrift entgegengenommen hat. Gemäß § 2233 Abs. 2 muss nämlich zur Tatsache der Leseunkundigkeit auch entweder die Erklärung des Erblassers oder die Überzeugung des Notars, dass jener nicht lesen kann, hinzutreten. Das von einem tatsächlich lesekundigen Erblasser durch Schriftübergabe errichtete Testament ist daher trotz gegenteiliger Angaben in der Niederschrift wirksam (Reimann/Bengel/Dietz/Voit Rn. 10; Erman/S. Kappler/T. Kappler Rn. 4; MüKoBGB/Sticherling Rn. 15). Selbst ein grob fahrlässiger Irrtum des Notars über den Rechtsbegriff der Leseunkundigkeit oder die tatsächlichen Voraussetzungen führt nicht zur Nichtigkeit des Testaments.

## III. Errichtung durch stumme und schreibunfähige Erblasser

7 **1. Errichtung vor dem 1.8.2002.** Das Zusammenwirken von **§ 2233 Abs. 2 aF und § 2233 Abs. 3 aF iVm § 31 BeurkG aF** führte vor dem Inkrafttreten des OLG-Vertretungsänderungsgesetzes am 1.8.2002 zu dem verfassungswidrigen Ergebnis, dass ein schreibunfähiger und stummer Erblasser faktisch nicht testieren konnte. Mit guten Gründen hielt dies das BVerfG in seiner Entscheidung vom 19.1.1999 (BVerfGE 99, 341 = NJW 1999, 1853) weder mit Art. 2 Abs. 1 GG, Art. 14 GG noch mit dem als Willkürverbot begriffenen Art. 3 GG für vereinbar. Das Gericht hat deshalb die vorgenannten Bestimmungen – schon vor dem Inkrafttreten des OLG-Vertretungsänderungsgesetzes – in dem Umfang für **unwirksam** erklärt, in dem sie einem stummen und schreibunfähigen Erblasser die Testiermöglichkeit vorenthielten. Die Entscheidung hat über den entschiedenen Sachverhalt auch für alle anderen Fälle der Mehrfachbehinderung Bedeutung, wenn und soweit §§ 2232, 2233 BGB aF, § 31 BeurkG aF Beteiligten das Testieren faktisch unmöglich machen würden (vgl. Rossak ZEV 1995, 236 (237); 1999, 254 (255)).

8 Der rechtsstaatlich gebotene Vertrauensschutz und das Gebot der Rechtssicherheit, dem das Beurkundungsrecht in BGB und BeurkG gerade bei Verfügungen von Todes wegen in ganz besonderem Maße verpflichtet ist, führt unter Abwägung mit der in der Verfassung verankerten Testierfreiheit behinderter Menschen zu der **Übergangsregelung,** in vor der Verkündung der Entscheidung des Verfassungsgerichts rechtskräftig abgeschlossenen Zivilprozessen oder beendeten Erbscheinsverfahren, bei denen sich keine Partei bzw. kein Beteiligter auf die erstmals von Rossak (Rossak MittBayNot 1991, 193) im Oktober 1991 in Rspr. und Lit. geäußerten verfassungsrechtlichen Bedenken berufen hat, nachträglich keine andere rechtliche Beurteilung eintreten zu lassen (für Anwendung auf Erbscheinsverfahren Vollkommer ZEV 1999, 268; Mittenzwei FamRZ 2000, 654 (659)). Hat sich dagegen mindestens eine Partei bzw. ein Beteiligter auf derartige Bedenken berufen, so kann eine Änderung solcher Entscheidungen im Zivilprozess bzw. im Erbscheinsverfahren verlangt werden. Da die zur faktischen Testierunfähigkeit führenden Vorschriften jedoch erst seit Ende Oktober 1991 verfassungsrechtlich in Zweifel gezogen worden sind, dürfte ein Wiederaufgreifen bereits vorher abgeschlossener Verfahren ausscheiden (Rossak DNotZ 1999, 416 (420)). Bei allen noch nicht im Wege eines Zivilprozesses oder eines Erbscheinverfahrens förmlichen abgeschlossenen Erbfällen, fehlt es dagegen an einem Vertrauensschutztatbestand (Vollkommer ZEV 1999, 268; unklar Rossak MittBayNot 1999, 190 (191)). Dies gilt auch, wenn der Erbfall vor Oktober 1991 eingetreten ist, weil die Gerichte nicht gezwungen werden können, verfassungswidriges Recht anzuwenden (aA Reimann/Bengel/Dietz/Voit § 2232 Rn. 8; Rossak

ZEV 1999, 254 (256); zurückhaltend Soergel/Klingseis Rn. 11; vgl. dazu auch BVerfG NJW 1999, 1853 (1856)).

Eine vor dem 1.8.2002 errichtete Verfügung ist infolge dieser Rspr. nach hM nur dann unwirksam, wenn der Notar noch nicht einmal die für die Beteiligung Behinderter am **Beurkundungsverfahren** allgemein geltenden §§ 22–26 BeurkG sachlich eingehalten hat, und zwar ohne Rücksicht darauf, ob die Beurkundung vor oder nach der Entscheidung stattgefunden hat (OLG Hamm NJW 2000, 3362; 2002, 3410; Reimann/Bengel/Dietz/Voit § 2232 Rn. 8; Lettmann MittRhNotK 2000, 346 (347); Vollkommer ZEV 1999, 268; vgl. auch BVerfG NJW 1999, 1853 (1855 f.)). Dem wird allerdings für Beurkundungen zwischen 1991 und dem 19.1.1999 eine Parallelwertung zu § 2249 Abs. 6 entgegengehalten, sodass es genügen müsse, wenn das vom Notar gewählte Verfahren zwar nicht diesen hohen Anforderungen entspreche, aber dennoch die Gewähr dafür biete, dass der Wille materiell richtig wiedergegeben worden sei (Soergel/Klingseis Rn. 12). Die strengere und für die Notare ungünstigere hM verdient aber aus Gründen der Rechtssicherheit den Vorzug (Lettmann MittRhNotK 2000, 346 (347)). Die Bezugnahme der Gegenansicht auf das Bürgermeistertestament versagt dabei schon deshalb, weil dieses auf Grund der engen sachlichen und zeitlichen Gültigkeitsgrenzen eine Ausnahmeerscheinung ist und daher kein Vorbild für das in besonderer Weise auf Rechtssicherheit angelegte notarielle Beurkundungsverfahren sein kann. Ein Notar, der vor dem 19.1.1999 – entgegen §§ 2232, 2233 aF iVm § 31 BeurkG aF – die Verfügung von Todes wegen eines derart behinderten Erblassers beurkundet hat, ging – letztlich vom Gericht bestätigt – von der Unwirksamkeit dieser Vorschriften aus (s. zum Problem der fehlenden Nichtanwendungskompetenz Rossak ZEV 1999, 254 (256 f.)), sodass er mangels einer besonderen Vorschrift für Verfügungen jedenfalls die für die Beteiligung behinderter Personen an notariellen Beurkundungen allgemein geltenden Bestimmungen der §§ 22 ff. BeurkG einhalten musste. Die Verfassungswidrigkeit des § 31 BeurkG aF kann also keinen rückwirkenden Dispens von der Einhaltung dieser allgemeinen Vorschriften des Verfahrensrechts rechtfertigen (Lettmann MittRhNotK 2000, 346 (347)). 9

**2. Errichtung nach dem 31.7.2002.** Mit dem Inkrafttreten des OLG-Vertretungsänderungsgesetzes am 1.8.2002 ist der Zwang zur mündlichen Erklärung entfallen, sodass ein stummer und schreibunfähiger Erblasser trotz dieser Behinderung ein ordentliches Testament vor einem Notar durch irgendeine dazu geeignete kommunikative Erklärung errichten kann (ausf. → § 2232 Rn. 5). Nur dann, wenn der Erblasser stumm und taub ist, weder lesen noch schreiben kann und mit ihm auch keine Verständigung durch Einschaltung einer nach § 24 zugezogenen Verständigungsperson möglich ist, fehlt ihm das Mindestmaß an Kommunikationsfähigkeit, das für die Errichtung einer Verfügung von Todes wegen unerlässlich ist (Rossak ZEV 1999, 254 (255)). 10

## §§ 2234–2246 (weggefallen)

## § 2247 Eigenhändiges Testament

**(1) Der Erblasser kann ein Testament durch eine eigenhändig geschriebene und unterschriebene Erklärung errichten.**

**(2) Der Erblasser soll in der Erklärung angeben, zu welcher Zeit (Tag, Monat und Jahr) und an welchem Orte er sie niedergeschrieben hat.**

**(3) [1]Die Unterschrift soll den Vornamen und den Familiennamen des Erblassers enthalten. [2]Unterschreibt der Erblasser in anderer Weise und reicht diese Unterzeichnung zur Feststellung der Urheberschaft des Erblassers und der Ernstlichkeit seiner Erklärung aus, so steht eine solche Unterzeichnung der Gültigkeit des Testaments nicht entgegen.**

**(4) Wer minderjährig ist oder Geschriebenes nicht zu lesen vermag, kann ein Testament nicht nach obigen Vorschriften errichten.**

**(5) [1]Enthält ein nach Absatz 1 errichtetes Testament keine Angabe über die Zeit der Errichtung und ergeben sich hieraus Zweifel über seine Gültigkeit, so ist das Testament nur dann als gültig anzusehen, wenn sich die notwendigen Feststellungen über die Zeit der Errichtung anderweit treffen lassen. [2]Dasselbe gilt entsprechend für ein Testament, das keine Angabe über den Ort der Errichtung enthält.**

## Überblick

Nur ein Volljähriger, der nicht testierunfähig ist, kann ein eigenhändiges Testament errichten. Er muss dabei mit Testierwillen handeln, womit das eigenhändige Testament von bloßen Entwürfen abgegrenzt wird (→ Rn. 3). Bei bestimmten Behinderungen des Erblassers kann dieser nur ein öffentliches Testament vor einem Notar errichten (→ Rn. 4). Die eigenhändige Schrift muss bestimmte Mindestanforderungen erfüllen (→ Rn. 5 ff.). Das Testament muss von Anfang bis zum Ende vom Erblasser eigenhändig geschrieben sein (→ Rn. 9 ff.). Besondere Probleme entstehen bei nicht handgeschriebenen Anlagen und bei der Bezugnahme auf derartige Dokumente (→ Rn. 13 ff.). Die eigenhändige Unterschrift des Erblassers ist unverzichtbare Wirksamkeitsvoraussetzung (→ Rn. 23 ff.). Zeit- und Ortsangaben sind dagegen entbehrlich (→ Rn. 29 f.). Verstöße gegen die Mindestanforderungen führen zur Nichtigkeit (→ Rn. 31). Die Beweislast trifft grds. denjenigen, der sich auf die Wirksamkeit des eigenhändigen Testaments beruft (→ Rn. 32).

## Übersicht



## I. Person des Erblassers

1 **1. Volljährigkeit.** Wer ein eigenhändiges Testament errichten will, muss das 18. Lebensjahr vollendet haben, also volljährig sein (§ 2247 Abs. 4 Alt. 1). Zur Volljährigkeitserklärung gem. §§ 3–5 in der bis zum 31.12.1974 geltenden Fassung → § 2233 Rn. 1. War der Erblasser im Zeitpunkt der Errichtung, also bei Unterzeichnung des Testaments, noch nicht volljährig, so ist das Testament unheilbar nichtig (§ 125) und kann auch nicht durch formlose Genehmigung nach Eintritt der Volljährigkeit rückwirkend in Kraft gesetzt werden. Der Erblasser kann jedoch in einem nach Volljährigkeit errichteten gültigen Testament auf das gem. § 2247 Abs. 4 Alt. 1 unwirksame Schriftstück Bezug nehmen und damit den Text des nichtigen Testaments zum Inhalt des wirksamen machen, und zwar sowohl durch einfache Bestätigung, zB Unterzeichnung mit neuem Datum (vgl. OLG Dresden NJWE-FER 1998, 61), oder durch „Ergänzung", mit der der Inhalt des ungültigen Testaments in den Testierwillen für die neue letztwillige Verfügung aufgenommen wird (zB „Ich ändere das Testament vom").

2 **2. Keine Testierunfähigkeit.** Der Erblasser darf zurzeit der Testamentserrichtung nicht gem. § 2229 Abs. 4 testierunfähig sein.

3 **3. Testierwille.** Der Erblasser muss wissen und wollen, seinen letzten Willen rechtsverbindlich niederzulegen (LG Darmstadt BeckRS 2008, 1630). Entspricht das Testament in vollem Umfang den Anforderungen des § 2247, so ist davon auszugehen, dass er bei Errichtung vorhanden war (KG OLGZ 91, 144; Grüneberg/Weidlich Rn. 4; aA BayObLG ZEV 2000, 365 m. abl. Anm. Kroppenberg). Der Zwang zum eigenhändigen Schreiben und Unterschreiben dient schließlich auch dem Zweck, einen sicheren Rückschluss von der abgegebenen Erklärung auf den wahren Testierwillen zu ermöglichen (vgl. BGH NJW 1981, 1737 (1738)). Zweifel am Testierwillen tauchen deshalb regelmäßig nur in Grenzfällen auf, also etwa bei einem Testament in Brief- oder Postkartenform (→ Rn. 8), bei Notizzetteln (OLG München ZEV 2008, 596 (597); BayObLG FGPrax 2004, 243), bei Absichtserklärungen (BayObLG Rpfleger 1999, 184 (185); 2001, 134), bei nicht einwandfreier Unterzeichnung (→ Rn. 15 ff.) oder bei einem in sich unvollständigen

oder widersprüchlichen Dokument. Entspricht das Dokument seiner äußeren Form nach nicht den üblichen Gepflogenheiten (zB Brief, Vollmacht, Notizzettel), sind an den Nachweis des Testierwillens strenge Anforderungen zu stellen (OLG München ZEV 2008, 596 (597); BayObLG Rpfleger 1999, 184). Ein Testament ist ohne den erforderlichen Testierwillen errichtet, wenn der Erblasser in einem zweiten – nicht zur Veröffentlichung bestimmten – Testament erklärt hat, dass er das andere Testament nur aus Gründen der Erbschaftsteuerersparnis verfasst habe und es in Wirklichkeit gar nicht gelten solle (LG Darmstadt BeckRS 2008, 1630).

**4. Behinderungen.** Eine Person, die Geschriebenes **nicht** zu **lesen** vermag (→ § 2233 Rn. 4), kann gem. § 2247 Abs. 4 Alt. 2 kein eigenhändiges Testament errichten (BGH BeckRS 2021, 37809 Rn. 4; OLG Hamburg BeckRS 2016, 6249 Rn. 27). Unschädlich ist es jedoch, wenn der Erblasser trotz seiner Sehschwäche das Testament mittels einer Lupe, großer Schrift oder einem dicken Stift schreibt (AG Neuss BeckRS 2017, 123132 Rn. 14). Weil die Lesefähigkeit zum Zeitpunkt der Errichtung des Testaments gegeben sein muss, reicht es dagegen nicht aus, wenn diese erst danach wieder hergestellt wird (BeckOGKBGB/Grziwotz Rn. 10). Die Lesefähigkeit ist eine personenbezogene Voraussetzung des eigenhändigen Testierens, keine Frage der Formgültigkeit des Testaments. Wie im Falle der Testierunfähigkeit gem. § 2229 trägt die Beweislast deshalb derjenige, der sich auf die mangelnde Fähigkeit des Erblassers zu lesen beruft. Die Leseunfähigkeit ist – wie die Testierunfähigkeit – die Ausnahme vom Regelfall. Erbringt die Beweisaufnahme keine Klarheit hierüber, so ist deshalb regelmäßig von der Lesefähigkeit des Testierenden auszugehen (BGH BeckRS 2021, 37809 Rn. 4; OLG Hamburg BeckRS 2016, 6249 Rn. 27; BayObLG BeckRS 2009, 29148). 4

An dem Erfordernis des eigenhändigen Schreibens scheitert die Errichtung durch eine **schreibunfähige** Person. Weil zum Schreiben ein geringeres Maß an Sehkraft genügt als zum Lesen (OLG Hamm OLGZ 1967, 65 (67)), muss ein Erblasser, der ein eigenhändiges Testament niederschreibt, ein höheres Sehvermögen besitzen als einer, der ein öffentliches Testament errichtet (→ § 22 Rn. 1). 4a

Auch ein **Blinder** kann, selbst wenn er die Blindenschrift lesen kann, kein eigenhändiges Testament errichten, wenn er die Blindenschrift nur unter Zuhilfenahme einer Schreibmaschine (mittelbar) niederlegen kann (→ Rn. 12). Anders verhält es sich dagegen, wenn er die Blindenschrift nicht nur mechanisch, sondern unmittelbar eigenhändig mittels einer Punktschrifttafel und einem Griffel selbst herstellt (BeckOGKBGB/Grziwotz Rn. 10). 4b

Dagegen können **taube und/oder stumme Menschen** ohne Weiteres ein Testament eigenhändig schreiben und unterschreiben. 4c

## II. Eigenhändige Schrift

**1. Material der Schrift.** Der Erblasser kann das Material, auf dem er schreibt (zB Papier, Holz, Tafel, gebrauchter Umschlag) (BayObLG Rpfleger 1977, 438), ebenso frei wählen wie das Schreibzeug (zB Füllfederhalter, Kugelschreiber, Filzstift, Bleistift, Kreide). Bei nicht dauerhaft haltbarem Material und/oder Schreibzeug (zB Filzdeckel, Bleistift, Kreide) ist zum einen die Verlustgefahr groß, zum anderen können Zweifel bestehen, ob der Erblasser wirklich testieren wollte oder nur entwerfen (OLG Hamm BeckRS 2016, 00518 (Pergamentpapier); Reimann/Bengel/Dietz/Voit Rn. 18). Der Erblasser kann zur formwirksamen Errichtung eines eigenhändigen Testaments auch auf früher von ihm selbst geschriebene Schriftstücke zurückgreifen; maßgebend ist letztlich, dass im Zeitpunkt seines Todes eine Unterschrift vorhanden ist, die nach dem Willen des Erblassers seine gesamten Erklärungen deckt (vgl. → Rn. 17) (OLG Zweibrücken FamRZ 1998, 581). 5

**2. Schriftzeichen und Sprache.** Zulässig sind alle Arten von Schriftzeichen und Sprachen, die der Erblasser beherrscht (OLG Zweibrücken FamRZ 1992, 608 (609); MüKoBGB/Sticherling Rn. 13). Deshalb kann ein Analphabet kein eigenhändiges Testament errichten, und zwar selbst dann nicht, wenn er die von ihm nicht beherrschten Buchstaben von einer Vorlage abmalt. Schwerste Fehler in der Orthografie sind ein Indiz für Sprachbeherrschung, wenn auch mangelhafte (vgl. OLG Hamm BeckRS 2006, 14450). Um die Schrift entziffern zu können, darf auch auf Umstände (zB Dechiffrierschlüssel) außerhalb der Urkunde oder das Gutachten eines Sachverständigen zurückgegriffen werden (vgl. OLG Hamm FamRZ 1992, 356 mAnm Musielak; BayObLG Rpfleger 2001, 181 (183)). Sind die Schriftzeichen allerdings überhaupt nicht zu entziffern, ist das Testament unwirksam (MüKoBGB/Sticherling Rn. 14). Die Kombination aus Worten, die für sich alleine genommen keine auslegbare letztwillige Verfügung darstellen, und einem 6

Pfeildiagramm wahrt das Schriftformerfordernis nicht (OLG Frankfurt BeckRS 2013, 6609). Es ist auch dann nicht gewahrt, wenn der Sinn objektiv nicht lesbarer Buchstabenfolgen nur unter Berücksichtigung außerhalb der Urkunden liegender Umstände ermittelt werden kann (KG NJW-RR 1998, 1298). Sind lediglich Teile des Testaments völlig unleserlich, so bleiben alle anderen verständlichen Teile mit einem selbstständigen Regelungsinhalt wirksam, wenn diese nach dem erkennbaren Willen des Erblassers ohne die unlesbaren Teile gelten sollen (§ 2085 BGB).

7 **3. Entbehrlichkeit einer Überschrift.** Das Testament braucht keine Überschrift zu enthalten, insbes. keine Kennzeichnung als „letzter Wille", „Verfügung von Todes wegen" oder „Testament". Selbst das Wort „Entwurf" auf dem Testament ist unschädlich, wenn auf Grund der besonderen Umstände des Einzelfalls am Testierwillen des Erblassers keine Zweifel bestehen (BayObLGZ 1970, 173). Deshalb schadet es auch nicht, wenn die Überschrift mit der Maschine oder dem Computer geschrieben ist (BayObLG NJW-RR 2005, 1025).

8 **4. Brief, Postkarte, Notizzettel oder Telefaxvorlage.** Auch ein **Brief** oder eine **Postkarte** kann ein formgültiges Testament enthalten, sofern er bzw. sie zumindest in dem dafür in Frage kommenden Teil eigenhändig ge- und unterschrieben ist (RGZ 87, 109; BGH WM 1976, 744; KG NJW 1959, 1441; BayObLG MDR 1963, 503, Rpfleger 1980, 189; OLG Stuttgart Rpfleger 1964, 148; OLG Zweibrücken OLGR 1997, 65). Vor allem bei einer Postkarte ist zu beachten, dass die Absenderangabe regelmäßig keine formgültige Unterschrift bedeutet. Auch **Notizzettel** (OLG Braunschweig BeckRS 2019, 4888; BayObLG FGPrax 2004, 243; vgl. dagegen den Fall OLG München ZEV 2008, 596 (597)) oder **Notizbücher** (OLG Köln BeckRS 2016, 00518) können ein Testament sein. Zwar kann auch eine **Telefaxvorlage** ein Testament enthalten, jedoch nicht dessen Ausdruck beim Empfänger, da dieser nicht unmittelbar von der Hand des Absenders, sondern mittels Datenübertragungstechnik hergestellt wird (→ Rn. 12). Bei all diesen Dokumenten ist jedoch besonders streng zu prüfen, ob der Erblasser diese tatsächlich mit Testierwillen abgefasst hatte oder nur eine entsprechende Regelung ankündigen oder entwerfen wollte (OLG Braunschweig BeckRS 2019, 4888; OLG München ZEV 2008, 596 (597); KG NJW 1959, 1441; OLG Stuttgart Rpfleger 1964, 148; BayObLG Rpfleger 1980, 189; FamRZ 1990, 672; OLG Zweibrücken OLGR 1997, 65; Grüneberg/Weidlich Rn. 4). Dafür ist zunächst sicher ohne Bedeutung, ob diese Dokumente gerade an den Zuwendungsempfänger gerichtet worden sind (RG DJZ 1927, Sp. 167). Hat der Erblasser sie nicht abgesandt, so spricht dies für den Entwurfscharakter. Die Absendung selbst deutet auf den Testierwillen nur hin, wenn der Wortlaut der Verfügungen die gewollten Rechtswirkungen unmittelbar selbst anordnet.

9 **5. Eigenhändigkeit der Schrift.** Das Testament muss von Anfang bis zum Ende vom Erblasser eigenhändig geschrieben sein. Nicht von ihm eigenhändig geschriebene Teile eines Testaments sind unwirksam. Im Einzelnen gilt folgendes:

10 **a) Allgemeines.** Das Merkmal der Eigenhändigkeit ist das **Indiz der geistigen Urheberschaft** des Testamentsinhalts (BGH NJW 1967, 1124). Dieses Erfordernis ist eine konkrete Ausprägung des in § 2064 enthaltenen Gebots der höchstpersönlichen Errichtung und soll Willensverfälschungen ausschließen. Der Erblasser muss deshalb in seiner individuellen Handschrift den gesamten Text höchstpersönlich selbst schreiben. Das Erfordernis der Eigenhändigkeit bezieht sich dabei nur auf die **rechtlich relevanten Bestandteile** des Testaments, nicht dagegen auf Zusätze, die fehlen könnten, ohne dass die Verfügung damit unwirksam würde (zB Kopfzeile mit Name und Anschrift sowie Ort und Datum) (vgl. OLG Köln ZEV 1998, 435). Zulässig ist es auch, dass der Erblasser einen vorformulierten Text **abschreibt** oder etwa mit Kohlepapier **durchschreibt** (BGH NJW 1967, 1124; KG FamRZ 1995, 897; BayObLG FamRZ 1981, 99; 1986, 1043; KG NJW 1966, 664). Bei einem Erblasser, der auf Grund einer Behinderung nicht mit der Hand schreibt, genügt auch das Schreiben mit dem Mund, mit dem Fuß oder mit einer Prothese (allgM, zB Grüneberg/Weidlich Rn. 5). Nur bei begründeten **Zweifeln** an der Echtheit der Handschrift ist ein Schriftgutachten einzuholen (BayObLG FamRZ 1991, 962 (964); NJWE-FER 2001, 211 (212)).

11 **b) Schreibhilfe.** Die Hand des Erblassers darf beim Schreiben zwar gestützt, aber nicht geführt werden. Der Schreibvorgang muss trotz der Hilfe des Dritten allein vom Willen des Erblassers beherrscht sein. Formt dagegen der Dritte die Schriftzüge, so ist das Testament mangels Eigenhändigkeit ungültig (BGH NJW 1967, 1124; 1981, 1900; Reimann/Bengel/Dietz/Voit Rn. 17). Ein Testament kann auch nicht in der Weise wirksam errichtet werden, dass der Erblasser sich darauf beschränkt, in den von einem anderen geschriebenen Entwurf lediglich einen Namen einzusetzen

und diesen zu unterschreiben (BGH NJW 1958, 547; Rpfleger 1980, 337; BayObLG NJW-RR 1990, 1481).

**c) Verbot mechanischer oder elektronischer Schrift.** Die Schriftzüge müssen unmittelbar von der Hand des Erblassers geformt sein. Deshalb sind mit der **Schreibmaschine** oder mit einem **Computer** geschriebene bzw. ausgedruckte Testamente ungültig. Auch ein **Telegramm** oder ein **Ausdruck aus einem Telefaxgerät** ist kein formgerechtes Testament. Da ein blinder Erblasser nur unter Zuhilfenahme technischer Hilfsmittel in **Blinden- bzw. Blindenkurzschrift** schreiben kann, ist er nicht in der Lage, ein eigenhändiges Testament zu errichten (OLG Hamm NJW 1972, 1204; Werner DNotZ 1972, 6 (8); Reimann/Bengel/Dietz/Voit Rn. 16; Staudinger/Baumann, 2018, Rn. 32 mwN). 12

**6. Verweise auf nicht handgeschriebene Dokumente. a) Grundsätze.** Sämtliche letztwilligen Verfügungen des Erblassers müssen den Mindestanforderungen des § 2247 Abs. 1 genügen, um wirksam zu sein (BGH BeckRS 2021 41084 Rn. 12; NJW 1958, 547). Diese Formvorschrift gilt auch für Anlagen und in Bezug genommene Dokumente (BGH DNotZ 1981, 761; BayObLGZ 1979, 215; OLG Hamm FamRZ 1992, 356; vgl. auch BayObLG MittRhNotK 2000, 75, 76). Weder die Beifügung (Anlage) noch die Bezugnahme auf nicht mit der Hand geschriebene Texte machen diese zum formgerechten Bestandteil des bezugnehmenden Testaments (MüKoBGB/Sticherling Rn. 23). Der Erblasser kann bei seinen testamentarischen Verfügungen also grds. nicht auf ein Schriftstück verweisen, das für sich betrachtet die Formerfordernisse eines eigenhändig ge- und unterschriebenen Testaments nicht erfüllt, sog. „testamentum mysticum" (BGH BeckRS 2021 41084 Rn. 12; BeckRS 1980, 31070512; OLG Köln BeckRS 2015, 899 Rn. 31; OLG Zweibrücken NJW-RR 1989, 1413; BeckOGKBGB/Grziwotz Rn. 32). Dies gilt sowohl für **Anlagen** zum Testament, dh. mechanisch dauerhaft damit verbundene Dokumente, als auch für inhaltliche **Bezugnahmen** auf Dokumente, die nicht mit der Testamentsurkunde mechanisch verbunden sind. Eine wirksame Bezugnahme auf **Karten, Zeichnungen** oder **Abbildungen** scheidet im eigenhändigen Testament dabei schon deshalb aus, weil § 2247 Abs. 1 für alle Bestandteile der letztwilligen Verfügung Schriftlichkeit verlangt. Im Unterschied dazu ist es bei einem vom Notar beurkundeten öffentlichen Testament gem. §§ 9 Abs. 1 S. 2, 13 Abs. 1 BeurkG zulässig, Erklärungen, also auch letztwillige Verfügungen, unter Verwendung von Karten, Zeichnungen oder Abbildungen abzugeben (z. B. Vermächtnisanordnung unter Hinweis auf der Niederschrift beigefügte Fotos oder Lagepläne bei Teilgrundstücken). Eine Bezugnahme ist dagegen von vorneherein wirkungslos, wenn die im Testament erwähnten **Anlagen fehlen** und das Testament ohne diese keinen Sinn ergibt (Vgl. OLG München BeckRS 2008, 20996). 13

Wird einem eigenhändig errichteten Testament eine nicht handgeschriebene Anlage beigefügt oder auf ein nicht handgeschriebenes Textdokument inhaltlich Bezug genommen, so ist nach der Entscheidung des BGH vom 10.11.2021 (BeckRS 2021, 41084 Rn. 12) entgegen der bislang herrschenden Auffassung in Rspr. und Lit. (Vgl. OLG Hamburg ZEV 2016, 32 Rn. 17 m. abl. Anm. Fervers; OLG Köln BeckRS 2015, 899 Rn. 31; BayObLGZ 1979, 215 (218); BeckOGK/Grziwotz, Stand: 1.10.2021, Rn. 32 m.w.Nachw.) nicht zwischen erläuternden und ergänzenden Anlagen bzw. Bezugnahmen – vergleichbar dem Tatbestand des § 9 Abs. 1 S. 2 BeurkG – zu unterscheiden. Dies folge sowohl unmittelbar aus der Formvorschrift des § 2247 Abs. 1 als auch aus dem Fehlen einer den § 9 Abs. 1 S. 2 BeurkG und § 160 Abs. 5 ZPO vergleichbaren Regelung zur Zulässigkeit einer Bezugnahme auf ein nicht der Form entsprechendes Schriftstück. Auch habe der historischen Gesetzgeber solche Bezugnahmen – anders als noch in dem Bürgerlichen Gesetzbuch vorangegangenen Rechtsordnungen – ausschließen wollen (vgl. Motive V, S. 293 f.). Gegen diese Unterscheidung spreche nicht zuletzt die Gefahr der schwierigen Abgrenzung zwischen beiden Arten der Bezugnahme. 14

Im Rahmen der **Auslegung** ist auf der Grundlage dieser höchstrichterlichen Rspr. zunächst festzustellen, ob die letztwillige Verfügung, soweit sie formwirksam ist, auch ohne Rückgriff auf den beigefügten bzw. in Bezug genommenen Text hinreichend bestimmt ist, sodass dem Verweis allenfalls eine konkretisierende Funktion dessen zukommt, was der Erblasser bereits hinreichend deutlich in der Testamentsurkunde zum Ausdruck gebracht hat. Andernfalls ist eine auslegungsfähige letztwillige Verfügung daraufhin zu überprüfen, ob ein sich unter Zuhilfenahme der formunwirksamen Anlage bzw. Bezugnahme ergebendes Auslegungsergebnis im Testament mindestens angedeutet oder versteckt zum Ausdruck gekommen ist. Für eine solche Andeutung genügt die Bezugnahme im Text auf die Anlage bzw. den anderen Text im Testament selbst allerdings nicht (BGH BeckRS 2021, 41084 Rn. 13). Das erbrechtliche Bestimmtheitsgebot (vgl. § 2065 Abs. 2) verlangt vielmehr, dass Geltungsanordnung, Zuwendungsempfänger und Zuwendungsgegenstand mit hinreichender Sicherheit den formgerecht getroffenen Verfügungen des Erblassers unmittelbar 15 selbst entnommen werden können (vgl. Karczewski ZEV 2018, 192, 196), sodass sich der Erblasserwille aus anderen Formulierungen – mindestens andeutungsweise – ergeben muss (daher zu weit OLG Zweibrücken NJW-RR 1989, 1413).

16 Die **Ergebnisse** dieser höchstrichterlichen Rspr. (→ Rn. 15) unterscheiden sich nicht von denen der bislang herrschenden Auffassung in Rspr. und Lit. (→ Rn. 14): Zulässig sind danach beispielsweise eine textliche Beschreibung und die bildliche Darstellung von im Testament hinreichend deutlich erwähnten Vermächtnisgegenständen (KG BeckRS 2017, 142721 Rn. 12; dagegen zweifelhaft OLG Zweibrücken NJW-RR 1989, 1413 (Nrn. der Anlage im Testament)), eine Auflistung der im Testament bereits eindeutig benannten Zuwendungsempfänger (OLG Frankfurt BeckRS 2020, 45265 Rn. 22; zu großzügig OLG Hamm NJW 2003, 2391), Einsetzung einer Stiftung im Testament unter Hinweis auf eine beigefügte (nicht handgeschriebene) Satzung (OLG Hamm BeckRS 2012, 9390; a.M. LG Berlin NJWE-FER 2000, 293 (294)), Wertgutachten für Gegenstände oder Grundbuchauszüge (OLG Naumburg BeckRS 2002, 30250169). Bei einem Vermächtnis über eine Grundstücksteilfläche kann nur dann auf einen beigefügten Lageplan verwiesen werden, wenn die Fläche im Testament selbst mit Worten bereits hinreichend deutlich beschrieben worden ist (MüKoBGB/Sticherling Rn. 23). Auch eigenhändig ge- und unterschriebene Aufkleber auf vermachten Sachen scheiden als formgültige Testamente aus, wenn diese darauf nicht hinreichend deutlich eigenhändig be- und unterschrieben sind (zB „der Biedermeier-Sekretär ist für"). Enthält die Testamentsurkunde keine hinreichende Andeutung, ist der Inhalt der Anlage bzw. des in Bezug genommenen Dokuments für die Auslegung ohne Bedeutung (vgl. OLG Köln BeckRS 2015, 899 Rn. 32). Eine danach sinnlose letztwillige Verfügung ist dann mangels Bestimmtheit unwirksam (Vgl. OLG München BeckRS 2008, 20996).

17 **b) Bezugnahme auf ein eigenhändiges Testament.** Diese Bezugnahme ist nur wirksam, wenn auch die in Bezug genommene Urkunde vom Erblasser eigenhändig ge- und unterschrieben ist (vgl. BGH Rpfleger 1980, 337; BayObLGZ 1979, 215 (218)). Ein eigenhändiges Testament kann dabei auch dadurch geändert oder widerrufen werden, dass der Erblasser auf einer Kopie oder wortgleichen Abschrift hiervon eigenhändig den Widerruf erklärt oder Ergänzungen, Änderungen bzw. Streichungen vornimmt (BGH NJW 1966, 201; OLG München Rpfleger 2006, 74 (75)). Dies gilt auch nach der Rücknahme des ursprünglichen Testaments aus der besonderen amtlichen Verwahrung, weil diese bei einem eigenhändigen Testament die Gültigkeit nicht berührt. Auch ein Widerruf des in Bezug genommenen eigenhändigen und formgültigen Testaments steht einer späteren Bezugnahme nicht entgegen, sofern der Widerruf nicht durch Vernichtung der Testamentsurkunde erfolgt ist. Der Widerruf beseitigt nämlich nur die materielle Wirksamkeit, nicht aber die formellen Gültigkeitsbedingungen, auf die es im Rahmen des § 2247 bei der Bezugnahme allein ankommen kann. Die Bezugnahme auf den vom anderen Ehepartner in einem gemeinschaftlichen Testament mit der Hand geschriebenen Text, setzt gem. § 2267 S. 1 voraus, dass beide Ehegatten das Testament auch unterschrieben haben (vgl. OLG München BeckRS 2008, 20996).

18 **c) Bezugnahme auf ein notarielles Testament oder einen Erbvertrag.** Gegenstand einer ergänzenden Bezugnahme können sowohl ein notarielles (gemeinschaftliches) Testament als auch ein Erbvertrag sein, vorausgesetzt, dass die Beurkundung wirksam unter Einhaltung vor allem der Vorschriften des Beurkundungsrechts erfolgt ist (OLG Hamm NJW-RR 2000, 742 (743)). Die hM verlangt jedoch bei einer notariell beurkundeten Verfügung von Todes wegen zusätzlich noch, dass die Urkunde dem Erblasser nicht aus der besonderen amtlichen Verwahrung zurückgegeben worden ist, da dies gem. § 2256 Abs. 1 S. 1, § 2300 Abs. 2 S. 3 zum Widerruf führe und der Urkunde die Eignung zur Bezugnahme nehme (BayObLG NJW-RR 1990, 1481 (1482); MüKoBGB/Sticherling § 2256 Rn. 11; Reimann/Bengel/Dietz/Voit Rn. 12: regelmäßig; Staudinger/Baumann, 2018, Rn. 72; offengelassen von BGH DNotZ 1980, 761 (763)). Die Zulässigkeit einer ergänzenden Bezugnahme ist Form-, nicht Wirksamkeitsfrage. Im Rahmen des § 2247 kann es allein darauf ankommen, ob die Urkunde, auf die verwiesen wird, den Erblasserwillen formgerecht – also authentisch – zum Ausdruck bringt, nicht aber, ob die in Bezug genommene Urkunde beim Tode des Erblassers auch ohne den Hinweis materiell wirksam geworden wäre. Der Widerruf beseitigt nur die materielle Wirksamkeit, nicht aber die formellen Gültigkeitsbedingungen. Die Gefahr einer Manipulation an der Urkunde ist dabei keineswegs größer als bei einem eigenhändigen Testament (so aber Schubert JR 1981, 25; dagegen mit Recht Soergel/Klingseis Rn. 33 Fn. 165). Die hM führt außerdem zu nicht vertretbaren Ergebnissen, wenn der Erblasser erst nach Errichtung des eigenhändigen Testaments die in Bezug genommene notariell beurkundete Verfügung von Todes wegen aus der besonderen amtlichen Verwahrung zurücknimmt. Nach hM führt die Rückgabe nämlich sowohl zur Unwirksamkeit der notariellen Verfügung als auch

der Bezugnahme in der eigenhändigen Verfügung, und zwar ohne, dass der Erblasser bei der Rückgabe auf diese unerwünschte Nebenfolge hingewiesen worden wäre. Deshalb kann richtiger Ansicht nach auf jede wirksam errichtete Verfügung von Todes wegen Bezug genommen werden, ohne dass es darauf ankommt, ob sie in besondere amtliche Verwahrung gebracht oder aus dieser wieder zurückgenommen wird (Soergel/Klingseis Rn. 33 Fn. 164; Burkhard FS v. Lübtow, 1990, 261; Lange/Kuchinke ErbR § 20 IV Fn. 44). Wird die zurückgegebene Notarurkunde allerdings vom Erblasser danach vernichtet, so ist eine wirksame Bezugnahme infolge der Vernichtung nicht mehr gegeben, das darauf bezugnehmende Testament also insoweit unvollständig. Zur ergänzenden Bezugnahme in einer Notarurkunde auf eine andere notarielle Urkunde → BeurkG § 13a Rn. 1.

In aller Regel wird die Bezugnahme im eigenhändigen Testament durch Angabe des beurkundenden Notars, des Urkundsdatums und der Urkundsnummer erfolgen, zwingend ist dies jedoch nicht, weil Bestimmbarkeit ausreicht (zB Testament vom …). Die Ergänzung oder Änderung eines solchen Testaments ist auch dadurch möglich, dass der Erblasser auf der Ausfertigung oder der (beglaubigten) Abschrift der Urkunde entsprechende Vermerke anbringt und unterschreibt, auch wenn diese erst in Verbindung mit den nicht eigenhändig verfassten Passagen der Notarurkunde einen Sinn ergeben (vgl. BGH NJW 1966, 201). Ein notarielles Testament kann auch in der Weise widerrufen werden, dass der Erblasser auf die Ausfertigung oder (beglaubigte) Abschrift die eigenhändig ge- und unterschriebene Widerrufserklärung setzt. Selbst auf Grund des Urkundsentwurfs, der mit dem beurkundeten Text übereinstimmt, kann mittels eines handschriftlichen Ungültigkeitsvermerks ein notarielles Testament widerrufen werden (OLG Hamm NJW-RR 2000, 742). Eine Testamentsergänzung bzw. -änderung kann dagegen nicht unter Verwendung eines Urkundsentwurfs vorgenommen werden, weil der in Bezug genommene Text nicht formgerecht verkörpert worden ist. 19

**d) Bezugnahme beim gemeinschaftlichen Testament.** Der länger lebende Ehepartner kann in einem eigenhändigen Testament auf ein gemeinschaftliches, nicht von ihm geschriebenes Testament Bezug nehmen, sofern dieses gem. § 2267 formgültig errichtet worden ist (OLG Frankfurt FGPrax 2001, 245; OLG Hamm FamRZ 1992, 356; Staudinger/Baumann, 2018, Rn. 74). 20

**e) Bezugnahme beim Nottestament.** Auch nach Ablauf der Gültigkeitsfrist eines außerordentlichen Testaments gem. § 2252 kann die formgerecht verfasste Testamentsurkunde noch zulässiger Gegenstand einer Bezugnahme sein (Soergel/Klingseis Rn. 33; Reimann/Bengel/Dietz/Voit Rn. 12; aA Staudinger/Baumann, 2018, Rn. 73). 21

**7. Zusätze, Einschaltungen, Streichungen und Nachträge.** Auch Zusätze, Einschaltungen und Nachträge zum Text müssen vom Erblasser selbst geschrieben werden. Streichungen braucht der Erblasser dagegen nicht höchstpersönlich vorzunehmen. Dabei handelt es sich nämlich um einen teilweisen Widerruf gem. § 2255, den auch ein Dritter als unselbstständiges Werkzeug in der Hand des Erblassers vornehmen kann (→ § 2255 Rn. 6). 22

## III. Eigenhändige Unterschrift

**1. Unterschrift und Eigenhändigkeit.** Die Eigenhändigkeit der Unterschrift soll sowohl die Identität zwischen Schreiber und Testator sicherstellen als auch die Gewähr dafür bieten, dass der selbst geschriebene Text von dessen Testierwillen getragen ist, der Text also aus dem Stadium der Vorüberlegungen und des Entwerfens herausgetreten und unmittelbar auf die Herbeiführung der niedergelegten Rechtswirkungen gerichtet ist. Diesem Erfordernis genügt jede Unterzeichnung, die eindeutig auf die Urheberschaft einer bestimmten Person schließen lässt. Satz 1 des § 2247 Abs. 3 verlangt zwar die Unterzeichnung mit **Vor- und Zuname,** jedoch genügt es gem. Satz 2, dass trotz der mangelhaften Unterzeichnung ohne Vor- und Zuname aus dem Testament in sonstiger Weise die Identität des Erblassers eindeutig hervorgeht (zu den strengeren Anforderungen des BGH an die Unterschrift beim notariell beurkundeten Testament → BeurkG § 13 Rn. 10 f.). Unter dieser Voraussetzung genügt auch die Unterzeichnung mit dem **Verwandtschaftsverhältnis** (zB „Euer Vater", „Eure Tante") (OLG Naumburg FamRZ 2003, 407; BayObLG MDR 1979, 1024; 1980, 403), mit einem **Künstlernamen,** mit einem **Spitz- oder Kosenamen** oder mit einer **Namensabkürzung** (Reimann/Bengel/Dietz/Voit Rn. 20). Nach hM soll selbst die Unterzeichnung mit den **Anfangsbuchstaben** von Vor- und Zuname genügen, wenn in Verbindung mit dem Text die Identität eindeutig feststeht (OLG Celle OLG NJW 1977, 1690; OLG Stuttgart Justiz 1977, 378; aA Staudinger/Baumann, 2018, Rn. 92; RGRK-BGB/Kregel Rn. 17; vgl. auch OLG Celle ZEV 1996, 193 zu § 373 ZGB). Allerdings weist eine derartige Unterzeich- 23 nung eher auf einen Testamentsentwurf hin, sodass das Vorhandensein des Testierwillens streng zu prüfen ist. **Reine Handzeichen** (§ 126 Abs. 1), **Schnörkel** oder **„drei Kreuze"** genügen dagegen in keinem Fall (RGZ 134, 310). Der Erblasser darf sich ebenso wenig wie beim Schreiben des Textes beim Unterschreiben die Hand führen lassen (→ Rn. 11). Die Mitunterzeichnung durch den Erben schadet nicht (BayObLG FamRZ 1997, 1029).

24 **2. Ort der Unterschrift.** Die Unterschrift muss am **Ende des Textes** der letztwilligen Verfügung stehen, um die Identifikation des Erblassers zu ermöglichen, zu dokumentieren, dass der Erblasser sich zu dem über der Unterschrift befindlichen Text bekennt den Urkundentext vor nachträglichen Ergänzungen und Zusätzen zu sichern (BayObLG FGPrax 2004, 38 (39); OLG Hamm FamRZ 1986, 728). Eine **„Oberschrift"** genügt daher ebenso wenig wie eine **„Nebenschrift"** an der Seite (vgl. BGH NJW 1992, 829 (830); NJW 1991, 487). Ist das Blatt bis zum unteren Rand vollgeschrieben kann auch die neben oder sogar über dem Text stehende Unterzeichnung ausreichen, wenn sie nach dem festgestellten Erblasserwillen die letztwillige Verfügung decken soll und das räumliche Erscheinungsbild der Testamentsurkunde dieser Auslegung nicht entgegensteht (BGH NJW 1974, 1083; OLG Celle NJW-RR 1996, 1938; OLG Köln MittRNotK 2000, 30). Auch ein Text auf der **Rückseite** desselben Blatts reicht aus, wenn die Auslegung ergibt, dass die vorhandene Unterschrift auf der Vorderseite diesen Text deckt (zB „bitte wenden", Seitenzahlen, fortlaufender Text) (LG Konstanz NJWE-FER 2001, 180; vgl. zu Ergänzungen OLG Düsseldorf BeckRS 2021, 4766 Rn. 16; BeckOGK/Grziwotz Rn. 52). Die **Selbstbenennung** im Eingang des Textes ersetzt die Unterschrift am Ende keinesfalls, weil das Gesetz zwischen Nieder- und Unterschrift unterscheidet und eine Oberschrift keine Unterschrift ist (OLG Köln OLGZ 1967, 69; OLG Hamm OLGZ 1986, 292; BayObLG FamRZ 1988, 1211; NJW-RR 1997, 1302; Reimann/Bengel/Dietz/Voit Rn. 21; Grüneberg/Weidlich Rn. 15; aA Grundmann AcP 187 (1987), 429 (457)). Dagegen ist die vom Erblasser eigenhändig niedergeschriebene Selbstbenennung am Ende des Textes zulässig, wenn diese erkennbar auch Unterschriftsfunktion hat (zB „Dies bestimme ich, …, als meinen letzten Willen") (BeckOGK/Grziwotz Rn. 45). Falls der Testierwille feststeht, genügt auch die eigenhändig geschriebene **Absenderangabe auf einer Postkarte,** auch wenn sie nicht unter dem Text steht (KG JW 1937, 2770; MüKoBGB/Sticherling Rn. 36).

25 Besteht die Testamentsurkunde aus **mehreren Blättern** oder sind ihr Anlagen beigefügt, die letztwillige Verfügungen nicht nur erläutern, sondern inhaltlich ergänzen (zu dieser Unterscheidung → Rn. 13), so braucht nicht auf jedem Blatt bzw. jeder Anlage unterschrieben zu werden, wenn auf Grund wechselseitiger Verbindungshinweise (zB Seitenzahlen) oder des fortlaufenden Textes (zB Aufzählungen, Nummerierungen) kein Zweifel daran möglich ist, dass diese Dokumente zusammengehören (OLG Köln NJW-RR 2014, 1035; zu weit jedoch OLG Hamm NJW 2003, 2391 (2392), das formunwirksame Anlagen stets im Wege der Auslegung heranziehen will; vgl. dagegen BayObLG Rpfleger 1979, 383; NJW-RR 1997, 389 (390)). Die einzelnen Blätter bzw. Anlagen müssen – ungeachtet widersprüchlicher Regelungen - inhaltlich ein Ganzes bilden (OLG Köln NJW-RR 2014, 1035 mwN). Dieser notwendige Sinnzusammenhang ist nicht schon allein deshalb gegeben, weil die Blätter mechanisch mit einer **Büro- oder Heftklammer** oder in einem Ringbuch zusammengeheftet sind (OLG Köln NJW-RR 2014, 1035; für Indizwirkung BeckOGK/Grziwotz Rn. 45). Die Differenzierung nach der Festigkeit der mechanischen Verbindung (Burandt/Rojahn/Lauck Rn. 34 aE; OLG Neustadt MDR 1962, 133) ist dabei schon deshalb abzulehnen, weil auch Ösen jederzeit wieder geöffnet werden können (BeckOGK/Grziwotz Rn. 45).

26 Ist das selbst nicht unterzeichnete Dokument in einem fest verschlossenen **Briefumschlag** enthalten, so genügt die Unterzeichnung auf dem Umschlag nur, wenn dieser zusätzlich eine Aufschrift „Mein letzter Wille" oder eine sinngemäße Formulierung besitzt und damit eine Verbindung mit dem Inhalt herstellt (BayObLG MDR 1982, 581; FamRZ 1988, 1211; OLG Hamm OLGZ 86, 292; OLG Celle NJW-RR 1996, 1938; Reimann/Bengel/Dietz/Voit Rn. 23; Grüneberg/Weidlich Rn. 16). Ein derartiger Verbindungswille kann sich auch daraus ergeben, dass der Erblasser seine Unterschrift über die zugeklebte Lasche eines Testamentsumschlags gesetzt und diesen in einem weiteren Umschlag an das zuständige Nachlassgericht adressiert hat (BayObLG ZEV 1994, 40). Hat der handgeschriebene Vor- und Zuname eine andere Funktion, etwa als Absenderangabe, so fehlt es an dieser inhaltlichen Verknüpfung und das Testament ist mangels Unterschrift ungültig (Reimann/Bengel/Dietz/Voit Rn. 29; aA KG JFG 21, 36). Ebenso ungenügend ist eine Aufschrift „Nach meinem Tod zu öffnen" oder „Hier befindet sich mein Testament" (RGZ 110, 166; OLG Braunschweig OLGZ 35, 376). Ist der Briefumschlag nicht fest verschlossen,

reicht die Unterschrift auf diesem nicht aus (OLG Hamm FamRZ 1986, 728; aA BayObLG Rpfleger 1986, 294).

**3. Zeitpunkt der Unterschrift.** Eine bestimmte zeitliche Reihenfolge ist nicht vorgeschrieben. Zwischen Nieder- und Unterschrift kann auch ein erheblicher Zeitraum liegen (BGH NJW 1974, 1083; BayObLGZ 84, 194; OLG Zweibrücken FamRZ 1998, 581). Die Unterschrift kann auch zeitlich vor der Niederschrift geleistet werden (Grüneberg/Weidlich Rn. 13). 27

**4. Zusätze, Einschaltungen, Streichungen und Nachträge.** Befinden sich **Zusätze, Einschaltungen oder Nachträge** auf dem gleichen Blatt wie die Unterschrift und werden sie von dieser räumlich gedeckt oder ergibt sich aus dem Text ein inhaltlicher Bezug zur Rückseite (zB „bitte wenden", Seitenzahlen), brauchen sie nicht gesondert unterschrieben zu werden (→ Rn. 24). Das Gleiche gilt, wenn das Testament aus mehreren fortlaufenden Blättern besteht, bei denen der Verknüpfungswille erkennbar ist (→ Rn. 25). Befinden sich diese Ergänzungen zwar auf dem gleichen Blatt, ohne von der Unterschrift räumlich gedeckt zu sein, oder gar auf einem besonderen Blatt ohne feste Verbindung mit dem unterschriebenen Blatt (zB Ringbuch, Heftklammer), so führt das Fehlen der erneuten Unterzeichnung zur Unwirksamkeit des Zusatzes, der Einschaltung oder des Nachtrags, es sei denn, aus dem sonstigen Wortlaut des Testaments vor der Unterschrift ergibt sich, dass auch dieser vom Testierwillen gedeckt ist (zB „Nachstehende Ergänzung soll gelten") (BGH NJW 1974, 1083; BayObLG Rpfleger 2004, 286; OLG Köln NJW-RR 1994, 74; OLG Frankfurt NJW-RR 1995, 711). Es reicht auch aus, wenn der Text des unterschriebenen Dokuments nur unter Zuhilfenahme dieser auf einem besonderen, nicht unterschriebenen Blatt stehenden Zusätze, Einschaltungen und Nachträge einen Sinn ergeben (BGH NJW 1974, 1083; OLG Frankfurt NJW-RR 1995, 711). In allen anderen Fällen sind auf einem besonderen Blatt stehenden Zusätze, Einschaltungen oder Nachträge ohne Unterschrift ungültig (OLG Hamm Rpfleger 1984, 468; BayObLG FGPrax 2004, 38 (39); FamRZ 1984, 1270). **Streichungen** brauchen nicht besonders unterschrieben zu werden, begründen jedoch ohne Unterschrift ernste Zweifel daran, dass sie vom Testierwillen des Erblassers getragen sind (BayObLG NJW-RR 1997, 1302). 28

## IV. Zeit und Ort der Errichtung

**1. Zeitangabe.** Der Erblasser soll den Tag der Errichtung, also der Unterzeichnung, nach Tag, Monat und Jahr in der Erklärung angeben (§ 2247 Abs. 2 Alt. 1). Die eigenhändige Zeitangabe hat bis zum Beweis des Gegenteils die Vermutung der Richtigkeit für sich (OLG München BeckRS 2009, 23747). Das Fehlen dieser Angaben macht das Testament zwar nicht ungültig, kann aber erhebliche Probleme bei der Feststellung der bei Errichtung erforderlichen personenbezogenen Eigenschaften des Erblassers (→ Rn. 1 ff.) bereiten (vgl. BayObLG ZEV 2001, 399 mAnm J. Mayer, zur Testierfähigkeit; BayObLG FamRZ 1995, 898 zur Lesefähigkeit). Auch für den **Widerruf** eines Testaments kommt es auf den Errichtungszeitpunkt an, sodass bei zwei sich widersprechenden Testamenten ohne Datierung sich diese gegenseitig aufheben können. Enthält ein Testament **mehrere Datierungen,** so ist im Zweifel davon auszugehen, dass das vor der Unterschrift stehende richtig ist (RGZ 115, 112; KG JW 1932, 3122). Eine unleserliche oder unrichtige Zeitangabe steht der fehlenden gleich (OLG Koblenz DNotZ 1970, 426; aA Lange/Kuchinke ErbR § 20 IV 2b Fn. 58; Reimann/Bengel/Dietz/Voit Rn. 35). Gemäß § 2247 Abs. 5 S. 1 ist die fehlende, unleserliche oder nachweislich falsche Datumsangabe jedoch dann unschädlich, wenn für die sichere Datierung andere Angaben im Text selbst enthalten sind (zB „Nach dem Tod meines Mannes …") (vgl. BayObLG FamRZ 1994, 593; ZEV 2001, 399). Auch die Zeitangabe soll eigenhändig geschrieben werden („in der Erklärung"). Weil das Fehlen dieser Angabe aber die Wirksamkeit nicht berührt, reicht auch ein gestempeltes oder mit der Maschine bzw. mit dem Computer geschriebenes Datum aus. In diesem Fall muss jedoch sicher festgestellt werden, dass das so geschriebene Datum den Errichtungszeitpunkt zutreffend wiedergibt. Ohne Bedeutung ist ferner, ob die Zeitangabe vor, neben oder nach der eigenhändigen Unterschrift steht. 29

**2. Ortsangabe.** Der Erblasser soll gem. § 2247 Abs. 2 Alt. 2 den Ort der Errichtung angeben. Die fehlende oder unleserliche Angabe ist nach § 2247 Abs. 5 S. 2 unschädlich, wenn sich der Ort aus sonstigen Angaben im Text ergibt (zB Kreisaltersheim). Die fehlende Ortsangabe dürfte jedoch allenfalls bei Testamenten mit Auslandsberührung Probleme bereiten. 30

## V. Verstoß

31 Ein vom Erblasser nicht eigenhändig ge- und unterschriebenes Testament ist unheilbar nichtig (§ 125) (BGH NJW 1981, 1900; aA Kegel FS Flume, 545 (554 ff.)), während das Fehlen der Zeit- und/oder Ortsangabe regelmäßig die Wirksamkeit nicht beeinträchtigt. Die Erben und sonstigen Zuwendungsempfänger können auf die Einhaltung dieser zwingenden Vorschriften nicht verzichten. Dies gilt uneingeschränkt im Erbscheinsverfahren, weil die Erben die Auslegung des Testaments nicht in der Hand haben. Wegen ihrer Vertrautheit mit den persönlichen und sonstigen Verhältnisse des Erblassers kann einem derartigen Auslegungsvertrag auch im Erbscheinsverfahren Indizfunktion zukommen (BGH NJW 1986, 1812). Aber auch mit Zustimmung aller Erben kann ein nach Überzeugung des Gerichts nichtiges Testament nicht als wirksam angesehen werden (aA OLG Celle NJW 1957, 876; OLG Frankfurt OLGZ 1990, 15 unter irrtümlicher Berufung auf BGH NJW 1986, 1812). Es besteht allerdings außerhalb des Erbscheinsverfahrens die Möglichkeit, dass die auf Grund der Nichtigkeit zur Erbfolge gelangten Personen die Wirkungen des ungültigen Testaments durch Anerkenntnisvertrag herbeiführen, so als sei es rechtswirksam geworden (ausf. → § 2084 Rn. 56 ff.) (vgl. BGH NJW 1986, 1812; OLG Frankfurt OLGZ 1990, 15).

## VI. Beweisfragen

32 Im **Erbscheinsverfahren** ist die Gültigkeit des Testaments gem. § 2358 von Amts wegen zu prüfen (vgl. BayObLG ZEV 97, 125 zur Lesefähigkeit). Die Feststellungslast trägt jedoch der Antragsteller, da bei nicht aufzuklärenden Zweifeln an der Gültigkeit der Antrag abgewiesen wird. Im **Zivilprozess** trägt die materielle Beweislast für die Gültigkeit des Testaments diejenige Partei, die sich auf diese letztwillige Verfügung beruft (vgl. BayObLGZ 1962, 303; BayObLG FamRZ 1985, 837; OLG Hamm OLGZ 1966, 498). Bei feststehender **Echtheit der Unterschrift** spricht der Anscheinsbeweis auch für deren Eigenhändigkeit (OLG Stuttgart BWNotZ 1977, 69; LG Ellwangen BWNotZ 1977, 91; vgl. dagegen den Fall BayObLG FamRZ 1999, 332). Lässt sich nicht zweifelsfrei klären, ob der Erblasser im Zeitpunkt der Unterzeichnung testier- und lesefähig war, so ist vom Regelfall der **Testier- und Lesefähigkeit** auszugehen (OLG Neustadt FamRZ 1961, 541). Die Beweisregeln der §§ 416, 440 Abs. 2 ZPO sind nicht anwendbar, da das eigenhändige Schreiben und Unterschreiben kein Echtheits-, sondern ein Formproblem darstellt (OLG Hamm OLGZ 1993, 141; Grüneberg/Weidlich Rn. 20).

# § 2248 Verwahrung des eigenhändigen Testaments

**Ein nach § 2247 errichtetes Testament ist auf Verlangen des Erblassers in besondere amtliche Verwahrung zu nehmen.**

## Überblick

Das öffentliche Testament muss, das eigenhändige kann in die (besondere) amtliche Verwahrung des Amtsgerichts gebracht werden, um sie vor Verlust oder Unterdrückung zu schützen. Der Verwahrungsantrag bedarf keiner Form (→ Rn. 2 ff.). Die Verwahrung eines eigenhändigen Testaments macht dieses nicht zu einem öffentlichen Testament. Die Rückgabe eines verwahrten eigenhändigen Testaments ist möglich, bewirkt aber im Unterschied zur Rückgabe eines öffentlichen Testaments keinen Widerruf (→ Rn. 6 ff.).

## I. Amtliche Verwahrung

1 **1. Verwahrungsmöglichkeit.** Das öffentliche Testament muss, das eigenhändige kann in die (besondere) amtliche Verwahrung des Amtsgerichts gebracht werden (§ 34 Abs. 1 S. 4 BeurkG bzw. § 2248), um sie vor Verlust oder Unterdrückung zu schützen. Die Verwahrung eines eigenhändigen Testaments macht dieses allerdings nicht zu einem öffentlichen Testament. Auch etwaige Formmängel werden durch die Verwahrung nicht geheilt. In analoger Anwendung des § 2248 kann auch ein Dreizeugentestament iSd §§ 2250, 2251 in die besondere amtliche Verwahrung genommen werden (→ § 2250 Rn. 12).

2 **2. Antrag.** Der Verwahrungsantrag bedarf keiner Form oder Begründung. Er muss vom Erblasser noch nicht einmal persönlich gestellt werden. Er kann sich sowohl eines Vertreters als auch eines Boten oder der Post bedienen.

**3. Zuständigkeit.** Zuständigkeit zur amtlichen Verwahrung ist gem. § 342 Abs. 1 Nr. 3 FamFG, § 344 Abs. 1 S. 1 Nr. 3 FamFG jedes Amtsgericht; in Baden-Württemberg sind gem. § 1 Abs. 1, 2 BWLFGG, §§ 38, 46 Abs. 3 BWLFGG für die Durchführung der amtlichen Verwahrung die Notariate zuständig (vgl. OLG Karlsruhe BWNotZ 1977, 45; OLG Stuttgart BWNotZ 1976, 175). Die örtliche Zuständigkeit unterliegt gem. § 344 Abs. 1 S. 2 FamFG der freien Disposition des Erblassers. Einem entsprechenden Verlangen ist daher ohne weitere Prüfung nachzukommen. Allerdings ist wegen der Pflicht der Standesämter, das verwahrende Amtsgericht bzw. Notariat über den Sterbefall zu informieren (§ 347 Abs. 4 S. 5 FamFG), selbst bei einem Wohnsitzwechsel des Erblassers eine anderweitige Disposition über das verwahrte Testament nicht erforderlich. 3

**4. Verfahren.** Das Verwahrungsverfahren regelt § 346 FamFG. Das zu verwahrende Testament ist weder formell noch inhaltlich zu prüfen. Nur wenn dem Gericht lediglich eine Ablichtung (Fotokopie) oder eine den Bestimmungen des § 2247 nicht genügende Abschrift des Testaments zur Verwahrung vorgelegt wird, kann der Verwahrungsantrag abgelehnt werden. Eine weitergehende Prüfung findet nicht statt. Dem Erblasser soll ein Hinterlegungsschein erteilt werden (§ 346 Abs. 3 FamFG). Er kann jedoch hierauf verzichten, da dieser nicht mehr als eine bloße Empfangsquittung darstellt und ausschließlich dem Nachweisinteresse des Erblassers dient (MüKoBGB/Sticherling Rn. 15; gegen eine Verzichtsmöglichkeit Soergel/Mayer Rn. 4). Jedes in Verwahrung genommene Testament ist vom Gericht dem Testamentsregister zu melden (§ 2 Abs. 1 S. 1 ZTRV). 4

**5. Kosten.** Für die amtliche Verwahrung durch das Amtsgericht fallen Kosten in Höhe von 75 Euro an (KV 12100 GNotKG). 5

## II. Rückgabe

Die Rückgabe eines verwahrten eigenhändigen Testaments ist auf Antrag des Erblassers jederzeit möglich (§ 2256 Abs. 2 S. 2, § 2256 Abs. 3), bewirkt aber im Unterschied zur Rückgabe eines öffentlichen Testaments keinen Widerruf (→ § 2256 Rn. 5). Bei einem gemeinschaftlichen Testament muss der Rückgabeantrag von beiden Ehegatten gestellt werden (§ 2272). Der Hinterlegungsschein braucht nicht vorgelegt zu werden, wenn die Identität des betroffenen Testaments eindeutig feststeht (MüKoBGB/Sticherling Rn. 25 mwN). Der Antrag kann formlos gestellt werden und bedarf keiner Begründung. Die Rückgabe muss an den Erblasser höchstpersönlich erfolgen (§ 2256 Abs. 2, 3). Bei einem eigenhändigen gemeinschaftlichen Testament ist die Rückgabe nach dem Tod eines Ehegatten deshalb ausgeschlossen. 6

Von der Rückgabe ist die bloße **Einsichtnahme** in das Testament zu unterscheiden (→ § 2256 Rn. 3) zu unterscheiden. Nach der Einsichtnahme ist das Testament erneut zu verschließen und weiter zu verwahren. 7

Gegen die Verweigerung der Rückgabe oder der Einsichtnahme steht dem Erblasser das Recht der **Beschwerde** zu. Diese ist gem. § 63 FamFG innerhalb eines Monats nach Bekanntgabe der ablehnenden Entscheidung einzulegen. 8

## § 2249 Nottestament vor dem Bürgermeister

**(1) [1]Ist zu besorgen, dass der Erblasser früher sterben werde, als die Errichtung eines Testaments vor einem Notar möglich ist, so kann er das Testament zur Niederschrift des Bürgermeisters der Gemeinde, in der er sich aufhält, errichten. [2]Der Bürgermeister muss zu der Beurkundung zwei Zeugen zuziehen. [3]Als Zeuge kann nicht zugezogen werden, wer in dem zu beurkundenden Testament bedacht oder zum Testamentsvollstrecker ernannt wird; die Vorschriften der §§ 7 und 27 des Beurkundungsgesetzes gelten entsprechend. [4]Für die Errichtung gelten die Vorschriften der §§ 2232, 2233 sowie die Vorschriften der §§ 2, 4, 5 Abs. 1, §§ 6 bis 10, 11 Abs. 1 Satz 2, Abs. 2, § 13 Abs. 1, 3, §§ 16, 17, 23, 24, 26 Abs. 1 Nr. 3, 4, Abs. 2, §§ 27, 28, 30, 32, 34, 35 des Beurkundungsgesetzes; der Bürgermeister tritt an die Stelle des Notars. [5]Die Niederschrift muss auch von den Zeugen unterschrieben werden. [6]Vermag der Erblasser nach seinen Angaben oder nach der Überzeugung des Bürgermeisters seinen Namen nicht zu schreiben, so wird die Unterschrift des Erblassers durch die Feststellung dieser Angabe oder Überzeugung in der Niederschrift ersetzt.**

**(2) [1]Die Besorgnis, dass die Errichtung eines Testaments vor einem Notar nicht mehr möglich sein werde, soll in der Niederschrift festgestellt werden. [2]Der Gültigkeit des Testaments steht nicht entgegen, dass die Besorgnis nicht begründet war.**

**(3) [1]Der Bürgermeister soll den Erblasser darauf hinweisen, dass das Testament seine Gültigkeit verliert, wenn der Erblasser den Ablauf der im § 2252 Abs. 1, 2 vorgesehenen Frist überlebt. [2]Er soll in der Niederschrift feststellen, dass dieser Hinweis gegeben ist.**

**(4) (aufgehoben)**

**(5) [1]Das Testament kann auch vor demjenigen errichtet werden, der nach den gesetzlichen Vorschriften zur Vertretung des Bürgermeisters befugt ist. [2]Der Vertreter soll in der Niederschrift angeben, worauf sich seine Vertretungsbefugnis stützt.**

**(6) Sind bei Abfassung der Niederschrift über die Errichtung des in den vorstehenden Absätzen vorgesehenen Testaments Formfehler unterlaufen, ist aber dennoch mit Sicherheit anzunehmen, dass das Testament eine zuverlässige Wiedergabe der Erklärung des Erblassers enthält, so steht der Formverstoß der Wirksamkeit der Beurkundung nicht entgegen.**

### Überblick

Das Bürgermeisternottestament (auch Dorf- oder Gemeindetestament genannt) gehört zu den außerordentlichen Testamentsformen. In der im Gesetz beschriebenen Notsituation ist die Errichtung vor dem Bürgermeister möglich (→ Rn. 1 ff.). Bei diesem Nottestament tritt der Bürgermeister an die Stelle des Notars tritt (→ Rn. 5 f.). Die Anforderungen an das Verfahren sind gegenüber dem notariellen Testament jedoch herabgesetzt (→ Rn. 7 ff.). Das Testament ist unwirksam, wenn weder subjektiv noch objektiv die Besorgnis des nahen Todes und der nicht rechtzeitigen Erreichbarkeit eines Notars bestand (→ Rn. 12 ff.). Die Verletzung von Soll-Vorschriften in § 2249 und im BeurkG führt bereits nicht zur Nichtigkeit des beurkundeten Testaments, wohl aber sog. Errichtungsmängel (→ Rn. 15 ff.). Die Geltungsdauer dieses Nottestaments ist beschränkt (→ Rn. 18).

## I. Beurkundung durch den Bürgermeister

1 **1. Sachliche Zuständigkeit.** Die Beurkundungszuständigkeit des Bürgermeisters ist gegenüber derjenigen des Notars subsidiär und hängt von folgenden Voraussetzungen ab:

2 **a) Besorgnis des vorzeitigen Todes.** Der Bürgermeister muss vom nahen Tod des Erblassers und von der nicht rechtzeitigen Erreichbarkeit irgendeines Notars überzeugt sein. Andernfalls darf er nicht beurkunden. Fehlt allein die Besorgnis der Todesgefahr, so darf er dennoch gem. § 2250 Abs. 1 Alt. 1 beurkunden, wenn der Aufenthaltsort abgesperrt ist (→ § 2250 Rn. 4). Auch ein Notar aus einem anderen Amtsbereich oder aus einem anderen OLG-Bezirk ist bei Gefahr im Verzug zur Beurkundung eines öffentlichen Testaments außerhalb seines Amtsbereichs berechtigt und verdrängt so die Beurkundungskompetenz des Bürgermeisters, wenn dieser von dessen Anwesenheit weiß (vgl. OLG München ZEV 2009, 468). War die Besorgnis des Bürgermeisters objektiv unbegründet, ist das gleichwohl beurkundete Testament gem. § 2249 Abs. 2 S. 2 trotzdem wirksam. Es ist unerheblich, ob die Besorgnis des Bürgermeisters vom Erblasser oder den Zeugen geteilt wird (BGH NJW 1952, 181).

3 **b) Besorgnis bevorstehender, dauerhafter Testierunfähigkeit.** Gleichzustellen ist der unmittelbar bevorstehende Eintritt der bis zum Tod dauernden oder nur kurzzeitig unterbrochenen Testierunfähigkeit des Erblassers, für den Lebensgefahr besteht (BGH NJW 1952, 181; Staudinger/Baumann, 2018, Rn. 23; aA Brox/Walker Rn. 130). Es ist nicht erforderlich, dass das Ereignis zugleich eine Lebensgefahr darstellt (Reimann/Bengel/Dietz/Voit Rn. 4; MüKoBGB/Sticherling Rn. 3; aA Brox/Walker Rn. 130).

4 **c) Vermerk in der Niederschrift.** Der Bürgermeister soll seine Überzeugung in der Niederschrift feststellen (§ 2249 Abs. 2 S. 1). Das Fehlen des Vermerks macht die Beurkundung nicht nichtig.

5 **d) Bürgermeister der Gemeinde.** Unter Gemeinden sind dabei nur die untersten kommunalen Selbstverwaltungskörperschaften iSd Art. 28 Abs. 1 GG zu verstehen, also weder die Orts- oder Stadtbezirke noch die Verbands- oder Samtgemeinden. Auf die Bezeichnung des Amtes in der Gemeindeordnung (zB Ortsbürgermeister) kommt es nicht an. Gemäß § 2249 Abs. 5 S. 1 ist auch der gesetzlich bestimmte Stellvertreter des Bürgermeisters zur Beurkundung zuständig, nicht dagegen eine vom Bürgermeister durch Einzel- oder Allgemeinverfügung bestimmte Person (vgl.

KG NJW 1947/48, 188 (190); Grüneberg/Weidlich Rn. 5). In Hamburg ist der Standesbeamte zuständig (Hmb. AGBGB vom 20.5.1958, Anz S. 441), und im Bereich der ehemaligen britischen Besatzungszone der Hauptgemeindebeamte (vgl. MüKoBGB/Sticherling Rn. 9). Der Vertreter soll die Grundlage seiner Befugnis in der Niederschrift vermerken (§ 2249 Abs. 5 S. 2).

**2. Örtliche Zuständigkeit.** Zwar ist der Bürgermeister gem. § 2249 Abs. 1 S. 1 nur dann örtlich zuständig, wenn sich der Erblasser auf dem Gemeindegebiet aufhält, ein außerhalb beurkundetes öffentliches Testament ist jedoch gem. § 2 BeurkG, § 2249 Abs. 1 S. 4 trotzdem gültig. 6

**3. Beurkundungsverbote.** Der Bürgermeister hat gem. § 2249 Abs. 1 S. 4 die Beurkundungsverbote der §§ 6 und 7 und 27 BeurkG zu beachten. Im Falle der Nichtbeachtung eines dieser Verbote ist die Beurkundung ganz bzw. bezüglich der den Bürgermeister oder dessen Angehörigen begünstigenden Verfügung unwirksam. Unschädlich ist allerdings eine Zuwendung an die Gemeinde des Bürgermeisters (MüKoBGB/Sticherling Rn. 13). 7

## II. Errichtung durch Erklärung oder Schriftübergabe

Das Testament kann entweder durch (mündliche oder nonverbale) Erklärung oder durch Übergabe einer (offenen oder verschlossenen) Schrift errichtet werden (§ 2249 Abs. 1 S. 4, 2232, 2233). Auf die entsprechenden Ausführungen zu → § 2232 Rn. 4 f. und → § 2232 Rn. 14 ff. und → § 2233 Rn. 1 ff. wird verwiesen. 8

## III. Beurkundungsverfahren

Der Bürgermeister muss zwingend **zwei Zeugen** zum gesamten Beurkundungsvorgang hinzuziehen (§ 2249 Abs. 1 S. 2). Dabei sind alle Personen, die im Testament zum Erben, Vermächtnisnehmer oder Testamentsvollstrecker berufen werden (§ 2249 Abs. 1 S. 3), als Zeugen ausgeschlossen. Im zuletzt genannten Fall ist jedoch wegen der Verweisung auf die Rechtsfolgen der §§ 7, 27 BeurkG nicht das gesamte Testament, sondern nur die begünstigende Verfügung unwirksam (MüKoBGB/Sticherling Rn. 22; Soergel/Mayer Rn. 10; aM Staudinger/Baumann, 2018, Rn. 47). Infolge der Verweisung in § 2249 Abs. 1 S. 4 auf § 26 Abs. 1 Nr. 3 und 4, Abs. 2 BeurkG sind darüber hinaus auch der Ehepartner des Bürgermeisters, dessen Verwandte gerader Linie sowie die durch § 26 Abs. 2 BeurkG erfasste Personen (zB Notarangestellte) ausgeschlossen. Auch der Lebenspartner iSd. § 26 Abs. 1 Nr. 3a BeurkG dürfte ausgeschlossen sein, obwohl die Verweisung auf die mit Wirkung vom 1.8.2001 durch Gesetz v. 16.2.2001 (BGBl. I 266) vorgenommene Ergänzung in § 2249 Abs. 1 S. 4 nicht angepasst worden ist; die Regelungslücke ist durch eine analoge Anwendung zu schließen. 9

Der Bürgermeister muss über die Erklärung eine **Niederschrift** fertigen (§ 2249 Abs. 1 S. 4 iVm § 8 BeurkG). Diese muss vor dem Tod des Erblassers erstellt werden, weil sie diesem in Gegenwart des Bürgermeisters und der beiden Zeugen vorgelesen und von ihm genehmigt worden sein muss (BGHZ 54, 89 (97); BayObLGZ 1979, 232 (240) mwN; BayObLG NJW-RR 1996, 711). Die Niederschrift muss die Bezeichnung des Bürgermeisters und des Erblassers (§ 9 Abs. 1 S. 1 Nr. 1 BeurkG), die Feststellungen des Bürgermeisters zur Identität (§ 10 BeurkG) und Testierfähigkeit des Erblassers (§ 28 BeurkG) und die mündliche oder sonstige Erklärung des Erblassers in ihrem rechtlich relevanten Ergebnis vollständig enthalten (§ 9 Abs. 1 S. 1 Nr. 2, 2 und 3 BeurkG). Die Niederschrift muss gem. § 2249 Abs. 1 S. 5 von den Zeugen und gem. § 13 Abs. 3 S. 1 BeurkG vom Bürgermeister unterschrieben werden. 10

Der Bürgermeister hat gem. § 17 BeurkG im gleichen Umfang zu prüfen und zu **belehren** wie der Notar. Der Bürgermeister haftet wegen inhaltlicher Fehler, die eine Amtspflichtverletzung darstellen, gem. § 839, Art. 34 GG (vgl. OLG Nürnberg OLGZ 1965, 157). 11

## IV. Rechtsfolge von Verstößen und Heilung

**1. Zuständigkeitsmängel.** Die Zuständigkeit zur Beurkundung hängt von der Besorgnis des Bürgermeisters ab. Fehlt sie, so darf er nicht beurkunden. Hat der Bürgermeister wider seine eigene Überzeugung beurkundet, so ist das Testament allerdings wirksam, wenn tatsächlich kein Notar rechtzeitig erreichbar war (vgl. RGZ 171, 27). Das Testament ist dagegen unwirksam, wenn weder subjektiv noch objektiv die Besorgnis des nahen Todes und der nicht rechtzeitigen Erreichbarkeit eines Notars bestand (BGH NJW 1952, 181). Dieser Mangel ist auch nicht gem. § 2249 Abs. 6 unbeachtlich, da es sich dabei um eine Zuständigkeits-, nicht nur um eine Formvor- 12 schrift handelt. Der Bürgermeister haftet wegen dieser Amtspflichtverletzung jedoch gem. § 839, Art. 34 GG.

13 Die Beurkundung durch eine Person, die in diesem Zeitpunkt nicht Bürgermeister oder auf gesetzlicher Grundlage dessen Stellvertreter war, führt ebenfalls zur Nichtigkeit des Testaments. Lagen dagegen bei einer Beurkundung durch einen Stellvertreter nur die Voraussetzungen für die Vertretung in Wahrheit nicht vor, so hat dies auf die Wirksamkeit des Testaments keinen Einfluss.

14 Bei Zuständigkeitsmängeln ist jedoch zu prüfen, ob das Testament nicht in ein Dreizeugentestament gem. § 2250 umgedeutet werden kann.

15 **2. Formmängel.** Die Verletzung von Soll-Vorschriften in § 2249 und im BeurkG führt bereits nach den allgemeinen Regeln nicht zur Nichtigkeit des beurkundeten Testaments. Lediglich bei den als Muss-Vorschriften ausgestalteten Bestimmungen in § 2249 und im BeurkG ist im Hinblick auf die Bestimmung des § 2249 Abs. 6 wie folgt zu unterscheiden:

16 **a) Errichtungsmängel.** Zur Nichtigkeit führende Errichtungsmängel sind beispielsweise das Fehlen der Niederschrift beim Tod des Erblassers (BayObLG NJW-RR 1996, 711), die Nichtzuziehung von Zeugen (BGH NJW 1962, 1149 (1152)), das Unterlassen der Verlesung (BayObLG Rpfleger 1977, 439; vgl. LG Nürnberg-Fürth BeckRS 2009, 391), die fehlende Genehmigung durch den Erblasser (BGH NJW 1991, 3210) oder das Fehlen der Unterschriften des Erblassers, der Zeugen und des Bürgermeisters (vgl. ausf. Reimann/Bengel/Dietz/Voit Rn. 13). Auch der Verstoß gegen ein Mitwirkungsverbot gem. §§ 6, 7, 27 BeurkG durch den Bürgermeister und/oder die Zeugen ist Errichtungsmangel und führt zur Nichtigkeit, im Falle des § 7 BeurkG jedoch nur zur Nichtigkeit der begünstigenden Verfügung.

17 **b) Abfassungsmängel.** Alle anderen, nicht unter a) aufgeführten Verstöße führen gem. § 2249 Abs. 6 nicht zur Nichtigkeit des Testaments (vgl. BayObLGZ 1979, 232; BayObLG NJW 1991, 928 jeweils zur Todesgefahr; BGH NJW 1958, 1916 zur Schreibunfähigkeit; Grüneberg/Weidlich Rn. 12 zur Bezeichnung).

## V. Beschränkte Gültigkeitsdauer

18 Das vom Bürgermeister beurkundete Testament ist lediglich drei Monate gültig. Mit Ablauf dieser Frist wird es unwirksam, sofern der Erblasser dann noch lebt (§ 2252).

## § 2250 Nottestament vor drei Zeugen

**(1) Wer sich an einem Orte aufhält, der infolge außerordentlicher Umstände dergestalt abgesperrt ist, dass die Errichtung eines Testaments vor einem Notar nicht möglich oder erheblich erschwert ist, kann das Testament in der durch § 2249 bestimmten Form oder durch mündliche Erklärung vor drei Zeugen errichten.**

**(2) Wer sich in so naher Todesgefahr befindet, dass voraussichtlich auch die Errichtung eines Testaments nach § 2249 nicht mehr möglich ist, kann das Testament durch mündliche Erklärung vor drei Zeugen errichten.**

**(3) [1]Wird das Testament durch mündliche Erklärung vor drei Zeugen errichtet, so muss hierüber eine Niederschrift aufgenommen werden. [2]Auf die Zeugen sind die Vorschriften des § 6 Abs. 1 Nr. 1 bis 3, der §§ 7, 26 Abs. 2 Nr. 2 bis 5 und des § 27 des Beurkundungsgesetzes; auf die Niederschrift sind die Vorschriften der §§ 8 bis 10, 11 Abs. 1 Satz 2, Abs. 2, § 13 Abs. 1, 3 Satz 1, §§ 23, 28 des Beurkundungsgesetzes sowie die Vorschriften des § 2249 Abs. 1 Satz 5, 6, Abs. 2, 6 entsprechend anzuwenden. [3]Die Niederschrift kann außer in der deutschen auch in einer anderen Sprache aufgenommen werden. [4]Der Erblasser und die Zeugen müssen der Sprache der Niederschrift hinreichend kundig sein; dies soll in der Niederschrift festgestellt werden, wenn sie in einer anderen als der deutschen Sprache aufgenommen wird.**

### Überblick

Das Dreizeugentestament gehört zu den außerordentlichen Testamentsformen. Das Gesetz unterscheidet in Abs. 1 und 2 zwei Notsituationen, nämlich das Absperrungstestament (→ Rn. 2) und das Notlagentestament (→ Rn. 3). Gleichzustellen ist der unmittelbar bevorstehende Eintritt der bis zum Tod dauernden oder nur kurzzeitig unterbrochenen Testierunfähigkeit des Erblassers, für den Lebensgefahr besteht (→ Rn. 4). Unabdingbare Voraussetzung ist, dass die Errichtung vor einem Notar nicht oder nur unter erheblich erschwerten Umständen möglich ist (→ Rn. 2). Unter dieser Voraussetzung kann der Erblasser ein Testament ohne eigenhändige Niederschrift durch mündliche Erklärung vor drei Zeugen, die dabei an die Stelle des Notars treten, errichten (→ Rn. 5 ff.), ohne dass es sich dabei um ein öffentliches Testament handelt (→ Rn. 15). Das vor drei Zeugen errichtete Testament ist lediglich drei Monate gültig (→ Rn. 14).

## I. Zulässigkeit

Durch mündliche Erklärung vor drei Zeugen ist die Errichtung nur zulässig, wenn alle drei Zeugen davon überzeugt sind, der Ort, an dem sie sich gemeinsam mit dem Erblasser aufhalten, sei abgesperrt (§ 2250 Abs. 1 Alt. 2) oder die Todesgefahr sei so groß, dass weder irgendein Notar noch der Bürgermeister rechtzeitig herbeigeholt werden können (§ 2250 Abs. 2) Im Einzelnen gilt zu diesen Voraussetzungen Folgendes: 1

**1. Annahme der Absperrung.** Alle drei Zeugen müssen gem. § 2250 Abs. 1 davon überzeugt sein, dass der Aufenthaltsort durch außerordentliche Umstände (zB Bergrutsch, Lawine, Hochwasser, Quarantäne, Ausgangssperre) räumlich (vgl. KG Rpfleger 1968, 391 zur Unzulässigkeit bei Furcht vor Strafverfolgung) derart abgesperrt ist, dass diesen ein Notar nicht oder nur unter erheblichen Schwierigkeiten erreichen kann (vgl. OLG München ZEV 2009, 468). Auch ein Notar aus einem anderen Amtsbereich oder aus einem anderen OLG-Bezirk ist bei Gefahr im Verzug zur Beurkundung eines öffentlichen Testaments außerhalb seines Amtsbereichs berechtigt und verdrängt so die Beurkundungskompetenz. Aufenthaltsort idS kann auch ein Zimmer oder ein einzelnes Haus sein. Für den Erblasser braucht keine Lebensgefahr zu bestehen. Da bereits die Annahme dieser Absperrung ausreicht, ist ein Irrtum der Zeugen unbeachtlich. Lag dagegen auch bei nur einem von ihnen diese Überzeugung nicht vor, so ist das errichtete Testament nur dann wirksam, wenn die Absperrung tatsächlich gegeben war (BGH NJW 1952, 181). Unerheblich ist, ob die Annahme der Absperrung auch vom Erblasser geteilt wurde. 2

**2. Besorgnis des vorzeitigen Todes.** Sämtliche Zeugen müssen zurzeit der Testamentserrichtung sowohl vom nahen Tod des Erblassers als auch von der nicht rechtzeitigen Erreichbarkeit eines Notars oder des Bürgermeisters überzeugt sein (vgl. LG Freiburg ZEV 2003, 370 mAnm Dümig). Die Tatsache, wann das Eintreffen eines Notars oder des Bürgermeisters erwartet werden konnte, sowie, ob die Gefahr bestand, dass der Erblasser vorher sterben würde, sind vom Gericht festzustellen. Selbst bei objektiv unbegründeter Besorgnis einer nahen Todesgefahr iSd § 2250 Abs. 2 BGB ist das Testament wirksam, wenn festgestellt werden kann, dass alle drei (!) Zeugen zurzeit der Errichtung davon überzeugt waren, dass der Erblasser vor dem Eintreffen eines Notars oder des Bürgermeisters sterben werde. Dabei ist es unerheblich, ob diese Einschätzung aller drei Zeugen vom Erblasser geteilt wurde (vgl. BGH NJW 1952, 181 (§ 24 TestG)). Ebenso bedeutungslos ist, ob der Erblasser durch Zögern mit der Errichtung des Testaments die Situation selbst verschuldet hat. 3

Ein Drei-Zeugen-Testament ist folglich dann unwirksam, wenn der Besuch des Notars bei einem wachen, allseits orientierten Patienten hätte abgewartet und ein Notar ohne weiteres hätte erreicht werden können (OLG Hamm BeckRS 2017, 103966; OLG München BeckRS 2009, 21659; OLG Bremen BeckRS 2016, 5592 Rn. 14). Der Umstand, dass der Erblasser wenige Tage nach der Errichtung gestorben ist, reicht für sich allein nicht aus, eine nahe Todesgefahr zu unterstellen (aA OLG Düsseldorf BeckRS 2015, 14470 Rn. 20; BayObLG NJW 1991, 928 (929); LG München I FamRZ 2000, 855; Grüneberg/Weidlich Rn. 2; offengelassen von OLG München BeckRS 2009, 21659: zwei Wochen). Zum einen verbietet das Kriterium der Erreichbarkeit eines Notars bzw. des Bürgermeisters eine derart starre Fristsetzung. Zum anderen würde mit einer solchen Vermutungsregel das Drei-Zeugen-Testament seine Ausnahmestellung gegenüber dem Notar- bzw. Bürgermeistertestament verlieren, wenn der Tod innerhalb dieser – notgedrungen willkürlichen – Frist tatsächlich eintritt. Richtig ist es deshalb, auch dann im Einzelfall sämtliche Voraussetzungen des § 2250 Abs. 2 zu prüfen und festzustellen.

**3. Besorgnis bevorstehender, dauerhafter Testierunfähigkeit.** Gleichzustellen ist der unmittelbar bevorstehende Eintritt der bis zum Tod dauernden oder nur kurzzeitig unterbrochenen Testierunfähigkeit des Erblassers, für den Lebensgefahr besteht (BGH NJW 1952, 181; LG Freiburg ZEV 2003, 370 mAnm Dümig; MüKoBGB/Sticherling Rn. 3; Grüneberg/Weidlich Rn. 3; aA Brox/Walker ErbR Rn. 130). 4

## II. Zeugen

5 Alle Zeugen müssen bei der Testamentserrichtung anwesend sein (OLG Frankfurt BeckRS 2014, 13386 Rn. 19). Sie müssen dabei wissen, dass sie als Zeuge fungieren, und die damit verbundene Verantwortung übernehmen wollen. Zufällige Anwesenheit reicht nicht aus (OLG Stuttgart BeckRS 2004, 2707; vgl. BGH NJW 1972, 162). Die Zeugen dürfen nicht gem. §§ 6, 7, 26 Abs. 1 Nr. 3, 4, Abs. 2 BeurkG, § 2250 Abs. 3 S. 3 von der Mitwirkung ausgeschlossen sein (OLG Frankfurt BeckRS 2014, 13386 Rn. 20 (Alleinerbin)). Zeugen und Erblasser müssen gem. Abs. 3 S. 4 eine gemeinsame Sprache beherrschen (OLG Frankfurt BeckRS 2014, 13386 Rn. 21). Sind mehr als drei Zeugen zugezogen, so genügt es, wenn wenigstens drei von ihnen die vorstehenden Anforderungen erfüllen (BGH NJW 1991, 3210).

## III. Errichtung nur durch mündliche Erklärung

6 Das Testament vor drei Zeugen kann nur durch mündliche Erklärung, nicht aber durch Übergabe einer (offenen oder verschlossenen) Schrift oder durch nonverbale Erklärung iSd § 2232 S. 1 Alt. 1 errichtet werden. Zu Mindestanforderungen an die Erklärungen → § 2232 Rn. 4.

7 Kann der Erblasser **nicht sprechen,** so kann er eigentlich in der von § 2250 Abs. 1, 2 vorausgesetzten Notsituation ein Testament nicht errichten, weil er einerseits sich nicht mündlich erklären kann, aber andererseits durch § 2250 Abs. 1, 2 an der Übergabe einer (offenen oder verschlossenen) Schrift an die drei Zeugen gehindert ist (so aber MüKoBGB/Sticherling Rn. 13; NK-BGB/Kroiß Rn. 10). Im Hinblick auf die Entscheidung des BVerfG (BVerfG ZEV 1999, 147) zu § 2233 ist diese Zurücksetzung des stummen Erblassers jedoch als verfassungswidrig anzusehen, weil diese weder mit Art. 2 Abs. 1, 14 GG noch mit dem als Willkürverbot begriffenen Art. 3 GG vereinbar ist. Das Gebot der Rechtssicherheit reicht nicht aus, um einen Stummen, der sich in der Notsituation des § 2250 Abs. 1 und 2 von der Testiermöglichkeit faktisch auszuschließen. Angesichts der Schwierigkeiten, die juristische Laien ohnehin mit der eigenständigen Abfassung der mündlichen Erklärung des Erblassers regelmäßig haben (vgl. Lange/Kuchinke ErbR § 21 IV 3), erscheint es nicht gerechtfertigt, die unter diesem Gesichtspunkt einfachere Errichtung durch Schriftübergabe und Unterzeichnung durch Erblasser und Zeugen bei einem Stummen auszuschließen. Der Ausschluss der Testamentserrichtung durch Übergabe einer offenen oder verschlossenen Schrift durch § 2250 Abs. 2 ist folglich verfassungswidrig. Ein stummer Erblasser kann demnach abweichend von § 2250 Abs. 1, 2 auch durch Übergabe einer offenen oder verschlossenen Schrift an die drei Zeugen in analoger Anwendung des § 2232 S. 1 Alt. 2 ein Testament formgültig errichten, wobei die für den Notar geltenden Vorschriften (→ § 2232 Rn. 13 ff.) sinngemäß anzuwenden sind. Ist der stumme Erblasser gleichzeitig **taub,** so ist ihm die Niederschrift zur Durchsicht vorzulegen. Kann der stumme Erblasser darüber hinaus auch **nicht schreiben,** so muss es als zulässig angesehen werden, dass die drei Zeugen sich wie ein Notar im vergleichbaren Fall vom letzten Willen des Erblassers Kenntnis verschaffen und diesen dokumentieren (ausf. → § 2233 Rn. 7 ff.).

8 Beherrschen Erblasser und Zeugen **keine gemeinsame Sprache,** so stellt sich die Beschränkung der Testamentserrichtung vor drei Zeugen auf die mündliche Erklärung ebenfalls als verfassungswidrig dar. Art. 3 Abs. 3 GG verbietet dabei die Diskriminierung wegen der Sprache sogar ausdrücklich. Die Regelung in § 2250 Abs. 3 S. 4 Hs. 1 ist bezogen auf die Errichtung durch mündliche Erklärung im Interesse der Rechtssicherheit zwingend geboten, nicht so der Ausschluss der Testamentserrichtung durch Übergabe einer Schrift in einer Sprache, die zwar der Erblasser versteht, nicht aber die Zeugen. Das einzige Kommunikationsproblem, das sich bei Zulassung dieser Errichtungsform in analoger Anwendung des § 2232 S. 1 Alt. 2 stellt, ist die mündliche Erklärung, dass es sich dabei um den letzten Willen des Erblassers handele. Die durch Art. 2 Abs. 1, 14 GG abgesicherte Testierfreiheit stellt jedoch ein so hohes Gut dar, dass demgegenüber Bedenken wegen der dadurch etwas eingeschränkten Rechtssicherheit in den Hintergrund zu treten haben. Die besondere Notsituation und die beschränkte Gültigkeitsdauer zwingen verfassungsrechtlich dazu, bei Testamentserrichtung durch Schriftübergabe zuzulassen, dass der Erblasser die entsprechende Erklärung in einer Sprache schreibt, die die Zeugen nicht verstehen. Im Übrigen haben die drei Zeugen dabei die für den Notar geltenden Vorschriften (vgl. → § 2232 Rn. 13 ff.) sinngemäß zu beachten. Kann der Erblasser in diesem Fall aber auch **nicht (mehr) schreiben,** so kann er ein formgültiges Testament nicht errichten. Der für Verfügungen von Todes wegen generell geltende Formzwang ist seinem Wesen nach in diesem Fall ein sachlich rechtfertigender Grund für den Ausschluss jeder Testiermöglichkeit.

## IV. Verfahren

Alle drei Zeugen müssen während der gesamten Verlesung der Niederschrift, der Genehmigung (insoweit aA KG NJW 1957, 953) und der Unterzeichnung durch den Erblasser gleichzeitig und persönlich anwesend sein (BGH 1970, 1601 (1603); Reimann/Bengel/Dietz/Voit Rn. 9). Es genügt daher insbes. nicht, wenn ein Zeuge die Niederschrift nachträglich durchliest, sich ein Zeuge in einem anderen Raum aufhält, ohne die Vorgänge optisch und akustisch selbst wahrnehmen zu können (vgl. BayObLGZ 1970, 53; BayObLG Rpfleger 1991, 195; MüKoBGB/Sticherling Rn. 11), oder der Erblasser allen drei Zeugen nacheinander seinen letzten Willen erklärt. 9

§ 2250 enthält hierfür nur einige Besonderheiten und verweist in Abs. 3 S. 3 auf bestimmte Verfahrensregelungen des § 2249 und des BeurkG. 10

Die Niederschrift ist gem. § 13 Abs. 1 S. 1 BeurkG dem Erblasser bei gleichzeitiger, persönlicher Anwesenheit aller drei Zeugen vorzulesen (OLG Düsseldorf ZEV 2001, 319; BayObLGZ 1979, 232; OLG Frankfurt Rpfleger 1979, 206), vom Erblasser zu genehmigen und eigenhändig zu unterschreiben. Die Niederschrift eines Nottestaments ist auch dann wirksam errichtet, wenn die von dem Erblasser allein unterschriebene und genehmigte Erklärung zusammen mit der auf einem gesonderten Blatt von einem Testamentszeugen niedergelegten und von diesem unterschriebenen Erklärung eine einheitliche Urkunde bildet (OLG München BeckRS 2015, 9003). Unterschreibt der Erblasser nach dem Vorlesen und Genehmigen nur die Abschrift des vorgelesenen Schriftstücks, dann reicht das nicht aus (BGH NJW 1991, 3210). Kann der Erblasser zurzeit der Errichtung (vgl. OLG Hamm FamRZ 1991, 1111) seinen Namen nicht schreiben, so kann die Unterzeichnung durch den Erblasser unterbleiben, wenn ein entsprechender Vermerk in der Niederschrift enthalten ist (§ 2249 Abs. 1 S. 6). Die Niederschrift muss von den Zeugen gem. § 13 Abs. 3 S. 1 BeurkG unterschrieben werden; andernfalls ist das Testament nichtig (aA OLG Köln NJW-RR 1994, 777). Das Fehlen ihrer Unterschriften führt nur dann zur Nichtigkeit, wenn sie diese auch nicht mehr vor Eröffnung des Testaments nachholen (BayObLGZ 1979, 232). Auch ein vom Erblasser selbst vorbereitetes Schriftstück kann Niederschrift idS sein, vorausgesetzt, dieses wird vorgelesen und vom Erblasser und den drei Zeugen unterzeichnet (OLG Zweibrücken NJW-RR 1987, 135; Lange/Kuchinke ErbR § 21 IV 3). 11

Das vor drei Zeugen errichtete Testament braucht zwar nicht in einem Umschlag verschlossen und beim Amtsgericht zur besonderen amtlichen Verwahrung (§§ 2258a, 2258b) abgeliefert zu werden. In analoger Anwendung des § 2248 ist dies jedoch möglich (BayObLGZ 1979, 232). 12

## V. Rechtsfolge von Verstößen und Heilung

Es wird auf die Ausführungen zu → § 2249 Rn. 12 ff. verwiesen. 13

## VI. Beschränkte Gültigkeitsdauer

Das vor drei Zeugen errichtete Testament ist lediglich drei Monate gültig. Mit Ablauf dieser Frist wird es unwirksam, sofern der Erblasser dann noch lebt (§ 2252). 14

## VII. Keine öffentliche Urkunde

Das durch mündliche Erklärung vor drei Zeugen errichtete Testament ist nach hM keine öffentliche Urkunde iSd §§ 415, 418 ZPO (BayObLGZ 1979, 232; MüKoBGB/Sticherling Rn. 22). Das Gericht hat deshalb über die Gültigkeit auf Grund der allgemeinen Beweisregeln zu entscheiden (BGH LM ZPO § 416 Nr. 1; BayObLGZ 1979, 232). 15

# § 2251 Nottestament auf See

**Wer sich während einer Seereise an Bord eines deutschen Schiffes außerhalb eines inländischen Hafens befindet, kann ein Testament durch mündliche Erklärung vor drei Zeugen nach § 2250 Abs. 3 errichten.**

## Überblick

Trotz der Gesetzesüberschrift handelt es sich nicht um ein Nottestament, weil sich der Erblasser nicht in einer echten Notsituation wie beim Bürgermeister- oder Dreizeugentestament befinden muss. An Bord eines Schiffes außerhalb eines Hafens (→ Rn. 1 f.) kann der Erblasser wählen, ob er ein unbegrenzt geltendes eigenhändiges Testament gem. § 2247 oder ein solches Dreizeugentestament mit begrenzter Gültigkeitsdauer errichten will. Bei diesem Testament handelt es sich nicht um ein öffentliches Testament, sondern um eine private Urkunde. Wegen der zeitlich begrenzten Gültigkeitsdauer gehört das Seetestament zu den außerordentlichen Testamentsformen (→ Rn. 3).

## I. Errichtungsvoraussetzungen

1 **1. Deutsches Schiff.** Der Erblasser muss sich im Zeitpunkt der Errichtung des Testaments an Bord eines deutschen Schiffes befinden. Das Schiff, bei dem es sich auch um eine Motoryacht, ein Segelboot oder ein Küstenschiff handeln kann, muss einem deutschen Staatsangehörigen oder einer ihr gleichgestellten Person gehören (§§ 1, 2, 3 Flaggenrechtsgesetz); auf eine Eintragung im Schiffsregister kommt es nicht an (MüKoBGB/Sticherling Rn. 3).

2 **2. Seereise.** Das Schiff muss sich auf einer Seereise befinden, sodass Fischerei-, Fähr- oder Vergnügungsfahrten nicht genügen. Der Aufenthalt auf einer künstlichen Insel (zB Bohrplattform) oder einem fest verankerten Schiff (zB Feuerschiff) reicht nicht aus (vgl. MüKoBGB/Sticherling Rn. 3). Die Seereise beginnt mit dem Verlassen des Hafens und endet mit dem Erreichen des Zielhafens. Solange sich das Schiff in einem deutschen Hafen befindet, kann kein Testament gem. § 2251 errichtet werden. In einem ausländischen Hafen kann die Errichtung in dieser Weise geschehen, solange sich der Erblasser an Bord befindet. Während des Aufenthalts an Bord kann der Erblasser durch mündliche Erklärung vor drei Zeugen gem. § 2250 ein Testament selbst dann errichten, wenn hierzu kein besonderer Grund (zB Seenot, Krankheit) vorliegt oder sich sogar ein Notar an Bord befindet.

## II. Verfahren, Gültigkeitsdauer und Beweiskraft

3 Das Testament kann nur durch mündliche Erklärung vor drei Zeugen errichtet werden. Das Verfahren und die Beachtlichkeit von Mängeln richtet sich nach § 2250 Abs. 3. Das Testament ist lediglich drei Monate gültig. Mit Ablauf dieser Frist wird es unwirksam, sofern der Erblasser dann noch lebt (§ 2252). Das Testament gem. §§ 2251, 2250 Abs. 3 ist keine öffentliche Urkunde iSd §§ 415, 418 ZPO.

## § 2252 Gültigkeitsdauer der Nottestamente

**(1) Ein nach § 2249, § 2250 oder § 2251 errichtetes Testament gilt als nicht errichtet, wenn seit der Errichtung drei Monate verstrichen sind und der Erblasser noch lebt.**

**(2) Beginn und Lauf der Frist sind gehemmt, solange der Erblasser außerstande ist, ein Testament vor einem Notar zu errichten.**

**(3) Tritt im Falle des § 2251 der Erblasser vor dem Ablauf der Frist eine neue Seereise an, so wird die Frist mit der Wirkung unterbrochen, dass nach Beendigung der neuen Reise die volle Frist von neuem zu laufen beginnt.**

**(4) Wird der Erblasser nach dem Ablauf der Frist für tot erklärt oder wird seine Todeszeit nach den Vorschriften des Verschollenheitsgesetzes festgestellt, so behält das Testament seine Kraft, wenn die Frist zu der Zeit, zu welcher der Erblasser nach den vorhandenen Nachrichten noch gelebt hat, noch nicht verstrichen war.**

### Überblick

Bürgermeister-, Dreizeugen- und Seetestamente sind außerordentliche Testamentsformen, die wegen der Herabsetzung der Formanforderungen nur als „Testamente auf Zeit" zugelassen werden können. Das Defizit an Rechtssicherheit lässt sich nur für eine begrenzte Dauer nach dem Ende der Not- bzw. Sondersituationen rechtfertigen (→ Rn. 1 ff.). Derjenige, der sich auf die Wirksamkeit eines Nottestaments beruft, muss beweisen, dass der Erblasser noch vor Fristablauf verstorben ist oder dessen letzte Nachricht aus einer Zeit vor deren Ende stammt (→ Rn. 5).

## I. Dreimonatsfrist

**1. Beginn.** Der Charakter der Außerordentlichkeit aller Testamente gem. §§ 2249, 2250, 2251 drückt sich in ihrer auf drei Monate begrenzten Gültigkeitsdauer aus. Die Frist beginnt mit dem auf den Tag der Testamentserrichtung folgenden Tag (§ 187 Abs. 1). Die Errichtung dieser Testamente ist mit der Unterzeichnung der Niederschrift durch den Erblasser oder – im Falle seiner Schreibunfähigkeit – durch die Zeugen abgeschlossen. Gemäß § 2252 Abs. 2 beginnt die Frist allerdings frühestens mit dem Ablauf des Tages zu laufen, an dem der Erblasser wieder in der Lage ist, ein ordentliches Testament vor einem deutschen Notar zu errichten. Die Erreichbarkeit eines deutschen Konsularbeamten im Ausland setzt die Frist nicht in Lauf (MüKoBGB/Sticherling Rn. 4). Auch die Möglichkeit, ein eigenhändiges Testament gem. § 2247 abzufassen, löst den Fristbeginn nicht aus. Bei einem auf Grund des § 2250 Abs. 1 errichteten Testament beginnt der Fristlauf erst an dem auf den Wegfall der Absperrung folgenden Tag (MüKoBGB/Sticherling Rn. 2). Bei einem Dreizeugentestament auf See (§ 2251) fängt die Frist erst am Tag nach Beendigung der Seereise an. 1

**2. Fristunterbrechung.** Der Lauf der Frist wird gem. § 2252 Abs. 2 für die Zeit gehemmt, in der der Erblasser außerstande ist, ein öffentliches Testament vor einem deutschen Notar zu errichten. Der Zeitraum wird in die Dreimonatsfrist nicht eingerechnet (§ 205). Bei einem Dreizeugentestament auf See unterbricht gem. § 2252 Abs. 3 der Antritt einer neuen Seereise den Ablauf der Dreimonatsfrist, und zwar in der Weise, dass nach deren Beendigung wieder die volle Frist zu laufen beginnt. 2

**3. Fristende.** Für die Berechnung des Fristendes gilt § 188 Abs. 2. Wird der Erblasser nach Fristablauf für tot erklärt, werden die Todes- und Lebensvermutungen der § 9 Abs. 1 VerschG, §§ 10, 44 Abs. 2 VerschG durch § 2252 Abs. 4 verdrängt, greifen also nicht ein. Die Vermutung, dass der Verschollene zum festgestellten, nach dem Ablauf der Drei-Monats-Frist liegenden Zeitpunkt gestorben ist, führt folglich nicht zur Unwirksamkeit des Nottestaments, es sei denn, dass eine Nachricht vorhanden ist, wonach der Erblasser nach Ablauf der Frist noch am Leben war (MüKoBGB/Sticherling Rn. 6). 3

## II. Wirkungen des Fristablaufs

Stirbt der Erblasser vor Ablauf dieser Frist, bleibt das Nottestament gültig. Überlebt er den Fristablauf, so wird es mit dem Ende der Frist ungültig. Entspricht das Nottestament auch den Anforderungen des § 2247 an ein eigenhändig ge- und unterschriebenes Testament, so bleibt es als solches gültig, kann aber uU angefochten werden (RGZ 104, 320). 4

## III. Beweisfragen

Derjenige, der sich auf die Wirksamkeit eines Nottestaments beruft, muss beweisen, dass der Erblasser noch vor Fristablauf verstorben ist oder dessen letzte Nachricht aus einer Zeit vor deren Ende stammt (hM, zB Reimann/Bengel/Dietz/Voit Rn. 10; aA Erman/S. Kappler/T. Kappler Rn. 3). Wer sich auf die Ungültigkeit des Nottestaments beruft, muss dagegen beweisen, dass der Erblasser den Fristablauf überlebt hat oder danach noch Nachricht gegeben hat (MüKoBGB/Sticherling Rn. 9). Dies umfasst jeweils die Beweislast für Fristbeginn und -hemmung ebenso wie für den Tag des Todes oder der letzten Nachricht. 5

## § 2253 Widerruf eines Testaments

**Der Erblasser kann ein Testament sowie eine einzelne in einem Testament enthaltene Verfügung jederzeit widerrufen.**

## Überblick

Die freie Widerrufbarkeit letztwilliger Verfügungen ist unverzichtbares Element der Testierfreiheit, lediglich bei wechselbezüglichen Verfügungen in gemeinschaftlichen Testamenten und vertragsmäßigen Verfügungen in Erbverträgen ausgeschlossen bzw. eingeschränkt ist (→ Rn. 1). §§ 2254 bis 2258 zählen die möglichen Widerrufsarten abschließend auf (→ Rn. 2). Der Widerruf verhindert, dass die widerrufene letztwillige Verfügung mit dem Tod des Erblassers wirksam wird (→ Rn. 3).

## I. Testierfreiheit und freies Widerrufsrecht

1 Die freie Widerrufbarkeit aller Testamente entspringt der Testierfreiheit. Das Widerrufsrecht ist **unverzichtbar** (§ 2302), sodass sich niemand zum Widerruf verpflichten kann (BGH FamRZ 1960, 80). Eine **Einschränkung** besteht jedoch bei gemeinschaftlichen Testamenten für wechselbezügliche Verfügungen gem. § 2271. Auch bei Erbverträgen erfährt der in § 2253 zum Ausdruck kommende Grundsatz der freien Widerrufbarkeit letztwilliger Verfügungen bei vertragsmäßigen Zuwendungen und Auflagen durch die besonderen Vorschriften der §§ 2289 ff. gewisse Ausnahmen. Die Ausübung des Widerrufrechts setzt beim Erblasser Testierfähigkeit (§ 2229) voraus. Der Widerruf kann sich dabei nach dem freien Willen des Widerrufenden auf den gesamten Inhalt eines Testaments oder auch nur einzelne darin enthaltene Verfügungen beziehen.

## II. Widerrufsarten

2 Der Erblasser kann ein Testament nur durch:
- widerrufendes Testament (§ 2254),
- Vernichtung oder Veränderung der Testamentsurkunde (§ 2255),
- Rücknahme des öffentlichen Testaments aus der besonderen amtlichen Verwahrung (§ 2256) oder
- widersprechendes Testament (§ 2258)

widerrufen. Andere Widerrufsmöglichkeiten gibt es nicht.

## III. Wirkung des Widerrufs

3 Der Widerruf verhindert, dass die widerrufene letztwillige Verfügung mit dem Tod des Erblassers wirksam wird (MüKoBGB/Sticherling Rn. 6). Das in besonderer amtlicher Verwahrung befindliche Testament ist auch dann gem. § 2260 zu eröffnen, wenn es widerrufen worden ist (vgl. MüKoBGB/Hagena § 2254 Rn. 8). Der Widerruf kann gem. § 2257 auch selbst widerrufen werden und ist als letztwillige Verfügung gem. § 2078 anfechtbar, und zwar auch in den Fällen der §§ 2255, 2256 und 2272 (vgl. BayObLGZ 1960, 490 (494)). Trotz der Unwirksamkeit des widerrufenen Testaments muss auch dieses nach dem Tod des Erblassers beim Nachlassgericht abgeliefert (§ 2259) und von diesem eröffnet (§ 348 Abs. 1 S. 1 FamFG) werden.

# § 2254 Widerruf durch Testament

**Der Widerruf erfolgt durch Testament.**

## Überblick

Der Widerruf eines Testaments ist selbst ein Testament, bedarf allerdings nicht derselben wie das zu widerrufende Testament (→ Rn. 1). Das Widerrufstestament muss allen gesetzlichen Anforderungen an die für den Widerruf gewählte Testamentsform entsprechen (→ Rn. 2). § 2254 gilt auch für den Widerruf einseitig testamentarischer Verfügungen in einem gemeinschaftlichen Testament (→ Rn. 3). Der Erblasser kann den Umfang des Widerrufs selbst bestimmen (→ Rn. 5). Das durch ein wirksames Testament widerrufene Testament wird beim Erbfall nicht wirksam (→ Rn. 6).

## I. Normzweck

1 Diese Bestimmung stellt klar, dass der Widerruf eines Testaments selbst Testament ist, also der gleichen Form bedarf wie ein Testament, allerdings nicht derselben wie das zu widerrufende Testament (OLG Köln OLGZ 1968, 324). Folglich kann ein öffentliches Testament durch ein eigenhändiges, ein ordentliches durch ein Nottestament und umgekehrt widerrufen werden. Der Anwendungsbereich dieser Norm ist allerdings so klein wie diese kurz ist: der reine Widerruf ohne eine Neuregelung dürfte selten vorkommen, weil bei einem eigenhändigen Testament die Vernichtung (§ 2255) der einfachste Weg des Widerrufs ist, während beim öffentlichen Testament die Rücknahme aus der amtlichen Verwahrung (§ 2256) vorzuziehen ist.

## II. Widerrufstestament

**1. Voraussetzungen und Form.** Das Widerrufstestament ist selbst Verfügung von Todes wegen und muss daher ohne jede Einschränkung allen gesetzlichen Anforderungen an die für den Widerruf gewählte Testamentsform entsprechen. Dazu gehören vor allem die Testierfähigkeit (§ 2229) bei Errichtung des Widerrufstestaments und der häufig bei eigenhändigen Testamenten zweifelhafte Testierwille (→ § 2247 Rn. 3) in der besonderen Ausprägung des Aufhebungswillens. In einem Prozessvergleich kann der Widerruf nicht erklärt werden (BGH FamRZ 1960, 30). Falls eine Widerrufshandlung (zB Streichungen, Ungültigkeitsvermerke) des Erblassers kein formgültiges Testament darstellt, so ist zu prüfen, ob sie nicht den von § 2255 gestellten Anforderungen an einen Widerruf durch schlüssiges Verhalten entspricht. Vor allem bei nicht eigenhändig ge- und unterschriebenen Entwertungsvermerken (zB annulliert, ungültig, überholt, veraltet) oder einfachen Streichungen auf dem zu widerrufenden Testament ist deren Wirksamkeit auf der Grundlage des § 2255 zu untersuchen. Dagegen reicht die formlose Billigung des Verlustes der Testamentsurkunde in keinem Fall als Widerruf aus (BGH NJW 1951, 559). 2

§ 2254 gilt auch für den Widerruf einseitig testamentarischer Verfügungen in einem **gemeinschaftlichen Testament.** Diese können einseitig durch jede beliebige Testamentsform von dem betreffenden Erblasser widerrufen werden. Bei wechselbezüglichen Verfügungen ist dagegen die Sondervorschrift des § 2271 zu beachten. Soweit ein **Erbvertrag** einseitige Verfügungen gem. § 2299 enthält, findet § 2254 ebenfalls hierauf Anwendung. Bei vertragsgemäßen Verfügungen in einem Erbvertrag sind die besonderen Vorschriften der §§ 2293 ff. einzuhalten. 3

**2. Inhalt.** Eine bestimmte Wortwahl, insbes. die Verwendung des Begriffs „Widerruf" ist nicht vorgeschrieben. Es genügt, wenn sich aus dem Testament – eventuell in Verbindung mit Umständen außerhalb der Urkunde (vgl. BGH NJW 1981, 2745; BayObLG FamRZ 1990, 315) – eindeutig der Wille ergibt, eine letztwillige Verfügung nicht wirksam werden zu lassen (vgl. BGH NJW 1951, 559). Auch ein eigenhändig ge- und unterschriebener Widerrufsvermerk, der erst in Verbindung mit einer maschinengeschriebenen Testamentsabschrift einen voll verständlichen Sinn erhält, ist daher als Widerrufstestament gültig (BGH NJW 1966, 201). 4

Der Erblasser kann den Umfang des Widerrufs völlig frei bestimmen. Er kann ein Testament mit einer Vielzahl von Verfügungen oder einzelne Anordnungen oder Teile von letztwilligen Verfügungen widerrufen. Er kann die widerrufene letztwillige Verfügung auch ganz oder teilweise durch andere ersetzen. Hat der Erblasser allerdings bei der Errichtung eines neuen Testaments früher getroffene letztwillige Verfügungen nicht eindeutig genug widerrufen, so liegt ein Anwendungsfall für § 2258 vor, nämlich die Aufhebung durch widersprechendes Testament (vgl. zur Abgrenzung ausf. BGH NJW 1981, 2745). Auch der Widerruf unter einer Bedingung ist zulässig, sodass vor allem Klauseln wirksam sind, die eine Zuwendung für den Fall widerrufen, dass sich der Zuwendungsempfänger dem Willen des Erblassers widersetzt, insbes. seinen Pflichtteil fordert (vgl. Reimann/Bengel/Dietz/Voit § 2253 Rn. 6). 5

**3. Rechtsfolge.** Der gültige Widerruf führt zur Unwirksamkeit des widerrufenen Testaments. Dieses kann jedoch durch den Widerruf des Widerrufs gem. § 2257 wieder in Kraft gesetzt werden. Diese Folge tritt auch dann ein, wenn der Widerruf durch ein Nottestament erfolgt ist, das gem. § 2252 Abs. 1 durch Zeitablauf ungültig geworden ist. Wird das Widerrufstestament nach den allgemeinen Vorschriften der §§ 2078 ff. mit Erfolg angefochten, so bleibt das widerrufene Testament weiterhin gültig. 6

## § 2255 Widerruf durch Vernichtung oder Veränderungen

**[1]Ein Testament kann auch dadurch widerrufen werden, dass der Erblasser in der Absicht, es aufzuheben, die Testamentsurkunde vernichtet oder an ihr Veränderungen vornimmt, durch die der Wille, eine schriftliche Willenserklärung aufzuheben, ausgedrückt zu werden pflegt. [2]Hat der Erblasser die Testamentsurkunde vernichtet oder in der bezeichneten Weise verändert, so wird vermutet, dass er die Aufhebung des Testaments beabsichtigt habe.**

### Überblick

Diese Vorschrift regelt den Widerruf durch konkludente Handlungen des Erblassers, nämlich die vollständige Vernichtung der Urkunde (→ Rn. 3) und die Veränderung mit Widerrufswille

(→ Rn. 4 f). Erblasser muss die Testamentsurkunde höchstpersönlich vernichten oder verändern, kann sich dabei jedoch einer anderen Person als Werkzeug bedienen (→ Rn. 6). Der Erblasser muss wissen und wollen, dass er das Testament vernichtet oder verändert (→ Rn. 8 f.). Während die Vernichtung eine vollständige Aufhebung bewirkt, können die Veränderungen sowohl einen umfassenden Widerruf als auch den nur einzelner Verfügungen oder Teile von Anordnungen bewirken (→ Rn. 10). Beim gemeinschaftlichen Testament gelten einige Besonderheiten (→ Rn. 11 f.). Widerruf und Anfechtungen der Widerrufshandlung sind nur eingeschränkt möglich (→ Rn. 13 f.). Die Vernichtung des Testaments wirft Beweis(last)fragen auf (→ Rn. 15).

## I. Widerrufshandlung

1 **1. Einwirkung auf Testamentsurkunde.** Grundbedingung dieser Art des Widerrufs ist die tatsächliche Einwirkung auf die Testamentsurkunde selbst. Bei **eigenhändigen Testamenten** muss daher das Original vernichtet oder verändert werden, nicht nur Testamentsabschriften, die nicht selbst eigenhändig ge- und unterschrieben sind. Existieren mehrere gleich lautende Testamentsurschriften und ist keine als Abschrift deklariert, hat der Erblasser jedoch nur ein Exemplar verändert oder vernichtet, so reicht dies zur Aufhebung gem. § 2255 aus; allerdings greift in diesem Fall nicht die gesetzliche Vermutung gem. § 2255 S. 2 ein (BayObLG Rpfleger 1983, 12; NJW-RR 1990, 1480; KG ZEV 1995, 107; Erman/S. Kappler/T. Kappler Rn. 6). Da **öffentliche Testamente** stets in die besondere amtliche Verwahrung gebracht werden müssen und die Rückgabe an den Erblasser zu deren Aufhebung führt (§ 2256 Abs. 1 S. 1), scheidet bei diesen ein Widerruf iSd § 2255 aus. Streichungen und Entwertungsvermerke auf den beim Erblasser verbliebenen Ausfertigungen oder (beglaubigten) Abschriften öffentlicher Testamente führen deshalb nur dann zum Widerruf, wenn diese Veränderungen vom Erblasser eigenhändig ge- und unterschrieben sind und damit selbst Widerrufstestamente gem. § 2254 darstellen (§ 2254 Rn. → § 2254 Rn. 1 ff.). Vor Ablieferung eines öffentlichen Testaments ist der Erblasser jedoch berechtigt, sich die Urschrift der Urkunde aushändigen zu lassen, um sie zu vernichten (vgl. Reimann/Bengel/Dietz/Voit Rn. 4; → BeurkG § 34 Rn. 1 ff.). Die Vernichtung oder Veränderung eines dem eigenhändigen oder öffentlichen Testament vorausgehenden **Entwurfs** reicht für einen Widerruf keinesfalls aus, und zwar selbst dann nicht, wenn zurzeit des Widerrufs die eigentliche Testamentsurkunde für den Erblasser nicht erreichbar ist (aA BayObLG Rpfleger 1996, 349).

2 **2. Art der Einwirkung.** Der Erblasser muss die Testamentsurkunde vernichten oder Änderungen an ihr vornehmen. Im Falle von Änderungen finden jedoch §§ 2254, 2258 Anwendung, wenn diese eigenhändig ge- und unterschrieben sind. Sie sind dann nämlich formgültige Testamente. Ein Rückgriff auf die Ausnahmeregelung des § 2255 ist dann nicht erforderlich. Im Einzelnen gilt folgendes:

3 **a) Vernichtung.** Vernichtung ist nur die nur vollständige Zerstörung der Urkunde (zB durch Zerreißen, Verbrennen oder Zerschneiden usw). Substanzeingriffe, die nicht zur vollständigen Vernichtung des Urkundenmaterials führen, also etwa das bloße Einreißen oder das Herausreißen oder -schneiden von Stellen, stellen keine Vernichtung, sondern allenfalls eine Veränderung dar (→ Rn. 4). Der **Verlust** oder die Nichtauffindbarkeit sind der Vernichtung nicht gleichzustellen. Ein verlorenes oder sonst abhandengekommenes Testament kann nur in den Formen der §§ 2254, 2258 widerrufen werden. Selbst die ausdrückliche, aber formlose Billigung des Verlustes der Testamentsurkunde durch den Erblasser reicht als Widerruf nicht aus (BGH NJW 1951, 559; vgl. dagegen den Fall BayObLG NJWE-FER 1998, 109).

4 **b) Veränderung.** Veränderung ist jeder **Eingriff in die Schriftzeichen** der Testamentsurkunde, ohne diese vollständig zu zerstören. Der Eingriff muss – anders als bei der Vernichtung – zusätzlich nach der allgemeinen Verkehrsanschauung objektiv geeignet sein, den **Widerrufswillen des Erblassers** zum Ausdruck zu bringen. Die fehlende Eignung kann auch nicht durch einen anderen Willen des Erblassers ersetzt werden; dieser hätte in der Form eines widerrufenden oder widersprechenden Testaments manifestiert werden müssen. § 2255 enthält schließlich eine eng auszulegende Befreiung von den sonst einzuhaltenden Förmlichkeiten bei Errichtung letztwilliger Verfügungen, zu denen auch der Widerruf gehört. Zu den nach § 2255 zulässigen Veränderungen gehören beispielsweise Durchstreichen, Unleserlichmachen, Ausradieren, Einreißen oder -schneiden (vgl. RGZ 69, 413; BayObLGZ 1983, 204; ZEV 1996, 272), Ausschneiden (vgl. OLG Hamm NJW-RR 2008, 21), Abschneiden oder Wegreißen eines mit für das Verständnis wesentlichen Textes, Wegschneiden der Unterschrift oder das Zerknüllen (BayObLG Rpfleger 1980, 283). Streichungen einzelner Textstellen deuten nicht zwingend auf einen unmittelbaren Widerrufswil-

len hin, sondern können unter besonderen Umständen auch lediglich der Vorbereitung eines neuen Testaments dienen (BayObLG NJW-RR 1997, 1302). Auch das bloße Wegwerfen, ohne die Urkunde zu vernichten oder mindestens zu zerknüllen, reicht nicht aus (BayObLG NJW-RR 1997, 1302; MüKoBGB/Sticherling Rn. 8; Reimann/Bengel/Dietz/Voit Rn. 8; Erman/S. Kappler/T. Kappler Rn. 3). Bei nicht eigenhändig unterschriebenen Streichungen fehlt idR die objektive Eignung zur Manifestation des Widerrufswillens, wenn diese mit Bleistift erfolgt sind (RG WarnR 1915 Nr. 90; Recht 1928, 299). Das Gleiche gilt für das bloße Einklammern oder Unterstreichen von Textstellen (aA bezüglich Einklammern Reimann/Bengel/Dietz/Voit Rn. 8).

Auch nicht eigenhändig unterschriebene (Missverständlich Schmidt MDR 1951, 324) Entwertungsvermerke wie „ungültig", „veraltet", „überholt", „gestrichen" oder „annulliert" stellen eine Veränderung idS dar. Bei ihnen ist, sofern sie nicht quer über den Text geschrieben (KG DNotZ 1957, 560) oder mit einer zusätzlichen Streichung verbunden sind, besonders sorgfältig zu prüfen, ob sie auch objektiv geeignet sind, den Widerrufswillen zu manifestieren (vgl. KG NJW 1957, 1364). Befindet sich das Testament in einem fest verschlossenen Umschlag, so genügt ein nicht unterschriebener Entwertungsvermerk keinesfalls (BayObLGZ 1963, 31; Grüneberg/Weidlich Rn. 7). Dies gilt erst recht für einen offenen Umschlag (§ 2247 Rn. → § 2247 Rn. 1 ff.). 5

**3. Zurechenbarkeit der Einwirkung.** Der Erblasser muss die Testamentsurkunde höchstpersönlich vernichten oder verändern (vgl. § 2065). Er kann sich dabei jedoch einer anderen Person bedienen, die in seiner Gegenwart als unselbstständiges Werkzeug in seinem Auftrag und mit seinem Willen die Handlungen vornimmt (allgM, zB BayObLG FamRZ 1992, 1350). Der Erblasser muss zwar nicht anwesend sein, jedoch darf dem Dritten kein eigener Entscheidungsspielraum eingeräumt sein (OLG Hamm NJW-RR 2002, 222, 223; BayObLG FamRZ 1992, 1350, 1351; Reimann/Bengel/Dietz/Voit Rn. 10; Erman/S. Kappler/T. Kappler Rn. 5; aA Staudinger/Baumann, 2018, Rn. 23, der Anwesenheit verlangt). Eine nachträgliche Genehmigung der von einem Dritten vorgenommenen Vernichtung oder Veränderung ist nicht möglich, weil § 185 auf Realakte keine Anwendung findet (hM, zB BGH LM § 1960 Nr. 1; KG JFG 14, 280, 284; OLG Hamm FGPrax 1996, 28; MüKoBGB/Sticherling Rn. 13; Reimann/Bengel/Dietz/Voit Rn. 16; aA Schmidt MDR 1951, 324). Die Einwirkung des Dritten muss zu Lebzeiten des Erblassers erfolgen (Reimann/Bengel/Dietz/Voit Rn. 10mwN). Auch die zufällige Vernichtung (zB Hochwasser, Brand) erfüllt den Tatbestand nicht, und zwar selbst dann nicht, wenn der Erblasser die Einwirkung im Nachhinein billigend zur Kenntnis nimmt (vgl. LG Duisburg NJW-RR 2005, 884). 6

## II. Subjektive Voraussetzungen

**1. Testierfähigkeit.** Der Widerruf gem. § 2255 ist seinem Wesen nach eine Willenserklärung durch schlüssige Handlung (vgl. BGH NJW 1951, 559). Da es sich dabei um eine letztwillige Verfügung handelt, muss der Erblasser im Zeitpunkt der Vernichtung oder Veränderung testierfähig iSd § 2229 sein. 7

**2. Aufhebungs- bzw. Änderungswille.** Der Erblasser muss wissen und wollen, dass er das Testament vernichtet oder verändert (vgl. BGH NJW 1951, 559). Weiß der Erblasser nicht, dass es sich bei der vernichteten oder veränderten Urkunde um sein Testament handelt, so ist der Widerruf unwirksam (LwG Neumünster SchlHA 1966, 83). Das Wissen und Wollen muss im **Zeitpunkt** der Vernichtung oder Veränderung vorhanden sein, die spätere Billigung der Handlung reicht nicht aus, da § 185 auf Realakte nicht anzuwenden ist (BGH NJW 1951, 559; offen gelassen in NJW-RR 1990, 515, 516). War der Erblasser jedoch der Meinung, dass die nachträgliche Billigung ausreiche, so kann die vermeintlich aufgehobene Verfügung analog § 2078 angefochten werden (Staudinger/Baumann, 2018, Rn. 23; aA Reimann/Bengel/Dietz/Voit Rn. 15). Hat der Erblasser zunächst ein formnichtiges Testament errichtet und anschließend das frühere Testament vernichtet, so hat er mit Aufhebungswillen gehandelt, sich jedoch in einem Motivirrtum befunden; der Widerruf ist wirksam, aber anfechtbar (Reimann/Bengel/Dietz/Voit Rn. 14; OLG Hamm ZEV 2002, 108, 109; Erman/S. Kappler/T. Kappler Rn. 9; aA OLG Freiburg Rpfleger 1952, 340). Das Gleiche muss gelten, wenn der Erblasser das Testament vernichtet, dann aber nicht mehr dazu kommt, ein neues zu errichten (aA RGZ 71, 300; 111, 265). Bei unfreiwilligem Verlust des Testaments fehlt dagegen der Aufhebungswille (vgl. BGH NJW 1951, 559; BayObLG NJW-RR 1992, 653, 654). Steht jedoch fest, dass sich das Testament im Besitz des Erblassers befand, ist von der Vernichtung des Originals durch den Erblasser auszugehen, wenn der Erblasser zu Lebzeiten einen entsprechenden Aufhebungswillen geäußert hat (BayObLG NJWE-FER 1998, 109). 8

9 Der Aufhebungs- bzw. Änderungswille wird gem. § 2255 S. 2 – allerdings widerlegbar – vermutet, wenn feststeht, dass das Testament vom Erblasser vernichtet oder verändert worden ist. Ist das Testament lediglich unauffindbar oder sonst abhandengekommen (zB Urkundenunterdrückung, Brand), so muss der Aufhebungswille von demjenigen bewiesen werden, der sich auf den Widerruf beruft. Das Gleiche gilt, wenn feststeht, dass der Erblasser das Testament nicht eigenhändig vernichtet oder verändert hat.

## III. Beschränkte Widerrufswirkung

10 Während die **Vernichtung** eine vollständige Aufhebung bewirkt, können die **Veränderungen** sowohl einen umfassenden Widerruf als auch den nur einzelner Verfügungen oder Teile von Anordnungen bewirken (vgl. BayObLG FamRZ NJW-RR 2003, 150; NJW-RR 1995, 1096). § 2255 gewährt die Formerleichterungen allerdings nur für den Widerruf von Zuwendungen. Wenn und soweit Veränderungen, insbes. Streichungen, letztwillige Verfügungen nicht nur „negativ" vernichten, sondern damit auch bestehen bleibende in ihrer rechtlichen Wirkung verändern, so ist **nur der Widerruf gültig,** nicht dagegen die darüber hinausgehende Inhaltsänderung. Solche **„positiven" Anordnungen** sind nur in den vom Gesetz vorgesehenen Formen der ordentlichen oder außerordentlichen Testamente zulässig. Streicht beispielsweise der Erblasser im Falle der Einsetzung von Vor- und Nacherben die Regelungen zur Nacherbfolge ersatzlos, so erhalten die bis dahin als Vorerben eingesetzten Personen eine bessere Rechtsposition, die über die nach § 2255 allein zulässige negative Wirkung hinausgeht. Eine solche Streichung ist daher nicht gem. § 2255 wirksam, sondern allein in den Formen der §§ 2254, 2258. Ein weiteres Beispiel ist die Erhöhung der Geldsumme bei einem Vermächtnis (BGH NJW 1974, 1083). Davon zu unterscheiden sind reine Reflexwirkungen des Widerrufs, die zwar eine wirtschaftliche, aber keine rechtliche Änderung bewirken. Beispiele solch zulässiger Reflexwirkungen sind das einfache Wegstreichen eines Namens bei drei eingesetzten Erben, sodass in Ansehung des freigewordenen Teils Anwachsung gem. § 2088 Abs. 2, § 2089 stattfindet, oder der Wegfall eines Vermächtnisses, sodass dem Erben mehr vom Nachlass verbleibt.

## IV. Besonderheiten beim gemeinschaftlichen Testament

11 **1. Vernichtung.** Die Vernichtung der Testamentsurkunde kann auch dann, wenn sie außer wechselbezüglichen auch frei widerrufbare, einseitig testamentarische Verfügungen enthält, nur zu Lebzeiten beider Ehegatten in der Weise vorgenommen werden, dass einer mit Einwilligung des anderen die Urkunde zerstört. Beide Ehegatten müssen mit Testier- und Widerrufswillen zu Lebzeiten an der Vernichtung der Urkunde mitgewirkt haben; die nachträgliche Billigung der Vernichtung durch den anderen Ehegatten reicht dabei nicht aus (OLG München BeckRS 2019, 26556 Rn. 27). An den Nachweis sind hohe Anforderungen zu stellen und setzt voraus, dass die Möglichkeit, dass ein Ehegatte die Urkunde ohne Kenntnis und Mitwirkung des anderen vernichtet hat, ausgeschlossen werden kann (OLG München BeckRS 2019, 26556 Rn. 28).

12 **2. Veränderung.** Bei Veränderungen ist zwischen wechselbezüglichen und einseitig testamentarischen Verfügungen zu unterscheiden. Bei den **einseitig** widerruf- und änderbaren Bestimmungen eines Ehegatten kann dieser die Veränderungen nach § 2255 auch ohne den Willen des anderen vornehmen, vorausgesetzt, der geänderte Text enthält nicht zugleich auch eine Anordnung des anderen Ehegatten. **Wechselbezügliche** Verfügungen können dagegen nur so gem. § 2255 geändert werden, dass ein Ehegatte mit Einwilligung des anderen die Streichung usw. vornimmt. Die spätere Zustimmung des anderen genügt nicht. Haben die Ehegatten dem Längstlebenden in Ansehung wechselbezüglicher Verfügungen ein Widerrufsrecht eingeräumt, so kann dieses nicht in der Form des § 2255, sondern nur in analoger Anwendung des § 2297 durch Testament gem. §§ 2254, 2258 geschehen (OLG Stuttgart OLG NJW-RR 1986, 632). Die Veränderung von wechselbezüglichen Verfügungen ist nach dem Tod eines Ehegatten unwirksam.

## V. Widerruf und Anfechtung des Widerrufs

13 Der durch Vernichtung oder Veränderung konkludent geäußerte Widerruf gem. § 2255 kann nicht gem. § 2257 widerrufen werden (allgM, zB BayObLG NJW-RR 1996, 1094). Auch durch das Zusammenkleben oder Aufbewahren eines zerrissenen Testaments oder durch das Unterstreichen durchgestrichener Textstellen kann der Widerruf nicht rückgängig gemacht werden (BayObLG NJW-RR 1996, 1094 mAnm Hohmann ZEV 1996, 271). Hat der Erblasser jedoch die

Bestandteile eines vernichteten Testaments in einen fest verschlossenen Umschlag mit der eigenhändig ge- und unterschriebenen Aufschrift „Mein letzter Wille" gesteckt, so liegt ein wirksames eigenhändiges Testament vor (OLG Düsseldorf JZ 1951, 309; Grüneberg/Weidlich Rn. 13). Der Widerruf gem. § 2255 kann jedoch als letztwillige Verfügung angefochten werden (§§ 2078 ff.) (vgl. RGZ 102, 69; BayObLGZ 1983, 204; NJW-RR 1996, 1094).

## VI. Beweisfragen

**1. Vernichtung.** Derjenige, der sich darauf beruft, dass die Vernichtung des Testaments zu dessen Widerruf geführt hat, trägt im Zivilprozess die Beweislast für sämtliche objektiven und subjektiven Voraussetzungen des § 2255 S. 1 (→ Rn. 1–→ Rn. 8), wobei ihm die widerlegbare tatsächliche Vermutung des Widerrufswillens gem. § 2255 S. 2 zugutekommt. Im Erbscheinsverfahren besteht zwar keine formelle Beweislast, jedoch eine Feststellungslast. Der Sachverhalt ist zwar von Amts wegen zu ermitteln, jedoch trägt im Falle der Nichtaufklärbarkeit die Feststellungslast derjenige, der sein Erbrecht auf den Widerruf stützt. Deshalb ist die Tatsache, dass der Erblasser oder eine **andere Person** als Werkzeug die Testamentsurkunde vernichtet hat, vom Gericht festzustellen (OLG Zweibrücken NJW-RR 1987, 1158; Erman/S. Kappler/T. Kappler Rn. 8). Während dies im Erbscheinsverfahren von Amts wegen mit allen zulässigen Beweismitteln geschieht, erfolgt dies im Zivilprozess grds. im Wege der formellen Beweisaufnahme (vgl. BayObLG FamRZ 1990, 1162; MüKoBGB/Sticherling Rn. 16 mwN). Steht die Vernichtung der Testamentsurkunde nach der Überzeugung des Gerichts fest, braucht das Vorhandensein des **Aufhebungswillens** nicht besonders festgestellt zu werden, da dieser gem. § 2255 S. 2 widerlegbar vermutet wird. Im Übrigen ist ein strenger Maßstab geboten (vgl. BayObLG NJW-RR 1992, 653; OLG Zweibrücken NJW-RR 1987, 1158). Verbleibende Zweifel gehen zu Lasten desjenigen, der seinen Anspruch auf die Vernichtung stützt (LG Duisburg NJW-RR 2005, 885). 14

**2. Verlust.** Ist die **Testamentsurkunde** dagegen **verloren oder sonst abhandengekommen,** so muss das Gericht sich auch vom Aufhebungswillen überzeugen, weil der Verlust der Vernichtung iSd § 2255 S. 2 gleichsteht. Es wird also nicht vermutet, dass ein nicht auffindbares Testament vom Erblasser vernichtet worden ist (OLG Köln BeckRS 2016, 20866; BayObLG DNotZ 1993, 452; OLG Düsseldorf NJW-RR 1994, 142; KG NJW-RR 1995, 1099; OLG Hamm NJW 1974, 1827). Steht jedoch fest, dass ein Testament nicht vernichtet worden ist oder der Aufhebungswille fehlte, so kann über Form und Inhalt des verschwundenen Testaments mit allen Mitteln Beweis erhoben werden (vgl. OLG Köln BeckRS 2016, 20866; BayObLG FamRZ 1999, 1469). Einem notariellen Beglaubigungsvermerk kommt dabei die Beweiskraft des § 418 ZPO zu (vgl. KG DNotZ 2007, 393). Selbst eine einfache Fotokopie kann ausreichen (OLG Köln BeckRS 2016, 20866; BayObLG Rpfleger 1985, 194; OLG Hamm NJW 1974, 1827). Bei öffentlichen Testamenten ist dabei die Ersetzung der Urschrift gem. §§ 46, 68 BeurkG zulässig. Kann nur ein Teil des verschwundenen Testaments in dieser Weise rekonstruiert werden und ist der Wille des Erblassers erkennbar, diesen Teil für sich allein gelten zu lassen, so ist dieser Teil wirksam (BGH LM § 2085 Nr. 1; vgl. BayObLG NJW-RR 1990, 1480). Bei verbleibenden Zweifeln trägt die Beweislast und im Erbscheinsverfahren die Feststellungslast, wer sich auf das verlorene Testament beruft. Die Beweislast im Zivilprozess wird jedoch umgekehrt, wenn die andere Partei sich durch Beiseiteschaffen oder in sonstiger Weise der Beweisführung entzieht (BGH zitiert bei Johannsen WM 1971, 402; OLG Düsseldorf NJW-RR 1994, 142; Erman/S. Kappler/T. Kappler Rn. 8). 15

**3. Veränderung.** Wie bei der Vernichtung (→ Rn. 14) trägt derjenige, der aus der Veränderung der Testamentsurkunde Rechte ableitet, die Beweislast dafür, dass der Erblasser Urheber der Einwirkung auf die Testamentsurkunde ist. Steht diese Urheberschaft fest, so wird der Änderungswille gem. § 2255 S. 2 bis zum Beweis des Gegenteils in einem tatsächlichen Sinne vermutet. Wer sich dagegen darauf beruft, dass trotz der Änderung an der Testamentsurkunde, etwa durch Ausschneiden oder Wegreißen, der noch lesbare Teil den Erblasserwillen richtig und vollständig wiedergibt, trägt hierfür die Beweis- bzw. Feststellungslast (OLG Hamm BeckRS 2007, 243840 betr. Ausschnitt). 16

## § 2256 Widerruf durch Rücknahme des Testaments aus der amtlichen Verwahrung

**(1) [1]Ein vor einem Notar oder nach § 2249 errichtetes Testament gilt als widerrufen, wenn die in amtliche Verwahrung genommene Urkunde dem Erblasser zurückgegeben**

**wird. [2]Die zurückgebende Stelle soll den Erblasser über die in Satz 1 vorgesehene Folge der Rückgabe belehren, dies auf der Urkunde vermerken und aktenkundig machen, dass beides geschehen ist.**

**(2) [1]Der Erblasser kann die Rückgabe jederzeit verlangen. [2]Das Testament darf nur an den Erblasser persönlich zurückgegeben werden.**

**(3) Die Vorschriften des Absatzes 2 gelten auch für ein nach § 2248 hinterlegtes Testament; die Rückgabe ist auf die Wirksamkeit des Testaments ohne Einfluss.**

### Überblick

Das Rücknahmerecht des Erblassers ist Ausdruck seiner Testierfreiheit. Dies gilt zwar für alle Testamentsformen, doch führt die Rücknahme eines öffentlichen Testaments zu dessen Ungültigkeit (→ Rn. 4), während die Rücknahme eines privaten Testaments an dessen Wirksamkeit nichts ändert (→ Rn. 6). Folgerichtig unterscheidet sich das Rückgabeverfahren bei den beiden Testamentsformen (→ Rn. 2, → Rn. 6). Von der Rückgabe ist die Einsichtnahme zu unterscheiden, die der Erblasser ebenfalls jederzeit verlangen kann (→ Rn. 3).

## I. Rückgabe eines öffentlichen Testaments

1 **1. Antrag.** Ein **öffentliches Testament** ist ohne Rücksicht darauf, ob es vom Notar, vom Bürgermeister oder vom Konsularbeamten beurkundet worden ist, gem. § 34 BeurkG zwingend zur besonderen amtlichen Verwahrung zu bringen. Der Erblasser kann die dementsprechend hinterlegten öffentlichen Testamente gem. § 2256 jederzeit vom verwahrenden Amtsgericht oder, soweit es die Funktion des Nachlassgerichts wahrnimmt, Notariat zurückverlangen. Die Regelung des § 2300 Abs. 2, der die Rückgabe von mit anderen Rechtsgeschäften verbundenen Erbverträgen aus der amtlichen Verwahrung ausschließt, ist auf Testamente, die mit anderen Rechtsgeschäften (zB postmortale Vollmacht) in derselben Urkunde verbunden sind, nicht analog anzuwenden (Vgl. OLG Karlsruhe BeckRS 2022, 4226 zu gemeinschaftlichem Testament). Der Rückgabeantrag kann **formlos** gestellt werden. Er braucht auch nicht persönlich gestellt zu werden. Der Streit über die Zulässigkeit einer Stellvertretung (dafür MüKoBGB/Sticherling Rn. 6; Reimann/Bengel/Dietz/Voit Rn. 6; dagegen LG Augsburg Rpfleger 1998, 344 (345); Lange/Kuchinke ErbR § 23 II Fn. 58; Staudinger/Baumann, 2018, Rn. 11) ist müßig, da jedenfalls die Rückgabe höchstpersönlich erfolgen muss (vgl. zur praktischen Relevanz MüKoBGB/Sticherling Rn. 6). Der Antrag kann jederzeit zurückgenommen werden. Das Rückgabeverlangen ist keine Willenserklärung, aber geschäftsähnliche Handlung, sodass der Erblasser im Zeitpunkt der Antragstellung testierfähig iSd § 2229 sein muss (vgl. BGH NJW 1957, 906; BayObLG Rpfleger 2005, 541; 1973, 170; MüKoBGB/Sticherling Rn. 6; aA Soergel/Runge-Rannow Rn. 7). Der Hinterlegungsschein braucht nicht vorgelegt zu werden, wenn die Identität des betroffenen Testaments eindeutig feststeht. Zur Rücknahme von **Erbverträgen** → § 2300 Rn. 4 ff.

2 **2. Rückgabe.** Auch wenn das Rückgabeverlangen per Post oder mittels Einschaltung eines Bevollmächtigten gestellt werden kann, so darf die tatsächliche Rückgabe an den Erblasser gem. § 2256 Abs. 2 S. 2 nur **höchstpersönlich** erfolgen. Sie darf weder an einen Vertreter (vgl. OLG Saarbrücken NJW-RR 1992, 586; LG Augsburg Rpfleger 1998, 344) noch per Boten (zB Post) erfolgen. Die Rückgabe kann auch durch ein anderes Amtsgericht oder durch den Konsularbeamten im Wege der Rechtshilfe geschehen. Kann der Erblasser das Amtsgericht oder Konsulat nicht persönlich aufsuchen, hat der Rechtspfleger bzw. Konsularbeamte den Erblasser zwecks Rückgabe persönlich aufzusuchen. Der Rechtspfleger soll gem. § 2256 Abs. 1 S. 2 über die Widerrufswirkung der Rücknahme eines öffentlichen Testaments **belehren** (zB § 27 Abs. 9 AktO RPF, abgedruckt in JBl. RPF 2008, 45 (51)). Die Verletzung dieser Pflicht ändert zwar nichts an der Folge der Rückgabe, kann aber zu Amtshaftungsansprüchen gem. Art. 34 GG, § 839 BGB führen. Über die Rückgabe ist eine **Niederschrift** aufzunehmen und vom Erblasser zu unterzeichnen. Die Rückgabe ist dem von der Bundesnotarkammer gem. § 78 Abs. 1 S. 1 Nr. 2 BNotO geführten Zentralen Testamentsregister zu melden (§ 4 Abs. 2 ZTRV).

3 Von der Rückgabe ist die **Einsichtnahme** zu unterscheiden (vgl. MüKoBGB/Sticherling Rn. 10). Diese kann der Erblasser ebenfalls jederzeit verlangen. In diesem Fall wird das öffentliche Testament jedoch nach der Kenntnisnahme durch den Erblasser wieder versiegelt und verbleibt so weiterhin in der besonderen amtlichen Verwahrung; die Widerrufswirkung des § 2256 Abs. 1 ist damit nicht verbunden. § 2256 gilt auch nicht bei einer **Beschlagnahme** gem. §§ 96, 97 Abs. 1 Nr. 3 StPO (vgl. LG Freiburg wistra 1998, 35).

**3. Widerrufswirkung.** Die antragsgemäß erfolgte höchstpersönliche Aushändigung des öffentlichen Testaments an den testierfähigen Erblasser gilt als vollständiger Widerruf dieses Testaments (§ 2256 Abs. 1 S. 1). Dies gilt auch für die darin enthaltenen familienrechtlichen Anordnungen des **Sorgerechtsentzugs** gem. § 1638 Abs. 1 und der **Benennung eines Vormunds** gem. §§ 1776, 1777 Abs. 3 (ausführlich → § 2300 Rn. 4). Alle drei Bedingungen, nämlich Antrag, Testierfähigkeit und höchstpersönliche Rückgabe, müssen kumulativ gegeben sein, um die Widerrufswirkung auszulösen. Vor allem bei der Herausgabe des Testaments an einen **Vertreter oder Boten** des Erblassers tritt die Widerrufswirkung nicht ein. Diese Wirkung tritt dabei auch ein, wenn der Erblasser entgegen § 2256 Abs. 1 S. 2 nicht über diese Folge belehrt worden ist (BayObLG FGPrax 2005, 73). Selbst ein dieser Wirkung **entgegenstehender Wille** des Erblassers kann die Wirkung dieser Gesetzesfiktion nicht ausschließen (MüKoBGB/Sticherling Rn. 6). Die Rückgabe eines öffentlichen Testaments ist als geschäftsähnliche Handlung in entsprechender Anwendung des § 2078 Abs. 2 **anfechtbar** (BayObLG FamRZ 1990, 1404; Reimann/Bengel/Dietz/Voit Rn. 9 mwN; OLG München Rpfleger 2005, 606: Rechtsgeschäft; aA v. Lübtow NJW 1968, 1851; Merle AcP 171 (1971), 486 (504)). Anfechtungsgrund kann sowohl eine Drohung (vgl. BayObLGZ 1960, 494; BayObLG FamRZ 1990, 1404) als auch ein Irrtum sein. In Betracht kommen vor allem falsche Vorstellungen des Erblassers über die rechtlichen Folgen der Rückgabe (RGZ 102, 69; KG JFG 21, 323; BayObLG NJW-RR 1990, 1481; OLG München Rpfleger 2005, 606). Anfechtungsberechtigt sind die in § 2080 genannten Personen, nicht dagegen der Erblasser, der selbst neu testieren kann. Der materiell wirkende Widerruf eines öffentlichen Testaments schließt unter den allein maßgebenden formalen Gesichtspunkten eine gültige **Bezugnahme** weder in einem eigenhändigen Testament gem. § 2247 (ausf. → § 2247 Rn. 18) noch in einem notariell beurkundeten Testament oder Erbvertrag aus (→ BeurkG § 13a Rn. 1). 4

## II. Rückgabe eigenhändiger Testamente oder eines Dreizeugentestaments

Auch ein eigenhändiges Testament gem. § 2247 kann aus der besonderen amtlichen Verwahrung zurückverlangt werden (§ 2256 Abs. 3). Zum Verfahren bei Rückgabe eigenhändiger Testamente → § 2248 Rn. 6 ff. Da die **Dreizeugentestamente** gem. §§ 2250, 2251 in analoger Anwendung des § 2248 ebenfalls in diese Verwahrung gegeben werden können (→ § 2250 Rn. 12), kann der Erblasser in analoger Anwendung des § 2256 Abs. 3 auch diese wieder herausverlangen. 5

Die Rückgabe dieser Testamente vollzieht sich nach den gleichen Regeln wie bei den öffentlichen Testamenten, sodass auch sie dem Erblasser bzw. bei gemeinschaftlichen Testamenten beiden Erblassern höchstpersönlich ausgehändigt werden müssen (OLG Hamm BeckRS 2012, 21328; MüKoBGB/Sticherling Rn. 9). Im Unterschied zur Rückgabe öffentlicher Testamente hat diese bei jedoch **keine Widerrufswirkung** gem. § 2256 Abs. 1. Allerdings kann das Rücknahmeverlangen bei eigenhändigen Testamenten im Rahmen der ergänzenden Auslegung (→ § 2084 Rn. 37 ff.) ein Indiz für einen vollständigen Aufhebungswillen darstellen, wenn der Erblasser in einem engen zeitlichen Zusammenhang damit ein widersprechendes Testament errichtet und in die amtliche Verwahrung gebracht hat, bei dem der Umfang der aufhebenden Wirkung unklar geblieben ist (→ § 2258 Rn. 6). 6

## § 2257 Widerruf des Widerrufs

**Wird der durch Testament erfolgte Widerruf einer letztwilligen Verfügung widerrufen, so ist im Zweifel die Verfügung wirksam, wie wenn sie nicht widerrufen worden wäre.**

### Überblick

Diese Auslegungsregel geht davon aus, dass auch das widerrufende Testament wie jedes andere Testament frei widerrufen werden kann (→ Rn. 2). Das ursprüngliche Testament tritt nach dieser widerlegbaren Vermutung so in Kraft, als wäre es nie widerrufen worden (→ Rn. 3).

## I. Gegenstand

§ 2257 gilt nur für den Widerruf eines widerrufenden Testaments iSd § 2254. Ein durch Vernichtung oder Veränderung (§ 2255) oder Rückgabe aus der amtlichen Verwahrung (§ 2256) eingetretener Widerruf kann dagegen nicht widerrufen werden (hM, zB BayObLG DNotZ 1973, 1

630; MüKoBGB/Sticherling Rn. 3; Reimann/Bengel/Dietz/Voit Rn. 4; zweifelnd KG OLGZ 1970, 243). Der Erblasser kann die Widerrufswirkung in den beiden zuletzt genannten Fällen nur durch die Errichtung einer neuen, formgerechten Verfügung von Todes wegen beseitigen. Dabei kann es genügen, dass er bei einem zerrissenen Testament die Bestandteile in einen Umschlag steckt, fest verschließt und darauf eigenhändig sinngemäß „Mein letzter Wille" schreibt und diese Worte unterschreibt (OLG Düsseldorf JZ 1951, 309; MüKoBGB/Sticherling Rn. 3; Erman/S. Kappler/T. Kappler Rn. 1).

## II. Widerruf

2 Der Widerruf des testamentarisch erklärten Widerrufs ist selbst ebenfalls letztwillige Verfügung und kann durch Widerrufstestament (§ 2254), durch Vernichtung oder Veränderung des aufzuhebenden Widerrufstestaments (§ 2255), durch Rücknahme eines öffentlichen Widerrufstestaments aus der besonderen amtlichen Verwahrung (§ 2256) oder durch widersprechendes Testament (§ 2258) geschehen. Die jeweiligen Voraussetzungen sind ohne jede Einschränkung einzuhalten. Bei einem eigenhändigen Testament (§ 2247) kann der Widerruf des widerrufenden Testaments deshalb nicht einfach durch Radieren, Unterpunktieren, Streichung von Ungültigkeitsvermerken oder durch bloßes Zusammenkleben erfolgen. Notwendig ist vielmehr die Errichtung einer formgültigen neuen Verfügung, die den Widerruf zum Inhalt hat. Dazu reicht die erneute Unterzeichnung aus, wenn der Erblasser lediglich die früher geleistete Unterschrift durchgestrichen hatte (MüKoBGB/Sticherling Rn. 3).

## III. Wirkungen

3 Das ursprüngliche Testament tritt nach der widerlegbaren Vermutung (Auslegungsregel) des § 2257 so in Kraft, als wäre es nie widerrufen worden. Die Wirkung des zweiten Widerrufs wird also auf den Zeitpunkt des ersten zurückbezogen. Der Erblasser kann abweichend hiervon bestimmen, dass das ursprüngliche Testament ganz oder teilweise widerrufen bleiben soll (vgl. OLG Köln Rpfleger 2006, 322 (323)). Dieser Wille muss aber zur Überzeugung des Gerichts bewiesen werden (vgl. OLG Zweibrücken DNotZ 2003, 875; BayObLG FamRZ 1996, 1112). Ein Notar ist bei der Abfassung eines von ihm zu beurkundenden Testaments gem. § 17 Abs. 1 S. 1 BeurkG verpflichtet, die Rechtsfolgen des Widerrufs unzweideutig zu regeln, ohne dass auf diese Auslegungsregel zurückgegriffen werden muss. Möglich ist auch ein teilweiser oder ein bedingter Widerruf (vgl. BayObLG FamRZ 1997, 1353). Auch das zweite Widerrufstestament kann gem. § 2257 widerrufen werden, und zwar mit der Folge, dass der erste Widerruf wirksam wird und das ursprüngliche Testament aufhebt.

## § 2258 Widerruf durch ein späteres Testament

**(1) Durch die Errichtung eines Testaments wird ein früheres Testament insoweit aufgehoben, als das spätere Testament mit dem früheren in Widerspruch steht.**

**(2) Wird das spätere Testament widerrufen, so ist im Zweifel das frühere Testament in gleicher Weise wirksam, wie wenn es nicht aufgehoben worden wäre.**

### Überblick

Beim Widerruf durch ein späteres Testament wird ein früheres Testament nicht insgesamt aufgehoben, sondern nur in dem Umfang, in dem sich beide Testamente widersprechen. Nach höchstrichterlicher Rechtsprechung kann durch ein Testament konkludent auch eine frühere, entgegenstehende rechtsgeschäftliche Erklärung widerrufen werden (→ Rn. 1). Da dem jüngeren Testament der Vorrang vor dem älteren zukommt, ist die zeitliche Einordnung von entscheidender Bedeutung (→ Rn. 4). Ob und in welchem Umfang sich die Verfügungen widersprechen, ist durch Auslegung nach den allgemeinen Grundsätzen zu ermitteln (→ Rn. 5). Nach der Auslegungsregel des Abs. 2 lebt beim Widerruf des jüngeren widersprechenden Testaments das früher errichtete Testament wieder auf (→ Rn. 7).

## I. Errichtung eines widersprechenden Testaments

**1. Späteres Testament.** Die Anwendbarkeit des § 2258 Abs. 1 setzt voraus, dass der Erblasser 1
mindestens zwei gültige Testamente errichtet hat, von denen das jüngere keine Regelung zur Aufhebung oder Fortgeltung der in dem älteren Testament enthaltenen letztwilligen Verfügungen enthält. Das jüngere Testament muss rechtswirksam sein (BGH NJW 1981, 2745). Eine Erbschaftsausschlagung, der Tod eines Bedachten, dessen Erbunwürdigkeit, der Eintritt oder der Ausfall einer Bedingung beseitigen zwar die Durchführbarkeit, nicht aber die Rechtswirksamkeit (BGH NJW 1985, 969; BayObLG Rpfleger 1987, 59; MüKoBGB/Sticherling Rn. 3). Die Form des späteren Testaments ist bedeutungslos. Alle Testamentsarten stehen gleichwertig nebeneinander, sodass ein öffentliches Testament auch durch ein eigenhändiges aufgehoben werden kann und umgekehrt (vgl. BayObLGZ 1987, 59). § 2258 Abs. 1 ist auch bei einem **gemeinschaftlichen Testament** anzuwenden, und zwar sowohl bei wechselbezüglichen als auch bei einseitig testamentarischen Verfügungen. Bei einem **Erbvertrag** ist dagegen zwischen vertragsmäßigen und einseitigen Verfügungen zu unterscheiden. Für vertragsmäßige Verfügungen regelt § 2289 Abs. 1 S. 1 die Auswirkungen auf frühere letztwillige Verfügungen des Erblassers, während § 2299 Abs. 2 S. 1 bei einseitigen Anordnungen § 2258 Abs. 1 für anwendbar erklärt. Nach höchstrichterlicher Rspr. kann durch ein Testament konkludent auch eine frühere, entgegenstehende **rechtsgeschäftliche Erklärung** (zB Schenkung einer Lebensversicherung oder eines Bankkontos) widerrufen werden, wenn der Erblasser sich von dieser Erklärung auch schon zu Lebzeiten jederzeit hätte einseitig lösen können (BGH BeckRS 2018, 04247 mAnm Litzenburger FD-ErbR 2018, 405047).

Hat der Erblasser **in dieser Verfügung** selbst eine **Regelung zur Aufhebung** oder Fortgeltung 2
der älteren getroffen, so ist diese maßgebend. § 2258 Abs. 1 greift nur beim Fehlen einer solchen Bestimmung oder bei nicht aufzuklärenden Unklarheiten über das Konkurrenzverhältnis zweier zu unterschiedlichen Zeitpunkten errichteten Verfügungen ein.

**2. Frühere(s) Testament(e).** Auch das früher errichtete Testament muss gültig sein, da es 3
andernfalls an dem von § 2258 Abs. 1 geforderten Konkurrenzverhältnis fehlt. Handelt es sich bei diesem um ein **gemeinschaftliches Testament,** so ist zwischen einseitigen und wechselbezüglichen Verfügungen zu unterscheiden. Der Widerruf wechselbezüglicher Bestimmungen ist abschließend in § 2271 geregelt, während bei einseitigen letztwilligen Verfügungen § 2258 Abs. 1 anzuwenden ist. Vergleichbares gilt bei einem **Erbvertrag.** Über § 2299 Abs. 2 S. 1 gilt diese Vorschrift auch für einseitig testamentarisch getroffene Verfügungen, nicht jedoch für vertragsmäßige Zuwendungen. Diese Norm ist auch dann anzuwenden, wenn der Erblasser vor dem späteren Testament mehrere Verfügungen von Todes wegen errichtet hatte.

**3. Datierungsprobleme.** Da § 2258 Abs. 1 dem jüngeren Testament den Vorrang vor dem 4
älteren einräumt, kommt der zeitlichen Einordnung eine entscheidende Bedeutung zu. Enthalten alle Verfügungen (vorschriftsmäßige) **Zeitangaben** über den Errichtungszeitpunkt, so sind diese maßgebend, es sei denn, sie sind nachweislich falsch. Mehrere Verfügungen mit dem **gleichen Datum** gelten als gleichzeitig errichtet, sodass § 2258 Abs. 1 unanwendbar ist. Widersprechen sich in diesem Fall die letztwilligen Verfügungen, so sind sie in ihren unvereinbaren Teilen unwirksam (vgl. BayObLG NJW-RR 1991, 312; KG OLG NJW-RR 1991, 392; Reimann/Bengel/Dietz/Voit Rn. 10; MüKoBGB/Sticherling Rn. 8; aA Notariat Gernsbach BWNotZ 1993, 61; Sonntag ZEV 1996, 1). Durch Auslegung ist allerdings zu ermitteln, ob und inwieweit die Verfügungen einander iSd § 2258 widersprechen. Dabei führt die Tatsache, dass der Erblasser verschiedene Urkunden errichtet hat, im Zweifel dazu, dass jedes Testament für sich als abschließende Regelung anzusehen ist und die Verfügungen sich gegenseitig aufheben (Reimann/Bengel/Dietz/Voit Rn. 10 ff.; aA Sonntag ZEV 1996, 1 (3 f.) mwN; zT aA Staudinger/Baumann, 2012, Rn. 24). Das Gleiche gilt, wenn alle Verfügungen **undatiert** sind und sich der tatsächliche Errichtungszeitpunkt nicht feststellen lässt. Undatierte Verfügungen heben sich also gegenseitig auf, soweit sie sich widersprechen, iÜ sind sie wirksam (vgl. BayObLG NJW-RR 1991, 312; KG OLG NJW-RR 1991, 392; Sonntag ZEV 1996, 1 (3 f.)). Treffen ein datiertes und ein Testament ohne Zeitangabe aufeinander, so ist nach allgM im Zweifel das Testament, das zeitlich nicht eingeordnet werden kann, als das früher errichtete anzusehen und bei einem Widerspruch ungültig (vgl. KG OLG NJW-RR 1991, 392, 155; BayObLG NJW-RR 1991, 392).

**4. Inhaltlicher Widerspruch.** Das später errichtete Testament hebt das frühere nur in dem 5
unvereinbaren Teil auf. Der Umfang des Widerrufs folgt dem Umfang der Unvereinbarkeit. Ob und in welchem Umfang sich die Verfügungen widersprechen, ist durch Auslegung nach den allgemeinen Grundsätzen zu ermitteln. Dabei können auch Umstände außerhalb der Urkunde

herangezogen werden. Dabei ist zwischen Widerspruch und **Ergänzung** zu unterscheiden. Nicht jede Aufhebung oder Änderung einer Verfügung bedeutet auch einen Widerspruch. So handelt es sich bei zusätzlichen Beschwerungen der in dem früheren Testament Bedachten (zB Beschwerung des Alleinerben mit Nacherbfolge, Vermächtnissen, Auflagen oder Testamentsvollstreckung) nicht um einen Widerspruch, sondern nur um eine Ergänzung, die die Erbeinsetzung unberührt lässt. Dagegen ist die Einsetzung weiterer Erben neben dem bislang eingesetzten Alleinerben als ein teilweiser Widerspruch zu qualifizieren. Bei der Auslegung darf weder dem älteren noch dem jüngeren Testament ein größeres Gewicht beigemessen werden; beide stehen insoweit grds. gleichwertig auf einer Stufe (MüKoBGB/Sticherling Rn. 4). Auch bei inhaltlicher Vereinbarkeit mehrerer letztwilliger Verfügungen kann ein Widerspruch dann bestehen, wenn dem durch Auslegung zu ermittelnden Erblasserwillen zufolge die spätere Verfügung eine **abschließende Regelung** darstellen soll (BayObLG FamRZ 1989, 441). In diesem Fall liegt richtiger Ansicht nach ein widerrufendes (§ 2254) und kein widersprechendes Testament (§ 2258) vor (vgl. ausf. Erman/ S. Kappler/T. Kappler Rn. 2 mwN). Die bloße **Nichterwähnung** einer in einem früheren Testament getroffenen Verfügung bedeutet noch keine Aufhebung (vgl. MüKoBGB/Sticherling Rn. 4). Wird bei der **Wiederholung** einer früheren Verfügung ein Teil weggelassen, so liegt darin regelmäßig die Aufhebung des nicht wiederholten Teils (vgl. BGH LM Nr. 1; BayObLG NJW 1965, 1276; NJWE-FER 1997, 157). Die Formulierung in einem späteren Testament, keine Erbeinsetzung treffen zu wollen, ist kein zwingendes Indiz für einen Aufhebungswillen des Erblassers bezüglich früherer letztwilliger Verfügungen mit einer Erbeinsetzung (OLG München BeckRS 2010, 20344).

6 **5. Kein Aufhebungswille.** Der Erblasser muss bei Errichtung des späteren Testaments Testier-, aber keinen Aufhebungswillen haben. Er braucht noch nicht einmal an das frühere Testament gedacht zu haben. Es genügt, wenn er subjektiv die im neuen Testament enthaltene Verfügung will und diese objektiv in einem Widerspruch zur älteren Anordnung steht (vgl. BGH NJW 1985, 969; BayObLG Rpfleger 1987, 59; FamRZ 1992, 607).

## II. Widerruf eines widersprechenden Testaments

7 Wird das widersprechende jüngere Testament vom Erblasser in den Formen der §§ 2254–2256 widerrufen (vgl. OLG Dresden NJWE-FER 1998, 61), so lebt die Wirksamkeit des früher errichteten wieder auf. Bei § 2258 Abs. 2 handelt es sich um eine widerlegbare Auslegungsregel, sodass eine abweichende Bestimmung des Erblassers Vorrang genießt. Möglich ist auch ein teilweiser oder ein bedingter Widerruf. Auch das (zweite) Widerrufstestament kann widerrufen werden, und zwar mit der Folge, dass das (erste) widersprechende Testament wirksam wird und das ursprüngliche Testament aufhebt. Dagegen bleibt eine gem. § 2258 durch widersprechendes Testament aufgehobene letztwillige Verfügung auch dann unwirksam, wenn die spätere Verfügung aus **tatsächlichen Gründen** (zB Vorversterben des Bedachten) keine Wirkungen entfaltet (BayObLG DNotZ 1996, 319).

### § 2258a (aufgehoben)

### § 2258b (aufgehoben)

### § 2259 Ablieferungspflicht

**(1) Wer ein Testament, das nicht in besondere amtliche Verwahrung gebracht ist, im Besitz hat, ist verpflichtet, es unverzüglich, nachdem er von dem Tode des Erblassers Kenntnis erlangt hat, an das Nachlassgericht abzuliefern.**

**(2) [1]Befindet sich ein Testament bei einer anderen Behörde als einem Gericht in amtlicher Verwahrung, so ist es nach dem Tode des Erblassers an das Nachlassgericht abzuliefern. [2]Das Nachlassgericht hat, wenn es von dem Testament Kenntnis erlangt, die Ablieferung zu veranlassen.**

## Überblick

Die Pflicht, alle nicht vom Gericht verwahrten Testamente nach dem Tod des Erblassers abzuliefern, dient dazu, dem zuständigen Nachlassgericht alle für die Feststellung der Erbfolge erforderlichen Urkunden zu verschaffen. Abzuliefern sind alle Urkunden, die dem Anschein nach ein Testament sein könnte (→ Rn. 1 ff.). Ablieferungspflichtig gem. Abs. ist jeder, der eine Verfügung von Todes wegen im Besitz hat. Diese Pflicht entsteht mit Kenntnis vom Tod des Verfügenden. Die Ablieferung hat unverzüglich zu geschehen (→ Rn. 4 ff.). Die Ablieferungspflicht öffentlicher Stellen regelt Abs. 2 (→ Rn. 9 ff.).

## I. Gegenstand der Ablieferungspflicht

Abzuliefern ist jede Urkunde, die nach Form oder Inhalt als Verfügung von Todes wegen erscheint, und zwar selbst dann, wenn die formelle und/oder materielle Unwirksamkeit für jedermann erkennbar ist. Ablieferungspflichtig sind also alle schriftlichen Erklärungen des Erblassers, durch die er die Rechtsverhältnisse nach seinem Tod regeln will, also nicht bloße Ankündigungen oder Entwürfe künftiger Anordnungen. Bei Zweifeln sind jedoch auch die zuletzt genannten Schriftstücke abzuliefern (vgl. zu § 2260 idF bis zum 1.9.2009: OLG Frankfurt Rpfleger 1970, 392; KG Rpfleger 1977, 256; OLG Hamm Rpfleger 1983, 252 (253)). § 2259 gilt nicht nur für **einseitige Testamente,** sondern auch für **gemeinschaftliche Testamente.** Abgeliefert werden müssen auch durch Rückgabe gem. § 2256 Abs. 1 widerrufene öffentliche Testamente, widerrufene Testamente, aufgehobene **Erbverträge,** durch Zeitablauf ungültig gewordene **Nottestamente,** formnichtige Testamente sowie Testamente mit Widerrufs- oder Ungültigkeitsvermerken. Der Ablieferungspflicht unterliegen auch die im Ausland errichteten oder befindlichen Verfügungen von Todes wegen deutscher Staatsangehöriger. Im Inland befindliche Verfügungen ausländischer Staatsangehöriger sind ebenfalls dem Nachlassgericht auszuhändigen, und zwar ohne Rücksicht darauf, wo der Ausländer seinen Wohnsitz hat (vgl. MüKoBGB/Sticherling Rn. 8, 46). Auch Anordnungen, die die Beerdigung regeln, sind abzuliefern, es sei denn, sie beschränken sich auf die Art der Bestattung, zB Feuer- oder Seebestattung (Reimann/Bengel/Dietz/Voit Rn. 4; vgl. dagegen Soergel/Runge-Rannow Rn. 2). 1

Nicht abzuliefern sind **Erbverzichtsverträge** und **Aufhebungsverträge** gem. § 2290 (OLG Düsseldorf MittRhNotK 1973, 199). 2

Bei einer von einem Notar oder einem Konsularbeamten beurkundeten Verfügung von Todes wegen ist die **Urschrift** abzuliefern, nicht nur eine Ausfertigung oder eine beglaubigte bzw. einfache Abschrift. Im Falle des Verlustes der Urschrift kann jedoch auch eine Ausfertigung oder eine beglaubigte Abschrift der Auslieferungspflicht unterliegen. Das Gleiche gilt, wenn ausländisches Recht die Aushändigung der Urschrift der Notarurkunde verbietet oder die im Ausland befindliche Urschrift aus sonstigen Gründen nicht erlangt werden kann (MüKoBGB/Sticherling Rn. 13). Bei allen anderen Verfügungen von Todes wegen ist das **Original der Urkunde** abzuliefern. Beglaubigte oder einfache Abschriften reichen nicht aus. Sind mehrere gleich lautende Urkunden vorhanden, so sind alle abzuliefern. 3

## II. Ablieferungspflichtige

**1. Privatperson.** Ablieferungspflichtig gem. § 2259 Abs. 1 ist jede Person, die nicht Behörde iSd Abs. 2 ist und auf dem Gebiet der Bundesrepublik Deutschland den unmittelbaren Besitz iSd § 857 an einer im Inland befindlichen Verfügung von Todes wegen hat (vgl. LG Braunschweig NdsRPfl. 1997, 138). Diese Pflicht entsteht, sobald diese Person vom Tod des Verfügenden Kenntnis erlangt. Die Verfügung ist unverzüglich, dh ohne schuldhaftes Zögern (§ 121), dem Nachlassgericht abzuliefern, ohne dass dieses die Aushändigung erst verlangen muss. Die Ablieferung kann auch durch Boten (zB Notar, Rechtsanwalt, Post) erfolgen. 4

Die Ablieferungspflicht besteht zwar in erster Linie gegenüber dem Nachlassgericht. Jedoch kann auch **jede Person,** die Rechte aus der abzuliefernden Verfügung von Todes wegen geltend machen kann, den Besitzer auf Herausgabe an das Nachlassgericht **verklagen.** (RG WarnR 1913 Nr. 246; BayObLG Rpfleger 1984, 19) 5

Der Erblasser kann den Besitzer nicht von dieser Ablieferungspflicht befreien. Entsprechende **Ablieferungsverbote** sind gem. § 2263 unwirksam (vgl. LG Bonn MittRhNotK 2000, 439 zum Erbvertrag). 6

Erhält das Nachlassgericht Kenntnis, dass eine Person im Inland im unmittelbaren Besitz einer Verfügung von Todes wegen ist, so muss es diese zur Ablieferung auffordern. Kommt der Besitzer 7 dieser Aufforderung innerhalb der gesetzten, angemessenen Frist nicht nach, so kann es die Ablieferung entweder durch Festsetzung von Zwangsgeld, ersatzweise Zwangshaft (§§ 358, 35 Abs. 1–3 FamFG) oder durch Anwendung unmittelbaren Zwangs (§§ 358, 35 Abs. 4 FamFG) erzwingen. Besteht lediglich eine Vermutung, so kann das Nachlassgericht den vermeintlichen Besitzer zur Abgabe einer eidesstattlichen Versicherung, dass er die Verfügung von Todes wegen nicht besitze und deren Verbleib nicht kenne, auffordern (KG OLGZ 23, 372; MüKoBGB/Sticherling Rn. 35). Die **zwangsweise Durchsetzung** der Ablieferungspflicht hat von Amts wegen zu erfolgen, ein Antrag ist nicht erforderlich. Wird die von einem Betroffenen beantragte zwangsweise Durchsetzung abgelehnt, so ist dagegen der Rechtsbehelf der Beschwerde bzw. Rechtsbeschwerde gegeben (OLG Karlsruhe Justiz 1978, 141 zur eidesstattlichen Versicherung). Ab dem 1.9.2009 ist diese gem. § 63 FamFG innerhalb eines Monats nach Bekanntgabe der ablehnenden Entscheidung einzulegen.

8 **Liefert** der Besitzer die Verfügung **schuldhaft nicht ab** oder vernichtet er die Urkunde, so ist er gem. § 823 Abs. 2 zum Ersatz des Schadens verpflichtet (OLG Brandenburg BeckRS 2008, 5198). Unter Umständen ist er sogar wegen Urkundenunterdrückung (§ 274 Abs. 1 Nr. 1 StGB) strafbar. Ferner kann er gem. § 2339 Abs. 1 Nr. 4 für erbunwürdig erklärt werden.

9 **2. Behörden.** Behörden sind alle auf Grund öffentlichen Rechts tätigen Stellen. Dazu gehören Notare, Bürgermeister, Konsulate, Polizeibehörden oder Staatsanwaltschaften. Notare, Bürgermeister und Konsularbeamte sind jedoch bereits auf Grund § 34 Abs. 1 BeurkG, § 2249 Abs. 1 S. 4 bzw. § 11 Abs. 2 KonsularG verpflichtet, unverzüglich nach der Beurkundung ein Testament zur besonderen amtlichen Verwahrung an das Amtsgericht abzuliefern. Bei diesen greift die Pflicht gem. § 2259 Abs. 2 also nur bei unterbliebener Ablieferung oder bei Erbverträgen, die vom Notar selbst verwahrt werden, ein. In Baden-Württemberg ist das Notariat selbst zur Eröffnung zuständig, sodass für dieses die Ablieferungspflicht gem. § 2259 Abs. 2 nicht gilt.

10 **Verweigert** eine ablieferungspflichtige Behörde die Herausgabe einer Verfügung von Todes wegen, so können keine Zwangsmittel angewendet werden. Es besteht allein die Möglichkeit, über die übergeordnete Behörde die Auslieferung zu erwirken. Die Weigerung, eine Verfügung von Todes wegen abzuliefern, kann aber eine Amtspflichtverletzung darstellen und zum Schadensersatz verpflichten.

## III. Zuständigkeit und Verfahren

11 Die Urkunde ist dem örtlich zuständigen Nachlassgericht (§ 343 Abs. 1–3 FamFG) abzuliefern. Wird die Verfügung bei einem unzuständigen Gericht abgeliefert, ist die sich aus § 2259 ergebende Pflicht erfüllt. Das unzuständige Gericht hat die Urkunde an das zuständige Nachlassgericht weiterzuleiten. Für das Verfahren gem. § 2259 ist der Rechtspfleger funktionell zuständig (§ 3 Nr. 2 lit. c RPflG).

12 Nach der Ablieferung wird die Urkunde nicht etwa in die besondere amtliche Verwahrung gebracht, sondern lediglich **zu den Nachlassakten** genommen (§ 27 Abs. 11 AktO). Auf Verlangen wird dem Einlieferer eine schriftliche Eingangsbestätigung erteilt.

# § 2260 (aufgehoben)

# § 2261 (aufgehoben)

# § 2262 (aufgehoben)

# § 2263 Nichtigkeit eines Eröffnungsverbots

**Eine Anordnung des Erblassers, durch die er verbietet, das Testament alsbald nach seinem Tode zu eröffnen, ist nichtig.**

## Überblick

Die Eröffnung der Verfügung von Todes wegen soll allen Beteiligten Klarheit über die Rechtsverhältnisse nach dem Tod des Erblassers verschaffen. Daran sind nicht nur die Angehörigen des

Erblassers und die Erben sowie die sonstigen Bedachten interessiert, sondern auch Dritte, insbesondere die Gläubiger des Erblassers. Diese müssen sich auf die neue Rechtslage einstellen und die erforderlichen Dispositionen treffen können. Die Bekanntgabe der Rechtslage nach dem Tod des Erblassers liegt deshalb auch im öffentlichen Interesse. Deshalb erklärt das Gesetz Eröffnungsverbote für unwirksam (→ Rn. 2). § 2263 gilt darüber hinaus für jede Anordnung, die die gesetzliche Ablieferungs- und/oder die Benachrichtigungspflicht ausschließt oder einschränkt (→ Rn. 1).

## I. Verbotsumfang

Der Erblasser hat nicht das Recht, in irgendeiner Form die **Eröffnung** seiner Verfügung von Todes wegen zu verbieten, und zwar weder auf Zeit (Reimann/Bengel/Dietz/Voit Rn. 3) noch auf Dauer. § 2263 gilt darüber hinaus für jede Anordnung, die die gesetzliche **Ablieferungs- und/oder die Benachrichtigungspflicht** ausschließt oder einschränkt (vgl. KG OLGZ 1979, 269 = Rpfleger 1979, 137 (139)). Selbst das Verbot des Erblassers, seine Wohnung, vergleichbare oder Räume oder einen Safe zu öffnen, ist aus dem gleichen Grund unbeachtlich (Reimann/Bengel/Dietz/Voit Rn. 3). Dieses Verbot gilt sowohl für einseitige als auch für gemeinschaftliche Testamente. 1

## II. Rechtsfolgen

Eröffnungsverbote sind **nichtig** und deshalb von niemandem zu beachten. Ein dauerhaftes Verbot kann auf einen Mangel der Ernstlichkeit iSd § 118 oder das Fehlen eines Testierwillens hindeuten (MüKoBGB/Sticherling Rn. 10 mwN). Darüber hinaus ist zu prüfen, ob damit nicht ein **Widerruf** der betroffenen Verfügung von Todes wegen verbunden ist. Bei einem nur zeitweiligen Verbot der Eröffnung oder bei einem Ausschließen der Ablieferung oder bei einer Einschränkung der Benachrichtigungspflicht wird regelmäßig kein Widerruf vorliegen, da hierfür andere Gründe maßgebend sein können. Anders verhält es sich dagegen, wenn der Erblasser die Eröffnung oder die Benachrichtigung umfassend und auf Dauer untersagt hat. In einem solchen Fall ist regelmäßig von einem Widerruf der betroffenen Verfügung auszugehen (Staudinger/Baumann, 2018, Rn. 5; für differenzierte Lösung im Einzelfall: Reimann/Bengel/Dietz/Voit Rn. 4). In allen anderen Fällen ist dagegen die Verfügung ohne das gegen § 2263 verstoßende Verbot gültig (vgl. LG Freiburg BWNotZ 1982, 115). 2

### § 2263a (aufgehoben)

### § 2264 (aufgehoben)

# Titel 8. Gemeinschaftliches Testament

### § 2265 Errichtung durch Ehegatten

**Ein gemeinschaftliches Testament kann nur von Ehegatten errichtet werden.**

## Überblick

Das Gesetz definiert den Begriff der Gemeinschaftlichkeit nicht und regelt die Rechtsfolgen dieses gemeinschaftlichen Testierens nur lückenhaft. Beim Streit um diesen Begriff geht es vor allem um die Frage, welche Anforderungen an die Manifestation des Willens, ein gemeinschaftliches Testament errichten zu wollen, zu stellen sind (→ Rn. 3 ff.). Um ein gemeinschaftliches Testament handelt es sich nach heute hM nur dann, wenn jeder im Zeitpunkt der Errichtung weiß und will, dass er mit dem anderen zusammen letztwillig verfügt, und dies in irgendeiner Weise in der Urkunde angedeutet ist. Daher ist keine gemeinsame Testamentsurkunde erforderlich (→ Rn. 6). Besondere Probleme bereiten alle Fälle, in denen die Errichtungsakte beider Beteiligten zeitlich auseinanderfallen (Differenz der Errichtungsakte) (→ Rn. 7). Ein gemeinschaftliches

Testament muss begriffsnotwendig zwar letztwillige Verfügungen beider Ehegatten enthalten, doch brauchen diese weder wechselbezüglich noch gegenseitig, sondern können auch einseitig testamentarischer Natur sein (→ Rn. 8). Auch wenn das gemeinschaftliche Testament nur eine besondere Testamentsform ist, so ähneln die Wirkungen wechselbezüglicher erbrechtlicher Zuwendungen insbesondere ab dem Tod des Ehe- bzw. Lebenspartners stark denen vertragsmäßiger Verfügungen im Erbvertrag, weshalb dessen Regeln analog anzuwenden sind (→ Rn. 9 ff.). Man unterscheidet zwischen äußerlichem, gegenseitigem und wechselbezüglichem Testament (→ Rn. 12 ff.). Das gemeinschaftliche Testament ist Ehegatten und Partnern einer eingetragenen Lebenspartnerschaft vorbehalten (→ Rn. 16 ff.). Ist das gemeinschaftliche Testament von Personen errichtet worden, die zu dieser Zeit nicht rechtsgültig miteinander verheiratet oder in einer gleichgeschlechtlichen Lebenspartnerschaft verbunden waren, so ist zunächst die Möglichkeit der Umdeutung in zwei Einzeltestamente oder in einen notariellen Erbvertrag zu prüfen (→ Rn. 21 ff.). Umstritten sind die Anforderungen, die an den Umdeutungs- bzw. Aufrechterhaltungswillen des Erblassers bei wechselbezüglichen Verfügungen in einem gemeinschaftlichen Testament zu stellen sind (→ Rn. 25).

## Übersicht



## I. Funktion, Begriff und Wesen

1 **1. Funktion.** Das Recht von Ehepartnern zur Errichtung eines gemeinschaftlichen Testaments ist eine Konsequenz des ehelichen Güterrechts und zugleich Ausdruck des besonderen Schutzes, den die Ehe gem. Art. 6 Abs. 1 GG genießt (BVerfG NJW 1989, 1986). Gleichzeitig ermöglicht diese besondere Testamentsform eine **Nachlassplanung,** die einerseits die Versorgung des Längstlebenden, andererseits aber auch die Vermögensinteressen gemeinsamer Kinder sichert, insbes. durch die Erbfolgegestaltung nach dem „Berliner Modell" (§ 2269). Die erbrechtliche Bindungsmöglichkeit ist dabei eine wichtige Gestaltungsvoraussetzung (aA Staudinger/Kanzleiter, 2019, Vor § 2265 Rn. 54 wegen der Möglichkeit, einen Erbvertrag zu errichten). Andererseits ist vor allem bei eigenhändig und ohne fachkundigen Rat verfassten Testamenten der Längstlebende in den allermeisten Fällen von der eingetretenen Bindung bei wechselbezüglichen Zuwendungen überrascht. Die Einräumung dieser Testiermöglichkeit für gleichgeschlechtliche Partner einer eingetragenen Lebenspartnerschaft entspringt dem gesetzgeberischen Wunsch nach weitestgehender rechtlicher Gleichstellung dieser Form des Zusammenlebens mit der Ehe.

2 **2. Begriff der Gemeinschaftlichkeit.** Das Gesetz definiert den von ihm in den §§ 2265 ff. verwendeten Begriff nicht und regelt die Rechtsfolgen dieses gemeinschaftlichen Testierens nur lückenhaft. Sicher ist daher zunächst nur, dass es sich um eine **besondere Art des Testaments** handelt, nämlich um die Verknüpfung der letztwilligen Verfügungen von Ehe- oder Lebenspartnern. Das gemeinschaftliche Testament muss deshalb letztwillige Verfügungen beider Beteiligten enthalten, wobei die zum Wesen dieser Testamentsart gehörende erbrechtliche Bindung nur eintritt, wenn mindestens eine erbrechtliche Zuwendung (Erbeinsetzung, Vermächtnis, Auflage) eines Partners wechselbezüglich zu einer des anderen ist.

3 Seit Inkrafttreten des BGB ist umstritten, was unter einer **„gemeinschaftlichen Erklärung"** iSd §§ 2265 ff. zu verstehen ist. Dabei geht es vor allem um die Frage, welche Anforderungen an die Manifestation des Willens, ein gemeinschaftliches Testament errichten zu wollen, zu stellen sind. Da das gemeinschaftliche Testament begriffsnotwendig die Zusammenfassung von zwei Testamenten darstellt, bedarf es einer zusätzlichen Rechtfertigung dafür, die darüber hinausgehenden Verknüpfungsfolgen eintreten zu lassen. Der Theorienstreit gewinnt praktische Bedeutung immer dann, wenn es um die Abgrenzung des gemeinschaftlichen Testaments von zwei (frei widerrufba-

ren) Testamenten geht, vor allem also bei der Formerleichterung für eigenhändige Testamente gem. §§ 2267, 2247 und bei der Frage nach der erbrechtlichen Bindungswirkung von Erbeinsetzungen, Vermächtnissen oder Auflagen gem. §§ 2270, 2271.

Für die früher herrschende, vor allem vom RG vertretene **objektive Theorie** kam es dabei entscheidend auf die äußere Form, nämlich die „einheitliche Urkunde", nicht aber auf den Willen der Testierenden an (grdl. RGZ 72, 204 (206)). Auch nach dieser Meinung war es allerdings nicht notwendig, dass die Ehegatten ihren Willen in einer einzigen Urkunde niederlegten, sondern auch mehrere räumlich zusammenhängende Schriftstücke wurden als gemeinschaftliches Testament eingeordnet. Die Verwahrung in einem Briefumschlag ohne Auf- und Unterschrift genügte diesen Anforderungen allerdings nicht (vgl. dazu, allerdings von der subjektiven Theorie ausgehend, BayObLGZ 1959, 288; OLG Köln OLGZ 1968, 323). Diese Meinung wird heute fast allgemein als zu formalistisch abgelehnt (vgl. MüKoBGB/Musielak Vor § 2265 Rn. 6 f.). 4

Heute besteht weitgehend Einigkeit darüber, dass der Wille der Testierenden die wesentliche Grundlage des Begriffs der Gemeinschaftlichkeit bilden muss (**subjektive Theorie**). Gestritten wird jedoch darüber, in welchem Umfang dieser Wille maßgebend ist, vor allem, ob er wenigstens in irgendeiner Weise seinen erkennbaren Ausdruck in der Testamentsurkunde gefunden haben muss: 5

- Teile der Lit. und die ältere Rspr. lassen es genügen, dass der tatsächliche Wille der Testierenden, gemeinschaftlich ein Testament zu errichten, auch aus außerhalb der Urkunde liegenden Umständen abgeleitet werden kann (OGH NJW 1949, 304 (306); BayObLG NJW 1959, 1969; Battes, Gemeinschaftliches Testament und Ehegattenerbvertrag als Gestaltungsmittel für die Vermögensordnung der Familie, 1974, 286; Coing JZ 1952, 611 (613) Fn. 14; Lutter FamRZ 1959, 273 (274); Staudinger/Kanzleiter, 2019, Vor § 2265 Rn. 18; Brox ErbR Rn. 174). Der Wille braucht danach überhaupt **keinen Niederschlag** in der Testamentsurkunde selbst gefunden zu haben.
- Letzteres wird von der mittlerweile hM mit Rücksicht auf die zur Auslegung überwiegend vertretenen Andeutungstheorie (→ § 2084 Rn. 9) mit Recht gefordert (BGH NJW 1953, 698 (699); OLG Zweibrücken FGPrax 2002, 231; 2000, 244; BayObLG FamRZ 1995, 1447 (1448); OLG Frankfurt Rpfleger 1978, 310 (311); Haegele BWNotZ 1977, 29 (33); MüKoBGB/Musielak Vor § 2265 Rn. 9 f.; Soergel/Leiß § 2265 Rn. 7; Grüneberg/Weidlich Vor § 2265 Rn. 2). Danach muss der Wille zur gemeinsamen Verfügung nach außen erkennbar in der Urkunde **manifestiert** worden sein (ausf. zu den unterschiedlichen Theorien Reimann/Bengel/Dietz/J. Mayer/Sammet Vor § 2265 Rn. 16; Pfeiffer FamRZ 1993, 1266 (1270)). Nach überwM ist dieser Wille tatsächlicher, nicht rechtsgeschäftlicher Natur (für tatsächlichen Willen BayObLG Rpfleger 2002, 521 (522 f.); NK-BGB/Gierl Rn. 7 mwN; für geschäftsähnlichen Willen Staudinger/Kanzleiter, 2019, Vor § 2265 Rn. 18; für rechtsgeschäftlichen Willen Reimann/Bengel/Dietz/J. Mayer/Sammet Vor § 2265 Rn. 21; Pfeiffer FamRZ 1993, 1266 (1270)).

Um ein gemeinschaftliches Testament handelt es sich nach heute hM daher nur dann, wenn jeder der beiden Ehe- bzw. Lebenspartner im Zeitpunkt der Errichtung (aA Grüneberg/Weidlich Vor § 2265 Rn. 2) in einem tatsächlichen Sinne (aA Pfeiffer FamRZ 1993, 1266; Reimann/Bengel/Dietz/J. Mayer/Sammet Vor §§ 2265 ff. Rn. 22; die rechtsgeschäftlichen Willen annehmen) weiß und will, dass er mit dem anderen zusammen letztwillig verfügt, und dies in irgendeiner Weise in der Urkunde angedeutet ist. Daher ist keine gemeinsame Testamentsurkunde erforderlich. Allerdings ist bei Verfügungen in einer **gemeinsamen Urkunde** oder auf einem Blatt in aller Regel von einem gemeinschaftlichen Testament auszugehen (OLG Zweibrücken Rpfleger 2000, 551). Es genügt aber auch, dass jeder in einem **separaten Schriftstück** seinen letzten Willen formgültig niederlegt und dabei der Errichtungszusammenhang zumindest auf irgendeine Weise angedeutet wird. Weder hinreichend noch erforderlich ist, dass die Verfügungen inhaltlich aufeinander abgestimmt sind. Auch die **Errichtung zweier Einzeltestamente** am gleichen Tag und am gleichen Ort macht diese noch nicht zu einem gemeinschaftlichen Testament (vgl. dazu einerseits BGH NJW 1953, 698 (699); OLG Hamm BeckRS 2021, 24570; OLG Zweibrücken BeckRS 2002, 30273311; andererseits OLG München BeckRS 2008, 15423; OLG Hamm OLGZ 1979, 262 (265); OLG Zweibrücken FGPrax 2002, 231; 2000, 244). Unproblematisch sind alle Fälle, in denen sich der gemeinschaftliche Testierwille durch (erläuternde oder ergänzende) **Auslegung des Inhalts** ergibt (zB die Bezeichnung als „gemeinschaftliches Testament" oder „unser Testament", die Verwendung von „wir" oder „gemeinsam" bei letztwilligen Verfügungen oder bei Regelungen für den „gleichzeitigen Tod") (BayObLG FamRZ 1991, 1485; 1993, 240; NJW 1959, 1969; OLG Frankfurt OLGZ 1978, 267). Ein gemeinschaftliches Testament kann auch dann vorliegen, wenn die Ehegatten sich in getrennten Urkunden jeweils zu Alleinerben einsetzen und in gemeinschaftlich abgefassten, mit „Zusatz zum Testament" und „Nachtrag zum Testament" 6 bezeichneten Urkunden weitere Verfügungen treffen (OLG München BeckRS 2008, 15423). Bei Abfassung in Form von zwei entsprechenden Einzeltestamenten reicht auch die bloße **Mitunterzeichnung** durch den anderen zur Annahme eines gemeinschaftlichen Testaments aus. Die absolute Identität der **Formulierungen** in Verbindung mit der Wahl des gleichen Briefpapiers sprechen ebenfalls für einen gemeinsamen Testierwillen (LG München II BeckRS 2008, 4855). Unzureichend ist dagegen die Aufbewahrung zweier Einzeltestamente in einem Briefumschlag, es sei denn, dieser enthält einen eigenhändig ge- und von beiden Ehegatten unterschriebenen Vermerk, der die Zusammengehörigkeit dokumentiert.

7 Besondere Probleme bereiten alle Fälle, in denen die Errichtungsakte beider Beteiligten zeitlich auseinanderfallen **(Differenz der Errichtungsakte).** Sicher ist dabei nur, dass ein gemeinschaftliches Testament auch durch zeitlich aufeinander folgende Erklärungen der Ehe- bzw. Lebenspartner errichtet werden kann, vorausgesetzt allerdings, dass der Wille zur gemeinschaftlichen Errichtung zurzeit der letzten Erklärung bei beiden Beteiligten noch vorhanden ist (OLG München BeckRS 2011, 28351 unter II 1: sechs Jahre; Pfeiffer FamRZ 1993, 1266 (1271); Reimann/Bengel/Dietz/J. Mayer/Sammet Vor § 2265 Rn. 23). Mit Recht lässt es die hM aber nicht zu, dass ein Einzeltestament durch nachträgliche Zustimmung **(nachträgliche Vergemeinschaftung)** des anderen Partners in ein gemeinschaftliches Testament umgewidmet werden kann (→ § 2267 Rn. 3) (Reimann/Bengel/Dietz/J. Mayer/Sammet Vor § 2265 Rn. 23 mwN; NK-BGB/Gierl § 2267 Rn. 14; aA Lange/Kuchinke ErbR § 24 III 2d; Brox Rn. 174).

8 **3. Wesen des gemeinschaftlichen Testaments.** Ein gemeinschaftliches Testament muss begriffsnotwendig **letztwillige Verfügungen beider Ehegatten** enthalten. Diese Verfügungen brauchen weder wechselbezüglich (§ 2270) noch gegenseitig, sondern können auch einseitig testamentarischer Natur sein. Selbst ein Testament, das ausschließlich einseitig testamentarische Verfügungen beider Ehegatten enthält, ist ein gemeinschaftliches iSd §§ 2265 ff. (→ Rn. 13), allerdings treten mangels wechselbezüglicher Verfügungen keinerlei erbrechtlichen Bindungen gem. §§ 2270, 2271 ein. Es kommt auch nicht darauf an, ob beide Erbfälle oder nur der des Erstversterbenden geregelt werden. Enthält die Urkunde dagegen nur Verfügungen eines Ehegatten, so fehlt es an der vom Gesetz vorausgesetzten Gemeinschaftlichkeit der Errichtung und es liegt – trotz der etwaigen Mitunterzeichnung des anderen – nur ein einseitiges Testament vor.

9 Auch das gemeinschaftliche Testament ist **Testament iSd §§ 2229 ff.,** sodass diese Vorschriften Anwendung finden, soweit in den §§ 2265 ff. keine Sonderregelungen enthalten sind. Deshalb gelten die allgemeinen Grundsätze zur Testamentsauslegung auch hier, jedoch mit der Einschränkung, dass stets geprüft werden muss, ob das gefundene Auslegungsergebnis auch dem Willen des anderen Ehegatten im Zeitpunkt der Errichtung entspricht (vgl. BGHZ 112, 229 (233) = NJW 1991, 169). Das Gleiche gilt, wenn es im Rahmen der ergänzenden Auslegung auf den mutmaßlichen oder hypothetischen Erblasserwillen ankommt (KG OLGZ 1966, 503 (506); BayObLGZ 1962, 137 (142)).

10 Auch wenn das gemeinschaftliche Testament nur eine besondere Testamentsform ist, so ähneln die Wirkungen wechselbezüglicher erbrechtlicher Zuwendungen insbes. ab dem Tod des Ehe- bzw. Lebenspartners stark denen vertragsmäßiger Verfügungen im Erbvertrag, weshalb vor allem die Regeln über die Selbstanfechtung (§§ 2281 ff.) und über den Schutz vor lebzeitigen Verfügungen (§§ 2287, 2288) analog Anwendung finden.

11 **4. Abgrenzung zum Erbvertrag.** Die Gemeinsamkeiten ebenso wie die Unterschiede verdeutlicht die folgende Übersicht:

| | **Gemeinschaftliches Testament** | **Erbvertrag** |
|---|---|---|
| **Beteiligte** | Ehepartner (§ 2265) oder Partner einer eingetragenen Lebenspartnerschaft (§ 10 Abs. 4 S. 1 LPartG) | jede natürliche Person |
| **Testierfähigkeit bzw. Geschäftsfähigkeit** | Testierfähigkeit (§ 2229 Abs. 4) und Vollendung des 16. Lebensjahres (§ 2229 Abs. 1) | unbeschränkte Geschäftsfähigkeit (§ 2275 Abs. 1, § 104 Nr. 2) und Volljährigkeit (§ 2); Ausnahme für Ehepartner, Verlobte, Lebenspartner gem. § 2275 Abs. 2 und 3 |

| | | **Gemeinschaftliches Testament** | **Erbvertrag** |
|---|---|---|---|
| **Form** | | eigenhändiges Testament (§§ 2247, 2267) oder öffentliches Testament (§ 2232) | notarielle Beurkundung bei gleichzeitiger Anwesenheit aller (§ 2276 Abs. 1) |
| **Vertretung** | | unzulässig (§ 2064) | unzulässig bei Erblasser (§ 2274), aber zulässig bei anderem Vertragsteil, der nicht letztwillig verfügt |
| **Verfügungen** | **Einseitige Verfügung** | alle erb- oder familienrechtlich zulässigen Verfügungen | |
| | **Wechselbezügliche bzw. vertragsmäßige Verfügung** | nur erbrechtliche Zuwendungen = Erbeinsetzung einschließlich Teilungsanordnung (str.), Vermächtnis, Auflage (§ 2270 Abs. 3 bzw. § 2278 Abs. 2) | |
| **Wesentlicher Inhalt** | | mindestens eine erb- oder familienrechtlich zulässige Verfügung jedes Beteiligten, wobei wesenseigene erbrechtliche nur eintritt, wenn eine Zuwendung wechselbezüglich ist | mindestens eine vertragsmäßig vereinbarte erbrechtliche Zuwendung eines Beteiligten |
| **Schutz vor späteren abweichenden Verfügungen** | **Einseitige Verfügung** | kein Schutz | |
| | **Wechselbezügliche bzw. vertragsmäßige Verfügung** | Schutz gem. §§ 2270, 2271 Abs. 1 S. 2 | Schutz gem. §§ 2278, 2289 Abs. 1 S. 2 |
| **Schutz vor lebzeitigen Verfügungen** | **Einseitige Verfügung** | kein Schutz | |
| | **Wechselbezügliche bzw. vertragsmäßige Verfügung** | Schutz gem. §§ 2287, 2288 | |
| **Einseitiger Widerruf bzw. Rücktritt** | **Einseitige Verfügung** | Freies jederzeitiges Widerrufsrecht (§§ 2253 ff.) | |
| | **Wechselbezügliche bzw. vertragsmäßige Verfügung** | freier Widerruf bis zum Tod des Partners durch zugangsbedürftige notariell beurkundete Erklärung; danach grds. ausgeschlossen (§ 2271), aber Ausschlagung der Zuwendung (§ 2271 Abs. 2) und Änderungsvorbehalt möglich | Rücktritt nur bei Vorbehalt (§ 2293) oder bei Verfehlungen des Bedachten (§ 2294) durch zugangsbedürftige notariell beurkundete Erklärung, aber Änderungsvorbehalt möglich |
| **Anfechtung** | **Einseitige Verfügung** | ab dem Tod des Erblassers durch Dritte (§§ 2078 ff.) | |
| | **Wechselbezügliche bzw. vertragsmäßige Verfügung** | Anfechtung durch Erblasser (§§ 2281 ff. analog) und ab dessen Tod durch Dritte (§§ 2078 ff.) | |

| | | Gemeinschaftliches Testament | Erbvertrag |
|---|---|---|---|
| **Auflösung der Ehe bzw. Lebenspartnerschaft** | **Einseitige Verfügung** | Unwirksamkeit der Zuwendung an Ehe- bzw. Lebenspartner ab Urteil oder Antrag bzw. Zustimmung des Erblassers (§ 2077) | |
| | **Wechselbezügliche bzw. vertragsmäßige Verfügung** | Unwirksamkeit aller Zuwendungen an Ehe- bzw. Lebenspartner oder Dritte ab Urteil oder Antrag bzw. Zustimmung des Erblassers (§§ 2268, 2077) | Unwirksamkeit der Zuwendung an Ehe- bzw. Lebenspartner ab Urteil oder Antrag bzw. Zustimmung des Erblassers, und zwar bei vertragsmäßiger gem. § 2279, 2077 und bei einseitiger gem. § 2077 |
| **Verwahrung** | | bei eigenhändigem Testament ist die besondere Verwahrung fakultativ, beim notariellen Testament dagegen obligatorisch (§ 34 Abs. 1 S. 4 BeurkG) | Verwahrung durch den Notar ist die Regel, aber besondere Verwahrung durch das Gericht kann verlangt werden (§ 34 Abs. 2 BeurkG) |
| **Kosten** | | bei eigenhändiger Errichtung keine, bei notarieller Beurkundung Notarkosten und Kosten der besonderen amtlichen Verwahrung beim Amtsgericht | Kosten der Beurkundung; bei Verwahrung durch den Notar fallen keine Verwahrungskosten an |

## II. Arten des gemeinschaftlichen Testaments

12 Traditionell werden nach dem Verhältnis der letztwilligen Verfügungen zueinander folgende Arten unterschieden:

13 **1. Gleichzeitiges oder äußerliches „gemeinschaftliches" Testament.** Bei diesem Testament sind die Verfügungen mehrerer Personen nur rein äußerlich in einer Urkunde zusammengefasst und stehen in keinem willentlichen Errichtungszusammenhang. Bei dieser in der Praxis seltenen Form handelt es sich vom Standpunkt der subjektiven Theorien aus nicht um ein gemeinschaftliches Testament iSd §§ 2265 ff., sondern um zwei einseitige Testamente, weshalb auch von einer „Testiergemeinschaft" gesprochen wird (MüKoBGB/Musielak Vor § 2265 Rn. 15). Im Falle des Todes eines Erblassers sind wegen der möglichen Wechselbezüglichkeit der darin enthaltenen korrespondierenden Verfügungen alle Testamente dieser Testiergemeinschaft gem. § 348 FamFG zu eröffnen, also auch das korrespondierende Testament des noch lebenden Beteiligten.

14 **2. Gegenseitiges gemeinschaftliches Testament.** Ein solches Testament enthält außer gegenseitigen Erbeinsetzungen, Vermächtnissen oder Auflagen keine weiteren Verfügungen, die in dem in § 2270 definierten Verhältnis der Wechselbezüglichkeit zueinander stehen. Bei diesen gegenseitigen Zuwendungen wird notwendigerweise die Verfügung des Erstversterbenden wirksam und die des Längstlebenden gegenstandslos.

15 **3. Wechselbezügliches gemeinschaftliches Testament.** Dabei ist mindestens eine Verfügung mit einer des anderen Ehegatten bzw. Lebenspartners in der Weise abhängig, dass beide miteinander stehen und fallen sollen, die eine also nicht ohne die andere gelten soll. Dieses Abhängigkeitsverhältnis kann auch einseitig sein, dh es genügt, dass zwar die Verfügung des einen Ehegatten bzw. Lebenspartners von der des anderen abhängt, nicht jedoch umgekehrt. Ein gegenseitiges gemeinschaftliches Testament ist regelmäßig, jedoch nicht zwingend auch ein wechselbezügliches Testament.

## III. Beteiligte

16 **1. Ehepartner.** Das gemeinschaftliche Testament ist gem. § 2265 **Ehegatten** vorbehalten. Dies ist verfassungsrechtlich nicht zu beanstanden (BVerfG NJW 1989, 1986). Ein gemeinschaftliches Testament ist deshalb nur wirksam, wenn die Testierenden im Zeitpunkt der Errichtung in einer

gültigen Ehe miteinander verheiratet waren. Heiraten die Testierenden erst nach der Testamentserrichtung, so hat dies keine heilende Wirkung und das gemeinschaftliche Testament bleibt nichtig (MüKoBGB/Musielak Rn. 2; aA Wacke FamRZ 2001, 457 ff.; dagegen Kanzleiter FamRZ 2001, 1198). Die Auswirkungen einer späteren Auflösung gem. §§ 1313 ff. oder eines Scheidungsverfahrens sind in § 2268 geregelt. Personen, die nicht miteinander verheiratet sind, also auch **Verlobte oder Partner einer nichtehelichen Lebensgemeinschaft,** müssen entweder vor einem Notar einen Erbvertrag oder jeder für sich getrennt ein (einseitiges) Testament errichten. Wird die Form des Erbvertrags gewählt, so kann eine dem gemeinschaftlichen Testament ähnliche Bindungswirkung erreicht werden.

Ist mindestens ein Ehepartner Ausländer oder gehört ausländisches Vermögen zum Nachlass **17** **(Auslandsbezug),** so ist die Anerkennung und Wirksamkeit eines gemeinschaftlichen Testaments im Ausland auf Grund der Tatsache, dass diese Testierform in vielen Ländern der Welt verboten ist, sehr zweifelhaft. Ab dem 17.8.2015 kann selbst bei einem deutschen Staatsangehörigen die Wirksamkeit eines Erbvertrags Probleme bereiten, weil Art. 21 EuErbVO das Aufenthaltsprinzip zur allgemeinen Kollisionsnorm innerhalb der EU-Staaten erklärt. Andererseits verschaffen **Art. 24, 25 EuErbVO** innerhalb der EU eine weiterreichende Anerkennung der Zulässigkeit dieser Testamentsform als bisher. Gleichzeitige (äußerliche) gemeinschaftliche Testamente (→ Rn. 13) unterfallen dabei richtiger Ansicht nach – wie einseitige Testamente – Art. 24 EuErbVO, während sich die Gültigkeit aller gemeinschaftlichen Testamenten mit gegenseitigen und/oder wechselbezüglichen Verfügungen (→ Rn. 14, → Rn. 15) nach Art. 25 EuErbVO richtet (Bonomi/Öztürk in Dutta/Herrler, Die Europäische Erbrechtsverordnung, 2014, 61 Rn. 67 f.; aA Nordmeier ZEV 2013, 117 (120); Simon/Buschbaum NJW 2012, 2393 (2396)), weil die zuletzt genannten gemeinschaftlichen Testamentstypen aufgrund ihrer erbrechtlichen Bindungswirkung dem Erbvertrag näher stehen als dem einseitigen Testament. Gemeinschaftliche Testamente mit gegenseitigen und/oder wechselbezüglichen Verfügungen sind gem. Art. 25 Abs. 2 S. 1 EuErbVO folglich nur gültig, wenn die Erbstatute beider Erblasser das gemeinschaftliche Testament zulassen.

**Minderjährige** (§ 2) können nach der ersatzlosen Aufhebung des § 1303 Abs. 2 aF durch das **18** Gesetz zur Bekämpfung von Kinderehen vom 17.7.2017 (BGBl. I 2429) mit Wirkung ab dem 31.12.2017 kein gemeinschaftliches Testament errichten; vor dem 1.1.2018 errichtete gemeinschaftliche Testamente bleiben jedoch wirksam. Ein Minderjähriger, der das 16. Lebensjahr vollendet hat, kann jedoch gem. § 2229 Abs. 1 ein Testament errichten.

**2. Partner einer gleichgeschlechtlichen Lebenspartnerschaft iSd § 1 Abs. 1 S. 1** **19** **LPartG.** Seit dem 1.8.2001 können außer Ehepaaren auch die Partner einer gleichgeschlechtlichen **Lebenspartnerschaft iSd** § 1 Abs. 1 S. 1 LPartG ein gemeinschaftliches Testament errichten (§ 10 Abs. 4 S. 1 LPartG). Der Heirat steht dabei die formgerechte Abgabe der Erklärung gem. § 1 Abs. 1 S. 1 LPartG gleich. Der Abschluss eines Lebenspartnerschaftsvertrags oder sonstige vorbereitende Maßnahmen zur Eingehung einer solchen Lebenspartnerschaft reichen nicht aus, auch wenn § 1 Abs. 3 LPartG mittlerweile das Verlöbnis zwischen (künftigen) Lebenspartnern eingeführt hat. Die Rechtslage ist insoweit nicht anders als beim Verlöbnis zwischen künftigen Ehepartnern (→ Rn. 16). Das Recht zur Errichtung eines gemeinschaftlichen Testaments endet mit der Aufhebung der Partnerschaft gem. § 15 LPartG. Auf ein Testament zwischen gleichgeschlechtlichen Lebenspartnern finden alle für gemeinschaftliche Testamente von Ehepaaren geltenden Bestimmungen Anwendung. Trotz der ungenauen Verweisung in § 10 Abs. 4 S. 2 LPartG auf §§ 2266–2273 gelten daher auch §§ 2287, 2288 für ein gemeinschaftliches Testament zwischen Partnern einer gleichgeschlechtlichen Lebenspartnerschaft. Für gemeinschaftliche Testamente von Lebenspartnern gelten auch die §§ 2279 Abs. 2, 2280 und 2292.

Mit Wirkung vom 22.12.2018 bestimmt das Eheöffnungsgesetz vom 18.12.2018 (BGBl. I **20** 2639), dass eine solche Lebenspartnerschaft in eine Ehe umgewandelt werden kann, wenn beide Lebenspartner vor dem Standesbeamten persönlich und bei gleichzeitiger Anwesenheit erklären, miteinander eine Ehe führen zu wollen (§ 20a Abs. 1 S. 1 LPartG). Die **Umwandlung der Lebenspartnerschaft in eine Ehe** hat keine Auswirkungen auf ein nach § 10 Abs. 4 LPartG errichtetes gemeinschaftliches Testament (§ 20a Abs. 4 LPartG). Eine eingetragene Lebenspartnerschaft kann in eine deutschem Recht unterliegende gleichgeschlechtliche Ehe auch dann umgewandelt werden, wenn die Partner bereits vor Inkrafttreten des Eheöffnungsgesetzes eine danach in Deutschland vollwirksam gewordene Ehe im Ausland geschlossen haben (OLG Köln BeckRS 2019, 14555 betr. Frankreich).

## IV. Rechtsfolge von Verstößen

21 **1. Umdeutung.** Ist das gemeinschaftliche Testament von Personen errichtet worden, die zu dieser Zeit nicht rechtsgültig miteinander verheiratet oder in einer gleichgeschlechtlichen Lebenspartnerschaft verbunden waren, so ist zunächst die Möglichkeit der Umdeutung gem. § 140 (allgM, zB MüKoBGB/Musielak Rn. 5 f. mwN) in zwei Einzeltestamente oder in einen notariellen Erbvertrag zu prüfen. Das Gleiche gilt, wenn nur einer den Entwurf eines gemeinschaftlichen Testaments eigenhändig ge- und unterschrieben hat (OLG Frankfurt Rpfleger 1998, 342). Das Ergebnis kann dabei für mehrere äußerlich in einem gemeinschaftlichen Testament zusammengefasste Einzelverfügungen auch unterschiedlich ausfallen.

22 **a) Formerfordernis.** Die Umdeutung kommt allerdings nur in Betracht, wenn und soweit das gemeinschaftliche Testament auch den für Einzeltestamente oder für einen Erbvertrag geltenden Vorschriften entspricht. Diese Bedingung ist bei Errichtung des gemeinschaftlichen Testaments vor einem Notar für beide Fälle erfüllt. Das Gleiche gilt bei dem in der Praxis äußerst seltenen Fall, dass jeder Testierende in einem eigenhändigen gemeinschaftlichen Testament seine eigenen Verfügungen in vollem Umfang selbst ge- und unterschrieben hat. Ist bei einem solchen gemeinschaftlichen Testament der Text gem. § 2267 nur von einem eigenhändig geschrieben und von beiden unterzeichnet worden, so kann allenfalls die letztwillige Verfügung des Schreibenden in ein Einzeltestament umgedeutet werden; die des anderen ist nichtig.

23 **b) Erblasserwille.** Die Umdeutung hängt weiter davon ab, ob sie auch dem mutmaßlichen Willen des Erblassers entspricht.

24 Bei **einseitig testamentarischen Verfügungen** wird man regelmäßig zu dem Ergebnis gelangen, dass diese als Bestandteil eines Einzeltestaments gültig sein sollen (BGH NJW-RR 1987, 1410; NJW 2011, 1353 (1354). Zwingend ist dies jedoch nicht (so mit Recht MüKoBGB/Musielak Rn. 8). So sind Fälle denkbar, dass eine solche einseitige Verfügung in ihrer Wirkung von einer (nicht umdeutbaren) wechselbezüglichen Verfügung abhängig ist, sodass eine isolierte Geltung nicht mehr vom Erblasserwillen gedeckt ist.

25 Auch **wechselbezüglich gewollte letztwillige Verfügungen** eines Ehe- bzw. Lebenspartners können im Falle der Unwirksamkeit der korrespektiven Verfügung des anderen Ehe- bzw. Lebenspartners in eine einzeltestamentarische Verfügung gem. § 140 umgedeutet werden, und zwar ohne Rücksicht auf den Rechtsgrund der Unwirksamkeit der korrespektiven Verfügung (BGH NJW-RR 1987, 1410 betr. gemeinschaftliches Testament von Nichtverheirateten; NJW 2011, 1353 (1354); BayObLG NJW-RR 2003, 659 und NJW-RR 2000, 1534 betr. fehlende Unterschrift eines Ehegatten; OLG München BeckRS 2014, 15038; NJW-RR 2010, 1382 betr. Testierunfähigkeit eines Ehegatten; aA Zimmer ZEV 2010, 471 (472)). Umstritten sind die Anforderungen, die an den Umdeutungs- bzw. Aufrechterhaltungswillen des Erblassers bei wechselbezüglichen Verfügungen in einem gemeinschaftlichen Testament zu stellen sind. Entgegen der Ansicht des KG (KG NJW 1972, 2133; zust. OLG Frankfurt MDR 1976, 667) darf die Verfügung jedenfalls nicht ohne weitere Feststellungen zum Erblasserwillen als einzeltestamentarische Verfügung aufrechterhalten werden, da das gemeinschaftliche Testament mehr ist als die bloß äußerliche Zusammenfassung zweier Einzeltestamente. Die Umdeutung ist nur möglich, wenn feststeht, dass der Erblasser die wechselbezüglich gewollte Verfügung auch dann getroffen hätte, wenn er die Unwirksamkeit der korrespektiven Verfügung gekannt hätte. Es gelten die allgemeinen Grundsätze der Testamentsauslegung (§§ 2084, 133, 157). Eine Umdeutung scheitert deshalb auch nicht daran, dass in einem notariell beurkundeten gemeinschaftlichen Testament die Wechselbezüglichkeit ausdrücklich festgestellt worden ist, da auch eindeutige Fachbegriffe auslegungsfähig und -bedürftig sind (vgl. OLG München BeckRS 2014, 15038; auch → § 2084 Rn. 12). Bei der Feststellung des Erblasserwillens ist auf der Grundlage allgemeiner Lebenserfahrung zwischen gegenseitigen Verfügungen der Erblasser und Zuwendungen an Dritte zu differenzieren (BayObLG Rpfleger 2001, 425; Kanzleiter DNotZ 1973, 133 (145 ff.); Reimann/Bengel/Dietz/J. Mayer/Sammet Rn. 7 f.; Staudinger/Kanzleiter, 2019, Rn. 11 f.; Soergel/Leiß Rn. 5):

- Bei **gegenseitigen Erbeinsetzungen, Vermächtnissen oder Auflagen** kann ohnehin nur die Verfügung des Erstversterbenden wirksam werden, während die des Überlebenden gegenstandslos wird. Aus der Sicht des Erblassers ist es jedoch grds. ohne Bedeutung, ob die Wirkungslosigkeit Folge des Vorversterbens oder sonstiger Gründe ist. Bei diesen gegenseitigen wechselbezüglichen Verfügungen ist daher mangels anderer Anhaltspunkte grds. davon auszugehen, dass der Erblasser deren Wirksamwerden auch für den Fall will, dass die des anderen unwirksam sind (BayObLG Rpfleger 2001, 425; Staudinger/Kanzleiter, 2019, Rn. 12; Kanzleiter DNotZ 1973, 133 (145 ff.); aA OLG München BeckRS 2014, 08911; KG NJW 1969, 798; OLG Hamm

ZEV 1996, 304 mAnm Kanzleiter). Allerdings können besondere Umstände des Einzelfalls ein anderes Auslegungsergebnis rechtfertigen (MüKoBGB/Musielak Rn. 9; vgl. OLG München BeckRS 2014, 08911).

- Bei wechselbezüglichen **Zuwendungen an Dritte** will der Erblasser regelmäßig sichergestellt wissen, dass der Dritte letztlich den Gegenstand auch erhält. Da das Wesen der Wechselbezüglichkeit gerade darin besteht, dass die derart verknüpften Verfügungen miteinander stehen und fallen, ist bei ihnen deshalb eine Aufrechterhaltung als einseitige Verfügung grds. ausgeschlossen (BayObLG NJW-RR 1992, 332 (333); 1993, 1157 (1159); Rpfleger 2000, 457; KG Rpfleger 1969, 93; MüKoBGB/Musielak Rn. 9; aA Soergel/Leiß Rn. 5). Die Umdeutung wird hier regelmäßig zu dem Ergebnis gelangen, dass die Verfügung mit der Bedingung verknüpft ist, dass der Dritte das ihm Zugewendete letztendlich auch erhält (Kanzleiter DNotZ 1973, 133 (149); Staudinger/Kanzleiter, 2019, Rn. 13). Trotzdem kann eine Umdeutung nicht generell abgelehnt werden, da die Vorschrift des § 2270 mangels gültigen gemeinschaftlichen Testaments nicht eingreift. Bei Vorliegen besonderer Umstände kommt auch bei Zuwendungen an Dritte eine Aufrechterhaltung als einseitige Verfügung in Betracht (MüKoBGB/Musielak Rn. 9; Grüneberg/Weidlich Rn. 3; vgl. auch OLG Frankfurt FamRZ 1979, 347).

Ein **von einem Notar beurkundetes gemeinschaftliches Testament** ist regelmäßig in einen Erbvertrag umzudeuten, es sei denn es wird festgestellt, dass die Testierenden die damit verbundene Bindungswirkung nicht wollten (RG WarnR 1913 Nr. 248 Staudinger/Kanzleiter, 2019, Vor § 2265 Rn. 33; MüKoBGB/Musielak Rn. 10). 26

**2. Nichtigkeit.** Wenn und soweit eine Umdeutung eines von nicht dazu berechtigten Personen errichteten gemeinschaftlichen Testaments gem. § 140 nicht möglich ist, so ist jede nicht umdeutbare Einzelverfügung in vollem Umfang unwirksam. 27

## § 2266 Gemeinschaftliches Nottestament

**Ein gemeinschaftliches Testament kann nach den §§ 2249, 2250 auch dann errichtet werden, wenn die dort vorgesehenen Voraussetzungen nur bei einem der Ehegatten vorliegen.**

### Überblick

Ein gemeinschaftliches Testament kann in jeder Testamentsform errichtet werden, und zwar auch als Nottestament gem. §§ 2249, 2250. Diese Vorschrift erweitert diese Möglichkeiten und erlaubt sie auch für den Fall, dass die spezifische Notsituation dieser Vorschriften nur bei einem Ehegatten vorliegt (→ Rn. 1 f.). Besondere Probleme verursacht die Dreimonatsfrist gem. § 2252 Abs. 1, wenn der Ehegatte, bei dem die Notsituation nicht vorgelegen hat, innerhalb dieser Frist stirbt. Während wechselbezügliche Verfügungen nicht ungültig werden dürfen, ist die Wirkung des Ablaufs der Dreimonatsfrist auf in dem gemeinschaftlichen Nottestament enthaltene einseitige Verfügungen des den Fristablauf überlebenden Ehepartners umstritten (→ Rn. 3 ff.).

### I. Errichtungsbedingungen

Das gemeinschaftliche Testament kann auch als Nottestament gem. den Vorschriften der §§ 2249–2251 errichtet werden. § 2266 stellt klar, dass das Bürgermeister- (§ 2249) und das Drei-Zeugen-Testament (§ 2250) auch dann zulässig sind, wenn die dort aufgestellten Bedingungen nur in der Person eines Ehepartners gegeben sind. Praktisch relevant ist diese Ausnahmeregelung allerdings nur in den Fällen naher Todesgefahr, weil die Absperrung nur eines Ehepartners unwahrscheinlich ist. Beim Seetestament (§ 2251) kann sich ein vergleichbares Problem nicht stellen, da sich beide Ehepartner auf dem gleichen Schiff befinden müssen. 1

Nach zutreffender hM sind die Ehepartner im Falle des § 2266 nicht gezwungen, sich bei der Errichtung eines gemeinschaftlichen Testaments der gleichen Testamentsform zu bedienen (Staudinger/Kanzleiter, 2019, Rn. 2; Damrau/Klessinger Rn. 2 f.; Erman/S. Kappler/T. Kappler Rn. 2). Es ist also möglich, dass der Ehegatte, bei dem die Voraussetzungen der §§ 2249, 2250, 2266 erfüllt sind, diese Form wählt und der andere eigenhändig gem. § 2247 testiert. Die Gegenansicht (MüKoBGB/Musielak Rn. 2) wendet dagegen zwar mit Recht ein, dass damit das Testament des einen nur zeitlich begrenzt und das des anderen unbegrenzt gültig ist. Dies ist jedoch kein Grund, den Ehepartnern die freie Wahl der Testamentsformen abzuschneiden. Wenn und soweit die in 2 den unterschiedlichen Testamentsarten enthaltenen Verfügungen wechselbezüglich sind, führt das Unwirksamwerden des Nottestaments durch Zeitablauf gem. § 2270 Abs. 1 auch die Nichtigkeit der korrespektiven Verfügungen des anderen herbei.

## II. Gültigkeitsdauer

3 **1. Dreimonatsfrist.** Auch das gemeinschaftliche Nottestament gem. §§ 2249, 2250, 2266 wird mit Ablauf von drei Monaten ab Errichtung ungültig (§ 2252 Abs. 1), es sei denn, einer der Ehepartner oder beide sterben vor dem Fristablauf. Auch wenn der Ehegatte, bei dem die Voraussetzungen für das gemeinschaftliche Nottestament nicht vorgelegen hatten, innerhalb dieser Frist stirbt, muss dieses gültig bleiben, weil mit dessen Tod die Möglichkeit zur Errichtung eines gemeinschaftlichen Testaments entfallen ist.

4 **2. Fristhemmung.** Die Dreimonatsfrist ist bei einem gemeinschaftlichen Nottestament gem. § 2252 Abs. 2 gehemmt, solange auch nur einer der beiden Ehepartner außerstande ist, an der Errichtung eines gemeinschaftlichen Testaments in ordentlicher öffentlicher Form mitzuwirken (MüKoBGB/Musielak Rn. 5; Reimann/Bengel/Dietz/J. Mayer/Sammet Rn. 7).

5 **3. Rechtsfolgen des Fristablaufs.** Erleben beide Ehepartner den Fristablauf, so werden alle in dem gemeinschaftlichen Nottestament enthaltenen Verfügungen unwirksam. Haben sich die Ehepartner unterschiedlicher Testamentsformen bedient (→ Rn. 2), so wird nur das in der Form der §§ 2249, 2250, 2266 errichtete Nottestament mit Fristablauf gem. § 2252 ungültig, während die wechselbezüglichen Verfügungen in dem anderen Testament gem. § 2270 Abs. 1 unwirksam werden.

6 Umstritten ist die Wirkung des Ablaufs der Dreimonatsfrist auf in dem gemeinschaftlichen Nottestament enthaltene **einseitige Verfügungen** des den Fristablauf überlebenden Ehepartners. Nach einer im Schrifttum vertretenen Auffassung werden die einseitigen Verfügungen eines überlebenden Ehepartners mit Fristablauf in jedem Fall ungültig, sodass er gezwungen ist, diese in einem ordentlichen Testament zu wiederholen (Staudinger/Kanzleiter, 2019, Rn. 3 f.; Kipp/Coing ErbR § 33 I 4). Diese Meinung geht von einer dem Gesetz fremden Differenzierung aus. § 2266 gebietet diese nicht nur nicht, sondern basiert gerade auf dem Gedanken, dass das gemeinschaftliche Nottestament als Einheit zu behandeln ist. Richtiger Ansicht nach bleiben daher auch alle einseitigen Verfügungen in einem gemeinschaftlichen Nottestament ohne Rücksicht darauf wirksam, ob gerade der verfügende Ehegatte gestorben ist oder nicht (Reimann/Bengel/Dietz/J. Mayer/Sammet Rn. 6; MüKoBGB/Musielak Rn. 5; Soergel/Leiß Rn. 3; RGRK-BGB/Johannsen Rn. 3; Damrau/Klessinger Rn. 5; Erman/S. Kappler/T. Kappler Rn. 3).

## § 2267 Gemeinschaftliches eigenhändiges Testament

**[1]Zur Errichtung eines gemeinschaftlichen Testaments nach § 2247 genügt es, wenn einer der Ehegatten das Testament in der dort vorgeschriebenen Form errichtet und der andere Ehegatte die gemeinschaftliche Erklärung eigenhändig mitunterzeichnet. [2]Der mitunterzeichnende Ehegatte soll hierbei angeben, zu welcher Zeit (Tag, Monat und Jahr) und an welchem Orte er seine Unterschrift beigefügt hat.**

### Überblick

Ehepartner können ein gemeinschaftliches Testament in jeder möglichen Testamentsform errichten und brauchen dabei noch nicht einmal die gleiche Errichtungsform zu wählen (→ Rn. 1 ff.). Diese Vorschrift enthält eine Formerleichterung für eigenhändige gemeinschaftliche Testamente (→ Rn. 4). Danach genügt es, dass nur ein Ehepartner den Text eigenhändig schreibt und der andere die so niedergelegte gemeinschaftliche Erklärung eigenhändig mitunterzeichnet (→ Rn. 4 ff.). Vom Erfordernis der eigenhändigen Unterzeichnung durch beide Ehegatten erteilt die Vorschrift keinen Dispens (→ Rn. 6). § 2267 gewährt zwar eine Formerleichterung, schließt jedoch ein gemeinschaftliches Testament nicht aus, in dem jeder entweder den gesamten Text oder aber nur den seinen eigenen Nachlass betreffenden Verfügungen selbst mit der Hand schreibt und beide unterzeichnen (→ Rn. 8). Bei einer Verletzung dieser Formvorschrift kann ein gemeinschaftliches Testament in ein einseitiges eigenhändiges Testament desjenigen Ehepartners umgedeutet werden, der den Text mit der Hand ge- und unterschrieben hat (→ Rn. 10).

## I. Formen der Errichtung

Die Ehegatten können ein gemeinschaftliches Testament in jeder möglichen Testamentsform errichten. Die Ehegatten brauchen dabei noch nicht einmal die gleiche Errichtungsform zu wählen. Die Entscheidung für unterschiedliche Formen der Errichtung darf nach hM nicht als Indiz gegen den gemeinschaftlichen Testierwillen gedeutet werden (Staudinger/Kanzleiter, 2019, Rn. 3; Reimann/Bengel/Dietz/J. Mayer/Sammet Rn. 4 f.; RGRK-BGB/Johannsen Rn. 2; aA MüKoBGB/Musielak Rn. 3), schließlich kann diese Wahl auch andere Ursachen haben (zB ein Ehepartner kann nicht mehr schreiben, während der andere einen Beurkundungstermin beim Notar nicht wahrnehmen kann). 1

Deshalb kann der eine Ehepartner in einem eigenhändigen Testament verfügen (§§ 2232, 2233 Nr. 1), während der andere seine Verfügungen von einem Notar beurkunden lässt (§§ 2232, 2233 Nr. 1). Bei Errichtung eines öffentlichen Testaments kann der eine den Weg der (mündlichen) Erklärung und der andere den der Übergabe einer – offenen oder geschlossenen – Schrift wählen (§ 2232). Selbst die Beurkundung durch verschiedene Notare ist zulässig (MüKoBGB/Musielak Rn. 5; aA Lange/Kuchinke ErbR § 24 III 2a; Schlüter ErbR Rn. 339). Das gemeinschaftliche Testament kann sogar – wie § 2266 belegt – als Nottestament vor dem Bürgermeister (§ 2249) oder vor drei Zeugen (§ 2250) errichtet werden. Wenn sich die Ehegatten auf dem gleichen Schiff befinden, ist auch ein Seetestament (§ 2251) zulässig. Bei der zulässigen Kombination ordentlicher und außerordentlicher Testamentsformen führt das Unwirksamwerden des Nottestaments durch Zeitablauf (§ 2252) gem. § 2270 Abs. 1 allerdings auch zur Nichtigkeit der korrespektiven Verfügungen des anderen im ordentlichen (eigenhändigen oder öffentlichen) Testament. 2

Wählen die Ehegatten unterschiedliche Errichtungsformen, so muss dabei der Wille zur Errichtung eines gemeinschaftlichen Testaments in der Weise deutlich zum Ausdruck gebracht werden, dass jeder von ihnen die Verfügungen des anderen nicht nur kennt, sondern auch billigt (BayObLG FamRZ 1991, 1485 (1486) mwN; MüKoBGB/Musielak Rn. 5; krit. Lange/Kuchinke ErbR § 24 III 2b; ausf. → § 2265 Rn. 6). Der dazu erforderliche Errichtungszusammenhang kann auch dann gegeben sein, wenn beide Ehepartner je für sich eigenhändige Testamente mit gleichem Inhalt und am gleichen Tag errichten. 3

## II. Form des eigenhändigen gemeinschaftlichen Testaments

**1. Errichtung. a) Formerleichterung des § 2267.** § 2267 S. 1 befreit einen der beiden Ehepartner von der sich aus § 2247 Abs. 1 ergebenden Pflicht, den **Text** selbst mit der Hand zu schreiben. Es genügt also, wenn nur ein Ehepartner den Text eigenhändig schreibt. Dies kann allerdings auch in der Weise geschehen, dass ein Ehepartner zunächst seine eigenen Verfügungen schreibt und unterschreibt, und dann die des anderen Verfügungen zwar ebenfalls schreibt, diese jedoch nur von dem anderen unterzeichnet werden (OLG Celle NJW 1957, 876 m. abl. Anm. Rötelmann; OLG Hamm NJW-RR 1991, 1352 (1353); LG München I FamRZ 1998, 1391 (1392); Reimann/Bengel/Dietz/J. Mayer/Sammet Rn. 34; Staudinger/Kanzleiter, 2019, Rn. 15; aA BGH NJW 1958, 547; Rötelmann Rpfleger 1958, 146; Musielak FamRZ 1992, 358 (359); MüKoBGB/Musielak Rn. 22). Dies gilt allerdings nur bei der Niederlegung in einem Schriftstück, weil andernfalls der gemeinsame Errichtungswille nicht hinreichend dokumentiert ist. Zur Eigenhändigkeit iÜ → § 2247 Rn. 9 ff. 4

**Ort und Tag** der Errichtung sollen auch im Rahmen des § 2267 angegeben werden, wobei das Fehlen dieser Angaben das gemeinschaftliche Testament nicht unwirksam macht. Zu den Problemen fehlender oder falscher Angaben → § 2247 Rn. 29 f. 5

Vom Erfordernis der eigenhändigen **Unterzeichnung** durch beide Ehegatten erteilt § 2267 S. 1 dagegen keinen Dispens, sodass die Anforderungen des § 2247 Abs. 3 in vollem Umfang von beiden erfüllt sein müssen (→ § 2247 Rn. 23 ff.). Fehlt die Unterschrift eines Ehepartners, so hat deshalb weder der verfassende noch der unterzeichnende Ehepartner ein wirksames Testament nach § 2267 S. 1 errichtet, weil beim einen die Unterschrift und beim anderen die Eigenhändigkeit iSd § 2247 Abs. 1 fehlt (vgl. OLG München ZEV 2008, 596 (597)). Zur Möglichkeit der Umdeutung in diesem Fall jedoch → Rn. 10 f. Die Mitunterzeichnung eines Ehepartners bedeutet idR nicht nur Kenntnisnahme oder Einverständnis mit den Verfügungen des anderen, sondern ist sichtbarer Ausdruck der Miturheberschaft iSd § 2267 (BayObLG FGPrax 2004, 33 (34); NJW 1959, 1969; MüKoBGB/Musielak Rn. 14). Nur in äußerst seltenen Ausnahmefällen fehlt der Mitunterzeichnung diese Funktion (vgl. OLG Schleswig SchlHA 1955, 21). Die Unterzeichnung kann zwar zu einem beliebigen Zeitpunkt zwischen der Abfassung des Textes und dem Tod eines der beiden Ehepartner erfolgen, vorausgesetzt, der andere weiß und will zu dieser Zeit immer 6 noch die Errichtung einer gemeinsamen Verfügung (OLG München BeckRS 2011, 28351 unter II 1: sechs Jahre; MüKoBGB/Musielak Rn. 15 mwN). Die Unterzeichnung kann jedoch nicht blanko im Vorhinein geschehen (OLG Hamm NJW-RR 1993, 269 (270)). Je größer der Zeitraum zwischen der Errichtung durch einen Ehepartner und der Billigung durch den anderen ist, desto strengere Anforderungen sind an den Nachweis der Gemeinschaftlichkeit des Entschlusses zu stellen (Lange/Kuchinke ErbR § 24 III 2b). Zur Unzulässigkeit der nachträglichen Vergemeinschaftung → § 2265 Rn. 7.

7 Da § 2267 erkennbar auf die Testamentsurkunde als Ganzheit abstellt, braucht nicht zwischen wechselbezüglichen und einseitigen Verfügungen unterschieden zu werden. Die Formerleichterung gilt also auch für einseitige Verfügungen des (nur) mitunterzeichnenden Ehepartners. Enthält die Testamentsurkunde jedoch **nur Verfügungen eines Ehepartners,** so fehlt es an den für ein gemeinschaftliches Testament begriffsnotwendigen (→ § 2265 Rn. 8) Verfügungen beider Ehepartner. In diesem Fall liegt kein gemeinschaftliches Testament iSd § 2267 vor, sodass die darin enthaltenen Verfügungen nur wirksam sind, wenn der verfügende Ehegatte sie auch selbst eigenhändig ge- und unterschrieben hat.

8 **b) Form des § 2247.** § 2267 gewährt zwar gegenüber dem § 2247 Abs. 1 eine Formerleichterung, schließt jedoch eine Errichtung unter Einhaltung dieser Vorschrift nicht aus. Deshalb können Ehegatten ein gemeinschaftliches Testament auch in der Weise errichten, dass jeder entweder den gesamten Text oder aber nur den seinen eigenen Nachlass betreffenden Verfügungen selbst mit der Hand schreibt und beide unterzeichnen. Geschieht dies am Ende des gesamten Textes, ist der für ein gemeinschaftliches Testament begriffsnotwendige Errichtungszusammenhang (→ § 2265 Rn. 2 ff.) ausreichend dokumentiert, während bei Unterzeichnung nur der jeweils eigenen Verfügungen weitere Anhaltspunkte für einen gemeinsamen Testierwillen ermittelt werden müssen.

9 **2. Änderungen und Ergänzungen.** Auch Zusätze, Einschaltungen und Nachträge zum Text müssen bei einem eigenhändigen gemeinschaftlichen Testament mindestens von einem Ehepartner selbst geschrieben und von beiden unterzeichnet werden. Solche Änderungen bzw. Ergänzungen sind jedoch auch in der Weise zulässig, dass diese von einem Ehepartner mit Wissen und Wollen des anderen vorgenommen werden und von den ursprünglich geleisteten Unterschriften räumlich gedeckt sind. Fehlt es an der räumlichen Deckung durch die Unterschriften beider Ehepartner, so sind solche Zusätze nur wirksam, wenn sie erneut von beiden Ehepartnern eigenhändig unterschrieben werden. Streichungen braucht der Erblasser dagegen nicht höchstpersönlich vorzunehmen. Dabei handelt es sich nämlich um einen teilweisen Widerruf gem. § 2255, den auch ein Dritter als unselbstständiges Werkzeug in der Hand des Erblassers vornehmen kann. Sind diese Streichungen allerdings nicht von beiden Ehepartnern unterzeichnet, so können Zweifel bestehen, ob sie vom Willen beider Ehepartner getragen sind.

## III. Formmängel

10 **1. Umdeutung.** Hat ein Ehegatte das auf der Basis des § 2267 S. 1 errichtete gemeinschaftliche Testament nicht oder nicht rechtsgültig unterschrieben (→ Rn. 6), so kann dieses gem. § 140 in ein einseitiges Testament iSd § 2247 desjenigen Ehepartners umgedeutet werden, der den Text mit der Hand ge- und unterschrieben hat. Dies ist aber ausgeschlossen, wenn von diesem Ehepartner nur Formulierungen wie „Dies ist auch mein Wille" stammen, da dann der Verfügungstext selbst nicht von ihm eigenhändig geschrieben wurde (BayObLGZ 1968, 311; vgl. OLG München ZEV 2008, 596). Dagegen sind die Verfügungen des Ehepartners, der nicht unterschrieben hat, mangels Eigenhändigkeit iSd § 2247 Abs. 1 auf diesem Wege nicht zu retten und daher nichtig.

11 Einseitig testamentarische Verfügungen des Ehepartners, der den eigentlichen Text geschrieben und unterzeichnet hat, können ohne weiteres in ein gültiges Testament umgedeutet werden. Aber auch wechselbezüglich gewollte letztwillige Verfügungen in eine einzeltestamentarische Verfügung gem. § 140 umgedeutet werden (→ § 2265 Rn. 25). Zur Wechselbezüglichkeit ausf. → § 2270 Rn. 12 ff.

12 **2. Nichtigkeit.** Wenn und soweit eine Umdeutung ausscheidet, sind die in einem eigenhändigen gemeinschaftlichen Testament, das weder den Anforderungen des § 2247 noch denen des § 2267 genügt, enthaltenen Verfügungen vollends nichtig.

## § 2268 Wirkung der Ehenichtigkeit oder -auflösung

**(1) Ein gemeinschaftliches Testament ist in den Fällen des § 2077 seinem ganzen Inhalt nach unwirksam.**

**(2) Wird die Ehe vor dem Tode eines der Ehegatten aufgelöst oder liegen die Voraussetzungen des § 2077 Abs. 1 Satz 2 oder 3 vor, so bleiben die Verfügungen insoweit wirksam, als anzunehmen ist, dass sie auch für diesen Fall getroffen sein würden.**

## Überblick

Im Unterschied zu § 2077 bestimmt diese Vorschrift, dass nicht nur die Zuwendung an den Ehepartner, sondern das gemeinschaftliche Testament im Falle der Scheidung bzw. den übrigen Auflösungsfällen seinem gesamten Inhalt nach unwirksam wird (→ Rn. 1 ff.). Umstritten ist, ob die Beantragung der Aufhebung bzw. Scheidung auch dann zur Ungültigkeit des gemeinschaftlichen Testaments führt, wenn nicht der Erblasser, sondern der andere Ehepartner den Antrag gestellt bzw. der Scheidung zugestimmt hat und die Ehe daraufhin aufgelöst worden wäre (→ Rn. 4). Ein festgestellter, abweichender Erblasserwille (Fortgeltungs- oder Aufrechterhaltungswille) geht jedoch vor (→ Rn. 6 ff.). Der Aufrechterhaltungswille kann auf die Fortgeltung entweder als bindende Verfügung oder als einseitige Anordnung gerichtet sein (→ Rn. 9). Die Feststellungslast im Erbscheinsverfahren ebenso wie die materielle Beweislast im Zivilprozess geht damit in vollem Umfang zu Lasten desjenigen, der sich auf die Gültigkeit des gemeinschaftlichen Testaments beruft (→ Rn. 12).

## I. Geltungsbereich

§ 2268 gilt für alle Verfügungen in einem gemeinschaftlichen Testament, nicht nur für gegenseitige oder sonst wechselbezügliche. Hierdurch unterscheidet sich seine Rechtsfolgenanordnung auch ganz wesentlich von der des § 2077, auf den diese Norm verweist. Nicht nur die den Ehepartner begünstigende Verfügung ist unwirksam, sondern unterschiedslos jede Zuwendung, auch die an einen Dritten. Deshalb kommt im Rahmen des § 2268 der Abgrenzung des gemeinschaftlichen Testaments vom einseitigen Testament besondere Bedeutung zu (→ § 2265 Rn. 1 ff.). § 2268 gilt auch beim sog. gleichzeitigen gemeinschaftlichen Testament (→ § 2265 Rn. 10), das eigentlich nur die äußere Zusammenfassung von einseitigen Testamenten enthält. Haben Personen ein gemeinschaftliches Testament errichtet, die zu dieser Zeit nicht oder nicht wirksam miteinander verheiratet waren (sog **Nichtehe**), so ist dieses bereits gem. § 2265 nichtig (→ § 2265 Rn. 12). 1

## II. Auflösung der Ehe iSd §§ 2268, 2077

**1. Aufhebung der Ehe.** Die Aufhebung der Ehe erfolgt gem. §§ 1313 ff. durch Gerichtsurteil. Antragsberechtigt sind die Ehepartner sowie die sonstigen in § 1316 Abs. 1 genannten Stellen bzw. Personen. Die Aufhebungsgründe sind abschließend in §§ 1314, 1315, 1319 und 1320 geregelt. Die Ehe ist mit Wirkung ab Rechtskraft dieses Urteils aufgelöst (§ 1313 S. 2). Mit der Aufhebung der Ehe wird die Grundlage für die Errichtung eines gemeinschaftlichen Testaments beseitigt. Sie führt daher zu dessen Ungültigkeit gem. §§ 2268, 2077. Dies gilt auch dann, wenn das Urteil erst nach dem Tod eines oder beider Ehepartner ergeht. § 2077 Abs. 1 S. 3 lässt es genügen, wenn der Erblasser vor seinem Tod den entsprechenden Antrag gestellt hat und dieser in der Sache Erfolg gehabt hätte. 2

**2. Ehescheidung.** Das gemeinschaftliche Testament ist ferner dann in vollem Umfang ungültig, wenn die Ehe gem. § 1564 geschieden wird. Mit der Rechtskraft des Scheidungsurteils ist die Ehe aufgelöst (§ 1564 S. 3). Dem gemeinschaftlichen Testament ist damit die Geltungsgrundlage entzogen und es ist ungültig. Gemäß § 2077 Abs. 1 S. 2 reicht es auch in diesem Fall aus, wenn der Erblasser vor seinem Tod den entsprechenden Antrag gestellt oder diesem förmlich zugestimmt hat und dieser in der Sache Erfolg gehabt hätte. 3

**3. Antragstellung durch den anderen Ehepartner.** Umstritten ist, ob die Beantragung der Aufhebung bzw. Scheidung entgegen § 2077 Abs. 1 S. 2 und 3 auch dann zur Ungültigkeit des gemeinschaftlichen Testaments führt, wenn nicht der Erblasser, sondern der andere Ehepartner den Antrag gestellt bzw. der Scheidung zugestimmt hat und die Ehe daraufhin aufgelöst worden wäre. Der klare und unmissverständliche Wortlaut des § 2077 Abs. 1 S. 2 und 3, auf den § 2268 verweist, verbietet es, die Wirkungen der §§ 2268, 2077 auch dann eintreten zu lassen, wenn der Ehepartner stirbt, der den Antrag nicht gestellt oder diesem nicht zugestimmt hat (BayObLG FamRZ 1990, 322; Muscheler DNotZ 1994, 733 (735); Lange/Kuchinke ErbR § 24 I 6; Reimann/Bengel/Dietz/J. Mayer/Sammet Rn. 19; Staudinger/Kanzleiter, 2019, Rn. 8; für erweiterte 4

Anwendung MüKoBGB/Musielak Rn. 13; Schlüter ErbR Rn. 329; Erman/S. Kappler/T. Kappler Rn. 4; RGRK-BGB/Johannsen Rn. 3; Wirtz, Die erbrechtliche Position des Ehegatten im Scheidungsverfahren, 2003, 133 f.). Der Hinweis auf die vergleichbare Interessenlage greift nicht durch. Das Gesetz fordert mit Recht vom Erblasser eine Manifestation seines Aufhebungswillens, nämlich das Stellen des Antrags oder die förmliche Zustimmung. Dies ist eine sichere Basis, um über die Gültigkeit des gemeinschaftlichen Testaments zu befinden. Hat ein Ehepartner vor seinem Tod seinen Aufhebungswillen nicht in dieser Form geäußert, so mag es zwar naheliegen, einen solchen Willen anzunehmen, was jedoch im Wege der Testamentsanfechtung gem. § 2078 Abs. 2 zu prüfen ist. Dies ist ein adäquates Verfahren, in dem insbes. die irrige Annahme des Fortbestands der Ehe einschlägig sein dürfte (vgl. Reimann/Bengel/Dietz/J. Mayer/Sammet Rn. 19; Battes FamRZ 1977, 433; JZ 1978, 733).

## III. Aufhebung einer Lebenspartnerschaft

5 Wird eine gleichgeschlechtliche Lebenspartnerschaft iSd § 1 Abs. 1 S. 1 LPartG gem. § 15 aufgehoben, so findet § 2268 entsprechende Anwendung (§ 10 Abs. 4 S. 2 LPartG). Gemäß § 2077 Abs. 1 S. 2 werden die letztwilligen Verfügungen bereits dann unwirksam, wenn der Erblasser die Aufhebung beantragt hatte und die Voraussetzungen des § 15 Abs. 2 LPartG zurzeit seines Todes vorliegen. Wie bei der Eheauflösung reicht es aber nicht aus, wenn nur der überlebende Partner den Antrag gestellt hat (→ Rn. 4).

## IV. Vorrang der Auslegung

6 **1. Aufrechterhaltungswille.** Diese Auslegungsregel ist gem. § 2268 Abs. 2 nur anzuwenden, wenn und soweit die Beteiligten nicht trotz der Eheauflösung, insbes. der Scheidung, ihre Verfügungen aufrechterhalten wollen. Dies können – und sollten – sie ausdrücklich im gemeinschaftlichen Testament regeln (→ § 2077 Rn. 13). Fehlt eine solche eindeutige Bestimmung, so ist im Wege der ergänzenden Auslegung auch anhand außerhalb der Testamentsurkunde liegender Umstände ein solcher Aufrechterhaltungswille zu ermitteln. Er ist vor allem dann anzunehmen, wenn und soweit Ehepartner in einem solchen Testament ihre gemeinsamen Abkömmlinge bedacht haben (vgl. BGH Rpfleger 2004, 626). Hierauf hat die Eheauflösung nach allgemeiner Lebenserfahrung keinen Einfluss. Im Übrigen ist zwischen einseitig testamentarischen und wechselbezüglichen Verfügungen zu unterscheiden:

7 Bei **einseitig testamentarischen Anordnungen** ist in aller Regel davon auszugehen, dass sie durch die Eheauflösung nicht beeinflusst werden sollen. Der Aufrechterhaltungswille ist dem Wesen einseitiger Verfügungen immanent.

8 Umstritten ist die Beurteilung **wechselbezüglicher Verfügungen** im gemeinschaftlichen Testament, wenn eine ausdrückliche Bestimmung fehlt, der Aufrechterhaltungswille also im Wege der erläuternden Auslegung festgestellt werden muss. Nach einer Meinung kann aus dem bindenden Charakter der Verfügung auf das Fehlen eines Aufrechterhaltungswillens geschlossen werden (Grüneberg/Weidlich Rn. 2; Keim ZEV 2004, 425; vgl. BayObLG NJW 1996, 133; OLG Hamm OLGZ 1992, 272). Andere wiederum halten trotz der Wechselbezüglichkeit einen Aufrechterhaltungswillen für möglich, jedoch gehen die Meinungen darüber auseinander, ob in diesem Falle die Verfügungen mit erbrechtlich bindendem Charakter (BGH NJW 2004, 3113 (3114) = ZEV 2004, 423 mAnm Keim; K. Müller Rpfleger 2005, 493 (497 f.)) oder mit einseitig testamentarischer Wirkung (Reimann/Bengel/Dietz/J. Mayer/Sammet Rn. 11; Muscheler DNotZ 1994, 733 (741 ff.); Kuchinke DNotZ 1996, 306 (310 f.)) fortgelten. Eine schematische Lösung dieser Streitfrage verbietet sich schon deshalb, weil es hier um die am Einzelfall orientierte ergänzende Testamentsauslegung geht (zu formal daher K. Müller Rpfleger 2005, 493 (497 f.)). Dabei sollte sorgfältig zwischen dem Ob und dem Wie der Fortgeltung unterschieden werden. Die Wechselbezüglichkeit ist – für sich betrachtet – ein untaugliches Argument für oder gegen den Aufrechterhaltungswillen, und zwar vor allem dann, wenn dieser bindende Charakter nicht Folge einer ausdrücklichen Anordnung, sondern der Regelung der §§ 2270, 2271 ist, die Beteiligten sich hierüber also keine Gedanken gemacht hatten. Der Aufrechterhaltungswille bedarf vielmehr der Stütze durch den Wortlaut der Verfügung selbst oder durch Anhaltspunkte außerhalb des Testaments.

9 Sorgfältig davon zu unterscheiden ist die Frage nach der erbrechtlichen **Bindung der weitergeltenden Verfügung** für die Zeit nach der Eheauflösung. Der Aufrechterhaltungswille kann auf die Fortgeltung entweder als bindende Verfügung oder als einseitige Anordnung gerichtet sein. Falsch ist es jedenfalls, die Wechselbezüglichkeit kategorisch und ohne Einzelprüfung zu verneinen. Es bedarf einer sachlichen Rechtfertigung dafür, dass der frühere Ehepartner auch nach der

Auflösung der Ehe noch an die Verfügung gebunden sein soll. Eine solche ist im Allgemeinen dann gegeben, wenn die Ehepartner im Rahmen eines Scheidungsverfahrens ein derartiges Testament errichtet und zum Zwecke der Vermögensauseinandersetzung bzw. des Zugewinnausgleichs ihren gemeinsamen Kindern, Enkeln usw Vermögenswerte zugewendet haben, weil nur bei Fortgeltung als wechselbezüglicher Verfügung der ausgleichsberechtigte Ehepartner sicher sein kann, dass die gemeinsamen Abkömmlinge den betreffenden Vermögensgegenstand auch tatsächlich erhalten. Fehlt dagegen ein rechtfertigender Grund für die Wechselbezüglichkeit, so gilt die Verfügung zwar fort, jedoch nur als einseitig testamentarische, und zwar auch dann, wenn sie bis zur Eheauflösung wechselbezügliche Wirkung entfaltet hat. Dies gilt vor allem dann, wenn die Ehepartner nicht gemeinsame Abkömmlinge, sondern solche aus anderen Beziehungen oder sonstige eigene Verwandte eingesetzt haben (vgl. Reimann/Bengel/Dietz/J. Mayer/Sammet Rn. 12; Damrau/Klessinger Rn. 15).

**2. Aussöhnung oder Wiederheirat.** Zum Meinungsstreit über die Auswirkungen einer Aussöhnung oder einer Wiederheirat der Beteiligten nach einer vorangegangenen Scheidung → § 2077 Rn. 7. Nach hM (KG FamRZ 1968, 217 (218); BayObLG NJW 1996, 133 mwN; Kuchinke DNotZ 1996, 306 (307); aA Keuk, Der Erblasserwille post testamentum, 1965, 53 f.; Foer AcP 153 (1994), 492 (512)) ändert die Aussöhnung oder Wiederheirat der Ehepartner grds. nichts an der mit der Auflösung der Ehe eingetretenen Unwirksamkeit aller im gemeinschaftlichen Testament enthaltenen Verfügungen, wenn und soweit nicht im Einzelfall auf Grund besonderer Umstände ein Aufrechterhaltungswille des Erblassers festgestellt werden kann. Den Ehepartnern bleibt dann nichts anderes übrig, als ein neues gemeinschaftliches Testament zu errichten. Wenn das gemeinschaftliche Testament auf Grund eines feststellbaren Aufrechterhaltungswillen iSd Abs. 2 trotz der Eheauflösung wirksam sein sollte, so ist im Wege der ergänzenden Auslegung zu prüfen, ob die Verfügungen als einseitig testamentarische oder als wechselbezügliche trotz der Aussöhnung oder Wiederheirat fortgelten (→ Rn. 7). 10

## V. Rechtsfolgen der Auflösung bzw. Aufhebung

§§ 2268, 2077 enthalten eine Auslegungsregel und ordnen die Unwirksamkeit aller in einem gemeinschaftlichen Testament enthaltenen Verfügungen beider Ehepartner an, wenn die vorbezeichneten Voraussetzungen vorliegen. Dieser Auslegungsregel geht allerdings der dem Testament oder sonstigen außerhalb der Urkunde liegenden Umstände zu entnehmende entgegengesetzte Erblasserwille vor. Ist ein solcher Wille jedoch nicht festzustellen, so sind sämtliche Verfügungen unwirksam, also wechselbezügliche ebenso wie einseitige. 11

## VI. Beweisfragen

Kann der Aufrechterhaltungswille nicht festgestellt werden, so ist der gesamte Inhalt des gemeinschaftlichen Testaments nichtig. Die Feststellungslast im Erbscheinsverfahren ebenso wie die materielle Beweislast im Zivilprozess geht damit in vollem Umfang zu Lasten desjenigen, der sich auf die Gültigkeit des gemeinschaftlichen Testaments beruft (vgl. KG FamRZ 1968, 217 (218); OLG Hamm OLG NJW-RR 1992, 330 (332); Dieterle BWNotZ 1970, 170). 12

## § 2269 Gegenseitige Einsetzung

**(1) Haben die Ehegatten in einem gemeinschaftlichen Testament, durch das sie sich gegenseitig als Erben einsetzen, bestimmt, dass nach dem Tode des Überlebenden der beiderseitige Nachlass an einen Dritten fallen soll, so ist im Zweifel anzunehmen, dass der Dritte für den gesamten Nachlass als Erbe des zuletzt versterbenden Ehegatten eingesetzt ist.**

**(2) Haben die Ehegatten in einem solchen Testament ein Vermächtnis angeordnet, das nach dem Tode des Überlebenden erfüllt werden soll, so ist im Zweifel anzunehmen, dass das Vermächtnis dem Bedachten erst mit dem Tode des Überlebenden anfallen soll.**

### Überblick

Diese Auslegungsregel dient der Abgrenzung der Einheitslösung, auch Berliner Testament genannt, mit der gegenseitigen Einsetzung der Ehepartner zu unbeschränkten Vollerben von der

Trennungslösung mit der gegenseitigen Vorerbeneinsetzung (→ Rn. 6). Im Falle der Einheitslösung werden diejenigen, die nach dem Tod beider Ehepartner zur Erbfolge gelangen sollen, vom Längstlebenden zu seinen Schlusserben eingesetzt (→ Rn. 28), während im Falle der Trennungslösung jeder Ehepartner Nacherben bestimmt (→ Rn. 29). Beide Lösungen unterscheiden sich zentral in der Verfügungsmöglichkeit des Längerlebenden über den Nachlass. Alternativ zu beiden Lösungen können die allein zu Erben eingesetzten Erben mit einem Nießbrauchsvermächtnis zu Gunsten des länger lebenden Ehepartners belastet werden (→ Rn. 30). Sowohl bei der Einheits- als auch bei der Trennungslösung muss stets bedacht werden, dass Abkömmlinge nach jedem Elternteil Pflichtteilsrechte geltend machen können (→ Rn. 44) und dass der überlebende Ehepartner sich wiederverheiraten könnte (→ Rn. 31). Enthält ein gemeinschaftliches Testament ein Vermächtnis, so kann zweifelhaft sein, welcher Ehepartner es angeordnet hat (→ Rn. 60).

## Übersicht



## I. Zweck und Bedeutung der Vorschrift

1 **1. Gestaltungsmöglichkeiten.** Die gesetzlichen Erbfolgeregeln führen bei Ehepartnern mit Kindern zu unliebsamen Erbengemeinschaften zwischen diesen und dem überlebenden Elternteil. Deshalb entschließen sich viele Eltern zur Errichtung eines gemeinschaftlichen Testaments oder Erbvertrags, in dem sie sich das Vermögen zunächst gegenseitig zuwenden und bestimmen, dass die Kinder dieses erst nach dem Tod des Längstlebenden erhalten sollen. Dazu bieten sich folgende Gestaltungsmöglichkeiten an, die auch in Kombinationsformen denkbar sind:

2 **a) Trennungslösung.** Jeder Ehepartner setzt den anderen zum Vorerben und den Dritten zum Nacherben (§ 2100) sowie für den Fall, dass der andere vor oder gleichzeitig mit dem Verfügenden sterben sollte, zum Ersatzerben (§§ 2096, 2102 Abs. 1) ein. Da der Dritte in diesem Fall den Nachlass zum Teil als Nacherbe des zuerst verstorbenen Ehepartners und zum Teil als Vollerbe des Längstlebenden erhält, wird diese Gestaltung als „Trennungslösung" bezeichnet.

3 **b) Einheitslösung.** Bei dieser Variante setzt jeder Ehepartner den anderen zum alleinigen Vollerben und den Dritten zum Ersatzerben für den Fall, dass der andere vor oder gleichzeitig mit dem Verfügenden sterben sollte, ein. Der Dritte erhält damit den Nachlass mit dem Tod des Längstlebenden „einheitlich" als dessen Vollerbe. Für diese Gestaltung hat sich der Begriff „Berliner Testament" eingebürgert.

4 **c) Nießbrauchsvermächtnis.** Jeder Ehepartner setzt dabei den oder die Dritten als Vollerben ein und wendet dem überlebenden Teil nur den Nießbrauch am gesamten Nachlass oder einem Teil hiervon zu (§ 1089 iVm §§ 1085 ff.; §§ 2147 ff.).

5 **2. Auslegungsregel.** Mit § 2269 hat der Gesetzgeber für den Fall, dass die Auslegung des Testaments nichts anderes ergibt, das Einheitsprinzip bevorzugt und als Regellösung bestimmt. Diese Auslegungsregel („im Zweifel") kommt jedoch nur dann zur Anwendung, wenn anhand

der allgemeinen Auslegungsgrundsätze der wirkliche Erblasserwille nicht eindeutig zu ermitteln ist.

## II. Vorrang der Auslegung

**1. Grundzüge.** Die zentrale Frage, auf die im Wege der Auslegung eine Antwort gefunden werden muss, besteht darin zu erforschen, in welchem Umfang der Längstlebende über das erworbene Vermögen verfügen darf. Gerade in dieser Beziehung unterscheiden sich die unter → Rn. 2 ff. aufgezeigten Gestaltungsmöglichkeiten. 6

Auch beim gemeinschaftlichen Testament ist gem. § 133 der wirkliche Wille des Erblassers durch **erläuternde Auslegung** der Verfügung, und zwar auch unter Heranziehung außerhalb der Urkunde liegender Umstände, zu erforschen (→ § 2084 Rn. 6 ff.). Der Wortlaut ist dabei Ausgangspunkt, nicht Grenze der Auslegung (BGH NJW 1983, 672). Auch scheinbar eindeutige Begriffe müssen hinterfragt werden. Dies gilt in besonderem Maße für von juristischen Laien verwendete Fachbegriffe. Deuten Formulierungen im Text selbst oder Umstände außerhalb der Urkunde an, dass der Erblasser die verwendeten Begriffe anders als allgemein oder in Fachkreisen üblich verstanden hat, so ist der wirkliche Wille auch unter Berücksichtigung aller sonstigen Umstände zu ermitteln. 7

Das gemeinschaftliche Testament weist gegenüber dem einseitigen Testament die Besonderheit auf, dass die Verfügungen beider Ehepartner regelmäßig aufeinander abgestimmt sind. Deshalb kommt es beim gemeinschaftlichen Testament in erster Linie auf den **übereinstimmenden Willen beider Ehepartner** an. Ist eine solche Willensübereinstimmung jedoch nicht festzustellen, so ist letztlich doch der Wille des Verfügenden entscheidend, aber im Hinblick auf § 157 nur so, wie der andere Ehepartner die Erklärung verstehen konnte. 8

Bei einem vor einem Notar beurkundeten **öffentlichen gemeinschaftlichen Testament** kommt es nicht auf dessen Wissen, sondern auf das Verständnis des Erblassers an. Es ist aber davon auszugehen, dass der Notar pflichtgemäß den wirklichen Willen der Ehepartner erforscht hat und die von ihm verwendeten Rechtsbegriffe von diesem auch gedeckt sind. Eine entsprechende Vermutung besteht jedoch nicht. Ergeben sich auch nur leichte Zweifel hieran, so ist anhand der dargestellten Auslegungsgrundsätze der wirkliche Wille der Ehepartner zu ermitteln. Ausführlich → § 2084 Rn. 12. 9

Auch beim gemeinschaftlichen Testament findet das in § 2084 verankerte Prinzip der **wohlwollenden Auslegung** Anwendung. Auf die Ausführungen zu → § 2084 Rn. 30 ff. wird verwiesen. 10

Erst im Anschluss an die Auslegung anhand des Wortlauts der Urkunde und der ermittelten Umstände außerhalb des Textes ist die **Formfrage** zu stellen, nämlich zu prüfen, ob der wirkliche Erblasserwille formgerecht niedergelegt worden ist (BGH NJW 1983, 672; 1985, 1554; FamRZ 1987, 475). Nach der Andeutungstheorie (→ § 2084 Rn. 9, → § 2084 Rn. 20 ff.) findet der so festgestellte Erblasserwille nur Beachtung, wenn er in dem Urkundstext zumindest andeutungsweise enthalten ist. 11

Während mit der erläuternden Auslegung der vorhandene Erblasserwille festgestellt wird, werden mit der **ergänzenden Auslegung** Lücken in der Willensbildung geschlossen. Auch diese Auslegungsmethode (→ § 2084 Rn. 37 ff.) ist gegenüber der Auslegungsregel des § 2269 vorrangig. 12

**2. Erläuternde Auslegung.** Die Erforschung des wirklichen Erblasserwillens hat von dem Wortlaut des Textes auszugehen. Auch scheinbar eindeutige Begriffe sind zu hinterfragen, und zwar vor allem dann, wenn einzelne Aussagen in der Urkunde widersprüchlich erscheinen. Die in der alltäglichen Praxis immer wiederkehrenden Begriffe lassen sich in folgende Gruppen zusammenfassen: 13

**a) Personenbezogene Begriffe.** Haben sich die Ehepartner gegenseitig zu **Alleinerben** eingesetzt, so besagt dies nur, dass beim Tod des Zuerstversterbenden außer dem überlebenden Ehepartner kein anderer Erbe werden soll, lässt jedoch die für die Abgrenzung entscheidende Frage der Verfügungsbefugnis unbeantwortet (BayObLG FamRZ 2001, 1734 (1735); MüKoBGB/Musielak Rn. 18 mwN; aA RGZ 76, 20 (25); RG WarnR 1913, 339 f.). Auch der Vorerbe kann Alleinerbe sein. Ist jedoch im weiteren Text auch nur angedeutet, dass der überlebende Ehepartner frei verfügen darf, so ist davon auszugehen, dass die Ehepartner die Einheitslösung anordnen wollten. Auch das Wort **Universalerbe** ist für die Entscheidung in diesem Zusammenhang irrelevant, da es außer der Tatsache der Alleinerbschaft nur die gesetzliche Regel der Universalsukzession umschreibt (vgl. BayObLGZ 1997, 59 (65 f.)). Wird allerdings der Dritte als Universalerbe 14 bezeichnet, ohne auf einen der beiden Ehepartner Bezug zu nehmen, so ist dies eine eindeutige Entscheidung für die Einheitslösung. Haben die Ehepartner bei der gegenseitigen Erbeinsetzung das Wort **Vollerbe** gebraucht, so sind die Verfügungen iSd Einheitslösung auszulegen, es sei denn, die sonstige Auslegung stellt Beschränkungen, die der gesetzlichen Regelung der – auch befreiten – Vorerbschaft vergleichbar sind, fest (vgl. OLG Oldenburg NJWE-FER 1999, 213). Bei der Verwendung der Begriffe **Vorerbe** oder **Nacherbe** durch juristische Laien ist besonders sorgfältig zu prüfen, ob diese Worte nicht missverstanden worden sind (BGH NJW 1983, 277; BayObLG FamRZ 1992, 1476; OLG Karlsruhe OLGZ 1969, 495; MüKoBGB/Musielak Rn. 17). In der Praxis zeigt sich immer wieder, dass der juristische Laie diese Begriffe in erster Linie zeitorientiert versteht. Nur selten ist er sich bewusst, dass das Gesetz die Rechte eines Vorerben zugunsten der des Nacherben erheblich einschränkt. Typisch für dieses Missverständnis ist etwa die – rechtlich ausgeschlossene – Einsetzung Dritter als **Nacherben des Längstlebenden** (vgl. RG JR 1925, 702; OLG Frankfurt OLGZ 1972, 122). Trotz der Verwendung des Begriffs des Nacherben stellt sich diese Verfügung als Ersatzerbeinsetzung dar (OLG Schleswig BeckRS 2016, 19260 Rn. 28 ff.; BayObLG NJW 1967, 1136; KG OLG NJW-RR 1987, 451; OLG Hamm NJW-RR 1993, 1225; OLG Jena FamRZ 1994, 1208; aA OLG Karlsruhe FamRZ 1970, 255). Typischerweise ist bei von juristischen Laien ohne fachkundigen Rat verfassten gemeinschaftlichen Testamenten trotz der Verwendung dieser Begriffe davon auszugehen, dass in Wahrheit eine Ersatzerbeinsetzung gewollt ist. Selbst bei notariellen Testamenten ist eine Divergenz zwischen Erblasserwille und -ausdruck nicht ausgeschlossen (vgl. KG Rpfleger 1987, 110; OLG Hamm JZ 1994, 628). Ergeben der weitere Text oder Umstände außerhalb der Urkunde jedoch eine auch noch so geringe Einschränkung der Verfügungsbefugnis des Längstlebenden, so ist von der Entscheidung der Ehepartner für die Trennungslösung auszugehen. Sind die Dritten zu **Ersatzerben** oder **Schlusserben** eingesetzt, so deutet dies zwar auf die Einheitslösung hin. Enthält jedoch das gemeinschaftliche Testament Verfügungsbeschränkungen, die denen eines – auch befreiten – Vorerben vergleichbar sind, so haben die Ehepartner die Trennungslösung gewählt (vgl. OLG Karlsruhe BWNotZ 1999, 150 (152)). Haben die Ehepartner sich gegenseitig zu Erben eingesetzt und danach die gesetzlichen Erben oder die Verwandten zur Erbfolge berufen, ohne anzugeben, ob die des Ehemannes oder die der Ehefrau gemeint sind, so haben die Ehepartner sich für die Einheitslösung entschieden. Schwieriger gestaltet sich die Auslegung, wenn dabei nur die gesetzlichen Erben oder Verwandten eines oder beider Ehepartner bestimmt sind, da hier auch eine Vor- und Nacherbschaft denkbar ist. In dem zuletzt genannten Fall müssen weitere Anhaltspunkte zugunsten der einen oder anderen Lösung gefunden werden. Entscheidend dürfte in diesem Fall sein, ob die Ehepartner erkennbar von einem einheitlichen Vermögen in der Hand des Längstlebenden oder von getrennten Vermögensmassen mit entsprechenden Bindungen für den Längstlebenden ausgegangen sind. Jedenfalls allein die Verteilung des Vermögens nach dem Tod des überlebenden Ehepartners an die Verwandten des Ehemannes und der Ehefrau ist dazu nicht aussagekräftig genug.

15 **b) Verfügungsbefugnis regelnde Begriffe.** Da im Mittelpunkt dieser Abgrenzung die Frage nach der dem überlebenden Ehepartner eingeräumten Verfügungsbefugnis über den Nachlass steht, sind alle Formulierungen in einem gemeinschaftlichen Testament, die hierzu eine Aussage treffen, von entscheidender Bedeutung. Da auch der befreite Vorerbe durch Rechtsgeschäft unter Lebenden über Nachlassgegenstände verfügen kann, ist es für die Entscheidung regelmäßig unergiebig, wenn dem Längstlebenden das Recht vorbehalten wird, über den Nachlass frei zu verfügen (OLG Hamm Rpfleger 2001, 595 (598); BayObLG FamRZ 1985, 209 (210)). Wird umgekehrt aber dem Längstlebenden ganz oder teilweise **verboten,** über den Nachlass oder Teile **zu verfügen,** so ist dies als Entscheidung für die Trennungslösung zu werten (OLG Hamm FamRZ 2003, 1503 betr. Hausgrundstück). Das Gleiche gilt, wenn die Rechtsstellung des überlebenden Teils als reine **Verwaltung** umschrieben wird. Auch dann, wenn dem Längstlebenden auferlegt wird, den Nachlass für den Dritten **zu erhalten,** insbes. nur über den Ertrag zu verfügen, um die Substanz zu sichern, ist der Erblasserwille auf die Trennungslösung gerichtet (BayObLG ZEV 1999, 397 (398); KG DFG 1936, 34 f.; MüKoBGB/Musielak Rn. 19). Für die Trennungslösung sprechen auch alle Vorbehalte, die dem oder den Dritten **Kontroll- oder Zustimmungsrechte** gegenüber dem Längstlebenden einräumen (vgl. RGZ 60, 115 (118); MüKoBGB/Musielak Rn. 19). Werden in dem gemeinschaftlichen Testament dem überlebenden Ehepartner dagegen nur die **Nutzungen vorbehalten,** so ist durch Auslegung der übrigen Formulierungen im Text und von sonstigen Umständen außerhalb der Urkunde zu entscheiden, ob die Trennungslösung oder ein Nießbrauchsvermächtnis mit unmittelbarer Erbeinsetzung des Dritten gewollt ist. Wendet der Erblasser in einem nach dem Inkrafttreten des Gesetzes zur Reform des Erbschaftsteuer- und Bewertungsgesetzes zum 1.1.2009 errichteten Testament seinem Ehe- oder Partner einer

eingetragenen Lebenspartnerschaft die „Eigennutzung" an der selbstbewohnten Immobilie zu, so ist idR davon auszugehen, dass dieser nicht Nießbraucher sondern Eigentümer – und damit Erbe – werden soll, um die Befreiung der eigengenutzten Immobilie von der Erbschaftsteuer gem. § 13 Nr. 4b ErbStG in Anspruch nehmen zu können. Das Gleiche gilt, wenn die Zuwendung der Eigennutzung sich auf das gesamte Vermögen bezieht, das aber im Wesentlichen nur aus der selbstbewohnten Immobilie besteht. In einem zweiten Auslegungsschritt muss in diesen Fällen ermittelt werden, ob der Partner Vor- oder Vollerbe sein soll. Die Einheitslösung ist gewollt, wenn dem Längstlebenden das **Recht zur anderweitigen Verfügung** über das Vermögen eingeräumt ist. Schwierig wird es jedoch, wenn in diesem Zusammenhang dem überlebenden Teil das **Recht zum Verbrauchen** vorbehalten wird, da dies auch im Rahmen der Vorerbschaft als weitestgehende Befreiung von den gesetzlichen Beschränkungen möglich ist. In diesem Fall sind zur Entscheidung weitere Formulierungen im Text oder Umstände außerhalb der Urkunde heranzuziehen. Auch die Befugnis, **anderweitig letztwillig zu verfügen,** spricht für die Einheitslösung (OLG Frankfurt Rpfleger 1998, 250), es sei denn, sie bezieht sich ausdrücklich nur auf das Vermögen des überlebenden Ehepartners. Eine **Pflichtteilssanktionsklausel** (→ Rn. 43 f.) zum Schutze des Längstlebenden ist für die Abgrenzung unergiebig, weil auch bei der Trennungslösung die Auswirkungen der Ausschlagung der Nacherbschaft auf die Erbeinsetzung für den Tod des Längstlebenden geregelt werden müssen (aA OLG Düsseldorf NJW-RR 1997, 136).

**c) Vermögensbezogene Begriffe.** Die Entscheidung zwischen Einheits- und Trennungslösung kann jedoch auch an solchen Begriffen fest gemacht werden, die die Vermögensgestaltung in der Hand des Längstlebenden umschreiben. Werden dabei Worte wie **beiderseitiges, gemeinsames, gemeinschaftliches** (vgl. OLG Frankfurt Rpfleger 1998, 250; OLG Karlsruhe FGPrax 2007, 87 (88): „gemeinsam erarbeitet"; andererseits BayObLG ZEV 1999, 397 (398); 1999, 397 (398)), **einheitliches** oder **unser** Vermögen gebraucht, so gehen die Ehepartner wohl von einer Vereinigung des Vermögens in der Hand des Längstlebenden aus, also von der Einheitslösung. Die Trennungslösung ist dagegen gewollt, wenn das Testament bezüglich des gesamten Nachlasses oder Teile davon zwischen den Vermögen beider Ehepartner unterscheidet. Dies ist insbes. der Fall, wenn die Vermögen an unterschiedliche Personen fallen sollen. Zwingend ist dies jedoch nicht. Schließlich ist auch denkbar, dass das einheitliche Vermögen des Längstlebenden nur unter mehreren Miterben (zB den Verwandten der Ehefrau und den Verwandten des Ehemannes) geteilt werden soll. Eine Vermögenstrennung ist aber dann als gewollt anzunehmen, wenn die Ehepartner nach Herkunft des Vermögens (zB Vermögen der Ehefrau) und dessen Verbleib nach dem Tod des Längstlebenden differenzieren (vgl. OLG Karlsruhe JFG 7, 131; OLG Köln HEZ 3, 36 (37)). Auch in der Zuwendung des **Besitzes** kann in Verbindung mit weiteren Formulierungen, die ein Nießbrauchsvermächtnis ausschließen, eine Entscheidung für eine Vor- und Nacherbfolge liegen (vgl. BayObLG FamRZ 1999, 1332). Leben die Ehepartner im Güterstand der Gütergemeinschaft und wenden sie nach dem Tod des Längstlebenden Grundbesitz aus dem Gesamtgut einem oder mehreren Dritten zu, so kann darin die Entscheidung für die Trennungslösung gesehen werden (BayObLG FamRZ 1988, 542). 16

**d) Zeitbezogene Begriffe.** Da die Vor- und Nacherbschaft die zeitliche Aufeinanderfolge von mehreren Erben des gleichen Erblassers darstellt, sind alle Worte, die eine entsprechende Bedeutung beinhalten, für die Abgrenzung relevant. Setzen sich die Ehepartner gegenseitig zu Erben ein und **„danach"** den oder die Dritten oder bestimmen, dass das Vermögen oder Teile davon nach dem Tod des Längstlebenden ein Dritter erhalten soll, so deutet dies zwar auf die Trennungslösung hin. Da aber auch das Berliner Testament durch die zeitliche Abfolge zweier Erbfälle gekennzeichnet ist, bedarf es außer dem zeitbezogenen Begriff jedoch noch weiterer Anhaltspunkte für eine Verfügungsbeschränkung in und außerhalb der Urkunde, um zur Auslegung iSd Trennungslösung zu gelangen. In aller Regel ist diese zeitbezogene Formulierung nur eine ungenaue Umschreibung für die Erbfolge nach dem Längstlebenden, also für den 2. Erbfall im Rahmen des Berliner Modells (vgl. OLG Köln Rpfleger 2003, 193; OLG Hamm FamRZ 1996, 312; vgl. zum (einseitigen) Testament OLG Düsseldorf NJWE-FER 2001, 321: „solange er lebt"; OLG Köln Rpfleger 2003, 193: „bis zu deren Tod"; OLG Hamm BeckRS 2007, 2028: „ebenfalls sterben"; vgl. zur Abgrenzung auch → Rn. 14). Allerdings kann es sich auch um die Anordnung eines durch den Tod des Erben aufschiebend bedingten Vermächtnisses handeln (OLG Frankfurt ZFE 2002, 262). 17

**3. Ergänzende Auslegung.** Die Auslegung darf sich nicht mit einer Interpretation des Wortlauts der Testaments- oder Erbvertragsurkunde begnügen, sondern muss zur Ermittlung des wirklichen Erblasserwillens zusätzlich auch außerhalb des Textes liegende Umstände heranziehen (Bay- 18

ObLG Rpfleger 1986, 369), wie zB Bildung und berufliche Stellung des Erblassers und der Bedachten, die Beziehung des Erblassers zu dem Bedachten, die Einkommens- und Vermögensverhältnisse, mündliche Aussagen des Erblassers vor, bei oder nach der Testamentserrichtung zu Motiv und Inhalt, Urkundsentwürfe und sonstige schriftliche Äußerungen zum Inhalt, wegen Formmangels ungültige Verfügungen oder widerrufene Testamente und Erbverträge. Ergibt die Wortlautinterpretation keine Gewissheit, so sind bei der Auslegung auch Umstände außerhalb der Testamentsurkunde zur Entscheidung zwischen Einheits-, Trennungs- und Nießbrauchsvermächtnislösung heranzuziehen. Als ein solcher Umstand ist auch die Vermögenslosigkeit des Längstlebenden anzusehen. Mit diesem Argument wurde früher die Auslegung iSd Trennungslösung begründet (RGZ 79, 278; KG DNotZ 1955, 408; 1956, 406 (410); aA RG Recht 1914 Nr. 944). Zwar ist eine Berücksichtigung dieses Umstandes bei der Auslegung grds. zulässig, jedoch wird die gezogene Schlussfolgerung von der hM mit Recht abgelehnt (vgl. zu diesem Meinungsstreit ausf. MüKoBGB/Musielak Rn. 20 mwN). Es gibt keinen Erfahrungssatz, der es nahelegt, einen nicht vermögenden Ehepartner regelmäßig nur als Vorerben zu behandeln. Es müssen stets weitere Umstände oder Formulierungen im Text des Testaments hinzutreten, um diesen Schluss zu rechtfertigen (so BGH 2.2.1967 – III ZR 17/65, zitiert nach Grüneberg/Weidlich Rn. 8; BayObLG NJW 1966, 1223; MüKoBGB/Musielak Rn. 20). Nach der höchstrichterlichen Rspr. (RGZ 99, 82 (86); 142, 171 (175); BGHZ 22, 357 (360); vgl. auch KG OLGZ 1966, 503; BayObLG FamRZ 1991, 982 (984); BayObLGZ 94, 313 (318); KG Rpfleger 1998, 288) kann der hypothetische Erblasserwille im Wege der ergänzenden Auslegung aber nicht grenzenlos berücksichtigt werden, sondern nur in dem Umfang, in dem dieser seine Grundlage in der vom Erblasser real geäußerten Willensrichtung hat (Soergel/Leiß Rn. 36; Staudinger/Otte, 2019, Vor §§ 2064 ff. Rn. 87 ff.; Schlüter ErbR Rn. 193; Kipp/Coing ErbR § 21 III 5b; aA Brox Rn. 201; v. Lübtow ErbR I 299; Keuk Erblasserwille post testamentum S. 81). Diese Formel verlangt nicht eine Verankerung im Sinn der Andeutungstheorie, sondern lediglich ein zweckgerichtetes Zu-Ende-Denken (→ § 2084 Rn. 37).

## III. Voraussetzungen der Auslegungsregel des Abs. 1

19 **1. Offenes Auslegungsergebnis.** Abs. 1 findet nur Anwendung, wenn die Auslegung keine Klarheit über den Erblasserwillen gebracht hat. Trotz Anwendung der allgemeinen Auslegungsgrundsätze muss die Entscheidung zwischen den drei Gestaltungsmöglichkeiten offen geblieben sein. Die verbleibenden Zweifel dürfen nicht anders behebbar sein als durch Zurückgreifen auf diese Auslegungsregel. Diese Norm darf keinesfalls als gesetzliche Vermutung missverstanden werden.

20 **2. Wirksames gemeinschaftliches Testament.** Diese Auslegungsregel findet nur bei gemeinschaftlichen Testamenten und über § 2280 auch bei Erbverträgen zwischen Ehegatten und eingetragenen Lebenspartnerschaften Anwendung. Eine analoge Anwendung auf Erbverträge von Personen, die in einem der Ehe vergleichbaren Vertrauensverhältnis zueinander stehen (zB nichteheliche Lebensgemeinschaft), scheidet aus, da dies die Rechtssicherheit erheblich gefährden würde und die uU damit einhergehende erbrechtliche Bindungswirkung auf rechtlich nicht gebundene Personen nicht zugeschnitten ist (aA NK-BGB/Gierl Rn. 4 mwN). Nicht erforderlich ist, dass alle oder einzelne darin enthaltene Verfügungen wechselbezüglich (§ 2270) sind. Deshalb gilt § 2269 auch bei nur äußerlich zusammengefassten Testamenten, obwohl es sich bei diesen der Sache nach um die Verbindung von zwei Einzeltestamenten in einer Urkunde handelt. Das gemeinschaftliche Testament bzw. der Erbvertrag darf nicht aus irgendwelchen Gründen unwirksam sein. § 2269 ist auch dann nicht anzuwenden, wenn nur die Verfügungen eines der beiden Ehepartner aus irgendeinem Grund ungültig sind, da es dann an der vorausgesetzten Regelung zweier Erbfälle fehlt (KG DNotZ 1943, 137 (139); MüKoBGB/Musielak Rn. 22; aA KG JW 1937, 1410; Soergel/Leiß Rn. 12).

21 **3. Gegenseitige Alleinerbeinsetzung (1. Erbfall).** Die Ehepartner müssen sich gegenseitig in der Weise zu Erben eingesetzt haben, dass der überlebende den zuerst versterbenden allein beerbt. Ist der überlebende Ehepartner nur zum Miterben eingesetzt oder soll er nur einen Teil des Nachlasses erhalten (vgl. BayObLGZ 1907, 458 (466)), kommt die Auslegungsregel des Abs. 1 nicht zum Zuge. Bedeutungslos ist, ob diese gegenseitige Erbeinsetzung – wie regelmäßig gem. § 2270 Abs. 2 Alt. 1 – wechselbezüglich ist oder nicht.

22 Schlägt der überlebende Ehepartner die Erbschaft nach dem zuerst verstorbenen Ehepartner aus, insbes. um über sein eigenes Vermögen wieder letztwillig frei verfügen zu können (§ 2271

Abs. 2 S. 1 Hs. 2), so treten die Schlusserben grds. nicht als Ersatzerben iSd § 2096 an die Stelle des überlebenden Ehepartners, wenn die Schlusserbeneinsetzung zur gegenseitigen Erbeinsetzung wechselbezüglich ist; für den Nachlass des zuerst verstorbenen Ehepartners tritt dann gesetzliche Erbfolge ein (OLG Hamm BeckRS 2014, 08201). Ist die Einsetzung der Schlusserben dagegen nur mit einseitig testamentarischer Wirkung erfolgt, steht sie unter einem Änderungsvorbehalt oder handelt es sich bei den Schlusserben ausschließlich um gemeinsame Abkömmlinge beider Ehepartner, so können die Schluss- auch Ersatzerben iSd § 2096 an Stelle des überlebenden Ehepartners, der die Erbschaft wirksam ausgeschlagen hat, sein.

**4. Erbeinsetzung Dritter (2. Erbfall oder Schlusserbfall). a) Einsetzung.** Das gemeinschaftliche Testament oder der Erbvertrag darf nicht nur die gegenseitige Erbeinsetzung enthalten, sondern muss auch für den zweiten Erbfall, nämlich den Tod des Überlebenden, eine Erbeinsetzung eines Dritten enthalten. Auch wenn der Gesetzeswortlaut scheinbar etwas anderes aussagt, so können auch **mehrere Personen** eingesetzt werden. Es kommt auch nicht darauf an, ob der oder die Dritten **Voll- oder Vorerben** sind. Auch dann, wenn der oder die Erben nur Vorerben sein sollen, greift die Auslegungsregel ein (BayObLGZ 1966, 408). Die Erbeinsetzung Dritter braucht dabei keineswegs immer ausdrücklich zu erfolgen. Es genügt, wenn sie durch Auslegung zu ermitteln ist. Umstritten ist, ob von einer **Pflichtteilssanktionsklausel** auf eine nicht vorhandene Schlusserbeneinsetzung der Abkömmlinge geschlossen werden kann (BayObLGZ 1959, 199 (206); 1960, 218; OLG Saarbrücken NJW-RR 1994, 844 (845); Grüneberg/Weidlich Rn. 5; aA OLG Hamm DNotZ 1951, 41 m. abl. Anm. Rohs; aA für notarielles Testament OLG Saarbrücken NJW-RR 1992, 841 (842); Staudinger/Kanzleiter, 2019, Rn. 24; vgl. auch OLG Karlsruhe BWNotZ 1995, 168; OLG Bremen ZEV 1995, 365). Auch eine **Wiederverheiratungsklausel** soll eine Schlusserbeneinsetzung beinhalten können (OLG Saarbrücken NJW-RR 1994, 844: „bereits mit Wiederverheiratung des Überlebenden erhalten die Kinder ihr Erbe vorzeitig"). Richtiger Ansicht nach kann von einer Pflichtteils- oder Wiederverheiratungsklausel nicht ohne das Hinzutreten besonderer Umstände in oder außerhalb des Testaments auf eine Schlusserbeneinsetzung der Kinder geschlossen werden, weil auch ohne eine solche diese Bestimmungen einen eigenständigen Sinn ergeben (ebenso OLG Karlsruhe Beschl. v. 19.1.2006 – 14 Wx 28/05, nv; OLG Hamm NJW-RR 2004, 1520; OLG Saarbrücken NJW-RR 1992, 841; Lange/Kuchinke ErbR § 34 III 2a; aA OLG München FGPrax 2006, 123 (124); OLG Saarbrücken NJW-RR 1994, 844; BayObLGZ 1959, 199 (204); vgl. auch H.-J. Fischer ZEV 2005, 189 (190 f.)). Vgl. auch → § 2084 Rn. 50. Zweifelhaft kann diese Voraussetzung der Auslegungsregel auch in dem Fall sein, dass die Ehepartner bestimmt haben, dass beim Tod des überlebenden die **gesetzliche Erbfolge** eintreten soll. Ist diese Anordnung als Verzicht auf eine Regelung aufzufassen, so findet § 2269 mangels Schlusserbeinsetzung keine Anwendung (BayObLG NJW 1965, 916; vgl. BayObLG Rpfleger 1981, 282). Es ist jedoch auch denkbar, dass damit die Einsetzung der gesetzlichen Erben des Längstlebenden verbunden sein sollte. Im zuletzt genannten Fall käme § 2269 doch zum Zuge. 23

**b) Einsetzung auf den Tod des überlebenden Ehepartners.** Die Auslegungsregel des § 2269 Abs. 1 gilt nur, wenn die Erbeinsetzung Dritter gerade für den Fall des Todes des überlebenden Ehepartners erfolgt ist. Sie gilt auch, wenn das gemeinschaftliche Testament bzw. der Erbvertrag eine Erbeinsetzung sowohl für den gleichzeitigen Tod als auch für den Tod des Überlebenden enthält. 24

Ist in dem Testament oder Erbvertrag dagegen nur eine Regelung für den Fall des **gleichzeitigen Todes,** also des Ablebens beider Ehepartner in derselben Sekunde, vorgesehen, so scheidet eine Anwendung des Abs. 1 aus. Gleichzeitiger Tod wird gem. § 11 VerschG auch dann vermutet, wenn sich bei mehreren Verschollenen oder für tot erklärten Personen nicht beweisen lässt, wer wen überlebt hat (vgl. Völker NJW 1947/48, 375). Die Auslegung einer Schlusserbeneinsetzung für den Fall des gleichzeitigen Versterbens kann dabei ein Problem sowohl der erläuternden als auch der ergänzenden Auslegung sein. In den Fällen, in denen der Wortlaut über diese Formulierung hinausgehende Verfügungen, Motivangaben oder Erläuterungen mit Bezug auf diese Schlusserbeneinsetzung enthält (vgl. den Fall des OLG München BeckRS 2013, 18768), geht es um die erläuternde Auslegung. Wenn allerdings der Text keinerlei Andeutungen dieser Art enthält, ist der irgendwie sonst angedeutete Erblasserwille sinngerecht zu Ende zu denken (zu eng aber BGH BeckRS 2019, 13449; OLG Frankfurt BeckRS 2018, 33073 (gleichzeitiges Versterben)). Bei solchen Formulierungen ist immer sehr sorgfältig zu prüfen, ob der Wille der Ehepartner wirklich auf diesen äußerst seltenen Fall gerichtet ist oder ob sie sich nur ungenau ausgedrückt haben (OLG Brandenburg BeckRS 2019, 13885 (beiderseitiges Versterben); OLG Frankfurt BeckRS 2016, 02567; OLG Stuttgart NJW-RR 1994, 592; OLG München BeckRS 2008, 19595 (mitei- 25 nander durch irgendein Ereignis); BayObLG ZEV 1996, 191; 2004, 200 (gleichzeitig sterben), mAnm Kasper; OLG Frankfurt Rpfleger 1998, 250 (zugleich versterben); KG Rpfleger 2006, 127 (plötzlicher Tod)). Unzutreffend ist es jedenfalls anzunehmen, dass diese Formulierung keiner weiteren Auslegung zugänglich sei (so aber OLG Karlsruhe NJW-RR 1988, 9; KG FamRZ 1968, 217; 1970, 148; diff. OLG Stuttgart FamRZ 1982, 1136; aA OLG Stuttgart OLG FamRZ 1994, 852; BayObLG ZEV 1996, 470; OLG Frankfurt FamRZ 1998, 1393 (1394); MüKoBGB/Musielak Rn. 23 mzN der Rspr.; unklar: OLG Frankfurt BeckRS 2018, 33073). Es erscheint sogar eher unwahrscheinlich, dass die Ehepartner den seltenen Ausnahmefall regeln und den Normalfall offenlassen wollten (OLG Brandenburg BeckRS 2019, 1642; OLG Frankfurt Rpfleger 1998, 250). Regelmäßig ist davon auszugehen, dass juristische Laien mit solchen Formulierungen mehr auf die Einheit des Ereignisses (zB Flugzeugabsturz, Autounfall) als auf die Zeitgleichheit abstellen (OLG Brandenburg BeckRS 2019, 1642; OLG Stuttgart NJW-RR 1994, 592). Selbst kurz aufeinander folgende Todesfälle können von einer solchen Bestimmung erfasst sein (KG BeckRS 2020, 1631 Rn. 15; OLG Frankfurt BeckRS 2018, 33073; BayObLG NJW-RR 1997, 329; OLG Stuttgart FamRZ 1994, 852). Beruhen die Todesfälle bei einer derartigen Formulierung nicht auf dem gleichen Ereignis (zB Verkehrsunfall) und liegt ein erheblicher Zeitraum zwischen beiden, so bedarf es der Feststellung besonderer Umstände außerhalb des Testaments, um die Erbfolgeregelung auch auf den zweiten Erbfall anwenden zu können (KG BeckRS 2020, 1631 Rn. 17 ff.; OLG Hamm BeckRS 2011, 20457; BayObLG ZEV 2004, 200 mAnm Kasper). Ein Änderungsvorbehalt bei Wechselbezüglichkeit der Schlusserbeneinsetzung kann ein Anhaltspunkt dafür sein, dass die Erbeinsetzung für den Fall gleichzeitigen Versterbens auch bei zeitversetzten Todesfällen gelten soll (OLG München BeckRS 2013, 13768; NJW-RR 2011, 44).

26 Die Verwendung sog **Katastrophenklauseln,** wonach die Erbeinsetzung für den Fall des Todes auf Grund des gleichen Ereignisses erfolgt, sind wohl regelmäßig als Erbeinsetzung auch für den Fall des Überlebens eines Ehepartners aufzufassen, und zwar selbst dann, wenn zwischen beiden Erbfällen Monate oder Jahre liegen. Formulierungen wie „im Falle unseres gemeinsamen Ablebens" (vgl. OLG Düsseldorf BeckRS 2021, 15785 Rn. 14; OLG Brandenburg BeckRS 2019, 1642 Rn. 19; BayObLG NJW-RR 1997, 327 (328); aA OLG Jena BeckRS 2015, 9957; OLG Karlsruhe NJW-RR 1988, 9), „wenn uns beiden etwas zustößt" (vgl. BayObLG ZEV 1996, 472; Rpfleger 2001, 425; OLG Frankfurt Rpfleger 1988, 483 (484); FamRZ 1996, 1039) oder „wenn wir gemeinsam bei einem Unfall ums Leben kommen" führen deshalb regelmäßig zur Anwendung des § 2269. Besondere Probleme bereiten dagegen Klauseln, wonach jeder Ehe- oder Lebenspartner auch für den Fall, dass sie „kurze Zeit" nacheinander sterben, bestimmte Dritte zu Erben einsetzen. Die Dritten sind in diesem Fall unter einer aufschiebenden Bedingung zum Erben des zuerst verstorbenen Ehe- bzw. Lebenspartners eingesetzt, was mangels Rückwirkung des Bedingungseintritts zur Vor- und Nacherbfolge mit unerwünschten erbschaftssteuerlichen Konsequenzen führt (ausf. Feick ZEV 2006, 16). Es muss auch bezweifelt werden, ob der Zeitraum zwischen beiden Erbfällen für die Erbfolge nach dem überlebenden Partner eine Rolle spielt.

27 Wenn die Auslegungsregel des § 2269 anwendbar ist, so muss erforderlichenfalls zusätzlich festgestellt werden, ob die Erbeinsetzung des Dritten für den Fall des Überlebens eines Ehepartners wechselbezügliche bzw. vertragsmäßige **Bindungswirkung** (§§ 2270, 2271 bzw. § 2289) entfaltet oder nicht. Diese Bindungswirkung ist dabei immer dann problematisch, wenn die Schlusserbeneinsetzung entweder nur für den Fall des gleichzeitigen Versterbens getroffen ist, oder sich nur konkludent der Verfügung entnehmen lässt. Das Fehlen einer ausdrücklichen Willensäußerung zu diesen Fragen wird regelmäßig den Schluss rechtfertigen, dass eine Bindungswirkung für den nicht erwähnten Todesfall bzw. die Schlusserbeneinsetzung nicht gewollt ist (vgl. BayObLG FamRZ 1998, 388). Dann ist zwar die Auslegungsregel des § 2269 anzuwenden, jedoch ist der überlebende Teil nicht an einer anderweitigen letztwilligen Verfügung gehindert.

## IV. Rechtswirkungen der einzelnen Gestaltungsmöglichkeiten

28 **1. Einheitslösung (Berliner Testament).** Bei ihr wird der überlebende Ehepartner mit dem Tod des Erstverstorbenen alleiniger Vollerbe. Er kann in dieser Eigenschaft zu Lebzeiten völlig frei über das beiderseitige Vermögen verfügen. Der Überlebende braucht weder Auskunft über den Nachlass zu geben, noch bedarf er zu irgendwelchen rechtsgeschäftlichen Verfügungen der Zustimmung des oder der Dritten. Selbst § 2287 beseitigt diese lebzeitige Verfügungsbefugnis nicht, sondern begründet lediglich Bereicherungsansprüche ab dem Tod des überlebenden Ehepartners, wenn und soweit dieser bei der Verfügung ohne lebzeitiges Eigeninteresse gehandelt hat. Ob und inwieweit der überlebende Ehepartner anderweitig letztwillig verfügen kann, hängt vom Inhalt des gemeinschaftlichen Testaments bzw. Erbvertrags ab (zB Änderungsvorbehalt; einseitig

testamentarische Verfügungen des Überlebenden). Der oder die Dritten werden jedoch Voll- oder Vorerben des Zuletztversterbenden, nicht Nacherben des Zuerstversterbenden. Richtiger Ansicht nach erwirbt der Schlusserbe mit dem Tod des Zuerstversterbenden noch kein Anwartschaftsrecht (BGH NJW 1962, 1910). Er hat noch keine gesicherte Rechtsposition, da der Vermögenserwerb durch lebzeitige Rechtsgeschäfte noch vereitelt werden kann. Dennoch steht der Schlusserbe keineswegs rechtlos gegenüber dem überlebenden Ehepartner dar. Er kann Feststellungsklage erheben, wenn der überlebende Ehepartner entgegen der Bindung anderweitig letztwillig verfügt (RG HRR 28 Nr. 243), das Testament anficht (vgl. BGHZ 37, 331) oder eine rechtsgeschäftliche Verfügung wegen Umgehung des Widerrufsverbots aus § 2271 Abs. 2 ausnahmsweise nichtig ist (vgl. BGHZ 59, 343; BGH WM 1973, 680).

**2. Trennungslösung.** Bei ihr wird der überlebende Ehepartner Vorerbe des Zuerstversterbenden, ob befreiter oder nicht befreiter ist dabei Auslegungsfrage. Mit dem Tod des überlebenden Ehepartners wird der Dritte bezüglich des Nachlasses des zuerst verstorbenen Ehepartners Nacherbe. Gleichzeitig ist er bezüglich des Eigenvermögens des Zuletztverstorbenen dessen Voll- oder Vorerbe. Dem Nacherben steht bereits während der Vorerbschaft ein Anwartschaftsrecht zu. Der längstlebende Ehepartner ist als Vorerbe mehr oder weniger stark in seiner lebzeitigen Verfügungsbefugnis eingeschränkt, eine anderweitige letztwillige Verfügung über den Nachlass des zuerst verstorbenen Ehepartners ist ausgeschlossen. 29

**3. Nießbrauchsvermächtnislösung.** Bei ihr wird der Dritte unmittelbar Erbe des zuerst verstorbenen Ehepartners, während der überlebende lediglich im Wege des Vermächtnisses vom Dritten die Einräumung des Nießbrauchs am gesamten Nachlass oder an einem Teil hiervon verlangen kann. Der Dritte ist in diesem Falle in seiner Verfügungsbefugnis frei, kann jedoch die Belastung mit dem Nießbrauch nicht beseitigen. Der überlebende Ehepartner hat bei dieser Lösung nur die Rechtsstellung eines Nießbrauchers. Verfügungen über das Nießbrauchsrecht als solches sind ausgeschlossen. Dieses Recht endet spätestens mit dem Tod des Überlebenden. Ein früheres Erlöschen (zB Wiederverheiratung) kann bestimmt werden. 30

## V. Wiederverheiratungsklauseln

**1. Begriff und Zweck.** Wiederverheiratungsklausel ist eine Bestimmung in einem gemeinschaftlichen Testament oder Ehegattenerbvertrag, dass der überlebende Ehepartner im Falle seiner Wiederverheiratung den gesamten Nachlass oder Teile hiervon an den oder die Dritten herausgeben soll. Eine Regelung für den Fall der Wiederverheiratung des Längstlebenden kann auch konkludent durch Formulierungen wie „der Überlebende verliert mit einer Wiederheirat sein Erbrecht" oder „mit Wiederheirat erhalten die Kinder ihr gesetzliches Erbe" getroffen werden. Diese Klauseln sollen den Abkömmlingen der Ehepartner den Nachlass erhalten und die Teilhabe des neuen Ehepartners hieran ausschließen. Sittenwidrig sind dabei alle Klauseln, die darauf hinauslaufen, den Längstlebenden für den Fall der Wiederverheiratung durch Enterbung zu strafen (vgl. auch → Rn. 43) (vgl. MüKoBGB/Musielak Rn. 45). Unzulässig dürfte es sein, den Längstlebenden für den Fall der Wiederverheiratung völlig zu enterben, wenn dieser – ausdrücklich oder konkludent – auf sein Pflichtteil verzichtet hat (Lange/Kuchinke ErbR § 24 IV 3; weitergehend Staudinger/Otte, 2019, § 2074 Rn. 42 ff.). Bei einer Einsetzung des Längstlebenden zum Vorerben ist es unzulässig, den Nacherbfall mit dessen Wiederverheiratung eintreten zu lassen, ohne durch Vermächtnisse für einen angemessenen Ausgleich zu sorgen. Die Beweislast für eine solch verwerfliche Absicht hat derjenige, der sich darauf beruft. 31

**2. Gestaltungsmöglichkeiten.** Der Zweck dieser Wiederverheiratungsklauseln kann entweder durch eine auf die Wiederheirat bedingte **Nacherbeneinsetzung** der Abkömmlinge oder der gesetzlichen Erben (→ Rn. 30, → Rn. 33 ff.) oder durch ein in gleicher Weise **bedingtes Vermächtnis** auf Herausgabe eines Geldbetrags oder eines bestimmten Nachlassteils (→ Rn. 31, → Rn. 36) erreicht werden. Welche von beiden Gestaltungsvarianten gewollt ist, ist bei einer unklaren oder unvollständigen Wiederverheiratungsklausel durch erläuternde und ergänzende **Auslegung** zu ermitteln. Ist der gesamte Nachlass herauszugeben, so ist der Erblasserwille regelmäßig auf eine bedingte Erbeinsetzung gerichtet, nicht auf die Vermächtnislösung (Staudinger/Kanzleiter, 2019, Rn. 41). Da die Vermächtnislösung die Schlusserben schwächer absichert als die Einsetzung zu – wie auch immer – bedingten Erben, kommt es ganz entscheidend darauf an, wie stark der Erblasser diese vor abweichenden Verfügungen schützen will. Je mehr der Erblasser den Überlebenden in seiner Verwaltungs- und Verfügungsbefugnis einschränken will (zB „das Haus darf nicht verkauft werden"), desto mehr wird man die Klausel iS eines bedingten Erbeinsetzung 32 auszulegen haben. Soll dagegen der Überlebende in seiner lebzeitigen Verfügungsfreiheit nicht eingeschränkt werden (zB „der Überlebende kann mit dem Vermögen machen, was er will"), ist die Vermächtnislösung das richtige Auslegungsergebnis. Erst in zweiter Linie geht es dann um die Entscheidung der Frage, ob und welchen Verfügungsbeschränkungen der Überlebende auf Grund einer derartigen Wiederverheiratungsklausel unterworfen ist, also um die Frage nach der dogmatisch einwandfreien Einordnung.

33 **a) Trennungslösung. aa) Wiederheirat als den Nacherbfall auslösendes Ereignis.** Im Rahmen der Trennungslösung führt eine solche Klausel den **Nacherbfall** außer beim Tod des Längstlebenden auch bei dessen Wiederverheiratung herbei. Der Erblasser kann den überlebenden Ehepartner dabei gem. § 2136 ganz oder teilweise von den gesetzlichen **Verwaltungs- und Verfügungsbeschränkungen** befreien. Denkbar, aber gemessen am angestrebten Zweck, nämlich der Sicherung der Abkömmlinge, unzureichend ist allein die Bestimmung, dass mit der Wiederheirat nicht die Nacherbfolge eintritt, sondern lediglich die bis dahin geltende Befreiung von den gesetzlichen Beschränkungen entfällt. Löst dagegen die Wiederverheiratung den Nacherbfall aus, so begegnet eine damit eintretende Nacherbfolge, die den Überlebenden **völlig vom Erbe ausschließt** (zB „der Nachlass fällt mit der Wiederheirat den Abkömmlingen zu"), wegen des damit verbundenen völligen Verlusts von Erb- und Pflichtteilsrechten (→ Rn. 40) unter dem Gesichtspunkt der Sittenwidrigkeit (§ 138) rechtlichen Bedenken (vgl. MüKoBGB/Musielak Rn. 45; Otte AcP 187 (1987), 603), entspricht aber jedenfalls regelmäßig nicht der üblichen Interessenlage der Beteiligten. Deshalb ist, wenn und soweit nichts anderes bestimmt ist (zB „mit Wiederheirat sollen sich der Überlebende und die Kinder den Nachlass teilen"), davon auszugehen, dass in diesem Falle der überlebende Ehepartner **in Höhe seiner gesetzlichen Erbquote** mit der Wiederverheiratung Vollerbe wird (MüKoBGB/Musielak Rn. 47; Kipp/Coing ErbR § 79 IV 1; aA Ebenroth ErbR Rn. 238). Der Erblasser kann in diesem Fall allerdings auch anordnen, dass die Nacherbfolge bezüglich dieser Quote erst mit dem Tod des Überlebenden eintritt. Vor allem im Fall der vollständigen Enterbung des überlebenden Ehepartners bei Wiederheirat, kann diesem aufschiebend bedingt der **Nießbrauch** am gesamten Nachlass vermacht werden.

34 **bb) Aufschiebend bedingtes Vermächtnis.** Anstatt die Wiederheirat den Nacherbfall auslösen zu lassen, kann der Erblasser sich auch begnügen, nur ein dadurch aufschiebend bedingtes Vermächtnis zugunsten der Nacherben anordnen (→ Rn. 36).

35 **b) Einheitslösung.** Die Wiederverheiratung des überlebenden Ehepartners verändert die erbrechtliche Lage zum Nachteil des oder der Dritten, wenn dieser im Rahmen der Einheitslösung Schlusserbe werden soll. Mit der Wiederverheiratung wird der neue Ehepartner am Nachlass des überlebenden Ehepartners erb- und damit auch pflichtteilsberechtigt. Selbst wenn der überlebende Ehepartner das gemeinschaftliche Testament bzw. den Erbvertrag nicht wegen Übergehens eines Pflichtteilsberechtigten gem. § 2078 Abs. 2 anficht oder auf Grund eines entsprechenden Vorbehalts zugunsten des neuen Partners ändert, schmälert jedenfalls dessen Pflichtteilsrecht den Nachlass beim Tod des Ehepartners. Erschwerend kommt hinzu, dass pflichtteilsberechtigte Abkömmlinge im Vertrauen auf ihre Schlusserbenstellung regelmäßig den Pflichtteilsanspruch nicht innerhalb der 3-jährigen Verjährungsfrist geltend machen, also auch auf diesem Weg ihre vermögensrechtlichen Interessen nicht mehr ausreichend wahrnehmen können. Darüber hinaus befürchten viele Ehepartner, dass der Überlebende von ihnen in diesem Fall das ererbte Vermögen zu Lebzeiten mit dem neuen Partner über die Maße aufbraucht. Diese nachteiligen Wirkungen sind vor allem bei Ehepartner mit Kindern häufig unerwünscht. Sie streben eine stärkere Absicherung der Kinder vor einer neuen Heirat des überlebenden Ehepartners an. Dazu bieten sich grds. zwei Wege an:

36 **aa) Bedingte Erbeinsetzung.** Das Wesen der Einheitslösung ist geprägt von der Verfügungsfreiheit des überlebenden Ehepartners als Vollerben. Mit dieser kollidiert die Wiederverheiratungsklausel, wenn ab der Heirat die Abkömmlinge Erben werden sollen, da damit eigentlich die Anordnung der Nacherbfolge und damit die Geltung der Verfügungsbeschränkungen der §§ 2113 ff. verbunden ist. Im Bemühen, diesen **Widerspruch zwischen Voll- und Vorerbschaft** aufzulösen, stehen sich im Wesentlichen drei Meinungen gegenüber. Die hM (RGZ 156, 172 (180 f.); BGH FamRZ 1961, 275 (276); NJW 1988, 59; Buchholz, Erbfolge und Wiederverheiratung, Erscheinungsformen, Regelungszweck und Dogmatik letztwilliger Wiederverheiratungsklauseln, 1986, 24 f.; Grüneberg/Weidlich Rn. 17 ff.; diff. hinsichtlich § 2133 f. Staudinger/Kanzleiter, 2019, Rn. 43 f.), die in der Wiederheirat sowohl die auflösende Bedingung der Vollerbschaft als auch die aufschiebende Bedingung der Anordnung der Vor- und Nacherbfolge sieht, wendet unter Berufung auf die in § 2103 zum Ausdruck gekommene Grundentscheidung des Gesetzgebers, bei jeder bedingten Erbeinsetzung die Verfügungsfreiheit des Vorerben zum Schutz

der Nacherben zu beschränken, diese Vorschriften an. Nach einer zweiten Auffassung handelt es sich um eine durch die Wiederheirat aufschiebend bedingte Vollerbschaft, verbunden mit einer durch das gleiche Ereignis auflösend bedingten Vor- und Nacherbschaft, und kommt damit ebenfalls zur Geltung dieser Schutzvorschriften (MüKoBGB/Musielak Rn. 54 ff. m. ausf. Begr. und Darstellung des Meinungsstreits; Otte JZ 1986, 1107). Eine dritte Meinung lehnt die Doppelstellung des überlebenden Ehepartners als Voll- und Vorerbe ab und entnimmt jeder Wiederverheiratungsklausel die Entscheidung des Erblassers für die Trennungslösung und gegen das „Berliner Modell" (Wilhelm NJW 1990, 2857 (2860); Zawar NJW 1988, 16 (18); Lange/Kuchinke ErbR § 24 IV 3c). Dieser Streit um das rechtliche Verständnis der mit einer solchen Wiederverheiratungsklausel verbundenen Bedingungskonstruktion verdeckt, dass es in Wahrheit um eine (ergänzende oder erläuternde) Auslegung des nicht geäußerten Erblasserwillens geht (Staudinger/Kanzleiter, 2019, Rn. 43; Lange/Kuchinke ErbR § 24 IV 3c). Dabei ist die grds. mit der Einheitslösung verbundene **Verfügungsfreiheit des überlebenden Ehepartners** gegen das Interesse an der Sicherung des oder der Dritten abzuwägen. Weder die Auffassung, jeder Wiederverheiratungsklausel automatisch eine Entscheidung für die Trennungslösung zu entnehmen, noch die gegenteilige Meinung, eine derartige Regelung schränke die Verfügungsfreiheit des Überlebenden überhaupt nicht ein, bringen diese Intentionen des Erblassers in einen sachgerechten Ausgleich zueinander. Einerseits kommt in der Wiederverheiratungsklausel ein gewisses Misstrauen gegenüber dem Überlebenden zum Ausdruck. Es kann also nicht die Rede davon sein, dass der Längstlebende bis zur Wiederheirat grenzenlose Verfügungsfreiheit genießen solle. Würde man den Längstlebenden nämlich bis zum Bedingungseintritt von den Bindungen der §§ 2113 ff. freistellen (so aber MüKoBGB/Musielak Rn. 55 ff.; Meier-Kraut NJW 1992, 143 (147)), so könnte der Längstlebende durch lebzeitige Verfügungen die Wiederverheiratungsklausel mit Leichtigkeit unterlaufen, ein von dem Ehepartner sicher nicht gewünschtes Ergebnis. Andererseits kann eine Wiederverheiratungsklausel für sich allein nicht ausreichen, eine eindeutige Entscheidung des Erblassers für die mit der Einheitslösung verbundene Verfügungsfreiheit vollständig zu ignorieren. Allein die hM bietet einen interessengerechten Mittelweg. Nach ihr steht erst mit dem Tod des überlebenden Ehepartners endgültig fest, ob er Vollerbe geblieben oder befreiter Vorerbe geworden ist. Ist er Vollerbe geblieben sind alle lebzeitigen Verfügungen voll wirksam, während andernfalls die Herausgabeansprüche der Nacherben eingreifen.

Der Erblasser kann nach hM zwar die Geltung der §§ 2113 ff. nicht vollständig ausschließen 37 (aA MüKoBGB/Musielak Rn. 55 ff., 369; Meier-Kraut NJW 1992, 143), aber in dem von § 2136 zugelassenen Umfang **Befreiung** von diesen Beschränkungen erteilen (Staudinger/Kanzleiter, 2019, Rn. 44). Bereits geringe Anhaltspunkte für eine Befreiung müssen angesichts der Entscheidung für die Einheitslösung ausreichen. Der Überlebende ist aber nur nicht befreiter Voll- und Vorerbe, wenn und soweit das Interesse des Erblassers am Schutz der Schlusserben das Interesse an dessen Verfügungsfreiheit überwiegt, zB Verwandtschaft nur zum Erblasser (vgl. BGH NJW 1951, 354). Die hM nimmt beim Fehlen jeglicher Anhaltspunkte eine möglichst weitgehende Befreiung iSd § 2136 an und trägt damit zutreffend der Entscheidung des Erblassers für die mit der Einheitslösung verbundenen Verfügungsfreiheit des Überlebenden Rechnung (BayObLGZ 1966, 227 = FamRZ 1967, 695 (697); OLG Hamm DNotZ 1972, 96; Simshäuser FamRZ 1972, 273 (274) mwN; einschr. Staudinger/Kanzleiter, 2019, Rn. 44; Reimann/Bengel/Dietz/J. Mayer/Sammet Rn. 82; aA OLG Stuttgart JFG 6, 162; LG Mannheim MDR 1960, 597; vgl. auch BGH NJW 1951, 354).

Nach hM hat eine solche Wiederverheiratungsklausel daher folgende **Wirkungen:** Bleibt der 38 überlebende Ehepartner ledig, so entscheidet sich in der logischen Sekunde vor seinem Tod, dass er endgültig Vollerbe geblieben ist. Damit steht dann auch fest, dass alle seine lebzeitigen Verfügungen wirksam sind. Der oder die Schlusserben erben nur noch den bei seinem Tod vorhandenen Nachlass. Heiratet der Längstlebende dagegen wieder, so endet damit dessen Vollerbschaft und er wird Vor- und der oder die Dritten werden Nacherben. Gleichzeitig löst die Wiederverheiratung den Nacherbfall aus und der überlebende Ehepartner muss den Nachlass des Erstverstorbenen in dem von der Wiederverheiratungsklausel vorgegebenen Umfang an die Nacherben ausliefern. Zusätzlich sind alle Rechtsgeschäfte, die gegen Beschränkungen verstoßen, von denen ein Vorerbe gem. § 2136 nicht befreit werden kann, ihnen gegenüber unwirksam und die Nacherben können entsprechende Herausgabeansprüche geltend machen. Die in dieser Wiederverheiratungsklausel zum Ausdruck kommende Verfügungsbeschränkung ist sowohl im Erbschein (vgl. Haegele Rpfleger 1976, 73 (78)) als auch im Grundbuch ähnlich einem Nacherbenvermerk einzutragen.

**bb) Vermächtnislösung.** Vor allem in der notariellen Praxis hat sich, um diesen schwierigen 39 Fragen zur Rechtsstellung des Längstlebenden bis zur Wiederheirat aus dem Wege zu gehen, eine andere Gestaltung durchgesetzt. Der oder die Dritten erhalten ein durch die Wiederheirat des Überlebenden aufschiebend bedingtes Vermächtnis, den Nachlass ganz oder teilweise von diesem fordern zu dürfen (vgl. ausf. Zawar DNotZ 1986, 515). Üblich ist es, den Abkömmlingen Vermögenswerte in Höhe des gesetzlichen Erbteils am Nachlass des zuerst verstorbenen Ehepartners zuzuwenden und dem Überlebenden dabei auch noch das Auswahlrecht der Vermögenswerte zuzugestehen. Zusätzlich kann bestimmt werden, dass etwaige Pflichtteilszahlungen aus dem Nachlass des zuerst verstorbenen Ehepartners auf dieses Vermächtnis anzurechnen sind. Hierdurch wird eine Besserstellung desjenigen ausgeschlossen, der seinen Pflichtteil gefordert hat (vgl. auch → Rn. 40 ff.). Der überlebende Ehepartner kann bei einer solchen Klausel zu seinen Lebzeiten bis zur etwaigen Wiederheirat völlig frei über den Nachlass, einschließlich des aufschiebend bedingten Vermächtnisgegenstands, verfügen, da gem. § 2179 zwar §§ 158, 159, 160 und 162, nicht dagegen § 161 gilt (vgl. BayObLGZ 1962, 137). Das Testament kann jedoch einschränkende Anordnungen enthalten.

40 **3. Verfügungen des Längstlebenden nach der Wiederverheiratung.** Bei allen Wiederverheiratungsklauseln, also auch bei solchen im Rahmen der Trennungslösung (→ Rn. 30) oder beim Wiederverheiratungsvermächtnis (→ Rn. 36), bedarf es der Klärung, wie sich die Wiederheirat auf die wechselbezüglichen bzw. vertragsmäßigen Verfügungen des Längstlebenden auswirken. Hat der Erblasser, was dringend zu empfehlen ist, diese Konsequenzen nicht ausdrücklich selbst geregelt und können diese Fragen auch nicht im Wege der erläuternden oder ergänzenden Auslegung beantwortet werden, so gilt folgendes:

41 **a) Wegfall der erbrechtlichen Bindung.** Nach hM gehört es zum Inhalt einer jeden Wiederverheiratungsklausel, dass der Überlebende an seine eigenen wechselbezüglichen bzw. bindenden Verfügungen ab der Wiederheirat nicht mehr gebunden ist (BayObLG NJW-RR 2002, 366; KG FamRZ 1968, 332; OLG Köln FamRZ 1976, 552; BayObLGZ 1962, 137; aA Reimann/Bengel/Dietz/J. Mayer/Sammet Rn. 86; Buchholz, Erbfolge und Wiederverheiratung, Erscheinungsformen, Regelungszweck und Dogmatik letztwilliger Wiederverheiratungsklauseln, 1986, 96 ff., 106 ff.; Dippel AcP 177 (1977), 349 (362 ff.); RGRK-BGB/Johannsen Rn. 20; vgl. für Erbvertrag OLG Zweibrücken OLGZ 1973, 717). Auch wenn dies nicht ausdrücklich in der Klausel angegeben ist, gehört dies zu deren Inhalt, sofern nicht ausdrücklich das Gegenteil bestimmt ist (aA Muscheler JZ 1994, 630 (632)). Dies ist dabei völlig unabhängig von der dem überlebenden Ehepartner nach der Wiederverheiratung verbleibenden Rechtsstellung (aA Staudinger/Kanzleiter, 2019, Rn. 48 f.; iErg ebenso Simshäuser FamRZ 1972, 273 (278 f.)). Die mit der Wiederverheiratung gewonnene Verfügungsfreiheit ist nicht fristgebunden und entfällt auch nicht, wenn die neue Ehe wieder geschieden wird (RG DJZ 1934, 281; Reimann/Bengel/Dietz/J. Mayer/Sammet Rn. 94). Der überlebende Ehepartner kann auf diese Weise bei der Trennungslösung selbstverständlich nur seine eigenen Verfügungen, nicht dagegen die Nacherbeneinsetzung seines vorverstorbenen Ehepartners ändern oder aufheben; diese ist für ihn bindend. Behalten die eigenen Verfügungen des Überlebenden dagegen ausnahmsweise ihre Bindungskraft, so kann er diese in analoger Anwendung des § 2078 Abs. 2 wegen Übergehens des neuen Ehepartners als Pflichtteilsberechtigten unverzüglich selbst **anfechten** (Staudinger/Kanzleiter, 2019, Rn. 45; Buchholz, Erbfolge und Wiederverheiratung, Erscheinungsformen, Regelungszweck und Dogmatik letztwilliger Wiederverheiratungsklauseln, 1986, 66; aA Reimann/Bengel/Dietz/J. Mayer/Sammet Rn. 95; Damrau/Klessinger Rn. 57).

42 **b) Weitergeltung der Verfügungen.** Umstritten ist weiterhin, ob mit der Wiederverheiratung die Verfügungen des Längstlebenden auch ohne Äußerung eines entsprechenden Aufhebungswillens ohne weiteres gegenstandslos werden (KG FamRZ 1968, 331 f.; OLG Hamm ZEV 1994, 365 (366); Soergel/Leiß Rn. 31), oder ob es hierzu zusätzlicher Anhaltspunkte bedarf (Huken DNotZ 1965, 731 f.; M. Huber Rpfleger 1981, 41 (44); Reimann/Bengel/Dietz/J. Mayer/Sammet Rn. 92; MüKoBGB/Musielak Rn. 62). Es geht zu weit, allein aus dem Umstand der Aufnahme einer Wiederverheiratungsklausel den Schluss zu ziehen, der Überlebende wolle damit seine eigenen Verfügungen aufgehoben wissen. Ein derartiger Aufhebungswille muss vielmehr anhand der allgemeinen Auslegungsgrundsätze, also insbes. durch ergänzende Auslegung, besonders festgestellt werden (vgl. OLG Hamm JR 1987, 376 (377)). Ein solcher Anhaltspunkt kann sein, dass der Überlebende mit seiner Wiederverheiratung jegliche Beteiligung am Nachlass verliert (OLG Hamm ZEV 1994, 365 (366)). Falls dem gemeinschaftlichen Testament bzw. dem Ehegattenerbvertrag nicht zu entnehmen ist, welchen Einfluss die Tatsache der Wiederverheiratung auf die darin enthaltenen – einseitigen oder bindenden – letztwilligen Verfügungen des überlebenden Ehepartners hat, ist grds. von ihrer Fortgeltung auszugehen (Grüneberg/Weidlich Rn. 19).

Dies gilt sowohl bei der Einheits- wie bei der Trennungslösung. Der überlebende Ehepartner kann der neuen Lebenssituation durch Errichtung einer neuen letztwilligen Verfügung Rechnung tragen.

**4. Wiederverheiratung und Pflichtteil des Längstlebenden.** Heiratet der Überlebende wieder und verliert er deshalb auf Grund einer Wiederverheiratungsklausel sein Erbrecht, so kann er seinen Pflichtteil selbst dann nicht mehr verlangen, wenn er dadurch die ganze Erbschaft verliert. Das Gleiche gilt, wenn der Überlebende trotz der Wiederheirat zwar Vollerbe bleibt, jedoch im Wege des Vermächtnisses (→ Rn. 31, → Rn. 36) so viel herausgeben muss, dass ihm weniger als sein Pflichtteil verbleibt (OLG Saarbrücken BeckRS 2015, 07018). Er hätte unmittelbar nach dem Erbfall die Erbschaft fristgemäß ausschlagen müssen, um seinen Pflichtteil verlangen zu können (§ 2306 Abs. 1 S. 2). Die Erbschaftsannahme kann er nachträglich auch nicht mehr gem. §§ 1954, 119 anfechten, weil er sich in Bezug auf die Wiederheirat – wie die Wiederverheiratungsklausel belegt – nicht in einem Irrtum befunden haben kann. Aus diesen Gründen können Wiederverheiratungsklauseln, die dem überlebenden Ehepartner nach der Wiederheirat weniger lassen als seinen Pflichtteil gem. § 138 sittenwidrig sein (vgl. Gaier ZEV 2006, 2 (5)). Dies dürfte immer dann der Fall sein, wenn diese Nachteile nicht durch andere Vorteile der Wiederverheiratungsklausel kompensiert werden (vgl. OLG Saarbrücken BeckRS 2015, 07018 Rn. 54 ff. m. krit. Anm. Litzenburger FD-ErbR 2015, 368526). 43

## VI. Pflichtteilsklauseln

Das abgestimmte Testieren im Rahmen eines gemeinschaftlichen Testaments dient vor allem dem Zweck, den überlebenden Ehepartner nach dem Tod des zuerst verstorbenen Partners finanziell abzusichern. Dies verträgt sich mit dem gesetzlichen Pflichtteilsanspruch von (gemeinsamen) Abkömmlingen nicht. Die Beteiligten beabsichtigen in der Regel, die pflichtteilsberechtigten Abkömmlinge auf den Nachlasserwerb beim Tod des überlebenden Ehepartners zu verweisen („Einsetzung auf das längste Leben"). Zu diesem Zweck sind sowohl bei der Trennungslösung als auch bei der Einheitslösung („Berliner Testament") Klauseln gebräuchlich, die denjenigen Abkömmling wirtschaftlich benachteiligen, der seinen gesetzlichen Pflichtteil fordert und dadurch die wirtschaftliche Absicherung des überlebenden Partners schmälert **(Sicherungsfunktion).** Darüber hinaus soll verhindert werden, dass sich einer von mehreren Abkömmlingen durch das Pflichtteilsverlangen einen Vorteil gegenüber denjenigen verschafft, die auf ihren Pflichtteil verzichten **(Ausgleichsfunktion).** Beides kann nur mittelbar durch Pflichtteilssanktionsklauseln – auch Pflichtteilsstrafklauseln genannt – erreicht werden. Derartige Pflichtteilssanktionsklauseln verstoßen grds. nicht gegen die guten Sitten iSd § 138 Abs. 1 (BayObLG DNotZ 1995, 710 (713 f.)). 44

Ein **Vergleich der abschreckenden Wirkung** auf die pflichtteilsberechtigten Abkömmlinge zeigt eindeutig, dass diese bei der Trennungslösung deutlich größer ist als bei der Einheitslösung (Litzenburger in Hausmann/Hohloch, Erbrecht HdB, 2. Aufl. 2010, Kap. 7 Rn. 208 mit Tabelle). Bei der Einheitslösung erhält der mit beiden Ehepartnern verwandte Schlusserbe nämlich aus dem beim Tod des Längstlebenden in dessen Hand vereinigten Vermögen des Zuerstverstorbenen noch einmal den Pflichtteil (vgl. BayObLGZ 1966, 55). Dies ist Folge der Vermögensvereinigung beim ersten Erbfall. Diese Konsequenz kann nur durch Entscheidung zugunsten der Trennungslösung mit Vor- und Nacherbfolge vermieden werden.

Selbstverständlich möglich ist ein Pflichtteilsverzichtsvertrag mit einem Schlusserben. Dieser wird jedoch regelmäßig mit einem Erbvertrag einhergehen, in dem dieser die Schlusserbeneinsetzung mit erbvertraglicher Bindungswirkung annimmt, sodass der überlebende Ehepartner an einer anderweitigen letztwilligen Verfügung gehindert ist. Die lebzeitige Verfügungsbefugnis wird jedoch dadurch nicht ausgeschlossen. Auch können Anfechtungsrechte wegen Übergehens von Pflichtteilsberechtigten, insbes. wegen Wiederverheiratung, das Erbrecht des Schlusserben vereiteln. S. zum konkludenten Pflichtteilsverzicht ausführlich → § 2346 Rn. 9.

**1. Trennungslösung.** Ein als Nacherbe eingesetztes Kind bzw. Abkömmling des zuerst verstorbenen Elternteils kann seinen Pflichtteil vom überlebenden Ehepartner (Vorerben) nur verlangen, wenn er die Nacherbschaft gem. § 2306 Abs. 1 S. 2, § 2306 Abs. 2 ausschlägt. Der Erbteil des Ausschlagenden geht dann entweder auf Ersatznacherben über oder wächst den anderen Nacherben an. Fehlen entsprechende Anordnungen, wird der Vorerbe gem. § 2142 Abs. 2 Vollerbe. Das Pflichtteilsverlangen hat dagegen grds. keine Auswirkungen auf die Vollerbeneinsetzung des Kindes bzw. Abkömmlings durch den überlebenden Ehepartner. Dieser muss deshalb für diesen 45

Fall bezüglich seines eigenen Vermögens das Kind bzw. den Abkömmling entweder von der Erbfolge ausschließen oder sich eine Änderungsmöglichkeit vorbehalten (→ § 2271 Rn. 30 ff.).

46 **2. Einheitslösung.** Auch die Schlusserbeneinsetzung hindert ein Kind bzw. einen Abkömmling nicht daran, seinen Pflichtteil nach dem zuerst verstorbenen Elternteil einzufordern (allgM, zB Buchholz FamRZ 1985, 872; Borgfeld, Zweckmäßige Verfügungen in einem Ehegattentestament und § 2269 BGB, Diss. Münster 1992, 36; aA Kanoldt ArchBürgR 40 (1914), 262 (276); Kochendörfer JA 1998, 713 (720)). Das Verlangen des Pflichtteils beinhaltet weder den Verzicht noch die Ausschlagung der Schlusserbschaft (MüKoBGB/Musielak Rn. 66). Mit einer Pflichtteilsklausel soll durch Nachteile beim zweiten Erbfall verhindert werden, dass der Berechtigte beim ersten Erbfall seinen Pflichtteil vom überlebenden Ehepartner einfordert.

47 **a) Tatbestandsverwirklichung.** Die Ehepartner sind frei zu bestimmen, welcher Tatbestand die Sanktionswirkung auslösen soll (ausf. Radke ZEV 2001, 136 ff.; Lübbert NJW 1988, 2706 (2710 ff.)). In Betracht kommen vor allem die ernst gemeinte Forderung (vgl. OLG Frankfurt BeckRS 2022, 5544; OLG Köln BeckRS 2018, 25213 Rn. 16; OLG Rostock NJW-RR 2015, 776; OLG München FGPrax 2006, 123; OLG Dresden Rpfleger 1999, 276), aber auch Verhandlungen über die Höhe (vgl. OLG Schleswig ZEV 1997, 331 mAnm Lübbert), das Bestreiten („anfechten") der Wirksamkeit des gemeinschaftlichen Testaments (vgl. OLG Saarbrücken BeckRS 2021, 45695 (Erbvertrag); OLG Dresden NJW-RR 1999, 1165), die Mahnung, die Erhebung der Gestaltungsklage, das rechtskräftige Urteil oder die Pflichtteilszahlung (vgl. OLG Zweibrücken FamRZ 1999, 468). Der Tatbestand der ernsthaften Forderung wird dabei üblicherweise mit den Worten „wer den Pflichtteil fordert" oder „wer den Pflichtteil geltend macht" zum Ausdruck gebracht. Mehrere Obergerichte wollen unter Hinweis auf die gesetzliche Differenzierung zwischen dem vorbereitenden **Auskunftsanspruch gem. § 2314** und der eigentlichen **Pflichtteilsforderung gem. § 2303** die Sanktionswirkung (noch) nicht eintreten lassen, wenn der Berechtigte nach Erhebung des Auskunftsanspruchs seinen Pflichtteil danach nicht mehr fordert (OLG Frankfurt BeckRS 2022, 5544, OLG Rostock NJW-RR 2015, 776). Diese Rspr. ist jedoch abzulehnen, weil sie den Zweck der Pflichtteilssanktionskausel, den die Beteiligten mit ihr übereinstimmend verbinden, völlig ignoriert und sich ausschließlich an den im Rahmen der Testamentsauslegung gem. §§ 133, 157 völlig irrelevanten Interessen des Pflichtteilsberechtigten orientiert. Den Beteiligten geht es nämlich bei der Verwendung einer solchen Klausel nicht nur darum, den Längerlebenden von ihnen vor der Erfüllung des Pflichtteilsanspruchs zu schützen, sondern ihn bereits im Vorfeld vor der Angst zu bewahren, Teile seiner Hinterbliebenenversorgung in Form des Nachlasses vor seinem eigenen Tod zu verlieren. Vor allem bei der Anknüpfung der Sanktionswirkung an das gegenüber dem Begriff des Forderns weitere „Geltendmachen des Pflichtteils" liegt diese Testamentsauslegung nahe. Dennoch ist es empfehlenswert, in die Klausel ausdrücklich aufzunehmen, dass bereits das Auskunftsverlangen gem. § 2314 die Sanktionswirkung auslöst (So auch OLG Frankfurt BeckRS 2022, 5544 Rn. 25). Eine Pflichtteilsstrafklausel kann schließlich auch dann eingreifen, wenn der Pflichtteilsberechtigte die Unwirksamkeit des gesamten Testaments geltend macht und seinen gesetzlichen Erbteil fordert (OLG München NJW-RR 2011, 1164; vgl. zur Abgrenzung OLG München BeckRS 2018, 31509 betr. Einziehung des Erbscheins).

48 Die Pflichtteilsstrafklausel gilt auch bei Überleitung und Geltendmachung des Pflichtteils durch den **Träger der Sozialhilfe** (OLG Karlsruhe BeckRS 2020, 47756; OLG Hamm BeckRS 2013, 5749). Dies gilt jedoch ausnahmsweise nicht im Rahmen eines sog. **Behindertentestaments** (→ § 2100 Rn. 12), wenn es den Beteiligten erkennbar darauf ankommt, den Nachlass des behinderten Erben beim zweiten Erbfall vor dem Zugriff des Sozialhilfeträgers zu schützen (BGH NJW-RR 2006, 223 (224); 2005, 369 (371)). Die Verwirkungsklausel ist dann unter Berücksichtigung ihres Sinns im Gesamtzusammenhang des Testaments einschränkend dahin auszulegen, dass die Beteiligten, wenn sie bei Testamentserrichtung die ihren Vorstellungen widersprechenden Folgen der Verwirkungsklausel im Hinblick auf die sich daraus für den Sozialhilfeträger ergebenden Möglichkeiten erkannt hätten, den Fall der Geltendmachung des Pflichtteilsanspruchs nach dem Erstverstorbenen durch diesen vom Anwendungsbereich der Verwirkungsklausel ausgenommen, obwohl das behinderte Kind damit gegenüber seinen Geschwistern bevorzugt wird, da es trotz Inanspruchnahme des Pflichtteils nach dem erstverstorbenen Elternteil den ihm im Schlusserbfall zugedachten Erbteil nicht verliert. Das Gleiche muss auch beim sog. **Bedürftigentestament** (→ § 2100 Rn. 23) gelten.

49 Eine **Rückzahlung** beseitigt die eingetretenen Folgen nicht wieder (BayOLG FGPrax 2004, 81 (83)). Der Eintritt der auflösenden Bedingung kann auch nach dem **Tod des längstlebenden Ehepartners** und nach Annahme der Schlusserbschaft herbeigeführt werden (BGH NJW 2006,

3064; OLG Zweibrücken ZEV 1999, 108 (109); OLG München FGPrax 2006, 123 (125); aA OLG Stuttgart BeckRS 2017, 127230 für eine aufschiebende Enterbung ohne Schlusserbeneinsetzung m. krit. Anm. Litzenburger FD-ErbR 2017, 400091). Wird der Pflichtteilsanspruch jedoch erst nach Eintritt der Verjährung erhoben, so kann die angeordnete Sanktionswirkung schon deshalb nicht eintreten, weil die wirtschaftliche Beeinträchtigung des Nachlasses nicht mehr kausale Folge der Einforderung ist, sondern der freiwilligen Entscheidung des überlebenden Teils, auf die Verjährungseinrede zu verzichten (aA BGH NJW 2006, 3064, in einem obiter dictum, ohne dieses Problem zu erkennen).

Die enterbende Wirkung der Klausel tritt nicht ein, wenn die Pflichtteilszahlung im **Einvernehmen** mit dem Längstlebenden erfolgt (BayObLG FamRZ 1964, 472; Staudinger/Kanzleiter, 2019, Rn. 58a f.; aA OLG Hamm BeckRS 2021, 1566 Rn. 40 m. krit. Anm. Litzenburger FD-ErbR 2021, 436338; OLG Schleswig BeckRS 2013, 10607 unter II 1.1 10607 m. krit. Anm. Litzenburger FD-ErbR 2013, 348217; vgl. auch BFH BeckRS 2007, 24003000 m. krit. Anm. Litzenburger FD-ErbR 2007, 239732). Dies gilt selbst bei einer wechselbezüglichen und damit für den Längerlebenden bindenden Schlusserbeneinsetzung, weil die in der Pflichtteilssanktionsklausel liegende Enterbung gem. § 2270 Abs. 3 (→ § 2270 Rn. 4 f.) gar keine erbrechtliche Bindungswirkung entfalten kann (unrichtig daher OLG Hamm BeckRS 2021, 1566 Rn. 40; OLG Schleswig BeckRS 2013, 10607 unter II 1.1). Wenn der überlebende Partner die Enterbung jederzeit durch eine neue letztwillige Verfügung aufheben kann, muss er die enterbende Wirkung einer Pflichtteilssanktionsklausel ebenso durch sein Einverständnis mit der Erfüllung beseitigen können. Die freiwillige Erfüllung des Pflichtteils durch den überlebenden Beteiligten ist allerdings im Falle einer wechselbezüglichen Schlusserbeneinsetzung unter den Voraussetzungen und mit den Mitteln des § 2287 durch die hierdurch beeinträchtigten Mit-Schlusserben angreifbar. Damit sind die Interessen des zuerst verstorbenen Partners an der bindend festgelegten Verteilung zwischen den Schlusserben ausreichend geschützt. Ein Handeln des gesetzlichen Vertreters oder Betreuers muss sich der Pflichtteilsberechtigte zurechnen lassen (BayObLG NJW-RR 1990, 969 (970); OLG Braunschweig OLGZ 1977, 185 (188)). 50

Ein Handeln des gesetzlichen **Vertreters** oder **Betreuers** muss sich der Pflichtteilsberechtigte zurechnen lassen (BayObLG NJW-RR 1990, 969 (970); OLG Braunschweig OLGZ 1977, 185 (188)). 51

Nach zutreffender Auffassung genügt bei einer solchen Klausel die objektive Verwirklichung des Ausschlusstatbestands, eine zusätzliche verwerfliche **Gesinnung** braucht nicht festgestellt zu werden (OLG München FGPrax 2006, 123 (125); Lübbert NJW 1988, 2706 (2712); aA BayObLG NJW 1964, 205; OLG Stuttgart OLGZ 1968, 246 (247); OLG Braunschweig OLGZ 1977, 185 (188); Soergel/Leiß Rn. 36; Grüneberg/Weidlich Rn. 13). Im Übrigen muss der Anspruchsteller vom Inhalt der Pflichtteilssanktionsklausel vor der Verwirklichung des Tatbestands sichere Kenntnis erlangt haben, damit die Ausschlusswirkung überhaupt eintreten kann (vgl. OLG Rostock BeckRS 2015, 06188 Rn. 20 ff.). 52

Die unmittelbare Anknüpfung an die Tatbestandsverwirklichung (bedingte Enterbung) hat jedoch den Nachteil, dass auch dann, wenn die Ehepartner ein gemeinschaftliches Testament vor einem Notar errichtet haben, der oder die Schlusserben zum Nachweis des Erbrechts gegenüber dem Grundbuchamt im Hinblick auf § 35 GBO entweder einen Erbschein oder eine eidesstattliche Versicherung vorlegen müssen. Der Nichteintritt dieser Bedingung, von der das Schlusserbrecht abhängt, ist anders nicht nachweisbar. Aus diesem Grund kann es sich empfehlen, lediglich einen **Änderungsvorbehalt** (→ § 2271 Rn. 30 ff.) für den Längstlebenden aufzunehmen, falls ein Schlusserbe seinen Pflichtteil fordert. Dann besteht jedoch die Gefahr, dass der Längstlebende es (unbeabsichtigt) versäumt, letztwillig anderweitig über den freigewordenen Erbteil zu verfügen (vgl. dazu den Fall OLG Schleswig BeckRS 2013, 10607). 53

Ein gemeinschaftliches Testament, das für den Fall des Pflichtteilsverlangens eines Schlusserben überhaupt keine Regelung enthält, kann nicht dahin „ausgelegt" werden, dass die Schlusserbeneinsetzung nur unter der Bedingung erfolgt sei, der Pflichtteil werde nicht geltend gemacht (MüKoBGB/Musielak Rn. 67; Planck/Greiff Anm. 2 II e); die enttäuschte Erwartung des Erblassers, der Schlusserbe werde seinen Pflichtteil mit Rücksicht auf die Schlusserbeneinsetzung nicht verlangen, berechtigt allerdings zur Anfechtung gem. § 2078 Abs. 2 (vgl. OLG Hamm NJW 1972, 1089; Reimann/Bengel/Dietz/J. Mayer/Sammet Rn. 122). 54

**b) Sanktionswirkung. aa) Anrechnungsklauseln.** Derartige Klauseln erschöpfen sich in der Anordnung der Beteiligten, dass ein Abkömmling den beim ersten Erbfall erhaltenen Pflichtteil sich auf sein Schlusserbteil anrechnen lassen muss (vgl. OLG Hamm DNotZ 1951, 41; BayObLG FamRZ 1994, 1206). Zu beachten ist, dass es sich dabei nicht um eine Anrechnungsbestimmung 55 gem. § 2315 handelt, sondern um eine letztwillige Verfügung sui generis. Ferner ist zu beachten, dass es nicht möglich ist zu bestimmen, dass eine Pflichtteilszahlung nach dem 1. Erbfall auf den **Pflichtteil beim 2. Erbfall anzurechnen** ist, weil beide Erbfälle gesetzlich zwingend getrennt behandelt werden müssen. Eine solche Pflichtteilsklausel hat jedoch keinerlei Schutzfunktion für den überlebenden Teil, sondern vermeidet lediglich, dass sich ein Abkömmling durch das Pflichtteilsverlangen einen Vorteil gegenüber anderen Abkömmlingen verschaffen kann. Auch ohne ausdrückliche Bestimmung muss sich der Berechtigte den empfangenen Pflichtteil auf sein Schlusserbteil anrechnen lassen, sofern er insoweit nicht enterbt ist (Soergel/Leiß Rn. 38; RGRK-BGB/Johannsen Rn. 34; aA Reimann/Bengel/Dietz/J. Mayer/Sammet Rn. 122).

56 **bb) Enterbungsklauseln.** Bei diesen Klauseln wird derjenige, der den Pflichtteil aus dem Nachlass des zuerst verstorbenen Ehepartners vom überlebenden Teil fordert, auch bei dessen Tod, soweit er dann überhaupt pflichtteilsberechtigt ist, auf den Pflichtteil gesetzt bzw. völlig von der Erbfolge ausgeschlossen. Dabei kann es sich handeln um:

- eine auflösend bedingte Schlusserbeneinsetzung, verbunden mit der Bestimmung, dass der dadurch freigewordene Erbteil den anderen Abkömmlingen anwächst oder
- eine aufschiebend bedingte Enterbung für den zweiten Erbfall, und zwar auch für den Fall des Fehlens einer Schlusserbeneinsetzung (vgl. OLG Stuttgart BeckRS 2017, 127230).

57 Die Ausschluss- bzw. Enterbungswirkung erstreckt sich dabei nur dann auf die **Abkömmlinge** des Anspruchstellers, wenn dies der Klausel zu entnehmen ist; andernfalls erfasst sie nur diesen, sodass ggfs. dessen Abkömmling an seiner Stelle zur Erbfolge gelangen. Haben die Ehepartner zu Schlusserben (auch) **Stiefkinder** usw eingesetzt und für den Fall der Pflichtteilsforderung nach dem leiblichen Elternteil bestimmt, dass diese beim Tode des Stiefvaters bzw. der Stiefmutter (2. Erbfall) „nur den Pflichtteil erhalten sollen", kann darin unter besonderen Umständen die Zuwendung des fiktiven Pflichtteils – bezogen auf den leiblichen oder den Stiefelternteil – als Vermächtnis liegen (→ § 2304 Rn. 5) (vgl. BGH NJW-RR 1991, 706; vgl. auch BayObLG DNotZ 1995, 710). Es ist jedoch stets sehr sorgfältig zu prüfen, ob die Verwendung einer für Berliner Testamente von Ehepartnern mit gemeinsamen Kindern gebräuchliche Standardklausel nicht nur auf einem Irrtum der Beteiligten bzw. des Notars über das fehlende Pflichtteilsrecht von Stiefkindern beim Tod des Stiefelternteils beruht (unrichtig daher OLG Schleswig BeckRS 2013, 10607: „Sollte einer der Schlusserben von dem Nachlass des Erstverstorbenen von uns den Pflichtteil fordern, dann soll er auch von dem Nachlass des Überlebenden nur den Pflichtteil erhalten" m. krit. Anm. Litzenburger FD-ErbR 2013, 348217).

58 Enthält die Klausel keine Regelung zur **Verfügungsfreiheit** des Längstlebenden im Falle der Pflichtteilsforderung, so ist regelmäßig davon auszugehen, dass dieser über den Schlusserbteil des Anspruchstellers frei verfügen kann (BayObLGZ 1990, 58; Steiner MDR 1991, 156).

59 **cc) Jastrow'sche Klausel.** Auch diese Klausel (Jastrow DNotZ 1904, 424; vgl. ausf. Seufert, Die Jastrowsche Klausel, Gestaltungsfreiheit und Gestaltungsgrenzen im Erb- und Erbschaftsteuerrecht, 1999, 77 ff.; J. Mayer/Sammet ZEV 1995, 136) beinhaltet die vorstehend geschilderte aufschiebend bedingte Enterbung für den 2. Erbfall, ordnet jedoch zusätzlich zugunsten derjenigen, die den Pflichtteil nicht fordern, verzinsliche Geldvermächtnisse mit auf den Tod des Längstlebenden aufgeschobener Fälligkeit an, um den Pflichtteilsanspruch des fordernden Dritten beim 2. Erbfall weiter zu reduzieren. Rechtliche Bedenken gegen diese Klausel bestehen auch unter dem Gesichtspunkt der Pflichtteilsumgehung oder -beschränkung nicht (Seufert, Die Jastrowsche Klausel, Gestaltungsfreiheit und Gestaltungsgrenzen im Erb- und Erbschaftsteuerrecht, 1999, 84 ff., 129 f.). Diese Klausel schränkt jedoch den überlebenden Ehepartner in seiner Verfügungsmöglichkeit im Hinblick auf dieses Geldvermächtnis ein. Außerdem führen die dabei regelmäßig mit dem Tod des Längstlebenden fällig werdenden Zinsen bei den forderungsberechtigten Abkömmlingen in dem Jahr, in dem diese ihnen zufließen, zu einer erheblichen Einkommensteuerlast aus Kapitalvermögen gem. § 20 Abs. 1 Nr. 7 EStG, § 2 Abs. 1 Nr. 5 EStG (BFH BeckRS 2016, 94355). Dies kann zwar durch Verzicht auf die Zinspflicht, niedrige Zinsen oder Ratenzahlungen vermieden werden (vgl. J. Mayer/Sammet ZEV 1998, 50 (55 f.)), doch stellt der Verzicht auf Stundungszinsen eine schenkungssteuerpflichtige freigebige Zuwendung iSd § 7 Abs. 1 Nr. 1 ErbStG dar (vgl. FG Münster BeckRS 2008, 26027004 zur Pflichtteilsstundung, mAnm Litzenburger FD-ErbR 2009, 282952).

## VII. Auslegungsregel bei Vermächtnisanordnung (Abs. 2)

60 **1. Sinn und Zweck.** Enthält ein gemeinschaftliches Testament ein Vermächtnis, so kann zweifelhaft sein und bleiben, welcher Ehepartner es angeordnet hat, also ob es beim 1. oder beim

2. Erbfall anfällt. Abs. 2 stellt für den Fall, dass es sich um ein Berliner Testament gem. Abs. 1 handelt, die Auslegungsregel auf, dass eine solche Anordnung als Vermächtnis auf den Tod des Längstlebenden aufzufassen ist. Einer unklaren Regelung darf also nicht allein mit der Begründung der Erfolg versagt werden, diese Frage sei ungeregelt geblieben (BGH FamRZ 1960, 432).

**2. Voraussetzungen.** Auch diese Auslegungsregel setzt ein offenes Auslegungsergebnis (→ Rn. 19) voraus. Sie knüpft ferner an den vollen Tatbestand des Abs. 1, sodass auf die dortigen Ausführungen verwiesen werden kann. Zusätzlich muss das Testament ein Vermächtnis zugunsten eines oder mehrerer Dritten enthalten. Bei Auflagen ist diese Regelung daher nicht heranzuziehen. Ferner muss feststehen, dass dieses Vermächtnis nach dem Tod des Längstlebenden zu erfüllen ist. Ergibt die Auslegung, dass es bereits beim 1. Erbfall gelten soll, so ist für diese Auslegungsregel kein Raum. 61

**3. Rechtsstellung des Längstlebenden.** Mit der Entscheidung, ein solches Vermächtnis nicht bereits mit dem Tod des Erstversterbenden entstehen zu lassen und die Fälligkeit aufzuschieben, sichert Abs. 2 dem überlebenden Teil größtmögliche Verfügungsfreiheit. Er ist folglich nicht gehindert, zu Lebzeiten frei über den Vermächtnisgegenstand zu verfügen. 62

## VIII. Beweisfragen

Wer eine von diesen Auslegungsregeln abweichenden Erblasserwillen behauptet, trägt dafür die materielle Beweislast (Reimann/Bengel/Dietz/J. Mayer/Sammet Rn. 7, 131; MüKoBGB/Musielak Rn. 73, jeweils mwN). Im Rahmen des Erbscheinsverfahrens trägt der Antragsteller die entsprechende Feststellungslast. 63

## § 2270 Wechselbezügliche Verfügungen

**(1) Haben die Ehegatten in einem gemeinschaftlichen Testament Verfügungen getroffen, von denen anzunehmen ist, dass die Verfügung des einen nicht ohne die Verfügung des anderen getroffen sein würde, so hat die Nichtigkeit oder der Widerruf der einen Verfügung die Unwirksamkeit der anderen zur Folge.**

**(2) Ein solches Verhältnis der Verfügungen zueinander ist im Zweifel anzunehmen, wenn sich die Ehegatten gegenseitig bedenken oder wenn dem einen Ehegatten von dem anderen eine Zuwendung gemacht und für den Fall des Überlebens des Bedachten eine Verfügung zugunsten einer Person getroffen wird, die mit dem anderen Ehegatten verwandt ist oder ihm sonst nahe steht.**

**(3) Auf andere Verfügungen als Erbeinsetzungen, Vermächtnisse, Auflagen und die Wahl des anzuwendenden Erbrechts findet Absatz 1 keine Anwendung.**

### Überblick

Diese Norm gilt nur bei Verfügungen in gemeinschaftlichen Testamenten, aber nicht bei solchen in einem einseitigen Testament oder einem Erbvertrag (→ Rn. 1). Nicht alle Verfügungen in einem gemeinschaftlichen Testament sind schon deshalb wechselbezüglich, weil sich die Ehepartner der Form des gemeinschaftlichen Testaments bedient haben (→ Rn. 3). Nur erbrechtliche Zuwendungen oder eine Rechtswahl können wechselbezüglich getroffen werden (→ Rn. 4 ff.). Das Wesen der Wechselbezüglichkeit besteht nach der Begriffsbestimmung des Gesetzes darin, dass nach dem Willen beider Ehepartner die Verfügung des einen nicht ohne die des anderen gelten soll, also die zu untersuchenden Anordnungen nur gemeinsam stehen und fallen sollen (→ Rn. 8 ff.). Die Wirkungen des § 2270 Abs. 1 können auch nachträglich durch ein anderes gemeinschaftliches Testament oder einen Erbvertrag ausgeschlossen, beschränkt oder aber herbeigeführt werden (→ Rn. 11). Die Frage der Wechselbezüglichkeit ist im Wege der erläuternden oder ergänzenden Auslegung für jede Verfügung getrennt zu prüfen, uU sogar für Teile von Anordnungen (→ Rn. 12 ff.). § 2270 Abs. 2 stellt für zwei Fälle eine Auslegungsregel auf, nämlich für gegenseitige Ehegattenzuwendungen sowie für Verfügungen zugunsten von mit dem anderen verwandten oder diesem sonst nahestehenden Personen. Doch bevor auf diese Regel zurückgegriffen werden darf, muss zunächst im Wege erläuternder bzw. ergänzender Auslegung der Verknüpfungswille der Beteiligten untersucht werden (→ Rn. 16 ff.). Über den Kreis der Verwandten hinaus, erfasst diese Auslegungsregel auch alle Personen, die dem anderen Ehepartner persönlich nahe stehen. Ein solches Näheverhältnis kann nur angenommen werden, wenn es auf Grund der festgestellten Umstände des Einzelfalls den unter normalen Verhältnissen üblichen persönlichen Beziehungen zu den nächsten Verwandten gleichkommt. Dabei ist ein strenger Maßstab anzulegen (→ Rn. 23). Der Sinn des § 2270 Abs. 1 besteht darin, dem Verknüpfungswillen der Ehepartner dadurch Geltung zu verschaffen, dass bei Unwirksamkeit der Verfügung des einen Ehepartners alle dazu im Abhängigkeitsverhältnis der Wechselbezüglichkeit stehenden Verfügungen des anderen ebenfalls unwirksam werden (→ Rn. 24 f.).

## Übersicht



## I. Voraussetzungen der Wechselbezüglichkeit

1 **1. Gemeinschaftliches Testament.** Diese Norm gilt nur bei Verfügungen in gemeinschaftlichen Testamenten, also weder bei solchen in einem einseitigen Testament noch bei einem Erbvertrag, auch nicht bei einem Ehegattenerbvertrag iSd § 2280. Eine Verfügung in einem gemeinschaftlichen Testament (zB gegenseitige Erbeinsetzung) kann allerdings zu einer solchen in einem Erbvertrag ebenso wechselbezüglich iSd § 2270 Abs. 1 sein wie umgekehrt eine erbvertragliche Zuwendung zu einer testamentarischen. Bei einem zweiseitigen Erbvertrag enthält § 2298 eine vergleichbare Regelung für vertragsmäßige Verfügungen. Die auf ihre Wechselbezüglichkeit zu untersuchenden Verfügungen der Ehepartner brauchen dabei nicht in der gleichen Urkunde enthalten zu sein. Nach der hier vertretenen vermittelnden subjektiven Theorie (→ § 2265 Rn. 1 f.) kann auch die Niederlegung in **getrennten Urkunden** ein gemeinschaftliches Testament darstellen, wenn ein gemeinsamer Testierwille vorhanden und feststellbar ist. Auch die in verschiedenen gemeinschaftlichen Testamenten enthaltenen Verfügungen können in diesem Abhängigkeitsverhältnis zueinander stehen, wenn und soweit ein entsprechender Verknüpfungswille beider Ehepartner festzustellen ist, zB „Dieses ist unser gemeinsamer Wille" (vgl. OLG Saarbrücken FamRZ 1990, 1285 (1286); BayObLG FamRZ 1994, 192). Dies gilt selbst dann, wenn Jahre zwischen den Errichtungszeitpunkten liegen (BayObLG ZEV 1999, 227 (228); aber auch → § 2265 Rn. 7). Ein gegen eine Wechselbezüglichkeit sprechendes Indiz ist gegeben, wenn die Errichtungszeitpunkte weit auseinander liegen und beide Verfügungen räumlich nicht miteinander verbunden sind (OLG Schleswig BeckRS 2016, 03777).

2 Für die Feststellung der Wechselbezüglichkeit der in einem gemeinschaftlichen Testament enthaltenen letztwilligen Verfügungen kommt es nicht darauf an, ob dieses in einzelnen Beziehungen **nichtig** ist. Die Funktion des § 2270 Abs. 1 ist es nämlich gerade, die Unwirksamkeitsfolge einzelner Verfügungen auf die wechselbezüglichen (korrespektiven) Anordnungen des anderen Ehepartners zu erstrecken. Ist allerdings das gesamte gemeinschaftliche Testament nichtig (zB Errichtung durch Nicht-Ehepartner, Formverstoß), so kann die Frage der Wechselbezüglichkeit der darin enthaltenen Verfügungen dahinstehen.

3 Nicht alle Verfügungen in einem gemeinschaftlichen Testament sind schon deshalb wechselbezüglich, weil sich die Ehepartner der Form des gemeinschaftlichen Testaments bedient haben (BGH NJW-RR 1987, 1410). Dies gilt auch für ein öffentliches Testament, und zwar selbst dann, wenn die Urkunde einen Vermerk enthält, der Notar habe über die bindende Wirkung der darin enthaltenen Verfügungen belehrt. Die Frage der Wechselbezüglichkeit muss vielmehr für jede **einzelne darin enthaltene Verfügung** gesondert geprüft werden, uU sogar für Teile davon. Dabei kann sich ergeben, dass einzelne Verfügungen in diesem Abhängigkeitsverhältnis stehen, andere dagegen völlig isoliert nebeneinander gelten sollen. Für solch selbstständige Verfügungen gilt § 2270 Abs. 1 nicht, sodass diese wirksam bleiben, auch wenn eine dazu nicht wechselbezügliche Verfügung nichtig ist oder widerrufen wird. Unter Umständen rechtfertigen diese Ereignisse aber deren Anfechtung wegen Irrtums über die Gültigkeit gem. § 2078 Abs. 2.

4 **2. Kreis wechselbezüglicher Verfügungen (Abs. 3). a) Erbrechtliche Zuwendungen und Rechtswahl.** Ob außer den in Abs. 3 ausdrücklich aufgeführten **Erbeinsetzungen, Ver-**

**mächtnissen** oder **Auflagen** auch **Teilungsanordnungen** (§ 2048) wechselbezügliche Bindungswirkung entfalten können, ist umstritten. Die hM lehnt dies unter Hinweis auf den angeblich unmissverständlichen Gesetzeswortlaut ab (vgl. nur Soergel/Leiß Rn. 15; Lange/Kuchinke ErbR § 24 V 2a; MüKoBGB/Musielak Rn. 15 mwN) und ist so zu schwierigen Abgrenzungen zwischen Teilungsanordnungen und bindend möglichen Vorausvermächtnissen gezwungen (vgl. BGH NJW 1995, 721; 1962, 343 (344 f.); ausf. hierzu Gergen ZErb 2006, 362; MüKoBGB/Musielak Rn. 15 Fn. 52). Diese Unsicherheiten vermeidet M. Wolf, indem er den Begriff der Erbeinsetzung wirtschaftlich als Gesamtheit der mit ihr verbundenen Vergünstigungen und Belastungen auffasst (M. Wolf FS Musielak, 2004, 693 (702 ff., 711)). Der Wortlaut der Norm deckt diese wirtschaftliche Interpretation nicht nur (M. Wolf FS Musielak, 2004, 693 (701 f.)), sondern spricht sogar für diese Auslegung: nur so ist nämlich schlüssig zu erklären, dass Abs. 3 die drei Zuwendungsarten ausdrücklich auflistet und nicht einfach mit dem im vorangehenden Abs. 2 sowie an anderen Stellen (zB § 2065 Abs. 2, §§ 2074, 2075) verwendeten Sammelbegriff der Zuwendung bezeichnet. Mit den drei anderen Zuwendungsarten verbindet die Teilungsanordnung, dass sie ebenso wie diese einen Anspruch auf Vermögenswerte aus dem Nachlass begründet, also in einem umfassenderen Sinne eine gegenstandsbezogene Verfügung ist. Das Trennende, nämlich der Umstand, dass sie gegenüber der Erbquote keine Wertverschiebung herbeizuführen vermag (→ § 2048 Rn. 4) und sie nicht selbstständig ausgeschlagen werden kann, muss insoweit zurücktreten, weil dies keine Rechtfertigungsgründe für die von der hM befürwortete Differenzierung bei der Einordnung als wechselbezügliche Verfügung sein können. Zudem ist jede Teilungsanordnung zwingend an eine Erbeinsetzung – mindestens in Form der (konkludenten) Bestätigung der gesetzlichen Erbfolge – gekoppelt, kann also zwanglos als integrierter Bestandteil der gewillkürten oder bestätigten gesetzlichen Erbfolge verstanden werden. Schließlich erfordert eine gemeinsame und aufeinander abgestimmte Regelung der erbrechtlichen Folgen für die Zeit nach dem Tod beider Beteiligten, die § 2270 gerade ermöglichen will, in vielen Fällen, nicht allein der Erbeinsetzung, sondern auch den damit verbundenen Teilungsanordnungen wechselbezügliche Wirkung zuzugestehen. Nicht selten ist den Erblassern die gegenständliche Zuwendung sogar wichtiger als die Erbquote. Die hM vermag die Ausgrenzung der Teilungsanordnung auch vor dem Hintergrund des zur Testierfreiheit (Art. 14 Abs. 1 GG) gehörenden Rechts, erbrechtliche Bindungen einzugehen, nicht zu rechtfertigen (M. Wolf FS Musielak, 2004, 693 (695, 703)). Der Gewinn an Rechtssicherheit durch Verzicht auf die schwierige Abgrenzung der Teilungsanordnung vom Vorausvermächtnis ist ein weiteres Argument für die hier vertretene Auffassung, dass auch eine Teilungsanordnung (§ 2048) wechselbezügliche Wirkung haben kann. Vor allem kann es dabei nicht darauf ankommen, ob der Erblasser den Empfänger unabhängig und zusätzlich zum Erbteil begünstigen will oder nur im Rahmen der Erbquote durch gegenständliche Zuwendung (zur Abgrenzung → § 2048 Rn. 4). Auch das obiter dictum des BFH in der Entscheidung vom 2.7.2004 zur Bewertung von Grundstücksvermächtnissen (BFH BStBl. II 2004, 1039 = NJW 2005, 624) dürfte Teilungsanordnungen einen größeren praktischen Anwendungsraum verschaffen (vgl. Geck ZEV 2006, 201 (203 ff.)). Daraus erwächst das Bedürfnis nach erbrechtlicher Bindung der Teilungsanordnung als integrierter Bestandteil der Erbeinsetzung. Begreift man den Begriff der Erbeinsetzung wirtschaftlich als Gesamtheit aller hierauf bezogenen Regelungen, so bereitet es keine Mühe, auch dem Verzicht auf den Ausschluss der **Anwachsung** (§ 2094) wechselbezügliche Wirkung zuzuerkennen (OLG Nürnberg BeckRS 2016, 120101; OLG Hamm BeckRS 2015, 03513; Keller ZEV 2002, 439 (440)). Nach der hier vertretenen Auffassung genießen auch durch Teilungsanordnungen begünstigte Miterben den **Schutz des § 2287** vor beeinträchtigenden Verfügungen des Erblassers zu dessen Lebzeiten.

Seit dem Inkrafttreten des **Gesetzes zum Internationalen Erbrecht und zur Änderung von Vorschriften zum Erbschein** sowie zur Änderung sonstiger Vorschriften vom 29.6.2015 (BGBl. I 1042) kann sowohl eine **Rechtswahl** nach Art. 22 EuErbVO wechselbezüglich getroffen werden. Diese Ergänzung soll Rechtssicherheit für die Beteiligten schaffen und verhindern, dass einer letztwilligen Verfügung durch einseitigen Widerruf der Rechtswahl die Grundlage entzogen werden kann. Ist der wechselbezügliche Charakter nicht ausdrücklich geregelt ist, so hilft die Auslegungsregel des § 2270 Abs. 2 nicht weiter, weil die Rechtswahl keine Zuwendung in diesem Sinne ist. Vielmehr bedarf es dann der ergänzenden Auslegung der Rechtswahl. Wechselbezüglichkeit liegt dabei immer dann nahe, wenn die Rechtswahl erst die sichere Rechtsgrundlage für eine wechselbezügliche Zuwendung schafft. Dies gilt auch bei einer Rechtswahl in einem gemeinschaftlichen Testament, das vor dem Inkrafttreten dieser Neuregelung zum 17.8.2015 errichtet worden ist. 5

**b) Andere erbrechtliche Verfügungen.** Von diesen gegenstandsbezogenen Verfügungen (erbrechtliche Zuwendungen iwS) unterscheiden sich alle anderen in einem gemeinschaftlichen 6

Testament zulässigen Verfügungen dadurch, dass sie nicht den Zuwendungsgegenstand betreffen sondern lediglich entweder die **Nachlassverwaltung regeln** (Teilungsverbot (§ 2044), Testamentsvollstreckung (§ 2197), Beschränkung der elterlichen Vermögenssorge (§ 1638) **oder gesetzliche Erb- oder Pflichtteilsrechte entziehen** (Enterbung (§ 1938), Entziehung des Pflichtteils (§§ 2333 ff.). Nach der am Wortlaut haftenden hM können alle diese Verfügungen ohnehin keine wechselbezügliche Bindungskraft entfalten. Das Gleiche gilt nach der hier vertretenen Auffassung, wonach eine Teilungsanordnung allein wegen ihres Zuwendungscharakters in Verbindung mit der Erbeinsetzung wechselbezügliche Bindungswirkung haben kann (→ Rn. 4). M. Wolf geht dagegen einen Schritt weiter und will auch allen anderen mit erbrechtlichen Zuwendungen verbundenen belastenden Verfügungen diese Wirkung zumessen, wenn und soweit kein sachlich rechtfertigender Grund für den Ausschluss aus diesem Kreis gegeben ist (M. Wolf FS Musielak, 2004, 693 (702 ff.)). Weil die **Testamentsvollstreckung** (§ 2197) persönliches Vertrauen des Erblassers erfordere (vgl. Mot. V 334; ebenso M. Wolf FS Musielak, 2004, 693 (703 f.)), will er zwischen der nicht bindenden Bestimmung des Amtsinhabers und der wechselbezüglich möglichen Anordnung der Testamentsvollstreckung unterscheiden (M. Wolf FS Musielak, 2004, 693 (703 f.); vgl. dagegen KG FamRZ 1977, 485; Bühler DNotZ 1962, 359 (364)). Diese Differenzierung lässt sich jedoch nicht durchführen, weil dann der Fall ungelöst bliebe, dass trotz der bindenden Anordnung kein neuer Amtsinhaber ernannt wird. Auch der **Enterbung** gem. § 1938 (M. Wolf FS Musielak, 2004, 693 (695 f., 704 f.); vgl. dagegen BayObLG NJW-RR 1992, 1356) und der **Entziehung des Pflichtteils** gem. §§ 2333 ff. (M. Wolf FS Musielak, 2004, 693 (704 f.); vgl. dagegen RG WarnR 1933 Nr. 152; BayObLGZ 21 A, 328, 331) will er diese erbrechtliche Bindungswirkung zugestehen, übersieht dabei jedoch, dass jedem der Beteiligten das Recht der Verzeihung (vgl. § 2337 S. 1) bzw. der Aussöhnung vorbehalten werden muss, ohne dass er deshalb gezwungen werden darf, die eigene Zuwendung gem. § 2271 Abs. 2 S. 1 Hs. 2 ausschlagen zu müssen. Niemand darf gegen seine innere Überzeugung an solch negativen Verfügungen festgehalten werden.

7 **c) Bindungswirkung nicht wechselbezüglicher Verfügungen.** Bei allen danach nicht wechselbezüglich möglichen Verfügungen können die Beteiligten einen Widerruf nur dadurch vermeiden, dass sie die erbrechtliche Zuwendung an eine entsprechende **auflösende Bedingung** knüpfen. Nachteil dieser Ersatzkonstruktion ist jedoch, dass bei einem Verstoß zwar die Zuwendung an den anderen entfällt, aber die Erbfolge nach dessen Tod nicht dem entspricht, was sich beide Beteiligte bei Errichtung des gemeinschaftlichen Testaments vorgestellt hatten (Soergel/Leiß Rn. 14; M. Wolf FS Musielak, 2004, 693 (694 ff.)). Fehlt eine derartige Bedingung, so kann der Widerruf einer nicht wechselbezüglichen letztwilligen Verfügung auch die Anfechtung der erbrechtlichen Zuwendung an den anderen gem. § 2078 Abs. 2 rechtfertigen.

8 **3. Verknüpfungswille der Ehepartner.** Das Wesen der Wechselbezüglichkeit besteht nach der Begriffsbestimmung des Gesetzes darin, dass nach dem Willen beider Ehepartner die Verfügung des einen nicht ohne die des anderen gelten soll, also die zu untersuchenden Anordnungen nur gemeinsam stehen und fallen sollen.

9 **a) Arten der Wechselbezüglichkeit.** § 2270 regelt eigentlich nur den Fall, dass beide Verfügungen **wechselseitig** in diesem Geltungszusammenhang stehen. §§ 2270, 2271 sind jedoch nach allgM auch auf die Fälle analog anzuwenden, in denen zwar die Verfügung des einen Ehepartners von der des anderen abhängig ist, nicht jedoch umgekehrt (zB KG JFG 10, 67; 17, 46; MüKoBGB/Musielak Rn. 3; aA v. Lübtow ErbR 491), das Abhängigkeitsverhältnis also nur **einseitig** ist.

10 **b) Vorrang einer Erblasserbestimmung.** Die Ehepartner können die Wechselbezüglichkeit ihrer Verfügungen ausschließen, den Umfang beschränken (vgl. OLG Hamm FGPrax 2005, 265 (266) betr. Kinder) oder nur für bestimmte Fälle (vgl. KG OLGZ 37, 261 (262 f.) = JW 1937, 2520 betr. Wiederverheiratung) oder für Teile ihrer Verfügungen iSd Abs. 3 anordnen (BGH NJW 1951, 959). Ein **Änderungs- oder Aufhebungsvorbehalt** für den überlebenden Ehepartner oder beide gemeinschaftlich (vgl. BayObLG NJW-RR 1989, 587) beinhaltet nicht notwendigerweise auch den Ausschluss der Rechtswirkungen der Wechselbezüglichkeit gem. § 2270 Abs. 1 (→ § 2271 Rn. 33). Zusätzen wie „nach Belieben" oder „aufs Freieste" (vgl. jedoch BGH NJW 1964, 2056) kann zwar eine solche Ausschlusswirkung entnommen werden (RGZ 79, 32 (34); BGH FamRZ 1956, 83; NJW 1959, 1730 (1731)), nicht aber allein der Ermächtigung „zur freien Verfügung" (BGH FamRZ 1964, 501). Es ist daher dringend anzuraten, in solchen Vorbehaltsklauseln auch zu regeln, ob oder inwieweit die Aufhebung oder Änderung sich auf die übrigen Verfügungen auswirkt. Fehlt nämlich eine solche abweichende Erblasserbestimmung und kann sie auch nicht durch Auslegung des Testamentswortlauts und sonstiger außerhalb der Urkunde liegen-

der Umstände sicher festgestellt werden, so wird die Änderung oder Aufhebung auf Grund eines solchen Vorbehalts über die Auslegungsregel des § 2270 Abs. 2 auch zur Ungültigkeit der Verfügungen zugunsten des verfügenden Erblassers führen.

Die Wirkungen des § 2270 Abs. 1 können auch **nachträglich** durch ein anderes gemeinschaftliches Testament oder einen Erbvertrag ausgeschlossen, beschränkt oder aber herbeigeführt werden. Dies kann auch durch ein gemeinschaftliches Testament oder einen Ehegattenerbvertrag geschehen, das bzw. der viele Jahre später errichtet wird (vgl. BayObLG NJW-RR 2003, 658). Eine zunächst ohne Rücksicht auf eine Verfügung des anderen Ehegatten getroffene Verfügung kann durch ein später errichtetes gemeinschaftliches Testament so modifiziert werden, dass sie nunmehr nur noch mit Rücksicht auf die Verfügung des anderen Ehegatten im späteren Testament gelten soll; ihr muss also ausdrücklich oder stillschweigend nachträglich eine Bindung iSv Wechselbezüglichkeit beigefügt worden sein (BayObLG NJW-RR 1999, 878 (879 f.)). Wird eine lange vor der Testamentserrichtung erfolgte gegenseitige Erbeinsetzung durch Zuwendungen an Dritte ergänzt, so sind diese nur dann wechselbezüglich hierzu, wenn der Wille beider Erblasser, die Verfügungen als Einheit miteinander zu verknüpfen, zweifelsfrei festgestellt werden kann (vgl. OLG München BeckRS 2009, 3033). Das einmal begründete Abhängigkeitsverhältnis der Wechselbezüglichkeit kann nicht nur durch ein späteres gemeinschaftliches Testament oder einen Erbvertrag der Beteiligten wieder eingeschränkt oder beseitigt werden, sondern auch durch ein einseitiges Testament. Dies ist der Fall, wenn ein Ehegatte in dem einseitigen Testament eine Verfügung wiederholt, ohne auf die des anderen Bezug zu nehmen, oder wenn er darin erklärt, dass die Verfügung unabhängig von der des anderen gelten soll (KG JFG 17, 44 = DNotZ 1938, 179; JFG 20, 143; Reimann/Bengel/Dietz/J. Mayer/Sammet Rn. 23; Staudinger/Kanzleiter, 2019, Rn. 16). 11

**c) Ermittlung des Erblasserwillens durch Auslegung.** Die Frage der Wechselbezüglichkeit ist im Wege der erläuternden oder ergänzenden Auslegung (→ § 2084 Rn. 2 ff.) für jede Verfügung getrennt zu prüfen, uU sogar für Teile von Anordnungen. Dabei ist stets zu untersuchen, ob eine nach dem Verhalten des einen Ehepartners mögliche Auslegung auch dem Willen des anderen entsprochen hat, insbes. also, ob eine vom Überlebenden tatsächlich geänderte oder aufgehobene Verfügung erbrechtlich bindend war. Auch für die Ermittlung des mutmaßlichen (hypothetischen) Willens ist die Willensrichtung beider Ehepartner maßgebend. Die Regeln über die ergänzende Testamentsauslegung sind immer dann zu beachten, wenn Umstände eingetreten sind, die die Ehepartner nicht vorausgesehen haben. Diese überraschenden Entwicklungen können dazu führen, die Wirkungen der Wechselbezüglichkeit iSd § 2270 Abs. 1 auszuschließen (KG NJW 1963, 768; BayObLG ZEV 1994, 362 (364)). Ausgangspunkt jeder Auslegung ist die Verfügung selbst. 12

**d) Auslegungsbeispiele. aa) Formulierungen in der Urkunde.** Die **Verschiedenartigkeit der gegenseitigen Zuwendungen** (zB Erbeinsetzung – Nießbrauchsvermächtnis, Einsetzung zum Vollerben – Einsetzung zum (befreiten) Vorerben) ist ein Indiz gegen die Wechselbezüglichkeit (OLG Zweibrücken FGPrax 2003, 274; BayObLG FamRZ 2001, 1734 (1736); OLG Hamm FamRZ 1994, 1210 (1211)). Die **sprachliche Zusammenfassung** der Verfügungen (zB „Wir berufen …", „unser gemeinsamer Wille") wird man entgegen der hM (BayObLG ZEV 1999, 227 (229); FamRZ 1994, 1422; OLG Hamm FamRZ 1994, 1210 (1211); Reimann/Bengel/Dietz/J. Mayer/Sammet Rn. 51) nur unter der Bedingung als Indiz heranziehen dürfen, dass weitere Umstände für die Wechselbezüglichkeit sprechen. Das Hervorheben der **lebzeitigen Verfügungsbefugnis** des Längstlebenden in einem Berliner Testament rechtfertigt für sich allein weder den Umkehrschluss, dass damit die erbrechtliche Verfügungsfreiheit ausgeschlossen sein soll (aA BayObLG FamRZ 1994, 1422; Reimann/Bengel/Dietz/J. Mayer/Sammet Rn. 45). Andererseits reichen Formulierungen, wonach der Überlebende zu Lebzeiten frei verfügen kann, nicht als Grundlage für einen Änderungsvorbehalt letztwilliger Verfügungen aus, solange keine anderen, konkreten Anhaltspunkte hinzutreten (OLG Hamburg BeckRS 2018, 22029 Rn. 16: „über das Erbe der oder des Erstversterbenden frei verfügen"). Das **Fehlen einer Wiederverheiratungsklausel** ist für diese Frage ebenfalls unergiebig (BayObLG ZEV 1994, 362). Die Überschrift „Erbvertrag" in einem eigenhändigen gemeinschaftlichen Testament ist ein Indiz für die Wechselbezüglichkeit (OLG München BeckRS 2017, 107873). Der Vermerk eines Notars in einem **öffentlichen Testament,** er habe über die erbrechtliche Bindungswirkung der darin enthaltenen Verfügungen belehrt, ist für die Auslegung irrelevant, weil er nichts darüber aussagt, welche Zuwendungen bindenden Charakter haben sollen; keinesfalls darf aus einem solch vagen Vermerk der Schluss gezogen werden, alle Zuwendungen hätten wechselbezügliche Wirkung gem. § 2270 (aA OLG Hamm FamRZ 2004, 1239 = BeckRS 2003, 15811). Der Notar sollte deshalb in jedem 13 gemeinschaftlichen Testament und in jedem Erbvertrag genau angeben, welche Abhängigkeiten zwischen den einzelnen Verfügungen bestehen.

14 **bb) Persönliche Beziehungen.** Eltern, die ihr Vermögen letztendlich an die eigenen Kinder weitergeben wollen, sie aber trotzdem für den ersten eigenen Todesfall durch die Entscheidung für ein **Berliner Testament** (§ 2269) enterben, tun das im Allgemeinen im Bewusstsein und Vertrauen darauf, dass wegen der Schlusserbeinsetzung des anderen Ehegatten das gemeinsame Vermögen eines Tages auf die Kinder übergehen wird (OLG München BeckRS 2010, 22743). Bei der Ermittlung des Erblasserwillens muss iÜ die Lebenserfahrung berücksichtigt werden, dass beim **Fehlen verwandtschaftlicher Beziehungen** zwischen dem zuerst verstorbenen Beteiligten und dem eingesetzten Schlusserben dem Längstlebenden das Recht zustehen soll, die Erbfolge anderweitig festzulegen (BayObLGZ 1982, 474; FamRZ 1991, 1232 (1234); NJWE-FER 2001, 213 (214); OLG Hamm NJWE-FER 2001, 157; OLG Koblenz BeckRS 2007, 10387). Besondere Umstände (zB **langjährige Dienstleistungen, enge persönliche Verbundenheit**) können aber auch in diesen Fällen für die Wechselbezüglichkeit sprechen (vgl. BayObLG NJWE-FER 2001, 128 (129)). Zuwendungen an **Personen, die nur mit dem Längstlebenden verwandt** sind, entfalten in aller Regel keine Bindungswirkung (OLG Koblenz BeckRS 2007, 10387; OLG Frankfurt NJWE-FER 2000, 37; ZEV 1997, 420; OLG Köln FamRZ 1996, 310; BayObLG DNotZ 1994, 791 (794)). Etwas anderes gilt allerdings, wenn zwischen diesen und dem zuerst verstorbenen außergewöhnlich enge persönliche Beziehungen bestanden haben, was vor allem bei **Stiefkindern** sehr sorgfältig zu prüfen ist (OLG Schleswig BeckRS 2011, 24295; BayObLG NJW-RR 1992, 1223; dagegen aber BayObLG FamRZ 1986, 392; 1984, 1154). Die Zuwendung an eine **(gemeinnützige) Vereinigung** (zB Stiftung, Förderverein) oder eine **Religionsgemeinschaft** (zB Pfarrei, Jüdische Gemeinde) ist nicht wechselbezüglich (BayObLG FamRZ 1986, 604; OLG München ZEV 2000, 104; vgl. auch OLG Düsseldorf BeckRS 2000, 30126572), es sei denn, sie wurde von dem zuerst verstorbenen Beteiligten errichtet (OLG München ZEV 2000, 104 betr. Stiftung), mitbegründet oder sie sorgt für den Erstverstorbenen oder einen betreuungsbedürftigen Verwandten (zB behindertes Kind).

15 **cc) Besondere Motive.** Bei einem **erheblichen Vermögensunterschied** ist es äußerst zweifelhaft, ob sich der vermögendere Beteiligte für den Fall des Überlebens erbrechtlich binden wollte, weil der Gedanke der Versorgung des anderen, wenn dieser überleben sollte, weitaus näher liegt (OLG Brandenburg FamRZ 1999, 1541 (1542 f.); OLG Saarbrücken FamRZ 1990, 1285 (1286); BayObLG Rpfleger 1985, 240; 1981, 282). Bei langer Ehe bzw. Partnerschaft sowie bei erheblichem Anteil am Erwerb des Vermögens (zB langjährige Mitarbeit im Unternehmen) kann etwas anderes gelten (OLG Hamm NJW-RR 1995, 777). Ähnliche Überlegungen spielen auch bei einem erheblichen **Altersunterschied** zwischen den Beteiligten eine Rolle (vgl. BayObLG FamRZ 1997, 1241). Die **Jugendlichkeit** der Beteiligten spricht dagegen weder für noch gegen einen erbrechtlichen Bindungswillen (vgl. jedoch BayObLG FamRZ 1995, 251 (253); DNotZ 1993, 127 (128)). Ist das gemeinschaftliche Testament aus **besonderem Anlass,** etwa vor einer gefährlichen Reise oder einer schweren Operation, errichtet worden, so ist besonders sorgfältig zu prüfen, ob eine weitreichende erbrechtliche Bindung für den Überlebenden wirklich gewollt war (Reimann/Bengel/Dietz/J. Mayer/Sammet Rn. 37 unter Hinweis auf den Fall OLG München I FamRZ 2000, 705). Wissen die Ehepartner bei der Abfassung des gemeinschaftlichen Testaments vom kurzfristig bevorstehenden Tod eines Ehepartners, so spricht die Tatsache, dass auch der erwartungsgemäß überlebende Ehepartner einen Verwandten des todkranken Ehepartners eingesetzt hat, für die Wechselbezüglichkeit der Schlusserbeneinsetzung (vgl. OLG Düsseldorf BeckRS 2007, 177455).

16 **e) Anwendung der Auslegungsregel des Abs. 2.** § 2270 Abs. 2 stellt für zwei Fälle eine Auslegungsregel auf, nämlich für gegenseitige Ehegattenzuwendungen sowie für Verfügungen zugunsten von mit dem anderen verwandten oder diesem sonst nahestehenden Personen. Doch bevor auf diese Regel zurückgegriffen werden darf, muss zunächst im Wege erläuternder bzw. ergänzender Auslegung der Verknüpfungswille der Beteiligten untersucht werden. Dabei kommt es gem. §§ 133, 157 auf das übereinstimmende Verständnis beider Beteiligten an. Die verbleibenden Zweifel dürfen also nicht anders behebbar sein, als durch Anwendung dieser Auslegungsvorschrift (Reimann/Bengel/Dietz/J. Mayer/Sammet Rn. 60; aA KG FamRZ 1993, 1251 (1253); MüKoBGB/Musielak Rn. 9). Die Auslegung darf unter keinen Umständen mit Blick auf diese Auslegungsregel offen gelassen werden (bedenklich daher BayObLG NJW-RR 2002, 1160 (1162)).

**aa) Ehegattenzuwendungen.** Wenn jeder Ehegatte in einem gemeinschaftlichen Testament den anderen jeweils zum Erben einsetzt, diesem ein Vermächtnis zuwendet oder durch eine Auflage begünstigt, sind diese **gegenseitigen Zuwendungen** „im Zweifel" wechselbezüglich, sodass sie miteinander gem. § 2270 Abs. 1 stehen und fallen. Die Ehepartner brauchen sich dabei nicht zwingend gegenseitig zu Alleinerben einzusetzen. Es genügt vielmehr jede Art der Erbeinsetzung, also auch die Einsetzung zum Miterben, Ersatzerben, Vorerben oder Nacherben. Auch eine Erbeinsetzung des einen Ehepartners kann mit einer umgekehrten Zuwendung eines Vermächtnisses oder einer Auflage wechselbezüglich sein (MüKoBGB/Musielak Rn. 10; aA RGRK-BGB/Johannsen Rn. 14). Die Erbeinsetzung des anderen braucht dabei keineswegs ausdrücklich erfolgt zu sein. Es reicht aus, wenn der Eintritt der gesetzlichen Erbfolge bei Errichtung des Testaments bewusst vorausgesetzt worden ist (RGRK-BGB/Johannsen Rn. 14). 17

**bb) Zuwendungen an Verwandte.** Nach § 2270 Abs. 2 sind auch die Erbeinsetzungen, Vermächtnisse und Auflagen eines Ehepartners zugunsten von **Verwandten** iSd § 1589, wechselbezüglich zu Verfügungen des anderen Ehepartners, die jenen als Erben, als Vermächtnisnehmer oder durch eine Auflage begünstigen. Die Verwandtschaft muss zurzeit der Testamentserrichtung bestehen und dem Erblasser auch bekannt gewesen sein. Erfährt der Erblasser erst nachträglich von der Person des Verwandten oder wird das Verwandtschaftsverhältnis erst später begründet (zB Adoption), kommt § 2270 Abs. 2 allenfalls unter dem Gesichtspunkt eines sonstigen persönlichen Näheverhältnisses zur Anwendung, aber nicht wegen des Verwandtschaftsverhältnisses (KG FamRZ 1983, 98). 18

Im Unterschied zur Fallgruppe der „sonst nahestehenden Personen" bedarf es nicht der ausdrücklichen Feststellung eines besonderen Näheverhältnisses (aA Ritter, Der Konflikt zwischen einer erbrechtlichen Bindung aus erster Ehe und einer Verfügung des überlebenden Ehegatten zugunsten eines neuen Lebenspartners, 1999, 103 ff.). Allerdings kann in Ausnahmefällen das völlige Fehlen einer engeren Beziehung zurzeit der Testamentserrichtung im Wege der ergänzenden Auslegung als Indiz dafür herangezogen werden, dass überhaupt keine erbrechtliche Bindung gewünscht war. Die Wechselbezüglichkeit kann auch deshalb zu verneinen sein, weil der eine Ehegatte vermögend ist und der andere entweder kein oder nur im Verhältnis dazu geringfügiges Vermögen besitzt, da nicht anzunehmen ist, dass der vermögendere Teil wegen der Zuwendung des anderen die eigenen Verfügungen getroffen hat (→ Rn. 15). 19

Vor allem bei **kinderlosen Ehepartnern** ist sehr sorgfältig zu prüfen, ob der zuerst verstorbene Teil wirklich die Sicherungsinteressen des oder der Schlusserben über das Recht des länger lebenden Teils zur völlig freien Verfügung über das beiderseitige Vermögen stellen wollte und dieser die Erklärungen des anderen auch so verstanden hat. Zweifel sind allein schon deshalb erlaubt, weil das Berliner Modell den Schlusserben usw ohnehin nur einen geringen Schutz vor einem vollständigen Verlust des Nachlasses bietet. Die Einsetzung der gesetzlichen Erben eines oder beider Ehepartner mit dieser abstrakten Formulierung rechtfertigt die Annahme der Wechselbezüglichkeit zur gegenseitigen Zuwendung in aller Regel nicht (OLG Frankfurt ZEV 1997, 420). Bei der Verwendung von abstrakten Verwandtschaftsbezeichnungen wie „Geschwister", „Neffen", „Nichten", „Patenkind" ohne individuelle Bezeichnung wird man aus dem gleichen Grund im Rahmen der ergänzenden Auslegung genau zu untersuchen haben, ob ein Verknüpfungswille bestanden hat (vgl. dazu BayObLG FamRZ 2001, 1327). 20

Haben die Beteiligten **gemeinsame Abkömmlinge** zu Schlusserben eingesetzt oder sonst bedacht, ist diese Zuwendung regelmäßig wechselbezüglich zur gegenseitigen Erbeinsetzung. Jeder Elternteil hätte die Abkömmlinge zwar auch unabhängig von der Zuwendung des anderen Ehepartners bedacht, doch liegt es nahe, dass jeder sein Vermögen letztendlich an die eigenen Abkömmlinge weitergeben will. Die Enterbung durch die gegenseitige Erbeinsetzung geschieht demnach nur im Vertrauen darauf, dass wegen der Schlusserbeinsetzung des anderen Ehegatten das gemeinsame Vermögen eines Tages doch auf die gemeinsamen Abkömmlinge übergehen wird (OLG München NJW-RR 2012, 338 (340); BeckRS 2010, 22743 unter II 3b; OLG Schleswig BeckRS 2015, 01232 unter II). 21

Bei einem Testament zwischen einem kinderlosen Ehepartner und einem mit **Kindern aus einer anderen Beziehung** ist dagegen die Schlusserbeneinsetzung dieser Abkömmlinge wechselbezüglich zur Erbeinsetzung durch den Vater bzw. die Mutter, weil diese bei völliger Bindungslosigkeit des kinderlosen Ehepartners Gefahr laufen, überhaupt nichts vom Nachlass ihres zuerst verstorbenen Elternteils zu erhalten (vgl. BayObLG NJW-RR 1992, 1223). Haben die Ehepartner außer diesen Abkömmlingen des einen Teils noch andere Erben eingesetzt, so beschränkt sich die Wechselbezüglichkeit auf die Schlusserbeneinsetzung der Abkömmlinge. In diesen Fällen wird 22 man den Charakter der Wechselbezüglichkeit nur dann verneinen können, wenn ausnahmsweise ein entgegenstehender Wille durch Auslegung ermittelt werden kann.

23 **cc) Zuwendungen an nahestehende Personen.** Über den Kreis der Verwandten hinaus, erfasst diese Auslegungsregel auch alle Personen, die dem anderen Ehepartner persönlich nahe stehen. Ein solches **Näheverhältnis** kann nur angenommen werden, wenn es auf Grund der festgestellten Umstände des Einzelfalls den unter normalen Verhältnissen üblichen persönlichen Beziehungen zu den nächsten Verwandten gleichkommt. Dabei ist ein strenger Maßstab anzulegen, um die Ausnahme nicht zur Regel werden zu lassen (BayObLGZ 1982, 474; KG DNotZ 1993, 825). Zu diesem Personenkreis gehören insbes. Adoptivkinder, Stiefkinder, Pflegekinder, verschwägerte Personen, sehr enge Freunde oder langjährige Hausangestellte, nicht dagegen etwa gute Nachbarn (vgl. OLG Hamm NJWE-FER 2001, 157) oder Freunde allgemein. In besonders gelagerten Fällen kann auch einmal eine juristische Person einem Erblasser nahe stehen (LG Stuttgart MittRhNotK 1999, 441 m. zust. Anm. Frisch; aA Staudinger/Kanzleiter, 2019, Rn. 31a; offengelassen von BayObLG FamRZ 1986, 604 (606) mAnm Bosch).

## II. Rechtsfolgen der Wechselbezüglichkeit

24 **1. Nichtigkeit oder Widerruf einer Verfügung.** Zunächst muss festgestellt werden, dass eine erbrechtliche Zuwendung (→ Rn. 4) in einem gemeinschaftlichen Testament gem. § 2271 wirksam widerrufen worden oder nichtig ist. Der Grund der Nichtigkeit ist dabei ohne Bedeutung. Diese kann beruhen auf Formverstößen (§ 125), auf einem inhaltlichen Widerspruch zu einer bindenden früheren Verfügung (§ 2271 bzw. § 2289), auf der Auflösung bzw. Scheidung der Ehe (§ 2077), auf der Verletzung gesetzlicher Verbote iSd § 134 (zB § 14 HeimG), auf Verstößen gegen die guten Sitten (§ 138) oder auf Unwirksamkeit durch Anfechtung (§§ 142, 2078). Dagegen reicht es für die Anwendung des Abs. 1 nicht aus, wenn eine solche Verfügung durch Vorversterben des Bedachten oder durch Veräußerung des Vermächtnisgegenstands bloß gegenstandslos geworden ist. Auch die Ausschlagung des Erbes bzw. des Vermächtnisses oder die Feststellung der Erbunwürdigkeit lösen die Wirkungen des § 2270 Abs. 1 nicht aus. Auch der endgültige Ausfall der einer Verfügung beigefügten Bedingung hat nicht die Rechtsfolge des § 2270 Abs. 1 (MüKoBGB/Musielak Rn. 18). Die zuletzt genannten Ereignisse führen daher nicht zur Unwirksamkeit der mit solchen Verfügungen wechselbezüglich verbundenen Verfügungen des anderen Ehepartners.

25 **2. Auswirkung auf wechselbezügliche Verfügungen des Ehepartners.** Der Sinn des § 2270 Abs. 1 besteht darin, dem Verknüpfungswillen der Ehepartner dadurch Geltung zu verschaffen, dass bei Unwirksamkeit der Verfügung des einen Ehepartners alle dazu im Abhängigkeitsverhältnis der Wechselbezüglichkeit stehenden Verfügungen des anderen ebenfalls unwirksam werden. Der Umfang der Nichtigkeit folgt also dem Umfang des Verknüpfungswillens. Dabei ist jede Verfügung gesondert zu prüfen, uU sogar auch nur Teile davon. Haben die Ehepartner in ihrem Testament die Wirkungen der Wechselbezüglichkeit aufgehoben oder eingeschränkt, so haben diese Bestimmungen daher Vorrang vor der Rechtsfolgenanordnung des § 2270 Abs. 1. Aber auch ohne eine solche Bestimmung können wechselbezüglich gewollte letztwillige Verfügungen eines Ehe- bzw. Lebenspartners in eine einzeltestamentarische Verfügung gem. § 140 umgedeutet werden (→ § 2265 Rn. 25).

## III. Beweisfragen

26 Wer einen von diesen Auslegungsregeln abweichenden Erblasserwillen behauptet, trägt dafür die materielle Beweislast. Im Rahmen des Erbscheinsverfahrens trägt der Antragsteller die entsprechende Feststellungslast.

## § 2271 Widerruf wechselbezüglicher Verfügungen

**(1) [1]Der Widerruf einer Verfügung, die mit einer Verfügung des anderen Ehegatten in dem in § 2270 bezeichneten Verhältnis steht, erfolgt bei Lebzeiten der Ehegatten nach der für den Rücktritt von einem Erbvertrag geltenden Vorschrift des § 2296. [2]Durch eine neue Verfügung von Todes wegen kann ein Ehegatte bei Lebzeiten des anderen seine Verfügung nicht einseitig aufheben.**

**(2) [1]Das Recht zum Widerruf erlischt mit dem Tode des anderen Ehegatten; der Überlebende kann jedoch seine Verfügung aufheben, wenn er das ihm Zugewendete**

**ausschlägt. [2]Auch nach der Annahme der Zuwendung ist der Überlebende zur Aufhebung nach Maßgabe des § 2294 und des § 2336 berechtigt.**

**(3) Ist ein pflichtteilsberechtigter Abkömmling der Ehegatten oder eines der Ehegatten bedacht, so findet die Vorschrift des § 2289 Abs. 2 entsprechende Anwendung.**

## Überblick

Widerruf ist jede Erklärung in einer Verfügung von Todes wegen, die eine früher getroffene letztwillige Verfügung vollständig oder teilweise aufhebt oder ändert und dadurch im Falle ihres Wirksamwerdens die bisherige Rechtsstellung des Zuwendungsempfängers verschlechtern würde (→ Rn. 1). Der Widerruf kann sich sowohl auf das gesamte gemeinschaftliche Testament als auch auf einzelne darin enthaltene Verfügungen beziehen (→ Rn. 3 ff.). Aus dem Wesen des Widerrufs als Verfügung von Todes wegen und einseitiger empfangsbedürftiger Willenserklärung ergeben sich iVm §§ 2296, 2271 Abs. 1 S. 1 eine Reihe von Wirksamkeitsvoraussetzungen (→ Rn. 8 ff.). Insbesondere muss die notariell beurkundete Widerrufserklärung dem anderen Ehepartner zu dessen Lebzeiten zugehen, um wirksam zu werden (→ Rn. 12 ff.). Ist der Adressat zur Zeit des Zugangs geschäftsunfähig, wird der Widerruf gem. § 131 Abs. 1 erst mit dem Zugang beim gesetzlichen Vertreter wirksam (→ Rn. 17 ff.). Hat der Ehepartner vor Eintritt der Geschäftsunfähigkeit eine allumfassende und uneingeschränkte Vorsorgevollmacht erteilt, so wird der Widerruf mit dem Zugang beim Bevollmächtigten wirksam (→ Rn. 20 f.). Die Widerrufswirkung folgt zwingend der Widerrufserklärung. Der Widerruf einer wechselbezüglichen Verfügung führt zunächst unmittelbar zu deren eigener Unwirksamkeit und über § 2270 Abs. 1 auch zur Ungültigkeit aller Verfügungen des anderen Ehepartners, die zur widerrufenen Verfügung in diesem Abhängigkeitsverhältnis stehen (→ Rn. 26 ff.). Den Ehepartnern steht es frei zu bestimmen, ob und in welchem Umfang der Überlebende von ihnen abweichend von der Regel des § 2271 Abs. 2 letztwillig verfügen darf, sog. Änderungsvorbehalt (→ Rn. 30 ff.). In einigen Fällen entfällt die erbrechtliche Bindungswirkung kraft Gesetzes nachträglich wieder, auch ohne dass es dazu eines Änderungsvorbehalts bedarf (→ Rn. 39 ff.). Solange beide Ehepartner leben, ist eine Anfechtung sowohl des gesamten gemeinschaftlichen Testaments als auch einzelner darin enthaltener wechselbezüglichen Verfügungen ausgeschlossen. Einer Anfechtung eigener Verfügungen des überlebenden Ehepartners bedarf es lediglich bezüglich der für ihn gem. § 2271 Abs. 2 bindend gewordenen wechselbezüglichen Verfügungen (→ Rn. 50 ff.). Die Bindungswirkung gemeinschaftlicher Testamente, die vor dem 3.10.1990 in der ehemaligen DDR errichtet worden sind, beurteilt sich gemäß Art. 235 § 2 S. 2 EGBGB nach dem bis dahin geltenden § 390 ZGB (→ Rn. 58).

## Übersicht



## I. Widerruf

**1. Begriff.** Das Gesetz versteht im Rahmen des § 2271 darunter jede Erklärung in einer Verfügung von Todes wegen, die eine früher getroffene letztwillige Verfügung vollständig oder teilweise aufhebt oder ändert und dadurch im Falle ihres Wirksamwerdens die bisherige Rechtsstellung des Zuwendungsempfängers verschlechtern würde (vgl. BGH NJW 1959, 1730 (1731); BayObLGZ 1966, 245). Demgemäß ist die vollständige **Aufhebung** einer Erbeinsetzung – auch zum Mit-, Vor- oder Nacherben –, eines Vermächtnisses oder einer Auflage für den Zuwendungsempfänger Widerruf iSd § 2271. Während für die Verringerung der Erbquote oder der Mitberech- 1 tigung an einem Vermächtnis das Gleiche gilt, bedeutet umgekehrt deren Erhöhung eine wirtschaftliche Besserstellung und unterfällt nicht den Bestimmungen des § 2271. Einen Widerruf beinhaltet dagegen jede spätere **Anordnung von Beschränkungen und Beschwerungen** insbes. (vgl. zu weiteren Fällen MüKoBGB/Musielak Rn. 17 mwN) in Form von:

- Nacherbschaft (OLG München HRR 1942 Nr. 839),
- Vermächtnissen (BGH NJW 1978, 423; BayObLG FamRZ 1989, 1234; KG DNotZ 1977, 749), auch Nachvermächtnissen,
- Auflagen (KG OLGZ 12, 386),
- Testamentsvollstreckung (vgl. OLG Hamburg BeckRS 2020, 45496; BayObLG FamRZ 1991, 111 (113); OLG Köln NJW-RR 1991, 525; OLG Frankfurt WM 1993, 803 (804)) oder
- Teilungsanordnungen (OLG Koblenz DNotZ 1998, 218 (219); Lehmann MittBayNot 1988, 158; aA für nicht wertverschiebende Teilungsanordnung BGH NJW 1982, 441 (442); OLG Braunschweig ZEV 1996, 69 (70)).

2 Die ersatzlose Aufhebung von solchen Belastungen, also die Aufhebung der Nacherbeneinsetzung, eines Vermächtnisses, einer Auflage oder einer Testamentsvollstreckung, stellt aus der Sicht des Belasteten keinen Widerruf iSd § 2271 dar, weil dadurch der belastete Zuwendungsempfänger rechtlich bessergestellt wird; nicht so der durch die aufzuhebenden Anordnungen Begünstigte, für den diese daher einen Widerruf iSd § 2271 darstellen. Kein Fall des Widerrufs liegt auch dann vor, wenn nur die Person des Testamentsvollstreckers oder des begünstigten Dritten ausgewechselt wird (KG FamRZ 1977, 485; Staudinger/Kanzleiter, 2019, § 2289 Rn. 19; Keim ZEV 2021, 129 (134); so wohl auch BGH NJW 2011, 1733 (1735); aA OLG Schleswig BeckRS 2019, 30637 Rn. 16 ff.; Burandt/Rojahn/Braun Rn. 40; RGRK-BGB/Johannsen Rn. 13). Schwieriger wird die Entscheidung bei der **Änderung des Zuwendungsgegenstands oder der Modalitäten.** In diesen Fällen ist zu prüfen, ob die Änderung die Rechtsstellung des Begünstigten aus der früheren letztwilligen Verfügung aufhebt oder beeinträchtigt. Bei einem Hinausschieben der Fälligkeit eines von diesem zu erfüllenden Vermächtnisses ist dies beispielsweise zu verneinen, bei der Verlängerung einer bereits angeordneten Testamentsvollstreckung dagegen zu bejahen. Auch der **Ausschluss** von Vater oder Mutter des Zuwendungsempfängers **von der Verwaltung** des ererbten Vermögens ist idS kein beeinträchtigender Widerruf (vgl. OLG Braunschweig DNotZ 1951, 374; aA BGH NJW 1982, 43; 1982, 441; Kuchinke FS v. Lübtow, 1991, 283 (287 f.); Lehmann MittBayNot 1988, 157 erachtet sogar jede Teilungsanordnung als Widerruf).

3 **2. Gegenstand des Widerrufs.** Der Widerruf kann sich sowohl auf das gesamte gemeinschaftliche Testament als auch auf einzelne darin enthaltene Verfügungen beziehen. Im zuletzt genannten Fall ist dabei weiterhin zwischen einseitigen und wechselbezüglichen Verfügungen zu unterscheiden. Nur für den einseitigen Widerruf wechselbezüglicher Verfügungen gilt die Vorschrift des § 2271 Abs. 1.

4 **a) Gesamtes gemeinschaftliches Testament.** Ein gemeinschaftliches Testament kann im ganzen nur von beiden Ehepartnern zusammen aufgehoben werden, und zwar durch ein neues widerrufendes gemeinschaftliches Testament (§ 2254), durch ein neues widersprechendes Testament (§ 2258), durch Errichtung eines entsprechenden Ehegattenerbvertrags (§ 2289 Abs. 1 S. 1), durch vom Willen beider Ehepartner getragene Vernichtung der Testamentsurkunde (§ 2255), durch gemeinsame Rücknahme eines öffentlichen gemeinschaftlichen Testaments aus der besonderen amtlichen Verwahrung (§§ 2256, 2272) oder durch Prozessvergleich zwischen den Ehepartnern (OLG Köln OLGZ 1970, 114).

5 **b) Einseitige Verfügungen im gemeinschaftlichen Testament.** Solche Verfügungen können von jedem Ehepartner ohne Zustimmung oder Mitwirkung des anderen jederzeit, also auch nach dessen Tod, aufgehoben, beliebig geändert oder sonst widerrufen werden. Der Widerruf kann grds. in allen Formen erfolgen, in denen auch ein einseitiges Testament widerrufen werden kann. Der Widerruf kann also auch durch Streichung der einseitigen Verfügungen durch den Verfügenden selbst geschehen. Dieser kann aber auch seinen Ehepartner dazu ermächtigen (Reimann/Bengel/Dietz/J. Mayer/Sammet Rn. 5; Schmidt MDR 1951, 325). Die nachträgliche Billigung einer Streichung durch den anderen Ehepartner genügt dagegen unter keinen Umständen (RGRK-BGB/Johannsen § 2255 Rn. 3; aA Schmidt MDR 1951, 325). Der Widerruf einseitiger Verfügungen durch Urkundsvernichtung kommt wohl nur ausnahmsweise in Betracht, nämlich nur dann, wenn damit nicht gleichzeitig auch wechselbezügliche Verfügungen des anderen vernichtet werden. Zwar kann der Widerruf einseitiger Verfügungen auch nach dem Tod eines Ehepartners einschränkungslos widerrufen werden, jedoch ist der Widerruf ab der Ablieferung des gemeinschaftlichen Testaments an das Nachlassgericht faktisch auf den Widerruf durch widerrufendes oder widersprechendes Testament beschränkt, weil

von da an Veränderungen und Zerstörungen der Testamentsurkunde ausgeschlossen sind. Der Widerruf durch Rücknahme eines gemeinschaftlichen Testaments aus der besonderen amtlichen Verwahrung steht einem Ehepartner ebenfalls nicht zur Verfügung, weil diese gem. § 2272 nur von beiden gemeinsam verlangt werden kann.

**c) Wechselbezügliche Verfügungen.** Wenn sich die Ehepartner einig sind, können wechselbezügliche Verfügungen in gleicher Weise widerrufen werden, wie das ganze gemeinschaftliche Testament (→ Rn. 4). Unter keinen Umständen reicht hierzu die formlose Zustimmung zu dem vom anderen Ehepartner errichteten einseitigen Testament aus (KG DNotZ 1935, 400; JFG 14, 280 (285); Reimann/Bengel/Dietz/J. Mayer/Sammet Rn. 7). Lediglich dann, wenn das gemeinschaftliche Testament nur Vermächtnisse oder Auflagen enthält, ist in analoger Anwendung des § 2291 der Widerruf durch einseitiges Testament mit Zustimmung des anderen Ehepartners eröffnet (Reimann/Bengel/Dietz/J. Mayer/Sammet Rn. 7). Allerdings bedarf die Zustimmung dann in Analogie zu § 2291 Abs. 2 S. 1 der notariellen Beurkundung (RGRK-BGB/Johannsen Rn. 8). 6

Will ein Ehegatte seine wechselbezüglichen Verfügungen einseitig, dh ohne Mitwirkung des anderen aufheben, ändern oder sonst widerrufen, so kann er dies, wenn und soweit das gemeinschaftliche Testament keine Ermächtigung zum einseitigen Widerruf enthält, nur unter den Voraussetzungen des § 2271 Abs. 1 S. 1 iVm § 2296 tun. Dieser einseitige Widerruf ist Verfügung von Todes wegen und einseitige empfangsbedürftige Willenserklärung zugleich. Folglich muss der Widerruf höchstpersönlich erklärt werden, kann also nicht durch einen **Vertreter** erfolgen (Reimann/Bengel/Dietz/J. Mayer/Sammet Rn. 56; iErg ebenso Staudinger/Kanzleiter, 2019, Rn. 44; aA Musielak FS Kegel, 1987, 433 (456 f.); offen gelassen in OLG Zweibrücken NJW-RR 2008, 239 (240) betr. Vorsorgevollmacht m. krit. Anm. Litzenburger ErbR-FD 2007, 247647). Ferner muss die Widerrufserklärung dem anderen Ehepartner zu dessen Lebzeiten zugehen, um wirksam zu werden (§ 2296 Abs. 2 S. 1, § 2271 Abs. 1 S. 1). Sollen neben wechselbezüglichen Verfügungen auch einseitige widerrufen werden, so muss der widerrufswillige Ehegatte in Ansehung jener die Form der §§ 2296, 2271 Abs. 1 S. 2 und zugleich in Ansehung dieser eine der Formen der §§ 2254–2258 beachten. 7

**3. Voraussetzungen des einseitigen Widerrufs wechselbezüglicher Verfügungen (§ 2296, § 2271 Abs. 1 S. 1).** Aus dem Wesen des Widerrufs als Verfügung von Todes wegen und einseitiger empfangsbedürftiger Willenserklärung ergeben sich iVm § 2296, § 2271 Abs. 1 S. 1 folgende Wirksamkeitsvoraussetzungen: 8

**a) Testierfähigkeit.** Der widerrufende Ehegatte muss bei Abgabe der Erklärung testierfähig (§ 2229) sein. Bei Geschäftsunfähigen kann der Widerruf auch nicht durch den gesetzlichen Vertreter erklärt werden. Die für die Anfechtung eines Erbvertrags geltende Bestimmung des § 2282 Abs. 2 kann hier nicht analog angewandt werden (so aber Schlüter ErbR Rn. 364; Helms DNotZ 2003, 104 (109 ff.)), weil sich Anfechtung und Widerruf ganz wesentlich dadurch unterscheiden, dass jene einen nachvollziehbaren Grund bedingt, diese dagegen ein Akt freier Willensentscheidung darstellt (MüKoBGB/Musielak Rn. 6). Ein beschränkt Geschäftsfähiger kann dagegen den Widerruf auch ohne Zustimmung seines gesetzlichen Vertreters erklären (§ 2296 Abs. 1 S. 2, § 2271 Abs. 1 S. 1). 9

**b) Form.** Der Widerruf bedarf gem. § 2296 Abs. 2 S. 2, § 2271 Abs. 1 S. 1 der notariellen Beurkundung, und zwar auch dann, wenn eine in einem eigenhändigen gemeinschaftlichen Testament enthaltene wechselbezügliche Verfügung widerrufen werden soll. Für das Verfahren gelten die Vorschriften der §§ 6 ff. BeurkG über die Beurkundung von Willenserklärungen. Die notarielle Urkunde mit der Widerrufserklärung ist zwar nicht in die besondere amtliche Verwahrung zu bringen, da sie kein Testament iSd § 34 Abs. 2 S. 4 BeurkG ist, wohl aber zum Testamentsregister anzumelden (§ 78b Abs. 2 BNotO iVm § 34a Abs. 1 BeurkG) und nach dem Erbfall in beglaubigter Abschrift dem Nachlassgericht einzureichen (§ 34a Abs. 3 S. 2 BeurkG). Die Anwesenheit oder Mitwirkung bei der Errichtung eines Testaments mit einer entsprechenden Widerrufserklärung in anderer Form (zB eigenhändiges Testament, Drei-Zeugen-Testament) reicht dagegen nicht aus, weil es am Erfordernis der notariellen Beurkundung fehlt (vgl. OLG Frankfurt BeckRS 2009, 13816 betr. fremdhändiges Testament nach österreichischem Recht). 10

**c) Inhalt.** Das Gesetz schreibt keinen bestimmten Wortlaut vor. Es genügt daher, wenn sich aus dem Inhalt der Erklärung ergibt, dass und in welchem Umfang eine oder mehrere wechselbezügliche Verfügungen aufgehoben, geändert oder sonst widerrufen werden sollen. Erforderlichenfalls ist der Umfang des Widerrufs durch Auslegung gem. §§ 133, 157 zu ermitteln. Dabei kommt es auf den Empfängerhorizont an, da es sich beim Widerruf um eine empfangsbedürftige Willenserklärung handelt. Es genügt daher auch, wenn der widerrufende Ehegatte dem anderen 11 ein notariell beurkundetes Widerrufstestament in Ausfertigung zustellen lässt, weil daraus der Widerrufswille mit hinreichender Deutlichkeit zu erkennen ist (Reimann/Bengel/Dietz/J. Mayer/Sammet Rn. 24; aA KG JFG 14, 280 = JW 1937, 476).

12 **d) Zugang. aa) Zustellung an den anderen Ehepartner.** Die notariell beurkundete Widerrufserklärung muss dem anderen Ehepartner zugehen, um wirksam zu werden. Ist der andere Ehegatte während der Beurkundungsverhandlung vor dem Notar anwesend, so wird sie mit deren Abschluss durch Zugang gegenüber einem Anwesenden wirksam (OLG Hamm BeckRS 2014, 00943 unter II; Burandt/Rojahn/Braun Rn. 12; aA OLG Frankfurt BeckRS 2009, 13816 unter II, ohne Begr.; zweifelnd BeckOGK/Braun Rn. 41). Das Formgebot der Widerrufserklärung rechtfertigt keinen generellen Ausschluss der **Zugangsmöglichkeit unter Anwesenden** (vgl. BGH NJW 1995, 2217 zum Vertragsangebot). Die Beweisfunktion der Formvorschrift dient nämlich nicht der Sicherung des Nachweises, dass die Erklärung zugegangen ist. Auch der Zugang der Ausfertigung der notariellen Urkunde kann Schwierigkeiten bereiten, wenn die Zustellung nicht durch den Gerichtsvollzieher nach den Vorschriften der ZPO erfolgt ist. Zwar ist im Falle der Anwesenheit des anderen Ehegatten bei der Beurkundung der Widerrufserklärung ein entsprechender Zugangsvermerk dringend zu empfehlen (vgl. OLG Hamm BeckRS 2014, 00943), doch ist idR das gemeinsame Widerrufstestament der sicherste Weg. Bei einem Widerruf gegenüber einem Betreuer bzw. Vorsorgebevollmächtigten hat der Zugang unter Anwesenden allerdings durchaus praktische Bedeutung, wobei der Zugang spätestens mit Erhalt der Ausfertigung der notariellen Urkunde erfolgt sein dürfte (vgl. OLG Hamm BeckRS 2014, 00943). Zu den besonderen Problemen bei der Erklärung gegenüber einem General- bzw. Vorsorgebevollmächtigten → Rn. 24.

13 In allen anderen Fällen muss an Stelle der beim Notar gem. § 45 Abs. 1 S. 1 BeurkG verbleibenden Urschrift dem anderen Ehepartner zwingend eine Ausfertigung der Widerrufsurkunde zugehen. Die Übermittlung einer beglaubigten oder einfachen Abschrift der Notarurkunde reicht dagegen nicht aus, weil gem. § 47 BeurkG nur die Ausfertigung die Urschrift im Rechtsverkehr vertritt (BGH NJW 1960, 33; 1968, 496; aA KG NJW 1961, 1424; MüKoBGB/Musielak Rn. 5; Soergel/Leiß Rn. 9; Reimann/Bengel/Dietz/J. Mayer/Sammet Rn. 12; Grüneberg/Weidlich Rn. 2; Hieber DNotZ 1960, 240; Röll DNotZ 1961, 312; Jansen NJW 1960, 475; diff. Kanzleiter DNotZ 1996, 931; Dilcher JZ 1968, 188). Der Widerrufende muss die Zustellung der Ausfertigung an den anderen Ehepartner veranlasst haben, sodass ein von seinem Willen nicht getragener Zugang (zB Notar verletzt Anweisung) wirkungslos bleibt (Reimann/Bengel/Dietz/J. Mayer/Sammet Rn. 12). Geht dem anderen Ehepartner vor dem Zugang der Ausfertigung der Widerrufserklärung ein – auch formlos möglicher – Widerruf zu, wird diese gem. § 130 Abs. 1 S. 2 nicht wirksam; nach hM scheidet ein Widerruf der wirksam zugegangenen Widerrufserklärung gem. § 2257 aus.

14 Die Zustellung durch den Gerichtsvollzieher gem. §§ 166 ff. ZPO ist zwar nicht vorgeschrieben, aber zu empfehlen. Wohnt der Ehepartner außerhalb der Bundesrepublik, aber innerhalb der EU, kann die Zustellung gem. der EuZVO erfolgen (vgl. EuGH NJW 2009, 2513). Bei unbekanntem Aufenthaltsort des anderen Ehepartners ist auch eine öffentliche Zustellung gem. § 132 Abs. 2 iVm §§ 203 ff. ZPO zulässig, und zwar selbst dann, wenn sich nachträglich herausstellt, dass die Voraussetzungen der öffentlichen Zustellung überhaupt nicht vorgelegen hatten (BGH NJW 1975, 827 (828); vgl. KG FGPrax 2006, 218 (219)). Die Wirkungen der öffentlichen Zustellung treten nur dann nicht ein, wenn entweder das die Zustellung bewilligende Gericht aus den vorgelegten Unterlagen die Zustelladresse hätte erkennen müssen oder dem Antragsteller bei der öffentlichen Zustellung rechtsmissbräuchliches Verhalten vorzuwerfen ist, wobei ihm das Wissen Dritter nicht zugerechnet werden darf (vgl. KG FGPrax 2006, 218 (219)).

15 **bb) Tod vor dem Zugang. (1) Tod des widerrufenden Ehepartners.** Stirbt der Widerrufende nach formgerechter Abgabe der Erklärung, so wird der Widerruf mit Zugang einer Ausfertigung der Notarurkunde gleichwohl wirksam, vorausgesetzt, die Erklärung war zu diesem Zeitpunkt in einer Weise auf dem Weg, dass mit dem Zugang unter den gewöhnlichen Umständen alsbald zu rechnen war (vgl. RGZ 65, 270; Natter JZ 1954, 381; ausf. Rappenglitz Rpfleger 2001, 531). Diese einschränkende Interpretation des § 130 Abs. 2 ist geboten, weil §§ 2296, 2271 Abs. 1 S. 1 im Interesse der Rechtssicherheit die Klärung der Wirksamkeit wechselbezüglicher Verfügungen zu Lebzeiten beider Ehepartner zum Ziele haben (Prot. V 454; BGH NJW 1953, 938). Handelt der widerrufende Ehegatte sogar mit der Absicht, den Zugang erst nach dem Tod zu bewirken, so wird der Widerruf trotz des Zugangs nicht wirksam. Geht dem anderen Ehepartner nur eine einfache oder beglaubigte Abschrift der Widerrufserklärung zu, so kann der Zustellungsmangel nach dem Tod des widerrufenden Ehepartners nicht mehr durch formgerechte Übermittlung einer Ausfertigung geheilt werden (BGH NJW 1995, 2217; aA Johannsen WM 1969, 1315; Rappenglitz Rpfleger 2001, 531 (534)).

**(2) Tod des anderen Ehepartners.** Beim Tod des Adressaten vor dem Zugang der Widerrufserklärung bei ihm bleibt der Widerruf ohne Wirkung (RGZ 65, 270). 16

**cc) Geschäftsunfähigkeit des anderen Ehepartners beim Zugang. (1) Betreuung.** Ist der Adressat zurzeit des Zugangs geschäftsunfähig, wird der Widerruf gem. § 131 Abs. 1 erst mit dem Zugang beim gesetzlichen Vertreter wirksam. Die Anordnung der Betreuung für den Adressaten allein hindert den wirksamen Zugang bei diesem aber noch nicht, weil die Betreuung die Geschäftsfähigkeit des Betreuten nicht beseitigt. Nur wenn fest steht, dass der Betreute tatsächlich geschäftsunfähig ist, bedarf es des Zugangs beim Betreuer. Bei Zweifeln sollte dem Betreuer deshalb ebenfalls eine Ausfertigung zugestellt werden (Grüneberg/Weidlich Rn. 6). Dieser muss allerdings entweder für alle Vermögensangelegenheiten (LG Hamburg DNotI-Report 200, 86; Helms DNotZ 2003, 104 (108); vgl. auch Damrau/Bittler ZErb 2004, 77 (78 f.)) oder mindestens für den Zugang der Widerrufserklärung bestellt sein. Da der Zugang der Widerrufserklärung selbst keine letztwillige Verfügung ist, ist der Betreuer durch § 1903 Abs. 2 nicht an der Entgegennahme gehindert. Ist der Widerrufende selbst Betreuer für seinen Ehepartner, so ist er durch § 1908i Abs. 1 S. 1, § 1795 Abs. 2, § 181 an der Entgegennahme gehindert, sodass ein Ergänzungsbetreuer gem. § 1899 Abs. 4 zu bestellen ist (Helms DNotZ 2003, 104 (108 f.); aA LG Hamburg DNotI-Report 2000, 86). Bei sinnorientierter und konsequenter Auslegung der § 1908i Abs. 1 S. 1, § 1795 Abs. 1 Nr. 1 muss Gleiches auch für die Abkömmlinge des widerrufenden Ehepartners als Betreuer des geschäftsunfähigen Ehepartners gelten (Helms DNotZ 2003, 104 (108 f.)). Der an den gesetzlichen Vertreter gerichtete Widerruf wird gem. § 164 Abs. 3 wirksam, während die Erklärung gegenüber dem Geschäftsunfähigen gem. § 131 Abs. 1 erst mit Zugang beim Betreuer wirksam wird (vgl. Staudinger/Singer/Benedict § 131 Rn. 3; LAG Hamm DB 1975, 407; aA OLG Düsseldorf VersR 1961, 878; LG Berlin MDR 1982, 321; LG Dresden WuM 1994, 377; MüKoBGB/Einsele § 131 Rn. 3). 17

Der Ehepartner, gegenüber dem der Widerruf zu erklären ist, braucht zurzeit des Zugangs **nicht geschäftsfähig** sein (OLG Hamm BeckRS 2014, 00943; OLG Nürnberg BeckRS 2013, 10868 unter II 2a). Es ist unerheblich, dass er danach keine neue Verfügung von Todes wegen mehr errichten kann (AA Damrau/Bittler ZErb 2004, 77 (79 f.); Damrau/Klessinger Rn. 13 f.), weil diese faktische Testierunfähigkeit es nicht rechtfertigt, die Testierfreiheit des widerrufenden Ehepartners einzuschränken und ihm dauerhaft sein grundrechtlich geschütztes Recht zur Lösung aus der erbrechtlichen Bindung durch Widerruf abzuschneiden (M. Zimmer ZEV 2007, 159 (160); Helms DNotZ 2003, 104 (106)). 18

Streitig ist, ob das Gericht auch verpflichtet ist, allein zum Zwecke der Entgegennahme der Widerrufserklärung einen Betreuer gem. § 1896 zu bestellen (dafür M. Zimmer ZEV 2007, 159 (161 f.); dagegen Damrau/Bittler ZErb 2004, 77 (80); Damrau/Klessinger Rn. 13 f.). Unterbliebe eine Bestellung, wäre dem widerrufswilligen Ehepartner das Widerrufsrecht faktisch genommen und ihm könnte das Anfechtungsrecht gem. § 2078 Abs. 2 nicht länger unter Hinweis auf die Widerrufsmöglichkeit abgeschnitten werden (→ Rn. 50); er wäre also berechtigt, seine eigenen wechselbezüglichen Verfügungen mit der Begründung anzufechten, dass er nicht mit dem Eintritt der Geschäftsunfähigkeit und der damit verbundenen absoluten faktischen Bindung an seine Verfügungen gerechnet habe. Der Widerruf führt zwar zum gleichen Ergebnis wie diese Anfechtung, jedoch ohne die Gefahr von Streit über die Wirksamkeit der Anfechtung. Ein Betreuungsinteresse ist gegeben, weil die mit dem Widerruf verbundene Rechtssicherheit auch für den geschäftsunfähigen Ehepartner von Vorteil ist. Auf Anregung des widerrufswilligen Ehepartners ist daher eine Betreuung zum Zwecke der Entgegennahme der Widerrufserklärung anzuordnen (vgl. zur Betreuung bei Drittinteresse BGH NJW 1985, 433 (434)). 19

**(2) General- bzw. Vorsorgevollmacht.** Hat der Ehepartner vor Eintritt der Geschäftsunfähigkeit eine Generalvollmacht bzw. eine allumfassende und uneingeschränkte Vorsorgevollmacht erteilt, so wird der Widerruf mit dem Zugang beim Bevollmächtigten wirksam (zum vergleichbaren Erbvertragsrücktritt: BGH BeckRS 2021, 3387 Rn. 16 ff. mwN auch zur bis zu dieser Grundsatzentscheidung vertretenen Gegenauffassung). § 131 Abs. 1 schließt den wirksamen Zugang des Widerrufs bei einem Bevollmächtigten, der für einen Geschäftsunfähigen handelt, nicht aus. Das Wirksamwerden der an einen Empfangsbevollmächtigten adressierten Erklärung wird von dieser Vorschrift nämlich überhaupt nicht erfasst, sodass eine an einen entspr. Bevollmächtigten gerichtete Widerrufserklärung nach der allgemeinen Regelung des § 164 Abs. 3 wirksam wird (BGH BeckRS 2021, 3387 Rn. 27). Eine Vorsorgevollmacht würde entgegen der in § 1896 Abs. 2 S. 2 zum Ausdruck gekommenen gesetzgeberischen Intention, Betreuungsverfahren weitgehend zu vermeiden, ihrer zentralen Funktion beraubt, würde man den Empfang einer solchen Widerrufserklärung aus dem Kompetenzbereich ausnehmen und allein dafür die Bestellung eines Betreuers fordern (BGH BeckRS 2021, 3387 Rn. 32 f.). Liegt eine solche General- bzw. Vorsorgevollmacht vor 20 und Bestehen auch keine Zweifel an der Geschäftsfähigkeit des Vollmachtgebers zum Zeitpunkt der Erteilung, ist deshalb die Anordnung einer Betreuung zum Zwecke des Empfangs grds. nicht erforderlich. Entschieden hat der Senat dies jedoch nur für den Fall, dass Dritte (zB Kinder) in dieser Weise bevollmächtigt sind. Offen gelassen hat der BGH in seiner Grundsatzentscheidung, ob Gleiches gilt, wenn der mittlerweile geschäftsunfähige Vollmachtgeber denjenigen bevollmächtigt hat, der den Widerruf erklären will (BGH BeckRS 2021, 3387 Rn. 31). Ist der **Widerrufende selbst bevollmächtigt** und vom Verbot des § 181 befreit, wird der Widerruf nach richtiger Ansicht dann wirksam, wenn kein Missbrauch der Vertretungsmacht (§ 242) festgestellt werden kann (Keim ZEV 2010, 358 (360)). Aber weder dem widerrufswilligen noch dem anderen Ehepartner kann die Rechtsunsicherheit über die Wirksamkeit des Widerrufs gegenüber einem Vorsorgebevollmächtigten bis zu einer höchstrichterlichen Klärung auch dieser Frage zugemutet werden. Bis dahin ist deshalb – trotz der Vorsorgevollmacht (vgl. § 1896 Abs. 2 S. 2) – die Bestellung eines Betreuers zum Zwecke der Entgegennahme der Widerrufserklärung zulässig (vgl. F. Klepsch/ M. Klepsch NotBZ 2008, 321 (325 f.)); zum Betreuungsinteresse → Rn. 19.

21 Falls Widerrufender und Bevollmächtigter erkennbar die General- bzw. (umfassende) Vorsorgevollmacht durch die Entgegennahme des Widerrufs iSd § 242 missbrauchen, ist der Zugang unwirksam. Die Einsetzung des Bevollmächtigten als Erbe oder Vermächtnisnehmer durch den Widerrufenden nach Wegfall der erbrechtlichen stellt dabei nicht ohne weiteres einen derartigen **Rechtsmissbrauch** dar, weil vor allem die Zuwendung an die Abkömmlinge sehr wohl im Interesse des Geschäftsunfähigen sein kann. Rechtsmissbrauch kommt vor allem in Fällen von Erbschleicherei, also beim eigennützigen zielgerichteten, nicht notwendig strafbaren Hinwirken auf eine erbrechtliche oder sonstige Zuwendung durch vorhergehende Vertrauensgewinnung des Erblassers, in Betracht (vgl. etwa den Fall OLG Saarbrücken ZEV 2019, 29). Dafür bedarf es aber stets konkreter Anhaltspunkte.

22 Bei der notariellen **Beurkundung einer umfassenden Vorsorgevollmacht** muss nicht generell über die Möglichkeit belehrt werden, dass damit die erbrechtliche Bindungswirkung eines gemeinschaftlichen Testaments oder Erbvertrags nachträglich beseitigt werden kann (Keim ZEV 2010, 358 (360); aA Roth NJW-Spezial 2010, 71 (72)).

23 Der Bevollmächtigte kann den Zugang nicht durch **Ablehnung** vereiteln, wenn er eine den Empfang von Erklärungen umfassende General- bzw. Vorsorgevollmacht hat. Eine Vollmacht kann allerdings grds. durch eine ausdrückliche Formulierung dahin eingeschränkt werden, dass sie nicht für den Zugang eines Widerrufs von wechselbezüglichen Verfügungen in einem gemeinschaftlichen Testament gilt. Die Gleichzeitigkeit der Errichtung einer General- bzw. Vorsorgevollmacht und eines gemeinschaftlichen Testaments mit wechselbezüglichen gegenseitigen Zuwendungen reicht nicht aus, eine derartige Beschränkung der Empfangszuständigkeit im Rahmen der Vollmacht anzunehmen.

24 Die **Beweislast für den Zugang der Widerrufserklärung** beim Bevollmächtigten und dessen Empfangsvollmacht zu diesem Zeitpunkt trägt derjenige, der sich hierauf beruft. Der Nachweis der Vollmacht zurzeit des Zugangs unter Abwesenden gem. § 130 Abs. 1 S. 1 kann jedoch Probleme bereiten, weil der Widerrufende kein Recht auf Vorlage der Vollmacht in Ausfertigung hat. Wird die Vollmacht später widerrufen und die Urkunde vernichtet, kann weder der Bestand noch der Umfang der Vollmacht für diesen Zeitpunkt nachgewiesen werden. Empfehlenswert ist deshalb der Widerruf durch Erklärung gegenüber Anwesenden in einer notariellen Urkunde, in der der Bevollmächtigte als Beteiligter unter Beifügung einer Ausfertigung seiner Vollmachtsurkunde (§ 172) den Empfang bestätigt.

25 Die Ausführungen in → Rn. 20 ff. gelten uneingeschränkt auch für den Rücktritt vom Erbvertrag nach § 2296 (BGH BeckRS 2021, 3387), und zwar – obwohl der BGH dies in seiner Grundsatzentscheidung offengelassen hat – nicht nur für den Vorbehalt gem. § 2293, sondern auch für den Fall des Rücktritts gem. §§ 2294, 2295. Wie beim vorbehaltenen Rücktrittsrecht muss der (mittlerweile geschäftsunfähige) Erbvertragspartner nämlich mit dessen Ausübung rechnen, wenn er die zum Rücktritt nach diesen Vorschriften notwendigen Tatsachen kennt. Dann verdient er ebenso wenig Vertrauensschutz wie beim ausdrücklichen Rücktrittsvorbehalt.

26 **4. Wirkungen des wirksamen Widerrufs.** Gleichgültig, ob das gesamte gemeinschaftliche Testament, eine einseitige Verfügung oder eine solche mit wechselbezüglichem Charakter widerrufen wird, die Widerrufswirkung folgt zwingend der Widerrufserklärung. Der Inhalt der Widerrufserklärung setzt den Rahmen der Widerrufswirkung. Der Widerruf einer wechselbezüglichen Verfügung führt zunächst unmittelbar zu deren eigener Unwirksamkeit und über die Bestimmung des § 2270 Abs. 1 auch zur Ungültigkeit aller Verfügungen des anderen Ehepartners, die zur widerrufenen Verfügung in diesem Abhängigkeitsverhältnis stehen. Ein Testament, das der Wider-

rufende im Widerspruch zu einer solchen wechselbezüglichen Verfügung errichtet hatte, wird mit dem Widerruf wirksam (RGZ 65, 275).

Da der Widerruf Verfügung von Todes wegen ist, kann der widerrufende Ehegatte seine Widerrufserklärung in analoger Anwendung des § 2078 selbst anfechten (MüKoBGB/Musielak Rn. 11). Dagegen ist der Widerruf einer solchen Erklärung gem. § 2257 unzulässig (Reimann/Bengel/Dietz/J. Mayer/Sammet Rn. 30). 27

## II. Erbrechtliche Bindung des überlebenden Ehepartners an wechselbezügliche Verfügungen (Abs. 2)

**1. Gesetzlicher Umfang der Bindungswirkung.** Mit dem Tod des einen Ehepartners tritt für den überlebenden eine Bindung an seine eigenen wechselbezüglichen Verfügungen in einem gemeinschaftlichen Testament ein, nicht dagegen an darin mitenthaltene einseitige Anordnungen. Diese Bindung ist der an vertragsmäßige Verfügungen in einem Erbvertrag vergleichbar, was Analogien zu dort geltenden Vorschriften rechtfertigt. Damit ist vor allem § 2289 Abs. 1 S. 2 analog heranzuziehen, sodass eine später errichtete Verfügung von Todes wegen unwirksam ist, wenn und soweit sie das Recht des Begünstigten aus einer wechselbezüglichen Verfügung beeinträchtigen würde (OLG Frankfurt NJW-RR 1995, 265; Gerken Rpfleger 1992, 252). Diese Wirkung entfalten selbstverständlich nur solche wechselbezüglichen Verfügungen, die in vollem Umfang gültig sind. Es handelt sich allerdings nur um eine rein erbrechtliche Bindung, da der überlebende Ehegatte gem. § 2271 Abs. 2 nur an einem Widerruf seiner wechselbezüglichen Verfügungen gehindert ist. Abs. 2 knüpft dabei an den in → Rn. 1 dargestellten, auch im Rahmen des Abs. 1 geltenden Widerrufsbegriff an. Demzufolge ist eine vom überlebenden Ehepartner errichtete Verfügung unwirksam, wenn und soweit sie den bindenden, weil wechselbezüglichen Verfügungen in dem gemeinschaftlichen Testament widersprechen und die Rechte der Bedachten ausschließen oder einschränken. Dem Überlebenden ist es daher namentlich verwehrt, einen bindend eingesetzten Schlusserben durch ein Vermächtnis, durch eine Auflage, durch Testamentsvollstreckung oder durch eine diesen benachteiligende Teilungsanordnung zu belasten. Auf die Ausführungen zum Widerrufsbegriff in → Rn. 1 wird verwiesen. Die mit dem Tod des zuerst verstorbenen Ehepartners eingetretene erbrechtliche Bindung ist zwingenden Charakters und kann daher auch nicht durch die Zustimmung des Bedachten beseitigt werden. Möglich ist allerdings der Abschluss eines notariell beurkundeten Zuwendungsverzichtsvertrags gem. § 2352 mit dem Begünstigten, der bei einem Erbfall nach dem 31.12.2009 auch gegenüber Abkömmlingen wirksam ist (vgl. BayObLG FamRZ 2001, 319). Schließlich ist es mit Rücksicht auf den Vertrauensschutz nicht gerechtfertigt, im Gesetz nicht vorgesehene oder von den Ehepartnern nicht angeordnete Ausnahmen von dieser Bindungswirkung zuzulassen (hM, zB BGH NJW 1978, 423; MüKoBGB/Musielak Rn. 18 mwN). Damit scheidet richtiger Ansicht nach eine stillschweigend anzunehmende Ausnahme für den Fall der Erfüllung einer Dankesschuld aus. 28

§ 2271 Abs. 2 bezieht sich jedoch ausschließlich auf die Testierfreiheit, lässt also die Befugnis, **Rechtsgeschäfte unter Lebenden** vorzunehmen, völlig unberührt (vgl. § 2286). Eine Ausnahme gilt jedoch unter der Geltung des Höferechts, falls im gemeinschaftlichen Testament eine bindende Hoferbenbestimmung getroffen worden ist (OLG Celle RdL 1968, 72; NdsRPfl. 1971, 255). Allerdings kann in analoger Anwendung des § 2287 eine „beeinträchtigende Schenkung" durch den überlebenden Ehepartner für die benachteiligten Zuwendungsempfänger einen Anspruch auf Bereicherungsausgleich gegen den Begünstigten begründen. Die lebzeitige Verfügungsbefugnis ist sogar dann gegeben, wenn dadurch ein Vermächtnisanspruch gegenstandslos und damit unwirksam werden sollte. 29

**2. Änderungsvorbehalt.** Da die Wechselbezüglichkeit von Verfügungen willensbestimmt ist, steht es den Ehepartnern selbstverständlich frei zu bestimmen, ob und in welchem Umfang der Überlebende von ihnen abweichend von der Regel des § 2271 Abs. 2 letztwillig verfügen darf. Ist einer wechselbezüglichen Verfügung ein solcher Änderungsvorbehalt beigefügt, bleibt sie in ihrer Wirkung dennoch von einer einseitigen Verfügung zu unterscheiden. Die Befugnis zur Änderung beseitigt nämlich nur die Bindung des überlebenden Ehepartners an seine eigene wechselbezügliche Verfügung, besagt jedoch nichts über die Auswirkungen einer solchen Änderung auf die dazu wechselbezüglichen Verfügungen des Erstverstorbenen. Selbst dann, wenn die Änderungen ohne Einfluss auf dessen Verfügungen bleiben sollten, so äußert sich der Charakter der Wechselbezüglichkeit doch noch darin, dass andere Ereignisse als der Widerruf durch den überlebenden Ehepartner diese Verfügungen gemeinsam ihrer Wirksamkeit berauben können (vgl. BGH NJW 1951, 959; KG DNotZ 1977, 749). 30

31 **a) Ermächtigungsgrundlage.** Der Vorbehalt der Änderbarkeit durch den Überlebenden kann nur in einer wirksamen Verfügung von Todes wegen enthalten sein. Dabei muss dieser nicht zwingend im gemeinschaftlichen Testament gemacht worden sein. Es reicht dazu vielmehr auch aus, dass der zuerst verstorbene Ehegatte in einem einseitigen Testament oder in jeder anderen Art von Verfügung von Todes wegen einseitig den überlebenden hierzu ermächtigt hat. Die formlose Ermächtigung reicht wegen der Formenstrenge des Erbrechts dagegen nicht aus. Deshalb kann ein derartiger Änderungsvorbehalt nur unter der Voraussetzung im Wege der ergänzenden Auslegung einem gemeinschaftlichen Testament entnommen werden, wenn dieser mindestens eine entsprechende Andeutung enthält.

32 Die **Ermächtigung zur freien Verfügung** über das beiderseitige Vermögen oder über den beiderseitigen Nachlass (vgl. OLG Rostock BeckRS 2020, 34891) rechtfertigt es nicht ohne weitere Anhaltspunkte innerhalb oder außerhalb des Testaments, einen solchen Vorbehalt zur Abänderung wechselbezüglicher Verfügungen im Wege der Testamentsauslegung anzunehmen, da sich diese Bestimmung auch auf die lebzeitige Verfügungsbefugnis des Längstlebenden beim Berliner Testament beziehen kann, etwa zur Abgrenzung der Vollerbschaft von der von der in dieser Hinsicht gem. §§ 2136, 2113 Abs. 2 mit Einschränkungen verbundenen Vorerbschaft (OLG Schleswig NJW-RR 2014, 965; OLG Köln BeckRS 2014, 7566; BayObLG BeckRS 2009, 24446; OLG Hamm BeckRS 2001, 12942; KG ZEV 1997, 504). Andererseits kann die Auslegung solcher Formulierungen nach den allgemeinen Grundsätzen auch einen Änderungsvorbehalt in diesem Sinne ergeben (OLG Frankfurt BeckRS 2021, 32070; vgl. dagegen die Fälle: OLG Braunschweig ZErb 2020, 382; OLG Düsseldorf BeckRS 2018, 13308; OLG Hamm BeckRS 2010, 27623).

33 **b) Berechtigter, Zeitpunkt und Umfang.** Haben die Beteiligten sich gemeinsam eine Änderung vorbehalten (zB Eltern), so handelt es sich nicht um einen Änderungsvorbehalt idS (vgl. BayObLG NJW-RR 1989, 587). Enthält der Änderungsvorbehalt für den **Längstlebenden** oder Überlebenden keine abweichende Regelung, kann dieser die Änderung nur durch eine **nach dem Tod des Anderen** errichtete Verfügung von Todes wegen wirksam vornehmen (BayObLG DNotZ 1996, 316). Zulässig ist es aber auch, dem Überlebenden die Ausübung dieses Rechts bereits durch eine zu Lebzeiten beider errichtete Verfügung zu gestatten. Dem überlebenden Ehepartner kann wegen des Höchstpersönlichkeitsgrundsatzes in § 2065 nicht das Recht eingeräumt werden, die Verfügungen des Verstorbenen zu ändern (RGZ 79, 32).

34 Der **Umfang** der Befugnis zur Änderung seiner eigenen wechselbezüglichen Verfügungen richtet sich nach dem Inhalt des Änderungsvorbehalts. Es kann sich dabei entweder um einen völlig uneingeschränkten Widerrufsvorbehalt (OLG Rostock BeckRS 2020, 34891) oder um einen mehr oder weniger beschränkten Änderungsvorbehalt handeln. Zulässige Änderungen des Überlebenden können so beispielsweise beschränkt werden auf einzelne oder mehrere Zuwendungsempfänger (zB „nur mit ihm verwandten Abkömmlinge"), auf bestimmte Gegenstände (zB „über Hausgrundstück frei letztwillig verfügen"), auf den Kreis der Begünstigten aus der geänderten Zuwendung (zB „vorausgesetzt, der Überlebende verfügt nur zugunsten gemeinsamer Abkömmlinge") oder auf bestimmte letztwillige Verfügungen (zB „Vermächtnis, aber nicht Erbeinsetzung"). Widerrufs- oder Änderungsvorbehalte können auch von bestimmten tatsächlichen Bedingungen abhängig gemacht werden (OLG Bamberg BeckRS 2020, 26531 (familiäre Zuwiderhandlung); OLG München BeckRS 2008, 20568 (Veranlassung gegeben); OLG Koblenz DNotZ 1998, 218 (triftige Gründe)).

35 Der Umfang des Widerrufs- bzw. Änderungsrechts ist erforderlichenfalls durch Auslegung des übereinstimmenden Willens beider Ehepartner zu ermitteln. Im Rahmen der **erläuternden Auslegung** (vgl. OLG Rostock BeckRS 2020, 34891) haben verschiedene Oberlandesgerichte enumerative Aufzählungen zum Anlass genommen, daraus im Umkehrschluss auf eine inhaltliche Einschränkung der Änderungsbefugnis zu schließen (OLG Düsseldorf BeckRS 2007, 2206 m. abl. Anm. Münch FamRZ 2007, 1445 (1446); Schmucker DNotZ 2007, 777; OLG München BeckRS 2008, 13925 m. abl. Anm. Litzenburger ErbR-FD 2008, 264812). Deshalb ist dringend davon abzuraten, den Umfang der Änderungsbefugnis durch eine beispielhafte Aufzählung zulässiger Verfügungen (zB „insbes.", „also") erläutern zu wollen. Keine Probleme wirft demgegenüber die generelle Zulassung anderweitiger Verfügungen zu Gunsten bestimmter Personen, insbes. Abkömmlinge, auf (vgl. OLG München BeckRS 2008, 20568).

36 Im Wege der **ergänzenden Auslegung** wurde ein Änderungsvorbehalt für den Fall angenommen, dass nur ein Verwandter des überlebenden Ehepartners zu dessen Schlusserben eingesetzt worden war, ohne die Frage der Änderbarkeit anzusprechen (BayObLG FamRZ 1985, 1287). Bei der Schlusserbeinsetzung von **Kindern aus unterschiedlichen Beziehungen** („Patch-Work-Familien") in einer Verfügung von Todes wegen nach dem Berliner Model (§ 2269) kommt es, sofern nichts anderes ausdrücklich bestimmt ist, idR zu einer „gespaltenen Bindungswirkung":

Der Erblasserwille beider Beteiligten im Zeitpunkt der Errichtung des gemeinschaftlichen Testaments bzw. des Erbvertrags ist regelmäßig nur darauf gerichtet, dass der überlebende Ehegatte die Erbenstellung der jeweiligen Abkömmlinge des erstversterbenden Ehegatten nach dessen Ableben nicht mehr entziehen kann, während eine Selbstbindung in Bezug auf die eigenen Abkömmlinge des längerlebenden Ehegatten nicht gewollt ist (OLG München BeckRS 2020, 29468). Eine **Wiederverheiratungsklausel** enthält ebenfalls regelmäßig einen Änderungsvorbehalt hinsichtlich der eigenen Verfügungen des überlebenden Ehepartners (KG OLGZ 37, 262; auch → § 2269 Rn. 36). Das Gleiche gilt regelmäßig auch für eine **Pflichtteilssanktionsklausel** nach dem Berliner Modell gem. § 2269 (BayObLG NJW-RR 1990, 969; → § 2269 Rn. 43).

Vom Recht zur Änderung eigener Verfügungen des überlebenden Ehepartners, ist die **Auswirkung** eines solchen Widerrufs **auf die dazu wechselbezüglichen Verfügungen** des zuerst verstorbenen Ehepartners zu unterscheiden. Auch wenn dem Längslebenden das Änderungsrecht eingeräumt worden ist, so kann dies nach dem übereinstimmenden Willen der Ehepartner doch auch die Bedeutung haben, dass trotzdem die wechselbezüglichen Verfügungen mit der Änderung unwirksam werden sollen. Auf eine eindeutige Regelung auch dieser Wirkungsfrage bei der Formulierung solcher Klauseln muss daher größter Wert gelegt werden, zumal selbst Ermächtigungen für den Längstlebenden, über seinen Nachlass bzw. sein Vermögen frei zu verfügen in der Vergangenheit nicht stets und ohne weiteres zum Ausschluss der Wirkungen des § 2270 Abs. 1 führten (für Geltung des § 2270 Abs. 1: BGH NJW 1964, 2056; 1987, 901; OLG Stuttgart NJW-RR 1986, 632; für Ausschluss des § 2270 Abs. 1: BayObLG FamRZ 1987, 638). 37

**c) Ausnutzung des Änderungsvorbehalts.** Die auf Grund eines solchen Vorbehalts zulässige Änderung einer eigenen wechselbezüglichen Verfügung des überlebenden Ehepartners kann in jeder beliebigen Verfügung von Todes wegen geschehen. Auch wenn sie einen Widerruf beinhaltet, bedarf sie nicht der notariellen Beurkundung gem. §§ 2296, 2271 Abs. 1 S. 1 (OLG Rostock BeckRS 2020, 34891). Der Änderungsvorbehalt kann jedoch auch bestimmte Anforderungen an die Form der Ausnutzung des Änderungsvorbehalts stellen (zB notarielle Beurkundung). Diese sind dann selbst Wirksamkeitsvoraussetzung der Änderung. 38

**3. Gesetzliche Ausnahmen von der erbrechtlichen Bindung.** In den folgenden Fällen entfällt die erbrechtliche Bindungswirkung nachträglich wieder, auch ohne dass es dazu eines Änderungsvorbehalts bedarf: 39

**a) Ausschlagung des überlebenden Ehepartners.** Der überlebende Ehegatte hat es gem. § 2271 Abs. 2 S. 1 Hs. 2 selbst in der Hand sich von dieser Bindung zu befreien, indem er die Erbschaft oder den ihm zugewendeten **Erbteil** ausschlägt. Die Befreiung von der erbrechtlichen Bindung durch Ausschlagung kommt selbst dann in Betracht, wenn der zuerst verstorbene Ehegatte den überlebenden zwar nicht ausdrücklich zum Erben eingesetzt, aber die den überlebenden Ehepartner begünstigende gesetzliche Erbfolge erkennbar in seinen Willen aufgenommen hat. Das Gleiche gilt, wenn der Überlebende zwar nicht zum Erben eingesetzt, aber mit einem **Vermächtnis** bedacht worden ist. Es ist zwar streitig, ob eine Begünstigung durch eine **Auflage** ausgeschlagen werden kann, jedoch wird man dem Zweck des § 2271 Abs. 2 S. 1 Hs. 2 nur gerecht, wenn man zumindest das Recht zugesteht, sich mit Verzicht auf die dadurch begründete Begünstigung auch aus der erbrechtlichen Bindung zu befreien, andernfalls wäre der durch eine Auflage Begünstigte im Hinblick auf die Bindung schlechter gestellt als der auf Grund eines Vermächtnisses Forderungsberechtigte (MüKoBGB/Musielak Rn. 21). 40

Ist nicht dem überlebenden Ehepartner, sondern allein einem **Dritten** etwas wechselbezüglich zugewandt worden, so kann nicht er, sondern allenfalls der Dritte ausschlagen. Im Schrifttum wird dazu die Meinung vertreten, dass im Falle der Ausschlagung durch den verwandten oder sonst nahe stehenden Dritten der überlebende Ehegatte seine Verfügungsfreiheit wiedererlange (Brox ErbR Rn. 192; Kipp/Coing ErbR § 35 III 3b; Soergel/Leiß Rn. 20; Pfeiffer FamRZ 1993, 1266 (1280)). Auch wenn § 2271 Abs. 2 insoweit eine Regelungslücke enthält, so scheitert eine analoge Anwendung doch an der Vergleichbarkeit der Sachverhalte (MüKoBGB/Musielak Rn. 23 m. ausf. Begr.). Diese Vorschrift will widersprüchliches Verhalten des überlebenden Ehepartners ausschließen: Dieser soll nicht einerseits in den Genuss der Zuwendung gelangen, ohne der Bindungswirkung ausgesetzt zu sein. Deshalb fordert § 2271 Abs. 2 die Ausschlagung durch den Überlebenden. Bei einer Zuwendung an einen Dritten kann der dieser Norm zugrundeliegende Rechtsgedanke deshalb nicht zum Tragen kommen. Schlägt allerdings der Dritte die Zuwendung aus, so steht dem überlebenden Ehepartner der Weg der Anfechtung offen (MüKoBGB/Musielak Rn. 23 mwN). 41

Falls dagegen **sowohl** einem **Dritten als auch** dem **Überlebenden** etwas wechselbezüglich zugewendet wurde, so muss folgerichtig nur der überlebende Ehegatte wirksam ausschlagen, 42 um seine Verfügungsfreiheit wiederzuerlangen (MüKoBGB/Musielak Rn. 24; Reimann/Bengel/Dietz/J. Mayer/Sammet Rn. 49; aA Pfeiffer FamRZ 1993, 1266 (1280); Soergel/Leiß Rn. 20). Die Ausschlagung des Dritten ist dazu weder notwendig noch hinreichend. Falls der überlebende Ehegatte jedoch die Zuwendung ausschlägt und seine eigenen wechselbezüglichen Verfügungen daraufhin ändert, so wird auch die Zuwendung des zuerst verstorbenen Ehepartners an den Dritten gem. § 2270 Abs. 1 unwirksam, wenn und soweit diese Verfügungen im Abhängigkeitsverhältnis der Wechselbezüglichkeit zueinander stehen.

**43** Ein besonderes Problem stellt sich, wenn das Testament für den Fall der Ausschlagung durch den zum Erben eingesetzten überlebenden Ehepartner keine Ersatzerbenregelung enthält und auch die gesetzlichen Vermutungen der §§ 2069, 2102 nicht eingreifen, sodass der Ausschlagende auf Grund der gesetzlichen Regelungen dennoch zur Erbfolge gelangt. Umstritten ist in diesem Fall, ob der überlebende Ehegatte in diesem speziellen Fall auch das ihm zufallende **gesetzliche Erbe ausschlagen** muss, dh aus sämtlichen Berufungsgründen. Die einen rechtfertigen dieses Ergebnis mit dem Hinweis, dass andernfalls der überlebende Ehegatte sich ohne wirtschaftliche Einbuße aus der Bindung befreien könne, was dem Zweck des § 2271 Abs. 2 widerspreche (OLG München JFG 15, 36 (38); KG NJW-RR 1991, 330 (331); Reimann/Bengel/Dietz/J. Mayer/Sammet Rn. 54). Tiedtke hat jedoch überzeugend nachgewiesen, dass dieses Ergebnis von der Entstehungsgeschichte nicht getragen wird (Tiedtke FamRZ 1991, 1259 (1260); aA Pfeiffer FamRZ 1993, 1266 (1280)). Sinn dieser Bindungsvorschrift ist allein, dass der sich befreiende Ehegatte nicht auch den Zuwendungsgegenstand behalten dürfen soll, eine Sanktionswirkung kommt dieser Vorschrift dagegen nicht zu. Aber auch die Vertreter dieser Auffassung gelangen zum gleichen Ergebnis, weil sie der testamentarischen Zuwendung stillschweigend eine bedingte Enterbung des Überlebenden entnehmen, falls dieser die Zuwendung ausschlägt (MüKoBGB/Musielak Rn. 25; Grüneberg/Weidlich Rn. 17). Es genügt daher nicht, wenn der überlebende Ehegatte nur das Erbe oder den Erbteil auf Grund des gemeinschaftlichen Testaments ausschlägt. Erforderlich ist auch die Ausschlagung des gesetzlichen Erbrechts, um Freiheit von der erbrechtlichen Bindung zu erlangen. Diese Ausschlagung auch des gesetzlichen Erbes ist nur dann nicht notwendig, wenn der gesetzliche Erbteil erheblich kleiner als der im gemeinschaftlichen Testament zugewendete Erbteil ist. Eine solche erhebliche Abweichung ist sicher dann gegeben, wenn der gesetzliche Erbteil mehr als 10 Prozent kleiner als der testamentarische ausfällt. Ist die Abweichung kleiner oder der gesetzliche Erbteil größer als die testamentarische Zuwendung, so muss die Ausschlagung auch des gesetzlichen Erbteils erfolgen, damit der überlebende Ehegatte seine Verfügungsfreiheit gem. § 2271 Abs. 2 wiedererlangt.

**44** Die Ausschlagung muss form- und fristgerecht, also in vollem Umfang rechtswirksam sein, um dem Überlebenden die Verfügungsfreiheit gem. § 2271 Abs. 2 zu verschaffen.

**45** **b) Aufhebung bei Verfehlungen des Bedachten.** Auch ohne Ausschlagung ist der überlebende Ehegatte zur Aufhebung oder Änderung seiner eigenen wechselbezüglichen Verfügungen befugt, wenn und soweit einem Dritten als Zuwendungsempfänger schwere Verfehlungen vorzuwerfen sind, die gem. §§ 2333, 2334 bzw. 2335 zur Entziehung des Pflichtteils berechtigen würde (§§ 2294, 2271 Abs. 2 S. 2). Dabei ist zu differenzieren: Handelt es sich bei dem Begünstigten der zu widerrufenden Verfügung um einen Elternteil des überlebenden Ehepartners, so greift der Tatbestand der § 2333 Nr. 1, 3, 4, § 2334 ein. Die Aufhebung wechselbezüglicher Verfügungen wegen einer Ehegattenverfehlung gem. § 2335 kommt nur dann in Frage, wenn der überlebende Ehegatte den Zuwendungsempfänger nach dem Tod des zuerst verstorbenen Ehepartners geheiratet hat. In allen anderen Fällen, also bei pflichtteilsberechtigten Abkömmlingen des Überlebenden, bei dessen sonstigen Verwandten oder Verschwägerten sowie bei allen mit diesem nicht verwandten oder verschwägerten Personen, greift dagegen der Tatbestand des § 2333 ein. In allen drei Fällen reichen auch Verfehlungen gegenüber dem zuerst verstorbenen Ehepartner zur Wiedererlangung der Verfügungsfreiheit durch den überlebenden aus. Es scheiden jedoch alle Verfehlungen, die zurzeit der Errichtung beiden Ehepartnern schon bekannt waren, aus. Erfährt der überlebende erst nach der Errichtung von einer vorher begangenen Verfehlung, so kann er seine Verfügungen nicht gem. § 2271 Abs. 2 S. 2 aufheben, sondern muss sie gem. § 2078 Abs. 2, §§ 2281 ff. selbst anfechten. Nach der Errichtung des Testaments begangene Verfehlungen gestatten die Aufhebung durch den überlebenden selbst dann, wenn er oder der zuerst verstorbene Ehegatte zu dessen Lebzeiten davon erfahren haben. Da § 2294 auf das Recht zur Pflichtteilsentziehung verweist, kann der überlebende Ehegatte nicht mehr aufheben, wenn er zuvor dem Bedachten iSd § 2337 verziehen hat.

**46** Gemäß § 2336 ist weitere Voraussetzung des Rechts zur Aufhebung, dass diese in einer gültigen Verfügung von Todes wegen geschieht, die den Grund der Entziehung hinreichend deutlich zum Ausdruck bringt. Ferner muss der Entziehungsgrund in allen Fällen bei Errichtung auch tatsächlich bestanden haben, was von demjenigen zu beweisen ist, der Rechte aus der Entziehung herleitet.

Im Falle des § 2335 Nr. 5 setzt die Wirksamkeit der aufhebenden Verfügung zusätzlich voraus, dass der Zuwendungsempfänger den ehrlosen oder unsittlichen Lebenswandel auch noch beim Tod des überlebenden Ehepartners führt.

Das Aufhebungsrecht bezieht sich nur auf solche Verfügungen, die denjenigen begünstigen, 47 der die Verfehlung begangen hat. Sind in einer Verfügung mehrere Personen begünstigt, etwa durch Erbeinsetzung zu gleichen Teilen, so kann nur der Teil der Verfügung aufgehoben oder geändert werden, der den die Verfehlung begehenden Erben betrifft. Im Übrigen ist die Verfügung unwiderrufbar.

**c) Beschränkung in guter Absicht.** Durch die Verweisung in Abs. 3 auf die für den Erbver- 48 trag geltende Bestimmung des § 2289 Abs. 2 wird dem überlebenden Ehepartner auch beim gemeinschaftlichen Testament das Recht eingeräumt, trotz der grundsätzlichen Bindung an seine eigenen wechselbezüglichen Verfügungen diese im Rahmen des § 2338 zu ändern, um einen Abkömmling im Falle der Verschwendungssucht oder der Überschuldung zu schützen. Dabei spielt es keine Rolle, ob es sich um einen eigenen Abkömmling des überlebenden Ehepartners oder um einen des Erstverstorbenen handelt. Die Beschränkungen können auch bereits zu Lebzeiten beider Ehepartner durch einseitige Verfügung von Todes wegen angeordnet werden. Diese muss jedoch in jedem Fall gültig sein und den Grund der Beschränkung mit hinreichender Deutlichkeit bezeichnen. Es handelt sich um einen gesetzlichen Änderungsvorbehalt. Ein Verzicht auf diese Änderungsbefugnis im Erbvertrag begegnet ebenso wenig Bedenken wie der Verzicht auf ein Anfechtungsrecht und verstößt nicht gegen § 138.

**4. Wegfall der Geschäftsgrundlage.** Die Grundsätze über den Wegfall der Geschäftsgrund- 49 lage (§ 242) können nicht auf Verfügungen von Todes wegen übertragen werden und ergeben folglich keine Befreiung des überlebenden Ehepartners von dieser erbrechtlichen Bindung (BGH NJW 1962, 1715).

## III. Anfechtung

**1. Ausschluss der Anfechtung zu Lebzeiten beider Ehepartner.** Solange beide Ehepart- 50 ner leben, ist eine Anfechtung sowohl des gesamten gemeinschaftlichen Testaments als auch einzelner darin enthaltener wechselbezüglichen Verfügungen ausgeschlossen (RGZ 77, 165; MüKoBGB/Musielak Rn. 34). Sie können schließlich gem. § 2271 Abs. 1 das Testament bzw. die einzelne Verfügung frei widerrufen und benötigen deshalb kein Anfechtungsrecht. Auch Dritte sind vor dem ersten Erbfall nicht zur Anfechtung berechtigt.

**2. Anfechtung durch den überlebenden Ehepartner. a) Eigene Verfügungen.** Einer 51 Anfechtung eigener Verfügungen des überlebenden Ehepartners bedarf es lediglich bezüglich der für ihn gem. § 2271 Abs. 2 bindend gewordenen wechselbezüglichen Verfügungen. Die in einem gemeinschaftlichen Testament mitenthaltenen einseitigen Verfügungen kann er jederzeit, also auch nach dem ersten Erbfall, aufheben oder ändern (BGH FamRZ 1956, 83 (84)). Das Gesetz sieht für die wechselbezüglichen Verfügungen zwar kein Anfechtungsrecht vor, jedoch sind wegen der vergleichbaren Interessenlage die für vertragsmäßige Verfügungen in Erbverträgen geltenden §§ 2281–2285 iVm §§ 2078, 2079 analog anzuwenden (BGH NJW 1962, 1913; FamRZ 1970, 79 (80); MüKoBGB/Musielak Rn. 36 mwN). Die größte praktische Bedeutung hat dabei die Anfechtbarkeit gem. § 2079 wegen des Übergehens eines Pflichtteilsberechtigten, etwa infolge Wiederverheiratung des überlebenden Ehepartners oder Geburt oder Adoption eines Kindes nach dem ersten Erbfall. Wegen der Anfechtungsgründe → § 2078 Rn. 5 ff.; → § 2079 Rn. 1 ff.

Das Recht zur Selbstanfechtung ist jedoch in den folgenden Fällen ausgeschlossen: Möglich ist 52 zunächst, dass der überlebende Ehegatte im gemeinschaftlichen Testament ausdrücklich auf das Anfechtungsrecht beispielsweise für den Fall der Wiederverheiratung und/oder des Hinzukommens von Abkömmlingen verzichtet hat (MüKoBGB/Musielak Rn. 37; aA OLG Celle NJW 1963, 353 (354); Johannsen DNotZ 1977, Sonderheft 69, 74). Gemäß § 2079 S. 2 ist dieses Recht ferner ausgeschlossen, wenn anzunehmen ist, dass der überlebende Ehegatte trotz des Hinzukommens eines weiteren Pflichtteilsberechtigten die angefochtene Verfügung getroffen hätte, wobei es richtiger Ansicht nach ausschließlich auf den Willen des überlebenden Ehepartner ankommt (OLG Hamm NJW 1972, 1088; MüKoBGB/Musielak Rn. 36; aA Grüneberg/Weidlich Rn. 27). Die Anfechtung gem. § 2078 Abs. 2 ist wegen Verstoß gegen Treu und Glauben (§ 242) auch dann ausgeschlossen, wenn der überlebende Ehegatte den Anfechtungsgrund schuldhaft selbst herbeigeführt hat (BGHZ 4, 91; BGH FamRZ 1962, 428). Das Recht zur Anfechtung gem.

§ 2079 besteht dann nicht, wenn der überlebende Ehegatte ein Kind in der Absicht adoptiert hat, dadurch einen Anfechtungsgrund zu schaffen (BGH FamRZ 1970, 79 (82)).

53 Die Anfechtungserklärung bedarf in analoger Anwendung des § 2282 Abs. 3 der notariellen Beurkundung. Sie muss binnen eines Jahres ab Kenntnis vom Anfechtungsgrund formgerecht gegenüber dem Nachlassgericht erklärt werden. Die Frist beginnt jedoch frühestens mit dem Tod des zuerst verstorbenen Ehepartners. Im Einzelnen → § 2282 Rn. 1 ff.; → § 2283 Rn. 1 ff.

54 **b) Verfügungen des verstorbenen Ehepartners.** Die Verfügungen des verstorbenen Ehepartners, und zwar gleichgültig, ob es sich um einseitige oder wechselbezügliche handelt, kann der überlebende gem. § 2078 anfechten. Die Anfechtung auf Grund des § 2079 kann dagegen nicht vom überlebenden Ehepartner, sondern ausschließlich vom übergangenen Pflichtteilsberechtigten erklärt werden. Die Erklärung der Anfechtung erfolgt formfrei gem. § 2081. Sie muss gem. § 2082 binnen Jahresfrist ab Kenntnis vom Anfechtungsgrund erklärt werden. Auch hier beginnt die Anfechtungsfrist jedoch frühestens mit dem Tod des zuerst verstorbenen Ehepartners zu laufen.

55 **3. Anfechtung durch Dritte. a) Verfügungen des erstverstorbenen Ehepartners.** Diese können von Dritten nach den allgemeinen Bestimmungen (§§ 2078 ff.) angefochten werden. Vor allem zwischen der Errichtung des gemeinschaftlichen Testaments und dem ersten Erbfall geborene oder sonst pflichtteilsberechtigt gewordene Dritte können gem. § 2079 die Verfügungen des erstverstorbenen Ehepartners anfechten. Die einjährige Anfechtungsfrist (§ 2082) beginnt dabei frühestens mit dem Tod des Erstverstorbenen. Die hM lehnt mit Recht die analoge Anwendung des § 2285 auf die Anfechtung (wechselbezüglicher) Verfügung des erstverstorbenen Ehepartners ab (MüKoBGB/Musielak Rn. 41; Reimann/Bengel/Dietz/J. Mayer/Sammet Rn. 92; aA LG Karlsruhe NJW 1958, 714). Diese unmittelbar nur für vertragsmäßige Verfügungen in einem Erbvertrag geltende Bestimmung, schließt das Anfechtungsrecht Dritter nämlich nur unter der Voraussetzung aus, dass der Erblasser selbst nach §§ 2281 ff. anfechten konnte. Wegen des vorrangigen Rechts zum Widerruf gem. § 2271 Abs. 1 konnte der zuerst verstorbene Ehegatte jedoch überhaupt nicht anfechten, sodass § 2285 insoweit nicht analog heranzuziehen ist.

56 **b) Verfügungen des überlebenden Ehepartners.** Auch auf die Anfechtung dieser Verfügungen durch Dritte finden die allgemeinen Vorschriften der §§ 2078 ff. Anwendung. Gemäß § 2079 können alle Personen, die zwischen der Testamentserrichtung und dem zweiten Erbfall nach dem überlebenden Ehepartner pflichtteilsberechtigt geworden sind, insbes. im Falle der Wiederverheiratung dessen neuer Ehegatte oder in dieser Zeit geborene Kinder, dessen Verfügungen anfechten. Das Anfechtungsrecht ist in diesem Falle jedoch in analoger Anwendung des § 2285 beschränkt (allgM, zB Reimann/Bengel/Dietz/J. Mayer/Sammet Rn. 107): Hatte der überlebende Ehegatte das Recht zur Selbstanfechtung seiner eigenen wechselbezüglichen Verfügungen vor seinem Tod durch Fristablauf (§ 2283) oder durch Bestätigung (§ 2284) verloren, so entfällt auch das Anfechtungsrecht durch Dritte. Dies gilt jedoch nicht für die in dem gemeinschaftlichen Testament mitenthaltenen einseitig testamentarischen Verfügungen. Wegen der jederzeitigen Widerrufbarkeit und dem damit einhergehenden Ausschluss der Selbstanfechtung solcher Verfügungen, kann auf diese § 2285 nicht analog angewandt werden, sodass Dritte diese – ungehindert durch § 2285 – gem. §§ 2078 ff. anfechten können. Die Anfechtungsfrist (§ 2082) beginnt in all diesen Fällen frühestens mit dem Tod des überlebenden Ehepartners.

57 **4. Wirkung der Anfechtung.** Die Anfechtung führt zunächst zur Unwirksamkeit der angefochtenen Verfügung. Umstritten ist, ob die Anfechtung auch dann zur Unwirksamkeit der gesamten Verfügung führt, wenn nur Teile von ihr durch Irrtum oder Drohung beeinflusst sind. Richtiger Ansicht nach ist aus § 2085 zu folgern, dass bei Anfechtung im Falle der Teilbarkeit einer Verfügung der nicht vom Anfechtungsgrund betroffene Teil wirksam ist, einen entsprechenden hypothetischen Erblasserwillen allerdings vorausgesetzt (MüKoBGB/Musielak Rn. 44; aA OLG Hamm OLGZ 1972, 388 f.; RGRK-BGB/Johannsen Rn. 49). Ob und inwieweit die Unwirksamkeit der angefochtenen Verfügung die Gültigkeit der anderen in dem gemeinschaftlichen Testament enthaltenen Verfügungen beider Ehepartner beeinträchtigt, hängt in erster Linie von der Rechtsnatur der angefochtenen Bestimmung ab. Bei einer wechselbezüglichen Verfügung werden alle im gleichen Abhängigkeitsverhältnis stehenden Verfügungen des anderen Ehepartners gem. § 2270 Abs. 1 ebenfalls unwirksam. Handelt es sich bei der angefochtenen Verfügung um eine einseitig testamentarische Verfügung, so kann dies nach § 2085 die Wirksamkeit der wechselbezüglichen Verfügungen des verfügenden Ehepartners aufheben und damit über § 2270 Abs. 1 die Ungültigkeit auch der dazu wechselbezüglichen Verfügungen des anderen Ehepartners zur Folge haben.

### IV. Recht in den neuen Bundesländern

Die Bindungswirkung gemeinschaftlicher Testamente, die vor dem 3.10.1990 in der ehemaligen DDR errichtet worden sind, beurteilt sich gem. Art. 235 § 2 S. 2 EGBGB nach dem bis dahin geltenden § 390 ZGB. Bis zu einem Widerruf oder zur Aufhebung entfaltet ein solches gemeinschaftliches Testament eine dem § 2271 entsprechende erbrechtliche Bindung. Dabei wurde nicht zwischen einseitigen und wechselbezüglichen Verfügungen differenziert, sodass alle im gemeinschaftlichen Testament getroffenen letztwilligen Verfügungen für den überlebenden Ehegatten erbrechtlich bindend waren (Staudinger/Rauscher, 2016, EGBGB Art. 235 § 2 Rn. 25). Die Verfügungsfreiheit durch Rechtsgeschäft unter Lebenden wird von § 390 Abs. 2 S. 1 ZGB ausdrücklich anerkannt, und zwar mit der Konsequenz, dass §§ 2287, 2288 nicht analog herangezogen werden dürfen (BGH NJW 1995, 1087 (1088)). Lediglich widersprechende testamentarische Verfügungen sind nichtig (§ 390 Abs. 2 S. 2 ZGB). Anders als unter der Geltung des § 2271 kann der Widerruf eigener Verfügungen gem. § 392 Abs. 4 S. 1 ZGB auch noch nach dem Tod des erstverstorbenen Ehepartners durch Erklärung gegenüber dem Staatlichen Notariat – jetzt: Nachlassgericht – erfolgen (ausf. Janke NJ 1998, 393 (397)). Dabei muss der Widerrufende gleichzeitig die Erbschaft ausschlagen und erhält dann nur noch seinen Pflichtteil. Nach der Annahme der Erbschaft ermöglicht es § 393 S. 1 ZGB dem überlebenden Ehepartner, seine eigenen Verfügungen aufzuheben (ausf. Voltz NotBZ 2004, 135). Dazu muss er eine entsprechende Erklärung gegenüber dem Nachlassgericht abgeben und den Teil des Nachlasses, der seinen gesetzlichen Erbteil übersteigt, den testamentarischen Ersatzerben des erstverstorbenen Ehepartners herausgeben. Die Aufhebung ist auch ohne diese Herausgabe zulässig, wenn die Testamentserben auf die Herausgabe formlos verzichten (ausf. Janke NJ 1998, 393 (397)). Mit der wirksamen Aufhebung entfällt die erbrechtliche Bindung des überlebenden Ehepartners an seine in dem gemeinschaftlichen Testament enthaltenen Verfügungen und er kann frei von Todes wegen verfügen (§ 393 S. 2 ZGB). 58

## § 2272 Rücknahme aus amtlicher Verwahrung

**Ein gemeinschaftliches Testament kann nach § 2256 nur von beiden Ehegatten zurückgenommen werden.**

### Überblick

Diese Vorschrift modifiziert § 2256 und bestimmt, dass ein gemeinschaftliches Testament nur von beiden Ehegatten zurückgenommen werden kann (→ Rn. 1). Beide Ehepartner müssen zur Rücknahme persönlich und gleichzeitig beim Gericht erscheinen (→ Rn. 4). Entsprechend der Bestimmungen für Einzeltestamente gilt ein Notar- oder Bürgermeistertestament als widerrufen, wenn die in amtliche Verwahrung genommene Urkunde den Erblassern zurückgegeben wird (→ Rn. 6). Ein zurückgegebenes eigenhändiges Testament bleibt dagegen wirksam (→ Rn. 7).

### I. Bedeutung der Vorschrift

Für den Widerruf gemeinschaftlicher Testamente gelten ebenfalls die §§ 2253 ff., modifiziert in Ansehung wechselbezüglicher Verfügungen durch § 2271. Eine weitere Modifikation enthält § 2272, der an die Stelle des § 2256 Abs. 2 tritt. Danach kann ein gemeinschaftliches Testament nur von beiden Ehegatten gemeinschaftlich aus der besonderen amtlichen Verwahrung zurückgenommen werden. Im Übrigen gelten die Ausführungen zu → § 2256 Rn. 1 ff. entspr. 1

### II. Rücknahmevoraussetzungen

**1. Gemeinschaftliches Testament.** § 2272 gilt für alle Arten des gemeinschaftlichen Testaments, also für das eigenhändige ebenso wie für das öffentliche, für das notariell beurkundete iSd § 2232 genauso wie für das vor dem Bürgermeister errichtete Nottestament gem. § 2249. In all diesen Fällen will § 2272 verhindern, dass ein gemeinschaftlich errichtetes Testament durch einen Ehe- bzw. Lebenspartner allein durch Rücknahme widerrufen wird oder bei eigenhändiger Form als Urkunde vernichtet werden kann (hM, vgl. etwa MüKoBGB/Musielak Rn. 2 mwN). Dabei ist es unerheblich, ob das gemeinschaftliche Testament eine wechselbezügliche Verfügung oder nur einseitig testamentarische Verfügungen enthält. § 2272 gilt auch dann noch, wenn die Ehebzw. Lebenspartnerschaft aufgelöst ist und die im Testament enthaltenen Verfügungen gem. 2

§§ 2268, 2077 in aller Regel unwirksam sind (KG KGJ 103, 104 f.; Soergel/Leiß Rn. 2; RGRK-BGB/Johannsen Rn. 1). Die Regelung des § 2300 Abs. 2, der die Rückgabe von mit anderen Rechtsgeschäften verbundenen Erbverträgen aus der amtlichen Verwahrung ausschließt, ist auf gemeinschaftliche Testamente, die mit anderen Rechtsgeschäften (zB Ehevertag, Erbverzicht, Pflichtteilsverzicht, Schenkung) in derselben Urkunde verbunden sind, nicht analog anzuwenden (OLG Karlsruhe BeckRS 2022, 4226).

3 **2. Antrag.** Der formfreie, jederzeit zurücknehmbare Antrag muss von beiden Beteiligten gestellt werden. Er braucht nicht höchstpersönlich gestellt zu werden, sodass Stellvertretung insoweit zulässig ist; s. zur Höchstpersönlichkeit der Rückgabe selbst aber → Rn. 4.

## III. Rückgabe

4 Beide Ehe- bzw. Lebenspartner müssen gem. §§ 2272, 2256 Abs. 2 S. 1 **höchstpersönlich** die Testamentsurkunde in Empfang nehmen. Nur bei gleichzeitiger Anwesenheit kann das Gericht die Rückgabe an beide sicher gewährleisten. Eine gegenseitige Bevollmächtigung ist ausgeschlossen. Beide Partner müssen nach hM zu diesem Zeitpunkt **testierfähig** iSd § 2229 sein (Staudinger/Kanzleiter, 2019, Rn. 6; RGRK-BGB/Johannsen Rn. 2; zweifelnd MüKoBGB/Musielak Rn. 4). Dies ist beim öffentlichen gemeinschaftlichen Testament (§§ 2232, 2249) logische Konsequenz der mit der Rückgabe verbundenen Widerrufswirkung. Da der Rückgabe eines eigenhändigen Testaments (§§ 2247, 2267) diese Wirkung fehlt, ist insoweit entgegen der hM eine natürliche Einsichtsfähigkeit erforderlich, aber auch ausreichend (Reimann/Bengel/Dietz/J. Mayer/Sammet Rn. 7). Ist ein Beteiligter zwischenzeitlich testierunfähig geworden bzw. mangelt ihm die erforderliche natürliche Einsichtsfähigkeit, ist die Rückgabe nicht mehr möglich, und zwar auch nicht an seinen gesetzlichen Vertreter. Das Verbot der Rückgabe an nur einen Ehe- bzw. Lebenspartner allein schließt diese **nach dem Tod** eines Beteiligten endgültig aus. Wegen des bei der Rückgabe einzuhaltenden Verfahrens wird auf → § 2256 Rn. 2 verwiesen.

5 Von der Rückgabe ist die **Einsichtnahme** zu unterscheiden. Sie hat keine aufhebende Wirkung (→ § 2256 Rn. 3). Dieses Recht steht jedem Ehe- bzw. Lebenspartner allein zu (KG JFG 4, 159 (161); LG Halberstadt JW 1922, 522). Nach der Einsichtnahme ist die Testamentsurkunde vom Gericht weiter zu verwahren.

## IV. Widerrufswirkung

6 Bei einem notariell beurkundeten (§ 2232) oder vor dem Bürgermeister errichteten **öffentlichen** gemeinschaftlichen Testament gilt die antragsgemäß erfolgte höchstpersönliche Aushändigung an beide testierfähigen Ehe- bzw. Lebenspartner als Widerruf aller darin enthaltenen Verfügungen, und zwar ohne Rücksicht darauf, ob diese einseitig oder wechselbezüglich sind (§ 2256 Abs. 1 S. 1). Bei einem Verstoß gegen auch nur eine dieser Voraussetzungen bleibt das gemeinschaftliche öffentliche Testament, einschließlich der darin enthaltenen einseitigen Verfügungen, trotz der Rückgabe in vollem Umfang wirksam. Dies gilt ohne jede Ausnahme für wechselbezügliche Verfügungen. Wird das Testament entgegen § 2256 Abs. 2 S. 1 nur an einen Partner herausgegeben, so bleiben nach hM auch dessen in der Testamentsurkunde enthaltenen einseitigen Verfügungen in vollem Umfang gültig (Soergel/Leiß Rn. 2; RGRK-BGB/Johannsen Rn. 1; NK-BGB/Horn Rn. 5; aA Staudinger/Kanzleiter, 2019, Rn. 3; wohl auch Grüneberg/Weidlich Rn. 2). Die hM verdient den Vorzug, weil das Gesetz bei der Aufhebung durch Rückgabe nicht zwischen beiden Verfügungsformen unterscheidet, sondern im Interesse der Rechtssicherheit auf die einheitliche Testamentsurkunde abstellt. Die fehlerhafte Rückgabe muss deshalb spiegelbildlich zur ordnungsgemäßen nach dem Alles-oder-nichts-Grundsatz behandelt werden. Die einmal eingetretene Unwirksamkeit der Verfügungen ist endgültig, sodass nur die Errichtung eines neuen Testaments die Verfügungen wieder in Kraft setzen kann. Zur **Anfechtbarkeit** der Rückgabe → § 2256 Rn. 6.

7 Im Unterschied zum öffentlichen Testament führt die Rückgabe des fakultativ verwahrten **eigenhändigen** gemeinschaftlichen Testaments (§§ 2247, 2267) nicht zum Widerruf (§ 2256 Abs. 3).

## § 2273 (aufgehoben)

# Abschnitt 4. Erbvertrag

## § 2274 Persönlicher Abschluss

**Der Erblasser kann einen Erbvertrag nur persönlich schließen.**

### Überblick

Der Erbvertrag ist Vertrag und Verfügung von Todes wegen in einem. Als Vertrag begründet er zwar sofort mit dem Abschluss die Bindung an die vertragsmäßigen Verfügungen, nicht aber Rechte und Pflichten der Bedachten, die erst mit dem Tod des Erblassers entstehen, sofern die Zuwendung nicht ausgeschlagen wird (→ Rn. 1 ff.). Diese Vorschrift bringt den Grundsatz der Höchstpersönlichkeit bei der Errichtung eines Erbvertrags zum Ausdruck. Ein Erbvertrag kann vom Erblasser nur persönlich abgeschlossen werden, so dass eine Stellvertretung generell ausgeschlossen sind (→ Rn. 7). Der andere Vertragsschließende, der nicht testiert, kann dagegen nach den allgemeinen Regeln vertreten werden (→ Rn. 8). Der von einem Vertreter des Erblassers abgeschlossene Erbvertrag ist unheilbar nichtig (→ Rn. 9).

### I. Begriff des Erbvertrags

Der Erbvertrag ist ein Vertrag, in dem mindestens ein Vertragsteil mit erbvertraglicher Bindungs- 1
wirkung iSd § 2289 gegenüber dem anderen Vertragsteil einen oder mehrere Erben einsetzt und/oder Vermächtnisse oder Auflagen anordnet, und zwar ohne Rücksicht darauf, ob Zuwendungsempfänger der andere Vertragsteil oder ein Dritter (§ 1941 Abs. 2) ist (BGHZ 12, 115 (119); allg. Boehmer FS H. Lehmann, 1957, 461; Häsemeyer, Die Abhängigkeit erbrechtlicher Verträge von Verkehrsgeschäften, Diss. Göttingen 1966; Lüke, Vertragliche Störungen beim „entgeltlichen“ Erbvertrag, 1990). Zur Möglichkeit, auch eine Teilungsanordnung vertragsmäßig anzuordnen, → § 2278 Rn. 1. Ein Erbvertrag muss also zwingend mindestens eine der vorbezeichneten Zuwendungen mit vertragsmäßiger Bindungswirkung enthalten, andernfalls kann er nur durch Umdeutung in ein gemeinschaftliches oder in ein einseitiges Testament gem. § 140 aufrechterhalten werden (vgl. MüKoBGB/Musielak Vor § 2274 Rn. 7). Die erbvertragliche Bindungswirkung kann zwar bis hin zu einem völlig freien einseitigen Rücktrittsrecht eingeschränkt, niemals jedoch völlig aufgehoben oder ausgeschlossen werden. Ist wenigstens eine vertragsmäßige Verfügung enthalten, so können weitere einseitige Verfügungen des einen wie des anderen Vertragsteils hinzutreten (§ 2299 Abs. 1). Das Gesetz verwendet den Begriff des Erbvertrags dabei an manchen Stellen als Bezeichnung des gesamten Vertragswerks, so in §§ 2274–2278, 2298, und an anderen Stellen als Synonym für die vertragsmäßigen Verfügungen, so in §§ 2281 ff., 2293 ff. S. zu den Gemeinsamkeiten und den Unterschieden zwischen einem Erbvertrag, einem gemeinschaftlichen Testament und einem Testament den **Vergleich** dieser **Verfügungen von Todes wegen** → § 2265 Rn. 11. S. zum Erbvertrag im Rahmen eines Verfahrensvergleichs → § 2064 Rn. 3.

### II. Arten des Erbvertrags

**1. Ein-, zwei oder mehrseitiger Erbvertrag.** Herkömmlich unterscheidet man nach der 2
Zahl der Personen, die in dem Erbvertrag mit erbvertraglicher Bindungswirkung Erben einsetzen oder Vermächtnisse oder Auflagen anordnen, zwischen ein-, zwei- und mehrseitigen Erbverträgen. Bedenken sich dabei die Vertragsteile gegenseitig, so spricht man von einem gegenseitigen Erbvertrag.

**2. Erbeinsetzungs-, Vermächtnis- oder Auflagenvertrag.** Nach der Art der im Erbvertrag 3
enthaltenen vertragsmäßigen Zuwendung kann man zwischen Erbeinsetzungs-, Vermächtnis- oder Auflagenvertrag unterscheiden.

**3. Entgeltlicher Erbvertrag.** Wenn der andere Vertragsteil mit Rücksicht auf die vertragsmä- 4
ßige Zuwendung sich in der gleichen Urkunde zu einer lebzeitigen Leistung verpflichtet, so spricht man häufig von einem entgeltlichen Erbvertrag. Diese Bezeichnung ist jedoch irreführend, weil die vertragsmäßige Zuwendung und diese „Gegenleistung“ gerade nicht iSd §§ 320 ff. miteinander verknüpft sind (OLG Frankfurt BeckRS 2020, 43908 Rn. 104). Nach § 2302 ist nämlich jeder Vertrag, durch den sich der Erblasser verpflichtet, letztwillig zu verfügen oder eine solche

Verfügung nicht aufzuheben, nichtig, sodass bereits deshalb in dieser Hinsicht keine Abhängigkeit zwischen den „beiderseitigen Leistungen" in einem sog. „entgeltlichen Erbvertrag" bestehen kann (s. zu den Folgen für das Selbstanfechtungsrecht des Erblassers → § 2281 Rn. 16).

## III. Rechtsnatur des Erbvertrags

5 Der Erbvertrag ist Vertrag und Verfügung von Todes wegen in einem. Als Vertrag begründet er zwar sofort mit dem Abschluss die Bindung an die vertragsmäßigen Verfügungen, nicht aber Rechte und Pflichten der Bedachten, die – wie bei jeder anderen Verfügung von Todes wegen – erst mit dem Tod des Erblassers entstehen, sofern die Zuwendung nicht ausgeschlagen wird.

6 Verpflichtet sich der andere Vertragsteil in der Erbvertragsurkunde zu einer lebzeitigen Leistung an den Erblasser oder einen Dritten, so ist diese Verpflichtung nicht Bestandteil des Erbvertrags, sondern ein selbstständiges Rechtsgeschäft unter Lebenden. Entgeltliche Erbverträge haben eine Doppelnatur (BGH DNotZ 1995, 148 (153)), wobei die schuldrechtliche Leistungsverpflichtung zur Zuwendung des Erblassers nicht in einem Verhältnis von Leistung und Gegenleistung iSd §§ 320 ff. BGB (BGH NJW 2011, 224; OLG Frankfurt BeckRS 2020, 43908 Rn. 104; Höfer BWNotZ 1984, 113 (121); MüKoBGB/Musielak Vor § 2274 Rn. 19; aA Stürzebecher NJW 1988, 2717). Das lebzeitige Rechtsgeschäft ist lediglich Beweggrund iSd § 812 Abs. 1 S. 2 Alt. 2 für die vertragsmäßige Zuwendung.

## IV. Gebot des persönlichen Abschlusses

7 **1. Erblasser.** Mit dem Gebot der persönlichen Errichtung schließt diese Vorschrift jede Art von **Vertretung** des Erblassers, also der Person, die vertragsmäßig in der Urkunde verfügt, bei Abschluss des Erbvertrags aus, sei es im Willen, sei es in der Erklärung. Das Gleiche gilt für die Anfechtung (§ 2282) sowie für die Bestätigung eines anfechtbaren Erbvertrags (§ 2284), bei dessen Aufhebung (§ 2290) sowie beim Rücktritt vom Erbvertrag (§ 2296). Für den Fall der Anfechtung des Erbvertrags enthält § 2282 Abs. 2 eine Sonderregelung. Ausgeschlossen sind sowohl die rechtsgeschäftliche als auch alle Fälle der gesetzlichen Vertretung (Vater, Mutter, Betreuer, Vormund). Verboten ist aber auch die **vollmachtlose Vertretung** bei der Errichtung. Für den Fall der Errichtung eines Ehegattenerbvertrags durch einen beschränkt Geschäftsfähigen wird dieses Gebot durch § 2275 Abs. 2 S. 2 dahingehend modifiziert, dass dieser der Zustimmung seines gesetzlichen Vertreters und ein Vormund zusätzlich der gerichtlichen Genehmigung bedarf.

8 **2. Vertragspartner.** Der Vertragspartner, der selbst weder vertragsmäßig noch einseitig in der Erbvertragsurkunde letztwillig verfügt, kann beliebig vertreten werden. Verfügt er jedoch selbst vertragsmäßig, so ist er selbst Erblasser iSd § 2274, sodass deshalb die Vertretung ausgeschlossen ist. Verfügt er dagegen nur einseitig testamentarisch, so ergibt sich die gleiche Rechtsfolge aus § 2064.

9 **3. Verstoß.** Der von einem Vertreter des Erblassers abgeschlossene Erbvertrag ist unheilbar nichtig. Er wird auch nicht durch nachträgliche Genehmigung des Erblassers wirksam.

## V. Recht in den neuen Bundesländern

10 Ein vor dem 1.1.1976 von Bürgern der ehemaligen DDR abgeschlossener Erbvertrag ist gem. § 8 Abs. 2 S. 1 EGZGB zwar auch bei danach eingetretenen Erbfällen wirksam, entfaltet jedoch dann nur die Wirkungen eines gemeinschaftlichen bzw. einseitigen Testaments (OLG Frankfurt FamRZ 1993, 858 (861); OLG Jena FamRZ 1994, 786).

# § 2275 Voraussetzungen

**Einen Erbvertrag kann als Erblasser nur schließen, wer unbeschränkt geschäftsfähig ist.**

## I. Unbeschränkte Geschäftsfähigkeit des Erblassers

1 Der Erblasser, also der Vertragschließende, der im Erbvertrag vertragsmäßig Erben einsetzt oder Vermächtnisse oder Auflagen anordnet, muss gem. § 2275 Abs. 1 zurzeit des wirksamen Vertragsschlusses **unbeschränkt geschäftsfähig** sein. Verfügen beide bzw. mehrere Vertragsteile

mit erbvertraglicher Bindungswirkung (zwei- oder mehrseitiger Erbvertrag), so sind sie alle Erblasser iSd Vorschrift und müssen alle unbeschränkt geschäftsfähig sein. Zu den Problemen nach der am 17.8.2015 in Kraft tretenden EuErbVO bei Personen mit ausländischer Staatsangehörigkeit oder einem gewöhnlichen Aufenthalt im Ausland **(Auslandsbezug)** → § 2265 Rn. 17).

Ein **Geschäftsunfähiger** (§ 104 Nr. 2) kann keinen Erbvertrag schließen. Steht der Erblasser 2 unter **Betreuung,** so beseitigt dies allerdings seine Geschäftsfähigkeit nicht ohne weiteres. Auch ein Einwilligungsvorbehalt gem. § 1903 Abs. 1 erstreckt sich gem. dessen Abs. 2 nicht auf den Abschluss eines Erbvertrags, sodass eine unter Betreuung stehende Person grds. einen Erbvertrag als Erblasser abschließen kann, und zwar ohne Zustimmung seines Betreuers. Jedoch ist in diesem Fall besonders sorgfältig zu prüfen, ob der Betreute bei Vertragsschluss tatsächlich unbeschränkt geschäftsfähig ist (Weser MittBayNot 1992, 161 (170)).

**Minderjährige** (§ 2) können nach der ersatzlosen Aufhebung des § 2275 Abs. 2 und 3 aF 3 durch das Gesetz zur Bekämpfung von Kinderehen vom 17.7.2017 (BGBl. I 2429), das durch Aufhebung des § 1303 Abs. 2 aF die Eheschließung von Minderjährigen mit Wirkung ab dem 1.1.2018 unmöglich gemacht hat, keinen Erbvertrag mehr schließen. Vor dem Inkrafttreten dieses Gesetzes wirksam errichtete Erbverträge behalten jedoch ihre Gültigkeit. Folglich kann ein Minderjähriger, der das 16. Lebensjahr vollendet hat, zwar gem. § 2229 Abs. 1 ein Testament errichten kann, nicht aber als Erblasser einen Erbvertrag oder ein gemeinschaftliches Testament iSd § 2265.

Zum Streit darüber, ob die Bestimmung des § 2275 auch für den ausschließlich einseitig 4 testamentarisch verfügenden Vertragsteil gilt, oder ob insoweit Testierfähigkeit gem. § 2229 erforderlich ist, → § 2299 Rn. 2.

Ein Erbvertrag, den ein Minderjähriger oder ein Geschäftsunfähiger als Erblasser schließt, ist 5 **unheilbar nichtig** (BayObLG Rpfleger 1982, 286). Eine Umdeutung in ein Testament ist unter den Voraussetzungen des § 140 jedoch bei Minderjährigen, die das 16. Lebensjahr vollendet haben, möglich (vgl. RGZ 28, 217).

## II. Geschäftsfähigkeit des anderen Vertragschließenden

Für den anderen Vertragschließenden gelten die allgemeinen Vorschriften über die Geschäftsfä- 6 higkeit beim Abschluss von Verträgen, also §§ 104 ff. Er braucht den Vertrag auch nicht persönlich zu schließen, sondern kann beim Abschluss vertreten werden. Nimmt ein beschränkt Geschäftsfähiger dabei nur die vertragsmäßige Erbeinsetzung oder das Vermächtnis oder die Auflage mit erbvertraglicher Bindungswirkung an, so bedarf er dazu keiner Zustimmung des gesetzlichen Vertreters, weil diese Annahmeerklärung für ihn lediglich rechtlich vorteilhaft ist (MüKoBGB/Musielak Rn. 6). Selbst wenn die Zuwendung an ihn mit Auflagen und Beschwerungen verbunden sein sollte, ändert dies hieran nichts, da er die Zuwendung nach dem Eintritt des Erbfalls jederzeit ausschlagen kann, also durch die bloße Annahme im Erbvertrag zu nichts verpflichtet wird; etwas anderes gilt nur bei einer Verknüpfung der Annahme mit einem Erbverzicht usw (BGH NJW 1978, 1159). Übernimmt der andere Vertragsteil in der Erbvertragsurkunde die Pflicht zur Erbringung von Leistungen, so ist bei einem beschränkt Geschäftsfähigen die Zustimmung des gesetzlichen Vertreters nach den allgemeinen Bestimmungen notwendig, und zwar genau genommen nicht zum Abschluss des Erbvertrags, sondern zur Eingehung der Verpflichtung (vgl. MüKoBGB/Musielak Rn. 7). Ist zum Vertragsschluss durch den anderen Vertragschließenden die Zustimmung des gesetzlichen Vertreters erforderlich, so kann diese nach dem Tod des Erblassers nicht mehr wirksam erteilt werden (BGH NJW 1978, 1159; MüKoBGB/Musielak Rn. 8; aA BayObLG NJW 1960, 577 (578 f.)). Das Gleiche gilt für die Genehmigung durch den nachträglich voll geschäftsfähig gewordenen Vertragsteil. Fehlt dem anderen Vertragsteil die danach erforderliche Geschäftsfähigkeit, so ist gem. § 140 die Umdeutung der vertragsmäßigen Verfügung in eine testamentarische möglich (BayObLG NJW-RR 1996, 7).

Verfügt der andere Vertragsteil gleichfalls von Todes wegen, jedoch nicht in vertragsmäßiger 7 Form, sondern gem. § 2299 lediglich einseitig testamentarisch, so greift nach hier vertretener Ansicht (→ Rn. 4) § 2229 über die Testierfähigkeit ein, nicht aber § 2275.

## III. Beweisfragen

Das Gericht hat solange von der Geschäftsfähigkeit des Erblassers auszugehen, bis das Gegenteil 8 feststeht. Die Beweislast für die Geschäftsunfähigkeit des Erblassers trägt also derjenige, der aus der Nichtigkeit des Erbvertrags Rechte für sich herleitet. Im Erbscheinsverfahren trifft den Antragsteller die Feststellungslast (BayObLG FamRZ 1997, 1026). Sind Hinweise auf eine fehlende Geschäftsfähigkeit vorhanden, so hat das Gericht ein beantragtes psychiatrisches Gutachten einzuholen und darf sich nicht mit der Aussage des behandelnden Arztes zufrieden geben (BGH NJW 1978, 1159).

## § 2276 Form

**(1) [1]Ein Erbvertrag kann nur zur Niederschrift eines Notars bei gleichzeitiger Anwesenheit beider Teile geschlossen werden. [2]Die Vorschriften des § 2231 Nr. 1 und der §§ 2232, 2233 sind anzuwenden; was nach diesen Vorschriften für den Erblasser gilt, gilt für jeden der Vertragschließenden.**

**(2) Für einen Erbvertrag zwischen Ehegatten oder zwischen Verlobten, der mit einem Ehevertrag in derselben Urkunde verbunden wird, genügt die für den Ehevertrag vorgeschriebene Form.**

### Überblick

Der Erbvertrag kann nur vor einem Notar geschlossen werden (→ Rn. 1). Beurkundet werden müssen nur die vertragsmäßigen Verfügungen (→ Rn. 2 ff.). Der Erblasser muss höchstpersönlich an der Beurkundung teilnehmen, während der andere Vertragsteil, der die vertragsmäßige Zuwendung nur annimmt, vertreten werden kann (→ Rn. 6). Bei einem Ehe- und Erbvertrag, gelten einheitlich nur die für den Ehevertrag bestimmten Formvorschriften, nicht dagegen die für den Erbvertrag aufgestellten (strengeren) Formerfordernisse (→ Rn. 9 f.). Beide Urkundenbestandteile sind jedoch rechtlich selbstständig (→ Rn. 11).

### I. Form des Erbvertrags

1 **1. Beurkundungszuständigkeit.** Der Erbvertrag kann nur vor einem **Notar** geschlossen werden. Im Ausland nimmt der **Konsularbeamte** die Aufgaben des Notars war, sodass dort die Erklärung zu dessen Niederschrift möglich ist (§§ 2, 10, 11 Abs. 1 KonsularG). Schließlich ist es möglich, einen Erbvertrag in einem **Vergleich** vor einem Gericht abzuschließen, weil ein nach den Vorschriften der ZPO errichtetes Protokoll gem. § 127a die sonst vorgeschriebene notarielle Beurkundung ersetzt (BGHZ 14, 381 (388 ff.) = NJW 1954, 1886; OLG Köln OLGZ 1970, 114 (115); Staudinger/Kanzleiter, 2019, Rn. 4; MüKoBGB/Musielak Rn. 8; krit. Lange/Kuchinke ErbR § 25 III 1).

2 **2. Umfang der Beurkundungspflicht.** Gegenstand der Beurkundungspflicht sind grds. nur die vertragsmäßigen Verfügungen des Erblassers und die Annahmeerklärung des anderen Vertragsteils. Bei einem entgeltlichen Erbvertrag bedarf die Verpflichtung des anderen Vertragsteils zu einer wiederkehrenden oder einmaligen Leistung (zB Pflegepflicht, Rentenzahlung) auch dann nicht der Beurkundung gem. § 2276 Abs. 1, wenn diese Gegenleistung – oder besser: Beweggrund – zur vertragsmäßigen Verfügung ist (Staudinger/Kanzleiter, 2019, Rn. 17; unklar BGH NJW 1962, 249; s. auch Kanzleiter NJW 1997, 217). Die Beurkundungsbedürftigkeit kann sich jedoch aus anderen Vorschriften ergeben, insbes. aus § 761 und § 311b Abs. 1.

3 **3. Errichtung durch mündliche Erklärung oder Schriftübergabe.** Der Erbvertrag kann gem. § 2276 Abs. 1 S. 2 Hs. 1 zur Niederschrift des Notars in der gleichen Art und Weise wie ein öffentliches Testament errichtet werden (§ 2231 Nr. 1), also sowohl durch mündliche Erklärung (§ 2232 S. 1 Alt. 1) oder durch Übergabe einer Schrift (§ 2232 S. 1 Alt. 2), wobei die Schrift offen oder verschlossen dem Notar ausgehändigt werden kann (§ 2232 S. 2). Bei Anwendung der für anwendbar erklärten Vorschriften ist zu beachten, dass gem. § 2276 Abs. 1 S. 2 Hs. 2 die dort gestellten Anforderungen nicht nur für den Erblasser sondern in gleicher Weise auch für den anderen Vertragsschließenden gelten, und zwar auch dann, wenn dieser die vertragsmäßigen Zuwendungen nur annimmt. Auf → § 2232 Rn. 4 ff. im Falle der Errichtung durch mündliche Erklärung und → § 2232 Rn. 13 ff. im Falle der Schriftübergabe wird verwiesen.

4 Beide Vertragsschließende müssen sich dabei **nicht derselben Errichtungsart** bedienen, sodass außer der normalerweise üblichen gemeinsamen mündlichen Erklärung zur Niederschrift des Notars auch Fälle denkbar sind, in denen der eine seine Erklärungen mündlich abgibt und der andere durch Übergabe einer (offenen oder verschlossenen) Schrift an den Notar oder beide eine Schrift, in der sowohl die vertragsmäßige Zuwendung, als auch deren Annahme enthalten sind, aushändigen. In allen Fällen der Errichtung durch Schriftübergabe muss aber sichergestellt

sein, dass sich die vertragsmäßige Zuwendung und deren Annahme und bei zwei- oder mehrseitigen Erbverträgen alle vertragsmäßigen Verfügungen aufeinander inhaltlich beziehen (MüKoBGB/Musielak Rn. 4; aA Staudinger/Kanzleiter, 2019, Rn. 6).

**4. Beurkundungsverfahren.** Das Beurkundungsverfahren richtet sich nach den gleichen Vorschriften wie bei der Errichtung eines öffentlichen Testaments. Bei Minderjährigkeit (vgl. die Ausnahmeregelung in § 2275 Abs. 2 und Abs. 3) oder Behinderung eines Vertragsschließenden ist gem. § 2276 Abs. 1 S. 1 Hs. 1 auch die Vorschrift des § 2233 anzuwenden, allerdings nur für die von ihm selbst abgegebene Erklärung, nicht jedoch für die des anderen Vertragsteils. Kann also der Erblasser nicht lesen, so muss er seine Erklärungen mündlich abgeben (§ 2233 Abs. 2), während der Vertragspartner auch eine Schrift (offen oder verschlossen) übergeben kann. Ist der Vertragspartner des Erblassers stumm, so kann zwar dieser seinen letzten Willen mündlich erklären, jener deren Annahme aber nur durch Übergabe einer Schrift. 5

Bei der Beurkundung eines Erbvertrags müssen – anders als bei der eines gemeinschaftlichen Testaments – alle Beteiligten **gleichzeitig,** wenngleich auch nicht unbedingt persönlich, anwesend sein (§ 2276 Abs. 1 S. 1). Ein Vertragsschluss durch Angebot und Annahme wird damit ausgeschlossen. Der Erblasser muss gem. § 2274 höchstpersönlich an der Beurkundungsverhandlung teilnehmen, während der andere Vertragsteil, der die vertragsmäßige Zuwendung nur annimmt, vertreten werden kann. Treffen beide Vertragsteile vertragsmäßige Verfügungen, so sind beide Erblasser und müssen höchstpersönlich anwesend sein. Verfügt der die vertragsmäßigen Zuwendungen annehmende Vertragsteil in dem Erbvertrag nur einseitig testamentarisch, so muss dieser zwar nicht gem. § 2276 Abs. 1 S. 1, wohl aber gem. § 2299 Abs. 2 S. 1, § 2232 ebenfalls selbst an der Beurkundung teilnehmen. Soweit danach eine Vertretung zulässig ist, ist auch eine Vertretung ohne Vertretungsmacht möglich. Die in diesem Fall erforderliche Genehmigung muss jedoch bis spätestens zum Tod des Erblassers wirksam erklärt worden sein; andernfalls ist der Erbvertrag endgültig und unheilbar nichtig. 6

Wird ein Erbvertrag in einem **gerichtlichen Vergleich** abgeschlossen, so muss der Erblasser bei dessen Abschluss nicht nur persönlich anwesend sein, sondern die Erklärung auch selbst mündlich abgeben. Besteht in dem Verfahren Anwaltszwang, so müssen die Erklärungen des Erblassers von diesem und seinem Anwalt gemeinsam mündlich abgegeben werden. Diese Tatsachen sollten im Protokoll ausdrücklich festgehalten werden (OLG Stuttgart NJW 1989, 2700 (2701); aA noch → 1. Aufl. 2003; Erman/S. Kappler/T. Kappler § 2274 Rn. 2). 7

**5. Formverstoß.** Ein ohne die Beachtung der Form des § 2276 Abs. 1 geschlossener Erbvertrag ist nichtig (§ 125). In Betracht kommt allerdings eine Umdeutung gem. § 140 in ein Testament, wenn die dazu notwendigen Förmlichkeiten beachtet sind (OLG Düsseldorf FamRZ 1997, 771). Eine Umdeutung in ein Rechtsgeschäft unter Lebenden mit dem Inhalt, wirtschaftlich die gleichen Folgen herbeizuführen wie die unwirksamen Verfügungen ist dagegen abzulehnen (MüKoBGB/Musielak Rn. 13; aA Kegel FS Flume, 1978, 545 ff.; Leipold ErbR Rn. 373). 8

## II. Besonderheiten beim Ehe- und Erbvertrag

Ist der Erbvertrag mit einem Ehevertrag iSd § 1408, also einer Vereinbarung über das eheliche Güterrecht und/oder den Versorgungsausgleich im Scheidungsfalle, in derselben Urkunde verbunden, so gelten einheitlich nur die für den Ehevertrag bestimmten Formvorschriften, nicht dagegen die für den Erbvertrag aufgestellten (strengeren) Formerfordernisse (§ 2276 Abs. 2). Diese Ausnahmeregelung bezieht sich nur auf Verfahrensvorschriften, nicht dagegen auf **Formvorschriften des materiellen Rechts** (Reimann/Bengel/Dietz/J. Mayer/Dietz Rn. 37). Deshalb gilt das Gebot des persönlichen Abschlusses (§ 2274) sowie das Verbot der Errichtung durch einen Geschäftsunfähigen (§ 2275) auch bei einem mit einem Ehevertrag verbundenen Erbvertrag. Auch die von § 2276 Abs. 1 in Bezug genommenen Vorschriften der §§ 2232, 2233 sind als Formvorschriften materiellen Rechts auch bei einem Ehe- und Erbvertrag zu beachten (Soergel/Leiß Rn. 13; aA Staudinger/Kanzleiter, 2019, Rn. 12). § 2276 Abs. 2 befreit also nur von der Beachtung der für Verfügung von Todes wegen geltenden §§ 28–34 BeurkG. Eine Befreiung vom in § 27 BeurkG enthaltenen Mitwirkungsverbot ist damit nicht verbunden, weil diese Vorschrift ebenfalls materiellrechtlichen Charakter besitzt. Diese als Erleichterung gedachte Ausnahmeregelung hat deshalb nur noch geringe Bedeutung. Die Verbindung eines Erbvertrags mit einem Ehevertrag führt jedoch umgekehrt dazu, dass der Abschluss durch **Übergabe einer Schrift** ausgeschlossen ist, da im Ehevertragsrecht diese Art der Errichtung nicht zugelassen ist. 9

**Stirbt ein Verlobter vor der Eheschließung,** so wird der Ehevertragsteil gegenstandslos, während der Erbvertrag wirksam wird, wenn in diesem nicht ausdrücklich etwas anderes bestimmt 10 ist (KGJ 37 A 115; Grüneberg/Weidlich Rn. 12). Im Falle der Auflösung des Verlöbnisses wird auch der Erbvertragsteil gem. § 2279 Abs. 2, § 2077 unwirksam.

11 Trotz der Verbindung eines Erbvertrags mit einem Ehevertrag in derselben Urkunde bleiben beide **Urkundsbestandteile rechtlich selbstständig.** Enthält die Urkunde dazu keine salvatorische Klausel entscheidet – wie bei § 139 – der mutmaßliche Wille der Vertragsschließenden darüber, ob und inwieweit die Anfechtung oder sonstige Unwirksamkeit des einen Urkundenteils auch die Nichtigkeit des anderen Teils herbeiführt (BGHZ 50, 63 (72) = NJW 1968, 1571; MüKoBGB/Musielak Rn. 12). Entgegen der hM (BGHZ 29, 129 = NJW 1959, 625; Reimann/Bengel/Dietz/J. Mayer/Dietz Rn. 30; Soergel/Leiß Rn. 15) kann nicht davon ausgegangen werden, dass „im Zweifel" die Nichtigkeit eines Teils den anderen unberührt lässt (MüKoBGB/Musielak Rn. 12; Erman/S. Kappler/T. Kappler Rn. 6 für Anfechtung).

## § 2277 (aufgehoben)

## § 2278 Zulässige vertragsmäßige Verfügungen

**(1) In einem Erbvertrag kann jeder der Vertragschließenden vertragsmäßige Verfügungen von Todes wegen treffen.**

**(2) Andere Verfügungen als Erbeinsetzungen, Vermächtnisse, Auflagen und die Wahl des anzuwendenden Erbrechts können vertragsmäßig nicht getroffen werden.**

### Überblick

Jeder Vertragsteil kann als Erblasser in einem Erbvertrag zwar alle letztwilligen Verfügungen anordnen, die auch Inhalt eines Testaments sein können, vertragsmäßig jedoch nur Erbeinsetzungen, Vermächtnissen, Auflagen und Rechtswahlen, wobei umstritten ist, ob dies auch für Teilungsanordnungen gilt (→ Rn. 1 ff.). Bei vertragsmäßig möglichen Verfügungen muss durch Auslegung ermittelt werden, ob sie in dieser Weise bindend oder einseitig testamentarisch angeordnet worden sind (→ Rn. 4 ff.). Der Erblasser kann sich vorbehalten, vertragsmäßige Verfügungen einseitig aufzuheben oder zu ändern. Dabei wird zwischen einem Totalvorbehalt, dh dem Recht zur ersatzlosen Aufhebung einzelner oder aller vertragsmäßigen Verfügungen, und einem Änderungsvorbehalt ieS unterschieden (→ Rn. 9 ff.).

### I. Zulässige Arten vertragsmäßiger Vereinbarungen

1 Jeder Vertragsteil (§ 2278 Abs. 1) kann als Erblasser in einem Erbvertrag zwar alle letztwilligen Verfügungen anordnen, die auch Inhalt eines Testaments sein können (§ 2299 Abs. 1). Ob aber außer den in Abs. 2 ausdrücklich aufgeführten **Erbeinsetzungen, Vermächtnissen** oder **Auflagen** auch **Teilungsanordnungen** (§ 2048) mit erbvertragsmäßiger Bindung vereinbart werden können, ist ebenso umstritten wie im Rahmen des § 2270 Abs. 3 (→ § 2070 Rn. 4 f.). Die hM lehnt dies unter Hinweis auf den Gesetzeswortlaut ab (vgl. nur Lange/Kuchinke ErbR § 24 V 2a; MüKoBGB/Musielak § 2270 Rn. 1) und ist so zu schwierigen Abgrenzungen zwischen Teilungsanordnungen und bindend möglichen Vorausvermächtnissen gezwungen (vgl. BGH NJW 1995, 721; 1962, 343). Nach der hier zu § 2270 Abs. 3 vertretenen Auffassung kann zwar auch einer Teilungsanordnung, nicht dagegen allen anderen erbrechtlichen Verfügungen (Zusammenstellung → § 2270 Rn. 6) vertragsmäßiger Charakter verliehen werden (→ § 2070 Rn. 4 f.). Diese Verfügungen können deshalb nur einseitig testamentarisch, also mit dem Recht der jederzeitigen Abänderung, getroffen werden (hM, zB Grüneberg/Weidlich Rn. 3; aA – für gegenseitigen Erbvertrag – M. Wolf FS Musielak, 2004, 693 (705 ff.) bzgl. Testamentsvollstreckung (§§ 2197 ff.), Enterbung (§ 1938) und Pflichtteilsentziehung (§§ 2333 ff.)). Ist jedoch in dem Erbvertrag angegeben, dass derartige Verfügungen vertragsmäßig getroffen sein sollen, so ist dies in aller Regel unschädlich, weil eine Umdeutung gem. § 140 gerechtfertigt ist (KG KGJ 28, 16; MüKoBGB/Musielak Rn. 12). Das Vorhandensein mindestens einer vertragsmäßigen Verfügung ist dabei für die rechtliche Qualifizierung als Erbvertrag notwendig, aber auch hinreichend. Enthält die Urkunde keine einzige vertragsmäßige Verfügung, ist sie kein Erbvertrag und kann allenfalls auf Grund einer Umdeutung gem. § 140 als einseitiges bzw. gemeinschaftliches Testament aufrechterhalten werden.

Seit dem Inkrafttreten des **Gesetzes zum Internationalen Erbrecht** und zur Änderung von Vorschriften zum Erbschein sowie zur Änderung sonstiger Vorschriften vom 29.6.2015 (BGBl. I 1042) kann eine Rechtswahl nach Art. 22 EuErbVO mit erbvertragsmäßiger Bindung vereinbart werden (→ § 2270 Rn. 5). 2

Gemäß § 83 S. 1 kann ein Stiftungsgeschäft auch „in einer Verfügung von Todes wegen" bestehen, wodurch klar ist, dass dieses Bestandteil sowohl eines (gemeinschaftlichen) Testaments als auch eines Erbvertrags sein kann (ausf. zu diesem Streit und der Entstehungsgeschichte Muscheler ZEV 2003, 41). Umstritten war bis zur Stiftungsreform im Jahre 2002 (Gesetz vom 15.7.2002, BGBl. I 2634), ob eine derartige Stiftungserrichtung auch vertragsgemäß erfolgen kann, obwohl der Wortlaut des § 2278 Abs. 2 mit seiner Beschränkung auf „Erbeinsetzungen, Vermächtnisse oder Auflagen" eher dagegen spricht (gegen eine Bindungsmöglichkeit Kuchinke FS Neumayer, 1985, 389 (391 f.); dafür Muscheler ZEV 2003, 41 (44); MüKoBGB/Musielak Rn. 10). Nachdem § 81 Abs. 1 S. 2 jetzt aber eine „verbindliche Erklärung" des Stifters fordert, dürften keine Zweifel mehr daran bestehen, dass die zur Erbeinsetzung oder Vermächtnisanordnung hinzutretende Stiftungserrichtung von Todes wegen als selbstständiger Verfügungstypus zum Kreis der erbrechtlichen Verfügungen zählt, die vertragsmäßig getroffen werden können (Muscheler ZEV 2003, 41 (44)). 3

## II. Abgrenzung von einseitigen Verfügungen

In einem Erbvertrag enthaltene Erbeinsetzungen, Vermächtnisse und Auflagen können demzufolge einerseits vertragsmäßigen Charakter besitzen, aber andererseits auch mit nur einseitig testamentarischer Wirkung getroffen worden sein. Enthält die Urkunde selbst eine eindeutige Aussage zum Rechtscharakter solcher Verfügungen, sei es, dass der andere Vertragsteil sie ausdrücklich „annimmt", sei es, dass sie als „erbvertraglich" oder „(erb)vertragsmäßig" bezeichnet sind, so sind sie ohne weiteres als vertragsmäßige Anordnungen aufzufassen. An dieser Eindeutigkeit fehlt es bereits dann, wenn die Urkunde zwar alle darin enthaltenen Verfügungen für erbvertragsmäßig erklärt, dazu jedoch auch solche gehören, die diesen Charakter gar nicht haben können (zB Testamentsvollstreckung) (BayObLG ZEV 1997, 160). Mangels ausdrücklicher Qualifizierung in der Urkunde ist eine Auslegung nach den für Verträgen geltenden Vorschriften der §§ 133, 157 geboten, sodass der Verständnishorizont und die Interessen beider Vertragsteile angemessen zu berücksichtigen sind. Die Aufnahme der Verfügung in eine als Erbvertrag bezeichnete Urkunde reicht für sich allein niemals zur sicheren Einordnung als vertragsmäßige Anordnung aus (BayObLG FamRZ 1989, 1353 (1354); ZEV 1997, 160). Es kommt vielmehr darauf an, ob der andere Vertragsteil oder diesem nahe stehend Dritte bedacht sind oder nicht. Im Einzelnen gilt folgendes: 4

**1. Verfügungen zugunsten des Vertragspartners.** Bei einer den anderen Vertragschließenden begünstigenden Erbeinsetzung oder Vermächtnis- oder Auflagenanordnung ist davon auszugehen, dass sie vertragsmäßigen Charakter hat (BGH NJW 1989, 2885; 1958, 498 (499); BayObLG NJW-RR 1990, 322 (323)). Dies gilt erst recht, wenn sich die Vertragspartner gegenseitig bedenken oder der andere Vertragsteil sich in der Erbvertragsurkunde zu lebzeitigen Leistungen an den Erblasser verpflichtet. Die Verbindung eines Erbverzichts mit einer Zuwendung in derselben Urkunde spricht für einen (kausalen) Zusammenhang zwischen beiden und damit für den vertragsmäßigen Charakter (BGH NJW 1989, 2885). 5

**2. Verfügungen zugunsten von verwandten oder sonst dem Vertragspartner nahestehenden Personen.** Ist Begünstigter einer solchen Verfügung zwar nicht der Vertragspartner, aber eine mit ihm verwandte oder sonst nahestehende Person, so ist gleichfalls von deren vertragsmäßigem Charakter auszugehen (BGH NJW 1961, 120; BayObLG FamRZ 1989, 1353; OLG Saarbrücken NJW-RR 1994, 844; OLG Zweibrücken FamRZ 1995, 1021; MüKoBGB/Musielak Rn. 5). Vor allem bei der Begünstigung gemeinschaftlicher Kinder usw oder von eigenen Abkömmlingen des anderen Vertragsteils ist erbvertragliche Bindungswirkung anzunehmen. Die Verwandtschaft muss im Zeitpunkt der Testamentserrichtung bestehen und beiden Vertragsteilen auch bekannt gewesen sein. Es genügt jedoch auch eine Zuwendung an Personen, die dem anderen Vertragsteil persönlich nahestehen (BGH DNotZ 1970, 356; OLG Zweibrücken FamRZ 1995, 1021). Ein solches Näheverhältnis kann nur angenommen werden, wenn es auf Grund der festgestellten Umstände des Einzelfalls den unter normalen Verhältnissen üblichen persönlichen Beziehungen zu den nächsten Verwandten gleichkommt. Zu diesem Personenkreis gehören insbes. Adoptivkinder, Stiefkinder, Pflegekinder, verschwägerte Personen, sehr enge Freunde oder langjährige Hausangestellte, nicht dagegen etwa gute Nachbarn oder Freunde allgemein. 6

**3. Verfügungen zugunsten sonstiger Dritter.** Erbeinsetzungen, Vermächtnisse und Auflagen zugunsten von Personen, die nicht mit dem anderen Vertragschließenden verwandt sind und 7 diesem auch nicht persönlich nahestehen, sind dagegen regelmäßig einseitig testamentarischer Natur (BGH NJW 1961, 120; BayObLG Rpfleger 1983, 71). Dies gilt vor allem, wenn die Vertragschließenden schlechthin oder für den Fall des Todes des Überlebenden jeweils die eigenen Verwandten zu Erben einsetzen oder durch Vermächtnisse oder Auflagen begünstigen. Setzen mehrere Personen sich in einem Erbvertrag gegenseitig zu Alleinerben und die beiderseitigen Verwandten zu Erben des Überlebenden ein, so ist idR die Erbeinsetzung der Verwandten des Erstverstorbenen vertragsmäßig, die der Verwandten des überlebenden Teils jedoch einseitig testamentarisch (BGH NJW 1961, 120).

8 **4. Verfügungen zu Lasten des Vertragspartners.** Der Vertragspartner hat grds. kein Interesse an der Bindung des Erblassers an eine Verfügung mit der er selbst als Erbe oder Vermächtnisnehmer beschwert ist, und zwar selbst dann, wenn die ihn beschwerende Verfügung zugunsten seiner Verwandten oder ihm sonst nahestehender Personen angeordnet ist.

## III. Änderungsvorbehalt

9 **1. Begriff.** Änderungsvorbehalt ist die einer vertragsmäßigen Verfügung (Erbeinsetzung, Vermächtnis, Auflage oder Teilungsanordnung; str., → Rn. 1) beigefügte Nebenbestimmung, wonach der Erblasser berechtigt ist, diese einseitig aufzuheben oder zu ändern. Dabei kann zwischen einem **Totalvorbehalt,** dh dem Recht zur ersatzlosen Aufhebung einzelner oder aller vertragsmäßigen Verfügungen, und einem **Änderungsvorbehalt ieS** unterschieden werden. In beiden Fällen kann der Vorbehalt inhaltlich, zeitlich oder formell eingeschränkt werden (iE → § 2271 Rn. 30 ff.).

10 **2. Abgrenzungen. a) Rücktrittsvorbehalt.** Änderungs- und Rücktrittsvorbehalt gem. §§ 2293 ff. überschneiden sich in ihrer Wirkungsweise zwar, sind deshalb aber doch nicht identisch (aA Lehmann NotBZ 2004, 210 ff.; BWNotZ 1999, 1 (2 ff.); dagegen zutr. Dohr, Erbrechtliche Gestaltungsmöglichkeiten für die Beschränkung des erbvertraglich zu bindenden überlebenden Ehegatten auf die Einsetzung der gemeinschaftlichen Abkömmling, 2002, 68 ff.; C. Keim ZEV 2005, 365 (367 f.)). Probleme bereiten beim Rücktrittsvorbehalt vor allem Fälle, in denen es den Beteiligten darauf ankommt sicherzustellen, dass der änderungsberechtigte Erblasser die abweichende Verfügung nicht nur errichtet, sondern diese bei dessen Tod auch noch gültig ist (vgl. Dohr, Erbrechtliche Gestaltungsmöglichkeiten für die Beschränkung des erbvertraglich zu bindenden überlebenden Ehegatten auf die Einsetzung der gemeinschaftlichen Abkömmling, 2002, 70 f.). Der Rücktritt als einseitiges Rechtsgeschäft und Wirksamkeitsvoraussetzung der abweichenden Verfügung kann nämlich nicht durch deren Fortbestand bedingt werden. Außerdem braucht der Erblasser – anders als beim Rücktrittsvorbehalt – die Ausnutzung der Änderungsmöglichkeit nicht in der Form des § 2296 zu erklären.

11 **b) Anfechtung und Aufhebung.** Eine dem Rücktrittsvorbehalt vergleichbare kassatorische Wirkung hat die Anfechtung gem. § 2281. Auch die Aufhebung gem. §§ 2290 ff. beseitigt die erbrechtliche Bindung, setzt aber im Unterschied zum Änderungsvorbehalt das Einverständnis des anderen Vertragsteils voraus.

12 **3. Zulässigkeit.** Nach absolut hM kann sich der Erblasser das Recht vorbehalten, eine vertragsmäßige Verfügung im Erbvertrag nachträglich noch einseitig abzuändern oder aufzuheben, ohne deshalb zum Rücktritt gem. §§ 2293 ff. mit seiner kassatorischen Wirkung gezwungen zu sein (aA nur Lehmann NotBZ 2004, 210 ff.; BWNotZ 2000, 129 (130 f.); 1999, 1 (5 f.) wegen vermeintlicher Kongruenz von Änderungs- und Rücktrittsvorbehalt; dagegen zutr. Dohr, Erbrechtliche Gestaltungsmöglichkeiten für die Beschränkung des erbvertraglich zu bindenden überlebenden Ehegatten auf die Einsetzung der gemeinschaftlichen Abkömmling, 2002, 70 ff.). Ein solcher Änderungsvorbehalt ist Ausfluss der Vertragsfreiheit und schränkt von vorneherein den Umfang der erbvertraglichen Bindungswirkung ein (vgl. Weiler DNotZ 1994, 427 (436); J. Mayer DNotZ 1990, 755 (757); C. Keim ZEV 2005, 365 (368); aA D. Nolting, Der Änderungsvorbehalt beim Erbvertrag, 1993, 55 f., 63; Lehmann BWNotZ 1999, 1 (3); NotBZ 2000, 85 (87)). § 2302 greift nicht ein, weil der Erbvertrag selbst bereits eine Ausnahme zu dieser Vorschrift ist (Weiler DNotZ 1994, 427 (428, 436); Dohr, Erbrechtliche Gestaltungsmöglichkeiten für die Beschränkung des erbvertraglich zu bindenden überlebenden Ehegatten auf die Einsetzung der gemeinschaftlichen Abkömmling, 2002, 140 ff.; C. Keim ZEV 2005, 365 (368); aA MüKoBGB/Musielak Rn. 18). Auch das Verbot des § 2065 wird nicht verletzt, wenn der Längstlebende ermächtigt wird, seine eigene Verfügung auf Grund eines Änderungsvorbehalts zu ändern oder aufzuheben, weil er insoweit nicht Dritter sein kann (C. Keim ZEV 2005, 365 (368 f.); aA Dohr, Erbrechtliche

Gestaltungsmöglichkeiten für die Beschränkung des erbvertraglich zu bindenden überlebenden Ehegatten auf die Einsetzung der gemeinschaftlichen Abkömmling, 2002, 150 ff., 202).

Ließe man es allerdings auf diesem Wege zu, alle vertragsmäßigen Verfügungen ohne jede inhaltliche, zeitliche und formelle Einschränkung abzuändern oder sogar aufzuheben, so könnten die Vorschriften der §§ 2290 ff. über Aufhebung und Rücktritt, in denen das Wesen der Vertragsmäßigkeit zum Ausdruck kommt, umgangen werden (Lange/Kuchinke ErbR § 25 VI 4; J. Mayer DNotZ 1990, 755 (770); Ritter, Der Konflikt zwischen einer erbrechtlichen Bindung aus erster Ehe und einer Verfügung des überlebenden Ehegatten zugunsten eines neuen Lebenspartners, 1999, 184 ff.). Will der Erblasser sich die Totalrevision sämtlicher Verfügungen vorbehalten, so muss er entweder einseitig testamentarisch verfügen oder sich den Rücktritt von vertragsmäßig getroffenen Verfügungen vorbehalten und dabei die Formvorschrift des § 2296 beachten (aA v. Lübtow ErbR I 427). Mit dem BGH (NJW 1958, 498 (499); MittBayNot 1986, 265 (266)) und der hM (MüKoBGB/Musielak Rn. 15 ff. mwN; LG Hechingen FamRZ 2004, 226 (228)) ist daher die Grenze eines zulässigen Änderungsvorbehalts dort zu ziehen, wo nicht mindestens eine einzige vertragsmäßige Verfügung wenigstens teilweise einer einseitigen Änderung durch den Erblasser entzogen ist (aA Lange/Kuchinke ErbR § 25 VI 4). Nach einer zutreffenden neueren Meinung in der Lit. ist es damit zu vereinbaren, wenn der Erblasser zwar alle vertragsmäßigen Verfügungen ändern kann, jedoch nur unter Einhaltung bestimmter von seiner Willkür unabhängigen Voraussetzungen (J. Mayer DNotZ 1990, 755 (765 ff.) mwN; einschr. Weiler DNotZ 1994, 427 (436 ff.) mwN). Diese Einschränkungen können inhaltlicher (zB Änderung nur zugunsten gemeinsamer Abkömmlinge (vgl. BGH WM 1986, 1222; aA MüKoBGB/Musielak Rn. 18)), zeitlicher (zB „als Längstlebender", „mehr als drei Monate vor seinem Tod") oder formeller Art (zB durch notariell beurkundetes Testament) sein (vgl. Basty MittBayNot 2000, 73 (74 f.)). Entgegen anderslautender Stimmen in der Lit. kommt es dabei nicht darauf an, ob die Erbeinsetzung die Person des Erben und ihre Quoten festlegt (J. Mayer DNotZ 1990, 755 (765); aA MüKoBGB/Musielak Rn. 18; Dohr, Erbrechtliche Gestaltungsmöglichkeiten für die Beschränkung des erbvertraglich zu bindenden überlebenden Ehegatten auf die Einsetzung der gemeinschaftlichen Abkömmlinge, 2002, 117 f.). Zulässig ist auch der Vorbehalt einer vollständigen und ersatzlosen Aufhebung, wenn dieser an inhaltliche, zeitliche und/oder formelle Bedingungen geknüpft ist (Weiler DNotZ 1994, 427 (438)). 13

Ein Vorbehalt zur einschränkungslosen Aufhebung aller vertragsmäßigen Verfügung **(Totalvorbehalt)** ist zwar nicht unwirksam (Reimann/Bengel/Dietz/J. Mayer/Dietz Rn. 24 ff. m. ausf. Darstellung der Meinungen; Weiler DNotZ 1994, 427 (433)), führt jedoch entweder zu einer Umdeutung in einen Rücktrittsvorbehalt (§§ 2293 ff.) oder zu der Feststellung, dass es sich bei der Verfügung von Todes wegen nicht um einen Erbvertrag, sondern um ein Testament handelt. Betrifft der Vorbehalt einer totalen Revision nur einzelne oder mehrere, nicht aber aller vertragsmäßigen Verfügungen, bleibt zwar der Erbvertragscharakter gewahrt, jedoch handelt es sich – entgegen einer anderslautenden Deklarierung in der Urkunde – in Wahrheit nicht um vertragsmäßig bindende, sondern lediglich um frei änderbare einseitige Verfügungen (Weiler DNotZ 1994, 427 (431); C. Keim ZEV 2005, 365 (368); vgl. dagegen Lange/Kuchinke ErbR § 34 III 4 f.). Zur Abgrenzung → Rn. 4 ff. 14

**4. Umfang der Änderungsbefugnis.** Der Umfang der Befugnis zur Änderung vertragsmäßiger Verfügungen richtet sich iÜ nach dem Inhalt des Änderungsvorbehalts. Bei der inhaltlichen Ausgestaltung des Änderungsvorbehalts haben die Beteiligten freie Hand, weil er Ausdruck der Testierfreiheit, zu der auch der Umfang der erbrechtlichen Bindung gehört, ist. Der Vorbehalt kann deshalb die Änderung bezüglich einzelner oder mehrerer Zuwendungsempfänger (zB „nur mit ihm verwandten Abkömmlinge") gestatten, die Befugnis gegenständlich einschränken (zB Quotenänderung (vgl. OLG Stuttgart DNotZ 1986, 551), freie Verteilung und Bestimmung der Erbteilsanrechnung (vgl. BGH DNotZ 1970, 356; BayObLG DNotZ 1990, 812; LG Koblenz JurBüro 1968, 254), eigenes Vermögen (BayObLG NJW-RR 1991, 586), über Nachlass mit Ausnahme des Eigenheims (vgl. OLG Düsseldorf OLGZ 66, 68), „über Hausgrundstück letztwillig frei verfügen"), den Kreis der Begünstigten aus der geänderten Zuwendung einschränken (zB „vorausgesetzt, der andere verfügt zugunsten gemeinsamer Abkömmlinge" (vgl. BayObLG NJW-RR 1997, 1027), Zuwendung an bestimmte Personen ausschließen (vgl. BGH WM 1986, 1222)) oder die Anordnung von Beschränkungen bzw. Beschwerungen (zB Testamentsvollstreckung (vgl. OLG Hamm MittRhNotK 1996, 176), Vermächtnis (vgl. OLG Köln RNotZ 2001, 397)) zulassen. Sie kann auch von bestimmten Bedingungen abhängig gemacht werden (OLG Bamberg BeckRS 2020, 26531 (familiäre Zuwiderhandlung); OLG München BeckRS 2008, 20568 (Veranlassung gegeben); OLG Koblenz DNotZ 1998, 218 (triftige Gründe)). Beim zwei- oder mehrseitigen 15

Erbvertrag kann wegen des Höchstpersönlichkeitsgrundsatzes in § 2065 dem Überlebenden nicht das Recht eingeräumt werden, die Verfügungen des Verstorbenen zu ändern, wohl aber seine eigenen (→ Rn. 10). Wird in einem Ehegattenerbvertrag dem überlebenden Ehegatten das Recht vorbehalten, die an sich vereinbarte gleichberechtigte Erbfolge der gemeinsamen Kinder aus „triftigen Gründen" anders zu regeln, dann bedarf es hierfür allerdings sachlich vernünftiger und gerechter Gründe (OLG Koblenz DNotZ 1998, 218). Der Umfang des Änderungsrechts ist erforderlichenfalls durch Auslegung des übereinstimmenden Willens beider Vertragspartner zu ermitteln. Größte Probleme bereiten dabei Formulierungen, bei denen die zunächst eröffnete umfassende Aufhebungs- und Änderungsbefugnis durch eine Aufzählung der zulässigen Anordnungen erläutert wird (vgl. OLG Düsseldorf DNotZ 2007, 774: „insbes. anderweitige Festlegung der Erbquoten", m. abl. Anm. Schmucker DNotZ 2007, 777 ff. und Litzenburger ErbR-FD 2007, 213887; OLG München ZEV 2008, 340: „also ...", m. abl. Anm. Litzenburger ErbR-FD 2008, 264812). Eine **Wiederverheiratungsklausel** in einem Ehegattenerbvertrag enthält regelmäßig einen Änderungsvorbehalt hinsichtlich der eigenen Verfügungen des überlebenden Ehegatten (→ § 2269 Rn. 36). Das Gleiche gilt regelmäßig auch bei einer **Pflichtteilssanktionsklausel** in einem Ehegattenerbvertrag nach dem Berliner Modell (BayObLG FamRZ 1998, 644). Beim zwei- oder mehrseitigen Erbvertrag, in dem mehrere Personen letztwillig verfügen, ist sorgfältig zwischen dem Recht zur Änderung eigener Verfügungen des Erblassers und den **Auswirkungen** einer solchen **auf die vertragsmäßigen Verfügungen des bzw. der anderen** vertragsschließenden Erblasser zu unterscheiden. Auch wenn ein solches Änderungsrecht eingeräumt worden ist, so kann dies nach dem übereinstimmenden Willen der Vertragsschließenden doch auch die Bedeutung haben, dass mit der Änderung auch die vertragsmäßigen Verfügungen der anderen Vertragspartner unwirksam werden sollen. Auf eine eindeutige Regelung auch dieser Wirkungsfrage bei der Formulierung solcher Klauseln muss daher größter Wert gelegt werden.

16 **5. Ermächtigungsgrundlage.** Der Änderungsvorbehalt kann entweder in der gleichen Urkunde wie die vertragsmäßige Verfügung oder in einer späteren Erbvertragsergänzungsurkunde (vgl. BGH WM 1986, 1221) eingeräumt werden, in jedem Fall bedarf der Vorbehalt der Form des § 2276 (BGH NJW 1958, 498). Bei einem Erbvertrag zwischen Ehegatten oder Partnern einer eingetragenen Lebenspartnerschaft reicht dazu allerdings auch ein formgültiges gemeinschaftliches Testament aus. Die formlose Einräumung ist dagegen wegen der Formenstrenge des Erbrechts unwirksam. Deshalb kann ein derartiger Änderungsvorbehalt nur unter der Voraussetzung im Wege der ergänzenden Auslegung einem Erbvertrag entnommen werden, wenn dieser mindestens eine entsprechende Andeutung enthält (OLG Hamm FamRZ 1996, 637). Der Zustimmung des Erblassers bedarf es nicht.

17 **6. Ausnutzung des Änderungsvorbehalts.** Die auf Grund eines solchen Vorbehalts zulässige Änderung einer vertragsmäßigen Verfügung kann in jeder beliebigen Verfügung von Todes wegen geschehen. Sie bedarf nicht der für den Rücktritt vorgeschriebenen notariellen Beurkundung gem. § 2296. Der Änderungsvorbehalt kann jedoch außer inhaltlichen Einschränkungen auch bestimmte Anforderungen an die Form der Ausnutzung des Änderungsvorbehalts stellen (→ Rn. 13). Diese sind dann selbst Wirksamkeitsvoraussetzung der Änderung.

## § 2279 Vertragsmäßige Zuwendungen und Auflagen; Anwendung von § 2077

**(1) Auf vertragsmäßige Zuwendungen und Auflagen finden die für letztwillige Zuwendungen und Auflagen geltenden Vorschriften entsprechende Anwendung.**

**(2) Die Vorschrift des § 2077 gilt für einen Erbvertrag zwischen Ehegatten, Lebenspartnern oder Verlobten auch insoweit, als ein Dritter bedacht ist.**

### Überblick

Erbeinsetzungen, Vermächtnisse und Auflagen in einem Erbvertrag entfalten die gleichen Wirkungen wie in einem (gemeinschaftlichen) Testament. Deshalb ordnet § 2279 Abs. 1 eine entsprechende Anwendung der für Testamente geltenden Vorschriften an (→ Rn. 1 f.).§ 2279 Abs. 2 stellt lediglich klar, dass § 2077 auch für die vertragsmäßigen Verfügungen in einem Erbvertrag gilt (→ Rn. 4 ff.).

## I. Entsprechende Anwendung des Testamentsrechts (Abs. 1)

Auch wenn sich der Erbvertrag in Form und Bindungswirkung vom Testament, einschließlich des gemeinschaftlichen Testaments, deutlich unterscheidet, so entfalten die darin enthaltenen vertragsmäßigen Erbeinsetzungen, Vermächtnisse und Auflagen iÜ doch vergleichbare Wirkungen, sodass § 2279 Abs. 1 insoweit eine entsprechende Anwendung der für Testamente geltenden Vorschriften vorschreibt. Dies gilt selbst für die Vorschriften über Annahme und Ausschlagung (§§ 1942 ff., 2180). Die Annahme der vertragsmäßigen Verfügung durch den anderen Vertragsteil hebt sein Recht zur Ausschlagung nach Eintritt des Erbfalls nicht auf; ein entsprechender Verzicht wäre unwirksam. 1

Im Wesentlichen sind bei der Anwendung der Testamentsvorschriften die folgenden Besonderheiten zu beachten: Die **Teilnichtigkeitsregelung** in § 2085 wird beim zweiseitigen Erbvertrag durch die Bestimmungen des § 2298 verdrängt. Bei der entsprechenden Anwendung sämtlicher **Auslegungsvorschriften** des Testamentsrechts auf vertragsmäßige Verfügungen ist deren Vertragscharakter zu berücksichtigen, sodass es bei deren Auslegung im Rahmen eines Erbvertrags nicht nur auf den Willen des Erblassers ankommen kann. Vielmehr müssen insoweit gem. §§ 133, 157 auch die Interessen und der Verständnishorizont des anderen Vertragsteils angemessen einbezogen werden (vgl. BayObLG NJW-RR 1997, 7 (8)). Die **Anfechtungsvorschriften** in den §§ 2078–2083 sind beim Erbvertrag durch §§ 2281–2285 wesentlich modifiziert. 2

Bei in einem Erbvertrag enthaltenen **einseitigen Verfügungen** ist das Testamentsrecht gem. § 2299 Abs. 2 S. 1 unmittelbar und ohne die vorstehend erläuterten Besonderheiten anwendbar. 3

## II. Anwendbarkeit des § 2077 (Abs. 2)

**1. Geltung nur für vertragsmäßige Verfügungen.** Diese Vorschrift gilt – wie § 2279 Abs. 1 – nur für die vertragsmäßigen Verfügungen in einem Erbvertrag, nicht dagegen für die einseitig testamentarisch getroffenen. Bei den zuletzt genannten Verfügungen gilt über § 2299 Abs. 2 S. 1 die Auslegungsregel des § 2077 ohne die Besonderheiten des § 2279 Abs. 2, sodass die Auflösung der Ehe oder des Verlöbnisses die Verfügungen zugunsten Dritter regelmäßig unberührt lässt. Deshalb kommt im Rahmen des § 2279 der Abgrenzung zwischen einseitigen und vertragsmäßigen Verfügungen besondere Bedeutung zu (→ § 2278 Rn. 3 ff.). 4

**2. Geltung und Tatbestand des § 2077.** § 2077 wäre auch ohne die Klarstellung des § 2279 Abs. 2 auf vertragsmäßige Erbeinsetzungen, Vermächtnisse und Auflagen im Erbvertrag anwendbar gewesen. Hat der Erblasser seinen **Ehegatten** oder seinen **Verlobten** vertragsmäßig zum Erben eingesetzt oder zu dessen Gunsten Vermächtnisse oder Auflagen angeordnet, so verlieren diese Verfügungen ihre Wirksamkeit mit der Scheidung oder Auflösung der Ehe bzw. des Verlöbnisses. Stirbt der Antragsteller vor Erlass des Aufhebungs- oder Scheidungsurteils, so sind alle seine Verfügungen zugunsten seines Ehegatten gem. § 2077 auch dann unwirksam, wenn der dem anderen vorher zugestellte Antrag (OLG Saarbrücken FamRZ 1983, 1274) in der Sache erfolgreich gewesen wäre. Stirbt dagegen der andere Ehegatte, so kann § 2077 nicht angewendet werden, und zwar auch nicht bei einem einseitigen Erbvertrag (Erman/S. Kappler/T. Kappler Rn. 4; Schlüter ErbR Rn. 329; aA BayObLG NJW-RR 1990, 200 (201); MüKoBGB/Musielak Rn. 7 f. mwN). Der klare und unmissverständliche Wortlaut des § 2077 Abs. 1 S. 2 und 3 verbietet es, die Wirkungen der §§ 2279, 2077 auch dann eintreten zu lassen, wenn der Ehegatte stirbt, der den Antrag nicht gestellt oder diesem nicht zugestimmt hat (BayObLG NJW-RR 1990, 200 (201); OLG Hamm FamRZ 1965, 78, Reimann/Bengel/Dietz/J. Mayer/Dietz Rn. 16; aA MüKoBGB/Musielak Rn. 8; Erman/S. Kappler/T. Kappler Rn. 4). Das Gesetz fordert mit Recht vom Erblasser eine Manifestation seines Aufhebungswillens, nämlich das Stellen des Antrags oder die förmliche Zustimmung. Dies allein ist eine sichere Basis, um über die Gültigkeit der vertragsmäßigen Verfügungen zu befinden. Hat ein Ehegatte vor seinem Tod seinen Aufhebungswillen nicht in dieser Form geäußert, so mag es zwar nahe liegen, einen solchen Willen anzunehmen. Das adäquate Verfahren zur Feststellung eines derartigen Willens ist der Weg der Erbvertragsanfechtung gem. §§ 2281 ff. Wegen der einzelnen Tatbestandselemente des § 2077 → § 2077 Rn. 4 ff. Bei einem zweiseitigen Ehegatten- oder Verlobtenerbvertrag gilt § 2077 für die vertragsmäßigen Verfügungen jedes der beiden Erblasser. Gemäß § 2077 Abs. 3 hat ein abweichender Erblasserwillen Vorrang vor den in den Absätzen 1 und 2 enthaltenen gesetzlichen Auslegungsregeln (vgl. OLG Stuttgart OLGZ 1976, 17; OLG Zweibrücken NJW-RR 1998, 941). § 2279 Abs. 2 gilt auch für einen Erbvertrag zwischen Partnern (§ 1 Abs. 1 LPartG) oder Verlobten (§ 1 Abs. 3 LPartG) einer gleichgeschlechtlichen **Lebenspartnerschaft.** 5

6 **3. Rechtsfolgen der Ehe- oder Verlöbnisauflösung bzw. Partnerschaftsaufhebung. a) Vertragsmäßige Verfügungen zugunsten des Ehegatten, Verlobten oder Lebenspartner des Erblassers.** Kann ein abweichender Erblasserwille gem. § 2077 nicht festgestellt werden, so führt die Auflösung der Ehe, des Verlöbnisses oder der Lebenspartnerschaft zur Unwirksamkeit der im Erbvertrag enthaltenen, den Partner begünstigenden vertragsmäßigen Erbeinsetzungen, Vermächtnisse und Auflagen. Diese Rechtsfolge tritt dabei nicht nur dann ein, wenn die begünstigende Verfügung in einem Erbvertrag mit dem Partner enthalten ist, sondern auch dann, wenn dieser mit einem Dritten geschlossen worden ist.

7 **b) Vertragsmäßige Verfügungen zugunsten Dritter.** Bei einem Erbvertrag zwischen Ehegatten, Verlobten oder Lebenspartner sind darüber hinaus auch alle vertragsmäßigen Verfügungen, die Dritte begünstigen, vom Bestand der Ehe, des Verlöbnisses oder der Lebenspartnerschaft abhängig und verlieren mit deren Auflösung ihren Geltungsanspruch. Die Unwirksamkeit auch dieser drittbegünstigenden vertragsmäßigen Verfügungen folgt bei einem zweiseitigen Ehegatten- bzw. Verlobtenvertrag iSd § 2298 aus dessen Abs. 1. Bei einem einseitigen Erbvertrag werden die vertragsmäßigen Verfügungen des Erblassers zugunsten Dritter auf der Grundlage der § 2279 Abs. 2, § 2077 unwirksam.

8 **c) Einseitige Verfügungen zugunsten des Partners.** Für diese gilt nicht § 2079 Abs. 2, sondern über die Verweisung in § 2299 Abs. 2 S. 1 die Auslegungsregel des § 2077 unmittelbar. Damit sind zwar auch die den Partner begünstigenden einseitigen Verfügungen unwirksam, nicht jedoch die zugunsten Dritter.

## § 2280 Anwendung von § 2269

**Haben Ehegatten oder Lebenspartner in einem Erbvertrag, durch den sie sich gegenseitig als Erben einsetzen, bestimmt, dass nach dem Tode des Überlebenden der beiderseitige Nachlass an einen Dritten fallen soll, oder ein Vermächtnis angeordnet, das nach dem Tode des Überlebenden zu erfüllen ist, so findet die Vorschrift des § 2269 entsprechende Anwendung.**

### Überblick

Ehegattenerbvertrag und gemeinschaftliches Testament unterscheiden sich nur in der Bindungswirkung. Deshalb verweist § 2280 auf die Auslegungsregel des § 2269, wonach das Einheitsprinzip gegenüber dem Trennungsprinzip und der Nießbrauchslösung bevorzugt wird (→ Rn. 1). Die Auslegungsregel kann, da der Erbvertrag anders als gemeinschaftliche Testamente auch von Nichtehegatten geschlossen werden kann, auch auf solche Lebensgemeinschaften analog angewandt werden (→ Rn. 4).

### I. Unmittelbarer Anwendungsbereich

1 Ein **Ehegattenerbvertrag** unterscheidet sich von einem gemeinschaftlichen Testament zwar in der Bindungswirkung, nicht aber in der Interessenlage der Beteiligten. Deshalb verweist § 2280 auf die Auslegungsregel des § 2269, wonach das **Einheitsprinzip** gegenüber dem Trennungsprinzip und der Nießbrauchslösung bevorzugt wird (→ § 2269 Rn. 1 ff..). Auch wenn sich § 2280 dabei nur auf Erbeinsetzungen „in einem Erbvertrag", also auf vertragsmäßige Verfügungen bezieht, reicht es aus, wenn entweder die gegenseitige Erbeinsetzung oder die Schlusserbeneinsetzung in dieser Weise getroffen ist.

2 Enthält ein Erbvertrag ein **Vermächtnis,** so kann zweifelhaft sein und bleiben, welcher Ehegatte es angeordnet hat, also ob es beim 1. oder beim 2. Erbfall anfällt. Mit dem Verweis auf § 2269 Abs. 2 stellt § 2280 für den Fall, dass es sich um einen Erbvertrag im Stile eines Berliner Testaments handelt, die Auslegungsregel auf, dass eine solche Anordnung als Vermächtnis auf den Tod des Längstlebenden aufzufassen ist. Wegen der Voraussetzungen und der Rechtsfolgen → § 2269 Rn. 1 ff..

3 Seit dem 1.8.2001 gilt § 2280 auch für die gleichgeschlechtliche **Lebenspartnerschaft** iSd § 1 Abs. 1 S. 1 LPartG.

## II. Analoge Anwendung auf eheähnliche Lebensgemeinschaften und Vertrauensverhältnisse

Die Auslegungsregel kann, da der Erbvertrag anders als gemeinschaftliche Testamente auch von Nichtehegatten geschlossen werden kann, auch auf solche Lebensgemeinschaften analog angewandt werden (MüKoBGB/Musielak Rn. 4 mwN; für Anwendung ohne diese Einschränkung Soergel/Zecca-Jobst Rn. 2). Da die analoge Anwendung der §§ 2280, 2269 dem Überlebenden eine weitgehende Verfügungsfreiheit verschafft, liegt die Rechtfertigung dieser Auslegungsregel im Vorhandensein eines starken Vertrauensverhältnisses der Beteiligten zueinander. Es kann daher § 2280 nur auf ein der Ehe ähnliches Lebens- oder Vertrauensverhältnis analog angewandt werden (OLG Köln FamRZ 1974, 387; MüKoBGB/Musielak Rn. 4; aA Soergel/Zecca-Jobst Rn. 2). 4

## § 2281 Anfechtung durch den Erblasser

**(1) Der Erbvertrag kann auf Grund der §§ 2078, 2079 auch von dem Erblasser angefochten werden; zur Anfechtung auf Grund des § 2079 ist erforderlich, dass der Pflichtteilsberechtigte zur Zeit der Anfechtung vorhanden ist.**

**(2) [1]Soll nach dem Tode des anderen Vertragschließenden eine zugunsten eines Dritten getroffene Verfügung von dem Erblasser angefochten werden, so ist die Anfechtung dem Nachlassgericht gegenüber zu erklären. [2]Das Nachlassgericht soll die Erklärung dem Dritten mitteilen.**

### Überblick

Der Erblasser darf wegen der Bindungswirkung eines Selbstanfechtungsrechts nur bezüglich der vertragsmäßigen Verfügungen, weil er einseitig testamentarische Verfügungen gem. §§ 2254 ff. ohne weiteres aufheben kann (→ Rn. 1 ff.). Trotz des missverständlichen Wortlauts richtet sich die Anfechtung durch den Erblasser nicht zwingend gegen den gesamten Erbvertrag (→ Rn. 6). Vertragsmäßige Verfügungen sind aus den gleichen Gründen anfechtbar wie einseitig testamentarische (→ Rn. 7 ff.). Der Erblasser kann auf das Anfechtungsrecht verzichten (→ Rn. 13). In seltenen Ausnahmefällen des Rechtsmissbrauchs ist die Anfechtung ausgeschlossen (→ Rn. 14 ff.). Die Anfechtung erfolgt vor dem Tod des Vertragspartners durch empfangsbedürftige, notariell beurkundete Erklärung diesem gegenüber, danach gegenüber dem Nachlassgericht (→ Rn. 17 ff.). Die angefochtene Verfügung ist von Anfang an, dh ab Errichtung, nichtig (→ Rn. 20).

## I. Anwendungsbereich

§ 2281 gewährt dem Erblasser das Selbstanfechtungsrecht unmittelbar nur für vertragsmäßige Verfügungen iSd § 2278 Abs. 2 in einem **Erbvertrag,** also für Erbeinsetzungen, Vermächtnisse, Auflagen und – nach Inkrafttreten des Gesetzes zur Änderung des Erb- und Verjährungsrechts (→ § 2278 Rn. 12) – auch für bindende Anordnungen des Erblassers über die Anrechnung von Zuwendungen auf das gesetzliche Erb- und/oder Pflichtteilsrecht iSd §§ 2050, 2053, 2315. Mit der Verweisung auf §§ 2078, 2079 räumt das Gesetz dem durch einen Erbvertrag gebundenen Erblasser damit mehr Möglichkeiten ein, sich aus einer vertraglichen Bindung zu befreien, als bei einem Rechtsgeschäft unter Lebenden. Dies dient der Stärkung der Testierfreiheit des Erblassers und trägt dem Umstand Rechnung, dass die erbvertragliche Bindung eine Ausnahme von der grds. unbeschränkbaren Testierfreiheit ist. Demgegenüber hat der Vertrauensschutz des Erbvertragspartners zurückzutreten (Mot. V 322). Dieses Anfechtungsrecht dient so dem Interesse des Erblassers, selbst wenn wirtschaftlicher Nutznießer der am Ende Begünstigte ist (BGH NJW 1970, 279). 1

Da wechselbezügliche Verfügungen in einem **gemeinschaftlichen Testament** ab dem Tod des erstversterbenden Ehegatten eine den vertragsmäßigen Verfügungen in einem Erbvertrag gleichwertige Bindungswirkung entfalten, sind §§ 2281–2285 auf diese analog anzuwenden (BGH NJW 1962, 1913; FamRZ 1970, 79). Da jedoch jeder Ehegatte seine wechselbezüglichen Verfügungen bis zum Tod des anderen gem. § 2271 Abs. 1 S. 1 frei widerrufen kann, kommt dabei eine Anfechtung erst nach dem Tod eines Ehegatten in Betracht. 2

**Einseitige Verfügungen** in einem Erbvertrag (vgl. § 2299) bzw. gemeinschaftlichem Testament kann der Erblasser dagegen nicht gem. § 2281 anfechten, weil er sie ohnehin jederzeit widerrufen kann. 3

4 §§ 2281–2284 gelten ausschließlich für die Anfechtung durch den Erblasser, während die **Anfechtbarkeit letztwilliger Verfügungen durch Dritte** in den §§ 2078–2082, 2285 geregelt ist. Der nicht selbst letztwillig verfügende Vertragspartner kann zu Lebzeiten des Erblassers nicht den Erbvertrag, sondern nur das damit äußerlich verbundene Rechtsgeschäft gem. §§ 119, 123 anfechten; ab dem Tod des Erblassers kann er uU dessen Verfügungen gem. §§ 2078, 2079 anfechten.

5 Die **Erbvertragsaufhebung** gem. § 2290 ist nach hM ebenfalls gem. §§ 2281–2284 durch den Erblasser anfechtbar (→ § 2290 Rn. 8).

## II. Anfechtungsgegenstand

6 Trotz des missverständlichen Wortlauts richtet sich die Anfechtung durch den Erblasser nicht zwingend gegen den gesamten Erbvertrag. Auch eine oder mehrere darin enthaltene vertragsmäßige Verfügungen können isoliert angefochten werden. Entsprechendes gilt für ein gemeinschaftliches Testament.

## III. Anfechtungsgrund

7 Vertragsmäßige bzw. wechselbezügliche Verfügungen in einem Erbvertrag bzw. gemeinschaftlichen Testament sind aus den gleichen Gründen anfechtbar wie einseitig testamentarische, sodass auf → § 2078 Rn. 3 ff. und § 2079 verwiesen werden kann. Folgende Besonderheiten sind jedoch hervorzuheben:

8 **1. Inhalts- oder Motivirrtum (§ 2078).** Jeder Irrtum, auch ein Motivirrtum, berechtigt den Erblasser zur Selbstanfechtung. Dabei kommt es allein auf die – mitunter subjektiven – Vorstellungen des Erblassers an (BGH FamRZ 1983, 898). Der Vertrauensschutz des Erbvertragspartners hat demgegenüber zurückzutreten (→ Rn. 1). Um eine ausufernde Anfechtbarkeit unter Berufung auf unbewusste und nicht verlautbarte Vorstellungen des Erblassers bei Abschluss des Erbvertrags zu vermeiden, sind besonders strenge Anforderungen an die Kausalität zwischen Fehlvorstellung und Vertragsabschluss zu stellen (ausf. → § 2078 Rn. 8 ff.).

9 Da die Schaffung bindender **Anordnungen über die Anrechnung auf das Erb- und/oder Pflichtteil** iSd §§ 2050, 2053, 2315 durch das Gesetz über die Änderung des Erb- und Verjährungsrechts (→ § 2278 Rn. 12) gerade der Schaffung der Rechtssicherheit für den Zuwendungsempfänger dient (BR-Drs. 96/08, 40), müssen zu dessen Schutz die Anforderungen an die Anfechtung solcher Anrechnungsanordnungen durch den Erblasser strenger sein als bei den drei anderen erbrechtlichen Verfügungsarten, die gem. § 2278 Abs. 2 vertragsmäßig getroffen werden können. Will der Erblasser derartige Anordnungen anfechten, so wird man deshalb nur solche Motive gelten lassen dürfen, die für den Vertragspartner bei verständiger Würdigung des Verhaltens des Erblassers erkennbar waren (vgl. §§ 133, 157). Nur so kann das gesetzgeberische Ziel, wie es in der Begründung des Gesetzentwurfs zum Ausdruck kommt (BR-Drs. 96/08, 40), erreicht werden.

10 Die Anfechtung kann auch damit begründet werden, dass der Erblasser bei Abschluss des Erbvertrags nicht wusste, dass er vertragsmäßige Verfügungen nicht mehr ändern kann (BayObLG NJW-RR 1997, 1027; OLG Frankfurt ZEV 1997, 422). Da jedoch der pflichtbewusste Notar über diese erbrechtliche Bindung belehrt, wird eine solche Begründung regelmäßig die Anfechtung nicht tragen. Weitaus größere Bedeutung dürfte ein solcher Irrtum jedoch bei einem eigenhändig abgefassten gemeinschaftlichen Testament haben. Der vergebliche Versuch eines Beteiligten, die erbrechtliche Bindungswirkung eines gemeinschaftlichen Testaments gem. § 2271 Abs. 1 S. 2 ohne Wissen der anderen Beteiligten durch eine einseitige Verfügung zu unterlaufen, berechtigt den anderen Beteiligten nicht zur Selbstanfechtung (Iversen ZEV 2004, 55 f.).

11 Auch die enttäuschte Erwartung des Erblassers, der andere Vertragsteil werde seine übernommenen Pflichten (zB Pflege, Unterhaltszahlungen) erfüllen, kann die Anfechtung rechtfertigen (BGH NJW 1952, 419; FamRZ 1973, 539; BayObLG NJW 1964, 205). Das nicht gerechtfertigte Vertrauen auf den Fortbestand der Ehe bzw. Partnerschaft kann ebenfalls einen Anfechtungsgrund liefern (BayObLG FamRZ 1990, 322). Täuscht der Erbvertragspartner einen Selbstmordversuch vor und veranlasst dadurch den Erblasser zum Abschluss eines Erbvertrags, so ist dieser gem. § 2078 Abs. 2, § 2281 Abs. 1 zur Anfechtung wegen arglistiger Täuschung berechtigt (BGH FamRZ 1996, 605).

12 **2. Übergehen eines Pflichtteilsberechtigten (§ 2079).** Bei diesem speziellen Fall eines Motivirrtums kommt es gem. § 2281 Abs. 1 Hs. 2 abweichend von § 2079 S. 2 auf die Pflichtteils-

berechtigung im Anfechtungszeitpunkt an. Würde auf den Erbfall abgestellt, könnte der Erblasser von diesem Anfechtungsrecht keinen Gebrauch machen. Stirbt der Pflichtteilsberechtigte nach der Anfechtung, berührt dies die mit der Anfechtung eingetretene Nichtigkeit der Verfügung nicht mehr (BGH FamRZ 1970, 79 (82)). Hat der Erblasser im Erbvertrag einem Pflichtteilsberechtigten gem. §§ 2333 ff. den Pflichtteil entzogen, so hat diese Verfügung keinen vertragsmäßigen Charakter (vgl. § 2278 Abs. 2), sodass er sie aufheben kann und nicht anzufechten braucht. Die Entziehung wird, ausgenommen § 2335 Nr. 5, unwirksam, wenn der Erblasser dem Pflichtteilsberechtigten gem. § 2337 verzeiht oder die Entziehung widerruft. Auch wenn der Pflichtteilsberechtigte dann wieder Anspruch auf seinen vollen Pflichtteil hat, so bleiben damit in sachlichem Zusammenhang stehende Verfügungen (zB Erbeinsetzung eines Dritten) wirksam. Handelt es sich dabei um vertragsmäßige Verfügungen, so kann der Erblasser diese nach zutreffender Auffassung gem. §§ 2281, 2079 anfechten (Reimann/Bengel/Dietz/J. Mayer/Dietz Rn. 20; Veit, Die Anfechtung von Erbverträgen, 1991, 133 f.; MüKoBGB/Musielak Rn. 13; aA Staudinger/Kanzleiter, 2019, Rn. 17; RGRK-BGB/Kregel Rn. 6).

## IV. Verzicht und Ausschluss

Eine dem § 2080 vergleichbare Einschränkung der Anfechtungsberechtigung kennt § 2281 nicht. Der Erblasser kann allerdings auf das kraft Gesetzes bestehende Anfechtungsrecht verzichten (vgl. § 2078 Abs. 1, § 2079 S. 2). Dieser **Verzicht** kann bereits im Erbvertrag bzw. im gemeinschaftlichen Testament enthalten sein. Er muss jedoch, um wirksam zu sein, konkret die Umstände erkennen lassen, mit denen der Erblasser dabei rechnete (vgl. BGH NJW 1983, 2247 („gleichviel ob und welche Pflichtteilsberechtigte zurzeit unseres Todes vorhanden sind")). Gebräuchlich sind deshalb Formulierungen wie der Verzicht auf Anfechtung „im Falle der Wiederheirat" oder „im Falle des Hinzukommens (weiterer) Abkömmlinge". Eine pauschale Verzichtserklärung des Erblassers (zB „auf Anfechtung wird verzichtet") ist dagegen unwirksam (OLG Celle NJW 1963, 353; Bengel DNotZ 1984, 132 (138); Reimann/Bengel/Dietz/J. Mayer/Dietz Rn. 26). S. zur nachträglichen Bestätigung einer anfechtbaren Verfügung durch den Erblasser → § 2284 Rn. 2 ff. 13

Die Anfechtung ist nach den allgemeinen **Grundsätzen zum Rechtsmissbrauch** ausgeschlossen, wenn der Erblasser durch ein gezieltes und von der Rechtsordnung zu missbilligendes Verhalten die Voraussetzungen einer Anfechtungsberechtigung erst geschaffen, also wider Treu und Glauben und unter Verstoß gegen §§ 138, 226, 242 gehandelt hat (BGH NJW 1952, 419; NJW 1962, 1913; BayObLG NJWE-FER 2000, 89 (91); MüKoBGB/Musielak Rn. 15; BeckOGK/Röhl Rn. 45). Im Falle einer neuen Ehe müsste diese also zu dem Zweck eingegangen worden sein, um dem Erblasser die Lösung von den Bindungen der vertragsmäßigen Verfügungen in dem Erbvertrag zu ermöglichen, also um die Voraussetzungen des Anfechtungsgrundes des § 2079 erst zu schaffen (OLG Frankfurt BeckRS 2020, 43908 Rn. 112). Bei der Adoption gilt Entsprechendes (MüKoBGB/Musielak Rn. 15 mwN). Die Beweislast für diesen Ausschluss trägt derjenige, der sich auf die Unwirksamkeit der Selbstanfechtung durch den Erblasser beruft. 14

Ein Anfechtungsausschluss ist auch im Falle des venire contra factum proprium von Seiten des Erblassers gerechtfertigt (Staudinger/Kanzleiter, 2019, Rn. 10; MüKoBGB/Musielak Rn. 16; großzügiger Lange NJW 1963, 1571 (1578)). Dies ist beispielsweise dann der Fall, wenn der Erblasser den anderen durch seine vertragsmäßige Zuwendung zu eigenen, nicht vertragsmäßigen Verfügungen in dem Erbvertrag veranlasst hat und der andere im Falle der Selbstanfechtung aus irgendeinem Grund (zB Geschäftsunfähigkeit, Krankheit) an deren Änderung oder Aufhebung gehindert ist; bei einem zwei- oder mehrseitigen Erbvertrag (→ § 2274 Rn. 2) werden allerdings auch die einseitigen Verfügungen des anderen mit der Anfechtung durch den Erblasser ohnehin gem. § 2298 Abs. 1 unwirksam (→ § 2298 Rn. 2). Deshalb dürfte nur in ganz seltenen Ausnahmefällen das Selbstanfechtungsrecht mit dieser Begründung ausgeschlossen sein (vgl. Staudinger/Kanzleiter, 2019, Rn. 10). 15

Bei **entgeltlichen Erbverträgen** (→ § 2274 Rn. 4) ist das Selbstanfechtungsrecht nicht allein deshalb ausgeschlossen oder eingeschränkt, weil sich der Zuwendungsempfänger im Vertrauen auf den Fortbestand der letztwilligen Verfügung im Erbvertrag zu lebzeitigen Leistungen verpflichtet (zB Pflege) oder Erklärungen, insbes. Verzichte, abgegeben hat (OLG Frankfurt BeckRS 2020, 43908 Rn. 104 f.; aA Reimann/Bengel/Dietz/J. Mayer/Dietz Rn. 24 f. mwN). Das Gegenargument, dass vertragsmäßige letztwillige Verfügungen im weitesten Sinne im Austauschverhältnis zu vom Vertragspartner übernommenen schuldrechtlichen Pflicht stünden (Äquivalenzprinzip), rechtfertigt den Ausschluss nicht. Denn ausschließlich im Testamentsrecht hat der Motivirrtum rechtliche Relevanz, während er bei allen anderen Rechtsgeschäften bedeutungslos ist, obwohl hier wie dort schützenswerte Interessen anderer durch die Anfechtung betroffen sein können. Mit 16 der Zulassung der Anfechtung wegen eines Motivirrtums hat der Gesetzgeber bei Verfügungen von Todes wegen dem Willen des Erblassers prinzipiellen Vorrang vor den Verkehrsinteressen anderer eingeräumt (Krebber DNotZ 2003, 20 (37)). Diese gesetzgeberische Grundentscheidung würde durch einen Ausschluss des Selbstanfechtungsrechts gem. § 2081 bei allen entgeltlichen Erbverträgen unterlaufen. Hinzu kommt, dass die Bindung an vertragsmäßige Verfügungen vom Gesetzgeber als Ausnahme von der grds. unbeschränkten Testierfreiheit ausgestaltet ist. Nach der hier abgelehnten Gegenmeinung würde der Erblasser durch den Abschluss eines entgeltlichen Erbvertrags entgegen § 2302 nämlich verpflichtet, „eine Verfügung von Todes wegen … nicht aufzuheben". Dem Vertragspartner bleiben bei einem entgeltlichen Erbvertrag also nur Schadenersatz-, Rückgewähr- oder Bereicherungsansprüche, wenn die Hoffnung auf die erbrechtliche Zuwendung durch Selbstanfechtung zunichtegemacht wird. Letztlich handelt es sich beim entgeltlichen Erbvertrag also von Seiten des Vertragspartners um ungesicherte Vorleistungen, die dem Notar ein Höchstmaß an vertraglichen Regelungen und Belehrungen abverlangt.

## V. Anfechtungserklärung

17 **1. Adressat.** Die Anfechtung **vor dem Tod des Vertragspartners** erfolgt gem. § 143 Abs. 1 durch empfangsbedürftige, notariell beurkundete (vgl. § 2282 Abs. 3) Erklärung diesem gegenüber. Sie muss dem Vertragspartner gem. §§ 130 ff. zugehen. Wegen des Inhalts der Anfechtungserklärung → § 2081 Rn. 3. Ein bestimmter Wortlaut ist nicht vorgeschrieben, sodass auch eine „Rücktrittserklärung" wegen Nichterfüllung der im Erbvertrag übernommenen Verpflichtungen eine wirksame Anfechtung auslösen kann (RG DNotZ 1935, 678).

18 **Ab dem Tod des Vertragspartners** schreibt § 2281 Abs. 2 S. 1 die Anfechtung vertragsmäßiger bzw. wechselbezüglicher Erbeinsetzungen, Vermächtnisse oder Auflagen durch notariell beurkundete (vgl. § 2282 Abs. 3) Erklärung gegenüber dem Nachlassgericht vor. Eine zusätzliche Erklärung gegenüber den Erben ist entbehrlich (Rohlfing/Mittenzwei ZEV 2003, 49 (52); aA Veit, Die Anfechtung von Erbverträgen, 1991, 148). Andere Verfügungen können ohnehin nicht gem. §§ 2281 ff. angefochten werden. Zuständig ist das für den verstorbenen Vertragsteil zuständige Nachlassgericht, auch wenn dieser in dem Erbvertrag bzw. gemeinschaftlichen Testament überhaupt nicht letztwillig verfügt hat. Wegen des Verfahrens und der Kosten iÜ → § 2081 Rn. 4.

19 **2. Zugang.** Die notariell beurkundete (vgl. § 2282 Abs. 3) Anfechtungserklärung muss (je)dem Vertragspartner bzw. dem Nachlassgericht zugehen, um wirksam zu werden (iÜ → § 2271 Rn. 12 ff.).

## VI. Wirkung der Anfechtung

20 Die angefochtene Verfügung ist von Anfang an, dh ab Errichtung, nichtig (§ 142 Abs. 1), wenn und soweit ein Anfechtungsgrund gem. §§ 2078, 2079 gegeben ist. Unwirksam ist eine angefochtene Verfügung gem. § 142 Abs. 1 jedoch nur in dem Umfang, in dem sie durch den Irrtum oder die Drohung kausal beeinflusst ist, sodass bei **Teilbarkeit** dieser Verfügung (zB Anfechtbarkeit einer auflösenden Bedingung oder der Festsetzung der Höhe eines Herauszahlungsbetrags) deren Rest wirksam bleiben kann. Bezieht sich der Irrtum ausschließlich auf die erbrechtliche Bindungswirkung, so kann die angefochtene Verfügung als einseitig testamentarische aufrechterhalten werden. Bei einem einseitigen Erbvertrag sind die Auswirkungen der Nichtigkeit der angefochtenen Verfügung auf die übrigen darin enthaltenen Bestimmungen am Maßstab des § 2085 zu beurteilen. Die erfolgreiche Anfechtung einer Verfügung in einem zweiseitigen Erbvertrag bewirkt dagegen gem. § 2298 stets die Unwirksamkeit aller darin getroffenen Verfügungen. Anders als bei der Anfechtung wegen des **Übergehens eines Pflichtteilsberechtigten** durch einen Dritten, muss eine Selbstanfechtung gem. §§ 2079, 2281 notwendigerweise zur vollständigen Unwirksamkeit der gesamten Verfügung von Todes wegen führen. Richtiger Ansicht nach schließt § 2078 Abs. 3 einen **Schadensersatzanspruch** gem. § 122 sowohl im Falle der Anfechtung durch einen Dritten als auch bei der Selbstanfechtung durch den Erblasser aus (OLG München NJW 1997, 2331; Reimann/Bengel/Dietz/J. Mayer/Dietz Rn. 51 mwN; MüKoBGB/Musielak Rn. 21; Lange/Kuchinke ErbR § 25 IX 4; Veit NJW 1993, 1556; aA Manowski ZEV 1998, 69; Staudinger/Kanzleiter, 2019, Rn. 37; Soergel/Zecca-Jobst Rn. 6). Der Erblasser ist berechtigt, nach erklärter Anfechtung auf **Feststellung der Nichtigkeit** des Erbvertrags oder des gemeinschaftlichen Testaments zu klagen (Johannsen WM 1969, 1320).

## § 2282 Vertretung, Form der Anfechtung

**(1) Die Anfechtung kann nicht durch einen Vertreter des Erblassers erfolgen.**

**(2) Für einen geschäftsunfähigen Erblasser kann sein Betreuer den Erbvertrag anfechten; die Genehmigung des Betreuungsgerichts ist erforderlich.**

**(3) Die Anfechtungserklärung bedarf der notariellen Beurkundung.**

### Überblick

Der Erblasser muss die Anfechtung vertragsmäßiger Verfügungen höchstpersönlich erklären (→ Rn. 1 f.). Die Anfechtungserklärung des Erblassers oder im Falle des Abs. 2 seines gesetzlichen Vertreters bedarf der notariellen Beurkundung (→ Rn. 3).

### I. Höchstpersönliche Ausübung

Der Erblasser muss die Anfechtung vertragsmäßiger bzw. wechselbezüglicher Verfügungen (→ § 2281 Rn. 1) höchstpersönlich erklären, kann sich also weder im Willen noch in der Erklärung vertreten lassen. Das Anfechtungsrecht gem. §§ 2281–2284 ist zwar nicht vererblich und erlischt daher mit dem Tod des Erblassers, andere Personen können jedoch nach dem Erbfall unter den Voraussetzungen des § 2080 ein eigenes Anfechtungsrecht gem. §§ 2078, 2079 haben. 1

### II. Geschäftsfähigkeit

Nur ein unbeschränkt geschäftsfähiger Erblasser kann seine Verfügungen selbst anfechten. Ist der Erblasser dagegen **geschäftsunfähig,** so kann gem. § 2282 Abs. 2 nur sein für die Vermögenssorge zuständiger Betreuer den Erbvertrag anfechten, und zwar mit Genehmigung des Betreuungsgerichts. **Ab dem 1.1.2023** werden die gerichtlichen Genehmigungsvorbehalte in Erbrechtsangelegenheiten von Minderjährigen und Betreuten in § 1851 zusammengefasst (BGBl. 2021 I 882). Die Genehmigungspflicht ist dann in § 1851 Nr. 4 geregelt, ohne dass sich diese sachlich von der bisherigen Regelung unterscheidet. Zum Streit über eine **analoge Anwendung** dieser Vorschrift auf einseitig testamentarische Verfügungen → § 2078 Rn. 1 ff. und → § 2080 Rn. 1 ff.. 2

### III. Inhalt und notarielle Beurkundung

Während Dritte die Anfechtung formlos erklären können, bedarf die Anfechtungserklärung des Erblassers oder im Falle des Abs. 2 seines gesetzlichen Vertreters der notariellen Beurkundung iSd §§ 6 ff. BeurkG (Abs. 3); andernfalls ist sie nichtig (§ 125 S. 1). Wegen der Zugangsprobleme wird auf → § 2271 Rn. 1 ff. ff. verwiesen. Die Anfechtung kann **nicht bedingt oder befristet** erklärt werden. Wenn und soweit das Anfechtungsrecht dies erlaubt, kann der Erblasser völlig frei bestimmen, ob er nur einzelne vertragsmäßige bzw. wechselbezügliche Verfügungen oder den ganzen Erbvertrag bzw. das gesamte gemeinschaftliche Testament anfechten will. Die **Anfechtungserklärung** braucht keinen bestimmten Wortlaut zu haben, muss jedoch mit hinreichender Deutlichkeit erkennen lassen, welche Verfügung angefochten wird. Dagegen muss der Erblasser den Grund in der Erklärung nicht angeben (vgl. auch → § 2081 Rn. 1 ff.). Es ist jedoch zu beachten, dass über die Rechtzeitigkeit (§ 2283) der Anfechtung nur nach Angabe des Grundes entschieden werden kann (vgl. BayObLG FamRZ 1990, 322). 3

## § 2283 Anfechtungsfrist

**(1) Die Anfechtung durch den Erblasser kann nur binnen Jahresfrist erfolgen.**

**(2) [1]Die Frist beginnt im Falle der Anfechtbarkeit wegen Drohung mit dem Zeitpunkt, in welchem die Zwangslage aufhört, in den übrigen Fällen mit dem Zeitpunkt, in welchem der Erblasser von dem Anfechtungsgrund Kenntnis erlangt. [2]Auf den Lauf der Frist finden die für die Verjährung geltenden Vorschriften der §§ 206, 210 entsprechende Anwendung.**

**(3) Hat im Falle des § 2282 Abs. 2 der gesetzliche Vertreter den Erbvertrag nicht rechtzeitig angefochten, so kann nach dem Wegfall der Geschäftsunfähigkeit der Erblasser selbst den Erbvertrag in gleicher Weise anfechten, wie wenn er ohne gesetzlichen Vertreter gewesen wäre.**

## Überblick

Der Erblasser kann seine vertragsmäßigen Verfügungen nur innerhalb einer Frist von einem Jahr erklären (→ Rn. 1 ff.). Im Fall der Drohung beginnt die Frist mit Beendigung der Zwangslage, in allen anderen Fällen mit der Kenntnis des Anfechtungsgrundes, was bei Motivirrtümern in der Praxis häufig schwer feststellbar ist (→ Rn. 1). Dem Anfechtenden obliegt es zu beweisen, dass die Anfechtung fristgerecht erfolgt ist (→ Rn. 4). Hat der gesetzliche Vertreter die Frist versäumt, so kann der Geschäftsunfähige nach Wiedererlangung der Geschäftsfähigkeit selbst anfechten (→ Rn. 5).

## I. Ausschlussfrist

1 **1. Fristbeginn.** Die einjährige Ausschlussfrist beginnt im Falle der Anfechtung vertragsmäßiger bzw. wechselbezüglicher Verfügungen in einem Erbvertrag bzw. in einem gemeinschaftlichen Testament wegen Drohung (§§ 2281, 2078 Abs. 2 Alt. 2), sobald die Zwangslage aufhört. Die Formulierung des § 2283 Abs. 2 stimmt wörtlich mit § 124 Abs. 2 S. 1 überein, sodass auf die Ausführungen zu § 124 verwiesen werden kann. In allen anderen Anfechtungsfällen beginnt die Frist mit der Kenntniserlangung des Erblassers vom Anfechtungsgrund. Der Erblasser selbst muss alle Tatsachen kennen, die für die Anfechtung erforderlich sind (BayObLGZ 1990, 95 (98 f.); OLG Frankfurt ZEV 1997, 422). Dazu gehört im Falle der Anfechtung der Schlusserbeneinsetzung wegen einer **Wiederverheiratung** die sichere Erinnerung an das Vorhandensein einer letztwilligen Verfügung (OLG Düsseldorf NJW-RR 2007, 947 (948); BayObLG ZEV 1995, 105 mAnm Leipold; Staudinger/Kanzleiter, 2019, Rn. 8; krit. Reimann/Bengel/Dietz/J. Mayer/Dietz Rn. 5; NK-BGB/Kornexl Rn. 17). Die für den Fristbeginn erforderliche Kenntnis ist deshalb erst dann gegeben, wenn der Anfechtungsberechtigte sich konkret an seine frühere Verfügung erinnert (OLG Düsseldorf NJW-RR 2007, 947 (948)). Richtiger Ansicht nach braucht der Erblasser in diesem Fall aber nicht zu wissen, dass er erbrechtlich gebunden ist (Leipold ZEV 1995, 99 (100); Schubert/Czub JA 1980, 335 (336); aA Ritter, Der Konflikt zwischen einer erbrechtlichen Bindung aus erster Ehe und einer Verfügung des überlebenden Ehegatten zugunsten eines neuen Lebenspartners, 1999, 127 ff.). Glaubt der Erblasser, auf Grund der Wiederheirat ohne Anfechtung frei testieren zu können, so führt dieser bloße Rechtsirrtum nicht zum Erhalt des Anfechtungsrechts. Erbringt der andere Vertragsteil eines **entgeltlichen Erbvertrags** die von ihm versprochene Leistung (zB Pflege, Rente) nicht rechtzeitig, so beginnt die Frist nicht schon mit geringfügigem Verzug, sondern erst dann, wenn die ausstehenden Leistungen ein Ausmaß erreichen, das den Erblasser vom Abschluss abgehalten hätte, wenn er dies vorausgesehen hätte (BayObLG NJW 1964, 205). Im Übrigen wird auf die Ausführungen zu → § 2082 Rn. 1 Bezug genommen. Diese Frist gilt sowohl bei der Anfechtung gegenüber dem Vertragspartner als auch bei der gegenüber dem Nachlassgericht.

2 **2. Hemmung.** Die Jahresfrist des Abs. 1 wird unter Anwendung der §§ 187, 188 berechnet. Da es sich bei dieser Frist nicht um eine Verjährungsfrist, sondern eine Ausschlussfrist handelt, erklärt Abs. 2 S. 2 die Vorschriften der §§ 206 und 210 über die Fristhemmung für entspr. anwendbar. Der Stillstand der Rechtspflege ist ein Unterfall des § 206 und nur dann relevant, wenn die Anfechtungserklärung nach dem Tod des Vertragspartners gem. § 2281 Abs. 1 S. 1 dem Nachlassgericht gegenüber abzugeben ist. Darüber hinaus erfasst § 206 die Fälle unrichtiger amtlicher Sachbehandlung, zB falsche Belehrung über Anfechtungsrecht (BayObLGZ 1960, 490), unrichtiger Erbschein (BayObLGZ 1989, 116; vgl. BGH NJW 1960, 283 zu § 203 Abs. 2 aF). Im Übrigen wird auf die Kommentierung zu § 206 verwiesen.

3 **3. Wirkung des Fristablaufs.** Mit Ablauf der Jahresfrist des Abs. 1 entfällt das Anfechtungsrecht. Da es sich hierbei nicht um eine Verjährungs-, sondern um eine echte Ausschlussfrist handelt, ist der Fristablauf auch dann von Amts wegen zu beachten, wenn sich der Anfechtungsgegner nicht darauf beruft.

4 **4. Beweisfragen.** Dem Anfechtenden obliegt es zu beweisen, dass die Anfechtung fristgerecht erfolgt ist. Behauptet der Anfechtungsgegner, der Anfechtende habe bereits früher Kenntnis vom Anfechtungsgrund gehabt oder die Zwangslage sei früher beendet gewesen, so ist er dafür beweispflichtig (BayObLG NJW 1964, 205; ZEV 1995, 105 (106); Staudinger/Kanzleiter, 2019, Rn. 9; aA MüKoBGB/Musielak Rn. 6).

### II. Fristversäumnis durch gesetzlichen Vertreter

Hat der gesetzliche Vertreter diese Ausschlussfrist versäumt, so räumt § 2283 Abs. 3 dem Geschäftsunfähigen das Recht ein, nach Wiedererlangung der Geschäftsfähigkeit selbst anzufechten. Dabei wird ihm iVm § 206 eine Nachfrist gewährt. 5

## § 2284 Bestätigung

**Die Bestätigung eines anfechtbaren Erbvertrags kann nur durch den Erblasser persönlich erfolgen.**

### Überblick

Ein anfechtbarer Erbvertrag kann durch Bestätigung endgültig wirksam gemacht werden (→ Rn. 1). Die Bestätigung ist eine nicht empfangsbedürftige einseitige Willenserklärung, die auch durch konkludentes Verhalten zum Ausdruck gebracht werden kann (→ Rn. 3). Mit dieser Bestätigung verzichtet der Erblasser auf sein Anfechtungsrecht (→ Rn. 2), so dass eine spätere Anfechtung – auch durch Dritte – ausgeschlossen ist (→ Rn. 4). Sie betrifft ausschließlich vertragsmäßige Verfügungen, weil der Erblasser einseitig testamentarische Verfügungen jederzeit widerrufen kann (→ Rn. 1). Sonstige Wirksamkeitsmängel können nicht gemäß § 2284 beseitigt werden (→ Rn. 1).

### I. Gegenstand der Bestätigung

1 Nur vertragsmäßige Verfügungen in einem Erbvertrag oder wechselbezügliche Verfügungen in einem gemeinschaftlichen Testament können vom verfügenden Erblasser gem. § 2284 bestätigt werden. Sind diese jedoch aus irgendeinem sonstigen Grund nichtig, so scheidet eine Bestätigung aus und eine entsprechende Erklärung kann nur dann die Wirksamkeit herbeiführen, wenn sie den an eine neue Verfügung von Todes wegen zu stellenden Anforderungen entspricht (vgl. MüKoBGB/Musielak Rn. 3). Zur Bestätigung einseitig testamentarischer Verfügungen → § 2078 Rn. 17.

### II. Kenntnis des Anfechtungsgrunds

2 Da die Bestätigung der Sache nach nichts anderes als den Verzicht auf ein entstandenes Anfechtungsrecht darstellt, kann sie das Anfechtungsrecht nur zum Erlöschen bringen, wenn und soweit der Erblasser im Zeitpunkt der Bestätigung den Anfechtungsgrund kannte (Reimann/Bengel/Dietz/J. Mayer/Dietz Rn. 7). Erfährt er erst nachträglich von einem Anfechtungsgrund, so kann eine Verfügung trotz der Bestätigung angefochten werden (RGZ 128, 116 (119)). Zur Kenntnis des Anfechtungsgrunds → § 2082 Rn. 1.

### III. Bestätigungserklärung

3 Die Bestätigung ist dem Erblasser höchstpersönlich vorbehalten. Sie kann daher weder von einem Vertreter noch von den Erben erklärt werden. Der Erblasser muss zurzeit der Bestätigung voll geschäftsfähig sein. **Minderjährige** (§ 2) können nach der ersatzlosen Aufhebung des § 2284 S. 2 aF durch das Gesetz zur Bekämpfung von Kinderehen vom 17.7.2017 (BGBl. I 2429), das durch Aufhebung des § 1303 Abs. 2 aF die Eheschließung von Minderjährigen mit Wirkung ab dem 1.1.2018 unmöglich gemacht hat, keinen Erbvertrag mehr bestätigen. Vor dem Inkrafttreten dieses Gesetzes wirksam bestätigte Erbverträge behalten jedoch ihre Gültigkeit. Da die Bestätigung ihrem Wesen nach ein Neuabschluss eines Erbvertrags darstellt, müssen die Erleichterungen des § 2275 auch hier zur Anwendung gelangen. Steht der Erblasser unter Betreuung, so bedarf er nicht der Einwilligung des Betreuers (vgl. § 1903 Abs. 2). Richtiger Ansicht nach schließt § 2284 eine Bestätigung einer anfechtbaren Verfügung durch den anderen Vertragsbeteiligten gem. § 144 aus (Kipp/Coing ErbR § 24 VII 2; Staudinger/Kanzleiter, 2019, Rn. 2; Soergel/Wolf Rn. 4; aA MüKoBGB/Musielak Rn. 2). Die Bestätigung des Erblassers ist eine nicht empfangsbedürftige einseitige Willenserklärung, die auch durch konkludentes Verhalten zum Ausdruck gebracht werden kann (BayObLGZ 1954, 77). Nach hM ist die Bestätigungserklärung formfrei, bedarf also nicht der notariellen Beurkundung (BayObLG NJW-RR 1989, 1090; MüKoBGB/Musielak

Rn. 2; Staudinger/Kanzleiter, 2019, Rn. 6; aA Bengel DNotZ 1984, 132 (137); Reimann/Bengel/Dietz/J. Mayer/Dietz Rn. 9 mwN).

## IV. Wirkung der Bestätigung

4 Die wirksame Bestätigung einer anfechtbaren vertragsmäßigen oder wechselbezüglichen Verfügung in einem Erbvertrag bzw. in einem gemeinschaftlichen Testament schließt eine spätere Anfechtung sowohl durch den Erblasser gem. §§ 2281, 2078, 2079, als auch durch Dritte gem. §§ 2078, 2079 aus. Die Ausschlusswirkung reicht jedoch nicht weiter als die Kenntnis des Erblassers vom Anfechtungsgrund (→ Rn. 2).

# § 2285 Anfechtung durch Dritte

**Die in § 2080 bezeichneten Personen können den Erbvertrag auf Grund der §§ 2078, 2079 nicht mehr anfechten, wenn das Anfechtungsrecht des Erblassers zur Zeit des Erbfalls erloschen ist.**

## Überblick

Das Anfechtungsrecht des Erblassers bezüglich vertragsmäßiger Verfügungen ist höchstpersönlich und geht mit seinem Tod nicht auf die Erben über (→ Rn. 1). Nach § 2080 steht einem Dritten von da an grds. ein eigenes (neues) Recht zur Anfechtung zu, wenn ihm die Aufhebung der Verfügung von Todes wegen unmittelbar zustattenkommen würde. § 2085 stellt klar, dass das Anfechtungsrecht des Dritten von dem des Erblassers abhängt, so dass jener nur (noch) anfechten können, wenn und soweit auch dieser es noch könnte (→ Rn. 3). Hat der Erblasser den Erbvertrag bestätigt, die Anfechtungsfrist versäumt, auf sein Anfechtungsrecht verzichtet oder den Anfechtungsgrund rechtsmissbräuchlich herbeigeführt, kann der Dritte den Erbvertrag nicht mehr anfechten (→ Rn. 2). Der Anfechtungsgegner trägt die Beweislast für das Erlöschen des Anfechtungsrechts (→ Rn. 4).

## I. Anwendungsbereich

1 § 2285 schließt nur die Anfechtung **vertragsmäßiger** Verfügungen in einem Erbvertrag oder bindend gewordene **wechselbezügliche** in einem gemeinschaftlichen Testament (BayObLG NJW 1954, 1039; Reimann/Bengel/Dietz/J. Mayer/Dietz Rn. 9; ohne Einschränkung OLG Karlsruhe NJW 1958, 714) nach dem Tod des Erblassers durch Dritte gem. §§ 2078, 2079 aus, wenn das gleichgerichtete Anfechtungsrecht vor dessen Tod erloschen ist. Bei **einseitig testamentarischen Verfügungen** gilt § 2285 nicht, weil diese vom Erblasser nicht angefochten werden können und müssen.

## II. Voraussetzungen

2 Die Anfechtung durch Dritte ist ausgeschlossen, wenn und soweit das Anfechtungsrecht durch **Fristablauf** gem. § 2283 oder durch **Bestätigung** gem. § 2284 erloschen ist. Gleichzustellen ist der Fall, dass der Erblasser bereits im Erbvertrag oder im gemeinschaftlichen Testament konkret auf sein Anfechtungsrecht **verzichtet** hat (→ § 2078 Rn. 12) (MüKoBGB/Musielak Rn. 5). Nicht unter § 2284 fällt dagegen, wenn durch Urteil gegenüber dem Erblasser festgestellt worden ist, dass die von ihm angefochtene Verfügung wirksam ist (BGH NJW 1952, 419). Entgegen einer in der Lit. vertretenen Meinung (RGRK-BGB/Kregel Rn. 4; Grüneberg/Weidlich Rn. 2; Soergel/Zecca-Jobst Rn. 2; offengelassen von BGH NJW 1952, 419) verbietet es sich, auf einen derartigen Fall erfolgloser Anfechtung § 2285 analog anzuwenden (Reimann/Bengel/Dietz/J. Mayer/Dietz Rn. 7; MüKoBGB/Musielak Rn. 6; Staudinger/Kanzleiter, 2019, Rn. 5; Erman/S. Kappler/T. Kappler Rn. 2). Eine analoge Anwendung würde eine Ausdehnung der materiellen Rechtskraft über § 325 Abs. 1 ZPO hinaus auf den selbstständig, dh nicht als Rechtsnachfolger zur Anfechtung berechtigten Dritten bedeuten. Diese ist sachlich nicht gerechtfertigt, weil die Erfolglosigkeit des Erblassers schließlich auch rein prozessuale Gründe haben kann.

## III. Ausschlusswirkung

Wenn und soweit die Voraussetzungen des § 2285 gegeben sind, so ist eine Anfechtung durch Dritte gem. §§ 2078, 2079 auf Grund des gleichen Sachverhalts ausgeschlossen. Konnte der Erblasser aus verschiedenen Gründen anfechten, so ist die Frage des Erlöschens seines Anfechtungsrechts für jeden Anfechtungstatbestand gesondert zu prüfen. Nur in dem Umfang, in dem das Erblasserrecht erloschen ist, ist auch das Anfechtungsrecht gem. §§ 2078, 2079 ausgeschlossen. Mit dem Anfechtungsrecht entfällt auch die Einredemöglichkeit des § 2083. 3

## IV. Beweisfragen

Die Beweislast für das Erlöschen des Anfechtungsrechts für den Erblasser und damit für den Ausschluss des Anfechtungsrechts des Dritten trägt der Anfechtungsgegner (BayObLG BeckRS 1994, 9986 Rn. 18 ff.). 4

## § 2286 Verfügungen unter Lebenden

**Durch den Erbvertrag wird das Recht des Erblassers, über sein Vermögen durch Rechtsgeschäft unter Lebenden zu verfügen, nicht beschränkt.**

### Überblick

Die Vorschrift stellt klar, dass durch vertragsmäßige Verfügungen in einem Erbvertrag die lebzeitige Verfügungsfreiheit des Erblassers nicht eingeschränkt wird (→ Rn. 1). Der Erbvertrag begründet zwar erbrechtliche Bindungen, aber keine Rechte und Pflichten der Beteiligten, es sei denn, dass er mit einem lebzeitigen Rechtsgeschäft verbunden ist. Der Bedachte hat deshalb vor dem Erbfall keine gesicherte bzw. sicherbare Rechtsposition (→ Rn. 2 ff.). Die schwache Rechtsstellung des Bedachten kann allenfalls durch zusätzliche Vereinbarungen gestärkt, aber nie völlig gesichert werden (→ Rn. 6 ff.).

## I. Freiheit des Erblassers zu Verfügungen unter Lebenden

**Vertragsmäßige Verfügungen** im Erbvertrag hindern den Erblasser zwar, über sein Vermögen von Todes wegen anderweitig zu verfügen (§ 2289 Abs. 1 S. 2), nicht jedoch durch Rechtsgeschäft unter Lebenden (§ 2286) (allg. Hülsmeier, Die bindende Wirkung des Erbvertrages, Diss. Münster 1985; Strobel, Mittelbare Sicherung erbrechtlicher Erwerbsaussichten, 1982; betr. Gesellschafterbeschlüsse Fleck FS Stempel, 1985, 353). Solche Erbeinsetzungen, Vermächtnisse oder Auflagen schränken zwar die Testierfreiheit, nicht aber die Freiheit, lebzeitige Rechtsgeschäfte aller Art vorzunehmen, ein. Rechtsgeschäfte unter Lebenden sind dabei selbst dann wirksam, wenn sie in der Absicht abgeschlossen werden, die Rechte des vertragsmäßig Bedachten zu beeinträchtigen (vgl. BGH NJW 1989, 2389). In besonderen Ausnahmefällen, etwa bei einem Verstoß gegen einen schuldrechtlichen Verfügungsunterlassungsvertrag (BGH NJW 1959, 2252 (2254); vgl. auch → Rn. 7 ff.), kann sich allerdings der Begünstigte auf § 138 berufen (vgl. BGH NJW 1973, 240). Ein in dieser Absicht vorgenommenes Rechtsgeschäft kann jedoch gem. §§ 2287, 2288 Bereicherungsansprüche begründen. Auch wenn § 2286 nur die Freiheit zu Verfügungen behandelt, so sind darunter nicht nur die eigentlichen Verfügungsgeschäfte, sondern auch alle Verpflichtungsgeschäfte, geschäftsähnlichen Handlungen oder tatsächlichen Rechtshandlungen zu verstehen (vgl. MüKoBGB/Musielak Rn. 2). Der Erblasser ist daher auch zu den Bedachten benachteiligenden familienrechtlichen Handlungen wie Eheschließung oder Annahme eines Kindes berechtigt. Die Vorschrift gilt unmittelbar zwar nur für vertragsmäßige Verfügungen in Erbverträgen, ist aber auf **wechselbezügliche Verfügungen** in gemeinschaftlichen Testamenten entspr. anzuwenden (BGH DNotZ 1960, 207; 1965, 357 (358)). 1

## II. Sicherung der Rechte des Bedachten vor dem Erbfall

**1. Kein Anwartschaftsrecht.** Der Bedachte hat vor dem Erbfall keine gesicherte Rechtsposition iS eines Anwartschaftsrechts (hM, zB BGH NJW 1954, 633; MüKoBGB/Musielak Rn. 3 mwN; aA Mattern BWNotZ 1962, 229 (234)). Ansprüche des Erben entstehen erst mit dem Erbfall (§§ 1922, 2032, 2176) und können bis dahin auf Grund der in § 2286 anerkannten 2 lebzeitigen Verfügungsfreiheit des Erblassers noch vereitelt werden, ohne dass der vertragsmäßig Bedachte dies verhindern kann. Folgerichtig kann der Bedachte seine Rechtsstellung vor dem Erbfall weder vererben noch übertragen (BGH NJW 1962, 1910), oder verpfänden. Bis dahin können seine Rechte auch nicht gepfändet oder zur Insolvenzmasse gezogen werden (OLG Oldenburg OLGE 6, 176 (178 f.)).

3 **2. Keine Ansprüche aus unerlaubter Handlung.** Ansprüche des Bedachten auf Grund des § 823 scheiden aus, da weder seine Rechtsstellung vor dem Erbfall ein „sonstiges Recht" iSd Abs. 1 darstellt, noch die §§ 2287, 2288 Schutzgesetze iSd Abs. 2 sind (MüKoBGB/Musielak Rn. 5). Richtiger Ansicht scheiden auch Ansprüche gem. § 826 aus, weil sich ein Anerkenntnis dieser Anspruchsgrundlage mit der in § 2286 zum Ausdruck gekommenen Grundentscheidung zugunsten der völligen Verfügungsfreiheit des Erblassers unter Lebenden eindeutig in Widerspruch setzen würde (BGH NJW 1989, 2389; 1991, 1952; OLG Köln NJW-RR 1996, 327; MüKoBGB/Musielak Rn. 5 mwN; Reimann/Bengel/Dietz/J. Mayer/Röhl § 2287 Rn. 10; aA Soergel/Zecca-Jobst Rn. 4; Staudinger/Kanzleiter, 2019, Rn. 4; Recker MittRhNotK 1978, 125 (126 f.)). §§ 2287, 2288 enthalten für solche Fälle eine abschließende, also auch § 826 verdrängende Sonderregelung (BGH NJW 1989, 2389).

4 **3. Keine Sicherung durch Vormerkung.** Bis zum Erbfall kann die Rechtsstellung des vertragsmäßig Bedachten nicht durch eine Vormerkung im Grundbuch geschützt werden (hM, zB BGH NJW 1954, 633; FamRZ 1967, 470 (472); aA OLG Celle NJW 1953, 27). Sie begründet nämlich weder gegenwärtige noch künftige Rechte, da bis dahin der Erblasser auf Grund seiner von § 2286 anerkannten Verfügungsfreiheit diese jederzeit noch vereiteln kann.

5 **4. Feststellungsklage (§ 256 ZPO).** Vor dem Erbfall kann der Bedachte, auch wenn er nicht selbst Vertragspartner ist (vgl. BGH NJW 1962, 1913), eine Klage auf Feststellung der Wirksamkeit des Erbvertrags nur erheben, wenn Tatsachen wie Anfechtung oder Rücktritt dazu Anlass geben (BGH NJW 1962, 1723; MüKoBGB/Musielak Rn. 7; aA Staudinger/Kanzleiter, 2019, § 2281 Rn. 39).

6 **5. Sicherungsmöglichkeiten des Bedachten.** Die schwache Rechtsstellung des Bedachten kann durch zusätzliche Vereinbarungen gestärkt, aber nie völlig gesichert werden. Die Schutzwirkung eines Erbvertrags bleibt stets hinter der eines Rechtsgeschäfts unter Lebenden, etwa eines Schenkungsvertrags mit auf den Tod des Schenkers aufgeschobener Erfüllung, zurück.

7 **a) Verfügungsunterlassungsvertrag.** Dem Erblasser steht es aber frei, sich zusätzlich zum Erbvertrag in derselben Urkunde oder in einem gesonderten Vertrag gegenüber dem Bedachten schuldrechtlich zu verpflichten (vgl. § 137 S. 2), über bestimmte Gegenstände seines Vermögens nicht oder jedenfalls nur mit dessen Zustimmung zu verfügen (BGH NJW 1959, 2252 (2254); 1954, 633; MüKoBGB/Musielak Rn. 38; NK-BGB/Horn Rn. 13; aA Krebber AcP 204 (2004), 149 (166 ff.): Verstoß gegen § 2302). Allerdings kann diese Verfügung gem. § 138 BGB sittenwidrig sein, wenn dabei nicht geregelt ist, dass der Bedachte einer mit den Grundsätzen ordnungsgemäßer Wirtschaft zu vereinbarenden und den Zweck des Verfügungsverbots nicht wesentlich gefährdenden Verfügung zustimmen muss (vgl. BGH BeckRS 2012, 17678 zu einem Übergabevertrag).

8 Ein solcher Verfügungsunterlassungsvertrag ist **formfrei** gültig, es sei denn, dass diese Vereinbarung nach dem Willen der Beteiligten eine rechtliche Einheit mit dem Erbvertrag bildet, beide Rechtsgeschäfte also miteinander stehen und fallen (BGH NJW 1954, 633; MüKoBGB/Musielak Rn. 38; NK-BGB/Horn Rn. 13; weiter diff. Hohmann ZEV 1996, 24; für generelle Formfreiheit Staudinger/Kanzleiter, 2019, Rn. 16; Soergel/Zecca-Jobst Rn. 4; für generelle Formpflicht Reimann/Bengel/Dietz/J. Mayer/Röhl Rn. 25). Die Formfreiheit gilt selbst dann, wenn sich die Unterlassungspflicht auf Immobilien iSd § 311b Abs. 1 bezieht. An die Begründung einer derartigen Unterlassungspflicht durch konkludentes Verhalten sind allerdings strenge Anforderungen zu stellen (BGH DNotZ 1969, 759 (760)). Da eine solche Unterlassungsvereinbarung wegen § 137 S. 1 nur **schuldrechtliche Wirkung** haben kann, wirkt sie ausschließlich zwischen den Vertragsschließenden und lässt die Wirksamkeit der verbotswidrigen Verfügungen unberührt. Eine solche Verpflichtung kann auch zugunsten eines Bedachten, der selbst nicht Vertragspartner ist, im Wege eines **Vertrages zugunsten Dritter** begründet werden. Dabei ist allerdings klarzustellen, ob dieser auch ohne Zustimmung des Dritten von den Vertragschließenden geändert oder aufgehoben werden kann (vgl. LG Mosbach MDR 1971, 222).

9 Die Verpflichtung zur Unterlassung von Verfügungen über **Grundstücke oder grundstücksgleiche Rechte** kann nur dann durch Vormerkung im Grundbuch gesichert werden, wenn gleichzeitig als Strafe für den Fall der verbotswidrigen Verfügung eine Übereignungspflicht an den

Bedachten vereinbart wird (BayObLG DNotZ 1979, 27; Rpfleger 1997, 59; Reimann/Bengel/Dietz/J. Mayer/Röhl Rn. 28 mwN; aA MüKoBGB/Mayer-Maly, 3. Aufl. 1978, § 137 Rn. 15; Timm JZ 1989, 13 (21 f.)). Eine derart ausgestaltete Vereinbarung bedarf wegen der darin liegenden Veräußerungspflicht der notariellen Beurkundung gem. § 311b Abs. 1. Ist für den Fall des Verstoßes gegen ein Verfügungsverbot über Immobilien eine Schadensersatzpflicht in Geld vorgesehen, so kann dies als Vertragsstrafenversprechen gem. § 339 S. 2 auszulegen sein, bei dem sich die Höhe der versprochenen Strafleistung am gegenwärtigen Immobilienwert zu orientieren hat (OLG Saarbrücken BeckRS 2019, 28280 Rn. 23 ff.).

**b) Erbrechtliche Sicherungen bei Erbvertrag oder Berliner Testament.** Haben sich Ehegatten in einem Erbvertrag oder einem gemeinschaftlichen Testament gegenseitig zu Alleinerben eingesetzt und dem Bedachten etwas auf den Tod des Längstlebenden zugewendet, so kann der Erstverstorbene den Bedachten dadurch sichern, dass: **10**

- die Erbeinsetzung des Längstlebenden unter die auflösende Bedingung gestellt wird, dass er durch Verfügung über bestimmte Vermögensgegenstände die Zuwendung an den Dritten vereitelt, oder
- der Längstlebende mit dem Vermächtnis zugunsten des Bedachten beschwert wird, Verfügungen zu unterlassen (vgl. Reimann/Bengel/Dietz/J. Mayer/Röhl Rn. 34 mw Gestaltungsmöglichkeiten).

## § 2287 Den Vertragserben beeinträchtigende Schenkungen

**(1) Hat der Erblasser in der Absicht, den Vertragserben zu beeinträchtigen, eine Schenkung gemacht, so kann der Vertragserbe, nachdem ihm die Erbschaft angefallen ist, von dem Beschenkten die Herausgabe des Geschenks nach den Vorschriften über die Herausgabe einer ungerechtfertigten Bereicherung fordern.**

**(2) Die Verjährungsfrist des Anspruchs beginnt mit dem Erbfall.**

### Überblick

Zum Schutze des Erben schränkt diese Norm die wirtschaftlichen Wirkungen wirksamer Schenkungen zu Lebzeiten des Erblassers in der Weise ein, dass dem vertragsmäßig eingesetzten Erben Bereicherungsansprüche gegen den Beschenkten erwachsen. Nur Schenkungen (auch gemischte Schenkungen) werden erfasst (→ Rn. 2 ff.). Erst der Widerspruch zwischen lebzeitiger Verfügung und bindender erbrechtlicher Erbeinsetzung löst diesen Anspruch aus. Die lebzeitige Verfügung muss im Ergebnis auf eine Beeinträchtigung iSd § 2289 Abs. 1 S. 1 bzw. einen Widerruf iSd § 2271 Abs. 2 S. 1 hinauslaufen (→ Rn. 9 ff.). Der Erblasser muss in der Absicht gehandelt haben, dem Vertragserben die Vorteile der Erbeinsetzung zu entziehen oder zu schmälern. Die Beeinträchtigung muss nicht der eigentliche oder hauptsächliche Beweggrund der lebzeitigen Verfügung sein (→ Rn. 12 ff.). Das lebzeitige Eigeninteresse muss lediglich im Zeitpunkt der Schenkung gegeben sein, braucht also nicht bis zum Erbfall fortzudauern (→ Rn. 21). Der Vertragserbe, der selbst Vertragspartner ist, kann bereits im notariell beurkundeten Erbvertrag auf den Rückforderungsanspruch gem. § 2287 verzichten (→ Rn. 22). Der Anspruch entsteht mit dem Tod und gehört nicht zum Nachlass, sondern steht dem Vertragserben persönlich zu (→ Rn. 23 f.). Der Anspruch richtet sich ausschließlich gegen den Beschenkten, niemals gegen den Erblasser selbst oder einen Miterben, soweit dieser nicht selbst eine Schenkung erhalten hat (→ Rn. 25). Der Anspruch ist primär auf Herausgabe des auf Grund der Schenkung erlangten Gegenstands gerichtet (→ Rn. 26 ff.). Nicht § 2287, wohl aber § 242 gewährt dem Vertragserben nach dem Tod des Erblassers ein Recht auf Auskunft durch den Beschenkten (→ Rn. 30). Die Verjährungsfrist beginnt ohne Rücksicht darauf, ob und wann der Vertragserbe von der Schenkung erfährt, mit dem Tod des Erblassers (→ Rn. 32).

### Übersicht

## I. Normzweck und Geltungsbereich

1 Die dem Erblasser durch § 2286 zugesagte lebzeitige Verfügungsfreiheit birgt die Gefahr der Aushöhlung der mit einem Erbvertrag einhergehenden erbrechtlichen Bindungswirkung. Zum Schutze des Erben schränkt diese Norm die wirtschaftlichen Wirkungen wirksamer Schenkungen zu Lebzeiten des Erblassers in der Weise ein, dass dem vertragsmäßig eingesetzten Erben Bereicherungsansprüche gegen den Beschenkten erwachsen. Die Vorschrift gilt unmittelbar zwar nur für vertragsmäßige Verfügungen in Erbverträgen, ist aber auf wechselbezügliche Verfügungen in gemeinschaftlichen Testamenten entspr. anzuwenden (BGH DNotZ 1951, 331; NJW 1982, 43).

## II. Anspruchsvoraussetzungen

2 **1. Schenkung des Erblassers. a) Begriff.** Im Rahmen des § 2287 ist hierunter – wie bei §§ 516 ff. (BGH DNotZ 1951, 331; NJW 1982, 43; NJW-RR 1986, 1135) – jede den Empfänger bereichernde Zuwendung aus dem Vermögen des Schenkers zu verstehen, über deren Unentgeltlichkeit beide einig sind. Diese Vorschrift gilt damit auch für Pflicht- und Anstandsschenkungen (§ 534), Ausstattungsschenkungen (vgl. § 1624 Abs. 1) oder gemischte Schenkungen (vgl. BGH NJW-RR 1989, 259). Bei der Prüfung der Voraussetzungen des § 2287 Abs. 1 muss zwischen dem Vorliegen einer Schenkung einerseits und der Absicht des Erblassers, den Vertragserben zu beeinträchtigen, andererseits unterschieden werden, sodass ein in einem **Grundstücksübertragungsvertrag** vorbehaltener Nießbrauch sowie eine übernommene Pflegeverpflichtung bereits bei der Prüfung, ob eine (gemischte) Schenkung vorliegt, zu berücksichtigen sind (BGH NJW 2017, 329). § 2287 Abs. 1 gilt aber auch für solche Schenkungen, die nach außen im Gewande eines entgeltlichen Geschäfts erscheinen, aber in Wahrheit als Schenkung gewollt sind (sog **verschleierte Schenkung**). Zwar ist im Rahmen des Schenkungsrechts vor allem im Hinblick auf die Formvorschrift des § 518 umstritten, ob die **unentgeltliche Gebrauchsüberlassung** (Leihe), worunter auch die Einräumung eines schuldrechtlichen Wohnungsrechts fällt, eine Schenkung iSd Vorschriften ist (BGH NJW 1982, 295 mwN). Aber auch dann, wenn man – wie der BGH (BGH NJW 1982, 295) – die Leihe aus dem Anwendungsbereich des Schenkungsrechts ausnimmt, muss man jedenfalls auf eine unentgeltliche Gebrauchsüberlassung mit einer unangemessen langen Laufzeit § 2287 anwenden (Nehlsen-v. Stryk AcP 187 (1987), 552 (556); ohne Einschränkung auf lange Laufzeit Reimann/Bengel/Dietz/J. Mayer/Röhl Rn. 25; vgl. für §§ 516 ff. Larenz/Canaris SchuldR BT II § 47 I; MüKoBGB/J. Koch § 516 Rn. 3). Im Rahmen der §§ 516 ff. mag der Hinweis auf die Grundentscheidung des Gesetzgebers für die Formfreiheit des – auch langfristigen – Leihevertrags Gewicht haben, nicht so im Rahmen des § 2287. Der Schutzzweck des § 2287, nämlich die Rückabwicklung von einseitig zu Lasten des Vertragserben vorgenommenen Vermögensverschiebungen, gebietet es, Leiheverhältnisse, die wegen langer Laufzeiten wirtschaftlich einer Substanzverlagerung gleichkommen, daraufhin zu überprüfen, ob sie durch ein überwiegendes Eigeninteresse des Erblassers gerechtfertigt sind. Nur so lassen sich Umgehungsgeschäfte durch unentgeltliche oder teilentgeltliche Gebrauchsüberlassungen wirkungsvoll bekämpfen. Lebenslängliche Gebrauchsüberlassungen unterfallen daher dem Schenkungsbegriff des § 2287 ebenso wie solche, deren Laufzeit die gewöhnliche Nutzungsdauer der überlassenen Sache zu einem erheblichen Teil ausschöpft (zB zehnjähriges schuldrechtliches Wohnrecht). Mit diesem Verständnis des § 2287 bedarf es auch nicht mehr der sachlich nicht gerechtfertigten Differenzierung zwischen einem schuldrechtlichen Wohnungsrecht einerseits und einem – unstreitig von § 2287 erfassten (vgl. BGH NJW 1992, 564; NJW-RR 1996, 133) – dinglichen Wohnungs- oder Nießbrauchsrecht. Auch der spätere **Verzicht auf** ein eingeräumtes oder bei einer früheren Übertragung vorbehaltenen **Wohnungs- oder Nießbrauchsrecht** kann eine Schenkung sein (vgl. OLG Oldenburg BeckRS 2007, 12485). Der Abschluss eines **Lebensversicherungsvertrags** unter Einräumung eines Bezugsrechts für einen anderen kann eine beeinträchtigende Schenkung sein, vor allem dann, wenn dieser zu einem Zeitpunkt abgeschlossen wird, zu dem der Erblasser selbst nicht mehr von den Versicherungsleistungen profitieren kann (OLG München BeckRS

2016, 20125 Rn. 15 betr. Bezugsrecht für 16 Jahre jüngere Ehefrau). Der BGH geht ferner einheitlich für alle erbrechtlichen Schutzvorschriften (§§ 2113, 2205, 2287 und 2288) bei sog unbenannten **Zuwendungen unter Ehegatten** von einer Schenkung iS dieser Vorschriften aus (grundlegend BGH NJW 1992, 564; ausf. Reimann/Bengel/Dietz/J. Mayer/Röhl Rn. 29 ff. mwN). Nach dieser Rspr. greift § 2287 dann nicht ein, wenn die erbrachte Leistung unterhaltsrechtlich geschuldet wird, ihr eine konkrete Gegenleistung gegenübersteht, sie einer angemessenen Alterssicherung dient oder sie eine angemessene Vergütung für langjährige Dienste, soweit diese nicht gem. § 1360 als Beitrag zum Familienunterhalt vom nicht erwerbstätigen Ehegatten geschuldet werden, dient (vgl. Brambring ZEV 1996, 248; Albrecht ZEV 1994, 149; Langenfeld NJW 1994, 2133 (2135)). Die dieser Rspr. zugrunde liegende Abwägung zwischen den Schutzinteressen des Vertragserben usw und den Vermögensinteressen des Ehegatten führt weitergehend dazu, § 2287 nicht anzuwenden, wenn und soweit die Vermögensübertragung lediglich zur hälftigen Beteiligung des Ehegatten am ehelichen Zugewinn führt (vgl. Langenfeld ZEV 1994, 129 (131 f.)). Was für Ehegattenzuwendungen gilt, muss folgerichtig auch für eingetragene Lebenspartnerschaften (§ 12 LPartG) gelten (Krug/Zwissler, Familienrecht und Erbrecht, 2002, Kap. 3 Rn. 123). Die gleichen Grundsätze kommen zur Anwendung bei gemeinschaftsbezogenen Zuwendungen zwischen Partnern einer **nichtehelichen Lebensgemeinschaft,** und zwar ohne Rücksicht auf die sexuelle Orientierung der Partner (vgl. BGH NJW 2008, 3277). In der Begründung einer **Gütergemeinschaft** kann nur unter besonderen Umständen eine Schenkung liegen (BGH NJW 1992, 558; MüKoBGB/Musielak Rn. 5). Während der Abschluss eines **Erbverzichtsvertrags,** in dem sich der Erblasser zu Leistungen verpflichtet, Schenkung iSd § 2287 sein kann, ist dies bei der späteren Aufhebung eines solchen Vertrags ausgeschlossen, da es insoweit an einer Entreicherung des Erblassers fehlt (BGH NJW 1980, 2307).

Im Wege der Vertragsänderung (§ 311 Abs. 1) kann eine Schenkung unter Einbeziehung **nachträglicher Zuwendungen seitens des Beschenkten** in einen entgeltlichen Vertrag umgewandelt werden (BGH NJW-RR 1989, 706 zu § 2315; MüKoBGB/J. Koch § 516 Rn. 30; Seiler, Der Begriff der Schenkung in § 2287 BGB, 2006, 50 f.; aA BFH NJW 1988, 3174; OLG Düsseldorf NJW-RR 2001, 1518 (1519); Staudinger/Cremer, 2005, § 516 Rn. 30; Strunz, Der Anspruch des Vertrags- oder Schlußerben wegen beeinträchtigender Schenkungen – § 2287 BGB, 1989, 77 ff.; Keim FamRZ 2004, 1081). Dies gilt auch für Rechtsgeschäfte zwischen Ehepartnern (BGH NJW-RR 1989, 706 zu § 2315). Die Umwandlung bedarf der Vereinbarung, sodass zur Umwandlung in ein entgeltliches Geschäft weder eine einseitige Erklärung noch eine Verfügung von Todes wegen ausreicht (so aber zu § 2315 BGH NJW-RR 1989, 706; krit. dazu Seiler, Der Begriff der Schenkung in § 2287 BGB, 2006, 51). 3

Bei einem noch nicht vollzogenen **Schenkungsversprechen** ist der Anspruch auf Vertragsaufhebung gerichtet (OLG Celle MDR 1948, 142 (144) mAnm Kleinrahm; Grüneberg/Weidlich Rn. 5; Seiler, Der Begriff der Schenkung in § 2287 BGB, 2006, 53; aA MüKoBGB/Musielak Rn. 3: Arglisteinwand, da § 2287 unanwendbar). 4

**b) Rechtswirksamkeit.** Umstritten ist, ob die Schenkung rechtswirksam sein muss. Die bejahende Auffassung (Boehmer FamRZ 1961, 253; Spellenberg NJW 1986, 2531 (2533)) verweist den Vertragserben auch bei einer rechtsgrundlosen Schenkung auf das Recht der ungerechtfertigten Bereicherung, während die verneinende Auffassung (MüKoBGB/Musielak Rn. 6 f.; Münzberg JuS 1961, 389 (390 f.); Grüneberg/Weidlich Rn. 5; Reimann/Bengel/Dietz/J. Mayer/Röhl Rn. 13) beide Anspruchsgrundlagen, also §§ 812 ff. und § 2287, nebeneinander anwendet. Hat der Erblasser mit der Schenkung gegen § 138 verstoßen, so kann er bei Anwendung des § 2287 ungehindert durch § 817 S. 2 den Rückforderungsanspruch durchsetzen. Da dies interessengerechter ist, ist die Wirksamkeit der Schenkung nicht Tatbestandsvoraussetzung des § 2287. 5

**c) Vollzug.** Nach hM braucht die Schenkung nicht vollzogen zu sein, sodass der Rückforderungsanspruch gem. § 2287 auch bei bloßen Schenkungsversprechen eingreift (dafür OLG Celle MDR 1948, 142 (144); Reimann/Bengel/Dietz/J. Mayer/Röhl Rn. 26; Grüneberg/Weidlich Rn. 5; dagegen MüKoBGB/Musielak Rn. 3). Bei einem zu Lebzeiten des Schenkers nicht erfüllten, die Erbeinsetzung beeinträchtigenden Schenkungsversprechen von Todes wegen iSd § 2301 Abs. 1 S. 1 hat dagegen die Nichtigkeitsfolge gem. § 2289 Abs. 1 S. 2 Vorrang vor der Anwendung des § 2287 (allgM, zB MüKoBGB/Musielak Rn. 8). 6

**d) Zeitpunkt.** Eine Beeinträchtigung des bindend eingesetzten Erben ist ausgeschlossen, wenn der Schenkungsvertrag vor Errichtung des Erbvertrags bzw. des gemeinschaftlichen Testaments wirksam abgeschlossen ist, und zwar selbst dann, wenn der Vollzug (zB Grundbucheintragung) erst danach erfolgt ist. Folgerichtig ist § 2287 dagegen bei einem mangels notarieller Beurkundung 7 unwirksamen Schenkungsversprechen anzuwenden, wenn dieses erst nach der Errichtung durch Vollzug gem. § 518 Abs. 2 wirksam wird (Handschenkung).

8 **2. Beeinträchtigung des Vertrags- bzw. Testamentserben. a) Wirksame vertragsmäßige bzw. wechselbezügliche Erbeinsetzung.** Der Rückforderungsanspruch entsteht nicht, wenn die Einsetzung des Erben im Erbvertrag oder gemeinschaftlichen Testament aus irgendeinem Grunde unwirksam ist (zB Anfechtung, Rücktritt, Formmangel, Widerspruch zu einer früheren Verfügung von Todes wegen). Im Falle der Anfechtbarkeit entsteht ein Anspruch gem. § 2287 selbst dann nicht, wenn die Anfechtung zwar nicht erklärt, die Schenkung aber vor Ablauf der Anfechtungsfrist vollzogen worden ist (BGH ZEV 2006, 505). Den Schutz des § 2287 genießt nur der eingesetzte Erbe. Dagegen schützt § 2288 den **Vermächtnisnehmer** weitergehend sogar vor tatsächlichen Einwirkungen und vor entgeltlichen Veräußerungsgeschäften. Auf eine **Teilungsanordnung** findet § 2287 nach hM schon deshalb keine Anwendung, weil diese gem. § 2270 Abs. 2 bzw. § 2278 keine wechselbezügliche bzw. erbvertragliche Bindungswirkung haben können. Nach der Gegenmeinung, die die Teilungsanordnung als integrierten Bestandteil der Erbeinsetzung ansieht (→ § 2270 Rn. 4; → Rn. 1), genießt der durch eine Teilungsanordnung begünstigte Miterbe auch den Schutz durch § 2287.

9 **b) Beeinträchtigung.** Erst der Widerspruch zwischen lebzeitiger Verfügung und bindender erbrechtlicher Erbeinsetzung löst diesen Anspruch aus. Die lebzeitige Verfügung muss iErg auf eine Beeinträchtigung iSd § 2289 Abs. 1 S. 1 bzw. einen Widerruf iSd § 2271 Abs. 2 S. 1 hinauslaufen. Wenn und soweit sich der Erblasser im Erbvertrag bzw. im gemeinschaftlichen Testament die Aufhebung oder Änderung solcher letztwilligen Verfügungen vorbehalten hat, kann der Erbe auf der Grundlage dieser Vorbehalte zulässigerweise vorgenommene Vermögensübertragungen nicht mit dem Anspruch aus § 2287 rückgängig machen (→ § 2289 Rn. 9; → § 2271 Rn. 30 ff.) (MüKoBGB/Musielak Rn. 24; Erman/S. Kappler/T. Kappler Rn. 9; aA Kipp/Coing ErbR § 38 IV 2c). Hat sich der Erblasser das Recht der anderweitigen Verteilung unter den Vertragserben vorbehalten, so kann er einem von ihnen mehr zuwenden als vorgesehen, wenn er diese Wertverschiebung mit der Auflage einer Ausgleichsleistung aus dem Eigenvermögen des begünstigten Vertragserben verbindet (BGH NJW 1982, 43; aA Schubert JR 1982, 155 (156)). Da der Erbe nur einen Anspruch auf eine wertmäßige Beteiligung, nicht aber auf eine gegenständliche Verteilung hat, kann der Erblasser Teilungsanordnungen erlassen, solange er für den Wertausgleich sorgt (BGH NJW 1982, 43; Keim ZEV 2002, 93 (95)). Dies gilt auch im Wege der vorweggenommenen Erbfolge (Keim ZEV 2002, 93 (95) gegen OLG Düsseldorf ZEV 2001, 110).

10 Da der **Pflichtteil** von den Erben vorrangig zu erfüllen ist, liegt keine Beeinträchtigung der bindenden Erbeinsetzung iSd § 2287 vor, wenn der Erblasser bis zu dessen Höhe Schenkungen an Pflichtteilsberechtigte vornimmt (BGH NJW 1984, 121). Wird der Pflichtteilsverzicht wieder **aufgehoben** und fordert der Erblasser die damit rechtsgrundlos gewordene Leistung nicht zurück, liegt in diesem Verzicht auf Rückforderung eine Beeinträchtigung iSd § 2287 (Kanzleiter DNotZ 2009, 86 (91)). Wird dagegen ein unentgeltlich erklärter Verzicht auf den Pflichtteil wieder aufgehoben, so wird nicht das Vermögen des Erblassers, sondern nur die durch § 2287 nicht geschützte Erberwartung des Erben beeinträchtigt (Kanzleiter DNotZ 2009, 86 (90 f.) mwN; aA J. Mayer/Röhl ZEV 2005, 175 (177)).

11 **Schenkungen an den Vertragserben** können als „vorgezogene Erbfolge" keine Beeinträchtigung sein. Auch die **Einwilligung des Erben** nimmt einer Schenkung den Charakter der Beeinträchtigung. Umstritten ist insoweit allerdings, ob diese Einwilligung **vor Eintritt des Erbfalls** formfrei ist (so Kanzleiter DNotZ 1990, 776; Soergel/Zecca-Jobst Rn. 10; Spanke ZEV 2006, 484 (487 f.)) oder – in analoger Anwendung des § 2348 – der notariellen Beurkundung bedarf (hM, zB BGH NJW 1989, 2618 (2619); MüKoBGB/Musielak Rn. 24 mwN; Ivo ZEV 2003, 101 (103)). Wegen der einem Zuwendungsverzicht vergleichbaren Rechtsfolgen, ist die für diesen geltende Formvorschrift des § 2348 analog heranzuziehen und notarielle Beurkundung zu fordern. Unter bestimmten Voraussetzungen kann dem Vertragserben im Falle einer ungültigen, weil formunwirksamen Zustimmung der Einwand der Arglist entgegengesetzt werden (BGH NJW 1989, 2618). Die Einwilligung des Vertragspartners, der nicht Vertragserbe ist, schließt dieses Tatbestandsmerkmal des § 2287 dagegen nicht aus. Mit der Zustimmung des Vertragserben entfällt die Beeinträchtigung endgültig, sodass auch der Ersatzerbe daran gebunden ist (Keim ZEV 2002, 93 (95)).

12 **3. Beeinträchtigungsabsicht. a) Begriff und Abwägungsgebot.** Der Erblasser muss bei der lebzeitigen Verfügung in der Absicht gehandelt haben, dem Vertragserben die Vorteile der Erbeinsetzung zu entziehen oder zu schmälern (allg. Aunert-Micus, Der Begriff der Beeinträchtigungsabsicht in § 2287 BGB beim Erbvertrag und beim gemeinschaftlichen Testament, 1991).

Diese wenig präzise Gesetzesformulierung verlangt eigentlich die Erforschung der subjektiven Einstellung des Erblassers. Die Beeinträchtigung muss – entgegen dem allgemeinen Absichtsbegriff – nicht der eigentliche oder hauptsächliche Beweggrund der lebzeitigen Verfügung sein. Es ist weiterhin ohne Bedeutung, ob der Vertragspartner diese Absicht des Erblassers erkannt und gebilligt hat (BGH NJW 1992, 564). Da sich die Absicht des Erblassers im Nachhinein wohl nie völlig klären lässt, hat der BGH in seiner grundlegenden Entscheidung (BGH NJW 1973, 240 (241)), mit der er auch seine bis dahin geltende Rspr. zur sog Aushöhlungsnichtigkeit aufgegeben hat, klargestellt, dass letztlich anhand objektiver Kriterien Rückschlüsse auf die subjektive Einstellung gezogen werden müssen (BGH NJW 1973, 240 (241); vgl. BGH NJW 1984, 121 mwN). Die Grenze zwischen den Verfügungen, die der Erbe hinnehmen muss, und denen, die einen Missbrauch der Verfügungsfreiheit darstellen, erfolgt nach dieser mittlerweile ständigen Rspr., die auch im Schrifttum überwiegend Zustimmung gefunden hat (vgl. MüKoBGB/Musielak Rn. 13 mwN), anhand der Frage, ob die Vermögensdisposition durch ein anzuerkennendes lebzeitiges Eigeninteresse gerechtfertigt ist (BGH NJW 1973, 240 (241); 1984, 121). Damit hat letztlich eine Abwägung zwischen dem Interesse des eingesetzten Erben an der uneingeschränkten Bindungskraft des Erbvertrags bzw. gemeinschaftlichen Testaments und dem Interesse des Erblassers an einer abweichenden Vermögensdisposition stattzufinden (MüKoBGB/Musielak Rn. 13). Auf das Interesse des Beschenkten kommt es unmittelbar zwar nicht an, jedoch kann die mit der Schenkung verbundene Motivation des Beschenkten zur Versorgung des Erblassers dessen Eigeninteresse begründen (→ Rn. 16).

**b) Übermaßverbot.** Besonderes Gewicht ist dabei auf eine angemessene Zweck-Mittel-Relation zu legen. Selbst bei einem anerkennenswerten Eigeninteresse an der Verfügung muss diese ihrem Umfange nach in einem angemessenen Verhältnis sowohl zum **verfolgten Zweck** als auch zum **verbleibenden Vermögen** des Erblassers stehen (vgl. zu solchen Überlegungen MüKoBGB/Musielak Rn. 16; Johannsen DNotZ 1977, Sonderheft, 91). Angesichts der Besonderheiten jedes Einzelfalls kann dabei zwar keine bestimmte Quote angegeben werden (vgl. MüKoBGB/Musielak Rn. 16; aA Beckmann MittRhNotK 1977, 28; vgl. dazu OLG Düsseldorf BeckRS 2016, 115634: Motoryacht keine Beeinträchtigung, weil weniger als 5% des Vermögens), jedoch wird man mit Sicherheit jede Schenkung, die eine Verfügung über das Vermögen im Ganzen iSd § 1365 darstellt, als übermäßig ansehen müssen. Im Übrigen ist auf den Einzelfall abzustellen. Zu berücksichtigen ist dabei auch der Zeitpunkt der Schenkung. Erfolgte sie zu einer Zeit, zu der der Erblasser seinen Tod bald erwartete, ist das anzuerkennende Maß der Schenkung selbstverständlich geringer als bei einer Verfügung zu einem Zeitpunkt, zu dem der Erblasser noch mit einem langen Leben rechnete. Bei einer Vermögensdisposition in Erwartung des nahen Todes trifft die wirtschaftliche Last schließlich mehr den Erben als den Erblasser. Auch wenn jede einzelne von **mehreren Zuwendungen** für sich betrachtet angemessen ist, so können sie doch in ihrer Summe übermäßig sein. In diesem Falle kommt der Rechtsgedanke der § 2329 Abs. 3, § 528 Abs. 2 zum Tragen, sodass der Bereicherungsanspruch des Vertragserben sich in erster Linie auf die zeitlich letzte(n) Zuwendungen bezieht, während die früheren unangetastet bleiben (sog Grundsatz der Posteriorität) (BGHZ 85, 274 (283 f.) = NJW 1983, 1485; BGH ZEV 1996, 25 (26)). Ein lebzeitiges Eigeninteresse ist nicht deshalb zu verneinen, weil vielleicht auch andere Sicherungsmöglichkeiten bestanden hätten oder der Erblasser die Wertverhältnisse nicht richtig eingeschätzt hat (OLG Köln NJW-RR 1996, 327 (328)). 13

**c) Maßstab.** Bei der Entscheidung der Frage, ob die Vermögensdisposition auch unter Berücksichtigung der erbrechtlichen Bindung billigenswert und gerecht sei, ist auf das Urteil eines objektiven Beobachters abzustellen (vgl. BGH NJW 1982, 1100). 14

**d) Einzelfälle anzuerkennenden Eigeninteresses. aa) Pflicht- und Anstandsschenkungen.** Mit § 534, der die Rückgängigmachung solcher Schenkungen ausschließt, verleiht das Gesetz diesen Vermögensdispositionen einen besonderen Status, der auch im Rahmen des § 2287 zum Tragen kommen muss (BGH NJW-RR 2005, 1462 (1463); NJW 1976, 749; MüKoBGB/Musielak Rn. 15). Dient die Schenkung der Unterstützung eines nahen Verwandten oder einer ähnlich nahe stehenden Person (zB Lebenspartner), so ist die Rückforderbarkeit gem. § 2287 ausgeschlossen, und zwar auch und gerade dann, wenn eine gesetzliche Unterhaltspflicht nicht besteht (OLG Köln NJW-RR 1996, 327 (328); aA OLG Celle RNotZ 2006, 477: zweite Ehefrau). Auch die üblichen Gelegenheitsgeschenke zu Geburtstagen, Hochzeiten, Weihnachts- und sonstigen Festtagen unterfallen nicht dem Anwendungsbereich des § 2287. Derartige Schenkungen sind jedoch nur in einem angemessenen Umfang freigestellt (vgl. BGH WM 1980, 1366; OLG Koblenz 15

OLGZ 1991, 235 (238)). Übermaßschenkungen sind – wie in → Rn. 13 dargelegt – rückforderbar, soweit sie das zulässige Maß übersteigen.

16 **bb) Schenkungen zur Altersvorsorge.** Vermögensdispositionen zur Sicherung seiner angemessenen Altersvorsorge erfolgen im lebzeitigen Eigeninteresse des Erblassers und sind im Rahmen des § 2287 anzuerkennen (vgl. BGH NJW-RR 2005, 1462 (1463)). Die Absicht des Erblassers mittels der Schenkung seine Versorgung und Pflege im Alter zu sichern, kann aber nur dann als lebzeitiges Eigeninteresse im Rahmen des § 2287 anerkannt werden, wenn der Erblasser im Zeitpunkt der Schenkung nicht bereits auf andere Weise gut versorgt ist (vgl. OLG Oldenburg BeckRS 2007, 12485; FamRZ 1994, 1423 (1424)). Stehen sich der Wert der Schenkung und die Pflicht des Dritten zu Versorgungsleistungen vollentgeltlich gegenüberstehen, fehlt es bereits am Merkmal der Schenkung (vgl. OLG Köln MittRhNotK 1995, 186 (187); MüKoBGB/Musielak Rn. 18). Aber auch dann, wenn die Vermögensübertragung ganz oder teilweise unentgeltlich ist oder der Dritte überhaupt keine Leistungspflicht übernimmt, ist die Verfügung des Erblassers zulässig (vgl. BGH NJW-RR 1996, 133; NJW 1992, 592). Die Art der erwarteten Versorgungsleistung kann dabei in Pflege- oder sonstigen Dienstleistungen, Gewährung von Wohn- oder Nießbrauchsrechten oder wiederkehrenden Leistungen, insbes. Rentenzahlungen, oder jeder anderen Leistung bestehen. Selbst das Motiv des Erblassers, den Beschenkten (zB Ehefrau) stärker an seine Person zu binden, genügt (BGH NJW 1992, 2630). Nicht erforderlich ist, dass der Dritte sich zu diesen Leistungen rechtlich verpflichtet. Es reicht aus, wenn der Erblasser damit rechnen durfte, dass seine Verfügung den anderen zu deren Erbringung veranlassen würde (BGH NJW 1980, 2307; OLG Düsseldorf NJW-RR 1986, 806), und zwar selbst dann, wenn diese Erwartung später enttäuscht wird. Dieser Versorgungsgesichtspunkt gewinnt mit zunehmendem Alter des Erblassers stärkere Bedeutung (BGH NJW 1982, 1100). Dem Erblasser kann auch nicht vorgehalten werden, dass er seine Altersversorgung durch eine entsprechende Zuwendung an den Vertragserben hätte sichern können (Johannsen DNotZ 1977, Sonderheft, 94).

17 **cc) Schenkungen aus Mildtätigkeit.** Schenkungen des Erblassers an Dritte, auch Stiftungen, hat der Vertragserbe grds. hinzunehmen, wenn sie aus mildtätigen Motiven heraus erfolgt sind und einen angemessenen Umfang nicht überschreiten (vgl. MüKoBGB/Musielak Rn. 16). Ein wesentliches Kriterium der Angemessenheit ist dabei, ob und in welchem Umfang der Erblasser vor der zu beurteilenden Schenkung solche Zuwendungen erbracht hat. Auch macht es einen Unterschied, ob der Erblasser ohne besonderen Anlass oder in einem akuten Notfall hilft.

18 **dd) Schenkungen nur aus dem Ertrag.** Erfolgt die Schenkung nur aus dem Ertrag des Vermögens, nicht dagegen zu Lasten der Substanz, so ist grds. davon auszugehen, dass der Erblasser ohne Beeinträchtigungsabsicht handelte (Staudinger/Kanzleiter, 2019, Rn. 4; Reimann/Bengel/Dietz/J. Mayer/Röhl Rn. 16).

19 **ee) Vorweggenommene Erbfolge mit Ausgleichsfunktion.** Der Erblasser ist grds. berechtigt, sein Vermögen im Wege der vorweggenommenen Erbfolge durch Rechtsgeschäft unter Lebenden auf einen Vertragserben zu übertragen, sofern er durch eine Ausgleichsanordnung sichergestellt hat, dass der andere Vertragserbe – gemessen am dem Erbvertrag zugrundeliegenden Maßstab – nicht zu kurz kommt (→ Rn. 9). Ein berechtigtes Eigeninteresse, das die Beeinträchtigungsabsicht iSd § 2287 Abs. 1 entfallen lässt, kann bei einer Vermögensübertragung unter Lebenden auch darin bestehen, dass der erbvertraglich gebundene Erblasser im Interesse der Gleichbehandlung der Vertragserben und des Rechtsfriedens einen vermeintlichen Wertverlust bei anderen Vermögensgegenständen ausgleichen und somit dem Erbvertrag Genüge tun will (OLG Düsseldorf ZEV 2001, 110 mAnm Kummer; OLG Hamm ZEV 1999, 313). Haben jedoch alle Vertragserben in einem derartigen Vertrag erklärt, wertmäßig gleichgestellt zu sein, ist der Erblasser nicht mehr berechtigt, danach eingetretene Wertverschiebungen durch einseitige Vermögensübertragungen an einen Vertragserben auszugleichen (OLG Düsseldorf ZEV 2001, 110).

20 **e) Einzelfälle des nicht anzuerkennenden Eigeninteresses.** Schwere **Verfehlungen** des Vertragserben berechtigen den Erblasser nicht zu freien Vermögensdispositionen. Das Gesetz hat für diese Fälle den Rücktritt vom Erbvertrag gem. § 2294 als angemessenes Instrument zur Befreiung von der erbvertraglichen Bindung vorgesehen, sodass der Erblasser nur unter dessen Voraussetzungen sich vom Erbvertrag lösen kann. Wenn und soweit § 2294 dem Erblasser kein Rücktrittsrecht verleiht, können Verfehlungen des Vertragserben kein lebzeitiges Eigeninteresse des Erblassers an freien Vermögensdispositionen rechtfertigen. Eine nachträglich als ungerecht empfundene **Ungleichbehandlung** mehrerer Kinder ist ebenfalls nicht anzuerkennen, da dieses

Interesse auf die Zeit nach dem Tod gerichtet ist (BGH NJW-RR 2005, 1462 (1463); OLG Celle OLGR 2003, 326 (329)).

**f) Nachträgliche Änderung der Interessenlage.** Das lebzeitige Eigeninteresse muss lediglich im Zeitpunkt der Schenkung gegeben sein. Es braucht nicht bis zum Erbfall fortzudauern. Das Eigeninteresse kann vor oder nach dem Abschluss des Erbvertrags entstanden sein (BGH NJW 1982, 1100; vgl. OLG Frankfurt NJW-RR 1991, 1157 (1159); OLG Köln NJW-RR 1992, 200). Hat es allerdings bereits im Zeitpunkt der Errichtung des Erbvertrags bestanden, so ist dem Erblasser das Festhalten an der erbvertraglichen Bindung zuzumuten, wenn er diesen Gesichtspunkt schon damals in seine dem Vertragsschluss vorausgehenden Überlegungen einbezogen hatte. Nur im Falle der wesentlichen Veränderung der bei Vertragsschluss vorhandenen objektiven Sach- und Rechtslage kann ein lebzeitiges Eigeninteresse des Erblassers anerkannt werden. Ein Sinneswandel des Erblassers, insbes. die Entwicklung intensiverer Beziehungen zum Beschenkten, rechtfertigt dagegen keine Freistellung von der erbvertraglichen Bindung (BGH NJW 1982, 1100; 1980, 2307; OLG Köln NJW-RR 1992, 200; MittRhNotK 1999, 348; MüKoBGB/Musielak Rn. 13; aA Johannsen DNotZ 1977, Sonderheft, 91, 26). 21

**4. Kein Verzicht auf Anspruch.** Der Vertragserbe, der selbst Vertragspartner ist, kann bereits im notariell beurkundeten Erbvertrag auf den Rückforderungsanspruch gem. § 2287 verzichten, es sei denn, dies verstößt ausnahmsweise gegen die guten Sitten (§ 138) (RGZ 148, 262; OLG München ZEV 2005, 61; OLG Köln ZEV 2003, 76; Reimann/Bengel/Dietz/J. Mayer/Röhl Rn. 104; Spanke ZEV 2006, 485 (487); aA Kipp/Coing ErbR § 38 IV 2c). Aber auch, wenn Vertragserbe und Vertragspartner verschiedene Personen sind, können die Beteiligten des Erbvertrags die Entstehung eines solchen Anspruchs ausschließen, indem sie die Erbeinsetzung mit einem Änderungsvorbehalt verknüpfen (→ Rn. 9). Stimmt der Vertragserbe einer Schenkung zu, so beseitigt dies die Beeinträchtigungsabsicht und lässt deshalb einen Anspruch gem. § 2287 nicht entstehen (→ Rn. 11). 22

**5. Anfall der Erbschaft.** Der Anspruch entsteht – unabhängig von der Annahme – mit dem Tod des Erblassers. Schlägt jedoch der Anspruchsteller als Vertragserbe die Erbschaft aus, so entfällt der Anspruch mit Wirkung auf den Todestag wieder. Das Gleiche gilt, wenn der Vertragserbe für erbunwürdig erklärt wird. 23

## III. Gläubiger des Anspruchs

Der Anspruch nach § 2287 gehört nicht zum Nachlass, sondern steht dem Vertragserben persönlich zu (BGH NJW 1980, 2461; 1989, 2389; aA Muscheler FamRZ 1995, 1361). Er unterliegt zwar nicht der Verwaltungsbefugnis eines **Testamentsvollstreckers** (RG JW 1936, 251); im Falle des Obsiegens des Vertragserben ist der Gegenstand jedoch an einen Testamentsvollstrecker herauszugeben und von diesem nach Maßgabe des Erbvertrags zu verwalten (Muscheler FamRZ 1995, 1361; Grüneberg/Weidlich Rn. 11). Folgerichtig kann der Anspruch auch nicht in den Erbauseinandersetzungsvertrag einbezogen werden (BGH FamRZ 1992, 665 (666)). Hat der Erblasser **Vor- und Nacherbfolge** angeordnet, so steht der Anspruch bis zum Eintritt der Nacherbfolge nur dem Vorerben und von da an nur dem Nacherben zu (RG JW 1938, 2353). Macht allerdings der Vorerbe den Anspruch erfolgreich geltend, so muss der zurückgegebene Gegenstand in die Vorerbschaft fallen, obwohl der Anspruch gem. § 2287 ein persönlicher des Vorerben ist; andernfalls würde der beeinträchtigte Vertrags-Vorerbe sich besserstellen als er ohne die Verfügung des Erblassers stehen würde (Muscheler FamRZ 1995, 1361; Grüneberg/Weidlich Rn. 12). **Mehreren Vertragserben** steht der Anspruch des § 2287 nicht in Erbengemeinschaft zur gesamten Hand gem. §§ 2032 ff., sondern im Falle der Teilbarkeit im Verhältnis der Erbteile in Bruchteilsgemeinschaft gem. §§ 741 ff. (BGH NJW 1980, 2461; 1989, 2389 (2391); OLG Koblenz OLGZ 1991, 235 (236)), andernfalls gem. § 432 zu (Waltermann JuS 1993, 276 (278 f.); Reimann/Bengel/Dietz/J. Mayer/Röhl Rn. 97). Jeder Erbe kann also den Anspruch selbst geltend machen, jedoch mit den sich aus diesen Regelungen ergebenden Besonderheiten. Bei Teilbarkeit ist der Anspruch daher auf Einräumung des der Erbquote entsprechenden Miteigentums gerichtet (BGH NJW 1982, 43). Alleineigentum kann ein Miterbe dagegen beanspruchen, wenn ihm der Gegenstand im Wege des Vermächtnisses oder der Teilungsanordnung allein zugewendet ist (OLG Frankfurt NJW-RR 1991, 1157; Grüneberg/Weidlich Rn. 12; aA Waltermann JuS 1993, 276). Bei Unteilbarkeit kann der Anspruch nur auf Herausgabe an alle Miterben gerichtet werden. Auch wenn der Herausgabeanspruch des § 2287 dem Vertragserben persönlich zusteht, so ist er ab dem Erbanfall doch vererblich und übertragbar. Weder der **Vertragspartner,** der nicht zugleich Vertragserbe ist, noch **Nachlassgläubiger** können den Anspruch des § 2287 geltend machen. 24

## IV. Schuldner des Anspruchs

25 Der Anspruch richtet sich ausschließlich gegen den Beschenkten, niemals gegen den Erblasser selbst oder einen Miterben, soweit dieser nicht selbst eine Schenkung erhalten hat. Da § 2287 Abs. 1 nur angesichts des Anspruchsumfangs auf das Recht der ungerechtfertigten Bereicherung verweist, ist umstritten, ob dem Vertragserben auch der selbstständige Anspruch des § 822 auf Herausgabe durch einen vom Empfänger beschenkten Dritten zusteht (BGH BeckRS 2013, 21442; Reimann/Bengel/Dietz/J. Mayer/Röhl Rn. 96; MüKoBGB/Musielak Rn. 21 mwN; aA Staudinger/Kanzleiter, 2019, Rn. 26). Gegen eine Anwendung spricht zwar, dass diese Norm nicht den Umfang des Bereicherungsanspruchs regelt, sondern eine eigene Anspruchsgrundlage schafft, aber der Schutzzweck des § 2287 gebietet doch, den Vertragserben gegenüber einem unentgeltlich bereicherten Dritten zu bevorzugen und im Rahmen des § 2287 auch eine Anspruchsgrundlage diesem gegenüber zu geben (BGH BeckRS 2013, 21442).

## V. Inhalt des Anspruchs

26 **1. Herausgabeanspruch. a) Grundsätze.** Der Anspruch ist primär auf Herausgabe des auf Grund der Schenkung erlangten Gegenstands gerichtet. Die Herausgabe hat grds. an den anspruchstellenden Vertragserben zu erfolgen. Unterliegt dessen Erbteil allerdings der Verwaltung durch einen Testamentsvollstrecker, so hat die Herausgabe an diesen zu erfolgen. Eine weitere Ausnahme besteht für den Fall, dass der Anspruchsteller nur Miterbe und der Gegenstand seiner Art nach unteilbar ist: dann kann nur die Herausgabe an alle Miterben gefordert werden, es sei denn, der Gegenstand ist im Wege des Vermächtnisses oder der Teilungsanordnung dem Anspruchsteller allein zugewendet. Da § 2287 Abs. 1 nur wegen des Umfangs auf die Vorschriften über die ungerechtfertigte Bereicherung verweist, finden lediglich die §§ 818–821 Anwendung, nicht dagegen § 812 bis einschließlich § 817. Der Beschenkte kann sich damit vor allem auf die Entreicherung gem. § 818 Abs. 3 berufen. Wegen der Einzelheiten wird auf die Kommentierung zu den §§ 818–821 verwiesen. Die verschärfte Haftung gem. § 819 tritt dabei im Rahmen des § 2287 Abs. 1 ein, sobald der Beschenkte vom Widerspruch der Schenkung zur erbvertraglichen Bindung und von den Tatsachen, aus denen sich die Beeinträchtigungsabsicht ableitet, erfährt (MüKoBGB/Musielak Rn. 21 mwN). Erfährt der Beschenkte bereits vor dem Erbfall hiervon, so tritt die Haftung mit dem Erbfall ein (MüKoBGB/Musielak Rn. 21; Brox/Walker ErbR Rn. 157; einschr. Reimann/Bengel/Dietz/J. Mayer/Röhl Rn. 26: evidenter Missbrauch; Soergel/Zecca-Jobst Rn. 25: Kenntnis der Absicht). Der Anspruch ist dabei der Höhe nach auf die Beseitigung der durch die Schenkung erfolgten Beeinträchtigung begrenzt, und zwar auch dann, wenn der Erblasser eine darüber hinausgehende Benachteiligung beabsichtigt haben sollte (BGH FamRZ 1989, 175). Ist der Beschenkte selbst pflichtteilsberechtigt, so kann die Herausgabe nur Zug um Zug gegen Auszahlung des Pflichtteils gefordert werden (BGH NJW 1984, 121).

27 Wird der Vertragserbe durch den Abschluss von kapitalbildenden **Lebensversicherungen** beeinträchtigt, hat er nur Anspruch auf den Liquidationswert als Entreicherungsgegenstand (vgl. zu § 2325 BGH BeckRS 2010, 12347 m. zust. Anm. Litzenburger ErbR-FD 2010, 303890). Dies ist in aller Regel der Rückkaufswert (vgl. in dem vom BGH BeckRS 2010, 12347 entschiedenen Fall OLG Düsseldorf ZEV 2012, 105), und zwar bei einem unwiderruflichen Bezugsrecht zurzeit des Verzichts auf das Widerrufsrecht und bei einem jederzeit widerruflichen Bezugsrecht zurzeit des Erbfalls. Die Frage, was Gegenstand der Schenkung ist, kann im Rahmen des Bereicherungsanspruchs gem. § 2287 Abs. 1 nicht anders beantwortet werden als im Pflichtteilsergänzungsrecht gem. § 2325 (→ § 2325 Rn. 9), weil beide Anspruchsgrundlagen den jeweiligen Gläubiger vor einer Schmälerung des Nachlasses schützen sollen.

28 **b) Herausgabe eines Schenkungsversprechens.** Nach hier vertretener Auffassung (→ Rn. 6) gilt § 2287 auch für bis zum Tode des Erblassers nicht erfüllte Schenkungsversprechen. Bei diesen kann der Vertragserbe sowohl die Rückgabe des Versprechens, also die Befreiung von der Verbindlichkeit, verlangen, als auch die Erfüllung des Versprechens verweigern. Das Leistungsverweigerungsrecht steht ihm dabei auch nach Verjährung des Herausgabe- bzw. Befreiungsanspruchs gem. § 2287 Abs. 2 (→ Rn. 31) zu.

29 **c) Anspruch bei gemischter Schenkung oder Auflagenschenkung.** Bei derartigen Schenkungen kann die Herausgabe des Gegenstands nur verlangt werden, wenn der unentgeltliche Teil überwiegt. Andernfalls ist der Anspruch auf Ersatz des Differenzbetrags zwischen dem Wert des Geschenks und dem der tatsächlich erbrachten Gegenleistung gerichtet (diff. Keim ZEV 2002, 93 (94)). Richtiger Ansicht nach steht dem Vertragserben dabei kein freies Wahlrecht zwischen

beiden Möglichkeiten zu. Wegen der damit verbundenen Wertverschiebung darf ein vorbehaltener Nießbrauch nicht mit seinem kapitalisierten Wert abgezogen werden (Keim ZEV 2002, 93 (94); vgl. BGHZ 82, 274 = NJW 1982, 43; BGH FamRZ 1989, 175).

**2. Auskunftsanspruch.** Nicht § 2287, wohl aber § 242 gewährt dem Vertragserben nach dem Tod des Erblassers ein Recht auf Auskunft durch den Beschenkten, wenn und soweit jener die Anspruchsvoraussetzungen des § 2287 schlüssig und substantiiert dargelegt hat (BGH NJW 1986, 1755; Spanke ZEV 2006, 485 (486 f.)). Die Anforderungen an die Darlegungspflicht steigen dabei umso höher, je konkreter der Beschenkte ein lebzeitiges Eigeninteresse des Erblassers behauptet (BGH NJW 1986, 1755). Dagegen hat der Vertragserbe keinen Anspruch auf Ausforschung einzelner Voraussetzungen, insbes. auf Mitteilung von Schenkungen (BGHZ 61, 180 (185) = NJW 1973, 1876; BGH NJW 1986, 1755 (1756)). Zielt der Anspruch wegen der Umwandlung gem. § 818 Abs. 2 auf Wertersatz, so kann der Anspruchsteller gem. § 242 Auskunft über den Wert des veräußerten Vermögensgegenstands verlangen (Erman/S. Kappler/T. Kappler Rn. 11; Spanke ZEV 2006, 485 (487) mwN). Für eine Auskunftsklage, mit welcher der Kläger Gegenansprüche in Erfahrung bringen will, um von vornherein einem Zurückbehaltungsrecht des Beklagten zu begegnen, besteht dagegen kein Rechtsschutzbedürfnis (OLG Zweibrücken NJW-RR 2004, 1726). 30

## VI. Sicherung des Anspruchs

Zu Lebzeiten des Erblassers kann der künftige Anspruch aus § 2287 Abs. 1 weder durch Arrest, noch durch einstweilige Verfügung, noch durch Vormerkung im Grundbuch gesichert werden (BayObLGZ 1952, 290; OLG Koblenz MDR 1987, 935; Reimann/Bengel/Dietz/J. Mayer/Röhl Rn. 76; aA Hohmann ZEV 1994, 133 mwN). Dagegen ist eine Klage des Vertragserben auf Feststellung der Rückforderbarkeit gem. § 2287 gegen den Beschenkten – nicht gegen den Erblasser – zulässig, wenn nach dem Inhalt des Erbvertrags das Erbrecht nicht mehr entzogen werden kann (OLG Koblenz MDR 1987, 935; Staudinger/Kanzleiter, 2019, Rn. 18 f.; Hohmann ZEV 1994, 133 mwN; einschr. OLG München NJW-RR 1996, 328; Soergel/Wolf Rn. 19; aA OLG Schleswig OLGR 2003, 89). 31

## VII. Verjährung (Abs. 2)

Die Verjährungsfrist beginnt ohne Rücksicht darauf, ob und wann der Vertragserbe von der Schenkung erfährt, mit dem Tod des Erblassers. Diese Regelung gilt sowohl für den Herausgabeanspruch als auch für den Auskunfts- und sonstige Nebenansprüche (vgl. OLG Köln ZEV 2000, 108). Anders als bei § 2325 Abs. 3 kann die Schenkung auch mehr als zehn Jahre vor dem Tode erfolgt sein. 32

## VIII. Beweisfragen

Die Beweislast für die Anspruchsvoraussetzungen, insbes. für die Schenkung und für das Handeln in Beeinträchtigungsabsicht (vgl. BGH NJW 1976, 749), trägt der Anspruchsteller. Bei einem auffallenden, groben Missverhältnis zwischen Leistung und Gegenleistung spricht jedoch eine tatsächliche Vermutung für eine Schenkung (BGH NJW 1982, 43). Hat der Anspruchsteller das fehlende lebzeitige Eigeninteresse schlüssig und substantiiert behauptet, so muss zunächst der Beschenkte seinerseits schlüssig Umstände darlegen, die auf das Vorhandensein eines solchen Interesses des Erblassers schließen lassen. Dann erst trifft den Anspruchsteller die volle Beweislast (BGH NJW 1986, 1755; OLG Köln FamRZ 1992, 607; ZErb 2003, 21). 33

## IX. Konkurrierende Anspruchsgrundlagen

Nach hier (→ Rn. 5) vertretener Auffassung kann sich der Vertragserbe bei seinem Anspruch sowohl auf § 2287 als auch auf §§ 812 ff. stützen. Ein mit erbvertraglicher Bindungswirkung eingesetzter Nacherbe kann sich gegen unentgeltliche Geschäfte des Vorerben außer auf Grund des § 2287 auch durch den Anspruch gem. § 2113 Abs. 2 zur Wehr setzen (vgl. OLG Celle MDR 1948, 142). Ist der Vertragserbe zugleich pflichtteilsberechtigt, so tritt der Anspruch gem. § 2287 zu dem Pflichtteilsergänzungsanspruch gegen einen beschenkten Miterben gem. § 2325 oder gegen den Beschenkten nach § 2329 hinzu. § 2287 regelt den Schutz der Erberwartung auf Grund Erbvertrags bzw. gemeinschaftlichen Testaments abschließend, sodass für eine Anwendung des § 826 kein Raum mehr ist (BGH NJW 1989, 2389; Schubert JR 1990, 159; Kohler FamRZ 34

1990, 464; Hohloch JuS 1989, 1017). Verstößt das Rechtsgeschäft jedoch in sittenwidriger Weise gegen einen zur Sicherung des Vertragserben geschlossenen Verfügungsunterlassungsvertrag, so kann dieser die auf Grund der Verfügung erlangte Bereicherung gem. §§ 812 ff. zurückverlangen (BGH NJW 1991, 1952).

## § 2288 Beeinträchtigung des Vermächtnisnehmers

**(1) Hat der Erblasser den Gegenstand eines vertragsmäßig angeordneten Vermächtnisses in der Absicht, den Bedachten zu beeinträchtigen, zerstört, beiseite geschafft oder beschädigt, so tritt, soweit der Erbe dadurch außerstande gesetzt ist, die Leistung zu bewirken, an die Stelle des Gegenstands der Wert.**

**(2) [1]Hat der Erblasser den Gegenstand in der Absicht, den Bedachten zu beeinträchtigen, veräußert oder belastet, so ist der Erbe verpflichtet, dem Bedachten den Gegenstand zu verschaffen oder die Belastung zu beseitigen; auf diese Verpflichtung findet die Vorschrift des § 2170 Abs. 2 entsprechende Anwendung. [2]Ist die Veräußerung oder die Belastung schenkweise erfolgt, so steht dem Bedachten, soweit er Ersatz nicht von dem Erben erlangen kann, der im § 2287 bestimmte Anspruch gegen den Beschenkten zu.**

### Überblick

Wird der Gegenstand eines vertragsmäßigen Vermächtnisses zerstört oder vom Erblasser verschenkt, verkauft oder sonst veräußert, wird es nach der Regel des § 2169 eigentlich unwirksam. § 2288 dient dem Schutz des Vermächtnisnehmers eines vertragsmäßigen Vermächtnisses in diesen Fällen (→ Rn. 1). Bei einer nachträglichen Zerstörung des Vermächtnisgegenstands in Beeinträchtigungsabsicht wird der Leistungsanspruch in einen Wertersatzanspruch des Vermächtnisnehmers umgewandelt (→ Rn. 2 ff.). Bei einer Veräußerung oder Belastung des Vermächtnisgegenstandes in Beeinträchtigungsabsicht wird der Leistungsanspruch in einen Verschaffungsanspruch gegenüber dem Erben umgewandelt (→ Rn. 8 ff.). Im Falle einer schenkweisen Veräußerung oder Belastung haftet nach Abs. 2 S. 2 der Beschenkte subsidiär nach den Regeln der ungerechtfertigten Bereicherung (→ Rn. 12 ff.). Diese Rechtsfolgen sind disponibel (→ Rn. 14). Dem Vermächtnisnehmer steht ein Auskunftsrecht zu (→ Rn. 17).

### I. Normzweck und Geltungsbereich

1 Diese Norm will den Vermächtnisnehmer vor einem Missbrauch der dem Erblasser durch § 2286 zugesagten lebzeitigen Verfügungsfreiheit schützen. Der Schutz des Vermächtnisnehmers gem. § 2288 geht dabei über den des Erben durch die sachlich verwandte Bestimmung des § 2287 hinaus: der Vermächtnisnehmer wird auch vor tatsächlichen Einwirkungen und vor entgeltlichen Veräußerungsgeschäften geschützt (ausf. auch zur Entstehungsgeschichte Schermann, Der Schutz des Vermächtnisnehmers im gemeinschaftlichen Testament und Ehegattenerbvertrag, 2006, 183 ff.). Der auf Leistung des vermachten Gegenstands gerichtete Anspruch wird durch § 2288 in einen Anspruch auf Wertersatz (Abs. 1) oder auf Verschaffung (Abs. 2 S. 1) umgewandelt. Im Falle der Veräußerung oder Belastung des vermachten Gegenstands führt diese Norm zum gleichen Ergebnis wie die von Anfang an als **Verschaffungsvermächtnis** gewollte letztwillige Verfügung (§ 2170). Deshalb kommt beim Verschaffungsvermächtnis nur dem Anspruch wegen tatsächlicher Beeinträchtigung gem. § 2288 Abs. 1 selbstständige Bedeutung zu (Staudinger/Kanzleiter, 2019, Rn. 16; Planck/Greiff Anm. 1). Auch im Rahmen dieser Norm genießt die **Schenkung** einen geringeren Bestandsschutz als ein entgeltliches Rechtsgeschäft, sodass bei unentgeltlicher Veräußerung oder Belastung gem. Abs. 2 S. 2 der Beschenkte zur Herausgabe der ungerechtfertigten Bereicherung gem. § 2287 verpflichtet ist. § 2288 ist zwar auf das Vermächtnis eines bestimmten Gegenstands (Stückvermächtnis) zugeschnitten, kann jedoch auch beim **Geld- oder Gattungsvermächtnis** Bedeutung erlangen, wenn der Erblasser die Leistung der Gattung in tatbestandsmäßiger Weise unmöglich gemacht hat (vgl. BGH NJW 1990, 2063). Auch das **Vorausvermächtnis** an einen Miterben oder an einen Vorerben (§ 2110 Abs. 2) genießt den erhöhten Schutz des § 2288, der als lex specialis insoweit die Anspruchsgrundlage des § 2287 verdrängt. Nur einem Vermächtnisnehmer gewährt § 2288 rechtlichen Schutz, nicht dagegen einem durch eine **Auflage** (MüKoBGB/Musielak Rn. 7 mwN; aA Soergel/Zecca-Jobst Rn. 1: für analoge Anwendung) oder durch eine **Teilungsanordnung** (OLG Frankfurt NJW-RR 1991, 1157 (1159)) Begünstigten. Nach derjenigen Auffassung, die eine Teilungsanordnung als integrierten Bestandteil der

Erbeinsetzung ansieht (→ § 2270 Rn. 4; → § 2278 Rn. 1), genießt der dadurch begünstigte Miterbe den Schutz durch § 2287. Die Vorschrift ist auf wechselbezügliche Verfügungen in **gemeinschaftlichen Testamenten** analog anzuwenden.

## II. Wertersatzanspruch wegen tatsächlicher Beeinträchtigung (Abs. 1)

**1. Beeinträchtigungshandlung.** Die Anspruchsgrundlage des § 2288 Abs. 1 verlangt eine tatsächliche Handlung des Erblassers, die den Gegenstand des Vermächtnisses substantiell vernichtet, in seinem Wert mindert oder auf eine andere Art als durch Veräußerung (vgl. Abs. 2) aus seinem Vermögen ausscheidet. Gleichzustellen ist der Untergang des Vermächtnisgegenstands durch Verbrauch, Verarbeitung, Verbindung oder Vermischung (vgl. BGH NJW 1994, 317). Nach zutreffender Auffassung hat der Vermächtnisnehmer keinen Anspruch darauf, dass der Erblasser den Vermächtnisgegenstand in seinem Wert erhält (BGH NJW 1994, 317; Staudinger/Kanzleiter, 2019, Rn. 9). Der Vermächtnisnehmer hat auf Grund des Erbvertrags lediglich Anspruch auf den Vermächtnisgegenstand, in dem er sich bei Anfall befindet (aA Siegmann ZEV 1994, 38 (39); Hohmann MittBayNot 1994, 231 (232); MüKoBGB/Musielak Rn. 2). Deshalb sind **Unterlassungen** nicht tatbestandsmäßig (aA Schermann, Der Schutz des Vermächtnisnehmers im gemeinschaftlichen Testament und Ehegattenerbvertrag, 2006, 195 f.). Die beeinträchtigende Handlung muss zwischen der Errichtung des Erbvertrags und dem Erbfall stattgefunden haben, weil erst der Abschluss die rechtliche Grundlage dieses Anspruchs schafft; bei einem Schlussvermächtnis iSd § 2269 Abs. 2 muss der Erblasser nach dem ersten Erbfall gehandelt haben (Schermann, Der Schutz des Vermächtnisnehmers im gemeinschaftlichen Testament und Ehegattenerbvertrag, 2006, 192 f.). 2

**2. Unmöglichkeit der Vermächtniserfüllung.** Ist der Erbe trotz dieser Beeinträchtigungshandlung des Erblassers, also insbes. im Falle des Beiseiteschaffens, noch in der Lage den vermachten Gegenstand zu verschaffen, so ist er hierzu gem. § 2174 verpflichtet. Erst dann, wenn er hierzu außerstande ist, kann der Vermächtnisnehmer den Wertersatzanspruch gem. § 2288 Abs. 1 geltend machen. Dem Vermächtnisnehmer steht kein Wahlrecht zwischen Erfüllungs- und Wertersatzanspruch zu. 3

**3. Beeinträchtigungsabsicht.** Ob der Erblasser in Beeinträchtigungsabsicht gehandelt hat, richtet sich nach den gleichen Maßstäben wie bei § 2287 (BGH NJW-RR 1998, 577 (578); NJW 1984, 731: Veräußerung; Staudinger/Kanzleiter, 2019, Rn. 17; MüKoBGB/Musielak Rn. 4; für Differenzierung Reimann/Bengel/Dietz/J. Mayer/Sammet Rn. 19; Schermann, Der Schutz des Vermächtnisnehmers im gemeinschaftlichen Testament und Ehegattenerbvertrag, 2006, 217; Skibbe ZEV 1997, 425). Das lebzeitige Eigeninteresse muss die tatsächliche Einwirkung oder – im Falle des Abs. 2 – die Veräußerung erfordern. Dieses Interesse fehlt deshalb immer dann, wenn der Erblasser den erstrebten Erfolg auch durch eine für den Vermächtnisnehmer weniger nachteilige Maßnahme hätte erreichen können (iÜ → § 2287 Rn. 11) (BGH NJW 1984, 731: Veräußerung). Die Beeinträchtigungsabsicht ist ausgeschlossen, wenn der Vermächtnisnehmer der Einwirkung bzw. der Veräußerung zugestimmt hat. Nach zutreffender hM muss die Zustimmung notariell beurkundet werden, weil sie in ihrer Wirkung dem formgebundenen Zuwendungsverzicht iSd § 2352 gleichkommt (→ § 2287 Rn. 11) (speziell zu § 2288: wie hier Schermann, Der Schutz des Vermächtnisnehmers im gemeinschaftlichen Testament und Ehegattenerbvertrag, 2006, 213 f.; aA Staudinger/Kanzleiter, 2019, Rn. 18). 4

**4. Wertersatzanspruch.** Der Anspruch auf Wertersatz entsteht – unabhängig von der Annahme – mit dem Tod des Erblassers. Schlägt jedoch der Anspruchsteller das Vermächtnis aus, so entfällt der Anspruch mit Wirkung auf den Todestag wieder. 5

Der Anspruch gem. § 2288 Abs. 1 richtet sich gegen den Erben und bei einer Erbengemeinschaft gegen diese zur gesamten Hand. Hat der Erblasser jedoch nur einen oder mehrere Miterben mit dem Vermächtnis beschwert, so haften – entgegen der hM (BGHZ 26, 274 (279 f.); MüKoBGB/Musielak Rn. 9; Grüneberg/Weidlich Rn. 2) – nur diese, nicht jedoch die gesamte Erbengemeinschaft auf Wertersatz gem. § 2288 Abs. 1 (Reimann/Bengel/Dietz/J. Mayer/Sammet Rn. 7; Soergel/Zecca-Jobst Rn. 3). Die Argumentation der hM, dass die Erbengemeinschaft für das beeinträchtigende Verhalten des Erblassers gesamthänderisch einzustehen habe, übersieht, dass der Wertersatzanspruch nach der Formulierung des Gesetzes nur ein Surrogat des Vermächtniserfüllungsanspruchs darstellt, also nicht weiter als dieser gehen kann. Auch der Umstand, dass der Wertersatzanspruch gem. § 2288 Abs. 2 S. 1 Hs. 2 iVm § 2170 Abs. 2 sich eindeutig gegen den Beschwerten richtet, spricht wegen der systematischen Zusammenfassung beider Anspruchsgrund- 6 lagen in einem Paragrafen für die hier vertretene Auffassung. Umstritten ist ferner, ob § 2288 Abs. 1 auch dann eingreift, wenn mit dem Vermächtnis nicht der Erbe, sondern nur ein Vermächtnisnehmer im Wege des Untervermächtnisses beschwert ist (MüKoBGB/Musielak Rn. 9; Reimann/Bengel/Dietz/J. Mayer/Sammet Rn. 7). Die vergleichbare Interessenlage rechtfertigt in diesem Falle die analoge Anwendung dieser Vorschrift. Dabei richtet sich der Anspruch nach hier vertretener Auffassung ausschließlich gegen den beschwerten Vermächtnisnehmer, nicht gegen den Erben oder die Erbengemeinschaft.

7 Der Anspruch ist im Falle der Vernichtung oder Beiseiteschaffung auf Ersatz des Verkehrswerts des vermachten Gegenstands, den dieser bei Anfall des Vermächtnisses gehabt hätte, und im Falle der Beschädigung auf Herausgabe des beschädigten Gegenstands und Zahlung des Unterschiedsbetrags zwischen dessen hypothetischem Verkehrswert und dem tatsächlichen Wert der Leistung gerichtet (MüKoBGB/Musielak Rn. 5).

## III. Verschaffungs- oder Wertersatzanspruch wegen Veräußerung oder Belastung (Abs. 2 S. 1)

8 **1. Veräußerungs- und Belastungsgeschäfte.** Hat der Erblasser den Gegenstand an Dritte veräußert, und zwar ohne Rücksicht auf eine Gegenleistung (zB Verkauf, Tausch, Schenkung, Ehegattenzuwendung), oder mit Rechten Dritter belastet (zB Grundpfandrecht), so kann der Vermächtnisnehmer dessen Verschaffung bzw. Lastenfreistellung vom Erben fordern. Beide Begriffe sind nicht technisch eng sondern entspr. dem Schutzzweck der Norm weit auszulegen. Sie erfassen alle Geschäfte, die darauf gerichtet sind, dem Vermächtnisnehmer den Gegenstand wirtschaftlich zu entziehen (Schermann, Der Schutz des Vermächtnisnehmers im gemeinschaftlichen Testament und Ehegattenerbvertrag, 2006, 200). Auch die Veräußerung im Wege der Zwangsversteigerung oder durch den Insolvenzverwalter kann deshalb diesen Tatbestand erfüllen, wenn nachgewiesen wird, dass der Erblasser **die Versteigerung bzw. die Insolvenz** in der Absicht herbeigeführt hat, den vermachten Gegenstand dem Vermächtnisnehmer zu entziehen (Schermann, Der Schutz des Vermächtnisnehmers im gemeinschaftlichen Testament und Ehegattenerbvertrag, 2006, 200). Die Einräumung eines **obligatorischen Nutzungsrechts** (zB Miete, Pacht, Leihe) kann dann als Belastung iS dieser Norm verstanden werden, wenn dessen konkrete Ausgestaltung einem dinglichen Recht gleichsteht und der Vermächtnisnehmer von der Nutzung auf Dauer oder doch zumindest auf erhebliche Zeit ausgeschlossen ist (weitergehend Schermann, Der Schutz des Vermächtnisnehmers im gemeinschaftlichen Testament und Ehegattenerbvertrag, 2006, 199 f.). Auch → § 2287 Rn. 2. S. zur Beeinträchtigung durch **Ehegattenzuwendungen** → § 2287 Rn. 2.

9 **2. Beeinträchtigungsabsicht.** Wie im Falle des Abs. 1 muss der Erblasser dabei in Beeinträchtigungsabsicht gehandelt haben (→ Rn. 4). Allerdings spricht im Rahmen des § 2288 Abs. 2 S. 1 für eine Beeinträchtigungsabsicht bereits die Tatsache der Veräußerung oder Belastung des vermachten Gegenstands in dem Bewusstsein, dass damit dem Vermächtnis der Boden entzogen wird und dass die Gegenleistung für die Veräußerung bzw. Belastung keinen Ersatz für den Vermächtnisnehmer darstellt (BGH NJW-RR 1998, 577 (578)). Ein lebzeitiges Eigeninteresse des Erblassers an der Veräußerung oder Belastung kann nur bejaht werden, wenn der erstrebte Zweck nur durch diese, nicht aber auch durch andere wirtschaftliche Maßnahmen erreicht werden konnte (BGH NJW 1984, 731).

10 **3. Anspruch gegen den Erben.** Der Anspruch richtet sich – wie der Verweis auf § 2170 Abs. 2 belegt – gegen den mit dem Vermächtnis Beschwerten. Dies ist der Erbe und im Falle einer Erbengemeinschaft diese zur gesamten Hand. Hat der Erblasser jedoch nur einen oder mehrere Miterben mit dem Vermächtnis beschwert, so haften – entgegen der hM (BGHZ 26, 274 (279 f.) = NJW 1958, 547; MüKoBGB/Musielak Rn. 9) – nur diese, nicht jedoch die gesamte Erbengemeinschaft auf Verschaffung bzw. Lastenfreistellung und hilfsweise Wertersatz gem. §§ 2288 Abs. 2 S. 1, 2170 Abs. 2. Nur im Falle der Veräußerung im Wege der Schenkung besteht auch ein selbstständiger Anspruch gem. § 2288 Abs. 2 S. 2 gegen den Beschenkten (→ Rn. 12). Der Anspruch entsteht erst mit dem Tod des Erblassers und entfällt mit der Ausschlagung des Vermächtnisses (→ Rn. 5).

11 Der Anspruchsteller kann in erster Linie die Verschaffung des vermachten Gegenstands oder dessen Lastenfreimachung verlangen (§ 2288 Abs. 2 S. 1 Hs. 1). Ist dem Beschwerten dies unmöglich oder nur mit unverhältnismäßigem Aufwand möglich, so ist der Anspruch gem. § 2170 Abs. 2 auf Wertersatz gerichtet.

## IV. Bereicherungsanspruch gegen den Beschenkten (Abs. 2 S. 2)

12 Hat der Erblasser den vermachten Gegenstand in Beeinträchtigungsabsicht (→ Rn. 4) im Wege der Schenkung (→ § 2287 Rn. 2) veräußert oder belastet, so gewährt Abs. 2 S. 2 dem Vermächtnisnehmer einen unmittelbaren Verschaffungs- bzw. Lastenfreistellungsanspruch gegen den Beschenkten. Dieser Anspruch ist jedoch gegenüber dem gegen den Beschwerten gerichteten Anspruch aus Abs. 2 S. 1 subsidiär: Kann der Beschwerte den Gegenstand nicht verschaffen oder von Lasten freistellen und auch keinen Wertersatz erlangen, so ist der Beschenkte verpflichtet, nach den über § 2287 anzuwendenden Vorschriften der §§ 818 ff. das Geschenk herauszugeben (→ § 2287 Rn. 25 ff.). Aus welchem Grunde der Beschwerte hierzu nicht in der Lage ist, ist ohne Bedeutung. Es genügt daher, wenn der Erbe sich auf die Beschränkung seiner Haftung beruft und der Nachlass zur Erfüllung nicht ausreicht. Der Normzweck gebietet eine Anwendung dieser Anspruchsgrundlage auch für den Fall, dass der Erblasser bei einem Geld- oder sonstigen Gattungsvermächtnis sein Vermögen in Beeinträchtigungsabsicht in einem Umfang verringert hat, dass dieses nicht mehr erfüllt werden kann (BGH NJW 1990, 2063; Reimann/Bengel/Dietz/J. Mayer/Sammet Rn. 9, 35; MüKoBGB/Musielak Rn. 5; aA Planck/Greiff Anm. 1.3). Der Anspruch entsteht erst mit dem Tod des Erblassers und entfällt mit der Ausschlagung des Vermächtnisses (→ Rn. 5).

13 Auch der **Vorausvermächtnisnehmer** hat einen Anspruch aus § 2288 Abs. 2 S. 2 gegen den Beschenkten (OLG Köln ZEV 1997, 423 (425); Lange/Kuchinke ErbR § 25 V 11b; Reimann/Bengel/Dietz/J. Mayer/Sammet Rn. 5). Ist der Vorausvermächtnisnehmer zugleich auch der alleinige Vorerbe, kann er mit Wirkung gegenüber dem Nacherben auf Grund dieser Vorschrift den Wertersatz dem Nachlass entnehmen (Reimann/Bengel/Dietz/J. Mayer/Sammet Rn. 5). Bei einer Erbenmehrheit steht dem Vorausvermächtnisnehmer dieser Wertersatzanspruch gegen die Erbengemeinschaft zu (Lange/Kuchinke ErbR § 25 V 11b). Kann er in diesem Fall keinen vollen Ersatz verlangen, kann der Vorausvermächtnisnehmer den Anspruch gegen den Beschenkten aus § 2288 Abs. 2 S. 2 geltend machen (Reimann/Bengel/Dietz/J. Mayer/Sammet Rn. 5).

## V. Ausschluss, Verjährung, Beweislast und Auskunft

14 Da das Recht des Erblassers, sich erbrechtlich durch einen Erbvertrag oder ein gemeinschaftliches Testament zu binden, Ausfluss der Testier- und Vertragsfreiheit ist, kann es nicht zweifelhaft sein, dass die Beteiligten bei deren Errichtung auch über die Rechtsfolgen des § 2288 frei **disponieren** können (OLG ZEV 2003, 76 (77); Staudinger/Kanzleiter, 2019, Rn. 20; Schermann, Der Schutz des Vermächtnisnehmers im gemeinschaftlichen Testament und Ehegattenerbvertrag, 2006, 228 f. mwN; aA Kipp/Coing ErbR § 38 IV 2c). **Nach dem Erbfall** kann zwischen dem Erben bzw. Beschenkten und dem Vermächtnisnehmer ein Erlassvertrag gem. § 397 formlos geschlossen werden. **Vor dem Erbfall** kommt nach hier vertretener Auffassung ein Verzicht nur in der Form eines Zuwendungsverzichtsvertrags gem. § 2352 in Frage, der die tatbestandsmäßige Voraussetzung der Beeinträchtigungsabsicht entfallen lässt (→ Rn. 4).

15 Der Anspruch **verjährt** nach Aufhebung des § 197 Abs. 1 Nr. 2 nach drei Jahren (§ 195).

16 Bei einem Anspruch gem. § 2288 Abs. 2 S. 1 spricht bereits die Tatsache der Veräußerung oder Belastung für das Vorhandensein einer Beeinträchtigungsabsicht des Erblassers (BGH NJW-RR 1998, 577 (578); NJW 1984, 731 (732)). Hat der Anspruchsteller das fehlende lebzeitige Eigeninteresse schlüssig und substantiiert behauptet, so muss zunächst der Erbe bzw. der Beschenkte seinerseits schlüssig Umstände darlegen, die auf das Vorhandensein eines solchen Interesses des Erblassers schließen lassen. Dann erst trifft den Anspruchsteller die volle **Beweislast** (ausf. Schermann, Der Schutz des Vermächtnisnehmers im gemeinschaftlichen Testament und Ehegattenerbvertrag, 2006, 234 ff.).

17 Dem Vermächtnisnehmer muss auf der Grundlage des § 242 ebenso wie dem Erben im Rahmen des § 2287 (→ § 2287 Rn. 30) ein **Auskunftsanspruch** gegen den Erben über den Verbleib des vermachten Gegenstands zugebilligt werden (Schermann, Der Schutz des Vermächtnisnehmers im gemeinschaftlichen Testament und Ehegattenerbvertrag, 2006, 236). Hier wie dort ist allerdings zwischen dem berechtigten Auskunftsverlangen und dem unzulässigen Ausforschungsbegehren zu unterscheiden. Der Anspruchsteller muss substantiiert darlegen, dass ihm ein Verschaffungs- oder Wertersatzanspruch gem. § 2288 zusteht.

## § 2289 Wirkung des Erbvertrags auf letztwillige Verfügungen; Anwendung von § 2338

**(1) [1]Durch den Erbvertrag wird eine frühere letztwillige Verfügung des Erblassers aufgehoben, soweit sie das Recht des vertragsmäßig Bedachten beeinträchtigen würde.**

**[2]In dem gleichen Umfang ist eine spätere Verfügung von Todes wegen unwirksam, unbeschadet der Vorschrift des § 2297.**

**(2) Ist der Bedachte ein pflichtteilsberechtigter Abkömmling des Erblassers, so kann der Erblasser durch eine spätere letztwillige Verfügung die nach § 2338 zulässigen Anordnungen treffen.**

## Überblick

Der Erblasser ist an seine vertragsmäßigen Verfügungen in einem Erbvertrag erbrechtlich gebunden. Diese Vorschrift regelt die Folgen dieser erbrechtlichen Bindungswirkung (→ Rn. 1 ff.). Rückwirkend bestimmt Abs. 1 S. 1, dass frühere letztwillige Verfügungen des Erblassers durch den Erbvertrag aufgehoben werden, soweit sie das Recht des vertragsmäßig Bedachten beeinträchtigen würden (→ Rn. 4 ff.). Künftige letztwillige Verfügungen sind gem. Abs. 1 S. 2 unwirksam, soweit hierdurch das Recht des vertragsmäßig Bedachten beeinträchtigt wird (→ Rn. 10 ff.). Für den Umfang der erbrechtlichen Bindungswirkung ist der Begriff der Beeinträchtigungen des Rechts des vertragsmäßig Bedachten von zentraler Bedeutung (→ Rn. 7, → Rn. 10 ff.). Die Unwirksamkeit späterer Verfügungen besteht allerdings nicht uneingeschränkt. Dem Erblasser kann das Recht vorbehalten werden, die vertragsmäßigen Verfügungen ohne Zustimmung des Vertragspartners aufzuheben oder zu ändern (→ Rn. 18). Einen gesetzlichen Änderungsvorbehalt enthält Abs. 2 für den Fall, dass der vertragsmäßig Bedachte ein pflichtteilsberechtigter Abkömmling des Erblassers ist und Pflichtteilsentziehungsgrund besteht (→ Rn. 19). Die Zustimmung des Vertragspartners führt zur Wirksamkeit beeinträchtigender Verfügungen, wenn die Form eines Aufhebungsvertrags gewahrt wird (→ Rn. 20).

## Übersicht



## I. Voraussetzungen der erbrechtlichen Aufhebungs- und Bindungswirkung

1 **1. Wirksamer Erbvertrag.** Nur der wirksam geschlossene und gebliebene Erbvertrag entfaltet die ihm als Vertrag wesenseigene (BGH NJW 1958, 498; OLG Köln NJW-RR 1994, 651 (652)) erbrechtliche Wirkung, die in § 2289 lediglich ihren sichtbaren Ausdruck findet (allgM, zB OLG Zweibrücken BeckRS 9998, 43765). Mängel beim Zustandekommen des Erbvertrags hindern diese Rechtsfolgen ebenso wie die Aufhebung (§§ 2290 ff.), die Anfechtung (§§ 2281 ff.) oder der Rücktritt (§§ 2293 ff.). Ist die Abgrenzung zu einem gemeinschaftlichen Testament streitig, weil die Urkunde keine eindeutigen Formulierungen enthält und außer den Erblassern noch weitere Personen daran beteiligt waren, so finden nicht etwa die von der Sichtweise der Erblasser geprägten erbrechtlichen Auslegungsgrundsätze (§ 2084) Anwendung, sondern die allgemein für die Auslegung von Verträgen geltenden §§ 133, 145 (OLG Hamm FGPrax 2005, 30).

2 **2. Wirksame vertragsmäßige Verfügung.** Allerdings entfalten ausschließlich vertragsmäßige Verfügungen iSd § 2278 diese Wirkung, sodass bei anderen Verfügungen § 2289 von vorneherein keine Anwendung findet (OLG Hamm MittBayNot 1996, 44 = FamRZ 1996, 637). Auch wenn eine Auflage dem Begünstigten eigentlich keine Rechte gewährt, ist § 2289 nach hM auch auf diese anwendbar (MüKoBGB/Musielak Rn. 9 mwN; aA Harrer LZ 1926, 214 (219)). Da Erbeinsetzungen, Vermächtnisse und Auflagen in einem Erbvertrag sowohl vertragsmäßigen als auch einseitig testamentarischen Charakter haben können, ist zunächst deren Rechtsnatur durch Auslegung zu ermitteln (→ § 2278 Rn. 3 ff.). Nur solche dieser Verfügungen, die vertragsmäßigen Charakter haben, entfalten erbrechtliche Bindungswirkung iSd § 2289 Abs. 1 S. 2 (BGH NJW

1994, 317). Zum Streit über die vertragsmäßige Anordnung von Teilungsanordnungen → § 2278 Rn. 1.

**3. Bedeutung der Gegenstandslosigkeit.** Wird eine vertragsmäßige Verfügung durch Tod des Bedachten, Ausschlagung, Erbverzicht oder Erbunwürdigkeitserklärung gegenstandslos, so ist zwischen der Bindungswirkung des Abs. 1 S. 2 und der Aufhebungswirkung des Abs. 1 S. 2 zu unterscheiden. Mit Eintritt dieser Ereignisse entfällt die **Bindungswirkung,** sodass später errichtete beeinträchtigende Verfügungen in vollem Umfang gültig werden (OLG Zweibrücken BeckRS 9998, 43765). Nach hM gilt das Gleiche für die **Aufhebungswirkung** iSd § 2289 Abs. 1 S. 1, sodass etwa im Falle des Vorversterbens oder der Ausschlagung des Bedachten eine frühere, widersprechende Verfügung in vollem Umfang wieder in Kraft tritt (OLG Zweibrücken ZEV 1999, 439 m. abl. Anm. Kummer; Lange/Kuchinke ErbR § 25 VI 2b; v. Lübtow ErbR I 420 f.; offengelassen in BGHZ 26, 204 (214) = NJW 1958, 498). Nach einer im Vordringen befindlichen Literaturmeinung kommt es dagegen nur darauf an, ob im Zeitpunkt der Erbvertragserrichtung eine Beeinträchtigung vorliegt (Keim ZEV 1999, 413 (414 f.); Kummer ZEV 1999, 440 f.). Nach dieser zutreffenden Auffassung hat eine vertragsmäßige Verfügung die gleiche Widerrufswirkung wie eine einseitig testamentarische gem. § 2258. Führt ein Ereignis (zB Tod des Bedachten, Ausschlagung) nach der Errichtung zur Gegenstandslosigkeit einer vertragsmäßigen Verfügung, so bleibt die widersprechende frühere Anordnung aufgehoben. 3

## II. Aufhebung früherer Verfügungen von Todes wegen (Abs. 1 S. 1)

**1. Frühere Verfügung von Todes wegen. a) Testament.** Durch den Erbvertrag werden vor dessen Abschluss vom Erblasser errichtete Testamente („letztwillige Verfügung") in dem Umfang aufgehoben, in dem sie die Rechte des vertragsmäßig Bedachten beeinträchtigen würden (§ 2289 Abs. 1 S. 1), es sei denn, die Vertragsschließenden erhalten alle oder einzelne im Testament enthaltenen Verfügungen im Erbvertrag ausdrücklich aufrecht. Ist das frühere Testament aus irgendwelchen anderen Gründen unwirksam, so kommt § 2289 Abs. 1 S. 1 gar nicht erst zum Zuge. Im Rahmen dieser Vorschrift kommt der zeitlichen Einordnung des Testaments keine entscheidende Bedeutung zu, da vor dem Abschluss des Erbvertrags errichtete Testamente gem. Abs. 1 S. 1 und danach verfügte gem. Abs. 1 S. 2 unwirksam werden bzw. sind. Auch am gleichen Tag errichtete oder undatierte Testamente sind dementsprechend ungültig, soweit sie eine Beeinträchtigung der vertragsmäßig eingeräumten Rechte bedeuten. Ein dem Erbvertrag – zunächst – zuwiderlaufendes Testament tritt mit Fortfall der Bindungswirkung in Kraft, auch wenn es vor Wegfall der Bindungswirkung errichtet worden ist (OLG Düsseldorf BeckRS 2020, 10058). 4

**b) Gemeinschaftliches Testament.** Auch ein vor dem Erbvertrag errichtetes gemeinschaftliches Testament wird im gleichen Umfang gem. § 2289 Abs. 1 S. 1 aufgehoben wie ein einseitiges Testament. Dies gilt uneingeschränkt, wenn die beteiligten Ehegatten an Erbvertrag und gemeinschaftlichem Testament identisch sind (vgl. § 2290). Hat jedoch der als Erblasser am Erbvertrag Beteiligte vor dessen Abschluss mit einem Dritten ein gemeinschaftliches Testament errichtet, so führt die erbrechtliche Bindung an darin enthaltene wechselbezügliche Verfügungen (§ 2271) zu einer Einschränkung des in § 2289 Abs. 1 S. 1 angeordneten Vorrangs des Erbvertrags: Derartige wechselbezügliche Verfügungen werden durch den nachfolgenden Erbvertrag also nicht aufgehoben, wohl aber einseitig testamentarische Anordnungen. In diesem Fall kommt daher der zeitlichen Einordnung eine entscheidende Bedeutung zu. Enthält das gemeinschaftliche Testament eine (vorschriftsmäßige) Zeitangabe über den Errichtungszeitpunkt, so ist diese maßgebend, es sei denn, sie ist nachweislich falsch. Enthält das gemeinschaftliche Testament keine Zeitangabe und kann der Errichtungszeitpunkt auch nicht auf andere Weise sicher festgestellt werden, so ist davon auszugehen, dass das gemeinschaftliche Testament nach dem Erbvertrag errichtet und darin enthaltene beeinträchtigende Verfügungen damit gem. Abs. 1 S. 2 nichtig sind. 5

**c) Erbvertrag.** § 2289 Abs. 1 S. 1 regelt nur das Verhältnis des Erbvertrags zu Testamenten und gemeinschaftlichen Testamenten, nicht jedoch zu früher errichteten Erbverträgen. Bei Identität der Vertragspartner gilt § 2290. Sind diese dagegen verschieden, so gebührt dem früher errichteten Erbvertrag über die Regelung in § 2289 Abs. 1 S. 2 der Vorrang vor dem später abgeschlossenen. 6

**2. Umfang der Aufhebungswirkung.** Das frühere Testament oder gemeinschaftliche Testament ist nur und stets in dem Umfang aufgehoben und damit insoweit unwirksam, als dadurch vertragsmäßige Rechte des in dem Erbvertrag Bedachten gemindert, beschränkt oder belastet werden. Nach einer Meinung genügt dabei eine rein wirtschaftliche Beeinträchtigung (Hülsmeier 7

NJW 1981, 2043; Soergel/Zecca-Jobst Rn. 3; Grüneberg/Weidlich Rn. 4; gegen rein wirtschaftliche Betrachtung BGHZ 26, 204 (214)), während nach anderer allein ein rechtlicher **Beurteilungsmaßstab** anzuwenden ist (BGH NJW 2011, 1733 (1735); 1958, 498 (499); OLG Frankfurt NJW-RR 2018, 329 (331); MüKoBGB/Musielak Rn. 10; Staudinger/Kanzleiter, 2019, Rn. 14; Meyding ZEV 1994, 98 (99); Kipp/Coing ErbR § 38 II 2). Die Bedeutung dieses Meinungsstreits ist jedoch gering, da auch die Befürworter einer wirtschaftlichen Betrachtungsweise bei einer rechtlichen Beeinträchtigung § 2289 auch dann anwenden, wenn die anderweitige Verfügung eine wirtschaftliche Besserstellung beinhaltet (vgl. Grüneberg/Weidlich Rn. 4; Küster JZ 1958, 394), und eine wirtschaftliche Beeinträchtigung ohne rechtliche Schlechterstellung schwer vorstellbar ist. Demgemäß beeinträchtigen den Vertragserben alle in dem früher errichteten Testament verfügten Vermächtnisse (BGH NJW 1958, 498 (499); OLG Frankfurt NJW-RR 2018, 329 (331)), Auflagen (OLG Frankfurt NJW-RR 2018, 329 (331)), Teilungsanordnungen (OLG Koblenz DNotZ 1998, 218 (219); Staudinger/Kanzleiter, 2019, Rn. 12; Lehmann MittBayNot 1988, 158; aA – für nicht wertverschiebende Teilungsanordnung – BGH NJW 1982, 441 (442); OLG Braunschweig ZEV 1996, 69 (70)) und Testamentsvollstreckeranordnungen (BGH NJW 1962, 912; OLG Hamm FamRZ 1996, 637; MüKoBGB/Musielak Rn. 10) über den Nachlass und sind folglich aufgehoben. Auch die Einsetzung eines Schiedsgerichts ist eine Beeinträchtigung (OLG Hamm NJW-RR 1991, 455). Der Ausschluss von Vater oder Mutter des Zuwendungsempfängers von der Verwaltung des ererbten Vermögens ist idS dagegen keine Beeinträchtigung. Die Aufhebungswirkung des § 2289 Abs. 1 S. 1 tritt dabei völlig unabhängig davon ein, ob der Erblasser einen entsprechenden Aufhebungswillen hatte oder nicht. Er braucht sich auch nicht an das frühere Testament erinnert zu haben.

8 Der Begriff der Beeinträchtigung iSd § 2289 ist nicht identisch mit dem des **Widerrufs iSd § 2258:** eine Beeinträchtigung liegt bereits vor, wenn die vertragsmäßige Zuwendung im Rechtssinne gemindert oder aufgehoben wird, während zum Widerruf eine sachlich unvereinbare Divergenz zwischen zwei letztwilligen Verfügungen notwendig ist. Beispielsweise ist eine Beschwerung des vertragsmäßigen Erben durch ein Vermächtnis zwar eine Beeinträchtigung iSd § 2289, nicht dagegen ein Widerruf der Erbeinsetzung iSd § 2258 (Reimann/Bengel/Dietz/J. Mayer/Röhl Rn. 16 mwN).

9 **3. Rechtsfolge.** Die beeinträchtigende Verfügung in dem früheren Testament oder gemeinschaftlichen Testament ist durch den Erbvertrag aufgehoben, soweit die Beeinträchtigung reicht. Wird der Erbvertrag nachträglich unwirksam oder gegenstandslos, so tritt, wenn und soweit kein entgegenstehender Erblasserwille festgestellt werden kann, die testamentarische Verfügung wieder in Kraft (MüKoBGB/Musielak Rn. 4, 12 mwN). **Verbessert** die vertragsmäßige Verfügung **die Rechte des Bedachten** gegenüber einem früher errichteten Testament (zB vertragsmäßige Einsetzung zum Miterben nach einer Alleinerbeinsetzung im vorausgehenden Testament), so greift mangels Beeinträchtigung § 2289 Abs. 1 S. 1 nicht ein, wohl aber §§ 2258, 2279 Abs. 1, sodass der Widerspruch zugunsten der späteren erbvertraglichen Verfügung aufgelöst wird.

## III. Nichtigkeit späterer Verfügungen von Todes wegen (Abs. 1 S. 2)

10 **1. Verbot der Beeinträchtigung vertragsmäßiger Verfügungen. a) Grundsätze.** Mit dem Abschluss des Erbvertrags verliert der Erblasser seine Testierfreiheit insoweit, als ihm jede Beeinträchtigung der dem Begünstigten darin vertragsmäßig eingeräumten Rechte untersagt ist. § 2289 Abs. 1 S. 2 gilt dabei für alle **nach Vertragsschluss** errichteten Verfügungen von Todes wegen, also für Testamente und gemeinschaftliche Testamente ebenso wie für Erbverträge. Wegen der Datierungsprobleme bei eigenhändigen gemeinschaftlichen Testamenten ohne die vorgeschriebene Zeitangabe → Rn. 5. Da es sich jedoch nur um eine erbrechtliche Bindungswirkung handelt, bleibt das Recht des Erblassers zu Verfügungen durch Rechtsgeschäft unter Lebenden unberührt (§ 2286). Eine nach dem Erbvertrag angeordnete Verfügung **beeinträchtigt die vertragsmäßigen Rechte** des Bedachten nur, wenn diese dadurch im Erbfalle gemindert, beschränkt, belastet oder gegenstandslos würden (OLG Hamm OLGZ 1974, 378). Wegen des Meinungsstreits über den anzuwendenden Beurteilungsmaßstab → Rn. 7. Die (rechtliche) Besserstellung des Zuwendungsempfängers ist keine Beeinträchtigung und daher uneingeschränkt zulässig (BGH NJW 1959, 1730; 1960, 142 m. abl. Anm. Bärmann; MüKoBGB/Musielak Rn. 17). Dies gilt jedoch nur, wenn in dieser Besserstellung nicht zugleich eine Schlechterstellung vertragsmäßiger Rechte anderer liegt, etwa bei der Aufhebung einer vertragsmäßigen Erbeinsetzung der Abkömmlinge zugunsten des Ehegatten (BayObLGZ 1961, 206).

**b) Einzelfälle.** Demgemäß ist die vollständige **Aufhebung** einer Erbeinsetzung, auch zum Mit-, Vor- oder Nacherben, eines Vermächtnisses oder einer Auflage für den Zuwendungsempfänger eine Beeinträchtigung. Während für die Einsetzung eines Miterben, die Verringerung der Erbquote oder der Mitberechtigung an einem Vermächtnis das Gleiche gilt, bedeutet umgekehrt deren Erhöhung eine Besserstellung und unterfällt nicht den Bestimmungen des § 2289. 11

Eine Beeinträchtigung beinhaltet jede **Anordnung von Beschränkungen** und Beschwerungen in Form von Nacherbschaft (OLG Hamm NJW 1974, 1774), Vermächtnissen (BGH NJW 1958, 498), auch Nachvermächtnissen, Auflagen oder Testamentsvollstreckung (BGH NJW 1962, 912; OLG München RNotZ 2008, 619). Die einen Miterben beeinträchtigende Wirkung einer **Teilungsanordnung** ist dabei umstritten. Während der BGH dies mit der Begründung verneint, diese könnte keine wechselbezügliche bzw. vertragsmäßige Wirkung haben (BGH NJW 1982, 441 (442); 1982, 43 (44); zum Streit über die Vertragsmäßigkeit von Teilungsanordnungen → § 2278 Rn. 1, → § 2270 Rn. 4), wird in der Lit. überwiegend eine Beeinträchtigung durch Teilungsanordnungen bejaht (MüKoBGB/Musielak Rn. 10, § 2271 Rn. 17; Staudinger/Kanzleiter, 2019, Rn. 12a; Lehmann MittBayNot 1988, 157). Im Ergebnis wird man dem BGH folgen müssen, weil das freie Verfügungsrecht des Erblassers gem. § 2286 belegt, dass der Erbe überhaupt keinen im Rahmen des § 2289 schützenswerten Anspruch auf Erhalt konkreter Nachlassgegenstände hat, sondern nur auf einen wertmäßigen Teil am gesamten Nachlass (BeckOGK/Müller-Engels Rn. 69; Reimann/Bengel/Dietz/Mayer/Röhl Rn. 45; so auch BGH NJW 1982, 43 (44); vgl. OLG Hamm BeckRS 2016, 01471 Rn. 56). Die nachträgliche Anordnung eines **Teilungsverbots** ist dagegen eine Beeinträchtigung in diesem Sinne (BeckOGK/Müller-Engels Rn. 71). Die ersatzlose **Aufhebung von Belastungen,** also die Aufhebung der Nacherbeneinsetzung, eines Vermächtnisses, einer Auflage oder einer Testamentsvollstreckung, stellt aus der Sicht des Belasteten keine Beeinträchtigung dar, wohl aber für den Begünstigten dieser Verfügungen. 12

Die Einsetzung eines **Schiedsgerichts** ist eine Beeinträchtigung (OLG Frankfurt BeckRS 2012, 17363; OLG Hamm NJW-RR 1991, 455; BeckOGK/Müller-Engels Rn. 72; Soergel/Wolf Rn. 9; aA NK-BGB/Kornexl Rn. 38; Reimann/Bengel/Dietz/Mayer/Röhl Rn. 47; vgl. auch OLG Celle NJW-RR 2016, 331 (332)). 13

Umstritten ist, ob der Vertragserbe durch den **Austausch der Person des Testamentsvollstreckers** unzulässig beeinträchtigt wird. Während die hM eine Beeinträchtigung ausnahmslos verneint (OLG Düsseldorf MittRhNotK 1995, 97; OLG Hamm ZEV 2001, 271; KG OLGZ 1977, 390 (392); Staudinger/Kanzleiter, 2019, § 2270 Rn. 19; MüKoBGB/Musielak Rn. 10) nimmt eine Mindermeinung an, dass die Auswechslung nur „grds." eine solche darstellt (OLG Stuttgart OLGZ 1979, 49 (51); Meyding ZEV 1994, 98 (100)). Andere wiederum stellen darauf ab, ob der Personenwechsel ein **konkret messbarer** Nachteil für den Bedachten ist, was idR nur beim Austausch eines Familienangehörigen gegen einen Außenstehenden der Fall sein soll (KG BeckRS 2009, 87509 m. abl. Anm. Litzenburger ErbR-FD 2009, 294987; Reimann ZEV 2001, 273 (274)). Der Begriff der konkret messbaren Nachteile ist kein sicheres Abgrenzungskriterium (BGH BeckRS 2011, 8261) und gefährdet damit die Rechtssicherheit im verfassungsrechtlich sensiblen Bereich der Testierfreiheit, denn bei der Einschränkung oder Ausweitung der vertragsmäßigen Bindungswirkung geht es um nichts Geringeres. Nach dieser Auffassung reicht bereits die Verletzung bloßer Interessen des Bedachten aus, um eine Beeinträchtigung anzunehmen. Die Rechte des Bedachten werden nämlich durch die Einsetzung eines ihm unliebsamen Testamentsvollstreckers in keiner Weise verletzt, sondern allenfalls seine wirtschaftlichen Interessen durch dessen konkretes Handeln, gegen das er anderweitigen Rechtsschutz beanspruchen kann (zB Antrag auf Abberufung aus wichtigem Grund). Es ist aber nicht angebracht, die ohnehin problematische erbrechtliche Bindungswirkung von Erbverträgen und gemeinschaftlichen Testamenten noch auf den Austausch der Person des Testamentsvollstreckers auszudehnen (diff. BGH BeckRS 2011, 8261; krit. dazu BeckOGK/Müller-Engels Rn. 67). Auf dieser Grundlage liegt eine Beeinträchtigung des erbrechtlich bindend eingesetzten Erben vor, wenn dem neuen Testamentsvollstrecker – anders als dem zunächst berufenen – ein Vergütungsanspruch eingeräumt wird (OLG Schleswig BeckRS 2019, 30637 Rn. 21 ff.; BeckOGK/Müller-Engels Rn. 67). 14

Die **Erweiterung der Befugnisse des Testamentsvollstreckers** (zB Anordnung einer Dauervollstreckung statt einer Abwicklungsvollstreckung, Verlängerung der Dauervollstreckung, Erstreckung auf bisher nicht erfasste Vermögenswerte) ist eine Beeinträchtigung des Vertragserben (BeckOGK/Müller-Engels Rn. 63; vgl. Reimann/Bengel/Dietz/J. Mayer/Röhl Rn. 38 mwN). Zulässig ist dagegen der umgekehrte Fall der Einschränkung der Befugnisse (zB Umwandlung einer Dauervollstreckung in eine Abwicklungsvollstreckung, Verkürzung der Dauervollstreckung), da in diesem Fall der Vertragserbe seine Verfügungsbefugnis idR früher (zurück)erhält, also rechtlich bessergestellt wird. 15

16 Der **Ausschluss von Vater oder Mutter** des Zuwendungsempfängers von der Verwaltung des ererbten Vermögens gem. § 1638 Abs. 1 ist keine Beeinträchtigung iSd § 2289.

17 Die Änderung des **Vermächtnisgegenstands** ist selbst dann eine Beeinträchtigung, wenn der neue Gegenstand wirtschaftlich wertvoller ist (MüKoBGB/Musielak Rn. 16). Schwieriger wird die Entscheidung bei der Änderung der **Modalitäten.** In diesen Fällen ist zu prüfen, ob die Änderung die Rechtsstellung des Begünstigten aus der früheren letztwilligen Verfügung aufhebt oder beeinträchtigt. Bei einem Hinausschieben der Fälligkeit des Vermächtnisses ist dies zu verneinen, im Falle des Vorziehens dagegen zu bejahen. Der Austausch der **Person** des Vermächtnisnehmers beeinträchtigt den Vertragserben nicht, wenn iÜ das Vermächtnis unverändert bleibt (BeckOGK/Müller-Engels Rn. 61). Entsprechendes gilt bei **Auflagen.**

18 **2. Änderungsvorbehalt im Erbvertrag.** Dem Erblasser kann im Erbvertrag das Recht vorbehalten werden, die vertragsmäßigen Verfügungen ganz oder teilweise einseitig und ohne Zustimmung des Vertragspartners aufzuheben oder zu ändern. Diese Änderungsbefugnis kann entweder in der gleichen Urkunde wie die vertragsmäßige Verfügung oder in einer späteren Erbvertragsergänzungsurkunde eingeräumt werden, in jedem Fall bedarf der Vorbehalt der Form des § 2276 (BGH NJW 1958, 498) oder eines formgültigen gemeinschaftlichen Testaments. Die formlose Einräumung ist dagegen wegen der Formenstrenge des Erbrechts unwirksam. Deshalb kann ein derartiger Änderungsvorbehalt nur unter der Voraussetzung im Wege der ergänzenden Auslegung einem Erbvertrag entnommen werden, wenn dieser mindestens einen entsprechenden Anhaltspunkt enthält (OLG Hamm FamRZ 1996, 637). Wegen der Einzelheiten → § 2278 Rn. 8 ff.

19 **3. Gesetzlicher Änderungsvorbehalt gem. Abs. 2.** Ist der vertragsmäßig Bedachte ein pflichtteilsberechtigter Abkömmling des Erblassers, so kann letzterer einseitig und ohne Wissen des Vertragspartners die nach § 2338 zulässigen Anordnungen treffen, um seinen Abkömmling im Falle der Verschwendungssucht oder der Überschuldung zu schützen. Es handelt sich um einen gesetzlichen Änderungsvorbehalt. Ein Verzicht auf diese Änderungsbefugnis im Erbvertrag begegnet ebenso wenig Bedenken wie der Verzicht auf ein Anfechtungsrecht und verstößt nicht gegen § 138.

20 **4. Zustimmung des Vertragspartners und des Bedachten.** Die Zustimmung des Vertragspartners führt nur dann zur Wirksamkeit beeinträchtigender Verfügungen, wenn die für die Aufhebung des Erbvertrags erforderliche Form der §§ 2290 ff. gewahrt wird (BGH NJW 1989, 2618; BayObLGZ 1974, 401 (404); OLG Köln NJW-RR 1994, 651 (653); MüKoBGB/Musielak Rn. 18; Stumpf FamRZ 1990, 1057 (1060): § 2291 Abs. 2 analog; für Formfreiheit RGZ 134, 325 (327)). Die Zustimmung des vom Vertragspartner verschiedenen vertragsmäßig Bedachten ist dagegen nach zutreffender hM wirkungslos (BGH NJW 1989, 2618; MüKoBGB/Musielak Rn. 18 mwN; aA RGZ 134, 325 (327)). Dieser muss sich der im Gesetz vorgesehenen Verzichtsmöglichkeiten bedienen, also bis zum Erbfall des Zuwendungsverzichtsvertrags (§ 2252) und von da an der Ausschlagung. In besonderen Ausnahmefällen muss sich der Bedachte, der sich entgegen seiner formlos erteilten Zustimmung hierzu auf die Unwirksamkeit einer beeinträchtigenden Verfügung beruft, die Einrede der Arglist entgegenhalten lassen (BGH NJW 1989, 2618 (2619)).

21 **5. Rechtsfolge.** Eine Verfügung von Todes wegen, die nach dem Abschluss eines wirksamen Erbvertrags errichtet worden ist, ist unwirksam, soweit die Beeinträchtigung der vertragsmäßigen Verfügung reicht.

## § 2290 Aufhebung durch Vertrag

**(1) [1]Ein Erbvertrag sowie eine einzelne vertragsmäßige Verfügung kann durch Vertrag von den Personen aufgehoben werden, die den Erbvertrag geschlossen haben. [2]Nach dem Tode einer dieser Personen kann die Aufhebung nicht mehr erfolgen.**

**(2) Der Erblasser kann den Vertrag nur persönlich schließen.**

**(3) Ist für den anderen Teil ein Betreuer bestellt und wird die Aufhebung vom Aufgabenkreis des Betreuers erfasst, ist die Genehmigung des Betreuungsgerichts erforderlich.**

**(4) Der Vertrag bedarf der im § 2276 für den Erbvertrag vorgeschriebenen Form.**

### Überblick

Der Aufhebungsvertrag ist actus contrarius zum Erbvertrag. Diese Vorschrift regelt Zulässigkeit und Wirksamkeitsvoraussetzungen eines solchen Aufhebungsvertrags (→ Rn. 1). Dieser kann nur durch den Erblasser höchstpersönlich und alle Vertragsschließenden abgeschlossen werden (→ Rn. 2). Abs. 3 schließt eine Vertretung des Erblassers – wie beim Erbvertrag selbst – aus (→ Rn. 3). Im Falle der Betreuung für einen anderen Vertragsschließenden schreibt Abs. 3 die Genehmigung des Betreuungsgerichts vor (→ Rn. 4). Der Vertrag bedarf gem. Abs. 4 der für den Erbvertrag vorgeschriebenen Form (→ Rn. 5). Der wirksame Abschluss führt zur Aufhebung der hiervon betroffenen vertragsmäßigen Verfügungen (→ Rn. 6 f.). Da die Aufhebung des Aufhebungsvertrags die Verfügungen in dem ursprünglichen Erbvertrag wieder in Kraft setzt, gelten für diese nicht etwa die allgemeinen Vorschriften für Verträge oder § 2290, sondern die für Erbverträge geltenden Bestimmungen der §§ 2274 ff. (→ Rn. 8).

## I. Gegenstand des Aufhebungsvertrags

Gegenstand eines Aufhebungsvertrags kann sowohl der **gesamte Erbvertrag** als auch eine einzelne **vertragsmäßige Verfügung** sein. Ein vertragsmäßiges Vermächtnis oder eine derartige Auflage kann gem. § 2291 jedoch auch durch Testament aufgehoben werden, wenn der Vertragspartner in notarieller Urkunde zustimmt. Im Erbvertrag enthaltene **einseitig testamentarische Verfügungen** (§ 2299) können sowohl durch Testament gem. §§ 2253 ff. als auch durch Erbvertrag gem. §§ 2290 ff. aufgehoben werden (vgl. § 2299 Abs. 2). Ein **Ehegattenerbvertrag** kann gem. § 2292 auch durch ein von den Vertragschließenden errichtetes gemeinschaftliches Testament aufgehoben werden. Auf das Recht zum Abschluss eines solchen Aufhebungsvertrags kann der Erblasser nicht wirksam verzichten (§ 2302). 1

## II. Vertragsabschluss

**1. Vertragschließende.** Vertragsmäßige Verfügungen können gem. § 2290 nur von den gleichen Personen aufgehoben werden, die den Erbvertrag geschlossen haben. Bei einem mehrseitigen Erbvertrag ist folglich die Beteiligung sämtlicher Vertragschließenden am Aufhebungsvertrag zu fordern. Nach dem Tode auch nur eines von ihnen können vertragsmäßige Verfügungen in einem Erbvertrag überhaupt nicht mehr auf diesem Wege aufgehoben werden (§ 2290 Abs. 1 S. 2). Das Aufhebungsrecht geht also nicht auf die Erben des Verstorbenen über. Die Mitwirkung eines vom Vertragspartner verschiedenen **vertragsmäßig Bedachten** am Aufhebungsvertrag ist weder notwendig noch hinreichend (allgM, zB LG Mosbach MDR 1971, 222; Staudinger/Kanzleiter, 2019, Rn. 8). Es besteht allerdings die Möglichkeit, auch ohne Aufhebungsvertrag das gleiche Ergebnis durch Abschluss eines weniger förmlichen Zuwendungsverzichtsvertrags gem. § 2352 zwischen Erblasser und dem Bedachten zu erreichen (vgl. KG OLGE 36, 236 (238); OLG Düsseldorf DNotZ 1974, 367 (368)). Ist der Bedachte jedoch zugleich Vertragspartner, so kommt der Abschluss eines Zuwendungsverzichtsvertrags nicht in Betracht, weil er kein Dritter iSd § 2352 S. 2 ist (OLG Hamm DNotZ 1977, 751; OLG Stuttgart OLG DNotZ 1979, 107). Einzige Ausnahme ist der Fall, dass bei einem mehrseitigen Vertrag die Mitwirkung des Bedachten mehr formalen Charakter trägt, sodass etwa bei einer Erbeinsetzung nach dem Berliner Modell (§ 2269) mit den als Schlusserben eingesetzten Kindern ein Zuwendungsverzichtsvertrag geschlossen werden kann (BayObLG Rpfleger 1975, 26; MüKoBGB/Musielak Rn. 5). Verhindert der Bedachte den Abschluss eines Aufhebungsvertrags arglistig, so muss er sich gem. § 242 ausnahmsweise so behandeln lassen, als wäre dieser zustande gekommen (RGZ 134, 327; BGH WM 1978, 171). 2

**2. Persönliche Abschlussvoraussetzungen.** Der **Erblasser** muss am Vertragsabschluss gem. § 2290 Abs. 2 persönlich mitwirken, kann sich also weder vertreten lassen, noch eines Boten bedienen. Weder ein Minderjähriger (§ 2) noch ein geschäftsunfähiger Erblasser kann einen solchen Vertrag schließen. Das Gesetz zur Bekämpfung von Kinderehen vom 17.7.2017 (BGBl. I 2429) hat durch Aufhebung des § 1303 Abs. 2 aF die Eheschließung von **Minderjährigen** mit Wirkung ab dem 1.1.2018 unmöglich gemacht, sodass diese weder einen Erbvertrag schließen noch aufheben können. Vor dem Inkrafttreten dieses Gesetzes gem. § 2290 Abs. 2 S. 2 aF geschlossene Aufhebungsverträge behalten jedoch ihre Gültigkeit. 3

Der **andere Vertragsteil,** der nicht letztwillig in dem Erbvertrag verfügt hat, kann sich dagegen beim Abschluss des Aufhebungsvertrags vertreten lassen oder sich eines Boten bedienen. Steht der Vertragspartner des Erblassers unter Betreuung und gehört der Abschluss des Aufhebungsvertrags zum Wirkungskreis des Betreuers, so vertritt dieser den anderen Vertragsteil, bedarf dazu jedoch der Genehmigung des Betreuungsgerichts (§ 2290 Abs. 3). **Ab dem 1.1.2023** werden die gerichtlichen Genehmigungsvorbehalte in Erbrechtsangelegenheiten von Minderjährigen und Betreuten in § 1851 zusammengefasst (BGBl. 2021 I 882). Die Genehmigungspflicht ist dann in § 1851 4

Nr. 5 geregelt, ohne dass sich diese sachlich von der bisherigen Regelung unterscheidet. Ein ohne die erforderliche Genehmigung geschlossener Aufhebungsvertrag wird wirksam, wenn der andere Vertragsteil nach Aufhebung eines Einwilligungsvorbehalts gem. § 1903 Abs. 1 S. 2 genehmigt, allerdings spätestens bis zum Tod des Erblassers (MüKoBGB/Musielak Rn. 6; Staudinger/Kanzleiter, 2019, Rn. 12).

5 **3. Form.** Der Aufhebungsvertrag bedarf gem. § 2290 Abs. 4 der durch § 2276 für den Erbvertrag vorgeschriebenen Form, sodass der Aufhebungswille beider Vertragsteile bei gleichzeitiger Anwesenheit zur Niederschrift eines Notars erklärt werden muss. Der Abschluss durch getrennte Beurkundung von Angebot und Annahme ist unzulässig (BGH DNotZ 1983, 776). Die notarielle Beurkundung wird durch die Aufhebung in einem Prozessvergleich ersetzt. S. zur Verwahrung des Aufhebungsvertrags → BeurkG § 34 Rn. 4.

## III. Inhalt und Wirkung des Aufhebungsvertrags

6 **1. Inhalt.** Der Aufhebungsvertrag kann sich inhaltlich auf die ersatzlose Aufhebung des gesamten Vertrags oder einer einzelnen Verfügung beschränken (vgl. BayObLG NJW-RR 2003, 658 (659); Rpfleger 2002, 267; BayObLGZ 1956, 205 (206); H. Keller ZEV 2004, 93 (95) gegen Kornexl ZEV 2003, 62 (63) und Lehmann ZEV 2003, 234). Zulässig ist es aber auch, in der gleichen Urkunde die aufgehobene Verfügung durch eine neue zu ersetzen, sie also zu ändern. Dann handelt es sich sowohl um einen Aufhebungs- als auch um einen (neuen) Erbvertrag, sodass die für beide geltenden Abschlussvorschriften zu beachten sind. Schließen die gleichen Beteiligten einen zweiten Erbvertrag, der dem ersten widerspricht, ohne diesen ausdrücklich aufzuheben, ist der erste Erbvertrag durch konkludente Vereinbarung gem. § 2290 aufgehoben (MüKoBGB/Musielask Rn. 7; BayObLG FamRZ 1994, 190 (191): Anwendung des § 2258; Lange/Kuchinke ErbR § 25 VII 3c: Analogie des § 2258). Ein Erbvertrag kann nicht durch einen Erbverzichtsvertrag der früheren Vertragspartner aufgehoben werden; auch die Umdeutung in einen Aufhebungsvertrag scheidet aus (OLG Stuttgart OLG DNotZ 1979, 107).

7 **2. Wirkung.** Wird der gesamte Erbvertrag aufgehoben, so werden, wenn und soweit sich kein abweichender Wille der Vertragschließenden feststellen lässt, damit auch die darin enthaltenen einseitig testamentarischen Verfügungen unwirksam (§ 2299 Abs. 3). Bezieht sich der Aufhebungsvertrag nur auf eine oder mehrere vertragsmäßige Verfügungen im Erbvertrag, so werden nur diese unwirksam, während alle übrigen – einseitigen oder vertragsmäßigen – Verfügungen gültig bleiben. Die aufhebende Wirkung kann auch allein auf den Wegfall der vertragsmäßigen Bindung des Erblassers beschränkt werden, also aus einer vertragsmäßigen eine einseitig testamentarische Verfügung machen.

## IV. Anfechtung oder Aufhebung des Aufhebungsvertrags

8 Da die zulässige Aufhebung des Aufhebungsvertrags die Verfügungen in dem ursprünglichen Erbvertrag wieder in Kraft setzt, gelten für diese nicht etwa die allgemeinen Vorschriften für Verträge oder § 2290, sondern die für Erbverträge geltenden Bestimmungen der §§ 2274–2276 (allgM, zB MüKoBGB/Musielak Rn. 9 mwN). Der nicht letztwillig verfügende Vertragspartner kann den Aufhebungsvertrag nur gem. §§ 119 ff. anfechten, während auf eine Anfechtung durch den Erblasser nach hM die besonderen Regeln über die Anfechtung von Verfügungen von Todes wegen (§§ 2078 ff., 2281 ff.) anzuwenden sind (Staudinger/Kanzleiter, 2019, Rn. 20; MüKoBGB/Musielak Rn. 9; Reimann/Bengel/Dietz/J. Mayer/Röhl Rn. 33; aA Soergel/Zecca-Jobst Rn. 10; RGRK-BGB/Kregel Rn. 9).

## § 2291 Aufhebung durch Testament

**(1) [1]Eine vertragsmäßige Verfügung, durch die ein Vermächtnis oder eine Auflage angeordnet sowie eine Rechtswahl getroffen ist, kann von dem Erblasser durch Testament aufgehoben werden. [2]Zur Wirksamkeit der Aufhebung ist die Zustimmung des anderen Vertragschließenden erforderlich; die Vorschrift des § 2290 Abs. 3 findet Anwendung.**

**(2) Die Zustimmungserklärung bedarf der notariellen Beurkundung; die Zustimmung ist unwiderruflich.**

## Überblick

Die Vorschrift enthält eine Formerleichterung für die Aufhebung eines vertragsmäßigen Vermächtnisses, einer vertragsmäßigen Auflage oder einer Rechtswahl und ermöglicht – abweichend von § 2290 – eine Aufhebung durch Testament des Erblassers (→ Rn. 1 ff.). Zur Wirksamkeit ist allerdings die empfangsbedürftige Zustimmungserklärung des Vertragspartners in notariell beurkundeter Form erforderlich (→ Rn. 4 ff.). Ist die Aufhebung nach § 2291 wirksam erfolgt, kann das Aufhebungstestament ohne Zustimmung des anderen Vertragsteils widerrufen werden (→ Rn. 10).

## I. Gegenstand der Aufhebung

Während der gesamte Erbvertrag sowie eine darin enthaltene vertragsmäßige Erbeinsetzung nur in der Form des § 2290 im beiderseitigen Einvernehmen zwischen Erblasser und Vertragspartner aufgehoben werden kann, ist die Aufhebung eines **vertragsmäßigen Vermächtnisses** oder einer gleichartigen **Auflage** sowohl in der Form des § 2290 als auch in der – erleichterten – des § 2291 möglich. Diese Vorschrift gilt nicht für einseitig testamentarische Vermächtnisse oder Auflagen. Hat der Vertragspartner bereits im Erbvertrag der einseitigen vollständigen Aufhebung eines Vermächtnisses oder einer Auflage durch ein Aufhebungstestament des Erblassers zugestimmt, so handelt es sich dabei in Wahrheit nicht um vertragsmäßige, sondern um einseitig testamentarische Anordnungen (MüKoBGB/Musielak Rn. 5). Auf das Recht zur Aufhebung kann der Erblasser nicht wirksam verzichten (§ 2302). 1

## II. Aufhebungsvoraussetzungen

**1. Aufhebende Verfügung von Todes wegen.** Die Aufhebung gem. § 2291 ist ihrem Wesen nach ein Vertrag, sodass diese Vorschrift lediglich das Zustandekommen einer Aufhebungsvereinbarung gegenüber § 2290 erleichtert (Reimann/Bengel/Dietz/J. Mayer/Röhl Rn. 2; Lange/Kuchinke ErbR § 25 VII 3b Fn. 242; Staudinger/Kanzleiter, 2019, Rn. 10; aA MüKoBGB/Musielak Rn. 2; Planck/Greiff Anm. 3). Der Aufhebungswille des Erblassers kann dabei in **jeder wirksamen Verfügung von Todes wegen** gültig erklärt werden (§§ 2231 ff., 2247, 2249–2251, 2265, 2278 Abs. 2, 2299). Der Erblasser kann sich daher auch der Formen eines Nottestaments oder einer eigenhändigen letztwilligen Verfügung bedienen. Diese Verfügung von Todes wegen braucht dem anderen Vertragsteil nicht zuzugehen. Dieser muss sie noch nicht einmal kennen. 2

Bis zur Zustimmung des Vertragspartners kann der Erblasser diese Aufhebungsverfügung nach Maßgabe der für die gewählte Verfügungsart einschlägigen Vorschriften frei **widerrufen.** Hat der Vertragspartner seine Zustimmung dagegen erteilt, so ist nach der hier zum Wesen der Aufhebung gem. § 2291 vertretenen Auffassung die einem Aufhebungsvertrag gem. § 2290 gleichwertige Willensübereinstimmung für den Erblasser bindend, sodass er durch Widerruf der aufhebenden Verfügung von Todes wegen das Vermächtnis bzw. die Auflage im ursprünglichen Erbvertrag nicht wieder in Kraft setzen kann; es bedarf dazu des Abschlusses eines neuen Erbvertrags. 3

**2. Zustimmung des anderen Vertragschließenden. a) Erklärender.** Die zur Aufhebung notwendige Zustimmung kann nur von demjenigen erteilt werden, der als anderer Vertragschließender am Erbvertrag beteiligt war, bei einer Personenmehrheit also von allen. Diese Zustimmungserklärung ist zwar **kein höchstpersönliches Rechtsgeschäft,** kann also auch von einem Vertreter abgegeben werden. Sie kann allerdings nach dem Tod des anderen Vertragschließenden nicht von dessen **Erben** erklärt werden. Die Wesensgleichheit der Aufhebung gem. § 2291 mit der durch Aufhebungsvertrag gebietet eine analoge Anwendung des § 2290 Abs. 1 S. 2 auch hier (OLG Hamm NJW 1974, 1774; RGRK-BGB/Kregel Rn. 2). Wegen der persönlichen Voraussetzungen verweist § 2291 Abs. 2 auf § 2290 Abs. 3. **Ab dem 1.1.2023** werden die gerichtlichen Genehmigungsvorbehalte in Erbrechtsangelegenheiten von Minderjährigen und Betreuten in § 1851 zusammengefasst (BGBl. 2021 I 882). Die Genehmigungspflicht für die Aufhebung von im Erbvertrag vertragsmäßig angeordneten Vermächtnissen und Auflage sowie einer bindenden Rechtswahl ist dann in § 1851 Nr. 6 geregelt, ohne dass sich diese sachlich von der bisherigen Regelung unterscheidet. Die Zustimmung eines vom Vertragspartner verschiedenen vertragsmäßig Bedachten ist weder notwendig noch hinreichend. Allerdings kann mit diesem ein Zuwendungsverzichtsvertrag gem. § 2352 geschlossen werden. 4

**b) Form und Inhalt.** Die Zustimmungserklärung muss gem. § 2291 Abs. 2 vom Vertragspartner zur Niederschrift eines Notars erklärt werden (vgl. OLG Hamm NJW 1974, 1774). Sie 5 muss erkennen lassen, welches Vermächtnis oder welche Auflage aufgehoben werden soll. Das Einverständnis kann weder unter einer Bedingung, noch unter einer Befristung erklärt werden und muss stets darauf gerichtet sein, die Bindung des Erblassers an die einzelne Verfügung umfassend zu beseitigen („Zustimmung zur Aufhebung"). Geltungsbeschränkungen aller Art sind mit dem Gebot der Rechtssicherheit, dem das Erbrecht in besonderem Maße verpflichtet ist, nicht zu vereinbaren. Die aufhebende Verfügung von Todes wegen selbst braucht der Erklärende weder zu erwähnen noch zu kennen.

6 **c) Zugang beim Erblasser.** Die notariell beurkundete Zustimmungserklärung ist empfangsbedürftige Willenserklärung und muss deshalb dem Erblasser in **Ausfertigung** zugehen. Der Zugang einer beglaubigten oder einfachen Abschrift der Notarurkunde reicht nicht aus. Die Ausfertigung muss dem Erblasser vor dessen Tod zugehen (§ 2290 Abs. 1 S. 2 analog bzw. § 130 Abs. 2); andernfalls tritt die aufhebende Wirkung nicht ein (allgM, zB OLG Hamm NJW 1974, 1774).

7 **d) Unwiderruflichkeit.** Die Zustimmung kann nach dem Zugang beim Erblasser nicht mehr widerrufen werden, und zwar gem. § 2291 Abs. 2 Hs. 2 auch dann, wenn dieser die Aufhebung noch nicht von Todes wegen verfügt haben sollte (Reimann/Bengel/Dietz/J. Mayer/Röhl Rn. 11).

8 **e) Zeitliche Reihenfolge.** § 2291 verwendet den Zustimmungsbegriff wie im Rahmen der §§ 183, 184 als Oberbegriff für die (vorherige) Einwilligung und die (nachträgliche) Genehmigung (vgl. MüKoBGB/Musielak Rn. 4), sodass die zeitliche Reihenfolge von aufhebender Verfügung von Todes wegen und Zustimmung belanglos ist. Ist die Einwilligung zur Aufhebung dem Erblasser gegenüber formgerecht erklärt worden, so kann dieser auch noch nach dem Tod des Erklärenden die aufhebende Verfügung von Todes wegen errichten (Reimann/Bengel/Dietz/J. Mayer/Röhl Rn. 11).

## III. Wirkung der Aufhebung

9 Wenn der andere Beteiligte am Erbvertrag der Aufhebung eines Vermächtnisses oder einer Auflage zugestimmt hat, so kann der Erblasser – befreit von der erbvertraglichen Bindungswirkung – in seiner aufhebenden Verfügung völlig frei den Umfang der Aufhebung, also auch die bloße Änderung, festlegen. Die bis dahin bindende vertragsmäßige Verfügung steht dem nicht länger gem. § 2289 Abs. 1 S. 2 entgegen.

10 Umstritten ist, ob der Erblasser das Aufhebungstestament nach Zugang der Zustimmung des Vertragspartners einseitig und ohne erneute Zustimmung des Vertragspartners widerrufen kann, was aber nur dann bedeutsam ist, wenn man annimmt, dass nach dem Widerruf des Aufhebungstestaments die aufgehobene Verfügung im Erbvertrag wieder als vertragsmäßige wirksam wird (MüKoBGB/Musielak Rn. 6); die einseitig testamentarische Verfügung ist zweifellos möglich und ohne Zustimmung wirksam. Wer die Zustimmung zur Aufhebung gem. § 2291 nicht als einseitige Willenserklärung, sondern als Vertragsabschluss qualifiziert, muss folgerichtig zur Aufhebung dieses Vertrags die Zustimmung des anderen Vertragschließenden verlangen (Soergel/Zecca-Jobst Rn. 6; Reimann/Bengel/Dietz/J. Mayer/Röhl Rn. 13 f.; Erman/S. Kappler/T. Kappler Rn. 3; NK-BGB/Horn Rn. 10). Begreift man dagegen die Zustimmung als einseitige Willenserklärung, gibt es keine Rechtfertigung dafür eine Zustimmung des anderen Vertragsschließenden zu verlangen (MüKoBGB/Musielak Rn. 6 mwN; BeckOGK/Müller-Engels Rn. 24 f.).

## § 2292 Aufhebung durch gemeinschaftliches Testament

**Ein zwischen Ehegatten oder Lebenspartnern geschlossener Erbvertrag kann auch durch ein gemeinschaftliches Testament der Ehegatten oder Lebenspartner aufgehoben werden; die Vorschrift des § 2290 Abs. 3 findet Anwendung.**

### Überblick

Abweichend von § 2290 kann ein zwischen Ehegatten oder eingetragenen Lebenspartnern geschlossener Erbvertrag statt durch Aufhebungsvertrag auch durch ein gemeinschaftliches Testament aufgehoben werden kann; am Erbvertrag darf aber kein Dritter beteiligt gewesen sein (→ Rn. 1). Jede Form des gemeinschaftlichen Testaments ist zulässig (→ Rn. 3). Die Aufhebung führt zur Unwirksamkeit der im Erbvertrag enthaltenen vertragsmäßigen Verfügungen (→ Rn. 5). Das Aufhebungstestament kann selbst wiederrum widerrufen werden, mit der Folge, dass die erbvertraglichen Verfügungen wieder aufleben (→ Rn. 6).

## I. Ehegattenerbvertrag

**1. Voraussetzungen. a) Gegenstand.** Ehepartner können gem. § 2292 einen zwischen ihnen geschlossenen Ehegattenerbvertrag oder auch eine einzelne darin enthaltene vertragsmäßige Verfügung durch gemeinschaftliches Testament aufheben (BayObLGZ 1960, 192 (195 f.)). Dies gilt auch dann, wenn sie bei Abschluss des Erbvertrags noch nicht miteinander verheiratet waren (BayObLG NJW-RR 1996, 457 (458); OLG Köln FamRZ 1974, 51). Sind am Vertrag außer den Ehepartnern noch weitere Personen beteiligt gewesen, so scheidet die Aufhebung durch Ehegattentestament aus, und zwar selbst dann, wenn der Ehegatte der einzig Bedachte ist. Der von den Vertragschließenden verschiedene Bedachte braucht nicht zuzustimmen. 1

**b) Persönliche Errichtungsvoraussetzungen.** Die Ehepartner müssen im Falle der Aufhebung eines zweiseitigen Erbvertrags (§ 2298) bei Errichtung des gemeinschaftlichen Testaments testierfähig (§ 2229) sein (BayObLG NJW-RR 1996, 457). Das Gleiche gilt, wenn sie außer der Aufhebung in dem gemeinschaftlichen Testament anderweitig letztwillig verfügen. Beschränkt sich das gemeinschaftliche Testament dagegen auf die Aufhebung eines einseitigen Erbvertrags oder der vertragsmäßigen Verfügung nur eines von ihnen, so genügt es, wenn der als Erblasser am Erbvertrag beteiligte Ehegatte testierfähig ist. Auf den Ehepartner des Erblassers sind dagegen die Vorschriften des § 2290 Abs. 3 anzuwenden. Ab dem 1.1.2023 werden die gerichtlichen Genehmigungsvorbehalte in Erbrechtsangelegenheiten von Minderjährigen und Betreuten in § 1851 zusammengefasst (BGBl. 2021 I 882). Die Genehmigungspflicht ist dann in § 1851 Nr. 7 geregelt, ohne dass sich diese sachlich von der bisherigen Regelung unterscheidet. Ein ohne die danach erforderliche Genehmigung errichtetes Testament kann von Seiten des nicht verfügenden Ehepartners nach Volljährigkeit oder Aufhebung eines Einwilligungsvorbehalts formlos genehmigt werden kann. 2

**c) Form.** Die Ehepartner können sich jeder zu Gebote stehenden Errichtungsform bedienen, also einen Erbvertrag auch durch ein eigenhändiges gemeinschaftliches Testament aufheben. Die Aufhebung durch zwei Einzeltestamente ist nur zulässig, wenn der Errichtungszusammenhang erkennbar ist, sie also den Anforderungen eines gemeinschaftlichen Testaments genügen (BayObLGZ 20 A 117, 118; MüKoBGB/Musielak Rn. 3; → § 2266 Rn. 6). 3

**d) Inhalt.** Das gemeinschaftliche Testament kann sich inhaltlich auf die ersatzlose Aufhebung des gesamten Vertrags oder einer einzelnen Verfügung beschränken (BayObLGZ 1960, 192 (195 f.)). Zulässig ist es aber auch, in der gleichen Urkunde die aufgehobene Verfügung durch eine neue – einseitige oder wechselbezügliche – zu ersetzen, sie also zu ändern (MüKoBGB/Musielak Rn. 5). Die Änderung kann dabei auch in der Weise geschehen, dass ganz oder teilweise auf die aufgehobene Verfügung Bezug genommen und damit eine Gesamtregelung geschaffen wird (BGH WM 1987, 379). Die Aufhebung einer vertragsmäßigen Verfügung kann auch durch widersprechende Regelungen iSd § 2258 in dem gemeinschaftlichen Testament gleichsam konkludent erfolgen (BayObLG NJW-RR 1996, 457 (458)). 4

**e) Wirkung.** Wird der gesamte Erbvertrag aufgehoben, so werden, wenn und soweit sich kein abweichender Wille der Ehepartner feststellen lässt, damit auch die darin enthaltenen einseitig testamentarischen Verfügungen unwirksam (§ 2299 Abs. 3 analog). Werden nur eine oder mehrere vertragsmäßige Verfügungen im Erbvertrag aufgehoben, so werden nur diese unwirksam, während alle übrigen – einseitigen oder vertragsmäßigen – Verfügungen gültig bleiben. Die aufhebende Wirkung kann auch allein auf den Wegfall der vertragsmäßigen Bindung des Erblassers beschränkt werden, sodass aus einer vertragsmäßigen eine einseitig testamentarische Verfügung wird. 5

**2. Aufhebung und Widerruf des Aufhebungstestaments.** Heben die Ehepartner gemeinsam entweder das gemeinschaftliche Testament vollständig oder die darin verfügte Aufhebung des Erbvertrags durch ein neues gemeinschaftliches Testament auf, so tritt der ursprüngliche Erbvertrag wieder in Kraft, wenn und soweit sich kein anderer Wille der Eheleute feststellen lässt. Da das gemeinschaftliche Testament im Rahmen des § 2292 vertragsähnlichen Charakter besitzt, kann der als Erblasser am Erbvertrag beteiligte Ehegatte diese aufhebende Verfügung nicht gem. §§ 2253, 2271 einseitig widerrufen, also den ursprünglichen Erbvertrag nicht mehr ohne den Willen des anderen Vertragsteils in Kraft setzen (Staudinger/Kanzleiter, 2019, Rn. 10; Reimann/Bengel/ 6

Dietz/J. Mayer/Röhl Rn. 17; Soergel/Zecca-Jobst Rn. 6; aA MüKoBGB/Musielak Rn. 6). Beide müssen entweder das gemeinschaftliche Testament zusammen aufheben oder einen neuen Erbvertrag schließen.

## II. Erbvertrag zwischen Partnern einer Lebenspartnerschaft iSd § 1 Abs. 1 S. 1 LPartG

7 Auch die Partner einer Lebenspartnerschaft können einen Erbvertrag durch ein gemeinschaftliches Testament aufheben. Dies ist die logische Konsequenz aus § 10 Abs. 4 LPartG, der ihnen die Errichtung einer solchen gemeinschaftlichen Verfügung von Todes wegen erlaubt. Voraussetzung ist jedoch, dass die Lebenspartnerschaft im Zeitpunkt der Testamentserrichtung rechtlich wirksam besteht. Es genügt daher nicht, dass die Partner zurzeit der Testamentserrichtung einen Lebenspartnerschaftsvertrag geschlossen oder sonstige vorbereitende Maßnahmen zur Eingehung der Lebenspartnerschaft getroffen haben. Im Übrigen wird auf die Ausführung zum Ehegattenerbvertrag verwiesen (→ Rn. 1 ff.).

## § 2293 Rücktritt bei Vorbehalt

**Der Erblasser kann von dem Erbvertrag zurücktreten, wenn er sich den Rücktritt im Vertrag vorbehalten hat.**

### Überblick

Dem Erblasser kann im Erbvertrag ein einseitiges Rücktrittsrecht von allen oder einzelnen vertragsmäßigen Verfügungen eingeräumt werden (→ Rn. 1 ff.). Der Vorbehalt eines Rücktrittsrechts bestätigt die grds. gegebene erbrechtlichen Bindung an die vertragsmäßigen Verfügungen des Erblassers. Der Rücktritt erfolgt bis zum Tod des anderen Vertragsteils durch notariell beurkundete Erklärung gem. § 2296 und nach dessen Tod durch Testament gem. § 2297 (→ Rn. 5). Die wirksame Ausübung des Rücktritts führt zur Aufhebung der vom Rücktritt erfassten vertragsmäßigen Verfügungen (→ Rn. 6).

### I. Rücktrittsvorbehalt

1 **1. Gegenstand.** Auch wenn § 2293 lediglich den Rücktritt vom Erbvertrag erwähnt, so steht es den Vertragschließenden doch frei, dem Erblasser auf diesem Weg die einseitige Lösung aus der erbvertraglichen Bindung sowohl bezüglich des gesamten Inhalts eines solchen Vertrags, als auch einzelner darin enthaltener vertragsmäßiger Verfügungen zu gestatten. Bei **einseitig testamentarischen Verfügungen** im Erbvertrag ist ein solcher Vorbehalt weder möglich noch nötig, da der Erblasser diese ohnehin einseitig aufheben oder ändern kann. Auch soweit einer vertragsmäßigen Verfügung ein Änderungsvorbehalt (→ § 2289 Rn. 10 ff.) beigefügt ist, bedarf es keines Rücktrittsvorbehalts mehr. Ist im Erbvertrag dem Erblasser die Befugnis zur abweichenden letztwilligen Verfügung eingeräumt worden, so hängt die Abgrenzung davon ab, ob der Vertragsgegner durch Zugang der Rücktrittserklärung Kenntnis von der Änderung erhalten sollte oder nicht (vgl. BayObLG FamRZ 1989, 1353 (1354)).

2 **2. Rechtsgrundlage.** Der Rücktrittsvorbehalt muss entweder im Erbvertrag selbst oder in einer Nachtragsurkunde hierzu enthalten sein. Wenn die Nachtragsurkunde außer dem Rücktrittsvorbehalt keine erbvertraglichen Verfügungen enthält, so bedarf sie dennoch der Form des § 2276, da die Einräumung des Rücktrittsrechts eine teilweise Einschränkung der erbvertraglichen Bindung iSd § 2290 bedeutet (Reimann/Bengel/Dietz/J. Mayer/Röhl Rn. 9 mwN; Staudinger/Kanzleiter, 2019, Rn. 7). Wird in dem Nachtrag nur der Rücktrittsvorbehalt vereinbart, so kann ein beschränkt geschäftsfähiger Erblasser diesen abweichend von § 2275 Abs. 2 S. 2 gem. § 2290 Abs. 2 S. 2 ohne Zustimmung seines gesetzlichen Vertreters schließen, da die Befugnis zur Einschränkung der erbvertraglichen Bindung keinen schärferen Anforderungen unterliegen kann als die zur Aufhebung (MüKoBGB/Musielak Rn. 4 mwN). Zu den negativen Konsequenzen eines Rücktrittsvorbehalts für die Eignung des Erbvertrags als Erbfolgenachweis → § 2232 Rn. 22.

3 **3. Inhalt.** Die Erbvertragsparteien können den Umfang des vorbehaltenen Rücktrittsrechts frei vereinbaren. Es kann von bestimmten Bedingungen ebenso abhängig gemacht werden wie

von bestimmten Förmlichkeiten oder der Einhaltung von Fristen. Darf der Rücktritt danach nur aus bestimmten Gründen erklärt werden, so können die Vertragsparteien dem Erblasser dabei auch das Recht einräumen, über deren Vorliegen allein zu entscheiden, und damit eine gerichtliche Nachprüfung ausschließen (MüKoBGB/Musielak Rn. 2; vgl. auch BGH NJW 1951, 959: Widerruf wechselbezüglicher Verfügungen). Der Vorbehalt des Rücktritts kann auch stillschweigend erfolgen, etwa durch Vereinbarung einer Wiederverheiratungsklausel in einem Erbvertrag nach dem Berliner Modell (OLG Zweibrücken OLGZ 1973, 217; OLG Karlsruhe NJW 1961, 1410).

**4. Berechtigter.** § 2293 betrifft nur den Fall des Rücktritts durch den Erblasser. Der andere Vertragschließende bedarf mangels eigener Bindung keines solchen Rücktrittsrechts vom Erbvertrag (MüKoBGB/Musielak Rn. 5; aA von Venrooy JZ 1987, 10 (16)). Ihm kann jedoch ein von dieser Vorschrift nicht geregeltes Recht zum Rücktritt von einem mit dem Erbvertrag verbundenen schuldrechtlichen Rechtsgeschäft eingeräumt werden, auf das die §§ 346 ff. Anwendung finden. Das Rücktrittsrecht des Erblassers erlischt mit dessen Tod, ist also nicht vererblich (vgl. §§ 2065, 2279, 2296 Abs. 1 S. 2) (MüKoBGB/Musielak Rn. 6). 4

## II. Ausübung des Rücktrittsrechts

Der Rücktritt erfolgt bis zum Tod des anderen Vertragsteils durch notariell beurkundete **Erklärung** gem. § 2296 und nach dessen Tod durch Testament gem. § 2297. Die Einhaltung dieser Form bedarf es auch dann, wenn der Erblasser von einem mit einer Scheidungsfolgenvereinbarung verbundenen Erbvertrag zurücktreten will (OLG Hamm OLGR 1998, 139). Der Erblasser kann den **Umfang** des Rücktritts im Rahmen des Vorbehalts völlig frei bestimmen, also von nur einzelnen vertragsmäßigen Verfügungen zurücktreten, obwohl er sich auch vom ganzen Erbvertrag lösen könnte. Haben die Beteiligten das Recht von bestimmten **Gründen** abhängig gemacht, so müssen diese in der Rücktrittserklärung hinreichend deutlich zum Ausdruck gebracht werden (MüKoBGB/Musielak Rn. 7; aA OLG Düsseldorf ZEV 1994, 171 (172) m. abl. Anm. Kirchner MittBayNot 1996, 14). Ist das Recht zum Rücktritt von der Nicht- oder Schlechterfüllung einer mit dem Erbvertrag in der gleichen Urkunde verbundenen schuldrechtlichen Pflicht des anderen Vertragsteils abhängig, so ist eine vorherige Abmahnung nicht erforderlich, wenn die Leistungspflicht ohne unbestimmte Rechtsbegriffe umschrieben ist (zB Zahlung einer bestimmten Leibrente); (BGH NJW 1981, 2299; krit. Reimann/Bengel/Dietz/J. Mayer/Röhl Rn. 17) andernfalls (zB Pflege in alten und kranken Tagen, Verpflegung) ist gem. § 242 eine solche erforderlich (BGH MDR 1967, 993; OLG Düsseldorf ZEV 1994, 171 (172); OLG Hamm DNotZ 1999, 142 (144); Reimann/Bengel/Dietz/J. Mayer/Röhl Rn. 18). Dabei wird man umso strengere Anforderungen an die Bestimmtheit der Abmahnung stellen müssen je unbestimmter die zu erbringende Leistungspflicht formuliert ist (Reimann/Bengel/Dietz/J. Mayer/Röhl Rn. 17). Tatsachen, die dem Erblasser bei Ausübung bekannt waren, können später nicht mehr geltend gemacht werden (OLG Düsseldorf ZEV 1994, 171 (172); Reimann/Bengel/Dietz/J. Mayer/Röhl Rn. 19). 5

## III. Wirkung des Rücktritts

Wird der gesamte Erbvertrag aufgehoben, so werden mangels abweichender Bestimmung in der Rücktrittserklärung damit auch die darin enthaltenen einseitig testamentarischen Verfügungen unwirksam (§ 2299 Abs. 3). Bezieht sich der Rücktritt nur auf eine oder mehrere vertragsmäßige Verfügungen im Erbvertrag, so ist im Einzelfall zu entscheiden, ob auch andere Verfügungen unwirksam werden, und zwar bei vertragsmäßigen auf der Grundlage des § 139 und bei einseitigen auf der Grundlage der §§ 2085, 2279 (Reimann/Bengel/Dietz/J. Mayer/Röhl Rn. 22; für Anwendbarkeit der §§ 2085, 2279 in beiden Fällen Staudinger/Kanzleiter, 2019, Rn. 11; MüKoBGB/Musielak Rn. 9; Höfer BWNotZ 1984, 113 (119); vgl. auch Herliz MittRhNotK 1996, 153 (162)). Bei einem in einer Urkunde verbundenen Ehe- und Erbvertrag bleibt der Ehevertragsteil trotz des Rücktritts vom Erbvertrag wirksam. Haben die Ehegatten Gütergemeinschaft vereinbart, so verdrängen die speziellen Aufhebungsvorschriften der §§ 1447 ff. den ansonsten, also im Falle der Vereinbarung von Gütertrennung oder der Modifikation des gesetzlichen Güterstands, anwendbaren § 139 (BGH NJW 1959, 625; Reimann/Bengel/Dietz/J. Mayer/Röhl Rn. 25). Bei einem zweiseitigen Erbvertrag führt die Ausübung des Rücktrittsrechts zur Aufhebung des gesamten Vertrags (§ 2298 Abs. 2 S. 1). Ist der Erbvertrag mit einem anderen schuldrechtlichen Rechtsgeschäft verbunden (zB Erb- und Pflegevertrag), so beurteilen sich die Auswirkungen des Rücktritts vom Erbvertrag in erster Linie nach der Vereinbarung zwischen den Beteiligten und in zweiter Linie nach § 139. 6

## IV. Beweisfragen

7 Die Wirksamkeit des Rücktritts kann in einem Feststellungsprozess geklärt werden. Die Beweislast für die Wirksamkeit trägt dabei der Erblasser. Wird der Rücktritt darauf gestützt, dass der andere Vertragsteil seine Pflichten nicht erfüllt hat, so ist die Beweislastregel des § 358 heranzuziehen und dieser muss die Erfüllung beweisen (MüKoBGB/Musielak Rn. 11 mwN).

## § 2294 Rücktritt bei Verfehlungen des Bedachten

**Der Erblasser kann von einer vertragsmäßigen Verfügung zurücktreten, wenn sich der Bedachte einer Verfehlung schuldig macht, die den Erblasser zur Entziehung des Pflichtteils berechtigt oder, falls der Bedachte nicht zu den Pflichtteilsberechtigten gehört, zu der Entziehung berechtigen würde, wenn der Bedachte ein Abkömmling des Erblassers wäre.**

### Überblick

Bei schweren Verfehlungen des Bedachten, die den Erblasser zur Pflichtteilsentziehung gem. § 2333 ff. berechtigen würden, kann der Erblasser auch ohne vereinbarten Vorbehalt von den vertragsmäßigen Verfügungen im Erbvertrag zurücktreten (→ Rn. 1). Der Rücktritt erfolgt bis zum Tod des anderen Vertragsteils durch notariell beurkundete Erklärung gem. § 2296 und nach dessen Tod durch Testament gem. § 2297, wobei kein Rücktrittsgrund anzugeben ist (→ Rn. 2). Durch Rücktritt werden die Verfügungen zu Gunsten des Bedachten unwirksam (→ Rn. 3). Der Erblasser trägt in einem Prozess auf Feststellung der Wirksamkeit des Rücktritts die Beweislast für das Vorliegen des Rücktrittsgrunds (→ Rn. 4).

### I. Voraussetzungen des Rücktrittsrechts

1 Der Erblasser ist kraft Gesetzes zum Rücktritt von einer vertragsmäßigen Verfügung (Erbeinsetzung, Vermächtnis, Auflage) in einem Erbvertrag berechtigt, wenn sich der dadurch **Bedachte** einer Verfehlung iSd Pflichtteilsrechts schuldig gemacht hat. Verfehlungen des anderen Vertragschließenden, der nicht zugleich auch Bedachter dieser Verfügung ist, berechtigen den Erblasser dagegen nicht zum Rücktritt. Der Bedachte, der selbst nicht Vertragspartner ist, braucht den ihn begünstigenden Erbvertrag noch nicht einmal zu kennen (MüKoBGB/Musielak Rn. 2; aA Lange/Kuchinke ErbR § 25 VII 5a Fn. 264). Wegen der **Verfehlungen** nimmt § 2294 auf § 2333 Abs. 1 Nr. 1–4 Bezug, der ab 1.1.2010 einheitlich für Abkömmlinge, Eltern und Ehepartner gilt. Das Rücktrittsrecht wird jedoch nur durch solche Verfehlungen begründet, die erst nach dem Vertragsschluss begangen worden sind. Dem Erblasser zu dieser Zeit **bekannte Verfehlungen** sind verziehen, während ihm erst danach bekannt gewordene gem. §§ 2281, 2078 zur Anfechtung berechtigen (BGH NJW 1952, 700; NJW-RR 1986, 371; Reimann/Bengel/Dietz/J. Mayer/Röhl Rn. 4). Der Rücktrittsgrund muss bis zum Zeitpunkt der Rücktrittserklärung fortbestehen. Der Erblasser kann auf dieses gesetzliche Rücktrittsrecht nicht im Voraus verzichten (§ 2302) (Reimann/Bengel/Dietz/J. Mayer/Röhl Rn. 8). Allerdings kann er nach dem Bekanntwerden solcher Verfehlungen dem Bedachten – auch konkludent – verzeihen und damit nachträglich auf sein Rücktrittsrecht verzichten (Reimann/Bengel/Dietz/J. Mayer/Röhl Rn. 6), allerdings längstens bis zur Erklärung des Rücktritts. Das Rücktrittsrecht steht nur dem Erblasser, nicht aber dem anderen Vertragschließenden zu, und ist nicht vererblich.

### II. Ausübung des Rücktrittsrechts

2 Der Rücktritt erfolgt bis zum Tod des anderen Vertragsteils durch notariell beurkundete Erklärung gem. § 2296 und nach dessen Tod durch Testament gem. § 2297. Da § 2294 nicht auch auf § 2336 Abs. 2 verweist, ist es im Falle des Rücktritts durch Erklärung gem. § 2296 zwar nicht notwendig den Rücktrittsgrund anzugeben, aber im Hinblick auf die Beweislast des Erblassers empfehlenswert. Erfolgt der Rücktritt nach dem Tod des Vertragspartners durch Testament, so ist über die Verweisung in § 2297 S. 2 auf die vorgenannten Bestimmungen die Angabe des Grundes zwingend erforderlich. Wegen der Unanwendbarkeit des § 2336 Abs. 4 beseitigt eine Besserung des Bedachten nach dem Wirksamwerden die Rücktrittsfolgen nicht mehr (Reimann/Bengel/

Dietz/J. Mayer/Röhl Rn. 5). Im Falle des Rücktritts durch Testament gem. § 2297 findet jedoch diese Vorschrift über S. 2 Anwendung, sodass in diesem Fall eine Besserung zu beachten ist.

## III. Wirkung des Rücktritts

Mit dem Rücktritt wird nur die vertragsmäßige Verfügung zugunsten des Bedachten unwirksam, nicht dagegen sachlich zusammenhängende Verfügungen zugunsten Dritter (zB Ersatzerbeinsetzung von Abkömmlingen). Der Erblasser hat es in der Hand, den Rücktritt auf einzelne von mehreren Verfügungen oder auf Teile hiervon zu beschränken. Im Übrigen wird auf → § 2293 Rn. 1 ff. verwiesen. 3

## IV. Beweisfragen

§ 2294 verweist nicht auf die Beweisregel des § 2336 Abs. 3, sodass der Erblasser in einem Prozess auf Feststellung der Wirksamkeit des Rücktritts die Beweislast für das Vorliegen des Rücktrittsgrunds trägt (Grüneberg/Weidlich Rn. 2). Beruft er sich auf eine Straftat, braucht er nur die objektiven und subjektiven Tatbestandsvoraussetzungen zu beweisen, während bezüglich etwaiger Entschuldigungs- oder Rechtfertigungsgründe der Bedachte beweispflichtig ist (BGH NJW-RR 1986, 371; MüKoBGB/Musielak Rn. 4). 4

# § 2295 Rücktritt bei Aufhebung der Gegenverpflichtung

**Der Erblasser kann von einer vertragsmäßigen Verfügung zurücktreten, wenn die Verfügung mit Rücksicht auf eine rechtsgeschäftliche Verpflichtung des Bedachten, dem Erblasser für dessen Lebenszeit wiederkehrende Leistungen zu entrichten, insbesondere Unterhalt zu gewähren, getroffen ist und die Verpflichtung vor dem Tode des Erblassers aufgehoben wird.**

## Überblick

Auch wenn der Erbvertrag mit einem anderen Vertrag verbunden wird, in dem der Vertragspartner gegenüber dem Erblasser rechtsgeschäftliche Verpflichtungen eingegangen ist, stehen die vertragsmäßigen erbrechtlichen Zuwendungen nicht im Gegenseitigkeitsverhältnis gem. §§ 320 ff. zu den rechtsgeschäftlichen Verpflichtungen des anderen Vertragsschließenden. Deshalb gewährt § 2295 dem Erblasser ein besonderes Rücktrittsrecht bei Aufhebung der Gegenleistungspflicht. Die durch Rechtsgeschäft begründete Pflicht des Bedachten muss darin bestehen, an den Erblasser bis zu dessen Tod wiederkehrende Leistungen aller Art zu erbringen (→ Rn. 1 ff.). Der Rücktritt erfolgt bis zum Tod des anderen Vertragsteils durch notariell beurkundete Erklärung gem. § 2296 und nach dessen Tod durch Testament gem. § 2297 (→ Rn. 6). Mit dem Rücktritt wird nur die vertragsmäßige Verfügung zugunsten des Bedachten unwirksam, nicht dagegen sachlich zusammenhängende Verfügungen zugunsten Dritter (→ Rn. 7).

## I. Voraussetzungen des Rücktrittsrechts

**1. Rechtsgeschäftliche Pflicht zu lebenslangen, wiederkehrenden Leistungen.** Der Erblasser ist kraft Gesetzes zum Rücktritt von einer vertragsmäßigen Verfügung (Erbeinsetzung, Vermächtnis, Auflage) in einem Erbvertrag berechtigt, wenn eine durch Rechtsgeschäft begründete Pflicht des Bedachten, an den Erblasser bis zu dessen Tod wiederkehrende Leistungen aller Art (zB Gewährung von Pflege, Verpflegung und/oder Wohnung, Zahlung einer Leibrente, Übernahme der Alten- oder Pflegeheimkosten, Grabpflege) zu erbringen, aufgehoben wird. Es muss sich um eine **Leistungspflicht des Bedachten** handeln. Die Aufhebung einer vom anderen Vertragschließenden übernommenen Pflicht berechtigt den Erblasser dagegen nicht zum Rücktritt, wenn jener nicht zugleich auch Bedachter dieser Verfügung ist. Die Leistungspflicht muss sich aus einem **Rechtsgeschäft** ergeben; gesetzliche Pflichten (zB Unterhalt) begründen kein Rücktrittsrecht gem. § 2295 (MüKoBGB/Musielak Rn. 2). Die Art des Rechtsgeschäfts ist ohne Bedeutung. Auch ein Vertrag zugunsten des Erblassers als Dritter oder ein Schenkungsversprechen reichen aus. Ist oder wird die Leistungspflicht aus irgendeinem Grunde (zB Anfechtung, Sittenwidrigkeit, gesetzliches Verbot) **nichtig,** so kann der Erblasser zwar nicht gem. § 2295 von der vertragsmäßigen Verfügung zurücktreten, diese in jedem Fall aber gem. §§ 2078, 2281 anfechten, wenn sie 1 nicht bereits auf Grund einer entsprechenden Bedingung (vgl. BayObLG Rpfleger 1976, 290) oder der Teilnichtigkeitsregelung des § 139 von selbst unwirksam ist. Die Pflicht zur Erbringung wiederkehrender Leistungen muss bis zum Tod des Erblassers fortdauern. Besteht sie **nur auf Zeit,** so kann der Erblasser nicht gem. § 2095 zurücktreten, sondern allenfalls seine Verfügung gem. §§ 2078, 2281 anfechten.

2 **2. Verknüpfung zwischen vertragsmäßiger Verfügung und Leistungspflicht.** Das die Leistungspflicht begründende Rechtsgeschäft braucht weder mit dem Erbvertrag in einer Urkunde zusammengefasst zu sein, noch überhaupt in einem objektiven zeitlichen oder sachlichen Zusammenhang zu stehen. Allein der Umstand, dass beide Verträge am gleichen Tag abgeschlossen wurden, rechtfertigt für sich allein nicht die Annahme eines Verknüpfungswillens (OLG München BeckRS 2009, 11378). Allein der im Wege der erläuternden bzw. ergänzenden Auslegung zu ermittelnde Wille des Erblassers stellt die notwendige Verknüpfung („mit Rücksicht") zwischen beiden her. Der Bedachte muss diesen Verknüpfungswillen zwar kennen, aber nicht billigen (OLG München BeckRS 2009, 11378; MüKoBGB/Musielak Rn. 3).

3 **3. Aufhebung der Leistungspflicht.** Der Rücktritt ist nur wirksam, wenn er nach Aufhebung der Leistungspflicht erklärt wird (OLG München BeckRS 2009, 11378; vgl. OLG Hamm DNotZ 1977, 751 (755)). Die Leistungspflicht ist aufgehoben, wenn sie, nachdem sie wirksam entstanden ist, aus irgendeinem Rechtsgrund ex nunc wieder entfällt (MüKoBGB/Musielak Rn. 4; Soergel/Zecca-Jobst Rn. 3; Reimann/Bengel/Dietz/J. Mayer/Sammet Rn. 10; Lange/Kuchinke ErbR § 25 X 2b; aA Staudinger/Kanzleiter, 2019, Rn. 7; Bengel DNotZ 1978, 687 (688)). Gründe hierfür können sein Rücktritt, Kündigung (OLG Karlsruhe NJW-RR 1997, 708), auflösende Bedingung, nachträgliche Unmöglichkeit oder ein Aufhebungsvertrag. Nach hM ist der Erblasser allerdings gem. § 2295 nicht zum Rücktritt berechtigt, wenn der Bedachte seine **Leistungspflicht nicht oder schlecht erfüllt** oder mit ihr in **Verzug** gerät, da wegen § 2302 ein Gegenseitigkeitsverhältnis iSd §§ 320 ff. zwischen Erbvertrag und Rechtsgeschäft ausgeschlossen ist (OLG München BeckRS 2009, 11378 m. zust. Anm. Litzenburger FD-ErbR 2009, 281659; MüKoBGB/Musielak Rn. 1, 5 mwN; aA Stöcker WM 1980, 482; Stürzbecher NJW 1988, 2717). Wenn mit einem Erbvertrag ein gegenseitiger Vertrag unter Lebenden verbunden ist, in dem der Bedachte (Erbe oder Vermächtnisnehmer) sich zum Erbringen von Pflegeleistungen verpflichtet **und der Erblasser weitere Verpflichtungen übernimmt** (zB Verfügungsverbot), soll nach Auffassung des BGH der Erblasser wegen unterbliebener Pflegeleistungen vom obligatorischen Vertrag gem. § 323 und vom Erbvertrag gem. § 2295 zurücktreten können (BGH NJW 2011, 224). Ein derartiger Rücktritt kommt allerdings nur dann in Betracht, wenn der Erblasser den Bedachten unter Fristsetzung zuvor vergeblich aufgefordert hat, die iE zu bezeichnenden Pflegeleistungen zu erbringen.

4 Weiterhin umstritten ist, auf welchem Weg sich der Erblasser aus seiner erbvertraglichen Bindung lösen kann. Die einen wollen ihm ein Rücktrittsrecht analog § 2295 geben, wenn der Erblasser auf Grund des § 323 Abs. 2 (vgl. Lange/Kuchinke ErbR § 25 X 2b) oder durch Kündigung aus wichtigem Grund (LG Köln DNotZ 1978, 685 (686) m. abl. Anm. Bengel; Lüke, Vertragliche Störungen beim „entgeltlichen" Erbvertrag, 1990, 50; Knieper DNotZ 1968, 331 (336)) vom Verpflichtungsgeschäft zurückgetreten ist, die anderen ausschließlich oder daneben einen Kondiktionsanspruch gem. § 812 Abs. 1 S. 2 Alt. 2 (Grüneberg/Weidlich Rn. 2; Kipp/Coing ErbR § 40 I 2b; Ebenroth ErbR Rn. 264; Vollmar ZErb 2003, 274 (279 ff.)). Zutreffend dürfte jedoch auch hier der Weg der Anfechtung gem. §§ 2078, 2281 sein (MüKoBGB/Musielak Rn. 6 mwN; Kipp/Coing ErbR § 40 I 2b; Ebenroth ErbR Rn. 264; aA LG Köln DNotZ 1978, 685 m. abl. Anm. Bengel; diff. Vollmar ZErb 2003, 274 (279)).

5 Die Aufhebung der Leistungspflicht muss darüber hinaus bestimmender **Beweggrund** des Rücktritts sein. Daran fehlt es, wenn der Erblasser trotz des Rücktritts die Leistung einfordert (OLG München BeckRS 2009, 11378; vgl. OLG Hamm DNotZ 1977, 751 (755)).

## II. Ausübung des Rücktrittsrechts

6 Der Rücktritt erfolgt bis zum Tod des anderen Vertragsteils durch notariell beurkundete Erklärung gem. § 2296 und nach dessen Tod durch Testament gem. § 2297. Ein formnichtiges Angebot des Erblassers auf Abschluss eines Aufhebungsvertrags iSd § 2290 kann in eine Rücktrittserklärung gem. § 2295 umgedeutet werden (vgl. OLG Hamm DNotZ 1977, 751 (752)).

## III. Wirkung des Rücktritts

Mit dem Rücktritt wird nur die vertragsmäßige Verfügung zugunsten des Bedachten unwirksam, nicht dagegen sachlich zusammenhängende Verfügungen zugunsten Dritter (zB Ersatzerbeinsetzung von Abkömmlingen). Der Erblasser hat es in der Hand, den Rücktritt auf einzelne von mehreren Verfügungen oder auf Teile hiervon zu beschränken. Im Übrigen wird auf → § 2293 Rn. 6 verwiesen. Der Bedachte kann als Folge dieses Rücktritts die von ihm bereits erbrachten Leistungen gem. § 812 Abs. 1 S. 2 vom Erblasser zurückfordern. 7

## § 2296 Vertretung, Form des Rücktritts

**(1) Der Rücktritt kann nicht durch einen Vertreter erfolgen.**

**(2) [1]Der Rücktritt erfolgt durch Erklärung gegenüber dem anderen Vertragschließenden. [2]Die Erklärung bedarf der notariellen Beurkundung.**

### Überblick

Entsprechend den Regeln für die Errichtung bzw. den Widerruf von Verfügungen von Todes wegen muss der Rücktritt vom Erblasser höchstpersönlich erklärt werden (→ Rn. 1 ff.). Die Rücktrittserklärung muss zur Niederschrift eines Notars erklärt werden (→ Rn. 4). Der Rücktritt ist eine einseitig, empfangsbedürftige Willenserklärung gegenüber dem anderen Vertragsschließenden (→ Rn. 5).

### I. Anwendungsbereich

**Bis zum Tod des anderen** Vertragschließenden kann der Erblasser auf Grund der §§ 2293–2295 den Rücktritt vom Erbvertrag bzw. von einer oder mehreren vertragsmäßigen Verfügungen nur in der Form des § 2296 erklären. **Stirbt der andere** Vertragsteil vor dem Zugang einer formgerechten Rücktrittserklärung, so muss der Erblasser gem. § 2297 durch Errichtung eines Testaments zurücktreten. 1

### II. Erklärung des Rücktritts

**1. Höchstpersönliche Ausübung.** Der Erblasser muss den Rücktritt höchstpersönlich erklären, kann sich also weder im Willen noch in der Erklärung vertreten lassen. Das nicht ausgeübte Rücktrittsrecht ist nicht vererblich. 2

**2. Geschäftsfähigkeit.** Nur ein unbeschränkt geschäftsfähiger Erblasser kann vom Erbvertrag zurücktreten. Minderjährigen und geschäftsunfähigen Personen ist dieses Recht nach Inkrafttreten des Gesetzes zur Bekämpfung von Kinderehen vom 17.7.2017 (BGBl. I 2429) zum 1.1.2018 ausnahmslos verwehrt. Ein vor dem Inkrafttreten dieses Gesetzes gem. § 2296 Abs. 1 S. 2 aF wirksam ausgeübter Rücktritt eines Minderjährigen bleibt jedoch gültig. 3

**3. Inhalt und notarielle Beurkundung.** Die Rücktrittserklärung muss zur Niederschrift eines Notars (§§ 6 ff. BeurkG) erklärt werden (Abs. 2 S. 2); andernfalls ist sie nichtig (§ 125 S. 1). Eine davon **abweichende Vereinbarung** im Erbvertrag ist nicht möglich (OLG Hamm DNotZ 1999, 122 (125) m. abl. Anm. Kanzleiter; Schneider ZEV 1996, 220; Reimann/Bengel/Dietz/J. Mayer/Röhl Rn. 7). Dieses Verbot bezieht sich bei einem mit einem Erbvertrag verbundenen anderen Vertrag (zB Ehevertrag, Erbverzichtsvertrag) nicht auf diesen (Kanzleiter DNotZ 1999, 122 (124)). Außerdem ist bei Vereinbarung einer Formerleichterung (zB Schriftform) zu prüfen, ob es sich nicht in Wahrheit um eine auflösende Bedingung handelt (zB Beendigung einer nichtehelichen Lebensgemeinschaft durch schriftliche Aufgabeerklärung). Als Gestaltungsrecht kann der Rücktritt nicht bedingt oder befristet erklärt werden (OLG Stuttgart OLGZ 1979, 129 (131)). Wenn und soweit das Rücktrittsrecht (§§ 2293–2295) dies erlaubt, kann der Erblasser völlig frei bestimmen, ob er nur von einzelnen vertragsmäßigen Verfügungen oder vom ganzen Erbvertrag zurücktreten will. Haben die Beteiligten das Rücktrittsrecht gem. § 2293 von bestimmten Gründen abhängig gemacht, so müssen diese in der Rücktrittserklärung hinreichend deutlich zum Ausdruck gebracht werden (→ § 2293 Rn. 5). In allen anderen Fällen ist die Angabe von Gründen zwar entbehrlich, aber zum Zwecke der Beweissicherung empfehlenswert (MüKoBGB/Musielak 4

Rn. 6). Die notarielle Urkunde mit der Rücktrittserklärung ist zwar nicht in die besondere amtliche Verwahrung zu bringen (→ BeurkG § 34 Rn. 4), wohl aber zum Testamentsregister anzumelden (§ 78b Abs. 2 BNotO iVm § 34a Abs. 1 BeurkG) und nach dem Erbfall in beglaubigter Abschrift dem Nachlassgericht einzureichen (§ 34a Abs. 3 S. 2 BeurkG).

5 **4. Zugang beim anderen Vertragspartner.** Die notariell beurkundete Rücktrittserklärung muss dem Vertragspartner zu dessen Lebzeiten zugehen, um wirksam zu werden. Bei mehreren Vertragspartnern muss der Rücktritt gegenüber jedem von ihnen wirksam erklärt werden (→ § 2271 Rn. 12 ff.). Der Rücktritt vom Erbvertrag kann bei Geschäftsunfähigkeit des anderen Vertragschließenden wirksam sowohl gegenüber dem Betreuer als auch gegenüber dessen General- bzw. Vorsorgebevollmächtigtem erfolgen (BGH BeckRS 2021, 3387 mwN); s. ausführlich zum Zugang beim General- bzw. Vorsorgebevollmächtigten → § 2271 Rn. 25 und → § 2271 Rn. 20 ff. Nach dem Zugang der Rücktrittserklärung kann der Erblasser diese nicht mehr widerrufen, wohl aber gem. §§ 119 ff. anfechten.

## § 2297 Rücktritt durch Testament

**[1]Soweit der Erblasser zum Rücktritt berechtigt ist, kann er nach dem Tode des anderen Vertragschließenden die vertragsmäßige Verfügung durch Testament aufheben. [2]In den Fällen des § 2294 findet die Vorschrift des § 2336 Abs. 2 und 3 entsprechende Anwendung.**

### Überblick

Steht dem Erblasser nach dem Tod des anderen Vertragschließenden ein Rücktrittsrecht zu, so kann dieses nicht mehr durch Willenserklärung diesem gegenüber ausgeübt werden. § 2297 erlaubt in diesem Fall den Rücktritt durch Testament, ändert als die Form des Rücktritts (→ Rn. 1). Der Erblasser braucht die vertragsmäßigen Verfügungen, von denen er zurücktreten will, nicht ausdrücklich aufzuheben (→ Rn. 3). Auch das einen Rücktritt enthaltende Testament kann nach den einschlägigen Vorschriften widerrufen werden (→ Rn. 4).

### I. Anwendungsbereich

1 Ab dem Tod des anderen Vertragschließenden kann der Erblasser auf Grund der §§ 2293–2295 den Rücktritt vom Erbvertrag bzw. von einer oder mehreren vertragsmäßigen Verfügungen nur in der Form des Testaments gem. § 2297 erklären. Zu Lebzeiten des anderen Vertragsteils ist das Rücktrittsrecht durch empfangsbedürftige Willenserklärung gem. § 2296 auszuüben. Solange von mehreren Vertragschließenden auch nur einer noch lebt, muss der Rücktritt durch Erklärung gem. § 2296 erfolgen; anstelle des Verstorbenen sind dessen Erben die Adressaten dieser Erklärung. Der Rücktritt durch Testament ist auch dann zulässig, wenn der Rücktrittsgrund erst nach dem Tod des anderen Vertragsteils entstanden ist (Staudinger/Kanzleiter, 2019, Rn. 4; MüKoBGB/Musielak Rn. 2).

### II. Ausübung des Rücktritts durch Testament

2 **1. Wirksames Testament.** Das Testament muss in vollem Umfang wirksam sein. Der Erblasser kann sich jeder zu Gebote stehenden Errichtungsart bedienen. Auch im Rahmen eines gemeinschaftlichen Testaments oder eines Erbvertrags (§§ 2297, 2299 Abs. 1) mit anderen Vertragspartnern kann der Rücktritt erklärt werden.

3 **2. Inhalt.** Der Erblasser braucht die vertragsmäßigen Verfügungen, von denen er zurücktreten will, nicht ausdrücklich aufzuheben. Es genügt dazu, dass er widersprechende Verfügungen iSd § 2258 Abs. 1 trifft oder unter Weglassung aufzuhebender Teile die Verfügungen aus dem Erbvertrag wiederholt (OLG Köln OLG NJW-RR 1992, 1418). Ist der Rücktritt auf eine Verfehlung des Bedachten gem. § 2294 gestützt, so sind auf Grund der Verweisung in § 2297 S. 2 die Bestimmungen des § 2336 Abs. 2 und 3 zu beachten. Der Grund der Entziehung muss daher zwingend im Testament angegeben sein.

## III. Widerruf des Testaments

Auch das einen Rücktritt enthaltende Testament kann nach den einschlägigen Vorschriften widerrufen werden. Handelt es sich bei der Verfügung von Todes wegen um ein gemeinschaftliches Testament oder einen Erbvertrag, so ist zu beachten, dass der Rücktritt keinen wechselbezüglichen bzw. vertragsmäßigen Charakter haben kann, also in jedem Fall einseitig aufhebbar ist. Wird der Rücktritt oder die diese Wirkung herbeiführende Verfügung wieder aufgehoben, so tritt die vertragsmäßige Verfügung im Erbvertrag wieder in vollem Umfang in Kraft. Nur ein solcher Widerruf, nicht dagegen eine formlose Verzeihung iSd § 2337 S. 2 führt die Wirksamkeit der ursprünglichen Verfügung wieder herbei; § 2297 S. 2 verweist nur auf § 2336, nicht auf § 2337. 4

## § 2298 Gegenseitiger Erbvertrag

**(1) Sind in einem Erbvertrag von beiden Teilen vertragsmäßige Verfügungen getroffen, so hat die Nichtigkeit einer dieser Verfügungen die Unwirksamkeit des ganzen Vertrags zur Folge.**

**(2) [1]Ist in einem solchen Vertrag der Rücktritt vorbehalten, so wird durch den Rücktritt eines der Vertragschließenden der ganze Vertrag aufgehoben. [2]Das Rücktrittsrecht erlischt mit dem Tode des anderen Vertragschließenden. [3]Der Überlebende kann jedoch, wenn er das ihm durch den Vertrag Zugewendete ausschlägt, seine Verfügung durch Testament aufheben.**

**(3) Die Vorschriften des Absatzes 1 und des Absatzes 2 Sätze 1 und 2 finden keine Anwendung, wenn ein anderer Wille der Vertragschließenden anzunehmen ist.**

### Überblick

Beim zweiseitigen oder mehrseitigen Erbvertrag treffen mehrere Erblasser vertragsmäßige Verfügungen (→ Rn. 2). Die Verknüpfung in einem Erbvertrag hat zur Folge, dass bei Nichtigkeit einer vertragsmäßigen Verfügung der ganze Erbvertrag unwirksam wird (→ Rn. 3 ff.). Der Sinn besteht darin, dem einem Erbvertrag wesenseigenen, aber widerlegbaren Verknüpfungswillen der Vertragspartner Geltung zu verschaffen. Auch der Rücktritt vom Erbvertrag auf Grund eines vorbehaltenen Rechts hierzu führt zur Aufhebung des ganzen Vertrags (→ Rn. 7). Abweichend von § 2293 erlischt das vorbehaltene Rücktrittsrecht mit dem Tode des anderen Vertragschließenden (→ Rn. 10 f.). Der Überlebende kann dann nur seine vertragsmäßigen Verfügung aufheben, wenn er das ihm durch den Vertrag Zugewendete ausschlägt (→ Rn. 11).

## I. Anwendungsbereich

**1. Vertragsmäßige Verfügung.** Diese Norm wird von der Überlegung getragen, dass in der Aufnahme von Verfügungen mit vertragsmäßiger Bindungswirkung in einen Vertrag der Wille der Vertragschließenden zum Ausdruck kommt, dass sie dann auch alle miteinander stehen und fallen sollen (BGH NJW 1961, 120). Deshalb gilt diese Auslegungsregel nur für Erbeinsetzungen einschließlich der damit verbundenen Teilungsanordnungen (ausf. → § 2278 Rn. 1 ff.; → § 2270 Rn. 4 f.), Vermächtnisse und Auflagen (vgl. § 2078 Abs. 2). Sie regelt auch nur das rechtliche Schicksal von vertragsmäßigen Verfügungen untereinander, nicht aber von einseitig getroffenen, bei denen sich die Auswirkung der Nichtigkeit auf andere (einseitige oder vertragsmäßige) Verfügungen nach §§ 2085, 2299 Abs. 1 richtet. § 2085 gilt auch für die Frage nach der Bedeutung der Nichtigkeit vertragsmäßiger Verfügungen für das rechtliche Schicksal einseitiger Verfügungen. 1

**2. Zwei- oder mehrseitiger Erbvertrag.** § 2298 setzt vertragsmäßige Verfügungen von zwei Erblassern voraus, gilt also nicht für den einseitigen Erbvertrag, in dem nur einer letztwillig verfügt und der andere Teil diese Verfügung nur annimmt. Die Auswirkungen der Nichtigkeit einer oder mehrerer Verfügungen in einem einseitigen Erbvertrag richten sich nicht nach § 2298 sondern nach § 2085. Verfügen idS mehr als zwei Personen in einem Erbvertrag, so spricht man von einem mehrseitigen Erbvertrag, auf den § 2298 ebenfalls anzuwenden ist. Bei einem zwei- oder mehrseitigen Erbvertrag ist es gleichgültig, ob sich die Erblasser dabei gegenseitig bedenken oder nicht. Die amtliche Überschrift („gegenseitiger Erbvertrag") gibt den Norminhalt falsch wieder und ist deshalb irreführend (BeckOGK/Müller-Engels Rn. 5). Auch der zweiseitige Erbvertrag 2 kann gem. § 2299 neben den vertragsmäßigen auch einseitig testamentarische Anordnungen enthalten, bei deren Nichtigkeit allerdings nicht § 2298, sondern § 2085 gilt (→ Rn. 1).

## II. Unwirksamkeit einer vertragsmäßigen Verfügung

3 **1. Tatbestand. a) Nichtigkeit (Abs. 1).** Bei einem zwei- oder mehrseitigen Erbvertrag zieht gem. § 2298 Abs. 1, 2 S. 1 die Unwirksamkeit einer vertragsmäßigen Verfügung die aller anderen darin enthaltenen vertragsmäßigen Verfügungen nach sich. Diese Folge hat unbestritten jede **anfängliche Nichtigkeit** einer dieser Verfügungen, also mangelnde Geschäftsfähigkeit iSd § 2275 beim Abschluss, Verletzung der Formvorschriften (§§ 2276, 125), inhaltlicher Widerspruch zu einer bindenden früheren Verfügung (§ 2289), Verletzung gesetzlicher Verbote iSd § 134 (zB § 14 HeimG) oder Verstöße gegen die guten Sitten (§ 138) (zur Geschäftsfähigkeit BayObLG DNotZ 1996, 53).

4 Gleichzustellen ist die **nachträglich eintretende Unwirksamkeit** durch Anfechtung (§§ 2078, 2079, 142). Nach zutreffender hM führt auch die Auflösung der Ehe, insbes. die Scheidung (§§ 2077, 2279), die Nichtigkeitsfolge des § 2298 herbei (OLG Hamm ZEV 1994, 367 m. abl. Anm. J. Mayer; MüKoBGB/Musielak Rn. 3; aA Staudinger/Kanzleiter, 2019, Rn. 7; Reimann/Bengel/Dietz/J. Mayer/Röhl Rn. 11). Für die Differenzierung zwischen der anfänglichen und der nachträglichen Nichtigkeit gibt es im Hinblick auf den Normzweck keine sachliche Rechtfertigung (OLG Hamm ZEV 1994, 367 m. abl. Anm. J. Mayer; MüKoBGB/Musielak Rn. 3; aA Staudinger/Kanzleiter, 2019, Rn. 7; Reimann/Bengel/Dietz/J. Mayer/Röhl Rn. 11). Zur Möglichkeit, dass eine vertragsmäßige Verfügung trotz der Eheauflösung gültig bleibt, → § 2268 Rn. 1 ff..

5 Dagegen reicht es nach hM für die Anwendung des Abs. 1 nicht aus, wenn eine vertragsmäßige Verfügung nicht unwirksam sondern lediglich **nachträglich gegenstandslos** geworden ist (hM, zB Soergel/M. Wolf Rn. 4; MüKoBGB/Musielak Rn. 3; aA Brox/Walker ErbR Rn. 155; Lange/Kuchinke ErbR § 25 VIII 1a: Unwirksamkeit beim Erbfall), etwa durch Vorversterben des Bedachten (§§ 1923, 2160), Veräußerung des Vermächtnisgegenstands (§ 2169), Zuwendungsverzicht (§ 2352), Ausschlagung des Erbes bzw. des Vermächtnisses (§§ 1944 ff., 2180), Feststellung der Erb- oder Vermächtnisunwürdigkeit (§§ 2339 ff.) oder endgültigen Ausfall der einer Verfügung beigefügten Bedingung (Reimann/Bengel/Dietz/J. Mayer/Röhl Rn. 11). In all diesen Fällen richten sich die Folgen nicht nach § 2298 sondern nach der flexibleren und damit angemesseneren Teilnichtigkeitsbestimmung des § 2085.

6 Bei **Teilnichtigkeit** einer vertragsmäßigen Verfügung muss in einem ersten Schritt auf der Grundlage des § 2085 entschieden werden, ob diese die gesamte Verfügung erfasst oder nicht. Nur und erst nach Feststellung der Gesamtnichtigkeit gelangt § 2298 zur Anwendung (MüKoBGB/Musielak Rn. 2; Reimann/Bengel/Dietz/J. Mayer/Röhl Rn. 15).

7 **b) Rücktritt (Abs. 2).** Der auf Grund eines Rücktrittsvorbehalts iSd § 2293 erklärte Rücktritt führt gem. § 2298 Abs. 2 S. 1 die gleiche Rechtsfolge herbei wie die Nichtigkeit, es sei denn, der Vorbehalt bezieht sich nicht auf den gesamten Erbvertrag, sondern nur auf einzelne von mehreren vertragsmäßigen Verfügungen. § 2298 Abs. 2 S. 1 ist auch nicht auf einen Rücktritt gem. §§ 2294, 2295 anwendbar, sodass die Rechtsfolgen eines derartigen Rücktritts auf der Grundlage des § 2085 zu ermitteln sind (allgM, zB MüKoBGB/Musielak Rn. 4 mwN). In den zuletzt genannten Rücktrittsfällen geht der gem. Abs. 3 beachtliche Erblasserwille nämlich idR dahin, die Wirkungen des Rücktritts gerade nicht auf die übrigen vertragsmäßigen Verfügungen zu erstrecken.

8 **2. Rechtsfolgenerstreckung auf alle vertragsmäßigen Verfügungen.** Der Sinn des § 2298 Abs. 1, 2 S. 1 besteht darin, dem einem Erbvertrag wesenseigenen Verknüpfungswillen der Vertragspartner Geltung zu verschaffen. Dabei handelt es sich lediglich um eine Auslegungsregel, weil Abs. 3 dem Willen der Vertragschließenden den Vorrang einräumt. Bezüglich der in dem zweiseitigen Erbvertrag mitenthaltenen einseitig testamentarischen Verfügungen gilt § 2298 nicht. Deren Wirksamkeit richtet sich ausschließlich nach der Teilnichtigkeitsregelung des § 2085 (§ 2299 Abs. 2 S. 1).

9 **3. Vorrang des abweichenden Erblasserwillens.** Da es sich um Auslegungsregeln handelt, kann der Erbvertrag die Rechtsfolgen abweichend regeln. Auch ohne eine derartige Bestimmung, kann die Anwendbarkeit des § 2298 ausgeschlossen sein, wenn die erläuternde oder die ergänzende Auslegung einen abweichenden Erblasserwillen ergibt, wobei jedoch gem. §§ 133, 157 auf den

Verständnishorizont des Vertragspartners abzustellen ist, nicht nur auf den des erklärenden Erblassers (→ § 2084 Rn. 1 ff.).

## III. Ausschluss des Rücktrittsrechts (Abs. 2 S. 2, 3)

**1. Tod des anderen Vertragsteils.** Anders als beim einseitigen Erbvertrag (vgl. § 2297) erlischt beim zweiseitigen das gem. § 2293 vorbehaltene, nicht dagegen das gem. §§ 2294, 2295 gesetzlich eingeräumte Rücktrittsrecht mit dem Tod des anderen Vertragsteils. Berechtigt der Rücktrittsvorbehalt nur zum Rücktritt von einzelnen vertragsmäßigen Verfügungen, so gilt § 2298 Abs. 2 S. 2 und 3 ebenfalls nicht. Bei einem mehrseitigen Erbvertrag, an dem mehrere Personen als Erblasser beteiligt sind, erlischt dieses Recht bereits mit dem Tod eines von ihnen. 10

**2. Erhaltung des Rücktrittsrechts durch Ausschlagung.** Der überlebende Erblasser hat es gem. § 2298 Abs. 2 S. 3 selbst in der Hand, sich das Rücktrittsrecht zu erhalten, indem er die Erbschaft, das Vermächtnis oder die Auflage ausschlägt. Er braucht nur die vertragsmäßigen, diese allerdings umfassend, nicht aber die einseitig testamentarischen Zuwendungen auszuschlagen, da die zuletzt genannten Verfügungen nicht „durch Vertrag" angeordnet sind (MüKoBGB/Musielak Rn. 6). Im Hinblick auf den zur Erhaltung des Rücktrittsrechts gebotenen Umfang der Ausschlagung stimmt diese Vorschrift sachlich mit der Regelung des § 2271 Abs. 2 S. 1 zum Widerruf gemeinschaftlicher Testamente überein, sodass auf → § 2271 Rn. 1 ff. ff. verwiesen werden kann. 11

**3. Vorrang des abweichenden Erblasserwillens.** Auch wenn S. 3 in § 2298 Abs. 3 nicht ausdrücklich erwähnt ist, so können die Vertragschließenden eine abweichende Vereinbarung treffen (allgM, zB MüKoBGB/Musielak Rn. 7 mwN, auch zu überholten Meinungen). Auch ohne eine solche Vereinbarung ist ein abweichender Erblasserwille beachtlich. 12

## § 2299 Einseitige Verfügungen

**(1) Jeder der Vertragschließenden kann in dem Erbvertrag einseitig jede Verfügung treffen, die durch Testament getroffen werden kann.**

**(2) [1]Für eine Verfügung dieser Art gilt das Gleiche, wie wenn sie durch Testament getroffen worden wäre. [2]Die Verfügung kann auch in einem Vertrag aufgehoben werden, durch den eine vertragsmäßige Verfügung aufgehoben wird.**

**(3) Wird der Erbvertrag durch Ausübung des Rücktrittsrechts oder durch Vertrag aufgehoben, so tritt die Verfügung außer Kraft, sofern nicht ein anderer Wille des Erblassers anzunehmen ist.**

### Überblick

Die Vorschrift stellt lediglich klar, dass Inhalt eines Erbvertrags jede letztwillig zulässige Verfügung sein kann (→ Rn. 1). Die Aufnahme einseitig testamentarischer Verfügungen in einen Erbvertrag ändert deren Rechtsnatur nicht (→ Rn. 2). Die einseitigen Verfügungen nehmen an der Bindungswirkung des Erbvertrags nicht teil. Wird der gesamte Erbvertrag durch Vertrag aufgehoben, so werden gem. Abs. 3 Alt. 2 auch alle darin enthaltenen einseitig testamentarischen Verfügungen unwirksam (→ Rn. 4). Tritt ein Vertragsteil vom gesamten Erbvertrag zurück, so werden damit auch die vom Zurücktretenden darin getroffenen einseitigen Verfügungen gem. Abs. 3 Alt. 1 unwirksam (→ Rn. 5).

## I. Einseitig testamentarische Verfügungen

**1. Abgrenzung und Wirksamkeitsbedingung.** Jeder Vertragsteil, also auch derjenige, der vertragsmäßige Verfügungen des anderen lediglich annimmt, aber nicht selbst vertragsmäßig verfügt, kann den Erbvertrag als „Stützpunkt" eigener einseitig testamentarischer Anordnungen nutzen (§ 2299 Abs. 1). Wegen der Abgrenzung zwischen vertragsmäßigen und einseitigen Verfügungen wird auf → § 2278 Rn. 4 ff. verwiesen. Die in der Erbvertragsurkunde enthaltenen einseitigen Verfügungen sind jedoch nur dann wirksam, wenn dies auch der Erbvertrag als solches ist. Ist der Erbvertrag unwirksam oder enthält er nicht mindestens eine vertragsmäßige Verfügung, so ist in Ansehung der einseitigen Verfügungen eine Umdeutung gem. § 140 in ein Testament naheliegend. 1

Nur wenn dies nicht möglich ist oder der Erblasserwille entgegensteht, erfasst die Nichtigkeit des Erbvertrags auch die darin enthaltenen einseitigen Verfügungen.

2 **2. Geltung des Testamentsrechts.** Die Aufnahme einseitig testamentarischer Verfügungen in einen Erbvertrag ändert deren Rechtsnatur nicht, sodass, was § 2299 Abs. 2 S. 1 lediglich klarstellt, auf diese das Testamentsrecht in vollem Umfang Anwendung findet. Umstritten ist dabei die Frage, ob es für die Wirksamkeit einseitiger Verfügungen im Erbvertrag – wie für die vertragsmäßigen Verfügungen – auf die Geschäftsfähigkeit iSd § 2275 ankommt (MüKoBGB/Musielak Rn. 4; Reimann/Bengel/Dietz/J. Mayer/Röhl Rn. 10 f.; Staudinger/Kanzleiter Rn. 5) oder insoweit Testierfähigkeit iSd § 2229 zu fordern ist (Erman/S. und T. Kappler Rn. 2; Soergel/Wolf Rn. 4; wohl auch BeckOGK/Müller-Engels Rn. 8). Die besseren Argumente sprechen für die Auffassung, die insoweit Testierfähigkeit gem. § 2229 genügen lässt. Allein die mit einer vertragsmäßigen Verfügung einhergehende Bindungswirkung rechtfertigt es nämlich, einen Erblasser bei einem Erbvertrag strengeren Anforderungen zu unterwerfen als bei einem frei widerrufbaren Testament. Da das Betreuungsrecht dem Betreuten, der nicht geschäftsunfähig ist, die Errichtung einer Verfügung von Todes wegen ohne Einwilligung des Betreuers erlaubt (vgl. § 1903 Abs. 2), hat sich diese Streitfrage praktisch allerdings erledigt (BeckOGK/Müller-Engels Rn. 8).

## II. Aufhebung einseitiger Verfügungen

3 **1. Widerrufendes bzw. widersprechendes Testament.** Die einseitigen Verfügungen nehmen an der Bindungswirkung des Erbvertrags nicht teil und können daher gem. §§ 2253, 2254, 2257, 2258 widerrufen werden. Ein Widerruf durch schlüssiges Verhalten (§ 2255) oder durch Rücknahme aus der Verwahrung (§ 2256) ist wegen der Verkörperung in der Erbvertragsurkunde nicht denkbar.

4 **2. Aufhebungsvertrag.** Wird gem. § 2290 der gesamte Erbvertrag durch Vertrag aufgehoben, so werden gem. § 2299 Abs. 3 Alt. 2 auch alle darin enthaltenen einseitig testamentarischen Verfügungen unwirksam. Beschränkt sich der Vertrag jedoch auf die Aufhebung nur einzelner vertragsmäßiger Verfügungen oder geschieht die Aufhebung durch Testament (§ 2291) bzw. gemeinschaftliches Testament (§ 2292), so bleiben die einseitig testamentarischen Verfügungen im Erbvertrag wirksam, wenn und soweit in einem aufhebenden (gemeinschaftlichen) Testament nicht etwas anderes bestimmt wird. Wird in einem Aufhebungsvertrag iSd § 2290 nicht der gesamte Erbvertrag, sondern nur eine einzelne vertragsmäßige Verfügung aufgehoben, so kann jeder Vertragsteil gleichzeitig auch von ihm selbst mit lediglich einseitig testamentarischer Wirkung getroffene Verfügungen widerrufen (§ 2290 Abs. 2 S. 2).

5 **3. Rücktritt.** Tritt ein Vertragsteil vom gesamten Erbvertrag zurück, so werden damit auch die vom Zurücktretenden darin getroffenen einseitigen Verfügungen gem. § 2299 Abs. 3 Alt. 1 unwirksam, wenn und soweit kein abweichender Wille des Erklärenden festzustellen ist. Beschränkt sich der Rücktritt dagegen nur auf eine einzelne vertragsmäßige Verfügung, so bleiben die einseitigen Anordnungen wirksam.

## § 2300 Anwendung der §§ 2259 und 2263; Rücknahme aus der amtlichen oder notariellen Verwahrung

**(1) Die §§ 2259 und 2263 sind auf den Erbvertrag entsprechend anzuwenden.**

**(2) [1]Ein Erbvertrag, der nur Verfügungen von Todes wegen enthält, kann aus der amtlichen oder notariellen Verwahrung zurückgenommen und den Vertragsschließenden zurückgegeben werden. [2]Die Rückgabe kann nur an alle Vertragsschließenden gemeinschaftlich erfolgen; die Vorschrift des § 2290 Abs. 1 Satz 2, Abs. 2 und 3 findet Anwendung. [3]Wird ein Erbvertrag nach den Sätzen 1 und 2 zurückgenommen, gilt § 2256 Abs. 1 entsprechend.**

### Überblick

Die amtliche Verwahrung ist zwar nach dem Gesetz die Regel, doch kann sie von den Beteiligten durch Erklärung gegenüber dem Notar ausgeschlossen werden (→ Rn. 1 f.). Wird der Erbvertrag vom Notar verwahrt, hat dieser die Urschrift unverzüglich nach Kenntnis vom Tod des

Erblassers zur Eröffnung an das Nachlassgericht abzuliefern (→ Rn. 3). Ein Erbvertrag, der weder mit einem Ehevertrag, einem Erb- und/oder Pflichtteilsverzichtsvertrag oder einem anderen Rechtsgeschäft verbunden ist, kann wie jedes öffentliche Testament aus der amtlichen ebenso wie aus der notariellen Verwahrung zurückgenommen werden (→ Rn. 4 ff.). Der Erblasser muss den Erbvertrag höchstpersönlich in Empfang nehmen (→ Rn. 9 f.). Die formgerechte Aushändigung des Erbvertrags an alle geschäftsfähigen Vertragsschließenden, gilt als Aufhebung bzw. Widerruf aller darin enthaltenen Verfügungen, und zwar ohne Rücksicht darauf, ob diese einseitig oder vertragsmäßig getroffen sind (→ Rn. 19).

**Übersicht**



## I. Verwahrung durch das Amtsgericht

1 Nach § 34 Abs. 1 BeurkG ist die amtliche Verwahrung eines Erbvertrags die Regel. Die örtliche Zuständigkeit für die amtliche Verwahrung von Erbverträgen ergibt sich aus § 344 Abs. 1 Nr. 1 FamFG iVm Abs. 3 FamFG, während § 346 FamFG das Verfahren und § 347 FamFG die Mitteilungspflichten des Amtsgerichts regelt.

## II. Verwahrung durch den Notar

2 **1. Ausschluss der amtlichen Verwahrung.** Die Vertragschließenden können die amtliche Verwahrung des Erbvertrags jedoch durch gemeinsame Erklärung gegenüber dem beurkundenden Notar ausschließen. Auch ohne ausdrückliche Erklärung ist ein solcher Ausschluss anzunehmen, wenn der Erbvertrag mit einem anderen Vertrag, insbes. mit einem Ehe- oder einem Erbverzichtsvertrag verbunden ist. Verlangt auch nur ein Vertragsteil die Verwahrung, so hat der Notar die Urschrift zur besonderen amtlichen Verwahrung beim Amtsgericht abzuliefern. Wird die amtliche Verwahrung durch das Amtsgericht ausgeschlossen, so erfolgt diese gem. § 34 Abs. 2 BeurkG, § 34a Abs. 1 BeurkG durch den beurkundenden Notar selbst.

3 **2. Ablieferung nach dem Tod des Erblassers.** Wird der Erbvertrag nicht amtlich, sondern vom beurkundenden Notar verwahrt, ist die Urschrift gem. §§ 2300, 2259 unverzüglich zur Eröffnung an das Nachlassgericht abzuliefern, sobald der Notar vom Tod des Erblassers Kenntnis erlangt hat, also regelmäßig durch Sterbefallmitteilung des Zentralen Testamentsregisters (§ 78c S. 1 BNotO iVm § 6 ZTRV) über den Erbfall, ersatzweise durch Vorlage einer Sterbeurkunde. Die Ablieferungspflicht besteht auch bei einer Verbindung des Erbvertrags mit anderen Rechtsgeschäften in der gleichen Urkunde (zB Ehe- und Erbvertrag). Auch ein aufgehobener Erbvertrag ist zur Eröffnung abzuliefern. Der isolierte Aufhebungsvertrag gem. § 2290 ist dagegen nicht abzuliefern und nicht zu eröffnen (vgl. OLG Düsseldorf MittRhNotK 1973, 199).

4 **3. Rückgabe aus der Verwahrung. a) Isolierter Erbvertrag.** Ein Erbvertrag, der weder mit einem Ehevertrag, einem Erb- und/oder Pflichtteilsverzichtsvertrag oder einem anderen Rechtsgeschäft (zB Verfügungsunterlassungsvertrag, postmortale Vollmacht) verbunden ist, kann wie ein öffentliches Testament aus der amtlichen ebenso wie aus der notariellen Verwahrung zurückgenommen werden.

5 Der **Entzug der Vermögensverwaltung** gem. § 1638 Abs. 3 S. 1 (OLG Hamm BeckRS 2015, 00359; DNotI-Report 2007, 100) und die **Vormundbenennung** gem. §§ 1776, 1777 Abs. 3 hindern die Rückgabe nicht, weil sie zwar im Familienrecht gründen, aber Anordnung und Widerruf kraft Gesetzes der Form einer letztwilligen Verfügung bedürfen. Der Entzug der Vermögensverwaltung steht und fällt darüber hinaus mit der erbrechtlichen Zuwendung, für die sie angeordnet worden ist (OLG Hamm BeckRS 2015, 00359). Beide familienrechtlichen Anordnungen stehen deshalb einer Rückgabe des Erbvertrags nicht nur nicht entgegen, sondern werden auch mit der Rückgabe des Erbvertrags aufgehoben.

6 Weil nach der Rspr. in einem Erbvertrag der konkludente Abschluss eines Pflichtteilsverzichtsvertrags liegen kann (→ § 2346 Rn. 9), sollte im Hinblick auf diese Rückgabemöglichkeit aus-

drücklich in der Urkunde festgehalten werden, ob ein solcher vereinbart ist oder nicht (vgl. v. Dickhuth-Harrach RNotZ 2002, 384 (389), der aber vorsorglich eine Aufhebung empfiehlt).

7 Unter einem Erbvertrag ist nur, aber auch jede Verfügung von Todes wegen zu verstehen, in der **mindestens eine Verfügung vertragsmäßig iSd § 2278** getroffen ist. Wird eine Verfügung von Todes wegen zurückgegeben, die überhaupt keine vertragsmäßige Verfügung enthält, also allenfalls als gemeinschaftliches Testament oder Testament einzustufen ist, so tritt trotz der falschen Bezeichnung als Erbvertrag die Aufhebungs- bzw. Widerrufswirkung gem. § 2256 Abs. 1 S. 1, § 2300 Abs. 2 S. 3 nicht ein. Auch ein isolierter Erbvertrag, der nicht vom Notar, sondern vom Nachlassgericht amtlich verwahrt wird, kann zurückgegeben werden. Rückgabefähig sind auch Erbverträge, die vor dem Inkrafttreten der Neuregelung des § 2300 beurkundet worden sind.

8 **b) Antrag.** Der Antrag ist eine empfangsbedürftige Willenserklärung. Er ist formfrei und kann jederzeit wieder zurückgenommen werden. Er braucht weder vom letztwillig verfügenden Erblasser noch vom anderen Vertragsteil höchstpersönlich gestellt zu werden. Stellvertretung ist insoweit zulässig (v. Dickhuth-Harrach RNotZ 2002, 384 (391) bezeichnet den Streit zu Recht als „akademisch"). Zur Höchstpersönlichkeit der Rückgabe selbst aber → Rn. 9. Ein Antrag eines **Zuwendungsempfängers,** der nicht selbst Vertragsbeteiligter ist, ist weder erforderlich noch ersetzt dieser den Antrag eines Vertragsteils. Der Notar muss den Antrag auf Rückgabe anregen, wenn die Beteiligten um die Beurkundung eines auf den Widerruf beschränkten Erbvertrags bzw. gemeinschaftlichen Testaments ersuchen, weil diese eine unrichtige Sachbehandlung iSd § 21 Abs. 1 GNotKG wäre.

9 **c) Rückgabe. aa) Höchstpersönlichkeit.** Die Rückgabe ist, weil sie Widerruffunktion hat, eine Verfügung von Todes wegen und für den nicht letztwillig verfügenden Vertragsteil ein Rechtsgeschäft unter Lebenden. Der Erblasser muss deshalb gem. § 2290 Abs. 2 S. 1 höchstpersönlich den Erbvertrag in Empfang nehmen und darf dabei allenfalls in der Geschäftsfähigkeit beschränkt, aber nicht geschäftsunfähig sein; als beschränkt Geschäftsfähiger braucht er keine Zustimmung seines gesetzlichen Vertreters (§ 2290 Abs. 2 S. 2). Ist der Erblasser zwischenzeitlich geschäftsunfähig geworden, ist die Rückgabe dagegen nicht mehr möglich, auch nicht an seinen gesetzlichen Vertreter. Für den anderen Vertragsteil, der nicht letztwillig verfügt hat, gelten die allgemeinen Regeln über Geschäftsfähigkeit, Vertretung usw (Staudinger/Kanzleiter, 2019, Rn. 18; v. Dickhuth-Harrach RNotZ 2002, 384 (390); aA Reimann/Bengel/Dietz/J. Mayer/Sammet Rn. 17). Unter Umständen muss deshalb ein gesetzlicher Vertreter, Vormund oder Betreuer an der Rückgabe teilnehmen, wobei ein Vormund oder Betreuer dazu der Genehmigung bedürfen (§ 2290 Abs. 3). **Ab dem 1.1.2023** werden die gerichtlichen Genehmigungsvorbehalte in Erbrechtsangelegenheiten von Minderjährigen und Betreuten in § 1851 zusammengefasst (BGBl. 2021 I 882). Die Genehmigungspflicht ist dann in § 1851 Nr. 8 geregelt, ohne dass sich diese sachlich von der bisherigen Regelung unterscheidet. Wegen des Verbots der Rückgabe nach dem Tod auch nur eines Beteiligten gem. § 2290 Abs. 1 S. 2 muss der andere Vertragsschließende, selbst wenn er geschäftsunfähig ist, immer auch selbst persönlich erscheinen, weil der Notar bzw. das Nachlassgericht nur so sicher feststellen kann, dass in diesem Zeitpunkt alle Vertragsschließenden noch leben (Grüneberg/Weidlich Rn. 4, allerdings unter Berufung auf § 2300 Abs. 2 S. 2). Aus diesem Grunde scheidet faktisch auch die Rückgabe an einen Bevollmächtigten des anderen Vertragsteils aus (aA, aber ohne das Problem zu sehen, Staudinger/Kanzleiter, 2019, Rn. 19; v. Dickhuth-Harrach RNotZ 2002, 384 (390); Reimann FamRZ 2002, 1383 (1385); Keim ZEV 2003, 55 (56); Frank NotBZ 2003, 8 (11)).

10 **bb) Aushändigung.** Die Aushändigung der Urschrift i. S. d. § 8 BeurkG sowie aller beim Notar bzw. Nachlassgericht vorhandenen Ausfertigungen (Reimann FamRZ 2002, 1383 (1385): „sollten") muss gem. § 2300 Abs. 2 S. 2 an alle Vertragsschließenden gemeinsam erfolgen (wie hier v. Dickhuth-Harrach RNotZ 2002, 384 (393)). Gem. § 33 Abs. 4 NotAktVV ist auch die in der Erbvertragssammlung auf Wunsch der Beteiligten verwahrte beglaubigte Abschrift auszuhändigen. Ferner ist auch die elektronisch beglaubigte Abschrift, die in der elektronischen Urkundensammlung verwahrt wird, zu löschen und ein entsprechender Vermerk nach § 33 Abs. 5 NotAktVV in diese Sammlung aufzunehmen (§ 38 NotAktVV). Die Rückgabe muss durch den Notar, dessen Vertreter oder Nachfolger im Amt selbst erfolgen, weil diese Bestandteil seiner Pflicht zur persönlichen Amtsausübung ist (§ 25 DONot), kann also keinem Kollegen überlassen werden (v. Dickhuth-Harrach RNotZ 2002, 384 (391); aA Reimann FamRZ 2002, 1383 (1385); Keim ZEV 2003, 55 (56); Reimann/Bengel/Dietz/J. Mayer/Sammet Rn. 18; Staudinger/Kanzleiter, 2019, Rn. 18, die Rechtshilfe durch anderen Notar zulassen wollen). Als Ausweg bietet sich die Abgabe des Erbvertrags in amtliche Verwahrung des Gerichts an, das im Wege der Rechtshilfe

gem. § 27 Nr. 8 AktO ein ortsansässiges Gericht oder Konsulat mit der Rückgabe beauftragen kann. Wird dagegen der Erbvertrag vom Nachlassgericht verwahrt, so kann die Rückgabe auch durch ein anderes Amtsgericht oder durch den Konsularbeamten im Wege der Rechtshilfe geschehen.

**cc) Belehrung.** Der Notar bzw. Rechtspfleger soll gem. § 2256 Abs. 1 S. 2 bei der Rückgabe über die Aufhebungs- und Widerrufswirkung belehren und die Tatsache der Belehrung und der Rückgabe auf der Urschrift vermerken (weitergehend Keim ZEV 2003, 55 (57); v. Dickhuth-Harrach RNotZ 2002, 384 (393), jeweils mit Formulierungsvorschlägen). Die Verletzung dieser Pflicht ändert zwar nichts an der Aufhebungs- bzw. Widerrufswirkung der Rückgabe, stellt jedoch eine Amtspflichtverletzung dar und kann zu Anfechtungen wegen Rechtsfolgenirrtums führen (→ § 2256 Rn. 6). 11

**dd) Niederschrift.** Über die Rückgabe ist vom Rechtspfleger beim Nachlassgericht eine Niederschrift aufzunehmen und von allen Vertragsschließenden zu unterzeichnen (§ 27 Nr. 9 AktO). Der Notar soll die Rückgabe gem. § 20 Abs. 3 S. 1 und 4 DONot entweder auf einem Vermerkblatt oder der beglaubigten Abschrift, die in seiner Urkundensammlung an Stelle der zurückgegebenen Urschrift des Erbvertrags einzureihen sind, unter Angabe der anwesenden Personen und des Datums schriftlich festhalten. 12

Wird ein vom Notar verwahrter Erbvertrag von diesem zurückgegeben, so ist gem. § 33 Abs. 1 NotAktVV anstelle des Erbvertrags ein Vermerk mit den Angaben nach § 9 Nr. 1 bis 3 NotAktVV unter der Urkundenverzeichnisnummer zur Erbvertragssammlung zu nehmen. 13

Wird dagegen über die Rückgabe des Erbvertrags vom Notar keine Niederschrift errichtet (→ Rn. 15), soll der Notar in dem **Vermerk** die Erfüllung der ihm nach § 2300 Abs. 2 S. 3 in Verbindung mit § 2256 Abs. 1 S. 2 obliegenden Pflichten aktenkundig machen. Die Personen, an die der Erbvertrag zurückgegeben wurde, sind dabei grds. mit Vorname(n), Familienname, Geburtsname, wenn dieser nicht der Familienname ist, Geburtsdatum und Wohnort zu bezeichnen. Der Notar soll diesen Vermerk unterschreiben 14

Ein Vermerk über die Rückgabe (→ Rn. 14) ist entbehrlich, wenn mit entsprechendem Inhalt eine **Niederschrift** errichtet wird. Dabei handelt es sich dann um eine Beurkundung „sonstiger Tatsachen oder Vorgänge" iSd §§ 36, 37 BeurkG (Reimann/Bengel/Dietz/J. Mayer/Röhl Rn. 23; für Vermerk iSd § 39 BeurkG BeckOGK/Müller-Engels Rn. 42; Keim ZEV 2003, 55 (57)), nicht aber um eine Beurkundung von Willenserklärungen gem. §§ 6 ff. BeurkG. Bei geschäftsfähigen Erblassern mit gesundheitlichen Einschränkungen finden deshalb die Vorschriften über die Beteiligung behinderter Personen nach §§ 22–25, 32 BeurkG keine Anwendung. Der Notar hat aber nach pflichtgemäßem Ermessen die Rückgabe so zu gestalten, dass Zweifel und Missverständnisse bei den Beteiligten über die Folgen ausgeschlossen sind. Dabei kann sich der Notar an den Vorschriften der §§ 22–25, 32 BeurkG orientieren, ohne aber zu deren Einhaltung verpflichtet zu sein. 15

Die Rücknahme ist wegen der eigenständigen Prüfungs- und Belehrungspflichten kein kostenfreies Nebengeschäft zur Beurkundung bzw. Verwahrung, sondern löst eine Gebühr mit einem Faktor 0,3 gem. §§ 114, 102 Abs. 1–3 GNotKG iVm KV 23100 GNotKG aus. Der Geschäftswert entspricht dem für die Neubeurkundung einer Verfügung von Todes wegen. Wird zeitnah eine neue Verfügung von Todes wegen beurkundet, ist die Gebühr für die Rückgabe auf die für das Beurkundungsverfahren anzurechnen. 16

**ee) Meldung an das Zentrale Testamentsregister.** Die Rückgabe des Erbvertrags ist ohne Rücksicht darauf, ob dieser vom Notar oder vom Amtsgericht verwahrt wird, unverzüglich (§ 121) dem von der Bundesnotarkammer gem. § 78 Abs. 1 S. 1 Nr. 2 BNotO geführten Zentralen Testamentsregister zu melden (§ 4 Abs. 2 ZTRV). 17

**ff) Einsichtnahme.** Von der Rückgabe ist die Einsichtnahme zu unterscheiden. Sie ist beim Erbvertrag ebenso wie bei einem Testament möglich und hat keine aufhebende Wirkung (→ § 2256 Rn. 3). Dieses Recht steht jedem Vertragsbeteiligten unabhängig von den anderen Beteiligten zu (§ 51 Abs. 3 BeurkG). Nach der Einsichtnahme ist der Erbvertrag vom Notar bzw. dem Nachlassgericht weiter zu verwahren. 18

**d) Aufhebungs- bzw. Widerrufswirkung.** Die antragsgemäß erfolgte höchstpersönliche Aushändigung des isolierten Erbvertrags an alle geschäftsfähigen Vertragsschließenden, wobei der Erblasser auch beschränkt geschäftsfähig sein darf, gilt als Aufhebung bzw. Widerruf aller darin enthaltenen Verfügungen, und zwar ohne Rücksicht darauf, ob diese einseitig oder vertragsmäßig getroffen sind (§ 2256 Abs. 1 S. 1). Bei einem Verstoß gegen auch nur eine dieser Voraussetzungen 19 bleibt der Erbvertrag trotz der Rückgabe in vollem Umfang wirksam (v. Dickhuth-Harrach RNotZ 2002, 384 (389 f.)). Wie beim gemeinschaftlichen Testament muss dies auch bei der rechtswidrigen Rückgabe eines zweiseitigen Erbvertrags an nur einen Vertragsteil für dessen einseitige Verfügungen gelten (→ § 2272 Rn. 6). Diese Wirkungen treten auch dann nicht ein, wenn irrtümlich ein mit einem anderen Rechtsgeschäft verbundener Erbvertrag (Keim ZEV 2003, 55; v. Dickhuth-Harrach RNotZ 2002, 384 (389)) oder eine Verfügung von Todes wegen, die überhaupt keine vertragsmäßige Verfügung enthält (→ Rn. 4), zurückgegeben wird. Die einmal eingetretene Unwirksamkeit der Verfügungen ist **endgültig,** sodass nur der Abschluss eines neuen Erbvertrags die Verfügungen wieder in Kraft setzen kann. Zur **Anfechtbarkeit** der Rückgabe → § 2256 Rn. 6.

## III. Eröffnung, Verkündung und Weiterverwahrung

**20** Der Erbvertrag wird wie ein Testament gem. §§ 348 ff. FamFG eröffnet und verkündet (vgl. zur Rechtslage vor dem 1.9.2009: BGH NJW 1978, 633; OLG Frankfurt FamRZ 1977, 482; BayObLG FamRZ 1990, 215). Es ist jede als Erbvertrag bezeichnete oder erkennbare Urkunde zu eröffnen, und zwar selbst dann, wenn die formelle und/oder materielle Unwirksamkeit (zB Aufhebung) offensichtlich ist (BayObLG NJW-RR 1990, 135; aA Boehmer DNotZ 1940, 187 (192); Soergel/Zecca-Jobst Rn. 4). Ist der Erbvertrag mit einem anderen Vertrag verbunden ist, wird ausschließlich der Erbvertragsteil, soweit er sich sondern lässt, eröffnet. Bei einem Erbvertrag, der – vertragsmäßige oder einseitige – Verfügungen mehrerer Vertragsteile enthält, sind gem. §§ 2300, 2273 Abs. 1 nur die Verfügungen des verstorbenen Erblassers zu eröffnen, wenn und soweit sich diese von denen der anderen Vertragsteile sondern lassen (BGH NJW 1984, 2098; LG Aachen MittRhNotK 1997, 405; MüKoBGB/Musielak Rn. 4).

**20a** Zweck der Benachrichtigungspflicht ist es, alle betroffenen Personen in den Stand zu setzen, das zur Wahrnehmung ihrer Interessen Zweckdienliche zu veranlassen. Berühren weitere Anordnungen des Erblassers die Rechtsstellung des Benachrichtigungsadressaten nicht, ist demzufolge von ihrer Bekanntgabe an diesen Beteiligten abzusehen (Vgl. OLG Frankfurt BeckRS 2021, 25729 Rn. 19 f. (andere Vermächtnisse gegenüber Vermächtnisnehmer; Namen der Erben bei Abwicklungstestamentsvollstreckung); KG BeckRS 2019, 14380 Rn. 8 (Schlusserbeinsetzung gegenüber Schlusserbe); OLG Zweibrücken BeckRS 2010, 16921 (Schlusserbeinsetzung gegenüber Schlusserben); zu § 2262 BGB a. F.: BGH NJW 1978, 633; OLG Bremen Rpfleger73, 58). Mit der Beschränkung der Benachrichtigungspflicht auf denjenigen Inhalt der Verfügung, der den zu informierenden Beteiligten in seinen Interessen betrifft, soll dabei dem Geheimhaltungsinteresse des Erblassers, des Erben sowie der übrigen Beteiligten im Verhältnis zu dem Benachrichtigungsadressaten Rechnung getragen werden. Über den konkreten Umfang der Benachrichtigung ist im Wege einer Abwägung zwischen dem Informationsinteresse des Benachrichtigungsadressaten und diesen Geheimhaltungsinteressen zu entscheiden (OLG Frankfurt BeckRS 2021, 25729 Rn. 19).

**21** Befand sich ein **zwei- oder mehrseitiger Erbvertrag** in amtlicher Verwahrung, so ist er nach der Eröffnung wieder in die amtliche Verwahrung zu nehmen, weil der Erbvertrag letztwillige Verfügungen noch anderer Vertragschließender enthält. Gemäß §§ 349 Abs. 2 S. 2, 344 Abs. 2 FamFG ist das für den Nachlass des Erstverstorbenen zuständige Nachlassgericht für diese amtliche Weiterverwahrung zuständig; der überlebende Ehe- oder Lebenspartner kann jedoch die Verwahrung durch ein anderes Gericht beantragen. Befand sich ein solcher Erbvertrag dagegen bis zur Ablieferung in der Verwahrung des beurkundenden Notars verbleibt die Urschrift des eröffneten Erbvertrags anschließend in den Nachlassakten; die Urschrift ist keinesfalls dem Notar zurückzugeben. Gleichgültig ob der Erbvertrag amtlich weiterverwahrt oder einfach in den Nachlassakten des ersten Erbfalls verbleibt, hat das Nachlassgericht gem. § 347 Abs. 1 S. 2 FamFG die Amtspflicht, dem Zentralen Testamentsregister alle Angaben zu machen, die zum schnellen Auffinden erbfolgerelevanter Urkunden erforderlich sind, also insbes. sich als (neue) Verwahrstelle zu melden, nicht aber den beurkundenden Notar (§ 78d Abs. 1 S. 1 Nr. 1 lit. a Alt. 3, Abs. 2 S. 2 BNotO). Hat das Amtsgericht – wie so oft in der Praxis – fälschlicherweise doch den beurkundenden Notar als Verwahrstelle angegeben, so muss dieser unverzüglich nach Erhalt der Sterbefallmitteilung gem. § 78e S. 3 Nr. 2 BNotO dem für den zweiten Erbfall zuständigen Nachlassgericht analog § 34a Abs. 3 S. 1 BeurkG mitteilen, bei welchem Amtsgericht er die Urschrift abgeliefert hat. Das Nachlassgericht hat dann unverzüglich das verwahrende Amtsgericht zu veranlassen, den Erbvertrag gem. § 344 Abs. 6 FamFG - abweichend von der allgemeinen Zuständigkeitsregelung in § 343 FamFG - zu eröffnen.

## IV. Recht auf Einsicht und Abschriften

Das Einsichtsrecht in einen eröffneten Erbvertrag regelt § 357 FamFG. Soweit bei der Eröffnung § 2273 zu beachten ist, sind die nicht bekanntzugebenden Teile des Erbvertrags (→ Rn. 20, Rn. 20a) vom Recht auf Einsicht und Abschriften ausgeschlossen. 22

## § 2300a (aufgehoben)

## § 2301 Schenkungsversprechen von Todes wegen

**(1) [1]Auf ein Schenkungsversprechen, welches unter der Bedingung erteilt wird, dass der Beschenkte den Schenker überlebt, finden die Vorschriften über Verfügungen von Todes wegen Anwendung. [2]Das Gleiche gilt für ein schenkweise unter dieser Bedingung erteiltes Schuldversprechen oder Schuldanerkenntnis der in den §§ 780, 781 bezeichneten Art.**

**(2) Vollzieht der Schenker die Schenkung durch Leistung des zugewendeten Gegenstands, so finden die Vorschriften über Schenkungen unter Lebenden Anwendung.**

### Überblick

Die Schenkung unter Lebenden auf den Todesfall und die Zuwendung durch Verfügung von Todes wegen müssen im Zivilrecht sorgfältig voneinander abgegrenzt werden, weil sie insbesondere unterschiedlichen Formvorschriften unterstehen. Das Schenkungsversprechen auf den Todesfall wird deshalb nach dieser Vorschrift in seiner Wirkung einem Testament bzw. einem Erbvertrag gleichgestellt. Beim Erbfall hat das formgerechte Schenkungsversprechen damit die Wirkung eines Vermächtnisses oder, wenn sich dieses auf einen Bruchteil des Vermögens bezieht, einer Erbeinsetzung (→ Rn. 1 ff.). Die durch den Tod des Schenkers aufschiebend befristete Schenkung bzw. das entsprechende Versprechen müssen zusätzlich mit der Bedingung verknüpft sein, dass der Zuwendungsempfänger den Schenker bzw. Erblasser überlebt; sie kann aufschiebend oder auflösend formuliert sein (→ Rn. 4 ff.). Die gem. Abs. 1 eintretende Umdeutung des Rechtsgeschäfts unter Lebenden in eine erbrechtliche Verfügung von Todes wegen verändert auch den Charakter der Überlebensbedingung. Im Rahmen einer Verfügung von Todes wegen ist das Überleben des Bedachten Rechtsbedingung, nicht Bedingung iSd §§ 158 ff. (→ Rn. 8). Der Rechtsfolgenverweis auf die Vorschriften über Verfügungen von Todes wegen lässt offen, ob damit nur die für Erbverträge geltenden Bestimmungen oder auch die für Testamente geltenden Vorschriften gemeint sind (→ Rn. 7). Abs. 2 stellt die von Abs. 1 angeordnete Umdeutung eines Schenkungsversprechens in eine Verfügung von Todes wegen unter den Vorbehalt der Erfüllung zu Lebzeiten des Schenkers (→ Rn. 10 ff.). Vollzug erfordert, dass bereits der Schenker selbst das Vermögensopfer erbracht hat, nicht erst sein Erbe (→ Rn. 11). Ist der Leistungserfolg beim Erbfall noch nicht eingetreten, steht die dingliche Erfüllung zu dieser Zeit also noch aus, so muss bereits der Schenker zu seinen Lebzeiten alles getan haben, was von seiner Seite aus notwendig ist, damit die versprochene Leistung ohne sein weiteres Zutun in das Vermögen des Erwerbers übergehen kann (→ Rn. 12 ff.). Schenkungen auf den Todesfall sind auch als echte Verträge zugunsten Dritter (§§ 328, 331) möglich, doch lehnt es der BGH ab, auf diese Verträge die erbrechtlichen Bestimmungen über § 2301 anzuwenden, und zwar auch, wenn es sich bei dem Rechtsverhältnis zwischen Schenker und Drittem (Valutaverhältnis) um eine Schenkung handelt (→ Rn. 16 ff.).

## I. Normzweck und Gesetzessystematik

Eine Schenkung unter Lebenden, deren Wirkung erst mit dem Tod des Schenkers eintreten soll, unterscheidet sich von einer letztwilligen Zuwendung (Erbeinsetzung oder Vermächtnis) zwar nicht in ihrer wirtschaftlichen Wirkung, wohl aber in den Voraussetzungen, vor allem in den Formvorschriften. Bei beiden Rechtsgeschäften verbleibt der zugewendete Vermögensgegenstand oder -bruchteil bis zum Tod des Schenkers bzw. Erblassers in dessen Vermögen und geht erst dann auf den Empfänger über. Damit besteht die Gefahr, dass vor allem die strengen **Formvorschriften** für Verfügungen von Todes wegen (§§ 2231 ff., 2247, 2276) oder die **Vorschriften über die erbrechtliche Bindung** an wechselbezügliche (§ 2271 Abs. 2 S. 1) oder vertragsmäßige Verfügungen (§ 2289 Abs. 1 S. 2) in einem gemeinschaftlichen Testament bzw. Erbvertrag durch 1 ein Ausweichen auf eine solche lebzeitige Schenkung auf den Todesfall **umgangen** werden könnten. Da andererseits ein gerechtfertigtes Interesse an einer derartigen Schenkung auf den Todesfall nicht von vorneherein geleugnet werden kann (BGHZ 8, 23 (32) = NJW 1953, 182; Reimann/Bengel/Dietz/Reimann Rn. 2), bereitet die Grenzziehung zwischen unzulässiger Umgehung der erbrechtlichen Vorschriften und legitimer Wahl der Form des lebzeitigen Rechtsgeschäfts erhebliche Schwierigkeiten. Deshalb verbietet es sich auch, Abs. 1 ausdehnend und Abs. 2 einschränkend zu interpretieren (BGH BWNotZ 1964, 331; Grüneberg/Weidlich Rn. 2).

2 Der Gesetzgeber hat dieses Problem nicht etwa durch Einführung eines besonderen Rechtsinstituts gelöst, sondern sich darauf beschränkt, Schenkungen unter Lebenden unter den in § 2301 genannten Voraussetzungen den Vorschriften über Verfügungen von Todes wegen (Testament, Erbvertrag) zu unterstellen. Ein Schenkungsversprechen hat diese Rechtsfolge jedoch nur, wenn es unter der Bedingung steht, dass der Beschenkte den Schenker überlebt (§ 2301 Abs. 1 S. 1), und die Schenkung nicht zu Lebzeiten des Schenkers vollzogen wird (§ 2301 Abs. 2). Eine **Schenkung ohne diese Überlebensbedingung** unterfällt ebenso wenig dem Recht der Verfügungen von Todes wegen wie eine zu Lebzeiten des Schenkers bereits **vollzogene Schenkung auf den Todesfall.** Da der Vollzug eines **echten Vertrags zugunsten Dritter** auf den Todesfall gem. §§ 328, 331 von selbst und formfrei beim Tod des Schenkers eintritt, sind derartige Rechtsgeschäfte aus dem Anwendungsbereich des § 2301 ausgeklammert. Die praktische Bedeutung des § 2301 ist daher gering.

## II. Schenkung von Todes wegen (Abs. 1)

3 **1. Schenkungsbegriff. Schenkungsversprechen** ist gem. der Begriffsbestimmung des § 518 Abs. 1 S. 1 jedes einseitig bindende Angebot zum Abschluss eines Schenkungsvertrags. Entgegen der hM (OLG Hamm FamRZ 1989, 673; Staudinger/Kanzleiter, 2019, Rn. 5; Kipp/Coing ErbR § 81 III 1a; Soergel/Zecca-Jobst Rn. 2; Grüneberg/Weidlich Rn. 5) braucht der Adressat dieses Versprechen noch nicht angenommen zu haben (MüKoBGB/Musielak Rn. 5 mwN; Brox Rn. 725). Bei Erteilung einer **postmortalen Schenkungsvollmacht** greift § 2301 nicht ein und kann auch nicht analog angewendet werden (Lekars, Vollmacht von Todes wegen, 2000, 38 f., 98 ff.). Auf das sofort vollzogene Schenkungsversprechen (Handschenkung iSd § 518 Abs. 2) findet § 2301 keine Anwendung. Selbstverständlich gilt diese Norm dagegen für abgeschlossene, aber noch nicht vollzogene **Schenkungsverträge.** Bei **gemischten Schenkungen** muss der Schenkungscharakter überwiegen (MüKoBGB/Musielak Rn. 7; Soergel/Zecca-Jobst Rn. 2; aA Olzen, Die vorweggenommene Erbfolge, 1984, 96 ff.; Otte AcP 186 (1986), 313 (315)). Zuwendungen in einem zeitlichen und sachlichen Zusammenhang mit einem **Arbeits- oder Gesellschaftsvertrag** stellen regelmäßig keine Schenkung dar (MüKoBGB/Musielak Rn. 7 mwN), wohl aber Versprechen gegenüber einem **langjährigen Lebenspartner** (vgl. OLG Düsseldorf OLGZ 1978, 323 (324)). Die Einrichtung eines **gemeinsamen Bankkontos** stellt keine Schenkung dar, weil die interne Ausgleichspflicht gem. § 430 über den Tod eines Inhabers fortbesteht (BGH NJW 1976, 807; vgl. auch Eichel MittRhNotK 1975, 614). Allein aus der Errichtung eines Kontos auf fremdem Namen lässt sich noch keine Schenkung ableiten (BGH NJW 1967, 101). Auch eine **gesellschaftsvertragliche Nachfolgeklausel,** die den Abfindungsanspruch der Erben ausschließt, beinhaltet keine Schenkung, kann also auch nicht gem. § 2301 Abs. 1 als Verfügung von Todes wegen umgedeutet werden (BGHZ 22, 186 (194) = NJW 1957, 180; BGH DNotZ 1966, 620; NJW 1977, 1339). § 2301 Abs. 1 S. 1 stellt ein selbstständiges Schuldversprechen oder -anerkenntnis iSd §§ 780, 781 dem Schenkungsversprechen gleich.

4 **2. Überlebensbedingung.** Die durch den Tod des Schenkers aufschiebend befristete Schenkung bzw. das entsprechende Versprechen müssen zusätzlich mit der Bedingung verknüpft sein, dass der Zuwendungsempfänger den Schenker bzw. Erblasser überlebt. Sie kann aufschiebend oder auflösend formuliert sein (hM, zB Staudinger/Kanzleiter, 2019, Rn. 10b; Lange/Kuchinke ErbR § 33 II 1a; Soergel/Zecca-Jobst Rn. 3; Olzen, Die vorweggenommene Erbfolge, 1984, 56; aA MüKoBGB/Musielak Rn. 9; Reischl, Zur Schenkung von Todes wegen unter besonderer Berücksichtigung der legislativen Zielsetzung, 1996, 97 f.; Wieacker FS Lehmann, 1956, 277). Es genügt, dass bei nicht zu engherziger Prüfung diese Bedingung sich aus den äußeren Umständen des Einzelfalls schlüssig ergibt (BGH NJW 1987, 840; Olzen JR 1987, 372). Eine in Erwartung des baldigen Todes vorgenommene Schenkung unterfällt nur dann dem Anwendungsbereich des § 2301, wenn diese Einschätzung mehr ist als ein reiner Beweggrund (MüKoBGB/Musielak Rn. 11; Reimann/Bengel/Dietz/Reimann Rn. 21; BayObLGZ 1905, 466; aA Wieacker FS Lehmann, 1956, 280 für analoge Anwendung). Die Überlebensbedingung fehlt auch dann, wenn

das Schenkungsversprechen erst nach dem Tod des Schenkers angenommen werden darf (OGH MDR 1949, 282; MüKoBGB/Musielak Rn. 12). Der BGH zieht dabei § 2084 analog mit der Folge heran, dass im Zweifel diejenige Auslegung zu wählen sei, bei der der Wille des Erblassers Erfolg habe (BGH FamRZ 1985, 693 (695); NJW 1988, 2731 (2732)). Diese Auffassung wird im Schrifttum mit Recht überwiegend abgelehnt, weil sie mit erheblicher Rechtsunsicherheit verbunden ist (ausf. Reischl, Zur Schenkung von Todes wegen unter besonderer Berücksichtigung der legislativen Zielsetzung, 1996, 74 ff.; Bork JZ 1988, 1059 (1061 ff.); MüKoBGB/Musielak Rn. 9; aA Grüneberg/Weidlich Rn. 3).

§ 2301 findet keine Anwendung, wenn die Bedingung einen **anderen Inhalt** als das Überleben 5 des Zuwendungsempfängers hat. Die Bedingung darf also beispielsweise nicht an das gleichzeitige Versterben von Schenker und Beschenktem anknüpfen (Prot. V 460). Auch eine Formulierung, wonach der Schenker den Beschenkten nicht überleben darf, meint nichts anderes und schließt die Anwendung des § 2301 aus (MüKoBGB/Musielak Rn. 11; aA Staudinger/Kanzleiter, 2019, Rn. 11). Diese Vorschrift gilt jedoch auch, wenn die Bedingung auf bestimmte Fälle des Vorversterbens des Erblassers bzw. Schenkers beschränkt ist (RGRK-BGB/Kregel Rn. 5).

Hängt nicht die Wirksamkeit des Schenkungsversprechens bzw. der Schenkung vom Überleben 6 des Beschenkten ab, sondern ausschließlich die Erfüllung, so handelt es sich nach hM um ein Rechtsgeschäft unter Lebenden und wird nicht gem. § 2301 Abs. 1 S. 1 in eine Verfügung von Todes wegen umgedeutet (BGHZ 8, 31; BGH NJW 1959, 2254; 1985, 1553; MüKoBGB/Musielak Rn. 11 f.; Reimann/Bengel/Dietz/Reimann Rn. 22 ff.; für ausdehnende Auslegung: Olzen, Die vorweggenommene Erbfolge, 1984, 99 f.; Olzen JZ 1987, 372 (373); Otte AcP 186 (1986), 313 (314); vgl. auch Erman/S. Kappler/T. Kappler Rn. 5). Derartigen Schenkungen mit auf den Tod des Schenkers **hinausgeschobener Erfüllung** (zB Grundstücksschenkung mit bis zum Tod des Schenkers ausgesetzter Auflassung, Depotübertragung (BGH WM 1974, 450), Wohnrechtsbestellung auf den Tod des Eigentümers (BGH NJW 1985, 1553) entfalten bereits zu Lebzeiten des Schenkers Rechte und Pflichten und unterscheiden sich in diesem Punkt ganz wesentlich von Verfügungen von Todes wegen. Vereitelt der Schenker die Erfüllung, so sind seine Erben zum Schadensersatz verpflichtet.

**3. Folgen der Umdeutung.** Der Rechtsfolgenverweis des § 2301 Abs. 1 auf die Vorschriften 7 über Verfügungen von Todes wegen lässt offen, ob damit nur die für Erbverträge geltenden Bestimmungen (§§ 2274 ff.) (Kipp/Coing ErbR § 81 III 2a; Schlüter ErbR Rn. 1254; Reimann/Bengel/Dietz/Reimann Rn. 5; Staudinger/Kanzleiter, 2019, Rn. 3; RGRK-BGB/Kregel Rn. 7; Rüthers/Hessler JuS 1984, 953 (955)) oder auch die für Testamente geltenden Vorschriften (RGZ 83, 223 (227); Harder, Zuwendungen unter Lebenden auf den Todesfall, 1968, 106 ff., 111 f.; Kuchinke FamRZ 1984, 109 (113); Wieacker FS Lehmann, 1956, 274 Fn. 10; v. Lübtow ErbR II 1225; Brox ErbR Rn. 726; Erman/S. Kappler/T. Kappler Rn. 6; MüKoBGB/Musielak Rn. 13) gemeint sind (offen gelassen in BGH BeckRS 2019, 28657 Rn. 10). Dieser Streit rankt sich primär um die Formfrage, hat jedoch nur geringe Auswirkungen auf die praktischen Ergebnisse (Reimann/Bengel/Dietz/Reimann Rn. 6). Die besseren Argumente sprechen dafür, auf ein Schenkungsversprechen grds. **Testamentsrecht** anzuwenden (MüKoBGB/Musielak Rn. 13 f.). Ein Schenkungsversprechen ist daher auch ohne notarielle Beurkundung bei persönlicher Anwesenheit des Schenkers bzw. Erblassers wirksam, wenn dieses den Formanforderungen eines eigenhändigen Testaments (§ 2247) entspricht. In diesem Falle kann es natürlich keine erbvertragliche Bindungswirkung entfalten, anders dagegen, wenn es in der **Form des Erbvertrags** abgegeben worden ist (Soergel/Zecca-Jobst Rn. 8; MüKoBGB/Musielak Rn. 14). Der Schenker ist demnach nur an das in Erbvertragsform abgegebene Schenkungsversprechen gebunden und kann sich hiervon nur durch Anfechtung, Aufhebung oder Rücktritt lösen (§§ 2281, 2290, 2293 ff.) (Grüneberg/Weidlich Rn. 7).

Die gem. § 2301 Abs. 1 kraft Gesetzes eintretende Umdeutung des Rechtsgeschäfts unter 8 Lebenden in eine erbrechtliche Verfügung von Todes wegen verändert auch den Charakter der Überlebensbedingung. Im Rahmen einer Verfügung von Todes wegen ist das Überleben des Bedachten Rechtsbedingung, nicht Bedingung iSd §§ 158 ff. (allgM, zB Harder, Zuwendungen unter Lebenden auf den Todesfall, 1968, 96 ff.; MüKoBGB/Musielak Rn. 10). Folglich erwirbt der Zuwendungsempfänger vor dem Tod des Schenkers bzw. Erblassers auch **kein unentziehbares Anwartschaftsrecht** (MüKoBGB/Musielak Rn. 10; Erman/S. Kappler/T. Kappler Rn. 6). Bei Grundbesitz kann folglich auch keine Vormerkung zur Sicherung des Eigentumsverschaffungsanspruchs im Grundbuch eingetragen werden (OLG Düsseldorf BeckRS 2020, 13438).

Das Schenkungsversprechen ist in seiner Wirkung einem Testament bzw. einem Erbvertrag 9 gleichgestellt. Beim Erbfall hat das formgerechte Schenkungsversprechen damit die **Wirkung**

**eines Vermächtnisses** oder, wenn sich dieses auf einen Bruchteil des Vermögens bezieht, einer **Erbeinsetzung** (Grüneberg/Weidlich Rn. 7). Widerspricht es einer erbrechtlich bindenden wechselbezüglichen Verfügung in einem früher errichteten gemeinschaftlichen Testament (§ 2271 Abs. 2 S. 1) oder einer vertragsmäßigen Verfügung in einem davor abgeschlossenen Erbvertrag (§ 2289 Abs. 1 S. 2), so ist das Schenkungsversprechen als umgedeutete erbrechtliche Verfügung unwirksam.

## III. Vollzogene Schenkung (Abs. 2)

10 **1. Schenkung von Todes wegen (§ 2301 Abs. 1).** § 2301 Abs. 2 bezieht sich nur auf Schenkungen iSd Abs. 1, also auf solche, die unter der Bedingung stehen, dass der Beschenkte den Schenker überlebt (hM, zB MüKoBGB/Musielak Rn. 16 mwN; aA Erman/S. Kappler/T. Kappler Rn. 7). Abs. 2 stellt die von Abs. 1 angeordnete Umdeutung eines Schenkungsversprechens in eine Verfügung von Todes wegen unter den Vorbehalt der Erfüllung zu Lebzeiten des Schenkers. Dabei spielt es keine Rolle, ob dies im Wege der sog Handschenkung sofort beim Versprechen erfolgt oder erst später, oder ob dies freiwillig oder auf Grund einer rechtlichen Verpflichtung geschieht. Allein das Ergebnis, nämlich der Vollzug des Schenkungsversprechens ist entscheidend. Dieser muss auch im Falle einer Handschenkung vor dem Tod des Erblassers erfolgen, wenn die Schenkung eine Überlebensbedingung iSd § 2301 enthält (BGH NJW 1987, 840; Grüneberg/Weidlich Rn. 8).

11 **2. Leistungsvollzug. a) Dingliche Erfüllung.** Vollzug erfordert, dass bereits der Schenker selbst das Vermögensopfer erbracht hat, nicht erst sein Erbe (Brox/Walker ErbR Rn. 744). Keine Probleme bereiten daher alle Fälle, in denen der geschenkte Gegenstand bereits zu Lebzeiten des Schenkers mit dinglicher Wirkung aus dessen Vermögen endgültig ausgeschieden und in das des Beschenkten übergegangen, also der **Leistungserfolg** beim Erbfall bereits eingetreten ist, zB Eigentumsumschreibung, Gutschrift auf Konto (BGH NJW 1994, 931), befristeter Forderungserlass (OLG Hamburg NJW 1961, 76; OLG Karlsruhe FamRZ 1989, 322), Einräumung der Mitverfügungsbefugnis bei einem Oder-Konto (BGH FamRZ 1985, 693; 1986, 982), Scheckeinlösung (BGH NJW 1978, 2027). Nach hM soll selbst ein **Vorbehalt des** freien und jederzeitigen **Widerrufs** keine abweichende Beurteilung rechtfertigen (BGH NJW-RR 1989, 1282; Harder, Zuwendungen unter Lebenden auf den Todesfall, 1968, 38; Hinz JuS 1965, 303; Ebenroth ErbR Rn. 522; Reimann/Bengel/Dietz/Reimann Rn. 42; Staudinger/Kanzleiter, 2019, Rn. 21; RGRK-BGB/Kregel Rn. 12; MüKoBGB/Musielak Rn. 22; vgl. auch BGH FamRZ 1985, 693 (695)). Diese Auffassung erscheint jedenfalls in solchen Fällen zu formalistisch, in denen der Schenker sich außer dem freien und jederzeitigen Widerrufsrecht noch den umfassenden Nießbrauch vorbehalten hat (ähnlich auch Erman/S. Kappler/T. Kappler Rn. 11; vgl. auch zum Pflichtteilsergänzungsrecht BGH NJW 1994, 1791). Wird wegen der Bedingungsfeindlichkeit der Auflassung (§ 925 Abs. 2) das Grundstückseigentum zwar bereits umgeschrieben, ist aber das schuldrechtliche Geschäft in der Weise auflösend bedingt, dass die Erben des Erwerbers für den Fall seines Vorversterbens den Grundbesitz an den Schenker zurück aufzulassen **(Rückfallklausel),** so liegt trotzdem eine vollzogene Schenkung vor (Reimann/Bengel/Dietz/Reimann Rn. 36).

12 **b) Ausstehende Erfüllung.** Ist der Leistungserfolg beim Erbfall noch nicht eingetreten, steht die dingliche Erfüllung zu dieser Zeit also noch aus, so muss bereits der Schenker zu seinen Lebzeiten alles getan haben, was von seiner Seite aus notwendig ist, damit die versprochene Leistung ohne sein weiteres Zutun in das Vermögen des Erwerbers übergehen kann (BGH NJW 1983, 1487; 1970, 638; OLG Karlsruhe NJW-RR 1989, 367 (368)). Nach aA muss die Vermögensminderung beim Schenker selbst vor dessen Tod eingetreten sein (Kipp/Coing ErbR § 81 III 1c; Brox/Walker ErbR Rn. 745). Eine dritte Meinung schließlich stellt für den Vollzug allein auf die Rechtsposition des Erwerbers ab und fordert mindestens die Einräumung eines dinglichen Anwartschaftsrechts (Olzen, Die vorweggenommene Erbfolge, 1984, 131 ff.; Boehmer FS RG, Bd. III, 1929, 299 ff.; Damrau JurA 1970, 719).

13 **aa) Anwartschaft.** Das Rechtsgeschäft ist unstreitig dann vollzogen, wenn der Erwerber vorher schon eine gesicherte unentziehbare Anwartschaft erworben hatte. Es reicht dazu aus, wenn der Schenker alle von seiner Seite aus erforderlichen Leistungshandlungen vorgenommen hat. Welche Leistungshandlungen dazu notwendig sind, richtet sich nach objektiven Kriterien, also nach der Art und Weise der Übertragung und der Beschaffenheit des Zuwendungsgegenstands (BGH NJW 1970, 942; MüKoBGB/Musielak Rn. 19), nicht jedoch nach der subjektiven Einschätzung des Schenkers (so aber die subjektive Theorie Wieacker FS Lehmann, 1956, 279;

Rötelmann NJW 1959, 661 (662); Hinz JuS 1965, 299 (303); vgl. dazu Reischl, Zur Schenkung von Todes wegen unter besonderer Berücksichtigung der legislativen Zielsetzung, 1996, 214 ff.). Dazu gehört beispielsweise bei **Grundbesitz** Auflassungserklärung und Eingang des Umschreibungsantrags des Beschenkten beim Grundbuchamt (BGH NJW 1966, 1019; 1968, 493 (494); aA Schlüter ErbR Rn. 1261: bindende Einigung ohne Antragstellung), mindestens aber die Eintragung einer Vormerkung zur Sicherung des Eigentumsverschaffungsanspruchs aus der erklärten Auflassung (Nieder BWNotZ 1996, 129 (131); DNotI-Report 1999, 99; Erman/S. Kappler/T. Kappler Rn. 10; MüKoBGB/Musielak Rn. 26; aA OLG Hamm NJW-RR 2000, 1389 (1390); Lange/Kuchinke ErbR § 33 II 1). Entspr. gilt bei Rechten an Grundstücken (zB Wohnrecht, Nießbrauch). S. zum Anwartschaftsrecht bei beweglichen Sachen § 929. Bei **Forderungen** ist aufschiebend bedingte Abtretung (BGH FamRZ 1985, 693 (696); NJW-RR 1986, 1133; 1989, 1282) oder aufschiebend bedingter Erlass (OLG Stuttgart NJW 1987, 782 (783); OLG Karlsruhe NJW-RR 1989, 367 (368)) als gesicherte Rechtsposition anzuerkennen (MüKoBGB/Musielak Rn. 27, 30). Eine derart gesicherte Rechtsposition ist auch dann gegeben, wenn die Schenkung durch das Überleben des Beschenkten **aufschiebend** – nicht auflösend – **bedingt** ist, sofern alle übrigen Voraussetzungen für den Rechtserwerb durch den Beschenkten gegeben sind, zB aufschiebend bedingte Kontoabtretung (BGH NJW 1983, 1487; FamRZ 1989, 959; OLG Frankfurt MDR 1966, 503), Kontoabtretung mit Bankvollmacht (OLG Hamburg NJW 1963, 449; KG WM 1969, 1047), nicht dagegen eine isolierte Bankvollmacht (BGH NJW 1983, 1487), Übertragung der Rechtsstellung des Versicherungsnehmers für den Todesfall (Mohr VersR 1966, 702), im Gesellschaftsvertrag eingeräumtes Übernahmerecht für den Todesfall (BGH WM 1971, 1338; NJW-RR 1986, 1133 (1134); 1989, 1282; MüKoBGB/Musielak Rn. 21). Unschädlich ist, dass der Überlebensbedingung noch weitere Bedingungen, zB keine Gerede (vgl. BayObLGZ 1954, 38), hinzugefügt sind. **Keine Anwartschaft** begründet dagegen die Erteilung einer Vollmacht an den Beschenkten, über ein Konto, Grundbesitz usw zu verfügen, und zwar auch dann nicht, wenn diese unwiderruflich und der Bevollmächtigte von den Beschränkungen des § 181 befreit ist (BGH NJW 1983, 1487; 1995, 953; krit. dazu MüKoBGB/Musielak Rn. 28). Nach höchstrichterlicher Rspr. wird die Schenkung einer Beteiligung an einer **Gesellschaft** ebenso wie die Begründung einer atypischen stillen Gesellschaft und die Einräumung einer atypischen Unterbeteiligung durch den Abschluss des Gesellschaftsvertrags vollzogen, sodass Formverstöße in aller Regel geheilt sind (BGH BeckRS 2012, 3442 mwN); offen gelassen hat der BGH jedoch, ob dies auch für typische Innengesellschaften (stille Gesellschaft, Unterbeteiligung) gilt.

**bb) Zugang von Willenserklärungen nach dem Tod des Schenkers.** Scheitert die rechtzeitige Entstehung eines Anwartschaftsrechts allein am fehlenden Zugang der erforderlichen Willenserklärungen des Schenkers beim Beschenkten, so ist der Erwerber auf Grund § 130 Abs. 2, § 153 noch nach dem Tod des Schenkers zur Annahme in der Lage, kann also den Rechtserwerb ungehindert durch Dritte vollziehen. Eine sinnorientierte Auslegung gebietet, trotz des Fehlens einer Anwartschaft zurzeit des Todes des Schenkers § 2301 Abs. 2 auf diese Fälle anzuwenden (MüKoBGB/Musielak Rn. 23; Harder, Zuwendungen unter Lebenden auf den Todesfall, 1968, 43 f.; Schreiber Jura 1995, 159 (161); Ebenroth ErbR Rn. 528; Brox/Walker ErbR Rn. 747 ff.; Reimann/Bengel/Dietz/Reimann Rn. 38; aA Staudinger/Kanzleiter, 2019, Rn. 23). Dies gilt jedoch dann nicht, wenn der Schenker den Zugang vor seinem Tod vorsätzlich verhindert hat, da es sich dann – anders als im Fall des überraschenden Todes – um einen klaren Umgehungsfall handeln würde (OLG Düsseldorf ZEV 1996, 423 (425); MüKoBGB/Musielak Rn. 23 mwN; Lange/Kuchinke ErbR § 33 III 1c; aA Staudinger/Kanzleiter, 2019, Rn. 23). Unerheblich ist, ob der Schenker sich bei der Abgabe der Willenserklärung eines Erklärungsboten oder eines unwiderruflich Bevollmächtigten bedient hat, es sei denn, die Erben des Schenkers verhindern den Zugang rechtzeitig vorher durch Widerruf (MüKoBGB/Musielak Rn. 24; aA Staudinger/Kanzleiter, 2019, Rn. 38). 14

**cc) Einschaltung anderer bei Erfüllungshandlungen.** Stirbt der Schenker, bevor sein Bote oder Bevollmächtigter den ihm noch vom Verstorbenen unwiderruflich (BGH NJW 1975, 382 (383 f.)) erteilten Auftrag zur Aushändigung von Geld, Wertpapieren oder beweglichen Sachen oder zu sonstigen Erfüllungshandlungen ausgeführt hat (zB Treuhandauftrag an Bank (BGH WM 1976, 1130), Überweisungsauftrag an Bank) (BGH NJW 1975, 382 mAnm Bökelmann JR 1975, 243; DNotZ 1976, 555), so liegt bereits in der unwiderruflichen Beauftragung der Schenkungsvollzug iSd § 2301 Abs. 2 (MüKoBGB/Musielak Rn. 24). Auch die erfüllungshalber erfolgte Aushändigung eines Schecks an den Beschenkten selbst führt noch nach dem Tod des Schenkers den Vollzug herbei, wenn die Bank ihn einlöst; die Erben können dies jedoch verhindern (BGH 15

NJW 1978, 2027; 1975, 1881; 1975, 382; krit. Bökelmann JR 1978, 445). Zur Einschaltung Dritter bei der Abgabe bzw. Überbringung von Willenserklärungen → Rn. 14.

## IV. Vertrag zugunsten Dritter auf den Todesfall

16 **1. Unanwendbarkeit des § 2301.** Schenkungen auf den Todesfall sind auch als echte Verträge zugunsten Dritter (§§ 328, 331) möglich (vgl. BGH NJW 1976, 749; 1975, 1361 betr. Lebensversicherung; NJW 1965, 1913 betr. Sparvertrag). Der Schenker (Versprechensempfänger) vereinbart mit dem Versprechenden (zB Lebensversicherung, Bank), dass mit seinem Tod der Beschenkte (Dritte) schenkweise das Recht erwirbt, unmittelbar vom Versprechenden eine bestimmte Leistung (zB Versicherungssumme, Guthaben, Wertpapiere) zu fordern. Damit erwirbt der Dritte die Leistung nicht aus dem Nachlass, sondern unmittelbar von dem Versprechenden kraft des von diesem mit dem Schenker vereinbarten Rechtsverhältnisses (Deckungsverhältnis). Dies gilt auch dann, wenn es sich im Verhältnis des Schenkers zum Dritten (Valutaverhältnis) um eine Schenkung auf den Todesfall handelt. In stRspr lehnt es der BGH ab, auf diese Verträge die erbrechtlichen Bestimmungen über § 2301 anzuwenden, und zwar auch, wenn es sich bei dem Rechtsverhältnis zwischen Schenker und Drittem (Valutaverhältnis) um eine Schenkung handelt (BGH NJW 1964, 1124; 1993, 2171; vgl. auch RGZ 128, 187) und – ihm folgend – die hM in der Lit. (Staudinger/Kanzleiter, 2019, Rn. 43; Schlüter ErbR Rn. 1264; Lange/Kuchinke ErbR § 33 II 2a; RGRK-BGB/Kregel Rn. 17 f.; vgl. Darstellung der Meinungen bei MüKoBGB/Musielak Rn. 34 f.). § 331 regelt zumindest ausdrücklich nur, in welchem Zeitpunkt der Dritte das Forderungsrecht erwirbt. Darüber hinaus wird man dieser Vorschrift in Verbindung mit § 330 mit der hM entnehmen müssen, dass derartige Verträge nicht den strengen Formvorschriften des Erbrechts unterworfen werden sollten (Harder FamRZ 1976, 418 Fn. 6; Löwisch, Das Schuldverhältnis, 1975, 160). Es handelt sich nach dieser Ansicht folglich um eine zulässige Gestaltungsalternative zu Verfügungen von Todes wegen (Reimann/Bengel/Dietz/Reimann Rn. 57; Grüneberg/Weidlich Rn. 17).

17 **2. Deckungsverhältnis.** Das Deckungsverhältnis, also die Rechtsbeziehung zwischen Schenker und Versprechendem (zB Bank), entscheidet damit über die beim Abschluss eines derartigen echten Vertrags zugunsten Dritter einzuhaltende Form, und zwar auch dann, wenn im Valutaverhältnis Rechtsgrund eine Schenkung ist (BGH DNotZ 1976, 555). Zur Formbedürftigkeit der Vereinbarungen im Deckungsverhältnis s. § 331.

18 **3. Valutaverhältnis.** Bei dem Valutaverhältnis, also den Rechtsbeziehungen zwischen Schenker und Beschenktem (Dritter) handelt es sich bei den hier interessierenden Verträgen um Schenkungen. Der Rechtserwerb des Dritten muss durch einen Rechtsgrund gerechtfertigt sein, wenn er die Leistung von dem Versprechenden fordern bzw. die erbrachte Leistung behalten will (BGH NJW 1975, 383 mwN; NJW 1993, 2172). Fehlt es an einem Rechtsgrund, so kann der Dritte die Leistung nicht fordern bzw. muss sie nach §§ 812 ff. an die Erben herausgeben. Auch wenn nach hM die für Verfügungen von Todes wegen geltenden **Formvorschriften** mangels Anwendbarkeit des § 2301 Abs. 1 für Schenkungen nicht gelten, so greift doch das Formgebot des § 518 Abs. 1 ein, verbunden mit der Möglichkeit der Heilung durch Leistungsvollzug gem. § 518 Abs. 2. Als Schenkungsgegenstand wird dabei aber nicht die Leistung an sich, sondern der unmittelbare Anspruch gegen den Versprechenden (zB Bank) angesehen (BGH NJW 1975, 383; 1976, 749). Die Schenkung wird folglich mit dem Tod des Schenkers durch Erwerb des unmittelbaren Forderungsrechts gegenüber dem Versprechenden (§ 331 Abs. 1) vollzogen, sodass in diesem Zeitpunkt auch die in § 518 Abs. 2 vorgesehene Heilung eines formnichtigen Schenkungsversprechens (§§ 518 Abs. 1, 125) eintritt (vgl. Reimann/Bengel/Dietz/Reimann Rn. 60; MüKoBGB/Musielak Rn. 30).

19 Das dem Beschenkten (Dritten) zugegangene, formwidrige, aber mit dem Tod des Schenkers gem. § 518 Abs. 2 wirksam gewordene Angebot zum Vertragsabschluss kann danach von den Erben nicht mehr **widerrufen** werden (OLG Düsseldorf NJW-RR 1996, 1329). Solange dieses Angebot dem Dritten noch nicht zugegangen ist, können es die Erben noch widerrufen und damit verhindern, dass ein wirksamer Rechtsgrund im Valutaverhältnis entsteht (BGH NJW 1975, 383 f.; 1984, 480 (481)). Ist der Widerruf wirksam, hat der Beschenkte keinen Anspruch mehr auf die Leistung bzw. muss die erfolgte Bereicherung gem. §§ 812 ff. herausgeben. Der Schenker kann das Widerrufsrecht der Erben nicht wirksam ausschließen (BGH WM 1976, 1130 (1132)). Zur analogen Anwendung der §§ 2078, 2079 auf die **Anfechtung** von Schenkungsverträgen zugunsten Dritter auf den Todesfall → § 2078 Rn. 3.

20 Die durch wechselbezügliche oder vertragsmäßige Verfügungen in einem gemeinschaftlichen Testament bzw. Erbvertrag eingetretene **erbrechtliche Bindung** des Schenkers bzw. Erblassers

(§§ 2271, 2289) steht nach der Rspr. des BGH einem derartigen Schenkungsvertrag auf den Todesfall zugunsten eines Dritten nicht entgegen (BGH NJW 1976, 749). Der BGH zieht damit aus der rechtlichen Einordnung derartiger Verträge als lebzeitige Rechtsgeschäfte die logische Konsequenz und verweist den benachteiligten Schluss- bzw. Vertragserben auf den Bereicherungsanspruch gem. § 2287. Aus dem gleichen Grund lehnt der BGH auch die Anwendung der Auslegungsregel des § 2069 im Rahmen solcher Rechtsgeschäfte ab, sodass bei **Wegfall** eines beschenkten **Abkömmlings** nicht ohne ausdrückliche Regelung dessen Abkömmlinge an dessen Stelle treten (BGH NJW 1993, 2172).

## § 2302 Unbeschränkbare Testierfreiheit

**Ein Vertrag, durch den sich jemand verpflichtet, eine Verfügung von Todes wegen zu errichten oder nicht zu errichten, aufzuheben oder nicht aufzuheben, ist nichtig.**

### Überblick

Die Norm verbietet jedwede Beschränkung der Testierfreiheit, ausgenommen die erbrechtlichen Bindungen nach Testaments- und Erbvertragsrecht (→ Rn. 1 ff.). Diese Garantie umfasst jedoch auch das Recht zum Widerruf, zur Aufhebung oder zum Rücktritt beim gemeinschaftlichen Testament oder Erbvertrag. Verboten sind nicht nur unmittelbare, sondern auch mittelbare Einwirkungen auf die Testierfreiheit (→ Rn. 1). Rechtsgeschäfte oder erbrechtliche Verfügungen, die gegen § 2302 verstoßen, sind nichtig, und zwar auch auf das nichtige Geschäft bezogene Vertragsstrafeversprechen (→ Rn. 3 f.).

### I. Verbotsumfang

**1. Verträge.** Die Testierfreiheit kann nur durch gemeinschaftliches Testament (§ 2271 Abs. 1, 2) oder Erbvertrag (§ 2289 Abs. 1 S. 2) eingeschränkt werden. Verträge, gleich welcher Art oder Rechtsnatur, sind dazu gem. § 2302 nicht geeignet. Diese Bestimmung garantiert dem Erblasser uneingeschränkte Freiheit zu entscheiden, ob und mit welchem Inhalt letztwillige Verfügungen gelten sollen. Diese Garantie umfasst auch das Recht zur Aufhebung (§§ 2290–2292) oder zum Rücktritt (§§ 2294, 2295), sodass auf diese ebenfalls nicht wirksam verzichtet werden kann (BGH NJW 1959, 625). Wegen des Verzichts auf das Anfechtungsrechts in einem gemeinschaftlichen Testament oder in einem Erbvertrag für den Fall der Wiederverheiratung → § 2281 Rn. 6. Diesem Verbot unterfallen nicht nur solche Verträge, die unmittelbar das Recht, bestimmte Verfügungen zu treffen, zu unterlassen oder aufzuheben, sondern auch solche, die etwa durch ein Vertragsstrafeversprechen (§ 344) geeignet sind, mittelbar die gleiche Wirkung herbeizuführen (Grüneberg/Weidlich Rn. 1). Ungeachtet dessen ist es jedoch zulässig, in einem anderen Rechtsgeschäft (zB Erbverzichtsvertrag) die Errichtung oder das Unterlassen einer bestimmten letztwilligen Verfügung zur Bedingung oder zur Geschäftsgrundlage zu machen (BGH NJW 1977, 950; OLG München BeckRS 2021, 1284 (Schenkung mit Weitergabeverpflichtung)). § 2302 gilt auch für einen Prozessvergleich (OLG Frankfurt Rpfleger 1980, 117). Auch die Zusammenfassung eines Erbvertrags mit einem anderen Rechtsgeschäft schränkt die Testierfreiheit des Erblassers nicht stärker, als in § 2289 Abs. 1 S. 2 vorgesehen, ein (BGHZ 29, 133 = NJW 1959, 625). Nicht unter § 2302 fällt ein Vertrag, in dem sich ein eingesetzter Erbe oder Vermächtnisnehmer verpflichtet, die Zuwendung auszuschlagen (MüKoBGB/Musielak Rn. 4 mwN). 1

**2. Erbrechtliche Verfügungen.** § 2302 ist auf erbrechtliche Verfügungen des Erblassers, die die Testierfreiheit anderer durch Auflagen einschränken, analog anzuwenden (Grüneberg/Weidlich Rn. 3). Der Erblasser kann einen anderen folglich in einer Verfügung von Todes wegen nicht mit einer Auflage beschweren, eine Verfügung mit einem bestimmten Inhalt zu errichten, zu unterlassen, aufzuheben oder nicht aufzuheben (BayObLGZ 1958, 225 (230); OLG Hamm NJW 1974, 60; MüKoBGB/Musielak Rn. 3 mwN). Davon ist jedoch die – zulässige – kaptatorische Verfügung zu unterscheiden, bei der eine Zuwendung an die Bedingung geknüpft ist, dass der Erbe usw den Erblasser oder einen Dritten in einer eigenen Verfügung von Todes wegen bedenkt (BGH WM 1971, 1510; NJW 1977, 950; MüKoBGB/Musielak Rn. 3; aA Kipp/Coing ErbR § 18 V). Eine solche Bedingung schränkt lediglich die Zuwendung ein, verstößt aber nicht gegen § 2302, möglicherweise jedoch gegen § 138. 2

## II. Rechtsfolgen

3 **1. Nichtigkeit.** Rechtsgeschäfte oder erbrechtliche Verfügungen, die gegen § 2302 verstoßen, sind nichtig. Die Nichtigkeit erfasst dabei auch ein auf das nichtige Geschäft bezogenes Vertragsstrafeversprechen (BGH NJW 1970, 950). Aus einem derartigen Rechtsgeschäft können sich bei Nichteinhaltung keine Schadensersatzansprüche ergeben (BGH NJW 1967, 1126; 1977, 950).

4 **2. Umdeutung.** Ein gem. § 2302 nichtiges Rechtsgeschäft kann unter den Voraussetzungen des § 140 in ein anderes Rechtsgeschäft umgedeutet werden: Die Zusage, Dienstleistungen durch eine erbrechtliche Zuwendung zu vergüten, kann als Versprechen einer Vergütung gem. § 612 Abs. 2 aufgefasst werden (vgl. BGH FamRZ 1965, 317 (319); BFH ZEV 1995, 117 mAnm Albrecht; aA Battes AcP 178 (1978), 364 (367 f.); Medicus BürgerlR Rn. 692; Canaris BB 1967, 165). Die in einem Ehegattenerbvertrag enthaltene Pflicht des überlebenden Teils, das Vermögen auf die Kinder zu übertragen, kann in eine Erbeinsetzung der Kinder durch den Überlebenden umgedeutet werden (OLG Hamm JMBl. NRW 1960, 125). Ist der Erbe mit einer Auflage beschwert, den Nachlass letztwillig bestimmten Dritten (zB Kindern) zuzuwenden, so kann dies als Anordnung einer Vor- und Nacherbschaft aufrechterhalten werden (OLG Hamm NJW 1974, 60). Die in einem Ehevertrag zum Zwecke der Regelung der Scheidungsfolgen enthaltene Pflicht, durch Testamentserrichtung sicherzustellen, dass eine Immobilie auf einen bestimmten Dritten übergeht, kann in einen Erbvertrag umgedeutet werden (OLG Hamm NJW-FER 1997, 109). Die in einem Prozessvergleich übernommene Pflicht, ein Testament nicht zu ändern, kann in Ansehung darin enthaltener Erbeinsetzungen, Vermächtnisse oder Auflagen als erbvertragsmäßige Verfügung wirksam sein (OLG Stuttgart NJW 1989, 2700 (2701)).

# Abschnitt 5. Pflichtteil

## § 2303 Pflichtteilsberechtigte; Höhe des Pflichtteils

**(1) [1]Ist ein Abkömmling des Erblassers durch Verfügung von Todes wegen von der Erbfolge ausgeschlossen, so kann er von dem Erben den Pflichtteil verlangen. [2]Der Pflichtteil besteht in der Hälfte des Wertes des gesetzlichen Erbteils.**

**(2) [1]Das gleiche Recht steht den Eltern und dem Ehegatten des Erblassers zu, wenn sie durch Verfügung von Todes wegen von der Erbfolge ausgeschlossen sind. [2]Die Vorschrift des § 1371 bleibt unberührt.**

**Schrifttum (nur neuere Monografien):** Dutta, Warum Erbrecht?, 2014; Henrich, Testierfreiheit vs. Pflichtteilsrecht, 2000; Röthel (Hrsg.), Reformfragen des Pflichtteilsrechts, 2007; Schindler, Pflichtteilsberechtigter Erbe und pflichtteilsberechtigter Beschenkter, 2004.

### Überblick

§ 2303 ist die **Grundnorm** des Pflichtteilsrechts, das sich in den letzten Jahren in der verfassungsrechtlichen Prüfung befand (→ Rn. 5 ff.) und durch die Erbrechtsreform 2010 eine moderate Erneuerung (→ Rn. 8 ff.) erfuhr. Voraussetzung für den Pflichtteilsanspruch einer (abstrakt) **pflichtteilsberechtigten Person** (→ Rn. 12 ff.) ist der **Ausschluss** von der Erbfolge durch Verfügung von Todes wegen des Erblassers (→ Rn. 32 ff.). § 2303 Abs. 1 legt die Höhe der **Pflichtteilsquote** auf die Hälfte des Wertes des gesetzlichen Erbteils (→ Rn. 34) fest, wobei **güterstandsabhängige Besonderheiten** zu berücksichtigen sind (→ Rn. 36 ff.). Für den Bestand und den Wert des Nachlasses, welcher der Pflichtteilsberechnung zu Grunde zu legen ist, enthalten die §§ 2311–2313 Sonderbestimmungen.

### Übersicht



### I. Einführung

1 **1. Normzweck.** Das gesetzliche Pflichtteilsrecht soll den nächsten Angehörigen des Erblassers einen **Mindestwert** am Nachlass sichern, den der Erblasser grds. einseitig nicht entziehen kann, wenn nicht ausnahmsweise einer der eng gefassten Pflichtteilsentziehungsgründe des § 2333 eingreift. Diese grds. unentziehbare und bedarfsunabhängige wirtschaftliche Mindestbeteiligung geschieht aber nur durch einen **Geldanspruch,** nicht durch ein echtes Noterbrecht (zu den Lösungsansätzen anderer Länder s. die Länderübersichten in Schlitt/Müller PflichtteilsR-HdB § 15 m. Vorbem. Emmerling de Oliveira; Süß in MSTB PflichtteilsR-HdB § 19 Rn. 1 ff.). Dabei gewährt das BGB dem Pflichtteilsberechtigten einen **Gesamtpflichtteil.** Dieser setzt sich zusammen aus dem sog **ordentlichen Pflichtteil,** der sich nach dem realen Nachlass berechnet, und dem **Pflichtteilsergänzungsanspruch.** Letzterer bestimmt sich nach den §§ 2325 ff. aus dem fiktiven Nachlass, der sich aus der Hinzurechnung der ergänzungspflichtigen Schenkungen zum realen Nachlass ergibt, ist ein gegenüber dem ordentlichen Pflichtteil selbstständiger Anspruch und nicht nur ein reiner Rechnungsposten (vgl. etwa BGHZ 103, 333 (337) = NJW 1988, 1667; BGHZ 132, 240 (244) = NJW 1996, 1743; BGHZ 146, 114 (119) = NJW 2001, 828; Schindler,

Pflichtteilsberechtigter Erbe und pflichtteilsberechtigter Beschenkter, Rn. 137 ff.). Das Pflichtteilsrecht gewährt dem enterbten oder unzureichend bedachten **Pflichtteilsberechtigten** nicht nur einen **Pflichtteilsanspruch** (§§ 2303, 2305, 2316 Abs. 2, §§ 2325, 2329), sondern eröffnet dem pflichtteilsberechtigten **Erben** auch **Abwehrrechte** gegen Pflichtteilsansprüche anderer Pflichtteilsberechtigter, etwa gem. § 2319 nach der Teilung des Nachlasses oder gem. § 2328 gegenüber Pflichtteilsergänzungsansprüchen anderer.

2 **2. Systematik, Rechtfertigung des Pflichtteilsrechts.** Die **gesetzlichen Bestimmungen** des Pflichtteilsrechts lassen sich wie folgt systematisieren (vgl. jurisPK-BGB/Birkenheier Rn. 18):

- Pflichtteilsberechtigte, Arten des ordentlichen Pflichtteils: §§ 2303–2309
- Pflichtteilsrechtliches Bewertungsrecht: §§ 2310–2313
- Auskunfts- und Wertermittlungsanspruch: § 2314
- Anrechnung auf den Pflichtteil und Ausgleichung: §§ 2315, 2316
- Entstehen und Übertragbarkeit des Pflichtteilsanspruchs: § 2317
- Pflichtteilslast: §§ 2318–2324
- Pflichtteilsergänzungsanspruch: §§ 2325–2331
- Stundung, Verjährung: §§ 2331a, 2332
- Pflichtteilsentziehung, Pflichtteilsbeschränkung: §§ 2333–2338.

3 Das Pflichtteilsrecht begrenzt als Ausfluss des Familienerbrechts die **Testierfreiheit** und bedarf daher einer besonderen Rechtfertigung. Zugleich besitzt es eine **Erbersatzfunktion** für die durch Verfügung von Todes wegen übergangenen nächsten Angehörigen. Als **Gründe** für das Pflichtteilsrecht werden im Wesentlichen genannt (vgl. dazu ausf. Muscheler ErbR I Rn. 422 ff.; s. auch MüKoBGB/Lange Rn. 8 ff.; Lange AcP 204 (2004), 804 (807 ff.); krit. Dauner-Lieb FF 2000, 110 (116, 118 f.); aus verfassungsrechtlicher Sicht Leisner NJW 2001, 126 (127); Henrich, Testierfreiheit versus Pflichtteilsrecht, 2000, 5, 20 ff.):

- Existenzsicherung naher Angehöriger **(Versorgungs-, Ausstattungs-** oder **Alimentationscharakter).** Dieser Gesichtspunkt spielte bei Inkrafttreten des BGB noch eine größere Rolle, ist aber angesichts eines seither erfolgten tiefgreifenden gesellschaftlichen und familiären Wandels mit funktionierender staatlicher Absicherung und der besonderen Bedeutung, die einer guten Ausbildung heute zukommt, zunehmend umstritten (Strätz FamRZ 1998, 1553 (1566); Schlüter FG BGH, 2000, 1049; Otte ZEV 1994, 193 (194); Gerken Rpfleger 1989, 45 (47); anders aber Otte AcP 202 (2002), 317 (348 ff.); zur gewandelten Bedeutung des Erbrechts besonders Leipold AcP 180 (1980), 160 (186 ff.)).
- Streuungseffekt durch gleichmäßige **Verteilung des Vermögens** zwischen den nächsten Angehörigen und Verhinderung einer zu großen Konzentration bei Einzelnen. Dieser Gedanke findet sich bereits bei den Beratungen zum BGB und zwar in einer sonderbaren Gemengelage von sozialisierenden Überlegungen des Redaktors Schmitt (Schmitt, Begründung des Entwurfs eines Rechts der Erbfolge für das deutsche Reich, 1879, 57), geprägt auch von den Gefahren fideikommissartiger Strukturen, und daneben vorgetragenen familienpatriarchalischen und deutschvölkischen Überlegungen (zur Entstehungsgeschichte auch Mertens, Die Entstehungsgeschichte der Vorschriften über die gesetzliche Erbfolge und das Pflichtteilsrecht, 1970, 81; Coing 49. DJT, 1972, A 45 ff.; ausf. Kleensang DNotZ 2005, 509; zum Gedanken einer Streuung des Vermögens aus heutiger Sicht Otte ZEV 1994, 193 (196); Schiemann ZEV 1995, 195 (199)).
- **Freiheitsbegrenzung,** da bei der Testierfreiheit – anders als bei seinem sonstigen Handeln – den Erblasser zu Lebzeiten keine Verantwortung für sein freiheitliches Handeln trifft (Otte ZEV 1994, 193 (197)).
- **Sicherung der Teilhabe am Familienvermögen** und **Familiengebundenheit** des Vermögens. Dieser Gedanke kann auf verschiedensten Überlegungen beruhen (vgl. MüKoBGB/Lange Rn. 10). In Betracht kommt, dass der Pflichtteilsberechtigte selbst einen Beitrag zur Schaffung des Vermögens des Erblassers leistete **(Äquivalenzgedanke)** oder die Begründung aus dem Solidaritätsgedanken oder dem einer Verantwortungsgemeinschaft (Papantoniou AcP 173 (1973), 385 (396 f.); Coing, 49. DJT, 1972, A 22 f.), oder mit der mehr rechtsethischen Überlegung, dass der Erblasser einen Teil desjenigen an die nächste Generation weitergeben müsse, was er seinerseits von der vorangehenden erhalten hat (Otte ZEV 1994, 193 (197)). Der derzeit wohl überzeugendste Ansatz wird in der **engen familienrechtlichen Beziehung der Beteiligten** gesehen (Haas ZEV 2000, 249 (251); MüKoBGB/Lange Rn. 11 mwN; vgl. dazu auch Dutta, Warum Erbrecht?, 2014, 395 ff.).

4 Heute nicht mehr vertreten wird die Auffassung, dass das Pflichtteilsrecht auf einer **„Selbstbindung des Erblassers** durch Heirat und **Kinderzeugung“** beruhe. Dies war bei der Schaffung des BGB für den Redaktor des Erbrechts, v. Schmitt, neben der langen zeitlichen Verankerung

des Pflichtteils in der deutschen Rechtstradition der maßgebliche Grund für dessen Beibehaltung (Kleensang DNotZ 2005, 509 (510 f.)).

**3. Verfassungsfragen.** Das Spannungsfeld zwischen dem Prinzip der Testierfreiheit einerseits und dem Verwandtenerbrecht andererseits ist auch **verfassungsrechtlich** bedeutsam. Nach ganz hM genießt das Pflichtteilsrecht über Art. 14 GG iVm Art. 6 GG **verfassungsrechtlichen Bestandsschutz** (BGHZ 98, 226 (233) = NJW 1987, 122 (123); BGHZ 109, 306 (313) = NJW 1990, 911 zur Pflichtteilsentziehung; OLG Frankfurt 10.10.1997 – 10 U 11/97 (hierzu Verfassungsbeschwerde nicht angenommen); Dürig/Herzog/Scholz/Papier/Shirvani, Stand Juli 2021, GG Art. 14 Rn. 404 ff.; MüKoBGB/Lange Rn. 3 f. mwN; MüKoBGB/Leipold Einl. ErbR Rn. 40 ff.; Lange/Kuchinke ErbR § 2 IV 2c; Lange/Kuchinke ErbR § 37 III 4; Otte AcP 202 (2002), 317 (318 ff.); Schlüter FG BGH, 2000, 1047 (1064 f.) trotz umfassender Detailkritik; v. Lübtow ErbR I 21; Haas ZEV 2000, 249; aA Petri ZRP 1993, 205 (206): Pflichtteilsrecht ist verfassungswidrig; ebenso Kaulbach, Gestaltungsfreiheit im Erbrecht, 2012, 156 ff., 260). Nachdem das **BVerfG** zunächst in mehreren Entscheidungen die verfassungsrechtliche Gewährleistung des Pflichtteilsrechts noch nicht abschließend bestimmt hatte (BVerfGE 99, 341 (350 f.) = ZEV 1999, 147: Mehrfachbehinderung und Testiermöglichkeit; BVerfGE 91, 346 (359) = NJW 1995, 2977 zum Zuweisungsverfahren nach dem GrdstVG; BVerfGE 78, 132 (154) zu § 23 SHAGBGB; BVerfGE 67, 329 (342) zu den Abfindungsansprüchen nach §§ 12, 13 HöfeO; BVerfGE 58, 377 (398); 25, 167 (174) zum Erbrecht nichtehelicher Kinder), hat es 2005 in einem sehr ausführlich begründeten Beschluss, der weit über die Anlassfälle hinausging, umfassend zur **Verfassungsmäßigkeit des Pflichtteilsrechts** Stellung genommen (BVerfGE 112, 332 = NJW 2005, 1561 = FamRZ 2005, 872; eingehend Kleensang ZEV 2005, 277; Lange ZErb 2005, 205; Stüber NJW 2005, 2122; J. Mayer FamRZ 2005, 1441; Otte JZ 2005, 1007). Danach wird das geltende Pflichtteilsrecht der Kinder durch die Erbrechtsgarantie des Art. 14 Abs. 1 S. 1 GG iVm Art. 6 Abs. 1 GG **gewährleistet.** Auch die Normen über das Pflichtteilsrecht der Kinder des Erblassers (§ 2303 Abs. 1), über die Pflichtteilsentziehungsgründe des § 2333 Nr. 1 und 2 aF und über den Pflichtteilsunwürdigkeitsgrund des § 2345 Abs. 2, § 2339 Abs. 1 Nr. 1 sind mit dem Grundgesetz vereinbar (eingehender → § 2333 Rn. 3 ff.). Der Beschluss bleibt aber trotz seines Umfangs hinsichtlich vieler Details seltsam konturlos und wurde in den meisten Stellungnahmen eher zurückhaltend aufgenommen (Kleensang ZEV 2005, 277; Lange ZErb 2005, 205; Stüber NJW 2005, 2122; J. Mayer FamRZ 2005, 1441; anders aber Otte JZ 2005, 1007; Gaier (Richter des BVerfG) ZEV 2006, 2 (5 ff.); Gaier in Röthel, Reformfragen des Pflichtteilsrechts, 2007, 161). 5

Das BVerfG begründet seine Entscheidung dabei im Wesentlichen mit zwei Gesichtspunkten: **(1)** Zum einen stützt es sich auf eine **historische,** teilweise auch rechtsvergleichende **Auslegung:** Art. 14 Abs. 1 S. 1 GG gewährleiste nicht nur das Recht des Erblassers, zu vererben, sondern auch das diesem entsprechende Recht des Erben, kraft Erbfolge zu erwerben. Verfassungsrechtlich geschützt seien dabei die „tradierten Kernelemente des deutschen Erbrechts". Hierzu gehöre aber auch das Recht der Kinder des Erblassers auf eine dem Grundsatz nach **unentziehbare und bedarfsunabhängige Teilhabe am Nachlass** (BVerfG NJW 2005, 1561 Rn. 65 ff.; idS bereits Otte AcP 202 (2002), 137 (319 f.), wonach das deutsche Erbrecht immer von der Familiengebundenheit der Erbfolge geprägt gewesen sei und dieses Verständnis dann über die Weimarer Verfassung inzident Eingang in Art. 14 Abs. 1 S. 2 GG gefunden hätte). Die dazu weit ausholende Begründung des Bundesverfassungsgerichts **überzeugt nicht.** Sie vernachlässigt zum einen die beschränkte methodische Erheblichkeit der historischen Interpretation (allg. Larenz Methodenlehre 332) und blendet hinsichtlich ihres rechtsvergleichenden Teils zB die angelsächsischen Länder völlig aus, die insoweit einen ganz anderen Weg für die Absicherung von Ehegatten und bedürftigen Abkömmlingen gehen (allg. Süß in MSTB PflichtteilsR-HdB § 18 Rn. 3) und deutlich machen, dass der internationale Trend stärker in Richtung **Verengung** des Kreises der Pflichtteilsberechtigten geht (Lange ZErb 2005, 205 (206); Schlüter FG 50 Jahre BGH, 2000, 1047 (1066)). Zum anderen zeigt gerade die ausführliche Diskussion, die anlässlich der Schaffung des Erbrechts des BGB hinsichtlich des Pflichtteilsrechts geführt wurde, dass das Pflichtteilsrecht keineswegs in der deutschen Rechtstradition so unumstritten war, wie das BVerfG anführt. Vielmehr hat Gesetzgeber des BGB ausdrücklich die Frage des Verhältnisses von Testierfreiheit und Familienerbrecht offen gelassen (Kleensang DNotZ 2005, 509; vgl. bereits Mertens, Die Entstehungsgeschichte der Vorschriften über die gesetzliche Erbfolge und das Pflichtteilsrecht, 1970, 2–23). Auch ergeben sich keine Anhaltspunkte aus der Entstehungsgeschichte des **Grundgesetzes,** dass bei dessen Schaffung tatsächlich an die traditionelle Ausgestaltung des deutschen Erbrechts mit der grundsätzlichen Anerkennung des Pflichtteilsrechts angeknüpft werden sollte (Stüber NJW 2005, 2121 (2122)). Entscheidend ist aber, dass ein solches „historisches Vorverständnis", auch wenn man es überhaupt 6 unterstellen kann, nicht zu einer Versteinerung des BGB-Erbrechts führen darf. Denn die Wertungen des historischen Gesetzgebers können nur dann für die verfassungsrechtliche Rechtfertigung des Pflichtteilsrechts herangezogen werden, wenn diese den heutigen verfassungsrechtlichen Vorstellungen noch entsprechen (Kleensang ZEV 2005, 277 (279); J. Mayer FamRZ 2005, 1441 (1443)).

7 **(2)** Zum anderen begründet das BVerfG seine Entscheidung damit, dass die durch das Pflichtteilsrecht vermittelte Nachlassteilhabe der Kinder Ausdruck einer persönlichen, ideellen und wirtschaftlichen **Familiensolidarität** sei. Diese bestehe in grds. unauflösbarer Weise zwischen dem Erblasser und seinen Kindern und sei durch Art. 6 Abs. 1 GG als lebenslange Gemeinschaft geschützt, in der Eltern wie Kinder nicht nur berechtigt, sondern auch verpflichtet seien, füreinander sowohl materiell wie auch persönlich Verantwortung zu übernehmen. Dabei knüpfe das Pflichtteilsrecht, wie das Unterhaltsrecht, an die **familienrechtlichen Beziehungen** an und übertrage diese regelmäßig durch Abstammung begründete und zumeist durch familiäres Zusammenleben untermauerte Solidarität zwischen den Generationen in den Bereich des Erbrechts. Davon ausgehend habe das Pflichtteilsrecht „die Funktion, die Fortsetzung des ideellen und wirtschaftlichen Zusammenhangs von Vermögen und Familie – unabhängig vom konkreten Bedarf des Kindes – über den Tod des Vermögensinhabers hinaus zu ermöglichen" (BVerfG NJW 2005, 1561 Rn. 73; ähnlich bereits Martiny 64. DJT, 2002, I A 69 f.; v. Lübtow ErbR I 556; Otte 59. DJT, 1992, M 224; Schöpflin FamRZ 2005, 2025 (2026)). Das hier anklingende Argument der **Erhaltung des Familienvermögens** durch das Pflichtteilsrecht überzeugt nur bedingt, denn genauso nahe liegt die Annahme, dass das Pflichtteilsrecht „familienzerstörende" Funktion hat (Kleensang ZEV 2005, 277 (281); J. Mayer FamRZ 2005, 1441 (1443); Dauner-Lieb DNotZ 2001, 460 (465); Röthel ZEV 2006, 8 (11)), und zwar nicht nur wegen der damit verbundenen Liquiditätsbelastung beim Pflichtteilsschuldner, sondern vor allem, weil der Pflichtteilsberechtigte seinerseits ohne jede Bindung an seine Familienangehörigen den Pflichtteil „verprassen" kann (anschaulich Scheuren-Brandes FS Otte, 2005, 563 ff.). Daher verwundert es nicht, dass versucht wird, den Stellenwert dieses Arguments zu relativieren (Gaier ZEV 2006, 2 (6) Fn. 66: „kein zentrales Argument der Entscheidung"). Was bleibt, ist der Gedanke der **Familiensolidarität** und einer in den familiären Beziehungen wurzelnden **Verantwortungsgemeinschaft** (Schöpflin FamRZ 2005, 2025 (2026); Papantoniou AcP 173 (1973), 385 (396); Coing 49. DJT, 1972, A 22 f.; Röthel ZEV 2006, 8 (11); Lipp NJW 2002, 2201 (2206); Otte AcP 202 (2002), 317 (351 ff.); vgl. auch Lange AcP 204 (2004), 804 (811)). Soweit das Pflichtteilsrecht hieran anknüpft, handelt es sich aber zum einen um eine Typisierung, denn in vielen Fällen ist eine gelebte Familiensolidarität nicht mehr anzutreffen (s. etwa Henrich, Testierfreiheit versus Pflichtteilsrecht, 2000, 14), sodass letztlich auf einen „formalen Solidaritätsbegriff" abgestellt wird (vgl. Lange ZErb 2005, 205 (207): „generalisierender Solidaritätsgedanke"). Mit dem zunehmenden Verfall der traditionellen Kleinfamilie verliert diese Typisierung ihre Rechtfertigung.

8 **4. Gesetzesreform.** Die Entscheidung des BVerfG ist auch insoweit problematisch, als sie dem Gesetzgeber für **künftige Reformvorhaben** wenig Spielraum einräumt (Diwell in Röthel, Reformfragen des Pflichtteilsrechts, 2007, 185) und inhaltlich nicht dazu angetan ist, den festzustellenden „Akzeptanzverlust" des Pflichtteilsrechts (Dauner-Lieb DNotZ 2001, 460; im Ansatz zust. Röthel ZEV 2006, 8 (12); aA Schöpflin FamRZ 2005, 2025 (2026)) zu überwinden. Über die verfassungsrechtliche Gewährleistung des Pflichtteilsrechts der **Eltern** und der entfernteren Abkömmlinge sowie auch des Ehegatten hat das BVerfG zudem nicht entschieden, worin sich manifestiert, dass es dem BVerfG nicht gelungen ist, ein „tragfähiges Begründungskonzept" zu entwickeln (MüKoBGB/Lange Rn. 5). Was andererseits an der Entscheidung des BVerfG sehr positiv hervorzuheben ist, ist sein Postulat, dass im Rahmen der **Pflichtteilsentziehungsvorschriften** eine stärkere Berücksichtigung der Testierfreiheit im Rahmen der dort gebotenen Abwägung mit dem Pflichtteilsrecht des Pflichtteilsberechtigten erfolgen muss (ebenso Kleensang ZEV 2005, 277 (282); Lange ZErb 2005, 205 (208); J. Mayer FamRZ 2005, 1441 (1444)).

9 Auch wenn das BVerfG nunmehr die verfassungsrechtliche Gewährleistung des Pflichtteilsrechts und die Verfassungsmäßigkeit des geltenden Rechts feststellte (→ Rn. 5) verstummte die bereits früher geführte **Reformdiskussion** nicht vollständig (für umfangreiche Korrekturen Schlüter FG BGH, 2000, 1063 ff.; Gerken Rpfleger 1989, 45; Dauner-Lieb FF 2000, 110; Dauner-Lieb FF 2001, 78, DNotZ 2001, 460: umfassende Deregulierung; für Detailkorrektur Otte ZEV 1994, 193; Strätz FamRZ 1998, 1553 (1566); Otte AcP 202 (2002), 317 (355 ff.); für Reduzierung der Pflichtteilsquote R. Schröder DNotZ 2001, 465 (471)). Denn verfassungsrechtlich gewährleistet ist nur das Grundprinzip der zwingenden Mindestteilhabe der nahen Angehörigen und nicht die konkrete Ausgestaltung. **Reformüberlegungen** bestehen in verschiedener Hinsicht (vgl. etwa

auch Wiegand, Tagungsbericht zum Symposium „Reformfragen des Pflichtteilsrechts“, vom 30.11.–2.12.2006, Salzau DNotZ 2007, 97; Diwell in Röthel, Reformfragen des Pflichtteilsrechts, 2007,185).

Der Gesetzgeber hat auf diese Reformüberlegungen in Gestalt einer **Teilreform des Erbrechts** 10 reagiert. Das **Gesetz zur Änderung des Erb- und Verjährungsrechts** wurde am 24.9.2009 verkündet (BGBl. I 3142) und trat am 1.1.2010 in Kraft (vgl. dazu Meyer FPR 2008, 537 ff.; Keim ZEV 2008, 161 ff.; J. Mayer ZEV 2010, 2 ff.; Honzen/Oderka NZG 2009, 1286 ff.; Karsten RNotZ 2010, 357; Herzog/Lindner, Die Erbrechtsreform, 2010). Hierdurch wurde das Pflichtteilsrecht zeitgemäß umgestaltet, indem beispielsweise die Pflichtteilsentziehungsvorschriften modernisiert (vgl. § 2333 nF) und die Stundungsgründe erweitert (vgl. § 2331a nF) wurden. Ferner wurde die haftungsträchtige Vorschrift des § 2306 Abs. 1 abgeschafft und für den Pflichtteilsergänzungsanspruch in § 2325 Abs. 3 S. 1 nF eine gleitende Ausschlussfrist eingeführt. Die **Übergangsregelungen** betreffend die Erbrechtsreform finden sich in **Art. 229 § 23 EGBGB.** Für das Pflichtteilsrecht ist Art. 229 § 23 Abs. 4 EGBGB einschlägig: Danach gelten für Erbfälle vor dem 1.1.2010 die Vorschriften des BGB in der vor dem 1.1.2010 geltenden Fassung, für die danach eintretenden das neue Recht. Dies ist unabhängig davon, ob an Ereignisse aus der Zeit vor dem Inkrafttreten dieser Vorschriften angeknüpft wird.

Durch die Erbrechtsreform aus dem Jahr 2010 wurde nicht der ganze, zuvor reklamierte 11 Reformbedarf im Pflichtteilsrecht beseitigt. Ein **fortbestehender Reformbedarf** lässt sich beispielsweise im Hinblick auf die **Ungleichbehandlung von Ehegattenschenkungen** im Rahmen der Pflichtteilsergänzung (vgl. § 2325 Abs. 3 S. 3) feststellen (vgl. Amann FS Brambring, 2011, 1 ff.; Derleder ZEV 2014, 8 ff.). Gleiches gilt zB auch hinsichtlich der **Ausgleichung von Pflegeleistungen** der nächsten Angehörigen (vgl. § 2057a), die immer noch nicht ausreichend geregelt ist.

## II. Pflichtteilsberechtigte

**1. Grundsätzliches.** Mit den Abkömmlingen, den Eltern und dem Ehegatten sowie dem 12 eingetragenen Lebenspartner des Erblassers sind nur die **nächsten Angehörigen** pflichtteilsberechtigt. Die Reihenfolge der Pflichtteilsberechtigten bestimmt sich zwischen den Abkömmlingen und den Eltern nach § 2309. Andere Verwandte, wie Großeltern oder Seitenverwandte (wie zB Geschwister, Neffen und Nichten), sind nicht pflichtteilsberechtigt. Voraussetzung des Pflichtteilsrechts ist ein bestehendes gesetzliches Erbrecht des Berechtigten (Ersatzfunktion des Pflichtteilsrechts), das nur deshalb nicht eintritt, weil es durch Verfügung von Todes wegen **ausgeschlossen** wurde (→ Rn. 31). Ein Pflichtteilsrecht besteht wie ein gesetzliches Erbrecht nur im Falle einer **rechtlich anerkannten Verwandtschaft** (etwa durch Vaterschaftsanerkennung oder Adoption).

**2. Abkömmlinge. a) Kreis der pflichtteilsberechtigten Abkömmlinge.** Zum Kreis der 13 pflichtteilsberechtigten Abkömmlinge zählen alle Personen, die mit dem Erblasser in **gerader absteigender Linie** (§ 1589 S. 1) verwandt sind, also Kinder, Enkel, Urenkel, usw. Entferntere Abkömmlinge sind aber nur nach Maßgabe des § 2309 pflichtteilsberechtigt.

Die Verwandtschaft des Kindes zur **Mutter** und deren Familie bestimmt sich nach § 1591. 14 Mutter ist danach die Frau, die das Kind geboren hat. Für die Verwandtschaft des Kindes zum **Vater** ist eine Vaterschaftszuordnung **im Rechtssinne** iSv § 1592 (Ehemann der Mutter, Anerkennung oder gerichtliche Feststellung der Vaterschaft) erforderlich. Das Feststehen der biologischen Abstammung allein genügt nicht. Durch gerichtliche Feststellung der Vaterschaft lässt sich ggf. auch nach dem Tod des Vaters eine rechtliche Vaterschaft begründen. Mit Rechtskraft des Feststellungsurteils wirkt die Vaterschaftsfeststellung auf den Zeitpunkt der Geburt zurück, sodass das Kind rückwirkend Erb- oder Pflichtteilsansprüche geltend machen kann (BGHZ 85, 274 (277) = NJW 1983, 1485).

Gemeinsame Kinder haben ein Pflichtteilsrecht nach jedem Elternteil. Dies gilt auch dann, 15 wenn die miteinander verheirateten Eltern ein gemeinschaftliches Testament nach Art der „Einheitslösung“ (vgl. § 2269 Abs. 1) errichtet haben. **Stiefkinder** sind nur dann erb- und pflichtteilsberechtigt nach dem Stiefelternteil, wenn sie von ihm adoptiert wurden.

**b) Nichteheliche Abkömmlinge.** Nichteheliche Abkömmlinge sind nur pflichtteilsberech- 16 tigt nach ihrem Vater bzw. den väterlichen Verwandten (und umgekehrt), wenn die Vaterschaft durch wirksame Vaterschaftsanerkennung oder gerichtliche Feststellung **im Rechtssinne feststeht.**

Eine Sonderstellung nehmen nichteheliche Kinder ein, die **vor dem 1.7.1949 geboren** wur- 17 den: Ursprünglich galten nichteheliche Kinder nach § 1589 Abs. 2 aF als nicht mit dem Vater verwandt, auch wenn die Vaterschaft anerkannt oder gerichtlich festgestellt war. Mit dem Inkrafttreten des Nichtehelichengesetzes (NEhelG) vom 19.8.1969 mit Wirkung zum 1.7.1970 wurde zwar für die nichtehelichen Kinder, die vor dem Inkrafttreten des Gesetzes geboren waren, ein Erbrecht – wenn auch regelmäßig nur in Gestalt eines sog Erbersatzanspruchs – geschaffen (vgl. Art. 12 § 1 NEhelG), sofern nur der Erbfall nach Inkrafttreten des NEhelG eintrat (vgl. Art. 12 § 10 Abs. 1 NEhelG). Die vor dem 1.7.1949 geborenen nichtehelichen Kinder wurden jedoch von der Neuregelung **ausgenommen** (vgl. Art. 12 § 10 Abs. 2 NEhelG). Dabei blieb es auch, als die nichtehelichen Kinder durch das ErbGleichG vom 16.12.1997 (BGBl. I 2968) den ehelichen Kindern (voll) erbrechtlich gleichgestellt wurden; weiterhin schloss Art. 12 § 10 Abs. 2 NEhelG die vor dem 1.7.1949 geborenen nichtehelichen Abkömmlinge aus. Eine Ausnahme galt nur für Fälle mit Bezug zum **Beitrittsgebiet,** wenn Art. 235 § 1 Abs. 2 EGBGB und damit das für nichteheliche Kinder „bessere" **Erbrecht der ehemaligen DDR** zur Anwendung gelangte (vgl. DNotI-Report 1998, 39 f.; BT-Drs. 13/8511, 83; Trilsch in Schlitt/Müller PflichtteilsR-HdB § 13 Rn. 39 ff.).

18 Nachdem der **EGMR** am 28.5.2009 entschieden hatte, dass die Zurücksetzung der vor dem 1.7.1949 geborenen nichtehelichen Kinder gegen die Europäische Menschenrechtskonvention (EMRK) verstößt (EGMR ZEV 2009, 510 = FamRZ 2009, 1293; Leipold ZEV 2009, 488), wurde durch das **Zweite Gesetz zur erbrechtlichen Gleichstellung nichtehelicher Kinder** vom 12.4.2011, BGBl. I 615 (vgl. BR-Drs. 486/10 vom 13.8.2010, dazu etwa Bäßler ZErb 2011, 92 (95 ff.); Krug ZEV 2011, 397), die vollständige erbrechtliche Gleichstellung aller nichtehelichen Kinder vollzogen und Art. 12 § 10 Abs. 2 NEhelG gestrichen. Die Neuregelung erfasst dabei **rückwirkend** auch Erbfälle, die nach dem Urteil des EGMR, also **ab dem 29.5.2009** eingetreten sind, da ab diesem Zeitpunkt kein Vertrauensschutz mehr hinsichtlich der alten gesetzlichen Regelung gewährt werden musste. Damit sind ab dem 29.5.2009 auch die vor dem 1.7.1949 geborenen nichtehelichen Kinder, die bisher nicht gesetzliche Erben ihres Vaters und seiner Verwandten waren, wie alle anderen nichtehelichen Kinder den ehelichen Kindern gleichgestellt. Gleiches gilt für das Verhältnis des nichtehelichen Vaters bzw. der väterlichen Verwandten zum Kind. Damit hat die Neuregelung nicht nur dem nichtehelichen Kind bzw. dem nichtehelichen Vater ein neues gesetzliches Erbrecht (und Pflichtteilsrecht) gebracht, sondern ggf. auch den **väterlichen Verwandten nach dem Kind** (vgl. Krug ZEV 2011, 397 (399); Leipold FPR 2011, 275 (276)).

19 Für Erbfälle **vor dem 29.5.2009** gilt die alte Regelung. Diese Stichtagsregelung wurde vom **BVerfG** für **verfassungsgemäß** gehalten (BVerfG NJW 2013, 2103 Rn. 27 ff. = FamRZ 2013, 847 mAnm Reimann, insbes. liege kein Verstoß gegen Art. 3 Abs. 1 GG, Art. 14 Abs. 1 GG und Art. 6 Abs. 5 GG vor, so bereits BGH ZEV 2012, 32). Zwischenzeitlich hat jedoch der **EGMR** entschieden, dass die Anwendung dieser strengen Stichtagsregelung die vor dem 1.7.1949 geborenen nichtehelichen Kinder in ihrem **Recht auf einen diskriminierungsfreien Eigentumserwerb** nach Art. 14 EMRK iVm Art. 1 Zusatzprotokoll EMRK verletzen kann (EGMR FamRZ 2017, 656 = BeckRS 2017, 101431; NJW 2017, 1805; vgl. dazu auch Weber NotBZ 2018, 32; Dutta ZfPW 2018, 129 (136)). Nach Ansicht des EGMR hat ein Gericht bei Anwendung der Stichtagsregelung unter den besonderen Umständen des Falls einen **gerechten Ausgleich zwischen den betroffenen widerstreitenden Interessen des nichtehelichen Kindes und der Erben** herzustellen. Dabei seien aus Sicht des EGMR zu berücksichtigen die **Kenntnis** der Betroffenen (vom Vorhandensein des nichtehelichen Abkömmlings), der **Status** der erbrechtlichen Ansprüche und die bis zur Geltendmachung verstrichene **Zeit** (vgl. zur Prüfung dieser drei Faktoren ausf. Leipold ZEV 2017, 489 (492 f.)). In seinem Beschluss vom 12.7.2017 – IV ZB 6/15 hatte der **BGH** erstmals die Vorgaben des EGMR umzusetzen (BGH ZEV 2017, 510 = FamRZ 2017, 1620 mAnm Lieder/Berneith = MittBayNot 2018, 466 mAnm Braun; vgl. dazu auch Weber NotBZ 2018, 32; Dutta ZfPW 2018, 129 (137)). In dem entschiedenen Fall billigte der BGH dem im Jahre 1928 geborenen nichtehelichen Kind nach seinem im Jahr 1993 (und damit vor dem 29.5.2009) verstorbenen Vater ein gesetzliches Erbrecht zu. Er legte hierzu den Art. 5 S. 2 ZwErbGleichG (Übergangsregelung) entspr. dem konventionsrechtlichen Gebot **teleologisch erweiternd** aus und wandte § 1589 Abs. 2 aF (wonach der Vater und sein nichteheliches Kind als nicht miteinander verwandt anzusehen sind) **nicht** an (vgl. zu den Folgerungen ausf. Leipold ZEV 2017, 489 (494 ff.); Braun MittBayNot 2018, 470 ff.)). Damit kommen künftig nicht nur gesetzliche Erb-, sondern auch **Pflichtteilsansprüche** der vor dem 1.7.1949 geborenen nichtehelichen Kinder auch bei Erbfällen, die bis zum 28.5.2009 eingetreten sind, nach den **besonderen Umständen des Einzelfalles** in Betracht. Ausgeschlossen wäre dies jedoch, sofern bereits eine **rechtskräftige Entscheidung** entgegensteht (eine Entscheidung im Erbscheinsverfahren genügt nicht) oder das nichteheliche Kind bereits eine (angemessene) **Entschädigung** für die Versagung der erbrechtlichen Ansprüche erhalten hat (Leipold ZEV 2017, 489 (494 ff.)).

Offen ist, ob der deutsche Gesetzgeber eine neue gesetzliche Regelung einer rückwirkenden erbrechtlichen Gleichstellung treffen wird (vgl. zu den hiermit verknüpften Problemen ausf. Dutta ZfPW 2018, 129 (143 ff.)).

**c) Adoptierte Abkömmlinge.** Auch das **angenommene Kind** und seine Abkömmlinge sind grds. gesetzlich erb- und pflichtteilsberechtigt gegenüber ihren Adoptiveltern (und umgekehrt). Denn sowohl im Falle der Minderjährigenadoption (vgl. §§ 1741 ff., 1772) als auch im Falle der Volljährigenadoption (vgl. §§ 1767 ff.) wird zwischen den Adoptionsbeteiligten ein **Kindschaftsverhältnis** und damit auch ein wechselseitiges Erb- und Pflichtteilsrecht begründet. Unterschiede zwischen der Minderjährigen- und der Volljährigenadoption ergeben sich daraus, dass nach einer **Minderjährigenadoption** kein wechselseitiges Erb- und Pflichtteilsrecht mehr gegenüber den bisherigen (leiblichen) Verwandten besteht, da gem. § 1755 durch die Adoption die Verwandtschaftsbeziehungen zu den leiblichen Verwandten gekappt werden. 20

Bei der **Volljährigenadoption** ist dagegen das wechselseitige Erb- und Pflichtteilsrecht auf das Verhältnis zwischen dem Angenommenen (und seinen Abkömmlingen) und seinen **Adoptiveltern** beschränkt. Es besteht also beispielsweise kein Pflichtteilsrecht gegenüber den Adoptivgroßeltern. Außerdem bleiben bei der Volljährigenadoption gem. § 1770 Abs. 2 die Rechte und Pflichten aus dem Verwandtschaftsverhältnis des Angenommenen und seiner Abkömmlinge zu ihren leiblichen Verwandten unberührt. Damit besteht ein gesetzliches Erb- und Pflichtteilsrecht sowohl gegenüber den Adoptiveltern als auch gegenüber den leiblichen Eltern (und umgekehrt). Da die Verdoppelung der Elternverhältnisse nicht zu einer Verdoppelung des Pflichtteils führen kann, würde der Elternpflichtteil hälftig zwischen den beiden Elternpaaren geteilt (Burandt/Rojahn/Horn Rn. 55; vgl. auch OLG Zweibrücken BeckRS 1996, 30844049 = Rpfleger 1997, 24). 21

Erfolgte die Adoption noch vor dem 1.1.1977 unter Geltung des alten Adoptionsrechts (sog **Altadoption**), so ist das in **Art. 12 §§ 1–7 AdoptG** niedergelegte Übergangsrecht zu beachten, durch das die Altadoptionen in Minderjährigenadoptionen bzw. Volljährigenadoptionen neuen Rechts übergeleitet wurden (vgl. DNotI-Gutachten DNotI-Report 1999, 11 ff.; DNotI-Report 1999, 93 ff.; ausf. Darstellung bei Müller/Sieghörtner/Emmerling de Oliveira/G. Müller, Adoptionsrecht in der Praxis, 4. Aufl. 2020, Rn. 401 ff.). 22

**3. Eltern.** Eltern iSv Abs. 2 sind die **Mutter** (vgl. § 1591) sowie der **Vater** (§§ 1592 ff.) des Erblassers. 23

Steht die Vaterschaft im Rechtssinne fest, ist auch ein **Vater** bei Tod seines **nichtehelichen Kindes** pflichtteilsberechtigt (→ Rn. 16). Ist das nichteheliche Kind **vor dem 1.7.1949 geboren,** gilt dies allerdings nur, wenn das nichteheliche Kind nach dem 29.5.2009 verstorben ist (→ Rn. 18) oder ein Erbfall mit Bezug zum Recht der DDR vorliegt, bei dem Art. 235 § 1 Abs. 2 EGBGB eingreift (→ Rn. 17 f.). 24

Zu den pflichtteilsberechtigten Eltern zählen seit der Einführung der Volladoption durch das AdoptG grds. auch die **Adoptiveltern** (§§ 1754, 1767 Abs. 2). Im Falle der Volljährigenadoption besteht daneben wegen § 1770 Abs. 2 ein Erb- und Pflichtteilsrecht der leiblichen Eltern fort, sodass sich die Pflichtteilsquoten ggf. halbieren (→ Rn. 21). Bei Alt-Adoptionen, die vor dem 1.7.1977 erfolgt sind, sind die Übergangsregeln des AdoptG zu beachten (→ Rn. 22). 25

Das Pflichtteilsrecht der Eltern ist nach Maßgabe des § 2309 eingeschränkt, wenn Abkömmlinge des Erblassers vorhanden sind. 26

**4. Ehegatte.** Auch der Ehegatte des Erblassers (dies kann nach Änderung des § 1353 Abs. 1 S. 1 zum 1.10.2017 auch ein gleichgeschlechtlicher Ehegatte sein) ist pflichtteilsberechtigt, wenn zum Zeitpunkt des Erbfalls die Ehe **rechtsgültig bestanden** hat. Kein Pflichtteilsrecht besteht daher bei einer Nichtehe, bei durch Urteil aufgehobener (§ 1313) oder geschiedener Ehe (§ 1564). Trotz formal noch bestehender Ehe entfällt das Pflichtteilsrecht, wenn das Ehegattenerbrecht nach § 1933 ausgeschlossen ist. Demgegenüber steht selbst eine jahrzehntelange Trennung der Pflichtteilsberechtigung nicht entgegen (OLG Schleswig OLGR 2000, 241). **Unterhaltsrechtlich** kann sich auch nach Auflösung der Ehe eine Teilhabe des früheren Ehegatten am Nachlass durch § 1586b ergeben; dabei sind auch Pflichtteilsergänzungsansprüche einzubeziehen (BGHZ 146, 114 (119 f.) = NJW 2001, 828; BGHZ 153, 372 = NJW 2003, 1796). 27

Bei der Bemessung der Pflichtteilsquote des Ehegatten ergeben sich Besonderheiten dadurch, dass gem. Abs. 2 S. 2 die Vorschrift des § 1371 unberührt bleibt. Dies führt dazu, dass die Erb- bzw. Pflichtteilsquote des Ehegatten **güterstandsabhängig** ist (→ Rn. 36). 28

**5. Eingetragener Lebenspartner.** Auf Grund des Gesetzes zur Beendigung der Diskriminierung gleichgeschlechtlicher Gemeinschaften vom 16.2.2001 (BGBl. I 266) ist ab dem 1.8.2001 auch der überlebende Lebenspartner einer eingetragenen Lebenspartnerschaft gem. § 10 Abs. 6 29

S. 1 LPartG pflichtteilsberechtigt, wenn die Lebenspartnerschaft im Erbfall noch bestand und er durch Verfügung von Todes wegen von der gesetzlichen Erbfolge ausgeschlossen ist. Er kann von den Erben die Hälfte des Wertes seines gesetzlichen Erbteils (§ 10 Abs. 1 LPartG, entspr. § 1931 Abs. 1) als Pflichtteil verlangen. Die Vorschriften des BGB über den Pflichtteil gelten hierfür mit der Maßgabe entspr., dass der Lebenspartner **wie ein Ehegatte zu behandeln** ist (§ 10 Abs. 6 S. 2 LPartG) (Bonefeld ZErb 2001, 1; N. Mayer ZEV 2001, 169 (173); Leipold ZEV 2001, 218 (221); MüKoBGB/Lange Rn. 46; Grüneberg/Siede LPartG § 10 Rn. 5). Durch die Gleichstellung des überlebenden Lebenspartners mit einem Ehegatten verringern sich zugleich die Erb- und Pflichtteilsrechte der anderen Pflichtteilsberechtigten. Seit dem Inkrafttreten des Gesetzes zur Überarbeitung des Lebenspartnerschaftsrechts vom 15.12.2004 (BGBl. I 3396) am 1.1.2005 leben die eingetragenen Lebenspartner grds. im Güterstand der **Zugewinngemeinschaft,** wenn sie nicht durch Lebenspartnerschaftsvertrag nach § 7 LPartG etwas anderes vereinbart haben (§ 6 S. 2 LPartG). Damit gilt auch bei eingetragenen Lebenspartnern uneingeschränkt das eheliche Güterrecht (NK-BGB/Bock Rn. 18; jurisPK-BGB/Birkenheier Rn. 66). Es besteht daher die Möglichkeit, dass es bei der Zugewinngemeinschaft zur **erbrechtlichen** oder zur **güterrechtlichen Regelung** kommt (→ Rn. 39 ff.). Seit Inkrafttreten der „Ehe für alle" zum 1.10.2017 können keine eingetragenen Lebenspartnerschaften mehr neu begründet werden. Haben die eingetragenen Lebenspartner die Lebenspartnerschaft nach dem 1.10.2017 in eine Ehe umgewandelt, gilt **Eherecht** (→ Rn. 27).

**30** Trotz bestehender Lebenspartnerschaft **entfällt** das Pflichtteilsrecht, wenn beim Tod des Erblassers entweder die Voraussetzungen für die Aufhebung der Lebenspartnerschaft nach § 15 Abs. 2 Nr. 1 oder 2 LPartG gegeben waren und der Erblasser die Aufhebung beantragt oder ihr zugestimmt hat oder der Erblasser einseitig einen begründeten Aufhebungsantrag wegen unzumutbarer Härte nach § 15 Abs. 2 Nr. 3 LPartG gestellt hat (NK-BGB/Bock Rn. 17; jurisPK-BGB/Birkenheier Rn. 72).

**31** **6. Ausschluss von der Erbfolge. a) Ausschluss von der gesetzlichen Erbfolge.** Damit im Erbfall ein Pflichtteilsanspruch zur Entstehung gelangen kann, muss der Pflichtteilsberechtigte durch eine Verfügung von Todes wegen **von der gesetzlichen Erbfolge ausgeschlossen** worden sein. Der Pflichtteilsberechtigte muss daher zum Kreis der Personen gehören, die im Falle des Eintritts der gesetzlichen Erbfolge erbberechtigt wären und nur deshalb nicht zum Zuge kommen, weil der Erblasser die gesetzliche Erbfolge ausgeschlossen hat.

**32** **b) Ausschluss durch Verfügung von Todes wegen.** Der für das Bestehen des Pflichtteilsrechts weiter erforderliche Ausschluss von der Erbfolge muss **durch Verfügung von Todes wegen** (Testament, Erbvertrag) des Erblassers geschehen, und zwar durch ausdrückliche oder stillschweigende Enterbung (§ 1938). Der nur durch Auflage Begünstigte oder der zum Testamentsvollstrecker Ernannte (Lange/Kuchinke ErbR § 37 V 2) ist idS von der Erbfolge ausgeschlossen. Gleiches gilt für denjenigen, der nur ein Vermächtnis erhält, wobei diesbezüglich die Sonderregelung des § 2307 eingreift. Wer zwar Erbe ist, aber zu einer geringeren Quote als seinem Erbteil, hat nach § 2305 einen Pflichtteilsrestanspruch. Auch der **Ersatzerbe (§ 2096)** ist idS enterbt, wenn der Ersatzfall nicht eintritt (eingehend Staudinger/Otte, 2015, Rn. 32 ff.). Beim Berliner Testament (§ 2269) sind durch die gegenseitige Erbeinsetzung der Ehegatten die Abkömmlinge des Erstverstorbenen im ersten Erbfall enterbt, mögen sie nach Tod beider Eltern auch zu Schlusserben eingesetzt sein (BGHZ 22, 364 (366 f.) = NJW 1957, 422).

**33** **Nicht** von der Erbfolge ausgeschlossen ist dagegen der **auflösend bedingt** oder befristet eingesetzte **Erbe (Vorerbe)** (MüKoBGB/Lange Rn. 21), oder der **aufschiebend bedingt** oder befristet eingesetzte Erbe (**Nacherbe)** (NK-BGB/Bock Rn. 25; vgl. auch BayObLGZ 1966, 227 (229 f.)). Die Vor- oder Nacherbeneinsetzung ist eine Belastung, kein Ausschluss des Erbrechts, gegen die § 2306 (s. Erl. dort) schützt (Grüneberg/Weidlich Rn. 1). **Kein Ausschluss** der Erbberechtigung liegt auch vor, wenn der Pflichtteilsberechtigte nicht aufgrund Verfügung von Todes wegen, sondern **aus sonstigen Gründen** von der gesetzlichen Erbfolge ausgeschlossen ist, etwa, weil er auf sein gesetzliches **Erb- oder Pflichtteilsrecht** verzichtet hat (§ 2346), oder ein solcher Verzicht nach § 2349 gegen ihn als Abkömmling wirkt, oder er für **erbunwürdig** erklärt (§§ 2344, 2345) oder ihm der Pflichtteil wirksam entzogen wurde (§§ 2333 ff.) (vgl. NK-BGB/Bock Rn. 20; Burandt/Rojahn/Horn Rn. 30 ff.). Auch bei einer Erbeinsetzung mit **Verwirkungsklausel,** die eine (bedingte) Enterbung für den Fall enthält, dass sich der Pflichtteilsberechtigte dem Willen des Erblassers widersetzt, etwa bei der sog. „Jastrow'schen Klausel" (s. etwa J. Mayer ZEV 1995, 136), liegt kein Ausschluss iSd § 2303 vor, denn die hier vorliegende auflösend bedingte Erbeinsetzung führt zu einer (konstruktiven) Nacherbschaft mit der Anwendung des § 2306. Bei der **Ausschlagung der Erbschaft** beruht der Verlust der Erbschaft auf einer eigenen Willensentschließung des Pflichtteilsberechtigten und nicht auf einer enterbenden Verfügung des Erblassers, weshalb hierdurch ebenfalls kein Pflichtteilsanspruch zur Entstehung gelangt, es sei denn, es greift einer der **Ausnahmefälle** des § 2306 Abs. 1, 2 oder § 1371 Abs. 3 ein oder es verbleibt ein Pflichtteilsrestanspruch nach § 2305.

## III. Höhe des Pflichtteils

Der Pflichtteilsberechtigte hat einen Anspruch in Höhe der **Hälfte des Wertes des gesetzlichen Erbteils** (Abs. 1 S. 2). Der Anspruch wird somit durch zwei **Faktoren** bestimmt: durch die quotenmäßige Höhe des Pflichtteilsanspruchs (Pflichtteilsbruchteil) und den Wert und Bestand des Nachlasses, für den die §§ 2311 ff. gelten. 34

**1. Pflichtteilsbruchteil im Regelfall.** Bei der Berechnung der Pflichtteilsquote ist für jeden Pflichtteilsberechtigten gesondert vorzugehen (Grüneberg/Weidlich Rn. 13). Dafür ist abstrakt von den Regeln der gesetzlichen Erbfolge auszugehen (§§ 1924 ff.), jedoch modifiziert durch die **§§ 2309, 2310** (NK-BGB/Bock Rn. 28). 35

**2. Pflichtteil und Güterstand.** Da sich das Erbrecht bei Vorhandensein von Ehegatten oder eingetragenen Lebenspartnern in Abhängigkeit vom Güterstand bestimmt (J. Mayer FPR 2006, 129 f.), variiert bei diesen die Pflichtteilsquote des Ehegatten, des eingetragenen Lebenspartners, der Abkömmlinge und der Eltern des Verstorbenen, je nachdem, welcher Güterstand bestand. Aus der **Güterstandsabhängigkeit** des gesetzlichen Erb- und Pflichtteilsrechts ergeben sich auch **Gestaltungsmöglichkeiten** zur Pflichtteilsreduzierung (Wegmann ZEV 1996, 201 ff.; Brambring ZEV 1996, 248 (252); J. Mayer FPR 2006, 129 (132 ff.); G. Müller in Schlitt/Müller PflichtteilsR-HdB § 11 Rn. 78 ff.; S. Kappler/T. Kappler ZEV 2017, 601 ff.; v. Hertzberg RNotZ 2019, 245 ff.). 36

**a) Gütergemeinschaft.** Bestand Gütergemeinschaft (§§ 1415 ff.), so beträgt der Pflichtteil des überlebenden Ehegatten neben Abkömmlingen 1/8 (§ 1931 Abs. 1 S. 1), neben den Verwandten der 2. Erbordnung oder Großeltern 1/4. Zu beachten ist weiter, dass hier **verschiedene Vermögensmassen** bestehen: Am Gesamtgut sind beide Ehegatten wirtschaftlich zur Hälfte beteiligt, während das Sonder- und Vorbehaltsgut des Verstorbenen diesem allein zustand. 37

**b) Gütertrennung.** Hier ist § 1931 Abs. 4 zu beachten, durch den das System des festen Ehegattenerbteils durchbrochen wird. Danach beträgt die Pflichtteilsquote des Ehegatten neben einem Kind 1/4, neben zwei Kindern 1/6 und neben drei und mehr Kindern je 1/8. 38

**c) Zugewinngemeinschaft.** Der Pflichtteil bestimmt sich im Falle der Zugewinngemeinschaft in **Abhängigkeit** davon, ob es nach § 1371 hinsichtlich des Erbrechts des Ehegatten zur sog **erbrechtlichen** oder zur sog **güterrechtlichen Lösung** kommt (§ 2303 Abs. 2 S. 2) (vgl. allg. Horn NZFam 2016, 539 ff.). Der vom gesetzlichen Erbteil ausgeschlossene Ehegatte, der weder Erbe wurde noch ein Vermächtnis erhielt, kann daher nur den sog **kleinen Pflichtteil** verlangen, dessen Höhe sich durch die Halbierung des nicht erhöhten gesetzlichen Ehegattenerbteils (§ 1931 Abs. 1) errechnet **(sog güterrechtliche Lösung).** Daneben hat er noch den Anspruch auf den rechnerisch genauen Zugewinnausgleich (§ 1371 Abs. 2), der nach den §§ 1373 ff., also nach güterrechtlichen Grundsätzen (somit nicht pauschal), geltend zu machen und zu berechnen ist (→ § 1371 Rn. 21). Ein Wahlrecht, statt diesem kleinen Pflichtteil und dem rechnerischen Zugewinnausgleich den sog. großen Pflichtteil zu verlangen, hat der Ehegatte nicht (sog. Einheitstheorie), → § 1371 Rn. 22 (BGHZ 42, 182 (185 ff.) = NJW 1964, 2404; BGH NJW 1982, 2497). Der kleine Pflichtteil steht – abweichend von den sonstigen erbrechtlichen Grundsätzen – dem Ehegatten auch dann zu, wenn er die zugewandte Erbschaft oder das Vermächtnis **ausschlägt,** vorausgesetzt seine Pflichtteilsberechtigung ist nicht aus anderem Grund entfallen (etwa wegen eines Pflichtteilsverzichts, vgl. § 1371 Abs. 3 und → § 1371 Rn. 31). Der Ehegatte soll also immer die Möglichkeit haben, den („verdienten") Zugewinnausgleich zu erhalten und den kleinen Pflichtteil nicht zu verlieren. Zu den Entscheidungsüberlegungen im Rahmen einer solchen **taktischen Ausschlagung** → § 1371 Rn. 33. Der **Zugewinnausgleich** kann auch dann verlangt werden, wenn die Pflichtteilsberechtigung des Ehegatten entfallen ist (§§ 1933, 2335, 2339, 2344 Abs. 1 und § 2345 Abs. 2, § 2346) (Soergel/Beck Rn. 41). Zwischen dem kleinen Pflichtteil und dem Zugewinnausgleich bestehen noch andere erhebliche Unterschiede (eingehend Klingelhöffer ZEV 1995, 444 (445 f.)). Daher unterbricht die Klage auf Zahlung des „großen Pflichtteils" (§ 2303 Abs. 2, § 1371 Abs. 1) nicht die Verjährung des Anspruchs aus § 1371 Abs. 2 (BGH NJW 1983, 388 (389 f.)). 39

40 Wird der Ehegatte des Verstorbenen jedoch **Erbe** oder zumindest Vermächtnisnehmer, (sog **erbrechtliche Lösung),** so steht ihm der nach § 1371 Abs. 1 um ein Viertel erhöhte gesetzliche Erbteil zu, sodass die Pflichtteilsquote neben Abkömmlingen 1/4, neben Eltern 3/8 beträgt (sog. **großer Pflichtteil**). Ob der Verstorbene überhaupt einen Zugewinn erzielt hat, spielt hier keine Rolle, sodass der zusätzliche Pflichtteil auch demjenigen zufällt, der in der Ehe den größeren Zugewinn erzielt hat (allgM, vgl. nur MüKoBGB/Lange Rn. 37) Unerheblich sind auch **ehevertragliche Modifizierungen** des **Zugewinnausgleichs,** die nur für den Fall der Auflösung des Güterstands unter Lebenden gelten. Soweit sich ehevertragliche Vereinbarungen über die Modifizierung der Zugewinngemeinschaft auch auf den Todesfall auswirken, sind solche in dem Maße unwirksam, als dadurch der Pflichtteil der anderen Pflichtteilsberechtigten verkürzt wird, etwa die Ausgleichspauschale des § 1371 Abs. 1 heraufgesetzt wird (vgl. auch → § 1371 Rn. 13 f.; → § 1408 Rn. 87). Der **große Pflichtteil** des Ehegatten hat für diesen selbst Bedeutung (Grüneberg/Weidlich Rn. 16),

- soweit es um eigene Pflichtteilsansprüche des Ehegatten in den Fällen der §§ 2305, 2306 und 2307 geht,
- soweit es sich um Pflichtteilsergänzungsansprüche des Ehegatten handelt (§§ 2325, 2329),
- bei den Kürzungs- und Verteidigungsrechten nach den §§ 2318, 2319 und § 2328.

41 Die Frage, ob der Ehegatte Anspruch auf den großen oder kleinen Pflichtteil hat, ist auch für die Erb- und **Pflichtteilsquote** der **anderen Pflichtteilsberechtigten** bedeutsam (§ 1371 Abs. 2 Hs. 2) (Grüneberg/Weidlich Rn. 16). Denn Ehegattenerbteil und Erb- und Pflichtteil der anderen Pflichtteilsberechtigten korrespondieren. Daher berechnen sich nach nahezu einhelliger Meinung die Pflichtteile der Abkömmlinge und der Eltern des Verstorbenen nach dem gem. § 1371 Abs. 1 erhöhten Ehegattenerbteil, wenn der überlebende Ehegatte (gewillkürter oder gesetzlicher) Erbe oder Vermächtnisnehmer wird (BGHZ 37, 58 (60 ff.) = NJW 1962, 1719; BGH NJW 1982, 2497; MüKoBGB/Lange Rn. 44; Grüneberg/Weidlich Rn. 7 f.; Lange/Kuchinke ErbR § 37 V 1a; aA Niederländer NJW 1960, 1737 (1740): § 1371 Abs. 1 habe keine Auswirkung auf das Pflichtteilsrecht). Kommt es zur **güterrechtlichen Lösung** (§ 1371 Abs. 2, → § 1371 Rn. 17 ff.), bestimmt sich der Pflichtteil der übrigen Pflichtteilsberechtigten nach dem nicht erhöhten Ehegattenerbteil (§ 1371 Abs. 2 Hs. 2). Allerdings wird hier der Nachlasswert um die als Nachlassverbindlichkeit abzusetzende Zugewinnausgleichsforderung vorab uU erheblich verringert (MüKoBGB/Lange Rn. 45). Immer ist also die **Fernwirkung der Zugewinngemeinschaft** für die Höhe der **anderen Erb- und Pflichtteilsquoten** zu beachten.

42 **d) Wahl-Zugewinngemeinschaft.** Durch das Deutsch-Französische Abkommen (WZGA) vom 4.2.2010 (BGBl. 2012 II 178) wurde zum 1.5.2013 der neue Güterstand der Wahl-Zugewinngemeinschaft in das BGB eingefügt (vgl. § 1519). Durch den neuen **Wahlgüterstand** sollten güterrechtliche Verwerfungen bei deutsch-französischen Ehen vermieden werden. Der Anwendungsbereich des Wahlgüterstands ist tatsächlich allerdings sehr viel weiter, da er gem. Art. 1 WZGA Ehegatten zur Verfügung steht, deren Güterstand dem Sachrecht eines Vertragsstaats unterliegt, sodass er beispielsweise auch von einem deutschen Ehepaar ohne spezifischen Bezug zu Frankreich ehevertraglich vereinbart werden kann (vgl. Jünemann ZEV 2013, 353 (354); Braun MittBayNot 2012, 89 (90); Jäger DNotZ 2010, 804 (805); Meyer FamRZ 2010, 612 (614); Knoop NotBZ 2017, 202 (203); Becker ErbR 2018, 686 (689)).

43 Von der Zugewinngemeinschaft deutschen Rechts unterscheidet sich die Wahl-Zugewinngemeinschaft vor allem dadurch, dass im Falle der Beendigung des Güterstands durch den Tod eines Ehegatten nie ein pauschalierter Zugewinnausgleich nach § 1371 Abs. 1 (sog erbrechtliche Lösung) stattfindet. Der Überlebende hat damit neben Abkömmlingen stets nur eine Erbquote von 1/4 bzw. eine **Pflichtteilsquote von 1/8.** Daneben steht ihm ein **güterrechtlicher** (rechnerischer) **Zugewinnausgleichsanspruch** zu.

44 Der neue Wahlgüterstand hat bislang keine große praktische Bedeutung erlangt. Er wird aber ggf. aus **pflichtteilsrechtlicher Hinsicht** empfohlen (→ § 1519 Rn. 7 ff.) (BeckOGK/Jäger, 1.2.2022, § 1519 Rn. 73 ff.). Wegen der Durchführung des güterrechtlichen Zugewinnausgleichs eignet sich der Güterstand zur Pflichtteilsreduzierung der Abkömmlinge desjenigen Erblassers, dessen aus reinem Zugewinn bestehender Nachlass dreimal so groß ist wie der Zugewinn des anderen Ehegatten (vgl. Braun MittBayNot 2012, 89 (94); Süß ZErb 2010, 281 (285 f.); G. Müller in Schlitt/Müller PflichtteilsR-HdB § 11 Rn. 89 f.).

45 **e) Tabellarische Übersicht.** Zusammenfassend betrachtet lassen sich die Pflichtteilsquoten von Ehegatten und Kindern tabellarisch wie folgt darstellen:

| Güterstand | Pflichtteil des Ehegatten neben Abkömmlingen | | | **Pflichtteil je Kind,** wenn der Erblasser im Erbfall noch verheiratet war – Anzahl der hinterlassenen Kinder | | |
|---|---|---|---|---|---|---|
| | | | | 1 | 2 | 3 |
| Zugewinngemeinschaft (erbrechtliche Lösung) | 1/4 (großer Pflichtteil) | | | 1/4 | 1/8 | 1/12 |
| Zugewinngemeinschaft (güterrechtliche Lösung, jedoch ist Zugewinnausgleich vom Nachlass vorweg abzuziehen) | 1/8 (kleiner Pflichtteil) | | | 3/8 | 3/16 | 1/8 |
| Gütertrennung | 1 Kind 1/4 | 2 Kinder 1/6 | 3 und mehr 1/8 | 1/4 | 1/6 | 1/8 |
| Gütergemeinschaft | 1/8 | | | 3/8 | 3/16 | 1/8 |
| Wahlzugewinngemeinschaft | 1/8 | | | 3/8 | 3/16 | 1/8 |

## IV. Pflichtteilsschuldner

Pflichtteilsschuldner ist der Erbe oder Miterbe, gegen den sich der mit dem Erbfall entstandene Anspruch (§ 2317; → § 2317 Rn. 1 ff.) richtet. Gegen den Testamentsvollstrecker kann dieser nicht geltend gemacht werden (§ 2213 Abs. 1 S. 3; → Rn. 8). Miterben haften im **Außenverhältnis** als Gesamtschuldner (§ 2058). Für die Verteilung im **Innenverhältnis** gilt: Die Pflichtteilslast tragen die Miterben grds. nach der Höhe ihrer Erbteile (§§ 2038, 2047 Abs. 2, § 748); jedoch kann der Erblasser abweichende Anordnungen treffen (G. Müller in Schlitt/Müller PflichtteilsR-HdB § 10 Rn. 335 ff.). Für die Verteilung der Pflichtteilslast im Innenverhältnis, insbes. gegenüber Vermächtnisnehmern und Auflagebegünstigten, sind iÜ die §§ 2318 ff. zu beachten. Nur § 2319 kommt eine Wirkung im Außenverhältnis zu (Hölscher/Mayer in MSTB PflichtteilsR-HdB § 2 Rn. 60). Auch für den **Pflichtteilsergänzungsanspruch** haftet zunächst primär der Erbe; eine Ausfallhaftung des Beschenkten ergibt sich nur ausnahmsweise nach § 2329. Bei Anordnung einer Vor- und Nacherbschaft kann während des Bestehens der Vorerbschaft der Pflichtteil nur gegenüber dem Vorerben verlangt werden (RGZ 113, 45 (50)). 46

## V. Pflichtteilsrecht der DDR

Auch das ZGB der DDR kannte ein Pflichtteilsrecht (§§ 396–398 ZGB) (eingehend Freytag ZRP 1991, 304; MüKoBGB/Frank, 3. Aufl. 1997, Rn. 30 ff.). Dieses kommt jedoch nur dann zur Anwendung, wenn der Erblasser nach dem 31.12.1975 und vor dem 3.10.1990 verstorben ist und seinen letzten gewöhnlichen Aufenthalt in der DDR hatte (Art. 235 § 1 Abs. 1 EGBGB) (MüKoBGB/Frank, 3. Aufl. 1997, Rn. 30; ausf. Übersicht bei Trilsch in Schlitt/Müller PflichtteilsR-HdB § 13 Rn. 1 ff.). 47

## VI. Erbschaftsteuer

**Erbschaftsteuerpflichtig** ist der Pflichtteilsanspruch erst dann, wenn und soweit er **geltend gemacht** wird (§ 3 Abs. 1 Nr. 1 ErbStG). Dazu ist eine Bezifferung nicht erforderlich (BFH FamRZ 2006, 1526). Damit entsteht auch die Erbschaftsteuer (§ 9 Abs. 1 Nr. 1 lit. b ErbStG). Durch diese gesetzliche Regelung soll die Entschließungsfreiheit des Pflichtteilsberechtigten respektiert werden (zum Begriff der Geltendmachung s. etwa Meincke/Hannes/Holtz ErbStG § 9 Rn. 32 ff.; Meincke ZErb 2004, 1; ausf. Lohr in Schlitt/Müller PflichtteilsR-HdB § 12 Rn. 8 ff.; Griesel in MSTB PflichtteilsR-HdB § 17 Rn. 25 ff.). Erst mit der Geltendmachung können die Erben den Pflichtteilsanspruch auch als Nachlassverbindlichkeit abziehen (§ 10 Abs. 5 Nr. 1 ErbStG). Der Pflichtteilsanspruch wird mit dem **Nennwert des Forderungsrechts bewertet** (§ 12 Abs. 1 ErbStG iVm § 12 BewG). Ein vom Erblasser nicht geltend gemachter Pflichtteilsanspruch gehört zu seinem Nachlass und unterliegt bei seinem Erben – unabhängig von der 48

Geltendmachung durch den vorverstorbenen Erblasser – der Besteuerung aufgrund Erbfalls (BFH BeckRS 2017, 94424 = ZEV 2017, 283 mAnm Wachter; vgl. dazu auch Schindler ZEV 2018, 60 (64)).

## VII. Landwirtschaftserbrecht

49 Zur Erhaltung landwirtschaftlicher Betriebe bestehen Sondervorschriften, die eine deutliche Verringerung der Pflichtteilsbelastung bewirken. Zum **Landgüterrecht** des BGB vgl. §§ 2312, 2049 sowie Ruby ZEV 2007, 263; zum **Höfe- und Anerbenrecht** vgl. § 16 Abs. 2 HöfeO der ehemals Britischen Zone sowie den Überblick bei Staudinger/Mittelstädt, 2018, EGBGB Art. 64 Rn. 80 ff.; Söbbeke ZEV 2006, 395; Burandt/Rojahn/G. Müller HöfeO Rn. 1 ff.; allg. zum Landwirtschaftserbrecht Ruby ZEV 2006, 351.

## VIII. Sozialrecht

50 Zur Behandlung des Pflichtteils im Sozialrecht → § 2317 Rn. 17.

# § 2304 Auslegungsregel

**Die Zuwendung des Pflichtteils ist im Zweifel nicht als Erbeinsetzung anzusehen.**

## Überblick

Die letztwillige Zuwendung des Pflichtteils an einen Pflichtteilsberechtigten ist **mehrdeutig.** Es kann sich hierbei um eine **Erbeinsetzung** in Höhe der Pflichtteilsquote (→ Rn. 2), um ein **Vermächtnis** in Höhe des Pflichtteils oder um eine **Enterbung** (§ 1938) (→ Rn. 7) handeln. § 2304 enthält eine Auslegungsregel, wonach im Zweifel in einem solchen Fall **keine Erbeinsetzung** anzunehmen ist (→ Rn. 2). Ob die Pflichtteilszuwendung als **Vermächtnis** oder **Enterbung** anzusehen ist, muss dann durch **Auslegung im Einzelfall** ermittelt werden (→ Rn. 8). Güterstandsabhängige Besonderheiten sind bei der Auslegung zu berücksichtigen, wenn der Erblasser mit seinem Ehegatten (bzw. eingetragenen Lebenspartner) in **Zugewinngemeinschaft** gelebt hatte und dem Ehegatten/Lebenspartner (→ Rn. 13 ff.) bzw. Eltern oder Abkömmlingen (→ Rn. 16) der Pflichtteil zugewandt wurde. Auch die Pflichtteilszuwendung an **nicht pflichtteilsberechtigte Personen** stellt einen Spezialfall der Auslegung dar (→ Rn. 19).

## I. Normzweck

1 Verfügt der Erblasser betreffend einen Pflichtteilsberechtigten, dass dieser seinen Pflichtteil bekommen soll, so handelt es sich hierbei um eine **mehrdeutige Anordnung** (vgl. Ferid NJW 1960, 121 ff.). In Betracht kommt die Annahme einer **Erbeinsetzung** in Höhe der Pflichtteilsquote, eines Vermächtnisses in Höhe des Pflichtteils oder einer Enterbung (§ 1938 BGB) unter Verweisung auf den gesetzlichen Pflichtteil (vgl. LG Hamburg BeckRS 2005, 00824).

2 Ist der Erblasserwille nicht eindeutig niedergelegt, muss dieser durch Auslegung ermittelt werden. § 2304 legt in Gestalt einer negativen Auslegungsregel fest, dass in der Pflichtteilszuwendung idR **keine Erbeinsetzung** zu sehen ist. Die sich daran anschließende Frage, ob es sich dann im Zweifel um eine Vermächtniszuwendung oder um eine bloße Enterbung handelt, ist durch § 2304 nicht geregelt und muss durch **individuelle Auslegung** geklärt werden.

## II. Im Zweifel keine Erbeinsetzung

3 § 2304 enthält die **negative Auslegungsregel,** dass bei der Zuwendung des Pflichtteils im Zweifel nicht von einer Erbeinsetzung auszugehen ist. Dies ist eine Ausnahme zu § 2087 Abs. 1 (MüKoBGB/Lange Rn. 1; BeckOGK/Obergfell, 1.12.2021, Rn. 4; Staudinger/Otte, 2021, Rn. 31), besagt damit aber noch nichts darüber, ob die Anordnung als Vermächtniszuwendung oder als glatte Enterbung anzusehen ist. Dies muss – nach Ausschluss der Erbeinsetzung – im Wege der Auslegung ermittelt werden (→ Rn. 7 ff.). Bedeutung hat die Auslegungsregel vor allem für Verwirkungs- und Wiederverheiratungsklauseln (vgl. Soergel/Beck Rn. 2 mwN), in denen, wie beispielsweise bei der praxishäufigen Pflichtteilsstrafklausel, bestimmt wird, dass der Abkömmling, der nach dem Tod des ersten Elternteils seinen Pflichtteil verlangt, auch nach dem Tod des längerlebenden Elternteils nur seinen Pflichtteil erhalten soll.

Als Auslegungsregel gilt die Bestimmung nur **im Zweifel,** also dann, wenn kein anderer Wille des Erblassers **ausdrücklich** oder wenigstens mittels **individueller Auslegung** nach den allgemeinen Grundsätzen ermittelt werden kann (RG WarnR 1933 Nr. 181; BayObLGZ 1966, 391 (398); 1959, 199 (205 f.);BeckOGK/Obergfell, 1.12.2021, Rn. 5). Von einem anderen Willen kann ausgegangen werden, wenn der Erblasser den Pflichtteilsberechtigten in Höhe seiner Pflichtteilsquote zum Erben eingesetzt hat oder bestimmt hat, dass dieser mit der Pflichtteilsquote Erbe werden soll (Burandt/Rojahn/Horn Rn. 4). Bei mehreren Erben kommt es nach der Rspr. darauf an, ob nach dem Willen des Erblassers der Pflichtteilsberechtigte mit den Erben auf dieselbe Stufe gestellt werden sollte oder ob auf eine unterschiedliche Stellung zu schließen ist (BGH ZEV 2004, 374 (375) = NJW 2004, 3558). Bei der erforderlichen Auslegung wird man folglich dann von einer Erbeinsetzung auszugehen haben, wenn es dem Erblasser um die Einräumung der Sachteilhabe und von Mitverwaltungsrechten ging (MüKoBGB/Lange Rn. 7; Grüneberg/Weidlich Rn. 2; Staudinger/Otte, 2021, Rn. 32 mwN). 4

Was den **Wortlaut** anbelangt, so ist der Gebrauch der Worte „Erbe" oder „erben" ein starkes Indiz für eine Erbeinsetzung (RG WarnR 1933 Nr. 181; OLG München DNotZ 1936, 800 (802)). Die sprachliche Fassung ist ferner va dann von großer Bedeutung, wenn ein **notarielles Testament oder ein Erbvertrag** vorliegt, da der Notar gem. § 17 BeurkG darauf hinzuwirken hat, dass der Wille des Erklärenden klar und unzweideutig aus der Urkunde hervorgeht (vgl. MüKoBGB/Lange Rn. 7; Burandt/Rojahn/Horn Rn. 6; Grüneberg/Weidlich Rn. 2). Dies spricht für eine Verwendung der Begriffe in Kenntnis ihrer rechtlichen Bedeutung (BeckOGK/Obergfell, 1.12.2021, Rn. 7). 5

Ist aufgrund individueller Auslegung und entgegen § 2304 von einer Erbeinsetzung auszugehen, steht dem Betroffenen mangels Enterbung **kein Pflichtteilsanspruch** zu. Er ist dann Miterbe (§ 2032 Abs. 1) in Höhe seiner Pflichtteilsquote. 6

## III. Abgrenzung von Vermächtnisanordnung oder Enterbung

§ 2304 enthält nur die negative Auslegungsregel, dass im Falle einer Pflichtteilszuwendung im Zweifel nicht von einer Erbeinsetzung ausgegangen werden kann. Für die sich im Anschluss stellende Frage, ob es sich dann um ein **Vermächtnis** oder eine **Enterbung** (Verweisung auf das gesetzliche Pflichtteilsrecht) handelt, gibt es keine Auslegungsregel. Diese **Abgrenzungsfrage** hat praktische Bedeutung ua für die nur beim Vermächtnis mögliche Ausschlagung nach dem Erbfall (beim Pflichtteilsanspruch ist nur ein Erlassvertrag möglich), für die Pfändung (beim Pflichtteil besteht Pfändbarkeit nur nach Maßgabe des § 852 ZPO), für den Verzicht auf den Anspruch vor Eintritt des Erbfalls (für den Pflichtteil gilt § 2346 Abs. 2, für das Vermächtnis § 2352) (eingehend J. Mayer ZEV 1995, 41 f.), für das Insolvenzverfahren (§ 327 Abs. 1 InsO), für die Erbschaftsteuer (die Steuerpflicht entsteht beim Vermächtnis bereits mit dessen Anfall, beim Pflichtteilsanspruch erst mit dessen Geltendmachung), wegen § 2307 und besonders im Hinblick auf § 1371 bei einer Zugewinngemeinschaftsehe (eingehend zu den Unterschieden Staudinger/Otte, 2021, Rn. 12 ff.; jurisPK-BGB/Birkenheier Rn. 8). Dagegen ist durch die Erbrechtsreform aus dem Jahr 2010 der bislang bedeutsamste Unterschied bezüglich der **Verjährung** infolge Streichung des § 197 Abs. 1 Nr. 2 aF weitgehend entfallen, da auch das Vermächtnis idR (eine Ausnahme gilt insbes. für Grundstücksvermächtnisse) in der dreijährigen Regelverjährung des § 195 verjährt. 7

Durch **Auslegung** nach den Umständen des Einzelfalls ist zu ermitteln, ob in einer Pflichtteilsverweisung ein **Vermächtnis** oder aber nur eine bloße Anerkennung des **gesetzlichen Pflichtteilsanspruchs** zu sehen ist. Entscheidend ist, ob nach Wortlaut, Sinn und Zweck der Verfügung ein entsprechender **Begünstigungswille** des Erblassers festgestellt werden kann, dem Pflichtteilsberechtigten über den Pflichtteil hinaus etwas zuwenden zu wollen (dann Vermächtnis) oder ob der Erblasser nur auf den grds. unentziehbaren gesetzlichen Pflichtteilsanspruch hinweisen und den Pflichtteilsberechtigten von allem ausschließen wollte, worauf er keinen unentziehbaren gesetzlichen Anspruch hat (RGZ 113, 234 (237); 129, 239 (241); BGH NJW 2004, 3558 (3559); OLG Nürnberg FamRZ 2003, 1229; RGRK-BGB/Johannsen Rn. 4 ff.; Soergel/Beck Rn. 3). Es ist folglich zu prüfen, ob die Erwähnung des Pflichtteils lediglich ein deklaratorischer Hinweis auf die Rechtslage sein sollte oder ob der Erblasser dem Pflichtteilsberechtigten eine **Zuwendung machen** wollte (Staudinger/Otte, 2021, Rn. 1). Die in der Lit. zT vertretene Ansicht, es sei zu prüfen, ob ein **„beschränkender"** oder **„gewährender" Erblasserwille** vorliegt (vgl. Staudinger/Haas, 2006, Rn. 17), wird dagegen kaum noch vertreten (vgl. aber BeckOGK/Obergfell, 1.12.2021, Rn. 5 f.). 8

Im Zusammenhang mit der Auslegung und der Ermittlung eines etwaigen Begünstigungswillens des Erblassers kommt dem **Wortlaut** eine erhebliche, wenn auch nicht allein ausschlaggebende, 9

Bedeutung zu. So deutet beispielsweise die Verwendung der Worte „gewähren", „vermachen", „zuwenden" eher auf ein Vermächtnis hin, während bei einem „Hinterlassen", „Zugestehen" oder „Verweisen" auf den Pflichtteil eher eine Enterbung angenommen werden kann. Von besonderer Bedeutung ist der Wortlaut va dann, wenn der Erblasser rechtskundig oder entspr. beraten war; dann kann in der Verwendung des Begriffs „Vermächtnis" keine bloße Pflichtteilsverweisung gesehen werden (RGZ 129, 239 (240): „Landrichter" als Erblasser; J. Mayer ZEV 1995, 41 (43); vgl. auch Staudinger/Otte, 2021, Rn. 28). Zur Auslegung in Sonderfällen, insbes. bei Zugewinngemeinschaft oder wenn kein Pflichtteilsrecht besteht → Rn. 13 ff.

10 Im **Zweifel** ist die Verweisung auf den Pflichtteil nicht als Vermächtnisanordnung, sondern als **reine Enterbung** anzusehen (BeckOGK/Obergfell, 1.12.2021, Rn. 6; jurisPK-BGB/Birkenheier Rn. 10; Soergel/Beck Rn. 3 aE; Staudinger/Otte, 2021, Rn. 1).

11 Ergibt die Auslegung aber, dass ein **Vermächtnis** anzunehmen ist, so folgt daraus nicht zwingend, dass pflichtteilsrechtliche Vorschriften überhaupt nicht anwendbar sind (Soergel/Beck Rn. 3; Ferid NJW 1960, 121 (122)). So kann zB ein Auskunftsanspruch entspr. § 2314 nach § 242 mitvermacht sein (RGZ 129, 239 (242); OLG Hamm HRR 1935, 1462; OLG Nürnberg FamRZ 2003, 1229).

12 Zwischen Vermächtnis/Pflichtteil kann folgendes **Konkurrenzverhältnis** bestehen (J. Mayer ZEV 1995, 41 (43 f.); vgl. auch Biebl ZErb 2010, 99):

- Das Vermächtnis steht selbstständig neben dem Pflichtteil und wird zusätzlich gewährt (kumulatives Verhältnis).
- Das Vermächtnis deckt ganz oder teilweise den Pflichtteil (Fall des § 2307).
- Das Vermächtnis wird nur zugewandt, wenn kein Pflichtteilsanspruch geltend gemacht wird (alternatives Verhältnis).

## IV. Besondere Konstellationen

13 **1. Pflichtteilszuwendung an Ehegatten/eingetragene Lebenspartner in Zugewinngemeinschaft.** Für den überlebenden Ehegatten aus einer Zugewinngemeinschaftsehe führt die **Enterbung ohne Vermächtniszuwendung** zu einem Anspruch auf den **kleinen Pflichtteil** und dem güterrechtlichen Zugewinnausgleich (§ 1371 Abs. 2); dies gilt auch bei der **reinen Verweisung** iSd bloßen Hinweises auf den Pflichtteil.

14 Wird dem Ehegatten dagegen der Pflichtteil als **Vermächtnis** oder **Erbeinsetzung** zugewandt, so ist fraglich, ob für die Berechnung der Höhe der Zuwendung damit der **kleine oder große Ehegattenpflichtteil** maßgeblich ist. Nach wohl hM lässt sich hierfür keine Regelvermutung aufstellen (MüKoBGB/Lange Rn. 14; Grüneberg/Weidlich Rn. 3; aA Ferid NJW 1960, 126: stets sei vom großen Pflichtteil auszugehen). Im Zweifel dürfte aber richtigerweise der kleine Pflichtteil gemeint gewesen sein (jurisPK-BGB/Birkenheier Rn. 11; Burandt/Rojahn/Horn Rn. 17). Praktisch ist dies jedoch dann ohne große Bedeutung, wenn mit der Zuwendung des kleinen Pflichtteils eine Erbeinsetzung oder Vermächtnisanordnung gemeint ist, denn dann kann der Ehegatte nach hM den Differenzbetrag zum großen Pflichtteil über den Pflichtteilsrestanspruch verlangen (§§ 2305, 2307 Abs. 1 S. 2) oder aber nach § 1371 Abs. 3 ausschlagen und dadurch den kleinen Pflichtteil kraft Gesetzes und noch den Anspruch auf den rechnerischen Zugewinnausgleich geltend machen (jurisPK-BGB/Birkenheier Rn. 12 f.; MüKoBGB/Lange Rn. 14; Grüneberg/Weidlich Rn. 3; BeckOGK/Obergfell, 1.12.2021, Rn. 10).

15 Für **eingetragene Lebenspartner** finden die vorstehenden Grundsätze entspr. Anwendung, wenn für sie in güterrechtlicher Hinsicht die Zugewinngemeinschaft gilt.

16 **2. Pflichtteilszuwendung an Eltern oder Abkömmlinge bei Zugewinngemeinschaft.** Auch bei einer Pflichtteilszuwendung an Eltern oder Abkömmlinge kann sich das Bestehen von Zugewinngemeinschaft zwischen den Ehegatten (bzw. eingetragenen Lebenspartnern) auf die Höhe des Zugewiesenen auswirken. Ist der überlebende Ehegatte **enterbt** worden und steht ihm auch **kein Vermächtnis** zu, ist der Pflichtteil, der den Eltern bzw. einem Abkömmling vom Erblasser zugewiesen worden ist, stets nach dem nicht erhöhten Ehegattenerbteil zu bemessen („kleiner Pflichtteil") und dementsprechend höher.

17 Wurde der überlebende Ehegatte dagegen **Erbe oder Vermächtnisnehmer,** dann steht ihm der erhöhte Ehegattenerbteil (vgl. § 1371 Abs. 1) zu, sodass sich die Pflichtteilsquoten der übrigen Pflichtteilsberechtigten entspr. verringern (→ § 2303 Rn. 41). Der Wert des so zugewiesenen Pflichtteils ist gleich hoch, unabhängig davon, ob die Pflichtteilszuwendung als Erbeinsetzung, Vermächtnis oder Verweisung auf das gesetzliche Pflichtteilsrecht anzusehen ist.

**Schlägt** der überlebende Ehegatte die **Erbschaft** bzw. ein zugewandtes **Vermächtnis aus** und wechselt dadurch zur sog. güterrechtlichen Lösung (→ § 2303 Rn. 39), erhöht sich dadurch die Erb- und Pflichtteilsquote von Abkömmlingen und Eltern. Soweit in der für diese getroffenen Pflichtteilsverweisung eine Zuwendung in Gestalt einer Erb- oder Vermächtnisanordnung zu sehen ist, ist grds. anzunehmen, dass sich diese Quotenerhöhung auch auf die Größe ihrer Zuwendung beziehen soll (MüKoBGB/Lange Rn. 15), zumal sich der Nachlasswert durch die aufgrund der Ausschlagung entstehende Zugewinnausgleichsforderung ohnehin erheblich verkürzt. 18

**3. Pflichtteilszuwendung an nicht pflichtteilsberechtigte Personen.** Bisweilen betrifft die „Zuwendung" des Pflichtteils auch Personen, die nach dem Gesetz überhaupt nicht pflichtteilsberechtigt sind (wie zB Geschwister oder sonstige Seitenverwandte, Stiefkinder, usw). Dann stellt sich im Rahmen der Auslegung nicht die Abgrenzungsfrage Erbeinsetzung/Vermächtnis oder Verweisung auf das gesetzliche Pflichtteilsrecht, sondern die Abgrenzungsfrage **Zuwendung** (Erbeinsetzung/Vermächtnis) oder **folgenlose Anordnung.** Der Umstand, dass die betroffene Person in einem solchen Fall je nach Ergebnis der Auslegung **droht, „leer" auszugehen** (vgl. BGH NJW-RR 1991, 706 für das Stiefkind), bedingt, dass man bei der Auslegung „großzügiger" mit der Annahme eines Vermächtnisses sein wird, als dies bei pflichtteilsberechtigten Personen der Fall ist (vgl. Burandt/Rojahn/Horn Rn. 29; Müller-Engels FS 25 Jahre DNotI, 2018, 677 (685)). War dem Erblasser bei der Pflichtteilszuwendung bewusst, dass der betreffenden Person kein gesetzliches Pflichtteilsrecht zusteht, wird man eher zur Annahme eines Zuwendungswillens (Vermächtnis oder sogar Erbeinsetzung) gelangen. 19

## § 2305 Zusatzpflichtteil

**[1]Ist einem Pflichtteilsberechtigten ein Erbteil hinterlassen, der geringer ist als die Hälfte des gesetzlichen Erbteils, so kann der Pflichtteilsberechtigte von den Miterben als Pflichtteil den Wert des an der Hälfte fehlenden Teils verlangen. [2]Bei der Berechnung des Wertes bleiben Beschränkungen und Beschwerungen der in § 2306 bezeichneten Art außer Betracht.**

### Überblick

Die Vorschrift regelt den Fall, dass der zugewandte Erbteil hinter dem gesetzlichen Pflichtteil zurückbleibt und gewährt dem zurück gesetzten Miterben einen **Ausgleichsanspruch** bis zum vollen Pflichtteil (→ Rn. 2). Bei der Bemessung des Pflichtteilsrestanspruchs bleiben nach ausdrücklicher gesetzlicher Anordnung in S. 2 **Beschränkungen und Beschwerungen** der in § 2306 bezeichneten Art unberücksichtigt (→ Rn. 7), im Gegensatz zu Anrechnungs- und Ausgleichungspflichten (→ Rn. 3). Die Ausschlagung eines nicht iSv § 2306 belasteten Erbteils bewirkt den Verlust des Erbteils, ohne dass ein voller Pflichtteilsanspruch hierdurch erlangt wird (→ Rn. 8).

### I. Normzweck

Die §§ 2305–2307 bezwecken den Schutz des mit einem Erbteil oder Vermächtnis bedachten Pflichtteilsberechtigten in besonderen Fallkonstellationen. Er würde mit einer solchen Zuwendung sonst schlechter fahren als mit seinem Pflichtteilsanspruch, weil der Wert der Zuwendung kleiner oder wenigstens nicht größer ist als die Hälfte seines gesetzlichen Erbteils oder weil der hinterlassene Erbteil belastet ist. Dabei gilt als Grundsatz, dass der erbende Pflichtteilsberechtigte nicht schlechter, aber auch nicht besser gestellt werden soll als der völlig enterbte Pflichtteilsberechtigte. **S. 2** wurde durch das **ErbVerjRÄndG** angefügt (zu den Anwendungsvoraussetzungen bei Erbfällen bis zum 31.12.2009 jurisPK-BGB/Birkenheier Rn. 10 f.). 1

### II. Pflichtteilsrestanspruch

**1. Grundsätzliches.** § 2305 gewährt dem pflichtteilsberechtigten Miterben einen **Ausgleichsanspruch,** wenn der durch Verfügung von Todes wegen zugewandte Erbteil geringer ist als die Hälfte seines gesetzlichen Erbteils (sog. Pflichtteilsrestanspruch oder Zusatzpflichtteil). In Höhe des Differenzbetrags steht ihm dann eine Geldforderung zu. Wurde ihm genau die **Hälfte** seines gesetzlichen Erbteils hinterlassen, hat er weder einen Pflichtteils- noch einen Pflichtteilsre- 2 stanspruch (OLG Koblenz DNotZ 1974, 597 (598)). Weitere Voraussetzung für die Anwendung des § 2305 ist, dass der Pflichtteilsberechtigte zugleich (gesetzlicher oder gewillkürter) **Erbe** ist; ist er Vermächtnisnehmer, so gilt § 2307. Ist der pflichtteilsberechtigte Erbe mit Beschwerungen und Beschränkungen iSd **§ 2306 belastet,** entfallen diese für die ab dem 1.1.2010 eintretenden Erbfälle aufgrund der Änderung dieser Vorschrift durch das ErbVerjRÄndG nicht mehr automatisch, sondern der Pflichtteilsberechtigte muss die belastete Erbschaft **ausschlagen,** um den Pflichtteil zu erhalten. Die Berücksichtigung eines etwaigen Pflichtteilsrestanspruchs ist von besonderer Bedeutung für das sog. Behindertentestament, da ein solcher Anspruch ohne die schützenden Beschränkungen durch Vor- und Nacherbfolge sowie Dauervollstreckung auf den Sozialhilfeträger übergeleitet werden könnte (vgl. Roglmeier ZErb 2021, 424 (426); Müller-Engels in: Limmer/Hertel/Frenz/Mayer, Würzburger Notarhandbuch, Teil 4 Kap. 1 Rn. 411).

3 Der erforderliche **Wertvergleich** zwischen hinterlassenem Erbteil und der Hälfte des gesetzlichen Erbteils erfolgt nach den gleichen Kriterien, wie bei § 2306 Abs. 1, also primär nach den **Erbquoten.** Bei Vorliegen von Anrechnungs- und Ausgleichungspflichten (§§ 2315, 2316) wurde vor dem **ErbVerjRÄndG** von der wohl überwiegenden Meinung vertreten, dass entspr. der sog. „Werttheorie" auch diese zu berücksichtigen seien (BGH NJW 1993, 1197 (1198); Schindler, Pflichtteilsberechtigter Erbe und pflichtteilsberechtigter Beschenkter, 2004, Rn. 167 ff. m. ausf. Darstellung des Streitstandes; Michalski ErbR Rn. 488; MüKoBGB/Lange, 4. Aufl. 2004, Rn. 3; Palandt/Weidlich, 68. Aufl. 2009, Rn. 1; ebenso OLG Köln ZEV 1997, 298 mAnm Klingelhöffer, jedoch bei belastendem Vermächtnis für Beibehaltung der Quotentheorie; eingehend zur Wert- und Quotentheorie s. 2. Aufl. 2008, § 2306 Rn. 9 ff.). Dies wurde damit begründet, dass es der Normzweck des § 2305 ist, den erbenden Pflichtteilsberechtigten nicht schlechter, aber auch nicht besser zu stellen als den völlig enterbten Pflichtteilsberechtigten. Daraus ergaben sich Probleme, wenn ein belasteter oder beschwerter Erbteil unterhalb des Pflichtteils hinterlassen wurde. Hätte der pflichtteilsberechtigte Erbe nach der alten Rechtslage ausgeschlagen, so hätte er den ordentlichen Pflichtteil verloren und nur den Pflichtteilsrestanspruch geltend machen können (§ 2306 Abs. 1 S. 1 aF). Er war insoweit an den hinterlassenen Erbteil „gefesselt", sodass zur Verwirklichung eines effektiven Pflichtteilsschutzes der hinterlassene Erbteil nach seinem effektiven Wert unter Berücksichtigung der Anrechnungs- und Ausgleichungspflichten zu bestimmen war. **Nach der Erbrechtsreform** ist unabhängig von der Höhe des hinterlassenen, aber beschwerten Erbteils die Ausschlagung die einzige Möglichkeit zur Sicherung des (effektiven) Pflichtteils (vgl. § 2306), ermöglicht aber **immer** die Erlangung des vollen, nicht gekürzten Pflichtteils. Daher besteht nach einem Teil der Lit. keine Notwendigkeit mehr, zu dessen Schutz die ohnehin umstr. Werttheorie anzuwenden, zumal dies auch der vom Reformgesetzgeber (BT-Drs. 16/8954, 20) ausdrücklich gewollten Gleichstellung zur Rechtslage beim Vermächtnis entspreche (ausf. dazu Hölscher/J. Mayer in MSTB PflichtteilsR-HdB § 4 Rn. 8 f.; FachAnwK-ErbR/Lindner Rn. 3). Gleichwohl geht die wohl hM weiterhin davon aus, dass im Falle der Anrechnung oder Ausgleichung der Restanspruch **unter Berücksichtigung von Anrechnungs- und Ausgleichungspflichten** zu errechnen ist (Staudinger/Otte, 2021, Rn. 15 ff.; Grüneberg/Weidlich Rn. 3; Blum in Schlitt/Müller PflichtteilsR-HdB § 3 Rn. 78 f. m. Bsp.; Gantenbrink Hereditare 1 (2011), 1 (7); jurisPK-BGB/Birkenheier Rn. 20, 11; Burandt/Rojahn/Horn Rn. 8; BeckOGK/Obergfell, 1.12.2021, Rn. 6; aA MüKoBGB/Lange Rn. 5; Hölscher/J. Mayer in MSTB PflichtteilsR-HdB § 4 Rn. 9; HK-PflichtteilsR/Schmidt-Recla Rn. 8 f.). Dafür spricht, dass durch § 2305 der „eigentliche Pflichtteil" geschützt werden soll und eine Ausschlagung (zwecks Erlangung des vollen Pflichtteils) voraussetzt, dass Belastungen iSv § 2306 vorliegen; dies ist bei Einschlägigkeit des § 2305 nicht zwangsläufig der Fall (vgl. jurisPK-BGB/Birkenheier Rn. 19).

4 Der Pflichtteilsrestanspruch ist ein echter **Pflichtteilsanspruch.** Er ist daher eine richtige Nachlassverbindlichkeit (ausf. Schindler, Pflichtteilsberechtigter Erbe und pflichtteilsberechtigter Beschenkter, 2004, Rn. 227 ff.), die sich aber nur **gegen die anderen Miterben** und nicht gegen die Erbengemeinschaft als solches richtet, weil dies sonst wieder zur Reduzierung des Erbteils des erbenden Pflichtteilsberechtigten führen würde und ihn daher entgegen dem Normzweck (→ Rn. 1) schlechter als den völlig enterbten Pflichtteilsberechtigten stellen würde (Soergel/Beck Rn. 6; Stein ZEV 1996, 73 (74); v. Olshausen DNotZ 1979, 707 (709); Schindler, Pflichtteilsberechtigter Erbe und pflichtteilsberechtigter Beschenkter, 2004, Rn. 211 ff. m. ausf. Begr.; aA Michalski ErbR Rn. 489: nur Tragung der Pflichtteilslast im Innenverhältnis durch die anderen Miterben). Dass es sich daher um eine nicht gemeinschaftliche Nachlassverbindlichkeit (auch Erbteilsverbindlichkeit) handelt, ändert nichts daran, dass die anderen Miterben nur beschränkt haften (Schindler, Pflichtteilsberechtigter Erbe und pflichtteilsberechtigter Beschenkter, 2004, Rn. 230 ff.), und zwar auch dann, wenn sie gegenüber anderen Nachlassgläubigern bereits unbeschränkbar haften (§ 2063 Abs. 2) (OLG Düsseldorf ZEV 1996, 72 (73); KG OLGE 11, 258

(263); Staudinger/Otte, 2021, Rn. 8; zur Geltendmachung der Haftungsbeschränkung Stein ZEV 1996, 72 (74)). Andererseits wird § 2058 hierauf zumindest analog angewandt, sodass die betroffenen Miterben gesamtschuldnerisch, wenn auch mit den allgemeinen Haftungsbeschränkungsmöglichkeiten haften (Staudinger/Otte, 2021, Rn. 8; RGRK-BGB/Johannsen § 2058 Rn. 3; Stein ZEV 1996, 72 (74); Kipp/Coing ErbR § 121 VI; Kerstan RNotZ 2021, 561 (565); zu weitgehend Schindler, Pflichtteilsberechtigter Erbe und pflichtteilsberechtigter Beschenkter, 2004, Rn. 244: auch pflichtteilsberechtigter Miterbe hafte gesamtschuldnerisch; aA v. Tuhr DJZ 1901, 121: nur Teilschuld). Der Pflichtteilsrestanspruch ist bei der Auseinandersetzung geltend zu machen (§ 2046, besonders Abs. 2) und **verjährt** nach dem ErbVerjRÄndG in der Regelverjährungsfrist des § 195 in drei Jahren. Für das Verhältnis der Miterben untereinander gelten die §§ 2046, 2063 Abs. 2, §§ 2319, 2320 ff.

Der Pflichtteilsrestanspruch ist zu unterscheiden vom **Pflichtteilsergänzungsanspruch** 5 (§§ 2325 ff.), der ein außerordentlicher Pflichtteilsanspruch ist und an besondere Voraussetzungen geknüpft wird. Soweit Erbteil und **Vermächtnis** zugleich zugewandt werden, ist auch § 2307 anzuwenden. Ein Pflichtteilsrestanspruch ist nur gegeben, wenn Erbteil und Vermächtnis zusammen nicht den Wert des halben gesetzlichen Erbteils erreichen oder das Vermächtnis ausgeschlagen wird (Staudinger/Otte, 2021, Rn. 10).

**2. Annahme des Erbteils.** Nimmt der Pflichtteilsberechtigte den unzureichenden Erbteil 6 an, so bleibt er mit dem hinterlassenen Erbteil Erbe und erhält zudem als „Aufstockung" den (schuldrechtlichen) Pflichtteilsrestanspruch. Die Werthaltigkeit des hinterlassenen Erbteils gegen beschränkende Anordnungen sichert demgegenüber **§ 2306 Abs. 1,** sodass sich beide Vorschriften **ergänzen.** Der überlebende Ehegatte der **Zugewinngemeinschaft** kann bei Annahme der Erbschaft dabei Ergänzung zu seinem großen Pflichtteil verlangen, berechnet nach dem erhöhten Erbteil (§ 1371 Abs. 1); daneben ist ein rechnerischer Zugewinnausgleich ausgeschlossen.

Die **Einfügung** des **S. 2** ist eine notwendige Folgeänderung des § 2306 durch das ErbVerjRÄG: 7 Wurde nach früherem Recht dem Pflichtteilsberechtigten ein Erbteil hinterlassen, der kleiner als die Hälfte seines gesetzlichen Erbteils war, so entfielen automatisch die belastenden oder beschwerenden Anordnungen (§ 2306 Abs. 1 S. 1 aF). Nach neuem Recht bleiben diese bestehen. Daher stellt S. 2 nunmehr klar, dass die durch diese Anordnungen eintretenden Wertminderungen des Erbteils nicht durch den Pflichtteilsrestanspruch ausgeglichen werden. Der Pflichtteilsberechtigte muss diese also voll hinnehmen, wenn er nicht die Ausschlagung nach § 2306 Abs. 1 nF wählt (vgl. zur Berechnung des Restpflichtteils auch BGH NJW 2021, 2115 mAnm Strobel = ZEV 2021, 521 mAnm Horn). Bei **Annahme** der belasteten oder beschwerten Erbschaft erhält er folglich **nach neuem Recht netto** weniger als bisher (BT-Drs. 16/8954, 19 m. Bsp.; Karsten RNotZ 2010, 359). Insoweit ist eine Angleichung der Rechtslage an die bei der Zuwendung eines belasteten Vermächtnisses erfolgt (vgl. § 2307).

In einer **„Kurzformel"** kann man den Pflichtteilsrestanspruch wie folgt ausdrücken (Holtmeyer ErbR 7.1 2009, 298 f.):

Pflichtteilsrestanspruch = Hälfte des gesetzlichen Erbteils – hinterlassener Erbteil ohne Abzug der Belastungen/Beschränkungen.

Die Auswirkungen werden an einem **Beispiel** der amtlichen Begründung richtig deutlich (BT-Drs. 7.2 16/8954, 19 f.; vgl. auch MüKoBGB/Lange Rn. 8): Der verwitwete Erblasser E hinterlässt seinem einzigen Kind K einen Erbteil von einem Viertel. Der Nachlass hat einen Wert von 10.000 EUR. In dem Testament wird zulasten des K ein Vermächtnis in Höhe von 1.000 EUR angeordnet.

**Lösung nach alter Rechtslage:** Das Vermächtnis gilt für K als nicht angeordnet (§ 2306 Abs. 1 S. 1 aF). Der Erbteil beträgt daher 2.500 EUR; der Zusatzpflichtteil (§ 2305 aF) ebenfalls 2.500 EUR. K erhält 5.000 EUR.

**Lösung nach neuer Rechtslage:** Nimmt K den Erbteil an, gelten für ihn die Beschränkungen und Beschwerungen. Und dies, obwohl sein Erbteil kleiner als der Pflichtteil ist. K erhält 2.500 EUR abzüglich des Vermächtnisses von 1.000 EUR, also letztlich 1.500 EUR. Zugleich kann er den Zusatzpflichtteil geltend machen, wobei bei dessen Berechnung die Beschränkungen und Beschwerungen außer Betracht bleiben (§ 2305 S. 2 nF). Da dieser 2.500 EUR beträgt, kann K insgesamt 4.000 EUR verlangen. Schlägt K hingegen aus, kann er den vollständigen Pflichtteil in Höhe von 5.000 EUR verlangen. Der Pflichtteilsberechtigte muss daher die seinen Erbteil betreffenden Beschränkungen und Beschwerungen voll tragen, wenn er nicht ausschlägt.

**3. Ausschlagung des Erbteils.** Wird der unzureichende, aber **nicht** iSv § 2306 belastete oder 8 beschwerte Erbteil ausgeschlagen, so verliert der Pflichtteilsberechtigte damit grds. den Erbteil; er erhält dadurch aber nicht – wie im Fall von § 2306 Abs. 1 – den vollen Pflichtteil, denn er war ja nicht enterbt, sondern hat den Erbteil aufgrund eigener Willensentscheidung verloren (zur Ausnahme bei Zugewinngemeinschaftsehe → Rn. 9). Es besteht dann vielmehr nur noch der Pflichtteilsrestanspruch (BGH NJW 1973, 995 (996); RGZ 93, 3 (9); 113, 45 (48); Staudinger/Otte, 2021, Rn. 11). Wird dies nicht bedacht, nahm die bislang ganz hM an, dass die Ausschlagungserklärung auch nicht nach § 119 angefochten werden kann, da es sich um einen unbeachtlichen **Rechtsfolgenirrtum** handeln sollte (so die hM, vgl. nur Soergel/Beck Rn. 3; für die Anfechtung aber OLG Hamm OLGZ 1982, 41 (46 ff.); anders Malitz/Benningoven ZEV 1998, 415 (418): Perplexität). Da der BGH nunmehr einen Irrtum über die Rechtsfolgen der Ausschlagung im Kontext mit der Verteidigung des Pflichtteils bei § 2306 Abs. 1 S. 2 aF als beachtlich angesehen hat (→ § 2306 Rn. 19), wird man dies hier ebenso annehmen können (MüKoBGB/Lange Rn. 9; vgl. auch Herzog/Lindner/Lindner, Die Erbrechtsreform, 2010, Rn. 284).

**9** Der überlebende Ehegatte der **Zugewinngemeinschaft** kann abweichend hiervon trotz Ausschlagung der Erbschaft den sog. **„kleinen Pflichtteil"** (berechnet aus dem normalen Erbteil des § 1931) und den rechnerischen Zugewinnausgleich verlangen (§ 1371 Abs. 3) (Grüneberg/Weidlich Rn. 5; jurisPK-BGB/Birkenheier Rn. 25; MüKoBGB/Lange Rn. 11; Staudinger/Otte, 2021, Rn. 13). Nimmt er die **Erbschaft an,** die kleiner als der aus dem nach § 1371 Abs. 1 berechneten erhöhten Pflichtteil ist, so hat er nur nach § 2305 Anspruch auf Ergänzung zwischen dem zugewandten Erbteil und dem nach dem erhöhten gesetzlichen Erbteil berechneten Pflichtteil; ein Anspruch auf den rechnerischen Zugewinnausgleich entfällt (NK-BGB/Bock Rn. 11; jurisPK-BGB/Birkenheier Rn. 25; MüKoBGB/Lange Rn. 12). Entsprechendes gilt für den überlebenden **eingetragenen Lebenspartner** iSd LPartG, wenn für die Lebenspartnerschaft Zugewinngemeinschaft galt.

## § 2306 Beschränkungen und Beschwerungen

**(1) Ist ein als Erbe berufener Pflichtteilsberechtigter durch die Einsetzung eines Nacherben, die Ernennung eines Testamentsvollstreckers oder eine Teilungsanordnung beschränkt oder ist er mit einem Vermächtnis oder einer Auflage beschwert, so kann er den Pflichtteil verlangen, wenn er den Erbteil ausschlägt; die Ausschlagungsfrist beginnt erst, wenn der Pflichtteilsberechtigte von der Beschränkung oder der Beschwerung Kenntnis erlangt.**

**(2) Einer Beschränkung der Erbeinsetzung steht es gleich, wenn der Pflichtteilsberechtigte als Nacherbe eingesetzt ist.**

**Schrifttum:** Bonefeld, Pflichtteilsanspruch bei aufschiebenden oder auflösenden Bedingungen, ZErb 2015, 216; Fromm, Ausschlagung der belasteten Erbschaft zwecks Pflichtteilserlangung, ZErb 2020, 349; Horn, Ausschlagung durch den pflichtteilsberechtigten Erben, NJW 2017, 1083; Keim, Testamentsgestaltung bei „missratenen" Kindern – Neue Möglichkeiten durch die geplanten Änderungen im Pflichtteilsrecht?, NJW 2008, 2072; Keller, Die Problematik des § 2306 BGB bei der Sondererbfolge in Anteile an Personengesellschaften, ZEV 2001, 297; Kerstan, Die §§ 2305 bis 2307 BGB in der notariellen Praxis, RNotZ 2021, 561; de Leve, Die Ausschlagung nach § 2306 BGB – Was hat sich geändert und was ist zu beachten?, ZEV 2010, 184; J. Mayer, Die Auswirkungen der Erbrechtsreform auf die Kautelarpraxis, ZEV 2010, 2; Reimann, Anwendung von § 2306 BGB auf gesellschaftsrechtliche Beschränkungen?, ErbR 2011, 34; Schindler, Die Anwendung des § 2306 BGB nach altem und neuem Recht unter besonderer Berücksichtigung der Werttheorie, ZEV 2008, 125; Schindler, Pflichtteilsanspruch für aufschiebend bedingte Nacherben nur bei Ausschlagung?, ZEV 2015, 316; Strobel, § 2306 BGB und die sog. cautela Socini, ZEV 2019, 49.

### Überblick

Die Vorschrift schützt den Pflichtteilsberechtigten, der zwar **als Erbe eingesetzt** (→ Rn. 3) wurde, jedoch mit weitreichenden **Beschränkungen oder Beschwerungen belastet** (→ Rn. 4) ist. Einer Beschränkung der Erbeinsetzung steht nach Abs. 2 die Einsetzung als **Nacherbe** gleich (→ Rn. 12, → Rn. 26). Der so belastete Erbe hat ein **Wahlrecht** (→ Rn. 16), ob er die belastete Erbschaft **annimmt** (→ Rn. 18), oder ob er **ausschlägt** und seinen **Pflichtteil geltend macht** (→ Rn. 20).

## Übersicht



# I. Normzweck, Grundzüge

1 **1. Grundsätzliches Verhältnis von Pflichtteil und zugewandtem Erbteil.** Hat der Erblasser einen Pflichtteilsberechtigten zum Erben eingesetzt, so steht diesem nur ausnahmsweise ein Pflichtteil zu. Dabei ist zu unterscheiden:

- Wird dem Pflichtteilsberechtigten ein **unbelasteter Erbteil** zugewandt, so kommt es darauf an, ob dieser größenmäßig seinem **Pflichtteil gleichkommt oder gar überschreitet.**
  - o Ist dies der Fall, so steht dem Pflichtteilsberechtigten **kein Pflichtteilsanspruch** zu, da er nicht durch Verfügung von Todes wegen von der Erbfolge iSv § 2303 Abs. 1 ausgeschlossen wurde.
  - o Bleibt der zugewandte, unbelastete Erbteil demgegenüber **hinter dem Pflichtteil** zurück, so kann der Pflichtteilsberechtigte von den Miterben als Pflichtteil den Wert des an der Hälfte seines gesetzlichen Erbteils fehlenden Teils als sog **Pflichtteilsrestanspruch (§ 2305)** verlangen.
- Wird demgegenüber der Pflichtteilsberechtigte zum **Erben** eingesetzt, jedoch mit **Anordnungen,** die seinen Erbteil iSv Abs. 1 **beschränken oder beschweren,** so gewährt ihm das Gesetz nach § 2306 nF ein generelles **Wahlrecht,** ob er die zugewandte Erbschaft mit allen Beschränkungen oder Beschwerungen **annimmt** oder ob er sie **ausschlägt** und stattdessen seinen vollen Pflichtteil verlangt. Aufgrund der Rechtsänderung durch das ErbVerjRÄndG kommt es für die seit dem 1.1.2010 eintretenden Erbfälle nicht mehr darauf an, **in welcher Höhe** ihm ein belasteter oder beschwerter Erbteil zugewandt wird (vgl. nur MüKoBGB/Lange Rn. 6; Burandt/Rojahn/Horn Rn. 8).

2 **2. Früheres Recht.** Nach altem Recht, das noch für die **vor dem 1.1.2010 eingetretenen Erbfälle** gilt, wurde für den Pflichtteilsschutz **nach der Höhe** des dem Pflichtteilsberechtigten hinterlassenen, aber beschwerten oder beschwerten **Erbteils differenziert:** Überstieg dieser die **Hälfte des gesetzlichen Erbteils nicht,** so kam ihm die Zuwendung uneingeschränkt und ohne jede Beschränkung und Beschwerung zugute, die Beschwerungen entfielen automatisch kraft Gesetzes (Abs. 1 S. 1 aF). Die Norm schützte insoweit gerade den unbelasteten Erbteil, nicht nur einen Wertanspruch in Höhe des Pflichtteils (zust. MüKoBGB/Lange Rn. 3; zum Normzweck auch Kanzleiter DNotZ 1993, 780 (781); RGZ 93, 3 (6 f.)). Hinsichtlich der Differenz zwischen hinterlassenem Erbteil und der Hälfte des gesetzlichen Erbteils stand dem Pflichtteilsberechtigten ein Pflichtteilsrestanspruch (§ 2305) zu („Aufstockungslösung"). War demgegenüber der **hinterlassene Erbteil größer als die Hälfte des gesetzlichen Erbteils,** so gab das Gesetz dem Pflichtteilsberechtigten ein durch frist- und formgebundene Ausschlagung zu erklärendes Wahlrecht, ob er den höheren, aber belasteten oder beschwerten Erbteil annimmt oder aber den vollen Pflichtteil in Geld fordert (Abs. 1 S. 2 aF). Hier führte also ausnahmsweise die Ausschlagung der Zuwendung nicht zugleich zum Verlust des Pflichtteils (→ § 2303 Rn. 33). Geschützt wurde hier nur die wertmäßige Beteiligung in Höhe des Pflichtteils. Der betroffene Pflichtteilsberechtigte konnte die für ihn günstigere Lösung wählen (sog taktische Ausschlagung). Die Differenzierung, ob ein Fall das Abs. 1 S. 1 aF vorlag, also die angeordneten Beschränkungen oder Beschwerungen kraft Gesetzes automatisch wegfielen, oder nach Abs. 1 S. 2 aF eine Ausschlagung zur Pflichtteilserlangung notwendig war, nahm die ganz überwiegende Auffassung nach der sog **Quotentheorie** vor: Es wurde die halbe gesetzliche Erbquote, also der Pflichtteil (§ 2303 Abs. 1 S. 1) mit dem quotenmäßigen Anteil des hinterlassenen Erbteils am Gesamtnachlass verglichen. Waren bei der Berechnung des Pflichtteils Anrechnungs- und Ausgleichspflichten (§§ 2315, 2316) zu berücksichtigen, wurde ausnahmsweise nach der sog. **„Werttheorie"** ein Wertvergleich durchgeführt (eingehend → 2. Aufl. 2008, Rn. 9–12). Eine Vereinfachung dieser komplizierten und haftungsträchti-

gen Regelung war dringend geboten (anschauliche Beispiele zum Reformbedarf etwa bei Schindler ZEV 2008, 125 ff.). Daher wurde die Neuregelung, durch die der Streit zwischen Quoten- und Werttheorie zumindest im Anwendungsbereich von § 2306 gegenstandslos wurde, **allgemein begrüßt** (so etwa Lange in Bonefeld/Kroiß/Lange, Die Erbrechtsreform, 2010, § 8 Rn. 12 ff.; Lindner in Herzog/Lindner, Die Erbrechtsreform, 2010, Rn. 245 ff.).

## II. Allgemeine Voraussetzungen des § 2306

3 **1. Pflichtteilsberechtigter als Erbe.** Voraussetzung für die Anwendung des Abs. 1 ist zum einen, dass der Betroffene allgemein pflichtteilsberechtigt ist und zum anderen, dass er auch **Erbe** wurde. Woraus sich die Erbenstellung herleitet, ist dabei unerheblich, es kann sich auch um eine solche kraft gesetzlicher Erbfolge handeln (Burandt/Rojahn/Horn Rn. 5). Über den Wortlaut der Norm hinaus steht das Ausschlagungsrecht nach Abs. 1 auch dem **pflichtteilsberechtigten Alleinerben** zu (BGHZ 168, 210 = DNotZ 2006, 926 (927); BayObLGZ 1959, 77 (79) = NJW 1959, 1734; OLG Karlsruhe ZEV 2008, 39; MüKoBGB/Lange Rn. 4). Dies wird in der Praxis insbes. dann wichtig, wenn der Erbe zur **Verteidigung seines Pflichtteils** gegen eine hohe wertmäßige Belastung (zB ein die Erbschaft wertmäßig ausschöpfendes Vermächtnis) ausschlagen muss, denn § 2318 greift insoweit zur Verteidigung des Pflichtteils nicht ein.

4 **2. Beschränkungen und Beschwerungen. a) Abschließende Aufzählung.** Die Beschränkungen und Belastungen, die ein Wahlrecht auslösen, sind in Abs. 1 abschließend aufgezählt; eine Erweiterung durch **Analogie** ist wegen des zwingenden Charakters des Pflichtteilsrechts grds. nicht möglich (BGHZ 112, 229 (232) = NJW 1991, 169; Lange/Kuchinke ErbR § 37 Fn. 84; MüKoBGB/Lange Rn. 7; RGRK-BGB/Johannsen Rn. 7; Staudinger/Otte, 2021, Rn. 6c; Kerstan RNotZ 2021, 561 (567)). Diese Belastungen müssen tatsächlich, und nicht nur in der Vorstellung des Betroffenen (BGHZ 112, 229 (232) = NJW 1991, 169; jurisPK-BGB/Birkenheier Rn. 17; Staudinger/Otte, 2021, Rn. 6d), bestehen, und im Zeitpunkt des **Erbfalls** noch wirksam sein (MüKoBGB/Lange Rn. 7; Staudinger/Otte, 2021, Rn. 7). Daher werden Belastungen und Beschränkungen, die sich im Zeitpunkt des Erbfalls bereits erledigt haben, nicht berücksichtigt (Soergel/Beck Rn. 6; Staudinger/Otte, 2021, Rn. 7). Entsprechendes gilt auch in den Fällen, in denen das Gesetz dem entsprechenden Ereignis **rückwirkende Kraft** beilegt, wie bei der Ausschlagung (§ 1953 Abs. 1, § 2180 Abs. 3), der Anfechtung (§ 142 Abs. 1) oder der Feststellung der Erbunwürdigkeit (§ 2344 Abs. 1) (Staudinger/Otte, 2021, Rn. 7). Fallen diese nach Eintritt des Erbfalls, aber erst **nach der Ausschlagung** weg, so sind sie jedoch zu berücksichtigen, da der Pflichtteilsberechtigte bei seiner Ausschlagungsentscheidung von deren Bestehen ausging; daher ist es unerheblich, ob der Wegfall ex nunc oder ex tunc stattfindet (jurisPK-BGB/Birkenheier Rn. 20). Unter Umständen kann aber die Ausschlagung nach § 2308 angefochten werden. Die Beschränkungen und Beschwerungen müssen den Pflichtteilsberechtigten auch **konkret belasten.**

5 **b) Einsetzung zum Vorerben.** Durch die Berufung zum Vorerben, auch zum befreiten, oder bei bloß konstruktiver Nacherbfolge, die sich nach § 2104 auch bei einer auflösend befristeten oder auflösend bedingten Erbeinsetzung ergeben kann, wird der Pflichtteilsberechtigte **immer beschränkt** (KG OLGE 11, 258 (261); MüKoBGB/Lange Rn. 9; Kerstan RNotZ 2021, 561 (568); Staudinger/Otte, 2021, Rn. 9 mwN; dies ist praktisch bedeutsam bei Gestaltung eines sog Behindertentestamentsvgl. Müller-Engels in: Limmer/Hertel/Frenz/Mayer, Würzburger Notarhandbuch, Teil 4 Kap. 1 Rn. 410 f., 424 f.; Tersteegen in: Keim/Lehmann, Beck'sches Formularbuch Erbrecht, F. I. 2 Anm. 5). Dabei spielt es keine Rolle, ob die Nacherbfolge mit dem Tod des Vorerben (§ 2106) oder zu einem anderen Zeitpunkt eintritt. Die Beschränkung liegt darin, dass der Vorerbe über den Nachlass weder unter Lebenden (vgl. §§ 2112 ff.) noch durch Verfügung von Todes wegen (frei) verfügen kann (zur Einsetzung als Nacherbe → Rn. 12).

6 **c) Anordnung der Testamentsvollstreckung.** Die Anordnung einer **Testamentsvollstreckung** stellt wegen der damit verbundenen Einschränkung der Verwaltungs- und Verfügungsbefugnis des Erben (vgl. §§ 2205, 2211) stets eine Belastung iSv § 2306 Abs. 1 dar (Damrau/Tanck/Riedel Rn. 9; MüKoBGB/Lange Rn. 12). Unerheblich ist, ob es sich „nur" um eine Auseinandersetzungsvollstreckung oder um eine Verwaltungs- oder Dauervollstreckung handelt.

7 **d) Teilungsanordnung und Nachfolgeklausel. aa) Teilungsanordnung.** Wann in einer Teilungsanordnung eine Beschränkung iSv § 2306 zu sehen ist, ist umstritten; überwiegend wird dies nur für solche Teilungsanordnungen angenommen, die den Pflichtteilsberechtigten **belasten,** nicht aber für solche, die ihn begünstigen oder gar nicht berühren (Soergel/Beck Rn. 5, 6;

Grüneberg/Weidlich Rn. 3; U. Mayer DNotZ 1996, 422 (423)). Doch gibt es nach modernem Verständnis keine begünstigende Teilungsanordnung; eine solche wäre vielmehr ein Vorausvermächtnis und daher auch im Rahmen des § 2306 wie ein solches zu behandeln (BGH ZEV 1995, 144 (145) mAnm Skibbe; Staudinger/Otte, 2019, § 2150 Rn. 12 ff.; MüKoBGB/Lange Rn. 13; für den Regelfall nehmen auch Damrau/Riedel Rn. 7 ein Vorausvermächtnis an). Aber auch eine für einen anderen getroffene echte **Teilungsanordnung** beschwert den Pflichtteilsberechtigten immer, weil sie ihn auf Dauer von der gesamthänderischen Mitberechtigung an dem Zuwendungsobjekt ausschließt. Daher ist die Differenzierung zwischen begünstigenden und anderen Teilungsanordnungen weitgehend überflüssig (vgl. MüKoBGB/Lange Rn. 13; Staudinger/Otte, 2021, Rn. 11; NK-BGB/Bock Rn. 9).

Darüber hinaus findet § 2306 Abs. 1 auch Anwendung, wenn der Erblasser zwar **keine Teilungsanordnung getroffen** hat, aber hinsichtlich einzelner Nachlassgegenstände Zuweisungen getroffen hat, die entgegen § 2087 Abs. 2 nach Auslegung der Verfügung als Erbeinsetzung – verbunden mit einer Teilungsanordnung – anzusehen sind (Soergel/Beck Rn. 7; jurisPK-BGB/Birkenheier Rn. 30; Burandt/Rojahn/Horn Rn. 16). 8

**bb) Nachfolgeklausel.** Umstritten ist die Einordnung einer **gesellschaftsvertraglichen Nachfolgeklausel** bei einer Personengesellschaft, die zu einer sofort mit dem Erbfall eintretenden erbrechtlichen Sondernachfolge in die Gesellschaftsbeteiligung des Verstorbenen führt (ausf. H. Keller ZEV 2001, 297 (298); Reimann ErbR 2011, 34; Staudinger/Otte, 2021, Rn. 16 ff.). Dabei wird der Gesellschaftsanteil des Erblassers nicht Bestandteil des gesamthänderisch gebundenen Vermögens der Erbengemeinschaft, sondern geht unmittelbar und entspr. den Erbquoten aufgeteilt auf die einzelnen Miterben über (BGH NJW 1983, 2376 (2377); BGHZ 108, 187 = NJW 1989, 3152; ausf. Staudinger/Kunz, 2017 § 1922 Rn. 198; zu den Begründungsversuchen Muscheler, Universalsukzession und Vonselbsterwerb, 2002, 113 ff.). Dogmatisch kann man dies als eine sich kraft Gesetzes von selbst vollziehende Teilauseinandersetzung der Erbengemeinschaft (entspr. einer – dem dt. Recht unbekannten – dinglich wirkenden Teilungsanordnung) verstehen (vgl. Staudinger/Otte, 2021, Rn. 16). Dabei ist zu **differenzieren: (1)** Bei einer **einfachen Nachfolgeklausel** erleiden die pflichtteilsberechtigten Erben keine Nachteile, da die erb- und gesellschaftsrechtliche Nachfolge sich sowohl hinsichtlich der Person und der Beteiligungshöhe iÜ entsprechen. Daher ist nach hM § 2306 nicht anwendbar, denn eine Teilungsanordnung ist nur dann eine Beschränkung, wenn sie den Pflichtteilsberechtigten tatsächlich beeinträchtigt (Damrau/Tanck/Riedel Rn. 22; Staudinger/Otte, 2021, Rn. 17; iE ebenso Lange ZErb 2014, 97 (100), jedoch mit abw. Begr., wonach es an einer Erblasseranordnung fehle, weil sich die Nachfolge aufgrund der gesellschaftsvertraglichen Regelung vollziehe). **(2)** Dagegen beschränkt die **qualifizierte Nachfolgeklausel** die Vererblichkeit auf bestimmte **Personen.** Es können nur diejenigen Erben den Gesellschaftsanteil erwerben, die im Gesellschaftsvertrag hierfür zugelassen sind. Dies legt die Anwendbarkeit des § 2306 zu Gunsten des nicht als Gesellschafternachfolger zugelassenen erbenden Pflichtteilsberechtigten nahe. Nach der Rechtslage bis zum Inkrafttreten des ErbVerjÄndG hätte dies bei der Falllage des **§ 2306 Abs. 1 S. 1** dazu geführt, dass die Möglichkeit der **Singularsukzession** in den Gesellschafteranteil überhaupt **entfiel** und es für keinen der Erben zu einer erbrechtlichen Nachfolge in die Beteiligung gekommen wäre. Daher war die **Anwendbarkeit** des **§ 2306 aF** bei der qualifizierten Nachfolgeklausel umstritten. Teilweise wurde angenommen, die Vorschrift sei insgesamt oder zumindest dessen Abs. 1 S. 1 aF nicht anwendbar (so OLG Hamm OLGZ 1991, 388 = NJW-RR 1991, 837 = FamRZ 1992, 113 m. abl. Anm. Reimann = DNotZ 1992, 320 m. zust. Anm. Winkler; Ebenroth ErbR Rn. 967; H. Keller ZEV 2001, 297 (299 ff.)), während die Gegenansicht dies bejahte (Reimann FamRZ 1992, 117; Lange/Kuchinke ErbR § 37 V 4a). Nach der **Neuregelung** besteht demgegenüber nicht mehr die Gefahr, dass die Singularsukzession an der Pflichtteilsschutzklausel des § 2306 scheitert (vgl. MüKoBGB/Lange Rn. 16). Aber auch dogmatisch besteht keine Notwendigkeit, § 2306 auf diese Nachfolgeklauseln anzuwenden. Denn der pflichtteilsberechtigte Erbe wird hier nicht durch eine letztwillig verfügte Teilungsanordnung beschränkt, sondern **allein** durch die **gesellschaftsvertraglich** vereinbarte **Nachfolgeklausel** (MüKoBGB/Lange Rn. 17; Lange ZErb 2014, 97 (100); ebenso Staudinger/Otte, 2021, Rn. 18). 9

Dies betrifft etwa den Fall, dass die Ehefrau des Erblassers Miterbin wird, aber nach dem Gesellschaftsvertrag nur Abkömmlinge nachfolgeberechtigt sind. 9.1

Demgegenüber erfasst **§ 2306 nur erbrechtliche Beschränkungen.** Eine solche liegt vor, wenn der Erblasser durch eine **Sonderverfügung** einen von mehreren nachfolgeberechtigten Miterben in einem von seiner **Erbquote abweichenden Anteilsverhältnis** zur Nachfolge zulässt, 10 da dann eine erbrechtliche Teilungsanordnung oder gar ein Ausschluss des Wertausgleichs durch ein Vorausvermächtnis vorliegt (Reimann ErbR 2011, 34 (38); Lange ZErb 2014, 97 (100 f.); HK-PflichtteilsR/Schmidt-Recla Rn. 18; Hölscher/J. Mayer in MSTB PflichtteilsR-HdB § 3 Rn. 16; BeckOGK/Obergfell, 1.12.2021, Rn. 9; Staudinger/Otte, 2021, Rn. 18, der zu Recht auf die Rechtslage bei der Nachfolge in GmbH-Anteile hinweist). Ansonsten scheidet auch eine analoge Anwendung des § 2306 aus, weil die Sachverhalte nicht vergleichbar sind (eingehend zum alten Recht Keller ZEV 2001, 297 (299 f.)). Hinzu kommt der materielle Gesichtspunkt, dass auch der nicht zur Nachfolge zugelassene pflichtteilsberechtigte Miterbe von den anderen einen Wertausgleich erlangen kann.

11 Auch auf **andere** gesellschaftsvertragliche **Beschränkungen,** wie etwa einen Kündigungsausschluss, ist § 2306 nicht entspr. anwendbar, da diese primär auf den gesellschaftsvertraglichen Vorgaben beruhen. Nur in Ausnahmefällen können diese nach § 138 wegen eines Institutsmissbrauchs bei gezieltem Einsatz zur Pflichtteilsbeschränkung unwirksam sein (ausf. Reimann ErbR 2011, 34 (39 f.); zust. Lange ZErb 2014, 97 (101)).

12 **e) Einsetzung zum Nacherben.** Wird der Pflichtteilsberechtigte zum Nacherben eingesetzt, wird dies der Erbeinsetzung unter einer Beschränkung gleichgestellt (Abs. 2), weil hier ein zeitlich verzögerter Erbantritt erfolgt. Zur Nacherbeneinsetzung als Beschränkung und zur Ausschlagungsentscheidung ausf. → Rn. 26.

13 **f) Vermächtnisse und Auflagen.** Zu den **Beschwerungen** gehören auch Vermächtnisse – einschließlich dem Dreißigsten (§ 1969) (Soergel/Beck Rn. 7; HK-PflichtteilsR/Schmidt-Recla Rn. 17; aA Staudinger/Otte, 2021, Rn. 14, da nicht auf Anordnung des Erblassers zurück gehend), nicht jedoch der gesetzliche Voraus (vgl. § 2311 Abs. 1 S. 2) (Soergel/Beck Rn. 7; HK-PflichtteilsR/Schmidt-Recla Rn. 17; Staudinger/Otte, 2021, Rn. 14) – und Auflagen (Staudinger/Otte, 2021, Rn. 15), sofern diese den Erben beschweren bzw. rechtliche Verpflichtungen des Erben begründen. Ein beschwerendes Vermächtnis liegt auch in der abweichenden Verteilung der Pflichtteilslast durch den Erblasser iSv § 2324 (Staudinger/Otte, 2021, Rn. 19).

14 **g) Schiedsgerichtsanordnung.** Eine Schiedsgerichtsanordnung (§ 1066 ZPO) stellt nach einer verbreiteten Auffassung erbrechtlich eine **Auflage** dar (Kohler DNotZ 1962, 125 (126 f.); Schiffer BB-Beil. 5/1995, 3; aA aber die hM, vgl. etwa Otte FS Rheinisches Notariat, 1998, 241 (243) mwN; Staudinger/Otte, 2021, Rn. 15; MüKoBGB/Leipold § 1937 Rn. 32; Kerstan RNotZ 2021, 561 (568 f.), weil keine Leistungsverpflichtung auferlegt, sondern die Kompetenz des Schiedsgerichts begründet wird). Soweit sie eine Gewähr für unparteiliche und unabhängige Rspr. bietet, soll sie jedoch nicht belastend und damit für § 2306 **unerheblich** sein (NK-BGB/Bock Rn. 13; Damrau/Tanck/Riedel Rn. 18). Jedoch ist diese Argumentation problematisch, weil dies je nach Standpunkt unterschiedlich empfunden wird und zudem dadurch der Pflichtteilsberechtigte mit der schwierigen Prognoseentscheidung belastet wird zu beurteilen, ob das angeordnete Schiedsgericht die erforderliche Qualität hat (Staudinger/Otte, 2021, Rn. 15). Zur Nichtanwendung des § 2306 gelangt man auch, wenn man in der Schiedsgerichtsklausel mit einer neueren Auffassung eine rein **prozessuale Anordnung** sieht (Haas ZEV 2007, 49 (52); Zöller/Geimer, 31. Aufl. 2016, ZPO § 1066 Rn. 18; zust. Pawlytta ZEV 2003, 89 (94), jedoch die beiden zuletzt Genannten nicht zu § 2306). Der durch § 2306 zu verwirklichende Pflichtteilsschutz des pflichtteilsberechtigten Erben spricht **gegen** diese Argumentation. Und um diesen geht es hier, was aber verkannt wird, wenn es heißt, dass die ganze Thematik bei § 2306 überhaupt keine Bedeutung habe, weil die Anordnung einer Schiedsklausel für Pflichtteilsansprüche nicht den Pflichtteilsberechtigten als Erben betreffe (Staudinger/Otte, 2021, Rn. 15). Denn dies verkennt die Situation, dass der pflichtteilsberechtigte Erbe Pflichtteilsansprüchen anderer Pflichtteilsberechtigter ausgesetzt ist und es dann um deren Regulierung aufgrund einer solcher Schiedsklausel geht (zur Unzulässigkeit eines vom Erblasser angeordneten Schiedsverfahrens über Pflichtteilsansprüche vgl. auch OLG München ZEV 2016, 334; → § 2317 Rn. 12).

15 **h) Nicht erfasste Belastungen. Andere Anordnungen** als die vorstehend unter b–g Genannten muss der pflichtteilsberechtigte Erbe hinnehmen, so die berechtigte **Pflichtteilsbeschränkung in guter Absicht** (§ 2338) oder **familienrechtliche Anordnungen** iSv § 1418 Abs. 1 Nr. 2, §§ 1638, 1639 (jurisPK-BGB/Birkenheier Rn. 15; Staudinger/Otte, 2021, Rn. 19a; Burandt/Rojahn/Horn Rn. 25 f.).

## III. Generelles Wahlrecht (Abs. 1)

**1. Grundsatz.** Unabhängig von der Höhe des hinterlassenen Erbteils steht dem pflichtteilsberechtigten, aber mit einer Belastung oder Beschwerung bedachten Erben nach der Neufassung des § 2306 ein generelles Wahlrecht zu. Er kann 16

- entweder den Erbteil mit allen Belastungen oder Beschwerungen annehmen und muss diese erfüllen, auch wenn ihm von seinem eigenen Pflichtteil nichts verbleibt. § 2318 schützt ihn dagegen gerade nicht;
- oder seinen Erbteil ausschlagen und dennoch seinen Pflichtteil verlangen.

Gegenüber der alten Rechtslage hat dieses Wahlrecht für den Erben, dessen Erbteil kleiner oder gleich groß wie die Hälfte seines gesetzlichen Erbteils ist, auch **Nachteile.** Denn nach dem früheren Recht musste er nicht ausschlagen, sondern konnte den hinterlassenen Erbteil behalten und die Belastungen oder Beschwerungen entfielen automatisch. Nunmehr muss er sich immer innerhalb der kurzen Ausschlagungsfrist entscheiden. Schlägt er nicht aus, dann bleiben die Beschränkungen und Beschwerungen bestehen und er erwirbt keinen Pflichtteilsanspruch (zum uU anfechtungsrelevanten Irrtum über die pflichtteilsrechtlichen Folgen der Annahme → Rn. 19). Schlägt er aus, dann verliert er alle Vorteile der Erbenstellung mit der damit verbundenen Nachlassbeteiligung und wird reiner **Nachlassgläubiger.** Jedoch ist dies dem Pflichtteilsberechtigten nach Auffassung des Gesetzgebers im Hinblick auf die Erleichterungen, die dieses Wahlrecht nun bietet, zumutbar (BT-Drs. 16/8954, 20). Aber auch bei einem größeren Erbteil kann die Ausschlagungsentscheidung schwierig sein. Die praktischen Probleme verschieben sich nunmehr generell dahingehend, dass er die ihn betreffenden Belastungen und Beschränkungen und ihre Auswirkungen bewerten muss. Damit wirken sie sich auf der „Motivebene" des Erben aus (so anschaulich Lange in Bonefeld/Kroiß/Lange, Die Erbrechtsreform, 2010, § 8 Rn. 14). 17

**2. Annahme der Erbschaft.** Bei **Annahme der Erbschaft** behält der Pflichtteilsberechtigte den Erbteil mit allen damit verbundenen Beschränkungen und Beschwerungen; dies ist unabhängig davon, ob ihm nach Abzug der Beschwerungen überhaupt etwas aus dem Nachlass verbleibt (Staudinger/Otte, 2021, Rn. 32; Burandt/Rojahn/Horn Rn. 42; Damrau/Tanck/Riedel Rn. 26; MüKoBGB/Lange Rn. 22); zum uU anfechtungsrelevanten Irrtum über die pflichtteilsrechtlichen Folgen der Annahme → Rn. 19. Einen **Pflichtteilsrestanspruch** (§ 2305) hat er nur, wenn der hinterlassene Erbteil hinter der Hälfte des gesetzlichen zurückbleibt, und zwar in Höhe der Differenz (BGH NJW 1958, 1964). Allerdings bleiben bei der Bemessung des Pflichtteilsrestanspruchs diese Beschränkungen und Beschwerungen gerade außer Betracht (§ 2305 S. 2), sodass in solchen Fällen immer die **Ausschlagung** zur Pflichtteilserlangung der bessere Weg ist. Daneben kann auch noch ein **Pflichtteilsergänzungsanspruch** nach Maßgabe des § 2326 S. 2 bestehen (Staudinger/Otte, 2021, Rn. 32). 18

**Verkennt** der Erbe diese Rechtsfolge, so hat der **BGH** in einer Entscheidung vom 5.7.2006 (BGHZ 168, 210 = NJW 2006, 3353 = ZErb 2006, 378 mAnm Keim = ZEV 2006, 498 mAnm Leipold) zur Ausschlagungsentscheidung nach § 2306 Abs. 1 S. 2 aF im Gegensatz zu zwei Entscheidungen des BayObLG (BayObLGZ 1995, 120 = NJW-RR 1995, 904; BayObLG FamRZ 1999, 117 = ZEV 1998, 431) eine **Anfechtungsmöglichkeit** wegen eines beachtlichen Inhaltsirrtums (§ 119) bejaht. Tragender Entscheidungsgrund war dabei, dass die unterlassene Ausschlagung und somit der Verlust des Pflichtteils unmittelbare Folge des Irrtums sind und daher ein beachtlicher Inhaltsirrtum vorliegt. Ausgehend von der neuen Gesetzeslage ließe sich die Auffassung vertreten, dass nunmehr der Pflichtteilsberechtigte dem Gesetzestext hinreichend klar entnehmen kann, dass er, um den Pflichtteil verlangen zu können, immer **zwingend ausschlagen muss** und andererseits bei einer Ausschlagung niemals mehr den Pflichtteil verliert (so Lange in Bonefeld/Kroiß/Lange, Die Erbrechtsreform, 2010, § 8 Rn. 29; Damrau/Tanck/Riedel Rn. 46). Andererseits besteht auch nach neuem Recht immer noch die Möglichkeit eines Rechtsirrtums, etwa weil der Pflichtteilsberechtigte das Pflichtteilsrecht als Noterbrecht ansieht (Staudinger/Otte, 2021, § 2308 Rn. 7), sodass nach wie vor eine **Anfechtung** wegen eines Rechtsirrtums nicht ausgeschlossen ist (BGH NJW 2016, 2954 = ZEV 2016, 774 mAnm Lange; Staudinger/Otte, 2021, § 2308 Rn. 7; Keim ZEV 2008, 161 (163); Kerstan RNotZ 2021, 561 (571); letztlich ebenso Schlitt in Schlitt/Müller HdB Pflichtteilsrecht § 1 Rn. 115; vgl. auch Metzler, Ausschlagung und Erbverzicht in dogmatischer Analyse, 2013, 393 f.). Bei einem **tatsächlichen Irrtum** über das Bestehen der Belastungen besteht ein Anfechtungsrecht nach § 119 Abs. 2 zumindest dann, wenn durch diese der Pflichtteilsanspruch gefährdet wäre (zu Einzelheiten → § 2308 Rn. 8) (BGHZ 106, 359 (363) = NJW 1989, 2885). 19

20 **3. Ausschlagung. a) Gegenstand der Ausschlagung.** In neuerer Zeit wurde strittig, auf was sich die **Ausschlagung** zu beziehen hat (zum Streitstand Lange/Honzen ZErb 2011, 289 ff.; vgl. dazu auch Fromm ZErb 2020, 349 ff.). Die Problematik ergibt sich aus § 1948. Danach kann ein Erbe, der durch eine Verfügung von Todes wegen zum Erben berufen ist, die Erbschaft als eingesetzter Erbe ausschlagen und als gesetzlicher Erbe, soweit er ohne die Verfügung von Todes wegen hierzu berufen wäre, annehmen. **(1)** Nach der einen Auffassung muss die Ausschlagung auf die **Berufung aufgrund der Verfügung von Todes wegen beschränkt** werden. Denn würde auch die Stellung als gesetzlicher Erbe ausgeschlagen, so bestehe nach der Grundregel des § 2303 Abs. 1 S. 1 kein Pflichtteil mehr, da der Ausschluss von der Erbfolge nicht auf der Enterbung, sondern auf der Ausschlagung beruhe (de Leve ZEV 2010, 184 (185 f.); 2010, 557; 2015, 111). **(2)** Demgegenüber muss nach der Gegenansicht die Ausschlagung **alle Berufungsgründe** erfassen. Denn trete weder in Folge einer Ersatzerbeneinsetzung oder einer Anwachsung ein Anfall der gewillkürten Erbfolge an andere (Mit-) Erben ein oder entfalle diese, weil auch die anderen Miterben die Erbschaft ausschlagen, so werde der Ausschlagende aufgrund der gesetzlichen Erbfolge dennoch Erbe und könne daher keinen Pflichtteil verlangen (Sachs ZEV 2010, 556). **(3) Richtig** ist demgegenüber eine vermittelnde Meinung, die auf die konkreten Verhältnisse des **Einzelfalls** abstellt. Demnach ist auch die Ausschlagung des gesetzlichen Erbteils nur dann zur Pflichtteilserlangung möglich, aber auch erforderlich, wenn sich die vom Erblasser angeordneten Beschränkungen oder Beschwerungen an dem gesetzlichen Erbteil fortsetzen (OLG Schleswig NJW-RR 2015, 390 = ZEV 2015, 109 (111) m. krit. Anm. de Leve; Lange/Honzen ZErb 2011, 289 (290); Damrau/Tanck/Riedel Rn. 28; Grüneberg/Weidlich Rn. 2). Wird aber der testamentarische Erbe in Folge der Ausschlagung des belasteten oder beschwerten Erbteils **unbeschränkter und unbeschwerter gesetzlicher Erbe,** dann ist er nicht schutzwürdig. Der von § 2306 verfolgte Normzweck greift in diesem Fall nicht ein. Schlägt er daher in solchen Fällen aus, dann verliert er entspr. den allgemeinen Grundregeln den unbelasteten und unbeschwerten gesetzlichen Erbteil und den Pflichtteil. Daraus ergibt sich umgekehrt, dass im Einzelfall der pflichtteilsberechtigte Erbe, dem sowohl ein gewillkürter als auch ein gesetzlicher Erbteil zusteht, nur dann das Wahlrecht nach § 2306 Abs. 1 hat, wenn beide Erbteile mit Beschränkungen oder Beschwerungen iSd § 2306 Abs. 1 belastet sind (OLG Schleswig NJW-RR 2015, 390 = ZEV 2015, 109 (111) = MittBayNot 2016, 52 mAnm Röhl).

21 **b) Rechtsfolge.** Wählt der Pflichtteilsberechtigte die **Ausschlagung** (vgl. zu den Entscheidungskriterien hierfür Damrau/Tanck/Riedel Rn. 48 ff.; zur anwaltlichen Beratung und Vorgehensweise Horn NJW 2017, 1083 ff.), so erhält er den **vollen Pflichtteilsanspruch.** Die Erbschaft fällt mit der Ausschlagung nach § 1953 Abs. 2 demjenigen an, welcher von vornherein als Erbe berufen gewesen wäre, wenn der Ausschlagende im Zeitpunkt des Erbfalls nicht gelebt hätte. Der Ersatzberufene hat den Pflichtteilsanspruch zu erfüllen. Die angeordneten Beschränkungen und Beschwerungen bleiben bestehen, es sei denn, sie sollten nur den Zunächstberufenen persönlich treffen (NK-BGB/Bock Rn. 17; MüKoBGB/Lange Rn. 25). Ansonsten trägt der an die Stelle des Pflichtteilsberechtigten tretende Erbe die Pflichtteilslast (§ 2320), kann aber die auf dem Erbteil ruhenden Vermächtnisse und Auflagen soweit kürzen, dass ihm die zur Deckung der Pflichtteilslast benötigten Mittel verbleiben (§ 2322). Hinsichtlich der Bestimmung des Ersatzberufenen kommt aber nach Ansicht des BGH bei der Ausschlagung des **Nacherben** die Auslegungsregel des § 2069 dann nicht zum Zuge, wenn es durch Pflichtteilszahlung und Ersatzerbberufung zu einer **Doppelbegünstigung** des Stammes des Ausschlagenden käme (BGHZ 33, 60 (63) = NJW 1960, 1899; BayObLGZ 1962, 239 (243); OLG Stuttgart OLGZ 1982, 271; OLG München DNotZ 2007, 537 (538); LG Köln MittRhNotK 1985, 149 bei Geltendmachung von Pflichtteilsergänzungsansprüchen). Diese Argumentation überzeugt aber deshalb nicht, weil im Innenverhältnis die nach § 2069 nachrückenden Ersatzerben ggf. gem. § 2320 die durch die Ausschlagung entstehende Pflichtteilslast allein tragen müssen (Staudinger/Otte, 2019, § 2069 Rn. 12 ff.; → § 2320 Rn. 4). Daher schränkt die neuere Rspr. diesen Erfahrungssatz zu Recht ein: Er soll nur dann eingreifen, wenn **kein abweichender tatsächlicher oder hypothetischer Erblasserwille** feststellbar ist. So spricht für ein Nachrücken der Ersatzberufenen des gleichen Stammes, wenn **alle** zunächst Berufenen ausschlagen (BayObLG ZEV 2000, 274 (275) = FamRZ 2000, 1185). Zutreffend hat daher das OLG München bei einer Ausschlagung des **Vorerben** in Anwendung der Auslegungsregel des § 2102 Abs. 2 angenommen, dass der Nacherbe als Ersatzerbe für den Vorerben eintritt, wenn kein abweichender Erblasserwille feststellbar ist. Es hat dabei zutr. auf die Verpflichtung des aufrückenden Nacherben zur Tragung der Pflichtteilslast im Innenverhältnis entspr. § 2320 hingewiesen und dass damit eine Doppelbegünstigung des gleichen Stamms vermieden wird (OLG

München NJW-RR 2012, 211; dazu auch Hölscher/J. Mayer in MSTB PflichtteilsR-HdB § 3 Rn. 28 f.).

**c) Ausschlagungsrecht.** Das Ausschlagungsrecht ist **vererblich** (§ 1952). Auch die gesetzlichen Erben eines Vorerben, denen die Nacherbschaft nicht zufällt, können nach Eintritt des Nacherbfalls den Anfall der Vorerbschaft an ihren Rechtsvorgänger ausschlagen, solange die Ausschlagungsfrist noch läuft (BGHZ 44, 152 (153 ff.) = NJW 1965, 2295). Im Übrigen ist das Ausschlagungsrecht **höchstpersönlich** (Staudinger/Otte, 2015, § 1952 Rn. 1) und **nicht selbstständig übertragbar.** Ein **Sozialhilfeträger** kann es (anders als den Pflichtteilsanspruch selbst) weder isoliert nach § 93 SGB XII überleiten, zumal es ein Gestaltungsrecht und kein Anspruch ist (BGHZ 188, 96 = DNotZ 2011, 381 mAnm Ivo = NJW 2011, 1586; Karpen MittRhNotK 1988, 131 (149); Köbl ZfSH/SGB 1990, 449 (464)), noch erhält er es entspr. § 401, wenn er den Pflichtteilsanspruch noch vor der Ausschlagung auf sich überleitet: Denn nur unselbstständige Gestaltungsrechte gehen automatisch als Annex über. Die Überleitung scheidet deshalb aus, weil sie zu einer völligen Umgestaltung des Schuldverhältnisses führen würde und – wie hier – eine Wesensänderung der Entscheidungssituation bedingt, weil der Sozialhilfeträger sich von ganz anderen (fiskalischen) Entscheidungskriterien leiten ließe als der pflichtteilsberechtigte Erbe (BGHZ 188, 96 = NJW 2011, 1586; dazu – auch mit Hinweis auf die Auswirkungen beim Behindertentestament – Zimmer ZEV 2011, 262 f.; Ivo DNotZ 2011, 387 f.; NK-BGB/Ivo § 1942 Rn. 20; J. Mayer DNotZ 1994, 347 (355); Grüneberg/Weidlich Rn. 7; Burandt/Rojahn/Horn Rn. 40; Staudinger/Otte, 2017, § 1942 Rn. 16; aA früher van de Loo MittRhNotK 1989, 233 (249); NJW 1990, 2856). 22

**d) Ausschlagungsfrist.** Um zu verhindern, dass der Pflichtteilsberechtigte infolge Fristablaufs nicht mehr ausschlagen kann, wenn er erst später von den Belastungen erfährt (Kipp/Coing ErbR § 10 I 2c), stellt Abs. 1 Hs. 2 für den Beginn der Ausschlagungsfrist zu den allgemeinen Voraussetzungen des § 1944 Abs. 2 S. 1 ein zusätzliches Erfordernis auf: Der Pflichtteilsberechtigte muss von den Beschränkungen und **Beschwerungen Kenntnis erlangt** haben. Wenn er die Verfügung von Todes wegen für nichtig hält, so hindert dies allerdings den Fristbeginn bereits nach § 1944 Abs. 2 S. 1 (RG WarnR 1914 Nr. 26); hält er die tatsächlich bestehenden Beschränkungen für unwirksam, so ist dies der Fall des § 2306 Abs. 1 Hs. 2 (BGH LM Nr. 4 = WM 1968, 542 (544): Rechtsirrtum; NJW-RR 2000, 1530 (1531) = ZEV 2000, 401). Nimmt er aber zu Unrecht an, dass er derartigen Belastungen ausgesetzt ist, so wird dadurch die Ausschlagungsfrist nicht hinausgeschoben (BGHZ 112, 229 (232 f.) = NJW 1991, 169). 23

Zur faktischen Gewährleistung des Wahlrechts nach Abs. 1 begann nach der Rspr. und hM vor dem ErbVerjRÄndG die **Ausschlagungsfrist** in extensiver Auslegung der Norm erst, wenn der Betroffene Kenntnis davon erlangt, dass der ihm hinterlassene Erbteil die Hälfte seines gesetzlichen Erbteils übersteigt, und er somit auf zutreffender **Tatsachenbasis** seine Entscheidung treffen konnte (allgM, vgl. RGZ 113, 45 (47 f.) = JW 1926, 1543 (1544) mAnm Kipp; BayObLG FamRZ 1998, 642 (643) = NJWE-FER 1998, 37; weitergehend U. Mayer DNotZ 1996, 422 (425 f.), der bei einer Belastung mit Vermächtnis oder Auflage den Fristbeginn bis zur genauen Kenntnis des dem Betroffenen verbleibenden Werts seines Erbteils hinausschieben will). Waren nach altem Recht bei der Berechnung der Wertgrenze des § 2306 Abs. 1 **Anrechnungs- und Ausgleichungspflichten** zu berücksichtigen (§§ 2315 f., 2050 ff.), begann nach der überkommenen Auffassung die Frist erst, wenn der Pflichtteilsberechtigte positiv wusste, ob der ihm hinterlassene Erbteil den ihm tatsächlich zukommenden, unter Anwendung der Ausgleichs- bzw. Anrechnungspflicht berechneten Pflichtteilsbetrag übersteigt (RGZ 113, 45 (49); BayObLGZ 1959, 77 (80) = NJW 1959, 1734; OLG Zweibrücken ZErb 2006, 421 (422); Staudinger/Haas, 2006, Rn. 64; RGRK-BGB/Johannsen Rn. 27; aA Natter JZ 1955, 138), was sich uU erst nach der Vorlage eines entsprechenden Wertermittlungsgutachtens ergeben konnte (OLG Zweibrücken ZErb 2006, 421 (422)). Ob diese dem pflichtteilsberechtigten Erben günstige Rspr. auch nach der Erbrechtsform weiter gilt, ist mittlerweile **umstritten:** So wird nunmehr vertreten, dass der Reformgesetzgeber den Fristbeginn ausschließlich an die Kenntnis der Beschränkungen und Beschwerungen geknüpft habe und nicht länger an diejenige des konkreten Werts der Vorempfänge, zumal die Höhe des zugewandten Erbteils die Notwendigkeit der Ausschlagung zur Pflichtteilserlangung nicht mehr beeinflusst (Schaal/Grigas BWNotZ 2008, 2 (9); Lindner ErbR 2008, 374 (375 f.); Schindler ErbR 2008, 380 (383); Grüneberg/Weidlich Rn. 6). Nach der Gegenansicht ist dies aber abzulehnen, weil der Pflichtteilsberechtigte bei komplexen Nachlässen kaum die Möglichkeit habe, rechtzeitig die Wertermittlung vorzunehmen. Insbesondere wegen § 2305 S. 2 müsse er in der Lage sein, den Wert seines Erbteils unter Berücksichtigung der angeordneten Beschränkungen und Beschwerungen zutreffend zu bewerten. Die sach- und interessengerechte 24

Ausübung des Wahlrechts setze voraus, dass sich der Pflichtteilsberechtigte **ausreichend informiert** über Inhalt und Folgen der zur Wahl stehenden Alternativen entscheiden kann (FachAnwK-ErbR/Lindner Rn. 18; Lange in Bonefeld/Kroiß/Lange, Die Erbrechtsreform, 2010, § 8 Rn. 28; Lange DNotZ 2009, 732 (735 f.); dem zuneigend Karsten RNotZ 2010, 360). Dem kann zwar entgegengehalten werden, dass die großzügige Auslegung der Ausschlagungsfrist durch die frühere Rspr. ihren Ausgangspunkt darin hatte, dass es darum ging, wie sich die Anrechnung und Ausgleichung von Vorempfängen im Rahmen der Werttheorie auf die Höhe des Vergleichsmaßstabs „Hälfte des gesetzlichen Erbteils" auswirkt. Dies spielt bei § 2306 nF nunmehr aber keine Rolle mehr (→ Rn. 1 ff.). Aus den Gründen einer effektiven Wahrnehmung des Ausschlagungsrechts und damit letztlich auch des Pflichtteilsschutzes sollte diese jedoch **beibehalten** werden.

**25** Liegt eine **Erbeinsetzung nach Vermögensgruppen** vor (→ § 2087 Rn. 20 ff.), so beginnt die Frist erst, wenn der Betroffene das Wertverhältnis der Zuwendungen zum gesamten Nachlass und damit die Höhe seines Erbteils überblicken kann (RGZ 113, 45 (47)). Bei einer **Zugewinngemeinschaftsehe** des Verstorbenen ist die abstrakte Höhe des Erbteils der Abkömmlinge oder der Eltern des Verstorbenen davon abhängig, ob der überlebende Ehegatte ausschlägt und die güterrechtliche Lösung wählt (→ § 2303 Rn. 39 ff.) und daher der Beginn der Ausschlagungsfrist hierdurch bedingt (MüKoBGB/Lange Rn. 30).

## IV. Nacherbeneinsetzung (Abs. 2)

**26** Nach Abs. 2 ist der zum Nacherben eingesetzte Pflichtteilsberechtigte wie ein **beschwerter Erbe** iSv Abs. 1 der Vorschrift zu behandeln (→ Rn. 12). Die Beschwerung liegt darin, dass er nicht sofort, sondern erst zeitlich versetzt mit Eintritt des Nacherbfalls Erbe wird. Abweichend zu dem vor dem 1.1.2010 geltenden Recht kommt es nun nicht mehr darauf an, ob der **Nacherbteil größer** als die Hälfte des gesetzlichen Erbteils ist. Vielmehr bleibt die Anordnung der Nacherbschaft unabhängig von der Größe des Nacherbteils zunächst wirksam. Der Pflichtteilsberechtigte kann aber zwischen der Annahme der Nacherbschaft und **Ausschlagung** zur Erlangung des vollen Pflichtteils wählen (eingehend zur schwierigen Ausschlagungsentscheidung und den anzustellenden Überlegungen, insbes. wenn der Vorerbe befreit ist, Beckmann ZEV 2012, 637 ff.; → Rn. 26.1).

**26.1** Von Bedeutung für die **Ausschlagungsentscheidung** ist zB der Umstand, ob bzw. in welchem Umfang der Vorerbe befreit ist (dabei sind die Sicherungs- und Kontrollrechte des Nacherben unvollkommen), sowie der vorgesehene Zeitpunkt des Eintritts des Nacherbfalls. Zudem gibt der Pflichtteilsanspruch einen sofort realisierbaren Wert, während bei der Nacherbschaft letztlich offen ist, welcher Wert tatsächlich erzielt werden kann. Daneben können auch noch andere, nicht juristische Überlegungen eine Rolle spielen, wie etwa die Aufrechterhaltung und Sicherung guter persönlicher Beziehungen.

**27** Pflichtteilsansprüche können grds. **erst mit der Ausschlagung** der Nacherbschaft verlangt werden. Bleibt jedoch der dem Nacherben hinterlassene Erbteil hinter der Hälfte des gesetzlichen Erbteils zurück, so hat der Pflichtteilsberechtigte in Höhe der Differenz nach § 2305 noch einen **Pflichtteilsrestanspruch** (Lange NJW 1961, 1929).

**28** Die **Ausschlagungsfrist** beginnt zwar nicht vor Eintritt des Nacherbfalls (§§ 2139, 1944), jedoch kann bereits ab Eintritt des Erbfalls ausgeschlagen werden (§ 2142 Abs. 1). Da aber die Verjährungsfrist für den Pflichtteilsanspruch bereits mit der Kenntnis des Erbfalls und nicht erst mit der Ausschlagung zu laufen beginnt (§ 2332 Abs. 2), muss der Pflichtteilsberechtigte noch **innerhalb der Verjährungsfrist** ausschlagen, um nicht den Pflichtteilsanspruch zu verlieren. In dem Pflichtteilsverlangen allein kann keine Erbschaftsausschlagung gesehen werden, da diese **gegenüber dem Nachlassgericht** formgerecht zu erklären ist (§ 1945 Abs. 1). Hat der Pflichtteilsberechtigte bereits den Pflichtteil erhalten, ohne die Nacherbschaft ausgeschlagen zu haben, so muss er sich mit Eintritt des Nacherbfalls den rechtsgrundlos erhaltenen Vorausempfang anrechnen lassen (BayObLGZ 1973, 272 (275); nach aA ist dem Pflichtteilsberechtigte sogar die gesamte Nacherbschaft unter Berufung auf § 242 zu versagen, RGRK-BGB/Johannsen Rn. 33 unter Bezug auf OLG Breslau DR 1943, 91, was aber zu weit geht).

**29** **Abs. 2** gilt nach allgemeiner Meinung zwar für den **aufschiebend befristet** eingesetzten **Nacherben** (MüKoBGB/Lange Rn. 10), nach umstrittener Auffassung aber **nicht** für den **aufschiebend bedingt** zum Nacherben eingesetzten Pflichtteilsberechtigten, der zunächst den Pflichtteil ohne Ausschlagung verlangen könne (Lange/Kuchinke ErbR § 37 V Fn. 84; RGRK-BGB/Johannsen Rn. 9; Schlitt NJW 1992, 28; vgl. auch BayObLGZ 1966, 227 (230) mit einem Fall einer „konstruktiven Nacherbschaft"; Schindler ZErb 2007, 381 (385); Bestelmeyer Rpfleger 2007, 1 (2); Ed. 39, 1.8.2015, Rn. 13 (J. Mayer); BeckOGK/Obergfell, 1.12.2021, Rn. 7). Diese

Ansicht wird ua damit begründet, dass der aufschiebend bedingt eingesetzte Nacherbe bei Eintritt des Erbfalls infolge der Ungewissheit über den Bedingungseintritt zunächst nicht iSd § 2306 „zur Erbfolge berufen", sondern hiervon sogar ausgeschlossen sei und seine Rechtsstellung im Gegensatz zu der eines aufschiebend befristet eingesetzten Nacherben **sehr ungewiss** sei (vgl. Ed. 39, 1.8.2015, Rn. 13 (J. Mayer); BeckOGK/Obergfell, 1.12.2021, Rn. 7). Demgegenüber geht die **mittlerweile wohl hM** davon aus, dass **auch der aufschiebend bedingt eingesetzte Nacherbe** unter Abs. 2 fällt (OLG Köln ZEV 2015, 280 (281 f.) = MittBayNot 2016, 244 mAnm Soutier; Schindler ZEV 2015, 316; Damrau/Tanck/Riedel Rn. 11; HK-PflichtteilsR/Schmidt-Recla Rn. 35; FAKommErbR/Lindner Rn. 7; MüKoBGB/Lange Rn. 11; Soergel/Beck Rn. 10; Grüneberg/Weidlich Rn. 3; Burandt/Rojahn/Horn Rn. 21; Staudinger/Otte, 2021, Rn. 25 f.; Erman/Röthel Rn. 6). Dafür sprechen nicht nur der Wortlaut des Abs. 2, der nicht nach der „Art" der angeordneten Nacherbfolge differenziert (OLG Köln ZEV 2015, 280 (281 f.) = MittBayNot 2016, 244 mAnm Soutier) und eine – im Hinblick auf die vergleichbare Wirkung – wünschenswerte Gleichbehandlung von aufschiebender Bedingung und Befristung (MüKoBGB/Lange Rn. 11; HK-PflichtteilsR/Schmidt-Recla Rn. 35), sondern auch das Bedürfnis nach Schaffung klarer Verhältnisse bereits nach Eintritt des Erbfalls (vgl. OLG Köln ZEV 2015, 280 (282) = MittBayNot 2016, 244 mAnm Soutier).

## V. Gestaltungsfragen

Bei der sog. **„Socinischen Klausel"** wird, zumindest wie dies die ganz überwiegende Auffassung versteht (R. Kössinger/Zintl in Nieder/Kössinger Testamentsgestaltung-HdB § 15 Rn. 193; Otte FS Holzhauer, 2005, 525 ff.; MüKoBGB/Lange Rn. 35; Schlitt, Klassische Testamentsklauseln, 1991, 79; abw. Baumann/Karsten RNotZ 2010, 95 (97), wonach der Pflichtteilsberechtigte bei der Ausschlagung des belasteten Erbteils seinen Pflichtteil erhält), dem Pflichtteilsberechtigten für den Fall, dass er die angeordneten Belastungen oder Beschwerungen nicht ausdrücklich übernimmt, ein **unbelasteter Erbteil** in Höhe seiner Pflichtteilsquote zugewandt. Er verbleibt dann in der Erbengemeinschaft mit allen Rechten und Pflichten, was uU sehr unangenehm für ihn sein kann. Bei der Falllage des § 2306 Abs. 1 S. 1 aF wurde dies nach **altem Recht** für unzulässig gehalten, da es sich um eine aufschiebend bedingte Nacherbeneinsetzung handelt (BGHZ 120, 96 (99 ff.) = NJW 1993, 1005). 30

Ob dies für die nach der Erbrechtsreform ab dem 1.1.2010 eintretenden Erbfälle nach wie vor gilt, ist **umstritten.** Überwiegend wird in der Lit. angenommen, dass nunmehr die Socinische Klausel uneingeschränkt zulässig ist (Strobel ZEV 2019, 49 (50); Baumann/Karsten RNotZ 2010, 95 (97); Kerstan RNotZ 2021, 561 (572); C. Baumann, Erbrechtliche Verwirkungsklauseln, 2009, 174; FachAnwK-ErbR/Lindner Rn. 16; Gantenbrink Hereditare 1 (2011), 1 (17 f.); Keim NJW 2008, 2072 (2075), wenn auch mit gewissen Zweifeln). Ein Teil der Lit. geht aber nach wie vor von deren Unzulässigkeit aus (J. Mayer ZEV 2010, 2 (4); R. Kössinger/Zintl in Nieder/Kössinger Testamentsgestaltung-HdB § 15 Rn. 193; Karsten RNotZ 2010, 357 (360 f.); diff. MüKoBGB/Lange Rn. 35: nur zulässig, wenn Erbteil in Höhe des Pflichtteils gegenüber diesem kein „malus" darstellt und ein Wahlrecht unabhängig von der Höhe der Erbeinsetzung besteht). Dafür spricht, dass mit der Erbrechtsreform und der damit einhergehenden Streichung des § 2306 Abs. 1 S. 1 aF noch nicht die grundsätzlichen Bedenken gegen die cautela socini entfallen sind: Denn anders als nach dem neuen gesetzlichen Modell des Pflichtteilsschutzes rein durch Ausschlagung (Abs. 2) kann der Pflichtteilsberechtigte im Falle einer Socinischen Klausel nicht frei zwischen belastetem oder beschwertem Erbteil einerseits und dem **freien Pflichtteil** andererseits wählen (zutr. MüKoBGB/Lange Rn. 35). Vielmehr greift mit der Ausschlagung des belasteten Erbteils die hilfsweise angeordnete Zuwendung des unbelasteten Erbteils ein. Würde er diesen ausschlagen, um der ihm nicht genehmen Mitgliedschaft in der Erbengemeinschaft zu entgehen, so verlöre er nach der Grundregel von Ausschlagung und Pflichtteil den gesamten Pflichtteil, nur ein etwaiger Pflichtteilsrestanspruch (§ 2305) bliebe bestehen. Anstelle des „Pflichtteilsschutzes" durch Ausschlagung kann er aufgrund dieser Klausel nur die Erbteilslösung wählen, ein Konzept, das der Gesetzgeber durch die Abschaffung des § 2306 Abs. 1 S. 1 aF gerade verworfen hat. Hierdurch würde der Pflichtteilsberechtigte iErg unzulässigerweise schlechter gestellt als nach § 2306 Abs. 1 nF. 31

## § 2307 Zuwendung eines Vermächtnisses

**(1) [1]Ist ein Pflichtteilsberechtigter mit einem Vermächtnis bedacht, so kann er den Pflichtteil verlangen, wenn er das Vermächtnis ausschlägt. [2]Schlägt er nicht aus, so steht**

**ihm ein Recht auf den Pflichtteil nicht zu, soweit der Wert des Vermächtnisses reicht; bei der Berechnung des Wertes bleiben Beschränkungen und Beschwerungen der in § 2306 bezeichneten Art außer Betracht.**

**(2) [1]Der mit dem Vermächtnis beschwerte Erbe kann den Pflichtteilsberechtigten unter Bestimmung einer angemessenen Frist zur Erklärung über die Annahme des Vermächtnisses auffordern. [2]Mit dem Ablauf der Frist gilt das Vermächtnis als ausgeschlagen, wenn nicht vorher die Annahme erklärt wird.**

**Schrifttum:** Ballon, Der Minderjährige und die Fiktion des § 2307 Abs. 2 Satz 2 BGB, ErbR 2018, 560; von Borries, Der Charakter des Bestimmungsvermächtnisses und die Rechtsposition des Bedachten in der Zeit zwischen dem Erbfall und der Bestimmung des Vermächtnisnehmers, ErbR 2021, 90; Hölscher, § 2307 BGB: Unerkanntes Risiko für das frühzeitige Unternehmertestament?, ZEV 2015, 676; Kerstan, Die §§ 2305 bis 2307 BGB in der notariellen Praxis, RNotZ 2021, 561; Schlitt, Zur Anrechnung aufschiebend bedingter Vermächtnisse auf den Pflichtteil, NJW 1992, 28; Schlitt, Der mit einem belasteten Erbteil und mit einem Vermächtnis bedachte Pflichtteilsberechtigte, ZEV 1998, 216.

## Überblick

Die Vorschrift regelt den Fall, dass der Pflichtteilsberechtigte mit einem **Vermächtnis** bedacht ist (→ Rn. 2). In diesem Fall kann er das Vermächtnis **ausschlagen** und den **ungekürzten Pflichtteil** verlangen (→ Rn. 4). Nimmt er das Vermächtnis an (→ Rn. 6), muss er sich dessen Wert **auf seinen Pflichtteilsanspruch anrechnen** lassen (→ Rn. 8). Dem mit einem Vermächtnis bedachten Pflichtteilsberechtigten kann vom Erben eine **Frist** zur Erklärung über die Annahme des Vermächtnisses gesetzt werden (→ Rn. 10).

## I. Normzweck

1 Die Vorschrift betrifft den Fall, dass einem Pflichtteilsberechtigten ein **Vermächtnis** zugewandt wird und regelt das Konkurrenzverhältnis zum Pflichtteil bei Annahme oder Ausschlagung des Vermächtnisses. Unabhängig vom Wert des zugewandten Vermächtnisses kann der Pflichtteilsberechtigte das Vermächtnis immer ausschlagen, um den ungekürzten Pflichtteil zu erhalten. Dieses unbeschränkte Wahlrecht gibt das Gesetz dem Pflichtteilsberechtigten, damit ihm vom Erblasser nicht ein Vermächtnis von oftmals zweifelhaftem Wert an Stelle des Pflichtteils aufgedrängt werden kann (Mot. V 393; Lange/Kuchinke ErbR § 37 V 6a).

## II. Voraussetzungen

2 Die Vorschrift befasst sich ausschließlich mit **Vermächtnissen;** hierzu gehören auch echte Pflichtteilsvermächtnisse (→ § 2304 Rn. 11), nicht aber Auflagen (RG JW 1928, 907; OLG Düsseldorf FamRZ 1991, 1107 (1109); Damrau/Tanck/Riedel Rn. 7; Soergel/Beck Rn. 7; Staudinger/Otte, 2021, Rn. 7; Grüneberg/Weidlich Rn. 1) oder Leistungen, die der Erbe auf Grund einer entsprechenden Bedingung des Erblassers erbracht hat (Damrau/Tanck/Riedel Rn. 7). Daneben finden sich auch Vermächtnisse, die dem Bedachten **zusätzlich und neben dem Pflichtteil** zugewandt werden, etwa für die Kinder bei Wiederverheiratung des längerlebenden Ehegatten (zur Systematisierung J. Mayer ZEV 1995, 41 (44); abl. Staudinger/Otte, 2021, Rn. 4); § 2307 gilt hier seinem Sinn und Zweck nach gerade nicht (RGZ 129, 239 (241); Soergel/Beck Rn. 5; aA Damrau/Tanck/Riedel Rn. 9), auch wenn mitunter hinsichtlich der Rechtsfolgen ausdrücklich auf den Pflichtteil verwiesen wird. Dem **Ersatzvermächtnisnehmer** ist bis zum Wegfall des zunächst Bedachten nichts hinterlassen, sodass er sofort den Pflichtteil fordern kann. Wird jedoch später die Ersatzberufung wirksam, etwa wegen einer Ausschlagung des zunächst Bedachten, so muss er das, was er als Pflichtteil erhalten hat, als rechtsgrundlose Leistung zurück gewähren, wenn er das Vermächtnis nicht ausschlägt (Damrau/Tanck/Riedel Rn. 6; MüKoBGB/Lange Rn. 10). Wird zugleich auch noch ein Erbteil zugewandt, gelten Sonderregelungen (→ Rn. 11 ff.).

3 **Beschränkte** und **beschwerte Vermächtnisse** (wie zB Nach- oder Untervermächtnisse, hinsichtlich derer Testamentsvollstreckung oder Auflagen angeordnet sind) werden vom Wortlaut der Vorschrift miterfasst (arg. Abs. 1 S. 2 Hs. 2). Gleiches gilt nach hM für **aufschiebend befristete oder bedingte** Vermächtnisse (→ Rn. 9). Keine Anwendung findet § 2307 nach zutreffender Ansicht auf **Bestimmungsvermächtnisse** (§ 2151), wie sie namentlich beim sog. frühzeitigen Unternehmertestament eingesetzt werden (dazu ausf. Hölscher ZEV 2015, 676; vgl. auch von Borries ErbR 2021, 90 (96)).

## III. Ausschlagung des Vermächtnisses (Abs. 1 S. 1)

Mit der formlosen Ausschlagung gegenüber dem Beschwerten (§ 2180) gilt der Anfall des Vermächtnisses als nicht erfolgt und der Pflichtteilsberechtigte kann den **vollen Pflichtteil** verlangen. Schlägt der Ehegatte bei Zugewinngemeinschaft aus, so kann er nur den sog kleinen Pflichtteil (berechnet nach § 1931 Abs. 1) und den rechnerischen Zugewinn verlangen (§ 1371 Abs. 2), hat aber kein Wahlrecht zum großen Pflichtteil. Die Tragung der **Pflichtteilslast** im Innenverhältnis bestimmt sich nach § 2321, wonach im Zweifel der mit dem Vermächtnis beschwerte Erbe die Pflichtteilslast zu tragen hat. Zur Frage des Entstehens des Pflichtteils bei der Ausschlagung → § 2317 Rn. 2. In der bloßen Pflichtteilsgeltendmachung liegt keine **stillschweigende Ausschlagung,** wenn dem Pflichtteilsberechtigten das Vermächtnis nicht bekannt war (Damrau/Tanck/Riedel Rn. 14; MüKoBGB/Lange Rn. 13). Auch kann in der Geltendmachung des Pflichtteilsanspruchs nur dann eine konkludente Ausschlagung zu sehen sein, wenn Pflichtteils- und Vermächtnisschuldner dieselbe Person sind, weil das Vermächtnis gegenüber dem damit Beschwertem auszuschlagen ist (BGH NJW 2001, 520 = ZEV 2001, 20). 4

Umstritten ist, ob bei **Überleitung** des Vermächtnisanspruchs auf den **Sozialhilfeträger** das Ausschlagungsrecht mit übergeht. Wie beim Recht zur Ausschlagung der Erbschaft (→ § 2306 Rn. 22) handelt es sich nicht um einen überleitungsfähigen Anspruch, sondern um ein (höchstpersönliches) Gestaltungsrecht. Daher ist die Frage der Überleitbarkeit des Ausschlagungsrechts zu **verneinen** (Burandt/Rojahn/Horn Rn. 22; Grüneberg/Weidlich Rn. 2; jurisPK-BGB/Birkenheier Rn. 23; aA van de Loo ZEV 2006, 473 (477 f.)). 5

## IV. Annahme des Vermächtnisses (Abs. 1 S. 2)

**1. Form, Frist; Geltung des Vermächtnisrechts.** Die Annahme des Vermächtnisses kann erst **nach Eintritt des Erbfalls** erklärt werden, aber dann auch stillschweigend (OLG Stuttgart ZEV 1998, 24 (25)). Die Erklärung ist formfrei und **bedingungsfeindlich.** Sofern kein Fall des Abs. 2 vorliegt, ist keine bestimmte Frist einzuhalten. Für den **Vermächtnisanspruch** gelten die allgemeinen Bestimmungen des Vermächtnisrechts, also Verjährung nunmehr nach §§ 195, 199 Abs. 1 und 3a, und kein Pfändungsschutz nach § 852 Abs. 1 ZPO wie für den Pflichtteilsanspruch. Das Vermächtnis steht jedoch in der Insolvenz dem Pflichtteilsanspruch gleich, soweit es den Pflichtteil nicht übersteigt (§ 327 Abs. 2 S. 1 InsO). 6

**2. Rechtsfolgen der Annahme.** Mit der Annahme erwirbt der Pflichtteilsberechtigte das Vermächtnis **endgültig,** verliert aber den Pflichtteilsanspruch insoweit, als dieser durch das Vermächtnis gedeckt wird. Einen **Pflichtteilsrestanspruch** in Höhe der Differenz zwischen dem Wert des halben gesetzlichen Erbteils und dem Wert des Vermächtnisses besteht folglich nur, soweit der Wert des Vermächtnisses hinter dem Pflichtteil zurückbleibt (Abs. 1 S. 2 Hs. 1). Dabei ist der **Pflichtteil** unter Berücksichtigung etwaiger Anrechnungs- und Ausgleichungsbestimmungen (Werttheorie) nach den §§ 2315, 2316 zu bemessen (BGH NJW 1993, 1197; Staudinger/Otte, 2021, Rn. 15; Damrau/Tanck/Riedel Rn. 26). Bei der **Zugewinngemeinschaftsehe** ist der „große" Pflichtteil maßgeblich (MüKoBGB/Lange Rn. 21; RGRK-BGB/Johannsen Rn. 14). 7

Das **Vermächtnis** ist grds. mit seinem **Verkehrswert** im Zeitpunkt des Erbfalls (RG WarnR 1914 Nr. 168; Staudinger/Otte, 2015, Rn. 16; vgl. auch DNotI-Gutachten Abruf Nr. 147664) anzusetzen. An einen anderen, vom Erblasser festgelegten Anrechnungswert ist der Pflichtteilsberechtigte bei Annahme des Vermächtnisses gebunden, nicht jedoch im Falle einer Ausschlagung (OLG München HRR 1942 Nr. 61; Damrau/Tanck/Riedel Rn. 20; vgl. auch Staudinger/Otte, 2021, Rn. 16). Mehrere Vermächtnisse sind zusammenzurechnen. **Beschränkungen und Beschwerungen** iSv § 2306, mit denen das Vermächtnis belastet ist (zB Unter- oder Nachvermächtnisse, Testamentsvollstreckung), werden nach **Abs. 1 S. 2 Hs. 2** bei der Bewertung des Vermächtnisses ausdrücklich **nicht berücksichtigt.** Dass das Vermächtnis infolge der Beschränkung bzw. Beschwerung „weniger wert" ist, führt damit nicht zu einer Erhöhung des Pflichtteilsrestanspruchs des Vermächtnisnehmers. Bei wertmäßig erheblichen Beschränkungen bzw. Beschwerungen (zB umfangreiches Nachvermächtnis) wird sich dieser Umstand in der Abwägung zugunsten einer Ausschlagungsentscheidung auswirken (vgl. auch DNotI-Gutachten Abruf Nr. 147664). 8

Auch **aufschiebend befristete** Vermächtnisse (zB Nachvermächtnisse, die mit dem Tod des Vorvermächtnisnehmers anfallen) unterfallen nach allgM dem § 2307 und zwar unabhängig davon, ob sie später tatsächlich anfallen oder nicht (MüKoBGB/Lange Rn. 8; Staudinger/Otte, 2021, Rn. 8). **Umstritten** ist dies jedoch für **aufschiebend bedingte** Vermächtnisse. Hierzu vertritt 9 ein Teil der Lit., der Pflichtteilsberechtigte müsse im Hinblick auf die Unsicherheit des Vermächtnisanfalls berechtigt sein, auch ohne Ausschlagung den vollen Pflichtteil zu fordern, habe sich aber bei Bedingungseintritt diesen auf seine Vermächtnisforderung anrechnen zu lassen (so Schlitt NJW 1992, 28 (29); Strecker ZEV 1996, 327 (328); MüKoBGB/Frank, 3. Aufl. 2007, Rn. 6; → Ed. 39, 1.11.2014, Rn. 7 (J. Mayer)). Die mittlerweile hM wendet § 2307 dagegen auch auf aufschiebend bedingte Vermächtnisse an, behandelt diese wie nicht abzugsfähige Beschränkungen iSv Abs. 1 S. 2 und rechnet sie mit ihrem **vollen Wert** auf den Pflichtteil an, auch wenn die Bedingung (etwa eine Wiederverheiratung des Erben) möglicherweise nie eintritt (so BGH NJW 2001, 520 = ZEV 2001, 20 obiter dictum; OLG Oldenburg NJW 1991, 988, wobei hier eigentlich ein aufschiebend befristetes Vermächtnis vorlag; MüKoBGB/Lange Rn. 9; RGRK-BGB/Johannsen Rn. 8; Staudinger/Otte, 2021, Rn. 8; Lange/Kuchinke ErbR § 37 V 6c Fn. 108; Damrau/Tanck/Riedel Rn. 5; Grüneberg/Weidlich Rn. 1; Burandt/Rojahn/Horn Rn. 28; Schindler ZEV 2015, 316 (318); Kerstan RNotZ 2021, 561 (576); vgl. auch OLG Köln ZEV 2015, 280 für den aufschiebend bedingt eingesetzten Nacherben). Für diese Ansicht spricht neben dem Wortlaut des § 2307 – der nicht hinsichtlich der Art des Vermächtnisses differenziert – auch die in der Sache gerechtfertigte Gleichbehandlung von aufschiebenden Befristungen und Bedingungen sowie die Parallelität der Auslegung zu den Fällen des § 2306 (→ § 2306 Rn. 29).

## V. Fristsetzung nach Abs. 2

**10** Weil es für Vermächtnisse keine Ausschlagungsfrist gibt, gewährt Abs. 2 dem beschwerten **Erben** die Möglichkeit, dem mit einem Vermächtnis bedachten Pflichtteilsberechtigten eine angemessene Frist zur Annahme des Vermächtnisses zu setzen, um Klarheit über die Belastung mit Vermächtnis oder Pflichtteil zu erhalten. Nach fruchtlosem Fristablauf gilt das Vermächtnis als ausgeschlagen (Abs. 2 S. 2). Die Ausschlagungsfiktion greift nicht ein, wenn der mit einem **Vorausvermächtnis** bedachte Miterbe die Erbschaft bereits angenommen hat (OLG München NJW-RR 2017, 1418 (1419)). Da die Frist **angemessen** sein muss, läuft sie idR nicht vor einer Inventarfrist ab, die der Pflichtteilsberechtigte dem Erben gesetzt hat (RG Recht 1908 Nr. 350); auch muss vorher die vom Pflichtteilsberechtigten verlangte Auskunft und Wertermittlung (§ 2314) erbracht worden sein (Soergel/Beck Rn. 15; Staudinger/Otte, 2021, Rn. 22; Damrau/Tanck/Riedel Rn. 29). Mehrere mit einem gleichen Vermächtnis belastete Erben können das Fristsetzungsrecht nur gemeinsam ausüben (OLG München FamRZ 1987, 752); bei einem Vorausvermächtnis erfolgt die Fristsetzung durch die übrigen belasteten Miterben (Burandt/Rojahn/Horn Rn. 35; vgl. dazu auch jurisPK-BGB/Birkenheier Rn. 34; aA Grüneberg/Weidlich Rn. 3 unter Berufung auf OLG München NJW-RR 2017, 1418 (1419) für den Fall, dass der mit dem Vorausvermächtnis begünstigte Miterbe die Erbschaft nicht ausgeschlagen hat). Nach hM bedarf die Fristsetzung im Falle der **Minderjährigkeit** des Vermächtnisnehmers keiner familiengerichtlicher Genehmigung, da es sich beim Verstreichenlassen der Frist nicht um ein Rechtsgeschäft iSd §§ 1828 ff. handelt (Röhl MittBayNot 2013, 189 (191); Steinhauer FD-ErbR 2007, 211543; aA Ballon ErbR 2018, 560 (562 f.)).

## VI. Vermächtnis neben Erbteil

**11** **1. Grundsätzliches.** Der Fall, dass dem Pflichtteilsberechtigten neben dem Vermächtnis noch ein Erbteil zugewandt wurde, ist im Gesetz nicht eigens geregelt. Die Rechtslage ergibt sich aus einer ggf. kombinierten Anwendung der §§ 2305–2307, sodass für die Entscheidung über die Ausschlagung oder Annahme des Vermächtnisses und/oder des Erbteils das Zusammenspiel der Vorschriften beachtet werden muss. Für die Frage, ob es neben § 2307 auch zu einer Anwendung des § 2305 bzw. § 2306 kommt, ist maßgeblich, ob der dem Pflichtteilsberechtigten zusätzlich zugewandte Erbteil **iSv § 2306 Abs. 1 belastet oder unbelastet** ist. Nur im ersteren Fall findet auch § 2306 (sonst ggf. nur § 2305) Anwendung.

**12** **2. Vermächtnis neben unbelastetem Erbteil.** Ist der dem Pflichtteilsberechtigten neben dem Vermächtnis zugewandte Erbteil nicht mit Beschränkungen und Beschwerungen iSv § 2306 Abs. 1 versehen und **erreicht oder übersteigt** der zusammengerechnete Wert von Erbteil und Vermächtnis **die Hälfte des gesetzlichen Erbteils,** dann kann der Pflichtteilsberechtigte durch die Ausschlagung der Erbschaft bzw. des Vermächtnisses nichts dazu gewinnen, da ihm kein Pflichtteilsrestanspruch zusteht (vgl. auch Grüneberg/Weidlich Rn. 5).

**13** Erreicht der dem Pflichtteilsberechtigten zugewandte, unbelastete Erbteil **die Hälfte des gesetzlichen Erbteils nicht** (dh bleibt hinter dem Pflichtteil zurück), ist die **Ausschlagung der**

**Erbschaft** nie von Vorteil (Burandt/Rojahn/Horn Rn. 40). Denn mangels Eingreifens von § 2306 Abs. 1 würde er durch die Ausschlagung keinen vollen Pflichtteilsanspruch gewinnen; ihm stünde nur der Pflichtteilsrestanspruch gem. § 2305 zu. Auf diesen muss er sich den Wert des Vermächtnisses **anrechnen** lassen (Soergel/Beck Rn. 18; Grüneberg/Weidlich Rn. 5). Schlägt er (zusätzlich oder alternativ) das **Vermächtnis** aus, steht ihm ebenfalls nur der Pflichtteilsrestanspruch nach § 2305, nicht aber der volle Pflichtteilsanspruch, zu (Staudinger/Otte, 2021, Rn. 25). Die Ausschlagung des Vermächtnisses ist für den Pflichtteilsberechtigten nur von Vorteil, wenn das Vermächtnis durch Beschränkungen oder Beschwerungen (die bei der Berechnung des Restpflichtteilsanspruchs nicht abgezogen werden können) entwertet ist oder ihm nichts am Vermächtnisgegenstand liegt (Soergel/Beck Rn. 18; Burandt/Rojahn/Horn Rn. 42; vgl. auch Grüneberg/Weidlich Rn. 4).

**3. Vermächtnis neben belastetem Erbteil.** Wurde dem Pflichtteilsberechtigten neben dem Vermächtnis ein Erbteil zugewandt, der mit Belastungen iSv § 2306 versehen ist und nimmt dieser Vermächtnis und Erbteil an, kann ihm ein Pflichtteilsrestanspruch nach § 2305 zustehen, sofern Erbteil und Vermächtnis zusammengerechnet (ohne Berücksichtigung ihrer Belastungen) den Pflichtteil nicht erreichen (Burandt/Rojahn/Horn Rn. 43; Staudinger/Otte, 2021, Rn. 24 (in korrekter Zählung Rn. 26)). 14

Soll der belastete Erbteil **ausgeschlagen** werden, so muss aufgrund der Neufassung des § 2306 im Zuge der Erbrechtsreform nicht mehr danach unterschieden werden, ob der hinterlassene Erbteil den Pflichtteil übersteigt oder nicht (vgl. zur alten Rechtslage, die noch für die vor dem 1.1.2010 eingetretenen Erbfälle von Bedeutung ist, → Ed. 39, 1.11.2014, Rn. 9 ff. (J. Mayer)). Insoweit gilt nun: 15

- Wird der belastete **Erbteil** ausgeschlagen, erwirbt der Pflichtteilsberechtigte hierdurch gem. § 2306 Abs. 1 seinen **(vollen) Pflichtteilsanspruch;** auf diesen ist der Wert des Vermächtnisses nach § 2307 Abs. 1 S. 2 **anzurechnen,** sofern das Vermächtnis nicht auch ausgeschlagen wird. Seinen vollen Pflichtteilsanspruch erlangt der Pflichtteilsberechtigte folglich nur durch Ausschlagung von Erbteil und Vermächtnis, wobei die zeitliche Reihenfolge nicht von Bedeutung ist (Grüneberg/Weidlich Rn. 5).
- Wird nur das **Vermächtnis** ausgeschlagen, erwirbt der Pflichtteilsberechtigte entgegen § 2307 Abs. 1 S. 1 keinen Pflichtteilsanspruch, da er Erbe geblieben ist. Ihm steht allenfalls nach § 2305 ein Pflichtteilsrestanspruch zu (vgl. auch Staudinger/Otte, 2021, Rn. 24 (in korrekter Zählung Rn. 26)).

**4. Sonderfall: Überlebender Ehegatte bei Zugewinngemeinschaftsehe.** Ist der Pflichtteilsberechtigte, der mit einem Erbteil und einem Vermächtnis bedacht wurde, der überlebende Ehegatte einer Zugewinngemeinschaftsehe (Entsprechendes gilt für eingetragene Lebenspartner mit Zugewinngemeinschaft, vgl. § 10 Abs. 6 S. 2 LPartG), dann sind aufgrund des Güterrechts Besonderheiten zu berücksichtigen: 16

- **Nimmt** der überlebende Ehegatte Erbschaft und Vermächtnis **an,** steht im allenfalls ein Pflichtteilsrestanspruch nach § 2305 zu, wenn der hinterlassene Erbteil und der hinzugerechnete Wert des Vermächtnisses nicht an den großen Pflichtteil heranreichen.
- Will der überlebende Ehegatte den (kleinen) Pflichtteil nebst güterrechtlichem Zugewinnausgleich verlangen, dann muss er **Erbteil und Vermächtnis ausschlagen** (vgl. § 1371 Abs. 3).
- Nimmt der überlebende Ehegatte die Erbschaft an und schlägt das Vermächtnis aus, steht ihm ein Pflichtteilsrestanspruch nach § 2305 zu. Nimmt er das Vermächtnis an und schlägt die Erbschaft aus, hat er nach § 2307 Abs. 1 S. 2 einen Pflichtteilsrestanspruch. Maßgeblich ist in beiden Fällen wegen der nach § 1371 Abs. 1 eintretenden Erbteilserhöhung der **„große“ Pflichtteil,** sodass der Pflichtteilsrestanspruch auf Ergänzung bis zum „großen“ Pflichtteil gerichtet ist.

## § 2308 Anfechtung der Ausschlagung

**(1) Hat ein Pflichtteilsberechtigter, der als Erbe oder als Vermächtnisnehmer in der in § 2306 bezeichneten Art beschränkt oder beschwert ist, die Erbschaft oder das Vermächtnis ausgeschlagen, so kann er die Ausschlagung anfechten, wenn die Beschränkung oder die Beschwerung zur Zeit der Ausschlagung weggefallen und der Wegfall ihm nicht bekannt war.**

**(2) [1]Auf die Anfechtung der Ausschlagung eines Vermächtnisses finden die für die Anfechtung der Ausschlagung einer Erbschaft geltenden Vorschriften entsprechende Anwendung. [2]Die Anfechtung erfolgt durch Erklärung gegenüber dem Beschwerten.**

## Überblick

Die Vorschrift gibt dem Pflichtteilsberechtigten ein Anfechtungsrecht (→ Rn. 6), der zunächst mit einer der in § 2306 benannten **Beschränkungen oder Beschwerungen** belastet war und deshalb glaubte, zur Erlangung des ungekürzten Pflichtteils die Erbschaft oder das Vermächtnis (→ Rn. 7) ausschlagen zu müssen, während zwischenzeitlich die Beschränkungen **entfielen** (→ Rn. 3).

## I. Normzweck, Konkurrenzfragen

1 Die Vorschrift knüpft an die schwierige Ausschlagungsentscheidung nach §§ 2306, 2307 an. Sie gewährt ausnahmsweise ein Anfechtungsrecht bei **irrtümlicher Annahme** einer der in § 2306 genannten Beschränkungen oder Beschwerungen, wenn diese nach Eintritt des Erbfalls **entfallen** sind. Denn wer bei einem in diesem Sinn belasteten Erbteil (§ 2306 Abs. 1 nF) infolge eines solchen Irrtums ausschlägt, verliert damit nicht nur die in Wahrheit unbelastete Erbschaft, sondern grds. **auch den Pflichtteil,** da im Allgemeinen die Ausschlagung zum Verlust des Pflichtteilsrechts führt (Ausnahme: überlebender Ehegatte einer Zugewinngemeinschaftsehe, § 1371 Abs. 3; Pflichtteilsrestanspruch, § 2305). Gegen diesen Totalverlust will § 2308 schützen. Der Normzweck erschöpft sich aber nicht darin. Er besteht auch in der **Erhaltung** der zu Unrecht als belastet angesehenen und daher ausgeschlagenen erbrechtlichen Zuwendung (vgl. auch BGHZ 112, 229 (238) = NJW 1991, 169; Soergel/Beck Rn. 2). Er greift daher auch ein:

- beim überlebenden **Ehegatten einer Zugewinngemeinschaftsehe** (Soergel/Beck Rn. 2), auch wenn diesem trotz der Ausschlagung noch der Pflichtteil bliebe,
- bei der **Zuwendung** eines (belasteten) **Vermächtnisses,** obgleich die Ausschlagung hier unabhängig davon zum Pflichtteil führt, ob das Vermächtnis belastet ist oder nicht (Soergel/Beck Rn. 3).

2 Neben § 2308 ist die Anfechtung der Ausschlagung oder der Annahme einer erbrechtlichen Zuwendung nach den **allgemeinen Grundsätzen** möglich (BGHZ 112, 229 (238) = NJW 1991, 169; Lange/Kuchinke ErbR § 37 V 5a Fn. 104, V 9; vgl. auch Staudinger/Otte, 2021, Rn. 1 ff.).

## II. Anfechtung der Ausschlagung

3 **1. Anfechtungsgrund. a) Wegfall der bestehenden Belastungen und Beschwerungen.** Damit die Ausschlagung der Erbschaft gem. § 2308 angefochten werden kann, muss eine der in § 2306 genannten Belastungen und Beschwerungen im Erbfall **objektiv bestanden** haben; eine bloß subjektive Annahme genügt nach dem eindeutigen Gesetzeswortlaut nicht (Staudinger/Otte, 2021, Rn. 16). Weiter müssen die Belastungen oder Beschwerungen **zwischen Erbfall und Ausschlagung weggefallen** sein (zB Ausschlagung eines Vermächtnisses, Wegfall des Testamentsvollstreckers, je ohne Ersatzberufung). Dabei genügt es, wenn von mehreren Belastungen nur eine wegfällt (Staudinger/Otte, 2021, Rn. 20; RGRK-BGB/Johannsen Rn. 1).

4 **Kein** Anfechtungsrecht nach § 2308 besteht bei bloßem Irrtum über die **rechtliche Tragweite** oder den **Umfang** der angeordneten Belastung (U. Mayer DNotZ 1996, 422 (428); Staudinger/Otte, 2021, Rn. 23) oder den **wirtschaftlichen Wert** (MüKoBGB/Lange Rn. 6). Gleiches gilt, wenn die Beschränkung oder Beschwerung erst nach der Ausschlagung wegfällt. Tritt der Wegfall der Beschränkung oder Beschwerung zwar erst nach der Ausschlagung ein, wirkt dann aber **ex tunc zurück,** so bejaht der BGH die Anfechtbarkeit (BGHZ 112, 229 (238 f.) = NJW 1991, 169 beim nachträglichen Wegfall der Beschwerungen infolge Testamentsanfechtung, §§ 2078 ff.; ebenso PWW/Deppenkemper Rn. 2; Lange/Kuchinke ErbR § 37 V 9b sub alpha; Staudinger/Otte, 2021, Rn. 18; Horn NJW 2017, 1083 (1084); BeckOGK/Obergfell, 1.12.2021, Rn. 7; aA OLG Stuttgart OLGZ 1983, 305 (307); MüKoBGB/Lange Rn. 5; Soergel/Beck Rn. 4; Damrau/Tanck/Riedel Rn. 5). Dies entspricht zwar dem Normzweck (Erhaltung der unbelasteten Erbschaft), wird jedoch verbreitet kritisiert, da bei Abgabe der Ausschlagungserklärung kein Irrtum vorlag, vielmehr die subjektive Vorstellung und die damals noch bestehende objektive Rechtslage übereinstimmten (MüKoBGB/Lange Rn. 5; Soergel/Beck Rn. 4). Die Ausdehnung der Anfech-

tungsmöglichkeit beruht auch hier auf dem Gedanken, dass unbewusste Fehlvorstellungen über die Zukunft (hier Fortbestehen der Belastung) dem Irrtum gleichzustellen sind (s. etwa bei § 2078 BGH NJW-RR 1987, 1412; BayObLG NJW-RR 1990, 200; BeckOGK/Obergfell, 1.12.2021, Rn. 7). Wer dies bei § 2078 akzeptiert, muss dies auch im Rahmen von § 2308 tun.

**b) Unkenntnis des Ausschlagenden.** Die Belastungen oder Beschwerungen dürfen dem Ausschlagenden **nicht bekannt** sein; grobe Fahrlässigkeit schadet nicht (MüKoBGB/Lange Rn. 7). Entspr. den allgemeinen Grundsätzen des Anfechtungsrechts wird man fordern müssen, dass der Irrtum **kausal** für die Anfechtung war, auch wenn sich dies nicht aus dem Wortlaut ergibt (MüKoBGB/Lange Rn. 7; Soergel/Beck Rn. 5; aA RGRK-BGB/Johannsen Rn. 1; Planck/Greiff Anm. 1a; Staudinger/Otte, 2021, Rn. 21). 5

**2. Anfechtung der Erbschaftsausschlagung.** Die Form der Anfechtung bestimmt sich nach §§ 1955, 1945, die Frist nach § 1954 (grds. sechs Wochen), die Wirkung nach § 1957. Die Anfechtung der Ausschlagung gilt daher als **Annahme** der Erbschaft. Dies führt de facto zum Verlust des Pflichtteils; da dies aber nicht auf einem rechtsgeschäftlichen Pflichtteilsverzicht beruht, bedarf die Anfechtung nicht der familien- oder **betreuungsgerichtlichen Genehmigung** nach § 1822 Nr. 2 (Soergel/Beck Rn. 5; MüKoBGB/Lange Rn. 9). 6

**3. Anfechtung der Vermächtnisausschlagung (Abs. 2).** Hinsichtlich des **Anfechtungsgrunds** ergeben sich keine Besonderheiten (→ Rn. 3). In formeller Hinsicht ist zu beachten, dass abweichend von den sonstigen Grundsätzen nach der ausdrücklichen Regelung des § 2308 Abs. 2 S. 2 die Anfechtung **formlos gegenüber dem Beschwerten** erfolgt (Soergel/Beck Rn. 7; MüKoBGB/Lange Rn. 11) und iÜ für die Anfechtung der Ausschlagung die Vorschriften über die Anfechtung einer Erbschaftsausschlagung gelten, diese also fristgebunden ist (§ 1955). Die erfolgreiche Anfechtung gilt auch hier als Annahme der Zuwendung, was über § 2307 zur Kürzung oder gar zum ganzen Wegfall des Pflichtteils führt, zumal fortbestehende weitere Beschränkungen nicht mindernd berücksichtigt werden (§ 2307 Abs. 1 S. 2 Hs. 2). Als faktische Auswirkung bedarf aber auch hier die Anfechtung keiner Genehmigung des Familien- oder Betreuungsgerichts (→ Rn. 6). 7

## III. Anfechtung der Annahme einer belasteten Zuwendung

**1. Anfechtungsgrund.** § 2308 regelt nicht den quasi spiegelbildlichen Fall, dass der Pflichtteilsberechtigte in Unkenntnis tatsächlich bestehender Beschränkungen oder Beschwerungen eine Erbschaft oder ein Vermächtnis **angenommen** hat und nunmehr anfechten will. Eine Analogie zu § 2308 scheidet wegen des Ausnahmecharakters und des anderen Normzwecks aus (OLG Stuttgart OLGZ 1983, 304 (307); Damrau/Tanck/Riedel Rn. 10; Lange/Kuchinke ErbR § 37 V 9 Fn. 117 mwN zum Streitstand). Daher richtet sich das Vorliegen eines Anfechtungsgrundes nach den **allgemeinen Vorschriften** (§§ 119 ff.) (Damrau/Tanck/Riedel Rn. 10; Lange/Kuchinke ErbR § 37 V 9b). Die ganz hM bejaht hier zu Recht eine Anfechtung nach § 119 Abs. 2, weil sie in den Beschränkungen und Beschwerungen iSd § 2306 eine verkehrswesentliche Eigenschaft der Erbschaft sieht; für die grundsätzliche Anfechtbarkeit spricht auch § 2306 Abs. 1 Hs. 2 (BGHZ 106, 359 (363) = NJW 1989, 2885 bei Vermächtnisanordnung zumindest dann, wenn dadurch der „Pflichtteil gefährdet wurde“: § 2318 Abs. 3 hilft insoweit nicht; BayObLGZ 1995, 120 (127) = NJW-RR 1995, 904: bei Irrtum über das Vorliegen einer Beschwerung oder Höhe der Erbquote; BayObLG NJW-RR 1997, 72 = ZEV 1996, 425 (427) m. abl. Anm. Edenfeld: Nacherbfolge; Lange/Kuchinke ErbR § 37 V 9b; MüKoBGB/Lange Rn. 13; Kipp/Coing ErbR § 10 III: Analogie zu § 2308; Kraiß BWNotZ 1992, 31 (33); Damrau/Tanck/Riedel Rn. 10; Soergel/Beck Rn. 9; RGRK-BGB/Johannsen Rn. 3; aA OLG Colmar OLGE 6, 329 (330); OLG Braunschweig OLGE 30, 169). Kein Anfechtungsgrund besteht jedoch bei Fehlvorstellungen über die **rechtliche oder wirtschaftliche Tragweite** der dem Pflichtteilsberechtigten dem Grunde nach bekannten Belastungen (BayObLGZ 1995, 120 (127) = NJW-RR 1995, 904; Soergel/Beck Rn. 9; Staudinger/Otte, 2021, Rn. 23) oder bei einem Irrtum über das zukünftige Verhalten Dritter (OLG Stuttgart OLGZ 1983, 304; Soergel/Beck Rn. 9). Ein zur Anfechtung der Annahme berechtigender Irrtum kann jedoch vorliegen, wenn der mit Beschwerungen eingesetzte Pflichtteilsberechtigte im Rahmen von § 2306 Abs. 1 irrig davon ausging, er dürfe die Erbschaft nicht ausschlagen, um den Pflichtteil nicht zu verlieren (BGH ZEV 2016, 774 mAnm Lange). 8

**2. Rechtsfolgen.** Die erfolgreiche Anfechtung führt zur **Ausschlagung** der Erbschaft (§ 1957 Abs. 1) und damit zum Anfall an den nach § 1953 Abs. 2 Berufenen. Der dadurch zum Zuge 9 kommende Erbe muss zwar den vorrangigen Pflichtteil erfüllen, kann aber Vermächtnisse oder Auflagen nach § 2322 um den entsprechenden Betrag kürzen (BGHZ 106, 359 (365 f.) = NJW 1989, 2885; Lange/Kuchinke ErbR § 37 V 9b).

## § 2309 Pflichtteilsrecht der Eltern und entfernteren Abkömmlinge

**Entferntere Abkömmlinge und die Eltern des Erblassers sind insoweit nicht pflichtteilsberechtigt, als ein Abkömmling, der sie im Falle der gesetzlichen Erbfolge ausschließen würde, den Pflichtteil verlangen kann oder das ihm Hinterlassene annimmt.**

**Schrifttum:** Bestelmeyer, Das Pflichtteilsrecht der entfernteren Abkömmlinge und Eltern des Erblassers im Anwendungsbereich des § 2309 BGB, FamRZ 1997, 1124; Häberle, Pflichtteilsberechtigung bei Verzicht des näheren Abkömmlings, NJW 2012, 3759; Lange, Der Pflichtteilsanspruch entfernter Berechtigter bei Pflichtteilsverzicht näher Berechtigter, ZEV 2015, 69; Röhl, Zum Pflichtteilsrecht entfernterer Abkömmlinge, DNotZ 2012, 724.

### Überblick

Die Vorschrift will in erster Linie eine Vervielfältigung der Pflichtteilslast durch Mehrfachbegünstigung desselben Stammes verhindern (→ Rn. 1) und schränkt bei abstrakt pflichtteilsberechtigten **entfernteren Abkömmlingen** oder **Eltern** die Pflichtteilsberechtigung ein (→ Rn. 4). Diesen steht kein Pflichtteilsanspruch zu, wenn ein näher Berechtigter vorhanden ist, der den **Pflichtteil verlangen** kann (→ Rn. 13) oder das **ihm Hinterlassene annimmt** (→ Rn. 14).

### I. Normzweck, Abgrenzung

1 Die Vorschrift knüpft an die in § 2303 grds. getroffene abstrakte Pflichtteilsberechtigung an und regelt diese **innerhalb des gleichen Stammes** (in Ergänzung zu § 1924 Abs. 2 und 3) und im Verhältnis der Eltern zu den Abkömmlingen.

2 § 2309 will dabei verhindern, dass es durch die in § 2303 bestimmte Vielzahl von Pflichtteilsberechtigten zu einer **„Vervielfältigung der Pflichtteilslast“** kommt (BGHZ 189, 171 (180) = ZEV 2011, 366; RGZ 93, 193 (195)). Demselben Stamm darf der Pflichtteil nicht zwei Mal gewährt werden (so bereits Mot. V 401; BGHZ 189, 171 (181) = ZEV 2011, 366; RGZ 93, 193 (196)). Außerdem soll verhindert werden, dass allen Pflichtteilsberechtigten zusammen mehr als die Hälfte dessen zukommt, was ihnen bei gesetzlicher Erbfolge zufiele (Grüneberg/Weidlich Rn. 1). Diesem Normzweck entspr. hat die Bestimmung **keine eigenständig pflichtteilsbegründende Funktion** (Bestelmeyer FamRZ 1997, 1124 (1125); Soergel/Beck Rn. 1, 6), sondern **schränkt** nur eine an sich gegebene Pflichtteilsberechtigung wieder **ein** (vgl. etwa BGHZ 189, 171 (181) = ZEV 2011, 366; Grüneberg/Weidlich Rn. 1; MüKoBGB/Lange Rn. 2; Staudinger/Otte, 2015, Rn. 3). Es geht darum zu verhindern, dass die Nachlassbeteiligung des aus der gesetzlichen Erbfolge ausgeschiedenen Verwandten mit einem Pflichtteilsanspruch nachrückender Verwandter zusammentrifft und dadurch der Nachlass stärker belastet und die Testierfreiheit des Erblassers stärker eingeschränkt wird als durch einen Pflichtteilsanspruch nur des Ausgeschiedenen (Staudinger/Otte, 2015, Rn. 4; vgl. auch G. Müller MittBayNot 2012, 478).

### II. Voraussetzungen des Pflichtteilsrechts der entfernter Berechtigten

3 Da § 2309 **nur** eine nach § 2303 an sich **gegebene Pflichtteilsberechtigung** einschränkt (→ Rn. 2) (BGHZ 189, 171 (180) = ZEV 2011, 366; MüKoBGB/Lange Rn. 2, 5), sind für die Pflichtteilsberechtigung der entfernteren Abkömmlinge und der Eltern **zwei Tatbestandsvoraussetzungen** zu erfüllen:
(1) der Antragsteller muss aus eigenem Recht (→ Rn. 4 f.) pflichtteilsberechtigt sein;
(2) der nähere Pflichtteilsberechtigte kann weder einen Pflichtteil verlangen noch hat er das ihm uU Hinterlassene angenommen (→ Rn. 13 ff.).

4 **1. Pflichtteilsberechtigung aus eigenem Recht.** Zunächst müsste der entfernter Berechtigte bei Eintritt der gesetzlichen Erbfolge abstrakt nach den §§ 1924 ff. als Erbe berufen sein (BGH NJW 2012, 3097 (3098)). **Lebt** ein näherer Abkömmling zurzeit des Erbfalls oder war er zumindest gezeugt und wird später lebend geboren (§ 1923 Abs. 2), so wird ein entfernterer Abkömmling oder Elternteil nur dann durch Verfügung von Todes wegen von der gesetzlichen

Erbfolge ausgeschlossen, wenn der näher Berechtigte auf Grund einer gesetzlichen Fiktion **als nicht vorhanden gilt,** also weil er die Erbschaft ausgeschlagen (§ 1953 Abs. 1), einen Erbverzicht (§ 2346 Abs. 1) geleistet hat oder er für erbunwürdig erklärt wurde (§ 2344 Abs. 1). Nur dann entfällt die „gesetzliche Zutrittsschranke" zum Kreis der konkret Pflichtteilsberechtigten, die sonst bereits § 2303 iVm mit den Grundregeln der gesetzlichen Erbfolge aufstellt (Staudinger/Haas, 2006, Rn. 8). Umstritten sind die Fälle, in denen der näher Berechtigte enterbt wurde (→ Rn. 8).

**a) Pflichtteilsberechtigung kraft eigenen Rechts bei Erbunwürdigkeit.** Wird der nähere Abkömmling für **erbunwürdig** erklärt, so gilt der Anfall der Erbschaft als bei ihm nicht erfolgt (§ 2344 Abs. 1), und er kann keinen Pflichtteil verlangen. Die Erbunwürdigkeit hat aber keine Auswirkungen auf seine Abkömmlinge oder Eltern. Diese können daher den Pflichtteil fordern, wenn auch sie durch Verfügung von Todes wegen von der Erbschaft ausgeschlossen sind. Mitunter wird aber eine wirksame Ersatzerbenberufung der entfernteren Pflichtteilsberechtigten, uU zumindest auf Grund der Auslegungsregel des § 2069, vorliegen (vgl. etwa OLG Frankfurt NJW-RR 1996, 261). Bei der **Pflichtteilsunwürdigkeit** tritt keine Vorversterbensfiktion ein, vielmehr schließt der nähere Angehörige, in dessen Person die Gründe für die Pflichtteilsunwürdigkeit vorliegen, die entfernteren Pflichtteilsberechtigten kraft Gesetzes von der Erbfolge aus, weshalb das Pflichtteilsrecht nicht auf sie übergeht (Bestelmeyer FamRZ 1997, 1124 (1129 f.); Jacubezky Recht 1906, 281 (283); aA Ebbecke LZ 1919, 515; Kretzschmar Recht 1908, 798; Maenner Recht 1920, 137; Lange/Kuchinke ErbR § 37 IV 1b). 5

**b) Pflichtteilsberechtigung kraft eigenen Rechts bei Erbverzicht.** Hat der nähere Abkömmling auf sein **gesetzliches Erbrecht verzichtet,** so greift nach § 2346 Abs. 1 S. 2 die sog. „Vorversterbensfiktion" ein und eröffnet damit uU für die entfernteren Pflichtteilsberechtigten den Pflichtteil kraft eigenen Rechts. Jedoch ist § 2349 zu beachten: Da sich der Erbverzicht im Zweifel auch auf die Abkömmlinge des Verzichtenden erstreckt, sind auch diese nicht pflichtteilsberechtigt, wenn sich aus der Verzichtserklärung nichts anderes ergibt (so aber im Fall von BGHZ 193, 369 = NJW 2012, 3097). Eine Pflichtteilsberechtigung der Eltern des Erblassers entsteht aus der Erstreckung des Erbverzichts auf die Abkömmlinge aber nur dann, wenn entgegen der Vermutung des § 2350 Abs. 2 der Erbverzicht nicht nur zu Gunsten der anderen Abkömmlinge und des Ehegatten des Erblassers wirken sollte (Staudinger/Otte, 2021, Rn. 21); dies ist idR nicht gewollt (Bestelmeyer FamRZ 1997, 1124 (1127); MüKoBGB/Lange Rn. 9). Liegt nur ein reiner **Pflichtteilsverzicht** vor (§ 2346 Abs. 2), tritt dadurch keine Änderung der gesetzlichen Erbfolge ein und somit kann zumindest allein daraus keine Pflichtteilsberechtigung der entfernter Berechtigten kraft eigenen Rechts entstehen (Staudinger/Otte, 2021, Rn. 21; Bestelmeyer FamRZ 1997, 1129; Soergel/Beck Rn. 10). Zur Problematik, wenn zum Pflichtteilsverzicht die Enterbung hinzukommt, → Rn. 10. Wird auf den **Erbteil** unter **Vorbehalt des Pflichtteils verzichtet,** sind die entfernteren Abkömmlinge und die Eltern daher von der Geltendmachung des Pflichtteils ausgeschlossen (Damrau/Tanck/Riedel Rn. 7). Für einen Teil der Fälle lässt sich dies über §§ 2349, 2350 Abs. 2 begründen; auf alle Fälle ist jedenfalls der Pflichtteil des Verzichtenden auf den der entfernteren Berechtigten anzurechnen (§ 2309 Alt. 1), ja man wird generell den Verzicht unter Pflichtteilsvorbehalt nicht dem Erbverzicht gleichstellen können (→ § 2310 Rn. 6) (Staudinger/Haas, 2006, Rn. 11; v. Jacubezky Recht 1906, 281 (282); aA Bestelmeyer FamRZ 1997, 1128). 6

**c) Pflichtteilsberechtigung aus eigenem Recht bei Ausschlagung.** Mit der **Ausschlagung** des näher Berechtigten macht dieser den Weg für entferntere Pflichtteilsberechtigte frei, da er diese bei der Feststellung der gesetzlichen Erbfolge nicht mehr ausschließt (§ 1953 Abs. 2; **Vorversterbensfiktion**). Ob und in welchem Umfang die entfernter Berechtigten einen Pflichtteil fordern können, hängt aber immer noch davon ab, ob dem näher Berechtigten trotz der Ausschlagung ein **Pflichtteil verbleibt,** was im Fall des § 2306 nach neuem Recht jetzt immer der Fall ist (→ § 2306 Rn. 9) (Soergel/Beck Rn. 11). Bei der Ausschlagung einer unbelasteten Erbschaft verbleibt dem näher Berechtigten immerhin noch der **Pflichtteilsrestanspruch** (§ 2305), wenn der hinterlassene Erbteil kleiner als die Hälfte des gesetzlichen ist. Der Pflichtteilsrestanspruch ist auf den Pflichtteil des entfernter Berechtigten anzurechnen (→ Rn. 8.1). Gleiches gilt, wenn ein daneben zugewandtes Vermächtnis angenommen wird (Staudinger/Haas, 2006, Rn. 27). 7

**d) Pflichtteilsberechtigung aus eigenem Recht bei Enterbung. aa) Grundsätzliches.** Ist der näher Berechtigte **enterbt,** so entfällt grds. ein Pflichtteilsanspruch des entfernter Berechtigten, weil der „näher Berechtigte" den „Pflichtteil verlangen" kann (§ 2309 Alt. 1) und der Normzweck des § 2309 gerade ist, die Entstehung konkurrierender Pflichtteilsansprüche entfernterer Verwandter zu verhindern (Damrau/Tanck/Riedel Rn. 9). Ob vom näher Berechtigten tatsächlich 8 der Pflichtteil verlangt wird, ist insoweit unerheblich (MüKoBGB/Lange Rn. 12). Nach **Ansicht des BGH** kommt dabei auch der **Enterbung** (§ 1938) eine **Vorversterbensfiktion** (analog § 1953 Abs. 2, § 2344 Abs. 2, § 2346 Abs. 1 S. 2) zu, was dazu führt, dass damit dem entfernteren Berechtigten aufgrund des Eintrittsrechts nach § 1924 Abs. 3 ein gesetzliches Erbrecht zusteht (BGHZ 189, 171 (177) = ZEV 2011, 366 = DNotZ 2011, 866 m. zust. Anm. Lange; MüKoBGB/Lange Rn. 13; zur „Übergehung" → Rn. 8.2).

**8.1** Der BGH hat dies ausschließlich mit **historischen Argumenten** begründet, da im ersten Entwurf der Redaktionskommission zum BGB eine derartige Vorversterbensfiktion des Enterbten vorhanden war und der Wegfall bei der Gesetzesentstehung mehr oder weniger unabsichtlich geschehen sei. Dabei hat der BGH ausdrücklich die Gegenansicht verworfen, wonach ein entfernterer Abkömmling aufgrund einer Verfügung des Erblassers nicht in die Stellung eines gesetzlichen Erben einrücken könne, weshalb er auch im Falle der eigenen Enterbung nicht pflichtteilsberechtigt werde (so Staudinger/Haas, 2006, Rn. 16 f., 31 ff.; Bestelmeyer FamRZ 1997, 1124 (1130 ff.)).

**8.2** Nicht ganz unumstritten ist die Frage, ob dies auch gilt, wenn der der nähere Abkömmling nicht wie im vom BGH entschiedenen Fall aufgrund einer negativen Verfügung von Todes wegen enterbt (§ 1938) wurde, sondern er nur – infolge der erschöpfenden Erbeinsetzung eines Dritten – **übergangen** wurde (Maenner Recht 1920, 135; v. Jacubetzky Recht 1906, 281 (282); Kretzschmar, Recht 1908, 793 (794 f.); vgl dazu ausf. Staudinger/Otte, 2021, Rn. 28 ff.). Der BGH hat die Frage in seiner oa Entscheidung ausdrücklich dahinstehen lassen (BGH ZEV 2011, 366 (367)). Dies dürfte im Ergebnis eher abzulehnen sein, da die Übergehung im Gegensatz zur ausdrücklichen Enterbung die gesetzliche Erbfolge unberührt lässt (so auch Staudinger/Otte, 2021, Rn. 28).

**9** Normaler Weise wirkt sich dieser Meinungsstreit nicht aus, denn dem näheren Pflichtteilsberechtigten steht sein Pflichtteilsanspruch wegen der verfügten Enterbung nach § 2303 zu und dies schließt den Pflichtteil des entfernter Berechtigten nach § 2309 Alt. 1 aus. **Bedeutsam** wird dieser aber, wenn der abstrakt näher Pflichtteilsberechtigte pflichtteilsunwürdig ist (§ 2345 Abs. 2), einen Pflichtteilsverzichtsvertrag ohne Erstreckungswirkung nach § 2349 abgeschlossen hat oder in einem wie dem vom BGH entschiedenen Fall, wenn dem enterbten, näheren Berechtigten auch wirksam der **Pflichtteil** nach § 2333 **entzogen** worden ist. Denn dann führt dies nach der vom BGH vertretenen Auffassung zur konkreten Pflichtteilsberechtigung der entfernter Berechtigten, etwa der Enkel (BGHZ 189, 171 (177) = ZEV 2011, 366 m. abl. Anm. Haas/Hoßfeld; zust. aber Damrau/Tanck/Riedel Rn. 9; ebenso OLG Hamm ZEV 2018, 211 (212 f.)).

**10** **bb) Sonderfall: Enterbung und Pflichtteilsverzicht.** Nicht **entschieden** hat der **BGH** den „Kombinationsfall", dass der näher Berechtigte, der einen Pflichtteilsverzichtsvertrag abgeschlossen hat, zugleich enterbt worden ist. Diese Konstellation findet sich in der Praxis sehr häufig, weil einerseits der Erbverzicht deswegen vermieden werden sollte, weil er zu einer Erhöhung des Erb- und Pflichtteilsrechts anderer führt (§ 2310 S. 2), andererseits aber regelmäßig nicht gewollt ist, dass der Verzichtende kraft Gesetzes doch noch Erbe wird.

**11** **Teilweise** wird in solchen Fällen angenommen, dass aufgrund der vom BGH auch bei der Enterbung angenommenen Vorversterbensfiktion eine konkrete Pflichtteilsberechtigung des entfernter Berechtigten eintrete (NK-BGB/Bock Rn. 4; bereits früher RGRK-BGB/Johannsen Rn. 12; Lange/Kuchinke ErbR § 37 IV 2b δ ohne Begr.). Daraus würden sich erhebliche Probleme ergeben, wenn entweder der Pflichtteilsverzicht dahingehend erklärt wird, dass er sich abweichend von § 2349 nicht auf die Abkömmlinge des Verzichtenden erstreckt, oder er sogar dazu führen würde, dass damit die Eltern des Erblassers konkret pflichtteilsberechtigt würden.

**12** Dieser Ansicht kann daher **nicht** gefolgt werden (Muscheler ErbR II Rn. 4104; ausf. Lange ZEV 2015, 69 (73 ff.); Damrau/Tanck/Riedel Rn. 10: § 2309 beim Pflichtteilsverzicht nicht anwendbar; Soergel/Beck Rn. 10; MüKoBGB/Lange Rn. 14; jurisPK-BGB/Birkenheier Rn. 20). Dies ergibt sich aus einer teleologischen Auslegung des § 2309: Anders als der Erbverzicht soll der Pflichtteilsverzicht nicht das Erbrecht der anderen verbessern oder neue Pflichtteilsberechtigte schaffen, sondern es soll hierdurch vor allem die erbrechtliche **Verfügungsfreiheit des Erblassers gestärkt** werden. Bei einem anderen Normverständnis würde der Pflichtteilsverzicht seine praktische Tauglichkeit verlieren und sowohl Erb- wie Pflichtteilsverzicht hätten irreparable pflichtteilsrechtliche Fernwirkungen. Hinzu kommt folgende Überlegung: Hätte der Pflichtteilsberechtigte erst nach dem Eintritt des Erbfalls auf die Geltendmachung seines Pflichtteilsanspruchs verzichtet, wäre die Sperrwirkung des § 2309 Alt. 1 zulasten der entfernteren Pflichtteilsberechtigten unstreitig eingetreten. Verzichtet der Pflichtteilsberechtigte im Vorfeld und noch zu Lebzeiten des Erblassers nach § 2346 Abs. 2 auf sein Pflichtteilsrecht, darf dies unter Wertungsgesichtspunkten nicht zu einer anderen rechtlichen Beurteilung führen (Lange ZEV 2015, 69 (73 f.); Grüneberg/Weidlich Rn. 3).

**2. Einschränkung der eigenen Pflichtteilsberechtigung der entfernter Berechtigten. a) Grundsätzliches.** Die zunächst bestehende Pflichtteilsberechtigung der entfernter Berechtigten wird wieder eingeschränkt, wenn und soweit 13

- ein näherer Abkömmling den **Pflichtteil verlangen kann.** Dies ist beispielsweise der Fall, wenn dem näher Pflichtteilsberechtigten der Pflichtteil nur teilweise zusteht, etwa bei einer teilweisen Pflichtteilsentziehung oder bei der Ausschlagung eines iSv § 2306 unbelasteten Erbteils, der unterhalb der Pflichtteilsquote liegt. Ob der Pflichtteil tatsächlich verlangt wird, ist hier unerheblich (Staudinger/Otte, 2021, Rn. 7; Lange/Kuchinke ErbR § 37 IV Fn. 60; dies gilt auch bei Verjährung des Pflichtteilsanspruchs, Soergel/Beck Rn. 19; RGRK-BGB/Johannsen Rn. 8);
- der näher pflichtteilsberechtigte Abkömmling das ihm **Hinterlassene annimmt** (§ 2309 Alt. 2). Unter „Annahme" ist die zur Endgültigkeit der Zuwendung führende Erklärung des Erben oder Vermächtnisnehmers zu verstehen (Staudinger/Otte, 2021, Rn. 12); bei einer Erbschaft wird sie mit Ablauf der Ausschlagungsfrist fingiert (§ 1943 Hs. 2).

**b) Zum Begriff des „Hinterlassenen".** Was unter dem Begriff des **„Hinterlassenen"** zu verstehen ist, ist in Rspr. und Lit. noch nicht abschließend geklärt (BGHZ 193, 369 (375) = NJW 2012, 3097; Lange/Kuchinke ErbR § 37 IV 2d). Hierzu gehört nach allgemeiner Ansicht das, was durch **Verfügung von Todes wegen zugewandt** wird. In Betracht kommen also **Vermächtnisse,** namentlich solche, die an Stelle des Pflichtteils zugewandt wurden; umstritten ist aber, ob dies auch gilt für Vermächtnisse, die dem näher Berechtigten zugewandt werden, der auf sein gesetzliches Erbrecht verzichtet hat oder für erbunwürdig erklärt wurde (gegen Anrechnung MüKoBGB/Frank, 3. Aufl. 1997, Rn. 14; bejahend Soergel/Beck Rn. 23; MüKoBGB/Lange Rn. 17; Damrau/Tanck/Riedel Rn. 16). Zum „Hinterlassenen" zählen ferner **Erbteile,** die hinter dem Wert der Hälfte des gesetzlichen Erbteils zurückbleiben (Soergel/Beck Rn. 21; MüKoBGB/Lange Rn. 18; aA Planck/Greiff Anm. III 2. Staudinger/Otte, 2021, Rn. 27 dagegen verneint wegen des Pflichtteilsrestanspruchs (§ 2305) die eigene Pflichtteilsberechtigung der entfernteren Abkömmlinge nach § 2309 Alt. 1, was aber zumindest dann nicht zutr., wenn der nähere Berechtigte einen Erb- oder Pflichtteilsverzicht abgab, vgl. Staudinger/Haas, 2006, Rn. 22). Nicht erfasst wird dagegen eine Zuwendung durch erbrechtliche **Auflage** (Staudinger/Otte, 2021, Rn. 12; Soergel/Beck Rn. 22; Damrau/Tanck/Riedel Rn. 16). Der Pflichtteilsanspruch des entfernter Berechtigten erfasst in den genannten Fällen nur noch den **Wertunterschied** zwischen dem Hinterlassenen und dem vollen Pflichtteil. Dabei bleiben Beschränkungen und Beschwerungen der Zuwendung, entspr. der auch sonst im Pflichtteilsrecht geltenden Wertung (vgl. § 2305 S. 2, § 2307 Abs. 1 S. 2), außer Ansatz (Lange/Kuchinke ErbR § 37 IV Fn. 67; Staudinger/Otte, 2021, Rn. 14; aA Grüneberg/Weidlich Rn. 3; RGRK-BGB/Johannsen Rn. 16). 14

**„Hinterlassen"** iSd § 2309 ist auch das, was dem näheren Abkömmling **zu Lebzeiten** als anrechnungs- oder ausgleichungspflichtiger **Vorempfang** gewährt wurde (OLG Celle NJW 1999, 1874; Damrau/Tanck/Riedel Rn. 17; Lange/Kuchinke ErbR § 37 IV 2d; Röhl DNotZ 2012, 724 (728); Staudinger/Otte, 2021, Rn. 22; Soergel/Beck Rn. 25; Planck/Greiff § 2315 Anm. 8a). Dies lässt sich damit begründen, dass sich der an die Stelle des näher Berechtigten tretende entferntere Pflichtteilsberechtigte diese Vorempfänge anrechnen lassen muss, weil der gleiche Stamm den Pflichtteil nicht mehrmals erhalten soll (→ Rn. 2) (Lange/Kuchinke ErbR § 37 IV 2d). „Hinterlassen" iSd § 2309 Alt. 1 ist nach hM auch das, was der Verzichtende auf Grund eines **entgeltlichen Erbverzichts** erhalten hat (OLG Celle NJW 1999, 1874; Burandt/Rojahn/Horn Rn. 16; Damrau/Tanck/Riedel Rn. 17; Wendt ErbR 2013, 366 (371); Staudinger/Otte, 2021, Rn. 22; dem zuneigend Soergel/Beck Rn. 24 aE; offenlassend Lange/Kuchinke ErbR § 37 IV 2c; zweifelnd Lange ZEV 2015, 69 (72); aA Muscheler ErbR II Rn. 4103; Pentz NJW 1999, 1835 (1836 f.) mit zT rein formalen Argumenten). Allerdings wird man hierzu **Einschränkungen** machen müssen: **(1)** Kommt es durch einen entgeltlichen Erbverzicht zu einer Pflichtteilsberechtigung der **Eltern** des Erblassers, erscheint fraglich, ob eine Anrechnung möglich ist, denn die hier erfolgte Zuwendung an einen verzichtenden Deszendenten ist keine Begünstigung des Aszendenten, sodass der Normzweck „keine Doppelbegünstigung des gleichen Stammes" bei genauer Betrachtung diesen Fall nicht unmittelbar erfasst, sodass die Anrechnung auf den Pflichtteil des Aszendenten fraglich ist (J. Mayer ZEV 1998, 433; ganz abl. Muscheler ErbR II Rn. 4103; aA OLG Celle NJW 1999, 1874 und dem folgend Staudinger/Otte, 2021, Rn. 22). **(2)** Wird eine Abfindung an einen näher Pflichtteilsberechtigten geleistet, dessen **konkrete Pflichtteilsberechtigung** durch einen Erbverzicht oder aus anderem Grunde **entfallen** ist, so kann dies **nicht** zu Lasten des entfernter Berechtigten berücksichtigt werden (RGZ 93, 193 (196); Muscheler ErbR II Rn. 4103; Lange ZEV 2015, 69 (73); aA Staudinger/Otte, 2021, Rn. 10, wonach die entfernter 15

Pflichtteilsberechtigten insoweit kein schutzwürdiges Interesse haben, da auch ein Erbverzicht ohne ihre Zustimmung wieder aufgehoben werden könnte). **(3)** Erfolgt die Abfindung für einen reinen Pflichtteilsverzicht, so lässt dieser das gesetzliche Erbrecht des Verzichtenden unberührt, sodass es deshalb nicht zu einer Pflichtteilsberechtigung der entfernteren Berechtigten kommt (Staudinger/Otte, 2021, Rn. 23).

16 Der Sache nach geht es in diesen Fällen um das **„Spannungsverhältnis"** zwischen dem Normzweck des § 2309 einerseits und der Selbstständigkeit des Pflichtteilsanspruchs des entfernter Pflichtteilsberechtigten andererseits (Lange ZEV 2015, 69 (73)). Mit dem Argument, dass § 2309 nur eine **„Doppelbegünstigung des gleichen Stammes"** (und damit eine Bevorzugung gegenüber anderen Stämmen) ausschließen wolle, hat der BGH eine Anrechnung der letztwilligen Zuwendung des Erblassers an sein Kind, das einen Erbverzicht ohne die Erstreckungswirkung des § 2349 erklärt hatte, zu Lasten des Enkelkindes verneint, wenn beide dem **einzigen Stamm** gesetzlicher Erben nach dem Erblasser angehören (BGHZ 193, 369 (375 ff.) = NJW 2012, 3097; diese Entscheidung wird überwiegend kritisiert, vgl. Häberle NJW 2012, 3759; Wagenknecht ZErb 2012, 322 sowie Röhl DNotZ 2012, 724 (727 ff.); G. Müller MittBayNot 2012, 478; Burandt/Rojahn/Horn Rn. 17; MüKoBGB/Lange Rn. 8; BeckOGK/Obergfell, 1.12.2021, Rn. 19; zweifelnd Grüneberg/Weidlich Rn. 3; zust. aber Löhnig JA 2013, 228; Reimann FamRZ 2012, 1382). Gegen das vom BGH angenommene Ergebnis spricht bereits der **Wortlaut** des § 2309 Alt. 2 (Röhl DNotZ 2012, 724 (728 f.); Häberle NJW 2012, 3760; Staudinger/Otte, 2021, Rn. 11; Leipold ErbR Rn. 822a; G. Müller MittBayNot 2012, 478). Methodisch gesehen kann es daher nur um eine **teleologische Reduktion des § 2309 Alt. 2** gehen, welche nur dann zutr. wäre, wenn die Vermeidung der Doppelbegünstigung desselben Stammes der einzige Normzweck dieser Vorschrift wäre. Hierzu hatte der BGH aber selbst erst im Jahre 2011 festgestellt, dass es bei § 2309 auch um Vermeidung „der Vervielfältigung der Pflichtteilslast" geht (BGHZ 189, 171 (180) = ZEV 2011, 366). Aus der Sicht des Pflichtteilsschuldners wäre es daher von diesem Normzweck geboten gewesen, eine Anrechnung des „Hinterlassenen" (die Tochter war sogar zur Alleinerbin eingesetzt worden und hatte daher weit mehr als ihren Pflichtteil erhalten) zu Lasten des entfernteren Pflichtteilsberechtigten vorzunehmen, auch wenn Tochter und Enkel dem gleichen Stamm angehörten (G. Müller MittBayNot 2012, 478). Zutreffend ist daher betont worden, dass es bei § 2309 Alt. 1 auch um die Regelung des **„Wettbewerbs von Pflichtteilsansprüchen** der entfernteren Berechtigten mit **Zuwendungen** an den näheren Abkömmling" geht (Soergel/Beck Rn. 5). Gegen die Ansicht des BGH spricht schließlich auch, dass bislang bei einer nach § 2051 Abs. 1 iVm § 2315 Abs. 3 anrechnungspflichtigen Zuwendung unter Lebenden eine Differenzierung nach der Zahl der vorhandenen Stämme nicht vorgenommen worden ist (vgl. Staudinger/Otte, 2021, Rn. 11).

## § 2310 Feststellung des Erbteils für die Berechnung des Pflichtteils

**[1]Bei der Feststellung des für die Berechnung des Pflichtteils maßgebenden Erbteils werden diejenigen mitgezählt, welche durch letztwillige Verfügung von der Erbfolge ausgeschlossen sind oder die Erbschaft ausgeschlagen haben oder für erbunwürdig erklärt sind. [2]Wer durch Erbverzicht von der gesetzlichen Erbfolge ausgeschlossen ist, wird nicht mitgezählt.**

**Schrifttum:** v. Proff, Erhöht der Pflichtteilsverzicht die Quote anderer Pflichtteilsberechtigter?, ZEV 2016, 173; Schotten, Wirkungen eines Erb- oder Pflichtteilsverzichts auf das gesetzliche Erb- und Pflichtteilsrecht des Verzichtenden einerseits und dritter Personen andererseits, RNotZ 2015, 412; Wirner, Vorzeitiger Erbausgleich oder Pflichtteilsverzicht?, MittBayNot 1984, 13.

### Überblick

In Durchbrechung des Grundsatzes der Maßgeblichkeit der gesetzlichen Erb- für die Pflichtteilsquote (→ Rn. 1) legt die Vorschrift die Pflichtteilsquote bei **Enterbung, Ausschlagung und Erbunwürdigkeit** abweichend fest (→ Rn. 2). Diese Wegfallsgründe führen nicht zur Erhöhung der Pflichtteilsquote der übrigen Pflichtteilsberechtigten (→ Rn. 3), anders als der **Erbverzicht** (→ Rn. 6). Diese Sonderregel des S. 2 ist nach hM nicht anwendbar bei reinen **Pflichtteilsverzichten** (→ Rn. 9).

## I. Normzweck

Der Pflichtteilsanspruch berechnet sich gem. § 2303 Abs. 1 S. 2 nach dem Pflichtteilsbruchteil und dem Wert des Nachlasses. Der Pflichtteilsbruchteil bestimmt sich dabei grds. nach der Erbquote der gesetzlichen Erbfolge (§§ 1924 ff.). Die Akzessorietät zwischen Erb- und Pflichtteilsquote durchbricht § 2310 S. 1 für bestimmte Fälle (Staudinger/Otte, 2021, Rn. 1). Denn für die Berechnung der Pflichtteilsquote ist nicht die tatsächlich eingetretene konkrete gesetzliche Erbfolge maßgebend, sondern diejenige aufgrund einer **abstrakten Betrachtung** (Damrau/Tanck/Riedel Rn. 1; MüKoBGB/Lange Rn. 1; Staudinger/Otte, 2021, Rn. 1). Dadurch soll der Erblasser die Höhe der in Betracht kommenden Pflichtteilsansprüche im Interesse einer sachgerechten Nachlassplanung überschauen können, was bei den in S. 1 genannten Ausschließungsgründen sonst vor dem Erbfall nicht der Fall wäre (HK-PflichtteilsR/Grziwotz/Heisel Rn. 1). Zudem wird dadurch die Pflichtteilsquote der anderen insoweit der Disposition des Erblassers sowie der gesetzlichen Erben entzogen (Mot. V 404; Staudinger/Otte, 2021, Rn. 2). Dagegen sind die Folgen des Erbverzichts bereits vor dem Erbfall vorhersehbar, weshalb dieser sich nach S. 2 auch auf die Pflichtteilsquote auswirkt. 1

## II. Festlegung der Pflichtteilsquote nach S. 1

**1. Voraussetzungen.** Mitgezählt werden für die Berechnung der Pflichtteilsquote alle Personen, die zum Zeitpunkt des Erbfalls als gesetzliche Erben berufen wären, auch wenn sie im konkreten Fall durch **Enterbung** (durch negatives Testament nach § 1938 oder erschöpfende Erbeinsetzung anderer Personen), **Erbunwürdigkeitserklärung** (§§ 2339 ff.) oder **Ausschlagung** der (gesetzlichen oder gewillkürten) Erbschaft **weggefallen** sind. Bei der Ausschlagung ist es dabei unerheblich, ob der Betroffene dadurch nach den allgemeinen Grundsätzen an sich sein Pflichtteilsrecht verliert oder dieses bei § 2306 Abs. 1 erst erlangt (MüKoBGB/Lange Rn. 4; RGRK-BGB/Johannsen Rn. 1). Generell ist unbeachtlich, ob derjenige, der nach S. 1 bei der Ermittlung der Pflichtteilsquote mitzuzählen ist, im konkreten Fall **tatsächlich** einen Pflichtteil gehabt hätte (Staudinger/Otte, 2021, Rn. 7; Soergel/Beck Rn. 10; Burandt/Rojahn/Horn Rn. 3). Mitzuzählen ist daher auch derjenige, dem zu Recht der Pflichtteil entzogen worden ist (§§ 2333 ff.) (Lange/Kuchinke ErbR § 37 VII 2a Fn. 200; Planck/Greiff Anm. 2a; DNotI-Gutachten DNotI-Report 2007, 173) oder der nur auf seinen Pflichtteil verzichtet hat (→ Rn. 9). 2

**2. Rechtsfolgen.** Durch die Mitberücksichtigung der in S. 1 Genannten wird die **Pflichtteilsquote** der übrigen Pflichtteilsberechtigten **nicht vergrößert;** ihr Wegfall kommt mithin allein dem Erben zugute (Grüneberg/Weidlich Rn. 1; Staudinger/Otte, 2021, Rn. 5; Burandt/Rojahn/Horn Rn. 3). § 2310 S. 1 dient nur zur Berechnung der Pflichtteilsquote, sagt aber nichts darüber, ob jemand, der allgemein zum pflichtteilsberechtigten Personenkreis gehört (→ § 2303 Rn. 12 ff.), im konkreten Fall auch wirklich pflichtteilsberechtigt ist. Geändert werden aber nicht die Grundsätze der Verwandtenerbfolge (§ 1924 Abs. 2, § 1930, § 1935). Der vor dem Erbfall Verstorbene wird daher ebenso wenig berücksichtigt wie der, dessen Verwandtschaft infolge einer Annahme als Kind erloschen ist (§ 1755) (Grüneberg/Weidlich Rn. 1). 3

**§ 2309** stellt im **Verhältnis zu** § 2310 eine **Sonderregelung** dar. Der als Pflichtteilsberechtigter ausfallende nähere Berechtigte darf daher, wenn es um den Pflichtteil entfernterer Abkömmlinge oder der Eltern geht, nicht zu Lasten des entfernteren Berechtigten mitgezählt werden; denn § 2310 will nur die Pflichtteilsquoten festlegen und nicht den bereits durch § 2309 eröffneten Pflichtteilsanspruch wieder beseitigen (MüKoBGB/Lange Rn. 10; Soergel/Beck Rn. 7; Lange/Kuchinke ErbR § 37 VI 2b; Grüneberg/Weidlich Rn. 1; Damrau/Tanck/Riedel Rn. 8 m. Beispielen). Beispiel → Rn. 4.1. 4

**Beispiel:** Der Erblasser hinterlässt den Sohn S und seinen Vater V; er beruft den S zum unbelasteten Alleinerben (sonst § 2306 Abs. 1) und seinen Freund F zum Ersatzerben. S schlägt die Erbschaft aus. Dann ist der Vater V pflichtteilsberechtigt (§ 2309); dies wird auch nicht durch § 2310 S. 1 verhindert. Die Pflichtteilsquote des V, der ohne die Ausschlagung nicht erbberechtigt gewesen wäre, beträgt 1/2 (vgl. Soergel/Beck Rn. 6). 4.1

Im Verhältnis zum **überlebenden Ehegatten** ist der weggefallene Abkömmling demgegenüber immer mitzuzählen, und zwar auch dann, wenn dieser im Verhältnis zu den Eltern des Erblassers nicht zu berücksichtigen ist (Soergel/Beck Rn. 8; Staudinger/Otte, 2021, Rn. 11). Denn § 2309 erfasst nicht das Verhältnis des Ehegatten zu den entfernteren Pflichtteilsberechtigten. Daraus ergeben sich Wertungswidersprüche (HK-PflichtteilsR/Grziwotz/Heisel Rn. 9). Beispiel → Rn. 5.1. 5

5.1 **Beispiel:** Der Erblasser hinterlässt seinen kinderlosen Sohn S, seine Witwe W aus Zugewinngemeinschaftsehe und seinen Vater V. Als Alleinerbe wurde S berufen, ersatzweise der Freund F. S schlägt aus. Der Pflichtteil der Witwe beträgt 1/8, da ihr gegenüber S nach § 2310 S. 1 mitzuzählen ist; V ist demgegenüber nach § 2309 infolge der Ausschlagung des S pflichtteilsberechtigt. Der Pflichtteil des Vaters beträgt wegen § 2309 demgegenüber 1/4, denn sein gesetzlicher Erbteil betrüge neben der Witwe 1/2 (§ 1931 Abs. 1 S. 1 Hs. 2, § 1931 Abs. 3, § 1371 Abs. 1) (Soergel/Beck Rn. 8). W stellt sich also pflichtteilsmäßig schlechter als V, obgleich sie bei gesetzlicher Erbfolge neben V die Hälfte erben würde; doch ist dies „de lege lata" hinzunehmen (MüKoBGB/Lange Rn. 13; Lange/Kuchinke ErbR § 37 VII 2b; Soergel/Beck Rn. 8).

## III. Erbverzicht (S. 2)

6 **1. Erhöhung der Pflichtteilsquote der übrigen Pflichtteilsberechtigten.** Wer durch einen Erbverzicht von der gesetzlichen Erbfolge ausgeschlossen wird, ist nach S. 2 **nicht** mitzuzählen. Dies gilt auch dann, wenn außerdem die Voraussetzungen des S. 1 erfüllt sind, wenn also beispielsweise der Verzichtende enterbt oder seine Erbunwürdigkeit festgestellt worden ist (MüKoBGB/Lange Rn. 7; Staudinger/Otte, 2021, Rn. 16). Dass der durch Erbverzicht Weggefallene – anders als bei den anderen Wegfallsgründen – bei der Bemessung der Erb- bzw. Pflichtteilsquoten der übrigen nicht mitgezählt wird, wurde im Rahmen des Gesetzgebungsverfahrens damit gerechtfertigt, dass ein solcher Erbverzicht **idR gegen eine Abfindung** erklärt wird und diese daher später im Nachlass fehle (Prot. V 611; eingehend zur Entstehungsgeschichte Staudinger/Otte, 2021, Rn. 14 f.). Aus Gründen der Rechtssicherheit und Vereinfachung ist allerdings die Anwendung dieser Zählregel nicht davon abhängig, ob und in welcher Höhe **tatsächlich** eine solche Abfindung geleistet wurde (Prot. V 611; Mot. V 404; Planck/Greiff Anm. 1; Soergel/Beck Rn. 3; MüKoBGB/Lange Rn. 2). Die Regelung des S. 2 führt somit dazu, dass ein Erbverzicht den **anderen Pflichtteilsberechtigten zugutekommt,** da sich dadurch deren gesetzliche Erb- und damit auch Pflichtteilsquote entspr. erhöht (Staudinger/Otte, 2021, Rn. 15; Soergel/Beck Rn. 3, 11; Wirner MittBayNot 1984, 13; Ebenroth ErbR Rn. 366, 941; zu den praktischen Problemen bei der Nachfolgeplanung Ebenroth/Fuhrmann BB 1989, 2049 (2054)). Auf diese Rechtsfolge hat der beurkundende Notar grds. **hinzuweisen** (§ 17 BeurkG); ansonsten kann er sich haftbar machen (OLG Hamm VersR 1981, 1037 (1038)). Da die Erhöhung der Pflichtteilsquote der übrigen Pflichtteilsberechtigten in der Praxis **regelmäßig nicht gewünscht** ist, wird in der Kautelarpraxis überwiegend von der Vereinbarung eines Erbverzichts abgeraten und stattdessen der Abschluss eines Pflichtteilsverzichts iSv § 2346 Abs. 2 (ggf. iVm einer enterbenden Verfügung des Erblassers) empfohlen.

7 **2. Ausnahmefälle. a) Erbverzicht ohne Erstreckung der Verzichtswirkung auf die Abkömmlinge. Nicht anwendbar** ist S. 2 nach hM dann, wenn sich der Erbverzicht entgegen der Vermutung des § 2349 nicht auf die Abkömmlinge des Verzichtenden erstreckt (Soergel/Beck Rn. 11; Grüneberg/Weidlich Rn. 2; Burandt/Rojahn/Horn Rn. 13; Staudinger/Otte, 2021, Rn. 19). Dies lässt sich damit begründen, dass die Abkömmlinge des Verzichtenden mangels Erstreckungswirkung in der gesetzlichen Erbfolge an seine Stelle treten (§ 1924 Abs. 3), sodass sie zu Lasten der übrigen Pflichtteilsberechtigten Berücksichtigung finden müssen (Soergel/Beck Rn. 11; Burandt/Rojahn/Horn Rn. 13). In der Sache geht es darum, dass der Verzicht aufgrund seiner beschränkten Wirkung nicht zu einer Änderung der Stammeserbfolge geführt hat und ein solcher Verzicht von S. 2 nicht erfasst sein kann (Staudinger/Otte, 2021, Rn. 18).

8 **b) Erbverzicht unter Pflichtteilsvorbehalt.** Ebenfalls nicht anwendbar ist S. 2 nach hM bei einem Erbverzicht unter „Pflichtteilsvorbehalt" (→ § 2346 Rn. 18) (Staudinger/Otte, 2021, Rn. 18; Soergel/Beck Rn. 11; MüKoBGB/Lange Rn. 8; HK-PflichtteilsR/Grziwotz/Heisel Rn. 12; Damrau/Tanck/Riedel Rn. 11; v. Proff ZEV 2016, 173 f.). Dafür spricht, dass in dieser Konstellation nicht von einer vollständigen Abfindung der erbrechtlichen Position des Verzichtenden ausgegangen werden kann, da dieser aufgrund der Einschränkung des Erbverzichts sein **Pflichtteilsrecht behalten** hat. Außerdem würden sich bei Nichtberücksichtigung des Verzichtenden iSv S. 2 Pflichtteilsansprüche ergeben, die in ihrer Summe 50 % des Nachlasswertes übersteigen (v. Proff ZEV 2016, 173 f.).

9 **c) (Reiner) Pflichtteilsverzicht. S. 2** ist nach nahezu einhM **nicht anwendbar,** wenn lediglich ein **Pflichtteilsverzichtsvertrag (§ 2346 Abs. 2)** abgeschlossen wird (Damrau/Tanck/Riedel Rn. 11; RGRK-BGB/Johannsen Rn. 5; Lange/Kuchinke ErbR § 37 VII 2a Fn. 201 mwN; Burandt/Rojahn/Horn Rn. 17; MüKoBGB/Lange Rn. 8; Erman/Röthel Rn. 5; Staudinger/

Schotten, 2016, § 2346 Rn. 77; BeckOGK/Szalai, 1.3.2022, Rn. 16; dies gilt auch bei gleichzeitiger Enterbung des Verzichtenden, selbst wenn dies dem Erbverzicht nahekommt, Soergel/Beck Rn. 11; für diff. Anwendung des S. 2 Rheinbay, Erbverzicht-Abfindung-Pflichtteilsergänzung, 1983, 161 f.). Dies hat auch der **BGH** – allerdings ohne nähere Begründung – angenommen (BGH NJW 1982, 2497). In der Lit. wurde dies überwiegend damit begründet, dass der Pflichtteilsverzicht nur der Erweiterung der Testierfreiheit des Erblassers dient (vgl. nur Damrau/Tanck/Riedel Rn. 11; PWW/Deppenkemper Rn. 3; MüKoBGB/Lange Rn. 8).

Seit 2015 wird die Richtigkeit des Standpunkts der hM von Otte (Staudinger/Otte, 2015, Rn. 21; bekräftigt durch Staudinger/Otte, 2021, Rn. 22) als in sich widersprüchlich kritisiert und aus mehreren Gründen **bestritten:** Gegen die Richtigkeit der hM spreche neben der Terminologie des Gesetzes (die unter einem „Erbverzicht" idR auch einen Pflichtteilsverzicht verstehe) die Gesetzesbegründung mit der Abfindung (→ Rn. 6), die für den Pflichtteilsverzicht gleichermaßen gelte, sowie schließlich die Maßgeblichkeit des Pflichtteilsverzichts für die Pflichtteilserhöhung der übrigen Berechtigten, wie sich in den in → Rn. 8 genannten Fälle zeige (Staudinger/Otte, 2015, Rn. 21). Es lässt sich hiergegen jedoch zu Recht einwenden, dass bereits der **Wortlaut** des S. 2 eindeutig den reinen Pflichtteilsverzicht ausschließt, da der Betreffende durch Erbverzicht **„von der gesetzlichen Erbfolge ausgeschlossen"** sein müsse – was bei einem reinen Pflichtteilsverzicht gerade nicht der Fall ist (Schotten RNotZ 2015, 412 (413); v. Proff ZEV 2016, 173 (174)). Ferner dient die Regelung des S. 2 der logischen Umsetzung der in § 2346 Abs. 1 S. 2 angeordneten Vorversterbensfiktion, die nur bei einem Verzicht auf das gesetzliche Erbrecht eingreift (Schotten RNotZ 2015, 412 (414); HK-PflichtteilsR/Grziwotz/Heisel Rn. 11; krit. Staudinger/Otte, 2021, Rn. 22) und knüpft nur an die abstrakte gesetzliche Erbfolge und nicht an die Pflichtteilsberechtigung an (v. Proff ZEV 2016, 173 (174)). Außerdem wäre eine Anwendung des S. 2 im Falle der praxishäufig vereinbarten teilweisen/eingeschränkten Pflichtteilsverzichte (zB gegenständlich beschränkter Pflichtteilsverzicht) äußerst problematisch, in denen eine nur teilweise, aber nur schwierig zu berechnende quotenmäßige Mitzählung des Verzichtenden erforderlich wäre (Schotten RNotZ 2015, 412 (414)). Schließlich lässt sich auch aus der Gesetzgebungsgeschichte kein Argument für die Gleichbehandlung von Erb- und Pflichtteilsverzicht im Rahmen des S. 2 herleiten (vgl. dazu ausf. v. Proff ZEV 2016, 173 (175 ff.); krit. Staudinger/Otte, 2021, Rn. 22). Die überzeugenderen Argumente sprechen daher iErg **für die bisher ganz hM** (zust. auch Grüneberg/Weidlich Rn. 2; BeckOGK/Szalai, 1.3.2022, Rn. 16; HK-PflichtteilsR/Grziwotz/Heisel Rn. 11). 10

## § 2311 Wert des Nachlasses

**(1) [1]Der Berechnung des Pflichtteils wird der Bestand und der Wert des Nachlasses zur Zeit des Erbfalls zugrunde gelegt. [2]Bei der Berechnung des Pflichtteils eines Abkömmlings und der Eltern des Erblassers bleibt der dem überlebenden Ehegatten gebührende Voraus außer Ansatz.**

**(2) [1]Der Wert ist, soweit erforderlich, durch Schätzung zu ermitteln. [2]Eine vom Erblasser getroffene Wertbestimmung ist nicht maßgebend.**

**Schrifttum:** Amend-Traut/Hergenröder, Kryptowährungen im Erbrecht, ZEV 2019, 113; Außner, Pflichtteilsrecht in Bezug auf gekaufte Musik-, Film- und E-Book-Dateien, ErbR 2021, 370; Biermann/Thiele, Die Berücksichtigung latenter Steuern im Pflichtteilsrecht, ErbR 2022, 2; Braunhofer, Unternehmens- und Anteilsbewertung zur Bemessung von familien- und erbrechtlichen Ausgleichsansprüchen, 1995; Erle, Der Voraus in der Pflichtteilsberechnung, FamRZ 2018, 1885; Großfeld/Egger/Tönnes, Recht der Unternehmensbewertung, 8. Aufl. 2016; Heindl, Ausschlagungsentscheidung des (Erbes-)Erben und Berücksichtigung noch nicht geltend gemachter Pflichtteilsansprüche des Erblassers bei der Pflichtteilsberechnung, ZErb 2016, 8; Hilgers, Die Berücksichtigung vom Erblasser herrührender Einkommensteuervor- und -nachteile bei der Nachlassbewertung im Erbrecht, 2002; Horn, Wertermittlung im Pflichtteilsrecht, ZEV 2018, 627; Krause/Opris, Die latente Steuerlast des Veräußerungsgewinns im Pflichtteilsrecht, ZEV 2019, 190; Meincke, Das Recht der Nachlassbewertung im BGB, 1973; Moxter, Grundsätze ordnungsgemäßer Unternehmensbewertung, 2. Aufl. 1983; Muscheler, Die Erfüllung einer verjährten Nachlassverbindlichkeit auf Kosten Dritter, ZEV 2020, 324; Piltz, Die Unternehmensbewertung in der Rechtsprechung, 3. Aufl. 1994; Riedel, Die Bewertung von Gesellschaftsanteilen im Pflichtteilsrecht, 2006; Riedel, Das ABC des § 2311 BGB – Zum Wert des Nachlasses, ErbR 2018, 362; Schlichting, Die Bewertung von Aktien aus Anlass von Pflichtteilsansprüchen, ZEV 2006, 197; M. Schmitt, Gesellschaftsvertrag und Pflichtteilsrecht, 1994.

### Überblick

Die Vorschrift ist eine von drei Bestimmungen, die sich, wenn auch nur unvollständig, mit **Bewertungsfragen** bei der Pflichtteilsberechnung (→ Rn. 1) befassen. § 2311 normiert für die

Feststellung des Nachlassbestands die Maßgeblichkeit des **Stichtagsprinzips** (→ Rn. 2), indem grds. der Bestand und Wert **im Erbfall** zu Grunde zu legen ist (Abs. 1 S. 1). Der Nachlassbestand ergibt sich aus der Differenz der zu berücksichtigenden **Aktiva** (→ Rn. 3) abzüglich **Passiva** (→ Rn. 7). Dabei sind auf beiden Seiten Rechte, die durch **Konfusion oder Konsolidation** erloschen sind, für Zwecke der Pflichtteilsberechnung als fortbestehend anzusehen (→ Rn. 5). Für die Feststellung des Nachlasswertes sind **Wertbestimmungen** des Erblassers grundsätzlich nicht maßgeblich (Abs. 2 S. 2) (→ Rn. 16). Maßgeblich ist in der Regel der sog gemeine Wert bzw. **Verkehrswert** (→ Rn. 17). Dieser ist mangels eines tatsächlichen Verkaufserlöses (→ Rn. 23) zu schätzen, wobei verschiedene **Methoden** (→ Rn. 24) hierfür angewandt werden können. Typische Einzelfälle stellen die Bewertung von **Grundstücken** (→ Rn. 25), **Unternehmen** (→ Rn. 30), **Gesellschaftsbeteiligungen** (→ Rn. 42) sowie **Aktien** (→ Rn. 48) dar.

## Übersicht



## I. Überblick zur Wertermittlung

1 Der Pflichtteil besteht aus der Hälfte des Wertes des gesetzlichen Erbteils (§ 2303). Daher ist zunächst der Nachlassbestand durch Ermittlung des pflichtteilsrelevanten Aktiv- und Passivnachlasses festzustellen. Anschließend ist der so ermittelte Bestand zu bewerten (Meincke, Das Recht der Nachlassbewertung im BGB, 1973, 67 ff.; Riedel in MSTB PflichtteilsR-HdB § 5 Rn. 1 ff.; Staudinger/Herzog, 2021, Rn. 4). Hierfür machen die §§ 2311, 2312 (für das Landgut) und § 2313 (bedingte, unsichere und ungewisse Rechte und Verbindlichkeiten) Vorgaben zur Bestimmung des maßgeblichen Wertes. § 2311 ist hierbei von zentraler Bedeutung. Danach sind nach dem sog **Stichtagsprinzip** Bestand und Wert des Nachlasses zunächst auf den Zeitpunkt des Erbfalls zu ermitteln (Abs. 1 S. 1). Bei der Wertermittlung sind entspr. dem zwingenden Charakter des Pflichtteilsrechts Wertbestimmungen des Erblassers unerheblich (Abs. 2 S. 2) und eine Schätzung nur zu veranlassen, wenn dies erforderlich ist (Abs. 2 S. 1). Dabei ergibt sich das **Bewertungsziel** aus der Erbersatzfunktion des Pflichtteils: Der Pflichtteil soll den Pflichtteilsberechtigten in Geld so stellen, wie wenn er mit seinem halben gesetzlichen Erbteil am Nachlass beteiligt und dieser im Erbfall in Geld umgesetzt worden wäre. Daher ist grds. der **gemeine Wert** der Pflichtteilsrechnung zu Grunde zu legen (ausf. → Rn. 17).

## II. Feststellung des Nachlassbestandes

2 **1. Stichtagsprinzip.** Der Nachlassbestand ergibt sich aus der **Differenz der Aktiva und Passiva.** Maßgeblich für die erforderliche Feststellung ist grds. der Erbfall, dh der Zeitpunkt des Todes des Erblassers, bei Verschollenheit der des § 9 VerschG (Staudinger/Herzog, 2021, Rn. 9). Anders als im Recht der Inventarerrichtung nach den §§ 1993 ff. ist auch für die Feststellung der **Nachlassverbindlichkeiten** auf den Erbfall abzustellen, denn im Pflichtteilsrecht können und müssen sowohl hinsichtlich der Aktiva wie der Passiva auch die „unfertigen" oder künftigen Rechtsbeziehungen berücksichtigt werden (Meincke, Das Recht der Nachlassbewertung im BGB, 1973, 212 f.; Riedel in MSTB PflichtteilsR-HdB § 5 Rn. 10: „Wurzeltheorie"; Staudinger/Herzog, 2021, Rn. 12; vgl. auch BGH WM 1971, 1338; BayVGH FamRZ 2004, 489 (491)). Dieses starre **Stichtagsprinzip** führt zwar zur Rechtssicherheit und einer klaren Risikoverteilung, uU aber auch zu großen Härten (Braga AcP 153 (1954), 144 (158 ff.), MüKoBGB/Lange Rn. 2; Staudinger/Herzog, 2021, Rn. 14; Riedel in MSTB PflichtteilsR-HdB § 5 Rn. 11), wenn etwa Nachlasswerte nach dem Erbfall verloren gehen und daher zwar für die Bemessung, nicht aber zur Bezahlung des Pflichtteils herangezogen werden können. Denn der Pflichtteilsberechtigte trägt nicht die Gefahr der Verringerung des Nachlasswertes nach Eintritt des Erbfalls (Staudinger/Herzog, 2021, Rn. 13; s. auch BayVGH FamRZ 2004, 489 (491)). **Ausnahmen** vom Stichtagsprinzip ergeben sich aus der Berücksichtigung von Vorempfängen nach §§ 2315 f., der Pflichtteilsergänzung (§§ 2325 ff.) und der Beachtung von Bestandsänderungen nach § 2313 (Staudinger/Herzog, 2021, Rn. 17 ff.; Riedel in MSTB PflichtteilsR-HdB § 5 Rn. 13 ff.). Problematisch sind

zeitlich nach dem Stichtag eintretende, aber auf diesen zurückwirkende Rechtsveränderungen (Staudinger/Herzog, 2021, Rn. 19 ff.; ausf. Riedel in MSTB PflichtteilsR-HdB § 5 Rn. 14 ff.).

**2. Aktivbestand. a) Zu berücksichtigende Vermögenswerte.** Zum Aktivbestand des Nachlasses gehören alle **vererblichen Vermögenswerte** (ausf. Übersicht bei Riedel in MSTB PflichtteilsR-HdB § 5 Rn. 31 ff.; Blum in Schlitt/Müller PflichtteilsR-HdB § 3 Rn. 48 ff.), und zwar nicht nur solche, die im Wege der Universalsukzession auf den Erben übergehen, sondern auch solche, die einer **erbrechtlichen Sonderrechtsnachfolge** unterliegen, wie vererbliche Anteile an einer Personengesellschaft (→ Rn. 43), aber auch alle vermögensrechtlichen Positionen und Beziehungen, die der Erblasser noch zu seinen Lebzeiten eingeleitet hat, die aber erst nach seinem Tode endgültige Rechtswirkungen entwickeln, sog **unfertige Rechtsbeziehungen** (BGHZ 32, 367 (369); OLG Düsseldorf FamRZ 1996, 1440 (1441); Meincke, Das Recht der Nachlassbewertung im BGB, 1973, 77; Staudinger/Herzog, 2021, Rn. 52). Dazu zählt auch der öffentlich-rechtliche Anspruch aus einem Meistgebot (§ 81 ZVG) (OLG Düsseldorf FamRZ 1996, 1440). Nicht zu berücksichtigen sind allerdings Nachlassbestandteile, die nur einen **ideellen Wert** haben (Soergel/Beck Rn. 6). Jedoch können auch vermögenswerte Bestandteile des **Persönlichkeitsrechts** auf den Erben übergehen und sind damit bei der Pflichtteilsbewertung zu erfassen; soweit es um eine erst künftig mögliche Verletzung dieses Rechts geht, allerdings nur aufschiebend bedingt iSv § 2313 (Klingelhöffer ZEV 2000, 328; vgl. MüKoBGB/Lange Rn. 6; Staudinger/Herzog, 2021, Rn. 43). Anzusetzen sind auch Verwertungsrechte aus Urheberrecht (§ 28 UrhG), Namens- oder Abbildungsrechte oder gewerbliche Schutzrechte (Staudinger/Herzog, 2021, Rn. 43 mwN). Bei vom Erblasser gekauften Musik-, Film- und E-Book-Dateien, die einen erheblichen wirtschaftlichen Wert darstellen können, scheidet eine pflichtteilsrechtliche Berücksichtigung aus, sofern diese – wie regelmäßig – nicht verkehrsfähig sind (Außner ErbR 2021, 370 (373)). Bei **Ehegatten** sind die Auswirkungen des jeweiligen Güterstandes zu beachten: Bei einer allgemeinen **Gütergemeinschaft** fällt nur das Sonder- und Vorbehaltsgut des Erblassers voll in den Nachlass, das eheliche Gesamtgut (§ 1416) aber nur zur Hälfte; bei Haushaltsgegenständen gilt die in § 1568b Abs. 2 enthaltene Vermutung des gemeinschaftlichen Eigentums für das Pflichtteilsrecht nicht (Staudinger/Herzog, 2021, Rn. 62). Für die Zurechnung von **Bankkonten** ist maßgeblich nicht auf das Außen-, sondern das Innenverhältnis abzustellen (Burandt/Rojahn/Horn Rn. 16; Staudinger/Herzog, 2021, Rn. 65). Dabei wird bei Ehegatten sowohl bei Und-, wie bei Oder-Konten grds. davon ausgegangen, dass diese zu gleichen Teilen an den Einlagen berechtigt sind (Burandt/Rojahn/Horn Rn. 16; Staudinger/Herzog, 2021, Rn. 66 mwN). 3

Zu **berücksichtigen** sind auch **Surrogate,** wie nach § 1370 aF für Haushaltsgegenstände oder Lastenausgleichsansprüche für Schäden, die bereits vor dem Erbfall eintraten, auch wenn die Ausgleichsforderung erst in der Person des Erben entstanden ist (BGH MDR 1972, 851 (852); FamRZ 1977, 128 (129); Damrau/Tanck/Riedel Rn. 11). Gleiches gilt für Ansprüche des Erblassers auf Rückgabe oder Entschädigung für Grundstücke in der ehemaligen DDR nach dem Vermögensgesetz, wenn der Erbfall nach dem 29.9.1990 eingetreten ist (BGHZ 123, 76 (79 f.) m. krit. Anm. Dieckmann ZEV 1994, 198; Fassbender DNotZ 1994, 359; Casimir DtZ 1993, 362; de Leve DtZ 1994, 270). Weiter gehören zum Aktivnachlass **Steuerrückerstattungen** und zwar sowohl für die Vorjahre wie auch für das laufende „Rumpfsteuerjahr" bis zum Erbfall (Klingelhöffer PflichtteilsR Rn. 415 ff. mit weiteren Einzelheiten; Staudinger/Herzog, 2021, Rn. 54). Bei Zusammenveranlagung von Ehegatten wird überwiegend eine Aufteilung nach dem Verhältnis der steuerpflichtigen Einkünfte vorgenommen (vgl. nur Klingelhöffer PflichtteilsR Rn. 416; Staudinger/Herzog, 2021, Rn. 54; Burandt/Rojahn/Horn Rn. 22; Blum in Schlitt/Müller PflichtteilsR-HdB § 3 Rn. 48; aA 39. Ed. Rn. 5 (J. Mayer); Damrau/Tanck/Riedel Rn. 22: wie beim Zugewinnausgleich Verhältnis der Steuerbeiträge maßgeblich, die bei getrennter Veranlagung angesetzt worden wären). **Steuerliche Verlustvorträge** des Erblassers sind dagegen nach neuerer Finanzrechtsprechung (vgl. BFH BStBl. II 2008, 608 = ZEV 2008, 199) nicht als Aktiva anzusetzen, da sie der Erbe nicht bei seiner eigenen Einkommensteuer geltend machen kann (Damrau/Tanck/Riedel Rn. 25; Staudinger/Herzog, 2021, Rn. 55; aA für alte Rechtslage, soweit der Erbe hierdurch einen Steuervorteil hat: Klingelhöffer PflichtteilsR Rn. 417; PWW/Deppenkemper Rn. 3; vgl. auch Hilgers, Die Berücksichtigung von Erblasser herrührender Einkommensteuervor- und -nachteile bei der Nachlassbewertung im Erbrecht, 2002, 217 f.). **Wiederkehrende Forderungen,** wie Ansprüche auf Leibrenten, sind zu **kapitalisieren** (RGZ 72, 379 (382) zur Kapitalisierung einer Rente nach „versicherungstechnischen Grundsätzen"; MüKoBGB/Lange Rn. 12; Klingelhöffer PflichtteilsR Rn. 414; Erman/Röthel Rn. 2). Wenn zum Nachlass eine **Erbschaft** oder ein **Vermächtnis** eines vorverstorbenen Erblassers gehört und der Erbe dies **ausschlägt,** so führt dies zu einer Minderung des Nachlasses, die auch der Pflichtteilsberechtigte gegen sich gelten 4 lassen muss; ein striktes Abstellen auf das Stichtagsprinzip würde demgegenüber die Freiheit der Ausschlagungsentscheidung des Erbeserben unzulässig beschneiden, da er die Erbschaft immer annehmen müsste, um den Pflichtteil begleichen zu können (Brüstle BWNotZ 1976, 78; MüKoBGB/Lange Rn. 10; Lange/Kuchinke ErbR § 37 Fn. 310; Grüneberg/Weidlich Rn. 1; PWW/Deppenkemper Rn. 4; Soergel/Beck Rn. 9; Burandt/Rojahn/Horn Rn. 19; aA Meincke, Das Recht der Nachlassbewertung im BGB, 1973, 234; Planck/Greiff Anm. 2b; de Leve ZEV 2010, 75 ff.). Gleiches gilt für den noch nicht geltend gemachten **Pflichtteilsanspruch** gegenüber dem Nachlass eines anderen Erblassers (Heindl ZErb 2016, 8 ff.).

5 **b) Konfusion und Konsolidation.** Rechtsverhältnisse, die infolge **Konfusion** (Vereinigung von Recht und Verbindlichkeit) oder **Konsolidation** (Vereinigung von Recht und dinglicher Belastung) **erloschen** sind, gelten für die Pflichtteilsberechnung als fortbestehend, denn von der Zufälligkeit, wer Erbe ist, darf die Höhe des Pflichtteils nicht abhängen, wie sich den in §§ 1978, 1991 Abs. 2, 2143, 2175 enthaltenen Rechtsgedanken entnehmen lässt (BGHZ 98, 382 (389) = NJW 1987, 1260; BGH DNotZ 1978, 487 (489); NJW 1975, 1123 (1124); OLG Schleswig ZEV 2007, 277; Dieckmann FamRZ 1984, 880 (883); Damrau/Tanck/Riedel Rn. 18; Kuchinke JZ 1984, 96; Staudinger/Herzog, 2021, Rn. 73 mit Berechnungsbeispielen; Kipp/Coing ErbR § 9 II 2d; MüKoBGB/Lange Rn. 9; RGRK-BGB/Johannsen Rn. 3; Riedel in MSTB PflichtteilsR-HdB § 5 Rn. 25 ff. mit Beispielen; Burandt/Rojahn/Horn Rn. 15). Dafür spricht, dass die Höhe des Pflichtteilsbetrages nicht davon abhängen kann, wer zufällig Erbe wird und ob in der Person des Erben die Voraussetzungen der Konfusion oder Konsolidation gegeben sind (MüKoBGB/Lange Rn. 9).

6 **c) Nicht zu berücksichtigende Vermögenswerte. Nicht** in den Nachlass fallen ein Anspruch aus **§ 2287** (BGH NJW 1989, 2389 (2391); OLG Frankfurt NJW-RR 1991, 1157; MüKoBGB/Lange Rn. 11), jedoch sind hier Pflichtteilsergänzungsansprüche nach § 2329 besonders zu prüfen. Nicht nachlasszugehörig sind auch Ansprüche aus einer **Lebensversicherung,** wenn ein **Bezugsberechtigter benannt** ist, mag dieser auch mit dem Erben identisch oder der Versicherungsfall der Todesfall sein (§§ 330, 331, § 160 Abs. 2 VVG) (BGHZ 13, 226 (232) = NJW 1954, 1115; OLG Düsseldorf OLGR 1997, 167; OLG Schleswig ZEV 1995, 415; PWW/Deppenkemper Rn. 5; Damrau/Tanck/Riedel Rn. 46; MüKoBGB/Lange Rn. 12; Staudinger/Herzog, 2021, Rn. 86 ff.). Dabei ist es ohne Bedeutung, ob eine widerrufliche oder unwiderrufliche Bezugsberechtigung vorliegt (Burandt/Rojahn/Horn Rn. 12). Die Ansprüche aus der Lebensversicherung fallen aber dann in den Nachlass, wenn **kein Bezugsberechtigter** wirksam benannt ist (vgl. Schmalz-Brüggemann ZEV 1996, 84 (85 ff.); OLG Düsseldorf ZEV 1996, 142 mAnm Klingelhöffer PflichtteilsR Rn. 14 f.; Staudinger/Herzog, 2021, Rn. 51). Gleiches gilt, wenn und soweit die Lebensversicherung zur **Kreditsicherung** unter insoweit teilweisem Widerruf der Bezugsberechtigung an einen Darlehensgeber **abgetreten** worden ist (BGH NJW 1996, 2230 = ZEV 1996, 263 (264) mAnm Kummer; Staudinger/Herzog, 2021, Rn. 94. Zu den sonst eintretenden ungerechten Ergebnissen Klingelhöffer ZEV 1995, 180 (181)). Der Anspruch auf die Versicherungssumme gehört dann im Todesfall in Höhe der gesicherten Schuld zum Aktivnachlass des Erblassers und ist ebenso wie die gesicherte Schuld bei der Pflichtteilsberechnung zu berücksichtigen (BGH NJW 1996, 2230 = ZEV 1996, 263 (264) mAnm Kummer). Soweit die Versicherungssumme nicht abgetreten ist, erwirbt jedoch der Bezugsberechtigte außerhalb des Nachlasses auf Grund des Versicherungsvertrags, da er nur entspr. dem Sicherungszweck einen Rangrücktritt erleidet; insoweit bestehen diesbezüglich dann Pflichtteilsergänzungsansprüche (OLG Düsseldorf FamRZ 1998, 121 = MittBayNot 1998, 354 Ls.; Damrau/Tanck/Riedel Rn. 46; vgl. auch Staudinger/Herzog, 2021, Rn. 94). Wird ein **Hof iSd nordwestdeutschen HöfeO** zu Lebzeiten gem. § 17 Abs. 2 HöfeO im Wege vorweggenommener Erbfolge übertragen, kann die enterbte Ehefrau insoweit nur ggf. Pflichtteilsergänzungsansprüche geltend machen; die Berücksichtigung des Hofeswertes im Rahmen der Berechnung des ordentlichen Pflichtteils nach §§ 2303, 2311 scheidet mangels Nachlasszugehörigkeit des Hofes zum Zeitpunkt des Erbfalls aus (OLG Hamm BeckRS 2018, 23625 = RdL 2018, 386).

7 **3. Passivbestand. a) Grundsätze.** Auf der Passivseite sind **nicht alle Nachlassverbindlichkeiten** abzugsfähig. Vielmehr setzen Funktion und insolvenzrechtlicher Rang des Pflichtteilsanspruchs Grenzen. Nicht abzugsfähig sind solche Verbindlichkeiten, die im Falle eines Nachlassinsolvenzverfahrens erst nach dem Pflichtteilsanspruch zu befriedigen wären (§ 327 InsO) (RGZ 90, 202 (204 f.) zu § 226 KO; Soergel/Beck Rn. 14; Dieckmann FS Beitzke, 1979, 399 (401)). Der Umkehrschluss gilt nur bedingt: Nachlasseigenschulden aus Nachlassverwaltung des Erben sind nicht abzugsfähig (Soergel/Beck Rn. 14). Berücksichtigungsfähig sind weiter nur solche

Schulden, die **auch bei gesetzlicher Erbfolge** entstanden wären, da sie dann auch vom Pflichtteilsberechtigten zu tragen gewesen wären, was sich aus der Ersatzfunktion des Pflichtteils ergibt (BGHZ 230, 130 ff. = NJW 2021, 2115 ff. mAnm Strobel = ZEV 2021, 521 ff. mAnm Horn = ErbR 2021, 777 ff. mAnm Potthast (für Auflage zur Grabpflege); MüKoBGB/Lange Rn. 15; Soergel/Beck Rn. 14; Staudinger/Herzog, 2021, Rn. 104; RGRK-BGB/Johannsen Rn. 4; Burandt/Rojahn/Horn Rn. 27). Erforderlich hierfür ist weiter, dass diese Verbindlichkeiten sich **direkt** gegen den Nachlass richten; so sind nicht direkt abziehbar die Geschäftsschulden der zum Nachlass gehörenden Einmann-GmbH, sondern diese mindern nur den Wert der hinterlassenen Beteiligung (Meincke, Das Recht der Nachlassbewertung im BGB, 1973, 124; vgl. auch Staudinger/Herzog, 2021, Rn. 117, 123). Ist der Nachlass im Erbfall **überschuldet,** besteht kein Pflichtteilsanspruch (RGRK-BGB/Johannsen § 2317 Rn. 1); wurde dieser in Unkenntnis bezahlt, besteht ein bereicherungsrechtlicher Rückzahlungsanspruch des Erben (OLG Stuttgart NJW-RR 1989, 1283).

**b) Erblasserschulden. Abzugsfähig** sind Verbindlichkeiten, die **vom Erblasser herrühren** 8
und ihn bereits selbst belasteten (§ 1967 Abs. 2), soweit sie vererblich und auch nicht aufschiebend bedingt oder zweifelhaft (§ 2313) sind (Staudinger/Herzog, 2021, Rn. 99 ff.; Lange/Kuchinke ErbR § 37 VII 7a). Dies gilt auch für die **Kosten der Grabpflege** des Erblassers, sofern der Erblasser noch zu Lebzeiten einen entsprechenden Grabpflegevertrag abgeschlossen und damit eine Erblasserschuld begründet hat (BGHZ 230, 130 ff. = NJW 2021, 2115 ff. mAnm Strobel = ZEV 2021, 521 ff. mAnm Horn = ErbR 2021, 777 ff. mAnm Potthast; vgl. dazu auch → Rn. 13). Abgezogen werden können auch die Ansprüche aus einem mit dem Erbfall fälligen **Nachvermächtnis** (§ 2191) oder einem aufschiebend auf den Tod befristeten **Herausgabevermächtnis,** soweit damit bereits der Erblasser auf Grund eines früheren erbrechtlichen Erwerbs belastet war (MüKoBGB/Lange Rn. 17; Watzek MittRhNotK 1999, 37 (42); Reimann MittBayNot 2002, 4 (7 f.); Hölscher ZEV 2011, 569; Hartmann ZNotP 2012, 371 (373); Burandt/Rojahn/Horn Rn. 29; Staudinger/Herzog, 2021, Rn. 145; PWW-Deppenkemper Rn. 6; Grüneberg/Weidlich Rn. 5; keine Abzugsmöglichkeit besteht dagegen für vom Erblasser selbst ausgesetzte Vermächtnisse). Als Passiva berücksichtigt werden können auch die mit dem Tod des Erblassers noch nicht erloschenen **Unterhaltsansprüche** des geschiedenen Ehegatten, trotz ihrer Begrenzung auf den fiktiven Pflichtteil (§ 1586b) (MüKoBGB/Lange Rn. 17; Lange/Kuchinke ErbR § 37 Fn. 308; Soergel/Beck Rn. 15 Fn. 63; aA Probst AcP 191 (1991), 138 ff.), auch solche der Mutter des Kindes nicht miteinander verheirateter Eltern nach § 1615l Abs. 1 S. 2 (Entbindungskosten), und für die Beerdigungskosten der Mutter (§ 1615m) und zwar wegen § 1615n auch dann, wenn der Vater vor Entstehen der Ansprüche verstorben ist (Soergel/Beck Rn. 15; MüKoBGB/Lange Rn. 17).

Weiter sind abzugsfähig die **rückständigen** (befristeten oder unbefristeten) **Steuerschulden** 9
des Erblassers, auch soweit sie noch nicht fällig oder auch noch nicht veranlagt sind (BGH NJW 1993, 131 (132); MüKoBGB/Lange Rn. 20; Staudinger/Herzog, 2021, Rn. 140; Soergel/Beck Rn. 15; RGRK-BGB/Johannsen Rn. 5; zur Problematik von Schwarzgeld im Nachlass Wachter ZErb 2003, 66). Bei **Zusammenveranlagung** des Erblassers mit seinem Ehegatten (§ 26b EStG) ist trotz der gesamtschuldnerischen Haftung im Außenverhältnis darauf abzustellen, wer im Innenverhältnis die Steuerschuld zu tragen hat, da er das entsprechende Einkommen erzielte (BGHZ 73, 29 (37 f.) = NJW 1979, 546 (548); OLG Düsseldorf FamRZ 1988, 951; Klingelhöffer PflichtteilsR Rn. 469; Staudinger/Herzog, 2021, Rn. 141).

**Nicht abzugsfähig** ist aber die **Erbschaftsteuer,** die den Erben trifft (RGRK-BGB/ 10
Johannsen Rn. 7). Gleiches gilt für die sog **latenten Ertragsteuern,** die sich erst durch eine Veräußerung oder Aufgabe von Betriebsvermögen (§ 16 EStG) auf Grund einer entsprechenden Handlung des Erben realisieren (BGH NJW 1972, 1269; Kapp BB 1972, 829; Staudinger/Herzog, 2021, Rn. 128), jedoch können diese im Rahmen der Unternehmensbewertung zu berücksichtigen sein (→ Rn. 41). Entsprechendes gilt für **Altlasten** (BGH BeckRS 1996, 31059736). Bei **gesamtschuldnerischer Haftung** von Ehegatten ist für die Berücksichtigung das Innenverhältnis maßgebend; haftet der Überlebende im Innenverhältnis allein, so ist daher der Nachlass durch die gesamtschuldnerische Mithaftung nicht belastet und die Verbindlichkeit wird deshalb bei der Bewertung des Nachlasses nicht berücksichtigt (vgl. BGHZ 73, 29 (37 f.) = NJW 1979, 546; MüKoBGB/Lange Rn. 16; Staudinger/Herzog, 2021, Rn. 137; Burandt/Rojahn/Horn Rn. 32).

**Verjährte Verbindlichkeiten** sind nach wohl hM nicht zu berücksichtigen, da der Erbe sonst 11
zu Lasten des Pflichtteilsberechtigten auf die Erhebung der Einrede verzichten könnte (Lange/Kuchinke ErbR § 37 VII 7a; Staudinger/Herzog, 2021, Rn. 101; aA Soergel/Beck Rn. 42; → 39. Ed. Rn. 8 (J. Mayer): grds. Berücksichtigung, aber vor Erhebung der Einrede Einordnung der

Verbindlichkeit als unsicher iSv § 2313 Abs. 2 S. 1; ähnlich Muscheler ZEV 2020, 324 (327): Behandlung als zweifelhafte Verbindlichkeit iSd § 2313 Abs. 1 S. 1). Soweit eine im Erbfall bereits verjährte Verbindlichkeit durch Konfusion erloschen ist, etwa ein aus dem ersten Erbfall resultierender verjährter Pflichtteilsanspruch des alleinigen Schlusserben bei einem „Berliner Testament", wird man diese aber mit dem Nennbetrag abziehen können, denn der Erbe kann in dieser Konstellation die Verjährungseinrede nicht mehr erheben (Soergel/Beck Rn. 42; Dieckmann FamRZ 1983, 1104 (1105); vgl. auch BGHZ 98, 382 (389 f.) = NJW 1987, 1260; BGHZ 88, 102 (108)).

12 **Kreditsicherheiten,** wie Hypotheken, Sicherungsgrundschulden oder Bürgschaften, sind in Anwendung von § 2313 Abs. 2 bei der Berechnung des Nachlasswertes so lange außer Betracht zu lassen, wie offen ist, ob und in welcher Höhe der Sicherungsgeber überhaupt **in Anspruch genommen** wird. Sie sind daher zunächst nicht in die Passiva einzustellen (RG JW 1908, 114; OLG Köln ZEV 2004, 155 (156); Burandt/Rojahn/Horn Rn. 33; Staudinger/Herzog, 2021, Rn. 138; aA OLG Düsseldorf NJW-RR 1996, 727 für die Grundschuld, weil diese unabhängig von der Gefahr der Inanspruchnahme immer bei einer Veräußerung oder Belastung eine wirtschaftliche Beeinträchtigung darstellt). Etwas anderes gilt, wenn eine Inanspruchnahme wahrscheinlich erscheint, wobei dann aber auch der Freistellungsanspruch des Sicherungsgebers unter Berücksichtigung seiner Realisierbarkeit der möglichen Haftung gegenübergestellt werden muss (Soergel/Beck § 2313 Rn. 8).

13 **c) Erbfallschulden. Abzugsfähig** sind weiter die Erbfallschulden, deren Rechtsgrund und Notwendigkeit der Erfüllung bereits auf den Erbfall zurückgeht oder deren Erfüllung auch im Interesse des Pflichtteilsberechtigten zu erfolgen hat oder den Pflichtteilsberechtigten auch dann getroffen hätte, wenn er selbst **gesetzlicher Erbe** geworden wäre (vgl. dazu bereits → Rn. 8; MüKoBGB/Lange Rn. 21; PWW/Deppenkemper Rn. 6; Burandt/Rojahn/Horn Rn. 34). Berücksichtigt werden daher die Kosten der standesgemäßen **Beerdigung** des Erblassers (vgl. § 1968 BGB), nicht aber die der **laufenden Grabpflege,** und zwar selbst dann nicht, wenn der Erblasser die Erben zur Tragung letzterer durch Auflage verpflichtet hatte (BGHZ 230, 130 ff. = NJW 2021, 2115 ff. mAnm Strobel = ZEV 2021, 521 ff. mAnm Horn = ErbR 2021, 777 ff. mAnm Potthast; OLG Düsseldorf BeckRS 2016, 126576; RGZ 160, 225 (226); MüKoBGB/Lange Rn. 21; Staudinger/Herzog, 2021, Rn. 102 f.; Burandt/Rojahn/Horn Rn. 35; bei einem Doppelgrab aber nur anteilige Kosten, vgl. LG Landau ZErb 2000, 45; anders ist dies bei lebzeitigem Abschluss eines Grabpflegevertrages → Rn. 8). Berücksichtigungsfähig sind auch die Kosten der **Feststellung des Nachlassbestandes** und des Wertes (vgl. § 2314 Abs. 2) (RG JW 1906, 114), einschließlich eines hierzu geführten **Prozesses** (OLG Hamburg OLGRspr. 12, 393 (394); vgl. zu Prozess- und Anwaltskosten ausf. Staudinger/Herzog, 2021, Rn. 158), die Kosten der Ermittlung der Nachlassgläubiger und der Inventarerrichtung (§§ 1993, 2314 Abs. 2) (Staudinger/Herzog, 2021, Rn. 160 f.), die Kosten eines im Erbscheinsverfahren geführten **Erbprätendentenstreits,** soweit diese vom Pflichtteilsberechtigten veranlasst wurden (BGH MDR 1980, 831; aA Staudinger/Herzog, 2021, Rn. 165), die Kosten der **Nachlasssicherung,** insbes. einer **Nachlasspflegschaft** (RG JW 1906, 114; OLG Schleswig ZEV 2010, 196; OLG Celle ZEV 2003, 509 (511); Staudinger/Herzog, 2021, Rn. 163). Kosten einer **Testamentsvollstreckung** können in Abzug gebracht werden, soweit sie für den Pflichtteilsberechtigten von Vorteil waren, etwa indem dadurch dem Nachlass keine Kosten der Feststellung oder Sicherung des Nachlasses entstanden sind (BGHZ 95, 222 (228) = NJW 1985, 2828; BGH ZEV 2009, 77; vgl. auch BGH NJW 1988, 136 (137); Staudinger/Herzog, 2021, Rn. 164; krit. Kuchinke JZ 1986, 90 (91)). Zu den abzugsfähigen Erbfallschulden zählt auch der uU erhebliche **Zugewinnausgleichsanspruch** des länger lebenden Ehegatten nach **§ 1371 Abs. 2 und 3** (bzw. des überlebenden Partners einer eingetragenen Lebenspartnerschaft nach § 6 Abs. 2 S. 4 LPartG), der während der Ehe (bzw. Lebenspartnerschaft) gleichsam verdient wurde (BGHZ 37, 58 (64) = NJW 1962, 1719; BGH NJW 1988, 136 (137); Soergel/Beck Rn. 18; MüKoBGB/Lange Rn. 21; Lange/Kuchinke ErbR § 37 VII 7b; Burandt/Rojahn/Horn Rn. 37; Staudinger/Herzog, 2021, Rn. 156). Abzugsfähige Erbfallschuld ist ferner der **Kostenerstattungsanspruch des Sozialhilfeträgers** nach § 102 SGB XII (PWW/Deppenkemper Rn. 6; Staudinger/Herzog, 2021, Rn. 155).

14 **Nicht abzugsfähig** sind jedoch die **Pflichtteilsansprüche** selbst, die Gegenstand der Berechnung sind (MüKoBGB/Lange Rn. 22) oder der Ersatzanspruch nach altem Recht, da er dem Erbrecht gleichwertig ist (Lange/Kuchinke ErbR § 37 VII 7 Fn. 309). Nicht abgezogen werden können ferner Verbindlichkeiten, die erst durch eine Verfügung von Todes wegen des betreffenden Erblassers entstanden sind, also etwa dort erst **angeordnete Vermächtnisse und Auflagen,** weil der Erblasser dadurch die zwingenden Pflichtteilsrechte nicht reduzieren kann – wie sich auch aus der Wertung des § 327 Abs. 1 Nr. 2 InsO ergibt (vgl. BGHZ 230, 130 ff. = NJW 2021, 2115 ff.

mAnm Strobel = ZEV 2021, 521 ff. mAnm Horn = ErbR 2021, 777 ff. mAnm Potthast (für Auflage zur Grabpflege); BGH NJW 2014, 3370; 1988, 136 (137); MüKoBGB/Lange Rn. 22; Burandt/Rojahn/Horn Rn. 39; anders liegt es bei den Vermächtnislasten, mit denen bereits der Erblasser schon durch einen eigenen früheren Erwerb, wenn auch uU erst aufschiebend bedingt, beschwert war, → Rn. 8), aber auch die **gesetzlichen Vermächtnisse** wie der Dreißigste oder der Anspruch nach § 1371 Abs. 4 (Grüneberg/Weidlich Rn. 5; MüKoBGB/Lange Rn. 22) und die Kosten der **Testamentseröffnung** (MüKoBGB/Lange Rn. 22). Umstritten ist, ob die Kosten für die **Erteilung des Erbscheins** abgesetzt werden können. Dies wird von der hM verneint, da dieser primär der Legitimation des Erben diene (OLG Schleswig ZErb 2010, 90; OLG München ErbR 2010, 59; OLG Stuttgart JABl BW 1978, 76). Da der Erbschein jedoch gerade der Verwaltung und Abwicklung des Nachlasses dient und – erst recht – im Falle der gesetzlichen Erbfolge hierfür Kosten anfallen würden, ist ein Abzug der Kosten zulässig (so auch LG Neuruppin BeckRS 2017, 118112 = ZEV 2017, 542 Ls.; Staudinger/Herzog, 2021, Rn. 120; vgl. auch DNotI-Gutachten DNotI-Report 2001, 107). Nicht abzugsfähig sind dagegen die Kosten der Nachlassverwaltung durch die Erben (soweit sie dem Pflichtteilsberechtigten nicht nützlich waren), und der Erbauseinandersetzung sowie eines Nachlassinsolvenzverfahrens bei Eintritt der Überschuldung nach dem Erbfall, da deren Berücksichtigung gegen das Stichtagsprinzip verstoßen würde (Staudinger/Herzog, 2021, Rn. 112 ff.).

Der **Voraus des überlebenden Ehegatten** bei gesetzlicher Erbfolge (§ 1932) bleibt bei der **15** Berechnung des Pflichtteils von Abkömmlingen und Eltern kraft ausdrücklicher gesetzlicher Bestimmung (vgl. **Abs. 1 S. 2**) außer Ansatz (eingehend Staudinger/Herzog, 2021, Rn. 169 ff.; Erle FamRZ 2018, 1885). Der Pflichtteil wird aus dem übrigen Nachlass berechnet, was uU zu einer erheblichen Reduktion führen kann und zum Zwecke der Reduzierung von Pflichtteilsansprüchen der Abkömmlinge eingesetzt werden kann (Keim NJW 2008, 2072 (2076 f.)). Dies gilt jedoch nur, wenn dem überlebenden Ehegatten der Voraus tatsächlich **„gebührt"**. Das ist nicht der Fall, wenn der Erblasser seinem Ehegatten den Pflichtteil oder auch nur den Voraus wirksam entzogen hat oder wegen einer Erbunwürdigkeit kein Anspruch auf den Voraus besteht, wohl aber, wenn der Voraus ausgeschlagen wurde (allgM, MüKoBGB/Lange Rn. 58; Staudinger/Herzog, 2021, Rn. 174; PWW/Deppenkemper Rn. 7; Burandt/Rojahn/Horn Rn. 46). Wird der überlebende Ehegatte kraft **gewillkürter Erbfolge** Allein- oder Miterbe, kommt ihm die Vergünstigung des Abs. 1 S. 2 nach hM nicht zugute, da § 1932 an die gesetzliche Erbfolge anknüpft (BGHZ 73, 29 = NJW 1979, 546; OLG Naumburg OLGR 2000, 433 = FamRZ 2001, 1406; Lange/Kuchinke ErbR § 37 Fn. 252; RGRK-BGB/Johannsen Rn. 10; Soergel/Beck Rn. 44; jetzt auch MüKoBGB/Lange Rn. 58; aA OLG Kassel Recht 1925, 153 Nr. 463; Goller BWNotZ 1980, 12 f., die nur eine Rechtsfolgenverweisung auf § 1932 annehmen; Staudinger/Herzog, 2021, Rn. 173: Norm ist immer dann anzuwenden, wenn der Ehegatte Erbe ist, unabhängig davon, ob gesetzlicher oder gewillkürter). Der volle Voraus kann nur beim Pflichtteil der Eltern abgezogen werden, bei Abkömmlingen ist nur der zur angemessenen Haushaltsführung Benötigte abzugsfähig (§ 1932 Abs. 1 S. 2). Der Pflichtteil des **Ehegatten** selbst errechnet sich aber immer aus dem Gesamtnachlass ohne den Voraus (MüKoBGB/Lange Rn. 59). Die gleichen Grundsätze gelten auch für den Voraus des überlebenden, gleichgeschlechtlichen **Lebenspartners** (MüKoBGB/Lange Rn. 59), der gem. § 10 Abs. 1 S. 2 und 3 LPartG dem des Ehegatten nachgebildet ist.

## III. Feststellung des Nachlasswerts

**1. Wertbestimmung des Erblassers.** Vom Erblasser getroffene Wertfestsetzungen, die sich **16** für den Pflichtteilsberechtigten **nachteilig** auswirken, sind grds. **unbeachtlich** (Abs. 2 S. 2). Dies ergibt sich bereits aus der zwingenden Natur des Pflichtteilsrechts (OLG München BeckRS 2012, 08586). Etwas anderes gilt nur nach Maßgabe des § 2312 oder wenn die Voraussetzungen der Pflichtteilsentziehung nach den §§ 2333 ff. (inklusive Einhaltung der Formvorschriften) erfüllt sind (Burandt/Rojahn/Horn Rn. 51; Grüneberg/Weidlich Rn. 6). Aus dem gleichen Grund kann der Erblasser auch nicht einen bestimmten Schätzer (Staudinger/Herzog, 2021, Rn. 192; dies gilt auch für eine schiedsgerichtliche Anordnung) oder ein besonderes Bewertungsverfahren einseitig vorschreiben, das zu niedrigeren Werten als dem gesetzlichen Wert führt. Dagegen ist **nach Eintritt** des Erbfalls eine Vereinbarung von Pflichtteilsberechtigtem und Erben über eine abweichende Bewertung formlos möglich (MüKoBGB/Lange Rn. 30; Staudinger/Herzog, 2021, Rn. 195). Vor dem Erbfall ist für eine Vereinbarung zwischen diesen Beteiligten allerdings § 311b Abs. 5 zu beachten (Staudinger/Herzog, 2021, Rn. 196). Zu **Lebzeiten des Erblassers** bedarf eine entsprechende Zustimmung des Pflichtteilsberechtigten zu einer abweichenden Bewertungsvereinbarung mit dem Erblasser der Form des § 2348, da es sich um einen beschränkten Pflichtteilsverzicht handelt (Staudinger/Herzog, 2021, Rn. 197).

17 **2. Grundsätze. a) Bewertungsziel: gemeiner Wert – subjektivierte Nachlassbewertung?.** Aus der Erbersatzfunktion des Pflichtteils ergibt sich das **Bewertungsziel:** Der Pflichtteil soll den Pflichtteilsberechtigten in Geld so stellen, wie wenn er mit seinem **halben gesetzlichen Erbteil am Nachlass beteiligt** und dieser im Erbfall **in Geld umgesetzt** worden wäre (BVerfGE 78, 132 = NJW 1988, 2723 (2724); BGH NJW-RR 1991, 900 (901); OLG Düsseldorf ZEV 1994, 361; Schlichting ZEV 2006, 197; Lohr/Prettl in Schlitt/Müller PflichtteilsR-HdB § 4 Rn. 2; Meincke FS Wiedemann, 2002, 105 (116 ff.) spricht anschaulich vom „Gleichbehandlungsgedanken"). Denn das Pflichtteilsrecht gewährleistet eine grds. unentziehbare und bedarfsunabhängige wirtschaftliche Mindestbeteiligung am Nachlass des Erblassers (BVerfGE 112, 332 = NJW 2005, 1561). Daher ist der Pflichtteilsberechnung der **gemeine Wert** zu Grunde zu legen, dh der Wert, den der Nachlassgegenstand für jeden hat, also der **Verkehrs- oder Normalverkaufswert** (BGHZ 14, 368 (376) = NJW 1954, 1764 (1765); BGH NJW-RR 1991, 900; OLG München BB 1988, 429 (431); Meincke, Das Recht der Nachlassbewertung im BGB, 1973, 147 f.; Lange/Kuchinke ErbR § 37 VII 3b; Kipp/Coing ErbR § 9 II 2a; J. Mayer ZEV 1994, 51; Lohr/Prettl in Schlitt/Müller PflichtteilsR-HdB § 4 Rn. 6). Dies bedeutet, dass für die Wertermittlung die Wertverhältnisse im Erbfall, der dann konkret vorhandene Nachlassbestand sowie die realitätsgerechte Ertragsfähigkeit des Nachlasses maßgebend sind (BVerfGE 78, 132 = NJW 1988, 2723 (2724)). Als Bewertungsgrundlagen scheiden daher die nach den Grundsätzen ordnungsgemäßer Buchführung ermittelten sog **Buchwerte** (BVerfGE 78, 132 = NJW 1988, 2723 (2724); Piltz, Die Unternehmensbewertung in der Rspr., 3. Aufl. 1994, 94; Staudinger/Herzog, 2021, Rn. 181; MüKoBGB/Lange Rn. 31) oder die **steuerlichen Einheitswerte** aus (eingehend BVerfGE 78, 132 = NJW 1988, 2723 (2724) zu § 23 SchlHAGBGB aF; MüKoBGB/Lange Rn. 31).

18 Zu beachten ist auch, dass das **Bewertungsziel** beim **lebzeitigen Zugewinnausgleich** ein anderes ist: Dort geht es um einen Ausgleich des idR gemeinsam erwirtschafteten Vermögenszuwachses zwischen dem Anfangs- und Endvermögen (§§ 1374, 1375) mit einer zeitabschnittsweise retrospektiv ausgerichteten Betrachtung (Riedel in MSTB PflichtteilsR-HdB § 5 Rn. 5). Besonders bedeutsam wird dies bei der **Unternehmensbewertung** in diesem Kontext: Beim Zugewinnausgleich ist auf die Person des konkret zu beurteilenden Unternehmer-Ehegatten abzustellen. Dabei kann grds. von der Fortsetzung der unternehmerischen Tätigkeit ausgegangen werden, da die Scheidung regelmäßig nicht zur Beendigung der unternehmerischen Tätigkeit führt. Dagegen hat im Pflichtteilsrecht der Erbfall uU unmittelbaren Einfluss auf die anzuwendenden Bewertungsmaßstäbe: Hängt der Unternehmenswert maßgeblich von den Managementqualitäten des Erblassers ab, so muss sein Tod zu einer Verringerung des anzusetzenden Unternehmenswerts führen. Denn auch wenn der Pflichtteilsberechtigte selbst Erbe geworden wäre, hätte er ein insoweit wesentlich weniger wertvolles Unternehmen vorgefunden (Riedel, Die Bewertung von Gesellschaftsanteilen im Pflichtteilsrecht, 2006, Rn. 287 ff.). Diese Unterschiede sind daher zu berücksichtigen, sollen zum Zugewinnausgleich ergangene Bewertungsentscheidungen in das Pflichtteilsrecht übernommen werden (Riedel, Die Bewertung von Gesellschaftsanteilen im Pflichtteilsrecht, 2006, Rn. 291; Riedel in MSTB PflichtteilsR-HdB § 5 Rn. 5).

19 Der Begriff des **gemeinen Werts** wird im BGB allerdings weder erwähnt noch definiert, sondern bereits vorausgesetzt (Riedel in MSTB PflichtteilsR-HdB § 5 Rn. 65). Dieser gemeine Wert oder Verkehrswert ist grds. mit dem am Markt erzielbaren **Normalverkaufswert** gleichzustellen (OLG Düsseldorf ZEV 1994, 361; Staudinger/Herzog, 2021, Rn. 185; J. Mayer ZEV 1994, 331; MüKoBGB/Lange Rn. 31). Dies ist der Preis, der im gewöhnlichen Geschäftsverkehr nach der Beschaffenheit des Wirtschaftsguts bei einer Veräußerung unter normalen und erlaubten Verhältnissen voraussichtlich zu erzielen wäre (vgl. auch § 9 Abs. 2 BewG) (Staudinger/Herzog, 2021, Rn. 185 mwN; Meincke, Das Recht der Nachlassbewertung im BGB, 1973, 188; J. Mayer ZEV 1994, 331). Davon abzugrenzen ist ein bloßes Affektionsinteresse oder auch der reine **„Liebhaberwert"**, der insoweit unbeachtlich ist, als er allein auf subjektiven Wertvorstellungen einzelner Personen beruht. Führt jedoch die Liebhaberei zur Entwicklung eines eigenen, besonderen Marktes mit objektiv nachprüfbaren Bewertungen (Briefmarken mit Auktions- und Katalogpreisen, Liebhaberaufschläge bei Immobilien), so sind diese der Pflichtteilsberechnung zu Grunde zu legen (Meincke, Das Recht der Nachlassbewertung im BGB, 1973, 188; J. Mayer ZEV 1994, 331; Staudinger/Herzog, 2021, Rn. 186; so jetzt auch MüKoBGB/Lange Rn. 31; zur Bewertung eines „künstlerischen Nachlasses" OLG Oldenburg NJW 1999, 1974).

20 Aus dem **Gebot der realitätsgerechten** und zeitnahen **Bewertung** ergibt sich zugleich, dass der Nachlassbewertung im Pflichtteilsrecht **normative Kriterien** zu Grunde zu legen sind (vgl.

etwa Riedel, Die Bewertung von Gesellschaftsanteilen im Pflichtteilsrecht, 2006, Rn. 119). Andererseits wird der Wert einer Sache durch ihre Beziehungen zur Umwelt geprägt, sodass er je nach der beabsichtigten Verwertung durch den jeweiligen Eigentümer grds. eine relative Größe darstellt (Riedel, Die Bewertung von Gesellschaftsanteilen im Pflichtteilsrecht, 2006, Rn. 88; W. Müller JuS 1973, 603 (604 ff.); Großfeld Unternehmensbewertung Rn. 180 f.). Daraus wird teilweise hergeleitet, dass insbes. bei der Unternehmensbewertung die **konkrete Verwendungsentscheidung** des Erben maßgeblich sein müsse (Haas ZNotP 2001, 370 (372); Oechsler AcP 200 (2000), 603 (620 ff.)). Dies hat insbes. dann ganz erhebliche Auswirkungen, wenn ein sehr ertragsschwaches Unternehmen fortgeführt und der Pflichtteilsbewertung dann nur der niedrige Ertragswert und nicht – wie sonst in der Betriebswirtschaftslehre üblich – der idR höhere Liquidationswert als Untergrenze zu Grunde gelegt würde. Dadurch soll ein Schutz eines vom Erben fortgeführten Unternehmens gegen eine zu hohe Pflichtteilsbelastung erreicht werden. Eine so verstandene **„subjektivierte Nachlassbewertung"** verstößt aber nicht nur gegen das Stichtagsprinzip, weil die erst nach dem Erbfall getroffene subjektive Verwendungsentscheidung des Erben über den maßgeblichen Bewertungsansatz bestimmen würde (zutr. dagegen Riedel, Die Bewertung von Gesellschaftsanteilen im Pflichtteilsrecht, 2006, Rn. 89 f.). Damit wird aber auch gegen das Gebot des Bundesverfassungsgerichts verstoßen, den Pflichtteilsberechtigten in realitätsgerechter Weise an der wirtschaftlichen Ertragsfähigkeit des Nachlasses teilhaben zu lassen (BVerfGE 78, 132 = NJW 1988, 2723 (2724)). Hat der Pflichtteilsberechtigte nach dem Konzept des BGB schon keine unmittelbare dingliche Teilhabe am Nachlass, kraft derer er auf die Verwendung des Nachlasses Einfluss nehmen kann, weil er auf einen bloßen schuldrechtlichen Ausgleichsanspruch verwiesen ist, so gebietet es die verfassungsrechtlich gewährleistete Mindestbeteiligung, ihn hinsichtlich der Höhe seines Pflichtteilsanspruchs nicht einer uU willkürlichen Verwertungsentscheidung des Erben auszuliefern (OLG München FamRZ 2013, 329 (330) = BeckRS 2012, 08586; vgl. auch Schlichting ZEV 2006, 197 (199): konkrete Verwertungsentscheidung des Erben ist „ohne Bedeutung"). Ist daher im Rahmen der Nachlassbewertung auf ein bestimmtes **Verwendungsszenario** abzustellen, so ist für die Pflichtteilsbewertung die **wirtschaftlich sinnvollste Handlungsalternative** maßgebend, die auf Grund einer nach kaufmännischen Grundsätzen durchzuführenden Wirtschaftlichkeitsanalyse zu ermitteln ist (Riedel, Die Bewertung von Gesellschaftsanteilen im Pflichtteilsrecht, 2006, Rn. 119, 672).

**b) Innerer oder wahrer Wert.** Bildet in der freien Marktwirtschaft der Markt den Preis, so 21
ist zu beachten, dass dieses System der freien Preisbildung dann als zuverlässiger Wertmesser versagt, wenn die Marktmechanismen außer Kraft gesetzt sind. Daher wurde in der älteren Rspr. dem Verkehrswert der sog **innere oder wahre Wert** gegenüber gestellt, wenn bei außergewöhnlichen Verhältnissen am Bewertungsstichtag eine Korrektur aus Billigkeitsgründen zugunsten des Pflichtteilsberechtigten erforderlich erschien (Rechtsprechungsbeispiele hierfür sind die Nachlassbewertung bei „inflationärer Geldentwertung", die Grundstücksschätzungen der Nachkriegszeit unter Herrschaft der Stopp-Preise oder der Verfall der Berliner Grundstückspreise während des Chruschtschow-Ultimatums 1958, vgl. BGHZ 13, 45 (47) = NJW 1954, 1037; BGH LM Nr. 5 = JZ 1963, 320; NJW 1965, 1589 (1590); 1973, 995; zu den Preisvorschriften der DDR s. auch BGH FamRZ 1993, 1048 zum güterrechtlichen Ausgleich; vgl. auch Kummer ZEV 1995, 319 (321) zur Übertragbarkeit dieser Grundsätze im Zusammenhang mit Wiedervereinigungsfällen). Der BGH hat in neuerer Zeit aber betont, dass es sich hier um eine „Denkfigur" handelt, um bei **außergewöhnlichen Preisverhältnissen** unter Ausnahmebedingungen unangemessenen Ergebnissen im Interesse der Pflichtteilsberechtigten entgegenzuwirken (BGH NJW-RR 1991, 900 (901)). Unter gewöhnlichen Wirtschaftsverhältnissen wird also für diese Rechtsfigur kein Raum mehr sein (J. Mayer ZEV 1994, 331 (336); MüKoBGB/Lange Rn. 32; Staudinger/Herzog, 2021, Rn. 189). Nach Ansicht des BGH darf der sog innere Wert zudem nicht dazu führen, dass gegenüber dem festgestellten höheren Verkehrswert die Bewertung **zu Lasten der Pflichtteilsberechtigten vermindert** wird (BGH NJW-RR 1991, 900; so aber für Aktien Nirk NJW 1962, 2185).

**c) Grunddaten der Wertermittlung. aa) Stichtagsprinzip und Zukunftserwartungen.** 22
Maßgeblicher Bewertungszeitpunkt ist der **Tod des Erblassers** (Abs. 1 S. 1). Danach eintretende Wertsteigerungen und Wertverluste berühren den Pflichtteilsanspruch grds. nicht mehr (BGHZ 7, 134 (138) = NJW 1952, 1173; MüKoBGB/Lange Rn. 34; Staudinger/Herzog, 2021, Rn. 199 mwN). Trotzdem können Zukunftserwartungen auf Grund des sog **Wertaufhellungsprinzips** im bestimmten Umfang berücksichtigt werden (Braunhofer, Unternehmens- und Anteilsbewertung zur Bemessung von familien- und erbrechtlichen Ausgleichsansprüchen, 1995, 49 f.; MüKoBGB/Lange Rn. 34; Staudinger/Herzog, 2021, Rn. 201). Das Stichtagsprinzip besagt insoweit nur, dass die notwendigen Bewertungsdaten **aus der Sicht dieses Stichtags zu ermitteln**

sind (BVerfGE 78, 132 = NJW 1988, 2723 (2724); Staudinger/Herzog, 2021, Rn. 202). Berücksichtigungsfähig sind daher alle zu diesem Zeitpunkt nahe liegenden und wirtschaftlich fassbaren, **in ihrem Keim bereits angelegten Entwicklungen** (BGH NJW 2015, 2336; Staudinger/Herzog, 2021, Rn. 201; PWW/Deppenkemper Rn. 11). Üblich ist dies etwa bei den betriebswirtschaftlichen Bewertungen im Unternehmensbereich, dies muss aber auch bei bereits absehbaren, kurzfristig eintretenden außergewöhnlichen Veränderungen der Wertverhältnisse gelten (Großfeld Unternehmensbewertung Rn. 357 ff.; Staudinger/Herzog, 2021, Rn. 201; J. Mayer ZEV 1994, 331 (336); die Rspr. behilft sich hier oftmals mit der Wendung „vom inneren Wert").

23 **bb) Tatsächlich erzielter Verkaufserlös.** Jede Schätzung ist immer mit einer gewissen Unsicherheit verbunden; sie soll nach Abs. 2 S. 1 auch nur erfolgen, soweit dies zur Wertermittlung erforderlich ist. Daher orientiert sich die Rspr. für die Bewertung von Nachlassgegenständen, die bald nach dem Erbfall veräußert werden, grds. an dem **erzielten Verkaufserlös** (sog **„werterhellende Tatsachen"**), sofern nicht außergewöhnliche Verhältnisse vorliegen. Nach Ansicht des BGH ist es – von Ausnahmefällen abgesehen – nicht gerechtfertigt, im erbrechtlichen Bewertungsrecht die relativ gesicherte Ebene tatsächlich erzielter Verkaufserlöse zu verlassen, und zwar unabhängig davon, ob der Schätzwert ober- oder unterhalb des Verkaufserlöses liegt (BGH NJW 2011, 1004; dazu Klingelhöffer jurisPR-BGHZivilR 2/2011 Anm. 1; BGH NJW-RR 1991, 900 (901); 1993, 131; OLG Frankfurt ZEV 2003, 364; ausf. J. Mayer ZEV 1994, 331 (332)). Danach ist der **Verkaufspreis abzüglich der verkaufsbedingten Unkosten** (Braunhofer, Unternehmens- und Anteilsbewertung zur Bemessung von familien- und erbrechtlichen Ausgleichsansprüchen, 1995, 274; Piltz, Die Unternehmensbewertung in der Rspr., 3. Aufl. 1994, 29, 172; bei erheblichen Veräußerungskosten BGH NJW 1982, 2497 (2498); auch eine Ertragsteuerbelastung durch den Verkauf nach § 16 EStG ist abzuziehen, Staudinger/Herzog, 2021, Rn. 208; Braunhofer, Unternehmens- und Anteilsbewertung zur Bemessung von familien- und erbrechtlichen Ausgleichsansprüchen, 1995, 274 f.) anzusetzen, wenn dieser **alsbald nach dem Erbfall erzielt** wurde (BGH NJW 1982, 2497 (2498): Unternehmensverkauf nach einem Jahr; NJW-RR 1991, 900; 1993, 131: Versteigerung fünf Jahre nach Erbfall; NJW-RR 1993, 834: bei Grundstücksverkauf je nach sechs Monaten; ZEV 2011, 29; OLG Düsseldorf ZEV 1994, 361 (362): sieben Monate; OLG Frankfurt ZEV 2003, 364; OLG Oldenburg ZEV 2007, 484; vgl. auch Tanck BB Spezial 5/2004, 19; Riedel, Die Bewertung von Gesellschaftsanteilen im Pflichtteilsrecht, 2006, Rn. 60 ff.). Da der Pflichtteilsberechtigte die Darlegungs- und Beweislast für ihn günstige Umstände trägt, hat er auch darzulegen und zu beweisen, dass sich bei einer Veräußerung des Grundstücks unter dem Schätzwert die Marktverhältnisse seit dem Erbfall zu seinen Ungunsten verändert haben (BGH NJW 2011, 1004). Bei einem **zeitlichen Abstand** ist das Ergebnis je nach der Entwicklung der tatsächlichen Preise zu korrigieren (BGH NJW-RR 1993, 834; Riedel, Die Bewertung von Gesellschaftsanteilen im Pflichtteilsrecht, 2006, Rn. 62; Staudinger/Herzog, 2021, Rn. 211). Wenn die Marktverhältnisse im Wesentlichen unverändert blieben, kommt nach Auffassung des BGH selbst einem fünf Jahre nach dem Erbfall erzielten Verkaufserlös Aussagekraft zu (BGH NJW-RR 1993, 131; OLG Frankfurt ZEV 2003, 364; demgegenüber OLG Düsseldorf FamRZ 1995, 1236 (1237 f.): nach drei Jahren kein zeitnaher Verkauf mehr). Dies ist aber nach der Rspr. nicht mehr der Fall, wenn seit dem Erbfall **wesentliche Veränderungen** der Marktverhältnisse (BGH NJW-RR 1993, 834 – Bodenpreissteigerungen wegen Anlegung eines Großflughafens; OLG Frankfurt ZEV 2003, 364) oder des veräußerten Gegenstandes (BGH ZEV 2011, 29) eingetreten sind oder sonstige außergewöhnliche Verhältnisse vorliegen (dazu J. Mayer ZEV 1994, 331 (332); Staudinger/Herzog, 2021, Rn. 201), etwa bei einem Verkauf eines GmbH-Anteils an die Mitgesellschafter (OLG Köln ZEV 2014, 660 (661); vgl. zu subjektiven Wertfaktoren auch Staudinger/Herzog, 2021, Rn. 212). Dazu gehört aber nicht, dass der Erlös im Wege der Versteigerung oder der Liquidation (BGH NJW-RR 1993, 131; NJW 1982, 2497 (2498)) oder durch Einschaltung eines tüchtigen Maklers (OLG Frankfurt ZEV 2003, 364) erzielt wurde. – Jedoch ist diese Gleichsetzung des im Einzelfall tatsächlich erzielten Verkaufserlöses mit dem Normalverkaufswert schon bei wirtschaftlicher Betrachtungsweise problematisch; unter der verfassungsrechtlichen Vorgabe der zeit- und realitätsnahen Bewertung zum Stichtag (BVerfGE 78, 132 = NJW 1988, 2723 (2724)) entstehen dadurch zahlreiche Abgrenzungsprobleme (OLG Düsseldorf ZEV 1994, 361 (362); gewisse Anhaltspunkte für das Vorliegen solcher bietet § 6 ImmoWertV; dazu auch J. Mayer ZEV 1994, 333), sodass von einer „relativ gesicherten Ebene" für die Wertansätze oftmals nicht die Rede sein kann. Da spätere Verkaufserlöse immer nur zu Gunsten des Pflichtteilsberechtigten berücksichtigt werden, besteht zudem die **Gefahr der Schaffung einer Nachabfindung** jenseits gesetzlicher Spezialregelungen (etwa § 13 HöfeO) (J. Mayer ZEV 1994, 331 (332); zust.

MüKoBGB/Lange Rn. 35; vgl. BGH NJW-RR 1993, 131 als Beispiel für die „Nachabfindungstendenz").

**cc) Schätzung des Verkehrswertes.** Besteht kein gängiger Marktpreis und kommt auch kein Wertansatz auf Grund eines tatsächlich erzielten Kaufpreises in Frage, so ist eine **Schätzung** erforderlich. Eine bestimmte **Methode** für die Wertermittlung ist dabei **nicht** vorgeschrieben. Vielmehr ist es die Aufgabe des Tatrichters, unter Zuziehung eines Sachverständigen zu entscheiden, welche der in der Betriebswirtschaftslehre vertretenen Bewertungsmethoden im zu entscheidenden Einzelfall zu einem angemessenen Ergebnis führt (BGH NJW-RR 1993, 131; NJW 1972, 1269; OLG Frankfurt ZEV 2003, 364; OLG München BB 1988, 429 (430); MüKoBGB/Lange Rn. 37; Lange/Kuchinke ErbR § 37 VII 3d; Riedel in MSTB PflichtteilsR-HdB § 5 Rn. 108 ff.; Staudinger/Herzog, 2021, Rn. 214 mwN; s. auch BGH NJW 2004, 2671 (2672 f.)). Dabei kommen grds. folgende **Verfahren** in Betracht, die untereinander kombiniert oder aber durch entsprechende Differenzierungen weiter entwickelt werden können (dazu etwa Staudinger/Herzog, 2021, Rn. 216 ff.; Piltz, Die Unternehmensbewertung in der Rspr., 3. Aufl. 1994, 38 ff.; Piltz/Wissmann NJW 1985, 2673 (2674); Großfeld Unternehmensbewertung Rn. 297 ff.; Lange/Kuchinke ErbR § 37 VII 3d; MüKoBGB/Lange Rn. 31): 24

- **Vergleichswertverfahren:** Wenn ein Markt mit festen Preisvorstellungen für vergleichbare Objekte besteht, kann auf Vergleichspreise zurückgegriffen werden (BGH NJW-RR 1990, 68 zu § 1376; NJW 2004, 2671 (2672) allg. zur Wertermittlung; OLG Düsseldorf BB 1988, 1001 betr. Mietgrundstück; Staudinger/Herzog, 2021, Rn. 216); dies stellt dann die marktgerechteste Methode der Verkehrswertermittlung dar (BGH NJW 2004, 2671 (2672) für Eigentumswohnung, weil dort ganz entscheidend der Quadratmeterpreis für die Bewertung im Vordergrund stehe).
- **Substanz-** oder **Sachwertverfahren:** Angesetzt wird der Wiederbeschaffungspreis des veräußerungsfähigen Vermögensgegenstands (Reproduktionswert). Dem liegt die Vorstellung zu Grunde, dass der Nachlass so viel wert ist, wie benötigt würde, um ein vergleichbares Objekt zu reproduzieren (Staudinger/Herzog, 2021, Rn. 218; MüKoBGB/Lange Rn. 37).
- **Ertragswertverfahren:** Es kommt zur Anwendung bei ihrer Art nach grds. ertragsfähigen Nachlassobjekten und ist der Barwert der zukünftig erzielbaren Einnahme-Überschüsse (Korth BB 1992, Beilage 19 S. 4; Großfeld Unternehmensbewertung Rn. 300 ff.; Braunhofer, Unternehmens- und Anteilsbewertung zur Bemessung von familien- und erbrechtlichen Ausgleichsansprüchen, 1995, 30 ff.). Dem liegt die Überlegung zu Grunde, dass ein Käufer sich bei seiner Investitionsentscheidung und damit Kalkulation des Kaufpreises immer an dem zu erwartenden Ertrag orientieren würde (Staudinger/Herzog, 2021, Rn. 217).

**3. Einzelfälle der Schätzung. a) Grundstücke. aa) Grundsätzliches.** Hier können bei der Ermittlung des Verkehrswertes durch Schätzung die Grundsätze der **ImmoWertV** (zahlreiche Praxistipps für die Grundstücksbewertung bei Peter Zimmermann ZErb 2000, 46; 2001, 47 (87)) angewendet werden, die über die Zwecke des Baugesetzbuchs hinaus allgemein anerkannte Grundsätze der Ermittlung des Verkehrswerts von Grundstücken enthalten (BGH NJW 2004, 2671 (2672); NK-BGB/Bock Rn. 38; Soergel/Beck § 2311 Rn. 39; Staudinger/Herzog, 2021, Rn. 224; J. Mayer ZEV 1994, 331 (333); Grüneberg/Weidlich Rn. 8; ob die ImmoWertV für die Bewertung allgemeinverbindlich ist oder aber nur für die Gutachterausschüsse, ist umstr.; für Letzteres die hM; anders aber P. Zimmermann ZErb 2000, 46 (48 f.)). Die ImmoWertV wurde mWv 1.1.2022 **neu gefasst** (BGBl. 2021 I 2805). Hiernach stehen verschiedene Verfahren zur Verfügung: das Vergleichswert-, das Ertragswert- und das Sachwertverfahren (→ Rn. 24). Dabei ist für die maßgebliche Ermittlungsmethode nach der **Art der zu beurteilenden Grundstücke** zu differenzieren (Soergel/Beck Rn. 39; MüKoBGB/Lange Rn. 38; Staudinger/Herzog, 2021, Rn. 228 ff.; Burandt/Rojahn/Horn Rn. 58 ff.). Nach der Änderung der bei der **Erbschaftsteuerfestsetzung** anzuwendenden **Bewertungsvorschriften** zum 1.1.2009 erscheint es möglich, die dafür geltenden §§ 179 ff. BewG nF auch bei der Bewertung im Pflichtteilsrecht anzuwenden, denn diese führen ebenso zu einer weitgehend realitätsnahen Beurteilung. 25

**bb) Unbebauter Grundbesitz.** Bei unbebauten Grundstücken steht idR eine ausreichende Anzahl vergleichbarer Kaufpreise zur Verfügung. Daher kann der Verkehrswert durch **entsprechenden Vergleich** ermittelt werden, und zwar durch direkten Vergleich oder mittels der Bodenrichtwerte nach § 196 BauGB (BGH NJW-RR 1990, 68; NK-BGB/Bock Rn. 39; jurisPK-BGB/Birkenheier Rn. 51; MüKoBGB/Lange Rn. 39; Staudinger/Herzog, 2021, Rn. 228). Bei Letzteren ist zu beachten, dass es sich nur um durchschnittliche Lagewerte handelt und auch die Abrechnung der Erschließungskosten zu berücksichtigen ist. Welche subjektiven Nutzungsabsich- 26 ten der Erbe hat, ist im Hinblick auf das Bewertungsziel unerheblich (Staudinger/Herzog, 2021, Rn. 229; anders Weber BWNotZ 1992, 14 (16)), also etwa, dass der Erbe das bebaubare Grundstück nur gärtnerisch oder als Bauerwartungsland, das nicht dem § 2312 unterfällt, landwirtschaftlich nutzt; Abschläge sind hier jedoch möglich (OLG Stuttgart NJW 1967, 2410).

27 **cc) Bebauter Grundbesitz.** Bei **eigengenutzten Einfamilienhäusern** und Eigentumswohnungen stehen für einen Erwerber die möglichen Herstellungskosten für ein vergleichbares Haus bei der Kaufpreisbemessung im Vordergrund. Daher ist hier für den Gebäudeverkehrswert das **Sachwertverfahren** zu empfehlen (BGH NJW 1970, 2018 f.; OLG Köln ZEV 2006, 77 (78) = NJW 2006, 625; Damrau/Tanck/Riedel Rn. 123 ff.; Klingelhöffer PflichtteilsR Rn. 346; Soergel/Beck Rn. 40; Staudinger/Herzog, 2021, Rn. 230). Gehört nur ein **Miteigentumsanteil** an einem Grundstück zum Nachlass, das durch den anderen Miteigentümer genutzt wird, ist umstritten, ob für den für sich betrachtet schwer veräußerlichen Miteigentumsanteil ein Abschlag gemacht werden kann (bejahend Damrau/Tanck/Riedel Rn. 163 ff.; vgl. Bißmaier ZMR 1995, 106; zu weit gehend aber auch Schopp ZMR 1994, 552; aA – ohne Abschlag – OLG Schleswig OLGR 2000, 241). Der **BGH** hat dies mit überzeugender Begründung zumindest in einem Fall abgelehnt, in dem der Alleinerbe bereits vor dem Erbfall Eigentümer des anderen Miteigentumsanteils war (BGH ZEV 2015, 482 mAnm Lange); denn in diesem Fall ist die Verwertung des Miteigentums mit dem Erbfall problemlos möglich (abl. Riedel ErbR 2018, 362 (366); Staudinger/Herzog, 2021, Rn. 240).

28 Bei **Mietshäusern** und Renditeobjekten ist für einen potenziellen Käufer idR eine angemessene Verzinsung seines eingesetzten Kapitals entscheidend. Daher ist das **Ertragswertverfahren** anzuwenden (BGH NJW 1970, 2018; OLG Düsseldorf BB 1988, 1001 (1002); OLG Frankfurt FamRZ 1980, 576; Lohr/Prettl in Schlitt/Müller PflichtteilsR-HdB § 4 Rn. 30; zur genauen Ermittlung Riedel in MSTB PflichtteilsR-HdB § 5 Rn. 149 ff.). Ein **Mischwert** aus Ertrags- und Sachwert wird aber vom BGH für zulässig gehalten (BGH NJW-RR 1986, 226 (227); nach Staudinger/Herzog, 2021, Rn. 234 mwN ist diese Rspr. überholt). Bei Mehrfamilienhäusern, die sich in Eigentumswohnungen umwandeln lassen, ist ein sich aus dieser günstigeren Verkaufsmöglichkeit ergebender **Wertzuschlag** zu machen (Soergel/Beck Rn. 40; Staudinger/Herzog, 2021, Rn. 235). Bei **Eigentumswohnungen** kommt regelmäßig die Vergleichswertmethode in Betracht, da meist eine ausreichende Zahl von Vergleichsobjekten vorhanden ist und sich der Immobilienmarkt regelmäßig allein am Quadratmeterpreis orientiert (BGH NJW 2004, 2671 (2672); Staudinger/Herzog, 2021, Rn. 235).

29 **dd) Problemfälle.** Bestehen vertragliche Bindungen, die einer Veräußerung entgegenstehen, etwa ein im Rahmen eines sog **Einheimischen-Modells** vereinbartes Wiederkaufsrecht, so sind diese je nach Art der Wertermittlungsmethode zu berücksichtigen, fallen also bei der Ertragswertmethode grds. nicht ins Gewicht, wohl aber bei der Vergleichswertmethode. Bei **geschlossenen Immobilienfonds/Abschreibungsgesellschaften** gibt es faktisch oft keine Möglichkeit für eine Weiterveräußerung; die Vergleichswertmethode scheidet daher durchwegs aus; die Ertragswertmethode führt zu zu geringen Ansätzen, da der eigentliche Wert der Beteiligung in dem durch die Verlustzuweisung begründeten Steuervorteil liegt, der aber schwer zu bemessen ist (dazu, aber ohne konkrete Lösungsansätze, Klingelhöffer PflichtteilsR Rn. 354; Piltz, Die Unternehmensbewertung in der Rspr., 3. Aufl. 1994, 52 ff.). Bei **ausländischen Grundstücken** ist zu berücksichtigen, dass diese wegen gesetzlicher Beschränkungen oftmals nur schwer verkäuflich sein können. Deshalb müssen dann entsprechende Abschläge erfolgen (Klingelhöffer PflichtteilsR Rn. 349 f.; Staudinger/Herzog, 2021, Rn. 242). Eine **latente Einkommensteuerbelastung,** die bei Betriebsvermögen, etwa nach § 16 EStG bestehen kann, ist dann wertmindernd zu berücksichtigen, wenn der Wert nur durch Verkauf zu realisieren ist (BGHZ 98, 382 (389) = NJW 1987, 1260 (1262); Lohr/Prettl in Schlitt/Müller PflichtteilsR-HdB § 4 Rn. 8; Riedel in MSTB PflichtteilsR-HdB § 5 Rn. 101 ff.; vgl. zur Berücksichtigung der latenten Steuerlast bei ausnahmsweise steuerfreier Veräußerung Krause/Opris ZEV 2019, 190 ff.). Erfolgt die Bewertung nach dem Ertragswert, so ist diese demnach unbeachtlich (jurisPK-BGB/Birkenheier Rn. 56; PWW/Deppenkemper Rn. 14; aA Staudinger/Herzog, 2021, Rn. 254; Lorz ZErb 2003, 302: stets abzuziehen) anders aber bei der Vergleichswertmethode (BGH NJW-RR 1990, 68). Gleiches wird für eine etwaige **Spekulationssteuer** (§ 23 EStG) gelten müssen. Zur Bewertung von Ansprüchen nach dem VermG → § 2313 Rn. 10.

30 **b) Unternehmen, Gewerbe, Freiberufler.** Für die Schätzung des Verkehrswerts bei **Handelsunternehmen** kommt es nicht auf den in der Bilanz ausgewiesenen Buchwert an. Vielmehr ist der **wirkliche Wert** des Unternehmens **als wirtschaftliche Einheit** anzusetzen, und nicht

nur der davon uU erheblich differierende Wert der Summe der einzelnen Wirtschaftsgüter **(Grundsatz der Bewertungseinheit),** vgl. auch § 2 Abs. 1 S. 2 BewG (BGH NJW 1973, 509 (510); Riedel, Die Bewertung von Gesellschaftsanteilen im Pflichtteilsrecht, 2006, Rn. 145 ff.; Soergel/Beck Rn. 25; Staudinger/Herzog, 2021, Rn. 244; Braunhofer, Unternehmens- und Anteilsbewertung zur Bemessung von familien- und erbrechtlichen Ausgleichsansprüchen, 1995, 234; Riedel in MSTB PflichtteilsR-HdB § 15 Rn. 30; vgl. auch BGHZ 75, 195 (199) = NJW 1980, 229 zum Zugewinnausgleich). Für die Unternehmensbewertung kann dabei im Wesentlichen auf **folgende wertbildende Faktoren** abgestellt werden (Piltz/Wissmann NJW 1985, 2673 (2674); Riedel, Die Bewertung von Gesellschaftsanteilen im Pflichtteilsrecht, 2006, Rn. 120 ff.; Klingelhöffer PflichtteilsR Rn. 356 ff.; Überblick über die darauf beruhenden Bewertungsverfahren bei Riedel in MSTB PflichtteilsR-HdB § 15 Rn. 35 ff.; Lohr/Prettl in Schlitt/Müller PflichtteilsR-HdB § 4 Rn. 72 ff.):

- den Ertragswert,
- den **Substanzwert** (Reproduktionswert) als Summe aller selbstständig veräußerungsfähigen Vermögensgegenstände des Unternehmens, bewertet zu **Wiederbeschaffungspreisen,** abzüglich der Verbindlichkeiten, wobei die Unternehmensfortführung unterstellt wird (dazu etwa Moxter, Grundsätze ordnungsgemäßer Unternehmensbewertung, 2. Aufl. 1983, 41 ff.; Großfeld Unternehmensbewertung Rn. 318 ff.; Piltz, Die Unternehmensbewertung in der Rspr., 3. Aufl. 1994, 34 ff.; Riedel, Die Bewertung von Gesellschaftsanteilen im Pflichtteilsrecht, 2006, Rn. 122 ff.; zur Ermittlung WP-HdB A Rn. 376–403),
- den **Geschäftswert** (auch Firmenwert, „good will"), der über den Substanzwert hinausgeht,
- den **Liquidationswert** als Barwert der Nettoerlöse, der sich bei einer Veräußerung der einzelnen Vermögensgegenstände abzüglich Schulden und Liquidationskosten bei einer Aufgabe des Betriebs ergibt (Riedel, Die Bewertung von Gesellschaftsanteilen im Pflichtteilsrecht, 2006, Rn. 128 ff.; zur Ermittlung WP-HdB 1998 A Rn. 329 ff.).

Die Bewertung bereitet im konkreten Fall ganz erhebliche Schwierigkeiten. Von den grds. **31** möglichen Schätzverfahren (→ Rn. 24) (vgl. zu den Grundsätzen und Methoden der Unternehmensbewertung aus betriebswirtschaftlicher Sicht Damrau/Tanck/Riedel Rn. 180 ff.) scheidet die **Vergleichswertmethode** idR aus, da es keinen Markt gibt, auf dem sich ein allgemein anerkannter Preis bilden könnte; grds. gleicht kein Unternehmen dem anderen (Piltz/Wissmann NJW 1985, 2673 (2677); Staudinger/Herzog, 2021, Rn. 244; Tanck BB-Spezial 5/2004, 19). Aber auch hier kann sich nach der Rspr. die Bewertung an einem späteren Verkauf des Unternehmens orientieren, wenn wesentliche Veränderungen seit dem Erbfall nicht ersichtlich sind, der Verkauf im gewöhnlichen Geschäftsverkehr zu Stande kam und **außergewöhnliche und persönliche Verhältnisse** keine Rolle spielten (BGH LM Nr. 14; Piltz/Wissmann NJW 1985, 2673 (2677); MAH ErbR/Horn § 46 Rn. 26). Ein unter diesen Voraussetzungen ein bis zwei Jahre nach dem Erbfall vereinbarter Kaufpreis wird dabei noch als zulässige Orientierungsgröße angesehen. Dabei ist zu beachten, dass auch aus betriebswirtschaftlicher Sicht zunächst als Ausgangsgrundlage jeder Ermittlung der **Zweck der Unternehmensbewertung** zu bestimmen ist, also etwa, ob es um einen subjektiven Entscheidungswert oder einen Einigungswert geht oder um den objektivierten Unternehmenswert. Im Kontext mit dem Pflichtteilsrecht kann es aber nur um den **objektiven Unternehmenswert** gehen (OLG München NJW-RR 1988, 390 zum vergleichbaren Erbersatzanspruch; Meincke, Das Recht der Nachlassbewertung im BGB, 1973, 147 f.; Riedel, Die Bewertung von Gesellschaftsanteilen im Pflichtteilsrecht, 2006, Rn. 144).

Ansonsten hält es die Rspr. grds. für die **Aufgabe des Tatrichters,** unter Zuziehung eines **32** Sachverständigen zu entscheiden, welche in der Betriebswirtschaftslehre vertretene Bewertungsmethode im zu entscheidenden Einzelfall zu einem angemessenen Ergebnis führt (BGH NJW-RR 1993, 131; NJW 1982, 575 (576); 1972, 1269; Klingelhöffer PflichtteilsR Rn. 359; ausf. Piltz, Die Unternehmensbewertung in der Rspr., 3. Aufl. 1994, 126 ff.). In der Betriebswirtschaftslehre sowie nach den berufsständischen Empfehlungen der Wirtschaftsprüfer sieht man im **Ertragswert** heute nahezu einhellig den wesentlichen Faktor des Unternehmenswerts (Korth BB-Beil. 19/1992, 4; W. Müller FS Bezzenberger, 2000, 705 (706 ff.); Braunhofer, Unternehmens- und Anteilsbewertung zur Bemessung von familien- und erbrechtlichen Ausgleichsansprüchen, 1995, 31 mwN; WP-HdB 1998 A Rn. 4 ff.; Piltz/Wissmann NJW 1985, 2674; PWW/Deppenkemper Rn. 16; Soergel/Beck Rn. 26; Reimann DNotZ 1992, 473; Klingelhöffer PflichtteilsR Rn. 360; ausf. Lohr/Prettl in Schlitt/Müller PflichtteilsR-HdB § 4 Rn. 105 ff.; Riedel, Die Bewertung von Gesellschaftsanteilen im Pflichtteilsrecht, 2006, Rn. 135 ff.). Die früher angewandte Substanzwertmethode mit Korrekturen über den „good will" ist damit im Wesentlichen überholt (Reimann ZEV 1994, 7 (8)), ebenso wohl die Kombination von Substanzwert und Ertragswertbewertung, etwa durch Bildung eines Mittels hieraus (sog Mittelwertmethode), eventuell mit einer doppelten Gewichtung des Ertragswerts. Der BGH hat die Ertragswertmethode gebilligt (BGH NJW-RR 2005, 153 (154) zum Zugewinnausgleich; NJW 1985, 192 (193) zur Zulässigkeit von Abfindungsbeschränkungen; BGHZ 71, 40 (52) = NJW 1978, 1316 bei Bewertungen im Gesellschaftsrecht, wenn der Ertragswert über dem Liquidationswert, jedoch unter dem Substanzwert liegt), allerdings in Fällen, in denen es nicht um das Pflichtteilsrecht ging; dies wird von den Instanzgerichten für das Pflichtteilsrecht **übernommen** (OLG Köln ZEV 2014, 660 (661)).

33 Hinsichtlich des **betriebsnotwendigen Vermögens** ist daher heute im Allgemeinen der Ertragswert als Barwert der Zukunftserfolge des Unternehmens anzusetzen. Dabei sind die zukünftigen Einnahmen-Überschüsse mit einem festzulegenden Zinsfuß zu kapitalisieren. Ausgegangen wird in diesem Zusammenhang von einer **Unternehmensfortführung** und Vollausschüttung des Gewinns unter voller Substanzerhaltung (Braunhofer, Unternehmens- und Anteilsbewertung zur Bemessung von familien- und erbrechtlichen Ausgleichsansprüchen, 1995, 30: „a stock is worth only what you can get out of it"; eingehend zur Bewertung Riedel, Die Bewertung von Gesellschaftsanteilen im Pflichtteilsrecht, 2006, Rn. 156 ff.; IDW S1 nF WPg 2005, 690 (695 ff.)). Der Berechnung der nachhaltigen künftigen Überschüsse („Zukunftserfolge") werden dabei die entsprechenden bereinigten (WP-HdB A Rn. 229 ff.; Braunhofer, Unternehmens- und Anteilsbewertung zur Bemessung von familien- und erbrechtlichen Ausgleichsansprüchen, 1995, 246; dabei sind insbes. Abschreibungen, ein angemessener Unternehmerlohn und die laufenden Betriebssteuern abzuziehen; zur Berücksichtigung der Einkommensteuer eingehend Riedel, Die Bewertung von Gesellschaftsanteilen im Pflichtteilsrecht, 2006, Rn. 161 ff.; IDW S1 WPg 2005, 690 (695)), in der Vergangenheit (meist drei bis fünf Jahre) erzielten Erträge zu Grunde gelegt. Auf Grund dieser Vergangenheitsanalyse sind die künftigen finanziellen Überschüsse im Wege einer Ertragsprognose zu schätzen und der Jahresdurchschnittsgewinn zu errechnen. Anschließend ist der Kapitalisierungszinssatz zu bestimmen. Dadurch werden die künftigen Erträge abgezinst und somit zum Barwert zusammengefasst. Zugleich hat der Basiszinssatz die Aufgabe, die Unternehmenserträge einer alternativen Investition vergleichbar zu machen (Piltz, Die Unternehmensbewertung in der Rspr., 3. Aufl. 1994, 26; Korth BB-Beil. 19/1992, 11; Riedel, Die Bewertung von Gesellschaftsanteilen im Pflichtteilsrecht, 2006, Rn. 193 ff.). Die Rspr. geht dabei von der „üblichen Effektivverzinsung inländischer öffentlicher Anleihen" als Basiszinssatz aus (BGH NJW 1982, 575 (576); Riedel, Die Bewertung von Gesellschaftsanteilen im Pflichtteilsrecht, 2006, Rn. 195 ff.). Nach Piltz schwanken die Sachverständigenansätze hier zwischen 5–15 % jährlich (Piltz, Die Unternehmensbewertung in der Rspr., 3. Aufl. 1994, 27; ausf. zur Bestimmung des Kapitalisierungszinses Lohr/Prettl in Schlitt/Müller HdB PflichtteilsR § 4 Rn. 111 ff.). Wegen des größeren Unternehmerrisikos und der langfristigen Bindung der Mittel sind dabei noch Zuschläge zu machen, die den Ertragswert senken (eingehend zu den Risikozuschlägen WP-HdB A Rn. 279 ff.); daneben kommen Geldentwertungsabschläge in Betracht (WP-HdB A Rn. 283 ff.). Der Wahl des Kapitalisierungszinssatzes kommt große Bedeutung zu, da schon kleine Änderungen den Ertragswert erheblich verändern können. Kann von einer unbegrenzten Lebensdauer des zu bewertenden Unternehmens und jährlich gleichbleibenden finanziellen Überschüssen ausgegangen werden, so errechnet sich der Unternehmenswert des betriebsnotwendigen Vermögens als Barwert einer „ewigen Rente" wie folgt:

$$EW = \frac{E \times 100}{i}$$

EW = Ertragswert, E = nachhaltiger Jahresertrag, i = Zinssatz (Korth BB-Beil. 19/1992, 13; Lange/Kuchinke ErbR § 39 VI 3d; WP-HdB A Rn. 176 ff., dort auch zu weiteren Formeln bei begrenzter Lebensdauer und Phasen mit verschiedenen Erträgen).

34 Das Institut der Wirtschaftsprüfer hat ausgehend vom Ertragswertverfahren einen Standard zu den Grundsätzen der Unternehmensbewertung **(„IDW Standard S1 nF")** herausgegeben (WPg 2005, 1303), der für die Unternehmensbewertung maßgeblich ist (vgl. dazu Siebert EE 2017, 136).

35 Das **nicht betriebsnotwendige Vermögen** ist dadurch gekennzeichnet, dass es ohne Weiteres frei veräußert werden kann, ohne dass dadurch die Unternehmensfortführung beeinträchtigt wird. Daher ist dieses einschließlich der dazu gehörenden Verbindlichkeiten gesondert zu bewerten. Deshalb ist dieses grds. mit dem diskontierten **Liquidationswert** (Einzelveräußerungspreis) anzusetzen (IDW S1 Rn. 68, WPg 2005, 1303 (1313); Piltz, Die Unternehmensbewertung in der Rspr., 3. Aufl. 1994, 31; Riedel, Die Bewertung von Gesellschaftsanteilen im Pflichtteilsrecht, 2006, Rn. 192; Korth BB-Beil. 19/1992, 1 (4); WP-HdB A Rn. 4; MAH ErbR/Horn § 46 Rn. 29).

**Bedenken** bestehen gegen die Ertragswertmethode wegen ihrer starken Prognoseorientierung, die mit dem erbrechtlichen Stichtagsprinzip kollidieren kann (krit. dagegen Zehner DB 1981, 2109). Auch ist nicht unproblematisch, wenn die Betriebswirtschaft von einem subjektiven Unternehmenswert ausgeht (Korth BB-Beil. 10/1992, 1 (2); Reimann DNotZ 1992, 472 (474); zum objektivierten Unternehmenswert WP-HdB A Rn. 11 ff.), also davon, welchen Nutzen der jeweilige Eigentümer nach seinen ökonomischen Vorstellungen aus dem Unternehmen ziehen kann. Das muss bei den Unternehmen, deren Ertragssituation ganz entscheidend von **Engagement und Fähigkeit** des **Geschäftsinhabers** abhängt, dazu führen, dass die Ertragswertbewertung in den Hintergrund tritt. Auch liegt hierin ein Unterschied zur Unternehmensbewertung beim **Zugewinnausgleich,** bei dem „unterschwellig" noch oftmals eine Rolle spielt, dass eine Fortführung des Betriebs durch den Betriebsinhaber erfolgt (→ Rn. 18). 36

Das in der Praxis der Steuerberater früher so beliebte **Stuttgarter Verfahren** (jetzt modifiziert in R 96 ff. ErbStR aF) ist für die Pflichtteilsbewertung grds. **nicht geeignet,** da der dort teilweise verwandte Substanzwert nach reinen Steuerwerten bestimmt wird (BGH NJW 1982, 2497 (2498); OLG Köln ZEV 2014, 660 (661 f.); Klingelhöffer PflichtteilsR Rn. 368). Nicht geeignet ist auch das nur zur kursorischen Prüfung bestimmte „due diligence" Verfahren (Barthel DStZ 1999, 365), wohl aber das international vorherrschende **„Discounted-Cash Flow-Verfahren" (DCF-Verfahren)** (Damrau/Tanck/Riedel Rn. 192 f.; zu dieser Bewertungsmethode Riedel, Die Bewertung von Gesellschaftsanteilen im Pflichtteilsrecht, 2006, Rn. 213 ff.; Riedel in MSTB PflichtteilsR-HdB § 15 Rn. 110 ff.; WP-HdB A Rn. 6, 288–325; Großfeld Unternehmensbewertung Rn. 303 ff.), das aber in der Rspr. noch keinen Niederschlag gefunden hat (Hülsmann ZIP 2001, 450 (451)). 37

Als **Untergrenze** für die Pflichtteilsbewertung wird allerdings mittlerweile überwiegend der **Liquidationswert** anerkannt, der sich bei einem Verkauf aller Einzelgegenstände ohne Unternehmensfortführung ergibt (J. Mayer ZEV 1994, 331 (335); MüKoBGB/Lange Rn. 47; Riedel, Die Bewertung von Gesellschaftsanteilen im Pflichtteilsrecht, 2006, Rn. 260; Lohr/Prettl in Schlitt/Müller HdB PflichtteilsR § 4 Rn. 128; MAH ErbR/Horn § 46 Rn. 44). Ist nämlich der Erlös aus dem Verkauf des Betriebs größer als der Ertrag aus der Fortführung, wird ein ökonomisch rational denkender Unternehmer verkaufen. Und an dieser betriebswirtschaftlichen Erkenntnis muss sich auch die Pflichtteilsbewertung ausrichten, die sich nach normativen Kriterien und nicht nach subjektiven Verwendungsentscheidungen zu richten hat. 38

**Kleinere** und mittlere **Unternehmen** und **Handwerksbetriebe** weisen die Besonderheiten einer geringen Eigenkapitalstruktur, geringer Mitarbeiterzahl, oftmals unentgeltlicher Mitarbeit von Familienangehörigen und einer starken Personenbezogenheit zum Unternehmensinhaber auf – „an der Person hängt alles" –; eine Trennung von Management und Unternehmenseigentum fehlt (Piltz, Die Unternehmensbewertung in der Rspr., 3. Aufl. 1994, 50 f.; Riedel, Die Bewertung von Gesellschaftsanteilen im Pflichtteilsrecht, 2006, Rn. 240 ff.; Staudinger/Herzog, 2021, Rn. 256). Ein Inhaberwechsel führt mitunter zu einer tiefgreifenden Veränderung der Ertragssituation, uU zur Aufgabe des Unternehmens. Diese enge persönliche Verflechtung muss auch bei der pflichtteilsrechtlichen Bewertung durch entsprechende Abschläge berücksichtigt werden (Staudinger/Herzog, 2021, Rn. 258; J. Mayer ZEV 1994, 331 (335); BeckOGK/Blum/Heuser, 15.6.2021, Rn. 212; Braunhofer, Unternehmens- und Anteilsbewertung zur Bemessung von familien- und erbrechtlichen Ausgleichsansprüchen, 1995, 99 ff.; Riedel, Die Bewertung von Gesellschaftsanteilen im Pflichtteilsrecht, 2006, Rn. 299; NK-BGB/Bock Rn. 44; zum Zugewinnausgleich Michalski/Zeidler FamRZ 1997, 397 (400 f.); vgl. auch jurisPK-BGB/Birkenheier Rn. 67). Die durchwegs zum Zugewinnausgleich ergangenen Entscheidungen bestimmen den Unternehmenswert hier daher nach dem **Substanzwert,** zuzüglich eines etwa vorhandenen „good will" (BGHZ 68, 163 (168 f.) = NJW 1977, 949 betr. Handelsvertreter; BGHZ 70, 224 = NJW 1978, 884 (226) betr. Bäckerei; OLG Düsseldorf FamRZ 1984, 699 (701) betr. Druckerei; anders Braunhofer, Unternehmens- und Anteilsbewertung zur Bemessung von familien- und erbrechtlichen Ausgleichsansprüchen, 1995, 104 ff.; Piltz, Die Unternehmensbewertung in der Rspr., 3. Aufl. 1994, 55; Michalski/Zeidler FamRZ 1997, 397 (400 f.): Anwendung der Ertragswertmethode mit Berücksichtigung der persönlichen Bindung durch Abzug eines kalkulatorischen Unternehmerlohns); vgl. auch → → § 1376 Rn. 25. 39

**Freie Berufe** zeichnen sich in noch stärkerem Maße durch eine ausgeprägte **persönliche Bindung** des Praxisinhabers zu seinen Klienten und Patienten aus. Die Anwendung der Ertragswertmethode wird daher von den Gerichten hier abgelehnt (BGH NJW 1991, 1547 betr. Arztpraxis bei Zugewinnausgleich; eingehend Piltz, Die Unternehmensbewertung in der Rspr., 3. Aufl. 1994, 249 ff.; Staudinger/Herzog, 2021, Rn. 260; für Anwendung des Ertragswertverfahrens aber Michalski/Zeidler FamRZ 1997, 397 (400 f.); Schmidt-Rhein, Bewertung von Freiberuflerpra- 40 xen, 1997, 97 ff.). Vielmehr wird das **Sachwertverfahren** zugrunde gelegt und ein „good will" berücksichtigt, soweit ein solcher feststellbar ist (vgl. BeckOGK/Blum/Heuser, 15.6.2021, Rn. 214). Dieser „good will" wird idR aus einem gewissen Prozentsatz der bereinigten Durchschnittsumsätze der Vorjahre ermittelt, wobei dies branchenabhängig variiert (MüKoBGB/Lange Rn. 48; vgl. die ausf. Übersicht bei Piltz, Die Unternehmensbewertung in der Rspr., 3. Aufl. 1994, 258 ff.; Damrau/Tanck/Riedel Rn. 212 ff.). Dabei werden von den Gerichten auch die Bewertungsgrundsätze der entsprechenden Berufsvertretungen (Ärztekammer, Rechtsanwaltskammer) zu Grunde gelegt (BGH FamRZ 1991, 43 betr. Arztpraxis im Zugewinnausgleich; vgl. zur Bewertung von Arztpraxen bzw. Anwaltskanzleien auch ausf. Lohr/Prettl in Schlitt/Müller PflichtteilsR-HdB § 4 Rn. 166 ff.; Beispiele aus der Rspr. bei Staudinger/Herzog, 2021, Rn. 262 mwN). Bei **Auflösung** des Handwerksbetriebs oder der Praxis kommt für die Bewertung nur der Sachausstattungswert in Betracht (Soergel/Beck Rn. 29). Dem **Veräußerungserlös** bei einem Verkauf im Ganzen kommt auch hier erhebliche Bedeutung zu, zumal sonst kaum Vergleichswerte zur Verfügung stehen.

41 Bei der am **Veräußerungswert** des Unternehmens orientierten Bewertungsmethode (Vergleichswertmethode) sind die bei einer Veräußerung **anfallenden Ertragsteuern** (§ 16 EStG, sog. **latente Steuern**) zu schätzen und wertmindernd zu berücksichtigen, auch wenn sie keine Nachlassverbindlichkeiten darstellen (BGHZ 98, 382 (389) = NJW 1987, 1260 mwN; BGH NJW 1972, 1269; 1982, 2497 (2498); FamRZ 1986, 776 betr. Gesamtgutauseinandersetzung; FamRZ 1986, 776 (779); NJW-RR 1990, 68 (69) betr. Zugewinnausgleich; Klingelhöffer PflichtteilsR Rn. 370 f.; Piltz, Die Unternehmensbewertung in der Rspr., 3. Aufl. 1994, 186 f.; vgl. auch Krause/Opris ZEV 2019, 190 ff.). Wird dagegen das Unternehmen **fortgeführt,** so kommt es zu keiner Gewinnrealisierung, sodass nach hM die latente Steuerbelastung nicht gesondert zu berücksichtigen ist (BGH NJW 1972, 1269; 1973, 509 (510); BeckOGK/Blum/Heuser, 15.6.2021, Rn. 211; Braunhofer, Unternehmens- und Anteilsbewertung zur Bemessung von familien- und erbrechtlichen Ausgleichsansprüchen, 1995, 253; Riedel, Die Bewertung von Gesellschaftsanteilen im Pflichtteilsrecht, 2006, Rn. 625; zum Zugewinn auch BGH NJW-RR 2005, 153; aA Lorz ZErb 2003, 302 (303 f.); Winkler ZEV 2005, 89 (91); Staudinger/Herzog, 2021, Rn. 254; Biermann/Thiele ErbR 2022, 2, (6 ff.) mwN).

42 **c) Gesellschaftsbeteiligungen. aa) Anteile an Personen- und Partnerschaftsgesellschaften.** Ob und in welcher Höhe beim Tod eines Gesellschafters aus einer Gesellschaftsbeteiligung ein Pflichtteilsanspruch entsteht, richtet sich zunächst primär nach dem rechtlichen Schicksal der Gesellschaftsbeteiligung. Dabei ist danach zu differenzieren, ob die Beteiligung **in den Nachlass fällt;** nur dann kann sie Gegenstand des ordentlichen Pflichtteils sein (MüKoBGB/Lange Rn. 52; Staudinger/Herzog, 2015, Rn. 133). Fällt sie nicht in den Nachlass, kommt allenfalls ein Pflichtteilsergänzungsanspruch in Betracht (s. etwa Lange/Kuchinke ErbR § 37 VII 3 f.).

43 Beim Tod des Gesellschafters einer **Personengesellschaft** bestehen folgende Möglichkeiten (eingehend Zöller MittRhNotK 1999, 121; Riedel in MSTB PflichtteilsR-HdB § 16 Rn. 2 ff.):

(1) Die Gesellschaft wird **aufgelöst** (so mangels abweichender Vereinbarung bei der GbR, § 727 Abs. 1): Zum Nachlass gehört dann der Anteil des Verstorbenen an der Liquidationsgesellschaft; dieser ist Gegenstand der Bewertung des Pflichtteilsanspruchs und bemisst sich grds. nach dem Liquidationswert (MüKoBGB/Lange Rn. 54; Staudinger/Herzog, 2021, Rn. 267).

(2) Die Gesellschaft wird **zwischen den verbleibenden Gesellschaftern fortgesetzt,** der **Verstorbene** bzw. seine Erben **scheiden aus** der Gesellschaft aus (so jetzt § 131 Abs. 3 Nr. 1 HGB für OHG und den persönlich haftenden Gesellschafter der KG sowie für den Partner der Partnerschaftsgesellschaft, § 9 PartGG). Der Gesellschaftsanteil des Verstorbenen wächst den anderen Gesellschaftern an (§ 738 Abs. 1 S. 1). Der dann entstehende gesellschaftsrechtliche **Abfindungsanspruch** (§ 738 Abs. 1 S. 2, § 105 Abs. 3 HGB, § 161 HGB, § 1 Abs. 4 PartGG) fällt in den Nachlass. Sein Wert bestimmt sich grds. nach dem vollen und wirklichen Wert der Erblasserbeteiligung unter Berücksichtigung von schwebenden Geschäften und stillen Reserven (Staudinger/Herzog, 2021, Rn. 265 f.; Riedel ZErb 2003, 212 (213)), jedoch sehen die meisten Gesellschaftsverträge abweichende Regelungen vor, die idR zu einer **Abfindungsbeschränkung** führen (dazu etwa Dauner-Lieb ZHR 158 (1994), 271). Dabei gelten nach ganz hM die für die Zulässigkeit von gesellschaftsvertraglichen Abfindungsbeschränkungen allgemein entwickelten, die Gestaltungsfreiheit einschränkenden Grundsätze beim Tod eines Gesellschafters nicht, da insbes. dadurch keine unzulässige Einschränkung des Kündigungsrechts erfolgt. Daher ist sogar ein **völliger Ausschluss** der Abfindung zu Lasten der Erben möglich (BGHZ 22, 187 (194) = NJW 1957, 180; BGHZ 50, 316 (318) = NJW 1968, 2003; RGZ 145, 289 (294); Boujong FS Ulmer, 2003, 41 (43); Reimann ZEV 1994, 7 (9); Riedel, Die Bewertung von Gesellschaftsanteilen im Pflichtteils-

recht, 2006, Rn. 361 mwN; Winkler BB 1997, 1697 (1703); ZEV 2005, 89 (93); Staudinger/Herzog, 2021, Rn. 278; ausf. dazu Pogorzelski RNotZ 2017, 489 ff.; aA Heymann/Emmerich HGB § 138 Rn. 41). Dann stellt sich nur die Frage, ob diese Vereinbarung eine pflichtteilsergänzungspflichtige Schenkung darstellt (eingehend → § 2325 Rn. 16).

(3) Die Gesellschaft wird **mit einem oder mehreren Erben des Verstorbenen fortgesetzt** (so nach § 177 HGB beim Tod des Kommanditisten, ansonsten auf Grund einer ausdrücklich vereinbarten (einfachen oder qualifizierten) **erbrechtlichen Nachfolgeklausel** oder einer erbrechtlichen Eintrittsklausel). Trotz der hier uU eintretenden erbrechtlichen Sondernachfolge gehört der **Gesellschaftsanteil** des Erblassers zum Nachlass (BGHZ 22, 186 (191) = NJW 1957, 180; BGHZ 68, 225 (228) = NJW 1977, 1339; BGHZ 98, 48 (50 f.) = NJW 1986, 2431; Staudinger/Herzog, 2021, Rn. 268; Damrau/Tanck/Riedel Rn. 263).

(4) Liegt eine **rechtsgeschäftliche Nachfolgeklausel** vor oder ein **rechtsgeschäftliches Eintrittsrecht,** bei dem die gesamte Mitgliedschaft einschließlich des Kapitalanteils (Abfindungsanspruch) des Erblassers im Wege einer Vorausabtretung dem Eintrittsberechtigten zugewandt wird oder durch einen Ausschluss des Abfindungsanspruchs mit einer Verpflichtungen der verbleibenden Gesellschafter, den Anteil des Erblassers treuhänderisch für den Eintrittsberechtigten zu halten, erfolgt die Nachfolge in die Gesellschafterstellung **am Nachlass vorbei** (MüKoBGB/Lange Rn. 56; Staudinger/Herzog, 2021, Rn. 271). Der Gesellschaftsanteil kann daher nicht Gegenstand eines ordentlichen Pflichtteilsanspruchs sein, uU aber bei der Pflichtteilsergänzung (U. Mayer ZEV 2003, 355 (356); Damrau/Tanck/Riedel Rn. 268; Staudinger/Herzog, 2021, Rn. 272) oder auch im Rahmen von § 2316 berücksichtigt werden.

Kommt es zu einer erbrechtlichen **Nachfolge** des Erben in die Gesellschaftsbeteiligung (→ 44
Rn. 43, Nr. 3), so stellt sich das Problem, wie diese **zu bewerten** ist. Dabei wird die sonst bei der Bemessung des Pflichtteilsanspruchs häufig anwendbare Vergleichswertmethode nur in Ausnahmefällen herangezogen werden können (Staudinger/Herzog, 2021, Rn. 269 mwN). Abgesehen vom vorrangigen Ansatz eines späteren Verkaufserlöses einer Gesellschaftsbeteiligung (BGH LM Nr. 14) wird die Bewertung wie folgt vorgenommen: Zunächst ist der Wert des gesamten Unternehmens festzustellen, was nach ganz überwiegender Auffassung nach der **Ertragswertmethode** geschieht (Michalski/Zeidler FamRZ 1997, 397 (399 f.); Piltz, Die Unternehmensbewertung in der Rspr., 3. Aufl. 1994, 235 ff.; Winkler BB 1997, 1697 (1700); Reimann ZEV 1994, 7 (8); J. Mayer ZEV 1994, 334 f.; Staudinger/Herzog, 2021, Rn. 269). Der Wert der Beteiligung wird zunächst daraus abgeleitet, dass der so ermittelte Unternehmenswert auf die Gesellschafter im Verhältnis ihrer prozentualen Beteiligung umgelegt wird, was als sog **indirekte Methode** bezeichnet wird (Riedel in MSTB PflichtteilsR-HdB § 16 Rn. 61; Piltz, Die Unternehmensbewertung in der Rspr., 3. Aufl. 1994, 235 f.). Dieser „quotale Unternehmenswert“ ist aber noch weiter zu überprüfen: Die konkrete gesellschaftsrechtliche Stellung des betroffenen Gesellschafters ist iE zu ermitteln (Riedel, Die Bewertung von Gesellschaftsanteilen im Pflichtteilsrecht, 2006, Rn. 432 ff.; Klingelhöffer PflichtteilsR Rn. 375), insbes. nach den unterschiedlichen Herrschaftsrechten, wie Stimmrechte (Riedel, Die Bewertung von Gesellschaftsanteilen im Pflichtteilsrecht, 2006, Rn. 451 ff.; Piltz, Die Unternehmensbewertung in der Rspr., 3. Aufl. 1994, 235 f.), nach Veräußerungsbeschränkungen (für Abschlag deshalb im Zugewinnausgleich BGH NJW 1987, 321 (322); 1999, 784 (785)), Beteiligung an Gewinn oder Liquidationserlösen (Riedel, Die Bewertung von Gesellschaftsanteilen im Pflichtteilsrecht, 2006, Rn. 432 ff.; Staudinger/Herzog, 2021, Rn. 269) oder Einziehungsmöglichkeiten (Riedel, Die Bewertung von Gesellschaftsanteilen im Pflichtteilsrecht, 2006, Rn. 473 ff.). Hier ist also der „innere Wert“ im buchstäblichen Sinne maßgebend, da es auf die Binnenverfassung der Gesellschaft ankommt.

Umstritten ist, wie für den Fall, dass die Gesellschaftsbeteiligung in den Nachlass fällt, der **Wert** 45
**der Beteiligung anzusetzen** ist, wenn der Gesellschaftsvertrag beim späteren Ausscheiden eines Gesellschafters einen gegenüber dem Vollwert **niedrigeren Klauselwert** (zB Buchwertklausel) vorsieht (zum Streitstand Scherer in Sudhoff, Unternehmensnachfolge, 5. Aufl. 2005, § 17 Rn. 73 ff.). Das Stichtagsprinzip würde es hier gebieten, den Vollwert der Mitgliedschaft am Todestag zu Grunde zu legen. Dies führt für den Gesellschaftererben aber dann zu Härten, wenn er zur Erfüllung des Pflichtteilsanspruchs seine Beteiligung kündigen muss und dann nur den Klauselwert erhält. Würde aber für die Pflichtteilsbewertung nur auf den niedrigeren Klauselwert abgestellt, so könnten ganz erhebliche Nachlasswerte dem Pflichtteilsberechtigten entzogen werden, die ja dem Erben zunächst tatsächlich anfielen. Hierzu wurden **zahlreiche Lösungsansätze** entwickelt (Übersicht hierzu etwa bei M. Schmitt, Gesellschaftsvertrag und Pflichtteilsrecht, 1994, 79 ff.; Riedel in MSTB PflichtteilsR-HdB § 16 Rn. 109 ff.; MüKoBGB/Lange Rn. 57; Lange/Kuchinke ErbR § 37 VII 3 f., 902 f.; Riedel, Die Bewertung von Gesellschaftsanteilen im Pflichtteilsrecht, 2006, Rn. 511 ff.). Der BGH hat über die erbrechtliche Relevanz dieser Abfindungs-

klauseln noch nicht entschieden. Die wohl hM geht hier vom Ansatz des wahren Werts **(Vollwerts)** aus, sodass auch an sich zulässige Abfindungsbeschränkungen nicht auf die Pflichtteilsberechnung durchschlagen, was sich zutr. damit rechtfertigen lässt, dass ansonsten durch gesellschaftsrechtliche Abfindungsklauseln effektiv vorhandene Vermögenswerte dem Pflichtteilsberechtigten entzogen werden könnten, was der Wertung des § 2311 Abs. 2 S. 2 widerspricht (für das grundsätzliche Abstellen auf den wahren Wert Staudinger/Ferid/Cieslar, 12. Aufl. 1983, § 2311 Rn. 54; Iversen NJW 2010, 183; Winkler ZEV 2005, 89 (93). Lange/Kuchinke ErbR § 39 VII 3f will die Abfindungsregelung auch gegenüber dem Pflichtteilsberechtigten gelten lassen, es sei denn, diese sie sei sittenwidrig oder benachteilige bereits den Erblasser unangemessen). Zur Milderung der daraus für den Pflichtteilsschuldner uU entstehenden **Härten** wird dabei hinsichtlich der Differenz zwischen Vollwert und Klauselwert ein **Stundungsrecht** nach § 2331a bis zur endgültigen Entscheidung über das Verbleiben in der Gesellschaft (Stötter DB 1970, 573 (575); Johannsen WM 1970, 110 (112); RGRK-BGB/Johannsen Rn. 21) oder ein Leistungsverweigerungsrecht (Winkler BB 1997, 1697 (1702); für Anwendung von § 242, wenn die Zwangsvollstreckung wegen des Pflichtteilsanspruchs zum Ausscheiden aus der Gesellschaft mit Abfindung zum niedrigen Klauselwert führt, Winkler ZEV 2005, 89 (93)) diskutiert. Soweit der Pflichtteilsschuldner zur Bezahlung dieses Wertunterschieds aus dem Nachlass nicht in der Lage ist, wird auch ein **Anfechtungsrecht** (nach § 134 InsO, § 4 AnfG) hinsichtlich der Abfindungsklausel befürwortet (Heckelmann, Abfindungsklauseln und Gesellschaftsverträge, 1973, 212 ff.), was zu Lasten der Restgesellschaft ginge und zudem mit den Tatbestandsvoraussetzungen dieser Anfechtungsbestimmungen nicht vereinbar ist. Im Vordringen begriffen ist hier offensichtlich die Auffassung, dass grds. vom **Vollwert** des Anteils auszugehen ist, je nach der Wahrscheinlichkeit der Beendigung der Beteiligung nach dem Erbfall aber **Abschläge** zu machen sind (Bratke ZEV 2000, 16 (18); Reimann ZEV 1994, 7 (10); DNotZ 1992, 472 (486); PWW/Deppenkemper Rn. 17; Grüneberg/Weidlich Rn. 11; Eiselt NJW 1981, 2447 (2449 f.)). Diese Auffassung beruft sich zu Unrecht auf die Behandlung derartiger Klauseln im Zugewinnausgleich, bei denen der BGH die Anstellung derartiger Wahrscheinlichkeitserwägungen gerade abgelehnt hat (BGHZ 75, 195 (199) = NJW 1980, 229) (ausf. → § 1376 Rn. 25). Zum anderen stellt sich für die Praxis die Frage, wie derartige Abschläge sachgerecht zu bestimmen sind. Daher will eine weitere Ansicht § 2313 Abs. 1 entspr. anwenden, wenn das Ausscheiden aus der Gesellschaft nicht absehbar sei, also später, wenn es zu einem Zwangsverkauf des Anteils wegen der Pflichtteilslast kommt, den Pflichtteilsanspruch korrigieren (Ulmer ZGR 1972, 324 (342); Großkomm HGB/Ulmer HGB § 139 Rn. 199); dies führt zu Rechtsunsicherheit, da die ganze Pflichtteilsberechnung mitunter nach Jahren wieder aufgerollt wird.

46 Das Problem entschärft sich in vielen Fällen bereits dadurch, dass kritisch zu prüfen ist, ob die betreffende **Abfindungsklausel überhaupt gesellschaftsrechtlich zulässig** ist (Lange/Kuchinke ErbR § 37 VII 3f; eingehend zur Zulässigkeit dieser Bestimmungen Riedel, Die Bewertung von Gesellschaftsanteilen im Pflichtteilsrecht, 2006, Rn. 494 ff.; Riedel in MSTB PflichtteilsR-HdB § 16 Rn. 109 ff.; vgl. auch den Überblick bei Lange ZErb 2014, 121 f.). Da es hier um das Ausscheiden unter Lebenden nach dem Erbfall geht, finden die hierzu entwickelten allgemeinen Grenzen solcher Abfindungsbeschränkungen Anwendung, was zu einer uU erheblichen **Aufstockung** des Abfindungsanspruchs führen kann.

47 **bb) GmbH-Beteiligungen.** GmbH-Beteiligungen sind nach dem Gesetz zwingend **vererblich** (§ 15 GmbHG). Vielfach finden sich aber auch hier Einziehungsklauseln oder Verpflichtungen zur Abtretung an Dritte, falls es durch einen Erbfall zu einem Erwerb durch andere Personen kommt. Wird von diesen Rechten Gebrauch gemacht und hierfür eine entsprechende **Abfindung** gezahlt, so ist diese – soweit gesellschaftsrechtlich zulässig, wobei man hier großzügig ist (eingehend Staudinger/Herzog, 2021, Rn. 292; Baumbach/Hueck/Fastrich GmbHG § 15 Rn. 13a; Hachenburg/Zutt GmbHG Anh. § 15 Rn. 109; Riedel in MSTB PflichtteilsR-HdB § 16 Rn. 45) – für die Bemessung des Pflichtteilsanspruchs ebenfalls maßgebend (MüKoBGB/Lange Rn. 50; PWW/Deppenkemper Rn. 18; Staudinger/Herzog, 2021, Rn. 292); denn auch wenn dieser Klauselwert niedriger als der Vollwert ist, so war der vererbte Anteil mit diesem Risiko des niedrigeren Werts im Erbfall bereits belastet und der Gesellschaftererbe musste daher mit dem Verlust seines Anteils rechnen (Scherer in Sudhoff, Unternehmensnachfolge, 5. Aufl. 2005, § 17 Rn. 78). Auch ein vollständiger Abfindungsausschluss wird hier für zulässig gehalten, da diese Klauseln die gleiche Funktion haben, wie eine einfache Fortsetzungs- oder Eintrittsklausel bei einer Personengesellschaft, bei der ein solcher Ausschluss zulässig ist (Reimann DNotZ 1992, 472 (488 f.); Staudinger/Herzog, 2021, Rn. 292 mwN). Der Schutz des Pflichtteilsberechtigten vollzieht sich dann allenfalls über den **Pflichtteilsergänzungsanspruch** nach § 2325 (Staudinger/Herzog, 2021, Rn. 292).

Erfolgt jedoch keine solche Einziehung oder Zwangsabtretung, so ähneln die Interessenlage und die Lösungsmöglichkeiten denen für eine Personengesellschaft entwickelten Grundsätzen (Staudinger/Herzog, 2021, Rn. 293).

**cc) Aktien.** Aktien sind grds. frei vererblich. Werden sie an der Börse gehandelt, ist grds. der **Kurswert** am Todestag maßgebend, mag er dann auch ungewöhnlich hoch oder niedrig liegen. Starke **Kursschwankungen** sind typisch für diese Form der Vermögensanlage, was auch bei der erbrechtlichen Bewertung zu beachten ist (Schlichting ZEV 2006, 198 (199); Meincke FS Wiedemann, 2002, 119 unter Betonung des „Gleichbehandlungsgrundsatzes" für Erbe und Pflichtteilsberechtigten; MüKoBGB/Lange Rn. 51; Soergel/Beck Rn. 23, Staudinger/Herzog, 2021, Rn. 294 ff.). Dies gilt grds. auch für Wertpapiere mit einem „engen Markt", also wenn nur ein kleiner Teil der Aktien frei gehandelt wird, denn auch die sich hieraus ergebenden Besonderheiten spiegeln sich im Börsenpreis nieder (Schlichting ZEV 2006, 198 (199); PWW/Deppenkemper Rn. 15). Gleichwohl schließt dies nicht aus, erhebliche Schwankungen der Börsenkurse ggf. dadurch abzumildern, dass für die Wertbestimmung auf einen längeren Zeitraum, zB den Durchschnittskurs der letzten drei Monate vor dem Todestag, abgestellt wird (Lohr/Prettl in Schlitt/Müller PflichtteilsR-HdB § 4 Rn. 234; vgl. auch Nirk NJW 1962, 2185 (2188); Lange/Kuchinke ErbR § 37 VII 3c). Eine erhebliche Schwankung könnte beispielsweise angenommen werden, wenn das Wertpapier innerhalb eines Dreimonatszeitraums um seinen Mittelwert herum um mehr als 25 % schwankt. Eine solche „Durchbrechung" des Stichtagsprinzips wäre aus Billigkeitsgründen vertretbar. 48

Auf alle Fälle ist der Börsenkurs als Untergrenze der Bewertung anzusetzen (BVerfG NJW 1999, 3769 (3771): zwar Bewertung im Rahmen der Unternehmensfusion, jedoch unter Hinweis auf pflichtteilsrechtliche Grundsätze; BGHZ 147, 108 (115) = NJW 2001, 2080 (2081)). Anderes gilt nur dann, wenn bezüglich dieser Aktien über längere Zeit praktisch überhaupt kein Handel stattgefunden hat, weil der einzelne Aktionär auf Grund besonderer Marktenge nicht in der Lage ist, seine Aktien für einen Börsenpreis zu verkaufen, oder wenn feststeht, dass der Börsenpreis manipuliert wurde (Schlichting ZEV 2006, 198 (199)). Der Kurswert entspricht dem **mittleren Tageskurs** am Börsenplatz, der dem Erblasserwohnsitz am nächsten liegt (Staudinger/Herzog, 2021, Rn. 295), soweit kein DAX-Wert vorliegt. Daneben können besondere Umstände **Zu-** und **Abschläge** rechtfertigen, wobei von einem „en bloc Verkauf" auszugehen ist (Meincke FS Wiedemann, 2002, 120 f.; wohl auch Schlichting ZEV 2006, 198 (199 f.)). So ist ein „Paketzuschlag" vorzunehmen bei **Aktienpaketen** und Aktienbesitz an **Familiengesellschaften,** die eine Sperrminorität oder sonst besondere Einflussmöglichkeit verschaffen (Staudinger/Herzog, 2021, Rn. 298; MAH ErbR/Scherer/Horn § 46 Rn. 59; Gehringer, Der Einfluss latenter Chancen und Risiken im Pflichtteilsrecht unter besonderer Berücksichtigung gesellschaftsvertraglicher Abfindungsklauseln, 1989, 103 ff.). Bei nicht **börsennotierten Kapitalgesellschaften** finden sich mitunter zeitnah zum Erbfall erfolgte Käufe, auf die dann abgestellt werden kann. Ansonsten wird man die Bewertung nach den Kriterien vornehmen müssen, die für Personengesellschaften gelten. 49

**dd) Sonstiger Nachlass.** Zur Bewertung sonstiger Nachlassbestandteile wie **Kunstgegenstände, Geld, Forderungen,** usw s. die Übersichten bei Riedel in MSTB PflichtteilsR-HdB § 5 Rn. 174 ff.; Lohr/Prettl in Schlitt/Müller HdB PflichtteilsR § 4 Rn. 227 ff.; Staudinger/Herzog, 2021, Rn. 301 ff. 50

## § 2312 Wert eines Landguts

**(1) [1]Hat der Erblasser angeordnet oder ist nach § 2049 anzunehmen, dass einer von mehreren Erben das Recht haben soll, ein zum Nachlass gehörendes Landgut zu dem Ertragswert zu übernehmen, so ist, wenn von dem Recht Gebrauch gemacht wird, der Ertragswert auch für die Berechnung des Pflichtteils maßgebend. [2]Hat der Erblasser einen anderen Übernahmepreis bestimmt, so ist dieser maßgebend, wenn er den Ertragswert erreicht und den Schätzungswert nicht übersteigt.**

**(2) Hinterlässt der Erblasser nur einen Erben, so kann er anordnen, dass der Berechnung des Pflichtteils der Ertragswert oder ein nach Absatz 1 Satz 2 bestimmter Wert zugrunde gelegt werden soll.**

**(3) Diese Vorschriften finden nur Anwendung, wenn der Erbe, der das Landgut erwirbt, zu den in § 2303 bezeichneten pflichtteilsberechtigten Personen gehört.**

**Schrifttum:** Hausmann, Die Vererbung von Landgütern nach dem BGB, 2000; Kegel, Zum Pflichtteil vom Großgrundbesitz, FS Cohn, 1975, 85; Kempfler, Die Bewertung landwirtschaftlicher Betriebe im Hinblick auf pflichtteilsrechtliche Ansprüche, ZEV 2011, 337; Kronthaler, Landgut, Ertragswert und Bewertung im bürgerlichen Recht, 1991; Müller-Feldhammer, Das Ertragswertverfahren bei der Hofübergabe, ZEV 1995, 161; Weber, Gedanken zum Ertragswertprinzip des § 2312 BGB, BWNotZ 1992, 14; Weidlich, Ertragswertanordnung und Ehegattenbeteiligung an einem Landgut, ZEV 1996, 380; Zechiel, Die „Ertragswertklausel" in der bayerischen Notariatspraxis und ihr Bedeutungswandel bei verfassungsgemäßer Auslegung des § 2312, Diss. Würzburg 1993.

## Überblick

Die Vorschrift ist eine agrarpolitische Schutzvorschrift und enthält für landwirtschaftliche Anwesen eine **Privilegierung hinsichtlich der Pflichtteilsbewertung** (→ Rn. 1). Die Privilegierung besteht darin, dass für die Pflichtteilsberechnung der weichenden Erben nicht der Verkehrswert des Landgutes, sondern (nur) der **Ertragswert** herangezogen wird (→ Rn. 16), sofern der Erblasser dies angeordnet hat (→ Rn. 7). Voraussetzung für die Ertragswertprivilegierung ist, dass ein **Landgut** vorliegt (→ Rn. 8), das von einer nach dem Erblasser **pflichtteilsberechtigten Person** (→ Rn. 5) fortgeführt wird (→ Rn. 13).

## I. Normzweck, Bedeutung der Vorschrift

1 Diese Bewertungsbestimmung ist eine Sonderregelung zu § 2311 und nach gängiger Anschauung eine **agrarpolitische Schutzvorschrift** (Damrau/Tanck/Riedel Rn. 1; MüKoBGB/Lange Rn. 1; Staudinger/Herzog, 2021, Rn. 2; Müller-Feldhammer ZEV 1995, 161 (162); Becker AgrarR 1975, 57 (61); zur gerichtlichen Aufklärungspflicht im Pflichtteilsprozess BGH ZEV 2008, 40). Dadurch soll es einem selbst pflichtteilsberechtigten Übernehmer eines Landguts iSv § 2049 erleichtert werden, den landwirtschaftlichen Betrieb fortzuführen (vgl. zur aktuellen Bedeutung Kempfler ZEV 2011, 337 ff.). Die Erleichterung liegt darin, dass abweichend von § 2311 Abs. 2 die Pflichtteilsansprüche nach dem **Ertragswert** berechnet werden. Zwar ist nach heute hM bei der Bewertung von Betriebsvermögen idR grds. auch ohne besondere gesetzliche Anordnung auf den Ertrags- und nicht auf den Substanzwert abzustellen (→ § 2311 Rn. 32). Jedoch bildet bei der Pflichtteilsberechnung sonst der **Liquidationswert** die **Untergrenze.** Für Landgüter gilt dieses untere Limit nicht, sodass gerade hierin die Wertprivilegierung der Landwirtschaft liegt (Staudinger/Mittelstädt, 2018, EGBGB Art. 137 Rn. 4; vgl. auch MüKoBGB/Lange Rn. 1). Dies führt dazu, dass meistens der Ertragswert nach § 2312 **wesentlich niedriger ist als der Verkehrswert** (hierzu etwa Hasselhof RdL 1993, 225; vgl. auch G. Winkler AgrarR 1979, 53 (55). Für Bayern wird ein Verhältnis von Substanz- bzw. Liquidationswert zum Ertragswert von ca. 8:1 bis 14:1 genannt; vgl. Kronthaler, Landgut, Ertragswert und Bewertung im bürgerlichen Recht, 1991, 16).

2 Dies kann für die Pflichtteilsberechtigten als „weichende Hoferben" zu großen Härten führen, was auch verfassungsrechtlich nicht unproblematisch ist (Ungleichbehandlung im Hinblick auf Art. 3 GG, uU Schutz des Pflichtteilsrechts der weichenden Geschwister nach Art. 14 GG). Daher hat der BGH den **Schutzzweck** des § 2312 im Hinblick auf eine Entscheidung des Bundesverfassungsgerichts zur Ertragswertprivilegierung beim Zugewinnausgleich (BVerfGE 67, 348 = NJW 1985, 1329) neu bestimmt. Gesetzeszweck ist das den Belangen der Pflichtteilsberechtigten übergeordnete **öffentliche Interesse an der Erhaltung leistungsfähiger landwirtschaftlicher Betriebe** in der Hand einer der vom Gesetz begünstigten Personen, wodurch die Zerschlagung des landwirtschaftlichen Betriebes und eine zu große Belastung ihrer Wirtschaftlichkeit vermieden werden soll. Die Ertragswertprivilegierung ist aber nur dort gerechtfertigt, wo im Einzelfall davon ausgegangen werden kann, dass dieser Gesetzeszweck erreicht wird (BGHZ 98, 375 (379) = NJW 1987, 951; BGHZ 98, 382 (388) = NJW 1987, 1260; BGH NJW 1995, 1352; BayObLGZ 1998, 279 (284)). Diese Ausführungen bedürfen jedoch der Präzisierung, da die Situation bei § 1376 und § 2312 nicht völlig vergleichbar ist (idS auch der Nichtannahmebeschluss BVerfG AgrarR 1987, 222). Denn beim Zugewinnausgleich geht es auch um den Ausgleich des vom anderen Ehegatten erbrachten Einsatzes von Arbeitskraft und Kapital. Dies spielt bei § 2312 keine Rolle. Dementsprechend hat auch das BVerfG nunmehr in einer Entscheidung zur niedrigen Erbabfindung auf Grund des landwirtschaftlichen Zuweisungsverfahrens nach dem GrdstVG den wesentlichen Grund der Wertprivilegierung in der **Erhaltung des überkommenen bäuerlichen Familienbetriebs** gesehen (BVerfGE 91, 346 = NJW 1995, 2977), also unter einer mehr privatnützigen und nicht volkswirtschaftlichen Funktion. Allerdings wird die privilegierte Institutionssicherung des landwirtschaftlichen Betriebs nur dann verfassungsrechtlich anzuerkennen sein, wenn dieser auch heute noch seine geschichtlich überlieferte Funktion der Existenzsicherung der bäuerli-

chen Familie, die das BVerfG hervorhebt, wenigstens teilweise erfüllen kann (eingehend Staudinger/Mittelstädt, 2018, EGBGB Art. 137 Rn. 27 f., EGBGB Art. 64 Rn. 138; Hausmann, Die Vererbung von Landgütern nach dem BGB, 2000, 111, auch 38 ff.; s. auch Lange, Die Möglichkeit der Privilegierung unternehmerischen Vermögens, in Röthel (Hrsg.), Reformfragen des Pflichtteilsrechts, 2007, 57, 59 f.; vgl. auch Staudinger/Haas, 2006, Rn. 2a, wonach der private gegenüber dem öffentlichen Schutzzweck „eindeutig im Vordergrund steht"). Das Schlagwort vom „lebensfähigen Betrieb" (BGHZ 98, 382 (388) = NJW 1987, 1260; Lange/Kuchinke ErbR § 37 VII 4b), der als wirtschaftliche Einheit fortgeführt werden muss, ist daher allein aus seiner unterhaltssichernden Funktion für die landwirtschaftliche Familie und nicht unter rein agrarstrukturellen Gesichtspunkten zu definieren (zust. MüKoBGB/Lange Rn. 3).

## II. Voraussetzung für die Ertragswertbewertung

**1. Anwendungsbereich.** § 2312 findet **keine** Anwendung, wenn landwirtschaftliche Sondererbfolge nach besonderen **höfe- oder anerbenrechtlichen Bestimmungen iSd** Art. 64 EGBGB stattfindet, insbes. nach der **HöfeO** in der ehemals britischen Zone (MüKoBGB/Lange Rn. 4; Staudinger/Herzog, 2021, Rn. 7; zu den heute noch geltenden Anerbengesetzen und der HöfeO s. Staudinger/Mittelstädt, 2018, EGBGB Art. 64 Rn. 86 ff.). 3

Auf eine **lebzeitige Übergabe** eines Landguts im Wege der vorweggenommenen Erbfolge ist § 2312 nach seinem Normzweck **entspr. anzuwenden,** wenn gegen den Übernehmer **Pflichtteilsergänzungsansprüche** geltend gemacht werden (§§ 2325 ff.) (BGH NJW 1995, 1352; LM Nr. 4 = Rpfleger 1964, 312 mAnm Haegele; LM § 2325 Nr. 5; Ulm BWNotZ 1964, 283; Soergel/Beck Rn. 6; Zechiel, Die „Ertragswertklausel" in der bayerischen Notariatspraxis und ihr Bedeutungswandel bei verfassungsgemäßer Auslegung des § 2312, 1993, 11 ff.); Gleiches muss gelten, wenn der Erbe wegen des Pflichtteilsergänzungsanspruchs in Anspruch genommen wird, denn er darf nicht schlechter gestellt werden, als wie er stünde, wenn er das Landgut geerbt hätte (OLG Jena NJW-RR 2006, 951 (952)). Entspr. dem Stichtagsprinzip müssen jedoch die Voraussetzungen des § 2312 **im Erbfall gegeben** sein, mögen sie auch vom Übernehmer erst nach der Übergabe herbeigeführt worden sein (BGH NJW 1995, 1352). Die Vorschrift ist auch entspr. anwendbar, wenn ein Landgut zum Nachlass gehört und der Erblasser ein **Geldvermächtnis** zum Ausgleich des gesetzlichen Pflichtteils anordnet (OLG München ZEV 2007, 276 = ErbR 2008, 82 mAnm Rogler). 4

**2. Voraussetzungen in der Person des Erwerbers (Abs. 3). a) Pflichtteilsberechtigung.** 5
Der **Übernehmer** des Landguts muss zum Kreis der nach § 2303 **abstrakt pflichtteilsberechtigten Personen** gehören; eine privilegierte Übergabe an andere Personen, wie zB den nichtehelichen Lebensgefährten, ein Geschwister oder Geschwisterkind scheidet daher aus (Burandt/Rojahn/Horn Rn. 13). Eine konkrete Pflichtteilsberechtigung nach § 2309 ist nicht erforderlich (BGH NJW 1964, 1414 (1415); OLG Jena NJW-RR 2006, 951 f.; Soergel/Beck Rn. 4; Staudinger/Herzog, 2021, Rn. 16). Bei Erwerb durch Erbfall muss der Übernehmer **Erbe** des Landguts sein. Ein Erwerb auf Grund **Vermächtnisses** genügt demnach nicht (Zechiel, Die „Ertragswertklausel" in der bayerischen Notariatspraxis und ihr Bedeutungswandel bei verfassungsgemäßer Auslegung des § 2312, 1993, 15; für analoge Anwendung aber Ruby ZEV 2007, 263 (266 f.)), wohl aber durch **Vorausvermächtnis,** da auch hier der Übernehmer des Landguts Erbe wird und nur im Hinblick auf die Teilungsanordnung, die ebenfalls von § 2312 erfasst wird, privilegiert ist (Zechiel, Die „Ertragswertklausel" in der bayerischen Notariatspraxis und ihr Bedeutungswandel bei verfassungsgemäßer Auslegung des § 2312, 1993, 15; zust. Burandt/Rojahn/Horn Rn. 14; Ruby ZEV 2007, 263 (266 f.); Staudinger/Herzog, 2021, Rn. 9; jurisPK-BGB/Heintz Rn. 9; aA Hausmann, Die Vererbung von Landgütern nach dem BGB, 2000, 23).

**b) Mehrere Erwerber bzw. Eigentümer.** Weder seinem Wortlaut noch seinem Zweck nach ist § 2312 anwendbar, wenn **mehrere** ein Landgut **übernehmen,** denn die angestrebte Erhaltung des schützenswerten Landguts würde durch eine Teilungsversteigerung gefährdet. Das Ertragswertprivileg findet daher keine Anwendung, wenn **mehrere Pflichtteilsberechtigte** das Landgut zu Bruchteilseigentum im Weg der vorweggenommenen Erbfolge erhalten (BGH LM Nr. 4 = FamRZ 1977, 195; Lange/Kuchinke ErbR § 37 VI Fn. 255; MüKoBGB/Lange Rn. 10; PWW/Deppenkemper Rn. 6; aA Hausmann, Die Vererbung von Landgütern nach dem BGB, 2000, 257, wenn bei Ausscheiden des einen Miteigentümers dem verbleibenden die Fortführung zum Ertragswert ermöglicht wird) oder gar ein pflichtteilsberechtigter Abkömmling mit seinem Ehegatten in Bruchteilseigentum erwirbt (jurisPK-BGB/Heintz Rn. 10; Staudinger/Herzog, 2021, 6

Rn. 17; Weidlich ZEV 1996, 380 (381 f.); BeckOGK/Blum/Heuser, 15.6.2021, Rn. 9; eine spätere Weiterübertragung eines Miteigentumsanteils an einen Ehegatten nach dem Erbfall soll jedoch nicht schaden; Staudinger/Herzog, 2021, Rn. 17; Weidlich ZEV 1996, 380 (381 f.)), das Landgut an eine Erbengemeinschaft ohne Einräumung eines Übernahmerechts (→ Rn. 6) fällt (Hausmann, Die Vererbung von Landgütern nach dem BGB, 2000, 264; Soergel/Beck Rn. 8) oder nur ein **Miteigentumsbruchteil** hieran zugewandt wurde (BGH NJW 1973, 995; PWW/Deppenkemper Rn. 6; einschr. Hausmann, Die Vererbung von Landgütern nach dem BGB, 2000, 261 ff. und Soergel/Beck Rn. 8, wenn einheitliche Bewirtschaftung des gesamten Landguts nach dem Erbfall durch Pflichtteilsberechtigte gewahrt bleibt). Gehört zum Nachlass ein **gütergemeinschaftlicher Anteil** an einem Landgut, ist § 2312 anwendbar, etwa wenn der Erblasser mit seinem Ehegatten in Gütergemeinschaft lebte, und der überlebende **Ehegatte Alleinerbe** wird (BGH FamRZ 1983, 1220 (1221); BayObLGZ 1988, 385 (389) = FamRZ 1989, 540; OLG Oldenburg RdL 1957, 220; Hausmann, Die Vererbung von Landgütern nach dem BGB, 2000, 258 f.; Soergel/Beck Rn. 8; MüKoBGB/Lange Rn. 10, 17; Staudinger/Herzog, 2021, Rn. 17; aA Faßbender AgrarR 1986, 131 (133). Für Anwendung auch auf die Vererbung von Bruchteilseigentum, wenn dieses der pflichtteilsberechtigte Miteigentümer erhält und einheitliche Bewirtschaftung sichergestellt ist, insbes. bei überlebenden Ehegatten: Soergel/Beck Rn. 8; Weidlich ZEV 1995, 380 (381); Ruby ZEV 2007, 263 (266)). Auch wenn bei einer Übergabe an ein Kind dessen **Ehegatte** nach § 1416 Abs. 1 S. 2 kraft Gesetzes Miteigentum erwirbt, ist dies der Fall (Weidlich ZEV 1996, 380 (382)). Denn hinsichtlich des ehelichen Gesamtguts wird durch die gesamthänderische Bindung und insbes. die Übernahmerechte nach §§ 1477, 1478 die Erhaltung stärker gewährleistet als beim bloßen Miteigentum nach §§ 741 ff.

7 **3. Anordnung des Erblassers.** Hinterlässt der Erblasser **mehrere pflichtteilsberechtigte Erben,** so kann er ausdrücklich bestimmen, dass einer von diesen das Recht haben soll, das Landgut zum Ertragswert zu übernehmen. Gleiches gilt nach **Abs. 1,** wenn sich in Anwendung der Auslegungsregel des § 2049 anlässlich einer Erbauseinandersetzung ein solches Übernahmerecht ergibt. Wird nur **ein Pflichtteilsberechtigter zum Erben** eingesetzt, muss der Erblasser eine entsprechende Ertragswertanordnung treffen **(Abs. 2);** jedoch kann sich diese auch durch eine (erläuternde oder ergänzende) Auslegung ergeben (BGHZ 98, 375 (376) = NJW 1987, 951; BGH FamRZ 1983, 1220 (1221); LM § 2325 Nr. 5; OLG Jena NJW-RR 2006, 951 (952); OLG München ZEV 2007, 276 (277); PWW/Deppenkemper Rn. 3; Staudinger/Herzog, 2021, Rn. 15; vgl. auch Böck MittBayNot 1984, 243 (244); großzügiger offenbar Hausmann, Die Vererbung von Landgütern nach dem BGB, 2000, 259 Fn. 1117, wonach sich Anordnung bereits bei gegenseitiger Erbeinsetzung der Ehegatten und Schlusserbenberufung eines Abkömmlings ergeben soll), was nach der herrschenden Andeutungstheorie einen entsprechenden Anhalt in der Verfügung von Todes wegen voraussetzt. Bei einer **vorweggenommenen Erbfolge** kann sich die Ertragswertanordnung auch aus der Anwendung der Auslegungsregel des § 2049 ergeben (BGH LM Nr. 4 = Rpfleger 1964, 312; aA Kluge MittBayNot 1949, 1). Eine unwirksame Pflichtteilsentziehung kann jedoch nicht einfach in eine Ertragswertklausel umgedeutet werden (OLG Stuttgart NJW 1967, 2410 (2411); Staudinger/Herzog, 2021, Rn. 15; aA v. Lübtow ErbR I 563).

8 **4. Zuwendung eines Landguts. a) Landguteigenschaft.** Erforderlich ist die **geschlossene Zuwendung eines „lebensfähigen" Landguts** (BGHZ 98, 382 (388) = NJW 1987, 1260). Eine Legaldefinition des Landguts fehlt. Der in anderen Vorschriften verwendete Begriff der Landwirtschaft, etwa in § 201 BauGB, kann wegen der unterschiedlichen Zielsetzung hier nicht ohne weiteres verwendet werden (OLG München NJW-RR 2003, 1518 (1519); Staudinger/Herzog, 2021, Rn. 19). Üblicherweise wird unter einem Landgut eine zum **selbstständigen und dauernden Betrieb der Landwirtschaft,** einschließlich der Viehzucht oder der Forstwirtschaft, geeignete und bestimmte **Wirtschaftseinheit** verstanden, die mit den **nötigen Wohn- und Wirtschaftsgebäuden** versehen ist (das Erfordernis von Wohngebäuden ist heute umstritten, bejahend BGHZ 98, 375 (377) = NJW 1987, 951; BGH NJW 1964, 1414 (1416); OLG München ZEV 2009, 301; eingehend dazu Staudinger/Mittelstädt, 2018, EGBGB Art. 137 Rn. 23 mwN; ausreichend ist, wenn in näherem räumlichem Zusammenhang mit den zu bewirtschaftenden Flächen eine Wohnmöglichkeit für den Übernehmer vorhanden ist, sodass von da aus die Bewirtschaftung erfolgen kann; Hausmann, Die Vererbung von Landgütern nach dem BGB, 2000, 92). Sie muss eine **gewisse Größe** erreichen und für den Inhaber eine selbstständige Nahrungsquelle darstellen, ohne dass eine sog. Ackernahrung vorliegen muss (BGH NJW-RR 1992, 770; BGHZ 98, 375 (377 f.) = NJW 1987, 951; BGH NJW 1964, 1414 (1416); LM Nr. 2 = MDR 1972, 496; BayObLGZ 1988, 385 (389) = FamRZ 1989, 540; OLG München ZEV 2009, 301; LG Würzburg AgrarR 1986, 346; Soergel/Beck Rn. 7; Lange/Kuchinke ErbR § 37 VII Fn. 253;

Zechiel, Die „Ertragswertklausel" in der bayerischen Notariatspraxis und ihr Bedeutungswandel bei verfassungsgemäßer Auslegung des § 2312, 1993, 33 ff.; Weber BWNotZ 1992, 14 (15)). Es handelt sich dabei um keinen klar abgegrenzten Rechtsbegriff; erforderlich ist vielmehr eine **typologische,** wertende **Betrachtung** des Einzelfalls (Kronthaler, Landgut, Ertragswert und Bewertung im bürgerlichen Recht, 1991, 134; Staudinger/Mittelstädt, 2018, EGBGB Art. 137 Rn. 20). Hierzu gehören (Staudinger/Mittelstädt, 2018, EGBGB Art. 137 Rn. 25 mwN) auch Sonderkulturen wie **Weinbau und Erwerbsobstbau** (Wöhrmann/Graß § 2049 Rn. 15), ein reines **Forstgut** (Hausmann, Die Vererbung von Landgütern nach dem BGB, 2000, 107 mwN; MüKoBGB/Lange Rn. 15; Kegel FS Cohn, 1975, 85 (106); Staudinger/Herzog, 2021, Rn. 21; aA Wöhrmann/Graß § 2049 Rn. 14; Haegele BWNotZ 1973, 35 (50)), ein **Gärtnereibetrieb** (BGH NJW 1977, 479; OLG Oldenburg FamRZ 1992, 726) sowie **Tierzuchtbetriebe,** soweit es sich nicht um Massentierhaltungen auf der Grundlage von zugekauftem Futter handelt (Wöhrmann/Graß § 2049 Rn. 13; zur Abgrenzung vom Gewerbebetrieb s. Kronthaler, Landgut, Ertragswert und Bewertung im bürgerlichen Recht, 1991, 130 ff., der sich gegen ein zu starkes Abstellen auf die bodengebundene Urproduktion wendet; anders aber nun BGH NJW-RR 1996, 528 zum Landwirtschaftsbegriff nach dem GrdstVG), nicht aber eine „Pferdepension", weil es hier an der erforderlichen Prägung durch die landwirtschaftliche „Urproduktion" fehle (OLG München NJW-RR 2003, 1518; zust. etwa Staudinger/Herzog, 2021, Rn. 21; krit. dazu J. Mayer MittBayNot 2004, 334).

**b) Wirtschaftseinheit.** Soweit auf dem Landgut noch **weitere Gewerbe** betrieben werden, so ist zu unterscheiden (vgl. Hausmann, Die Vererbung von Landgütern nach dem BGB, 2000, 103 ff.; Staudinger/Herzog, 2021, Rn. 25): **Nebenbetriebe,** die nach dem Willen des Erblassers und der Verkehrsauffassung dem Landgut zu dienen bestimmt sind (zB Käserei, Hofmetzgerei, Hofladen), genießen die gleiche Ertragswertprivilegierung wie der landwirtschaftliche Hauptbetrieb. Dies gilt aber zum einen nicht bei sog **Doppelbetrieben,** die nur eine lose Verbindung zur Landwirtschaft aufweisen. Zum anderen scheidet auch bei **gemischten Betrieben,** die zwar so miteinander verflochten sind, dass wegen der räumlichen und wirtschaftlichen Gegebenheiten eine Trennung mit Nachteilen verbunden wäre, der nicht landwirtschaftliche Teil aus der Ertragswertprivilegierung aus, weil dies entgegen dem Normzweck zu einer zu weitreichenden Bevorzugung des Hoferben führen würde (Hausmann, Die Vererbung von Landgütern nach dem BGB, 2000, 104 f.). Eine **Obergrenze** für das Vorliegen eines Landguts gibt es nicht (Foag RdL 1955, 6; Müller-Feldhammer ZEV 1995, 161 (163): auch adeliger oder bürgerlicher Großgrundbesitz ist privilegiert; einschr. RG SeuffA 90 Nr. 18). § 2312 ist auch anwendbar, wenn zwei oder mehr Landgüter zum Nachlass gehören (Soergel/Beck Rn. 11; Staudinger/Herzog, 2021, Rn. 25; aA Kegel FS Cohn, 1975, 85 (106 f.)). 9

**c) Bestandteile/Zubehör.** Was an **Grundstücken** und **sonstigem Betriebsvermögen** zum Landgut gehört, bestimmt zunächst der Betriebsinhaber durch „Widmung" im Rahmen der Verkehrsauffassung (BGHZ 98, 382 (386); Damrau/Tanck/Riedel Rn. 13). Entscheidend für den **Umfang** des Landguts ist dabei eine funktionale Betrachtungsweise (Damrau/Tanck/Riedel Rn. 13; Kronthaler, Landgut, Ertragswert und Bewertung im bürgerlichen Recht, 1991, 123 ff.; Köhne, Landwirtschaftliche Taxationslehre, 4. Aufl. 2007, 197). Im Hinblick auf die Interessen der anderen Pflichtteilsberechtigten ist auch wegen der verfassungsrechtlichen Vorgaben (→ Rn. 2) bei Grundstücken mit anderweitiger Nutzungsmöglichkeit ein angemessener Ausgleich zu finden. Aus dem Landgut scheiden daher alle Grundstücke aus, die ohne Gefahr für die Existenz des Betriebs aus diesem herausgelöst werden können und die für eine **andere Nutzung** bestimmt sind, so praktisch baureife Grundstücke (BGHZ 98, 382 (388) = NJW 1987, 1260; Damrau/Tanck/Riedel Rn. 13. Müller-Feldhammer ZEV 1995, 161 (166) und zust. jurisPK-BGB/Heintz Rn. 22 nehmen sogar bereits Bauerwartungsland aus, was zu weit geht) oder die für eine Auskiesung benötigten Flächen, für die bereits eine Abbaugenehmigung vorliegt (BGH FamRZ 1992, 172). Allein die Großstadtnähe und die dadurch bedingte besonders große Diskrepanz zwischen Ertragswert und Verkehrswert führt aber nicht zum Verlust der Landguteigenschaft (BGH LM Nr. 2 = MDR 1972, 496; anders aber OLG Stuttgart NJW 1967, 2410). Maßgeblich ist vielmehr, dass die vom Normzweck privilegierte landwirtschaftliche Nutzung auf Grund der nachweisbaren Absicht des Hoferben beibehalten wird und damit der höhere Verkehrswert beim gewöhnlichen Verlauf der Dinge nicht realisiert werden kann (Staudinger/Mittelstädt, 2018, EGBGB Art. 137 Rn. 53; Hausmann, Die Vererbung von Landgütern nach dem BGB, 2000, 130; Weber BWNotZ 1992, 14 (15); strengere Anforderungen bei Soergel/Beck Rn. 13; Kegel FS Cohn, 1975, 85 (111 ff.), die darauf abstellen, dass die landwirtschaftliche Nutzung sinnvoll ist). Auch eine **Flächenstilllegung** führt nicht zum Verlust der Ertragswertprivilegierung, wenn sie wegen agrar- 10 rechtlicher Subventionen nur vorübergehend erfolgt und die verbleibenden landwirtschaftlichen Flächen noch den Anforderungen des § 2312 genügen (näher Staudinger/Mittelstädt, 2018, EGBGB Art. 137 Rn. 54; Hausmann, Die Vererbung von Landgütern nach dem BGB, 2000, 156).

11 **d) Größe des Betriebes.** Eine flächen- oder ertragsmäßige **Mindestgröße** und ein **Mindestwirtschaftswert** sind gesetzlich nicht vorgeschrieben (anders § 1 HöfeO) (Müller-Feldhammer ZEV 1995, 161 (163); NK-BGB/Bock Rn. 10; Staudinger/Herzog, 2021, Rn. 23; Stöcker AgrarR 1977, 245). Jedoch muss die landwirtschaftliche Besitzung eine für die ordnungsgemäße Bewirtschaftung geeignete ausreichende Größe aufweisen, die nach der Rspr. allerdings auch verhältnismäßig gering sein kann (BGH NJW-RR 1992, 770: 5,6 ha Acker, 2,9 ha Grünland, zT verpachtet). Der Normzweck und verfassungsrechtliche Gründe (→ Rn. 2) gebieten eine **einschränkende Auslegung** des Landgutbegriffs (eingehend Staudinger/Mittelstädt, 2018, EGBGB Art. 137 Rn. 27; Hausmann, Die Vererbung von Landgütern nach dem BGB, 2000, 110 ff.). Überholt ist daher sicherlich die Einbeziehung von Betriebsgrößen von 1 bis 2 ha (so aus der älteren Rspr.: OLG Oldenburg RdL 1962, 40: 2,5 ha genügen; BGH FamRZ 1977, 195: 1,9 ha, allerdings bei Sonderkultur „Gärtnerei") in das Ertragswertprivileg. Für die erforderliche Abgrenzung darf man ohnehin nicht allein auf die Flächengröße abstellen, entscheidend ist allein das **Einkommen,** das der Betriebsinhaber nachhaltig erzielen kann **(Ertragsfähigkeit)** (Staudinger/Mittelstädt, 2018, EGBGB Art. 137 Rn. 30; Hausmann, Die Vererbung von Landgütern nach dem BGB, 2000, 125). Wie hier die Grenze zu ziehen ist, ist noch ungeklärt. Teilweise wird gefordert, dass das Landgut, das als Nebenerwerbsbetrieb geführt wird, geeignet sein muss, den **Lebensunterhalt** des Inhabers zu einem **erheblichen Teil** zu decken (BGH NJW-RR 1992, 770; OLG München NJW-RR 2003, 1518; OLG Stuttgart NJW-RR 1986, 822 (823); Staudinger/Herzog, 2021, Rn. 24: 30 % des Familienunterhalts; MüKoBGB/Lange Rn. 13; Köhne AgrarR 1996, 16: 60.000 DM für Haupterwerbsbetriebe, 20.000 DM jährlich für Nebenerwerbsbetriebe; Weber BWNotZ 1992, 14 (15): 30 % des Familienunterhalts, jedoch selbst in Frage gestellt; Kegel FS Cohn, 1975, 85 (106); zu den verschiedenen Lösungsansätzen Staudinger/Mittelstädt, 2018, EGBGB Art. 137 Rn. 34 ff. mwN; Hausmann, Die Vererbung von Landgütern nach dem BGB, 2000, 112 ff.).

12 Zweck der Privilegierung ist die Erhaltung des bäuerlichen Familienbetriebs in seiner Funktion zur Sicherung des Unterhalts der bäuerlichen Familie (→ Rn. 2). Daher bietet es sich an, für die Abgrenzung darauf abzustellen, dass die Ertragsfähigkeit des landwirtschaftlichen Betriebs wenigstens ein **Einkommen** (nach Abzug der Betriebsausgaben) ermöglicht, das etwas über den **Sozialhilfesätzen** liegt, die eine bäuerliche Familie (Ehegatten mit zwei Kindern ohne Altenteiler) als Hilfe zum Lebensunterhalt nach dem SGB XII erhält (Staudinger/Mittelstädt, 2018, EGBGB Art. 137 Rn. 45; ähnlich Piltz, Die Bewertung landwirtschaftlicher Betriebe, 1999, 83; für möglich hält dies auch Köhne AUR 2003, Beilage II *2. *6; grds. zust. auch Hausmann, Die Vererbung von Landgütern nach dem BGB, 2000, 125; ebenso für die Zuweisungsfähigkeit eines landwirtschaftlichen Betriebs nach § 14 GrdstVG OLG München AgrarR 1995, 56; zu großzügig etwa BayObLG AgrarR 1997, 292 (zu § 19 Abs. 4 KostO, jetzt § 48 GNotKG, wo ähnliche Anforderungen gelten), wonach bereits ein Einkommen von jährlich 13.000 DM genügt). Zu dem erzielbaren Einkommen gehört dabei auch grds. das, was der Betrieb durch Subventionen erhält, die produktionsbezogen sind (Pabsch DGAR AgrarR 1994, 5 (8); Staudinger/Mittelstädt, 2018, EGBGB Art. 137 Rn. 46). Unter Beachtung dieser Kriterien kann auch ein landwirtschaftlicher **Nebenerwerbsbetrieb** unter § 2312 fallen (vgl. auch BGHZ 98, 375 (377) = NJW 1987, 951; BGH NJW-RR 1992, 770; Kronthaler, Landgut, Ertragswert und Bewertung im bürgerlichen Recht, 1991, 121 f.; jedoch ist im Einzelfall sorgfältig zu prüfen, ob nicht ein Hobbybetrieb (Liebhaberei) vorliegt, Müller-Feldhammer ZEV 1995, 165). Jedenfalls ist bei einer wirtschaftlichen Unvertretbarkeit der Betriebsfortführung, also wenn auf Dauer kein genügend positives Betriebsergebnis erzielt werden kann (Zechiel, Die „Ertragswertklausel" in der bayerischen Notariatspraxis und ihr Bedeutungswandel bei verfassungsgemäßer Auslegung des § 2312, 1993, 47 f.), vom Verkehrswert auszugehen (OLG Stuttgart NJW 1967, 2410 (2411)).

13 **5. Fortführung des Landguts.** Für die erforderliche **„Übernahme"** des Landguts ist Voraussetzung, dass die Fortführung des bisherigen landwirtschaftlichen Betriebes über den Zeitpunkt des Erbfalls hinaus möglich und beabsichtigt war (BGHZ 98, 375 (378 f.) = NJW 1987, 951; OLG München ZEV 2009, 301). In subjektiver Hinsicht ist dabei eine **Fortführungsabsicht** oder wenigstens Absicht der Wiederaufnahme der Betriebsausübung durch den Erben oder Hofübernehmer selbst oder seine zum Kreis der Pflichtteilsberechtigten zählenden Abkömmlinge in absehbarer Zeit erforderlich (mit dieser personalen Einschränkung BVerfGE 67, 348 = NJW 1985, 1329 zum Zugewinnausgleich; zur Ausdehnung auf Angehörige der bäuerlichen Familie aber

Kronthaler, Landgut, Ertragswert und Bewertung im bürgerlichen Recht, 1991, 108 f.; OLG Celle AgrarR 1987, 46 (47); nicht genügt ein bloßes Interesse an der Landwirtschaft, OLG Oldenburg AgrarR 1999, 308 (309)). Dies setzt eine Prognose aus objektivierender Sicht voraus (BGH NJW-RR 1992, 770). Daher genügt eine rein im subjektiven Bereich verbleibende Absicht nicht, wenn sie nicht durch objektive Anhaltspunkte gefestigt wird.

Eine **Verpachtung des Betriebs** steht daher der Landguteigenschaft nicht ohne Weiteres entgegen, wenn nur eine Absicht im genannten Sinne vorliegt (BGHZ 98, 375 (378 f.) = NJW 1987, 951, wo auch noch der Betrieb aufgegeben und das lebende und tote Inventar verkauft war; BGH NJW 1964, 1414 (1416); LM Nr. 2 = MDR 1972, 496; AgrarR 1977, 172 (173)). Vielmehr wird eine vorübergehende Verpachtung daher kaum schaden (Soergel/Beck Rn. 9; Kronthaler, Landgut, Ertragswert und Bewertung im bürgerlichen Recht, 1991, 106 f.). Dies gilt insbes. dann, wenn dadurch nur eine zeitliche Lücke in der Generationennachfolge überbrückt werden soll und im Zeitpunkt des Erbfalls damit zu rechnen ist, dass ein künftiger pflichtteilsberechtigter Übernehmer den Betrieb fortführen („wiederanspannen“) wird (Staudinger/Herzog, 2021, Rn. 31; Hausmann, Die Vererbung von Landgütern nach dem BGB, 2000, 135 f.). Eine **dauerhafte Verpachtung** an familienfremde Personen kann zum Fortfall der Landguteigenschaft führen, jedoch genügt dies für sich allein nicht, sondern es müssen grds. noch weitere Umstände hinzukommen (Wöhrmann LandwirtschaftsErbR § 2049 Rn. 18; Staudinger/Mittelstädt, 2018, EGBGB Art. 137 Rn. 49; Soergel/Beck Rn. 9 mit Fallgruppen; OLG Oldenburg FamRZ 1992, 726 lässt bei Verpachtung für zwölf Jahre aus gesundheitlichen Gründen Landguteigenschaft noch nicht entfallen; zu den Prüfungskriterien vgl. BGHZ 98, 375 (381) = NJW 1987, 951; aA, weil ohne das Abstellen auf besondere Umstände, Hessler RdL 1980, 310; Kegel FS Cohn, 1975, 85 (106 f.); Hausmann, Die Vererbung von Landgütern nach dem BGB, 2000, 135 f., jedoch einschr. 137 ff.). 14

Keine Übernahme erfolgt jedoch, wenn bereits der Erblasser den Betrieb des Landguts **endgültig eingestellt** hat und auch im Zeitpunkt des Erbfalls keine begründete Erwartung bestand, dass die Landwirtschaft wieder betrieben wird (Staudinger/Herzog, 2021, Rn. 30; vgl. auch OLG Celle FamRZ 2004, 1823 (1825): landwirtschaftliche Flächen bereits seit den „fünfziger Jahren“ verpachtet) oder der Erbe in absehbarer Zeit beabsichtigt, das Landgut ganz oder zumindest in wesentlichen Teilen zu veräußern oder den landwirtschaftlichen Betrieb aufzugeben (BayObLGZ 1988, 385 (389) = FamRZ 1989, 540 (541); Staudinger/Herzog, 2021, Rn. 31). 15

## III. Rechtsfolgen

**1. Maßgeblichkeit des Ertragswerts.** Abweichend von § 2311 bestimmt sich bei Vorliegen der Voraussetzungen des § 2312 der Wert nicht nach dem gemeinen Wert (Verkehrswert), sondern allein nach dem **Reinertrag** (§ 2049 Abs. 2). Die nach Art. 137 EGBGB hierzu ergangenen landesrechtlichen Ausführungsgesetze (Staudinger/Mittelstädt, 2018, EGBGB Art. 137 Rn. 55 ff.; Damrau/Tanck/Riedel Rn. 23; Hausmann, Die Vererbung von Landgütern nach dem BGB, 2000, 179 f.; Ruby ZEV 2007, 263 (265); s. auch nachfolgende Tabelle) regeln fast durchwegs nur den **Kapitalisierungsfaktor** (zwischen 17 und 25, entspricht einem Kapitalisierungszins von 5,88 bis 4 % jährlich) zur Berechnung desselben (eingehend, praxisnahe Bewertungsvorschläge bei Pabsch DGAR AgrarR 1994, 5). Soweit der Erblasser nach Abs. 1 einen **anderen Übernahmewert** bestimmt hat, ist dieser maßgebend, soweit er den Ertragswert erreicht und nicht den normalen Verkehrswert überschreitet (MüKoBGB/Lange Rn. 24). Bei der Ermittlung des Reinertrages eines Landguts sind vom Rohertrag als betriebliche Kosten auch (fiktive) Lohnansprüche des Betriebsinhabers und seiner nicht entlohnten mitarbeitenden Familienangehörigen in Abzug zu bringen (OLG Celle ZEV 2009, 141 mw Einzelheiten). 16

| **Kapitalisierungsfaktor für den jährlichen Reinertrag** (nach J. Mayer in MSTBW PflichtteilsR-HdB, 1. Aufl. 2003, § 5 Rn. 182) | **Bundesland** | **Rechtsgrundlagen, Besonderheiten** |
|---|---|---|
| 18facher jährlicher Reinertrag | Baden-Württemberg<br>Bayern | § 48 BWAGBGB vom 26.11.1974 (GBl. 498)<br>Art. 68 BayAGBG vom 29.9.1982 (GVBl. 803) |
| 25facher jährlicher Reinertrag | Berlin (West)<br>Hessen<br>Nordrhein-Westfalen | Berlin: Art. 83 BlnAGBGB<br>§ 30 HessAGBGB vom 18.12.1984 (GVBl. 344) |

| **Kapitalisierungsfaktor für den jährlichen Reinertrag** (nach J. Mayer in MSTBW PflichtteilsR-HdB, 1. Aufl. 2003, § 5 Rn. 182) | **Bundesland** | **Rechtsgrundlagen, Besonderheiten** |
|---|---|---|
| | Rheinland-Pfalz<br>Saarland | NRW: ehem. Preußen Art. 83 NWAGBGB vom 20.9.1899 (SGV NW S. 40);<br>ehem. Land Lippe § 46 Lipp AGBGB vom 17.11.1899 (Lipp GS S. 489);<br>RhPf.: § 24 RPAGBGB vom 18.11.1976 (GVBl. 259)<br>Saarland: § 32 AGJusG vom 5.2.1997 (ABl. 258) |
| 17facher jährlicher Reinertrag | Niedersachen | § 28 NdsAGBGB vom 4.3.1971 (GVBl. 73) |
| keine Regelung | neue Bundesländer<br>Schleswig-Holstein<br>Hamburg<br>Bremen | überwiegend wird ein Kapitalisierungsfaktor von 18 empfohlen (DGAR AgrarR 1994, 5 (10); Staudinger/Mittelstädt, 2018, EGBGB Art. 137 Rn. 56) |

17 **2. Nachabfindungsansprüche.** Ein Nachabfindungsanspruch im Falle späterer Veräußerung oder Umwidmung des Landguts, etwa entspr. dem § 13 HöfeO, besteht nach dem Landgüterrecht des BGB trotz der Privilegierung des § 2312 **nicht** (BGHZ 98, 382 (388) = NJW 1987, 1260; Lange/Kuchinke ErbR § 37 VII 4b; Damrau/Tanck/Riedel Rn. 26; PWW/Deppenkemper Rn. 8; HK-PflichtteilsR/Leiß Rn. 31; Zechiel, Die „Ertragswertklausel" in der bayerischen Notariatspraxis und ihr Bedeutungswandel bei verfassungsgemäßer Auslegung des § 2312, 1993, 120 ff.; Ruby ZEV 2007, 263 (267); einschränkender BGH FamRZ 1992, 172; eingehend hierzuMüKoBGB/Lange Rn. 20 ff.; Hausmann, Die Vererbung von Landgütern nach dem BGB, 2000, 275 ff.; für analogen Nachabfindungsanspruch Wöhrmann/Graß LandwirtschaftsErbR § 2312 Rn. 1 ff.; für Nachabfindungsanspruch nach § 242 Soergel/Beck Rn. 13; für Korrektur des Ertrags- durch den Verkaufswert bei zeitnaher Veräußerung nach dem Erbfall Staudinger/Herzog, 2021, Rn. 44). Erfolgt jedoch die Veräußerung des Landguts alsbald nach der Übernahme, so ist zu prüfen, ob nicht die (ergänzende) Testamentsauslegung ergibt, dass die Ertragswertanordnung als durch die schutzzweckwidrige Veräußerung auflösend bedingt anzusehen ist (zutr. Kronthaler, Landgut, Ertragswert und Bewertung im bürgerlichen Recht, 1991, 143 ff.; Hausmann, Die Vererbung von Landgütern nach dem BGB, 2000, 277 ff.; Staudinger/Herzog, 2021, Rn. 45; HK-PflichtteilsR/Leiß Rn. 32). Ansonsten lässt sich die Problematik – sofern das Gesetz und die Rspr. hier nicht weiterhelfen – nur **vorbeugend bei der Vertragsgestaltung** abmildern, indem den weichenden Erben in der Verfügung von Todes wegen bzw. im Rahmen des Übergabevertrages Nachabfindungsansprüche – etwa in Anlehnung an § 13 HöfeO – per **Vermächtnis** oder im Wege eines **Vertrages zugunsten Dritter** zugebilligt werden (ausf. dazu Führ RNotZ 2012, 303 ff.).

## § 2313 Ansatz bedingter, ungewisser oder unsicherer Rechte; Feststellungspflicht des Erben

**(1) [1]Bei der Feststellung des Wertes des Nachlasses bleiben Rechte und Verbindlichkeiten, die von einer aufschiebenden Bedingung abhängig sind, außer Ansatz. [2]Rechte und Verbindlichkeiten, die von einer auflösenden Bedingung abhängig sind, kommen als unbedingte in Ansatz. [3]Tritt die Bedingung ein, so hat die der veränderten Rechtslage entsprechende Ausgleichung zu erfolgen.**

**(2) [1]Für ungewisse oder unsichere Rechte sowie für zweifelhafte Verbindlichkeiten gilt das Gleiche wie für Rechte und Verbindlichkeiten, die von einer aufschiebenden**

**Bedingung abhängig sind. [2]Der Erbe ist dem Pflichtteilsberechtigten gegenüber verpflichtet, für die Feststellung eines ungewissen und für die Verfolgung eines unsicheren Rechts zu sorgen, soweit es einer ordnungsmäßigen Verwaltung entspricht.**

## Überblick

Die Vorschrift bestimmt in Abkehr vom sonst geltenden Stichtagsprinzip, dass **aufschiebend bedingte,** ungewisse und unsichere **Rechte oder Verbindlichkeiten** (→ Rn. 2) zunächst für die Bewertung des pflichtteilsrechtlich relevanten Nachlasses außer Ansatz bleiben, während **auflösend bedingte Rechte und Verbindlichkeiten** zunächst voll berücksichtigt werden (→ Rn. 5). Fällt später der Unsicherheitsfaktor weg, erfolgt eine nachträgliche Berechnung und **Ausgleichung** (→ Rn. 6).

## I. Normzweck, Abgrenzung

Die Berücksichtigung von noch nicht entstandenen oder unsicheren Rechten und Verbindlichkeiten (sog Interimswerte; vgl. Staudinger/Herzog, 2021, Rn. 1) bereitet immer Probleme. § 2313 ermöglicht daher hier einen **vorläufigen Wertansatz mit späterer Korrektur** und macht damit hinsichtlich der Feststellung des Nachlassbestands eine Ausnahme vom Stichtagsprinzip (§ 2311 Abs. 1 S. 1) (BGH NJW 2013, 1086; Bartsch ZErb 2012, 201). Der Vorteil einer exakten Berechnung wird jedoch durch den Schwebezustand und die Mehrbelastung der neuen Feststellung erkauft (Meincke, Das Recht der Nachlassbewertung, 1973, 227 ff.). Hinsichtlich der **Bewertung** des Nachlassvermögens verbleibt es beim Zeitpunkt des Erbfalls (→ Rn. 6) (BGHZ 123, 77 (80) = NJW 1993, 2176; OLG Köln NJW 1998, 240 (241)). Da im Recht der Zugewinngemeinschaft das Stichtagsprinzip strenger gehandhabt wird, ist diese Bestimmung dort nicht anwendbar (BGHZ 87, 367 (371) = NJW 1983, 2244; BGH NJW 1992, 2154 (2156)). 1

## II. Aufschiebend bedingte, ungewisse und unsichere Rechte und Verbindlichkeiten (Abs. 1 S. 1, Abs. 2 S. 1)

Bei der Feststellung des Wertes des Nachlasses bleiben **aufschiebend bedingte, ungewisse oder unsichere Rechte und Verbindlichkeiten** vorläufig außer Ansatz (Abs. 1 S. 1, Abs. 2 S. 1). Dies gilt allerdings nicht, soweit durch eine aufschiebende Bedingung ein Anwartschaftsrecht vermittelt wird, das im Wirtschaftsleben einen eigenständigen Wert hat, wie das Anwartschaftsrecht des Vorbehaltskäufers, das zum Schätzwert zu berücksichtigen ist (§ 2311 Abs. 1 S. 2) (Staudinger/Herzog, 2021, Rn. 15; aA Soergel/Beck Rn. 6). Unter **Bedingungen** sind sowohl rechtsgeschäftliche wie auch echte Rechtsbedingungen zu verstehen (MüKoBGB/Lange Rn. 6; Lange/Kuchinke ErbR § 37 VI 5a). Auf den Grad der Wahrscheinlichkeit des Bedingungseintritts kommt es nicht an (MüKoBGB/Lange Rn. 6; Staudinger/Herzog, 2021, Rn. 14). **Befristete** und **betagte Rechte** oder Verbindlichkeiten (zB Leibrenten) fallen dagegen nicht unter Abs. 1 S. 2 und 3; vielmehr ist ihr Wert nach § 2311 zu schätzen (BGH FamRZ 1979, 787: Leibrente, m. krit. Anm. Schubert JR 1980, 103 (104); RGZ 72, 379 (381): Rentenwert nach „versicherungstechnischen Grundsätzen" zu ermitteln; MüKoBGB/Lange Rn. 7; Grüneberg/Weidlich Rn. 1; Lange/Kuchinke ErbR § 37 VI 5a; Staudinger/Herzog, 2021, Rn. 6). 2

**Ungewiss** iSv Abs. 2 ist ein Recht, bei dem entweder der Bestand oder aber die Person des Berechtigten zweifelhaft ist (BGHZ 3, 394 (397); Soergel/Beck Rn. 7; MüKoBGB/Lange Rn. 10). **Unsicher** ist ein Recht, wenn nur seine wirtschaftliche oder tatsächliche Verwertung zweifelhaft ist (BGHZ 3, 394 (397); RGZ 83, 253 (254); MüKoBGB/Lange Rn. 10; Staudinger/Herzog, 2021, Rn. 21). Gleiches gilt für Verbindlichkeiten (MüKoBGB/Lange Rn. 10). Als **zweifelhafte** Verbindlichkeit wird in der Lit. zB eine verjährte Verbindlichkeit vor Erhebung der Einrede angesehen (Muscheler ZEV 2020, 324 (327)). Die genaue Abgrenzung kann im Einzelfall schwierig sein. 3

**Einzelfälle: Unsicher** ist nach hM ein zum Nachlass gehörendes **Nacherbenrecht** (RGZ 83, 253 (254); HK-PflichtteilsR/Leiß Rn. 11; aA Staudinger/Herzog, 2021, Rn. 27, die wegen des Nacherbenanwartschaftsrechts von einer bereits einzustellenden, wenn auch schwierig zu bewertenden, Position ausgeht) und bei verpachteten landwirtschaftlichen Flächen des Erblassers eine **Milchquote** nach der früheren Milch-Garantiemengen-Verordnung (MGV aF), da während des Laufs des Pachtverhältnisses dem Verpächter hieran keinerlei Rechte zustehen und daher deren wirtschaftliche Verwertung solange zweifelhaft ist (OLG Celle FamRZ 2004, 1823 (1824), das aber ein ungewisses Recht annimmt; ebenso die Einordnung von Staudinger/Herzog, 2021, Rn. 18). 4

**Ungewiss** ist ein anfechtbares oder schwebend unwirksames Recht (Lange/Kuchinke ErbR § 37 VII 5a; Staudinger/Herzog, 2021, Rn. 17). Unsicher ist eine Darlehensforderung nach erfolgloser Pfändung (OLG Dresden JW 1918, 188). **Bürgschaften,** Garantieversprechen, **Grundpfandrechte** und Verpfändungen für **fremde Schuld** sind zweifelhafte Verbindlichkeiten und einstweilen nicht in die Berechnung des Pflichtteilsanspruchs einzustellen, soweit die Inanspruchnahme noch ungeklärt ist (BGH ZEV 2011, 27 (28); OLG Köln ZEV 2004, 155; KG ZErb 2011, 52 – Grundschuld; RG SeuffA 68 Nr. 129; MüKoBGB/Lange Rn. 11; Staudinger/Herzog, 2021, Rn. 40; aA OLG Düsseldorf NJW-RR 1996, 727: valutierte Grundschuld sei vom Grundstückswert abzuziehen, wenn nicht ihr rechtlicher Bestand oder tatsächliche Verwirklichung zweifelhaft sei). Die hier gegen den Hauptschuldner bestehenden (bedingten) Ausgleichsansprüche bleiben umgekehrt auch bis zum Eintritt des Sicherungsfalls außer Betracht (Staudinger/Herzog, 2021, Rn. 41). Als aufschiebend bedingte Verbindlichkeit kann das in einem Übergabevertrag vorbehaltene **Rückforderungsrecht des Übergebers** (zB für den Fall des Vorversterbens des Übernehmers) angesehen werden, solange der Rückforderungsberechtigte den Anspruch noch nicht geltend gemacht hat (vgl. DNotI-Gutachten DNotI-Report 2004, 11 ff.). Nicht unsicher, sondern nur ein Problem der Bewertung ist der **Geschäftswert eines Handwerksbetriebs** (Lange/Kuchinke ErbR § 37 VII Fn. 272; Damrau/Tanck/Riedel Rn. 9; aA OLG Nürnberg FamRZ 1966, 512 (513)) oder ein mit einer wertmäßigen Abfindungsbeschränkung belasteter Gesellschaftsanteil (Soergel/Beck Rn. 7; Damrau/Tanck/Riedel Rn. 9). Gleiches gilt für latente Belastungen wie die durch eine Veräußerung von Betriebsvermögen nach § 16 EStG anfallende **Ertragsteuer** (MüKoBGB/Lange Rn. 12; Damrau/Tanck/Riedel Rn. 9) oder die bei der Veräußerung von Wertpapieren anfallende **Abgeltungssteuer** (Kapitalertragsteuer/Solidaritätszuschlag, vgl. OLG Oldenburg ZEV 2018, 723 (725)). Hat eine **einheitliche Geschäftsverbindung** zwischen mehreren Personen zu beiderseitigen Forderungen und Verbindlichkeiten geführt, die gegenseitig verrechnet werden, und sind diese nur teilweise sicher und unzweifelhaft, so dürfen die zweifellos bestehenden Ansprüche oder Verbindlichkeiten aus einer solchen Geschäftsverbindung nicht als solche behandelt werden und die ungewissen Forderungen bzw. Verbindlichkeiten als ungewiss außer Ansatz bleiben (BGHZ 7, 134 (141) = NJW 1952, 1173; Staudinger/Herzog, 2021, Rn. 44). **„Stock options"** (Aktienoptionen für Mitarbeiter) werden an der Börse nicht gehandelt und haben im Erbfall keinen endgültigen Vermögenswert. Sie verkörpern nur die Chance auf einen Vermögenswert und bleiben daher zunächst nach Abs. 1 S. 1 bei der Feststellung des Nachlasswertes außer Betracht (MüKoBGB/Lange Rn. 12). Bei Ausübung der Option hat jedoch eine Ausgleichung nach Abs. 1 S. 2 zu erfolgen (Kolmann ZEV 2002, 216 (217); MüKoBGB/Lange Rn. 12; Staudinger/Haas, 2006, Rn. 9). **Gewerbliche Schutzrechte** sind keine unsicheren Rechte iSv Abs. 2, vielmehr ist nur die Höhe des Anspruchs ungewiss, was im Rahmen der Bewertung (§ 2311) zu berücksichtigen ist (MüKoBGB/Lange Rn. 12).

## III. Auflösend bedingte Rechte und Verbindlichkeiten (Abs. 1 S. 2)

5 Im Falle einer **auflösenden Bedingtheit** entfallen die Rechtswirkungen des Geschäfts, wenn die Bedingung eintritt (§ 158 Abs. 2). Auflösend bedingte Rechte und Verbindlichkeiten sind im Gegensatz zu aufschiebend bedingten oder unsicheren Rechten zunächst ihrem **ganzen Betrage** nach zu **berücksichtigen** (vgl. auch § 42 InsO). Bei Bedingungseintritt hat eine entsprechende Ausgleichung zu erfolgen, dh es vermindert sich (bei Wegfall eines auflösend bedingten Rechts) oder erhöht sich (bei Wegfall einer auflösend bedingten Verbindlichkeit) der Wert.

## IV. Ausgleichung (Abs. 1 S. 3) und sonstige Rechtsfolgen

6 Tritt die entsprechende (auflösende oder aufschiebende) Bedingung ein oder fallen die Unsicherheits- und Ungewissheitsfaktoren weg, so hat nach Abs. 1 S. 3 eine **Ausgleichung** zu erfolgen. Dadurch ist der Pflichtteilsberechtigte so zu stellen, als ob im Zeitpunkt des Erbfalls das bedingte, ungewisse oder unsichere Recht oder die Verbindlichkeit dieser Art schon bei Eintritt des Erbfalls verlässlich bestanden hätte (BGHZ 123, 77 (80) = NJW 1993, 2176; OLG Köln NJW 1998, 240; Meincke, Das Recht der Nachlassbewertung, 1973, 228; Staudinger/Herzog, 2021, Rn. 58). Erbe wie Pflichtteilsberechtigter brauchen sich die Ausgleichung im Pflichtteilsprozess nicht in der **Urteilsformel** vorbehalten lassen (OLG Kiel OLGE 7, 143; Staudinger/Herzog, 2021, Rn. 60). Werterhöhungen und -minderungen, die seit dem Erbfall **infolge anderer Umstände** eingetreten sind, bleiben jedoch außer Betracht, um das Stichtagsprinzip nicht völlig aufzugeben. Insbesondere gilt für die Bewertung iÜ der **Erbfall** als maßgebender Zeitpunkt (BGHZ 123, 77 (80) = NJW 1993, 2176 (2177); Staudinger/Herzog, 2021, Rn. 58; aA MüKoBGB/Lange Rn. 4; Pentz MDR

1999, 144 f.). Eine **Erhöhung des Pflichtteils** erfolgt demnach nur mit Eintritt der Bedingung bei aufschiebend bedingten Rechten und auflösend bedingten Verbindlichkeiten. Wird ein Recht sicher oder gewiss, so erhöht sich ebenfalls der Pflichtteil. Für die so vom Erben geschuldete Nachzahlung gelten ebenfalls die **pflichtteilsrechtlichen Bestimmungen** (Lange/Kuchinke ErbR § 37 VII 5a Fn. 275; Soergel/Beck Rn. 5), insbes. § 2332, jedoch beginnt die **Verjährung** nicht vor Eintritt der Bedingung oder Sicherheit oder Gewissheit (Staudinger/Herzog, 2021, Rn. 54; Damrau/Tanck/Riedel Rn. 18; offenlassend RGZ 83, 253 (256)).

Der **Pflichtteil reduziert** sich bei Bedingungseintritt bei auflösend bedingten Rechten und **7** aufschiebend bedingten Nachlassverbindlichkeiten und durch die Klärung bisher ungewisser oder unsicherer Verpflichtungen (Staudinger/Herzog, 2021, Rn. 55; abgelehnt für die acht Jahre nach Eintritt des Erbfalls durch Veräußerung einer Ferienimmobilie entstandene Gewinnsteuer: OLG Koblenz ZEV 2021, 702). Dann besteht ein Anspruch des Erben gegen den Pflichtteilsberechtigten auf **Rückzahlung** des zu viel erhaltenen Pflichtteils (vgl. OLG Koblenz NJW-RR 2020, 1274). Dabei handelt es sich richtigerweise nicht um einen Bereicherungsanspruch (so aber Soergel/Beck Rn. 4; RGRK-BGB/Johannsen Rn. 2), was im Hinblick auf § 818 Abs. 3 problematisch wäre (wenn nicht im Einzelfall die Voraussetzungen des § 819 Abs. 1 eingreifen), sondern um einen **pflichtteilsrechtlichen Ausgleichsanspruch eigener Art** (Lange/Kuchinke ErbR § 37 VII 5a Fn. 275; Staudinger/Herzog, 2021, Rn. 56). Eine Sicherheitsleistung für die Ausgleichsforderung kann außerhalb eines Insolvenzverfahrens (§ 77 Abs. 3 Nr. 1 InsO, § 95 Abs. 1, 191 InsO) weder der Erbe noch der Pflichtteilsberechtigte verlangen; es gelten die allgemeinen Grundsätze für den Schutz bedingter Ansprüche (§ 916 Abs. 2 ZPO) (Soergel/Beck Rn. 6; Staudinger/Herzog, 2021, Rn. 62 f.).

Bei der **Berechnung** der nachträglichen Ausgleichung ist wie folgt vorzugehen (vgl. Damrau/ **8** Tanck/Riedel Rn. 18): **(1)** Die betroffene Vermögens- oder Schuldposition ist aus der Sicht des Stichtags zu bewerten (so auch BGH NJW 1993, 2176 (2177); OLG Köln OLGE 1997, 26 (27)). **(2)** Zwischenzeitlich stattgefundene Wertveränderungen spielen grds. keine Rolle, jedoch ist der seitdem eingetretene Kaufkraftschwund zu berücksichtigen (BGHZ 123, 77 (80) = NJW 1993, 2176 (2177)). **(3)** Dann wird der ursprünglich der Pflichtteilsberechnung zugrunde gelegte Nachlasswert um den so bewerteten Vermögensgegenstand/Schuldposten bereinigt und sodann der Pflichtteil neu berechnet. **(4)** Die Differenz gegenüber dem ursprünglichen Pflichtteilsanspruch bildet den Ausgleichsbetrag nach § 2313 Abs. 1 S. 3.

Nach **Abs. 2 S. 2** ist der Erbe ausdrücklich verpflichtet, im Rahmen einer ordnungsgemäßen **9** Verwaltung für die Feststellung und Durchsetzung von unsicheren Rechten zu sorgen.

## V. Pflichtteilsansprüche und Vermögensgesetz

Die Problematik hat sich infolge Zeitablaufs erledigt, sodass vom weiteren Abdruck der Rechts- **10** lage abgesehen wurde (vgl. ausf. Darstellung bis zur 61. Ed. in Rn. 10).

## § 2314 Auskunftspflicht des Erben

**(1) [1]Ist der Pflichtteilsberechtigte nicht Erbe, so hat ihm der Erbe auf Verlangen über den Bestand des Nachlasses Auskunft zu erteilen. [2]Der Pflichtteilsberechtigte kann verlangen, dass er bei der Aufnahme des ihm nach § 260 vorzulegenden Verzeichnisses der Nachlassgegenstände zugezogen und dass der Wert der Nachlassgegenstände ermittelt wird. [3]Er kann auch verlangen, dass das Verzeichnis durch die zuständige Behörde oder durch einen zuständigen Beamten oder Notar aufgenommen wird.**

**(2) Die Kosten fallen dem Nachlass zur Last.**

**Schrifttum:** Außner, Formelle Anforderungen an das privatschriftliche Nachlassverzeichnis, ZEV 2020, 743; Braun, Form, Inhalt und Verfahren beim Nachlassverzeichnis gem. § 2314 Abs. 1 S. 3 BGB, MittBayNot 2008, 351; Cornelius, Auskunfts- und Wertermittlungsverlangen des enterbten Pflichtteilsberechtigten bei pflichtteilsergänzungsrechtlich relevanten Veräußerungen, ZEV 2005, 286; Damm, Glanz und Elend des notariellen Nachlassverzeichnisses, notar 2016, 219; Damm, Notarielle Verzeichnisse in der Praxis, 2018; Edenfeld, Auskunftsansprüche der Pflichtteilsberechtigten, ZErb 2005, 346; Egner, Der Auskunftsanspruch des Pflichtteilsberechtigten nach § 2314 BGB, 2. Aufl. 1995; Heinze, Das Zuziehungsrecht des Pflichtteilsberechtigten (§ 2314 Abs. 1 Satz 2 BGB) beim notariellen Nachlassverzeichnis (§ 2314 Abs. 1 Satz 3 BGB), DNotZ 2019, 413; Heinze, Mängel des Nachlassverzeichnisses und ihre Rechtsfolgen (Versicherung an Eides statt versus Erfüllungsuntauglichkeit), MittBayNot 2020, 531; Heinze, Wertlose Sachen im Nachlassverzeichnis – Vermeidung von Schikane, RNotZ 2020, 559; Horn, Notarielles Nachlassverzeichnis: Ermittlungspflichten und Untätigkeitsbeschwerde, ZEV 2018, 376; Keim, Voraussetzungen und Umfang eines notariellen Nachlassverzeichnisses, ZEV 2007, 329; Keim, Noch einmal: Notarielles Nachlassverzeichnis: Ermittlungspflichten und Untätigkeitsbeschwerde, ZEV 2018, 501; Keim, Aktuelles zum notariellen Nachlassverzeichnis, NJW 2020, 2996; Koroch, Aktuelle Einzelfragen des notariellen Nachlassverzeichnisses, RNotZ 2020, 537; Krüger/Tegelkamp, Anwesenheitsrechte bei der Ermittlung des Nachlassverzeichnisses nach § 2314 Abs. 1 S. 2 Alt. 1 BGB, ZEV 2011, 347; Kurth, Inhalt und Form des Auskunftsanspruchs des Pflichtteilsberechtigten, insbesondere Anforderungen an ein notarielles Nachlassverzeichnis nach § 2314 Abs. 1 Satz 3 BGB, ZErb 2018, 225 (Teil 1), 257 (Teil 2), 293 (Teil 3); Lange, Das notarielle Nachlassverzeichnis nach § 2314 Abs. 1 S. 3 BGB im Spannungsfeld zwischen Rechtsanwälten, Notaren und Gerichten, ZEV 2020, 253; Nieder, Das notarielle Nachlassverzeichnis im Pflichtteilsrecht, ZErb 2004, 60; Pfauser, Der Auskunfts- und Wertermittlungsanspruch des Pflichtteilsberechtigten aus § 2314, 1993; Regenfus, Die Behandlung ungeklärter Sachverhalte im Pflichtteilsrecht, ZEV 2019, 181; Roth, Ausgewählte Einzelfragen zum notariellen Nachlassverzeichnis gem. § 2314 Abs. 1 S. 3 BGB, ZErb 2007, 402; Roth, Zwangsmittel bei Nichterfüllung des notariellen Nachlassverzeichnisses, NJW-Spezial 2017, 679; Sagmeister, Das notarielle Nachlassverzeichnis, MittBayNot 2013, 519; Sarres, Auskunftsansprüche des Pflichtteilsberechtigten, ZEV 1998, 4; Sarres, Die Entwicklung pflichtteilsrechtlicher Auskunftsansprüche, ZEV 2016, 306; Schindler, Eidesstattliche Versicherung im notariellen Nachlassbestandsverzeichnis?, BWNotZ 2004, 73; Schmitz, Nachlassverzeichnis, Kostenberechnung und notarielle Amtspflichten, RNotZ 2016, 231; Schönenberg-Wessel, Das notarielle Nachlassverzeichnis, NotBZ 2018, 204; Schönenberg-Wessel, Das notarielle Nachlassverzeichnis, 2020; Schreinert, Das notarielle Nachlassverzeichnis, RNotZ 2008, 61; Weidlich, Notarielles Nachlassverzeichnis – Grundsätze und prozessuale Durchsetzung, ErbR 2013, 134; Weidlich, Die neuere Rechtsprechung zum notariellen Nachlassverzeichnis: eine kritische Bestandsaufnahme, ZEV 2017, 241; Winkler v. Mohrenfels, Die Auskunfts- und Wertermittlungspflicht des vom Erblasser Beschenkten, NJW 1987, 2557; Zimmer, Der Notar als Detektiv? – Zu den Anforderungen an das notarielle Nachlassverzeichnis, ZEV 2008, 365; Zimmer, Ermittlungen des Notars außerhalb seines Amtsbereichs oder Amtsbezirks bei der Erstellung eines Nachlassverzeichnisses, ZErb 2012, 5.

## Überblick

Zur praktischen Durchsetzung des Pflichtteilsanspruchs gewährt die Vorschrift dem Pflichtteilsberechtigten einen selbstständigen **Auskunfts-** (→ Rn. 2) und **Wertermittlungsanspruch** (→ Rn. 35) über den Nachlass. Der Pflichtteilsberechtigte hat einen Anspruch auf **Anwesenheit** bei Erstellung des Nachlassverzeichnisses (→ Rn. 25). Der Pflichtteilsberechtigte kann auch verlangen, dass das Verzeichnis durch den **Notar** (→ Rn. 28) oder die zuständige Behörde aufgenommen wird. Die aufgrund § 2314 entstehenden **Kosten** sind nach Abs. 2 Nachlassverbindlichkeiten (→ Rn. 44). Der Auskunftsanspruch **verjährt** in drei Jahren (→ Rn. 45). Für die **prozessuale Durchsetzung** der aus § 2314 folgenden Ansprüche sind Besonderheiten zu berücksichtigen (→ Rn. 46).

## Übersicht



## I. Normzweck

1 Da ein Pflichtteilsberechtigter seinen Anspruch ohne Kenntnis über Bestand und Wert des Nachlasses nicht durchsetzen kann, gewährt ihm § 2314 sowohl einen Auskunfts- als auch einen Wertermittlungsanspruch gegen die Erben, die beide zu unterscheiden sind (Coing NJW 1983, 1298). Es handelt sich um unselbstständige Hilfsansprüche, die hinsichtlich ihrer Verfügungsfähigkeit dem Hauptanspruch folgen. Die gesetzliche Regelung ist ihrem Wortlaut nach **unvollständig,** und zwar sowohl in **sachlicher Hinsicht,** weil der Pflichtteilsergänzungsanspruch nicht erfasst wird, als auch in **persönlicher Hinsicht,** weil der Miterbe nicht berechtigt ist.

## II. Auskunftsanspruch (Abs. 1 S. 1)

**1. Grundsätzliches, Inhalt.** Der Auskunftsanspruch ist auf die Vermittlung von Informationen gerichtet, die der Verpflichtete selbst besitzt oder sich aber auch erst zu beschaffen hat (BGHZ 89, 24 = NJW 1984, 487). Anspruchsvoraussetzung ist nur das Pflichtteilsrecht, nicht der konkrete Pflichtteilsanspruch, dessen Beurteilung § 2314 erst ermöglichen will (BGHZ 28, 177 (179) = NJW 1958, 1964; BGH NJW 1981, 2051 (2052)). Wenn jedoch bereits feststeht, dass ein Pflichtteilsanspruch nicht geltend gemacht werden kann, so besteht auch kein Auskunftsanspruch (BGHZ 28, 177 (180) = NJW 1984, 487; RGZ 129, 239 (239, 241 f.)). Dies gilt auch bei einer wirksamen Pflichtteilsentziehung (OLG Hamm NJW 1983, 1067) oder bei Verjährung des Pflichtteilsanspruchs, wenn der Erbe die Verjährungseinrede erhoben hat (BGH ZEV 2019, 85 (86) mwN). Eine **Verwirkung** des Anspruchs kommt nur selten in Betracht, insbes. nicht wegen eines langen und engen räumlichen Zusammenlebens des Pflichtteilsberechtigten mit dem Erblasser (OLG Frankfurt OLGR 2005, 867 (869)). 2

**2. Auskunftsberechtigter. a) Pflichtteilsberechtigter Nichterbe.** Zur Auskunft berechtigt ist nach dem Gesetzeswortlaut jeder **pflichtteilsberechtigte Nichterbe** aus dem Personenkreis des § 2303 (BGH NJW 1981, 2051 (2052); OLG Düsseldorf FamRZ 2006, 512), also insbes. von der Erbfolge ausgeschlossene Abkömmlinge oder Ehegatten, ein pflichtteilsberechtigter (§ 10 Abs. 6 LPartG) **Lebenspartner** einer gleichgeschlechtlichen Lebenspartnerschaft sowie ein geschiedener Ehegatte, wenn er nach § 1586b unterhaltsberechtigt ist (Damrau/Tanck/Riedel Rn. 2). Anspruchsberechtigt sind auch Pflichtteilsberechtigte, die ihren Erbteil **ausgeschlagen,** aber ihren Pflichtteil dennoch nicht verloren haben, wie zB der Ehegatte im Fall des Eintritts der güterrechtlichen Lösung des § 1371 Abs. 3, der **unzureichend als Erbe eingesetzte** Pflichtteilsberechtigte, dem ein Pflichtteilsrestanspruch (§ 2305) zusteht, und der iSv § 2306 Abs. 1 beschwerte oder belastete pflichtteilsberechtigte Erbe (NK-BGB/Bock Rn. 12; Damrau/Tanck/Riedel Rn. 2; Staudinger/Herzog, 2021, Rn. 91). Gleiches gilt, wenn ein Erbe die Erbschaft ausgeschlagen hat, nunmehr aber seinen Pflichtteilsergänzungsanspruch geltend machen will (OLG Düsseldorf FamRZ 2006, 512; Staudinger/Herzog, 2021, Rn. 91; aA OLG Celle ZEV 2006, 557 m. zu Recht abl. Anm. Damrau). 3

**b) Vermächtnisnehmer.** Anspruchsberechtigt ist im Allgemeinen auch der mit einem **Vermächtnis** bedachte Pflichtteilsberechtigte und zwar grds. unabhängig davon, ob er das Vermächtnis annimmt oder ausschlägt (BGHZ 28, 177 = NJW 1958, 1964; OLG Düsseldorf FamRZ 1995, 1236; OLG Oldenburg NJW-RR 1993, 782 (783); OLG Köln NJW-RR 1992, 8; Damrau/Tanck/Riedel Rn. 2; Edenfeld ZErb 2005, 346 (347); Soergel/Beck Rn. 7; Staudinger/Herzog, 2021, Rn. 92; aA LG Bonn ZEV 2005, 313), denn für seine Wahlentscheidung nach § 2307 und für die Beurteilung der Frage, ob ihm bei Annahme des Vermächtnisses noch ein Pflichtteilsrestanspruch verbleibt, muss er die Höhe seines Pflichtteilsanspruchs kennen (OLG Düsseldorf FamRZ 1995, 1236 (1237); Staudinger/Herzog, 2021, Rn. 92; RGRK-BGB/Johannsen Rn. 3). Dies gilt auch, wenn ein Geldvermächtnis entspr. der Pflichtteilshöhe zugewandt wird (RGZ 129, 239 (241 f.) hilft hier damit, dass ein Auskunftsanspruch „mitvermacht" wird). Der Vermächtnisnehmer ist aber – wie auch sonst jeder Pflichtteilsberechtigter – nicht mehr anspruchsberechtigt, wenn er keinen Pflichtteilsanspruch mehr hat, dessen Vorbereitung § 2314 dient, etwa weil der Pflichtteilsanspruch mittlerweile **verjährt** ist (MüKoBGB/Lange Rn. 45; aA OLG Köln NJW-RR 1992, 8) oder rechtskräftig abgewiesen wurde. Gleiches gilt, wenn das Vermächtnis **anstelle des Pflichtteils** zugewandt wurde, weil dann in der Geltendmachung des Vermächtnisses der Verzicht auf einen (uU weitergehenden) Pflichtteilsanspruch liegt (MüKoBGB/Lange Rn. 45). 4

**c) Rechtsnachfolger.** Auch der neue Gläubiger, dem der **Pflichtteilsanspruch abgetreten** wurde (§§ 398, 2317) ist auskunftsberechtigt, da die Ansprüche aus § 2314 als unselbstständige Nebenrechte iSv § 401 mit übergehen (BGH NJW 2005, 369; MüKoBGB/Lange Rn. 46; Staudinger/Herzog, 2021, Rn. 111, dort auch zur Abtretung an verschiedene Personen). Anspruchsberechtigt ist auch der **Sozialhilfeträger** nach Überleitung bzw. gesetzlichen Übergang des Pflichtteilsanspruchs gem. § 93 SGB XII (BGH ZEV 2005, 117) oder § 33 SGB II sowie der Erbe oder Pfändungsgläubiger (Staudinger/Herzog, 2021, Rn. 112). 5

**d) Mehrere Anspruchsberechtigte.** Bei **mehreren Pflichtteilsberechtigten** besteht keine Gesamtgläubigerschaft, sondern es kann jeder Einzelne den Auskunftsanspruch unabhängig von den anderen geltend machen (MüKoBGB/Lange Rn. 47; Staudinger/Herzog, 2021, Rn. 95). Auch wenn eine gemeinsame Auskunftsklage erhoben wurde, kann jeder von ihnen für sich 6 eine vollstreckbare Ausfertigung des Urteils verlangen (Staudinger/Herzog, 2021, Rn. 95) und selbstständig die Zwangsvollstreckung betreiben (Damrau/Tanck/Riedel Rn. 8).

7 **e) Fehlen der Anspruchsberechtigung. Kein Auskunftsanspruch** besteht für den Pflichtteilsberechtigten, dem der **Pflichtteil** wirksam nach den §§ 2333 ff. **entzogen** wurde (OLG Frankfurt OLGR 2005, 300; Grüneberg/Weidlich Rn. 1; jurisPK-BGB/Birkenheier Rn. 17) oder der als eingesetzter Erbe durch die Ausschlagung auch seinen Pflichtteil verloren hat, weil nicht ausnahmsweise ein solcher nach §§ 2305, 2306 oder § 1371 Abs. 3 verblieb (jurisPK-BGB/Birkenheier Rn. 15). Nicht auskunftsberechtigt ist ferner derjenige, der vertraglich wirksam auf seinen Pflichtteil verzichtet hat (Grüneberg/Weidlich Rn. 3; jurisPK-BGB/Birkenheier Rn. 15), wobei der Verzicht zu Lebzeiten des Erblassers der Form des §§ 2348, 2346 Abs. 2 (notarielle Beurkundung) bedarf, später aber formlos möglich ist. Da das Pflichtteilsrecht grds. zwingendes Recht ist, kann der **Erblasser** den Auskunfts- (und auch den Wertermittlungs-) Anspruch nach § 2314 idR **nicht** einseitig **ausschließen.** Eine Ausnahme wird teilweise für den Fall gemacht, dass der Erblasser zur Entziehung des Pflichtteils berechtigt wäre, weil dies dann als „Minus" gegenüber der völligen Pflichtteilsentziehung angesehen wird (vgl. RGRK-BGB/Johannsen Rn. 23). Wegen der Selbstständigkeit von Pflichtteilsanspruch einerseits und Auskunfts- bzw. Wertermittlungsanspruch andererseits kann dem so pauschal nicht gefolgt werden. Besteht kein Pflichtteilsanspruch, wird aber trotzdem der Auskunftsanspruch geltend gemacht, so steht dem aber zumindest der Einwand der unzulässigen Rechtsausübung entgegen (zutr. Damrau/Tanck/Riedel Rn. 10). Durch **Vereinbarung** zwischen dem **Erblasser** und dem Pflichtteilsberechtigten können die Ansprüche aus § 2314 **ausgeschlossen oder eingeschränkt** werden, jedoch gelten hierfür die formellen Anforderungen des Pflichtteilsverzichts nach den §§ 2347, 2348 (RGRK-BGB/Johannsen Rn. 23). **Nach** dem **Erbfall** kann jedoch der Pflichtteilsberechtigte auch formlos auf seine Rechte aus § 2314 verzichten. An die Aufgabe der Auskunftsrechte durch schlüssiges Verhalten sind aber sehr hohe Anforderungen zu stellen (Damrau/Tanck/Riedel Rn. 10; vgl. auch den Fall von OLG Karlsruhe NJW-RR 2008, 316, dazu Linnartz jurisPR-FamR 25/2007 Anm. 5).

8 Nach dem Wortlaut der Norm hat der **Erbe/Miterbe** keinen Auskunftsanspruch und bedarf eines solchen auch nicht, da er als (Mit-)Eigentümer sich jederzeit selbst über den Nachlass, dessen Bestand und Wert ausreichende Kenntnis verschaffen kann (vgl. auch §§ 2027, 2028, 2038, 2057) (BGH NJW 1993, 2737; BGHZ 108, 393 (395) = NJW 1990, 180; BGHZ 61, 180 (183) = NJW 1973, 1876; RGZ 84, 204 (206 f.); KG OLGZ 1973, 214 = BB 1973, 543; Lorenz JuS 1995, 569). Jedoch ist bei **Pflichtteilsergänzungsansprüchen** die Annahme einer Ausnahme gerechtfertigt, da dann die genannten Anspruchsgrundlagen idR nicht eingreifen (vgl. MüKoBGB/Lange Rn. 48). Daher gibt die Rspr. und hM dem pflichtteilsberechtigten Erben einen Auskunftsanspruch gegen den Beschenkten, wenn er entschuldbar über das Bestehen und den Umfang des Rechts im Unklaren und deshalb auf die Auskunft des Verpflichteten angewiesen ist, der durch diese nicht unbillig belastet wird. Dabei stützt die Rspr. und hM dies auf den aus § 242 hergeleiteten **allgemeinen Auskunftsanspruch** (BGHZ 61, 180 (183 f.) = NJW 1973, 1876 = LM Nr. 8 mAnm Johannsen; BGHZ 108, 393 (395) = NJW 1990, 180; BGH WM 1976, 1089; NJW 1981, 2051 (2052); 1993, 2737; OLG Karlsruhe FamRZ 2004, 410 (412) = NJW-RR 2004, 728; OLG München FamRZ 2009, 1010 mAnm Rüge jurisPR-FamR 14/2009 Anm. 5; LG Stuttgart ZEV 2005, 313 (314); Lange/Kuchinke ErbR § 37 XII 6; Soergel/Beck Rn. 26; Ebenroth ErbR Rn. 948; Pfauser, Der Auskunfts- und Wertermittlungsanspruch des Pflichtteilsberechtigten aus § 2314, 1993, 22 f.; Egner, Der Auskunftsanspruch des Pflichtteilsberechtigten nach § 2314 BGB, 2. Aufl. 1995, 33 ff. mwN zum Streitstand), während die Lit. dagegen teilweise eine analoge Anwendung des § 2314 befürwortet (so Coing NJW 1970, 729 (734); v. Lübtow ErbR I 584 f.; diff. Damrau/Tanck/Riedel Rn. 4: nur beim Miterben, wenn er die Ansprüche nach § 2314 aus rechtlichen oder tatsächlichen Gründen zur Durchsetzung seines Pflichtteilsanspruchs benötigt, nicht aber beim Alleinerben; für § 242 iVm § 2028 Winkler v. Mohrenfels NJW 1987, 2557 (2558)). Der **Unterschied** zu § 2314 liegt darin, dass **(1)** die **Kosten** dann der Auskunftsbegehrende zu tragen hat (BGHZ 61, 180 (184) = NJW 1973, 1876; BGH NJW 1981, 2051 (2052); 1993, 2737; OLG Karlsruhe FamRZ 2004, 410 (412)), **(2)** der pflichtteilsberechtigte Erbe das Bestehen einer Sonderrechtsbeziehung (also sein **besonderes Informationsbedürfnis)** darlegen muss; dabei genügt es allerdings, wenn gewisse Anhaltspunkte für eine unentgeltliche Verfügung vorliegen und substantiiert dargelegt werden, sodass der Auskunftsanspruch nicht auf eine unzulässige Ausforschung hinausläuft (BGHZ 97, 188 (193) = NJW 1986, 1755 zu § 2287), **(3)** der Auskunftsberechtigte entschuldbar über das Bestehen seines Rechts im Unklaren und deshalb auf die **Auskunft** des Verpflichteten **angewiesen** ist (OLG Karlsruhe FamRZ 2004, 410

(412)) und **(4)** dieser die **Auskunft unschwer** erteilen kann (Staudinger/Herzog, 2021, Rn. 102). Auch kann nach § 242 **keine amtliche Aufnahme** des Verzeichnisses verlangt werden (eingehend zu den Unterschieden Staudinger/Herzog, 2021, Rn. 101 ff.). Daher sprechen Gründe der sachgerechten Gleichbehandlung **für die entsprechende Anwendung des § 2314** in den Fällen des Pflichtteilsergänzungsanspruchs des Erben/Miterben (so auch Staudinger/Herzog, 2021, Rn. 105).

Der **Nacherbe** ist ebenfalls Erbe und kann seine Rechte gegenüber dem **Vorerben** über 9 §§ 2121, 2122, 2127 wahren; ein Anspruch aus § 2314 steht ihm daher auch dann nicht zu, wenn er unter einer auflösenden Bedingung eingesetzt ist, weil er bis zum Eintritt derselben Erbe ist (BGH NJW 1981, 2051 (2052); Staudinger/Herzog, 2021, Rn. 108 f. mwN). Nur soweit die gesetzlichen Auskunftsansprüche nicht eingreifen, besteht ein Auskunftsrecht nach § 242 (OLG Celle ZEV 2006, 361 (362); Soergel/Beck Rn. 26; Staudinger/Herzog, 2021, Rn. 110). Demgegenüber hat der **Nacherbe** gegen den vom Vorerben **Beschenkten** zumindest nach dem Rechtsgedanken des § 2314 einen Auskunftsanspruch, wenn eine gerechte Abwägung der beiderseitigen Interessen es rechtfertigt, ihm diesen Anspruch zu gewähren (BGHZ 58, 237 (239) = NJW 1972, 907; Erman/Röthel Rn. 3; Staudinger/Herzog, 2021, Rn. 110).

**3. Auskunftsverpflichteter. a) Erbe.** Auskunftspflichtig ist grds. der **Erbe** (sowie dessen 10 Gesamtrechtsnachfolger), bei juristischen Personen deren Vertretungsorgan (Staudinger/Herzog, 2021, Rn. 113; vgl. auch LG Baden-Baden FamRZ 1999, 1465 (1466)), wobei mehrere Erben **Gesamtschuldner** sind (§ 421) (Sarres ZEV 1998, 4; MüKoBGB/Lange Rn. 52). Teilweise wird § 2058 als Begründung herangezogen, weil es sich um eine Nachlassverbindlichkeit handeln soll (so v. Lübtow ErbR I 585; s. auch RGZ 50, 224 (225); dagegen aber zu Recht MüKoBGB/Lange Rn. 52; RGRK-BGB/Johannsen Rn. 13; Cornelius ZEV 2005, 286 (287)). Übertragen mehrere Erben ihre Verpflichtung zur Erstellung eines Bestandsverzeichnisses auf einen von ihnen, so müssen sie sich dessen Mängel bei der Auskunftserteilung zurechnen lassen und können alle zur Abgabe der eidesstattlichen Versicherung gezwungen werden (RGZ 129, 239 (246), das dies auf § 166 Abs. 1 stützt, während die neuere Auffassung dies zu Recht mit § 260 begründet, so Damrau/Tanck/Riedel Rn. 52 bzw. aus § 278 herleitet MüKoBGB/Lange Rn. 52; Staudinger/Herzog, 2021, Rn. 115). Auch bei **Nachlassinsolvenz** oder Nachlassverwaltung richtet sich der Anspruch gegen den Erben, weil der Auskunftsanspruch ein persönlicher (Sarres ZEV 1998, 4), nicht aus dem Nachlass erfüllbarer Anspruch ist (OLG Celle JZ 1960, 375; MüKoBGB/Lange Rn. 52; Staudinger/Herzog, 2021, Rn. 117). Daneben sind auch der Nachlassverwalter und Nachlasspfleger nach § 2012 Abs. 1 S. 2 iVm Abs. 2 auskunftspflichtig, nicht aber der Testamentsvollstrecker, wie sich mittelbar aus § 2213 Abs. 1 S. 3 ergibt (NK-BGB/Bock Rn. 15; MüKoBGB/Lange Rn. 52; Edenfeld ZErb 2005, 346 (347); Staudinger/Herzog, 2021, Rn. 118; für überlegenswerte teleologische Reduktion des § 2213 Abs. 1 S. 3 dagegen Klingelhöffer ZEV 2000, 261 (262)). Bis zum Eintritt des Nacherbfalls ist der **Vorerbe,** danach auch der Nacherbe auskunftspflichtig (MüKoBGB/Lange Rn. 52; Staudinger/Herzog, 2021, Rn. 116).

**b) Der Beschenkte.** Auch der vom Erblasser zu Lebzeiten beschenkte Dritte, der selbst nicht 11 Erbe ist, ist dem **enterbten Pflichtteilsberechtigten** in erweiternder Auslegung des **Abs. 1 S. 1** zur Auskunft über das erhaltene Geschenk (zum Umfang → Rn. 12) verpflichtet (BGHZ 55, 378 (380) = NJW 1971, 842; BGHZ 89, 24 (27) = NJW 1984, 487 (488); BGHZ 107, 200 (204) = NJW 1989, 2887 (2888); BGH NJW 1973, 1876 (1877); 1981, 2051; ZEV 2014, 424; Kuchinke JZ 1990, 652 (653); MüKoBGB/Lange Rn. 53; Staudinger/Herzog, 2021, Rn. 120). Begründet wird dies mit dem oft fehlenden Wissen des Erben über die Schenkung und der nur subsidiären Eigenhaftung des Beschenkten (§ 2329). Das Bestehen eines Auskunftsanspruchs gegen den Beschenkten setzt aber nicht voraus, dass ein Eingreifen des § 2329 feststeht oder zumindest möglich erscheint (so zu Recht Staudinger/Herzog, 2021, Rn. 121 gegen Damrau/Tanck/Riedel Rn. 54). Auch der wegen eines Pflichtteilsergänzungsanspruchs in Anspruch genommene **Beschenkte** kann gegenüber dem Anspruchsteller wegen sog Eigengeschenke (§ 2327) Auskunft verlangen (BGHZ 108, 393 (399) = NJW 1990, 180), daneben kommt für ihn auch ein Auskunftsanspruch nach § 2057 wegen **ausgleichungspflichtiger Zuwendungen** in Betracht, und zwar auch dann, wenn der Empfänger ein enterbter Pflichtteilsberechtigter ist (OLG Nürnberg NJW 1957, 1482; MüKoBGB/Lange Rn. 53). Dem pflichtteilsberechtigten Allein- oder Miterben steht dagegen nur nach Maßgabe des aus § 242 hergeleiteten Auskunftsanspruchs ein solches Recht gegen den Beschenkten zu (ausf. → Rn. 8).

**4. Umfang und Inhalt.** Zweck des Auskunftsanspruchs ist es, dem Pflichtteilsberechtigten 12 die Realisierung seines Pflichtteilsanspruchs zu ermöglichen. In **sachlicher Hinsicht** geht es darum, dem **Informationsdefizit** und der Beweisnot des Pflichtteilsberechtigten abzuhelfen, weshalb eine eher **weite Auslegung** des Auskunftsrechts angebracht ist (BGHZ 33, 373 (374) = NJW 1961, 602). Nach stRspr (vgl. etwa BGHZ 89, 24 (27) = NJW 1984, 487 mwN; BGHZ 55, 378 f. = NJW 1971, 842; BGHZ 33, 373 f. = NJW 1961, 602; BGH LM Nr. 5) hat der Berechtigte über den Wortlaut hinaus Anspruch auf Auskunft der **beim Erbfall** tatsächlich vorhandenen Nachlassgegenstände und -werte, also der **real** vorhandenen **Nachlassaktiva,** einschließlich der wesentlichen Berechnungsfaktoren, und über die Nachlassverbindlichkeiten, also der **Passiva** (BGHZ 33, 373 (374) = NJW 1961, 602; BGH LM Nr. 5 und Nr. 11; RGZ 129, 239 (242 f.); Kurth ZErb 2018, 225 ff. (Teil 1); Kurth ZErb 2018, 257 ff. (Teil 2)), aber auch über den sog **fiktiven Nachlass,** also die **ausgleichungspflichtigen Zuwendungen** des Erblassers iSv §§ 2316, 2052, 2055 (BGHZ 33, 373 f. = NJW 1961, 602; BGHZ 89, 24 (27) = NJW 1984, 736 mwN; RGZ 73, 369; OLG Brandenburg ZErb 2004, 132 (133); OLG Oldenburg NJW-RR 1993, 782; MüKoBGB/Lange Rn. 8; aA OLG Zweibrücken FamRZ 1987, 1197 (1198): aber § 2057 analog; Nieder ZErb 2004, 60 (64): Auskunftspflicht nach § 242) und die **pflichtteilsergänzungspflichtigen Schenkungen** iSv § 2325 (BGHZ 55, 378 (380) = NJW 1971, 842; BGHZ 89, 24 (27) = NJW 1984, 487 (488); BGHZ 107, 200 (204) = NJW 1989, 2887 (2888); BGH NJW 1973, 1876 (1877); 1981, 2051; RGZ 129, 239 (242 f.); OLG Oldenburg NJW-RR 1993, 782; MüKoBGB/Lange Rn. 8). Letzteres umfasst konkret die Angabe der in den letzten **zehn Jahren vor dem Tod** erfolgten Schenkungen des Erblassers sowie (zeitlich unbegrenzt; vgl. § 2325 Abs. 3 S. 3) der Schenkungen und unbenannten Zuwendungen zugunsten des **überlebenden Ehegatten** (vgl. BGHZ 33, 373 (374) = NJW 1961, 602; BGH NJW 1981, 2051 (2052)). Die Auskunftspflicht erstreckt sich dabei auch auf **Anstands- und Pflichtschenkungen** iSv § 2330 (BGH NJW 1962, 245; Dieckmann NJW 1988, 1809 (1812)) und auch auf solche Schenkungen, die außerhalb der Zehnjahresfrist des § 2325 Abs. 3 erfolgt sind, sofern die Frist infolge (fristschädlichen) Vorbehalts eines Nutzungsrechts (→ § 2325 Rn. 54) nicht angelaufen ist.

**13** Bei ausgleichungs- oder ergänzungspflichtigen Zuwendungen erstreckt sich die Auskunftspflicht auch auf die **Person des Zuwendungsempfängers** und bei Verträgen zu Gunsten Dritter auch auf das **Zuwendungsverhältnis** (OLG Karlsruhe ZEV 2000, 280). Dabei ist im Zweifelsfall deutlich zu machen, ob es sich um ausgleichungs- oder ergänzungspflichtige Zuwendungen handelt (OLG Düsseldorf ZErb 2009, 41). Für das Bestehen des Auskunftsanspruchs ist es angesichts seines Normzwecks unerheblich, welche Bezeichnung der Erblasser und Zuwendungsempfänger dem zwischen ihnen getätigten Rechtsgeschäft gegeben hat; maßgebend ist allein die **abstrakt zu beurteilende Pflichtteilsrelevanz** der Zuwendung, damit der Berechtigte prüfen kann, ob ihm ein Pflichtteilsergänzungsanspruch zusteht. Daher ist auch Auskunft zu erteilen über ein **Ausstattungsversprechen eines Stifters** (LG Baden-Baden ZEV 1999, 152 mAnm Rawert), erst Recht über die Errichtung einer **Stiftung nach liechtensteinischem Recht,** wenn sich der Stifter umfangreiche Einflussrechte, insbes. ein Widerrufsrecht vorbehalten hat (BGH NJW 2015, 623 = ZEV 2015, 163; vgl. dazu auch Omlor LMK 2014, 367293; Dutta ErbR 2015, 345; Werner ZErb 2016, 92; Scherer/Bregulla-Weber NJW 2016, 382 f.; Sarres ZEV 2016, 306 ff.), sowie über Gegenstände, die (uU auch nur) zum **Voraus des Ehegatten** oder gleichgeschlechtlichen Lebenspartners gehören (RGZ 62, 109 (110); Staudinger/Herzog, 2021, Rn. 36). Ein in den Nachlass fallender **Anteil an einem Zweitnachlass** gehört ebenfalls zum Nachlassbestand, sodass sich die Auskunftspflicht des Erben nach hM auch hierauf bezieht (RGZ 72, 379 (380 f.); Staudinger/Herzog, 2021, Rn. 37; MüKoBGB/Lange Rn. 15). Fällt nur ein Pflichtteilsanspruch an einem fremden Nachlass in den Nachlass, beschränkt sich die Auskunftspflicht auf die Forderung.

**14** Bei **verheirateten Erblassern** hängt der Pflichtteil der Abkömmlinge und Eltern des Verstorbenen vom **Güterstand** ab, sowie bei der Zugewinngemeinschaft auch davon, ob der überlebende Ehegatte eine Erbschaft oder ein **Vermächtnis** erhält oder ausgeschlagen hat (§ 1371 Abs. 3). Die hM bejaht auch hinsichtlich solcher **Umstände,** die nicht den Nachlassbestand betreffen, aber für die **Berechnung und Durchsetzung des Pflichtteilsanspruchs erforderlich** sind, eine Auskunftsverpflichtung des Erben (OLG Düsseldorf NJW 1996, 3156 zum Güterstand; Klingelhöffer NJW 1993, 1097 (1102); Staudinger/Herzog, 2021, Rn. 62 ff.; Damrau/Tanck/Riedel Rn. 22).

**15** Während sich in **zeitlicher Hinsicht** der Auskunftsanspruch bezüglich des realen Nachlasses auf den Erbfall bezieht, ist dies bezüglich des **fiktiven Nachlasses** im Hinblick auf den Normzweck der Überwindung des Informations- und Beweisdefizits anders: Zu Unrecht wird daher im Hinblick auf § 2325 Abs. 3 S. 1 fast durchwegs der Auskunftsanspruch auf die in den letzten zehn Jahren auf den Erbfall vorgenommenen Zuwendungen beschränkt. Vielmehr gilt der Grundsatz der Berücksichtigung **aller abstrakt pflichtteilsrechtlich relevanten Zuwendungen** auch in zeitlicher Hinsicht: Zuwendungen unter Ehegatten sind daher, wenn keine Auflösung der Ehe erfolgte (§ 2325 Abs. 3 S. 3), ohne jede Zeitgrenze anzugeben, ebenso ausgleichungspflichtige Zuwendungen iSv § 2316 sowie Schenkungen unter Nießbrauchsvorbehalt (OLG Köln NJW-RR 2005, 1319 (1320 f.) = ZEV 2005, 398 mAnm Reimann; Cornelius ZEV 2005, 286 (287); → Rn. 12), da hier die Ausschlussfrist des § 2325 Abs. 3 nicht zu laufen beginnt. Überhaupt ist nicht Voraussetzung für den Auskunftsanspruch, dass das Vorliegen einer ergänzungs- oder ausgleichungspflichtigen Schenkung feststeht. Es ist zur Vermeidung einer unzulässigen **Ausforschung** aber erforderlich, dass Umstände vorliegen, die die Annahme nahelegen, es handele sich in Wirklichkeit – wenigstens zum Teil – um eine Schenkung (BGHZ 89, 24 (27) = NJW 1984, 487 (488) mwN). Hierfür hat der Pflichtteilsberechtigte **konkrete Anhaltspunkte** darzulegen und im Streitfall zu beweisen (OLG Düsseldorf ZEV 1995, 410 (413); OLG Schleswig ZEV 2007, 277 (279) = NJW 2008, 16; Staudinger/Herzog, 2021, Rn. 49 ff. unter Auflistung schenkungsbezogener „Anhaltspunkte"). Bei Verdacht von verschleierten Schenkungen oder bei solchen Zuwendungen, deren Einordnung zweifelhaft ist (zur ehebezogenen Zuwendung Klingelhöfer NJW 1993, 1097 (1102)), muss der Erbe über alle Vertragsbedingungen Auskunft leisten, deren Kenntnis für die Beurteilung des Bestehens eines Pflichtteilsergänzungsanspruchs bedeutsam sind (BGH NJW 1962, 245 (246); BGHZ 89, 24 (27) = NJW 1984, 487 (488); Damrau/Tanck/Riedel Rn. 17). Der Auskunftsanspruch besteht grds. auch dann, wenn seit dem Erbfall schon längere Zeit vergangen ist oder der Nachlass im Wesentlichen bereits an Dritte veräußert oder unter den Erben verteilt wurde (OLG Düsseldorf FamRZ 1995, 1236 (1238)).

Der Auskunftsverpflichtete muss sich über sein eigenes Wissen hinaus die zur Auskunftserteilung **16** notwendigen **Kenntnisse verschaffen,** soweit ihm dies zumutbar ist (BGHZ 107, 104 (108) = NJW 1989, 1601; BGH NJW 2020, 2187 (2188) mAnm Schönenberg-Wessel = FamRZ 2020, 1311 mAnm Müller-Engels = ZEV 2020, 625 mAnm Kuhn = DNotZ 2021, 63 mAnm Keim; OLG Brandenburg FamRZ 1998, 180 (181); Gerken Rpfleger 1991, 443 (444)); dabei muss er auch ihm selbst zustehende **Auskunftsansprüche (§§ 666, 675)** durchsetzen, etwa gegen eine **Bank** (zur Verpflichtung des Erben, von seinem Auskunftsanspruch gegenüber der Bank Gebrauch zu machen und die **Kontoauszüge** der letzten zehn Jahre einzusehen vgl. die weitgehende Entscheidung des OLG Stuttgart ZEV 2016, 330; krit. hierzu Weidlich ZEV 2017, 241 (245); vgl. auch OLG Koblenz ZEV 2018, 413 (414) mAnm Weidlich; OLG Celle BeckRS 2021, 5738 = ErbR 2021, 597). Der Erbe kann seinen Auskunftsanspruch aber auch an den Pflichtteilsberechtigten **abtreten** (BGHZ 107, 104 (107) = NJW 1989, 1601 = JZ 1990, 652 mAnm Kuchinke).

**5. Formen der Auskunftserteilung.** Der Auskunftsberechtigte hat einen nach verschiedenen **17** Stärkegraden abgestuften einheitlichen Auskunftsanspruch (Anspruchsbündel) (OLG Düsseldorf OLGR 1995, 299; Soergel/Beck Rn. 2; Coing NJW 1970, 732 f.; Staudinger/Herzog, 2021, Rn. 128): Er kann sich mit der Vorlage eines ohne seine Mitwirkung vom Erben hergestellten **privaten Verzeichnisses** begnügen (Abs. 1 S. 1); er kann aber auch seine **Zuziehung zur Aufnahme** (Abs. 1 S. 2 Hs. 1) oder die Aufnahme des Verzeichnisses durch eine **besondere Amtsperson** (Abs. 1 S. 3) verlangen.

**a) Bestandsverzeichnis. aa) Form und Inhalt.** Der Pflichtteilsberechtigte kann vom Erben **18** die Vorlage eines **schriftlichen** (OLG Brandenburg ZErb 2004, 132 (133)) **Bestandsverzeichnisses gem. § 260** verlangen (vgl. zu den formellen Anforderungen allg. Außner ZEV 2020, 743 ff.; Staudinger/Herzog, 2021, Rn. 126 ff.). Demgegenüber schuldet der **beschenkte Dritte** (→ Rn. 11) kein Bestands- oder Vermögensverzeichnis mit allen Aktiven und Passiven, sondern hat entspr. seiner nur eingeschränkten Auskunftspflicht nur Auskunft über die an ihn geflossenen Zuwendungen zu erteilen, bei denen es sich um Schenkungen handelt oder um Veräußerungen, von denen streitig und ungeklärt ist, ob sie eine Schenkung darstellen (BGH NJW-RR 2014, 1102 (1103)). Das vom **Erben** zu erstellende Verzeichnis ist kein Nachlassinventar iSd §§ 1993 ff., da es zur Berechnung des Pflichtteilsanspruchs des Berechtigten dient, nicht dazu, die Vollstreckungsmöglichkeiten aufzuzeigen (OLG Frankfurt NJW-RR 1994, 9; Staudinger/Herzog, 2021, Rn. 127). Jedoch kann auf ein vorhandenes Inventar dieser Art Bezug genommen oder dieses ergänzt werden (OLG Braunschweig FamRZ 1998, 180 (181)); auch kann der Pflichtteilsberechtigte als Nachlassgläubiger eine solche Inventarerrichtung beantragen (Edenfeld ZErb 2005, 346 (349) mw Hinweisen).

Im Übrigen ist eine bestimmte Form für das nach § 2314 zu erstellende Verzeichnis nicht **19** vorgeschrieben; es muss entspr. der auch sonst bei Bestandverzeichnissen üblichen Gepflogenheiten **nicht unterschrieben** sein (OLG Hamburg OLGE 11, 264; OLG Nürnberg NJW-RR 2005, 808; OLG Brandenburg ErbR 2020, 801 mAnm Krüger; NK-BGB/Bock Rn. 19; Lange/Kuchinke ErbR § 37 XII 2b; Staudinger/Herzog, 2021, Rn. 145; Soergel/Beck Rn. 20; aA wegen der Höchstpersönlichkeit des Auskunftsanspruchs OLG Brandenburg ZErb 2004, 132

(133); OLG München FamRZ 1995, 737 zu § 1379). Das Nachlassverzeichnis kann auch in einem Schriftsatz des Rechtsanwalts des Erben enthalten sein (OLG Nürnberg NJW-RR 2005, 808) oder durch den dazu beauftragten Testamentsvollstrecker gefertigt werden (Klingelhöffer ZEV 2000, 261; Staudinger/Herzog, 2021, Rn. 147).

20 Das Nachlassverzeichnis muss transparent und übersichtlich sein, den **gesamten tatsächlichen und fiktiven Nachlass** erfassen (OLG Bremen Rp 1997, 89 (90); OLG Brandenburg FamRZ 1998, 179 (180); DNotI-Gutachten DNotI-Report 2003, 137 (138 f.); **Muster** hierfür bei Klingelhöffer PflichtteilsR Rn. 286; Blum in Schlitt/Müller PflichtteilsR-HdB § 2 Rn. 42), und entspr. seinem Zweck alle Umstände angeben, die zur Anspruchsdurchsetzung erforderlich sind (BGH vom 21.2.1996 – IV ZB 27/95; Staudinger/Herzog, 2021, Rn. 141). Eine Aufgliederung nach Aktiv- und Passivposten ist zweckmäßig (Staudinger/Herzog, 2021, Rn. 141), **Wertangaben** braucht es nicht zu enthalten (OLG Frankfurt NJW-RR 1994, 9; Staudinger/Herzog, 2021, Rn. 142; Weidlich ZEV 2017, 241 (242); aA wohl OLG Koblenz NJW 2014, 308 = DNotZ 2014, 780 m. abl. Anm. Hager = MittBayNot 2015, 151 m. abl. Anm. G. Müller). Nach hM müssen die Nachlassgegenstände nicht nur individualisierend aufgeführt, sondern auch nach Beschaffenheit und sog. **wertbildenden Faktoren** (zB bei Gemälden nach Künstler, Material, Motiv, Größe; bei PKW nach Hersteller- und Typangabe, Baujahr, Datum der Erstzulassung, Kilometerstand) beschrieben werden (OLG Düsseldorf ErbR 2019, 772 mAnm Horn = BeckRS 2019, 33229; OLG Karlsruhe MittBayNot 2015, 496 (497); LG Hannover BeckRS 2020, 28727; abl. Keim NJW 2020, 2996 (2999); Staudinger/Herzog, 2021, Rn. 142; Koroch RNotZ 2020, 537 (546 f.), der stattdessen die Beifügung von Fotografien empfiehlt). Hierfür spricht der Zweck des Auskunftsanspruchs bzw. Nachlassverzeichnisses (→ Rn. 12), dem Pflichtteilsberechtigten Kenntnis von den für die Berechnung seines Pflichtteils maßgeblichen Faktoren zu verschaffen, damit er seinen Pflichtteilsanspruch berechnen bzw. zumindest einschätzen kann (der selbständige Wertermittlungsanspruch bleibt hiervon unberührt). **Weniger wertvolle Gegenstände,** wie zB persönliche Gebrauchsgegenstände oder Hausrat, können zu Sachgruppen zusammengefasst werden (DNotI-Gutachten DNotI-Report 2003, 137 (139); 2020, 163 ff. (dort auch zum ergänzenden Verweis auf beigefügte Fotografien); zum Verzicht auf die Aufführung wertloser Sachen vgl. Heinze RNotZ 2020, 559 ff.). Bei lebzeitigen Zuwendungen sind der Empfänger sowie der Grund derselben anzugeben (OLG Karlsruhe ZEV 2000, 280; Cornelius ZEV 2005, 286 (287); Staudinger/Herzog, 2021, Rn. 61), bei Nachlassverbindlichkeiten auch deren Rechtsgrund (OLG Brandenburg FamRZ 1998, 180 (181)). Bei ungewissen oder unsicheren Rechten bzw. **zweifelhaften Verbindlichkeiten** ist § 2313 zu berücksichtigen; die für die Einordnung der Rechte/Verbindlichkeit maßgeblichen Angaben sollten ins Nachlassverzeichnis aufgenommen werden (Regenfus ZEV 2019, 181 (189)). Bestehende Grundpfandrechte an Grundstücken des Erblassers sind mit den hierdurch gesicherten Verbindlichkeiten in das Nachlassverzeichnis aufzunehmen (OLG Düsseldorf ErbR 2020, 737 mAnm Horn).

21 Das Nachlassverzeichnis kann auch aus **mehreren Teilverzeichnissen** bestehen, wenn es nur in seiner Gesamtheit die erforderliche Auskunft gibt und die Übersichtlichkeit gewahrt ist (BGH NJW 1962, 1499; OLG Brandenburg FamRZ 1998, 180 (181); OLG Düsseldorf ErbR 2020, 737 m. krit. Anm. Horn; vgl. auch Staudinger/Herzog, 2021, Rn. 143).

22 Die Anforderungen an den **Anfertigungszeitraum** sind stark einzelfallabhängig (Umfang des Nachlasses, Belegenheit der Nachlassgegenstände, evtl. Auslandsbezug, usw). In der Rspr. wird für das private Nachlassverzeichnis ein Zeitraum von **mehreren Monaten** für angemessen erachtet (vgl. OLG Düsseldorf ZEV 2020, 293 (294) mAnm Horn; zu restriktiv im Hinblick auf die Beschränkungen durch die Corona-Pandemie OLG Frankfurt ZEV 2020, 557 m. krit. Anm. Keim).

23 **bb) Vorlage von Belegen.** Da der Anspruch auf Erteilung der Auskunft über einen Inbegriff von Gegenständen iSv § 260 Abs. 1 geht und kein Fall des § 259 gegeben ist, besteht nach hM grds. **keine** allgemeine **Pflicht** zur Rechenschaftslegung oder gar zur **Vorlage von Belegen** (OLG München NJW-RR 2021, 1376 = ErbR 2021, 1076 mAnm Horn; OLG Düsseldorf ZEV 2019, 90 (91) mwN zu Kontoauszügen; NK-BGB/Bock Rn. 20; Bartsch ZEV 2004, 176 (178 f.); Damrau/Tanck/Riedel Rn. 18; Nieder ZErb 2004, 60 (61 ff.); Cornelius ZEV 2005, 286 (288); Sarres ErbR Auskunftsansprüche Rn. 262 ff.; MüKoBGB/Lange Rn. 14; aA Klingelhöffer PflichtteilsR Rn. 289; bei Konten und Aktienpaketen auch van der Auwera ZEV 2008, 359 (360 ff.)); jedoch kann sich ein Anspruch auf Einsichtnahme in Urkunden aus § 810 ergeben, der durch § 2314 nicht verdrängt wird (AG Rotenburg ZEV 2009, 303; für umgekehrtes Verhältnis aber zu Recht Becker jurisPR-FamR 19/2009 Anm. 2).

Da der Auskunftsanspruch dazu dient, dem Pflichtteilsberechtigten die Beurteilung der Erfolgsaussichten eines eventuellen Rechtsstreits zu erleichtern (OLG Düsseldorf NJW-RR 1997, 454 (455); OLG Köln ZEV 1999, 110), sind **ausnahmsweise Belege** und Unterlagen dann vorzulegen, wenn es besonders auf diese ankommt, damit er den Wert seines Anspruchs selbst abschätzen kann, so bei **gemischten Schenkungen** (Grüneberg/Weidlich Rn. 10; Damrau/Tanck/Riedel Rn. 17: Vorlage der Vertragsurkunden) oder **schwer einzuschätzenden Vermögensobjekten,** wie Unternehmen und Gesellschaftsbeteiligungen (BGHZ 33, 373 (378) = NJW 1961, 602, ausdrücklich auch bzgl. Betriebsgrundstücke; OLG Düsseldorf NJW-RR 1997, 454 (455); OLG Köln ZEV 2014, 660 (661) bzgl. Unternehmen; NK-BGB/Bock Rn. 20; Grüneberg/Weidlich Rn. 10; Burandt/Rojahn/Horn Rn. 41; s. auch Edenfeld ZErb 2005, 346 (349)), Kunstgegenständen oder Urheberrechten (Grüneberg/Weidlich Rn. 10; Bartsch ZEV 2004, 176 (178 ff.)). Dies bedarf in zweifacher Hinsicht der Präzisierung: Teil des Auskunftsanspruchs ist die Vorlage der entsprechenden Belege nur, wenn dies zur Identifizierung des Nachlassgegenstandes erforderlich wird; soweit dies nur zur Wertermittlung erforderlich ist, ist dies Teil des Wertermittlungsanspruchs nach Abs. 1 S. 2 (Weidlich MittBayNot 2015, 54; zutr. OLG Köln ZEV 2014, 660 (661)). Zudem besteht keine Pflicht zur Vorlage von Unterlagen, um die geleistete Auskunft zu verifizieren, denn das gesetzliche Mittel hierfür ist die **eidesstattliche Versicherung** (→ Rn. 34) (vgl. auch BGH NJW 2020, 2187 mAnm Schönenberg-Wessel = FamRZ 2020, 1311 mAnm Müller-Engels = ZEV 2020, 625 mAnm Kuhn = DNotZ 2021, 63 mAnm Keim). 24

**cc) Anspruch des Pflichtteilsberechtigten auf Zuziehung (Abs. 1 S. 2).** Das Recht des Pflichtteilsberechtigten auf **Zuziehung** besteht sowohl bei der Aufnahme des privaten wie amtlichen Verzeichnisses (KG NJW 1996, 2312 = FamRZ 1996, 767; MüKoBGB/Lange Rn. 42). Das Zuziehungs- und Anwesenheitsrecht kann auch durch einen **Beistand** (zB Rechtsanwalt) oder in dessen Beisein ausgeübt werden (KG FamRZ 1996, 767; JW 1926, 723). Als bloßes Anwesenheitsrecht begründet es **keine Mitwirkungsrechte** des Pflichtteilsberechtigten (NK-BGB/Bock Rn. 25; Staudinger/Herzog, 2021, Rn. 185; Burandt/Rojahn/Horn Rn. 64), etwa dass er eigene Nachforschungen anstellen (Staudinger/Herzog, 2021, Rn. 185) oder die Erklärungen des Auskunftsverpflichteten vor Ort in Zweifel ziehen darf (KG NJW 1996, 2312 = FamRZ 1996, 767). Hieraus folgt auch kein Anspruch auf Aufnahme des Verzeichnisses in der **Wohnung des Erblassers oder Erben** oder ein Betretungsrecht des Pflichtteilsberechtigten hinsichtlich der Erblasserwohnung (vgl. MüKoBGB/Lange Rn. 42). Aus dem Hinzuziehungsrecht lässt sich bei amtlicher Aufnahme des Verzeichnisses (→ Rn. 28) auch keine Befugnis des Pflichtteilsberechtigten, dem Notar bei der Überprüfung der Angaben und Erstellung des Verzeichnisses **„über die Schulter zu schauen"** und damit – indirekt – eine nach § 259 nicht geschuldete Einsicht in die Belege (zB Kontoauszüge) zu erhalten, ableiten (Kind ZErb 2018, 139 (141); Heinze DNotZ 2019, 413 ff.; Lange ZEV 2020, 253 (260); aA Horn NJW 2016, 2150 (2151); der letzteren Ansicht zuneigend auch Staudinger/Herzog, 2021, Rn. 187 f.). In diesem Zusammenhang ist zu beachten, dass ein umfassendes Einsichtsrecht des Pflichtteilsberechtigten zB in die Kontoauszüge des Erblassers das auch postmortal jedenfalls im Grundsatz noch bestehende Persönlichkeitsrecht des Erblassers beeinträchtigen würde, da damit auch pflichtteilsrechtlich nicht relevante Vermögensdispositionen des Erblassers zur Kenntnisnahme des Pflichtteilsberechtigten gelangen können (Keim NJW 2020, 2996 (2999); Koroch RNotZ 2020, 537 (555 f.)). Im Falle gemeinschaftlicher Konten (zB von Ehegatten) muss ferner das Geheimhaltungsinteresse des anderen Kontoinhabers gewahrt bleiben. 25

Bei Vorhandensein eines formell ordnungsmäßigen Verzeichnisses kann der Pflichtteilsberechtigte nur dann die Erstellung eines **neuen Verzeichnisses** in seiner Anwesenheit verlangen, wenn er begründete Einwendungen vorbringen kann, die einen Anspruch auf Berichtigung des Verzeichnisses rechtfertigen würden (MüKoBGB/Lange Rn. 42; Damrau/Tanck/Riedel Rn. 43; vgl. auch Staudinger/Herzog, 2015, Rn. 84; aA Kuhn/Trappe ZEV 2011, 347). Ein (notarielles) Nachlassverzeichnis ist **nicht allein deswegen unzureichend,** weil der Pflichtteilsberechtigte bei der Erstellung des Nachlassverzeichnisses nicht anwesend war (OLG Zweibrücken BeckRS 2015, 18532 = ZEV 2016, 56 Ls., wobei dort die wesentlichen Nachlassgegenstände bereits veräußert waren und der Pflichtteilsberechtigte aufgrund gegenüber dem Erben ausgesprochener Beleidigungen seine Nichthinzuziehung zT selbst verschuldet hatte; aA OLG Köln ErbR 2021, 709 mAnm Horn; OLG Hamm ErbR 2020, 511 mAnm Schönenberg-Wessel; Staudinger/Herzog, 2021, Rn. 191 mwN). Aus dem Zuziehungsrecht des Pflichtteilsberechtigten lässt sich keine Mitwirkungspflicht herleiten (OLG Stuttgart BeckRS 2014, 11588; LG Trier ErbR 2020, 878 mAnm Horn). Zu einer etwaigen Anwesenheitspflicht des **Auskunftsverpflichteten** bei Erstellung des Nachlassverzeichnisses → Rn. 33. 26

27 **dd) Vollständigkeit/Ergänzung des Verzeichnisses.** Im Übrigen kann aus sachlichen Gründen grds. keine **Ergänzung** oder Berichtigung des Nachlassverzeichnisses verlangt werden (BGH LM § 260 Nr. 1 = BeckRS 1952, 103508; BGH NJW 2020, 2187 mAnm Schönenberg-Wessel = FamRZ 2020, 1311 mAnm Müller-Engels = ZEV 2020, 625 mAnm Kuhn = DNotZ 2021, 63 mAnm Keim; OLG Nürnberg NJW-RR 2005, 808; OLG Oldenburg FamRZ 2000, 62; OLG Jena NJW-RR 2006, 951; Coing NJW 1983, 1298; Edenfeld ZErb 2005, 346 (351); Staudinger/Herzog, 2021, Rn. 201; Lange/Kuchinke ErbR § 37 XII 4b; Heinze RNotZ 2019, 260 ff.). Die erforderliche Klärung der Richtigkeit kann über § 260 Abs. 2 (eidesstattliche Versicherung) oder im Prozess erfolgen. Wenn bei der Erstellung die an sich erforderliche Sorgfalt gewahrt wurde, das Verzeichnis aber trotzdem unvollständig (und damit unrichtig) ist, so hat **ausnahmsweise** eine Ergänzung zu erfolgen (OLG München ZEV 2014, 365 (366); OLG Nürnberg NJW-RR 2005, 808; OLG Brandenburg FamRZ 1998, 180 (181); OLG Jena NJW-RR 2006, 951; Lange/Kuchinke ErbR § 37 XII 4b), so wenn der Auskunftsverpflichtete infolge eines **Rechtsirrtums** einen Gegenstand nicht aufgeführt (BGH LM § 260 Nr. 1 = BeckRS 1952, 103508; OLG Oldenburg NJW-RR 1992, 777 (778); OLG Saarbrücken ZEV 2011, 373 (374 f.)), wenn er erkennbar keine (oder keine ausreichenden) Angaben über den fiktiven Nachlass oder Schenkungen gemacht hat (OLG Oldenburg NJW-RR 1992, 777; NK-BGB/Bock Rn. 21; MüKoBGB/Lange Rn. 28; vgl. auch OLG Hamm BeckRS 2020, 4037 = ZEV 2020, 295) oder infolge fehlender Mitwirkung des Erben (Vollmachtserteilung) Angaben zu Kontenguthaben fehlen (BGH NJW 2020, 2187 (2188) mAnm Schönenberg-Wessel = FamRZ 2020, 1311 mAnm Müller-Engels = ZEV 2020, 625 mAnm Kuhn = DNotZ 2021, 63 mAnm Keim). Wurde die Auskunftspflicht noch gar **nicht ordnungsgemäß erfüllt,** weil die Aufstellung etwa in unübersichtlicher und unzusammenhängender Form erfolgte oder der mit der Erstellung des Verzeichnisses beauftragte Notar die geforderten eigenständigen Ermittlungen unterließ, so besteht der Erfüllungsanspruch ohnehin fort (vgl. OLG Brandenburg FamRZ 1998, 180 (181); OLG Koblenz ZEV 2018, 413 (414) mAnm Weidlich; OLG Celle NJW-RR 2021, 73; MüKoBGB/Lange Rn. 28; Staudinger/Herzog, 2021, Rn. 209).

28 **b) Amtliche Aufnahme des Verzeichnisses (Abs. 1 S. 3).** Für die **amtliche Aufnahme** des Verzeichnisses sind nach Bundesrecht die **Notare** zuständig (§ 20 BNotO). Daneben bestehen landesrechtlich besondere Zuständigkeiten (vgl. Staudinger/Mittelstädt, 2018, EGBGB Art. 147 Rn. 31 ff.). In der Praxis wird ein amtliches Verzeichnis aber nahezu ausnahmslos **durch Notare** erstellt (eingehend zum notariellen Nachlassverzeichnis Braun MittBayNot 2008, 351 ff.; G. Müller in Schlitt/Müller PflichtteilsR-HdB § 10 Rn. 161 ff.; Schreinert RNotZ 2008, 61 (63 f.); Zimmer ZEV 2008, 365 ff. mz Bsp.; Sagmeister MittBayNot 2013, 519 ff.; HK-PflichtteilsR/Grziwotz Rn. 55 ff.; Damm notar 2016, 219 ff.; Schmitz RNotZ 2016, 231 ff.; Weidlich ZEV 2017, 241 ff.; Kurth ZErb 2018, 293 ff.; Schönenberg-Wessel NotBZ 2018, 204 ff.; Lange ZEV 2020, 253 ff.; zur Ermittlungszuständigkeit des Notars außerhalb seines Amtsbezirks vgl. Zimmer ZErb 2012, 5 ff.). Auf **Antrag des Erben** ist der Notar zur Aufnahme **verpflichtet,** da es sich um eine Urkundstätigkeit handelt iSv § 15 BNotO, bei der der Notar seine Tätigkeit nicht ohne Grund verweigern darf (OLG Düsseldorf RNotZ 2008, 105 (107); OLG Karlsruhe ZEV 2007, 329; Burandt/Rojahn/Horn Rn. 51; Staudinger/Herzog, 2021, Rn. 153 mwN; vgl. zur Untätigkeitsbeschwerde Horn ZEV 2018, 376 ff.; dagegen zu Recht krit. Keim ZEV 2018, 501 ff.). Der Pflichtteilsberechtigte ist nicht **antragsbefugt** (OLG Stuttgart BWNotZ 1963, 265; Weidlich ZEV 2017, 241 (242)). Auch wenn die Erstellung des Nachlassverzeichnisses nur auf Antrag des Erben und in dessen Auftrag erfolgt, kann der Erbe den Notar wegen dessen eigener Ermittlungspflicht nicht hinsichtlich des Inhalts des Verzeichnisses oder des Umfangs seiner Ermittlungen bindende Anweisungen erteilen (Schmitz RNotZ 2016, 231 (232); aA Weidlich ZEV 2017, 241 (242)), wohl aber den Auftrag zurückziehen oder von einer Übergabe des erstellten Nachlassverzeichnisses an den Pflichtteilsberechtigten absehen. Als Anspruchsinhaber kann der Pflichtteilsberechtigte darauf verzichten, bestimmte Gegenstände oder Gruppen von Gegenständen in das Verzeichnis aufzunehmen oder einzeln aufzuführen (G. Müller in Schlitt/Müller PflichtteilsR-HdB § 10 Rn. 179). Die Aufnahme eines notariellen Verzeichnisses kann auch dann noch verlangt werden, wenn **zunächst ein privates Verzeichnis** begehrt wurde, sofern der Pflichtteilsanspruch zwischenzeitlich nicht verjährt ist (BGHZ 33, 373 (378) = NJW 1961, 602; OLG Köln NJW-RR 1992, 8 (9); OLG Oldenburg NJW-RR 1993, 782; NJWE-FER 1999, 213; OLG Naumburg ZEV 2008, 241 (242); OLG München ZEV 2017, 460 (461); zu weitgehend aber OLG Karlsruhe NJW-RR 2007, 881 = ZEV 2007, 329 m. abl. Anm. Keim ZEV 2007, 332; vgl. zum Verhältnis der verschiedenen Verzeichnisse auch Staudinger/Herzog, 2021, Rn. 128 ff.). Die Erstellung eines (notariellen) Nachlassverzeichnisses kann nach § 1990 Abs. 1 S. 3 verweigert werden, wenn ein

**Aktivnachlass** zur Kostendeckung nicht vorhanden ist (vgl. OLG Schleswig ZEV 2011, 31; LG Amberg ZErb 2016, 145 mAnm Beisler; OLG München ZEV 2017, 460 (461)).

**Inhaltlich** besteht zum privaten Verzeichnis **kein Unterschied,** weshalb auch das notarielle Nachlassverzeichnis nach hM grds. den fiktiven Nachlass erfassen muss (BGHZ 33, 373 (374) = NJW 1961, 602; OLG Karlsruhe ZEV 2007, 329 (330) mAnm Keim; Nieder ZErb 2004, 60 (63); einschr. RG WarnR 1913 Nr. 378; BGHZ 82, 132 = NJW 1982, 176: nur bei besonderem Verlangen des Pflichtteilsberechtigten). Das amtliche Verzeichnis hat jedoch nach Ansicht der Rspr. grds. einen höheren Beweiswert, da eine **größere Richtigkeitsgewähr** für die Erstellung bestehe (RGZ 72, 379 (384); LG Essen MDR 1962, 575). Dies wird damit begründet, dass die mit der Aufnahme betraute Amtsperson nach hM zur **Vornahme eigener Ermittlungen verpflichtet** ist (BGHZ 33, 373 (377) = NJW 1961, 602; BGH NJW 2020, 2187 mAnm Schönenberg-Wessel = FamRZ 2020, 1311 mAnm Müller-Engels = ZEV 2020, 625 mAnm Kuhn = DNotZ 2021, 63 mAnm Keim; OLG Düsseldorf OLGR 1995, 299; OLG Celle OLGR 1997, 160; DNotZ 2003, 62 mAnm Nieder; OLG Düsseldorf RNotZ 2008, 105 (106); ausf. zum Pflichtenkatalog OLG Köln RNotZ 2013, 127; OLG Saarbrücken ZEV 2011, 373; OLG Bamberg ZEV 2016, 580; OLG Koblenz NJW 2014, 1972 – wobei dort jedoch übersehen wird, dass die Prüfung der Plausibilität von Wertgutachten nicht Gegenstand des Nachlassverzeichnisses ist; OLG Koblenz ZEV 2018, 413 mAnm Weidlich; OLG Celle BeckRS 2021, 5738 = ErbR 2021, 597; Kuhn/Trappe ZEV 2011, 347 (351)). Der Notar oder die sonst damit betraute Amtsperson ist somit für dessen Inhalt verantwortlich (BGHZ 33, 373 (377) = NJW 1961, 602; OLG Celle DNotZ 2003, 62 mAnm Nieder). Es genügt im Falle der Erstellung durch den Notar nicht – wie in den Fällen der §§ 1993, 2002 –, dass der Notar dem zur Verzeichnung Verpflichteten lediglich mit seiner Rechtskenntnis beisteht und ihn belehrt und dessen Willenserklärungen beurkundet, ohne die Angaben des Verpflichteten auf ihre sachliche Richtigkeit überprüfen (deutlich OLG Düsseldorf RNotZ 2008, 105 (106); OLG Celle DNotZ 2003, 62 (63); OLG Schleswig ZEV 2011, 376 (377); OLG Koblenz NJW 2014, 1972; LG Aurich NJW-RR 2005, 1464; Nieder ZErb 2004, 60 (63); gegen eine umfassende Ermittlungs-, Anhörungs- und Besichtigungspflicht des Notars aber Zimmer NotBZ 2005, 208 (211); ZEV 2008, 365 (367 ff.)). 29

Die beauftragte Amtsperson ist grds. in der **Ausgestaltung des Verfahrens** frei (BGH NJW 2020, 2187 mAnm Schönenberg-Wessel = FamRZ 2020, 1311 mAnm Müller-Engels = ZEV 2020, 625 mAnm Kuhn = DNotZ 2021, 63 mAnm Keim; DNotI-Gutachten DNotI-Report 2003, 137 (138); hilfreiche Hinweise zum notariellen Verfahren bei Braun MittBayNot 2008, 351 ff.; HK-PflichtteilsR/Grziwotz Rn. 55 ff.; Koroch RNotZ 2020, 537 (543 ff.)). Es kann daher kein bestimmter Katalog erforderlicher **Ermittlungsmaßnahmen** vorgegeben werden, sondern diese müssen **stark einzelfallabhängig** bestimmt werden (so auch Lange ZEV 2020, 253 (257 f.)). Die Rspr. vertritt zunehmend als allgemeine – wenn auch nicht sehr konkrete – Handlungsmaxime, dass der Notar diejenigen Nachforschungen anzustellen habe, die ein **objektiver Dritter** in der Lage des Gläubigers **für erforderlich halten** würde (BGH NJW 2020, 2187 mAnm Schönenberg-Wessel = FamRZ 2020, 1311 mAnm Müller-Engels = ZEV 2020, 625 mAnm Kuhn = DNotZ 2021, 63 mAnm Keim; vgl. auch OLG Celle NJW-RR 2021, 73; OLG Brandenburg BeckRS 2021, 29154). Insoweit kann es beispielsweise angezeigt sein, am Wohnort des Erblassers bei den dortigen Kreditinstituten und Grundbuchämtern Nachforschungen anzustellen (OLG Saarbrücken ZEV 2011, 373 (374 f.); DNotI-Gutachten DNotI-Report 2003, 137 (138); Nieder ZErb 2004, 60 (63); vgl. auch OLG Brandenburg BeckRS 2021, 29157 = ErbR 2022, 53 mAnm Kampmann zur Ausdehnung auf den Bereich einer unmittelbar benachbarten Stadt). Zur Informationsbeschaffung kommt ferner die Befragung relevanter Personen (an erster Stelle natürlich des Erben) sowie die Besichtigung/Sichtung von Sachen und relevanten Unterlagen in Betracht (Koroch RNotZ 2020, 537 (543 ff.)). 30

Die **Ermittlungsmöglichkeiten** des Notars sind naturgemäß **begrenzt.** Am Rechtshilfeverkehr der Gerichte und Amtshilfeverkehr der Verwaltungsbehörden kann er nicht teilnehmen. Auch muss der Notar nicht auf Verdacht alle denkbaren Banken um Auskunft ersuchen; es besteht keine Verpflichtung zur Vornahme einer „Quasi"-Rasterfahndung (OLG Köln RNotZ 2013, 127; vgl. auch OLG Saarbrücken FamRZ 2010, 2026 = MittBayNot 2011, 245 mAnm G. Müller, wo aber Anhaltspunkte für in Frankreich befindliche Konten bestanden). Noch begrenzter sind die notariellen Ermittlungsmöglichkeiten hinsichtlich des **fiktiven Nachlasses** (OLG Köln NJW-RR 1992, 8 (9)). Allerdings treffen den **Erben** gegenüber dem von ihm beauftragten Notar **Mitwirkungspflichten,** den Notar über Nachlassbestand, Schenkungen und Zuwendungen des Erblassers vollständig und wahrheitsgemäß zu informieren bzw. ihm zumindest mittels Vollmachtserteilung die Einholung entsprechender Auskünfte zu ermöglichen (BGH NJW 2020, 2187 (2188) mAnm Schönenberg-Wessel = FamRZ 2020, 1311 mAnm Müller-Engels = ZEV 2020, 625 31 mAnm Kuhn = DNotZ 2021, 63 mAnm Keim; OLG Nürnberg FamRZ 2010, 584; vgl. auch OLG Koblenz ZEV 2018, 413 mAnm Weidlich). Der Maßstab für die Beurteilung, ob die Auskunft vollständig erteilt wurde (und der Auskunftsanspruch damit erfüllt ist), wird nicht durch die Pflichten bestimmt, die den Notar bei der Erstellung des Verzeichnisses treffen, sondern richtet sich nach dem Kenntnisstand und den Erkenntnismöglichkeiten des Auskunftspflichtigen (OLG Koblenz ZEV 2018, 413 (414) mAnm Weidlich). Der Pflichtteilsberechtigte, der die Aufnahme eines Nachlassverzeichnisses vom Erben verlangt, muss berücksichtigen, dass die Ermittlungen ergeben können, dass er selbst Zuwendungen erhielt, die seinen Pflichtteilsanspruch wegen §§ 2315, 2316, 2327 ganz erheblich vermindern können. Sind weitere Ermittlungen nicht erfolgversprechend oder nicht möglich, etwa weil die **Wohnung** des Erblassers **bereits aufgelöst** ist, muss sich die beauftragte Amtsperson notfalls mit den Angaben und Auskünften der Beteiligten begnügen (OLG Oldenburg NJW-RR 1993, 782; Nieder DNotZ 2003, 63 (64); DNotI-Gutachten DNotI-Report 2003, 137 (138)).

**31a** In der neueren oberlandesgerichtlichen Rspr. lässt sich ein Trend dazu erkennen, die Ermittlungspflichten des Notars **unangemessen weit auszudehnen** (vgl. dazu zB OLG Bamberg ZEV 2016, 580, wonach der Notar im Rahmen der Plausibilitätskontrolle verpflichtet sei, die Erbenseite in Bezug auf Schenkungen einer „qualifizierten Befragung" zu unterziehen; OLG Koblenz NJW 2014, 308 = DNotZ 2014, 780 m. abl. Anm. Hager = MittBayNot 2015, 151 m. abl. Anm. G. Müller, wonach im Hinblick auf etwaige Schenkungen regelmäßig die Kontoauszüge oder sonstigen Bankunterlagen der letzten zehn Jahre einzuholen und zu überprüfen seien; hiergegen zu Recht krit. Lange ZEV 2020, 253 (258); Koroch RNotZ 2020, 537 (543 ff.)). Damit werden die Anforderungen an die Ermittlungspflichten des Notars zT überspannt bzw. hieran nicht erfüllbare Anforderungen gestellt (Bracker notar 2016, 435; Damm notar 2016, 437 (438); Weidlich ZEV 2017, 241 (247); Koroch RNotZ 2020, 537 (547 f.); vgl. zur richterlichen Perspektive auch Dietrich ZErb 2021, 389 ff.). Eine gesetzliche Konkretisierung (und Beschränkung) der Ermittlungspflichten wäre daher angezeigt (vgl. auch Keim ZEV 2018, 501 (504); Keim NJW 2020, 2996 (3000); abl. Dietrich ZErb 2021, 389 (393)).

**32** Der Notar hat seine sorgfältig ermittelten Feststellungen nach den Vorschriften über eine **Tatsachenbeurkundung** in einer von ihm zu unterzeichnenden berichtenden Urkunde (vgl. § 37 Abs. 1 S. 1 Nr. 2 BeurkG) niederzulegen (OLG Celle DNotZ 2003, 62; OLGR 1997, 160; OLG Koblenz NJW 2014, 1972; DNotI-Gutachten DNotI-Report 2003, 137 (138); Nieder ZErb 2004, 60 (64)). Zur **Aufnahme der eidesstattlichen Versicherung** ist der Notar jedoch nicht zuständig, da sich das Verfahren allein nach § 260 Abs. 2 und damit die Zuständigkeit nach § 410 Nr. 1 FamFG, § 23a Abs. 1 GVG (Zuständigkeit des Amtsgerichts oder des Vollstreckungsgerichts) bestimmt (MüKoFamFG/Zimmermann FamFG § 410 Rn. 1 iVm Rn. 3; Weidlich ErbR 2013, 134 (136); bereits früher ausdrücklich LG Oldenburg ZErb 2009, 1 mAnm Wirich; Nieder ZErb 2004, 60 (65); ausf. Schindler BWNotZ 2004, 73 (75 ff.); aA Heinze RNotZ 2019, 260 (263), der eine Zuständigkeit des Notars zumindest de lege ferenda befürwortet). Auch muss er außerhalb seines Amtsbezirks (§ 10a Abs. 1 BNotO) keine persönliche Inaugenscheinnahme vornehmen (Zimmer ZErb 2012, 5 (11)).

**33** Der vom OLG Koblenz (OLG Koblenz ZEV 2007, 493 = DNotZ 2007, 773) vertretenen Ansicht, dass die Aufnahme des Nachlassverzeichnisses im Regelfall voraussetzt, dass der **Verpflichtete persönlich anwesend** ist und für Belehrungen, Nachfragen und Erläuterungen zur Verfügung steht, sodass eine **Vertretung** unzulässig ist, wurde in Rspr. (vgl. OLG Zweibrücken BeckRS 2015, 18532 = ZEV 2016, 56 Ls.) und Lit. (Sandkühler RNotZ 2008, 33 f.; Burandt/Rojahn/G. Müller, 2. Aufl. 2014, Rn. 38) zu Recht widersprochen. Denn eine Anwesenheitspflicht ist weder gesetzlich verankert noch absolut unerlässlich zur Aufklärung des Sachverhalts; dies zeigt sich beispielsweise, wenn eine gemeinnützige Stiftung zur Alleinerbin eingesetzt wurde, die keinen lebzeitigen Kontakt zum Erblasser hatte, oder der zum Alleinerben eingesetzte überlebende Ehegatte oder Lebensgefährte des Erblassers mittlerweile aufgrund Alters oder Krankheit gebrechlich und möglicherweise schon geschäftsunfähig ist (vgl. Müller-Engels FamRZ 2019, 144 (145)). Ob und inwieweit der Erbe bei Aufnahme des Nachlassverzeichnisses persönlich anwesend sein muss, richtet sich vielmehr nach den **Umständen des Einzelfalls** (BGH NJW 2019, 231 = ZEV 2019, 81 mAnm Weidlich = FamRZ 2019, 141 mAnm Müller-Engels; vgl. dazu auch Schönenberg-Wessel ZErb 2021, 165 ff.). Es besteht daher beispielsweise keine Verpflichtung des Erben, bei der förmlichen Aufnahme des Nachlassverzeichnisses anwesend zu sein, wenn er bereits zuvor beim Notar persönlich erschienen ist und dabei Angaben zum Nachlass gemacht hat (BGH NJW 2019, 231 = ZEV 2019, 81 mAnm Weidlich = FamRZ 2019, 141 mAnm Müller-Engels).

**34** **c) Eidesstattliche Versicherung.** Bei Vorliegen der Voraussetzungen des § 260 Abs. 2 kann der Pflichtteilsberechtigte eine eidesstattliche Versicherung verlangen. Hierzu bedarf es aber Grund für die Annahme, dass das Verzeichnis **nicht mit der erforderlichen Sorgfalt errichtet** wurde (OLG Zweibrücken FamRZ 1969, 230 (231); OLG Koblenz FamRZ 2003, 193 (195) = ZEV 2002, 501; OLG Oldenburg NJW-RR 1992, 777 (778); OLG Jena NJW-RR 2006, 951; MüKoBGB/Lange Rn. 29; Staudinger/Herzog, 2021, Rn. 192). Ein solches Verhalten kann bestehen: in dem vorprozessualen Verhalten, sich der Auskunftserteilung mit allen Mitteln zu entziehen (OLG Frankfurt NJW-RR 1993, 1483), in der Erteilung unbestimmter Auskünfte nach zunächst erfolgter längerer Weigerung (OLG Zweibrücken FamRZ 1969, 230 (231)) oder in der wiederholten Korrektur bereits erteilter Auskünfte (Staudinger/Herzog, 2021, Rn. 195 mwN). Gleiches gilt, wenn die erteilte Auskunft nicht alle Bereiche umfasst, für die Auskunft gefordert wurde, wobei auch zB die ständige unberechtigte Weigerung, die gewünschte Auskunft zu erteilen, oder eine zunächst unvollständige Erteilung der Auskunft, die erst später berichtigt wird, berücksichtigt werden können (OLG Düsseldorf OLGR 1998, 304). Jedoch **genügt noch nicht,** wenn der rechtsunkundige Verpflichtete zunächst unzureichende privatschriftliche Verzeichnisse vorlegt, aber bereits eine erhebliche Abschlagszahlung geleistet hat (OLG Jena NJW-RR 2006, 951 (953)), infolge fehlender Aufforderung das Verzeichnis ohne Zuziehung des Berechtigten oder eines Notars erstellt (KG JR 1949, 410), keine greifbaren Anhaltspunkte vorhanden sind, dass bisher nicht angegebene Schenkungen bestehen (OLG Koblenz FamRZ 2003, 193 (195)) oder keine Belege vorgelegt werden (Staudinger/Herzog, 2021, Rn. 195; wohl auch Bartsch ZEV 2004, 176 (178); aA OLG Bremen MDR 2000, 1324), es sei denn, es besteht ausnahmsweise eine solche Verpflichtung (→ Rn. 23). Auch die eidesstattliche Versicherung kann – wie die Auskunftserteilung – in Teilakten über ein jeweils anderes Auskunftsobjekt abgegeben werden, wenn die Summe der Teilauskünfte die Auskunft im geschuldeten Gesamtumfang darstellt und dies auch Inhalt der Eidesleistung ist (BGH NJW 1962, 245 (246); MüKoBGB/Lange Rn. 32). Eine eidesstattliche Versicherung kann unter den Voraussetzungen des § 260 Abs. 2 vom Erben auch dann verlangt werden, wenn die Auskunft nach Abs. 1 S. 3 durch **Vorlage eines notariellen Verzeichnisses** erteilt worden ist; dabei beschränkt sich die eidesstattliche Versicherung nach aktueller Entscheidung des BGH **nicht auf die Angaben,** die im Verzeichnis **als solche des Erben gekennzeichnet** sind (BGH NJW 2022, 695 mAnm Schönenberg-Wessel = FamRZ 2022, 317 mAnm Lotte; vgl. dazu auch Litzenburger FD-ErbR 2022, 444646). Für das Verfahren gelten die § 410 Nr. 1 FamFG, §§ 411 ff. FamFG (NK-BGB/Bock Rn. 28). Die **Verweigerung** der eidesstattlichen Versicherung führt jedoch hier (anders als bei §§ 1993 ff., 2006 Abs. 3) nicht zum Verlust der Beschränkbarkeit der Erbenhaftung (Staudinger/Herzog, 2021, Rn. 200; Grüneberg/Weidlich Rn. 11).

## III. Wertermittlungsanspruch (Abs. 1 S. 2)

**1. Grundzüge.** Der Wertermittlungsanspruch ist vom Auskunftsanspruch klar zu unterscheiden (BGHZ 89, 24 (28) = NJW 1984, 487; OLG Brandenburg BeckRS 2019, 713). Er ist diesem gegenüber selbstständig und daher **gesondert geltend zu machen** (OLG Frankfurt NJW-RR 1994, 8; OLG Köln ZEV 1999, 110; OLG Frankfurt BeckRS 2012, 20979; Damrau/Tanck/Riedel Rn. 47; MüKoBGB/Lange Rn. 18; Sarres ZEV 1998, 4 (6)). Er wird nicht bereits durch die Auskunftserteilung erfüllt (OLG München NJW-RR 1988, 390). Während der Auskunftsanspruch nur auf die Weitergabe von Wissen gerichtet ist, ist der Wertermittlungsanspruch gerade **vom Wissen** und den Vorstellungen des Verpflichteten über den Wert **völlig unabhängig** (BGHZ 89, 24 (28) = NJW 1984, 487; BGHZ 108, 393 (395) = NJW 1990, 180; MüKoBGB/Lange Rn. 18; Staudinger/Herzog, 2021, Rn. 251). Der Wertermittlungsanspruch soll den Pflichtteilsberechtigten in die Lage versetzen, sich ein umfassendes Bild über den Nachlass und seinen Pflichtteilsanspruch zu machen und ist daher auf eine vorbereitende Mitwirkung des Pflichtteilsschuldners anderer Art gerichtet, idR auf Veranlassung und Duldung einer **Wertermittlung durch einen Sachverständigen** (NK-BGB/Bock Rn. 29; Soergel/Beck Rn. 28). Der **Umfang** des Wertermittlungsanspruchs orientiert sich an der Bemessungsgrundlage für den Pflichtteilsanspruch, erfasst daher den **realen** wie **fiktiven** Nachlass (Damrau/Tanck/Riedel Rn. 51; MüKoBGB/Lange Rn. 18; Staudinger/Herzog, 2021, Rn. 254; zum Pflichtteilsergänzungsanspruch etwa OLG Köln ZEV 1999, 110). Er setzt voraus, dass die Gegenstände, deren Wert ermittelt werden soll, **unstreitig** zum Nachlass gehören oder unstreitig nach § 2325 oder § 2316 dem Nachlass hinzuzurechnen sind. Ist die Nachlasszugehörigkeit idS **umstritten,** so hat sie der Pflichtteilsberechtigte darzulegen und notfalls zu beweisen (BGHZ 7, 134 (136) = NJW 1952, 1173; BGHZ 89, 24 (29 f.) = NJW 1984, 487; BGH WM 1983, 1011; Lange/Kuchinke ErbR § 37 XII 3a; Staudinger/Herzog, 2021, Rn. 270). Es gelten also insbes. hinsichtlich des fiktiven Nachlasses gegenüber dem Auskunftsanspruch wesentlich **strengere Anforderungen.** Dies 35 erklärt sich für den Wertermittlungsanspruch daraus, dass der Nachlass nicht unnötig mit den uU sehr hohen Wertermittlungskosten (zB im Falle der Schenkung von Immobilien oder Gesellschaftsbeteiligungen) belastet werden soll (MüKoBGB/Lange Rn. 22; Staudinger/Herzog, 2021, Rn. 271). Nach aktueller Rspr. des BGH ist der Wertermittlungsanspruch nicht dadurch ausgeschlossen, dass der Nachlassgegenstand **nach dem Erbfall vom Erben veräußert** worden ist (BGH ZEV 2021, 762 (763) = ZEV 2021, 762 mAnm Lange = NotBZ 2022, 103 mAnm Müller-Engels). Dies lässt sich damit begründen, dass dem Pflichtteilsberechtigten andernfalls der Nachweis erschwert würde, dass der tatsächliche Verkehrswert höher liegt als der erzielte Veräußerungserlös.

**36** **2. Anspruchsberechtigter, Anspruchsverpflichteter.** Anspruchsberechtigt ist grds. der **pflichtteilsberechtigte Nichterbe** (→ Rn. 3 ff.), nicht aber der pflichtteilsberechtigte Erbe (BGHZ 108, 393 (395 ff.) = NJW 1990, 180; BGHZ 89, 24 (31 f.) = NJW 1984, 487; BGH NJW 1986, 127; 1993, 2737; Soergel/Beck Rn. 30; Staudinger/Herzog, 2021, Rn. 289 f.). Der pflichtteilsberechtigte **Erbe/Miterbe** kann jedoch bei Beweisschwierigkeiten hinsichtlich seines Pflichtteilsergänzungsanspruchs (§§ 2325, 2329) – ebenso wie beim Auskunftsanspruch (→ Rn. 8) – nach **§ 242** einen **Wertermittlungsanspruch** gegen den Beschenkten haben (vgl. etwa BGH NJW 1986, 127; Staudinger/Herzog, 2021, Rn. 290). Der Beschenkte darf hierdurch allerdings nicht unzumutbar belastet werden, weshalb die Kosten der Wertermittlung nach hM der pflichtteilsberechtigte Erbe zu tragen hat (BGHZ 108, 393 (395 ff.) = NJW 1990, 180 unter Bezug auf BGHZ 107, 200 (203 f.) = NJW 1989, 2887: der Beschenkte habe nach § 2329 das Geschenk nur für den Pflichtteilsergänzungsanspruch, nicht aber auch noch für den Wertermittlungsanspruch zu opfern; Staudinger/Herzog, 2021, Rn. 291; krit. hierzu Soergel/Beck Rn. 37). Dabei setzt der aus § 242 resultierende Anspruch des **pflichtteilsberechtigten Erben** gegen den Beschenkten nicht voraus, dass der Pflichtteilsergänzungsanspruch dem Grunde nach bereits feststeht (so aber bei § 2314 Abs. 1 S. 2). Es genügt vielmehr, wenn hierfür **greifbare Anhaltspunkte** vorliegen (BGH NJW 1993, 2737 (IV. ZS); 1986, 127 (128) (II. ZS); 2002, 2469 (2470) = ZEV 2002, 282 mAnm Kummer; Staudinger/Herzog, 2021, Rn. 291; NK-BGB/Bock Rn. 31).

**37** Anders liegt es beim **Wertermittlungsanspruch** des **pflichtteilsberechtigten Nichterben** nach § 2314 Abs. 1 S. 2: Da mit den Wertermittlungskosten der Nachlass beschwert wird (§ 2314 Abs. 2), kann er nicht auf einen bloßen Verdacht hin zugebilligt werden. Es muss vielmehr vorher **bewiesen** werden, dass eine **ergänzungspflichtige Schenkung** vorliegt (BGHZ 89, 24 (29 ff.) = NJW 1984, 736 unter Betonung der allgemeinen Beweislastverteilung; BGH NJW 1993, 2737; 2002, 2469 (2470) = ZEV 2002, 282 mAnm Kummer; OLG Schleswig ZEV 2007, 277 (278) = NJW-RR 2008, 16). Dies wird auch **„Zweistufentheorie"** genannt (Beweis der Zugehörigkeit zum fiktiven Nachlass – also das „Ob" des Pflichtteilsergänzungsanspruchs –, erst danach Wertermittlung für die Bemessung der Höhe) (Egner, Der Auskunftsanspruch des Pflichtteilsberechtigten nach § 2314 BGB, 2. Aufl. 1995, 147). Bei den Fällen der gemischten Schenkung bereitet dies allerdings Schwierigkeiten, weil ohne genaue Kenntnis des Werts der Zuwendung und der Gegenleistung das Vorliegen einer teilweisen Schenkung schwer feststellbar ist (krit. gegen den BGH daher zu Recht Baumgärtel JR 1984, 199 (202); Baumgärtel FS Hübner, 1984, 395 (406 ff.); Winkler v. Mohrenfels NJW 1987, 2557 (2559 f.); Pfauser, Der Auskunfts- und Wertermittlungsanspruch des Pflichtteilsberechtigten aus § 2314, 1993, 93 ff. mit Darstellung des Streitstands). Zu Recht wird daher gefordert, dass für die erforderliche Annahme einer Schenkung als Voraussetzung für den Wertermittlungsanspruch ausreichend ist, wenn der Pflichtteilsberechtigte durch eine „grobe Überschlagsrechnung" beweist, dass eine gemischte Schenkung vorliegt. Ist er erfolgreich, so kann er auf Kosten des Nachlasses den genauen Wert der gemischten Schenkung ermitteln lassen (MüKoBGB/Lange Rn. 22). Auch ist der **Beschenkte** erst wertermittlungspflichtig, soweit die **vorrangige Wertermittlungspflicht des Erben** nicht zum gewünschten Erfolg geführt hat; dies ergibt sich aus der allgemeinen Subsidiarität der Haftung des Beschenkten im Ergänzungsrecht (Dieckmann NJW 1988, 1809 (1816, 1819); NK-BGB/Bock Rn. 30).

**38** Da der Beschenkte mit dem „Erlangten" nur bis zur Höhe des Fehlbetrages iSv § 2329 Abs. 2 haftet, kann er darüber hinaus nicht auch noch mit einer kostenträchtigen Wertermittlungspflicht nach § 2314 Abs. 1 S. 2 belastet werden (BGHZ 107, 200 (203 f.) = NJW 1989, 2887). Die Kostentragungspflicht ist daher bei dem gegen den **Beschenkten** gerichteten Wertermittlungsanspruch – nicht aber beim Auskunftsanspruch – gleich, mag dieser Anspruch vom pflichtteilsberechtigten Nichterben nach § 2314 oder von dem pflichtteilsberechtigten Erben nach § 242 geltend gemacht werden.

**39** **3. Inhalt des Wertermittlungsanspruchs. a) Vorlage von Unterlagen.** Der Wertermittlungsanspruch geht zunächst auf die **Vorlage aller Unterlagen** und Mitteilung von Informationen, die für die konkrete Wertermittlung der Nachlassgegenstände von Bedeutung sind und den

Pflichtteilsberechtigten in die Lage versetzen – ggf. unter Zuhilfenahme eines **Sachverständigen** – seinen Pflichtteilsanspruch zu berechnen (vgl. OLG Köln ZEV 2006, 77 (78) mAnm v. Oertzen; Damrau/Tanck/Riedel Rn. 48; MüKoBGB/Lange Rn. 19). Aus diesem funktionalen Verständnis des Wertermittlungsanspruchs ergibt sich, dass das konkrete Bewertungsziel und die anzuwendende Bewertungsmethode dafür maßgebend sind, welche Unterlagen vorzulegen sind (Damrau/Tanck/Riedel Rn. 48; MüKoBGB/Lange Rn. 19; Staudinger/Herzog, 2021, Rn. 256 ff.). Soweit eine zeitnah nach dem Erbfall erfolgte Veräußerung als Bemessungsgrundlage für den Pflichtteilsanspruch in Frage kommt, hat die Vorlage der Kaufvertragsurkunde zu erfolgen (Staudinger/Herzog, 2021, Rn. 255; Sarres ErbR Auskünftsansprüche Rn. 120 f.). Ist ein **Unternehmen** zu bewerten (→ § 2311 Rn. 30 ff.), so sind alle Unterlagen vorzulegen, die zur Feststellung seines Wertes nach den einschlägigen Methoden der Betriebswirtschaft erforderlich sind. Die Vorlage einer Bilanz auf den Todesfall genügt daher unter der Herrschaft der Ertragswertmethode nicht; vielmehr sind die Gewinn- und Verlustrechnungen, Umsatzzahlen sowie die Bilanzen der letzten fünf Jahre vorzulegen, um daraus auf die künftige Entwicklung schließen zu können (OLG Düsseldorf NJW-RR 1997, 454; OLG Köln ZEV 1999, 110; 2014, 660; Coing NJW 1983, 1298 (1299 f.); MüKoBGB/Lange Rn. 19; Staudinger/Herzog, 2021, Rn. 258; vgl. auch BGHZ 33, 373 (378) = NJW 1961, 602). Die umfassende Verpflichtung zur Vorlage aller Geschäftsbücher und Belege (dafür OLG Köln ZEV 1999, 110; Staudinger/Herzog, 2021, Rn. 258) kann allerdings mit einem berechtigten **Geheimhaltungsinteresse** des Erben kollidieren. Zu restriktiv erscheint, den Anspruch auf Vorlage dieser Belege nur dann auszuschließen, wenn konkrete Gründe dafür bestehen, dass der Gläubiger sein Einsichtsrecht missbraucht (OLG Düsseldorf NJW-RR 1997, 454 (456); OLG Köln ZEV 1999, 110 (111)). Der Anspruch des Pflichtteilsberechtigten auf Vorlage entsprechender Unterlagen besteht auch dann, wenn ihm der Erbe bereits ein Wertermittlungsgutachten vorgelegt hat, da es auch um dessen Verifizierung geht (OLG Köln ZEV 1999, 110).

**b) Bewertungsgutachten. aa) Bewertungsgutachten durch Sachverständigen.** Daneben besteht ein Anspruch auf Ausarbeitung und Vorlage eines **Bewertungsgutachtens** durch einen **unparteiischen Sachverständigen** (BGH NJW 1975, 258; BGHZ 89, 24 (29); OLG Düsseldorf ZEV 1995, 410 (412)), wenn die dargelegten Tatsachen und Informationen kein hinreichendes Bild über den Wert des Nachlasses ermöglichen (OLG Brandenburg ZErb 2004, 132; OLG Köln ZEV 2006, 77 mAnm v. Oertzen; MüKoBGB/Lange Rn. 20). Der Verpflichtete hat die Erstellung des Gutachtens nicht nur zu dulden, sondern dieses auf Kosten des Nachlasses in eigener Verantwortung **in Auftrag zu geben** (BGHZ 108, 393 (397 f.); BGH NJW 1975, 258; OLG Schleswig NJW 1972, 586; OLG München NJW 1974, 2094; Staudinger/Herzog, 2021, Rn. 264). Dies gilt auch dann, wenn infolge einer Schenkung der Nachlassgegenstand nicht mehr zum Nachlass gehört, aber diesem nach § 2325 hinzuzurechnen ist (BGHZ 89, 24 (28); 107, 200 (202) = NJW 1989, 2887; BGHZ 108, 393 (397 f.)). 40

**bb) Auswahl und Qualifikation des Sachverständigen.** Die **Auswahl des Sachverständigen** obliegt allein dem **Erben** (OLG Karlsruhe NJW-RR 1990, 341; MüKoBGB/Lange Rn. 21; Staudinger/Herzog, 2021, Rn. 283). Das Wertgutachten bereitet nur die Durchsetzung des Pflichtteilsanspruchs vor, ist aber nicht für die Parteien verbindlich. Es hat zumeist nur die Funktion, das Risiko eines Prozesses über den Pflichtteil abschätzen zu können (BGHZ 107, 200 (204) = NJW 1989, 2887; OLG Brandenburg ZErb 2004, 132 (133); OLG Köln ZEV 2006, 77 (78); OLG Karlsruhe ZEV 2004, 468 (469) mAnm Fiedler). Daher dürfen an die Person und den Inhalt des Gutachtens keine überspitzten Anforderungen gestellt werden. Demgegenüber kann der Pflichtteilsberechtigte nicht eigenmächtig das Gutachten in Auftrag geben und dann die Kosten auf den Nachlass abwälzen (OLG Karlsruhe NJW-RR 1990, 393; Edenfeld ZErb 2005, 346 (350); MüKoBGB/Lange Rn. 21); dies gilt auch, wenn der Erbe mit seiner Verpflichtung in Verzug ist (Lange/Kuchinke ErbR § 37 XII 3 f.; aA Kempfer NJW 1970, 1533 (1534); Coing NJW 1983, 1298 (1300)). Bei dem Sachverständigen muss es sich **nicht um einen öffentlich bestellten oder vereidigten** handeln (BGH ZEV 2021, 762 (763); OLG Köln FamRZ 2012, 483 = BWNotZ 2012, 10; OLG Düsseldorf NJW-RR 1997, 454; LG Berlin ErbR 2019, 449 (453); jurisPK-BGB/Birkenheier Rn. 117; MüKoBGB/Lange Rn. 21; eingehend Bißmaier ZEV 1997, 149 f.). Der Sachverständige muss aber **unparteiisch** sein, wobei für die Frage der Unparteilichkeit die Grundsätze zur Befangenheit eines Sachverständigen herangezogen werden können (Blum in Schlitt/Müller PflichtteilsR-HdB § 2 Rn. 93; Burandt/Rojahn/Horn Rn. 75). In Hessen kann der Verkehrswert eines Grundstücks auch durch eine ortsgerichtliche Schätzung geschehen (OLG Frankfurt NJW-RR 2022, 516 = ZEV 2022, 91 m. krit. Anm. Oster = ErbR 2021, 1054 m. krit. Anm. Knauss; vgl. dazu auch Anm. Schmitt ZErb 2022, 120 ff.; LG Limburg WM 1990, 1832). 41

42 **cc) Inhaltliche Anforderungen an das Gutachten.** Die **inhaltlichen Anforderungen** an das Gutachten orientieren sich an dessen Zweck (→ Rn. 35, → Rn. 39) und damit an der nach den §§ 2311 ff. vorzunehmenden Wertermittlung (NK-BGB/Bock Rn. 36). Bei einem Landgut beschränkt sich daher der Wertermittlungsanspruch auf die Ermittlung des **Ertragswerts** iSv § 2312 (OLG Jena NJW-RR 2006, 951). Weiter sind die Wertermittlungsgrundsätze, also idR der Verkehrswert und das Stichtagsprinzip, zu beachten (Staudinger/Herzog, 2021, Rn. 284). Das Gutachten muss zum einen den **realen Nachlass** erfassen, wobei für die Wertermittlung auf den Erbfall als Stichtag abzustellen ist (§ 2311) (OLG Düsseldorf ZEV 1995, 410 (412); Soergel/Beck Rn. 32). Kommen ernsthaft **mehrere Bewertungsmethoden in Betracht,** so hat sich der Sachverständige mit diesen eingehend auseinander zu setzen, deren unterschiedliche Konsequenzen aufzuzeigen und schließlich in Anwendung der von ihm für zutreffend erachteten Methode einen bestimmten Wert zu ermitteln (OLG München NJW-RR 1988, 390; KGR 1999, 90; Soergel/Beck Rn. 34; bei Bewertung von Kunstgegenständen ist man großzügiger, vgl. OLG Oldenburg NJW 1999, 1974 (1975) und OLG Köln ZEV 2006, 77 (79) bei einer mehr an eine Schätzung erinnernden Bewertung von Sotheby's und Christie's). Die dem Sachverständigen demnach zuzugestehende Wahlfreiheit hinsichtlich der von ihm praktizierten Methode darf aber nicht zu einer Methodeneinengung und -verkürzung in dem Sinne führen, dass der Sachverständige die einschlägigen Befundtatsachen von vornherein nur nach Maßgabe der von ihm bevorzugten Methode feststellt (OLG Brandenburg ZErb 2004, 132 (133 f.); OLG München NJW-RR 1988, 390 (391 f.); OLG Köln ZEV 1999, 110 (111); Staudinger/Herzog, 2021, Rn. 288). Vielmehr muss der Pflichtteilsberechtigte durch das Sachverständigengutachten über die Wertverhältnisse so sachgerecht ins Bild gesetzt werden, dass er auf dieser Grundlage eine Entscheidung über den wahren Wert des Nachlasses und damit über die Höhe seines Pflichtteilsanspruchs treffen kann (OLG Brandenburg ZErb 2004, 132 (133 f.); großzügiger OLG Oldenburg NJW 1999, 1974 (1975)). Ansonsten ist der Wertermittlungsanspruch noch nicht erfüllt (OLG Brandenburg ZErb 2004, 132 (133 f.)). Dagegen gewährt § 2314 keinen Anspruch auf Feststellung des Nachlasswerts anhand einer bestimmten Bewertungsmethode (OLG Köln ZEV 2006, 77 (78); Staudinger/Herzog, 2021, Rn. 288).

43 Auch der **fiktive Nachlass** unterliegt der Wertermittlung (OLG Brandenburg FamRZ 1998, 1265; Lange/Kuchinke ErbR § 37 XII 3a; Soergel/Beck Rn. 33). Bei **nicht verbrauchbaren Sachen** hat die geschuldete Wertermittlung wegen des Niederstwertprinzips des § 2325 Abs. 2 zu **beiden Stichtagen,** also zum Erbfall und zum Vollzug der Schenkung, zu erfolgen (BGHZ 108, 393 (397) = NJW 1990, 180; BGH NJW 1993, 2727; OLG Brandenburg FamRZ 1998, 1265 (1266); aA Staudinger/Herzog, 2021, Rn. 287, weil die Ermittlung auf den Zeitpunkt des Schenkungsvollzugs nur dem Erben zugutekomme). Meinungsverschiedenheiten über die Wertansätze des Sachverständigen begründen allein keine Zweifel an der ordnungsgemäßen Erfüllung des Anspruchs auf Wertermittlung durch den Erben (OLG Oldenburg NJW 1999, 1974 zu einem „künstlerischen" Nachlass).

## IV. Kosten (Abs. 2)

44 Die auf Grund § 2314 entstehenden **Kosten** des (privaten wie amtlichen) Verzeichnisses, einschließlich der **Zuziehung des Auskunftsberechtigten** (eingehend zu den berücksichtigungsfähigen Kosten Becker/Horn ZEV 2007, 62; Roth NJW-Spezial 2020, 295; ob hierunter auch die Kosten der anwaltlichen Vertretung bei der Aufnahme des Verzeichnisses fallen, erscheint fraglich, OLG München Rpfleger 1997, 453), und der **Wertermittlung** (OLG Koblenz ZErb 2003, 159; Damrau/Tanck/Riedel Rn. 58; eingehend MüKoBGB/Lange Rn. 61 mwN) einschließlich der Vermögenswerte, die zum sog fiktiven Nachlass gehören (BGHZ 89, 24), sind **Nachlassverbindlichkeiten,** die bei der Feststellung des Nachlassbestands zu berücksichtigen sind. Für diese Kosten haftet der **Erbe** nur unbeschränkbar und daher persönlich, wenn er die Möglichkeit der Haftungsbeschränkung verloren hat (Dieckmann NJW 1988, 1809 (1815); vgl. auch Staudinger/Herzog, 2021, Rn. 309). Diese Kosten mindern aber zugleich den Pflichtteilsanspruch, weil sie bei Feststellung des Nachlassbestandes abzuziehen sind und treffen daher den **Pflichtteilsberechtigten mittelbar** in Höhe seiner Pflichtteilsquote. Die Kosten der **Abnahme der eidesstattlichen Versicherung** trägt aufgrund der Spezialregelung des § 261 Abs. 2 dagegen der Auskunftsberechtigte, wobei jedoch die Prozesskosten, die durch den Streit über die Abgabe der eidesstattlichen Versicherung entstehen, nicht hierzu gehören (Damrau/Tanck/Riedel Rn. 60; Staudinger/Herzog, 2021, Rn. 313). Die Kosten für den **analog § 242** dem pflichtteilsberechtigten Erben gewährten Auskunfts- und Wertermittlungsanspruch trägt aber nicht der Nachlass oder gar der Beschenkte, sondern der Anspruchsteller (→ Rn. 8, → Rn. 36).

## V. Verjährung

Aufgrund des zum 1.1.2010 in Kraft getretene ErbVerjÄndG gilt die dreijährige Regelverjährung (§§ 195, 199) einheitlich für den Pflichtteils- wie auch für den Auskunftsanspruch, mag dieser auf § 2314 oder auf § 242 beruhen (MüKoBGB/Lange Rn. 64; Grüneberg/Weidlich Rn. 12). Dieser Gleichlauf ergibt sich durch die Aufhebung der langen erbrechtlichen Verjährung nach § 197 Abs. 1 Nr. 2 aF. Zum **Übergangsrecht** s. Art. 229 § 23 EGBGB. Demgegenüber galt nach **früherem Recht** für den Auskunftsanspruch an sich die lange 30-jährige Verjährung für erbrechtliche Ansprüche nach § 197 Abs. 1 Nr. 2 idF des SchuldRModG (so etwa LG Stendal FamRZ 2007, 585 (586); Edenfeld ZErb 2005, 346 (351); Staudinger/Haas, 2006, Rn. 52; Schlichting ZEV 2002, 478 (480); aA nur Löhnig ZEV 2004, 267 (268), wonach § 2332 gelten soll), und zwar auch dann, wenn der Auskunftsanspruch sich nicht aus § 2314 ergibt, sondern aus § 242 (→ Rn. 5, → Rn. 18), denn auch dann handelte es sich dem Kern nach um einen im Erbrecht wurzelnden Anspruch (Sarres ZEV 2002, 96 (97); Staudinger/Haas, 2006, Rn. 52). 45

## VI. Prozessuales

**1. Geltendmachung.** Die aus § 2314 ableitbaren, verschiedenen Ansprüche können **einzeln** im Wege der **Leistungsklage** geltend gemacht werden. Daher muss der Klageantrag deutlich machen, welche der verschiedenen Ansprüche geltend gemacht und worüber iE Auskunft verlangt und die Vorlage welcher Unterlagen auf Grund des Wertermittlungsanspruchs gefordert wird. Geschieht dies nicht, ist die Klage zwar nicht unzulässig, aber es besteht die Gefahr, dass der Erbe zu wenige Unterlagen vorlegt und im anschließenden Vollstreckungsverfahren erst die geforderte Leistung zu präzisieren ist (Tanck in MSTB PflichtteilsR-HdB § 14 Rn. 153). Wird der Erbe verurteilt, nur Auskunft über den Bestand des Nachlasses zu erteilen, so kann er nicht mit den Zwangsmitteln des § 888 ZPO zur Auskunft über Schenkungen der letzten zehn Jahre angehalten werden (OLG München FamRZ 2004, 821; OLG Celle NJW-RR 2005, 1374). Durch **einstweilige Verfügung** kann der Auskunftsanspruch nicht durchgesetzt werden (Staudinger/Herzog, 2021, Rn. 327). Über die Verpflichtung zur Abgabe der **eidesstattlichen Versicherung** entscheidet der Richter der streitigen Gerichtsbarkeit (RGZ 129, 239 (241); MüKoBGB/Lange Rn. 54). Die gerichtliche Geltendmachung der Rechte aus § 2314 (vgl. zur prozessualen Durchsetzung von Pflichtteilsansprüchen eingehend Kasper in Schlitt/Müller PflichtteilsR-HdB § 9 Rn. 49 ff.) hat keinerlei Auswirkungen auf die **Verjährung** des Pflichtteilsanspruchs (BGH NJW 2019, 1219 (1220) mAnm Keim). Dagegen hemmt gem. § 204 Abs. 1 Nr. 1 eine auf Auskunft und Zahlung (mit noch unbestimmtem Leistungsantrag) gerichtete **Stufenklage (§ 254 ZPO)** die Verjährung (BGH NJW-RR 2006, 948 (949), auch zum Übergangsrecht nach Art. 229 § 6 Abs. 1 S. 2 EGBGB wegen der Schuldrechtsreform; NK-BGB/Bock Rn. 48) und begründet den Verzug des Zahlungsanspruchs (→ § 2317 Rn. 4). Der im Rahmen einer Stufenklage geltend gemachte Anspruch auf Auskunft durch Vorlage eines privatschriftlichen Nachlassverzeichnisses hemmt grds. auch die Verjährung des Anspruchs auf Auskunft durch Vorlage eines notariellen Nachlassverzeichnisses (BGH NJW 2019, 234 (236) = ZEV 2019, 85 mAnm Sarres). 46

Die **Stufenklage** besteht aus zwei oder drei prozessualen Stufen (NK-BGB/Bock Rn. 49; Damrau/Tanck/Riedel Rn. 70; Staudinger/Herzog, 2021, Rn. 330 ff.), nämlich dem Antrag auf **Auskunftserteilung,** ggf. **Wertermittlung** (§ 2314), dem Antrag auf **Abgabe der eidesstattlichen Versicherung** (§ 260 Abs. 2) und dem **Leistungsantrag** über Zahlung des Pflichtteils, der hier gerade noch nicht genau beziffert sein muss (Muster eines Klageantrags hierfür bei Tanck in MSTB PflichtteilsR-HdB § 14 Rn. 226; zu den Vor- und Nachteilen derselben Sarres ZEV 2015, 75; allg. zu Verfahrensfragen auch Hölscher ErbR 2019, 398 ff.). Über jede dieser Stufen wird sukzessive entschieden (NK-BGB/Bock Rn. 49; ausf. Kasper in Schlitt/Müller PflichtteilsR-HdB § 9 Rn. 74 ff.; Tanck in MSTB PflichtteilsR-HdB § 14 Rn. 219 ff.), und zwar idR durch Teilurteil (§ 301 ZPO). Wird vom Erben nach Klageerhebung die gewünschte Auskunft erteilt, kann der Pflichtteilsberechtigte auf Grund des nur vorbereitenden Charakters des Auskunftsanspruchs ohne Erledigterklärung zum Zahlungsanspruch übergehen (OLG Düsseldorf NJW-RR 1996, 839; OLG Koblenz NJW 1963, 912). Bei einer Stufenklage erfasst die Bewilligung von **Prozesskostenhilfe** für den Kläger idR nicht nur die Auskunftsstufe, sondern auch den gleichzeitig rechtshängig gemachten Zahlungsanspruch, aber nur einen solchen, der von der zu erteilenden Auskunft gedeckt ist (OLG Düsseldorf FamRZ 2000, 101; OLG Köln NJW-RR 1995, 707 mwN; aA OLG Hamburg FamRZ 1996, 1021, die letztgenannten Entscheidungen jeweils zu § 1379). 47

**2. Zwangsvollstreckung.** Die Vollstreckung des Auskunfts- und Wertermittlungsanspruchs erfolgt nach § 888 ZPO, da es sich um **unvertretbare Leistungen** handelt (BGH NJW 2019, 48

231 = ZEV 2019, 81 mAnm Weidlich = FamRZ 2019, 141 mAnm Müller-Engels, zur Vorlage eines notariellen Nachlassverzeichnisses; OLG Brandenburg FamRZ 1998, 180 (181), dort auch zur wiederholten Zwangsgeldfestsetzung; OLG Nürnberg FamRZ 2010, 584; dazu auch J. Lange jurisPR-FamR 11/2010 Anm. 4; OLG Oldenburg ZEV 2011, 383; OLG Koblenz ZEV 2018, 413 mAnm Weidlich; OLG Frankfurt NJW-RR 1994, 9; Staudinger/Herzog, 2021, Rn. 373; Roth NJW-Spezial 2017, 679, speziell zu den Zwangsmitteln; zur Zwangsvollstreckung gegen eine prozessunfähige natürliche Person vgl. BGH NJW 2022, 393 mAnm Herberger). Die Zwangsvollstreckung des Anspruchs nach § 260 Abs. 2 geschieht nach § 889 Abs. 1 ZPO (MüKoBGB/Lange Rn. 59). Enthält der Vollstreckungstitel keine näheren Angaben über die Art und Weise der Auskunftserteilung, so muss der Pflichtteilsberechtigte im Vollstreckungsverfahren seinen Antrag entspr. konkretisieren (OLG Hamm NJW-RR 1987, 766). Werden nachträglich weitere Nachlassgegenstände bekannt, muss über diese auch ohne neuen Titel Auskunft erteilt werden, und zwar auch dann, wenn eine frühere Zwangsgeldandrohung wegen vermeintlicher Erfüllung des Auskunftsanspruchs aufgehoben wurde (OLG Frankfurt OLGR 1994, 80). Ein **Erfüllungseinwand** des Schuldners ist nicht erst im Wege der Vollstreckungsabwehrklage (§ 767 ZPO) geltend zu machen, sondern bereits im Verfahren nach den §§ 887 f. ZPO zu berücksichtigen (BGH NJW 2008, 2919 (2922); 2005, 367; Kuhn/Trappe ZEV 2011, 514 (515); Staudinger/Herzog, 2021, Rn. 384).

## § 2315 Anrechnung von Zuwendungen auf den Pflichtteil

**(1) Der Pflichtteilsberechtigte hat sich auf den Pflichtteil anrechnen zu lassen, was ihm von dem Erblasser durch Rechtsgeschäft unter Lebenden mit der Bestimmung zugewendet worden ist, dass es auf den Pflichtteil angerechnet werden soll.**

**(2) [1]Der Wert der Zuwendung wird bei der Bestimmung des Pflichtteils dem Nachlass hinzugerechnet. [2]Der Wert bestimmt sich nach der Zeit, zu welcher die Zuwendung erfolgt ist.**

**(3) Ist der Pflichtteilsberechtigte ein Abkömmling des Erblassers, so findet die Vorschrift des § 2051 Abs. 1 entsprechende Anwendung.**

**Schrifttum:** Everts, Pflichtteilsklauseln in Überlassungsverträgen mit minderjährigen Erwerbern, Rpfleger 2005, 180; Everts, Die spätere Ausgleichung und Anrechnung von Zuwendungen zu Lebzeiten des Erblassers, notar 2013, 219; Fröhler, Erbausgleichung und Pflichtteilsanrechnung aufgrund Schenkung bzw. Ausstattung, BWNotZ 2010, 94; Horn, Vorempfänge im Pflichtteilsrecht: Systematik von Anrechnung und Ausgleichung, ZNotP 2017, 206; Horn, Vorermpfänge im Pflichtteilsrecht, NJW 2020, 2609; Kasper, Anrechnung und Ausgleichung im Pflichtteilsrecht, 1999; Keim, Grenzen der Anrechenbarkeit lebzeitiger Zuwendungen auf den Pflichtteil, MittBayNot 2008, 8; J. Mayer, Nachträgliche Änderung von erbrechtlichen Anrechnungs- und Ausgleichungsbestimmungen, ZEV 1996, 441; J. Mayer, Anrechnung und Ausgleichung im Erb- und Pflichtteilsrecht – Eine Einführung anhand von Beispielsfällen, ZErb 2007, 130; Mohr, Ausgleichung und Anrechnung bei Schenkungen, ZEV 1999, 257; Pentz, Berücksichtigung des Kaufkraftschwundes im Erbrecht? – Kritik an der Rechtsprechung des BGH, ZEV 1999, 167; Peter, Zuwendungen im Wege der vorweggenommenen Erbfolge – Fragen zur Ausgleichung und zur Anrechnung, BWNotZ 1986, 28; Sostmann, Grundstücksübertragungen an Abkömmlinge und ihre Auswirkungen auf das Pflichtteilsrecht, MittRhNotK 1976, 479; Thubauville, Die Anrechnung lebzeitiger Leistungen auf Erb- und Pflichtteilsrecht, MittRhNotK 1992, 289.

### Überblick

Nach den §§ 2315, 2316 können sich lebzeitige Zuwendungen des Erblassers auf den Pflichtteilsanspruch auswirken. § 2315, der die Anrechnung auf den Pflichtteil regelt, verfolgt den **Zweck,** eine Doppelbegünstigung eines Pflichtteilsberechtigten zu vermeiden (→ Rn. 1). Daher wird bestimmt, dass lebzeitige **Zuwendungen des Erblassers** (→ Rn. 3 ff.) an einen Pflichtteilsberechtigten (→ Rn. 6) auf dessen Pflichtteilsanspruch angerechnet werden, wenn der Erblasser dies (spätestens) bei der Zuwendung **angeordnet** (→ Rn. 7) hat. Die Durchführung der Anrechnung (→ Rn. 11) unter Abzug des **Wertes zum Zeitpunkt der Zuwendung** (→ Rn. 14) erfolgt nach Bildung eines fiktiven Gesamtnachlasses und Multiplikation mit der Pflichtteilsquote. Nur ausnahmsweise sieht das Gesetz in Abs. 3 die Anrechnungspflicht für **fremden Vorempfang** (→ Rn. 17) vor.

## Übersicht



## I. Normzweck; Abgrenzung zur Ausgleichung

Die §§ 2315, 2316, 2325 ff. behandeln die Auswirkungen lebzeitiger Zuwendungen auf den Pflichtteil. Sie durchbrechen insoweit das Stichtagsprinzip des § 2311 Abs. 1 S. 1 und wollen eine **Doppelbegünstigung** des Pflichtteilsberechtigten durch die lebzeitige Zuwendung und den späteren Pflichtteilsanspruch verhindern (Staudinger/Otte, 2021, Rn. 1). Die ausdrücklich anzuordnende Anrechnung **vermindert** dabei den Pflichtteil des anrechnungspflichtigen Erwerbers um den erhaltenen Vorempfang. Anders als die Ausgleichung wirkt sie sich auf die Pflichtteilsansprüche der anderen Pflichtteilsberechtigten nicht aus. 1

Die von der Anrechnung zu unterscheidende **Ausgleichung** (§§ 2050 ff.) findet nur zwischen Abkömmlingen statt. Sie beruht auf dem Gedanken der möglichst gleichmäßigen Behandlung aller Abkömmlinge durch die Einbeziehung aller Vorempfänge in die erbrechtliche Endabrechnung. Hierauf baut die Pflichtteilsausgleichung (§ 2316) nur auf. Sie lässt – anders als die Anrechnung – daher die **Summe** der Pflichtteilsbelastungen **unverändert** und regelt nur die **Verteilung auf die einzelnen Pflichtteilsberechtigten,** was im Einzelfall allerdings auch den Erben entlasten kann (→ § 2316 Rn. 2). Die **gleiche Zuwendung** kann anrechnungs- und ausgleichungspflichtig sein, wobei das Konkurrenzverhältnis durch § 2316 Abs. 4 geregelt wird (→ § 2316 Rn. 20 ff.). 2

## II. Anrechnungsvoraussetzungen (Abs. 1)

**1. Freigiebige Zuwendungen.** Anrechnungspflichtige Geschäfte können nur **freigiebige Zuwendungen des Erblassers** sein. Hierunter ist das freiwillige Verschaffen eines Vorteils zu verstehen, durch den das Vermögen des Erblassers gemindert wird (OLG Düsseldorf ZEV 1994, 173 mAnm Baumann; Staudinger/Otte, 2021, Rn. 10; Thubauville MittRhNotK 1992, 289 (292); Sostmann MittRhNotK 1976, 479 (480)). Der Begriff der Zuwendung ist **weiter** als der der **Schenkung** (Peter BWNotZ 1986, 28 (31); Kasper, Anrechnung und Ausgleichung im Pflichtteilsrecht, 1999, 15; Staudinger/Otte, 2021, Rn. 11). Daher fallen darunter auch **Ausstattungen** (§ 1624) (Damrau/Tanck/Lenz-Brendel Rn. 6; MüKoBGB/Lange Rn. 8), aber auch Schenkungsversprechen, vollzogene Schenkungen und bezahlte Schulden. Bei gemischten Schenkungen und solchen unter Auflagen ist jedoch nur der Wertunterschied zwischen Leistung und Gegenleistung, also der gewährte wirtschaftliche Vorteil (Nettowertprinzip), anrechnungsfähig (Soergel/Beck Rn. 4; MüKoBGB/Lange Rn. 8; Peter BWNotZ 1986, 28 (31)). Bei einer vorweggenommenen Erbfolge kommt es auf die konkrete Ausgestaltung und deren rechtliche Einordnung an (zur rechtlichen Qualifizierung J. Mayer DNotZ 1996, 604 (607); BGH NJW 1995, 1349; abl. bei einer Hofübergabe nach § 7 HöfeO OLG Schleswig AgrarR 1972, 362). Keine Zuwendung ist aber der bloße **Verzicht auf einen Rückübertragungsanspruch** (BGH WM 1983, 823). Entscheidend für die Anrechnungsfähigkeit der Zuwendung ist, dass der Erblasser zur Vornahme dieser Leistung **nicht verpflichtet** war, denn soweit eine Leistungspflicht bestand, kann er nicht einseitig in den Pflichtteil des Empfängers eingreifen (RGZ 67, 306 (308); OLG Köln FamRZ 1994, 1491 (1492) = ZEV 1994, 173 mAnm Baumann; AG Mettmann DAVorm 1984, 712 (713) mAnm K. Schultz; Staudinger/Otte, 2021, Rn. 11; Soergel/Beck Rn. 4; MüKoBGB/Lange Rn. 8; Thubauville MittRhNotK 1992, 289 (292); NK-BGB/Bock Rn. 3). So kann beispielsweise die Auszahlung des Pflichtteils nach dem Tod des erstversterbenden Elternteils nicht auf den Pflichtteil nach dem überlebenden Ehegatten angerechnet werden, da es sich hierbei nicht um eine 3 freigiebige Zuwendung des überlebenden Ehegatten handelt. Gleiches gilt für unterhaltsrechtlich geschuldete Leistungen, wie zB Pflegekosten oder -leistungen für ein behindertes Kind (AG Mettmann DAVorm 1984, 712 (713); so hätte auch im Fall der Waisenrente von LG Wuppertal FamRZ 1966, 368 entschieden werden müssen). Im Rahmen der Ausgleichung nach §§ 2050 ff., 2316 kann dies allerdings anders sein (→ § 2316 Rn. 5).

4 Die Zuwendung muss aus dem **Vermögen des Erblassers** erfolgt sein, um dessen Nachlass es geht. Auch bei Ehegatten im Rahmen eines **Berliner Testaments** (§ 2269) kann keine einheitliche Betrachtung erfolgen, sondern es ist eine getrennte notwendig. Nur das, was von dem betreffenden Erblasser stammte, kann angerechnet werden (OLG Koblenz ZEV 2010, 473; Thubauville MittRhNotK 1992, 289 (294); Staudinger/Otte, 2021, Rn. 10; Mohr ZEV 1999, 257 (258) mit Gestaltungsvorschlägen; s. auch OLG Düsseldorf ZErb 2002, 231 (232) mAnm Schnorrenberg, mit wirtschaftlicher Betrachtungsweise über die formalen Eigentumsverhältnisse der Ehegatten hinaus; vgl. BGHZ 88, 102 (108 f.) = NJW 1983, 2875 zu § 2327). Dies ist problematisch, wenn der nicht zuwendende Ehegatte zuerst verstirbt. Eine Anrechnungspflicht kann in diesen Fällen nur auf vertraglicher Basis (**eingeschränkter Pflichtteilsverzichtsvertrag** iSv § 2346 Abs. 2) zwischen dem nicht zuwendenden Elternteil und dem Abkömmling bewirkt werden (vgl. OLG Oldenburg ZErb 2021, 366 (368) mAnm Horn = BeckRS 2021, 15778; Mohr ZEV 1999, 257 ff.; Thubauville MittRhNotK 1992, 289 (296); Burandt/Rojahn/Horn Rn. 7).

5 Nur **lebzeitige Zuwendungen** fallen unter § 2315. Zuwendungen durch Verfügung von Todes wegen werden daher nicht von der Vorschrift erfasst. Für das Verhältnis von Zuwendungen von Todes wegen zum Pflichtteil gelten die §§ 2305–2307, bei Schenkungen von Todes wegen ist die von § 2301 gemachte Differenzierung zu beachten (Thubauville MittRhNotK 1992, 289 (293)). Wenn ein bis zum 31.3.1998 möglicher **vorzeitiger Erbausgleich** nicht zu Stande kam, der Vater aber bereits Anzahlungen hierauf geleistet hat, so gilt § 2315 entspr., sodass eine Rückforderung nicht möglich ist (Art. 227 Abs. 2 EGBGB).

6 Weiter muss die Zuwendung **unmittelbar an den Pflichtteilsberechtigten** gemacht worden sein; eine Anrechnung fremder Vorempfänge gibt es – abgesehen vom Ausnahmefall des Abs. 3 (→ Rn. 17) – nicht (Staudinger/Otte, 2021, Rn. 13). Anders als bei § 2316 können anrechnungspflichtige Empfänger **alle Pflichtteilsberechtigten** sein, also auch Ehegatten und Eltern des Erblassers (allgM, vgl. Staudinger/Otte, 2015, Rn. 13). Eine Zuwendung an den Ehegatten des Pflichtteilsberechtigten oder Dritte genügt aber nicht (BGH DNotZ 1963, 113). Hier kann nur ein beschränkter Pflichtteilsverzicht (§ 2346 Abs. 2) den Pflichtteil mindern (Thubauville MittRhNotK 1992, 289 (292)). Dagegen kann die Zuwendung auf einem **Vertrag zu Gunsten Dritter** (§§ 328 ff.) beruhen (Staudinger/Otte, 2021, Rn. 9; RGRK-BGB/Johannsen Rn. 5; zur Lebensversicherung Klingelhöffer ZEV 1995, 180 (182); eingehend J. Mayer DNotZ 2000, 905 (925)), wenn nur im Valutaverhältnis des Erblassers zum pflichtteilsberechtigten Empfänger eine freigiebige Zuwendung vorliegt. Genauso sind die sog **Anweisungsfälle** zu behandeln, wenn eine Leistung an einen Dritten zugleich zu einem vereinbarten Vermögensvorteil beim Pflichtteilsberechtigten führt (BGH DNotZ 1963, 113 (114); MüKoBGB/Lange Rn. 9). Auch bei Zuwendungen des Erblassers an eine Gesellschaft bürgerlichen Rechts, an der der Pflichtteilsberechtigte beteiligt ist, kommt eine Pflichtteilsanrechnung in Betracht (DNotI-Gutachten DNotI-Report 2013, 59 f.).

7 **2. Anrechnungsanordnung.** Der Erblasser muss **vor oder spätestens bei der Zuwendung** die Anordnung über die Anrechnung auf den Pflichtteil getroffen haben. Anders als bei der Ausgleichung (dort § 2050 Abs. 1 und 2) gibt es keine „geborene Anrechnungspflicht" kraft Gesetzes. Die Anrechnungsanordnung ist eine **einseitige, empfangsbedürftige Willenserklärung** (OLG Düsseldorf ZEV 1994, 173 mAnm Baumann; OLG Karlsruhe NJW-RR 1990, 393; RG SeuffA 76 Nr. 57; Lange/Kuchinke ErbR § 37 VI 9a; Staudinger/Otte, 2021, Rn. 27; MüKoBGB/Lange Rn. 11), die grds. **keiner besonderen Form** bedarf, wenn das der Zuwendung zugrunde liegende Kausalgeschäft nicht selbst formbedürftig ist (zB nach § 311b Abs. 1) (Thubauville MittRhNotK 1992, 289 (297); Horn ZNotP 2017, 206 (210); Staudinger/Otte, 2021, Rn. 15; für generelle Formfreiheit Sostmann MittRhNotK 1976, 479 (483), was aber zumindest im Bereich von § 311b Abs. 1 unzutr. ist). Durch die Anordnung soll dem Pflichtteilsberechtigten ermöglicht werden, den damit verbundenen „Pferdefuß" der Pflichtteilsminderung zu erkennen und zurückzuweisen. Zusätzlich zum Zugang der Anordnungsbestimmung wird teilweise gefordert, dass diese dem Zuwendungsempfänger **„zu Bewusstsein gekommen ist"** (RG Recht 1921 Nr. 150; OLG Düsseldorf ZEV 1994, 173; OLG Karlsruhe NJW-RR 1990, 393; RGRK-BGB/Johannsen Rn. 6; Staudinger/Otte, 2021, Rn. 16; Erman/Röthel Rn. 5; ähnlich Pentz ZEV 1999, 167 (168)). Dies findet im Gesetz keine Stütze und widerspricht der gesetzlich

vorgegebenen Regelung über die Risikoverteilung beim Zugang von Willenserklärungen (MüKoBGB/Lange Rn. 15; Peter BWNotZ 1986, 28 (31)). Ihre Hauptbedeutung dürfte das Erfordernis „der Bewusstseinserlangung" wohl auch nur bei sog **stillschweigenden Anrechnungsbestimmungen** haben. Diese sind grds. möglich. Sie setzen aber voraus, dass im Wege der Auslegung entnommen werden kann, dass die Anrechnungspflicht für den Pflichtteilsberechtigten in aller Konsequenz erkennbar war (RGZ 67, 306 (307); RG Recht 1921 Nr. 150; BayObLGZ 1959, 77 (81); OLG Düsseldorf ZErb 2002, 231 (232) mAnm Schnorrenberg; OLG Köln ZEV 2008, 244; Lange/Kuchinke ErbR § 37 VII 9a sub beta).

**Inhaltlich** muss die Anordnung darauf gerichtet sein, die Anrechnung der Zuwendung **auf** 8
**den Pflichtteil** zu bestimmen (Formulierungsbeispiel zB bei G. Müller in Schlitt/Müller PflichtteilsR-HdB § 10 Rn. 97). Hieran dürfen keine zu hohen Anforderungen gestellt werden (Lange/Kuchinke ErbR § 37 VI 9a sub beta), da andernfalls die Anrechnung vielfach nicht praktisch würde. So kann die Bezeichnung als **„vorweggenommene Erbfolge"** zwar eine bloße Motivangabe sein oder allein aus steuerlichen Gründen erfolgen. Darin **kann** aber auch eine Anrechnungsbestimmung zu sehen sein (BGHZ 183, 376 = ZEV 2010, 190 (191 f.) mAnm Keim = JZ 2010, 739 mAnm Kroppenberg; Thubauville MittRhNotK 1992, 289 (297); einschr. Sostmann MittRhNotK 1976, 479 (484); Staudinger/Otte, 2021, Rn. 18; vgl. auch BGHZ 82, 274 (278) = NJW 1982, 43, wo bei einer solchen Bestimmung eine Ausgleichungsanordnung nach § 2050 bejaht wurde). Entscheidend ist, ob nach dem erkennbaren Willen des Erblassers damit eine **Kürzung** der dem Empfänger am Restnachlass zustehenden **Pflichtteilsrechte** bezweckt war, wobei die Enterbungsabsicht noch nicht bestanden haben muss; vielmehr genügt, dass der Erblasser diese in Betracht gezogen hat (BGH ZEV 2010, 190 (191 f.); OLG Düsseldorf ZEV 1994, 173 (174); ZErb 2002, 231 (232) mAnm Schnorrenberg; Weimar JR 1967, 97 (98); verneint bei der Formulierung „Anrechnung auf den Erbteil" von OLG Schleswig ZEV 2008, 386; ähnlich OLG Koblenz BeckRS 2020, 14198 = ErbR 2020, 638 mAnm Horn bei Zuwendung als „Erbteil"). Dies wird vielfach so gewollt sein, insbes. wenn es heißt, dass der Empfänger damit **„abgefunden sein soll"** (RG Recht 1912 Nr. 81; BayObLG HRR 1929 Nr. 290; Kipp/Coing ErbR § 11 I Fn. 2; vgl. auch Staudinger/Otte, 2021, Rn. 19; MüKoBGB/Lange Rn. 17). Gerade wenn größere Zuwendungen bei Vorhandensein mehrerer Kinder erfolgen, entspricht idR eine Anrechnungspflicht auch der typischen Erwartungshaltung des Empfängers. Abzugrenzen ist die Anrechnungspflicht auch von der **Ausgleichung** im Hinblick auf den Erbteil (§ 2050, vielfach fälschlich als „Anrechnung auf den Erbteil" bezeichnet). Letztere wirkt sich nur nach § 2316 mittelbar auf den Pflichtteil aus, wirkt aber nicht so stark pflichtteilsverringernd wie § 2315 und versagt völlig, wenn der Empfänger kein Abkömmling ist oder nur ein Abkömmling hinterlassen wird (Sostmann MittRhNotK 1976, 479 (493 ff.); J. Mayer ZErb 2007, 130 (131)). Es sollte aber nicht generell verneint werden, dass eine solche Bestimmung **auch als Pflichtteilsanrechnung ausgelegt** werden kann (in Ausnahmefällen halten dies auch für zulässig RG SeuffA 76 Nr. 57; JW 1924, 2124 (2125); Recht 1921 Nr. 143; OLG Düsseldorf ZEV 1994, 173 (174); Sostmann MittRhNotK 1976, 479 (483, 490 f.); Staudinger/Otte, 2021, Rn. 17; wohl auch OLG Schleswig ZErb 2008, 29 – mit zu weitgehenden, nicht amtlichen Ls.). Vielmehr erfasst der Empfänger auch bei solchen Formulierungen die pflichtteilsrechtliche Relevanz im Wege einer „Parallelwertung in der Laiensphäre" durchaus und weiß, dass er später nicht mehr „so viel erhalten soll" (so auch Sostmann MittRhNotK 1976, 479 (491); vgl. auch Peter BWNotZ 1986, 28 (31)). Die Anrechnungsbestimmung kann auch unter einer **Bedingung** erklärt werden (Sostmann MittRhNotK 1976, 479 (484)). Sie sollte in jedem Fall – um späteren Streit über die Höhe des Pflichtteils zu vermeiden – eindeutig formuliert werden. In notariell beurkundeten Zuwendungsverträgen (zB über Immobilien, Gesellschaftsbeteiligungen) wird idR eine positive Pflichtteilsanrechnungsbestimmung ausdrücklich getroffen, da die Bestimmung für den Erblasser nur vorteilhaft ist (Burandt/Rojahn/Horn Rn. 15).

Bei einem **beschränkt Geschäftsfähigen** verursacht die Anrechnungspflicht die Wirkungen 9
eines beschränkten Pflichtteilsverzichts. Die Zuwendung bringt ihm daher **nach hM** keinen lediglich rechtlichen Vorteil iSd § 107; die Schutzbedürftigkeit zeigt sich hier insbes. beim Erwerb kurzlebiger Wirtschaftsgüter (vgl. Lange/Kuchinke ErbR § 37 VII 9a sub alpha; DNotI-Gutachten DNotI-Report 2007, 160; Lange NJW 1955, 1339 (1343); MüKoBGB/Lange Rn. 19; Staudinger/Otte, 2021, Rn. 29; Kasper, Anrechnung und Ausgleichung im Pflichtteilsrecht, 1999, 26 f.; BeckOGK/Reisnecker, 1.2.2022, Rn. 48 ff.; als dogmatisch richtig, aber praktisch zu weit reichend sieht dies Soergel/Beck Rn. 7 an; aA OLG Dresden MittBayNot 1996, 288 (291); Fembacher MittBayNot 2004, 24 (25) mit sehr verkürzter Betrachtung; ebenso Weigl MittBayNot 2008, 275; Pentz MDR 1998, 1266; Everts Rpfleger 2005, 180). Bei Zuwendungen durch die gesetzlichen Vertreter unter Anrechnung auf den Pflichtteil bedarf es demzufolge nach einer weit

verbreiteten Ansicht der Bestellung eines **Ergänzungspflegers** (§ 1909) und der Einholung einer **familiengerichtlichen Genehmigung** (entspr. § 2347 Abs. 1 S. 1) (vgl. nur MüKoBGB/Lange Rn. 19; NK-BGB/Bock Rn. 11; Fröhler BWNotZ 2010, 94 (102)). Der Standpunkt der bislang hM überzeugt nicht. Es sprechen vielmehr gute Gründe **gegen** die Notwendigkeit der Bestellung eines Ergänzungspflegers (da für den Minderjährigen hierdurch keine rechtliche Verpflichtung begründet wird) und – **erst recht – gegen** die Notwendigkeit der Einholung einer gerichtlichen Genehmigung (vgl. Everts Rpfleger 2005, 181; Weigl MittBayNot 2008, 275; BeckOGK/Reisnecker, 1.2.2022, Rn. 57). Gegen eine Genehmigungspflicht lässt sich va anführen, dass der Katalog der im Gesetz normierten genehmigungspflichtigen Rechtsgeschäfte als abschließend anzusehen ist (so auch Staudinger/Otte, 2021, Rn. 31; BeckOGK/Reisnecker, 1.2.2022, Rn. 57).

10 Die Anrechnungsbestimmung muss nach allg. Ansicht **vor oder spätestens bei der Zuwendung** getroffen werden. Bei einer Lebensversicherung kann die Anordnung wegen des Zurückweisungsrechts des Drittbegünstigten (§ 333) noch bis zur Auszahlung erfolgen (aA Kerscher/Riedel/Lenz, Pflichtteilsrecht in der anwaltlichen Praxis, 3. Aufl. 2012, § 15 Rn. 22: nur bis zur Benennung des Bezugsberechtigten). Eine **nachträgliche Anrechnungsanordnung** nach Empfang der Zuwendung ist nicht mehr möglich, es sei denn, der Erblasser hat sich diese bei der Zuwendung ausdrücklich vorbehalten (J. Mayer ZEV 1996, 441 (447); MüKoBGB/Lange Rn. 14) oder es liegen die Voraussetzungen für eine Pflichtteilsentziehung (§§ 2333 ff.) vor (Damrau/Tanck/Lenz-Brendel Rn. 4). Gibt der Empfänger später aber einen (beschränkten) Pflichtteilsverzicht in der Form des § 2348 ab, so lässt sich das gleiche Ergebnis erzielen (RGZ 71, 133 (136); RG Recht 1911 Nr. 2923; zu diesen Fragen s. auch J. Mayer ZErb 2007, 130 (133); Everts notar 2013, 219 ff.). Die bereits getroffene Anrechnungsbestimmung kann vom Erblasser jederzeit wieder einseitig **aufgehoben** werden, und zwar richtigerweise auch durch formlose Erklärung (J. Mayer ZEV 1996, 441 (446), auch zu anderen Beseitigungsmöglichkeiten; Everts notar 2013, 219 ff.; Thubauville MittRhNotK 1992, 289 (298); Staudinger/Otte, 2021, Rn. 32; aA Lange/Kuchinke ErbR § 37 VII 9a Fn. 326: nur in der Form der Verfügung von Todes wegen).

## III. Berechnung des Pflichtteilsanspruchs

11 **1. Berechnungsmethode (Abs. 2 S. 1).** Der Wert der Zuwendung (berechnet nach Abs. 2 S. 2) ist dem Nachlass hinzuzurechnen (sog fiktiver oder Anrechnungsnachlass) und mit der Pflichtteilsquote (unter Beachtung von §§ 2310, 1371) zu multiplizieren; von diesem Betrag ist anschließend der VoremPfang abzuziehen. Oder in einer Formel (Planck/Greiff Anm. 2d; vgl. auch MüKoBGB/Lange Rn. 21; PWW/Deppenkemper Rn. 5; vgl. auch Staudinger/Otte, 2021, Rn. 51a, mit verfeinertem Anrechnungsbetrag):

$$P = \frac{N + Z}{2Q} - Z$$

Dabei bedeutet P den effektiven Pflichtteilsanspruch des Zuwendungsempfängers, N den Reinnachlass im Erbfall, Z die anrechnungspflichtige Zuwendung und Q den gesetzlichen Erbteil des Pflichtteilsberechtigten (unter Beachtung von § 2310 berechnet). Beispiel → Rn. 11.1.

11.1 **Beispiel:** Der verwitwete Erblasser hinterlässt nur einen pflichtteilsberechtigten Sohn S. Nachlass 60.000 EUR, der anrechnungspflichtige Vorempfang war 15.000 EUR, Erbe ist ein Dritter. Pflichtteilsanspruch des S: ((60.000 EUR + 15.000 EUR): 2) – 15.000 EUR = 22.500 EUR.

Auf Grund dieser Berechnungsweise verringert sich der Pflichtteil nicht um den vollen Wert der Zuwendung, sondern der Anrechnungsbetrag kürzt sich um den Pflichtteil des Empfängers (Z/2Q) (Maenner Recht 1921, 3 linke Spalte). Ergibt sich bei der Anrechnung des Vorempfangs kein positiver Betrag, so erhält der Pflichtteilsberechtigte keinen Pflichtteilsanspruch mehr, hat aber auch nichts an den Nachlass zurückzuzahlen, auch wenn es an einer § 2056 S. 1 entsprechenden Regelung fehlt. Es kann aber uU ein Pflichtteilsergänzungsanspruch nach §§ 2325, 2329 gegeben sein (MüKoBGB/Lange Rn. 25; Thubauville MittRhNotK 1992, 289 (299)).

12 Bei **mehreren Pflichtteilsberechtigten** wird nicht für alle ein Gesamtnachlass gebildet (wie bei der kollektiv berechneten Ausgleichung nach §§ 2050 ff.), sondern es ist für jeden Anrechnungspflichtigen **jeweils getrennt** sein Pflichtteilsanspruch individuell aus dem nur um seinen Vorempfang erhöhten Anrechnungsnachlass zu berechnen. Es erfolgt also eine **mehrfache, getrennte Berechnung** mit verschiedenen Anrechnungsnachlässen (MüKoBGB/Lange Rn. 23; Lange/Kuchinke ErbR § 37 VI 9 Fn. 332, jeweils mit Beispiel). Bei **Zugewinngemeinschafts-**

**ehe** ist danach zu differenzieren, ob es zur güter- oder erbrechtlichen Lösung kommt. Beispiel → Rn. 12.1.

**Beispiel:** Verwitweter Erblasser hinterlässt drei Kinder. Erbe ist der Familienfremde F. Nachlasswert 60.000 EUR; Vorempfang A 15.000 EUR, B 10.000 EUR und C 5.000 EUR. **12.1**
Pflichtteilsanspruch A: (60.000 EUR + 15.000 EUR) : 6 – 15.000 EUR = 0 EUR
Pflichtteilsanspruch B: (60.000 EUR + 10.000 EUR) : 6 – 10.000 EUR = 1.666,66 EUR
Pflichtteilsanspruch C: (60.000 EUR + 5.000 EUR) : 6 – 5.000 EUR = 5.833,33 EUR.

**Beispiel:** Der Erblasser hinterlässt aus einer Ehe in Zugewinngemeinschaft die Witwe W, die eine anrechnungspflichtige Zuwendung von 5.000 EUR erhielt. Der Nachlass beträgt 110.000 EUR, Zugewinnausgleichsforderung 10.000 EUR. Vorempfänge der drei Kinder wie vor. Erbe ist der Fremde F. **12.2**
Bereinigter Nachlass nach Abzug Zugewinnausgleich: 100.000 EUR
Pflichtteilsanspruch W: (100.000 EUR + 5.000 EUR) : 8 – 5.000 EUR = 8.125 EUR
Pflichtteilsanspruch A: (100.000 EUR + 15.000 EUR) : 8 – 15.000 EUR = 0 EUR
Pflichtteilsanspruch B: (100.000 EUR + 10.000 EUR) : 8 – 10.000 EUR = 3.750 EUR
Pflichtteilsanspruch C: (100.000 EUR + 5.000 EUR) : 8 – 5.000 EUR = 8.125 EUR.

Auch bei der Berechnung des **Pflichtteilsrestanspruchs** nach § 2305 ist in gleicher Weise zu verfahren, wenn der Pflichtteilsberechtigte bereits zu Lebzeiten einen Vorempfang mit Anrechnungspflicht erhalten hat und man der sog. Werttheorie zumindest bei Bestehen von Anrechnungs- und Ausgleichungspflichten folgt (→ § 2305 Rn. 3). Beispiel → Rn. 13.1. **13**

**Beispiel:** Der verwitwete Erblasser hinterlässt nur ein Kind K, das bereits 10.000 EUR mit Anrechnungsbestimmung zu Lebzeiten erhalten hat. Der Nachlass beträgt 60.000 EUR, K wird zu 1/6 als Erbe eingesetzt; den Rest erhält der Familienfremde F. **13.1**
Pflichtteilsanspruch K: (60.000 EUR + 10.000 EUR) : 2 – 10.000 EUR = 25.000 EUR
Erbteil: 10.000 EUR. Pflichtteilsrestanspruch somit 15.000 EUR.

**2. Wertberechnung der Zuwendung (Abs. 2 S. 2).** Gemäß **Abs. 2 S. 2** bestimmt sich der Wert der anzurechnenden Zuwendung nach dem Zuwendungszeitpunkt, bei gestreckten Erwerbstatbeständen ist das der der Vollendung des dinglichen Erwerbs (BGHZ 65, 75 (76 f.) = NJW 1975, 1831; Staudinger/Otte, 2021, Rn. 42; Thubauville MittRhNotK 1992, 289 (303)). Der anrechnungspflichtige Pflichtteilsberechtigte trägt daher grds. das Risiko der Wertminderung bis zum Erbfall, während eine bis zum Erbfall eingetretene Wertsteigerung den Erben nicht entlastet (Staudinger/Otte, 2021, Rn. 43; Keim ZEV 2006, 363; MüKoBGB/Lange Rn. 28), was etwa bei zwischenzeitlich erheblichen Wertzuwächsen nur schwer verständlich ist. Jedoch ist zur Verwirklichung der wirtschaftlichen Vergleichbarkeit des Wertmessers Geld ein vom Zeitpunkt der Zuwendung bis zum Erbfall eingetretener **Kaufkraftschwund** zu berücksichtigen. Es ist daher zunächst nach den allgemeinen Bewertungsmethoden der Wert der Zuwendung im Zuwendungszeitpunkt zu ermitteln und dann der Zuwendungswert mit dem für das Jahr des Todes des Erblassers geltenden Verbraucherpreisindex zu multiplizieren und durch den Verbraucherpreisindex für das Zuwendungsjahr zu dividieren (BGHZ 65, 75 (78) = NJW 1975, 1831; BGHZ 96, 174 (180); dazu auch BGHZ 61, 385 (388, 393) für den Zugewinnausgleich; MüKoBGB/Lange Rn. 28). Dies gilt für Geld- wie Sachzuwendungen (Thubauville MittRhNotK 1992, 289 (303); aA für Geldzuwendungen Philipp DB 1976, 664). Als maßgeblicher Index wurde früher überwiegend der für einen Vier-Personen-Arbeitnehmerhaushalt mit mittlerem Einkommen angenommen (Staudinger/Otte, 2021, Rn. 45). Dabei ist jedoch zu beachten, dass seit dem Januar 2003 (ausf. Reul DNotZ 2003, 92) nur noch der **Verbraucherpreisindex** für Deutschland festgestellt wird (zu den Umbasierungsfaktoren für die Umrechnung der früheren Indexreihen s. DNotZ 2003, 733). In einer Formel (Soergel/Beck Rn. 14; MüKoBGB/Lange Rn. 28; PWW/Deppenkemper Rn. 8): **14**

$$W = \frac{Z \times LE}{LZ}$$

Dabei steht Z für den Zuwendungswert im Zeitpunkt der Zuwendung, LZ für den Verbraucherpreisindex zurzeit der Zuwendung, LE für den Verbraucherpreisindex im Erbfall und W für den durch den **Kaufkraftschwund bereinigten Zuwendungswert.**

Dieses Verfahren ist kritisiert worden, da es Geld- und Sachwertzuwendungen gleich behandelt und der Lebenshaltungsindex über den Geldwertschwund bestimmter Sachwerte nichts aussagt (Soergel/Beck Rn. 15; krit. hierzu auch Pentz ZEV 1999, 167). Daher wird auch vorgeschlagen, **15** auf den Wiederbeschaffungsaufwand im Zeitpunkt des Erbfalls für die Zuwendung im Erhaltungszustand des Zuwendungszeitpunkts abzustellen (Werner DNotZ 1978, 66 (80 ff.); krit. hierzu Staudinger/Otte, 2021, Rn. 46; Thubauville MittRhNotK 1992, 289 (304); abl. auch OLG Nürnberg ZEV 2006, 361 (362)), was aber nicht sehr praktikabel erscheint.

16 Der Erblasser kann jedoch den **Anrechnungswert** niedriger als den wahren Wert **ansetzen,** denn er könnte ja auch ganz auf die Anrechnung verzichten (MüKoBGB/Lange Rn. 29). Die einseitige Anrechnung zu einem **höheren** als dem wirklichen Wert ist jedoch nicht zulässig, da dadurch einseitig in den Pflichtteil des Empfängers eingegriffen würde; hierzu bedarf es eines Pflichtteilsverzichts, wenn nicht ausnahmsweise ein Pflichtteilsentziehungsgrund vorliegt (Keim MittBayNot 2008, 8 (10); Soergel/Beck Rn. 11; Staudinger/Otte, 2021, Rn. 48; MüKoBGB/Lange Rn. 29; Thubauville MittRhNotK 1992, 289 (305); Kasper, Anrechnung und Ausgleichung im Pflichtteilsrecht, 1999, 84 f.; Damrau/Tanck/Lenz-Brendel Rn. 11; aA Ebenroth/Bacher/Lorz JZ 1991, 277 (282): formloses Einverständnis genügt). Ein einseitiger Eingriff in das Pflichtteilsrecht ist dem Zuwendungsempfänger auch nicht dadurch möglich, dass ein **anderer Bewertungsstichtag** bestimmt wird (Staudinger/Otte, 2021, Rn. 48; Keim ZEV 2006, 363; aA OLG Nürnberg ZEV 2006, 361 (362)).

## IV. Wegfall eines Abkömmlings (Abs. 3)

17 Abs. 3 enthält eine **Ausnahme** vom Grundsatz, dass **fremde Vorempfänge nicht anzurechnen** sind (→ Rn. 6). Fällt ein Abkömmling, der eine anrechnungspflichtige Zuwendung erhalten hat, vor oder nach dem Erbfall weg, so muss sich der an seine Stelle tretende Abkömmling des Erblassers, der nicht notwendig einer des Weggefallenen sein muss, diese Zuwendung anrechnen lassen. Dies gilt nicht, wenn er beweisen kann, dass die Anrechnungspflicht nur für den Empfänger der Zuwendung gelten sollte. Durch die erweiterte Anrechnung soll eine Vermehrung der Pflichtteilslast vermieden werden (vgl. Staudinger/Otte, 2021, Rn. 54). Dass der Eintretende die Zuwendung tatsächlich erhalten oder den Weggefallenen beerbt hat, ist nicht erforderlich. Auch gilt Abs. 3 dann, wenn der Nachrückende der einzige Pflichtteilsberechtigte ist, da es sich um eine Anrechnungs- und nicht Ausgleichungsbestimmung handelt (Lange/Kuchinke ErbR § 37 VII 9a sub gamma; Soergel/Beck Rn. 15). Der Wegfall kann durch Vorversterben, Erbverzicht ohne Pflichtteilsvorbehalt, Erbunwürdigerklärung, Ausschlagung, Pflichtteilsverzicht, Pflichtteilsentziehung erfolgen (vgl. Staudinger/Otte, 2021, Rn. 56; Burandt/Rojahn/Horn Rn. 28).

18 Abs. 3 greift auch ein, wenn zwar kein Abkömmling des anrechnungspflichtigen Zuwendungsempfängers vorhanden ist, aber ein anderer Abkömmling des Erblassers, also ein **Seitenverwandter** des Weggefallenen, an dessen Stelle tritt. Hier ist im Anrechnungsverfahren auch der Grundgedanke des § 1935 zu beachten: Zuwendungen an den Weggefallenen können nicht den ursprünglichen Pflichtteil des „Ersatzmannes" beeinträchtigen (Soergel/Beck Rn. 17; RGRK-BGB/Johannsen Rn. 18; Staudinger/Otte, 2015, Rn. 57). Beispiel → Rn. 18.1.

18.1 **Beispiel:** Der verwitwete Erblasser hinterlässt einen Nachlass von 40.000 EUR und zwei Kinder A und B. A ist kinderlos vorverstorben und hat eine anrechnungspflichtige Zuwendung von 10.000 EUR erhalten. Erbe ist der Familienfremde F.

Der Pflichtteil von B beläuft sich dabei nicht etwa auf (40.000 EUR + 10.000 EUR) : 2 – 10.000 EUR = 15.000 EUR. Vielmehr sind der ursprüngliche und der durch den Wegfall von A als Erhöhung erworbene Pflichtteil als besondere anzusehen. Also getrennte Berechnung: Pflichtteil B ohne die Erhöhung und ohne Wegfall des A: 10.000 EUR. Zuzüglich des fremden Pflichtteils des A unter Berücksichtigung der Anrechnungspflicht (40.000 EUR + 10.000 EUR) : 4 – 10.000 EUR = 2.500 EUR (ebenso Staudinger/Otte, 2015, Rn. 58; MüKoBGB/Lange Rn. 30).

19 Für **Eltern** und **Ehegatten** gilt die Anrechnungspflicht eines fremden Vorempfangs nach Abs. 3 nach dessen ausdrücklichem Wortlaut nicht (Soergel/Beck Rn. 21). Jedoch kann den an Stelle des weggefallenen Abkömmlings eintretenden Eltern § 2309 entgegenstehen, weil die Annahme eines anrechnungspflichtigen Vorempfangs der Annahme einer Hinterlassenschaft iSd § 2309 gleichsteht und daher in diesem Umfang den Pflichtteilsanspruch der Eltern mindert (→ § 2309 Rn. 15). Dies gilt jedoch nicht bei einem Vorversterben des anrechnungspflichtigen Abkömmlings, da die Eltern in diesem Fall nicht durch diesen von der gesetzlichen Erbfolge ausgeschlossen werden (Staudinger/Otte, 2015, Rn. 58; MüKoBGB/Lange Rn. 33).

## V. Konkurrenzfragen

**1. Anrechnung von Ehegattenzuwendungen bei Zugewinngemeinschaft.** Der Erblasser kann bei Zuwendungen an seinen Ehegatten in einer Zugewinngemeinschaftsehe bestimmen, dass diese auf den Pflichtteil (§ 2315) oder auf die Zugewinnausgleichsforderung (§ 1380, wichtig wenn es zur güterrechtlichen Lösung kommt, → § 2303 Rn. 39) angerechnet werden. Einigkeit besteht hier zunächst darüber, dass es dem Erblasser **freisteht** zu bestimmen, ob der Vorempfang auf den Zugewinnausgleich, den Pflichtteil oder teilweise auf die eine oder andere Forderung angerechnet wird. Lediglich eine **Doppelanrechnung** ist ausgeschlossen (MüKoBGB/Lange Rn. 35; Soergel/Beck Rn. 21; Kasper, Anrechnung und Ausgleichung im Pflichtteilsrecht, 1999, 91). Für die Reihenfolge der Anrechnung kommt es primär auf den Erblasserwillen an. Für die Anrechnung auf die andere Forderung ist zudem nur dann Raum, wenn der Wert der Zuwendung nicht bereits durch die Anrechnung auf die eine Forderung „verbraucht" ist (Soergel/Beck Rn. 23). Fehlt es an einer Anrechnungsbestimmung, so ist in Anlehnung an § 366 Abs. 2 der Pflichtteilsanspruch zu kürzen, da dieser gegenüber der Zugewinnausgleichsforderung der **weniger sichere** ist (§ 327 Abs. 1 Nr. 1 InsO) (MüKoBGB/Lange Rn. 36; Soergel/Beck Rn. 23; v. Olshausen FamRZ 1978, 755 (761) will ausgehend von § 1374 Abs. 2 nur den halben Zuwendungswert auf den Pflichtteil anrechnen. Für verhältnismäßige Anrechnung RGRK-BGB/Johannsen Rn. 39 mit Formeln; eingehend zum Streitstand und zu den Berechnungsmethoden Kasper, Anrechnung und Ausgleichung im Pflichtteilsrecht, 1999, 91–122; Bonefeld ZErb 2002, 189). 20

**2. Anrechnung und Pflichtteilsergänzung.** Ist die anrechnungspflichtige Zuwendung eine Schenkung, so steht dies **Pflichtteilsergänzungsansprüchen** anderer Pflichtteilsberechtigter nicht entgegen (Sturm/Sturm FS v. Lübtow, 1980, 599 ff.; Otta, Vorausleistungen auf den Pflichtteil, 2000, 178, 193; Schindler, Pflichtteilsberechtigter Erbe und pflichtteilsberechtigter Beschenkter, 2004, Rn. 550). Übersteigt der Zuwendungswert den Wert des Pflichtteils des Beschenkten, der sich nach § 2315 ergibt, so muss er zwar nach dieser Bestimmung nichts hinaus zahlen. Bezüglich der Schenkung kann aber ein **Pflichtteilsergänzungsanspruch** gegen ihn nach den §§ 2325, 2329 bestehen (Soergel/Beck Rn. 10; Schindler, Pflichtteilsberechtigter Erbe und pflichtteilsberechtigter Beschenkter, 2004, Rn. 550); dabei hat er jedoch **analog § 2328** ein Leistungsverweigerungsrecht zur Verteidigung seines nach § 2315 berechneten Pflichtteilsanspruchs, einschließlich eines etwaigen eigenen Ergänzungsanspruchs (→ § 2329 Rn. 13). Macht der Anrechnungspflichtige selbst einen Pflichtteilsergänzungsanspruch gegen andere geltend, so muss er sich hierauf den Wert seiner Zuwendung nach **§ 2327 Abs. 1 S. 2** anrechnen lassen. 21

## VI. Beweislast

Sowohl die Zuwendung selbst wie auch die Anrechnungsbestimmung muss derjenige beweisen, der sich hierauf beruft (Baumgärtel/Laumen Rn. 1 mwN). Dies ist idR der Erbe (OLG Oldenburg ZErb 2021, 366 ff. mAnm Horn = BeckRS 2021, 15778). Auch wenn der Beweis hierfür mit anderen Mitteln geführt werden kann, sollte sich der Erblasser vom Zuwendungsempfänger immer **schriftlich** Art, Höhe und die getroffene Anrechnungsbestimmung bestätigen lassen. Dafür, dass der Erblasser eine solche Bestimmung getroffen hätte, streitet aber auch selbst bei höheren Zuwendungen **kein Anscheinsbeweis** (OLG Köln ZEV 2008, 244; OLG Koblenz ZErb 2006, 130). Andererseits bedarf auch ein nachträgliches Anerkenntnis hierüber nicht der Form des Pflichtteilsverzichts (RG Recht 1911 Nr. 2923; Kipp/Coing ErbR § 11 I Fn. 2). 22

## § 2316 Ausgleichungspflicht

**(1) [1]Der Pflichtteil eines Abkömmlings bestimmt sich, wenn mehrere Abkömmlinge vorhanden sind und unter ihnen im Falle der gesetzlichen Erbfolge eine Zuwendung des Erblassers oder Leistungen der in § 2057a bezeichneten Art zur Ausgleichung zu bringen sein würden, nach demjenigen, was auf den gesetzlichen Erbteil unter Berücksichtigung der Ausgleichungspflichten bei der Teilung entfallen würde. [2]Ein Abkömmling, der durch Erbverzicht von der gesetzlichen Erbfolge ausgeschlossen ist, bleibt bei der Berechnung außer Betracht.**

**(2) Ist der Pflichtteilsberechtigte Erbe und beträgt der Pflichtteil nach Absatz 1 mehr als der Wert des hinterlassenen Erbteils, so kann der Pflichtteilsberechtigte von den**

**Miterben den Mehrbetrag als Pflichtteil verlangen, auch wenn der hinterlassene Erbteil die Hälfte des gesetzlichen Erbteils erreicht oder übersteigt.**

**(3) Eine Zuwendung der im § 2050 Abs. 1 bezeichneten Art kann der Erblasser nicht zum Nachteil eines Pflichtteilsberechtigten von der Berücksichtigung ausschließen.**

**(4) Ist eine nach Absatz 1 zu berücksichtigende Zuwendung zugleich nach § 2315 auf den Pflichtteil anzurechnen, so kommt sie auf diesen nur mit der Hälfte des Wertes zur Anrechnung.**

**Schrifttum:** Hülsmann, Der Ausschluss der Ausgleichung von Pflegeleistungen durch den Erblasser, NWB 2021, 1469; Kasper, Anrechnung und Ausgleichung im Pflichtteilsrecht, 1999; Kerscher/Riedel/Lenz, Pflichtteilsrecht in der anwaltlichen Praxis, 3. Aufl. 2012; Kollmeyer, Keine Kumulation von Vermächtnis und Pflichtteil bei Ausschluss der Ausgleichung nach § 2057a BGB, ErbR 2021, 837; Kollmeyer, Unter Abkömmlingen ausgleichungspflichtige Zuwendungen, NJW 2022, 1152; F. Osthold/K. Osthold, Die Pflichtteilsberechnung nach § 2316 Abs. 1 BGB: 100 Jahre falsch gerechnet?, ZEV 2018, 113; Schäfer, Pflichtteilsreduzierung und Pflichtteilserhöhung durch kombinierte Anrechnung und Ausgleichung, ZEV 2013, 63; Schäfer, Was bezweckt § 2316 Abs. 1 BGB?, ZEV 2018, 496; Schindler, Aufhebung von Ausgleichungsanordnungen und § 2316 BGB, ErbR 2020, 11; Schneider, Berücksichtigung von Pflegeleistungen eines Abkömmlings im Erbfall, ZEV 2018, 380; Tanck, Keine Pflichtteilsreduzierung bei Kombination von Anrechnung (§ 2315) und Ausgleichung (§ 2316)?, ZErb 2003, 41.

## Überblick

Die Vorschrift erstreckt gem. **Abs. 1** die sich aus der **Erbausgleichung** nach §§ 2050 ff. ergebende Änderung der Erbquoten (→ Rn. 3 ff.) auf die Berechnung des **Pflichtteilsanspruchs** (→ Rn. 6 ff.). Die Erhöhung des gesetzlichen Erb- und Pflichtteils kommt einem ausgleichungsberechtigten Abkömmling nach **Abs. 2** auch zugute, wenn er zum gewillkürten Erben eingesetzt worden ist (→ Rn. 16). Besonderheiten sind nach **Abs. 4** bei der Berechnung des Pflichtteils zu berücksichtigen bei Zuwendungen, die **sowohl anrechnungs- als auch ausgleichungspflichtig** sind (→ Rn. 18).

## Übersicht



## I. Normzweck, Grundsätzliches

1 Die Vorschrift knüpft an die Ausgleichung von Zuwendungen und Leistungen zwischen den Abkömmlingen bei einer Erbauseinandersetzung (§§ 2050 ff.) an. Da die Ausgleichung die nach den §§ 1924 ff. sich ergebenden **Erbquoten** uU erheblich verändert, muss dies auch Auswirkungen auf den Pflichtteilsanspruch haben, der nach § 2303 Abs. 1 S. 2 in der Hälfte des Wertes des gesetzlichen Erbteils besteht (BGH NJW 1993, 1197; OLG Nürnberg NJW 1992, 2303 (2304); Staudinger/Otte, 2021, Rn. 2). Dabei ist für die Berechnung des Pflichtteils von einer **hypothetischen Ausgleichung** auszugehen, da eine echte Ausgleichung infolge der Enterbung von Pflichtteilsberechtigten gerade nicht stattfindet (BGH NJW 1993, 1197; Damrau/Tanck/Lenz-Brendel Rn. 4). Die Ausgleichung erfolgt auch hier **nur zwischen Abkömmlingen,** wirkt zu Gunsten wie zu Lasten des enterbten Abkömmlings (deutlich bereits Bührer ZBlFG 15, 213 (226 ff.)), aber auch für den auf Pflichtteilszahlung in Anspruch genommenen pflichtteilsberechtigten Alleinerben (BGH NJW 1993, 1197).

2 Die Ausgleichung verringert idR (anders als § 2315) nicht die gesamte Pflichtteilsbelastung des Erben, sondern führt nur zu einer **Umverteilung** (Verschiebung) der Höhe der einzelnen Pflichtteilsansprüche zwischen den pflichtteilsberechtigten Abkömmlingen (Kretzschmar ZBlFG

8, 11 (18); BeckOGK/Reisnecker, 1.2.2022, Rn. 3 mwN). Ausnahmsweise tritt eine **Entlastung** des Erben ein, wenn infolge einer Ausgleichungspflicht des Berechtigten sich dessen Pflichtteilsanspruch reduziert, die ausgleichungsberechtigten anderen abstrakt Pflichtteilsberechtigten aber in Folge Pflichtteilsentziehung, Erbunwürdigkeit oÄ in concreto keinen Pflichtteilsanspruch haben (Soergel/Beck Rn. 3; BeckOGK/Reisnecker, 1.2.2022, Rn. 3).

## II. Ausgleichungspflichtteil (Abs. 1)

**1. Voraussetzungen der Ausgleichung. a) Mehrere Abkömmlinge.** Die Pflichtteilsberechnung nach § 2316 erfordert, dass im Fall einer gesetzlichen Erbfolge Zuwendungen des Erblassers oder Leistungen iSd § 2057a zur Ausgleichung zu bringen wären (hypothetische Ausgleichungslage, → Rn. 1). Dies setzt zum einen voraus, dass mehrere Abkömmlinge vorhanden sind, die pflichtteilsberechtigt sind; bei nichtehelichen Kindern → § 2303 Rn. 16. Bei der abstrakten Ermittlung des die Pflichtteilsquote bestimmenden Erbteils (§ 2310 S. 1) werden auch die Abkömmlinge mitgezählt, die **enterbt** sind, die Erbschaft **ausgeschlagen** haben, oder für **erbunwürdig** erklärt wurden, nur auf ihren **Pflichtteil verzichtet** haben oder denen der **Pflichtteil entzogen** wurde, mögen diese im konkreten Fall auch keinen Pflichtteilsanspruch mehr haben (LG Ravensburg BWNotZ 1989, 146 (147) = AgrarR 1991, 252; NK-BGB/Bock Rn. 7; MüKoBGB/Lange Rn. 4; Lange/Kuchinke ErbR § 37 VII Fn. 346). Außer Betracht bleibt aber derjenige, der aufgrund eines reinen **Erbverzichtsvertrages** (§ 2346 Abs. 1) ausgeschlossen ist (Abs. 1 S. 2, was § 2310 S. 2 entspricht), oder bei dem vor dem 1.4.1998 ein sog. vorzeitiger Erbausgleich (§ 1934e) wirksam zustandegekommen ist (Grüneberg/Weidlich Rn. 1); vgl. Art. 227 Abs. 1 Nr. 2 EGBGB. Soweit sich der Erbverzicht auch auf die Abkömmlinge des Verzichtenden erstreckt (§ 2349), sind diese ebenfalls nicht zu berücksichtigen. Mitzuzählen sind dagegen Abkömmlinge, die allein oder neben Dritten zu Erben eingesetzt sind, und zwar sogar dann, wenn sich die Ausgleichung zu Gunsten dieses Erben auswirkt (BGH NJW 1993, 1197; OLG Nürnberg NJW 1992, 2303 (2304); LG Ravensburg BWNotZ 1989, 146; NK-BGB/Bock Rn. 7; MüKoBGB/Lange Rn. 4; Soergel/Beck Rn. 2; Thubauville MittRhNotK 1992, 289 (291); aA OLG Stuttgart DNotZ 1989, 184). 3

**b) Vorliegen einer ausgleichungspflichtigen Zuwendung oder Leistung.** Weiter muss eine ausgleichungspflichtige **Zuwendung** (§ 2050) oder **Leistung** (§ 2057a) vorliegen. Insoweit wird an die in diesen Gesetzesbestimmungen getroffenen Regelungen angeknüpft (zu Einzelheiten s. dort). Hinsichtlich der Zuwendungen ist zu beachten, dass es Zuwendungen gibt, die kraft Gesetzes immer ausgleichungspflichtig sind (§ 2050 Abs. 1 und 2, sog **„geborene" Ausgleichungspflicht);** dies sind die **Ausstattung** (§ 1624, und zwar auch die Übermaßausstattung), Übermaßzuschüsse und Übermaßausbildungskosten. Bei größeren Zuwendungen liegt die Deutung als Ausstattung nahe, wenn sich kein anderer Rechtsgrund feststellen lässt. Werden neben dem Ausstattungszweck noch andere Zuwendungszwecke verfolgt, wie etwa eine Steuerersparnis oder die Erlangung eines lebzeitigen Wohnungsrechts für die bereits betagten Zuwendenden, so steht dies der Annahme einer Ausstattung nicht entgegen (OLG Karlsruhe FamRZ 2012, 901 (902)). 4

**Sonstige Zuwendungen** begründen eine Ausgleichungspflicht nur, wenn dies der Erblasser ausdrücklich vor oder spätestens bei der Zuwendung **angeordnet** hat (§ 2050 Abs. 3, sog **„gekorene Ausgleichungspflicht"**). Die Ausgleichungsanordnung ist eine einseitige, aber empfangsbedürftige Willenserklärung, die **vor oder spätestens bei der Zuwendung** dem Empfänger zugehen muss (J. Mayer ZErb 2007, 130 (137); MüKoBGB/Lange Rn. 11; Staudinger/Otte, 2021, Rn. 10; BeckOGK/Reisnecker, 1.2.2022, Rn. 32), da er auch hier – wie bei der Pflichtteilsanrechnung nach § 2315 (→ § 2315 Rn. 6) – die Möglichkeit der Zurückweisung haben muss. Eine nach der Zuwendung getroffene Anordnung vermag nur ausnahmsweise eine Ausgleichungspflicht zu begründen, und zwar, wenn dies sich der Erblasser **ausdrücklich vorbehalten** hat (Damrau/Tanck/Lenz-Brendel Rn. 7; J. Mayer ZEV 1996, 441 (443, 445); MüKoBGB/Lange Rn. 11) oder die Form eines Erb- oder Pflichtteilsverzichts eingehalten (RGZ 71, 133 (136 f.); NK-BGB/Bock Rn. 12; Staudinger/Otte, 2021, Rn. 12; RGRK-BGB/Johannsen Rn. 8) oder dadurch nicht in den Pflichtteil eingegriffen wird (RGZ 67, 306 (309); NK-BGB/Bock Rn. 12; Lange/Kuchinke ErbR § 37 VII 9b Fn. 342); vgl. zur nachträglichen Aufhebung einer Ausgleichungsanordnung → Rn. 19. Die Anordnung kann auch nur für bestimmte Situationen getroffen werden, etwa nur für den Fall des Eintritts der **gesetzlichen Erbfolge,** nicht aber für die Berechnung der Pflichtteilshöhe bei Eintritt der gewillkürten; Abs. 3 steht dem nicht entgegen, da es im Ermessen 5 des Erblassers steht, ob er überhaupt eine Ausgleichungspflicht trifft (J. Mayer ZErb 2007, 130 (137); Damrau/Tanck/Lenz-Brendel Rn. 8; Schindler ErbR 2020, 11 (14)).

**5a** Zu beachten ist, dass der **Zuwendungsbegriff** in § 2316 Abs. 1, § 2050 Abs. 3 von der hM anders verstanden wird als der in § 2315. Der Zuwendungsbegriff im Ausgleichungsverfahren ist insofern weiter, als darunter nicht nur freiwillige Zuwendungen fallen, sondern auch solche, die in Erfüllung einer **gesetzlichen Pflicht** (etwa einer Unterhaltspflicht) erfolgen (RGZ 73, 372 (377) zu § 2050; NK-BGB/Bock Rn. 11; RGRK-BGB/Kregel § 2050 Rn. 14. Für einen einheitlichen Zuwendungsbegriff aber Staudinger/Otte, 2021, Rn. 7; Kasper, Anrechnung und Ausgleichung im Pflichtteilsrecht, 1999, 22 ff.; MüKoBGB/Ann § 2050 Rn. 31; diff. Soergel/Beck Rn. 5). Dies ist besonders bei der Erbringung von Pflegekosten an unterhaltspflichtige Kinder bedeutsam. Die ausgleichungspflichtige Zuwendung muss zudem **vom Erblasser** stammen (vgl. für die ähnliche Problematik bei der Anrechnung → § 2315 Rn. 3). Bei der **Ausgleichung** auf den Erbteil nach §§ 2050, 2052 macht die hM bei Vorliegen eines **Berliner Testaments** iSv § 2269 eine Ausnahme und lässt einen weiten Erblasserbegriff zu, sodass die bereits vom Erstversterbenden der Eltern gemachte Zuwendung erst im Rahmen der Erbauseinandersetzung nach dem Tode des zuletzt verstorbenen Elternteils zur Ausgleichung zu bringen ist (→ § 2050 Rn. 6) (RG WarnR 1938, 51 (52); KG NJW 1974, 2131 (2132); Soergel/M. Wolf § 2050 Rn. 11; Soergel/M. Wolf § 2052 Rn. 5; offengelassen von BGHZ 88, 102 (109) = NJW 1983, 2875 zu § 2327). Jedoch ist diese Auffassung auf den Ausgleichspflichtteil nach § 2316 **nicht** übertragbar (Schindler, Pflichtteilsberechtigter Erbe und pflichtteilsberechtigter Beschenkter, 2004, Rn. 422 ff. mit Darstellung der sich bei § 2050 und § 2316 unterschiedlich auswirkenden Begriffe des Erblassers; Schmid BWNotZ 1971, 29 (34); der Sache nach auch OLG Düsseldorf ZErb 2002, 231 (232); für fraglich hält den weiten Erblasserbegriff bei § 2316 Mohr ZEV 1999, 257 (259)). Sie geriete sonst in Widerspruch zur Anrechnung nach § 2315, wo dies von der ganz hM abgelehnt wird (→ Rn. 4), ohne dass ein sachlicher Differenzierungsgrund erkennbar ist, widerspricht der vom BGH (BGHZ 88, 102 (109) = NJW 1983, 2875) bei § 2327 angewandten „Trennungsbetrachtung" und ließe den eindeutigen Wortlaut des § 2316 Abs. 1 außer Acht, der eine „Zuwendung des Erblassers" fordert. Soweit sich im Einzelfall nicht ermitteln lässt, aus wessen Nachlass die Zuwendung tatsächlich stammte, kann § 2331 auch bei anderen Güterständen analog angewandt werden (Mellmann, Pflichtteilsergänzung und Pflichtteilsanrechnung, 1996, 189 ff.; dem zuneigend auch Soergel/Beck § 2327 Rn. 3 Fn. 6; Schindler, Pflichtteilsberechtigter Erbe und pflichtteilsberechtigter Beschenkter, 2004, Rn. 423 Fn. 721).

**5b** Bei der Pflichtteilsberechnung berücksichtigt werden grds. auch **Leistungen eines Abkömmlings iSv § 2057a,** die dieser für den Erblasser erbracht hat. Nach hM kann der Erblasser die Berücksichtigung solcher Leistungen zulässigerweise durch **Verfügung von Todes wegen ausschließen** (BGH ErbR 2021, 781 mAnm Keim = ZEV 2021, 449 mAnm Horn; krit. Staudinger/Otte, 2021, Rn. 9 mit dem Argument, ein Erblasser, der solche Leistungen entgegennehme, aber gleichzeitig deren Berücksichtigung bei der Ausgleichung verbiete, verstoße gegen die guten Sitten). Hierbei handelt es sich um ein Vermächtnis zu Gunsten der anderen Abkömmlinge (BGH ErbR 2021, 781 mAnm Keim = ZEV 2021, 449 mAnm Horn). Diese Ausschließung muss nicht ausdrücklich erfolgen, sondern kann sich auch aus den im Testament zum Ausdruck gekommenen Umständen ergeben (BGH ErbR 2021, 781 mAnm Keim = ZEV 2021, 449 mAnm Horn). In dem vom **BGH** (BGH ErbR 2021, 781 mAnm Keim = ZEV 2021, 449 mAnm Horn) entschiedenen Fall, in dem eine solche Ausschließungserklärung dem Testament, in dem der pflegende Abkömmling zum Alleinerben eingesetzt worden ist, im Wege der **Auslegung** entnommen worden ist (Vorinstanz OLG Hamm BeckRS 2020, 46072), war dies jedoch äußerst zweifelhaft. Denn zum einen handelte es sich um ein notarielles Testament, bei dem grds. die Vollständigkeit der Urkunde vermutet werden kann (Keim ErbR 2021, 785); mit anderen Worten kann dort ein Nicht-Ausschließungswille unterstellt werden, wenn ausweislich des Inhalts der Urkunde keine dahin gehende Erklärung des Erblassers beurkundet worden ist. Zum anderen mutet es fast schon etwas schizophren an, wenn man dem „gewährenden" Willen des Erblassers (konkret: Einsetzung des pflegenden Abkömmlings zum Alleinerben) zugleich eine „entziehende" Komponente (Ausschluss des Ausgleichungsrechts gegenüber den nicht pflegenden, anderen Abkömmlingen) zumisst (eine solche Auslegung widerspricht wohl zumindest der Lebenserfahrung; vgl. Keim ErbR 2021, 785; krit. auch Hülsemann NWB 20/2021, 1469 (1474); befürwortend dagegen Horn ZEV 2021, 451).

**6** **2. Berechnung des Ausgleichspflichtteils. a) Grundsätzliches.** Der Ausgleichungspflichtteil ist auf der Grundlage des fiktiven **Ausgleichungserbteils** (auch Teilungsquote genannt) zu ermitteln. Dieser ist also nach den §§ 2055–2057a zu errechnen (→ § 2055 Rn. 3 ff.) und dann zu halbieren (eingehend mit Beispielen und Formeln Sturm/Sturm FS v. Lübtow, 1990, 291 ff.; Staudinger/Otte, 2021, Rn. 17 ff.; für alternative Berechnungsmethode jedoch F. Osthold/K. Osthold ZEV 2018, 113 (117); dagegen Schäfer ZEV 2018, 496 ff.). Dabei ist wie folgt vorzugehen:

**1.** Ermittlung des **ausgleichungspflichtigen Restnachlasses** (§ 2055 Abs. 1 S. 2) durch Abzug des Teils, der auf den gesetzlichen Erbteil von Personen entfällt, die an der Ausgleichung nicht teilnehmen (Ehegatten scheiden immer aus, eventuell Abkömmlinge, die nach § 2056 S. 2 außer Betracht bleiben).

**2. Bildung des Ausgleichungsnachlasses** durch Hinzurechnung sämtlicher ausgleichungspflichtiger Vorempfänge (kollektiv, § 2055 Abs. 1 S. 2, und indexiert), jedoch ohne den nicht zu berücksichtigenden Ehegatten oder die Abkömmlinge, die wegen § 2056 aus der Ausgleichung ausscheiden.

**3. Ermittlung des Ausgleichungserbteils,** indem der Ausgleichungsnachlass durch die (hypothetische) gesetzliche Erbquote geteilt wird, jedoch ohne Berücksichtigung der bereits aus der Ausgleichung ausgeschiedenen Abkömmlinge und des Ehegatten.

**4. Abzug der Vorempfänge** des jeweiligen Abkömmlings (§ 2055 Abs. 1 S. 1). Dabei empfiehlt es sich, mit demjenigen zu beginnen, der die größte Zuwendung erhalten hat, da hier die Möglichkeit am größten ist, dass er wegen § 2056 S. 2 aus dem ganzen Ausgleichungsverfahren ausscheidet.

**5.** Ist der Vorempfang größer als der Ausgleichungserbteil, so **scheidet der Abkömmling** mit seinem Vorempfang nach § 2056 S. 2 aus der Ausgleichsberechnung aus. Dann ist wieder nach Ziff. 1–4 vorzugehen, mit Ausgleichung nur zwischen den übrigen Abkömmlingen.

**6. Ermittlung des Ausgleichungspflichtteils,** das ist die Hälfte des so ermittelten Ausgleichserbteils. Ist dieser kleiner oder gleich null, so besteht keine Ausgleichungspflicht (s. Ziff. 5).

In einer Formel ergibt sich (MüKoBGB/Lange Rn. 16): 7

$$P = \frac{1}{2} \times \left( \frac{N + Z}{Q} - T \right)$$

Dabei ist P der **Ausgleichungspflichtteil,** N der bei der gesetzlichen Erbfolge auf die ausgleichungspflichtigen Abkömmlinge entfallende Nachlassteil (also bereinigt um den auf den Ehegatten oder andere nicht ausgleichungsbeteiligte Personen entfallenden Teil), Z der Wert der Summe sämtlicher ausgleichungspflichtiger Zuwendungen an die Abkömmlinge, Q die Zahl der mitzuzählenden Abkömmlinge und T der Wert der von dem betreffenden Abkömmling auszugleichenden Zuwendung.

**b) Details.** Der **Wertansatz** der Zuwendungen richtet sich wie bei § 2315 nach deren tatsächlichen Wert zum Leistungszeitpunkt (§ 2055 Abs. 2) (Staudinger/Otte, 2021, Rn. 23; Peter BWNotZ 1986, 28 (29)). Währungsverfall und **Kaufkraftschwund** sind ebenso wie bei § 2315 zu berücksichtigen (→ § 2315 Rn. 14) (NK-BGB/Bock Rn. 16 f. mit Formel; Damrau/Tanck/Lenz-Brendel Rn. 12). Hinsichtlich einer Wertbestimmung des Erblassers gilt: Eine **Höherbewertung der Zuwendung** zu Lasten des Pflichtteilsberechtigten ist grds. nicht möglich, da dadurch das Pflichtteilsrecht des Zuwendungsempfängers beeinträchtigt wird (NK-BGB/Bock Rn. 18; Thubauville MittRhNotK 1992, 289 (305); Sostmann MittRhNotK 1976, 479 (485); Kasper, Anrechnung und Ausgleichung im Pflichtteilsrecht, 1999, 84 ff.; vgl. auch Peters BWNotZ 1986, 28 mit Gestaltungsvorschlägen; diff. Ebenroth/Bacher/Lorz JZ 1991, 281). Etwas anderes gilt, wenn diese in der Form eines (beschränkten) Pflichtteilsverzichts getroffen wird oder Gründe für eine Pflichtteilsentziehung vorliegen. Bei einer **Minderbewertung** zu Gunsten des Zuwendungsempfängers ist zu beachten, dass sich diese auch nicht nachteilig auf die Pflichtteile der anderen, ausgleichungsberechtigten Pflichtteilsberechtigten auswirken darf, da dadurch für deren Ausgleichserbteil weniger als nach dem gesetzlichen Grundschema angesetzt wird und § 2316 Abs. 3 dem Grenzen setzt (NK-BGB/Bock Rn. 18; Schmid BWNotZ 1971, 29 (35)). Bei den nur nach § 2050 Abs. 3 ausgleichungspflichtigen Zuwendungen wird man es für zulässig halten müssen, dass hier (gleichsam als ein weniger gegenüber der vollen Ausgleichungspflicht) ein niedrigerer Wert bestimmt wird (Kasper, Anrechnung und Ausgleichung im Pflichtteilsrecht, 1999, 88 ff.; Schmid BWNotZ 1971, 29 (35)). Bei der Bildung des ausgleichungspflichtigen Restnachlasses ist der **Güterstand** des Ehegatten zu beachten, bei der Zugewinngemeinschaft wegen der unterschiedlichen Höhe des Erbteils zudem auch noch, ob es zur erbrechtlichen oder güterrechtlichen Lösung kommt (Soergel/Beck Rn. 14). Der **Höhe** nach kann der Ausgleichungspflichtteil nie größer als die Hälfte des Wertes des hinterlassenen Nachlasses sein, da § 2056 S. 1, auf den für die fiktive Ausgleichung nach § 2316 verwiesen wird, den Ausgleichsanspruch auf den vorhandenen Nachlass begrenzt (Schindler, Pflichtteilsberechtigter Erbe und pflichtteilsberechtigter 8

Beschenkter, 2004, Rn. 416; Planck/Strohal Anm. 3c). Ist **kein Nachlass** vorhanden, so ergibt sich daraus zugleich, dass kein Ausgleichungspflichtteil entstehen kann (Schindler, Pflichtteilsberechtigter Erbe und pflichtteilsberechtigter Beschenkter, 2004, Rn. 418; J. Mayer ZErb 2007, 130 (138)). Jedoch ist zu beachten, dass es bei einem **„Zuvielbedachten"**, der durch einen Vorempfang mehr erhalten hat, als ihm im Rahmen der fiktiven Ausgleichung zustehen würde, über § 2056 S. 2 zu einer Erhöhung der Erb- und vor allem Pflichtteilsquote der anderen kommt (eingehender → Rn. 21).

9 **c) Beispiele (je ohne gleichzeitige Anrechnungspflicht). aa) Ausgleichspflichtteil ohne Ehegatten.** Witwer W hinterlässt 42.000 EUR und drei Söhne. Ausgleichungspflichtiger Vorempfang A 12.000 EUR, B 6.000 EUR, C hat noch nichts erhalten. Erbe ist der Fremde F. Alle drei Söhne sind daher pflichtteilsberechtigt.

Ausgleichungspflichtteil

A: {((42.000 + 12.000 + 6.000) : 3) – 12.000} : 2 = 4.000 EUR

B: {((42.000 + 12.000 + 6.000) : 3) – 6.000} : 2 = 7.000 EUR

C: {((42.000 + 12.000 + 6.000) : 3) – 0,00} : 2 = 10.000 EUR

Im Einzelnen ergibt sich (zahlreiche Beispiele zu § 2316 bei Tanck ZErb 2003, 41): Die Pflichtteilslast des Erben F beträgt insgesamt 21.000 EUR und ändert sich durch die Ausgleichung nicht; C wird jedoch genauso gestellt, wie wenn die Vorempfänge noch im Nachlass wären. Unter Berücksichtigung ihrer Vorempfänge stehen A (total 16.000 EUR) und B (total 13.000 EUR) immer noch besser, und zwar um die **Hälfte ihres Vorempfangs** (Soergel/Beck Rn. 12; eingehend dazu Sturm/Sturm FS v. Lübtow, 1991, 291 (294) mit Herleitung aus den entsprechenden Formeln). Eine gleichmäßige Behandlung kann also durch die Ausgleichung nicht erreicht werden.

10 **bb) Ausgleichspflichtteil bei einem „Zuvielbedachten".** Ausgleichungspflichtteil **ohne Ehegatten,** aber einer der Abkömmlinge wurde **„zuvielbedacht";** dazu folgender Fall: Witwer W hinterlässt vier Söhne und im Nachlass 240.000 EUR. Ausgleichungspflichtige Vorempfänge A: 240.000 EUR, B 40.000 EUR, C 0 EUR, D 80.000 EUR

Ausgleichungspflichtteil

A: {((240.000 + 240.000 + 40.000 + 80.000) : 4) – 240.000} : 2 = – 45.000 EUR

A scheidet damit einschließlich seines Vorempfangs aus der Berechnung aus (uU aber Pflichtteilsergänzungsanspruch!). Daher Neuberechnung nach § 2056:

B: {((240000 + 40000 + 80000) : 3) – 40000} : 2 = 40.000 EUR

C: {((240000 + 40000 + 80000) : 3) – 0,0} : 2 = 60.000 EUR

D: {((240000 + 40000 + 80000) : 3) – 80000} : 2 = 20.000 EUR

11 **cc) Überlebender Ehegatte bei Gütertrennung.** Beispiel (nach Soergel/Beck Rn. 13): Erblasser hinterlässt eine Witwe W und drei Kinder. Nachlass 200.000 EUR. Ausgleichungspflichtige Vorempfänge bei A 20.000 EUR, B 40.000 EUR, C 60.000 EUR.

Ausgleichspflichtiger Restnachlass: 200.000 – gesetzlicher Erbteil W (= 50.000) = 150.000 EUR.

W hat einen Pflichtteil von 25.000 EUR.

Ausgleichspflichtteil

A: {((150.000 + 20.000 + 40.000 + 60.000) : 3) – 20.000} : 2 = 35.000 EUR

B: {((150.000 + 20.000 + 40.000 + 60.000) : 3) – 40.000} : 2 = 25.000 EUR

C: {((150.000 + 20.000 + 40.000 + 60.000) : 3) – 60.000} : 2 = 15.000 EUR.

12 **dd) Zugewinngemeinschaftsehe.** Erblasser hinterlässt die Witwe W und drei Kinder. Der Nachlass beträgt 40.000 EUR. An ausgleichungspflichtigen Vorempfängen haben erhalten: A 4.000 EUR, B 8.000 EUR.

13 **(1) Güterrechtliche Lösung.** W schlägt den gesetzlichen Erbteil aus oder wird enterbt. Der Zugewinnausgleich soll null sein

Ausgleichungspflichtiger Restnachlass: 40.000 – gesetzlicher Erbteil des Ehegatten (= 10.000) = 30.000 EUR

Pflichtteil W: 5.000 EUR

Ausgleichungspflichtteil

A: {((30.000 + 4.000 + 8.000) : 3) – 4000} : 2 = 5.000 EUR

B: {((30.000 + 4.000 + 8.000) : 3) – 8000} : 2 = 3.000 EUR

C: {((30.000 + 4.000 + 8.000) : 3) – 0,00} : 2 = 7.000 EUR

**(2) Erbrechtliche Lösung.** W wird Erbin oder Vermächtnisnehmerin

Ausgleichungspflichtiger Restnachlass: 40.000 – gesetzlicher Erbteil des Ehegatten (= 20.000) = 20.000 EUR

Ausgleichungspflichtteil
A: {((20.000 + 4.000 + 8.000) : 3) – 4.000} : 2 = 3.333,33 EUR
B: {((20.000 + 4.000 + 8.000) : 3) – 8.000} : 2 = 1.333,33 EUR
C: {((20.000 + 4.000 + 8.000) : 3) – 0,00} : 2 = 5.333,33 EUR

**d) Ausgleichung von Leistungen nach § 2057a.** Derartige Leistungen (zB Mitarbeit im Haushalt, Erwerbsgeschäft, Pflegedienste, erhebliche Geldleistungen, → § 2057a Rn. 4 ff.), sind bei der Bemessung des Pflichtteils von Abkömmlingen zu Gunsten desjenigen zu berücksichtigen, der derartige Leistungen erbracht und damit vielfach auch zur Erhaltung oder Vermehrung des Vermögens des Erblassers beigetragen hat (vgl. dazu Schneider ZEV 2018, 380 ff.). 15

Investitionen und Tätigkeit in dem vom Erblasser gepachteten landwirtschaftlichen Betrieb sind keine erbrechtlich ausgleichsfähigen Leistungen (OLG Oldenburg FamRZ 1999, 1466). Die Berechnung des Ausgleichungspflichtteils erfolgt nach § 2057a Abs. 4 iVm § 2316. Diese Leistungen werden daher zunächst von dem auf die Abkömmlinge entfallenden ausgleichungspflichtigen Restnachlass abgezogen. Aus diesem korrigierten Ausgleichungsnachlass wird der Ausgleichungserbteil entspr. der Erbquote des Abkömmlings gebildet. Diesem wird dann die Summe seiner Leistungen iSv § 2057a hinzugerechnet und durch Halbierung der Ausgleichungspflichtteil bestimmt. Beispiel → Rn. 15.1.

**Beispiel** (nach Soergel/Beck Rn. 16; dazu auch OLG Naumburg BeckRS 1999, 31024642): Der Witwer E hinterlässt Nachlass von 30.000 EUR und drei Kinder. Der Ausgleichungsbetrag zu Gunsten A beträgt wertmäßig 6.000 EUR. Ausgleichungsnachlass 30.000 – 6.000 = 24.000 EUR. Ausgleichungserbteil 8.000 zuzüglich 6.000 = 14.000 EUR, Pflichtteil A somit 7.000 EUR, Pflichtteil B und C je 4.000 EUR. 15.1

**3. Auskunftsanspruch.** Da § 2316 an die Bestimmungen zur Ausgleichung des Erbteils anknüpft, wird ganz überwiegend angenommen, dass für die Berechnung des Ausgleichungspflichtteils auch ein **Auskunftsanspruch nach § 2057** besteht (RGZ 73, 372 (375 f.); OLG Nürnberg NJW 1957, 1482; Lange/Kuchinke ErbR § 37 Fn. 340; MüKoBGB/Lange Rn. 24). Diese Auskunftspflicht kann der Erblasser **nicht ausschließen,** wie sich aus der Wertung des Abs. 3 ergibt (MüKoBGB/Lange Rn. 25), sie entfällt mangels Rechtsschutzinteresse, wenn die ausgleichungspflichtige Zuwendung den einzigen, fiktiven Nachlassbestandteil darstellt und daher ein Ausgleichspflichtteil an § 2056 S. 1 scheitert. Nach Ansicht des OLG München soll aber auch der **Alleinerbe** gegen den seinen Pflichtteil geltend machenden Pflichtteilsberechtigten **keinen** entsprechenden Auskunftsanspruch haben; der Alleinerbe sei bereits dadurch ausreichend geschützt, dass er den Anspruch des Pflichtteilsberechtigten bestreitet und dieser dann die Darlegungs- und Beweislast in voller Höhe für seinen geltend gemachten Anspruch hat (OLG München NJW 2013, 2690 Rn. 53 ff.; aA OLG Nürnberg NJW 1957, 1482; Lange/Kuchinke ErbR § 37 Fn. 340). Dies darf aber nicht darüber hinwegtäuschen, dass es ein **präventives Interesse** des Alleinerben gibt, durch die Geltendmachung eines entsprechenden Auskunftsanspruchs einer Klage des Pflichtteilsberechtigten zuvorzukommen und dass die an eine unrichtige eidesstattliche Versicherung (§ 260 Abs. 2) geknüpften Wirkungen insbes. im strafrechtlichen Bereich weiter gehen können, als die zivilprozessuale Wahrheitspflicht des § 138 ZPO. 16

## III. Pflichtteilsrestanspruch nach Abs. 2

Durch ausgleichungspflichtige Zuwendungen an andere Abkömmlinge erhöht sich infolge der rechnerischen Vergrößerung der **gesetzliche Erb- und Pflichtteil** des ausgleichungsberechtigten, nicht bedachten Abkömmlings. Dies soll auch demjenigen Ausgleichungsberechtigten zugutekommen, der auf Grund gewillkürter Erbfolge Miterbe wird. Denn dieser mag zwar formal mit einer Quote zum Erben berufen sein, die die Hälfte seines gesetzlichen Erbteils (§ 2303 Abs. 1 S. 2) übersteigt, wertmäßig kann dieser aber durch die ausgleichungsbedingte Erhöhung hinter dem konkreten Ausgleichspflichtteil zurückbleiben. Er erhält daher einen Pflichtteilsrestanspruch in Höhe der Differenz des tatsächlich hinterlassenen Erbteils zum (erhöhten) Ausgleichspflichtteil. Beispiel → Rn. 17.1. 17

**Beispiel** (nach Soergel/Beck Rn. 18): E hinterlässt einen Nachlass von 100.000 EUR und seine Kinder S und T. S hat einen ausgleichungspflichtigen Vorempfang von 20.000 EUR erhalten. Erben werden der Freund F zu 3/4 und die Tochter T zu 1/4. Der Erbteil der T beträgt wertmäßig 25.000 EUR. Demgegenüber hätte sie, wenn sie enterbt worden wäre, einen Ausgleichungspflichtteil von (100.000 + 20.000): 4 = 30.000 EUR erhalten. Ihr Pflichtteilsrestanspruch beträgt demnach 5.000 EUR. 17.1

18 Einer eigenständigen Regelung hätte es nicht bedurft, wenn man in solchen Fällen der **Werttheorie** (→ § 2306 Rn. 2) folgen würde (Damrau/Tanck/Lenz-Brendel Rn. 15; RGRK-BGB/Johannsen Rn. 15; für umfassenden Anwendungsbereich Schindler, Pflichtteilsberechtigter Erbe und pflichtteilsberechtigter Beschenkter, 2004, Rn. 395 ff.), sodass für die Anhänger dieser Auffassung § 2316 Abs. 2 keine konstitutive Bedeutung hat (widersprüchlich daher aus der Sicht der von ihnen vertretenen Werttheorie Kasper, Anrechnung und Ausgleichung im Pflichtteilsrecht, 1999, 9; RGRK-BGB/Johannsen Rn. 15; Kipp/Coing ErbR § 11 IV). Jedoch dient die Vorschrift der systematischen Klarstellung, wenn der Pflichtteilsberechtigte aus der Ausgleichung profitiert, darf aber den Blick nicht dafür verstellen, dass die Ausgleichung im Einzelfall auch zu einer **Reduzierung des Pflichtteilsanspruchs** führen kann (zutr. Schindler, Pflichtteilsberechtigter Erbe und pflichtteilsberechtigter Beschenkter, 2004, Rn. 399 ff., der eine Gesetzesänderung befürwortet). Während § 2316 Abs. 2 Hs. 2 nur den Fall betrifft, dass der hinterlassene Erbteil die Hälfte des gesetzlichen Erbteils erreicht oder übersteigt, kann man § 2316 Abs. 2 entspr. seiner Grundaussage in seinem ersten Hs. auch auf die Fälle anwenden, in denen der hinterlassene Erbteil hinter der Hälfte des gesetzlichen Erbteils zurückbleibt (Schindler, Pflichtteilsberechtigter Erbe und pflichtteilsberechtigter Beschenkter, 2004, Rn. 395 ff.; für umfassenden Anwendungsbereich des § 2316 Abs. 2 bereits Natter JZ 1955, 138 (141)). § 2316 Abs. 2 verdeutlicht also, wie der Pflichtteilsrestanspruch nach § 2305 im Falle der Ausgleichung anzuwenden ist (Schindler, Pflichtteilsberechtigter Erbe und pflichtteilsberechtigter Beschenkter, 2004, Rn. 398) und enthält keine selbstständige Anspruchsgrundlage. § 2316 Abs. 2 ist nicht anwendbar, wenn nur ein **pflichtteilsberechtigter Alleinerbe** vorhanden ist, weil es an einem Schuldner für einen etwaigen Pflichtteilsrestanspruch fehlt (Schindler, Pflichtteilsberechtigter Erbe und pflichtteilsberechtigter Beschenkter, 2004, Rn. 407 ff.).

## IV. Zwingender Charakter (Abs. 3)

19 Während der Erblasser im Rahmen der **Erbauseinandersetzung** immer entscheiden kann, ob Zuwendungen tatsächlich nach §§ 2050 ff. zur Ausgleichung zu bringen sind, setzt die zwingende Natur des Pflichtteilsrechts dieser Befugnis für die Berechnung des **Ausgleichungspflichtteils** Grenzen. Ausstattungen müssen bei der Pflichtteilsberechnung **immer berücksichtigt** werden (Abs. 3). Trotz des entgegenstehenden Wortlauts gilt die Verweisung des Abs. 3 auch für die in § 2050 Abs. 2 genannten Zuwendungen, welche nur eine unselbstständige Ergänzung zu § 2050 Abs. 1 bilden (NK-BGB/Bock Rn. 26; Damrau/Tanck/Lenz-Brendel Rn. 6; MüKoBGB/Lange Rn. 9; Burandt/Rojahn/Horn Rn. 13; aA Jacubezky Recht 1906, 281 (284) Fn. 4). Hat der Erblasser nach § 2050 Abs. 3 für eine Zuwendung einmal die Ausgleichung angeordnet, so kann er nach hM die sich hieraus für den Ausgleichungsberechtigten ergebende **Erhöhung** seines Pflichtteils ebenfalls **nicht wieder einseitig beseitigen;** die Ausgleichung ist zum unwiderruflichen Faktor der Pflichtteilsberechnung geworden (Damrau/Tanck/Lenz-Brendel Rn. 9; Thubauville MittRhNotK 1992, 289 (298); Schmid BWNotZ 1971, 29 (34); Schindler ErbR 2020, 11 (13); BeckOGK/Reisnecker, 1.2.2022, Rn. 90; aA Ebenroth/Bacher/Lorz JZ 1991, 277 (283); Staudinger/Otte, 2021, Rn. 14). Daran ändert nichts, dass die Ausgleichungsanordnung hinsichtlich ihrer Wirkungen bei einer Erbauseinandersetzung bei gesetzlicher Erbfolge später durchaus wieder aufgehoben werden kann (J. Mayer ZEV 1996, 441 (443) mwN). Die pflichtteilsrechtliche (Fern-)Wirkung kann also nur durch einen **Pflichtteilsverzicht beseitigt** werden oder wenn die Voraussetzungen einer Pflichtteilsentziehung beim Ausgleichungsberechtigten vorliegen. Jedoch kann diese Problematik dadurch vermieden werden, dass der Erblasser bei der Zuwendung bestimmt, dass die Ausgleichung nur bei Eintritt der gesetzlichen Erbfolge stattfinden soll (→ Rn. 5). Der Erblasser ist durch Abs. 3 nicht gehindert, den Anspruch eines **Erben** auf Ausgleichung für den Erblasser erbrachter Pflegeleistungen (§ 2057a) durch letztwillige Verfügung **auszuschließen** (BGH NJW-RR 2021, 660 (661) = ErbR 2021, 781 ff. mAnm Keim = ZEV 2021, 449 ff. mAnm Horn – offengelassen für den Ausschluss zum Nachteil eines von der Erbfolge ausgeschlossenen Pflichtteilsberechtigten).

## V. Zuwendungen mit Ausgleichungs- und Anrechnungspflicht (Abs. 4)

20 Ist eine Zuwendung bei ein und derselben Person gleichzeitig **anrechnungs- und ausgleichungspflichtig,** so ist wie folgt zu verfahren:

1. Zuerst sind die Ausgleichungspflichtteile nach §§ 2316, 2050 ff. zu ermitteln.

2. Dann ist die anrechnungs- und ausgleichungspflichtige Zuwendung in **Höhe der Hälfte ihres Wertes** beim Ausgleichungspflichtteil des Zuwendungsempfängers abzuziehen, wobei nur

eine individuelle Anrechnung stattfindet (NK-BGB/Bock Rn. 27; Staudinger/Otte, 2021, Rn. 31 f.; Soergel/Beck Rn. 20; MüKoBGB/Lange Rn. 30; Tanck ZErb 2003, 41; Schäfer ZEV 2013, 63 ff.). Der lediglich hälftige Abzug erfolgt deshalb, weil der Vorempfang bereits bei der Ausgleichung zur anderen Hälfte berücksichtigt wurde (ausf. Überlegungen bei MüKoBGB/Lange Rn. 33; vgl. auch Blum in Schlitt/Müller PflichtteilsR-HdB § 3 Rn. 225). In einer Formel (Abkürzungen wie in → Rn. 7, wobei T für die zugleich anrechnungs- und ausgleichungspflichtige Zuwendung steht):

$$P = \left[\left(\frac{N+Z}{Q} - T\right) \cdot {}^{1}/_{2}\right] - \frac{T}{2}$$

**Beispiel:** Nachlass 100.000 EUR; Ausgleichungs- und anrechnungspflichtige Zuwendungen an Kinder; kein Ehegatte vorhanden. Es erhielten die Kinder A 20.000 EUR, B 24.000 EUR und C 0 EUR. Ausgleichungsnachlass: 100.000 + 24.000 + 20.000 = 144.000 EUR 20.1

| Ausgleichungserbteil: | Ausgleichungspflichtteil: | Berücksichtigung der Anrechnung: |
|---|---|---|
| A: (144.000 : 3) – 20.000 = 28.000 EUR<br>B: (144.000 : 3) – 24.000 = 24.000 EUR<br>C: (144.000 : 3) = 48.000 EUR | je die Hälfte davon, also<br>A: 14.000 EUR<br>B: 12.000 EUR<br>C: 24.000 EUR<br>(Pflichtteil ohne Ausgleichung je 16.666 EUR) | A: 14.000 – (20.000 * ½) = 4.000 EUR<br>B: 12.000 – (24.000 * ½) = 0 EUR<br>C: 24.000 – 0 = 24.000 EUR |

Die Kombination von Ausgleichung und Anrechnung bewirkt nicht nur die Gleichstellung der Abkömmlinge (im Beispiel erhält jeder als Gesamtsumme von Zuwendung und Pflichtteil 24.000 EUR), sondern auch eine Entlastung des Erben hinsichtlich des von ihm zu zahlenden Pflichtteils. Im Beispielfall beträgt etwa die Pflichtteilslast für einen familienfremden Erben statt 50.000 EUR nur 28.000 EUR. Noch größer wäre der Entlastungseffekt im Falle der bloßen Pflichtteilsanrechnung (vgl. Burandt/Rojahn/Horn Rn. 33). 20.2

Ob der Erblasser dieses Ergebnis so wollte, ist durch **Auslegung** der vom Erblasser bei der Zuwendung erfolgten Anordnung zu ermitteln (vgl. RG JW 1925, 2124 Nr. 13 mAnm Kipp zu der Frage, wann eine Ausgleichungsanordnung zugleich Anrechnungsbestimmung enthält). Dieses Verfahren wird auch dann angewandt, wenn nicht nur Abkömmlinge, sondern **auch der Ehegatte** des Erblassers pflichtteilsberechtigt ist (Damrau/Tanck/Lenz-Brendel Rn. 20; MüKoBGB/Lange Rn. 37; Staudinger/Otte, 2021, Rn. 34 ff. mit Berechnungsbeispiel; diese Frage war früher äußerst umstritten). Dann ist aber bei der Ermittlung des Ausgleichungsnachlasses nach den allgemeinen Grundsätzen der Ehegattenerbteil vorneweg abzuziehen. Dabei ist auch der **Güterstand** zu beachten, bei der Zugewinngemeinschaft auch, ob es zu der erb- oder güterrechtlichen Lösung kommt (Soergel/Beck Rn. 22 f.; Lenz-Brendel/Tanck in MSTBW PflichtteilsR-HdB § 6 Rn. 105 ff. mit Beispielen zu verschiedenen Güterständen). Für die Ehegattenfälle bleibt zu beachten, dass sich – wegen der nur hälftigen Anrechnung der Zuwendung auf den Pflichtteil nach Abs. 4 – der Pflichtteilsanspruch des Beschenkten gegenüber der alleinigen Pflichtteilsanrechnung vergrößern kann, wenn zusätzlich die Erbausgleichung angeordnet wird (vgl. Tanck ZErb 2003, 41 (42); Schäfer ZEV 2013, 63 (64 f.), jeweils mit Berechnungsbeispielen). Um dies zu vermeiden, kann bei der Pflichtteilsanrechnung vorgesehen werden, dass die zusätzliche Erbausgleichung nicht stattfinden soll, wenn dies den Pflichtteilsanspruch erhöht (G. Müller in Schlitt/Müller PflichtteilsR-HdB § 10 Rn. 128; Burandt/Rojahn/Horn Rn. 34). 21

## VI. Zusammentreffen von Zuwendungen, die nur ausgleichungspflichtig sind, mit solchen, die nur anrechnungspflichtig sind

Hier gilt § 2316 Abs. 4 nicht. Vielmehr sind Anrechnungs- und Ausgleichungsbestimmungen gleichermaßen zu beachten. Da die Anrechnung individuell für jeden einzelnen Pflichtteilsberechtigten erfolgt, können sich für jeden von mehreren Berechtigten verschiedene Berechnungen ergeben (vgl. hierzu und zum Folgenden Soergel/Beck Rn. 24 f.; Staudinger/Otte, 2021, Rn. 37; Berechnungsbeispiel auch bei MüKoBGB/Lange Rn. 38). Der Sache nach wird **in das Anrechnungsverfahren das Ausgleichungsverfahren eingeschoben** (Soergel/Beck Rn. 24; Grüneberg/Weidlich Rn. 7). Dabei ist wie folgt zu verfahren: 22

**1.** für jeden Beteiligten getrennt: **Hinzurechnung** des jeweiligen Wertes der **nur anrechnungspflichtigen Zuwendung** zum Gesamtnachlass;

**2.** Abzug des Nachlasswertes, der auf die Erben entfällt, die an der Ausgleichung nicht beteiligt sind (Ehegatten etc), auch Bildung des **Effektivnachlasses** genannt.

**3. Durchführung der Ausgleichung** nach den allgemeinen Regeln am Effektivnachlass: Hinzurechnung sämtlicher ausgleichungspflichtiger Zuwendungen (auch soweit eventuell zugleich anrechnungspflichtig); anschließend Berechnung des auf die Abkömmlinge entspr. ihrer Erbquoten jeweils entfallenden Nachlasswertes; Abzug der jeweils ausgleichungspflichtigen Zuwendung (= Teilungsquote oder auch Ausgleichserbteil); Bildung des Ausgleichspflichtteils.

**4.** Für jeden Zuwendungsempfänger getrennt: **Abzug der anrechnungspflichtigen Zuwendung** und zwar grds. in voller Höhe, bei denen aber, die anrechnungs- und gleichzeitig ausgleichspflichtig sind, jedoch nur zur Hälfte (§ 2316 Abs. 4).

22.1 **Beispiel** (nach Soergel/Beck Rn. 25; vgl. auch Kerscher/Riedel/Lenz, Pflichtteilsrecht in der anwaltlichen Praxis, 3. Aufl. 2012, § 8 Rn. 55):

Nachlass 100.000 EUR; hinterlassen wird die Witwe W, es bestand Zugewinngemeinschaft, sowie zwei Kinder (T + S). Alleinerbe ist der Freund F. Ein Zugewinn wurde nicht erzielt.

Vorempfänge:

- anrechnungspflichtig: W 10.000 EUR, S 10.000 EUR, T 30.000 EUR
- ausgleichungspflichtig: S zusätzlich 20.000 EUR

a) Pflichtteilsberechnung W: ((100.000 + 10.000): 8) – 10.000 = **3.750 EUR**

b) Pflichtteilsberechnung S: Nachlass um anrechnungspflichtige Zuwendung erhöht: 110.000 EUR

Nachlassanteil der Abkömmlinge 110.000 × 3/4 (wegen Enterbung „güterrechtliche Lösung" (Soergel/Beck Rn. 14)) = 82.500 EUR; Bildung des Ausgleichungsnachlasses: 82.500 + 20.000 = 102.500 EUR; rechnerischer Ausgleichserbteil: (102.500:2) – 20.000 = 31.500 EUR; rechnerischer Ausgleichungspflichtteil: 31.500 : 2 = 15.625 EUR. Pflichtteil: 15.625 – 10.000 = **5625 EUR**

c) Pflichtteilsberechnung **T:**

Nachlasserhöhung um anrechnungspflichtige Zuwendung: 130.000 EUR

Nachlassanteil Abkömmlinge 130.000 × 3/4 = 97.500 EUR; Bildung des Ausgleichsnachlasses: 97.500 + 20.000 = 117.500 EUR; rechnerischer Ausgleichserbteil: 117.500 : 2 = 58.750 EUR; rechnerischer Ausgleichungspflichtteil: 58.750 : 2 = 29.375 EUR. Pflichtteil: 29.375 – 30.000 = – 625 EUR. Der Pflichtteil ist somit: **0 EUR.** Es muss aber auch nichts hinaus gezahlt werden.

## VII. Das Verhältnis von Pflichtteilsergänzung (§ 2325) und § 2316

23 Problematisch ist, ob **ausgleichungspflichtige Zuwendungen,** die zugleich Schenkungen sind (Übermaßausstattungen, ausgleichungspflichtige Schenkungen nach § 2050 Abs. 3) auch Pflichtteilsergänzungsansprüche auslösen können. Das Gleiche gilt, wenn von mehreren Zuwendungen einige ergänzungspflichtige Schenkungen sind, einige ausgleichungspflichtige Vorempfänge.

24 **1. Ausgleichungspflichtige Schenkungen.** Ist eine ergänzungspflichtige Zuwendung zugleich ausgleichungspflichtig iSv §§ 2050, 2316, so gilt der **Grundsatz des Verbots einer Doppelberücksichtigung:** Schenkungen an Abkömmlinge, die an der Erbausgleichung und damit an der Bildung des Ausgleichspflichtteils teilnehmen, sind nicht nochmals nach den §§ 2325 ff. zu berücksichtigen, wenn sie bereits nach § 2316 bei der Berechnung des Pflichtteils dem Nachlass hinzugerechnet wurden, da beide Verfahren zu einer rechnerischen Erhöhung des tatsächlichen Nachlasses und damit des Pflichtteils führen (RGZ 77, 282 (284); RG JW 1937, 2201 (2202); MüKoBGB/Lange Rn. 26; Pawlytta in MSTBW PflichtteilsR-HdB § 7 Rn. 148; Bührer ZBlFG 15, 213 (226 f.), eingehende Darstellung). Deutlich wird dies beim dem sog **„Zuvielbedachten":** Soweit eine ausgleichungspflichtige Zuwendung beim Ausgleichspflichtigen nach § 2056 S. 2 nicht zu berücksichtigen ist (Stichwort: keine Herausgabe des Mehrempfangs), so kann der Pflichtteilsberechtigte eine Ergänzung seines verkürzten Ausgleichungspflichtteils nach § 2325 verlangen, soweit es sich bei der „Mehrzuwendung" um eine Schenkung handelt (eine genaue „Grenzwertberechnung" (erbteilsgleicher „Konferendumsbetrag") liefert Bührer ZBlFG 15, 213 (227 f.)). Denn die §§ 2316, 2056 sind insofern nicht leges speciales zu den Pflichtteilsergänzungsvorschriften (hM, Soergel/Beck Rn. 29, § 2327 Rn. 14 ff., § 2329 Rn. 4 mit Berechnungsbeispiel; Schindler, Pflichtteilsberechtigter Erbe und pflichtteilsberechtigter Beschenkter, 2004, Rn. 555; Sturm/Sturm FS v. Lübtow, 1991, 291 (300, 303); Lange/Kuchinke ErbR § 37 X 6e und f.; Sostmann MittRhNotK 1976, 479 (507 ff.); Kasper, Anrechnung und Ausgleichung im Pflichtteilsrecht, 1999, 51 ff., eingehende Darstellung; Scholz JherJb 84 (1934), 291 (306 f.); aA Schanbacher ZEV 1997, 349 (351 ff.); Staudinger/Olshausen, 2015, § 2325 Rn. 41). Andernfalls könnte der Erblasser eine ausgleichungspflichtige Zuwendung, die den Wert des gesetzlichen Erbteils des Empfängers iSv § 2055 überschreitet, wegen § 2056 S. 2 dem Pflichtteil entziehen (Schindler, Pflichtteilsberechtigter Erbe und pflichtteilsberechtigter Beschenkter,

2004, Rn. 556; Kasper, Anrechnung und Ausgleichung im Pflichtteilsrecht, 1999, 58 f.). Und die Doppelberücksichtigung wird durch § 2056 gerade vermieden (zutr. Soergel/Beck Rn. 29). Dabei ist allerdings der Berechnungsweg umstritten. Beispiel → Rn. 24.1.

**Beispiel** (Fall nach OLG Oldenburg ZEV 1999, 185; Lösung nach Schindler, Pflichtteilsberechtigter Erbe und pflichtteilsberechtigter Beschenkter, 2004, Rn. 560 ff.): Der Erblasser hinterlässt einen Nachlass von 14.000 EUR und die Kinder S und T, die gesetzliche Erben je zur Hälfte werden. S erhielt zu Lebzeiten ein Grundstück mit einem Wert von 313.390 EUR mit der Verpflichtung, an T einen Betrag von 10.000 EUR auszuzahlen; der darüber hinausgehende Betrag ist auf seinen Erbteil zur Ausgleichung zu bringen. 24.1

Auf Grund der Ausgleichungsverpflichtung erhält T nach § 2050 Abs. 3, § 2056 den gesamten Nachlass.

Zum Pflichtteilsergänzungsanspruch: Gesamtnachlass (realer plus fiktiver): 14.000 + 313.390 = 327.390 EUR.

Soweit die Ausgleichung der Zuwendung an S an § 2056 scheitert, ist sie als ergänzungspflichtige Schenkung zu behandeln.

Gesamtpflichtteil der T: 1/4 aus 327.390 EUR = 81.847,50 EUR. Zu beachten ist jedoch, dass T als Erbin 14.000 EUR erhält (§ 2326 S. 2), und in Höhe von 10.000 EUR ein Eigengeschenk erhielt (§ 2327 Abs. 1 S. 1). Demnach ergibt sich:

81.847,50 – (14.000 + 10.000) = 57.847,50 EUR. Hätte man der Ausgleichung den uneingeschränkten Vorrang vor der Pflichtteilsergänzung eingeräumt, so hätte T nur 14.000 EUR erhalten.

**2. Zusammentreffen von ausgleichungspflichtigen Zuwendungen und ergänzungspflichtigen Schenkungen.** Der BGH und die hM verfährt in diesen Fällen für die Berechnung des Pflichtteilsergänzungsanspruchs wie folgt (BGH NJW 1965, 1526; 1988, 821; Kasper, Anrechnung und Ausgleichung im Pflichtteilsrecht, 1999, 50 f.; Johannsen WM 1970, 234 (239); Soergel/Beck Rn. 29 und § 2327 Rn. 15; Schindler, Pflichtteilsberechtigter Erbe und pflichtteilsberechtigter Beschenkter, 2004, Rn. 564 mwN; Sturm/Sturm FS v. Lübtow, 1991, 291 (301 ff.)): 25

**1.** Alle Schenkungen und ausgleichungspflichtigen Vorempfänge werden zusammen dem Nachlass hinzugerechnet (insoweit kann man von einem **doppelt fiktiven Nachlass** – durch § 2316 und § 2325 – sprechen) (Dieckmann FamRZ 1988, 712 (713)).

**2.** Der so erhöhte Nachlass wird mit der Erbquote des Betreffenden multipliziert und sein Vorempfang abgezogen.

**3.** Das Ergebnis wird halbiert.

**4.** Hiervon wird der nicht ergänzte Pflichtteil abgezogen.

**5.** Soweit infolge der Anwendung des § 2056 S. 1 der Empfänger einer Zuwendung (als „Zuvielbedachter") aus der Berechnung ausscheidet, findet § 2056 S. 2 Anwendung; dadurch erhöht sich der rechnerische Erbteil und damit die Pflichtteilsquote der anderen Abkömmlinge gegenüber dem Normalfall an diesem fiktiven Nachlass und damit auch bei der Berechnung des Pflichtteilsergänzungsanspruchs (zur Übertragung in eine Formel Sturm/Sturm FS v. Lübtow, 1990, 291 (300); Pawlytta in MSTBW PflichtteilsR-HdB § 7 Rn. 151).

Problematisch ist an dieser **Gesamtberechnung,** dass sich durch den Mitansatz der Schenkungen im Rahmen dieses modifizierten Ausgleichungsverfahrens die **„Einwurfmasse"** vergrößert und daher sich die von § 2056 S. 1 gezogene Ausgleichungsgrenze zu Lasten des Empfängers verschiebt. Der „Zuvielbedachte" zahlt also eher etwas an den Pflichtteilsberechtigten, als er dies bei der reinen Ausgleichsberechnung nach §§ 2050 ff., 2316 hätte tun müssen (Pawlytta in MSTBW PflichtteilsR-HdB § 7 Rn. 152). Das RG hatte demgegenüber eine getrennte Berechnung von Ausgleichungspflichtteil und Pflichtteilsergänzung vorgenommen (RGZ 77, 282 (284) in dem Fall, dass ein Teil der Zuwendungen nur ausgleichungspflichtig, ein Teil aber nur ergänzungspflichtig waren). Daher wird dieses **„Kombinationsverfahren"** der hM zunehmend mit der Begründung kritisiert, damit komme man entgegen der Wertung des § 2056 S. 1 zu einer „mittelbaren" Herausgabe des Vorempfangs, und es wird daher eine getrennte Berechnung verlangt (Schanbacher ZEV 1997, 349 (351 ff.); Staudinger/Olshausen, 2015, § 2325 Rn. 41, die jeweils die ausgleichungspflichtige Zuwendung beim Pflichtteilsergänzungsanspruch außer Betracht lassen). Jedoch verstößt die hM nicht gegen den Grundgedanken des § 2056: Sie bewirkt beim Beschenkten nur, vom Wert des Geschenks mehr für die Pflichtteilsergänzung zu opfern, als dies ohne den ausgleichungspflichtigen Vorempfang wäre (Schindler, Pflichtteilsberechtigter Erbe und pflichtteilsberechtigter Beschenkter, 2004, Rn. 567; Dieckmann FamRZ 1988, 712 (713)). Befände sich aber das Geschenk noch im Nachlass, so würde der reale Nachlass in Anwendung des § 2056 genauso verteilt. Damit wird daher nur dem Grundsatz Rechnung getragen, dass der Pflichtteilsergänzungsanspruch den Pflichtteilsberechtigten so stellen soll, wie wenn die ergänzungspflichtige Schenkung noch zum (ausgleichungspflichtigen) Nachlass gehört (so iE auch Kerscher/Riedel/ 26

Lenz, Pflichtteilsrecht in der anwaltlichen Praxis, 3. Aufl. 2012, § 9 Rn. 155). Die Änderung des Verteilungsmaßstabes ist daher **Ausdruck der Komplementierungsfunktion** des Ergänzungsanspruchs und als Folge davon als „Charakteristikum der Ausgleichung hinzunehmen" (Kasper, Anrechnung und Ausgleichung im Pflichtteilsrecht, 1999, 50; Schindler, Pflichtteilsberechtigter Erbe und pflichtteilsberechtigter Beschenkter, 2004, Rn. 567; entgegen Schanbacher ZEV 1997, 349 (352) Fn. 38 entspricht daher die Erhöhung der Pflichtteilsbeteiligung am Geschenk dem Willen des Gesetzgebers). Beispiel → Rn. 26.1.

**26.1** **Beispiel** (nach BGH NJW 1988, 821; dazu Kasper, Anrechnung und Ausgleichung im Pflichtteilsrecht, 1999, 47 ff., 49 ff.): realer Nachlass 0 EUR; der verwitwete Erblasser hinterlässt drei Kinder, A, B und C. A hat eine ergänzungspflichtige Schenkung von 380.000 EUR erhalten sowie ausgleichungspflichtige Zuwendungen von 215.000 EUR und 40.000 EUR.

Nach dem BGH erfolgt die Durchführung der Ausgleichung am Ergänzungsnachlass. Demnach ergibt sich unter Einschluss der Schenkung ein Ausgleichsnachlass von 380.000 + 215.000 + 40.000 = 635.000 EUR.

Für A resultiert daraus ein Ausgleichserbteil von 211.666,66 (635.000 : 3) abzüglich seiner ausgleichungspflichtigen Zuwendungen von 255.000 EUR. Da er demnach mehr erhalten hat, als ihm bei der Ausgleichung zukommt (211.666,66 – 255.000) scheiden er und die ihm gemachten ausgleichungspflichtigen Zuwendungen nach § 2056 S. 2 aus der Ausgleichungsberechnung aus. Die Pflichtteilsberechnung vollzieht sich demnach nur noch am restlichen, rein fiktiven Nachlass, der allein aus dem Schenkungswert von 380.000 EUR resultiert. Allerdings erhöht sich für B und C aufgrund des § 2056 S. 2 ihre Pflichtteilsquote von je 1/6 auf je 1/4. Daher beträgt ihr Pflichtteilsanspruch je (380.000 : 4) 95.000 EUR.

**Kontrollüberlegung:** Wäre die ergänzungspflichtige Schenkung unterblieben, so wäre auch nur dieser Betrag von 380.000 EUR der Pflichtteilsberechnung zu Grunde gelegt worden. Der dem A ausgleichspflichtig zugewandte Mehrbetrag von 255.000 EUR bleibt von der Auszahlung verschont, wie dies der Wertung des § 2056 S. 1 entspricht. Es ergibt sich aus der Anwendung des § 2056 S. 2 nur eine Änderung des Verteilungsmaßstabs für den Pflichtteilsergänzungsanspruch, was aber gerade die Folge der Ausgleichungssystematik des BGB ist.

## § 2317 Entstehung und Übertragbarkeit des Pflichtteilsanspruchs

**(1) Der Anspruch auf den Pflichtteil entsteht mit dem Erbfall.**

**(2) Der Anspruch ist vererblich und übertragbar.**

**Schrifttum:** Behr, Pfändung des Pflichtteilsanspruchs, JurBüro 1996, 65; Bengel, Die Pflichtteilsproblematik beim Tod des Nacherben vor Eintritt des Nacherbfalls, ZEV 2000, 388; Horn/Doering-Striening, Der Übergang von Pflichtteilsansprüchen von Sozialhilfebeziehern, NJW 2013, 1276; Keim, Die unergiebige Pfändung des Pflichtteilsanspruchs – Konsequenzen für die Testamentsgestaltung, ZEV 1998, 127; Klumpp, Der Pflichtteilsanspruch als Gegenstand des Rechtsverkehrs und als Vollstreckungsobjekt, ZEV 1998, 123; Kuchinke, Der Pflichtteilsanspruch als Gegenstand des Gläubigerzugriffs, NJW 1994, 1769; Pflieger, Pflichtteilsanspruch eines bedürftigen Sozialleistungsbeziehers als sozialrechtlich verwertbarer Vermögensgegenstand und diesbezügliche Gestaltungsmöglichkeiten, MittBayNot 2018, 196; v. Proff, Verträge über den Pflichtteilsanspruch: Erlass, Abtretung ErbR 2021, 994; Rißmann, Kein Geld verschenken: Verzug und seine Folgen im Pflichtteilsrecht, ZErb 2002, 181; Scheuing, Der Pflichtteilsanspruch in Zwangsvollstreckung und Insolvenz, 2016; Schindler, Der derivative Pflichtteilsanspruch im Nachlass: Pfändung, Pflichtteil, Erbschaftsteuer, Testamentsvollstreckung, ZEV 2018, 60.

### Überblick

Die Vorschrift regelt wichtige „essentialia" des Pflichtteilsanspruchs, nämlich in Abs. 1 den **Entstehungszeitpunkt** des Pflichtteilsanspruchs (→ Rn. 2) sowie in Abs. 2 die **Übertragbarkeit** (→ Rn. 10) sowie die **Vererblichkeit** (→ Rn. 13) des Pflichtteilsanspruchs. Große praktische Bedeutung kommt auch den Fragen der **Pfändung** bzw. **Überleitung** des Pflichtteilsanspruchs (auf den Sozialhilfeträger) (→ Rn. 15) sowie der Behandlung des Pflichtteilsanspruchs in der **Insolvenz** (→ Rn. 20) zu. Prozessual gibt es hinsichtlich der Pflichtteilsgeltendmachung ebenfalls Besonderheiten zu berücksichtigen (→ Rn. 23).

**Übersicht**



## I. Grundsätzliches

1 Der Pflichtteilsanspruch als schuldrechtliche Forderung auf Zahlung eines entsprechenden Geldbetrags entsteht nach Abs. 1 mit dem Erbfall. Er ist vom „abstrakten **Pflichtteilsrecht**" zu unterscheiden, das bis dahin besteht und die **„Quelle"** des Pflichtteilsanspruchs ist (RGZ 92, 1; BGHZ 28, 177 (178); NK-BGB/Bock Rn. 1; MüKoBGB/Lange Rn. 1; J. Mayer MittBayNot 1997, 85 f.; Lange/Kuchinke ErbR § 37 III; vgl. auch Muscheler ErbR I Rn. 1059). § 2317 regelt den Pflichtteilsanspruch, und zwar den Entstehungszeitpunkt, die Vererblichkeit und Übertragbarkeit; gleiches gilt aber auch für den Pflichtteilsergänzungsanspruch (allgM, NK-BGB/Bock Rn. 2). Der Pflichtteilsanspruch ist eine **gewöhnliche Geldforderung** (BGHZ 28, 177 (178) = NJW 1958, 1964), stellt eine **Nachlassverbindlichkeit** dar (§ 1967), für die einige Sondervorschriften gelten (§ 1972, § 1974 Abs. 2, § 1991 Abs. 4, § 852 ZPO). Dem **Rang** nach liegt er hinter den sonstigen Nachlassverbindlichkeiten, und zwar auch nach der Zugewinnausgleichsforderung (Reinicke NJW 1960, 1267; Soergel/Beck Rn. 9), aber noch vor dem Vermächtnis und der Auflage (§ 327 Abs. 1 Nr. 1 InsO) (Grüneberg/Weidlich Rn. 2).

## II. Entstehung

2 Der Pflichtteilsanspruch entsteht grds. **mit dem Erbfall,** dh dem Tod des Erblassers (Abs. 1), und dann kraft Gesetzes. Dies gilt auch, wenn der Anspruch selbst oder zumindest seine Höhe davon abhängen, dass der Pflichtteilsberechtigte oder ein anderer das ihm Zugewandte **ausschlägt,** also in den Fällen der § 2306 Abs. 1, §§ 2307, 1371 Abs. 3 und in bestimmten Fällen des § 2309 (RG JW 1931, 1354 (1356); HK-PflichtteilsR/Grziwotz Rn. 3; RGRK-BGB/Johannsen Rn. 4; Muscheler ErbR I Rn. 1062; BeckOGK/Reisnecker, 1.2.2022, Rn. 10 f.; offenlassend BGH FamRZ 1965, 604 (606)). Hierfür kann der Wortlaut des § 2332 Abs. 2 (früher Abs. 3) (Verjährungsbeginn auch vor der Ausschlagung) angeführt werden. Nach dieser Ansicht ist die nicht durchgeführte Ausschlagung nur als Einwendung gegen den mit dem Erbfall entstandenen Pflichtteilsanspruch anzusehen (so ausdrücklich v. Lübtow, Probleme des Erbrechts, 1967, 33 ff.; Bengel ZEV 2000, 388 (389)). Nach anderer, zunehmend vertretener Ansicht entsteht der Anspruch im Fall des §§ 2306, 2307 **erst mit der Ausschlagung,** ist dann aber **rückwirkend** (§ 1953 Abs. 1) **so zu behandeln,** als sei er bereits mit dem Erbfall entstanden (OLG Schleswig FamRZ 2003, 1696; Lange/Kuchinke ErbR § 37 VIII 2a; Soergel/Beck Rn. 3; Herzfelder JW 1931, 1354 f.; MüKoBGB/Lange Rn. 3); dafür lässt sich der Wortlaut dieser Normen anführen. Die praktische Bedeutung dieser Streitfrage ist auch für die Anhänger der Auffassung von der erbfallbedingten Entstehung des Pflichtteilsanspruchs **gering,** wenn man die erforderliche Ausschlagung als Einwendungstatbestand ansieht (Soergel/Beck Rn. 3; MüKoBGB/Lange Rn. 3; praktische Beispiele, bei denen der Theorienstreit eine Rolle spielen soll, bei Bengel ZEV 2000, 388 ff.; Muscheler ErbR I Rn. 1061, 1063). Eine Verjährungshemmung nach § 204 kann der pflichtteilsberechtigte Erbe jedenfalls vor Abgabe der Ausschlagungserklärung durch entsprechende Klageerhebung nach beiden Auffassungen herbeiführen (OLG Schleswig FamRZ 2003, 1696 (1697)). Auch bei Vorliegen eines **„Berliner Testaments"** (§ 2269) sind die zwei Erbfälle und die damit zwei Mal entstehenden Pflichtteilsansprüche zu unterscheiden (BGHZ 88, 102 (105) = NJW 1983, 2875 zu § 2327).

3 Der Pflichtteilsanspruch **entsteht nicht** (NK-BGB/Bock Rn. 4; jurisPK-BGB/Birkenheier Rn. 7) bei einem Erbverzicht (anders, wenn der Pflichtteil ausdrücklich vorbehalten war) oder bei einem Pflichtteilsverzicht (§ 2346 Abs. 2), bei wirksamer Pflichtteilsentziehung (§§ 2333 ff.) oder bei einem vor dem 1.4.1998 wirksam gewordenen vorzeitigen Erbausgleich (vgl. Art. 227

Abs. 1 Nr. 2 EGBGB, § 1934e aF). Er entfällt rückwirkend bei erfolgreicher Geltendmachung der Erbunwürdigkeit oder Pflichtteilsunwürdigkeit (§§ 2339 ff.).

### III. Verzinsung, Erlass und Geltendmachung des Pflichtteilsanspruchs

4 **1. Fälligkeit, Verzinsung.** Die **Fälligkeit** des Pflichtteilsanspruchs tritt grds. mit dem Erbfall ein (§ 271), unabhängig davon, ob bei Miterben eine Auseinandersetzung bereits stattgefunden oder ein Testamentsvollstrecker einen Auseinandersetzungsplan aufgestellt hat. Eine **Stundung** des Pflichtteilsanspruchs kann sich jedoch ergeben aus einer gerichtlichen Entscheidung nach § 2331a, einer entsprechenden Erblasseranordnung, soweit eine Berechtigung zur Pflichtteilsentziehung (§§ 2333 ff.) bestand, oder einer Stundungsvereinbarung in einem beschränkten Pflichtteilsverzicht (§ 2346 Abs. 2, § 2348) zwischen Erblasser und Pflichtteilsberechtigtem (vgl. MüKoBGB/Lange Rn. 5; Staudinger/Schotten, 2016, § 2346 Rn. 53; Klingelhöffer ZEV 1998, 121 (122)) oder einem Vertrag zwischen künftigen Erben nach § 311b Abs. 5 S. 1.

5 Für die **Verzinsung** gelten grds. die allgemeinen Vorschriften des Schuldrechts (MüKoBGB/Lange Rn. 7). Demnach beginnt die Verzinsung nicht mit dem Erbfall, sondern erst nach **Verzug** oder Rechtshängigkeit (§ 280 Abs. 2, §§ 286, 288, 291). Verzug tritt hier nur ein, wenn eine entsprechende **Mahnung** vorliegt oder der Pflichtteilsschuldner die **Erfüllung** endgültig und ernsthaft **verweigert** (§ 286 Abs. 2 Nr. 3), während die anderen in § 286 Abs. 2 und 3 genannten, verzugsbegründenden Umstände beim Pflichtteilsanspruch regelmäßig ausscheiden (jurisPK-BGB/Birkenheier Rn. 24; NK-BGB/Bock Rn. 16 bzgl. § 286 Abs. 3), denn der Pflichtteilsanspruch ist keine „Entgeltforderung", weil hierunter nur Forderungen fallen, die auf Zahlung eines Entgelts für die Lieferung von Gütern oder Erbringung von Dienstleistungen gerichtet sind (allg. OLG Hamburg ZGS 2004, 237; Grüneberg/Grüneberg § 286 Rn. 27). Ausnahmsweise können **besondere Gründe iSv** § 286 Abs. 2 Nr. 4 die Mahnung entbehrlich machen, etwa wenn der Erbe die alsbaldige Leistung ankündigt, dann aber doch nicht leistet (Rißmann ZErb 2002, 181 (182)). Der Setzung einer besonderen **Zahlungsfrist** bedarf es für den Verzug ebenso wenig wie eines **Hinweises auf die Verzugsfolgen.** Dabei gerät der Pflichtteilsschuldner grds. bereits dann in Verzug, wenn der Pflichtteilsberechtigte den **unbezifferten Pflichtteil** in einer Weise anmahnt, die einem zulässigen unbezifferten Antrag in einer Stufenklage entspricht (BGHZ 80, 269 (277) = NJW 1981, 1729; BGH ZEV 2009, 77 (79) mAnm Schindler; jurisPK-BGB/Birkenheier Rn. 25; Rißmann ZErb 2002, 181 (182); Soergel/Beck Rn. 6; Staudinger/Herzog, 2021, Rn. 52). Eine Mahnung bewirkt jedoch ausnahmsweise so lange keinen Verzug, wie der für die Berechnung des Pflichtteils maßgebende Bestand und Wert des Nachlasses ohne Säumnis des Erben nicht festgestellt ist, da es dann an dem nach § 286 Abs. 4 erforderlichen Verschulden fehlt (BGHZ 80, 269 (277) = NJW 1981, 1729 mAnm Schubert JR 1981, 506; BGH NJW 1981, 1732; NK-BGB/Bock Rn. 15; Lange/Kuchinke ErbR § 37 Fn. 384; MüKoBGB/Lange Rn. 7). Das verzugsbegründende Verschulden entfällt nicht hinsichtlich der unstreitigen Höhe des Pflichtteilsanspruchs, wenn sich aus den eigenen Wertangaben des Erben bereits ein höherer Pflichtteilsanspruch ergibt, als die angemahnte Hauptforderung, oder der Pflichtteilsanspruch nur hilfsweise geltend gemacht wird, weil der Pflichtteilsberechtigte primär beansprucht, Miterbe geworden zu sein (BGH NJW 1981, 1732; jurisPK-BGB/Birkenheier Rn. 27; Staudinger/Herzog, 2021, Rn. 55; zweifelnd MüKoBGB/Lange Rn. 8).

6 Der geschuldete Verzugszins liegt bei **5 Prozentpunkten über dem Basiszinssatz** (§ 288 Abs. 1) und damit nun wesentlich über dem früheren Zinssatz, der vor Inkrafttreten des Gesetzes zur Beschleunigung fälliger Zahlungen vom 30.3.2000 (BGBl. I 330) galt. Gleiches gilt für Prozesszinsen (§ 291). Wird im Rahmen einer **Stufenklage** (§ 254 ZPO) der Auskunfts- und Wertermittlungsanspruch geltend gemacht, so steht dies der Leistungsklage gleich, da auch hier letztlich auf die Leistung geklagt wird (BGHZ 80, 269 (277) = NJW 1981, 1729; MüKoBGB/Lange Rn. 8). Anders liegt es dagegen, wenn zunächst nur eine Auskunftsklage erhoben wird, die gerade nicht auf Leistung zielt. Da sich der Rechtsstreit hierüber über Jahre hinziehen kann, ist es besonders wichtig, bereits vor dieser Klagerhebung den Verzug hinsichtlich des Pflichtteilsanspruchs herbeizuführen, insbes. die Beweisbarkeit der verzugsbegründenden Mahnung zu sichern (vgl. Rißmann ZErb 2002, 181; Kasper in Schlitt/Müller PflichtteilsR-HdB § 9 Rn. 98 f.).

7 **2. Erlass.** Der bereits entstandene Pflichtteilsanspruch kann nach dem Erbfall nicht durch Ausschlagung (wie Erbschaft oder Vermächtnis), sondern nur nach den allgemeinen Regeln über den Forderungserlass (§ 397) durch **formlosen Vertrag** (KG MDR 1975, 1020; vgl. auch BGH ZEV 2019, 281) zwischen Erben und Pflichtteilsberechtigten beseitigt werden (zum erforderlichen Erklärungsbewusstsein KG MDR 1975, 1020; eingehend Staudinger/Herzog, 2021, Rn. 83 ff.;

Böhmer, Das postmortale Zustandekommen erbrechtlicher Verzichtsverträge, 2004; ausf. v. Proff ErbR 2021, 994). Vormund, Eltern und Betreuer bedürfen als gesetzliche Vertreter hierfür der Genehmigung des Familien- bzw. Betreuungsgerichts (§ 1822 Nr. 2, § 1643 Abs. 2, § 1908i) (MüKoBGB/Kroll-Ludwigs § 1822 Rn. 9; Staudinger/Herzog, 2091, Rn. 91 f.). Der unentgeltliche Erlass des Pflichtteilsanspruchs unterfällt nicht § 517 und stellt damit eine Schenkung dar (vgl. Burandt/Rojahn/Horn Rn. 30).

**3. Geltendmachung.** Richtet sich der Pflichtteilsanspruch eines **Minderjährigen** gegen den überlebenden Ehegatten als Alleinerben, der gleichzeitig der gesetzliche Vertreter des Kindes ist, so kann der gesetzliche Vertreter **nicht** mit sich selbst einen **Erlassvertrag** schließen, weil dem die § 1629 Abs. 2, § 1795 Abs. 2, § 181 entgegenstehen (MüKoBGB/Lange Rn. 14). Letztlich bleibt daher die Geltendmachung und Durchsetzung des Pflichtteilsanspruchs Sache des Kindes, da die Verjährungsfrist wegen der Ablaufhemmung nach § 207 Abs. 1 S. 2 Nr. 2 lit. a und § 207 Abs. 1 S. 2 Nr. 2 lit. b nicht vor der Vollendung des 21. Lebensjahrs in Gang gesetzt wird (BayObLG FamRZ 1989, 540 (541 f.); LG Braunschweig FamRZ 2000, 1184 (1185); Damrau, Der Minderjährige im Erbrecht, 3. Aufl. 2019, Rn. 94). Andererseits ist der als Alleinerbe eingesetzte gesetzliche Vertreter nicht daran gehindert, den Pflichtteilsanspruch des minderjährigen Kindes nach dem Tod des anderen Ehegatten **geltend** zu machen oder sicher zu stellen, denn § 181 schließt ihn nur bei Rechtsgeschäften von der Vertretung des Kindes aus (BayObLG FamRZ 1963, 578 (579); Damrau, Der Minderjährige im Erbrecht, 3. Aufl. 2019, Rn. 98; vgl. auch OLG Hamm ZErb 2021, 196 (198) zum Vertretungsausschluss nach § 1795 Abs. 1 Nr. 1; aA BayObLGZ 2003, 248 = NJW-RR 2004, 1157 (1158) für einen Betreuer). Wegen des möglichen Interessengegensatzes kann allerdings das Familiengericht nach **§ 1796** dem Elternteil die **Vertretungsmacht entziehen** und eine Pflegschaft zur Wahrnehmung dieser Rechte anordnen (§ 1909), wenn das Interesse des Minderjährigen zu dem Interesse des gesetzlichen Vertreters in „erheblichem Gegensatz“ steht (§ 1796 Abs. 2). Dies ist aber grds. nur dann erforderlich, wenn der überlebende Elternteil den Pflichtteilsanspruch des Kindes konkret gefährdet. Hierzu ist im Einzelfall eine **Interessenabwägung** erforderlich, in die zum einen einzustellen ist, dass die Geltendmachung des Pflichtteilsanspruchs den Familienfrieden gefährden kann, zum anderen aber, ob die Erfüllung des Pflichtteilsanspruchs nach Eintritt der Volljährigkeit gefährdet sein kann (BayObLG FamRZ 1963, 578 (579); BayObLGZ 1988, 385 (389) = FamRZ 1989, 540; Staudinger/Herzog, 2021, Rn. 117; Damrau, Der Minderjährige im Erbrecht, 3. Aufl. 2019, Rn. 101; BayObLGZ 2003, 248 = NJW-RR 2004, 1157 (1158) für einen Betreuer, wobei hier die Bestellung eines Ergänzungsbetreuers bejaht wurde). 8

Ist ein **Pfleger** zu bestellen, so beschränkt sich seine Aufgabe idR nur auf die Sicherung des Pflichtteilsanspruchs (BayObLGZ 1988, 385 (389); Staudinger/Herzog, 2021, Rn. 120; Damrau, Der Minderjährige im Erbrecht, 3. Aufl. 2019, Rn. 102 f.; aA MüKoBGB/Lange Rn. 14, wonach die Aufgabe die Geltendmachung des Pflichtteilsanspruchs ist), es sei denn, der Pflichtteilsanspruch kann nicht in anderer Weise als durch die Durchsetzung gesichert werden (BayObLGZ 1988, 385 (389); Staudinger/Herzog, 2021, Rn. 120). Unterblieb aber die Bestellung eines Pflegers, so hat der überlebende Ehegatte bei Eintritt der Volljährigkeit das Kind auf das Ende der Verjährungshemmung und seinen noch bestehenden Pflichtteilsanspruch hinzuweisen, andernfalls haftet er auf Grund einer Verletzung der Pflicht zur Vermögenssorge (§§ 1664, 1833), die insoweit noch nachwirkt. 9

## IV. Übertragung, Vererbung, Pfändung (Abs. 2)

**1. Übertragung.** Der entstandene **Pflichtteilsanspruch** ist uneingeschränkt übertragbar (§§ 398 ff.). Der **Auskunfts- und Wertermittlungsanspruch** nach § 2314 geht dabei mit der Abtretung des Pflichtteilsanspruchs auf den Zessionar entspr. § 401 mit über, da es sich um einen nicht personengebundenen, präparatorischen Hilfsanspruch handelt (Klumpp ZEV 1998, 123 (124); MüKoBGB/Lange Rn. 18). Bei den Fällen des § **2306 Abs. 1 und Abs. 2** kann zwar der pflichtteilsberechtigte Erbe seinen Erbteil nach § 2033 übertragen, nicht aber das Ausschlagungsrecht, da dieses an die unübertragbare Erbenstellung gebunden ist und die Ausschlagungsentscheidung auf höchstpersönlichen Überlegungen beruht, in die ein Dritter, der sich von anderen Entscheidungskriterien leiten ließe, nicht eingreifen darf (NK-BGB/Bock Rn. 8; MüKoBGB/Lange Rn. 19; PWW/Deppenkemper Rn. 9; Staudinger/Herzog, 2021, Rn. 194; aA AK-BGB/Däubler Rn. 20). Dagegen soll bei **§ 2307** der Vermächtnisnehmer den Vermächtnisanspruch mit dem Ausschlagungsrecht auf den Erwerber übertragen können, weil hier lediglich eine Forderung durch die andere ersetzt werde (NK-BGB/Bock Rn. 9; PWW/Deppenkemper Rn. 9; Soergel/ 10

Beck Rn. 11; RGRK-BGB/Johannsen Rn. 16). Doch spricht auch hier gegen die Übertragbarkeit des Ausschlagungsrechts, dass es ebenfalls um höchstpersönliche Überlegungen im Rahmen der Ausschlagungsentscheidungen geht, wie bei § 1371 mit seinen Auswirkungen auf den Zugewinnausgleich des überlebenden Ehegatten besonders deutlich wird (MüKoBGB/Lange Rn. 19; Staudinger/Herzog, 2021, Rn. 195; Muscheler, Universalsukzession und Vonselbsterwerb, 2002, 231 Fn. 247; BeckOGK/Reisnecker, 1.2.2022, Rn. 98; HK-PflichtteilsR/Grziwotz Rn. 23; van de Loo ZEV 2006, 473 (477) wegen der Verweisung des § 2180 Abs. 3 auf die Regelungen für den Erbfall).

**11** Was für die Abtretbarkeit gilt, muss auch für die **Überleitung nach § 93 Abs. 1 SGB XII** (früher § 90 BSHG) gelten, weil auch hier die Höchstpersönlichkeit der Ausschlagungsentscheidung verbietet, dass der Sozialhilfeträger, der ganz andere Interessen als der Erbe hat, die Ausschlagung an sich ziehen kann (MüKoBGB/Lange Rn. 20). Das Ausschlagungsrecht ist daher im Fall des **§ 2306 nicht** auf einen **Sozialhilfeträger** überleitbar (BGHZ 188, 96 = NJW 2011, 1586; dazu auch Ivo DNotZ 2011, 387; Kleensang ZErb 2011, 121; Dreher/Görner NJW 2011, 1761; Wendt ZNotP 2011, 362; krit. Röthel LMK 2011, 317533; van de Loo ZEV 2006, 473 (474 ff.); Staudinger/Herzog, 2021, Rn. 267; Eberl-Borges/Schüttlöffel FamRZ 2006, 587 (595)). Für das **Vermächtnis** wird dies teilweise anders gesehen, weil dieses wegen § 93 Abs. 1 S. 4 SGB XII überleitbar sei und damit auch das Ausschlagungsrecht als akzessorisches Sicherungsrecht nach §§ 412, 401 übergehe (van de Loo ZEV 2006, 473 (477 f.)). Jedoch steht auch hier der Schutz der höchstpersönlichen Ausschlagungsentscheidung der Überleitung entgegen (ebenso jetzt BGHZ 188, 96 = NJW 2011, 1586; zust. Staudinger/Herzog, 2021, Rn. 267; vgl. dazu auch LSG NRW BeckRS 2012, 65830 = ZEV 2012, 273 mAnm Zimmer, das die Rechtslage als ungeklärt ansieht).

**12** Die Abtretbarkeit des Pflichtteilsanspruchs kann zu Lebzeiten des Erblassers durch einen beschränkten Pflichtteilsverzicht **ausgeschlossen** werden (§§ 2346, 2348) (NK-BGB/Bock Rn. 10; Staudinger/Herzog, 2021, Rn. 193).

**13** **2. Vererbung.** Der Pflichtteilsanspruch ist **vererblich** (Abs. 2). Verstirbt der Pflichtteilsberechtigte, der iSv § 2306 Abs. 1, 2, § 2307 Abs. 1 bedacht wurde, ohne ausgeschlagen zu haben, so ist auch das Ausschlagungsrecht vererblich (§ 1952 Abs. 1, § 2180 Abs. 3). Es geht dann **auf die Erben über** und kann von diesen ausgeübt werden (MüKoBGB/Lange Rn. 25; RGRK-BGB/Johannsen Rn. 14, 16; Staudinger/Herzog, 2021, Rn. 200). Ist der Pflichtteilsberechtigte beispielsweise **als Vorerbe eingesetzt** und verstirbt dieser, können seine Erben – die nicht zugleich Nacherben sind – nach § 2306 Abs. 1 die Erbschaft ausschlagen und zum Pflichtteilsrecht überwechseln, solange die Ausschlagungsfrist noch läuft (BGHZ 44, 152 = NJW 1965, 2295; vgl. dazu auch Bengel ZEV 2000, 388 (390)). Ist ein Pflichtteilsberechtigter **als Nacherbe eingesetzt,** muss auch er die Erbschaft ausschlagen, um den Pflichtteil zu erlangen (§ 2306 Abs. 2). Ist er verstorben, so kann sein (allgemeiner) Erbe die Erbschaft zur Pflichtteilserlangung nur ausschlagen, wenn die Nacherbschaft nicht nach § 2108 Abs. 2 Alt. 2 auf einen anderen als Ersatznacherben übergegangen ist (RG JW 1931, 1354 (1356) mAnm Herzfelder; MüKoBGB/Lange Rn. 26; teilweise wird hier aber auch ohne die Ausschlagungsmöglichkeit ein Pflichtteilsanspruch des verstorbenen Pflichtteilsberechtigten bejaht, weil bei unvererblichem Nacherbenrecht hier faktisch keine Wahlmöglichkeit zwischen Nacherbfolge und Pflichtteil bestand, und den Pflichtteilsanspruch kann der Erbeserbe erwerben: Soergel/Dieckmann, 13. Aufl., Rn. 12 mit Differenzierungen; RGRK-BGB/Johannsen Rn. 15; eingehend mw Differenzierungen und Fallgruppen Bengel ZEV 2000, 388).

**14** Nach dem Tod des Pflichtteilsberechtigten kann der noch nicht verjährte Anspruch auch vom **Testamentsvollstrecker** geltend gemacht werden, da ein in den Nachlass fallender Pflichtteilsanspruch – vorbehaltlich einer abweichenden Erblasserbestimmung – von dessen Verwaltungsbefugnis umfasst wird (BGH NJW 2015, 59 (60)).

**15** **3. Pfändung des Pflichtteils; Überleitung auf den Sozialhilfeträger; Insolvenz. a) Einschränkung der Pfändbarkeit.** Der Pflichtteilsanspruch ist **pfändbar,** wenn er durch Vertrag **anerkannt** oder **rechtshängig** (§ 261 ZPO) (Arrest oder einstweilige Verfügung (§§ 916, 935 ZPO) genügen nicht, da dadurch nicht der Anspruch rechtshängig, sondern nur gesichert wird, Musielak/Voit/Flockenhaus ZPO § 852 Rn. 2) wurde **(§ 852 Abs. 1 ZPO)** (eingehend zu den nachfolgenden Problemen Haas FS Bengel/Reimann, 2012, 173 ff.). Dadurch soll sichergestellt werden, dass der Pflichtteilsanspruch wegen seiner familienrechtlichen Grundlage nicht gegen den Willen der Beteiligten geltend gemacht wird (Mot. V 418; BGH NJW 1982, 2771 (2772); vgl. auch Musielak/Voit/Flockenhaus ZPO § 852 Rn. 1). Eine **Anerkennung** durch Vertrag ist jede auf Feststellung des Pflichtteilsanspruchs zielende Einigung; sie muss jedoch zwischen dem Erben und dem Pflichtteilsberechtigten erfolgen und den Willen des Berechtigten zur Pflichtteilsgeltendmachung erkennen lassen. Eine Schriftform ist nicht erforderlich (OLG Düsseldorf NJWE-FER 1999, 246; Staudinger/Herzog, 2021, Rn. 213 mwN; MüKoZPO/Smid ZPO § 852 Rn. 3, wobei Smid einseitige Anerkennung durch den Berechtigten genügen lässt); auch die Höhe kann offenbleiben (Staudinger/Herzog, 2021, Rn. 214). Nach hM (Baumbach/Lauterbach/Nober ZPO § 852 Rn. 3; Klumpp ZEV 1998, 123 (124); Staudinger/Herzog, 2021, Rn. 216 mwN; offengelassen von BGHZ 123, 183 (190) = NJW 1993, 2876; aA Muscheler, Universalsukzession und Vonselbsterwerb, 2002, 216) ist in einer **Sicherungsabtretung, Verpfändung** oder **sonstigen Belastung** des Pflichtteilsanspruchs ebenfalls eine vertragliche Anerkennung zu sehen, obwohl in diesen Fällen der Pflichtteilsschuldner keine eigene Erklärung abgibt und damit an sich keine vertragliche Anerkennung ausspricht. Denn nach derartigen Rechtshandlungen ist der Anspruch nicht mehr durch seinen familiären Bezug gekennzeichnet und somit der Schutzzweck des § 852 ZPO entfallen (Kuchinke NJW 1994, 1769; zust. Staudinger/Herzog, 2021, Rn. 216).

Ein vor Erfüllung der Voraussetzungen des § 852 ZPO vereinbarter **schenkweiser Erlass** 16 (§ 397) ist aber gerade keine Geltendmachung, weil darin nur formal eine Verfügung über den Pflichtteilsanspruch liegt, der Pflichtteilsberechtigte dadurch aber nur letztlich zum Ausdruck bringt, dass er seinen Pflichtteilsanspruch nicht verwirklichen will und der Gläubiger dies genauso hinnehmen muss, wie wenn der Pflichtteilsberechtigte nur auf Dauer die Geltendmachung des Anspruchs unterlässt (OLG Düsseldorf FamRZ 2000, 367 (368) = NJWE-FER 1999, 246; Muscheler, Universalsukzession und Vonselbsterwerb, 2002, 217 f.; Staudinger/Herzog, 2021, Rn. 218). Erfolgt der Erlass gegen eine Abfindungsleistung, wird darin teilweise der Wille des Pflichtteilsberechtigten gesehen, seinen Pflichtteilsanspruch geltend zu machen (dem zuneigend OLG Düsseldorf FamRZ 2000, 367 (368); aA Muscheler, Universalsukzession und Vonselbsterwerb, 2002, 218: Gläubiger sei durch Pfändbarkeit der Abfindungsleistung ausreichend geschützt; ebenso Staudinger/Herzog, 2021, Rn. 218), was aber nur in Höhe der vereinbarten Abfindung zutreffend ist. Die Einschränkung der Pfändung gilt nach hM nur zugunsten des Pflichtteilsberechtigten und entfällt daher mit seinem **Tod** (OLG Brandenburg BeckRS 2011, 17836; Schindler ZEV 2018, 60 (61)).

**b) Überleitbarkeit auf den Sozialhilfeträger; gesetzlicher Forderungsübergang.** Die 17 sich aus § 852 ZPO ergebenden Beschränkungen gelten nach hM für die **Überleitung durch einen Sozialhilfeträger** nach § 93 Abs. 1 SGB XII nicht, der insoweit gegenüber dem Pfändungsgläubiger privilegiert ist, weil es hier auf die Entscheidung des Pflichtteilsberechtigten nicht ankommt (BGH NJW-RR 2005, 369 = ZEV 2005, 117 m. abl. Anm. Muscheler; abl. auch Eberl-Borges/Schüttlöffel FamRZ 2006, 589 (597); vgl. dazu auch J. Mayer MittBayNot 2005, 286; Litzenburger RNotZ 2005, 162; Staudinger/Herzog, 2021, Rn. 248; bestätigt von BGH NJW-RR 2006, 223; die Überleitung ist sogar noch nach dem Tod des Pflichtteilsberechtigten möglich, VG Augsburg BeckRS 2003, 19511). In der Lit. wird dies zT kritisiert, weil dann der pflichtteilsberechtigte Erbe wegen § 83 Abs. 1 S. 1 InsO zwar sanktionslos die Erbschaft als weitergehendes Recht ausschlagen könnte (ausf. Muscheler, Universalsukzession und Vonselbsterwerb, 2002, 235 f.), während der Pflichtteilsanspruch immer dem Sozialhilfeträger zufiele. Außerdem wird vorgebracht, dass hierdurch auch der Sozialhilfeträger gegenüber anderen Gläubigern wesentlich bevorzugt werde, was im Hinblick auf Art. 3 GG auch **verfassungsrechtlich bedenklich** sei (vgl. Eberl-Borges/Schüttlöffel FamRZ 2006, 589 (597)). Die Kritik ist nicht von der Hand zu weisen; angesichts der klaren Entscheidung des Gesetzgebers, auch unpfändbare Ansprüche zur Überleitung zuzulassen, muss man konsequenterweise auch die Geltendmachung des übergeleiteten Pflichtteilsanspruchs durch den Sozialhilfeträger zulassen (so iErg auch Staudinger/Herzog, 2021, Rn. 248). Der Abschluss eines Erlassvertrages (§ 397) durch einen sozialhilferechtlichen Leistungsempfänger auf einen durch den Erbfall entstandenen Pflichtteilsanspruch ist nicht sittenwidrig (OLG Hamm BeckRS 2021, 41312 = ErbR 2022, 333 mAnm Grenz; Anschluss an die Rspr. des BGH zum Pflichteilsverzicht gem. § 2346 Abs. 2; vgl. BGH DNotZ 2011, 381 ff. mAnm Ivo = MittBayNot 2012, 138 mAnm Spall = NJW 2011, 1586).

Bei einem Bezieher von **Leistungen des ALG II** ("Hartz IV") geht der Pflichtteilsanspruch 18 gem. § 33 SGB II sogar kraft Gesetzes auf den Sozialhilfeträger über (vgl. dazu ausf. Horn/Doering-Striening NJW 2013, 1276 ff.; v. Proff ErbR 2016, 250 ff.; Staudinger/Herzog, 2021, Rn. 252).

**c) Verwertung des gepfändeten Pflichtteils. Vor Anerkennung** oder Rechtshängigkeit 19 kann der mit dem Erbfall bereits entstandene Pflichtteilsanspruch als **in seiner zwangsweisen Verwertbarkeit aufschiebend bedingter** Anspruch **gepfändet** werden. Bei einer derart eingeschränkten Pfändung erwirbt der Pfändungsgläubiger bei Eintritt der Verwertungsvoraussetzungen ein vollwertiges Pfandrecht, dessen Rang sich nach dem Zeitpunkt der Pfändung bestimmt (BGHZ 123, 183 (185 ff.) = NJW 1993, 2876 = EWiR 1997, 683 (Gerhardt) = JR 1994, 419 (Schubert); BGH NJW-RR 2009, 997; dazu auch Kuchinke NJW 1994, 1769; abl. zu dieser Rspr. Muscheler, Universalsukzession und Vonselbsterwerb, 2002, 219). Die Verwertungsbefugnis entsteht also erst, wenn die in § 852 Abs. 1 ZPO genannten Voraussetzungen vorliegen. Bereits mit der Pfändung darf der Schuldner über die Forderung nicht mehr verfügen (BGH NJW-RR 2009, 997 (998); Staudinger/Herzog, 2021, Rn. 222 (sog. Inhibitorium)); verfügt der Pflichtteilsberechtigte gleichwohl, so ist die Verfügung dem Pfändungsgläubiger gegenüber unwirksam (§ 829 Abs. 1 S. 2 ZPO). Der Antrag des Gläubigers auf Erlass eines Pfändungsbeschlusses und dieser Beschluss müssen keine Angaben dazu enthalten, ob vertragliche Anerkennung oder Rechtshängigkeit vorliegen. Im Hinblick auf die missverständliche Formulierung des § 852 Abs. 1 ZPO wird den Vollstreckungsgerichten aber bis zu einer gesetzlichen Regelung empfohlen, in den Pfändungsbeschluss in allgemein verständlicher Form einen Hinweis aufzunehmen, dass die Verwertung des Anspruchs erst erfolgen darf, wenn diese Voraussetzungen erfüllt sind (BGH NJW-RR 2009, 997; dazu Adolf-Kapgenoß jurisPR-FamR 13/2009 Anm. 1; Hintzen WuB VI D § 852 ZPO 1.09). Nach – allerdings umstrittener – Ansicht kann auch bereits vor dem Bedingungseintritt die Überweisung zur Einziehung erfolgen, weshalb ein **einheitlicher Pfändungs- und Überweisungsbeschluss** möglich sei. Die Prüfung der Verwertungsvoraussetzungen habe vielmehr erst durch das Prozessgericht im Rahmen einer Zahlungsklage des Pfändungsgläubigers gegen den Pflichtteilsschuldner zu erfolgen (Stöber Forderungspfändung, 11. Aufl. 1983, Rn. 273b; Greve ZIP 1996, 699 (701); Keim ZEV 1998, 127 (128); aA Kuchinke NJW 1994, 1769 (1770); Behr JurBüro 1996, 65 f.; Muscheler, Universalsukzession und Vonselbsterwerb, 2002, 217). Dies ist jedoch abzulehnen. Denn die Überweisung zur Einziehung stellt die **Verwertung** der gepfändeten Forderung dar. Der Gläubiger erhält damit die Kompetenz, die Forderung geltend zu machen und die Zahlung durch den Drittschuldner durchzusetzen. Die Befugnis darf ihm aber erst verliehen werden, wenn die Voraussetzungen des § 852 Abs. 1 ZPO vorliegen (BGH NJW-RR 2009, 997 = ZEV 2009, 247 mAnm Musielak; Staudinger/Herzog, 2021, Rn. 227).

20 **d) Insolvenz.** Im Hinblick auf die zeitlich erweiterte Pfändungsmöglichkeit (→ → Rn. 19) gehört die Pflichtteilsforderung von Anfang an zur **Insolvenzmasse** (§§ 35, 36 Abs. 1 InsO) (BGH NJW-RR 2009, 632 Rn. 14; BGH ZEV 2011, 87; NJW 2015, 59 (60); OLG Brandenburg FamRZ 1999, 1436; Klumpp ZEV 1998, 123 (128); MüKoBGB/Lange Rn. 29; Staudinger/Herzog, 2021, Rn. 231; Muscheler, Universalsukzession und Vonselbsterwerb, 2002, 218), jedoch kann bis zur Anerkennung oder Rechtshängigkeit des Anspruchs der Insolvenzverwalter die Forderung nicht einziehen (BGH ZEV 2009, 469; Krüger ErbR 2009, 311; OLG Brandenburg FamRZ 1999, 1436; Staudinger/Herzog, 2021, Rn. 232). Umgekehrt hindert der Insolvenzbeschlag den Pflichtteilsberechtigten nicht, eine Anerkennung zu erwirken oder Klage auf Zahlung zu erheben, lässt ihm aber auch die Entscheidungsfreiheit hierfür (NK-BGB/Bock Rn. 27; Ivo ZErb 2003, 250 (254)). Da entspr. den Grundsätzen zur Einzelzwangsvollstreckung die Entschließungsfreiheit des Pflichtteilsberechtigten geschützt werden muss, ist auch ein nach Insolvenzeröffnung vom Insolvenzschuldner erklärter **Verzicht** (§ 397) dem Insolvenzverwalter gegenüber wirksam, wenn die Verwertungsreife nach § 852 ZPO noch nicht eingetreten ist (Muscheler, Universalsukzession und Vonselbsterwerb, 2002, 219; HK-PflichtteilsR/Grziwotz Rn. 40; aA Ivo ZErb 2003, 250 (254); Keim, ZEV 1998, 127 (128); Staudinger/Herzog Rn. 231 mwN).

21 **Unterlässt** der Pflichtteilsberechtigte die **Geltendmachung** des Anspruches, so wird damit für den Pfändungsgläubiger dessen Realisierung unmöglich; er kann auch nicht nach den Vorschriften über die **Gläubigeranfechtung** die Geltendmachung erzwingen (BGH NJW 1997, 2384; dazu Klumpp ZEV 1998, 123 (125); Staudinger/Herzog, 2021, Rn. 231, 241 mwN; Ivo ZErb 2003, 250 (255)). Die sich aus § 852 Abs. 1 ZPO für den Gläubiger ergebende Beschränkung gilt auch dann, wenn der Berechtigte zu Lebzeiten des Erblassers diesen dazu bewogen hat, nicht ihn, sondern einen anderen als Erben einzusetzen, um damit einen Gläubigerzugriff zu verhindern (BGH NJW 1997, 2384; Gestaltungsmöglichkeiten bei drohender Pfändung bei Keim ZEV 1998, 127). Wird jedoch auf den **bereits anerkannten** oder rechtshängig gemachten Pflichtteilsanspruch verzichtet, so ist dies **insolvenzrechtlich anfechtbar** (Uhlenbruck/Borries/Hirte InsO § 129 Rn. 409; Staudinger/Herzog, 2021, Rn. 243).

22 Entgegen der zuvor hM hat der BGH entschieden, dass der Verzicht auf die Geltendmachung eines Pflichtteilsanspruchs in der **Wohlverhaltensphase** – wie die Ausschlagung einer Erbschaft oder der Verzicht auf ein Vermächtnis – **keine Obliegenheitsverletzung** darstellt (BGH ZEV 2009, 469 = NJW-RR 2010, 121 = DNotZ 2009, 862 mAnm Goltzsche; Nehrlich/Römermann InsO § 295 Rn. 24; aA früher etwa Ivo ZErb 2003, 250 (255)). Der Halbteilungs-

grundsatz des § 295 Abs. 1 Nr. 2 InsO greift erst ein, wenn der Schuldner die Erbschaft angenommen oder den Pflichtteilsanspruch rechtshängig gemacht hat oder dieser anerkannt ist. Vielmehr sei der **persönliche Charakter des Ausschlagungsrechts,** der auf den besonderen Beziehungen des Erben zum Erblasser beruht, auch in der Wohlverhaltensphase zu beachten. Er darf nicht durch einen mittelbaren Zwang zur Annahme der Erbschaft oder zur Geltendmachung des Pflichtteils unterlaufen werden. Wird jedoch der während des Insolvenzverfahrens entstandene Pflichtteilsanspruch erst nach Aufhebung des Insolvenzverfahrens anerkannt oder rechtshängig gemacht, so unterliegt er der **Nachtragsverteilung** nach § 203 InsO (BGH ZEV 2011, 87 mAnm Reul; dazu auch Floeth FamRZ 2011, 1399).

## V. Prozessuales

Streitige Pflichtteilsansprüche sind vor dem **Prozessgericht** zu erheben, und zwar wahlweise vor dem Gerichtsstand des Beklagten (§§ 12 ff. ZPO) oder dem der Erbschaft (§ 27 ZPO). Der Rechtsweg zu den ordentlichen Gerichten kann diesbezüglich nicht durch eine letztwillige **Schiedsgerichtsklausel** ausgeschlossen werden, da dadurch der Erblasser auf Bestand und Höhe des an sich zwingenden Pflichtteilsanspruchs über die Fälle der Pflichtteilsentziehung und -beschränkung hinaus Einfluss nehmen kann (BGH NJW 2017, 2115 (2116) = MittBayNot 2018, 347 mAnm Bandel; OLG München ZEV 2016, 334). Dem kann auch nicht entgegengehalten werden, die Schiedsgerichtsbarkeit sei heute als echte Gerichtsbarkeit anerkannt, die einen vollwertigen Rechtsschutz gewähre. Denn sie bleibt immer noch eine andere Art der Gerichtsbarkeit, die der privatautonomen Legitimation bedarf (zutr. MüKoBGB/Leipold § 1937 Rn. 35; iE ebenso BayObLGZ 1956, 186 (189); LG Heidelberg ZEV 2014, 310 f.; Musielak/Voit/Voit ZPO § 1066 Rn. 3; Schulze MDR 2000, 314 (316); Otte FS 100 Jahre Rheinisches Notariat, 1998, 241 (251); aA Geimer FS Schlosser, 2005, 197 (205); Schmitz RhNotZ 2003, 591 (611); Pawlytta ZEV 2003, 89 (91 ff.)). Die Annahme, dass die Schiedsgerichtsbarkeit zur ordentlichen Gerichtsbarkeit gleichwertig ist und eine verfassungsmäßige Alternative darstellt, ändert nichts daran, dass der Erblasser nicht einseitig in das Pflichtteilsrecht eingreifen kann, und die Schiedsgerichtsanordnung ausschließlich in dem Umfang zulässig ist, in der dem Erblasser eine **Verfügungsbefugnis** zukommt (BGH NJW 2017, 2115 (2116) = MittBayNot 2018, 347 mAnm Bandel; OLG München ZEV 2016, 334; vgl. auch Staudinger/Otte, 2017, Vor § 1937 Rn. 8a; MüKoBGB/Leipold § 1937 Rn. 35). Anders liegt es nur, wenn der Erblasser einen Pflichtteilsberechtigten zum Erben beruft, aber auch dann ist die Wirksamkeit der Schiedsgerichtsanordnung im Hinblick auf § 2306 streitig (→ § 2306 Rn. 14). **Prozesskostenvorschuss** für den Pflichtteilsanspruch kann nicht nach § 1360a Abs. 4, § 1361 Abs. 4 vom anderen Ehegatten gefordert werden (OLG Köln NJW-RR 1989, 967 (968); PWW/Deppenkemper Rn. 24; Staudinger/Herzog, 2021, Rn. 153). Vor Eintritt des **Erbfalls** ist es auch nicht möglich, den (erst künftigen) Pflichtteilsanspruch durch **Arrest oder einstweilige Verfügung** zu sichern (PWW/Deppenkemper Rn. 24). Zur praktisch bedeutsamen Stufenklage im Zusammenhang mit einem Auskunfts- und Wertermittlungsanspruch → § 2314 Rn. 46. 23

Die Darlegungs- und **Beweislast** für alle Tatsachen, von denen der Grund und die Höhe des Anspruchs abhängen, hat der **Pflichtteilsberechtigte** (BGHZ 7, 134 (136) = NJW 1952, 1173; BGH NJW-RR 1996, 705 (706); NK-BGB/Bock Rn. 31; Baumgärtel/Laumen Rn. 1; PWW/Deppenkemper Rn. 24). Hierzu gehören der Ausschluss des Pflichtteilsberechtigten von der gesetzlichen Erbfolge, ggf. der Güterstand des Erblassers und die Nachlasszugehörigkeit bestimmter Gegenstände (NK-BGB/Bock Rn. 31). Dabei hat der Pflichtteilsberechtigte das Nichtbestehen einer von ihm bestrittenen, vom Erben aber substantiiert dargelegten Nachlassverbindlichkeit zu beweisen (BGH FF 2003, 218). Im Rahmen des **Pflichtteilsergänzungsanspruchs** gelten jedoch weitere Beweiserleichterungen (→ § 2325 Rn. 46). Eine **Verletzung der Auskunftspflicht** nach § 2314 ist zudem zu Gunsten des Pflichtteilsberechtigten zu berücksichtigen, führt aber nur bei Arglist oder bewusster Beweislastvereitelung zu einer Umkehr der Beweislast, ist aber ansonsten nur im Rahmen der „sekundären Darlegungslast" zu berücksichtigen (BGH NJW-RR 2010, 1378; für erleichterte Umkehr der Beweislast NK-BGB/Bock Rn. 31; Soergel/Beck Rn. 19; offenlassend noch BGHZ 7, 134 (141 f.) = NJW 1952, 1173). Eine teilweise Klageabweisung durch **Teilurteil** (§ 301 ZPO) war früher nur zulässig, wenn geklärt ist, ob sie wegen zu geringer Nachlassaktiva oder wegen zu hoher Nachlasspassiva erfolgt (BGH NJW 1964, 205 im Fall von §§ 2057a, 2316; OLG Hamburg NJWE-FER 1999, 129; s. auch BGHR ZPO § 301 Abs. 1; OLG Celle FamRZ 2004, 1823 bei Pflichtteilsanrechnung nach § 2315). Nach der Neufassung des § 301 ZPO durch Gesetz vom 30.3.2000 (BGBl. I 330) kann durch Teilurteil über den strittigen Anspruch nur entschieden werden, wenn ein Grundurteil auch über den restlichen Teil 24 des Anspruchs ergeht (§ 301 Abs. 1 S. 2 ZPO). Werden **Pflichtteils- sowie Pflichtteilsergänzungsansprüche** geltend gemacht, sind diese prozessual und materiell-rechtlich selbstständig. Demnach kann ein einheitliches Grundurteil nur ergehen, wenn feststeht, dass jeder Teilanspruch dem Grunde nach gerechtfertigt ist (BGHZ 139, 116 = NJW 1998, 3117). Das **Landwirtschaftsgericht** ist für Pflichtteilsansprüche weichender Erben jedenfalls dann zuständig, wenn sie den Hof betreffen (§ 1 Abs. 5 LwVG) (OLG Hamm RdL 1964, 214).

## VI. Verjährung

25 Zur Verjährung → § 2332 Rn. 1 ff.

# § 2318 Pflichtteilslast bei Vermächtnissen und Auflagen

**(1) [1]Der Erbe kann die Erfüllung eines ihm auferlegten Vermächtnisses soweit verweigern, dass die Pflichtteilslast von ihm und dem Vermächtnisnehmer verhältnismäßig getragen wird. [2]Das Gleiche gilt von einer Auflage.**

**(2) Einem pflichtteilsberechtigten Vermächtnisnehmer gegenüber ist die Kürzung nur soweit zulässig, dass ihm der Pflichtteil verbleibt.**

**(3) Ist der Erbe selbst pflichtteilsberechtigt, so kann er wegen der Pflichtteilslast das Vermächtnis und die Auflage soweit kürzen, dass ihm sein eigener Pflichtteil verbleibt.**

**Schrifttum:** Halm, Das Kürzungsrecht des pflichtteilsberechtigten Erben gegenüber Vermächtnisnehmern und Auflagebegünstigten, 2000; Muscheler, Die Erfüllung einer verjährten Nachlassverbindlichkeit auf Kosten Dritter, ZEV 2020, 324; Schlitt, Aufteilung der Pflichtteilslast zwischen Erbe und Vermächtnisnehmer, ZEV 1998, 91; Schmidt, Die Tragung der Pflichtteilslast gem. § 2318 Abs. 1 S. 1 BGB im Lichte einer differenzierenden Verteilungslehre, ZEV 2016, 612; Sporré, Die Beteiligung des Vermächtnisnehmers an der Pflichtteilslast des Erben gem. § 2318 BGB, ZEV 2022, 5; Tanck, § 2318 Abs. 3 BGB schützt nur den „Pflichtteilskern", ZEV 1998, 132; v. Olshausen, Die Verteilung der Pflichtteilslast zwischen Erbe und Vermächtnisnehmer, MDR 1986, 89.

## Überblick

Die §§ 2318, 2320–2340 regeln die **Verteilung der Pflichtteilslast** im Innenverhältnis der Nachlassbeteiligten, also zwischen Erben, Vermächtnisnehmern und Auflagenbegünstigten. Im Verhältnis der Erben zu Vermächtnisnehmern und Auflagebegünstigten ergibt sich aus § 2318 Abs. 1 im Grundsatz eine Pflicht zur **verhältnismäßigen Tragung der Pflichtteilslast** (→ Rn. 2). Dieser Grundsatz wird nach Abs. 2 durchbrochen, wenn der Vermächtnisnehmer selbst pflichtteilsberechtigt ist (**Einschränkung** der Kürzungsbefugnis; → Rn. 6) bzw. nach Abs. 3, wenn der Erbe selbst pflichtteilsberechtigt ist (**Erweiterung** der Kürzungsbefugnis; → Rn. 9).

## I. Normzweck

1 Schuldner des Pflichtteilsanspruchs ist im **Außenverhältnis** allein der **Erbe.** Dieser muss auch die vom Erblasser angeordneten Vermächtnisse und Auflagen erfüllen, ohne dass dies zu einer Verringerung des Pflichtteils führt (→ § 2311 Rn. 14). Als Ausgleich hierfür gewährt § 2318 dem Erben eine **peremptorische Einrede** in Gestalt eines Kürzungsrechts, sodass im **Innenverhältnis** die Pflichtteilslast von ihm und den Vermächtnisnehmern und Auflagebegünstigten **verhältnismäßig** getragen wird (MüKoBGB/Lange Rn. 1 f.; v. Olshausen MDR 1986, 89). Leistet der Pflichtteilsschuldner in Unkenntnis seines Kürzungsrechts, so kann er das zu viel Gezahlte nach § 813 zurückfordern (KG FamRZ 1977, 267 (269); Tanck ZEV 1998, 132 (133)).

## II. Grundregel des Abs. 1

2 **1. Voraussetzungen.** Grds. tragen die Erben gegenüber den Vermächtnisnehmern und Auflagebegünstigten die **Pflichtteilslast** (vgl. zum Begriff Schmidt ZEV 2016, 612) nach dem Verhältnis ihrer Beteiligung am Nachlass. Dies gilt allerdings nur, soweit sich aus den Ausnahmetatbeständen der §§ 2321–2322 nichts anderes ergibt und sofern der Erblasser nichts anderes bestimmt hat (§ 2324), wobei eine solche Bestimmung auch schlüssig getroffen werden kann. Die anteilige Beteiligung an der Pflichtteilslast wird dadurch erreicht, dass dem Erben ein **Kürzungsrecht** eingeräumt wird, die ihn belastenden Vermächtnisse und Auflagen verhältnismäßig zu mindern.

Dem Kürzungsrecht unterliegen grds. auch **gesetzliche Vermächtnisse,** wie der Dreißigste nach § 1969 (Damrau/Tanck/Lenz-Brendel Rn. 5; Grüneberg/Weidlich Rn. 1; aA AK-BGB/Däubler Rn. 4; Staudinger/Otte, 2021, Rn. 8; Harder NJW 1988, 2716 (2717)), nicht jedoch der Voraus des Ehegatten (§ 1932), da dieser ohnehin bei der Pflichtteilsberechnung vorneweg abgezogen wird (§ 2311 Abs. 1 S. 2) (RGRK-BGB/Johannsen Rn. 3; Grüneberg/Weidlich Rn. 1; Staudinger/Otte, 2021, Rn. 8). Nicht kürzungsfähig sind auch der Unterhaltsanspruch der Mutter eines ungeborenen Erben gem. § 1963 und der Ausbildungsanspruch des Stiefkinds nach § 1371 Abs. 4 (keine gesetzlichen Vermächtnisse) (Staudinger/Otte, 2021, Rn. 8; MüKoBGB/Lange Rn. 5). Voraussetzung für das Kürzungsrecht ist, dass ein **Pflichtteilsanspruch geltend gemacht** wurde, was erfordert, dass eine Inanspruchnahme des Erben durch den Pflichtteilsberechtigten vorliegt, die den Erben **wirtschaftlich belastet** (RG LZ 1919, 879; LG München II NJW-RR 1989, 8; OLG Frankfurt FamRZ 1991, 238 (240); vgl. auch OLG Zweibrücken ZEV 2007, 97; Staudinger/Otte, 2021, Rn. 6; MüKoBGB/Lange Rn. 6). Jedoch entfällt das Kürzungsrecht nicht mehr, wenn der Pflichtteilsanspruch später schenkungsweise dem Erben erlassen wird (LG München II NJW-RR 1989, 8; vgl. dazu auch Muscheler ZEV 2020, 324 (328)). Es soll aber dann nicht bestehen, wenn der Pflichtteilsanspruch bereits **verjährt** ist (OLG München EE 2009, 114; OLG Koblenz BeckRS 1982, 31141020; Muscheler ZEV 2020, 324 (328)) oder die Geltendmachung nur angekündigt wird (OLG Zweibrücken ZEV 2007, 97).

**2. Durchführung der Kürzung.** Der Pflichtteilsbeitrag des Erben verhält sich zu dem des Vermächtnisnehmers (Auflagebegünstigten) wie die reine Vermögensbeteiligung des Erben zu der des Vermächtnisnehmers (Auflagebegünstigten) am Nachlass (so etwa Soergel/Beck Rn. 3; KG FamRZ 1977, 267 (269)). Dabei wird der Nachlasswert hier anders als bei § 2311 berechnet, weil der Wert der Vermächtnisse und Auflagen zu berücksichtigen ist, der Pflichtteilsanspruch aber nicht (Staudinger/Otte, 2021, Rn. 9; Planck/Greiff Anm. 2). Der Kürzungsbetrag errechnet sich demnach nach der sog Martin'schen Formel (Martin ZBlFG 14, 789 ff.; Staudinger/Otte, 2021, Rn. 10): 3

**Formel:** K (Kürzungsbetrag) = $\frac{\text{P (Pflichtteilslast)} \times \text{V (Vermächtnis)}}{\text{uN (ungekürzter Nachlass)}}$ 3.1

**Beispiel:** Nachlass 30.000 EUR, Alleinerbe der Fremde F, einziger Pflichtteilsberechtigter S (damit Pflichtteil 15.000 EUR); Vermächtnis für B in Höhe von 10.000 EUR. Das Vermächtnis kann demnach um 5.000 EUR gekürzt werden, da die Pflichtteilslast (15.000) zwischen dem Erben und dem Vermächtnisnehmer im Verhältnis 2:1 aufzuteilen ist. 3.2

In der Regel lässt sich der Kürzungsbetrag einfacher errechnen: Der Erbe kann das Vermächtnis (die Auflage) um den Prozentsatz kürzen, welcher der **Pflichtteilsquote** des Pflichtteilsberechtigten am Nachlass entspricht, hier also um 50 %. Diese Methode versagt jedoch bei Anrechnungs- und Ausgleichungspflichten (§§ 2315, 2316), da es hier zu einer abweichenden Pflichtteilsbeteiligung kommt (Soergel/Beck Rn. 4; vgl. auch Grüneberg/Weidlich Rn. 2). In der Gestaltungspraxis sollte daran gedacht werden, ggf. eine von Abs. 1 abweichende Verteilung der Pflichtteilslast vorzusehen, bzw. die Vorschrift abzubedingen. Dies gilt namentlich bei Testamentsgestaltung innerhalb sog. Patchwork-Familien, da die gesetzliche Regelung zu einer iErg wirtschaftlich nicht gewünschten Nachlassverteilung führen kann (vgl. BeckOGK/Reisnecker, 1.2.2022, Rn. 18). 4

Sind **mehrere Vermächtnisse** oder Auflagen vorhanden, kann der Erbe jedem Begünstigten gegenüber die verhältnismäßige Kürzung geltend machen, sofern nicht Abs. 2 oder § 2189 dem entgegensteht (Soergel/Beck Rn. 6; Lange/Kuchinke ErbR § 37 Fn. 394; MüKoBGB/Lange Rn. 9). Der Kürzungsbetrag kann dabei für jedes Vermächtnis nach obiger Formel (→ Rn. 3.1) berechnet werden (Staudinger/Otte, 2021, Rn. 12; vgl. auch die Berechnung bei Kipp/Coing ErbR § 12 II 2c). Soweit das Vermächtnis oder die Auflage eine **unteilbare Leistung** betrifft (Nießbrauch oder Wohnungsrecht, Schmuck), so muss der Vermächtnisnehmer den entsprechenden Kürzungsbetrag beim Vermächtnisvollzug an den Erben leisten. Kann oder will der Vermächtnisnehmer (Auflagebegünstigte) dies nicht, so muss der Erbe statt des Vermächtnisobjekts nur den gekürzten Schätzwert zahlen (BGHZ 19, 309 (311 f.) = NJW 1956, 507 = LM § 2322 Nr. 1 mAnm Johannsen; MüKoBGB/Lange Rn. 4; Burandt/Rojahn/Horn Rn. 10). Soweit der Vermächtnisnehmer seinerseits durch Untervermächtnisse beschwert ist, kann er die Kürzung „weitergeben" und diese verhältnismäßig nach §§ 2188, 2189 kürzen (Hölscher/Mayer in MSTB PflichtteilsR-HdB § 2 Rn. 76). 5

## III. Ausnahmen vom Grundsatz der verhältnismäßigen Tragung der Pflichtteilslast

6 **1. Einschränkung der Kürzungsbefugnis bei pflichtteilsberechtigten Vermächtnisnehmern (Abs. 2).** Ist der Vermächtnisnehmer **selbst pflichtteilsberechtigt,** so bestimmt Abs. 2 im Interesse des Pflichtteilsschutzes, dass das Vermächtnis bis zur Höhe des Pflichtteils nicht gekürzt werden darf (sog **„Kürzungsgrenze"**). Beispiel → Rn. 8. Nur ein Mehrbetrag ist kürzungsfähig, dieser aber in vollem Umfang (MüKoBGB/Lange Rn. 10; Soergel/Beck Rn. 8; Ebenroth/Fuhrmann BB 1989, 2049 (2055); Staudinger/Otte, 2021, Rn. 15). Diese Bestimmung ist zwingend (§ 2324) (Staudinger/Otte, 2021, Rn. 14; Grüneberg/Weidlich Rn. 3), gilt jedoch nicht zu Gunsten eines Auflagebegünstigten. Soweit der überlebende Ehegatte aus einer **Zugewinngemeinschaftsehe** mit einem Vermächtnis bedacht und dies angenommen wurde, errechnet sich die Kürzungsgrenze aus dem nach § 1371 Abs. 1, § 1931 erhöhten Ehegattenpflichtteil (Schramm BWNotZ 1966, 18 (25); Staudinger/Otte, 2021, Rn. 18; Soergel/Beck Rn. 12; MüKoBGB/Lange Rn. 13). Dadurch verringern sich der Pflichtteil und damit die Kürzungsgrenze der anderen pflichtteilsberechtigten Vermächtnisnehmer.

7 Der durch die Einschränkung des Kürzungsrechts entstehende **Ausfall** ist jedoch nicht allein vom Erben, sondern von ihm und den anderen nicht pflichtteilsberechtigten Vermächtnisnehmern und Auflagebegünstigten verhältnismäßig zu tragen (Lange/Kuchinke ErbR § 37 Fn. 397; Soergel/Beck Rn. 8; RGRK-BGB/Johannsen Rn. 7; Staudinger/Otte, 2021, Rn. 17 mwN); denn insoweit verbleibt es bei der Grundregel des Abs. 1 (Soergel/Beck Rn. 8).

8 Der hierfür anzuwendende **„Umlegungsschlüssel"** ist mangels gesetzlicher Regelung allerdings umstritten. Die wohl überwM nimmt an, diesen nach dem ursprünglichen Beteiligungsverhältnis am „bereinigten Nachlass", der dem Erben und dem Vermächtnisnehmer vor Anwendung des ersten Kürzungsrechts zur Verfügung steht, zu bestimmen (Soergel/Beck Rn. 11; AK-BGB/Däubler Rn. 15; Staudinger/Otte, 2021, Rn. 17; aA Buschmann, Die Verteilung der Pflichtteilslast nach den §§ 2318–2324 BGB, 2004, 30 ff.). Ein Beispiel → Rn. 8.1 f.

8.1 **Beispiel** (nach Soergel/Beck Rn. 9): Nachlass 400.000 EUR, Pflichtteilsberechtigte nur die Kinder S und T. Erbe ist der Fremde F. T erhält ein Vermächtnis von 120.000 EUR. Kürzungsbefugnis für F bezüglich Vermächtnis der T: (100.000 × 120.000) : 400.000 = 30.000 EUR. In die Vergleichsberechnung ist das gesamte Vermächtnis aufzunehmen, nicht nur der den Pflichtteil übersteigende Betrag, da es grds. bei der durch Abs. 1 vorgegebenen Berechnungsmethode verbleibt (so Soergel/Beck Rn. 9). Da der Pflichtteil der T nicht unterschritten werden darf, verbleibt der T ein Betrag von 100.000 EUR, nur 20.000 EUR muss sie für den Pflichtteil ihres Bruders S beisteuern. Den Ausfall von 10.000 EUR trägt der Erbe F.

8.2 **Abwandlung:** Es wurde ein weiteres Vermächtnis für D von 80.000 EUR ausgesetzt. Dieses Vermächtnis kann nach Abs. 1 gekürzt werden: (100.000 × 80.000) : 400.000 = 20.000 EUR. Strittig ist die Verteilung des Ausfallbetrags zwischen D und Erbe F. Nimmt man die Beteiligung am bereinigten Nachlass vor der Anwendung der Kürzungsformel so ergibt sich: D ist zu 80.000 EUR, F zu 120.000 EUR beteiligt, das ergibt ein Verhältnis von 2 zu 3, umgerechnet auf den Ausfallbetrag von 10.000 EUR eine Beteiligung von D am Pflichtteil des S von 4.000 EUR, von F von 6.000 EUR. Berechnet man die Beteiligung nach der Anwendung der Kürzungsformel, so ergibt sich für F eine Aufteilung von 140.000 EUR und für D 60.000 EUR, also von 7 zu 3, also bezogen auf den Ausfallbetrag von 10.000 EUR von 7.000 EUR für F und 3.000 EUR von D.

9 **2. Pflichtteilsberechtigter Erbe: erweiterte Kürzungsbefugnis nach Abs. 3. a) Grundsätzliches.** Die **wenig geglückte Vorschrift** ist nur im Zusammenhang mit § 2306 zu verstehen (BGHZ 95, 222 (227) = NJW 1985, 2828; Kuchinke JZ 1986, 90; Lange/Kuchinke ErbR § 37 IX 3a; Tanck ZEV 1998, 132 (133)). Der eigene Pflichtteil des Erben wird gegen Beschränkungen und Beschwerungen **primär** durch **§ 2306** geschützt: Nach der Neuregelung der Vorschrift, die für die ab dem 1.1.2010 eingetretenen Erbfälle gilt, muss der Pflichtteilsberechtigte den ihm zugewandten Erbteil, der mit Vermächtnissen und Auflagen belastet ist, immer ausschlagen, um seinen Pflichtteil verlangen zu können. Nimmt er dagegen die belastete Erbschaft an, so muss er die Vermächtnisse und Auflagen **auch dann** erfüllen, wenn ihm aus dem Nachlass **nicht einmal der Pflichtteil** verbleibt (BGH WM 1981, 335; BGHZ 95, 222 (227) = NJW 1985, 2828). Damit ist aber zugleich die **Belastungsgrenze** gegenüber der „selbstverschuldeten" Hinnahme der Belastungen erreicht. Werden neben solchen Vermächtnissen oder Auflagen noch **fremde Pflichtteilsansprüche** gegen den Erben geltend gemacht und er dadurch zusätzlich beeinträchtigt, greift das erweiterte Kürzungsrecht des Abs. 3 ein (BGHZ 95, 222 (227) = NJW 1985, 2828;

Lange/Kuchinke ErbR § 37 VIII 3a; Staudinger/Otte, 2021, Rn. 22; MüKoBGB/Lange Rn. 14; Burandt/Rojahn/Horn Rn. 10; BeckOGK/Reisnecker, 1.2.2022, Rn. 26; Tanck ZEV 1998, 132 (133); Schlitt ZEV 1998, 91 (92); Halm, Das Kürzungsrecht des pflichtteilsberechtigten Erben gegenüber Vermächtnisnehmern und Auflagebegünstigten, 2000, 35 f.).

Die Vorschrift gibt dem Erben kein allgemeines Verteidigungsrecht gegen die angeordneten Vermächtnisse oder Auflagen (hier ist Ausschlagung nach § 2306 Abs. 1 erforderlich), sondern nur gegen die **zusätzlich** geltend gemachten Pflichtteilsansprüche **anderer** („wegen der Pflichtteilslast"). Sie stellt sich somit letztlich als Regelung des **Konkurrenzverhältnisses** bei Zusammentreffen von eigenem Pflichtteil des Erben, angeordneten Vermächtnissen und Auflagen und geltend gemachten **Pflichtteilsansprüchen Dritter** dar (in diese Richtung auch Lange/Kuchinke ErbR § 37 IX 3a). Abs. 3 berechtigt demnach den Erben zur Kürzung von Vermächtnissen und Auflagen nur um den Betrag, um den die Pflichtteilslasten der anderen Pflichtteilsberechtigten seinen eigenen Pflichtteil **zusätzlich beeinträchtigen** würden (BGHZ 95, 222 (227) = NJW 1985, 2828; Grüneberg/Weidlich Rn. 4; Soergel/Beck Rn. 13; Lange/Kuchinke ErbR § 37 IX 3a; vgl. auch Burandt/Rojahn/Horn Rn. 22 mit Berechnungsbeispiel). Er bestimmt daher die **Opfergrenze** nur im Hinblick auf neu hinzukommende Pflichtteilsansprüche (Doppelbelastung), nicht aber wegen der vom Erblasser angeordneten Belastungen. Beispiel → Rn. 10.1. 10

**Beispiel:** Nachlass 32.000 EUR, 24.000 EUR betragen die Vermächtnisse. Alleinerbe ist das einzige Kind K. Witwe W aus Zugewinngemeinschaftsehe erhält nur den Pflichtteil. Dieser beträgt 4.000 EUR. Nimmt K die Erbschaft an, so verbleiben ihm nach Abzug der Vermächtnisse 8.000 EUR. Das ist weniger als sein Pflichtteil (3/8 = 12.000 EUR). § 2318 Abs. 3 hilft ihm aber nicht, diesen voll zu verteidigen; gegen die Vermächtnisse hätte er sich durch Ausschlagung nach § 2306 Abs. 1 schützen müssen. § 2318 Abs. 3 hilft ihm nur, die Vermächtnisse insoweit zu kürzen, als durch die Pflichtteilslast aus dem Anspruch der W **noch weitere Belastungen** auf ihn hinzukommen. Das sind 4.000 EUR, um die er die Vermächtnisse kürzen kann. 10.1

**b) Zwingende Norm, Konkurrenzverhältnisse.** Auch Abs. 3 ist eine **zwingende Norm.** Dies ergibt sich schon aus dem Wortlaut des § 2324, aber vor allem aus dem Normzweck: Abs. 3 will den Erben gegen eine über § 2306 Abs. 1 hinausgehende Drittbelastung schützen, weshalb abweichende Erblasseranordnungen ausgeschlossen sein sollten (str.) (v. Olshausen FamRZ 1986, 524 (526) Fn. 16; Ebenroth/Fuhrmann BB 1989, 2049 (2055); BeckOGK/Reisnecker, 1.2.2022, Rn. 27; Soergel/Beck Rn. 15; MüKoBGB/Lange Rn. 15; Halm, Das Kürzungsrecht des pflichtteilsberechtigten Erben gegenüber Vermächtnisnehmern und Auflagebegünstigten, 2000, 172 ff.; aA RGRK-BGB/Johannsen Rn. 8; Planck/Greiff Anm. 5; zum Streitstand Halm, Das Kürzungsrecht des pflichtteilsberechtigten Erben gegenüber Vermächtnisnehmern und Auflagebegünstigten, 2000, 159 ff.). Abs. 3 greift auch bei Vorliegen einer **Erbengemeinschaft** ein; daran ändert die Vorschrift des § 2319 nichts, die einen anderen Schutzzweck verfolgt und erst nach der Erbauseinandersetzung anwendbar ist (BGHZ 95, 222 (226) = NJW 1985, 2828; MüKoBGB/Lange Rn. 18; eingehend mw Details v. Olshausen FamRZ 1986, 524 ff.; Kuchinke JZ 1986, 90 (91); Soergel/Beck Rn. 16; Tanck ZEV 1998, 132 (134)). 11

Treffen **Abs. 2 und 3 zusammen,** weil sowohl Erbe wie Vermächtnisnehmer je pflichtteilsberechtigt sind, so geht nach hM der **Pflichtteil des Erben vor** (Burandt/Rojahn/Horn Rn. 24; Grüneberg/Weidlich Rn. 3; Staudinger/Otte, 2021, Rn. 24; RGRK-BGB/Johannsen Rn. 8; MüKoBGB/Lange Rn. 17; Sporré ZEV 2022, 5 (9); aA MüKoBGB/Frank, 3. Aufl. 1997, Rn. 11 unter formalem Bezug auf die Reihenfolge im Gesetz), jedoch kann der Vermächtnisnehmer das Vermächtnis ausschlagen und dann den ungekürzten Pflichtteil verlangen (§ 2307) (Lange/Kuchinke ErbR § 37 IX 3b). 12

Was das Verhältnis **zu § 2319** betrifft, so ist davon auszugehen, dass **vor der Teilung** des Nachlasses auch dem pflichtteilsberechtigten Miterben das Kürzungsrecht nach § 2318 Abs. 3 zusteht, da er sich dann noch nicht auf die peremptorische Einrede nach § 2319 zum Schutze seines Pflichtteils berufen kann (Kuchinke JZ 1986, 90 (91); Lange/Kuchinke ErbR § 37 IX 3c); **nach der Teilung** des Nachlasses geht aber der § 2319 dem § 2318 Abs. 3 vor (Kuchinke JZ 1986, 90 (91); aA BeckOGK/Reisnecker, 1.2.2022, Rn. 32 ff.). 13

## IV. Prozessuales

Die Darlegungs- und Beweislast für die Voraussetzungen des Kürzungsrechts trägt der Erbe (BeckOGK/Reisnecker, 1.2.2022, Rn. 36; Staudinger/Otte, 2021, Rn. 13). Im Prozess zwischen Pflichtteilsberechtigten und Erben wird der Erbe den Vermächtnisnehmern/Auflagebegünstigten 14 den Streit verkünden (§§ 72 ff. ZPO), um diesen gegenüber die Interventionswirkung herbeizuführen (§ 68 ZPO) (Soergel/Beck Rn. 6; Damrau/Tanck/Lenz-Brendel Rn. 18).

## § 2319 Pflichtteilsberechtigter Miterbe

**[1]Ist einer von mehreren Erben selbst pflichtteilsberechtigt, so kann er nach der Teilung die Befriedigung eines anderen Pflichtteilsberechtigten soweit verweigern, dass ihm sein eigener Pflichtteil verbleibt. [2]Für den Ausfall haften die übrigen Erben.**

### Überblick

Die Vorschrift gibt dem pflichtteilsberechtigten Miterben für die Zeit nach der Nachlassteilung zum Schutze seines Pflichtteils ein **Leistungsverweigerungsrecht** (→ Rn. 4). Sie betrifft primär das **Außenverhältnis** (→ Rn. 1), beeinflusst aber auch das Innenverhältnis zwischen den Miterben (→ Rn. 8). Voraussetzung für das Leistungsverweigerungsrecht bis zur Grenze des eigenen Pflichtteils ist das Vorhandensein einer **Erbenmehrheit** (→ Rn. 2) sowie die **erfolgte Teilung** des Nachlasses (→ Rn. 2).

### I. Normzweck

1 Die Vorschrift will den pflichtteilsberechtigten Miterben dagegen schützen, dass er nach der Teilung des Nachlasses den Wert seines eigenen Pflichtteils dadurch verliert, dass er fremde Pflichtteilsansprüche befriedigen muss. Die Vorschrift betrifft primär das **Außenverhältnis,** nämlich die Haftung gegenüber dem Pflichtteilsberechtigten (MüKoBGB/Lange Rn. 1; Staudinger/Otte, 2021, Rn. 1), beeinflusst aber auch das Innenverhältnis (→ Rn. 8). Für den Pflichtteilsergänzungsanspruch enthält § 2328 eine entsprechende Regelung.

### II. Voraussetzungen

2 Es muss eine **Mehrheit von Erben** gegeben sein. Denn die Vorschrift bezweckt den Schutz gegen die besonderen Haftungsrisiken (infolge der gesamtschuldnerischen Haftung der Miterben) bei einer Erbengemeinschaft (§§ 2058 ff.). Dem Alleinerben drohen dagegen Risiken allein aus Vermächtnissen und Auflagen, gegen die er sich mit dem Kürzungsrecht nach § 2318 verteidigen kann (Staudinger/Otte, 2021, Rn. 2; zu den verschiedenen Normzwecken von § 2319 und § 2318 v. Olshausen FamRZ 1986, 524 (535)). Zu den **pflichtteilsberechtigten Miterben** iSd § 2319 gehören nicht nur diejenigen, die noch einen Pflichtteilsrestanspruch haben, sondern entspr. dem Normzweck auch solche, deren (gedachter) Pflichtteilsanspruch voll durch den hinterlassenen Erbteil gedeckt ist (Schindler, Pflichtteilsberechtigter Erbe und pflichtteilsberechtigter Beschenkter, 2004, Rn. 252; Kretschmar, Das Erbrecht des Deutschen BGB, 1910, § 94 I). Des Weiteren muss die **Teilung des Nachlasses** bereits erfolgt sein. Bis zur Teilung haften die Miterben für den Pflichtteilsanspruch zwar als **Gesamtschuldner** (§ 2058), können jedoch die Haftung nach § 2059 Abs. 1 S. 1 auf den noch ungeteilten Nachlass **beschränken.** Auch wer das Recht zur Haftungsbeschränkung verloren hat, haftet bis dahin für die Nachlassverbindlichkeiten mit seinem Eigenvermögen nur unbeschränkt in einer Höhe, die seinem Erbteil entspricht (§ 2059 Abs. 1 S. 2). Diese Vergünstigung geht **mit** der **Nachlassteilung** verloren. Der Miterbe haftet nunmehr im Allgemeinen dem noch nicht befriedigten Pflichtteilsgläubiger gegenüber grds. als Gesamtschuldner mit seinem gesamten Eigenvermögen (§ 2058, ausnahmsweise Teilhaftung nach §§ 2060, 2061) (MüKoBGB/Lange Rn. 4). Deshalb schützt S. 1 den pflichtteilsberechtigten Miterben dagegen durch Einräumung eines **Leistungsverweigerungsrechts bis zur Grenze seines eigenen Pflichtteils** (MüKoBGB/Lange Rn. 4; Tanck ZErb 2001, 184 f.; Halm, Das Kürzungsrecht des pflichtteilsberechtigten Erben gegenüber Vermächtnisnehmern und Auflagenbegünstigten, 2000, 66 f.). Das Leistungsverweigerungsrecht steht auch dem Miterben zu, der das Recht auf Beschränkung der Erbenhaftung (allgemein oder gegenüber bestimmten Gläubigern) verloren hat, da § 2319 nicht nur zu einer Beschränkung der Haftung führt, sondern bereits die Höhe der Verpflichtung des pflichtteilsberechtigten Miterben beeinflusst (Schindler, Pflichtteilsberechtigter Erbe und pflichtteilsberechtigter Beschenkter, 2004, Rn. 255; Soergel/Beck Rn. 1; Planck/Greiff Anm. 4; Lange/Kuchinke ErbR § 37 IX 4a; Staudinger/Otte, 2021, Rn. 2). § 2319 ist grds. **zwingend** (§ 2324; vgl. jedoch → Rn. 8); dies gilt sowohl hinsichtlich seiner Wirkungen im Innen- als

auch im Außenverhältnis (Soergel/Beck Rn. 1; MüKoBGB/Lange Rn. 7; Tanck ZErb 2001, 184 (185)).

Gefahren drohen dem pflichtteilsberechtigten Miterben allerdings schon **bei** der **Nachlassteilung** selbst, wenn Pflichtteilsansprüche anderer vorher oder bei der Auseinandersetzung nach § 2046 erfüllt und dadurch die **Deckung seines eigenen Pflichtteils gefährdet** würde. Hiergegen schützt zwar im Regelfall § 2320, wonach die Pflichtteilslast der Miterbe trägt, der an Stelle des ausgeschlossenen Pflichtteilsberechtigten getreten ist (Tanck ZErb 2001, 194). Wenn jedoch § 2320 nicht eingreift, etwa bei einer abweichenden Erblasseranordnung, entfaltet § 2319 eine **„Vorwirkung"** (anschaulich Staudinger/Otte, 2021, Rn. 4) auch für das **Innenverhältnis** bei der **Nachlassteilung:** Der pflichtteilsberechtigte Miterbe kann daher bei der Teilung zur Erfüllung fremder Pflichtteile nur unter Wahrung seines eigenen Pflichtteils herangezogen werden (Staudinger/Otte, 2021, Rn. 4; v. Olshausen FamRZ 1986, 524 (525 f.); Kipp/Coing ErbR § 12 I 4; MüKoBGB/Lange Rn. 5; Halm, Das Kürzungsrecht des pflichtteilsberechtigten Erben gegenüber Vermächtnisnehmern und Auflagenbegünstigten, 2000, 68; Schindler, Pflichtteilsberechtigter Erbe und pflichtteilsberechtigter Beschenkter, 2004, Rn. 260; vgl. auch BGHZ 95, 222 (226) = NJW 1985, 2828). Auch wenn beim pflichtteilsberechtigten **Alleinerben** zwischen dem Erbfall und der Geltendmachung des Pflichtteilsanspruchs ein solcher **Wertverfall** des Nachlasses eintritt, dass er seinen Pflichtteil teilweise oder sogar ganz opfern müsste, ist entspr. der vom BGH für den Pflichtteilsergänzungsanspruch entwickelten Kriterien (→ § 2328 Rn. 3) eine **entsprechende Anwendung des § 2328** geboten (iE ebenso Schindler, Pflichtteilsberechtigter Erbe und pflichtteilsberechtigter Beschenkter, 2004, Rn. 278). Denn den Vorschriften der §§ 2319, 2328 ist die grundsätzliche gesetzgeberische Wertung zu entnehmen, dass dem Pflichtteilsberechtigten regelmäßig sein Pflichtteil verbleiben soll. Ist er aber der Alleinerbe, so hat er, weil er infolge der eintretenden Konfusion zugleich Gläubiger und Schuldner des Pflichtteilsanspruchs ist, nicht die Möglichkeit, diesen vorneweg zu befriedigen. Er würde immer das Risiko tragen, dass er bei einer nach dem Erbfall eintretenden Verringerung des Nachlasses auch seinen Pflichtteil verlöre. Anders ist es bei dem pflichtteilsberechtigten Miterben, der sofort seinen Pflichtteilsanspruch gegen die Erbengemeinschaft geltend machen kann. Unterlässt er dies und fällt mit seinem Anspruch später ganz oder teilweise aus, weil sich die übrigen Miterben erfolgreich auf eine Haftungsbeschränkung berufen und ein entsprechender Wertverfall des Nachlasses eingetreten ist, so muss er wie jeder andere Gläubiger das Risiko einer Vermögensverschlechterung seines Schuldners tragen. Und schon gar nicht besteht eine „Schutzlücke" für den pflichtteilsberechtigten Miterben, wenn ein anderer Pflichtteilsberechtigter zunächst seinen Pflichtteilsergänzungsanspruch und dann seinen ordentlichen Pflichtteilsanspruch geltend macht. Denn das „Zusammenspiel" von ordentlichem Pflichtteil und Pflichtteilsergänzungsanspruch hat der Gesetzgeber explizit in § 2328 geregelt (nicht thematisiert von Schindler, Pflichtteilsberechtigter Erbe und pflichtteilsberechtigter Beschenkter, 2004, Rn. 281 ff.). 3

## III. Leistungsverweigerungsrecht

**1. Umfang.** S. 1 gibt dem pflichtteilsberechtigten Miterben ein Leistungsverweigerungsrecht **bis zur Höhe** seines **vollen Pflichtteils.** Wer die **Werttheorie** vertritt (eingehend → § 2306 Rn. 2; → 2. Aufl. 2006, § 2306 Rn. 10 ff.), muss bei Vorliegen von Anrechnungs- und Ausgleichungspflichten diese auch hier für die Bemessung der Höhe dieses Leistungsverweigerungsrechts berücksichtigen (Kerscher/Tanck, Pflichtteilsrecht in der anwaltlichen Praxis, 3. Aufl. 2002, § 6 Rn. 134; Schindler, Pflichtteilsberechtigter Erbe und pflichtteilsberechtigter Beschenkter, 2004, Rn. 2526). Soweit der Erbteil des Pflichtteilsberechtigten mit **Vermächtnissen** und Auflagen beschwert ist, die nach Annahme der Erbschaft ohne Rücksicht auf den Pflichtteil bestehen bleiben und zu erfüllen sind (§ 2306 Abs. 1), so sind diese auch für die Bemessung der Höhe des Leistungsverweigerungsrechts (mindernd) zu berücksichtigen (v. Olshausen FamRZ 1986, 524 (527 f.); Staudinger/Otte, 2021, Rn. 7 f. mit Beispielen; Schindler, Pflichtteilsberechtigter Erbe und pflichtteilsberechtigter Beschenkter, 2004, Rn. 253 Fn. 433; Halm, Das Kürzungsrecht des pflichtteilsberechtigten Erben gegenüber Vermächtnisnehmern und Auflagenbegünstigten, 2000, 69 ff.; aA Lange/Kuchinke ErbR § 37 IX 4b; RGRK-BGB/Johannsen Rn. 2; Planck/Greiff Anm. 1). Denn § 2319 will nur den tatsächlich bestehenden Pflichtteilsanspruch des Miterben schützen, nicht aber die von **§ 2306 Abs. 1** vorgegebene **Belastungsgrenze** zu Lasten der anderen Pflichtteilsberechtigten und der Miterben verschieben. Zudem würde sonst der Alleinerbe, der sich insoweit nicht auf § 2318 Abs. 3 berufen kann, schlechter stehen als der Miterbe. Soweit der Wert des unbelasteten Erbteils oder der des belasteten nach Abzug der Belastungen iSv § 2306 Abs. 1 **hinter dem vollen Pflichtteil** zurückbleibt, schützt § 2319 nur den dem pflichtteilsberech- 4 tigten Miterben verbleibenden, wenn auch pflichtteilsrechtlich **unzureichenden Erbteil** (zutr. der Hinweis von Schindler, Pflichtteilsberechtigter Erbe und pflichtteilsberechtigter Beschenkter, 2004, Rn. 253, Fn. 434), jedoch bedarf er auch keines größeren Schutzes, da er mit dem ihm uU zustehenden Pflichtteilsrestanspruch nicht gegenüber einem Pflichtteilsanspruch eines anderen Pflichtteilsberechtigten haftet.

5 Ist Miterbe der Ehegatte aus einer **Zugewinngemeinschaftsehe,** so berechnet sich seine Belastungsgrenze nach dem sog. großen Pflichtteil, der also nach § 1371 Abs. 1 erhöht ist (Schindler, Pflichtteilsberechtigter Erbe und pflichtteilsberechtigter Beschenkter, 2004, Rn. 257; Soergel/Beck Rn. 5); dadurch vermindert sich der Pflichtteil der anderen entspr. Wird der Ehegatte nicht Erbe, so bestimmt sich der Pflichtteil der anderen Pflichtteilsberechtigten nach dem nicht erhöhten Ehegattenerbteil, wenn es zur güterrechtlichen Lösung kommt, jedoch nach dem erhöhten Ehegattenerbteil, wenn der Ehegatte mindestens ein Vermächtnis erhält und annimmt (§ 1371 Abs. 2 Hs. 2) (Soergel/Beck Rn. 5; Grüneberg/Weidlich Rn. 1; MüKoBGB/Lange Rn. 6; BeckOGK/Reisnecker, 1.2.2022, Rn. 13).

6 Wird der Pflichtteil des Miterben durch das Zusammentreffen von Vermächtnis bzw. Auflage und den Pflichtteilsansprüchen anderer gefährdet, so findet **§ 2318 Abs. 3** auch hier Anwendung (ausf. → § 2318 Rn. 11) (BGHZ 95, 222 (226) = NJW 1985, 2828).

7 **2. Wirkungen der Einrede.** Das zu Recht **erhobene Leistungsverweigerungsrecht** des S. 1 bewirkt bis zur Höhe des geschützten Pflichtteils des pflichtteilsberechtigten Erben eine Kürzung des Pflichtteilsanspruchs und führt zur Klageabweisung (Schindler, Pflichtteilsberechtigter Erbe und pflichtteilsberechtigter Beschenkter, 2004, Rn. 252, 255; Meincke, Das Recht der Nachlassbewertung im BGB, 1973, 40, Fn. 37). Es wirkt daher **schuldbefreiend** (MüKoBGB/Lange Rn. 8; Kuchinke JZ 1986, 90 (91) spricht von einer „schuldbefreienden Einrede"; terminologisch offenbar anders Schindler, Pflichtteilsberechtigter Erbe und pflichtteilsberechtigter Beschenkter, 2004, Rn. 252). Die Darlegungs- und Beweislast für die Voraussetzungen der Einrede hat der pflichtteilsberechtigte Miterbe (Baumgärtel/Laumen Rn. 1; PWW/Deppenkemper Rn. 4; BeckOGK/Reisnecker, 1.2.2022, Rn. 11).

8 **3. Auswirkungen der Einrede für die Miterben (S. 2).** Für den **Ausfall,** der durch die berechtigte Einrede entsteht, haften dem Pflichtteilsberechtigten die **übrigen Miterben** (S. 2), und zwar grds. als Gesamtschuldner (§§ 421, 2058, 426) (Lange/Kuchinke ErbR § 37 IX 4a; Staudinger/Otte, 2021, Rn. 9), in den Ausnahmefällen des §§ 2060, 2061 als Teilschuldner. Einstandspflichtig sind dabei grds. sowohl nicht pflichtteilsberechtigte wie auch pflichtteilsberechtigte Miterben, die aus der Erbschaft mehr als ihren Pflichtteil erhalten, letztere können sich aber auch gegen die aus S. 2 folgende Rückgriffshaftung mit der Einrede nach § 2319 S. 1 verteidigen, die insoweit auch im **Innenverhältnis** wirkt, als der pflichtteilsberechtigte Miterbe seinen Pflichtteil nicht nur gegenüber dem Pflichtteilsberechtigten, sondern auch gegen einen Rückgriffsanspruch nach § 426 verteidigen kann (BGHZ 95, 222 (226) = NJW 1985, 2828; Soergel/Beck Rn. 4; MüKoBGB/Lange Rn. 9; Schindler, Pflichtteilsberechtigter Erbe und pflichtteilsberechtigter Beschenkter, 2004, Rn. 254; Burandt/Rojahn/Horn Rn. 12 f. mit Fallbeispiel). Dadurch kann es zu einer **Verschiebung der Pflichtteilslast** unter den Erben kommen (Soergel/Beck Rn. 4; Schindler, Pflichtteilsberechtigter Erbe und pflichtteilsberechtigter Beschenkter, 2004, Rn. 261). Jedoch kann der Erblasser insoweit hierzu eine abweichende Anordnung treffen, soweit der pflichtteilsberechtigte Erbe wenigstens noch seinen Pflichtteil im Innenverhältnis verteidigen kann (dazu auch Buschmann, Die Verteilung der Pflichtteilslast nach den §§ 2318–2324 BGB, 2004, 59), während er in die (zwingende) Regelung der Außenhaftung selbst nicht eingreifen darf (Grüneberg/Weidlich Rn. 2). Auch das gesetzliche Verteidigungsrecht gegen den Rückgriff besteht jedoch nur mit den sich aus **§ 2306 Abs. 1, § 2318 Abs. 3** ergebenden Einschränkungen (Soergel/Beck Rn. 4).

9 Die Wirkungsweise des § 2319 zeigt sich am besten an einem **Beispiel** (nach Schindler, Pflichtteilsberechtigter Erbe und pflichtteilsberechtigter Beschenkter, 2004, Rn. 264 ff.):

9.1 Der verwitwete Erblasser hinterlässt einen Nachlass von 24.000 EUR und als Pflichtteilsberechtigte zwei Kinder A und B. Erben sind A zu 1/4, B zu 1/8 und der Fremde X zu 5/8.

A erhält somit seinen Pflichtteil als Erbteil, so dass kein Pflichtteilsrestanspruch besteht. B erhält dagegen als Erbteil nur 3.000 EUR, weshalb ihm ein Pflichtteilsrestanspruch von 3.000 EUR zusteht.

**(1)** Bei einer **ordnungsgemäßen Erbauseinandersetzung** müsste B seinen Erbteil von 3.000 EUR und seinen Pflichtteil von 3.000 EUR erhalten (§ 2046 Abs. 2). Dann verbleibt ein restlicher Nachlasswert von 18.000 EUR, der dann nach §§ 2042, 2046, 2319 an A zu 6.000 EUR und X zu 12.000 EUR zu verteilen ist. Damit trägt X die gesamte Pflichtteilslast.

**(2)** Macht **B** seinen Pflichtteilsrestanspruch **gegen A** geltend, so kann er dessen Erbteil pfänden und sich überweisen lassen und erhält daher dessen Auseinandersetzungsanspruch von 6.000 EUR, von dem er sich aber nur in Höhe seines Pflichtteilsrestanspruchs von 3.000 EUR befriedigen kann, jedoch steht dem § 2319 S. 1 nicht entgegen, da diese Bestimmung erst ab der Nachlassteilung gilt. Damit erhält B als Erbteil 3.000 EUR und als Pflichtteilsrestanspruch nochmals 3.000 EUR. Allerdings kann der in Anspruch genommene A hinsichtlich der von ihm getragenen 3.000 EUR nach § 426 Abs. 1 und 2, §§ 2305, 2319 von X die Erstattung der von ihm verauslagten 3.000 EUR verlangen, weil er sonst weniger als seinen Pflichtteil erhielte. Damit erhielte B 3.000 EUR als Erbteil und 3.000 EUR als Pflichtteilsrestanspruch. X trüge wiederum die gesamte Pflichtteilslast.

**(3)** Macht dagegen **B** seinen Pflichtteilsrestanspruch **gegen X** geltend, so kann er sich in Höhe seines Pflichtteilsrestanspruchs am Erbteil des X von 15.000 EUR befriedigen. Ein entsprechender Regress des X gegen A scheitert schon an § 2319 S. 1.

## § 2320 Pflichtteilslast des an die Stelle des Pflichtteilsberechtigten getretenen Erben

**(1) Wer anstelle des Pflichtteilsberechtigten gesetzlicher Erbe wird, hat im Verhältnis zu Miterben die Pflichtteilslast und, wenn der Pflichtteilsberechtigte ein ihm zugewendetes Vermächtnis annimmt, das Vermächtnis in Höhe des erlangten Vorteils zu tragen.**

**(2) Das Gleiche gilt im Zweifel von demjenigen, welchem der Erblasser den Erbteil des Pflichtteilsberechtigten durch Verfügung von Todes wegen zugewendet hat.**

### Überblick

Die Vorschrift betrifft die Verteilung der Pflichtteilslast unter mehreren Erben. Wer anstelle des Pflichtteilsberechtigten **gesetzlicher** (→ Rn. 2) oder **gewillkürter** (→ Rn. 4) **Erbe** wird, hat abweichend von den sonst geltenden Bestimmungen die **Pflichtteils- bzw. Vermächtnislast** zu tragen. Die abweichende Lastenverteilung gilt nur bis zur Höhe des **erlangten Vorteils** (→ Rn. 6).

**Schrifttum:** Buschmann, die Verteilung der Pflichtteilslast nach den §§ 2318–2324 BGB, 2004; Halm, Das Kürzungsrecht des pflichtteilsberechtigten Erben gegenüber Vermächtnisnehmern und Auflagenbegünstigten, 2000; Mauch, Pflichtteilslast im Rahmen der §§ 1371, 2320, BWNotZ 1992, 146; v. Olshausen, Die Verteilung der Pflichtteilslast zwischen Erben und Vermächtnisnehmern, MDR 1986, 89; Pentz, Die Pflichtteilslast des Ersatzmannes nach § 2320 BGB, MDR 1998, 1391.

### I. Normzweck

Die durch den Erblasser abänderbare (§ 2324) Norm betrifft die **Verteilung der gesamten Pflichtteilslast zwischen mehreren Miterben** im Innenverhältnis. Sie durchbricht den Grundsatz, dass die Miterben die Pflichtteilslast untereinander **nach dem Verhältnis ihrer Anteile** zu tragen haben (§ 2038 Abs. 2, § 748, § 2047 Abs. 1, § 2148) (BGH NJW 1983, 2378; v. Olshausen MDR 1986, 89 (90); Halm, Das Kürzungsrecht des pflichtteilsberechtigten Erben gegenüber Vermächtnisnehmern und Auflagenbegünstigten, 2000, 72 ff.). Der Grundsatz wird abgeändert, indem dem (kraft Gesetzes oder gewillkürter Bestimmung berufenen) „Ersatzmann" die Pflichtteilslast (bzw. Vermächtnislast) für den weggefallenen Miterben auferlegt wird. Dahinter steht der Gedanke des **Vorteilsausgleichs:** Wer von der Ausschlagung oder einem anderen Wegfall des Pflichtteilsberechtigten profitiert, weil er als dessen **Ersatzmann** am Nachlass teilnimmt, soll die Pflichtteilslast tragen. Während § 2320 den Fall betrifft, dass der Pflichtteilsberechtigte den ihm zugewandten **Erbteil** ausschlägt, regelt § 2321 den Fall der Ausschlagung eines dem Pflichtteilsberechtigten zugewandten Vermächtnisses. Nimmt der Pflichtteilsberechtigte das ihm zugedachte Vermächtnis an, so ist dieser Fall in § 2320 Abs. 1 Alt. 2 geregelt. 1

### II. Verteilung der Pflichtteils- und Vermächtnislast bei gesetzlicher Erbfolge (Abs. 1)

**1. Gesetzlicher Erbe als Ersatzmann.** Die Bestimmung betrifft nur das Verhältnis der Erben zueinander (v. Olshausen MDR 1986, 89 (91); Soergel/Beck Rn. 1; aA OLG Stuttgart BWNotZ 1985, 88). Eine andere Frage ist, ob der im Verhältnis der Miterben untereinander Verpflichtete die Pflichtteilslast anteilig auf einen Vermächtnisnehmer oder Auflagebegünstigten abwälzen darf 2 (vgl. § 2318 Abs. 1, § 2322). Voraussetzung des Abs. 1 ist, dass bei **gesetzlicher Erbfolge** an Stelle des Pflichtteilsberechtigten jemand Miterbe wird. Ein entsprechendes Eintreten liegt vor, wenn der Miterbe unmittelbar auf Grund jenes Vorgangs einrückt, der den Pflichtteilsanspruch begründet (Staudinger/Otte, 2021, Rn. 3; Halm, Das Kürzungsrecht des pflichtteilsberechtigten Erben gegenüber Vermächtnisnehmern und Auflagenbegünstigten, 2000, 73). Dies ist bei drei Fallgruppen gegeben, nämlich wenn der Pflichtteilsberechtigte **(1)** durch „negatives Testament" nach § 1938 **enterbt** wurde, **(2)** den Erbteil bei der Falllage des § 2306 Abs. 1 ausgeschlagen oder **(3)** auf den Erbteil unter Pflichtteilsvorbehalt verzichtet hat (Staudinger/Otte, 2021, Rn. 2; Lange/Kuchinke ErbR § 37 IX Fn. 413; Burandt/Rojahn/Horn Rn. 4) oder der Ersatzmann infolge eines dieser Umstände zumindest einen höheren gesetzlichen Erbteil (§§ 1935, 2094, 2096) erhalten hat (Mauch BWNotZ 1992, 146 f.; Staudinger/Otte, 2021, Rn. 3; Lange/Kuchinke ErbR § 37 IX 5a Fn. 413; Grüneberg/Weidlich Rn. 1). Abs. 1 greift nicht ein, wenn sich infolge des Ausfalls des Pflichtteilsberechtigten die Erbquoten der anderen Miterben **gleichmäßig erhöhen,** weil dann der dem Abs. 1 zu Grunde liegende Gedanke des Vorteilsausgleichs durch den einseitig begünstigten Ersatzmann nicht zum Tragen kommt (allgM, MüKoBGB/Lange Rn. 7; Burandt/Rojahn/Horn Rn. 8).

3 **2. Verteilung der Vermächtnislast (Abs. 1 Alt. 2).** Die für die Tragung der Pflichtteilslast geltenden Grundsätze finden auch auf ein dem Pflichtteilsberechtigten **zugewandtes und angenommenes Vermächtnis** Anwendung. Dies ist eine Ausnahme zu § 2148, wonach Vermächtnisse im Verhältnis der Erbteile zu tragen sind. Ob das Vermächtnis die Höhe des Pflichtteils übersteigt oder nicht, ist unerheblich (Lange/Kuchinke ErbR § 37 IX Fn. 415; Soergel/Beck Rn. 5; MüKoBGB/Lange Rn. 10). Ist es kleiner als der Pflichtteil, besteht ein Pflichtteilsrestanspruch (§ 2307 Abs. 1 S. 2), den auch der Ersatzmann zu tragen hat (MüKoBGB/Lange Rn. 10; Soergel/Beck Rn. 5; Staudinger/Otte, 2021, Rn. 17). Die gleiche Rechtsfolge gilt auch für ein Vermächtnis, das der Erblasser trotz wirksamer Pflichtteilsentziehung ausgesetzt hat (Soergel/Beck Rn. 5; RGRK-BGB/Johannsen Rn. 6; Staudinger/Otte, 2021, Rn. 17).

## III. Verteilung von Pflichtteils- und Vermächtnislast bei gewillkürter Erbfolge (Abs. 2)

4 Soweit der Erblasser den Erbteil, und zwar ist der „gedachte" gesetzliche Erbteil des Pflichtteilsberechtigten gemeint, nicht aber der testamentarische (BGH NJW 1983, 2378 = FamRZ 1982, 692 mAnm Dieckmann FamRZ 1983, 1016; Mauch BWNotZ 1992, 146 (147); aA Buschmann, Die Verteilung der Pflichtteilslast nach den §§ 2318–2324 BGB, 2004, 77 ff.), **durch Verfügung von Todes wegen** einem Dritten zugewandt hat, so hat dieser „Ersatzmann" im Zweifel auch die Pflichtteils- und Vermächtnislast iSd Abs. 1 Alt. 2 in Höhe des erlangten Vorteils zu tragen. Auch hier ist es unerheblich, ob der Miterbe erst durch die Verfügung von Todes wegen Erbe wurde oder nur eine Erhöhung seines gesetzlichen Erbteils eintrat (etwa nach § 2094 Abs. 1 S. 2, §§ 2096, 2097) (MüKoBGB/Lange Rn. 11; Soergel/Beck Rn. 3). Für die Anwendung von Abs. 2 ist zunächst die **gesetzliche Erbquote** zu bestimmen. Bei Ehegatten aus einer **Zugewinngemeinschaft** ist dabei zu beachten, ob es zur erbrechtlichen oder güterrechtlichen Lösung (vgl. § 1371 Abs. 1–3) kommt (Mauch BWNotZ 1992, 146 mit Berechnungsbeispielen). Anschließend ist zu ermitteln, wem dieser Erbteil **zugewandt werden sollte.** Dabei wird überwiegend gefordert, dass der **Erblasser bewusst** und gewollt den Pflichtteilsberechtigten durch einen Ersatzmann ersetzen wollte (vgl. RG JW 1938, 2143), also ein Zusammenhang zwischen Enterbung und Begünstigung besteht. Einer **ausdrücklichen** Bestimmung dieser Art bedarf es aber auch nach hM **nicht** (MüKoBGB/Lange Rn. 12; RGRK-BGB/Johannsen Rn. 9; Soergel/Beck Rn. 3; Lange/Kuchinke ErbR § 37 IX Fn. 418; v. Olshausen MDR 1986, 89 (90); nach der Gegenmeinung genügt bereits, wenn der zugewandte Erbteil den gesetzlichen nicht übersteigt; auf die subjektiven Vorstellungen komme es nicht an; so Planck/Greiff Anm. 3; Grüneberg/Weidlich Rn. 3; AK-BGB/Däubler Rn. 5; Pentz MDR 1998, 1391 (1393); iE Staudinger/Otte, 2021, Rn. 8). Aber auch wer eine solche subjektive Komponente fordert, wird bei Vorliegen bestimmter Fallgruppen mit **typischer Interessenlage** im Wege einer tatsächlichen Vermutung das Vorliegen derselben für den Regelfall bejahen können. So etwa in den Fällen des **Generationensprungs,** wenn an Stelle des zunächst berufenen Kindes gleich die Enkel bedacht werden, oder wenn bei Ehegatten mit Kindern aus verschiedenen Ehen an Stelle des Ehegatten dessen Abkömmlinge zu Erben berufen werden für den Pflichtteil des übergangenen Ehepartners (so auch Burandt/Rojahn/Horn Rn. 12). Dieser Begünstigte hat im Innenverhältnis der Miterben die Pflichtteilslast iSd Abs. 1 Alt. 2 zu tragen. Dies gilt entspr. bei einer **Ersatzerbenberufung** nach §§ 2096, 2102

und bei der **Anwachsung** gem. § 2094 (Damrau/Tanck/Lenz-Brendel Rn. 3); für den Fall der Ausschlagung zur Pflichtteilserlangung nach § 2306 Abs. 1 ist allerdings umstr., ob die Auslegungsregel des **§ 2069** hier Anwendung findet (BGHZ 33, 60 (62 f.) = NJW 1960, 1899; vgl. Staudinger/Otte, 2021, Rn. 14 ff.).

Die **Auslegungsregel** des Abs. 2 gilt aber nur **im Zweifel.** Dabei ist es nach Ansicht des BGH fragwürdig, diese schon dann nicht anzuwenden, wenn sich ein abweichender Erblasserwille nur im Wege der ergänzenden Auslegung auf Grund des hypothetischen Willens ermitteln lässt (BGH NJW 1983, 2378 (2379)). Greift Abs. 2 nicht ein, so verbleibt es bei der Grundregel, dass der Pflichtteil von den Miterben im Innenverhältnis entspr. ihren Erbteilen zu tragen ist. 5

## IV. Lastenverteilung in Höhe des erlangten Vorteils

Wer als gesetzlicher oder gewillkürter Erbe an Stelle des ausgefallenen Pflichtteilsberechtigten tritt, hat **in Höhe des erlangten Vorteils** die Pflichtteils- oder Vermächtnislast zu tragen. Dieser Vorteil entspricht idR dem Wert des erlangten oder erhöhten Erbteils (Soergel/Beck Rn. 4; MüKoBGB/Lange Rn. 8), aber auch eine Erhöhung des Voraus (§ 1932) gehört nach hM hierzu (MüKoBGB/Lange Rn. 8; Soergel/Beck Rn. 4; aA Staudinger/Otte, 2021, Rn. 12, weil der Voraus nach § 2311 Abs. 1 S. 2 Pflichtteilsansprüchen vorgehe und eine Erhöhung des Voraus daher nicht zur Erhöhung der Pflichtteilslast führen dürfe). Jedoch mindern **Beschränkungen oder Beschwerungen** des Erbteils nach hM den Wert (MüKoBGB/Lange Rn. 8; Soergel/Beck Rn. 4; aA Staudinger/Otte, 2021, Rn. 10 f.). Maßgebend für die Wertbestimmung ist dabei der Erbfall (BGH NJW 1983, 2378 (2379); Lange/Kuchinke ErbR § 37 IX Fn. 417; s. auch Buschmann, Die Verteilung der Pflichtteilslast nach den §§ 2318–2324 BGB, 2004, 88 ff.). Erhält der Nacherbe durch Ausschlagung des pflichtteilsberechtigten Vorerben bereits nach dem eigentlichen Erbfall die Erbschaft, so bestimmt sich der Vorteil nach dem Wert dieses Erbteils im Zeitpunkt des Erbfalls und nicht nach dem idR wesentlich geringeren Wertunterschied zwischen Erbteil und „Nacherbteil" (BGH NJW 1983, 2378 (2379); MüKoBGB/Lange Rn. 9). 6

## V. Abdingbarkeit

Der Erblasser kann gem. § 2324 durch Verfügung von Todes wegen eine von § 2320 abweichende Anordnung zur Verteilung der Pflichtteilslast treffen. Dies muss nicht ausdrücklich erfolgen. 7

# § 2321 Pflichtteilslast bei Vermächtnisausschlagung

**Schlägt der Pflichtteilsberechtigte ein ihm zugewendetes Vermächtnis aus, so hat im Verhältnis der Erben und der Vermächtnisnehmer zueinander derjenige, welchem die Ausschlagung zustatten kommt, die Pflichtteilslast in Höhe des erlangten Vorteils zu tragen.**

## Überblick

Die Vorschrift regelt die Verteilung der Pflichtteilslast bei Ausschlagung eines dem Pflichtteilsberechtigten zugewandten **Vermächtnisses.** Die Pflichtteilslast ist dann von demjenigen zu tragen, dem die Ausschlagung des Vermächtnisses **zugutekommt** (→ Rn. 2). Der betreffende Erbe (→ Rn. 2) bzw. Vermächtnisnehmer (→ Rn. 3) muss die Pflichtteilslast in diesem Fall **in Höhe des erlangten Vorteils** zu tragen (→ Rn. 4).

## I. Normzweck

Die abdingbare (§ 2324) Vorschrift regelt für das Innenverhältnis, wer die Pflichtteilslast bei Ausschlagung eines dem Pflichtteilsberechtigten zugewandten Vermächtnisses zu tragen hat. § 2321 steht in **engem Zusammenhang mit § 2307 Abs. 1 S. 1** und beruht auf dem Gedanken des **Vorteilsausgleichs:** Schlägt der Pflichtteilsberechtigte aus, so kann er den vollen Pflichtteil verlangen. Es entspricht daher dem mutmaßlichen Erblasserwillen, dass die Pflichtteilslast in Höhe des dadurch erzielten Vorteils derjenige tragen soll, dem der Wegfall des Vermächtnisses zugutekommt (Staudinger/Otte, 2021, Rn. 1). Nimmt der Pflichtteilsberechtigte das Vermächtnis an, so greift § 2320 Abs. 1 ein. 1

## II. Verteilung der Pflichtteilslast

2 **1. Begünstigte des Vermächtniswegfalls. a) Erbe.** Bis zur Höhe des aus der Ausschlagung des Vermächtnisses entstehenden Vorteils trägt die Pflichtteilslast derjenige, dem der Vermächtniswegfall zustattenkommt. Dies ist idR der **Alleinerbe** oder sind bei einer Erbengemeinschaft die **Miterben,** wenn das Vermächtnis, mit denen sie beschwert waren, mit der Ausschlagung wegfällt (MüKoBGB/Lange Rn. 3; Burandt/Rojahn/Horn Rn. 6). Der Alleinerbe und die gemeinsam mit einem Vermächtnis belasteten Miterben können dann auf Grund des § 2321 in Höhe des durch die Ausschlagung erlangten Vorteils **andere Vermächtnisse** und Auflagen nicht nach § 2318 Abs. 1 kürzen (RG JW 1914, 594; MüKoBGB/Lange Rn. 3). War **nur** ein **Miterbe** belastet, so hat er im Verhältnis zu den übrigen Miterben, Vermächtnisnehmern und Auflagebegünstigten die Pflichtteilslast bis zur Höhe des erlangten Vorteils allein zu tragen (MüKoBGB/Lange Rn. 4; Staudinger/Otte, 2021, Rn. 4; Burandt/Rojahn/Horn Rn. 7 f. m. Bsp.).

3 **b) Vermächtnisnehmer.** War ein **Vermächtnisnehmer** mit einem **Untervermächtnis** belastet (§ 2147), so profitiert von der Ausschlagung des (fortgefallenen) Untervermächtnisses der **Vermächtnisnehmer,** sodass dieser gem. § 2321 dem Erben gegenüber verpflichtet ist, bis zur Höhe des erlangten Vorteils die Pflichtteilslast zu tragen. Gleiches gilt, wenn die Ausschlagung des Pflichtteilsberechtigten nicht zu einem Wegfall des Vermächtnisses geführt hat, sondern diese einem **Ersatzvermächtnisnehmer** (§ 2190) oder bei einer Anwachsung einem anderen **Mitvermächtnisnehmer** (§ 2158) zugutekommt.

4 **2. Tragung der Pflichtteilslast in Höhe des erlangten Vorteils.** Die Pflichtteilslast geht nicht in voller Höhe über, sondern nur **in Höhe des durch die Vermächtnisausschlagung erlangten Vorteils.** Bleibt der Wert des Vermächtnisses hinter dem des Pflichtteilsanspruchs zurück, so ist die Höhe des erlangten Vorteils durch einen **Wertvergleich** der Lage vor und nach der Ausschlagung zu ermitteln (PWW/Deppenkemper Rn. 4; Burandt/Rojahn/Horn Rn. 15). Zeitpunkt für die Wertberechnung ist der Erbfall (RG JW 1938, 2143 f.). Hinsichtlich des durch das Vermächtnis nicht gedeckten Pflichtteilsrestanspruchs erfolgt die Verteilung des Pflichtteils nach den allgemeinen Regeln (AK-BGB/Däubler Rn. 4; Soergel/Beck Rn. 6).

5 **3. Praktische Umsetzung des § 2321.** Soweit entgegen der sich aus § 2321 ergebenden Regel der Erbe die Pflichtteilsschuld bereits im Außenverhältnis erfüllt hat, steht ihm im Innenverhältnis gegen den Vermächtnisnehmer ein **Erstattungsanspruch** zu, mit dem er bei Vorliegen der allgemeinen Voraussetzungen auch gegen den Anspruch des Vermächtnisnehmers aufrechnen kann (Staudinger/Otte, 2021, Rn. 5). Soweit der Erbe die Pflichtteilsschuld noch nicht erfüllt hat, hat er einen entsprechenden **Freistellungsanspruch** gegen den entsprechenden Vermächtnisnehmer. Diesbezüglich hat er nach § 273 ein **Zurückbehaltungsrecht** gegenüber dem Vermächtniserfüllungsanspruch (Soergel/Beck Rn. 5; MüKoBGB/Lange Rn. 5).

## III. Abdingbarkeit

6 Die Vorschrift ist nicht zwingend, sondern kann **vom Erblasser** durch Verfügung von Todes wegen **abbedungen** werden (vgl. § 2324).

## § 2322 Kürzung von Vermächtnissen und Auflagen

**Ist eine von dem Pflichtteilsberechtigten ausgeschlagene Erbschaft oder ein von ihm ausgeschlagenes Vermächtnis mit einem Vermächtnis oder einer Auflage beschwert, so kann derjenige, welchem die Ausschlagung zustatten kommt, das Vermächtnis oder die Auflage soweit kürzen, dass ihm der zur Deckung der Pflichtteilslast erforderliche Betrag verbleibt.**

## Überblick

Die Vorschrift knüpft inhaltlich an die §§ 2320, 2321 an und betrifft den speziellen Fall, dass der Ersatzmann, der infolge der Ausschlagung eines dem Pflichtteilsberechtigten zugedachten Erbteils oder Vermächtnisses begünstigt ist, seinerseits mit einem (Unter-) **Vermächtnis oder einer Auflage beschwert** ist (→ Rn. 1). Sie gewährt ihm ein **Kürzungsrecht** in Höhe der von ihm zu tragenden Pflichtteilslast (→ Rn. 2).

## I. Normzweck

Die Vorschrift **knüpft** inhaltlich an die Tragung der Pflichtteilslast durch den „Begünstigten“ **nach §§ 2320, 2321 an,** wonach im Innenverhältnis derjenige die Pflichtteilslast zu tragen hat, der infolge Ausschlagung anstelle des Pflichtteilsberechtigten Erbe wird (§ 2320) oder der durch Ausschlagung des dem Pflichtteilsberechtigten zugewandten Vermächtnisses begünstigt wird (§ 2321). Sie regelt den speziellen Fall, dass die von dem Pflichtteilsberechtigten ausgeschlagene Erbschaft oder das ausgeschlagene Vermächtnis ihrerseits mit einer **Auflage oder einem Vermächtnis belastet** ist. Hier sieht sich der „Begünstigte“, der von der Ausschlagung des Pflichtteilsberechtigten profitiert (der sog **„Ersatzmann“**) einer **Doppelbelastung** gegenüber (Staudinger/Otte, 2021, Rn. 1): Zum einen trägt er die Pflichtteilslast, zum anderen hat er die Beschwerung (Auflage, Vermächtnis) zu erfüllen (§§ 2161, 2192). Die Norm regelt daher zum einen das **Rangverhältnis** zwischen dem Pflichtteilsberechtigten, dem Vermächtnisnehmer bzw. Auflagebegünstigten und dem „begünstigten“ **Ersatzmann:** Letzterer hat den ihm zukommenden Vorteil iSd §§ 2320, 2321 zunächst vollständig für den **Pflichtteil** einzusetzen (Staudinger/Otte, 2021, Rn. 3). Sind die Beschwerungen durch Vermächtnis und Auflage aber so groß, dass sie mit der Pflichtteilslast den Wert der dem Ersatzmann zugefallenen Vorteile übersteigen, so kann er sich gegen die **Überbeschwerungen** durch Kürzung der Vermächtnisse und Auflagen **wehren** (Staudinger/Otte, 2021, Rn. 2; MüKoBGB/Lange Rn. 1). Dies gilt auch dann, wenn er das allgemeine Recht zur erbrechtlichen Haftungsbeschränkung (Erbe: §§ 1992, 1935, 2095; Vermächtnisnehmer: §§ 2187, 2159) verloren hat (Staudinger/Otte, 2021, Rn. 2; BeckOGK/Reisnecker, 1.2.2022, Rn. 2). 1

## II. Durchführung der Kürzung

Das Kürzungsrecht berechtigt den an die Stelle des Pflichtteilsberechtigten tretenden Ersatzmann, die Beschwerungen **nur** insoweit zu kürzen, als dies zur Erfüllung des Pflichtteilsanspruchs erforderlich ist. Es berechtigt nicht generell, einen verhältnismäßigen Teil der Pflichtteilslast auf die Vermächtnisse oder Auflagen umzulegen (MüKoBGB/Lange Rn. 4). Vielmehr besteht das Kürzungsrecht erst dann, wenn und insoweit dem Ersatzmann sonst von der Zuwendung nichts mehr verbleibt (Soergel/Beck Rn. 3; Staudinger/Otte, 2021, Rn. 4). § 2322 setzt den Vermächtnisnehmer nur zu Gunsten des Pflichtteilsberechtigten, nicht aber zu Gunsten desjenigen, dem die Ausschlagung zustatten gekommen ist, zurück (BGHZ 19, 309 (311) = NJW 1956, 507). Der Kürzungsgrund wird meist der Pflichtteil des Ausschlagenden sein, aber es kann auch ein solcher eines **entfernten Verwandten** sein, der erst durch die Ausschlagung des näher Berufenen den Pflichtteil geltend machen kann (§ 2309) (Soergel/Beck Rn. 2). 2

Durch § 2322 als speziellere Vorschrift ist das allgemeine Kürzungsrecht des **§ 2318 Abs. 1** ausgeschlossen, und der Vermächtnisnehmer bzw. Auflagebegünstigte vor der allgemeinen Verteilungsregel geschützt (BGH NJW 1983, 2378 (2379) mAnm Dieckmann FamRZ 1983, 1015; Soergel/Beck Rn. 2; Kipp/Coing ErbR § 12 III 5; Lange/Kuchinke ErbR § 37 Fn. 424). Dies ist auch sachgerecht, da der eintretende Ersatzmann nur durch die Ausschlagung als Ersatzmann an die Zuwendung kam und durchwegs der mutmaßliche Erblasserwille nicht dahin geht, dass er auf Kosten des Vermächtnisnehmers einen Vorteil erlangt (BGH NJW 1983, 2378 (2379)). Diese Überlegungen gelten aber nicht, wenn der Ersatzmann nicht infolge einer Ausschlagung, sondern auf Grund einer **Enterbung** des Pflichtteilsberechtigten erwirbt (Lange/Kuchinke ErbR § 37 Fn. 425; Staudinger/Otte, 2021, Rn. 4). 3

**Beispiel** (nach Kipp/Coing ErbR § 12 III 5): Nachlass 50.000 EUR. Der Sohn S als einziger Pflichtteilsberechtigter schlägt wegen des für X angeordneten Vermächtnisses von 30.000 EUR aus und macht den Pflichtteil von 25.000 EUR geltend. Kürzungsrecht nach § 2318 Abs. 1 wäre (25.000 EUR × 30.000 EUR) : 50.000 EUR = 15.000 EUR. Der Erbe E würde also 10.000 EUR behalten, der X nur 15.000 EUR bekommen. Nach § 2322 ergibt sich: E muss den Pflichtteilsanspruch bezahlen (25.000 EUR) und kann das Vermächtnis um 5.000 EUR kürzen. 3.1

Ist Objekt des Vermächtnisses oder der Auflage eine **unteilbare Leistung,** etwa ein Nießbrauch, gelten die gleichen Grundsätze wie bei § 2318 (→ § 2318 Rn. 5). Bei einem Nießbrauch hat der Nachberufene nicht die Rechte aus §§ 1089, 1087 zur Deckung der Pflichtteilslast (BGHZ 19, 309 = NJW 1956, 507 mAnm Johannsen LM Nr. 1; Staudinger/Otte, 2021, Rn. 6). Der **Voraus des Ehegatten** (§ 1932) ist auch hier nicht kürzungsfähig, da er gem. § 2311 Abs. 1 S. 2 dem Pflichtteil vorgeht (MüKoBGB/Lange Rn. 5; Staudinger/Otte, 2021, Rn. 5; Burandt/Rojahn/Horn Rn. 12), wohl aber der **„Dreißigste“** (§ 1969) (MüKoBGB/Lange Rn. 5; 4

BeckOGK/Reisnecker, 1.2.2022, Rn. 5). Soweit der einer berechtigten Kürzung nach § 2322 ausgesetzte Vermächtnisnehmer selbst mit einem (Unter-)Vermächtnis belastet ist, kann er dies nach § 2188 anteilsmäßig kürzen (Lange/Kuchinke ErbR § 37 Fn. 425).

5 Besondere Vorteile bietet ein solcher Erbschaftserwerb idR nicht, sodass auch der Nachberufene **besser ausschlägt** (Soergel/Beck Rn. 3; Johannsen WM 1970, 241 f.; Burandt/Rojahn/Horn Rn. 10).

### III. Abdingbarkeit

6 Das Kürzungsrecht kann durch den Erblasser gem. § 2324 **ausgeschlossen** werden. Dadurch können jedoch für den Ersatzmann wegen der **Überbeschwerung** haftungsrechtliche Probleme entstehen (vgl. etwa BGH LM § 2324 Nr. 1 = WM 1981, 335), sodass er dann am besten ein Nachlassinsolvenzverfahren anstrengt (vgl. MüKoBGB/Lange Rn. 6; Soergel/Beck Rn. 3; Staudinger/Otte, 2021, Rn. 7). So kann er die Beschränkung der Erbenhaftung herbeiführen, was ihm durch die abweichende Erblasseranordnung nicht verwehrt wird (Soergel/Beck Rn. 3), und die Haftung mit dem Eigenvermögen vermeiden. Alternativ bleibt ihm natürlich die **Ausschlagung** (→ Rn. 5).

## § 2323 Nicht pflichtteilsbelasteter Erbe

**Der Erbe kann die Erfüllung eines Vermächtnisses oder einer Auflage auf Grund des § 2318 Abs. 1 insoweit nicht verweigern, als er die Pflichtteilslast nach den §§ 2320 bis 2322 nicht zu tragen hat.**

### Überblick

Die abdingbare (→ Rn. 4) Vorschrift stellt klar, dass das Kürzungsrecht des Erben nach § 2318 nicht eingreift (→ Rn. 2), wenn die Pflichtteilslast nach den §§ 2320–2322 andere zu tragen haben (→ Rn. 1).

### I. Normzweck/Voraussetzungen

1 Die dispositive Norm (§ 2324) hat lediglich **klarstellende Funktion** (Soergel/Beck Rn. 1; MüKoBGB/Lange Rn. 1; Staudinger/Otte, 2021, Rn. 1; krit. hierzu v. Olshausen MDR 1986, 89 (93)). Der Erbe hat gegenüber dem Vermächtnisnehmer oder Auflagebegünstigten das Kürzungsrecht nach **§ 2318 Abs. 1** nur, soweit er endgültig die Pflichtteilslast zu tragen hat. Kann er jedoch **im Innenverhältnis** diese Belastung an einen anderen weitergeben (§§ 2320–2322), so entfällt die innere Rechtfertigung hierfür und der Erbe würde sogar einen ungerechtfertigten Vorteil aus der Abwälzungsmöglichkeit ziehen. Dabei greift das **Kürzungsverbot** bereits, wenn der Erbe nur **abstrakt** die Möglichkeit zur Abwälzung der Pflichtteilslast hat; ob er hiervon Gebrauch macht, ist unerheblich (Staudinger/Otte, 2021, Rn. 1; MüKoBGB/Lange Rn. 1; Burandt/Rojahn/Horn Rn. 4).

### II. Rechtsfolgen

2 Der Erbe als Pflichtteilsschuldner kann von Vermächtnisnehmern und Auflagebegünstigten nicht nach § 2318 Abs. 1 die anteilsmäßige Tragung der Pflichtteilslast verlangen, wenn er selbst hierzu nach den §§ 2320–2322 nicht verpflichtet ist.

3 § 2323 gilt trotz fehlender Verweisung entspr. seinem Normzweck auch für das **erweiterte Kürzungsrecht** des pflichtteilsberechtigten Erben nach **§ 2318 Abs. 3,** soweit er die Pflichtteilslast nach den §§ 2320–2322 nicht zu tragen hat (Lange/Kuchinke ErbR § 37 IX 5d; Staudinger/Otte, 2021, Rn. 3; MüKoBGB/Lange Rn. 2; Burandt/Rojahn/Horn Rn. 6; HK-PflichtteilsR/Löhnig Rn. 2; BeckOGK/Reisnecker, 1.2.2022, Rn. 3).

### III. Abdingbarkeit

4 Die Vorschrift kann durch den Erblasser durch Verfügung von Todes wegen **abbedungen** werden (vgl. § 2324).

## § 2324 Abweichende Anordnungen des Erblassers hinsichtlich der Pflichtteilslast

**Der Erblasser kann durch Verfügung von Todes wegen die Pflichtteilslast im Verhältnis der Erben zueinander einzelnen Erben auferlegen und von den Vorschriften des § 2318 Abs. 1 und der §§ 2320 bis 2323 abweichende Anordnungen treffen.**

### Überblick

Die Vorschrift bestimmt, in welchem Umfang (→ Rn. 2) der Erblasser **abweichende Anordnungen** zur Tragung der **Pflichtteilslast** (→ Rn. 1) im Innenverhältnis zwischen Erben, Vermächtnisnehmern und Auflagebegünstigten treffen kann. Die abweichende Anordnung des Erblassers muss durch **Verfügung von Todes wegen** (→ Rn. 4) getroffen werden.

### I. Normzweck

Die Vorschrift ermöglicht es dem Erblasser, die Pflichtteilslast im Innenverhältnis der Erben 1
zueinander und im Verhältnis des Erben zu den Vermächtnisnehmern und Auflagebegünstigten anders als in § 2318 Abs. 1, §§ 2320–2323 gesetzlich vorgesehen zu regeln. Die Befugnis ist von großer Bedeutung, da die Tragung der Pflichtteilslast den Wert des Hinterlassenen maßgeblich beeinflussen kann und hierdurch der Verteilungsplan des Erblassers tangiert und ggf. auch durchkreuzt werden kann (Burandt/Rojahn/Horn Rn. 1). Eine abweichende Erblasseranordnung kann allerdings nicht zur Reduzierung der Pflichtteilslast eingesetzt werden, da die Höhe der bestehenden Pflichtteilsansprüche hierdurch nicht verändert wird (Burandt/Rojahn/Horn Rn. 1).

### II. Abänderungsmöglichkeiten

**1. Zulässige Abänderungen.** Nach § 2324 kann der Erblasser die **Verteilung der Pflicht-** 2
**teilslast im Innenverhältnis** zwischen Erben, Vermächtnisnehmern und Auflagebegünstigten abweichend von § 2318 Abs. 1, §§ 2320–2323 regeln. Er kann etwa die Pflichtteilslast im Verhältnis der Erben untereinander **einzelnen Erben** auferlegen (§ 2046 Abs. 2, § 2189) (Staudinger/Otte, 2021, Rn. 1; Grüneberg/Weidlich Rn. 1) oder im Verhältnis von Erben und Vermächtnisnehmern allein den Vermächtnisnehmern auferlegen (vgl. G. Müller in Schlitt/Müller PflichtteilsR-HdB § 10 Rn. 348 ff. mit Formulierungsvorschlägen). Abdingbar ist auch die **Ausfallhaftung** des § 2319 S. 2 (Staudinger/Otte, 2021, Rn. 1; Buschmann, Die Verteilung der Pflichtteilslast nach den §§ 2318–2324 BGB, 2004, 59). Der Erblasser kann schließlich das **Kürzungsrecht des § 2318 Abs. 1** erweitern, beschränken oder ganz ausschließen (BGH LM Nr. 1 = WM 1981, 334; RG Recht 1927 Nr. 618; MüKoBGB/Lange Rn. 1). Soll beispielsweise ein Vermächtnis, das der Versorgung einer bestimmten Person dient und exakt nach diesem Zweck bemessen wurde, der Person ungeschmälert zukommen, sollte eine abweichende Erblasseranordnung iSv § 2324 getroffen und dem Erben die Pflichtteilslast allein auferlegt werden (G. Müller in Schlitt/Müller PflichtteilsR-HdB § 10 Rn. 352). Durch eine abweichende Anordnung des Erblassers wird jedoch der Vorrang des Pflichtteilsanspruchs gegenüber dem durch Ausschluss des Kürzungsrechts erweiterten Vermächtnis **im Außenverhältnis nicht geändert** (§ 327 Abs. 1 Nr. 1, 2 InsO) (BGH LM Nr. 1 = WM 1981, 334; MüKoBGB/Lange Rn. 1; Soergel/Beck Rn. 1; Staudinger/Otte, 2021, Rn. 5), ebenso wenig wie die Außenhaftung gegenüber dem Pflichtteilsberechtigten (→ Rn. 3).

**2. Nicht abdingbare Vorschriften.** Nicht abdingbar sind allerdings die dem Schutz des 3
**Pflichtteilsberechtigten** dienenden Vorschriften der **§ 2318 Abs. 2 und 3, § 2319 S. 1** (MüKoBGB/Lange Rn. 2; Soergel/Beck Rn. 1; Staudinger/Otte, 2021, Rn. 5), die Haftung gegenüber dem Pflichtteilsberechtigten nach den §§ 2058 ff. (zu Gestaltungsüberlegungen mittels eines Untervermächtnisses Staudinger/Otte, 2021, Rn. 5) oder der **Pflichtteilsergänzungsanspruch** (Grüneberg/Weidlich Rn. 2; Soergel/Beck Rn. 1; BeckOGK/Reisnecker, 1.2.2022, Rn. 2).

### III. Ausübung der Änderungsmöglichkeit

Die abweichende Anordnung des Erblassers muss in einem **Testament** oder Erbvertrag getrof- 4
fen werden. Inhaltlich stellt sie ein Vermächtnis zu Gunsten desjenigen dar, der abweichend vom gesetzlichen Leitbild bevorzugt wird (Staudinger/Otte, 2021, Rn. 2; BeckOGK/Reisnecker, 1.2.2022, Rn. 4). Die Bestimmung muss **nicht ausdrücklich getroffen** sein, sondern kann sich

im Wege der **Auslegung** aus dem Gesamtzusammenhang der Verfügung von Todes wegen ergeben (BGH LM Nr. 1 = WM 1981, 334; RG JW 1938, 2143; Recht 1927 Nr. 618; OLG Stuttgart BWNotZ 1985, 88; MüKoBGB/Lange Rn. 3; Soergel/Beck Rn. 3). Im Anwendungsbereich von §§ 2320, 2322 ist jedoch nach Ansicht des BGH mit einer solchen Auslegung Zurückhaltung geboten (BGH NJW 1983, 2378 mAnm Dieckmann FamRZ 1983, 692). Da die Vorschriften der §§ 2318 ff. aber auch vielen versierten Juristen nicht geläufig sind, sollten sie einer sachgerechten Auslegung nicht entgegenstehen. Ein Anwendungsfall einer stillschweigenden Anordnung iSv § 2324 findet sich bei Ausschlagung zur Pflichtteilserlangung nach **§ 2306 Abs. 1** hinsichtlich der Frage, ob die nach § 2069 ersatzweise berufenen Abkömmlinge des Ausschlagenden dessen Pflichtteil zu tragen haben (→ § 2306 Rn. 1 ff.). Ist in einem notariellen Testament die getroffene Verteilung der Pflichtteilslast nicht eindeutig erklärt worden, kann dies eine **Haftung des Urkundsnotars** begründen, wenn einem Nachlassbeteiligten hierdurch ein Schaden entstanden ist (RG WarnR 1939 Nr. 63; Staudinger/Otte, 2021, Rn. 4; Burandt/Rojahn/Horn Rn. 4). Zu beachten ist allerdings, dass auch die dispositiven Bestimmungen zur Tragung der Pflichtteilslast eine tendenzielle Vermutung für die Sachrichtigkeit der dadurch getroffenen Regelungen haben, sodass abweichende Anordnungen idR nur bei **besonderen Fallgruppen** geboten sind (zur Gestaltung der Pflichtteilslasten vgl. G. Müller in Schlitt/Müller PflichtteilsR-HdB § 10 Rn. 348 ff.; einzelne Formulierungsvorschläge auch bei BeckOGK/Reisnecker, 1.2.2022, Rn. 7–11).

## § 2325 Pflichtteilsergänzungsanspruch bei Schenkungen

**(1) Hat der Erblasser einem Dritten eine Schenkung gemacht, so kann der Pflichtteilsberechtigte als Ergänzung des Pflichtteils den Betrag verlangen, um den sich der Pflichtteil erhöht, wenn der verschenkte Gegenstand dem Nachlass hinzugerechnet wird.**

**(2) [1]Eine verbrauchbare Sache kommt mit dem Werte in Ansatz, den sie zur Zeit der Schenkung hatte. [2]Ein anderer Gegenstand kommt mit dem Werte in Ansatz, den er zur Zeit des Erbfalls hat; hatte er zur Zeit der Schenkung einen geringeren Wert, so wird nur dieser in Ansatz gebracht.**

**(3) [1]Die Schenkung wird innerhalb des ersten Jahres vor dem Erbfall in vollem Umfang, innerhalb jedes weiteren Jahres vor dem Erbfall um jeweils ein Zehntel weniger berücksichtigt. [2]Sind zehn Jahre seit der Leistung des verschenkten Gegenstandes verstrichen, bleibt die Schenkung unberücksichtigt. [3]Ist die Schenkung an den Ehegatten erfolgt, so beginnt die Frist nicht vor der Auflösung der Ehe.**

**Schrifttum (nur Monografien und neuere Aufsätze):** Birkenbeil, Nießbrauch und Pflichtteilsergänzung, ErbR 2021, 2; Bühler, Die Pflichtteilsergänzungsbestimmungen der §§ 2325 ff. BGB: Überblick und Hinweise für die notarielle Praxis, DNotZ 2022, 10; Cornelius, Der Pflichtteilsergänzungsanspruch hinsichtlich der Übertragung von Grundstücken unter dem Vorbehalt von Rechten des Schenkers, 2004; Griesel, Aktuelle Probleme der Pflichtteilsergänzung, 2018; Grunewald, Der Abfindungsausschluss, ein Geschenk für die Mitgesellschafter?, ZEV 2021, 65; Grziwotz, Pflichtteilsergänzung bei Überlassung mit Nießbrauchsvorbehalt, MittBayNot 2019, 96; Herrler, Pflichtteilsrechtliche Behandlung von Schenkungen unter Vorbehalt von Nutzungs- bzw. Rückforderungsrechten, Hereditare 10 (2020), 88; Höfling, Die Schenkung und die unentgeltliche Verfügung im Erbrecht, 2018; Hölscher, Pflichtteilsansprüche bei Aufnahme in Personengesellschaften ohne Kapitalaufbringung, ErbR 2019, 730; Hölscher, Pflichtteilsminimierung durch Gesellschaftsrecht?, ErbR 2016, 422; Ivens, Pflichtteilsergänzung bei vorweggenommener Erbfolge in Gesellschaftsanteile, ZEV 2021, 277; Jaspert, Die Bewertung von Grundstücksschenkungen im Rahmen des Pflichtteilsergänzungsanspruchs, ZEV 2020, 69; Kainer, Wohnrechte und Pflichtteilsergänzung – zu Gestaltungsproblemen bei der vorgezogenen Erbfolge, NotBZ 2019, 281; Kappler, S./Kappler, T., Möglichkeiten der Pflichtteilsreduzierung zugunsten des Ehegatten, ZEV 2017, 601; Karczewski, Pflichtteilsergänzungsansprüche gegen den beschenkten Ehegatten: Neue Entwicklungen bei § 2325 BGB, ZEV 2020, 733; Keim, Pflichtteilsergänzung auch ohne Pflichtteilsrecht im Schenkungszeitpunkt, NJW 2012, 3484; Keim, Pflichtteilsergänzungsansprüche des zweiten Ehegatten gegen die ersteheIichen Kinder des Erblassers?, NJW 2016, 1617; Keim, Pflichtteilsergänzung und ihre Vermeidung bei ehebedingten Zuwendungen, ZNotP 2018, 221; J. Mayer, Es kommt auf die Sekunde an – Zum Pflichtteilsrecht bei Lebensversicherungen, DNotZ 2011, 89; G. Müller, Innovative Wege zur Pflichtteilsminimierung?, notar 2011, 315; Lange, Pflichtteilsrechtliche Folgen der Aufnahme in eine Personengesellschaft ohne eigene Kapitalaufbringung, FS Ebke (2021), 563; v. Proff, Neue Vorgaben der Pflichtteilsergänzung für die Gestaltung von Übertragungen unter Nutzungsvorbehalt, ZEV 2016, 681; Reiff, Die Dogmatik der Schenkung unter Nießbrauchsvorbehalt, 1989; Reimann, Schenkungen und Eigengeschenke bei der Pflichtteilsergänzung, ZEV 2018, 198; E. Schulte/L-M- Schulte, Nießbrauch, Rückforderungsvorbehalte und der Erwerb von Geschäftsanteilen vs. Pflichtteilsrecht, ErbR 2021, 821; Siebert, Der Pflichtteilsergänzungsanspruch gegenüber dem Beschenkten, ZEV 2013, 241; Strobel, Lässt die Zustimmung des Pflichtteilsberechtigten zu einer Schenkung des Erblassers den Anspruch aus §§ 2325, 2329 BGB entfallen?, ErbR 2020, 778; Weber, Beseitigung fristschädlicher Schenkungen im Pflichtteilsergänzungsrecht: anything goes oder rien ne va plus?, ZEV 2017, 117; Weber, Aufgabe fristschädlicher Rechte im Pflichtteilsergänzungsrecht, ZEV 2017, 252; Weidlich, Ehegattenzuwendung und Pflichtteilsergänzung in der Zugewinngemeinschaft, ZEV 2014, 345.

## Überblick

Die Vorschriften über die Pflichtteilsergänzung wollen verhindern, dass der Erblasser durch lebzeitige Schenkungen seinen Nachlass reduziert und damit das Pflichtteilsrecht seiner nächsten Angehörigen aushöhlt. Die Beeinträchtigung wird durch § 2325 in der Weise ausgeglichen, dass die Erblassergeschenke der letzten zehn Jahre – bzw. Ehegattenschenkungen auch über diesen Zeitraum hinaus – **dem vorhandenen Nachlass zugerechnet** werden und hieraus der Pflichtteil errechnet wird (→ Rn. 65).

Der Anspruch steht den **abstrakt Pflichtteilsberechtigten (**→ Rn. 3**)** zu. Der Anspruch richtet sich gegen den bzw. die **Erben** (→ Rn. 6) (zur subsidiären Haftung des Beschenkten vgl. § 2329). Ein Pflichtteilsergänzungsanspruch setzt das Vorliegen einer **Schenkung iSv §§ 516 f.** (→ Rn. 7) voraus. Zu Einzelfällen, in denen der Schenkungscharakter umstritten ist, → Rn. 14 ff.

Für die **Bewertung** des Schenkungsgegenstandes ist nach **Abs. 2** (→ Rn. 34) zwischen **verbrauchbaren (**→ Rn. 35) und **nicht verbrauchbaren** Sachen (→ Rn. 36) zu unterscheiden; bei Letzteren gilt das sog. Niederstwertprinzip.

Die Pflichtteilsergänzungspflicht ist nach **Abs. 3** zeitlich begrenzt auf **zehn Jahre** ab Leistung des Schenkungsgegenstands (→ Rn. 48). Der Fristbeginn kann bei **Vorbehalt von Nutzungsrechten** hinausgeschoben sein (→ Rn. 54). Bei Schenkungen an den **Ehegatten** beginnt die Zehnjahresfrist nach Abs. 3 S. 3 nicht vor dem Zeitpunkt der Auflösung der Ehe (→ Rn. 62). Im Rahmen der Erbrechtsreform im Jahre 2010 wurde in Abs. 3 S. 1 eine **Abschmelzungsregelung** aufgenommen, wonach sich der pflichtteilsergänzungserhebliche Wert der Schenkung mit jedem Jahr seit der Leistung um 1/10 reduziert (→ Rn. 49).

## Übersicht



## I. Normzweck

Die Norm schützt den Pflichtteilsberechtigten dagegen, dass der ordentliche Pflichtteil durch lebzeitige Schenkungen umgangen wird (BVerfG NJW 1991, 217; BGHZ 157, 178 (187) = NJW 2004, 1382), will also „Schleichwege am Erbrecht vorbei" verhindern (Schmidt-Kessel DNotZ 1989, 161). Daher erhält der Pflichtteilsberechtigte zeitlich und sachlich begrenzt einen Ergänzungsanspruch gegen den Erben, hilfsweise gegen den Beschenkten (§ 2329). Hierzu wird das Geschenk zunächst dem Nachlass hinzugerechnet und dann aus dem so ergänzten (fiktiven) Gesamtnachlass der Pflichtteilsanspruch berechnet, was gleichsam zu einer „Wiedereinsetzung in den vorigen Stand" führt (BGHZ 59, 210 (212) = NJW 1973, 40; BGH NJW 1997, 2676 (2677)). Daneben besteht nur ein sehr beschränkter Schutz des Pflichtteilsberechtigten gegen lebzeitige Zuwendungen nach Maßgabe der §§ 138, 826 (BGH FamRZ 1972, 255 (257 f.)). Denn hierdurch würde nicht nur die lebzeitige Verfügungsfreiheit des Erblassers übermäßig beschränkt, sondern auch die Sicherheit des Rechtsverkehrs beeinträchtigt (vgl. Staudinger/Herzog, 2021, Vor §§ 2325 ff. Rn. 3). 1

## II. Rechtsnatur

2 Der Pflichtteilsergänzungsanspruch ist ein selbstständiger, **außerordentlicher Pflichtteilsanspruch** (BGHZ 103, 333 (337) = NJW 1988, 1667; Lange/Kuchinke ErbR § 37 X 1c; MüKoBGB/Lange Rn. 5). Er steht neben dem ordentlichen Pflichtteilsanspruch und ist von dessen Bestehen unabhängig (Grüneberg/Weidlich Rn. 2), bildet jedoch mit letzterem den sog. „Gesamtpflichtteil". Der Pflichtteilsergänzungsanspruch wird rechtlich grds. wie der ordentliche Pflichtteilsanspruch behandelt, so bezüglich des Zeitpunkts seiner Geltendmachung (erst ab Erbfall), der Vererblichkeit, der Übertragbarkeit (§ 2317), der Auskunftspflicht, des Wertermittlungsanspruchs (BGHZ 89, 24 (26 f.) = NJW 1984, 736; Staudinger/Herzog, 2021, Rn. 14 ff.), der Pfändbarkeit (§ 852 ZPO) und der Pflichtteilslast (§§ 2318 ff.). Die Pflichtteilsentziehung (§ 2333) und der Verzicht (§ 2346 Abs. 2) erfassen – vorbehaltlich einer Einschränkung durch den Erblasser bzw. die Vertragsbeteiligten – auch den Ergänzungsanspruch (Lange/Kuchinke ErbR § 37 X 1c Fn. 435; MüKoBGB/Lange Rn. 5). Beim Unterhaltsanspruch nach § 1586b gegenüber den Erben ist er nach hM in die Haftungsgrenze einzubeziehen (BGHZ 146, 114 (118) = NJW 2001, 828 = ZEV 2001, 113 mAnm Frenz; BGHZ 153, 372 (392) = NJW 2003, 1796; dazu auch Klingelhöffer ZEV 2001, 179; aA AG Bottrop FamRZ 1989, 1009). Zur **Verjährung** → § 2332 Rn. 2.

## III. Voraussetzungen

3 **1. Gläubiger. a) Grundsätzliches.** Der Pflichtteilsergänzungsanspruch steht dem Pflichtteilsberechtigten zu, also den nach § 2303 **abstrakt pflichtteilsberechtigten Personen** (Abkömmlinge, Ehegatten, eingetragene Lebenspartner und Eltern), sofern deren Recht nicht durch **§ 2309** (OLG Köln ZEV 1998, 434) oder in anderer Weise (zB Pflichtteilsentziehung) ausgeschlossen ist. Da der Anspruch vom Bestehen eines ordentlichen Pflichtteilsanspruchs unabhängig ist, steht er nach **Maßgabe des § 2326** auch dem erbenden Pflichtteilsberechtigten oder dem, der die **Erbschaft ausgeschlagen** hat, zu, auch wenn kein Fall des § 2306 Abs. 1, § 1371 Abs. 3 vorlag (BGH NJW 1973, 995; OLG Hamm FamRZ 2011, 594; Staudinger/Herzog, 2021, Rn. 213). Zur möglichen Anrechnung des Hinterlassenen nach § 2326 S. 2 → § 2326 Rn. 5.

4 **b) Zur sog. „Doppelberechtigung" für den Pflichtteilsergänzungsanspruch.** In zwei früheren Entscheidungen hatte der BGH die Auffassung vertreten, der Schutzzweck der Norm erfasse nur denjenigen, der bereits im **Zeitpunkt der** Vornahme der **Schenkung** (und nicht erst bei Eintritt des Erbfalls) **pflichtteilsberechtigt** war (BGHZ 59, 210 (212) = NJW 1973, 40; BGH NJW 1997, 2676 = LM Nr. 29 mAnm Kuchinke; aA fast das gesamte Schrifttum, etwa Kuchinke LM Nr. 29; Soergel/Dieckmann, 13. Aufl. 2002, Rn. 3; Otte ZEV 1997, 375; Schmitt-Kessel ZNotP 1998, 2; Tanck ZErb 2004, 2; Tiedtke DNotZ 1998, 85). Diese äußerst umstrittene Theorie der **„Doppelberechtigung"** hat der BGH zwischenzeitlich – zu Recht – **aufgegeben** (BGHZ 193, 260 = NJW 2012, 2730 = ZEV 2012, 478 mAnm Otte = DNotZ 2012, 860 mAnm Lange = FamRZ 2012, 1383 mAnm Reimann = MittBayNot 2013, 143 mAnm Röhl; vgl. dazu auch DNotI-Gutachten DNotI-Report 2020, 131 ff.). Demgemäß kommt es nunmehr allein auf die Pflichtteilsberechtigung **im Zeitpunkt des Erbfalls** an. In seiner Begründung hat der BGH nicht nur auf den Wortlaut der Norm und deren Entstehungsgeschichte abgestellt, dem eine solche Beschränkung iSd Doppelberechtigung nicht zu entnehmen sei, sondern vor allem auch auf den **Sinn und Zweck des Pflichtteilsrechts.** Dieses soll den Pflichtteilsberechtigten als nächsten Angehörigen eine Mindestteilhabe am Vermögen des Erblassers sichern. Dabei kommt dem Pflichtteilsergänzungsanspruch die besondere Bedeutung zu, die Pflichtteilsberechtigten gegen die Aushöhlung ihres Pflichtteils durch lebzeitige Schenkung zu schützen. Dieser Zweck gebietet es gerade, auf den Erbfall als auch für diesen Schutz maßgeblichen Zeitpunkt abzustellen. Dies gilt insbes. in dem Fall, dass die konkrete Pflichtteilsberechtigung sich erst aufgrund des Eintrittsrechts nach § 1924 Abs. 3 verwirklicht, indem der näher Pflichtteilsberechtigte vor Eintritt des Erbfalls verstirbt (wie dies bei entfernteren Abkömmlingen der Fall ist). Würde demgegenüber auch die Pflichtteilsberechtigung im Zeitpunkt der Schenkung gefordert, liefe dies nach Ansicht des BGH dem Eintrittsrecht zuwider und führte zu einer mit dem Gleichheitssatz des Art. 3 Abs. 1 GG nicht zu vereinbarenden **Ungleichbehandlung der Abkömmlinge** des Erblassers. Dies mache das Bestehen des Pflichtteilsergänzungsanspruchs von zufälligen Umständen abhängig.

4a Die vorstehend genannte Entscheidung des BGH (→ Rn. 4) erging zu einem „Abkömmling"-Fall, in dem die Pflichtteilsberechtigung der **entfernteren Abkömmlinge** erst durch den Tod des näher berechtigten Abkömmlings entstanden war (und zum Zeitpunkt der Schenkung noch nicht bestand). Nach hM gilt die Änderung dieser höchstrichterlichen Rspr. auch für die **Pflicht-**

**teilsergänzungsberechtigung des später hinzu gekommenen Ehegatten** (vgl. OLG Hamm BeckRS 2016, 117427 Rn. 160 = ZEV 2017, 430 Ls.; Ruby/Schindler ZEV 2012, 361 (363); Lange DNotZ 2012, 865; Otte ZEV 2012, 478 (482); Röhl RNotZ 2013, 146 (148); Burandt/Rojahn/Horn Rn. 17 mwN; Keim NJW 2016, 1617 ff.; Griesel, Aktuelle Probleme der Pflichtteilsergänzung, 2018, 121). Vereinzelt wird aber auch darauf hingewiesen, dass der BGH diese Frage nicht entschieden habe (Wendt ErbR 2013, 366; Bonefeld ZErb 2012, 225; Klingelhöffer jurisPR-BGHZivilR 17/2012 Anm. 1). Daher wird zT empfohlen, mit dem nachrückenden Ehegatten (vorsorglich) einen Pflichtteilsverzichtsvertrag zu schließen, ggf. gegenständlich beschränkt auf voreheliche Zuwendungen (Bonefeld ZErb 2012, 225; Keim NJW 2012, 3484 (3486)).

**c) Eigengeschenke an den Berechtigten.** Wird der Pflichtteilsberechtigte selbst beschenkt, so ist die Anrechnung von Eigengeschenken nach § 2327 zu beachten (→ § 2327 Rn. 7 ff.). 5

**2. Schuldner.** Schuldner des Pflichtteilsergänzungsanspruchs sind grds. die **Erben.** Es handelt sich um eine Geldforderung, die eine Nachlassverbindlichkeit darstellt. Nach hM kann der Anspruch im Falle eines Miterben nur im Rahmen der Erbauseinandersetzung geltend gemacht werden (BGH ZEV 2007, 280; LG Köln BeckRS 2001, 05480; MüKoBGB/Lange Rn. 50 mwN; aA Schindler ErbR 2018, 185 ff.). Ist der Erbe **selbst pflichtteilsberechtigt,** so gilt § 2328. Soweit jedoch der Erbe zur Ergänzung des Pflichtteils rechtlich nicht verpflichtet ist, richtet sich der Anspruch direkt gegen den Beschenkten (§ 2329; → § 2329 Rn. 1 ff.). 6

**3. Schenkung. a) Allgemeiner Schenkungsbegriff.** Der Schenkungsbegriff entspricht dem der **§§ 516, 517** (BGHZ 59, 132 (135) = NJW 1972, 1709; Staudinger/Herzog, 2021, Rn. 6; MüKoBGB/Lange Rn. 17 mwN) (zur Erweiterung durch die ehebezogene Zuwendung → Rn. 18 und zur Einschränkung durch nachträgliche Entgeltlichkeit → Rn. 10). Erforderlich ist somit eine **objektive Bereicherung** des Zuwendungsempfängers aus dem Vermögen des Erblassers und die sog. **Schenkungsabrede** als Einigung über die (ganze oder teilweise) Unentgeltlichkeit der Zuwendung (MüKoBGB/Lange Rn. 17; anschaulich etwa OLG Oldenburg FamRZ 2000, 638). Für das letztere genügt eine „Parallelwertung in der Laiensphäre" (zust. PWW/Deppenkemper Rn. 7; vgl. dazu im Erbschaftsteuerrecht BFH ZEV 1994, 188 (191)). Eine Beeinträchtigungsabsicht ist – anders als bei §§ 2287 f. – nicht erforderlich. Die bloße Bezeichnung als vorweggenommene Erbfolge besagt allerdings noch nichts über die Unentgeltlichkeit (BGH NJW 1995, 1349; NJW-RR 1996, 754, jeweils zu § 528; OLG Braunschweig OLGR 2001, 242). Ein wie immer geartetes **illoyales** oder treuwidriges Verhalten des Erblassers gegenüber dem Pflichtteilsberechtigten ist nicht erforderlich (Lange Hereditare 2 (2012), 59). 7

**Ausgenommen** von der Ergänzungspflicht sind nach § 2330 **Anstands- und Pflichtschenkungen** des Erblassers. Soweit der Erblasser als **Vorerbe** aus dem der Vorerbschaft unterliegenden Vermögen eine Schenkung getätigt hat, kann derjenige, der nur gegenüber dem Vorerben und nicht gegenüber dem Erblasser pflichtteilsberechtigt ist, hieraus ebenfalls keine Ergänzung herleiten; denn der Pflichtteil bezieht sich gerade nicht auf das der Nacherbfolge unterliegende **Sondervermögen,** sondern nur auf das Eigenvermögen des Erblassers (vgl. OLG Celle NJWE-FER 1996, 63 = BeckRS 1998, 01131; BGH NJW 2002, 672 (673); Staudinger/Herzog, 2021, Rn. 5). 8

**Gemischte Schenkungen** sind nur hinsichtlich ihres Schenkungsteils ergänzungspflichtig (s. etwa OLG Koblenz OLGR 2005, 113; OLG Düsseldorf MittRhNotK 2000, 208 (209); Cornelius, Der Pflichtteilsergänzungsanspruch hinsichtlich der Übertragung von Grundstücken unter dem Vorbehalt von Rechten des Schenkers, 2004, Rn. 138 ff. m. Berechnungsbeispielen). Dabei spielt die subjektive Vorstellung der Vertragsteile in doppelter Hinsicht eine Rolle: Zum einen entscheidet sie darüber, ob eine Zuwendung mit einer anderen des Empfängers verknüpft wird und insoweit die Unentgeltlichkeit ausschließt. Dabei sind **synallagmatische, konditionale (im Hinblick auf künftige) und kausale Leistungsverknüpfungen** (im Hinblick auf bereits erbrachte Leistungen, sog. vorweggenommene Erfüllungshandlung (OLG Düsseldorf DNotZ 1996, 652 (653) zu § 528; OLG Oldenburg NJW-RR 1997, 263 (264)) möglich (BGH NJW 2018, 1475 (1477) = ZEV 2018, 274 ff. mAnm Horn = FamRZ 2018, 775 ff. mAnm Weber = NZFam 2018, 427 mAnm Hachenburg; Staudinger/Chiusi, 2021, § 516 Rn. 45 ff.; Reimann ZEV 2018, 198 (200); Burandt/Rojahn/Horn Rn. 28 mwN). Bei der letztgenannten Art ist die Abgrenzung zur belohnenden Schenkung zu beachten. Entscheidend ist, dass die Vorleistung in der Absicht der späteren Entlohnung erbracht wird. Zum anderen gilt hinsichtlich der Bewertung von Leistung und Gegenleistung grds. das **Prinzip der subjektiven Äquivalenz:** Danach steht es den Parteien im Rahmen der Vertragsfreiheit grds. frei, den Wert der auszutauschenden Leistungen zu bestimmen (BGHZ 59, 132 (136) = NJW 1972, 1709; BGH NJW 1964, 1323; 1965, 9

1526; 1974, 650; OLG Oldenburg NJW-RR 1992, 778; OLG Düsseldorf MittRhNotK 2000, 208 (209); OLG Koblenz ZEV 2021, 253 (254)). So ist insbes. deren Bewertung von Versorgungsrechten in einem Übergabevertrag anzuerkennen, wenn sie auch unter Berücksichtigung des Verwandtschaftsverhältnisses noch in einem vertretbaren Rahmen liegt. Erst bei einem **auffallend groben Missverhältnis** zwischen den objektiven Werten von Leistung und Gegenleistung billigt die Rspr. den Dritten zum Schutz ihrer berechtigten Interessen eine Beweiserleichterung zu (→ Rn. 66), ohne über die materiell-rechtlichen Grenzen des Prinzips der subjektiven Äquivalenz damit entschieden zu haben. Allerdings steht es den Vertragsteilen nicht frei, eine ohne jede objektive Gegenleistung erfolgende Zuwendung als entgeltliche zu deklarieren (BGHZ 59, 132 (136) = NJW 1972, 1709) oder die vereinbarten Leistungen völlig „zu frisieren" oder willkürlich zu bewerten (BGH NJW 1961, 604).

**10** Vertraglich vereinbarte Leistungen können nach der Rspr. (RGZ 72, 188 (192); 94, 157 (159)) nachträglich sogar **noch erhöht** werden; dies gilt auch bei Zuwendungen unter Ehegatten, jedoch muss die Zusatzvergütung angemessen sein (BGH NJW-RR 1989, 706; 1986, 164 lässt sogar eine nachträgliche Begründung eines entgeltlichen Rechtsgeschäfts durch einseitige Verfügung von Todes wegen zu). Der BGH hat durch Urteil vom 14.2.2007 (BGHZ 171, 136 = ZEV 2007, 326 (327) m. zust. Anm. Kornexl = NJW-RR 2007, 803; ebenso Schindler ZErb 2004, 46; aA etwa Keim FamRZ 2004, 1081 (1084)) die bisherige höchstrichterliche Rspr. bestätigt, wonach die Pflichtteilsberechtigten auch nachträgliche Vereinbarungen über die Entgeltlichkeit von lebzeitigen Rechtsgeschäften des Erblassers hinnehmen müssten, solange zwischen Leistung und Gegenleistung kein auffälliges, grobes Missverhältnis bestehe, sog. **nachträgliche Entgeltlichkeit** (im Anschluss hieran auch OLG Schleswig BeckRS 2012, 11025 = MittBayNot 2013, 59; vgl. dazu auch G. Müller in Schlitt/Müller PflichtteilsR-HdB § 11 Rn. 32 ff.; Höfling, Die Schenkung und die unentgeltliche Verfügung im Erbrecht, 161 ff.). Der BGH verglich die Problematik in seiner Begründung mit den gleichfalls in der Lit. erörterten Fällen des Rückerwerbs des Schenkungsgegenstandes, bei dem ein Pflichtteilsergänzungsanspruch wegen der ursprünglichen Schenkung ebenfalls ausgeschlossen sei (vgl. Kornexl ZEV 2003, 196 (197). Für die Zulässigkeit der nachträglichen Auswechslung des Schuldgrunds spricht vor allem die Vertragsfreiheit, die auch im Hinblick auf die betroffenen Drittinteressen (Pflichtteilsrecht) insoweit keine Einschränkung erfordert. Denn das Gesetz schränkt die lebzeitige Verfügungsfreiheit des Erblassers nicht ein und schützt den Pflichtteilsberechtigten auch nicht gegen die Übertragung von Vermögenswerten, für die der Erblasser ein Äquivalent erhalten hat, selbst wenn dieses im Erbfall verbraucht sein sollte (BGHZ 171, 136 = ZEV 2007, 326 (327) m. zust. Anm. Kornexl = NJW-RR 2007, 803). Die hM in der Lit. hat sich daher zu Recht der vorstehenden Rechtsansicht der höchstrichterl. Rspr. angeschlossen und hält die **nachträgliche Umwandlung** einer Schenkung in ein entgeltliches Rechtsgeschäft (nachträgliche Entgeltabrede) für **zulässig** (Dietz MittBayNot 2008, 225 ff.; MüKoBGB/Lange Rn. 17; Staudinger/Herzog, 2021, Rn. 12; BeckOGK/A. Schindler, 1.4.2022, Rn. 28; Burandt/Rojahn/Horn Rn. 37; Herrler Hereditare 10 (2020), 88 (98); krit. Weber ZEV 2017, 117 (118); → 41. Ed. 1.8.2015 Rn. 6 (J. Mayer)).

**11** Auch gibt es, ausgehend vom Schenkungssteuerrecht (BFHE 173, 432 = BStBl. II 1994, 366 = ZEV 1994, 188 (191)), eine Gegenbestrebung, die als die **„objektive Unentgeltlichkeit"** bezeichnet wird und teilweise so weit geht, in jeder objektiv unentgeltlichen oder teilweise unentgeltlichen Zuwendung eine (gemischte) Schenkung iSd Schutzvorschriften der §§ 528, 2325, 2287 zu sehen (so deutlich etwa AK-BGB/Däubler Rn. 19, 23; vgl. neuerdings auch Jaspert ZEV 2020, 69 ff.; krit. gegen die objektive Unentgeltlichkeit Lange/Kuchinke ErbR § 25 V 5a, 37 X 3; vgl. auch J. Mayer DNotZ 1996, 617 f.). Die erbrechtliche Qualifikation der **unbenannten Zuwendungen zwischen Ehegatten** ist hierzu das deutlichste Beispiel (→ Rn. 18). Auf alle Fälle wird bei der Bewertung und Beurteilung von Gegenleistungen in Zukunft immer mehr in den Vordergrund treten, welche Art von **Gegenleistungen** in diesem Rahmen **berücksichtigungsfähig** sind. Im Hinblick auf den von § 2325 bezweckten Pflichtteilsschutz wird man hier Einschränkungen machen müssen (zur Einschränkung der berücksichtigungsfähigen Gegenleistungen aus dem Normzweck bei Rückforderungsrechten J. Mayer DNotZ 1996, 604 (616)). Nur solche Gegenleistungen werden daher erheblich sein, die beim Erblasser eine echte Kompensation für die von ihm gemachte Vermögensweggabe darstellen (zB Pflegezusage). Der Meinungsstreit darüber, ob und unter welchen Voraussetzungen bei einem vorbehaltenen Nutzungsrecht der Wert im Zeitpunkt der Schenkung oder im Zeitpunkt des Erbfalls maßgeblich ist (→ Rn. 39), betrifft nicht die Frage, ob überhaupt eine Schenkung vorgenommen wurde, sondern spielt erst im Rahmen der Berechnung des Pflichtteils eine Rolle, setzt also voraus, dass überhaupt eine Schenkung und damit ein Ergänzungsanspruch bereits feststeht (OLG Koblenz FamRZ 2006, 1413 (1414)).

Die gleichen Grundsätze wie bei der gemischten Schenkung gelten auch für die **Schenkung unter Auflage,** sodass der zur Erfüllung der Auflage erforderliche Aufwand vom Zuwendungswert in Abzug gebracht werden kann (Soergel/Beck Rn. 15; Lange/Kuchinke ErbR § 37 X 2h; Worm RNotZ 2003, 535 (545); Burandt/Rojahn/Horn Rn. 31). Dies ist schon deswegen angebracht, weil die Abgrenzung zur gemischten Schenkung oftmals sehr schwierig und auch in der Rspr, etwa bei Pflegeverpflichtungen, schwankend ist (vgl. dazu J. Mayer DNotZ 1996, 611 Fn. 34). Zudem lässt der BGH bei vorbehaltenen Nutzungsrechten deren Wert unter bestimmten Voraussetzungen zum Abzug zu (→ Rn. 40) (BGH NJW-RR 1996, 707 = ZEV 1996, 187 (189); NJW-RR 1996, 754 zu § 528). Bei überhöhten **Anstands-** und **Pflichtschenkungen** ist nur der Mehrbetrag ergänzungspflichtig (BGH NJW 1981, 2458). 12

Pflichtteilsergänzungsansprüche nach den §§ 2325, 2329 sind im Falle einer Schenkung nicht deswegen ausgeschlossen, weil der Pflichtteilsberechtigte ihr – formlos – **zugestimmt** hat (so aber LG Deggendorf ErbR 2020, 205 = BeckRS 2019, 31855 unter analoger Heranziehung des § 1375 Abs. 3). Hierzu bedarf es vielmehr eines (notariell beurkundungsbedürftigen) Pflichtteilsverzichtsvertrages iSv § 2346 (so auch Strobel ErbR 2020, 778 ff.), der auch gegenständlich auf den Schenkungsgegenstand beschränkt erklärt werden kann (vgl. dazu bereits J. Mayer ZEV 2000, 263 (265), dort auch unter Hinweis auf den häufig „vergessenen Verzicht" des Ehegatten des Schenkers, wie er auch im Fall des LG Deggendorf BeckRS 2019, 31855 vorlag). 13

**b) Einzelfälle. aa) Lebensversicherungen.** Die rechtliche Behandlung von Lebensversicherungen im Rahmen der Pflichtteilsergänzung ist **problematisch** und war lange Zeit umstritten (vgl. Schindler ZErb 2008, 330; Progl ZErb 2004, 187; 2008, 288; Hilbing ZEV 2008, 262). Wurde für die Versicherungssumme widerruflich ein **Bezugsberechtigter** benannt, der auch Erbe oder Miterbe sein kann (§ 160 Abs. 2 VVG), so erfolgt die Auszahlung auf Grund eines Vertrags zu Gunsten Dritter unter Lebenden (§§ 328, 331; § 159 VVG), wobei im **Valutaverhältnis** zum Drittbegünstigten eine Schenkung, aber auch eine Ausstattung oder ehebezogene Zuwendung vorliegen kann (BGH NJW 1987, 3131 (3132)). Umstritten ist dabei, was als **ergänzungspflichtiger Gegenstand** einer Schenkung anzusehen ist. In Betracht kommt **(1)** die tatsächlich an den Bezugsberechtigten ausgezahlte **Versicherungssumme** (dazu gehört bei einer Risikolebensversicherung auch der sog. Risikoanteil, der bei einem baldigen Tod nach dem Versicherungsbeginn sehr groß sein kann) (OLG Düsseldorf ZEV 2008, 292; LG Göttingen ZEV 2007, 386 (387); LG Paderborn FamRZ 2008, 1292; Elfring NJW 2004, 483 (485); ZEV 2004, 305 (309 f.); Progl ZErb 2004, 187 (188 ff.); Klinger/Maulbetsch NJW-Spezial 2005, 13; Kuhn/Rohlfing ErbR 2006, 11 (15 f.); Harder FamRZ 1976, 617; Schindler ZErb 2008, 330), **(2)** der bloße **Rückkaufwert** (OLG Colmar LZ 1913, 876 (878)) oder entspr. der bislang hM **(3)** nur die **vom Erblasser entrichteten Prämien,** weil die Bereicherung nur auf diesem Vermögensopfer beruht und der Pflichtteilsberechtigte nur Anspruch auf diejenigen Vermögenswerte hat, um die der Erblasser sein Vermögen effektiv verminderte (BGHZ 7, 134 (143) = NJW 1952, 1173; BGH FamRZ 1976, 616 m. abl. Anm. Harder; NJW 1987, 3131 (3132) obiter dictum; RGZ 128, 187 (190); OLG Stuttgart NJW-RR 2008, 389 = ZEV 2008, 145 m. zust. Anm. Blum; LG Köln ZErb 2008, 31 m. abl. Anm. Sticherling; Hilbig ZEV 2008, 262 (268); Lange/Kuchinke ErbR § 37 X 2e). 14

Der **BGH** hat die umstrittene Rechtsfrage in seiner **Entscheidung vom 28.4.2010** (BGHZ 185, 252 = NJW 2010, 3232 = ZEV 2010, 305 mAnm Wall) geklärt, die bisherige Rspr. **aufgegeben** und sich weitgehend der oben (2) (→ Rn. 14) gekennzeichneten Meinung angeschlossen. Soweit der Erblasser die Todesfallleistung aus einem Lebensversicherungsvertrag einem Dritten über ein **widerrufliches** Bezugsrecht schenkweise zuwendet, so berechnet sich ein Pflichtteilsergänzungsanspruch weder nach der Versicherungsleistung noch nach der Summe der vom Erblasser gezahlten Prämien. Vielmehr richtet sich die Pflichtteilsergänzung allein nach dem Wert, den der Erblasser aus den Rechten seiner Lebensversicherung in der **letzten – juristischen – Sekunde** seines Lebens nach objektiven Kriterien für sein Vermögen hätte umsetzen können. In aller Regel wird dabei auf den **Rückkaufwert gem. § 169 VVG** (dh den Wert, den der Erblasser durch eine Kündigung hätte realisieren können) abzustellen sein. Je nach Lage des Einzelfalls ist ggf. auch ein – objektiv belegter – höherer Veräußerungswert heranzuziehen (BGHZ 185, 252 = NJW 2010, 3232 = ZEV 2010, 305 mAnm Wall; nachgehend zu diesem Rechtsstreit OLG Düsseldorf ZEV 2012, 105; dazu auch Rudy ZErb 2010, 351; Maes jurisPR-FamR 15/2010, Anm. 5; Progl ZErb 2010, 194; Wendt ErbR 2011, 196; krit. J. Mayer DNotZ 2011, 89; Griesel, Aktuelle Probleme der Pflichtteilsergänzung, 2018, 211; ausf. mit Gestaltungsüberlegungen Herrler ZEV 2010, 333). Für die Entscheidung des BGH kann geltend gemacht werden, dass nunmehr der Pflichtteilsberechtigte am Wertzuwachs der Prämienzahlungen des 15

Erblassers partizipiert (Litzenburger FD-ErbR 2010, 303890). Andererseits muss infolge der (regelmäßig nicht feststehende) Rückkaufwert (extra) ermittelt werden, was ein zusätzliches Streitpotential im Pflichtteilsprozess darstellt (vgl. Burandt/Rojahn/Horn Rn. 74 mwN).

16 Bei einer von Anfang an **unwiderruflichen Bezugsberechtigung** – diesen Fall hat der BGH noch nicht entschieden – erwirbt der Bezugsberechtigte dagegen ein sofort wirksames eigenes Recht auf Leistung gegen die Versicherung. Daher entfällt der Pflichtteilsergänzungsanspruch, wenn seit der Einräumung des unwiderruflichen Bezugsrechts zehn Jahre vergangen sind (Elfring ZEV 2004, 305 (310); Progl ZErb 2004, 187 (189 f.); Worm RNotZ 2003, 535 (544); vgl. auch Pawlytta in MSTB PflichtteilsR-HdB § 7 Rn. 48). Allenfalls die nachfolgend gezahlten Prämien können noch weitere Pflichtteilsergänzungsansprüche auslösen (Leitzen RNotZ 2009, 129 (144); Burandt/Rojahn/Horn Rn. 75 mwN). Sind seit der Einräumung des unwiderruflichen Bezugsrechts noch keine zehn Jahre vergangen, ist der Zeitwert der Versicherung ergänzungspflichtig zu dem Zeitpunkt, zu dem das Bezugsrecht unwiderruflich geworden und damit aus dem Nachlass ausgeschieden ist (Burandt/Rojahn/Horn Rn. 75).

17 Soweit die Versicherungssumme im Erbfall auf Grund einer **Sicherungsabtretung** einem Kreditgeber zusteht, fällt sie in **Höhe der gesicherten Schuld** in den Nachlass; sie ist dort nach § 2311 Abs. 1 S. 1 (also bereits im Rahmen des ordentlichen Pflichtteils) zu berücksichtigen und reduziert die Nachlassverbindlichkeiten (→ § 2311 Rn. 6) (BGH ZEV 1996, 263 (264) mAnm Kummer).

18 **bb) Ehebedingte Zuwendungen.** Ehebedingte (bzw. sog. ehebezogene oder unbenannte) Zuwendungen sind nach Auffassung des BGH idR **objektiv unentgeltlich** und im Erbrecht zur Verwirklichung des gebotenen Schutzes von Pflichtteilsberechtigten, Vertrags- und Nacherben **wie Schenkungen zu behandeln** (BGHZ 116, 167 (170 ff.) = NJW 1992, 564; BGH NJW 2018, 1475 (1477) = ZEV 2018, 274 mAnm Horn = FamRZ 2018, 775 mAnm Weber = NZFam 2018, 427 mAnm Hachenburg; OLG Köln FamRZ 1992, 480; OLG Koblenz ZEV 2002, 460 (461) m. krit. Anm. Kornexl = NJW-RR 2002, 512). Nur wenn die Zuwendung der **angemessenen Alterssicherung** des Empfängers (OLG Schleswig ZEV 2010, 369: Zuwendung eines Nießbrauchs mit quantitativen Überlegungen; OLG Stuttgart ZEV 2011, 384) oder der **nachträglichen Vergütung** langjähriger Dienste dient (OLG Oldenburg OLGR 1999, 273 = FamRZ 2000, 638: 30-jährige Tätigkeit als Sprechstundenhilfe) oder **unterhaltsrechtlich geschuldet** ist oder sonst eine adäquate Gegenleistung vorliegt, kann eine objektiv angemessene **entgeltliche Zuwendung** vorliegen, die keinem Pflichtteilsergänzungsanspruch unterliegt (vgl. BGHZ 116, 167 (170 ff.) = NJW 1992, 564; BGH NJW 2018, 1475 (1477) = ZEV 2018, 274 mAnm Horn = FamRZ 2018, 775 mAnm Weber = NZFam 2018, 427 mAnm Hachenburg; Damrau/Tanck/Riedel Rn. 60 ff.; Höfling, Die Schenkung und die unentgeltliche Verfügung im Erbrecht, 194 f.; eingehend Pawlytta in MSTB PflichtteilsR-HdB § 7 Rn. 51 ff.). Die Instanzgerichte haben diese Grundsätze auf die nichteheliche Lebensgemeinschaft übertragen (OLG Düsseldorf NJW-RR 1997, 1497 (1500); OLG Köln MittRhNotK 1997, 89). Die höchstrichterliche Rspr. ist allerdings nicht ganz unumstritten. Gefordert wurde in der Lit. vor allem eine **„legitime Vermögensteilhabe des Ehegatten"**, namentlich was den gemeinsamen Hausbau bzw. Hauserwerb in der Alleinverdiener-Ehe anbelangt (vgl. Langenfeld ZEV 1994, 129 (133); NJW 1994, 2135; Weidlich ZEV 2014, 345 (347)). Die Obergrenze für eine nach § 2325 anspruchsfeste Zuwendung für die Verteilung des ehezeitlichen Vermögenserwerbs wird in Anlehnung an den Halbteilungsgrundsatz der Zugewinngemeinschaft in der **hälftigen Beteiligung** des wirtschaftlich schwächeren/haushaltsführenden Ehegatten gesehen (so Langenfeld ZEV 1994, 129 (133); NJW 1994, 2135; Klingelhöffer NJW 1993, 1097 (1101); Worm RNotZ 2003, 535 (541)). Dies wird vor allem damit begründet, dass der häufig vorliegende höhere finanzielle Beitrag des einen Ehegatten idR durch einen andersartigen des anderen zur ehelichen Lebensgemeinschaft (Haushaltsführung, Betreuung gemeinsamer Abkömmlinge) kompensiert wird. Allerdings wird dieser Umstand im gesetzlichen Güterstand bereits durch den (erb- oder güterrechtlichen) Zugewinnausgleich berücksichtigt; die Zulassung einer „legitimen Vermögensteilhabe" könnte von daher zu einer **Doppelbegünstigung** des überlebenden Ehegatten aus der Zugewinngemeinschaftsehe führen: er erhielte nicht nur eine pflichtteilsfeste Zuwendung bis zur Höhe des fiktiven Zugewinnausgleichs, sondern im Erbfall noch seinen nach § 1371 Abs. 1 erhöhten Erbteil, wobei die Erhöhung zu Lasten der anderen Pflichtteilsberechtigten geht. In einer neueren Entscheidung hat sich das **OLG Schleswig** (ZEV 2014, 260 (262); abl. Weidlich ZEV 2014, 345 (347 f.)) dieser Sichtweise angeschlossen und vertritt in puncto Ehegattenzuwendungen ebenfalls eine eher restriktive Linie. In der Entscheidung ging es um einen „Standard"-Fall, in dem die Ehegatten das Grundstück als Miteigentümer erwarben und gemeinsam bebauten, der Kaufpreis und Schuldendienst aber nur durch den

alleinverdienenden Ehemann erbracht worden war. Das OLG Schleswig sah darin eine der Pflichtteilsergänzung unterfallende **ehebezogene Zuwendung des hälftigen Miteigentumsanteils** an den anderen Ehegatten, der keinen eigenen Finanzierungsbeitrag erbracht hatte.

In einer neueren Entscheidung vom 14.3.2018 hat der **BGH** (BGH NJW 2018, 1475 (1477) = ZEV 2018, 274 mAnm Horn = FamRZ 2018, 775 mAnm Weber = NZFam 2018, 427 mAnm Hachenburg; vgl. dazu auch Karczewski ZEV 2020, 733 (736 ff.)) die bisherige höchstrichterliche Rspr. bestätigt. Hinsichtlich der über den hälftigen Grundstückswert hinaus geltend gemachten Pflichtteilsergänzungsansprüche bezüglich der erbrachten **Tilgungs- und Finanzierungsleistungen** des alleinverdienenden Ehemannes hat der BGH allerdings wie folgt differenziert: die vom Ehemann erbrachten **Tilgungsleistungen** hätten sich bereits im erhöhten Wert des Grundstücks zum hier maßgeblichen Zeitpunkt des Erbfalls (durch Reduzierung des Wertes der valutierenden Grundschuld) niedergeschlagen und seien daher nicht (zusätzlich) ergänzungspflichtig (BGH NJW 2018, 1475 (1476) = ZEV 2018, 274 mAnm Horn = FamRZ 2018, 775 mAnm Weber = NZFam 2018, 427 mAnm Hachenburg). Hinsichtlich der **Finanzierungsleistungen** (die nicht in den Wert des Grundstücks eingeflossen sind) kommt aus Sicht des BGH aber ein Ergänzungsanspruch in Betracht, da der Ehemann damit auch eine Schuld der Ehefrau getilgt habe und als Gesamtschuldner hierfür grds. Ausgleich nach § 426 Abs. 1 S. 1 verlangen könne; weiter setzt dies aber voraus, dass es sich auch um einen **unentgeltlichen Vorgang** gehandelt habe, was beispielsweise ausgeschlossen sei, sofern die Zinsleistungen – anstelle von Mietzahlungen – iSd §§ 1360, 1360a **unterhaltsrechtlich geschuldet** gewesen seien (BGH NJW 2018, 1475 (1477) = ZEV 2018, 274 mAnm Horn = FamRZ 2018, 775 mAnm Weber = NZFam 2018, 427 mAnm Hachenburg) (→ Rn. 18). Die aktuelle Entscheidung des BGH ist in der Lit. zu Recht meist zustimmend aufgenommen worden (vgl. Löhnig NJW 2018, 1435 ff.; Horn ZEV 2018, 277 ff.; Weber FamRZ 2018, 777; Keim ZNotP 2018, 221). Begrüßt wird vor allem, dass der BGH unbenannte Zuwendungen nicht ausnahmslos als Schenkungen behandelt, sondern die Unentgeltlichkeit im Einzelfall widerlegt werden kann (Löhnig NJW 2018, 1435). Wann von Entgeltlichkeit ausgegangen werden kann, ist nach den vom BGH erörterten Ausnahmen **einzelfallbezogen** zu prüfen (vgl. Löhnig NJW 2018, 1435 ff.; Horn ZEV 2018, 277 ff.; Weber FamRZ 2018, 777; Keim ZNotP 2018, 221 ff.; jeweils auch mit Gestaltungshinweisen). 19

In der **Gütertrennungs- oder Gütergemeinschaftsehe** geschieht ein systembedingter Ausgleich über das Ehegattenerbrecht allerdings nicht so stark (bei der Gütertrennungsehe ist der Ehegattenerbteil bei einem oder zwei Kinder immer größer als der eines Kindes, § 1931 Abs. 4), aber immer noch durch den Ehegattenerbteil, der auch den Pflichtteil der anderen Pflichtteilsberechtigten reduziert. Ein darüber hinaus gehender stärkerer Eingriff in diese Rechte bedürfte einer methodisch gefestigteren Begründung. Allerdings sollte eine angemessene **Altersversorgung,** etwa eine „Riester Rente", in den heutigen Zeiten des zunehmend schwächer werdenden gesetzlichen Rentensystems auch dann ergänzungsfest sein, wenn diese unterhaltsrechtlich nicht geschuldet ist (OLG Stuttgart ZEV 2011, 384; Herrler MittBayNot 2011, 150). 20

**cc) Eheverträge und Güterstandswechsel.** Gewisse Gestaltungsmöglichkeiten scheint die **Vereinbarung von Gütergemeinschaft** nach der Rspr. des BGH zu bieten (BGHZ 116, 178 (182) = NJW 1992, 558 = LM § 516 Nr. 23 mAnm Langenfeld; ebenso die hM mit den auch vom BGH gemachten Einschränkungen, so Lange/Kuchinke ErbR § 37 X 2d; MüKoBGB/Lange Rn. 29; Staudinger/Herzog, 2021, Rn. 86 ff.; Höfling, Die Schenkung und die unentgeltliche Verfügung im Erbrecht, 184 ff.; ausf. Apelt, Güterstandswechsel, 2011, 38 ff.; aA AK-BGB/Däubler Rn. 23). Zwar stellt diese hinsichtlich des entstehenden Gesamtguts eine **objektive Bereicherung** des weniger begüterten Ehegatten dar. Trotz des gegenüber der Zugewinngemeinschaft geringeren Ehegattenerbteils (nur nach § 1931 Abs. 1) führt der Wechsel von der Zugewinngemeinschaft zur Gütergemeinschaft zu einer Pflichtteilskürzung, wenn das Vermögen des Ehegatten, bei dem eine Pflichtteilsreduzierung gewollt ist, mehr als drei Mal so hoch ist. 21

Dennoch kann nach Auffassung des BGH nur in **Ausnahmefällen** hierin eine Schenkung gesehen werden. Denn dazu bedarf es außer der Einigung über die Unentgeltlichkeit der Zuwendung noch einer **Verdrängung der „güterrechtlichen causa"** für die Bereicherung durch den eigentlichen schuldrechtlichen Schenkungsvertrag. Hierfür ist eine besondere Feststellung erforderlich, dass die Geschäftsabsichten der Ehegatten nicht lediglich zur Verwirklichung der Ehe auf eine Ordnung des beiderseitigen Vermögens gerichtet waren. Solche „ehefremden Zwecke" kämen in Betracht, wenn nach einem einheitlichen Plan zunächst Gütergemeinschaft und dann (wenn auch nach längerer Zeit) ein anderer Güterstand vereinbart wird (BGHZ 116, 178 (182) = NJW 1992, 558; so bereits RGZ 87, 301 (303)), was auch als sog. **„Paketlösung"** (Brambring ZEV 1996, 252) bezeichnet wird und wiederum der Erhöhung des Ehegattenerbteils dient. Bei 22

Beachtung dieser Grundsätze eröffnen sich gewisse Gestaltungsmöglichkeiten, besonders wenn sich ehebezogene Motive hierfür finden lassen (eingehend Wegmann ZEV 1996, 201 (203 ff.)). Auch bei der **Auseinandersetzung der Gütergemeinschaft** abweichend von den gesetzlichen Bestimmungen (§§ 1476 ff.) ist eine ergänzungspflichtige Zuwendung möglich, zB wenn dem weniger begüterten Teil eine höhere Quote eingeräumt wird, als dies § 1476 vorsieht (BGHZ 116, 178 (183 f.) = NJW 1992, 558 = LM § 516 Nr. 23 mAnm Langenfeld; vgl. auch BeckOGK/A. Schindler, 1.4.2022, Rn. 97).

**23** Als pflichtteilsfeste Gestaltung wird überwiegend auch das sog. **Gütertrennungsmodell** angesehen (Brambring ZEV 1996, 248 (252 ff.); Wegmann ZEV 1996, 201 (203 ff.); v. Dickhuth-Harrach FS 100 Jahre Rheinisches Notariat, 1998, 233; Worm RNotZ 2003, 535 (539); Hayler FuR 2000, 4 (7); Hayler DNotZ 2000, 681 (686 ff.); Apelt, Güterstandswechsel, 2011, 115 ff.; Weidlich ZEV 2014, 345 (346); v. Hertzberg RNotZ 2019, 245 (250); Burandt/Rojahn/Horn Rn. 56; Staudinger/Herzog, 2021, Rn. 89; BeckOGK/A. Schindler, 1.4.2022, Rn. 98; einschr. Griesel, Aktuelle Probleme der Pflichtteilsergänzung, 2018, 177 ff.). Dabei wird vom gesetzlichen Güterstand (Zugewinngemeinschaft) ehevertraglich in den Güterstand der Gütertrennung gewechselt und zur Abgeltung des entstehenden Ausgleichsanspruchs nach §§ 1372 ff. ein entsprechender Vermögenswert übertragen. Eine unentgeltliche Zuwendung ist in diesem Zusammenhang zumindest dann nicht anzunehmen, wenn die ehevertraglich ausgelöste, sich aus dem Gesetz ergebende Forderung tatsächlich erfüllt wird und der übertragene Vermögenswert dem rechnerischen Zugewinnausgleichsanspruch in etwa entspricht bzw. nicht eklatant über den gesetzlich geschuldeten Anspruch hinaus geht (vgl. Klingelhöffer PflichtteilsR Rn. 562; Wegmann ZEV 1996, 206; Hayler FuR 2000, 4 (7); Höfling, Die Schenkung und die unentgeltliche Verfügung im Erbrecht, 189; Staudinger/Herzog, 2021, Rn. 89). Diese Gestaltung wird in der Lit. zT kritisch beurteilt (so vor allem → 41. Ed. 1.8.2015 Rn. 12 (J. Mayer)). Da den Ehegatten jederzeit ein Güterstandswechsel freisteht (§ 1408 Abs. 1) und durch die Beendigung des gesetzlichen Güterstands **kraft Gesetzes** die Zugewinnausgleichsforderung zur Entstehung gebracht wird (vgl. § 1372), handelt es sich bei der Erfüllung derselben jedoch nicht um eine Schenkung, sondern um einen **entgeltlichen** Vorgang. Allerdings muss die Zugewinngemeinschaft ehevertraglich tatsächlich beendet werden; ein sog. **„fliegender Zugewinnausgleich"**, bei dem der bisher entstandene Zugewinn unter Aufrechterhaltung des gesetzlichen Güterstands ausgeglichen wird, ist mangels Begründung eines kraft Gesetzes geschuldeten Zugewinnausgleichsanspruchs (vgl. § 1372) nicht anzuerkennen (vgl. auch Burandt/Rojahn/Horn Rn. 57; Worm RNotZ 2003, 535 (540); v. Hertzberg RNotZ 2019, 245 (259); Herrler Hereditare 10 (2020), 88 (93); Staudinger/Herzog, 2021, Rn. 92; BeckOGK/A. Schindler, 1.4.2022, Rn. 98; aA Hüttemann DB 1999, 248; Hayler MittBayNot 2000, 290 (293); s. Kappler/T. Kappler ZEV 2017, 601 (604)).

**24** Nach wie vor besonders umstritten ist, ob die Grenzen für eine pflichtteilsergänzungsfeste Gestaltung überschritten sind, wenn die Ehegatten nach ehevertraglicher Beendigung des gesetzlichen Güterstands und Wechsel zur Gütertrennung anschließend in die Zugewinngemeinschaft zurück wechseln (sog. **Güterstandsschaukel** bzw. **Schaukelmodell**). Ein solcher erneuter Güterstandswechsel wird primär wegen der damit verbundenen Erhöhung des Ehegattenerbteils bzw. Verringerung der Kindespflichtteile gewünscht sein. Bei einer solchen **Güterstandsschaukel** soll nach verbreiteter Meinung in der Lit. eine Vermutung dafür sprechen, dass es den Ehegatten allein um die Reduzierung des Pflichtteils der Abkömmlinge, und damit um ehefremde Zwecke, ging (Brambring ZEV 1996, 248 (252); Apelt, Güterstandswechsel, 2011, 137 ff.; zutr. Wendt ZErb 2012, 262 (263) „vieles noch nicht geklärt"; aA insbes. Hayler DNotZ 2000, 689; Worm RNotZ 2003, 535 (539); G. Müller in Schlitt/Müller PflichtteilsR-HdB § 11 Rn. 106: keine so strengen Anforderungen wie bei der Vereinbarung der Gütergemeinschaft; Staudinger/Herzog, 2021, Rn. 92; eingehend Berkefeld/Mayer in MSTB PflichtteilsR-HdB § 11 Rn. 137; Pawlytta in MSTB PflichtteilsR-HdB § 7 Rn. 68; Höfling, Die Schenkung und die unentgeltliche Verfügung im Erbrecht, 189 ff.; für völlige Pflichtteilsfestigkeit Forster FS Schapp, 2010, 143 (157): keine unzulässige Gesetzesumgehung, sondern Tatbestandsplanung und damit zulässige Gestaltung zur Pflichtteilsreduzierung; offenlassend Weidlich ZEV 2014, 345 (349)). Dass der BFH eine solche Gestaltung in erbschaftsteuerrechtlicher Hinsicht anerkannt hat (BFH NJW 2005, 3663 = ZEV 2005, 490 mAnm Münch), zwingt zu keiner anderen pflichtteilsrechtlichen Beurteilung, da in beiden Rechtsgebieten unterschiedliche Zwecksetzungen verfolgt werden (J. Mayer FPR 2006, 129 (135); Staudinger/Herzog, 2021, Rn. 91; großzügiger Pluskat/Pluskat ZFE 2006, 124 (126)). Da den Ehegatten jedoch ein Güterstandswechsel grds. jederzeit offen steht (vgl. § 1408 Abs. 1), wird die Verfolgung ehefremder Zwecke wohl nur dann eingewandt werden können, wenn das Vorgehen auf einem **einheitlichen Gesamtplan** der Ehegatten beruht (für Einzelfallbetrachtung auch BeckOGK/A. Schindler, 1.4.2022, Rn. 100). Zur Güterstandsschaukel „light" im Zusammenhang mit dem dt.-frz. Wahlgüterstand (WZGA) → § 1519 Rn. 10 (G. Müller in Schlitt/Müller PflichtteilsR-HdB § 11 Rn. 108; vgl. auch BeckOGK/A. Schindler, 1.4.2022, Rn. 101).

Zur Frage, ob und inwieweit der neue Güterstand der **Wahl-Zugewinngemeinschaft** Möglichkeiten zur Pflichtteilsreduzierung bietet, eingehend → § 1519 Rn. 7 ff. 25

**dd) Abfindung für Erb- oder Pflichtteilsverzicht. Umstritten** ist nach wie vor auch, ob die **Abfindung** für einen **Erb- oder Pflichtteilsverzicht** als unentgeltliche Zuwendung anzusehen ist und der Pflichtteilsergänzung unterliegt (ausf. zur Problemstellung und zum Streitstand BeckOGK/A. Schindler, 1.4.2022, Rn. 75 ff.; A. Schindler, Hereditare 7 (2017), 1 ff.; für Entgeltlichkeit idR etwa Lange/Kuchinke ErbR § 37 X 2 f.; Heinrich MittRhNotK 1995, 157 f.; Kipp/Coing ErbR § 82 VI; für grundsätzliche Unentgeltlichkeit – da wirtschaftliches Surrogat für späteren unentgeltlichen Erwerb – etwa Speckmann NJW 1970, 117 ff.; Kollhosser AcP 194 (1994), 231 (258 ff.); Staudinger/Schotten, 2016, § 2346 Rn. 122 ff.; BeckOGK/A. Schindler, 1.4.2022, Rn. 76; A. Schindler, Hereditare 7 (2017), 1 (19 ff.) wegen fehlender Entgelttauglichkeit der Gegenleistung; für Einzelfallbetrachtung MüKoBGB/Lange Rn. 33; ähnlich Rheinbay, Erbverzicht – Abfindung – Pflichtteilsergänzung, 1983, 137; offenlassend BGH NJW 1986, 127 (129). BGHZ 113, 393 (395) = NJW 1991, 1610 hat im Rahmen einer Anfechtung nach § 3 AnfG den Pflichtteilsverzicht als nicht berücksichtigungsfähige Leistung angesehen). Beim **reinen Erbverzicht** ist letzteres zumindest insoweit zu verneinen, als die Vermögensweggabe durch eine Erhöhung der Erb- und Pflichtteilsquote nach § 2310 S. 2 wieder kompensiert wird; § 2325 ist also zur Vermeidung einer doppelten Berücksichtigung **einschränkend** auszulegen (OLG Hamm ZEV 2000, 277 (278) m. krit. Anm. Rheinbay und Berechnungsvorschlag; Staudinger/Herzog, 2021, Rn. 100; Rheinbay, Erbverzicht – Abfindung – Pflichtteilsergänzung, 1983, 138 ff.). Dieser Auffassung hat sich zwischenzeitlich auch der **BGH** mit der Maßgabe angeschlossen, dass die Abfindung für einen Erbverzicht zumindest keine pflichtteilsergänzungserhebliche Zuwendung darstellt, solange sie sich im **Rahmen der Erberwartung** des Verzichtenden hält; ein Pflichtteilsergänzungsanspruch der übrigen Pflichtteilsberechtigten komme vielmehr nur in Betracht, soweit die Leistung des Erblassers über eine angemessene Abfindung hinausgehe (BGH NJW 2009, 1143 mAnm Zimmer = MittBayNot 2009, 473 mAnm Dietz = ZEV 2009, 77 mAnm Schindler). Dabei orientierte sich der BGH hinsichtlich der Angemessenheit nicht mehr – wie vorher üblich – an der Höhe des Pflichtteils, sondern am **Wert des Erbteils** des Verzichtenden zum Zeitpunkt des Verzichts (BGH NJW 2009, 1143 (1145) mAnm Zimmer = MittBayNot 2009, 473 mAnm Dietz = ZEV 2009, 77 mAnm Schindler). Dass der BGH Pflichtteilsergänzungsansprüche hinsichtlich der für den Erbverzicht geleisteten Abfindung nur in dem vorstehend beschriebenen begrenzten Maße zulässt, wird mit der Erhöhung der Pflichtteilsquote der übrigen Berechtigten gem. § 2310 S. 2 begründet, die die Verringerung des Nachlasswertes durch die vom Erblasser geleistete Abfindung ausgleicht. Eine abschließende Klärung der Problematik durch den BGH ist noch nicht erfolgt (vgl. zur Thematik auch ausf. Griesel, Aktuelle Probleme der Pflichtteilsergänzung, 2018, 149). Durch eine **aktuelle Entscheidung des BGH** (BGH NJW 2016, 324 = ZEV 2016, 90 mAnm Keim; vgl. dazu auch v. Proff NJW 2016, 539) zur Qualifikation einer lebzeitigen Zuwendung gegen Erbverzicht als Schenkung, in der der BGH für die Einordnung maßgeblich auf das Vorliegen des Schenkungstatbestands, insbes. die subjektive Einigung der Beteiligten über die Unentgeltlichkeit, abgestellt hat, wird die bisherige Rspr. zur Entgeltlichkeit im Rahmen des § 2325 **nicht** in Frage gestellt, da die Entscheidung zu § 530 und damit in einem anderen Kontext ergangen ist (vgl. G. Müller ZNotP 2016, 82). 26

Die Begründung über die Erhöhung des Erbteils durch den Erbverzicht lässt sich nicht auf den **reinen Pflichtteilsverzicht** (vgl. § 2346 Abs. 2) übertragen, weil dieser gerade zu keiner Erhöhung des Pflichtteils der anderen führt, der „Kompensationsgedanke" des BGH nicht eingreift. Bei diesem wird die Abfindung vielfach eine Ausstattung sein (§ 1624), die nur als Übermaßausstattung der Pflichtteilsergänzung unterliegt (so richtig Lange/Kuchinke ErbR § 7 V 3). Soweit dies nicht der Fall ist, wird teilweise vertreten, dass die Abfindung insoweit der Pflichtteilsergänzung unterliege, als sie wesentlich über das hinausgeht, was der Verzichtende als Pflichtteil zu erwarten hat (Theiss/Boger ZEV 2006, 143 (145); PWW/Deppenkemper Rn. 19; wohl auch Lange/Kuchinke ErbR § 7 V 3 aE). Dies wirft aber angesichts des aleatorischen Charakters des entgeltlichen Pflichtteilsverzichts und der erforderlichen Prognoseentscheidung schwierige Abgrenzungsfragen auf. Wer aus dem Gesichtspunkt, dass der Erblasser aus dem Pflichtteilsverzicht ein Stück Testierfreiheit gewinnt oder aus den Vorstellungen der Beteiligten über den Risikocharakter des Rechtsgeschäfts die Entgeltlichkeit ableitet (Lange/Kuchinke ErbR § 7 V 3, 37 X 2 f.), steht der Lehre von der subjektiven Äquivalenz nahe, während die Gegenansicht mehr der Lehre von der objektiven Entgeltlichkeit zuneigt. Richtigerweise muss man für die Berücksichtigungsfähigkeit 27 der **Abfindung für einen Pflichtteilsverzicht** auf den **Normzweck** des § 2325 abstellen (→ Rn. 7). Der Schutz des Pflichtteilsberechtigten vor Umgehungsgeschäften gebietet auch zu berücksichtigen, wie die Rechtslage wäre, wenn die Abfindung als Vorwegnahme der Erbfolgeregelung nicht erfolgt wäre. Dann würde sich aber im Erbfall der ordentliche Pflichtteilsanspruch auch hieraus errechnen. Dies spricht dafür, die Abfindung grds. der **Pflichtteilsergänzung zu unterwerfen** (Pawlytta in MSTB PflichtteilsR-HdB § 7 Rn. 70; Herrler ZEV 2010, 92 (97); Burandt/Rojahn/Horn Rn. 61; Staudinger/Herzog, 2021, Rn. 101; BeckOGK/A. Schindler, 1.4.2022, Rn. 78), wie dies auch bei einer **Zuwendung unter Pflichtteilsanrechnung** der Fall ist (vgl. Staudinger/Schotten, 2016, § 2346 Rn. 130 f.). Soweit der Abfindungsempfänger direkt in Anspruch genommen wird, kann er sich jedoch auf §§ 2319, 2328 berufen, da ihm diese Verteidigungsrechte durch den Pflichtteilsverzicht nicht genommen werden dürfen (→ § 2329 Rn. 18) (so auch Staudinger/Herzog, 2021, Rn. 101).

28 **ee) Gesellschaftsverträge.** Die **Aufnahme eines persönlich haftenden Gesellschafters** in das Geschäft eines Einzelhandelskaufmanns oder eine bestehende OHG stellt nach hM im Allgemeinen keine ergänzungspflichtige Schenkung dar, auch wenn die Aufnahme unter besonders günstigen Bedingungen erfolgt, etwa ohne eigenen Kapitaleinsatz des Eintretenden. Gerechtfertigt wird dies mit der damit für den neuen Gesellschafter verbundenen **Übernahme der persönlichen Haftung,** der Beteiligung an einem möglichen **Verlust** und der geschuldeten vollen Arbeitskraft, und dass dies als entsprechende Gegenleistung anzusehen sei (BGH NJW 1959, 1433; WM 1977, 862 (864); NJW 1981, 1956 mwN; KG OLGZ 1978, 464; MüKoBGB/Lange Rn. 37; Staudinger/Herzog, 20215, Rn. 104; Lange, FS Ebke (2021), 563 (564); aA Damrau/Tanck/Riedel Rn. 35; Hölscher ErbR 2019, 730 ff.; Schulte/Schulte ErbR 2021, 821 (828)). Der BGH hat dies jedoch in einer späteren Entscheidung (BGH NJW 1981, 1956) zu Recht eingeschränkt und eine Gesamtbetrachtung der gesellschaftsrechtlichen Regelung und aller maßgeblichen Umstände vorgenommen. Als Indizien für eine (gemischte) Schenkung wurde dabei angenommen, dass dem verbleibenden Gesellschafter nach dem Tod des anderen ein Übernahmerecht unter Ausschluss aller Abfindungsansprüche eingeräumt wurde, die Einlageverpflichtung binnen kurzer Zeit aus den zugeflossenen Gewinnen erfüllt werden konnte und die Vertragsteile von einer unterschiedlichen Lebenserwartung infolge einer schweren Erkrankung des bisherigen Geschäftsinhabers ausgingen (Gehirntumor), was für eine Schenkungsabrede spreche. Daher wird für die **Gestaltungspraxis** empfohlen, bei unterschiedlicher Lebenserwartung auf eine adäquate Einlage des Beitretenden zu achten (Wegmann ZEV 1998, 135). Auch bei einer **lediglich vermögensverwaltenden Familiengesellschaft** mit geringem Haftungsrisiko kann ggf. eine pflichtteilsergänzungserhebliche Zuwendung angenommen werden (OLG Schleswig RNotZ 2012, 513 = MittBayNot 2013, 59 mAnm Everts; vgl. auch DNotI-Gutachten DNotI-Report 1996, 88; U. Mayer ZEV 2003, 355 (356); Damrau/Tanck/Riedel Rn. 36; Worm RNotZ 2003, 535 (543); Lange, FS Ebke (2021), 563 (570)). Gleiches gilt für die **Aufnahme eines Kommanditisten** ohne Erbringung einer eigenen Kapitalbeteiligung, da damit kein persönliches Haftungsrisiko und keine Geschäftsführungspflicht verbunden ist (BGHZ 112, 40 (45 ff.) = NJW 1963, 2223; BGH NJW 1990, 2616 (2617); Lange/Kuchinke ErbR § 37 X 2h sub gamma; MüKoBGB/Lange Rn. 37; Worm RNotZ 2003, 535 (543)). Nur wenn der Kommanditist besondere Pflichten, insbes. im Bereich der Geschäftsführung, übernimmt, ist trotz fehlenden Kapitaleinsatzes die Unentgeltlichkeit ganz oder teilweise ausgeschlossen (Lange/Kuchinke ErbR § 37 IX 2h aE; Staudinger/Herzog, 2021, Rn. 105). Die gleichen Grundsätze gelten, wenn ein **Kommanditanteil** an einen bisherigen Mitgesellschafter oder an jemanden **abgetreten** wird, der dadurch neu in die Gesellschaft eintritt (Staudinger/Herzog, 2021, Rn. 105).

29 Wird beim **Tod eines Gesellschafters** die Gesellschaft nur mit den anderen Mitgesellschaftern **fortgesetzt** und dabei ein **Abfindungsanspruch** ganz **ausgeschlossen** (im Todesfall gesellschaftsrechtlich zulässig, BGHZ 50, 316 = NJW 1968, 2003; Lange ZErb 2014, 121 (122)) oder zumindest teilweise **gegenüber dem Vollwert beschränkt,** so geht die hM davon aus, dass der damit für die verbleibenden Gesellschafter durch **Anwachsung** entstehende Vermögenszuwachs ein entgeltlicher ist, wenn dies für alle Gesellschafter vereinbart wird (sog. **allseitiger Abfindungsausschluss**) (BGHZ 22, 186 (194) = NJW 1957, 180 (181) nur zur Frage der Form bei § 2301; BGH WM 1971, 1338 zum entschädigungslosen Übernahmerecht; Lange ZErb 2014, 121 (123); Hölscher ErbR 2016, 422 (478); Grüneberg/Weidlich Rn. 15; Soergel/Beck Rn. 27; Staudinger/Herzog, 2021, Rn. 110 mwN; aA Kohl MDR 1995, 865 (871); Schlitt in Schlitt/Müller PflichtteilsR-HdB § 5 Rn. 147; Worm RNotZ 2003, 535 (543); diff. U. Mayer ZEV 2003, 355 (357); Reimann ZEV 1994, 7 (11 f.)). Gerechtfertigt wird dies von der hM mit dem Wagnischarakter, dass jeder Gesellschafter bei seinem Tod alles verlieren kann, aber auch die

Chance habe, am Anteil des Verstorbenen beteiligt zu werden. Bei einem **groben Missverhältnis des Risikos** (großer Altersunterschied, schwere Erkrankung) wird allerdings eine Schenkung angenommen (BGH NJW 1981, 1956; KG OLGZ 1978, 463 (464); OLG Düsseldorf MDR 1977, 932; FG München EFG 1977, 377; Lange/Kuchinke ErbR § 37 X 2 h sub alpha mwN). Gleiches hat der BGH in einer aktuellen Entscheidung vom 3.6.2020 für eine zweigliedrige, **rein vermögensverwaltende Gesellschaft bürgerlichen Rechts** angenommen (BGH NJW 2020, 2396 mAnm Schönenberg-Wessel = ZEV 2020, 420 mAnm Hölscher = MittBayNot 2021, 46 mAnm Goslich = DNotZ 2021, 222 mAnm Braun; vgl. dazu auch Litzenburger FD-ErbR 2020, 430306; Müller-Engels NotBZ 2020, 389 f.; Wachter ZIP 2020, 1785 ff.; Karczewski ZEV 2020, 733 (734 ff.); BeckOGK/A. Schindler, 1.4.2022, Rn. 129; Grunewald ZEV 2021, 65 ff., die den Vorgang zumindest als „schenkungsähnlich" qualifiziert, wenn der Gesellschafter für den Anteil keine Gegenleistung erbracht hat oder das Motiv für den Abfindungsausschluss allein in der Pflichtteilsreduzierung liegt). Der BGH hat dies damit begründet, dass die Gesellschaft allein der Wahrnehmung der Eigentümerposition für die Immobilie gedient habe und der Nachfolgeklausel mit Abfindungsausschluss – anders als in den bisher von der Rspr. entschiedenen Fällen – keine gesellschaftsrechtliche Zwecksetzung (Sicherung des Fortbestands des Gesellschaftsunternehmens) zugrunde gelegen habe. Auch der aleatorische (Wagnis-)Charakter des wechselseitigen Abfindungsausschlusses, der von der hM für die Entgeltlichkeit der Gestaltung angeführt wird, wird vom BGH verneint; im konkreten Fall war es offensichtlich gerade das Ziel des Erblassers, der zur Alleinerbin eingesetzten Ehefrau seinen Gesellschaftsanteil im Todesfall abfindungsfrei zuzuwenden. Die Entscheidung ist für die Kautelarpraxis von großer Bedeutung (vgl. Hölscher ZEV 2020, 422 f.; Litzenburger FD-ErbR 2020, 430206; Wachter ZIP 2020, 1785 ff.; Müller-Engels NotBZ 2020, 389 f.). Man wird aus ihr jedoch nicht ableiten können, dass die bisherige Rspr. überholt ist. Es dürfte allerdings damit zu rechnen sein, dass die Gerichte künftig den Entgeltcharakter eines allseitigen Abfindungsausschlusses einer strengeren Prüfung unterziehen werden, vor allem wenn es sich um eine rein vermögensverwaltende Gesellschaft handelt.

Wird die **Gesellschafterstellung** auf Grund einer (einfachen oder qualifizierten) **Nachfolgeklausel vererbt,** fällt die Beteiligung in den Nachlass (vgl. BGH NJW 1957, 180), sodass sich bei abfindungsbeschränkenden Vereinbarungen hinsichtlich des Auseinandersetzungsanspruchs nur die Frage stellt, wie diese im Rahmen der Bewertung der Beteiligung zu berücksichtigen sind (→ § 2311 Rn. 45). Wird die Gesellschaft zunächst mit den verbleibenden Gesellschaftern fortgeführt, einem Erben oder einem Dritten aber ein **Eintrittsrecht** eingeräumt, so vollzieht sich der Eintritt durch Rechtsgeschäft unter Lebenden. Pflichtteilsergänzungsrechtliche Probleme entstehen hier nur, wenn die Erben keine oder eine hinter dem Verkehrswert zurückbleibende Abfindung erhalten (MüKoBGB/Lange Rn. 41; Staudinger/Herzog, 2021, Rn. 114). 30

**ff) Stiftung.** Bei der **Errichtung einer Stiftung unter Lebenden** ist auf das Ausstattungsversprechen als an sich einseitige Willenserklärung § 2325 auf Grund des Schutzzwecks der Norm **entspr. anzuwenden** (hM, RGZ 54, 399 (400); OLG Hamburg OLGE 38, 235 (238); OLG Karlsruhe ZEV 2004, 470 (471); LG Baden-Baden ZEV 1999, 153 zu § 2314, mAnm Rawert; MüKoBGB/Lange Rn. 48; ausf. Worm RNotZ 2003, 535 (545); Rawert/Katschinski ZEV 1996, 161 (162 ff.) mwN; Staudinger/Herzog, 2021, Rn. 69; Lange/Kuchinke ErbR § 37 X 2e). Auch endgültige unentgeltliche Zuwendungen an Stiftungen in Form von stiftungskapitalerhöhenden **Zustiftungen** oder freie oder gebundene **Spenden** sind pflichtteilsergänzungspflichtige Schenkungen iSd §§ 2325, 2329 (BGHZ 157, 178 = NJW 2004, 1382 = JZ 2004, 971 mAnm Otte = ZEV 2004, 117 mAnm Kollhosser = ZErb 2004, 129 mAnm Schindler; Schiffer NJW 2004, 1565; Worm RNotZ 2003, 535 (545); Muscheler ZEV 2002, 417; Rawert NJW 2002, 3151; BeckOGK/A. Schindler, 1.4.2022, Rn. 112; Höfling, Die Schenkung und die unentgeltliche Verfügung im Erbrecht, 205; aA OLG Dresden NJW 2002, 3181 – „Dresdner Frauenkirche"). Gleiches gilt für Zustiftungen und freie Spenden im Rahmen von **Familienstiftungen** (Lange FS Spiegelberger, 2009, 1321 (1325)). Selbst wenn die Stiftungszuwendung nur zu Zwecken des Stiftungszwecks verwendet werden darf, liegt kein echtes Treuhand- oder Auftragsverhältnis vor, das gegen einen endgültigen Vermögenstransfer spricht. Vielmehr ist aus der Sicht des Pflichtteilsberechtigten der Erfolg einer Schenkung und einer Spende zu Stiftungszwecken wirtschaftlich gleich (Rawert NJW 2002, 3151 (3153); vgl. dazu auch Mugdan Mat. V 7633). Dass im Einzelfall die Motive durchaus anerkennenswert sein mögen und die als gemeinnützig gedachte Vermögensverschiebung im allgemeinen Interesse liegen kann, ist für die damit einhergehende Pflichtteilsverkürzung ohne Belang (vgl. auch MüKoBGB/Lange Rn. 48). Solche Eingriffe in das Pflichtteilsrecht, so sie denn rechtspolitisch wünschenswert erscheinen, sind dem Gesetzgeber vorbehalten (vgl. zu rechtspolitischen Erwägungen Hüttemann/Rawert ZEV 2007, 107 (113 f.)). 31

32 **gg) Unentgeltliche Überlassung von Wohnraum.** Umstritten und noch nicht endgültig geklärt ist die Frage, ob es sich bei der unentgeltlichen Überlassung von Wohnraum um eine pflichtteilsergänzungsrelevante Zuwendung handelt. Der BGH vertritt in ständiger Rspr. (wenn auch in anderem Zusammenhang als der Pflichtteilsergänzung), dass es sich bei der unentgeltlichen Gebrauchsüberlassung von Wohnraum nicht um eine Schenkung, sondern um eine **Leihe iSd §§ 598 ff.** handelt (BGH NJW 1982, 820; ZEV 2008, 192 mAnm J. Mayer). Dies spricht dafür, dass der BGH diesbezüglich auch Pflichtteilsergänzungsansprüche ablehnen würde. Hiergegen bestehen rechtliche Bedenken, da der Verzicht des Erblassers auf Erzielung der Miete durchaus als – für die Pflichtteilsergänzung relevantes – Vermögensopfer gewertet werden könnte, wenn der Wohnraumüberlassung keine Verpflichtung (wie zB Unterhaltspflicht) zugrunde liegt bzw. hierfür keine Gegenleistung (wie zB Dienstleistungen) erbracht wird (vgl. Schlitt in Schlitt/Müller PflichtteilsR-HdB § 5 Rn. 96 ff.; Herrler notar 2010, 92 (97); Staudinger/Herzog, 2021, Rn. 154; aA Burandt/Rojahn/Horn Rn. 76 unter Berufung auf § 517). Hierfür sprechen auch **Wertungsgesichtspunkte** (vgl. dazu auch ausf. Kreienberg ZErb 2020, 6 ff.): Wenn die unentgeltliche Zuwendung eines (dinglichen) Nießbrauchs oder Wohnungsrechts pflichtteilsergänzungsrelevant sind, dann muss Gleiches auch für ein unentgeltliches schuldrechtliches Wohnrecht gelten; außerdem darf es iErg keinen Unterschied machen, ob für die Gebrauchsüberlassung ein Entgelt an den Erblasser erbracht wird – das dieser anschließend zurückschenkt –, oder ob der Erblasser von vornherein auf die Bezahlung eines Mietzinses verzichtet (vgl. dazu auch BeckOGK/Reisnecker, 1.2.2022, § 2315 Rn. 12 mwN).

33 **hh) Verzicht auf ein dingliches Wohnungsrecht.** Noch nicht abschließend geklärt ist die Frage, ob der Verzicht auf ein dem Erblasser zustehendes dingliches Wohnungsrecht (inklusive Löschung im Grundbuch) eine Schenkung darstellt, wenn hierfür von Seiten des Grundstückseigentümers keine Gegenleistung erbracht worden ist. Im Kontext des § 1804 hat der BGH im Jahr 2012 entschieden, dass in dem unentgeltlichen Verzicht nur dann eine Schenkung liege, wenn das Recht (noch) einen realen Vermögenswert für den Betreuten habe, es also tatsächlich zu einer Entreicherung auf Seiten des Verzichtenden gekommen sei (BGH NJW 2012, 1956 = NotBZ 2012, 270 mAnm G. Müller; vgl. allg. zum Verzicht auch Zimmer NJW 2012, 1919 ff.; für den Verzicht auf ein Nießbrauchsrecht OLG Frankfurt BeckRS 2018, 16584 = ZEV 2019, 237 Ls.). Im konkreten Fall wurde dies vom **BGH (12. Zivilsenat)** verneint, da der Wohnungsberechtigte zwischenzeitlich dauerhaft in ein Heim übergesiedelt war, das Wohnungsrecht mangels Gestattung nicht Dritten zur Ausübung überlassen konnte und dessen Beibehaltung daher nur fortlaufende Kosten verursachte, die das Vermögen des Betreuten belasteten. Für die Richtigkeit dieser Betrachtung spricht, dass eine Schenkung iSd §§ 516 f. nur angenommen werden kann, wenn die einzeln zu prüfenden Tatbestandsmerkmale bejaht werden können; es darf insbes. nicht aus der Bereicherung auf Seiten des „Beschenkten" (hier: Wertzuwachs hinsichtlich des Grundstücks infolge Beseitigung der dinglichen Belastung) ohne Weiteres auf das Vorliegen (auch) einer Entreicherung auf Seiten des Verzichtenden zurück geschlossen werden. In einer aktuellen Entscheidung ist der **10. Zivilsenat des BGH** jedoch zu einem anderen Ergebnis gelangt und hat im Rahmen des § 516 vertreten, dass der Verzicht auf ein dingliches Wohnungsrecht grds. auch dann eine Zuwendung aus dem Vermögen des Wohnungsberechtigten darstelle, wenn dieser im Zeitpunkt des Verzichts an der Ausübung des Rechts dauerhaft gehindert sei (BGH ZEV 2021, 264 = FamRZ 2021, 558 m. abl. Anm. Magnus). Begründet hat der BGH seine abweichende Entscheidung damit, dass bei § 516 nur maßgeblich sei, dass die Zuwendung aus dem Vermögen des Schenkers erfolgt sei, ohne dass dieser für den Schenker noch einen wirtschaftlichen Wert gehabt haben müsse. Außerdem wies er auf den unterschiedlichen Normzweck des § 1804 (wo es rein um den Schutz des Vermögens des Betreuten gehe) und des § 516 (hier im Kontext der Überleitung von Schenkungsrückforderungsansprüchen nach § 528 durch den Sozialhilfeträger) hin. Die zuletzt genannte Entscheidung des BGH kann nicht überzeugen. Zum einen ist nicht einsichtig, wieso bei § 516 und § 1804 – der auch an das Vorliegen einer Schenkung iSv § 516 – anknüpft, unterschiedliche Maßstäbe für die Beurteilung der Entreicherung auf Seiten des Verzichtenden angelegt werden (Magnus FamRZ 2021, 558 (559); Wittmann LMK 2021, 808832). Zum anderen kommt es letztlich darauf an, ob der Verzichtende durch die Aufgabe/Löschung des Rechts ein wirtschaftlich relevantes Vermögensopfer erbracht hat (vgl. auch Magnus FamRZ 2021, 558 (559)). Dies ist zu verneinen, wenn sich der Fortbestand des dinglichen Wohnungsrechts nur als formale Rechtsposition darstellt, die für den Berechtigten keinen wirtschaftlichen Nutzen mehr beinhaltet. Die vorstehende Diskussion gilt entspr. für andere Nutzungsrechte wie zB den Nießbrauch.

## IV. Bewertung (Abs. 2)

**1. Grundsätze.** Für die Bewertung des verschenkten Gegenstands gelten grds. die gleichen Regeln, wie bei der Nachlassbewertung zur Bestimmung des ordentlichen Pflichtteils. Daher ist im Regelfall der **Verkehrswert** anzusetzen (→ § 2311 Rn. 17 ff.): Bei der Zuwendung eines Landguts ist für die Berechnung der gegen den Landgutübernehmer/Erben gerichteten Pflichtteilsansprüche (vgl. DNotI-Gutachten DNotI-Report 2020, 147 ff.) die Vergünstigung des auch hier anwendbaren § 2312 zu beachten (BGH NJW 1965, 1526). Allerdings ist für das Vorliegen der entsprechenden Voraussetzungen der Erbfall und nicht der Übergabezeitpunkt maßgeblich (BGH NJW 1995, 1352 bei Wegfall der Landguteigenschaft bis zum Tod). Bedingte Schenkungen sind nach § 2313 zu behandeln. Hinsichtlich des **Bewertungsstichtags** ist nach dem Schenkungsobjekt zu differenzieren: 34

**a) Verbrauchbare Sachen.** Alle verbrauchbaren Sachen (§ 92), insbes. **Geld** und Wertpapiere, sind stets mit ihrem Wert **zum Zeitpunkt der Schenkung** anzusetzen (Abs. 2 S. 1). Dies gilt auch für den Erlass einer Geldforderung (§ 397), weil dies wirtschaftlich der körperlichen Hingabe von Geld gleichsteht (RGZ 80, 135 (138); BGHZ 98, 266 = NJW 1987, 122). Beim schenkungsweisen Erlass einer Rentenforderung innerhalb der Zehnjahresfrist des Abs. 3 soll der auf den Erlasszeitpunkt kapitalisierte Wert maßgeblich sein (BGHZ 98, 226 = JZ 1987, 122 mAnm Paulus = JR 1987, 240 mAnm Frank = DNotZ 1987, 315 mAnm Nieder), was insoweit bedeutsam ist, als die tatsächliche Lebensdauer hiervon uU ganz erheblich abweichen kann (für die konkrete Berechnung (ex post) anhand der tatsächlichen Lebensdauer Lange FS Spiegelberger, 2009, 1321 (1325); zust. Soergel/Beck Rn. 53; Staudinger/Herzog, 2021, Rn. 256). Bei verbrauchbaren Sachen ist – wie bei Abs. 2 S. 2 – nach den Grundsätzen der Berücksichtigung des **Kaufkraftschwunds** (→ § 2315 Rn. 14) für die Bemessung des Pflichtteilsergänzungsanspruchs eine Inflationsbereinigung auf den Erbfall vorzunehmen (MüKoBGB/Lange Rn. 64; Soergel/Beck Rn. 57; BeckOGK/A. Schindler, 1.4.2022, Rn. 166; aA Löbbecke NJW 1975, 2293; RGRK-BGB/Johannsen Rn. 20; Pentz FamRZ 1997, 724 (725)). Der Kaufkraftschwund wird berücksichtigt, indem der Wert der Zuwendung im Zeitpunkt ihrer Vornahme mit dem Preisindex im Zeitpunkt des Erbfalls multipliziert und dann durch die Indexzahl im Zeitpunkt der Zuwendung geteilt wird (vgl. Staudinger/Herzog, 2021, Rn. 285). 35

**b) Nicht verbrauchbare Sachen.** Andere (dh nicht verbrauchbare) Gegenstände, wie zB Immobilien, kommen mit ihrem Wert in Ansatz, den sie **zur Zeit des Erbfalls** haben. Hatten sie jedoch bei der Schenkung (also bei Schenkungsvollzug) einen geringeren Wert, so ist gem. Abs. 2 S. 2 nur dieser anzusetzen (sog. **Niederstwertprinzip**). Demzufolge gehen nach der Schenkung eingetretene Wertverluste zu Lasten des Pflichtteilsberechtigten, dem etwa danach entstandene Wertsteigerungen außerdem nicht zugutekommen (Prot. V 583 f.; MüKoBGB/Lange Rn. 56). Dies beruht auf dem Gedanken, dass der Berechtigte stets nur um den Betrag „geschädigt" sein könne, dessen sich der Erblasser selbst unentgeltlich entäußert habe (Prot. V 583 f.; Staudinger/Herzog, 2021, Rn. 260). Entscheidend für die Möglichkeit der Pflichtteilsergänzung ist, dass die unverbrauchbare Sache **bis zum Erbfall noch vorhanden** ist, sei es beim Beschenkten oder einem Dritten (OLG Brandenburg FamRZ 1998, 1177 = OLGR 1998, 106; RGRK-BGB/Johannsen Rn. 22). Ist sie **untergegangen,** so kann sie daher überhaupt nicht in Ansatz gebracht werden, jedoch ist aus Billigkeitsgesichtspunkten ein Ersatzanspruch für den Pflichtteilsergänzungsanspruch zu berücksichtigen, während ein Erlös für eine Weiterveräußerung durch den Beschenkten grds. unerheblich ist (MüKoBGB/Lange Rn. 56; Staudinger/Herzog, 2021, Rn. 262; Soergel/Beck Rn. 54; aA BeckOGK/A. Schindler, 1.4.2022, Rn. 173, wonach im Fall einer entgeltlichen Weiterveräußerung der dann bestehende Wert des Schenkungsobjekts anzusetzen ist, wenn dieses später bei dem neuen Eigentümer untergeht). Soweit der Beschenkte für Erhaltungsaufwendungen Belastungen auf die Sache vorgenommen hat, sind diese bei der Wertbemessung auf den Erbfall zu berücksichtigen (Soergel/Beck Rn. 54; Staudinger/Herzog, 2021, Rn. 262). Im Falle der **mittelbaren Grundstücksschenkung** (Hingabe eines Geldbetrages zum Erwerb eines bestimmten Grundstücks) kommt es auf den Wert des mittelbar geschenkten Grundstücks an (Volland ZEV 2019, 68 (69)). 36

Für die Feststellung des maßgeblichen Werts iSd Niederstwertprinzips ist eine **Vergleichsberechnung** vorzunehmen (BGHZ 85, 274 (282) = NJW 1983, 1485; Grüneberg/Weidlich Rn. 18): Dabei ist sowohl der Wert des verschenkten Gegenstands zurzeit des Erbfalles festzustellen als auch derjenige zurzeit des Vollzugs der Schenkung. Der für den Zeitpunkt des Vollzugs der Schenkung ermittelte Wert ist dabei nach hM nach den Grundsätzen über die Berücksichtigung des **Kaufkraftschwundes** (→ Rn. 34) auf den Tag des Erbfalles umzurechnen (vgl. etwa Grüne- 37 berg/Weidlich Rn. 18; anders nur Pentz ZEV 1999, 167 (169)). Beide Werte, also der Wert beim Erbfall und der auf den Erbfall inflationsbereinigte Wert bei Schenkungsvollzug, sind einander gegenüberzustellen. Maßgebend ist dann der niedrigere.

38 Bei Grundstücken ist für den **Schenkungsvollzug** der Tag der Grundbucheintragung maßgebend (BGHZ 65, 75 = NJW 1975, 1831). Ist ein **Schenkungsversprechen im Erbfall noch nicht vollzogen,** so gilt nach Auffassung des BGH ebenfalls das Niederstwertprinzip (BGHZ 85, 274 (282 f.) = NJW 1983, 1485; ebenso OLG Brandenburg FamRZ 1998, 1265. 1266), obgleich der Vergleichszeitpunkt der Abgabe des Schenkungsversprechens in Abs. 2 S. 2 gar nicht vorgesehen ist. Daher kann hier nur der Wert des verschenkten Anspruchs im **Erbfall** maßgeblich sein (MüKoBGB/Lange Rn. 57; Grüneberg/Weidlich Rn. 23; PWW/Deppenkemper Rn. 29; Soergel/Beck Rn. 55). Hat der Beschenkte bereits ein **Anwartschaftsrecht** erworben, wird jedoch ausnahmsweise auf den Zeitpunkt des Erwerbs der Anwartschaft abzustellen sein, weil er damit bereits eine gesicherte und übertragbare Rechtsposition erwarb (aA BeckOGK/A. Schindler, 1.4.2022, Rn. 179; Staudinger/Herzog, 2021, Rn. 267).

39 **2. Einzelheiten.** Bei **gemischten Schenkungen** und solchen **unter Auflagen** ist nur der reine Schenkungsteil für den Pflichtteilsergänzungsanspruch anzusetzen (für die gemischte Schenkung allgM, vgl. etwa OLG Brandenburg OLGR 1998, 106; OLG Koblenz NJW-RR 2002, 512 (513); Damrau/Tanck/Riedel Rn. 125 mwN); für die Schenkung unter Auflage → Rn. 12. Dabei steht es zunächst den Vertragsteilen auf Grund der Vertragsfreiheit und des daraus resultierenden Prinzips der subjektiven Äquivalenz frei, Leistung und Gegenleistung zu bewerten (BGHZ 59, 137 = NJW 1972, 1709: OLG Oldenburg NJW-RR 1997, 263 (264)). An die für Kostenbewertungszwecke gemachten Angaben der Beteiligten ist das Gericht nicht gebunden (OLG Oldenburg NJW-RR 1992, 778; NJW-RR 1997, 263 (264); OLG Frankfurt NJWE-FER 2000, 292 = ZEV 2001, 17 Ls.), jedoch besteht die Gefahr, dass das Gericht hierin eine „Orientierungsgröße" und Indiz für die von den Beteiligten gemachte Bewertung sieht (Pawlytta in MSTB PflichtteilsR-HdB § 7 Rn. 109). Ein für den Fall der Veräußerung oder Belastung eines verschenkten Grundstücks für den Übergeber vereinbarter **Rückforderungsvorbehalt** hindert den Beschenkten daran, dieses zu Lebzeiten des Schenkers wirtschaftlich sinnvoll zu verwerten oder gar zu veräußern. Dieser wirtschaftliche Nachteil ist mit bis zu 10% des Verkehrswerts vom Zuwendungswert abzuziehen (OLG Koblenz NJW-RR 2002, 512 (513); OLG Düsseldorf MittRhNotK 2000, 208).

40 **a) Zuwendungen unter Vorbehalt eines Nutzungsrechts.** Beim **Nießbrauch** (ebenso beim **Wohnungsrecht**) gelten jedoch für die Abzugsfähigkeit Besonderheiten. Hier erfolgt nach der Rspr. des BGH eine mehrstufige Bewertung (BGHZ 125, 395 (397) = NJW 1994, 1791; BGHZ 118, 49 (51 f.) = NJW 1992, 2887; BGH NJW 1992, 2888; NJW-RR 1996, 705; MittBayNot 2006, 249; OLG Düsseldorf FamRZ 1995, 1236 (1238); OLG Koblenz OLGR 2005, 113; NJW-RR 2002, 512 (513); zust. Heinrich MittRhNotK 1995, 157 (166 ff., 169); eingehende Darstellung der Rspr. bei Cornelius, Der Pflichtteilsergänzungsanspruch hinsichtlich der Übertragung von Grundstücken unter dem Vorbehalt von Rechten des Schenkers, 2004, Rn. 271 ff.). Dabei kann der Nießbrauch oder das Wohnungsrecht den für die Berechnung des Pflichtteilsergänzungsanspruchs maßgeblichen Wert der Zuwendung uU erheblich verringern. Als Ausfluss des **Niederstwertprinzips** darf nach dem BGH das vorbehaltene Nutzungsrecht aber **nur dann** als den Schenkungswert mindernd berücksichtigt werden, wenn es gem. § 2325 Abs. 2 S. 2 Hs. 1 auf den **Grundstückswert im Zeitpunkt der Schenkung** ankommt. Der BGH nimmt in diesem Zusammenhang folgende mehrstufige, zT vergleichende Berechnung vor, die sich an einer wirtschaftlichen Betrachtungsweise orientiert (vgl. auch Grüneberg/Weidlich Rn. 19 ff.; Schlitt in Schlitt/Müller PflichtteilsR-HdB § 6 Rn. 64 m. Beisp).

1. **Feststellung des maßgeblichen Wertes nach dem Niederstwertprinzip:**

1.1. **Feststellung des Wertes zum Zeitpunkt des Vollzugs der Schenkung,** umgerechnet nach den Grundsätzen über die Berücksichtigung des Kaufkraftschwundes (Inflationsbereinigung) auf den Tag des Erbfalls.

1.2. **Gegenüberstellung** des Wertes zum Zeitpunkt des Erbfalls.

Maßgebend ist dabei der **geringere Wert** (Niederstwertprinzip).

2. Ist dies der **Wert zum Zeitpunkt des Vollzugs der Schenkung,** so ist der so ermittelte Wert **aufzuteilen** in den kapitalisierten Wert des dem Erblasser vorbehaltenen Nießbrauchs (Wohnungsrechts) einerseits und den **Restwert** des Grundstücks andererseits. Nur den so ermittelten Restwert des Grundeigentums hat der Erblasser aus seinem Vermögen ausgegliedert. Dieser ist sodann unter **Berücksichtigung des Kaufkraftschwundes** auf den Todestag des Erblassers umzurechnen und unterliegt insoweit der **Pflichtteilsergänzung.**

Schenkungen können somit nach der ständigen Rspr. des BGH im Rahmen der Pflichtteilsergänzung in solchen Fällen nur in dem Umfang in Ansatz gebracht werden, „in dem der Wert des weggeschenkten Gegenstandes den Wert der kapitalisierten verbliebenen Nutzung übersteigt" (BGHZ 118, 49 (51) = NJW 1992, 2887; BGH NJW-RR 1996, 705). Nur wenn der Wert des Grundstücks im Zeitpunkt des Erbfalls der maßgebliche Wert ist, also etwa bei **gesunkenen Grundstückswerten,** bleibt der Wert des Nießbrauchs (Wohnungsrechts) völlig **unberücksichtigt.** Diese Grundsätze gelten unabhängig davon, ob sich der Schenker den Nießbrauch vorbehält, ob dieser eine Gegenleistung des Beschenkten ist oder als Auflage formuliert wird (BGHZ 118, 49 (51) = NJW 1992, 2887; BGH NJW-RR 1990, 1158). **41**

Die dargelegte höchstrichterliche Rspr. zur Berücksichtigung des vorbehaltenen Nießbrauchs/Wohnungsrechts wurde vom BGH in seinem Urteil vom 8.3.2006 **ausdrücklich bestätigt** (BGH ZEV 2006, 265 = NJW-RR 2006, 877), wird aber **in der Lit. stark kritisiert** (zum Meinungsstand s. etwa Cornelius, Der Pflichtteilsergänzungsanspruch hinsichtlich der Übertragung von Grundstücken unter dem Vorbehalt von Rechten des Schenkers, 2004, Rn. 418 ff.; Pawlytta in MSTB PflichtteilsR-HdB § 7 Rn. 114 ff.; Link ZEV 2005, 283 (284 f.)). Eine starke Mindermeinung will den Wert des Nießbrauchs/Wohnungsrechts **unter keinen Umständen** vom Wert des Zuwendungsobjekts abziehen, da letztlich ein unbelastetes Grundstück geschenkt werde, weil das Grundstück ohne Kompensationsleistung des Erwerbers an diesen übertragen wurde (OLG Hamburg FamRZ 1992, 228, aufgehoben von BGH NJW 1992, 2888; OLG Oldenburg NJW-RR 1999, 734; Reiff, Die Dogmatik der Schenkung unter Nießbrauchsvorbehalt, 230 ff.; Reiff NJW 1992, 2857 (2860); ZEV 1998, 244 f.; Custodis MittRhNotK 1992, 31 (33); Liedel MittBayNot 1992, 238 (239 ff.); Leipold JZ 1994, 1121 (1122 f.); Birkenbeil ErbR 2021, 2 (8)). Dies kann nicht richtig sein, da auf dem Grundstücksmarkt eine mit einem solchen Nutzungsrecht belastete Immobilie wesentlich niedriger gehandelt würde und dem Erwerber im Zeitpunkt des Erwerbs eben die Nutzungsmöglichkeit fehlt (vgl. Staudinger/Herzog, 2021, Rn. 274). Eine andere Auffassung folgt dem BGH im Ansatz, zieht aber bei der erforderlichen **Vergleichsberechnung** (→ Rn. 39 unter Punkt 1.1) vom Zuwendungswert bei Vollzug der Schenkung den Wert des Nutzungsrechts **immer** ab (Staudinger/Herzog, 2021, Rn. 275; Dingerdissen JZ 1993, 402 (404); grds. auch Cornelius, Der Pflichtteilsergänzungsanspruch hinsichtlich der Übertragung von Grundstücken unter dem Vorbehalt von Rechten des Schenkers, 2004, Rn. 583 ff., 829) und gelangt damit wesentlich häufiger zu niedrigeren Wertansätzen. Dies erscheint konsequenter. Eine dritte Meinung will den Nutzungswert **immer** abziehen, mag der Gegenstandswert bei Schenkungsvollzug oder beim Erbfall für die Pflichtteilsergänzung maßgeblich sein (so etwa OLG Celle ZErb 2003, 383, vom BGH aufgehoben; N. Mayer FamRZ 1994, 739 (743); N. Mayer ZEV 1994, 325 (326); Pentz FamRZ 1997, 724 (728); Butz-Petzold, Grundstücksübertragungen in vorweggenommener Erbfolge und die Beeinträchtigung der Rechte erbrechtlich geschützter Dritter, 1999, 230, 131; Link ZEV 2005, 283 (285 f.); Griesel, Aktuelle Probleme der Pflichtteilsergänzung, 2018, 232; Jaspert ZEV 2020, 69 ff.; Herrler Hereditare 10 (2020), 88 (103 f.); so übrigens auch BGH NJW-RR 1990, 1158, worauf Reiff ZEV 1998, 244 Fn. 29 zu Recht hinweist). **42**

Wenn der **BGH** ausführt, dass gegen den Abzug beim Bewertungsstichtag „Erbfall" spricht, dass dann das Nutzungsrecht erloschen ist, so ist das letztlich nur ein **formales Argument.** Vielmehr führt die Auffassung des BGH zu Zufallsergebnissen und Wertungswidersprüchen (vgl. das Berechnungsbeispiel bei Reiff NJW 1992, 2857 (2861)). Entscheidend muss vielmehr sein, dass das **Nutzungspotenzial** eines Gegenstandes ein erheblicher Bewertungsposten ist, von dem der Erwerber durch das vorbehaltene Nutzungsrecht des Schenkers für die Dauer des Nutzungsrechts ausgeschlossen ist. Dies ist bei der Bewertung solcher Immobilien nach den anerkannten Bewertungsgrundsätzen zu berücksichtigen, wie dies etwa § 6 Abs. 2 ImmoWertV ausdrücklich bestimmt. Andererseits verbleibt dieser Nutzungswert dem Schenker für die Dauer seines Nutzungsrechts, wovon auch der Pflichtteilsberechtigte uU profitiert, wenn etwa die dadurch erzielten Mieteinnahmen oder – zumindest bei einer Eigennutzung – die vom Erblasser ersparten Mietaufwendungen zu einer Erhöhung des ordentlichen Pflichtteils am Restnachlass führen. Zudem verkehrt die Auffassung des BGH das Niederstwertprinzip in den Fällen der bis zum Erbfall fallenden Grundstückspreise in sein Gegenteil: Während das Niederstwertprinzip gerade beinhaltet, dass bis dahin eintretende Wertverluste des Schenkungsobjekts den Pflichtteilsergänzungsanspruch nicht erhöhen sollen, bewirkt die Rspr. des BGH einen „Quantensprung" von dem zunächst durch das Nutzungsrecht uU sehr stark belasteten Zuwendungsobjekt zu einer reinen Schenkung (Link ZEV 2005, 283 (285 f.)). Daher muss das vorbehaltene Nutzungsrecht – entgegen der höchstrichterlichen Rspr. – **immer** vom Schenkungswert in Abzug gebracht werden. **43**

**b) Kapitalisierung von Nutzungsrechten und wiederkehrenden Leistungen.** Bei der Berechnung von Leistungen dieser Art, die für den Schenker eingeräumt werden, stellt die hM **44**

auf die im Zeitpunkt des Vollzugs der Schenkung anzunehmende **allgemeine Lebenserwartung** des Schenkers ab, nimmt also eine „ex-ante Betrachtung" vor (teilweise als „abstrakte Berechnung" bezeichnet) (so BGH NJW-RR 1990, 1158 (1159) = FamRZ 1991, 552 mAnm Reiff: „gebilligte" Praxis; NJW-RR 1996, 705 (707) betont den „kapitalisierten Wert" des Wohnungsrechts; BGH ZEV 2016, 641 mAnm G. Müller FamRZ 2016, 2100; OLG Koblenz NJW-RR 2002, 512 (513); FamRZ 2006, 1413 (1414); OLG Oldenburg NJW-RR 1997, 263 (264); ebenso MüKoBGB/Lange Rn. 62; Dingerdissen JZ 1993, 402 (404); Behmer FamRZ 1994, 1375 (1376); Link ZEV 2005, 283 (286); Cornelius, Der Pflichtteilsergänzungsanspruch hinsichtlich der Übertragung von Grundstücken unter dem Vorbehalt von Rechten des Schenkers, 2004, Rn. 653 ff.). Hiervon wird nur abgewichen, wenn im konkreten Fall eine kürzere Lebenserwartung wahrscheinlich ist (BGHZ 65, 75 (77) = NJW 1975, 1831; OLG Köln MittRhNotK 1997, 79). Die Gegenansicht ermittelt wegen der Schutzbedürftigkeit des Pflichtteilsberechtigten bei einem früheren Tod des Erblassers den Wert dieser Rechte **nach der tatsächlichen Dauer** aus einer „ex-post-Betrachtung" (Schopp Rpfleger 1956, 119 (120 f.); Sostmann MittRhNotK 1976, 479 (503); N. Mayer FamRZ 1994, 739 (744); Heinrich MittRhNotK 1995, 157 (168); Pentz FamRZ 1997, 724 (728); Staudinger/Herzog, 2021, Rn. 280; nicht haltbar OLG Oldenburg NJW-RR 1999, 734, wonach bei einem Tod 14 Monate nach der Schenkung ein vorbehaltenes Wohnungsrecht überhaupt nicht berücksichtigt wird; hiergegen zu Recht Pentz ZEV 1999, 355 sowie OLG Koblenz FamRZ 2006, 1413 (1414) in einem Fall, in dem die Erblasser zwei Jahre nach der Schenkung verstarb, ohne dass dies vorhersehbar war). Diese Ansicht verkennt jedoch den **Grundsatz der subjektiven Äquivalenz** (so richtig Reiff ZEV 1998, 241 (247); Link ZEV 2005, 283 (286); Staudinger/Herzog, 2021, Rn. 280): Inwieweit die Zuwendung eine reine oder gemischte Schenkung darstellt, bestimmt sich nach der Einigung der Vertragsteile **bei Vertragsabschluss** (OLG Oldenburg FamRZ 1998, 516 (517): spätere Ereignisse sind für die Frage der Bewertung der Leistungen irrelevant; ähnlich LG Bonn ZEV 1999, 154 (155); für den Zeitpunkt des Vollzugs Cornelius, Der Pflichtteilsergänzungsanspruch hinsichtlich der Übertragung von Grundstücken unter dem Vorbehalt von Rechten des Schenkers, 2004, Rn. 674). Ein damals nicht vorhersehbarer plötzlicher Tod des Erblassers kann demnach die Höhe der angenommenen Entgeltlichkeit nicht mehr beeinflussen. Somit ist für die Bewertung solcher Leistungen entspr. dem Prinzip der subjektiven Äquivalenz auf die **Vorstellungen der Vertragsteile bei Vertragsabschluss** abzustellen, sofern diese nur nicht willkürlich erscheinen (→ Rn. 9) (BGH ZEV 2016, 641 (642) mAnm G. Müller FamRZ 2016, 2100; OLG Oldenburg NJW-RR 1992, 778 (779); OLG Oldenburg FamRZ 1998, 516 (517); Staudinger/Herzog, 2021, Rn. 280).

**45** Abgesehen von solchen Sonderfällen ist für die Kapitalisierung von lebenslangen Nutzungsrechten die **statistische Lebenserwartung** des Berechtigten zu Grunde zu legen. Im Rahmen der so anzustellenden „abstrakten" Berechnung ist wegen der Zukunftsbezogenheit der Leistung eine Abzinsung (etwa mit 5,5 % jährlich) der lebenslangen Nutzungen vorzunehmen (Reiff ZEV 1998, 241 (247)). Dies kann dadurch geschehen, dass auf die Bestimmung des **§ 14 BewG (mit Anlage)** zurückgegriffen wird (BGH ZEV 2016, 641 (642) mAnm G. Müller FamRZ 2016, 2100; OLG Koblenz NJW-RR 2002, 512 (513) = ZEV 2002, 460 mAnm Kornexl; OLG Celle ZErb 2003, 383; Reiff NJW 1992, 2857), oder auf die Sterbetafeln des Statistischen Bundesamtes unter Berücksichtigung finanzmathematischer Grundsätze, oder indem eine Abzinsung nach § 12 Abs. 3 BewG erfolgt (Damrau/Tanck/Riedel Rn. 130; an der notwendigen Abzinsung fehlt es, wenn man auf § 24 Abs. 2 KostO (jetzt § 52 Abs. 4 GNotKG) abstellt – dafür Dingerdissen JZ 1993, 402 (404), vom BGH als völlig ungeeignet verworfen, BGH ZEV 1999, 192 (194) – oder auf die allgemeine Sterbetafel; hierfür aber LG Bonn ZEV 1999, 154 (155); vgl. dazu auch Staudinger/Herzog, 2021, Rn. 276). So werden solche Rechte auch unter Fremden, etwa bei einem Leibrentenkauf, bewertet. Bei vorhersehbarer kürzerer Laufzeit (schlechter Gesundheitszustand) sind diese Umstände zu berücksichtigen (BGH ZEV 1999, 192 (194) – zu § 531).

**46** c) **Bewertung von Pflegeleistungen.** Vertraglich zugesagte Pflegeleistungen sind grds. berücksichtigungsfähig (BGH ZEV 2016, 641 mAnm G. Müller FamRZ 2016, 2100; OLG Köln FamRZ 1997, 1113; OLG Braunschweig FamRZ 1995, 443 (445) zu § 2113, mit der Einschränkung, dass der Leistungsumfang konkret vereinbart und über die gesetzliche Unterhaltspflicht des Schuldners hinaus gehen müsse; s. auch Werwitzki, Die erbrechtliche Berücksichtigung von Pflegeleistungen und sonstiger besonderer Zuwendungen eines Familienangehörigen an den Erblasser, 2009, 65 ff.; Karczewski ZEV 2020, 733 (738 f.)), und können soweit gehen, dass die Zuwendung dadurch zur voll entgeltlichen wird (OLG Koblenz BeckRS 1995, 30832563 zu § 2113). Neben dem gerade geklärten Kapitalisierungsverfahren (→ Rn. 44) geht es hier um die Frage der **Bewertung** der geschuldeten Pflegeleistung. Hierbei ist primär von der **vertraglich**

**festgelegten Verpflichtung** auszugehen. Bislang wurde meist empfohlen, sich an den Pflegestufen des Pflegeversicherungsgesetzes (§ 15 SGB XI) zu orientieren (J. Mayer ZEV 1995, 269; J. Mayer ZEV 1997, 176 (177 f.); Harryers RNotZ 2013, 1 (7 f.)), und zur Bewertung dann ggf. den Wert der dort genannten Sachleistungen (§ 37 SGB XI) heranzuziehen (Weyland MittRhNotK 1997, 55 (68 f.); Wilhelm NDV 1998, 171 (177)). Diese Empfehlung ist durch die Reform des Pflegeversicherungsgesetzes durch das Zweite Pflegestärkungsgesetz (PSG II), das zum 1.1.2017 in Kraft getreten ist, überholt. Denn hierdurch wurden die drei Pflegestufen zugunsten **fünf neuer Pflegegrade** ersetzt, die sich zur Festlegung des genauen Leistungsinhalts – schon mangels Festlegung des Zeitumfangs – weniger eignen, sodass künftig bei Vereinbarung einer Pflegeverpflichtung eine **genauere Umschreibung der geschuldeten Tätigkeiten und der aufgewendeten Zeit erforderlich** ist (vgl. den aktuellen Hinweis DNotI-Report 2016, 194 f.; vgl. zur Problematik auch Staudinger/Herzog, 2021, Rn. 48 f.).

Bei **Fehlen** einer klaren Festlegung des Leistungsumfangs werden sehr unterschiedliche Ansätze vertreten; dabei wird auch auf den konkreten Gesundheitszustand bei der Zuwendung abgestellt (OLG Köln FamRZ 1997, 1113 (1114)). Die meisten Entscheidungen hierzu finden sich aus dem sozialhilferechtlichen Bereich, insbes. zur Bemessung der Wertersatzrente für Pflegeleistungen bei Wegzug des Berechtigten in ein Pflegeheim; hier reichen die Beträge von 3,50 EUR/Stunde bis 280 EUR/Monat (vgl. die Übersicht bei Karpen MittRhNotK 1988, 133 (144); DNotI-Gutachten DNotI-Report 1999, 45 (47 f.); Littig/J. Mayer, Sozialhilferegress gegenüber Erben und Beschenkten, 1999, Rn. 112; bei § 2287 nahm OLG Köln MittRhNotK 1995, 186 einen monatlichen Aufwand von 300 DM an). Demgegenüber liegen die Spitzenbeträge bei einem Pflichtteilsergänzungsprozess bei 1250 Euro/Monat (OLG Oldenburg FamRZ 1998, 516 (517)). Schwierigkeiten bereitet die Bewertung, wenn die **Pflegebedürftigkeit** nicht bereits bei der Zuwendung besteht, sondern der Bedarfsfall erst später eintritt. Während hier teilweise die Verpflichtung als aufschiebend bedingte behandelt und erst ab dem tatsächlichen Bedarf berücksichtigt wird (so im Grunderwerbsteuerrecht, s. OFD Koblenz Schreiben vom 28.2.1996, ZEV 1996, 141), teilweise auch auf eine Pflegewahrscheinlichkeit abgestellt wird (DNotI-Gutachten DNotI-Report 1999, 45 (48)), ist auch hier entspr. dem Prinzip der subjektiven Äquivalenz von der Vorstellung der Vertragsteile bei Vertragsschluss auszugehen und maßgeblich, in welchem Umfang sie damals die Pflege für erforderlich hielten (vgl. dazu auch Karczewski ZEV 2020, 733 (738 f.)). Auf die tatsächlich erfolgte Inanspruchnahme der Leistungen kommt es nicht an (BGH NJW-RR 1986, 977 bei § 2287; OLG Koblenz NJW-RR 2002, 512 (513) = ZEV 2002, 460 mAnm Kornexl; OLG Oldenburg NJW-RR 1992, 778 (779)). Demgegenüber verneint das OLG Oldenburg bei der Bewertung der vom Übernehmer erbrachten Dienst- und Pflegeleistungen eine Berücksichtigung des seit der Zuwendung eingetretenen **Kaufkraftschwundes** (OLG Oldenburg ZErb 2008, 118). Dies führt dazu, dass der Schenkungswert nicht noch inflationsbereinigt wird. 47

## V. Zeitliche Begrenzung (Abs. 3)

**1. Grundsätzliches zur Zehnjahresfrist.** Schenkungen sind grds. nur dann ergänzungspflichtig, wenn zurzeit des Erbfalls zehn Jahre seit der Leistung des verschenkten Gegenstandes noch nicht verstrichen sind (Abs. 3 S. 2), ausgenommen Schenkungen an Ehegatten oder eingetragene Lebenspartner (Abs. 3 S. 3; → Rn. 57). Es handelt sich um eine **Ausschlussfrist** (Staudinger/Herzog, 2021, Rn. 156 mwN). Sie dient der Rechtssicherheit. Sie wird damit gerechtfertigt, dass sich der Pflichtteilsberechtigte nach dieser Zeit auf die dadurch eingetretene Vermögensminderung eingestellt hat und bei derartigen Zuwendungen eine reine Benachteiligungsabsicht ausgeschlossen werden könne, weil auch der Erblasser selbst solange die Folgen der Schenkung habe tragen müssen (Prot. V 587 f.). Diese Gründe rechtfertigen es, für den **Fristbeginn allein** auf den Zeitpunkt des **rechtlichen Leistungserfolgs,** nicht aber bereits auf die Vornahme der Leistungshandlung abzustellen (MüKoBGB/Lange Rn. 67; Staudinger/Herzog, 2021, Rn. 160; Nieder DNotZ 1987, 319 (320); N. Mayer FamRZ 1994, 739 (745)). Dafür genügt es aber noch nicht, dass der Schenker alles getan hat, was von seiner Seite für den Erwerb des Leistungsgegenstandes durch den Beschenkten erforderlich ist (so aber noch BGH NJW 1970, 1638). Der BGH geht sogar über das Erfordernis des Eintritts des rechtlichen Leistungserfolgs noch hinaus: Nötig ist, dass der Erblasser einen Zustand geschaffen hat, dessen Folgen er selbst noch zehn Jahre lang zu tragen hat und der ihn schon im Hinblick darauf von einer „böslichen Schenkung“ abhalten kann. Dazu bedarf es jedenfalls einer „wirtschaftlichen Ausgliederung“ des Geschenks aus dem Vermögen des Erblassers, ja eines **Genussverzichts** (BGHZ 98, 226 (233) = NJW 1987, 122; BGHZ 125, 395 (398 f.) = NJW 1994, 1791). Damit stellt der BGH aber zu Lasten der Rechtssicherheit, deren Wahrung bei Ausschlussfristen besonders bedeutsam ist (Kollhosser AcP 194 48

(1994), 231 (263); vgl. auch Staudinger/Herzog, 2021, Rn. 162, 168), allein auf den **wirtschaftlichen Leistungserfolg** ab und bemisst den Fristbeginn nach letztlich konturlosen Faktoren (Lange/Kuchinke ErbR § 37 X 4a; MüKoBGB/Lange Rn. 71; Frank JR 1987, 243 (244); Paulus JZ 1987, 153; Nieder DNotZ 1987, 319 (320); N. Mayer ZEV 1994, 325 (326 f.); HK-PflichtteilsR/Gietl Rn. 105; abl. auch Kainer NotBZ 2019, 281 (288); Birkenbeil ErbR 2021, 2 (4 ff.); Ivens ZEV 2021, 277 ff.). Der BGH bestimmt damit den Zeitpunkt der Leistung iSd Abs. 3 auch anders als den Zeitpunkt für den Wertansatz nach Abs. 2. Für den Fristbeginn ist nach dem BGH daher der rechtliche Leistungserfolg zwar erforderlich, aber noch nicht genügend, da auch noch der wirtschaftliche hinzutreten muss (Lange/Kuchinke ErbR § 37 X 4a). Diese Rspr. ist letztlich methodisch gesehen eine richterliche Rechtsfortbildung (Staudinger/Herzog, 2021, Rn. 168 mwN; Siegmann DNotZ 1994, 787 (789)), die terminologisch („bösliche Schenkung" – ein ungeschriebenes subjektives Tatbestandselement?) und in ihrer historischen Herleitung (Paulus JZ 1987, 153 f.; Kainer NotBZ 2019, 281 (288)) **missglückt** ist. Zur Problemlösung wäre statt einer verkürzt historisierenden Betrachtung eine **umfassende Abwägung** erforderlich gewesen (so zu Recht Kollhosser AcP 194 (1994), 231 (263)), die neben den Aspekten der Rechtssicherheit und des Rechtsfriedens sicherlich auch den Normzweck (→ Rn. 1) – die Verhinderung von Umgehungsgeschäften – hätte einbeziehen müssen, so aber völlig verkürzt wurde. Zu Einzelfragen des Fristlaufs → Rn. 50.

**49** **2. Abschmelzungsregelung (Abs. 3 S. 1).** Durch das Gesetz zur Änderung des Erb- und Verjährungsrechts (ErbVerjRÄndG) vom 24.9.2009 (BGBl. I 3142) wurde das bislang für die Ausschlussfrist nach § 2325 Abs. 3 aF geltende „Alles oder Nichts-Prinzip" durch eine flexiblere Abschmelzungsregelung ersetzt. Durch diese „pro-rata-Regelung" werden für die Bemessung des Pflichtteilsergänzungsanspruchs Schenkungen umso weniger berücksichtigt, je länger diese zurückliegen: Eine Schenkung im ersten Jahr vor dem Erbfall wird demnach voll in Ansatz gebracht, im zweiten Jahr nur noch zu 9/10, im dritten Jahr zu 8/10, usw (dazu mit Berechnungsbeispielen G. Müller ZNotP 2007, 444 (446 f.); Herzog/Lindner/Lindner Erbrechtsreform Rn. 320 ff.; MüKoBGB/Lange Rn. 69).

**49.1** **Beispiel:** E schenkt im Januar 2012 einer Wohltätigkeitsorganisation 100.000 EUR (wertindexiert); er verstirbt im Juli 2017 (also über fünf Jahre nach der Schenkung). Demnach wird für den Pflichtteilsergänzungsanspruch nur noch der „abgeschmolzene" Wert von 50% zugrunde gelegt, das sind 50.000 EUR.

**50** Dadurch soll die **Ausschlussfrist** für Pflichtteilsergänzungsansprüche **flexibler gestaltet** und sowohl dem Erben als auch dem Beschenkten mehr Planungssicherheit eingeräumt werden (vgl. BT-Drs. 16/8954, 22). Dementsprechend wird die Neuregelung allgemein begrüßt (vgl. nur Reimann FamRZ 2009, 1633 (1634)). Die Neuregelung gilt nicht nur für Schenkungen, die nach dem Inkrafttreten des Reformgesetzes am **1.1.2010** vorgenommen werden, sondern für **alle Erbfälle,** die ab diesem Zeitpunkt eintreten, mag die Schenkung auch bereits zuvor erfolgt sein (Art. 229 § 23 Abs. 4 EGBGB) (vgl. etwa MüKoBGB/Lange Rn. 68).

**51** Die Abschmelzungsregelung des § 2325 Abs. 3 S. 1 greift nach nahezu einhelliger Ansicht nicht ein, wenn noch **keine Leistung iSv** Abs. 3 S. 2 vorliegt (G. Müller ZNotP 2007, 444 (447); Keim ZEV 2008, 161 (166 f.); Herzog ErbR 2008, 206 (208); MüKoBGB/Lange Rn. 69; Lange DNotZ 2009, 732 (737); Wagner NotBZ 2009, 50; Sarres/Krause, Neues Erb- und Verjährungsrecht, 2009, Rn. 111; Holtmeyer ErbR 2009, 298 (300); Schaal/Grigas BWNotZ 2008, 2 (13); BeckOGK/A. Schindler, 1.4.2022, En. 295; aA nur → 41. Ed. 1.8.2015 Rn. 31 (J. Mayer)). Dafür spricht va, dass es sich bei der Neuregelung um eine Modifizierung der Ausschlussfrist, nicht der Voraussetzungen für das Vorliegen der Leistung, handelt. Auf Grund der (umstrittenen) Rspr des BGH, wonach die Ausschlussfrist erst beginnt, wenn der Erblasser nicht nur seine Rechtsstellung als Eigentümer aufgegeben, sondern auch darauf verzichtet habe, das Schenkungsobjekt aufgrund eines vorbehaltenen dinglichen oder schuldrechtlichen Rechts im Wesentlichen weiter zu nutzen (→ Rn. 46), tritt bei einer Zuwendung unter **Vorbehalt eines Nießbrauchs** oder umfangreichen **Wohnungsrechts** (→ Rn. 52) bzw. im Falle einer **Ehegattenschenkung** daher keine Abschmelzung des Pflichtteilsergänzungsanspruchs ein (G. Müller ZNotP 2007, 444 (447); Keim ZEV 2008, 161 (166 f.); Herzog ErbR 2008, 206 (208); Horn ZFE 2009, 364 (368); Schaal/Grigas BWNotZ 2008, 2 (13); Burandt/Rojahn/Horn Rn. 125; vgl. auch BeckOGK/A. Schindler, 1.4.2022, En. 295). Die Gesetzesänderung wirkte sich demzufolge in einer Vielzahl von Fällen nicht aus und brachte insbes. keine Änderung für die umstrittenen Ehegattenfälle (→ Rn. 57).

**52** **3. Einzelfälle zum Fristlauf. a) Bewegliche Gegenstände, Grundstücke, Konten, Gesellschaftsrecht.** Die Zehnjahresfrist beginnt bei **beweglichen Gegenständen** mit Vollendung des Eigentumsübergangs. Bei **Grundstücken** beginnt die Frist nicht bereits mit dem Erwerb eines Anwartschaftsrechts, sondern erst mit der Umschreibung des Eigentums im Grundbuch (§ 873 Abs. 1) (BGHZ 102, 289 (292) = NJW 1988, 821 = FamRZ 1988, 712 mAnm Dieckmann; aA Behmer FamRZ 1999, 1254 unter Bezug auf § 8 Abs. 2 AnfG nF; ebenso Cornelius, Der Pflichtteilsergänzungsanspruch hinsichtlich der Übertragung von Grundstücken unter dem Vorbehalt von Rechten des Schenkers, 2004, Rn. 771). Bei Vermögensübertragungen, die hinsichtlich des dinglichen Vollzugsgeschäfts durch den Tod des Erblassers aufschiebend befristet sind, beginnt demnach die Zehnjahresfrist erst mit dem Todesfall (der Sache nach BGH ZEV 2010, 305 zur Lebensversicherung; Soergel/Beck Rn. 59; Staudinger/Herzog, 2021, Rn. 163), bei Schenkung eines Guthabens auf einem **„Oderkonto"**, über das der Erblasser noch bis zu seinem Tode mitverfügen kann, ebenfalls erst mit seinem Tode, da erst dann ein endgültiges Vermögensopfer des Erblassers vorliegt (Soergel/Beck Rn. 60; Staudinger/Herzog, 2021, Rn. 165). Bei **schenkweiser Einräumung eines Nutzungsrechts** (Nießbrauch) beginnt die Frist mit Grundbucheintragung; eine Fristhemmung entspr. den Grundsätzen der Rspr. bei Überlassungen unter Vorbehalt von Nutzungsrechten besteht nicht (LG Kiel NJW-RR 2018, 841 f.).

Soweit bei **Personengesellschaften** infolge eines **Ausschlusses** oder Beschränkung eines 53 **Abfindungsanspruchs** bei Tod eines Gesellschafters eine ergänzungspflichtige Zuwendung gegeben ist (→ Rn. 29), beginnt die Frist erst mit dem Tod des Erblassers (ausf. Kohl MDR 1995, 865 (873); MüKoBGB/Lange Rn. 42; Soergel/Beck Rn. 60; Staudinger/Herzog, 2021, Rn. 166; Worm RNotZ 2003, 535 (544)).

**b) Schenkung unter Vorbehalt von Nutzungsrechten.** Der Fristbeginn wird trotz des 54 erfolgten Eigentumswechsels nach Ansicht des BGH auch dann gehindert, wenn der Erblasser den verschenkten Gegenstand (wie zB eine Immobilie), sei es auf Grund vorbehaltener dinglicher Rechte, sei es durch Vereinbarung schuldrechtlicher Ansprüche, **im Wesentlichen weiter nutzt;** dies gilt insbes. für einen bei der Übergabe **vorbehaltenen (Total-)Nießbrauch** (BGHZ 125, 395 (398 f.) = NJW 1994, 1791; OLG Schleswig SchlHA 1997, 11; hierzu etwa Meyding ZEV 1994, 202; Draschka Rpfleger 1995, 71; Reiff NJW 1995, 1136; Cornelius, Der Pflichtteilsergänzungsanspruch hinsichtlich der Übertragung von Grundstücken unter dem Vorbehalt von Rechten des Schenkers, 2004, Rn. 699 ff.; sowie Gehse RNotZ 2009, 361) oder ein vorbehaltenes **dingliches Wohnungsrecht** (näher → Rn. 53), wenn dem Eigentümer keinerlei eigenständige Nutzungsmöglichkeit belassen wird (vgl. N. Mayer ZEV 1994, 325 (328); Cornelius, Der Pflichtteilsergänzungsanspruch hinsichtlich der Übertragung von Grundstücken unter dem Vorbehalt von Rechten des Schenkers, 2004, Rn. 710 ff.; Leipold JZ 1994, 1121 (1122); Heinrich MittRhNotK 1995, 157 (160 f.); Siegmann DNotZ 1994, 787 (789); Pentz FamRZ 1997, 724 (727 f.)). Diese Ansicht stellt die Gestaltungspraxis vor erhebliche Schwierigkeiten, insbes. wegen der noch offenen Fragen (zu Lösungen Heinrich MittRhNotK 1995, 157 (161 ff.); N. Mayer FamRZ ZEV 1994, 325; Wegmann MittBayNot 1994, 307). Probleme bereitet insbes. die Behandlung von Teilnutzungsrechten wie **Bruchteils- und Quotennießbrauch,** mit der Festlegung der „Wesentlichkeitsgrenze" (Cornelius, Der Pflichtteilsergänzungsanspruch hinsichtlich der Übertragung von Grundstücken unter dem Vorbehalt von Rechten des Schenkers, 2004, Rn. 730 ff.; N. Mayer ZEV 1994, 325 (327)). Klare Abgrenzungskriterien, die aus Gründen der Rechtssicherheit wünschenswert wären, hat die Rspr hierzu noch nicht entwickelt. In der Lit. wurden verschiedene Abgrenzungskriterien vorgeschlagen; so empfahl zB J. Mayer (41. Ed. 1.8.2015 Rn. 33 f. (J. Mayer)) nicht auf die reine Flächengröße, auf die sich das Nutzungsrecht bezieht, abzustellen, sondern auf den Wert der dem Übergeber auf Grund der Vereinbarung verbleibenden Nutzungsmöglichkeit im Verhältnis zum Gesamtnutzungswert; verbleibe dem Übergeber mehr als **50%** der Nutzungen, trete kein Fristbeginn ein (so auch Wegmann MittBayNot 1994, 307 (308), der generell eine Quote unter 50% für unbeachtlich hält, während nach Heinrich MittRhNotK 1995, 157 (162) im Einzelfall sogar eine zurückbehaltene Nutzungsquote von 10% oder 20% schaden könne). Die Rspr. hat sich bislang jedoch nicht auf bestimmte Quoten festgelegt, sondern nimmt in Bezug auf den Vorbehalt der „wesentlichen Nutzungen" eine **Einzelfallbetrachtung** vor. Diese Rspr. schafft nicht nur Abgrenzungsprobleme, sondern lässt sich mit der Entstehungsgeschichte der Vorschrift kaum vereinbaren, da die II. Kommission aus Gründen der Rechtsklarheit gerade abgelehnt hatte, die Frist erst mit dem Erlöschen von vorbehaltenen Rechten beginnen zu lassen (Prot. V 581, 588; hierzu Reiff NJW 1995, 1136; Reiff ZEV 1998, 241 (246); vgl. auch Cornelius, Der Pflichtteilsergänzungsanspruch hinsichtlich der Übertragung von Grundstücken unter dem Vorbehalt von Rechten des Schenkers, 2004, Rn. 696 ff., 710 ff.). Außerdem wird von den beiden Faktoren, die rechtlich und wirtschaftlich das Eigentum prägen, nur einer berücksichtigt, nämlich allein die reine Nutzungsbefugnis, nicht aber die Verfügungsmacht, die der

Schenker in den genannten Fällen bereits verloren hat (krit. insoweit auch Birkenbeil ErbR 2021, 2 (4 ff.)).

**55** Die Frage, wie sich der Vorbehalt eines **dinglichen Wohnungsrechts** (§ 1093) auf den Fristlauf auswirkt, war lange Zeit höchstrichterlich nicht geklärt und sehr **umstritten** (vgl. dazu Gehse RNotZ 2009, 361; Wegmann MittBayNot 1994, 308; N. Mayer ZEV 1994, 325 (329); Herrler ZEV 2008, 461; zusammenfassende Übersicht der Rspr. bei HK-PflichtteilsR/Herrler Anh. 2 Rn. 104 ff.). Nach den verschiedenen Entscheidungen der Obergerichte konnte man davon ausgehen, dass im Rahmen des § 2325 Abs. 3 der Vorbehalt eines Wohnungsrechts dem Fristlauf entgegenstehen kann, wenn die vorbehaltene Nutzungsbefugnis als Vorbehalt der „wesentlichen Nutzungen" iSd Rspr des BGH angesehen werden kann. Dabei wurde nicht strikt auf den Umfang des vorbehaltenen Wohnungsrechts und die Einhaltung einer 50 % Grenze bei der Nutzung (bezogen auf die qm) abgestellt, sondern es wurden beispielsweise auch weitere vorbehaltenen Rechte, wie zB Rückforderungsrechte, berücksichtigt, sodass es iErg auf eine **Einzelfallbetrachtung** und **Gesamtabwägung aller Umstände** ankam. Nach der Rspr. eines Teils der Instanzgerichte wird der Fristbeginn nicht gehemmt, wenn sich das Wohnungsrecht nur auf eine von mehreren Wohnungen in dem Gebäude bezieht und die Ausübung des Wohnungsrechts nicht auf Dritte übertragen werden darf (OLG Oldenburg ZEV 2006, 80; ebenso OLG Karlsruhe NJW-RR 2008, 601), nur an einer von zwei übergebenen Wohnungen vorbehalten wird (OLG Düsseldorf FamRZ 1999, 1114, das aber noch weitere Abwägungskriterien heranzieht, so insbes. das Rückübereignungsrecht; insoweit anders OLG Karlsruhe ZEV 2008, 244 = NJW-RR 2008, 601) oder sich nur auf einzelne Zimmer mit Mitbenutzung nur der gemeinschaftlichen Einrichtungen (OLG Bremen NJW 2005, 1726; vgl. auch LG Rottweil ZErb 2012, 282 mAnm Wirich: nur 11 % der Gesamtfläche des übergebenen Objekts) oder von Küche und Bad im Rahmen eines üblichen Leibgedings bezieht (LG Münster MittBayNot 1997, 113: ca. 30 qm alleinige Nutzung; krit. dagegen Cornelius, Der Pflichtteilsergänzungsanspruch hinsichtlich der Übertragung von Grundstücken unter dem Vorbehalt von Rechten des Schenkers, 2004, Rn. 738). Demgegenüber war für das OLG München allein entscheidend, dass die tatsächlichen Wohnverhältnisse auch nach der Schenkung fortbestehen (OLG München ZEV 2008, 480 f.; krit. dagegen Herrler ZEV 2008, 464, der zutr. auf den Widerspruch zu OLG Karlsruhe NJW-RR 2008, 601 hinweist).

**56** Nunmehr hat der **BGH** mit **Urteil vom 29.6.2016** erstmalig zur Problematik ausdrücklich Stellung genommen (BGH NJW 2016, 2957 = ErbR 2016, 570 mAnm Gockel = FamRZ 2016, 1453 mAnm Grziwotz). Er entschied, dass **in Ausnahmefällen** der Beginn des Fristlaufs gem. § 2325 Abs. 3 gehindert sein kann, wenn sich der Erblasser bei der Schenkung eines Grundstücks ein **Wohnungsrecht an diesem oder Teilen daran** vorbehalte. Der BGH schloss sich damit seinem (umstrittenen) Grundsatzurteil vom 27.4.1994 (→ Rn. 52) an, wonach eine Leistung iSv § 2325 Abs. 3 S. 2 nur angenommen werden kann, wenn der Schenker nicht nur seine Rechtsstellung als Eigentümer endgültig aufgegeben habe, sondern auch darauf verzichtet habe, den verschenkten Gegenstand – sei es aufgrund vorbehaltener dinglicher Rechte oder durch Vereinbarung schuldrechtlicher Ansprüche – im Wesentlichen weiterhin zu nutzen (Aufgabe des sog. wirtschaftlichen Eigentums). Trotz der zwischen Nießbrauch und dinglichem Wohnungsrecht bestehenden Unterschiede (im Falle eines Nießbrauchs kann das Grundstück beispielsweise auch vermietet oder die Nutzung ohne Weiteres auch einem anderen überlassen werden), hält es der BGH für denkbar, dass in Ausnahmefällen auch bei Einräumung eines Wohnungsrechts der Fristlauf gehindert sein kann. Maßgeblich hierfür sind nach Ansicht des BGH die **Umstände des Einzelfalls,** anhand derer beurteilt werden müsse, ob der Erblasser den verschenkten Gegenstand auch nach Vertragsschluss noch im **Wesentlichen weiterhin nutzen** konnte. Für den ihm konkret vorliegenden Fall **verneinte** dies der BGH im Hinblick darauf, dass sich die Eltern nur an Teilen des aus drei Etagen bestehenden Hauses ein Wohnungsrecht vorbehalten hätten und dieses eingeschränkte Wohnungsrecht zudem nicht übertragbar ausgestaltet gewesen sei; damit seien die Übergeber **nicht mehr „Herr im Haus"** gewesen (vgl. OLG Karlsruhe ZEV 2008, 244 (245); Herrler ZEV 2008, 461 (463)) und ihre **rechtliche Stellung** hinsichtlich des Hauses einschließlich der wirtschaftlichen Verwertbarkeit des Grundstücks jedenfalls **deutlich eingeschränkt** worden.

**57** Die aktuelle Entscheidung des BGH liegt auf der Linie der bisherigen herrschenden obergerichtlichen Rspr. (→ Rn. 53) und kann daher als höchstrichterliche Bestätigung der bisher hM angesehen werden (im Anschluss an den BGH auch OLG Zweibrücken BeckRS 2020, 43164 = MittBayNot 2021, 493 ff. mAnm Weidlich). Insoweit ist die Entscheidung für die Praxis von großer Bedeutung. Aus kautelarjuristischer Sicht lässt sich jedoch hieran **kritisieren,** dass der BGH nicht abschließend die Kriterien oder bestimmte Prozentsätze benannt hat, bei denen von einem „fristschädlichen" Nutzungsrechtsvorbehalt ausgegangen werden kann (vgl. Grziwotz FamRZ 2016, 1455 f.: „für die Vertragsgestaltung wenig brauchbar"). Gleichwohl ist zu begrüßen, dass der BGH durch die Bestätigung der bisher hM für mehr Rechtssicherheit gesorgt und uU sogar einen größeren Gestaltungsspielraum bei der Einräumung von Wohnungsrechten eröffnet hat (so Gockel ErbR 2016, 575). Denn selbst bei einem umfassenden Wohnungsrechtsvorbehalt scheint der BGH, der die Fristhemmung ausdrücklich auf Ausnahmefälle beschränkte, nicht zwingend einen fehlenden Fristlauf annehmen zu wollen (was bislang jedoch als sicher galt). Für die Vertragsgestaltung empfiehlt es sich aus pflichtteilsrechtlicher Sicht gleichwohl, den Vorbehalt des Wohnungsrechts auf den für den Übergeber erforderlichen (möglichst geringen) Umfang zu beschränken. Bei Übergabe von Objekten mit mehreren Wohnungen kann sich auch eine **Aufteilung der Immobilie in Wohnungseigentum** empfehlen (ausf. hierzu HK-PflichtteilsR/Herrler Anh. 2 Rn. 128; Herrler Hereditare 10 (2020), 88 (113); vgl. auch Weber ZEV 2017, 252 (254)). Hierdurch würden rechtlich eigenständige Zuwendungsgegenstände geschaffen, die auch hinsichtlich des Fristlaufs getrennt betrachtet werden müssten. Die fehlende wirtschaftliche Ausgliederung würde sich auf die mit dem Wohnungsrecht belastete Wohnung beschränken, während ansonsten die Zehnjahresfrist in Gang gesetzt würde.

Wird anstelle eines dinglichen Wohnungsrechts ein **schuldrechtliches Wohnungsrecht** vorbehalten, gilt die BGH-Rspr. hinsichtlich des fehlenden Fristlaufs gleichermaßen (→ Rn. 54). Dagegen ist ein Fristlauf anzunehmen, wenn neben der vorbehaltlosen Übergabe ein **Mietvertrag** – mit Vertragsbedingungen wie unter fremden Dritten, etwa hinsichtlich Zahlung des Mietzinses und der Kündigungsmöglichkeiten – abgeschlossen wird; denn dann erfolgt die Weiternutzung nicht aufgrund eines bei der Übergabe vorbehaltenen Nutzungsrechts, sondern aufgrund des separat abgeschlossenen Mietvertrages (vgl. dazu auch Herrler Hereditare 10 (2020), 88 (113 f.)). Auch im Falle eines bloßen **Mitbenutzungsrechts** wird man eher einen Fristlauf annehmen können, da dem Übergeber dann jedenfalls kein weitgehend alleiniges Nutzungsrecht unter Ausschluss des Grundstücksübernehmers zusteht (vgl. OLG Zweibrücken BeckRS 2020, 43164 = MittBayNot 2021, 493 mAnm Weidlich). 58

Eine **rein tatsächliche Weiternutzung** des Schenkungsgegenstandes – ohne Vereinbarung eines dinglichen oder schuldrechtlichen Nutzungsrechts – steht der Annahme eines Fristlaufs ebenfalls nicht entgegen (BGH NJW 2016, 2957 = ErbR 2016, 570 mAnm Gockel = FamRZ 2016, 1453 mAnm Grziwotz). Ist der Übergeber jedoch auf eine Weiternutzung des Schenkungsobjekts – beispielsweise zur Absicherung seines Wohnbedarfs – angewiesen, wird eine solche „Gestaltung" dem Sicherungsinteresse des Übergebers nicht gerecht und es sollte hiervon abgeraten werden. Der rein tatsächlichen Weiternutzung wird ferner häufig eine (formfreie) Nutzungsvereinbarung zugrunde liegen (vgl. auch Schindler ZEV 2005, 290 (294); Herrler Hereditare 10 (2020), 88 (114)), womit es nach der Rspr. des BGH (→ Rn. 54) an der fehlenden wirtschaftlichen Ausgliederung des Geschenkes fehlen würde. 59

**c) Rückforderungsrechte.** Die Vereinbarung von **enumerativen Rückforderungsrechten** (bzw. Rücktritts- oder Rückerwerbsrechten) für den Übergeber hindert nach überwiegender und zutreffender Auffassung in der Lit. den Fristbeginn dann nicht, wenn der Eintritt des Rückerwerbsfalls **außerhalb des Einflussbereichs des Schenkers** liegt. Denn dann hat er durch sein eingeschränktes, nur seiner Absicherung dienendes Rückerwerbsrecht sein Geschenk durch den vollzogenen Eigentumsübergang aufgegeben (OLG Zweibrücken BeckRS 2020, 43164 = MittBayNot 2021, 493 mAnm Weidlich; Grüneberg/Weidlich Rn. 28; Herrler ZEV 2008, 461 (463 ff.); Heinrich MittRhNotK 1995, 157 (162); MüKoBGB/Lange Rn. 75; N. Mayer FamRZ 1994, 739 (745)). Dem Fristbeginn soll nach einer in der Lit. verbreiteten Ansicht sogar ein **freies Widerrufsrecht** nicht entgegenstehen, solange dieses nicht ausgeübt wird, da der BGH als maßgeblich für den Fristbeginn den tatsächlichen Verzicht auf die Nutzungsmöglichkeit ansehe („Genussverzicht") (vgl. etwa Heinrich MittRhNotK 1995, 157 (165); Ellenbeck MittRhNotK 1997, 41 (53); aA Kollhosser AcP 194 (1994), 231 (264); Cornelius, Der Pflichtteilsergänzungsanspruch hinsichtlich der Übertragung von Grundstücken unter dem Vorbehalt von Rechten des Schenkers, 2004, Rn. 744 ff.; N. Mayer FamRZ 1994, 739 (745), ZEV 1994, 325 (329 f.); Rauscher Reformfragen Bd. II 2, 377; Grüneberg/Weidlich Rn. 28; Staudinger/Herzog, 2021, Rn. 181). Stellt man aber mehr darauf ab, ob eine wirtschaftliche Ausgliederung stattgefunden hat (→ Rn. 52), so spricht bei einem **freien Widerrufsrecht oder einem Rückerwerbsrecht unter einer reinen Wollensbedingung,** insbes. gekoppelt mit anderen Sicherungen für den Übergeber, wie etwa einer Belastungsvollmacht, viel dafür, dass die Zehnjahresfrist nicht anläuft (Herrler ZEV 2008, 526 f.; Diehn DNotZ 2009, 68; Grüneberg/Weidlich Rn. 28; Burandt/Rojahn/Horn Rn. 109; ähnlich Schindler ZEV 2005, 290 (294): typologische Betrachtung, ob der Schenker durch diese Klauseln noch „über die Schenkung weiterregieren will." Auf das „Behalten eines wesentlichen Einflusses" wegen Veräußerungs- und Belastungsverbots neben dem 60

Wohnungsrecht stellt OLG Düsseldorf NJWE-FER 1999, 279 = FamRZ 1999, 1546 in diesem Zusammenhang ab; allein für entscheidend hält Cornelius, Der Pflichtteilsergänzungsanspruch hinsichtlich der Übertragung von Grundstücken unter dem Vorbehalt von Rechten des Schenkers, 2004, Rn. 744 ff. die durch ein freies Rückforderungsrecht oder bei einer Veräußerung eintretende „faktische Grundbuchsperre"). Einen Fristbeginn verneint das OLG Düsseldorf sogar dann, wenn ein enumeratives Rückforderungsrecht für den Fall der abredewidrigen **Veräußerung** oder Belastung des Zuwendungsobjekts vereinbart wird (OLG Düsseldorf ZEV 2008, 525 f.). Dabei wird jedoch verkannt, dass die Bedingungen außerhalb des Einflussbereichs des Übergebers lagen, sodass sowohl Genussverzicht des Schenkers als auch wirtschaftliche Ausgliederung aus dem Vermögen – und damit Fristlauf – angenommen werden kann. Die Entscheidung des OLG Düsseldorf wird daher zu Recht einhellig **abgelehnt** (Herrler ZEV 2008, 526; Diehn DNotZ 2009, 68; Grüneberg/Weidlich Rn. 28; Burandt/Rojahn/Horn Rn. 107; MüKoBGB/Lange Rn. 75; BeckOGK/A. Schindler, 1.4.2022, Rn. 280; Staudinger/Herzog, 2021, Rn. 181). Wird ein Nutzungsrecht **auflösend bedingt** zugewandt, steht dies **entspr.** den vorstehenden Grundsätzen bei vorbehaltenen Rückforderungsrechten nicht dem Fristlauf entgegen, wenn die auflösende Bedingung sich auf einzelne Umstände, wie zB die Beendigung der nichtehelichen Lebensgemeinschaft auf andere Weise als durch den Tod, beschränkt (LG Kiel NJW-RR 2018, 841 (842)).

61 **d) Dauernde Last/Leibrente.** Als Alternative zum Vorbehalt eines Nießbrauchs oder eines dinglichen Wohnungsrechts kommt, wenn der Übergeber nicht auf die Selbstnutzung des Schenkungsobjektes angewiesen ist, die Vereinbarung einer **Leibrente** gem. § 759 oder einer **dauernden Last,** ggf. gesichert durch Reallast, in Frage. Die Vereinbarung einer Leibrente oder dauernden Last, selbst in Höhe der monatlichen Mieteinnahmen, wird in der Lit. überwiegend als mögliche Gestaltung angesehen, um den Fristlauf in Gang zu setzen (N. Mayer ZEV 1994, 325 (327); Wegmann MittBayNot 1994, 308; Heinrich MittRhNotK 1995, 157 (164)). Hierfür spricht, dass der Erwerber die dauernde Last bzw. Rente zwar – anders als beim Nießbrauch – aus den Erträgen des Objekts erbringen kann, nicht aber muss und der Veräußerer zudem keinen Einfluss mehr auf das überlassene Objekt hat (Burandt/Rojahn/Horn Rn. 112). Gleichwohl werden in der Lit. zT auch Zweifel daran geäußert, ob bei der Gestaltung tatsächlich ein „Genussverzicht" iSd Rspr. des BGH (→ Rn. 52) vorliegt (Lange/Kuchinke ErbR § 37 X 4a) bzw. es wird zT befürchtet, dass der BGH die Gestaltung im Hinblick auf das wirtschaftlich vergleichbare Ergebnis zum Schutz des Pflichtteilsberechtigten zumindest entspr. der Rspr. zum Totalnießbrauchsvorbehalt als fristschädlich einstufen könnte (MüKoBGB/Lange Rn. 76). Allerdings ist zu berücksichtigen, dass es sich bei der Zahlungsverpflichtung aufgrund einer Leibrente bzw. dauernden Last nicht um den Vorbehalt von Nutzungen, sondern um eine (echte) **Gegenleistung** des Übernehmers für die Übergabe handelt (vgl. OLG Schleswig BeckRS 2008, 25346 = ZEV 2009, 81; Cornelius, Der Pflichtteilsergänzungsanspruch hinsichtlich der Übertragung von Grundstücken unter dem Vorbehalt von Rechten des Schenkers, 2004, Rn. 757). Demzufolge liegt in Höhe des Wertes der Leibrente keine Schenkung, sondern ein (zumindest teilweises) entgeltliches Rechtsgeschäft vor, sodass § 2325 allenfalls hinsichtlich der Wertdifferenz angewendet werden kann (OLG Schleswig BeckRS 2008, 25346 = ZEV 2009, 81; HK-PflichtteilsR/Herrler Anh. 2 Rn. 148; Staudinger/Herzog, 2021, Rn. 175). Die vereinbarte Geldleistung hat außerdem den Vorteil, dass sie – anders als im Falle eines Nutzungsrechts – bei der Berechnung des ergänzungspflichtigen Grundstückswertes in jedem Fall **in Abzug gebracht** werden kann (vgl. Schindler ZErb 2012, 149, 157; Schlitt in Schlitt/Müller PflichtteilsR-HdB § 6 Rn. 44; HK-PflichtteilsR/Herrler Rn. 148; BeckOGK/A. Schindler, 1.4.2022, Rn. 266).

62 **4. Schenkungen an den Ehegatten (Abs. 3 S. 3).** In Anlehnung an die bisherige Regelung für Ehegattenzuwendungen in § 2325 Abs. 3 Hs. 2 aF bestimmt Satz 3 der Neuregelung, dass bei Schenkungen an den Ehegatten die Frist nicht **vor der Auflösung der Ehe** beginnt, demnach also auch die Pro-Rata-Regelung nicht bereits früher eingreift (vgl. Bonefeld/Lange/Tanck ZErb 2007, 292 (295); Horn ZFE 2009, 364 (368)). Wird die Ehe geschieden (§ 1564) oder aufgehoben (§ 1313), beginnt die Frist erst mit Rechtskraft des entsprechenden Urteils, wogegen während der Ehe keine Frist läuft. Dies wird in der Praxis häufig übersehen, sodass sich die Frage nach der Korrektur einer fristschädlichen Schenkung bzw. ehebedingten Zuwendung (wie zB durch Rückübertragung des Schenkungsgegenstandes oder durch Weiterübertragung auf einen Dritten, wie zB einen gemeinsamen Abkömmling, stellen kann (vgl. zu den Korrekturmöglichkeiten ausf. Weber ZEV 2017, 117). Mit der Sonderregelung für Ehegatten wird der Umgehungsschutz zeitlich erweitert. Dem liegt die gesetzgeberische Erwägung zugrunde, dass der schenkende Ehegatte idR die Folgen der Zuwendung so lange noch nicht wirklich spürt, da er während intakter Ehe weiter die faktische Nutzungsmöglichkeit hat, und die Gefahr der Benachteiligung anderer Pflichtteilsbe-

rechtigter hier besonders groß ist (Prot. V 588; in diese Richtung auch BVerfG NJW 1991, 217). Das erste Argument stützt die wirtschaftliche Betrachtungsweise des BGH (→ Rn. 52), das zweite ist damit verwoben und sachlich zutreffend, auch wenn diese Bestimmung rechtspolitisch nicht sehr geglückt erscheint (OLG Düsseldorf NJW 1996, 3156; v. Olshausen FamRZ 1995, 717 (719); Dieckmann FamRZ 1995, 189; MüKoBGB/Lange Rn. 78).

Das **BVerfG** hatte die Bestimmung für **verfassungsgemäß** erachtet, weil kein Verstoß gegen Art. 6 Abs. 1 und Art. 3 Abs. 1 GG vorliege (BVerfG NJW 1991, 217; ebenso OLG Celle FamRZ 1989, 1012; Otte FS v. Lübtow, 1991, 305). Dabei hat sich das Gericht offenbar von der damals in der Lit. ganz überwiegend bejahten Möglichkeit der pflichtteilsfesten ehebedingten Zuwendung leiten lassen (ebenso Staudinger/Herzog, 2021, Rn. 187). Demgegenüber mehrten sich in den letzten Jahren in der Lit. die Stimmen, welche von der Verfassungswidrigkeit der Vorschrift ausgingen (Derleder ZEV 2014, 8; Daragan ZErb 2008, 2; Amann FS Brambring, 2011, 1 (13 ff.) m. Hinweis auf die seitdem ergangene Rspr.-Änderung der Zivilgerichte, die im Einzelfall eine konkretere Missbrauchskontrolle ermögliche als die starre, gesetzliche Pauschallösung). In seinem Beschluss vom 26.11.2018 – 1 BvR 1511/14 hat das **BVerfG** (BVerfG ZEV 2019, 79) jedoch erneut in der Bestimmung keine verfassungswidrige Sonderbehandlung von Ehegatten erkennen können. Begründet hat dies das BVerfG zum einen mit den (aufgrund der gegenseitigen Unterhaltspflicht bestehenden) Weiternutzungsmöglichkeiten des übertragenden Ehegatten, zum anderen damit, dass die Vorschrift für einen ausgewogenen Interessenausgleich zwischen dem hinterbliebenen Ehegatten und den sonstigen der Familie des Erblassers zugehörigen Pflichtteilsberechtigten sorge (BVerfG ZEV 2019, 79 (80); vgl. dazu auch Karczewski ZEV 2020, 733 (734)). 63

Eine erweiternde Auslegung der Ausnahmevorschrift auf Schenkungen des Erblassers **vor der Eheschließung** (zwischen Verlobten oder vor Wiederheirat) oder zwischen Partnern einer **nichtehelichen Lebensgemeinschaft** wird allerdings überwiegend abgelehnt (so OLG Düsseldorf NJW 1996, 3156 betr. Verlobte; Dieckmann FamRZ 1995, 185 (191); Olshausen FamRZ 1995, 717 (719); Lange/Kuchinke ErbR § 37 X 4b; MüKoBGB/Lange Rn. 80; Staudinger/Herzog, 2021, Rn. 188; Soergel/Beck Rn. 62; Pentz NJW 1997, 2033; aA OLG Zweibrücken FamRZ 1994, 1492; OLG Celle OLGR 1998, 361: bei „zeitnaher" Schenkung zur Eheschließung, jeweils für Schenkung an Verlobte). Für nichteheliche, nicht eingetragene Lebensgemeinschaften begründet dies das BVerfG damit, dass diese durch den Mangel eherechtlicher Bindungen, Pflichten und Auflösungshemmnisse geprägt sind, und dies ein sachliches Differenzierungskriterium ist (BVerfG NJW 1991, 217). Demgegenüber ergibt sich die Anwendung von § 2325 Abs. 3 S. 3 auf **gleichgeschlechtliche Lebenspartner** bereits aus § 10 Abs. 3 S. 2 LPartG, der das Pflichtteilsrecht der Ehegatten für entspr. anwendbar erklärt (Leipold ZEV 2001, 218 (221); v. Dickhuth-Harrach FamRZ 2001, 1660 (1666); MüKoBGB/Lange Rn. 79; Staudinger/Herzog, 2021, Rn. 189; aA Eue FamRZ 2001, 1196 (1198); N. Mayer ZEV 2001, 169 (173)). 64

## VI. Rechtsfolgen

Der Pflichtteilsergänzungsanspruch ist eine **reine Geldforderung;** er begründet keine Anfechtbarkeit der Schenkung und ist auch nicht auf eine wertmäßige Beteiligung am Nachlass gerichtet, zu dem der verschenkte Gegenstand gar nicht gehört (BGH NJW 1996, 1743). Als Pflichtteilsergänzung kann der Pflichtteilsberechtigte den Betrag verlangen, um den sich sein Pflichtteilsanspruch dadurch erhöht, dass alle ergänzungspflichtigen Zuwendungen dem Nachlass hinzugerechnet werden. Auch bei einem **negativen Nachlasswert** besteht eine Pflichtteilsergänzung nach hM nur, soweit sich unter Hinzurechnung des Geschenks ein Aktivnachlass ergibt (MüKoBGB/Lange Rn. 51; Staudinger/Herzog, 2021, Rn. 230). Der Pflichtteilsergänzungsanspruch wird dann teilweise von den Schulden aufgezehrt (Schindler, Pflichtteilsberechtigter Erbe und pflichtteilsberechtigter Beschenkter, 2004, Rn. 489; Dieckmann FS Beitzke, 1979, 399 (405); vgl. etwa den Fall von OLG Koblenz NJW-RR 2002, 512 (513 f.)). Es findet de facto eine **Saldierung** des überschuldeten Nachlasses mit dem Geschenkwert statt. Wegen der Möglichkeit, bei Nachlassverbindlichkeiten die Haftung zu beschränken (§§ 1975 ff., 1990), kann dieser meist nicht mehr gegen den Erben durchgesetzt werden (BGH LM Nr. 2 und Nr. 6; Lange/Kuchinke ErbR § 37 IX 1c Fn. 283); es kommt dann aber ein Ergänzungsanspruch nach § 2329 gegen den Beschenkten in Betracht. Ergibt sich auch durch die Hinzurechnung der Schenkung **kein Aktivnachlass,** so entfällt ein Ergänzungsanspruch, und zwar auch der nach § 2329, da der Pflichtteilsberechtigte dann auch ohne die Schenkung nichts erhalten hätte (RG Gruchot 69 (1928), 605 (610); JR 1927 Nr. 1655; Soergel/Beck Rn. 2; MüKoBGB/Lange Rn. 12; Staudinger/Herzog, 2021, Rn. 231). 65

66 Entspr. dem Schutzzweck des Pflichtteilsrechts dürfen dabei aber **nicht alle Nachlassverbindlichkeiten** bei der so vorzunehmenden Berechnung des Pflichtteilsergänzungsanspruchs berücksichtigt werden. Vielmehr sind solche außer Acht zu lassen, die auch bei der Berechnung des ordentlichen Pflichtteils nicht berücksichtigt werden dürfen, wie etwa die, die im Nachlassinsolvenzverfahren nach § 327 Abs. 1 Nr. 2 und 3 InsO dem Pflichtteil im Range nachgehen oder die Erbschaftsteuer des Erben (Dieckmann FS Beitzke, 1979, 399 (401)). Aber trotz dieser normativen Feststellung der Nachlassverbindlichkeiten kann es immer noch zu ganz erheblichen Ungereimtheiten kommen, worauf Schindler (Schindler, Pflichtteilsberechtigter Erbe und pflichtteilsberechtigter Beschenkter, 2004, Rn. 494 ff.) zu Recht hinweist. So besteht die Möglichkeit, dass die Nachlassgläubiger nicht mehr auf die Schenkung zugreifen können, weil die entsprechenden Anfechtungsfristen (§§ 3, 4 Abs. 1 AnfG, § 133 Abs. 1 InsO, § 134 Abs. 1 InsO) abgelaufen sind. Aber auch der Ergänzungsberechtigte könnte seinen Anspruch aus § 2329 ganz oder zT nicht durchsetzen, weil die hM eine Saldierung des (negativen) Nachlasswertes mit dem ergänzungspflichtigen Geschenkwert vornimmt. Demgegenüber erscheint der Beschenkte dann nicht schutzwürdig, wenn die Ausschlussfrist des Abs. 3 noch nicht abgelaufen ist, während nach der hM der Beschenkte davon profitiert, dass der Nachlass überschuldet ist und daher der Ergänzungsberechtigte und die übrigen Nachlassgläubiger leer ausgehen. Er stünde sich daher besser als in den Fällen, in denen kein oder nur ein geringer Nachlass vorhanden ist (Schindler, Pflichtteilsberechtigter Erbe und pflichtteilsberechtigter Beschenkter, 2004, Rn. 520).

67 Das **Grundmuster der Berechnung** stellt sich wie folgt dar (ausf. Anleitung Staudinger/Herzog, 2021, Rn. 228 f.; mathematische Formeln hierfür bei Schanbacher ZEV 1997, 349 Fn. 1; F. Sturm/G. Sturm FS v. Lübtow, 1980, 599 (601 ff.)): Es wird der Wert (Abs. 2, → Rn. 32) des verschenkten Gegenstands (bei gemischter Schenkung nur der Schenkungsteil, bei Schenkung unter Auflage der Wert nach Abzug der Auflage), bei **mehreren Schenkungen** alle (Mot. V 462, 467; Staudinger/Olshausen, 2015, Rn. 87), ohne irgendwelche sonstigen Abzüge dem realen Nachlass hinzugerechnet (Ergänzungsnachlass). Daraus wird der Pflichtteil ermittelt. Die Differenz zwischen diesem „Gesamtpflichtteil" und dem ordentlichen Pflichtteil (ohne die Hinzurechnung) ist der Pflichtteilsergänzungsanspruch. In einer Formel (Staudinger/Herzog, 2021, Rn. 229):

$$EP = \frac{N+S}{2Q} - \frac{N}{2Q}$$

oder aufgelöst

$$EP = \frac{S}{2Q}$$

Dabei ist EP der Ergänzungspflichtteil, N der reale Nachlass im Erbfall, S die Summe aller Schenkungen und Q der Nenner des gesetzlichen Erbteils des Ergänzungsberechtigten.

67.1 **Beispiel:** Verwitweter Erblasser hinterlässt zwei Kinder S und T; Erbe ist der Familienfremde F. Nachlass 100.000 EUR; ergänzungspflichtige Schenkung an D 25.000 EUR.

Ordentlicher Pflichtteilsanspruch von S und T: je 25.000 EUR

**Ergänzungspflichtteil:** ((100.000 EUR + 25.000 EUR) : 4) – (100.000 EUR : 4) = je 6.250 EUR

68 Bei einem **überschuldeten Nachlass** ist es nicht zulässig, die vereinfachte Berechnung der Pflichtteilsergänzung dadurch vorzunehmen, dass der Schenkungswert einfach mit der Pflichtteilsquote multipliziert wird, da durch den negativen Nachlasswert der Wert der Schenkung uU ganz oder teilweise aufgezehrt und der Ergänzung entzogen wird (Schanbacher ZEV 1997, 349 (350); Soergel/Beck Rn. 46). Auch bei § 2326 ist die vereinfachte Berechnung nicht zulässig (BGH WM 1989, 382; Staudinger/Herzog, 2021, Rn. 230).

69 Dabei sind auch hier die das Pflichtteilsrecht bestimmenden Regeln der **Zugewinngemeinschaft** (§ 1371) als güterrechtliche Besonderheiten bei der Berechnung zu beachten (Soergel/Beck Rn. 47; RGRK-BGB/Johannsen Rn. 26–28; Staudinger/Herzog, 2021, Rn. 232 ff.). Die Zugewinngemeinschaft verändert dabei nicht nur die Erb- und Pflichtteilsquoten, sondern reduziert auch den Nachlasswert durch die vorweg zu berücksichtigende Zugewinnausgleichsforderung. Die Schenkung wird dabei uU doppelt berücksichtigt: Sie kann die Ausgleichsforderung nach § 1375 Abs. 2 S. 1 Nr. 1 erhöhen und wird zur Pflichtteilsergänzung herangezogen.

69.1 **Beispiel** (nach Soergel/Beck Rn. 48):

Erblasser hinterlässt eine Witwe W aus Zugewinngemeinschaftsehe und zwei Kinder S und T. Nachlass 100.000 EUR und unterliegt voll dem Zugewinnausgleich, Schenkungen an Dritte 20.000 EUR. W hatte keinen Zugewinn. Erbe ist der Fremde F.

Zugewinnausgleich: (100.000 + 20.000) : 2 = 60.000 EUR (§ 1375 Abs. 2).
Realer Nachlass: 100.000 – 60.000 = 40.000 EUR
Pflichtteilsanspruch: Für W 5.000, für S und T je 7.500 EUR
Pflichtteilsergänzung: für W 2.500 €, für S und T je 3.750 EUR.
Insgesamt erhält W 67.500 EUR.

Zum Verhältnis von Pflichtteilsergänzungsanspruch und § 2316 → § 2316 Rn. 23 ff. 70

## VII. Prozessuales, Beweislast

Das Recht auf Pflichtteilsergänzung kann nicht Gegenstand einer **Feststellungsklage** (§ 256 ZPO) zu Lebzeiten des Erblassers sein, da es – anders als das Pflichtteilsrecht selbst – zu seinen Lebzeiten noch keine Wirkung äußert (Lange/Kuchinke ErbR § 37 X 1 Fn. 433; MüKoBGB/Lange Rn. 5; Staudinger/Herzog, 2021, Vor §§ 2325 ff. Rn. 21). Es besteht keine Zuständigkeit privater **Schiedsgerichte** für Entscheidungen über Pflichtteils(ergänzungs)ansprüche (LG München II BeckRS 2017, 104902). 71

Der Pflichtteilsberechtigte muss grds. selbst darlegen und **beweisen,** dass der dem dritten geschenkte Gegenstand zum fiktiven Nachlass gehört und dass es sich um eine (zumindest gemischte) Schenkung handelt (BGHZ 89, 24 (30, 32) = NJW 1984, 487; OLG Oldenburg FamRZ 2000, 638 (639)), alsodass der Leistung des Erblassers keine gleichwertige Gegenleistung gegenübersteht. Hierzu steht ihm ein Auskunfts- und Wertermittlungsanspruch zu (vgl. § 2314). Trotzdem kann dies für den Pflichtteilsberechtigten mit kaum überwindbaren Schwierigkeiten verbunden sein, wenn er als Dritter von den insoweit wesentlichen Tatsachen keine Kenntnis hat. Solchen Beweisschwierigkeiten wird dadurch Rechnung getragen, dass es zunächst Sache des über die erforderlichen Kenntnisse verfügenden Anspruchsgegners ist, die für die Begründung der Gegenleistung maßgeblichen Tatsachen im Wege des substantiierten Bestreitens der Unentgeltlichkeit vorzutragen (BGH NJW-RR 1996, 705 (706); vgl. auch BGHZ 86, 23 (29) = NJW 1983, 687; BGHZ 100, 190 (195) = NJW 1987, 2008). Weiter billigt die Rspr. dem Pflichtteilsberechtigten eine **Beweislasterleichterung** (keine Beweislastumkehr) (Baumgärtel/Laumen Rn. 13) zu: Bei einem „auffallend groben Missverhältnis" der beiderseitigen Leistungen wird vermutet, dass die Parteien dies erkannt haben und sich über die teilweise Unentgeltlichkeit einig waren (BGHZ 59, 132 (136) = NJW 1972, 1709; BGHZ 116, 178 (183) = NJW 1992, 558; BGH NJW 1981, 1956; OLG Braunschweig OLGR 2001, 242: maßgeblich ist der Vertragsabschluss; zT wird die Beweiserleichterung sogar dann zugebilligt, wenn das objektive Missverhältnis der Leistungen nur „über ein geringes Maß deutlich hinausgeht", vgl. BGH NJW 1995, 1349 zu § 528; BGHZ 82, 275 (281) = NJW 1982, 43 zu § 2287). Die Beweislasterleichterung greift allerdings nicht ein, wenn der vorbehaltene Nießbrauch 80 % des Zuwendungswerts ausmacht und der neue Eigentümer die laufenden Bewirtschaftungs- und Reparaturkosten zu tragen hat (BGH NJW-RR 1996, 754 zu § 528) oder der Wert des Nießbrauchs und der zusätzlich gezahlte Kaufpreis **81 % des Zuwendungswertes** erreicht (OLG Koblenz FamRZ 2006, 1413 (1414)). Die Beweislastverteilung hinsichtlich der **Ausschlussfrist** des Abs. 3 ist umstritten; jedoch trägt zutreffender Weise der Erbe diese für den Fristbeginn, da es sich um einen Ausnahmetatbestand handelt (Baumgärtel/Laumen Beweislast-HdB Rn. 18 mwN; Staudinger/Herzog, 2021, Rn. 290). 72

## VIII. Recht der DDR

Unter der Voraussetzung, dass der **Erbfall nach dem 3.10.1990** eingetreten ist, finden die Pflichtteilsergänzungsvorschriften auch auf Schenkungen Anwendung, die der Erblasser in der ehemaligen DDR unter Geltung des ZGB der DDR (das keine Pflichtteilsergänzung kannte) vorgenommen hat (BGHZ 147, 95 = NJW 2001, 2398; BGH ZEV 2002, 282 = NJW 2002, 2469). 73

## § 2326 Ergänzung über die Hälfte des gesetzlichen Erbteils

**[1]Der Pflichtteilsberechtigte kann die Ergänzung des Pflichtteils auch dann verlangen, wenn ihm die Hälfte des gesetzlichen Erbteils hinterlassen ist. [2]Ist dem Pflichtteilsberechtigten mehr als die Hälfte hinterlassen, so ist der Anspruch ausgeschlossen, soweit der Wert des mehr Hinterlassenen reicht.**

**Schrifttum:** Schindler, Wert des mehr Hinterlassenen (§§ 2326 S. 2, 2329 Abs. 1 S. 2 BGB) bei ordentlichen Pflichtteilsansprüchen anderer Pflichtteilsberechtigter, ErbR 2019, 2018.

### Überblick

Die Vorschrift stellt klar, dass dem Pflichtteilsberechtigten auch dann ein Pflichtteilsergänzungsanspruch zustehen kann, wenn er **mangels Enterbung** (→ Rn. 2) keinen ordentlichen Pflichtteilsanspruch nach den §§ 2303, 2305 besitzt. Ist ihm mehr als die Hälfte des gesetzlichen Erbteils hinterlassen, wird sein **Ergänzungsanspruch** nach S. 2 um den Wert des mehr Hinterlassenen **gekürzt** (→ Rn. 3). Umstritten ist, ob sich die „Hälfte des hinterlassenen Erbteils" rein nach der Quote bestimmt (→ Rn. 4).

## I. Normzweck

1 Die Vorschrift gewährt einen Pflichtteilsergänzungsanspruch auch dann, wenn ein ordentlicher Pflichtteilsanspruch nach den §§ 2303, 2305 nicht besteht, weil dem (abstrakt) Pflichtteilsberechtigten die Hälfte oder mehr seines gesetzlichen Erbteils durch Erbeinsetzung oder Vermächtnis hinterlassen wurde (BGH NJW 1973, 995). Dies ist aber nicht nur Ausdruck der **Selbstständigkeit des Pflichtteilsergänzungsanspruchs** (jurisPK-BGB/Birkenheier Rn. 1; so bereits Hahn, Das Recht auf Ergänzung des Pflichtteils nach dem Bürgerlichen Gesetzbuch, 1905, 59; vgl. auch Mot. V 461; Soergel/Beck Rn. 2). Wie § 2305 gegen zu geringe Zuwendungen durch Verfügungen von Todes wegen **komplementiert** § 2326 den **Pflichtteilsschutz** gegen lebzeitige Schenkungen (vgl. Schindler, Pflichtteilsberechtigter Erbe und pflichtteilsberechtigter Beschenkter, 2004, Rn. 533): Sonst könnte der Erblasser durch eine (evtl. nur formale) Erbeinsetzung bezüglich des Restnachlasses einen Pflichtteilsergänzungsanspruch aus dem zuvor durch Schenkungen weitgehend entleerten Nachlass ausschließen. § 2326 macht daher deutlich, dass das BGB den **Gesamtpflichtteil,** bestehend aus ordentlichem und ergänztem Pflichtteil, sichern will (Schindler ZEV 2005, 513; ausf. Schindler, Pflichtteilsberechtigter Erbe und pflichtteilsberechtigter Beschenkter, 2004, Rn. 428).

## II. Einzelheiten

2 **1. Erbeinsetzung des Pflichtteilsberechtigten. a) Art der Erbeinsetzung.** Die Vorschrift ist unabhängig davon anwendbar, ob die Erbschaft auf **gesetzlicher oder gewillkürter Erbfolge** beruht (RGZ 58, 124 (126); NK-BGB/Bock Rn. 2; Damrau/Tanck/Lenz-Brendel Rn. 2; MüKoBGB/Lange Rn. 1; Soergel/Beck Rn. 1). Sie gilt auch für den **Alleinerben,** was bei dürftigem Nachlass oder besonders hohem Schenkungswert bedeutsam sein kann, und richtet sich dann nach § 2329 Abs. 1 S. 2 gegen den Beschenkten, da es keinen anderen Anspruchsgegner gibt (MüKoBGB/Lange Rn. 1; NK-BGB/Bock Rn. 2; Staudinger/Herzog, 2021, Rn. 4). Wird dem Pflichtteilsberechtigten ein Erbteil hinterlassen, der die **Hälfte seines gesetzlichen Erbteils nicht übersteigt,** so steht ihm neben dem Pflichtteilsrestanspruch (§ 2305) in voller Höhe ein Pflichtteilsergänzungsanspruch zu. Zu beachten ist jedoch, dass es bei den seit dem 1.1.2010 eingetretenen Erbfällen durch die Änderung des § 2306 Abs. 1 aufgrund des ErbVerjRÄndG zu keinem automatischen Wegfall von angeordneten Beschränkungen und Beschwerungen mehr kommt. Dies ist insoweit besonders bedeutsam, weil diese nicht vom Wert des hinterlassenen Erbteils, und damit auch nicht vom Anrechnungsbetrag, abgezogen werden können (→ Rn. 4).

3 Ist dem Pflichtteilsberechtigten **mehr als** die **Hälfte seines gesetzlichen Erbteils hinterlassen,** so wird zur Vermeidung einer Doppelbegünstigung der Ergänzungsanspruch nach **S. 2** um den darüber hinaus gehenden Teil der Hinterlassenschaft **gekürzt:** Dem Pflichtteilsberechtigten steht ein Ergänzungsanspruch nur zu, soweit der hinterlassene Erbteil hinter dem Gesamtpflichtteil (ordentlicher Pflichtteil plus Ergänzungspflichtteil) zurückbleibt (S. 2) (dazu auch BGH WM 1989, 382 = FamRZ 1989, 273). Diese Kürzung des Pflichtteilsergänzungsanspruchs ist nicht als Einrede konzipiert, sondern **von Amts wegen** zu berücksichtigen (BGH NJW 1973, 995). In einer Formel:

$$EP = \frac{N + S}{2Q} - E$$

Dabei ist EP der Pflichtteilsergänzungsanspruch, N der Nachlass im Erbfall, S. die Summe aller Schenkungen, E der Wert des hinterlassenen Erbteils und Q der Nenner des gesetzlichen Erbteils des Ergänzungsberechtigten. Beispiel → Rn. 3.1.

3.1 **Beispiel:** Nachlass 9.000 EUR, ergänzungspflichtige Schenkung an Dritte 15.000 EUR. Einziger Pflichtteilsberechtigter ist der Sohn S. Erben sind: der Fremde F zu 1/3, S zu 2/3.

Pflichtteil S: 4.500 EUR, Pflichtteilsergänzungsanspruch (ungekürzt) 7.500 EUR. Da aber der Erbteil bereits den ordentlichen Pflichtteil um 1.500 übersteigt, beträgt der Pflichtteilsergänzungsanspruch letztlich nur 6.000 EUR.

**b) Bemessung des „Hinterlassenen".** Umstritten ist, ob entspr. der hM unter dem Begriff **„Hälfte des gesetzlichen Erbteils"** nach der auch zu § 2306 vertretenen „Quotentheorie" die **reine Erbquote** iSd §§ 2303, 1924 ff. zu verstehen ist (so Staudinger/Olshausen, 2015, Rn. 10; NK-BGB/Bock Rn. 2; Brüggemann FamRZ 1973, 309 (321) Fn. 81) oder ob zur Bemessung des Vergleichsmaßstabs die Grundsätze der **Werttheorie** (s. besonders 3. Aufl. 2012, § 2306 Rn. 9 ff.), insbes. bei **Ausgleichungs- und Anrechnungstatbeständen** anzuwenden sind (Kerscher/Tanck, Pflichtteilsrecht in der anwaltlichen Praxis, 2. Aufl. 1999, § 7 Rn. 90; Schindler, Pflichtteilsberechtigter Erbe und pflichtteilsberechtigter Beschenkter, 2004, Rn. 434, 547; BeckOGK/A. Schindler, 1.4.2022, Rn. 14; Grüneberg/Weidlich Rn. 3; Burandt/Rojahn/Horn Rn. 5; Damrau/Tanck/Lenz-Brendel Rn. 6; Staudinger/Herzog, 2021, Rn. 22). Für Letzteres spricht die von § 2326 bezweckte **Komplementierungsfunktion** (→ Rn. 1): Geht es um den Schutz des Gesamtpflichtteils am gesamten (fiktiven und realen) Nachlass, so käme es zu einem Wertungswiderspruch, wenn in den Fällen, in denen dem Pflichtteilsberechtigten nur ein ordentlicher Pflichtteilsanspruch zusteht, Anrechnungs- und Ausgleichungspflichten nach §§ 2315, 2316 zu berücksichtigen wären, nicht aber, wenn ordentlicher Pflichtteil und Ergänzungsanspruch nebeneinander anzuwenden sind. Es fehlt vielmehr an einer ausdrücklichen Regelung, was im Fall des Zusammentreffens von §§ 2305, 2316 und § 2325 gelten soll. Daher muss im Wege einer systematischen Interpretation die sich aus § 2316 ergebende Berücksichtigung des wahren Wertes des ordentlichen Pflichtteils auch auf den Ergänzungsanspruch durchschlagen, will man zu einem angemessenen Gesamtpflichtteil kommen (Schindler ZEV 2005, 513; ausf. Schindler, Pflichtteilsberechtigter Erbe und pflichtteilsberechtigter Beschenkter, 2004, Rn. 434 ff.). Deshalb ist dem Pflichtteilsberechtigten von der Pflichtteilsergänzung abzuziehen, was er über den erhöhten Ausgleichungserbteil am ordentlichen Nachlass erhält. Beispiel → Rn. 4.1. 4

**Beispiel** (nach Kerscher/Kerscher ZEV 2005, 295 (298); dazu richtig Schindler ZEV 2005, 513): Witwer V bestimmt seine Kinder K1 und K2 zu Miterben je zur Hälfte. Der hinterlassene reale Nachlass beträgt 20.000 EUR. K1 hat einen ausgleichungspflichtigen Vorempfang von 4.000 EUR erhalten, der Familienfremde eine Schenkung von 40.000 EUR. Wie hoch ist der Pflichtteilsergänzungsanspruch von K1? 4.1

1. Ausgleichungserbteil ((20.000 + 4.000) : 2) – 4.000 = 8.000 EUR
2. Gesamtpflichtteil
Ausgleichungspflichtteil (Hälfte von 1.) 4.000 EUR
+ Ergänzungspflichtteil 10.000 EUR
Summe 14.000 EUR
Pflichtteilsergänzungsanspruch (Differenz von 1. zu 2.) 6.000 EUR

Die oben genannte Formel (→ Rn. 2) ist nach den Grundsätzen zu ergänzen, die zum Zusammentreffen von ergänzungspflichtigen und ausgleichungspflichtigen Zuwendungen entwickelt wurden (→ § 2316 Rn. 23 ff.). Dadurch erhöht sich aber nicht nur der Subtrahend, sondern auch der in die Berechnung einzusetzende Nachlass (übersehen bei Kerscher/Kerscher ZEV 2005, 295). Daher ergibt sich hier folgende Formel:

$$EP = \left[ \frac{1}{2} \times \left( \frac{N+S+Z}{Q} - T \right) \right] - \left( \frac{N+Z}{Q} - T \right)$$

Dabei steht Z für die Summe aller ausgleichungspflichtigen Zuwendungen an die Abkömmlinge des Erblassers und T für den Wert der von dem betreffenden Abkömmling auszugleichenden Zuwendung.

**c) Belasteter Erbteil. Beschränkungen** und Beschwerungen des zugewandten Erbteils können nach hM vom Wert der Hinterlassenschaft, und damit vom Anrechnungsbetrag, nicht abgezogen werden (jurisPK-BGB/Birkenheier Rn. 22; RGRK-BGB/Johannsen Rn. 4; MüKoBGB/Lange Rn. 4; Staudinger/Herzog, 2021, Rn. 25). Dem Schutz des so beschwerten Pflichtteilsberechtigten dient auch hier **§ 2306** (ausf. und übersichtlich hierzu jurisPK-BGB/Birkenheier Rn. 8 ff.). Nach der für Erbfälle ab dem 1.1.2010 geltenden Rechtslage muss er daher die belastete Erbschaft immer **ausschlagen,** um den vollen Gesamtpflichtteil, bestehend aus dem ordentlichen und ergänzten Pflichtteil, zu erlangen (→ Rn. 5) (zu den anzustellenden taktischen Überlegungen mit Berechnungsbeispielen s. Bartsch ZErb 2009, 71); nach früherem Recht musste er dies bei 5 der Falllage des **§ 2306 Abs. 1 S. 2 aF,** also wenn der hinterlassene Erbteil die Hälfte des gesetzlichen Erbteils übersteigt. Mitunter wird der Pflichtteilsberechtigte jedoch die Erbschaft schon angenommen haben und erst später von der ergänzungspflichtigen Schenkung erfahren. Die hM hilft dem Pflichtteilsberechtigten hier allerdings mit einer **Anfechtungsmöglichkeit** nach § 119 (Burandt/Rojahn/Horn Rn. 6; jurisPK-BGB/Birkenheier Rn. 18; MüKoBGB/Lange Rn. 4; Grüneberg/Weidlich Rn. 4; RGRK-BGB/Johannsen Rn. 4; Staudinger/Herzog, 2021, Rn. 32; aA Leonhardt Anm. IIIc; Planck/Greiff Anm. 4: unbeachtlicher Motivirrtum). Dem ist zuzustimmen, da hier idR kein unbeachtlicher Rechtsfolgeirrtum vorliegt, sondern ein beachtlicher Irrtum über die Zusammensetzung des (fiktiven) Nachlasses, der als **Eigenschaftsirrtum** nach § 119 Abs. 2 zur Anfechtung berechtigt (vgl. Staudinger/Herzog, 2021, Rn. 32; iErg ebenso MüKoBGB/Lange Rn. 4, der aber einen Inhaltsirrtum annimmt, weil die Annahme den vollständigen oder teilweisen Verzicht auf Pflichtteilsergänzungsanspruch einschließt). Auch der Irrtum des Erben, er dürfe im Anwendungsbereich des § 2306 Abs. 1 S. 2 aF die Erbschaft nicht ausschlagen, um seinen Pflichtteilsanspruch nicht zu verlieren, berechtigt zu einer Irrtumsanfechtung (vgl. BGH ZEV 2006, 498 mAnm Leipold). Zu beachten ist, dass die Ausschlagungsfrist nach § 2306 Abs. 1 Hs. 2 erst beginnt, wenn der Pflichtteilsberechtigte von der Beschränkung oder Beschwerung der Erbschaft **Kenntnis erlangt** hat. Diese Bestimmung kann jedoch nicht dahingehend analog angewandt werden, dass die Ausschlagungsfrist erst mit der Kenntnis der ergänzungspflichtigen Schenkung zu laufen beginnt, denn die Ausnahmevorschrift des § 2306 ist ihrem Normzweck nach hier nicht anwendbar (MüKoBGB/Lange Rn. 4; Grüneberg/Weidlich Rn. 4; Soergel/Beck Rn. 8; Staudinger/Herzog, 2021, Rn. 33).

6 Die **Ausschlagung** (und die ihr gleichstehende Anfechtung der Erbschaftsannahme) ist jedoch äußerst risikobehaftet und problematisch: Nach dem klaren Wortlaut des § 2326 **S. 2** wird auch der hinterlassene, aber ausgeschlagene Erbteil vom Pflichtteilsergänzungsanspruch nach wie vor abgezogen (MüKoBGB/Lange Rn. 6). Dies ist bei Ausschlagung eines unbelasteten Erbteils sachgerecht, führt aber dann zu Härten, wenn der Pflichtteilsberechtigte nach **§ 2306 Abs. 1** (früher § 2306 Abs. 1 S. 2) ausschlagen muss, um wenigstens seinen unbeschwerten Pflichtteil zu erhalten. Die hM nimmt daher bei diesem Fall auf Grund einer **teleologischen Reduktion** ausnahmsweise **keine Anrechnung** des Hinterlassenen aber Ausgeschlagenen vor, weil sonst der Erblasser durch geschickte Kombination von Schenkung und belasteter letztwilliger Zuwendung den Pflichtteilsschutz unterlaufen könnte (Staudinger/Herzog, 2021, Rn. 23; MüKoBGB/Lange Rn. 6; entgegen Schindler ZErb 2006, 186 (189) hilft auch hier keine erweiternde Anwendung der Werttheorie weiter, wonach für die Bemessung der Wertgrenze des § 2306 Abs. 1 S. 1 auch Pflichtteilsergänzungsansprüche einzubeziehen seien, denn es bleibt immer noch der Wortlaut des § 2326 S. 2, wonach der Anspruch ausgeschlossen ist, soweit der Wert des „mehr Hinterlassenen reicht"; dies entbindet immer noch nicht von der wertenden Entscheidung, ob das „Ausgeschlagene" anzurechnen ist).

7 Für die vor dem 1.1.2010 eingetretenen, noch **nach altem Recht** zu behandelnden Erbfälle war im Anwendungsbereich von § 2306 Abs. 1 S. 1 aF keine Ausschlagung erforderlich, weil auch so die Beschränkungen wegfielen, weshalb kein Korrekturbedarf bestand. Schlug der Pflichtteilsberechtigte aus, so behielt er vom ordentlichen Pflichtteil nur den Pflichtteilsrestanspruch (§ 2305); der Ergänzungsanspruch bestand dann aber nur in Höhe der Differenz zwischen dem hinterlassenen, wenn auch ausgeschlagenen, Erbteil und dem Gesamtpflichtteil (J. Mayer in MSTBW PflichtteilsR-HdB, 1. Aufl. 2003, § 8 Rn. 150; jurisPK-BGB/Birkenheier Rn. 9).

8 **d) Pflichtteilsansprüche anderer Pflichtteilsberechtigter.** Noch wenig diskutiert und in der Rspr. noch nicht entschieden ist bislang die Frage, wie sich der Wert des „Hinterlassenen" berechnet, wenn der Allein- oder Miterbe pflichtteilsergänzungsberechtigt ist, aber seinerseits anderen Pflichtteilsberechtigten einen **ordentlichen Pflichtteil** (§§ 2303 ff.) schuldet. Gegen einen Abzug der Pflichtteilsansprüche der anderen Berechtigten spricht, dass diese auch im Rahmen der Berechnung des Nachlasswertes nach § 2311 außer Betracht bleiben (→ § 2311 Rn. 14). Ließe man den Abzug auch bei der Bemessung des „Hinterlassenen" nicht zu, hätte dies jedoch eine Benachteiligung des allein-/miterbenden Pflichtteilsberechtigten gegenüber einem enterbten Pflichtteilsberechtigten zur Folge. Es spricht daher viel dafür, im Rahmen des § 2326 S. 2 ausnahmsweise einen Abzug der ordentlichen Pflichtteilsansprüche anderer Pflichtteilsberechtigter zuzulassen (vgl. dazu ausf. Schindler ErbR 2019, 218 ff.; BeckOGK/Schindler, 1.4.2022, Rn. 30 ff.; zust. Staudinger/Herzog, 2021, Rn. 34; Bühler DNotZ 2022, 10 (18)).

9 **2. Vermächtniszuwendung an den Pflichtteilsberechtigten.** Die Vorschrift ist auch anwendbar, wenn der Pflichtteilsberechtigte ein Vermächtnis erhält, wie sich der Wendung „hinterlassen" in S. 2 ergibt (allgM, BeckOGK/A. Schindler, 1.4.2022, Rn. 6; MüKoBGB/Lange

Rn. 1; NK-BGB/Bock Rn. 12). Soweit daher der Vermächtniswert den Wert des ordentlichen Pflichtteils übersteigt, greift die Anrechnung auf den Ergänzungsanspruch nach S. 2 ein (MüKoBGB/Lange Rn. 5; eingehende Problemdarstellung mit den verschiedenen Falllagen bei jurisPK-BGB/Birkenheier Rn. 23 ff.). Dies macht sich die Kautelarpraxis zu Nutze, um anstelle des nicht zum Nachlass gehörenden Pflichtteilsergänzungsanspruchs, der auf einen Sozialhilfeträger frei überleitbar wäre (§ 93 SGB XII) ein Vermächtnis anzuordnen, das einer Testamentsvollstreckung und einem Nachvermächtnis unterworfen werden kann und so etwa beim Behindertentestament dem Zugriff des Sozialhilfeträgers entzogen ist (eingehend Weidlich ZEV 2001, 94 (96 f.); Schindler ZErb 2006, 186 (192 ff.); vgl. dazu auch Staudinger/Herzog, 2021, Rn. 26). Bleibt der Wert des Vermächtnisses hinter dem ordentlichen Pflichtteil zurück, so erhält der Vermächtnisnehmer das Vermächtnis, den Pflichtteilsrestanspruch nach § 2307 Abs. 1 S. 2 Hs. 1 sowie den vollen Ergänzungsanspruch (NK-BGB/Bock Rn. 12; jurisPK-BGB/Birkenheier Rn. 23). **Beschränkungen** und Beschwerungen des Vermächtnisses bleiben auch hier außer Betracht (arg. § 2307 Abs. 1 S. 2), mindern also nicht den Abzugsposten (Staudinger/Herzog, 2021, Rn. 26; MüKoBGB/Lange Rn. 5; Lange/Kuchinke ErbR § 37 X Fn. 436). Zur Erbschaft → Rn. 4. Die **Vermächtnisausschlagung** berührt zwar nach § 2307 Abs. 1 S. 1 den ordentlichen Pflichtteil nicht (MüKoBGB/Lange Rn. 6). Soweit es sich jedoch um ein unbelastetes und unbeschränktes Vermächtnis handelt, hat dies entspr. dem Wortlaut des S. 2 und wie bei der Erbschaft zur Folge, dass dadurch der Anrechnungsbetrag nicht vermindert und damit der Ergänzungspflichtteil nicht erhöht wird (Soergel/Beck Rn. 5; MüKoBGB/Lange Rn. 6; aA jurisPK-BGB/Birkenheier Rn. 30). Denn § 2326 will nur den Pflichtteilsschutz komplementieren, verleiht aber keinen Anspruch auf eine ungekürzte Nachlassbeteiligung in Geld. Hat der Pflichtteilsberechtigte ein beschwertes oder beschränktes Vermächtnis in **Unkenntnis der ergänzungspflichtigen Schenkung** angenommen, so kann er auch hier (zur Erbschaft → Rn. 4) nach § 119 die Annahme anfechten, das Vermächtnis ausschlagen und dann den ordentlichen Pflichtteil mit dem vollen Ergänzungspflichtteil verlangen (MüKoBGB/Lange Rn. 6; NK-BGB/Bock Rn. 13).

## § 2327 Beschenkter Pflichtteilsberechtigter

**(1) [1]Hat der Pflichtteilsberechtigte selbst ein Geschenk von dem Erblasser erhalten, so ist das Geschenk in gleicher Weise wie das dem Dritten gemachte Geschenk dem Nachlass hinzuzurechnen und zugleich dem Pflichtteilsberechtigten auf die Ergänzung anzurechnen. [2]Ein nach § 2315 anzurechnendes Geschenk ist auf den Gesamtbetrag des Pflichtteils und der Ergänzung anzurechnen.**

**(2) Ist der Pflichtteilsberechtigte ein Abkömmling des Erblassers, so findet die Vorschrift des § 2051 Abs. 1 entsprechende Anwendung.**

### Überblick

Die Vorschrift bestimmt, dass **Geschenke** (→ Rn. 2), die der **Pflichtteilsberechtigte** (→ Rn. 5) vom **Erblasser** (→ Rn. 3) erhalten hat, auf den Pflichtteilsergänzungsanspruch anzurechnen sind. Dabei ist zwischen Eigengeschenken ohne Anrechnungs- und Ausgleichungspflicht (→ Rn. 7) und solchen, bei denen vom Erblasser die **Anrechnung** auf den Pflichtteil angeordnet wurde (→ Rn. 10), zu unterscheiden (vgl. Abs. 1 S. 2). Besondere Probleme verursacht die rechtliche Behandlung von ausgleichungspflichtigen Eigengeschenken (→ Rn. 14).

### I. Normzweck

Ein Wertungswiderspruch entstünde, wenn ein Pflichtteilsberechtigter bei Schenkungen an Dritte einen vollen Pflichtteilsergänzungsanspruch hätte, ohne dass dabei ein **Eigengeschenk,** das er selbst vom Erblasser erhalten hat, berücksichtigt würde (Mot. V 462). Er erhielte dann uU mehr als seinen Pflichtteil. Daher sieht die Vorschrift vor, dass Eigengeschenke dem Nachlass hinzuzurechnen und auf den Ergänzungsanspruch anzurechnen sind. Dabei wird in Anbindung an das allgemeine System zur Berücksichtigung von Vorempfängen zwischen Geschenken, die nicht nach § 2315 auf den Pflichtteil anzurechnen wären (Abs. 1 S. 1) und anrechnungspflichtigen Schenkungen (Abs. 1 S. 2), unterschieden. 1

## II. Voraussetzungen

2 **1. Schenkungen des Erblassers.** Berücksichtigungsfähig sind nur **Schenkungen** iSv §§ 516f. und zwar nur solche, die keine Pflicht- und Anstandsschenkungen sind (§ 2330) (Burandt/Rojahn/Horn Rn. 2; Damrau/Tanck/Lenz-Brendel Rn. 2; NK-BGB/Bock Rn. 3; Staudinger/Herzog, 2021, Rn. 7; Reimann ZEV 2018, 198 ff.). Gemischte Schenkungen können hinsichtlich ihres unentgeltlichen Teils anrechnungspflichtig sein (OLG Koblenz ZEV 2005, 312 Ls.). In jedem Fall muss es sich um eine **bestandskräftige** Schenkung handeln, die beispielsweise nicht nach § 2287 oder § 528 rückforderbar ist (vgl. auch Burandt/Rojahn/Horn Rn. 3). Anrechnungspflichtig sind nicht nur Schenkungen, die mit Pflichtteilsanrechnungsbestimmung iSv § 2315 Abs. 3 getätigt worden sind, sodass eine Anrechnung auch möglich ist, wenn die **Pflichtteilsanrechnung vergessen** oder absichtlich unterlassen wurde (vgl. Burandt/Rojahn/Horn Rn. 5; dort auch zur Empfehlung der „Flucht in die Pflichtteilsergänzung" zwecks Reduzierung von Pflichtteilsansprüchen bei Nichtvorhandensein einer Anrechnungsbestimmung). **Mehrere Schenkungen,** die an den gleichen Pflichtteilsberechtigten erfolgt sind, sind **insgesamt** dem Nachlass hinzurechnen (Mot. V 462; Staudinger/Herzog, 2021, Rn. 6; MüKoBGB/Lange Rn. 4).

3 Die Schenkung muss vom **Erblasser** selbst stammen. Dies gilt auch bei Vorliegen eines **Berliner Testaments** (§ 2269), sodass Eigengeschenke, die der Pflichtteilsberechtigte bereits vom erstverstorbenen Elternteil erhalten hat, nicht bei der Pflichtteilsberechnung nach dem Tod des länger lebenden Elternteils angesetzt werden können; es gilt vielmehr ein Trennungsgedanke mit engem Erblasserbegriff (BGHZ 88, 102 (105) = NJW 1983, 2875 = JZ 1984, 96 mAnm Kuchinke; OLG Koblenz ZEV 2010, 473; NK-BGB/Bock Rn. 4; MüKoBGB/Lange Rn. 5; Staudinger/Herzog, 2021, Rn. 11; eingehend zu kautelarjuristischen Vorkehrungen Mohr ZEV 1999, 257; aA KG OLGZ 1974, 257 = NJW 1974, 2131 und die früher hM). § 2327 kann jedoch nach hM analog angewandt werden, wenn es sich um mittelbare Zuwendungen des Erblassers über eine **Familienstiftung** handelt, indem diese dem Ergänzungsberechtigten kraft Satzung bestimmte Vermögensvorteile zu erbringen hat (RGZ 54, 399 (400 ff.); Staudinger/Herzog, 2021, Rn. 13; eingehend hierzu Rawert/Katschinski ZEV 1996, 161 (164 ff.); Schmid, Stiftungsrechtliche Zuwendungen im Erb- und Familienrecht, 2007, 163 ff.; aA Cornelius ZErb 2006, 230 (233 f.); Werner ZEV 2007, 560 (563)). Weitere Voraussetzung für eine Anrechnung des Eigengeschenks ist, dass außer der Schenkung an den Pflichtteilsberechtigten mindestens noch **eine weitere an eine andere Person** (Erbe, Pflichtteilsberechtigter oder sonstiger Dritter) erfolgte, hinsichtlich der Pflichtteilsergänzungsansprüche verfolgt werden (OLG München BWNotZ 2019, 200 (202) = BeckRS 2019, 1266; Soergel/Beck Rn. 2; Staudinger/Herzog, 2021, Rn. 6; RGRK-BGB/Johannsen Rn. 1). Ist ein beschenkter Abkömmling weggefallen, kann der an seine Stelle getretene Abkömmling daher keine Ergänzung verlangen, wenn keiner außer seinem Vorfahren beschenkt worden ist (OLG München BWNotZ 2019, 200 (202) = BeckRS 2019, 1266).

4 Die **Zehnjahresfrist** und die Abschmelzungsregelung des § 2325 Abs. 3 gelten nach hM bei § 2327 nicht, sodass Eigengeschenke **ohne jede zeitliche Schranke** und **in voller Höhe** zu berücksichtigen sind (BGHZ 108, 393 (399) = NJW 1990, 180; RGZ 69, 389; KG OLGZ 1974, 257 (261); OLG Koblenz ZEV 2005, 312 Ls.; MüKoBGB/Lange Rn. 7; Soergel/Beck Rn. 5; Staudinger/Herzog, 2021, Rn. 8; für Anwendung von Abs. 3, einschließlich der neuen Pro-rata-Regelung aufgrund verfassungskonformer Auslegung Zacher-Röder/Eichner ZEV 2011, 557). Dies wird zwar zum Teil als rechtspolitisch bedenklich angesehen (vgl. nur Staudinger/Herzog, 2021, Rn. 9 f.) und führt oft zu Beweisproblemen, ist aber nach dem klaren Gesetzeswortlaut hinzunehmen (gegen die rechtspolitische Kritik auch BeckOGK/A. Schindler, 1.4.2022, Rn. 20). Zudem muss sich der Pflichtteilsberechtigte auch Eigenschenkungen anrechnen lassen, wenn er zum damaligen Zeitpunkt **noch nicht pflichtteilsberechtigt** war (Damrau/Tanck/Lenz-Brendel Rn. 7; MüKoBGB/Lange Rn. 8; Soergel/Beck Rn. 5; Staudinger/Herzog, 2021, Rn. 10). Die kraft Gesetzes angeordnete Anrechnungspflicht von Eigengeschenken kann **vom Erblasser** einseitig **abbedungen** werden (vgl. BeckOGK/A. Schindler, Stand 1.4.2022, Rn. 48; Staudinger/Herzog, 2021, Rn. 18).

5 **2. Pflichtteilsberechtigter als Zuwendungsempfänger.** Zuwendungsempfänger muss grds. der **Pflichtteilsberechtigte** selbst sein. Eine Schenkung an einen Dritten, wie beispielsweise den Ehegatten des Pflichtteilsberechtigten, genügt nicht. Jedoch kann bei richtiger Betrachtung der Leistungsbeziehungen eine Kettenschenkung (zunächst an den Pflichtteilsberechtigten und anschließend an dessen Ehegatten) vorliegen, die dann zu berücksichtigen wäre (BGH LM Nr. 1 = DNotZ 1963, 113; Johannsen WM 1970, 238; Staudinger/Herzog, 2021, Rn. 14; aA KG NJW 1974, 2131).

Eine **Ausnahme** vom Grundsatz, dass nur Eigengeschenke anrechnungspflichtig sind, enthält **Abs. 2:** Bei Wegfall eines pflichtteilsberechtigten beschenkten **Abkömmlings** (vor oder nach dem Erbfall) ist der Eintretende verpflichtet, sich die Schenkung in gleicher Weise anrechnen zu lassen, wie der Zuwendungsempfänger (vgl. auch § 2315 Abs. 3). Bei Abkömmlingen sind damit auch Geschenke zugunsten des weggefallenen Vorgängers des an die Stelle getretenen Abkömmlings anzurechnen (Burandt/Rojahn/Horn Rn. 10 f. mit Fallbeispiel). Ein Pflichtteilsergänzungsanspruch des an die Stelle des Beschenkten getretenen Abkömmlings besteht jedoch nur, wenn neben dem Fortgefallenen ein weiterer Dritter beschenkt wurde (OLG München BeckRS 2019, 1266 = ErbR 2019, 308). 6

## III. Die einzelnen Anrechnungsfälle

**1. Reines Eigengeschenk ohne Anrechnungs- und Ausgleichungspflichten.** Soweit Anrechnung und Ausgleichung (§§ 2315, 2316) keine Rolle spielen, ist für die Berechnung des Pflichtteilsergänzungsanspruchs wie folgt zu verfahren: Sämtliche Eigengeschenke des Pflichtteilsberechtigten und auch sonstige Schenkungen, die ergänzungspflichtig sind, sind dem Nachlass hinzuzurechnen, und zwar mit den sich aus § 2325 Abs. 2 ergebenden Wertansätzen (jurisPK-BGB/Birkenheier Rn. 18; Burandt/Rojahn/Horn Rn. 15) und inflationsbereinigt (→ § 2315 Rn. 14) (zur Unmaßgeblichkeit des Ertragswerts im Falle eines zugewendeten Landgutes als Eigengeschenk vgl. DNotI-Gutachten, DNotI-Report 2020, 147 ff.). So ist der Ergänzungspflichtteil zu ermitteln und hiervon (idR aber nicht vom Gesamtpflichtteil) das Eigengeschenk abzuziehen. In einer **Formel** (vgl. auch W.Kössinger/Najdecki in Nieder/Kössinger Testamentsgestaltung-HdB § 2 Rn. 169): 7

$$EP = \left(\frac{N+S}{2Q} - \frac{N}{2Q}\right) - a$$

oder aufgelöst:

$$EP = \frac{S}{2Q} - a$$

Dabei ist EP der Ergänzungspflichtteil, N der reale Nachlass, S die Summe der Schenkungen (einschließlich der an den Pflichtteilsberechtigten), Q der Nenner der gesetzlichen Erbquote des Pflichtteilsberechtigten und a das Eigengeschenk des Ergänzungsberechtigten (Rechenbeispiele bei Staudinger/Herzog, 2021, Rn. 21 f.; Soergel/Beck Rn. 7). Ist der Nachlass nicht überschuldet, so kann der Ergänzungspflichtteil auch einfacher aus der Summe der Schenkungen berechnet und davon das Eigengeschenk abgezogen werden (Schindler, Pflichtteilsberechtigter Erbe und pflichtteilsberechtigter Beschenkter, 2004, Rn. 580; Soergel/Beck Rn. 7 aE). Beispiel → Rn. 7.1.

**Beispiel:** Nachlass 120.000, Erbin Witwe W aus Gütertrennungsehe, einziger sonstiger Pflichtteilsberechtigter Sohn S, der 3.000 als Schenkung erhielt, weiter zu berücksichtigende Schenkung von 15.000 an D. Der ordentliche Pflichtteil des S beträgt 30.000, der Pflichtteilsergänzungsanspruch infolge des Eigengeschenks ist 18.000 : 4 – 3.000 = 1.500. 7.1

Ist das Eigengeschenk größer als der Ergänzungspflichtteil (a > S : 2 Q), so muss der Pflichtteilsberechtigte nichts in den Nachlass zurückerstatten, hat jedoch auch keinen Pflichtteilsergänzungsanspruch mehr (jurisPK-BGB/Birkenheier Rn. 20). Eine Anrechnung auf den ordentlichen Pflichtteil erfolgt nicht, wie sich aus einem Gegenschluss aus Abs. 1 S. 2 ergibt (Soergel/Beck Rn. 18). Jedoch kann bei unzureichendem Nachlass der Beschenkte wegen seines Eigengeschenks von anderen Pflichtteilsberechtigten nach § 2329 Abs. 1 S. 1 in Anspruch genommen werden (Soergel/Beck Rn. 6; Bührer ZBlFG 15, 213 (222); Sturm/Sturm FS v. Lübtow, 1980, 599 (610)). 8

Machen **mehrere Pflichtteilsberechtigte,** die ein Eigengeschenk erhalten haben, einen Pflichtteilsergänzungsanspruch geltend, so ist für jeden von ihnen die Schenkung an die anderen, sofern sie ergänzungspflichtig ist, insbes. unter Berücksichtigung der Zeitgrenze und der Abschmelzung nach § 2325 Abs. 3, wie eine Schenkung an einen Dritten zu behandeln. Daher sind sämtliche ergänzungspflichtige Schenkungen zunächst nach §§ 2325, 2327 dem Nachlass hinzurechnen, jedoch ist dann dem jeweiligen Pflichtteilsberechtigte nur sein Eigengeschenk, aber ohne die Zeitgrenze und die Abschmelzung nach § 2325 Abs. 3, auf die Ergänzung anzurechnen (Schindler, Pflichtteilsberechtigter Erbe und pflichtteilsberechtigter Beschenkter, 2004, Rn. 582; Staudinger/Herzog, 2021, Rn. 24). 9

**2. Anrechnung der „anrechnungspflichtigen" Zuwendungen (Abs. 1 S. 2).** Soweit der Erblasser nach § 2315 ein Geschenk für anrechnungspflichtig erklärt, so muss sich der Zuwen- 10 dungsempfänger die Zuwendung auf den Gesamtbetrag von ordentlichem Pflichtteil und Ergänzung anrechnen lassen. Dem Berechtigten soll aus diesem Gesamtbetrag lediglich noch ein um den Wert der anzurechnenden Schenkung verminderter Pflichtteilsbetrag zustehen. Denn diese wurde bereits bei der Berechnung des ordentlichen Pflichtteils in Abzug gebracht. Wie jedoch diese Anrechnung konkret zu erfolgen hat, regelt das Gesetz nicht. Einigkeit besteht insoweit, dass **keine Doppelanrechnung** erfolgen darf. Umstritten ist jedoch, ob das Eigengeschenk von dem ordentlichen Pflichtteil oder dem Ergänzungsanspruch abzuziehen ist. Dies ist deshalb von großer praktischer Bedeutung, weil sich der Pflichtteilsberechtigte wegen des ordentlichen Pflichtteils nur an den Nachlass halten kann, beim Ergänzungsanspruch aber subsidiär ein Anspruch nach § 2329 besteht (Staudinger/Herzog, 2021, Rn. 35 wendet sich dagegen, die Haftung nach § 2329 von der Reihenfolge der gewählten Anrechnung abhängig zu machen; aA Soergel/Beck Rn. 13; Sturm/Sturm FS v. Lübtow, 1980, 599 (611 ff.)).

11 Hierzu werden in der Lit. vier **verschiedene Berechnungsmethoden** vertreten (Soergel/Beck Rn. 8 f.; Sturm/Sturm FS v. Lübtow, 1980, 599 (611 ff.); Haegele BWNotZ 1972, 69 (72); Übersicht mit Berechnungsbeispielen bei Kasper, Anrechnung und Ausgleichung im Pflichtteilsrecht, 1999, 33 ff.). Am zutreffendsten dürfte die von Dieckmann (Soergel/Dieckmann, 13. Aufl. 2002, Rn. 8 f.; jetzt auch Soergel/Beck Rn. 8 f.; aA Staudinger/Herzog, 2021, Rn. 33) sein, wie Kasper nachgewiesen hat (Kasper, Anrechnung und Ausgleichung im Pflichtteilsrecht, 1999, 36 ff.). Dieckmann geht auch hier vom Grundfall des § 2327 Abs. 1 S. 1 aus. Der Unterschied dazu bestehe nur darin, dass sich der Ergänzungspflichtteil nicht aus der Differenz zwischen dem nach § 2327 Abs. 1 S. 1 um den Wert des Eigengeschenks bereinigten Gesamtpflichtteil und dem nach §§ 2303, 2311 ermittelten ordentlichen Pflichtteil ergibt, sondern wegen des nunmehr anzurechnenden Eigengeschenks aus der Differenz zwischen dem gem. § 2327 Abs. 1 S. 1 bereinigten Gesamtpflichtteil und dem jetzt nach § 2315 zu berechnenden (verkürzten) Pflichtteil. Das Berechnungsverfahren entspreche also im Wesentlichen dem nach Abs. 1 S. 1. Beispiel → Rn. 11.1.

11.1 **Beispiel** (aus Soergel/Beck Rn. 9):
Der Erblasser hinterlässt einen Nachlass von 100.000. Erbe ist der Freund F; der einzige Pflichtteilsberechtigte S ist enterbt. Schenkungen: An D 60.000 und S (anrechnungspflichtig) 40.000.
Gesamtpflichtteil für S: (100.000 + 60.000 + 40.000) : 2 = 100.000
Bereinigter Gesamtpflichtteil von S:
100.000 – 40.000 = 60.000
Ordentlicher Pflichtteil für S unter Berücksichtigung der Anrechnung:
(140.000 : 2) – 40.000 = 30.000
Ergänzungspflichtteil
60.000 – 30.000 = 30.000.

12 In einer Formel (W. Kössinger/Najdecki in Nieder/Kössinger Testamentsgestaltung-HdB § 2 Rn. 323) (Abkürzungen wie vor):

$$EP = \left(\frac{N + S}{2Q} - a\right) - \left(\frac{N + a}{2Q} - a\right)$$

13 Das Eigengeschenk ist nach hM dabei mit dem sich aus § 2315 Abs. 2 S. 2 ergebenden Wert **zum Zeitpunkt der Schenkung** anzusetzen, und nicht mit dem des § 2325 Abs. 2 (also nicht nach dem Niederstwertprinzip), da § 2327 Abs. 1 S. 2 auch insoweit auf § 2315 verweist (Grüneberg/Weidlich Rn. 2; NK-BGB/Bock Rn. 11; RGRK-BGB/Johannsen Rn. 5; Soergel/Beck Rn. 8; Damrau/Tanck/Lenz-Brendel Rn. 14; aA Staudinger/Herzog, 2021, Rn. 36; offenlassend MüKoBGB/Lange Rn. 17).

14 **3. Ausgleichungspflichtige Eigengeschenke.** Ausgleichungspflichtige Zuwendungen können auch Schenkungen sein (etwa § 2050 Abs. 3), die der Pflichtteilsberechtigte erhalten hat. Deren Behandlung ist im Gesetz nicht geregelt. Daraus kann aber nicht der Gegenschluss gezogen werden, dass diese bei § 2327 nie zu berücksichtigen wären (so Staudinger/Herzog, 2021, Rn. 26; anders die hM, NK-BGB/Bock Rn. 13; Damrau/Tanck/Lenz-Brendel Rn. 19; jurisPK-BGB/Birkenheier Rn. 29 ff.). Hier sind zwei Dinge zu berücksichtigen (Soergel/Beck Rn. 14):

(1) Zunächst sind die Grundsätze über das Verhältnis Pflichtteilsergänzungsanspruch und Ausgleichung zu beachten (→ § 2316 Rn. 23 ff.). Danach ist der ordentliche Pflichtteil unter Berücksichtigung der Ausgleichung zu berechnen. Anschließend wird der Gesamtpflichtteil (einschließlich aller ergänzungspflichtigen Geschenke, des Eigengeschenks und der ausgleichungspflichtigen Zuwendungen) ermittelt. Die Differenz ergibt den Ergänzungspflichtteil.

(2) Anschließend ist zu klären, wie und in welchem Umfang die Eigenschenkung vom so errechneten Ergänzungsanspruch abzuziehen ist. Da die zugleich ausgleichungspflichtige Schenkung bereits im Rahmen der Ausgleichungsberechnung zur Hälfte berücksichtigt wird, ist zur Vermeidung einer Doppelanrechnung nur noch die andere Hälfte in entsprechender Anwendung des § 2327 Abs. 1 anzurechnen (Soergel/Beck Rn. 19; MüKoBGB/Lange Rn. 13; Lange/Kuchinke ErbR § 37 X 6e; Schindler, Pflichtteilsberechtigter Erbe und pflichtteilsberechtigter Beschenkter, 2004, Rn. 586; offenbar auch OLG Oldenburg ZEV 1998, 143 mAnm Dieckmann).

**Beispiel** (nach Soergel/Beck Rn. 20): Nachlass 40.000, Erbe ist F, ergänzungspflichtige Schenkung an D 12.000. Von den beiden enterbten Kindern erhielt S eine ausgleichungspflichtige Zuwendung von 16.000, von der ein Teil von 4.000 eine Schenkung ist. Pflichtteil des S? 14.1

Ordentlicher Pflichtteil des S nach § 2316:
{((40.000 + 16.000) : 2) – 16.000} : 2 = 6.000
**Gesamtpflichtteil** (nach der Berechnungsmethode des BGH, → § 2316 Rn. 25):
{((40.000 + 12.000 + 16.000): 2) – 16.000} : 2 = 9.000
**Ergänzungspflichtteil** (ohne Anrechnung Eigengeschenk):
Gesamtpflichtteil ./. ordentlicher Pflichtteil = 3.000.
**Abzüglich Eigengeschenk** (Wert 4.000): dieses aber zur Vermeidung einer Doppelberücksichtigung nur zur Hälfte:
3.000 – 2.000 = 1.000 als effektiver Ergänzungsanspruch.

## IV. Beweislast, Verfahrensfragen

Die Beweislast für die Behauptung, der Berechtigte habe selbst vom Erblasser eine Schenkung erhalten, und für den Wert derselben trifft den **Erben** bzw. bei § 2329 den **Beschenkten** (BGH NJW 1964, 1414; MüKoBGB/Lange Rn. 10; Staudinger/Herzog, 2021, Rn. 17). Der Ergänzungsberechtigte ist hinsichtlich Eigenschenkungen **auskunftspflichtig** nach § 2314 (BGH NJW 1964, 1414; MüKoBGB/Lange Rn. 10; Soergel/Beck Rn. 2; Staudinger/Herzog, 2021, Rn. 17). 15

§ 2327 begründet nicht nur eine Einrede; Eigengeschenke sind vielmehr bei der Berechnung des Ergänzungsanspruchs **von Amts wegen** zu berücksichtigen (MüKoBGB/Lange Rn. 10; Staudinger/Herzog, 2021, Rn. 18). Dies gilt allerdings nur, soweit der Erblasser die Anrechnung nicht ausgeschlossen hat (→ Rn. 4).dc 16

## § 2328 Selbst pflichtteilsberechtigter Erbe

**Ist der Erbe selbst pflichtteilsberechtigt, so kann er die Ergänzung des Pflichtteils soweit verweigern, dass ihm sein eigener Pflichtteil mit Einschluss dessen verbleibt, was ihm zur Ergänzung des Pflichtteils gebühren würde.**

### Überblick

Die Vorschrift gewährt dem pflichtteilsberechtigten **Alleinerben** (→ Rn. 1) oder Miterben (→ Rn. 2) gegenüber dem Ergänzungsanspruch eines anderen Pflichtteilsberechtigten ein **Leistungsverweigerungsrecht** (→ Rn. 8) dahingehend, dass ihm der **Gesamtpflichtteil** (→ Rn. 2), also sein ordentlicher Pflichtteil sowie ein etwaiger Pflichtteilsergänzungsanspruch wegen Schenkung an andere, verbleibt.

## I. Normzweck, Voraussetzungen

**1. Allgemeines.** Der Pflichtteilsergänzungsanspruch richtet sich in erster Linie gegen den Erben (§§ 2325, 2329). § 2328 gibt daher dem **selbst pflichtteilsberechtigten Erben** ein **Leistungsverweigerungsrecht** gegenüber Ergänzungsansprüchen anderer Pflichtteilsberechtigter dahingehend, dass ihm selbst der eigene Pflichtteil, einschließlich einer ihm selbst gebührenden Pflichtteilsergänzung, verbleibt (BGHZ 85, 274 (284 ff.) = NJW 1983, 1485). Dadurch wird der pflichtteilsberechtigte Erbe gegenüber den anderen Pflichtteilsberechtigten bevorzugt. Denn er erhält den Pflichtteil einschließlich seiner Ergänzung vorneweg aus dem Nachlass und muss seinen Ergänzungsanspruch nicht gegen den Beschenkten durchsetzen. Dies soll sogar im Nachlassinsolvenzverfahren gelten (Schindler, Pflichtteilsberechtigter Erbe und pflichtteilsberechtigter 1

Beschenkter, 2004, Rn. 624). Dagegen werden die anderen **Ergänzungsberechtigten** auf die Inanspruchnahme des **Beschenkten** verwiesen (§ 2329), sofern der Restnachlass zu deren Befriedigung nicht genügt (Damrau/Lenz-Brendel Rn. 2; Staudinger/Herzog, 2021, Rn. 3; MüKoBGB/Lange Rn. 2; Soergel/Beck Rn. 4; Schindler, Pflichtteilsberechtigter Erbe und pflichtteilsberechtigter Beschenkter, 2004, Rn. 624 mwN). Beispiel → Rn. 1.1.

1.1 **Beispiel** (aus Soergel/Beck Rn. 4): Witwer W hinterlässt im Nachlass 10.000 EUR und hat seinen Sohn S zum Alleinerben berufen, die einzige andere pflichtteilsberechtigte Tochter T wurde enterbt. Schenkung an D 20.000 EUR.

Ordentlicher Pflichtteil: je 2.500 EUR; ergänzter Pflichtteil je 7.500 EUR. Der S muss zwar an T den ordentlichen Pflichtteil von 2.500 EUR zahlen; den Ergänzungsanspruch kann er aber nach § 2328 abwehren, weil ihm 7.500 EUR verbleiben müssen, und zwar auch dann, wenn T beim Beschenkten nach § 2329 ausfällt.

2 § 2328 steht auch dem **Miterben** zu und ergänzt insoweit den Schutz des § 2319, der für den ordentlichen Pflichtteil gilt. Bei Vorhandensein von Miterben kommt jedoch ein Ergänzungsanspruch gegen den Beschenkten (§ 2329) nur dann in Betracht, wenn der Ergänzungsberechtigte nicht von den anderen Miterben Erfüllung des Anspruchs erhält (MüKoBGB/Lange Rn. 8; Lange/Kuchinke ErbR § 37 X 6a). Verteidigen kann der pflichtteilsberechtigte Erbe aber nur seinen **konkreten Gesamtpflichtteil,** bestehend aus ordentlichem plus ergänztem Pflichtteil (Soergel/Beck Rn. 5; Schindler, Pflichtteilsberechtigter Erbe und pflichtteilsberechtigter Beschenkter, 2004, Rn. 625; Tanck ZErb 2001, 194 (196)). Dabei ist der Kürzungsbetrag nach § 2326 S. 2 nicht zu berücksichtigen, da die Enterbung fingiert wird (Schindler, Pflichtteilsberechtigter Erbe und pflichtteilsberechtigter Beschenkter, 2004, Rn. 625 Fn. 1098; Damrau/Tanck/Lenz-Brendel Rn. 5). Vielmehr ist der Gesamtpflichtteil so zu ermitteln, wie wenn der pflichtteilsberechtigte Erbe nicht Erbe geworden wäre; daher sind **Anrechnungs- und Ausgleichungspflichten** (Soergel/Beck Rn. 5) ebenso zu berücksichtigen wie **Eigengeschenke nach § 2327** (Damrau/Tanck/Lenz-Brendel Rn. 3; Schindler, Pflichtteilsberechtigter Erbe und pflichtteilsberechtigter Beschenkter, 2004, Rn. 625; Staudinger/Herzog, 2021, Rn. 14), was dazu führen kann, dass der Pflichtteilsberechtigte nur seinen ordentlichen Pflichtteil gegen den Ergänzungsanspruch eines weiteren Pflichtteilsberechtigten verteidigen kann (Damrau/Tanck/Lenz-Brendel Rn. 5).

3 Das Leistungsverweigerungsrecht bedarf jedoch einer **teleologischen Einschränkung:** Soweit dem pflichtteilsberechtigten Miterben selbst ein Pflichtteilsergänzungsanspruch gegen die anderen Miterben nach §§ 2325, 2326 oder dem Alleinerben ein Ergänzungsanspruch gegen den Beschenkten nach § 2329 zusteht, so können sie hierdurch ihren ergänzten Pflichtteil verlangen, sodass § 2328 ausnahmsweise nur zur Verteidigung des **ordentlichen Pflichtteils** berechtigt. Ansonsten wären sie durch den Ergänzungsanspruch gegen die anderen und das Leistungsverweigerungsrecht nach § 2328 gegen den Ergänzungsberechtigten doppelt begünstigt (Schindler, Pflichtteilsberechtigter Erbe und pflichtteilsberechtigter Beschenkter, 2004, Rn. 627 ff. mit Beispielen; HK-PflichtteilsR/Gietl Rn. 5).

4 Der pflichtteilsberechtigte Erbe kann seinen „konkreten Gesamtpflichtteil" verteidigen (→ Rn. 2). Dabei kommt es im Falle einer **Zugewinngemeinschaftsehe** (ebenso bei gleichgeschlechtlichen Lebenspartnern, § 6 Abs. 2 S. 4, 10 Abs. 2 LPartG) auf den **großen Pflichtteil** an, wenn es zur erbrechtlichen Lösung kommt (→ § 2303 Rn. 40) (Damrau/Tanck/Lenz-Brendel Rn. 4; Burandt/Rojahn/Horn Rn. 6); bei der güterrechtlichen Lösung (§ 1371 Abs. 2 und 3) wird dagegen der Ehegatte gar nicht Erbe, sodass § 2328 nicht anwendbar ist (Staudinger/Herzog, 2021, Rn. 23).

5 **2. Schutz gegen Vermächtnisse, Auflagen.** Gegenüber Beeinträchtigungen, die den Erben durch **Vermächtnisse** und Auflagen **in Verbindung mit dem Pflichtteilsergänzungsanspruch** anderer belasten, kann sich der Erbe durch das Kürzungsrecht nach § 2318 Abs. 1 schützen, wodurch er die Pflichtteilsergänzungslast auf den Vermächtnisnehmer und Auflagenbegünstigten abwälzen kann (MüKoBGB/Lange Rn. 13; Soergel/Beck Rn. 10). Dabei ist jedoch zu beachten, dass **§ 2318 Abs. 3** den eigenen Pflichtteil gegen die bloße Inanspruchnahme aus Vermächtnissen und Auflagen (ohne das Hinzukommen weiterer Pflichtteilsansprüche) gerade nicht schützt, und daher auch nicht den eigenen Ergänzungspflichtteil (MüKoBGB/Lange Rn. 13; Soergel/Beck Rn. 10). Hier hilft in den Fällen, in denen mehr als die Hälfte des gesetzlichen Erbteils hinterlassen ist, nur die Ausschlagung nach § 2306 Abs. 1 (vgl. BGHZ 95, 222 = NJW 1985, 2828) (→ § 2318 Rn. 9).

6 **3. Veränderungen des Nachlasswertes. Umstritten** ist, ob das Leistungsverweigerungsrecht auch dann eingreift, wenn infolge einer **erst nach dem Erbfall eingetretenen Wertminderung**

des Nachlasses der pflichtteilsberechtigte Erbe nicht mehr in der Lage ist, den Pflichtteilsergänzungsanspruch zu erfüllen, ohne seinen eigenen ordentlichen und ergänzten Pflichtteil zu gefährden. Der **BGH** hat dies **bejaht** und gibt ihm entspr. § 1990 eine Dürftigkeitseinrede, die ihm das Recht gewährt, vorweg seinen Gesamtpflichtteil zu verteidigen (BGHZ 85, 274 (286 f.) = NJW 1983, 1485; ebenso NK-BGB/Bock Rn. 6; jurisPK-BGB/Birkenheier Rn. 17; Schindler, Pflichtteilsberechtigter Erbe und pflichtteilsberechtigter Beschenkter, 2004, Rn. 659 ff.; BeckOGK/A. Schindler, 1.4.2022, Rn. 42 f.; Staudinger/Herzog, 2021, Rn. 11; aA MüKoBGB/Lange Rn. 11; krit. gegenüber dem BGH auch Soergel/Beck Rn. 9; Burandt/Rojahn/Horn Rn. 12). Dagegen spricht zwar das Stichtagsprinzip (§ 2311 Abs. 1) und dass dadurch der pflichtteilsberechtigte Erbe gegenüber dem Ergänzungsanspruch stärker bevorzugt wird als gegenüber dem ordentlichen Pflichtteilsanspruch, bei dem der Erbe in solchen Fällen das uneingeschränkte Risiko der späteren Wertminderung trägt. Letzteres wird jedoch für den Pflichtteilsberechtigten durch die Ausfallhaftung nach § 2329 kompensiert. Für den BGH spricht auch, dass es auf einer bewussten gesetzgeberischen Entscheidung beruht, dass der pflichtteilsberechtigte Erbe gegenüber einem Ergänzungsanspruch seinen Gesamtpflichtteil verteidigen kann. Konstruktiv bedingt ist dies aber nicht durch eine „Vorwegzahlung" aus dem Nachlass an den pflichtteilsberechtigten Erben möglich. Daher muss man ihm zur Erhaltung dieser Vorzugsstellung bei einer später eintretenden Minderung des Nachlasswertes – entspr. wie bei anderen Ansprüchen des Erben im Rahmen von §§ 1990, 1991 – ein Vorwegbefriedigungsrecht zur Verteidigung seines Gesamtpflichtteils zugestehen (ähnlich Schindler, Pflichtteilsberechtigter Erbe und pflichtteilsberechtigter Beschenkter, 2004, Rn. 659 f.). Insofern spricht der BGH zu Recht auch die Dürftigkeitseinrede in diesem Zusammenhang an, auch wenn die unterschiedliche Wirkung dieser Einreden zu beachten ist: § 2328 betrifft unmittelbar bereits die Höhe des Pflichtteilsergänzungsanspruchs gegen den pflichtteilsberechtigten Erben und kürzt diesen entspr., während bei einer dann etwa noch verbleibenden Haftung der Erbe diese nach der allgemeinen Bestimmung des § 1990 auf den Nachlass beschränken kann (Schindler, Pflichtteilsberechtigter Erbe und pflichtteilsberechtigter Beschenkter, 2004, Rn. 662 ff.; zur Anwendbarkeit beider Einreden in dieser sachlichen Stufenfolge s. auch BGH FamRZ 1989, 273 (275)).

**Allgemein anerkannt** ist andererseits, dass eine **nach dem Erbfall** eintretende allgemeine **Wertsteigerung** für das Bestehen und den Umfang des Leistungsverweigerungsrechts unerheblich ist (MüKoBGB/Lange Rn. 11; Soergel/Beck Rn. 7; Staudinger/Herzog, 2021, Rn. 17; Schindler, Pflichtteilsberechtigter Erbe und pflichtteilsberechtigter Beschenkter, 2004, Rn. 654 f.). Allerdings kann diese dazu führen, dass der pflichtteilsberechtigte Erbe nunmehr, selbst unter Wahrung seines Gesamtpflichtteils, den Pflichtteilsergänzungsanspruch aus dem Nachlass voll erfüllen kann und daher keine Haftungsverlagerung auf den Beschenkten nach § 2329 eintritt (Schindler, Pflichtteilsberechtigter Erbe und pflichtteilsberechtigter Beschenkter, 2004, Rn. 645 f.; dort und bei Soergel/Beck Rn. 7 auch zu den sich hieraus ergebenden Verfahrensfragen). Soweit die Wertsteigerung des pflichtteilsrelevanten realen Nachlasses jedoch auf Umständen beruhen, die gem. § **2313** zu einer Erhöhung des ordentlichen Pflichtteils des pflichtteilsberechtigten Erben führen, erhöht dies auch entspr. sein Leistungsverweigerungsrecht. 7

## II. Rechtsfolge

**1. Leistungsverweigerungsrecht des Erben.** § 2328 gibt dem abstrakt pflichtteilsberechtigten Erben ein **Leistungsverweigerungsrecht** (peremptorische Einrede) gegen den Pflichtteilsergänzungsanspruch dahingehend, dass ihm sein **Gesamtpflichtteil,** bestehend aus ordentlichem und ergänztem Pflichtteil (→ Rn. 2), verbleibt. Jedoch schützt dieses nicht gegenüber dem ordentlichen Pflichtteilsanspruch des anderen Pflichtteilsberechtigten, wie sich schon aus dem Wortlaut der Vorschrift ergibt (jurisPK-BGB/Birkenheier Rn. 10; Staudinger/Herzog, 2021, Rn. 14). Soweit die Haftung des **Alleinerben** wegen § 2328 entfällt, tritt eine Haftungsverlagerung auf den Beschenkten nach § 2329 ein, wobei umstritten ist, ob dies voraussetzt, dass der pflichtteilsberechtigte Erbe die Einrede des § 2328 erhoben hat (→ § 2329 Rn. 8). Bei **Miterben** besteht ein Pflichtteilsergänzungsanspruch gegen den Beschenkten erst dann, wenn diese gegenüber dem Ergänzungsberechtigten nicht haften (→ Rn. 2). 8

**2. Befriedigung ohne Erhebung der Einrede. Befriedigt** der pflichtteilsberechtigte Erbe den Ergänzungsberechtigten, **ohne die Einrede des § 2328** zu erheben und ohne dass sein Gesamtpflichtteil gewahrt ist, so kann der pflichtteilsberechtigte Erbe nach hM gegen den Beschenkten nach den Grundsätzen der **Geschäftsführung ohne Auftrag** vorgehen, sofern dieser dadurch von seiner Haftung nach § 2329 befreit wurde (Damrau/Tanck/Lenz-Brendel 9

Rn. 10; Staudinger/Herzog, 2021, Rn. 22; Soergel/Beck Rn. 11; aA Schindler, Pflichtteilsberechtigter Erbe und pflichtteilsberechtigter Beschenkter, 2004, Rn. 673 f.; BeckOGK/A. Schindler, 1.4.2022, Rn. 54, der zu Recht bei der Tilgung der vermeintlichen eigenen Schuld den erforderlichen Fremdgeschäftsführungswillen verneint). Ob er stattdessen einen Bereicherungsanspruch (§ 813) gegen den Ergänzungsberechtigten hat, wenn er sein Leistungsverweigerungsrecht bei der Zahlung nicht kannte, ist umstr. (bejahend AK-BGB/Däubler Rn. 5; Jahr JuS 1964, 125 (126 f.); Staudinger/Herzog, 2021, Rn. 22; zweifelnd Soergel/Beck Rn. 11; ausf. Schindler, Pflichtteilsberechtigter Erbe und pflichtteilsberechtigter Beschenkter, 2004, Rn. 669 ff.). Dies ist zu bejahen, wenn die Voraussetzungen für die Einrede bereits bei der Leistung gegeben waren (Schindler, Pflichtteilsberechtigter Erbe und pflichtteilsberechtigter Beschenkter, 2004, Rn. 669 ff.; BeckOGK/A. Schindler, 1.4.2022, Rn. 51).

## III. Ausschluss

10 Hat der Erbe auf seinen Pflichtteil verzichtet (§ 2346 Abs. 2), steht ihm das Leistungsverweigerungsrecht des § 2328 nicht zu (vgl. J. Mayer ZEV 2007, 556 (557 f.); Staudinger/Herzog, 2021, Rn. 7). Beim Pflichtteilsverzicht kann sich der Pflichtteilsberechtigte aber zulässigerweise das Leistungsverweigerungsrecht vorbehalten (Tanck ZErb 2001, 194 ff.; Burandt/Rojahn/Horn Rn. 13; Staudinger/Herzog, 2021, Rn. 7; aA J. Mayer ZEV 2007, 556 (557 f.)).

## IV. Verfahren

11 Im Rechtsstreit ist das Leistungsverweigerungsrecht nicht von Amts wegen, sondern lediglich auf **Einrede** des Berechtigten hin zu berücksichtigen (OLG Koblenz ZEV 2010, 194; HK-PflichtteilsR/Gietl Rn. 6).

## § 2329 Anspruch gegen den Beschenkten

**(1) [1]Soweit der Erbe zur Ergänzung des Pflichtteils nicht verpflichtet ist, kann der Pflichtteilsberechtigte von dem Beschenkten die Herausgabe des Geschenks zum Zwecke der Befriedigung wegen des fehlenden Betrags nach den Vorschriften über die Herausgabe einer ungerechtfertigten Bereicherung fordern. [2]Ist der Pflichtteilsberechtigte der alleinige Erbe, so steht ihm das gleiche Recht zu.**

**(2) Der Beschenkte kann die Herausgabe durch Zahlung des fehlenden Betrags abwenden.**

**(3) Unter mehreren Beschenkten haftet der früher Beschenkte nur insoweit, als der später Beschenkte nicht verpflichtet ist.**

**Schrifttum:** van Eymeren, Die Anwendung der Pro-rata-Regelung auf den Umfang der Ausfallhaftung des Letztbeschenkten, ZEV 2011, 343; Schindler, Das Abschmelzungsmodell des § 2325 Abs. 3 S. 1 BGB und seine Auswirkungen auf die Haftung des Letztbeschenkten nach § 2329 Abs. 1 und 3 BGB, ErbR 2011, 130; Schindler, Wert des mehr Hinterlassenen (§§ 2326 S. 2, 2329 Abs. 1 S. 2 BGB) bei ordentlichen Pflichtteilsansprüchen anderer Pflichtteilsberechtigter, ErbR 2019, 218; Siebert, Der Pflichtteilsergänzungsanspruch gegenüber dem Beschenkten, ZEV 2013, 241; Strobel, Lässt die Zustimmung des Pflichtteilsberechtigten zu einer Schenkung des Erblassers den Anspruch aus §§ 2325, 2329 BGB entfallen?, ErbR 2020, 778; Tanck, Die Durchgriffshaftung auf den Beschenkten nach § 2329 BGB, ZErb 2018, 329; Trappe, Die Pro-rata-Regelung bei der Pflichtteilsergänzung, ZEV 2010, 388; Trappe, Die Pro-rata-Regelung und die Haftung des Letztbeschenkten, ErbR 2013, 262.

## Überblick

Die Vorschrift gewährt dem Pflichtteilsberechtigten (→ Rn. 2) einen hilfsweisen Pflichtteilsergänzungsanspruch gegen den Beschenkten (→ Rn. 3), wenn der Erbe **nicht** zur Pflichtteilsergänzung **verpflichtet** ist (→ Rn. 10). Wurden mehrere Personen vom Erblasser beschenkt, muss nach **Abs. 3** primär der zuletzt Beschenkte in Anspruch genommen werden (→ Rn. 4). Der Anspruch aus § 2329 ist ein Pflichtteilsergänzungsanspruch, für den die §§ 2325 ff. grundsätzlich gelten (→ Rn. 9, → Rn. 17), er unterscheidet sich von § 2325 aber besonders hinsichtlich der Rechtsfolge, da er (grundsätzlich) keinen Geldzahlungsanspruch begründet, sondern auf **Duldung der Zwangsvollstreckung** in den geschenkten Gegenstand gerichtet ist (→ Rn. 13). Die Haftung des Beschenkten richtet sich nach Bereicherungsrecht (→ Rn. 16). Außerdem steht ihm nach **Abs. 2** eine Abwendungsbefugnis zu (→ Rn. 15). Die Haftung des Beschenkten kann in Konkurrenz zu anderen Vorschriften, wie zB § 2287, treten (→ Rn. 19). Zu verfahrensrechtlichen Fragen, wie zB nach der Beweislast, → Rn. 22.

## Übersicht



## I. Normzweck

Die Vorschrift ergänzt die Durchsetzung des Pflichtteilsergänzungsanspruchs nach § 2325 durch eine subsidiäre **Ausfallhaftung** des Beschenkten. Diese unterscheidet sich vom Pflichtteilsergänzungsanspruch gegen den Erben durch die Art und insbes. den Umfang der Haftung, denn diese ist beschränkt auf den **exakten Fehlbetrag** in Höhe der Differenz zwischen der Pflichtteilsergänzung, die der Pflichtteilsberechtigte nach § 2325 beanspruchen kann, und demjenigen, zu dessen Leistung der Erbe oder in den Fällen des § 2329 Abs. 3 der später Beschenkte iSv § 2329 verpflichtet ist (→ Rn. 18). Ist Grund wie Ausgestaltung des Anspruchs nach § 2329 zwar im Wesentlichen pflichtteilsrechtlich, so besteht insbes. wegen des Inhalts des Anspruchs, der idR auf **Duldung der Zwangsvollstreckung** geht, eine Nähe zu einem haftungsrechtlichen Anfechtungsanspruch (eingehend Schindler, Pflichtteilsberechtigter Erbe und pflichtteilsberechtigter Beschenkter, 2004, Rn. 869 ff.). Aus der Subsidiarität der Haftung des Beschenkten gegenüber dem Erben ergibt sich zugleich die **„Richtungsbeweglichkeit“** des Ergänzungsanspruchs auf der „Zeitschiene“ zwischen dem Erbfall und dem Zeitpunkt Geltendmachung des Pflichtteilsergänzungsanspruchs: Die Haftung kann sich in diesem Zeitraum vom Erben auf den Beschenkten, aber auch umgekehrt vom Beschenkten auf den Erben verlagern, und zwar je nach der Entwicklung von Umfang und Wert des Nachlasses (Dieckmann FS Beitzke, 1979, 399 (410 ff.); Schindler, Pflichtteilsberechtigter Erbe und pflichtteilsberechtigter Beschenkter, 2004, Rn. 725 ff.). Gleiches gilt für das Verhältnis mehrerer zu verschiedenen Zeitpunkten Beschenkter untereinander (→ Rn. 4 f.). 1

## II. Anspruchsvoraussetzungen

**1. Gläubiger.** Aktivlegitimiert sind nur solche Personen, die zum Kreis der **abstrakt Pflichtteilsberechtigten** gehören und ihr Pflichtteilsrecht nicht durch Verzicht oder begründete Pflichtteilsentziehung verloren haben (MüKoBGB/Lange Rn. 4). Sind mehrere Pflichtteilsberechtigte vorhanden, kann jeder für sich den Anspruch gegen den Beschenkten geltend machen. Ist der Anspruch auf Duldung der Zwangsvollstreckung gerichtet (→ Rn. 13), besteht wegen des besonderen Anspruchsinhalts Gesamtgläubigerschaft iSv § 428 (aA Staudinger/Herzog, 2021, Rn. 3). Ist der Pflichtteilsberechtigte der **alleinige Erbe,** so kann niemand aus dem Nachlass die Ergänzung verlangen, weil insoweit Konfusion eingetreten ist. Daher bestimmt **Abs. 1 S. 2,** dass ein Ergänzungsanspruch des **Alleinerben** (§ 2326) sich von Anfang an gegen den **Beschenkten** richtet. Auch die Eröffnung eines Nachlassinsolvenzverfahrens berührt die Befugnis des Alleinerben zur Geltendmachung des Ergänzungsanspruchs nicht (Staudinger/Herzog, 2021, Rn. 31). Eine erfolgreiche Anfechtung durch den Insolvenzverwalter (§§ 134, 145 InsO) führt jedoch zum Wegfall der Bereicherung und lässt daher insoweit den Anspruch aus § 2329 entfallen, da es zur Rückgewähr der Schenkung an die Insolvenzmasse kommt (Staudinger/Herzog, 2021, Rn. 44). Bei **mehreren pflichtteilsberechtigten Miterben** ist der Anspruch nach § 2325 eine Nachlassverbindlichkeit, sodass sich die Haftung des Beschenkten bereits nach Abs. 1 S. 1 bestimmt und eine Analogie zu Abs. 1 S. 2 mangels Regelungslücke nicht erforderlich ist (MüKoBGB/Lange Rn. 12; Staudinger/Herzog, 2021, Rn. 32; Schindler, Pflichtteilsberechtigter Erbe und pflichtteilsberech- 2 tigter Beschenkter, 2004, Rn. 798; anders BGHZ 80, 205 (208) = NJW 1981, 1446 (1447); Soergel/Beck Rn. 15).

3 **2. Schuldner des Anspruchs. a) Grundsätzliches.** Schuldner des Anspruchs ist der **Beschenkte,** nach seinem Tod seine Erben (BGHZ 80, 205 (209 ff.) = NJW 1981, 1446; Soergel/Beck Rn. 6). Ist der Erbe **zugleich** der **Beschenkte,** so kann er zunächst nach § 2325 auf Geldzahlung in Anspruch genommen werden und sich insoweit die Beschränkung der Erbenhaftung vorbehalten (§ 780 ZPO) (RGZ 80, 135 (136); Soergel/Beck Rn. 10). Soweit kein Anspruch nach § 2325 durchgesetzt werden kann (→ Rn. 10), kann er nach § 2329 als Beschenkter herangezogen werden, wobei diese Klage dann jedoch grds. nicht auf Zahlung, sondern auf **Duldung der Zwangsvollstreckung** gerichtet ist (→ Rn. 13). Stellt sich in einem Prozess die Notwendigkeit der Klageumstellung heraus, so hat das Gericht nach § 139 ZPO darauf hinzuweisen (BGH FamRZ 1961, 472. Dies ist auch keine unzulässige Klageänderung (BGH NJW 1974, 1327). Erfolgt die Klageumstellung nicht, so ist die Zahlungsklage als unbegründet abzuweisen.

4 **b) Mehrere Beschenkte (Abs. 3).** Von mehreren Beschenkten haftet in erster Linie der **zuletzt Beschenkte** (Abs. 3; Grundsatz der Posteriorität). Dabei kommt es auch hier auf den Zeitpunkt des Vollzugs der Schenkung an (BGHZ 85, 274 (283 f.) = NJW 1983, 1485; OLG Frankfurt ErbR 2008, 231 Ls.; MüKoBGB/Lange Rn. 22; Soergel/Beck Rn. 23). Ist das Schenkungsversprechen zurzeit des Erbfalls noch nicht erfüllt, entscheidet der Zeitpunkt des Erbfalls und nicht der vereinbarte spätere Fälligkeitszeitpunkt (BGHZ 85, 274, 283 f.; MüKoBGB/Lange Rn. 22; Soergel/Beck Rn. 23). Bei mehreren noch nicht erfüllten Schenkungsversprechen haften die entsprechenden Schenkungsberechtigten anteilsmäßig nach dem Verhältnis der Werte der an sie zu erbringenden Leistungen (Johannsen WM-Sonderbeil. 1/1985, 1 (33); Schindler, Pflichtteilsberechtigter Erbe und pflichtteilsberechtigter Beschenkter, 2004, Rn. 919, 944 ff.). Problematisch ist, wann der später Beschenkte „nicht mehr verpflichtet ist" und daher die Haftung auf den früher Beschenkten übergeht.

4.1 **Beispiel:** Der Erblasser hat den einzigen Pflichtteilsberechtigten S zum Alleinerben eingesetzt; der Nachlass ist wertlos. Ein Jahr vor dem Erbfall bekam X 6.000, zwei Jahre vorher Y 4.000 geschenkt. Der Pflichtteilsergänzungsanspruch beträgt (6.000 + 4.000) : 2 = 5.000. Soweit X zur Ergänzung verpflichtet ist (→ Rn. 5), haftet der früher Beschenkte Y nicht. Ist X aber nur noch zu 2.000 bereichert, so haftet Y in Höhe des Restbetrags von 3.000.

5 Nach der Rspr. und ganz hM haftet der **früher Beschenkte** (also Y) nur bei fehlender rechtlicher Zahlungsverpflichtung des später Beschenkten (also X), **nicht** aber bei dessen bloßer **(tatsächlicher) Zahlungsunfähigkeit** (BGHZ 17, 336 (337) = NJW 1955, 1185; Grüneberg/Weidlich Rn. 7; MüKoBGB/Lange Rn. 22; Lange/Kuchinke ErbR § 37 X Fn. 533; Burandt/Rojahn/Horn Rn. 22). Damit trägt das Insolvenzrisiko des später Beschenkten (X) allein der Pflichtteilsberechtigte, während der früher Beschenkte (Y) sein Geschenk voll behalten kann (krit. dagegen und daher abl. AK-BGB/Däubler Rn. 17; Schulz AcP 105 (1909), 1 (295 f.)). **Maßgeblicher Zeitpunkt** für die Beurteilung, inwieweit der später Beschenkte (X) „nicht verpflichtet" iSv § 2329 Abs. 3 ist und daher der früher Beschenkte (Y) für einen Fehlbetrag haftet, ist der der Rechtshängigkeit des Pflichtteilsergänzungsanspruchs gegen den später Beschenkten (§ 818 Abs. 4) oder ein früher liegender Zeitpunkt der haftungsverschärfenden Kenntniserlangung von dieser Verpflichtung iSv § 819 Abs. 1 (BGHZ 17, 336 (337) = NJW 1955, 1185; NK-BGB/Bock Rn. 13; Grüneberg/Weidlich Rn. 7; RGRK-BGB/Johannsen Rn. 20 f.; aA MüKoBGB/Lange Rn. 23). Nur insoweit, als in diesem Zeitpunkt der Pflichtteilsergänzungsanspruch durch die Haftung der später Beschenkten nicht gedeckt ist, haftet der früher Beschenkte.

6 Noch nicht geklärt ist, wie sich die durch das ErbVerjRÄndG eingeführte **Abschmelzungsregelung** (Pro-rata-Regelung) des § 2325 Abs. 3 S. 1 auf die Haftung des Beschenkten auswirkt, insbes. bei mehreren Beschenkten auf den Zuletztbeschenkten. Hierzu wird teilweise die Auffassung vertreten, dass bei der **Ermittlung der Haftung** des Letztbeschenkten **keine** zwischenzeitlich **eingetretene Abschmelzung** des Wertes der Schenkung zu berücksichtigen sei. Denn die sich aus Abs. 3 ergebende Verpflichtung stelle allein auf den tatsächlich erhaltenen Wert ab. Zudem stelle diese Vorschrift nach wie vor allein auf die tatsächlich eingetretene Bereicherung des Beschenkten ab und grenze den Anspruch nur insoweit (Trappe ZEV 2010, 388 (391); Trappe Hereditare 1 (2011), 19 (25 ff.); zust. Schindler ErbR 2011, 130 (131 ff.); iE ebenso HK-PflichtteilsR/Gietl Rn. 15). Dem kann nicht gefolgt werden. Abs. 3 begründet nur den Grundsatz der **Posteriorität,** trifft aber keine Aussage zu der Frage, ob der Letztbeschenkte in voller Höhe bis zum Wert seines erhaltenen Geschenks haftet. Vielmehr muss sich aus systematischen Gründen die Abschmelzungsregelung des § 2325 Abs. 3 S. 1 **auch auf die Haftung des Letztbeschenkten**

nach § 2329 auswirken (MüKoBGB/Lange Rn. 26; eingehend dazu Lange/Honzen ZErb 2011, 289 (292 ff.)). Beispiel → Rn. 6.1.

**Beispiel** (Lange/Honzen ZErb 2011, 292): Erblasser E war mit F verheiratet. Er hinterlässt nur das gemeinsame Kind T. Schenkungen des Erblassers: März 2000 an die Frau F 10.000, März 2006 an Patenkind P weitere 10.000. Scheidung der Ehe rechtskräftig im August 2010. Eintritt des Erbfalls im Mai 2011. Alleinerbin ist die Lebensgefährtin L. Diese erhebt erfolgreich die Dürftigkeitseinrede, als T ihre Pflichtteilsergänzungsansprüche geltend macht. **6.1**

Ergänzungspflichtige Schenkungen:

- an F 10.000; es erfolgt keine Abschmelzung, da die Frist erst mit Auflösung der Ehe im August 2010 zu laufen begann und eine Schenkung in vollem Umfang zu berücksichtigen ist, wenn sie innerhalb des ersten Jahres der Ausschlussfrist erfolgt (§ 2325 Abs. 3 S. 3 iVm S. 1).
- An P 10.000. Hier greift jedoch die Abschmelzungsregelung. Da über fünf Jahre vergangen sind, trat eine Abschmelzung iHv 50 % ein.

Pflichtteilsergänzungsanspruch insgesamt: Schenkungen 10.000 (an F) + 5.000 (an P) * 1/2 = 7.500.

Primär würde die zuletzt beschenkte P haften, da die Schenkung im März 2006 erfolgte. Diese kann sich jedoch darauf berufen, dass sie nur in Höhe eines Betrags haftet, der der an sie erfolgten, abgeschmolzenen Schenkung entspricht. Denn anderenfalls würde ihr die Abschmelzungsregelung nichts bringen, entlastet wäre allein die F, die ohnehin nur subsidiär haftet.

Ein **nachträglicher Wegfall** der bei dem später Beschenkten zur maßgeblichen Zeit vorhanden gewesenen Bereicherung oder das spätere Unvermögen des später Beschenkten begründet oder erweitert die Haftung des früher Beschenkten dann nicht mehr. Soweit daher der Anspruch nach § 2329, wie im Regelfall, auf Duldung der Zwangsvollstreckung gerichtet ist, ist das tatsächliche Ergebnis der Zwangsvollstreckung für das „Bestehen der Verpflichtung" des später Beschenkten und daher für eine Haftungsverlagerung auf den früher Beschenkten ohne Belang. Andernfalls würde man das Risiko der unzulänglichen Verwertung, das grds. immer der Gläubiger zu tragen hat, der auch das Initiativrecht hierfür besitzt, abweichend hiervon auf den später Beschenkten verlagern. Auch für das Haftungsverhältnis zwischen Erben und Beschenkten führt eine unzulängliche tatsächliche Durchsetzbarkeit des Ergänzungsanspruchs zu keiner Haftungsverlagerung vom Erben auf den Beschenkten (→ Rn. 11), sodass schon aus systematischen Überlegungen der gleiche Begriff des „Verpflichtetsein" iSv Abs. 1 S. 1 und Abs. 3 **einheitlich ausgelegt** werden sollte (ebenso NK-BGB/Bock Rn. 12; BGHZ 17, 336 (337) = NJW 1955, 1185; aA – Haftungsverlagerung auf den früher Beschenkten, soweit keine Befriedigung in der Zwangsvollstreckung erfolgt – MüKoBGB/Lange Rn. 23: zumindest dann, wenn der Beschenkte nur auf Duldung der Zwangsvollstreckung haftet; Schindler, Pflichtteilsberechtigter Erbe und pflichtteilsberechtigter Beschenkter, 2004, Rn. 935 ff., weil der zunächst Beschenkte nur in Höhe des Exekutionswertes bereichert sei (m. ausf. Stellungnahme)). Der Pflichtteilsberechtigte kann gegen beide Beschenkte auf Leistung bzw. Duldung der Zwangsvollstreckung klagen; möglich und zweckmäßiger ist es aber, weil die Leistungsklage die Bezifferung des Anspruchs erfordert, nur gegen den zuletzt Beschenkten auf Leistung bzw. Duldung der Zwangsvollstreckung zu klagen, gegen den anderen nur auf Feststellung, um nach § 204 Abs. 1 Nr. 1 die Hemmung der **Verjährung** herbeizuführen (BGHZ 17, 336 (338 f.) = NJW 1955, 1185; Lange/Kuchinke ErbR § 37 X Fn. 533; eingehend Schindler, Pflichtteilsberechtigter Erbe und pflichtteilsberechtigter Beschenkter, 2004, Rn. 940 ff.). Daneben kann die Hemmung der Verjährung nach § 204 Abs. 1 Nr. 6 dadurch bewirkt werden, dass mit Erhebung der Klage gegen den zuletzt Beschenkten dem früher Beschenkten der **Streit verkündet** wird. Die für die Zulässigkeit der Streitverkündung nach § 72 ZPO erforderliche Alternativität der Ansprüche (vgl. BGHZ 8, 72 (80) = NJW 1953, 420 (421); Grüneberg/Ellenberger § 204 Rn. 21) ergibt sich hier aus der Subsidiarität der Haftung des später Beschenkten nach Abs. 3. Zu beachten ist, dass die Hemmung auch dann eintritt, wenn sich der früher Beschenkte nicht erklärt oder den Beitritt nach § 74 Abs. 2 ZPO ablehnt, denn die an die Streitverkündung geknüpften sachlich-rechtlichen Folgen treten unabhängig davon ein und sind dann im Folgeprozess zu prüfen (Musielak/Voit/Weth ZPO § 74 Rn. 5). **7**

Wurden **mehrere Personen gleichzeitig beschenkt,** so haften diese nach hM **anteilig** nach dem Wert der jeweils erhaltenen Schenkung (OLG Hamm BeckRS 2010, 19172 = FamRZ 2011, 594; MüKoBGB/Lange Rn. 25; Staudinger/Herzog, 2021, Rn. 109; aA Schindler, Pflichtteilsberechtigter Erbe und pflichtteilsberechtigter Beschenkter, 2004, Rn. 944 ff.). Bei **mehreren Schenkungen an** die **gleiche Person** sind alle Schenkungen zur Ergänzung heranzuziehen; allerdings muss für jede Schenkung die Zehnjahresfrist des § 2325 Abs. 3 S. 2 gesondert berechnet werden (Staudinger/Herzog, 2021, Rn. 110; Soergel/Beck Rn. 27; Schindler, Pflichtteilsberechtigter Erbe und pflichtteilsberechtigter Beschenkter, 2004, Rn. 949). Erfolgten in dem ergänzungs- **8** pflichtigen Zeitraum mehrere Schenkungen an den gleichen Beschenkten, so muss der mehrfach Beschenkte aber zunächst immer die Zwangsvollstreckung in das zuletzt erhaltene Geschenk dulden (aA wohl MüKoBGB/Lange Rn. 25, wonach Abs. 3 nicht entspr. anzuwenden sei).

9 **3. Pflichtteilsergänzungsanspruch.** Voraussetzung für eine Haftung des Beschenkten aus § 2329 ist des Weiteren, dass der Erbfall eingetreten ist und ein **Anspruch nach § 2325** besteht. Schon aus der Gesetzessystematik ergibt sich, dass der Ergänzungsanspruch gegen den Beschenkten auf dem Ergänzungsanspruch gegen den Erben gem. den §§ 2325, 2326 „aufbaut" und daher § 2329 nur eine „Richtungs- oder Haftungsverlagerung" bewirkt (Schindler, Pflichtteilsberechtigter Erbe und pflichtteilsberechtigter Beschenkter, 2004, Rn. 701 ff.).

10 **4. Subsidiarität der Haftung des Beschenkten.** Schließlich setzt § 2329 voraus, dass der Erbe **zur Ergänzung des Pflichtteils nicht verpflichtet** ist. Die fehlende Verpflichtung muss auf **Rechtsgründen** beruhen. Dies ist der Fall, wenn der Erbe zulässiger Weise seine **Haftung beschränkt** hat und der Nachlass zur Begleichung des Pflichtteilsergänzungsanspruchs **nicht ausreicht** (§§ 1975 ff., 1990, 1991 Abs. 4, 2060, § 327 InsO). Dabei genügt auch die Dürftigkeitseinrede (BGHZ 80, 205 (209) = NJW 1981, 1446 (1447); BGH NJW 1974, 1327; 1961, 870; RGZ 58, 124 (127); 80, 135 (136); Lange/Kuchinke ErbR § 37 X 7a; MüKoBGB/Lange Rn. 7; Staudinger/Herzog, 2021, Rn. 12) und beim Miterben, wenn er nach § 2060 nur als Teilschuldner haftet (OLG Schleswig OLGR 1999, 369; Staudinger/Herzog, 2021, Rn. 12; Schindler, Pflichtteilsberechtigter Erbe und pflichtteilsberechtigter Beschenkter, 2004, Rn. 722). Die Ergänzungspflicht des Erben entfällt auch, wenn der pflichtteilsberechtigte Erbe die Ergänzung zur Verteidigung seines eigenen Gesamtpflichtteils nach **§ 2328** verweigern kann (BGHZ 80, 205 (209) = NJW 1981, 1446 (1447); OLG Koblenz NJW-RR 2002, 512 (514); OLG Zweibrücken NJW 1977, 1825; MüKoBGB/Lange Rn. 9; Lenz/Riedel ZErb 2002, 4 (5); Schindler, Pflichtteilsberechtigter Erbe und pflichtteilsberechtigter Beschenkter, 2004, Rn. 711 ff. mwN; aA Planck/Strohal Anm. 1). Dabei ist umstritten, ob der Beschenkte bereits im Fall des **bloßen Bestehens** der entsprechenden Einreden oder Haftungsbeschränkungsmöglichkeiten haftet (Pentz MDR 1998, 132 (133); Kipp/Coing ErbR § 13 VI 1; Grüneberg/Weidlich Rn. 2; Soergel/Beck Rn. 7) oder erst bei deren **Geltendmachung** (so für § 2328 MüKoBGB/Lange Rn. 9; Staudinger/Herzog, 2021, Rn. 13; BeckOGK/A. Schindler, 1.4.2022, Rn. 15; Schindler, Pflichtteilsberechtigter Erbe und pflichtteilsberechtigter Beschenkter, 2004, Rn. 745 ff.; Lenz/Riedel ZErb 2002, 4 (5); OLG Schleswig OLGR 1999, 369; als obiter dictum jeweils BGH ZEV 2000, 274; OLG Koblenz NJW-RR 2002, 512 (514)). Wenn man jedoch an das Erheben der Einrede, etwa nach § 2328 keine zu großen Anforderungen stellt und dies bereits bei Verweigerung der Pflichtteilsergänzung annimmt (so OLG Zweibrücken NJW 1977, 1825; NK-BGB/Bock Rn. 18; Lange/Kuchinke ErbR § 37 X Fn. 525; Staudinger/Herzog, 2021, Rn. 13; strenger Schindler, Pflichtteilsberechtigter Erbe und pflichtteilsberechtigter Beschenkter, 2004, Rn. 609) oder gar unterstellt (BGHZ 80, 205 (209) = NJW 1981, 1446 (1447)), sind die praktischen Unterschiede gering. Dagegen muss nach der Gesetzessystematik der Erbe, der sonst unbeschränkt haftet, von seinen Rechten zur Haftungsbeschränkung aktiv Gebrauch machen, sonst hat er für die Erfüllung des Ergänzungsanspruchs aufzukommen und es tritt keine Haftungsverlagerung auf den Beschenkten ein (Schindler, Pflichtteilsberechtigter Erbe und pflichtteilsberechtigter Beschenkter, 2004, Rn. 745 ff.).

11 § 2329 findet aber keine Anwendung, wenn der Anspruch gegen den unbeschränkt haftenden Erben lediglich aus **tatsächlichen Gründen** nicht durchsetzbar ist, weil er **zahlungsunfähig** ist oder aus sonstigen Gründen nicht belangt werden kann. Andernfalls würde man den Beschenkten mit dem Insolvenzrisiko des Erben belasten, während dies im Allgemeinen dem Gläubiger aufgebürdet wird, ohne dass dem Gesetz für den vorliegenden Fall Abweichendes zu entnehmen ist. Vielmehr spricht Abs. 1 S. 1 sogar ausdrücklich davon, dass der Erbe zur Ergänzung „nicht verpflichtet sein darf". Zudem würde dies auch zu praktischen Abgrenzungsschwierigkeiten führen (OLG Schleswig OLGR 1999, 369; NK-BGB/Bock Rn. 19; Erman/Röthel Rn. 2; Lange/Kuchinke ErbR § 37 X 7a; MüKoBGB/Lange Rn. 8; Grüneberg/Weidlich Rn. 2; Soergel/Beck Rn. 8; Pentz MDR 1998, 132 (133); Staudinger/Herzog, 2021, Rn. 16); so wohl auch BGHZ 85, 274 (280 ff.) = NJW 1983, 1485, inzident durch Prüfung der §§ 1990, 1991; aA AK-BGB/Däubler Rn. 3; Kipp/Coing ErbR § 13 IV 2).

12 Auch der bloße Umstand, dass **kein Nachlass** vorhanden oder der vorhandene Nachlass überschuldet ist, ist entspr. dem Wortlaut der Norm kein selbstständiger Grund dafür, dass die Haftung auf den Beschenkten übergeht, und zwar insbes. auch dann, wenn der Erbe die Haftungsbeschränkung verloren hat (Soergel/Beck Rn. 8; Schindler, Pflichtteilsberechtigter Erbe und pflichtteilsberechtigter Beschenkter, 2004, Rn. 745 ff.; aA Staudinger/Herzog, 2021, Rn. 10; RGRK-BGB/

Johannsen Rn. 1; Pentz MDR 1998, 132 (133); OLG Düsseldorf FamRZ 1996, 445). Nur für den Fall des **pflichtteilsberechtigten Alleinerben** (Abs. 1 S. 2) gilt hiervon eine Ausnahme: Da sich hier der Ergänzungsanspruch mangels eines anderen Erben, der Schuldner desselben sein kann, primär und von vorneherein gegen den Beschenkten richtet, besteht keine Notwendigkeit, aus Gründen der Haftungsabgrenzung die Haftung des Beschenkten daran zu knüpfen, ob der Erbe den Nachlassgläubigern gegenüber unbeschränkt haftet (Kipp/Coing ErbR § 13 VIII; Schindler, Pflichtteilsberechtigter Erbe und pflichtteilsberechtigter Beschenkter, 2004, Rn. 785; Soergel/Beck Rn. 12). Jedoch tritt die Haftungsverlagerung auf den Beschenkten auch hier insoweit nicht ein, als entspr. dem Rechtsgedanken des § 1991 Abs. 1 ein Wertverfall des Nachlasses auf einem Verschulden des Erben gegen sich selbst zurückzuführen wäre (Soergel/Beck Rn. 12). Die Ersatzhaftung des Beschenkten besteht auch nicht in den seltenen Fällen, in denen der Ergänzungsanspruch zwar gegen den Erben, nicht aber gegen den Beschenkten **verjährt** ist, weil sich der Ergänzungsberechtigte selbst diese Folge zurechnen lassen muss (Soergel/Beck Rn. 9; Schindler, Pflichtteilsberechtigter Erbe und pflichtteilsberechtigter Beschenkter, 2004, Rn. 775; BeckOGK/A. Schindler, 1.4.2022, Rn. 36; jurisPK-BGB/Birkenheier Rn. 43; Staudinger/Herzog, 2021, Rn. 15).

## III. Rechtsfolge

**1. Anspruchsinhalt. a) Anspruch auf Duldung der Zwangsvollstreckung.** Der Anspruch richtet sich auf „Herausgabe des Geschenks zum Zwecke der Befriedigung wegen des fehlenden Betrags nach den Vorschriften über die ungerechtfertigte Bereicherung." Daher geht er auf **Geldzahlung** nur bei Geldgeschenken oder wenn das Geschenk nicht mehr vorhanden und es zur Wertersatzhaftung nach § 818 Abs. 2 kommt, weil sich der Beschenkte nicht auf eine Entreicherung berufen kann (§ 818 Abs. 3 und 4, § 819) (NK-BGB/Bock Rn. 22; Staudinger/Herzog, 2021, Rn. 38, 54; Soergel/Beck Rn. 18). Andernfalls geht der Anspruch des Pflichtteilsberechtigten auf **Duldung der Zwangsvollstreckung** in das Sachgeschenk in Höhe des zu beziffernden Fehlbetrags (analog § 1973 Abs. 2 S. 1, § 1990 Abs. 1 S. 2) (BGHZ 85, 275 (282) = NJW 1983, 1485; BGHZ 17, 336 (339) = NJW 1955, 1185 f.; Grüneberg/Weidlich Rn. 5; MüKoBGB/Lange Rn. 14; Staudinger/Herzog, 2021, Rn. 56; zum Klageantrag s. etwa NK-BGB/Bock Rn. 41 ff.), ohne Berücksichtigung etwa für den Beschenkten geltender Pfändungsbeschränkungen nach § 811 ZPO (v. Lübtow ErbR I 601), nicht jedoch auf Geldzahlung, und zwar auch dann nicht, wenn es sich um einen unteilbaren Gegenstand handelt, dessen Wert über dem Pflichtteilsergänzungsanspruch liegt (Schindler, Pflichtteilsberechtigter Erbe und pflichtteilsberechtigter Beschenkter, 2004, Rn. 804; Soergel/Beck Rn. 18). Dies wird bei dem ähnlich ausgestalteten Anspruch aus § 528 anders gesehen, bei dem in diesen Fällen Wertersatz geschuldet ist (BGHZ 94, 141 (143 f.) = NJW 1985, 2419; BGH NJW 1996, 987; dazu Littig/J. Mayer, Sozialhilferegress gegenüber Erben und Beschenkten, 1999, Rn. 44 ff.; Schindler, Pflichtteilsberechtigter Erbe und pflichtteilsberechtigter Beschenkter, 2004, Rn. 804 Fn. 1338). Dies ließe sich auch bei § 2329 aus der Wendung „soweit" entnehmen. Daher ist eine auf § 2325 gestützte Zahlungsklage als unbegründet abzuweisen, wenn sich in diesen Fällen die Unzulänglichkeit des Nachlasses (§ 1990) herausstellt (BGH ZEV 2000, 274; NJW 1961, 870). 13

Andererseits hindert die Zwangsvollstreckung in den von dem Erblasser verschenkten **Miteigentumsanteil** an einem Grundstück nicht, wenn infolge einer Vereinigung aller Miteigentumsanteile in der Hand des Beschenkten Alleineigentum entstanden ist. Der Miteigentumsanteil wird insoweit für den Zweck der Vollstreckung als fortbestehend fingiert (BGH ZEV 2013, 624 (625). Hat ein **Beschenkter mehrere Schenkungen** erhalten, so haftet er in entsprechender Anwendung des Abs. 3 zunächst mit dem später erhaltenen Geschenk, weil auch er darauf vertrauen kann, dass Geschenke, die er früher erhalten hat, unangetastet bleiben, soweit spätere Geschenke die Ergänzung des Pflichtteils decken (OLG Celle ZEV 2014, 54 Ls. = BeckRS 2013, 21108). Bei einem noch **nicht erfüllten Schenkungsversprechen** ist der Erfüllungsanspruch abzutreten (Staudinger/Herzog, 2021, Rn. 58; Soergel/Beck Rn. 18). 14

**b) Abwendungsbefugnis des Beschenkten (Abs. 2).** Der Beschenkte hat gegen den Anspruch aus § 2329 Abs. 1 eine Abwendungsbefugnis und kann die Zwangsvollstreckung durch Zahlung des fehlenden Geldbetrags abwenden (Abs. 2). Für dessen Ermittlung gelten die Wertansätze des § 2325 Abs. 2 (BGHZ 147, 95 (98) = NJW 2001, 2398; Soergel/Beck Rn. 18; Staudinger/Herzog, 2021, Rn. 59). Dabei ist jedoch zu beachten, dass der auf Duldung der Zwangsvollstreckung verklagte Beschenkte sich die Möglichkeit dieser Ersetzungsbefugnis im Urteil vorbehalten lassen muss (Schindler, Pflichtteilsberechtigter Erbe und pflichtteilsberechtigter 15

Beschenkter, 2004, Rn. 849; Staudinger/Herzog, 2021, Rn. 59); außerdem kann der auf Grund der Ersetzungsbefugnis zu bezahlende Betrag höher als die Haftung sein, die sich nach § 2329 Abs. 1 ergibt, da dort der Entreicherungseinwand möglich ist (Schindler, Pflichtteilsberechtigter Erbe und pflichtteilsberechtigter Beschenkter, 2004, Rn. 848; Staudinger/Herzog, 2021, Rn. 59). Die Entscheidung über die Geltendmachung der Ersetzungsbefugnis trifft allein der Beschenkte (Staudinger/Herzog, 2021, Rn. 59).

16 **2. Haftung nach Bereicherungsrecht.** Die Haftung des Beschenkten (nicht aber die Höhe des Ergänzungsanspruchs) bestimmt sich auf Grund der **Rechtsfolgenverweisung** (RGZ 139, 17 (22); NK-BGB/Bock Rn. 23; Staudinger/Herzog, 2021, Rn. 42) des Abs. 1 S. 1 nach Bereicherungsrecht. **Surrogate und gezogene Nutzungen** sind demnach herauszugeben oder unterliegen der Duldung der Zwangsvollstreckung (§ 818 Abs. 1); bei einer Veräußerung oder Belastung wird Wertersatz geschuldet (§ 818 Abs. 2), der auch hier nur auf Zahlung gerichtet ist. Umgekehrt kann sich der Beschenkte grds. auf den **Einwand der Entreicherung** berufen (§ 818 Abs. 3). Damit trägt der Pflichtteilsberechtigte die Gefahr eines zufälligen Untergangs oder einer Verschlechterung der Schenkung (Spellenberg FamRZ 1974, 357 (358); NK-BGB/Bock Rn. 24; Staudinger/Herzog, 2021, Rn. 43). Die im Zusammenhang mit der Schenkung entstandenen **Kosten und Aufwendungen** mindern ebenfalls die Bereicherung (RG Recht 1908 Nr. 994; KG ZErb 2011, 52 (54); MüKoBGB/Lange Rn. 17). Die Bereicherung entfällt, wenn die Schenkung von einem Insolvenzverwalter oder einem Gläubiger angefochten wird (§ 134 InsO, § 4 AnfG) (RG LZ 1928, 53; MüKoBGB/Lange Rn. 17; Grüneberg/Weidlich Rn. 5). Ist der Beschenkte entreichert, weil er das Geschenk vor oder nach dem Erbfall **weiterverschenkt** hat, haftet der beschenkte Dritte nach **§ 822,** der auf Grund der umfassenden Rechtsfolgeverweisung Anwendung findet (OLG Hamm FamRZ 2011, 594 = BeckRS 2010, 19172; NK-BGB/Bock Rn. 26; Lange/Kuchinke ErbR § 37 X Fn. 534; MüKoBGB/Lange Rn. 19; Staudinger/Herzog, 2021, Rn. 51; offen gelassen in BGHZ 80, 205 (211 f.) = NJW 1981, 1446; vgl. auch BGHZ 106, 354 (357 f.) = NJW 1989, 1478 zu § 528; BGHZ 199, 123 = NJW 2014, 782 (783) zu § 2287), zumal ansonsten über § 826 nur in Ausnahmefällen eine Haftung des neuen Erwerbers begründet werden kann (Lange/Kuchinke ErbR § 37 X Fn. 535). Außerdem kann die **verschärfte Haftung** nach § 818 Abs. 4, § 819 Abs. 1 vor dem Erbfall nicht eintreten, da der Anspruch nicht vorher entsteht und es daher an dem erforderlichen positiven Wissen des Beschenkten von seiner Verpflichtung fehlt (Lange/Kuchinke ErbR § 37 X 7c; MüKoBGB/Lange Rn. 18). Liegt jedoch eine verschärfte Haftung vor, so ist bei **Geld- und Wertersatzansprüchen** der Einwand der Entreicherung nicht mehr möglich (BGHZ 83, 293 (298 ff.) = NJW 1982, 1585; Grüneberg/Sprau § 818 Rn. 53). Bei **Herausgabeansprüchen** ist dagegen umstritten, ob eine umfassende bereicherungs- und **verschuldensunabhängige Wertersatzhaftung** besteht oder sich auf Grund der Verweisung nach § 292 Abs. 1, § 990 Abs. 2, § 287 S. 2 und § 292 Abs. 1, §§ 992, 848 nur im Falle des Verzugs oder des deliktischen Verhaltens eine verschuldensunabhängige Garantiehaftung ergibt (vgl. dazu ausf. BeckOGK/A. Schindler, 1.4.2022, Rn. 86). Man kann für § 2329 die Streitfrage danach beurteilen, ob es sich hier um einen Anfechtungsanspruch zur Realisierung des Pflichtteilsergänzungsanspruchs handelt und es daher entspr. der Rechtslage im Anfechtungsrecht keine Zufallshaftung bei Untergang oder Verschlechterung des Haftungsobjekts gibt (so Schindler, Pflichtteilsberechtigter Erbe und pflichtteilsberechtigter Beschenkter, 2004, Rn. 842); zum gleichen Ergebnis gelangt man, wenn man im Wege der systematischen Interpretation zutreffender Weise die Subsidiarität der Haftung des Beschenkten betont.

17 **3. Anwendung der Pflichtteilsvorschriften; Verhältnis zu § 2325.** Auch wenn sich der gegen den Beschenkten gerichtete Pflichtteilsergänzungsanspruch von dem Anspruch nach § 2325 unterscheidet (s. etwa Staudinger/Herzog, 2021, Rn. 61 ff.), weil er **inhaltlich** auf Duldung der Zwangsvollstreckung gerichtet ist und sich der **Umfang** der Haftung nach Bereicherungsrecht bestimmt, so sind iÜ die Ansprüche aus § 2329 und § 2325 **„dem Grunde nach"** gleich (BGH NJW 1974, 1327; BGHZ 80, 205 (210); RGZ 58, 124 (128); 81, 204) und „nicht wesensmäßig verschieden" (MüKoBGB/Lange Rn. 2 mwN). Die Entstehung, Vererblichkeit und Übertragbarkeit des Anspruchs nach § 2329 bestimmen sich nach § 2317, die Pfändbarkeit nach § 852 ZPO. Das Pflichtteilsrecht ist auch maßgeblich für die Entziehung, den Verzicht und die Unwürdigkeit. Sofern sich nicht aus § 2329 etwas Abweichendes ergibt, gelten die §§ 2325 ff. auch für den gegen den Beschenkten gerichteten Anspruch aus § 2329 (MüKoBGB/Lange Rn. 2). Auch die Zehnjahresfrist des § 2325 Abs. 3 S. 2 gilt für § 2329 (Staudinger/Herzog, 2021, Rn. 75).

18 **4. Beschränkung der Haftung.** Die Haftung des Beschenkten ist mehrfach beschränkt: **objektmäßig** auf das Schenkungsobjekt nach den Grundsätzen des Bereicherungsrechts (→

Rn. 16), **betragsmäßig** auf den **exakten Fehlbetrag** in Höhe der Differenz zwischen der Pflichtteilsergänzung, die der Pflichtteilsberechtigte nach § 2325 beanspruchen kann, und demjenigen, zu dessen Leistung der Erbe oder in den Fällen des § 2329 Abs. 3 der später Beschenkte iSv § 2329 verpflichtet ist (MüKoBGB/Lange Rn. 16). Durch diese ziffernmäßige Höchstgrenze ist gewährleistet, dass der Anspruch aus § 2329 Abs. 1 nie den Gesamtpflichtteil, bestehend aus ordentlichem Pflichtteil und Ergänzungspflichtteil, umfasst und nur dann den vollen Ergänzungsanspruch nach § 2325, wenn der Erbe diesen in voller Höhe abwehren kann (Schindler, Pflichtteilsberechtigter Erbe und pflichtteilsberechtigter Beschenkter, 2004, Rn. 810). Ist der Beschenkte selbst Pflichtteilsberechtigter, so findet **§ 2328** nach zutreffender Ansicht des BGH entsprechende Anwendung, sodass der Beschenkte seinen eigenen, ggf. **ergänzten Pflichtteil** verteidigen kann, und damit der Ergänzungsanspruch noch weiter verkürzt wird (BGHZ 85, 274 (284) = NJW 1983, 1485 für Fall, dass Beschenkter Erbe ist, sodass ohnehin § 2328 gilt; Grüneberg/Weidlich Rn. 6; Staudinger/Herzog, 2021, Rn. 77; zweifelnd MüKoBGB/Lange Rn. 11; ausf. BeckOGK/A. Schindler, 1.4.2022, Rn. 149 ff.). Umstritten ist, ob bei einem **entgeltlichen Erb- oder Pflichtteilsverzicht,** sofern man in der Abfindung eine ergänzungspflichtige Zuwendung sieht, zu Gunsten des Abfindungsempfängers § 2328 ebenfalls analog anzuwenden ist (dafür Michalski ErbR Rn. 522; für einschränkende Auslegung des Verzichtsvertrags, damit die anderen Pflichtteilsberechtigten nicht auf die Abfindung zugreifen können, Pentz FamRZ 1998, 660 (663); BeckOGK/A. Schindler, 1.4.2022, Rn. 161). Entspr. dem in § 2328 enthaltenen Rechtsgedanken wird man in Höhe des dem abgefundenen Pflichtteilsberechtigten zustehenden Gesamtpflichtteils wegen Fehlens einer „ungerechtfertigten Bereicherung" einen Anspruch nach § 2329 Abs. 1 abzulehnen haben (so Speckmann NJW 1970, 117 (121); Kollhosser AcP 194 (1994), 231 (261)).

## IV. Anspruchskonkurrenzen

**1. § 2287.** Die gleiche Schenkung kann einerseits Ansprüche des Vertragserben nach § 2287 und andererseits des Pflichtteilsberechtigten nach § 2329 auslösen, die grds. selbstständig nebeneinander stehen (NK-BGB/Bock Rn. 28; MüKoBGB/Lange Rn. 27). Setzt der **Vertragserbe** seinen Anspruch **schneller** durch, so führt diese Leistung nicht zu einem „Wiederaufleben" der Haftung des Erben für den Anspruch aus § 2325, da der Anspruch aus § 2287 nicht zum Nachlass gehört (für analoge Anwendung des § 2329 Lange/Kuchinke ErbR § 37 X 7d); teilweise wird aber ein Entfallen der Haftung des Beschenkten aus § 2329 Abs. 1 wegen der durch die Erfüllung des Anspruchs nach § 2287 eingetretenen Entreicherung bejaht (Staudinger/Herzog, 2021, Rn. 88; NK-BGB/Bock Rn. 29; Lange/Kuchinke ErbR § 37 X 7d). Richtigerweise stand aber dem Vertragserben in Höhe des Pflichtteilsanspruchs gar kein Anspruch nach § 2287 zu, da es an der erforderlichen objektiven Beeinträchtigung seiner Rechtsstellung fehlte. Daher hat insoweit der Beschenkte zu viel geleistet und besitzt einen Anspruch aus § 812 Abs. 1 S. 1, den der Pflichtteilsberechtigte nach § 2329 Abs. 1, § 818 Abs. 2 heraus verlangen kann (Muscheler FamRZ 1994, 1361 (1367); iE ebenso Schindler, Pflichtteilsberechtigter Erbe und pflichtteilsberechtigter Beschenkter, 2004, Rn. 1059). War der **Pflichtteilsberechtigte schneller,** so gebührt dem Vertragserben im Falle der Verwertung des ganzen Geschenks durch Zwangsvollstreckung der über den Pflichtteil hinausgehende Mehrerlös, soweit aber die Abwendungsbefugnis nach § 2329 Abs. 2 ausgeübt wird, das Geschenk gegen Erstattung des gezahlten Pflichtteilsanspruchs (Schindler, Pflichtteilsberechtigter Erbe und pflichtteilsberechtigter Beschenkter, 2004, Rn. 1059; teilweise anders Staudinger/Herzog, 2021, Rn. 89). Soweit dem **pflichtteilsberechtigten Erben** wegen der gleichen Schenkung **sowohl** Ansprüche nach **§ 2329** (iVm § 2326) als auch nach **§§ 2287, 2288** zustehen, ist nach Ansicht des BGH der Anspruch aus § 2329 subsidiär, weil es insoweit an dem hierfür erforderlichen Fehlbetrag fehle (BGHZ 111, 138 (142) = NJW 1990, 2063; offenbar ist damit ein Ausschluss aus Konkurrenzgründen gemeint, vgl. Schindler, Pflichtteilsberechtigter Erbe und pflichtteilsberechtigter Beschenkter, 2004, Rn. 1061), während in der Lit. überwiegend dem Pflichtteilsberechtigten ein Wahlrecht zugebilligt wird, welchen der Ansprüche er geltend machen will, da diese unterschiedliche Zwecke und Rechtsfolgen haben (MüKoBGB/Lange Rn. 28; Soergel/Beck Rn. 2; Muscheler FamRZ 1994, 1361 (1367) Fn. 42; BeckOGK/A. Schindler, 1.4.2022, Rn. 168). Da jedoch der Anspruch nach den §§ 2287, 2288 für den Berechtigten regelmäßig günstiger ist, weil er die Herausgabe der gesamten beeinträchtigenden Schenkung ermöglicht, ist die Streitfrage letztlich akademisch. 19

**2. § 528.** Eine Konkurrenz von § 2329 Abs. 1 mit dem Rückforderungsanspruch bei **Verarmung des Schenkers** nach § 528 ist möglich, wenn der Anspruch nach § 528 nach dem Tod des Schenkers ausnahmsweise noch fortbesteht, was insbes. bei einer Überleitung auf den Sozialhil- 20 fetrӓger nach § 93 SGB XII in Betracht kommt (s. etwa BGHZ 96, 380 (383) = NJW 1986, 1606 bei Überleitung zu Lebzeiten des Schenkers; BGHZ 123, 264 = NJW 1994, 256; BGH NJW 1995, 2287). Insoweit ist dann dieser Anspruch gegenüber denen nach §§ 2325, 2329 **vorrangig,** da er den Lebensbedarf des Schenkers bei Verarmung sicherstellen sollte und daher bei Erfüllung zu Lebzeiten des Erblassers auch den Nachlass gemindert hätte; er darf daher nicht zur Bildung eines fiktiven Nachlasses herangezogen werden (NK-BGB/Bock Rn. 31; Staudinger/Herzog, 2021, Rn. 90; Soergel/Beck Rn. 37 m. Beispiel; MüKoBGB/Lange Rn. 29; Lange/Kuchinke ErbR § 37 X 7e; vgl. auch OLG Köln ZEV 2007, 489 mAnm Werner; teils abw. BeckOGK/A. Schindler, 1.4.2022, Rn. 172).

21 **3. § 1390.** Der Anspruch aus § 2329 kann bei der Zugewinngemeinschaft auch mit dem nach § 1390 konkurrieren, wobei beide Ansprüche unabhängig und kumulativ nebeneinander bestehen können (BeckOGK/A. Schindler, 1.4.2022, Rn. 173; Staudinger/Herzog, 2021, Rn. 54). Kommt es etwa zur güterrechtlichen Lösung (§ 1371 Abs. 2), so kann der überlebende Ehegatte gegen den Beschenkten nach § 1390 vorgehen und daneben noch Ergänzung seines „kleinen Pflichtteils" nach § 2329 Abs. 1 verlangen, jedoch nur berechnet aus dem Nachlass abzüglich des Anspruchs nach § 1390, da der güterrechtliche Anspruch insoweit dem erbrechtlichen vorgeht (BeckOGK/A. Schindler, 1.4.2022, Rn. 173; Staudinger/Herzog, 2021, Rn. 91).

## V. Verfahrensfragen

22 **1. Beweislast.** Die Beweislast dafür, dass der Erbe nicht zur Ergänzung des Pflichtteils verpflichtet ist, trägt der **Pflichtteilsberechtigte** (RGZ 80, 135 (136); BGH ZEV 2007, 280; NK-BGB/Bock Rn. 35), da er nach den allgemeinen Grundsätzen der Beweislastverteilung die Voraussetzungen für seinen Anspruch darzulegen und zu beweisen hat. Der **Beschenkte** trägt dagegen die Beweislast für das Fehlen oder den Wegfall der Bereicherung und das Vorhandensein eines vorrangig haftenden später Beschenkten (BeckOGK/A. Schindler, 1.4.2022, Rn. 180; jurisPK-BGB/Birkenheier Rn. 61).

23 **2. Auskunft.** Der Beschenkte ist dem Pflichtteilsberechtigten, der nicht Erbe ist, entspr. § 2314 **auskunftspflichtig,** sofern nicht dieser vom Erben bereits Auskunft erhalten hat (BGHZ 55, 378 = NJW 1971, 842; BGHZ 89, 24 = NJW 1984, 736; BGH NJW 1985, 384). Ein Anspruch auf **Wertermittlung** gegen den Beschenkten und auf dessen Kosten analog § 2314 Abs. 1 S. 2 besteht nicht (BGHZ 107, 200 (203 f.) = NJW 1989, 2887). Solange der Pflichtteilsberechtigte sowohl vom Erben als auch vom Beschenkten noch Auskunft über den tatsächlichen und den fiktiven Nachlass verlangt, kann er **Stufenklage** mit dem Endziel der Leistung der Ergänzung zugleich gegen den Erben und den Beschenkten erheben, ohne dass das Gericht die Klage gegen den Beschenkten vorab als „derzeit unbegründet" abweisen darf. Die Nachrangigkeit des Anspruchs gegen den Beschenkten rechtfertigt dieses nicht (OLG Celle ZEV 2013, 43 (44) = FamRZ 2013, 1250).

24 **3. Verjährung.** Der Anspruch aus § 2329 verjährt kenntnisunabhängig binnen drei Jahren nach Eintritt des Erbfalls (§ 2332 Abs. 1); die Verjährung wird auch durch eine auf § 2325 gestützte Klage gegen den beschenkten Miterben nach § 204 Abs. 1 Nr. 1 nF gehemmt (NK-BGB/Bock Rn. 37).

## § 2330 Anstandsschenkungen

**Die Vorschriften der §§ 2325 bis 2329 finden keine Anwendung auf Schenkungen, durch die einer sittlichen Pflicht oder einer auf den Anstand zu nehmenden Rücksicht entsprochen wird.**

### Überblick

Die Vorschrift bestimmt, dass **Pflichtschenkungen** (→ Rn. 3) und **Anstandsschenkungen** (→ Rn. 2) von der Pflichtteilsergänzung ausgenommen sind.

## I. Normzweck

Wie in anderen Vorschriften (§§ 534, 814, 1425 Abs. 2, §§ 1641, 1804, 2113 Abs. 2, § 2205) nehmen Pflicht- und Anstandsschenkungen auch im Pflichtteilsrecht eine Sonderstellung ein (Überblick etwa bei Staudinger/Chiusi, 2021, § 534 Rn. 4). Sie werden mit Rücksicht auf den Erblasser und den Beschenkten und die zwischen ihnen bestehenden besonderen Beziehungen durch § 2330 von der Pflichtteilsergänzung ausgenommen. Im Hinblick auf den weit reichenden Umgehungsschutz, den der Pflichtteilsergänzungsanspruch dem Pflichtteilsberechtigten bietet, ist die Reichweite der Ausnahmevorschrift immer im Hinblick auf den Schutz des Pflichtteilsberechtigten zu bestimmen (vgl. auch → Rn. 4). 1

## II. Anstands- und Pflichtschenkung

**1. Anstandsschenkung. Anstandsschenkungen** sind **kleinere Zuwendungen** aus besonderem Anlass, wie die üblichen Gelegenheitsgaben zu bestimmten Tagen oder Anlässen (Weihnachten, Geburtstag, Hochzeit) oder wie das Trinkgeld. Für die einzelfallbezogene Einordnung spielt die örtliche oder gesellschaftliche **Verkehrssitte** eine große Rolle (BGH NJW 1984, 2939 (2934); WM 1980, 1336; MüKoBGB/Koch § 534 Rn. 4; Staudinger/Chiusi, 2021, § 534 Rn. 15). Dabei ist auf die Ansichten und Gepflogenheiten der dem Schenker sozial Gleichgestellten abzustellen, insbes., ob die **Unterlassung des Geschenks** zu einer **Einbuße an Achtung** in diesem Personenkreis führen würde. Bei außergewöhnlichen Schenkungsobjekten wie etwa Grundbesitz ist dies kaum zu bejahen (Grüneberg/Weidenkaff Rn. 3). Umfasst die Schenkung die Hälfte des wesentlichen Teils des Vermögens des Schenkers, ist eine Anstandsschenkung nicht gegeben (BGH NJW 1984, 2939 (2934)). Eine Anstandspflicht des Erblassers, seine von ihm getrenntlebende Ehefrau, gegen die er Scheidungsklage erhoben hat, für die Zeit nach seinem Tode zu versorgen, besteht nicht (BGH FamRZ 1982, 165). 2

**2. Pflichtschenkung.** Schenkungen auf Grund einer **sittlichen Pflicht** können demgegenüber einen erheblichen Wert haben (nach BGH WM 1978, 905; OLG Celle HRR 1934 Nr. 942 steht nicht entgegen, dass dadurch der Nachlass im Wesentlichen ausgeschöpft wird); insbes. fallen hierunter Unterhaltszahlungen für nahe Verwandte (BGH NJW 1984, 2939; DRsp I (174) 187; MüKoBGB/Koch § 530 Rn. 3; vgl. auch zur Sicherung des Lebensunterhaltes für den Partner einer nichtehelichen Lebensgemeinschaft RG LZ 1923, 448 (449); BGH WM 1983, 19 (21)) und solche mit der Motivation der zusätzlichen Alterssicherung (BGH NJW 1981, 2458 (2459); FamRZ 1982, 165). Unter Umständen kann auch die Zuwendung eines **Grundstücks** oder eines **Nießbrauchs** aus Dankbarkeit für unbezahlte langjährige Dienste im Haushalt oder für unentgeltliche Pflege und Versorgung einer sittlichen Pflicht entsprechen (BGH WM 1977, 1410 (1411); 1978, 905; NJW 1984, 2939; im entschiedenen Fall anders OLG Koblenz NJW-RR 2002, 512 (514)). Eine Schenkung erfolgt aber nicht schon dann aus sittlicher Pflicht, wenn sie im Rahmen des sittlich noch zu Rechtfertigenden bleibt, sondern nur, wenn sie in der Weise sittlich geboten war, dass ein **Unterlassen der Zuwendung** dem Erblasser als **Verletzung der für ihn bestehenden sittlichen Pflicht** zur Last zu legen wäre (BGH NJW 1984, 2939; OLG Koblenz NJW-RR 2002, 512 (514); FamRZ 2006, 1789 (1790 f.); ZEV 2006, 505 zu § 2287; OLG Naumburg OLGR 2000, 433; vgl. etwa auch Staudinger/Chiusi, 2021, § 534 Rn. 6 mwN; zum Pflichtteilsrecht MüKoBGB/Lange Rn. 3; Staudinger/Herzog, 2021, Rn. 5). Dies richtet sich nach den Umständen des Einzelfalls; dabei ist **abzuwägen,** in welchem Maße die Belange von Schenker und Beschenktem es unabweisbar erscheinen lassen, die gesetzlich vorgeschriebene Mindestbeteiligung des Pflichtteilsberechtigten am Nachlass einzuschränken. Denn zu der sittlichen Pflicht kann gerade gehören, den Pflichtteil des Pflichtteilsberechtigten nicht völlig auszuhöhlen (BGH NJW 1984, 2939 in Weiterentwicklung zu BGH WM 1982, 100; OLG Koblenz NJW-RR 2002, 512 (514); FamRZ 2006, 1789 (1790 f.); vgl. auch BGHZ 88, 102 = NJW 1983, 2875). Daher sind die ergangenen Gerichtsentscheidungen hier noch viel weniger verallgemeinerungsfähig als sonst (Soergel/Beck Rn. 1). Zudem ist bei älteren Entscheidungen zu berücksichtigen, dass sich die sozialen Verhältnisse, insbes. hinsichtlich Unterhalt und Altersversorgung, geändert haben (Soergel/Beck Rn. 4). Beispiele → Rn. 3.1. 3

**Beispiele aus der Rspr.:** BGH WM 1978, 905: Überlassung eines Hausgrundstücks an die Tochter für jahrelange Pflege der Mutter; LM Nr. 2: Zuwendung eines Hausanwesens an jahrelang im Haushalt und Geschäft mitarbeitende Tochter; LM Nr. 4: Zuwendung einer Rente und eines Wohnungsrechts für den Fall des Todes des Erblassers an getrennt lebende Ehefrau; LM Nr. 5 = NJW 1984, 2939: Schenkung der Hälfte des Grundeigentums zur Alterssicherung an Ehefrau zum Nachteil der Tochter aus erster Ehe; 3.1

WM 1977, 1410: Bestellung eines Nießbrauchs am Geschäftsgrundstück für langjährige Haushaltsgehilfin; NJW-RR 1996, 705 (706): Überlassung eines Hausgrundstücks zur Existenzsicherung eines gesundheitlich Behinderten; RG JW 1931, 1356: Überlassung des väterlichen Unternehmens an jahrelang mitarbeitenden Sohn; OLG Braunschweig FamRZ 1963, 376: Abschluss einer Lebensversicherung zu Gunsten der unversorgten Ehefrau durch Gewerbetreibenden im hohen Alter; OLG Celle HRR 1934 Nr. 942: Überlassung eines Grundstücks an die Tochter zur gleichmäßigen Verteilung des Familienvermögens; OLG Karlsruhe OLGZ 1990, 457: Zuwendung eines Miteigentumshälfteanteils am Familienwohnheim auf die im Gewerbebetrieb langjährig unentgeltlich mitarbeitende, unversorgte Ehefrau zum Nachteil der Kinder aus erster Ehe; LG Braunschweig RdL 1951, 74: unentgeltliche Überlassung von Grundstücken an Abkömmling, der Erblasser in Notlage unterstützte; OLG Naumburg OLGR 2000, 433 = FamRZ 2001, 1406: Zuwendung an Pflegeperson nur, weil die hierfür schwere persönliche Opfer erbrachte und dadurch in Not geriet; OLG Frankfurt OLGR 1999, 299: Bestehen eines Eltern-Kind ähnlichen Verhältnisses – zweifelhaft; OLG Koblenz NJW-RR 2002, 512 (514): Zuwendung eines Nießbrauchs und einer Pflegezusage – Anwendung von § 2330 verneint; s. auch MüKoBGB/Lange Rn. 3; ausf. Staudinger/Herzog, 2021, Rn. 15 ff.; BeckOGK/A. Schindler, Stand: 1.4.2022, Rn. 17.

4 Auch wies der BGH im Jahre 1984 ausdrücklich darauf hin, dass er seine frühere Rspr. weiterentwickelt hat (BGH NJW 1984, 2939). **Kriterien** für die nach objektiven Gesichtspunkten vorzunehmende **Abwägung** können sein: die persönlichen Beziehungen zueinander, ihre Lebensstellung, die Vermögens- und Lebensverhältnisse, **Quantität und Qualität der Zuwendung** und deren Wert zum Restnachlass (Staudinger/Herzog, 2021, Rn. 9) sowie die zu belohnenden Leistungen des Beschenkten, die nicht bereits über die Ausgleichung nach §§ 2316, 2057a erfasst werden (vgl. Soergel/Beck Rn. 3; MüKoBGB/Lange Rn. 4; RGRK-BGB/Johannsen Rn. 1; OLG Braunschweig FamRZ 1963, 376 (377); OLG Nürnberg WM 1962, 1200 (1203); aA BeckOGK BGB/A. Schindler, 1.4.2022, Rn. 8; Staudinger/Herzog, 2021, Rn. 34, für die die Ausgleichung nach § 2057a BGB subsidiär ist, sodass zunächst das Eingreifen des § 2330 zu prüfen ist). Unerheblich ist, ob bei der Schenkung ein entsprechender Hinweis gemacht wurde (BGH WM 1978, 905). Jedoch muss der **Schenker** sich **bewusst** sein, dass eine Anstands- oder sittliche Pflicht für die Schenkung bestand, bezieht sie doch daraus ihre innere Rechtfertigung (ebenso Fleischmann, Lebzeitige Verfügungsfreiheit bei erbrechtlicher Bindung und Pflichtteilsberechtigung nach den Vorschriften des BGB, 1989, 111; aA – allein objektive Gegebenheiten entscheidend – RGZ 125, 380 (382 ff.); Staudinger/Herzog, 2021, Rn. 9; Soergel/Beck Rn. 2; offenlassend BGH FamRZ 1982, 165). Nur iÜ kommt es auf die objektiven Umstände an. Auf welchen **Zeitpunkt** für die Beurteilung des Vorliegens einer Pflichtschenkung abzuheben ist, ist umstritten. Der Schutz des Pflichtteilsberechtigten gebietet eher ein Abstellen auf den **Erbfall,** man denke etwa daran, dass dann der Bedachte zur Sicherung seiner Altersversorgung der Zuwendung nicht mehr bedarf, weil er anderweitig abgesichert ist (so Ed. 39, 1.11.2014, Rn. 4 (J. Mayer); vgl. auch BeckOGK/A. Schindler, Stand: 1.4.2022, Rn. 14). Überzeugender erscheint es dennoch, auf den Zeitpunkt der **Zuwendung** abzustellen, da andernfalls weder der Erblasser Planungssicherheit hätte (vgl. Staudinger/Herzog, 2021, Rn. 10; Soergel/Beck Rn. 5), noch der Betroffene auf den Bestand der Zuwendung vertrauen könnte (iErg auch Grüneberg/Weidlich Rn. 1; HK-PflichtteilsR/Gietl Rn. 3).

5 Auch eine **belohnende Schenkung** kann eine Anstands- oder Pflichtschenkung sein, muss dies aber nicht (RG LZ 1918, 1076; JW 1931, 1356; vgl. Burandt/Rojahn/Horn Rn. 17). Da die belohnende Schenkung oftmals von den sog „Vorleistungsfällen" schwer abzugrenzen ist, bei denen eine kausale Leistungsverknüpfung zwischen bereits früher erbrachter Leistung des Empfängers („vorweggenommene Erfüllungshandlung") und der späteren Zuwendung vorliegt und insoweit eine objektive Entgeltlichkeit besteht (OLG Düsseldorf DNotZ 1996, 652 (653) zu § 528; eingehend MüKoBGB/Koch § 516 Rn. 31), ist dies genau zu prüfen (eingehend hierzu Keim FamRZ 2004, 1081 ff.).

6 Übersteigt eine Schenkung teilweise den von sittlicher Pflicht oder Anstand gebotenen Umfang, so unterliegt nur das **Übermaß** der Pflichtteilsergänzung (BGH NJW 1981, 2458; WM 1978, 905; LM Nr. 2 = BB 1967, 312; Erman/Röthel Rn. 3; Staudinger/Herzog, 2021, Rn. 35; Soergel/Beck Rn. 7; Burandt/Rojahn/Horn Rn. 20; BeckOGK/A. Schindler, Stand: 1.4.2022, Rn. 13).

## III. Umfang des Auskunftsanspruchs des Ergänzungsberechtigten

7 Der **Auskunftsanspruch** des Pflichtteilsberechtigten umfasst auch Pflicht- und Anstandsschenkungen des Erblassers (BGH NJW 1962, 245; LG Bielefeld ErbR 2019, 527 ff. mAnm Horn; Staudinger/Herzog, 2021, Rn. 38 mwN), obwohl diese nicht zu Pflichtteilsergänzungsansprüchen

führen. Dadurch wird dem Pflichtteilsberechtigten eine nähere Prüfung des Vorliegens der (nicht sehr klar umrissenen) Tatbestandsvoraussetzungen ermöglicht. Daher sind etwaige Pflicht- und Anstandsgeschenke auch im Nachlassverzeichnis (vgl. § 2314 Abs. 1 S. 2, 3) aufzuführen (OLG Hamm BeckRS 2021, 14630 = ErbR 2021, 551). In der Praxis wird dieser rechtliche Ausgangspunkt der umfassenden Auskunftspflicht allerdings nicht so streng gehandhabt, zumal die Angabe jeglicher lebzeitiger Anstandsschenkung des Erblassers den vernünftigen Rahmen eines Nachlassverzeichnisses sprengen würde (vgl. BeckOGK/A. Schindler, Stand: 1.4.2022, Rn. 19).

## IV. Beweislast

Die Beweislast für das Vorliegen einer Anstands- oder Pflichtschenkung trifft den **Beschenkten,** 8
da es sich um einen Ausschlusstatbestand handelt (RG LZ 1918, 1076; Staudinger/Herzog, 2021, Rn. 36 mwN). Demgegenüber hat der Ergänzungsberechtigte (Kläger) zu beweisen, dass überhaupt eine Schenkung vorliegt (Burandt/Rojahn/Horn Rn. 21; Staudinger/Herzog, 2021, Rn. 37).

# § 2331 Zuwendungen aus dem Gesamtgut

**(1) [1]Eine Zuwendung, die aus dem Gesamtgut der Gütergemeinschaft erfolgt, gilt als von jedem der Ehegatten zur Hälfte gemacht. [2]Die Zuwendung gilt jedoch, wenn sie an einen Abkömmling, der nur von einem der Ehegatten abstammt, oder an eine Person, von der nur einer der Ehegatten abstammt, erfolgt, oder wenn einer der Ehegatten wegen der Zuwendung zu dem Gesamtgut Ersatz zu leisten hat, als von diesem Ehegatten gemacht.**

**(2) Diese Vorschriften sind auf eine Zuwendung aus dem Gesamtgut der fortgesetzten Gütergemeinschaft entsprechend anzuwenden.**

## Überblick

Die Vorschrift legt für **Zuwendungen** (→ Rn. 2) aus dem Gesamtgut einer Gütergemeinschaft fest, wer der Ehegatten als **Zuwendender** anzusehen ist (→ Rn. 3).

## I. Normzweck

Die Vorschrift ist § 2054 nachgebildet (→ § 2054 Rn. 1 ff.). Es sollen hiermit bei Zuwendungen 1
aus dem Gesamtgut einer Gütergemeinschaft Zweifel über die **Person des Zuwendenden** beseitigt werden, unabhängig davon, wer verfügt hat (Burandt/Rojahn/Horn Rn. 1; Staudinger/Olshausen, 2021, Rn. 1). Hierfür enthält § 2331 Regelungen, die man allerdings wohl nur als **widerlegliche Vermutungen** ansehen kann (MüKoBGB/Lange Rn. 1; Soergel/Beck Rn. 1; offengelassen von RGZ 94, 262 (265); aA Staudinger/Otte, 2021, Rn. 6, 11 (anders noch Vorlage Staudinger/Olshausen, 2015, Rn. 2)).

## II. Anwendungsbereich

Die Vorschrift gilt sowohl für den **ordentlichen** als auch für den **außerordentlichen** Pflichtteil 2
(Ergänzungspflichtteil). Sie greift ein, wo **im Pflichtteilsrecht Zuwendungen,** auch in Gestalt von Schenkungen, zu berücksichtigen sind, insbes. bei §§ 2315, 2316, 2325 ff. (Grüneberg/Weidlich Rn. 1; MüKoBGB/Lange Rn. 2; Soergel/Beck Rn. 1; Burandt/Rojahn/Horn Rn. 3; RGZ 94, 262 (265) zum Pflichtteilsergänzungsanspruch). Da der Güterstand der Gütergemeinschaft mittlerweile nur noch von wenigen Ehepaaren gewählt wird, ist der praktische Anwendungsbereich der Vorschrift sehr **gering.**

## III. Zuwendungen aus dem Gesamtgut (Abs. 1)

**1. Hälftige Berücksichtigung bei beiden Ehegatten. Abs. 1 S. 1** bestimmt, dass Zuwen- 3
dungen aus dem Gesamtgut grds. **je zur Hälfte** jedem der daran beteiligten Ehegatten zugerechnet werden. Sie sind daher bei jedem Ehegattenerbfall, wenn auch je **nur zur Hälfte,** zu berücksichtigen (Soergel/Beck Rn. 2). Nur die nicht in S. 2 genannten Personen (→ Rn. 4), also alle, außer

den einseitigen Abkömmlingen oder Aszendenten, dürfen Adressat der Zuwendung sein (Burandt/Rojahn/Horn Rn. 4). Die praktisch wichtigste Gruppe sind die **gemeinsamen Abkömmlinge** der Ehegatten.

4 **2. Volle Berücksichtigung bei einem Ehegatten.** Zuwendungen iSd **Abs. 1 S. 2** an die dort genannten Personen (einseitige Abkömmlinge oder Aszendenten eines Ehegatten) oder unter den dort genannten Bedingungen sind nur dem einen Ehegatten zuzurechnen (dag. verfassungsrechtliche Bedenken bei Staudinger/Otte, 2021, Rn. 12). Die Zurechnung an den einen Ehegatten gilt jedoch nur unter der Voraussetzung, dass dessen (gedachter) Anteil am Gesamtgut die Zuwendung deckt (RGZ 94, 262 (264 ff.); MüKoBGB/Lange Rn. 3). Hierbei kommt es nicht auf den Stand des Vermögens zurzeit der Schenkung, sondern auf den bei der **Beendigung der Gütergemeinschaft** an (RGZ 94, 262 (264 ff.); krit. zur Bewertung Soergel/Beck Rn. 2; aA MüKoBGB/Lange Rn. 3; jurisPK-BGB/Birkenheier Rn. 12 mwN).

## IV. Zuwendungen aus dem Gesamtgut der fortgesetzten Gütergemeinschaft (Abs. 2)

5 **Abs. 2** betrifft die (seltenen) Fälle der Zuwendung aus dem Gesamtgut der fortgesetzten Gütergemeinschaft. Entsprechend Abs. 1 S. 1 werden Zuwendungen aus dem Gesamtgut der fortgesetzten Gütergemeinschaft zur Hälfte den **fortsetzungsbefugten Abkömmlingen** und zur anderen Hälfte dem **überlebenden Ehegatten** zugerechnet (Burandt/Rojahn/Horn Rn. 8; Staudinger/Otte, 2021, Rn. 14).

## § 2331a Stundung

**(1) [1]Der Erbe kann Stundung des Pflichtteils verlangen, wenn die sofortige Erfüllung des gesamten Anspruchs für den Erben wegen der Art der Nachlassgegenstände eine unbillige Härte wäre, insbesondere wenn sie ihn zur Aufgabe des Familienheims oder zur Veräußerung eines Wirtschaftsguts zwingen würde, das für den Erben und seine Familie die wirtschaftliche Lebensgrundlage bildet. [2]Die Interessen des Pflichtteilsberechtigten sind angemessen zu berücksichtigen.**

**(2) [1]Für die Entscheidung über eine Stundung ist, wenn der Anspruch nicht bestritten wird, das Nachlassgericht zuständig. [2]§ 1382 Abs. 2 bis 6 gilt entsprechend; an die Stelle des Familiengerichts tritt das Nachlassgericht.**

**Schrifttum:** Bonefeld/Lange/Tanck, Die geplante Reform des Pflichtteilsrechts, ZErb 2007, 292; Klingelhöffer, Die Stundung des Pflichtteilsanspruchs, ZEV 1998, 121; Oechsler, Pflichtteil und Unternehmensnachfolge von Todes wegen, AcP 202 (2000), 603; Reich, Neue Stundungsgründe für Pflichtteilsansprüche, FPR 2008, 555.

### Überblick

Die Vorschrift ermöglicht die **Stundung** (→ Rn. 3) des an sich sofort fälligen Pflichtteilsanspruchs, wenn dessen sofortige Erfüllung für den pflichtteilsberechtigten Erben eine **unbillige Härte** (→ Rn. 6) bedeuten würde und die Interessen des Pflichtteilsberechtigten eine Stundung zulassen (→ Rn. 9). Über die Stundung kann (wenn Grund und Höhe des Pflichtteilsanspruchs unstreitig sind) in einem **isolierten Stundungsverfahren** vor dem Nachlassgericht (→ Rn. 11) oder im streitigen Verfahren (→ Rn. 14) entschieden werden.

## I. Normzweck, praktische Bedeutung

1 Durch die gerichtliche Stundung des Pflichtteilsanspruchs soll der Gefährdung des Nachlasses durch rücksichtslose Geltendmachung des sofort fälligen Pflichtteilsanspruchs und seine Durchsetzung im Wege der Zwangsvollstreckung vorgebeugt und dadurch die **Zerschlagung wirtschaftlicher Werte** verhindert werden. Allerdings gewährt § 2331a dagegen nur einen begrenzten Schutz. Wenngleich § 1382 hierfür Vorbild war und auf ihn bezüglich Abs. 2–6 sogar verwiesen wird, sind bei § 2331a die materiellen wie persönlichen Voraussetzungen wesentlich strenger (für extensive Interpretation Oechsler AcP 200 (2000), 603 (614 ff.); dagegen Haas ZNotP 2001, 370 (378)). Gerichtliche Stundungsentscheidungen sind daher relativ **selten** (vgl. HK-PflichtteilsR/Gietl Rn. 2; Lange DNotZ 2007, 84 (91); Otte AcP 202 (2002), 317 (359)). Daran hat sich auch

durch die **Neufassung der Vorschrift aufgrund des ErbVerjRÄndG** wenig geändert (skeptisch bereits Bonefeld/Lange/Tanck ZErb 2007, 292 (295 f.); Reich FPR 2008, 555 (557), während die amtliche Gesetzesbegr. von einer „maßvollen Erweiterung der Stundungsvoraussetzungen" ausging, BT-Drs. 16/8954, 21); anlässlich der heftigen Kritik an dieser früheren, unzulänglichen Regelung (Klingelhöffer ZEV 1998, 121 (122); Lange DNotZ 2007, 84 (89 ff.)) wurde durch die **Erbrechtsreform 2010** der Kreis der zur Stellung des Stundungsantrags berechtigten Personen auf alle Erben erweitert und es genügt als Stundungsvoraussetzung nunmehr bereits das Vorliegen einer unbilligen Härte (statt früher einer „ungewöhnlichen" Härte). Weitergehenden Reformvorschlägen, insbes. zur ausnahmslosen Stundung des auf das selbst genutzte Wohnhaus entfallenden Teils des Pflichtteilsanspruchs (vgl. etwa Stellungnahme des Deutschen Notarvereins notar 2007, 148 f.), ist der Reformgesetzgeber leider nicht gefolgt. Die Vorschrift hat in der Praxis gleichwohl eine nicht zu unterschätzende, allerdings mehr präventive Bedeutung, weil durch die Möglichkeit der gerichtlichen Stundung ein gewisser Druck auf Abschluss von Vergleichen ausgeübt und so die Verhandlungsbereitschaft gestärkt werden kann (HK-PflichtteilsR/Gietl Rn. 2; ebenso Klingelhöffer ZEV 1998, 121 (122)). In der forensischen Praxis wird ein Stundungsantrag bisweilen aus taktischen Erwägungen heraus gestellt (Herauszögern der Zahlung des Pflichtteilsanspruchs) (vgl. Kasper in Schlitt/Müller PflichtteilsR-HdB § 9 Rn. 100).

Von der gerichtlichen Stundung ist die Stundung durch **Parteivereinbarung** zu unterscheiden: 2 Vor dem Erbfall kann jene durch einen beschränkten Pflichtteilsverzicht (→ § 2346 Rn. 24) (G. Müller in Schlitt/Müller PflichtteilsR-HdB § 10 Rn. 82 f.; Burandt/Rojahn/Horn Rn. 3) oder durch Vereinbarung zwischen den künftigen Erben nach § 311b Abs. 5 erfolgen (Klingelhöffer ZEV 1998, 121 (122)). Auch **nach Eintritt des Erbfalls** kann zwischen dem Erben und dem Pflichtteilsberechtigten eine Stundungsvereinbarung geschlossen werden, wobei das Stundungsangebot des Erben auch konkludent angenommen werden kann (OLG Karlsruhe NJW-RR 2016, 459 (460)). Die Stundungsvereinbarung hat verjährungshemmende Folgen, § 205 (OLG Karlsruhe NJW-RR 2016, 459 (460)).

## II. Voraussetzungen der Stundung

**1. Stundungsfähiger Anspruch.** Gestundet werden kann der **ordentliche Pflichtteilsanspruch,** einschließlich des Pflichtteilsrestanspruchs (§§ 2305, 2307), sowie der **Pflichtteilsergänzungsanspruch** nach § 2325, soweit er sich gegen den **Erben** richtet. Angesichts des klaren Wortlauts der Norm nicht stundungsfähig ist demgegenüber der Pflichtteilsergänzungsanspruch gegen den Beschenkten nach § 2329, mag der Beschenkte zugleich auch ein pflichtteilsberechtigter Erbe sein (MüKoBGB/Lange Rn. 4; Soergel/Beck Rn. 6; für analoge Anwendung auf den pflichtteilsberechtigten Beschenkten dagegen Schindler, Pflichtteilsberechtigter Erbe und pflichtteilsberechtigter Beschenkter, 2004, Rn. 1044 ff.; aA auch Staudinger/Otte, 2021, Rn. 10). Bei Geltendmachung des Pflichtteilsanspruchs durch mehrere Pflichtteilsberechtigte kann gegen jeden Einzelnen Stundung beantragt werden. 3

**2. Stundungsberechtigter.** Während früher nur der selbst pflichtteilsberechtigte Erbe die gerichtliche Stundung verlangen konnte, also nur die Abkömmlinge, Eltern, Ehegatten (§ 2303) und der gleichgeschlechtliche Lebenspartner (§ 10 Abs. 6 S. 2 LPartG), ist stundungsberechtigt nun **jeder Erbe,** auch der nicht pflichtteilsberechtigte. Damit soll insbes. auch die Unternehmensnachfolge erleichtert werden (BT-Drs. 16/8954, 21). Bei **mehreren Miterben** muss jeder für sich den Antrag stellen und in seiner Person müssen auch die entsprechenden Voraussetzungen vorliegen (HK-PflichtteilsR/Gietl Rn. 4). Bis zur Nachlassteilung ist jedoch zu beachten, dass bei beschränkter Erbenhaftung nach § 2059 Abs. 1 keiner der Erben mit seinem Eigenvermögen haftet und insoweit der Stundungsantrag durch einen hierzu Berechtigten auch den anderen Miterben zugutekommt (Grüneberg/Weidlich Rn. 1; vgl. zu den Auswirkungen Soergel/Beck Rn. 9). Für den antragsberechtigten Erben kann auch der **Nachlasspfleger** (§§ 1960, 1961), der **Nachlassverwalter** (§ 1984) und der **Insolvenzverwalter** die Stundung beantragen. Anderes gilt nach hM im Hinblick auf § 2213 Abs. 1 S. 3 für den **Testamentsvollstrecker,** da es sich um eine Modalität der Pflichtteilsabwehr handelt (NK-BGB/Bock Rn. 5; MüKoBGB/Lange Rn. 3; Grüneberg/Weidlich Rn. 1; Lange/Kuchinke ErbR § 37 Fn. 391; Staudinger/Otte, 2021, Rn. 8). 4

**3. Sachliche Stundungsvoraussetzungen.** Die gerichtliche Stundung erfordert auch nach der Neuregelung die Prüfung von zwei Voraussetzungen: Zum einen muss die sofortige Erfüllung des gesamten Pflichtteilsanspruchs für den Erben eine **unbillige Härte** bedeuten. Bei der gerichtlichen Stundungsentscheidung sind zum anderen aber auch die **Interessen des Pflichtteilsberech-** 5

**tigten** angemessen zu berücksichtigen („doppelte Billigkeitsentscheidung"). Daher wird die sofortige Erfüllung des Pflichtteilsanspruchs nach wie vor die Regel, die Stundung die **Ausnahme** sein.

6 **a) Unbillige Härte für den Erben (Abs. 1 S. 1).** Die Stundung kann durch das Gericht nicht bereits dann ausgesprochen werden, wenn die Erfüllung des Pflichtteilsanspruchs für den Erben mit Schwierigkeiten verbunden wäre, oder ihn (wie bei § 1382 erforderlich) „besonders hart" treffen würde. Früher musste als Stundungsvoraussetzung sogar eine „ungewöhnliche Härte" vorliegen, die nicht aus der sofortigen Zahlungspflicht, sondern allein aus der **„Art der Nachlassgegenstände"** herrührte. Durch die Reform der Vorschrift wird die Schwelle für die Stundung des Pflichtteilsanspruchs herabgesetzt: Nunmehr genügt eine **„unbillige Härte".** Dadurch soll der praktische Anwendungsbereich der Vorschrift erweitert werden (BT-Drs. 16/8954, 21).

7 Die „unbillige Härte" muss sich aus der **Art der Nachlassgegenstände** ergeben (HK-PflichtteilsR/Gietl Rn. 8; Grüneberg/Weidlich Rn. 2). Zur Verdeutlichung bringt das Gesetz eine beispielhafte und nicht abschließende (NK-BGB/Bock Rn. 7) Aufzählung: Eine solche Härte kann vorliegen, wenn der Erbe zur **Aufgabe des Familienheims** oder zur **Veräußerung eines Wirtschaftsgutes** gezwungen würde, das für ihn oder seine Familie die wirtschaftliche Lebensgrundlage bildet (OLG Rostock NJW-RR 2019, 1291 (1292); für großzügige Handhabung bei Unternehmererben Oechsler AcP 200 (2000), 602 (612 ff.)). Dabei ist nicht erforderlich, dass zB das Familienheim bereits zum Zeitpunkt des Erbfalls die Lebensgrundlage bildet; es genügt vielmehr, wenn dies **für die Zukunft** der Fall ist (OLG Rostock NJW-RR 2019, 1291 (1292); Grüneberg/Weidlich Rn. 3). Zu den Wirtschaftsgütern gehören nicht nur solche iSv § 6 Abs. 1 Nr. 1 und 2 EStG (Unternehmen oder Beteiligung hieran, landwirtschaftlicher Betrieb), sondern auch Immaterialgüterrechte, die dem genannten Zweck dienen (Staudinger/Olshausen, 2015, Rn. 14; einschränkend Staudinger/Otte, 2021, Rn. 14). Ohne die Veräußerung dieser Nachlasswerte darf die Erfüllung des Pflichtteilsanspruchs nicht möglich sein (Staudinger/Otte, 2021, Rn. 15). Die Qualität der Nachlassgegenstände muss kausal für die Illiquidität sein. Allerdings ist die Bestimmung nicht zu eng auszulegen (so auch Soergel/Beck Rn. 8).

8 **Keine Stundungsmöglichkeit** besteht schon dann, wenn der Erbe Vermögensgegenstände **zur Unzeit veräußern** müsste (NK-BGB/Bock Rn. 8; MüKoBGB/Lange Rn. 8), also zB Wertpapiere zu einem momentan ungünstigen Kurs. Gleiches gilt, wenn er zum **Verkauf von wertvollen Kunstgegenständen** oder Familienerbstücken gezwungen wird (MüKoBGB/Lange Rn. 8; Staudinger/Otte, 2021, Rn. 17), oder wenn er zwar zur Veräußerung eines von mehreren Unternehmen genötigt wird, dies aber nicht zur Gefährdung seiner Lebensgrundlage führt (Staudinger/Olshausen, 2015, Rn. 15; abschwächend Grüneberg/Weidlich Rn. 2: „nicht immer unbillig"). Eine unbillige Härte liegt auch nicht vor, wenn der Erbe zwar nicht aus dem Nachlass, aber aus seinem **sonstigen Vermögen** (BGB-RGRK-BGB/Johannsen Rn. 4; Staudinger/Otte, 2021, Rn. 15; Erman/Röthel Rn. 4) oder durch **Aufnahme von Krediten** (NK-BGB/Bock Rn. 8; MüKoBGB/Lange Rn. 8; Grüneberg/Weidlich Rn. 2), die keine unzumutbare Belastung zur Folge haben, den Pflichtteilsanspruch befriedigen kann. Keine Stundungsmöglichkeit besteht schließlich, wenn der ererbte Nachlass aus einem Hausgrundstück mit fünf Mietwohnungen besteht und der Erbe lediglich behauptet, er besitze kein weiteres nennenswertes Vermögen und könne das ererbte Vermögen nicht belasten, weil er zur Bezahlung von Darlehensraten nicht in der Lage sei (OLG Hamburg OLGR 1998, 294). Eine unbillige Härte ergibt sich auch nicht bereits daraus, dass der die Stundung beantragende Erbe im Innenverhältnis der Erben zueinander die Pflichtteilslast nicht zu tragen hätte (Soergel/Beck Rn. 9; MüKoBGB/Lange Rn. 8).

9 **b) Angemessene Berücksichtigung der Interessen des Pflichtteilsberechtigten (Abs. 1 S. 2).** Bei der Stundungsentscheidung sind auch die **Interessen des Pflichtteilsberechtigten** angemessen zu berücksichtigen. Dies ist deshalb geboten, weil die Stundung einen erheblichen Eingriff in die verfassungsrechtlich geschützte Position des Pflichtteilsberechtigten darstellt. Daher schreibt die gesetzliche Neuregelung vor, dass die Interessen des Pflichtteilsberechtigten **angemessen berücksichtigt** werden müssen. Die bislang geltende hohe Hürde, nach der die Stundung dem Pflichtteilsberechtigten auch zumutbar sein musste, wurde dadurch maßvoll herabgesetzt (BT-Drs. 16/8954, 21). Daraus ergibt sich eine für die Praxis wichtige **Akzentverschiebung** (Reich FPR 2008, 555 (557)). **Zu Gunsten des Pflichtteilsberechtigten** sind seine Einkommens- und Vermögensverhältnisse, aber auch seine Unterhaltspflichten zu berücksichtigen (NK-BGB/Bock Rn. 10; MüKoBGB/Lange Rn. 11), insbes. seine Pflicht zur Deckung von Ausbildungskosten (Staudinger/Otte, 2021, Rn. 19; Soergel/Beck Rn. 10). Auch das (höhere) **Lebensalter** des Pflichtteilsberechtigten kann eine Rolle spielen (OLG Rostock NJW-RR 2019, 1291 (1292)). Gegen die Stundung spricht außerdem, wenn der Erbe die Zahlung oder die gerichtliche Entschei-

dung böswillig oder über Gebühr **hinauszögert** (OLG Rostock NJW-RR 2019, 1291 (1292): langjähriger Rechtsstreit; Grüneberg/Weidlich Rn. 3) oder sie die **Zerschlagung des Nachlasses** zur Deckung des Pflichtteils ohnehin nicht verhindern kann (Staudinger/Olshausen, 2015, Rn. 19). Entsprechend kommt eine Stundung nicht in Betracht, wenn absehbar ist, dass der Erbe auch durch Stundung nicht in die Lage versetzt wird, sich jemals die Mittel zur Erfüllung des Pflichtteilsanspruchs zu verschaffen (OLG Rostock NJW-RR 2019, 1291 (1292)). Auch der Umstand, dass der Erbe zum Zeitpunkt des Erbfalls über ein **anderes Familienheim** verfügte und er erst nach dem Erbfall die Nachlassimmobilie als Familienheim herrichtete und nutzte, ist im Rahmen der Interessenabwägung zu Gunsten des Pflichtteilsberechtigten zu berücksichtigen (OLG Rostock NJW-RR 2019, 1291 (1292)). Unberücksichtigt bleiben muss bei der Abwägung aber, dass die Enterbung vom Pflichtteilsberechtigten als Kränkung empfunden wird, und dass er seine erwachsenen Kinder mit dem Pflichtteilsbetrag unterstützen will (OLG Dresden NJWE-FER 1999, 326). Auch wenn nach wie vor eine Berücksichtigung und entsprechende Abwägung sowohl der Interessen des Erben als Pflichtteilsschuldner wie aber auch des Pflichtteilsberechtigten als Gläubiger erforderlich ist (MüKoBGB/Lange Rn. 10), dürfte die Neuregelung im Wesentlichen dazu führen, dass die **Interessen des Pflichtteilsberechtigten** bei der Zubilligung der Stundungsbedingungen mit entsprechender **Sicherheit und Verzinsung** zu berücksichtigen sind (HK-PflichtteilsR/Gietl Rn. 15; Grüneberg/Weidlich Rn. 3; vgl. auch BT-Drs. 16/8954, 21). Unter Umständen kann die Interessenabwägung auch eine **teilweise Stundung** oder eine **angemessene Ratenzahlung** gebieten (MüKoBGB/Lange Rn. 11; einschr. Staudinger/Otte, 2021, Rn. 22).

## III. Verfahren

Hinsichtlich des Stundungsverfahrens ist zu unterscheiden: Ist der Pflichtteilsanspruch dem Grunde und der Höhe nach **unstreitig,** so entscheidet das **Nachlassgericht (Abs. 2 S. 1);** ist der Anspruch dem Grund oder der Höhe nach umstritten und über ihn ein Rechtsstreit **anhängig,** so entscheidet allein das **Prozessgericht** (§ 2331a Abs. 2 S. 2, **§ 1382 Abs. 5).** Die Zuständigkeit des Prozessgerichts lässt sich daher (zB mit dem Ziel, hierdurch Zeit zu gewinnen) dadurch begründen, dass die Höhe des Pflichtteils bestritten wird (Kasper in Schlitt/Müller PflichtteilsR-HdB § 9 Rn. 106). 10

**1. Isoliertes Stundungsverfahren vor dem Nachlassgericht.** Die örtliche Zuständigkeit ergibt sich aus § 343 FamFG; funktionell zuständig ist grds. der Rechtspfleger (§ 3 Nr. 2 lit. c RPflG). Erforderlich ist ein entsprechender Antrag (Formulierungsvorschlag dazu etwa bei Tanck in MSTB PflichtteilsR-HdB § 14 Rn. 371). Dieser wird jedoch mit der Erhebung der Klage auf Zahlung des Pflichtteils unzulässig, weil dann die Stundung gem. § 2331a Abs. 2 S. 2, § 1382 Abs. 5 nur noch im Klageverfahren vor dem Prozessgericht geltend gemacht werden kann (OLG Karlsruhe FamRZ 2004, 661). Im Übrigen ergeben sich die Einzelheiten für das Verfahren vor dem Nachlassgericht auf Grund der Verweisung des § 362 FamFG aus § 264 FamFG. Das Nachlassgericht kann die Sache nach Maßgabe des § 32 FamFG in einem Termin erörtern (Einzelheiten zum Verfahren etwa bei BeckOGK/A. Schindler, 1.4.2022, Rn. 23 ff.; Staudinger/Otte, 2021, Rn. 28 ff.). Kommt es nicht zu einem zu protokollierenden Vergleich (§ 36 Abs. 2 FamFG), so ist von Amts wegen zu ermitteln und Beweis zu erheben (§ 26 FamFG). Einstweilige Anordnungen sind möglich (§§ 49 ff. FamFG). 11

Die **Entscheidung** ergeht durch **Beschluss** (§ 38 FamFG), der erst mit der Rechtskraft wirksam wird (§ 362 FamFG iVm § 264 Abs. 1 S. 1 FamFG) (Muster bei Firsching/Graf NachlassR Rn. 4.974). Soweit dem Stundungsantrag stattgegeben wird, ist ein Zahlungszeitpunkt und ein Zahlungsmodus (eventuell bei Ratenzahlung auch Verfallklausel) festzusetzen. Bei Vorliegen besonderer Umstände kann die Stundung auch **ohne Festlegung einer Stundungsfrist** erfolgen, denn der Pflichtteilsberechtigte hat die Möglichkeit, die nachträgliche Änderung oder Aufhebung der Stundungsentscheidung nach den § 2331a Abs. 2, § 1382 Abs. 6 zu verlangen (KG ErbR 2013, 30 mAnm Haßmann). Des Weiteren ist regelmäßig eine **Verzinsung** festzulegen (§§ 2331a, 1382 Abs. 4) (BayObLGZ 1980, 421 = FamRZ 1981, 392 zum Erbersatzanspruch: keine Bindung an den gesetzlichen Zinssatz; demgegenüber orientiert sich KG ErbR 2013, 30 (31) hieran) sowie über eine etwa vom Pflichtteilsberechtigten beantragte Sicherheitsleistung zu entscheiden. Auf Antrag des Pflichtteilsberechtigten kann das Nachlassgericht zugleich die Verpflichtung des Erben zur Zahlung des Pflichtteilsanspruchs aussprechen (§§ 362, 264 Abs. 2 FamFG), was einen **Vollstreckungstitel** schafft (§ 86 Abs. 1 Nr. 1 FamFG). Gegen die Entscheidung ist das **Rechtsmittel** der befristeten Beschwerde (§§ 58 ff. FamFG) innerhalb der Frist des § 63 FamFG gegeben. 12

13 Eine Beschwerde gegen die Ablehnung der Stundungsantrags des Erben wird wegen des Fehlens des erforderlichen Rechtsschutzinteresses unzulässig, wenn der Pflichtteilsberechtigte **Zahlungsklage** erhebt, weil dann die Stundung nach den § 2331a Abs. 2 S. 2, § 1382 Abs. 5 nur noch im Klageverfahren vor dem Prozessgericht geltend gemacht werden kann (OLG Karlsruhe FamRZ 2004, 661). **Gerichtsgebühren:** 2,0 nach KV 12520 GNotKG, Bestimmung des Geschäftswerts nach § 36 Abs. 1 GNotKG.

14 **2. Entscheidung im streitigen Verfahren.** Bei rechtshängigem Pflichtteilsanspruch entscheidet das **Prozessgericht** durch Urteil (Abs. 2 S. 2, § 1382 Abs. 5), und zwar nach den gleichen Grundsätzen wie das Nachlassgericht (Soergel/Beck Rn. 14), jedoch mit der Abweichung, dass der Amtsermittlungsgrundsatz (§ 26 FamFG) nicht gilt (NK-BGB/Bock Rn. 17; jurisPK-BGB/Birkenheier Rn. 62). Wurde bei der rechtskräftigen Entscheidung über den Pflichtteilsanspruch **kein Stundungsantrag** gestellt, so kann ein solcher nur dann vor dem Nachlassgericht beantragt werden, wenn sich die Verhältnisse nach der Entscheidung wesentlich geändert haben (§ 1382 Abs. 6) (MüKoBGB/Lange Rn. 17; Bumiller/Harders/Schwamb/Harders FamFG § 362 Rn. 6).

15 **3. Nachträgliche Aufhebung oder Änderung (§ 2331a Abs. 2 S. 2, § 1382 Abs. 6).** Nach Eintritt der Rechtskraft ist die Aufhebung oder Änderung der Entscheidung auf Antrag des Erben oder Pflichtteilsberechtigten nur zulässig, wenn sich die Verhältnisse nach der Entscheidung **wesentlich geändert** haben (§ 2331a Abs. 2 S. 2, § 1382 Abs. 6). Hierfür ist allein das **Nachlassgericht** zuständig, auch wenn zunächst das Prozessgericht die Stundungsentscheidung traf. Dies ist zumindest auf Grund einer Analogie auch bei gerichtlichen Vergleichen möglich (Bumiller/Harders/Schwamb/Harders FamFG § 362 Rn. 6; Grüneberg/Weidlich Rn. 5).

## § 2332 Verjährung

**(1) Die Verjährungsfrist des dem Pflichtteilsberechtigten nach § 2329 gegen den Beschenkten zustehenden Anspruchs beginnt mit dem Erbfall.**

**(2) Die Verjährung des Pflichtteilsanspruchs und des Anspruchs nach § 2329 wird nicht dadurch gehemmt, dass die Ansprüche erst nach der Ausschlagung der Erbschaft oder eines Vermächtnisses geltend gemacht werden können.**

**Schrifttum:** Adam, Die Verjährung des Pflichtteilsanspruchs nach der Reform des Erb- und Verjährungsrechts, ZErb 2015, 1; Horn, Verjährung von Pflichtteilsansprüchen bei unklaren Sachverhalten, ZEV 2020, 409; Piekenbrock, Die Verjährung von Pflichtteilsergänzungsansprüchen im Lichte der Verfassung, NJW 2020, 371; Sarres, (Verjährungs-)Fristen bei Pflichtteilsansprüchen, EE 2018, 121.

### Überblick

Die Vorschrift regelt eigenständig die Verjährung des gegen den Beschenkten gerichteten **Pflichtteilsergänzungsanspruchs** (→ Rn. 16). Für die Verjährung des ordentlichen Pflichtteilsanspruchs gilt seit der Erbrechtsreform 2010 die dreißigjährige Regelverjährung nach den §§ 195, 199 (→ Rn. 3).

### Übersicht

## I. Normzweck, Gesetzessystematik

Bis zum Inkrafttreten des Gesetzes zur Änderung des Erb- und Verjährungsrechts am 1.1.2010 enthielt die Vorschrift gegenüber der langen, grds. 30-jährigen erbrechtlichen Verjährung nach § 197 Abs. 1 Nr. 2 aF eine kurze dreijährige Sonderverjährung für den ordentlichen Pflichtteilsanspruch und den Pflichtteilsergänzungsanspruch, der gegen den Erben gerichtet ist. Zweck der kurzen Verjährung war es, im Interesse der Allgemeinheit und Rechtssicherheit möglichst bald Klarheit darüber zu schaffen, ob Pflichtteilsansprüche erhoben werden und dadurch mit einer Verschiebung der Nachlassverteilung zu rechnen ist (RGZ 135, 231 (235); 113, 234 (236); Mot. V 425; OLG Koblenz OLGR 2004, 662). Diese Sonderverjährung ist nach der Erbrechtsreform nicht mehr erforderlich, da die Pflichtteilsansprüche nunmehr der kurzen Regelverjährung nach § 195 unterliegen (vgl. etwa Herzog ErbR 2008, 206 (212); zur Verjährung des Pflichtteilsanspruchs allg. Adam ZErb 2015, 1 ff.). 1

Abs. 1 der seit dem 1.1.2010 geltenden Fassung entspricht dem früheren Abs. 2 und überträgt die **Sonderverjährung** des Anspruchs gegen den Beschenkten nach dem Abs. 2 aF in das System der Regelverjährung mit Ausnahme der subjektiven Anknüpfung des Verjährungsbeginns und behält damit den bisherigen Verjährungslauf bei (BT-Drs. 16/8954, 22). Demgegenüber entspricht Abs. 2 nF inhaltlich dem früheren Abs. 3 aF. Danach unterliegt der **Pflichtteilsergänzungsanspruch gegenüber** dem **Beschenkten** (§ 2329) nach wie vor einer besonderen, kenntnisunabhängigen Verjährung. 2

## II. Anwendungsbereich

**1. Ordentlicher Pflichtteilsanspruch. a) Grundsätzliches.** Der ordentliche Pflichtteilsanspruch (§§ 2303, 2317), der Pflichtteilsrestanspruch (§§ 2305, 2307 Abs. 1 S. 2), der Vervollständigungsanspruch nach § 2316 Abs. 2 und der Pflichtteilsergänzungsanspruch (§ 2325) gegen den Erben unterliegen seit der Erbrechtsreform der allgemeinen Regelverjährung nach den §§ 195, 199 (→ Rn. 1) (eingehend Herzog in Herzog/Lindner, Die Erbrechtsreform, 2010, Rn. 59 ff.). Durch die Integration der Verjährung des **allgemeinen Pflichtteilsanspruchs** in die allgemeine Verjährung ergeben sich jedoch gegenüber dem früheren Pflichtteilsrecht **zwei bedeutsame Unterschiede: (1)** Zum einen beginnt die Verjährung erst mit dem **Schluss des Jahres,** in dem der Pflichtteilsanspruch entstanden ist und der Pflichtteilsberechtigte von seinem Pflichtteilsanspruch Kenntnis erlangt hat (§§ 195, 199 Abs. 1 – sog. Silvesterverjährung). **(2)** Zum anderen gilt die **absolute zeitliche Höchstgrenze** des § 199 Abs. 3a: Danach verjährt der Pflichtteilsanspruch unabhängig von der Kenntnis oder grob fahrlässigen Unkenntnis in 30 Jahren von der Entstehung des Anspruchs an (BT-Drs. 16/8954, 22). Vorteilhaft an der Neuregelung ist, dass damit ein Gleichlauf mit der Verjährung sonstiger erbrechtlicher Ansprüche erzielt wird, insbes. mit den Auskunfts- und Wertermittlungsansprüchen nach § 2314 und nach § 242 (Herzog in Herzog/Lindner, Die Erbrechtsreform, 2010, Rn. 59). Zum **Übergangsrecht** s. Art. 229 § 23 EGBGB (dazu ausf. jurisPK-BGB/Birkenheier Rn. 12 ff.). 3

**b) Beginn der Verjährung.** Der Beginn der Verjährungsfrist bestimmt sich nach **§ 199 Abs. 1.** Neben dem Entstehen des Pflichtteilsanspruchs ist daher erforderlich, dass der Pflichtteilsberechtigte von den den Anspruch begründenden Umständen und der Person des Schuldners **Kenntnis erlangt** oder **ohne grobe Fahrlässigkeit** erlangen müsste. 4

**aa) Kenntnis.** Die **erforderliche Kenntnis** muss grds. in der **Person des Pflichtteilsberechtigten** selbst vorliegen (Staudinger/Otte, 2021, Rn. 14). Bei einem Geschäftsunfähigen oder beschränkt Geschäftsfähigen kommt es nach § 166 Abs. 1 auf die Kenntnis seines **gesetzlichen Vertreters** an (OLG Hamm BeckRS 2020, 41202 = ZErb 2021, 196; OLG Hamburg FamRZ 1984, 1274: bei Entmündigung; Soergel/Beck Rn. 6; MüKoBGB/Lange Rn. 7). Ist der Pflichtteilsberechtigte voll geschäftsfähig, genügt bei Bevollmächtigung oder Betreuung (§ 1896) mit entsprechendem Wirkungskreis sowohl die Kenntnis des Vertreters wie auch des Vertretenen (für rechtsgeschäftliche Bevollmächtigung wegen § 166 ebenso OLG Celle ZErb 2002, 164); die früher ablaufende Frist ist maßgeblich (zur Ausschlagung bei § 1944 wie hier KG HRR 1935 Nr. 1664; RGRK-BGB/Johannsen Rn. 12 je zu § 1944); Kommunikationsprobleme müssen diese untereinander lösen und dürfen nicht zu Lasten des Erben gehen. Im Falle des **Gläubigerwechsels** kommt es zunächst für Beginn und Lauf der Verjährung allein auf den Kenntnisstand des ursprünglichen Pflichtteilsberechtigten an. Hatte dieser die erforderliche Kenntnis, geht der Anspruch mit der in Gang gesetzten Verjährung auf den Rechtsnachfolger über. Dies gilt auch dann, wenn dieser die Kenntnis nicht oder erst nach dem Übergang des Anspruchs auf ihn enthält. Den sich hieraus 5 ergebenden Schwierigkeiten trägt in den Fällen der Vererbung des Pflichtteilsanspruchs die Ablaufhemmung nach § 211 S. 1 Rechnung (BGH ZEV 2014, 304 f.).

6 **bb) Kenntnis vom Erbfall.** Vom Erbfall erlangt der Pflichtteilsberechtigte Kenntnis, wenn er vom Tod des Erblassers erfährt. Dies gilt auch bei Anordnung einer **Nacherbfolge,** sodass bei Eintritt des Nacherbfalls keine neue Frist zu laufen beginnt; vielmehr besteht gegen den Vor- und Nacherben ein einheitlicher Pflichtteilsanspruch, der sich gegen den jeweiligen Nachlassinhaber richtet. Daher ist es nicht möglich, dass der Anspruch gegen den Vorerben verjährt ist, nicht aber gegen den Nacherben (BGH NJW 1973, 1690 mAnm Waltjen; Lange/Kuchinke ErbR § 37 XI 1 Fn. 547; Staudinger/Olshausen, 2015, Rn. 15; aA Ottow MDR 1957, 211). Haben Ehegatten sich gegenseitig zu Vorerben und der Längerlebende von ihnen dann für den Fall seines Todes Schlusserben eingesetzt, so ist entspr. dem **Trennungsgedanken** auch verjährungsrechtlich von zwei verschiedenen Erbfällen auszugehen (OLG Koblenz OLGR 2005, 113).

7 **cc) Kenntnis von der beeinträchtigenden Verfügung. (1) Ordentlicher Pflichtteil.** Für den ordentlichen Pflichtteil, einschließlich des Pflichtteilsrestanspruchs und des Ausgleichspflichtteils (§ 2316), ist die **beeinträchtigende Verfügung** die enterbende oder beeinträchtigende **Verfügung von Todes wegen,** die den Pflichtteilsanspruch nach §§ 2303, 2305–2307 auslöst (BGHZ 95, 76 = NJW 1985, 2945; Soergel/Beck Rn. 3). Dies setzt voraus, dass der Pflichtteilsberechtigte nicht nur allgemein von deren Existenz erfährt, sondern auch ihren wesentlichen Inhalt mit dem daraus resultierenden Ausschluss seines Erbrechts erkennt (RGZ 70, 360 (362); BGH JZ 1951, 27; Ebenroth/Koos ZEV 1995, 233 (234)). Dabei muss er nicht alle Einzelheiten erfasst haben. Auch eine in die Details gehende Prüfung der Verfügung von Todes wegen oder die fehlerfreie Bestimmung ihrer rechtlichen Natur ist nicht erforderlich (BGH NJW 1995, 1157; RGZ 70, 360 (362); Staudinger/Olshausen, 2015, Rn. 19). Jedoch ist § 1944 Abs. 2 S. 2 nicht zu Gunsten des Pflichtteilsberechtigten anwendbar, sodass seine Kenntniserlangung vor der Verkündung bereits den Fristbeginn auslöst (RGZ 66, 30 (31 f.); Lange/Kuchinke ErbR § 37 XI Fn. 556; Staudinger/Olshausen, 2015, Rn. 24). Dagegen steht fahrlässige Unkenntnis, soweit sie nach neuem Recht nicht auf grober Fahrlässigkeit beruht, der Kenntnis nicht gleich (Lange/Kuchinke ErbR § 37 XI Fn. 556). Wenn die Kenntniserlangung bereits **vor Eintritt des Erbfalls** erfolgte, so kann dies aber nur dann genügen, wenn der Erblasser an die beeinträchtigende Verfügung erbrechtlich gebunden ist (RGZ 70, 360 (362 f.)). Unter Umständen kann auch die Kenntnis von ausgleichungspflichtigen Zuwendungen wegen § 2316 Abs. 2 für den Verjährungsbeginn notwendig sein (Schindler ZErb 2007, 327 (329, 329 f.); abl. aber OLG Karlsruhe ZEV 2007, 329 m. konstruktiver Anm. Keim).

8 **Berechtigte Zweifel** an der Wirksamkeit der beeinträchtigenden Verfügung, nicht aber der davon unabhängige Irrtum über das Bestehen des Pflichtteilsrechts aus anderen Gründen, etwa der Unwirksamkeit eines Pflichtteilsverzichts (OLG Koblenz OLGR 2004, 662), schließen die erforderliche Kenntnis aus (BGH NJW 1993, 2439; RGZ 115, 27 (30); 140, 75 (76); KG FamRZ 2007, 682: über Wirksamkeit der Unterschrift; LG Berlin ZEV 2004, 29: Zweifel an der Testierfähigkeit; vgl. auch Staudinger/Otte, 2021, Rn. 18) und verzögern den Verjährungsbeginn so lange, wie sie nicht von vornherein von der Hand zu weisen sind (BGH NJW 1995, 1157 (1158) = ZEV 1995, 219), wobei aber volle Überzeugung von der Rechtswirksamkeit der beeinträchtigenden Verfügung nicht erforderlich ist (RGZ 135, 231 (236)). Die erforderliche Kenntnis kann auch fehlen, wenn der Berechtigte infolge **Tatsachen- oder Rechtsirrtums** davon ausgeht, die ihm bekannte Verfügung sei unwirksam und entfalte daher für ihn keine beeinträchtigende Wirkung (RGZ 140, 75 (76): reiner Rechtsirrtum über die Wirksamkeit der beeinträchtigenden Verfügung; BGH LM § 2306 Nr. 4 = Rpfleger 1968, 183). Das gilt jedenfalls dann, wenn Wirksamkeitsbedenken nicht von vornherein von der Hand zu weisen sind (BGH NJW 1964, 297; 2000, 288 = ZEV 2000, 26; OLG Koblenz OLGR 2004, 662). Erkennt der Pflichtteilsberechtigte jedoch, dass die Verfügung von Todes wegen wirksam ist und daher er grds. in seinem gesetzlichen Erbrecht beeinträchtigt wird, so hindert eine **unrichtige Auslegung** der letztwilligen Verfügung über den Umfang seiner Beeinträchtigung den Fristbeginn nicht (BGH NJW 1995, 1157 (1158) mAnm Ebenroth/Koos ZEV 1995, 233: irrige Annahme des Pflichtteilsberechtigten, er wäre zum Nacherben berufen – auch dann hätte er ausschlagen müssen, um den Pflichtteil zu erlangen). Wird eine bekannte, scheinbar beeinträchtigende Verfügung von Todes wegen von allen Beteiligten zu Unrecht für wirksam gehalten, setzt dies den Beginn der Verjährungsfrist nicht in Lauf (OLG Oldenburg MDR 1999, 41 = ZEV 1999, 143).

9 Kennt der Pflichtteilsberechtigte zwar die ihn enterbende Verfügung von Todes wegen, erfährt aber kurze Zeit danach von einer **weiteren Erklärung** des Erblassers, durch die – allem Anschein nach – die Enterbung später wieder aufgehoben worden ist, dann fällt damit die frühere Kenntnis

von der enterbenden Verfügung fort; auch der bis dahin bereits abgelaufene Teil der Verjährungsfrist ist als nicht abgelaufen anzusehen (BGHZ 95, 76 (79 f.) = NJW 1985, 2945 mAnm Dieckmann FamRZ 1985, 1124; gegen die Verallgemeinerungsfähigkeit dieser Entscheidung Soergel/Beck Rn. 4 Fn. 17).

Für den Fristbeginn ist die Kenntnis des Pflichtteilsberechtigten vom **Umfang, Bestand und** 10 **Wert** des **Nachlasses** grds. **unerheblich.** Dies war jedenfalls für die alte Rechtslage (→ Rn. 1) vor Inkrafttreten der Erbrechtsreform nahezu unbestritten (BGH FamRZ 1977, 128 f.; NJW 1995, 1157; RGZ 104, 195 (197); 135, 231 (235); OLG Koblenz FamRZ 2003, 193; Staudinger/Otte, 2021, Rn. 17). Den Fristbeginn hindert daher nicht, wenn die Höhe der Nachlassforderungen oder Nachlassverbindlichkeiten noch nicht feststeht, denn durch Feststellungsklage kann die Verjährung auf alle Fälle unterbrochen werden (vgl. dazu auch Horn ZEV 2020, 409 (411)). Die Verjährungsfrist beginnt nicht erneut zu laufen, wenn der Pflichtteilsberechtigte erst später von der Zugehörigkeit eines weiteren Gegenstandes zum Nachlass erfährt, wie der BGH ausdrücklich zu einem Altfall entschieden hat (BGH NJW 2013, 1086 Rn. 7 mAnm Herrler = DNotZ 2013, 453 mAnm Lange). Für die ab dem **1.1.2010** eintretenden Erbfälle wird dies teilweise anders gesehen, weil der ab dann geltende § 199 Abs. 1 Nr. 2 für den Beginn der Verjährung voraussetzt, dass „der Gläubiger von den den Anspruch begründenden Umständen … Kenntnis erlangt oder ohne grobe Fahrlässigkeit erlangen müsste" (so ausdrücklich Joachim ZEV 2013, 261 f.; vgl. auch Adam ZErb 2015, 1 ff.), während dem entgegen gehalten wird, dass sonst mit jedem Auftauchen eines nicht ganz geringwertigen Nachlassgegenstands die Verjährungsfrist wieder eröffnet wird (Lange DNotZ 2013, 460 f.; iE ebenso, weil für die Übernahme dieser Entscheidung auch auf das neue Recht, Grziwotz FamRZ 2013, 541 f.; Staudinger/Otte, 2021, Rn. 19; Herrler, NJW 2013, 1089). Damit liefe aber zum einen nicht nur die vom BGH zu Recht hervorgehobene **„Befriedungsfunktion"** des Verjährungsrechts leer. Zum anderen wird idR eine **grobe Fahrlässigkeit** vorliegen, wenn der Pflichtteilsberechtigte es versäumt hat, seine nach materiellem wie Verfahrensrecht bestehenden Möglichkeiten zur Ermittlung des Umfangs und des Wertes des Nachlasses mit verjährungsunterbrechender Wirkung zu nutzen, also den Auskunfts- und Ermittlungsanspruch nach § 2314 geltend zu machen, der mit seiner Rechtshängigkeit iVm der Erhebung einer (noch nicht bezifferten Stufenklage) die Verjährung unterbricht.

Eine **Ausnahme** besteht hiervon nur dann, wenn erst durch das Gesetz Ansprüche geschaffen 11 werden, die dem Nachlass nach **§ 2313** hinzuzurechnen sind, weil dann der Pflichtteilsberechtigte seinen Anteil daran vorher weder der Höhe nach errechnen noch dem Grunde nach gerichtlich feststellen lassen konnte. Dann beginnt die Verjährung abweichend von § 2332 Abs. 1 nicht vor der Entstehung des Anspruchs (BGH FamRZ 1977, 128 (129); BGHZ 123, 76 (82 f.) = NJW 1993, 2176; Staudinger/Otte, 2021, Rn. 21 verlangt Kenntnis des Umstands, der zur Neuberechnung des Nachlasswerts geführt hat). Dabei handelt es sich insoweit um eine weitere Voraussetzung für den Fristbeginn, die neben der Kenntnis des Erbfalls und der beeinträchtigenden Verfügung erfüllt sein muss. Dies gilt für Lastenausgleichsansprüche (BGH FamRZ 1977, 128 (129)), aber auch für Ansprüche nach dem **Vermögensgesetz** auf Rückübertragung (Restitution) von bzw. Entschädigung für Grundstücke des Erblassers in der früheren DDR (BGH NJW 1993, 2178; ZEV 1996, 117 mAnm Dressler; NJW-RR 2016, 328; OLG Koblenz DtZ 1993, 253; OLG Celle AgrarR 1993, 118; dazu Dressler DtZ 1993, 229. Auf eine entsprechende Antragstellung oder gar die Bestandskraft des Verwaltungsakts über die Ansprüche nach dem Vermögensgesetz (so aber Casimir DtZ 1993, 234) kommt es nicht an, BGH ZEV 2004, 377). Dabei hat der BGH ausdrücklich offen gelassen, ob für die Verjährung der auf das Vermögensgesetz gestützten Ansprüche bereits auf das Inkrafttreten dieses Gesetzes in der ehemaligen DDR am 29.9.1990 oder erst auf den Beitritt am 3.10.1990 abzustellen ist (BGH ZEV 1996, 117; für den 29.9.1990 aber OLG Oldenburg ZEV 1996, 116 (Vorinstanz); OLG Koblenz DtZ 1993, 253; OLG Düsseldorf NJW-RR 1998, 1157; MüKoBGB/Frank, 3. Aufl. 1997, Rn. 9a). Dogmatisch lässt sich die verjährungsrechtliche Sonderbehandlung nur begründen, wenn man in § 2313 einen selbstständigen Pflichtteilsanspruch sieht, der einem eigenen Verjährungsbeginn unterliegt (Dressler ZEV 1996, 118). Auch muss in den Fällen des Vermögensgesetzes als Vorfrage immer geprüft werden, ob nach den Regeln des **interlokalen Privatrechts** nicht noch das Pflichtteilsrecht der DDR zur Anwendung gelangt, wobei aber bei der Verjährung wiederum Art. 231 § 6 EGBGB zu beachten ist (MüKoBGB/Frank, 3. Aufl. 1997, Rn. 9b; näher zur Verjährungsproblematik Rauscher JR 1994, 485 (490)). Eine analoge Anwendung dieses Sonderrechts auf die **„Alltagsfälle"**, dass später noch weitere Nachlassgegenstände oder -rechte auftauchen, ist daher nicht gerechtfertigt und liefe der Ausnahmekonzeption dieser Rspr. entgegen (BGH NJW 2013, 1086 Rn. 7 mAnm Herrler = DNotZ 2013, 453 mAnm Lange).

12 **(2) Pflichtteilsergänzungsanspruch gegen den Erben.** Bezüglich des Pflichtteilsergänzungsanspruchs gegen den Erben ist in Bezug auf den Verjährungsbeginn zu differenzieren. Dabei ist zu beachten, dass verschiedene Verjährungsfristen laufen können und bei beeinträchtigenden lebzeitigen Verfügungen die Verjährungsfrist frühestens mit dem Erbfall beginnt (§ 199 Abs. 1 Nr. 1) Staudinger/Olshausen, 2015, Rn. 20). **(1)** Hat der Erblasser den Pflichtteilsberechtigten **nur** dadurch benachteiligt, dass er sein Vermögen **durch** eine Verfügung unter Lebenden, idR eine **Schenkung,** verkürzt hat (das sind die Fälle der § 2316 Abs. 2, § 2326), dann ist die beeinträchtigende Verfügung nur diese, sodass es für den Verjährungsbeginn nur auf Kenntnis derselben und des Erbfalls ankommt (BGH NJW 1972, 760; BGHZ 103, 333 (335) = NJW 1988, 1667; RGZ 135, 231 (235)). **(2)** Wurde der Pflichtteilsberechtigte durch **verschiedene** nachlassverkürzende **Verfügungen unter Lebenden** benachteiligt, so können verschiedene Ergänzungsansprüche mit unterschiedlich laufenden Verjährungsfristen bestehen. Bedeutsam ist dies auch für die Haftung des Beschenkten wegen § 2329 Abs. 3, denn ein „früher Beschenkter", gegen den der Anspruch noch nicht verjährt ist, haftet nicht deshalb, weil dem Anspruch gegen den „später" Beschenkten die Einrede der Verjährung entgegensteht (Staudinger/Olshausen, 2015, Rn. 20). **(3)** Erfährt der Pflichtteilsberechtigte zunächst von der nachlassverkürzenden Verfügung unter Lebenden und **erst danach** von der ihn **ebenfalls beeinträchtigenden Verfügung von Todes wegen,** beginnt die Verjährung des Pflichtteilsergänzungsanspruchs gegen den Erben (§ 2325) nicht vor der des Anspruchs auf den ordentlichen Pflichtteil, sondern einheitlich und mit der letzten Kenntnis. Denn der Ergänzungsanspruch kann nicht vor dem ordentlichen Pflichtteilsanspruch verjähren (BGHZ 95, 76 (80) = NJW 1985, 2945; BGH NJW 1972, 760; Lange/Kuchinke ErbR § 37 XI Fn. 562; Staudinger/Olshausen, 2015, Rn. 20). **(4)** Umgekehrt soll die verjährungsrechtliche Selbstständigkeit des Pflichtteilsergänzungsanspruchs beachtlich sein, wenn der Pflichtteilsberechtigte **zunächst** von der ihn **beeinträchtigenden Verfügung von Todes wegen** erfährt, weshalb dann selbstständige Verjährungsfristen zu laufen beginnen. Es beginnt dann die Verjährung des ordentlichen Pflichtteilsanspruchs mit Kenntnis der Verfügung von Todes wegen; die Verjährung des **Pflichtteilsergänzungsanspruchs** aber erst mit der Kenntnis des Berechtigten von der ihn beeinträchtigenden Schenkung (BGHZ 103, 333 (336 f.) = NJW 1988, 1667 mAnm Hohloch JuS 1989, 233; OLG Düsseldorf FamRZ 1992, 1223; Damrau/Tanck/Lenz-Brendel Rn. 8; Staudinger/Olshausen, 2015, Rn. 20; aA Lange/Kuchinke ErbR § 37 XI 2d; OLG Schleswig MDR 1978, 757). Die Kenntnis entfällt auch hier bei plausiblen Zweifeln an der rechtlichen Wirksamkeit der Schenkung (BGH NJW 1964, 1157; Soergel/Beck Rn. 4).

13 **(3) Sonderfälle.** Bei Erbeinsetzungen unter **Verwirkungsklauseln** oder **Bedingungen** beginnt die Verjährung des Pflichtteilsanspruchs bereits mit Kenntnis der beeinträchtigenden Verfügung, nicht erst mit dem tatsächlichen Eintritt der Beeinträchtigung, auch wenn der Pflichtteilsanspruch erst durch die Zuwiderhandlung entsteht (OLG Celle ZEV 1996, 307 mAnm Skibbe; MüKoBGB/Lange Rn. 5; Staudinger/Olshausen, 2015, Rn. 17). Allerdings wird es meist auf die Verjährungsproblematik nicht ankommen, da die Erbschaft idR bereits angenommen ist und damit kein Ausschlagungsrecht nach § 2306 mehr besteht. Wird der Ehegatte aus einer **Zugewinngemeinschaftsehe** Erbe oder Vermächtnisnehmer, so beginnt die Frist für einen anderen Pflichtteilsberechtigten jedoch nicht zu laufen, bevor er erfahren hat, ob der Ehegatte die Zuwendung annimmt, denn nach § 1371 Abs. 2 hängt hiervon die Höhe von Erb- und Pflichtteil aller anderen Pflichtteilsberechtigten ab (Staudinger/Olshausen, 2015, Rn. 23). Werden **entferntere Abkömmlinge** oder Eltern (§ 2309) erst infolge Wegfalls eines näheren Abkömmlings pflichtteilsberechtigt (zB bei Ausschlagung, Erbunwürdigkeit, Pflichtteilsentziehung), beginnt für diese die Verjährungsfrist nicht, bevor sie vom Wegfall des näher Berufenen erfahren. Denn ansonsten könnte der Pflichtteilsanspruch bereits verjährt sein, bevor diese ihn geltend machen konnten (RG JW 1912, 70; Staudinger/Olshausen, 2015, Rn. 26 m. zutr. Hinweis, dass bei aufschiebend bedingten Ansprüchen Verjährung erst mit Bedingungseintritt beginnt; MüKoBGB/Lange Rn. 5; Lange/Kuchinke ErbR § 37 XI Fn. 560). Diese auf Grund einer extensiven Interpretation der Norm für den entfernteren Pflichtteilsberechtigten großzügige Behandlung rechtfertigt sich gegenüber Abs. 2 damit, dass es in den dort genannten Fällen allein in der Hand des zunächst berufenen Pflichtteilsberechtigten liegt, ob er zur Pflichtteilserlangung ausschlägt.

14 **dd) Kenntnis von der Person des Schuldners.** Weiter ist nach § 199 Abs. 1 Nr. 2 erforderlich, dass der Pflichtteilsberechtigte auch Kenntnis von der Person des Schuldners hat (HK-PflichtteilsR/Schulz/Herzog Rn. 34); dies ist beim ordentlichen Pflichtteil und beim Pflichtteilsergänzungsanspruch, der allein auf § 2325 beruht, allein der Erbe. An der erforderlichen Kenntnis fehlt es, wenn auf Grund der vorhandenen Testamente nicht feststeht, wer eigentlich Erbe geworden ist und wen der Pflichtteilsberechtigte in Anspruch nehmen muss; das Risiko, hier mehrere in

Frage kommende Personen zu verklagen, ist ihm nicht zuzumuten (OLG Düsseldorf FamRZ 1998, 1267). Auch ist eine von Todes wegen zu errichtende Stiftung vor ihrer Anerkennung (§ 84) als unbekannt anzusehen (Damrau ZEV 2010, 12).

**ee) Grob fahrlässige Unkenntnis.** Eine grob fahrlässige Unkenntnis steht der positiven Kenntnis gleich (unklar BT-Drs. 16/8954, 22: Pflichtteilsberechtigter muss von seinem Pflichtteilsanspruch „Kenntnis erlangt" haben). Dafür ist erforderlich, dass die Unkenntnis des Pflichtteilsberechtigten darauf beruht, dass er die im Verkehr erforderliche Sorgfalt in ungewöhnlich grobem Maße verletzt und auch ganz nahe liegende Überlegungen nicht angestellt oder das nicht beachtet hat, was jedem hätte einleuchten müssen (allg. hierzu BGH NJW 2009, 587; Grüneberg/Ellenberger § 199 Rn. 39). Ihm muss daher persönlich ein schwerer Obliegenheitsverstoß in eigenen Angelegenheiten im Zusammenhang der Verfolgung seines Anspruchs vorgeworfen werden können (BGH NJW-RR 2010, 681). Dennoch wird es im Vergleich zur früheren Rechtslage in vielen Fällen eher zu einem Verjährungsbeginn kommen, zumal dies oftmals leichter beweisbar ist (Herzog in Herzog/Lindner, Die Erbrechtsreform, 2010, Rn. 61); ein weiterer Vorteil ist, dass es für die Geltendmachung des Verjährungsbeginns nicht mehr darauf ankommt, dass die Kenntnis oder grob fahrlässige Unkenntnis an einem exakt nachweisbaren Tag vorlag. Es genügt der Nachweis, dass dies irgendwann innerhalb des Jahres einmal gegeben war, zu dem die Silvesterverjährung dann eingreift (Herzog in Herzog/Lindner, Die Erbrechtsreform, 2010, Rn. 61 f. m. Bsp.). 15

**2. Pflichtteilsergänzungsanspruch gegen den Beschenkten (Abs. 1).** Abs. 1 entspricht Abs. 2 der früheren Fassung. Daher beginnt nach wie vor die Verjährung eines solchen Anspruchs gegen den **Beschenkten** nach § 2329 immer mit Eintritt des Erbfalls, unabhängig von der Kenntnis des Anspruchsberechtigten von der Schenkung und Berechtigung (BGH FamRZ 1968, 150; HK-PflichtteilsR/Schulz/Herzog Rn. 41). Dies gilt auch dann, wenn der Beschenkte zugleich Miterbe ist (BGH NJW 1986, 1610 mAnm Sick; zust. NK-BGB/Bock Rn. 3; Erman/Röthel Rn. 7; MüKoBGB/Lange Rn. 10; aA Staudinger/Olshausen, 2015, Rn. 30; krit. auch Soergel/Beck Rn. 15; Damrau/Tanck/Lenz-Brendel Rn. 11; abl. Pentz MDR 1998, 132 (134)). Die insoweit für den Pflichtteilsberechtigten ungünstigere Rechtslage wird auf der prozessualen Ebene dadurch wieder relativiert, dass die gegen den Erben gerichtete Zahlungsklage (§ 2325) auch die Verjährung des Anspruchs nach § 2329 gegen den **beschenkten Erben** auf Herausgabe bzw. Duldung der Zwangsvollstreckung hemmt (BGH NJW 1986, 1610). Obwohl das **nichteheliche Kind** gegen seinen Vater, der die **Vaterschaft** nicht ausdrücklich anerkannt hat, seinen Pflichtteilsanspruch wegen der Sperrwirkung des § 1600d Abs. 5 vor der gerichtlichen Feststellung noch nicht durchsetzen kann (BGHZ 85, 274 (277) = NJW 1983, 1485), beginnt die Verjährung nach Ansicht des BGH **mit Eintritt des Erbfalls** (BGH NJW 2020, 395 = ZEV 2020, 101 m. abl. Anm. Muscheler; OLG Düsseldorf BeckRS 2017, 119493 m. abl. Anm. Lauck; aA Gipp ZErb 2001, 169 (171); MüKoBGB/Lange Rn. 5; Muscheler ZEV 2020, 106 (107)). Dies ist verfassungsrechtlich in Bezug auf Art. 14 Abs. 1 S. 1 GG problematisch, wenn die gerichtliche Feststellung der Vaterschaft schon **vor** Eintritt der Verjährung vom Pflichtteilsberechtigten beantragt worden ist und die Verjährungsfrist wegen der (überlangen) Dauer des gerichtlichen Abstammungsverfahrens nicht gewahrt werden konnte (Piekenbrock NJW 2020, 371 (373 f.), der daher entspr. § 211 während der Dauer des gerichtlichen Verfahrens eine Hemmung der Verjährung annimmt). 16

**3. Ausschlagung zur Pflichtteilserlangung (Abs. 2).** Abs. 2 nF entspricht dem bisherigen Abs. 3. Auch bei den Fällen, in denen die Geltendmachung des Pflichtteilsanspruchs erst nach der Ausschlagung einer Erbschaft oder eines Vermächtnisses (§ 2306 Abs. 1, 2, § 2307 Abs. 1, § 1371 Abs. 3) möglich ist, beginnt die Verjährung bereits zu den allgemeinen Zeitpunkten, also der ordentliche Pflichtteilsanspruch und der gegen den Erben gerichtete Pflichtteilsergänzungsanspruch nach §§ 195, 199 Abs. 1, der Pflichtteilsergänzungsanspruch gegen den Beschenkten nach Abs. 1 (allgM). Es tritt in diesen Fällen bis zur Ausschlagung keine Hemmung der Verjährung ein (HK-PflichtteilsR/Schulz/Herzog Rn. 53). Dies kann dazu führen, dass der Pflichtteilsanspruch bereits verjährt ist, bevor die Ausschlagungsfrist überhaupt zu laufen begonnen hat, so etwa im Fall der Nacherbeneinsetzung eines Pflichtteilsberechtigten, bei der die Ausschlagungsfrist erst mit Eintritt des Nacherbfalls beginnt (Soergel/Beck Rn. 16; HK-PflichtteilsR/Schulz/Herzog Rn. 53). Die Regelung des Abs. 2 (früher Abs. 3) wurde ausdrücklich deshalb getroffen, um die Streitfrage offen zu lassen, wann in solchen Fällen der Pflichtteilsanspruch entsteht (→ § 2317 Rn. 2) (OLG Schleswig FamRZ 2003, 1696). 17

### III. Neubeginn oder Hemmung der Verjährung

18 Für die Frage des Neubeginns oder der Hemmung der Verjährung gelten die allgemeinen Vorschriften der §§ 203 ff. idF des SchuldRModG (→ Rn. 1) (Staudinger/Otte, 2021, Rn. 33). Danach tritt im Regelfall nur noch eine Hemmung der Verjährung ein. Demgegenüber führen nach § 212 nur das Anerkenntnis und Vollstreckungsmaßnahmen als frühere Unterbrechungstatbestände zum Neubeginn der Verjährung. Zu den Auswirkungen des SchuldRModG und den Überleitungsvorschriften → Rn. 3.

19 **1. Klageerhebung (§ 204 Abs. 1 Nr. 1).** Die Erhebung der **Klage auf Leistung oder Feststellung** des Pflichtteilsanspruchs hemmt als Fall der Rechtsverfolgung (§ 204) die Verjährung (HK-PflichtteilsR/Schulz/Herzog Rn. 65 ff.). Ist die Ausschlagung Voraussetzung zur Pflichtteilserlangung (§ 2332 Abs. 2) hemmt eine vor Ablauf der Verjährungsfrist erhobene Klage die Verjährung dann, wenn die Ausschlagung spätestens vor Schluss der mündlichen Verhandlung erfolgt (Pentz NJW 1966, 1647; HK-PflichtteilsR/Schulz/Herzog Rn. 54) oder nach Rücknahme der Klage, jedoch zusätzlich innerhalb der Sechsmonatsfrist des § 204 Abs. 2 erneut Klage erhoben wird (OLG Schleswig FamRZ 2003, 1696). Keine Hemmung der Verjährung bewirkt die bloße Klage auf **Auskunftserteilung** nach § 2314, weil diese nur vorbereitende Maßnahme den Pflichtteilsanspruch nicht rechtshängig macht (BGH NJW-RR 2006, 948 (949), auch zum Übergangsrecht nach Art. 229 § 6 Abs. 1 S. 2 EGBGB wegen des SchuldRModG;HK-PflichtteilsR/Schulz/Herzog Rn. 67; vgl. zur Verjährung des Auskunftsanspruchs OLG Schleswig NJW-RR 2016, 73; zur Verjährung des Anspruchs auf ein notarielles Nachlassverzeichnis durch Geltendmachung des Anspruchs auf ein privatschriftliches Nachlassverzeichnis BGH ZEV 2019, 85). Durch eine **Stufenklage** auf Auskunft und Zahlung (§ 254 ZPO) wird jedoch die Verjährung gehemmt, allerdings nur in der Höhe des Pflichtteilsanspruchs, in der dieser später im Leistungsantrag nach Erfüllung der seiner Vorbereitung dienenden Hilfsansprüche beziffert wird (BGH NJW 1992, 2563;HK-PflichtteilsR/Schulz/Herzog Rn. 66). Auch muss nach Erledigung der Vorstufen der Zahlungsanspruch weiterverfolgt werden, um eine Beendigung der Hemmung der Verjährungsfrist zu verhindern (§ 204 Abs. 2 S. 2) (BGH NJW 1992, 2563, dort auch zu den Voraussetzungen des Verfahrensstillstands; HK-PflichtteilsR/Schulz/Herzog Rn. 66; konkreter Fall, in dem Beendigung bejaht wurde, LG Stade ZEV 2014, 306). Ein solches Auslaufen der Hemmung durch Nichtbetrieb kann zu einem Haftungsfall für einen Rechtsanwalt werden (BGH NJW-RR 2001, 1311 = ZErb 2001, 209). Anders liegt es, wenn bereits ein **teilweise bezifferter Leistungsantrag** gestellt wurde hinsichtlich des sofort bezifferten Antrags, da insoweit eine „normale Leistungsklage" vorliegt (OLG Hamm ZEV 1998, 187 (188)). Auch tritt die Hemmung durch Erhebung der Stufenklage nur ein, wenn im **Klageantrag deutlich** wird, dass Auskunft wegen des Pflichtteils und nicht etwa auch des Zugewinnausgleichs begehrt wird (OLG Düsseldorf MDR 1967, 657).

20 Im Hinblick auf den Grundsatz der **selbstständigen Verjährung** von Pflichtteilsanspruch und Pflichtteilsergänzungsanspruch bereitet es Schwierigkeiten, der klageweisen Geltendmachung des einen Anspruchs auch eine verjährungshemmende Wirkung für den anderen beizulegen. Jedoch ist man hier in sachlicher Hinsicht großzügig und versteht unter „Pflichtteilsanspruch" iSv § 2332 alle auf Grund des Pflichtteilsrechts möglichen Ansprüche (Staudinger/Olshausen, 2015, Rn. 36 unter Bezug auf BGH NJW 1972, 761). Grenzen zieht man in persönlicher Hinsicht, und zwar entspr. der Vorgabe nach Abs. 1 bei Klagen gegen den Beschenkten. Daher hemmt nach allgM das Einklagen des **ordentlichen Pflichtteilsanspruchs** (§§ 2303, 2305, 2307) auch die Verjährung des Pflichtteilsergänzungsanspruchs gegen den Erben (Soergel/Beck Rn. 9; HK-PflichtteilsR/Schulz/Herzog Rn. 68; Lange/Kuchinke ErbR § 37 XI 1), allerdings nur in Höhe des bezifferten Klageantrags (Soergel/Beck Rn. 9; aA wohl OLG Braunschweig SeuffA 65 (1910) Nr. 13). Gleiches gilt für den umgekehrten Fall, dass zunächst der Ergänzungspflichtteil gegen den Erben und dann erst der ordentliche Pflichtteil geltend gemacht wird (BGH bei Johannsen WM 1977, 308; RGRK-BGB/Johannsen Rn. 13; Soergel/Beck Rn. 10).

21 Die auf § 2325 gestützte Zahlungsklage des Pflichtteilsberechtigten gegen den **beschenkten Erben** (Miterben) hemmt auch die Verjährung des gegen diesen gerichteten Anspruchs aus § 2329 (BGH NJW 1974, 1327; BGHZ 107, 200 (203) = NJW 1989, 2887 mAnm Dieckmann FamRZ 1989, 857; HK-PflichtteilsR/Schulz/Herzog Rn. 68). Das gilt auch dann, wenn der Beschenkte aus § 2325 nur als Erbeserbe in Anspruch genommen wird (BGHZ 107, 200 (203) = NJW 1989, 2887 mAnm Dieckmann FamRZ 1989, 857; NJW 1974, 1327), was bei den beiden genannten Fällen insofern bedenklich ist, als die Beteiligtenrolle sich nur „zufällig" in einer Person vereinigt. Dagegen hemmt eine auf **Feststellung** der Pflichtteilsberechtigung gerichtete Klage die Verjährung eines Pflichtteilsergänzungsanspruchs nach § 2325 nicht, wenn im Feststellungsprozess zu der beeinträchtigenden Schenkung nichts vorgetragen wird (BGHZ 132, 240 = NJW 1996,

1743 = LM § 209 Nr. 84 mAnm Leipold und Anm. Ebenroth/Koos ZEV 1996, 224; Staudinger/Olshausen, 2015, Rn. 36). Dies ist zutreffend, denn die bloße Pflichtteilsberechtigung besagt nichts über das Bestehen eines Pflichtteilsergänzungsanspruchs. Auch die Geltendmachung des **vorrangigen Anspruchs** aus **§ 2325** gegen den Erben unterbricht nicht die Verjährung des Anspruchs nach **§ 2329** gegen einen **Beschenkten,** der nicht zugleich Erbe ist. Jedoch kann der Pflichtteilsberechtigte in diesen Fällen zur Verjährungshemmung bezüglich des Anspruchs nach § 2329 eine entsprechende, allerdings uU erhebliche Kosten auslösende **Feststellungsklage** gegen den Beschenkten, der nicht Erbe ist, erheben (OLG Düsseldorf FamRZ 1996, 445 (446)); auch eine gegen diesen ausgesprochene **Streitverkündung** (§ 204 Abs. 1 Nr. 6) hemmt die Verjährung (dem zuneigend Bonefeld in Bonefeld/Kroiß/Lange, Die Erbrechtsreform, 2010, § 12 Rn. 8, 2. Abs.). Die für die Zulässigkeit der Streitverkündung nach § 72 ZPO erforderliche Alternativität der Ansprüche (zur erweiternden Auslegung der Vorschrift idS Grüneberg/Ellenberger § 204 Rn. 21; BGHZ 8, 80 = NJW 1953, 420) ergibt sich hier aus der Subsidiarität der Haftung des Beschenkten gegenüber dem zunächst verklagten Erben nach § 2329 Abs. 1.

Durch Klage gegen den **Vorerben** wird die Verjährung des Pflichtteilsanspruchs auch mit Wirkung gegen den Nacherben gehemmt (oder früher unterbrochen), wenn der Nacherbfall erst nach der Klageerhebung eintritt (Soergel/Beck Rn. 11; Staudinger/Olshausen, 2015, Rn. 37). Jedoch wirkt ein gegen den Vorerben ergangenes Urteil nicht gegen den Nacherben (§ 326 ZPO). Daher ist erforderlich, dass der Pflichtteilsberechtigte auch gegen den Nacherben Feststellungsklage erhebt, um sich hinsichtlich der Feststellungswirkung die Vorteile der 30-jährigen Verjährung nach § 197 Abs. 1 Nr. 3 zu sichern (RGRK-BGB/Johannsen Rn. 17; Soergel/Beck Rn. 11; Staudinger/Olshausen, 2015, Rn. 37). Eine Klageerhebung gegen den Testamentsvollstrecker hemmt wegen § 2213 Abs. 1 S. 3 die Verjährung nicht (BGHZ 51, 125; Damrau/Tanck/Lenz-Brendel Rn. 18; Staudinger/Olshausen, 2015, Rn. 39). **22**

**2. Anerkenntnis (§ 212 Abs. 1 Nr. 1).** Ein Anerkenntnis führt dazu, dass die Verjährung des Pflichtteilsanspruchs erneut beginnt. Eine solch weitreichende Folge kann nicht nur durch ausdrückliche Erklärung geschehen, sondern auch in einem **schlüssigen Verhalten** des Erben gesehen werden, wenn der Erbe sich des Bestehens des Pflichtteilsanspruchs bewusst ist und er diesen befriedigen will, so etwa in einer Auskunftserteilung nach § 2314, wenn der Pflichtteilsschuldner vom Bestehen des Anspruchs ausgeht (RG JW 1927, 1198; BGHZ 95, 76 = NJW 1985, 2945), oder in der Errichtung eines **Inventars** nach § 1994 (OLG Zweibrücken FamRZ 1969, 231), der Erklärung der Bereitschaft zur Errichtung eines solchen (BGH NJW 1975, 1409) und in der Abgabe einer **eidesstattlichen Versicherung** nach §§ 260, 2006 (RGZ 113, 234 (239); HK-PflichtteilsR/Schulz/Herzog Rn. 77). Keine Anerkennung liegt aber vor, wenn der Pflichtteilsschuldner nur aus Kulanzgründen oder zur Vermeidung eines Rechtsstreits eine derartige Leistung erbringt (Tanck in MSTB PflichtteilsR-HdB § 14 Rn. 324). Zu beachten ist zudem, ob der Pflichtteilsanspruch seinem gesamten Umfang nach anerkannt wird (RGZ 113, 234 (239); vgl. auch den Fall von BGHZ 95, 76 (78) = NJW 1985, 2945). Eine vertragliche Anerkennung des Pflichtteilsanspruchs durch den **Vorerben** nach Eintritt der Verjährung wirkt nach Ansicht des BGH auch gegen den Nacherben (BGH NJW 1973, 1690).). Ein allein von dem **Testamentsvollstrecker** abgegebenes Anerkenntnis führt wegen § 2213 Abs. 1 S. 3 zu keinem Neubeginn der Verjährung (BGHZ 51, 125 (127) = NJW 1969, 424). **23**

**3. Verjährung bei minderjährigen Pflichtteilsberechtigten.** Ist der Pflichtteilsberechtigte bei Eintritt des Erbfalls noch minderjährig, so ist zu unterscheiden: **24**

- Ist der **überlebende Elternteil der Pflichtteilsschuldner,** so ist die Verjährung des Pflichtteilsanspruchs gegen den überlebenden Elternteil bis zur Vollendung des 21. Lebensjahres nach § 207 Abs. 1 S. 2 Nr. 2 lit. a und b gehemmt (vgl. auch → § 2317 Rn. 6) (Soergel/Beck Rn. 13; Staudinger/Olshausen, 2015, Rn. 42). Die Hemmung endet aber bereits früher, wenn der Anspruch an einen Dritten abgetreten wird oder kraft Gesetzes an einen anderen übergeht (HK-PflichtteilsR/Schulz/Herzog Rn. 56).
- Ist Pflichtteilsschuldner ein **anderer Abkömmling** des sorgeberechtigten, überlebenden Elternteils, so kann der überlebende Elternteil wegen der § 1629 Abs. 1, § 1795 Abs. 1 Nr. 3, § 1795 Abs. 2, § 181 den Pflichtteilsanspruch des enterbten Kindes nicht gegen den erbenden Geschwisterteil geltend machen. Soweit für den pflichtteilsberechtigten Minderjährigen keine Pflegschaft nach § 1909 angeordnet wurde, greift dann die Ablaufhemmung nach § 210 ein. Daher tritt eine Verjährung nicht vor dem Ablauf von sechs Monaten nach dem Zeitpunkt ein, in dem der Pflichtteilsberechtigte unbeschränkt geschäftsfähig oder der Mangel der Vertretung behoben wird (Damrau, Der Minderjährige im Erbrecht, 3. Aufl. 2019, Rn. 111; Tanck in

MSTB PflichtteilsR-HdB § 14 Rn. 308). Bei Betreuung unter Einwilligungsvorbehalt s. § 1903 Abs. 1 S. 2.

25 **4. Verjährung bei betreuten Pflichtteilsberechtigten.** Ist für den Pflichtteilsberechtigten ein Betreuer bestellt, etwa weil dieser geschäftsunfähig ist, dann kommt es gem. § 166 Abs. 1 für den Lauf der Verjährungsfrist auf die Kenntnis des Betreuers an (→ Rn. 5). Häufig wird es sich bei dem Betreuer um einen nahen Angehörigen des Erben handeln, sodass § 1795 Abs. 1 Nr. 1 eingreifen könnte mit der Folge, dass Hemmung des Fristlaufs nach § 210 anzunehmen wäre. Nach Ansicht des **OLG Hamm** ist ein Betreuer weder durch § 1795 Abs. 1 Nr. 1 noch durch § 1795 Abs. 1 Nr. 3 gehindert, von der Erhebung einer Klage bzw. Stellung eines verfahrenseinleitenden Anftrags namens des Mündels gegen nahen Angehörigen **abzusehen,** sodass er für den Betreuten auch zulässigerweise die Entscheidung treffen könne, etwaige Pflichtteils- und Pflichtteilsergänzungsansprüche gegen den nahen Angehörigen (nicht) geltend zu machen (OLG Hamm ZErb 2021, 196 (198)). Die Annahme einer Hemmung nach § 210 scheidet bei dieser Betrachtung aus. Der Betreuer kann nach dieser Ansicht den gegen seinen nächsten Angehörigen (oder sogar sich selbst) gerichteten Pflichtteilsanspruch des Betreuten durch Nicht-Geltendmachung verjähren lassen. Dies ist im Hinblick auf die offensichtlich gegebene Interessenkollision aus Sicht des Betreuten (wie etwaiger betroffener Dritter; im Fall des OLG Hamm war dies der Sozialhilfeträger) problematisch (krit. auch Roth NJW-Spezial 2021, 168).

26 **5. Hemmung der Verjährung bei Verhandlungen (§ 203).** Eine Verjährungshemmung tritt auch ein, wenn **Verhandlungen** über den Anspruch selbst oder die den Anspruch begründenden Tatsachen **schweben,** was bereits dann der Fall ist, wenn der Erbe die Bereitschaft zur Aufklärung des Sachverhaltes zeigt (BGH NJW-RR 2001, 1168). Dabei muss das Verhalten des Pflichtteilsschuldners über die bloße Verweigerung der Erfüllung hinausgehen (BGH NJW 2004, 1654; Damrau/Lenz-Brendel Rn. 8). Andererseits ist eine Vergleichsbereitschaft des Pflichtteilsschuldners nicht erforderlich (BGH NJW-RR 2001, 1168; NJW 2001, 1723). Angesichts der tatbestandsmäßigen Offenheit besteht in der Praxis oftmals Unsicherheit, ob die Verjährungshemmung tatsächlich eintritt (zu Vermeidungsstrategien Tanck in MSTB PflichtteilsR-HdB § 14 Rn. 319; Bonefeld ZErb 2002, 351; HK-PflichtteilsR/Schulz/Herzog Rn. 61), zumal der Begriff der Verhandlung weit auszulegen ist (KG ZEV 2008, 481 (482) mAnm Ruby; HK-PflichtteilsR/Schulz/Herzog Rn. 60). Die Hemmung dauert so lange, bis eine Partei die Fortsetzung der Verhandlungen verweigert.

27 **6. Sonstige Hemmung der Verjährung (§§ 204 ff.).** Diese tritt insbes. bei einer **Stundung des Pflichtteilsanspruchs** nach § 2331a ein (NK-BGB/Bock Rn. 26; Staudinger/Olshausen, 2015, Rn. 41; Soergel/Beck Rn. 13: zumindest analog § 205; vgl. zur Stundungsvereinbarung OLG Karlsruhe NJW-RR 2016, 459). Auch die Zustellung eines Mahnbescheids im **Mahnverfahren** führt nach § 204 Abs. 1 Nr. 3 zur Hemmung der Verjährung.

28 Jedoch beginnt die **Ablaufhemmung** nach § 211 S. 1 Alt. 1 im Falle mehrerer Erben bei einer vom Gläubiger erhobenen Gesamtschuldklage (§ 2058) bereits in dem Zeitpunkt, in dem der jeweils in Anspruch genommene Erbe die Erbschaft angenommen hat. Auf den Zeitpunkt der Annahme durch den letzten Miterben kommt es dagegen nicht an (BGH ZEV 2014, 543 mAnm Holtmeyer = NJW 2014, 2574).

## IV. Wirkung

29 Die Verjährung bewirkt nur ein **Leistungsverweigerungsrecht** des Schuldners (§ 214 Abs. 1 idF des SchuldRModG, früher § 222 Abs. 1). Im Einzelfall kann es nach Treu und Glauben ausgeschlossen sein, dass sich der Pflichtteilsschuldner auf die Einrede der Verjährung beruft, etwa wenn er die letztwillige Verfügung des Erblassers, die den Pflichtteilsberechtigten von der gesetzlichen Erbfolge ausschließt, nicht zur Eröffnung an das Nachlassgericht abliefert (OLG Düsseldorf ZErb 2005, 92 mAnm Tanck). Die durch die Erhebung der Verjährungseinrede eintretende Undurchsetzbarkeit des einen Pflichtteilsanspruchs erhöht aber nicht die Ansprüche der anderen Pflichtteilsberechtigten (Staudinger/Olshausen, 2015, Rn. 44; Soergel/Beck Rn. 17). Ist der Pflichtteilsanspruch nur gegen einen Teil der Pflichtteilschuldner (Miterben) verjährt, so gilt bei nach § 2058 fortbestehender gesamtschuldnerischer Haftung § 425 Abs. 2 (Grüneberg/Weidlich § 2317 Rn. 11; Staudinger/Olshausen, 2015, Rn. 45; Soergel/Beck Rn. 17). Der **Verzicht auf die Einrede der Verjährung** (§ 202) bewirkt nach der neueren Rspr. keinen Neubeginn der Verjährung analog § 212, sondern schließt nur die Erhebung des Leistungsverweigerungsrechts für einen gewissen Zeitraum aus (KG ZEV 2008, 481 mAnm Ruby). Ein ohne zeitliche Begrenzung

abgegebener Verzicht ist dahin auszulegen, dass er auf die 30-jährige Höchstfrist des § 202 Abs. 2 begrenzt ist (BGH ZIP 2007, 2206; LG Stendal FamRZ 2007, 585 (586); HK-PflichtteilsR/Schulz/Herzog Rn. 86).

## V. Verjährungsverlängerung

Durch Vereinbarung zwischen dem Pflichtteilsberechtigten und dem Pflichtteilsschuldner kann **nach Eintritt des Erbfalls** die Verjährung des Pflichtteilsanspruchs in den Grenzen des § 202 Abs. 2 verlängert werden (wohl allgM, s. Staudinger/Olshausen, 2015, Rn. 1a; HK-PflichtteilsR/Schulz/Herzog Rn. 40). Umstritten ist dagegen, ob der **Erblasser** durch **Verfügung von Todes wegen** eine Verjährungsverlängerung anordnen kann (bejahend Amann DNotZ 2002, 94 (126); Brambring ZEV 2002, 137 (138); Keim ZEV 2004, 173 (174 f.); Löhnig ZEV 2004, 267 (268); PWW/Deppenkemper Rn. 1; Staudinger/Otte, 2021, Rn. 32; verneinend Soergel/Beck Rn. 18; Grüneberg/Ellenberger § 202 Rn. 6; wohl auch Lange ZEV 2003, 433 (436); zweifelnd Schlichting ZEV 2002, 478 (480)). Auch wenn die amtliche Überschrift von § 202 und die Gesetzesmaterialien davon ausgehen, dass die Verjährungsverlängerung durch „Vereinbarung" erfolgt, ist eine solche Bestimmung des Erblassers grds. möglich. Im Hinblick auf die abschließende Regelung erbrechtlicher Anordnungen wirkt diese mit dem Erbfall aber nicht „ipso jure". Vielmehr kann der Erblasser nur durch **Vermächtnis oder Auflage** eine entsprechende Verpflichtung begründen, nach Eintritt des Erbfalls eine entsprechende Verjährungsverlängerung nach § 202 Abs. 2 zu vereinbaren. Entspr. den allgemeinen erbrechtlichen Grundsätzen darf damit zudem nur belastet werden, wer Erbe oder Vermächtnisnehmer ist, also nicht der beschenkte Dritte hinsichtlich des gegen ihn gerichteten Pflichtteilsergänzungsanspruch nach § 2329 (Keim ZEV 2004, 173 (175); damit ist den systematischen Bedenken von Lange ZEV 2003, 433 (435 f.) genügt). Soll auch der Pflichtteilsberechtigte nicht nur zum Abschluss der Verlängerungsvereinbarung berechtigt, sondern auch verpflichtet sein, so muss er ebenfalls Erbe oder wenigstens Vermächtnisnehmer sein, was die Falllagen der §§ 2305, 2307, 2326 betrifft, nach früherem Erbrecht aber im Fall von § 2306 Abs. 1 S. 1 aF scheiterte. Eine entsprechende Vereinbarung zwischen den künftigen Pflichtteilsberechtigten und Erben zu Lebzeiten des Erblassers ist eine solche nach § 311b Abs. 4 S. 2, § 311b Abs. 5 und bedarf daher der dort vorgeschriebenen Form. 30

## § 2333 Entziehung des Pflichtteils

**(1) Der Erblasser kann einem Abkömmling den Pflichtteil entziehen, wenn der Abkömmling**

1. **dem Erblasser, dem Ehegatten des Erblassers, einem anderen Abkömmling oder einer dem Erblasser ähnlich nahe stehenden Person nach dem Leben trachtet,**
2. **sich eines Verbrechens oder schweren vorsätzlichen Vergehens gegen eine der in Nummer 1 bezeichneten Personen schuldig macht,**
3. **die ihm dem Erblasser gegenüber gesetzlich obliegende Unterhaltspflicht böswillig verletzt oder**
4. **wegen einer vorsätzlichen Straftat zu einer Freiheitsstrafe von mindestens einem Jahr ohne Bewährung rechtskräftig verurteilt wird und die Teilhabe des Abkömmlings am Nachlass deshalb dem Erblasser unzumutbar ist. Gleiches gilt, wenn die Unterbringung des Abkömmlings in einem psychiatrischen Krankenhaus oder in einer Entziehungsanstalt wegen einer ähnlich schwerwiegenden vorsätzlichen Tat rechtskräftig angeordnet wird.**

**(2) Absatz 1 gilt entsprechend für die Entziehung des Eltern- oder Ehegattenpflichtteils.**

**Schrifttum:** Hauck, Irrungen und Wirrungen bei den neuen strafbarkeitsgestützten Pflichtteilsentziehungsgründen, NJW 2010, 903; Herzog, Die Pflichtteilsentziehung, Diss. Köln 2003; Keim, Die Reform des Erb- und Verjährungsrechts und ihre Auswirkungen auf die Gestaltungspraxis, ZEV 2008, 161; Kleensang, Familienerbrecht versus Testierfreiheit – Das Pflichtteilsentziehungsrecht auf dem Prüfstand des Bundesverfassungsgerichts, ZEV 2005, 277; Lange, Die Pflichtteilsentziehung gegenüber Abkömmlingen de lege lata und de lege ferenda, AcP 204 (2004), 804; Lange, Die Pflichtteilsentziehung im Spiegel der neueren Rechtsprechung, ZErb 2008, 59; Lange, Das Gesetz zur Reform des Erb- und Verjährungsrechts, DNotZ 2009, 732; Lange, Testierfreiheit vs. Pflichtteilsanspruch am Beispiel der Pflichtteilsentziehung, ZEV 2018, 237; Lange, Das geänderte Pflichtteilsentziehungsrecht im Spiegel der jüngsten Rechtsprechung, ZErb 2018, 59; Lange, Pflichtteilsentziehung und Pflichtteilsunwürdigkeit in der aktuellen Gerichtspraxis, ErbR 2021, 274; Meyer, Erbrechtsreform als Reaktion auf die gesellschaftlichen Veränderungen, FPR 2008, 537.

## Überblick

Die durch die Erbrechtsreform 2010 erheblich geänderte Vorschrift (→ Rn. 6) gibt dem Erblasser die Möglichkeit, bei **besonders schweren Verfehlungen** (→ Rn. 7) (wie zB einer rechtskräftigen Verurteilung wegen einer vorsätzlichen Straftat zu einer Freiheitsstrafe von mindestens einem Jahr ohne Bewährung, → Rn. 23) seinem **Abkömmling** (→ Rn. 18), **Elternteil** (→ Rn. 19) oder **Ehegatten bzw. eingetragenen Lebenspartner** (→ Rn. 20) den **Pflichtteil zu entziehen** (→ Rn. 30).

## Übersicht



## I. Normzweck, Verfassungsrecht, Anwendungsbereich

1 **1. Normzweck.** Durch das ErbVerjRÄndG wurden das Pflichtteilsentziehungsrecht **modernisiert** und die Pflichtteilsentziehungsgründe erweitert. Abs. 1 regelt nunmehr die Pflichtteilsentziehungsmöglichkeiten gegenüber einem **Abkömmling,** die über Abs. 2 auch gegenüber einem **Elternteil** und einem **Ehegatten** entsprechende Anwendung finden. Die vor 2010 insoweit bestehende Differenzierung der Entziehungsgründe entfiel damit; die §§ 2334 und 2335 wurden in diesem Zusammenhang aufgehoben. Der eingetragene Lebenspartner wird durch die Verweisung des § 10 Abs. 6 S. 2 LPartG dem Ehegatten gleichgestellt, sodass ein entsprechendes Fehlverhalten ihm gegenüber die Pflichtteilsentziehung rechtfertigt (MüKoBGB/Lange Rn. 7 mwN). Die Ausübung des Gestaltungsrechts der Pflichtteilsentziehung bestimmt sich nach § 2336, die Verzeihung nach § 2337. Die Pflichtteilsentziehung geht über die bloße **Enterbung** (§ 1938) hinaus (vgl. zur Auslegung der Erklärung OLG Düsseldorf ErbR 2020, 195 mAnm Birkenheier) und berechtigt unter bestimmten, eng begrenzten Voraussetzungen, den nächsten Angehörigen auch den **Pflichtteil** als an sich auch verfassungsrechtlich garantierte Mindestbeteiligung am Nachlass **zu nehmen.** Jedoch sind die von Gesetz und Rspr. hieran gestellten Anforderungen in materieller wie formeller Hinsicht sehr hoch, sodass Fälle einer erfolgreichen Pflichtteilsentziehung selten sind (Übersicht bei Lange ZErb 2008, 59 (63)). Während in der Reformliteratur noch davon ausgegangen wurde, dass die durch das ErbVerjRÄndG eingeführten Modifikationen keine wesentliche Bedeutungssteigerung erwarten ließen (Arnhold Hereditare 1 (2011), 37 (50)), lässt sich zwischenzeitlich feststellen, dass gerade die Fälle der rechtskräftigen Verurteilung wegen einer vorsätzlichen Straftat (Abs. 1 Nr. 4) in der Praxis gar nicht so selten auftreten. Die praktische Relevanz der Pflichtteilsentziehung hat durch die Reform daher in jedem Fall zugenommen.

2 Ihre **Rechtfertigung** findet die Pflichtteilsentziehung (eingehend Herzog, Die Pflichtteilsentziehung – ein vernachlässigtes Institut, 2003, 194 ff.)

- in einem gewissen **„Verwirkungs- oder Strafgedanken"** (so etwa Staudinger/Olshausen, 2006, Vor §§ 2333–2337 Rn. 3; dagegen zu Recht Lange AcP 204 (2004), 804 (815); krit. auch Kleensang DNotZ 2005, 509 (533); zu den Konsequenzen für die Auslegung der Norm Herzog in Herzog/Lindner, Die Erbrechtsreform, 2010, Rn. 392 f.): Den Gesetzesmaterialien ist jedoch ein Strafcharakter nicht zu entnehmen (zutr. BVerfGE 112, 332 Rn. 93 = NJW 2005, 1561; insoweit zust. Kleensang ZEV 2005, 277 (282); aA aber die bislang hM, vgl. etwa Ebert, Pönale Elemente im deutschen Privatrecht, 2004, 395 ff. mwN): Ist Grund für den Pflichtteil die enge Familienbeziehung oder nach Ansicht des Bundesverfassungsgerichts die Familiensolidarität (BVerfGE 112, 332 Rn. 73 ff. = NJW 2005, 1561), so kann derjenige sich nicht darauf berufen, der gegen die engsten Familienangehörigen oder ihre Wertvorstellungen erhebliche Verstöße begeht;
- darin, dass es uU eine bestimmte **Grenze** gibt, ab der es dem Erblasser mit einer bestimmten Wertehaltung **nicht mehr zuzumuten** ist, einen festen Teil seines Nachlasses uneingeschränkt an einen Abkömmling zu vererben, dessen Lebensweise er nicht billigen kann (Soergel/Dieck-

mann, 13. Aufl. 2002, Rn. 16; vgl. nun auch BVerfGE 112, 332 Rn. 78 ff. = NJW 2005, 1561 und im Anschluss hieran Lange ZErb 2005, 205 (205); Schöpflin FamRZ 2005, 2025 (2030); vgl. für die Relevanz des Zumutbarkeitsgesichtspunkts auch NK-BGB/Herzog Vor §§ 2333–2337 Rn. 12; krit. zum Zumutbarkeitsgedanken Dauner-Lieb FF 2001, 78 (79)).

- nach dem BGH in einem **Erziehungszweck,** um auf das Verhalten des Abkömmlings Einfluss zu nehmen und ihn „zur Umkehr" zu bewegen (BGHZ 76, 109 (118) = NJW 1980, 936). Dies erscheint mehr als fraglich, da der Betroffene von der Entziehung idR vor dem Erbfall nichts erfährt (abl. daher auch MüKoBGB/Lange, 4. Aufl. Ergbd., Rn. 3; dagegen auch auf Grund der gewandelten gesellschaftlichen und familiären Verhältnisse Herzog, Die Pflichtteilsentziehung, 2003, 197 f.).

**2. Verfassungsrechtliche Vorgaben.** Da die Pflichtteilsentziehungsgründe dem grds. zwingenden Pflichtteilsrecht Grenzen setzen, geht es um die Herstellung einer **praktischen Konkordanz** zwischen der Testierfreiheit des Erblassers und dem Recht des Pflichtteilsberechtigten an einer legitimen Teilhabe am Nachlass, und zwar auch unter Berücksichtigung der verfassungsrechtlichen Vorgaben im Spannungsfeld der Art. 14 GG und Art. 6 GG (dazu bereits BGHZ 109, 306 (313) = NJW 1990, 911 unter Hinweis auf BGHZ 98, 226 (233) zum verfassungsrechtlichen Schutz des Pflichtteilsrechts; zust. etwa Lange/Kuchinke ErbR § 37 XIII 1c; krit. hiergegen Leipold JZ 1990, 700). Nach der Rspr. des BVerfG ist das Pflichtteilsrecht der Kinder als grds. unentziehbare und bedarfsunabhängige wirtschaftliche Mindestbeteiligung am Nachlass des Erblassers durch die Erbrechtsgarantie des Art. 14 Abs. 1 iVm Art. 6 Abs. 1 GG gewährleistet (BVerfGE 112, 332 Rn. 78 ff. = NJW 2005, 1561; dazu eingehend Kleensang ZEV 2005, 277; Lange ZErb 2005, 205; Stüber NJW 2005, 2122; J. Mayer FamRZ 2005, 1441; Otte JZ 2005, 1007). Dabei hat es festgestellt, dass die Bestimmungen des § 2333 Nr. 1 und 2 aF über die Pflichtteilsentziehung und des § 2345 Abs. 2 iVm § 2339 Abs. 1 Nr. 1 über die Pflichtteilsunwürdigkeit grds. mit dem Grundgesetz vereinbar sind, und zwar auch im Hinblick auf die erforderliche Normenklarheit und Justiziabilität. Damit verwirft das BVerfG die diesbezüglich in jüngerer Zeit vielfach geäußerten Bedenken (1. Aufl. 2003, Rn. 3; Leisner NJW 2001, 126; eingehend dazu Herzog, Die Pflichtteilsentziehung, 2003, 315 ff.). Jedoch erkennt das BVerfG ausdrücklich an, dass es Fallkonstellationen gibt, bei denen es nicht möglich ist, das Prinzip der Testierfreiheit mit dem Grundsatz der unentziehbaren Nachlassteilhabe der Kinder in Übereinstimmung zu bringen, insbes. wenn es dem Erblasser bei einem besonders schwerwiegenden Fehlverhalten des Kindes schlechthin unzumutbar ist, eine Nachlassteilhabe des Kindes hinnehmen zu müssen (BVerfGE 112, 332 Rn. 79 ff.). Allerdings muss ein **Fehlverhalten** des Kindes, das den Ausschluss des Pflichtteilsrechts rechtfertigt, deutlich über die Störungen des familiären Beziehungsverhältnisses hinaus gehen, die üblicherweise vorliegen, wenn der Erblasser seine Kinder von der Erbfolge ausschließt. Für solche Ausnahmefälle hat der Gesetzgeber aber dann Regelungen vorzusehen, die dem Erblasser die Entziehung oder Beschränkung der Nachlassteilhabe des Kindes ermöglichen. Wegen der Vielgestaltigkeit und Unterschiedlichkeit der möglichen Konfliktsituationen kann der Gesetzgeber dabei im Rahmen des ihm zukommenden Gestaltungsspielraums generalisierende und typisierende Regelungen verwenden, muss jedoch die Grundsätze der Normenklarheit, der Justiziabilität und der Rechtssicherheit beachten. Dies spricht gegen eine – in der rechtspolitischen Diskussion immer wieder vorgeschlagene (vgl. etwa die Nachweise bei Herzog, Die Pflichtteilsentziehung, 2003, 387 ff.) – allgemeine **Zerrüttungs- oder Entfremdungsklausel.** Auch ist nach Ansicht des BVerfG der Gesetzgeber aus verfassungsrechtlichen Gründen nicht gehalten, den Katalog der in § 2333 genannten Pflichtteilsentziehungsgründe um eine allgemein auf schwerwiegende Gründe verweisende **Auffangklausel** zu ergänzen. 3

Ausdrücklich zu begrüßen ist, wenn das BVerfG besonders betont, dass bei der Anwendung der Pflichtteilsentziehungsvorschriften die **grundgesetzlich** geschützten **Positionen** der Testierfreiheit einerseits und des Pflichtteilsrechts andererseits sorgfältig gegeneinander **abgewogen** werden müssen (tendenziell ebenso zust. Kleensang ZEV 2005, 277 (282); MüKoBGB/Lange, 4. Aufl. Ergbd., Rn. 3; Lange ZErb 2005, 205 (208)). Dies kann dazu führen, dass im Einzelfall die Zumutbarkeitsgrenze für den Erblasser, bis zu der er den Pflichtteilsanspruch seiner Abkömmlinge hinnehmen muss, neu und in seinem Sinne definiert wird (Lange ZErb 2005, 205 (208)), weil die „Ausstrahlungswirkung der Testierfreiheit" stärker beachtet werden muss (Kleensang ZEV 2005, 277 (282); J. Mayer FamRZ 2005, 1441 (1444)), und dadurch „dogmatische Blockaden" aufgelöst werden können (Gaier ZEV 2006, 2 (8)). 4

Letztlich wird man, wenn auch auf Grund einer **verfassungskonformen Auslegung,** nicht um die zentrale Frage herumkommen, welche Zwecke die Pflichtteilsentziehung rechtfertigen (→ Rn. 1). Die Besonderheiten des Anlassfalles, die vom BVerfG vorgenommene historische 5

Interpretation, dass die Entstehungsgeschichte keine Auslegung der Norm im strafrechtlichen Sinn erfordert, sowie die ausdrückliche Betonung der „Zumutbarkeitsgrenze" (BVerfG NJW 2005, 1561 Rn. 90) lassen vermuten, dass letztlich dieser **„Zumutbarkeitsgedanke"** der maßgebliche Grund für die Pflichtteilsentziehung ist (Lange ZErb 2005, 205 (205); Schöpflin FamRZ 2005, 2025 (2030); J. Mayer FamRZ 2005, 1441 (1444)). Dieser finden sich nunmehr auch ausdrücklich in dem neuen Pflichtteilsentziehungsgrund nach Abs. 1 Nr. 4. Dies ist insoweit stimmig, als nach Ansicht des BVerfG die **Familiensolidarität** der maßgebliche Grund für die verfassungsrechtliche Gewährleistung des Pflichtteilsrechts ist (→ § 2303 Rn. 5). Da diese aber wechselseitig ist (Röthel/ Lange, Reformfragen des Pflichtteilsrechts, 2007, 57, 70), muss umgekehrt eine Möglichkeit zur Pflichtteilsentziehung bestehen, wenn sich der Pflichtteilsberechtigte auf Grund seines besonderen Fehlverhaltens außerhalb der familiären Solidargemeinschaft stellt (so zutr. Lange ZErb 2005, 205 (207); Arnhold Hereditare 1 (2011), 37 (47)). Pflichtteilsberechtigung wie Pflichtteilsentziehung müssen daher auf **kongruenten Rechtfertigungsgründen** beruhen.

6 **3. Erbrechtsreform.** Insbesondere vor dem Hintergrund dieser Vorgaben des BVerfG sah auch der Gesetzgeber dringenden Handlungsbedarf. Das im Jahr 2010 in Kraft getretene Gesetz zur Reform des Erb- und Verjährungsrechts brachte **in diesem Bereich die größten Veränderungen** (zu den nicht verwirklichten Reformvorschlägen Herzog in Herzog/Lindner, Die Erbrechtsreform, 2010, Rn. 415 ff.). Denn nach **Auffassung des Gesetzgebers** waren die früheren Pflichtteilsentziehungsgründe nicht mehr zeitgemäß und mit den aktuellen Wertvorstellungen auch nicht mehr vereinbar. Durch ihre Überarbeitung sollten sie nunmehr an die bestehenden gesellschaftlichen Verhältnisse angepasst werden (BT-Drs. 16/8954, 22). Dies geschah durch die **Angleichung der Pflichtteilsentziehungsgründe** (→ Rn. 1), maßvolle **Erweiterung** des Kreises der vom **Fehlverhalten des Pflichtteilsberechtigten betroffenen Personen** und erheblicher Überarbeitung des Katalogs der **Pflichtteilsentziehungsgründe.** Die Änderung der Pflichtteilsentziehungsgründe wurde unter dem Gesichtspunkt der Vereinheitlichung und Modernisierung überwiegend begrüßt (Herzog ErbR 2008, 206 (208); Bonefeld/Lange/Tanck ZErb 2007, 292 (297); Keim ZEV 2008, 161 (168); krit. aber etwa Muscheler ZEV 2008, 105 (106)). Auch nach neuem Recht wird es aber eher selten zu berechtigten Pflichtteilsentziehungen kommen. Denn die Pflichtteilsentziehungsgründe wurden **lediglich moderat überarbeitet,** was zumindest eine leichte Stärkung der Testierfreiheit des Erblassers bedeutet (vgl. Arnhold Hereditare 1 (2011), 37 (50); zurückhaltender dagegen Bonefeld/Lange/Tanck ZErb 2007, 292 (298); Muscheler ZEV 2008, 105). Gerade die Fälle des neuen § 2333 Abs. 1 Nr. 4 treten in der Praxis nicht so selten auf. Allerdings sind die für eine wirksame Pflichtteilsentziehung einzuhaltenden **formalen Anforderungen** (§ 2336) nach wie vor sehr hoch, sodass eine Vielzahl der Pflichtteilsentziehungsversuche bereits an der Nichteinhaltung der Formerfordernisse scheitern wird. **Übergangsrecht:** Die neuen Pflichtteilsentziehungsbestimmungen gelten für die ab dem 1.1.2010 eintretenden Erbfälle, dann aber auch, wenn die entsprechenden Entziehungsgründe bereits vorher verwirklicht wurden, Art. 229 § 23 Abs. 4 EGBGB (vgl. LG Bonn BeckRS 2019, 33961 Rn. 20). Eine Pflichtteilsentziehung nach neuem Recht ist also auch wegen Sachverhalten möglich, die sich vor der Reform ereignet haben und für die zurzeit der Begehung keine Pflichtteilsentziehung möglich gewesen wäre.

## II. Pflichtteilsentziehungsgründe des § 2333

7 **1. Grundsätze. a) Abschließender Katalog.** Die in § 2333 getroffene **Aufzählung** der Pflichtteilsentziehungsgründe ist **abschließend** und **nicht analogiefähig** („numerus clausus der Entziehungsgründe") (BGH NJW 1977, 339 (340); 1974, 1084; RGZ 168, 39 (41); OLG München NJW-RR 2003, 1230). Eine entsprechende Anwendung auf andere Gründe wie beispielsweise Entfremdung, Drogensucht oä scheidet folglich aus. Eine Erweiterung der Entziehungsgründe lässt sich jedoch „de lege lata" auch und gerade nach der Entscheidung des BVerfG nicht durch eine Gesamtanalogie zu §§ 2333–2335, § 1381, § 1579 Nr. 6, 7, § 1587c Nr. 1, 3, § 1611 rechtfertigen (so aber Schöpflin FamRZ 2005, 2025 (2030)). Denn das BVerfG hat sich ua aus Gründen der Justiziabilität und Rechtssicherheit, aber auch wegen sonst zu befürchtender Zurücksetzung nichtehelicher Kinder ausdrücklich gegen die Einführung einer **Zerrüttungs- oder Entfremdungsklausel** ausgesprochen (BVerfGE 112, 332 = NJW 2005, 1561). Die Entziehungsgründe können – bei Anwendbarkeit deutschen Erbrechts – auch im **Ausland** verwirklicht werden (Staudinger/Olshausen, 2021, Vor §§ 2333–2337 Rn. 27 unter Hinweis auf Ferid in: FS Ulmer (1973) GRUR Int 472 (476)).

**b) Geltung der Entziehungsgründe für alle Pflichtteilsberechtigten. Abs. 1** betrifft nur die Pflichtteilsentziehung gegenüber **Abkömmlingen.** Hierunter sind grds. auch Kinder von Eltern zu verstehen, die zurzeit der Geburt des Kindes nicht miteinander verheiratet waren (§ 1592 Nr. 1), sowie Adoptivkinder; eingehend zum Begriff der Abkömmlinge → § 1924 Rn. 2 ff. Einem in § 2333 normierten Fehlverhalten gegen einen Ehegatten steht wegen § 10 Abs. 6 S. 2 LPartG auch ein entsprechendes Verhalten gegen einen **gleichgeschlechtlichen Lebenspartner** des Erblassers gleich (NK-BGB/Herzog Rn. 37; MüKoBGB/Lange Rn. 16; Staudinger/Olshausen, 2021, Rn. 3). 8

**c) Kein Verschulden im strafrechtlichen Sinne erforderlich.** Die Pflichtteilsentziehung setzt bei allen Entziehungsgründen ein **Verschulden** des Pflichtteilsberechtigten voraus (RG LZ 1918, 694; OLG Düsseldorf NJW 1968, 944 (945); OLG Hamburg NJW 1988, 977 – Vorinstanz zu BGH NJW-RR 1990, 130; KG OLGZ 21, 344 (345); Lange/Kuchinke ErbR § 37 XIII Fn. 666 mwN; RGRK-BGB/Johannsen Rn. 3; Staudinger/Olshausen, 2021, Vor §§ 2333–2337 Rn. 6; aA v. Stackelberg JW 1938, 2940 zu Nr. 5). Nach der Grundsatzentscheidung des BVerfG vom 19.4.2005 (BVerfGE 112, 332 Rn. 88 ff. = NJW 2005, 1561; zu einem anderen Verfahren ebenso BGH ZEV 2011, 370) ist dieses, entgegen der früheren Auffassung der Zivilgerichte (s. nur OLG Düsseldorf NJW 1968, 944; OLG Hamburg 1988, 977; KG OLGRspr. 21, 344 (345); Soergel/Dieckmann, 13. Aufl. 2002, Vor § 2333 Rn. 6), bei dem Entziehungsgrund nach Nr. 1 aber **nicht im strafrechtlichen Sinne** zu verstehen, sondern es genügt, dass der objektive Unrechtstatbestand „wissentlich und willentlich" verwirklicht wird. Demnach ist die Feststellung ausreichend, dass der Pflichtteilsberechtigte einen Entziehungsgrund mit **„natürlichem Vorsatz"** verwirklicht hat. Denn wenn das Verschulden zu sehr im strafrechtlichen Sinne verstanden werde, könne dies „im Einzelfall dem verfassungsrechtlichen Erfordernis eines angemessenen Ausgleichs der gegenüber stehenden Grundrechtspositionen widersprechen". Nicht entschieden hat das Gericht, ob dies auch bei den anderen Pflichtteilsentziehungsgründen gilt. Da jedoch dieses ungeschriebene Tatbestandsmerkmal der Ansatzpunkt dafür ist, die verfassungsrechtlich gebotene Abwägung zwischen der Testierfreiheit und dem Pflichtteilsrecht vorzunehmen, ist dies zu **bejahen** (ebenso Kleensang ZEV 2005, 277 (282); im Ansatz auch Arnhold Hereditare 1 (2011), 37 (49 f.), der der mit zunehmender Schwere der Tat die Anforderungen an die Schuldfähigkeit im Rahmen von Nr. 2 abschwächen will; für fraglich hält dies Staudinger/Olshausen, 2021, Vor §§ 2333–2337 Rn. 6 aE). Der Reformgesetzgeber will den Vorgaben des BVerfG dadurch Rechnung tragen, dass eine Pflichtteilsentziehung nach Abs. 1 Nr. 4 auch dann möglich ist, wenn die **Unterbringung** des Pflichtteilsberechtigten in einem psychiatrischen Krankenhaus oder in einer Entziehungsanstalt rechtskräftig angeordnet ist, und zwar wegen einer ähnlich schwerwiegenden vorsätzlichen Tat wie bei einem schuldfähigen Pflichtteilsberechtigten. Bei diesem ist eine Verurteilung wegen einer vorsätzlichen Straftat zu einer Freiheitsstrafe von mindestens einem Jahr ohne Bewährung erforderlich und weiter, dass die Teilhabe des Pflichtteilsberechtigten am Nachlass für den Erblasser unzumutbar sein muss. Unklar bleibt aber damit, ob bei den anderen Entziehungsgründen ebenfalls eine entsprechende Unterbringung genügt, aber auch erforderlich ist. Man darf jedoch aus dieser ausdrücklichen gesetzlichen Normierung nur bei diesem Entziehungsgrund nicht den Gegenschluss ziehen. Denn würde bei den anderen Entziehungsfällen die Schuldfähigkeit im eigentlichen Sinn verlangt, widerspräche dies gerade der Entscheidung des BVerfG (Lange in Schlitt/Müller PflichtteilsR-HdB § 7 Rn. 25). Ein **Verschulden im strafrechtlichen Sinne** ist daher bei allen Entziehungsgründen genügend, eine Unterbringung iSv Abs. 1 Nr. 4 mE jedoch nicht immer erforderlich, wenn nur die Abwägung des Verhaltens des Pflichtteilsberechtigten die Unzumutbarkeit der Nachlassteilhabe ergibt (ebenso für Abs. 1 Nr. 1 bejahend Lange ZErb 2011, 316 (320 f.)). 9

**2. „Nach dem Leben trachten" (Abs. 1 Nr. 1). a) Geschützter Personenkreis.** Zur Pflichtteilsentziehung berechtigen Taten, die sich gegen den **Erblasser,** dessen **Ehegatten,** einen **Abkömmling** oder eine dem Erblasser **ähnlich nahestehende Person** richten. Mit der Erweiterung des Kreises derjenigen Personen, die in den Schutzbereich des Pflichtteilsentziehungsrechts einbezogen werden, hat der Gesetzgeber auf die in der Lit. diesbezüglich geäußerte Kritik reagiert (so etwa Haas ZEV 2000, 249 (258)). Dadurch sollen die Pflichtteilsentziehungsgründe an die gewandelten familiären Strukturen angepasst werden, die längst nicht mehr nur aus der traditionellen Kleinfamilie besteht, weil es heute noch viele andere Familienmodelle gibt. Dazu zählen etwa Familien, in denen neben gemeinsamen Kindern der Eheleute auch Abkömmlinge aus anderen Beziehungen aufwachsen, oder auch Familien, in denen die Eltern nicht miteinander verheiratet sind (BT-Drs. 16/8954, 23; dazu auch Machulla-Notthoff ZFE 2007, 413 (415)). Die Neuregelung definiert allerdings nicht, welche **Personen** als dem Erblasser **„ähnlich nahe stehend"** anzusehen sind. Aus der Gesetzessystematik ergibt sich jedoch, dass in den Schutzbereich des Pflichtteilsent- 10 ziehungsrechts bei den genannten Entziehungsgründen auch die Personen einbezogen werden sollen, deren Verletzung den Erblasser in **gleicher Weise** wie ein Angriff gegen die bereits früher einbezogenen Ehegatten, eingetragene Lebenspartner oder Abkömmlinge trifft. Neben den Stiefeltern (anders nach früherem Recht, vgl. OLG Jena SeuffA 64 Nr. 196) und Pflegekindern nennt die amtliche Gesetzesbegründung exemplarisch zur Bestimmung des Kriteriums der erforderlichen „persönlichen Nähe" die **auf Dauer angelegte Lebensgemeinschaft** und andere Personen, die mit ihm auf andere Weise eng verbunden sind (BT-Drs. 16/8954, 23). Man wird daher dieses Näheverhältnis in jedem **Einzelfall** feststellen müssen (Schaal/Grigas BWNotZ 2008, 2 (18)). Dementsprechend ist auch zu beurteilen, ob etwa das Kind des Freundes bzw. der Freundin hierzu zählt. Als Indiz hierfür kann auf die **Lebensgemeinschaft im gemeinsamen Haushalt** abgestellt werden; zwingend ist dies jedoch nicht, wie das anerkannte Beispiel des **Stief- und Pflegekindes** zeigt, da diese im Erbfall nicht mehr unbedingt haushaltsangehörig sein müssen (MüKoBGB/Lange Rn. 17). Bei Verfehlungen gegenüber dem Lebenspartner einer eingetragenen Lebenspartnerschaft gilt das Entziehungsrecht bereits nach früherem Recht (§ 10 Abs. 6 S. 2 LPartG).

11 **b) Tatbestandsmäßige Handlung.** Das nach dem Leben „Trachten" erfordert die ernsthafte Umsetzung des Willens, den Tod des Erblassers oder einer anderen in Nr. 1 genannten geschützten Person herbeizuführen (RGZ 100, 114 (115): erforderlich ist kein Plan, sondern es reicht auch ein plötzlicher, durch Erregung hervorgerufener Entschluss; RGZ 112, 32 (33): notwendig nur, dass die Tötungsabsicht durch äußerlich erkennbare Handlung umgesetzt wird, jeweils zum gleich lautenden Scheidungsgrund des § 1566 aF). Dabei genügt ein Mitwirken als Mittäter, Anstifter oder Gehilfe, sogar eine noch straflose Vorbereitungshandlung (anders als bei § 2339 Nr. 1) (Lange/Kuchinke ErbR § 37 Fn. 657; dazu auch RG WarnR 1928 Nr. 46). Gleiches gilt für einen Versuch mit untauglichen Mitteln (Staudinger/Olshausen, 2021, Rn. 7) sowie ein Töten durch **Unterlassen,** wenn eine strafrechtliche Garantenstellung zum Handeln bestand (§ 13 StGB) (Staudinger/Olshausen, 2021, Rn. 7; vgl. auch Soergel/Beck Rn. 3; eine Garantenstellung bejaht NK-BGB/Herzog Rn. 1 regelmäßig für die Abkömmlinge). Ein strafbefreiender **Rücktritt vom Versuch** (§ 24 StGB) beseitigt den bereits entstandenen Pflichtteilsentziehungsgrund nicht mehr (RG WarnR 1928 Nr. 46; NK-BGB/Herzog Rn. 1; MüKoBGB/Lange Rn. 20; Staudinger/Olshausen, 2021, Rn. 7; anders als bei § 2339 Abs. 1 Nr. 1). Hieran kann sich jedoch eine Verzeihung nach § 2337 anschließen.

12 **3. Verbrechen oder vorsätzlich schweres Vergehen (Abs. 1 Nr. 2). a) Gesetzesänderung.** Das frühere Pflichtteilsentziehungsrecht kannte in den Nr. 2 und Nr. 3 aF zwei Entziehungsgründe, so bei vorsätzlicher körperlicher Misshandlung einerseits und einem Verbrechen oder schwerem vorsätzlichen Vergehen andererseits. Diese werden nunmehr in **einen Entziehungsgrund zusammengefasst** und leicht modifiziert, weil bereits nach dem früheren Recht nicht jede vorsätzliche Körperverletzung für die Entziehung ausreichte, sondern eine schwere Pietätsverletzung hinzukommen musste (→ Rn. 14), und daher für einen eigenständig geregelten Entziehungsgrund kein Bedürfnis mehr besteht (BT-Drs. 16/8954, 23).

13 **b) Schweres Vergehen oder Verbrechen.** Dieser Pflichtteilsentziehungsgrund war bis zum 31.12.2009 in § 2333 Nr. 3 aF geregelt. Verbrechen sind Straftaten, die mit einer Freiheitsstrafe von mindestens einem Jahr bedroht sind (§ 12 Abs. 1 StGB). Inwieweit ein **schweres Vergehen** vorliegt, richtet sich – wie nach früherem Recht – nicht nach dem abstrakten Strafrahmen, sondern nach den **Umständen des Einzelfalls** (Grüneberg/Weidlich Rn. 7; Staudinger/Olshausen, 2021, Rn. 12). Verfehlungen gegen Eigentum oder **Vermögen** der Eltern fallen dann darunter, wenn sie ihrer Natur und Begehungsweise nach eine grobe Missachtung des Eltern-Kind-Verhältnisses darstellen und daher eine **schwere Kränkung des Erblassers** bedeuten (BGH NJW 1974, 1085; OLG Stuttgart ZEV 2019, 284 (285): Diebstahl von 6.100 DM; MüKoBGB/Lange Rn. 26; PWW/Deppenkemper Rn. 4; krit. dazu NK-BGB/Herzog Rn. 15, die stattdessen eine „schwere Missachtung der Familiensolidarität" verlangt). Bei einer Untreuehandlung (§ 266 StGB) mit Zustimmung des Erblassers fehlt es jedoch bereits am Straftatbestand (BGH NJW-RR 1986, 371 (372); OLG Celle OLGR 2004, 245). Eine einzelne, wenn auch **grobe Beleidigung** ist im Allgemeinen nicht als ein solches „schweres Vergehen" anzusehen (OLG Celle Rpfleger 1992, 523; RG JW 1929, 2707 mAnm Endemann: Vater sei notorischer Trinker und „Schnapsreisender" nicht ausreichend; RG Recht 1916 Nr. 1913: Vater sei „Bestie in Menschengestalt" nicht ausreichend – zu § 1611; Staudinger/Olshausen, 2021, Rn. 15; krit. gegen die zu rigorose Rspr. NK-BGB/Herzog Rn. 10; bejahend aber OLG Dresden OLGE 39, 4 (6): Behauptung, die 83-jährige Mutter sei durch Geschlechtskrankheit krank geworden). Auch hier müssen die Verfehlungen geeignet sein, die sittliche Anschauung über das **Eltern-Kind-Verhältnis zu verletzen** (OLG

Dresden OLGE 39, 4 (6)); dabei ist auch ein früheres Verhalten des Erblassers zu seinem Kind bei der Bewertung zu berücksichtigen (vgl. den Fall von RG JW 1929, 2707). Auch muss der Unwertgehalt mit den anderen Fällen der Pflichtteilsentziehung vergleichbar sein (LG Hannover Rpfleger 1992, 253).

**c) Pietätsverletzung?.** Nach der bisherigen Rspr. der Zivilgerichte und der ganz hM musste für das Vorliegen des Pflichtteilsentziehungsgrundes der vorsätzlichen körperlichen Misshandlung (Nr. 2 aF) des Weiteren eine sog **„schwere Pietätsverletzung"** vorliegen. Dafür war erforderlich, dass sich die Misshandlung auf Grund der Umstände des Einzelfalls als nicht mehr hinzunehmende Verletzung der dem Erblasser geschuldeten Achtung darstellte, weshalb angesichts der Tätlichkeit auch die Pflichtteilsentziehung, nicht nur die bloße Enterbung, als angemessene Reaktion gerechtfertigt war. Dies war anhand einer **Interessenabwägung** zu beurteilen (BGHZ 109, 306 (312 f.) = NJW 1990, 911; OLG Düsseldorf NJW-RR 1996, 520 = ZEV 1995, 410 (412) mAnm Reimann; OLG Köln ZEV 2003, 464 (466), in concreto verneint; Lange/Kuchinke ErbR § 37 XIII Fn. 659; PWW/Deppenkemper Rn. 4; krit. hiergegen Leipold JZ 1990, 700 (702)). Dass die Pietätsverletzung im familiären oder geschäftlichen Bereich stattfand, kann die Schwere der Verletzungshandlung nicht mindern (BGHZ 109, 306 (312 f.) = NJW 1990, 911). Ob an dieser Rspr. auch noch nach der Reform des Pflichtteilsentziehungsrechts festzuhalten ist, ist **umstr.** (bejahend Herzog in Herzog/Lindner, Die Erbrechtsreform, 2010, Rn. 461; tendenziell wohl auch OLG Stuttgart ZEV 2019, 284 (285); abl. dagegen Grüneberg/Weidlich Rn. 6). Nach der amtlichen Begründung will der Gesetzgeber diese Judikatur beibehalten und geht davon aus, dass mit der Reform keine inhaltliche Veränderung verbunden ist (BT-Drs. 16/8954, 23). Im Gesetz wird dies dadurch zum Ausdruck gebracht, dass nach wie vor ein **„schweres" Vergehen** verlangt wird. Durch die **Grundsatzentscheidung des BVerfG** vom 19.4.2005 (BVerfGE 112, 332 = NJW 2005, 1561; eingehend → Rn. 3 ff.) trat aber eine erhebliche Akzentverschiebung ein (ebenso Herzog in Herzog/Lindner, Die Erbrechtsreform, 2010, Rn. 461). Denn im Rahmen der Prüfung der Wirksamkeit einer Pflichtteilsentziehung ist eine **Abwägung** zwischen den widerstreitenden grundrechtlichen Schutzgütern, nämlich der **Testierfreiheit** des Erblassers einerseits und dem **Pflichtteilsrecht** andererseits vorzunehmen (BVerfGE 112, 332 Rn. 87 = NJW 2005, 1561). Dabei muss das Grundrecht der Testierfreiheit stärker als bisher beachtet werden, wie das BVerfG ausdrücklich in dem Verfahren 1 BvR 1644/00, in dem es um das Erfordernis der Schuldfähigkeit im strafrechtlichen Sinn ging, feststellte (BVerfGE 112, 332 Rn. 86 ff. = NJW 2005, 1561). Dies muss zu einer **Neubestimmung der „Zumutbarkeitsgrenze"** führen (diese spricht BVerfGE 112, 332 Rn. 90 = NJW 2005, 1561 ausdrücklich an), ab deren Verletzung dem Erblasser die durch das Pflichtteilsrecht vermittelte Nachlassteilhabe seines Kindes nicht mehr zugemutet werden kann (NK-BGB/Herzog Rn. 15; Kleensang ZEV 2005, 277 (282); Lange ZErb 2005, 205 (208)). Wo zivilrechtlich-dogmatisch diese Überlegungen zu verankern sind, musste das BVerfG nicht entscheiden, hielt jedoch das „ungeschriebene Tatbestandsmerkmal" des **„schuldhaften Verhaltens des Pflichtteilsberechtigten"** als „grds. aussagekräftiges und geeignetes Abgrenzungskriterium" hierfür (BVerfGE 112, 332 Rn. 84 = NJW 2005, 1561). Auf das ebenfalls im Gesetz nicht normierte Erfordernis der Pietätsverletzung kann daher in Zukunft **verzichtet** werden (LG Hagen BeckRS 2017, 101895 = ZErb 2017, 109; ebenso iErg NK-BGB/Herzog Rn. 15a). 14

**d) Seelische Misshandlung.** Seelische Misshandlungen sind nur dann ein Pflichtteilsentziehungsgrund, wenn dadurch auf die **körperliche Gesundheit des Erblassers eingewirkt** werden soll und eingewirkt wird, wobei hinsichtlich der körperlichen Schäden zumindest bedingter Vorsatz des Pflichtteilsberechtigten erforderlich ist (BGH NJW 1977, 339 (340) = FamRZ 1977, 47 mAnm Bosch; Information StW 1977, 260; dem BGH etwa folgend Grüneberg/Weidlich Rn. 7; PWW/Deppenkemper Rn. 4; grds. gebilligt wird dies von BVerfGE 112, 332 Rn. 98 = NJW 2005, 1561; krit. hierzu aber NK-BGB/Herzog Rn. 16: „zu hohe Anforderungen"). Auch nach der Reform berechtigen den Erblasser seelische Misshandlungen nur dann zur Pflichtteilsentziehung, wenn sie **Folge eines Verbrechens oder schweren vorsätzlichen Vergehens** sind (Herzog in Herzog/Lindner, Die Erbrechtsreform, 2010, Rn. 466; MüKoBGB/Lange Rn. 24) bzw. wenn sie mit schweren Persönlichkeitsverletzungen und/oder stark entwürdigenden Angriffen auf die Person verbunden sind und hierdurch sonstige Straftatbestände (zB §§ 221, 225, 201 ff., 240 StGB) verwirklicht werden (Burandt/Rojahn/Horn Rn. 16; Grüneberg/Weidlich Rn. 7). 15

**e) Geschützter Personenkreis.** Der von Nr. 2 geschützte Personenkreis entspricht dem der Nr. 1 (→ Rn. 10). Von einer Beschränkung auf bestimmte, nur geschützte Rechtsgüter hatte bereits der historische Gesetzgeber des BGB abgesehen (MüKoBGB/Lange Rn. 28). 16

17 **f) „Sich schuldig machen".** Kein Pflichtteilsentziehungsgrund liegt vor, wenn in Notwehr (§ 32 StGB) gehandelt wurde (RG JW 1913, 207; Recht 1913 Nr. 2745; Soergel/Beck Rn. 10) oder eine Putativnotwehr oder ein Notwehrexzess (§ 33 StGB) ohne Verschulden vorlag (BGH NJW 1952, 700; OLG Stuttgart BWNotZ 1976, 92). Eine **strafgerichtliche Verurteilung** ist für die Pflichtteilsentziehung nach Nr. 2 nicht erforderlich, wie sich aus einem Gegenschluss zu Nr. 4 ergibt, wo dies ausdrücklich verlangt wird (MüKoBGB/Lange Rn. 29). Zum weiter erforderlichen „natürlichen Vorsatz" → Rn. 9.

18 **4. Böswillige Verletzung der Unterhaltspflicht (Abs. 1 Nr. 3). a) Pflichtteilsentziehung gegenüber Abkömmlingen.** Soweit es um die Pflichtteilsentziehung gegenüber Abkömmlingen geht, hat dieser Entziehungsgrund **keine praktische Bedeutung:** Wer auf Unterhaltsleistungen seiner Abkömmlinge angewiesen ist (§ 1606), wird idR kein nennenswertes Vermögen und damit keinen Anlass zur Pflichtteilsentziehung haben (NK-BGB/Herzog Rn. 18; Lange/Kuchinke ErbR § 37 XIII Fn. 663; MüKoBGB/Lange Rn. 33). Und da der Unterhalt in Geld geschuldet ist (§ 1612), berechtigt die **Verweigerung persönlicher Pflegeleistung** bei Alter oder Krankheit nicht zur Pflichtteilsentziehung (OLG Frankfurt ZEV 2014, 54 Rn. 64; Soergel/Beck Rn. 11; Staudinger/Olshausen, 2021, Rn. 20; RGRK-BGB/Johannsen Rn. 9). Für die erforderliche **„böswillige" Verletzung** der Unterhaltspflicht genügt zudem nicht die bloße Leistungsverweigerung, sondern diese muss auf einer verwerflichen Gesinnung beruhen (OLG Frankfurt ZEV 2014, 54 Rn. 64; Staudinger/Olshausen, 2021, Rn. 20; Erman/Röthel Rn. 12; Soergel/Beck Rn. 11; MüKoBGB/Lange Rn. 35; abschwächend aber NK-BGB/Herzog Rn. 20, weil das Nichterbringen der Unterhaltsleistung die Vermutung des Vorliegens der „persönliche Nähebeziehung" widerlegt, die erst das Pflichtteilsrecht rechtfertigt). Nach der Grundsatzentscheidung des BVerfG (BVerfGE 112, 332 = NJW 2005, 1561) muss aber auch hier eine **einzelfallbezogene Abwägung** der grundgesetzlich geschützten Positionen von Testierfreiheit und Pflichtteilsrecht erfolgen (NK-BGB/Herzog Rn. 20). Weiter ist zu beachten, dass bei diesem Entziehungsgrund keine Erweiterung des geschützten Personenkreises durch die Erbrechtsreform erfolgte (Staudinger/Olshausen, 2021, Rn. 19).

19 **b) Entziehung des Elternpflichtteils (früher § 2334).** Eltern dürfen gegenüber ihren unverheirateten Kindern grds. die Art der Unterhaltsgewährung frei bestimmen (§ 1612 Abs. 2 S. 1). Daher berechtigt nicht zur Pflichtteilsentziehung, wenn ausreichende Mittel für die Heimunterbringung der Kinder zur Verfügung gestellt werden (MüKoBGB/Lange Rn. 36). Jedoch kann eine Verletzung der Unterhaltspflicht vorliegen, wenn einem Abkömmling keine angemessene Ausbildung ermöglicht wird (§ 1610 Abs. 2 S. 1) oder auch bei Verweigerung oder schwerwiegender Vernachlässigung der Erziehung, Berufsfortbildung (§ 1610 Abs. 2) oder Nichtgewährung von Naturalleistungen, weil der Unterhalt der Eltern gegenüber ihren Kindern den **gesamten Lebensbedarf** umfasst (§ 1610 Abs. 2, § 1606 Abs. 3 S. 2). Ein Missbrauch der elterlichen Sorge berechtigt aber nicht zur Pflichtteilsentziehung (Staudinger/Olshausen, 2021, Rn. 40), obgleich ein solches Verhalten im Einzelfall zur Ersetzung der Einwilligung in eine Annahme als Kind (§ 1748) berechtigen würde. Dies ist mit den heutigen Wertvorstellungen nicht vereinbar (MüKoBGB/Lange Rn. 36).

20 **c) Entziehung des Pflichtteils des Ehegatten bzw. Lebenspartners (früher § 2335).** Aufgrund des wesentlichen komplexeren Unterhaltsrechts zwischen Ehegatten und eingetragenen Lebenspartnern wird eine **böswillige Verletzung** der **Unterhaltspflicht** nur sehr schwer feststellbar sein. Hier genügt nicht nur eine objektive Verletzung der differenzierten Unterhaltspflichten, zB bei Zusammenleben nach §§ 1360, 1360a Geld und Haushaltsleistung, bei Getrenntleben nach § 1361 einseitiger Geldunterhalt bei Bedürftigkeit (detailliert Soergel/Dieckmann, 13. Aufl. 2002, § 2335 Rn. 10 f.). Erforderlich ist vielmehr eine **schuldhafte,** nach Ausmaß und Dauer **erhebliche Vernachlässigung** dieser Verpflichtungen (MüKoBGB/Lange Rn. 37). Auch wird die bloße Kenntnis der Tatumstände, aus denen sich die verletzte Unterhaltspflicht ergibt, nicht genügen, sondern es ist zur Bejahung des Vorwurfs der „böswilligen Verletzung" auch das Vorliegen einer entsprechenden Rechtskenntnis des Unterhaltsverpflichteten erforderlich. Für eine einseitige Veränderung der Unterhaltssituation (etwa durch Auszug aus der ehelichen Wohnung), werden sich zudem idR immer rechtfertigende Gründe finden lassen, wie etwa das Scheitern der Ehe, es sei denn, die Aufkündigung der bisherigen Rollenverteilung erfolgt zur Unzeit oder aus grober Rücksichtslosigkeit (HK-PflichtteilsR/Herzog Rn. 84).

21 Trotz der Angleichung der Entziehungsgründe sind gewisse **Wertungswidersprüche** geblieben und nicht gelöst worden. Dies betrifft insbes. die **Entziehung** des **Pflichtteils von Ehegatten** und Lebenspartnern. Früher war die Entziehung des Ehegattenpflichtteils eng an das Scheidungs-

recht geknüpft, solange das Verschulden ein Scheidungsgrund war. Mit der Aufgabe des Verschuldensprinzips im Scheidungsrecht durch das 1. EheRG wurde § 2335 daher mit Wirkung zum 1.1.1977 neu gefasst. Der früher bestehende Zusammenhang zwischen Pflichtteilsentziehung und Ehescheidungsrecht wurde beseitigt; der Entziehungsgrund des § 2333 Nr. 5 aF (ehrloser oder unsittlicher Lebenswandel) wurde für den Ehegattenpflichtteil in § 2335 aF ausdrücklich nicht übernommen, um nicht wieder dem Verschuldensprinzip indirekt ein Einfallstor zu bieten (dazu Battes FamRZ 1977, 433 (439); Lange/Kuchinke ErbR § 37 XIII 2c). Dies galt allgemein als wenig geglückt und führte teilweise zu Wertungswidersprüchen mit dem nachehelichen Unterhaltsrecht. Denn bis zur Grenze eines fiktiven Ehegattenpflichtteils kann der geschiedene Ehegatte den Nachlass mit nachehelichen Unterhaltsansprüchen belasten (§ 1586b). Und zumindest der Betreuungsunterhalt (§ 1570) wird in vielen Fällen nicht nach § 1579 wegen Vorliegens einer groben Unbilligkeit ausgeschlossen sein. Demgegenüber kann der Pflichtteil ohne Rücksicht auf betreuungsbedürftige Kinder entzogen werden, wenn nur die allgemeinen Voraussetzungen hierfür, jetzt die des § 2333 nF, vorliegen (Soergel/Dieckmann, 13. Aufl. 2002, § 2335 Rn. 2 f.). Umgekehrt ergibt sich aber auch ein Problem, wenn während des Bestehens der Ehe ein Ehegatte von seiner Möglichkeit, dem anderen seinen Pflichtteil zu entziehen, keinen Gebrauch gemacht hat. Denn nach ganz hM kann dies nach der Scheidung nicht mehr nachgeholt werden (für analoge Anwendung der Pflichtteilsentziehungsmöglichkeiten in diesen Fällen aber Soergel/Dieckmann, 13. Aufl. 2002, § 2335 Rn. 3). Der BGH hat allerdings die **Verfassungsmäßigkeit** dieser Regelung bejaht (BGH NJW 1989, 2054): Danach ist eine Pflichtteilsentziehung gegenüber einem Ehegatten als „quasi-Scheidung" zwar nur noch in Ausnahmefällen möglich. Dadurch ergäbe sich aber nur eine Einschränkung der durch Art. 14 GG geschützten Testierfreiheit in Randbereichen, während gleichzeitig damit das Schutzgebot des Art. 6 Abs. 1 GG verwirklicht würde.

Auch andere hier auftretende **Konkurrenzfragen** sind nicht befriedigend gelöst: Kommt es zur sog güterrechtlichen Lösung, so berührt die Pflichtteilsentziehung den Anspruch auf **Zugewinnausgleich** nach § 1371 Abs. 2 nicht; uU kann aber die Erfüllung dieser Forderung nach § 1381 wegen grober Unbilligkeit verweigert werden (Staudinger/Olshausen, 2021, Rn. 46)). Gleiches gilt bei gleichgeschlechtlichen Lebenspartnern (§ 6 S. 2 LPartG). Die unter § 2333 Abs. 1 fallenden persönlichen Verfehlungen können uU auch zum Ausschluss des Versorgungsausgleichs nach § 27 VersAusglG (früher § 1587c aF) führen (HK-PflichtteilsR/Herzog Rn. 85; Staudinger/Olshausen, 2021, Rn. 46)). Dagegen ist die Pflichtteilsentziehung weder erforderlich noch genügend, um nach der Scheidung den **nachehelichen Unterhaltsanspruch** des überlebenden Ehegatten gegen die Erben des Unterhaltsverpflichteten nach **§ 1586b** zu beseitigen (aA HK-PflichtteilsR/Herzog Rn. 87; Staudinger/Olshausen, 2021, Rn. 45). Zwar haften dessen Erben für den Unterhaltsanspruch „nicht über einen Betrag hinaus, der dem Pflichtteil entspricht." Jedoch ist der Anspruch nach § 1586b ein rein unterhaltsrechtlicher, denn im Falle der Scheidung besteht wegen § 1933 ohnehin kein Pflichtteilsrecht mehr. Soweit auf den Pflichtteil Bezug genommen wird, handelt es sich lediglich um eine gesetzestechnische Rechtsfolgeverweisung unabhängig davon, ob ein entsprechender Anspruch gegeben ist. Auch wäre es mit dem geltenden Unterhaltsrecht nicht vereinbar, wenn durch einseitige Erklärung jenseits der Härteklausel des § 1579 der Anspruch auf nachehelichen Unterhalt beseitigt werden könnte (MüKoBGB/Frank, 4. Aufl. 2002, § 2335 Rn. 2; aA – für nachträgliche Pflichtteilsentziehungsmöglichkeit – HK-PflichtteilsR/Herzog Rn. 87). 22

**5. Rechtskräftige Verurteilung zu einer Freiheitsstrafe und Unzumutbarkeit der Nachlassteilhabe (Abs. 1 Nr. 4). a) Allgemeines.** Angesichts des Wertewandels und des heute herrschenden **Wertepluralismus** unserer Gesellschaft war der frühere Entziehungsgrund der Führung des ehrlosen oder unsittlichen Lebenswandels (§ 2333 Nr. 5 aF) der problematischste, der in der Praxis kaum mehr anwendbar war. Der Gesetzgeber hat auf diesen gesellschaftlichen Wandel reagiert. Aus Gründen der Rechtsklarheit und der Rechtssicherheit knüpft der hierfür neu eingefügte § 2333 Abs. 1 Nr. 4 nF an zwei nach Auffassung des Gesetzgebers (BT-Drs. 16/8954, 23 f.) einfach nachprüfbare Merkmale an: ein objektives aus der Verantwortungssphäre des Pflichtteilsberechtigten, die **Straftat,** und an ein subjektives auf Seiten des Erblassers, die **Unzumutbarkeit der Nachlassteilhabe.** Unerheblich ist, ob die Tat oder die Umstände einen wie auch immer gearteten **ehrlosen Charakter** aufweisen (HK-PflichtteilsR/Herzog Rn. 62; MüKoBGB/Lange Rn. 41), jedoch kann dies im Rahmen der Zumutbarkeit der Nachlassteilhabe bedeutsam werden. Ebenso ist eine **Veränderung des Lebenswandels** oder Verhaltens des Pflichtteilsberechtigten nach neuem Recht **unerheblich,** sodass auch ein einmaliges, lange in der Vergangenheit zurückliegendes Ereignis für die Entziehung ausreichend sein kann und keine Prognoseentscheidungen über die künftige Entwicklung des Pflichtteilsberechtigten mehr notwendig sind (MüKoBGB/ 23

Lange Rn. 41). Auch sieht das Gesetz keine Begrenzung des durch diesen Entziehungsgrund geschützten Personenkreises oder der davon erfassten Straftatbestände vor (MüKoBGB/Lange Rn. 38).

24 **b) Straftat des Pflichtteilsberechtigten; rechtskräftige Verurteilung.** Für die Pflichtteilsentziehung ist zum einen erforderlich, dass der betreffende Pflichtteilsberechtigte wegen einer **vorsätzlich begangenen Straftat** zu einer **Freiheitsstrafe** von **mindestens einem Jahr ohne Bewährung** rechtskräftig verurteilt wurde oder wird. Das Merkmal soll die Rechtssicherheit für alle Beteiligten erhöhen. Zugleich wird mit der Strafbarkeit auf ein bestimmtes ethisch-moralisches Unwerturteil über das kriminelle Verhalten des Pflichtteilsberechtigten abgestellt, das auf einer entsprechenden Wertentscheidung des Gesetzgebers beruht. Dabei wird bewusst nicht an den Begriff des **Verbrechens** angeknüpft, um damit vor allem **schwere Vergehen** aus dem Sexualstrafrecht zu erfassen (BT-Drs. 16/8954, 23 f.). Nicht ganz nachvollziehbar ist, dass der vermutete hohe Unrechtsgehalt nur bei **vorsätzlichen** Straftaten unterstellt worden ist, während schwerwiegende Vergehen im Bereich der Fahrlässigkeit (zB fahrlässige Tötung) von vornherein ausgeklammert wurden (so auch HK-PflichtteilsR/Herzog Rn. 59). Eine die Tatschwere flexibler erfassende Regelung wäre wohl sinnvoller gewesen (so auch Hauck NJW 2010, 903 (904); Burandt/Rojahn/Horn Rn. 31).

25 Nicht jede Straftat rechtfertigt die Entziehung des Pflichtteils. Vielmehr muss es sich um Straftaten handeln, die von erheblichem Gewicht sind und deshalb ein besonders schweres sozialwidriges Fehlverhalten darstellen. Davon ist aber auszugehen, wenn der Betroffene zu einer **Freiheitsstrafe von mindestens einem Jahr ohne Bewährung** rechtskräftig verurteilt ist. Unter den Begriff „Freiheitsstrafe“ fallen nach dem Sinn und Zweck der Norm auch **Jugendstrafen (§ 17 JGG)** (LG Bonn BeckRS 2019, 33961 Rn. 23; Erman/Röthel Rn. 14; (Staudinger/Olshausen, 2021, Rn. 27a). Wurde die Vollstreckung der Freiheitsstrafe **zur Bewährung ausgesetzt,** ist keine Pflichtteilsentziehung möglich – egal, welche Delikte begangen wurden und wie hoch die Freiheitsstrafe ausfiel. Dies ist problematisch, da nicht die Schwere der Tat, sondern die **günstige Sozialprognose** über die Frage der Aussetzung der Bewährung entscheidet (Hauck NJW 2010, 903 (904)). Nach hM ist der Tatbestand selbst dann nicht erfüllt, wenn die bei der Verurteilung zunächst gewährte **Bewährung** (Aussetzung der Strafvollstreckung nach § 56 StGB) **nachträglich widerrufen** worden ist und der Betroffene seine Freiheitsstrafe letztlich verbüßt hat (OLG Saarbrücken NJW 2018, 957 (959) = ZEV 2018, 146 mAnm Litzenburger = NZFam 2018, 428 mAnm Lauck = MittBayNot 2019, 60 mAnm Müller-Engels; DNotI-Gutachten DNotI-Report 2014, 116 f.; Lange ErbR 2021, 274 (277); Staudinger/Olshausen, 2021, Rn. 28). Der mit der Vollstreckung der Freiheitsstrafe verbundene, größere Strafmakel, der für den Gesetzgeber maßgeblich war für die Beibehaltung des einschränkenden Tatbestandsmerkmals „ohne Bewährung“ (vgl. BT-Drs. 16/8954, 36) spricht dafür, § 2333 Abs. 1 Nr. 4 auch auf den sog. „Bewährungsversager“ anzuwenden, da der Pflichtteilsberechtigte nicht nur rechtskräftig verurteilt worden ist, sondern die Freiheitsstrafe wegen des späteren Widerrufs auch verbüßen musste (Müller-Engels MittBayNot 2019, 62 f.; HK-PflichtteilsR/Herzog Rn. 67.1; aA Lange ErbR 2021, 274 (277), da sich der Gesetzgeber bewusst auf Verurteilungen „ohne Bewährung“ beschränkt habe und dem Widerruf ein erneutes Fehlverhalten zugrunde liege). Hierbei handelt es sich nicht um eine – unzulässige – analoge Anwendung der Vorschrift (so aber OLG Saarbrücken NJW 2018, 957 (959) = ZEV 2018, 146 mAnm Litzenburger = NZFam 2018, 428 mAnm Lauck = MittBayNot 2019, 60 mAnm Müller-Engels), sondern um eine normzweckorientierte Auslegung des Tatbestands (Müller-Engels MittBayNot 2019, 63). Problematisch ist die Subsumtion ferner, wenn es beispielsweise zur **Bildung einer Gesamtstrafe** gekommen ist. Nach einer in der Lit. vertretenen Ansicht genügt es in diesem Fall, dass die Gesamtstrafe (unabhängig von den einzelnen Einsatzstrafen) über einem Jahr liegt, um eine Pflichtteilsentziehung rechtfertigen zu können (so DNotI-Gutachten DNotI-Report 2014, 116 f. m. ausf. Begr.; HK-PflichtteilsR/Herzog Rn. 66.2; (Staudinger/Olshausen, 2021, Rn. 27)). Nach herrschender Ansicht ist bei der Verurteilung zu einer Gesamtstrafe demgegenüber auf die jeweilige Einsatzstrafe (bzw. bei Tateinheit auf die Einsatzstrafe) abzustellen (OLG Köln ZErb 2021, 143 (147); LG Bonn BeckRS 2019, 33961 Rn. 25 f.; MüKoBGB/Lange Rn. 44; Erman/Röthel Rn. 14). Dafür spricht, dass die Verurteilung zur Freiheitsstrafe von mindestens einem Jahr ohne Bewährung wegen **einer** vorsätzlich begangenen Straftat erfolgt sein muss; eine Aufsummierung des Unrechtsgehalts mehrerer, für sich betrachtet möglicherweise nicht sehr schwerwiegender Straftaten, genügt daher nicht.

26 Eine **rechtskräftige Verurteilung** wegen der vorsätzlich begangenen Straftaten ist deshalb erforderlich, weil damit eine Objektivierbarkeit und leichtere Nachprüfbarkeit verbunden ist (Kroiß FPR 2008, 543 (544 f.); Meyer FPR 2008, 537 (539)). Dadurch ergibt sich auch eine

gewisse Bindung der Zivilgerichte an die strafgerichtliche Entscheidung (Lange in Bonefeld/Kroiß/Lange, Die Erbrechtsreform, 2010, § 13 Rn. 31). Dabei genügt in diesem Zusammenhang auch eine Begehung der Straftat oder deren Verurteilung im **Ausland** (HK-PflichtteilsR/Herzog Rn. 69). Aus der Verwendung des Wortes „wird" in § 2333 Abs. 1 Nr. 4 folgt, dass eine Entziehung auch dann wirksam angeordnet werden kann, wenn das Verfahren erst **nach dem** Erbfall rechtskräftig abgeschlossen ist (BT-Drs. 16/8954, 24). Problematisch ist allerdings, dass das Erfordernis der strafrechtlichen Verurteilung den Erblasser dazu zwingt, insbes. bei Antragsdelikten, gegen seine nächsten Angehörige Strafanzeige zu stellen, um die Pflichtteilsentziehung verwirklichen zu können (Kroiß FPR 2008, 543 (545); HK-PflichtteilsR/Herzog Rn. 68). **Praktische Probleme** entstehen auch, wenn bei Eintritt des Erbfalls die entsprechende Rechtskraft der strafrechtlichen Verurteilung noch nicht eingetreten ist. Hier ist der richtige Ansatz die strafrechtliche Unschuldsvermutung: Bis zur Rechtskraft gilt der Betreffende als noch pflichtteilsberechtigt. Er kann also zunächst den Pflichtteil fordern und muss ihn erst später nach seiner entsprechenden rechtskräftigen Verurteilung zurückerstatten (Muscheler in Bayer/Koch, Aktuelle Fragen des Erbrechts, 2010, 39, 61; wohl auch Grüneberg/Weidlich Rn. 11; zweifelnd Lange in Bonefeld/Kroiß/Lange, Die Erbrechtsreform, 2010, § 13 Rn. 47). Eine andere Auffassung hält dies jedoch mit dem Schutzbedürfnis des Erben nicht vereinbar, weil dieser dann vorleisten muss. Sie fordert daher, dass in diesen Fällen der Zivilprozess analog § 149 ZPO bis zur strafrechtlichen Klärung ausgesetzt wird (Lange ZErb 2011, 316 (320 f.)). Ist die Straftat bereits **verjährt,** so kann keine strafrechtliche Verurteilung mehr erfolgen, sodass dann auch bei einer noch so schwerwiegenden Verfehlung keine Pflichtteilsentziehung mehr möglich ist (MüKoBGB/Lange Rn. 45; krit. Kroiß FPR 2008, 543 (545)). Ansonsten ist es für die Anwendung der Nr. 4 aber unerheblich, ob die Straftat bereits länger zurück liegt (OLG Oldenburg BeckRS 2020, 28181 = ZEV 2021, 62 Ls.).

**c) Unzumutbarkeit der Nachlassteilhabe.** Aufgrund der Verurteilung des Pflichtteilsberechtigten muss die Nachlassteilhabe für den Erblasser unzumutbar sein. Entspr. den verfassungsgerichtlichen Vorgaben hielt der Gesetzgeber diese **subjektive Voraussetzung** für die Pflichtteilsentziehung für notwendig. Denn die Entziehung dürfe nicht völlig von dem Schutz der Familie abgekoppelt werden, welcher der tragende Grund für den verfassungsrechtlichen Schutz des Pflichtteilsrechts sei (Meyer FPR 2008, 537 (539); Lange DNotZ 2009, 732 (740)). Erforderlich ist daher, dass die Straftat den persönlichen **in der Familie gelebten Wertvorstellungen** des Erblassers in hohem Maße **widerspricht.** Bei besonders schweren Straftaten, welche mit erheblichen Freiheitsstrafen geahndet werden, liege dies jedoch idR nahe. Der Gesetzgeber geht davon aus, dass eine Art Wechselwirkung zwischen der Schwere der Tat und der Unzumutbarkeit der Nachlassteilhabe besteht (OLG Oldenburg BeckRS 2020, 28181 = ZEV 2021, 62 Ls.; MüKoBGB/Lange Rn. 47). Aus der amtlichen Gesetzesbegründung ergibt sich, dass sich der Erblasser bei der Unzumutbarkeit nicht allein von allgemeinen Wertvorstellungen leiten lassen darf, sondern sich vorrangig auf die **konkret** in der Familie **gelebten Werte** beziehen muss (MüKoBGB/Lange Rn. 47). Letztlich muss man auch hier eine **Gesamtabwägung der Einzelfallumstände** vornehmen (HK-PflichtteilsR/Herzog Rn. 76 mit einzelnen Abwägungskriterien). Diese Anforderungen machen deutlich, dass aus dem sehr unbestimmten Begriff der Unzumutbarkeit eine nicht zu unterschätzende Gefahr entsteht, dass es zu einer **nicht prognostizierbaren Einzelfallrechtsprechung** mit einer dadurch verursachten Rechtsunsicherheit kommt (vgl. etwa BRAK-Stellungnahme Nr. 35/2007, 21; Arnhold Hereditare 1 (2011), 37 (46 f.); zurückhaltender Schaal/Grigas BWNotZ 2008, 2 (20)). Die Gründe für die Unzumutbarkeit müssen zurzeit der Errichtung der Verfügung von Todes wegen vorliegen und nach § 2336 Abs. 2 S. 2 **in der Verfügung angegeben** werden (→ § 2336 Rn. 9). 27

**d) Verschulden – Unterbringung statt Verurteilung.** Da nach der **Gesetzesbegründung** für die Pflichtteilsentziehung auf die Sicht des Erblassers abzustellen und an seine Wertvorstellungen anzuknüpfen ist, wird es für ihn allenfalls einen geringen Unterschied machen, ob der Pflichtteilsberechtigte die Tat im Zustand der Schuldfähigkeit oder Schuldunfähigkeit begangen hat. Auch bei Gesetzesübertretungen von Personen, die nicht schuldhaft im strafrechtlichen Sinne handeln können, wie etwa bei psychisch Kranken, kann es daher nach Auffassung des Gesetzgebers für den Erblasser aufgrund seiner eigenen Wertvorstellungen unerträglich sein, wenn er diesen einen Pflichtteil überlassen müsste. Genannt wird hier als Beispiel, dass der schuldunfähige Pflichtteilsberechtigte wegen schweren sexuellen Missbrauchs von Kindern in einem psychiatrischen Krankenhaus untergebracht wird (BT-Drs. 16/8954, 24). Daher soll der Erblasser die Möglichkeit haben, den Pflichtteil auch dann zu entziehen, wenn eine rechtskräftige Verurteilung des Berechtigten zu einer Freiheitsstrafe von mindestens einem Jahr ohne Bewährung nur deshalb nicht möglich 28 war, weil er **schuldunfähig** ist und daher seine Unterbringung in einem psychiatrischen Krankenhaus oder in einer Entziehungsanstalt rechtskräftig angeordnet wird.

29 Dies ist nach Auffassung der Gesetzesbegründung auch vor dem Hintergrund der **Entscheidung des BVerfG vom 19.4.2005** sachgerecht. Dort hatte das BVerfG zwar am Verschuldenserfordernis für den Entziehungsgrund des § 2333 Nr. 1 und 2 aF ausdrücklich festgehalten, aber es als ausreichend angesehen, dass der Pflichtteilsberechtigte einen Entziehungsgrund mit **„natürlichem Vorsatz"** verwirklicht habe (→ Rn. 9). § 2333 Abs. 1 S. 2 nF ist aber auch aus anderen Gründen in doppelter Hinsicht **problematisch:** Zum einen ist zu klären, ob im Wege eines Gegenschlusses anzunehmen ist, dass nur bei dem Entziehungsgrund nach Nr. 4 auch bei einer **Schuldunfähigkeit** die Entziehung möglich ist, wenn zumindest eine entsprechende Unterbringung erfolgen kann, bei den anderen Entziehungsgründen aber nicht. Dies wird man aber zu verneinen haben (→ Rn. 9); zumindest bei den Entziehungsgründen nach Nr. 1 und 2 kann im Einzelfall nach den Grundsätzen der Entscheidung des BVerfG (→ Rn. 9) das Vorliegen eines **natürlichen Vorsatzes** genügen (Muscheler ZEV 2008, 105 (106); HK-PflichtteilsR/Herzog Rn. 60; jetzt auch Lange ZErb 2011, 316 (318 f.)). Zum anderen fordert § 2333 Abs. 1 S. 2 nF, dass die Unterbringung des Pflichtteilsberechtigten wegen einer „ähnlich schwerwiegenden vorsätzlichen Tat" angeordnet wird. Wenn daher kein Strafurteil, sondern nur eine entsprechende Unterbringungsentscheidung vorliegt, muss der Zivilrichter im Pflichtteilsprozess gleichsam eine „hypothetische Strafe für den Pflichtteilsberechtigten" bilden, um den Prozess entscheiden zu können (zutr. Muscheler ZEV 2008, 105 (106); MüKoBGB/Lange Rn. 49).

## III. Rechtsfolgen

30 Liegt ein Pflichtteilsentziehungsgrund vor, muss das Pflichtteilsentziehungsrecht, das ein Gestaltungsrecht darstellt, durch **letztwillige Verfügung** (vgl. § 2336 Abs. 1) ausgeübt werden, um Rechtswirkungen zu entfalten. Ist die Pflichtteilsentziehung dann wirksam erfolgt, führt dies zum **Erlöschen sämtlicher Pflichtteilsrechte,** die dem betreffenden Abkömmling zustehen können, also auch bezüglich des Pflichtteilsrestanspruchs (§§ 2305, 2307), des Pflichtteilsergänzungsanspruchs (§§ 2325, 2329) und des diese Ansprüche vorbereitenden Auskunfts- und Wertermittlungsanspruchs nach § 2314 (Lange in Schlitt/Müller PflichtteilsR-HdB § 7 Rn. 82; Staudinger/Olshausen, 2021, Vor §§ 2333–2337 Rn. 31). Der Erblasser erlangt insoweit volle **Testierfreiheit,** und zwar auch dann, wenn er an sich durch gemeinschaftliches Testament oder Erbvertrag erbrechtlich gebunden wäre (§ 2271 Abs. 2 S. 2, § 2294) (vgl. dazu G. Müller ZEV 2011, 240 ff.)). Er kann aber auch dann dem Pflichtteilsberechtigten immer noch mehr zuwenden, etwa auch mit den belastenden Anordnungen nach § 2338. Als Minus gegenüber der Pflichtteilsentziehung kommt beispielsweise auch eine nachträgliche Pflichtteilsanrechnung in Betracht (vgl. OLG Schleswig ZEV 2008, 386 mAnm Keim). Soweit der betreffende Pflichtteilsberechtigte **Abkömmlinge** hinterlässt, treten diese nach Maßgabe des **§ 2309** an seine Stelle. Daher führt die Pflichtteilsentziehung auch nicht zur Erhöhung der Pflichtteilsquote anderer Pflichtteilsberechtigter (Lange in Schlitt/Müller PflichtteilsR-HdB § 7 Rn. 83; PWW/Deppenkemper Rn. 1). Ein bestehendes Pflichtteilsentziehungsrecht kann nach § 2337 durch **Verzeihung** erlöschen. Ist die Pflichtteilsentziehung wirksam erfolgt, kann diese nach den §§ 2253 ff. widerrufen werden. Zur **Beweislast** bei der Pflichtteilsentziehung s. § 2336 Abs. 3 (→ § 2336 Rn. 12).

### § 2334 (aufgehoben)

1 § 2334 ist seit 1.1.2010 aufgehoben durch das ErbVerjRÄndG. Die Entziehung des Pflichtteils von Elternteilen wird seitdem durch § 2333 Abs. 2 geregelt (→ § 2333 Rn. 7 ff.).

### § 2335 (aufgehoben)

1 § 2335 wurde mWv 1.1.2010 durch das ErbVerjRÄndG aufgehoben. Die Entziehung des Pflichtteils von Ehegatten wird seitdem durch § 2333 Abs. 2 geregelt (→ § 2333 Rn. 7 ff.).

## § 2336 Form, Beweislast, Unwirksamwerden

**(1) Die Entziehung des Pflichtteils erfolgt durch letztwillige Verfügung.**

**(2) [1]Der Grund der Entziehung muss zur Zeit der Errichtung bestehen und in der Verfügung angegeben werden. [2]Für eine Entziehung nach § 2333 Absatz 1 Nummer 4 muss zur Zeit der Errichtung die Tat begangen sein und der Grund für die Unzumutbarkeit vorliegen; beides muss in der Verfügung angegeben werden.**

**(3) Der Beweis des Grundes liegt demjenigen ob, welcher die Entziehung geltend macht.**

**Schrifttum:** Lange, Pflichtteilsentziehung und Pflichtteilsunwürdigkeit in der aktuellen Gerichtspraxis, ErbR 2021, 274.

### Überblick

Die Vorschrift regelt hinsichtlich der Pflichtteilsentziehung die **Form** der Entziehungsverfügung (→ Rn. 1), den **Entziehungsgrund** (→ Rn. 5 ff.) sowie die **Beweislast** (→ Rn. 12) hierfür.

## I. Form der Entziehungsverfügung (Abs. 1)

**1. Handhabung der formellen Anforderungen.** Für die Wirksamkeit der Pflichtteilsentziehung schreibt das Gesetz die Einhaltung bestimmter Formvorschriften vor. Die Beachtung derselben, insbes. hinsichtlich der Frage, was nach Abs. 2 bezüglich des Entziehungsgrunds in der Verfügung von Todes wegen anzugeben ist, wird von den Instanzgerichten **teilweise überspannt.** Dies geschieht offenbar, um eine inhaltliche Prüfung des Vorliegens der Entziehungsgründe zu vermeiden (so auch Herzog, Die Pflichtteilsentziehung, 2003, 363 ff.; krit. auch MüKoBGB/Lange Rn. 12). Das **BVerfG** hatte vor einigen Jahren in einem Kammerbeschluss zu entscheiden, ob die Formulierung ausreichend sei, dass der Pflichtteil „wegen schwerer Kränkung und böswilliger Verleumdung" entzogen werde. Die Zivilgerichte hatten dies verneint. Das BVerfG hat dies aus verfassungsrechtlichen Gründen nicht beanstandet. Die von den Zivilgerichten angelegten Maßstäbe würden gewährleisten, dass das Pflichtteilsrecht der Kinder nur dann hinter die Testierfreiheit zurücktreten muss, wenn in der letztwilligen Verfügung eine hinreichend substanzielle Tatsachengrundlage angegeben wird, die in einem gerichtlichen Verfahren – ggf. durch eine Beweisaufnahme – überprüft werden kann. Diese Konkretisierungsanforderungen seien geeignet und erforderlich, um das Pflichtteilsrecht der Kinder zu schützen (BVerfG NJW 2005, 2691). Diese Entscheidung, die im beurteilten Einzelfall zutreffend ist, darf jedoch nicht zum Freibrief für zu hohe formelle Anforderungen genommen werden, mit denen sich das BVerfG gerade nicht auseinandergesetzt hat (zust. HK-PflichtteilsR/Herzog Rn. 24). 1

**2. Letztwillige Verfügung.** Die Pflichtteilsentziehung als Gestaltungsrecht muss in der **Form einer letztwilligen Verfügung** (§ 1937) erklärt werden, ist aber in **allen Testamentsformen** möglich (auch Nottestament, §§ 2249 ff.), auch in einem gemeinschaftlichen Testament (§§ 2265 ff., dort aber nicht wechselbezüglich) oder auch als einseitige Verfügung in einem Erbvertrag (§ 2299). Wurde die Entziehung – fälschlicherweise – als erbvertragsmäßige Verfügung getroffen (§ 2278), kann die Verfügung gem. § 140 regelmäßig in eine einseitige Verfügung umgedeutet werden (vgl. BGH FamRZ 1961, 437; MüKoBGB/Lange Rn. 1; Staudinger/Olshausen, 2021, Rn. 1). 2

**3. Anordnung der Pflichtteilsentziehung; Umfang.** Inhalt der letztwilligen Verfügung muss die Tatsache der **Anordnung** der Pflichtteilsentziehung, die davon betroffene Person und der Grund der Entziehung sein (dazu Abs. 2, → Rn. 6). Die Pflichtteilsentziehung kann **ganz oder teilweise** erfolgen oder eine Beschränkung oder Beschwerung des Pflichtteilsberechtigten beinhalten (Grüneberg/Weidlich Rn. 1). Die **Anordnung** der Entziehung braucht **nicht ausdrücklich** als solche bezeichnet werden. Der Entziehungswille muss sich allerdings wenigstens durch **Auslegung** der Verfügung von Todes wegen ermitteln lassen (Staudinger/Olshausen, 2021, Rn. 4; Soergel/Beck Rn. 3), jedoch unter Beachtung der Kriterien der sog Andeutungstheorie. Auch muss sich dadurch eindeutig ergeben, dass der Erblasser den gesetzlichen Erben nicht lediglich enterben, sondern ihm auch den Pflichtteil entziehen will (OLG Köln ZEV 1996, 430; OLG Düsseldorf BeckRS 2019, 40562 = ErbR 2020, 195 mAnm Birkenheier). Dies kann auch den angegebenen Gründen zu entnehmen sein, etwa wenn die Enterbung mit einem konkreten Sachverhalt im Testament begründet wird, der einen Entziehungsgrund iSd § 2333 darstellt (OLG 3

Celle ZErb 2002, 164; OLG Düsseldorf BeckRS 2019, 40562 = ErbR 2020, 195 mAnm Birkenheier). Bei privatschriftlichen Testamenten ist zu beachten, dass dem juristischen Laien der Unterschied zwischen Enterbung und Pflichtteilsentziehung nur selten bekannt ist.

4 **Ausreichend** für die Annahme eines Entziehungswillens sind Formulierungen wie „soll keinen Pfennig erhalten, weil …", „soll in die Röhre schauen, weil …" (Staudinger/Olshausen, 2021, Rn. 4; zust. Soergel/Beck Rn. 3), „wird auf Grund … krimineller Sachbeschädigungen … von mir enterbt" (OLG Düsseldorf MittRhNotK 1998, 426), **nicht** aber die Wendung, der Sohn sei bezüglich Haus und Grundstück „enterbt", und „er habe keine Mutter mehr, weil er sie mit der Faust ins Gesicht geschlagen habe", wenn der Erblasser den Unterschied zwischen Erb- und Pflichtteilsrecht kennt (OLG Düsseldorf NJW-RR 1996, 520 = ZEV 1995, 410 mAnm Reimann = MittBayNot 1995, 400 mAnm Weidlich – zweifelhaft). Auch die Formulierung, der Sohn habe seinen „Erbanspruch verwirkt", kann nicht ohne Weiteres als Anordnung einer Pflichtteilsentziehung verstanden werden, sondern bezieht sich primär auf den Ausschluss von der gesetzlichen Erbfolge (OLG Düsseldorf BeckRS 2019, 40562 = ErbR 2020, 195 ff. mAnm Birkenheier). Schließlich beinhaltet die Wendung, der Abkömmling „habe seinen gesamten Erbteil bereits genommen", nicht zwangsläufig eine Pflichtteilsentziehung (OLG Düsseldorf ErbR 2020, 733 ff.). Wünscht der Erblasser im Testament seinen gesetzlichen Erben „eine gute Fahrt zur Hölle" und „dass sie nie Frieden finden" mögen, soll hierdurch nach Ansicht des OLG Frankfurt – jedenfalls nicht ohne weiteres – dessen Wille zum Ausdruck kommen, ihnen den Pflichtteil zu entziehen (OLG Frankfurt OLGR 1992, 206).

## II. Der Entziehungsgrund (Abs. 2)

5 **1. Bestehen des Entziehungsgrundes im Errichtungszeitpunkt.** Der Grund für die Entziehung (§§ 2333–2335) muss grds. zurzeit der Errichtung der Verfügung von Todes wegen **bestehen.** Dies ist dann der Fall, wenn der entsprechende Sachverhalt in der (auch ferneren) Vergangenheit erfolgte und noch keine Verzeihung (§ 2337) stattfand. Eine **Ausnahme** von diesem Grundsatz gilt bei der Pflichtteilsentziehung nach § 2333 Abs. 1 Nr. 4: Hier ist nur entscheidend, dass die **Straftat** und die sich hieraus für den Erblasser ergebende **Unzumutbarkeit** der Nachlassteilhabe bereits bei Errichtung der Entziehungsverfügung begangen war (Abs. 2 S. 2), während der spätere Eintritt der Rechtskraft der Verurteilung unerheblich ist. Denn Abs. 2 ist eine reine Formvorschrift, welche die spätere Beweisbarkeit der tatsächlichen Motivation für die Entziehungsverfügung dokumentieren will. Demgegenüber wird die Rechtskraft der Verurteilung idR für den Willen zur Pflichtteilsentziehung keine Rolle spielen, sodass auf deren Angabe verzichtet werden kann (BT-Drs. 16/8954, 25). Eine Entziehung für künftige Fälle ist nicht möglich (RGZ 168, 34 (36); RG HRR 1942 Nr. 524; hier muss der Erblasser seine Verfügung von Todes wegen anpassen), wohl aber eine **„Verdachtsentziehung"**, wenn der Erblasser vermutet, dass ein Entziehungstatbestand bereits verwirklicht wurde (RG DR 1939, 382; Staudinger/Olshausen, 2021, Rn. 9; Soergel/Beck Rn. 4); entscheidend ist dann, ob sich der Verdacht bestätigt. Auch kann die an sich gerechtfertigte Entziehung befristet oder von einer Bedingung abhängig gemacht werden (MüKoBGB/Lange Rn. 8; RGRK-BGB/Johannsen Rn. 4; Lange/Kuchinke ErbR § 37 Fn. 681), etwa der Besserung (arg. auch aus Abs. 4).

6 **2. Angabe des Entziehungsgrundes in der Verfügung. a) Angabe des „Kernsachverhalts".** Der **Entziehungsgrund** ist in der Verfügung von Todes wegen (also formgerecht) **anzugeben.** Zweck dieser Bestimmung ist es nach Ansicht des BGH, die spätere Beweisbarkeit der tatsächlichen Motivation des Erblassers für die Entziehungsentscheidung zu sichern, aber auch, den Erblasser wegen der weit reichenden Folgen der Entziehung zu einem „verantwortlichen Testieren" anzuhalten (BGHZ 94, 36 (43) = NJW 1985, 1554 mAnm Kuchinke JZ 1985, 748 und Anm. Schubert JR 1986, 26; dazu auch Soergel/Beck Rn. 5). Die Angabe muss also so speziell und hinreichend konkret erfolgen, dass später durch eine gerichtliche Prüfung zweifelsfrei geklärt werden kann, auf welchen Entziehungsgrund sich die Entziehung stützte und welcher Lebenssachverhalt dem zu Grunde lag (ähnlich Staudinger/Olshausen, 2021, Rn. 11). Dabei sind jedoch Entziehungsgrund und dessen Beweisbarkeit auseinander zu halten (RGZ 95, 24 (26); Staudinger/Olshausen, 2021, Rn. 15). Dies setzt jedenfalls im Rahmen von § 2333 Nr. 1–4 gem. § 2336 Abs. 2 auch die **Angabe eines zutreffenden Kernsachverhalts** in dem Testament voraus (BGH NJW 1964, 549; 11.2.1965 – III ZR 24/64, nv, vgl. Keßler DRiZ 1966, 395 (400); BGHZ 94, 36 (40) = NJW 1985, 1554; OLG Köln ZEV 1998, 144; OLG Frankfurt OLGR 1992, 206; OLGR 2005, 867; OLG Hamm NJW-RR 2007, 1235 (1237); OLG Nürnberg NJW 1976, 2020; OLG Düsseldorf ErbR 2020, 195 mAnm Birkenheier; vgl. auch BGH NJW-RR 1996, 705; krit.

hierzu Lange ZErb 2008, 59 (61 f.)). Dazu ist erforderlich, dass der Erblasser sich mit seinen Worten auf bestimmte konkrete Vorgänge unverwechselbar festlegt und den Kreis der in Betracht kommenden Vorfälle praktisch brauchbar eingrenzt; dabei muss aber bei der Begründung nicht in die Einzelheiten gegangen werden (BGHZ 94, 36 (40); OLG Köln ZEV 1998, 144; 1996, 430 (431); vgl. auch OLG Oldenburg BeckRS 2020, 28181 = ZEV 2021, 62 Ls.). Durch diese Anforderungen soll verhindert werden, dass später in einem Pflichtteilsentziehungsprozess durch die Erben noch ein **„Nachschieben von Gründen"** erfolgt, die für die Entscheidung des Erblassers nicht motivierend waren (BGHZ 94, 36 (40)).

Die erforderliche Konkretisierung hängt auch von der Art des Pflichtteilsentziehungsgrundes 7 ab, sodass beispielsweise bei § 2333 Abs. 1 Nr. 2 auch angegeben werden muss, gegen wen sich die Verfehlung richtete (Staudinger/Olshausen, 2021, Rn. 12). Die Angabe eines abstrakten Straftatbestandes kann bei schweren Verfehlungen uU ausreichen, wenn dadurch der fragliche Sachverhalt hinreichend konkretisiert wird („wegen Mordversuchs an mir"). Überhaupt wird eine „stichwortartige" Bezeichnung genügen (Staudinger/Olshausen, 2021, Rn. 12; Soergel/Beck Rn. 6). Entscheidend dafür, ob diese Kriterien eingehalten sind, muss die Beurteilung durch einen unbefangenen Dritten sein. Bestehen mehrere Pflichtteilsentziehungsgründe, so kann sich der Erblasser mit der Angabe eines Grundes zufriedengeben, trägt aber dann das Risiko, dass sich dieser später als nicht ausreichend herausstellt (Lange/Kuchinke ErbR § 37 XIII 3). Umgekehrt ist das Hinzufügen von (später nicht beweisbaren) Einzelumständen dann unschädlich, wenn sie für den Entziehungswillen des Erblassers ohne Bedeutung sind und die Entziehung aus anderem Grund gerechtfertigt ist (BGH NJW 1964, 549).

In **sachlicher Hinsicht** genügt nach der Rspr. **nicht** (vgl. dazu auch Lange ZErb 2008, 59 8 (61)): die **Wiedergabe des abstrakten Gesetzesinhalts** (OLG Köln ZEV 1998, 144; OLG Nürnberg NJW 1976, 2020; anders aber RGZ 95, 24 (25 f.) zur Entziehung nach § 2333 Nr. 5; ob dies nach heutigem Verständnis ausreicht, lässt BGHZ 94, 36 (40) ausdrücklich offen; verneinend Burandt/Rojahn/Horn Rn. 14), die Aussage: „da sie mich mehrmals geschlagen und mit Totschlag bedroht hat" (OLG Frankfurt OLGR 2005, 867) oder die Wendung: „Meinem Ehemann entziehe ich sein Pflichtteilsrecht, da ich berechtigt bin, auf Scheidung zu klagen" (zu § 2335 aF) (OLG Nürnberg NJW 1976, 2020). Gleiches gilt für den Vorwurf verschiedener Delikte (Einbruch, Diebstahl) im Familienkreis ohne weitere Konkretisierung der Geschehnisse (OLG Saarbrücken ZEV 2018, 146 (148) mAnm Litzenburger = MittBayNot 2019, 60 mAnm Müller-Engels) oder für den pauschalen Vorwurf strafrechtlichen Verhaltens bei einem Mehrfachtäter (OLG Düsseldorf ErbR 2020, 195 ff. mAnm Birkenheier). Das OLG Düsseldorf hält die bloße Angabe, dass ein Faustschlag ins Gesicht erfolgt sei, nicht für ausreichend, sondern es müsse „der gesamte Geschehensablauf, der der Körperverletzung zu Grunde lag, genau geschildert werden", da sonst nicht feststellbar sei, ob die erforderliche schwere Pietätsverletzung gegeben sei (OLG Düsseldorf NJW-RR 1996, 520 (521) = ZEV 1995, 410 mAnm Reimann). Damit wird jedoch die formelle Seite des § 2336 mit der materiellen des § 2333 Abs. 1 Nr. 2 unzulässigerweise verwechselt (Weidlich MittBayNot 1995, 403; abl. auch MüKoBGB/Lange Rn. 13; Staudinger/Olshausen, 2021, Rn. 13; Burandt/Rojahn/Horn Rn. 11). Für ausreichend wurde in der Rspr. dagegen zu Recht die Angabe der Ehefrau erachtet „in fast 28 Ehejahren habe ich nur Schläge bekommen, meine Wohnungseinrichtung hat er ein paar Mal kaputtgeschlagen (…)" (OLG Köln ZEV 1996, 430 (431)).

**b) Sonderfall des § 2333 Abs. 1 Nr. 4.** Für die Pflichtteilsentziehung im Hinblick auf die 9 rechtskräftige Verurteilung wegen einer vorsätzlichen Straftat zu einer Freiheitsstrafe von mindestens einem Jahr ohne Bewährung (§ 2333 Abs. 1 Nr. 4) stellt der durch das ErbVerjRÄndG eingefügte Abs. 2 S. 2 zusätzliche Anforderungen auf: Sowohl die **Straftat,** mit der die Entziehung begründet wird, als auch der **Grund für die Unzumutbarkeit** der Nachlassteilhabe und die insoweit erforderliche „Kausalitätsbeziehung" (HK-PflichtteilsR/Herzog Rn. 27) müssen in der Entziehungsverfügung angegeben werden. Dagegen muss zurzeit der Errichtung der Verfügung von Todes wegen weder bereits die Verurteilung des Täters vorliegen noch die Rechtskraft des Urteils vorliegen (vgl. Burandt/Rojahn/Horn Rn. 16). Demgegenüber war es nach dem früheren Recht nicht erforderlich, subjektive Merkmale wie jetzt die Unzumutbarkeit, auf denen die Pflichtteilsentziehung beruhte, in der Verfügung von Todes wegen darzulegen, sodass sich eine **erhebliche Verschärfung des Begründungzwangs** ergibt (Lange in Schlitt/Müller PflichtteilsR-HdB § 7 Rn. 69; Arnhold Hereditare 1 (2011), 37 (46 f.)). Der **Gesetzgeber** ist aber der Auffassung, dass dies für den Erblasser keine unzumutbare Erschwernis darstelle. Denn welche Anforderungen an die Darlegung der Gründe der Unzumutbarkeit zu stellen seien, richte sich nach den **Umständen des Einzelfalls** (dazu auch Machulla-Notthoff ZFE 2008, 413 (415)).

Dabei wird nach Auffassung des Gesetzgebers regelmäßig die **Schwere der Tat** eine Rolle spielen. Je schwerwiegender die Tat, desto eher werde sich die Unzumutbarkeit bereits aus ihrer Begehung ergeben und desto geringer würden die Anforderungen an die Darlegung der Gründe der Unzumutbarkeit sein (BT-Drs. 16/8954, 24; HK-PflichtteilsR/Herzog Rn. 34). Die Rspr. hat sich dem angeschlossen und geht vom Vorliegen einer „Wechselwirkung" zwischen der Schwere der Tat und den Anforderungen an die Darlegung der Unzumutbarkeit aus (OLG Oldenburg BeckRS 2020, 28181 = ErbR 2021, 352). Zu Recht hat beispielsweise das LG Stuttgart im Falle einer Vergewaltigung die Bezugnahme hierauf und die Beschreibung der Verfehlungen genügen lassen (LG Stuttgart NJW-RR 2012, 778 f.). Im Gegenschluss folgt hieraus, dass der Erblasser bei leichteren Straftaten sehr dezidiert ausführen muss, dass für ihn die Teilhabe am Nachlass unzumutbar ist (Horn ZFE 2009, 364 (365); HK-PflichtteilsR/Herzog Rn. 34). Auch kann die Unzumutbarkeit nicht als offensichtlich gegeben unterstellt werden, wenn schon die Schilderung des Tatvorwurfs („strafrechtliches Verhalten") nicht ausreichend konkretisiert ist (so zu Recht OLG Düsseldorf BeckRS 2019, 40562 = ErbR 2020, 195 mAnm Birkenheier; großzügiger Lange ErbR 2021, 274 (277)).

10 Damit die **Darlegungsanforderungen nicht zu hoch** werden, sollten die Gerichte diese Vorstellung des Gesetzgebers bei der praktischen Rechtsanwendung berücksichtigen (eher skeptisch die Erwartung von Lange in Bonefeld/Kroiß/Lange, Die Erbrechtsreform, 2010, § 13 Rn. 46). Schon aus **verfassungsrechtlichen Gründen** dürfen an die formelle Seite keine zu hohen Anforderungen gestellt werden, weil sonst das Pflichtteilsentziehungsrecht faktisch leerläuft. Denn die besonderen Darlegungsanforderungen sind auch hier kein Selbstzweck, sondern sollen nur die Beweisbarkeit der Erblasserentscheidung ermöglichen und den Erblasser zum verantwortlichen Testieren auch in dieser Hinsicht anhalten (→ § 2333 Rn. 1). Die **formalen Anforderungen** müssen vielmehr immer in ihrer **Wechselwirkung** zu den **materiellen Gründen** für die Pflichtteilsentziehung gesehen werden: Je mehr für den Erblasser aufgrund der Verfehlung des Pflichtteilsberechtigten eine Nachlassteilhabe unzumutbar erscheint und daher dessen Grundrechtsposition umso weniger ins Gewicht fällt, desto geringer müssen auch die an die Erklärung der Pflichtteilsentziehung zu stellenden Anforderungen sein. Auf alle Fälle kann vom Erblasser nicht verlangt werden, **rechtliche Abwägungen** zum Fehlverhalten und den persönlichen Wertvorstellungen abzugeben, denn dies bleibt nach wie vor Aufgabe des entscheidenden Richters (MüKoBGB/Lange Rn. 13). Nicht geklärt und von der amtlichen Begründung auch nicht angesprochen ist, ob in diesem Kontext die **Andeutungstheorie** gilt. Dies ist mE zu bejahen, sodass im Einzelfall auch bei Fehlen ausdrücklicher Ausführungen von der Schwere der Tat auf die Unzumutbarkeit der Nachlassteilhabe für den Erblasser geschlossen werden kann, sofern nur der notwendige Kernsachverhalt iSd bisherigen Rspr. (→ Rn. 6) angegeben ist.

11 **c) Angabe „in der Verfügung von Todes wegen".** Die sachlich gebotene Angabe des Entziehungsgrunds ist „in" der letztwilligen Verfügung zu machen. An die Einhaltung der **Testamentsform** sind hier keine geringeren Anforderungen zu stellen als sonst im Erbrecht (BGHZ 94, 36 (40, 43) = NJW 1985, 1554). **Nicht** genügend ist daher, wenn der Pflichtteilsentziehungsgrund erst nach der Unterschrift des eigenhändigen Testaments genannt wird und von dieser nicht gedeckt ist (RG Recht 1914 Nr. 1292; Damrau/Tanck/Riedel Rn. 13), oder in dem Testament die Pflichtteilsentziehung nur angekündigt wird und dies dann später nur durch eine nicht unterschriebene Erklärung geschieht (LG Köln DNotZ 1965, 108). Nicht ausreichend ist es nach der Rspr. auch, wenn im Testament die abstrakten Tatbestände nur angedeutet sind („Beleidigung, üble Nachrede in den Jahren …"), wegen der Einzelheiten aber auf Aktennotizen, die der Testamentsform nicht entsprechen, Bezug genommen wird (BGHZ 94, 36 (42 f.) = NJW 1985, 1554; für ausreichend halten dies Soergel/Beck Rn. 6 und Schubert JR 1986, 26 sowie Lange/Kuchinke ErbR § 37 Fn. 681 für die „ergänzende Bezugnahme"), oder auf ein ärztliches Attest (OLG Frankfurt OLGR 2005, 867). Dabei wird zu Recht die Manipulationsgefahr betont. Demgegenüber hat das Reichsgericht die Verweisung auf bestimmte Scheidungsakten als ausreichend angesehen (Grenzfall) (RGZ 168, 34 (36)), zumal hier die Verwahrungssicherheit größer ist. Der bloße Hinweis auf **Kripoakten** (ohne Aktenzeichen) mit der Formulierung im Testament, dass wegen der „kriminellen Sachbeschädigung sowie Urkundenfälschung im Jahre 1975/76" die Entziehung erfolge, soll nicht genügen (OLG Düsseldorf MittRhNotK 1998, 436; aA Damrau/Tanck/Riedel Rn. 13; Burandt/Rojahn/Horn Rn. 11). Damit werden die Anforderungen aber überspitzt.

## III. Verfahrensfragen

12 **1. Beweislast (Abs. 3).** Die Beweislast für das Vorliegen eines Entziehungsgrundes trifft denjenigen, der sich darauf beruft (Abs. 3). Das ist meist der Pflichtteilsschuldner, und zwar idR der

**Erbe,** bei § 2329 der Beschenkte, uU der Erblasser selbst bei einer Feststellungsklage über die Berechtigung zur Pflichtteilsentziehung, bei den §§ 2318 ff. derjenige, der zur Pflichtteilslast herangezogen wird (Soergel/Beck Rn. 9; RGRK-BGB/Johannsen Rn. 6; Baumgärtel/Laumen Rn. 1; Burandt/Rojahn/Horn Rn. 22). Dies gilt auch für das Vorliegen von Rechtfertigungs- und – nach bisher hM auch – Entschuldigungsgründen (BGH NJW-RR 1986, 371 (372); Baumgärtel/Laumen § 2333 Rn. 3; MüKoBGB/Lange Rn. 15; für Anwendung der deliktischen Beweisregel des § 827, die den Täter belastet, Soergel/Beck Rn. 9; ebenso NK-BGB/Herzog Rn. 23; HK-PflichtteilsR/Herzog Rn. 43; LG Ravensburg ZErb 2008, 120 (121); aA OLG Celle OLGR 2004, 245 = ZFE 2004, 221 für die Rechtfertigungsgründe, jedoch unter unzutr. Bezug auf BGH NJW-RR 1986, 371). Für die Frage der **Schuldunfähigkeit** wird man dies nun aber **anders sehen** müssen (Soergel/Beck Rn. 9; NK-BGB/Herzog Rn. 23; Herzog, Die Pflichtteilsentziehung, 2003, 107 ff., 169 ff., 366 ff.; vgl. auch BGH ZEV 1998, 142, der von „nicht geringen Anforderungen" an den vom Pflichtteilsberechtigten zu erbringenden Beweis seiner Schuldunfähigkeit spricht; die Anwendung des § 827 bei der Pflichtteilsentziehung noch offenlassend BGHZ 102, 227 = NJW 1988, 822; anders noch BGH bei Johannsen WM 1973, 530 (543), wonach im Rahmen von § 2333 Nr. 5 Zweifel über die Schuldfähigkeit zu Lasten dessen gehen, der sich auf den Entziehungsgrund berufe); hierfür spricht nicht nur eine analoge Anwendung des § 827 und die uU erhebliche Beweisnot des Erben, sondern vor allem die Grundsatzentscheidung des BVerfG (BVerfGE 112, 332 = NJW 2005, 1561) zum Pflichtteilsrecht (für geringere Anforderungen bei der Beweislastverteilung daher zu Recht Kleensang ZEV 2005, 277 (283); dem zuneigend Staudinger/Olshausen, 2021, Rn. 19; MüKoBGB/Lange Rn. 16). Denn danach ist die Ausstrahlungswirkung der Testierfreiheit im Rahmen der Pflichtteilsentziehung stärker zu beachten, und diese im Rahmen der Prüfung des ungeschriebenen Tatbestandsmerkmals des Verschuldens mit dem ebenfalls verfassungsrechtlich geschützten Pflichtteilsrecht der Abkömmlinge abzuwägen. Diese Änderung der Gewichtung muss auch zu einer Änderung der Beweislastverteilung führen, die die Fälle eines „non liquet" entscheidet und damit in den nicht aufklärbaren Fällen besonders bedeutsam wird. Nicht beanstandet hat das BVerfG, dass sich aus § 2336 Abs. 3 eine Pflicht zur hinreichenden Substantiierung ergibt (BVerfGE 112, 332 Rn. 98 = NJW 2005, 1561). Zu weit geht aber die Auffassung, dass der **Urkundsnotar** auf die Beweislastverteilung nach § 2336 Abs. 3 hinweisen muss (vgl. OLG Köln ZEV 2003, 464 (465); zust. NK-BGB/Herzog § 2333 Rn. 50; wie hier abl. Hölscher/J. Mayer in MSTB PflichtteilsR-HdB § 8 Rn. 83), denn der Notar schuldet nur die wirksame Urkunde, nicht die Vermeidung von Schwierigkeiten bei der prozessualen Durchsetzung. Zur Vermeidung von Beweisschwierigkeiten empfiehlt sich uU ein **selbstständiges Beweissicherungsverfahren** nach den §§ 485 ff. ZPO (NK-BGB/Herzog Rn. 25; Staudinger/Olshausen, 2021, Rn. 20; Hölscher/J. Mayer in MSTB PflichtteilsR-HdB § 8 Rn. 83).

**2. Prozessuales.** Die **Klage des Erblassers auf Feststellung** des Rechts, einem Pflichtteils- 13
berechtigten den Pflichtteil zu entziehen, ist zulässig (BGHZ 109, 306 (309) = NJW 1990, 911; BGH NJW 1974, 1084; RGZ 92, 1 (7); Lange/Kuchinke ErbR § 37 III 1b; Staudinger/Olshausen, 2021, Vor §§ 2333–2337 Rn. 21; NK-BGB/Herzog § 2333 Rn. 43; inzident wohl auch BGHZ 28, 177 (178) = NJW 1958, 1964). Denn bereits zu Lebzeiten des Erblassers entfaltet das Pflichtteilsrecht als Quelle des Pflichtteilsanspruchs gewisse Vorwirkungen, was als feststellungsfähiges Rechtsverhältnis iSd § 256 ZPO angesehen werden kann. Eine solche Klage kann zur Klärung der Rechtslage und zur Vermeidung späterer Beweisschwierigkeiten sinnvoll sein, jedoch ist der Urkundsnotar nicht verpflichtet, auf diese Möglichkeit hinzuweisen. Der **Klageantrag** ist nicht auf Wirksamkeit der Pflichtteilsentziehung, sondern auf Feststellung eines Pflichtteilsentziehungsrechts zu richten (Lange/Kuchinke ErbR § 37 III Fn. 39; PWW/Deppenkemper Rn. 5; vgl. dazu auch NK-BGB/Herzog § 2333 Rn. 44).

Ob auch der von der Pflichtteilsentziehung **betroffene Pflichtteilsberechtigte** eine entspre- 14
chende **negative Feststellungsklage** bereits zu Lebzeiten des Erblassers gegen diesen erheben kann, war lange Zeit umstritten. Dies wurde teilweise bejaht, insbes. wegen der infolge des Zeitablaufs bis zum Erbfall möglicherweise drohenden Beweisschwierigkeiten (OLG Saarbrücken NJW 1986, 1182; Lange/Kuchinke ErbR § 37 III 1b). Diese Ansicht ist wegen der Beweislastverteilung des § 2336 Abs. 3 jedoch zweifelhaft. Demgegenüber kann der Erblasser insoweit schützenswert sein, dass er nicht bereits zu Lebzeiten mit derartigen Klagen des Pflichtteilsberechtigten überzogen wird (vgl. Lange NJW 1963, 1571 (1573 f.); Moser, Die Zulässigkeitsvoraussetzungen der Feststellungsklage unter besonderer Berücksichtigung erbrechtlicher Schwierigkeiten, 1981, 407 f.). Der BGH hatte diese Frage zunächst noch ausdrücklich offen gelassen, aber aus prozessökonomischen Gründen in einem Fall die Klage des Pflichtteilsberechtigten gegen den Erblasser zugelassen, weil die gleichzeitig gegen einen Dritten erhobene Feststellungsklage auf demselben

tatsächlichem Vorgang beruhte (BGHZ 109, 306 (309) = NJW 1990, 911). Nunmehr hat der BGH entschieden, dass auch zu Lebzeiten des Erblassers eine **negative Feststellungsklage** des Pflichtteilsberechtigten **zulässig** ist, dass die in einer letztwilligen Verfügung des Erblassers unter Bezug auf bestimmte Vorfälle angeordnete Entziehung des Pflichtteils unwirksam sei (BGHZ 158, 226 = NJW 2004, 1874 (1875 f.); dazu Kummer ZEV 2004, 274; zust. MüKoBGB/Lange § 2333 Rn. 10; Grüneberg/Weidlich Rn. 1; abl. Waldner BGHR 2004, 945). Über diese Falllage hinaus, dass bereits eine Pflichtteilsentziehungsverfügung vorliegt, wird man aber das erforderliche Feststellungsinteresse an einer solchen Klage nur dann bejahen können, wenn der Erblasser sich gegenüber dem Pflichtteilsberechtigten berühmt, dass ihm ein Entziehungsrecht zusteht. Ein bloßes Behaupten des Pflichtteilsberechtigten „ins Blaue hinein", der Erblasser habe ihm den Pflichtteil entzogen, genügt nicht und würde zu unnötigen Rechtsstreitigkeiten führen (Kummer ZEV 2004, 274 (275); Waldner BGHR 2004, 945; noch restriktiver offenbar Staudinger/Olshausen, 2021, Vor §§ 2333–2337 Rn. 21). Auf alle Fälle entfällt mit dem **Tod des Erblassers** das isolierte Feststellungsinteresse des **Pflichtteilsberechtigten** an einer entsprechenden negativen Feststellungsklage (BGH NJW-RR 1993, 391; OLG Frankfurt OLGR 2005, 300; PWW/Deppenkemper Rn. 5). Denn dann kommt es nicht mehr nur darauf an, ob der Erblasser ein Entziehungsrecht hatte, sondern auf das umfassendere Rechtsverhältnis, ob der Pflichtteilsberechtigte – trotz der Entziehung – einen Pflichtteilsanspruch besitzt. Das früher zur Entscheidung gestellte **Entziehungsrecht** ist damit zu einer bloßen Vorfrage für das umfassendere Rechtsverhältnis geworden, das jetzt als dessen unselbstständiges Element nicht mehr Gegenstand einer gesonderten Feststellung sein kann (BGH NJW-RR 1993, 391; OLG Frankfurt OLGR 2005, 300). Daher ist die bereits anhängige Feststellungsklage für erledigt zu erklären (Kummer ZEV 2004, 274 (275 f.)) oder eine Klageänderung iSv §§ 263 ff. ZPO vorzunehmen und die Klage gegen die Rechtsnachfolger des Erblassers weiterzuführen (MüKoBGB/Lange § 2333 Rn. 11; zur inzidenten Prüfung nach Eintritt des Todesfalls NK-BGB/Herzog § 2333 Rn. 47). Ebenso entfällt mit dem Erbfall das **Feststellungsinteresse des Erben** an der Fortführung einer vom Erblasser bereits erhobenen positiven Feststellungsklage zumindest dann, wenn der Erblasser das Pflichtteilsentziehungsrecht zu Lebzeiten nicht ausgeübt hat (BGH NJW-RR 1990, 130 f. Ls., zu weitgehend; Lange/Kuchinke ErbR § 37 III 1b).

## IV. Wirkung

15 Die begründete Entziehungsverfügung entfaltet erst **mit Eintritt des Erbfalls** Wirkungen, da bis dahin auch noch eine Verzeihung (§ 2337) möglich ist (BGH NJW 1989, 2054). Die formwirksam erklärte und begründete Pflichtteilsentziehung verhindert von vornherein die Entstehung eines Pflichtteilsanspruchs; hiervon erfasst sind auch Pflichtteilsrestansprüche (§§ 2305, 2307) sowie Pflichtteilsergänzungsansprüche (§§ 2325 ff.). Sie schließt auch einen Auskunftsanspruch nach § 2314 aus (LG Bonn ZErb 2009, 190). Mit der Entziehung ist idR immer zugleich eine **schlüssige Enterbung** (§ 1938) verbunden, was ggf. durch Auslegung unter Beachtung der Andeutungstheorie zu ermitteln ist (MüKoBGB/Lange Rn. 17; Soergel/Beck Rn. 1; vgl. auch BayObLG FamRZ 1996, 826 (828) = DNotZ 1996, 319; Staudinger/Olshausen, 2021, Vor §§ 2333–2337 Rn. 30). Anders liegt es, wenn nach dem Erblasserwillen die Pflichtteilsentziehung oder -beschränkung deswegen angeordnet wird, um zu verhindern, dass der Pflichtteilsberechtigte eine ihn belastende Erbschaft nach § 2306 Abs. 1 S. 2 ausschlägt (BayObLG ZEV 2000, 280 (281 f.)). Das Unwirksamwerden der Pflichtteilsentziehung beseitigt im Allgemeinen nicht die in derselben uU mit enthaltene **Enterbung** (§ 1938) (MüKoBGB/Lange Rn. 19; Staudinger/Olshausen, 2021, Vor §§ 2333–2337 Rn. 39; bei einer späteren Verzeihung mag dies anders liegen, eingehend hierzu Soergel/Beck Rn. 1). Jedoch kommt uU eine **Anfechtung** nach § 2078 Abs. 2 in Frage (BayObLGZ 21, 331; MüKoBGB/Lange Rn. 19). Hat der Erblasser einem möglichen gesetzlichen Erben, der selbst nicht pflichtteilsberechtigt ist, durch letztwillige Verfügung den Pflichtteil entzogen, so liegt darin regelmäßig der Ausschluss des Betroffenen von der gesetzlichen Erbfolge gem. § 1938 (BayObLG FamRZ 1996, 826 (828)).

### § 2337 Verzeihung

**[1]Das Recht zur Entziehung des Pflichtteils erlischt durch Verzeihung. [2]Eine Verfügung, durch die der Erblasser die Entziehung angeordnet hat, wird durch die Verzeihung unwirksam.**

**Schrifttum:** Lange, Testierfreiheit vs. Pflichtteilsanspruch am Beispiel der Pflichtteilsentziehung, ZEV 2018, 237.

## Überblick

Die Vorschrift bestimmt, dass eine Pflichtteilsentziehung bzw. das Recht zur Pflichtteilsentziehung durch eine **Verzeihung** (→ Rn. 1) des Erblassers **erlischt** (→ Rn. 4).

## I. Begriff und Voraussetzungen

**1. Begriff.** Der Begriff der **Verzeihung** ist der gleiche wie in § 532 S. 1, § 2343 (Staudinger/Olshausen, 2021, Rn. 1). Die Verzeihung ist demnach der nach außen kundgemachte Entschluss des Erblassers, aus den erfahrenen Kränkungen nichts mehr herzuleiten und über sie hinweggehen zu wollen (BGH NJW 1974, 1084; BGHZ 91, 273 = NJW 1984, 2089 zu § 532). Maßgeblich ist dabei, wie der BGH jetzt klargestellt hat, ob der Schenker oder Erblasser zum Ausdruck gebracht hat, dass er das Verletzende der Kränkung **als nicht mehr existent** betrachtet (BGHZ 91, 273 (280) = NJW 1984, 2089 in Klarstellung zu BGH NJW 1974, 1084 (1085); LM Nr. 1 = FamRZ 1961, 437 (438); OLG Köln ZEV 1998, 144; OLG Nürnberg NJW-RR 2012, 1225 (1226)). Eine Verzeihung kann danach auch vorliegen, wenn der Erblasser eine bestimmte Art der Entschuldigung verlangt, sofern diese nicht auf die Beseitigung der Kränkung, sondern auf andere Zwecke gerichtet ist, zB Demütigung oder Disziplinierung des Pflichtteilsberechtigten (MüKoBGB/Lange Rn. 2). **Versöhnung** ist zur Verzeihung nicht notwendig („vergeben, aber nicht vergessen") (OLG Köln ZEV 1998, 144; Staudinger/Olshausen, 2021, Rn. 20). Andererseits muss eine Versöhnung nicht gleichzeitig eine Verzeihung beinhalten („vergessen, aber nicht vergeben") (vgl. Soergel/Beck Rn. 3; Burandt/Rojahn/Horn Rn. 4). Es muss aber kein inniges Verhältnis zum Pflichtteilsberechtigten wiederhergestellt worden sein. Vielmehr ist es ausreichend, wenn in dem Verhältnis des Erblassers zum Abkömmling ein **Wandel zur Normalität** iSd Wiederauflebens der familiären Beziehungen stattgefunden hat (OLG Nürnberg NJW-RR 2012, 1225 (1226); LG Bonn BeckRS 2019, 33961 Rn. 20; Burandt/Rojahn/Horn Rn. 4). Die Wiederaufnahme eines losen Kontakts und Wahrung höflicher Umgangsformen ohne Wiederherstellung einer familiären Verbindung genügt jedoch nicht (LG Saarbrücken BeckRS 2017, 128981 Rn. 33 ff.). 1

**2. Voraussetzungen.** Die Verzeihung setzt auf jeden Fall **Kenntnis** der konkreten Verfehlung voraus (BGH bei Johannsen WM-Sonderbeil. 2/1982, 21; RGRK-BGB/Johannsen Rn. 1; Staudinger/Olshausen, 2021, Rn. 3; Soergel/Beck Rn. 10; MüKoBGB/Lange Rn. 6). Jedoch ist nicht erforderlich, dass der Erblasser sich bewusst ist, dass damit die Pflichtteilsentziehung unwirksam wird. Die Verzeihung ist **keine rechtsgeschäftliche Erklärung,** sondern ein rein tatsächlicher Vorgang. Die Vorschriften über Rechtsgeschäfte sind daher nicht anwendbar (Staudinger/Olshausen, 2021, Rn. 4; MüKoBGB/Lange Rn. 7; Soergel/Beck Rn. 1). Demnach braucht der Verzeihende **nicht voll geschäftsfähig** zu sein, sofern er nur die Bedeutung der Verzeihung in ihrem moralischen Gehalt, nicht aber die pflichtteilsrechtlichen Auswirkungen erkennt (Staudinger/Olshausen, 2021, Rn. 5; Soergel/Beck Rn. 7; MüKoBGB/Lange Rn. 9). Demzufolge kann auch ein minderjähriger Erblasser oder ein Betreuter, wenn er über die vorgenannte Fähigkeit verfügt, verzeihen (Staudinger/Olshausen, 2021, Rn. 5). Auch die §§ 119 ff. gelten nicht (MüKoBGB/Lange Rn. 9). Ebenso ist die Verzeihung **nicht widerruflich** (MüKoBGB/Lange Rn. 9; Staudinger/Olshausen, 2021, Rn. 6), kann aber unter **Bedingungen** erklärt werden (eingehend Staudinger/Olshausen, 2021, Rn. 14; für Unzulässigkeit von Bedingungen Soergel/Beck Rn. 9). Eine **Stellvertretung** ist nicht möglich (MüKoBGB/Lange Rn. 9; Staudinger/Olshausen, 2021, Rn. 15). Die Verzeihung muss in der Person des Erblassers erfolgt sein, selbst wenn sich die Pflichtteilsentziehung auf ein Fehlverhalten gegenüber einem Familienangehörigen gründet. Im Falle eines Ehegattentestaments kann jeder nur mit Wirkung hinsichtlich seines Nachlasses verzeihen (Burandt/Rojahn/Horn Rn. 7). 2

Die Verzeihung bedarf **keiner besonderen Form,** sodass diese insbes. nicht (wie die Pflichtteilsentziehung) in Form einer letztwilligen Verfügung erklärt werden muss. Eine Verzeihung kann uU auch einem formnichtigen Testament entnommen werden (OLG Hamm FamRZ 1972, 660 = DNotZ 1973, 108). Die Verzeihung kann ggf. durch **schlüssige Handlungen** erfolgen (BayObLGZ 1921, 328 (330); OLG Hamm NJW-RR 2007, 1235 (1238); OLG Köln ZEV 1998, 144); jedoch ist mit einer solchen Annahme Vorsicht geboten (Staudinger/Olshausen, 2021, Rn. 9; Soergel/Beck Rn. 5; Lange ZEV 2018, 237 (242)). Die Verzeihung muss nicht gegenüber dem Pflichtteilsberechtigten erfolgen, aber auch hier ist Zurückhaltung angebracht (Soergel/Beck 3

Rn. 5). **Einzelfälle** hierzu: Die Wiederherstellung eines Eltern-Kind-Verhältnisses ist nicht erforderlich (BGH LM Nr. 1 = FamRZ 1961, 437). Für eine Verzeihung gem. § 2337 ist es idR ausreichend, wenn in dem Verhältnis des späteren Erblassers zu dem Abkömmling ein **Wandel zur Normalität** iSe Wiederauflebens der familiären Beziehungen stattgefunden hat (gemeinsame Ausflugsfahrten, Besuche an Geburtstagen und Weihnachten, Mithilfe bei der Arbeit) (OLG Frankfurt BeckRS 1994, 02592). Dagegen ist für die Annahme der Verzeihung nicht ausreichend, wenn lediglich ein **loser Kontakt** zwischen den Beteiligten hergestellt worden ist (LG Saarbrücken BeckRS 2017, 128981 Rn. 33 ff.) oder der Pflichtteilsberechtigte Jahre nach Begehung der Tat in das dem Erblasser gehörende und von ihm bewohnte Haus eingezogen ist (OLG Stuttgart ZEV 2019, 284 (286); anders bei zumindest zeitweiser Wiederherstellung eines familiären Zusammenlebens LG Bonn BeckRS 2019, 33961). Eine Verzeihung kann dagegen angenommen werden, wenn der Erblasser sich zur Aufnahme eines nicht unerheblichen Kredits bereit erklärt, damit der Pflichtteilsberechtigte An- und/oder Umbauten am oder im Hause des Erblassers vornehmen kann (OLG Hamm NJW-RR 2007, 1235 (1237): Kredit iHv (zum damaligen Zeitpunkt) 80.000 DM). Hat die Erblasserin durch Aussetzung eines **Vermächtnisses** zu Gunsten eines Abkömmlings zum Ausdruck gebracht, dass sie die der Pflichtteilsentziehung zu Grunde liegende Kränkung nicht mehr als solche ansieht, liegt insoweit eine Verzeihung vor (OLG Hamm MDR 1997, 844 mAnm Finzel). Äußert der Erblasser gegenüber Dritten, dass er den Pflichtteilsberechtigten bedacht habe, so liegt darin allein keine Verzeihung, wenn der Erblasser gleichwohl die pflichtteilsentziehende letztwillige Verfügung unverändert gelassen hat, obwohl ihm eine Änderung möglich gewesen wäre (OLG Köln ZEV 1996, 430). In der (tatsächlichen) Erbeinsetzung des Pflichtteilsberechtigten wird idR eine Verzeihung liegen (OLG Karlsruhe ZErb 2009, 304).

## II. Wirkungen

4 Die Verzeihung lässt eine **bereits angeordnete** Pflichtteilsentziehung **unwirksam** werden (S. 2) und schließt aus, dass der Erblasser eine **künftige** Pflichtteilsentziehung auf den verziehenen Entziehungsgrund stützen kann (S. 1). Soweit mit der Entziehung zugleich eine Enterbung (§ 1938) verbunden war, wird diese in ihrer Wirksamkeit hiervon grds. nicht berührt. Es bedarf daher idR einer **neuen Zuwendung** durch Verfügung von Todes wegen (Grüneberg/Weidlich Rn. 2). Eine Verzeihung kann im Einzelfall zur Folge haben, dass eine Enterbung unwirksam wird, wenn ein entsprechender Erblasserwille anzunehmen ist (OLG Hamm OLGZ 1973, 83 = FamRZ 1972, 660); dies gilt auch dann, wenn Pflichtteilsentziehungsgründe von Anfang an nicht gegeben waren (BayObLG DNotZ 1996, 319 (322), in concreto aber verneint; MüKoBGB/Lange Rn. 9). Unter Umständen kommt auch eine **Anfechtung** der Verfügung von Todes wegen in Betracht (→ § 2336 Rn. 15).

## III. Beweislast

5 Die Beweislast trifft den, der sich auf die Verzeihung beruft, also in erster Linie den Pflichtteilsberechtigten (HK-PflichtteilsR/Herzog Rn. 13; Staudinger/Olshausen, 2021, Rn. 18; Baumgärtel/Laumen Rn. 1).

## IV. Widerruf der Entziehung

6 Der Erblasser kann eine Pflichtteilsentziehung auch nach den §§ 2253 ff. **widerrufen,** ohne eine Verzeihung auszusprechen (MüKoBGB/Lange Rn. 13; Soergel/Beck Rn. 17; Staudinger/Olshausen, 2021, Rn. 24). Durch Widerruf dieses Widerrufs kann er dann die Pflichtteilsentziehung wieder herstellen (MüKoBGB/Lange Rn. 13; Soergel/Beck Rn. 17).

### § 2338 Pflichtteilsbeschränkung

**(1) [1]Hat sich ein Abkömmling in solchem Maße der Verschwendung ergeben oder ist er in solchem Maße überschuldet, dass sein späterer Erwerb erheblich gefährdet wird, so kann der Erblasser das Pflichtteilsrecht des Abkömmlings durch die Anordnung beschränken, dass nach dem Tode des Abkömmlings dessen gesetzliche Erben das ihm Hinterlassene oder den ihm gebührenden Pflichtteil als Nacherben oder als Nachvermächtnisnehmer nach dem Verhältnis ihrer gesetzlichen Erbteile erhalten sollen. [2]Der Erblasser kann auch für die Lebenszeit des Abkömmlings die Verwaltung einem Testa-**

**mentsvollstrecker übertragen; der Abkömmling hat in einem solchen Falle Anspruch auf den jährlichen Reinertrag.**

**(2) [1]Auf Anordnungen dieser Art findet die Vorschrift des § 2336 Abs. 1 bis 3 entsprechende Anwendung. [2]Die Anordnungen sind unwirksam, wenn zur Zeit des Erbfalls der Abkömmling sich dauernd von dem verschwenderischen Leben abgewendet hat oder die den Grund der Anordnung bildende Überschuldung nicht mehr besteht.**

**Schrifttum:** Baumann, Die Pflichtteilsbeschränkung „in guter Absicht", ZEV 1996, 121; Gockel, Nachlassplanung bei überschuldeten Kindern, notar 2020, 64; Kuhn, Die Beschränkung des Pflichtteils in guter Absicht nach § 2338 BGB, ZEV 2011, 288.

## Überblick

Die Vorschrift ermöglicht dem Erblasser bei **Verschwendung** oder **Überschuldung** des eines pflichtteilsberechtigten **Abkömmlings** (→ Rn. 2) durch **Verfügung von Todes wegen** (→ Rn. 5) schützende Anordnungen in Gestalt von Nacherbfolge, Nachvermächtnis oder **Testamentsvollstreckung** (→ Rn. 6) zu treffen. Die Besonderheit liegt darin, dass diese Anordnungen normalerweise von § 2306 Abs. 1 erfasst wären, während sich der Pflichtteilsberechtigte bei Eingreifen des § 2338 nicht durch Ausschlagung von den Belastungen befreien kann (→ Rn. 15).

## I. Normzweck, Anwendungsbereich

Bei der Pflichtteilsbeschränkung in guter Absicht handelt sich nicht um eine Maßnahme mit Zwangscharakter (wie die §§ 2333–2337). Die Pflichtteilsbeschränkung in guter Absicht dient vielmehr zum einen dem **wohlverstandenen Interesse** des Pflichtteilsberechtigten, dessen erbrechtlicher Erwerb ohne die fürsorgerischen Maßnahmen gefährdet wäre **(altruistische Zwecksetzung).** Zum anderen soll dadurch das Familienvermögen vor der Gefahr des Verlustes durch Verschwendung oder Überschuldung geschützt werden. Die Anordnungen nach § 2338 sind auch einem Erblasser möglich, der an sich erbrechtlich gebunden ist (§ 2271 Abs. 3, § 2289 Abs. 2). Die **praktische Bedeutung** der Vorschrift ist sehr gering. Dies beruht zum einen darauf, dass die Tatbestandsvoraussetzungen sehr eng sind; zum anderen ermöglicht das Vorliegen der Voraussetzungen nur eine Beschränkung, keine Entziehung oder Minderung des Pflichtteils. 1

## II. Voraussetzungen

**1. Sachliche Voraussetzungen.** Die Pflichtteilsbeschränkung kann nur gegenüber **Abkömmlingen,** ehelichen wie nichtehelichen, gleich welchen Grades, angeordnet werden. Anordnungsgründe sind ausschließlich die Verschwendung oder die Überschuldung. **Verschwendung** setzt eine Lebensweise mit einem Hang zur zweck- und nutzlosen Vermögensverwendung voraus (OLG Düsseldorf ZEV 2011, 310 (311 ff.) m. anschaulichem Fall; Baumann ZEV 1996, 121 (122); vgl. § 6 aF (aufgehoben durch das BtG), der den gleichen Begriff verwendete, und die hierzu ergangene Rspr. und Lit.; enger Kuhn ZEV 2011, 288 (289 f.): nur, wenn Verschwendung Ergebnis einer psychischen Erkrankung; dag. aber Burandt/Rojahn/Horn Rn. 8). Eine Notlage muss dadurch noch nicht verursacht sein (Soergel/Beck Rn. 5; MüKoBGB/Lange Rn. 6). **Überschuldung** des Abkömmlings liegt vor, wenn seine Verbindlichkeiten sein Aktivvermögen übersteigen (§ 19 Abs. 2 InsO, § 320 InsO, idR nur noch bei juristischen Personen Insolvenzgrund) (Soergel/Beck Rn. 6; MüKoBGB/Lange Rn. 7). Bloße Zahlungsunfähigkeit genügt nicht, weshalb bei natürlichen Personen allein die Eröffnung eines Insolvenzverfahrens noch nicht zur Pflichtteilsbeschränkung berechtigt, weil bei diesen allein die Zahlungsunfähigkeit und nicht die Überschuldung Insolvenzgrund ist (OLG Düsseldorf ZEV 2011, 310 (311); MüKoBGB/Lange Rn. 7; PWW/Deppenkemper Rn. 2; Staudinger/Olshausen, 2021, Rn. 10; Damrau/Tanck/Riedel Rn. 9). Sowohl bei Verschwendung wie bei Überschuldung ist weiter erforderlich, dass dadurch der **spätere Erwerb erheblich gefährdet** wird. **Objekt der Gefährdung** kann nur der Erb- oder Pflichtteil des Abkömmlings sein, da ja auch nur dieser durch die Anordnungen geschützt wird (OLG Düsseldorf ZEV 2011, 310 (312); Kuhn ZEV 2011, 288 (290); MüKoBGB/Lange Rn. 8; PWW/Deppenkemper Rn. 2; aA jurisPK-BGB/Birkenheier Rn. 13; MüKoBGB/Frank, 3. Aufl. 1997, Rn. 3, wonach es auf die Gefährdung des sonstigen Vermögens des Pflichtteilsberechtigten ankomme; Baumann ZEV 1996, 121 (123) wegen des Normzwecks des Familienerhalts). 2

Auf **andere Gründe,** etwa Drogen- oder Alkoholsucht, geistige Behinderung oder Mitgliedschaft in einer Sekte, kann die Pflichtteilsbeschränkung nicht gestützt werden, mögen diese den Erhalt des Nachlasses im Familienbesitz auch genauso gefährden. § 2338 ist nach ganz hM insoweit als Ausnah- 3 mevorschrift **nicht analogiefähig** (KG OLGE 21, 345; NK-BGB/Herzog Rn. 7; jurisPK-BGB/Birkenheier Rn. 16; MüKoBGB/Lange Rn. 5; für rechtspolitische Erweiterung Baumann ZEV 1996, 121 (127); für „stärker wirtschaftlich statt ethisch ausgerichtete Auslegung", etwa im Rahmen der Verschwendung, NK-BGB/Herzog Rn. 7; Herzog, Die Pflichtteilsentziehung, 2003, 376 f.). In den Fällen, in denen wohlmeinende Beschränkungen gewünscht, die Voraussetzungen des § 2338 aber nicht gegeben sind, muss auf das allgemeine Gestaltungsinstrumentarium (Stichwort: überschuldeter bzw. bedürftiger Erbe) zurückgegriffen werden (vgl. BeckFormB ErbR/Kleensang Form. F II 2 und 3; J. Mayer MittBayNot 2011, 445 (Teil 1) und MittBayNot 2012, 18 (Teil 2)).

4 **2. Zeitliche Voraussetzungen (Abs. 2 S. 2).** Der Beschränkungsgrund muss bei Errichtung der Verfügung von Todes wegen vorliegen und **bei Eintritt des Erbfalls** immer noch oder wiederum bestehen (Abs. 2 S. 2). Eine erst drohende Überschuldung genügt nicht (OLG Düsseldorf ZEV 2011, 310 (313); MüKoBGB/Lange Rn. 9; Staudinger/Olshausen, 2021, Rn. 12), woran beim sog Behinderten-Testament die Pflichtteilsbeschränkung scheitert. Interimsweise eingetretene Verbesserungen sind ohne Belang. Gerade bei **Existenzgründern** kann zwar zunächst eine erhebliche Verschuldung vorliegen, die aber später durch ein erfolgreiches Berufsleben wieder ausgeglichen wird, sodass eine entsprechende Anordnung unwirksam wird. Entfällt der Beschränkungsgrund **nach Eintritt des Erbfalls,** so berührt dies zunächst die getroffene Anordnung nicht. Ausnahmsweise kann sich dann im Wege einer ergänzenden Auslegung auch ein Wegfall der getroffenen Beschränkungen ergeben, jedoch wird dann die Anordnung der Nacherbfolge oder des Nachvermächtnisses als Instrument der Erhaltung in der Familie idR bestehen bleiben, die Testamentsvollstreckung eher entfallen können (Lange/Kuchinke ErbR § 37 XIV 2b; für Fortdauer der Testamentsvollstreckung Soergel/Beck Rn. 7; Staudinger/Olshausen, 2021, Rn. 13; vgl. auch OLG Bremen FamRZ 1984, 213; offenlassend KG DFG 1942, 86).

5 **3. Form der Anordnung (Abs. 2 S. 1).** Abs. 2 S. 1 verweist hinsichtlich der Form der Anordnung auf § 2336 Abs. 1–3. Die Anordnung muss daher in einer **Verfügung von Todes wegen** getroffen werden. Diese muss auch die Angabe des Grundes für die Beschränkung enthalten, insbes. also, ob die Beschränkung wegen Verschwendung oder Überschuldung angeordnet wird (→ § 2336 Rn. 6 ff.) (OLG Köln MDR 1983, 318). Teilweise wird gefordert, dass hier die Anforderungen an die Angabe des Sachverhaltskerns nicht so hoch angesetzt werden dürfen, wie bei der „als Strafe" erfolgenden Pflichtteilsentziehung (Soergel/Beck Rn. 20; Staudinger/Olshausen, 2015, Rn. 16; Baumann ZEV 1996, 121 (123); wohl auch Lange/Kuchinke ErbR § 37 XIV Fn. 688). Die vom BGH zum Umfang des Formgebots angegebenen Gründe (→ § 2336 Rn. 6) tragen diese Auffassung jedoch nicht (ähnlich streng wie hier auch OLG Düsseldorf ZEV 2011, 310 (312); Kuhn ZEV 2011, 288 (291) m. praktischen Hinw.); zudem ist die Angabe näherer Einzelheiten schon aus Gründen der Beweissicherung zweckmäßig (so auch Staudinger/Olshausen, 2015, Rn. 16).

## III. Beschränkungsmöglichkeiten

6 § 2338 gibt dem Erblasser nur begrenzte Beschränkungsmöglichkeiten (**numerus clausus** der Gestaltungsmöglichkeiten) (Baumann ZEV 1996, 121 (123); NK-BGB/Herzog Rn. 9; PWW/Deppenkemper Rn. 3). Insbesondere kann der Erblasser nach § 2338 nicht einfach den Pflichtteil entziehen oder kürzen. Jedoch sind folgende Gestaltungen möglich, und zwar auch in **Kombination** (zur Zweckmäßigkeit in der Praxis Baumann ZEV 1996, 121 (126)):

7 **1. Einsetzung der gesetzlichen Erben als Nacherben oder Nachvermächtnisnehmer.** Möglich ist die Einsetzung der **gesetzlichen Erben** des Abkömmlings entspr. den ihnen nach der gesetzlichen Erbfolge zustehenden Anteilen **als Nacherben oder Nachvermächtnisnehmer.** Eine namentliche Bezeichnung derselben in der Verfügung von Todes wegen ist zu vermeiden (NK-BGB/Herzog Rn. 11; PWW/Deppenkemper Rn. 3). Denn soweit eine Einsetzung anderer Personen oder zu anderen Erbquoten getroffen wird, hat dies nicht die Wirkung des § 2338, § 863 ZPO (KG OLGE 6, 332; R. Kössinger in Nieder/Kössinger Testamentsgestaltung-HdB § 8 Rn. 138; G. Müller in Schlitt/Müller PflichtteilsR-HdB § 10 Rn. 202 f. mit Formulierungsbeispiel). Zu den gesetzlichen Erben gehören auch die Ehegatten des betroffenen Pflichtteilsberechtigten und seine adoptierten und nichtehelichen Kinder, nach dem Normzweck des Familienerhalts aber **nicht der Fiskus** (arg. aus § 2104 S. 2) (MüKoBGB/Lange Rn. 12; Soergel/Beck Rn. 12 mwN). Als zulässige Abweichung besteht nur die Möglichkeit, die Berufung als Nacherbe oder Nachvermächtnisnehmer auf eine oder mehrere der gesetzlichen Erbordnungen (§§ 1924 ff.) zu beschränken (vgl. Prot. V 573; Soergel/Beck Rn. 12; MüKoBGB/Lange Rn. 12; Staudinger/Olshausen, 2021, Rn. 23) oder diejenigen gesetzlichen Erben auszuschließen, denen gegenüber

der Erblasser zur Pflichtteilsentziehung berechtigt ist (Staudinger/Olshausen, 2015, Rn. 23; Lange/Kuchinke ErbR § 37 Fn. 690; Soergel/Beck Rn. 12; jetzt auch MüKoBGB/Lange Rn. 12; aA Baumann ZEV 1996, 121 (125)). Der Tod des Abkömmlings muss zugleich den Eintritt des Nacherbfalls oder den Anfall des Nachvermächtnisses (§ 2191) auslösen (Soergel/Beck Rn. 13).

Die Anordnung der **Nacherbfolge** (§§ 2100 ff.) kommt nur in Betracht, wenn der pflichtteilsberechtigte Abkömmling **Vorerbe** wird, also nicht auf ein Vermächtnis oder den reinen Pflichtteil verwiesen wird. In welcher Höhe die Erbeinsetzung geschieht, ist unerheblich. Erhält er mehr als die Hälfte seines gesetzlichen Erbteils, so unterliegt der gesamte ihm hinterlassene Erbteil den Beschränkungen des § 2338. Erhält er weniger als die Hälfte seines gesetzlichen Erbteils, so steht ihm zwar insoweit ein Pflichtteilsrestanspruch (§ 2305) zu, hinsichtlich dessen aber im Zweifel seine gesetzlichen Erben die Nachvermächtnisnehmer sind (Staudinger/Olshausen, 2015, Rn. 26; MüKoBGB/Lange Rn. 13). Über die Vorerbschaft kann der pflichtteilsberechtigte Abkömmling nicht durch Verfügung von Todes wegen verfügen, für lebzeitige Verfügungen gelten die Beschränkungen der §§ 2112 ff. (Befreiung nach § 2136 ist nach Baumann ZEV 1996, 125 zulässig, desgleichen eine mehrfach gestufte Nacherb- oder Nachvermächtnisanordnung, wobei der Kreis der Berechtigten der gesetzlichen Erbfolge entsprechen muss). Der Schutz gegen **Zwangsverfügungen** der Eigengläubiger des Vorerben richtet sich nach § 2115 (§ 773 ZPO, § 83 Abs. 2 InsO), was allerdings nicht die Pfändung hindert (dagegen hilft die Testamentsvollstreckung), sondern nur die Verwertung in der Zwangsvollstreckung. Die **Nutzungen** der Erbschaft sind nach § 863 Abs. 1 ZPO der Pfändung durch die Eigengläubiger insoweit entzogen, als dies zur Sicherung des „standesgemäßen Unterhalts" des Abkömmlings und seiner unterhaltsberechtigten Unterhaltsgläubiger erforderlich ist. 8

Wenn der Erblasser den Abkömmling als **Vermächtnisnehmer** einsetzt oder voll **enterbt** oder auf den Pflichtteil verweist, kann er dessen gesetzliche Erben als **Nachvermächtnisnehmer** bestimmen. Dies schützt die gesetzlichen Erben nur unvollkommen. Denn die Vermächtnisanordnung hilft nur gegen abweichende Verfügungen von Todes wegen, **nicht aber gegen lebzeitige Verfügungen,** da im Verhältnis zwischen Vor- und Nachvermächtnisnehmer weder die §§ 2113–2115, noch § 161 Anwendung finden (vgl. nur BeckOGK/Müller-Engels, 1.4.2022, § 2191 Rn. 27). Auch gegen Pfändungen durch Eigengläubiger des Abkömmlings sind sie nicht geschützt, da § 863 ZPO das Nachvermächtnis nicht nennt (vgl. Lange/Kuchinke ErbR § 37 XIV Fn. 692; MüKoBGB/Lange Rn. 15; Staudinger/Olshausen, 2021, Rn. 27). Die (zusätzliche) Anordnung einer **Testamentsvollstreckung** ist hier idR **unerlässlich** (Lange/Kuchinke ErbR § 37 XIV Fn. 692; MüKoBGB/Lange Rn. 15; Staudinger/Olshausen, 2015, Rn. 27). 9

**2. Anordnung einer Verwaltungsvollstreckung (Abs. 1 S. 2).** Der Erblasser kann auch für die Lebenszeit des Abkömmlings eine Verwaltungstestamentsvollstreckung (§ 2209 S. 1 Alt. 1) anordnen mit der Maßgabe, dass dann dem Abkömmling der Anspruch auf den jährlichen Reinertrag des Pflichtteils verbleibt. Dadurch entzieht der Erblasser dem Abkömmling das **Verfügungsrecht unter Lebenden** (§ 2211), schließt dessen Eigengläubiger von der Pfändung aus (§ 2214) und entzieht diesen nach Maßgabe des § 863 Abs. 1 S. 2 ZPO auch die **Nutzungen** (Soergel/Beck Rn. 17; eingehend zur Testamentsvollstreckung Staudinger/Olshausen, 2021, Rn. 28 f.). Die Erstreckung der Testamentsvollstreckung auf die Nacherben oder Nachvermächtnisnehmer ist zulässig und sinnvoll (Baumann ZEV 1996, 125). 10

Die Anordnung der Testamentsvollstreckung ist daher ein absolutes „Muss" für eine sinnvolle Pflichtteilsbeschränkung in guter Absicht (zust. Staudinger/Olshausen, 2021, Rn. 30). Von dem jährlichen Reinertrag, der nach § 2338 Abs. 1 S. 2 dem pflichtteilsberechtigten Abkömmling gebührt, ist dem Zugriff seiner **Eigengläubiger** allerdings nach **§ 863 Abs. 1 ZPO** nur der **Teil** entzogen, der für den Schuldner zur Bestreitung seines standesgemäßen Unterhalts oder zur Erfüllung der ihm gegenüber seinem Ehegatten, seinem früheren Ehegatten, seinem Lebenspartner, seinem früheren Lebenspartner oder seinen Verwandten gesetzlich obliegenden Unterhaltspflicht erforderlich ist. Standesgemäß bedeutet dabei angemessen (§ 1610 Abs. 1), bei gesetzlichen Unterhaltsgläubigern mithin im Rahmen von § 850d ZPO (Musielak/Voit/Becker ZPO § 863 Rn. 1). Der darüber hinaus gehende Teil unterliegt dem Zugriff der Eigengläubiger. Hiergegen sucht man nach **Abwehrmöglichkeiten** (s. etwa Hölscher/J. Mayer in MSTB PflichtteilsR-HdB § 8 Rn. 126 f.): Unterwirft der Erblasser die Reinerträge ebenfalls der Testamentsvollstreckung, so ist dies an sich nicht mehr vom Gestaltungskanon des § 2338 gedeckt. Im Hinblick auf § 2306 Abs. 1 drohen dieser Anordnung Gefahren. Demgegenüber wird überwiegend vertreten, der Abkömmling könne sich dieser Anordnung **unterwerfen** und damit den Reinertrag dem Zugriff seiner Gläubiger entziehen (OLG Bremen FamRZ 1984, 213; Soergel/Beck Rn. 18). Für die ab dem 1.1.2010 eintretenden Erbfälle ist dies zutr. (MüKoBGB/Lange Rn. 18; Grüneberg/Weidlich Rn. 3). 11

12 Unzulässig ist eine Anordnung, dass der **Reinertrag** zwar grds. dem pflichtteilsberechtigten Abkömmling zukommen soll, bei einer Abtretung oder **Pfändung** durch seine Eigengläubiger aber der Verwaltung des Testamentsvollstreckers unterfällt und dann für Naturalverpflegung des Abkömmlings zu verwenden ist. Eine solche Bestimmung lässt sich zwar dogmatisch dadurch begründen, dass es sich um eine aufschiebend bedingt angeordnete Erweiterung der Verwaltungszuständigkeit des Testamentsvollstreckers handelt, die eine logische Sekunde vor der Abtretung oder Pfändung eingreift. Als eindeutige Gläubigerbeeinträchtigung muss ihr jedoch die Wirksamkeit versagt bleiben (§ 138) (Soergel/Beck Rn. 18; iE ebenso MüKoBGB/Lange Rn. 19; Staudinger/Olshausen, 2015, Rn. 29; aA RG WarnR 1919 Nr. 71; OLG Bremen FamRZ 1984, 213; offenlassend NK-BGB/Herzog Rn. 14).

## IV. Wirkungen, Verhältnis zu § 2306

13 Nach der für **Erbfälle vor** dem 1.1.2010 geltenden Rechtslage lag die Bedeutung des § 2338 darin, dass auch bei einer Erbeinsetzung, welche die Hälfte des gesetzlichen Erbteils nicht überstieg, entgegen der Unwirksamkeitslösung des § 2306 Abs. 1 S. 1 aF die belastenden und beschwerenden Anordnungen bestehen blieben.

14 Nach der **neuen Rechtslage** entfällt die von der Höhe des zugewandten Erbteils abhängige Differenzierung zwischen der Unwirksamkeitslösung und der Notwendigkeit der Erbschaftsausschlagung zur Pflichtteilserlangung. **(1)** Keine Änderung ergibt sich nach neuem Recht, wenn ein **Vermächtnis** zugewandt wird. Nimmt der Pflichtteilsberechtigte das mit den Beschränkungen des § 2338 belastete Vermächtnis an, so ergeben sich gegenüber der allgemeinen Regelung des § 2307 keine Besonderheiten. Soweit ihm noch ein Pflichtteilsrestanspruch zusteht, so wird auch dieser im Zweifel von diesen Anordnungen erfasst. **Schlägt** er das Vermächtnis **aus,** so erlangt er dadurch nach § 2307 seinen Pflichtteilsanspruch. Jedoch kann er sich dadurch nicht der zulässiger Weise angeordneten Beschränkungen iSd § 2338 entziehen (Staudinger/Olshausen, 2021, Rn. 35). Sie bleiben auch bezüglich des Pflichtteilsanspruchs bestehen, eine angeordnete Nacherbschaft wandelt sich in ein Nachvermächtnis um.

15 **(2)** Wird ein **Erbteil** zugewandt, so bleiben nach der Neufassung des § 2306 Abs. 1 die angeordneten Beschränkungen unabhängig von der Höhe des zugewandten Erbteils **bestehen** (Grüneberg/Weidlich Rn. 1; NK-BGB/Herzog Rn. 3 m. Fn. 10). Vielmehr muss in Konsequenz der gesetzgeberischen Entscheidung, dass anstelle der Unwirksamkeitslösung nunmehr uneingeschränkt die **Ausschlagungslösung** gilt, die bislang bei der Falllage des § 2306 Abs. 1 S. 2 aF geltende Rechtsfolge (dazu 2. Aufl. § 2338 Rn. 14) auch hier anwendbar sein. Der pflichtteilsberechtigte Erbe hat daher das Wahlrecht, ob er den mit den Anordnungen iSd § 2338 belasteten Erbteil annimmt oder ausschlägt, um den Pflichtteil zu erlangen. Schlägt er aus, so erhält er zwar den Pflichtteil, auf den jedoch die zulässiger Weise nach § 2338 getroffenen Anordnungen übergehen; eine Nacherbschaft wandelt sich dabei in ein Nachvermächtnis um. Demgegenüber wird zT vertreten, dass der pflichtteilsberechtigte Erbe, der nur mit den nach § 2338 zulässigen Anordnungen beschwert ist, im Falle der Ausschlagung nach neuem Recht überhaupt **keinen Pflichtteil** mehr erhält (MüKoBGB/Lange Rn. 26; NK-BGB/Herzog, 3. Aufl. 2010, Rn. 8). Begründet wird dies mit der auch bei der Falllage des § 2306 Abs. 1 S. 2 aF schon früher diesbezüglich vertretenen Auffassung (MüKoBGB/Lange, 4. Aufl. 2002, Rn. 10; PWW/Deppenkemper Rn. 4; aA Staudinger/Olshausen, 2021, Rn. 33; v. Lübtow ErbR I 661; Baumann ZEV 1996, 121 (123), Fn. 39; Kessel MittRhNotK 1991, 146): Ebenso wie der als Erbe Berufene grds. nicht ausschlagen und stattdessen den Pflichtteil beanspruchen könne, sei nicht einzusehen, weshalb im Falle des § 2338 der Abkömmling zwischen einer beschränkten Erbenstellung und einem gleichermaßen beschränkten Pflichtteil sollte wählen können. Dabei wird jedoch verkannt, dass diese Argumentation bereits nach dem früheren Recht nur für die Falllage des § 2306 Abs. 1 S. 1 aF richtig war, aber gerade nicht, wenn der hinterlassene Erbteil die Hälfte des gesetzlichen überstieg. Bereits nach altem Recht hatte der Pflichtteilsberechtigte dann ein Wahlrecht gem. § 2306 Abs. 1 S. 2 aF zum unbelasteten Pflichtteil, der aber gerade entspr. dem Normzweck des § 2338 geschützt werden soll. Deshalb mussten die danach zulässigen Anordnungen bestehen bleiben (dazu etwa Enzensberger/Klinger NJW-Spezial 2006, 397 (398); Zimmermann, Der Verlust der Erbschaft, 2006, Rn. 291). Da die neue Gesetzeslage aber allein die Ausschlagungslösung des § 2306 Abs. 1 S. 2 aF übernimmt, müssen die diesbezüglich im Kontext zu § 2338 entwickelten Grundsätze insoweit auch auf die neue Rechtslage Anwendung finden (so auch Grüneberg/Weidlich Rn. 4; Hölscher/J. Mayer in MSTB PflichtteilsR-HdB § 8 Rn. 132 mwN).

## V. Beweislast

Für die Beweislast gilt nach Abs. 2 S. 2 die Bestimmung des **§ 2336 Abs. 3 entspr.** Demnach trägt die Beweislast für das Vorliegen der Voraussetzungen für die Zulässigkeit der Pflichtteilsbeschränkung in guter Absicht im **Errichtungszeitpunkt** derjenige, der sich auf diese Anordnung beruft, also regelmäßig der Nacherbe, Nachvermächtnisnehmer oder Testamentsvollstrecker (MüKoBGB/Lange Rn. 23; Burandt/Rojahn/Horn Rn. 32; krit. hierzu Baumann ZEV 1996, 121 (127)). Ist dies bewiesen, so wechselt die Beweislast, wenn es darum geht, dass die zunächst bestehende Überschuldung oder Verschwendung im Zeitpunkt des Erbfalls **nicht mehr** bestanden hat. Dies hat dann derjenige zu beweisen, der sich auf eine solche Änderung der Verhältnisse beruft, also der Pflichtteilsberechtigte oder seine Gläubiger (MüKoBGB/Lange Rn. 23; Burandt/Rojahn/Horn Rn. 32). 16

## Abschnitt 6. Erbunwürdigkeit

### § 2339 Gründe für Erbunwürdigkeit

**(1) Erbunwürdig ist:**

1. **wer den Erblasser vorsätzlich und widerrechtlich getötet oder zu töten versucht oder in einen Zustand versetzt hat, infolge dessen der Erblasser bis zu seinem Tode unfähig war, eine Verfügung von Todes wegen zu errichten oder aufzuheben,**
2. **wer den Erblasser vorsätzlich und widerrechtlich verhindert hat, eine Verfügung von Todes wegen zu errichten oder aufzuheben,**
3. **wer den Erblasser durch arglistige Täuschung oder widerrechtlich durch Drohung bestimmt hat, eine Verfügung von Todes wegen zu errichten oder aufzuheben,**
4. **wer sich in Ansehung einer Verfügung des Erblassers von Todes wegen einer Straftat nach den §§ 267, 271 bis 274 des Strafgesetzbuchs schuldig gemacht hat.**

**(2) Die Erbunwürdigkeit tritt in den Fällen des Absatzes 1 Nr. 3, 4 nicht ein, wenn vor dem Eintritt des Erbfalls die Verfügung, zu deren Errichtung der Erblasser bestimmt oder in Ansehung deren die Straftat begangen worden ist, unwirksam geworden ist, oder die Verfügung, zu deren Aufhebung er bestimmt worden ist, unwirksam geworden sein würde.**

### Überblick

Der Begriff der Erbunwürdigkeit ist insofern ungenau, als in diesem Abschnitt auch der Ausschluss des Vermächtnisnehmers und des Pflichtteilsberechtigten geregelt ist (§ 2345). Erbunwürdigkeit bedeutet nicht Erbunfähigkeit; sie begründet nur ein Anfechtungsrecht (§ 2340). Das Anfechtungsrecht muss durch eine Anfechtungsklage geltend gemacht werden (§ 2342 Abs. 1 S. 1), die zu erheben nur bestimmte Personen befugt sind (§ 2341). Die Wirkung der Anfechtung tritt mit Rechtskraft des Urteils ein (§ 2342 Abs. 2); der Erbunwürdige verliert rückwirkend seine Erbenstellung (§ 2344 Abs. 1).

Der Normzweck der §§ 2339 ff. ist in der Verwirklichung des wirklichen oder mutmaßlichen Willens des Erblassers zu sehen, der bei den in § 2339 genannten Verfehlungen auf eine Enterbung des Täters gerichtet ist (→ Rn. 1). Das BGB kennt nur eine (relative) Erbunwürdigkeit im Verhältnis zu einem bestimmten Erblasser. Der Erbunwürdige kann daher Dritte beerben (→ Rn. 3).

Die Erbunwürdigkeitsgründe sind in § 2339 Abs. 1 erschöpfend aufgezählt; eine entsprechende Anwendung auf andere Fälle ist ausgeschlossen. (→ Rn. 5). Im Einzelnen führen zur Erbunwürdigkeit

- Tötungsdelikte zulasten des Erblassers (→ Rn. 8 ff.)
- Verhinderung des Testierens (→ Rn. 11 ff.)
- Bestimmung zum Testieren durch Täuschung oder Drohung (→ Rn. 13 ff.) und
- Urkundsdelikte hinsichtlich eines Testaments (→ Rn. 16 ff.).

Nach der für Nr. 3 und 4 des Abs. 1 geltenden (rechtspolitisch fragwürdigen) Ausnahmeregelung tritt keine Erbunwürdigkeit ein, wenn noch vor dem Tod des Erblassers die Verfügung, zu deren Errichtung der Erblasser bestimmt oder in Ansehung deren das Urkundsdelikt begangen wurde, unwirksam geworden ist (→ Rn. 19).

### Übersicht



## I. Normzweck

1 Der Zweck der Vorschriften über die Erbunwürdigkeit ist umstritten (zusammenfassend Müller-Christmann FS Roth, 2021, 33 ff.; Muscheler ZEV 2009, 58 (60 f.)). Der Streit kann nicht

dahingestellt bleiben, da der Normzweck für die Auslegung einzelner Vorschriften oder Tatbestandsmerkmale von Bedeutung ist (zB → Rn. 17). In der Lit. wird teilweise der Strafcharakter der Vorschriften in den Vordergrund gestellt (RGRK-BGB/Kregel Rn. 1; Kipp/Coing ErbR § 85 II; Müller-Freienfels FS G. Schiedermair, 1976, 434; Weimar MDR 1962, 633). Diese Auffassung hat nicht nur den historischen Gesetzgeber (Mot. V 517; Prot. V 636) gegen sich, sondern auch das Argument der Systemwidrigkeit. Der deutschen Privatrechtsdogmatik ist der Begriff einer zivilrechtlichen Strafe fremd. Zudem ist, was bei einem Strafcharakter nahe läge, das Gewicht der Verfehlung nicht der eigentliche Grund der Erbunwürdigkeit (so aber v. Lübtow ErbR II 719) – die vorsätzliche schwere Körperverletzung (§ 226 StGB) führt beispielsweise nicht zur Erbunwürdigkeit. Mit einer vordringenden Auffassung im Schrifttum ist der Normzweck der §§ 2339 ff. in der **Verwirklichung** des wirklichen oder mutmaßlichen **Willens des Erblassers** zu sehen, der bei den in § 2339 genannten Verfehlungen auf eine Enterbung des Täters gerichtet ist (MüKoBGB/Helms Rn. 3; Soergel/Gietl Vor §§ 2339 ff. Rn. 1; Staudinger/Olshausen, 2021, Rn. 6; Michalski/Schmidt Rn. 494; krit. Bock JR 2018, 504). Die sonstigen Vorschriften im Buch 5, die in diesem Zusammenhang der Verwirklichung des Erblasserwillens dienen, nämlich § 1938 (Enterbung), §§ 2333 ff. (Pflichtteilsentziehung) und §§ 2078 ff. (Anfechtung letztwilliger Verfügungen) decken nicht alle Fälle von Verfehlungen eines Erben ab. Sie ermöglichen insbes. nicht oder nur beschränkt den Ausschluss eines „Unwürdigen" nach dem Tod des Erblassers.

Neben der Ergänzung der §§ 1938, §§ 2333 ff. und §§ 2078 ff. haben die Erbunwürdigkeitsregeln auch eine **Präventivfunktion:** Sie sollen verhüten, dass ein künftiger Erbe den Erbfall vorzeitig herbeiführt oder den Erblasser daran hindert bzw. dazu bestimmt, von der gesetzlichen oder angeordneten Erbfolge abzuweichen (Burandt/Rojahn/Müller-Engels Rn. 2; RGRK-BGB/Kregel Vor § 2339 Rn. 1). Insoweit kommt doch, allerdings aus anderer Sicht, eine Aufgabe der Strafe, nämlich die Prävention, zum Tragen. Ein anderer Ansatz verneint einen einheitlichen Grundgedanken der Regelungen über die Erbunwürdigkeit und argumentiert von den Rechtsfolgen her: Erbunwürdig wird danach, wer die Würde des Erblassers in seiner Eigenschaft als Träger von Testierfreiheit verletzt („Unwürdigkeit des Erben durch Entwürdigung des Erblassers") (Burandt/Rojahn/Müller-Engels Rn. 2; Muscheler ErbR Rn. 3148). 2

## II. Begriff und Anwendungsbereich

**1. Begriff.** Das BGB kennt nur eine **(relative) Erbunwürdigkeit** im Verhältnis zu einem bestimmten Erblasser. Der Erbunwürdige kann daher Dritte beerben. Der – im Schrifttum diskutierte – Fall, dass er somit „auf Umwegen" doch noch den Nachlass erhalten könnte, dessen er unwürdig ist, ist wohl ohne praktische Relevanz (→ § 2344 Rn. 1). 3

**2. Anwendungsbereich.** Über § 2301 Abs. 1 gelten die §§ 2339 ff. auch für (noch nicht vollzogene) Schenkungen von Todes wegen. Bei der fortgesetzten Gütergemeinschaft (§§ 1483 ff.) ist ein gemeinschaftlicher Abkömmling seines Anteils am Gesamtgut unwürdig, wenn er gegenüber dem verstorbenen Elternteil erbunwürdig ist (§ 1506). Der Anspruch auf Ausgleich des Zugewinns wird durch die Erbunwürdigkeit nicht ausgeschlossen; der Schuldner kann uU nach § 1381 die Zahlung wegen grober Unbilligkeit verweigern (Staudinger/Olshausen, 2021, Rn. 14; vgl. OLG Karlsruhe FamRZ 1987, 823). Die Anfechtung wegen Erbunwürdigkeit kann mit der Anfechtung nach §§ 2078 ff. konkurrieren (→ Rn. 15) (BGH NJW-RR 2013, 9; BayObLGZ 73, 257 (258); NK-BGB/Kroiß Rn. 17). Bei der gesetzlichen Vererbung eines Hofes nach § 5 HöfeO sind die §§ 2339 ff. entspr. anwendbar (MüKoBGB/Helms Rn. 5). Bei einer Lebenspartnerschaft verweist § 10 Abs. 6 S. 2 LPartG zwar auf die Regeln über die Entziehung des Ehegattenpflichtteils, eine Verweisung auf die Erbunwürdigkeitsvorschriften fehlt hingegen. Gleichwohl sind die in §§ 2339 ff. vorgesehenen materiell- und verfahrensrechtlichen Regelungen auf das Erbrecht eines „unwürdigen" Lebenspartners anzuwenden (BeckOGK/Rudy Rn. 4; Burandt/Rojahn/Müller-Engels Rn. 9; jurisPK-BGB/Hau Rn. 4). Nicht anwendbar sind die §§ 2339 ff. auf den Abschluss und die Aufhebung eines Erbverzichts und auf den Begünstigten einer Auflage (krit. Muscheler ErbR Rn. 3149). 4

Die Regelungen zur Erbunwürdigkeit schließen im Rahmen ihres Anwendungsbereichs eine Einziehung des Nachlasses nach §§ 73 ff. StGB aus (BGH ErbR 2020, 631; BeckOGK/Rudy Rn. 2). 4a

## III. Gründe der Erbunwürdigkeit

5 **1. Allgemeine Anforderungen an die Handlung des Erbunwürdigen.** Die Regelungen erfassen Angriffe auf das Leben, die Testierfähigkeit und die Testierfreiheit des Erblassers sowie Fälschungshandlungen. Die **Erbunwürdigkeitsgründe** sind in Abs. 1 **erschöpfend** aufgezählt. Eine extensive Auslegung verbietet sich daher; eine entsprechende Anwendung auf andere Fälle ist ausgeschlossen (allgM; s. OLG Frankfurt FamRZ 2011, 1177; BeckOGK/Rudy Rn. 11; großzügiger MüKoBGB/Helms Rn. 7).

6 Soweit nicht ausdrücklich der Versuch einer Tat in die Regelungen mit aufgenommen ist, muss die **Tat vollendet** sein (zur Frage des Versuchs bei Abs. 1 Nr. 4 → Rn. 17). Der Verweis auf Straftatbestände schließt alle Formen der Täterschaft und Teilnahme ein (§§ 25 ff. StGB). Der Angriff auf die Testierfreiheit, der gemeinsames Merkmal aller Alternativen ist, muss sich nicht in dem Sinne ausgewirkt haben, dass der Erblasser ohne die Verfehlung anders verfügt hätte (Mot. V 517; Staudinger/Olshausen, 2021, Rn. 23; Lange ErbR § 40 Rn. 66). Es genügt die abstrakte Möglichkeit der Einschränkung der Testierfreiheit. Zur Frage, ob ein Erbunwürdigkeitsgrund auch dann gegeben ist, wenn der Erbe durch sein Verhalten den (wirklichen oder mutmaßlichen) Erblasserwillen verwirklichen will, → Rn. 18.

7 Die Handlungen müssen vom **Vorsatz** umfasst sein. Ferner muss der Täter **rechtswidrig** gehandelt haben (im zivilrechtlichen Sprachgebrauch „widerrechtlich"). Das strafrechtliche Tatbestandserfordernis der Schuld wird im Gesetz nicht genannt. Der Wortlaut des Abs. 1 Nr. 1 lässt sogar den Schluss zu, dass auf das Merkmal der Schuld bewusst verzichtet wurde. Denn das Strafrecht verwendet die hier anzutreffende Formulierung – vorsätzliche und rechtswidrige (widerrechtliche) Tat – gerade dann, wenn diese beiden Merkmale für die Strafbarkeit ausreichen sollen, zB in § 26 StGB. Im Ergebnis besteht Einigkeit, dass die zur Erbunwürdigkeit führende Verfehlung auch **schuldhaft** im strafrechtlichen Sinn begangen worden sein muss. Dies bedarf keiner Diskussion bei einem Täter, der im entschuldigenden Notstand (§ 35 StGB) gehandelt hat. Dieser geht nicht nur straffrei aus, er hat sich auch nicht als erbunwürdig erwiesen (MüKoBGB/Helms Rn. 11). Weniger eindeutig ist der Fall bei Schuldunfähigkeit. Zwar hat das BVerfG die Auslegung, die für § 2345 Abs. 2, § 2339 Abs. 1 Nr. 1 ein schuldhaftes Verhalten fordert, gebilligt, eine strikte Orientierung am Schuldbegriff des Strafrechts allerdings für § 2333 Abs. 1 Nr. 1 abgelehnt und „natürlichen Vorsatz" als ausreichend angesehen (BVerfG NJW 2005, 1561 (1566); Holtmeyer ZErb 2010, 6; Lange ErbR Rn. 68 fordern eine Übertragung dieser Grundsätze auf die Erb- und Pflichtteilsunwürdigkeit; abl. BGH NJW 2015, 1382; MüKoBGB/Helms Rn. 11; OLG Düsseldorf OLGR 2000, 181). Eine strafgerichtliche Verurteilung wegen der zur Erbunwürdigkeit führenden Handlungen ist nicht erforderlich. Der Zivilrichter ist bei seiner Bewertung an strafgerichtliche Urteile nicht gebunden, muss sich aber bei seiner Beweiswürdigung mit den Feststellungen des Strafrichters auseinandersetzen (BGH NJW-RR 2005, 1024; LG Köln FamRZ 2019, 489; Bauer, Der Erbunwürdigkeitsprozess, 2007, Rn. 292 ff.; Schulz ErbR 2012, 276 (278)).

8 **2. Die Erbunwürdigkeitsgründe iE. a) Vorsätzliche Tötung des Erblassers (Abs. 1 Nr. 1 Fall 1).** Erbunwürdig ist, wer den Erblasser vorsätzlich und widerrechtlich getötet hat. Erfasst wird die vollendete vorsätzliche rechtswidrige (und schuldhafte, → Rn. 7) Tötung in Form des Totschlags oder des Mordes, §§ 211, 212 StGB, nicht dagegen die Tötung auf Verlangen, § 216 StGB (allgM). Wenn man den Ausschluss des § 216 StGB nicht schon aus dem Normzweck ableitet (so MüKoBGB/Helms Rn. 13 mit Hinweis auf das Vorliegen einer Einwilligung; ähnlich Damrau/Tanck/Kurze Rn. 8), kann jedenfalls von Verzeihung nach § 2343 ausgegangen werden. Eine einschränkende Auslegung von Abs. 1 Nr. 1, die auf die Motivlage des Täters abstellt (so OLG Frankfurt BeckRS 2014, 19731; Schulz ErbR 2012, 276), kommt nach der Rspr. des BGH nicht in Betracht (BGH NJW 2015, 1382, dazu de Leve ZEV 2015, 682). Nicht zu Abs. 1 Nr. 1 Fall 1 gehören auch Körperverletzung mit Todesfolge (§ 227 StGB) – hier kann uU Abs. 1 Nr. 1 Fall 3 (→ Rn. 11) eingreifen – und fahrlässige Tötung (§ 222 StGB). Die straf- und zivilrechtlichen Rechtfertigungsgründe (insbes. § 32 StGB, § 227 BGB) schließen die „Widerrechtlichkeit" aus. Lagen bei der Tat die Voraussetzungen des § 35 StGB vor, fehlt es an der Schuld. Für die behauptete Schuldunfähigkeit trägt der Täter die Beweislast (BGHZ 102, 227 (230) = NJW 1988, 822; Schmitz in Baumgärtel/Laumen/Prütting Beweislast-HdB Rn. 2).

9 Die Tötung des **Vorerben** durch den Nacherben ist kein Fall des Abs. 1 Nr. 1, da der Vorerbe im Verhältnis zum Nacherben nicht Erblasser ist. Da die Nacherbschaft aufschiebend bedingt ist, findet § 162 Abs. 2 Anwendung (MüKoBGB/Helms Rn. 9; Staudinger/Olshausen, 2021, Rn. 22; für nur analoge Anwendung des § 162 Abs. 2 BGH NJW 1968, 2051 (2052); BeckOGK/Rudy Rn. 17). Der Nacherbe, der den Vorerben getötet und damit hat den Bedingungseintritt (Nacherb-

fall) herbeigeführt hat, kommt als Nacherbe nicht mehr in Betracht; der Nachlass fällt dem Ersatznacherben an. Falls keiner vorhanden ist, tritt nach dem Tod des zum Vollerben gewordenen Vorerben gesetzliche oder gewillkürte Erbfolge ein.

**b) Versuchte Tötung des Erblassers (Abs. 1 Nr. 1 Fall 2).** Ob der Versuch eines Tötungsdelikts vorliegt, bestimmt sich nach den Regeln des Strafrechts. Rücktritt vom Versuch (§ 24 StGB) beseitigt die Versuchsstrafbarkeit und damit den Erbunwürdigkeitsgrund. Auch bei einem versuchten Totschlag im minder schweren Fall (§ 213 StGB) kann die Erbunwürdigkeit zu bejahen sein (BGH NJW 2015, 1382). 10

**c) Herbeiführung der Testierunfähigkeit (Abs. 1 Nr. 1 Fall 3).** Infolge der Tat muss der Erblasser sich in einem (wie aus der Formulierung „bis zu seinem Tod" folgt: dauernden) Zustand befinden, in dem ihm aus tatsächlichen oder rechtlichen Gründen ein Testieren nicht mehr möglich ist. In Betracht kommen Siechtum, Geisteskrankheit oder körperliche Verstümmelung als Folge einer Körperverletzung. Der Vorsatz muss sich auf die Herbeiführung dieses Zustands, nicht aber auf dessen Fortdauer bis zum Tod beziehen (deshalb kann die Verwirklichung des § 227 StGB – Körperverletzung mit Todesfolge – für diese Alternative ausreichen, MüKoBGB/Helms Rn. 18), wobei die Absicht, testierunfähig zu machen, nicht erforderlich ist (Mot. V 518; Grüneberg/Weidlich Rn. 4). 11

**d) Verhinderung der Errichtung oder Aufhebung einer letztwilligen Verfügung (Abs. 1 Nr. 2).** Die Hinderung einer – **konkret beabsichtigten** – letztwilligen Verfügung kann durch Gewalt, Täuschung oder Drohung erfolgen. Sie liegt zB vor bei arglistiger Herbeiführung der Formnichtigkeit einer letztwilligen Verfügung. Versuch und die nur vorübergehende Willenseinwirkung genügen nicht (jurisPK-BGB/Hau Rn. 13). Die Hinderung kann aber auch durch Ausnutzung der Zwangslage des Erblassers geschehen (MüKoBGB/Helms Rn. 22; Holtmeyer ZErb 2010, 6 (8) für den Fall des Betreuers, der den Wunsch des betreuten Erblassers nach Errichtung eines notariellen Testaments nicht weitervermittelt). Vorsatz und Widerrechtlichkeit sind zu verstehen wie bei § 123 (BGH NJW-RR 1990, 515 (516)). Streitig ist, ob die Vorschrift auch dann anwendbar ist, wenn der Erblasser nicht an der Verfügung insgesamt, sondern (nur) an einer Verfügung bestimmten Inhalts gehindert wurde. Dies ist zu bejahen, ebenso, wenn der Täter nicht die Errichtung oder Aufhebung einer Verfügung überhaupt, sondern nur deren Wirksamkeit verhindert hat (Soergel/Gietl Rn. 5; Staudinger/Olshausen, 2021, Rn. 33). Abs. 1 Nr. 2 nennt ausdrücklich die Aufhebung der Verfügung, um klarzustellen, dass auch die Verhinderung eines Widerrufs (§§ 2253 ff.) zur Erbunwürdigkeit führt. Eine Verhinderung kann etwa vorliegen, wenn der durch eine Verfügung von Todes wegen Bedachte dem Erblasser wahrheitswidrig erklärt, er habe das in seinem Besitz befindliche Testament vernichtet (BGH NJW-RR 1990, 515 (516)). Stets muss zwischen der Handlung (positives Tun oder Unterlassen, wenn Rechtspflicht zum Handeln besteht) des Täters und der Verhinderung ein **Kausalzusammenhang** bestehen. Daran fehlt es nicht, wenn die Errichtung oder Aufhebung der Verfügung an anderen Gründen gescheitert wäre (MüKoBGB/Helms Rn. 23; aA Staudinger/Olshausen, 2021, Rn. 33). Auch ist die etwaige Unwirksamkeit der beabsichtigten letztwilligen Verfügung unbeachtlich (Erman/Simon Rn. 4; Staudinger/Olshausen, 2021, Rn. 33). Geschützt ist bei Abs. 1 Nr. 2 jede Willensbildung, nicht nur die wirksame. Zu den Verfügungen iSd Abs. 1 Nr. 2 gehört nicht der Erbverzichtsvertrag (BeckOGK/Rudy Rn. 21; MüKoBGB/Helms Rn. 21; aA jurisPK-BGB/Hau Rn. 6). 12

**e) Bestimmung zur Errichtung oder Aufhebung durch Täuschung oder Drohung (Abs. 1 Nr. 3).** Während in Abs. 1 Nr. 2 Fälle erfasst sind, in denen die vom Erblasser konkret beabsichtigte Verfügung nicht oder nicht wirksam errichtet wurde, muss bei Abs. 1 Nr. 3 eine **wirksame,** wenn auch unlauter beeinflusste Verfügung von Todes wegen getroffen worden sein. Nicht genannt ist die **Gewalt.** Der Schluss, bei ihrer Anwendung müsse (trotz Analogieverbot; → Rn. 5) Abs. 1 Nr. 3 erst recht gelten (v. Lübtow ErbR II 724; jurisPK-BGB/Hau Rn. 14; Hempel, Erbunwürdigkeit. Historische Entwicklung und geltendes Recht, Diss. Köln 1969, 54), drängt sich auf, kann aber bei näherer Betrachtung nicht gezogen werden. Bei Anwendung von Gewalt ist die letztwillige Verfügung nichtig. Für die Aufnahme von Abs. 1 Nr. 3 in die Regelung über Erbunwürdigkeitsgründe war entscheidend, „dass durch die widerrechtliche Beeinflussung des Erblassers eine Unsicherheit darüber herbeigeführt wird, wie der Erblasser sonst vielleicht verfügt haben würde" (Mot. V 518 f.). Diese Unsicherheit besteht nicht, wenn die Verfügung ohnehin nicht wirksam ist. Der Tatbestand von Abs. 1 Nr. 3 ist daher bei allen Fällen ursprünglicher Unwirksamkeit der Verfügung von Todes wegen nicht gegeben (BeckOGK/Rudy Rn. 28; MüKoBGB/Helms Rn. 24; Staudinger/Olshausen, 2021, Rn. 40; Lange ErbR § 40 Rn. 79). 13

Die **Täuschung** kann nach allgemeinen Grundsätzen auch durch Unterlassen begangen werden, wenn eine Rechtspflicht zur Aufklärung bestand. Das Problem wird vor allem im Hinblick 14 auf „Eheverfehlungen" diskutiert. Die Frage, ob das Verschweigen ehelicher Untreue eine Täuschung durch Unterlassen iSd Abs. 1 Nr. 3 darstellt, muss idR verneint werden. Der Gesetzgeber hat durch das 1. EheRG vom 14.6.1976 den Ehebruch als Pflichtteilsentziehungsgrund in § 2335 gestrichen. Diese Entscheidung muss auch bei der Auslegung der Erbunwürdigkeitsgründe beachtet werden (OLG Frankfurt FamRZ 2011, 1177 Rn. 48; MüKoBGB/Helms Rn. 26; NK-BGB/Kroiß Rn. 9). In Einzelfällen, etwa wenn der Erblasser erkennbar eine Verknüpfung zwischen Erbeinsetzung und ehelicher Treue hergestellt hat, mag dies anders zu beurteilen sein (problematisch BGHZ 49, 155 = NJW 1968, 642).

**15** Bei Vorliegen dieser Alternative ist auch eine Anfechtung nach § 2078 Abs. 2 möglich (Staudinger/Olshausen, 2021, Rn. 36). Diese führt jedoch nur zur Unwirksamkeit der Verfügung, bei der der Anfechtungsgrund durchgreift, während die auf § 2339 gestützte Anfechtungsklage jede zugunsten des Täuschenden getroffene Verfügung erfasst. Außerdem beseitigt die Anfechtung nach § 2078 nicht die Stellung des Erbunwürdigen als gesetzlicher Erbe.

**16** **f) Urkundenfälschung (Abs. 1 Nr. 4).** Erfasst werden alle Modalitäten des Tatbestandes der Urkundenfälschung (§ 267 StGB) sowie die Tatbestände der §§ 271–274 StGB. Nicht nur die Verfälschung einer vorhandenen Verfügung des Erblassers fällt somit unter Nr. 4, sondern auch die Herstellung (oder das Gebrauch machen von) einer unechten Urkunde (§ 267 Abs. 1 Alt. 1 StGB) (OLG Stuttgart Rpfleger 1956, 160; OLG Düsseldorf OLGR 2001, 95; MüKoBGB/Helms Rn. 27; Staudinger/Olshausen, 2021, Rn. 42), mag auch insoweit streng genommen eine Tat „in Ansehung einer Verfügung des Erblassers" nicht vorliegen. Zu den öffentlichen Urkunden iSd § 271 StGB zählt auch der Erbschein (BGHSt 19, 87 f. = NJW 1964, 558).

**17** Die Straftat kann – im Gegensatz zu Abs. 1 Nr. 1–3 – auch nach Eintritt des Erbfalls begangen werden (OLG Celle NdsRPfl. 1972, 238 (239)). Streitig ist, ob der **Versuch** eines Urkundsdelikts ausreicht (dafür BeckOGK/Rudy Rn. 29; Grüneberg/Weidlich Rn. 7; v. Lübtow ErbR II 726; Hempel, Erbunwürdigkeit. Historische Entwicklung und geltendes Recht, Diss. Köln 1969, 60 ff.). Eine an Wortlaut und Systematik orientierte Auslegung führt zu keinem eindeutigen Ergebnis. Denn einerseits schließt die Verweisung auf die Vorschriften im StGB die Versuchsstrafbarkeit mit ein, andererseits hat der Gesetzgeber bei Abs. 1 Nr. 1 den Versuch ausdrücklich erwähnt. Wenn der Täter durch seine Fälschungshandlung eine formungültige Verfügung hergestellt hat, liegt nicht nur Versuch, sondern Vollendung vor, weil das für § 267 StGB erforderliche Merkmal der Beweiseignung objektiv zu beurteilen und im weitesten Sinn zu verstehen ist (Fischer StGB § 267 Rn. 10). Bei den übrig bleibenden Fällen erfordert der Zweck der Norm eine Einbeziehung des Versuchs nicht (MüKoBGB/Helms Rn. 28; Staudinger/Olshausen, 2021, Rn. 49; Michalski/Schmidt Rn. 504; Muscheler ErbR Rn. 3158).

**18** Umstritten ist, ob der Unwürdigkeitsgrund auch dann vorliegt, wenn die Fälschung letztlich den **wahren Willen des Erblassers** zum Tragen bringt (und auch zu diesem Zweck vorgenommen wurde). Dafür spricht sich zu Recht die (jüngere) Rspr. (BGH NJW 1970, 197 (198); ZEV 2008, 193 (194); OLG Celle NdsRPfl. 1972, 238 (239); OLG Stuttgart ZEV 1999, 317) und die überwM in der Lit. (Burandt/Rojahn/Müller-Engels Rn. 35; Erman/Simon Rn. 6; Grüneberg/Weidlich Rn. 7; jurisPK-BGB/Hau Rn. 9; Soergel/Gietl Rn. 8; NK-BGB/Kroiß Rn. 12; Lange ErbR § 40 Rn. 80) aus. Für krasse Einzelfälle will eine Mindermeinung dem Täter gestatten, der Anfechtungsklage den Einwand des Rechtsmissbrauchs entgegenzuhalten (Lange/Kuchinke ErbR § 6 II 3; Hempel, Erbunwürdigkeit. Historische Entwicklung und geltendes Recht, Diss. Köln 1969, 64). Die andere Ansicht (AK-BGB/Teubner Rn. 19; Jauernig/Stürner Rn. 1; Brox/Walker ErbR § 20 Rn. 6a; Speckmann JuS 1971, 235 und die ältere Rspr.: RGZ 72, 207; 81, 413) begünstigt Fälschungen, weil der Fälscher kein (erbrechtliches) Risiko eingeht. Hinzu kommt, dass der „wahre" Wille des Erblassers oft nicht zuverlässig feststellbar ist. Der Gesetzgeber hat die Ausnahmen für Unwürdigkeitsgründe in Abs. 2 und in § 2343 normiert und bei Abs. 1 Nr. 4 gerade nicht auf die Ziele und Motive des Täters abgestellt. Wenn argumentiert wird, von einer Verfehlung gegen den Erblasser könne bei einem „einvernehmlichen" Handeln nicht gesprochen werden (MüKoBGB/Helms Rn. 13), so wird unterstellt, der Erblasser sei auch mit der Begehung von Straftaten zur Verwirklichung seines Willens einverstanden. Dem Erblasser kann aber auch daran gelegen sein, dass sein Erbe sich in jeder Hinsicht an die Regeln der Rechtsordnung hält (darauf stellt auch Muscheler ErbR Rn. 3161 ab). Das Vorliegen des Erbunwürdigkeitsgrundes kann daher allenfalls dann verneint werden, wenn die Anfertigung des Testaments durch den Täter mit dem ausdrücklichen Einverständnis des Erblassers erfolgt ist (so lag der Fall in den Entscheidungen RGZ 72, 207; 81, 413). Freilich ist einzuräumen, dass die hier gebilligte Auffassung eine gewisse Nähe zur Lehre von der Erbunwürdigkeit als zivilrechtliche Strafe aufweist (Speckmann JuS 1971, 235 (236)).

### IV. Ausnahmevorschrift des Abs. 2

Nach der für Abs. 1 Nr. 3 und Abs. 1 Nr. 4 geltenden Ausnahmeregelung tritt keine Erbunwürdigkeit ein, wenn noch vor dem Tod des Erblassers die Verfügung, zu deren Errichtung der Erblasser bestimmt oder in Ansehung deren das Urkundsdelikt begangen wurde, unwirksam geworden ist. Das Gleiche gilt, wenn die Verfügung, zu deren Aufhebung der Erblasser bestimmt worden ist, unwirksam geworden sein würde. Die mit zahlreichen Streitfragen belastete Bestimmung beruht auf der Erwägung, dass durch die Handlung des Täters hier keine Ungewissheit über den Willen des Erblassers geschaffen worden sei (Prot. V 642). Sie ist **rechtspolitisch fragwürdig,** weil sie zu unbefriedigenden, von Zufällen abhängigen Ergebnissen führt (Lange ErbR § 40 Rn. 81; Muscheler ErbR Rn. 3151; Bartholomeyczik NJW 1955, 795). 19

Die nachträgliche (zwischen unlauterer Einwirkung und Erbfall eintretende) Unwirksamkeit kann etwa auf dem Vorversterben des Bedachten, der Aufhebung der Verfügung durch den Erblasser oder dem Eintritt (oder Ausfall) einer Bedingung beruhen. Bei einem gefälschten Testament kommt es darauf an, ob ein echtes Testament gleichen Inhalts unwirksam geworden wäre (MüKoBGB/Helms Rn. 32; Staudinger/Olshausen, 2021, Rn. 53). 20

Der späteren Unwirksamkeit soll die **anfänglich bestehende** gleichstehen, denn auch in diesem Fall sei die Handlung des Täters nicht kausal für die Beeinträchtigung des Erblasserwillens geworden (Brox/Walker ErbR § 20 Rn. 8). Da Abs. 1 Nr. 3 tatbestandsmäßig eine wirksame Verfügung voraussetzt (→ Rn. 13), ist eine entsprechende Anwendung von Abs. 2 dort von vornherein nicht denkbar. In den Fällen der Abs. 1 Nr. 4 (Urkundenfälschung) besteht für die Überschreitung des Wortlauts kein zwingender Grund. Die für diese Fälle erforderliche (abstrakte) Verdunklungsgefahr ist auch bei wegen Formverstoßes oder aus anderen Gründen von Anfang an unwirksamen Verfügungen gegeben (OLG Stuttgart ZEV 1999, 317; MüKoBGB/Helms Rn. 33; Staudinger/Olshausen, 2021, Rn. 56; Michalski/Schmidt Rn. 507). 21

## § 2340 Geltendmachung der Erbunwürdigkeit durch Anfechtung

**(1) Die Erbunwürdigkeit wird durch Anfechtung des Erbschaftserwerbs geltend gemacht.**

**(2) [1]Die Anfechtung ist erst nach dem Anfall der Erbschaft zulässig. [2]Einem Nacherben gegenüber kann die Anfechtung erfolgen, sobald die Erbschaft dem Vorerben angefallen ist.**

**(3) Die Anfechtung kann nur innerhalb der in § 2082 bestimmten Fristen erfolgen.**

### Überblick

Die Anfechtung geschieht durch die Erhebung einer Anfechtungsklage. Zulässig ist die Anfechtung nach Abs. 2 S. 1 erst nach Anfall der Erbschaft (→ Rn. 2). Einem Nacherben gegenüber kann die Anfechtung trotz § 2139 schon dann erfolgen, wenn die Erbschaft dem Vorerben angefallen ist (Abs. 2 S. 2, → Rn. 3). Die Jahresfrist für die Anfechtung beginnt, wenn der Anfechtende „zuverlässige Kenntnis" vom Erbunwürdigkeitsgrund erlangt (→ Rn. 5).

### I. Geltendmachung durch Anfechtung

Erbunwürdigkeit tritt nicht kraft Gesetzes ein; der Erbunwürdige wird zunächst Erbe. Ob sich das Vorliegen eines Unwürdigkeitsgrunds überhaupt auswirkt, hängt vom Verhalten derjenigen ab, denen das Gesetz in § 2341 die Möglichkeit einräumt, gegen den Erbschaftserwerb des Erbunwürdigen vorzugehen. Diese können sich mit der Erbenstellung des Unwürdigen abfinden oder dessen Erbschaftserwerb anfechten (Abs. 1). Die Anfechtung geschieht durch die Erhebung einer **Anfechtungsklage** (§ 2342) binnen Jahresfrist. 1

### II. Maßgebender Zeitpunkt für die Anfechtung

Zulässig ist die Anfechtung erst **nach Anfall der Erbschaft** (Abs. 2 S. 1). Zur Vermeidung unnötiger Prozesse soll abgewartet werden, ob der Erbunwürdige überhaupt Erbe wird. Zu Lebzeiten des Erblassers kann daher auch keine Klage auf Feststellung der Erbunwürdigkeit erhoben werden (Staudinger/Olshausen, 2021, Rn. 7). Diese Einschränkung ist schon deshalb erforderlich, weil der Erblasser jederzeit noch verzeihen kann (§ 2343). Umstritten, aber wohl selten praktisch 2 ist, ob eine Anfechtungsklage gleichzeitig gegen mehrere nacheinander berufene unwürdige Erben gerichtet werden kann (Beispiel: Vater und Sohn haben gemeinschaftlich den Großvater getötet). Die Meinung, die dies – gegen den Wortlaut des Abs. 2 S. 1 – aus „praktischen" Gründen bejaht (MüKoBGB/Helms Rn. 2; RGRK-BGB/Kregel Rn. 2), unterschätzt die Probleme, die auftreten, wenn die Klage gegen den Erstberufenen nicht durchdringt (gegen eine Verbindung deshalb BeckOGK/Rudy § 2342 Rn. 9.1; jurisPK-BGB/Hau Rn. 3; NK-BGB/Kroiß Rn. 3; Soergel/Gietl Rn. 1; Staudinger/Olshausen, 2021, Rn. 8).

## III. Anfechtung gegenüber Nacherben

3 Einem Nacherben gegenüber kann die Anfechtung trotz § 2139 (Anfall der Erbschaft mit Eintritt des Nacherbfalls) schon dann erfolgen, wenn die Erbschaft dem Vorerben angefallen ist (Abs. 2 S. 2). Die Regelung dient dem Schutz des Vorerben, der frühzeitig Klarheit darüber erhalten soll, ob er (als Vorerbe) Beschränkungen zugunsten des Nacherben unterliegt oder ob er Vollerbe geworden ist.

4 Eine analoge Anwendung des Abs. 2 S. 2 (dh Verzicht auf das Erfordernis des Anfalls der Erbschaft) wird für den (speziellen) Fall diskutiert, dass einem Erbunwürdigen ein Anfechtungsrecht nach §§ 2078, 2080 zusteht, er dieses jedoch nicht geltend macht, um zu vermeiden, dass als Folge der Anfechtung die Erbschaft ihm anfällt und er sich damit einer Unwürdigkeitsklage aussetzt (Beispiel nach Strohal ErbR I § 60 III: Sohn S, der nächste gesetzliche Erbe des V, veranlasst diesen durch Drohungen, seine, des S, Ehefrau als Alleinerbin einzusetzen). Einer analogen Anwendung des Abs. 2 S. 2 bedarf es hier indes nicht. Mit der hM im Schrifttum (BeckOGK/Rudy Rn. 7; Grüneberg/Weidlich § 2080 Rn. 5; Soergel/Gietl Rn. 1; Staudinger/Olshausen, 2021, Rn. 12 ff.; Hempel, Erbunwürdigkeit. Historische Entwicklung und geltendes Recht, 1969, 77 ff.) kann dieser Fall über eine Ausweitung der Anfechtungsberechtigung nach § 2080 gelöst werden. Der nach der gesetzlichen Erbfolge nachberufene Erbe ist zum Kreis der Anfechtungsberechtigten zu zählen. Nach Anfechtung der letztwilligen Verfügung kann er die Erbunwürdigkeitsklage erheben.

## IV. Anfechtungsfristen

5 Im Interesse der Rechtssicherheit muss die Anfechtung innerhalb Jahresfrist (Abs. 3 iVm § 2082 Abs. 1) geltend gemacht werden. Auf den Lauf der einjährigen Frist finden die für die Verjährung geltenden Vorschriften der §§ 206, 210, 211 über Hemmung und Ablaufhemmung Anwendung (Abs. 3 iVm § 2082 Abs. 2 S. 2). Die Frist beginnt, wenn der Anfechtende **„zuverlässige" Kenntnis** vom Erbunwürdigkeitsgrund erlangt. Dazu zählt auch die **Beweisbarkeit des Anfechtungsgrundes,** weil die Anfechtung durch Klage mit Beweislastregeln erfolgt (allgM). Bei Testamentsfälschung genügt Kenntnis von der Fälschung und des Fälschers als Anfechtungsgegner aus einem Sachverständigengutachten (BGH NJW 1989, 3214 (3215)). Im Falle des § 2339 Abs. 1 Nr. 1 ist auch die Kenntnis der schuldbegründenden Merkmale erforderlich, da bei schuldlosem Verhalten eine Erbunwürdigkeit nicht in Betracht kommt (OLG Düsseldorf OLGR 2000, 181). Im Einzelfall kann der Abschluss des Strafverfahrens abgewartet werden (vgl. OLG Koblenz OLGR 2004, 567). Gegenüber einem erbunwürdigen Nacherben beginnt die Frist erst mit dem Anfall der Nacherbschaft (Staudinger/Olshausen, 2021, Rn. 19; Gottwald ZEV 2006, 489 (490)); dass die Anfechtung schon vorher geltend gemacht werden kann, hat auf den Fristbeginn keinen Einfluss. Ausgeschlossen ist die Anfechtung, wenn seit dem Erbfall 30 Jahre verstrichen sind (Abs. 3 iVm § 2082 Abs. 3).

## § 2341 Anfechtungsberechtigte

**Anfechtungsberechtigt ist jeder, dem der Wegfall des Erbunwürdigen, sei es auch nur bei dem Wegfall eines anderen, zustatten kommt.**

### Überblick

Zum weit gezogenen Kreis der Anfechtungsberechtigten gehört jeder, dem der Wegfall des Erbunwürdigen zustattenkommt (→ Rn. 1), wobei der Vorteil in der Erbenstellung bestehen muss und andere Vermögensvorteile nicht ausreichen (→ Rn. 2). Das Anfechtungsrecht ist vererblich, aber weder übertragbar noch pfändbar, auch kann seine Ausübung nicht einem Dritten überlassen werden (→ Rn. 3).

## I. Anfechtungsberechtigung

Jeder, dem der Wegfall des Erbunwürdigen zustattenkommt, ist anfechtungsberechtigt. Anders als bei Anfechtung einer letztwilligen Verfügung (§ 2080 Abs. 1) steht das Anfechtungsrecht **auch mittelbar Betroffenen** zu, die erst nach dem Wegfall anderer nächstbegünstigter Personen erben. Der Kreis der Anfechtungsberechtigten wurde deshalb so weit gezogen, weil auch der an späterer Stelle Berufene ein „besseres" Recht auf die Erbschaft hat als der Erbunwürdige, und die Geltendmachung der Erbunwürdigkeit nicht an der Rücksichtnahme, der Bequemlichkeit oder den unlauteren Motiven der zunächst Berufenen scheitern soll (Prot. V 644). Es genügt die theoretische Möglichkeit, dass sich der Erbteil des Anfechtenden erhöht, wenn die an die Stelle des Anfechtungsgegners Tretenden die Erbschaft ausschlagen. Die gesetzlichen Erben des Anfechtungsberechtigten haben ein eigenes Anfechtungsrecht schon vor dessen Tod; sie würden durch die Anfechtung eine „nähere" Stellung zur Erbschaft erhalten (jurisPR-BGB/Hau Rn. 4; aA BeckOGK/Rudy Rn. 4.1; Soergel/Gietl Rn. 1). 1

Da der **Vorteil** in der **Erbenstellung** bestehen muss und andere Vermögensvorteile nicht ausreichen, sind zB Vermächtnisnehmer (eine Ausnahme soll gelten, wenn die „nahe Gefahr einer Kürzung des Vermächtnisses besteht", so OLG Celle NdsRPfl 1972, 238; aA MüKoBGB/Helms Rn. 2), Auflagenbegünstigte oder Gläubiger nicht anfechtungsberechtigt. Auch dem Testamentsvollstrecker fehlt die Anfechtungsbefugnis (Staudinger/Olshausen, 2021, Rn. 5). Wer zugunsten des Erbunwürdigen durch einen Vertrag mit dem Erblasser auf sein Erbrecht verzichtet hat, besitzt ebenfalls kein Anfechtungsrecht (Staudinger/Olshausen, 2021, Rn. 5; aA Soergel/Gietl Rn. 1). Dagegen kann der Staat als möglicher (letzter in Betracht kommender) Erbe immer anfechten. Der Erbunwürdige kann gegen einen anderen Erbunwürdigen so lange Klage erheben, als er selbst nicht rechtskräftig für erbunwürdig erklärt worden ist (BeckOGK/Rudy Rn. 3; RGRK-BGB/Kregel Rn. 1; Lange/Kuchinke ErbR § 6 III 3a). Von mehreren Anfechtungsberechtigten kann jeder unabhängig von den anderen das Anfechtungsrecht ausüben. Klagen sie gemeinsam, sind sie im Rechtsstreit keine notwendigen Streitgenossen (Soergel/Gietl Rn. 2). 2

## II. Vererblichkeit und Übertragbarkeit

Das Anfechtungsrecht ist **vererblich,** wobei die Frist, die für den verstorbenen Anfechtungsberechtigten begonnen hat, für den Erben weiterläuft (da die Erben idR ein eigenes Anfechtungsrecht haben, wird die Frage selten praktisch). Das Anfechtungsrecht ist **weder übertragbar noch pfändbar,** auch kann seine Ausübung nicht einem Dritten überlassen werden. Denn es geht nicht nur um die vermögensrechtliche Zuordnung des Nachlasses, sondern um die Verschaffung der Erbenstellung (Staudinger/Olshausen, 2021, Rn. 7; Erman/Simon Rn. 1). 3

### § 2342 Anfechtungsklage

**(1) [1]Die Anfechtung erfolgt durch Erhebung der Anfechtungsklage. [2]Die Klage ist darauf zu richten, dass der Erbe für erbunwürdig erklärt wird.**

**(2) Die Wirkung der Anfechtung tritt erst mit der Rechtskraft des Urteils ein.**

## Überblick

Die Anfechtung kann nur durch eine Klage geltend gemacht werden. Es handelt sich um eine Gestaltungsklage (→ Rn. 1). Der Streitwert richtet sich nach hM nach dem Wert der Nachlassbeteiligung des Beklagten (→ Rn. 4). Für das Verfahren gilt die Verhandlungsmaxime, allerdings mit aus der Natur des Streitgegenstands folgenden Einschränkungen (→ Rn. 6). Die Wirkung der Anfechtung tritt erst mit Rechtskraft des Gestaltungsurteils ein (Abs. 2, → Rn. 8).

## I. Anfechtung durch Klageerhebung

**1. Klageerhebung.** Die Anfechtung kann nur durch eine Klage (auch Widerklage) geltend gemacht werden, nicht durch Einrede oder Geltendmachung im Erbscheinsverfahren (BayObLGZ 1973, 257; BayObLG FamRZ 2001, 319). Es handelt sich um eine **Gestaltungsklage** (BGH ZEV 2013, 34; Staudinger/Olshausen, 2021, Rn. 7; MüKoBGB/Helms Rn. 7; Soergel/Gietl Rn. 1; aA RGRK-BGB/Kregel Rn. 2; Muscheler ZEV 2009, 101 (105); Grüneberg/Weidlich 1

Rn. 3: Feststellungsklage; offenlassend BeckOGK/Rudy Rn. 17). Aus dem Klageantrag muss deutlich werden, dass die Anfechtung wegen Erbunwürdigkeit erfolgt im Unterschied zur bloßen Anfechtung einer letztwilligen Verfügung. Die Klageerhebung bedeutet nicht notwendig die Annahme der Erbschaft; der obsiegende Kläger kann demnach noch ausschlagen (MüKoBGB/Helms Rn. 1). Ist der Erbe zugleich Pflichtteilsberechtigter oder Vermächtnisnehmer, ist in der Klageerhebung gegen ihn regelmäßig zugleich die Anfechtungserklärung nach § 2345 zu sehen (MüKoBGB/Helms Rn. 1; Staudinger/Olshausen, 2021, § 2345 Rn. 9).

2 Beklagter ist der Erbe bzw. dessen Gesamtrechtsnachfolger. Gegen einen Einzelrechtsnachfolger, etwa einen Erbschaftskäufer (§ 2371) oder einen Erbteilserwerber (§ 2033), kann die Klage nicht gerichtet werden (Staudinger/Olshausen, 2021, Rn. 8; Grüneberg/Weidlich Rn. 1). Der Beklagte ist nicht mehr passivlegitimiert, wenn er die Erbschaft ausschlägt (Soergel/Gietl Rn. 4; Unberath ZEV 2008, 465 (467); aA KG NJW-RR 1989, 455; MüKoBGB/Helms Rn. 7).

3 Während der Dauer des Anfechtungsprozesses, uU schon bei dessen ernsthafter Ankündigung, können nach § 1960 nachlassgerichtliche Sicherungsmaßnahmen angeordnet werden (BayObLG NJW-RR 2002, 1159; Staudinger/Olshausen, 2021, Rn. 5). Die Erhebung einer Anfechtungsklage kann es rechtfertigen, ein bereits eingeleitetes Erbscheinverfahren gem. § 21 FamFG auszusetzen (OLG Rostock ZErb 2012, 90: nur dann, wenn nach dem Klagevorbringen eine gewisse Erfolgsaussicht besteht).

4 **2. Streitwert und Zuständigkeit.** Der **Streitwert** richtet sich nach hM nach dem Wert der Nachlassbeteiligung des Beklagten (BGH NJW 1970, 197; OLG Koblenz ZEV 1997, 252; BeckOGK/Rudy Rn. 11; Soergel/Gietl Rn. 6; Erman/Simon Rn. 1. Beachtliche Argumente für das Festhalten an der früheren Rspr., die auf das Klägerinteresse abgestellt hat, bei MüKoBGB/Helms Rn. 6 und Roth ZEV 1997, 252; s. auch Speckmann MDR 1972, 905). Diese Abweichung von dem das Streitwertrecht prägenden Grundsatz, wonach das „Angreiferinteresse" entscheidet (Stein/Jonas/Roth ZPO § 3 Rn. 10), wird damit begründet, dass ein Erfolg der Klage sich nicht nur auf die Verhältnisse des Klägers, sondern auch auf das Erbrecht des (möglicherweise erbunwürdigen) Beklagten auswirke (zust. Muscheler ZEV 2009, 101 (106); diff. Damrau/Tanck/Kurze Rn. 16).

5 Sachlich ist je nach Streitwert das Amts- oder Landgericht **zuständig.** Für die örtliche Zuständigkeit besteht der **Gerichtsstand** des **§ 27 ZPO** neben dem allgemeinen Gerichtsstand, weil die Erbunwürdigkeitserklärung materiell die Feststellung des Erbrechts einschließt (allgM).

6 **3. Weitere prozessuale Fragen.** Für das Verfahren gilt die **Verhandlungsmaxime,** allerdings mit aus der Natur des Streitgegenstands folgenden Einschränkungen. Der Beklagte kann zwar gem. § 307 ZPO anerkennen (OLG Jena ZEV 2008, 479; LG Köln NJW 1977, 1783; Damrau/Tanck/Kurze Rn. 12; aA LG Aachen NJW-RR 1988, 263; Blomeyer MDR 1977, 674 (675); diff. KG FamRZ 1989, 675; zur Anwendung des § 93 ZPO in diesen Fällen Unberath ZEV 2008, 465 (466)); auch ist im Falle der Säumnis ein Versäumnisurteil möglich. Die Erbunwürdigkeit kann jedoch nicht im Wege des Vergleichs (BeckOGK/Rudy Rn. 15; aA NK-BGB/Kroiß Rn. 9) oder durch außergerichtliches Anerkenntnis in öffentlich beglaubigter Urkunde (§ 794 Abs. 1 Nr. 5 ZPO) festgestellt werden (MüKoBGB/Helms Rn. 8 und v. Lübtow ErbR II 741 folgern daraus die Geltung des Untersuchungsgrundsatzes; offengelassen von BGH ZEV 2013, 34).

7 Die Anfechtungsklage kann **verbunden** werden mit der Herausgabeklage nach §§ 2018 ff. (BeckOGK/Rudy Rn. 8; MüKoBGB/Helms Rn. 3; Soergel/Gietl Rn. 2; Staudinger/Olshausen, 2021, Rn. 4; der Gesetzgeber hat die Frage bewusst offengelassen, s. Mot. V 523 f.) – ein Anwendungsfall der uneigentlichen Eventualhäufung. Materiell-rechtlich ist der Anspruch aus § 2018 zwar erst begründet, wenn die Erbunwürdigkeit rechtskräftig festgestellt ist, aus Gründen der Prozessökonomie ist jedoch eine Klageverbindung zuzulassen. Im **Urteilstenor** ist auf Herausgabe der Erbschaft nach Rechtskraft des Urteils zu erkennen (MüKoBGB/Helms Rn. 3). Dagegen hat der Kläger kein berechtigtes Feststellungsinteresse, den Beklagten über eine Erbunwürdigkeitserklärungsklage hinaus auf Feststellung in Anspruch zu nehmen, selbst Erbe geworden zu sein (OLG Saarbrücken FamRZ 2007, 1275; jurisPK-BGB/Hau Rn. 5).

## II. Wirkung des Urteils

8 Die Wirkung der Anfechtung tritt erst **mit Rechtskraft** des Gestaltungsurteils ein (Abs. 2), hat aber sachlich Rückwirkung gem. § 2344. Die Wirkung des stattgebenden Urteils kommt allen Anfechtungsberechtigten zugute (BGH NJW 1970, 197), es verändert die materielle Rechtslage. Bei Klageabweisung gilt die Rechtskraft nur inter partes, sodass ein anderer Berechtigter durch die Rechtskraft des Urteils nicht gehindert ist, Anfechtungsklage zu erheben.

## § 2343 Verzeihung

**Die Anfechtung ist ausgeschlossen, wenn der Erblasser dem Erbunwürdigen verziehen hat.**

### Überblick

Die (auch stillschweigend mögliche, → Rn. 1) Verzeihung widerlegt die Vermutung, der Erblasserwille sei auf Enterbung des Täters gerichtet. Sie beseitigt zwar nicht die (materielle) Erbunwürdigkeit als solche, schließt aber die Anfechtung aus (→ Rn. 2).

1 Zu Begriff und Voraussetzungen der **Verzeihung** → § 2337 Rn. 1 ff. Die Verzeihung widerlegt die Vermutung, der Erblasserwille sei bei den in § 2339 aufgeführten Verfehlungen auf Enterbung des Täters gerichtet. Sie setzt daher Kenntnis des Unwürdigkeitsgrundes, dh Kenntnis des Tatbestands und des Unrechtsgehalts voraus; nicht erforderlich ist dagegen Kenntnis des Instituts der Erbunwürdigkeit oder der rechtlichen Folgen der Verzeihung, ja nicht einmal Kenntnis davon, dass der Unwürdige zum Erben berufen ist (MüKoBGB/Helms Rn. 1; Staudinger/Olshausen, 2021, Rn. 2; aA v. Lübtow ErbR II 741). Verzeihung kann auch stillschweigend erfolgen (OLG Nürnberg NJW-RR 2012, 1225; OLG Karlsruhe FamRZ 1967, 691 (693)). Eine „mutmaßliche“ Verzeihung, dh die Feststellung, dass der Erblasser bei Kenntnis verziehen hätte, genügt jedoch nicht (BGH NJW 2015, 1382; Burandt/Rojahn/Müller-Engels Rn. 6; Staudinger/Olshausen, 2021, Rn. 2; aA RGRK-BGB/Kregel Rn. 1). Die **Beweislast** trifft denjenigen, der sich auf Verzeihung beruft (Schmitz in Baumgärtel/Laumen/Prütting Beweislast-HdB Rn. 1).

2 Nach dem Wortlaut beseitigt die Verzeihung zwar nicht die (materielle) Erbunwürdigkeit als solche (so aber Soergel/Gietl Rn. 1), schließt aber die Anfechtung aus. Die auf Anfechtung des Erbschaftserwerbs abzielende Klage dürfte in diesem Fall als **unbegründet** (nicht bereits unzulässig) abzuweisen sein (jurisPK-BGB/Hau Rn. 4).

3 Auch ein **Verzicht** auf das Anfechtungsrecht ist möglich. Wird trotz des Verzichts Erbunwürdigkeitsklage erhoben, macht der Verstoß gegen § 242 (venire contra factum proprium) die Klage unzulässig (MüKoBGB/Helms Rn. 2; Soergel/Gietl Rn. 2; aA jurisPK-BGB/Hau § 2341 Rn. 6: unbegründet). Der Verzicht wirkt nur zwischen den an der Vereinbarung Beteiligten, anderen Berechtigten wird dadurch das Anfechtungsrecht nicht genommen.

## § 2344 Wirkung der Erbunwürdigerklärung

**(1) Ist ein Erbe für erbunwürdig erklärt, so gilt der Anfall an ihn als nicht erfolgt.**

**(2) Die Erbschaft fällt demjenigen an, welcher berufen sein würde, wenn der Erbunwürdige zur Zeit des Erbfalls nicht gelebt hätte; der Anfall gilt als mit dem Eintritt des Erbfalls erfolgt.**

### Überblick

Die Wirkung der erfolgreichen Anfechtung wird auf den Erbfall zurückbezogen. Der Unwürdige wird so behandelt, als sei er nie berufen worden. An seine Stelle tritt derjenige, der berufen sein würde, wenn der Erbunwürdige zum Zeitpunkt des Erbfalls nicht gelebt hätte (Abs. 2, → Rn. 1). Gegenüber dem Erben haftet der Unwürdige nach §§ 2018 ff. (→ Rn. 2). Im Verhältnis zu Dritten hat der Erbunwürdige wegen der Rückwirkung der Anfechtung als Nichtberechtigter verfügt. Gutgläubige Dritte sind über §§ 932 ff., 892 f. geschützt (→ Rn. 3). Ein Schuldner wird bei Leistung an den Erbunwürdigen unter den Voraussetzungen des § 2367 frei (→ Rn. 4).

### I. Rückwirkung auf den Erbfall

1 Die Wirkung der erfolgreichen Anfechtung wird, obwohl sie erst mit Rechtskraft des Urteils eintritt (§ 2342 Abs. 2) auf den Erbfall **zurückbezogen.** Wie bei der Ausschlagung (§ 1953 Abs. 1) wird der Unwürdige so behandelt, als sei er nie berufen worden. An seine Stelle tritt – ohne Rücksicht darauf, wer das Erbunwürdigkeitsurteil erwirkt hat – derjenige, der berufen sein würde, wenn der Erbunwürdige zum Zeitpunkt des Erbfalls nicht gelebt hätte (Abs. 2). Das ist der gesetzliche Erbe, der Anwachsungsberechtigte oder der Ersatzerbe. Dass darunter auch ein Abkömmling des Unwürdigen sein und dieser so „auf Umwegen“ doch noch zum Zuge kommen

kann (Grüneberg/Weidlich Rn. 1; Lange/Kuchinke ErbR § 6 I 2), ist zwar zutreffend, jedoch kein praktisch relevantes Problem und hinzunehmen. Ist der Nächstberufene zwischen Erbfall und (rechtskräftiger) Erbunwürdigerklärung verstorben, gilt die Erbschaft gleichwohl als ihm angefallen. Auch der für unwürdig erklärte **Nacherbe** wird so behandelt, als habe er den Erbfall nicht erlebt; eine Vererbung des Nacherbenrechts nach § 2108 Abs. 2 kommt daher nicht in Betracht (Burandt/Rojahn/Müller-Engels Rn. 8; Damrau/Tanck/Kurze Rn. 7). Die in § 2344 Abs. 1 angeordnete Wirkung lässt die infolge des Erbfalls durch Konfusion erloschenen Rechte und Pflichten wieder aufleben. War bereits eine unbeschränkte Haftung für Nachlassverbindlichkeiten eingetreten (etwa infolge Versäumung der Inventarfrist nach § 1994 Abs. 1 S. 2), so entfällt diese Wirkung wieder mit Wegfall des Erbunwürdigen. Für Nachlasserbenschulden haftet weiterhin der Erbunwürdige. Bei der Berechnung des Pflichtteils wird der Unwürdige mitgezählt (§ 2310 S. 1).

## II. Folgen der Rückwirkung

2 **1. Im Verhältnis zwischen Erbunwürdigem und dem an seiner Stelle Berufenen.** Gegenüber dem Erben haftet der Unwürdige nach **§§ 2018 ff.** Er ist zur Herausgabe verpflichtet, und er haftet als bösgläubiger Erbschaftsbesitzer auf Schadensersatz (§§ 2023, 2024), da er auf Grund der begangenen vorsätzlichen Verfehlung idR auch die Anfechtbarkeit seines Erbschaftserwerbs kennt (MüKoBGB/Helms Rn. 2; Staudinger/Olshausen, 2021, Rn. 19; Muscheler ErbR Rn. 3184: § 142 Abs. 2 analog). Bei Vorliegen einer strafbaren Handlung (zB Testamentsfälschung, § 267 StGB) greifen die §§ 2025, 823 ff. ein. Der Erbunwürdige kann nach § 2023 Abs. 2, § 994 Abs. 2, § 683 nur Ersatz der notwendigen Verwendungen verlangen. Außerdem belässt ihm § 2022 Abs. 3 Ansprüche nach allgemeinen Vorschriften (zB § 812 oder § 1968), soweit er Aufwendungen hatte, die nicht auf einzelne Sachen bezogen sind (näher → § 2022 Rn. 10).

3 **2. Im Verhältnis zu Dritten.** Im Verhältnis zu Dritten hat der Erbunwürdige wegen der Rückwirkung der Anfechtung als **Nichtberechtigter** verfügt. Gutgläubige Dritte sind über §§ 932 ff., §§ 892 f. geschützt; §§ 935, 857 stehen nicht entgegen: Dem nächstberufenen Erben sind Nachlassgegenstände, über die der Erbunwürdige verfügt hat, nicht abhandengekommen (Burandt/Rojahn/Müller-Engels Rn. 12; MüKoBGB/Helms Rn. 3; Staudinger/Olshausen, 2021, Rn. 20; aA Hempel, Erbunwürdigkeit. Historische Entwicklung und geltendes Recht, 1969, 103). War dem Erbunwürdigen ein Erbschein ausgestellt, kommt Dritten der Schutz der §§ 2366, 2367 zugute. In analoger Anwendung des § 142 Abs. 2 ist Bösgläubigkeit des Erwerbers anzunehmen, wenn dieser die Anfechtbarkeit wegen Erbunwürdigkeit kannte oder kennen musste (BeckOGK/Rudy Rn. 12; MüKoBGB/Helms Rn. 3; Muscheler ErbR Rn. 3185).

4 Ein Schuldner wird bei **Leistung an den Erbunwürdigen** unter den Voraussetzungen des § 2367 frei. Streitig ist, ob sich der Schuldner darüber hinaus auf § 407 analog berufen kann, wenn er an den Erbunwürdigen geleistet hat. Diese Frage ist zu verneinen (Grüneberg/Weidlich Rn. 3; MüKoBGB/Helms Rn. 4; Soergel/Gietl Rn. 3; bejahend Staudinger/Olshausen, 2021, Rn. 21). Das Argument, der Schuldner könne die Leistung nicht von der Vorlage eines Erbscheins abhängig machen, greift nicht durch. Bei Ungewissheit über die Erbunwürdigkeit steht ihm die Möglichkeit der Hinterlegung analog § 372 S. 2 offen. Wird der Schuldner nicht befreit, kann er sich nach §§ 812, 819 Abs. 1, § 142 Abs. 2 an den Erbunwürdigen halten.

5 § 1959 Abs. 2 und 3, die bei der Ausschlagung einen verstärkten Schutz Dritter vorsehen, können – trotz vergleichbarer Interessenlage – nach dem ausdrücklichen Willen des Gesetzgebers (Mot. V 602) nicht analog angewendet werden.

## § 2345 Vermächtnisunwürdigkeit; Pflichtteilsunwürdigkeit

**(1) [1]Hat sich ein Vermächtnisnehmer einer der in § 2339 Abs. 1 bezeichneten Verfehlungen schuldig gemacht, so ist der Anspruch aus dem Vermächtnis anfechtbar. [2]Die Vorschriften der §§ 2082, 2083, 2339 Abs. 2 und der §§ 2341, 2343 finden Anwendung.**

**(2) Das Gleiche gilt für einen Pflichtteilsanspruch, wenn der Pflichtteilsberechtigte sich einer solchen Verfehlung schuldig gemacht hat.**

### Überblick

Die Vermächtnis- und Pflichtteilsunwürdigkeit tritt aus den gleichen Gründen ein wie die Erbunwürdigkeit. Geltend gemacht wird sie durch einfache formlose Anfechtungserklärung innerhalb der Frist des § 2082 durch den Anfechtungsberechtigten (→ Rn. 2). Der Anspruch aus dem Vermächtnis oder der Pflichtteilsanspruch werden durch die Anfechtung nach § 142 Abs. 1 rückwirkend beseitigt (→ Rn. 5).

## I. Normzweck

Wer erbunwürdig ist, soll auch keinen Anspruch auf ein Vermächtnis oder den Pflichtteil haben. 1
Die **Vermächtnis- und Pflichtteilsunwürdigkeit** tritt aus den gleichen Gründen ein wie die Erbunwürdigkeit und erfasst die Fälle, in denen ein lediglich obligatorisch Berechtigter, nämlich ein Vermächtnisnehmer oder Pflichtteilsberechtigter, eine Verfehlung begangen hat, die bei einem Erben Unwürdigkeit begründen würde (krit. zum Normzweck Lange ErbR 2021, 274 (278)). Eine selbstständige Bedeutung hat die Pflichtteilsunwürdigkeit nur dann, wenn der Unwürdige enterbt, ihm aber nicht der Pflichtteil entzogen wurde. Das BVerfG hat die Regelung über die Pflichtteilsunwürdigkeit in Abs. 2 für verfassungsmäßig erklärt (BVerfG NJW 2005, 1561 (1565)).

## II. Geltendmachung der Vermächtnis- und Pflichtteilsunwürdigkeit

Auch die Vermächtnis- und Pflichtteilsunwürdigkeit muss durch **Anfechtung** geltend gemacht 2
werden. Allerdings erfolgt die Anfechtung hier nicht durch eine Klage – §§ 2342, 2344 sind in § 2345 Abs. 1 S. 2 nicht erwähnt –, sondern durch einfache formlose Anfechtungserklärung innerhalb der Frist des § 2082 durch den Anfechtungsberechtigten. Zur Anfechtungsberechtigung → § 2341 Rn. 1; zum Fristbeginn → § 2340 Rn. 5. Da die Anfechtung nicht im Wege der Klage geltend gemacht werden muss, kommt es für den Fristbeginn auf die Beweisbarkeit des Anfechtungsgrunds nicht an (MüKoBGB/Helms Rn. 4; Staudinger/Olshausen, 2021, Rn. 14). Streitig ist, ob eine Anfechtung auch schon vor dem Erbfall möglich, da nicht auf § 2340 Abs. 2 verwiesen wird (bejahend BeckOGK/Rudy Rn. 11; Soergel/Gietl Rn. 5; abl. Staudinger/Olshausen, 2021, Rn. 2).

**Anfechtungsgegner** ist der Gläubiger des Anspruchs (Vermächtnisnehmer oder Pflichtteilsbe- 3
rechtigter), § 143 Abs. 1, Abs. 4 S. 1. Dem Anfechtungsberechtigten steht ein Leistungsverweigerungsrecht zu (§ 2083). Die Einrede kann auch noch nach Ablauf der Anfechtungsfrist erhoben werden, wie sich aus § 2083 Hs. 2 ergibt (OLG Hamm ZEV 2016, 644). Ist der Erbe zugleich Pflichtteilsberechtigter oder Vermächtnisnehmer, so ist in der Erhebung der Anfechtungsklage gem. § 2342 gegen ihn regelmäßig zugleich die Anfechtungserklärung nach § 2345 zu sehen (BeckOGK/Rudy Rn. 10; jurisPK-BGB/Hau Rn. 3; Staudinger/Olshausen, 2021, Rn. 9).

## III. Anfechtbare Ansprüche

Als anfechtbare Ansprüche kommen auch die **gesetzlichen Vermächtnisse** (Voraus, § 1932; 4
Dreißigster, § 1969) und nicht vollzogene Schenkungen von Todes wegen (§ 2301 Abs. 1) in Betracht (allgM), beim Pflichtteilsberechtigten auch der Pflichtteilsrest- (§§ 2305, 2307) und der Pflichtteilsergänzungsanspruch gegen den Erben (§ 2325) und den Beschenkten (§ 2329). Hat sich ein Auflagenbegünstigter einer der in § 2339 genannten Verfehlungen schuldig gemacht, bleibt nur die Anfechtung der Verfügung von Todes wegen nach § 2078 (Soergel/Gietl Rn. 3). Auch für eine Verfehlung des Vermächtnisnehmers gegen den Erben gilt § 2345 nicht (BGH FamRZ 1962, 256 (257)).

## IV. Wirkung der Anfechtung

Der Anspruch aus dem Vermächtnis oder der Pflichtteilsanspruch werden nach § 142 Abs. 1 5
**rückwirkend** beseitigt. Ist ein Ersatzvermächtnisnehmer bestimmt (§ 2190), erwirbt dieser das Recht, während beim Vorhandensein von Mitvermächtnisnehmern eine Anwachsung des Anspruchs (§ 2158) stattfindet. Fehlt es an beidem, erlischt der Anspruch. Beim Pflichtteilsanspruch beseitigt die wirksame Anfechtung die Sperre des § 2309 für den Anspruch entfernterer Pflichtteilsberechtigter. Dies gilt aber nicht, wenn der Erbe erst nach Ablauf der Frist die Unwürdigkeit im Wege der Einrede geltend macht, weil durch die Erhebung der Einrede der Anspruch nicht erlischt (MüKoBGB/Helms Rn. 8; Staudinger/Olshausen, 2021, Rn. 18; v. Lübtow ErbR II 745 f.; aA jurisPK-BGB/Hau Rn. 5; RGRK-BGB/Kregel Rn. 2). Hat der Erbe den nach § 2345 anfechtbaren Anspruch schon erfüllt, richtet sich die Rückforderung nach den Vorschriften über die ungerechtfertigte Bereicherung (§ 812 Abs. 1 S. 2, § 813). Wegen § 142 Abs. 2 sind die Voraussetzungen des § 819 stets gegeben.

# Abschnitt 7. Erbverzicht

## § 2346 Wirkung des Erbverzichts, Beschränkungsmöglichkeit

**(1) [1]Verwandte sowie der Ehegatte des Erblassers können durch Vertrag mit dem Erblasser auf ihr gesetzliches Erbrecht verzichten. [2]Der Verzichtende ist von der gesetzlichen Erbfolge ausgeschlossen, wie wenn er zur Zeit des Erbfalls nicht mehr lebte; er hat kein Pflichtteilsrecht.**

**(2) Der Verzicht kann auf das Pflichtteilsrecht beschränkt werden.**

### Überblick

Der Erbverzicht ist ein auf die mit dem Erbfall eintretende Änderung der erbrechtlichen Verhältnisse gerichteter erbrechtlicher Vertrag (→ Rn. 1 ff.). Ein Erb- und Pflichtteilsvertrag gegen die guten Sitten verstoßen und deshalb gem. § 138 Abs. 1 unwirksam sein (→ Rn. 3). Der Erbverzicht kann nur zu Lebzeiten des Erblassers geschlossen werden (→ Rn. 7 f.). Nach höchstrichterlicher Rechtsprechung kann ein Erbvertrag oder ein notariell beurkundetes gemeinschaftliches Testament einen Erb- und/oder Pflichtteilsverzicht enthalten (→ Rn. 9). Gegenstand des Erbverzichts nach § 2346 ist – vorbehaltlich einer abweichenden Vereinbarung – das gesetzliche Erbrecht des Verzichtenden, wie es ihm ohne den Verzicht nach dem Erbfall zustehen würde (→ Rn. 10 ff.). Der Pflichtteilsverzicht ist eine zulässige Beschränkung des Erbverzichts (→ Rn. 23 ff.). Bereits mit Abschluss des Verzichtsvertrags ist dieser als Rechtsgeschäft unter Lebenden bindend. Der vertragliche Vorbehalt eines Widerrufsrechts oder Rücktritts ist mit der Rechtsnatur des Verfügungsgeschäfts nicht vereinbar (→ Rn. 25 ff.). In der Literatur wird diskutiert, ob und inwieweit auch Erb- und Pflichtteilsverzichte zwischen Ehepartnern einer den Eheverträgen vergleichbaren Inhaltskontrolle unterliegen (→ Rn. 32). Der Erbverzicht bedarf als Verfügungsgeschäft eines schuldrechtlichen Kausalgeschäfts, um kondiktionsfest zu sein (→ Rn. 33 ff.). Nach deutschem Verständnis ist ein Erbverzicht keine Verfügung von Todes wegen, insbesondere kein Erbvertrag, so dass für diesen das Erbstatut des Art. 26 EGBGB nicht unmittelbar gilt, sondern Art. 11 EGBGB (→ Rn. 48).

### Übersicht



### I. Bedeutung, Rechtsnatur, Wirksamkeit

1 Der Erbverzicht erweitert die **Testierfreiheit** des Erblassers (BGH NJW-RR 1991, 1610 (Pflichtteilsverzicht)) und ist Bestandteil der Erbrechtsgarantie des Art. 14 Abs. 1 GG. Der Erblasser kann damit schon vor Eintritt des Erbfalls durch Vertrag mit dem Verzichtenden die Erbfolge an die besonderen Verhältnisse des Einzelfalls anzupassen (Staudinger/Schotten, 2016, Rn. 3; MüKoBGB/Wegerhoff Rn. 6), insbes. durch Verzicht auf den Pflichtteil (Abs. 2) oder durch Beseitigung einer erbrechtlich bindenden letztwilligen Verfügung (Erbeinsetzung, Vermächtnis) in einem Erbvertrag oder gemeinschaftlichen Testament (Zuwendungsverzichts gem. § 2352).

2 Der Erbverzicht ist ein auf die mit dem Erbfall eintretende Änderung der erbrechtlichen Verhältnisse gerichteter **erbrechtlicher Vertrag** (BGH NJW 1957, 1187 (1188); BayObLG NJW-RR 1995, 648; Staudinger/Schotten, 2016, Einl. §§ 2346 ff. Rn. 17 mwN; MüKoBGB/Wegerhoff Rn. 2). Er ist ein **Verfügungsgeschäft,** mit dem die erbrechtliche Chance des Verzichtenden,

beim Erbfall Erbe, Vermächtnisnehmer und/oder Pflichtteilsberechtigter zu werden, ganz oder teilweise zunichte gemacht wird (Staudinger/Schotten, 2016, Einl. §§ 2346 ff. Rn. 17 mwN; MüKoBGB/Wegerhoff Rn. 2; Lange/Kuchinke ErbR § 7 I 4a; v. Lübtow ErbR I 524, 532; aA Kornexl, Der Zuwendungsverzicht, 1999, Rn. 82: negative Geltungsanordnung). Der Erbverzicht ist ein **abstraktes Rechtsgeschäft** (BGH NJW 1962, 1910 (1912); BayObLG MittBayNot 2006, 249 m. abl. Anm. Damrau; Staudinger/Schotten, 2016, Einl. §§ 2346 ff. Rn. 19 mwN; MüKoBGB/Wegerhoff Rn. 3; aA Strohal ErbR I 528), also auch kein gegenseitig verpflichtender Vertrag iSd §§ 320 ff. (BayObLG BeckRS 1995, 01405 Rn. 11; Staudinger/Schotten, 2016, Einl. §§ 2346 ff. Rn. 19 mwN). In der Regel wird ihm ein Kausalgeschäft zugrunde liegen (→ Rn. 33).

Grundsätzlich kann auch ein Erb- und Pflichtteilsvertrag **gegen die guten Sitten verstoßen** 3 und deshalb gem. § 138 Abs. 1 unwirksam sein. In der Regel wird sich die Sittenwidrigkeit jedoch aus einer Gesamtwürdigung des Verzichts und des zugrundeliegenden Rechtsgeschäfts ergeben (OLG Hamm BeckRS 2016, 21302 betr. erhebliches Ungleichgewicht zulasten des Verzichtenden; OLG Düsseldorf NJW-RR 2013, 966 betr. Unkenntnis der Vermögensverhältnisse). Der unentgeltliche Erb- oder Pflichtteilsverzicht eines **Sozialleistungsbeziehers** ist dagegen grds. nicht gem. § 138 sittenwidrig (BGH NJW 2011, 1586). Es ist insbes. kein unzulässiger „Vertrag zu Lasten Dritter", weil dem Sozialleistungsträger keine Pflicht auferlegt, sondern lediglich die Bedürftigkeit des Verzichtenden aufrechterhalten wird. Diese Reflexwirkung hat der Träger der Sozialleistung grds. hinzunehmen. Nicht zuletzt ist der Verzicht durch die Privatautonomie gedeckt, wonach jeder frei entscheiden kann, ob er Erbe eines anderen werden oder auf andere Art etwas aus dessen Nachlass bekommen will. Dies kann nach Wahl der Beteiligten entweder durch Ausschlagung der Zuwendung nach dem Erbfall oder durch Abschluss eines Verzichtsvertrags vor dem Erbfall geschehen (BGH NJW 2011, 1586 (1588)). Auch in der **Insolvenz des Verzichtenden** kann ein unentgeltlicher Verzicht auf das Erb- und/oder Pflichtteilsrecht nicht gem. § 4 Abs. 1 AnfG oder § 134 Abs. 1 InsO angefochten werden, weil ihm gem. § 83 Abs. 1 InsO das Ausschlagungsrecht vorbehalten ist, sodass das Gleiche für den Erb- und Pflichtteilsverzicht zu gelten hat (eingehend Ivo ZErb 2003, 250 (253); MüKoBGB/Wegerhoff Rn. 5; v. Lübtow ErbR I 532; Lange FS Nottarp, 1961, 119 (127); Haegele BWNotZ 1971, 39 (162); Reul MittRhNotK 1997, 373 (374); Uhlenbruck/Mock InsO § 83 Rn. 9; FK-InsO/App InsO § 83 Rn. 8; Huber AnfG § 1 Nr. 26). Die Ausschlagung oder der Verzicht auf die Geltendmachung eines Pflichtteilsanspruchs in der Wohlverhaltensphase stellt ebenfalls keine Obliegenheitsverletzung des Schuldners iSd § 295 Abs. 1 Nr. 2 InsO dar (BGH NJW-RR 2010, 121; Ivo ZErb 2003, 250 (253); Döbereiner, Die Restschuldbefreiung nach der InsO, 1997, 167).

Der Erbverzicht ist ein Rechtsgeschäft unter Lebenden auf den Todesfall und keine Verfügung 4 von Todes wegen (BayObLGZ 1981, 30 (345); Soergel/Najdecki Rn. 1; Staudinger/Schotten, 2016, Einl. §§ 2346 ff. Rn. 17 mwN; MüKoBGB/Wegerhoff Rn. 4; Zellmann, Dogmatik und Systematik des Erbverzichts und seiner Aufhebung im Rahmen der Lehre von den Verfügungen von Todes wegen, 1990, 144 ff.; aA Ebbecke Recht 1916, 333 (339)). Daher erfolgt die **Auslegung** nach den §§ 133, 157 iVm der Auslegungsregel gem. § 2350, nicht nach § 2084 (MüKoBGB/Wegerhoff Rn. 4 mwN). Die Behandlung von Willensmängeln richtet sich nach den §§ 116 ff. (MüKoBGB/Wegerhoff Rn. 4). Die Teilnichtigkeit beurteilt sich nach § 139 (BayObLG NJW 1958, 344 (345); MüKoBGB/Wegerhoff Rn. 4; Staudinger/Schotten, 2016, Einl. §§ 2346 ff. Rn. 21 mwN).

Da der Erbverzicht keine Verfügung von Todes wegen ist, ist dieser nicht nach §§ 2078, 2079 5 anfechtbar, sondern nach §§ 119 ff. (OLG Koblenz NJW-RR 1993, 708 für Anfechtung gem. § 123; MüKoBGB/Wegerhoff Rn. 4; Lange/Kuchinke ErbR § 7 IV 3; aA Kipp/Coing ErbR § 82 IV). Trotzdem ist eine **Anfechtung durch den Verzichtenden** nur zu Lebzeiten des Erblassers zulässig, und zwar nicht nur, weil im Erbfall aus Gründen der Rechtssicherheit die Erbfolge feststehen muss, sondern auch weil er als abstraktes erbrechtliches Verfügungsgeschäft unter Lebenden auf den Todesfall (→ Rn. 2) die Rechtslage mit Eintritt des Erbfalls unmittelbar umgestaltet (aA Leipold ZEV 2006, 212). Zudem geht es – anders als bei der nach Eintritt des Erbfalls zulässigen Anfechtung nach §§ 2078, 2079 – auch nicht darum geht, post mortem noch dem Willen des Erblassers zur Geltung zu verhelfen (BayObLG NJW-RR 2006, 372 = MittBayNot 2006, 249 m. abl. Anm. Damrau = ZEV 2006, 209 m. krit. Anm. Leipold; OLG Koblenz NJW-RR 1993, 708 (709); OLG Schleswig NJW-RR 1997, 1092 (1093) = ZEV 1998, 28 m. abl. Anm. Mankowski; OLG Celle NJW-RR 2003, 1450 = ZEV 2004, 156 (157) m. abl. Anm. Damrau; OLG Düsseldorf NJW 1998, 2607; NK-BGB/Kroiß Rn. 2; MüKoBGB/Wegerhoff Rn. 4; Muscheler in Groll ErbRBeratung-HdB B XV Rn. 185; jurisPK-BGB/Hau Rn. 8; ausf. Staudinger/Schotten, 2016, Rn. 106; Pentz MDR 1999, 786 (787); offenlassend BGH NJW 1999, 789; aA Soergel/Najdecki Rn. 20; Damrau ZEV 2004, 157; Michalski ErbR Rn. 458;

Grüneberg/Weidlich Rn. 18; Horn ZEV 2010, 295). In Betracht kommt jedoch im Einzelfall ein schuldrechtlicher Ausgleichsanspruch des arglistig getäuschten Verzichtenden (OLG Koblenz NJW-RR 1993, 708 (709); jurisPK-BGB/Hau Rn. 8). Dagegen ist die **Anfechtung durch den Erblasser** nach §§ 119, 123 zu seinen Lebzeiten zulässig (Lange/Kuchinke ErbR § 7 V 1 Fn. 102; MüKoBGB/Wegerhoff Rn. 4; Staudinger/Schotten, 2016, Rn. 107; Muscheler in ErbRBeratung-HdB B XV Rn. 186; jurisPK-BGB/Hau Rn. 8; jetzt auch Grüneberg/Weidlich Rn. 18; Pentz MDR 1999, 786 (787), der aber zu Unrecht nach dem Tod des Verzichtenden die Anfechtung verneint; aA Kipp/Coing ErbR § 82 IV; einschr. Soergel/Najdecki Rn. 20), weil ihm fehlt hierfür nicht das Rechtsschutzbedürfnis fehlt: Die Möglichkeit, dem Verzichtenden durch Verfügung von Todes wegen etwas zuzuwenden versagt dann, wenn der Erblasser gebunden ist, und zudem hat der Erbverzicht wegen § 2310 auch weitreichende Auswirkungen auf das Erb- und Pflichtteilsrecht anderer, die nur durch die Anfechtung zu Lebzeiten des Erblassers beseitigt werden können.

## II. Voraussetzungen

6 **1. Beteiligte.** Verzichtende können grds. nur **Verwandte** des Erblassers oder sein **Ehegatte** sein. Aber auch für gleichgeschlechtliche, eingetragene **Lebenspartner** gelten nach § 10 Abs. 7 LPartG die §§ 2346–2352 entspr. (PWW/Deppenkemper Rn. 3; dazu etwa Schwab FamRZ 2001, 385 (396); v. Dickhuth-Harrach FamRZ 2001, 1660 (1666); Walter FPR 2005, 279). Dabei kommt es aber nicht darauf an, ob der Verzichtende nach den Verhältnissen bei Vertragsschluss konkret zur Erbfolge berufen wäre, sodass auch vor einer Adoption oder Eheschließung auf das dadurch erst entstehende Erbrecht verzichtet werden kann (OLG Hamm Rpfleger 1952, 89; MüKoBGB/Wegerhoff Rn. 7; PWW/Deppenkemper Rn. 3; Staudinger/Schotten, 2016, Rn. 6 mwN). Der **Fiskus** kann aber nicht auf sein gesetzliches Erbrecht verzichten, da sonst das Ausschlagungsverbot des § 1942 Abs. 2 umgangen würde (Soergel/Najdecki Rn. 6; MüKoBGB/Wegerhoff Rn. 8). Weder **güterrechtliche Beschränkungen** (der erbrechtliche Verzicht ist keine Verfügung iSv § 1365, für die Gütergemeinschaft ergibt sich dies arg. e contrario aus §§ 1432, 1455, NK-BGB/Kroiß Rn. 3; MüKoBGB/Wegerhoff Rn. 8; Staudinger/Schotten, 2016, Rn. 8; Damrau, Der Erbverzicht als Mittel zweckmäßiger Vorsorge für den Todesfall, 1966, 84 f.) noch ein laufendes Insolvenzverfahren (→ Rn. 3) hindern den Verzichtenden an der Erklärung eines Erbverzichts.

7 Der Erbverzicht muss – vorbehaltlich der Ausnahme gem. § 2347 Abs. 2 S. 2 für den Fall der Geschäftsunfähigkeit – mit dem künftigen **Erblasser** persönlich abgeschlossen werden (§ 2347 Abs. 2 S. 1; → Rn. 8).

8 **2. Abschluss zu Lebzeiten des Erblassers.** Der Erbverzicht kann nur zu Lebzeiten des Erblassers geschlossen werden, da bei seinem Tod die eintretende Erbfolge feststehen muss (→ § 2347 Rn. 4; zur aufschiebenden Bedingung → Rn. 18, → Rn. 45) (BGH NJW 1962, 1910; OLG Köln OLGZ 1975, 1 (3); MüKoBGB/Wegerhoff Rn. 10; Staudinger/Schotten, 2016, Rn. 19). Danach können die wirtschaftlichen Wirkungen des Erbverzichts nur noch durch Ausschlagung der Erbschaft bzw. des Vermächtnisses (§ 1942) oder durch Erlass des Vermächtnisses (§ 397) erreicht werden. Darüber hinaus kommen die Erbteilsübertragung (§ 2033) oder die Abtretung des Vermächtnisanspruchs in Betracht. Ein danach erklärter Verzicht kann in eine Verpflichtung zur Ausschlagung der Erbschaft bzw. des Vermächtnisses oder zur Übertragung der Erbschaft bzw. des Vermächtnisses umgedeutet (§ 140) werden (MüKoBGB/Wegerhoff Rn. 10). Auch ein **Pflichtteilsverzicht** kann nur zu Lebzeiten des Erblassers wirksam vereinbart werden (BGH NJW 1997, 521; aA J. Mayer MittBayNot 1997, 85). Der Pflichtteilsverzicht **nach dem Erbfall** ist als formloser Erlassvertrag (§ 397) möglich (OLG Hamm BeckRS 2021, 41312 Rn. 18; KG OLGZ 1976, 193). Ein nach dem Erbfall vereinbarter Pflichtteilsverzicht eines **Sozialleistungsempfängers** verstößt nicht gegen die guten Sitten, weil die höchstrichterliche Rspr. zur Wirksamkeit von Pflichtteilsverzichtsverträgen nach § 2346 Abs. 2 (→ Rn. 3) auf den Erlass von Pflichtteilsansprüchen nach dem Erbfall durch den pflichtteilsberechtigten Leistungsempfänger ohne weiteres übertragbar ist (OLG Hamm BeckRS 2021, 41312 Rn. 20 ff.).

9 **3. Stillschweigender Erbverzicht.** Nach höchstrichterlicher Rspr. kann ein Erbvertrag oder ein notariell beurkundetes gemeinschaftliches Testament einen Erb- und/oder Pflichtteilsverzicht enthalten, weil ein Verzicht auch dann wirksam erklärt sei, wenn sich der entsprechende Wille aus den beurkundeten Erklärungen ergebe (BGH NJW 1957, 422 betr. Erbvertrag mit dem Schlusserben bei einem „Berliner Modell"; NJW 1977, 1728 betr. gemeinschaftliches Testament ohne gegenseitige Erbeinsetzung zugunsten erstehelicher Kinder; vgl. OLG Düsseldorf MittBayNot 1999, 574 (575 f.); unentschieden: OLG Düsseldorf BeckRS 2021, 47165 Rn. 15 f.). Diese

höchstrichterliche Rspr. wird im Schrifttum überwiegend kritisiert, weil eine stillschweigende Willenserklärung das Formgebot des § 2348 BGB niemals gewahrt sein könne, sodass ein Erb- bzw. Pflichtteilsverzicht immer ausdrücklich erklärt werden müsse. (Habermann JuS 1979, 169; Staudinger/Schotten, 2016, Rn. 13 ff.; Soergel/Najdecki Rn. 8; MüKoBGB/Wegerhoff § 2348 Rn. 8; Reul MittRhNotK 1997, 373 (378); AK-BGB/Teubner Rn. 3; Ebenroth ErbR Rn. 356; Leipold ErbR Rn. 408 Fn. 5; anders aber RGRK-BGB/Johannsen Rn. 10; Jauernig/Stürner Rn. 2; Keim ZEV 2001, 1 (3 f.); Schlüter ErbR Rn. 402). Die Beurkundungspflicht besagt allerdings nichts darüber, mit welchen Worten der Verzichtswille in der notariellen Urkunde zum Ausdruck gebracht werden muss. Die Amtspflicht des Notars zur eindeutigen Formulierung des Verzichtswillens in der Urkunde enthält allein § 17 Abs. 1 S. 1 BeurkG. Deshalb kann auch grds. davon ausgegangen werden, dass der Notar bei Abfassung der Urkunde den Willen zu einem Pflichtteilsverzicht erforscht und diesen klar in der Urkunde niedergeschrieben hätte. Andererseits darf eine Verletzung der notariellen Amtspflicht zur unmissverständlichen Formulierung nicht dazu führen, das von den Urkundsbeteiligten wirklich Gewollte (§§ 133, 157) nicht eintreten zu lassen. Mit Recht werden in der obergerichtlichen Rspr. allerdings strenge Anforderungen an die Annahme eines stillschweigend erklärten Erb- bzw. Pflichtteilsverzichts gestellt (OLG Hamm BeckRS 2014, 17377 betr. Übergabe mit Abfindungserklärung; OLG Hamm NJW-RR 1996, 606 betr. Übergabevertrag; BayObLGZ 1981, 30 (33) betr. Hofübergabe). Unter Einhaltung der allgemein für lebzeitige bzw. letztwillige Willenserklärungen geltenden Auslegungsgrundsätze gem. §§ 133, 157 bestehen aber keine Bedenken, einen nicht ausdrücklich erklärten Verzicht anzuerkennen (vgl. OLG Düsseldorf BeckRS 2021, 47165 Rn. 17 ff.; Lange/Kuchinke ErbR § 7 I 4d; Keim ZEV 2001, 1 (3 f.); Keller ZEV 2005, 229 (230); PWW/Deppenkemper § 2348 Rn. 2). Auslegungsschwierigkeiten vermeidet jedoch, wer in der notariellen Urkunde ausdrücklich klarstellt, ob ein Erb- bzw. Pflichtteilsverzicht gewollt ist oder nicht.

## III. Gegenstand des Erbverzichts

**1. Umfassender Verzicht.** Gegenstand des Erbverzichts nach § 2346 ist – vorbehaltlich einer abweichenden Vereinbarung – das gesetzliche Erbrecht des Verzichtenden, wie es ihm ohne den Verzicht nach dem Erbfall zustehen würde, beim Alleinerben also der gesamte Nachlass, beim Miterben sein gesetzlicher Erbteil, jeweils inklusive dem Pflichtteilsrecht (MüKoBGB/Wegerhoff Rn. 11). Der Verzicht erfasst idR alle mit dem gesetzlichen Erbrecht verbundenen Ansprüche und beschränkt sich nicht auf das dem Verzichtenden zurzeit des Vertragsschlusses zustehende hypothetische gesetzliche Erbrecht. **10**

**Ereignisse,** die **zwischen dem Verzichtsvertrag und dem Erbfall** eintreten, und die zu einer Veränderung der Größe der Erbquote des Verzichtenden führen würden, sind ohne Einfluss auf die Wirksamkeit und Reichweite des Verzichts (Staudinger/Schotten, 2016, Rn. 20; MüKoBGB/Wegerhoff Rn. 11). Dies ergibt sich der von Abs. 1 S. 2 angeordneten Vorversterbensfiktion. Anerkannt ist dies für den Fall der Veränderung der Erbquote durch Hinzukommen oder Wegfall eines anderen gesetzlichen Erben in diesem Zeitraum (Soergel/Najdecki Rn. 14; MüKoBGB/Wegerhoff Rn. 31; RGRK-BGB/Johannsen Rn. 15; Erman/Schlüter ErbR Rn. 8; eingehend Staudinger/Schotten, 2016, Rn. 22). Gleiches muss aber auch bei einer Veränderung der Erbquote infolge einer Änderung der gesetzlichen Bestimmungen gelten, zB durch die Erhöhung des gesetzlichen Ehegattenerbteils nach § 1371 Abs. 1 durch das Gleichberechtigungsgesetz (Staudinger/Schotten, 2016, Rn. 23; MüKoBGB/Wegerhoff Rn. 33; RGRK-BGB/Johannsen Rn. 25; Schramm BWNotZ 1966, 18 (20)). Nach aA sollen solche Veränderungen auch Auswirkungen auf den Umfang des Erbverzichts haben. Die Verkleinerung der Erbquote soll zum Wegfall der Geschäftsgrundlage führen, während sich die Vergrößerung sich nur auf den ursprünglichen Bruchteil beziehen soll (vgl. Staudinger/Ferid/Cieslar, 12. Aufl. 1981, Einl. Rn. 32, 105 ff.; Soergel/Najdecki Rn. 21). **11**

Der Erbverzicht hat damit gleichsam eine **dynamische Wirkung.** Die daraus entstehenden Schwierigkeiten sind jedoch kein Problem des abstrakt wirkenden Erbverzichts als Verfügungsgeschäft, sondern betreffen primär das Grundgeschäft, insbes. beim entgeltlichen Erbverzicht die Höhe der vereinbarten Abfindung (vgl. BGH NJW 1997, 653 betr. Hofübergabe). Zur Auswirkung von Änderungen der Geschäftsgrundlage des Grundgeschäfts auf das Verfügungsgeschäft → Rn. 44. **12**

Bei **nichtehelichen Kindern** und deren Vätern, denen bis zum Inkrafttreten des Erbrechtsgleichstellungsgesetzes am 1.4.1998 (Art. 227 Abs. 1 Nr. 1 EGBGB) gegeneinander nur ein Erbersatzanspruch zustand (§ 1934a aF), konnte Gegenstand des Erbverzichts nicht nur der gesetzliche Erbteil, sondern auch der bloße Erbersatzanspruch sein. Ein hierauf beschränkter Verzicht **13** wurde mit Inkrafttreten des Erbrechtsgleichstellungsgesetzes gegenstandslos. Ob er in einen Erbverzicht umgedeutet werden kann (§ 140), hängt von den Umständen des Einzelfalls ab, ist aber dann ausgeschlossen, wenn damals das gesetzliche Erbrecht ausdrücklich vorbehalten wurde.

14 **2. Einschränkungen des Erbverzichts.** Eine Einschränkung des Erbverzichts ist – wie Abs. 2 belegt – grds. zulässig (MüKoBGB/Wegerhoff Rn. 13 mwN; aA Harrer ZBlFG 15, 11). Dadurch darf jedoch keine Rechtslage geschaffen werden, die zwingenden Vorschriften des Erbrechts widerspricht (MüKoBGB/Wegerhoff Rn. 13; RGRK-BGB/Johannsen Rn. 22). Da Gegenstand des Verzichts das gesetzliche Erbrecht als solches ist, kann eine gegenständliche Beschränkung daher nur in der Art erfolgen, dass auf einen **Bruchteil des gesetzlichen Erbrechts** verzichtet wird (zB Anteil des gesetzlichen Erbteils). Der Grundsatz der Universalsukzession verbietet es hingegen, den Erbverzicht auf bestimmte Nachlassgegenstände oder Inbegriffe derselben zu beschränken (zB Wohnhaus, Unternehmen, gegenwärtigen Nachlass) (KG JW 1937, 1735; Staudinger/Schotten, 2016, Rn. 41; MüKoBGB/Wegerhoff Rn. 14; Lange/Kuchinke ErbR § 7 II 2c). Ein unzulässiger gegenständlich beschränkter Erbverzicht kann allerdings in einen Bruchteilsverzicht umgedeutet werden (§ 140), wobei für die Bestimmung des Bruchteils das Verhältnis aus dem vom Verzicht erfassten Gegenstand zum Gesamtnachlass zu bilden ist (KG JW 1937, 1735; Staudinger/Schotten, 2016, Rn. 41; MüKoBGB/Wegerhoff Rn. 15; für Umdeutung in eine verbindliche Verpflichtung bei Erbauseinandersetzung: Weirich DNotZ 1986, 5 (10)).

15 Ein isolierter Verzicht des **Hoferben** auf sein Hoferbrecht nach der HöfeO unter Aufrechterhaltung seines gesetzlichen Erbrechts iÜ ist möglich; umgekehrt kann der Erbverzicht auf das hoffreie Vermögen beschränkt werden (BGH NJW 1952, 103; OLG Oldenburg FamRZ 1998, 645; Soergel/Najdecki Rn. 13; MüKoBGB/Wegerhoff Rn. 18). Denn es handelt sich hier um eine erbrechtliche Sondererbfolge, die zu einer Nachlassspaltung und damit zu rechtlich getrennten Dispositionsobjekten führt. Umgekehrt umfasst ein unbeschränkter Erbverzicht auch Abfindungsansprüche nach § 13 HöfeO (BGH NJW 1997, 653 m. zust. Anm. Harder = JZ 1998, 143; Edenfeld ZEV 1997, 69).

16 Nach dem Inkrafttreten der EUErbVO kann es bei Erbfällen von Ausländern eigentlich nicht mehr zu einer Nachlassspaltung kommen. Bei Erbfällen vor dem Inkrafttreten dieser Verordnung, kann der Erbverzicht bei Nachlassspaltung – soweit zulässig – hinsichtlich jedes zur Anwendung kommenden Nachlasses gesondert erklärt werden (vgl. zu Art. 25 EGBGB aF Riering ZEV 1998, 248; Staudinger/Dörner EGBGB Art. 25 Rn. 373).

17 Ein isolierter Verzicht auf den **Voraus** oder den **Dreißigsten** (§§ 1932, 1969) ist nach hM nicht möglich, da diese gesetzlichen Vermächtnisse in §§ 2346, 2352 nicht erwähnt werden (MüKoBGB/Wegerhoff Rn. 17; Damrau, Der Erbverzicht als Mittel zweckmäßiger Vorsorge für den Todesfall, 1966, 91; Schlüter ErbR Rn. 397; J. Mayer ZEV 1996, 127; aA Staudinger/Schotten, 2016, Rn. 43 f.; Lange/Kuchinke ErbR § 7 II 2c Fn. 52; Soergel/Najdecki Rn. 11). Gleiches gilt für den Ausbildungsanspruch der Stiefabkömmlinge nach § 1371 Abs. 4 (eingehend → § 1371 Rn. 55), der zumindest teilweise güterrechtlicher Art ist (PWW/Deppenkemper Rn. 8; Soergel/Najdecki Rn. 17; Staudinger/Thiele, 2017, § 1371 Rn. 135 mwN; aA Staudinger/Schotten, 2016, Rn. 45; RGRK-BGB/Finke § 1371 Rn. 68).

18 Der **Erbverzicht** kann auch **befristet** (Coing JZ 1960, 209 (210 f.); MüKoBGB/Wegerhoff Rn. 15; Staudinger/Schotten, 2016, Rn. 55) oder **bedingt** (BGH NJW 1962, 1910 (1921); Staudinger/Schotten, 2016, Rn. 54; MüKoBGB/Wegerhoff Rn. 15; J. Mayer MittBayNot 1985, 101) erklärt werden (arg. § 2350). Ob eine Bedingung oder Befristung erklärt wurde, ist notfalls durch Auslegung gem. §§ 133, 157 zu ermitteln (BayObLG NJW-RR 1995, 648 (649)). Die **Beweislast** für die Vereinbarung und den Eintritt der Bedingung trägt derjenige, der sich auf deren Rechtswirkungen beruft (OLG Saarbrücken BeckRS 2020, 5780 Rn. 20). Der Bedingungseintritt kann ebenso wie der Anfangs- oder Endtermin auch noch nach dem Erbfall eintreten (BayObLGZ 1995, 29 (32); J. Mayer MittBayNot 1985, 101; MüKoBGB/Wegerhoff Rn. 25; Staudinger/Schotten, 2016, Rn. 91 mwN; aA Staudinger/Ferid/Cieslar, 12. Aufl. 1981, Einl. § 2346 Rn. 89; Lange FS Nottarp, 1961, 119 (123)). Bei einer aufschiebenden Bedingung oder Befristung ist der Verzichtende bis zum Eintritt der Bedingung oder des Termins als (konstruktiver) Vorerbe (→ § 2104 Rn. 2) anzusehen, bei einer auflösenden Bedingung oder Befristung bis zur Beseitigung der Ungewissheit oder Eintritt des Endtermins als Nacherbe (BayObLGZ 1957, 292 (300); J. Mayer MittBayNot 1985, 101 (102)).

19 Auch beim **Pflichtteilsverzicht** ist der Eintritt der aufschiebenden Bedingung oder Befristung noch nach dem Erbfall möglich: Zwar besteht dann kein Pflichtteilsrecht mehr, sondern nur ein Pflichtteilsanspruch, jedoch ist das Pflichtteilsrecht die Quelle des hieraus resultierenden Anspruchs. Zwischen beiden besteht kein „aliud-Verhältnis", sodass der erklärte Verzicht auf das

Pflichtteilsrecht auch den Pflichtteilsanspruch erfasst (J. Mayer MittBayNot 1997, 85; Muscheler JZ 1997, 853; aA wohl BGH NJW 1997, 521 (522) mwN). Aber auch wenn man dem BGH folgt, drohen für die Praxis aus einem aufschiebend bedingten Pflichtteilsverzicht keine unüberwindlichen Gefahren. Zwar wirkt nach dem Konzept des BGB ein Bedingungseintritt nicht dinglich wirksam auf den Erbfall zurück, jedoch verpflichtet § 159 die Vertragsteile zumindest das Kausalgeschäft (→ Rn. 33 ff.), sich gegenseitig so zu stellen, als wären diese Wirkungen bereits mit dem Erbfall eingetreten, was zum Anspruch auf Erlass des – bereits entstandenen – Pflichtteilsanspruchs nach § 397 führt. Auch die Vereinbarung eines Pflichtteilsverzichts unter der Bedingung der Errichtung einer Verfügung von Todes wegen unbedenklich, weil eine Zuwendung wirksam an die Bedingung geknüpft werden kann, dass der Empfänger seinerseits jemanden letztwillig bedenkt, und zwar unabhängig davon, ob die Bedingung aufschiebend oder auflösend gestaltet ist (OLG Hamm BeckRS 2019, 31894 Rn. 37).

Durch einen Erbverzicht kann sich der Verzichtende auch **Beschränkungen** (zB Testamentsvollstreckung, Einsetzung eines Nacherben, Vermächtnis, Auflage) **unterwerfen,** vorausgesetzt, jedoch dass der Erblasser sie zusätzlich und formgerecht letztwillig verfügt (MüKoBGB/Wegerhoff Rn. 16; Staudinger/Schotten, 2016, Rn. 46; Lange/Kuchinke ErbR § 7 II Fn. 52). Praktische Bedeutung erlangt diese Möglichkeit bei bindenden Verfügungen von Todes wegen, also im Zusammenhang mit einem Zuwendungsverzicht (→ § 2352 Rn. 7), oder bei pflichtteilsberechtigten Vor- und/oder Nacherben, um das Ausschlagungsrecht des § 2306 zu beseitigen (MüKoBGB/Wegerhoff Rn. 16). 20

Verzichtet werden kann auch auf mögliche **Ausgleichungsrechte nach den §§ 2050 ff.** (Soergel/Najdecki Rn. 9). Soweit nachträglich eine in den Pflichtteil eingreifende Ausgleichungs- oder Anrechnungspflicht (§§ 2315, 2316) getroffen wird, bedarf es hierfür eines Pflichtteilsverzichts (RGZ 71, 133 (136)). 21

Möglich ist zwar auch eine Beschränkung nur auf das gesetzliche Erbrecht, ohne auf das Pflichtteil zu verzichten (BayObLGZ 1981, 30 (34); BayObLG AgrarR 1983, 220; Staudinger/Schotten, 2016, Rn. 34 mwN), jedoch hat dieser dann keine praktische Bedeutung. 22

**3. Pflichtteilsverzicht (Abs. 2).** Der Pflichtteilsverzicht ist eine zulässige Beschränkung des Erbverzichts. Dieser hat die größte praktische Bedeutung, da der Pflichtteil einseitig nur unter den sehr engen Voraussetzungen der §§ 2333 ff. entzogen werden kann (Soergel/Najdecki Rn. 10). Ein Pflichtteilsverzicht bewirkt, dass von Anfang an keine Pflichtteilsansprüche des Verzichtenden mehr entstehen. Sofern nichts anderes vereinbart ist, umfasst dieser Verzicht den **Pflichtteilsrestanspruch** (§§ 2305, 2307) und den **Pflichtteilsergänzungsanspruch** (§§ 2325 ff.), auch wenn dies ein außerordentlicher Pflichtteilsanspruch ist (→ § 2325 Rn. 2) (Staudinger/Schotten, 2016, Rn. 30; Schlüter ErbR Rn. 395; Wiesner MittBayNot 1972, 106 (110); Grüneberg/Weidlich Rn. 16). Er schließt zugleich die Berufung auf die Rechte nach § 2306 und nach den § 2318 Abs. 2, §§ 2319 und 2328 aus (Schramm BWNotZ 1966, 31). 23

Da der Pflichtteilsanspruch ein reiner Geldanspruch ist (§ 2303 Abs. 1 S. 2), ist eine **Beschränkung** des Verzichts in jeder Weise möglich, in der auf eine Geldforderung verzichtet werden kann. Daher kann Gegenstand eines beschränkten Pflichtteilsverzichts sein (vgl. auch jurisPK-BGB/Hau Rn. 23; PWW/Deppenkemper Rn. 7; Staudinger/Schotten, 2016, Rn. 48 ff.; MüKoBGB/Wegerhoff Rn. 20; Soergel/Najdecki Rn. 10; Formulierungsvorschläge bei J. Mayer ZEV 2000, 263): 24

- ein Verzicht auf einen **Bruchteil** des ideellen Pflichtteils;
- der **Pflichtteilsrestanspruch** nach den §§ 2305, 2307;
- der **Pflichtteilsergänzungsanspruch** nach §§ 2325 ff., was aber den Ausgleichspflichtteil (§ 2316), der auch durch die lebzeitige Zuwendung entstehen kann, unberührt lässt und daher vermieden werden sollte; zugleich wird damit zwingend der Umfang des Leistungsverweigerungsrechts des § 2328 um die Höhe Pflichtteilsergänzungsanspruchs, auf den verzichtet wird, reduziert; demgegenüber ist ein bloßes „Vorbehalten" der Einrede des § 2328 ohne einen materiell bestehenden Pflichtteil, der dadurch verteidigt werden könnte, nicht möglich (aA Tanck ZErb 2001, 194 (196)); beim entgeltlichen Pflichtteilsverzicht verbleibt jedoch entspr. dem Rechtsgedanken des § 2328 dem Zuwendungsempfänger wenigstens die Abfindung in Höhe seines Gesamtpflichtteils (→ § 2329 Rn. 13);
- ein sog **gegenständlich beschränkter Pflichtteilsverzicht,** dass ein bestimmter Nachlassgegenstand oder ein Inbegriff derselben (etwa ein bestimmter Betrieb) bei der späteren Berechnung des Pflichtteilsanspruchs wertmäßig als nicht zum Nachlass gehörend anzusehen ist (Weirich DNotZ 1986, 5 (11); Fette NJW 1970, 743; MüKoBGB/Wegerhoff Rn. 20; Soergel/Najdecki Rn. 10; Damrau, Der Erbverzicht als Mittel zweckmäßiger Vorsorge für den Todesfall, 1966,

67 ff.; Staudinger/Schotten, 2016, Rn. 50 mwN; Frenz FS DAI, 2003, 387 (391 f.); unklar Schopp Rpfleger 1984, 175 ff.); aber auch bei ehevertraglichen Vereinbarungen über die Modifizierung der Zugewinngemeinschaft (→ § 1408 Rn. 14) muss oftmals ergänzend hierzu auch ein beschränkter Pflichtteilsverzicht vereinbart werden, insbes. um einen güterrechtlichen Zugewinnausgleich im Erbfall nach § 1371 Abs. 3 auszuschließen (Reimann FS Schippel, 1996, 301 (309); Ch. Winkler ZErb 2005, 360); jedoch ist gerade anlässlich solcher vorsorgender Vereinbarungen eine klare Abgrenzung des Umfangs des Pflichtteilsverzichts erforderlich, und zwar auch bezüglich der Nachlassverbindlichkeiten, die das vom Pflichtteil ausgenommene Vermögen betreffen, um Manipulationsmöglichkeiten und Rechtsstreitigkeiten zu vermeiden (J. Mayer ZEV 2000, 263 (264); krit. Frenz FS DAI, 2003, 387 (392));

- die Festlegung eines bestimmten **Bewertungsverfahrens** für den Pflichtteil, etwa dass eine Gesellschaftsbeteiligung nur zum Buchwert anzusetzen ist (Weirich DNotZ 1986, 5 (11); Staudinger/Schotten, 2016, Rn. 50; Soergel/Najdecki Rn. 10); § 2311 Abs. 2 S. 2 steht dem nicht entgegen, da dieser nur einseitige Festlegungen durch den Erblasser verbietet (Jordan Rpfleger 1985, 7; Staudinger/Schotten, 2016, Rn. 50 mwN; dies verkennt Schopp Rpfleger 1984, 175 (176, 178)).
- die Beschränkung auf einen bestimmten **Höchstbetrag;**
- auf die **Hinnahme von Beschränkungen** und Beschwerungen iSv § 2306, wodurch bewirkt wird, dass § 2306 nicht gilt (vgl. OLG Dresden OLGE 34, 315; MüKoBGB/Wegerhoff Rn. 15, 20; Staudinger/Schotten, 2016, Rn. 52 mwN);
- eine nachträgliche **Anrechnung** einer bislang nicht anrechnungspflichtigen Zuwendung auf den Pflichtteil (RGZ 71, 133 (136); Damrau, Der Erbverzicht als Mittel zweckmäßiger Vorsorge für den Todesfall, 1966, 56) oder die Begründung einer Anrechnungspflicht für die von einem Dritten stammende Zuwendung (Soergel/Najdecki Rn. 10; Mohr ZEV 1999, 257 (259) m. Formulierungsbeispiel);
- Vereinbarung über die **Stundung** oder die Ratenzahlung des späteren Pflichtteilsanspruchs (Damrau BB 1970, 467 (469); Weirich DNotZ 1986, 5 (11); Haegele Rpfleger 1968, 247 (250));
- **Herausnahme** bislang **ausgleichspflichtiger Zuwendungen** (§ 2316) an andere Abkömmlinge aus der Pflichtteilsberechnung (J. Mayer ZEV 1996, 441 (443) m. Formulierungsvorschlag).

## IV. Rechtswirkungen

25 **1. Umfassender Erbverzicht. a) Wirkungen für den Verzichtenden.** Bereits mit Abschluss des Verzichtsvertrags ist dieser als Rechtsgeschäft unter Lebenden bindend. Der vertragliche Vorbehalt eines Widerrufsrechts oder **Rücktritts** ist mit der Rechtsnatur des Verfügungsgeschäfts (→ Rn. 2) nicht vereinbar (BayObLGZ 1957, 292 (294) für Umdeutung in auflösende Bedingung). Ein Rücktrittsrecht ist jedoch bezüglich des Grundgeschäfts möglich, sodass eine Kondiktion gem. § 812 möglich ist (→ Rn. 42). Mit Eintritt des Erbfalls ist der Verzichtende gem. Abs. 1 S. 2 von der gesetzlichen Erbfolge so ausgeschlossen, wie wenn er zurzeit des Erbfalls nicht mehr lebte. Diese **Vorversterbensfiktion** ähnelt anderen Bestimmungen (§ 1953 Abs. 2, § 2344 Abs. 2); während diese aber das Erbrecht „ex tunc" beseitigen, verhindert der Erbverzicht bereits die Berufung des Verzichtenden von vornherein, sodass er ein Recht, Erbe zu werden, erst gar nicht erwirbt (BayObLG NJW-RR 1995, 648; v. Lübtow ErbR I 532). Die enterbende Wirkung bezieht sich aber immer nur und ausschließlich auf den Erbfall des Erblassers, mit welchem der Verzichtende den Verzichtsvertrag geschlossen hat (OLG Frankfurt FamRZ 1995, 1450 (1451); Erman/Schlüter ErbR Rn. 2; MüKoBGB/Wegerhoff Rn. 9; Soergel/Najdecki Rn. 9; Staudinger/Schotten, 2016, Rn. 26). Daher beseitigt ein Erbverzicht gegenüber dem Vater nur das Erbrecht des Verzichtenden als Erbe erster Ordnung (§ 1924), nicht aber als ein solches zweiter Ordnung (§ 1925), sodass der Verzichtende beim Tod von (halb- oder vollbürtigen) Geschwistern insoweit noch erbberechtigt bleibt (BayObLG FamRZ 2005, 1781 (1782); OLG Frankfurt NJW-RR 1996, 838).

26 In persönlicher Hinsicht erstreckt sich beim Verzicht eines Abkömmlings oder eines Seitenverwandten des Erblassers der Verzicht auch auf die **Abkömmlinge des Verzichtenden,** sofern nicht etwas anderes bestimmt wird (§ 2349).

27 In sachlicher Hinsicht bezieht sich der Erbverzicht nur auf das **gesetzliche Erbrecht** des Verzichtenden, erstreckt sich aber auch auf Erhöhung desselben, der durch den Wegfall eines anderen Miterben nach § 1935 eintritt. Erfasst werden auch Nachabfindungsansprüche nach § 13 HöfeO (→ Rn. 15). Bei einem Pflichtteilsberechtigten umfasst der Erbverzicht auch das **Pflichtteilsrecht,** sofern dieses nicht ausdrücklich vorbehalten wurde. Der Verzicht auf das gesetzliche

Erbrecht erfasst jedoch nicht eine dem Verzichtenden durch Verfügung von Todes wegen gemachte Zuwendung (Erbeinsetzung, Vermächtnis) (BGHZ 30, 261 (267) = NJW 1959, 1635). Jedoch kann im Einzelfall die Auslegung ergeben, dass der Verzicht auch eine Zuwendung durch Verfügung von Todes wegen erfasst und somit auch ein Zuwendungsverzicht (§ 2352) ist (BGH DNotZ 1972, 500; OLG Düsseldorf BeckRS 2020, 10058; OLG Frankfurt MittBayNot 1994, 237 mAnm Winkler).

Verzichtet ein **Ehegatte** gegenüber dem anderen auf seinen gesetzlichen Erbteil, so entfallen 28
damit auch die Ansprüche nach §§ 1932 (Voraus), 1969 (Dreißigster) (MüKoBGB/Wegerhoff Rn. 31; Grüneberg/Weidlich Rn. 3; aA für § 1969 Soergel/Najdecki Rn. 16). Lebten die Ehegatten in **Zugewinngemeinschaft,** so beinhaltet der Erbverzicht nicht zugleich einen Verzicht auf den güterrechtlichen Zugewinnausgleich nach § 1371 Abs. 2 (Staudinger/Schotten, 2016, Rn. 69; Soergel/Najdecki Rn. 16; Lange/Kuchinke ErbR § 7 II 5), wohl aber den auf den erhöhten Erbteil nach § 1371 Abs. 1. Einen rechnerischen Zugewinnausgleich nach § 1371 Abs. 2 kann der betroffene Ehegatte jedoch nur geltend machen, wenn er weder Erbe noch Vermächtnisnehmer wird; hierzu ist ggf. die Ausschlagung einer solchen Zuwendung erforderlich. Auch dadurch erlangt er aber wegen des Erbverzichts keinen Pflichtteilsanspruch mehr (§ 1371 Abs. 3 Hs. 2). Hat er sich beim Erbverzicht jedoch den **Pflichtteil vorbehalten,** so kann er neben dem rechnerischen Zugewinnausgleich den kleinen Pflichtteil verlangen; wurde er zu einem kleineren Teil Erbe oder Vermächtnisnehmer, als seinem Pflichtteil entspricht, kann er zusätzlich einen Pflichtteilsrestanspruch verlangen (§§ 2305, 2307) (eingehend Soergel/Najdecki Rn. 16). Umstritten ist, ob ein vorbehaltloser Erb- oder Pflichtteilsverzicht auch den **nachehelichen Unterhaltsanspruch** im Fall des Todes des Unterhaltsverpflichteten nach §§ 1586b, 1933 S. 3 erfasst. Die hM bejaht dies, wenn beim Erbverzicht nicht der Pflichtteil ausdrücklich vorbehalten bleibt (Dieckmann NJW 1980, 2777; FamRZ 1992, 633 (634 f.); 1999, 1029; MüKoBGB/Mauerer § 1586b Rn. 2; Soergel/Häberle § 1586b Rn. 1; Gernhuber/Coester-Waltjen FamR § 30 Rn. 185 Fn. 360; PWW/Deppenkemper Rn. 9; Soergel/Stein § 1933 Rn. 13; Grüneberg/Weidlich § 1933 Rn. 9; Staudinger/Werner, 2017, § 1933 Rn. 14; Bömmelburg in Wendl/Dose UnterhaltsR § 4 Rn. 125; in diese Richtung auch BGH NJW 2001, 828 = ZEV 2001, 113 mAnm Frenz; aA Bergschneider FamRZ 2003, 1049 (1057); Büttner/Niepmann NJW 2000, 2547 (2552); Muscheler in Groll ErbRBeratung-HdB B XV Rn. 51; Grziwotz FamRZ 1991, 1258; Münch ZEV 2008, 571 (574 f.); Borth in Schwab ScheidungsR-HdB IV Rn. 1250; Staudinger/Schotten, 2016, Rn. 66 f.; Reimann FS Schippel, 1996, 301 (307); Pentz FamRZ 1998, 1344; Klingelhöffer ZEV 1999, 13; H. W. Schmitz FamRZ 1999, 1569; wohl auch Frenz MittRhNotK 1995, 227 (228)). Entgegen der hM enthält § 1586b keinen erbrechtlichen, sondern einen rein unterhaltsrechtlichen Anspruch, zumal auch ohne einen Verzicht nach der Scheidung kein Pflichtteilsanspruch mehr besteht. Lediglich zur Bemessung des Haftungsrahmens des Unterhaltsanspruchs wird hier auf die Höhe eines fiktiven Pflichtteils verwiesen; dies ist aber eine rein „gegriffene Größe" zur Berechnung, die auch nach einem solchen Verzicht möglich ist. Auch aus den Gesetzesmaterialien ergibt sich keine Verknüpfung von Pflichtteilsverzicht und Verlust des Unterhaltsanspruchs (Pentz FamRZ 1998, 1344; vgl. Münch ZEV 2008, 571 (574 f.)). Ein gegenseitiger Erbverzicht im Rahmen einer Scheidungsfolgenvereinbarung entfaltet keine Wirkung, wenn die Eheleute nach der Scheidung einander erneut heiraten (OLG Düsseldorf BeckRS 2017, 106602 Rn. 15).

**b) Auswirkungen auf den Erb- und Pflichtteil Dritter.** Durch die von Abs. 1 S. 2 ange- 29
ordnete Vorversterbensfiktion bewirkt der Erbverzicht eine unmittelbare Änderung der gesetzlichen Erbfolge. Dadurch kann die Erbquote anderer erhöht oder ein gesetzliches Erbrecht Dritter begründet werden. Der Erbverzicht hat ferner auch Auswirkungen auf die **Pflichtteilsquote anderer Personen.** Denn nach § 2310 S. 2 wird bei deren Berechnung derjenige nicht mitgezählt, der durch einen Erbverzicht von der gesetzlichen Erbfolge ausgeschlossen wurde. Dadurch vergrößert sich idR die Pflichtteilsquote der anderen Pflichtteilsberechtigten, ja es kann sogar der Erbverzicht sogar erst das Pflichtteilsrecht einer anderen Person begründen (vgl. OLG Celle ZEV 1998, 433 mAnm J. Mayer). Auch bei ausgleichspflichtigen Vorempfängen bleibt der Verzichtende bei der Berechnung des Ausgleichspflichtteils außer Betracht (§ 2316 Abs. 1 S. 2) (MüKoBGB/Wegerhoff Rn. 32), was ebenfalls zur Erhöhung der Pflichtteilsbelastung führen kann. All dies ist meist nicht gewollt, was für den beurkundenden Notar mit Haftungsgefahren verbunden ist (BGH DNotZ 1991, 539 (540)). Im Regelfall ist es angezeigt, keinen Erbverzicht, sondern nur einen auf das Pflichtteil beschränkten Verzicht zu vereinbaren (→ Rn. 30), verbunden mit entsprechenden Verfügungen von Todes wegen (Staudinger/Schotten, 2016, Rn. 63; Damrau, Der Erbverzicht als Mittel zweckmäßiger Vorsorge für den Todesfall, 1966, 46; Wirner MittBayNot 1984, 13; Thoma ZEV 2003, 278 (280)).

30 **2. Pflichtteilsverzicht (Abs. 2).** Ein auf den Pflichtteil beschränkter Verzicht bewirkt, dass der gesetzliche Anspruch auf den Pflichtteil nicht entsteht (MüKoBGB/Wegerhoff Rn. 19; Staudinger/Schotten, 2016, Rn. 74). Das gesetzliche Erbrecht des Verzichtenden bleibt unberührt (BayObLGZ 1981, 30 (33); Soergel/Najdecki Rn. 15). Bei der Berechnung der Pflichtteilsberechtigten (§ 2310) und der Ausgleichspflicht (§ 2316) wird er trotz des Verzichts mitgezählt (MüKoBGB/Wegerhoff Rn. 19; Lange/Kuchinke ErbR § 37 Fn. 201; Staudinger/Schotten, 2016, Rn. 77 mwN; diff. Rheinbay, Erbverzicht – Abfindung – Pflichtteilsergänzung, Diss. Frankfurt a.M. 1983, 158 ff.; jurisPK-BGB/Hau Rn. 18), was einen erheblichen Vorteil gegenüber dem Erbverzicht darstellt, da der Verzicht nicht den anderen Abkömmlingen in vielleicht unliebsamer Weise zugutekommt (→ Rn. 29). Daher ist der Pflichtteilsverzicht dem Erbverzicht idR vorzuziehen (Thoma ZEV 2003, 278 (279 f.)). Es ist allerdings zu beachten, dass bei einem Pflichtteilsverzicht der Verzichtende nur unter der weiteren Voraussetzung von der gesetzlichen Erbfolge ausgeschlossen ist, dass der Erblasser eine abweichende Verfügung von Todes wegen errichtet bzw. aufrechterhält oder sein übriges im Wege der vorweggenommenen Erbfolge überträgt (vgl. Reimann ZEV 1997, 129 (132); Frenz ZNotP 2001, 48 (49 f.); Belehrungsvorschlag hierzu bei Reul MittRhNotK 1997, 373 (378); zu anderen unliebsamen Folgen des Pflichtteilsverzichts J. Mayer ZEV 2007, 556).

31 Bei einem entgeltlichen Pflichtteilsverzicht kann eine sonst eintretende Doppelbegünstigung des Verzichtenden auch durch eine **Ausgleichungsanordnung** nach § 2050 Abs. 3 vermieden oder zumindest gemindert werden, die allerdings wieder den Pflichtteil der anderen Abkömmlinge nach § 2316 erhöht und zwar idR irreparabel (→ § 2316 Rn. 17).

32 **3. Inhaltskontrolle von Ehegattenverzichtsverträgen.** In der Lit. wird diskutiert, ob und inwieweit auch Erb- und Pflichtteilsverzichte zwischen Ehepartnern einer den Eheverträgen vergleichbaren Inhaltskontrolle (→ § 1408 Rn. 17) unterliegen (Dafür: Lettmaier AcP 218 (2018), 724; Wachter ZErb 2004, 238; 2004, 306; Kuchinke FPR 2006, 125 (127); dagegen: MüKoBGB/Wegerhoff Rn. 35–35c; Westermann ZfPW 2016, 85 (99); Weidlich NotBZ 2009, 149; Münch ZEV 2008, 571 (576); Bengel ZEV 2006, 192 (196); Kapfer MittBayNot 2006, 385 (386); Braun MittBayNot 2016, 59 (60); Münch, Ehebezogene Rechtsgeschäfte, 4. Aufl. 2015, Rn. 1040 ff.; Wendt ZNotP 2006, 2 (7); vgl. auch LG Ravensburg BeckRS 2008, 13933 unter II.; Ludyga, Inhaltskontrolle von Pflichtteilsverzichtsverträgen, 2008; PWW/Deppenkemper Rn. 1; Wiemer, Inhaltskontrolle von Eheverträgen, 2007, 163 ff.; Dutta AcP 209 (2009), 760). Der Schutzzweck der Güterstandsregelungen in einem Ehevertrag einerseits und eines Verzichts auf Erb- bzw. Pflichtteilsrechte zwischen Ehepartnern andererseits unterscheiden sich jedoch in einem zentralen Punkt so sehr, dass eine einfache Übertragung der Rspr. zur Inhaltskontrolle von Eheverträgen auf diese erbrechtlichen Verfügungsgeschäfte ausscheidet. Während sich die Güterstandsregelungen nur auf das in der Ehezeit geschaffene Vermögen beziehen, erfasst das Erb- und Pflichtteilsrecht auch bei Heirat bereits vorhandenes sowie während der Ehe geerbtes bzw. durch vorweggenommene Erbfolge erworbenes Vermögen. Während die Grundsätze zur Inhaltskontrolle von Eheverträgen die gerechte Teilhabe am in der Ehezeit geschaffenen Vermögen zum Ziel haben, erlaubt das Gesetz durch die Zulassung umfassender Erb- und Pflichtteilsverzichte dem Erblasser weitergehende Interessen umzusetzen (Münch Ehebezogene Rechtsgeschäfte Rn. 1040; Münch ZEV 2008, 571 (576)). Folgerichtig entfällt das Erb- bzw. Pflichtteilsrecht auch mit dem Tod des Erblassers. Richtig ist auch der Einwand, dass selbst im Falle einer Übertragung der Grundsätze zur Inhaltskontrolle bei Eheverträgen eine Sittenwidrigkeit wohl nur in den seltensten Fällen festgestellt werden könnte, da die eheliche Vermögensverteilung ohnehin nicht zum Kernbereich des Scheidungsfolgenrechts gehört (MüKoBGB/Wegerhoff Rn. 35a). Eine Übertragung der Grundsätze zur ehevertraglichen Inhaltskontrolle auf Erb- und Pflichtteilsverzichte scheidet damit zwar aus, doch müssen sich diese trotzdem an den allgemein geltenden Grundsätzen der §§ 138, 119, 123 messen lassen und können bei Wegfall der Geschäftsgrundlage gem. § 313 – uU auch nach § 242 – den veränderten Verhältnissen angepasst werden. Obwohl es sich beim Erb- bzw. Pflichtteilsverzicht um ein abstraktes Verfügungsgeschäft handelt, kann sich dessen Unwirksamkeit aus dem Gesamtcharakter der dem Verzicht zugrundeliegenden schuldrechtlichen Vereinbarung ergeben kann. Handelt es sich dabei um einen Ehevertrag kann dessen Unwirksamkeit auch die des Verzichts zur Folge haben (Vgl. LG Ravensburg BeckRS 2008, 13933 unter II.). Mit einer individuell gestalteten salvatorischen Klausel kann dies verhindert werden. Zur Sittenwidrigkeit eines Erb- und Pflichtteilsverzichtsvertrags gem. § 138 Abs. 1 → Rn. 3.

## V. Kausalgeschäft zum Erbverzicht

**1. Allgemeines.** Der Erbverzicht ist ein Verfügungsgeschäft (→ Rn. 2) und bedarf deshalb eines schuldrechtlichen Kausalgeschäfts, um kondiktionsfest zu sein (BGH NJW 1962, 1910; 1997, 653; eingehend Schotten DNotZ 1998, 163 (165); einschr. Keller ZEV 2005, 229; aA Planck/Greiff Vor § 2346 Anm. 4; Strohal ErbR I 528 Fn. 6; v. Lübtow ErbR I 534; Kornexl, Der Zuwendungsverzicht, 1999, Rn. 236 ff.). Auch wenn ein solches Kausalgeschäft im Gesetz nicht vorgesehen ist, ergibt sich seine Zulässigkeit doch aus der Vertragsfreiheit (Lange FS Nottarp, 119 (127); Kollhosser AcP 194 (1994), 231 (256); Staudinger/Schotten, 2016, Rn. 116). Auch § 2302 steht dem nicht entgegen, da der Erbverzicht ein Rechtsgeschäft unter Lebenden ist (BGHZ 37, 321 (328) = NJW 1962, 1910; Lange/Kuchinke ErbR § 7 V Fn. 117; Staudinger/Schotten, 2016, Rn. 116 mwN). Das Kausalgeschäft bedarf analog § 2348 regelmäßig der notariellen Beurkundung (→ § 2348 Rn. 3; zur Heilung → § 2348 Rn. 6). 33

**2. Mögliche Kausalgeschäfte. a) Unentgeltlichkeit.** Der unentgeltlich erklärte Verzicht ist keine Schenkung des Verzichtenden an den Erblasser (arg. § 517), sondern ein Rechtsgeschäft sui generis, sodass es weder nach § 4 AnfG noch nach §§ 129 ff. InsO angefochten werden kann (MüKoBGB/Wegerhoff Rn. 5; Reul MittRhNotK 1997, 373 (380); Keller ZEV 2005, 229 (232); vgl. auch BGH NJW 1991, 1610). Auch ein Sozialleistungsempfänger kann unentgeltlich auf sein Erb- und Pflichtteilsrecht verzichten (→ Rn. 4). 34

**b) Entgeltlicher Erb- oder Pflichtteilsverzicht.** Wird ein Erb- oder Pflichtteilsverzicht gegen eine Abfindung erklärt, kann die Verknüpfung beider Rechtsgeschäfte synallagmatisch, konditional oder kausal ausgestaltet sein. Abfindung kann dabei jedes Handeln, Dulden oder Unterlassen des Erblassers sein, insbes. die Leistung von Geld oder Sachen, jede Handlungs- oder Duldungspflicht, die Befreiung oder der Erlass von Schulden oder der Verzicht auf Ansprüche oder Rechte aller Art. Der übereinstimmende Verknüpfungswille von Erblasser und Verzichtendem ist nach den in §§ 133, 157 enthaltenen Auslegungsgrundsätze zu ermitteln. Die Zusammenfassung beider Rechtsgeschäfte in einer Urkunde oder der enge zeitliche Zusammenhang zwischen beiden indizieren zwar einen Verknüpfungswillen, zwingen jedoch nicht zu dessen Feststellung. Dagegen ist bei einer Zusammenfassung beider Rechtsgeschäfte in einer notariellen Urkunde ein solcher Wille zu vermuten. Es gehört zur Amtspflicht des Notars gem. § 17 Abs. 1 S. 1 BeurkG, den Verknüpfungswillen zu ermitteln und in der Urkunde festzuhalten. 35

Der Umstand, dass der Verzicht auf eine ungewisse Erb- oder Pflichtteilschance (→ Rn. 2) nicht den Erblasser bereichert, sondern allenfalls dessen Erben, ist letztlich der Grund, warum die höchstrichterliche Rspr. wiederholt dessen Entgeltcharakter in Frage gestellt hat. Der BGH geht dabei davon aus, dass das Interesse des Verzichtenden am Behalten-dürfen der Abfindung des Erblassers weniger schutzwürdig ist als bei einer anderen („echten") Gegenleistung des Verzichtenden. Der BGH hat bereits wiederholt festgestellt, dass der Verzicht auf den Erb- und/oder Pflichtteil in aller Regel keine Gegenleistung ist, die die Verfügung seitens des Erblassers zu einer entgeltlichen macht (BGH NJW 1991, 1610 (1611); vgl. BGH BeckRS 2015, 20074 Rn. 19; krit. dazu Freiherr v. Proff NJW 2016, 539 (541 f.)). Die vom Erblasser gewährte Abfindung ist sowohl durch titulierte Gläubiger gem. § 4 Abs. 1 AnfG als auch in der Insolvenz des Erblassers gem. § 134 Abs. 1 InsO **anfechtbar,** weil durch den nicht kompensierten Vermögensverlust der Zugriff der Gläubiger beeinträchtigt wird (vgl. BGH BeckRS 9998, 154817 unter 1b bb; BeckRS 2015, 20074 Rn. 16). 36

Um den Auswirkungen lebzeitiger Verfügungen des Erblassers auf die Höhe des Pflichtteilsanspruchs sachgerecht Rechnung zu tragen und eine unangemessene Erhöhung bzw. Schmälerung sowie Manipulationen der Ansprüche des Pflichtteilsberechtigten zu vermeiden, unterliegt die Abfindung ferner der **Pflichtteilsergänzung** nach § 2325 Abs. 1, wenn sie über ein Entgelt oder eine angemessene Abfindung für den Erbverzicht hinausgeht, was zu vermuten ist, wenn zwischen Leistung und Gegenleistung ein objektives, über ein geringes Maß deutlich hinausgehendes Missverhältnis besteht (BGH NJW 2009, 1143 Rn. 16 ff.: kein grobes Missverhältnis). 37

Schließlich kann die Abfindung vom Erblasser als unentgeltliche Leistung gem. § 528 Abs. 1, § 530 Abs. 1 wegen **Not bzw. Undank** zurückgefordert bzw. widerrufen werden, wenn sich die Vertragsparteien über die Unentgeltlichkeit der Zuwendung iSd § 516 Abs. 1 einig waren, wobei hilfsweise das Verhältnis der Abfindung zur Erberwartung, auf die verzichtet wurde, als Auslegungskriterium herangezogen werden kann: entspricht oder übersteigt die Höhe der Zuwendung die Erberwartung, ist dies ein Indiz für einen solchen Willen, während bei einem dahinter zurückbleibenden Wert das Gegenteil naheliegt (BGH BeckRS 2015, 20074 Rn. 17 ff.). 38

39 Die höchstrichterliche Rspr. führt jedoch zumindest in den Fällen der Anfechtung und der Rückforderung zur Kondizierbarkeit des Erb- und Pflichtteilsverzichts gem. § 812 Abs. 1 S. 1, die nur durch Aufhebung gem. §§ 2351, 2348 erfolgen kann (→ Rn. 42). Diese ist jedoch nach dem Tod des Erblassers nicht mehr möglich (→ § 2351 Rn. 6), sodass dem Verzichtenden danach allenfalls ein Wertersatzanspruch gem. § 818 Abs. 2 verbleibt (→ Rn. 42). Bereits deshalb ist nicht damit zu rechnen, dass sich mit dieser Rspr. der Streit darüber, ob es sich bei der Abfindung für den Erb- und/oder Pflichtteilsverzicht um eine unentgeltliche, entgeltliche oder um eine teils entgeltliche, teils unentgeltliche Zuwendung handelt, erledigt hat (zum Streitstand die Nachweise bei Staudinger/Schotten, 2016, Rn. 123 ff.; BGH BeckRS 2015, 20074 Rn. 12). Gute Gründe sprechen dafür, im Falle eines (seltenen) Erbverzichts wegen der gesetzlichen Vorversterbensfiktion gem. § 2310 S. 2 idR von der Entgeltlichkeit bzw. Teilentgeltlichkeit auszugehen und im Falle eines (häufigen) Pflichtteilsverzichts idR von der Unentgeltlichkeit, weil dieser wie eine vorweggenommene Erbfolge wirkt und nur so die Pflichtteilansprüche Dritter gewahrt werden (ausf. Zimmer NJW 2009, 1146 f.).

40 **aa) Gegenseitiger Vertrag (Synallagma).** Liegt dem Verzicht ein schuldrechtliches Rechtsgeschäft zu Grunde, das den Verzichtenden zur Abgabe der Verzichtserklärung und den Erblasser zur Erbringung der Abfindungsleistung verpflichtet (vgl. BGH NJW 1962, 1910 (1913); BayObLG NJW-RR 1995, 648), handelt es sich um einen **gegenseitigen Vertrag,** auf den die §§ 320 ff. beim Auftreten von Leistungsstörungen anzuwenden sind (MüKoBGB/Wegerhoff Rn. 22; Lange/Kuchinke ErbR § 7 V 2c). Der hieraus resultierende Zahlungsanspruch des Verzichtenden ist schuldrechtlicher Natur, für den die Regelverjährung des § 195 gilt. Der Erblasser muss zwar den Erbverzicht persönlich abschließen, aber nicht das schuldrechtliche Kausalgeschäft (BGH NJW 1962, 1910 (1913); MüKoBGB/Wegerhoff Rn. 22).

41 Verstirbt der Erblasser oder der zur Abgabe des Verzichts Verpflichtete vor Abgabe der Verzichtserklärung, so tritt eine **nachträgliche Unmöglichkeit** (§ 275 Abs. 1) ein, da der Verzicht nur zu Lebzeiten des Erblassers erklärt werden kann (BGH NJW 1962, 1910 (1913); Staudinger/Schotten, 2016, Rn. 169; Edenfeld ZEV 1997, 134 (140); MüKoBGB/Wegerhoff Rn. 23; für Umdeutung: Damrau, Der Erbverzicht als Mittel zweckmäßiger Vorsorge für den Todesfall, 1966, 127, Lange/Kuchinke ErbR § 7 V 2c; AK-BGB/Teubner Vor § 2346 Rn. 28). Bereits geleistete Abfindungen können in diesem Fall nach §§ 326 Abs. 4, 346–348 vom Erben zurückgefordert werden und der Anspruch auf Leistung der noch nicht erbrachten Abfindung erlischt (§ 326 Abs. 1 S. 1 Hs. 1) (Staudinger/Schotten, 2016, Rn. 169 mwN; MüKoBGB/Wegerhoff Rn. 23). Bei **Nicht- oder Schlechterfüllung,** insbes. wenn die Abfindungsleistung nicht erbracht wird, besteht für den Verzichtenden ein Rücktrittsrecht nach § 323 vom Erbverzicht (MüKoBGB/Wegerhoff Rn. 23; Staudinger/Schotten, 2016, Rn. 164; Lange/Kuchinke ErbR § 7 V 2c). Daneben kann auch noch **Schadensersatz** verlangt werden (§ 325), wenn die entsprechenden Voraussetzungen dafür vorliegen. Bei Verletzung einer nicht leistungsbezogenen Nebenpflicht iSv § 241 Abs. 2 ergibt sich das Rücktrittsrecht aus § 324 (NK-BGB/Dauner-Lieb/Dubovitskaya § 323 Rn. 4; zum alten Recht Lange/Kuchinke ErbR § 7 V 2c). Verletzt der Erblasser seine vertraglichen Verpflichtungen, wird teilweise eine Beschränkung auf Vorsatz und grobe Fahrlässigkeit angenommen, etwa analog § 521 (Staudinger/Schotten, 2016, Rn. 164 iVm Rn. 127 f.; Lange FS Nottarp, 1961, 119 (131); zweifelnd Krug, SchRModG und ErbR, 2002, Rn. 243), was aber verkennt, dass hier – ebenso wie bei anderen Verträgen – auf die Vertragstreue des Vertragspartners vertraut wird (J. Mayer in Dauner-Lieb/Konzen/Schmidt Neues SchuldR 719). Die Rückabwicklung erfordert bei bereits erklärtem Verzicht dessen Aufhebung nach § 2351, allerdings diese nach dem Tod des Erblassers nicht mehr möglich (BGH NJW 1998, 3117; dazu auch → § 2351 Rn. 6); teilweise wird dann aber dem Verzichtenden ein Wertersatzanspruch nach § 818 Abs. 2 zugebilligt (OLG Koblenz NJW-RR 1993, 708 (709); Damrau, Der Erbverzicht als Mittel zweckmäßiger Vorsorge für den Todesfall, 1966, 127; offenlassend MüKoBGB/Wegerhoff Rn. 23 Fn. 63). Nach Eintritt des Erbfalls kann auch wegen eines **Wegfalls der Geschäftsgrundlage** (oder nach § 812 Abs. 1 S. 2) die Aufhebung des Erb- und Zuwendungsverzichts nicht mehr gefordert werden (BGH NJW 1999, 789 (790)).

42 Die **Nichtigkeit** des Grundgeschäfts etwa nach § 138 oder wegen einer Anfechtung gem. § 142 (→ Rn. 3) wird oftmals auch das Erfüllungsgeschäft erfassen (Fehleridentität), sodass auch der bereits erklärte Erbverzicht nichtig ist (OLG Hamm BeckRS 2016, 21302: erhebliches Ungleichgewicht zulasten des Verzichtenden). Ist dagegen nur das Grundgeschäft nichtig, so kann der Erblasser bereits geleistete Abfindungen gem. § 812 Abs. 1 S. 1 zurückfordern (MüKoBGB/Wegerhoff Rn. 24; Staudinger/Schotten, 2016, Rn. 182; Degenhart Rpfleger 1969, 145 (147)). Umgekehrt kann der Verzichtende vom Erblasser – aber nur zu dessen Lebzeiten (→ Rn. 43) –

auf gleicher Rechtsgrundlage die Aufhebung des bereits erklärten Verzichts (§ 2351) verlangen. Denn durch den erklärten Verzicht hat der Erblasser ein Stück Testierfreiheit, und damit „etwas" iSd § 812 Abs. 1, auf Kosten des Verzichtenden erlangt. Aber auch wenn beim Erbverzicht das Pflichtteilsrecht vorbehalten wurde, hat der Erblasser eine formal vorteilhafte Rechtsstellung erlangt; auf den wirtschaftlichen Wert derselben kommt es bei dieser Falllage nicht an (MüKoBGB/Wegerhoff Rn. 24; Lange/Kuchinke ErbR § 7 V 2b; Lange FS Nottarp, 1961, 119 (128 f.); Kipp/Coing ErbR § 82 VI c; Staudinger/Schotten, 2016, Rn. 183; H.P. Westermann FS Kellermann, 1991, 505 (525); aA Edenfeld ZEV 1997, 134 (140 f.)). Nach dem **Tod des Erblassers** kann der Verzichtende zwar nicht mehr die Vertragsaufhebung nach § 2351 verlangen (→ Rn. 43), wohl aber Wertersatz gem. § 818 Abs. 2 in Betracht (PWW/Deppenkemper Rn. 14; Staudinger/Schotten, 2016, Rn. 184; Kornexl, Der Zuwendungsverzicht, 1999, Rn. 274). Beim Tod des Erblassers lässt sich dieser Wert noch objektiv exakt festlegen, wobei er sich wohl grds. nach dem Pflichtteilsanspruch bemessen müsste, da nur dieser dem Verzichtenden unentziehbar zusteht (zust. Staudinger/Schotten, 2016, Rn. 184). Scheitert jedoch die Aufhebung am Tod des Verzichtenden, so ist die Bewertung schwierig, da der Wert des Nachlasses im Erbfall ungewiss ist (so richtig mw Einzelheiten; Kornexl, Der Zuwendungsverzicht, 1999, Rn. 274, 312 ff.).

Die **Anfechtung** des Grundgeschäfts ist für beide Seiten nach den allgemeinen Regeln möglich **43** (§§ 119 ff.); die §§ 2281 ff., 2078 gelten hierfür nicht (Soergel/Najdecki Rn. 20); zur Anfechtung des erbrechtlichen Verfügungsgeschäfts → Rn. 4. Jedoch berechtigt ein Irrtum über den Wert des Vermögens des Erblassers – wie auch sonst im Vertragsrecht – nicht zur Anfechtung nach § 119 Abs. 2 (Vgl. OLG Düsseldorf NJW-RR 2013, 966; Staudinger/Schotten, 2016, Rn. 178; Soergel/Najdecki Rn. 20). Dagegen kann ein Irrtum über die wertbildenden Merkmale oder den Bestand des Vermögens zum Zeitpunkt des Vertragsschlusses eine Anfechtung nach § 119 Abs. 2 begründen, wenn die falschen Vorstellungen eines Vertragsteils als Berechnungsgrundlage für die Höhe der Abfindung dienten (RG Recht 1913 Nr. 2885 = BayZ 1913, 253; Staudinger/Schotten, 2016, Rn. 178; Soergel/Najdecki Rn. 20; MüKoBGB/Wegerhoff Rn. 24; eingehend Coing NJW 1967, 1777 (1780); einschr. Degenhard Rpfleger 1969, 147). Ein Irrtum über die künftige Entwicklung des Werts des Erblasservermögens hat aber wegen des Risikocharakters des Rechtsgeschäfts auf die Wirksamkeit des entgeltlichen Erbverzichts keinen Einfluss (BayObLG NJW-RR 1995, 648; Kollhosser AcP 194 (1994), 231 (254) Fn. 75; Staudinger/Schotten, 2016, Rn. 178; Soergel/Najdecki Rn. 20; Reul MittRhNotK 1997, 373 (381)).

Auch eine Anpassung des schuldrechtlichen Abfindungsvertrags nach den Grundsätzen über **44** den **Wegfall der Geschäftsgrundlage** ist grds. möglich (§ 313), und zwar auch noch nach Eintritt des Erbfalls, da es nicht um die Änderung der Erbfolge, sondern nur um einen Vermögensausgleich geht (BGH NJW 1999, 789 (790); ZEV 1997, 69 mAnm Edenfeld). Wegen des Risikocharakters des entgeltlichen Erbverzichts rechtfertigen Änderungen der Vermögensverhältnisse der Vertragsteile zwischen dem Vertragsabschluss und dem Erbfall grds. keine Anpassung der Abfindungsvereinbarung (BGH ZEV 1997, 69 (70) mAnm Edenfeld = JZ 1998, 143 mAnm Kuchinke; BayObLG NJW-RR 1995, 648; H.P. Westermann FS Kellermann, 1991, 505 (511); Staudinger/Schotten, 2016, Rn. 190 mwN; MüKoBGB/Wegerhoff Rn. 24). Nur in besonders gelagerten Ausnahmefällen kann trotzdem eine Anpassung der Abfindungsvereinbarung in Frage kommen (OLG Hamm ZEV 2000, 507 (509); Staudinger/Schotten, 2016, Rn. 191; für generellen Ausschluss des Wegfalls der Geschäftsgrundlage offenbar MüKoBGB/Wegerhoff Rn. 24; Lange FS Nottarp, 1961, 119 (130)). Die Grundsätze des Wegfalls der Geschäftsgrundlage können aber im anderen Zusammenhang anwendbar sein, insbes. wenn der mit dem Vertrag **erstrebte Zweck** nicht erreicht wird, so etwa, wenn eine niedrige Abfindung vereinbart wurde, um dem Übernehmer die Fortführung des elterlichen Hofes zu ermöglichen, das Anwesen aber bald veräußert wird (BGH ZEV 1997, 69 (70); Kuchinke JZ 1998, 143 (144) und ZEV 2000, 511 f.). Auch bei einem **„isolierten Pflichtteilsverzicht"**, dem keine Abfindungsvereinbarung zu Grunde liegt, kann ein Wegfall der Geschäftsgrundlage in Betracht kommen, etwa wenn als Ausgleich für den anlässlich eines Ehevertrags vereinbarten Pflichtteilsverzicht vorgesehen war, dass die Ehegatten nach der Eheschließung ein gemeinschaftliches Testament errichten (OLG Nürnberg ZEV 2003, 514 = FamRZ 2003, 634 m. krit. Anm. Grziwotz).

**bb) Bedingungszusammenhang.** Schuldrechtliches Grundgeschäft und Erbverzicht können **45** auch durch **(auflösende oder aufschiebende) Bedingung** miteinander verknüpft werden (vgl. BGH NJW 1962, 1910; ausf. Edenfeld ZEV 1997, 134 (138 ff.)). Dass eine solche Bedingung vereinbart wurde, wird allerdings beim entgeltlichen Erbverzicht nicht ohne weiteres vermutet, sondern ist in Zweifelsfällen durch Auslegung nach §§ 133, 157 zu klären (BayObLG NJW-RR 1995, 648; Staudinger/Schotten, 2016, Rn. 154 mwN; MüKoBGB/Wegerhoff Rn. 26). Wird allerdings die Erfüllung der Abfindungsleistung zur aufschiebenden Bedingung für die Wirksamkeit des Erbverzichts gemacht, so muss der Verzichtende ggf. eine „negative Tatsache" beweisen, was ohne Beweiserleichterung fast nicht möglich ist kann (ausf. J. Mayer, Der Übergabevertrag, 2. Aufl. 2001, Rn. 293 ff.; vgl. Edenfeld ZEV 1997, 134 (138)). Die (aufschiebende) Bedingung kann beim Erbverzicht auch noch nach Eintritt des Erbfalls eintreten (BayObLG NJW-RR 1995, 648; NJW 1958, 344; MüKoBGB/Wegerhoff Rn. 15, 25; J. Mayer MittBayNot 1985, 101 ff.; Edenfeld ZEV 1997, 134 (138)). Wird eine aufschiebende Bedingung vereinbart, so ist der Verzichtende nach Eintritt des Erbfalls aber bis zum Wirksamwerden seines Erbverzichts **Vorerbe** (vgl. J. Mayer MittBayNot 1985, 101 ff.). Da sich diese Rechtsfolge aber gerade aus der Anwendung der gesetzlichen Vorschriften der „konstruktiven Vor- und Nacherbschaft" (§§ 2104, 2105) ergibt, kann gerade nicht verlangt werden, dass ein Bedingungseintritt nach dem Erbfall nur dann noch möglich ist, wenn sich ein dahingehender Wille des Erblassers feststellen lässt (aA OLG Celle AUR 2004, 339).

**46** Eine Verbindung zwischen Kausalgeschäft und Erbverzicht kann auch durch einen entsprechenden **Rücktrittsvorbehalt** hergestellt werden, der allerdings nur bezüglich des Kausalgeschäfts zulässig ist (NK-BGB/Kroiß Rn. 33; Muscheler in Groll ErbRBeratung-HdB B XV Rn. 137; Staudinger/Schotten, 2016, Rn. 156). Bedingung und Rücktritt können aber mit der Folge kombiniert werden, dass mit dem Rücktritt vom Grundgeschäft der unter der entsprechenden auflösenden Bedingung erklärte „verfügende Erbverzicht" entfällt (Soergel/Najdecki Rn. 5).

**47** **cc) Einheitliches Rechtsgeschäft.** Erbverzicht und Abfindungsvereinbarung können nach hM auch zu einem einheitlichen Rechtsgeschäft verbunden werden, sodass in zumindest entsprechender Anwendung des § 139 bei Unwirksamkeit des einen Teils auch der andere davon erfasst wird (OLG Bamberg OLGR 1998, 169 (170); Damrau, Der Erbverzicht als Mittel zweckmäßiger Vorsorge für den Todesfall, 1966, 98 ff.; MüKoBGB/Wegerhoff Rn. 27; H. P. Westermann FS Kellermann, 1991, 505 (521); Weirich DNotZ 1986, 5 (12); aA Staudinger/Schotten, 2016, Rn. 151; Reul MittRhNotK 1997, 373 (380)). Bei Aufnahme von Erbverzicht und Abfindungsvereinbarung in einer Urkunde soll hierfür sogar eine tatsächliche Vermutung sprechen (OLG Bamberg OLGR 1998, 169; MüKoBGB/Wegerhoff Rn. 27 mwN). Für die Praxis ist diese Verknüpfung aber nicht sehr geeignet, weil damit nur die Existenz von schuldrechtlichem Kausalgeschäft mit dem abstrakten Erbverzicht verkoppelt werden kann, nicht aber die Erbringung der Abfindungsleistung mit der Wirksamkeit des Erbverzichts (jurisPK-BGB/Hau Rn. 26).

## VI. Erbverzicht nach Inkrafttreten der EuErbVO

**48** Nach deutschem Verständnis ist ein Erbverzicht keine Verfügung von Todes wegen, insbes. kein Erbvertrag iSd § 2274 ff. (→ EGBGB Art. 26 Rn. 5), sodass für diesen das Erbstatut des Art. 26 EGBGB nicht unmittelbar gilt, sondern Art. 11 EGBGB (MüKoBGB/Dutta EGBGB Art. 26 Rn. 144 mwN). Mit dem Inkrafttreten der EuErbVO zum 17.8.2015 hat sich diese kollisionsrechtliche Beurteilung jedoch geändert, weil Art. 3 Abs. 1 lit. b EuErbVO auch alle Erbverzichtsverträge iSd §§ 2346 ff. als Erbverträge im Sinne dieser Verordnung qualifiziert, da sie Rechte am Nachlass entziehen, und dem Erbstatut gem. Art. 21, 22 EuErbVO unterstellt, sodass sich die Frage der Zulässigkeit, Wirksamkeit und Bindungswirkung nach Art. 25 Abs. 1 EuErbVO und die Form nach Art. 27 Abs. 3 S. 1 EuErbVO richtet (Nordmeier ZEV 2013, 117 (120 f.); MüKoBGB/Dutta EuErbVO Art. 25 Rn. 4). Die materiell-rechtlichen Wirkungen eines Erb- oder Pflichtteilsverzichtsvertrages unterliegen damit ab diesem Zeitpunkt dem Erbstatut des Erblassers, das sich allerdings nach dem Abschluss eines Erbverzichtsvertrags durch Verlegung des gewöhnlichen Aufenthaltsorts gem. Art. 21 EuErbVO oder durch Wahl einer ausländischen Rechtsordnung zum Erbstatut gem. Art. 22 EuErbVO verändern kann; Änderungen dieser Art auf Seiten des Verzichtenden sind dagegen bedeutungslos. In diesen Fällen kann es also passieren, dass die Wirkungen eines Erb- und oder Pflichtteilsverzichts nicht eintreten, weil das beim Tod des Erblassers geltende Erbstatut entweder einen Verzicht auf das Erb- und/oder Pflichtteilsrecht entweder nicht kennt oder seine Wirksamkeit einschränkt. Dieses Problem stellt sich bei allen Erbfällen ab dem 17.8.2015, und zwar auch dann, wenn der Verzichtsvertrag vorher abgeschlossen worden ist. Bei der Beurkundung des verfügenden Erbverzichtsvertrags ist über diese möglichen Einschränkungen der Wirksamkeit gem. § 17 Abs. 1 S. 1 BeurkG zu belehren (erweiterte Belehrungspflicht; → BeurkG § 17 Rn. 6); ein entsprechender Belehrungsvermerk ist aus Beweiszwecken zu empfehlen, aber nicht zwingend vorgeschrieben.

## § 2347 Persönliche Anforderungen, Vertretung

**(1) [1]Zu dem Erbverzicht ist, wenn der Verzichtende unter Vormundschaft steht, die Genehmigung des Familiengerichts erforderlich; steht er unter elterlicher Sorge, so gilt das Gleiche. [2]Für den Verzicht durch den Betreuer ist die Genehmigung des Betreuungsgerichts erforderlich.**

**(2) [1]Der Erblasser kann den Vertrag nur persönlich schließen; ist er in der Geschäftsfähigkeit beschränkt, so bedarf er nicht der Zustimmung seines gesetzlichen Vertreters. [2]Ist der Erblasser geschäftsunfähig, so kann der Vertrag durch den gesetzlichen Vertreter geschlossen werden; die Genehmigung des Familiengerichts oder Betreuungsgerichts ist in gleichem Umfang wie nach Absatz 1 erforderlich.**

### Überblick

Die Vorschrift regelt die persönlichen Anforderungen an die beiden Vertragsteile und differenziert dabei zwischen dem Erblasser und dem Verzichtenden (→ Rn. 1 f.). Der Verzichtende kann zwar vertreten werden, doch bedürfen Eltern, ein Vormund oder ein Betreuer der gerichtlichen Genehmigung (→ Rn. 4 ff.). Der Erblasser kann den Verzichtsvertrag dagegen nur persönlich schließen, und zwar auch vor Volljährigkeit. Nur im Falle der Geschäftsunfähigkeit kann der gesetzliche Vertreter mit Genehmigung des Gerichts einen Verzichtsvertrag abschließen (→ Rn. 9 ff.).

### I. Normzweck, Anwendungsbereich

Die Vorschrift regelt die persönlichen Voraussetzungen beim Erbverzicht, insbes. die Zulässigkeit der Stellvertretung, und welche Anforderungen hieran bei beschränkter oder gar fehlender Geschäftsfähigkeit eines Vertragsteils zu stellen sind. 1

Die Bestimmung gilt sowohl für Erb-, Pflichtteils- und Zuwendungsverzichte (MüKoBGB/Wegerhoff Rn. 2), aber nicht für das zugrundeliegende schuldrechtliche **Kausalgeschäft** (→ § 2346 Rn. 33), und zwar mangels einer gesetzlichen Regelungslücke auch nicht analog, sodass die allgemeinen Vorschriften zur Anwendung kommen (BGH NJW 1962, 1910; OLG Düsseldorf BeckRS 2014, 04905; übersehen von OLG Düsseldorf NJW-RR 2012, 458). 2

Dagegen bedarf eine schuldrechtliche Verpflichtung zur Abgabe eines Erb- oder Pflichtteilsverzichts ggfs. In analoger Anwendung des § 2347 Abs. 1, 2 S. 2 Hs. 2 der **Genehmigung durch das Familiengericht** bzw. Betreuungsgericht, da sonst die Genehmigungspflicht durch entsprechende Klage aus dem Kausalgeschäft umgangen werden könnte (§ 894 ZPO) und § 1822 Nr. 1 nicht alle Fälle des Erbverzichts erfasst (Staudinger/Schotten, 2016, Rn. 4; MüKoBGB/Wegerhoff Rn. 6; aA Soergel/Najdecki Rn. 9: § 1822 Nr. 1 gilt unmittelbar). Für andere schuldrechtliche Verträge, die sich lediglich wirtschaftlich nachteilig auf den späteren Pflichtteilsanspruch eines Minderjährigen auswirken können, gilt § 2347 nicht (MüKoBGB/Wegerhoff Rn. 2; Staudinger/Schotten, 2016, Rn. 4; vgl. dazu BGH NJW 1957, 1187 betr. Erwerb eines belasteten Grundstücks). 3

### II. Anforderungen auf Seiten des Verzichtenden (Abs. 1)

**1. Vertretung.** Eine Vertretung des Verzichtenden kann in gleicher Weise erfolgen, wie bei anderen Rechtsgeschäften unter Lebenden (Staudinger/Schotten, 2016, Rn. 6; Soergel/Dieckmann Rn. 2). Die entsprechende Vollmacht bedarf keiner besonderen Form (§ 167 Abs. 2; → § 2348 Rn. 3). 4

Handelt ein **Vertreter ohne Vertretungsmacht** (§ 177), so kann der Erbverzichtsvertrag nur noch bis zum Eintritt des Erbfalls genehmigt werden, wobei maßgeblicher Zeitpunkt derjenige ist, zu dem die Genehmigung dem Erblasser zugeht (§ 130 Abs. 1 S. 1). Denn die Sicherheit des Rechtsverkehrs verlangt, dass die mit dem Tod des Erblassers eintretende Erbfolge auf einer festen Grundlage steht und nicht nach uU noch längerer Zeit durch die Genehmigungserklärung verändert werden kann (BGH NJW 1978, 1159 betr. Genehmigung; MüKoBGB/Wegerhoff Rn. 3; Staudinger/Schotten, 2016, Rn. 8 f.). Auf den **Pflichtteilsverzicht** sind diese Grundsätze nicht zu übertragen, da dieser die gesetzliche Erbfolge unberührt lässt und § 2313 ausdrücklich die Berücksichtigung von nach dem Erbfall eintretenden Veränderungen bei der Bemessung des Pflichtteilsanspruchs für zulässig hält. Und da das Pflichtteilsrecht die Quelle des Pflichtteilsanspruchs ist, kann auch aus einem wesensmäßigen Unterschied zwischen beiden nichts gegen ein 5 späteres Wirksamwerden eines Pflichtteilsverzichts hergeleitet werden (aA BGH NJW 1997, 521 betr. Tod des Erblassers; Staudinger/Schotten, 2016, § 2346 Rn. 31). Dazu ausf. → § 2346 Rn. 8.

6 **2. Geschäftsfähigkeit.** Bei **Geschäftsunfähigkeit** des Verzichtenden muss für diesen stets dessen gesetzlicher Vertreter handeln (Eltern, Vormund, evtl. Betreuer mit entspr Aufgabenkreis, § 1896, Ergänzungspfleger, § 1909). Ist ein Verzichtender **beschränkt geschäftsfähig** iSd § 106 kann er den Erbverzicht selbst abschließen, benötigt dann dazu aber die Zustimmung seines gesetzlichen Vertreters (§ 108), die aber beim Erbverzicht nur bis zum Eintritt des Erbfalls erklärt werden kann (→ Rn. 4). Statt des beschränkt Geschäftsfähigen selbst kann aber auch sein gesetzlicher Vertreter den Verzicht erklären. Besteht eine **Betreuung,** deren Aufgabenkreis den Erbverzicht erfasst, kann der Betreuer die Verzichtserklärung abgeben. Ist der Betreute geschäftsfähig, so kann er aber auch selbst den Verzicht erklären; wenn ein entsprechender Einwilligungsvorbehalt angeordnet ist, bedarf er dazu allerdings der Zustimmung des Betreuers (§ 1903 Abs. 1 S. 2, § 108).

7 Der **Genehmigung des Familien- bzw. Betreuungsgerichts** bedarf grds. ein vom gesetzlichen Vertreter oder Betreuer abgeschlossener oder genehmigter Erbverzicht (Abs. 1). Dies gilt auch für einen beschränkten Erbverzicht (BGH NJW 1978, 1159). Diese Genehmigung ist in Analogie zu Abs. 1 S. 2 auch erforderlich, wenn bei einem Einwilligungsvorbehalt der Betreuer die hierzu erforderliche Zustimmung erklärt (Soergel/Najdecki Rn. 7; Staudinger/Schotten, 2016, Rn. 16). Ab dem 1.1.2023 werden die gerichtlichen Genehmigungsvorbehalte in Erbrechtsangelegenheiten von Minderjährigen und Betreuten in § 1851 zusammengefasst (BGBl. 2021 I 882). Die Genehmigungspflicht für alle Verzichtsverträge auf der Grundlage des § 2346 ist dann in § 1851 Nr. 9 geregelt, ohne dass sich diese sachlich von der bisherigen Regelung unterscheidet. Die Genehmigung wird vom Rechtspfleger erteilt (§ 3 Nr. 2a RPflG) und muss beim Erbverzicht – im Unterschied zum Pflichtteilsverzicht (→ Rn. 4) – vor Eintritt des Erbfalls wirksam geworden sein (BGH NJW 1978, 1159), was nach § 1829 Abs. 1 S. 2 auch die entsprechende Mitteilung der Erteilung der Genehmigung an den Erblasser als anderen Vertragsteil voraussetzt.

8 **Prüfungsmaßstab für die Erteilung** ist das Wohl und das recht verstandene Interesse des Minderjährigen oder des Betreuten (§ 1902 Abs. 1), auf deren Interessen in erster Linie abzustellen ist (BGH NJW-RR 1995, 248 = ZEV 1995, 27 mAnm Langenfeld; vgl. LG Düsseldorf MittRhNotK 1971, 498; MüKoBGB/Wegerhoff Rn. 8). Bei dieser Entscheidung steht dem Betreuungs- oder Familiengericht kein „Ermessensspielraum" zu, vielmehr handelt es sich um die Beurteilung eines unbestimmten Rechtsbegriffs (OLG Karlsruhe FamRZ 1973, 378; J. Mayer FamRZ 1994, 1007; MüKoBGB/Kroll-Ludwigs § 1828 Rn. 15; aA BGH NJW-RR 1995, 248; Staudinger/Veit, 2014, § 1828 Rn. 17). In der Regel wird aber eine annähernd vollwertige Abfindung für die Erteilung der Genehmigung erforderlich sein (§ 1804) bezogen auf das verzichtende Recht (gesetzlicher Erbteil, Pflichtteil, Zuwendung) (Staudinger/Schotten, 2016, Rn. 20; J. Mayer ZEV 1996, 127 (131); vgl. Kornexl, Der Zuwendungsverzicht, 1999, Rn. 355 Fn. 21; BGH NJW-RR 1995, 248: „angemessenen Ausgleich"; so auch MüKoBGB/Wegerhoff Rn. 8). Nach Ansicht des OLG Köln kann dies nach den Vermögensverhältnissen des Erblassers bei Abschluss des Verzichts berechnet werden mit einer Toleranzgrenze von 10 %, den die Abfindung nach unten haben kann (OLG Köln FamRZ 1990, 99 (101) betr. Zuwendungsverzicht). Bei der Bemessung muss der aleatorische Charakter solcher Abfindungsvereinbarungen berücksichtigt werden. Wegen des insoweit prognostischen Charakters der Beurteilung kommt dem Betreuungs- oder Familiengericht insoweit ein Beurteilungsspielraum zu (J. Mayer FamRZ 1994, 1007 (1012)). Aus Gründen der Schutzwürdigkeit des Betroffenen ist jedoch die Frage der Vollständigkeit nach objektiven Kriterien und nicht nach den subjektiven Vorstellungen der Vertragsteile zu beantworten, auch wenn man sonst der subjektiven Äquivalenz folgt (aA Staudinger/Otte, 2019, § 2069 Rn. 15; Kornexl Rn. 361). Das Gericht hat dabei die wirtschaftlichen Folgen des Erbverzichts zu ermitteln, insbes. die Einkommens- und Vermögensverhältnisse des Erblassers (BGH ZEV 1995, 27 mAnm Langenfeld; NK-BGB/Kroiß Rn. 10; MüKoBGB/Wegerhoff Rn. 8).

## III. Anforderungen auf Seiten des Erblassers (Abs. 2)

9 **1. Vertretungsverbot.** Der Erblasser kann den Erb- und Pflichtteilsverzicht nur persönlich abschließen (Abs. 2 S. 1 Hs. 1), sodass eine Vertretung sowohl im Willen als auch in der Erklärung ausgeschlossen (BGH NJW 1962, 1910; Staudinger/Schotten, 2016, Rn. 22 mwN). Das einem vollmachtlosen Vertreter des Erblassers gemachte Angebot unter Anwesenden zur Annahme eines Erbverzichts kann nach § 147 Abs. 1 S. 1 nur sofort angenommen und nicht in ein nach § 147 Abs. 2 annahmefähiges Angebot an den abwesenden Vertretenen umgedeutet werden (BGH ZEV

1996, 228 mAnm Krampe; OLG Düsseldorf NJW-RR 2002, 584). Zur zulässigen Beurkundung von Angebot und Annahme → § 2348 Rn. 4.

Der Grundsatz der Höchstpersönlichkeit gilt auch für einen **Prozessvergleich** (RGZ 48, 183 (190 f.)), sodass bei Prozessen mit Anwaltszwang ist sowohl der Erblasser persönlich also auch sein postulationsfähiger Anwalt beim Verzicht mitwirken müssen (BayObLG NJW 1965, 1276 f.).

Ein Verstoß gegen Abs. 2 S. 1 Hs. 1 führt zur Nichtigkeit des Verzichts (Lange/Kuchinke ErbR 10 § 7 I Fn. 32; Staudinger/Schotten, 2016, Rn. 26), erfasst aber nicht das **Kausalgeschäft.** Hieraus kann sich uU ein Anspruch auf erneute, richtige Erklärung des Erbverzichts ergeben (BGH NJW 1962, 1910 (1912); OLG Düsseldorf BeckRS 2014, 04905; Lange/Kuchinke ErbR § 7 I Fn. 32; Weidlich ZEV 2011, 530 f.; vgl. aber BGH NJW 1996, 1062 (1065)).

**2. Geschäftsfähigkeit.** Der Grundsatz der Höchstpersönlichkeit gilt auch für den **beschränkt** 11 **geschäftsfähigen Erblasser** iSd § 106 (OLG Kassel JW 1931, 1383). Da der reine Erb- und Pflichtteilsverzicht ihm jedoch lediglich einen rechtlichen Vorteil iSd § 107 bringt, bedarf er dazu weder der Zustimmung seines gesetzlichen Vertreters noch der Genehmigung des Familiengerichts gem. § 2347 Abs. 2 S. 1 Hs. 2 (MüKoBGB/Wegerhoff Rn. 8; Staudinger/Schotten, 2016, Rn. 28; Hahn FamRZ 1991, 27 (29)). Etwas anderes kann sich allerdings aus einer zugleich geschlossenen Abfindungsvereinbarung ergeben, die dann der Zustimmung des gesetzlichen Vertreters bedarf.

Nur wenn der Erblasser **geschäftsunfähig** ist, kann der Erbverzicht ausnahmsweise durch 12 seinen gesetzlichen Vertreter geschlossen werden (§ 2347 Abs. 2 S. 2), da sonst kein Verzicht entgegengenommen werden könnte. Da in der Praxis dies oftmals nicht sicher feststeht, sollten sowohl Betreuter wie Betreuer den Erbverzicht abschließen (Cypionka DNotZ 1991, 571 (586); Staudinger/Schotten, 2016, Rn. 31). Die Anordnung eines Einwilligungsvorbehalts ist hier nicht möglich, vgl. § 1903 Abs. 2 Alt. 3 iVm § 2347 Abs. 2 S. 1 (PWW/Deppenkemper Rn. 3). Hinsichtlich des Erfordernisses einer **Genehmigung** durch das Familien- oder Betreuungsgericht verweist § 2347 Abs. 2 S. 2 Hs. 2 auf die Regelung in § 2347 Abs. 1. Demnach bedürfen Vormund, Betreuer und Pfleger als gesetzliche Vertreter des Erblassers stets dieser Genehmigung, der Inhaber der elterlichen Sorge nur dann, wenn der Verzicht nicht zwischen Verlobten oder Ehegatten abgeschlossen wird; eine entsprechende Anwendung auf eingetragene Lebenspartner scheidet aus, da eine Lebenspartnerschaft gem. § 1 Abs. 3 Nr. 1 LPartG nicht mit einer minderjährigen Person begründet werden kann (MüKoBGB/Wegerhoff Rn. 5).

## § 2348 Form

**Der Erbverzichtsvertrag bedarf der notariellen Beurkundung.**

### Überblick

Das Gebot der notariellen Beurkundung dient der sachkundigen Belehrung der Beteiligten, dem Schutz vor unüberlegten, übereilten Verzichten und der Sicherung des Beweises (→ Rn. 1 ff.). Die Formvorschrift gilt für alle Varianten von Erbverzichtsverträgen sowie für deren Aufhebung (→ Rn. 1). Auf das schuldrechtliche Kausalgeschäft ist § 2348 analog grds. anwendbar (→ Rn. 7 f.). Während ein ohne Beachtung dieser Form abgeschlossener Verzicht nichtig ist, wird ein formnichtiges Kausalgeschäft demgegenüber nach ganz hM geheilt, wenn der (abstrakte) Erbverzicht formgerecht erklärt wird (→ Rn. 9 f.).

### I. Normzweck

Das Gebot der notariellen Beurkundung (§ 128) bezweckt die Sicherung der sachkundigen 1 Belehrung gem. § 17 BeurkG (Schutzfunktion), den Schutz vor unüberlegten, übereilten Handlungen (Warnfunktion) und die Sicherung des Beweises über Abschluss und Inhalt des Erbverzichts als weit reichende Verzichtserklärung (Beweisfunktion) (MüKoBGB/Wegerhoff Rn. 1). § 2348 gilt für alle Erbverzichtsverträge, also auch für den Pflichtteilsverzicht und Zuwendungsverzicht sowie für die Aufhebung solcher Verzichte (§ 2351).

### II. Beurkundungspflicht

**1. Erbverzichtsvertrag.** Das Beurkundungsverfahren richtet sich nach den §§ 8 ff. BeurkG, 2 nicht nach den §§ 27 ff. BeurkG, da der Erbverzicht keine Verfügung von Todes wegen ist (→

§ 2346 Rn. 4). Die Beurkundung im Rahmen eines Prozessvergleichs ersetzt zwar die notarielle Beurkundung (§ 127a), doch ist auch hier § 2347 Abs. 2 S. 1 zu beachten (→ § 2347 Rn. 9). Bei einem bedingten Erbverzicht muss die Bedingung als Teil der Verfügung in der notariellen Urkunde einen – wenn auch nur unvollkommenen – Ausdruck gefunden haben (BayObLG NJW-RR 1995, 648; Soergel/Najdecki Rn. 6; Staudinger/Schotten, 2016, Rn. 8; Keller ZEV 2005, 229 (230)). Mit der Annahme eines stillschweigenden Erb- oder Pflichtteilsverzichts sollte man äußerst zurückhaltend sein (→ § 2346 Rn. 9).

3 Bei einem mit einem anderen Rechtsgeschäft **verbundenen Erbverzicht** (zB Ehevertrag, Erbvertrag), sind neben den für diese geltenden Formvorschriften auch §§ 2347, 2348 einzuhalten, sodass Formerleichterungen für das andere Rechtsgeschäft für den Verzicht unbeachtlich sind (Staudinger/Schotten, 2016, Rn. 7; Soergel/Najdecki Rn. 3).

4 Eine **Umdeutung** (§ 140) ist nur zulässig, soweit damit nicht ebenfalls die Normzwecke des § 2348 umgangen würden (Kuchinke NJW 1983, 2358 (2360 f.); Staudinger/Schotten § 2346 Rn. 114). Möglich ist aber uU die Umdeutung in eine Enterbung oder – beim fehlgeschlagenen Zuwendungsverzicht – in einen Widerruf der Verfügung von Todes wegen, soweit dem keine erbrechtliche Bindung entgegensteht. § 2348 gilt auch entspr. für eine Verpflichtung, einen Pflichtteilsanspruch nicht geltend zu machen (KG OLGZ 1974, 263 (265); MüKoBGB/Wegerhoff Rn. 2).

5 Auf die **nachträgliche Genehmigung** des Verzichtenden gem. § 177 Abs. 1, § 182 Abs. 2 ist § 2348 nicht anzuwenden (Staudinger/Schotten, 2016, Rn. 9; Soergel/Najdecki § 2347 Rn. 2; J. Mayer MittBayNot 1997, 85 (87)). Gleiches gilt wegen § 167 Abs. 2 grds. auch für eine **Vollmacht** (Staudinger/Schotten, 2016, Rn. 9; Soergel/Najdecki § 2347 Rn. 2). Wird die Vollmacht aber unwiderruflich erteilt, dann wird der Vollmachtgeber rechtlich und tatsächlich in gleicher Weise wie durch das Hauptgeschäft gebunden, sodass zur Verhinderung der Umgehung des Formzwangs entspr. den allgemeinen vollmachtsrechtlichen Grundsätzen wegen der Warnfunktion des § 2348 die Vollmacht der Form des § 2348 bedarf (Staudinger/Schotten, 2016, Rn. 9; vgl. Staudinger/Schumacher, 2012, § 311b Abs. 1 Rn. 132 ff.).

6 Gleichzeitige Anwesenheit ist nicht erforderlich, auch nicht wegen § 2347 Abs. 2, sodass sukzessiver Vertragsschluss durch getrenntes **Angebot und Annahme** möglich ist (§ 128) (RG JW 1909, 139; Weidlich ZEV 2011, 531; ausf. Staudinger/Schotten, 2016, Rn. 12; MüKoBGB/Wegerhoff Rn. 3; vgl. BGH NJW 1996, 1062; übersehen von OLG Düsseldorf NJW-RR 2012, 458). Mit Beurkundung der Annahmeerklärung kommt der Erbverzicht zu Stande, ohne dass der Anbietende Kenntnis von der Annahme erlangt haben muss (§ 152 S. 1). Jedoch muss die Beurkundung der Annahme beim Erbverzicht aus Gründen der Rechtsklarheit vor dem Eintritt des Erbfalls erfolgt sein, da dann die Erbfolge im Wesentlichen feststehen muss; § 153 gilt insoweit hier nicht (BGH NJW 1997, 521; MüKoBGB/Wegerhoff Rn. 3; Staudinger/Schotten, 2016, Rn. 14). Beim reinen Pflichtteilsverzicht ist diese Abweichung vom allgemeinen Vertragsrecht nicht erforderlich, da es hier nur um das Bestehen eines schuldrechtlichen Anspruchs geht (J. Mayer MittBayNot 1997, 85; Muscheler JZ 1997, 853; aA BGH NJW 1997, 521) (→ § 2346 Rn. 8).

7 **2. Kausalgeschäft.** Auf das schuldrechtliche Kausalgeschäft, durch das sich jemand zum Abschluss des Erbverzichts verpflichtet (→ § 2346 Rn. 33 ff.), ist § 2348 analog grds. anwendbar, da sonst auf Grund eines formlos abgeschlossenen Vertrags auf Abgabe des Erbverzichts geklagt werden könnte (§ 894 ZPO) und damit die Formzwecke umgangen würden (KG OLGZ 1974, 263 (265); OLG Köln ZEV 2011, 384 (386) mAnm Keim; ausf. Keller ZEV 2005, 229 (231); Reul MittRhNotK 1997, 373 (377); Damrau, Der Erbverzicht als Mittel zweckmäßiger Vorsorge für den Todesfall, 1966, 132; Damrau NJW 1984, 1163 f.; MüKoBGB/Wegerhoff Rn. 2; aA Kuchinke NJW 1983, 2358; Lange FS Nottarp, 1961, 119 (127); Lange/Kuchinke ErbR § 7 I 5b; offengelassen von BGH NJW 1962, 1910 (1912); 1996, 1062; ZEV 2012, 145 (146)). § 2348 findet jedoch dann keine Anwendung, wenn keine Verpflichtung zur Abgabe eines Erbverzichts vereinbart wird, sondern es sich lediglich um eine Rechtsgrundabrede hierfür handelt (Keller ZEV 2005, 229 (231)). Die Beurkundungspflicht gilt für den **gesamten Vertragsinhalt** des schuldrechtlichen Kausalgeschäfts (Keller ZEV 2005, 229 (231 f.)). Die zu § 311b Abs. 1 entwickelten Grundsätze können entspr. herangezogen werden (→ § 311b Rn. 13 ff.). Daneben kann das Kausalgeschäft auch noch anderen Formvorschriften unterliegen, etwa den §§ 311b, 518, § 15 Abs. 1 S. 1 GmbHG.

8 Dagegen ist das Formgebot des § 2348 auf die **dinglichen Vollzugsgeschäfte,** die mit dem Erbverzicht im Zusammenhang stehen, nicht anwendbar. Vielmehr ist richtet sich deren Formbedürftigkeit nach den hierfür geltenden speziellen Vorschriften (BGH ZEV 2012, 145 mAnm Keim; Staudinger/Schotten, 2016, Rn. 122; aA OLG Düsseldorf ZEV 2011, 529 m. abl. Anm. Weidlich).

## III. Rechtsfolgen von Formmängeln

Wird die Form des § 2348 für den (abstrakten) **Erbverzicht** nicht eingehalten, ist er gem. § 125 unheilbar nichtig (Staudinger/Schotten, 2016, Rn. 16). Wegen des Erfordernisses besonderer Rechtssicherheit und des Grundsatzes der Formenstrenge im Erbrecht kann allenfalls in äußersten Ausnahmefällen die Berufung auf die Formnichtigkeit gegen § 242 verstoßen (OLG Köln NJW-RR 2006, 225 (226); abw. MüKoBGB/Einsele § 125 Rn. 62 mwN). Auch soweit hiermit ein formnichtiges Grundstücksgeschäft verbunden ist, das nach § 311b Abs. 1 S. 2 mit Eintragung im Grundbuch geheilt wird, erstreckt sich diese Heilungswirkung nicht auf den Erbverzicht (KG JFG 7, 133; OLG Düsseldorf NJW-RR 2002, 584; MüKoBGB/Wegerhoff Rn. 5; Staudinger/Schotten, 2016, Rn. 16 mwN). 9

Ein formnichtiges **Kausalgeschäft** zum Abschluss eines Erbverzichts (→ § 2346 Rn. 33) wird demgegenüber nach ganz hM geheilt, wenn der (abstrakte) Erbverzicht formgerecht erklärt wird, was mit einer Gesamtanalogie zu den §§ 311b Abs. 1 S. 2, 518 Abs. 2, 766 S. 2, § 15 Abs. 4 GmbHG, der Sicherung der sachkundigen Beratung anlässlich der Beurkundung des Erbverzichts und dem Bedürfnis nach Rechtssicherheit begründet wird (LG Bonn ZEV 1999, 356 (357); Damrau, Der Erbverzicht als Mittel zweckmäßiger Vorsorge für den Todesfall, 1966, 134; Damrau NJW 1984, 1163 (1164); Damrau/Mittenzwei Rn. 2; Muscheler in Groll ErbRBeratung-HdB B XV Rn. 127; MüKoBGB/Wegerhoff Rn. 5; Staudinger/Schotten, 2016, Rn. 17 mwN). Soweit auf das Kausalgeschäft mehrere Formvorschriften anwendbar sind (→ Rn. 3) müssen alle Formerfordernisse erfüllt sein. Tritt eine Konvaleszenz nur bezüglich eines Formfehlers ein, also etwa nach § 311b Abs. 1 S. 2 bezüglich der vereinbarten Grundstücksübereignung, so erstreckt sich die Heilungswirkung nicht auf die anderen Formfehler, sodass idR der gesamte schuldrechtliche Vertrag nach § 139 nichtig ist (Keller ZEV 2005, 229 (234 f.); Staudinger/Schotten, 2016, Rn. 18; Kuchinke NJW 1983, 2358 (2360); teilweise anders Soergel/Najdecki Rn. 5; Damrau NJW 1984, 1163 (1164)). 10

# § 2349 Erstreckung auf Abkömmlinge

**Verzichtet ein Abkömmling oder ein Seitenverwandter des Erblassers auf das gesetzliche Erbrecht, so erstreckt sich die Wirkung des Verzichts auf seine Abkömmlinge, sofern nicht ein anderes bestimmt wird.**

## Überblick

Die Vorschrift führt dazu, dass der Verzicht eines Abkömmlings oder eines Seitenverwandten des Erblassers auf das gesetzliche Erbrecht grds. auch das Erbrecht der Abkömmlinge des Verzichtenden entfallen lässt (→ Rn. 1). Die Erstreckungswirkung tritt nicht nur beim umfassenden Erbverzicht, sondern auch beim beschränkten Erbverzicht, beim Pflichtteilsverzicht und für die ab dem 1.1.2010 eingetretenen Erbfälle beim Zuwendungsverzicht (→ Rn. 2 ff.). Ein Erb- oder Pflichtteilsverzicht erstreckt sich gem. § 2349 auf sämtliche zur Zeit des Erbfalls vorhandenen Abkömmlinge des Verzichtenden, also nicht nur auf diejenigen, die im Zeitpunkt des Verzichts vorhanden waren (→ Rn. 6 f.).

## I. Normzweck

Der Verzicht auf das gesetzliche Erbrecht schließt gem. § 2346 Abs. 1 S. 2 nur den Verzichtenden selbst, nicht aber dessen Abkömmlinge von der gesetzlichen Erbfolge nach dem Erblasser aus. Die Beschränkung dieser Vorversterbensfiktion auf den Verzichtenden ist deshalb gerechtfertigt, weil dessen Abkömmlinge kraft Gesetzes ein eigenständiges Erbrecht nach dem Erblasser haben, dieses also nicht vom Verzichtenden ableiten (MüKoBGB/Wegerhoff Rn. 1 mwN). Abweichend erstreckt diese Norm die Wirkung des § 2346 Abs. 1 S. 2 auch auf sämtliche Abkömmlinge des Verzichtenden, also den ganzen Stamm des Verzichtenden. Dem liegt die Überlegung zu Grunde, dass mit dem Erbverzicht häufig eine Abfindung an den Verzichtenden verbunden ist, die eine Vorwegnahme der Erbfolge darstellt und zu einer Doppelbegünstigung des Stammes des Verzichtenden führen würde, wenn der Verzicht nicht auch gegen alle seine Abkömmlinge wirken würde. Jedoch ist die Anwendung der Vorschrift nicht auf diesen Fall begrenzt, sodass sie grds. auch bei einem Erbverzicht ohne Abfindung eingreift (Baumgärtel DNotZ 1959, 63 (64); Staudinger/Schotten, 2016, Rn. 3). Es handelt sich um keine Auslegungsregel, sondern um eine **Dispositiv-** 1

**norm,** weil die Erstreckungswirkung unabhängig vom Willen des Verzichtenden eintritt (MüKoBGB/Wegerhoff Rn. 2; Muscheler ZEV 1999, 49 (50)).

## II. Anwendungsbereich

2 Die Erstreckungswirkung tritt nicht nur beim umfassenden Erbverzicht, sondern auch beim beschränkten Erbverzicht (→ § 2346 Rn. 14 ff.) sowie beim Pflichtteilsverzicht ein (Baumgärtel DNotZ 1959, 63 (65); MüKoBGB/Wegerhoff Rn. 5; Staudinger/Schotten, 2016, Rn. 11). Zur Anwendbarkeit auf den Zuwendungsverzicht für die ab dem 1.1.2010 eingetretenen Erbfälle → § 2352 Rn. 22 ff.

3 Infolge des **dispositiven Charakters der Norm** kann im Vertrag bestimmt werden, dass sich der Erb- oder Pflichtteilsverzicht nicht auf die Abkömmlinge des Verzichtenden erstrecken soll (MüKoBGB/Wegerhoff Rn. 6; Lange/Kuchinke ErbR § 7 III 1b; restriktiver Staudinger/Schotten, 2016, Rn. 15). Die Erstreckungswirkung kann auch auf einzelne Abkömmlinge beschränkt werden (OLG Frankfurt BeckRS 2021, 21454 Rn. 25 m. w. N.; Kuchinke ZEV 2000, 169 Fn. 3; MüKoBGB/Wegerhoff Rn. 6; aA Staudinger/Schotten, 2016, Rn. 14). Im Wege der Auslegung gem. §§ 133, 157 ist zu ermitteln, ob derartige Beschränkungen gewollt sind. Der Ausschluss der Erstreckungswirkung liegt nahe, wenn der Verzichtende zurzeit des – nach höchstrichterlichen Rspr. zulässigen (BGH BeckRS 2011, 02577 Rn. 17 ff.) – Erb- oder Pflichtteilsverzichts Sozialleistungen bezieht, mit Pfändungsmaßnahmen rechnet oder insolvent ist.

4 § 2349 gilt nicht für einen Erbverzicht der Vorfahren (Eltern) oder des Ehegatten. Deren Verzicht erstreckt sich nicht vertraglich auf deren Abkömmlinge, sondern es ist insoweit ein eigener Verzicht erforderlich (MüKoBGB/Wegerhoff Rn. 3; Regler DNotZ 1970, 646 (647 ff.); Lange/Kuchinke ErbR § 7 III 1b).

5 Wird der Erb- oder Pflichtteilsverzicht wieder **aufgehoben** (§ 2351), wirkt dies auch zu Gunsten der Abkömmlinge des Verzichtenden. Auch kann durch Vertrag zwischen dem Erblasser und dem Verzichtenden nachträglich die Erstreckungswirkung des § 2349 eingeschränkt oder aufgehoben werden (NK-BGB/Kroiß Rn. 4; Kuchinke ZEV 2000, 169 (172); Staudinger/Schotten, 2016, Rn. 16), jedoch ist auch hier § 2351 zu beachten (RGRK-BGB/Johannsen Rn. 3; Staudinger/Schotten, 2016, Rn. 16). Ob eine solche Vereinbarung auch direkt zwischen Erblasser und den Abkömmlingen des Verzichtenden möglich ist, ist str. (→ § 2351 Rn. 6).

## III. Erstreckung auf die Abkömmlinge

6 Ein Erb- oder Pflichtteilsverzicht erstreckt sich gem. § 2349 auf sämtliche zurzeit des Erbfalls vorhandenen Abkömmlinge des Verzichtenden, also nicht nur auf diejenigen, die im Zeitpunkt des Verzichts vorhanden waren (MüKoBGB/Wegerhoff Rn. 3). Die Erstreckungswirkung tritt auch ohne Zustimmung der zurzeit des Verzichts vorhandenen Abkömmlinge ein.

7 Deshalb eignet sich der Erb- oder Pflichtteilsverzicht dazu, Erb- und Pflichtteilsansprüche „lästiger" Enkel auszuschließen (vgl. Stanovsky BWNotZ 1974, 104 (105); HdB PflichtteilsR/J. Mayer § 12 Rn. 61). Im Einzelfall kann allerdings ein Erb- oder Pflichtteilsverzicht wegen der rechtsmissbräuchlichen Ausnutzung der sich aus § 2349 ergebenden Erstreckungswirkung nach § 138 sittenwidrig sein, etwa wenn der Verzicht kurz vor dem absehbaren Tod des Verzichtenden abgeschlossen wird (Staudinger/Schotten, 2016, Rn. 4) oder der Pflichtteilsverzicht nur gelten soll, wenn der Verzichtende vor dem Erblasser verstirbt, da hier nur die Erstreckungswirkung zu Lasten der Abkömmlinge nach § 2349 gewollt sein kann (Gutachten DNotI-Report 2007, 73 (75)).

### § 2350 Verzicht zugunsten eines anderen

**(1) Verzichtet jemand zugunsten eines anderen auf das gesetzliche Erbrecht, so ist im Zweifel anzunehmen, dass der Verzicht nur für den Fall gelten soll, dass der andere Erbe wird.**

**(2) Verzichtet ein Abkömmling des Erblassers auf das gesetzliche Erbrecht, so ist im Zweifel anzunehmen, dass der Verzicht nur zugunsten der anderen Abkömmlinge und des Ehegatten oder Lebenspartners des Erblassers gelten soll.**

### Überblick

Bei einem bedingungslosen, absoluten Erbverzicht ist es dem Verzichtenden gleichgültig, wer an seiner Stelle Erbe wird. Für den Fall eines relativen Erbverzichts (→ Rn. 2) zu Gunsten bestimmter Personen hält diese Vorschrift zwei Auslegungsregeln bereit. Abs. 1 regelt den Fall, dass der Erbverzicht zu Gunsten einer bestimmten anderen Person oder Personenmehrheit erklärt wird, verlangt jedoch, dass der Kreis der Begünstigten dabei wenigstens bei Eintritt des Erbfalls objektiv bestimmbar ist (→ Rn. 3 ff.). Nach der Auslegungsregel des Abs. 2 steht der Verzicht eines Abkömmlings auf sein gesetzliches Erbrecht unter der Bedingung, dass der gesetzliche Erbteil des Verzichtenden den übrigen Erben der ersten Ordnung oder dem Ehegatten bzw. Lebenspartner des Erblassers zugutekommt (→ Rn. 7).

## I. Normzweck, Anwendungsbereich

Bei einem bedingungslos erklärten Erbverzicht **(absoluter Erbverzicht)** ist dem Verzichtenden 1 gleichgültig, wer an seiner Stelle Erbe wird. Im Unterschied dazu wird beim **relativen Erbverzicht** dieser nur zu Gunsten bestimmter Personen erklärt. Für diesen Fall hält die Vorschrift zwei Auslegungsregeln bereit (MüKoBGB/Wegerhoff Rn. 1), die aber nur gelten, wenn der übereinstimmende Wille der Vertragsbeteiligten nicht durch Auslegung gem. §§ 133, 157 festgestellt werden kann (vgl. BGH NJW 2008, 298 mAnm Zimmer; OLG Düsseldorf ZEV 2008, 523 (524)). Während § 2350 Abs. 1 auf der Rechtsfolgenseite die rechtlichen Wirkungen regelt, bestimmt § 2350 Abs. 2 die tatbestandlichen Voraussetzungen für einen derartigen relativen Erbverzicht. Durch die Auslegungsregel im § 2350 Abs. 2 soll verhindert werden, dass durch den Verzicht der Abkömmlinge Verwandte anderer Erbfolgeordnungen oder gar der Fiskus begünstigt werden (MüKoBGB/Wegerhoff Rn. 10; Staudinger/Schotten, 2016, Rn. 3).

Die Auslegungsregeln des § 2350 gelten nicht für den reinen **Pflichtteilsverzicht** (§ 2346 2 Abs. 2), weil dieser – anders als der Erbverzicht nach § 2310 S. 2 – keinen Einfluss auf die Erb- und Pflichtteilsrechte anderer hat und deshalb nicht iSd § 2350 Abs. 1 zugunsten eines anderen abgegeben werden kann (PWW/Deppenkemper Rn. 1; Staudinger/Schotten, 2016, Rn. 5; offen lassend BGH NJW 2008, 298). Jedoch kann beim Pflichtteilsverzicht durch Vereinbarung einer Bedingung der Verzicht so eingeschränkt werden, dass nur bestimmte Erben von der Pflichtteilslast befreit sein sollen (MüKoBGB/Wegerhoff Rn. 2). Auf den **Zuwendungsverzicht** (§ 2352) sind diese Auslegungsregeln ebenfalls nicht anwendbar, da § 2352 S. 3 nicht hierauf verweist (für Abs. 2: allgM, zB MüKoBGB/Wegerhoff Rn. 3; für Abs. 1: MüKoBGB/Wegerhoff Rn. 3 und MüKoBGB/Wegerhoff § 2352 Rn. 5; Jackschath MittRhNotK 1977, 117 (119); Kornexl, Der Zuwendungsverzicht, 1999, Rn. 444 ff. mwN; Schlüter ErbR Rn. 408; aA OLG Hamm OLGZ 1982, 272 (273); Staudinger/Schotten, 2016, § 2352 Rn. 17; Lange/Kuchinke ErbR § 7 III 2c mwN in Fn. 85).

## II. Erbverzicht zu Gunsten eines anderen (Abs. 1)

§ 2350 Abs. 1 regelt den Fall, dass der Erbverzicht zu Gunsten einer bestimmten anderen 3 Person oder Personenmehrheit erklärt wird, verlangt jedoch, dass der Kreis der Begünstigten dabei wenigstens bei Eintritt des Erbfalls objektiv bestimmbar ist (MüKoBGB/Wegerhoff Rn. 4; Soergel/Najdecki Rn. 1). Deshalb ist Abs. 1 nicht anwendbar, wenn zu Gunsten einer vom Erblasser erst in Zukunft zu benennenden Person verzichtet wird (MüKoBGB/Wegerhoff Rn. 4; Staudinger/Schotten, 2016, Rn. 8). Dabei muss sich die **Begünstigungsabsicht** aus dem Verzichtsvertrag selbst ergeben, und zwar wenigstens durch ergänzende Auslegung (KG JFG 20, 160 (163)); ausnahmsweise kann aber Abs. 2 eingreifen.

Bei Vorliegen einer entsprechenden Begünstigungsabsicht steht der Erbverzicht unter der auf- 4 schiebenden **Bedingung,** dass der Begünstigte an Stelle des Verzichtenden der Erbe oder Miterbe des Erblassers wird (MüKoBGB/Wegerhoff Rn. 6; Staudinger/Schotten, 2016, Rn. 11; Lange/Kuchinke ErbR § 7 III 1c; für auflösende Bedingung: Grüneberg/Weidlich Rn. 2). Dabei genügt die Berufung zum Vorerben, nicht aber die zum Nacherben. Beschränkungen oder Beschwerungen zu Lasten des Erbteils des Begünstigten hindern den Bedingungseintritt dann, wenn die Auslegung ergibt, dass auf Grund einer wirtschaftlichen Betrachtungsweise die vom Verzichtenden zugedachte Begünstigung in nicht gewollter Weise beseitigt wird (Staudinger/Schotten, 2016, Rn. 19; MüKoBGB/Wegerhoff Rn. 8; Kuchinke FS Kralik, 1986, 451 (457 f.); aA AK-BGB/Teubner Rn. 7). Zusätzlich ist erforderlich, dass der Begünstigte an Stelle des Verzichtenden der Erbe oder Miterbe wird, also gleichsam in die Rechtsstellung des verzichtenden Erben nachrückt. Hierzu ist erforderlich, dass der dem Verzichtenden bei gesetzlicher Erbfolge an sich zufallende

Erbteil voll und ungeschmälert dem Begünstigten zugutekommt (Staudinger/Schotten, 2016, Rn. 13; Kuchinke FS Kralik, 1986, 451 (456)). Die zur Umsetzung der beabsichtigten Begünstigung erforderliche Erbfolge kann dabei kraft Gesetzes oder aber auch durch Verfügung von Todes wegen eintreten. Jedoch kommt dem relativen Erbverzicht selbst keine unmittelbar übertragende, das Erbrecht des Begünstigten begründende oder vergrößernde Wirkung zu (KG OLGE 46, 240 f.; OLG München JFG 15, 364 (365); OLG Hamm OLGZ 1982, 272 (275) obiter dictum; MüKoBGB/Wegerhoff Rn. 9; Staudinger/Schotten, 2016, Rn. 14; Lange/Kuchinke ErbR § 7 III 1c; Kuchinke FS Kralik, 1986, 451 (464); Reul MittRhNotK 1997, 373 (379 f.); aA KG JFG 23, 179 = DNotZ 1942, 148; RGRK-BGB/Johannsen Rn. 6; AK-BGB/Teubner Rn. 9; Kipp/Coing ErbR § 82 II 6). Die von § 2346 Abs. 1 S. 2 als Rechtsfolge des Erbverzichts angeordnete „Vorversterbensfiktion" hat nur negative Wirkung und verhindert nur den Anfall beim Verzichtenden; etwas anderes wäre systemfremd. Es bedarf daher einer weiteren Zuwendung durch den Erblasser mittels eigener Verfügung von Todes wegen.

5 Wird die Bedingung nur **teilweise erfüllt,** wenn also der Begünstigte nur teilweise Erbe wird, so ist der Erbverzicht teilweise wirksam, teilweise aber unwirksam (KG OLGE 46, 240 (241); Staudinger/Schotten, 2016, Rn. 17; Lange/Kuchinke ErbR § 7 III 1c; Soergel/Najdecki Rn. 3), was zu überraschenden Ergebnissen führt.

6 Sollten **mehrere Personen** durch den Erbverzicht begünstigt werden, so ist es eine Frage der Auslegung, ob die Bedingung für die Wirksamkeit des Erbverzichts auch dann eintreten soll, wenn nur einer oder nur Einzelne der Begünstigten an Stelle des Verzichtenden Erbe werden (Staudinger/Schotten, 2016, Rn. 18). Im Zweifelsfall ist allerdings davon auszugehen, dass der Verzicht nur dann unwirksam ist, wenn alle Begünstigten als Erben weggefallen sind; insoweit ist zunächst die Anwachsung des dem Weggefallenen zugedachten Erbteils an die verbleibenden Begünstigten anzunehmen (RG LZ 1926, 1006; NK-BGB/Kroiß Rn. 8; Staudinger/Schotten, 2016, Rn. 18; MüKoBGB/Wegerhoff Rn. 7; aA Kuchinke FS Kralik, 1986, 451 (456)).

### III. Verzicht eines Abkömmlings auf sein gesetzliches Erbrecht (Abs. 2)

7 Diese Auslegungsregel betrifft den Fall, dass sich aus dem Verzichtsvertrag weder ausdrücklich noch mittels Auslegung ermitteln lässt, ob der Erbverzicht zu Gunsten einer bestimmten Person, also relativ erklärt wurde. Aus der Gewährung einer Abfindung für den Verzicht kann noch nichts gegen die Anwendung dieser Auslegungsregel hergeleitet werden (jurisPK-BGB/Hau Rn. 3; Soergel/Najdecki Rn. 9; Staudinger/Schotten, 2016, Rn. 25; aA Kuchinke FS Kralik, 1986, 451 (454)). Nach der Auslegungsregel des Abs. 2 steht der Verzicht eines Abkömmlings auf sein gesetzliches Erbrecht unter der Bedingung, dass dieser nur wirksam ist, wenn der gesetzliche Erbteil des Verzichtenden den übrigen Erben der ersten Ordnung (§ 1924 – jedoch sind die Abkömmlinge des Verzichtenden idR nach § 2349 ausgeschlossen) oder dem Ehegatten bzw. Lebenspartner des Erblassers zugutekommt. Aus dem Verzicht sollen demnach die Verwandten der anderen Erbordnungen oder Dritte keinen Vorteil herleiten. Soweit dies dennoch eintritt, ist der Erbverzicht insoweit (also uU nur teilweise) unwirksam; dann greift Abs. 1 ein. Unter Ehegatten iSd Abs. 2 ist dabei auch ein Stiefelternteil zu verstehen (MüKoBGB/Wegerhoff Rn. 11; RGRK-BGB/Johannsen Rn. 5). Entsprechendes gilt im Falle einer eingetragenen Lebenspartnerschaft. Aus dem Normzweck des § 2350 Abs. 2 mit der dadurch beabsichtigten Begünstigung des engsten Familienkreises (→ Rn. 1) ergibt sich, dass die Unwirksamkeit des Erbverzichts nur dann eintreten soll, wenn kraft Gesetzes andere als die Abkömmlinge, Ehegatten oder Lebenspartner zur Erbfolge gelangen (aA OLG Düsseldorf ZEV 2008, 523 (524) ohne Erörterung des Problems). Deutlich wird dies an der Entscheidung des BGH vom 24.6.1998 (BGH NJW 1998, 3117). Erbe wurde dort aufgrund Verfügung von Todes wegen ein Abkömmling des Kindes, das einen Erbverzicht abgegeben hatte. Dass der nach § 2350 Abs. 2 wirksam gebliebene Erbverzicht über § 2310 S. 2 die nicht gewollte Nebenwirkung der Erhöhung des Erb- und Pflichtteils anderer Abkömmlinge hatte, mag für den erbenden Abkömmling wirtschaftlich unangenehm sein, rechtfertigt jedoch noch nicht die Unwirksamkeit des Erbverzichts nach Abs. 2 (aA Staudinger/Schotten, 2016, Rn. 26; Quantius, Die Aufhebung des Erbverzichts, 2001, 98 Fn. 290). Zudem hat auch hier nach zutreffender Ansicht der relative Erbverzicht keine übertragende Wirkung (→ Rn. 4) (NK-BGB/Kroiß Rn. 12; jurisPK-BGB/Hau Rn. 4; Staudinger/Schotten, 2016, Rn. 27).

## § 2351 Aufhebung des Erbverzichts

**Auf einen Vertrag, durch den ein Erbverzicht aufgehoben wird, findet die Vorschrift des § 2348 und in Ansehung des Erblassers auch die Vorschrift des § 2347 Abs. 2 Satz 1 erster Halbsatz, Satz 2 Anwendung.**

### Überblick

Die Vorschrift eröffnet die Möglichkeit, den Erbverzicht durch einen Aufhebungsvertrag wieder zu beseitigen, der in formeller Hinsicht weitgehend wie der Erbverzicht behandelt wird (→ Rn. 1 f.). Der Aufhebungsvertrag bedarf der notariellen Beurkundung (→ Rn. 3). Der Erblasser kann den Aufhebungsvertrag grds. nur zu seinen Lebzeiten persönlich abschließen (→ Rn. 4 f.). Nach Ansicht des BGH kann der Aufhebungsvertrag nur zu Lebzeiten des Verzichtenden abgeschlossen werden (→ Rn. 6 f.). Der Aufhebungsvertrag beseitigt den Erb- und Pflichtteilsverzicht so, als ob der Verzicht niemals erfolgt sei (→ Rn. 9 f.).

## I. Normzweck, Anwendungsbereich

Die Vorschrift eröffnet die Möglichkeit, den Erbverzicht durch einen Aufhebungsvertrag wieder 1 zu beseitigen. Dabei soll der Aufhebungsvertrag in formeller Hinsicht so weit wie möglich wie der Erbverzicht behandelt werden (Staudinger/Schotten, 2016, Rn. 2). Als **„actus contrarius"** zum Erbverzicht, der ein Rechtsgeschäft unter Lebenden auf den Todesfall ist (→ § 2346 Rn. 3), ist der Aufhebungsvertrag wie dieser zu qualifizieren (Quantius, Die Aufhebung des Erbverzichts, 2001, 35 f.; Staudinger/Schotten, 2016, § 2346 Rn. 93; aA Zellmann, Dogmatik und Systematik des Erbverzichts und seiner Aufhebung im Rahmen der Lehre von den Verfügungen von Todes wegen, 1990, 177 ff.). Daher ist auch die Aufhebung eines Erb- oder Pflichtteilsverzichts bei einem durch Erbvertrag gebundenen Erblasser nicht nach § 2289 Abs. 1 S. 2 unwirksam (NK-BGB/Kornexl § 2289 Rn. 19; aA Schindler DNotZ 2004, 824 (830); für analoge Anwendung des § 2289: Hülsmeier NJW 1981, 2043). Der BGH hat aber – wenn auch in einem obiter dictum – auch bei einer „unentgeltlichen" Aufhebung eines Erb- und Pflichtteilsverzichts das Vorliegen einer Schenkung iSv § 2287 verneint (BGH NJW 1980, 2307; Keim NotBZ 1999, 1 (7); Staudinger/Schotten, 2016, § 2346 Rn. 195; aA Quantius, Die Aufhebung des Erbverzichts, 2001, 117 ff. zu § 2325). Dadurch könnte der Erblasser seine erbrechtliche Bindung teilweise durchbrechen, weil unentgeltliche Zuwendungen an den Pflichtteilsberechtigten bis zur Höhe seines Pflichtteilsanspruchs keine beeinträchtigenden Schenkungen (→ § 2287 Rn. 8) darstellen. Der Rspr. des BGH kann nicht gefolgt werden, weil dem Aufhebungsvertrag ein schuldrechtliches Kausalgeschäft zugrunde liegt (→ Rn. 2), aufgrund dessen der Erblasser ohne Gegenleistung an den Verzichtenden auch eine vermögenswerte Position, nämlich ein „Stück Testierfreiheit" wiedererlangt, die im Rahmen eines entgeltlichen Erbvertrags sogar Gegenstand einer Leistungskondiktion sein kann (→ § 2346 Rn. 42).

Der Annahme einer Schenkung steht hier auch nicht entgegen, dass es an einer Identität 2 zwischen Entreicherungs- und Bereicherungsgegenstand fehlt, denn dies ist nach neuerer Auffassung gerade nicht erforderlich (vgl. Staudinger/Wimmer-Leonhardt, 2005, § 516 Rn. 22). Des Weiteren würde die Einordnung des unentgeltlichen Aufhebungsvertrags als Schenkung iSv § 2287 sachgerechte, systemkonforme Lösungen liefern, die dem Schutzzweck der Norm entsprechen (J. Mayer ZEV 2005, 176 f.; dagegen aber Schindler ZEV 2005, 299). § 2351 gilt nicht nur für den Erb- und Pflichtteilsverzicht, sondern nach hM auch für den **Zuwendungsverzicht** (§ 2352; → § 2352 Rn. 27) (LG Kempten MittBayNot 1978, 63 mAnm Büttel; Staudinger/Schotten, 2016, Rn. 3; MüKoBGB/Wegerhoff Rn. 1; Soergel/Najdecki Rn. 5; einschr. BGH NJW-RR 2008, 747; aA Kornexl Rn. 554 ff.). Auch eine teilweise Aufhebung ist möglich (Soergel/Najdecki Rn. 5; Staudinger/Schotten, 2016, Rn. 3 mwN iVm § 2346 Rn. 99). Die Vorschrift gilt nicht für das dem Erbverzicht zu Grunde liegende **Kausalgeschäft** (NK-BGB/Kroiß Rn. 1; Staudinger/Schotten, 2016, Rn. 5).

## II. Modalitäten der Aufhebung

**1. Form.** Der (unmittelbar verfügend wirkende) Aufhebungsvertrag bedarf der **notariellen** 3 **Beurkundung** (§§ 2351, 2348), sonst ist er nach § 125 nichtig (OLG Köln BeckRS 2021, 12138 (notarielles Testament des Erblassers); Staudinger/Schotten, 2016, Rn. 28; Quantius, Die Aufhebung des Erbverzichts, 2001, 45). Auch das diesem Aufhebungsvertrag zugrundeliegende Kausalgeschäft bedarf grds. der notariellen Beurkundung (Keim NotZB 1999, 1 (6); jurisPK-BGB/Hau Rn. 3; Staudinger/Schotten, 2016, Rn. 24; MüKoBGB/Wegerhoff Rn. 3 Fn. 8; Quantius, Die Aufhebung des Erbverzichts, 2001, 42 ff.), da durch den Wegfall des rechtlichen Grundes sich ein Aufhebungsanspruch nach § 812 Abs. 1 S. 2 Alt. 1 ergeben würde und somit die Formvorschrift des § 2351 für die Aufhebung des Erbverzichtsvertrags umgangen würde (Quantius, Die Aufhebung des Erbverzichts, 2001, 44 Fn. 192; Staudinger/Schotten, 2016, Rn. 25). Bei der

Aufhebung des Kausalgeschäfts zum Aufhebungsvertrag ist ebenfalls zu differenzieren (Staudinger/Schotten, 2016, Rn. 26; jurisPK-BGB/Hau Rn. 3; Quantius, Die Aufhebung des Erbverzichts, 2001, 45): Vor Erfüllung des Kausalgeschäfts durch Aufhebung des Erbverzichts bedarf auch dessen Aufhebung keiner besonderen Form. Nach Aufhebung des Erbverzichts würde dessen Aufhebung aber wiederum die Verpflichtung begründen, einen entsprechenden neuen Erbverzicht zu vereinbaren, sodass der Normzweck eine analoge Anwendung des § 2348 gebietet. Ein demnach formnichtiger schuldrechtlicher Vertrag wird aber durch einen formgerecht erklärten (abstrakten) Aufhebungsvertrag geheilt, was die hM mit einer Gesamtanalogie zu § 311b Abs. 1 S. 2, § 518 Abs. 2, § 766 S. 2 und § 15 Abs. 4 GmbHG begründet (Keim NotBZ 1999, 1 (6); Quantius, Die Aufhebung des Erbverzichts, 2001, 46; Staudinger/Schotten, 2016, Rn. 28).

4 **2. Persönliche Anforderungen. a) Erblasser.** Aus der Verweisung des § 2351 auf § 2347 Abs. 2 S. 1 Hs. 1 und S. 2 folgt, dass der Erblasser den Aufhebungsvertrag grds. nur **zu seinen Lebzeiten** persönlich abschließen kann (BGH NJW 1998, 3117; MüKoBGB/Wegerhoff Rn. 2; Staudinger/Schotten, 2016, § 2346 Rn. 96 mwN). Auch bei einem beschränkt geschäftsfähigen Erblasser ist eine Vertretung durch seinen gesetzlichen Vertreter nicht möglich (Soergel/Najdecki Rn. 4; Staudinger/Schotten, 2016, Rn. 6). Der Minderjährige bedarf hierfür allerdings der Zustimmung seines gesetzlichen Vertreters, da die Wiederherstellung des Erb- und Pflichtteilsrechts des Vertragspartners für ihn ein rechtlicher Nachteil ist (MüKoBGB/Wegerhoff Rn. 3; Soergel/Najdecki Rn. 4; J. Mayer ZEV 1996, 127 (129); Hahn FamRZ 1991, 27 (29)). Eine familiengerichtliche Genehmigung ist jedoch nicht erforderlich (Reul MittRhNotK 1997, 373 (383); MüKoBGB/Wegerhoff Rn. 3; Staudinger/Schotten, 2016, Rn. 13; aA Keim NotBZ 1999, 1 (2)).

5 Ist der Erblasser **geschäftsunfähig,** so kann nur sein gesetzlicher Vertreter für ihn handeln, bei einem Volljährigen also sein Betreuer (§ 1902), mit entsprechendem Wirkungskreis. Der gesetzliche Vertreter bedarf unter den gleichen Voraussetzungen wie beim Abschluss des Erbverzichts der betreuungsgerichtlichen Genehmigung (MüKoBGB/Wegerhoff Rn. 3; Staudinger/Schotten, 2016, Rn. 12) (→ § 2347 Rn. 7). **Ab dem 1.1.2023** werden die gerichtlichen Genehmigungsvorbehalte in Erbrechtsangelegenheiten von Minderjährigen und Betreuten in § 1851 zusammengefasst (BGBl. 2021 I 882). Die Genehmigungspflicht ist dann in § 1851 Nr. 9 geregelt, ohne dass sich diese sachlich von der bisherigen Regelung unterscheidet. Soweit der Erblasser unter Betreuung steht, kann der Betreuer den Aufhebungsvertrag daher nur dann namens des Erblassers abschließen, wenn der Erblasser geschäftsunfähig ist (BayObLG ZEV 2001, 190 (191); Staudinger/Schotten, 2016, Rn. 11; Soergel/Najdecki Rn. 2; Keim NotBZ 1999, 1 (2 f.); Quantius, Die Aufhebung des Erbverzichts, 2001, 48). Der in der Praxis sicherste Weg ist daher, dass sowohl Betreuer wie Erblasser den Aufhebungsvertrag abschließen (BayObLG ZEV 2001, 190 (191); Soergel/Najdecki Rn. 2; Staudinger/Schotten, 2016, Rn. 11). Soweit ein **Einwilligungsvorbehalt** (§ 1903) besteht, ist jedoch auch bei einem geschäftsfähigen Erblasser die Zustimmung des Betreuers erforderlich (NK-BGB/Kroiß Rn. 4; Staudinger/Schotten, 2016, Rn. 11).

6 **b) Verzichtender.** § 2351 enthält hinsichtlich der Vertretungsmöglichkeit für den Verzichtenden keine besondere Regelung. Es gelten daher die zu § 2347 für den Abschluss des Erbverzichts entwickelten Regeln (NK-BGB/Kroiß Rn. 5; Staudinger/Schotten, 2016, Rn. 16). Der Verzichtende kann sich daher vertreten lassen (MüKoBGB/Wegerhoff Rn. 3; Staudinger/Schotten, 2016, Rn. 17), und zwar auch durch einen Betreuer mit entsprechendem Wirkungskreis (Staudinger/Schotten, 2016, Rn. 21). Für einen geschäftsunfähigen Verzichtenden muss dessen gesetzlicher Vertreter handeln. Ein Minderjähriger (§ 106) kann den (verfügenden) Aufhebungsvertrag jedoch grds. selbst abschließen, da die Aufhebung durch Wiederherstellung des Erb- und Pflichtteilsrechts für ihn lediglich rechtlich vorteilhaft iSd § 107 ist (Staudinger/Schotten, 2016, Rn. 19; MüKoBGB/Wegerhoff Rn. 3). Soweit das Kausalgeschäft zum Erbverzicht aufgehoben wird, ist die Rechtslage anders, wenn deshalb Abfindungsleistungen zurückzugewähren sind (Staudinger/Schotten, 2016, Rn. 5). Eine betreuungs- oder familiengerichtliche Genehmigung ist für den verfügenden Aufhebungsvertrag zum Erbverzicht nicht erforderlich (NK-BGB/Kroiß Rn. 7; Staudinger/Schotten, 2016, Rn. 22).

7 Nach Ansicht des BGH kann der Aufhebungsvertrag auch nur **zu Lebzeiten des Verzichtenden** abgeschlossen werden, nicht aber nach dessen Tod mit dessen Erben oder seinen Abkömmlingen, auf die sich der Erbverzicht nach § 2349 erstreckt (BGH NJW 1998, 3117 m. zust. Anm. Hohloch JuS 1999, 82; MüKoBGB/Wegerhoff Rn. 2; aA Muscheler ZEV 1999, 49; J. Mayer MittBayNot 1999, 41; Staudinger/Schotten, 2016, Rn. 97b ff.). Der BGH geht dabei von einem unzutreffenden Ausgangspunkt aus: Da es nicht um die Erbfolge nach dem Verzichtenden, sondern nach dem Erblasser geht, muss nicht zum Zeitpunkt des Todes des Verzichtenden, sondern erst

im Erbfall aus Gründen der Rechtsklarheit feststehen, wer Erbe wird (Staudinger/Schotten, 2016, § 2346 Rn. 97b). Veränderungen vor dem Eintritt des Erbfalls sind dem Erbrecht immanent, wie sich etwa aus dem gesetzlichen Eintrittsrecht nach § 1924 Abs. 3 ergibt. Daher kann auch die sich aus § 2310 S. 2 durch einen Erbverzicht ergebende Erhöhung des Erb- und Pflichtteilsrechts anderer Abkömmlinge vor Eintritt des Erbfalls grds. aufgehoben werden, was sich aus § 2351 mit seiner uneingeschränkten Geltung ergibt (Steiner MDR 1998, 1481; J. Mayer MittBayNot 1999, 41 (42)).

**c) Zustimmung Dritter.** Die Zustimmung der Abkömmlinge des Verzichtenden, auf die sich der Verzicht nach § 2349 erstreckte, ist ebenso wenig erforderlich wie die Mitwirkung derjenigen, deren Rechte durch die Aufhebung des Erbverzichts beschränkt werden, weil die zu deren Gunsten zunächst eingetretene Erbteilserhöhung nach § 2310 S. 2 wieder beseitigt wird; denn es handelt sich um eine zulässige „Reflexwirkung" des Aufhebungsvertrags (MüKoBGB/Wegerhoff Rn. 2; Quantius, Die Aufhebung des Erbverzichts, 2001, 102 f.; Soergel/Najdecki Rn. 5; Staudinger/Schotten, 2016, § 2346 Rn. 98). 8

## III. Wirkungen

Der Aufhebungsvertrag beseitigt den Erb- und Pflichtteilsverzicht so, als ob der Verzicht niemals erfolgt sei (BGH NJW 1980, 2307; MüKoBGB/Wegerhoff Rn. 4). Das gesetzliche Erbrecht des Verzichtenden tritt aber nur ein, wenn nicht anderweitig vom Erblasser testiert wurde. Auf alle Fälle erlangt ein Pflichtteilsberechtigter idR wieder sein Pflichtteilsrecht, wenn nicht Pflichtteilsentziehungsgründe vorliegen (Staudinger/Schotten, 2016, § 2346 Rn. 100). Auch wird die zunächst durch den Erbverzicht nach § 2310 S. 2 eingetretene Erhöhung des Erb- und Pflichtteils Dritter wieder beseitigt (Keim NotBZ 1999, 1 (4); Quantius, Die Aufhebung des Erbverzichts, 2001, 23). Soweit der Erblasser aber erbrechtlich gebunden ist, kann er wegen dieser Aufhebungswirkung nicht nach §§ 2079, 2281, 2285 den Erbvertrag oder das gemeinschaftliche Testament anfechten, um seine Testierfreiheit wieder zu erlangen. Denn § 2079 ist seinem Normzweck nach auf solche Situationen nicht anzuwenden (ausf. Staudinger/Schotten, 2016, § 2346 Rn. 100; Keim NotBZ 1999, 1 (4)). Zur Aufhebung des Zuwendungsverzichts → § 2352 Rn. 27. 9

Die Verpflichtung zur **Rückzahlung** einer für den Erbverzicht geleisteten Abfindung richtet sich nach der hM nach der Art der Leistungsverknüpfung. Bestand eine synallagmatische Abfindungsvereinbarung in Form eines schuldrechtlichen Kausalgeschäfts, wird auch dieses – zumindest konkludent – aufgehoben sein (NK-BGB/Kroiß Rn. 12), sodass sich der Rückforderungsanspruch aus § 812 Abs. 1 S. 2 Alt. 1 ergibt (Staudinger/Schotten, 2016, § 2346 Rn. 194). Bei einer konditionalen Leistungsverknüpfung ist § 812 Abs. 1 S. 2 Alt. 2 die Anspruchsgrundlage (MüKoBGB/Wegerhoff Rn. 5; Reul MittRhNotK 1997, 383; v. Lübtow ErbR I 543; aA Soergel/Najdecki Rn. 5). Auf alle Fälle ist diesbezüglich eine vertragliche Regelung dringend geboten (NK-BGB/Kroiß Rn. 12). 10

## § 2352 Verzicht auf Zuwendungen

**[1]Wer durch Testament als Erbe eingesetzt oder mit einem Vermächtnis bedacht ist, kann durch Vertrag mit dem Erblasser auf die Zuwendung verzichten. [2]Das Gleiche gilt für eine Zuwendung, die in einem Erbvertrag einem Dritten gemacht ist. [3]Die Vorschriften der §§ 2347 bis 2349 finden Anwendung.**

### Überblick

Die Vorschrift erweitert den Anwendungsbereich des Erbverzichts. Der Zuwendungsverzicht ist ein Mittel, die erbrechtliche Bindungswirkung des Erblassers an eine Verfügung von Todes wegen noch zu dessen Lebzeiten anders zu beseitigen als durch Widerruf letztwilliger Verfügungen (§§ 2253 ff., 2271) oder durch Aufhebung vertragsmäßiger Verfügungen (§§ 2290 ff.; → Rn. 3 ff.). Die Verfügung von Todes wegen, auf der die Zuwendung beruht, muss zur Zeit des Verzichts bereits vorhanden sein; ein Verzicht auf eine erst künftige Zuwendung (vorsorglicher Zuwendungsverzicht) ist nicht zulässig (→ Rn. 6). Er kann inhaltlich beschränkt werden (→ Rn. 7 ff.). Das dem Zuwendungsverzicht regelmäßig zu Grunde liegende Verpflichtungsgeschäft (Kausalgeschäft) bedarf ebenso wie beim Erbverzicht auch der notariellen Beurkundung (→ Rn. 10 ff.). § 2352 S. 2 lässt einen Verzicht nur hinsichtlich solcher Zuwendungen zu, die einem Dritten gemacht wurden, so dass eigentlich nur ein Aufhebungsvertrag möglich erscheint (→ Rn. 13 ff.). Der Zuwendungsverzicht hat keine gestaltende Wirkung ohne eine neue letztwillige Verfügung des Erblassers (→ Rn. 17 ff.). Die Übergangsregelung anlässlich der Einführung des Zuwendungsverzichts mit Wirkung gegenüber den Abkömmlingen des Verzichtenden differenziert nicht zwischen vor und nach dem Inkrafttreten der Gesetzesänderung erklärten Zuwendungsverzichten, so dass umstritten ist, ob die Erstreckungswirkung nach § 2352 S. 3 iVm § 2349 auch in den ab dem 1.1.2010 eintretenden Erbfällen erfolgt, wenn der Zuwendungsverzicht vor diesem Stichtag notariell beurkundet worden ist (→ Rn. 22 ff.).

## Übersicht



## I. Normzweck, Bedeutung, Rechtsnatur

1 Die Vorschrift erweitert den Anwendungsbereich des Erbverzichts iSd § 2346 und erlaubt auch den Verzicht auf erbrechtliche Zuwendungen in einem gemeinschaftlichen Testament oder Erbvertrag. Während auf die testamentarische Zuwendung ohne Einschränkung verzichtet werden kann (§ 2352 S. 1), darf bei einer vertragsmäßigen Zuwendung der Bedachte nicht Vertragspartner des Erbvertrags sein (§ 2352 S. 2), weil durch einen Zuwendungsverzicht nicht die teilweise strengeren Anforderungen für einen Erbvertrag (vgl. § 2290 Abs. 4 iVm § 2276 Abs. 1 S. 1) umgangen werden sollen.

2 Wegen der freien Widerruflichkeit eines Testaments (§ 2253 Abs. 1) und der Aufhebbarkeit eines Erbvertrags (§ 2290) hat der Zuwendungsverzicht eine **praktische Bedeutung** vor allem in den Fällen, in denen der Widerruf oder die Aufhebung einer letztwilligen Verfügung nicht möglich oder unzweckmäßig ist, etwa bei Geschäftsunfähigkeit des Erblassers (vgl. § 2352 S. 3 iVm § 2347 Abs. 2), bei korrespektiven Verfügungen in einem gemeinschaftlichen Testament nach dem Tode des zuerst verstorbenen Ehe- oder Lebenspartners sowie bei vertragsmäßigen Verfügungen im Erbvertrag, wenn der Vertragspartner gestorben oder zur Aufhebung nicht bereit ist (ausf. Jackschath MittRhNotK 1977, 117).

3 Der Zuwendungsverzicht ist dabei ebenfalls ein **abstraktes Verfügungsgeschäft** unter Lebenden auf den Todesfall (Staudinger/Schotten, 2016, Rn. 2a). Er ist ein Mittel zur Beseitigung der erbrechtlichen Bindungswirkung des Erblassers an eine Verfügung von Todes wegen noch zu dessen Lebzeiten in anderer Form als durch Widerruf letztwilliger Verfügungen (§§ 2253 ff., 2271) oder durch Aufhebung vertragsmäßiger Verfügungen (§§ 2290 ff.) (zur praktischen Notwendigkeit → Rn. 19; W. Kössinger in Nieder/Kössinger Testamentsgestaltung-HdB § 19 Rn. 49 ff.; Jackschath MittRhNotK 1977, 117).

## II. Gegenstand des Zuwendungsverzichts

4 **1. Art der Zuwendung.** Gegenstand des Zuwendungsverzichts können nach § 2352 S. 1 und 2 **Erbeinsetzungen** oder **Vermächtnisse** („Zuwendung") sein. Ein Zuwendungsverzicht gem. § 2352 bezüglich von **Auflagen** scheitert am Wortlaut und eine analoge Anwendung an der fehlenden Begünstigung einer Person, die verzichten könnte; eine Auflage kann nämlich noch nicht einmal ausgeschlagen werden, weil § 2192 nicht auf § 2180 verweist (BeckOGK/Everts Rn. 9–9.1; MüKoBGB/Wegerhoff Rn. 4; AK-BGB/Teubner Rn. 2; J. Mayer ZEV 1996, 127; aA Staudinger/Schotten, 2016, Rn. 3; Dohr MittRhNotK 1998, 381 (404); Soergel/Najdecki Rn. 1; Lange/Kuchinke ErbR § 7 II Fn. 57; PWW/Deppenkemper Rn. 3; Reul MittRhNotK 1997, 384). Nicht verzichtet werden kann auch auf **gesetzlich angeordnete Vermächtnisse,** wie den Voraus des Ehegatten (§ 1932) oder den sog. Dreißigsten (§ 1969) (jurisPK-BGB/Hau

Rn. 8; PWW/Deppenkemper Rn. 3; Kornexl, Der Zuwendungsverzicht, 1999, Rn. 534; Schlüter ErbR Rn. 397; aA Lange/Kuchinke ErbR § 7 II 2 Fn. 52; Soergel/Najdecki § 2346 Rn. 11).

**2. Zuwendungsgrund.** Die Zuwendung kann auf einem (einseitigen oder gemeinschaftlichen) Testament oder auf einen Erbvertrag beruhen, wobei im letzteren Fall nach § 2352 S. 2 Besonderheiten gelten (→ Rn. 13 ff.). 5

**3. Objektbezogenheit des Verzichts.** Der Zuwendungsverzicht ist **streng objektbezogen.** 6 Daher muss die Verfügung von Todes wegen, auf der die Zuwendung beruht, zurzeit des Verzichts bereits vorhanden sein; ein Verzicht auf eine erst **künftige Zuwendung** (vorsorglicher Zuwendungsverzicht) ist nicht zulässig (BGHZ 30, 261 (267) = NJW 1959, 1730; BayObLG Rpfleger 1987, 374; MüKoBGB/Wegerhoff Rn. 3; Staudinger/Schotten, 2016, Rn. 8; vgl. J. Mayer ZEV 1995, 41: Verzicht auf Pflichtteilsvermächtnis). Deshalb ist bei der Formulierung des Verzichts die betroffene **Zuwendung** zur Vermeidung von Rechtsstreitigkeiten auch **genau zu bezeichnen** (BGH DNotZ 1972, 500: „Erb- und Pflichtteilsansprüche"; OLG Karlsruhe FamRZ 2002, 1519 f.); zur Erstreckung auf den Erb- und Pflichtteil → Rn. 20.

**4. Beschränkungen.** Die Zulässigkeit von Beschränkungen des Zuwendungsverzichts hängt 7 von der Art der davon betroffenen Zuwendung ab (vgl. etwa NK-BGB/Kroiß Rn. 4, 6; jurisPK-BGB/Hau Rn. 12; Staudinger/Schotten, 2016, Rn. 10 ff.; Reul MittRhNotK 1997, 373 (384 f.)):

- Werden **Erbeinsetzung** und zugleich (Voraus-)Vermächtnis zugewandt (sog doppelte Zuwendung), liegen zwei selbstständige Berufungsgründe vor, auf die jeweils getrennt verzichtet werden kann, also etwa nur auf das Vorausvermächtnis; (Jackschath MittRhNotK 1977, 117 (120); Staudinger/Schotten, 2016, Rn. 10).
- Bei einer **Erbeinsetzung** ist der Verzicht auf einen ideellen Bruchteil (wie beim Erbverzicht) möglich (KG JFG 15, 99 = JW 1937, 1735; MüKoBGB/Wegerhoff Rn. 4), nicht aber ein gegenständlich beschränkter Verzicht, da dies dem Wesen der Universalsukzession widerspricht (Kornexl, Der Zuwendungsverzicht, 1999, Rn. 541; MüKoBGB/Wegerhoff Rn. 4; Staudinger/Schotten, 2016, Rn. 11). Jedoch kann ein unzulässiger gegenständlich beschränkter Zuwendungsverzicht in einen Verzicht auf einen wertmäßig entsprechenden ideellen Bruchteil der gesamten Zuwendung umgedeutet werden (Kornexl, Der Zuwendungsverzicht, 1999, Rn. 541; Staudinger/Schotten, 2016, Rn. 11).
- Ein **Vermächtnis** bezieht sich dagegen auf die Zuwendung von einzelnen Gegenständen oder Sachgesamtheiten; daher kann auch beschränkt auf einzelne Vermächtnisgegenstände verzichtet werden (W. Kössinger in Nieder/Kössinger Testamentsgestaltung-HdB § 19 Rn. 41; Reul MittRhNotK 1997, 384).

Eine zulässige Beschränkung des Zuwendungsverzichts ist es, wenn dadurch dem Erblasser die 8 Befugnis eingeräumt wird, den Erben mit Auflagen, Vermächtnissen, Testamentsvollstreckung oder der Anordnung von Vor- und Nacherbschaft zu beschweren (OLG Hamburg BeckRS 2019, 30224 Rn. 66 ff.; MüKoBGB/Wegerhoff Rn. 4; Staudinger/Schotten, 2016, Rn. 13; BGH LM § 1829 Nr. 5; NJW 1982, 1100 (1102); OLG Köln FamRZ 1983, 837; aA Jackschath MittRhNotK 1977, 117 (121); Kornexl, Der Zuwendungsverzicht, 1999, 179).

Unwirksam ist der Zuwendungsverzicht eines Kindes des Erblassers insoweit, als er sich auf die 8a Stellung seiner **Abkömmlinge als Ersatzerben** schlechthin bezieht. Denn im Rahmen der §§ 2349, 2352 kann der Erbe auf die Zuwendung zu Lasten seiner Abkömmlinge nicht weitergehend verzichten, als er dies für seine eigene Person tut. Es ist daher unzulässig, die Wirkung des Verzichts auf die Erstreckung zu Lasten der Abkömmlinge des Verzichtenden zu beschränken (OLG Köln BeckRS 2021, 21861 Rn. 12).

## III. Formelle Voraussetzungen

**1. Vertragsabschluss.** Wegen der besonderen Bedeutung (Schutz-, Warn- und Beweisfunktion) dieser Erklärung bedarf der Zuwendungsverzicht nach § 2352 S. 3 iVm § 2348 der notariellen Beurkundung nach den §§ 6 ff. BeurkG. Diese Form wird gem. § 127a auch durch einen entsprechenden gerichtlichen Vergleich ersetzt. Gleichzeitige Anwesenheit beider Vertragsteile ist dabei nicht vorgeschrieben, § 128, also auch Angebot und Annahme möglich (vgl. etwa die Fälle OLG Stuttgart OLGZ 1979, 129 (130); OLG Hamm DNotZ 1977, 751). Gründe der erbrechtlichen Klarheit gebieten, dass **bei Eintritt des Erbfalls** der Zuwendungsverzicht **wirksam** sein muss, also bis dahin etwa zur Wirksamkeit erforderliche Genehmigungen erteilt sein müssen; § 184 gilt hier nicht (BGHZ 37, 319 (329) = NJW 1962, 1910; BGH NJW 1978, 1159 = DNotZ 1978, 300; Staudinger/Schotten, 2016, § 2346 Rn. 19). Auch wenn der künftige Erblasser vor der 9

Annahme des Angebots durch den Verzichtenden verstirbt, wird der Verzicht nicht wirksam (vgl. BGH NJW 1997, 521 = MittBayNot 1997, 108 = DNotZ 1997, 422 zum Pflichtteilsverzicht).

10 **2. Beurkundungspflicht.** Das dem Zuwendungsverzicht regelmäßig zu Grunde liegende Verpflichtungsgeschäft (Kausalgeschäft) bedarf ebenso wie beim Erbverzicht auch der notariellen Beurkundung, weil der Formzweck (→ Rn. 9) auch dies gebietet (für den Zuwendungsverzicht Kornexl, Der Zuwendungsverzicht, 1999, Rn. 246 mwN; Reul MittRhNotK 1997, 384; jurisPK-BGB/Hau Rn. 4; für den Erbverzicht Staudinger/Schotten, 2016, § 2348 Rn. 10; Schotten DNotZ 1998, 163 (176); aA Kuchinke NJW 1983, 2358); zum Erbverzicht auch → § 2348 Rn. 3; § 2347 Abs. 2 S. 1 gilt aber für den Kausalvertrag nicht (Kornexl, Der Zuwendungsverzicht, 1999, Rn. 249 mwN). Dies erlangt besondere praktische Bedeutung beim entgeltlichen Zuwendungsverzicht. Nach hM tritt bei einem formnichtigen Verpflichtungsgeschäft durch den formgerechten späteren Abschluss des Zuwendungsverzichts eine Heilung ein (Kornexl, Der Zuwendungsverzicht, 1999, Rn. 247; MüKoBGB/Wegerhoff § 2348 Rn. 5).

11 **3. Persönliche Abschlussvoraussetzungen.** Hierzu gelten zunächst die allgemeinen persönlichen Voraussetzungen des Erbverzichts entspr. (§ 2352 S. 3, § 2347). **Ab dem 1.1.2023** werden die gerichtlichen Genehmigungsvorbehalte in Erbrechtsangelegenheiten von Minderjährigen und Betreuten in § 1851 zusammengefasst (BGBl. 2021 I 882). Die Genehmigungspflicht für einen Zuwendungsverzicht ist dann einheitlich in § 1851 Nr. 9 geregelt, ohne dass sich diese sachlich von der bisherigen Regelung unterscheidet.

12 **4. Zulässigkeit von Bedingungen.** Ein Zuwendungsverzicht kann auch unter einer Bedingung vereinbart werden (allgM, etwa BGH NJW 1974, 43 (44) = DNotZ 1974, 231; Grüneberg/Weidlich Rn. 2; MüKoBGB/Wegerhoff Rn. 5; Staudinger/Schotten, 2016, Rn. 15). Dies empfiehlt sich beim entgeltlichen Zuwendungsverzicht zur Absicherung des Verzichtenden, damit der keine ungesicherte Vorleistung erbringt. Möglich ist auch ein **relativer Zuwendungsverzicht,** also ein zu Gunsten eines anderen erklärter, dementsprechend bedingter. Allerdings gilt die Auslegungsregel des § 2350 hier nicht analog (→ § 2350 Rn. 2).

## IV. Besonderheiten beim Erbvertrag (S. 2)

13 **1. Vertragsmäßige Zuwendungen.** § 2352 S. 2 lässt hier einen Verzicht nur hinsichtlich solcher Zuwendungen zu, die dort einem Dritten gemacht wurden. Wichtig ist daher, wer als Dritter idS zu verstehen ist. Das ist sicherlich der, der weder als Erblasser noch als Vertragspartner an dem Erbvertrag persönlich mitwirkt (formale Abgrenzung). Die rein formelle Mitunterzeichnung soll nicht schaden (Grüneberg/Weidlich Rn. 3; W. Kössinger in Nieder/Kössinger Testamentsgestaltung-HdB § 19 Rn. 33).

14 Daraus ergibt sich:

- Wurde der Erbvertrag **nur** zwischen **zwei Personen** geschlossen, die auch sonst niemandem Zuwendungen machten, so ist ein Verzicht auf das vertraglich Zugewendete nicht zulässig (OLG Hamm DNotZ 1977, 751; OLG Stuttgart OLGZ 1979, 129; MüKoBGB/Wegerhoff Rn. 8; PWW/Deppenkemper Rn. 4; Staudinger/Schotten, 2016, Rn. 24). Es bleibt nur die Möglichkeit der Aufhebung des Erbvertrags nach den §§ 2290 ff. Ein Problem ist hier, wenn der Erblasser nicht mehr geschäftsfähig ist, da der Zuwendungsverzicht ansonsten möglich wäre (§ 2352 S. 3, § 2347 Abs. 2 S. 2).
- Haben **mehr als zwei Personen** den Erbvertrag unterzeichnet, so ist umstritten, wie der Begriff des Dritten zu bestimmen ist. Nach übereinstimmender neuerer Auffassung genügt die bloße Mitunterzeichnung noch nicht, um ihn zum Vertragsschließenden zu machen und damit vom Zuwendungsverzicht auszuschließen (so aber früher BayObLGZ 24 A 232; OLG Celle NJW 1959, 1923; auch jetzt noch Soergel/Najdecki Rn. 3).

15 Die mittlerweile hM (zum Streitstand Kornexl, Der Zuwendungsverzicht, 1999, Rn. 479 ff.; Staudinger/Schotten, 2016, Rn. 24 ff.) sieht die Problemlösung nun nicht mehr in einem alternativen Verständnis von Aufhebungsvertrag (§ 2290) zum Zuwendungsverzicht, sondern betont das große praktische Bedürfnis, den Zuwendungsverzicht auch beim mehrseitigen Erbvertrag durch bloßen Verzicht zwischen dem Erblasser und dem bedachten Vertragspartner zuzulassen (OLG Hamm ZEV 2012, 266 m. krit. Anm. Gockel; BayObLGZ 1965, 188 (192 f.); MüKoBGB/Wegerhoff Rn. 8; Reul MittRhNotK 1997, 385; Lange/Kuchinke ErbR § 7 II 4b Fn. 62; Staudinger/Schotten, 2016, Rn. 25). Denn stünde nur der Aufhebungsvertrag zur Beseitigung der Zuwendung zur Verfügung, wäre die Mitwirkung aller anderen Vertragsteile erforderlich, was mitunter wegen Tod oder Geschäftsunfähigkeit der weiteren Vertragspartner nicht mehr möglich ist. Der

Begriff des „Dritten“ ist somit im Wege der teleologischen Interpretation entspr. dem Änderungsbedürfnis auszulegen. Immer dann, wenn bei einem Erbvertrag mehr als zwei Personen beteiligt waren, muss dem im Erbvertrag materiell bedachten Vertragspartner die Möglichkeit des Zuwendungsverzichts nur mit „seinem“ Erblasser eröffnet werden, der ihm eine Zuwendung macht (ausf. J Mayer ZEV 1996, 127 (129) mwN auch zur Gegenmeinung).

**2. Einseitige Verfügungen (S. 1).** Für lediglich einseitige Verfügungen von Todes wegen, 16
die nur so in einem Erbvertrag enthalten sind (§ 2299), gelten die Beschränkungen des § 2352 S. 2 nicht (MüKoBGB/Wegerhoff Rn. 10).

## V. Wirkung des Zuwendungsverzichts

Der Zuwendungsverzicht hat keine positiv gestaltende Wirkung iS einer Übertragung der 17
Zuwendung an einen Dritten, dh es bedarf nicht nur des Verzichts (der nur den Weg hierfür frei macht), sondern noch einer entsprechenden Anordnung des Erblassers durch Verfügung von Todes wegen (Reul MittRhNotK 1997, 384; Soergel/Najdecki Rn. 2). Zu möglichen Unwirksamkeitsgründen durch Wohnsitzwechsel nach dem Inkrafttreten der EuErbVO → § 2346 Rn. 48.

**1. Allgemeine Wirkungen.** Der Zuwendungsverzicht bewirkt nicht die Aufhebung der 18
betroffenen Verfügung. Nach hM verhindert er nur – entspr. der Wirkung des Erbverzichts auf den gesetzlichen Erbteil – den entsprechenden Anfall der Zuwendung beim Verzichtenden. Es wird also die sog. **Vorversterbensfiktion** des § 2346 Abs. 1 S. 2 entspr. angewandt (BayObLG MittBayNot 1989, 161; OLG Düsseldorf OLGZ 1982, 272 (279); MüKoBGB/Wegerhoff Rn. 12; Soergel/Najdecki Rn. 1; Staudinger/Schotten, 2016, Rn. 28; aA Kornexl, Der Zuwendungsverzicht, 1999, Rn. 82 ff., 384 ff.). Dies hat positive wie negative Auswirkungen für die praktische Tauglichkeit des Zuwendungsverzichts:

**a) Keine Nichtigkeit.** Die vom Zuwendungsverzicht betroffene Verfügung wird dadurch, 19
anders als bei einer Anfechtung oder einem Widerruf, nicht nichtig, sondern **nur gegenstandslos,** dh das rechtliche Schicksal der damit zugleich erklärten weiteren Bestimmungen wird dadurch nicht berührt (BayObLG FamRZ 2001, 319 (320); NK-BGB/Kroiß Rn. 11; jurisPK-BGB/Hau Rn. 5 f.; MüKoBGB/Wegerhoff Rn. 12 mwN; Staudinger/Schotten, 2016, Rn. 29). Dies erlangt besondere Bedeutung bei wechselbezüglichen Verfügungen in einem gemeinschaftlichen Testament und erbvertraglichen Verfügungen, die ebenfalls in einem Abhängigkeitsverhältnis stehen (vgl. sonst § 2270 Abs. 1, § 2298 Abs. 1). Der Zuwendungsverzicht kann daher als Mittel zur Beseitigung einer erbrechtlichen Bindung zweckmäßiger als die Anfechtung oder ein Widerruf sein und beim gemeinschaftlichen Testament dem Längerlebenden auch die Ausschlagung ersparen, die er sonst erklären muss, um nach § 2271 Abs. 2 S. 1 Hs. 2 seine Verfügungsfreiheit zu erlangen (vgl. W. Kössinger in Nieder/Kössinger Testamentsgestaltung-HdB § 19 Rn. 34; v. Lübtow ErbR I 541).

**b) Keine Auswirkung auf gesetzlichen Erbteil.** Soweit nicht **ausnahmsweise** der Zuwen- 20
dungsverzicht auf den gesetzlichen Erbteil des Verzichtenden erstreckt wird, was sich uU auch im Wege der Auslegung ergeben kann (OLG Frankfurt OLGZ 1993, 201 mAnm Winkler MittBayNot 1994, 237; Staudinger/Schotten, 2016, Rn. 53; Jackschatz MittRhNotK 1977, 117 (120); eine Erstreckung auf Pflichtteil verneint OLG Frankfurt OLGR 2003, 192), hat er keine Auswirkungen auf die Bemessung der Höhe des gesetzlichen Erb- und Pflichtteils, und zwar weder des Verzichtenden (Soergel/Najdecki Rn. 1; Staudinger/Schotten, 2016, Rn. 53; J. Mayer ZEV 1996, 127 (131)), noch der anderen Erben (NK-BGB/Kroiß Rn. 12; Staudinger/Schotten, 2016, Rn. 53). Beim Ehegatten bewirkt der Zuwendungsverzicht auch keinen Verlust des **güterrechtlichen Zugewinnausgleichs** nach § 1371 Abs. 3 (Staudinger/Ferid/Cieslar, 12. Aufl. 1981, Rn. 35).

**c) Verzicht des Vorerben.** Der Verzicht auf die Einsetzung als Vorerbe führt dazu, dass die 21
als Nacherbe vorgesehene Person an seine Stelle tritt (§ 2102 Abs. 1) (Keim RNotZ 2009, 574 (576)). Gleiches gilt entspr. beim Vorvermächtnis (MüKoBGB/Strobel, 4. Aufl. 2004, Rn. 15; diff. Kornexl, Der Zuwendungsverzicht, 1999, Rn. 457 ff.).

**2. Erstreckung auf Abkömmlinge (S. 3 iVm § 2349). a) Erbfälle vor dem 1.1.2010.** 22
Nach der für Erbfälle bis zum 31.12.2009 geltenden Fassung des § 2352 S. 3 beseitigte der Zuwendungsverzicht nur das eigene Erbrecht des Verzichtenden, erfasste aber grds. nicht eine Zuwendung an die Personen, die als Ersatz an Stelle des Verzichtenden traten (Ersatzberufung oder Anwachsung nach § 2094). Denn § 2352 S. 3 verwies ausdrücklich nicht auf § 2349. Durch

die fehlende Erstreckungswirkung des Zuwendungsverzichts erwies sich dieser in der Kautelarpraxis als weitgehend untaugliches oder in seinen Auswirkungen zumindest schwer einzuschätzendes Gestaltungsinstrument (Schotten ZEV 1997, 1 (5); J. Mayer ZEV 1996, 127 (131)).

23 **b) Rechtslage ab dem 1.1.2010.** Der Gesetzgeber hat durch das Gesetz zur Änderung des Erb- und Verjährungsrechts auf die praktischen Probleme, die sich aus dieser fehlenden Erstreckungswirkung gerade in den Fällen ergeben, in denen der Erblasser durch einen Erbvertrag oder eine wechselbezügliche Verfügung eines gemeinschaftlichen Testaments gebunden ist, reagiert. Er hat für die Erbfälle, die ab dem 1.1.2010 eintreten (Art. 229 § 23 Abs. 4 EGBGB), die bisherige Verweisung auf die § 2347 und § 2348 um die auf § 2349 erweitert. Damit wird jetzt vermutet, dass bei Abgabe eines Zuwendungsverzichts durch einen Abkömmling oder einen Seitenverwandten des Erblassers sich die Wirkung des Verzichts auch auf seine Abkömmlinge erstreckt, sofern nichts anderes bestimmt ist. Diese Erstreckungswirkung tritt unabhängig davon ein, ob der Verzichtende für seinen Verzicht abgefunden wird oder nicht. Dadurch wird nach Auffassung des Gesetzgebers die Testierfreiheit des Erblassers gestärkt (BT-Drs. 16/8954, 26). Will der Erblasser diese Erstreckungswirkung ausschließen, muss er dies künftig ausdrücklich bestimmen.

24 Aus dem eindeutigen Wortlaut der Norm folgt, dass **alle** ersatzweise berufenen Abkömmlinge des Verzichtenden ausgeschlossen werden, gleichgültig, ob sie aufgrund der Auslegungsregel des § 2069 oder aber ausdrücklich als Ersatzerben oder Ersatzvermächtnisnehmer berufen sind (Keim RNotZ 2009, 574 (575); Staudinger/Schotten, 2016, Rn. 38; Wälzholz DStR 2009, 2104 (2108); Muscheler in Groll ErbRBeratung-HdB B XV Rn. 86; zweifelnd und diff. Schaal/Grigas BWNotZ 2008, 2 (24)). Dies muss mangels gesetzlicher Differenzierung auch dann gelten, wenn sich die durch Erbvertrag oder gemeinschaftliches Testament bereits eingetretene Bindung des Erblassers auch auf diese Ersatzberufenen erstreckt (aA Herzog in Herzog/Lindner, Erbrechtsreform 2010, 2009, Rn. 570 ff.). Denn der Erblasser hätte durch eine ausdrückliche Anordnung eine solche Erstreckungswirkung ausschließen können. Probleme ergeben sich nur in den Verfügungen von Todes wegen, die noch unter der alten Rechtslage errichteten wurden, und bei denen noch kein solcher Regelungsbedarf bestand. Die **Erstreckungswirkung** tritt allerdings **nicht** ein:

- wenn der Verzichtende kein Abkömmling oder Seitenverwandter ist,
- wenn der Ersatzberufene kein Abkömmling des Verzichtenden ist,
- wenn der Vorerbe oder Vorvermächtnisnehmer verzichtet, weil dadurch bereits entstandene Anwartschaftsrechte des Nacherben bzw. Nachvermächtnisnehmers nicht beseitigt werden können (Staudinger/Schotten, 2016, Rn. 39 iVm 28 f.; Keim RNotZ 2009, 574 (576); Baumann/Karsten RNotZ 2010, 95 (100); MüKoBGB/Wegerhoff Rn. 16),
- wenn die Erstreckungswirkung im Zuwendungsverzicht ausdrücklich ausgeschlossen ist.

25 Um allerdings auch in den Fällen von (1) und (2) den Zuwendungsverzicht zu einem umfassenden Gestaltungsmittel mit Korrekturmöglichkeiten einer Nachlassplanung zu machen, insbes. im Zusammenhang mit Patchwork-Familien, wird teilweise eine **analoge Anwendung** der § 2352 S. 3, § 2349 auch dann befürwortet, wenn die Ersatzberufenen Stiefabkömmlinge, Ehegatten oder sogar sonstige Personen sind (Klinck ZEV 2009, 533 (536); Herzog in Herzog/Lindner, Erbrechtsreform 2010, 2009, Rn. 574; Staudinger/Schotten, 2016, Rn. 41 f.; Grüneberg/Weidlich Rn. 5; aA Everts ZEV 2010, 392 (396)). Jedoch fehlt es an der für eine Analogie erforderlichen planwidrigen Regelungslücke: Dem Gesetzgeber waren die sich aus der bewussten Verweisung auf § 2349 ergebenden Probleme bekannt. Sie wurden bei der Erörterung im Rechtsausschuss behandelt.

26 **c) Erbfälle nach dem 31.12.2009 bei Verzichten vor diesem Stichtag.** Die Übergangsregelung in Art. 229 § 23 Abs. 4 EGBGB differenziert nicht zwischen vor und nach dem Inkrafttreten der Gesetzesänderung erklärten Zuwendungsverzichten. Deshalb ist umstritten, ob die Erstreckungswirkung nach § 2352 S. 3 iVm § 2349 auch in den ab dem 1.1.2010 eintretenden Erbfällen erfolgt, wenn der Zuwendungsverzicht vor diesem Stichtag notariell beurkundet worden ist. Generell gegen jede Anwendung auf Altfälle spricht sich Kanzleiter (Kanzleiter DNotZ 2010, 520 (527)) aus und verweist den Erblasser auf das durch die Neuregelung geschaffene Recht, in einer neuen Verfügung von Todes wegen die Anordnungen zugunsten der Abkömmlinge aufzuheben. Die herrschende Meinung in Rechtsprechung und Literatur löst das Problem durch ergänzende Vertragsauslegung gem. §§ 133, 157. Überwiegend wird dabei angenommen, dass eine Erstreckung nicht gewollt war, weil der Notar gem. § 17 Abs. 1 BeurkG darüber belehrt habe, dass der Verzicht nur den Verzichtenden binde, nicht aber dessen Abkömmlinge (OLG Düsseldorf BeckRS 2016, 18082; OLG Schleswig BeckRS 2014, 12005; Keim RNotZ 2009, 574 (575 f.); MüKoBGB/Wegerhoff Rn. 14; Klinck ZEV 2009, 533 (535 f.); aA Staudinger/Schotten, 2016, Rn. 46 ff.). Für die Auslegung kann es jedoch keinen Unterschied machen, ob der Notar seine vorgeschriebene

Belehrung der Vertragsbeteiligten in der Urkunde vermerkt hat oder nicht. Auch ohne einen solchen ausdrücklichen Vermerk in der Urkunde ist davon auszugehen, dass die Vertragsteile von der damals geltenden Rechtslage ausgegangen sind, weil der Notar sie pflichtgemäß belehrt hat. Entgegen der hM reicht die Feststellung, dass der Notar richtig über die zur Zeit der Beurkundung beschränkte Wirkung eines Zuwendungsverzichts belehrt hat, für die ergänzende Auslegung nicht aus. Vom rechtlichen Können zur Zeit des Verzichtsvertrags ist nämlich die Frage zu trennen, was der Erblasser und der Verzichtende gem. §§ 133, 157 „wirklich gewollt" haben. Auch wenn die Rechtsordnung – wie in diesem Fall bis zum 1.1.2010 – einer Willenserklärung die eigentlich gewünschte Rechtsfolge verweigert, so ändert dies doch nichts daran, dass die Erklärenden einen weitergehenden – tatsächlichen – Rechtsfolgenwillen haben können. Wird später die eigentlich gewollte Rechtsfolge vom Gesetzgeber eröffnet, so kann dieser tatsächliche Wille nicht einfach unter Berufung auf die beschränkte Rechtslage zuvor ignoriert werden. Diese Frage nach dem hypothetischen Willen der Vertragsschließenden beim Vertragsschluss kann allerdings nicht schematisch im einen oder im anderen Sinne beantwortet werden. Vielmehr muss in jedem Einzelfall der wirkliche Wille der Vertragsbeteiligten festgestellt werden, und zwar unabhängig von dem selbstverständlichen Umstand, dass der Notar seine Belehrungspflicht erfüllt und auf die (damals) beschränkte Rechtsfolge hingewiesen hat. Bezieht sich ein vor dem Stichtag der Gesetzesänderung beurkundeter Zuwendungsverzicht allerdings auf eine für den bzw. die Erblasser nicht bindende letztwillige Verfügung, so kann die ergänzende Auslegung nur zu dem Ergebnis führen, dass eine Erstreckung auf die Abkömmlinge nicht gewollt war, weil dieses Ergebnis auch ohne den Verzicht durch einfache Änderung der Verfügung von Todes wegen erreichbar gewesen wäre (vgl. OLG Düsseldorf BeckRS 2016, 18082 m. krit. Anm. Litzenburger FD-ErbR 2016, 382721).

## VI. Aufhebung des Zuwendungsverzichts

Der Zuwendungsverzicht kann ebenso wie der Verzicht auf das gesetzliche Erbrecht durch Vertrag mit dem Erblasser wieder aufgehoben werden. Auf die Aufhebung ist § 2351 analog anzuwenden, auch wenn § 2353 S. 3 nicht ausdrücklich auf diese Vorschrift verweist (BGH NJW-RR 2008, 747 = ZEV 2008, 237 (238) m. abl. Anm. Kornexl; MüKoBGB/Wegerhoff Rn. 18; Staudinger/Schotten, 2016, Rn. 54; für unmittelbare Anwendung Quantius, Die Aufhebung des Erbverzichts, 2001, 139). Die Aufhebung bewirkt, dass die Zuwendung, die Gegenstand des Zuwendungsverzichts war, wieder wirksam wird (Staudinger/Schotten, 2016, Rn. 54; Quantius, Die Aufhebung des Erbverzichts, 2001, 139). Jedoch kann dadurch eine zwischen dem Zuwendungsverzicht und seiner Aufhebung eingetretene erbrechtliche Bindung nicht beseitigt werden, da der Aufhebung sonst „ex tunc-Wirkung" zu Lasten Dritter zukäme und dies systemwidrig eine einseitige Bindungsdurchbrechung zuließe (NK-BGB/Kroiß Rn. 20; Kornexl, Der Zuwendungsverzicht, 1999, Rn. 563 ff.; Staudinger/Schotten, 2016, Rn. 54; Keim NotBZ 1999, 1 (5); aA LG Kempten MittBayNot 1978, 63 (64); Büttel MittBayNot 1978, 64 (65); BGH NJW-RR 2008, 747: Rückwirkung zweifelhaft). Dagegen ist ein **Rücktritt** vom Zuwendungsverzicht wegen der abstrakten Rechtsnatur des Rechtsgeschäfts nicht möglich (NK-BGB/Kroiß Rn. 20; Staudinger/Schotten, 2016, Rn. 56). 27

# Abschnitt 8. Erbschein

## § 2353 Zuständigkeit des Nachlassgerichts, Antrag

**Das Nachlassgericht hat dem Erben auf Antrag ein Zeugnis über sein Erbrecht und, wenn er nur zu einem Teil der Erbschaft berufen ist, über die Größe des Erbteils zu erteilen (Erbschein).**

### Überblick

Der Erbschein dient als Verfügungsausweis des Erben. Seine große praktische Bedeutung erlangt der Erbschein wegen der besonderen Beweiskraft (§ 2365) und dem öffentlichen Glauben (§§ 2366, 2367). Er enthält die Person des Erblassers, der Erben, der Erbquoten und ggf. Beschränkungen der Verfügungsmacht. Ausgestellt wird er vom Nachlassgericht; antragsberechtigt ist jeder Erbe, daneben Testamentsvollstrecker, Nachlassverwalter usw. Der Antrag muss hinreichend bestimmt sein. Behebbare Mängel sind vor Zurückweisung des Antrags durch Zwischenverfügung mitzuteilen. Gegen die Erteilung oder Versagung des Erbscheins sind die Rechtsmittel der Beschwerde und – sofern vom Beschwerdegericht zugelassen – Rechtsbeschwerde gegeben.

### Übersicht



## I. Normzweck

**1** Der Erbschein ist ein Ausweis über Person und Verfügungsbeschränkungen des Erben. Die Vermutung der Richtigkeit und Vollständigkeit (§ 2365) und der Echtheit (§ 437 ZPO) schützt den gutgläubigen Dritten (§§ 2366, 2367) und dient damit der Sicherheit des Rechtsverkehrs. Der Erbschein ist öffentliche Urkunde iSd § 271 StGB (BGH NJW 1964, 558), aber kein Zeugnis über Tatsachen iSd § 418 ZPO und keine Urkunde nach § 580 Nr. 7b ZPO (BVerwG NJW 1965, 1292). Im Hinblick auf seinen Sinn und Zweck muss der Erbschein aus sich heraus verständlich sein; eine Bezugnahme auf andere Urkunden ist deshalb unzulässig (Grüneberg/Weidlich Rn. 3).

**2** Durch das am 17.8.2015 in Kraft getretene IntErbRErbschÄndG (Gesetz zum Internationalen Erbrecht und zur Änderung von Vorschriften zum Erbschein sowie zur Änderung sonstiger Vorschriften) (dazu BT-Drs. 18/4201; Grziwotz FamRZ 2016, 417 ff.; Döbereiner NJW 2015, 2449 ff.) wurden neben der aufgrund der für Erbfälle ab dem 17.8.2015 geltenden EuErbVO (VO (EU) 650/2012) erforderlich gewordenen Änderungen, insbes. der Schaffung des Internationalen Erbrechtsverfahrensgesetzes (vgl. dort insbes. das Europäische Nachlasszeugnis, §§ 33–44 IntErbRVG), zugleich die verfahrensrechtlichen Vorschriften zum Erbschein und zum Testamentsvollstreckerzeugnis vom BGB in das FamFG überführt. Dies betrifft die bisherigen Regelungen in §§ 2354–2360, 2364, 2369, die vollständig aufgehoben wurden, sowie die §§ 2361, 2363, 2368, die teilweise aufgehoben wurden. Diese Regelungen finden sich jetzt ohne größere inhaltliche Änderungen in den §§ 352–354 FamFG (eine Synopse findet sich bei Grziwotz FamRZ 2016, 417 (421 ff.) und Herzog ErbR 2015, 606 (608 ff.)). Für Erbfälle bis zum 16.8.2015 haben die bisherigen Regelungen weiter Geltung (Art. 229 § 36 EGBGB; zur Kommentierung vgl. → 3. Aufl. bzw. online bis zur 38. Ed.).

## II. Weitere Erbennachweise

Der Erbe ist nicht verpflichtet, sein Erbrecht durch einen Erbschein nachzuweisen (BGHZ 198, 250 = NJW 2013, 3716 (3717) mwN; BGH NJW 2005, 2779; vgl. hierzu Schröder/Meyer NJW 2006, 3252 und Keim WM 2006, 753). Dasselbe dürfte für das zum 17.8.2015 neu geschaffene Europäische Nachlasszeugnis gelten. Die in der Praxis wichtigste **alternative Erbenlegitimation** ist die notarielle letztwillige Verfügung, die in Verbindung mit der Eröffnungsniederschrift (§ 2260 Abs. 3) regelmäßig als Erbennachweis genügt (BGH NJW 2005, 2779 (2780); OLG Hamm ZEV 2010, 596 (597); KG DNotZ 2006, 550; FGPrax 1998, 7; Bredemeyer ZEV 2016, 65 (67 f.)). Grundsätzlich kann der Erbe sein Erbrecht auch durch Vorlage eines eröffneten eigenhändigen Testaments belegen, wenn dieses eindeutig ist (BGH NJW 2016, 2409). 3

**Grundbuchberichtigung** nach § 22 GBO erfolgt auf Grund Nachweises der Erbfolge, der idR durch Erbschein zu führen ist; für Erbfälle ab dem 17.8.2015 ist auch Nachweis durch **Europäisches Nachlasszeugnis** möglich (§ 35 Abs. 1 S. 1 GBO). Der Erbschein bzw. das Europäische Nachlasszeugnis ist für das Grundbuchamt grds. bindend; eine Ausnahme gilt allenfalls dann, wenn das Grundbuchamt neue, vom Nachlassgericht offenbar nicht berücksichtigte Tatsachen kennt, die die ursprüngliche oder nachträgliche Unrichtigkeit des Erbscheins erweisen und dessen Einziehung erwarten lassen (BGH ZEV 2020, 773 (774); OLG München RNotZ 2017, 43 (47); BayObLG MittRhNotK 1990, 171 (173)). Entsprechendes dürfte für das Europäische Nachlasszeugnis gelten, denn die Vermutung des Art. 69 Abs. 2 EuErbVO ist widerleglich (→ Rn. 11). 4

§ 35 Abs. 1 S. 2 GBO (Nachweis durch Verfügung von Todes wegen in öffentlicher Urkunde (§ 2232, § 2276) mit Eröffnungsniederschrift) sieht eine Erleichterung vor. Das Grundbuchamt ist verpflichtet, das öffentliche Testament oder den Erbvertrag selbständig und umfassend zu prüfen, um den Willen des Erblassers durch Auslegung zu ermitteln und kann nur bei verbleibenden Zweifeln Vorlage eines Erbscheins verlangen (OLG München RNotZ 2016, 683 (684 f.); FamRZ 2012, 1092; OLG Naumburg Rpfleger 2013, 532). Weitere Erleichterungen sehen § 35 Abs. 3 GBO (geringer Wert) und §§ 36, 37, 38 GBO, §§ 373, 344 Abs. 5 FamFG (Überweisungszeugnis) vor. Die Eintragung des Nacherben setzt den Nachweis der Erbenstellung auch dann voraus, wenn das Recht des Nacherben nach § 51 GBO vermerkt ist (BGHZ 84, 196 = NJW 1982, 2499). Ein Feststellungsbeschluss nach § 1964 (Erbrecht des Fiskus) ist nicht ausreichend (BayObLG MDR 1987, 762). Der über den Tod hinaus in der Form des § 29 GBO Bevollmächtigte kann Eintragungen auf Grund Rechtsgeschäft ohne Erbennachweis bewilligen, jedoch nicht die Grundbuchberichtigung zugunsten des Erben. 5

Gegenüber dem **Handelsregister** ist der Erbennachweis durch Erbschein oder Europäisches Nachlasszeugnis zu erbringen, soweit die Erbfolge auf Gesetz oder privatschriftlicher Verfügung von Todes wegen beruht (arg. e § 12 Abs. 2 S. 2 HGB); beruht die Erbfolge auf einer in einer öffentlichen Urkunde enthaltenen Verfügung von Todes wegen, genügt auch gegenüber dem Handelsregister regelmäßig die Vorlage dieser und der Eröffnungsniederschrift, sofern die letztwillige Verfügung keine Auslegungsschwierigkeiten bereitet (OLG Stuttgart ZEV 2012, 338; KG NJW-RR 2007, 692; Baumbach/Hopt HGB § 12 Rn. 5). 6

Zum Erbennachweis gegenüber **Banken** s. Ziff. 5 AGB-Banken (aktuelles Muster Stand Juli 2018 abrufbar unter https://bankenverband.de/media/40000_0718_muster.pdf, zuletzt abgerufen am 28.4.2022), die im Anschluss an BGHZ 198, 250 entspr. angepasst wurde, weshalb nunmehr der Nachweis entspr. → Rn. 3 oder in sonst „geeigneter Weise" genügt. Geht es allein um Verfügungen über das Bankguthaben, kann auch die Vorlage einer transmortalen oder postmortalen Vollmacht, ggf. auch einer Vorsorgevollmacht genügen (Bredemeyer ZEV 2016, 65 (68 f.); Zimmer ZEV 2013, 307 (310 ff.); Ivo ZErb 2006, 7 (9)). 7

Zum Nachweis gegenüber **Lebensversicherern** s. § 7 Abs. 1, 2, 3 und § 8 Abs. 2 ALB 2016 (abgedruckt und kommentiert in Prölss/Martin VVG). Bei Lebensversicherungen mit Bezugsrecht (Vertrag mit Drittbegünstigung auf den Todesfall, § 331) ist das Erbrecht bedeutungslos und ein Erbschein nicht erforderlich. 8

Zwischen den Parteien eines Zivilprozesses kann die Erbfolge durch **Feststellungsurteil** geklärt werden. Dieses erwächst, anders als der Erbschein, der jederzeit eingezogen werden kann (§ 2361), (nur) zwischen den Parteien in Rechtskraft; an einen bereits erteilten Erbschein ist das Gericht im Rahmen der Feststellungsklage ebenso wenig wie an die der Erteilung zugrunde liegende Auslegung letztwilliger Verfügungen gebunden (BGH ZEV 2010, 468 (469); BGHZ 86, 41 (51); OLG Brandenburg ZEV 2010, 143 (144); Grüneberg/Weidlich Rn. 77; vgl. auch BVerfG NJW-RR 2005, 1600 (1601)). 9

10 Im Geltungsbereich der **HöfeO** wird durch das Landwirtschaftsgericht ein Hoffolgezeugnis (§ 18 Abs. 2 HöfeO) sowie ein auf das hoffreie Vermögen beschränkter Erbschein oder Europäisches Nachlasszeugnis erteilt (BGH NJW 1988, 2739; OLG Braunschweig FGPrax 2021, 174 (175)).

11 Für Erbfälle ab dem 17.8.2015 ist aufgrund der EuErbVO in deren Geltungsbereich ein Erbennachweis auch durch **Europäisches Nachlasszeugnis** möglich (§§ 33–44 IntErbRVG; Art. 62–73 EuErbVO) (dazu MüKoBGB/Grziwotz Rn. 22, 216 ff.; Grüneberg/Weidlich Anh. §§ 2353 ff. zu Art. 62, 63, 69 EuErbVO; Marx ErbR 2021, 18 ff.; Lange DNotZ 2016, 103 ff.; ausf. auch die Kommentierung bei MüKoBGB/Dutta EuErbVO Art. 62 ff.). Dieses gilt nach Art. 69 Abs. 1 EuErbVO in allen Mitgliedstaaten, ohne dass es eines besonderen Verfahrens bedarf. Dem Zeugnis kommt ein den §§ 2366, 2367 vergleichbarer Gutglaubensschutz zu (Art. 69 EuErbVO) (MüKoBGB/Grziwotz Rn. 216 ff.; MüKoBGB/Dutta EuErbVO Art. 69 Rn. 12 ff.; Lange DNotZ 2016, 103 (110 f.); Omlor ErbR 2015, 286 ff.). Auf die Person des Antragstellers kommt es hierfür wie beim Erbschein nicht an (EuGH NJW 2021, 2421 (2423)). Allerdings schadet beim Europäischen Nachlasszeugnis – anders als beim Erbschein (→ § 2366 Rn. 9) – bereits grobe Fahrlässigkeit und muss – anders als beim Erbschein (→ § 2366 Rn. 11 f.) – Kenntnis vom und Vertrauen auf das Europäische Nachlasszeugnis vorliegen (konkreter Gutglaubensschutz); die Vorlage des Nachlasszeugnisses ist aber nicht erforderlich (MüKoBGB/Dutta EuErbVO Art. 69 Rn. 25; BeckOGK/J. Schmidt EuErbVO Art. 69 Rn. 32; Bredemeyer ZEV 2016, 65 (66 f.)). Die Rechts- und Tatsachenvermutung nach Art. 69 Abs. 2 EuErbVO ist, auch wenn dies dort nicht ausdrücklich so geregelt ist, widerlegbar (MüKoBGB/Dutta EuErbVO Art. 69 Rn. 11 mwN). Bei sich inhaltlich widersprechenden Erbnachweisen (Europäisches Nachlasszeugnis einerseits, Erbschein andererseits) ist die Vermutungswirkung jeweils aufgehoben, soweit der Widerspruch besteht (MüKoBGB/Dutta EuErbVO Art. 62 Rn. 16 mwN; Weber/Schall NJW 2016, 3564 (3567); Döbereiner NJW 2015, 2449 (2453)). Das Zeugnis kann „auf Verlangen jedweder Person" berichtigt, geändert oder widerrufen werden (Art. 71 Abs. 1, 2 EuErbVO); eine vorläufige Aussetzung der Wirkungen des Zeugnisses ist möglich (Art. 73 EuErbVO). Ein Europäisches Nachlasszeugnis kann auch dem Testamentsvollstrecker und dem dinglichen Vermächtnisnehmer erteilt werden. Anträge vor deutschen Nachlassgerichten dürften regelmäßig mit deutscher Übersetzung mit Richtigkeitsbestätigung zu stellen sein (§ 35 Abs. 2 IntErbRVG, § 184 S. 1 GVG), bei Vorlage eines Nachlasszeugnisses aus einem anderen Mitgliedstaat an deutsche Behörde kann gleichfalls deutsche Übersetzung verlangt werden. Das Europäische Nachlasszeugnis verdrängt den Erbschein nicht (Art. 62 Abs. 3 EuErbVO); es kann neben dem Erbschein beantragt werden (MüKoBGB/Grziwotz Rn. 22, 195). Die Gutglaubenswirkungen gelten dann selbständig nebeneinander, es genügt, wenn nur ein Gutglaubenstatbestand erfüllt wird; werden solche durch verschiedene Dritte erfüllt, gilt der Prioritätsgrundsatz (MüKoBGB/Dutta EuErbVO Art. 62 Rn. 16 mwN).

## III. Inhalt

12 **1. Person und Verfügungsmacht des Erben.** Der Erbschein enthält die Person des Erblassers, der Erben, die Erbquote und ggf. Beschränkungen der Verfügungsmacht des Erben durch Nacherbschaft (§ 352b Abs. 1 FamFG), Testamentsvollstreckung (§ 352b Abs. 2 FamFG) (Nacherben- oder Vermächtnistestamentsvollstreckung beschränkt die Verfügungsmacht des Erben nicht), Hoferbfolge (HöfeO) oder sonstiges Anerbenrecht (MüKoBGB/Grziwotz Rn. 31, 180 ff.). Die Angabe der Erbquote ist entbehrlich, wenn alle Miterben hierauf verzichten (§ 352a Abs. 2 S. 2 FamFG) (stehen die Quoten später fest, soll nach Grziwotz FamRZ 2016, 417 (420) ausnahmsweise eine entsprechende Ergänzung des Erbscheins zulässig sein). Die Angabe einer Mindesterbquote ist ausnahmsweise dann zulässig, wenn die genaue Quote noch ungewiss ist (zB bei eingesetzten, noch nicht gezeugten Enkelkindern, § 2101) (OLG Köln NJW-RR 1992, 1417). Ein Vorausvermächtnis für den alleinigen Vorerben ist wegen unmittelbarer dinglicher Wirkung anzugeben. Fällt eine Verfügungsbeschränkung nachträglich weg, kann ein neuer Erbschein beantragt werden; der ursprüngliche Erbschein ist wegen (nachträglicher) Unrichtigkeit einzuziehen (§ 2361) (OLG Köln Rpfleger 2003, 193; LG Berlin DNotZ 1976, 569 (570); MüKoBGB/Grziwotz § 2361 Rn. 4 ff.).

13 **2. Bedingung.** Die Erbeinsetzung unter auflösender Bedingung (zu Verwirkungsklauseln → § 2074 Rn. 4; zu Wiederverheiratungsklauseln → § 2069 Rn. 15) ist anzugeben, da der Erbe die Stellung eines (idR befreiten) Vorerben hat (OLG München BeckRS 2010, 16772; BayObLG ZEV 2004, 461 (462) mwN; OLG Stuttgart OLGR 1997, 87).

**3. Nicht anzugebende Umstände.** Grds. nicht angegeben werden Berufungsgrund (BGH NJW 2021, 3727; BayObLG Rpfleger 1973, 136), Belastung mit schuldrechtlichen Ansprüchen (Pflichtteil, Vermächtnis (BayObLG NJW-RR 2002, 873 (876) mwN; eine Ausnahme gilt für das Vorausvermächtnis an den alleinigen Vorerben; in diesem Fall ist im Erbschein anzugeben, dass sich das Recht des Nacherben auf diesen Gegenstand nicht erstreckt, vgl. BayObLG FamRZ 2005, 480 (481 f.); MüKoBGB/Grziwotz Rn. 43), Auflagen, Teilungsanordnung, nach dem Erbfall eingetretene Verfügungsbeschränkungen (zB Erbteilsveräußerung oder -verpfändung (RGZ 64, 173), Nießbrauch am Erbteil, Nachlassinsolvenzverfahren) (MüKoBGB/Grziwotz Rn. 40 mwN), einzelne Nachlassgegenstände (BayObLG FamRZ 1998, 1262). Die dennoch erfolgte Angabe ist aber idR unschädlich und nimmt nicht an der Vermutungswirkung der §§ 2365 ff. teil. 14

**4. Erbscheinsarten.** Es gibt folgende Arten von Erbscheinen: 15

- Erbschein für den Alleinerben;
- gemeinschaftlicher Erbschein für alle Miterben (auch auf Antrag eines Miterben, § 352a Abs. 1 S. 2 FamFG);
- Teilerbschein für einen Miterben, der nur die Größe dessen Erbteils bescheinigt (auch auf Antrag eines anderen Miterben, § 352a Abs. 1 S. 2 FamFG) (Staudinger/Herzog, 2016, Rn. 436; MüKoBGB/Grziwotz Rn. 9; schließt der Antrag des anderen Miterben dessen eigenen Erbteil nicht mit ein, bedarf es aber des Nachweises, nicht nur der Behauptung des eigenen Erbrechts);
- gemeinschaftlicher Teilerbschein, der die Erbteile mehrerer, aber nicht aller Miterben bescheinigt (auch auf Antrag eines Miterben, § 352a Abs. 1 S. 2 FamFG) (OLG Schleswig SchlHA 1978, 37 (39); Keidel/Zimmermann FamFG § 352a Rn. 2);
- Sammelerbschein (äußerlich zusammengefasstes Zeugnis mehrerer selbständiger Erbscheine) über das Erbrecht nach mehreren Erblassern bei Zuständigkeit des Nachlassgerichts für jeden Erbfall (BayObLGZ 1951, 690 (696 f.); MüKoBGB/Grziwotz Rn. 14; Grüneberg/Weidlich Rn. 69);
- gegenständlich beschränkter Erbschein (nur in Ausnahmefällen, vgl. § 352c FamFG, § 181 Abs. 2 BEG, § 7a Abs. 2 BRüG) (MüKoBGB/Grziwotz Rn. 15 ff.; Grüneberg/Weidlich Rn. 64 ff.; PWW/Deppenkemper Rn. 5); zum Hoffolgezeugnis vgl. Staudinger/Herzog, 2016, Einl. zu §§ 2353 ff. Rn. 194 ff.

## IV. Verfahren (1. Instanz)

**1. Sachentscheidungsvoraussetzungen bei Erbscheinserteilung. a) Zuständigkeit.** 16
Sachlich zuständig ist das Amtsgericht als Nachlassgericht (§ 2353, § 23a Abs. 1 Nr. 2, Abs. 2 Nr. 2 GVG). Die örtliche Zuständigkeit richtet sich nach **§ 343 FamFG;** nach dessen Abs. 1 ist örtlich zuständig für Todesfälle ab dem 17.8.2015 grds. das Gericht, in dessen Bezirk der Erblasser im Zeitpunkt seines Todes seinen gewöhnlichen Aufenthalt (dazu OLG Hamm NJW 2018, 2061: Gesamtberücksichtigung der Lebensumstände unter Einschluss des Aufenthalts- und Bleibewillens) hatte (Für Todesfälle bis zum 16.8.2015 bestimmt sich die örtliche Zuständigkeit grds. nach dem letzten inländischen Wohnsitz des Erblassers, fehlt es hieran, nach dem letzten Aufenthaltsort). Fehlt es hieran ist das Gericht zuständig, in dessen Bezirk der Erblasser seinen letzten gewöhnlichen Aufenthalt im Inland hatte (dazu KG ZEV 2017, 581: unerheblich, wie lange – dort 50 Jahre – der letzte gewöhnliche Aufenthalt im Inland zurückliegt), sonst das AG Schöneberg, wenn der Erblasser Deutscher ist oder sich Nachlassgegenstände im Inland befinden. Funktionell zuständig ist der Richter bei Vorliegen einer Verfügung von Todes wegen und im Fall des § 352c FamFG (§ 16 Abs. 1 Nr. 6 RPflG, Übertragungsmöglichkeit nach Abs. 2) und der Rechtspfleger bei gesetzlicher Erbfolge (§ 3 Nr. 2 lit. c RPflG). Für die **internationale Zuständigkeit** für die Erteilung von Erbscheinen gelten für Erbfälle ab dem 17.8.2015 entgegen dem Willen des deutschen Gesetzgebers nicht §§ 105, 343 FamFG, sondern grds. §§ 4 ff. EuErbVO (EuGH NJW 2018, 2309; Grüneberg/Weidlich Rn. 8; MüKoBGB/Grziwotz Rn. 60; anders BT-Drs. 18/4201, 59).

**b) Antragsberechtigung.** Antragsberechtigt sind der Erbe (§ 2353), Vorerbe (bis zum Eintritt des Nacherbfalles), Nacherbe (nach Eintritt des Nacherbfalles) (BGH Rpfleger 1980, 182; BayObLG NJW-RR 1999, 805: keine Antragsberechtigung des Nacherben auf Erbschein für den Vorerben vor Eintritt des Nacherbfalles), der erbende Ehegatte oder der verwaltende Ehegatte bei Erbschaft zum Gesamtgut der Gütergemeinschaft (BayObLGZ 1958, 364 (365 f.); MüKoBGB/Grziwotz Rn. 101), der Fiskus nach Feststellung gem. § 1964. Ein **Miterbe** ist antragsberechtigt für sein Erbrecht oder für gemeinschaftlichen Erbschein (§ 352a Abs. 1 S. 2 FamFG), auch sog. 17

gemeinschaftlichen Teilerbschein (→ Rn. 15); ausnahmsweise auch zum Nachweis der Erbfolge nach anderem Miterben bei Zwangsversteigerung zur Aufhebung der Erbengemeinschaft (vgl. §§ 180, 181, 17 Abs. 1, 3 ZVG) (BayObLG NJW-RR 1995, 272; Staudinger/Herzog, 2016, Rn. 25).

18 Dem Erbeserben ist ein Erbschein auf den Namen des Ersterben zu erteilen. Dem dinglichen **Erbteilserwerber** (§ 2033) ist ein Erbschein auf den Namen des Erben zu erteilen, ebenso dem Erwerber des Nacherbenanwartschaftsrechts (BayObLG Rpfleger 1985, 183; MüKoBGB/Grziwotz Rn. 94). Nach zutreffender Ansicht ist auch dem Erbschaftskäufer (§§ 2371 ff.) ein Erbschein auf den Namen des Erben zu erteilen (str.) (Grüneberg/Weidlich Rn. 10; RGRK-BGB/Kregel Rn. 7; Erman/U. Simon Rn. 13; Keidel/Zimmermann FamFG § 352 Rn. 32; arg. e RGZ 164, 235 (238); aA MüKoBGB/Grziwotz Rn. 95; Staudinger/Herzog, 2016, Rn. 31).

19 Neben dem Erben sind Testamentsvollstrecker (sinnvoll zum Nachweis ordnungsgemäßer Auseinandersetzung, vgl. OLG Hamm FamRZ 1993, 825) (ab dem Zeitpunkt der Amtsannahme, § 2202 Abs. 1, es sei denn, die Verfügungsbefugnis des Erben ist durch die Testamentsvollstreckung nicht beschränkt, → Rn. 6), Nachlassverwalter, Nachlassinsolvenzverwalter, Insolvenzverwalter bei Erbeninsolvenz (Grüneberg/Weidlich Rn. 10), Abwesenheitspfleger (§ 1911) (KG JR 1967, 26) antragsberechtigt. Ein **Gläubiger** mit vollstreckbarem Titel gegen den Erblasser oder den Erben kann unter Vorlage des Titels die Erteilung eines Erbscheins an Stelle des Schuldners zum Zwecke der Zwangsvollstreckung beantragen (§§ 778, 779, 792, 896 ZPO) (OLG München NJW 2014, 3254; BayObLG MDR 1973, 1029; Staudinger/Herzog, 2016, Rn. 34; PWW/Deppenkemper Rn. 14; wegen der hohen Kosten des Erbscheins kann § 1961 für den Vollstreckungsgläubiger vorzuziehen sein).

20 **Nicht antragsberechtigt** sind Ersatzerben vor Eintritt des Ersatzerbfalls, Nacherben vor dem Nacherbfall, Nachlassgläubiger (Vermächtnisnehmer (BayObLG FamRZ 2000, 1231), Auflagen- oder Pflichtteilsberechtigte (KG NJW-RR 1994, 1421)), Nachlasspfleger für den Nachlass, für den die Pflegschaft angeordnet ist (Antragsrecht besteht aber für anderen Nachlass, an dem Rechte des Erben wahrzunehmen sind, BayObLG FamRZ 1991, 230).

21 **c) Weitere Antragsvoraussetzung.** Weiter ist die **Annahme der Erbschaft** durch den auszuweisenden Erben, ggf. aller auszuweisender Miterben (vgl. § 352a Abs. 3 S. 1 FamFG), Antragsvoraussetzung. Stellen der Erbe oder ein zur Annahme befugter Vertreter (→ § 1943 Rn. 3) den Antrag, wird damit stillschweigend Annahme erklärt.

22 **Keine** Antragsvoraussetzung ist der Nachweis eines besonderen Bedürfnisses für die Erteilung des Erbscheins; das gilt auch dann, wenn der Nachlass nicht werthaltig sein sollte (allgM). Für die Erteilung eines gegenständlich beschränkten Erbscheins (zB § 352c FamFG) fehlt es dagegen idR an einem Rechtsschutzbedürfnis, wenn keine Anhaltspunkte für das Vorhandensein von Nachlassgegenständen bestehen, die von diesem Erbschein erfasst werden könnten (OLG Karlsruhe ErbR 2015, 381; KG FGPrax 2006, 220).

23 **d) Form.** Der Antrag ist nicht formgebunden, er kann zu Protokoll der Geschäftsstelle gestellt werden (§ 25 FamFG). Wegen der idR erforderlichen eidesstattlichen Versicherung (§ 352 Abs. 3 S. 3 FamFG) ist die Niederschrift vor dem Notar (§ 22 BNotO) oder Nachlassgericht (§ 25 FamFG) zweckmäßig.

24 **e) Bestimmtheit.** Die Erbscheinserteilung setzt einen **bestimmten Antrag** voraus; der erforderliche Inhalt ergibt sich aus §§ 23, 352, 352a FamFG. Der Antrag muss mit dem zu erteilenden Erbschein inhaltlich deckungsgleich sein; er muss daher den Erben, die Erbquote (Ausnahme: § 352a Abs. 2 S. 2 FamFG), den Berufungsgrund, Beschränkungen nach § 352b FamFG, eine gegenständliche Beschränkung nach § 352c FamFG und ggf. ein Vorausvermächtnis für den alleinigen Vorerben beinhalten. Die Erbquote kann nicht in das Ermessen des Gerichts gestellt werden; ein Antrag auf Erteilung eines (Teil-)Erbscheins über Mindesterbquote ist aber ausnahmsweise zulässig, wenn die endgültige Quote nicht feststeht (§§ 1935, 2094, zB Anfechtungsrecht von Miterben, ungeborener Erbe, ausstehende Vaterschaftsfeststellung) (BayObLGZ 1960, 478 (489); MüKoFamFG/Grziwotz § 352a Rn. 17 f.). Ein Erbscheinsantrag, der darauf gerichtet ist, die Quoten der einzelnen Erben aufgrund vorzulegender Urkunden von Amts wegen festzustellen, ist in dieser Form unzulässig (OLG Hamm FamRZ 2013, 1250). Daneben ist die Angabe des konkreten Berufungsgrundes Bestimmtheitserfordernis (BayObLG NJW-RR 1996, 1160; Staudinger/Herzog, 2016, Rn. 67). Die Aufteilung in Haupt- und Hilfsantrag unter Angabe der Prüfungsreihenfolge ist zulässig (RGZ 156, 172, (180); OLG Hamm FamRZ 1993, 111; MüKoBGB/Grziwotz Rn. 79).

Gewillkürte **Stellvertretung** ist grds. zulässig (§ 167; §§ 10, 11 FamFG), nicht aber für die Abgabe der eidesstattlichen Versicherung nach § 352 Abs. 3 S. 3 FamFG, die strafbewehrt ist. Die Antragstellung ist Teil der Vermögenssorge der Eltern, soweit diese nicht nach § 1638 ausgeschlossen sind (OLG Frankfurt NJW-RR 1997, 580; MüKoBGB/Grziwotz Rn. 107). § 1795 Nr. 3 ist nicht anwendbar (BayObLG NJW 1961, 2309; MüKoBGB/Grziwotz Rn. 107). 25

Der Antrag kann bis zur Rechtskraft der Endentscheidung (§ 22 Abs. 1 S. 1 FamFG), also auch gegenüber dem Beschwerdegericht, **zurückgenommen** werden; Rücknahme bedarf nach Erlass aber der Zustimmung der Beteiligten (§ 22 Abs. 1 S. 2 FamFG) (Grüneberg/Weidlich Rn. 16; BeckOGK/Fröhler Rn. 445). 26

**2. Entscheidungsmöglichkeiten des Gerichts.** Das Verfahren ist für Erbfälle ab dem 17.8.2015 fast vollständig im FamFG geregelt, wesentliche inhaltliche Änderungen haben sich hierdurch nicht ergeben. Das Nachlassgericht darf grds. keinen Erbschein ohne Antrag oder mit einem anderen als dem beantragten Inhalt erteilen (→ § 2361 Rn. 5), muss aber auf eine korrekte bzw. der Rechtslage entsprechende Antragstellung hinwirken (→ Rn. 30). 27

Als Entscheidungsmöglichkeiten des Gerichts kommen der Erlass einer Zwischenverfügung, der Erlass eines Feststellungsbeschlusses (§ 352e Abs. 1 FamFG) oder die Zurückweisung des Antrags in Betracht. 28

Wegen des Amtsermittlungsgrundsatzes (§ 26 FamFG) wird man § 7 Abs. 4 FamFG dahin auszulegen haben, dass das Nachlassgericht zumindest den ernsthaften Versuch unternehmen muss, die Namen und Anschriften der im Erbscheinsverfahren potentiell Beteiligten (§ 345 Abs. 1 S. 2 FamFG) zu ermitteln und zu benachrichtigen, um diesen rechtliches Gehör zu gewähren (Art. 103 Abs. 1 GG) (PWW/Deppenkemper Rn. 20; MüKoBGB/Grziwotz Rn. 114). 29

**a) Zwischenverfügung.** Liegen die Sachentscheidungsvoraussetzungen nicht vor oder entspricht der Antrag nicht der Erbrechtslage, hat das Gericht zunächst durch Zwischenverfügung behebbare Mängel unter Fristsetzung für deren Beseitigung mitzuteilen oder entsprechende Antragsänderung anzuregen, bevor der Antrag durch Beschluss zurückgewiesen wird (OLG Frankfurt NJW-RR 2011, 1516; Staudinger/Herzog, 2016, Rn. 57, 331; Keidel/Zimmermann FamFG § 352e Rn. 109; PWW/Deppenkemper Rn. 23); auch Hinweis entspr. § 139 ZPO genügt (BayObLG NJW-RR 2003, 297 (298); Grüneberg/Weidlich Rn. 48: Gelegenheit zur Antragsänderung geben bzw. zur Beseitigung behebbarer Mängel auffordern). Sofern möglich, hat das Nachlassgericht in der Zwischenverfügung auch darauf hinzuweisen, wie es die Erbrechtslage voraussichtlich beurteilen wird (vgl. RGZ 156, 172 (183)). Diese Pflichten ergeben sich sowohl aus § 28 Abs. 2 FamFG als auch dem Amtsermittlungsgrundsatz. Der Antrag auf Erteilung des Erbscheins ist **zurückzuweisen,** wenn er der materiellen Erbrechtslage widerspricht oder behebbare Mängel im vorgenannten Sinne nicht beseitigt wurden. 30

**b) Feststellungsbeschluss (§ 352e Abs. 1 S. 2 FamFG). aa) Unstreitige Angelegenheit.** Hat keiner der Beteiligten (§ 345 Abs. 1 S. 2 FamFG) dem beantragten Erbschein widersprochen und erachtet das Nachlassgericht die Tatsachen für festgestellt sowie den beantragten Erbschein der materiellen Erbrechtslage entspr., erlässt es zunächst einen Feststellungsbeschluss nach **§ 352e Abs. 1 S. 2 FamFG** (BGH NJW 2016, 960 (962); Zimmermann ZEV 2009, 53 (56); Staudinger/Herzog, 2016, Rn. 396; MüKoBGB/Grziwotz Rn. 121). Der Beschluss (§ 38 FamFG) sollte bereits den Wortlaut des beabsichtigten Erbscheins enthalten (wie bei → Rn. 33). Er muss nach § 38 Abs. 4 Nr. 2 FamFG nicht begründet werden, wird mit Erlass wirksam (§ 352e Abs. 1 S. 3 FamFG) und bedarf – entgegen § 40 Abs. 1 FamFG – keiner Bekanntgabe (§ 352e Abs. 1 S. 4 FamFG). Die **Vollziehung** des Feststellungsbeschlusses erfolgt durch Aushändigung der Urschrift oder einer Ausfertigung des Erbscheins, der erst damit tatsächlich **erteilt** ist (Zustellung des Feststellungsbeschlusses ist keine Erbscheinserteilung) (Grüneberg/Weidlich 51; Staudinger/Herzog, 2016, Rn. 395; MüKoBGB/Grziwotz Rn. 120, 134). Die Vollziehung kann bei unstreitiger Angelegenheit sofort erfolgen (Grüneberg/Weidlich Rn. 49, 51; MüKoBGB/Grziwotz Rn. 121; Keidel/Zimmermann FamFG § 352e Rn. 86). Der Feststellungsbeschluss ist Endentscheidung iSd § 38 Abs. 1 FamFG, die Erteilung des Erbscheins ist der tatsächliche Vollzugsakt (Grziwotz FamRZ 2016, 417 (419)). 31

Ist ein Erbschein erteilt, ist nur noch eine – fristgebundene (§ 63 FamFG) – Beschwerde mit dem Ziel der Einziehung oder Kraftloserklärung des Erbscheins möglich (§ 352 Abs. 3 FamFG). Ist die Beschwerdefrist abgelaufen, kann – da der Erbschein (anders als der Feststellungsbeschluss, § 45 FamFG) nicht in Rechtskraft erwächst – jederzeit die Erteilung eines vom erteilten Erbschein abweichenden Erbscheins beantragt werden. Wird dieser (ggf. nach Durchführung eines Rechtsmittelverfahrens) erteilt, ist der ursprüngliche Erbschein von Amts wegen einzuziehen (§ 2361). 32

Hiervon abgesehen kann eine solche Einziehung oder Kraftloserklärung ohnehin jederzeit nach § 2361 angeregt werden.

33 **bb) Streitige Angelegenheit.** Widerspricht der Feststellungsbeschluss dem erklärten Willen eines Beteiligten (§ 345 Abs. 1 S. 2 FamFG), enthält er einen dem entsprechenden Zusatz, ist inhaltlich zu begründen (§ 38 Abs. 3 S. 1 FamFG) und dem Widersprechenden mit Rechtsmittelbelehrung (§ 39 FamFG) zuzustellen (§ 41 Abs. 1 S. 2 FamFG), den übrigen Beteiligten bekannt zu geben (§ 352e Abs. 2 S. 1 FamFG, § 41 Abs. 1 S. 1 FamFG). Eines förmlichen anderen Erbscheinsantrags bedarf es insoweit aber nicht (MüKoBGB/Grziwotz Rn. 125; Staudinger/Herzog, 2016, Rn. 397). In dem Beschluss sollte sinnvollerweise bereits der Wortlaut des beabsichtigten Erbscheins enthalten sein, dies allerdings nicht im Tenor, damit der Beschluss im Rechtsverkehr nicht als bereits erteilter Erbschein missverstanden oder missbräuchlich als solcher verwendet wird (Staudinger/Herzog, 2016, Rn. 398; MüKoBGB/Grziwotz Rn. 120; Keidel/Zimmermann FamFG § 352e Rn. 84; PWW/Deppenkemper Rn. 27: deutlich machen, dass kein Erbschein; BT-Drs. 16/6308, 281).

34 Das Gericht hat die sofortige Wirksamkeit des Feststellungsbeschlusses nach **§ 352e Abs. 2 S. 2 FamFG** auszusetzen und die Erteilung des Erbscheins bis zur Rechtskraft des Beschlusses (§ 45 FamFG) zurückzustellen. Dem Nachlassgericht ist insoweit kein Ermessen eingeräumt, weshalb dieses Procedere auch bei offensichtlich unbegründeten Widersprüchen einzuhalten ist (MüKoBGB/Grziwotz Rn. 125; BeckOGK/Fröhler Rn. 367, 370; Keidel/Zimmermann FamFG § 352e Rn. 94, 95). Nach Zustellung des Beschlusses ist zunächst die einmonatige (§ 63 Abs. 1 FamFG) Beschwerdefrist abzuwarten; der Erbschein ist erst nach Rechtskraft des Beschlusses zu erteilen. Das Nachlassgericht kann der Beschwerde selbst abhelfen (§ 68 Abs. 1 S. 1 FamFG), andernfalls entscheidet das OLG als Beschwerdegericht (§ 69 FamFG); bei Zulassung (§ 70 Abs. 1 FamFG) ist die Rechtsbeschwerde zum BGH statthaft. Ein unter Verstoß gegen § 352e Abs. 2 S. 2 FamFG erteilter Erbschein ist dennoch wirksam (MüKoBGB/Grziwotz Rn. 131; Keidel/Zimmermann FamFG § 352e Rn. 102).

35 Ist der Feststellungsbeschluss formell rechtskräftig (§ 45 FamFG), ist er durch Aushändigung der Urschrift oder einer Ausfertigung des Erbscheins zu **vollziehen;** der Erbschein ist erst damit tatsächlich **erteilt** (Grüneberg/Weidlich Rn. 51; Staudinger/Herzog, 2016, Rn. 395, 39; MüKoBGB/Grziwotz Rn. 120, 134). Die Erteilung setzt mindestens voraus, dass der Erbschein in Urschrift oder Ausfertigung dem Antragsteller ausgehändigt oder übersandt wurde, die Hinausgabe von Ablichtungen oder beglaubigten Abschriften des Erbscheins stellt keine Erteilung dar (OLG Düsseldorf FGPrax 2014, 31; Keidel/Zimmermann FamFG § 352e Rn. 105). Eine Bindungswirkung des Nachlassgerichts an den Feststellungsbeschluss besteht aber nicht, wenn nachträglich Umstände bekannt werden, nach denen der zuerteilende Erbschein unrichtig wäre (OLG Düsseldorf NJW-RR 2021, 734).

36 **cc) Bindungswirkung.** Ein (Zwischen-)Feststellungsurteil im Zivilprozess über das Erbrecht entfaltet im Erbscheinsverfahren nur im Rahmen der Rechtskraft Bindungswirkung, dh wenn und soweit das Urteil zwischen allen Verfahrensbeteiligten in **Rechtskraft** erwachsen ist (OLG Frankfurt FGPrax 2019, 223; OLG München ZEV 2016, 278; OLG Brandenburg ZEV 2010, 143, 144; Staudinger/Herzog, 2016, Rn. 386; Adam ZEV 2016, 233 (234 f.)). Wenn ein Dritter, der sich weder am Erbscheinsverfahren beteiligt, noch am vorausgegangenen Zivilprozess beteiligt war, als Erbe in Betracht kommt, darf der Erbschein dem Prozesssieger des Zivilprozesses aber nicht erteilt werden (OLG Frankfurt FGPrax 2019, 223). Die Bindung reicht nicht weiter als die Rechtskraftwirkung des Urteils, besteht also nicht, wenn die Erbenstellung nur Vorfrage ist. Das Erbrecht ist nur bei Urteilen nach § 256 ZPO (Feststellungsklage) oder § 2342 Abs. 2 (Erbunwürdigkeit) von der Rechtskraft erfasst, nicht aber bei der Klage nach § 2018 (PWW/Deppenkemper Rn. 2). Bei der Klage nach § 2362 ist die Rechtskraft auf den konkreten Erbschein beschränkt. Umgekehrt besteht eine Bindungswirkung des Erbscheins (der keine materielle Rechtskraft entfaltet) für den Zivilprozess nicht (BVerfG NJW-RR 2005, 1600 (1601); BGH ZEV 2010, 468 (469 f.); Adam ZEV 2016, 233 (234)); im Prozess zwischen Erbprätendenten besteht überdies keine Vermutungswirkung (→ § 2365 Rn. 11).

37 Ist zwischen den Erbprätendenten ein Zivilrechtsstreit zur Feststellung des Erbrechts anhängig kann das Erbscheinsverfahren in entspr. Anwendung des **§ 148 ZPO** ausgesetzt werden, wenn davon auszugehen ist, dass dort eine für das Erbscheinsverfahren bindende Entscheidung ergehen wird (OLG München FGPrax 2008, 254 (258 f.); Staudinger/Herzog, 2016, Rn. 358; Adam ZEV 2016, 233 (235 f.)); eine Aussetzung des Zivilprozesses wegen des laufenden Erbscheinsverfahrens kommt dagegen nicht in Betracht.

Ein Vertrag zwischen Erbprätendenten über die Auslegung einer letztwilligen Verfügung oder deren Anerkennung als wirksam bindet das Nachlassgericht nicht und lässt die Amtsermittlungspflicht grds. unberührt, er kann aber Indizwirkung haben (OLG München NJW-RR 2011, 12; KG FGPrax 2004, 31; Grüneberg/Weidlich Rn. 47). **38**

**3. Kosten.** Die Kosten des Erbscheins (§ 40 GNotKG) trägt der Antragsteller (§ 22 Abs. 1 GNotKG). Miterben, die nicht Antragsteller sind (§ 352a Abs. 1 S. 2 FamFG) haften nicht. Die Kosten sind keine Nachlassverbindlichkeit. **39**

**4. Korrekturmöglichkeiten, Rechtsmittel. a) Berichtigung (§ 42 FamFG).** Nach § 42 FamFG können Schreibfehler, Rechenfehler oder ähnliche offenbare Unrichtigkeiten sowie unbeachtliche Zusätze (zB Name des Testamentsvollstreckers) im Erbschein von Amts wegen berichtigt werden. Die Berichtigung erfolgt durch Ergänzung aller Ausfertigungen des Erbscheins oder Bekanntmachung des Berichtigungsbeschlusses an alle Beteiligten (§§ 15, 40 Abs. 1 FamFG, §§ 41, 345 FamFG). Eine sachliche Änderung des der Vermutungswirkung der §§ 2365 ff. unterliegenden Inhalts kann nicht erfolgen, der Erbschein ist dann einzuziehen (OLG Zweibrücken ZEV 2001, 27), zB bei fehlender Verfügungsbeschränkung, falscher Erbquote (OLG München FGPrax 2019, 230 (231)). Eine Ergänzung nach § 43 FamFG dürfte nicht in Betracht kommen, weil diese das Übergehen eines Antrags voraussetzt, der insoweit unrichtige oder unvollständige Erbschein daher einzuziehen ist (→ Rn. 41). **40**

**b) Abänderung (§ 48 FamFG).** Der Feststellungsbeschluss nach § 352e Abs. 1 S. 2 FamFG oder die Zurückweisung des Erbscheinserteilungsantrags kann nach § 48 FamFG abgeändert werden. Die Änderung ist mit Erteilung des Erbscheins ausgeschlossen, ein unrichtiger Erbschein ist einzuziehen oder für kraftlos zu erklären (§ 2361) (OLG Stuttgart MDR 2018, 1442); eine Änderung der vollzogenen Einziehung oder Kraftloserklärung scheidet gleichfalls aus. **41**

**c) Rechtsmittel.** Gegen den Beschluss des Nachlassgerichts ist die Beschwerde zum OLG (§§ 58 ff. FamFG, § 119 Abs. 1 Nr. 1 lit. b GVG) und – sofern das OLG sie zulässt (§ 70 Abs. 1 FamFG) – die Rechtsbeschwerde zum BGH (§§ 70 ff. FamFG) (vgl. ausf. zur Konzeption des Rechtsmittelrechts im FamFG Keidel/Zimmermann FamFG § 352e Rn. 110 ff.; Grüneberg/Weidlich Rn. 54 ff.; Kroiß ZEV 2009, 224 ff.) statthaft. Haben diese Rechtsmittel letztinstanzlich keinen Erfolg, bleibt dem Antragsteller die Erbenfeststellungsklage vor dem Zivilgericht, weshalb eine Verfassungsbeschwerde gegen den Beschluss des Beschwerdegerichts oder Rechtsbeschwerdegerichts am Subsidiaritätsgrundsatz (§ 90 Abs. 2 BVerfGG) scheitern soll (BVerfG ZEV 2017, 48; BayVerfGH ZEV 2021, 668 Ls. = BeckRS 2021, 22606 für den Fall des letztinstanzlich erfolglosen Erbscheinsantrags gegenüber Miterben, uE zu streng). **42**

(nicht belegt) **43**

(nicht belegt) **44**

(nicht belegt) **45**

(nicht belegt) **46**

## V. Beschwerdeverfahren

**1. Zulässigkeit. a) Zulässigkeit, Zuständigkeit, Frist.** In vermögensrechtlichen Angelegenheiten ist die Beschwerde erst ab einem Beschwerdegegenstandswert von **600,01 EUR** zulässig (§ 61 Abs. 1 FamFG), es sei denn, das Nachlassgericht hat die Beschwerde zugelassen (§ 61 Abs. 2, 3 FamFG). Bei nicht vermögensrechtlichen Angelegenheiten ist die Beschwerde immer zulässig. **47**

Die Beschwerde ist bei dem Gericht einzulegen, dessen Beschluss angefochten wird (§ 64 Abs. 1 FamFG), also dem Nachlassgericht. **48**

Sie ist innerhalb einer **Frist** von **einem Monat** (§ 63 Abs. 1 FamFG) ab schriftlicher Bekanntgabe an den jeweiligen Beteiligten (§ 63 Abs. 3 FamFG) einzulegen. Im Fall des § 41 Abs. 1 S. 2 FamFG erfolgt die Bekanntgabe durch Zustellung. Bloß schriftliche Bekanntgabe dürfte deshalb für den Fristbeginn nicht genügen, nachdem die Regelung ausweislich der Gesetzesbegründung an § 517 Hs. 1 ZPO angeknüpft sein soll (BT-Drs. 16/6308, 206). Für bestimmte gesondert geregelte Entscheidungen beträgt die Beschwerdefrist nur **zwei Wochen,** so bei der Testamentsvollstreckung (§ 355 Abs. 2 FamFG), bei einstweiligen Anordnungen (§ 63 Abs. 2 Nr. 1 FamFG), bei der Genehmigung von Rechtsgeschäften (§ 40 Abs. 2 FamFG, § 41 Abs. 3 FamFG, § 63 Abs. 2 Nr. 2 FamFG). **49**

**b) Beschwerdegegenstand.** Beschwerdegegenstand ist die **„Endentscheidung“** (§ 38 Abs. 1 FamFG) des Nachlassgerichts. Das ist nach der Legaldefinition in § 38 Abs. 1 S. 1 FamFG der **50**

Beschluss (Zurückweisung des Erbscheinsantrags, streitiger oder unstreitiger Feststellungsbeschluss, Einziehungsanordnung), nicht aber die Zwischenverfügung, weshalb diese nicht isoliert mit der Beschwerde anfechtbar ist (Keidel/Zimmermann FamFG § 352a 109, 123; Staudinger/Herzog, 2016, Rn. 535; MüKoBGB/Grziwotz Rn. 151; Umkehrschluss aus § 58 Abs. 2). Neben- und Zwischenentscheidungen sind nur dann ausnahmsweise entspr. §§ 567–572 ZPO anfechtbar, wenn dies im FamFG ausdrücklich bestimmt ist (BT-Drs. 16/6308, 166; solche ausdrücklichen Bestimmungen finden sich in § 6 Abs. 2 FamFG, § 7 Abs. 3 FamFG, § 21 Abs. 2 FamFG, § 33 Abs. 3 FamFG, § 35 Abs. 5 FamFG, § 42 Abs. 3 FamFG, § 79 S. 2 FamFG, § 87 Abs. 4 FamFG, § 355 Abs. 1 FamFG, § 372 Abs. 1 FamFG, § 480 Abs. 2 FamFG, § 482 Abs. 3 FamFG), so etwa die Ablehnung einer Hinzuziehung als Beteiligter (§ 7 Abs. 5 S. 2 FamFG); es gilt dann die Zweiwochenfrist des § 569 Abs. 1 S. 1 ZPO. Eine Antragsänderung in der Beschwerdeinstanz oder ein neuer Antrag ist grds. nicht zulässig (BayObLG ZEV 1998, 472; OLG Köln FamRZ 1994, 591; MüKoBGB/Grziwotz Rn. 146; PWW/Deppenkemper Rn. 34), vgl. aber → Rn. 51 ff. Die Anordnung, dass der entsprechende Erbschein erteilt wird, ist nur den Feststellungsbeschluss vollziehende Handlung, nicht aber selbst eine Endentscheidung iSd § 38 FamFG (OLG Hamm BeckRS 2016, 10466 unter II.).

51 **c) Beschwerdeziel.** Die Beschwerde richtet sich gegen den Beschluss, mit dem der Erbscheinsantrag zurückgewiesen wird oder gegen den Feststellungsbeschluss, bei § 2361 gegen den Einziehungsanordnungsbeschluss (oder die Ablehnung der Einziehung). Ist die Entscheidung des Nachlassgerichts durch Erteilung oder Einziehung (Kraftloserklärung) des Erbscheins vollzogen, besteht kein **Rechtsschutzbedürfnis** für die Beschwerde gegen den Feststellungsbeschluss bzw. Einziehungsanordnungsbeschluss, da die Aufhebung der Entscheidung den Erbschein bzw. dessen Einziehung oder Kraftloserklärung nicht beseitigt; eine hierauf gerichtete Beschwerde ist deshalb unzulässig (§ 352e Abs. 3 FamFG, § 353 Abs. 3 S. 1 FamFG) (MüKoBGB/Grziwotz Rn. 150; vgl. auch BGHZ 30, 220 = NJW 1959, 1729 zum FGG). Es kann aber Antrag auf Erteilung eines anderen Erbscheins bzw. Einziehung des erteilten Erbscheins gestellt werden; die darauf ergehende Entscheidung ist wiederum anfechtbar.

52 Bei Überholung der zunächst statthaften Beschwerde durch Vollzug kommt aber aus **prozessökonomischen Gründen** und wegen der Gefahr für den Rechtsverkehr, die von einem unrichtigen Erbschein ausgeht, eine Umdeutung in Betracht. Ziel der Beschwerde ist dann, dass das OLG als Beschwerdegericht das Nachlassgericht anweist, den erteilten Erbschein einzuziehen (MüKoBGB/Grziwotz Rn. 150; Keidel/Zimmermann FamFG § 352e Rn. 113; BT-Drs. 16/6308, 281; vgl. auch BGH NJW 2002, 1126 zum FGG). Daneben kann die Einziehung nach § 2361 beim Nachlassgericht angeregt werden. Bei durch Vollziehung unzulässig gewordener Beschwerde gegen Einziehungsanordnungsbeschluss erfolgt Umdeutung in Beschwerde mit dem Ziel, dass das OLG das Nachlassgericht anweist, den eingezogenen Erbschein erneut zu erteilen (§ 353 Abs. 2 S. 2 FamFG) (MüKoBGB/Grziwotz § 2361 Rn. 48; Staudinger/Herzog, 2016, § 2361 Rn. 74; vgl. auch BayObLGZ 1959, 199 (203) zum FGG).

53 **d) Beschwerdeberechtigung.** Die Beschwerdeberechtigung erfordert grds. die Möglichkeit einer eigenen **Rechtsbeeinträchtigung** (§ 59 Abs. 1 FamFG, materielle Beschwer) (BGH ZEV 2013, 440 (441); MDR 1963, 39; Staudinger/Herzog, 2016, Rn. 538). Gegen einen Beschluss, in dem die für die Erteilung eines Erbscheins notwendigen Tatsachen als festgestellt erachtet werden (§ 352e Abs. 1 S. 2 FamFG), ist derjenige beschwerdeberechtigt, der durch die anschließende Erteilung des Erbscheins in seinen Rechten unmittelbar beeinträchtigt wird (OLG Köln FGPrax 2010, 194); hierfür ist ein eigenes Antragsrecht zu fordern. Das ist jeder Erbprätendent (zB Ersatzerbe nach Ausschlagung durch den Erben, BayObLG ZEV 1995, 256 (257)), der das bezeugte Erbrecht beansprucht, der ausgewiesene Erbe (vgl. BGHZ 30, 261 (263); BayObLGZ 1977, 163), auch der ursprüngliche Antragsteller (BGH NJW 2006, 3353 (3354) mwN; BayObLG NJW-RR 2005, 1245), Testamentsvollstrecker (wegen Unrichtigkeit des ausgewiesenen Erbrechts oder fehlenden Vermerks), Nacherbe (wegen fehlenden Vermerks; in diesem Fall auch Erwerber des Nacherbenanwartschaftsrechts (OLG Schleswig FamRZ 2010, 1771 (1772 f.))), Gläubiger in den Fällen der §§ 792, 896 ZPO (OLG Hamm Rpfleger 1984, 273), **nicht** aber der Pflichtteilsberechtigte, Nachlasspfleger, Vermächtnisnehmer (BayObLG FamRZ 2004, 1818; Ausnahme: der Vermächtnisnehmer ist gegen die Ablehnung der Ernennung eines Testamentsvollstreckers beschwerdeberechtigt, wenn es zu dessen Aufgaben zählt, dieses Vermächtnis zu erfüllen, BGH ZEV 2013, 440), Nachlasspfleger. Bei **Auslandsberührung** ist für die Beurteilung der Rechtsbeeinträchtigung das nach Art. 21, 22 EuErbVO (für Erbfälle ab 17.8.2015) bzw. Art. 25 EGBGB aF (für Erbfälle bis 16.8.2015) maßgebliche Erbstatut zu berücksichtigen (BayObLG NJW 1988, 2745; vgl. auch Grüneberg/Weidlich Rn. 71 ff.; Marx ErbR 2021, 18 (19 f.)).

54 Bei Ablehnung der Erbscheinserteilung ist zusätzlich **§ 59 Abs. 2 FamFG** zu beachten, wonach nur der Antragsteller beschwerdeberechtigt sein soll (formelle Beschwer). Insoweit ist aber ausreichend, dass der Beschwerdeführer einen Antrag hätte stellen können (OLG Stuttgart BeckRS 2018, 10903 Rn. 18; OLG Hamburg BeckRS 2015, 08597 Rn. 100; OLG Hamm FamRZ 2014, 1484; Grüneberg/Weidlich Rn. 55).

55 Zur Beschwerdeberechtigung bei Einziehung (§ 2361) → § 2361 Rn. 19.

56 **2. Sachentscheidung.** Hält das Nachlassgericht die Beschwerde für begründet, hat es ihr abzuhelfen (wobei die Abhilfeentscheidung dann ihrerseits anfechtbar sein kann), andernfalls ist die Beschwerde dem Beschwerdegericht vorzulegen (§ 68 Abs. 1 S. 1 FamFG). **Beschwerdegericht** ist das OLG (§ 119 Abs. 1 Nr. 1 b GVG). Die Beschwerdeinstanz ist zweite Tatsacheninstanz. Bei Zurückweisung des Erbscheinsantrags durch das Nachlassgericht kann das Beschwerdegericht selbst den Feststellungsbeschluss erlassen. Die Einziehung oder Erteilung eines Erbscheins kann nicht durch das Beschwerdegericht erfolgen; dieses hat vielmehr das Nachlassgericht hierzu **anzuweisen** (MüKoBGB/Grziwotz Rn. 157; Staudinger/Herzog, 2016, Rn. 552; PWW/Deppenkemper Rn. 33).

57 Das Verbot der Schlechterstellung **(reformatio in peius)** gilt weder im Antragsverfahren auf Erbscheinserteilung (BGH NJW 2016, 960 (961 f.); OLG Düsseldorf BeckRS 2018, 13328 Rn. 18; OLG München DNotZ 2007, 53; OLG Brandenburg FamRZ 1999, 188 (189); MüKoBGB/Grziwotz Rn. 155 mwN) noch im Amtsverfahren zur Einziehung, weil das Nachlassgericht grds. verpflichtet ist, die Richtigkeit des Erbscheins von Amts wegen zu prüfen (§§ 26, 29, 352d FamFG) sowie unrichtige Erbscheine einzuziehen (§ 2361) und sich diese Prüfungspflicht in der Beschwerdeinstanz wegen des Devolutiveffekts fortsetzt; das Beschwerdegericht hat deshalb die Richtigkeit des (angekündigten) Erbscheins auch insoweit zu überprüfen, als die Rechtsstellung des Beschwerdeführers nicht betroffen ist (BGH NJW 2016, 960 (961 f.) mwN; OLG Düsseldorf BeckRS 2018, 13328 Rn. 18).

58 **3. Rechtsbeschwerde, Sprungrechtsbeschwerde.** Gegen die Entscheidung des Beschwerdegerichts ist die **Rechtsbeschwerde** zum BGH (nur dann) statthaft, wenn sie das Beschwerdegericht in dem Beschluss zugelassen hat (§ 70 Abs. 1 FamFG) (dazu Kroiß ZEV 2009, 224 (226 f.); MüKoBGB/Grziwotz Rn. 158 ff.). Die Voraussetzungen der Zulassung in § 70 Abs. 2 S. 1 FamFG entsprechen denjenigen der § 543 Abs. 2 S. 1 ZPO. Das Rechtsmittel einer Nichtzulassungsbeschwerde ist allerdings nicht vorgesehen; auch eine analoge Anwendung des § 543 Abs. 2 S. 1 ZPO kommt nicht in Betracht (BGH NJW-RR 2012, 1509 zu § 574 ZPO, für § 70 FamFG gilt nichts anderes). Innerhalb einer Frist von einem Monat ab Bekanntgabe der Rechtsbeschwerdebegründungsschrift können weitere Beteiligte **Anschlussrechtsbeschwerde** einlegen (§ 73 FamFG). Vor dem BGH müssen sich die Beteiligten durch einen beim BGH zugelassenen Rechtsanwalt vertreten lassen (§ 10 Abs. 4 S. 1 FamFG). Wird die Rechtsbeschwerde trotz Vorliegens eines Zulassungsgrundes nicht zugelassen kann die Entscheidung wegen des Entzugs des gesetzlichen Richters (Art. 101 Abs. 1 GG) und wegen Verletzung des Rechts auf Gewährung effektiven Rechtsschutzes (Art. 2 Abs. 1 GG, Art. 20 Abs. 3 GG) mit der Verfassungsbeschwerde angegriffen werden (BGH NJW 2009, 987 mwN).

59 Nach § 75 FamFG ist auf Antrag gegen die im ersten Rechtszug ergangenen Beschlüsse unter Umgehung der Beschwerdeinstanz die **Sprungrechtsbeschwerde** zulässig, wenn die Beteiligten einwilligen (§ 75 Abs. 1 S. 1 Nr. 1 FamFG) und das Rechtsbeschwerdegericht diese zulässt (§ 75 Abs. 1 S. 1 Nr. 2 FamFG). Das weitere Verfahren ist an das Verfahren der Nichtzulassungsbeschwerde zum BGH angelehnt, die Zulassungsschrift (§ 75 Abs. 2 FamFG, § 566 Abs. 2 S. 1 ZPO) ist durch einen beim BGH zugelassenen Rechtsanwalt einzureichen und hat die den Zulassungsvoraussetzungen des § 543 Abs. 2 ZPO entsprechenden Zulassungsgründe darzulegen (§ 75 Abs. 2 FamFG, § 566 Abs. 1 S. 3 ZPO, § 566 Abs. 4 S. 1 ZPO). Nachdem die Beteiligten hierdurch auf eine Instanz verzichten (§ 75 Abs. 1 S. 2 FamFG), Verfahrensmängel nicht gerügt werden können (§ 566 Abs. 4 S. 2 ZPO) und ein einfacher Rechtsfehler für die Erfüllung der Zulassungsvoraussetzungen iSd § 543 Abs. 2 S. 1 ZPO (für § 566 Abs. 4 S. 1 ZPO kann dann nichts anderes gelten) nach der Rspr. des BGH regelmäßig nicht genügt (BGH BeckRS 2018, 18185 Rn. 10; BeckRS 2014, 04354; 2009, 12404 Rn. 7; 2008, 17347) kann dem Rechtssuchenden die Sprungrechtsbeschwerde allenfalls in seltenen Ausnahmefällen empfohlen werden.

## § 2354 (aufgehoben)

1 Die Vorschrift wurde durch das IntErbRErbschÄndG zum 17.8.2015 aufgehoben und in ergänzter Fassung in das FamFG überführt (dort § 352 Abs. 1 FamFG). Für bis zum 16.8.2015 erfolgte Erbfälle gilt § 2354 aF fort (Art. 229 § 36 EGBGB; zur Kommentierung vgl. 3. Aufl. bzw. online bis zur 38. Ed.).

## § 2355 (aufgehoben)

1 Die Vorschrift wurde durch das IntErbRErbschÄndG zum 17.8.2015 aufgehoben und in ergänzter Fassung in das FamFG überführt (dort § 352 Abs. 2 FamFG). Für bis zum 16.8.2015 erfolgte Erbfälle gilt § 2355 aF fort (Art. 229 § 36 EGBGB; zur Kommentierung vgl. 3. Aufl. bzw. online bis zur 38. Ed.).

## § 2356 (aufgehoben)

1 Die Vorschrift wurde durch das IntErbRErbschÄndG zum 17.8.2015 aufgehoben und in das FamFG überführt (dort § 352 Abs. 3 FamFG); Abs. 3 wurde ersatzlos gestrichen. Für bis zum 16.8.2015 erfolgte Erbfälle gilt § 2356 aF fort (Art. 229 § 36 EGBGB; zur Kommentierung vgl. 3. Aufl. bzw. online bis zur 38. Ed.).

## § 2357 (aufgehoben)

1 Die Vorschrift wurde durch das IntErbRErbschÄndG zum 17.8.2015 aufgehoben und in ergänzter Fassung in das FamFG überführt (dort § 352a FamFG). Für bis zum 16.8.2015 erfolgte Erbfälle gilt § 2357 aF fort (Art. 229 § 36 EGBGB; zur Kommentierung vgl. 3. Aufl. bzw. online bis zur 38. Ed.).

## § 2358 (aufgehoben)

1 Die Vorschrift wurde durch das IntErbRErbschÄndG zum 17.8.2015 aufgehoben und in das FamFG überführt (dort §§ 26, 29, 352d FamFG). Für bis zum 16.8.2015 erfolgte Erbfälle gilt § 2358 aF fort (Art. 229 § 36 EGBGB; zur Kommentierung vgl. 3. Aufl. bzw. online bis zur 38. Ed.).

## § 2359 (aufgehoben)

1 Die Vorschrift wurde durch das IntErbRErbschÄndG zum 17.8.2015 aufgehoben und in das FamFG überführt (dort § 352e Abs. 1 S. 1 FamFG). Für bis zum 16.8.2015 erfolgte Erbfälle gilt § 2359 aF fort (Art. 229 § 36 EGBGB; zur Kommentierung vgl. 3. Aufl. bzw. online bis zur 38. Ed.).

## § 2360 (aufgehoben)

1 Die mit Inkrafttreten des FamFG zum 1.9.2009 aufgehobene Vorschrift regelte den Grundsatz des rechtlichen Gehörs im Erbscheinsverfahren; sie hatte seit Inkrafttreten des Grundgesetzes

(Art. 103 Abs. 1 GG) kaum noch eigenständige Bedeutung und wurde deshalb als entbehrlich erachtet (so ausdrücklich BT-Drs. 16/6308, 348).

## § 2361 Einziehung oder Kraftloserklärung des unrichtigen Erbscheins

**[1]Ergibt sich, dass der erteilte Erbschein unrichtig ist, so hat ihn das Nachlassgericht einzuziehen. [2]Mit der Einziehung wird der Erbschein kraftlos.**

### Überblick

Die Einziehung dient ebenso wie Kraftloserklärung des Erbscheins dem Schutz der wahren Erben, da sie die Wirkungen der §§ 2365–2367 entfallen lassen, insbesondere den gutgläubigen Erwerb Dritter verhindern. Voraussetzung ist die materielle Unrichtigkeit des Erbscheins oder ein beachtlicher Verfahrensverstoß. Es gilt der Amtsermittlungsgrundsatz, ein Antrag ist zur Einleitung des Einziehungsverfahrens nicht erforderlich. Gegen die Entscheidung ist die Beschwerde statthaft.

### Übersicht



## I. Normzweck

Einziehung und Kraftloserklärung (§ 353 Abs. 1 FamFG) beseitigen die Wirkungen des erteilten, unrichtigen Erbscheins (§§ 2365–2367) und die damit verbundenen Gefahren für den wirklichen Erben. Die Vorschrift gilt für das Testamentsvollstreckerzeugnis entspr. (§ 2368 S. 2), nicht aber für das notarielle Testament nebst Eröffnungsprotokoll (OLG Köln FGPrax 2014, 73; OLG Naumburg FamRZ 2013, 245; Grüneberg/Weidling Rn. 1). Es gilt der **Amtsermittlungsgrundsatz** (BGH NJW 2016, 960 (961 f.)), ein Einziehungsantrag ist grds. nicht erforderlich. Zum Verhältnis zu Berichtigung und Änderung nach §§ 42, 48 FamFG → § 2353 Rn. 1 ff.; zum vorläufigen Rechtsschutz → Rn. 15. Die Regelung gilt auch für die Einziehung eines Fremdrechtserbscheins (Grüneberg/Weidlich Rn. 6 und Grüneberg/Weidlich § 2353 Rn. 74). 1

Abs. 2 und 3 der früheren Regelung wurden durch das IntErbRErbschÄndG zum 17.8.2015 gestrichen und in das FamFG überführt (vgl. §§ 26, 29, 353 Abs. 1 FamFG). Die Überschrift ist missverständlich, weil die Kraftloserklärung seitdem allein in § 353 Abs. 1 FamFG geregelt ist. Für bis zum 16.8.2015 erfolgte Erbfälle gilt § 2361 aF fort (Art. 229 § 36 EGBGB; zur Kommentierung vgl. 3. Aufl. bzw. online bis zur 38. Ed.). 2

## II. Einziehung

**1. Unrichtigkeit. a) Materielles Recht. aa) Unrichtigkeit.** Ein Erbschein ist unrichtig, wenn die Voraussetzungen für die Erteilung des Erbscheins im Zeitpunkt der Entscheidung über die Einziehung nicht oder nicht mehr gegeben sind und ein Erbschein desselben Inhalts nicht oder nicht mehr erteilt werden könnte (BGH ZEV 2010, 468 (469); BGHZ 40, 54 (56) = NJW 1963, 1972; OLG Jena FGPrax 2018, 227 (228); KG ZEV 2018, 265 (267); Staudinger/Herzog, 2016, Rn. 20). Die Einziehung ist anzuordnen, wenn die zur Begründung des Erbscheinsantrags erforderlichen Tatsachen nicht mehr als festgestellt zu erachten sind; bloße **Zweifel** sind nicht ausreichend (BGHZ 40, 54 (56); OLG Köln FamRZ 2003, 1784; MüKoBGB/Grziwotz Rn. 30). Einziehung auf Grund späterer abweichender Testamentsauslegung oder sonst anderer rechtlicher Beurteilung ist möglich (BGHZ 47, 58 (67) = NJW 1967, 1126; BayObLG NJW-RR 1997, 836; Grüneberg/Weidlich Rn. 2). **Unrichtigkeit** liegt neben falscher Erbenbezeichnung zB auch vor bei unrichtigen Angaben zu Beschränkungen des Erben oder Befreiung des Vorerben nach § 2136, unrichtiger Angabe von ausländischem Erbstatut oder bei inhaltlicher Widersprüchlichkeit des 3

Erbscheins vor (weitere Bsp. in → Rn. 5). Auch Verstoß Treu und Glauben kann der Einziehung nicht entgegengehalten werden (BGHZ 47, 58 (65 f.); BayObLG NJW-RR 1997, 836). Das Gericht hat umfassend zu ermitteln, wenn das Vorbringen eines Beteiligten oder der dem Gericht sonst zur Kenntnis gelangte Sachverhalt hierzu Anlass bietet (BGHZ 40, 54 (57); Staudinger/Herzog, 2016, Rn. 15, 16). Die Richtigkeitsvermutung des § 2365 gilt im Verfahren auf Einziehung des Erbscheins natürlich nicht (arg. e § 2361, §§ 26, 29, 352d FamFG) (RG WarnR 1913, 355; Planck/Greiff, 4. Aufl. 1928, Anm. 3). Bei Unrichtigkeit auf Grund falscher Sachbehandlung durch das Nachlassgericht gilt für die Erbscheinskosten § 21 GNotKG.

4 Die Erbscheinseinziehung kommt **nicht** in Betracht, wenn der Inhalt des Erbscheins (§§ 352 ff. FamFG) nicht berührt ist, zB bei Erbteilsübertragung (§ 2033) oder Erbschaftsverkauf (§ 2371), Nachlassinsolvenz, Änderung in der Person des Testamentsvollstreckers. Eine **unrichtige** eidesstattliche Versicherung genügt deshalb für sich allein genommen noch nicht für die Einziehung (OLG Hamm NJW 1967, 1138; KG DR 1943, 1071; Staudinger/Herzog, 2016, § 2353 Rn. 221). Gleiche Erbfolge, jedoch auf Grund eines anderen Berufungsgrundes, macht den Erbschein nicht materiell unrichtig (OLG Hamm NJW 1967, 1138); allerdings kann formelle Unrichtigkeit wegen funktioneller Unzuständigkeit vorliegen (KG NJW-RR 2004, 801: Entscheidung nach gesetzlicher Erbfolge durch den Rechtspfleger bei nachträglich aufgefundenem Testament mit Erbeinsetzung entspr. gesetzlicher Erbfolge; MüKoBGB/Grziwotz Rn. 14).

5 **bb) Maßgeblicher Zeitpunkt.** Gleichgültig ist, ob der Erbschein von Anfang an unrichtig war oder er später – zB wegen Eintritt der Nacherbfolge (OLG Köln FamRZ 2003, 1784; OLG Hamm NJW 1974, 1827 (1828); Grüneberg/Weidlich Einf. v. § 2100 Rn. 15), Wegfall der Testamentsvollstreckung (OLG Köln FamRZ 1993, 1124; OLG Hamm DNotZ 1984, 53; MüKoBGB/Grziwotz Rn. 6), Anfechtung der letztwilligen Verfügung (BayObLG FamRZ 1990, 1037; KG NJW 1963, 766 (767)), erfolgreicher Erbunwürdigkeitsklage (MüKoBGB/Grziwotz Rn. 5), Anfechtung von Annahme oder Ausschlagung der Erbschaft, Annahme oder Ausschlagung durch zunächst unbekannten Erben – unrichtig geworden ist. Bei Maßgeblichkeit ausländischen Rechts kann auch Verstoß gegen den ordre public die Unrichtigkeit begründen (OLG München NJW-RR 2021, 138; vgl. auch OLG Hamburg ErbR 2021, 863 (868 f.)). Der Einziehung steht nicht entgegen, dass seit der Erbscheinserteilung ein langer Zeitraum vergangen ist (BGH ZEV 2010, 468 (469); BGHZ 47, 58 = NJW 1967, 1126: 23 Jahre; BayObLG ZEV 2003, 369: 45 Jahre).

6 **b) Verfahrensverstöße.** Die Einziehung hat auch bei Verstoß gegen **wesentliche Verfahrensvorschriften** zu erfolgen; dies gilt in gravierenden Fällen auch dann, wenn der erteilte Erbschein inhaltlich richtig ist (BGH NJW 1963, 1972 f.; OLG Frankfurt BeckRS 2022, 6350 Rn. 19; MüKoBGB/Grziwotz Rn. 9 ff.).

7 **aa) Erbscheinserteilung ohne oder unter Abweichung vom Antrag.** Die Erteilung des Erbscheins an eine nicht antragsberechtigte Person führt zur Einziehung. Die Erteilung trotz fehlenden Antrags oder inhaltliche Abweichung vom Antrag kann aber durch den antragsberechtigten Empfänger ausdrücklich oder konkludent genehmigt werden (BayObLG NJW-RR 2001, 950 (952); Staudinger/Herzog, 2016, Rn. 28; vgl. auch BGH NJW 1989, 984, zur fehlenden Vertretungsmacht bei Antragstellung auf Entlassung des Testamentsvollstreckers), beispielsweise durch Entgegennahme und Verteidigung (OLG München NJW-RR 2006, 1668 (1670)); ohne Genehmigung ist der Erbschein einzuziehen (OLG München NJW-RR 2019, 971).

8 **bb) Unzuständigkeit.** Die Erteilung durch ein örtlich unzuständiges Gericht ist zwar wirksam (§ 2 Abs. 3 FamFG), kann aber zur Einziehung wegen der Gefahr der Erteilung widersprüchlicher Erbscheine führen (OLG Hamm FamRZ 2018, 297; OLG Frankfurt ZEV 2013, 563 (564); KG NJW-RR 2012, 459; Staudinger/Herzog, 2016, Rn. 25; einschr. BGH Rpfleger 1976, 174 für den Fall, dass sich die örtliche Unzuständigkeit nicht eindeutig ergibt; generell zweifelnd OLG Köln FamRZ 2015, 1651 f.); dies gilt auch für die internationale Unzuständigkeit (OLG Zweibrücken NJW-RR 2002, 154). Überprüfung ist trotz § 65 Abs. 4 FamFG auch im Beschwerdeverfahren möglich (OLG Hamm FGPrax 2017, 229). Einziehung erfolgt auch bei Erteilung durch den Rechtspfleger bei – nicht übertragbarer – Richterzuständigkeit oder durch Justizbeamten, der keine Rechtspflegerzuständigkeit hat (OLG Frankfurt NJW 1968, 1289; Grüneberg/Weidlich Rn. 3), sowie bei Erteilung durch Beschwerdegericht (KG Rpfleger 1966, 208; MüKoBGB/Grziwotz Rn. 13 mwN).

9 **cc) Sonstige Verfahrensfehler.** Einfache Verstöße gegen Verfahrensregeln wie ein fehlerhafter oder unvollständiger Antrag (vgl. § 352 FamFG) oder die Verletzung des nachholbaren rechtli-

chen Gehörs führen bei sachlicher Richtigkeit des Erbscheins nicht zur Einziehung (BGH NJW 1963, 1972 f.; Staudinger/Herzog, 2016, Rn. 29).

**2. Verfahren. a) Verfahrensgrundsätze.** Das Einziehungsverfahren ist **Amtsverfahren.** Antrag oder Anregung sind möglich, aber nicht erforderlich. Die Beschwerde gegen die Erbscheinserteilung ist in Antrag bzw. Anregung an das Nachlassgericht auf Einziehung oder Kraftloserklärung des Erbscheins umzudeuten und insoweit statthaft (BGH NJW 2006, 3353 (3354); BayObLG ZEV 1996, 271; MüKoBGB/Grziwotz § 2353 Rn. 136 mwN). 10

Die Einziehung kann **jederzeit** erfolgen. Ein langer Zeitraum seit Erteilung (→ Rn. 3) oder Treu und Glauben stehen nicht entgegen (OLG Köln FamRZ 2003, 1784; BayObLG NJW-RR 1997, 836 (837)). 11

nicht belegt 12

**b) Verhältnis zum Zivilrechtsstreit.** Eine Verweisung auf den ordentlichen Rechtsweg (Anspruch aus § 2362) ist nicht möglich; die Beseitigung steht auch im öffentlichen Interesse. Die **Bindungswirkung** von Zivilurteilen entspricht der beim Erteilungsverfahren (s. bei → § 2353 Rn. 1 ff.). Eine Aussetzung des Einziehungsverfahrens bis zur Entscheidung im Zivilverfahren ist demgegenüber – anders als beim Erteilungsverfahren – wegen der Gefahr, die von dem falschen Erbschein ausgeht, nicht zulässig (MüKoBGB/Grziwotz Rn. 29). 13

**c) Zuständigkeit.** Zuständig ist das Gericht, das den unrichtigen Erbschein erteilt hat, selbst wenn dieses örtlich unzuständig war (BayObLGZ 1977, 59; OLG Hamm OLGZ 1972, 352 (353); MüKoBGB/Grziwotz Rn. 36 f.). Funktionell zuständig ist der Richter unter den Voraussetzungen des § 16 Abs. 1 Nr. 7 RPflG, sonst der Rechtspfleger. 14

**d) Vorläufiger Rechtsschutz.** Vorläufiger Rechtsschutz kann durch **einstweilige Anordnung** nach §§ 49 ff. FamFG erlangt werden. **§ 49 Abs. 2 FamFG** soll grds. dieselben Maßnahmen ermöglichen wie die §§ 935, 940 ZPO (BT-Drs. 16/6308, 199). Im Beschwerdeverfahren kann eine einstweilige Anordnung nach § 64 Abs. 3 FamFG erlassen werden. Denkbar ist einstweilige Anordnung auf vorläufige **Rückgabe** des Erbscheins (nebst Ausfertigungen) zu den Akten des Nachlassgerichts (→ § 2365 Rn. 2, → § 2366 Rn. 15) (OLG Schleswig NJW-RR 2016, 13, für Testamentsvollstreckerzeugnis; OLG Saarbrücken NJW-RR 2012, 588; Horn/Krätzschel ZEV 2018, 14 (15 f.); ausf. Klumpp BWotZ 2014, 145 ff.; Staudinger/Herzog, 2016, Rn. 93), Untersagung, den Erbschein im Geschäftsverkehr zu benutzen oder überhaupt Verfügungen über Nachlassgegenstände zu treffen (aA OLG München NJW-RR 2020, 463, wonach dies nicht im Rahmen des § 49 FamFG, sondern nur im Rahmen des § 935 ZPO angeordnet werden könne). Daneben ist im Hinblick auf den Herausgabeanspruch aus § 2362 (Erbschein) oder aus § 2018 (Nachlassgegenstände) auch eine **einstweilige Verfügung** nach §§ 935, 940 ZPO durch das Prozessgericht möglich (Horn/Krätzschel ZEV 2018, 14 (17); Klumpp BWNotZ 2014, 145 (147); Staudinger/Herzog, 2016, Rn. 94; vgl. auch BGH NJW 1963, 1972 (1974)). Um Grundbuchverfügungen zu verhindern kann im Wege der einstweiligen Verfügung nach § 899 Abs. 2 analog (in Verbindung mit §§ 936, 920 Abs. 2 ZPO) die Eintragung eines Rechtshängigkeitsvermerks in das Grundbuch bewirkt werden (BGH NJW 2013, 2357; Horn/Krätzschel ZEV 2018, 14 (17 f.)). 15

**3. Wirksamwerden (S. 2).** Der **Einziehungstatbestand** besteht aus zwei Merkmalen, den Einziehungsbeschluss und dessen tatsächliche Durchführung (BayObLG NJW-RR 2001, 950 (951); MüKoBGB/Grziwotz Rn. 38). Die Einziehung wird durch einen ihrer Durchführung vorausgehenden Beschluss nach § 38 FamFG angeordnet, der den Beteiligten bekanntzugeben und allen Erbscheinserben zuzustellen ist (§ 41 Abs. 1 FamFG) (MüKoBGB/Grziwotz Rn. 38; Staudinger/Herzog, 2016, Rn. 40). Befindet sich der Erbschein bzw. die einzige von ihm erteilte Ausfertigung aber bereits wieder beim Nachlassgericht, so wird die Einziehung durch den Einziehungsbeschluss und dessen Bekanntgabe vollendet (BayObLG NJW-RR 2001, 950 (951); Grüneberg/Weidlich Rn. 10). Schlichte Rückgabe des Erbscheins (ohne Einziehungsbeschluss) ist nicht ausreichend, es sei denn, diese erfolgt in Erfüllung des § 2362 (→ § 2362 Rn. 6). Die Einziehung ist bewirkt, wenn **alle Ausfertigungen** in der Verfügungsgewalt des Nachlassgerichts sind (OLG Düsseldorf FamRZ 2011, 1980; MüKoBGB/Grziwotz Rn. 41; Grüneberg/Weidlich Rn. 10); der Erbschein wird damit kraftlos. Die zwangsweise Durchsetzung der Entscheidung erfolgt nach § 35 FamFG. 16

## III. Kraftloserklärung (§ 353 Abs. 1 FamFG)

Die Kraftloserklärung ist durchzuführen, wenn mindestens eine Ausfertigung nicht zu erlangen ist oder die Erfolglosigkeit der Einziehung von vornherein feststeht (BayObLG OLGE 40, 155; 17

MüKoBGB/Grziwotz Rn. 44; Grüneberg/Weidlich Rn. 13). Nachdem der Beschluss über die Kraftloserklärung öffentlich bekannt gemacht (§ 353 Abs. 1 S. 2 FamFG, §§ 185 ff. ZPO) ist, ist der Beschluss nicht mehr anfechtbar, weil die Bekanntmachung nicht mehr rückwirkend beseitigt werden kann (§ 353 Abs. 1 S. 4 FamFG). Die Kraftloserklärung wird für den Rechtsverkehr aber erst mit Ablauf der Frist nach § 353 Abs. 1 S. 3 FamFG wirksam.

## IV. Rechtsmittel

18 **1. Statthaftigkeit.** Gegen den Einziehungsbeschluss und den Kraftloserklärungsbeschluss ist die **Beschwerde** (§§ 58 ff. FamFG) statthaft. Nicht (mehr) mit der Beschwerde anfechtbar ist die vollzogene Einziehung (BGHZ 40, 54 (56) = NJW 1963, 1972; BayObLG FamRZ 1989, 550; Staudinger/Herzog, 2016, Rn. 72), weil damit der Erbschein bereits kraftlos geworden ist (§ 2361 S. 2); ebenfalls nicht mehr anfechtbar ist die öffentlich bekannt gemachte Kraftloserklärung. In diesen Fällen ist die Beschwerde daher nur mit dem Ziel statthaft, das Nachlassgericht anzuweisen, einen inhaltsgleichen **neuen Erbschein** zu erteilen (so bereits zum FGG BGHZ 40, 54 (56) = NJW 1963, 1972; KG FGPrax 1999, 227; BayObLG FamRZ 1989, 550; Staudinger/Herzog, 2016, Rn. 74), wobei die Beschwerde im Zweifel als Antrag auf Erteilung eines neuen gleichlautenden Erbscheins gilt (vgl. § 353 Abs. 3 S. 2 FamFG) (MüKoBGB/Grziwotz Rn. 48; Staudinger/Herzog, 2016, Rn. 74). Wurde bereits ein anderslautender Erbschein erteilt, ist die Beschwerde gegen die Einziehungsanordnung mit derjenigen gegen den neu erteilten Erbschein (gerichtet auf dessen Einziehung) zu verbinden (OLG Köln NJW-RR 1994, 1421; Staudinger/Herzog, 2016, Rn. 75).

19 **2. Beschwerdeberechtigung.** Sie setzt materielle Beschwer voraus. Gegen die **Anordnung der Einziehung** ist jeder Erbscheinantragsberechtigte beschwerdeberechtigt (→ § 2353 Rn. 1 ff.), auch wenn der Beschwerdeführer keinen Erbscheinsantrag gestellt hatte (BGHZ 30, 220 = NJW 1959, 1829; Grüneberg/Weidlich Rn. 12; MüKoBGB/Grziwotz Rn. 51). Gegen die **Ablehnung der Einziehung** ist jeder beschwerdeberechtigt, der gegen den Feststellungsbeschluss (§ 352e Abs. 1 FamFG) hinsichtlich des betreffenden Erbscheins beschwerdeberechtigt ist (→ § 2353 Rn. 1 ff.), mithin jeder, der die Erteilung eines (anderen) Erbscheins beantragen kann (BGH NJW 2006, 3353 (3354); OLG Hamm Rpfleger 1986, 138 betr. Erbprätendent; BayObLG NJW-RR 1991, 587 betr. falsche Erbquote; OLG Hamm Rpfleger 1984, 273 betr. Nachlassgläubiger mit Titel nach §§ 792, 896 ZPO; BayObLG NJW-RR 2005, 1245 betr. falsch ausgewiesenen Erben; BayObLGZ 1960, 407 betr. Nach- und Ersatznacherbe bei falschen Angaben im Erbschein für Vorerben; MüKoBGB/Grziwotz Rn. 52). Ein Vergleich zwischen Beteiligten über bestimmte Testamentsauslegung steht der Beschwerde eines Vertragsteils grds. nicht entgegen (BayObLG NJW-RR 1991, 587). Eine (zusätzliche) vertragliche Verpflichtung, eine Beschwerde nicht einzulegen oder einen noch zu erteilenden Erbschein als richtig anzuerkennen, ist zulässig; eine dennoch eingelegte Beschwerde ist dann unzulässig (KG FGPrax 2004, 31).

20 **3. Sachentscheidung des Beschwerdegerichts.** Das Beschwerdegericht kann weder einen richtigen Erbschein erteilen noch selbst einen Erbschein einziehen, es hat vielmehr das Nachlassgericht entspr. anzuweisen (RGZ 61, 273 (277); BayObLG NJW-RR 2005, 1245 (1247); MüKoBGB/Grziwotz § 2353 Rn. 143; MüKoBGB/Grziwotz § 2361 Rn. 49).

21 **4. Rechtsbeschwerde.** Gegen die Entscheidung des Beschwerdegerichts ist die Rechtsbeschwerde zum BGH nur dann statthaft, wenn sie vom Beschwerdegericht zugelassen wurde (§ 70 Abs. 1 FamFG).

## § 2362 Herausgabe- und Auskunftsanspruch des wirklichen Erben

**(1) Der wirkliche Erbe kann von dem Besitzer eines unrichtigen Erbscheins die Herausgabe an das Nachlassgericht verlangen.**

**(2) Derjenige, welchem ein unrichtiger Erbschein erteilt worden ist, hat dem wirklichen Erben über den Bestand der Erbschaft und über den Verbleib der Erbschaftsgegenstände Auskunft zu erteilen.**

### Überblick

In Ergänzung zu § 2361 regelt § 2362 den Herausgabeanspruch (an das Nachlassgericht) des wahren Erben gegen den im Erbschein ausgewiesenen Erben. Der Anspruch ist selbstständig klagbar; ein laufendes Einziehungsverfahren steht nicht entgegen. Abs. 2 gibt dem wahren Erben zudem einen Auskunftsanspruch.

## I. Normzweck

§ 2362 gibt dem wahren Erben einen materiell-rechtlichen Anspruch, der auf dem ordentlichen Rechtsweg durchgesetzt werden kann. Im Hinblick auf die Gefahren aus den §§ 2365–2367 soll der wirkliche Erbe durch diesen Anspruch von der Amtstätigkeit nach § 2361 unabhängig sein (Grüneberg/Weidlich Rn. 1; § Staudinger/Herzog, 2016, Rn. 1; Planck/Greiff, 4. Aufl. 1928, Anm. 1). 1

## II. Herausgabeanspruch

**1. Anspruchsinhalt. a) Anspruchsgegner.** Jeder – auch der mittelbare, § 868 (MüKoBGB/Grziwotz Rn. 3; Staudinger/Herzog, 2016, Rn. 4; RGRK-BGB/Kregel Rn. 1; Erman/U. Simon Rn. 2) – **Besitzer** einer Urschrift oder Ausfertigung (nicht: beglaubigten Abschrift) des Erbscheins ist zur Herausgabe an das zur Einziehung zuständige Nachlassgericht verpflichtet, unabhängig davon, ob er selbst als Erbe ausgewiesen ist. Bei gemeinschaftlichem Erbschein richtet sich der Anspruch gegen jeden Miterben, auch soweit deren Erbquoten richtig ausgewiesen sind. (Die Wirkungen der §§ 2365, 2366, 2367 setzen nicht den Besitz des Erbscheins durch den falsch ausgewiesenen Erben voraus). 2

**b) Anspruchsberechtigter.** Anspruchsberechtigt sind der wahre Erbe, der Nacherbe (§ 2363), Testamentsvollstrecker (§ 2363) und der vermeintlich Verstorbene bei irrtümlicher Todeserklärung (§ 2370 Abs. 2). Es genügt grds. jede Unrichtigkeit (MüKoBGB/Grziwotz Rn. 4; RGRK-BGB/Kregel Rn. 1), weshalb Herausgabe auch verlangt werden kann, wenn das Erbrecht des Anspruchstellers richtig ausgewiesen sein sollte. 3

**2. Gerichtliche Durchsetzung.** Der Anspruch ist im Zivilprozess geltend zu machen und nach § 95 Abs. 1 Nr. 2 ZPO, § 883 ZPO zu vollstrecken; der Gerichtsstand des § 27 ZPO gilt aber nicht (Stein/Jonas/Roth ZPO § 27 Rn. 14; Grüneberg/Weidlich Rn. 2; MüKoBGB/Grziwotz Rn. 6; RGRK-BGB/Kregel Rn. 1). Vergleich, Versäumnis- Anerkenntnis-, und Verzichtsurteil sind zulässig. Wegen der auch nach Wegfall der Wirkung der §§ 2365, 2366, 2367 bestehenden Missbrauchsgefahr steht die etwaige Kraftloserklärung des Erbscheins (§ 2361 Abs. 2) der Geltendmachung des Anspruchs nicht entgegen (MüKoBGB/Grziwotz Rn. 4; RGRK-BGB/Kregel Rn. 1). 4

Die **Beweislast** für sein Erbrecht und Besitz des Anspruchsgegners trifft zwar den Kläger. Wie bei § 2361 (→ § 2361 Rn. 3) genügt aber für die Feststellung der Unrichtigkeit des Erbscheins auch im Prozess nach § 2362, dass die das Erbrecht des ausgewiesenen Erben begründenden Tatsachen durch das Prozessgerichts nicht festgestellt werden können **(non liquet)** (BGH 17.2.1970 – III ZR 139/67, juris-Rn. 70 – Anastasia, insofern in BGHZ 53, 245 und NJW 1970, 946 nicht abgedruckt; aA die hL, vgl. MüKoBGB/Grziwotz Rn. 7; Staudinger/Herzog, 2016, Rn. 11; Erman/U. Simon Rn. 3), weil unter Berücksichtigung von Sinn und Zweck des § 2362 nicht einzusehen ist, weshalb der Kläger hinsichtlich der Frage der Unrichtigkeit schlechter gestellt werden sollte als im Amtsverfahren nach § 2361. Die Vermutung des § 2365 gilt deshalb – wie auch im Einziehungsverfahren – ebenfalls nicht (→ § 2365 Rn. 12). 5

**3. Wirkung der Rückgabe.** Die Rückgabe des Erbscheins nebst Ausfertigungen beim Nachlassgericht in Erfüllung des Anspruchs aus § 2362 (auch ohne Klage) beseitigt die Wirkungen des Erbscheins entspr. § 2361 Abs. 1 S. 2 wie die Einziehung selbst (MüKoBGB/Grziwotz Rn. 11 mwN; Staudinger/Herzog, 2016, Rn. 6). Die Rückgabe ohne Erfüllungsabsicht führt nicht zur Kraftlosigkeit des Erbscheins (MüKoBGB/Grziwotz Rn. 11; vgl. BGHZ 40, 54 (60) zur Rückgabe bzw. Sicherstellung auf Grund einstweiliger Verfügung). Ein Beschluss des Nachlassgerichts nach § 2361 ist nicht Voraussetzung, da der Erbe gerade von der Amtstätigkeit des Nachlassgerichts unabhängig sein soll. Der Erbschein wird entspr. § 2361 Abs. 1 S. 2 erst kraftlos, wenn sämtliche Ausfertigungen und die Urschrift an das Nachlassgericht zurückgegeben wurden. Ist der wahre Erbe im Besitz des unrichtigen Erbscheins, ist die Rückgabe an das Nachlassgericht grds. ausreichend (MüKoBGB/Grziwotz Rn. 11; Staudinger/Herzog, 2016, Rn. 6). Die Kraftlosigkeit auf Grund Rückgabe nach § 2362 steht der Einziehung oder Kraftloserklärung nach § 2361 gleich. Eine nach Eintritt der Kraftlosigkeit erteilte Ausfertigung desselben Erbscheins ist wirkungslos. 6

7 **4. Verfahrenskonkurrenz. a) Erbschaftsanspruch (§ 2018).** Die Verbindung mit der Klage nach § 2018, die die Herausgabe des Erbscheins nicht umfasst, ist zweckmäßig (MüKoBGB/Grziwotz Rn. 8; Staudinger/Herzog, 2016, Rn. 7; v. Lübtow Erbrecht II S. 1035). § 27 ZPO ist bei § 2362 zwar grds. nicht anzuwenden (→ Rn. 4), wohl aber, wenn mit diesem Anspruch auch der Erbschaftsanspruch nach §§ 2018 ff. geltend gemacht wird (Prozessökonomie) (MüKoBGB/Grziwotz Rn. 6; Grüneberg/Weidlich Rn. 2; Staudinger/Herzog, 2016, Rn. 7).

8 **b) Einziehung (§ 2361).** Wegen § 2366 letzter Hs. (kein guter Glaube bei Kenntnis des Einziehungsbeschlusses) sollte neben der Klage aus § 2362 grds. auch das Einziehungsverfahren nach § 2361 angeregt werden (MüKoBGB/Grziwotz Rn. 9; Planck/Greiff, 4. Aufl. 1928, Anm. 2). Das Einziehungsverfahren ist nicht für die Dauer des Zivilprozesses auszusetzen (→ § 2361 Rn. 13). Zur Bindungswirkung des Urteils nach § 2362 im Einziehungsverfahren → § 2361 Rn. 13. Die Einziehung kann aus Gründen der Rechtssicherheit auch noch erfolgen, wenn die Rückgabe erfolgt ist, da das zur Kraftlosigkeit erforderliche subjektive Moment (Rückgabe zur Erfüllung des Anspruchs aus § 2362) objektiv nicht feststellbar ist.

9 **c) Zwischenfeststellungsklage (§ 256 Abs. 2 ZPO).** Eine Zwischenfeststellungsklage über das Erbrecht nach § 256 Abs. 2 ZPO ist möglich und sinnvoll (Staudinger/Herzog, 2016, Rn. 7; PWW/Deppenkemper Rn. 3), wenn – hinsichtlich der Parteien des Zivilprozesses – die Bindung des Nachlassgerichts in einem späteren Erbscheinserteilungsverfahren erreicht werden soll; denn die Rechtskraft und damit die Bindungswirkung der Klage aus § 2362 beschränkt sich auf den angegriffenen Erbschein.

10 **5. Einstweiliger Rechtsschutz.** Im Wege der einstweiligen Anordnung (**§ 49 Abs. 2 FamFG**) kann das Unterlassen des Gebrauchens des Erbscheins im Rechtsverkehr oder die vorläufige Abgabe des Erbscheins bzw. dessen Ausfertigungen zu den Akten des Nachlassgerichts verlangt werden (→ § 2361 Rn. 15). Im Hinblick auf den Herausgabeanspruch aus § 2362 ist auch eine entsprechende einstweilige Verfügung nach § 935 ZPO möglich (Klumpp BWNotZ 2014, 145 (147); Staudinger/Herzog, 2016, Rn. 8; MüKoBGB/Grziwotz Rn. 10). Die Wirkungen der §§ 2365–2367, die nicht den Besitz des Erbscheins voraussetzen, werden davon aber nicht berührt.

## III. Auskunftsanspruch (Abs. 2)

11 Der Auskunftsanspruch (§ 260) setzt – anders als § 2362 Abs. 1 – weder Besitz des Erbscheins (KG ErbR 2016, 386 (387); Staudinger/Herzog, 2016, Rn. 9; Grüneberg/Weidlich Rn. 1) noch der Erbschaft (§ 2027) voraus. Anspruchsgegner ist jeder, dem ein unrichtiger Erbschein erteilt wurde (zB auch Gläubiger, § 792 ZPO); der ausgewiesene Scheinerbe auch dann, wenn er den Erbschein weder beantragt noch erhalten hat (MüKoBGB/Grziwotz Rn. 13; Erman/U. Simon Rn. 4). Der Anspruch entspricht seinem Inhalt nach im Wesentlichen dem nach § 2027; nach § 2362 Abs. 2 kann insbes. auch die Vorlage eines Bestandsverzeichnisses (§ 260 Abs. 1) und ggf. die eidesstattliche Versicherung (§ 260 Abs. 2) verlangt werden. Der Anspruch steht auch dem irrtümlich für tot Erklärten zu (§ 2370 Abs. 2), nicht aber dem Nacherben vor Eintritt des Nacherbfalles (§ 2363 Abs. 2) oder dem Testamentsvollstrecker (§ 2364 Abs. 2).

# § 2363 Herausgabeanspruch des Nacherben und des Testamentsvollstreckers

**Dem Nacherben sowie dem Testamentsvollstrecker steht das in § 2362 Absatz 1 bestimmte Recht zu.**

## Überblick

Die Vorschrift regelt die Herausgabeansprüche von Nacherben und Testamentsvollstrecker.

## I. Normzweck

1 Die Vorschrift wurde durch das IntErbRErbschÄndG zum 17.8.2015 grundlegend geändert und regelt nunmehr allein die Herausgabeansprüche des Nacherben und Testamentsvollstreckers durch Verweis auf § 2362 Abs. 1.

2 Für bis zum 16.8.2015 erfolgte Erbfälle gilt § 2363 aF („Inhalt des Erbscheins für den Vorerben") fort (Art. 229 § 36 EGBGB; zur Kommentierung vgl. 3. Aufl. bzw. online bis zur 38. Ed.). Die

Regelungen zum Inhalt des Erbscheins für den Vorerben findet sich nunmehr als Verfahrensvorschrift in § 352b Abs. 1 FamFG. Ebenso wie beim Testamentsvollstrecker (§ 2364 aF wurde in § 352b Abs. 2 FamFG überführt) hat der Gesetzgeber die Herausgabeansprüche als materiellrechtliche Regelungen im BGB belassen (BT-Drs. 18/4201, 61).

## II. Herausgabeanspruch

Der Herausgabeanspruch steht dem Testamentsvollstrecker, dem Nacherben, dem Nachnacherben und dem Ersatznacherben bei (jeder, nicht nur testamentsvollstrecker- oder nacherbenbezogener) Unrichtigkeit des Erbscheins gegen dessen Besitzer zu. Er kann vom Nacherben auch schon vor dem Nacherbfall geltend gemacht werden; daneben kann Einziehung von Amts wegen (§ 2361) angeregt werden. 3

Der Erbschein des Vorerben wird mit dem Eintritt des Nacherbfalls unrichtig und ist **einzuziehen,** da der Vorerbe die Rechtszuständigkeit für den Nachlass verloren hat (OLG Köln FamRZ 2003, 1784; MüKoBGB/Grziwotz § 2361 Rn. 6 mwN; Staudinger/Herzog, 2016, § 2353 Rn. 479, 481). Gleiches gilt für den Wechsel in der Person des Nacherben, beispielsweise durch Tod des Nacherben vor Eintritt des Nacherbfalls (BayObLG FamRZ 1999, 816; Grüneberg/Weidlich Rn. 6). Unrichtigkeit des Erbscheins liegt auch vor, wenn von den nach § 352b Abs. 1 FamFG erforderlichen Angaben abgewichen wird. 4

## III. Auskunftsanspruch

Die Regelung verweist allein auf den Herausgabeanspruch nach § 2362 Abs. 1. Dem Nacherben steht daher ein Auskunftsanspruch (als Erbe) erst ab Eintritt des Nacherbfalls zu (Staudinger/Herzog, 2016, Rn. 31; MüKoBGB/Grziwotz Rn. 3; Erman/U. Simon Rn. 10). Der Testamentsvollstrecker kann aufgrund der Verwaltungsrechte aus §§ 2205, 2209 Auskunftsansprüche entspr. § 2362 S. 2 geltend machen (Grüneberg/Weidlich Rn. 1). 5

### § 2364 (aufgehoben)

Die Vorschrift wurde durch das IntErbRErbschÄndG zum 17.8.2015 aufgehoben und in das FamFG überführt (dort § 352b Abs. 2 FamFG); der Herausgabeanspruch ist nunmehr in § 2363 geregelt. Für bis zum 16.8.2015 erfolgte Erbfälle gilt § 2364 aF fort (Art. 229 § 36 EGBGB; zur Kommentierung vgl. 2. Aufl. bzw. online bis zur 38. Ed.). 1

### § 2365 Vermutung der Richtigkeit des Erbscheins

**Es wird vermutet, dass demjenigen, welcher in dem Erbschein als Erbe bezeichnet ist, das in dem Erbschein angegebene Erbrecht zustehe und dass er nicht durch andere als die angegebenen Anordnungen beschränkt sei.**

## Überblick

Die Rechtsvermutung des § 2365 dient dem Schutz des Rechtsverkehrs und genießt erhebliche praktische Bedeutung. Sie beinhaltet eine positive (bezeugtes Erbrecht) und negative (keine Beschränkungen außer die angegebenen) Vermutung. Der Erbschein bewirkt eine Beweislastumkehr analog § 292 ZPO.

## I. Normzweck

Der Erbschein als amtliches Zeugnis über das Erbrecht erhält seine praktische Bedeutung über die §§ 2365–2367. Die Vermutung des § 2365 schafft die Grundlage für den **öffentlichen Glauben** nach §§ 2366, 2367. Unmittelbare Bedeutung hat § 2365 in einem Rechtsstreit und im Grundbuchverkehr (§ 35 GBO). Nachlassschuldner können die Erfüllung aber grds. nicht von der Vorlage eines Erbscheins abhängig machen (auch → § 1959 Rn. 7) (BGHZ 198, 250 = NJW 2013, 3716 (3717) mwN; BGH NJW 2005, 2779 (2780); RGZ 54, 343 (344)), ausgenommen 1 bei Vereinbarung mit dem Erblasser, die allerdings grds. nicht mittels AGB erfolgen kann (BGHZ 198, 250 = NJW 2013, 3716).

## II. Umfang der Richtigkeitsvermutung

2 Die Vermutungswirkung des § 2365 setzt voraus, dass der Erbschein **erteilt** (Feststellungsbeschluss nach § 352 Abs. 1 S. 1 FamFG genügt nicht (Staudinger/Herzog, 2016, Rn. 8, 9; BayObLG NJW 1960, 1722 zum Anordnungsbeschluss nach altem Recht)) und zum maßgeblichen Zeitpunkt **in Kraft** ist (dh nicht eingezogen oder für kraftlos erklärt worden ist, § 2361). Besitz des Erbscheins ist nicht erforderlich (allgM), weshalb auch die vorläufige Rückgabe auf Grund einstweiliger Anordnung (§ 49 Abs. 2 FamFG) oder einstweiliger Verfügung nach § 935 ZPO die Vermutungswirkung nicht berührt (→ § 2361 Rn. 15) (BGHZ 40, 54 (59 f.) = NJW 1963, 1972 (1974); OLG Naumburg FamRZ 2013, 245 (246); BayObLG FamRZ 1993, 116 (117); Staudinger/Herzog, 2016, Rn. 11; MüKoBGB/Grziwotz Rn. 3).

3 Eine Verfügung von Todes wegen, die in einer öffentlichen Urkunde enthalten ist, ist zusammen mit der Eröffnungsniederschrift zwar zum Nachweis der Erbfolge nach § 35 Abs. 1 GBO gegenüber dem Grundbuchamt idR ausreichend; die Richtigkeitsvermutung des § 2365 besteht hier jedoch nicht.

4 Für den Umfang der Vermutungswirkung und des darauf beruhenden öffentlichen Glaubens gilt Folgendes:

5 **1. Vermutung des Erbrechts.** Der Erbschein bezeugt als **positive Vermutung** das ausgewiesene Erbrecht, bei Miterben also auch die Erbquote. Von der Vermutungswirkung ist auch die Tatsache umfasst, dass es zu dem Erbfall als solchem gekommen ist (BeckOGK BGB/Wall § 2353 Rn. 7; MüKoBGB/Grziwotz § 2353 Rn. 10). Den Berufungsgrund umfasst die Vermutungswirkung nicht.

6 **2. Negative Vermutung des Hs. 2.** Vermutet wird die Vollständigkeit der angegebenen Verfügungsbeschränkungen, nicht deren tatsächliches Bestehen (BGH NJW 2021, 3727 (3728); OLG Frankfurt WM 1993, 803 (805); Staudinger/Herzog, 2016, Rn. 19 mwN; MüKoBGB/Grziwotz Rn. 15 mwN; aA RGRK-BGB/Kregel Rn. 6). Die negative Vermutung des Hs. 2 beschränkt sich auf Verfügungsbeschränkungen, die zum notwendigen Inhalt des Erbscheins gehören (→ § 2353 Rn. 11; § 352b FamFG), also auf Testamentsvollstreckung, Nacherbfolge, Ersatznacherbfolge (§§ 2363, 2364) (Grüneberg/Weidlich Rn. 1; Staudinger/Herzog, 2016, Rn. 17). Die Person des Nacherben ist Teil des Nacherbenvermerks und nimmt an der Vermutung teil, soweit Veränderungen im Erbschein anzugeben sind (zB Wegfall des Nacherben und Eintritt des Ersatznacherben (BayObLG FamRZ 1999, 816); die Veräußerung des Nacherbenanwartschaftsrechts fällt beim Erbschein für den Vorerben nicht hierunter, weil der Erwerber nicht selbst Nacherbe wird und dieser nur vom Erblasser bestimmt werden kann (OLG Braunschweig ZErb 2004, 297; BayObLG FGPrax 2001, 207; OLG Düsseldorf NJW-RR 1991, 332; RGRK-BGB/Kregel Rn. 8; aA KG DR 1939, 1085; Bestelmeyer Rpfleger 1994, 189 (193 f.)).

7 **3. Grenzen der Vermutungswirkung. Keine** Richtigkeitsvermutung besteht daher

- für Angaben, die über den notwendigen Inhalt des Erbscheins (§ 352 FamFG, dazu → § 2353 Rn. 12 ff.) hinausgehen, zB Vermächtnisse, Teilungsanordnung;
- für die Zugehörigkeit eines Gegenstandes zum Nachlass bzw. die Eigentümerstellung des Erblassers (OLG Hamm NJW 1968, 1682; BeckOGK/Wall Rn. 13; Staudinger/Herzog, 2016, Rn. 21), zB bei Veräußerung durch Einzelverfügung oder auf Grund Erbschaftsverkaufs (bei dem im Gegensatz zur Erbteilsübertragung ein dingliches Verfügungsgeschäft über jeden Nachlassgegenstand erforderlich ist);
- für das Nichtbestehen von Verfügungsbeschränkungen, die nicht mit dem Erbrecht verbunden sind (MüKoBGB/Grziwotz Rn. 14; RGRK-BGB/Kregel Rn. 7), zB auf Grund Nachlassinsolvenzverfahren, Nachlassverwaltung, Beschränkung des Vorerben auf Grund § 2129, Pfändung und Verpfändung des Erbteils, Nießbrauchsbestellung am Erbteil (§ 1071), Begründung der Gütergemeinschaft oder Wegfall des Verfügungsrechts auf Grund Erbteilsübertragung (BGH WM 1963, 219 (220));
- für die Zustimmungsbefugnis des angegebenen Nacherben, der zwischen Erbfall und Nacherbfall sein Anwartschaftsrecht an einen Dritten veräußert hat (hier steht das Recht, einer Verfügung durch den Vorerben zuzustimmen, dem Anwartschaftserwerber zu, der jedoch im Erbschein nicht auszuweisen ist (→ Rn. 6) (RGZ 83, 434 (437); MüKoBGB/Grunsky § 2100 Rn. 40);
- für den Nichteintritt des Nacherbfalles, dh für die Tatsache, dass der Vorerbe noch Erbe ist (KG Rpfleger 1996, 247 mwN; MüKoBGB/Grziwotz Rn. 12).

Sind mehrere Erbscheine widersprüchlichen Inhalts in Kraft, **entfällt** die Richtigkeitsvermutung und damit auch der öffentliche Glaube im Umfang des Widerspruchs (BGH NJW-RR 1990, 1159; BGHZ 33, 314 = NJW 1961, 605; Staudinger/Herzog, 2016, Rn. 23 mwN; MüKoBGB/Grziwotz Rn. 4); bei inhaltlicher Übereinstimmung trägt jeder Erbschein die Vermutung des § 2365. Gleiches gilt bei Widerspruch des Erbscheins gegenüber Testamentsvollstreckerzeugnis (Grüneberg/Weidlich § 2368 Rn. 8, § 2366 Rn. 3). 8

## III. Rechtswirkungen

**1. Zivilrechtsstreit. a) Rechtskraft.** Die Entscheidung im Erbscheinserteilungsverfahren hat keine materielle Rechtskraft; das Zivilgericht ist daran nicht gebunden (BVerfG NJW-RR 2005, 1600 (1601); BGH NJW ZEV 2010, 468 (469) mwN; BGHZ 47, 58 (66) = NJW 1967, 1126; RGZ 124, 322 (324)). 9

**b) Wirkung im Zivilprozess.** Der Erbschein führt im Zivilprozess zur Richtigkeitsvermutung (§ 2365) und damit zur **Beweislastumkehr** entspr. § 292 ZPO (BGH ErbR 2015, 197 (198); KG ZEV 2010, 40 (41); Grüneberg/Weidlich Rn. 2). Die Vermutung wirkt für und wider den Erbscheinserben; sie kann aber widerlegt werden. Im Prozess ist hierzu der Gegenbeweis zu führen; bloße Erschütterung der Vermutung genügt nicht (RGZ 92, 68 (72); BFH NJW 1996, 2119; MüKoBGB/Grziwotz Rn. 8; PWW/Deppenkemper Rn. 4). Hier sind auch Beweismittel zulässig, die bereits im Erbscheinsverfahren berücksichtigt wurden (RG DR 1942, 977 (979); RGZ 92, 68 (71); OLG Nürnberg WM 1962, 1200 (1201); MüKoBGB/Grziwotz Rn. 8). Eine Bindung an die Entscheidung des Nachlassgerichts besteht grds. nicht. 10

Wurde ein Zivilprozess nach dem Tod einer Partei ausgesetzt (§§ 239, 246 ZPO), fällt der Aussetzungsgrund weg, wenn die Erbfolge geklärt ist, wovon grds. auszugehen ist, wenn der Erbschein erteilt wird und unangefochten bleibt (OLG Rostock NJW-RR 2007, 69; Staudinger/Herzog, 2016, Rn. 47). 11

**c) Grenzen der Vermutungswirkung.** Im Zivilprozess zwischen **Erbprätendenten** (insbes. im Verfahren nach § 2362) gilt die Vermutung des § 2365 unabhängig von der Parteirolle des Erbscheinsberechtigten nach richtiger Ansicht nicht; es gelten die allgemeinen Regeln der Beweislast (OLG Frankfurt BeckRS 2018, 13799, Rn. 76; OLG Hamm BeckRS 2016, 115426 Rn. 169; MüKoBGB/Grziwotz Rn. 22, 23 mwN; Staudinger/Herzog, 2016, Rn. 49 ff.; Grüneberg/Weidlich Rn. 3; PWW/Deppenkemper Rn. 5; v. Lübtow ErbR II S. 1024; vgl. hierzu auch BGH NJW 1993, 2171 (2172); BGHZ 86, 41 (51), jeweils für Fälle der Testamentsauslegung). Nach aA soll die Parteirolle maßgeblich sein; für den Erbscheinserben als Kläger gelte die Vermutung, nicht jedoch für den Erbscheinserben als Beklagten, da hier der Kläger ohnehin nach allgemeinen Regeln beweispflichtig sei (RG WarnR 1913, Nr. 300; OLG München ZEV 1995, 459 (460) m. abl. Anm. Damrau ZEV 1995, 461; Erman/U. Simon Rn. 5). Dies überzeugt deshalb nicht, weil dann die Beweislastverteilung von der mehr oder minder zufälligen Parteirolle abhinge (MüKoBGB/Grziwotz Rn. 22, 23; Staudinger/Herzog, 2016, Rn. 50). 12

**2. Sonstige Verfahren.** Im **Verwaltungsgerichtsverfahren** darf das Verwaltungsgericht grds. von der Berechtigung des durch Erbschein als Erbe Ausgewiesenen nach §§ 2365, 2367 ausgehen, solange dieser Erbschein nicht eingezogen worden ist (BSG NVwZ-RR 2010, 892 Rn. 13; BVerwG ZOV 2006, 177; VIZ 2001, 367). Die Vermutung des § 2365 gilt grds. auch im **Steuerverfahren** (BFH/NV 2005, 2218; MüKoBGB/Grziwotz Rn. 30). Sind gewichtige Gründe erkennbar, die gegen die Richtigkeit des Erbscheins in tatsächlicher oder rechtlicher Hinsicht sprechen, haben die Finanzbehörden oder Finanzgerichte selbst Ermittlungen zur Erbfolge anzustellen (BFH NJW 1996, 2119). Im **Grundbuchverfahren** gilt dies entspr. (vgl. OLG München RNotZ 2017, 43; FamRZ 2012, 1174 (1175); MüKoBGB/Grziwotz Rn. 24 ff.; ausf. Staudinger/Herzog, 2016, Rn. 25 ff.). Grundsätzlich hat das Grundbuchamt aber von der Richtigkeit des Erbscheins auszugehen (OLG München RNotZ 2017, 43 (44); 2016, 185 (187)). Ist nicht der Erbscheinserbe sondern ein Dritter im Grundbuch eingetragen, geht die Vermutung der Richtigkeit des Grundbuchs (§§ 891, 892) bei Widerspruch zur Vermutung des § 2365 vor (→ § 2366 Rn. 23) (OLG Frankfurt DNotZ 2005, 384; Grüneberg/Weidlich Rn. 2; Staudinger/Herzog, 2016, § 2366 Rn. 45). 13

Im **Erbscheinsverfahren** selbst, insbes. im Rahmen der Einziehung, gilt § 2365 nicht. Zu den Möglichkeiten eines Schutzes vor den Gefahren der §§ 2365 ff. bei im Umlauf befindlichem unrichtigen Erbschein vor dessen Kraftloserklärung s. Dillberger/Fest ZEV 2009, 220 ff. und 281 ff. 14

## § 2366 Öffentlicher Glaube des Erbscheins

**Erwirbt jemand von demjenigen, welcher in einem Erbschein als Erbe bezeichnet ist, durch Rechtsgeschäft einen Erbschaftsgegenstand, ein Recht an einem solchen Gegenstand oder die Befreiung von einem zur Erbschaft gehörenden Recht, so gilt zu seinen Gunsten der Inhalt des Erbscheins, soweit die Vermutung des § 2365 reicht, als richtig, es sei denn, dass er die Unrichtigkeit kennt oder weiß, dass das Nachlassgericht die Rückgabe des Erbscheins wegen Unrichtigkeit verlangt hat.**

### Überblick

§§ 2366, 2367 dienen dem Schutz der Verkehrssicherheit, die durch die Rechtsvermutung des § 2365 allein nicht gewährleistet ist. Voraussetzung eines wirksamen Erwerbs vom Nichtberechtigten nach § 2366 sind in Kraft befindlicher Erbschein, rechtsgeschäftlicher Erwerb, Nachlasszugehörigkeit des Gegenstands und guter Glaube des Erwerbers.

### Übersicht



## I. Normzweck

1 §§ 2366, 2367 ermöglichen den gutgläubigen Erwerb vom nichtberechtigten Erbscheinserben im Umfang der Vermutungswirkung des § 2365. Die Vorschriften dienen dem Schutz der Verkehrssicherheit, die durch die Rechtsvermutung des § 2365 allein nicht gewährleistet ist. Die Systematik entspricht der der §§ 891, 892.

## II. Öffentlicher Glaube und gutgläubiger Erwerb

2 Der öffentliche Glaube ermöglicht den gutgläubigen Erwerb vom nichtberechtigten Erbscheinserben unter folgenden Voraussetzungen:

3 **1. Rechtsgeschäftlicher Erwerb.** § 2366 schützt nur den Einzelerwerb durch **dingliches Rechtsgeschäft.** Rechtserwerb kraft Gesetzes (zB durch weiteren Erbgang oder nach §§ 946 ff.), durch Zwangsvollstreckung sowie dinglich nicht erfüllte schuldrechtliche Geschäfte sind nicht geschützt (PWW/Deppenkemper Rn. 2; Erman/U. Simon Rn. 4; Muscheler ErbR II Rn. 3357, 3365). Ein rechtskräftiges Urteil zwischen dem Erbscheinserben und einem Dritten wirkt deshalb ebenfalls nicht gegen den wahren Erben. Geschützt sind nur **Verkehrsgeschäfte** und damit nicht der Erwerb auf Grund Erbauseinandersetzung, sonstige Rechtsgeschäfte innerhalb der Erbengemeinschaft oder vorweggenommener Erbfolge (BGH NJW 2015, 1881; dazu Becker FamRZ 2015, 1027; OLG Hamm FamRZ 1975, 510 (513); Staudinger/Herzog, 2016, Rn. 25 mwN; MüKoBGB/Grziwotz Rn. 11 mwN).

4 Der Rechtsübergang kraft Gesetzes auf Grund Leistung an den Erbscheinserben (§§ 268, 426 Abs. 2, 774, 1143, 1163, 1177, 1225) ist nach § 2367 möglich (→ § 2367 Rn. 5).

5 **2. Erbschaftsgegenstand.** § 2366 schützt nur den Erwerb von Erbschaftsgegenständen, dh **Nachlassgegenständen** durch dingliches Einzelgeschäft (aber → Rn. 22 ff.). Erfasst werden unbewegliche und bewegliche Sachen sowie dingliche Rechte an diesen. § 2366 ermöglicht den Erwerb von Forderungen und Rechten auch dann, wenn diese auf Grund anderer Gutglaubensvorschriften nicht erworben werden könnten (zB Anteil an Personengesellschaft). Erfasst sind auch Gegenstände, die durch dingliche Surrogation zum Erbschaftsgegenstand werden (§§ 2019, 2041, 2111) (MüKoBGB/Grziwotz Rn. 12 mwN; Staudinger/Herzog, 2016, Rn. 20). Auch Befreiung von einem zur Erbschaft gehörenden Recht (zB durch Erlass) ist möglich (MüKoBGB/Grziwotz

Rn. 14; Staudinger/Herzog, 2016, Rn. 22). Der Erwerb auf Grund Erbschaftskauf (§ 2371) bzw. ähnlicher Verträge (§ 2385) ist nicht umfasst, weil die Erfüllung dieser Schuldverhältnisse zwar durch dingliche (Einzel-)Rechtsgeschäfte erfolgt, sich der Erwerber aber wegen § 2030 nicht auf Gutglaubensvorschriften berufen kann (allgM, Grüneberg/Weidlich Rn. 2; MüKoBGB/Grziwotz Rn. 15 mwN; Staudinger/Herzog, 2016, Rn. 20 mwN). Der Erbteilserwerb ist ebenfalls nicht geschützt, da der Erbteil als solcher kein Nachlassgegenstand ist (allgM, MüKoBGB/Grziwotz Rn. 15 mwN).

**3. Bestehen und Umfang der Vermutung des § 2365. a) Grundsatz.** Der öffentliche Glaube besteht nur im Umfang der Vermutung des § 2365 (dazu → § 2365 Rn. 2), also Erbrecht des im Erbschein Benannten und Vollständigkeit der angegebenen Beschränkungen. 6

**b) Keine Vermutungswirkung.** Gefahren für den Erwerber bestehen daher bei Verfügungen des Erbscheinserben insbes. in folgenden Fällen: 7

- Kraftlosigkeit des Erbscheins trotz körperlicher Existenz (§ 2361 Abs. 2);
- ein im Erbschein ausgewiesener Miterbe hat seine Verfügungsberechtigung durch Erbteilsübertragung verloren (BGH WM 1963, 219 (220); BeckOGK/Wall § 2365 Rn. 20);
- die Zustimmung des Nacherben zu einer Verfügung des Vorerben ist unwirksam, weil der Nacherbe sein Anwartschaftsrecht vor Zustimmung an einen Dritten übertragen hatte;
- Verfügungsbeschränkungen des Erbscheinserben, die nicht mit dem Erbrecht verbunden sind (→ § 2365 Rn. 7);
- Aufhebung der Richtigkeitsvermutung wegen Widerspruch mit anderem in Kraft befindlichem Erbschein bzw. Testamentsvollstreckerzeugnis (→ § 2365 Rn. 8);
- der Vorerbe verfügt nach Eintritt des Nacherbfalles (das Andauern der Vorerbschaft wird durch den Erbschein für den Vorerben nicht bezeugt, → § 2365 Rn. 7).

In diesen Konstellationen fehlt die Verfügungsbefugnis des Erbscheinserben bzw. kann der im Erbschein ausgewiesene Nacherbe die erforderliche Zustimmung nicht mehr erteilen (→ § 2365 Rn. 7) und kommt ein gutgläubiger Erwerb nach § 2366 (trotz Erbscheins) nicht in Betracht. 8

**c) Grundstücksverkehr.** Im Grundstücksverkehr können diese Gefahren bei Rechtsgeschäften mit dem Erbscheinserben vermieden werden, wenn vor der Verfügung das Grundbuch auf Grund des Erbscheins nach **§ 35 GBO** durch Eintragung des Erben (und ggf. des Nacherbenvermerks) berichtigt wird. Der Erwerb vollzieht sich dann nach § 892 Abs. 1 S. 1 (oder, zB bei fehlender Zustimmung des Nacherbenanwartschaftserwerbers, nach § 892 Abs. 1 S. 2) (Der im Erbschein des Vorerben ausgewiesene Nacherbe ist für die Erteilung der Zustimmung nicht mehr zuständig, ohne dass der Erbschein jedoch unrichtig wird, → § 2365 Rn. 7). Dies gilt entspr. für den Wegfall der Richtigkeitsvermutung bei sich widersprechenden Erbscheinen oder wenn die Erbfolge auf Grund Eröffnungsniederschrift und Vorlage einer Verfügung von Todes wegen in öffentlicher Urkunde (§ 35 Abs. 1 GBO) nachgewiesen wird, weil ein Erbschein zB aus Kostengründen nicht beantragt wird (vgl. ausf. zum Nachweis der Erbfolge durch öffentliche Urkunden im Grundbuchverfahren Böhringer ZEV 2001, 387). Die vorherige Grundbuchberichtigung ist wegen des besseren Erwerberschutzes nach § 892 zu empfehlen (→ Rn. 23) (Egerland NotBZ 2005, 286; Wolfsteiner NotBZ 2001, 134) und ist bei Antrag auf Eintragung der Erben binnen zwei Jahren seit dem Erbfall kostenfrei (KV 14110 Nr. 1 (1) GNotKG). 9

**4. Guter Glaube. a) Grundsatz.** Der öffentliche Glaube setzt voraus, dass sich der Erwerber **bewusst** ist, einen Nachlassgegenstand zu erwerben (Grüneberg/Weidlich Rn. 2; Staudinger/Herzog, 2016, Rn. 6, 7; PWW/Deppenkemper Rn. 2; RGRK-BGB/Kregel Rn. 10; aA MüKoBGB/Grziwotz Rn. 24, der unter Hinweis auf Mot. V 572 auch das Bewusstsein des Scheinerben, als Erbe zu handeln, ausreichen lassen will). Der öffentliche Glaube des Erbscheins im Umfang der Richtigkeitsvermutung des § 2365 wird nur durch **positive Kenntnis** von Unrichtigkeit ausgeschlossen; anders als im Fall des § 932 ist grob fahrlässige Unkenntnis also unschädlich (Grüneberg/Weidlich Rn. 2; Staudinger/Herzog, 2016, Rn. 10). Rückgabeverlangen des Nachlassgerichts iSd § 2361 (Einziehungsanordnung, der im Rahmen des § 2366 die Kraftloserklärung gleichzustellen ist) oder Herausgabeverurteilung nach § 2362 Abs. 1 machen bösgläubig (Erman/U. Simon Rn. 5; PWW/Deppenkemper Rn. 2; eine einstweilige Anordnung auf (vorläufige) Rückgabe des Erbscheins genügt aber noch nicht, vgl. OLG Naumburg FamRZ 2013, 245 (246)). Gleiches gilt für die Kenntnis eines Feststellungsurteils zwischen Erbprätendenten; die Kenntnis von der Klage als solcher genügt aber (auch im Falle des § 2362 Abs. 1) noch nicht (MüKoBGB/Grziwotz Rn. 30 mwN). 10

Die Kenntnis der Tatsachen aus denen sich die Unrichtigkeit des Erbscheins ergibt, genügt für sich allein genommen noch nicht, um eine Kenntnis iSd § 2366 zu bejahen (MüKoBGB/Grziwotz 11

Rn. 28; Staudinger/Herzog, 2016, Rn. 11; PWW/Deppenkemper Rn. 2; RGRK-BGB/Kregel Rn. 10); bei **Rechtsirrtum** kann der Gutglaubensschutz also grds. bestehen bleiben, es sei denn der tatsachenkundige Erwerber verschließt sich bewusst der (Er-)Kenntnis der Unrichtigkeit.

12 **b) Endgültigkeit der Erbenstellung.** Der Erwerber muss **entspr. § 142 Abs. 2** auch hinsichtlich der Endgültigkeit der Erbenstellung gutgläubig sein. Gutgläubiger Erwerb ist deshalb ausgeschlossen, wenn der Erwerber positive Kenntnis von der Anfechtbarkeit einer Verfügung von Todes wegen, der Erbschaftsannahme, des Erbschaftserwerbs wegen Erbunwürdigkeit oder der Möglichkeit der Ausschlagung des Erben hatte (MüKoBGB/Grziwotz Rn. 29; RGRK-BGB/Kregel Rn. 10; Staudinger/Herzog, 2016, Rn. 12; Planck/Greiff, 4. Aufl. 1928, Anm. V 1a).

13 Ursächlichkeit des Erbscheins, Kenntnis vom Erbschein oder Vertrauen auf die Richtigkeit des Erbscheins ist **nicht** erforderlich (ganz hM, BGHZ 40, 54 (60); BGHZ 33, 314 (317) = NJW 1961, 605 (606); Grüneberg/Weidlich Rn. 1; MüKoBGB/Grziwotz Rn. 25; Staudinger/Herzog, 2016, Rn. 5; Erman/U. Simon Rn. 6; aA Parodi AcP 185 (1985), 362).

14 **5. Existenz des Erbscheins.** Der öffentliche Glaube setzt voraus, dass der Erbschein im Zeitpunkt des Rechtsübergangs **erteilt** und **in Kraft** ist; Besitz des Erbscheinserben (oder gar Vorlage) ist nicht erforderlich (BGH WM 1971, 54; BGHZ 33, 314, (317) = NJW 1961, 605 (606)).

15 Die vorläufige Rückgabe des Erbscheins zur Verwahrung auf Grund einstweiliger Anordnung des Nachlassgerichts (§ 49 Abs. 2 FamFG) heben die Wirkung des Erbscheins nach §§ 2365–2367 nicht auf (→ § 2365 Rn. 2).

16 **6. Maßgeblicher Zeitpunkt. a) Vollendung des Rechtserwerbs.** Maßgeblicher Zeitpunkt für das Vorliegen der Voraussetzungen ist grds. die Vollendung des Rechtserwerbs (BGHZ 182, 85 (90) = WM 2009, 1704 (1705); BGH WM 1971, 54). § 892 Abs. 2 ist nicht entspr. anwendbar (BGHZ 182, 85 (91) = WM 2009, 1704 (1706); BGH WM 1971, 54; MüKoBGB/Grziwotz Rn. 17; Staudinger/Herzog, 2016, Rn. 15; aA Muscheler ErbR II Rn. 3374; Frank/Helms ErbR, 6. Aufl. 2013, § 16 Rn. 12).

17 **b) Anwartschaftsrecht.** Möglich ist aber bereits der gutgläubige Erwerb eines Anwartschaftsrechts nach § 2366. Beim Grundstückserwerb ist mit Stellung des Eintragungsantrags durch den Auflassungsempfänger der Erwerb des Anwartschaftsrechts erfolgt; der spätere Vollrechtserwerb wird bei Bösgläubigkeit nach Anwartschaftsrechtserwerb nicht mehr gehindert (MüKoBGB/Grziwotz Rn. 17 mwN; Staudinger/Herzog Rn. 15). Wurde zugunsten des Erwerbers eine **Vormerkung** (§ 883) in das Grundbuch eingetragen oder vom Begünstigten nach Bewilligung Eintragungseintrag gestellt, ist diese nach § 2367 gutgläubig erworben und schadet nachträgliche Bösgläubigkeit ebenfalls nicht (→ § 2367 Rn. 4) (BGHZ 57, 341 (343 f.) = NJW 1972, 434; PWW/Deppenkemper Rn. 4).

18 **c) Keine Rückwirkung der Richtigkeitsvermutung.** Teilweise wird die Entstehung der Richtigkeitsvermutung (erst) nach Vollendung des Rechtserwerbs für ausreichend erachtet, zB

- bei sich widersprechenden Erbscheinen wird später einer aufgehoben (MüKoBGB/Grziwotz Rn. 7 mwN; RGRK-BGB/Kregel Rn. 9);
- bei Erwerb von einem Schein-Einzelrechtsnachfolger des vermeintlichen Erben, dessen Erwerb selbst am fehlenden Erbschein scheiterte, wenn später ein Erbschein zugunsten des vermeintlichen Erben erteilt wird (MüKoBGB/Grziwotz Rn. 22).

19 Da der Schutz des § 2366 nicht weiter reicht als die Richtigkeitsvermutung des § 2365, diese im Umfang des Widerspruchs aber nicht besteht (→ § 2365 Rn. 8) und darüber hinaus ein „nachträglicher" (also nach Vollendung des Erwerbstatbestands) gutgläubiger Erwerb innerhalb des BGB systemwidrig erschiene, ist dies abzulehnen; der Gutglaubenstatbestand muss zum Zeitpunkt der Vollendung des Rechtserwerbs erfüllt sein (in diese Richtung auch BGHZ 33, 314 (317): „Es kommt dabei (scil: für den Wegfall des Schutzes nach § 2366) lediglich auf das Vorhandensein der beiden (scil: sich widersprechenden) Erbscheine im Zeitpunkt des Vertragsschlusses an.").

20 **d) Beweislast.** Liegen die übrigen Voraussetzungen der §§ 2366, 2367 vor, trägt die Beweislast für die Bösgläubigkeit derjenige, der sich darauf beruft (Staudinger/Herzog, 2016, Rn. 16; NK-BGB/Kroiß Rn. 9).

21 **7. Ansprüche des wahren Erben bei gutgläubigem Erwerb.** Dem wahren Erben können bei wirksamen gutgläubigem Erwerb gegenüber dem Scheinerben Ansprüche aus §§ 2018 ff., § 816 Abs. 1 S. 1, Abs. 2, §§ 823 ff. (wobei ggf. § 2029 zu beachten ist), gegenüber dem Erwerber

oder dessen Rechtsnachfolger Ansprüche aus § 816 Abs. 1 S. 2, § 822, gegenüber dem Nachlassgericht Ansprüche aus § 839, Art. 34 GG zustehen (BGH NJW-RR 1991, 515 (516) zu § 839, Art. 34 GG; MüKoBGB/Grziwotz Rn. 31 ff.; Staudinger/Herzog, 2016, Rn. 34; Muscheler ErbR II Rn. 3375).

## III. Verhältnis zu anderen Vorschriften

Die Schutzvorschriften zugunsten des Erwerbers vom Nichtberechtigten stehen grds. **selbstständig** nebeneinander. Dies kann besondere Bedeutung erlangen, wenn keine Richtigkeitsvermutung nach § 2365 besteht. 22

**1. Grundbuch.** War der Erbscheinserbe durch Grundbuchberichtigung bereits eingetragen, richtet sich die Wirksamkeit des Erwerbs allein nach den §§ 891 ff. (Staudinger/Herzog, 2016, Rn. 45; Grüneberg/Weidlich Rn. 5). War der Erblasser richtig eingetragen und verfügt der Erbscheinserbe ohne vorherige Grundbuchberichtigung, ist für den gutgläubigen Erwerb allein § 2366 maßgeblich. In Fällen, in denen die Vermutungswirkung des § 2365 nicht besteht (→ Rn. 7 ff.), ist die Grundbuchberichtigung (vgl. § 35 GBO) auch dann empfehlenswert, wenn diese wegen § 40 GBO nicht erforderlich ist, weil der Erwerber durch § 892 besser geschützt ist (MüKoBGB/Grziwotz Rn. 37; vgl. ausf. auch Egerland NotBZ 2005, 286). Ist nicht der Erbscheinserbe, sondern ein Dritter im Grundbuch eingetragen, geht die Vermutung der Richtigkeit des Grundbuchs bei Widerspruch zur Vermutung des § 2365 vor (OLG Frankfurt DNotZ 2005, 384; Grüneberg/Weidlich § 2365 Rn. 2). War gegen den eingetragenen Erbscheinserben im Grundbuch ein Widerspruch eingetragen, steht dies dem Erwerb nach § 2366 entgegen (MüKoBGB/Grziwotz Rn. 39; Staudinger/Herzog, 2016, Rn. 46); dies gilt entspr., wenn der Nacherbenvermerk (richtig) im Grundbuch eingetragen ist, aber im Erbschein fehlt (MüKoBGB/Grziwotz Rn. 39; RGRK-BGB/Kregel Rn. 12). War im Grundbuch der Erblasser (unrichtig) eingetragen, vollzieht sich der Erwerb vom (wahren) Erben allein nach § 892, da die Zugehörigkeit eines Gegenstandes zum Nachlass nicht durch den Erbschein bezeugt wird (→ § 2365 Rn. 7). 23

War der Erblasser zu Unrecht eingetragen und ist der Erbscheinserbe tatsächlich nicht Erbe **(„Doppelfehler")**, kann gutgläubig erworben werden, wenn sowohl die Voraussetzungen des § 892 (guter Glaube bezüglich des Grundbuchinhalts) als auch die des § 2366 (guter Glaube bezüglich Erbrecht) erfüllt sind (OLG Naumburg BeckRS 2006, 143039 juris-Rn. 16; MüKoBGB/Grziwotz Rn. 38; PWW/Deppenkemper Rn. 3; Weber DNotZ 2018, 884 (887)). 24

**2. Bewegliche Sachen.** Die §§ 932 ff., 1032 S. 2, 1207 gelten selbstständig neben § 2366. Zwar ist beim Erwerb vom Erbscheinserben der Nachlassgegenstand dem wahren Erben idR abhandengekommen (§§ 857, 935; (§ 935 ist aber nicht anzuwenden beim Erwerb vom vorläufigen (wahren) Erben, der anschließend die Erbschaft ausgeschlagen oder die Annahme angefochten hat, → § 1953 Rn. 3); deshalb kein Erwerb nach § 932); dies steht einem gutgläubigen Erwerb vom Erbscheinserben aufgrund § 2366 aber nicht entgegen. 25

Veräußert der Erbscheinserbe eine nicht zum Nachlass gehörende Sache, muss der Erwerber hinsichtlich des Eigentums des Erblassers gutgläubig sein; ist der Erbscheinserbe wahrer Erbe vollzieht sich der Erwerb allein nach § 932, ist er tatsächlich nicht Erbe **(„Doppelfehler")** müssen sowohl die Voraussetzungen des § 932 (guter Glaube bezüglich Eigentum des Erblassers) als auch die des § 2366 (guter Glaube bezüglich des Erbrechts) erfüllt sein (MüKoBGB/Grziwotz Rn. 40 mwN; Staudinger/Herzog, 2016, Rn. 48; Dillberger/Fest ZEV 2009, 281 (282)). War die Sache als abhanden gekommene beim Erblasser, scheitert ein Erwerb an § 935 (Grüneberg/Weidlich Rn. 6). 26

**3. Europäisches Nachlasszeugnis.** Für Erbfälle ab dem 17.8.2015 gelten zudem die Regelungen zum Europäischen Nachlasszeugnis (§§ 33–44 IntErbRVG; Art. 62–73 EuErbVO) (dazu Lange DNotZ 2016, 103 ff.; Bredemeier ZEV 2016, 65 (66 f.); Kroiß ErbR 2015, 127 (128 f.); ausf. auch Grüneberg/Weidlich Anh. §§ 2353 ff. zu Art. 62, 63, 69 EuErbVO). Dieses dient gleichfalls als Legitimationspapier, hat Richtigkeits- und Vollständigkeitsvermutung und gewährt einen mit den §§ 2366, 2367 **teilweise** vergleichbaren Gutglaubensschutz, wobei dort allerdings bereits grobe Fahrlässigkeit schadet (Art. 69 Abs. 4 EuErbVO) (Lange DNotZ 2016, 103 (111); Omlor ErbR 2015, 286 (289)). Das Zeugnis schließt ein Rechtsschutzinteresse an der Erbscheinserteilung nicht aus. 27

## § 2367 Leistung an Erbscheinserben

**Die Vorschrift des § 2366 findet entsprechende Anwendung, wenn an denjenigen, welcher in einem Erbschein als Erbe bezeichnet ist, auf Grund eines zur Erbschaft**

**gehörenden Rechts eine Leistung bewirkt oder wenn zwischen ihm und einem anderen in Ansehung eines solchen Rechts ein nicht unter die Vorschrift des § 2366 fallendes Rechtsgeschäft vorgenommen wird, das eine Verfügung über das Recht enthält.**

## Überblick

Die Vorschrift ergänzt § 2366 für Leistungen an den Erbscheinserben und nicht unter § 2366 fallende Verfügungsgeschäfte.

## I. Normzweck, Wirkung

1 § 2367 erweitert den Gutglaubensschutz auf Verfügungsgeschäfte und Leistungen an den Erbscheinserben bzw. an den wahren Erben, dessen Verfügungsbeschränkungen durch Nacherbschaft oder Testamentsvollstreckung nicht im Erbschein bezeichnet sind. Der Schuldner wird gegenüber dem wahren Erben von seiner Leistungspflicht frei; gegen den Scheinerben entsteht ein Anspruch aus § 816 Abs. 2. Der Gutglaubensschutz nach §§ 407, 2211 Abs. 2 besteht neben §§ 2367, 2366 BGB.

## II. Anwendungsbereich

2 **1. Leistung.** Nachlassschuldner und zur Leistung berechtigte Dritte (§ 267) können die Erfüllung nicht von der Vorlage eines Erbscheins abhängig machen, wenn das Erbrecht anderweit – zB durch eröffnetes öffentliches Testament, ggf. auch durch eröffnetes eigenhändiges Testament, wenn dieses eindeutig ist – nachgewiesen wird (BGH NJW 2016, 2409; BGHZ 198, 250 = NJW 2013, 3716 (3717) mwN; BGH NJW 2005, 2779 (2780); RGZ 54, 343); anders freilich bei Vereinbarung mit dem Erblasser. Die berechtigte Hinterlegung steht der Leistung iSd § 2367 gleich (§§ 372, 378) (MüKoBGB/Grziwotz Rn. 3; Staudinger/Herzog, 2016, Rn. 3; Erman/U. Simon Rn. 1). § 2367 gilt auch für durch Surrogation zum Nachlass gehörende Ansprüche (MüKoBGB/Grziwotz Rn. 3; RGRK-BGB/Kregel Rn. 3).

3 **2. Sonstige Verfügungsgeschäfte. a) Allgemeines.** Sonstige Verfügungsgeschäfte sind zB Vorrangeinräumung, Rangänderung, Inhaltsänderung eines Rechts. Hierunter fallen auch einseitige (verfügende) Rechtsgeschäfte bzw. die Ausübung von Gestaltungsrechten durch oder gegen den Erbscheinserben wie Zustimmung des Eigentümers (zB nach § 880 Abs. 2, § 1183), Aufrechnung, Kündigung, Widerruf, Anfechtung, Annahmeverzug begründendes Leistungsangebot, Stundung, Einwilligung, Genehmigung, Mahnung (MüKoBGB/Grziwotz Rn. 7; Staudinger/Herzog, 2016, Rn. 8). Dies gilt auch für Erklärungen gegenüber Behörden, insbes. dem Grundbuchamt (Bewilligung der Eintragung einer Vormerkung (BGHZ 57, 341 = NJW 1972, 434) und Zustimmung, §§ 19, 27 GBO) (MüKoBGB/Grziwotz Rn. 5; Staudinger/Herzog, 2016, Rn. 10).

4 **b) Vormerkung.** § 2367 ermöglicht den gutgläubigen Erwerb einer Vormerkung vom Erbscheinserben, die den Erwerb des dinglichen Vollrechts ermöglicht, auch wenn der Erbschein nach Eintragung der Vormerkung bzw. Stellung des Eintragungsantrags durch den Begünstigten eingezogen wurde (→ § 2366 Rn. 15) (BGHZ 57, 341 = NJW 1972, 434). Hierzu ist wegen der Akzessorietät der Vormerkung (§ 883 Abs. 1 S. 1) notwendig (aber auch ausreichend), dass der gesicherte schuldrechtliche Anspruch gegen den bewilligenden Erbscheinserben besteht (Staudinger/Herzog, 2016, Rn. 8; PWW/Deppenkemper Rn. 3).

5 **c) Erwerb kraft Gesetzes.** Mit der Leistung an den Erbscheinserben erfolgt ggf. der Übergang von Rechten kraft Gesetzes (zB nach den §§ 268, 426 Abs. 2; §§ 774, 1143, 1163, 1177, 1225), obwohl der Erwerb kraft Gesetzes durch §§ 2366, 2367 an sich nicht geschützt ist (Staudinger/Herzog, 2016, Rn. 4; MüKoBGB/Grziwotz Rn. 4; PWW/Deppenkemper Rn. 2; Erman/Schlüter ErbR Rn. 1).

6 **3. Nicht geschützte Rechtsvorgänge. a) Verpflichtungsgeschäfte.** Nicht von § 2367 umfasst sind Verpflichtungsgeschäfte (MüKoBGB/Grziwotz Rn. 6; Grüneberg/Weidlich Rn. 1; Erman/U. Simon Rn. 2; RGRK-BGB/Kregel Rn. 5). Zur Wirksamkeit eines Verpflichtungsgeschäfts ist die (fingierte) Erbenstellung bzw. Verfügungsbefugnis nicht erforderlich (vgl. Mot. V 570). Deshalb wird der wahre Erbe durch Vermietung oder Verpachtung eines Nachlassgrundstücks durch den Erbscheinserben nicht verpflichtet (Grüneberg/Weidlich Rn. 1; MüKoBGB/Grziwotz § 2367

Rn. 6; Staudinger/Herzog, 2016, Rn. 12; aA – für § 893, für § 2367 könnte dann aber nichts anderes gelten – MüKoBGB/Kohler § 893 Rn. 12; hiergegen zutr. Staudinger/Gursky § 893 Rn. 24).

**b) Prozessrechtsverhältnis. Nicht** von § 2367 umfasst sind Aktiv- oder Passivprozesse des Erbscheinserben. Eine Erstreckung des Prozesses bzw. der Rechtskraft des Urteils auf den wahren Erben wird nicht begründet, weil die Rechtskrafterstreckung nach § 325 ZPO eine Rechtsnachfolge voraussetzt (MüKoBGB/Grziwotz Rn. 5; Grüneberg/Weidlich Rn. 1; Staudinger/Herzog, 2016, Rn. 11). 7

**4. Gesellschaftsrecht.** Der Erwerb eines Gesellschaftsanteils vom Erbscheinserben fällt unter § 2366. Die Mitwirkung des Erbscheinserben an Beschlüssen der Gesellschaft fällt unter § 2367 (bei einer GmbH ist zusätzlich § 16 Abs. 1 GmbHG zu beachten); sofern diesen kein Verfügungscharakter zukommt, ist § 2367 entspr. anzuwenden (vgl. ausf. MüKoBGB/Grziwotz Rn. 9 mwN; Staudinger/Herzog, 2016, Rn. 9; Grüneberg/Weidlich Rn. 2; K. Schmidt AcP 186 (1986), 421 (437); aA – einschr. auf Beschlüsse mit Verfügungscharakter – Schreiner NJW 1978, 921 (922 f.)). Übt der Erbscheinserbe ein gesellschaftsvertragliches oder erbrechtliches Eintrittsrecht aus, wirkt dies nicht für den wahren Erben, dessen Eintrittsrecht fortbesteht; für den Scheinerben gelten die Grundsätze der fehlerhaften Gesellschaft (ausf. MüKoBGB/Schäfer § 727 Rn. 67 mwN). 8

## § 2368 Testamentsvollstreckerzeugnis

**[1]Einem Testamentsvollstrecker hat das Nachlassgericht auf Antrag ein Zeugnis über die Ernennung zu erteilen. [2]Die Vorschriften über den Erbschein finden auf das Zeugnis entsprechende Anwendung; mit der Beendigung des Amts des Testamentsvollstreckers wird das Zeugnis kraftlos.**

### Überblick

Das Testamentsvollstreckerzeugnis bestätigt die Ernennung des darin Genannten und den Umfang dessen Verfügungsbefugnisse. Zuständig für die Erteilung ist das Nachlassgericht; das Erteilungsverfahren entspricht dem Erbscheinsverfahren. Über S. 2 kommt ihm die Richtigkeitsvermutung (§ 2365) und öffentlicher Glaube (§§ 2366, 2367) zu.

### Übersicht



## I. Normzweck

Das Testamentsvollstreckerzeugnis dient dem Nachweis der Rechte des Testamentsvollstreckers im Rechtsverkehr. Es bestätigt, dass der Genannte wirksam zum Testamentsvollstrecker ernannt ist und keine anderen als die bezeichneten Verfügungsbeschränkungen bestehen (Richtigkeitsvermutung). Es dient dem Schutz des öffentlichen Glaubens (§ 2365) in die gesetzliche Verfügungsbefugnis des Testamentsvollstreckers (BayObLGZ 1984, 225; ausf. zum guten Glauben und der Rechtsscheinswirkung des Testamentsvollstreckerzeugnisses Joachim ZEV 2017, 499 ff.). Die Vorschriften über den Erbschein finden entsprechende Anwendung (S. 2). Anders als beim Erbschein (BGHZ 198, 250 = NJW 2013, 3716 (3717) mwN) kann im rechtsgeschäftlichen Verkehr jedenfalls bei Zweifeln die Vorlage des Testamentsvollstreckerzeugnisses oder Europäisches Nachlasszeugnisses (→ Rn. 4) verlangt werden (BGH WM 1961, 479 (480 f.)). 1

Abs. 1 S. 2 der früheren Regelung wurde durch das IntErbRErbschÄndG mWv 17.8.2015 gestrichen und in das FamFG überführt (§ 354 Abs. 2 FamFG). Der bisherige Abs. 3 wurde zu 2

S. 2 der Vorschrift. Für bis zum 16.8.2015 erfolgte Erbfälle gilt die bisherige Regelung fort (Art. 229 § 36 EGBGB; zur Kommentierung vgl. → 3. Aufl. bzw. online bis zur 38. Ed.).

## II. Weitere Nachweismöglichkeiten

3 Gegenüber dem **Grundbuchamt** kann der Nachweis auch durch öffentliche Urkunden geführt werden. Ist die Anordnung in einer öffentlichen Urkunde enthalten, genügt idR die Vorlage dieser Urkunde mit Eröffnungsniederschrift und der Nachweis der Annahme des Amtes (§ 35 Abs. 2, Abs. 1 S. 2 GBO) (RGZ 100, 279 (282); Staudinger/Herzog, 2016, Rn. 55; Demharter GBO § 35 Rn. 57, 63; Schaub ZEV 2000, 49 (50); aA wohl OLG Hamm ZEV 2016, 640). Die Annahme kann zur Eröffnungsniederschrift erklärt oder durch öffentlich beglaubigte Urkunde bzw. gesondertes Zeugnis des Nachlassgerichts über den Eingang der Annahmeerklärung nachgewiesen werden (OLG Braunschweig FGPrax 2019, 83 (84) mwN; OLG München ZEV 2016, 439 (440); MüKoBGB/Grziwotz Rn. 57; Staudinger/Herzog, 2016, Rn. 5). Diese Annahmebestätigung des Nachlassgerichts stellt aber kein Testamentsvollstreckerzeugnis iSd § 2368 dar (OLG Braunschweig FGPrax 2019, 83 (84) mAnm Bestelmeyer; aA wohl OLG Hamm ErbR 2017, 271). Für den Nachweis gegenüber dem **Handelsregister** gilt dies entspr. (vgl. § 12 Abs. 2 S. 2 HGB). Wird der Nachweis auf diese Weise geführt, besteht **kein** öffentlicher Glaube.

4 Für Erbfälle ab dem 17.8.2015 kann bei Auslandsbezug der Nachweis auch durch ein dem Testamentsvollstrecker zu erteilendes **Europäisches Nachlasszeugnis** geführt werden (→ § 2353 Rn. 11) (MüKoBGB/Grziwotz § 2353 Rn. 216; Bredemeyer ZEV 2016, 65 (66 f.)). Diesem kommt vergleichbarer Gutglaubensschutz zu (Art. 69 Abs. 3, 4 EuErbVO), allerdings schadet dort bereits grobe Fahrlässigkeit und muss Kenntnis vom und Vertrauen auf das Europäische Nachlasszeugnis vorliegen.

## III. Erteilungsverfahren

5 **1. Zuständigkeit.** Für das Testamentsvollstreckerzeugniserteilungs- und Einziehungsverfahren gelten die §§ 354, 352 ff. FamFG. Das Testamentsvollstreckerzeugnis wird vom **Nachlassgericht** (§ 23a Abs. 1 Nr. 2, Abs. 2 Nr. 2 GVG) erteilt, funktionell zuständig ist der Richter (§ 16 Abs. 1 Nr. 6 und Nr. 7 RPflG). Die örtliche Zuständigkeit bestimmt sich nach § 343 FamFG; nach dessen Abs. 1 ist örtlich zuständig für Todesfälle ab dem 17.8.2015 grds. das Gericht, in dessen Bezirk der Erblasser im Zeitpunkt seines Todes seinen gewöhnlichen Aufenthalt hatte (Für Todesfälle bis zum 16.8.2015 bestimmt sich die örtliche Zuständigkeit grds. nach dem letzten inländischen Wohnsitz des Erblassers, fehlt es hieran, nach dem letzten Aufenthaltsort). Die **internationale Zuständigkeit** für die Erteilung von Erbscheinen und Testamentsvollstreckerzeugnissen bestimmt sich für Erbfälle ab dem 17.8.2015 nicht nach §§ 105, 343 FamFG, sondern grds. nach §§ 4 ff. EuErbVO (EuGH NJW 2018, 2309; Grüneberg/Weidlich § 2353 Rn. 8; MüKoBGB/Grziwotz Rn. 60; anders der Gesetzgeber, BT-Drs. 18/4201, 59).

6 **2. Antrag. a) Inhalt.** Erteilungsvoraussetzung ist ein Antrag des Testamentsvollstreckers (§§ 23 ff. FamFG); es gelten die §§ 354, 352 ff. FamFG und daher die Substantiierungs- und Nachweispflichten zum Antrag auf Erteilung eines Erbscheins sinngemäß entspr. (MüKoBGB/Grziwotz Rn. 9). Das Nachlassgericht ist an den Antrag gebunden und hat ggf. auf eine korrekte Antragstellung hinzuwirken (→ § 2353 Rn. 24, → § 2353 Rn. 27). In dem Antrag ist die konkludente Amtsannahme zu sehen. Sind mehrere Testamentsvollstrecker benannt, kann jeder von ihnen (die Amtsannahme der übrigen vorausgesetzt) die Erteilung eines gemeinschaftlichen (Teil-)Zeugnisses verlangen (§ 352a Abs. 1 S. 2 FamFG entspr.) (MüKoBGB/Grziwotz Rn. 5; Staudinger/Herzog, 2016, Rn. 18; MAH ErbR/Lorz, 5. Aufl. 2018, § 51 Rn. 13).

7 Antragsberechtigt ist der Testamentsvollstrecker. Steht die Testamentsvollstreckung unter einer aufschiebenden Bedingung, ist der Testamentsvollstrecker erst ab Bedingungseintritt antragsberechtigt (OLG Köln ZEV 2015, 277 (279); Grüneberg/Weidlich Rn. 6). Antragsberechtigt können auch Nachlassgläubiger sein (§§ 792, 896 ZPO) (BGH NJW 1964, 1905; MüKoBGB/Grziwotz Rn. 7; Grüneberg/Weidlich Rn. 5). Der Erbe ist dagegen nicht antragsberechtigt, weil er das Zeugnis für seine eigene Legitimation nicht benötigt (str.) (OLG Hamm FamRZ 2000, 487 (488); BayObLG ZEV 1995, 22 (23); MDR 1978, 142; Grüneberg/Weidlich Rn. 5; Erman/U. Simon Rn. 1; aA MüKoBGB/Grziwotz Rn. 6 mwN; v. Lübtow ErbR II 976).

8 **aa) Aufgabenbereich.** Der Antrag hat Abweichungen vom Regeltyp der Abwicklungsvollstreckung (§§ 2203 ff.) in Aufgabenbereich und Verfügungsbefugnis zu bezeichnen (§ 354 Abs. 2

FamFG) (OLG Düsseldorf FamRZ 2014, 423 f.; OLG Hamm ZEV 2004, 288; BayObLG NJW-RR 1999, 1463 (1464); OLG Zweibrücken FamRZ 1998, 581).

**bb) Notwendige Angaben.** Im Antrag ist anzugeben (§ 352 Abs. 1 und 2 FamFG; Hilfsanträge sind zulässig) (MAH ErbR/Lorz, 5. Aufl. 2018, § 51 Rn. 14, mit Muster in Rn. 11; Firsching/Graf/Krätzschel NachlassR, 11. Aufl. 2019, § 19 Rn. 53; MüKoBGB/Grziwotz Rn. 8): 9

- Todeszeitpunkt;
- Letzter gewöhnlicher Aufenthaltsort des Erblassers und seine Staatsangehörigkeit sowie etwaige Rechtswahl (zur Bestimmung des anwendbaren Rechts);
- Verfügung von Todes wegen, auf der die Benennung beruht;
- ob und welche weiteren Verfügungen von Todes wegen vorhanden sind;
- Umfang der Beschränkungen und/oder Befreiungen des Testamentsvollstreckers iSd § 354 Abs. 2 FamFG (OLG Düsseldorf FamRZ 2014, 423 f.; Grüneberg/Weidlich Rn. 5);
- ob ein Rechtsstreit über die Ernennung anhängig ist;
- ob und welche Personen weggefallen sind, durch die der Testamentsvollstrecker von seinem Amt ausgeschlossen wäre oder durch die seine Rechtsstellung beschränkt würde.

**b) Nachweis.** Der erforderliche Nachweis erfolgt nach § 352 Abs. 3 FamFG durch öffentliche Urkunden bzw. eidesstattliche Versicherung, die aber nach § 352 Abs. 3 S. 4 FamFG erlassen werden kann. Eine eidesstattliche Versicherung ist idR zu erlassen, wenn die nachzuweisenden Tatsachen bereits im Erbscheinsverfahren hinreichend nachgewiesen wurden. 10

**3. Beamtenrechtliche Genehmigungsvorbehalte.** Beamtenrechtliche Genehmigungsvorbehalte (vgl. § 99 BBG; Art. 81 Abs. 2 BayBG) sind Voraussetzung für die Annahme des Amtes allein im dienstrechtlichen Innenverhältnis und berühren die Wirksamkeit der Ernennung nicht. 11

**4. Entscheidungsmöglichkeiten des Gerichts. a) Gemeinschaftliches Zeugnis.** Sind **mehrere Testamentsvollstrecker** benannt, ist ein Teilzeugnis über das Recht eines einzelnen, ein gemeinschaftliches Zeugnis über das Recht aller und ein gemeinschaftliches Teilzeugnis über die Rechte mehrerer Testamentsvollstrecker zulässig (§ 352a FamFG) (MAH ErbR/Lorz, 5. Aufl. 2018, § 51 Rn. 13). Beim Teilzeugnis sind weitere Mitvollstrecker anzugeben, es sei denn, der ausgewiesene Testamentsvollstrecker ist zu selbstständigem Handeln ermächtigt. 12

**b) Sachentscheidung, Feststellungsbeschluss.** Nach § 354 FamFG sind die Regelungen über das Erbscheinverfahren anzuwenden (§§ 352 ff. FamFG). Erachtet das Nachlassgericht die für die Erteilung des Testamentsvollstreckerzeugnisses erforderlichen Tatsachen für festgestellt, erlässt es einen – mit der Beschwerde anfechtbaren – **Feststellungsbeschluss** (§ 352e Abs. 1 S. 2 FamFG) mit den in → § 2353 Rn. 31 ff. dargestellten Differenzierungen zwischen unstreitigen und streitigen Angelegenheiten (Zimmermann ZErb 2009, 86 (88); vgl. zum Verfahren der Erteilung des Testamentsvollstreckerzeugnisses auch MüKoFamFG/Grziwotz, 3. Aufl. 2019, FamFG § 354 Rn. 6 ff.). In unstreitigen Verfahren bedarf dieser keiner inhaltlichen Begründung und wird sofort wirksam. Widerspricht der Beschluss dem erklärten Willen eines Beteiligten bzw. wurden widersprechende Anträge gestellt, ist er allen Beteiligten bekannt zu geben (Zustellung an den Widersprechenden) und die sofortige Wirksamkeit des Beschlusses auszusetzen sowie die Erteilung des Erbscheins bis zur Rechtskraft des Beschlusses zurückzustellen (§ 352e Abs. 2 FamFG). Die Vollziehung des Beschlusses erfolgt durch Aushändigung der Urschrift oder einer Ausfertigung des Zeugnisses, das erst damit **erteilt** ist (Staudinger/Herzog, 2016, Rn. 24). Das Nachlassgericht darf grds. kein vom gestellten Antrag abweichendes Testamentsvollstreckerzeugnis erteilen; dieses wäre einzuziehen, es sei denn der Antragsteller genehmigt es nachträglich (OLG Zweibrücken OLGZ 1989, 153 (155); Staudinger/Herzog, 2016, Rn. 23). Bei aufschiebend bedingt angeordneter Testamentsvollstreckung kann das Zeugnis erst nach Bedingungseintritt erteilt werden (OLG Köln ErbR 2015, 320 (321); Grüneberg/Weidlich Rn. 6). Entlassungsantrag steht der Erteilung des Testamentsvollstreckerzeugnisses nicht entgegen (OLG München FamRZ 2010, 1698). 13

Liegen die Erteilungsvoraussetzungen nicht vor, wird der Antrag zurückgewiesen. Fehlende Unterlagen sind durch **Zwischenverfügung** unter Fristsetzung nachzufordern, bevor ein Antrag zurückgewiesen werden kann (→ § 2353 Rn. 30). 14

**c) Einziehung, Berichtigung.** Ein unrichtiges Testamentsvollstreckerzeugnis ist einzuziehen. Unrichtigkeit kommt in Betracht bei Nichtigkeit oder Anfechtung der letztwilligen Verfügung, Auffinden vorrangiger letztwilliger Verfügung, Erledigung der Testamentsvollstreckung; aber auch bei nachträglich anderer rechtlicher Beurteilung der letztwilligen Verfügung (OLG Düsseldorf ErbR 2016, 231 f.). Berichtigung des Testamentsvollstreckerzeugnis ist nur im Rahmen des § 42 15

FamFG möglich (→ § 2353 Rn. 40), ansonsten unzulässig (OLG Zweibrücken ZEV 2001, 27). Zur Abänderung nach § 48 FamFG → § 2353 Rn. 41.

## IV. Inhalt

16 In dem Zeugnis sind Erblasser und Testamentsvollstrecker namentlich zu bezeichnen. **Abweichungen vom Regeltyp** der Abwicklungsvollstreckung im Aufgabenbereich (zB Dauer- (OLG Zweibrücken FGPrax 1998, 26; BayObLG FamRZ 1992, 1354), Verwaltungs- oder reine Beaufsichtigungsvollstreckung (BayObLG FamRZ 1991, 612)) oder ein bestimmter Endtermin (OLG Düsseldorf ZEV 2011, 650; BayObLG FamRZ 1991, 984) bzw. verlängerte Dauer nach § 2210 S. 2 sind anzugeben (Grüneberg/Weidlich Rn. 3; MüKoBGB/Grziwotz Rn. 37 mwN). Verwaltungsanordnungen (§ 2216 Abs. 2), die die Verfügungsbefugnis des Testamentsvollstreckers unberührt lassen, sind nicht aufzuführen.

17 Abweichungen (Beschränkungen und Erweiterungen der Verfügungsbefugnis) von dem gesetzlichen Normfall der §§ 2203–2206 sind anzugeben, insbes. die Freistellung bei der Eingehung von Verbindlichkeiten (§§ 2206, 2207), Übertragung der Verwaltung als selbstständige Aufgabe (§ 2209), Nacherbentestamentsvollstreckung (§ 2222), Vermächtnistestamentsvollstreckung (§ 2223) (BayObLG NJW-RR 1990, 844), von § 2224 abweichende Regelung der Befugnisse mehrerer Testamentsvollstrecker, negative Teilungsanordnung und Anordnung von Verfügungsverboten hinsichtlich einzelner Nachlassgegenstände (vgl. zum Ganzen MüKoBGB/Grziwotz Rn. 37 mwN). Verfügungsbeschränkungen auf Grund Gesellschaftsrechts sind dagegen nicht anzugeben (BGH NJW 1996, 1284; Staudinger/Herzog, 2016, Rn. 9; PWW/Deppenkemper Rn. 5).

18 Erstreckt sich die Testamentsvollstreckung nur auf **bestimmte Nachlassgegenstände,** ist dies anzugeben (BayObLG NJW-RR 2005, 1245; MüKoBGB/Grziwotz Rn. 37). Dies gilt auch, wenn sich die Vollstreckung aus gesellschaftsrechtlichen Gründen nicht auf einen Personengesellschaftsanteil erstreckt (OLG Stuttgart ZIP 1988, 1335).

19 Ein **einheitliches Zeugnis** für Vor- und Nacherbfall oder weitere Nacherbfolgen ist bei einheitlicher Anordnung zulässig (BayObLG NJW 1959, 1920; Grüneberg/Weidlich Rn. 1); hier bleibt der Testamentsvollstrecker bis zur Beendigung im Amt. Bei verschiedenen Erbfällen ist eine einheitliche Testamentsvollstreckung nicht möglich und damit je ein neues Zeugnis zu erteilen.

20 Führt ein Testamentsvollstrecker ein Handelsgeschäft auf Grund Vollmacht fort, kann dies im Zeugnis nicht bestätigt werden (BayObLGZ 1969, 138; Grüneberg/Weidlich Rn. 4). Zur Vereinfachung des Nachweises im Rechtsverkehr empfiehlt sich die öffentliche Beglaubigung (§ 129) bzw. notarielle Beurkundung der Vollmacht zu Lebzeiten des Erblassers.

21 **Nicht** aufzunehmen sind eine Befreiung vom Verbot des § 181 (OLG Hamm ZEV 2004, 288 (289) mAnm Letzel) oder nur im Innenverhältnis wirkende Verwaltungsanordnungen (§ 2216 Abs. 2) (OLG Düsseldorf FamRZ 2014, 330; Grüneberg/Weidlich Rn. 2). Der Name des Erben ist nur zu nennen, wenn sich die Testamentsvollstreckung nur auf einen Erbteil von Miterben beschränkt (KG ZEV 2003, 204 (205); MüKoBGB/Grziwotz Rn. 34 mwN). Enthält das Zeugnis nach den gesetzlichen Regeln nicht erforderliche zusätzliche Angaben, kann dies ausnahmsweise, sofern diese vom Rechtsverkehr **missverstanden** werden können, die Unrichtigkeit und Einziehung des Zeugnisses begründen (OLG Hamm ZEV 2004, 288; Staudinger/Herzog, 2016, Rn. 8; Grüneberg/Weidlich Rn. 2).

## V. Beweiskraft, öffentlicher Glaube

22 **1. Richtigkeitsvermutung.** Die Richtigkeitsvermutung (§ 2365) umfasst die Gültigkeit der Ernennung und die negative Vermutung, dass keine Verfügungsbeschränkungen außer den im Zeugnis genannten bestehen (BGH NJW 2016, 2035 (2037); OLG München BeckRS 2019, 186 Rn. 23; OLG Bremen ZEV 2013, 335; Grüneberg/Weidlich Rn. 8). Die Richtigkeitsvermutung gilt auch für das Nichtbestehen einer zeitlichen Begrenzung der Testamentsvollstreckung durch den Erblasser, die im Zeugnis anzugeben ist (RGZ 83, 348 (352); Joachim ZEV 2017, 499 (501)).

23 **Nicht** von der Richtigkeitsvermutung erfasst ist das Fortbestehen des Amtes (RGZ 83, 348 (352); KG NJW 1964, 1905; MüKoBGB/Grziwotz Rn. 41 mwN; etwas missverständlich BGHZ 41, 23 (29)), da das Zeugnis mit Beendigung kraftlos wird (S. 2); bei Zweifeln kann ausnahmsweise die Fortdauer des Amtes vom Nachlassgericht bescheinigt werden (str.) (Haegele/Winkler Testamentsvollstrecker Rn. 708; MüKoBGB/Grziwotz Rn. 41, 60; aA OLG Köln FGPrax 2011, 86; Bestelmeyer ZEV 1997, 316). Gleichfalls nicht von der Richtigkeitsvermutung erfasst ist die Zugehörigkeit eines Gegenstands zum Nachlass (BGH NJW 1981, 1271 (1272); RGZ 83, 348 (352); MüKoBGB/Grziwotz Rn. 41) oder das tatsächliche Bestehen einer angegebenen Verfü-

gungsbeschränkung des Testamentsvollstreckers (KG NJW-RR 1991, 835 (836 f.); MüKoBGB/Grziwotz Rn. 41 mwN; Grüneberg/Weidlich Rn. 8).

Für das Handelsregister ist grds. allein das Testamentsvollstreckerzeugnis maßgeblich; ein Recht zur Testamentsauslegung entgegen dem Testamentsvollstreckerzeugnis besteht nicht (KG NJW-RR 1991, 835 (836)). Gleiches gilt für das **Grundbuchamt** (OLG München ZEV 2016, 147 f.; 2011, 195). Von diesem Grundsatz kann allenfalls abgewichen werden, wenn neue, vom Nachlassgericht noch nicht berücksichtigte Tatsachen bekannt werden, die die Einziehung des Testamentsvollstreckerzeugnisses sicher erwarten lassen (BayObLG FGPrax 2005, 56; MüKoBGB/Grziwotz Rn. 44; zu weitgehend aber OLG München ZEV 2006, 173 m. abl. Anm. Zimmermann ZEV 2006, 174). 24

**2. Öffentlicher Glaube.** Der öffentliche Glaube (§§ 2366, 2367) reicht so weit wie die Richtigkeitsvermutung. Der Testamentsvollstrecker kann Verpflichtungen mit Wirkung für den Nachlass (und damit auch die Erben) eingehen. Anders als beim Erbschein gilt der öffentliche Glaube daher nicht nur für Verfügungsgeschäfte, sondern auch für **Verpflichtungsgeschäfte;** der Testamentsvollstrecker kann Nachlassverbindlichkeiten (§§ 2206, 2207) begründen (MüKoBGB/Grziwotz Rn. 48; Staudinger/Herzog, 2016, Rn. 27; Grüneberg/Weidlich Rn. 8). Der öffentliche Glaube schützt Dritte im Verhältnis zum Nachlass, sodass §§ 2365 ff. im Verhältnis zwischen Erben und Testamentsvollstrecker nicht anwendbar sind (BGHZ 41, 23 (30) = NJW 1964, 1316 (1319); MüKoBGB/Grziwotz Rn. 49). Der Schutz besteht auch dann, wenn ein Scheintestamentsvollstrecker dem Geschäftspartner kein Zeugnis vorzeigt und dieser auch nicht wusste, dass ein solches existiert (MüKoBGB/Grziwotz Rn. 48; MüKoBGB/Grziwotz § 2366 Rn. 25; PWW/Deppenkemper Rn. 8). Widersprechen sich Erbschein und Zeugnis oder verschiedene Zeugnisse, entfällt die Richtigkeitsvermutung im Umfang des Widerspruches (→ § 2365 Rn. 8) (BGH FamRZ 1991, 1111; Staudinger/Herzog, 2016, Rn. 28). Im Zivilprozess zwischen dem Testamentsvollstrecker und dem Erben oder zwischen mehreren Testamentsvollstreckern, in dem die Rechtsstellung und die hieraus resultierenden Befugnisse des Ausgewiesenen streitig sind, kommt dem Zeugnis keine Richtigkeitsvermutung zu (vgl. auch → § 2365 Rn. 12) (BGH NJW-RR 1987, 1090; MüKoBGB/Grziwotz Rn. 43). 25

## VI. Beendigung des Amtes

Das Zeugnis wird mit Beendigung des Amtes (Erledigung der Aufgabe (BayObLG NJW-RR 2005, 1245 (1247)); Zeitablauf; Bedingungseintritt; Kündigung; Entlassung (vgl. zu den Voraussetzungen OLG Schleswig ZEV 2009, 296 (298 ff.); BayObLG NJW-RR 2005, 594 (595); Zimmermann ZErb 2009, 86 (88 f.)), die aber mit der Beschwerde angefochten werden kann (BayObLG NJW 1959, 1920: bei erfolgreicher Anfechtung ist das Testamentsvollstreckerzeugnis nicht als kraftlos geworden anzusehen), §§ 58 ff. FamFG; Tod) von selbst **kraftlos** (S. 2). Damit entfällt die Richtigkeitsvermutung und endet der öffentliche Glaube (§§ 2366, 2367). Ein Einziehungsverfahren ist nicht vorgesehen, die Voraussetzungen des § 2361 sind mangels Unrichtigkeit nicht erfüllt. Das Nachlassgericht kann aber Zeugnisrückgabe zu den Nachlassakten anordnen, um Missbrauch zu verhindern (OLG Köln Rpfleger 1986, 261; Grüneberg/Weidlich Rn. 10); zulässig ist auch, die Beendigung der Testamentsvollstreckung auf dem Zeugnis zu vermerken (KG NJW 1964, 1905, (1906)). Aus Gründen des **Verkehrsschutzes** sollte von Amts wegen von einer dieser Möglichkeiten Gebrauch gemacht werden (MüKoBGB/Grziwotz Rn. 50; PWW/Deppenkemper Rn. 10). Die Rückforderung ist keine Einziehung iSd § 2361, sodass die Wiederaushändigung bei Irrtum über die Beendigung möglich ist. Ein Testamentsvollstreckerzeugnis kann ausnahmsweise auch nach Beendigung des Amtes mit dem Beendigungsvermerk erteilt werden (OLG München FamRZ 2010, 1698 (1699); BayObLG NJW-RR 1990, 906 (908); OLG Stuttgart DNotZ 1981, 294). Entspr. § 2362 Abs. 1 kann der Erbe oder ein nachfolgender Testamentsvollstrecker die **Herausgabe** an das Nachlassgericht verlangen (OLG Düsseldorf NJW-RR 2020, 889; Grüneberg/Weidlich Rn. 10). 26

Ist die Testamentsvollstreckung beendet (S. 2), wird der **Erbschein** grds. unrichtig und ist einzuziehen (§ 2361), weil der Testamentsvollstreckervermerk an der Vermutung des § 2365 teilnimmt und deshalb nicht einfach im Wege der Berichtigung entspr. § 319 ZPO gestrichen werden kann. 27

## VII. Gegenständlich beschränktes Testamentsvollstreckerzeugnis, Fremdrechtstestamentsvollstreckerzeugnis

28 Zählt inländisches und ausländisches Vermögen zum Nachlass, kann (bei Anordnung des Erblassers, dass nur insoweit Testamentsvollstreckung: muss) das Testamentsvollstreckerzeugnis gegenständlich auf den **inländischen Nachlass beschränkt** werden (S. 2, § § 352c FamFG) (Grüneberg/Weidlich Rn. 1; MüKoBGB/Grziwotz Rn. 27; Staudinger/Herzog, 2016, Rn. 12 mwN).

29 Die **internationale Zuständigkeit** bestimmt sich für Erbfälle ab dem 17.8.2015 nach Art. 4 ff. EuErbVO (→ Rn. 3). Besteht die internationale Zuständigkeit eines deutschen Nachlassgerichts, so erteilt dieses (teilweise anders als nach bis zum 16.8.2015 geltenden Recht) ein grds. unbeschränkt geltendes Testamentsvollstreckerzeugnis für den gesamten Nachlass im In- und Ausland, unabhängig davon, ob deutsches oder ausländisches Erbstatuts greift (MüKoBGB/Grziwotz Rn. 27). Das **Fremdrechtstestamentsvollstreckerzeugnis** bezeugt Bestehen, Verwaltungs- und Verfügungsbefugnis eines Testamentsvollstreckers in einem deutschen Testamentsvollstreckerzeugnis nach ausländischem Erbrecht (MüKoBGB/Grziwotz Rn. 26 f.). Es kann nur erteilt werden, wenn die Testamentsvollstreckung nach ausländischem Recht der Testamentsvollstreckung nach deutschem Recht zumindest vergleichbar ist (OLG Schleswig BeckRS 2014, 17906 Rn. 25 ff.; OLG Brandenburg FGPrax 2001, 206; BayObLGZ 1986, 466; Staudinger/Herzog, 2016, Rn. 14; vgl. ausf. MüKoBGB/Grziwotz Rn. 28 f.). Die Rechtsstellung des Testamentsvollstreckers richtet sich nach dem Erbstatut (BayObLG NJW-RR 1990, 906 zum schweizer Recht, mAnm Roth IPRax 1991, 322; BayObLGZ 1965, 377 zum ungarischen Recht) (dazu Art. 21, 22, 23 lit. f EuErbVO; → § 1945 Rn. 13) und ist im Zeugnis anzugeben, insbes. sind Beschränkungen und Erweiterungen zur Verfügungsbefugnis im deutschen Recht möglichst konkret zu benennen (MüKoBGB/Grziwotz Rn. 29).

## VIII. Rechtsmittel

30 Gegen den Feststellungsbeschluss nach §§ 354, 352e Abs. 1 S. 2 FamFG, der der Erteilung des Testamentsvollstreckerzeugnisses vorausgeht, ist die **Beschwerde** (§§ 58 ff. FamFG) zulässig. Nach der Erteilung des Zeugnisses ist die Beschwerde gegen den Beschluss nur noch insoweit zulässig, als die Einziehung des Testamentsvollstreckerzeugnisses beantragt wird (§§ 354, 352e Abs. 3 FamFG); die Beschwerde ist ggf. umzudeuten (→ § 2353 Rn. 52). Entspr. gilt bei vollzogener Einziehung (§§ 354, 353 Abs. 3 S. 2 FamFG). Dem Testamentsvollstrecker kann im Verfahren der Einziehung durch einstweilige Anordnung (§ 49 Abs. 1 FamFG) aufgegeben werden, das Testamentsvollstreckerzeugnis zwecks vorläufiger Sicherstellung zur Akte des Nachlassgerichts zu reichen (OLG Schleswig NJW-RR 2016, 13).

31 Gegen den Feststellungsbeschluss **beschwerdeberechtigt** ist jeder, dessen Recht durch die Erteilung des Zeugnisses beeinträchtigt wird (§ 59 Abs. 1 FamFG). Dies sind Erben und Miterben (vor der Erbauseinandersetzung auch der vollstreckungsfreie Miterbe (OLG Hamm ZEV 2009, 565 mwN; OLGR Celle 2005, 112; arg. e BGH ZEV 1997, 116 f.)), wenn eine Beeinträchtigung des Erbrechts durch das zu erteilende Zeugnis behauptet wird (was regelmäßig bereits durch die Verfügungsbeschränkungen nach § 2211 der Fall ist) (BayObLG FamRZ 1988, 1321; Staudinger/Herzog, 2016, Rn. 49), nicht jedoch gegen die Nichterteilung bzw. Einziehung (BayObLG FamRZ 1995, 124; PWW/Deppenkemper Rn. 11), da der Erbe kein eigenes Antragsrecht für das Zeugnis hat (→ Rn. 6). Gegen die Nichterteilung des Zeugnisses oder die Anordnung der Einziehung (vor deren Vollziehung, → § 2353 Rn. 52 f.) ist der Testamentsvollstrecker immer beschwerdeberechtigt (OLG Hamm ZEV 2004, 288). Ein Pflichtteilsberechtigter ist grds. nicht beschwerdeberechtigt (OLG Hamm OLGZ 1977, 422; MüKoBGB/Grziwotz Rn. 19).

32 Gegen die in § 355 Abs. 1 und 2 FamFG genannten Beschlüsse beträgt die **Beschwerdefrist** abweichend von § 63 Abs. 1 FamFG (ein Monat) nur zwei Wochen (§ 355 Abs. 1 FamFG, § 569 Abs. 1 ZPO; § 355 Abs. 2 Hs. 2 FamFG).

33 Gegen die Entscheidung des Beschwerdegerichts ist die **Rechtsbeschwerde** nur dann zulässig, wenn sie vom Beschwerdegericht zugelassen wurde (§ 70 Abs. 1 FamFG; hierzu sowie zur Anschlussrechtsbeschwerde und der Sprungrechtsbeschwerde → § 2353 Rn. 58, → § 2353 Rn. 59).

## IX. Kosten

34 Für die Erteilung des Zeugnisses werden Kosten nach § 40 Abs. 5 GNotKG, KV 12210 ff. GNotKG erhoben; ist eine eidesstattliche Versicherung erforderlich, gilt Vorbem. KV 1.2 Abs. 2 mit KV 15212 GNotKG.

## § 2369 (aufgehoben)

Die Vorschrift wurde durch das IntErbRErbschÄndG zum 17.8.2015 aufgehoben und in das FamFG überführt (§ 352c FamFG). Für bis zum 16.8.2015 erfolgte Erbfälle gilt § 2369 aF fort (Art. 229 § 36 EGBGB; zur Kommentierung vgl. 3. Aufl. bzw. online bis zur 38. Ed.). 1

## § 2370 Öffentlicher Glaube bei Todeserklärung

**(1) Hat eine Person, die für tot erklärt oder deren Todeszeit nach den Vorschriften des Verschollenheitsgesetzes festgestellt ist, den Zeitpunkt überlebt, der als Zeitpunkt ihres Todes gilt, oder ist sie vor diesem Zeitpunkt gestorben, so gilt derjenige, welcher auf Grund der Todeserklärung oder der Feststellung der Todeszeit Erbe sein würde, in Ansehung der in den §§ 2366, 2367 bezeichneten Rechtsgeschäfte zugunsten des Dritten auch ohne Erteilung eines Erbscheins als Erbe, es sei denn, dass der Dritte die Unrichtigkeit der Todeserklärung oder der Feststellung der Todeszeit kennt oder weiß, dass sie aufgehoben worden sind.**

**(2) [1]Ist ein Erbschein erteilt worden, so stehen demjenigen, der für tot erklärt oder dessen Todeszeit nach den Vorschriften des Verschollenheitsgesetzes festgestellt ist, wenn er noch lebt, die im § 2362 bestimmten Rechte zu. [2]Die gleichen Rechte hat eine Person, deren Tod ohne Todeserklärung oder Feststellung der Todeszeit mit Unrecht angenommen worden ist.**

### Überblick

Die Vorschrift regelt den öffentlichen Glauben bei unzutreffender Todeserklärung nach dem VerschG.

Rechtliche Grundlage für die Todesannahme ist bei Verschollenheit die Todeserklärung (§ 29 VerschG); für die Todeszeit die Todeszeitfeststellung (§ 44 VerschG). § 2370 entspricht der Vermutungswirkung der §§ 9 Abs. 1, 44 Abs. 2 VerschG. Todeserklärung und Todeszeitfeststellung kommt damit **öffentlicher Glaube** zu; die Regelungen der §§ 2366, 2367 gelten in Bezug auf den vermeintlichen Erben entspr, auch ohne dass ein Erbschein erteilt worden ist. Nur positive Kenntnis der Unrichtigkeit schließt den öffentlichen Glauben aus (Staudinger/Herzog, 2016, Rn. 7, 8; MüKoBGB/Grziwotz Rn. 4). Die Fiktion betrifft nur Tod und Todeszeitpunkt, nicht die Erbfolge, weshalb §§ 2366, 2367 neben § 2370 anwendbar bleiben. 1

Voraussetzung ist entspr. den Grundsätzen bei Erbschein und Testamentsvollstreckerzeugnis, dass die Todeserklärung bzw. Todeszeitfeststellung wirksam ist, sodass nach deren Aufhebung der öffentliche Glaube (entgegen dem missverständlichen Wortlaut der Vorschrift) nicht mehr besteht (Staudinger/Herzog, 2016, Rn. 9 mwN; Grüneberg/Weidlich Rn. 1; MüKoBGB/Grziwotz Rn. 5). 2

Bei falscher Todeserklärung oder Todeszeitfeststellung stehen dem vermeintlich Verstorbenen die Rechte aus § 2362 zu (Abs. 2). Ist er später gestorben, stehen diese Ansprüche unmittelbar seinen Erben, Nacherben (§ 2363 Abs. 2) oder dem Testamentsvollstrecker (§ 2364 Abs. 2) zu (PWW/Deppenkemper Rn. 2; MüKoBGB/Grziwotz Rn. 7; Staudinger/Herzog, 2016, Rn. 11). 3

# Abschnitt 9. Erbschaftskauf

## § 2371 Form

**Ein Vertrag, durch den der Erbe die ihm angefallene Erbschaft verkauft, bedarf der notariellen Beurkundung.**

### Überblick

Das Formerfordernis soll den Veräußerer vor Übereilung warnen, eine sachgerechte Beratung sichern und den Inhalt des Vertrags beweiskräftig festlegen (→ Rn. 17 ff.). Der Erbschaftskauf ist ein Vertrag iSd §§ 433 ff., durch den sich der Erbe als Verkäufer zur Übertragung der Erbschaft, der Miterbe zur Übertragung seines Anteils am Nachlass verpflichtet (→ Rn. 2 ff.). Der Erbschaftskäufer wird weder durch Abschluss des Kaufvertrags noch durch das davon zu unterscheidende Erfüllungsgeschäft zum Erben (→ Rn. 3). Während der Verkauf der Erbschaft durch einen Alleinerben die seltene Ausnahme ist, kommt der Verkauf eines Miterbenanteils (Erbteilskauf) häufiger vor. Dabei wird der Erbteil am Nachlass übertragen (→ Rn. 7 ff.). Auch beim Erbschaftskauf sind schuldrechtliches Verpflichtungs- und dingliches Erfüllungsgeschäft zu unterscheiden (→ Rn. 10 ff.). Der Erbschaftskauf macht den Erwerber nicht zum Erben. Weder wird ein Erbschein unrichtig, noch kann der Erwerber dort aufgeführt werden (→ Rn. 22 f.).

### Übersicht



### I. Normzweck

1 Der Erbschaftskauf unterliegt der notariellen Beurkundung (§ 128). Das Formerfordernis soll den Veräußerer vor Übereilung warnen, eine sachgerechte Beratung sichern, den Abschluss dokumentieren und den Inhalt des Vertrags beweiskräftig festlegen; letzteres liegt auch im Interesse der Nachlassgläubiger (§ 2382) (BGH NJW 1998, 1577 f.; Lange/Kuchinke ErbR § 45 II 1; MüKoBGB/Musielak Rn. 1; v. Lübtow ErbR II 1077).

### II. Begriff und Inhalt des Erbschaftskaufs

2 **1. Rechtsnatur, Verhältnis zum allgemeinen Kaufrecht.** Der Erbschaftskauf ist ein **schuldrechtlicher Kaufvertrag** iSd §§ 433 ff., durch den sich der Erbe als Verkäufer zur Übertragung der Erbschaft, der Miterbe zur Übertragung seines Anteils am Nachlass verpflichtet. Letzterer ist ein Rechtskauf, auf den nach § 453 die Vorschriften über den Kauf von Sachen entsprechende Anwendung finden. Auch beim Erbschaftskauf sind schuldrechtliches Grundgeschäft und dingliches Erfüllungsgeschäft zu unterscheiden (**Trennungsprinzip,** s. Rn. → Rn. 9). Jedoch hat er auch eine spezifisch **erbrechtliche Natur,** die sich besonders im Gegenstand des Rechtsgeschäfts und in der Einbeziehung des Käufers in die Erbenhaftung zeigt (Lange/Kuchinke ErbR § 45 I 2 a; Staudinger/Olshausen, 2016, Rn. 16). Soweit nicht die §§ 2371 ff. Sonderregelungen enthalten, finden dennoch auf ihn grds. die **allgemeinen Vorschriften des Kaufvertrags** Anwendung, auch die über den Wiederkauf (RGZ 101, 185 (192)) und die §§ 320 ff. (RG WarnR 1933 Nr. 163; MüKoBGB/Musielak Vor § 2371 Rn. 2; Ebenroth ErbR Rn. 1192). Der Erbschaftskauf ist **kein Erbvertrag iSd Art. 3 Abs. 1 lit. b EuErbVO,** weil es sich bei diesem Rechtsgeschäft aus Sicht sämtlicher Parteien nicht um den eigenen, sondern um einen fremden Nachlass handelt (MüKoBGB/Dutta EuErbVO Art. 3 Rn. 9). Nach dem für den Erblasser gem. Art. 21, 22 EuErbVO geltenden Erbstatut richtet sich dabei, ob und mit welchen Konsequenzen das Erbrecht auf Dritte übertragen werden kann, während die schuldrechtlichen Verpflichtungen dem Schuld-

vertragsstatut nach der Rom I-VO und die Vollzugsgeschäfte dem jeweiligen Vermögensrechtsstatut (Einzelstatut) unterfallen (MüKoBGB/Dutta EuErbVO Art. 23 Rn. 24).

**2. Gegenstand.** Gegenstand des Erbschaftskaufs ist nicht das Erbrecht des Erben, das als solches nicht übertragbar ist (Soergel/Kappler Vor § 2371 Rn. 2). Der Erbschaftskäufer wird weder durch Abschluss des Kaufvertrags noch durch das davon zu unterscheidende Erfüllungsgeschäft zum Erben (RGZ 64, 173 (175 f.); BGH NJW 1971, 1264). Dies gilt auch im Falle des § 2033, wenn der Erwerber an Stelle des Veräußerers in eine Gesamthandsgemeinschaft eintritt (BGH NJW 1971, 1264). Jedoch wird der Erwerber durch eine Reihe von gesetzlichen Vorschriften wirtschaftlich so gestellt, als wäre er ab dem Erbfall Erbe geworden **(Grundsatz der Rückbeziehung):** Zu nennen sind hier §§ 2372, 2377, 2378 und 2381. Ausnahmen hierzu finden sich in den §§ 2374, 2379 S. 1, 2 (Staudinger/Olshausen, 2016, § 2372 Rn. 2). Während der Verkauf der Erbschaft durch einen Alleinerben die seltene Ausnahme ist, kommt der Verkauf eines Miterbenanteils (Erbteilskauf) in Praxis häufig vor, vor allem bei persönlichen Differenzen innerhalb einer Erbengemeinschaft. 3

**a) Erbschaftskauf.** Beim Verkauf durch den **Alleinerben** ist Gegenstand des Erbschaftskaufs die gesamte Erbschaft als Inbegriff aller Sachen, Rechte und Werte, die ihm durch die Erbschaft angefallen sind, aber auch einschließlich der Nachlassverbindlichkeiten (§ 1967). Zwar kann auch der **Vorerbe** verkaufen, doch sollte er sich wegen der Haftungsvorschrift des § 2376 Abs. 1 zur Erfüllung nur vorbehaltlich der §§ 2112 ff. verpflichten. Auch der **Nacherbe** kann sein mit dem Erbfall entstandenes Anwartschaftsrecht (→ § 2100 Rn. 49) – ohne Zustimmung etwaiger Ersatznacherben (vgl. BayObLG NJW 1970, 1794 (1795)) – verkaufen. Die Erbschaft wird in allen diesen Fällen „im Bausch und Bogen" verkauft (Soergel/Kappler Rn. 5). Kennzeichnend ist die Vereinbarung eines Gesamtpreises und die Übernahme der gesamten mit der Erbschaft verbundenen Abwicklung durch den Erbschaftskäufer anstelle des verkaufenden Erben (Schlüter ErbR Rn. 1224; Staudinger/Olshausen, 2016, Einl. §§ 2371 ff. Rn. 19). 4

Die Vorschriften über den Erbschaftskauf gelten nach allgM auch für die Veräußerung nur eines bestimmbaren **Teils der Erbschaft** (zB Hälfte der Erbschaft), obwohl dies eigentlich kein Erbteil ist (Muscheler RNotZ 2009, 65; Keller in Hausmann/Hohloch ErbR-HdB XVI Rn. 7). Dabei ist aber zu beachten, dass dadurch keine Erbengemeinschaft iSd §§ 2032 ff. zwischen Verkäufer und Käufer entsteht, sodass für die Rechtsbeziehungen mangels spezieller Regelungen im Erbschaftskaufvertrag das Gemeinschaftsrecht gem. §§ 741 ff. zum Tragen kommt, wobei sich an der Haftung des Alleinerben gegenüber den Nachlassgläubigern im Außenverhältnis nichts ändert, wenn diese dem Schuldbeitritt nicht zustimmen; bezüglich der Nachlassverbindlichkeiten liegt dann nur eine interne (Mit-)Erfüllungsübernahme vor. Wegen dieser Komplexität der notwendigen Vereinbarungen ist ein Verkauf einzelner, mehrerer oder gar aller Nachlassgegenstände einem solchen Teil-Erbschaftskauf vorzuziehen (→ Rn. 6). 5

Umstritten ist, ob bzw. unter welchen Bedingungen auch der Verkauf **einzelner oder mehrerer Nachlassgegenstände** ein Erbschaftskauf iSd §§ 2371 ff. ist, wenn diese den ganzen oder nahezu ganzen Nachlass darstellen und der Käufer dies positiv weiß oder doch zumindest die Umstände kennt, aus denen sich dies ergibt (Parallele zu § 1365). Die höchstrichterliche Rspr. und die hM in der Lit. begründen diese **Einzeltheorie** mit dem Bedürfnis der Nachlassgläubiger durch §§ 2382, 2383 geschützt zu werden (BGH BeckRS 1965, 31176041 unter 2a; MüKoBGB/Musielak Vor § 2371 Rn. 4 und MüKoBGB/Musielak § 2382 Rn. 4; Lange/Kuchinke ErbR § 45 I 2c; Muscheler RNotZ 2009, 65; Neusser MittRhNotK 1979, 143). Dagegen wollen Teile der Lit. differenzieren und zwar die Gläubigerschutzvorschriften der §§ 2382, 2383 unter diesen Voraussetzungen anwenden, nicht jedoch alle anderen Vorschriften über den Erbschaftskauf (Brocker, Der Begriff der Erbschaft in den §§ 2171 ff. BGB, 1987, 4 ff. und 33 ff.; Keller in Hausmann/Hohloch ErbR-HdB XVI Rn. 3 ff.). Die besseren Argumente sprechen für die zuletzt genannte Auffassung. Die Vorschriften über den Erbschaftskauf sind auf den Verkauf einer Sachgesamtheit zugeschnitten, was vor allem die Pflicht zur Herausgabe anderer Erbschaftsgegenstände gem. § 2374 belegt. Auch die Beurkundungspflicht bei der Veräußerung einer geringwertigen, beweglichen Sache erscheint nicht nur überreguliert, sondern sogar „befremdlich" (Grüneberg/Weidlich Rn. 1; Brocker, Der Begriff der Erbschaft in den §§ 2171 ff. BGB, 1987, 4 ff.; Keller in Hausmann/Hohloch ErbR-HdB XVI Rn. 5). Allerdings kommt eine analoge Anwendung der Haftungsvorschriften gegenüber Nachlassgläubigern (§§ 2382, 2383) dann in Betracht, wenn der Erwerber den Charakter der Gesamtverfügung kennt oder kennen muss (→ § 1365 Rn. 17), weil andernfalls die Gefahr besteht, dass zum Nachteil der Gläubiger ein Erbschaftskauf in einen Verkauf einzelner Nachlassgegenstände aufgespaltet wird. 6

7 **b) Erbteilskauf.** Beim Verkauf durch einen **Miterben** ist Vertragsgegenstand sein **Erbteil** am Nachlass, der nach § 2033 übertragen wird. Auch wenn in den §§ 2371 ff. immer nur von Erbschaft gesprochen wird, sind diese Vorschriften auf den Verkauf eines Erbteils grds. entspr. anwendbar, § 1922 Abs. 2 (Lange/Kuchinke ErbR § 45 I Fn. 10; Staudinger/Olshausen, 2016, Einl. §§ 2371 ff. Rn. 20). Nicht nur aus dogmatischen Gründen, sondern auch wegen der Rechtssicherheit ist jedoch zu unterscheiden, ob nur ein Erbteil an einem Nachlass mit einem Grundstück oder ein Miteigentumsanteil an einem Grundstück veräußert wird (LG München II MittBayNot 1986, 179; aA OLG Düsseldorf NJW-RR 1995, 522). Der Verkauf kann auch auf einen Bruchteil des Erbteils beschränkt werden (BGH NJW 1963, 1610; BayOLGZ 1990, 188, 190; Lange/Kuchinke ErbR § 45 I Fn. 16; v. Lübtow ErbR II 1077; MüKoBGB/Musielak Vor § 2371 Rn. 7). Tritt ein Miterbe seinen Erbanteil in der irrigen Vorstellung ab, ihm stünde am Nachlass eine bestimmte Erbquote zu, und erweist sich später, dass die Erbquote tatsächlich höher ist als angenommen, kann er wegen einem Irrtum über eine verkehrswesentliche Eigenschaft des Erbanteils iSv § 119 Abs. 2 anfechten. Die in der notariellen Urkunde enthaltenen grundbuchlichen Erklärungen sind regelmäßig dahin auszulegen, dass der Miterbe unabhängig von seiner tatsächlichen Erbquote vollständig aus der Erbengemeinschaft ausscheidet (OLG München BeckRS 2016, 13157).

8 Beim **Nacherben** ist Gegenstand des Erbschaftskaufs das diesem zustehende Anwartschaftsrecht (→ § 2100 Rn. 34 ff.), das analog § 2033 übertragen wird. Zwar kann auch ein **Vorerbe** seinen Vorerbteil verkaufen, doch sollte er sich wegen der Haftungsvorschrift des § 2376 Abs. 1 zur Erfüllung nur vorbehaltlich der §§ 2112 ff. verpflichten.

9 **3. Vertragsparteien.** Als **Verkäufer** bezeichnet § 2371 den Erben; dies kann aber auch ein Miterbe bezüglich seines Erbteils oder eines Teils desselben (MüKoBGB/Musielak Rn. 2; NK-BGB/Kroiß Rn. 2), ein Vorerbe oder auch der Nacherbe (bezüglich seines Anwartschaftsrechts) sein (MüKoBGB/Musielak Rn. 2; Staudinger/Olshausen, 2016, Einl. §§ 2371 ff. Rn. 34). Sogar der Nichterbe, besonders der Erbschaftsbesitzer, kann einen Erbschaftskaufvertrag abschließen, da dieser nur obligatorisch wirkt; er haftet dann dem Käufer für die Nichterfüllung nach §§ 280, 281, 320 ff. (MüKoBGB/Musielak Rn. 3; aA wohl Staudinger/Olshausen, 2016, Einl. §§ 2371 ff. Rn. 33: Rechtsmängelhaftung), sofern nicht die Vertragsauslegung ergibt, dass der Verkauf nur für den Fall gelten soll, dass der Verkäufer tatsächlich Erbe ist oder wird (MüKoBGB/Musielak Rn. 3; Soergel/Kappler Rn. 7). Der Nachlasspfleger kann jedoch für einen nicht bekannten Miterben keinen Erbschaftskauf vornehmen (LG Aachen Rpfleger 1991, 314).

10 **4. Vertragsverhältnis.** Auch beim Erbschaftskauf sind schuldrechtliches Verpflichtungs- und dingliches Erfüllungsgeschäft zu unterscheiden **(Trennungsprinzip).** Beides kann in einer Urkunde zusammengefasst werden. Bei unklarer Formulierung ist es eine Auslegungsfrage, ob bereits beides erklärt wurde. Bei sofortiger Kaufpreiszahlung ist dies im Zweifel anzunehmen (RG WarnR 1915 Nr. 264). Bei Verkauf von Erbteilen „mit sofortiger dinglicher Wirkung" und Antrag auf Berichtigung des Grundbuchs ist ebenfalls von der Vornahme der dinglichen Erbteilsabtretung auszugehen (BayObLG Rpfleger 1982, 217). Auf Grund des **Abstraktionsprinzips** kann das Grundgeschäft nichtig, demgegenüber das Erfüllungsgeschäft, etwa die Erbteilsübertragung nach § 2033, wirksam sein, wenn man nicht ausnahmsweise über § 139 zu einer Gesamtnichtigkeit kommt (vgl. BGH NJW-RR 2005, 808; OLG Köln OLGR 1992, 282; BGH FamRZ 1967, 465 (468)).

11 Das dingliche Erfüllungsgeschäft kann durch entsprechende Vertragsabreden von der Wirksamkeit des **Schuldgrundes** (BGH FamRZ 1967, 465) oder der **Erfüllung der Leistungspflichten** abhängig gemacht werden. Zum Zwecke der Vermeidung einer ungesicherten Vorleistung des Verkäufers (vgl. dazu ausf. Mauch BWNotZ 1993, 134) kann deshalb die dingliche Anteilsabtretung unter der aufschiebenden Bedingung der Kaufpreiszahlung erklärt werden, sodass die Eintragung der Erbteilsabtretung im Grundbuch zunächst unter der Verfügungsbeschränkung (§ 161) der Zahlung des Kaufpreises erfolgt (BayObLG BeckRS 1994, 07737 Rn. 9 f.; LG Nürnberg-Fürth MittBayNot 1982, 21). Möglich ist auch die Erbteilsabtretung unter der auflösenden Bedingung des Rücktritts wegen Zahlungsverzugs (Dietrich, Die Erbteilsveräußerung, 2006; Keller, Formproblematik der Erbteilsveräußerung, 1995, 396 ff.; Mauch BWNotZ 1993, 134 ff.; Damrau/Tanck/Redig Rn. 27). Beim Kauf eines Erbteils von einem Miterben kann für den Käufer als Sicherung seiner Anwartschaft keine Eigentumsvormerkung nach § 883 eingetragen werden, und zwar selbst dann nicht, wenn der Nachlass im Wesentlichen oder nur (noch) aus Grundbesitz besteht. Gegenstand des Kaufvertrags ist nämlich nur ein Erbteil, nicht ein Anteil an einem Nachlassgegenstand, was ohnehin nicht zulässig wäre (§ 2033 Abs. 2) (KG OLGE 10, 82; Neusser MittRhNotK 1979, 143 (148); Michaelis JuS 1963, 230; aA Gass JuS 1963, 153 (155)).

**5. Erfüllung.** Die Erfüllung richtet sich grds. nach der Art des verkauften Objekts. Der **Alleinerbe** erfüllt seine Verpflichtung aus dem Kauf durch Einzelübertragung der Nachlassgegenstände und Werte (§§ 929 ff., 873, 925, 398 ff.), der **Miterbe** grds. durch Abtretung seines Erbteils (§ 2033), jedoch nach der Teilung des Nachlasses durch Übertragung der Gegenstände, die er bei der Erbauseinandersetzung zugewiesen erhielt (→ § 2374 Rn. 4 f.). Die schon erfolgte Nachlassteilung hindert den Abschluss eines Erbschaftskaufs nicht (RGZ 134, 296 (298 f.)). 12

**6. Genehmigungs- und Zustimmungspflichten, Vorkaufsrechte.** Erfolgt die Erfüllung des Erbschaftskaufs durch Einzelübertragung (→ Rn. 12), so gelten die entsprechenden **öffentlich-rechtlichen Genehmigungstatbestände** unmittelbar (zB § 2 Abs. 1 GrdstVG). Erfolgt Erfüllung dagegen durch Übertragung eines Erbteils, so handelt es sich selbst dann nicht um eine Verfügung über den dazu gehörigen Grundbesitz, wenn der Nachlass nur noch aus diesem Grundbesitz besteht. Bei land- oder forstwirtschaftlichem Grundbesitz ist insoweit jedoch die Ausnahmeregelung gem. § 2 Abs. 2 Nr. 2 GrdstVG zu beachten (zur Heilung analog § 7 Abs. 3 GrdstVG OLG Köln OLGR 1992, 282). 13

Bei Veräußerung der Erbschaft oder des Erbteils eines Minderjährigen bedarf es nach §§ 1643 Abs. 1, 1822 Nr. 1 der **familiengerichtlichen Genehmigung.** Der Erwerb einer Erbschaft durch einen Minderjährigen ist nach hM jedoch nicht nach § 1822 Nr. 10 genehmigungspflichtig, da die Nachlassverbindlichkeiten untrennbar zum Nachlass gehören und kraft Gesetzes zu eigenen Schulden des Erwerbers werden (NK-BGB/Kroiß Rn. 13; Soergel/Kappler Rn. 8; Staudinger/Olshausen, 2016, Einl. §§ 2371 ff. Rn. 115; MüKoBGB/Schwab § 1822 Rn. 65; Soergel/Kappler § 1822 Rn. 36, 41; Damrau, Der Minderjährige im Erbrecht, 2002, Rn. 250; aA AG Stuttgart MDR 1971, 182; Damrau/Tanck/Redig Rn. 10; Frieser/Tschichoflos Rn. 26). Auch der Erwerb eines Erbteils bedarf nach § 1821 Nr. 5 nicht der Genehmigung, wenn zum Nachlass ein Grundstück gehört, da die Erbteilsübertragung der Einzelverfügung über Grundbesitz nicht gleichgestellt werden kann und die §§ 1821 f. im Interesse der Rechtssicherheit sehr formal ausgelegt werden (Damrau, Der Minderjährige im Erbrecht, 2002, Rn. 251; Staudinger/Engler § 1821 Rn. 85; aA OLG Köln Rpfleger 1996, 446; NK-BGB/Kroiß Rn. 13). 14

Die allgemeinen **güterrechtlichen Verfügungsbeschränkungen** sind zu beachten (§§ 1365, 1423 ff., 1450, 1453). 15

Ein **Vorkaufsrecht** nach §§ 24 ff. BauGB ist mangels eines Verkaufs ausgeschlossen (LG Berlin Rpfleger 1994, 502). Das Gleiche gilt für Vorkaufsrechte nach anderen öffentlich-rechtlichen Vorschriften (zB § 66 BNatSchG) oder nach privatem Recht (zB §§ 463 ff., 577, 1094). Allerdings ist es möglich, beim Erbschaftskauf ein solches Recht für den Fall des Weiterverkaufs durch den Erwerber zu vereinbaren. 16

## III. Formbedürftigkeit

Das Formerfordernis erstreckt sich auf alle Vertragsabreden, die nach dem Willen der Vertragsteile das **schuldrechtliche Veräußerungsgeschäft** bilden, insbes. auf die „Essentialia des Vertrags", wie Kaufpreis, Gegenstand und die Vertragsteile, aber auch die Nebenabreden, mit denen der Vertrag stehen und fallen soll (Staudinger/Olshausen, 2016, Rn. 7; MüKoBGB/Musielak Rn. 4; Lange/Kuchinke ErbR § 45 II 1; jurisPK-BGB/Hau Rn. 6; vgl. auch OLG Köln OLGR 1992, 282). Es gelten die zu § 311b Abs. 1 entwickelten Grundsätze (NK-BGB/Kroiß Rn. 7; Damrau/Tanck/Redig Rn. 24; jurisPK-BGB/Hau Rn. 6; MüKoBGB/Musielak Rn. 4; Lange/Kuchinke ErbR § 45 II 1). Dabei müssen bei Zusammenfassung von Verpflichtungs- und Verfügungsgeschäft (§§ 2371, 2033) für beide Rechtsgeschäfte die Formvorschriften gewahrt sein (RGZ 137, 171, 174; jurisPK-BGB/Hau Rn. 6; NK-BGB/Kroiß Rn. 7). Formbedürftig ist auch der **Vorvertrag** (Staudinger/Olshausen, 2016, Rn. 8) sowie eine nachträgliche **Änderung** des ursprünglichen (OLG München OLGE 21, 360; aA OLG Celle OLGR 1996, 31; abw. nach Anteilsabtretung Keller, Formproblematik der Erbteilsveräußerung, 1995, Rn. 11 ff., 26 mwN). Auch die **Aufhebung** eines Erbschaftskaufs ist formbedürftig, was sich bereits aus den Normzwecken Beweis- und Klarstellungsfunktion und auch aus § 2385 ergibt; zudem würde sonst § 2384 als Gläubigerschutzvorschrift umgangen (OLG Schleswig SchlHA 1957, 181; NK-BGB/Kroiß Rn. 8; MüKoBGB/Musielak Rn. 4; Staudinger/Olshausen, 2016, Rn. 10; Soergel/Kappler Rn. 28; Keller, Formproblematik der Erbteilsveräußerung, 1995, Rn. 38; aA Lange/Kuchinke ErbR § 45 II 1; Zarnekow MittRhNotK 1969, 624). Ein **Prozessvergleich** wahrt gem. § 127a die Form des § 2371. Eine **Vollmacht** zum Erbschaftskauf bedarf entgegen § 167 Abs. 2 der Form des § 2371, wenn sie unwiderruflich ist oder sonst eine ähnliche Rechtslage wie bei einem Veräußerungsvertrag selbst bewirkt, insbes. bei Befreiung von § 181 und wenn beabsichtigt ist, das Vertretergeschäft kurzfristig herbeizuführen (OLG Jena 19.9.1995 – 8 U 1259/94; NK-BGB/ 17

Kroiß Rn. 8; Damrau/Tanck/Redig Rn. 24; Staudinger/Olshausen, 2016, Rn. 8; Hügel ZEV 1995, 121; aA Keller, Formproblematik der Erbteilsveräußerung, 1995, Rn. 225 ff.).

**18** Die Nichtbeachtung der Form führt zur **Nichtigkeit** des Vertrags (§ 125). Dementsprechend kann auch ein Erbschaftserwerber die Einleitung eines Nachlassinsolvenzverfahrens erst beantragen, wenn er den formwirksamen Erwerb nachgewiesen hat (OLG Köln Rpfleger 2000, 174). Ob die Formnichtigkeit von Nebenabreden den ganzen Vertrag ergreift, bestimmt die hM nach § 139 (BGH NJW 1967, 1128 (1129); Staudinger/Olshausen, 2016, Rn. 17; MüKoBGB/Musielak Rn. 5; Lange/Kuchinke ErbR § 45 II 1).

**19** Unter Umständen kommt eine **Umdeutung** (§ 140) in Betracht, so in eine Erbauseinandersetzung (bei Mitwirkung aller Miterben) oder Abtretung des Auseinandersetzungsanspruchs (Staudinger/Olshausen, 2016, Rn. 19 f.; Soergel/Kappler Rn. 26; aA OLG Köln OLGR 1992, 282). Beim Verkauf einer Alleinerbschaft erscheint eine Umdeutung in einen nicht formbedürftigen Verkauf aller einzelnen Erbschaftsgegenstände angesichts des Formzwecks des § 2371 mehr als zweifelhaft (vgl. dagegen Damrau/Tanck/Redig Rn. 24; Staudinger/Olshausen, 2016, Rn. 19). Eine Umdeutung in einen formfreien **Abschichtungsvertrag** scheidet aus, wenn sich die Vertragsteile gerade bewusst für die notarielle Beurkundung entschieden haben (OLG Dresden ZErb 2003, 184).

**20** Nur in besonderen Ausnahmefällen kann gegen die formbedingte Nichtigkeit der Einwand der **Arglist** oder der unzulässigen Rechtsausübung (§ 242) erhoben werden (Staudinger/Olshausen, 2016, Rn. 29). Jedenfalls hat der vorkaufsberechtigte Miterbe keine Arglisteinrede, wenn sich der Veräußerer und der Erwerber auf die Formnichtigkeit des Kaufvertrags berufen (RGZ 170, 203 (205 ff.)).

**21** Eine **Heilung** des Formmangels in entspr. Anwendung des § 311b Abs. 1 S. 2 wird von der Rspr. verneint, und zwar auch beim Verkauf von Erbanteilen durch Miterben (BGH DNotZ 1971, 37; NJW 1967, 1128; WM 1960, 551 (553); 1970, 1319 f.). Beim Verkauf einer Alleinerbschaft, wenn die Erfüllung durch Übertragung von einzelnen Nachlassgegenständen erfolgt, stimmt dem auch die Lit. fast einhellig zu, fehlt es bereits an einem einheitlichen Heilungszeitpunkt; außerdem unterliegt das Erfüllungsgeschäft idR keinem Formzwang (Lange/Kuchinke ErbR § 45 II 2; MüKoBGB/Musielak Rn. 6 mwN; Soergel/Kappler Rn. 23; aA Siber JW 1932, 1354 (1355); H. Lange AcP 144 (1938), 149 (161)). Demgegenüber bejaht das neuere Schrifttum überwiegend eine Analogie zu § 311b Abs. 1 S. 2, wenn die Erfüllung durch eine **Erbteilsübertragung** nach § 2033 vollzogen wird und insoweit wenigstens bezüglich des dinglichen Vertrags die notarielle Beurkundung erfolgt ist (Soergel/Kappler Rn. 22; Staudinger/Olshausen, 2016, Rn. 27; Lange/Kuchinke ErbR § 45 II 2; eingehend zum Streitstand Muscheler RNotZ 2009, 65). Jedoch fehlt es für eine solche Analogie bereits an einer planwidrigen Regelungslücke: Im BGB gilt vielmehr der Grundsatz, dass formnichtige Geschäfte nicht durch Erfüllung geheilt werden, weil § 311b Abs. 1 S. 2, § 518 Abs. 2, § 766 S. 2 nur Ausnahmevorschriften sind (Flume BGB AT II § 15 III 3b; Keller, Formproblematik der Erbteilsveräußerung, 1995, Rn. 157 ff.). Eine entsprechende Gesamtanalogie scheidet daher aus (Keller, Formproblematik der Erbteilsveräußerung, 1995, Rn. 157 ff.: Einzelanalogie). Auch die von § 2033 und von § 2371 verfolgten Normzwecke sind nicht identisch: wer als Notar die bloße dingliche Abtretung beurkundet, denkt nicht an die komplizierten Absicherungen zur Gewährleistung des Austauschverhältnisses von Leistung und Gegenleistung beim Erbteilskauf (MüKoBGB/Musielak Rn. 7; Damrau/Tanck/Redig Rn. 26). Letztlich scheitert die Analogie zu § 311b Abs. 1 S. 2 aber daran, dass dessen Heilungswirkung entscheidend auf der **positiven Publizität des Grundbuchs** beruht, während die Eintragung der Erbteilsabtretung gem. § 2033 nur im Wege der Berichtigung erfolgt (gegen eine Analogie bereits RGZ 137, 171 (175)). Zudem schützt bei einer Weiterveräußerung des Erbteils idR das Abstraktionsprinzip, wonach die dingliche Erbteilsübertragung des ersten Rechtsgeschäfts zwar kondizierbar, aber wirksam ist, den Zweiterwerber ausreichend.

## IV. Erbschein

**22** Der Erbschaftskauf macht den Erwerber nicht zum Erben. Weder wird ein **Erbschein** unrichtig, noch kann der Erwerber dort aufgeführt werden (RGZ 64, 173 (175 f., 178)). Dies gilt auch beim Erwerb des Anwartschaftsrechts vom Nacherben (LG Heilbronn NJW 1956, 513; Kipp/Coing ErbR § 50 I 3b; Staudinger/Olshausen, 2016, Einl. §§ 2371 ff. Rn. 17 mwN). Auch wenn einem Erbschaftskäufer dringend zu empfehlen ist, sich beim Abschluss des Vertrags den auf den Verkäufer lautenden Erbschein in Ausfertigung aushändigen zu lassen, so schützt ihn dies nicht vor rechtswidrigen Verfügungen des Erbschaftsverkäufers, weil das deutsche Recht keine allgemeine Pflicht zur Legitimation durch einen Erbschein kennt (→ § 2232 Rn. 24). Nicht zuletzt wegen dieser Risiken hat der Kauf einer Erbschaft vom Alleinerben keine praktische Bedeutung, während der Erbteilskauf nur dann eine gewisse Relevanz besitzt, wenn eine Erbauseinandersetzung nicht möglich oder unerwünscht ist.

Der dingliche Erbteilserwerber ist allerdings berechtigt, einen Erbschein zu beantragen, der den Erbteilsverkäufer als Miterben ausweist (MüKoBGB/Gzriwotz § 2353 Rn. 87 mwN). Das Gleiche gilt für den Erwerber eines Nacherben-Anwartschaftsrechts (MüKoBGB/Gzriwotz § 2353 Rn. 87). Nach hM kann dagegen der Erwerber einer Erbschaft als Inbegriff aller Aktiva und Passiva keinen Erbschein beantragen, weil er nur einen obligatorischen Anspruch gegen den Alleinerben hat (MüKoBGB/Gzriwotz § 2353 Rn. 88 mwN; Kipp/Coing ErbR § 128 I 1; Lange/Kuchinke ErbR § 39 II 3 Fn. 57). Die Vertreter der hM empfehlen deshalb die Erteilung einer Vollmacht für den Erbschaftserwerber, einen Erbschein für den Alleinerben zu beantragen, übersehen dabei jedoch, dass die dazu idR notwendige eidesstattliche Versicherung gem. § 352 Abs. S. 3 und 4 FamFG nur höchstpersönlich – also nicht durch einen Bevollmächtigten – abgegeben werden kann. Deshalb sollte dem Erbschaftserwerber ein eigenständiges Recht zuerkannt werden, einen auf den Erbschaftsverkäufer lautenden Erbschein beantragen zu können (Soergel/Kappler § 2353 Rn. 32; Grüneberg/Weidlich Rn. 6; RGRK-BGB/Kregel Rn. 7). 23

## § 2372 Dem Käufer zustehende Vorteile

**Die Vorteile, welche sich aus dem Wegfall eines Vermächtnisses oder einer Auflage oder aus der Ausgleichungspflicht eines Miterben ergeben, gebühren dem Käufer.**

### Überblick

Nach dieser Vorschrift soll der Käufer so gestellt werden, als wäre anstelle des Verkäufers Erbe geworden (Grundsatz der Rückbeziehung auf den Erbfall).

**Normzweck** der dispositiven Vorschrift (Damrau/Redig Rn. 3; MüKoBGB/Musielak Rn. 5; Staudinger/Olshausen, 2016, Rn. 1, 9) ist, dass die Vorteile, die sich aus dem Wegfall eines Vermächtnisses (§§ 2160 ff.), einer Auflage (§ 2196) oder einer Ausgleichungspflicht eines anderen Miterben (§§ 2050 ff.) ergeben, dem Käufer als Ausgleich für die ihn nach § 2382 treffende Haftung zugutekommen sollen (jurisPK-BGB/Hau Rn. 2; Soergel/Kappler Rn. 1). Er soll also so gestellt werden, wie wenn er durch den Kauf auch Erbe geworden wäre (→ § 2371 Rn. 1 ff.). Für den Wegfall des Vermächtnisses oder der Auflage gilt dies nur dann, wenn dies nach Abschluss des schuldrechtlichen Kaufvertrags erfolgte (MüKoBGB/Musielak Rn. 2; Staudinger/Olshausen, 2016, Rn. 7). Erfolgt der Wegfall in diesen Fällen ohne Kenntnis des Verkäufers bereits vorher, so ist er regelmäßig zur Anfechtung nach § 119 Abs. 2 wegen eines Irrtums über eine verkehrswesentliche Eigenschaft berechtigt (NK-BGB/Kroiß Rn. 3; Damrau/Redig Rn. 4; Staudinger/Olshausen, 2016, Rn. 7 mwN). 1

Bei der **Ausgleichungspflicht** eines Miterben ist es allerdings unerheblich, ob diese vor oder nach Abschluss des Kaufvertrags festgestellt wird, weil die sich aus daraus für den Ausgleichungsberechtigten ergebenden Vorteile als Vorempfang der Erbschaft auf alle Fälle auf den Erwerber übergehen sollen (Staudinger/Olshausen, 2016, Rn. 6; MüKoBGB/Musielak Rn. 3; unklar Damrau/Redig Rn. 5). Entsprechend dem Normzweck ist § 2372 **auch anwendbar** bei Wegfall von Pflichtteilslasten, Teilungsanordnungen, Testamentsvollstreckung oder eines Nacherbenrechts (Damrau/Redig Rn. 2; MüKoBGB/Musielak Rn. 4; Lange/Kuchinke ErbR § 45 III Fn. 51; Staudinger/Olshausen, 2016, Rn. 8). 2

## § 2373 Dem Verkäufer verbleibende Teile

**[1]Ein Erbteil, der dem Verkäufer nach dem Abschluss des Kaufs durch Nacherbfolge oder infolge des Wegfalls eines Miterben anfällt, sowie ein dem Verkäufer zugewendetes Vorausvermächtnis ist im Zweifel nicht als mitverkauft anzusehen. [2]Das Gleiche gilt von Familienpapieren und Familienbildern.**

### Überblick

Nach dieser Auslegungsregel sind nach Abschluss des Erbschaftskaufvertrags angefallene Erbteile, Vorausvermächtnisse und Familienpapiere/Familienbilder im Zweifel nicht mitverkauft.

1 Die Vorschrift enthält eine **Auslegungsregel** und bestimmt in Einschränkung seiner Leistungspflicht, dass dem Verkäufer verbleibt:
- ein nach dem Verkauf **angefallener Erbteil** (bei Nacherbfolge, §§ 2100 ff., 2139, oder durch Wegfall eines Miterben bei gesetzlicher, § 1935, oder gewillkürter Erbfolge, §§ 2094, 2096). Bei Anfall vor Abschluss des Kaufvertrags gelten die allgemeinen Auslegungsgrundsätze
- ein dem Verkäufer zugewandtes **Vorausvermächtnis** (§ 2150); dem ist der gesetzliche Voraus des Ehegatten (§ 1932) gleichzustellen (NK-BGB/Kroiß Rn. 1; Damrau/Redig Rn. 2; MüKoBGB/Musielak Rn. 4; Staudinger/Olshausen, 2016, Rn. 3; einschr. Lange/Kuchinke ErbR § 45 III Fn. 49; offenlassend jurisPK-BGB/Hau Rn. 1), nicht jedoch eine **Teilungsanordnung** (Benk MittRhNotK 1979, 53 (57); jurisPK-BGB/Hau Rn. 1; aA Damrau/Redig Rn. 2); allerdings haftet der Verkäufer nach § 2376 für das Nichtbestehen des Vorausvermächtnisses, es sei denn, der Käufer kannte es (§ 442 Abs. 1 S. 1) oder die Nichtkenntnis beruhte auf grober Fahrlässigkeit und der Verkäufer hat den Rechtsmangel nicht arglistig verschwiegen und auch keine entsprechende Garantie abgegeben (§ 442 Abs. 1 S. 2).
- **Familienpapiere** und Familienbilder (S. 2). Diese Regelung beruht auf dem Pietätsinteresse (Prot. II 114), sodass es auf den Wert dieser Gegenstände nicht ankommt (NK-BGB/Kroiß Rn. 1; jurisPK-BGB/Hau Rn. 1; MüKoBGB/Musielak Rn. 5) und diese Begriffe weit auszulegen sind; daher fallen darunter auch Briefe, Tagebücher, Familiennotizen (MüKoBGB/Musielak Rn. 5; Staudinger/Olshausen, 2016, Rn. 4).

2 Die Auslegungsregel des § 2373 bestimmt zugleich die **Beweisführungslast** (subjektive Beweislast), die den trifft, der Abweichendes behauptet. Zugleich verhindert sie ein „non liquet" bei Unaufklärbarkeit der Tatsachen, weil sie keinen Raum für Beweislastnormen lässt (MüKoBGB/Musielak Rn. 6; Schmitz in Baumgärtel/Laumen/Prütting Beweislast-HdB Rn. 2).

## § 2374 Herausgabepflicht

**Der Verkäufer ist verpflichtet, dem Käufer die zur Zeit des Verkaufs vorhandenen Erbschaftsgegenstände mit Einschluss dessen herauszugeben, was er vor dem Verkauf auf Grund eines zur Erbschaft gehörenden Rechts oder als Ersatz für die Zerstörung, Beschädigung oder Entziehung eines Erbschaftsgegenstands oder durch ein Rechtsgeschäft erlangt hat, das sich auf die Erbschaft bezog.**

### Überblick

Diese Vorschrift regelt die Herausgabepflicht des Verkäufers beim Erbschaftskauf. Sie unterscheidet zwischen der Herausgabepflicht des Alleinerben (→ Rn. 3) und des Miterben (→ Rn. 4 ff.). Sie regelt auch die Herausgabepflicht bezüglich Surrogaten (→ Rn. 7)

### I. Normzweck

1 Nach dem Grundkonzept des Erbschaftskaufs hat der Verkäufer dem Käufer dasjenige zu gewähren, was dieser hätte, wenn er an Stelle des Verkäufers Erbe geworden wäre. Demnach müsste sich der Umfang der Herausgabepflicht nach den Verhältnissen im Zeitpunkt des Erbfalls richten. Abweichend davon bestimmt aber § 2374 den **Vertragsschluss** als den maßgeblichen Zeitpunkt für die Leistungspflicht des Verkäufers. Denn die Vertragsteile gehen bei ihren Vertragsverhandlungen idR immer von dem dann vorhandenen Zustand der Erbschaft aus (Damrau/Redig Rn. 1; v. Lübtow ErbR II 1079; MüKoBGB/Musielak Rn. 3). Eine Rückbeziehung findet nur hinsichtlich der Surrogate und der Wertersatzpflicht nach § 2375 statt.

### II. Umfang der Herausgabepflicht

2 Diese richtet sich nach dem Kaufobjekt und der konkreten erbrechtlichen Stellung des Verkäufers (Lange/Kuchinke ErbR § 45 III 2b).

3 **1. Alleinerbschaftskauf.** Der **Alleinerbe** hat alle zur Erbschaft gehörenden Gegenstände und Vermögensrechte nach den dafür geltenden Vorschriften auf den Käufer zu übertragen, also nach den §§ 929 ff. für bewegliche Sachen, Grundstücke nach den §§ 873, 925, Forderungen nach §§ 398 ff. (eingehend hierzu Staudinger/Olshausen, 2016, Einl. §§ 2371 ff. Rn. 51 ff.). Soweit der Nachlass einer Testamentsvollstreckung oder Nachlassverwaltung unterliegt, bedarf der Verkäufer

der Zustimmung dieser Verwalter (jurisPK-BGB/Hau Rn. 3; vgl. Staudinger/Olshausen, 2016, Einl. §§ 2371 ff. Rn. 56). Wenn einzelne der verkauften Gegenstände nicht dem Verkäufer gehören, finden die Bestimmungen über den **gutgläubigen Erwerb** vom Nichtberechtigten Anwendung (§§ 892 f., 932 ff.). Wenn jedoch der Verkäufer überhaupt nicht Erbe wurde, so gibt es wegen der Sonderregelung des § 2030 keinen **gutgläubigen Erwerb,** mag der Verkäufer auch durch einen Erbschein ausgewiesen sein (MüKoBGB/Musielak Rn. 12; Soergel/Kappler Rn. 1; Staudinger/Olshausen, 2016, Rn. 7).

**2. Erbteilskauf. a) Vor Erbauseinandersetzung.** Bei Verkauf eines **Erbteils** durch einen **Miterben** oder eines Bruchteils hiervon ist Gegenstand des Verkaufs bis zum Vollzug der Erbauseinandersetzung die mitgliedschaftliche Berechtigung. Sie wird nach § 2033 übertragen; eine Übertragung von Anteilen an einzelnen Nachlassgegenständen ist weder erforderlich noch möglich (§ 2033 Abs. 2), jedoch kommt eine Auslegung in Betracht, dass der Käufer schuldrechtlich verpflichtet ist, dem Verkäufer den Teil des Gegenstandes zukommen zu lassen, den er erhalten hätte, wenn es vor der Erbteilsübertragung zu einer erbrechtlichen Auseinandersetzung gekommen wäre (OLG Koblenz OLGR 2005, 440). Die Zustimmung eines Testamentsvollstreckers oder Nachlassverwalters ist zur Übertragung des Erbteils nicht erforderlich (Soergel/Kappler § 2371 Rn. 14; NK-BGB/Kroiß Rn. 4). Ein gutgläubiger Erwerb scheidet jedoch aus, da § 2366 hier nicht gilt (MüKoBGB/J. Mayer § 2366 Rn. 15 mwN). 4

Da der auf Grund einer (einfachen oder qualifizierten) **Nachfolgeklausel** vererbliche Anteil an einer **Personengesellschaft** auf Grund der eintretenden erbrechtlichen Sondererbfolge sofort mit dem Erbfall auf den nachfolgeberechtigten Gesellschaftererben übergeht (→ § 1922 Rn. 68 ff.), wird er jedoch von einer Erbteilsveräußerung nicht erfasst (Dietrich, Die Erbteilsveräußerung, 2006, 168; Keller MittBayNot 2007, 96 (97); Ivo ZEV 2004, 499 (500); Soergel/Zecca-Jobst § 2033 Rn. 12). Weil es sich jedoch bei einer solchen Sondererbfolge in Personengesellschaften der Sache nach um eine mit dem Erbfall sofort vollziehende Teilungsanordnung handelt, ist dieser Fall wie der bei einer ganz oder zumindest teilweise erfolgten Erbauseinandersetzung zu behandeln (→ Rn. 6). Daher ist § 2374 hierauf entspr. anwendbar, sodass der Verkäufer zur Übertragung des ihm kraft Sondererbfolge zugefallenen Gesellschaftsanteils verpflichtet ist (Ivo ZEV 2004, 499 (500); Keller MittBayNot 2007, 96 (99); aA Dietrich, Die Erbteilsveräußerung, 2006, 168 f.). Dies vermeidet Wertungswidersprüche zum Erwerb vom Alleinerben, für den sich diese Verpflichtung aus § 2374 zweifelsfrei ergibt. Zudem stehen auch gesellschaftsrechtliche Gründe nicht entgegen, da gesellschaftsvertragliche Abtretungsbeschränkungen auch hier gelten und die Mitgesellschafter schützen (Keller MittBayNot 2007, 96 (99)). 5

**b) Nach Erbauseinandersetzung.** Wenn jedoch die Erbauseinandersetzung bereits vollständig erfolgt ist, ist das Anteilsrecht erloschen. Der Verkäufer hat dann auf Grund einer ergänzenden Vertragsauslegung seine Herausgabepflicht durch (Einzel-)Übertragung der ihm bei der Auseinandersetzung zugeteilten Nachlassgegenstände zu erfüllen (MüKoBGB/Musielak Rn. 6; Kipp/Coing ErbR § 111 IV 1; Soergel/Kappler § 2371 Rn. 15; aA Lange/Kuchinke ErbR § 45 III 2 c). Bei einer Teilauseinandersetzung muss er seinen Erbteil übertragen (§ 2033) und bezüglich der ihm bereits zugeteilten Gegenstände Einzelübertragung vornehmen (NK-BGB/Kroiß Rn. 4; Damrau/Redig Rn. 3). 6

**3. Surrogate.** Nach der ausdrücklichen Regelung des Gesetzes sind auch die vor dem Verkauf erlangten Surrogate herauszugeben, wodurch der Grundsatz der Rückbeziehung (→ § 2371 Rn. 3) wiederhergestellt wird. Obwohl der Wortlaut dem des § 2041 entspricht, ist dies in den Fällen, in denen die Erfüllung der Herausgabepflicht durch Einzelübertragung erfolgt, keine dinglich wirkende Surrogationsbestimmung im eigentlichen Sinne, sondern legt nur den Umfang der schuldrechtlichen Herausgabeverpflichtung fest. Gegen die Annahme einer dinglich wirkenden Surrogation spricht § 2379, wonach die vor dem Verkauf anfallenden Nutzungen dem Verkäufer verbleiben, der fehlende Verweis auf die §§ 406–408 und der Umstand, dass kein Sondervermögen entsteht, sondern rein schuldrechtlich wirkende Rechte und Pflichten begründet werden (ausf. Stiebitz, Die Surrogation im Erbrecht, Diss. Erlangen-Nürnberg 2006, 137 ff.; NK-BGB/Kroiß Rn. 7; Keller MittBayNot 2007, 96 (98); Lange/Kuchinke ErbR § 45 III Fn. 56; MüKoBGB/Musielak Rn. 10; aA Soergel/Kappler Rn. 2 f.; Staudinger/Olshausen, 2016, Rn. 11 ff.). Der Herausgabepflicht unterliegen auch Ansprüche des Verkäufers gegen Testamentsvollstrecker, Nachlasspfleger, Erbschaftsbesitzer und Vorerben (§§ 2130 ff.), die er auf Grund seiner Erbenstellung erworben hat (MüKoBGB/Musielak Rn. 9; Staudinger/Olshausen, 2016, Rn. 9), nicht aber ein Anspruch auf den güterrechtlichen Zugewinnausgleich (§ 1371 Abs. 2), da dies die Ausschlagung 7 des verkauften Erbteils voraussetzt (Soergel/Kappler Rn. 1; Grüneberg/Weidlich Rn. 3). Die **Nutzungen** bis zum Verkauf verbleiben dem Verkäufer (§ 2379).

## § 2375 Ersatzpflicht

**(1) [1]Hat der Verkäufer vor dem Verkauf einen Erbschaftsgegenstand verbraucht, unentgeltlich veräußert oder unentgeltlich belastet, so ist er verpflichtet, dem Käufer den Wert des verbrauchten oder veräußerten Gegenstands, im Falle der Belastung die Wertminderung zu ersetzen. [2]Die Ersatzpflicht tritt nicht ein, wenn der Käufer den Verbrauch oder die unentgeltliche Verfügung bei dem Abschluss des Kaufs kennt.**

**(2) Im Übrigen kann der Käufer wegen Verschlechterung, Untergangs oder einer aus einem anderen Grunde eingetretenen Unmöglichkeit der Herausgabe eines Erbschaftsgegenstands nicht Ersatz verlangen.**

### Überblick

Bei dieser Wertersatzpflicht unterscheidet das Gesetz zwischen dem Verbrauch von Nachlassgegenständen, der unentgeltlichen Veräußerung oder Belastung und der Verschlechterung, dem Untergang oder der sonstigen Unmöglichkeit der Herausgabe eines Erbschaftsgegenstands für die Zeit vor Abschluss des Erbschaftskaufvertrags.

**1** In Ergänzung der Herausgabepflicht des § 2374 hat der Verkäufer einen Wertersatz nach Abs. 1 S. 1 dann zu leisten, wenn er vor Abschluss des Erbschaftskaufs einen Erbschaftsgegenstand verbraucht (zB durch Tilgung eigener Verbindlichkeiten), veräußert oder belastet hat, ohne dass dafür dem Nachlass etwas als entsprechende Kompensation zugeflossen ist. Daher kommt es hier nur auf die objektive Unentgeltlichkeit an, nicht auf die Parteivorstellung über das Vorliegen einer Schenkung (jurisPK-BGB/Hau Rn. 1; NK-BGB/Kroiß Rn. 1; so wohl auch Soergel/Kappler Rn. 1 unter Bezug auf die Rspr. zu §§ 2113, 2205 S. 3). Zu ersetzen ist der objektive Wert, den der Gegenstand im Zeitpunkt des Verbrauchs oder der Veräußerung besitzt (MüKoBGB/Musielak Rn. 5; Staudinger/Olshausen, 2016, Rn. 9), bei Belastungen die dann eingetretene objektive Wertminderung. In den Fällen der Surrogation gilt jedoch die Sonderregelung des § 2374 (Damrau/Redig Rn. 2; Staudinger/Olshausen, 2016, Rn. 6). Die Wertersatzpflicht entfällt, wenn der Käufer den Verbrauch oder die unentgeltliche Veräußerung bei Abschluss des Kaufes kennt (Abs. 1 S. 2), wobei hier nur positive Kenntnis des Käufers schadet, Kennen müssen der Kenntnis nicht gleichsteht (jurisPK-BGB/Hau Rn. 2; Baumgärtel/Schmitz Rn. 1; Staudinger/Olshausen, 2016, Rn. 8).

**2** Abs. 2 enthält eine Haftungsfreistellung für den Verkäufer bei Verschlechterung, Untergang oder aus sonstigen Gründen eingetretener Unmöglichkeit und bezieht sich ebenfalls nur auf die Zeit vor Abschluss des Kaufvertrags, gilt jedoch unabhängig davon, ob den Verkäufer hieran ein Verschulden trifft (MüKoBGB/Musielak Rn. 7; Staudinger/Olshausen, 2016, Rn. 12). Sie erfasst jedoch nicht die Haftung aus anderem Rechtsgrund, etwa bei einer arglistigen Täuschung oder nach § 826 (Staudinger/Olshausen, 2016, Rn. 12; Soergel/Kappler Rn. 2; MüKoBGB/Musielak Rn. 7) oder wenn der Verkäufer eine entsprechende Garantie übernommen hat (MüKoBGB/Musielak Rn. 7; Staudinger/Olshausen, 2016, Rn. 12).

**3** Nach Abschluss des Erbschaftskaufs haftet der Verkäufer nach den allgemeinen Grundsätzen (§ 437) (NK-BGB/Kroiß Rn. 3; Staudinger/Olshausen, 2016, Rn. 4; Lange/Kuchinke ErbR § 45 III 2d; Kipp/Coing ErbR § 111 III 3).

## § 2376 Haftung des Verkäufers

**(1) Die Haftung des Verkäufers für Rechtsmängel beschränkt sich darauf, dass ihm das Erbrecht zusteht, dass es nicht durch das Recht eines Nacherben oder durch die Ernennung eines Testamentsvollstreckers beschränkt ist, dass nicht Vermächtnisse, Auflagen, Pflichtteilslasten, Ausgleichungspflichten oder Teilungsanordnungen bestehen und dass nicht unbeschränkte Haftung gegenüber den Nachlassgläubigern oder einzelnen von ihnen eingetreten ist.**

**(2) Für Sachmängel eines zur Erbschaft gehörenden Gegenstands haftet der Verkäufer nicht, es sei denn, dass er einen Mangel arglistig verschwiegen oder eine Garantie für die Beschaffenheit des Gegenstands übernommen hat.**

### Überblick

Diese Norm regelt die Rechte des Erwerbers wegen Rechtsmängel (→ Rn. 2) oder Sachmängel (→ Rn. 3 f.) nur unzureichend, so dass in der Praxis Garantizusagen üblich geworden sind (→ Rn. 5).

### I. Normzweck

1 Die Norm enthält als Sondervorschrift eine Beschränkung der allgemein für einen Kaufvertrag bei Rechts- oder Sachmängeln geltenden Rechte des Käufers. Fast in allen Kommentierungen ist noch von den „Gewährleistungspflichten" des Verkäufers die Rede (MüKoBGB/Musielak Rn. 1; Staudinger/Olshausen, 2016, Rn. 2; Soergel/Kappler Rn. 1 f.), jedoch entspricht dies nicht mehr der Gesetzesterminologie seit dem SchuldRModG. Gerechtfertigt wird diese Rechtsbeschränkung damit, dass sie dem mutmaßlichen Willen der Beteiligten wie aber auch der besonderen Art des Vertragsobjekts als Erbschaft mit einem Inbegriff von Rechten und Sachen entspreche (Staudinger/Olshausen, 2016, Rn. 2).

### II. Rechtsmängel

2 Abs. 1 beschränkt die Rechtsmängelhaftung auf die dort genannten Fälle. Der Erbteilsverkäufer haftet dabei dafür, dass er zum vertragsgemäßen Bruchteil Erbe wurde. Der Verkäufer haftet aber nicht dafür, dass einzelne Erbschaftsgegenstände frei von Rechten Dritter sind oder der Erblasser Eigentümer derselben war (Soergel/Kappler Rn. 1; Staudinger/Olshausen, 2016, Rn. 9). In analoger Anwendung des § 2376 haftet jedoch der Verkäufer dafür, dass keine Erbersatzansprüche nichtehelicher Kinder (bei Erbfällen bis zum 1.4.1998 vgl. Art. 227 Abs. 1 Nr. 1 EGBGB) oder Zugewinnausgleichsansprüche (§ 1371 Abs. 2, 3) oder ein Voraus (§ 1932) oder ein „Dreißigster" (§ 1969) des Ehegatten bestehen, nicht aber für Freiheit von Unterhaltsansprüchen der werdenden Mütter nach § 1963 (NK-BGB/Kroiß Rn. 1; MüKoBGB/Musielak Rn. 5; Staudinger/Olshausen, 2016, Rn. 12). Besteht eine Rechtsmängelhaftung, bestimmt sich die Rechtsfolge nach dem § 437, soweit der Käufer nicht bei Kaufabschluss den Mangel positiv kannte (§ 442 Abs. 1), oder diese nicht nach § 442 Abs. 1 S. 2 bei grober Fahrlässigkeit des Käufers in den dortigen Fällen ausgeschlossen ist (MüKoBGB/Musielak Rn. 8). Bei Erbschaftsschenkungen gilt die Haftungsreduzierung nach § 2385 Abs. 2 S. 2 (jurisPK-BGB/Hau Rn. 1; Damrau/Redig Rn. 4; MüKoBGB/Musielak Rn. 8), für das Außenverhältnis ist stets die Haftung nach § 2382 maßgebend.

### III. Sachmängel

3 Abs. 2 schließt die Haftung für Sachmängel generell aus, sodass nicht nur die verschuldensabhängigen Käuferrechte ausgeschlossen sind, sondern entspr. der früheren Rechtslage und der typischen Interessenlage beim Erbschaftskauf auch die übrigen gesetzlichen Käuferrechte (vgl. § 437 Nr. 1 und 2 nF). Dies gilt nicht bei arglistigem Verschweigen oder Übernahme einer Garantie (Damrau/Redig Rn. 5; MüKoBGB/Musielak Rn. 9; Schlichting ZEV 2002, 478 (479); Staudinger/Olshausen, 2016, Rn. 18; Soergel/Kappler Rn. 2).

4 Nimmt man in Übereinstimmung mit der sog. Einzeltheorie an, dass die §§ 2371 ff. auch dann anwendbar sind, wenn einzelne Nachlassgegenstände verkauft werden, diese jedoch nahezu den ganzen Nachlasswert darstellen und der Erwerber dies weiß (→ § 2371 Rn. 6), so verstößt der in Abs. 2 angeordnete Ausschluss der Sachmängelhaftung bei einem Verbrauchsgüterkauf durch einen Unternehmer (zB Trödler) an einen Verbraucher gegen Art. 3 Verbrauchsgüterkauf-RL. Im Wege richtlinienkonformer Auslegung sind auf solche Fälle dann die §§ 474 ff. nF entspr. anzuwenden (NK-BGB/Beck Rn. 3; jurisPK-BGB/Hau Rn. 4; aA Muscheler RNotZ 2009, 65 (72)).

### IV. Gestaltung

5 Die gesetzliche Regelung für Sach- und Rechtsmängel ist unbefriedigend. Die Praxis arbeitet daher mit vertraglichen Garantiezusagen (§ 443) (Dietrich, Die Erbteilsveräußerung, 2006, 410 ff.; Keim RNotZ 2003, 375 (385)).

## § 2377 Wiederaufleben erloschener Rechtsverhältnisse

**[1]Die infolge des Erbfalls durch Vereinigung von Recht und Verbindlichkeit oder von Recht und Belastung erloschenen Rechtsverhältnisse gelten im Verhältnis zwischen dem**

**Käufer und dem Verkäufer als nicht erloschen. [2]Erforderlichenfalls ist ein solches Rechtsverhältnis wiederherzustellen.**

## Überblick

Weil der Erbschaftskäufer so zu stellen ist, als ob er an Stelle des Verkäufers von Anfang an der Erbe geworden wäre, ordnet diese Vorschrift an, dass ein zwischen dem Erblasser und dem Erbschaftsverkäufer bestehendes Rechtsverhältnis, das Konfusion oder Konsolidation an sich erloschen wäre, im Verhältnis von Käufer und Verkäufer als fortbestehend gilt (→ Rn. 1). Die Fortbestehensfiktion wirkt nur schuldrechtlich zwischen den Vertragsparteien, nicht gegen Dritte (→ Rn. 3).

## I. Normzweck

1 Die Vorschrift dient der Verwirklichung des Grundsatzes, dass der Erbschaftskäufer so zu stellen ist, als ob er an Stelle des Verkäufers von Anfang an der Erbe geworden wäre. Demnach wird angeordnet, dass ein zwischen dem Erblasser und dem Erbschaftsverkäufer bestehendes Rechtsverhältnis, das durch Vereinigung von Recht und Verbindlichkeit (Konfusion) oder von Recht und Belastung (Konsolidation) an sich erloschen wäre, im Verhältnis von Käufer und Verkäufer als fortbestehend gilt, um Benachteiligungen für eine Partei zu vermeiden (sog. Fortbestehensfiktion).

## II. Schuldrechtliche Wirkung

2 Diese Fiktion wirkt aber nur schuldrechtlich (vgl. S. 2); demnach sind die Vertragsteile verpflichtet, sich gegenseitig das zu gewähren, was sie bei Fortbestehen der erloschenen Rechtsverhältnisse beanspruchen könnten. Soweit erforderlich, ist das Rechtsverhältnis neu zu begründen, und zwar mit Wirkung ex tunc (Soergel/Kappler Rn. 2). Bei sofort fälligen Forderungen ist dies aber nicht erforderlich; es genügt die Bewirkung der ursprünglich geschuldeten Leistung (Kipp/Coing ErbR § 111 VII 1; Lange/Kuchinke ErbR § 45 III Fn. 60); § 2377 macht das Ganze dann nur kondiktionsfest. Eine Neubestellung ist aber erforderlich bei akzessorischen Sicherungsrechten (Pfandrecht, Hypothek), die durch Konfusion zunächst erloschen sind. So entsteht durch das Erlöschen der gesicherten Forderung bei einer Hypothek eine Eigentümergrundschuld (§ 1163 Abs. 1 S. 2, § 1177 Abs. 1 S. 1) (Staudinger/Olshausen, 2016, Rn. 6; MüKoBGB/Musielak Rn. 3; aA Planck/Greiff Anm. 3). § 2377 wirkt aber auch zu Ungunsten des Erwerbers, wenn der Verkäufer vor dem Erbfall eine Forderung gegen den Erblasser hatte (Staudinger/Olshausen, 2016, Rn. 7; Soergel/Kappler Rn. 3).

3 Die Fortbestehensfiktion wirkt nur schuldrechtlich zwischen den Vertragsparteien, nicht gegen Dritte. Ein Dritter als Bürge oder Sicherungsgeber eines Pfandrechts, zB einer Hypothek, wird also durch § 2377 nicht zur Neubestellung der Sicherheiten gegenüber dem Gläubiger verpflichtet (Damrau/Redig Rn. 4; MüKoBGB/Musielak Rn. 5; Staudinger/Olshausen, 2016, Rn. 8; AK-BGB/Däubler Rn. 2; aA v. Lübtow ErbR I 780), jedoch kann sich eine solche Verpflichtung diesem gegenüber aus der abgeschlossenen Sicherungsabrede ergeben (jurisPK-BGB/Hau Rn. 2). Soweit ein Miterbe seinen Erbanteil überträgt, bedarf es der Fortbestehensfiktion nicht, da wegen des Gesamthandsprinzips der Erbengemeinschaft vor der Auseinandersetzung das Recht oder die Verbindlichkeit eines Erben gegenüber dem Nachlass ohnehin fortbesteht (Kipp/Coing ErbR § 111 VII 2; RGRK-BGB/Kregel Rn. 2; Zarnekow MittRhNotK 1969, 620 (629)). Hier bewirken die § 755 Abs. 2, § 756 S. 2, dass sich der Erbteilserwerber die frühere Schuld des Verkäufers anrechnen lassen muss (RGZ 78, 273 (274 f.)).

### § 2378 Nachlassverbindlichkeiten

**(1) Der Käufer ist dem Verkäufer gegenüber verpflichtet, die Nachlassverbindlichkeiten zu erfüllen, soweit nicht der Verkäufer nach § 2376 dafür haftet, dass sie nicht bestehen.**

**(2) Hat der Verkäufer vor dem Verkauf eine Nachlassverbindlichkeit erfüllt, so kann er von dem Käufer Ersatz verlangen.**

### Überblick

Diese Vorschrift regelt die Übernahme der Nachlassverbindlichkeiten durch den Erbschaftskäufer sowie eine Ersatzpflicht für bereits vom Erbschaftsverkäufer erfüllte Nachlassverbindlichkeiten.

Die dispositive Vorschrift betrifft das Innenverhältnis zwischen Verkäufer und Käufer. Da durch den Erbschaftskauf der Käufer so gestellt werden soll, wie wenn er Erbe des Erblassers geworden wäre, und er ohnehin die gesamte Erbschaft auch mit den Passiven übernimmt, ist es sachgerecht, dass er dem Verkäufer gegenüber zur Erfüllung der Nachlassverbindlichkeiten (§§ 1967 ff.) verpflichtet ist (Abs. 1). Denn der Verkäufer haftet im Außenverhältnis nach wie vor für die Nachlassverbindlichkeiten, da die Erfüllungspflicht des Abs. 1 nicht wie eine Schuldübernahme, sondern nur wie eine Erfüllungsübernahme (§ 415 Abs. 3; § 2382 Abs. 1 S. 1) wirkt (MüKoBGB/Musielak Rn. 1). Ausgenommen von dieser Erfüllungspflicht sind die Verbindlichkeiten, für die der Verkäufer nach § 2376 haftet (uU aber eingeschränkt durch § 442 bei Kenntnis oder grob fahrlässiger Unkenntnis des Rechtsmangels), sodass der Käufer etwa nicht für eine Zugewinnausgleichsschuld nach § 1371 Abs. 2, 3 im Innenverhältnis aufzukommen hat (MüKoBGB/Musielak Rn. 2). Wird der Käufer trotzdem durch einen Gläubiger in Anspruch genommen (§ 2382), so ist er auf seine Ansprüche aus der Rechtsmängelhaftung gegen den Verkäufer angewiesen (NK-BGB/Kroiß Rn. 2; Soergel/Kappler Rn. 1). Die Erfüllungspflicht nach Abs. 1 steht in keinem synallagmatischen Verhältnis (§§ 320 ff.) zu den Pflichten des Verkäufers (RGZ 101, 185 (192); MüKoBGB/Musielak Rn. 3; Soergel/Kappler Rn. 1), sodass der Verkäufer mit seinen Pflichten vorleistungspflichtig und allenfalls auf Schadensersatz wegen der Verletzung der Erfüllungspflicht (§§ 280, 281) verwiesen ist oder vom Vertrag nach § 323 zurücktreten kann (MüKoBGB/Musielak Rn. 3; Staudinger/Olshausen, 2016, Rn. 4; AK-BGB/Däubler Rn. 2). 1

Nach Abs. 2 ist der Käufer verpflichtet, dem Verkäufer Ersatz für die von diesem vor dem Verkauf erfüllten Nachlassverbindlichkeiten zu leisten. Der Erfüllung stehen die Erfüllungssurrogate gleich (Leistung an Erfüllungs Statt, § 364, Hinterlegung nach § 378, Aufrechnung mit einer dem Verkäufer zustehenden Eigenforderung, § 389) (Staudinger/Olshausen, 2016, Rn. 8). Soweit jedoch der Verkäufer nach § 2376 für Freiheit von Rechtsmängeln haftet, besteht keine Ersatzpflicht (NK-BGB/Kroiß Rn. 3; MüKoBGB/Musielak Rn. 4). Für die zwischen Erbfall und Erbschaftskauf erst entstandenen Lasten gilt § 2379. 2

## § 2379 Nutzungen und Lasten vor Verkauf

**[1]Dem Verkäufer verbleiben die auf die Zeit vor dem Verkauf fallenden Nutzungen. [2]Er trägt für diese Zeit die Lasten, mit Einschluss der Zinsen der Nachlassverbindlichkeiten. [3]Den Käufer treffen jedoch die von der Erbschaft zu entrichtenden Abgaben sowie die außerordentlichen Lasten, welche als auf den Stammwert der Erbschaftsgegenstände gelegt anzusehen sind.**

### Überblick

Diese Vorschrift regelt im Innenverhältnis die Verteilung der Nutzungen sowie die Verteilung der Lasten bis zum Abschluss des Erbschaftskaufs.

Hinsichtlich der Nutzungen und Lasten knüpft die dispositive Vorschrift (Soergel/Kappler Rn. 1) an den Gefahrübergang an, der nach § 2380 S. 1 bereits mit Abschluss des Kaufvertrags erfolgt. Daher erfolgt ausnahmsweise keine volle Rückbeziehung der Wirkungen des Erbschaftskaufs auf den Zeitpunkt des Erbfalls. Vielmehr gebühren die **bis zum Verkauf** angefallenen **Nutzungen** (§ 100) dem Verkäufer (dies gilt auch für die einkommensteuerrechtliche Gewinnzurechnung, BFH BFH/NV 2000, 702), danach dem Käufer (§ 2380 S. 2). 1

Für die **Lasten** (zum Begriff → § 103 Rn. 1 ff.) der Erbschaft, einschließlich der Zinszahlungen, gilt für das Innenverhältnis grds. das Gleiche (S. 2). Jedoch hat der Käufer auch für die Zeit **vor dem Erbschaftskauf** zu tragen und ggf. dem Verkäufer zu ersetzen (S. 3): 2

- die von der Erbschaft zu entrichtenden **Abgaben** (insbes. Erbschaftsteuer (OLG München OLGE 21, 360 (361); jurisPK-BGB/Hau Rn. 1; Staudinger/Olshausen, 2016, Rn. 8), nicht aber die durch die Erbteilsveräußerung entstehende Einkommensteuerbelastung (OLG Dresden ZErb 2003, 184);
- die **außerordentlichen Lasten,** welche als auf den Stammwert der Erbschaftsgegenstände gelegt anzusehen sind (zum Begriff → § 2126 Rn. 1 ff.).

3 Bei **Verkauf eines Erbteils** gilt es, § 2379 mit der besonderen Regelung der Erbengemeinschaft in § 2038 Abs. 2 S. 2, 3 in Übereinstimmung zu bringen (vgl. etwa jurisPK-BGB/Hau Rn. 2). Soweit die Teilung der Früchte nach § 2038 Abs. 2 S. 2 erst bei der Auseinandersetzung nach Abschluss des Kaufvertrags erfolgt, kann vom Käufer nicht die Rückgabe der Nutzungen verlangt werden, die auf den Zeitraum vor Abschluss des Kaufvertrags erfolgen (MüKoBGB/Musielak Rn. 4; Grüneberg/Weidlich Rn. 2; Staudinger/Olshausen, 2016, Rn. 6). Soweit jedoch bereits Reinerträge an den Verkäufer verteilt wurden oder soweit er nach § 2038 Abs. 2 S. 3 einen Anspruch auf Auszahlung derselben hat, weil die Erbauseinandersetzung länger als ein Jahr ausgeschlossen war, gebühren sie ihm (NK-BGB/Kroiß §§ 2379, 2380 Rn. 3; Damrau/Redig Rn. 2; Lange/Kuchinke ErbR § 45 III 3; Staudinger/Olshausen, 2016, Rn. 6; MüKoBGB/Musielak Rn. 4; dagegen wenden § 2379 für den Erbteilskauf gar nicht an: OLG Dresden ZErb 2003, 184; Soergel/Kappler Rn. 1; Erman/Schlüter ErbR Rn. 1).

## § 2380 Gefahrübergang, Nutzungen und Lasten nach Verkauf

**[1]Der Käufer trägt von dem Abschluss des Kaufs an die Gefahr des zufälligen Untergangs und einer zufälligen Verschlechterung der Erbschaftsgegenstände. [2]Von diesem Zeitpunkt an gebühren ihm die Nutzungen und trägt er die Lasten.**

### Überblick

Die Vorschrift regelt den Übergang von Nutzen, Lasten und Gefahr beim Erbschaftskauf.

1 Beim Erbschaftskauf geht schon mit Abschluss des schuldrechtlichen Vertrags die (Gegenleistungs- oder Preis-)Gefahr (Ebenroth ErbR Rn. 1206; AK-BGB/Däubler Rn. 1; MüKoBGB/Musielak Rn. 2; Staudinger/Olshausen, 2016, Rn. 1) auf den Käufer über, sodass der Verkäufer seinen Anspruch auf Bezahlung des vollen Kaufpreises behält, ohne dass sich der Käufer auf § 326 Abs. 1 S. 1 berufen kann. Allerdings bleibt die Haftung des Verkäufers wegen einer von ihm zu vertretenden Unmöglichkeit unberührt (Staudinger/Olshausen, 2016, Rn. 1). Mit Abschluss des Kaufvertrags gehen aber auch die Nutzungen (§ 100) und Lasten (§ 103) auf den Käufer über. Für die Zeit bis dahin gilt § 2379, weshalb der Käufer die außerordentliche Lasten, die als auf den Stammwert der Sache gelegt anzusehen sind, auch für die Zeit vor Abschluss des Vertrages zu tragen hat (Damrau/Redig Rn. 3; MüKoBGB/Musielak Rn. 3). Diese Abweichung von § 446 durch die dispositive Vorschrift des § 2380 (MüKoBGB/Musielak Rn. 1; Staudinger/Olshausen, 2016, Rn. 4) beruht darauf, dass der Erbschaftskauf eine Sachgesamtheit betrifft, bei der es Probleme bereiten würde festzustellen, wann jeweils hinsichtlich der einzelnen Nachlassgegenstände tatsächlich die Besitzübergabe erfolgt ist und damit auch die Lasten übergehen (MüKoBGB/Musielak Rn. 1). § 2380 gilt auch für den Erbteilskauf (Damrau/Redig Rn. 1; jurisPK-BGB/Hau Rn. 1; Staudinger/Olshausen, 2016, Rn. 3).

## § 2381 Ersatz von Verwendungen und Aufwendungen

**(1) Der Käufer hat dem Verkäufer die notwendigen Verwendungen zu ersetzen, die der Verkäufer vor dem Verkauf auf die Erbschaft gemacht hat.**

**(2) Für andere vor dem Verkauf gemachte Aufwendungen hat der Käufer insoweit Ersatz zu leisten, als durch sie der Wert der Erbschaft zur Zeit des Verkaufs erhöht ist.**

### Überblick

Die vor dem Verkauf gemachten notwendigen Verwendungen hat der Käufer dem Verkäufer zu ersetzen, andere Aufwendungen aber nur, wenn durch sie der Wert der Erbschaft zurzeit des Kaufes noch erhöht ist. Bei Verkauf eines Erbteils vor der Auseinandersetzung bestimmen sich die Ersatzansprüche des Verkäufers wegen Aufwendungen für den gesamten Nachlass nach § 2038.

### I. Notwendige Verwendungen

1 Die vor dem Verkauf gemachten notwendigen Verwendungen (zum Begriff → § 994 Rn. 1 ff.) hat der Käufer dem Verkäufer zu ersetzen (Abs. 1). Denn dadurch wird die Substanz und Nutzbar-

keit der Erbschaft erhalten und der Käufer hätte sie, wäre er selbst bereits Erbe geworden, ebenfalls tragen müssen. Als notwendig sind dabei solche Verwendungen zu ersetzen, die zur Erhaltung der Substanz und der Nutzbarmachung der Erbschaft oder einzelner Erbschaftsgegenstände objektiv erforderlich waren (NK-BGB/Kroiß Rn. 1; MüKoBGB/Musielak Rn. 2; ohne die Verwendungen für die Nutzbarmachung: Staudinger/Olshausen, 2016, Rn. 3; Damrau/Redig Rn. 2). Abs. 1 gilt analog auch für gewöhnliche, laufende Erhaltungskosten, da es an einer dem § 994 Abs. 1 S. 2 entsprechenden Regelung fehlt, der Normzweck (Rückbeziehungsgrundsatz) aber auch insoweit zutrifft; sie hat also nicht der Verkäufer nach § 2379 S. 1 zu tragen (Damrau/Redig Rn. 2; jurisPK-BGB/Hau Rn. 1; MüKoBGB/Musielak Rn. 2; Soergel/Kappler Rn. 1; aA Kipp/Coing ErbR § 111 IX 1; Lange/Kuchinke ErbR § 45 III 3).

## II. Andere Aufwendungen

Andere Aufwendungen, nicht aber Schäden (AK-BGB/Däubler Rn. 4; MüKoBGB/Musielak Rn. 3) sind nach Abs. 2 vom Käufer nur zu ersetzen, als durch sie der Wert der Erbschaft zurzeit des Kaufes noch erhöht ist. Der Begriff der Aufwendung ist dabei weiter als der der Verwendung (Staudinger/Olshausen, 2016, Rn. 4; vgl. BGH NJW 1974, 743 (Arbeitsleistung)). Auf die Früchte (§ 99) gemachte Verwendungen sind von dem zu tragen, dem die Früchte zukommen, also für die Zeit vor Verkauf dem Verkäufer (Damrau/Redig Rn. 3; Soergel/Kappler Rn. 1; MüKoBGB/Musielak Rn. 3; Staudinger/Olshausen, 2016, Rn. 4). 2

## III. Erbteilsverkauf

Bei Verkauf eines Erbteils vor der Auseinandersetzung bestimmen sich die Ersatzansprüche des Verkäufers wegen Aufwendungen für den gesamten Nachlass nach § 2038 und richten sich gegen die anderen Erben, einschließlich dem Erbteilskäufer (NK-BGB/Kroiß Rn. 3; Damrau/Redig Rn. 4; Dietrich, Die Erbteilsveräußerung, 2006, 263; wohl auch Staudinger/Olshausen, 2016, Rn. 5; MüKoBGB/Musielak Rn. 4). § 2381 gilt nur, soweit der Nachlass ganz auseinander gesetzt wurde (MüKoBGB/Musielak Rn. 4; Staudinger/Olshausen, 2016, Rn. 5), bei einer Teilauseinandersetzung besteht die Ersatzpflicht des Käufers nach § 2381 nur bezüglich der Nachlassgegenstände, die bereits dem Verkäufer zu Alleineigentum vor Vertragsschluss zugewiesen wurden (Staudinger/Olshausen, 2016, Rn. 5). 3

## IV. Verwendungen nach dem Kauf

Für die nach Abschluss des Kaufvertrags gemachten Verwendungen des Verkäufers hatte der Käufer früher nach allgemeinem Kaufvertragsrecht einzustehen, also nach dem durch das SchuldRModG entfallenen § 450 (MüKoBGB/Musielak Rn. 5; Staudinger/Olshausen, 2016, Rn. 6), sodass jetzt die Regelungen über die Geschäftsführung ohne Auftrag (§§ 683 ff.) anwendbar sind (NK-BGB/Kroiß Rn. 4; Damrau/Redig Rn. 4; MüKoBGB/Musielak Rn. 5; Staudinger/Olshausen, 2016, Rn. 6); danach haftet der Käufer für notwendige Verwendungen immer (Lange/Kuchinke ErbR § 45 III 3; Staudinger/Olshausen, 2016, Rn. 6). 4

# § 2382 Haftung des Käufers gegenüber Nachlassgläubigern

**(1) [1]Der Käufer haftet von dem Abschluss des Kaufs an den Nachlassgläubigern, unbeschadet der Fortdauer der Haftung des Verkäufers. [2]Dies gilt auch von den Verbindlichkeiten, zu deren Erfüllung der Käufer dem Verkäufer gegenüber nach den §§ 2378, 2379 nicht verpflichtet ist.**

**(2) Die Haftung des Käufers den Gläubigern gegenüber kann nicht durch Vereinbarung zwischen dem Käufer und dem Verkäufer ausgeschlossen oder beschränkt werden.**

## Überblick

Die Bestimmung ist ein Fall des gesetzlichen Schuldbeitritts. Mit Abschluss des Kaufvertrags haftet der Käufer neben dem Verkäufer für die Nachlassverbindlichkeiten als Gesamtschuldner (→ Rn. 1, → Rn. 5 ff.). Ist der Vertrag nicht ausdrücklich auf den Erwerb der Erbschaft oder eines Erbteils als Ganzes gerichtet, so muss der Käufer wissen, dass es sich um die ganze oder nahezu ganze Erbschaft oder den Erbteil des Verkäufers handelt oder zumindest die Verhältnisse kennen, aus denen sich dies ergibt (→ Rn. 4).

## I. Normzweck, Grundzüge

1 Die Bestimmung regelt die Haftung des Erbschaftskäufers im Außenverhältnis zu den Nachlassgläubigern. Mit Abschluss des Kaufvertrags haftet der Käufer neben dem Verkäufer für die Nachlassverbindlichkeiten als Gesamtschuldner iSd §§ 421 ff., allerdings nach erbrechtlichen Grundsätzen gem. § 2383 beschränkbar (→ § 2383 Rn. 4). Es handelt sich um einen Fall des gesetzlichen Schuldbeitritts (BGHZ 26, 91, 97; NK-BGB/Kroiß §§ 2382, 2383 Rn. 1; Lange/Kuchinke ErbR § 51 III 2a). § 2382 ist daher ebenso wie die §§ 2383, 2384 zwingend (Abs. 2). Der Verkäufer kann jedoch durch eine wirksame Schuldübernahme (§§ 414, 415) mit Zustimmung des Gläubigers von seiner Haftung befreit werden (BGHZ 26, 91 (97) = NJW 1958, 791 Ls.; MüKoBGB/Musielak Rn. 3; Staudinger/Olshausen, 2016, Rn. 8). Die in § 2378 begründete interne Freistellungsverpflichtung des Käufers bewahrt den Verkäufer nicht von seiner Haftung im Außenverhältnis.

2 Die Vorschrift beruht auf dem gleichen Rechtsgedanken wie der durch die InsO aufgehobene § 419. Im Interesse der Nachlassgläubiger soll ihnen trotz des Verkaufs das Vermögen des bisherigen Schuldners als Haftungsobjekt erhalten bleiben. Daher wird der Käufer hinsichtlich der Haftung wie ein Gesamtrechtsnachfolger des Erblassers behandelt, obgleich er dies nicht ist (MüKoBGB/Musielak Rn. 1; Staudinger/Olshausen, 2016, Rn. 1 f.). Es gehört zu erweiterten Belehrungspflicht des Notars gem. § 17 Abs. 1 S. 1 BeurkG, sowohl auf die fortbestehende Haftung des Verkäufers als auch auf den gesetzlichen Schuldbeitritt des Käufers hinzuweisen; ein entsprechender Belehrungsvermerk in der Urkunde ist zwar nicht geboten, wohl aber aus Beweisgründen empfehlenswert.

## II. Haftungsvoraussetzungen

3 Voraussetzung der Haftung nach § 2382 ist der Abschluss eines wirksamen Erbschaftskaufs (BGH NJW 1963, 345; jurisPK-BGB/Hau Rn. 3; NK-BGB/Kroiß §§ 2382, 2383 Rn. 2; Damrau/Redig Rn. 2; Staudinger/Olshausen, 2016, Rn. 5; vgl. Keller, Formproblematik der Erbteilsveräußerung, 1995, Rn. 199 ff.), sodass der Erwerber bei einem wegen Formmangels nichtigen Kaufvertrag den Nachlassgläubigern gegenüber nicht haftet (BGH NJW 1967, 1128 (1131)). Eine Haftung ist auch ausgeschlossen, wenn der Verkäufer gar nicht der wirkliche Erbe war (zB nichtige Verfügung von Todes wegen) (BGH NJW 1967, 1128 (1131); Damrau/Redig Rn. 2; MüKoBGB/Musielak Rn. 5; Staudinger/Olshausen, 2016, Rn. 5). Der Käufer haftet auch dann nicht, wenn er vom Nachlassinsolvenzverwalter zum Zwecke der Masseverwertung iSd § 159 InsO eine Erbschaft im Ganzen kauft, weil die Nachlassgläubiger dann aus dem Erlös in einem entspr. hierfür ausgestalteten Verfahren befriedigt werden; insoweit bedarf es der teleologischen Reduktion des § 2383 (Brocker, Der Begriff der Erbschaft in den §§ 2171 ff. BGB, Diss. Münster 1987, 97; iE ebenso BayObLGZ 1907, 484 (488); jurisPK-BGB/Hau Rn. 3; Soergel/Kappler § 2383 Rn. 8; Staudinger/Olshausen, 2016, Rn. 5). Auf die Kenntnis des Käufers vom Vorhandensein von Nachlassverbindlichkeiten kommt es nicht an (NK-BGB/Kroiß §§ 2382, 2383 Rn. 2; MüKoBGB/Musielak Rn. 4; Staudinger/Olshausen, 2016, Rn. 1). Bei einem Irrtum darüber besteht jedoch uU ein Recht zur Anfechtung des Erbschaftskaufs nach § 119 Abs. 2, was in Folge der eintretenden Unwirksamkeit gem. § 142 Abs. 1 zum Wegfall der Haftung führt (NK-BGB/Kroiß §§ 2382, 2383 Rn. 2; AK-BGB/Däubler Rn. 4; Damrau/Redig Rn. 3).

4 Ist jedoch der Vertragsinhalt nicht ausdrücklich auf den Erwerb der Erbschaft oder eines Erbteils als Ganzes gerichtet, so setzt die Haftung des Erwerbers nach der – hier abgelehnten – Einzeltheorie voraus, dass er weiß, dass es sich um die ganze oder nahezu ganze Erbschaft oder den Erbteil des Verkäufers handelt oder er zumindest die Verhältnisse kennt, aus denen sich dies ergibt (eingehender → § 2371 Rn. 5) (BGH NJW 1965, 909; MüKoBGB/Musielak Rn. 4; Staudinger/Olshausen, 2016, Rn. 5). Bei Verkauf des Anwartschaftsrechts des Nacherben tritt die Haftung erst mit Eintritt des Nacherbfalls ein, da auch der Verkäufer nicht vorher gehaftet hätte (LG Heilbronn NJW 1956, 513 (514); NK-BGB/Kroiß Rn. 3; Soergel/Kappler Rn. 2). Die Haftung erlischt bei Aufhebung des Kaufvertrags, wenn dieser dann weder ganz noch teilweise erfüllt ist und hierüber eine entsprechende Anzeige an das Nachlassgericht nach § 2384 erfolgt (NK-BGB/Kroiß §§ 2382, 2383 Rn. 4; Staudinger/Olshausen, 2016, Rn. 5; MüKoBGB/Musielak Rn. 4).

## III. Umfang der Haftung

Der Umfang der Haftung richtet sich allein nach der des Erben (§ 1967) und umfasst daher sowohl Erblasserschulden, Erbfallschulden wie Nachlasseigenschulden (RGZ 112, 129, 131; Staudinger/Olshausen, 2016, Rn. 6; Soergel/Najdecki Rn. 5; MüKoBGB/Musielak Rn. 6), nicht aber den Regressanspruch des Sozialhilfeträgers gegen die Erben nach § 102 SGB XII (VGH Mannheim FEVS 41, 459 zu § 92c BSHG aF; NK-BGB/Kroiß §§ 2382, 2383 Rn. 10). Dass der Käufer im Innenverhältnis für einzelne dieser Verbindlichkeiten nicht aufzukommen hat (vgl. §§ 2376, 2379), ist für das Außenverhältnis zum Gläubiger unerheblich. Die Möglichkeit des Käufers zur Beschränkung der Haftung regelt § 2383. 5

Der Käufer wird durch den gesetzlichen Schuldbeitritt zusammen mit dem Verkäufer Gesamtschuldner (§§ 421 ff.). Damit wirkt jedoch ein gegen einen von beiden ergangenes Urteil noch nicht gegen den anderen (§ 425 Abs. 2) (MüKoBGB/Musielak Rn. 9; Soergel/Kappler Rn. 3; Staudinger/Olshausen, 2016, Rn. 3). Mangels einer Rechtsnachfolge scheidet auch eine Klauselumschreibung nach § 727 ZPO aus, ist aber nach § 729 ZPO möglich (NK-BGB/Kroiß §§ 2382, 2383 Rn. 10; MüKoBGB/Musielak Rn. 9). 6

Der Käufer eines Erbteils tritt nach § 2382 in die Gesamthaftung der Miterben nach den §§ 2058 bis 2063 ein (RGZ 60, 126, 131; Staudinger/Olshausen, 2016, Rn. 9). Dabei haftet der Käufer auch für die Ansprüche eines anderen Miterben gegen die Erbengemeinschaft aus einem zwischen den Miterben vor dem Erbschaftskauf abgeschlossenen Erbauseinandersetzungsvertrag zumindest analog § 2382 (BGH NJW 1963, 345; Staudinger/Olshausen, 2016, Rn. 9; MüKoBGB/Musielak Rn. 8). Bei Ausübung eines Vorkaufsrechts durch einen Miterben erlischt jedoch die Haftung des Käufers mit Übertragung des Erbteils an die Miterben nach Maßgabe des § 2036 (NK-BGB/Kroiß §§ 2382, 2383 Rn. 10; v. Lübtow ErbR II 1211 f.; Staudinger/Olshausen, 2016, Rn. 10; Soergel/Kappler Rn. 4). 7

### § 2383 Umfang der Haftung des Käufers

**(1) [1]Für die Haftung des Käufers gelten die Vorschriften über die Beschränkung der Haftung des Erben. [2]Er haftet unbeschränkt, soweit der Verkäufer zur Zeit des Verkaufs unbeschränkt haftet. [3]Beschränkt sich die Haftung des Käufers auf die Erbschaft, so gelten seine Ansprüche aus dem Kauf als zur Erbschaft gehörend.**

**(2) Die Errichtung des Inventars durch den Verkäufer oder den Käufer kommt auch dem anderen Teil zustatten, es sei denn, dass dieser unbeschränkt haftet.**

## Überblick

In Ergänzung zu § 2382 bestimmt § 2383 den Umfang der Haftung des Erbschaftskäufers für die Nachlassverbindlichkeiten sowie die Möglichkeiten zu deren Beschränkung. Der Käufer tritt in die bei Abschluss des Erbschaftskaufs für den Verkäufer bestehende Haftungssituation ein (→ Rn. 2). Dies gilt für eine bestehende Haftungsbeschränkung ebenso wie für eine eingetretene unbeschränkte Haftung mit dem Eigenvermögen (→ Rn. 3). Mit dem Vertragsabschluss können Verkäufer und Käufer jeweils für sich alle Maßnahmen zur Haftungsbeschränkung selbstständig ergreifen, soweit diese im Zeitpunkt des Abschlusses des Vertrags noch nicht verloren waren (→ Rn. 4 ff.).

## I. Normzweck

Als Ergänzung zu § 2382 bestimmt § 2383, in welchem Umfang der Erbschaftskäufer für die Nachlassverbindlichkeiten haftet und inwieweit er die Haftung beschränken kann. Dabei wird vom Grundsatz ausgegangen, dass er in einer Art „Universalsukzession" in die Passiva der Erbschaft eintritt (Mot. II 363). 1

## II. Haftungssituation bei Abschluss des Kaufvertrags

Die bei Abschluss des Erbschaftskaufs für den Verkäufer bestehende Haftungssituation wirkt für und gegen den Käufer; laufende Fristen (§§ 1994 ff., 2014) gelten also auch gegen ihn (Staudinger/Olshausen, 2016, Rn. 6, 12; ausf. Darstellung bei Zarnekow MittRhNotK 1969, 620 (631)). Dem Käufer kommt aber eine vom Verkäufer vorgenommene Inventarerrichtung (§§ 1993 ff.) zugute. 2

Hat der Verkäufer ein Aufgebotsverfahren durchgeführt, so haftet auch der Käufer nur nach § 1973 (Planck/Greiff Anm. 2b; MüKoBGB/Musielak Rn. 11). Von dem nach § 1973 Abs. 2 an die ausgeschlossenen Gläubiger herauszugebenden Überschuss kann der Käufer den von ihm gezahlten oder noch geschuldeten Kaufpreis abziehen, weil er nur nach Bereicherungsrecht haftet und insoweit nicht bereichert ist (Lange/Kuchinke ErbR § 51 III 2 a Fn. 35; Staudinger/Olshausen, 2016, Rn. 9). Wurde eine Nachlassverwaltung (§§ 1975 ff.) oder ein Nachlassinsolvenzverfahren (§§ 315 ff. InsO) herbeigeführt, so wird es mit dem Käufer fortgeführt (Staudinger/Olshausen, 2016, Rn. 8; Soergel/Kappler Rn. 8; Zarnekow MittRhNotK 1969, 620 (631)). Dieser haftet nicht mit seinem Eigenvermögen, sofern nicht eine unbeschränkte Haftung bereits vorher aus anderem Grund eintrat (Lange/Kuchinke ErbR § 51 III 2 a).

3 Soweit jedoch der Verkäufer zum Zeitpunkt des Verkaufs bereits endgültig unbeschränkt haftet (§§ 1994, 2005, 2006, 2013, § 27 HGB) sei es einzelnen (etwa wegen fehlenden Vorbehalts der Erbenhaftung nach § 780 Abs. 1 ZPO oder Nichtleistung der eidesstattlichen Versicherung nach § 2006), sei es allen Gläubigern gegenüber, so haftet der Käufer genauso unbeschränkt (Abs. 1 S. 2). Für den Gläubiger ist dies ein echter Glücksfall, da ihm nun Verkäufer (Erbe) und Käufer je mit ihrem gesamten Vermögen unbeschränkt haften (krit. daher Lange/Kuchinke ErbR § 51 III 2 a; Kipp/Coing ErbR § 112 I 3 Fn. 7; MüKoBGB/Musielak Rn. 1). Der Käufer ist auf seine Ansprüche gegen den Verkäufer wegen Rechtsmängelhaftung angewiesen (§ 2376 Abs. 1), soweit diese überhaupt zu realisieren sind.

## III. Haftungssituation nach Abschluss des Kaufvertrags

4 Mit Abschluss des Erbschaftskaufs trennt sich im Allgemeinen die haftungsrechtliche Entwicklung, sodass vom Grundsatz der selbstständigen Haftungslage gesprochen werden kann (MüKoBGB/Musielak Rn. 5; Lange/Kuchinke ErbR § 51 III 2a; Staudinger/Olshausen, 2016, Rn. 13 ff.; NK-BGB/Kroiß §§ 2382, 2383 Rn. 7). Verkäufer und Käufer können jeder für sich alle Maßnahmen zur Haftungsbeschränkung selbstständig ergreifen, soweit diese im Zeitpunkt des Abschlusses des Vertrags noch nicht verloren waren (Staudinger/Olshausen, 2016, Rn. 13; Zarnekow MittRhNotK 1969, 620 (632)). Tritt nun unbeschränkte Haftung des Verkäufers ein, ist dies für den Käufer ohne Auswirkungen. Der Käufer kann selbstständig die Schoneinreden geltend machen, soweit sie noch nicht vom Verkäufer verbraucht wurden (§§ 2015, 2016). Der Käufer kann auch selbstständig ein Aufgebotsverfahren nach §§ 1970 ff. beantragen (§ 463 Abs. 1 FamFG, da Rechtskraft auch gegen den anderen wirkt, § 463 Abs. 1 FamFG), die entsprechenden Einreden hieraus erheben, Nachlassverwaltung (§ 1981) und Nachlassinsolvenzverfahren (§ 330 InsO) beantragen und die Dürftigkeitseinreden nach §§ 1990–1992, § 782 ZPO selbstständig erheben. Dies setzt allerdings voraus, dass der Erwerber formwirksam (§ 2371) erworben hat (OLG Köln ZEV 2000, 240).

5 Auch der Verkäufer kann noch nach § 1981 Abs. 2 die Nachlassverwaltung beantragen, aber analog § 330 Abs. 2 InsO nur bei Vorliegen dieser Voraussetzungen, also uneingeschränkt nur wegen der Nachlassverbindlichkeiten, die im Verhältnis zwischen ihm und dem Käufer diesem zur Last fallen, hinsichtlich anderer Nachlassverbindlichkeiten aber nur, wenn er nicht unbeschränkbar haftet und auch keine Nachlassverwaltung angeordnet ist (jurisPK-BGB/Hau Rn. 4; Staudinger/Olshausen, 2016, Rn. 24; Soergel/Kappler Rn. 6). Wegen der im Wesentlichen gleichen Interessenlage gelten auch sonst für die Nachlassverwaltung die zum Nachlassinsolvenzverfahren entwickelten Grundsätze entspr. (MüKoBGB/Musielak Rn. 8; Staudinger/Olshausen, 2016, Rn. 24). Im Nachlassinsolvenzverfahren gehören zur Masse nicht nur der Nachlass selbst, sondern auch die sonstigen Ansprüche aus dem Kaufvertrag (Abs. 1 S. 3), zB auf Ersatz oder Verschaffung (MüKoBGB/Musielak Rn. 7; Soergel/Kappler Rn. 6; Staudinger/Olshausen, 2016, Rn. 22). Wurde auch über das Eigenvermögen des Verkäufers ein Insolvenzverfahren eröffnet, hat der Nachlassinsolvenzverwalter ein Aussonderungsrecht (§§ 47, 81, 82 InsO) hinsichtlich der vom Verkäufer noch nicht übertragenen, aber nach § 2374 herauszugebenden Nachlassgegenstände (Staudinger/Olshausen, 2016, Rn. 22; Grüneberg/Weidlich Rn. 1). Inventarerrichtungsfristen können Erben wie Käufer getrennt gesetzt werden, laufen dann selbstständig, und die daraus resultierenden Nachteile entstehen für jeden besonders (Lange/Kuchinke ErbR § 51 III Fn. 43; Zarnekow MittRhNotK 1969, 620 (632)). Jedoch erhält die Inventarerrichtung durch den einen Vertragspartner nach Abs. 2 auch dem anderen die Möglichkeit der Haftungsbeschränkung, sofern dieser noch nicht unbeschränkt haftet (jurisPK-BGB/Hau Rn. 4), was die einzige materiellrechtliche Ausnahme vom Grundsatz der Selbstständigkeit der Haftungslage ist (NK-BGB/Kroiß §§ 2382, 2383 Rn. 8).

Beim Erbteilskauf kann sich der Käufer auf die besonderen Möglichkeiten der Haftungsbeschränkung nach den §§ 2058–2063 berufen, die bei § 2383 S. 1 entspr. gelten (RGZ 60, 126 (131 f.); NK-BGB/Kroiß §§ 2382, 2383 Rn. 9; Damrau/Redig Rn. 5; MüKoBGB/Musielak Rn. 14; Soergel/Kappler Rn. 5). Daraus ergeben sich besondere Gefahren für den Verkäufer, wenn die Teilung des Nachlasses nach dem Verkauf erfolgt, auf deren Durchführung er keinen Einfluss hat: Er, aber auch der Käufer, haften zusammen mit den anderen Miterben als Gesamtschuldner für die gesamte Forderung, wenn nicht ausnahmsweise eine anteilige Haftung nach §§ 2060, 2061 gegeben ist (NK-BGB/Kroiß §§ 2382, 2383 Rn. 9; Soergel/Kappler Rn. 5; MüKoBGB/Musielak Rn. 14; Zarnekow MittRhNotK 1969, 620 (634)). 6

## § 2384 Anzeigepflicht des Verkäufers gegenüber Nachlassgläubigern, Einsichtsrecht

**(1) [1]Der Verkäufer ist den Nachlassgläubigern gegenüber verpflichtet, den Verkauf der Erbschaft und den Namen des Käufers unverzüglich dem Nachlassgericht anzuzeigen. [2]Die Anzeige des Verkäufers wird durch die Anzeige des Käufers ersetzt.**

**(2) Das Nachlassgericht hat die Einsicht der Anzeige jedem zu gestatten, der ein rechtliches Interesse glaubhaft macht.**

### Überblick

Diese Benachrichtigungspflicht dient dem Interesse der Nachlassgläubiger, die sich auf die durch einen Erbschaftskauf veränderte Haftungslage einstellen können müssen (→ Rn. 1 ff.). Das Einsichtsrecht setzt ein glaubhaft gemachtes rechtliches Interesse voraus (→ Rn. 4).

### I. Anzeigepflicht

Die Benachrichtigungspflicht des Verkäufers dient dem Interesse der Nachlassgläubiger, die über die durch einen Erbschaftskauf veränderte Haftungslage (§§ 2382, 2383) informiert sein müssen. Die Anzeigepflicht entspricht der des Vorerben nach § 2146 (NK-BGB/Kroiß Rn. 1). Die Anzeigepflicht trifft den Verkäufer (nicht aber Urkundsnotar) gegenüber den Nachlassgläubigern und wird durch entsprechende Erklärung an das zuständige Nachlassgericht (§ 343 FamFG) erfüllt, da nicht immer feststeht, wer eigentlich Gläubiger ist (MüKoBGB/Musielak Rn. 1). Die Anzeige ist unverzüglich (§ 121 Abs. 1 S. 1) zu erstatten und umfasst den schuldrechtlichen Erbschaftskauf, aber auch dessen dinglichen Vollzug (jurisPK-BGB/Hau Rn. 1; Grüneberg/Weidlich Rn. 1; Haegele BWNotZ 1972, 6) und erstreckt sich auf die Tatsache des Verkaufs und den Namen des Käufers. Nicht notwendig ist aber, eine Vertragsabschrift zu übersenden (NK-BGB/Kroiß Rn. 1; Staudinger/Olshausen, 2016, Rn. 2), jedoch sind Bedingungen anzugeben, die die Wirksamkeit des Rechtsgeschäfts betreffen. 1

Bei Vertragsaufhebung vor Erfüllung ist auch dies (analog § 2384) anzuzeigen (NK-BGB/Kroiß Rn. 4; jurisPK-BGB/Hau Rn. 1; Staudinger/Olshausen, 2016, Rn. 2), da dadurch die Haftung des Erwerbers entfällt (→ § 2382 Rn. 4); bei der Anfechtung des Kaufvertrags besteht zwar keine Pflicht zur Anzeige, jedoch ist dies zweckmäßig (Damrau/Redig Rn. 2; Staudinger/Olshausen, 2016, Rn. 3). Durch die Anzeige des Käufers wird auch der Verkäufer von dieser Pflicht befreit (Abs. 1 S. 2); Gleiches gilt, wenn der Notar im Auftrag des Verkäufers die Anzeige vornimmt (Damrau/Redig Rn. 1), was in der Praxis die Regel ist. Bei schuldhafter Verletzung der Anzeigepflicht ist der Verkäufer nach § 823 Abs. 2 iVm § 2384 (Schutzgesetz) dem Nachlassgläubiger zum Ersatz des daraus resultierenden Schadens verpflichtet (NK-BGB/Kroiß Rn. 2; jurisPK-BGB/Hau Rn. 2; MüKoBGB/Musielak Rn. 3; Staudinger/Olshausen, 2016, Rn. 3). Erfährt der Nachlassgläubiger auf andere Weise von dem Erbschaftskauf, so wird dies idR den Schadensersatzanspruch ausschließen, da er dann gehalten ist, sich beim Nachlassgericht über die Einzelheiten zu informieren (§ 254) und es zudem bereits an der haftungsbegründenden Kausalität fehlt (jurisPK-BGB/Hau Rn. 2; NK-BGB/Kroiß Rn. 2; Damrau/Redig Rn. 2; MüKoBGB/Musielak Rn. 3; AK-BGB/Däubler Rn. 2; aA Staudinger/Olshausen, 2016, Rn. 3). 2

Das Nachlassgericht hat die Anzeige lediglich entgegenzunehmen; auch bezüglich der ihm bekannten Nachlassgläubiger ist es nicht zur Information verpflichtet (Soergel/Kappler Rn. 2). Es erhält für die Entgegennahme Festgebühr von 15 Euro nach KV 12410 Abs. 1 Nr. 5 GNotKG. 3

## II. Einsichtsrecht (Abs. 2)

4 Ein Einsichtsrecht setzt ein glaubhaft gemachtes rechtliches Interesse voraus, was weiter geht als das berechtigte Interesse nach § 13 Abs. 2 FamFG. Erforderlich ist ein auf Rechtsnormen beruhendes oder durch Rechtsnormen zumindest geregeltes und gegenwärtig bestehendes Verhältnis. Das rechtliche Interesse kann sich insbes. aus § 1953 Abs. 3 S. 2, §§ 2010, 2081, 2228 ergeben (Staudinger/Olshausen, 2016, Rn. 6). Das Recht der Vertragsteile auf informationelle Selbstbestimmung als Ausfluss des allgemeinen Persönlichkeitsrechts (Art. 2 Abs. 1 GG) (vgl. BVerfGE 65, 1 (43) = NJW 1984, 419; BVerfGE 78, 77 (84) = NJW 1988, 2031; Grziwotz MittBayNot 1995, 97) bestimmt die Entscheidung über das „Ob", aber auch das „Wie" der zu gewährenden Einsicht (jurisPK-BGB/Hau Rn. 3; NK-BGB/Kroiß Rn. 5): Die Offenlegung des Kaufpreises ist regelmäßig nicht erforderlich. Dabei ist es unerheblich, dass die Nachlassakten, bei denen die Anzeige nach § 2384 verwahrt wird, als einfache Aktensammlung ohne Möglichkeit der automatisierten Umordnung oder Auswertung keine „Daten" iSd BDSG sind (vgl. Lücke NJW 1983, 1407 (1408)). Denn das Recht auf informationelle Selbstbestimmung gilt nicht nur im Bereich der automatisierten Datenverarbeitung (BVerfGE 78, 77 (84) = NJW 1988, 2031; BVerfGE 121, 125).

## § 2385 Anwendung auf ähnliche Verträge

**(1) Die Vorschriften über den Erbschaftskauf finden entsprechende Anwendung auf den Kauf einer von dem Verkäufer durch Vertrag erworbenen Erbschaft sowie auf andere Verträge, die auf die Veräußerung einer dem Veräußerer angefallenen oder anderweit von ihm erworbenen Erbschaft gerichtet sind.**

**(2) [1]Im Falle einer Schenkung ist der Schenker nicht verpflichtet, für die vor der Schenkung verbrauchten oder unentgeltlich veräußerten Erbschaftsgegenstände oder für eine vor der Schenkung unentgeltlich vorgenommene Belastung dieser Gegenstände Ersatz zu leisten. [2]Die in § 2376 bestimmte Verpflichtung zur Gewährleistung wegen eines Mangels im Recht trifft den Schenker nicht; hat der Schenker den Mangel arglistig verschwiegen, so ist er verpflichtet, dem Beschenkten den daraus entstehenden Schaden zu ersetzen.**

### Überblick

§ 2385 schreibt die entsprechende Anwendung der Vorschriften des Erbschaftskaufs auf ähnliche Verträge an (→ Rn. 2 ff.). Damit soll zugleich Umgehungsversuchen vorgebeugt werden. Im Einzelfall ist jeweils zu prüfen, ob das jeweilige Rechtsgeschäft eine Modifizierung der Bestimmungen des Erbschaftskaufs erfordert (→ Rn. 5). Für Schenkungen enthält Abs. 2 Sonderregelungen (→ Rn. 6).

## I. Normzweck

1 Es gibt noch viele andere schuldrechtliche Verträge, die ebenfalls die Veräußerung einer Erbschaft oder eines Erbteils zum Gegenstand haben. Wegen der im Wesentlichen gleichen Interessenlage erklärt Abs. 1 die Bestimmungen über den Erbschaftskauf für entspr. anwendbar, insbes. die Vorschriften über die Form und Haftung. Damit soll zugleich Umgehungsversuchen vorgebeugt werden (BGH NJW 1957, 1515; 1957, 672). Die Vorschrift ist daher eine der wenigen Umgehungsvorschriften im Zivilrecht (jurisPK-BGB/Hau Rn. 4).

## II. Gleichgestellte Verträge

2 Hierzu gehören solche Verträge, die dadurch charakterisiert werden, dass eine angefallene oder erworbene Erbschaft oder ein Erbteil veräußert werden sollen, während die Einordnung von Verträgen ohne ein Veräußerungselement schwierig und daher vielfach umstritten ist (jurisPK-BGB/Hau Rn. 2). Zu den gleichgestellten Verträgen zählen (vgl. die Übersichten bei Damrau/Redig Rn. 2; Staudinger/Olshausen, 2016, Rn. 3 ff.) Rückkauf, Weiterverkauf, Tausch, Schenkung (mit Besonderheiten nach Abs. 2), die Verpflichtung zur Hingabe der Erbschaft an Zahlungs statt (Lange/Kuchinke ErbR § 45 I 3; RGRK-BGB/Kregel Rn. 2; MüKoBGB/Musielak Rn. 2), der Vergleich zwischen Erbprätendenten über ihre erbrechtliche Beteiligung (RGZ 72, 209 (210); OLG Braunschweig OLGE 35, 376 (377); Lange/Kuchinke ErbR § 45 I 3; MüKoBGB/Musielak

Rn. 2), der Auslegungsvertrag über die verbindliche Interpretation einer Verfügung von Todes wegen (BGH NJW 1986, 1812 (1813) = DNotZ 1987, 109 mAnm Cieslar = JR 1986, 375 mAnm Damrau), die Verpflichtung zur Übertragung eines Erbteils auf Grund einer uneigennützigen Treuhand, wenn der Rückübertragungsanspruch an eine aufschiebende Bedingung geknüpft ist (OLG Köln OLGR 1992, 282), die Verpflichtung zur Anerkennung einer unbegründeten Testamentsanfechtung als rechtmäßig (Damrau/Redig Rn. 2; Staudinger/Olshausen, 2016, Rn. 11; Soergel/Najdecki Rn. 1; Kipp/Coing ErbR § 113 I 4), der Vertrag, der zum Verzicht eines Nacherben auf sein Anwartschaftsrecht verpflichtet, da de jure eine Übertragung desselben (RG DNotZ 1942, 145 (146); Zarnekow MittRhNotK 1969, 620 (637); MüKoBGB/Musielak Rn. 2).

Nach den Umständen des Einzelfalls ist zu entscheiden, ob eine Vereinbarung, wonach ein unter Befreiung von § 181 unwiderruflich Bevollmächtigter zur Übertragung eines Erbteils auf sich selbst berechtigt sein soll, bereits als Angebot auf Abschluss eines Vertrags iSd § 2385 Abs. 1 angesehen werden kann (MüKoBGB/Musielak Rn. 2; abl. BGH WM 1960, 551; KG JW 1937, 2035; Soergel/Najdecki Rn. 1; Staudinger/Olshausen, 2016, Rn. 15). Zur Form der Vollmacht → § 2371 Rn. 2. 3

Nicht unter § 2385 fallen: 4

- die **Erbauseinandersetzung,** da in § 2042 gesondert geregelt (RG WarnR 1909 Nr. 512; NK-BGB/Kroiß Rn. 3; Damrau/Redig Rn. 3; jurisPK-BGB/Hau Rn. 2; MüKoBGB/Musielak Rn. 3; Zunft JZ 1956, 553; Lange/Kuchinke ErbR § 45 I 3); umstr. ist dies nur bei Zuweisung des gesamten Nachlasses an einen Miterben gegen Abfindungsleistung aus seinem Eigenvermögen (§ 2385 bejahend Soergel/Kappler Rn. 2; Kipp/Coing ErbR § 118 III 3; Keller, Formproblematik der Erbteilsveräußerung, 1995, Rn. 51 f., 60; Kleeberger MittBayNot 1997, 153; Dietrich, Die Erbteilsveräußerung, 2006, 87 f.; verneinend OLG Celle DNotZ 1951, 365; Damrau/Redig Rn. 3; Lange/Kuchinke ErbR § 44 III 2 c; MüKoBGB/Musielak Rn. 3; Staudinger/Olshausen, 2016, Einl. §§ 2371 ff. Rn. 78; Staudinger/Werner § 2042 Rn. 23; Schlüter ErbR Rn. 697; diff. v. Lübtow ErbR II 837),
- die sog. **Abschichtung** als Möglichkeit der persönlichen Teilauseinandersetzung, durch die ein Miterbe ohne oder gegen Abfindung der anderen Miterben aus einer Erbengemeinschaft ausscheidet und sein Anteil den anderen entspr. ihren bisherigen Erbteilen anwächst (BGH NJW 1998, 1557; 2005, 284; krit. dagegen zu Recht Reimann MittBayNot 1998, 190; Reimann ZEV 1998, 213 (214); Keim RNotZ 2003, 374; soweit den dinglichen Vertrag betr. Keller ZEV 1998, 281; Eberl-Borges MittRhNotK 1998, 242; dem BGH aber zust. etwa Wesser/Saalfrank NJW 2003, 2937),
- die Verpflichtung zur **Erbschaftsausschlagung,** da der Ausschlagende nicht Erbe wird (OLG München OLGE 26, 288; NK-BGB/Kroiß Rn. 3; Lange/Kuchinke ErbR § 45 I 3; MüKoBGB/Musielak Rn. 3),
- der vertragliche **Verzicht auf ein Anfechtungsrecht** (§§ 2078 f.) (Lange/Kuchinke ErbR § 45 I 3 Fn. 18; MüKoBGB/Musielak Rn. 3; Kipp/Coing ErbR § 113 I 4: nur Befreiung von Bedrohung der Erbschaft, keine Veräußerung),
- die Verpflichtung zur **Sicherungsübertragung** oder **Verpfändung** einer Erbschaft (MüKoBGB/Musielak Vor § 2371 Rn. 14; Lange/Kuchinke ErbR § 45 I 3; Staudinger/Olshausen, 2016, Einl. §§ 2371 ff. Rn. 87; vgl. aber auch BGH NJW 1957, 1515), da hier nur Sicherung und wegen des Treuhandverhältnisses nicht Verfügungs- und Nutzungsmöglichkeit im Vordergrund steht und das echte Eigentum beides voraussetzt, desgleichen daher die Bestellung eines **Nießbrauchs** an einem Erbteil oder einer Erbschaft (§§ 1089, 1068) (NK-BGB/Kroiß Rn. 3; Staudinger/Olshausen, 2016, Einl. §§ 2371 ff. Rn. 92; aA Grüneberg/Weidlich Rn. 1; MüKoBGB/Musielak Rn. 2; Lange/Kuchinke ErbR § 45 I 3; Kipp/Coing ErbR § 113 II 2).

## III. Rechtsfolgen

**1. Gleichgestellte Verträge ohne Schenkungen.** Die Verweisung auf die §§ 2371–2384 entbindet nicht von der Verpflichtung, im Einzelfall jeweils zu prüfen, ob nicht die Besonderheiten des jeweiligen Rechtsgeschäfts eine Modifizierung der Bestimmungen des Erbschaftskaufs gebieten (Staudinger/Olshausen, 2016, Rn. 24). Jedoch gilt das Formerfordernis sowie die Haftung gegenüber den Nachlassgläubigern nach §§ 2382, 2383 immer. Bei einem Weiterverkauf haftet daher der zweite Käufer mit dem ersten Käufer und dem Erben als Gesamtschuldner (MüKoBGB/Musielak Rn. 4; Planck/Greiff Anm. 1b), die Herausgabepflicht des Weiterverkäufers (§ 2374) besteht allerdings nur insoweit, als die Erbschaftsgegenstände im Zeitpunkt des zweiten Verkaufs noch vorhanden waren, seine Rechtsmängelhaftung erfasst aber auch den mangelfreien Erwerb 5 durch den ersten Kauf (NK-BGB/Kroiß Rn. 4; Damrau/Redig Rn. 4; MüKoBGB/Musielak Rn. 4; ausf. Staudinger/Olshausen, 2016, Rn. 24). Verfahrensrechtlich ordnen § 463 Abs. 2 FamFG und § 330 Abs. 3 InsO eine entsprechende Anwendung an.

6 **2. Schenkung (Abs. 2).** Hier gelten weitere Sonderregelungen: Der Schenker hat keine Ersatzpflicht nach § 2375 und ist von der Rechtsmängelhaftung nach § 2376 befreit, wenn er nicht einen Mangel arglistig verschwiegen hat. Im Innenverhältnis hat der Beschenkte alle Nachlassverbindlichkeiten zu tragen (§ 2378) (Staudinger/Olshausen, 2016, Rn. 27). Da die Formbedürftigkeit des ganzen Vertrags nach § 2371 auch hier gilt, tritt keine Heilung nach § 518 Abs. 2 ein, weil diese Vorschrift nur das formungültige Versprechen des Schenkers betrifft (Damrau/Redig Rn. 5; Staudinger/Olshausen, 2016, Rn. 28). Im Übrigen gelten die allgemeinen Schenkungsvorschriften (§§ 519, 521, 522, 525–533) (MüKoBGB/Musielak Rn. 5; Staudinger/Olshausen, 2016, Rn. 27). Bei Rückforderung der Schenkung (§§ 527 f., 530 f.) ist der Schenker verpflichtet, den Beschenkten von seiner nach §§ 2382 f. eingetretenen Haftung zu befreien (MüKoBGB/Musielak Rn. 5 mwN; Staudinger/Olshausen, 2016, Rn. 27).

# Beurkundungsgesetz (Auszug)

## Erster Abschnitt. Allgemeine Vorschriften

### § 1 Geltungsbereich

**(1) Dieses Gesetz gilt für öffentliche Beurkundungen und Verwahrungen durch den Notar.**

**(2) Soweit für öffentliche Beurkundungen neben dem Notar auch andere Urkundspersonen oder sonstige Stellen zuständig sind, gelten die Vorschriften dieses Gesetzes, ausgenommen § 5 Abs. 2 und des Abschnitts 5, entsprechend.**

#### Überblick

Das Beurkundungsgesetz gilt nicht nur für die Notare, Notarvertreter und Notariatsverwalter, sondern für alle Behörden, deren sachliche Zuständigkeit zur Errichtung von Urkunden, mit der der Notare konkurriert (→ Rn. 2). Unter Beurkundung ist dabei die Feststellung von äußeren Tatsachen durch eigene Wahrnehmung der Urkundsperson zu verstehen (→ Rn. 3). Eigenurkunden unterfallen nicht den Vorschriften dieses Gesetzes.

#### I. Notar

Das Gesetz gilt für alle Notare iSd Bundesnotarordnung ebenso wie für die amtlich bestellten Notarvertreter und die Notariatsverwalter (§ 39 Abs. 4 BNotO, § 57 Abs. 1 BNotO). Abs. 1 begründet allerdings selbst keine Zuständigkeit für Beurkundungen, sondern setzt diese voraus (zB § 20 BNotO). 1

#### II. Sonstige Urkundspersonen oder -stellen

Über Abs. 2 gilt das Gesetz auch für andere Urkundspersonen oder -stellen, deren sachliche Beurkundungszuständigkeit mit der der Notare konkurriert (zB Jugendämter, Betreuungsbehörden (§ 6 Abs. 2 BtBG), Ortsgerichte in Hessen, Bürgermeister in Rheinland-Pfalz, Amtsgerichte) (Übersicht bei Winkler Rn. 39 ff.). Das Gesetz verleiht diesen sonstigen Urkundspersonen keine Beurkundungskompetenz, sondern setzt diese voraus und regelt ausschließlich das dabei einzuhaltende Verfahren. Aufgrund des § 10 Abs. 3 KonsularG haben auch die Konsularbeamten die dort näher bestimmten Vorschriften dieses Gesetzes zu beachten. 2

#### III. Beurkundung

Dies ist die Herstellung von Schriftstücken durch eine dazu generell befugte Person, in denen diese von ihr selbst wahrgenommene äußere Tatsachen in amtlicher Eigenschaft feststellt. Tatsachen sind dabei sowohl die Abgabe von Willens- oder sonstigen Erklärungen als auch andere reale Vorgänge (zB Beglaubigung von Unterschriften und Ablichtungen, Abnahme von Eiden und eidesstattlichen Versicherungen). Am Merkmal der Wahrnehmung einer äußeren Tatsache fehlt es bei **Eigenurkunden,** die Willenserklärungen der Urkundsperson selbst enthalten (zB Verwaltungsakte, notarielle Berichtigungsurkunden), sodass diese zwar öffentliche Urkunden iSd § 415 ZPO, § 29 GBO sein können (vgl. BGH DNotZ 1981, 252 mAnm Winkler), jedoch nicht den Bestimmungen des BeurkG unterfallen (BayObLGZ 1975, 227 (230)). Der Urkundsbegriff des § 415 ZPO ist nicht mit dem der Beurkundung des BeurkG identisch. Das BeurkG enthält die Verfahrensbestimmungen, an deren Einhaltung § 415 ZPO erst anknüpfen kann. **Öffentlich** ist eine Beurkundung nur dann, wenn die Urkunde von einer sachlich zuständigen Urkundsperson errichtet und dazu bestimmt ist, Beweis im allgemeinen Rechtsverkehr zu erbringen. Erklärungen und Beglaubigungen, die nur für den inneren Dienstbetrieb bestimmt sind (zB amtliche Beglaubigungen), werden daher nicht von diesem Gesetz erfasst. 3

### § 2 Überschreiten des Amtsbezirks

**Eine Beurkundung ist nicht deshalb unwirksam, weil der Notar sie außerhalb seines Amtsbezirks oder außerhalb des Landes vorgenommen hat, in dem er zum Notar bestellt ist.**

#### Überblick

Die örtliche Zuständigkeit des Notars ist zwar grundsätzlich sein Amtsbezirk, also in der Regel der Amtsgerichtsbezirk. Beurkundungen außerhalb des Amtsbezirks, aber innerhalb der Grenzen der Bundesrepublik Deutschland sind dennoch wirksam, obwohl darin eine Amtspflichtverletzung zu sehen ist. Beurkundungen außerhalb des Bundesgebiets sind dagegen unwirksam, wobei bei Beglaubigungen eine Einschränkung zu machen ist, wenn der Vermerk im Inland verfasst worden ist (→ Rn. 2).

#### I. Inlandsbeurkundungen

1 Alle Beurkundungen eines deutschen Notars innerhalb der Grenzen der Bundesrepublik Deutschland sind ohne Rücksicht auf die standesrechtlichen Verbote, nicht außerhalb des Amtsbereichs bzw. Amtsbezirks tätig zu werden, wirksam. Deutsche **Seeschiffe,** die sich auf hoher See befinden, und in der Luft befindliche deutsche **Flugzeuge** sowie ausländische Flugzeuge, die ausschließlich im deutschen Luftverkehr eingesetzt sind, gelten als Inland.

#### II. Auslandsbeurkundungen

2 Außerhalb der Grenzen der Bundesrepublik Deutschland errichtete Urkunden eines deutschen Notars sind als öffentliche Urkunde unzulässig und haben allenfalls die Wirkung von Privaturkunden. Um eine unwirksame Auslandsbeurkundung handelt es sich bereits dann, wenn eines der beiden Elemente einer öffentlichen Beurkundung, also Tatsachenwahrnehmung und Errichtung der Zeugnisurkunde, außerhalb der Grenzen der Bundesrepublik Deutschland erfolgt ist (BGH NJW 1998, 2830 mAnm Saenger JZ 1999, 103). Da § 40 nur eine Soll-Vorschrift ist, ist die unzulässige Beglaubigung einer im Ausland vor dem Notar vollzogenen oder anerkannten Unterschrift, wenn der Vermerk im Inland gefertigt wird, dennoch wirksam (Lerch Rn. 2a; Winkler Rn. 4; aA Frenz/Miermeister/Limmer Rn. 9 unter Hinweis auf BGH NJW 1998, 2830: Unterschrift unter Schuldanerkenntnis in USA). Dies gilt auch für Beurkundungen in anderen Staaten der **EU,** da die den Notaren verliehene Urkundsgewalt nationalstaatlichen Ursprungs ist (Winkler Rn. 2; vgl. auch KG BeckRS 2012, 12614 unter 2). Gemäß Art. 231 § 7 Abs. 1 EGBGB sind vor dem 3.10.1990 von Notaren der Bundesrepublik Deutschland auf dem Gebiet der **ehemaligen DDR** vorgenommene Beurkundungen mit ex-tunc-Wirkung als formwirksam anzusehen.

### § 3 Verbot der Mitwirkung als Notar

**(1) [1]Ein Notar soll an einer Beurkundung nicht mitwirken, wenn es sich handelt um**
**1. eigene Angelegenheiten, auch wenn der Notar nur mitberechtigt oder mitverpflichtet ist,**
**2. Angelegenheiten seines Ehegatten, früheren Ehegatten oder seines Verlobten,**
**2a. Angelegenheiten seines Lebenspartners oder früheren Lebenspartners,**
**3. Angelegenheiten einer Person, die mit dem Notar in gerader Linie verwandt oder verschwägert oder in der Seitenlinie bis zum dritten Grade verwandt oder bis zum zweiten Grade verschwägert ist oder war,**
**4. Angelegenheiten einer Person, mit der sich der Notar zur gemeinsamen Berufsausübung verbunden oder mit der er gemeinsame Geschäftsräume hat,**
**5. Angelegenheiten einer Person, deren gesetzlicher Vertreter der Notar oder eine Person im Sinne der Nummer 4 ist,**
**6. Angelegenheiten einer Person, deren vertretungsberechtigtem Organ der Notar oder eine Person im Sinne der Nummer 4 angehört,**
**7. Angelegenheiten einer Person, für die der Notar, eine Person im Sinn der Nummer 4 oder eine mit dieser im Sinn der Nummer 4 oder in einem verbundenen Unternehmen (§ 15 des Aktiengesetzes) verbundene Person außerhalb einer Amtstätigkeit in**

**derselben Angelegenheit bereits tätig war oder ist, es sei denn, diese Tätigkeit wurde im Auftrag aller Personen ausgeübt, die an der Beurkundung beteiligt sein sollen,**

**8. Angelegenheiten einer Person, die den Notar in derselben Angelegenheit bevollmächtigt hat oder zu der der Notar oder eine Person im Sinne der Nummer 4 in einem ständigen Dienst- oder ähnlichen ständigen Geschäftsverhältnis steht, oder**

**9. Angelegenheiten einer Gesellschaft, an der der Notar mit mehr als fünf vom Hundert der Stimmrechte oder mit einem anteiligen Betrag des Haftkapitals von mehr als 2500 Euro beteiligt ist.**

**[2]Der Notar hat vor der Beurkundung nach einer Vorbefassung im Sinne der Nummer 7 zu fragen und in der Urkunde die Antwort zu vermerken.**

**(2) [1]Handelt es sich um eine Angelegenheit mehrerer Personen und ist der Notar früher in dieser Angelegenheit als gesetzlicher Vertreter oder Bevollmächtigter tätig gewesen oder ist er für eine dieser Personen in anderer Sache als Bevollmächtigter tätig, so soll er vor der Beurkundung darauf hinweisen und fragen, ob er die Beurkundung gleichwohl vornehmen soll. [2]In der Urkunde soll er vermerken, daß dies geschehen ist.**

**(3) [1]Absatz 2 gilt entsprechend, wenn es sich handelt um**

**1. Angelegenheiten einer Person, deren nicht zur Vertretung berechtigtem Organ der Notar angehört,**

**2. Angelegenheiten einer Gemeinde oder eines Kreises, deren Organ der Notar angehört,**

**3. Angelegenheiten einer als Körperschaft des öffentlichen Rechts anerkannten Religions- oder Weltanschauungsgemeinschaft oder einer als Körperschaft des öffentlichen Rechts anerkannten Teilorganisation einer solchen Gemeinschaft, deren Organ der Notar angehört.**

**[2]In den Fällen des Satzes 1 Nummer 2 und 3 ist Absatz 1 Satz 1 Nummer 6 nicht anwendbar.**

## Überblick

Diese Mitwirkungsverbote konkretisieren die notarielle Amtspflicht zur Unparteilichkeit (§ 14 Abs. 3 S. 2 BNotO). Während die Beurkundungsverbote gem. §§ 6 und 7 zur völligen bzw. teilweisen Unwirksamkeit der Beurkundung führen, stellen Verstöße gegen die Mitwirkungsverbote des § 3 zwar Amtspflichtverletzungen, die sogar zur Amtsenthebung führen können, dar, bewirken aber nicht die Unwirksamkeit der pflichtwidrig errichteten Urkunde. § 3 gilt dabei nicht nur für Beurkundungen iSd §§ 6 ff., sondern auch für sonstige Beurkundungen iSd §§ 36 ff. (→ Rn. 3). Der Begriff der „Angelegenheit" dient der Abgrenzung der erlaubten von der verbotenen Beurkundung. Eine weite Auslegung gefährdet die Effektivität der notariellen Beurkundung, eine enge dagegen den Anschein der Unparteilichkeit des Notaramtes.

## Übersicht



## I. Normzweck

Die Mitwirkungsverbote des Abs. 1 konkretisieren die durch § 14 Abs. 3 S. 2 BNotO begründete Amtspflicht des Notars, bei seiner Amtsausübung den Anschein jeglicher Parteilichkeit und Abhängigkeit zu vermeiden. In Anlehnung an die für den ebenfalls zur Unparteilichkeit verpflichteten Richter geltenden Bestimmungen der §§ 41 ff. ZPO hat der Gesetzgeber dem Notar zu diesem Zweck bei Beurkundungen Tätigkeitsbeschränkungen auferlegt, die in ihrer Wirkung abgestuft sind. Während die Beurkundungsverbote gem. §§ 6 und 7 zur völligen bzw. teilweisen Unwirksamkeit der Beurkundung führen, stellen Verstöße gegen die Mitwirkungsverbote des § 3 zwar Amtspflichtverletzungen, die gem. § 50 Nr. 9 BNotO sogar zur Amtsenthebung führen, dar, 1 ändern aber an der Wirksamkeit des beurkundeten Rechtsgeschäfts nichts. Die Erstreckung dieser Verbote auch auf die sonstige Amtstätigkeit des Notars durch § 16 Abs. 1 BNotO unterstreicht die überragende Bedeutung sowohl für das Beurkundungs- als auch für das Berufsrecht.

## II. Geltungsbereich

2 Diese Verbote gelten in **persönlicher** Hinsicht für den beurkundenden Notar, Notarvertreter und Notariatsverwalter ebenso wie für jede sonstige Urkundsperson iSd § 1 Abs. 2, nicht aber für den funktionell als Zeuge hinzugezogenen zweiten Notar iSd §§ 22, 25, 29 (AM Jansen Rn. 3). Der Notarvertreter hat außerdem gem. § 41 Abs. 2 BNotO eine Beurkundung abzulehnen, wenn der vertretene Notar von der Mitwirkung ausgeschlossen wäre.

3 Erfasst werden von § 3 **Beurkundungen aller Art,** also auch sonstige Beurkundungen iSd §§ 36 ff., insbes. Tatsachenbescheinigungen und Unterschriftsbeglaubigungen (Winkler Rn. 16; Leske, Die notarielle Unparteilichkeit und ihre Sicherung durch die Mitwirkungsverbote des § 3 Abs. 1 BeurkG, 2004, 85 f.; aA Lerch BWNotZ 1999, 41 (47); vgl. auch Maaß ZNotP 1999, 178 (182 f.)), nicht jedoch Verwahrungen gem. §§ 54a ff. Gemäß § 16 Abs. 1 BNotO ist § 3 jedoch auch bei den in §§ 20–24 BNotO aufgeführten sonstigen Amtstätigkeiten vom Notar zu beachten.

## III. Verbotstatbestände (Abs. 1)

4 **1. Begriff der materiellen Beteiligung.** Allen Tatbeständen des Abs. 1 ist der wenig aussagekräftige Begriff der „Angelegenheit" gemeinsam. Diese Formulierung dient der alles entscheidenden Abgrenzung der erlaubten von der verbotenen Beurkundung. Die Auslegung bewegt sich dabei in einem Spannungsfeld: eine weite Auslegung gefährdet die Effektivität der notariellen Beurkundung, eine enge dagegen den Anschein der Unparteilichkeit des Notaramtes. Zwischen diesen beiden Polen ist im Wege der Auslegung ein praktikabler Mittelweg zu finden. Dieser sog. materielle Beteiligtenbegriff unterscheidet sich vom sog. formellen Beteiligtenbegriff des § 6 Abs. 2 (→ § 6 Rn. 7) zunächst dadurch, dass auch nicht selbst an der Beurkundung teilnehmende Personen erfasst werden. Materiell beteiligt sind nur, aber auch sämtliche Personen, deren Rechte und Pflichten durch die Beurkundung unmittelbar rechtlich oder faktisch verändert werden oder in Zukunft verändert werden könnten. Anders als beim Beurkundungsverbot des § 7 (→ § 7 Rn. 1 ff.) ist dabei keine wirtschaftliche oder rechtliche Besserstellung erforderlich. Wirtschaftliche Folgen, die nicht zugleich eine Änderung von Rechten oder Pflichten bewirken, reichen dagegen zur Begründung einer materiellen Beteiligung nicht aus, wie Abs. 1 Nr. 1 zeigt („nur mitberechtigt oder mitverpflichtet"). Die Einwirkung auf die Rechte oder Pflichten müssen außerdem die unmittelbar-kausale Folge der Beurkundung sein (BGH NJW 1985, 2027; OLG Köln DNotZ 1963, 631; Winkler Rn. 25). Die notarielle Unparteilichkeit ist deshalb nicht tatbestandsmäßig gefährdet, wenn erst durch eine zusätzliche eigenständige Entscheidung eines Gerichts, einer Behörde oder eines sonstigen Dritten eine rechtliche Betroffenheit idS eintritt (auch → Rn. 8). Dies gilt aber nur, solange die anderweitige Entscheidung nicht ihrerseits die notwendige Folge der Beurkundung darstellt. Selbst rein faktische Auswirkungen auf Rechte und Pflichten (zB Beweisposition) genügen zur Annahme einer materiellen Beteiligung an der Beurkundung. Bei der Prüfung der materiellen Beteiligung ist eine wirtschaftliche, nicht am Wortlaut der Urkunde hängende Betrachtung geboten (BGH NJW 1985, 2027; krit. Armbrüster/Leske ZNotP 2001, 450 (454)).

5 **a) Vertrag.** Beteiligt sind neben den Vertragsparteien auch alle Dritten, von deren **Zustimmung** die Wirksamkeit abhängt (zB § 1365 BGB) oder die im Wege eines **Vertrages zugunsten Dritter** bzw. in sonstiger Weise als unmittelbare Folge des Vertragsschlusses Forderungen erwerben (zB Grundstücksmakler) (BGH NJW 1985, 2027). Ein Dritter, dessen Rechtsposition das Rechtsgeschäft nicht verändert (zB Abtretung für Schuldner; Mieter beim Kaufvertrag) ist nicht Betroffener iSd § 3 (Winkler Rn. 29). An der **Bestellung oder Aufhebung von Sicherheiten** (zB Bürgschaft) **oder dinglichen Rechten** sind stets auch Schuldner und Gläubiger beteiligt (Winkler Rn. 29; Jansen Rn. 14; aA Arndt/Lerch/Sandkühler, 4. Aufl. 2000, BNotO § 16 Rn. 24 f.). Ein **Vertragsangebot** betrifft auch den Angebotsempfänger.

6 **b) Einseitige Erklärung.** § 3 gilt auch für die Beurkundung einseitiger Erklärungen (aA Brücher NJW 1999, 2168). Ein **Schuldanerkenntnis** oder die **Bewilligung eines dinglichen Rechts** betrifft auch den Gläubiger. Eine **Vollmacht** ist Angelegenheit des Vollmachtgebers ebenso wie des Bevollmächtigten. Bei **Verfügungen von Todes wegen** sind auch Erben oder

Vermächtnisnehmer beteiligt, nicht dagegen die durch Auflage Begünstigten, da mangels eines Forderungsrechts Anspruch keine unmittelbare Beziehung zwischen Verfügung und Begünstigung besteht (Winkler Rn. 29; Leske, Die notarielle Unparteilichkeit und ihre Sicherung durch die Mitwirkungsverbote des § 3 Abs. 1 BeurkG, 2004, 187 ff.; aA Lange/Kuchinke ErbR § 19 II 4c; Thiel ZNotP 2003, 244 (246)). Zum ausdrücklichen Beurkundungsverbot einer Auflage gem. § 27 → § 27 Rn. 3. Ferner sind an ihr beteiligt alle Pflichtteilsberechtigten, deren Erbrecht durch diese Verfügung ausgeschlossen wird, sowie alle zum Vormund (aA KGJ 51 A 91), zum Testamentsvollstrecker (OLG Oldenburg DNotZ 1990, 431; Leske S. 189) oder zum Schiedsrichter oder Schiedsgutachter berufenen Personen. Die **Einräumung eines Drittbestimmungsrechts** (zB Vermächtnisnehmer gem. § 2151 Abs. 1 BGB, Testamentsvollstrecker gem. § 2198 Abs. 1 S. 1 BGB) ist ebenfalls eine eigene Angelegenheit in diesem Sinne, aber kein eigener rechtlicher Vorteil des Notars iSd § 7 Abs. 1 Nr. 1 (→ § 7 Rn. 10). Bei einer **Erbschaftsausschlagung,** deren Anfechtung oder der **Anfechtung der Erbeinsetzung** sind alle betroffen, die dadurch Erben werden würden, nicht dagegen Vermächtnisnehmer oder Pflichtteilsberechtigte (Lerch Rn. 8; Schippel/Bracker/Schäfer, 8. Aufl. 2006, BNotO § 16 Rn. 19; aA Jansen Rn. 13).

Die Meinungen über die materielle Beteiligung an einem **Erbscheinsantrag** gehen auseinander. Nach hM soll dieser eine Angelegenheit sämtlicher Personen sein, die ein Erbrecht für sich in Anspruch nehmen (Erbprätendenten), nicht aber des Testamentsvollstreckers, Nachlassverwalters oder -pflegers (Winkler Rn. 52; Lerch Rn. 21; Frenz/Miermeister/Miermeister/de Buhr Rn. 20; Schippel/Bracker/Schäfer, 8. Aufl. 2006, BNotO § 16 Rn. 24; aA Jansen Rn. 20: Testamentsvollstrecker; LG Berlin Rpfleger 1992, 435: Nachlasspfleger). Nach anderer Auffassung sind an der zur Erlangung des Erbscheins erforderlichen eidesstattlichen Versicherung nur die im Erbscheinsantrag angegebenen Erben und der Antragsteller materiell beteiligt (Armbrüster/Preuß/Renner/Piegsa Rn. 33; Leske, Die notarielle Unparteilichkeit und ihre Sicherung durch die Mitwirkungsverbote des § 3 Abs. 1 BeurkG, 2004, 154 f.). Bei der Entscheidung sollte man sorgfältig zwischen Antrag und eidesstattlicher Versicherung differenzieren und berücksichtigen, dass nur mittelbare Auswirkungen unstreitig eine materielle Beteiligung iSd § 3 nicht rechtfertigen können (→ Rn. 4). 7

Der **Antrag auf Erteilung des Erbscheins** ist wie jeder andere Antrag auf Einleitung eines behördlichen oder gerichtlichen Verfahrens ausschließlich eine materielle Angelegenheit des Antragstellers, weil nicht das Verfahren selbst, sondern erst die gerichtliche Entscheidung „unmittelbar" in die Rechte anderer Personen eingreifen kann (auch → Rn. 4) (Armbrüster/Preuß/Renner/Piegsa Rn. 33; Litzenburger NotBZ 2005, 239 (241); vgl. OLG Köln NJW-RR 1993, 698 (699)). 8

Aber auch die zur Erlangung des Erbscheins erforderliche **eidesstattliche Versicherung gem. § 2356 Abs. 1 BGB** macht den Erbscheinsantrag nicht zu einer eigenen Angelegenheit sämtlicher Personen, die ein Erbrecht für sich in Anspruch nehmen, geschweige denn derjenigen, die Testamentsvollstrecker, Nachlassverwalter oder -pfleger sind. Auch insoweit fehlt es an der Unmittelbarkeit der Einwirkung auf die Rechte und Pflichten anderer. Die eidesstattliche Versicherung im Erbscheinsverfahren ist nämlich weder zwingende (vgl. § 2356 Abs. 2 S. 2 BGB) noch hinreichende (vgl. § 2358 BGB) Voraussetzung für die Erteilung des Erbscheins. Dieser ist vielmehr unmittelbares Ergebnis der von Amts wegen zu bildenden, eigenen Überzeugung des Nachlassgerichts vom Erbrecht gem. § 2358 BGB. Die eidesstattliche Versicherung zum Zwecke der Erteilung eines gemeinschaftlichen Erbscheins gem. § 2357 BGB betrifft deshalb zusätzlich zum Antragsteller nur die anderen in der Urkunde aufgeführten Miterben unmittelbar, nicht dagegen andere Personen, die ein Erbrecht für sich in Anspruch nehmen (Armbrüster/Preuß/Renner/Piegsa Rn. 33; Litzenburger NotBZ 2005, 239 (241); iErg ebenso Leske, Die notarielle Unparteilichkeit und ihre Sicherung durch die Mitwirkungsverbote des § 3 Abs. 1 BeurkG, 2004, 154; wohl auch Schippel/Bracker/Reithmann, 8. Aufl. 2006, BNotO § 24 Rn. 100). Entgegen der hM betrifft deshalb erst der mit öffentlichem Glauben versehene Erbschein selbst die Erbprätendenten unmittelbar in ihren Rechten, nicht aber die vorausgehende Antragstellung nebst eidesstattlicher Versicherung. 9

Dementsprechend ist am Antrag auf Erteilung eines **Testamentsvollstreckerzeugnisses** nebst eidesstattlicher Versicherung nur der Antragsteller und weitere Mittestamentsvollstrecker materiell beteiligt, nicht aber der belastete Erbe. Deshalb überzeugt auch die Entscheidung des BGH aus dem Jahre 1969 zu § 14 Abs. 1 S. 2 BNotO nicht (BGH DNotZ 1969, 503 (506)), wonach ein Notar mit Rücksicht auf seine Amtspflicht zur Unparteilichkeit die Vertretung des Antragstellers niederlegen müsse, wenn ein Erbe widerspreche (Litzenburger NotBZ 2005, 239 (241); Schippel/Bracker/Reithmann, 8. Aufl. 2006, BNotO § 24 Rn. 100; aA Westfälische Notarkammer, Kammerreport 2/2008, http:/www.notarkammer-hamm.de/seiten/fach/kammerreporte/KR_08_2/Vertre.html; vgl. auch Bohnenkamp DNotZ 2005, 814 (817)). 10

11 In **Grundbuch- und Registerverfahren** gilt das Gleiche für Anträge, nicht aber für Bewilligungen, weil diese nicht nur verfahrens-, sondern auch materiell-rechtliche Bedeutung (vgl. § 876 Abs. 2 BGB) haben.

12 **c) Vertretung.** Erklärungen eines Vertreters sind seine Angelegenheit ebenso wie die des Vertretenen, und zwar auch bei vollmachtloser Vertretung. Dagegen handelt ein **Verwalter kraft Amtes** (zB Testamentsvollstrecker) nur in eigener Sache für das verwaltete Sondervermögen, nicht aber für die an diesem beteiligten Personen, zB Erben, Gemeinschuldner (LG Berlin Rpfleger 1992, 435; Armbrüster/Preuß/Renner/Piegsa Rn. 24; Winkler Rn. 31). Bei **Personengesellschaften** (zB GbR, OHG, KG) oder **nicht-rechtsfähigen Vereinen** werden trotz der bei einzelnen von ihnen gegebenen teilweisen rechtlichen Verselbstständigung letztlich die dahinter stehenden Gesellschafter berechtigt und verpflichtet, sodass immer alle Gesellschafter an deren Willenserklärungen beteiligt sind (Winkler Rn. 34; Lerch Rn. 17; aA für nichtrechtsfähige Vereine Leske, Die notarielle Unparteilichkeit und ihre Sicherung durch die Mitwirkungsverbote des § 3 Abs. 1 BeurkG, 2004, 165 ff.). Dies gilt bei einer treuhänderischen Übertragung sowohl für den Treuhänder als auch für den Treugeber (Winkler Rn. 35). Erklärungen **juristischer Personen** (zB GmbH, AG, eingetragener Verein) sind dagegen keine Angelegenheiten der Gesellschafter, sofern der Notar oder eine der in Abs. 1 S. 1 Nr. 2–4 genannten Personen keine beherrschende Stellung (zB Einpersonengesellschaft, Gesellschafter-Geschäftsführer mit Beschlussmehrheit) innehat und deshalb mit der Gesellschaft wirtschaftlich gleichzusetzen ist (Winkler Rn. 33 mwN). Bei einer Beteiligung des Notars von mehr als 5 % der Stimmrechte oder mit Anteilen von mehr als 2.500 Euro am Grund- bzw. Stammkapital darf er gem. Abs. 1 S. 1 Nr. 9 auch dann nicht beurkunden, wenn er die juristische Person nicht wirtschaftlich beherrschen kann.

13 **d) Versammlungsprotokoll.** Dieses ist eine Angelegenheit aller **Teilnehmer** an der Versammlung, und zwar ohne Rücksicht darauf, ob diese als stimm- oder redeberechtigte Mitglieder der Versammlung anwesend bzw. vertreten sind, sowie all derjenigen, die einem anderen satzungsmäßigen **Organ** der Körperschaft bzw. Personenvereinigung (zB Vorstand, Aufsichtsrat, Beirat) angehören (Winkler Rn. 44; Armbrüster/Preuß/Renner/Piegsa Rn. 26; Arndt/Lerch/Sandkühler, 4. Aufl. 2000, BNotO § 16 Rn. 34 ff.; aA für Beteiligung als Aktionär oder Vertreter Schippel/Bracker/Schäfer, 8. Aufl. 2006, BNotO § 16 Rn. 22). Die Beteiligung als Aktionär begründet dagegen für sich ein Mitwirkungsverbot nur unter der zusätzlichen Bedingung, dass eine beherrschende Stellung gegeben ist oder er mit mehr als 5 % der Stimmrechte oder mit Anteilen von mehr als 2.500 Euro am Grund- bzw. Stammkapital beteiligt ist (Winkler Rn. 44; aA Leske, Die notarielle Unparteilichkeit und ihre Sicherung durch die Mitwirkungsverbote des § 3 Abs. 1 BeurkG, 2004, 176 f.; Baumbach/Hueck AktG § 130 Rn. 2). Werden Beschlüsse gefasst, die einen Gesellschafter stärker betreffen als andere (zB Wahlen, Entlastung), so ist er selbst dann beteiligt, wenn er nicht teilnimmt (Winkler Rn. 47). Betreffen dagegen die Beschlüsse einer **Aktiengesellschaft** die Gesamtheit aller Gesellschafter gleichmäßig (zB Gewinnverwendungsbeschluss), so ist der Notar, wenn weder er noch eine Person iSd Abs. 1 S. 1 Nr. 2–4 als Aktionär anwesend oder vertreten ist, nicht an der Protokollierung gehindert (Winkler Rn. 44; aA Rohs, Die Geschäftsführung der Notare, 1983, 149). Das Gleiche gilt bei einer Generalversammlung einer **Genossenschaft.** Ist der Notar dagegen Mitglied einer Vertreterversammlung einer Genossenschaft, so darf er diese selbst dann nicht protokollieren, wenn er in dieser Eigenschaft nicht teilnimmt (Winkler in Frenz, Neues Berufs- und Verfahrensrecht für Notare, 1999, Rn. 232 mwN). Beschlüsse von **Gesellschaften mit beschränkter Haftung** betreffen alle Gesellschafter in ihrer Gesamtheit, sodass bereits die Gesellschafterstellung ein Mitwirkungsverbot begründet (Winkler in Frenz, Neues Berufs- und Verfahrensrecht für Notare, 1999, Rn. 229 mwN; Winkler Rn. 48 ff.; aA Armbrüster/Preuß/Renner/Piegsa Rn. 105 ff.; Jansen Rn. 25). Das Gleiche gilt für **Personen(handels)gesellschaften** und **nicht rechtsfähige Vereine** (Winkler Rn. 39; Armbrüster/Preuß/Renner/Piegsa Rn. 25).

14 **2. Die einzelnen Verbotstatbestände des Abs. 1 S. 1. a) Eigene Angelegenheit (Abs. 1 S. 1 Nr. 1). Versammlungsbeschlüsse** darf der Notar nicht protokollieren, wenn er selbst als Mitglied an der Versammlung oder als Angehöriger eines anderen satzungsmäßigen Organs daran teilnimmt (→ Rn. 12). Keine eigenen Angelegenheiten sind Handlungen auf Grund einer **Vollmacht** zur Vorbereitung oder zum Vollzug eines Amtsgeschäfts (OLG Köln NJW 2005, 2092 (2093); Winkler § 7 Rn. 8 mwN), insbes. zum Zwecke der Grundbuchberichtigung (BayObLG DNotZ 1956, 209 (213)), zur Abgabe der Identitätserklärung sowie die Doppelermächtigung bei vormundschaftsgerichtlicher Genehmigung (vgl. OLG Zweibrücken DNotZ 1971, 731; BayObLG DNotZ 1983, 369). Folgerichtig kann der Notarvertreter auch die im elektronischen

Handelsregisterverkehr mit der Anmeldung einzureichende elektronische Beglaubigung seiner **Bestellung zum amtlichen Vertreter** durch den Präsidenten des Landgerichts gem. § 39a selbst herstellen; eine Beglaubigung durch den vertretenen oder einen anderen Notar ist nicht erforderlich.

**b) Angelegenheit des Verlobten oder Ehegatten (Abs. 1 S. 1 Nr. 2).** Das Verbot gilt auch nach einer Scheidung oder gerichtlichen Aufhebung der Ehe. Im Falle des Verlöbnisses entfällt es dagegen mit dessen Auflösung. **Nichteheliche Lebensgemeinschaften** werden von diesem Tatbestand zwar nicht erfasst, uU aber von § 14 BNotO (Mihm DNotZ 1999, 8 (13)). 15

**c) Angelegenheiten des Lebenspartners (Abs. 1 S. 1 Nr. 2a).** Das Verbot gilt erst ab der formgerechten Abgabe der Erklärungen gem. § 1 Abs. 1 S. 1 LPartG. Der Abschluss eines Lebenspartnerschaftsvertrags oder sonstige vorbereitende Maßnahmen zur Eingehung einer solchen Lebenspartnerschaft reichen nicht aus. Das Verbot gilt auch nach der Aufhebung der Lebensgemeinschaft gem. § 15 LPartG fort. 16

**d) Angelegenheit von Verwandten oder Verschwägerten (Abs. 1 S. 1 Nr. 3).** Die Begriffsbestimmungen in §§ 1589, 1590 BGB gelten auch hier. Das Verbot erfasst auch die durch Adoption begründete Verwandtschaft. Es gilt auch nach Beendigung der Schwägerschaft durch Eheauflösung oder nach Aufhebung der Adoption weiter. 17

**e) Angelegenheit eines Sozius (Abs. 1 S. 1 Nr. 4).** Übt der Notar den Beruf entweder in Gemeinschaft mit einem Notar, Rechtsanwalt, Wirtschaftsprüfer usw (§ 9 Abs. 2 BNotO) aus (Sozietät) oder nutzt er mit einer solchen Person gemeinsam Geschäftsräume (Bürogemeinschaft), darf er in dessen Angelegenheiten ebenso wenig beurkunden wie in seinen eigenen (zB Testamentsvollstreckerernennung) (Vaasen/Starke DNotZ 1998, 661 (669) Fn. 22; vgl. zum alten Recht noch BGH DNotZ 1997, 466; → § 7 Rn. 9). Das Verbot endet mit der Auflösung der Sozietät bzw. Bürogemeinschaft. Es gilt auch für einen angestellten oder freien Mitarbeiter (OLG Celle DNotZ 2004, 196 (197); Vaasen/Starke DNotZ 1998, 661 (669 f.); Mihm DNotZ 1999, 8 (14)). **Gemeinschaftliche Berufsausübung** erfasst örtliche, überörtliche oder interprofessionelle Sozietäten ebenso wie auf Dauer angelegte Kooperationsabsprachen (zB wechselseitige Beurkundungen zwischen Anwaltsnotaren) (Arndt/Lerch/Sandkühler, 4. Aufl. 2000, BNotO § 16 Rn. 54). Der Zweck der Vorschrift, den Anschein der Parteilichkeit zu vermeiden, verbietet es, an diesen Begriff allzu hohe Anforderungen zu stellen (vgl. Mihm DNotZ 1999, 8 (14); Winkler in Frenz, Neues Berufs- und Verfahrensrecht für Notare, 1999, Rn. 213 f.; Harder/Chr. Schmidt DNotZ 1999, 949 (955)). Eine **Bürogemeinschaft** besteht deshalb bereits dann, wenn die Partner entweder Räume, die nebeneinander liegen oder miteinander verbunden sind, benutzen, oder, falls die Räume getrennt sind, Einrichtungsgegenstände (zB Computer- oder Telefonanlage, Empfang) gemeinsam nutzen oder gemeinschaftliches Personal (zB in der Telefonzentrale oder am Empfang) beschäftigen (Winkler Rn. 76; Frenz/Miermeister/Miermeister/de Buhr Rn. 41; Armbrüster/Preuß/Renner/Armbrüster Rn. 65; aA Lerch Rn. 32 f.). Für diesen Begriff ist die zivilrechtliche Regelung im Innenverhältnis ohne jede Bedeutung, sodass sowohl der Mitbesitz als auch der Besitz auf Grund eines Untermietverhältnisses ausreicht (aA Harder/Chr. Schmidt DNotZ 1999, 949 (956); Winkler Rn. 76). Bei gemeinsamer Raumnutzung ist es nicht erforderlich, dass zusätzlich Einrichtungsgegenstände gemeinsam genutzt oder gemeinschaftliches Personal beschäftigt werden (Harder/Chr. Schmidt DNotZ 1999, 949 (955 f.); aA Winkler Rn. 76; Arndt/Lerch/Sandkühler, 4. Aufl. 2000, BNotO § 16 Rn. 55). Sind die Kanzleien räumlich getrennt, aber nehmen die Inhaber die Dienste eines selbstständigen Dritten in Anspruch (zB Call-Center, Büroservice, Schreibdienst), so liegt keine Bürogemeinschaft vor. Wer im Wege einer teleologische Reduktion **einseitige nicht empfangsbedürftige Erklärungen** (zB Testament, Unterschriftsbeglaubigung) des Sozius aus dem Anwendungsbereich ausnehmen will (Harder/Chr. Schmidt DNotZ 1999, 949 (957 f.); Brücher NJW 1999, 2168), gibt damit den einheitlichen materiellen Beteiligtenbegriff auf und kann letztlich nicht rechtfertigen, warum für eine Erklärung des Sozius (Nr. 4) etwas anderes gelten soll als für die des eigenen Ehepartners (Nr. 2) (Harborth/Lau DNotZ 2002, 412 (416 f.); Winkler Rn. 78). Für den Ehepartner des Sozius gilt das Verbot nicht (für analoge Anwendung von Abs. 2 Harborth/Lau DNotZ 2002, 412 (416); Winkler Rn. 79). 18

**f) Rechtsstellung als gesetzlicher Vertreter (Abs. 1 S. 1 Nr. 5).** Ist der Notar gesetzlicher Vertreter – zB elterliche Vermögenssorge, Vormundschaft, Betreuung, Nachlasspfleger (LG Berlin Rpfleger 1992, 435) – einer Person, darf er in solchen Angelegenheiten, die zu seinem Wirkungskreis gehören, nicht beurkunden, auch wenn er in dieser Eigenschaft in der Urkunde überhaupt keine Erklärung abgibt oder entgegennimmt. Mit Beendigung der gesetzlichen Vertretung entfällt 19 zwar dieses Verbot, jedoch hat er bei Angelegenheiten, die zu seinem Wirkungskreis gehörten, die Hinweispflicht gem. Abs. 2 S. 1 zu beachten (→ Rn. 29). Das gleiche Verbot gilt für Angelegenheiten einer Person, deren gesetzlicher Vertreter ein **Sozius** iSd Abs. 1 S. 1 Nr. 4 ist.

20 **g) Rechtsstellung als organschaftlicher Vertreter (Abs. 1 S. 1 Nr. 6).** Der Notar ist aber auch dann an der Beurkundung gehindert, wenn es sich um die Angelegenheit einer juristischen Person handelt, deren vertretungsberechtigtem Organ (zB Vorstand, Geschäftsführung) er angehört. Unerheblich ist dabei, ob er in dieser Funktion an der Beurkundung teilnimmt, oder ob ohne ihn vertretungsberechtigte andere Organmitglieder die Erklärungen abgeben oder entgegennehmen. Allein die Zugehörigkeit zum vertretungsberechtigten Organ schließt die Beurkundung durch den Notar aus. Die interne Geschäftsverteilung hat dabei keine Bedeutung. Auch dann, wenn ein **Sozius** des Notars iSd Abs. 1 S. 1 Nr. 4 zum Vertretungsorgan einer Person gehört, darf der Notar in deren Angelegenheiten nicht beurkunden. Der **Aufsichtsrat** einer AG oder KGaA ist kein Vertretungsorgan, solange dieser nicht ausnahmsweise gem. §§ 112, 246 Abs. 2 AktG die Gesellschaft vertritt (Winkler Rn. 92; Lerch Rn. 23; Schippel/Bracker/Schäfer, 8. Aufl. 2006, BNotO § 16 Rn. 70, 80 f.; aA Jansen Rn. 33). Bei einem **Verein** ist der Notar nicht bei jeder Vorstandsfunktion ausgeschlossen, sondern nur dann, wenn sein Amt ihm ein Vertretungsrecht iSd § 26 Abs. 2 BGB verleiht. Entsprechendes gilt bei einer **Stiftung.** Auf eine Zugehörigkeit zu Organen, die nicht vertretungsberechtigt sind (zB Aufsichtsrat, Vertreterversammlung bei Genossenschaft, erweiterter Vereinsvorstand) hat der Notar bei Beteiligung anderer Personen gem. Abs. 3 S. 1 Nr. 1 hinzuweisen (→ Rn. 29). Für die Vertretungsorgane von **Kirchen** und **Religions- und Weltanschauungsgemeinschaften** oder von **Gemeinden** oder **Kreisen** bestimmt Abs. 3 S. 2 Nr. 2 und 3, 3 zwar eine Ausnahme von diesem Beurkundungsverbot, verpflichtet den Notar jedoch, hierauf hinzuweisen (→ Rn. 28).

21 **h) Vorbefassung mit derselben Angelegenheit (Abs. 1 S. 1 Nr. 7).** Dieser Verbotstatbestand (nF: BGBl. 2007 I 2840 (2849)) korrespondiert mit der Zulassung von Sozietäten und Bürogemeinschaften der Anwaltsnotare mit Rechtsanwälten, Patentanwälten, Wirtschaftsprüfern, Steuerberatern und vereidigten Buchprüfern durch § 9 Abs. 2 BNotO. Da dem **hauptberuflichen Notar** ohnehin sowohl jede außeramtliche Tätigkeit (§ 8 Abs. 1 und 2 S. 1 BNotO) als auch eine Sozietät mit anderen Berufen (§ 9 Abs. 1 S. 1 BNotO) verboten ist, gilt dieser Tatbestand nicht für diesen (Grziwotz/Heinemann/Grziwotz Rn. 43; Heller/Vollrath MittBayNot 1998, 322 (323 f.); Hermanns MittRhNotK 1998, 359; Winkler Rn. 108; aA Armbrüster/Preuß/Renner/Armbrüster Rn. 85; Mihm DNotZ 1999, 8 (16 f.); Frenz/Miermeister/Miermeister/de Buhr Rn. 52; Leske, Die notarielle Unparteilichkeit und ihre Sicherung durch die Mitwirkungsverbote des § 3 Abs. 1 BeurkG, 2004, 228 ff.). Ausnahmen sind jedoch für die Fälle angezeigt, in denen der hauptberufliche Notar vor seiner Ernennung als Rechtsanwalt usw in derselben Angelegenheit tätig war oder im Rahmen einer erlaubten Nebentätigkeit (vgl. Mihm DNotZ 1999, 8 (17); Vaasen/Starke DNotZ 1998, 661 (670)). Die private, nicht geschäftliche Vorbefassung wird dagegen nicht durch diesen Verbotstatbestand, sondern durch die Pflicht zur Selbstablehnung gem. § 16 Abs. 2 BNotO erfasst (aA Frenz/Miermeister/Miermeister/de Buhr Rn. 42). Durch dieses Verbot soll die Unparteilichkeit der Beurkundung gesichert werden. War der Notar selbst oder ein **Sozius** iSd Abs. 1 S. 1 Nr. 4 in derselben Angelegenheit als Rechtsanwalt, Patentanwalt, Wirtschaftsprüfer, Steuerberater oder vereidigter Buchprüfer in irgendeiner Weise tätig (zB Entwurfsfertigung, allgemeine Unternehmensberatung, Gutachten, Jahresabschluss), so darf der Notar nicht beurkunden. Deshalb muss der Anwaltsnotar vor Beginn seiner Tätigkeit gegenüber den Beteiligten klarstellen, ob er als Notar oder als Rechtsanwalt handelt (BNotK-Richtlinienempfehlung vom 29.1.1999 Ziff. I.3. DNotZ 1999, 258 (259)). Ist die Sozietät oder Bürogemeinschaft zwischenzeitlich aufgelöst worden, so entfällt damit dieses Mitwirkungsverbot endgültig (vgl. zum Sozietätswechsel Mihm DNotZ 1999, 8 (18)). Dieses Verbot gilt für alle Beurkundungen, also auch für die Beglaubigung von Unterschriften oder Abschriften (Harder/Chr. Schmidt DNotZ 1999, 952 (963); aA Brücher NJW 1999, 2168 f.; Mihm DNotZ 1999, 8 (19)).

22 Die Formulierung **„außerhalb des Amtes"** erfasst beim Anwaltsnotar die Tätigkeit als Rechtsanwalt, Patentanwalt, Wirtschaftsprüfer, Steuerberater oder vereidigter Buchprüfer (§ 8 Abs. 2 S. 2 BNotO). Darüber hinaus fallen darunter auch alle Nebenbeschäftigungen, und zwar ohne Rücksicht darauf, ob diese einer Genehmigung gem. § 8 BNotO bedürfen oder nicht. Bei den in § 8 Abs. 4 BNotO aufgeführten Tätigkeiten greifen zum Teil jedoch bereits andere Verbote des § 3 ein, so bei Testamentsvollstreckung oder Insolvenzverwaltung Abs. 1 S. Nr. 1 und bei Vormundschaft Abs. 1 S. 1 Nr. 5 (Heller notar 1998, 13 (16)). Bei wissenschaftlichen Tätigkeiten (zB Aufsätze, Vorträge) handelt der Notar nicht „für" einen Dritten (Heller notar 1998, 13 (16); Vaasen/Starke DNotZ 1998, 661 (670) Fn. 24). Private Beratungen außerhalb des Amtes begrün-

den ebenfalls kein Beurkundungsverbot (Heller notar 1998, 13 (16) unter Hinweis auf BT-Drs. 13/4184, 37; Mihm DNotZ 1999, 8 (17); aA Eylmann NJW 1998, 2929 (2931); Brambring FGPrax 1998, 201).

Der Begriff **„derselben Angelegenheit“** ist weit auszulegen und wird durch die Einheitlichkeit des Lebenssachverhalts bestimmt, nicht durch die dem konkreten Mandat zugrunde liegende rechtliche Beurteilung. Die bei Wirtschaftsprüfern und Steuerberatern üblichen dauernden Beratungsverhältnisse führen deshalb zu einem mandantenbezogenen Mitwirkungsverbot (Eylmann NJW 1998, 2929 (2931); Vaasen/Starke DNotZ 1998, 661 (671)). Die Mandatsniederlegung durch ein Mitglied der Sozietät oder Bürogemeinschaft beseitigt das Verbot nicht. Zu beachten ist, dass ein Mandat – auch bei überörtlichen Zusammenschlüssen – grds. allen Sozien erteilt ist. 23

Geschah die **Vorbefassung im Auftrag derselben Personen,** die auch materiell, nicht nur formell iSd § 6 Abs. 2, an der zu errichtenden Urkunde beteiligt sind, darf der Notar beurkunden. War auch nur ein materiell Beteiligter (Mihm DNotZ 1999, 8 (20) mwN) nicht zugleich auch Auftraggeber im Rahmen der Vorbefassung, so gilt dieser Verbotstatbestand. 24

**i) Handeln als Bevollmächtigter oder Beauftragter (Abs. 1 S. 1 Nr. 8).** Dieser Tatbestand greift zunächst immer dann ein, wenn ein Beteiligter dem Notar im Zeitpunkt der Beurkundung eine Vollmacht erteilt hat, die diesen berechtigen würde, bei dem konkreten Geschäft („in derselben Angelegenheit“) mit Wirkung für und gegen den Vollmachtgeber zu handeln. Dabei ist es ohne Bedeutung, ob der Notar bei dem Geschäft als Bevollmächtigter auftritt. Auch die Erteilung einer Untervollmacht beseitigt das Mitwirkungsverbot nicht (OLG Hamm DNotZ 1956, 103). Eine dem Notar erteilte Generalvollmacht schließt jede Beurkundung für den Vollmachtgeber aus. Das Verbot endet zwar mit dem Widerruf der Vollmacht. Der Notar hat jedoch bei Beurkundungen in derselben Angelegenheit, an denen noch andere Personen beteiligt sind, auf die frühere Vollmacht gem. Abs. 2 S. 1 hinzuweisen (→ Rn. 29). Es gilt auch im Falle der Bevollmächtigung eines **Sozius** iSd Abs. 1 S. Nr. 4. **Eigenurkunden** (→ § 1 Rn. 3) auf Grund einer Vollmacht **zur Vorbereitung und Durchführung von Urkundsgeschäften** sind zulässig (allgM, zB Winkler Rn. 155 mwN). 25

Auch beim Bestehen eines **Dienst- oder eines sonstigen Geschäftsverhältnisses** (zB Syndikus, Justitiar) mit einem Beteiligten, kraft dessen dieser dem Notar Weisungen erteilen darf, hindert den Notar an der Beurkundung. Besteht ein derartiges Weisungsverhältnis zum **Sozius** des Notars iSd Abs. 1 S. 1 Nr. 4, darf dieser nicht beurkunden. 26

**j) Qualifizierte Gesellschaftsbeteiligung (Abs. 1 S. 1 Nr. 9).** Der Notar unterliegt dem Mitwirkungsverbot, wenn er entweder mit mehr als 5 % der vorhandenen Stimmrechte oder mit Anteilen von mehr als 2.500 Euro am Grund- bzw. Stammkapital beteiligt ist. Der Betrag von 2.500 Euro bezieht sich auf die Summe des Nennbetrags aller Anteile am Haftkapital (zB 1.100 Aktien im Nennbetrag von 2,50 Euro). Die Vorschrift gilt für alle Gesellschaftsformen mit Ausnahme der Personengesellschaften (→ Rn. 11) (Mihm DNotZ 1999, 8 (23)). Maßgebend ist der Zeitpunkt der Beurkundung. Der Begriff der Beteiligung ist nicht formal, sondern wirtschaftlich zu verstehen. Deshalb ist der Treugeber ebenso beteiligt wie der Gesellschafter an einer beherrschenden Gesellschaft oder einer Muttergesellschaft. Beteiligungen des Ehegatten oder des Verlobten können dem Notar nicht ohne besondere Gründe (zB Treuhandverhältnis) zugerechnet werden. 27

## IV. Hinweis- und Vermerkpflichten (Abs. 1 S. 2, Abs. 2 und 3)

Der Stellenwert des Vorbefassungsverbots des Abs. 1 S. 1 Nr. 7 wird durch die Pflichten des Abs. 1 S. 2 hervorgehoben. Frage und Antwort müssen in der Urkunde wahrheitsgemäß (§ 348 StGB) vermerkt werden. Da beim hauptberuflichen Notar eine derartige **Vorbefassung** nur im seltenen Falle einer Anwaltstätigkeit vor der Ernennung oder einer von der Aufsichtsbehörde genehmigten Nebentätigkeit in Frage kommt und das Vorbefassungsverbot aus Anlass der Aufhebung des Soziierungsverbots für Rechtsanwälte eingeführt wurde, ist diese Bestimmung im Wege teleologischer Reduktion dahin einzuschränken, dass hauptberufliche Notare nicht standardgemäß nach einer Vorbefassung fragen müssen (Winkler Rn. 126 ff., 142; Brambring FGPrax 1998, 201 (202); Herrmanns MittRhNotK 1998, 359 (360 f.); Heller notar 1998, 13 (17 f.); aA Maaß ZNotP 1999, 178 (179 ff.); Bracker/Schäfer, 8. Aufl. 2006, BNotO § 16 Rn. 61; Leske, Die notarielle Unparteilichkeit und ihre Sicherung durch die Mitwirkungsverbote des § 3 Abs. 1 BeurkG, 2004, 264 f.: nur für Notare in Sozietät). Auch beim Anwaltsnotar ist eine Einschränkung geboten. Dieser braucht nicht nach seiner eigenen Vorbefassung fragen, sodass der nicht in einer Sozietät arbeitende Anwaltsnotar ebenfalls nicht verpflichtet ist, die Beteiligten durch unsinnige Fragen zu 28 irritieren (Leske, Die notarielle Unparteilichkeit und ihre Sicherung durch die Mitwirkungsverbote des § 3 Abs. 1 BeurkG, 2004, 266; Heller notar 1998, 13 (16); Mihm DNotZ 1999, 8 (20)).

29 In allen Fällen der Abs. 2 und 3 darf der Notar zwar beurkunden, muss jedoch die Beteiligten (§ 6 Abs. 2) auf die mögliche Interessenkollision hinweisen. Die **Belehrung** und die Anweisung aller Beteiligten, gleichwohl zu beurkunden, soll in der Urkunde vermerkt werden. Ist oder war nicht der Notar selbst, sondern nur sein Sozius iSd Abs. 1 S. 1 Nr. 4 bevollmächtigt bzw. Organmitglied, so besteht keine Hinweispflicht.

29a Der Notar hat gem. § 28 BNotO durch geeignete **Vorkehrungen** die Einhaltung der Mitwirkungsverbote nach § 3 Abs. 1 S. 1 Nrn. 7 und 8 1. Alt., Abs. 2 sicherzustellen. Dies kann auch unter Einsatz spezieller Notariatssoftware geschehen. Einzelheiten hierzu regelt § 3 DONot.

## V. Rechtsfolgen eines Verstoßes

30 **1. Wirksamkeit der Urkunde.** Weder der Verstoß gegen die Verbote des Abs. 1 noch die Unterlassung der Hinweise gem. Abs. 2 und 3 führt zur Unwirksamkeit der Urkunde. Wird jedoch zugleich ein absolutes Mitwirkungsverbot gem. § 7 verletzt, so ist die betroffene Erklärung bzw. die gesamte Urkunde aus diesem Grunde unwirksam (→ § 7 Rn. 11).

31 **2. Amtspflichtverletzung und Amtsenthebung.** § 3 enthält unbedingte Amtspflichten des Notars. Zwar kann allein ein Verstoß gegen ein solches Mitwirkungsverbot keine **Amtshaftungsansprüche** gem. § 19 BNotO zur Folge haben, wohl aber können solche auf die gleichzeitig verletzten Pflichten aus §§ 6 und 7 (absolute Beurkundungsverbote) oder § 17 (Formulierungs- und Belehrungsgebote) gestützt werden. Eine Verletzung seiner Amtspflichten aus Abs. 1 hat für den Notar aber in jedem Fall disziplinarrechtliche Konsequenzen, und zwar bis hin zur Entfernung aus dem Amt (§§ 97, 95 BNotO).

32 Bei einem „wiederholten" und „groben" Verstoß des Notars gegen die Mitwirkungsverbote des Abs. 1 ist die Aufsichtsbehörde gem. § 50 Abs. 1 Nr. 9 lit. a BNotO zur **Amtsenthebung** verpflichtet. Weil es sich dabei um eine organisatorische Maßnahme zur Sicherung der Neutralität des Notaramtes handelt, erfordert die Amtsenthebung kein Verschulden des Notars (BGH NJW 2004, 1954 (1956); Custodis RNotZ 2005, 35 (39)). Wegen des damit verbundenen Eingriffs in die durch Art. 12 Abs. 1 GG geschützte Berufsfreiheit des Notars (negative subjektive Zulassungsbeschränkung) muss die Enthebung verhältnismäßig sein (BVerfG DNotZ 1978, 42 (43)). Sie kommt deshalb nur als ultima ratio in Betracht, wenn weitere Verletzungen mit hoher Wahrscheinlichkeit zu erwarten sind (vgl. Custodis RNotZ 2005, 35 (41); BGH NJW 2004, 1954 (1956 f.)). An die Tatbestandselemente des § 50 Abs. 1 Nr. 9 BNotO sind aus verfassungsrechtlichen Gründen daher hohe Anforderungen zu stellen. Der Notar muss zunächst mehrfach eines oder mehrere – auch verschiedene – Mitwirkungsverbote des Abs. 1 verletzt haben (Custodis RNotZ 2005, 38). Die Verletzung muss rechtlich und sachlich für jeden Notar offenkundig sein (BGH NJW 2004, 1954). Das konkrete Verhalten des Notars muss schließlich den Schluss nahelegen, dass sich derartige Verletzungen wiederholen werden, insbes. durch einseitige Vertragsgestaltungen, durch Verletzung der absoluten Beurkundungsverbote gem. §§ 6 bzw. 7 oder durch Beurkundungen trotz Widerspruchs eines Beteiligten (vgl. BGH NJW 2004, 1954 (1957)). Die Anforderungen sind umso geringer je häufiger der Notar Verbote verletzt hat (vgl. BGH NJW 2004, 1954 (1957)). Eine Einwilligung der Beteiligten ist bedeutungslos (LG Berlin Rpfleger 1992, 435 betr. Erbscheinsantrag).

33 Gemäß § 54 BNotO steht die **vorläufige Amtsenthebung** im pflichtgemäßen Ermessen der Aufsichtsbehörde. Sie ist gem. § 111 BNotO anfechtbar. Diese Anordnung ist unzulässig, wenn bei kursorischer Prüfung die Voraussetzungen des § 50 Abs. 1 Nr. 9 BNotO nicht gegeben sind, eine Wiederholungsgefahr nicht erkennbar ist oder Enthebungsverfahren gem. § 50 BNotO nicht zügig eingeleitet bzw. betrieben wird (BVerfG DNotZ 1978, 42).

## § 4 Ablehnung der Beurkundung

**Der Notar soll die Beurkundung ablehnen, wenn sie mit seinen Amtspflichten nicht vereinbar wäre, insbesondere wenn seine Mitwirkung bei Handlungen verlangt wird, mit denen erkennbar unerlaubte oder unredliche Zwecke verfolgt werden.**

## Überblick

Diese Norm ist sowohl Ausdruck der hoheitlichen Amtstätigkeit des Notars als auch Antwort des Beurkundungsrechts auf die Urkundsgewährungspflicht des Notars gem. § 15 Abs. 1 S. 1 BNotO. Der Notar muss aus den angegebenen Gründen die Beurkundung ablehnen (→ Rn. 2 ff.).

## I. Normzweck

Diese Norm ist sowohl Ausdruck der Hoheitlichkeit der Amtstätigkeit des Notars (BVerfG BeckRS 2012, 53419 unter II 2b) als auch Antwort des Beurkundungsrechts auf die Urkundsgewährungspflicht des Notars gem. § 15 Abs. 1 BNotO, wonach dieser seine Urkundstätigkeit nicht „ohne ausreichenden Grund" verweigern darf. § 4 gibt dem Notar dabei nicht nur das Recht, sondern erlegt ihm auch die Pflicht auf, aus den angegebenen Gründen die Beurkundung abzulehnen (→ Rn. 13). Von § 14 Abs. 2 BNotO unterscheidet sich diese Norm nur dadurch, dass sich jene generell auf die notarielle „Amtstätigkeit" und diese konkret auf Beurkundungen gem. §§ 20–22 bezieht. Nicht erfasst von § 4 werden also die Betreuungstätigkeiten gem. §§ 23, 24 BNotO, wohl aber die Nebentätigkeiten, zu denen der Notar nach dem BeurkG verpflichtet ist (Armbrüster/Preuß/Renner/Preuß Rn. 1). § 4 hat keinen abschließenden Charakter, verdrängt also Ablehnungsrechte nach anderen Vorschriften nicht, insbes. nicht das **Selbstablehnungsrecht wegen Befangenheit** gem. § 16 Abs. 2 BNotO und die **Ablehnungspflicht des Notarvertreters** gem. § 41 Abs. 2 BNotO für den Fall, dass der vertretene Notar von der Mitwirkung gem. § 3 Abs. 1 S. 1 ausgeschlossen wäre. 1

## II. Ablehnungsgründe

**1. Unwirksame Beurkundungen.** Die Herstellung materiell-rechtlich wirksamer Urkunden ist oberste Amtspflicht des Notars. Deshalb hat er jedes Ersuchen abzulehnen, das auf die Beurkundung von Geschäften gerichtet ist, die ganz oder teilweise unwirksame Klauseln enthalten. Dabei kommt es auf den Grund der anfänglichen Unwirksamkeit nicht an. Diese kann beruhen auf der Verletzung von Verbotsgesetzen iSd § 134 BGB, dem Verstoß gegen § 138 BGB, der Nichteinhaltung von Formvorschriften, Widersprüchen zu zwingenden gesetzlichen Vorschriften (zB §§ 305 ff. BGB, §§ 1 ff. MaBV) oder der Nichtbeachtung von Beurkundungsvorschriften, die zur völligen oder teilweisen Unwirksamkeit der Urkunde führen (zB §§ 6, 7, 27). Ebenso bedeutungslos ist, ob das Gesetz für den Fall der Unwirksamkeit Heilungsmöglichkeiten vorsieht oder nicht (zB § 311b Abs. 1 S. 2 BGB). Der Notar darf als Träger eines öffentlichen Amtes nicht an der Verletzung unmittelbar geltender Gesetzesanordnungen mitwirken, auch wenn zur Wahrung der Rechtssicherheit subsidiär Heilungsmöglichkeiten vorgesehen sind. Dagegen darf der Notar schwebend unwirksame Geschäfte, die durch nachträgliche Genehmigung noch wirksam werden können (zB §§ 177, 182, 1365 BGB), beurkunden, es sei denn, dass er sichere Kenntnis davon hat, dass die Genehmigung nicht erteilt werden wird, also das Rechtsgeschäft aller Voraussicht nach ohne Rechtswirkungen bleiben wird (vgl. Winkler Rn. 12). 2

Da § 4 mit dem grundlegenden Urkundsgewährungsanspruch der Beteiligten korrespondiert, darf der Notar die Beurkundung nur ablehnen, wenn das Geschäft oder einzelne darin enthaltene Klauseln unzweifelhaft nichtig wären. Hat der Notar nur Zweifel an der Wirksamkeit, so muss er beurkunden, aber seine Zweifel gem. § 17 Abs. 1 mit den Beteiligten erörtern und dies in der Urkunde vermerken. 3

**2. Amtspflichtverletzungen.** Der Notar hat eine Beurkundung auch dann abzulehnen, wenn diese zwar materiell-rechtlich wirksam wäre, aber er gleichzeitig gegen sonstige Amtspflichten verstoßen würde. In diesem Zusammenhang sind sämtliche Soll-Vorschriften des BeurkG von Relevanz, insbes. die Mitwirkungsverbote gem. § 3 Abs. 1, die Gestaltungsgebote des § 17 Abs. 2a sowie die Verfahrensvorschriften bei Beteiligung behinderter Beteiligter gem. §§ 22 ff. In diesen Zusammenhang gehört auch die Bestimmung des § 925a BGB, wonach der Notar eine Auflassung nur auf der Grundlage eines anderweitig beurkundeten Geschäfts entgegennehmen darf. Zu dieser Fallgruppe gehört auch das umstrittene, unmittelbar dem § 14 Abs. 1 S. 2 BNotO entnommene Tätigkeitsverbot für den Fall der Parteilichkeit (für Ablehnungspflicht OLG Hamm DNotZ 1996, 703 (705); Leske, Die notarielle Unparteilichkeit und ihre Sicherung durch die Mitwirkungsverbote des § 3 Abs. 1 BeurkG, 2004, 72 ff. mwN; dagegen Frenz/Miermeister/Miermeister/de Buhr BNotO § 16 Rn. 3). Auch den Wunsch auf unvollständige Beurkundung muss der Notar im Hinblick auf die Vermutung der Vollständigkeit der notariellen Urkunde ablehnen (vgl. BGH DNotZ 2001, 486). Zur Ablehnung bei unzureichender Identitätsfeststellung → § 10 Rn. 1. Die 4

Beurkundung eines erkennbar gem. §§ 119 ff. BGB anfechtbaren Geschäfts widerspricht den notariellen Amtspflichten aus § 17 Abs. 1 und muss daher abgelehnt werden (Armbrüster/Preuß/Renner/Preuß Rn. 21; Winkler Rn. 10). Nicht verboten ist dem Notar dagegen die Beurkundung eines Rechtsgeschäfts, das gem. §§ 129 ff. InsO oder gem. §§ 1 ff. AnfG anfechtbar ist bzw. sein kann, es sei denn, dass zugleich die Straftatbestände der §§ 283c, 288 StGB erfüllt oder das Geschäft sonst sittenwidrig ist (Winkler Rn. 10; Armbrüster/Preuß/Renner/Preuß Rn. 21; vgl. auch OLG Köln DNotZ 1989, 52 (54)).

5 Gemäß § 1597a Abs. 1 BGB ist die **Anerkennung einer Vaterschaft** missbilligt, wenn sie gerade zu dem Zweck abgegeben wird, die Voraussetzungen für einen erlaubten Aufenthalt des Kindes, des Anerkennenden oder der Mutter zu schaffen. Entsprechendes gilt für die nach § 1595 Abs. 1 BGB erforderliche Zustimmung der Mutter (§ 1597a Abs. 4 BGB). Das Vorliegen eines der im § 1597a Abs. 2 S. 2 Nr. 1 bis 5 BGB genannten Tatbestände ist für sich genommen zwar noch kein hinreichender Anlass zur Aussetzung, erfordert aber weitere Ermittlungen unter Einbeziehung aller dem Notar rechtlich und tatsächlich zur Verfügung stehenden Erkenntnisquellen. Der Katalog des § 1597a Abs. 2 S. 2 BGB ist nicht abschließend. Können Mutter und Anerkennender sprachlich nicht miteinander kommunizieren oder weichen die Wohnsitze des Anerkennenden und der Mutter von dem Ort ab, an dem die Beurkundung vorgenommen werden soll, indiziert auch dies eine weitergehende Prüfung. Sofern konkrete Anhaltspunkte für einen Missbrauch bestehen, muss der Notar die Beurkundung aussetzen und dies gem. § 1597 Abs. 2 S. 3 BGB dem Anerkennenden, der Mutter und dem Standesamt sowie gem. § 85a Abs. 1 S. 1 AuslG der zuständigen Ausländerbehörde mitteilen. Ergibt die Prüfung der Ausländerbehörde, dass die Anerkennung der Vaterschaft missbräuchlich ist, stellt die Ausländerbehörde dies durch schriftlichen oder elektronischen Verwaltungsakt fest. Andernfalls wird das Verfahren eingestellt und die Beurkundung kann durchgeführt werden.

6 Das in Art. 3 Abs. 3 GG enthaltene verfassungsrechtliche Verbot der Benachteiligung von Menschen wegen ihres Geschlechts, ihrer Abstammung, ihrer Heimat bzw. Herkunft, ihres Glaubens oder ihrer politischen Überzeugung bindet die Notare unmittelbar, weil sie als Amtsträger öffentliche Gewalt für den Staat ausüben (vgl. BVerfG NJW 2016, 3153 Rn. 35; NJW 2011, 1201 Rn. 47; BGH NJW 2004, 1031). In Ausübung der den Notaren verliehenen Amtsbefugnissen ist es diesen deshalb schon durch die Verfassung verboten, diskriminierende, insbes. **Willenserklärungen mit rassistischem Inhalt** (zB Erbeinsetzung unter der Bedingung, keinen Juden zu heiraten; Auflage für die Erben, ein Haus nur an Deutschstämmige zu verkaufen; Rückfallklausel im Übergabevertrag für den Fall eines Verkaufs an Ausländer), zu beurkunden und ihnen damit den Anschein staatlicher Billigung zu verleihen. Doch nicht jede diskriminierende Willenserklärung zwingt zur Ablehnung, sondern nur eine solche, die erkennbar in Benachteiligungsabsicht gerade wegen einer dieser Eigenschaften abgegeben wird (Horsch Rpfleger 2005, 285 (292)). Auf dieser Grundlage hat jeder Notar derartige Beurkundungen abzulehnen, und zwar unabhängig von § 15 BNotO und § 4 BeurkG, und ohne, dass es darauf ankommt, ob die diskriminierende Willenserklärung auch in materieller Hinsicht gem. § 138 Abs. 1 BGB sittenwidrig ist. Dem steht die durch Art. 14 Abs. 1 GG garantierte Testierfreiheit schon deshalb nicht entgegen, weil der Erblasser seinen letzten Willen auch in der Form des eigenhändigen Testaments gem. § 2247 BGB niederschreiben kann. Im Übrigen ist die Vertragsfreiheit gem. Art. 2 Abs. 1 GG ohnehin durch die verfassungsmäßige Ordnung, d.h. die Gesamtheit der Normen, die formell und materiell der Verfassung gem. sind, beschränkt (vgl. BVerfG NJW 1957, 297), sodass ein Anspruch auf Gewährung einer Urkunde mit diskriminierendem Inhalt bereits deshalb nicht bestehen kann.

7 **3. Strafbare Handlungen.** Erkennt der Notar, dass das Geschäft Teil einer strafbaren Handlung ist oder sein kann, so hat er ohne Rücksicht darauf, ob ein Straftatbestand erfüllt ist oder werden kann, die Beurkundung gem. § 4 abzulehnen. Diese Pflicht besteht selbst dann, wenn dem Notar trotz der Beurkundung strafrechtlich kein Beihilfevorwurf gemacht werden könnte. Da diese Norm auf die Unredlichkeit abstellt, kommt es nicht auf die strafrechtliche Qualifizierung sondern auf die Zwecke des Geschäfts an. Ist dieses bestimmt oder geeignet, ein strafrechtlich geschütztes Gut eines anderen in verbotswidriger Weise zu verletzen, so darf der Notar die Beurkundung nicht vornehmen. Dieser Ablehnungsgrund kommt vor allem dann zum Tragen, wenn bei einem Kaufvertrag der Kaufpreis im Hinblick auf die Steuer zu niedrig oder im Hinblick auf die Finanzierung zu hoch angegeben wird (vgl. BGHZ 14, 25 (30); OLG Frankfurt DNotZ 1978, 748).

8 **4. Unredliche Zwecke.** Weil § 4 selbst unredliche Zwecke als Ablehnungsgrund nennt, sind dem Notar auch Beurkundungen verboten, die formal betrachtet zwar weder eine Amtspflicht

verletzen noch unwirksam sind noch eine strafbare Handlung fördern, aber sich als Gesetzesumgehung oder Gestaltungsmissbrauch darstellen (Armbrüster/Preuß/Renner/Preuß Rn. 16):

- Der Notar verletzt seine Amtspflichten, wenn er an einem Geschäft mitwirkt, das erkennbar auf die Umgehung gesetzlicher Verbote – mit oder ohne Erlaubnisvorbehalt – gerichtet ist (BGH BeckRS 2020, 22056 (§ 2 GrdstVG)).
- Verboten sind dem Notar ferner alle Beurkundungen, deren Zweck darauf gerichtet ist, Beteiligten oder Dritten eine Sicherheit oder Seriosität vorzutäuschen, die in dieser Form überhaupt nicht besteht, und zwar selbst dann, wenn keine strafbaren Zwecke erkennbar sind (vgl. ausführlicher Fembacher MittBayNot 2002, 496; Winkler Rn. 28a mwN). Der Notar darf weder durch unvollständige noch durch missverständliche Formulierungen einen falschen Anschein erwecken, wobei er auch ein unrichtiges nicht fernliegendes Verständnis durch den geschützten Personenkreis in Rechnung zu stellen hat (BGH DNotZ 1973, 245).
- Dem Notar ist auch die Mitwirkung an jeder Form der Gläubigerbenachteiligung verboten (vgl. BGH BeckRS 2019, 10843 Rn. 16 ff.: „Firmenbestattung"). Auch Geschäfte, die der Täuschung Beteiligter oder sonstiger Personen dienen, hat der Notar abzulehnen. Eine große Differenz zwischen Ankaufs- und Verkaufspreis eines Grundstücks bei kurz aufeinanderfolgenden Verträgen ist dabei grds. nur ein Indiz für die Verfolgung unerlaubter oder unredlicher Zwecke (BGH BeckRS 2008, 17806; vgl. zur Ausnahme BGH BeckRS 2019, 34189).
- Der „Verzicht" eines „Reichsbürgers" auf die deutsche Staatsangehörigkeit darf wegen Unvereinbarkeit mit der verfassungsmäßigen Ordnung des Grundgesetzes ebenfalls nicht beurkundet oder beglaubigt werden (Schmidt-Brenner DNotZ 2017, 322 (324); Genske NotBZ 2014, 281 (285); Winkler Rn. 28b; vgl. LG Arnsberg MittBayNot 2017, 297).
- Abzulehnen hat der Notar auch eine Beurkundung, wenn er erkennt, dass eine Zwangslage eines Beteiligten ausgenutzt (zB unwiderrufliche und unbeschränkte Verkaufsvollmacht für Grundpfandrechtsgläubiger) oder dieser bedroht wird.
- Schließlich darf der Notar keine Erklärung beurkunden, von der er weiß, dass sie unwahr ist, und zwar ohne Rücksicht darauf, ob er seine Kenntnis von Amts wegen oder privat erlangt hat.

**5. Geldwäsche.** Gem. § 10 Abs. 9 S. 4 GwG besteht ein besonderes (dilatorisches) Beurkundungsverbot für Notare bei Erwerbsvorgängen im Anwendungsbereich des § 1 GrEStG, wenn dem Notar vor der Beurkundung keine schlüssige **Dokumentation der Eigentums- und Kontrollstruktur** einer auf der Veräußerer- oder der Erwerberseite beteiligten Gesellschaft oder sonstigen juristischen Person des Privatrechts vorgelegt wird (§ 11 Abs. 5a GwG). Dies gilt nicht nur für Immobilienkäufe, sondern auch für alle Anteilsabtretungen an Gesellschaften mit Grundbesitz. Es kommt dabei nicht darauf an, ob der Vorgang tatsächlich grunderwerbsteuerpflichtig ist. Es genügt, dass das betroffene Rechtsgeschäft der steuerlichen Meldepflicht gem. § 18 GrEStG unterliegt. Nicht erfasst werden insbes. die Bestellung von Grundschulden und sonstigen Rechten an Grundstücken, Schenkungen und Übergabeverträge, familien- und erbrechtliche Angelegenheiten sowie General- und Vorsorgevollmachten. 9

Den Erwerb einer Immobilie in Deutschland durch eine **ausländische Gesellschaft oder juristische Person des Privatrechts** darf der Notar gem. § 10 Abs. 9 S. 4 GwG nur beurkunden, wenn sie im Transparenzregister Deutschlands oder eines EU-Mitgliedstaats registriert ist (§ 20 GwG). Dies gilt allerdings nur beim Erwerb, nicht aber bei der Veräußerung einer Immobilie durch eine ausländische Gesellschaft. Das Verbot gilt nur bei Immobilienkäufen, nicht bei Anteilsabtretungen und sonstigen gem. § 18 GrEStG meldepflichtigen Geschäften. Der Anwendungsbereich dieses Beurkundungsverbots ist damit enger als bei dem Beurkundungsverbot mangels schlüssiger Dokumentation der Eigentums- und Kontrollstruktur (→ Rn. 9). 10

Das Geldwäschegesetz verbietet darüber hinaus gehend durch § 10 Abs. 9 S. 1 GwG dem Notar die Begründung oder Fortsetzung seiner gesamten Amtstätigkeit, also Beurkundungs-, Vollzugs-, Betreuungs- und Verwahrungstätigkeiten, wenn er nicht in der Lage ist, die **allgemeinen Sorgfaltspflichten** nach § 10 Abs. 1 Nr. 1–4 GwG zu erfüllen (zB Verweigerung der Angaben zum Zweck des Geschäfts, Ungewissheit über die Einordnung als „politisch exponierte Person"). Im Unterschied zu den Beurkundungsverboten gem. § 10 Abs. 9 S. 4 GwG (→ Rn. 9, → Rn. 10) erfasst dieses Verbot notarieller Amtstätigkeit nicht nur den Kauf und Verkauf von Immobilien, sondern auch den von Gewerbebetrieben, die Verwahrung von Geld, Wertpapieren oder sonstigen Vermögenswerten sowie die Gründung von Treuhandgesellschaften, Gesellschaften oder ähnlichen Strukturen (vgl. § 2 Abs. 1 Nr. 10 lit. a GwG). 11

Aber auch ohne sichere Kenntnis der bezweckten Geldwäsche bzw. Terrorismusfinanzierung ist der Notar zur Verweigerung der Beurkundung gem. § 4 berechtigt und verpflichtet, wenn er 12 sich dadurch strafbar machen würde. Weil § 261 Abs. 5 StGB bereits das **leichtfertige Nichterkennen der Herkunft eines Gegenstands aus einer geldwäscherelevanten Vortat** unter Strafe stellt, ist bereits der Verdacht, dass Geldwäsche vorliegen könnte, ein ausreichender Grund für die Verweigerung der Beurkundung gem. § 4 iVm § 15 Abs. 1 S. 1 BNotO. Unabhängig hiervon besteht gem. § 43 Abs. 1 und 2 S. 2 GwG eine Verpflichtung zur Meldung des Tatbestands.

## III. Ablehnungspflicht

13 Die Ablehnung ist unbedingte Amtspflicht und steht **nicht im Ermessen** des Notars (Winkler Rn. 42; Winkler Einl. Rn. 13) (andererseits aber → Rn. 7: eingeschränkter Ermessenspielraum). Der Notar muss vom Ablehnungsgrund allerdings sichere Kenntnis haben, sodass der bloße Verdacht nicht ausreicht. Der Notar ist auch nicht verpflichtet, entsprechende Ermittlungen anzustellen. Er darf auf die Richtigkeit der tatsächlichen Angaben der Beteiligten vertrauen (vgl. BGH DNotZ 1958, 99; 1961, 162).

14 Erfährt der Notar von einem Ablehnungsgrund **vor der Beurkundung,** so ist er zunächst gem. § 17 verpflichtet, auf die Beteiligten einzuwirken, ein Geschäft zu vereinbaren, das nicht im Widerspruch zu § 4 steht. Gelingt dem Notar dies nicht, so hat er die Beurkundung endgültig abzulehnen.

15 Erkennt der Notar den Ablehnungsgrund erst **nach der Beurkundung,** so hat er sowohl die Erteilung von – einfachen und vollstreckbaren – Ausfertigungen und beglaubigten Abschriften (OLG Jena NotBZ 1998, 239 betr. Schwarzkaufpreis; LG Düsseldorf MittRhNotK 1977, 134 betr. Schwarzkaufpreis) als auch den weiteren Vollzug der Urkunde abzulehnen (vgl. BGH DNotZ 1987, 558 betr. Schwarzkaufpreis; OLG Zweibrücken MittRhNotK 1995, 208 betr. Notaranderkonto). Der Notar hat die Ablehnung den Beteiligten unverzüglich nach sicherer Kenntnis vom Ablehnungsgrund mitzuteilen und – im Hinblick auf das Beschwerdeverfahren – grds. schriftlich zu begründen (ausf. Winkler MittBayNot 1998, 141 (147 f.)).

## IV. Rechtsmittel

16 Gegen die Ablehnung ist die Beschwerde zum Landgericht gem. § 15 BNotO gegeben. Die Beteiligten haben dabei darzulegen, dass der Notar die Beurkundung zu Unrecht abgelehnt hat (Winkler Rn. 29). Das Gericht kann den Notar zur Beurkundung bzw. zum weiteren Vollzug veranlassen.

# § 5 Urkundensprache

**(1) Urkunden werden in deutscher Sprache errichtet.**

**(2) [1]Der Notar kann auf Verlangen Urkunden auch in einer anderen Sprache errichten. [2]Er soll dem Verlangen nur entsprechen, wenn er der fremden Sprache hinreichend kundig ist.**

## Überblick

Der Notar kann auf Antrag eine andere Urkundssprache bestimmen.

## I. Verhandlungssprache

1 Der Notar hat mit den Beteiligten über den Inhalt vor der eigentlichen Beurkundung in einer von ihm zu bestimmenden Sprache, die möglichst alle verstehen, zu verhandeln.

## II. Urkundssprache

2 Der Urkundentext wird dagegen grds. in deutscher Sprache abgefasst. Nur der Notar darf auf Verlangen aller Beteiligten (§ 6 Abs. 2) bei hinreichenden Sprachkenntnissen die Urkunde ganz oder teilweise auch in einer anderen Sprache formulieren, nicht dagegen die in § 1 Abs. 2 genannten sonstigen Urkundspersonen (allg. dazu Brambring DNotZ 1976, 726; Hagena DNotZ 1978, 396). Bei einer Beurkundung ohne hinreichende Sprachkenntnis des Notars ist die Urkunde dennoch wirksam, da es sich nur um eine Soll-Vorschrift handelt.

# Zweiter Abschnitt. Beurkundung von Willenserklärungen

## 1. Ausschließung des Notars

### § 6 Ausschließungsgründe

**(1) Die Beurkundung von Willenserklärungen ist unwirksam, wenn**
**1. der Notar selbst,**
**2. sein Ehegatte,**
**2a. sein Lebenspartner,**
**3. eine Person, die mit ihm in gerader Linie verwandt ist oder war, oder**
**4. ein Vertreter, der für eine der in den Nummern 1 bis 3 bezeichneten Personen handelt,**
**an der Beurkundung beteiligt ist.**

**(2) An der Beurkundung beteiligt sind die Erschienenen, deren im eigenen oder fremden Namen abgegebene Erklärungen beurkundet werden sollen.**

#### Überblick

Wie § 3 will diese Vorschrift die Pflicht des Notars zur Unparteilichkeit sichern, jedoch mit dem bedeutsamen Unterschied, dass ein Verstoß gegen eines dieser Beurkundungsverbote die Unwirksamkeit der Urkunde zur Folge hat.

#### I. Sachlicher Geltungsbereich

Die Vorschrift gilt dem Wortlaut nach nur für die Beurkundung von **Willenserklärungen,** also Willensäußerungen, die auf die Entstehung, Änderung oder Beendigung eines Rechtsverhältnisses gerichtet sind. Sie gilt damit für einseitige und mehrseitige Rechtsgeschäfte, für Rechtsgeschäfte unter Lebenden und Verfügungen von Todes wegen, für Erklärungen des privaten und des öffentlichen Rechts, nicht dagegen für Versammlungsbeschlüsse, da diese nach hM keine Willenserklärungen, sondern Sozialakte sind (Armbrüster/Preuß/Renner/Armbrüster Rn. 2). Beschlüsse können jedoch gleichzeitig auch rechtsgeschäftliche Willenserklärungen beinhalten (zB der Eintritt bzw. die Aufnahme einer Person in eine Personengesellschaft) (vgl. BayObLG NJW 1959, 989; Röll DNotZ 1979, 644). Bei der nur äußerlichen Zusammenfassung der Beurkundung von Versammlungen und Willenserklärungen (zB Kapitalerhöhungsbeschluss bei der GmbH und Übernahme der dabei entstandenen Stammeinlage) führt die in der Urkunde gleichzeitig enthaltene Willenserklärung zur Anwendung der §§ 6 ff. (Winkler Vor § 36 Rn. 17). Der Schutzzweck dieser Normen gebietet die Einbeziehung **geschäftsähnlicher Handlungen mit Erklärungscharakter,** dh Erklärungen, bei denen unabhängig vom Willen des Handelnden kraft Gesetzes bestimmte Rechtsfolgen eintreten (aA Lerch § 8 Rn. 3, aber mit der Empfehlung, §§ 6 ff. einzuhalten). Hier sind vor allem zu nennen Mahnungen, Fristsetzungen, Androhungen, Aufforderungen, Weigerungen, Mitteilungen und Anzeigen oder Zugangsbestätigungen. Auch **Prozesserklärungen,** die auf die Änderung, Ergänzung oder Beendigung von Rechtsverhältnissen gerichtet sind (zB Unterwerfung unter die sofortige Zwangsvollstreckung), werden vom zweiten Abschnitt des BeurkG erfasst (Armbrüster/Preuß/Renner/Preuß § 36 Rn. 3). Da **Eide und eidesstattliche Versicherungen** keine Willenserklärungen iSd zweiten Abschnitts des BeurkG sind, schreibt § 38 wegen der diesen Beurkundungen zukommenden Bedeutung, insbes. im Hinblick auf die Belehrungspflicht des § 17, die entsprechende Anwendung der §§ 6 ff. vor. 1

#### II. Ausschlusstatbestände (Abs. 1)

**1. Eigene Angelegenheit (Abs. 1 Nr. 1).** Dieser Tatbestand schließt den Notar bei von ihm selbst abgegebenen Willenserklärungen aus, und zwar gleichgültig, ob er dabei im eigenen oder im fremden Namen handelt. Damit kann er auch nicht die Löschungsbewilligung einer für ihn selbst eingetragenen Hypothek beurkunden (OLG Zweibrücken Rpfleger 1982, 276) oder als 2

Verwalter kraft Amtes (zB Testamentsvollstrecker, Insolvenzverwalter) oder als Vertreter Erklärungen in der Urkunde abgegeben oder entgegennehmen. Eigenurkunden zur Vorbereitung oder zum Vollzug einer Urkunde unterliegen dagegen nicht diesem Verbot (→ § 3 Rn. 12).

3 **2. Angelegenheit des Ehegatten (Abs. 1 Nr. 2).** Abs. 1 Nr. 2 greift nur ein, wenn der zurzeit der Beurkundung mit dem Notar verheiratete Ehegatte formell beteiligt ist. Eine Beurkundung unter formeller Beteiligung des Verlobten oder früheren Ehegatten führt nicht zur Unwirksamkeit, sondern stellt gem. § 3 Abs. 1 S. 1 Nr. 2 eine Amtspflichtverletzung des Notars dar (→ § 3 Rn. 29).

4 **3. Angelegenheiten des Partners einer gleichgeschlechtlichen Lebenspartnerschaft iSd § 1 Abs. 1 S. 1 LPartG (Abs. 1 Nr. 2a).** Das Verbot gilt erst ab der formgerechten Abgabe der Erklärungen gem. § 1 Abs. 1 S. 1 LPartG. Der Abschluss eines Lebenspartnerschaftsvertrags oder sonstige vorbereitende Maßnahmen zur Eingehung einer solchen Lebenspartnerschaft reichten nicht aus. Das Verbot endet mit der Aufhebung der Lebenspartnerschaft gem. § 15 LPartG.

5 **4. Angelegenheit von Verwandten (Abs. 1 Nr. 3).** Diese Alternative verbietet die Beurkundung von Willenserklärungen der mit dem Notar in gerader Linie Verwandten. Bei allen anderen in § 3 Abs. 1 Nr. 3 aufgeführten Verwandten sowie Verschwägerten gilt § 6 nicht.

6 **5. Angelegenheit von Vertretenen (Abs. 1 Nr. 4).** Abs. 1 Nr. 4 erfasst alle Fälle, in denen ein rechtsgeschäftlicher oder gesetzlicher Vertreter im Namen der in Abs. 1 Nr. 1–3 aufgeführten Personen Willenserklärungen in der Urkunde abgibt oder entgegennimmt. Der Vertreter muss allerdings in der Urkunde gerade im Namen dieser Personen handeln. Eine Bevollmächtigung in einer anderen Angelegenheit ist für § 6 ohne Bedeutung, führt jedoch zur Hinweispflicht gem. § 3 Abs. 2. Auch braucht kein wirksames Vertretungsverhältnis zu bestehen. Es genügt daher jedes nach außen erkennbare Handeln für diese Personen, also auch eine vollmachtlose Vertretung (KG DNotZ 1935, 656 = JW 1935, 2068) oder eine Geschäftsführung ohne Auftrag (Winkler Rn. 21 mwN). Dieses Verbot kann nicht durch die Erteilung einer Untervollmacht umgangen werden (Winkler Rn. 21). Auch Willenserklärungen von Mitgesellschaftern im Namen einer Personengesellschaft (GbR, OHG, KG oder Partnerschaftsgesellschaft) darf der Notar nicht beurkunden, wenn er, sein Ehegatte oder seine Verwandten in gerader Linie hieran mitbeteiligt sind. Bei Beteiligung an einer juristischen Person greift § 6 nicht ein (aber → § 3 Rn. 21), wenn ein anderer im Namen der juristischen Person Erklärungen abgibt, weil dabei nur die Körperschaft, nicht aber die einzelnen Mitglieder vertreten werden (OLG Hamm DNotZ 1956, 104; Winkler Rn. 24).

## III. Formeller Beteiligtenbegriff (Abs. 2)

7 Abs. 2 enthält die Legaldefinition des im gesamten BeurkG verwendeten Beteiligtenbegriffs. Formell beteiligt sind die vor dem Notar erscheinenden Personen, die in der Urkunde Erklärungen abgeben. Im Falle der Vertretung ist daher nur der Vertreter, nicht aber der Vertretene formell beteiligt, sodass ohne die Regelung in Abs. 1 Nr. 4 der Notar, sein Ehegatte oder Verwandte das Verbot durch Einschaltung eines Vertreters umgehen könnten.

8 Davon zu unterscheiden ist der Begriff der Sach- oder **materiellen Beteiligung** in § 3 (→ § 3 Rn. 3).

## IV. Rechtsfolgen eines Verstoßes

9 Der Notar, der trotz eines Ausschlusstatbestands beurkundet, begeht – wie bei § 3 – eine Amtspflichtverletzung und muss daher sowohl disziplinar-, als auch haftungsrechtliche Konsequenzen befürchten. Außerdem droht ihm wegen des gleichzeitigen Verstoßes gegen die Mitwirkungsverbote des § 3 Abs. 1 S. 1 Nr. 1–3 auch die Amtsenthebung gem. § 50 Abs. 1 Nr. 9 BNotO (zum Ganzen ausf. → § 3 Rn. 30 ff.).

10 § 6 Abs. 1 geht jedoch über die Rechtsfolgeregelung in § 3 hinaus und ordnet die **Unwirksamkeit** der gesamten Beurkundung an. Die Urkunde kann nur noch als Privaturkunde Wirkungen entfalten (Haegele Rpfleger 1969, 369; Winkler Rn. 9). Ob die abgegebenen Willenserklärungen trotz unwirksamer Beurkundung gültig sind, richtet sich nach materiellem Recht. Sofern dieses Beurkundung vorschreibt, sind auch die Willenserklärungen nichtig, wenn keine Heilung auf Grund besonderer Vorschriften eintritt. In diesem Zusammenhang ist vor allem auf § 311b Abs. 1 S. 1 BGB zu verweisen. § 925 S. 1 BGB schreibt für die Auflassung nur die Abgabe der Erklärungen vor einem Notar vor, sodass trotz eines Unwirksamkeitsgrundes gem. § 6 diese wirksam ist (vgl.

BGH DNotZ 1993, 55 (57)). Bei vereinbarter notarieller Beurkundung kommt es darauf an, ob die Urkundsform – wie regelmäßig gem. § 125 BGB – Bedingung des Rechtsgeschäfts oder nur Beweissicherung sein sollte (BGH DNotZ 1963, 314; Winkler DNotZ 1969, 395).

## § 7 Beurkundungen zugunsten des Notars oder seiner Angehörigen

**Die Beurkundung von Willenserklärungen ist insoweit unwirksam, als diese darauf gerichtet sind,**

**1. dem Notar,**
**2. seinem Ehegatten oder früheren Ehegatten,**
**2a. seinem Lebenspartner oder früheren Lebenspartner oder**
**3. einer Person, die mit ihm in gerader Linie verwandt oder verschwägert oder in der Seitenlinie bis zum dritten Grade verwandt oder bis zum zweiten Grade verschwägert ist oder war,**

**einen rechtlichen Vorteil zu verschaffen.**

### Überblick

Wie § 3 will diese Vorschrift die Pflicht des Notars zur Unparteilichkeit sichern, jedoch mit dem bedeutsamen Unterschied, dass ein Verstoß gegen eines dieser Beurkundungsverbote die Unwirksamkeit der Urkunde zur Folge hat.

### I. Ausschlusstatbestände

**1. Begriff des rechtlichen Vorteils.** Zentraler Begriff aller Ausschlusstatbestände ist die Verschaffung eines rechtlichen Vorteils als unmittelbare Folge der Beurkundung für den Notar selbst oder eine der anderen in Nr. 2–3 aufgeführten Angehörigen. Rechtlicher Vorteil für eine Person ist jede Erweiterung eigener Rechte oder Verminderung eigener Pflichten (zB Winkler Rn. 3). Vorteile idS verschaffen Verfügungsgeschäfte dem Erwerber (zB Abtretung, Auflassung, Löschungsbewilligung), Verpflichtungsgeschäfte allen Parteien, Sicherungsgeschäfte dem Gläubiger (zB Grundpfandrechtsbestellungen, Schuldanerkenntnisse, Bürgschaften) oder Verträge zugunsten Dritter diesem. Eine Verminderung von Pflichten enthalten etwa der Erlass von Forderungen sowie Verzichte aller Art. 1

Der Rechtszuwachs oder die Pflichtenreduzierung braucht **nicht vermögensrechtlicher Art** zu sein, auch rein familienrechtliche Auswirkungen genügen (vgl. KGJ 51, 91). Der Vorteil muss nicht vom Willen der Beteiligten getragen sein (aA nur Riedel/Feil Rn. 5), es reicht jeder bei abstrakter Betrachtung objektiv feststellbare Zuwachs an Rechten oder Wegfall von Pflichten aus (Winkler Rn. 4, 9). Selbst die Verbesserung der Beweisposition (zB Quittung, Grundbucheintrag) stellt einen solchen Vorteil dar (Winkler Rn. 9 mwN; aA Jansen Anm. 3). 2

Eine wirtschaftliche Besserstellung ist dabei nicht zu fordern, sodass mit dem Geschäft verknüpfte **Auflagen, Bedingungen oder Gegenleistungen** bei der Beurteilung keine Rolle spielen (RGZ 88, 147 (150); Höfer/Huhn, Allgemeines Urkundenrecht, 1968, 240; Reimann DNotZ 1990, 433 (434)). § 7 gilt damit nicht nur für Schenkungen oder sonstige Geschäfte, die objektiv zu einer Vermögensmehrung führen. 3

**2. Unmittelbarkeit des Vorteils.** Der Vorteil muss die unmittelbare Folge der beurkundeten Erklärung sein (vgl. RGZ 88, 147 (150 f.); BGH NJW 1997, 946 (947); Jansen Rn. 3, 4; Winkler Rn. 6). Hieran fehlt es etwa bei der Beurkundung eines Grundstückskaufvertrags durch einen Notar, dem infolge dieses Geschäfts eine Provision zusteht (vgl. BGH NJW 1985, 2027). Ein **Erb-, Zuwendungs- oder Pflichtteilsverzicht** bedeutet keinen unmittelbaren Vorteil, weil die damit möglicherweise einhergehende Verbesserung des Erb- bzw. Pflichtteilsanspruchs bis zum Tod ungewiss und von weiteren Unwägbarkeiten abhängt (OLG Düsseldorf BeckRS 2013, 21115). Das Gleiche gilt für die Benennung zum **Vormund** gem. § 1776 BGB, zum **Gegenvormund** (§ 1776 BGB, § 1792 Abs. 4 BGB) oder zum **Betreuer** (§ 1897 Abs. 4 BGB), weil diese Ämter zusätzlich noch die Bestellung durch das Vormundschaftsgericht voraussetzen, also schon deshalb nur mittelbare Folge des Urkundsgeschäfts sind (Winkler Rn. 7; Armbrüster/Preuß/Renner/Armbrüster Rn. 4; aA Lerch Rn. 6). Auch der Vergütungsanspruch eines in der Urkunde selbst ernannten **Schiedsgutachters, Schiedsrichters** (aA mit einem zweifelhaften Umkehrschluss aus § 27 Armbrüster/Preuß/Renner/Armbrüster Rn. 4; Winkler Rn. 7; Frenz/Miermeister/ 4

Miermeister/de Buhr Rn. 8) oder **Testamentsvollstreckers** (§ 2197 BGB iVm § 2221 BGB) ist keine unmittelbare Konsequenz des Geschäfts, sondern erst Folge der Amtsführung (BGH NJW 1997, 946 (947); MüKoBGB/Sticherling § 27 Rn. 14; Lerch Rn. 6), sodass an Stelle dieses Beurkundungsverbots in all diesen Fällen, in denen der Inhaber für andere Personen Rechte und Pflichten begründet, gestaltet, ändert oder aufhebt und hierfür eine Vergütung erhält, lediglich das Mitwirkungsverbot gem. § 3 eingreift.

5 Die Unwirksamkeit der **Ernennung des beurkundenden Notars zum Testamentsvollstrecker** ergibt sich deshalb konstitutiv aus § 27, der die „entsprechende" Anwendung dieses Beurkundungsverbots anordnet. Das Gleiche gilt für dessen jetzigen oder früheren Ehe- bzw. Lebenspartner und Personen, die mit dem Notar gem. Nr. 3 verwandt oder verschwägert sind. Die Berufung eines Sozius iSd § 3 Abs. 1 S. 1 Nr. 4 ist im Unterschied hierzu wirksam (BGH NJW 1997, 946 (947); OLG Bremen BeckRS 2016, 05594 Rn. 10), aber gem. § 3 verboten. Die nach dem Erbfall erfolgte Ernennung des beurkundenden Notars oder ausgeschlossener Personen zum Testamentsvollstrecker durch das Nachlassgericht gem. § 2200 BGB ist selbst dann kein Verstoß gegen § 7, wenn in der Verfügung von Todes wegen ein entsprechender Wunsch geäußert worden war (OLG Stuttgart DNotZ 1990, 430). Die **Ermächtigung des Notars zur Bestimmung der Person** des Testamentsvollstreckers gem. § 2198 Abs. 1 S. 1 BGB in einem von ihm beurkundeten Testament oder Erbvertrag ist dagegen in jedem Falle unwirksam (BGH BeckRS 2012, 23238).

6 Keinen rechtlichen Bedenken begegnet es, wenn die notarielle Urkunde alle Modalitäten der Testamentsvollstreckung bestimmt, jedoch die Ernennung des Amtsinhabers einer besonderen eigenhändigen Verfügung von Todes wegen vorbehält (BGH BeckRS 2022, 4553; OLG Bremen BeckRS 2016, 05594 Rn. 10 f.; Reimann DNotZ 1990, 433; Reimann DNotZ 1994, 659 (663)). Weder ein solches öffentliches noch das **privatschriftliche Testament mit der Ernennung des Urkundsnotars** zum Testamentsvollstrecker sind unwirksam; auch ein Umgehungstatbestand liegt nicht vor (BGH BeckRS 2022, 4553; OLG Köln BeckRS 2018, 1427 Rn. 18 f.). Selbst die gemeinsame Ablieferung beider Testamente zur besonderen amtlichen Verwahrung in einem Umschlag ändert an der Wirksamkeit nichts (OLG Bremen BeckRS 2016, 05594 Rn. 11 (Abkehr von OLG Bremen BeckRS 2015, 17264)). Wegen der Unterschiede bei der Rücknahme von notariellen und eigenhändigen Testamenten aus der amtlichen Verwahrung darf die eigenhändige Verfügung mit der notariellen Urkunde keinesfalls zusammen im gleichen Umschlag zur Verwahrung abgeliefert werden (Reimann DNotZ 1994, 659 (663)). Der Notar kann jedoch bevollmächtigt werden, das eigenhändige Testament (§ 2247 BGB) mit der Ernennung gem. § 2248 BGB – gesondert – zur amtlichen Verwahrung abzuliefern. Unter keinen Umständen darf der Notar das eigenhändige Testament mit seiner Ernennung zum Testamentsvollstrecker in seiner Urkundensammlung verwahren, weil die ausschließliche Kompetenz für die Testamentsverwahrung gem. § 2248 BGB den Nachlassgerichten zusteht, der Notar vom Sterbefall als nicht zugelassene Verwahrstelle gem. § 78e BNotO nicht benachrichtigt wird und die Urkundensammlung hierfür überhaupt nicht geeignet ist, da eine Suchmodus hierfür nicht vorhanden ist. Schließlich besteht die Möglichkeit, eine entsprechende letztwillige Verfügung bei einem anderen Notar beurkunden zu lassen, wobei ein Sozius gem. § 3 Abs. 1 S. 1 Nr. 4 von der Beurkundung ausgeschlossen ist.

7 Auch die Beurkundung von erbrechtlichen Zuwendungen (Erbeinsetzung, Vermächtnis, Auflage) in **Verfügungen von Todes wegen** stellen keine unmittelbaren Vorteile für den Bedachten dar, weil die Wirkungen erst mit dem Erbfall sicher eintreten und bis dahin der Anfall durch eine Vielzahl von Umständen vereitelt werden kann. Um eine Beurkundung gleichwohl zu verhindern, ordnet § 27 die **entsprechende Anwendung** des § 7 an. Von § 27 wird nicht nur die Anordnung, sondern auch die Aufhebung erbrechtlicher Zuwendungen durch Erbvertrag oder Testament erfasst. Die begünstigenden Wirkungen eines **Zuwendungsverzichts** (§ 2352 BGB) und eines **Erb- und Pflichtteilsverzichts** (§ 2346 BGB) für Personen iSd § 7 sind ebenso wenig unmittelbar wie die Anordnung erbrechtlicher Zuwendungen. Da § 27 diese Verzichte aber nicht erfasst, ist deren Beurkundung zwar gem. § 3 verboten, aber nicht gem. § 7 unwirksam (OLG Düsseldorf BeckRS 2013, 21115). Bei einer – ausnahmsweise iSd §§ 6 ff. beurkundeten – **Erbausschlagung** (§ 1942 BGB) hängt die Anwendbarkeit davon ab, ob Personen iSd § 7 als Miterben **unmittelbar** durch Anwachsung hiervon profitieren oder erst durch die Ausschlagung anderer Personen – also nur **mittelbar** – einen Vorteil erlangen.

8 **3. Eigener Vorteil.** Die Beurkundung muss einen eigenen Vorteil für eine der in Nr. 1–3 aufgeführten Personen bewirken. Handelt ein – gesetzlicher oder rechtsgeschäftlicher – Vertreter für eine solche Person, erwirbt der **Vertretene** einen rechtlichen Vorteil, was zum Eingreifen des § 7 führt. Ein Vorteil einer **Personengesellschaft** (GbR, OHG, KG oder Partnerschaftsgesellschaft) oder eines nicht-rechtsfähigen Vereins, an der bzw. dem eine dieser Personen als Gesellschaf-

ter bzw. Mitglied beteiligt ist, ist den Gesellschaftern bzw. Mitgliedern selbst zuzurechnen. Dagegen bedeutet die **Beteiligung an einer juristischen Person** auch dann keinen eigenen unmittelbaren Vorteil für einen Gesellschafter, wenn dieser eine Mehrheitsbeteiligung besitzt oder sonst ein Übergewicht über die anderen Gesellschafter hat (Armbrüster/Preuß/Renner/Armbrüster Rn. 4; aA noch 2. Aufl.; OLG Frankfurt OLGR 1993, 174; Winkler Rn. 6). Im Interesse der Rechtssicherheit muss der Vorteilsbegriff beim Beurkundungsverbot mit Nichtigkeitsfolge enger ausgelegt werden als beim Mitwirkungsverbot des § 3 Abs. 1 S. 1. Bei Beurkundung einer Willenserklärung des Notars, die dieser als **Verwalter kraft Amtes** (zB Insolvenzverwalter, Nachlassverwalter, Testamentsvollstrecker), abgibt und die nur einen rechtlichen Vorteil des Sondervermögens bewirkt, ist dieser nicht gem. § 7 ausgeschlossen, wohl aber durch § 3 Abs. 1 S. 1 Nr. 1 (RGZ 49, 129; Winkler Rn. 10).

In diesem Zusammenhang ist umstritten, ob die **Vollmachtserteilung** an den beurkundenden Notar oder einen Angehörigen iSd Nr. 2, 2a und 3 einen eigenen Vorteil iSd § 7 darstellt. Einigkeit besteht zunächst darüber, dass eine dem beurkundenden Notar erteilte Vollmacht zur Vorbereitung oder zum Vollzug eines Amtsgeschäfts **(Durchführungsvollmacht)** zulässig ist (Winkler Rn. 8 mwN). Die Erteilung einer anderen Vollmacht als solche stellt nach bisher hM zwar noch keinen rechtlichen Vorteil iSd § 7 dar, ist aber dem Notar gem. § 3 verboten (Lerch Rn. 7). Nachdem der BGH die Einräumung eines Rechts, den Testamentsvollstrecker gem. § 2198 Abs. 1 S. 1 BGB zu bestimmen, als unzulässigen Vorteil iSd § 7 eingestuft hat (→ Rn. 10), muss dies erst recht für jede Art der Bevollmächtigung des Notars gelten, sodass jede Bevollmächtigung des Notars die Unwirksamkeit gem. § 7 zur Folge hat. 9

Nach höchstrichterlicher Rspr. ist auch die Beurkundung einer Verfügung von Todes wegen, in der dem Urkundsnotar gem. § 2198 Abs. 1 S. 1 BGB das Recht eingeräumt wird, die **Person des Testamentsvollstreckers zu bestimmen,** gem. § 7 unwirksam, wohl aber gem. § 3 Abs. 1 S. 1 pflichtwidrig (BGH BeckRS 2012, 23238). Das Gleiche wird für eine letztwillige Verfügung zu gelten haben, mit der der Urkundsnotar ermächtigt werden soll, den **Vermächtnisnehmer zu bestimmen** (§ 2151 Abs. 1 BGB). 10

**4. Ausgeschlossene Personen.** Der Kreis der ausgeschlossenen Personen ist enger als in § 3 Abs. 1 S. 1 Nr. 1–3, aber weiter als in § 6 Abs. 1 Nr. 1–3. Betroffen sind der Notar selbst, dessen Ehe- oder Lebenspartner iSd § 1 Abs. 1 S. 1 LPartG sowie seine Verwandten in gerader Linie. § 7 Nr. 2 und 2a erfasst – anders als § 6 Abs. 1 Nr. 2 bzw. 2a – auch den früheren Ehe- bzw. Lebenspartner. In Übereinstimmung mit § 3 Abs. 1 S. 1 Nr. 3 sind auch alle Personen einbezogen, die mit dem Notar in gerader Linie verschwägert oder in der Seitenlinie bis zum dritten Grade verwandt oder bis zum zweiten Grade verschwägert sind. Dabei greift im Falle der Nr. 3 der Tatbestand auch noch nach Ende der Verwandtschaft oder der Schwägerschaft ein. 11

## II. Rechtsfolgen

**1. Unwirksamkeit der begünstigenden Erklärung.** Bei einem Verstoß ist abweichend von § 6 (→ § 6 Rn. 9) nur die Beurkundung der Erklärung unwirksam, die unmittelbar dem Notar oder seinem Angehörigen den rechtlichen Vorteil verschafft. Der übrige Teil der Beurkundung ist wirksam. Über die Auswirkungen dieser teilweisen Unwirksamkeit der Beurkundung entscheiden die Regeln des materiellen Rechts, vor allem also §§ 139 und 2085 BGB. Die Unwirksamkeit der Beurkundung hat daher nicht notwendig auch die Unwirksamkeit des gesamten Inhalts der Urkunde zur Folge. 12

**2. Amtspflichtverletzung.** Wegen der Amtspflichtverletzung muss der Notar mit haftungs- und disziplinarrechtlichen Konsequenzen rechnen. Außerdem droht ihm wegen des gleichzeitigen Verstoßes gegen die Mitwirkungsverbote des § 3 Abs. 1 S. 1 Nr. 1–3 auch die Amtsenthebung gem. § 50 Abs. 1 Nr. 9 BNotO (→ § 3 Rn. 30 ff.). 13

# 2. Niederschrift

### § 8 Grundsatz

**Bei der Beurkundung von Willenserklärungen muß eine Niederschrift über die Verhandlung aufgenommen werden.**

### Überblick

Diese Norm schreibt zwingend die Fertigung einer Niederschrift zur wirksamen Beurkundung von Willenserklärungen vor (→ Rn. 1). Diese in Papierform vorliegende Niederschrift ist gem. § 56 in eine damit übereinstimmende elektronische Form zu übertragen (→ Rn. 3). Beide Urkundsformen sind gleichwertig, wobei für Verfügungen von Todes wegen eine Ausnahme gilt (→ Rn. 4). Änderungen nach Beurkundungsabschluss durch Unterschrift des Notars sind nur eingeschränkt zulässig (→ Rn. 6 ff.).

## I. Verhandlung und Niederschrift

1 Bei der Beurkundung von Willenserklärungen (→ § 6 Rn. 1) muss eine Niederschrift aufgenommen werden, die das rechtlich bedeutsame Ergebnis – nicht den Verlauf – der vorbereitenden Sachverhaltsaufklärung und Willenserforschung durch den Notar oder eine geeignete Hilfsperson wiedergibt. Um die Richtigkeit dieses (Ergebnis-)Protokolls sicherzustellen, muss die Niederschrift in Gegenwart des Notars den Erschienenen vorgelesen, von den Erschienenen genehmigt und von diesen und dem Notar eigenhändig unterschrieben werden (§ 13).

## II. Herstellung der papiernen und der digitalisierten Urschriften

2 Das BeurkG selbst enthält keine Regelungen über die äußere Form der Niederschrift iSd § 8. Diese sind vielmehr in § 12 Abs. 1 DONot geregelt. Ein Verstoß gegen die dort enthaltenen Ordnungsbestimmungen macht die Urkunde nicht unwirksam. Die Niederschrift kann zwar mittels elektronischer Medien vorbereitet werden, die Fixierung selbst hat jedoch unter Verwendung von geeignetem Urkundenpapier in haltbarer **Schriftform** zu erfolgen. Die Niederschriften sind vom Notar gem. § 55 im elektronischen Urkundenverzeichnis einzutragen und in einer Urkundensammlung (§ 31 NotAktVV) für vorerst 30 Jahre (§ 51 Abs. 1 Nr. 2 NotAktVV) zu verwahren. Erbverträge, deren besondere amtliche Verwahrung gem. § 34 Abs. 2 ausgeschlossen wurde, werden nach der Nummernfolge der Eintragungen im Urkundenverzeichnis in der Erbvertragssammlung verwahrt (§ 34 Abs. 3, § 32 NotAktVV).

3 Zusätzlich hat der Notar ab dem 1. Juli 2022 die im Urkundenverzeichnis registrierten **Urkunden in digitalisierter Form** als „elektronische Fassung der Urschrift" in der eigenen elektronischen Urkundensammlung im Urkundenarchiv gem. § 78h BNotO für einen Zeitraum von 100 Jahren (§ 51 Abs. 1 Nr. 1 NotAktVV) zu verwahren. Beim Scannen der papiernen Niederschrift iSd § 8 soll gem. § 56 durch geeignete Vorkehrungen nach dem Stand der Technik sichergestellt werden, dass die elektronischen Dokumente mit den in Papierform vorhandenen Schriftstücken inhaltlich und bildlich übereinstimmen. Diese Übereinstimmung ist vom Notar in einem Vermerk unter Angabe des Ortes und des Tages seiner Ausstellung zu bestätigen. Durchstreichungen, Änderungen, Einschaltungen, Radierungen oder andere Mängel des Schriftstücks sollen im Vermerk angegeben werden, soweit sie nicht aus dem elektronischen Dokument eindeutig ersichtlich sind. Das elektronische Dokument und der Vermerk müssen zusätzlich mit einer qualifizierten elektronischen Signatur versehen werden.

4 Gem. § 56 Abs. 3 stehen die vom Notar in der elektronischen Urkundensammlung verwahrten elektronischen Dokumente den papiernen Niederschriften iSd § 8, aus denen sie gem. § 56 Abs. 1 und 2 übertragen worden sind, gleich **(Gleichwertigkeit der papiernen und der elektronischen Urschrift).** Weil Gegenstand der Ablieferungs-, Eröffnungs- und Rückgabepflichten bei (gemeinschaftlichen) Testamenten und Erbverträgen (§§ 2256, 2300 BGB, § 34a BeurkG, § 348 FamFG) jedoch nur deren verkörperte Niederschriften iSd § 8 sein können, schreibt § 31 Abs. 1 Nr. 1 lit. a NotAktVV folgerichtig vor, dass in der elektronischen Urkundensammlung von allen **Verfügungen von Todes wegen** nur eine beglaubigte Abschrift zu verwahren ist, allerdings nur auf Wunsch der Beteiligten. Lehnen die Beteiligten die zusätzliche Verwahrung der beglaubigten Abschrift beim Notar ab, findet sich in der elektronischen Urkundensammlung nur ein Ausdruck der Bestätigung über die Registrierung der Verfügung von Todes wegen im Zentralen Testamentsregister (§ 31 Abs. 1 Nr. 1 lit. b NotAktVV). Das Gleiche gilt gem. § 33 Abs. 4 NotAktVV, wenn den Beteiligten die in der Urkundensammlung verwahrte beglaubigte Abschrift einer Verfügung von Todes wegen später wieder ausgehändigt worden ist. Bei allen Verfügungen von Todes wegen existiert deshalb – im Unterschied zu allen anderen Rechtsgeschäften – keine gleichwertige elektronische Urschrift zur Niederschrift der letztwilligen Verfügung iSd § 8. Nur deren papierne Niederschrift ist „die Urschrift" und damit ausschließlich Gegenstand der Ablieferungs-, Eröffnungs- und Rückgabevorschriften des Erbrechts (§§ 2256, 2300 BGB, § 34a BeurkG, § 348 FamFG).

Die Niederschrift iSd § 8 (→ Rn. 3) ist gem. § 5 Abs. 1 grds. in deutscher Sprache abzufassen. Der Schutzzweck verlangt dabei die Verwendung der allgemein verständlichen deutschen oder lateinischen Schriftzeichen (Winkler Rn. 8). Wird eine Kurzschrift oder eine andere Zeichenschrift gebraucht, so liegt richtiger Ansicht nach trotz der Unzulässigkeit (Soergel/Mayer Rn. 5; Winkler Rn. 8; Jansen Rn. 2; Erman/M. Schmidt Rn. 4; Riedel/Feil Rn. 4; aA Riedel Rpfleger 1969, 84) dennoch eine wirksame Beurkundung vor, die allerdings keine Beweiswirkung gem. § 415 ZPO hat, da ihr die vorgeschriebene Schriftform fehlt (vgl. zum Dreizeugentestament auch BayObLG Rpfleger 1979, 459). Zwingende Mindestanforderungen an den Inhalt enthalten § 9 Abs. 1 und § 13. Weitere Bestimmungen, deren Nichtbeachtung die Wirksamkeit allerdings nicht berührt, finden sich in § 9 Abs. 2, §§ 10, 11, 13, 16, 17 und 22 bis 25. Besondere Vorschriften für Verfügungen von Todes wegen enthalten die §§ 28 bis 33. 5

## III. Änderungen der Niederschrift

**1. Vor Abschluss.** Vor der Unterzeichnung der Niederschrift durch die Erschienenen und den Notar sind Änderungen ohne jede Einschränkung zulässig. Diese müssen ebenfalls vorgelesen werden und sind nach pflichtgemäßem Ermessen des Notars im Text, am Schluss vor den Unterschriften oder am Rand des Textes zu vermerken und zu unterschreiben (§ 44a Abs. 1). Wird gegen diese Bestimmungen verstoßen, ist zwar nicht die Urkunde unwirksam, jedoch mangelt ihr die Beweiskraft des § 415 ZPO. Wird beim Einsatz elektronischer Datenverarbeitungssysteme der Text während der Beurkundung geändert und neu ausgedruckt, so muss nach hM nur der geänderte Wortlaut vorgelesen werden, nicht jedoch die unveränderten, aber neu ausgedruckten Teile (Kanzleiter DNotZ 1997, 261; Rundschreiben Nr. 19/97 der BNotK vom 3.7.1999, abgedruckt in ZNotP 1997, 91; Winkler § 13 Rn. 13 ff.; aA Ehlers NotBZ 1997, 109). Der Notar ist selbstverständlich dafür verantwortlich, dass der unverändert gebliebene Text mit dem zuvor vorgelesenen übereinstimmt. 6

Bei der Übertragung der in Papierform vorliegenden Schriftstücke in die **elektronische Form** sollen gem. § 56 Abs. 1 S. 3 Durchstreichungen, Änderungen, Einschaltungen, Radierungen oder andere Mängel des Schriftstücks im Übereinstimmungsvermerk angegeben werden, soweit sie nicht aus dem elektronischen Dokument eindeutig ersichtlich sind. 7

**2. Nach Abschluss.** Nach der Unterzeichnung durch den Notar ist grds. jede Änderung des **Erklärungsinhalts** verboten, und zwar auch dann, wenn die Beteiligten einverstanden sind (BGH NJW 1971, 1459; OLG Köln NJW-RR 1993, 223). § 44a Abs. 2 gestattet dem Notar allerdings die Berichtigung offensichtlicher Unrichtigkeiten (vgl. OLG Frankfurt DNotZ 1997, 79). Aufgrund dieser Bestimmung müssen Fehler in der Urkunde selbst dann berichtigt werden, wenn diese sich nicht aus dem Text, sondern nur auf Grund außerhalb der Urkunde liegender Umstände (zB Grundbuch) korrigieren lassen (Brambring FGPrax 1998, 201 (203); Frenz/Miermeister/Limmer § 44a Rn. 14; Winkler § 44a Rn. 18 f.). Die Berichtigung ist entweder auf der Urschrift nach den Unterschriften oder auf einem besonderen, mit der Urschrift zu verbindenden Blatt schriftlich zu vermerken und unter dem Datum der Richtigstellung von der Urkundsperson zu unterschreiben (§ 44a Abs. 2 S. 2). Das Siegel sollte beigedrückt werden. 8

Betrifft die Unrichtigkeit lediglich den **Feststellungsinhalt,** also Angaben über die äußeren Umstände der Beurkundung (zB Bezeichnung des Notars oder der Beteiligten, Tag der Verhandlung), so kann die Unrichtigkeit oder die fehlende Angabe durch einen Amtsvermerk des Notars entweder gem. § 36 oder gem. § 39 korrigiert bzw. ergänzt werden, und zwar ohne Rücksicht darauf, ob der Vermerk zwingend vorgeschrieben ist oder nicht (Kanzleiter DNotZ 1990, 478; Reithmann DNotZ 1988, 567; aA OLG Hamm DNotZ 1988, 565; Jansen Rn. 19; unklar bezüglich Muss-Vorschriften Winkler § 44a Rn. 24). 9

In beiden Fällen kann die Berichtigung auch dann noch erfolgen, wenn Ausfertigungen oder beglaubigte Abschriften bereits erteilt sind (Winkler § 44a Rn. 25). 10

Gem. § 56 Abs. 2 sollen **nach Einstellung der elektronischen Fassung** einer in der Urkundensammlung zu verwahrenden Urschrift oder Abschrift in die elektronische Urkundensammlung Nachtragsvermerke in elektronische Dokumente übertragen und zusammen mit der elektronischen Fassung der Urschrift oder Abschrift verwahrt werden. 11

## § 9 Inhalt der Niederschrift

**(1) [1]Die Niederschrift muß enthalten**

**1. die Bezeichnung des Notars und der Beteiligten**

**sowie**
**2. die Erklärungen der Beteiligten.**
**[2]Erklärungen in einem Schriftstück, auf das in der Niederschrift verwiesen und das dieser beigefügt wird, gelten als in der Niederschrift selbst enthalten. [3]Satz 2 gilt entsprechend, wenn die Beteiligten unter Verwendung von Karten, Zeichnungen oder Abbildungen Erklärungen abgeben.**

**(2) Die Niederschrift soll Ort und Tag der Verhandlung enthalten.**

## Überblick

Diese Bestimmung dient der Umsetzung der Beweisfunktion, die in der Regel ein Grund für den Gesetzgeber ist, die notarielle Beurkundung vorzuschreiben.

## I. Feststellung der äußeren Umstände

1 **1. Bezeichnung des Notars (Abs. 1 S. 1 Nr. 1 Alt. 1).** Die Person des Notars muss sich aus der Niederschrift oder einer Anlage hierzu eindeutig ergeben. Der Notar sollte mit Vorname, Familienname und Amtssitz im Rubrum der Urkunde aufgeführt werden, die Identität kann sich jedoch auch aus dem sonstigen Inhalt oder dem Schlussvermerk ergeben. Die Unterschrift muss gem. § 13 Abs. 3 S. 1 hinzutreten, reicht also für sich allein zur Identitätsfeststellung nicht aus (KG DNotZ 1940, 75; Armbrüster/Preuß/Renner/Piegsa Rn. 7; Winkler Rn. 3; aA Grziwotz/Heinemann/Heinemann Rn. 4; Frenz/Miermeister/Limmer Rn. 3). Unvollständige Angaben können jedoch auf Grund der Unterschrift ergänzt werden (vgl. BGH NJW 1963, 200 (vor dem unterzeichneten Notar); OLG Frankfurt Rpfleger 1986, 184 (in meinen Amtsräumen); OLG München JFG 16, 143 (vor mir erschienen); krit. hierzu Jansen Rn. 8). Die alleinige Angabe des Amtssitzes oder der genauen Kanzleiadresse genügt nur, wenn es dort nur einen einzigen Notar gibt (Grziwotz/Heinemann/Heinemann Rn. 4; zweifelnd Armbrüster/Preuß/Renner/Piegsa Rn. 7). Für **Notarvertreter, Notariatsverwalter** sowie für die sonstigen Urkundspersonen und -stellen iSd § 1 Abs. 2 gilt das Gleiche. Ist in der Urkunde zwar der Notar genannt, nicht aber der beurkundende Notarvertreter oder Notariatsverwalter, so muss wenigstens im Schlussvermerk oder bei der Unterschrift der Zusatz „Notarvertreter" bzw. „Notariatsverwalter" angegeben sein (LG Koblenz DNotZ 1969, 702; Armbrüster/Preuß/Renner/Piegsa Rn. 11, 13; aA Winkler Rn. 4). Dabei schadet es nicht, wenn der Notarvertreter als „Notar" bezeichnet ist (Reithmann DNotZ 1988, 567). Fehlt dagegen auch nur der geringste Hinweis auf die Urkundsperson, ist die Beurkundung unwirksam (OLG Hamm OLG DNotZ 1973, 444; DNotZ 1988, 565; aA Reithmann DNotZ 1988, 567). In Betracht kommt allerdings eine Berichtigung gem. § 44a Abs. 2 wegen offensichtlicher Unrichtigkeit (Winkler § 44a Rn. 27; Frenz/Miermeister/Limmer § 44a Rn. 14).

2 **2. Bezeichnung der Beteiligten (Abs. 1 S. 1 Nr. 1 Alt. 2).** Die Beteiligten (§ 6 Abs. 2) sind gem. § 5 Abs. 1 S. 1 DONot unter Angabe von Vorname, Name, ggf. Geburtsname, Wohnort und Wohnung, uU des Geburtsdatums zu bezeichnen (ausf. → § 10 Rn. 1 ff.). Bei anderen als natürlichen Personen sind gem. § 5 Abs. 2 S. 1 DONot der Name oder die Firma, die Rechtsform, eine Dienst- oder Geschäftsanschrift und ggf. ein davon abweichender Sitz anzugeben, ggf. die registerführende Stelle und die Registernummer. § 9 gilt zwar nicht für die Bezeichnung des nur materiell Beteiligten (zB Vollmachtgeber), gleichwohl sollte der Notar diesen in gleicher Weise bezeichnen wie den formell für diesen auftretenden Beteiligten. Das Fehlen aller oder einiger dieser Angaben macht jedoch die Urkunde nicht unwirksam, wenn sich aus dem sonstigen Inhalt ergibt, wer als Beteiligter aufgetreten ist. Selbst Berufsangaben wie „Bürgermeister von …" oder „Mühlenwirt von …" reichen aus, wenn es in der genannten Gemeinde keinen weiteren Berufsinhaber gibt (vgl. BGH NJW 1963, 200). Die Bezeichnung der Beteiligten wird nicht durch die Unterschrift ersetzt (→ Rn. 1). Die Bestimmung gilt nicht für **Zeugen,** den **zweiten Notar,** einen **Dolmetscher** oder eine **Vertrauensperson.**

3 **3. Angabe von Ort und Tag der Verhandlung (Abs. 2).** In der Niederschrift soll außerdem die politische Gemeinde, in der die Beurkundung stattgefunden hat, und der Tag der Verhandlung aufgeführt werden. Auch hier genügt Bestimmbarkeit. Findet die Verhandlung an mehreren Orten und/oder Tagen statt, so sind diese alle anzugeben, mindestens jedoch der Tag, an dem die Unterschriften geleistet wurden (BGH DNotZ 1963, 313). Dies gilt selbst dann, wenn sich die Verhandlung, was uneingeschränkt zulässig ist, über mehrere Tage erstreckt.

## II. Feststellung der Erklärungen (Abs. 1 S. 1 Nr. 2, Abs. 1 S. 2 und 3)

Das BeurkG bestimmt die Art, in der die Erklärungen der Beteiligten in der Urkunde zu fixieren sind, das materielle Recht (zB § 311b Abs. 1 BGB, § 2276 BGB, § 15 GmbHG) dagegen den Umfang. Die Niederschrift muss alle Erklärungen enthalten, für die das materielle Recht die Beurkundung vorschreibt. Die Erklärungen brauchen nicht wörtlich wiedergegeben zu werden, sondern müssen vom Notar in eigener Verantwortung in rechtlich richtiger Weise niedergeschrieben werden (§ 17 Abs. 1 S. 1). Das Fehlen der Erklärungen macht die Beurkundung unwirksam, die unrichtige Wiedergabe nimmt ihr dagegen nur die Beweiskraft, wenn die Unrichtigkeit bewiesen wird (vgl. BGH DNotZ 1961, 162). **4**

Die Erklärungen brauchen nicht in der Niederschrift selbst enthalten zu sein, sondern können unter den Voraussetzungen des Abs. 1 S. 2 dieser auch als **Anlage** beigefügt sein. Als Anlage kommen Schriftstücke, einschließlich Kopien und Computerausdrucken, Karten sowie Fotografien in Betracht. § 9 und ihm folgend §§ 13a und 14 gelten allerdings nur für solche Dokumente, die selbst Erklärungen der Beteiligten enthalten **(echte Verweisung bzw. Bezugnahme),** nicht dagegen für solche, die deren Willen nur erläutern **(unechte Bezugnahme).** Um eine echte Bezugnahme handelt es sich immer dann, wenn durch den Verweis das Rechtsverhältnis zwischen den Beteiligten geregelt wird (zB Baubeschreibung, Lageplan mit Teilflächeneinzeichnung, Inventarverzeichnis oder Bilanzgarantie beim Unternehmenskaufvertrag). Dient die Bezugnahme dagegen nur dem besseren Verständnis dessen, was in der Urkunde bereits geregelt ist (zB Darlehensvertrag bei Schuldübernahme, Vertragsübernahme, Auflistung bestehender Dauerschuldverhältnisse beim Unternehmenskaufvertrag), so liegt keine Verweisung iSd §§ 9, 13a, 14 vor (BGH NJW 1979, 1496). In einer Niederschrift kann sowohl auf Schriftstücke als auch auf Karten, Zeichnungen oder Abbildungen Bezug genommen werden. Dagegen scheidet eine Verweisung auf – wie auch immer – der Niederschrift beigefügte Datenträger aller Art (zB CD, Diskette, USB-Stick) aus. Die echte Bezugnahme ist nur wirksam, wenn die Anlage zurzeit der Unterschrift beigefügt war und in der Niederschrift mit hinreichender Deutlichkeit auf die Anlage Bezug genommen worden ist (BGH NJW 1994, 1288; 1994, 2095; OLG Celle DNotZ 1954, 32). Nach § 44 S. 2 sind diese Anlagen mit Schnur und Prägesiegel mit der Niederschrift zu verbinden (vgl. zu den besonderen Problemen bei Fotografien DNotI-Report 2007, 60). Für den Verweis in der Niederschrift ist kein bestimmter Wortlaut vorgeschrieben. Es muss aber aus dem Text der Niederschrift (LG Köln Rpfleger 1993, 71) der Wille der Beteiligten zu entnehmen sein, dass auch die Anlage Gegenstand ihrer Erklärungen sein soll (BGH NJW 1994, 2095; OLG Celle DNotZ 1954, 32). Das bloße Beifügen genügt aber selbst dann nicht, wenn im Schlussvermerk das Vorlesen bzw. Vorlegen der Anlage festgehalten ist (OLG Celle DNotZ 1954, 32 mAnm Keidel; OLG Köln NJW-RR 1993, 223). Eine gesonderte Unterzeichnung der Anlagen ist nicht erforderlich. Die Beifügung eines Testamentes als Anlage zu einer Urkunde ist zwar zulässig, jedoch sollte in der Niederschrift ausdrücklich erklärt werden, dass die Anlage den „letzten Willen" enthält (Winkler Rn. 34 f. mwN). Die formell einwandfrei beigefügten Anlagen nehmen auch an der Beweiskraft des § 415 ZPO teil. **5**

Keine Bezugnahme in diesem Sinne ist der Verweis auf **Rechtsnormen** aller Art (zB Gesetze im materiellen Sinne, Bebauungspläne, Abgabensatzungen), **Verwaltungsvorschriften** (zB Steuerrichtlinien) oder auf allgemein zugängliche **abstrakt-generelle Regelungen** (zB DIN-Normen, Verbraucherpreisindex des Statistischen Bundesamts). § 9 gilt auch nicht für Tabellen über die angemessene **Vergütung von Testamentsvollstreckern,** da sie ausschließlich der Konkretisierung des gesetzlichen Anspruchs gem. 2221 BGB dienen (Winkler Rn. 83; aA Zimmermann ZEV 2001, 334 (335)). Dagegen muss auf **AGB** eines Beteiligten oder auf **Schiedsordnungen** gem. § 9 verwiesen werden (Winkler Rn. 84 f. mwN). **6**

## III. Rechtsfolgen fehlender oder falscher Feststellungen

§ 9 Abs. 1 enthält Muss-Vorschriften, sodass beim Fehlen der geforderten Feststellungen zur Person des **Notars,** der Identität der **Beteiligten** und der abgegebenen **Erklärungen** die gesamte Beurkundung unwirksam ist. Das Gleiche gilt bei Unrichtigkeit der insoweit getroffenen Feststellungen, etwa wenn der Notar als Urkundsperson aufgeführt ist, aber der Vertreter beurkundet hat (→ Rn. 1). Erklärungen, die weder in der Niederschrift noch in einer in Bezug genommenen und beigefügten Anlage enthalten sind, sind nicht beurkundet. Darüber hinaus hat die Urkunde die Vermutung der Vollständigkeit für sich (vgl. BGH NJW 1956, 665), sodass gem. § 415 ZPO davon auszugehen ist, dass außer den festgestellten Erklärungen keine weiteren Erklärungen in Bezug auf den Regelungsgegenstand abgegeben worden sind (BGH DNotI-Report 1999, 80). **7**

Die Bezeichnung der Urkundsperson und der Beteiligten kann nachträglich durch einen Amtsvermerk gem. §§ 36, 39 ergänzt bzw. berichtigt werden. Dagegen bedarf es zur Ergänzung und Berichtigung des Erklärungsinhalts einer Nachtragsbeurkundung, wenn und soweit keine Berichtigung als offensichtliche Unrichtigkeit gem. § 44a Abs. 2 möglich ist (→ § 8 Rn. 4).

8 Das Fehlen oder die Unrichtigkeit der Angaben zu **Ort und Zeit** der Verhandlung berührt dagegen die Wirksamkeit der Beurkundung nicht (zur Strafbarkeit BGH DNotZ 1999, 811 mAnm Zimmermann). Verhandlungsort und -tag können auch später noch durch Amtsvermerk gem. §§ 36, 39 ergänzt bzw. berichtigt werden (→ § 8 Rn. 5).

## § 10 Feststellung der Beteiligten

**(1) Der Notar soll sich Gewissheit über die Person der Beteiligten verschaffen.**

**(2) In der Niederschrift soll die Person der Beteiligten so genau bezeichnet werden, daß Zweifel und Verwechslungen ausgeschlossen sind.**

**(3) [1]Aus der Niederschrift soll sich ergeben, ob der Notar die Beteiligten kennt oder wie er sich Gewißheit über ihre Person verschafft hat. [2]Kann sich der Notar diese Gewißheit nicht verschaffen, wird aber gleichwohl die Aufnahme der Niederschrift verlangt, so soll der Notar dies in der Niederschrift unter Anführung des Sachverhalts angeben.**

### Überblick

Die Beweisfunktion notarieller Urkunde hängt zentral davon ab, dass die Identität der erklärenden bzw. handelnden Personen unzweifelhaft feststeht. Die Pflicht zur Identitätsfeststellung der Beteiligten gehört deshalb zu den wichtigsten Amtspflichten des Notars.

### I. Feststellung personenbezogener Daten (Abs. 1)

1 Nach der Neufassung des § 20 Abs. 2 PAuswG und des § 18 Abs. 3 PassG dürfen Personalausweis bzw. Reisepass gescannt und fotokopiert werden, vorausgesetzt, dies geschieht mit Zustimmung des Inhabers. Die Ablichtung des Ausweises darf der Notar zwar zu seinen Nebenakten nehmen, jedoch ohne ausdrückliche Einwilligung des Inhabers nicht an Dritte (zB Banken, Makler) weitergeben. Die Zustimmung zur Ablichtung beinhaltet auch nicht die Erlaubnis, die personenbezogenen Daten auf dem Personalausweis bzw. Reisepass zu nutzen und zu verarbeiten. Insoweit bedarf es der datenschutzrechtlichen Einwilligungserklärungen gem. BDSG und DS-GVO (→ Rn. 2). Gemäß § 11 Abs. 6 GWG ist der Notar sogar verpflichtet, den Ausweis bzw. Reisepass zu kopieren, um die Vertragsparteien eines potentiellen Geldwäschegeschäfts iSd § 2 Abs. 1 Nr. 10 GWG zu identifizieren.

2 Die Feststellungen des Notars gem. § 10 Abs. 1 betreffen personenbezogene Daten, für die die datenschutzrechtlichen Prinzipien der Datenvermeidung und -sparsamkeit (§ 3 BDSG) bzw. der Datenminimierung (Art. 5 Abs. 1 lit. c DS-GVO) gelten. Diese Prinzipien sind Ausprägungen des Grundrechts auf informationelle Selbstbestimmung gem. Art. 2 Abs. 1 iVm Art. 1 GG (Vgl. BVerfGE 65, 1 (43 f.); 80, 367 (373); 84, 375 (379); Renner NotBZ 2002, 432 (435)). Da der Grundsatz der Datenminimierung nach Art. 5 DS-GVO weniger strenge Anforderungen beinhaltet als § 3 BDSG, hat der Notar als öffentliche Stelle iSd § 2 Abs. 4 S. 2 BDSG vorrangig die zuletzt genannte Norm zu beachten. Danach dürfen vom Notar nur solche personenbezogenen Daten gespeichert, genutzt und/oder verarbeitet werden, die für den jeweiligen Zweck erforderlich sind. Soweit § 26 DNotO ihm die Feststellung der personenbezogenen Daten als Amtspflicht vorschreibt, ist ihm deren Speicherung, Nutzung und Verarbeitung ohne weitere Rechtfertigung datenschutzrechtlich erlaubt, da ohne diese eine sichere Identifizierung nicht möglich ist. Weil der Notar verpflichtet ist, alle erbfolgerelevanten Urkunden dem Zentralen Testamentsregister (ZTR) zu melden, ist er bei diesen Amtsgeschäften datenschutzrechtlich ermächtigt, die in § 1 S. 1 Nr. 1 ZTRV aufgeführten, personenbezogenen Daten des Erblassers zu ermitteln, zu speichern und zu nutzen. Nach § 11 Abs. 4 Nr. 1 GWG ist zur Identifizierung ua Geburtsdatum- und -ort sowie die Staatsangehörigkeit festzustellen, sodass bei dem Geldwäschegesetz unterliegenden Geschäften auch diese personenbezogenen Daten vom Notar erhoben werden können. Will der Notar in anderen Fällen oder weitere personenbezogene Daten erheben, so bedarf es dazu eines rechtfertigenden Grundes iSd § 3 BDSG. Rechtfertigungsgründe liefern dabei alle Vorschriften, die zur Erfüllung von notariellen Amtspflichten die Feststellung personenbezogener Daten erfor-

derlich machen. Zentrale Vorschrift in diesem Zusammenhang ist § 17 Abs. 1. Seine Aufklärungs- und Belehrungspflichten kann der Notar nur erfüllen, wenn er beispielsweise:

- bei allen Eheverträgen den Beruf, das Geburtsdatum und die Staatsangehörigkeit,
- bei allen Verfügungen von Todes wegen und sonstigen erbfolgerelevanten Rechtsgeschäften das Geburtsdatum, die Staatsangehörigkeit sowie den Güterstand oder
- bei allen Veräußerungsgeschäften den Güterstand

feststellt, um die Wirksamkeit des zu beurkundenden Rechtsgeschäfts beurteilen, die sicherste Gestaltung vorschlagen und über alle Rechtsfolgen belehren kann. Auch die Verfahrensgestaltungsvorschriften des § 17 Abs. 2a für Verbraucherverträge rechtfertigt es, bei allen Veräußerungsverträgen den Beruf festzustellen. Deshalb darf er diese personenbezogenen Daten bei diesen Geschäften speichern, verarbeiten und in die Urkunde aufnehmen. Bei einem Widerspruch des Beteiligten, diese personenbezogenen Daten in die Urkunde selbst aufzunehmen, darf der Notar die Beurkundung nicht ablehnen, sondern sollte diese Feststellungen in der Nebenakte vermerken. Dem kann der Beteiligte nicht widersprechen. Die Informationspflichten nach Art. 13 DS-GVO beziehen sich auf sämtliche vom Notar erhobenen personenbezogenen Daten.

## II. Bezeichnung der Beteiligten in der Niederschrift (Abs. 2)

**1. Formell Beteiligte iSd § 6.** Die formell an der Urkunde beteiligten Personen sind gem. 3
§ 9 Abs. 1 Nr. 1, § 10 Abs. 1 in einer Weise zu bezeichnen, die Zweifel über die Identität und Verwechslungen mit anderen Personen ausschließen (zur Bezeichnung des Vertretenen → Rn. 5; → § 9 Rn. 2). Zu den danach notwendigen Mindestangaben bei einer natürlichen Person gehören (mindestens ein) ausgeschriebener **Vorname** sowie der zurzeit der Beurkundung geführte **Familien- bzw. Ehename.** Weicht der zurzeit der Beurkundung geführte Familienname von dem Geburtsnamen ab, ist gem. § 5 Abs. 1 S. 2 DONot auch der **Geburtsname** anzugeben. Im Falle einer Geschlechtsumwandlung nach der Beurkundung hat der Notar eine ihm vom Beteiligten vorgelegte Ausfertigung der Gerichtsentscheidung mit Rechtskraftvermerk zur Urschrift zu nehmen und darf von da an – aufgrund des in § 5 Abs. 1 TSG enthaltenen Offenbarungsverbots – Ausfertigungen usw der Urkunde gem. § 51 nur noch in der Weise erteilen, dass der Beteiligte mit seiner neuen Identität bezeichnet wird; dies gilt namentlich für Vollmachten und vollstreckbare Ausfertigungen; die Änderung zuvor bereits erteilter Ausfertigungen usw kann dagegen nicht verlangt werden. Gem. § 5 Abs. 1 S. 1 DONot ist auch das **Geburtsdatum** anzugeben. § 5 Abs. 1 S. 1 DONot fordert bei natürlichen Personen zudem grds. die Angabe der genauen **Anschrift** der Wohnung, letzteres jedoch gem. § 5 Abs. 1 S. 3 DONot nur dann, wenn der Beteiligte oder dessen Familie hierdurch nicht gefährdet wird, also beispielsweise bei bekannten Politikern, Sportlern oder Künstlern. Die Angabe des **Berufs** ist zwar nicht mehr vorgeschrieben, aber im Hinblick auf die besonderen Verfahrensgestaltungsvorschriften des § 17 Abs. 2a insbes. bei Verbraucher- und Eheverträgen (→ § 17 Rn. 22 f.) sehr zu empfehlen.

Da die Erklärungen eines **Vertreters** oder einer **Partei kraft Amtes** ohnehin nicht diesen, 4
sondern nur den materiell Beteiligten treffen, haben die anderen Beteiligten sowie Gericht und Behörden zwar ein berechtigtes Interesse an der Identitäts- und Legitimitätsprüfung durch den Notar gem. § 12, nicht aber an der vollständigen Angabe des Geburtsdatums, des Geburtsnamens und der Wohnanschrift des nur formell Beteiligten in der Urkunde (diff. und zT abw. Renner NotBZ 2002, 432 (435); Winkler Rn. 8). Gemäß § 5 Abs. 1 S. 4 DONot genügt in Vertretungsfällen bei Vertretern einer juristischen Person die Dienst- oder Geschäftsanschrift und bei Notarmitarbeitern die Anschrift der Geschäftsstelle des Notariats. Auch einem Wunsch, auf die Angabe von Geburtsdatum und/oder Geburtsname zu verzichten, wird der Notar in aller Regel ohne weiteres entsprechen müssen, wenn dadurch nicht Zweifel an der Zurechenbarkeit der Erklärungen entstehen können.

Doch dürfen weder § 5 DONot noch §§ 9, 10 das von der Verfassung garantierte Recht auf 5
informationelle Selbstbestimmung (Art. 2 Abs. 1 GG iVm Art. 1 GG) beeinträchtigen, soweit nicht überwiegende öffentliche Interessen dies rechtfertigen (vgl. BVerfGE 65, 1 (43 f.); 80, 367 (373); 84, 375 (379); Renner NotBZ 2002, 432 (435)). Deshalb darf der Notar **gegen den Willen eines Beteiligten** weder das Geburtsdatum noch den Geburtsnamen noch die Wohnanschrift in die Urkunde aufnehmen (Renner NotBZ 2002, 432 (435); Winkler Rn. 7). Beim Wunsch eines nicht nur formell, sondern auch **materiell Beteiligten,** auf diese Angaben zu verzichten, ist allerdings ein strengerer Maßstab anzulegen, weil die anderen Beteiligten sowie die Behörden durchaus ein berechtigtes Interesse an der Bekanntgabe dieser personenbezogenen Daten haben. Widerspricht ein Beteiligter der Aufnahme personenbezogener Daten in die Urkunde dennoch, so darf der Notar die Beurkundung gem. § 4 nur **ablehnen,** wenn der Verwechslungsgefahr

nicht durch andere Identitätsmerkmale vorgebeugt werden kann. Verweigert ein Beteiligter die Aufnahme der in § 5 DONot vorgeschriebenen Daten, so sollte der Notar auf Verlangen aller – nicht nur des betroffenen – Beteiligten nur beurkunden, wenn er in der Niederschrift vermerkt, alle Beteiligten hätten die Beurkundung ohne die notwendigen Daten trotz Belehrung über die Folgen unzureichender Angaben zur Person verlangt (Renner NotBZ 2002, 432 (435)).

6 **2. Materiell Beteiligte.** In allen Vertretungsfällen sowie beim Handeln einer Partei kraft Amtes (zB Testamentsvollstrecker, Insolvenzverwalter) muss auf Grund einer sinnorientierten Auslegung der § 9 Abs. 1 Nr. 1, § 10 Abs. 1 auch der materiell Beteiligte zweifelsfrei erkennbar sein (OLG Bremen NJW 2022, 630 (631); Soergel/Mayer Rn. 2; Winkler Rn. 13). Beim Handeln aufgrund einer **trans- oder postmortalen Vollmacht** nach dem Tod des Vollmachtgebers reicht es aus, den Erblasser namentlich aufzuführen; eine Angabe des bzw. der Erben ist nicht erforderlich (Ott notar 2019, 135 (140); vgl. OLG Stuttgart BeckRS 2018, 27397; OLG Frankfurt BeckRS 2011, 22779). Eine natürliche Person sollte dabei ebenso wie der formell Beteiligte bezeichnet werden (→ Rn. 1). Zu den Mindestangaben bei einer vertretenen juristischen Person bzw. einer Gesellschaft gehören gem. § 5 Abs. 2 DONot die vollständige Firma bzw. der vollständige Name, die Rechtsform, eine Dienst- oder Geschäftsanschrift und ggf. ein davon abweichender Sitz, ggf. die registerführende Stelle und die Registernummer.

## III. Art und Weise der Identitätsfeststellung (Abs. 3)

7 **1. Persönliche Kenntnis.** Die persönliche Kenntnis des Notars ist nur gegeben, wenn der Notar selbst – nicht nur ein Mitarbeiter – den Beteiligten persönlich kennt oder mindestens bei einer früheren, jedoch nicht unmittelbar vorausgehenden (aA Armbrüster/Preuß/Renner/Eickelberg NdsDONot § 26 Rn. 15) Beurkundung oder Besprechung in einer dem § 10 Abs. 2 genügenden Art und Weise Gewissheit über die Identität des Beteiligten erlangt hat, sei es durch Vorlage eines amtlichen Lichtbildausweises, sei es durch Erkennungszeugen (Winkler Rn. 18). Die Tatsache, dass der Notar den Beteiligten persönlich kennt, ist in der Urkunde als solche zu vermerken.

8 **2. Amtlicher Lichtbildausweis.** Kennt der Notar den Beteiligten nicht von Person, muss der Notar sich höchstpersönlich (Armbrüster/Preuß/Renner/Eickelberg NdsDONot § 26 Rn. 8) einen amtlichen Ausweis mit Lichtbild und Unterschrift (zB Personalausweis, Pass, Führerschein, Dienstausweis) vorlegen lassen (BGH DNotZ 1956, 502; NJW 1955, 839; Jansen Rn. 6). Die Gültigkeitsdauer ist jedoch ohne Bedeutung, solange nur eine einwandfreie Identitätsfeststellung anhand des Lichtbildes oder der Unterschrift noch möglich ist (OLG Frankfurt DNotZ 1989, 640 (642); Winkler Rn. 19 mwN). Nicht von einer Behörde ausgestellte Ausweise und Dokumente (zB Mitgliedsausweise, Kundenkarten von Banken, Kreditkarten) eignen sich selbst dann nicht als Identifizierungsmittel, wenn sie mit Lichtbild und/oder Unterschrift versehen sind (vgl. BGH DNotZ 1956, 503; OLG Düsseldorf Rpfleger 1956, 210; OLG Celle DNotI-Report 2006, 34: Fahrausweis; Winkler Rn. 20; diff. Huhn/v. Schuckmann/Renner NdsDONot § 26 Rn. 10). Behörde im Sinne dieses Gesetzes ist jede Stelle, die Aufgaben der öffentlichen Verwaltung wahrnimmt (vgl. § 1 Abs. 4 VwVfG). Deshalb reichen auch die eigenmächtig ausgestellten Ausweise sog. „Reichsbürger" zur Identitätsfeststellung nicht aus.

9 Der Notar muss sich anhand des Lichtbilds auf dem Ausweis selbst davon überzeugen, dass die ausgewiesene Person mit dem Beteiligten identisch ist. Im Falle einer **Vollverschleierung** (zB Burka, Niqab) muss der Schleier zum Zwecke der Identifikation vor dem Notar vollständig abgenommen werden. Im Falle der Weigerung, etwa weil der Notar männlich ist, muss der Notar die Beurkundung ablehnen und darf die Identifikation nicht etwa einer Mitarbeiterin überlassen. Zur Kopie des Ausweises → Rn. 1.

10 Der amtliche Ausweis kann auch **nach der Beurkundung noch vorgelegt** werden, unbeschadet der Pflicht des Notars, gem. § 10 Abs. 2 S. 2 zu verfahren. Der Ausweis sollte aber unverzüglich nach der Beurkundung dem Notar persönlich vorgelegt werden; der Notar hat in einem Amtsvermerk gem. §§ 36, 39 die Vorlegung zu bestätigen und den Identitätsnachweis festzustellen (vgl. LG Würzburg MittBayNot 1975, 34). In der Urkunde ist genau zu vermerken, welches Dokument der Beteiligte vorgelegt hat, wobei die Angabe „amtlicher Lichtbildausweis" genügt (vgl. OLG Frankfurt DNotZ 1989, 640 (641 f.)), wenngleich bei nicht von einer deutschen Behörde ausgestellten Ausweispapieren die genaue Bezeichnung zu empfehlen ist (Armbrüster/Preuß/Renner/Eickelberg NdsDONot § 26 Rn. 11).

**3. Erkennungszeuge.** Schließlich besteht noch die Möglichkeit, die Identifizierung durch Einschaltung eines geeigneten Erkennungszeugen vorzunehmen. Als Erkennungszeuge kommt nur in Betracht, wer dem Beurkundenden persönlich als zuverlässig bekannt und weder an der Beurkundungsangelegenheit beteiligt noch mit einem materiell Beteiligten verheiratet, verwandt oder verschwägert oder auf sonstige Weise eng verbunden ist (Für Ausschluss „im Regelfall": Winkler Rn. 16; Frenz/Miermeister/Limmer Rn. 10). Der Zeuge muss dem Notar persönlich bekannt sein (OLG Celle DNotI-Report 2006, 34; aA Winkler Rn. 23; Frenz/Miermeister/Limmer Rn. 10). Der Notar braucht nicht zu prüfen, ob der Zeuge den Beteiligten tatsächlich kennt, es sei denn, dass sich für ihn Zweifel hieran aufdrängen (vgl. RGZ 81, 157 (159); RG JW 1932, 2864). Der Erkennungszeuge braucht nicht zu unterschreiben (vgl. zu § 2242 Abs. 4 BGB aF BayObLG FGPrax 2003, 130 (132)). 11

**4. Ausweis durch besondere Sachkunde.** Der Identifikation durch besondere Sachkunde oder Legitimationspapiere kommt eher theoretische denn praktische Bedeutung zu. Es ist nahezu völlig ausgeschlossen, auf diese Art und Weise eine sichere Identitätsfeststellung zu treffen (vgl. Armbrüster/Preuß/Renner/Eickelberg NdsDONot § 26 Rn. 17). Allenfalls dann, wenn jedes andere Identifizierungsmittel unerreichbar oder Gefahr im Verzug ist und der Beteiligte über spezielle Kenntnisse verfügt, die andere nicht haben können, kann diese Feststellung einmal genügen (vgl. RGZ 78, 241; RG JW 1936, 1956; BGH DNotZ 1956, 502). 12

**5. Mangelnde Identifizierungsmöglichkeit.** Ist auch auf diesem Weg nach dem pflichtgemäßen Ermessen des Notars keine sichere Identifikation des Beteiligten möglich und hat er auch keine Anhaltspunkte für eine Täuschung, darf er die Beurkundung nicht etwa ablehnen, sondern muss gem. Abs. 2 S. 2 die Beteiligten auf die Folgen dieses Mangels für den Vollzug und die Beweiskraft der Urkunde hinweisen (Winkler Rn. 27; aA LG Dessau-Roßlau DNotZ 2020, 665 m. abl. Anm. Bremkamp; Riedel/Feil Rn. 9); dies gilt auch nach der Änderung der Geldwäschevorschriften. Wenn trotzdem alle formell Beteiligten - also nicht nur der nicht zu identifizierende - die Beurkundung verlangen, hat der Notar diese vorzunehmen (Winkler Rn. 27; aA Riedel/Feil Rn. 9). Der Grund der Unmöglichkeit der Identitätsfeststellung, die Belehrung durch den Notar und das Beurkundungsverlangen sind in der Urkunde zu vermerken. 13

## IV. Rechtsfolgen einer Pflichtverletzung

Der Notar hat die Amtspflicht, die Feststellung der Beteiligten und ihrer Identität höchstpersönlich und mit „äußerster Sorgfalt" (BGH DNotZ 1956, 502) zu treffen. Die **Beurkundung** ist, da es sich um eine Soll-Vorschrift handelt, dennoch **wirksam.** Der Urkunde kommt sogar bis zum Beweis des Gegenteils die Beweiskraft des § 415 ZPO zu. 14

Die Feststellungen des Notars zur Person des Erklärenden dürfen beim **Vollzug der Notarurkunde** durch das Grundbuchamt oder das Handelsregister keiner eigenen Würdigung unterzogen werden, sie sind bindend, und zwar auch dann, wenn ein Vermerk über die Identitätsfeststellung völlig fehlt (Winkler Rn. 97 mwN). Folglich ist die Feststellung des Notars in der Urkunde über die Identität einer verheirateten Person, die noch mit ihrem Geburtsnamen im Grundbuch eingetragen ist, für das Grundbuchamt bindend (vgl. OLG Celle DNotI-Report 2006, 34; LG Mainz DNotZ 1999, 823; LG Berlin NJW 1962, 1353; LG Wuppertal MittRhNotK 1976, 597); die zusätzliche Vorlage einer Heiratsurkunde kann nicht gefordert werden. Umgekehrt kann eine Verletzung der Identifizierungspflicht durch Bezeichnung eines Beteiligten nur mit dem Namen – ohne weitere individualisierende Zusätze – dazu führen, dass die Urkunde zum Vollzug durch das Gericht ungeeignet ist (OLG Bremen NJW 2022, 630 (631) (Registervollmacht); vgl. dazu auch OLG Saarbrücken BeckRS 2022, 6384 (Namensgleichheit im Grundbuch)). 15

## § 11 Feststellungen über die Geschäftsfähigkeit

**(1) [1]Fehlt einem Beteiligten nach der Überzeugung des Notars die erforderliche Geschäftsfähigkeit, so soll die Beurkundung abgelehnt werden. [2]Zweifel an der erforderlichen Geschäftsfähigkeit eines Beteiligten soll der Notar in der Niederschrift feststellen.**

**(2) Ist ein Beteiligter schwer krank, so soll dies in der Niederschrift vermerkt und angegeben werden, welche Feststellungen der Notar über die Geschäftsfähigkeit getroffen hat.**

### Überblick

Diese Vorschrift verpflichtet den Notar nicht, sich von der Geschäftsfähigkeit jedes formell Beteiligten zu überzeugen, sondern regelt nur die Amtspflichten in den Fällen, in denen der Notar an dieser zweifelt. Der Notar braucht – anders als bei Verfügungen von Todes wegen gem. § 28 – nicht seine positive Überzeugung, sondern nur seine subjektiven Zweifel an der erforderlichen Geschäftsfähigkeit in der Niederschrift zu vermerken.

## I. Begriff der erforderlichen Geschäftsfähigkeit

1 Die Geschäftsfähigkeit eines Beteiligten richtet sich nach materiellem Recht, bei einem Deutschen also vor allem nach §§ 104 ff. BGB und bei einem Ausländer gem. Art. 7 Abs. 1 EGBGB nach seinem Heimatrecht. Festzustellen ist gem. §§ 11, 28 jedoch nur die zur Wirksamkeit der beurkundeten Willenserklärung „erforderliche" Geschäftsfähigkeit, also bei Verfügungen von Todes wegen die Testierfähigkeit iSd § 2229 BGB (vgl. BayObLG NotBZ 2001, 423 (424)). Bei Abnahme von Eiden und eidesstattlichen Versicherungen ist gem. §§ 38, 11 an Stelle der Geschäftsfähigkeit auf die strafrechtliche **Eidesfähigkeit** abzustellen (Armbrüster/Preuß/Renner/Piegsa Rn. 4). Auf Erklärungen, für die es auf die natürliche Einsichts- und Steuerungsfähigkeit **(Einsichtsfähigkeit)** ankommt (zB Patientenverfügungen), ist die Vorschrift analog anzuwenden. Die Bestimmung ist, vor allem wegen der Stimmabgabe, auch auf die Protokollierung von **Versammlungen** analog anzuwenden.

2 § 2229 BGB iVm § 11 begründet auch zugunsten des Notars die **Vermutung,** dass ein volljähriger Beteiligter voll geschäftsfähig ist (BayObLG DNotZ 1993, 471 (472 f.); Winkler Rn. 3). Dies gilt selbst dann, wenn für ihn ein Betreuer bestellt ist (Winkler Rn. 4). Der Notar muss jedoch in jedem Fall das Alter der Beteiligten feststellen (Armbrüster/Preuß/Renner/Piegsa Rn. 27; MüKoBGB/Sticherling § 28 Rn. 18; aA OLG Frankfurt DNotZ 1978, 506; OLG Karlsruhe Justiz 1980, 18; weniger streng Winkler Rn. 8). Bei einem Minderjährigen muss der Notar die zur Beurkundung erforderliche Geschäftsfähigkeit sorgfältig überprüfen. Der Notar darf bei Volljährigen, wenn nicht etwa der Name, Geburtsort oder die Sprache Zweifel daran aufkommen lassen, außerdem von der deutschen Staatsangehörigkeit ausgehen (BGH DNotZ 1963, 315; Grader DNotZ 1959, 563; Winkler Rn. 8). Eine **Nachforschungspflicht** besteht iÜ nur bei konkreten Anhaltspunkten (vgl. BGH MittBayNot 1970, 167; OLG Hamm BeckRS 2015, 14717; OLG Frankfurt DNotZ 1978, 505 (506); Armbrüster/Preuß/Renner/Piegsa Rn. 29 ff.). Den Umfang der Nachforschungen bestimmt der Notar nach pflichtgemäßem Ermessen, wobei er immer einzelfallbezogen und mit der gebotenen Sensibilität vorzugehen hat (OLG Hamm BeckRS 2015, 14717 Rn. 23 mwN).

## II. Ablehnungspflicht (Abs. 1 S. 1)

3 Bereits gem. § 14 Abs. 2 BNotO, § 4 ist der Notar verpflichtet, die Beurkundung bei Geschäftsunfähigkeit eines Beteiligten abzulehnen, und zwar bei jeder Amtstätigkeit. § 11 Abs. 1 S. 1 konkretisiert diese Pflicht für die Beurkundung von Willenserklärungen aller Art (Winkler Rn. 9; vgl. dagegen OLG Celle MittBayNot 2008, 492 (494) mAnm Winkler (§§ 11, 17, 28); offengelassen von OLG Hamm BeckRS 2015, 14717 Rn. 19 (§ 11 oder § 17)).

4 § 11 Abs. 1 S. 1 stellt dabei klar, dass es für die Ablehnungspflicht ausschließlich auf die **subjektive Überzeugung** des Notars ankommt, also nicht auf das Urteil eines objektiven Dritten, also auch nicht auf das Gutachten eines medizinischen Sachverständigen in einem späteren Rechtsstreit über die Geschäftsfähigkeit. Demzufolge hat der Notar bei einem Irrtum über die Geschäftsfähigkeit keine Amtspflicht verletzt, wenn er trotz der objektiv gegebenen Geschäftsunfähigkeit beurkundet hat. Zweifelt der Notar auch nach den dem Einzelfall angemessenen Nachforschungen an der Geschäftsfähigkeit, kann er nicht ablehnen, sondern muss gem. § 11 Abs. 1 S. 2 die Beurkundung vornehmen, soll dabei jedoch alle Tatsachen vollständig in dem Vermerk aufzuführen, die seiner Meinung nach Zweifel an der Geschäftsfähigkeit begründen (Winkler § 28 Rn. 10).

5 Gegen die Ablehnung der Beurkundung steht den Beteiligten die Beschwerde gem. § 15 BNotO zu. Eine gem. § 19 BNotO zum Schadenersatz verpflichtende **Amtspflichtverletzung** ist im Falle der Ablehnung der Beurkundung wegen fehlender Überzeugung von der erforderlichen Geschäftsfähigkeit nur dann gegeben, wenn er entweder die dem Einzelfall angemessene Nachforschung unterlassen oder nachweislich entgegen seiner Überzeugung gehandelt hat.

### III. Feststellungen über die Geschäftsfähigkeit (Abs. 1 S. 2, Abs. 2)

§ 11 Abs. 1 S. 2 verpflichtet den Notar nicht, sich von der Geschäftsfähigkeit jedes formell Beteiligten zu überzeugen, sondern regelt nur die Amtspflichten in den Fällen, in denen der Notar an dieser zweifelt. Der Notar braucht – anders als bei Verfügungen von Todes wegen (§ 28) – nicht seine positive Überzeugung, sondern nur seine subjektiven Zweifel an der erforderlichen Geschäftsfähigkeit in der Niederschrift zu vermerken, wobei einige ein nicht näher definiertes „sensibles Vorgehen" empfehlen (OLG Hamm BeckRS 2015, 14717 Rn. 23; vgl. Frenz/Miermeister/Limmer Rn. 7 mwN; Armbrüster/Preuß/Renner/Piegsa Rn. 29). Zur verfassungskonformen Auslegung dieser Amtspflicht → Rn. 9. 6

Die weitergehende Vermerkpflicht des § 11 Abs. 2 kann nach hM nur eine solche Krankheit auslösen, die ihrer Art nach die geistige Fähigkeit zur Vornahme von Geschäften einschränken kann, also beispielsweise Epilepsie, Alzheimer oder Cerebralsklerose (vgl. OLG Oldenburg DNotZ 1974, 19). Zweifelhaft ist, ob Nervenkrankheiten wie Morbus Parkinson oder Multiple Sklerose, die zwar nach allgemeinem Verständnis schwere Erkrankungen sind, doch die intellektuellen Fähigkeiten in aller Regel unberührt lassen, von dieser Vermerkpflicht erfasst werden. Eine Krankheit, die zum baldigen Tod führen kann bzw. wird (zB Krebserkrankung), ist auch nicht allein wegen dieser Todesgefahr eine schwere Krankheit iSd § 11 Abs. 2 (OLG Bamberg NJW-RR 2012, 1289). Der Notar soll im Vermerk die schwere Krankheit des Beteiligten iSd § 11 Abs. 2 angeben (zB Beteiligter ist Epileptiker) und mitteilen, wie er sich von der erforderlichen Geschäftsfähigkeit überzeugt hat. Zieht der Notar Erkundigungen beim behandelnden Arzt ein (zB schriftliches Attest), so soll er dies im Vermerk mitteilen. Diese Amtspflicht bedeutet jedoch eine mit Art. 3 GG nicht zu vereinbarende Diskriminierung von kranken Menschen gegenüber etwa sehr jungen oder sehr betagten Menschen, bei denen nach allgemeiner Lebenserfahrung die Frage der Geschäftsfähigkeit mindestens ebenso oft in Frage steht (vgl. OLG Hamm BeckRS 2015, 14717 betr. betagten Rollstuhlfahrer). Die durch § 11 Abs. 2 vorgenommene Differenzierung zwischen „schwer Kranken" und „Gesunden" ist sachlich nicht zu rechtfertigen und daher mit dem als Willkürverbot begriffenen Art. 3 Abs. 1 GG nicht zu vereinbaren (ausf. Litzenburger ZEV 2016, 1 (3); zweifelnd auch Grziwotz DNotZ 2020, 389 (394); aA Winkler Rn. 14a, der den Unterschied zwischen Art. 2 Abs. 1 GG und Art. 3 Abs. 1 GG verkennt). Auch im Falle einer schweren Krankheit iSd § 11 Abs. verbleibt es daher bei der generellen Amtspflicht des § 11 Abs. 1 S. 2, Zweifel in der Urkunde zu vermerken. Zur verfassungskonformen Auslegung dieser Vermerkpflicht → Rn. 9. 7

Bei nicht durch dem Einzelfall angemessene Nachforschungen behebbaren Zweifeln des Notars an der erforderlichen Geschäftsfähigkeit, soll der Notar nach hM die Beteiligten hierauf ebenso hinweisen wie auf die Folgen der möglicherweise fehlenden Geschäftsfähigkeit und dies alles unter Angabe der die Zweifel auslösenden Tatsachen in der Niederschrift vermerken (OLG Düsseldorf BeckRS 2013, 6209). Der Vermerk des Notars muss in die Niederschrift oder in eine Anlage iSd § 9 Abs. 1 S. 2 aufgenommen werden (BayObLG DNotZ 1993, 471 (473)). Ist er in einer Anlage enthalten, muss diese gem. § 13 Abs. 1 S. 1 zwingend vorgelesen werden (Kanzleiter DNotZ 1993, 434 (440) Fn. 14). Die Beifügung in Form eines der Urschrift beigefügten, nicht verlesenen Amtsvermerks genügt dagegen nicht, und zwar auch nicht auf Wunsch aller Beteiligten. Ein nicht zu verlesender Amtsvermerk genügt jedoch ausnahmsweise dann, wenn ein Beteiligter zwar schwer krank, der Notar aber gleichwohl von dessen Geschäftsfähigkeit überzeugt ist und die Feststellungen in der Niederschrift bzw. Anlage befürchten lassen, dass das Selbstwertgefühl des Betroffenen ernsthaften Schaden nimmt (Kanzleiter DNotZ 1993, 434 (439); Haegele Rpfleger 1969, 415 zu gesundheitlichen Beeinträchtigung). Einige Autoren befürworten in diesem Fall eine kurze gehaltene Feststellung in der Niederschrift und eine sehr ausführliche Darstellung in einem Amtsvermerk (Winkler Rn. 15 ff.; Heinemann in Grziwotz/Heinemann Rn. 23 und 25; Armbrüster/Preuß/Renner/Piegsa Rn. 44). Ist danach ein Amtsvermerk außerhalb der Niederschrift zulässig, sollte dieser der Urschrift beigefügt und nicht nur zu den Nebenakten genommen werden, da diese nach sieben Jahren idR vernichtet werden (Winkler Rn. 18); trotz der Beifügung zur Urschrift unterliegt der Vermerk der notariellen Verschwiegenheitspflicht, sodass sich das Einsichtsrecht gem. § 51 Abs. 3 nicht auf diesen bezieht (Kanzleiter DNotZ 1993, 434). Mit Recht weist Heinemann darauf hin, dass der Vermerk des Notars zum Krankheitsbild des Beteiligten mangels medizinischer Fachkenntnis sogar geeignet ist, einen falschen Anschein zu erwecken (Heinemann ZNotP 2016, 170 (171)). 8

**Widerspricht der Beteiligte** jedoch der Aufnahme des Vermerks über seine Krankheit, sein auffälliges Aussehen und/oder sein Verhalten in die Urkunde (Beteiligter sabbert, Hände zittern, das rechte Augenlid hängt herunter usw), so muss der Notar nach hM (→ Rn. 8) eigentlich 9 die Beurkundung ablehnen (vgl. Winkler Rn. 9 ff.; Grziwotz/Heinemann Rn. 26). Bei diesem Verständnis würde die Vermerkpflicht des Notars allerdings in die verfassungsrechtlich durch das allgemeine Persönlichkeitsrecht (Art. 2 Abs. 1 GG) geschützte Privatsphäre des Beteiligten, insbes. auf Erhaltung eines Geheimbereichs, eingreifen (ausf. Litzenburger ZEV 2016, 1 (4 f.); zweifelnd auch Grziwotz DNotZ 2020, 389 (394); aA Winkler Rn. 14a, der jedoch sowohl das hierdurch nicht betroffene Gleichheitsgrundrecht (Art. 3 Abs. 3 S. 2 GG) mit dem hier einschlägigen allgemeinen Persönlichkeitsgrundrecht (Art. 2 Abs. 1 GG) verwechselt, als auch den Unterschied zwischen verfassungskonformer Auslegung und Verwerfungskompetenz verkennt und deshalb angesichts der absolut geschützten Intimsphäre des Beteiligten zu einem falschen Ergebnis kommt). Dazu gehört nämlich auch das Selbstbestimmungsrecht darüber, ob und welche Informationen über persönliche Lebenssachverhalte Dritten offenbart werden dürfen (OLG München BeckRS 2010, 08711 unter B II 2). Das Recht auf Schutz der Privatsphäre gilt aber nicht nur gegenüber einem Arzt (vgl. OLG München BeckRS 2010, 08711 unter B II 2), sondern gegenüber jedermann, also auch gegenüber einem Notar. Ein Eingriff in das allgemeine Persönlichkeitsrecht ist dabei vor allem dann gegeben, wenn der Beteiligte der Vermerkpflicht über seine Privatsphäre nicht durch eigenhändiges Niederschreiben der Urkunde entgehen kann, weil er entweder nicht (mehr) schreiben kann (vgl. § 2247 Abs. 1 BGB für eigenhändige Testamente) oder die Willenserklärung beurkundungsbedürftig ist (vgl. zur Verfassungswidrigkeit der faktischen Testierunfähigkeit bei Behinderungen BVerfG NJW 1999, 1853).

**10** Die notarielle Amtspflicht, einen Vermerk über das Erscheinungsbild und das Verhalten des Beteiligten bei der Beurkundung in die Urkunde aufzunehmen, ist dabei nicht durch ein überwiegendes öffentliches Interesse an der Feststellung der Geschäftsfähigkeit legitimiert (vgl. dagegen BT-Drs. 5/3282, 34). Dem Notar fehlt zur Feststellung der Geschäftsfähigkeit nämlich die medizinische Kompetenz (OLG Hamm BeckRS 2021, 24103 Rn. 30; Lerch Rn. 7), sodass er allenfalls die äußere Erscheinung oder das Verhalten des Beteiligten schildern kann, die einen sicheren Rückschluss auf das Fehlen bzw. Vorhandensein der Geschäftsfähigkeit in aller Regel ohnehin nicht erlauben und die Gerichte auch nicht binden (→ Rn. 12). Hinzu kommt, dass § 11 die Vermerkpflicht an bloße Zweifel des Notars anknüpft. Sogar völlig unverhältnismäßig ist die Vermerkpflicht des § 28, der sogar dann eine Feststellung der Wahrnehmungen aus der Privatsphäre des Beteiligten fordert, wenn der Notar gar nicht an der Geschäftsfähigkeit zweifelt, sondern von dieser überzeugt ist. Die zwar an den Notar adressierte, aber faktisch durch die Formvorschriften den Beteiligten zur Offenbarung seiner Privatsphäre zwingenden Vermerkpflichten gem. § 11 Abs. 1 S. 2 und § 28 sind angesichts der unbestimmten bzw. diskriminierenden Fassung der Tatbestände nicht durch ein überwiegendes öffentliches Interesse zu rechtfertigen und deshalb verfassungswidrig (ausf. Litzenburger ZEV 2016, 1 (4 f.)).

**11** § 11 Abs. 1 S. 2 und § 28 sind deshalb verfassungskonform dahin auszulegen, dass ein Vermerk über Zweifel des Notars an der Geschäftsfähigkeit mit der Darstellung seiner Wahrnehmungen in der Urkunde **nur mit Einwilligung des Beteiligten** zulässig ist (ähnlich Armbrüster/Preuß/Renner/Piegsa Rn. 35; Kanzleiter DNotZ 1993, 434 (435)). Lehnt der Beteiligte Feststellungen über seinen Gesundheitszustand und sein äußeres Erscheinungsbild ab, so darf die Beurkundung nicht abgelehnt werden. Der Notar soll dann jedoch in analoger Anwendung des § 17 Abs. 2 in der Urkunde vermerken, dass er selbst an der Geschäftsfähigkeit zweifelt und der Beteiligte der Aufnahme von weiteren Feststellungen aus seiner Privatsphäre widersprochen hat (Grziwotz/Heinemann Rn. 16; Winkler Rn. 10; Lerch Rn. 10 sehen § 11 Abs. 1 S. 2 ohnehin als Konkretisierung des § 17 Abs. 2 an). Einzelheiten über Krankheit, Erscheinungsbild oder Verhalten des Beteiligten bei der Beurkundung darf der Notar dann aber Dritten nicht mehr preisgeben, und zwar auch nicht in einem Rechtsstreit über die Geschäftsfähigkeit im Falle der Befreiung von der Verschwiegenheitspflicht durch die Aufsichtsbehörde gem. § 18 Abs. 2 Hs. 2 BNotO (vgl. Armbrüster/Preuß/Renner/Piegsa Rn. 35). Deshalb erübrigt sich dann auch die Anfertigung eines Aktenvermerks für die Akten.

**12** Hat der Notar seine Pflicht zur Prüfung der Geschäftsfähigkeit oder zur Feststellung in der Niederschrift verletzt, so ist die gleichwohl aufgenommene Urkunde wirksam, weil § 11 nur Soll-Vorschriften enthält. Die Feststellungen des Notars binden die Gerichte nicht (OLG Düsseldorf BeckRS 2013, 6209 (Erbscheinsverfahren); BayObLG MittBayNot 1975, 18 (Grundbuchverfahren)). Positiven Feststellungen eines Notars ist mangels fachlicher Qualifikation zur Beurteilung der medizinischen Voraussetzungen des § 104 Nr. 2 BGB grds. kein besonderer Beweiswert zuzumessen, sodass diese als wahr unterstellt werden können (OLG Hamm BeckRS 2021, 24103). Der Notar kann im Falle einer pflichtwidrig unterlassenen Feststellung der Geschäftsfähigkeit für die entstehenden Prozess- und Vollstreckungskosten gem. § 19 BNotO haften (vgl. OLG Oldenburg DNotZ 1974, 19).

## § 12 (nicht kommentiert)

## § 13 Vorlesen, Genehmigen, Unterschreiben

**(1) [1]Die Niederschrift muß in Gegenwart des Notars den Beteiligten vorgelesen, von ihnen genehmigt und eigenhändig unterschrieben werden; soweit die Niederschrift auf Karten, Zeichnungen oder Abbildungen verweist, müssen diese den Beteiligten anstelle des Vorlesens zur Durchsicht vorgelegt werden. [2]In der Niederschrift soll festgestellt werden, daß dies geschehen ist. [3]Haben die Beteiligten die Niederschrift eigenhändig unterschrieben, so wird vermutet, daß sie in Gegenwart des Notars vorgelesen oder, soweit nach Satz 1 erforderlich, zur Durchsicht vorgelegt und von den Beteiligten genehmigt ist. [4]Die Niederschrift soll den Beteiligten auf Verlangen vor der Genehmigung auch zur Durchsicht vorgelegt werden.**

**(2) [1]Werden mehrere Niederschriften aufgenommen, die ganz oder teilweise übereinstimmen, so genügt es, wenn der übereinstimmende Inhalt den Beteiligten einmal nach Absatz 1 Satz 1 vorgelesen oder anstelle des Vorlesens zur Durchsicht vorgelegt wird. [2]§ 18 der Bundesnotarordnung bleibt unberührt.**

**(3) [1]Die Niederschrift muß von dem Notar eigenhändig unterschrieben werden. [2]Der Notar soll der Unterschrift seine Amtsbezeichnung beifügen.**

### Überblick

Das Vorlesen, das Genehmigen sowie das Unterschreiben durch die Beteiligten sind Grundbedingungen der materiellen Zurechenbarkeit des Inhalts. Der Notar übernimmt mit seiner Unterschrift unter der Niederschrift die Verantwortung für die Richtigkeit und Vollständigkeit der Urkunde.

### Übersicht



## I. Vorlesen der Niederschrift

**1. Äußerer Ablauf des Vorlesens.** Das **Vorlesen** besteht darin, dass die Schriftzeichen von einer Person wörtlich und laut vernehmlich aus der Niederschrift zu Gehör gebracht werden (Jansen Rn. 10). Deshalb sind das Abspielen eines Tonbandes (Winkler Rn. 9; Lerch Rn. 14; aA OLG Hamm MittBayNot 1977, 253; Bühling JR 1960, 3), lautes Diktieren, das Ablesen des Textes vom Bildschirm oder unter Verwendung eines Beamers beim Einsatz elektronischer **Datenverarbeitungssysteme** unzulässig (OLG Frankfurt DNotZ 2000, 513; Kanzleiter 1997, 261 (265); Winkler Rn. 12, 12a; Lerch Rn. 4, 14; aA LG Stralsund NJW 1997, 3178). Gleiches gilt für den Einsatz einer Sprachsoftware, bei der der im Computer gespeicherte Text in Sprachlaute umgewandelt wird (vgl. OLG Hamm NJW 1978, 2604; Kanzleiter DNotZ 1997, 261 (264 f.); Winkler Rn. 9). Bei Verwendung elektronischer Datenverarbeitungssysteme muss ein während der Beurkundung geänderter Text ab dem Beginn der ersten, neu ausgedruckten Seite nochmals vorgelesen werden, da Veränderungen auf Grund technischer Defekte sowie Software- oder Eingabefehler nicht sicher ausgeschlossen werden können (Ehlers NotBZ 1997, 109; aA Winkler Rn. 13 ff.; Lerch Rn. 5 f. mit einer abwegigen Unterscheidung zwischen inhaltlicher und körperli- 1 cher Identität; Kanzleiter DNotZ 1997, 261; BNotK-Rundschreiben Nr. 19/97, abgedruckt in ZNotP 1997, 91). Der Notar kann einen anderen vorlesen lassen. Entgegen der hM (Winkler Rn. 8; BeckOGK/Seebach/Rachlitz Rn. 40; Lerch Rn. 14; Jansen Rn. 11; Staudinger/Hertel, 2012, BGB Vor §§ 127a, 128 Rn. 359; ebenso MüKoBGB/Sticherling § 2232 Rn. 100: wenig zu empfehlen) ist aber das **Selbstlesen** durch einen Beteiligten weder mit dem Wortlaut („den Beteiligten vorgelesen") noch mit der zentralen Bedeutung des Vorlesens vereinbar und daher unzulässig (Grziwotz/Heinemann/Heinemann Rn. 5; vgl. Kurtze, Die Beurkundung im Jugendamt, 1971, 87; Soergel/Harder Rn. 3; zweifelnd auch Huhn/v. Schuckmann/Renner Rn. 6). Lautes Diktieren durch die Urkundsperson reicht ebenfalls nicht aus (BayObLG Rpfleger 1979, 458). Das Vorlesen kann **abschnittweise** erfolgen. Ein Beteiligter kann, soweit nicht ausdrücklich etwas anderes vorgeschrieben ist (zB §§ 925, 1410, 2276, 2290 BGB), nach Verlesung, Genehmigung und Unterzeichnung seiner Willenserklärungen gehen, während die Erklärungen anderer Beteiligter im Anschluss hieran beurkundet werden (OLG Hamburg DNotZ 1994, 306; Winkler Rn. 26). Dabei hat jeder Beteiligte an der Stelle zu unterzeichnen, bis zu der ihm der Text vorgelesen worden ist. Im Schlussvermerk sollte die abschnittweise Beurkundung festgehalten werden (OLG Hamburg DNotZ 1994, 306; weniger streng Winkler Rn. 27). Bei **Sammelbeurkundung** von – höchstens fünf (BNotK-Richtlinienempfehlung vom 29.1.1999 II 1e, abgedruckt in DNotZ 1999, 258 (260)) – Niederschriften, die ganz oder weitgehend wörtlich übereinstimmen, muss der Notar – trotz der missverständlichen Formulierung des Abs. 2 S. 1 – die wortgleichen Teile der Niederschriften einmal in Anwesenheit aller Beteiligten vorlesen (ausf. Winkler Rn. 31 ff.). Der Notar muss vor Beginn des Vorlesens darauf hinweisen, dass dieser Text Erklärungen aller Beteiligten enthalte (BGH DNotZ 2000, 512; OLG Frankfurt DNotZ 2000, 513). Die wortgleichen Teile der nicht verlesenen Niederschriften sind vorzulegen, während die differierenden Stellen den jeweiligen Beteiligten gesondert vorzulesen sind. Wenn es gem. Abs. 2 möglich ist, niederschriftsübergreifend auf eine doppelte Verlesung zu verzichten, muss dies erst recht für die Verlesung von **wortlautgleichen Passagen in einer Niederschrift** gelten. **Andere Einschränkungen** der Vorlesungspflicht enthalten die §§ 13a und 14.

2 **2. Umfang der Vorlesepflicht.** Alle in der Niederschrift oder in einer Anlage hierzu enthaltenen **Willenserklärungen** der Beteiligten müssen in vollem Umfang vorgelesen werden (§ 9 Abs. 1 S. 1 Nr. 2). Es genügt nicht, nur die beurkundungspflichtigen Erklärungen vorzulesen (BGH DNotZ 1974, 50). Anlagen, die keine Erklärungen der Beteiligten iSd § 9 Abs. 1 S. 1 Nr. 1 enthalten (zB Vertretungsnachweise (KG DNotI-Report 1998, 29), erläuternde Anlagen, → § 9 Rn. 5), müssen nicht vorgelesen werden (RGZ 72, 412). Das Gleiche gilt gem. § 14 Abs. 1 S. 1, 2 für Bilanzen, Inventare, Nachlassverzeichnisse oder sonstige Bestandsverzeichnisse sowie für nicht einzutragende Bedingungen bei Grundpfandrechtsbestellungen. Weitere Einschränkungen enthält § 13a. Der **Schlussvermerk** (Abs. 1 S. 2) braucht nicht vorgelesen zu werden (RGZ 62, 1 (5); 79, 366 (368)).

3 Umstritten ist, ob und in welchem Umfang die **Feststellungen der äußeren Umstände der Beurkundung** (zB Verhandlungsort, Datum, Vermerke zur Geschäftsfähigkeit), vorgelesen werden müssen. Die einen verlangen das Vorlesen aller Feststellungen, und zwar ohne Rücksicht darauf, ob sie vom Gesetz als Muss- oder Soll-Vorschriften ausgestaltet sind (Armbrüster/Preuß/Renner/Armbrüster Rn. 3). Nach anderer Auffassung bezieht sich die Vorlesepflicht nur auf solche Feststellungen, die nach dem Gesetzeswortlaut getroffen werden „müssen", also auf die Bezeichnung des Notars und der Beteiligten (§ 9 Abs. 1 S. 1 Nr. 1) (Winkler Rn. 25; Jansen Rn. 4). Nach richtiger Auffassung ist die Beurkundung selbst dann wirksam, wenn der Notar seine Feststellungen zu den äußeren Umständen überhaupt nicht vorliest (Promberger MittBayNot 1971, 13). Sie werden nämlich vom Notar kraft Amtes getroffen, und zwar ggf. auch gegen den Widerspruch der Beteiligten (→ § 11 Rn. 6), sodass das Vorlesen keinen Sinn ergibt, zumal die Anforderungen an die zwingend vorgeschriebene Bezeichnung des Notars und der Beteiligten äußerst niedrig sind.

4 **3. Gegenwärtige Personen.** Der **Notar** muss immer während des eigentlichen Verlesens ununterbrochen (BGH NJW 1975, 940) persönlich in der Weise gegenwärtig sein, dass er und die Beteiligten sich gegenseitig akustisch und optisch wahrnehmen können und er jederzeit eingreifen kann, sodass der Aufenthalt in einem anderen Raum nur in seltenen Ausnahmefällen ausreicht (vgl. RGZ 61, 95 (99) = JW 1905, 491; BGH DNotZ 1975, 365 (367); OLG Celle NdsRPfl 1956, 131; Winkler Rn. 6). Die formell **Beteiligten** (§ 6 Abs. 2) müssen ebenfalls ununterbrochen anwesend sein, ausgenommen allein bei abschnittsweiser Beurkundung (→ § 6 Rn. 7). § 13 gilt nicht für **Zeugen, Vertrauenspersonen, zweitem Notar oder Dolmetscher** (zB § 24 Abs. 1 S. 2, § 25 S. 1).

**4. Verletzung der Vorlesepflicht.** Der Verstoß gegen die Pflicht zum Vorlesen ist eine Amtspflichtverletzung und führt zur Unwirksamkeit der Beurkundung (OLG Frankfurt DNotZ 2000, 513). Die von den Beteiligten unterschriebene Niederschrift gilt allerdings bis zum Beweis des Gegenteils gem. Abs. 1 S. 2 als ordnungsgemäß vorgelesen (→ Rn. 19). 5

## II. Vorlage der Niederschrift zur Durchsicht

**1. Ersetzende Vorlage (Abs. 1 S. 1–3).** Karten, Zeichnungen und Abbildungen iSd § 9 Abs. 1 S. 3 sind anstelle des Vorlesens den Beteiligten in Gegenwart des Notars zur Durchsicht vorzulegen. Handelt es sich bei ihnen jedoch nur um erläuternde Anlagen (unechte Bezugnahme) (→ § 9 Rn. 5), so brauchen sie nicht in dieser Weise vorgelegt zu werden. Karten, Zeichnungen und Abbildungen verlieren diesen Charakter auch dann nicht, wenn sie lediglich einzelne, nicht zusammenhängende Worte in Schriftform enthalten, es sei denn, diese haben einen eigenen, die Erklärungen der Beteiligten ergänzenden Aussagegehalt (zB Zusicherung von Mindestmaßen oder -wohnflächen in Bauzeichnungen) (Arnold DNotZ 1980, 262 (270)). Die vorgelegten Anlagen müssen mit den beigefügten identisch sein (BGH NJW 1994, 1288). 6

**2. Ergänzende Vorlage (Abs. 1 S. 4).** Jeder Beteiligte kann nach dem Vorlesen, aber vor der Genehmigung die Vorlage der Niederschrift zur Durchsicht in Gegenwart des Notars und aller anderen Beteiligten verlangen. Ihm ist die (spätere) Urschrift auszuhändigen, nicht etwa nur eine Kopie oder eine Leseabschrift. Der Notar kann den Beteiligten auch nicht darauf verweisen, dass er vor der Beurkundung einen Entwurf erhalten habe (Lerch Rn. 18). Diese ergänzende Vorlage braucht nicht in der Niederschrift vermerkt zu werden. Ein Verstoß gegen diese Vorlagepflicht ist für die Wirksamkeit der Beurkundung zwar ohne Bedeutung, kann jedoch uU einen Anfechtungsgrund darstellen (vgl. BGH NJW 1978, 1480). 7

## III. Genehmigung durch die Beteiligten

Die formell Beteiligten (§ 6 Abs. 2), nicht jedoch die sonstigen Mitwirkenden (zB Zeuge, Dolmetscher) müssen **die Niederschrift und die Anlagen** iSd § 9 genehmigen. Nicht der Genehmigungspflicht unterliegen die Feststellungen des Notars zum äußeren Ablauf der Verhandlung, einschließlich der Bezeichnung des Notars und der Beteiligten sowie etwaiger obligatorischer oder fakultativer Belehrungsvermerke (vgl. Lerch Rn. 19). Die Weigerung eines Beteiligten die vom Notar getroffenen Feststellungen zu genehmigen, ist unbeachtlich (Winkler Rn. 40). Es ist nicht notwendig, dass die Anlagen gesondert genehmigt werden, wenn ordnungsgemäß verwiesen worden ist. Die Genehmigung ist an keine bestimmte **Form** gebunden, muss aber eindeutig sein (zB Kopfnicken (RGZ 108, 397), widerspruchsloses Unterzeichnen) (RGZ 92, 27). Das Anhören „mit dem Ausdruck der Befriedigung" genügt nicht (BayObLG NJW 1966, 56). Bei Testamenten und Erbverträgen muss gem. §§ 2232, 2276 Abs. 1 BGB die Genehmigung durch den Erblasser nicht mehr mündlich erfolgen, sodass es im pflichtgemäßen Ermessen des Notars steht, wie er sich die Gewissheit von der Genehmigung verschafft (zB Kopfnicken, Hand heben). Die Genehmigung muss in **Gegenwart des Notars und** aller anderen **Beteiligten** (§ 6 Abs. 2) (BGH NJW 1959, 626; DNotZ 1959, 215 (217)), uU auch in Anwesenheit der gem. § 24 Abs. 1 S. 2 zugezogenen Vertrauensperson oder des Schreibzeugen gem. § 25 erfolgen, ausgenommen bei abschnittsweiser Verhandlung (→ Rn. 1). Die Genehmigung muss **zeitlich** dem Vorlesen nachfolgen (KG JFG 14, 165). Ein Beteiligter kann bis zur Vollendung der Unterschrift des Notars seine Genehmigung zurücknehmen. Geschieht dies rechtzeitig, darf der Notar nicht mehr unterschreiben (Winkler Rn. 43; Jansen Rn. 25; iErg ebenso MüKoBGB/Sticherling BGB § 2232 Rn. 111, der auf Auftragsrücknahme abstellt). Ohne Genehmigung der Beteiligten (§ 6 Abs. 2) ist die **Beurkundung nicht wirksam.** Ist jedoch die Genehmigung in der Niederschrift vermerkt oder hat der Beteiligte die Niederschrift unterschrieben, so wird die Genehmigung vermutet (→ Rn. 11). 8

## IV. Eigenhändige Unterschrift der Beteiligten

**1. Anforderungen.** Mit ihrer Unterschrift übernehmen die formell Beteiligten die Verantwortung dafür, dass die beurkundeten Erklärungen echt sind und gelten sollen (vgl. BGH NJW 2003, 1120; OLG Stuttgart DNotZ 2002, 543). Sie ist Ausdruck ihrer Identifizierung mit dem Inhalt, nicht aber Mittel zur Feststellung ihrer Identität (→ § 9 Rn. 2). Hierdurch unterscheidet sich die Funktion der Unterschrift iSd § 13 ganz wesentlich von der unter privaten Urkunden, 9 zB § 2247 BGB (hM, zB Winkler Rn. 51; Keidel DNotZ 1956, 98 (100); aA Armbrüster/Preuß/Renner/Armbrüster Rn. 39; Renner NotBZ 2003, 173 (180); unklar OLG Stuttgart DNotZ 2002, 543 (544); widersprüchlich BGH NJW 2003, 1120). **Unterschrift iSd § 13** ist also jeder Schriftzug, der die Ernsthaftigkeit des Geltungswillens dadurch zum Ausdruck bringt, dass er auf die Person des Unterzeichnenden hinweist. Es genügt, wenn der Beteiligte erkennbar versucht hat, seinen Familiennamen zu schreiben und die Unterschrift aufgrund einer krankheitsbedingten Schwächung aus einem Buchstaben und einer anschließenden geschlängelten Linie besteht (OLG Köln BeckRS 2020, 10595 betr. Testament). Maßgebend ist auch nicht, dass die Unterschrift mit der im vorgelegten Ausweisdokument identisch oder dieser mindestens ähnlich ist. Die Anforderungen an die Unterschrift unter einer Notarurkunde sind davon völlig unabhängig. Der sicherste Weg besteht darin, einen Beteiligten sowohl mit „seiner Signatur" aus dem Ausweisdokument als auch mit lesbarem Vor- und Familiennamen unterschreiben zu lassen (vgl. Winkler Rn. 51a, 51b, 52a).

**10** Deshalb haben die Beteiligten grds. mit **Vor- und Familiennamen** zu unterschreiben (vgl. § 25 S. 1), wobei eine Abweichung der Unterschrift von der Bezeichnung in der Niederschrift (§ 9 Abs. 1 Nr. 1) nicht schadet (Glaser DNotZ 1958, 303). Bei zweifelsfreier Identifizierbarkeit des Unterzeichners ist auch die Unterschrift allein mit dem Familiennamen zulässig (BGH NJW 2003, 1120; vgl. KG NJW-RR 1996, 1414). Zusätze zum Familiennamen (zB senior, unzulässiger Doppelname) sind dabei unschädlich, solange dadurch nicht auf eine andere Person hingewiesen wird. Die Unterzeichnung mit einem von mehreren Vornamen zusätzlich zum Familiennamen reicht völlig aus (vgl. Renner NotBZ 2002, 432 (433); DNotI-Report 2006, 93 (94 f.)). Dies muss selbst dann gelten, wenn es sich nicht um den Vornamen handelt, der im amtlichen Lichtbildausweis als Rufname vermerkt ist. Ferner ist es unschädlich, wenn der Beteiligte mit einem von ihm üblicherweise gebrauchten Rufnamen (Spitznamen) an Stelle des oder der amtlichen Vornamen unterschreibt (zB „Marliese" statt „Maria Luise"). Der Notar sollte jedoch in diesem Fall zur sicheren Identifizierung die amtlichen Vornamen in die Niederschrift aufnehmen und den Spitznamen erwähnen (zB „gerufen …"; „alias …").

**11** Die Unterzeichnung allein mit dem bzw. einem **Vornamen** lehnt der BGH dagegen völlig ab, es sei denn, dass der Beteiligte „unter diesem in der Öffentlichkeit allgemein bekannt ist" (zB kirchliche Würdenträger, Angehörige des Hochadels, Künstler) oder nach ausländischem Recht überhaupt keinen Familiennamen führt (BGH NJW 2003, 1120; ähnlich OLG Stuttgart DNotZ 2002, 543 m. abl. Anm. Kanzleiter DNotZ 2002, 520; zust. Winkler Rn. 56 f.). Mit Recht ist dieses Urteil auf entschiedene Ablehnung in der Lit. gestoßen (Kanzleiter MittBayNot 2003, 197; Heinemann DNotZ 2003, 243 (244 ff.); iErg zust. Renner NotBZ 2003, 173 (186)), weil es nicht ausreichend berücksichtigt, dass die Unterschrift unter der Niederschrift als reine Verfahrenshandlung keine Identifizierungs-, sondern allein Autorisierungsfunktion haben kann. Diese Entscheidung führt auch zu dem willkürlich erscheinenden Ergebnis, dass der Erblasser ein eigenhändiges Testament gem. § 2247 Abs. 3 S. 1 BGB allein mit dem Vornamen (zB „Dein Hans") unterzeichnen kann (→ BGB § 2247 Rn. 15), er im Falle der Beurkundung aber mit Vor- und Nachnamen unterschreiben muss: obwohl bei der eigenhändigen Urkunde der Unterzeichnung zusätzlich zur Autorisierungs- auch die Identifizierungsfunktion zukommt, sind die Anforderungen nach der Rspr. geringer als bei der notariellen Urkunde. Diese Rspr. bedarf nicht zuletzt im Hinblick auf das in Art. 3 Abs. 1 GG enthaltene Willkürverbot dringend der Korrektur.

**12** In der notariellen Praxis führt jedoch kein Weg an diesem Urteil vorbei, sodass die Beteiligten anzuhalten sind, mit Vor- und Familiennamen, mindestens jedoch mit letzterem zu unterschreiben. Der **Familiennamen** darf nach dieser Meinung auch nicht **abgekürzt** werden (vgl. OLG Stuttgart DNotZ 2002, 543; aA für Verstümmelungen, Vereinfachungen oder Abkürzungen KG NJW-RR 1996, 1414). Unschädlich ist es dagegen, wenn bei einem **Doppelnamen** ein Namensteil fehlt (OLG Frankfurt NJW 1989, 3030; BGH NJW 1996, 997). Die Unterzeichnung mit einem **falschen Vornamen** schadet nur dann, wenn dadurch kein Bezug mehr zu einem formell Beteiligten hergestellt werden kann (zB Eheleute unterschreiben beide mit dem Vornamen des Mannes) (OLG Köln BeckRS 2010, 1140). Kein Ausweg ist es jedoch, bei der Ausfertigung der Urkunden die Unterschriften nur abzuschreiben („gez.") und nicht mehr zu kopieren, weil dies die Unwirksamkeit der Beurkundung zwar verheimlicht, aber nicht heilt (so Renner NotBZ 2003, 173 (187) zutr. gegen einen Vorschlag von Heinemann DNotZ 2003, 250 f.). Vor diesem Hintergrund wird man in Zukunft auch die Unterzeichnung mit dem **Geburtsnamen** anstelle des Familien- bzw. Ehenamens zu unterbinden haben. Die Verwendung eines **Künstlernamens** ist danach nur noch zulässig, wenn der Beteiligte unter diesem Namen in der Öffentlichkeit allgemein bekannt ist (vgl. BGH NJW 2003, 1120). Mit dieser Einschränkung ist auch die Unterzeichnung mit einem **Pseudonym** oder einem **Spitznamen** zulässig (für uneingeschränkte Zulässigkeit Kanzleiter

DNotZ 2002, 520 (527)). Der Einzelkaufmann kann aus dem gleichen Grunde auch mit seinem **Firmennamen** unterschreiben, und zwar entgegen der hM (Winkler Rn. 59; Jansen Rn. 18; Lerch Rn. 25; Höfer/Huhn, Allgemeines Urkundenrecht, 1968, 139) auch bei einem privaten Geschäft. Die Unterzeichnung mit einem **falschen Namen,** unter dem der Beteiligte in der Öffentlichkeit nicht bekannt ist, ist selbst dann unwirksam, wenn diese nur versehentlich erfolgt ist und der Beteiligte die Unterschrift anerkennt (KG NJW-RR 1996, 1414; Huhn/v. Schuckmann/ Renner Rn. 44 ff.; weitergehend Kanzleiter DNotZ 2002, 520 (527); Winkler Rn. 59).

Ein **Vertreter** muss als formell Beteiligter mit seinem eigenen Namen unterschreiben, nicht 13 aber mit dem des materiell Beteiligten (vgl. LG Darmstadt DNotZ 1942, 178; Jansen Rn. 18; Winkler Rn. 59 mwN; aA RGZ 50, 51; 74, 69; 76, 99). Dies gilt auch für den organschaftlichen Vertreter juristischer Personen (vgl. KG KGJ 41, A 175). Bei **Bürgermeistern** ist gem. § 67 auch die Beidrückung des Dienstsiegels entbehrlich (Winkler Rn. 61; falsch Riedel/Feil § 1 Rn. 11).

**Leserlichkeit** der Namensunterschrift oder einzelner Buchstaben (BGH NJW-RR 1991, 511; 14 NJW 1985, 1227; 1988, 713; DNotZ 1974, 561; abl. dagegen BGH NJW 1974, 1090; 1992, 243; offen gelassen in BGH NJW 1994, 55) ist nicht zu fordern, solange sie die Absicht des Unterzeichners zur ernsthaften und endgültigen Unterschriftsleistung ausreichend erkennen lässt (BGH NJW 1996, 997; KG NJW-RR 1996, 1414; vgl. auch OLG Zweibrücken FGPrax 2000, 92). Unleserliche Unterschriften lassen sich praktisch nicht von **Initialen, Abkürzungen, Paraphen** oder **Handzeichen** unterscheiden. Alle dahingehenden Versuche einer Abgrenzung (vgl. BGH DNotZ 1974, 561; NJW 1994, 55; ausf. Winkler Rn. 49 ff.) sind letztlich willkürlich (Kanzleiter DNotZ 2002, 520 (521 f.) mwN zur Rspr.), wobei mangels Identifizierungsfunktion die Rspr. zu Schriftsätzen im Prozess ohnehin nicht hierher übertragen werden kann. Die äußerste Grenze im Bereich des § 13 dürfte dort zu ziehen sein, wo derartige Schriftzüge jede Individualität vermissen lassen (zB Haken, Bogen, Kreis, Kringel) und nicht mehr Ausdruck einer vollen, endgültigen Unterschriftsleistung sind, zB Initialen (vgl. OLG Stuttgart DNotZ 2002, 543), einfacher Anfangsbuchstabe (ähnlich Armbrüster/Preuß/Renner/Armbrüster Rn. 50; vgl. die Definition bei BGH FamRZ 1997, 737; noch weiter Kanzleiter DNotZ 2002, 520 (524 f., 527)). In diesem Zusammenhang kann es nicht darauf ankommen, ob der Beteiligte üblicherweise so unterschreibt (Kanzleiter DNotZ 2002, 520 (524 f.); aA BGH FamRZ 1997, 737). All diese Probleme vermeidet, wer vollständig unleserliche oder abgekürzte Schriftzüge der Beteiligten zurückweist und auf Unterzeichnung mit Vor- und Familiennamen besteht.

Ein Ausländer kann auch **fremde Schriftzeichen** verwenden, solange der Notar den Unter- 15 schriftscharakter erkennen kann; die Schriftzeichen selbst braucht er nicht lesen zu können (Armbrüster/Preuß/Renner/Armbrüster Rn. 49).

Die Unterschrift ist trotz einer Schreibhilfe noch **eigenhändig,** wenn der Beteiligte aktiver 16 Urheber des Schriftzugs ist (BGH NJW 1958, 1398; 1981, 1900). Unterschriftsstempel sind deshalb unzulässig. Die Namensunterschrift kann auch mit dem Fuß oder in sonstiger Weise vollzogen werden (vgl. Jansen § 25 Rn. 2).

**2. Zeit und Ort.** Die Unterschrift folgt zeitlich sowohl dem Vorlesen als auch der Genehmi- 17 gung nach, kann jedoch mit dieser auch zeitlich zusammenfallen. Die Unterzeichnung erfolgt zwar regelmäßig nach dem Schlussvermerk, zwingend ist dies aber nicht. Die Unterschrift muss sich jedoch unmittelbar an den Text der Niederschrift anschließen, darf also nicht auf ein gesondertes Blatt isoliert gesetzt werden (OLG Hamm DNotZ 2001, 129 (131)). Die Anlagen brauchen bei ordnungsgemäßer Verweisung nicht gesondert unterzeichnet zu werden (BGH NJW 1994, 1288). Bei der Unterzeichnung braucht nur der Notar anwesend zu sein.

**3. Wirkung.** Die Unterschrift der Beteiligten löst gem. Abs. 1 S. 3 die gesetzliche Vermutung 18 aus, dass die Niederschrift nebst den Anlagen iSd § 9 in Gegenwart des Notars vorgelesen bzw. vorgelegt und von den Beteiligten, die unterschrieben haben, genehmigt wurde. Der Gegenbeweis ist jedoch möglich. Ein Notar begeht wegen dieser Fiktion keine Straftat iSd § 348 StGB, wenn er wahrheitswidrig im Schlussvermerk das Vorlesen feststellt, sofern die Beteiligten unterschrieben haben (OLG Zweibrücken NJW 2004, 2912). Die Behauptung, eine Klausel überhört zu haben, führt nicht zur Unwirksamkeit der Beurkundung, sondern begründet allenfalls ein Anfechtungsrecht (BGH NJW 1978, 1480). Verweigert ein Beteiligter die Unterzeichnung oder erfüllt die Unterschrift nicht die Mindestanforderungen, so bleibt die Beurkundung unwirksam.

**4. Nachholung.** Die Unterschrift kann durch Nachtragsverhandlung nachgeholt werden, 19 wenn die Unterschrift völlig fehlt, nicht den aufgezeigten Mindestanforderungen entspricht oder an der falschen Stelle platziert ist. An der Nachtragsverhandlung müssen die übrigen Beteiligten nicht teilnehmen (Winkler Rn. 67, 67a mwN; aA OLG Düsseldorf NJW-RR 1997, 756 f.; Wochner DNotZ 2000, 302 (306) empfiehlt die förmliche Bestätigung durch alle Beteiligten). Die Nachholung muss unverzüglich nach der Feststellung des Fehlers erfolgen (OLG Düsseldorf DNotZ 2000, 299 (301) mAnm Wochner; Winkler Rn. 67; Jansen § 8 Rn. 21). In der Nachtragsniederschrift muss zum Ausdruck gebracht werden, dass die Unterschrift versehentlich unterlassen wurde, und der Beteiligte bestätigen, dass die Niederschrift ihm am Tage der Errichtung vorgelesen und sie von ihm in Gegenwart des Notars und der übrigen Beteiligten genehmigt worden ist (OLG Düsseldorf DNotZ 2000, 299). Keinesfalls reicht eine Eigenurkunde aus, in der der Notar die Anwesenheit des und die Genehmigung durch den Beteiligten bestätigt (BayObLG DNotZ 2001, 560 m. zust. Anm. Reithmann). Schreibt das materielle Recht ausnahmsweise die gleichzeitige Anwesenheit beider Teile vor (zB §§ 1410, 2276, 2290 BGB), so ist die Mitwirkung aller Beteiligten an einer derartigen Nachtragsverhandlung erforderlich. Da die Auflassung gem. § 925 BGB zu ihrer Wirksamkeit vor dem Notar nicht mündlich erklärt werden muss, also beredsames Schweigen ausreicht, schadet das Fehlen der Unterschrift eines Beteiligten unter der Urkunde nicht, vorausgesetzt, dass diese sowohl den Veräußerungs- als auch den Erwerbswillen hinreichend deutlich zum Ausdruck bringt (OLG Rostock DNotZ 2007, 220; vgl. dagegen zu einem anders gelagerten Fall BayObLG DNotZ 2001, 560 (563)).

## V. Schlussvermerk (Abs. 1 S. 2)

20 Eine bestimmte Formulierung ist nicht vorgeschrieben, vor allem bedarf es nicht der Wiedergabe der Gesetzesworte (vgl. KG JFG 14, 165). Diese Feststellungen werden vom Notar kraft Amtes getroffen und müssen daher nur von ihm unterschrieben werden. Die Mitunterzeichnung durch die Beteiligten ist zwar üblich, aber entbehrlich (Winkler Rn. 71 mwN aus der Rspr.). Räumlich muss dieser Vermerk vor der Unterschrift des Notars stehen. Das Fehlen des Schlussvermerks beeinträchtigt zwar nicht die Wirksamkeit der Beurkundung, aber die Beweiskraft der Urkunde. Der Notar kann jedoch den Schlussvermerk nach Abschluss der Beurkundung durch Nachtragsvermerk (§§ 36, 39) von Amts wegen ergänzen (Winkler Rn. 73).

## VI. Unterschrift des Notars (Abs. 3)

21 **1. Zeitpunkt und Anforderungen.** Der Notar soll zuletzt unterschreiben (Lerch Rn. 30; aA Jansen Rn. 38). Unterschreibt der Notar früher als die Beteiligten, so darf daran die Wirksamkeit der Beurkundung nicht scheitern (Lerch Rn. 30). Die Urkundsgewährungspflicht aus § 15 Abs. 1 S. 1 BNotO und die Pflicht zur Unparteilichkeit aus § 14 Abs. 1 S. 2 BNotO gebieten, dass der Notar die Niederschrift **unverzüglich nach Abschluss der Beurkundungsverhandlung** formgerecht unterschreibt (Winkler Rn. 86). Ein bewusstes Hinauszögern (sog. offene Urkunde) ist deshalb unzulässig (ausf. Schemmann DNotZ 2018, 816 (818); vgl. zu § 130 AktG: OLG Stuttgart BeckRS 2015, 1844 Rn. 15). Die Unterzeichnung durch den Notar braucht nicht in Anwesenheit der Beteiligten erfolgen.

22 Der Notar soll **unter dem Schlussvermerk** unterschreiben (BayObLGZ 1976, 275). Die Unterschrift soll räumlich nach denen der Beteiligten geleistet werden. Unterzeichnet der Notar nicht räumlich unter den Beteiligten, ist die Urkunde dennoch wirksam, es sei denn, dass deshalb zweifelhaft ist, ob die Beteiligten in Gegenwart des Notars unterschrieben haben. An die Unterschrift des Notars sind die gleichen Anforderungen zu stellen wie an die der Beteiligten. Jedoch soll der Notar gem. Abs. 3 S. 2 mit dem Zusatz „Notar" unterschreiben. Gemäß § 1 S. 2 DONot kann der Notar grds. nur mit dem Nachnamen unterschreiben. Die Amtsbezeichnung soll angegeben werden. Ein Titel muss dem Nachnamen nicht hinzugefügt werden. Die Beidrückung des Siegels ist zwar üblich, aber vom Gesetz nicht gefordert (vgl. Lerch Rn. 31).

23 Diese Bestimmungen gelten sinngemäß für den Notarvertreter und den Notariatsverwalter.

24 **2. Wirkung.** Erst mit der Unterschrift des Notars wird die Beurkundung wirksam. Nach dessen Unterzeichnung dürfen keine Teile der Urschrift ausgetauscht werden (BGH DNotZ 1999, 350). Bei Testamenten heilt jedoch gem. § 35 die Unterschrift auf dem Testamentsumschlag die fehlende Unterzeichnung auf der Niederschrift.

25 **3. Nachholung.** Nach hM kann eine vergessene Unterschrift vom Notar nur bis zur Erteilung von Ausfertigungen und beglaubigten Abschriften ohne jede Formalität nachgeholt werden (OLG Naumburg DNotI-Report 2000, 129; Lerch Rn. 32; Jansen Rn. 40; Erman/M. Schmidt Rn. 6). Einige bejahen dies sogar für die **Zeit** nach Erteilung, wenn in den Abschriften die Unterschrift des Notars als vollzogen angegeben ist (Winkler Rn. 71; Keidel DNotZ 1957, 583; Frenz/Mier-

meister/Limmer Rn. 23). Richtiger Ansicht nach ist eine Nachholung ohne diese zeitliche Beschränkung zulässig (LG Aachen DNotZ 1976, 428 (431); Winkler Rn. 88; Armbrüster/Preuß/Renner/Armbrüster Rn. 73; Lischka NotBZ 1999, 8 (11)), da die Unterschrift lediglich bezeugt, dass an dem angegebenen Verhandlungstag die Niederschrift den Beteiligten vorgelesen, von diesen genehmigt und unterschrieben wurde (vgl. BGH NJW 1975, 940); diese Feststellung kann der Notar jederzeit nachholen. Die Nachholung ist auch dann noch möglich, wenn einer der Beteiligten stirbt oder geschäftsunfähig wird. Bei Verfügungen von Todes wegen würde der Notar allerdings mit der Nachholung rückwirkend auf den vorangegangenen Tod des Beteiligten die Verfügung von Todes wegen in Kraft setzen, dies selbst noch nach Monaten und Jahren. Dies ist mit dem Gebot der Rechtssicherheit nicht zu vereinbaren, sodass bei Verfügungen von Todes wegen die Nachholung ab dem Tod des Erblassers – also nicht erst ab der Eröffnung (so aber BayObLGZ 1976, 279) – ausgeschlossen ist (Winkler Rn. 91; Jansen Rn. 40; Erman/M. Schmidt Rn. 6). Stirbt der Erblasser jedoch während der Beurkundung, aber nach dem Vorlesen und der Genehmigung, so muss der Notar die gesetzmäßig abgelaufene Verhandlung durch seine Unterschrift abschließen (Winkler Rn. 91; Jansen Rn. 40, 38).

Auch hinsichtlich der **Form** der Nachholung herrscht Streit. Die einen halten unter bestimmten Voraussetzungen eine Nachtragsverhandlung unter Mitwirkung der Beteiligten für erforderlich (Lerch Rn. 32; Frenz/Miermeister/Limmer Rn. 24; Winkler Rn. 88). Richtig ist folgendes: Der Notar kann bis zum Ablauf des Verhandlungstags die Unterschrift einfach auf die Urschrift setzen, ohne einen zusätzlichen Vermerk anbringen zu müssen. Unterzeichnet er erst später, so hat er unter Beidrückung seines Dienstsiegels zu vermerken, dass er an einem anderen Tage als dem angegebenen Verhandlungstage die Urkunde unterzeichnet hat (LG Aachen DNotZ 1976, 428; Keidel DNotZ 1957, 583 (589)). Die Beteiligten sowie die zur Beurkundung zugezogenen Person brauchen nicht mehr mitzuwirken (OLG Düsseldorf MittRhNotK 1999, 162). **26**

Die Nachholung kann nur durch den beurkundenden Notar **höchstpersönlich** erfolgen, sodass nach Beendigung seines Amtes weder er selbst noch der Notariatsverwalter oder der Amtsnachfolger die Unterschrift nachholen kann. Im Falle der Amtssitzverlegung ist eine Nachholung dagegen noch zulässig. Ein Notarvertreter ist zur Nachholung nicht befugt (vgl. Jansen Rn. 41). Umgekehrt kann ein Notarvertreter nach Beendigung der Vertretung die Unterschrift nicht mehr rechtswirksam leisten (vgl. BGH DNotI-Report 1998, 128 (129)). **27**

## § 13a Eingeschränkte Beifügungs- und Vorlesungspflicht

**(1) [1]Wird in der Niederschrift auf eine andere notarielle Niederschrift verwiesen, die nach den Vorschriften über die Beurkundung von Willenserklärungen errichtet worden ist, so braucht diese nicht vorgelesen zu werden, wenn die Beteiligten erklären, daß ihnen der Inhalt der anderen Niederschrift bekannt ist, und sie auf das Vorlesen verzichten. [2]Dies soll in der Niederschrift festgestellt werden. [3]Der Notar soll nur beurkunden, wenn den Beteiligten die andere Niederschrift zumindest in beglaubigter Abschrift bei der Beurkundung vorliegt. [4]Für die Vorlage zur Durchsicht anstelle des Vorlesens von Karten, Zeichnungen oder Abbildungen gelten die Sätze 1 bis 3 entsprechend.**

**(2) [1]Die andere Niederschrift braucht der Niederschrift nicht beigefügt zu werden, wenn die Beteiligten darauf verzichten. [2]In der Niederschrift soll festgestellt werden, daß die Beteiligten auf das Beifügen verzichtet haben.**

**(3) [1]Kann die andere Niederschrift bei dem Notar oder einer anderen Stelle rechtzeitig vor der Beurkundung eingesehen werden, so soll der Notar dies den Beteiligten vor der Verhandlung mitteilen; befindet sich die andere Niederschrift bei dem Notar, so soll er diese dem Beteiligten auf Verlangen übermitteln. [2]Unbeschadet des § 17 soll der Notar die Beteiligten auch über die Bedeutung des Verweisens auf die andere Niederschrift belehren.**

**(4) Wird in der Niederschrift auf Karten oder Zeichnungen verwiesen, die von einer öffentlichen Behörde innerhalb der Grenzen ihrer Amtsbefugnisse oder von einer mit öffentlichem Glauben versehenen Person innerhalb des ihr zugewiesenen Geschäftskreises mit Unterschrift und Siegel oder Stempel versehen worden sind, so gelten die Absätze 1 bis 3 entsprechend.**

### Überblick

Diese Einschränkungen der Beifügungs- und Vorlesepflicht sollen das Beurkundungsverfahren entlasten.

## I. Notarielle Niederschrift

1 **1. Bezugsurkunde.** Verweis ist die Bezugnahme auf den Inhalt einer von einem deutschen Notar (→ § 1 Rn. 1) errichteten **Niederschrift gem. §§ 6 ff.,** und zwar ohne Rücksicht darauf, ob diese Urkunde Willenserklärungen enthält oder nur sonstige Tatsachen – zB Karte, Baubeschreibung (vgl. Lichtenberger NJW 1980, 867; Winkler Rpfleger 1980, 172; Fischer DNotZ 1982, 153) – bezeugt. Wie bei den Anlagen ist jedoch zwischen erläuternder und ergänzender Bezugnahme zu unterscheiden (ausf. Brambring DNotZ 1980, 281 (287 ff.); Winkler Rn. 20 ff.; vgl. auch → § 9 → § 9 Rn. 1). Die Wirksamkeit der echten oder ergänzenden Bezugnahme hängt nur davon ab, dass die Bezugsurkunde formgültig errichtet wurde, nicht aber von deren materieller Wirksamkeit (OLG Braunschweig BeckRS 2019, 16774 Rn. 14 mwN; Armbrüster/Preuß/Renner/Piegsa Rn. 13). Deshalb kann in einem Testament oder Erbvertrag auf eine früher beurkundete Verfügung von Todes wegen selbst dann noch verwiesen werden, wenn diese in Folge Rückgabe aus der besonderen amtlichen Verwahrung gem. § 2256 Abs. 1 S. 1 BGB, § 2300 Abs. 2 S. 3 BGB als widerrufen gilt (KG NJW 1970, 612 (613); Soergel/Kingseis BGB § 2247 Rn. 33; aA BayObLG NJW-RR 1990, 1481 (1481); MüKoBGB/Sticherling § 2257 Rn. 4, § 2247 Rn. 23; unentschieden: BGH DNotZ 1980, 761 (763)). Hat der Erblasser die zurück gegebene Urkunde jedoch vernichtet und existiert auch keine Ausfertigung oder beglaubigte Abschrift mehr, so scheitert die Bezugnahme aus tatsächlichen Gründen. Bedeutungslos ist ferner, wer an der in Bezug genommenen Niederschrift beteiligt ist (OLG Düsseldorf Rpfleger 2003, 176). Wurde die Bezugsurkunde entgegen § 13 Abs. 1 nicht verlesen, so ist die Verweisung dennoch wirksam, wenn die Beteiligten gem. § 13a Abs. 1 S. 1 erklären, dass sie den Inhalt kennen und auf das Vorlesen verzichten (BGH DNotZ 2004, 188 (189)). Zulässig ist auch die Verweisung auf eine Niederschrift, die ihrerseits auf eine weitere Niederschrift Bezug nimmt. Allerdings sollte der Notar darauf achten, dass den Beteiligten auch die Dritturkunde in Ur- oder beglaubigter Abschrift vorliegt und diese sowohl auf Verlesen und Beifügen verzichten als auch erklären, deren Inhalt zu kennen versteht (vgl. Stauf RNotZ 2001, 129 (141); aA Grziwotz/Heinemann Rn. 10). Eine derartige **Kettenverweisung** – besser Mehrfachverweisung – erhöht nämlich die Gefahr, dass der Beteiligte den Inhalt seiner Willenserklärung nicht (mehr) versteht. Auch auf die Urkunden deutscher **Konsularbeamter,** die gem. § 10 Abs. 2 KonsularG den Notarurkunden gleichstehen, kann in dieser Weise verwiesen werden. § 17 Abs. 2a setzt der Bezugnahme rechtliche Grenzen (→ § 17 Rn. 34).

2 **2. Kenntnis der Beteiligten vom Inhalt der Bezugsurkunde.** Die Beteiligten (§ 6 Abs. 2) müssen den Inhalt der Bezugsurkunde auch kennen. Der Notar braucht zwar die Kenntnis nicht nachzuprüfen (Winkler Rn. 72), darf das Verfahren gem. § 13a aber dann nicht wählen, wenn er sicher weiß, dass die Beteiligten den Inhalt der Urkunde nicht kennen. Die Beurkundung ist jedoch auch dann wirksam, wenn alle formell Beteiligten tatsächlich das Vorhandensein der Kenntnis bestätigt haben. Fehlt entgegen Abs. 1 S. 2 nur die Feststellung dieser Erklärung in der Niederschrift, so berührt dies die Wirksamkeit der Beurkundung auch nicht. Gemäß Abs. 1 S. 3 soll der Notar nur beurkunden, wenn den Beteiligten eine Ausfertigung oder eine beglaubigte Abschrift der in Bezug genommen Niederschrift vorliegt. Bei einer auszugsweisen Ausfertigung oder beglaubigten Abschrift muss sie selbstverständlich alle Elemente enthalten, die den Gegenstand der Verweisung bilden. Nach hM kann auf die Einhaltung dieser Amtspflichten nicht verzichtet werden (Winkler Rn. 81 mwN).

3 **3. Verzicht auf Vorlesen bzw. Vorlage.** Der Verzicht aller Beteiligten (§ 6 Abs. 2) auf das Vorlesen (Abs. 1 S. 1) bzw. bei Karten, Zeichnungen oder Abbildungen auf die Vorlage zur Durchsicht (Abs. 1 S. 4) ist für die Wirksamkeit der Verweisung konstitutiv. Ein Verzicht sonstiger Beteiligter (zB Schreibzeuge) ist nicht erforderlich. Fehlt entgegen Abs. 1 S. 2 der vorgeschriebene Vermerk, so nimmt dies der Beurkundung nur die Beweiskraft iSd § 415 ZPO, nicht aber die Wirksamkeit, wenn der Verzicht tatsächlich erklärt worden ist (BGH DNotZ 2004, 188 (189 f.); OLG München DNotZ 1993, 614 (615)). Die Tatsache der Beifügung begründet umgekehrt keine Vermutung für die Erklärung des Verzichts (Winkler Rn. 98).

4 **4. Beifügung der Bezugsurkunde.** Gemäß Abs. 2 S. 1 muss die Bezugsurkunde in ihren relevanten Teilen in Ausfertigung oder in beglaubigter Abschrift als (nicht zu verlesende) Anlage beigefügt werden. Unterbleibt das Beifügen, obwohl die Beteiligten darauf nicht verzichtet haben, ist die Beurkundung unwirksam (Winkler Rn. 100).

## II. Karten und Zeichnungen

Die gleichen Erleichterungen des Beurkundungsverfahrens (Abs. 1–3) gelten für Karten und Zeichnungen, die von einer öffentlichen Behörde selbst gefertigt oder doch mindestens mit Unterschrift und Siegel oder Stempel versehen worden ist (zB Bauzeichnungen zu einer Baugenehmigung oder einer Abgeschlossenheitsbescheinigung gem. § 7 Abs. 4 Nr. 1 WEG). Die Verweisung darf sich dabei nur auf die Karten und Zeichnungen beziehen, nicht aber auf Schriftstücke, auch nicht auf solche, denen diese als Anlagen beigefügt sind (aA Stauf RNotZ 2001, 129 (142)). Eine Bezugnahme auf bloße Entwürfe ist unzulässig (OLG Karlsruhe DNotZ 1990, 422). Die Bezugnahme ist nur zulässig, wenn die örtlich und sachlich zuständige öffentliche Behörde die Karten und Zeichnungen ausgestellt hat und diese ordnungsgemäß unterzeichnet und gesiegelt sind. Wegen der **Kenntnis der Beteiligten** wird auf → Rn. 2 verwiesen. Auch bei der Verweisung auf derartige Karten und Zeichnungen ist zwischen der **Vorlage zur Durchsicht** (→ Rn. 3) und dem **Beifügen** (→ Rn. 4) zu unterscheiden. 5

## § 14 (nicht kommentiert)

## § 15 (nicht kommentiert)

## § 16 Übersetzung der Niederschrift

**(1) Ist ein Beteiligter nach seinen Angaben oder nach der Überzeugung des Notars der deutschen Sprache oder, wenn die Niederschrift in einer anderen als der deutschen Sprache aufgenommen wird, dieser Sprache nicht hinreichend kundig, so soll dies in der Niederschrift festgestellt werden.**

**(2) [1]Eine Niederschrift, die eine derartige Feststellung enthält, muß dem Beteiligten anstelle des Vorlesens übersetzt werden. [2]Wenn der Beteiligte es verlangt, soll die Übersetzung außerdem schriftlich angefertigt und ihm zur Durchsicht vorgelegt werden; die Übersetzung soll der Niederschrift beigefügt werden. [3]Der Notar soll den Beteiligten darauf hinweisen, daß dieser eine schriftliche Übersetzung verlangen kann. [4]Diese Tatsachen sollen in der Niederschrift festgestellt werden.**

**(3) [1]Für die Übersetzung muß, falls der Notar nicht selbst übersetzt, ein Dolmetscher zugezogen werden. [2]Für den Dolmetscher gelten die §§ 6, 7 entsprechend. [3]Ist der Dolmetscher nicht allgemein vereidigt, so soll ihn der Notar vereidigen, es sei denn, daß alle Beteiligten darauf verzichten. [4]Diese Tatsachen sollen in der Niederschrift festgestellt werden. [5]Die Niederschrift soll auch von dem Dolmetscher unterschrieben werden.**

### Überblick

Es soll gewährleistet werden, dass Beteiligte, die deutschen Sprache nicht mächtig sind, wissen, welche Erklärungen abgegeben werden.

## I. Feststellung der Sprachunkundigkeit

**1. Begriff.** Ein Beteiligter (§ 6 Abs. 2) ist sprachunkundig, wenn er dem Vorlesen oder den Belehrungen in der Urkundssprache (→ § 5 Rn. 2) nicht folgen kann (passive Sprachkenntnis) und seine Genehmigung in dieser Sprache nicht erklären kann. Eine vollständige aktive Sprachkompetenz ist nach hM nicht erforderlich (BayObLG NJW-RR 2000, 1175; Lerch Rn. 2; Winkler Rn. 7; weitergehend Armbrüster/Preuß/Renner/Piegsa Rn. 10; aA Jansen Rn. 3). Es genügt, dass er das Vorgelesene auch genehmigen kann (Winkler Rn. 7; Lerch Rn. 2). Diese Meinungsunterschiede sind jedoch theoretischer Natur, weil der Notar zum Schutz vor Amtshaftungsansprüchen den sichersten Weg wählen wird, nämlich die Zuziehung eines Dolmetschers. Die Mindestanforderungen an diese Sprachkunde eines Beteiligten wird durch den Zusatz „hinreichend" weiter relativiert. Der Umfang der notwendigen Kompetenz wird deshalb auch durch die Komplexität der zu beurkundenden Willenserklärungen beeinflusst, ist also bei einem Kaufvertrag, einem 1

Ehevertrag oder einer Verfügung von Todes wegen wesentlich höher als bei einer Vollmacht. Dagegen gibt es keine partielle Sprachkompetenz, sodass auch dann, wenn der Beteiligte in der Lage ist, Teile der Urkunde zu verstehen, in vollem Umfang Sprachunkundigkeit iSd Beurkundungsrechts gegeben ist (Armbrüster/Preuß/Renner/Piegsa Rn. 12).

2 **2. Erklärung des Beteiligten oder Überzeugung des Notars.** Erklärt der Beteiligte, der deutschen Sprache nicht hinreichend mächtig zu sein, ist der Notar daran gebunden und muss einen Dolmetscher hinzuziehen (BGH NJW 1963, 1777; Winkler Rn. 8, 9 mwN) oder selbst übersetzen, vorausgesetzt, dass er über die hierzu erforderliche Sachkompetenz verfügt. Dies gilt selbst dann, wenn der Notar sichere Anhaltspunkte dafür hat, dass diese Erklärung falsch ist (MüKoBGB/Sticherling § 32 Rn. 8; Armbrüster/Preuß/Renner/Piegsa Rn. 13; aA Winkler Rn. 8, 9; Jansen Rn. 5). Nach dem Gesetzeswortlaut stehen beide Alternativen, nämlich die Erklärung einerseits und die Überzeugung des Notars andererseits sich völlig gleichwertig gegenüber, sodass allein die Tatsache der Erklärung die Amtspflicht des § 16 auslöst. Verweigert der Beteiligte allerdings eine eindeutige Erklärung zu seiner Sprachkundigkeit oder behauptet er, die hinreichende Sprachkunde zu besitzen, so hat der Notar die Sprachkompetenz zu erforschen bzw. zu überprüfen (vgl. BayObLG FamRZ 2000, 1124). Gelangt der Notar zu der Überzeugung, dass der Beteiligte die Urkundssprache nicht ausreichend beherrscht, so hat der Notar auch gegen den Willen des Beteiligten nach § 16 zu verfahren oder aber die Beurkundung gem. § 4 abzulehnen.

3 **3. Vermerk.** Die Erklärung eines Beteiligten, keine hinreichende Sprachkunde zu haben, ist ebenso wie eine diesbezügliche Überzeugung des Notars in der Niederschrift gem. Abs. 1 zu vermerken. Der Notar soll dabei angeben, ob die Feststellung auf einer Erklärung des Beteiligten oder auf seiner Überzeugung beruht. Das Fehlen, die Unvollständigkeit oder die Unrichtigkeit des Vermerks beeinträchtigt die Wirksamkeit der Beurkundung nicht (vgl. OLG Köln MittBayNot 1999, 59 (60); BayObLG FamRZ 2000, 1124; krit. hierzu Lerch NotBZ 2006, 6 (7)).

## II. Übersetzung der Niederschrift

4 **1. Mündliche Übersetzung.** Ist in der Urkunde die Sprachunkundigkeit eines Beteiligten vermerkt, so muss ihm diese mündlich in die Sprache übersetzt werden, die dieser versteht. Dies gilt selbst dann, wenn der Vermerk über die Sprachunkenntnis objektiv falsch ist. Auf die mündliche Übersetzung kann auch nicht verzichtet werden (vgl. Winkler Rn. 12). Nur wenn an der Beurkundung keine weitere Person formell beteiligt und weder ein Schreibzeuge noch eine Verständigungsperson zugezogen ist, kann auf das Vorlesen vollständig verzichtet werden (Armbrüster/Preuß/Renner/Piegsa Rn. 17).

5 Die Übersetzung muss ebenso wie das Vorlesen in Gegenwart des Notars geschehen. Die Niederschrift ist mindestens in dem Umfang zu übersetzen, in dem sie gem. § 13 vorzulesen ist bzw. wäre. Auch die Genehmigung des Beteiligten ist zu übersetzen. Der Dolmetscher braucht dagegen bei der Unterschriftsleistung der Beteiligten und des Notars nicht mehr anwesend zu sein.

6 Die Übersetzung ersetzt das Vorlesen gem. § 13. Aus diesem Grund darf sie sich nicht auf eine sinngemäße Wiedergabe des Urkundstextes beschränken, sondern muss wortgetreu erfolgen (weniger streng Winkler Rn. 14; Armbrüster/Preuß/Renner/Piegsa Rn. 17; Lerch Rn. 4). Der sprachunkundige Beteiligte verdient keinen geringeren Schutz als derjenige, der die deutsche Sprache beherrscht. Dem wortgetreuen Vorlesen entspricht daher nur die wortwörtliche Übersetzung. Wegen des Erfordernisses der Mündlichkeit reicht allein die Verlesung einer schriftlichen Übersetzung nicht aus. Allerdings begegnet es keinen Bedenken, wenn der Dolmetscher vorbereitete Aufzeichnungen zu Hilfe nimmt.

7 Unterbleibt trotz eines Vermerks über die Sprachunkundigkeit eines Beteiligten die mündliche Übersetzung oder geschieht sie nicht durch einen Übersetzer in der gehörigen Form, so ist die Beurkundung unwirksam (Lerch NotBZ 2006, 6 mwN). Auch ein Notar, der die erforderliche Kompetenz besitzt und deshalb selbst übersetzt, muss mündlich übersetzen. Die Verlesung einer Übersetzung ersetzt das Dolmetschen durch den Notar nicht und führt wie das völlige Unterbleiben der Übersetzung zur Unwirksamkeit der Beurkundung (vgl. BGH BeckRS 2019, 7139 Rn. 22). Ist ein Beteiligter sprachunkundig, fehlt jedoch der Vermerk hierüber, so ist die Beurkundung auch ohne mündliche Übersetzung wirksam, da Abs. 2 S. 1 an den Vermerk, nicht an die Sprachunkundigkeit anknüpft (krit. Lerch NotBZ 2006, 6 (7)). Der sprachunkundige Beteiligte kann in diesem Falle jedoch seine Erklärungen gem. § 119 BGB wegen Irrtums anfechten.

**2. Schriftliche Übersetzung.** Zusätzlich zur zwingend vorgeschriebenen mündlichen Übersetzung ist auf Verlangen des sprachunkundigen Beteiligten eine schriftliche Übersetzung zu fertigen, ihm vor seiner Genehmigung der Niederschrift zur Durchsicht vorzulegen und ihr als (nicht verlesbare) Anlage beizufügen. Der Notar soll den Beteiligten auf dieses Recht hinweisen. Bei inhaltlichen Abweichungen gebührt dem Wortlaut der Niederschrift Vorrang vor der Übersetzung. Diese Übersetzung braucht nicht mit Schnur und Siegel mit der Urschrift verbunden zu werden (vgl. Winkler Rn. 17 mwN). Ein Verstoß gegen diese Soll-Vorschriften macht allerdings die Beurkundung nicht unwirksam. Dagegen ist bei Verfügungen von Todes wegen die Fertigung einer schriftlichen Übersetzung gem. § 32 S. 1 Wirksamkeitsvoraussetzung, sofern der Testierende nicht hierauf verzichtet. 8

**3. Person des Dolmetschers bzw. Übersetzers.** Die Auswahl des Dolmetschers bzw. Übersetzers, sofern er nicht selbst willens und in der Lage ist zu übersetzen, geschieht durch den Notar. Er muss in der Lage sein, sich unmittelbar, also ohne Zwischenschaltung eines weiteren Dolmetschers (OLG München MittBayNot 1986, 140), mit den Beteiligten zu verständigen (Winkler Rn. 21). Für den Dolmetscher gelten die Ausschlussgründe der §§ 6 und 7 entspr. Bei der Beurkundung von Verfügungen von Todes wegen ist auch die Regelung des § 27 zu beachten. Ist der Dolmetscher nicht gem. § 189 Abs. 2 GVG allgemein vereidigt, so soll der Notar ihn vor Beginn der Verlesung bzw. Übersetzung (Winkler Rn. 26) der Niederschrift vereidigen. Aufgrund des Abs. 3 S. 3 haben auch die Urkundspersonen und -stellen iSd § 1 Abs. 2 diese Befugnis (Lerch Rn. 10; aA Winkler Rn. 25; Jansen Rn. 21; Dumoulin DNotZ 1973, 55). Für die Form der Vereidigung gilt § 189 Abs. 1 GVG entspr. Die Vereidigung darf unterbleiben, wenn alle Beteiligten (§ 6 Abs. 2) ausdrücklich darauf verzichten. Der Notar ist an diesen Verzicht jedoch nicht gebunden (vgl. Winkler Rn. 27 mwN; aA Grziwotz/Heinemann Rn. 49). Die Zuziehung eines nicht vereidigten oder fachlich ungeeigneten Dolmetschers beeinträchtigt die Wirksamkeit der Beurkundung nicht, kann jedoch zur Anfechtbarkeit der Urkunde führen (vgl. Lerch NotBZ 2006, 6 (8 f.)). Nur die Zuziehung einer gem. §§ 6 oder 7 ausgeschlossenen Person macht die Beurkundung ganz bzw. teilweise, nämlich bezüglich der begünstigenden Erklärung, unwirksam. 9

**4. Vermerk.** Der Notar soll alle diese Tatsachen in der Niederschrift vermerken (vgl. Winkler Rn. 29 ff.). Ein ungenügender oder fehlender Vermerk führt jedoch nicht zur Unwirksamkeit der Beurkundung. Ist die mündliche Übersetzung zwar erfolgt, jedoch der entsprechende Vermerk in der Niederschrift versehentlich unterblieben, kann der Notar die erforderliche Feststellung nach Abschluss der Niederschrift nachholen (→ § 8 Rn. 4). 10

**5. Unterschrift des Dolmetschers bzw. Übersetzers.** Der Dolmetscher soll die Niederschrift zusätzlich zum sprachunkundigen Beteiligten unterschreiben. Die Nichtunterzeichnung führt aber nicht zur Unwirksamkeit der Beurkundung. 11

**6. Zweisprachige Urkunde.** Auch eine Beurkundung in zwei Sprachfassungen ist zulässig (vgl. Ott RNotZ 2015, 189, 194 mwN), sei es in zwei Spalten, sei es als Anlage zur Urkunde. Dabei ist zwischen einer notariellen Niederschrift in zwei gleich verbindlichen Sprachfassungen einerseits und der Beurkundung in deutscher Sprache, bei der der in der Urkunde enthaltene oder dieser beigefügte fremdsprachige Text eine – fakultative oder im Fall des § 16 Abs. 2 Satz 2 BeurkG obligatorische – schriftliche Übersetzung darstellt. In der zuletzt genannten Konstellation ist § 16 nicht anwendbar. Werden im zuletzt genannten Fall Passagen einer notariellen Niederschrift, die nicht gem. § 9 Abs. 1 S. 1 deren zwingender Bestandteil sind, sondern bloße Sollvorschriften des notariellen Verfahrensrechts umsetzen, gegenüber einem sprachkundigen Beteiligten nicht verlesen und gegenüber nicht sprachkundigen Beteiligten nicht mündlich übersetzt, führt dies zwar zu einem Verfahrensfehler im Beurkundungsverfahren, nicht aber zur Unwirksamkeit des Beurkundungsakts (BGH BeckRS 2019, 7139 Rn. 26). Wird ein fremdsprachiger Text ausdrücklich als „Übersetzung" bezeichnet, spricht dies gegen die Annahme, dass die fremde Sprache eine verbindliche Urkundssprache sein soll (BGH BeckRS 2019, 7139 Rn. 22; vgl. Ott RNotZ 2015, 189, 191 f.). 12

## 3. Prüfungs- und Belehrungspflichten

### § 17 Grundsatz

**(1) [1]Der Notar soll den Willen der Beteiligten erforschen, den Sachverhalt klären, die Beteiligten über die rechtliche Tragweite des Geschäfts belehren und ihre Erklärun-**

**gen klar und unzweideutig in der Niederschrift wiedergeben. [2]Dabei soll er darauf achten, daß Irrtümer und Zweifel vermieden sowie unerfahrene und ungewandte Beteiligte nicht benachteiligt werden.**

**(2) [1]Bestehen Zweifel, ob das Geschäft dem Gesetz oder dem wahren Willen der Beteiligten entspricht, so sollen die Bedenken mit den Beteiligten erörtert werden. [2]Zweifelt der Notar an der Wirksamkeit des Geschäfts und bestehen die Beteiligten auf der Beurkundung, so soll er die Belehrung und die dazu abgegebenen Erklärungen der Beteiligten in der Niederschrift vermerken.**

**(2a) [1]Der Notar soll das Beurkundungsverfahren so gestalten, daß die Einhaltung der Amtspflichten nach den Absätzen 1 und 2 gewährleistet ist. [2]Bei Verbraucherverträgen soll der Notar darauf hinwirken, dass**
**1. die rechtsgeschäftlichen Erklärungen des Verbrauchers von diesem persönlich oder durch eine Vertrauensperson vor dem Notar abgegeben werden und**
**2. der Verbraucher ausreichend Gelegenheit erhält, sich vorab mit dem Gegenstand der Beurkundung auseinanderzusetzen; bei Verbraucherverträgen, die der Beurkundungspflicht nach § 311b Absatz 1 Satz 1 und Absatz 3 des Bürgerlichen Gesetzbuchs unterliegen, soll dem Verbraucher der beabsichtigte Text des Rechtsgeschäfts vom beurkundenden Notar oder einem Notar, mit dem sich der beurkundende Notar zur gemeinsamen Berufsausübung verbunden hat, zur Verfügung gestellt werden. Dies soll im Regelfall zwei Wochen vor der Beurkundung erfolgen. Wird diese Frist unterschritten, sollen die Gründe hierfür in der Niederschrift angegeben werden.**

**[3]Weitere Amtspflichten des Notars bleiben unberührt.**

**(3) [1]Kommt ausländisches Recht zur Anwendung oder bestehen darüber Zweifel, so soll der Notar die Beteiligten darauf hinweisen und dies in der Niederschrift vermerken. [2]Zur Belehrung über den Inhalt ausländischer Rechtsordnungen ist er nicht verpflichtet.**

## Überblick

Dies ist die zentrale Norm für den Ablauf der Beurkundungsverhandlung und den Urkundeninhalt. Der Notar hat mit den Beteiligten den Sachverhalt so ausführlich zu erörtern, dass er alle Tatsachen kennt, um eine dem wahren Willen der Beteiligten entsprechende rechtswirksame Urkunde zu errichten (→ Rn. 1 ff.). Der Notar braucht grds. nur über die „rechtlichen" Folgen des beurkundeten Rechtsgeschäfts zu belehren (→ Rn. 3 ff.), doch ausnahmsweise hat er eine erweiterte Belehrungspflicht (→ Rn. 6 ff). Der Notar hat den Text der Niederschrift so zu formulieren, dass dieser den wahren Willen der Beteiligten vollständig, klar und eindeutig wiedergibt und Irrtümer und Zweifel vermieden werden (→ Rn. 15 f.). Hat der Notar Zweifel an der Wirksamkeit, so muss er zunächst versuchen, Wille, Willenserklärung und Gesetz so in Einklang zu bringen, dass der beurkundete wahre Wille rechtswirksam werden kann, andernfalls hat er seine Zweifel in der Niederschrift zu vermerken (→ Rn. 17). Gem. § 17 Abs. 2a ist das Beurkundungsverfahren vom Notar so zu gestalten, dass vor allem die Beratungs- und Belehrungsfunktion so effektiv wie möglich erfüllt werden (→ Rn. 18 ff.). § 17 Abs. 2a S. 2 verschärft zum Teil diese Amtspflichten bei Verträgen, an denen mindestens ein Verbraucher und ein Unternehmer beteiligt sind (→ Rn. 35 ff.).

## Übersicht

## I. Erforschung des wahren Willens

1 Der Notar hat in eigener Person (ausf. Armbrüster/Preuß/Renner/Armbrüster Rn. 22) dafür zu sorgen, dass die niedergelegte Willenserklärung mit dem wahren Willen der Beteiligten übereinstimmt. Hat er die vorbereitende Verhandlung nicht selbst geführt, hat er mit äußerster Sorgfalt während der Beurkundung selbst durch zweckentsprechende Fragen und Erläuterungen die Divergenz zwischen wahrem Willen und fixierter Erklärung zu vermeiden. Verwenden juristische Laien **Rechtsbegriffe,** so darf er sich keinesfalls darauf verlassen, dass diese richtig verwendet werden, sondern muss deren Inhalt erläutern, um Fehlvorstellungen der Beteiligten dadurch offen zu legen. Der Notar muss je nach Art des zu beurkundenden Rechtsgeschäfts alle **regelungsbedürftigen Punkte,** die üblicherweise Gegenstand solcher Urkunden sind, ansprechen und sich vergewissern, ob die Beteiligten hierzu bewusst oder nur aus Versehen oder Unkenntnis keine Abrede getroffen haben (vgl. BGH BeckRS 2017, 122318 zur Erbauseinandersetzung bei ungewissen Schulden; NJW 1994, 2283; krit. Grziwotz NJW 1995, 641). Dies gilt auch, wenn die Beteiligten ihm einen Entwurf vorlegen (Winkler Rn. 209). Bei der Vorbereitung hat der Notar auch die **verschiedenen Wege** zur Erreichung des von den Beteiligten verfolgten Zwecks aufzuzeigen und deren Vor- und Nachteile in verständlicher Sprache den Beteiligten zu erklären. Dabei kollidieren jedoch verschiedene Pflichten miteinander. Sind an der Beurkundung mehrere Personen beteiligt, so hat er dabei zunächst seine Unparteilichkeit zu wahren. Darüber hinaus hat er von mehreren Gestaltungsmöglichkeiten die nach der im Zeitpunkt der Beurkundung herrschenden Rspr. sicherste aufzuzeigen, und zwar selbst dann, wenn sie höhere Kosten verursacht (vgl. BGH DNotZ 1962, 263; BGHZ 19, 5 (10); 27, 274 (276); OLG Frankfurt DNotZ 1978, 748; Winkler Rn. 210). Von mehreren gleich sicheren Gestaltungsvarianten hat er allerdings diejenige vorzuschlagen, die die geringsten Kosten verursacht (vgl. BayObLG DNotZ 1994, 492 (494); Winkler Rn. 211 mwN). Dem Notar steht dabei jedoch ein gewisser Beurteilungsspielraum zu (vgl. OLG Zweibrücken DNotZ 1969, 695).

## II. Klärung des Sachverhalts

2 Ohne ausreichende Kenntnis des gesamten Sachverhalts, den die Beteiligten regeln wollen, kann der Notar weder beraten noch belehren (BGH NJW 1987, 1266). Er hat daher mit den Beteiligten den **Sachverhalt** so ausführlich zu **erörtern,** dass er alle Tatsachen kennt, um eine dem wahren Willen der Beteiligten entsprechende rechtswirksame Urkunde zu errichten (vgl. BGH NJW 1989, 586; 1996, 520). Bei einem Ehevertrag gehört dazu auch die von den Eheleuten beabsichtigte Rollenverteilung für den Fall der Geburt eines gemeinsamen Kindes (zB Alleinverdienerehe), bei einer Erbfolgegestaltung die möglichst vollständige Erfassung des Erblasserwillens. Der **Umfang** dieser Aufklärungspflicht wird maßgeblich von den die Beurkundungspflicht auslösenden materiell-rechtlichen Vorschriften (zB § 311b Abs. 1 BGB) bestimmt. Bei Verfügungen von Todes wegen ebenso wie bei Eheverträgen richtet sich die Aufklärungspflicht dagegen nach dem konkreten Beurkundungsauftrag. Von den Beteiligten vorgelegte Unterlagen hat der Notar höchstpersönlich zur Kenntnis zu nehmen (BGH NJW 1995, 2794; 1989, 586). Ergeben sich dabei Unklarheiten, Widersprüche oder Lücken, so hat er diese durch Nachfrage bei den Beteiligten zu beseitigen. Gehört zum Vermögen eines Erblassers eine Beteiligung an einem Unternehmen, insbes. an einer Personengesellschaft, so muss sich der Notar den Gesellschaftsvertrag vorlegen lassen (BGH NJW 2002, 2787). Zu Nachforschungen iS eigener Ermittlungen ist er weder berechtigt noch verpflichtet (vgl. BGH DNotZ 1996, 116 (117) betr. Spekulationssteuer; Winkler Rn. 213). Können **Ungereimtheiten** von ihm auf diesem Weg nicht geklärt werden, so sollte er dies in der Urkunde niederlegen, in Ausnahmefällen sogar die Beurkundung ablehnen, um Haftungsrisiken zu entgehen. Der Notar darf darauf vertrauen, dass übereinstimmend vorgetragene Tatsachen oder vorgelegte Unterlagen richtig sind (vgl. BGH NJW-RR 1999, 1214 (1215); DNotZ 1958, 99; 1961, 162; Winkler Rn. 213; weitergehend OLG Frankfurt OLGR 2000, 156). Bei **Rechtstatsachen** (zB Ehegüterstand, Geschäfts- bzw. Testierfähigkeit (BGH VersR 1961, 921), Auslandsbezug (vgl. BGH DNotZ 1963, 315), Vorhandensein bindender Verfügungen von Todes wegen) muss der Notar zwar damit rechnen, dass rechtliche Begriffe, die auch unter Laien gebräuchlich sind und die als Tatsachen vorgetragen werden, möglicherweise falsch verstanden werden. Ohne besondere Anhaltspunkte kann er sich allerdings darauf verlassen, dass die von den Beteiligten hierzu gemachten tatsächlichen Angaben, zB Fehlen einer bindenden Verfügung von Todes wegen (LG Ravensburg BWNotZ 1959, 163; vgl. Gantner WM 1996, 701 (703)) richtig sind (vgl. BGH NJW 1991, 1346 (1347); 1987, 1266 (1267); Leske NotBZ 2002, 284 (285)).

## III. Belehrungspflicht

3 **1. Rechtliche Tragweite.** Der Notar hat die Beteiligten in jedem Falle darüber aufzuklären, ob und unter welchen Voraussetzungen der von ihnen erstrebte rechtliche Erfolg sicher eintritt und welche unmittelbaren rechtlichen Wirkungen damit verbunden sind (vgl. BGH NJW 2002, 2787 betr. gesellschaftsbezogene Erbfolgegestaltung). Dazu gehören Hinweise auf:

- alle für die **Rechtswirksamkeit erforderlichen Bedingungen,** wie Geschäftsfähigkeit, Vertretungsbefugnis (BGH NJW 1993, 2744), Verfügungsberechtigung (BGH 1996, 2037 (2038)), Formvorschriften (vgl. OLG Celle MittRhNotK 2000, 355), die Genehmigung gem. § 177 BGB (vgl. OLG Schleswig NJOZ 2004, 1688), die Zustimmung gem. § 1365 BGB (OLG Frankfurt DNotZ 1986, 244) und Anzeigepflichten (BGH NJW 1996, 1675 (1676) betr. Verpfändung);
- alle die **Wirksamkeit verhindernden Bedingungen,** die nicht gegeben sein dürfen, wie Sittenwidrigkeit, Verstoß gegen § 242 BGB (OLG Düsseldorf DNotZ 1997, 656 (657) betr. Verzicht auf Betreuungsunterhalt gem. § 1570 BGB) oder das Verbot des § 14 HeimG (OLG München ZEV 1996, 145 mAnm Rossak);
- alle zum **Vollzug** notwendigen Handlungen und Erklärungen, wie behördliche Genehmigungen (OLG Hamm NJW-RR 1991, 95 betr. Grundstücksteilung), Löschungsbewilligungen (vgl. BGH NJW-RR 1992, 393), Grundbucheintragung (Winkler Rn. 224 ff. mwN); keine Vollzugsvoraussetzung in diesem Sinne für den Bauträgervertrag ist die Baugenehmigung (OLG Jena NotBZ 2003, 359 mAnm Otto);
- **alternative Gestaltungsmöglichkeiten** für den Fall, dass die beurkundete aus Rechtsgründen nicht vollzogen werden kann (vgl. OLG Hamm NJW-RR 1991, 95).

4 Der Notar kann sich dabei auf die Richtigkeit behördlicher Bescheide verlassen (OLG Koblenz RNotZ 2002, 116 (117) betr. Abgeschlossenheitsbescheinigung). Der Umfang der Belehrungspflicht wird durch die Maßstäbe der Erforderlichkeit und der Angemessenheit begrenzt. Es wird also keine umfassende Vertragsgestaltung geschuldet, sondern lediglich eine an den anerkannten Regeln orientierte (Winkler Rn. 84; zu weit daher BGH NJW 1995, 330; 1994, 2283). Bei entsprechender Sachkunde eines Beteiligten bezogen auf das konkrete Geschäft kann eine Belehrung sogar ganz entfallen (vgl. OLG Köln BWNotZ 1997, 47 betr. Kapitalgesellschaft; OLG Koblenz DNotZ 1996, 128 (129) betr. Rechtsanwalt). Der Notar ist auch nicht verpflichtet, ohne besonderen Anlass (zB ungewöhnliche Klauseln, ungesicherte Vorleistungen, Nachfrage eines Beteiligten) über sämtliche Klauseln zu belehren (OLG München MittBayNot 1998, 273 betr. befristetes Rücktrittsrecht). Die erforderliche Belehrung hat sich zudem auf das angemessene Maß zu beschränken, sodass sich seitenlange Standardbelehrungsvermerke eigentlich verbieten. Der Notar sollte die erfolgte Belehrung in der Urkunde dokumentieren, muss dies aber nicht tun. Deshalb darf aus dem Fehlen eines **Vermerks** nicht auf das Unterlassen der gebotenen Belehrung geschlossen werden (BGH Rpfleger 1974, 59 (60); Winkler Rn. 278 mwN). Die Pflicht zur Belehrung über die unmittelbaren Rechtsfolgen des Geschäfts geht der Pflicht zur Unparteilichkeit vor (vgl. BGH DNotZ 1987, 157).

5 Mit der erweiterten Belehrungspflicht (→ Rn. 6) überschneidet sich die Pflicht des Notars:

- im Falle einer **ungesicherten Vorleistungspflicht** den vorleistenden Beteiligten über die damit verbundenen Gefahren zu belehren und außerdem alle dem Geschäft angemessenen und realistischen (BGH NJW 2006, 3064; MittBayNot 2004, 294 (296); Armbrüster/Krause NotBZ 2004, 325 (328 f.); weitergehend für speziellen Sachverhalt noch BGH DNotZ 1998, 637 (639)) anderen Wege aufzuzeigen, um diese Risiken zu vermeiden **(doppelte Belehrungspflicht)** (BGH NJW-RR 1989, 1492 (1494); NJW 1995, 330 (331); DNotZ 2001, 473 (478) mAnm Brieske; DNotZ 1998, 637 (638); NJW 2005, 3495 (3496) mwN; OLG Rostock DNotZ 1996, 123; ausf. dazu Winkler Rn. 232 ff.). Diese Pflicht besteht beispielsweise bei einer Kaufpreisfälligkeit ohne oder vor Eintragung einer Vormerkung (BGH DNotZ 1989, 449), bei Vereinbarung einer Ratenzahlung im Bauträgervertrag trotz offener, vom Bauträger zu leistender Erschließungs- und Anschlussbeiträge (BGH NJW 2008, 1321 mAnm Basty IBR 2008, 2365), bei Besitzübergabe vor Kaufpreiszahlung (vgl. BGH NJW 2008, 1319 (1320)), bei der Eigentumsumschreibung vor Kaufpreiszahlung (OLG Rostock DNotZ 1996, 123), bei der Zahlung offener Erschließungskosten an Verkäufer (OLG Düsseldorf DNotZ 1990, 62 (63)) bei der Grundschuldbestellung durch Verkäufer (BGH DNotZ 2001, 473 (475 f.); wegen Vorrang der Unparteilichkeit noch aA BGH DNotZ 1987, 157) oder bei ungesicherter Darlehensrückzahlung (OLG Köln RNotZ 2003, 202 (203)).
- bei der Übernahme (BGH DNotZ 1995, 407 (408) betr. Grundpfandrecht; NJW 2004, 1865 (1866) betr. Zentralnotar bei Dienstbarkeit) oder bei der Bestellung dinglicher Rechte (BGH

DNotZ 1996, 568 (569) betr. Altenteil; NJW 1993, 2741 (2742) betr. Wegerecht) auf die von **vorrangigen Grundstücksbelastungen** ausgehenden Gefahren hinzuweisen. Der BGH geht sogar noch einen Schritt weiter und verlangt auch bei vereinbarter Lastenfreiheit einen Hinweis des Notars auf vorhandene Grundstücksbelastungen (BGH DNotZ 2004, 849; 1992, 457 (458); 1969, 173 (174)).

- bei einem **Übergabevertrag** auf die durch das Gesetz über die Änderung des Erb- und Verjährungsrechts (BR-Drs. 96/08) geschaffene Möglichkeit des Erblassers, die Bestimmung über die Anrechnung auf das gesetzliche Erb- und Pflichtteil (§ 2050 ff., 2315 BGB) einseitig zum Nachteil des Zuwendungsempfängers hinzuweisen sowie darüber zu belehren, dass dieses Änderungsrecht durch einen Erbvertrag zwischen Erblasser (Übergeber) und Zuwendungsempfänger verbindlich ausgeschlossen werden kann (→ BGB § 2278 Rn. 2).

**2. Erweiterte Belehrungspflicht. a) Wirtschaftliche Folgen.** Der Notar braucht nur über die „rechtlichen" Folgen des beurkundeten Rechtsgeschäfts zu belehren, nicht dagegen über dessen wirtschaftliche Auswirkungen (BGH DNotZ 1992, 813 (815); 1965, 115 (117)). Die Zweckmäßigkeit des Geschäfts hat ihn nicht zu interessieren (BGH DNotZ 1967, 323 (324)). Dies gilt vor allem für die Ausgewogenheit von Leistung und Gegenleistung. Er ist weder Vormund der Beteiligten, noch deren Berater in wirtschaftlicher oder steuerlicher Hinsicht (BGH NJW 1975, 2016). Auch Zweifel an der persönlichen oder wirtschaftlichen Zuverlässigkeit eines Beteiligten oder der von ihm gestellten Sicherheiten (aA BGH DNotZ 1982, 384; dagegen Winkler Rn. 93) braucht und darf der Notar grds. nicht äußern (vgl. BGH WM 1967, 90; OLG Oldenburg DNotZ 1990, 450 (451); LG Duisburg NJW-RR 1995, 950). Ausnahmsweise muss der Notar auch über solche wirtschaftliche Auswirkungen belehren, wenn und soweit es nach den besonderen Umständen des Einzelfalls nahe liegt, dass einem Beteiligten ein abwendbarer Schaden droht **(objektiver Anlass),** ohne dass dieser sich dessen bewusst ist **(subjektive Voraussetzung)** (BGH DNotZ 1954, 319; NJW 1996, 522; OLG Bamberg OLGR 2001, 42; OLG Koblenz DNotI-Report 1998, 140 betr. Rückfall bei Scheidung; vgl. ausf. Winkler Rn. 242 ff.). Diese Pflicht besteht außer bei Beurkundungen auch bei betreuender Tätigkeit iSd § 24 BNotO sowie bei Entwurfsaufträgen (vgl. BGH NJW-RR 2005, 2003). Die Rspr. dehnt diese zunächst nur als Ausnahme gedachte erweiterte Belehrungspflicht immer weiter aus. Selbst bei reinen Unterschriftsbeglaubigungen kann den Notar diese Pflicht unter besonderen Umständen treffen, obwohl er dabei zu einer Rechtsbelehrung eigentlich nicht verpflichtet ist (BGH NJW-RR 2005, 1003 (1004)). Bei der Erfüllung dieser Pflicht muss der Notar seine Unparteilichkeit wahren (vgl. BGH DNotZ 2001, 473 (475 f.); 1987, 157). Diese Pflicht hindert den Notar nicht, bei einem Grundstückskaufvertrag den Käufer auf sein Recht, einen Energieausweis zu verlangen, hinzuweisen; eine Hinweispflicht besteht aber nicht (Hertel DNotZ 2007, 486 (497)). 6

**b) Steuerliche Folgen.** Auch die steuerlichen Folgen gehören nicht mehr zur rechtlichen Tragweite eines Rechtsgeschäfts, sodass der Notar hierüber nicht belehren muss (BGH NJW 2008, 1085 betr. Umsatzsteuer; Winkler Rn. 264). Der Notar muss deshalb grds. nicht auf eine steuerlich günstigere Gestaltung hinweisen (OLG Frankfurt DNotZ 1996, 589 (590) betr. Einkommensteuer). Kein Problem der Belehrung über steuerliche Folgen, sondern Bestandteil der Pflicht zur Aufklärung über die rechtliche Tragweite des Rechtsgeschäfts ist der Hinweis auf die Haftungsübernahme gem. §§ 75 ff. AO beim Erwerb eines Handelsgeschäfts (BGH NJW-RR 1992, 1178 (1180)). Obwohl der Notar grds. nicht zur Belehrung über steuerrechtliche Fragen verpflichtet ist, kann sich eine solche daraus ergeben, dass der Notar im Zusammenhang mit dem beurkundeten Rechtsgeschäft über steuerrechtliche Fragen berät und dabei eine unrichtige, unklare oder nicht erkennbar unvollständige Auskunft erteilt (LG Köln BeckRS 2020, 30334 Rn. 26 ff.). 7

Der Notar hat allerdings gem. § 8 Abs. 1 S. 5 ErbStDV, § 8 Abs. 4 ErbStDV auf die Erbschaft- und Schenkungsteuer (OLG Schleswig ZEV 2006, 221) und gem. § 19 auf die grunderwerbsteuerliche Unbedenklichkeitsbescheinigung (OLG Hamm BeckRS 2021, 41593) hinzuweisen. Diese Ausnahmevorschriften vertragen keine erweiternde Auslegung, sodass der Notar noch nicht einmal über Befreiungstatbestände oder steuergünstige Gestaltungen Aufklärung schuldet (OLG Hamm BeckRS 2021, 41593; Winkler Rn. 265). Bei Zuwendungen an Schwiegerkinder braucht der Notar auf die nach der höchstrichterlichen Finanzrechtsprechung steuersparende Gestaltung als sog **Kettenschenkung** nur hinzuweisen, wenn das Schwiegerkind kein eigenes Sicherungsinteresse am unmittelbaren Eigentumserwerb (zB Pflege) hat, weil er andernfalls seine Neutralitätspflicht (§ 14 Abs. 1 S. 2 BNotO) verletzen würde (vgl. einerseits OLG Oldenburg ZEV 2009, 473 (474) m. krit. Anm. Litzenburger FD-ErbR 2009, 289742; andererseits OLG Oldenburg MittBayNot 2000, 56 (57)). 8

9 Keine Belehrungs-, wohl aber eine Warn- und Hinweispflicht besteht ausnahmsweise dann, wenn die Steuerpflicht Folge eines Gestaltungsvorschlags des Notars ist oder dieser erkennt, dass sich ein Beteiligter einer Steuerpflicht nicht bewusst ist. Umstritten ist, ob der Notar nie (BGH DNotZ 1981, 775; OLG Bremen DNotZ 1984, 638; Winkler Rn. 266; Brambring FGPrax 1996, 161 (169)) oder nur bei positiver Kenntnis der zugrundeliegenden Tatsachen (BGH NJW 1995, 2794; 1989, 586; OLG Koblenz MittBayNot 2003, 69) auf die eventuell mit einem Rechtsgeschäft verbundene Einkommensteuerpflicht, etwa eines **Spekulationsgewinns,** hinweisen muss. Einigkeit besteht jedoch darüber, dass er keine Nachforschungen in dieser Hinsicht anstellen muss (zB Kontrolle der Grundbucheinsicht) (vgl. BGH NJW 1995, 2794; OLG Koblenz DNotZ 1993, 761; MittBayNot 2003, 69).

10 Erteilt der Notar von sich aus oder auf Ersuchen der Beteiligten in steuerlicher Hinsicht Auskünfte oder Hinweise, so übernimmt er damit eine besondere Betreuungspflicht, die ihn zur gewissenhaften und sorgfältigen Beratung verpflichtet (vgl. BGH DNotZ 1981, 775; 1985, 636). Im Rahmen der übernommenen **Betreuungspflicht** haftet der Notar dann für falsche oder unvollständige Auskünfte.

11 **c) Kosten und Gebühren.** Der Notar braucht nicht auf die mit der Beurkundung verbundenen Kosten und Gebühren hinzuweisen (vgl. BayObLG DNotZ 1989, 707; OLG Zweibrücken DNotZ 1988, 391; OLG Hamm MittBayNot 1979, 89 (91); aA OLG Stuttgart DNotZ 1983, 642; 1985, 121; OLG Celle DNotZ 2004, 196 (198) m. abl. Anm. Kanzleiter), es sei denn, dem Beteiligten droht ein Schaden, weil er die wahre Rechts- oder Sachlage nicht kennt (zB Formfreiheit des Geschäfts, Entbehrlichkeit eines Erbscheins gem. § 35 GBO) (KG NJW-RR 1999, 861). Auch eine Belehrung über die gesamtschuldnerische Kostenhaftung ist entbehrlich (KG DNotZ 1969, 245; OLG Zweibrücken DNotZ 1988, 391; LG Leipzig NotBZ 1998, 38). Erteilt der Notar allerdings Auskünfte hierüber, so müssen diese selbstverständlich richtig und vollständig sein (OLG Düsseldorf RNotZ 2002, 60 (61) mwN). Der Notar hat einen kostensparenden Weg vorzuschlagen, wenn dieser eine für die Erreichung des gewollten Erfolgs angemessene und zumindest in gleicher Weise sichere und zweckmäßige rechtliche Form darstellt (BayObLG MittBayNot 2000, 575; DNotZ 1984, 110 (112); OLG Saarbrücken DNotZ 1982, 451; vgl. dagegen aber LG Hannover ZEV 2006, 224, wonach ein Anwalt nicht auf das kostengünstigere notarielle Testament hinweisen muss). Beruht die Erbfolge auf einem öffentlichen Testament oder einem Erbvertrag mit einer eindeutigen Erbfolgeregelung, hat der Notar aus diesem Grund die Amtspflicht, die Beteiligten darüber zu belehren, dass das Erbrecht statt durch Erbschein durch Vorlage der beurkundeten Verfügung von Todes wegen nebst der Niederschrift über die Eröffnung nachgewiesen werden kann (KG DNotZ 1996, 132 (133); vgl. dagegen OLG Hamm DNotZ 1974, 318, wonach Rechtspfleger diese Pflicht nicht hat) (zum Nachweis gegenüber Banken → BGB § 2232 Rn. 24). Dagegen braucht der Notar **nicht** auf die Möglichkeit der eigenhändigen Errichtung eines (gemeinschaftlichen) Testaments hinzuweisen, weil das notariell beurkundete Testament nicht allein den Erbnachweis gegenüber Gericht, Behörden und Dritten insbes. Banken erleichtert, sondern auch eine höhere Gewähr dafür bietet, dass der Erblasserwille auch umgesetzt werden kann (vgl. Klein RNotZ 2012, 295; aA OLG Naumburg NJW-RR 2012, 1009 (1010)). Es ist zwar zulässig, eine Vorsorgevollmacht zu beurkunden und die Unterschrift des Vollmachtgebers unter einer von ihm entworfenen, davon getrennten Patientenverfügung (nur) zu beglaubigen (vgl. BT-Drs. 17/11471, 189), doch hat der Notar über die damit verbundenen Mehrkosten zu belehren, weil bei einer Zusammenbeurkundung durch Erteilung auszugsweiser Ausfertigungen ein gleichwertiges Ergebnis erreicht werden kann.

12 **3. Ausländisches Recht.** Über den Inhalt ausländischen Rechts muss der Notar nicht belehren (ausf. Bardy MittRhNotK 1993, 305). Er hat allerdings nach den Regeln des deutschen internationalen Privatrechts zu prüfen, ob ausländisches Recht Anwendung finden kann, und die Beteiligten hierauf hinzuweisen. Auch auf die Möglichkeit einer Rückverweisung des ausländischen Rechts auf deutsches Recht soll er hinweisen (vgl. Winkler Rn. 271; Schütze DNotZ 1992, 66 (76)). Der Notar braucht allerdings nicht zu entscheiden, welche Rechtsordnung tatsächlich zur Anwendung gelangt. Auch hier gilt jedoch, dass die von ihm trotzdem erteilten Auskünfte über Anwendbarkeit und/oder Inhalt ausländischen Rechts richtig und vollständig sein müssen. Die Erfüllung dieser Hinweispflicht soll er in der Niederschrift vermerken (OLG Düsseldorf NJW-RR 1995, 1147). Das Fehlen dieses Belehrungsvermerks beeinträchtigt die Wirksamkeit der Beurkundung zwar nicht, kann jedoch in einem Amtshaftungsprozess für den Notar fatale Folgen haben, da er dann die erfolgte Belehrung beweisen muss. Eine neue Rechtslage schafft **Art. 3 Nr. 1 Rom II-VO.** Danach haftet der Notar in Fällen, in denen der Schaden im Ausland eintritt, nach dem im Ausland geltenden Recht, nicht also gem. § 19 BNotO iVm § 839 BGB

mit seiner Subsidiaritätsklausel. Art. 10 Rom II-VO verbietet zwar eine Wahl deutschen Rechts, jedoch gilt für diese Haftung nach ausländischem Recht wohl nicht das im deutschen Recht allgemein anerkannte Verbot der Beschränkung der Notarhaftung (vgl. Schippel/Bracker/Schramm, 8. Aufl. 2006, BNotO § 19 Rn. 100 mwN), sodass sich die Aufnahme einer entsprechenden haftungsbeschränkenden Erklärung in Urkunden mit möglichem Auslandsbezug empfiehlt, also zB in einem Testament oder in einem Ehevertrag unter Beteiligung von Ausländern.

**4. Belehrungsbedürftige Personen.** Die Belehrungspflichten gem. § 17 gelten nur gegenüber den formell Beteiligten gem. § 6 Abs. 2 (BGH NJW 1993, 2617 (2618) betr. Leibrente ohne Reallast; NJW 1981, 2705 betr. Angebot; Winkler Rn. 11 ff.). Gegenüber materiell Beteiligten oder Dritten können zwar auch in Umfang und Wirkung ähnliche Amtspflichten – mit der Schadensersatzpflicht des § 19 BNotO – bestehen, diese stützen sich jedoch nicht auf § 17, sondern auf eine überwiegend aus §§ 1, 14 BNotO abgeleitete allgemeine Betreuungspflicht (vgl. ausf. Winkler Rn. 14 ff.). Diese über § 17 hinausgehende Schadensverhinderungspflicht trifft den Notar aber nur dann, wenn er erkennen kann, dass einem nicht oder nur materiell beteiligten Dritten infolge der rechtlichen Gestaltung der Urkunde oder ihrer Abwicklung ein Schaden droht, dessen er sich nicht bewusst ist. Eine solche allgemeine Belehrungspflicht entsteht insbes. dann, wenn neben dem formell Beteiligten auch nur materiell beteiligte oder gänzlich unbeteiligte Personen an der Beurkundung bzw. der vorbereitenden Verhandlung teilnehmen und die Beratungsleistungen des Notars in einem tatsächlichen Sinne in Anspruch nehmen (vgl. ausf. Winkler Rn. 14 f. mwN). Eine solche Pflicht besteht beispielsweise gegenüber dem Vorsorgebevollmächtigten, der anlässlich der Beurkundung gemeinsam mit dem Vollmachtgeber zur Beurkundung erscheint (vgl. ausf. Litzenburger NotBZ 2007, 1). Dagegen reicht es nicht aus, wenn der Notar mit dem Dritten nur zwecks Erfüllung einer ihm übertragenen Mitteilungs- oder Anzeigepflicht in Verbindung getreten ist (OLG Frankfurt OLGZ 1991, 412 betr. Vorkaufsrecht). Völlig ausgeschlossen sind auch jene Personen, mit denen der Notar überhaupt keinen Kontakt hatte (BGH NJW 1966, 157). 13

**5. Umfang der Belehrungspflicht.** Schutzbedürftig sind aber nur jene formell Beteiligten, die auf die Zuverlässigkeit der Beurkundung angewiesen sind und auch tatsächlich darauf vertrauen (BGH NJW 1958, 1398). Der Umfang der gebotenen Belehrung richtet sich sowohl nach der Art des zu beurkundenden Rechtsgeschäfts als auch nach der Persönlichkeit der Beteiligten. Bei rechtskundigen Beteiligten besteht diese Pflicht in einem geringeren Umfang als bei rechtsunkundigen oder gar geschäftsunerfahrenen Personen (vgl. BGH DNotZ 1982, 504). Erklärt ein Beteiligter ausdrücklich, die rechtliche Tragweite überblicken zu können, und hat der Notar auch keinen Anlass hieran zu zweifeln, so braucht er insoweit nicht besonders zu belehren (OLG Koblenz DNotZ 1996, 128). Die Beweislast hierfür trägt allerdings der Notar (BGH NJW 1995, 330). 14

## IV. Formulierungspflicht

Der Notar hat in eigener Verantwortung den Text der Niederschrift so zu formulieren, dass dieser den wahren Willen der Beteiligten vollständig (vgl. Winkler Rn. 274), klar und eindeutig wiedergibt. Dabei sollen Irrtümer und Zweifel vermieden werden (Abs. 1 S. 2). Eine Formulierung ist aber nicht bereits deshalb unklar, weil die Vertragsparteien über den Text streiten und Instanzgerichte diesen unterschiedlich auslegen (BGH BeckRS 2021, 12339 Rn. 6). Deshalb darf der Notar keine Formulierungen wählen: 15

- bei denen gesetzliche oder richterliche **Auslegungs- oder Ergänzungsregeln** herangezogen werden müssen (vgl. Wolfsteiner, Die vollstreckbare Urkunde, 2. Aufl. 2006, Rn. 17.18; aA Ritter NJW 2004, 2137 (2138 f.)). Diese Pflicht geht jedoch nicht so weit, dass der Notar nur solche Formulierungen verwenden darf, die keiner Auslegung bedürfen. Ebenso wie Gesetze sind Notarurkunden auslegungsbedürftig und -fähig. Dies gilt vor allem für Erklärungen gegenüber dem Grundbuchamt – zB Teilfläche (BGH NJW 2004, 69)) – und bei notariellen Betreuungsgeschäften iSd §§ 23, 24 BNotO (Ritter NJW 2004, 2137 (2138)).
- die **widersprüchlich** sind. Er hat darauf achten, dass für gleiche Tatbestände und Rechtsfolgen regelmäßig auch die gleichen Begriffe verwendet werden.
- bei denen in Folge von **Meinungsunterschieden** in Rspr. und/oder Lit. ungewisse Rechtsfolgen eintreten können.
- deren **Rechtsfolgen** nicht eindeutig geregelt sind. Die Regelung kann allerdings auch durch Bezugnahme auf den Gesetzestext geschehen.

- die offensichtlich **unzulässig oder undurchführbar** sind (zB Vollstreckungsunterwerfung im Bauträgervertrag, wenn Ausfertigungserteilung vom – unmöglichen – Nachweis durch öffentliche Urkunde abhängt).

**16** Grundsätzlich verdient dabei die Gesetzessprache den Vorzug (Winkler Rn. 275). Die Eigenverantwortung des Notars für die Formulierungen wird nicht dadurch aufgehoben oder eingeschränkt, dass die Beteiligten einen von ihnen selbst oder von einem Dritten (zB Kreditinstitut, Bauträger) ausgearbeiteten Entwurf vorlegen.

## V. Zweifel an der Wirksamkeit

**17** Hat der Notar ernsthafte Zweifel, ob eine Willenserklärung mit dem wahren Willen der Beteiligten oder mit nicht dispositiven Gesetzesbestimmungen (zB §§ 138, 305 ff. BGB bei Formularverträgen) übereinstimmt, so muss er im Wege der Erörterung versuchen, Wille, Willenserklärung und Gesetz so in Einklang zu bringen, dass der beurkundete wahre Wille rechtswirksam werden kann. Erreicht der Notar dieses Ziel nicht und hat er weiterhin ernsthafte Zweifel an der Rechtswirksamkeit der zu beurkundenden Willenserklärung, so muss er, wenn die Beteiligten trotzdem auf der Beurkundung bestehen, gem. Abs. 2 S. 2 verfahren. Er soll seine geäußerten Zweifel an der Rechtswirksamkeit einer Erklärung sowie das Verlangen der Beteiligten, diese dennoch so zu beurkunden, in der Niederschrift vermerken; diesem Vermerk kommt die Beweiskraft des § 415 ZPO zu. Unterlässt der Notar diese Vermerke, so hat dies für die Wirksamkeit der Beurkundung keine Bedeutung, wohl aber uU für seine Verantwortlichkeit in einem späteren Amtshaftungsprozess, wenn er diese Tatsachen beweisen muss (vgl. ausf. Haug BWNotZ 1971, 97 (121)). Das Unterlassen der Feststellungen gem. Abs. 2 S. 2 begründet jedoch nicht die Vermutung, dass auch die Belehrung unterblieben ist, und zwar auch dann nicht, wenn andere Belehrungen ordnungsgemäß vermerkt worden sind (vgl. BGH Rpfleger 1974, 59 (60); Winkler Rn. 278). Diese Belehrungspflicht dient dem Schutz der Urkundsbeteiligten und hat keine drittschützende Funktion (BGH DNotZ 1974, 296 (301) mAnm Haug; Winkler Rn. 273 mwN; aA Jansen Rn. 18; vgl. auch OLG Frankfurt NJW 1985, 1229). Der Notar muss nach Abs. 2 S. 2 aber nur verfahren, wenn er ernste Zweifel an der Wirksamkeit hat (Winkler Rn. 273 mwN). Bei der Beurkundung einer letztwilligen Verfügung, die inhaltlich einem bindenden Erbvertrag oder gemeinschaftlichen Testament widerspricht, muss der Notar deshalb seine Zweifel an der Wirksamkeit nur dann vermerken, wenn die vertragsmäßige bzw. wechselbezügliche Wirkung der früheren Anordnung sicher fest steht, dh eine abweichende Auslegung völlig unvertretbar erscheint. Bei Zweifeln, die diesen Grad nicht erreichen, braucht ein Vermerk nicht in die Urkunde aufgenommen zu werden. Auf eine nur entfernte Möglichkeit der Unwirksamkeit braucht der Notar in keinem Fall hinzuweisen. Andererseits muss der Notar nach § 4 die Beurkundung ablehnen, wenn er von der Unwirksamkeit persönlich überzeugt ist.

## VI. Gestaltung des Beurkundungsverfahrens (Abs. 2a)

**18** **1. Gebot der funktionsgerechten Verfahrensgestaltung. a) Normzweck und Funktion des Abs. 2a.** Alle Vorschriften, die die notarielle Beurkundung eines Rechtsgeschäfts vorschreiben, beziehen ihren Sinn aus der Beratungs- und Belehrungsfunktion der Beurkundung, manche zusätzlich aus deren Beweissicherungs- bzw. Warnfunktion (etwa → BGB § 311b Rn. 1). Gestaltungen des Beurkundungsverfahrens, die diesen Funktionen nicht gerecht werden, sind sinnentleerte Förmelei. Gemäß Abs. 2a muss die Form des Verfahrens der Funktion der Beurkundungspflicht folgen (Frenz/Miermeister/Frenz Rn. 31). Die Beurkundung ist deshalb so zu gestalten, dass vor allem die Beratungs- und Belehrungsfunktion so effektiv wie möglich erfüllt wird.

**19** Solange unerfahrene Beteiligte nicht durch das konkrete Vorgehen des Notars ohne sachlichen Grund benachteiligt werden, insbes. vor Übereilung geschützt oder von Belehrungen abgeschnitten werden, ist sowohl eine Vertretung gem. §§ 164 ff. BGB als auch jede andere Verfahrensweise, die materiell-rechtlich (zB §§ 145 ff. BGB, § 177 BGB) oder aufgrund anderer verfahrensrechtlicher Bestimmungen (zB §§ 13a, 13 Abs. 2) ausdrücklich zulässig sind, nicht durch Abs. 2a verboten (OLG Celle BeckRS 2010, 22387 unter 2) c) aa); Armbrüster/Preuß/Renner/Armbrüster Rn. 164; Frenz/Miermeister/Frenz Rn. 31).

**20** Im Unterschied zur rein negativen **Ablehnungspflicht** des § 4 soll Abs. 2a nach dem Willen des Gesetzgebers die persönliche Verantwortlichkeit des Notars für die Gestaltung des Beurkundungsverfahrens „hervorheben" und diesen zu einer funktionsgerechten Gestaltung der Beurkundung veranlassen (BT-Drs. 13/4184, 47; aA Winkler Rn. 36). Anders als im Disziplinarrecht soll diese Vorschrift allerdings nicht nur den „systematischen" Missbrauch des Beurkundungsverfahrens verhindern, sondern schließt einen Gestaltungsmissbrauch in jedem Einzelfall aus (Frenz/Miermeister/Frenz Rn. 31; Armbrüster/Preuß/Renner/Armbrüster Rn. 164, 169).

**b) Gesetzliches Leitbild der Beurkundungsverhandlung.** Das Beurkundungsgesetz geht 21 von der Vorstellung aus, dass Willenserklärungen bei gleichzeitiger Anwesenheit aller materiell Beteiligten vom Notar beurkundet werden. An diesem Leitbild hat der Notar sich bei der Verfahrensgestaltung zu orientieren und darf davon nur abweichen, wenn legitime Gründe dies rechtfertigen und er gleichzeitig die mit der Abweichung verbundene Beeinträchtigung der Beratung- und Belehrungsfunktion angemessen auf andere Art und Weise kompensiert (BGH NJW 2013, 1452 Rn. 20; OLG Celle BeckRS 2010, 22387; Armbrüster/Preuß/Renner/Armbrüster Rn. 167; Solveen RNotZ 2002, 318 (321 f.); Vaasen/Starke DNotZ 1998, 661 (675); ausführlicher Litzenburger RNotZ 2006, 180 (181 f.)). Der Legitimierungs- und Kompensationsbedarf wächst dabei in dem Maße, in dem sich der Notar vom aufgezeigten gesetzgeberischen Leitbild der Beurkundungsverhandlung entfernt. Die Anforderungen an die Legitimierung der Abweichung und an den Umfang der Kompensation richten sich – wie die Pflichten gem. Abs. 1 und 2 selbst – nach der Beratungs- und Belehrungsbedürftigkeit des materiell Beteiligten.

**c) Schutzbedürftiger Beteiligter.** Bei den allgemeinen Amtspflichten des S. 1 richtet sich 22 die Schutzbedürftigkeit nach der Sachkunde des Beteiligten, und zwar bezogen auf das konkret zu beurkundende Geschäft. Dies können uU auch mehrere oder alle materiell am Rechtsgeschäft beteiligten Personen sein. Bei den besonderen Amtspflichten des S. 2 ist kraft Gesetzes der **Verbraucher** schutzwürdig, ohne dass damit eine Schutzbedürftigkeit des Unternehmers nach S. 1 völlig ausgeschlossen ist, etwa wegen einer Vorleistungspflicht (vgl. zum Verhältnis beider Sätze zueinander ausf. Litzenburger RNotZ 2006, 180 (182 f.)).

Bei einem **Ehevertrag** ist derjenige Partner besonders belehrungsbedürftig, der aller Voraussicht 23 nach im Falle einer Scheidung durch die Vereinbarung gesetzliche Ansprüche aufgibt (vgl. OLG Naumburg DNotZ 2002, 791 m. abl. Anm. Harders; vgl. zu den Grenzen der Belehrungspflicht OLG Düsseldorf RNotZ 2001, 394). Dies kann, aber muss nicht notwendig der kindererziehende Teil sein (vgl. BGH NJW 2009, 842 mAnm Grziwotz). Bei **Grundstückskaufverträgen** bedarf regelmäßig der Käufer des besonderen Schutzes, wenn er nicht auf Grund Ausbildung oder Erfahrungen mit früheren Grundstückgeschäften sachkundig ist (vgl. jedoch OLG Koblenz DNotZ 1996, 128 zum Rechtsanwalt). Ausnahmsweise kann aber auch einmal der Verkäufer beratungs- und belehrungsbedürftig sein, nämlich, wenn **unübliche Klauseln** (zB gesetzliche Sachmangelhaftung bei Altbauten) vereinbart werden sollen (vgl. OLG Nürnberg DNotZ 1990, 456). Enthält ein Vertrag ungewöhnliche **Vorleistungspflichten** (zB Übergabe vor Zahlung, Verzicht auf Vormerkung), so ist der vorleistende Teil belehrungsbedürftig (vgl. BGH NJW 1971, 1363; 1988, 1143). Während bei Verträgen alle materiell Beteiligten schutzwürdig sein können, sind dies bei **einseitigen Rechtsgeschäften** nur die Beteiligten, die entweder selbst oder durch Vertreter Erklärungen abgeben. So kann bei einer **Vollmacht** nicht der Bevollmächtigte und bei einer **Grundschuldbestellung** nicht die Bank schutzwürdig iSd Abs. 2a sein. Erforderlichkeit und Umfang der Belehrungspflicht werden jedoch stets durch die erkennbare Sachkunde des Beteiligten begrenzt (zB Kapitalgesellschaft) (OLG Köln BWNotZ 1997, 47).

**2. Grundlegende Amtspflichten bei allen Beurkundungen (Abs. 2a S. 1).** Die Amts- 24 pflichten des S. 1 sind im Unterschied zu denen des S. 2 nicht nur bei Verbraucherverträgen, sondern bei allen Beurkundungen von Willenserklärungen gem. §§ 8 ff. zu beachten.

**a) Vorbereitung der Beurkundung. aa) Entwurfsaushändigung.** Im Allgemeinen genügt 25 der Notar seiner Pflicht zur funktionsgerechten Verfahrensgestaltung nur durch Übersendung eines Textes der beabsichtigten Urkunde an die Beteiligten im materiellen Sinne (Winkler Rn. 73; vgl. BayObLG NJW-RR 1993, 1429 (1430)). Dies gilt uneingeschränkt bei allen **Verträgen und mehrseitigen Geschäften** (zB Grundstückskaufverträge, Übergabeverträge, Eheverträge, Scheidungsfolgenvereinbarungen, Erbverträge und gemeinschaftlichen Testamente) und auf einen Vertragsschluss gerichteten Erklärungen (zB Angebot, Annahme, Schenkungsversprechen). Bei **einseitigen Rechtsgeschäften** (zB Vollmachten, Testamenten, Bewilligungen) kann dagegen je nach Art und Schwierigkeitsgrad des Geschäfts großzügiger verfahren werden (vgl. zum Grundpfandrechtsbestellungsformular Winkler Rn. 155; Hertel ZNotP 2002, 286 (290); Sorge MittBayNot 2002, 325 (332)).

Beurkundet der Notar ausnahmsweise ohne Entwurfsübersendung, so muss er bei der Beurkun- 26 dung das Weniger an Vorbereitungsgelegenheit durch ein Mehr an allgemeinverständlicher Erläuterung des Inhalts und der Tragweite wieder kompensieren (→ Rn. 21). Dies gilt in ganz besonderem Maße im Falle einer freiwilligen Versteigerung durch den Notar. Wird ein Entwurf vor der

Beurkundung geändert, so sollte der Notar entweder eine geänderte Fassung erneut an alle Beteiligten versenden oder mindestens in der Verhandlung deutlich auf die vorgenommenen Änderungen hinweisen (vgl. BGH NJW-RR 2003, 1498).

27 **bb) Bedenkzeit.** Abs. 2a S. 1 verbietet dem Notar Beurkundungen, bei denen den Beteiligten eine ausreichende Bedenkzeit genommen wird. Ein Entwurf soll deshalb so rechtzeitig übersandt werden, dass jeder Beteiligte den Text unter normalen Umständen auch überprüfen kann. Die Angemessenheit der Frist richtet sich dabei nach Art und Schwierigkeit des Geschäfts ebenso wie nach der Sachkunde der materiell Beteiligten. Die Anforderungen sind bei Verträgen und bei auf deren Abschluss gerichteten einseitigen Erklärungen (zB Angebot, Annahme, Schenkungsversprechen) wesentlich höher als bei Verfahrensanträgen (zB Erbscheinsantrag, Adoptionsantrag), weil bei Verträgen nicht nur die rechtlichen Probleme, sondern auch die widerstreitenden Interessen der Vertragsteile sorgfältig bedacht werden müssen. Bei Verträgen, insbes. Kaufverträgen, ist daher die Vergabe von „Blankoterminen" völlig unzulässig (vgl. OLG München MittBayNot 1994, 373; Kanzleiter DNotZ 1999, 292 (301)). Kurzfristige Termine sind nur zu verantworten sind, wenn das Defizit an Vorbereitungsgelegenheit durch eine besonders intensive Beratung und Belehrung durch den Notar bei der Verhandlung wieder ausgeglichen wird (→ Rn. 21) (abzulehnen daher KG NotBZ 2009, 68 (69 f.) zur Beurkundung am Sonntag ohne Entwurf).

28 **b) Persönliche Anwesenheit des schutzwürdigen Beteiligten. aa) Vollmachtlose Vertretung.** Die vollmachtlose Vertretung des beratungs- und belehrungsbedürftigen Beteiligten muss auf seltene und sachlich gerechtfertigte Ausnahmefälle (zB Krankheit, Reisebeschränkungen, Quarantäne oder Ausgehverbote während einer Epidemie) beschränkt bleiben (BayObLG NJW-RR 1993, 1429 (1430)). Weder die Zeit- oder die Reisekostenersparnis (aA Solveen RNotZ 2002, 318 (321) Fn. 55; widersprüchlich Winkler Rn. 36 und 143) für den vollmachtlos Vertretenen noch die Bequemlichkeit für Notar oder Beteiligte sind eine sachliche Rechtfertigung für eine solche Verfahrensweise. Bei Ehe- oder Lebenspartnern, die gemeinsam auf einer Seite eines Vertrages stehen, wird man großzügiger verfahren dürfen.

29 **bb) Rechtsgeschäftliche Vertretung.** Abs. 2a S. 2 Nr. 1 belegt, dass der Gesetzgeber die Beurkundung mit Bevollmächtigten als gleichwertige Alternative zur persönlichen Teilnahme ansieht. Die Anforderungen an das Beurkundungsverfahren sind aber im Rahmen der allgemeinen Amtspflicht nach Abs. 2a S. 1 weniger streng als beim Verbrauchervertrag. Es muss im Allgemeinen genügen, wenn der Notar rechtzeitig vor der Beurkundung dem vertretenen Beteiligten einen **Entwurf** des beabsichtigten Rechtsgeschäfts mit der Bitte um Mitteilung von Änderungs- oder Ergänzungswünschen zuleitet.

30 **Vollmachten zum Vollzug** bereits beurkundeter Rechtsgeschäfte, die sich im Rahmen der eingegangenen Verpflichtungen halten (zB Auflassung, Identitätserklärung, Änderung der Teilungserklärung, Berichtigung), gefährden die Funktionsgerechtigkeit des Beurkundungsverfahrens nicht (Winkler Rn. 54 mwN).

31 Auch **Belastungsvollmachten,** die vom Verkäufer erteilt werden, sind Vollzugsgeschäfte zum Kaufvertrag ohne erhöhten Belehrungsbedarf, wenn und soweit die üblichen Sicherungen im Kaufvertrag enthalten sind. Die umgekehrte Bevollmächtigung des Verkäufers durch den Käufer ist dagegen unter allen Umständen unzulässig, weil dadurch der schutzbedürftige Käufer von der Beratung und Belehrung ausgeschlossen wird und zudem die Gefahr einer Interessenkollision besteht (LG Traunstein MittBayNot 2000, 574; Winkler Rn. 52; vgl. auch Sorge DNotZ 2002, 593 (602)). Auch die Bevollmächtigung der Notarangestellten zur Bestellung von Finanzierungsgrundpfandrechten durch den Käufer widerspricht dem Gestaltungsgebot des Abs. 2a S. 1, sodass diese nur in sachlich begründeten seltenen Ausnahmefällen (zB längere Abwesenheit bei kurzfristiger Kaufpreisfälligkeit, wenn Grundpfandrecht nicht bereits mit dem Kaufvertrag bestellt werden kann) zulässig ist (gegen jede Ausnahme Winkler Rn. 52; zu großzügig OLG Schleswig RNotZ 2007, 622 m. abl. Anm. Litzenburger). Gleiches gilt für die Bevollmächtigung mehrerer Käufer untereinander, wenn es sich nicht um Vertrauenspersonen iSd Abs. 2a S. 2 Nr. 1 handelt (zu großzügig Winkler Rn. 139; Böhringer BWNotZ 2003, 6 (7); Sorge DNotZ 2002, 593 (602)).

32 **cc) Angebot und Annahme.** Die Aufspaltung des Vertragsschlusses in Angebot und Annahme ist nur in sachlich begründeten Ausnahmefällen zulässig (BGH NJW-RR 2020, 557). Wenn eine vollmachtlose Vertretung zulässig ist (→ Rn. 28), ist auch die Aufspaltung erlaubt. Darüber hinaus ist diese gerechtfertigt, wenn der Vertragsschluss von künftig erst noch zu schaffenden Bedingungen (zB Baugenehmigung, Verkauf der Restflächen, Bodengutachten) abhängt, um höhere Beurkundungskosten zu vermeiden. Bei gerechtfertigter Aufspaltung folgt aus dem Kompensationsgebot des Abs. 2a S. 1 (→ Rn. 21), das Angebot vom schutzbedürftigen Beteiligten

abgeben zu lassen (BayObLG DNotZ 1974, 49 (51); Winkler Rn. 60). Ein Notar, der an einer **Internetversteigerung** von Immobilien mitwirkt, bei der im Anschluss an das „Gebot" des Meistbietenden der formgerechte Abschluss des Grundstückskaufvertrags durch Angebot und Annahme oder mittels Vollmachten herbeigeführt wird, verletzt die allgemeine Amtspflicht aus Abs. 2a S. 1 (vgl. BNotK-Rundschreiben Nr. 2/2005 vom 26.1.2005; Litzenburger RNotZ 2006, 180 (189)). Nichts anderes gilt bei einer **Verlosung** von Grundstücken, bei der die Auslobung ein beurkundungspflichtiges Angebot darstellt, das vom „Gewinner" angenommen wird.

**c) Bezugsurkunden.** Geschäftswesentliche Teile der Beurkundung dürfen nicht durch Verweisung gem. § 13a in Bezugsurkunden ausgelagert werden, wenn dadurch dem schutzbedürftigen Beteiligten (→ Rn. 22 f.) die Beratung und die Belehrung durch den Notar vorenthalten wird (Winkler Rn. 65). Im Zweifel hat sich der Notar gegen die Verweisung und für die Mitbeurkundung zu entscheiden. 33

**d) Sammelbeurkundungen.** Die Zusammenfassung mehrerer Beurkundungen in einem gemeinsamen Termin gefährdet die Beratungs- und Belehrungsfunktion, weil nicht ausgeschlossen werden kann, dass sich einzelne formell Beteiligte (§ 6 Abs. 2) behindert fühlen, nachzufragen oder Änderungs- bzw. Ergänzungswünsche zu äußern. Nach den Richtlinienempfehlungen der Bundesnotarkammer ist deshalb die Zusammenfassung von mehr als fünf Beurkundungen mit verschiedenen Beteiligten verboten (BNotK DNotZ 1999, 258 ff., II e). 34

**3. Besondere Amtspflichten beim Verbrauchervertrag (Abs. 2a S. 2).** Abs. 2a S. 2 verschärft zum Teil die Amtspflichten des Notars bei der Beurkundung von Verträgen, an denen mindestens ein Verbraucher (§ 13 BGB) und ein Unternehmer (§ 14 BGB) im materiellen Sinne des § 6 Abs. 2 beteiligt ist (Solveen RNotZ 2002, 318 (319)). Der Notar muss dabei eigenverantwortlich klären, ob es sich um einen Verbrauchervertrag in diesem Sinne handelt; verbleiben Zweifel an der Verbrauchereigenschaft des Urkundsbeteiligten, muss er den Beteiligten wie einen Verbraucher behandeln (BGH BeckRS 2020, 12794). Bei der Beurkundung von Verträgen zwischen Unternehmern und zwischen Verbrauchern verbleibt es dagegen bei den allgemeinen Amtspflichten des Abs. 2a S. 1. Das Gleiche muss bei Veräußerungsverträgen (zB Einbringungsvertrag) gelten, bei denen der bzw. die Verbraucher mit dem bzw. den Gesellschaftern der Unternehmergesellschaft identisch ist bzw. sind, weil der von § 17 Abs. 2a S. 2 vorausgesetzte Interessengegensatz in diesem Fall vollständig ausgeschlossen ist; etwas anderes gilt, wenn keine völlige Personenidentität besteht. 35

Diese besonderen Amtspflichten gelten dabei außer für die Beurkundung des Verbrauchervertrags selbst auch für die des Angebots, der Annahme, der auf den Abschluss eines derartigen Vertrags gerichteten einseitigen Willenserklärung oder der Vollmacht zu dessen Abschluss. General- und Vorsorgevollmachten werden erfasst, wenn sie erkennbar zur Vornahme eines konkreten Geschäfts erteilt werden. Auf den Vertragstyp kommt es ebenso wenig an wie auf eine verbrauchervertragstypische Gefährdungslage. Die in der Lit. vertretene Ansicht, dass bei wirtschaftlich geringwertigen Verträgen (zB kleine Grundstücksfläche) ein weniger strenger Maßstab anzulegen sei (Sorge DNotZ 2002, 593 (601)), ist abzulehnen. Weder die Beurkundungspflicht (§ 311b BGB) noch das Beurkundungsrecht differenzieren zwischen wertlosen und wertvollen Grundstücken. Wer im Rahmen des § 17 Abs. 2a die Amtspflichten in dieser Weise aufweichen will, muss rechtfertigen, warum gleiches nicht auch im Rahmen der Beurkundungspflicht gelten soll. Hinzu kommt, dass es unmöglich ist, eine allgemeingültige Wertgrenze der Geringfügigkeit zu definieren. 36

**a) Persönliche Anwesenheit des Verbrauchers oder Vertretung durch Vertrauensperson (Abs. 2a S. 2 Nr. 1). aa) Vollmachtlose Vertretung.** Der Verbraucher darf gem. Abs. 2a S. 2 Nr. 1 bei der Beurkundung eines Verbrauchervertrags unter keinen Umständen vollmachtlos vertreten werden (Mohnhaupt NotBZ 2002, 248 (249) für Ausnahme bei einfacher Rechtslage oder geringer wirtschaftlicher Bedeutung) (dagegen jedoch → Rn. 42). Kann der Notar den Verbraucher nicht zur persönlichen Teilnahme veranlassen, so muss er gem. Abs. 2a S. 2 Nr. 1 die Vertretung durch eine Vertrauensperson oder die Aufspaltung des Vertragsschlusses in Angebot und Annahme vorschlagen, wobei das Angebot vom Verbraucher ausgehen muss, um dessen Belehrung zu gewährleisten. 37

**bb) Vertretung durch Vertrauensperson. (1) Anwendungsbereich.** Die Pflicht des Notars darauf hinzuwirken, dass der Verbraucher durch eine Vertrauensperson vertreten wird, gilt nur bei **rechtsgeschäftlicher Vertretung,** nicht dagegen bei gesetzlicher Vertretung. Nicht erfasst werden außerdem Vollmachten zum Vollzug bereits abgeschlossener Verbraucherverträge (→ Rn. 30). 38

39 Nach höchstrichterlicher Rspr. ist Vertrauensperson nur, wer einseitig im Interesse des Verbrauchers handeln kann (BGH BeckRS 2015, 17903 Rn. 12). Damit werden in erster Linie Vollmachten auf Notarangestellte, soweit sie nicht dem Urkundenvollzug dienen (→ Rn. 30), für unzulässig erklärt, weil diese kraft Anstellungsverhältnis zum Notar zur Unparteilichkeit verpflichtet sind (→ Rn. 43).

40 Ehegatten, Lebenspartner einer eingetragenen oder eheähnlichen Lebensgemeinschaft, Verwandte oder Verschwägerte **(Familienangehörige)** sind demnach unstreitig Vertrauenspersonen, und zwar, da sie nicht „geschäftsmäßig" handeln, selbst dann, wenn sie am Vertrag selbst beteiligt sind oder unmittelbar oder mittelbar Vorteile durch dessen Abschluss erwerben (Winkler Rn. 119). Gleiches gilt für im Auftrag des Verbrauchers tätige **Rechtsanwälte, Steuerberater oder Wirtschaftsprüfer,** die zwar „geschäftsmäßig" handeln, aber von Berufs wegen im Interesse des Vertretenen.

41 Diese besondere Belehrungspflicht gilt andererseits unbestritten für alle anderen Personen, die am Vertrag beteiligt sind oder für den Notar offenkundig durch den Vertragsschluss Vorteile haben können **(Eigeninteresse des Vertreters).** Dies muss selbst bei General- oder Vorsorgevollmachten gelten, etwa wenn eine Immobilie auf den Vertreter selbst übertragen werden soll.

42 In allen anderen Fällen muss der Notar Nachforschungen bei dem ihm in vielen Fällen unbekannten Verbraucher anstellen, ob der Vertreter dessen Vertrauen genießt (Sorge DNotZ 2002, 593 (601)). Die Feststellung solcher inneren Tatsachen ist jedoch mit erheblichen Unsicherheiten verbunden (vgl. Brambring ZfIR 2002, 507 (604)). Deshalb wird der bloßen Tatsache der Erteilung der Vollmacht von einigen Autoren (Brambring ZfIR 2002, 597 (604); Solveen RNotZ 2002, 318 (321): nur Generalvollmacht) Indizwirkung für das Bestehen eines Vertrauensverhältnisses zugestanden (krit. dazu Winkler Rn. 122; Solveen RNotZ 2002, 318 (321): mit Ausnahme von Generalvollmachten). Nach anderer, aber abzulehnender Auffassung soll bei **wirtschaftlich geringwertigen Verträgen** (zB geringfügige Grundstücksfläche) ein weniger strenger Maßstab angelegt werde (Sorge DNotZ 2002, 593 (601); dagegen Grziwotz Rn. 84).

43 Eine Bevollmächtigung von Notarangestellten ist sowohl nach dieser verbraucherspezifischen Vorschrift (BGH BeckRS 2015, 17903 Rn. 12), als auch auf Grund der für sämtliche Beurkundungen geltenden Amtspflicht aus Abs. 2a S. 1 nur in begründeten Ausnahmefällen zulässig (→ Rn. 30).

44 **(2) Hinwirken auf Bevollmächtigung einer Vertrauensperson.** Dabei handelt es sich der Sache nach um eine Hinweispflicht, die dadurch qualifiziert ist, dass der Notar es nicht nur bei der Belehrung des Verbrauchers belassen darf, sondern die Rückäußerung abwarten muss (so bereits Litzenburger NotBZ 2002, 280 (281): „Hinausschieben, bis der Verbraucher sich auf einen entsprechenden Hinweis geäußert hat", aber verfälschend zitiert von Brambring FGPrax 2003, 147 (149)). Der Verbraucher kann den Notar von dieser besonderen Amtspflicht **nicht** im Vorhinein **befreien** (Solveen RNotZ 2002, 318 (321)), und zwar auch nicht dadurch, dass der Vertreter in der Vollmachtsurkunde trotz des Eigeninteresses als Vertrauensperson bezeichnet wird (aA Sorge DNotZ 2002, 593 (600)). Die Beurkundung ist bis zu einer Äußerung des Verbrauchers **aufzuschieben** (aA wohl Solveen RNotZ 2002, 318 (321)), es sei denn, dass ausnahmsweise überwiegende Interessen des Verbrauchers eine sofortige Beurkundung gebieten (zB Annahme eines wenige Stunden später ablaufenden Vertragsangebots). Äußert sich der Verbraucher auf die Anfrage des Notars nicht, muss der Notar die Beurkundung ablehnen. Die Ankündigung der Beurkundung für den Fall der Nichtäußerung ist unzulässig. Fordert der Verbraucher den Notar nach Erhalt der Belehrung auf zu beurkunden, so muss dieser selbst dann beurkunden, wenn er Zweifel daran hat, ob es sich bei dem Vertreter tatsächlich um eine Vertrauensperson des Verbrauchers handelt (aA Rieger MittBayNot 2002, 325 (331); Brambring FGPrax 2003, 147 (149); wohl auch, aber unbestimmt Philippsen NotBZ 2003, 137 (140)). Eine Ablehnungspflicht stünde im Widerspruch zum Wesen einer reinen Hinwirkungspflicht, die keine Erfolgshaftung begründen kann, und wäre zudem ein nicht zu rechtfertigender Eingriff in die Privatautonomie des Beteiligten. Die von Abs. 2a S. 2 Nr. 1 vorgeschriebene qualifizierte Belehrung ist allerdings zwecklos und muss deshalb entfallen, wenn der Notar sichere Kenntnis davon hat, dass der vertretene **Verbraucher dauerhaft geschäftsunfähig** ist, also insbes. bei General- und Vorsorgevollmachten.

45 **b) Vorbereitung der Beurkundung (Abs. 2a S. 2 Nr. 2). aa) Pflichten bei allen Verbraucherverträgen (Abs. 2a S. 2 Nr. 2 Hs. 1).** Der Notar soll dem Verbraucher bei allen Verträgen eine ausreichende, dem Einzelfall angemessene Vorbereitung auf den Beurkundungstermin ermöglichen (Solveen RNotZ 2002, 318 (322); Litzenburger NotBZ 2002, 280 (282)). Welche Maßnahmen geboten sind, richtet sich sowohl nach Art und Schwierigkeitsgrad des Geschäfts als

auch nach der Sachkunde des Verbrauchers (vgl. KG NotBZ 2009, 68 (69 f.)). Diese Pflicht deckt sich mit der bereits aus Satz 1 folgenden allgemeinen Amtspflicht (→ Rn. 25 ff.).

**bb) Besondere Pflichten bei Verbraucherimmobilienverträgen (Abs. 2a S. 2 Nr. 2 Hs. 2). (1) Entwurfsaushändigung.** Handelt es sich beim Verbrauchervertrag um einen Grundstücks- oder sonstigen Immobilienvertrag iSd § 310 Abs. 3 BGB schreibt Hs. 2 die rechtzeitige Entwurfsaushändigung zwingend vor (Für Ausnahmen dagegen Brambring ZfIR 2002, 597 (606 f.); Hertel ZNotP 2002, 286 (288 f.)). **„Beabsichtigter Text"** iSd Hs. 2 ist mehr als ein Muster, und zwar selbst dann, wenn es einer Bezugsurkunde beigefügt ist (OLG Naumburg BeckRS 2016, 126468 Rn. 45). Der Text muss alle Informationen enthalten, die der Verbraucher benötigt, um die rechtlichen und wirtschaftlichen Auswirkungen des Geschäfts überprüfen zu können. 46

Bei einem Kaufvertrag gehören deshalb zu den essentialia negotii: 46a

- Name und Anschrift des Unternehmers (OLG Frankfurt BeckRS 2017, 133581 Rn. 13; Junglas NJOZ 2012, 561 (564)),
- bei mehreren Käufern deren Namen und Anschriften sowie vor allem das Erwerbsverhältnis iSd § 47 Abs. 1 GBO, während bei einem Kauf durch einen Erwerber allein oder gemeinsam mit einem Ehepartner bzw. einer Ehepartnerin die Personalien nicht zu den essentialia in diesem Sinne gehören (OLG Frankfurt BeckRS 2017, 133581 Rn. 13; vgl. dazu BNotK-Rundschreiben 20/2003 v. 28.4.2003 unter D. III),
- die Bezeichnung des Vertragsgegenstands (OLG Frankfurt BeckRS 2017, 133581 Rn. 13; Philippsen NotBZ 2002, 137 (144)), einschließlich etwaiger im Kaufpreis enthaltener Sonderwünsche (aA Winkler Rn. 167),
- die Höhe des Kaufpreises (OLG Frankfurt BeckRS 2017, 133581 Rn. 13; aA Philippsen NotBZ 2002, 137 (140); BNotK-Rundschreiben 20/2003 v. 28.4.2003 unter D. III.),
- die Zahlungsmodalitäten (zB Hinterlegung oder unmittelbare Zahlung, Schuldübernahme oder Löschung von Belastungen) (OLG Frankfurt BeckRS 2017, 133581 Rn. 13; vgl. BGH NJW-RR 2018, 1531 Rn. 22),
- die Erschließungskostenverteilung (Solveen RNotZ 2002, 318 (324)),
- die Regelungen über die Sach- und Rechtsmangelfreiheit (OLG Celle BeckRS 2010, 22387; Junglas NJOZ 2012, 561 (564); Solveen RNotZ 2002, 318 (324)).

Auch Bezugsurkunden iSd § 13a müssen rechtzeitig ausgehändigt werden (Winkler Rn. 170 mwN). 46b

Änderungswünsche des Verbrauchers lösen keine neue Zweiwochenfrist aus, belegen sie doch das Erreichen des gesetzgeberischen Ziels, dass dieser sich mit dem Vertragsinhalt rechtzeitig auseinandergesetzt hat (Winkler Rn. 174). Dagegen lösen alle **Änderungswünsche des Unternehmers** die Frist erneut aus. Nach hM soll dies allerdings nicht bei unwesentlichen wirtschaftlichen Änderungen gelten, wobei die Meinungen über die praktischen Folgen weit auseinandergehen; dies soll selbst bei Preiserhöhungen um bis zu 1 bzw. 2 % gelten (ausf. Armbrüster/Preuß/Renner/Armbrüster Rn. 233 ff. mwN). Derart schematische und schwer bestimmbaren Grenzziehungen erscheinen allerdings willkürlich und werden den persönlichen, vor allem finanziellen Verhältnissen des Verbrauchers nicht gerecht, weil beispielsweise jede Preiserhöhung eine Änderung der Finanzierung erfordert, bis hin zum Scheitern der Finanzierbarkeit. Deshalb sollte bei allen Änderungswünschen des Unternehmers, die essentialia negotii des Entwurfs (→ Rn. 46) betreffen und nicht nur die Korrektur offensichtlicher Unrichtigkeiten iSd § 44a Abs. 2 S. 1 darstellen, die zweiwöchige Wartefrist erneut eingehalten werden. 47

**Änderungen in der Verhandlung** selbst werden dagegen nach hM von dieser Vorschrift nicht erfasst (Winkler Rn. 173a mwN; Solveen RNotZ 2002, 318 (324); Hertel ZNotP 2002, 286 (290); Philippsen NotBZ 2002, 137 (140)). Bei der Auswechslung des Vertragsgegenstands oder der Vertragsbeteiligten sowie bei erheblichen Preisänderungen wird man allerdings auch in diesem Fall eine erneute Entwurfsübersendung sowie das Einhalten der Regelfrist von 2 Wochen bis zur Beurkundung fordern müssen, weil der Übereilungsschutz andernfalls nicht erreicht werden kann (vgl. Sorge DNotZ 2002, 593 (604); Rieger MittBayNot 2002, 325 (332)). 47a

Werden die **Vertragsbeteiligten kurzfristig ausgewechselt** (zB Miterwerb des Ehepartners, Kinder kaufen an Stelle der Eltern) oder ändert sich das Erwerbsverhältnis, kann auf die erneute Entwurfsübersendung sowie auf die Einhaltung der Wartefrist richtiger Ansicht nach auch dann nicht verzichtet werden, wenn zwischen den Beteiligten ein Vertrauensverhältnis iSd § 17 Abs. 2a S. 2 Nr. 1 besteht (Armbrüster/Preuß/Renner/Armbrüster Rn. 238; Frenz/Miermeister/Frenz Rn. 55; aA Winkler Rn. 192; Solveen RNotZ 2002, 318 (324 f.); Rieger MittBayNot 2002, 325 (333); Sorge DNotZ 2002, 593 (604)). Es mag zutreffen, dass der Gesetzgeber den Verbraucher 47b und seine Vertrauensperson als gleichwertige Beteiligte bei der Beurkundungsverhandlung ansieht (Winkler Rn. 192), doch hat § 17 Abs. 2a S. 2 Nr. 2 auch den Schutz des neuen Erwerbers vor übereilten Immobiliengeschäften zum Ziel, sodass diesem der (eigene) Übereilungsschutz nicht durch Anrechnung der verstrichenen Frist für den bislang vorgesehenen Erwerber genommen werden darf.

**48** **(2) Zweiwöchige Bedenkzeit bei Verbraucherimmobilienverträgen.** Bei Immobilienverträgen iSd § 311b Abs. 1 S. 1, Abs. 3 BGB zwischen einem Verbraucher (§ 13 BGB) und einem Unternehmer (§ 14 BGB) hat der Notar ab der Aushändigung des Entwurfs an den Verbraucher eine Frist von zwei Wochen bis zur Beurkundung einzuhalten.

**48a** Ein **Unterschreiten** dieser Regelfrist kommt nur in Betracht, wenn im Einzelfall – auch unter Berücksichtigung der Schutzinteressen des Verbrauchers – nachvollziehbare Gründe es rechtfertigen, diese zu verkürzen. Voraussetzung für die Nichteinhaltung der Frist ist deshalb ein **sachlicher Grund für ihre Abkürzung** (BGH NJW 2013, 1452 Rn. 20; vgl. auch BT-Drs. 14/9266, 51). Sachlicher Grund können grds. auch drohende steuerliche Nachteile (zB Grunderwerbsteuererhöhung) oder die Gefahr sein, dass der Vertrag andernfalls nicht zustande kommt (zB Ablauf einer Annahmefrist, bevorstehender Krankenhausaufenthalt des Verbrauchers) oder diesem sonst ein nicht oder schwer wiedergutzumachender Schaden entstehen würde (KG DNotZ 2009, 47 (49); Böhringer BWNotZ 2003, 6 (7 f.)). Dagegen kann allein der **geringe Wert** eines Grundstücks (zB Garten, Garage) (zweifelnd auch Grziwotz/Heinemann/Grziwotz Rn. 84; aA Frenz/Miermeister/Frenz Rn. 59) die Abkürzung der Wartefrist ebenso wenig rechtfertigen wie eine behauptete **Erwerberkonkurrenz** für das Objekt (Frenz/Miermeister/Frenz Rn. 60; aA KG DNotZ 2009, 47 (49): sogar für den Fall der vollmachtlosen Vertretung; Winkler Rn. 188a mwN; Terner NJW 2013, 1404 (1406)). Angesichts der seit Jahrzehnten in Deutschland herrschenden Immobilienknappheit dürfte eine Erwerberkonkurrenz idR immer gegeben sein, sodass dieses Argument vor allem von Bauträgern und Maklern leicht missbraucht werden könnte, um fast immer einen eigentlich nicht zulässigen Verzicht des Verbrauchers auf die Fristeinhaltung zu erreichen: die Ausnahme würde zur Regel.

**48b** Im Falle der Beurkundung vor Ablauf der Frist muss sich der Notar immer davon überzeugen, dass die dadurch eintretenden Defizite beim **Übereilungs- und Überlegungsschutz auf andere Weise** als durch die Einhaltung der Regelfrist vor der eigentlichen Beurkundung kompensiert worden sind (BGH NJW 2013, 1452 Rn. 20; KG DNotZ 2009, 47 (48)). Bei der Kompensation der Verfahrensdefizite (→ Rn. 21) kommt es sowohl auf Art und Schwierigkeitsgrad des Geschäfts als auch auf die vorhandene Sachkunde des Verbrauchers an (vgl. KG DNotZ 2009, 47 (48)). Ist der Verbraucher selbst sachkundig (zB Jurist, Bankkauffrau bzw. -mann, Makler) (BGH BeckRS 2018, 21225 Rn. 21) oder verschafft er sich den notwendigen Sachverstand, insbes. durch ein vorbereitendes Gespräch mit dem beurkundenden Notar oder durch Überprüfung des Vertragstextes durch einen vom Unternehmer unabhängigen Dritten (zB Steuerberater, Rechtsanwalt) (LG Paderborn MittBayNot 2017, 294 (295); aA OLG Hamm BeckRS 2017, 122006 Rn. 15), so ist eine vorzeitige Beurkundung zulässig. Das Gleiche gilt, wenn der Vertragstext vom Verbraucher selbst oder von dessen Rechtsanwalt vorformuliert wurde (Brambring ZfIR 2002, 597 (599)). Dagegen reicht es für eine Fristabkürzung nicht aus, dass der unparteiische Notar einen üblichen Standardtext formuliert hat. Wird der Übereilungsschutz in dieser Art und Weise angemessen kompensiert, ist die Unterschreitung der Frist zulässig, und zwar auch dann, wenn (kumulativ) kein anderer sachlicher Grund hierfür gegeben ist, weil damit der Gesetzeszweck erreicht ist (BGH NJW 2015, 2646 Rn. 18).

**48c** Der Notar darf dabei grds. auf die **Angaben des Verbrauchers** vertrauen (BGH NJW 2015, 2646 Rn. 18). Hält der Notar das entsprechende Vorbringen allerdings für unrichtig oder nicht gerechtfertigt, so muss er die Beurkundung vor Ablauf dieser Frist ablehnen (BGH NJW 2013, 1451). Auf die Einhaltung dieser Amtspflicht kann der Verbraucher **nicht verzichten,** und zwar selbst dann nicht, wenn er dies ausdrücklich wünscht (BGH NJW 2013, 1451 Rn. 40).

**48d** In besonders gelagerten Fällen (zB Beitritt zu einer Grundstücksgesellschaft mit umfangreichen Vertragsunterlagen) kann dagegen auch einmal eine **längere Frist** einzuhalten sein (Winkler Rn. 198 mwN).

**48e** Werden essentialia negotii (→ Rn. 46) im Entwurf geändert, ohne dass diese Änderungen vom Verbraucher verlangt worden sind, so muss nicht nur ein neuer Entwurf ausgehändigt, sondern auch die volle Wartefrist erneut eingehalten werden (→ Rn. 47).

**49** Die **Frist beginnt** mit dem Zugang des „beabsichtigten Textes" beim materiell beteiligten Verbraucher oder dessen gesetzlichem Vertreter (OLG Düsseldorf BeckRS 2016, 133424). Der Zugang bei einem Bevollmächtigten reicht richtiger Ansicht nach selbst dann nicht aus, wenn es sich um eine Vertrauensperson iSd Abs. 2a S. 2 Nr. 1 handelt, weil nach dem Gesetzeszweck sicherzustellen ist, dass der materiell Beteiligte sich auf die Beurkundung vorbereiten kann, insbes. entscheiden kann, ob er persönlich teilnehmen oder sich vertreten lassen will (Winkler Rn. 164; aA Sorge MittBayNot 2002, 325 (333); Philippsen NotBZ 2002, 137 (145)). Die Aushändigung muss durch den Urkundsnotar oder dessen Sozius selbst erfolgen (Änderungsgesetz vom 15.7.2013, BGBl. I 2378). Zu den Rechtsfolgen bei Änderungen des Entwurfs → Rn. 47. Auch die Unterschreitung der Frist um einen Tag ist grds. eine Amtspflichtverletzung (BGH BeckRS 2018, 21225 Rn. 18).

Auch die Vereinbarung eines zeitlich befristeten Rücktrittsrechts entbindet nicht von der Einhaltung der besonderen Amtspflicht des § 17 Abs. 2a S. 2 Nr. 2, weil dieses eine stärkere rechtliche und psychologische Bindung des Verbrauchers entfaltet als diese vorverlagerte Bedenkzeit (BGH NJW 2015, 2646 Rn. 19; Weber NJW 2015, 2619; aA Strunz ZNotP 2002, 389; vgl. BNotK-Rundschreiben Nr. 20/2003 vom 28.4.2003 unter D.V.). 50

**cc) Prüfungs- und Vermerkpflichten des Notars.** Die Einhaltung dieser dem öffentlichen Recht angehörenden besonderen Amtspflichten steht nicht zur Disposition des Verbrauchers, sodass die Beurkundung ohne Einhaltung der Wartefrist vom Notar auch dann abzulehnen ist, wenn dies von den Beteiligten ausdrücklich gewünscht wird (BGH NJW 2013, 1451 Rn. 40). Ein Abweichen von der Regelfrist bedarf eines nachvollziehbaren, sachlichen Grundes (→ Rn. 48). Hält der Notar das Vorbringen für nicht gerechtfertigt, so muss er die Beurkundung ablehnen; andernfalls haftet er für den dem Verbraucher entstandenen Schaden, und zwar auch für die mit dem Verkäufer vergleichsweise vereinbarte Abstandssumme (BGH NJW 2013, 1451). 51

Der Notar sollte den Verbraucher – am besten bei Entwurfsübersendung – ausdrücklich auf die Wartefrist hinweisen (Winkler Rn. 200 ff.). Wird die Wartefrist nicht eingehalten, müssen die Gründe hierfür in der Urkunde vermerkt werden, ohne dass hiervon die Wirksamkeit der Beurkundung abhängt (Änderungsgesetz vom 15.7.2013, BGBl. I 2378). Es müssen dabei sowohl die Gründe für die Nichteinhaltung der Wartefrist (zB bevorstehender Krankenhausaufenthalt oder Dienst- bzw. Urlaubsreise) als auch die Maßnahmen zur Kompensation der Defizite beim Übereilungsschutz (zB Besprechungstermin beim Notar, Prüfung durch Rechtsanwalt bzw. Steuerberater des Verbrauchers) möglichst konkret (zB Datum) in der Urkunde vermerkt werden (Winkler Rn. 200 ff. mwN und einem Formulierungsvorschlag). Formelhafte Belehrungen genügen dieser Dokumentationspflicht nicht (Armbrüster/Preuß/Renner/Armbrüster Rn. 252 mwN). 52

**4. Folgen von Amtspflichtverletzungen.** Der Notar muss missbräuchliche Beurkundungsverfahren gem. §§ 4, 14 Abs. 2 BNotO **ablehnen** (vgl. KG NotBZ 2009, 68). Etwaige Verstöße gegen die allgemeinen und/oder die besonderen Amtspflichten des Abs. 2a ändern aber nichts an der **Wirksamkeit** der Beurkundung, weil es sich um Soll-Vorschriften handelt. Für den Notar sind es jedoch **unbedingte** Amtspflichten. Deshalb führen wiederholte grobe Verstöße gegen Abs. 2a S. 2 Nr. 2 auch zur Amtsenthebung des Notars gem. § 50 Abs. 1 Nr. 9 lit. b BNotO (→ § 3 Rn. 32). 53

Bei auf Verletzung dieser Amtspflicht gestützten Amtshaftungsansprüchen gem. § 19 BNotO iVm § 839 BGB ist der **Kausalität zwischen Pflichtverletzung und Schaden** besonderes Augenmerk zu widmen. Macht der Verbraucher erst Jahre nach der Beurkundung Schadensersatzansprüche wegen der Nichteinhaltung der Vorschriften des Abs. 2a geltend, so ist davon auszugehen, dass er auch bei ordnungsgemäßer Pflichterfüllung durch den Notar die Beurkundung gewollt hätte, die Pflichtverletzung also nicht kausal für einen beim Verbraucher eingetretenen Schaden ist. Nach Auffassung des BGH trifft den Notar allerdings die Darlegungs- und Beweislast dafür, dass der Käufer, wenn der Notar die Beurkundung abgelehnt hätte, diese nach Ablauf der Regelfrist genauso wie geschehen hätte vornehmen lassen (BGHZ 206, 112 Rn. 21 = NJW 2015, 2646 (2647); Armbrüster FS 25 Jahre DNotI, 2018, 287 (289)). Andererseits betont der Senat, dass der Notar nicht zum „Ausfallbürgen" des Verbrauchers für fehlgeschlagene wirtschaftliche Investitionen gemacht werden dürfe (BGHZ 206, 112 Rn. 21 = NJW 2015, 2646 (2647); vgl. Soergel/Mayer Rn. 38 Fn. 308). Allerdings trägt die **Darlegungs- und Beweislast** dafür, der Käufer hätte die Beurkundung nach Ablauf der Regelfrist genauso wie geschehen vornehmen lassen, der Notar (BGHZ 206, 112 Rn. 21 = NJW 2015, 2646 (2647); aA Soergel/Mayer Rn. 38 Fn. 308; Winkler Rn. 204; Sorge DNotZ 2002, 593 (606)). Richtigerweise dürfen die Anforderungen an die Beweisführung dabei nicht überspannt werden; auch insoweit gilt (zu Gunsten des Schädigers) das herabgesetzte Beweismaß des § 287 ZPO (Wöstmann in Ganter/Hertel/Wöstmann Notarhaftung-HdB Rn. 2206). 54

Hat ein Notar pflichtwidrig nicht über die zu lange **Annahmefrist** belehrt und kommt deshalb der Vertrag nicht wirksam zustande, so sind allenfalls Aufwendungen im Vertrauen auf einen 55 vermeintlich wirksamen, tatsächlich aber unwirksamen Vertrag erfasst, nicht dagegen Aufwendungen auf einen tatsächlich wirksamen, jedoch unwirtschaftlichen Vertrag (KG BeckRS 2015, 18487).

56 Die **Verjährung beginnt,** sobald dem Geschädigten Tatsachen bekannt oder grob fahrlässig unbekannt sind, die auch aus der Perspektive eines Laien das Vorgehen des Notars als möglicherweise pflichtwidrig erscheinen lassen (BGH BeckRS 2019, 26716).

## § 18 (nicht kommentiert)

## § 19 (nicht kommentiert)

## § 20 (nicht kommentiert)

## § 20a Vorsorgevollmacht

**Beurkundet der Notar eine Vorsorgevollmacht, so soll er auf die Möglichkeit der Registrierung bei dem Zentralen Vorsorgeregister hinweisen.**

### Überblick

Diese Hinweispflicht soll das Zentrale Vorsorgeregister stärken, indem der Vollmachtgeber in der Beurkundung noch einmal überlegen muss, ob er eine Eintragung vornehmen lassen will.

### I. Vorsorgevollmacht

1 Da jede Vollmacht objektiv geeignet ist, die Anordnung eines Betreuungsverfahrens ganz oder teilweise zu verhindern, bedarf es im Rahmen des § 20a der zusätzlichen Einschränkung, dass die Vollmacht auch zu diesem Zweck bestimmt sein muss und der Notar dies bei der Beurkundung auch erkennen kann. Bei einer mit einer Gesundheitsfürsorgevollmacht verbundenen Generalvollmacht ist diese Voraussetzung in aller Regel erfüllt. Das Gleiche gilt bei einer Verbindung mit einer Patientenverfügung (§ 1901a BGB) und/oder einer Betreuungsverfügung (§ 1901c BGB). Bei einer isolierten General- oder einer Spezialvollmacht (zB für Bank- oder Grundstücksgeschäfte) hat der Notar die Amtspflicht des § 20a dagegen nur, wenn ihm der Vorsorgezweck iSd § 1896 Abs. 2 S. 2 BGB bekannt ist. Er braucht ohne besonderen Anhaltspunkt auch keine dahingehenden Nachforschungen anzustellen. Eine Vorsorgevollmacht liegt auch dann vor, wenn sie im Außenverhältnis unbedingt erteilt und lediglich im Innenverhältnis auf den Fall der Betreuungsbedürftigkeit des Vollmachtgebers beschränkt ist betreuungsbedürftig geworden ist (vgl. BGH BeckRS 2020, 43343 Rn. 10).

2 Der Wortlaut der Norm erfasst weder Patientenverfügungen iSd § 1901a noch Betreuungsverfügungen iSd § 1901c BGB (vgl. Winkler Rn. 5 f. mwN), wenn sie nicht mit einer Vorsorgevollmacht in einer Urkunde verbunden sind **(isolierte Patienten- bzw. Betreuungsverfügungen).** Allerdings eröffnet § 78a Abs. 1 BNotO nunmehr die Möglichkeit, auch isolierte Betreuungsverfügungen im Zentralen Vorsorgeregister eintragen zu lassen. Auch wenn § 20a bei der Neufassung des § 78a Abs. 1 BNotO unverändert geblieben ist, rechtfertigt der Zweck dieser Norm deren analoge Anwendung auf die Beurkundung isolierter Betreuungsverfügungen iSd § 1901c BGB. Das Interesse der Gerichte am Bekanntwerden von Betreuungsverfügungen ist schließlich ebenso groß wie bei Vorsorgevollmachten.

3 Wortlaut und systematischen Stellung im Gesetz sprechen dafür, dass diese Pflicht nicht gilt, wenn der Notar lediglich die Unterschrift **beglaubigt,** und zwar selbst dann, wenn der **Entwurf** von ihm gefertigt worden ist (Armbrüster/Preuß/Renner/Armbrüster Rn. 12; aA Winkler Rn. 1; Grziwotz/Heinemann Rn. 7: nobile officium). In dieser Hinsicht unterscheidet sich der Anwendungsbereich dieser Bestimmung von demjenigen des § 78a Abs. 1 BNotO über das Zentrale Vorsorgeregister, in das auch vom Notar beglaubigte Vollmachten und Patienten- sowie Betreuungsverfügungen aufgenommen werden können.

## II. Hinweispflicht und Vermerk

Der Notar soll den Urkundsbeteiligten auf die Existenz des Zentralen Vorsorgeregisters und dessen Funktion, insbes. die verfahrensrechtliche Absicherung des Erforderlichkeitsgrundsatzes (§ 1896 BGB) bei Vorsorgevollmachten, hinweisen. Dazu gehört vor allem die Belehrung darüber, dass wegen der unterbliebenen Registrierung eine Betreuung trotz der erteilten Vollmacht angeordnet werden kann. Eine sinngemäße Belehrung ist bei der Beurkundung isolierter Betreuungsverfügungen (→ Rn. 2) angebracht. Über die Einzelheiten des Verfahrens, den Umfang der gespeicherten Daten und die entstehenden Gebühren bei der Bundesnotarkammer (§ 78b BNotO) braucht der Notar nicht zu informieren. Die Übermittlung der Daten hat regelmäßig innerhalb von drei Arbeitstagen nach der Beurkundung zu erfolgen, damit zeitnah der Schutz vor der Anordnung einer überflüssigen Betreuung gewährleistet ist. 4

Die Erfüllung dieser Hinweispflicht braucht nicht in der Urkunde vermerkt zu werden (Winkler Rn. 9). Deshalb braucht auch nicht festgehalten zu werden, dass der Beteiligte die Registrierung abgelehnt hat (Winkler Rn. 14 „empfiehlt" einen Vermerk). 5

Eine Registrierung unter Angabe der **personenbezogenen Daten des Bevollmächtigten** setzt dessen formfreie Einwilligung voraus (aA Winkler Rn. 11). Die Weitergabe der Daten durch den Notar ohne Einwilligung des Bevollmächtigten ist trotz des nachträglichen Widerspruchsrechts gem. § 4 S. 1 VRegV nicht mit der notariellen Verschwiegenheitspflicht (§ 18 BNotO), die auch gegenüber dem materiell Beteiligten gilt (vgl. OLG München MittBayNot 1994, 586), zu vereinbaren. Die Ermächtigungsgrundlage für diese Verordnung in § 78a Abs. 3 BNotO deckt die damit verbundene Einschränkung dieser Amtspflicht jedenfalls nicht. Darüber hinaus beeinträchtigt diese „Widerspruchslösung" das Grundrecht des Bevollmächtigten auf informationelle Selbstbestimmung (Art. 2 Abs. 1 GG iVm Art. 1 GG) in unverhältnismäßiger Weise. Weil die Registrierung ohnehin nur deklaratorischen Charakter hat, gebührt dem Selbstbestimmungsrecht des Bevollmächtigten der Vorrang vor dem bloßen Interesse des Vollmachtgebers an einer (vorläufigen) Eintragung ohne Einwilligung in die Speicherung der personenbezogenen Daten des Bevollmächtigten. 6

## III. Amtspflichtverletzung

Das Unterlassen des vorgeschriebenen Hinweises ist zwar Verletzung einer Amtspflicht mit dienstrechtlichen Konsequenzen, berührt jedoch die Wirksamkeit der Urkunde in keiner Weise. 7

### § 21 (nicht kommentiert)

# 4. Beteiligung behinderter Personen

### § 22 Hörbehinderte, sprachbehinderte und sehbehinderte Beteiligte

**(1) [1]Vermag ein Beteiligter nach seinen Angaben oder nach der Überzeugung des Notars nicht hinreichend zu hören, zu sprechen oder zu sehen, so soll zu der Beurkundung ein Zeuge oder ein zweiter Notar zugezogen werden, es sei denn, daß alle Beteiligten darauf verzichten. [2]Auf Verlangen eines hör- oder sprachbehinderten Beteiligten soll der Notar einen Gebärdensprachdolmetscher hinzuziehen. [3]Diese Tatsachen sollen in der Niederschrift festgestellt werden.**

**(2) Die Niederschrift soll auch von dem Zeugen oder dem zweiten Notar unterschrieben werden.**

## Überblick

Das Beurkundungsverfahren geht von Personen mit uneingeschränkten Wahrnehmungssinnen und Kommunikationsmöglichkeiten aus. Mit dieser Vorschrift sollen gesundheitliche Einschränkungen von Beteiligten adäquat kompensiert werden. Es handelt sich zwar um unbedingte Amtspflichten, deren Verletzung jedoch nicht zur Unwirksamkeit führt.

## I. Feststellung der Behinderung

1 **1. Art der Behinderung. a) Taubheit bzw. Hörbehinderung.** Ein Beteiligter (§ 6 Abs. 2) vermag nicht hinreichend zu hören, wenn sein Gehörsinn so schwer beeinträchtigt ist, dass eine Verständigung von Mund zu Ohr nicht möglich ist (Keidel/Winkler Rn. 5). Der Gehörsinn braucht nicht völlig zu fehlen, er muss jedoch so stark beeinträchtigt sein, dass unter den bei der Beurkundung herrschenden Umständen der Beteiligte laut und deutlich artikulierte Worte selbst durch Einsatz eines Hörgerätes nicht sicher wahrnehmen kann (Frenz ZNotP 1998, 373).

2 **b) Stummheit bzw. Sprachbehinderung.** Nicht hinreichend sprechen kann, wer Sprachlaute nicht oder nur derart unvollkommen hervorbringt, dass sie nicht eindeutig zu verstehen sind (BGHZ 2, 172; OLG Köln DNotZ 1958, 94; BayObLG DNotZ 1969, 301). Ein Beteiligter ist nicht stumm, wenn das Sprechen phasenweise durch Gebärden unterstützt oder ersetzt werden muss, solange er nur fähig ist, bei der Beurkundung ein verständliches Ja-Wort hervorzubringen (BayObLG DNotZ 1969, 301; OLG Köln DNotZ 1958, 94; Winkler Rn. 6).

3 **c) Blindheit bzw. Sehbehinderung.** Einem Beteiligten fehlt die hinreichende Sehfähigkeit, wenn er den Beurkundungsvorgang optisch nicht mehr wahrnehmen kann. Es ist nicht notwendig, dass der Beteiligte Geschriebenes noch lesen kann (Jansen Rn. 4; aA Winkler Rn. 7). Andererseits ist totaler Verlust der Sehfähigkeit nicht zu fordern. In allen drei Fällen kommt es auf den Grund der Behinderung ebenso wenig an, wie darauf, ob sie ihrer Art nach dauernd oder nur vorübergehend ist (zB Vergessen der Brille).

4 **2. Erklärung des Beteiligten oder Überzeugung des Notars.** Erklärt der Beteiligte, nicht hinreichend hören, sprechen oder sehen zu können, ist der Notar daran gebunden und hat das Verfahren gem. § 22 einzuhalten (OLG Hamm MittRhNotK 1999, 314 (315)). Verweigert der Beteiligte allerdings eine eindeutige Erklärung oder behauptet er, die hinreichende Hör-, Sprech- oder Sehfähigkeit zu besitzen, so hat der Notar diese Fähigkeit zu erforschen, wenn er konkrete Anhaltspunkte hat, dass mindestens eine dieser Fähigkeiten fehlt. Ist nach Überzeugung des Notars, die Erklärung des Beteiligten falsch, so hat er auch gegen dessen Willen nach § 22 zu verfahren oder aber die Beurkundung gem. § 4 abzulehnen. Ein Irrtum des Notars bei der Beurteilung dieser Fähigkeiten berührt die Wirksamkeit der Beurkundung nicht, solange er wenigstens subjektiv zurzeit der Beurkundung von der Behinderung überzeugt war, und zwar auch dann, wenn ein Gericht nachträglich zu einer abweichenden Beurteilung gelangt (OLG Köln MittRhNotK 1995, 269).

## II. Zuziehungspflicht

5 **1. Zeuge oder zweiter Notar.** Der Notar **muss** bei Feststellung einer derartigen Behinderung eines Beteiligten einen Zeugen oder einen zweiten Notar zur Beurkundung **hinzuziehen,** es sei denn alle – auch die übrigen – Beteiligten (§ 6 Abs. 2) verzichten hierauf. Dieser Verzicht ist im Falle der Beteiligung eines Blinden zwar auch dann möglich, wenn der Niederschrift Karten, Zeichnungen, Bestandsverzeichnisse usw beigefügt sind. Der Notar hat dann jedoch dem blinden Beteiligten den wesentlichen Inhalt der Anlagen mündlich zu erläutern. Im Unterschied zur Zuziehung eines Gebärdendolmetschers bedarf es keines Antrags des Beteiligten. Die Pflicht zur Zuziehung eines Zeugen oder zweiten Notars entfällt nicht durch die Zuziehung eines Gebärdendolmetschers gem. Abs. 1 S. 2.

6 Der Notar entscheidet, ob ein Zeuge oder ein zweiter Notar zugezogen wird, und wählt die **Person** aus, und zwar jeweils in eigener Verantwortung und unabhängig von Vorschlägen der Beteiligten (AM Firsching DNotZ 1955, 287). Zeuge kann jede nicht gem. § 26 von der Mitwirkung ausgeschlossene natürliche Person sein; wird § 26 nicht beachtet, so macht dies die Beurkundung allerdings nicht unwirksam. Weder der Notar, noch eine Vertrauensperson (§ 24), noch ein Dolmetscher (§ 16) können gleichzeitig als Schreibzeuge fungieren. Bei der Entscheidung zwischen der Zuziehung eines Zeugen oder eines zweiten Notars kommt der Tatsache besondere Bedeutung zu, dass der Notar im Gegensatz zu einem Zeugen der notariellen Verschwiegenheitspflicht gem. § 18 BNotO unterliegt. Während niemand gezwungen werden kann, als Zeuge mitzuwirken, ist ein Notar gem. § 15 BNotO verpflichtet, als zweiter Notar an der Beurkundung teilzunehmen. Ist ein Beteiligter mehrfach behindert oder sind mehrere behinderte Personen formell beteiligt, so ist gem. § 22 doch nur ein Zeuge oder ein zweiter Notar zur Beurkundung hinzuzuziehen; etwas anderes gilt nur, wenn zwischen den verschiedenen Beteiligten eine Interessenkollision besteht.

Enthält die Niederschrift die Feststellung, dass ein Beteiligter taub, stumm oder blind ist, und wird, obwohl kein gültiger Verzicht aller Beteiligten vorliegt, kein Zeuge oder zweiter Notar gem. Abs. 1 S. 1 zugezogen, so ist die Beurkundung dennoch **wirksam,** das Rechtsgeschäft jedoch uU anfechtbar. 7

**2. Gebärdensprachdolmetscher.** Auf Antrag eines hör- oder sprachbehinderten Beteiligten ist der Notar **verpflichtet,** einen Gebärdensprachdolmetscher **hinzuziehen.** Weil S. 2 im Unterschied zu S. 1 ausdrücklich auf das Verlangen des behinderten Beteiligten abstellt, darf dem Behinderten ein Dolmetscher nicht gegen seinen Willen aufgedrängt werden (Winkler Rn. 22; dagegen für Ermessen des Notars: Frank NotBZ 2003, 9 Fn. 10). Allerdings ist es dem Notar nicht verboten, einen entsprechenden Antrag auf Zuziehung anzuregen (Winkler Rn. 22). Die Zuziehung des Gebärdensprachdolmetschers ersetzt nicht die gem. Abs. 1 S. 1 vorgeschriebene Zuziehung eines Zeugen oder eines zweiten Notars (Rossak ZEV 2002, 435 (436)). 8

Schlägt der Beteiligte einen **bestimmten Gebärdensprachdolmetscher** vor, so kann der Notar diesen hinzuziehen, es sei denn, dass er vor oder während der Beurkundung feststellt, dass dieser die unmittelbare Verständigung zwischen dem behinderten Beteiligten und ihm nicht herstellen kann. Fehlt ein solch konkreter Vorschlag, so muss der Notar eine Person nach seinem pflichtgemäßen Ermessen auswählen. Einen allgemein vereidigten Gebärdensprachdolmetscher gibt es allerdings nicht. Die Ausschließungsgründe und Mitwirkungsverbote der §§ 6, 7, 26 und 27 gelten für den Gebärdensprachdolmetscher zwar nicht, jedoch sollte der Notar bei Ausübung seines Auswahlermessens dem in diesen Vorschriften zum Ausdruck gekommenen Rechtsgedanken dadurch Rechnung tragen, dass er Personen, die als Zeugen nach diesen Bestimmungen ausgeschlossen wären, in aller Regel nicht hinzuzieht. 9

Unterbleibt eine beantragte Zuziehung eines Gebärdensprachdolmetschers, ist die Beurkundung dennoch **wirksam,** aber uU anfechtbar. 10

**3. Umfang der Zuziehung. a) Anwesenheit.** Der Zeuge, zweite Notar bzw. Gebärdensprachdolmetscher muss während des gesamten, in § 13 vorgeschriebenen Vorgangs der Verlesung der Niederschrift, der Genehmigung und der Unterzeichnung durch den behinderten Beteiligten anwesend sein. Zuziehung fordert dabei mehr als bloß zufällige Anwesenheit. Der Zeuge oder zweite Notar muss wissen, dass er an der Errichtung einer öffentlichen Urkunde mitwirkt, und in diesem Bewusstsein seine Aufmerksamkeit auf den Beurkundungsvorgang richten (BayObLG DNotZ 1985, 217; vgl. auch OLG Hamm DNotZ 2000, 706). Der Zeuge oder zweite Notar braucht die Niederschrift jedoch nicht selbst zu genehmigen. Die Genehmigung geschieht durch den behinderten Beteiligten höchstpersönlich. 11

**b) Unterschrift.** Der Zeuge oder zweite Notar soll gem. Abs. 2 die Niederschrift zusätzlich zum behinderten Beteiligten unterschreiben. Das Fehlen der Unterschrift des Beteiligten macht die Beurkundung unwirksam, die Nichtunterzeichnung durch den Zeugen oder zweiten Notar dagegen nicht. Die Unterzeichnung durch den Gebärdensprachdolmetscher ist zwar nicht vorgeschrieben, jedoch aus Beweisgründen dringend zu empfehlen. 12

**4. Rechtsfolgen der Nichtzuziehung.** Sämtliche Verstöße gegen die nur als Soll-Vorschriften ausgestalteten Amtspflichten des § 22 führen nicht zur Unwirksamkeit der Beurkundung, sondern haben ausschließlich disziplinar- und haftungsrechtliche Konsequenzen. 13

## III. Vermerk

Der Vermerk soll konkret das Gebrechen, an dem der Beteiligte leidet, bezeichnen und angeben, ob die Feststellung auf einer Eigenerklärung des Beteiligten oder auf der Überzeugung des Notars beruht. Ein etwaiger Verzicht aller Beteiligten auf die Zuziehung eines Zeugen oder eines zweiten Notars ist ebenfalls aufzuführen. Ein fehlender oder unvollständiger ist ohne Bedeutung für die Wirksamkeit der Urkunde. 14

## IV. Verhältnis zu § 23 und § 24

Bei einem **tauben Beteiligten** gilt zusätzlich immer § 23. Ist mit diesem eine schriftliche Verständigung nicht möglich, gilt neben § 22 auch § 24, der dann an die Stelle des § 23 tritt. Kann der Taube dagegen nur seinen Namen nicht schreiben, so ist anstelle des § 24 jedoch § 25 anzuwenden. Bei einem **stummen Beteiligten,** mit dem eine schriftliche Verständigung nicht möglich, findet daneben auch § 24 Anwendung. Kann er dagegen nur seinen Namen nicht schreiben, so gilt anstelle der zuletzt genannten Bestimmung § 25. Bei einem Taubstummen 15 gelangt infolge der Taubheit § 23 zur Anwendung. Bei einem **blinden Beteiligten,** mit dem eine schriftliche Verständigung nicht möglich ist, gilt § 24 nicht. Kann er dagegen seinen Namen nicht schreiben, so ist § 25 anzuwenden. Ist ein Blinder zugleich auch taub und/oder stumm, so sind auch die für diese Behinderungen geltenden Sondervorschriften anzuwenden.

## § 23 Besonderheiten für hörbehinderte Beteiligte

**[1]Eine Niederschrift, in der nach § 22 Abs. 1 festgestellt ist, daß ein Beteiligter nicht hinreichend zu hören vermag, muß diesem Beteiligten anstelle des Vorlesens zur Durchsicht vorgelegt werden; in der Niederschrift soll festgestellt werden, daß dies geschehen ist. [2]Hat der Beteiligte die Niederschrift eigenhändig unterschrieben, so wird vermutet, daß sie ihm zur Durchsicht vorgelegt und von ihm genehmigt worden ist.**

### Überblick

Die Vorlesepflicht gem. § 13 macht bei einem hörbehinderten Beteiligten keinen Sinn und wird durch eine Vorlagepflicht ersetzt. Der Verstoß führt zur Unwirksamkeit der Urkunde.

### I. Vermerk über die Taubheit eines Beteiligten gem. § 22

1 Die Rechtsfolgenanordnung des S. 1 Hs. 1 knüpft an die Feststellung gem. § 22 Abs. 1 an, dass ein Beteiligter nicht hinreichend zu hören vermag. Fehlt diese Feststellung in der Niederschrift, so darf nicht nach S. 1 verfahren werden. Ist entgegen einer in der Niederschrift enthaltenen Feststellung ein Beteiligter objektiv nicht taub, so muss allein auf Grund des Vermerks die Niederschrift diesem dennoch anstelle des Vorlesens zur Durchsicht vorgelegt werden.

### II. Vorlagepflicht

2 **1. Verfahren.** Die Vorlage der Niederschrift zur Durchsicht entspricht der ergänzenden Vorlage gem. § 13 Abs. 1 S. 4 (→ § 13 Rn. 1 ff.). Ist **keine schriftliche Verständigung** mit dem tauben Beteiligten möglich, macht die Vorlage keinen Sinn und es muss gem. § 24 Abs. 1 anstelle der Vorlage eine Vertrauensperson hinzugezogen werden (Jansen Rn. 3). Bei der Beurkundung unter Beteiligung einer tauben Person, die die **Urkundssprache** gem. § 16 **nicht hinreichend beherrscht,** ergibt weder die Vorlage zur Durchsicht gem. S. 1 Hs. 1 noch die mündliche Übersetzung gem. § 16 Abs. 2 einen Sinn. In diesem Ausnahmefall muss zwingend eine schriftliche Übersetzung gefertigt und dem Beteiligten zur Durchsicht vorgelegt werden; andernfalls ist die Beurkundung unwirksam (Winkler Rn. 3). Ist außer dem tauben Beteiligten keine weitere Person formell beteiligt, kann das **Vorlesen** gänzlich unterbleiben. Weiteren Beteiligten (§ 6 Abs. 2) muss die Niederschrift vorgelesen werden, nicht dagegen einem mitwirkenden Zeugen oder zweiten Notar (vgl. Winkler Rn. 4).

3 **2. Vermerk.** In der Niederschrift soll gem. S. 1 Hs. 2 festgestellt werden, dass dem tauben Beteiligten die Niederschrift zur Durchsicht vorgelegt worden ist. Das Fehlen dieses Vermerks macht die Beurkundung allerdings nicht unwirksam. Der Notar kann einen vergessenen Vermerk auch nach Abschluss der Verhandlung anbringen (→ § 8 Rn. 1 ff.).

4 **3. Rechtsfolgen der Nichtvorlage.** Wird die Niederschrift einem tauben Beteiligten trotz eines entsprechenden Vermerks gem. § 22 Abs. 1 nicht zur Durchsicht vorgelegt, so führt dies zur Unwirksamkeit der Beurkundung, und zwar auch dann, wenn er objektiv nicht taub ist. Das Gleiche gilt bei einem sprachunkundigen Beteiligten, wenn diesem trotz einer solchen Feststellung keine schriftliche Übersetzung zur Durchsicht vorgelegt wird. Ist die Taubheit entgegen § 22 Abs. 1 nicht vermerkt, tritt die Unwirksamkeit selbst dann nicht ein, wenn die Vorlage zur Durchsicht unterbleibt.

### III. Unterschrift des tauben Beteiligten

5 § 23 enthält nur bezüglich des Vorlesens eine Sonderregelung gegenüber § 13 Abs. 1 S. 1, sodass die Genehmigung und die Unterzeichnung nach dieser allgemeinen Bestimmung zu erfolgen hat. Die Unterschrift des tauben Beteiligten begründet darüber hinaus die widerlegbare Vermutung,

dass ihm die Niederschrift zur Durchsicht vorgelegt und von ihm in Gegenwart des Notars genehmigt worden ist.

## § 24 Besonderheiten für hör- und sprachbehinderte Beteiligte, mit denen eine schriftliche Verständigung nicht möglich ist

**(1) [1]Vermag ein Beteiligter nach seinen Angaben oder nach der Überzeugung des Notars nicht hinreichend zu hören oder zu sprechen und sich auch nicht schriftlich zu verständigen, so soll der Notar dies in der Niederschrift feststellen. [2]Wird in der Niederschrift eine solche Feststellung getroffen, so muss zu der Beurkundung eine Person zugezogen werden, die sich mit dem behinderten Beteiligten zu verständigen vermag und mit deren Zuziehung er nach der Überzeugung des Notars einverstanden ist; in der Niederschrift soll festgestellt werden, dass dies geschehen ist. [3]Zweifelt der Notar an der Möglichkeit der Verständigung zwischen der zugezogenen Person und dem Beteiligten, so soll er dies in der Niederschrift feststellen. [4]Die Niederschrift soll auch von der zugezogenen Person unterschrieben werden.**

**(2) Die Beurkundung von Willenserklärungen ist insoweit unwirksam, als diese darauf gerichtet sind, der nach Absatz 1 zugezogenen Person einen rechtlichen Vorteil zu verschaffen.**

**(3) Das Erfordernis, nach § 22 einen Zeugen oder zweiten Notar zuzuziehen, bleibt unberührt.**

### Überblick

Bei Mehrfachbehinderungen eines Beteiligten soll durch adäquate Maßnahmen ein funktionsgerechtes Beurkundungsverfahren gewährleistet werden.

### I. Feststellung der Behinderung

§ 24 gilt nur, wenn einem tauben, stummen oder taubstummen Beteiligten (→ § 22 Rn. 1) 1
eine **schriftliche Verständigung unmöglich** ist, dieser also weder lesen (zB Blindheit) noch schreiben (zB Lähmungen, Analphabetismus) und die fehlende Fähigkeit auch nicht durch mündliche Verständigung ersetzt werden kann (vgl. OLG Hamm ZEV 2002, 446 (449)). Zur Verständigung reicht es aus, wenn der Beteiligte je nach Art seiner Behinderung schriftlich oder mündlich gestellte Fragen des Notars entweder schriftlich oder mündlich beantworten kann.

Die Behinderungen, einschließlich des Unvermögens zur schriftlichen Verständigung, werden 2
entweder durch **Erklärung des Beteiligten** oder auf Grund **Überzeugung des Notars** nach den gleichen Regeln wie bei § 22 festgestellt (→ § 22 Rn. 2).

Der **Vermerk** soll konkret das Gebrechen, an dem der Beteiligte leidet, bezeichnen, das Unver- 3
mögen zur schriftlichen Verständigung festhalten und angeben, ob die Feststellung auf einer Eigenerklärung des Beteiligten oder auf der Überzeugung des Notars beruht. Wird diese Feststellung amtspflichtwidrig unterlassen, so ist die Beurkundung dennoch wirksam.

### II. Zuziehung

**1. Pflicht.** Die Rechtsfolgeanordnung des Abs. 1 S. 2 knüpft an die Tatsache der Feststellung 4
gem. Abs. 1 S. 1 an. Fehlt diese Feststellung in der Niederschrift, so ist die Beurkundung wirksam, und zwar auch dann, wenn trotz der Behinderungen eines Beteiligten keine Verständigungsperson zur Beurkundung zugezogen worden ist. Ist dagegen die Feststellung gem. Abs. 1 S. 1 objektiv falsch, so muss allein auf Grund des Vermerks die Vertrauensperson zugezogen werden. Auf die Zuziehung können die Beteiligten nicht verzichten. Abs. 3 stellt klar, dass die Zuziehung auch nicht durch die Mitwirkung eines Zeugen oder eines zweiten Notars gem. § 22 entbehrlich wird.

**2. Person.** Die **Auswahl** der Verständigungsperson obliegt zwar dem Notar, sein Auswahler- 5
messen ist jedoch dadurch erheblich eingeschränkt, dass es sich um eine Person handeln muss, die sich mit dem behinderten Beteiligten verständigen kann. Gegen den Willen des Beteiligten darf daher eine Verständigungsperson nicht ausgewählt werden (Abs. 1 S. 2). Der Notar selbst kann nicht zugleich als Verständigungsperson fungieren, wohl aber ein anderer Beteiligter, der nicht

gem. Abs. 2 oder § 27 ausgeschlossen ist. Auch die nach §§ 22, 29, 25 hinzugezogenen Zeugen, Schreibzeugen oder Notare sind als Verständigungsperson ausgeschlossen. Dagegen können sowohl der Dolmetscher (§ 16) (OLG Hamm ZEV 2002, 446 (450); LG Paderborn MittBayNot 2000, 240 (241); Winkler Rn. 12) als auch der Gebärdensprachdolmetscher (§ 22 Abs. 1 S. 2) (Rossak ZEV 2002, 435 (436)) zugleich auch diese Aufgabe übernehmen, der Gebärdensprachdolmetscher jedoch nur unter der Bedingung, dass er nicht gem. Abs. 2 als Verständigungsperson ausgeschlossen ist. Da es sich bei der Verständigungsperson regelmäßig um Angehörige handeln wird, gelten weder die **Mitwirkungsverbote** der §§ 3, 6 und 7 noch die Ausschlussgründe des §§ 26, 24 Abs. 2 enthält einen speziellen, dem § 7 nachgebildeten Ausschlusstatbestand (deshalb → § 7 Rn. 1 ff.). Bei Verfügungen von Todes wegen ist zusätzlich § 27 zu beachten. Sind mehrere Beteiligte behindert iSd § 24, so genügt, sofern keine Interessenkollision besteht, die Zuziehung nur einer Person, vorausgesetzt, diese kann sich mit allen verständigen (vgl. Winkler Rn. 12; Armbrüster/Preuß/Renner/Seger Rn. 8). **Zweifelt der Notar an der Fähigkeit** der vom Beteiligten ausgewählten Person, sich mit diesem zu verständigen, so darf er die Beurkundung nicht gem. § 4 ablehnen, sondern soll seine Zweifel in der Niederschrift vermerken (Abs. 1 S. 3). Wird dann später festgestellt, dass sich die auf Wunsch des Beteiligten zugezogene Person objektiv nicht mit diesem verständigen konnte, so ist die Beurkundung dennoch wirksam (Heinemann/ Grziwotz/Heinemann Rn. 14).

6 **3. Umfang der Zuziehung.** Die Verständigungsperson muss während des gesamten, in § 13 vorgeschriebenen Vorgangs der Verlesung der Niederschrift, der Genehmigung und der Unterzeichnung durch den behinderten Beteiligten anwesend sein, und zwar mit dem Bewusstsein, dabei als Verständigungsperson zu fungieren (OLG Hamm NJW 2002, 3410). Die Niederschrift muss trotz der Taubheit des einzigen Beteiligten vorgelesen werden, weil die Verständigungsperson die fehlende unmittelbare Verständigungsmöglichkeit zwischen Notar und Beteiligtem ersetzt, nicht nur, wie der Zeuge oder zweite Notar gem. § 22, die eingeschränkte Wahrnehmungsfähigkeit ausgleicht (Jansen Rn. 7; Armbrüster/Preuß/Renner/Seger Rn. 10). Die Niederschrift bedarf der Genehmigung des Behinderten, nicht dagegen durch die Vertrauensperson.

7 Die Verständigungsperson soll die Niederschrift zusätzlich zum behinderten Beteiligten unterschreiben, ohne dass die Wirksamkeit der Beurkundung davon abhängig ist.

8 **4. Folge der Nichtzuziehung.** Abs. 1 S. 2 enthält eine Muss-Vorschrift, sodass die Beurkundung unwirksam ist, wenn in der Niederschrift eine Feststellung gem. Abs. 1 S. 1 enthalten ist, ohne dass eine Verständigungsperson zur Beurkundung hinzugezogen wurde (OLG Karlsruhe BeckRS 2019, 32811 Rn. 19). Die Zuziehung einer gem. Abs. 2 und/oder § 27 ausgeschlossenen Person macht die Beurkundung bezüglich der begünstigenden Erklärungen unwirksam; iÜ ist die Beurkundung wirksam.

### III. Vermerk

9 Zusätzlich zur Feststellung der Behinderungen gem. Abs. 1 S. 1 ist in der Niederschrift gem. Abs. 1 S. 2 zu vermerken, dass eine Verständigungsperson zur Vorlesung und zur Genehmigung der Niederschrift hinzugezogen wurde. Sie ist namentlich in der Niederschrift aufzuführen. Ein fehlender oder ungenügender Vermerk macht die Beurkundung allerdings nicht unwirksam. Enthält die Niederschrift zwar einen Vermerk gem. Abs. 1 S. 1, jedoch keinen über die Zuziehung einer Verständigungsperson, so wird bis zum Beweis des Gegenteils vermutet, dass eine solche nicht zugezogen war (Winkler Rn. 14).

## § 25 Schreibunfähige

**[1]Vermag ein Beteiligter nach seinen Angaben oder nach der Überzeugung des Notars seinen Namen nicht zu schreiben, so muß bei dem Vorlesen und der Genehmigung ein Zeuge oder ein zweiter Notar zugezogen werden, wenn nicht bereits nach § 22 ein Zeuge oder ein zweiter Notar zugezogen worden ist. [2]Diese Tatsachen sollen in der Niederschrift festgestellt werden. [3]Die Niederschrift muß von dem Zeugen oder dem zweiten Notar unterschrieben werden.**

### Überblick

Da das Unterschreiben unabdingbare Voraussetzung jeder wirksamen Beurkundung ist, muss bei Schreibunfähigen ein Schreibzeuge zum Verfahren hinzugezogen werden.

## I. Feststellung der Schreibunfähigkeit

**Schreibfähig** iSd S. 1 ist, wer wenigstens mit seinem Namen gem. § 13 Abs. 1 S. 1 (→ § 13 Rn. 9) unterzeichnen kann, auch wenn er sonst weder lesen noch schreiben kann (BGHZ 31, 136 (141); BGH DNotZ 1968, 188). Der Grund der Schreibunfähigkeit (zB Analphabetismus) ist ebenso bedeutungslos wie deren Dauer. Die Schreibunfähigkeit wird entweder durch **Erklärung des Beteiligten** oder auf Grund **Überzeugung des Notars** nach den gleichen Regeln wie bei § 22 festgestellt (→ § 22 Rn. 2). 1

## II. Zuziehung eines Zeugen oder eines zweiten Notar

Nicht erst der Vermerk in der Niederschrift, sondern bereits die abgegebene Eigenerklärung oder die vorhandene Überzeugung des Notars, ein Beteiligter könne seinen Namen nicht schreiben, erzwingt die Zuziehung eines Zeugen oder eines zweiten Notars, wenn eine solche Person nicht bereits gem. § 22 Abs. 1 S. 1 zugezogen ist. Auf die Zuziehung gem. S. 2 kann – anders als in den Fällen des § 22 – nicht verzichtet werden. Wegen der Auswahl und der Anforderungen, die an den Schreibzeugen zu stellen sind, → § 22 Rn. 4. Während ein gem. §§ 22, 29 zugezogener Zeuge oder zweiter Notar als Schreibzeuge fungieren kann, ist dies einem Dolmetscher (§ 16), einem Gebärdendolmetscher (§ 22) (Rossak ZEV 2002, 435 (436)) und einer Verständigungsperson (§ 24) (OLG Hamm NJW 2000, 3362) verwehrt (Winkler Rn. 11). Der Schreibzeuge muss sich der Mitwirkung bewusst sein (BayObLG DNotZ 1985, 217; OLG Hamm NJW 2000, 3362) und während des gesamten, in § 13 vorgeschriebenen Vorgangs der Verlesung der Niederschrift und der Genehmigung durch den schreibunfähigen Beteiligten anwesend sein. Stellt sich die Schreibunfähigkeit erst bei der Unterschriftsleistung heraus, so muss in Anwesenheit eines beigezogenen Schreibzeugen die Niederschrift in vollem Umfang erneut vorgelesen und genehmigt werden (vgl. KG JFG 5, 98; Winkler Rn. 12). Die Genehmigung obliegt dem Beteiligten persönlich, während das Unterzeichnen Sache des Schreibzeugen ist. Ohne Unterschrift des Schreibzeugen ist die Beurkundung unwirksam. 2

## III. Vermerk

Der Vermerk soll außer der Feststellung der Unfähigkeit zur Unterschriftsleistung auch angeben, ob diese Feststellung auf einer eigenen Erklärung des Beteiligten oder der Überzeugung des Notars beruht. Weiterhin ist festzuhalten, dass deshalb ein Schreibzeuge zur Verlesung und Genehmigung zugezogen wurde und welche Person zugezogen wurde. Ein fehlender oder unvollständiger Vermerk beeinträchtigt die Wirksamkeit der Beurkundung nicht. Der Vermerk kann vom Notar nach Abschluss der Verhandlung nachgeholt werden (→ § 8 Rn. 4). 3

## IV. Folge der Nichtzuziehung

Hat ein Beteiligter erklärt, nicht mit seinem Namen unterzeichnen zu können, oder ist der Notar dieser Überzeugung, so führt die Nichtzuziehung eines Schreibzeugen auch dann zur Unwirksamkeit der Beurkundung, wenn diese Feststellungen nicht in der Niederschrift getroffen sind. 4

## § 26 Verbot der Mitwirkung als Zeuge oder zweiter Notar

**(1) Als Zeuge oder zweiter Notar soll bei der Beurkundung nicht zugezogen werden, wer**

**1. selbst beteiligt ist oder durch einen Beteiligten vertreten wird,**
**2. aus einer zu beurkundenden Willenserklärung einen rechtlichen Vorteil erlangt,**
**3. mit dem Notar verheiratet ist,**
**3a. mit ihm eine Lebenspartnerschaft führt oder**
**4. mit ihm in gerader Linie verwandt ist oder war.**

**(2) Als Zeuge soll bei der Beurkundung ferner nicht zugezogen werden, wer**

**1. zu dem Notar in einem ständigen Dienstverhältnis steht,**
**2. minderjährig ist,**
**3. geisteskrank oder geistesschwach ist,**
**4. nicht hinreichend zu hören, zu sprechen oder zu sehen vermag,**

**5. nicht schreiben kann oder**

**6. der deutschen Sprache nicht hinreichend kundig ist; dies gilt nicht im Falle des § 5 Abs. 2, wenn der Zeuge der Sprache der Niederschrift hinreichend kundig ist.**

### Überblick

Diese Mitwirkungsverbote sollen verhindern, dass Eigeninteressen des zweiten Notars oder des Zeugen deren Funktionen gefährdet werden. Es handelt sich allerdings nur um Soll-Vorschriften, deren Verletzung nicht zur Unwirksamkeit der Urkunde führt.

### I. Anwendungsbereich

1 Diese Vorschrift gilt für die Zuziehung eines Zeugen oder zweiten Notars gem. §§ 22, 25, 29, nicht aber für die Mitwirkung eines Dolmetschers gem. § 16, einer Vertrauensperson gem. § 24 oder eines Erkennungszeugen (→ § 10 Rn. 1 ff.).

### II. Mitwirkungsverbote für Zeugen und zweiten Notar (Abs. 1)

2 Das Mitwirkungsverbot bei Eigenbeteiligung **(Abs. 1 Nr. 1)** entspricht § 6 Abs. 1 Nr. 1 und Nr. 4 (→ § 6 Rn. 1 ff., → § 6 Rn. 1 ff.). **Abs. 1 Nr. 2** verbietet jedem die Mitwirkung, der durch die Beurkundung unmittelbar einen rechtlichen Vorteil erlangt (→ BGB § 7 Rn. 1 ff. ff.). Bei der Beurkundung von Verfügungen von Todes wegen ist auch die Regelung des § 27 zu beachten. Die Verbote in Abs. 1 Nr. 3a und 4 beziehen sich trotz der sprachlich verunglückten Bezugnahme („ihm") auf die Partner- oder Verwandtschaft zum beurkundenden Notar, nicht aber auf den Beteiligten selbst. Dabei entspricht das Verbot der Mitwirkung bei Beteiligung des Ehegatten **(Abs. 1 Nr. 3),** eines Lebenspartners iSd § 1 Abs. 1 S. 1 LPartG **(Abs. 1 Nr. 3a)** oder eines in gerader Linie Verwandten **(Abs. 1 Nr. 4)** § 6 Abs. 1 Nr. 2, 2a und 3 (→ § 6 Rn. 1 ff. ff.).

### III. Mitwirkungsverbote nur für Zeugen (Abs. 2)

3 Angestellte des Notars, auch Hausangestellte oder sonst Beschäftigte, sind als Zeuge ausgeschlossen **(Abs. 2 Nr. 1)** (Winkler Rn. 8), nicht dagegen Referendare, Notarassessoren oder Notarkassenangestellte. Ein Beschäftigungsverhältnis zu einem Beteiligten bewirkt dagegen kein Mitwirkungsverbot (Winkler Rn. 8). Minderjährig **(Abs. 2 Nr. 2)** ist nur, wer noch nicht das 18. Lebensjahr vollendet hat (§ 2 BGB). Eine geisteskranke oder geistesschwache Person (→ BGB § 2229 Rn. 1 ff. ff.) ist gem. **Abs. 2 Nr. 3** als Zeuge ausgeschlossen. **Abs. 2 Nr. 4,** der die Mitwirkung eines tauben, stummen oder blinden Zeugen untersagt, greift die Formulierungen in § 22 Abs. 1 S. 1 auf (→ § 22 Rn. 1 ff.). Umstritten ist der Begriff der Schreibunfähigkeit in **Abs. 2 Nr. 5.** Die einen folgern aus dem unterschiedlichen Wortlaut in § 25 und in § 26, dass der Zeuge die Schriftzeichen der Urkundssprache beherrschen müsse (Winkler Rn. 12; Frenz/Miermeister/Baumann Rn. 8). Da der Zeuge jedoch in keinem Fall mehr schreiben muss als seinen Namen, reicht es aus, wenn er nur mit seinem Namen unterzeichnen kann (→ § 25 Rn. 1 ff.) (Armbrüster/Preuß/Renner/Seger Rn. 11; Grziwotz/Heinemann Rn. 18; Jansen Rn. 14; vgl. dagegen Winkler Rn. 12). Wer die Urkundssprache nicht beherrscht (→ § 16 Rn. 1 ff.), kann gem. **Abs. 2 Nr. 6** nicht als Zeuge zugezogen werden.

### IV. Rechtsfolge von Verstößen

4 Die Nichtbeachtung dieser Mitwirkungsverbote („soll") führt nicht zur Unwirksamkeit der Beurkundung (vgl. OLG Hamm FamRZ 1991, 1111).

## 5. Besonderheiten für Verfügungen von Todes wegen

### § 27 Begünstigte Personen

**Die §§ 7, 16 Abs. 3 Satz 2, § 24 Abs. 2, § 26 Abs. 1 Nr. 2 gelten entsprechend für Personen, die in einer Verfügung von Todes wegen bedacht oder zum Testamentsvollstrecker ernannt werden.**

## Überblick

Diese speziell auf Verfügungen von Todes wegen zugeschnittene Regelung will die Unparteilichkeit des beurkundenden Notars auch bei letztwilligen Verfügungen sichern. Deshalb gelten diese Beurkundungs- bzw. Mitwirkungsverbote auch bei erbrechtlichen Zuwendungen sowie bei Ernennungen zum Testamentsvollstrecker, und zwar unabhängig davon, ob diese Vorteile iSd. in Bezug genommenen Vorschriften sind.

## I. Geltungsbereich der §§ 27 ff.

§ 27 und alle anderen Vorschriften des 5. Unterabschnitts gelten für: 1
- das öffentliche Testament (§ 2231 Nr. 1 BGB, § 2232 BGB), und zwar sowohl das einseitige (§ 1937 BGB) als auch das gemeinschaftliche Testament (§ 2265 BGB),
- den Erbvertrag (§ 1941 Abs. 1 BGB),
- das widerrufende (§§ 2254, 2231 Nr. 1 BGB, § 2232 BGB) oder widersprechende öffentliche Testament (§§ 2258, 2231 Nr. 1 BGB, § 2232 BGB),
- die Aufhebung durch Erbvertrag (§ 2290 Abs. 4 BGB) und
- den Rücktritt vom Erbvertrag durch öffentliches Testament (§§ 2297, 2231 Nr. 1 BGB, § 2232 BGB) (vgl. Winkler Vor §§ 27 ff. Rn. 3).

Auch bei Schenkungsversprechen von Todes wegen (§ 2301 BGB) gelten die Bestimmungen 2 der §§ 27 ff. (Jansen Vor §§ 27 ff. Rn. 5). Nicht erfasst werden Erb-, Zuwendungs- und Pflichtteilsverzichte (OLG Düsseldorf BeckRS 2013, 21115). Zum Vorteilsbegriff bei erbrechtlichen Angelegenheiten → § 7 Rn. 1 ff..

## II. Ausschlusstatbestände

**1. Notar.** Der beurkundende Notar, Notarvertreter oder Notariatsverwalter ist gem. §§ 7, 27 3 von der Beurkundung ausgeschlossen, wenn ihm selbst oder einer in § 7 Nr. 2, 2a und 3 genannten Person (→ § 7 Rn. 1 ff.) in der zu beurkundenden Verfügung eine erbrechtliche Zuwendung gemacht wird. Neben einer **Erbeinsetzung** und einem **Vermächtnis** wird auch die **Auflage** vom Beurkundungsverbot des § 27 erfasst (Lange/Kuchinke ErbR § 19 II 4c; Armbrüster/Preuß/Renner/Seger Rn. 4; Soergel/Mayer Rn. 4; Höfer/Huhn, Allgemeines Urkundenrecht, 1968, 242). Die Gegenauffassung (MüKoBGB/Sticherling Rn. 23 mwN; Erman/M. Schmidt Rn. 3) verweist zwar zu Recht darauf, dass die Auflage im Unterschied zum Vermächtnis dem Begünstigten keinen unmittelbaren Erfüllungsanspruch gewährt, übersieht jedoch, dass diese Vorschrift jeden „Bedachten" erfasst, also einen insoweit gegenüber § 7 selbstständigen (aA MüKoBGB/Sticherling Rn. 3), weil spezielleren Tatbestand enthält, sodass der Hinweis auf einen einheitlichen Vorteilsbegriff fehl am Platze ist. Für die Gleichbehandlung aller erbrechtlichen Zuwendungen sprechen dagegen der Normzweck des § 27, nämlich den Anschein jeder Parteilichkeit zu verhindern, und Gründe der Rechtssicherheit, weil die Abgrenzung von Vermächtnissen und Auflagen mitunter äußerst schwierig ist. Das Beurkundungsrecht ist aber gerade im Bereich erbrechtlicher Beurkundungen der Wahrung der Rechtssicherheit in besonderem Maße verpflichtet. Die Ernennung des Notars oder einer der in § 7 Nr. 2, 2a oder 3 genannten Person zum **Testamentsvollstrecker** ist als Ausschlussgrund ausdrücklich genannt (iE → § 7 Rn. 5 f.). Zur Ermächtigung des Notars gem. § 2198 BGB, die Person des Testamentsvollstreckers auszuwählen, insbes. → § 7 Rn. 5. Für alle anderen rechtlichen Vorteile gilt das allgemeine Beurkundungsverbot des § 7.

**2. Dolmetscher, Verständigungsperson, Zeuge oder zweiter Notar.** Das gleiche Verbot 4 gilt für die Mitwirkung an der Beurkundung als Dolmetscher gem. § 16 Abs. 3 S. 2, §§ 7, 27. Im Falle der Zuziehung einer Verständigungsperson gem. § 24 besteht ein Mitwirkungsverbot gem. § 24 Abs. 2, § 27 nur, wenn diese selbst in dieser Weise durch die Verfügung von Todes wegen begünstigt wird. Das Gleiche gilt für den gem. §§ 22, 25, 29 zugezogenen Zeugen oder zweiten Notar gem. § 26 Abs. 1 Nr. 2, § 27.

## III. Rechtsfolge von Verstößen

§ 27 verweist nur auf die einzelnen Ausschlusstatbestände, regelt aber nicht selbst die Rechtsfolge 5 von Verstößen (→ § 7 Rn. 1 ff. f.).

## § 28 Feststellungen über die Geschäftsfähigkeit

**Der Notar soll seine Wahrnehmungen über die erforderliche Geschäftsfähigkeit des Erblassers in der Niederschrift vermerken.**

### Überblick

Entgegen der missverständlichen Normüberschrift stellt der Notar auch bei Verfügungen von Todes wegen die Geschäftsfähigkeit des Erblassers nicht fest, sondern vermerkt lediglich, wie er sich subjektiv von dieser überzeugt hat.

### I. Feststellung der erforderlichen Geschäftsfähigkeit

1 Bei der Beurkundung von Verfügungen von Todes wegen (→ § 27 Rn. 1) soll der Notar nicht nur wie bei sonstigen Willenserklärungen gem. § 11 Abs. 1 S. 2, § 11 Abs. 2 Zweifel an der erforderlichen Geschäftsfähigkeit in der Niederschrift vermerken, sondern er soll immer feststellen, dass – und bei Zweifeln – wie er sich von dieser überzeugt hat. Diese generelle Vermerkpflicht muss jedoch verfassungskonform dahingehend eingeschränkt werden, dass der Notar bei Zweifeln an der Geschäftsfähigkeit seine Wahrnehmungen über das Erscheinungsbild und das Verhalten des Beteiligten nur mit dessen Einwilligung aufnehmen darf. Ausführlich → § 11 Rn. 8.

### II. Vermerk

2 Die formelhafte Feststellung, dass der Notar sich durch Unterhaltung von der Geschäftsfähigkeit überzeugt habe, genügt den Anforderungen des § 28, wenn der Notar keine Zweifel an der Geschäftsfähigkeit hat (vgl. Winkler Rn. 11, 13; Kruse NotBZ 2001, 405). Völlig fehl am Platz sind Zusätze wie „voll" oder „ausreichend", weil die Geschäftsfähigkeit einer Abstufung nicht zugänglich ist (vgl. OLG Düsseldorf BeckRS 2013, 6209). Da der Vermerk lediglich die persönliche Überzeugung des Notars ausdrückt, hat er zwar eine Indizwirkung im Rahmen der Sachverhaltsaufklärung zur Frage der Testierfähigkeit des Erblassers, entfaltet jedoch keinerlei Bindungswirkung für ein späteres gerichtliches Verfahren, und zwar weder im Erbscheinsverfahren (OLG Düsseldorf BeckRS 2013, 6209) noch im Grundbuchverfahren (OLG Düsseldorf BeckRS 2018, 22617 Rn. 22; OLG Hamm BeckRS 2014, 22437 Rn. 14; BayObLG MittBayNot 1975, 18). Die vom Notar getroffenen und im Vermerk mitgeteilten Tatsachenfeststellungen sollten eindeutig sein, um dessen Beweiswert nicht zu verringern (vgl. OLG Düsseldorf BeckRS 2013, 6209). Zur Frage, wo und wie die Feststellung zu treffen ist, → § 11 Rn. 6.

### III. Verletzung der Amtspflichten

3 Hat der Notar seine Pflicht zur Prüfung der Geschäftsfähigkeit oder zur Feststellung in der Niederschrift verletzt, so ist die gleichwohl aufgenommene Urkunde wirksam, weil § 28 nur eine Soll-Vorschrift ist. Der Notar kann im Falle einer pflichtwidrig unterlassenen Feststellung der Geschäftsfähigkeit für die entstehenden Prozess- und Vollstreckungskosten gem. § 19 BNotO haften, wenn das Unterlassen des Vermerks hierfür kausal war (vgl. OLG Oldenburg DNotZ 1974, 19; aA Winkler Rn. 11 Fn. 5). Hat der Notar in der Urkunde seine Überzeugung von der Geschäftsfähigkeit des Beteiligten vermerkt und stellt sich später heraus, dass er sich in einem **Irrtum** befunden hat, so liegt keine Amtspflichtverletzung vor, weil es gem. §§ 11, 28 nur auf die **subjektive Überzeugung** des Notars ankommt (→ § 11 Rn. 4). Selbst wenn der Notar entgegen seiner subjektiven Überzeugung diese Feststellung in der Urkunde trifft, begeht er **keine Falschbeurkundung im Amt** (§ 348 StGB), weil §§ 11, 28 lediglich Soll-Vorschriften enthalten (vgl. BGH NJW 2004, 3195; 2001, 3135 (3136)).

## § 29 Zeugen, zweiter Notar

**[1]Auf Verlangen der Beteiligten soll der Notar bei der Beurkundung bis zu zwei Zeugen oder einen zweiten Notar zuziehen und dies in der Niederschrift vermerken. [2]Die Niederschrift soll auch von diesen Personen unterschrieben werden.**

### Überblick

Außerhalb des Anwendungsbereichs der §§ 22 oder 26 ist der Notar grds. nicht zur Zuziehung eines zweiten Notars oder eines Zeugen verpflichtet. Bei der Beurkundung einer Verfügung von Todes wegen steht deren Zuziehung aber nicht mehr in seinem Ermessen, wenn ein Beteiligter dies verlangt. Die Auswahl der konkreten Person(en) steht dann jedoch wieder im Ermessen des Notars.

## I. Verlangen aller Beteiligten (S. 1)

Verlangen bei der Beurkundung von Verfügungen von Todes wegen (→ § 27 Rn. 1) alle 1
formell Beteiligten (§ 6 Abs. 2) die Zuziehung, so hat diese gem. S. 1 zu erfolgen. Schließt sich auch nur ein Beteiligter diesem Antrag an den Notar nicht an, so darf kein Zeuge oder zweiter Notar beigezogen werden (Winkler Rn. 5 mwN). Die Beteiligten müssen sich zwischen der Zuziehung von bis zu zwei Zeugen „oder" eines zweiten Notars entscheiden. Der Notar ist an diese Entscheidung gebunden (MüKoBGB/Sticherling Rn. 5; Armbrüster/Preuß/Renner/Seger Rn. 6; aA Jansen Rn. 1). Im Unterschied zu den Zeugen ist der zweite Notar kraft Amtes zur Verschwiegenheit (vgl. § 18 BNotO) verpflichtet. Im Falle der Zuziehung eines Zeugen oder zweiten Notars wegen Behinderung gem. § 22 oder wegen Schreibunfähigkeit gem. § 25 kann die Zuziehung eines zweiten Zeugen gem. § 29 gefordert werden, nicht aber eines zweiten weiteren Notars (vgl. BGH NJW 1958, 274; MüKoBGB/Sticherling Rn. 6). Das Verlangen kann formfrei gestellt und braucht nicht begründet zu werden. Es ist zwar nicht vorgeschrieben, jedoch empfehlenswert, in der Niederschrift ausdrücklich zu vermerken, dass auf die Zuziehung von Zeugen oder eines zweiten Notars verzichtet worden ist.

## II. Zuziehung

An das Verlangen der Beteiligten ist der Notar nur hinsichtlich Art und Zahl der Überwachungs- 2
person gebunden, sodass die Auswahl der Person des bzw. der Zeugen oder des zweiten Notars ihm obliegt (MüKoBGB/Sticherling Rn. 5; Armbrüster/Preuß/Renner/Seger Rn. 6; aA Jansen Rn. 1). Die Mitwirkungsverbote der § 26 und § 27 sind dabei zu beachten. Auch der Dolmetscher (§ 16), der Gebärdensprachdolmetscher (§ 22 Abs. 1 S. 2) und die Verständigungsperson (§ 24) sind als Zeugen iSd § 29 ausgeschlossen (allgM, zB MüKoBGB/Sticherling Rn. 16 mwN). Zum Umfang der Zuziehung → § 22 Rn. 1 ff.. Das Fehlen der Unterschrift der Zeugen oder des zweiten Notars (S. 2) berührt die Wirksamkeit der Beurkundung jedoch ebenso wenig wie das pflichtwidrige Unterlassen der Zuziehung trotz eines ordnungsgemäßen Verlangens. Ist jedoch ein Beteiligter schreibunfähig iSd § 25, so muss mindestens ein Zeuge oder der zweite Notar die Niederschrift unterschreiben, um der Muss-Vorschrift des § 25 S. 3 zu genügen.

## § 30 Übergabe einer Schrift

**[1]Wird eine Verfügung von Todes wegen durch Übergabe einer Schrift errichtet, so muß die Niederschrift auch die Feststellung enthalten, daß die Schrift übergeben worden ist. [2]Die Schrift soll derart gekennzeichnet werden, daß eine Verwechslung ausgeschlossen ist. [3]In der Niederschrift soll vermerkt werden, ob die Schrift offen oder verschlossen übergeben worden ist. [4]Von dem Inhalt einer offen übergebenen Schrift soll der Notar Kenntnis nehmen, sofern er der Sprache, in der die Schrift verfaßt ist, hinreichend kundig ist; § 17 ist anzuwenden. [5]Die Schrift soll der Niederschrift beigefügt werden; einer Verlesung der Schrift bedarf es nicht.**

### Überblick

Diese Norm regelt das bei Übergabe eines – offenen oder verschlossenen – (gemeinschaftlichen) Testaments einzuhaltende Beurkundungsverfahren und korrespondiert dabei mit der materiellrechtlichen Vorschrift des § 2232 BGB. Die beiden Wirksamkeitsvoraussetzungen, nämlich die Schriftübergabe sowie die Testiererklärung, müssen danach vom Notar in der vorgeschriebenen Art und Weise hinreichend deutlich dokumentiert werden. Bei einem offen übergebenen Testament muss der Notar zusätzlich grds. von dem Inhalt Kenntnis nehmen und seine Belehrungspflicht gem. § 17 erfüllen.

## I. Niederschrift

1 Der Notar muss die **Übergabe** der – offenen oder verschlossenen – Schrift (§ 2232 S. 1 Alt. 2 BGB) als eigene Wahrnehmung in der Niederschrift feststellen. Sie muss gem. § 9 Abs. 1 S. 2 Nr. 2 ferner die Erklärung des Beteiligten enthalten, dass es sich bei der übergebenen Schrift um seinen letzten Willen handelt (vgl. Winkler Rn. 12); die **Testiererklärung** muss nicht mündlich erfolgen, sondern in jeder gem. § 2232 S. 1 zulässigen Form dem Notar kommuniziert werden. Fehlt eine dieser beiden Feststellungen in der Niederschrift, ist die Beurkundung unwirksam. Ist dagegen nicht angegeben, ob die Schrift offen oder verschlossen übergeben wurde (S. 3), berührt dies die Wirksamkeit nicht. Während die Niederschrift selbst nach den allgemeinen Regeln vorgelesen, genehmigt und unterschrieben werden muss, braucht das übergebene Schriftstück selbst nicht verlesen zu werden (S. 5), und zwar auch nicht bei Zuziehung eines Zeugen (vgl. Winkler Rn. 11, 15, 16).

## II. Übergebene Schrift

2 Die sicherste Art der Kennzeichnung (S. 2) besteht darin, dass auf dem Schriftstück unter Angabe der Urkundenrolle-Nummer vermerkt wird, zu welcher Niederschrift es als Anlage genommen wird. Aber auch jede andere, eindeutige Kennzeichnung des Schriftstücks genügt den Anforderungen dieser Bestimmung. Das Schriftstück soll gem. S. 5 mit der Niederschrift in den Testamentsumschlag nach § 34 gesteckt werden. Eine Verbindung mit Schnur und Siegel ist nicht erforderlich.

## III. Prüfungs- und Belehrungspflicht

3 Wird dem Notar eine (offene oder verschlossene) Schrift übergeben, so braucht er gem. § 2232 S. 1 BGB nur die Übergabe und die Erklärung des Beteiligten hierzu zu beurkunden, nach allgemeinen Grundsätzen über den Inhalt des übergebenen Schriftstücks also nicht zu belehren. S. 4 erweitert die Prüfungs- und Belehrungspflicht und erstreckt sie auch auf den Inhalt der offen übergebenen Schrift. Der Notar muss sie daher lesen, auf ihre Rechtswirksamkeit prüfen und wie bei einer selbst verfassten Verfügung belehren (vgl. BGH DNotZ 1974, 298; Winkler Rn. 9), es sei denn, der Notar versteht die gebrauchte Sprache nicht (Frenz/Miermeister/Baumann Rn. 5).

4 Bei einer **verschlossen übergebenen Schrift** braucht der Notar zwar nicht in dieser Weise zu prüfen und zu belehren, sollte jedoch auf die damit verbundene Gefahr hinweisen, insbes. darauf aufmerksam machen, dass seine Einsetzung als Erbe, Vermächtnisnehmer und/oder Testamentsvollstrecker gem. § 27 nichtig wäre (Armbrüster/Preuß/Renner/Seger Rn. 13 f.; MüKoBGB/Sticherling Rn. 11 f.; aA Soergel/Mayer Rn. 7; Winkler Rn. 10). Erkennt der Notar jedoch, dass sich der Beteiligte der Tragweite der Beurkundung nicht klar ist, so hat der Notar unter dem Gesichtspunkt der erweiterten Belehrungspflicht (→ § 17 Rn. 1 ff.) durch gezieltes Nachfragen alle für die Wirksamkeit unerlässlichen Punkte zu erforschen.

## IV. Folge von Verstößen

5 Fehlt in der Niederschrift der Vermerk über die Tatsache der Schriftübergabe (S. 1) oder über die mündliche Erklärung des Beteiligten, dass die übergebene Schrift seinen letzten Willen enthalte, so ist die Beurkundung unwirksam. Alle anderen Bestimmungen in § 30 sind lediglich Soll-Vorschriften, die nicht zur Unwirksamkeit führen.

### § 31 (aufgehoben)

### § 32 Sprachunkundige

**[1]Ist ein Erblasser, der dem Notar seinen letzten Willen mündlich erklärt, der Sprache, in der die Niederschrift aufgenommen wird, nicht hinreichend kundig und ist dies in der Niederschrift festgestellt, so muß eine schriftliche Übersetzung angefertigt werden, die der Niederschrift beigefügt werden soll. [2]Der Erblasser kann hierauf verzichten; der Verzicht muß in der Niederschrift festgestellt werden.**

### Überblick

Diese Vorschrift ergänzt § 16 und zwingt den Notar dazu, bei der Beurkundung einer Verfügung von Todes wegen für einen Sprachunkundigen eine schriftliche Übersetzung anfertigen zu lassen und der Niederschrift des letzten Willens beizufügen. Es handelt sich zwar um eine Muss-Vorschrift, doch kann der sprachunkundige Erblasser auf die Übersetzung bzw. deren Beifügung verzichten.

### I. Errichtung durch mündliche Erklärung

1 Die Pflicht zur Fertigung einer schriftlichen Übersetzung gilt bei Errichtung einer Verfügung von Todes wegen durch mündliche Erklärung, nicht dagegen durch Übergabe einer Schrift. Im zuletzt genannten Fall verbleibt es bei der fakultativen Übersetzungspflicht des § 16 Abs. 2 S. 2. § 32 regelt nicht den Fall, dass ein behinderter Erblasser seinen letzten Willen in Übereinstimmung mit § 2232 S. 1 BGB dem Notar nicht mündlich, sondern in anderer Weise, insbes. durch Gebärden oder Kopfnicken, erklärt (→ BGB § 2232 Rn. 5). Diese Regelungslücke ist durch analoge Anwendung des § 32 zu schließen, weil die Art der Erklärung keine sachliche Rechtfertigung für eine Differenzierung bietet (Für teleologische Auslegung: Winkler Rn. 6; MüKoBGB/Sticherling Rn. 4; aA Erman/M. Schmidt Rn. 2).

### II. Fertigung der schriftlichen Übersetzung

2 Die **Feststellung gem. § 16 Abs. 1,** dass ein Beteiligter die Urkundssprache nicht hinreichend beherrscht, löst die Übersetzungspflicht aus. Ist der Vermerk falsch, weil der Beteiligte ausreichende Sprachkunde besitzt, so erzwingt allein der Vermerk die schriftliche Übersetzung der Niederschrift. Der Erblasser kann allerdings hierauf **verzichten** (S. 2). Ist der Verzicht nicht in der Niederschrift vermerkt, ist die Beurkundung unwirksam. Zur Vermeidung von Haftungsrisiken ist dem Notar dringend zu empfehlen, im Falle eines Verzichts den Testierenden über die möglichen Folgen, insbes. das Risiko der Anfechtbarkeit, zu belehren und einen entsprechenden Vermerk in die Niederschrift aufzunehmen. Wegen der Anforderungen an den **Inhalt** der schriftlichen Übersetzung, an die **Person des Übersetzers** sowie an die Art der Vorlegung und Beifügung → § 16 Rn. 1 ff..

### III. Folge von Verstößen

3 Unterbleibt trotz eines Vermerks gem. § 16 Abs. 1 über die mangelnde Sprachkunde die Fertigung einer schriftlichen Übersetzung und enthält die Niederschrift auch nicht einen Vermerk gem. S. 2, dass auf deren Fertigung verzichtet wurde, so ist die Beurkundung der Verfügung von Todes wegen unwirksam. Ist nur die Beifügung der schriftlichen Übersetzung unterlassen worden, so berührt dies die Wirksamkeit nicht.

## § 33 Besonderheiten beim Erbvertrag

**Bei einem Erbvertrag gelten die §§ 30 und 32 entsprechend auch für die Erklärung des anderen Vertragschließenden.**

### Überblick

Die Vorschrift hat nur dann Bedeutung, wenn im Erbvertrag nur ein Beteiligter als Erblasser letztwillig verfügt, während der andere diese Anordnungen mit der Folge annimmt, dass diese erbvertragliche Bindungswirkung entfalten.

### I. Bedeutung

1 Bei der Beurkundung eines zwei- oder mehrseitigen Erbvertrags, in dem alle Vertragsteile letztwillige Verfügungen treffen, sind die §§ 30 und 32 ohnehin zu beachten. Die Vorschrift erlangt damit nur für den Fall Bedeutung, dass im Erbvertrag nur ein Beteiligter Erben einsetzt oder Vermächtnisse oder Auflagen anordnet und der andere diese Anordnungen mit der Folge annimmt, dass diese erbvertragliche Bindungswirkung entfalten.

## II. Verfahren

2 Erfolgt die Annahme der erbvertraglichen Zuwendungen durch Übergabe einer Schrift, so ist das Verfahren gem. **§ 30** auch bezüglich der Annahmeerklärung einzuhalten. Bei der Beurkundung eines Erbvertrags unter Beteiligung einer sprachunkundigen Person ist die Niederschrift zwingend gem. **§ 32** schriftlich zu übersetzen, auch wenn derjenige, der vertragsmäßige Verfügungen trifft, die Sprache beherrscht.

### § 34 Verschließung, Verwahrung

**(1) [1]Die Niederschrift über die Errichtung eines Testaments soll der Notar in einen Umschlag nehmen und diesen mit dem Prägesiegel verschließen. [2]In den Umschlag sollen auch die nach den §§ 30 und 32 beigefügten Schriften genommen werden. [3]Auf dem Umschlag soll der Notar den Erblasser seiner Person nach näher bezeichnen und angeben, wann das Testament errichtet worden ist; diese Aufschrift soll der Notar unterschreiben. [4]Der Notar soll veranlassen, daß das Testament unverzüglich in besondere amtliche Verwahrung gebracht wird.**

**(2) Beim Abschluß eines Erbvertrages gilt Absatz 1 entsprechend, sofern nicht die Vertragschließenden die besondere amtliche Verwahrung ausschließen; dies ist im Zweifel anzunehmen, wenn der Erbvertrag mit einem anderen Vertrag in derselben Urkunde verbunden wird.**

**(3) Haben die Beteiligten bei einem Erbvertrag die besondere amtliche Verwahrung ausgeschlossen, so bleibt die Urkunde in der Verwahrung des Notars.**

**(4) Die Urschrift einer Verfügung von Todes wegen darf nicht nach § 56 in die elektronische Form übertragen werden.**

## Überblick

Die Vorschrift regelt das vom Notar nach der Beurkundung einer Verfügung von Todes wegen einzuhaltende Verfahren und unterscheidet dabei zwischen den stets beim Amtsgericht zu hinterlegenden Testamenten (Abs. 1) und den grds. beim Notar verbleibenden Erbverträgen (Abs. 2 und 3).

## I. Testament und gemeinschaftliches Testament

1 **1. Verschließung.** Die Niederschrift eines (gemeinschaftlichen) Testaments, gleichgültig, ob es durch mündliche Erklärung oder Übergabe einer Schrift errichtet wurde, ist gem. Abs. 1 S. 1 in einem Umschlag zu verschließen. In den Umschlag einzulegen ist zunächst die Urschrift der Testamentsurkunde, und zwar einschließlich der mittels Schnur und Siegel verbundenen Anlagen iSd § 9 Abs. 1 S. 1. Bei Testamentserrichtung durch Übergabe einer Schrift sind außerdem diese selbst und ggf. das besondere Blatt iSd § 31 S. 1 mit der Erklärung des Erblassers jeweils im Original beizufügen. Ggf. ist auch eine schriftliche Übersetzung im Original beizufügen, und zwar ohne Rücksicht darauf, ob diese auf Grund des § 32 S. 1 oder des § 16 Abs. 2 S. 2 gefertigt wurde. Nicht beigefügt werden müssen Schriftstücke, auf deren Beifügung verzichtet worden ist (zB § 13a) (Winkler Rn. 3). Liegt dem Notar ein ärztliches Attest über die Geschäftsfähigkeit vor, so sollte er dieses auch dann im Original einlegen, wenn er hierauf in der Niederschrift nicht Bezug genommen hat. Andere Anlagen, vor allem bei unechter Bezugnahme (→ § 9 Rn. 1 ff.), können, aber brauchen nicht beigefügt zu werden. Der Umschlag ist mittels Prägesiegel zu verschließen (vgl. LG Berlin DNotZ 1984, 640). Bei der Verschließung muss der Beteiligte nicht anwesend sein (vgl. Winkler Rn. 5). Während das Einlegen und die Versiegelung auch durch Hilfskräfte des Notars zulässig ist, muss der Umschlag von ihm selbst, von seinem amtlich bestellten Vertreter oder von einem Notariatsverwalter unterschrieben werden.

2 In der **Urkundensammlung** sind gem. § 31 Abs. 1 Nr. 1 lit. a NotAktVV beglaubigte Abschriften von Verfügungen von Todes wegen nur dann zu verwahren, wenn die Beteiligten dies wünschen. Auf Antrag aller Beteiligten ist diesen die in der Urkundensammlung verwahrte beglaubigte Abschrift einer Verfügung von Todes wegen auszuhändigen (§ 33 Abs. 4 NotAktVV).

3 **2. Ablieferung.** Das Testament ist von Amts wegen in Urschrift iSd § 8 BeurkG unverzüglich, dh ohne schuldhaftes Zögern (§ 121 BGB), zur besonderen amtlichen Verwahrung abzuliefern.

Zuständig ist das Gericht, in dessen Bezirk der Notar seinen Amtssitz hat (§ 344 Abs. 1 Nr. 1 FamFG). Dies muss zwar nicht am selben Tag, jedoch regelmäßig innerhalb von drei Tagen ab Beurkundung erfolgen; ein längeres Zuwarten als eine Woche ist wohl nicht zu vertreten, weil sonst die Gefahr besteht, dass das Testament nicht rechtzeitig eröffnet wird, wenn der Erblasser kurz nach Beurkundung stirbt (MüKoBGB/Sticherling Rn. 19; zu weitgehend Armbrüster/Preuß/Renner/Seger Rn. 7). Die Beteiligten können die Ablieferung nicht verbieten (BGH NJW 1959, 2113; DNotZ 1990, 436). Der Beteiligte ist jedoch berechtigt, vor der Ablieferung die Testamentsurkunde in Gegenwart des Notars zu vernichten und damit gem. § 2255 BGB zu widerrufen (Armbrüster/Preuß/Renner/Seger Rn. 12; Jansen Rn. 2; vgl. zum Erbvertrag KG DNotZ 1938, 450). Im Urkundenverzeichnis ist bei der Eintragung die Verbringung der Verfügung von Todes wegen in die besondere amtliche Verwahrung unter Angabe des Datums zu vermerken (§ 16 Abs. 1 NotAktVV).

## II. Erbvertrag

**1. Ablieferungs- oder Verwahrungspflicht.** Auch beim **Abschluss eines Erbvertrags** ist die besondere amtliche Verwahrung als Regel vorgeschrieben, kann aber von den Beteiligten ausgeschlossen werden. 4

Nach hM kann die (isolierte) Erbvertragsaufhebung iSd § 2290 BGB nicht zur besonderen amtlichen Verwahrung abgeliefert werden (OLG Brandenburg BeckRS 2020, 40100; Winkler Rn. 14; Staudinger/Kanzleiter, 2019, BGB § 2290 Rn. 14; MüKoBGB/Sticherling Rn. 3; Burandt/Rojahn/Egerland Rn. 12; aA Frenz/Miermeister/Baumann Rn. 3; Commichau MittBayNot 1998, 235). Grund hierfür ist § 2300 Abs. 2 BGB, der nur einem Erbvertrag, der letztwillige Verfügungen enthält, die Widerrufsfiktion des § 2256 Abs. 1 BGB zugesteht, wenn er aus der amtlichen Verwahrung zurückgegeben wird. Würde man die amtliche Verwahrung eines **Aufhebungsvertrags** iSd § 2290 BGB oder eines **Erbvertragsrücktritts** iSd § 2296 BGB (vgl. dazu OLG Brandenburg BeckRS 2020, 40100) zulassen, bestünde die Gefahr, dass die Beteiligten im Falle der Rücknahme der Aufhebungs- bzw. Rücktrittsurkunde aus der amtlichen Verwahrung irrtümlich glauben und evtl. sogar dahin vom Gericht belehrt werden, damit sei die aufhebende Wirkung beseitigt. Hinzu kommt, dass bei der Definition der erbfolgerelevanten und damit meldepflichtigen Urkunden in § 78d Abs. 2 S. 1 BNotO ausdrücklich zwischen „Erbverträgen" einerseits und „Aufhebungsverträgen" bzw. „Rücktrittserklärungen" (sonstige Urkunden) andererseits differenziert wird. Wird der Erbvertrag nicht durch Aufhebungsvertrag, sondern gem. § 2292 BGB durch gemeinschaftliches Testament von Ehe- bzw. Lebenspartnern aufgehoben, so ist dieses verwahrungsfähig und im Falle der notariellen Beurkundung sogar verwahrungspflichtig. Mit der Aufhebung durch Rückgabe des Erbvertrags aus der Verwahrung gem. § 2300 Abs. 2 BGB steht allerdings in den allermeisten Fällen eine bessere Lösung zur Verfügung. 5

Der Erbvertrag wird vom Notar verwahrt, wenn alle Beteiligten (§ 6 Abs. 2) der Ablieferung zur amtlichen Verwahrung widersprechen. Der **Widerspruch** kann jederzeit formlos rückgängig gemacht werden, sodass dann der Erbvertrag später abzuliefern ist (hM, zB Winkler Rn. 15; aA Jansen Rn. 10). Ist der Erbvertrag mit einem anderen Vertrag, insbes. einem Ehevertrag, in einer Urkunde verbunden und haben sich die Beteiligten zur Verwahrung weder ausdrücklich noch konkludent geäußert, entfällt gem. Abs. 2 Hs. 2 die Ablieferungspflicht. Beantragt jedoch auch nur ein Beteiligter in diesem Fall des verbundenen Erbvertrags die amtliche Verwahrung, so ist die Urkunde abzuliefern (Winkler Rn. 17). 6

**2. Verschließung und Ablieferung.** Ist danach der Erbvertrag zur amtlichen Verwahrung abzuliefern, so sind dabei die Bestimmungen des Abs. 1 für Testamente einzuhalten (→ Rn. 1 f.). Auf übereinstimmendes Verlangen aller formell Beteiligten hat das verwahrende Amtsgericht den Umschlag mit der Urschrift des Erbvertrags zur weiteren Verwahrung an den Notar zurückzugeben (OLG Hamm DNotZ 1974, 460; MittRhNotK 1989, 146; LG Aachen Rpfleger 1988, 266; Armbrüster/Preuß/Renner/Seger Rn. 18). 7

**3. Verwahrung durch Notar.** Widersprechen alle Beteiligten der amtlichen Verwahrung, so bleibt die Urschrift des Erbvertrags in der Urkundensammlung des Notars (Abs. 3) und wird so von diesem kostenfrei verwahrt. Sie wird vom Notar gem. § 32 NotAktVV in der **Erbvertragssammlung** verwahrt. Im elektronischen Urkundenverzeichnis ist zu vermerken, dass es sich um einen notariell verwahrten Erbvertrag handelt (§ 16 Abs. 2 NotAktVV). Zu der Eintragung eines notariell verwahrten Erbvertrags sind ggf. jeweils unter Angabe des Datums später zu vermerken, dessen nachträgliche Verbringung in die besondere amtliche Verwahrung des Amtsgerichts, dessen 8

Rückgabe aus der notariellen Verwahrung gem. § 2300 BGB und dessen Ablieferung an das Amtsgericht nach Eintritt des Erbfalls (§ 16 Abs. 3 NotAktVV).

9 Gem. § 8 DONot muss der Notar bis zum 15. Februar eines jeden Kalenderjahres das Urkundenverzeichnis und, soweit vorhanden, das Erbvertragsverzeichnis oder die Erbvertragskartei nach in notarieller Verwahrung befindlichen Erbverträgen durchsuchen, die innerhalb des letzten Kalenderjahres der **Ermittlungspflicht** gem. § 351 FamFG unterlagen; für Erbverträge, bei denen eine Ablieferung noch nicht veranlasst war, ist dieses Verfahren alle fünf Jahre zu wiederholen. Dies gilt nicht für solche Erbverträge, bei denen sich die Verwahrstelle davon überzeugt hat, dass die Verwahrangaben im Zentralen Testamentsregister zutreffen. Eine später erfolgte Ablieferung teilt der Notar der Registerbehörde elektronisch (§ 9 ZTRV) mit, wenn zu dem Erbvertrag Verwahrangaben im Zentralen Testamentsregister registriert sind. Wegen der **Rücknahme** aus der notariellen Verwahrung → BGB § 2300 Rn. 1 ff..

10 **Nach Eintritt des Erbfalls,** von dem der Notar durch das von der Bundesnotarkammer geführte Testamentsregister gem. § 7 Abs. 1 ZTRV in Kenntnis gesetzt wird, wird die Urschrift an das zuständige Nachlassgericht abgeliefert (§ 34a Abs. 2). Diese Ablieferungspflicht besteht auch dann, wenn der Erbvertrag seinem ganzen Inhalt nach aufgehoben worden ist. Ist der Erbvertrag mit einem anderen Vertrag (zB Erbverzicht, Ehevertrag) verbunden, so ist die Urschrift iSd § 8 BeurkG abzuliefern, nicht nur die in der elektronischen Urkundensammlung etwa vorhandene elektronische beglaubigte Abschrift (S. → § 8 Rn. 4).

## § 34a Mitteilungs- und Ablieferungspflichten

**(1) [1]Der Notar übermittelt nach Errichtung einer erbfolgerelevanten Urkunde im Sinne von § 78d Absatz 2 Satz 1 der Bundesnotarordnung die Verwahrangaben im Sinne von § 78d Absatz 2 Satz 2 der Bundesnotarordnung unverzüglich elektronisch an die das Zentrale Testamentsregister führende Registerbehörde. [2]Die Mitteilungspflicht nach Satz 1 besteht auch bei jeder Beurkundung von Änderungen erbfolgerelevanter Urkunden.**

**(2) Wird ein in die notarielle Verwahrung genommener Erbvertrag gemäß § 2300 Absatz 2, § 2256 Absatz 1 des Bürgerlichen Gesetzbuchs zurückgegeben, teilt der Notar dies der Registerbehörde mit.**

**(3) [1]Befindet sich ein Erbvertrag in der Verwahrung des Notars, liefert der Notar ihn nach Eintritt des Erbfalls an das Nachlassgericht ab, in dessen Verwahrung er danach verbleibt. [2]Enthält eine sonstige Urkunde Erklärungen, nach deren Inhalt die Erbfolge geändert werden kann, so teilt der Notar diese Erklärungen dem Nachlassgericht nach dem Eintritt des Erbfalls in beglaubigter Abschrift mit.**

**(4) Die Urschrift einer Verfügung von Todes wegen darf nicht nach § 56 in die elektronische Form übertragen werden.**

### Überblick

Diese Norm regelt die notariellen Mitteilungs- und Ablieferungspflichten nach der Beurkundung einer Verfügung von Todes wegen so, dass dem Nachlassgericht nach dem Erbfall alle erbfolgerelevanten Urkunden unverzüglich bekannt werden.

### I. Mitteilungspflicht (Abs. 1 und 2)

1 Diese Mitteilungspflicht soll gewährleisten, dass dem Nachlassgericht nach dem Erbfall alle erbfolgerelevanten Urkunden bekannt werden. Deshalb sind die Erhebung und die Verwendung personenbezogener Daten auf das Maß zu beschränken, das unerlässlich ist, um die erbfolgerelevante Urkunde wieder aufzufinden (vgl. § 1 Abs. 2 ZTRV). Es handelt sich um eine Amtspflicht des Notars, auf deren Erfüllung die Beteiligten nicht verzichten können. Erbfolgerelevante Urkunden brauchen deshalb auch keinen Hinweis auf die zwingend vorgeschriebene Registrierungspflicht zu enthalten. Die Mitteilungspflicht ist zugleich eine gesetzlich angeordnete Ausnahme von der Verschwiegenheitspflicht des Notars gem. § 18 Abs. 1 S. 1 BNotO. Adressat der Mitteilung ist das von der Bundesnotarkammer (Registerbehörde) gem. § 78 Abs. 1 S. 1 Nr. 2 BNotO geführte automatisierte elektronische Register über die Verwahrung erbfolgerelevanter Urkunden (Zentrales Testamentsregister).

**1. Erbfolgerelevante Urkunde iSd § 78d Abs. 2 S. 1 BNotO.** Die Mitteilungspflicht bezieht sich ausschließlich auf erbfolgerelevante Urkunden. § 78d Abs. 2 S. 1 BNotO enthält eine Legaldefinition dieser Urkunden, verbunden mit einer beispielhaften Auflistung. Meldepflichtig sind danach Errichtung, Aufhebung, Änderung oder Anfechtung einer Verfügung von Todes wegen (Testament, gemeinschaftliches Testament und Erbvertrag), der Rücktritt vom Erbvertrag (→ BGB § 2296 Rn. 1 ff.), der Widerruf eines gemeinschaftlichen Testaments (→ BGB § 2271 Rn. 1 ff.), die Rückgabe eines Erbvertrags (Abs. 2), der Verzicht auf das gesetzliche Erbrecht (§ 2346 Abs. 1 BGB) und/oder auf eine Zuwendung (§ 2352 BGB), die Aufhebung eines Erb- oder Zuwendungsverzichtsvertrags (§ 2351 BGB), ein Ehevertrag, mit dem die Ehepartner Gütertrennung vereinbaren oder aufheben (§§ 1414, 1931 Abs. 4 BGB), ein Lebenspartnerschaftsvertrag, mit dem diese Gütertrennung vereinbaren oder aufheben (§ 7 S. 1 LPartG, § 10 Abs. 2 S. 2 LPartG iVm § 1414 BGB), ein Ehe- oder Lebenspartnerschaftsvertrag, bei dem ein oder beide Partner das Recht eines Staats wählen, dem sie nicht angehören (vgl. Mitteilungen der Notarkammer Koblenz Teil I Nr. 1/1990, 3 ff.). Keine Mitteilung darf dagegen erfolgen bei Rechtsgeschäften, die die Erbfolge zwar wirtschaftlich beeinflussen können, aber eben nicht rechtlich. An dieser Stelle seien Pflichtteilsverzichtsverträge (§ 2346 Abs. 2 BGB), Übergabeverträge mit erbrechtlichen Anrechnungsbestimmungen oder Eheverträge mit Modifizierungen des gesetzlichen Güterstands der Zugewinngemeinschaft, Unterhaltsvereinbarungen und/oder Abreden über den Versorgungsausgleich besonders hervorgehoben. Teilt der Notar auch derartige Urkunden dem Zentralen Testamentsregister mit, macht er sich einer Verletzung seiner Verschwiegenheitspflicht gem. § 18 Abs. 1 BNotO schuldig, weil die Offenbarung der mitgeteilten Tatsachen nicht durch Abs. 1 gedeckt war. 2

**2. Melde- bzw. Übermittlungspflicht.** Der Notar hat die in § 1 S. 1 ZTRV vorgeschriebenen Daten dem Zentralen Testamentsregister auf elektronischem Wege (zur Ausnahme s. § 9 ZTRV) zu übermitteln. Die Geburtenregisternummer, die zur einwandfreien Identifizierung des Erblassers unerlässlich ist, kann dabei nachgemeldet werden. Der Notar ist nicht zu Nachforschungen verpflichtet, sondern darf sich auf die ihm gemachten Angaben des Erblassers verlassen (§ 2 Abs. 3 ZTRV). Verweigert der Erblasser die Angaben, so sollte der Notar dies dem Zentralen Testamentsregister mitteilen. Die Registrierung hat unverzüglich, dh ohne schuldhaftes Zögern (§ 121 BGB), zu erfolgen. Zwar muss sie – anders als die Ablieferung (→ § 34 Rn. 3) – nicht innerhalb von drei Tagen erfolgen, weil selbst dann, wenn der Erblasser kurz nach Beurkundung stirbt, ohnehin einige Zeit vergehen wird, bis das Zentrale Testamentsregister die Sterbefallmitteilung erhält (MüKoBGB/Sticherling Rn. 18), doch sollte der Notar damit keinesfalls länger als zwei Wochen warten. Errichtung ist nicht gleichbedeutend mit Beurkundung. Die Meldepflicht tritt zwar bei Verfügungen von Todes wegen sowie Ehe- bzw. Lebenspartnerschaftsverträgen bereits mit der Beurkundung ein, nicht aber bei Rechtsgeschäften, bei denen der andere Vertragsteil zulässigerweise vollmachtlos vertreten worden ist (zB Erbverzicht). In dem zuletzt genannten Fall sind die Daten dem Register erst nach Eingang der Nachgenehmigung zu übermitteln, weil das Rechtsgeschäft erst dann rechtswirksam, also erbfolgerelevant iSd § 78d Abs. 2 S. 1 BNotO ist. 3

Der beurkundende Notar hat die Meldung an das Zentrale Testamentsregister ohne Rücksicht darauf vorzunehmen, ob die Verfügung von Todes wegen von ihm oder vom Amtsgericht verwahrt werden soll. Im Falle der Ablieferung teilt der Notar dem Amtsgericht die ihm vom Zentralen Testamentsregister angegebene Verwahrnummer mit (§ 3 Abs. 3 S. 1 ZTRV), während das Amtsgericht die Inverwahrnahme der Registerbehörde unter Angabe der Verwahrnummer zu melden hat (§ 3 Abs. 3 S. 2 ZTRV). 4

## II. Ablieferungspflicht (Abs. 3)

Die Ablieferungspflicht der erbfallrelevanten Urkunden iSd § 78d Abs. 2 S. 1 BNotO dient dem Zweck, dem zuständigen Nachlassgericht nach Eintritt des Erbfalls die für seine Tätigkeit insbes. die Eröffnung und die Erbscheinserteilung notwendigen Kenntnisse verschaffen. Weil die Eröffnungspflicht gem. §§ 2300, 2260–2263 BGB alle Urkunden ohne Rücksicht auf die formelle und/oder materielle Wirksamkeit erfasst (→ BGB § 2300 Rn. 19), kommt es auch im Rahmen des Abs. 2 S. 1 hierauf nicht an. Zur Mitteilungspflicht des Notars nach Ablieferung eines zwei- oder mehrseitigen Erbvertrags, wenn das Nachlassgericht den Notar fälschlicherweise als weiterverwahrende Stelle für den späteren Erbfall angegeben hat, → BGB § 2300 Rn. 19. 5

**1. Vom Notar verwahrter Erbvertrag.** Abs. 2 S. 1 wiederholt nur, was bereits § 2300 Abs. 1 BGB, § 2259 Abs. 1 BGB anordnen, nämlich die Pflicht des Notars, einen von ihm verwahrten Erbvertrag beim zuständigen Nachlassgericht abzuliefern. Abzuliefern ist die in der Erbvertrags- 6 sammlung verwahrte Urschrift der Verfügung von Todes wegen iSd § 8 BeurkG, nicht dagegen die in der elektronischen Urkundensammlung auf Wunsch der Beteiligten verbliebene elektronische Abschrift hiervon (s. ausf. → § 8 Rn. 4). Die Ablieferungspflicht beginnt – entgegen der Formulierung in Abs. 2 S. 1 – aber nicht schon mit dem Eintritt des Erbfalls (Tod des Erblassers), sondern erst – wie § 2259 Abs. 1 BGB zutreffend bestimmt – mit dem Zeitpunkt, in dem der Notar durch die Sterbefallanzeige des Testamentsregisters (§ 7 Abs. 1 ZTRV) hiervon Kenntnis erlangt. Abzuliefern ist die Urschrift der Erbvertragsurkunde iSd § 8 BeurkG selbst dann, wenn sie mit weiteren Rechtsgeschäften (Ehevertrag, Unterhaltsregelungen, Scheidungsfolgen, vorweggenommener Erbfolge usw) in einer Urkunde verbunden ist (Grziwotz/Heinemann BeurkG Rn. 22). Die Ablieferungspflicht bezieht sich auf alle Urkunden, die nach Form und Inhalt einen Erbvertrag enthalten. Folglich ist auch eine als „Erbvertrag" bezeichnete Urkunde abzuliefern, die materiellrechtlich keine solche Verfügung von Todes wegen (zB Annahmeerklärung durch Vertragspartner fehlt, nur Erbverzicht) oder offenkundig unwirksam (zB Unterschrift eines Beteiligten fehlt) ist. Hat der Notar bei einem zwei- oder mehrseitigen Erbvertrag die Urschrift bereits bei einem früheren Erbfall eingereicht, so genügt es, wenn er bei weiteren Erbfällen auf die eingereichte Urschrift hinweist.

7 **2. Sonstige erbfolgerelevante Urkunde.** Bei diesen Urkunden ist allerdings nicht die Urschrift, sondern lediglich eine beglaubigte Abschrift einzureichen. Weil gem. § 56 Abs. 3 BeurkG die vom Notar in der elektronischen Urkundensammlung verwahrten elektronischen Dokumente Niederschriften iSd. § 8 BeurkG gleichstehen (→ § 8 Rn. 4) und es sich bei diesen Urkunden nicht um Verfügungen von Todes wegen, bei denen es an einem gleichwertigen elektronischen Gegenstück fehlt, handelt, reicht es aus, wenn der Notar eine signierte **elektronische Abschrift** dem Nachlassgericht übersendet.

8 Der Notar hat bei verbundenen Rechtsgeschäften zum **Schutz der Geheimhaltungsinteressen** der Urkundsbeteiligten durch Fertigung nur auszugsweiser (elektronischer) Abschriften dafür zu sorgen, dass das Nachlassgericht nur von demjenigen Teil der Urkunde Kenntnis erhält, der gem. Abs. 2 S. 2 abzuliefern ist. Der Notar ist verpflichtet, bereits bei der Formulierung der Urkunde auf die ausreichende **Trennbarkeit** der erbfolgerelevanten Teile (zB Erbverzicht, Güterstandsregelung) von den sonstigen Willenserklärungen zu achten (§ 17 Abs. 1 S. 1). Die Aufspaltung in mehrere Urkunden ist aus diesem Grund keine unrichtige Sachbehandlung iSd § 21 Abs. 1 S. GNotKG, die zu einer Niederschlagung der Kosten führen würde.

## § 35 Niederschrift ohne Unterschrift des Notars

**Hat der Notar die Niederschrift über die Errichtung einer Verfügung von Todes wegen nicht unterschrieben, so ist die Beurkundung aus diesem Grunde nicht unwirksam, wenn er die Aufschrift auf dem verschlossenen Umschlag unterschrieben hat.**

### Überblick

Diese Heilungsvorschrift soll die Ungültigkeit einer zur amtlichen Verwahrung abgelieferten Verfügung von Todes wegen vermeiden, die der Notar entgegen § 13 Abs. 3 S. 1 nicht unterschrieben hat, wenn er wenigstens den verschlossenen Umschlag unterschrieben hat. Die dortige Unterschrift ersetzt die fehlende unter der Niederschrift.

### I. Testament und gemeinschaftliches Testament

1 **1. Nachholung der Unterschrift.** Gemäß § 13 Abs. 3 S. 1 muss der Notar die Niederschrift eigenhändig unterschreiben. Nach hier vertretener Auffassung kann der Notar seine Unterschrift bis zum Tod des Erblassers nachholen (ausf. → § 13 Rn. 19). Erst dann, wenn der Notar seine Unterschrift auch nicht in zulässiger Weise nachgeholt hat, kommt die gesetzliche Fiktion des § 35 zum Zuge.

2 **2. Unterschrift auf Testamentsumschlag.** Die Urschrift der Verfügung von Todes wegen muss gem. § 34 Abs. 1 S. 1–3 ordnungsgemäß in dem Umschlag verschlossen worden sein (Winkler Rn. 4; MüKoBGB/Sticherling Rn. 11). Die Ablieferung braucht noch nicht erfolgt zu sein (Winkler Rn. 4). Nach dem Sinn und Zweck dieser Vorschrift kommt es auch nicht darauf an, ob die gem. § 34 Abs. 1 beizufügenden Anlagen eingelegt worden sind, wenn nur die Urschrift

selbst sich in dem Umschlag befindet. Hat der beurkundende Notar höchstpersönlich auf dem verschlossenen Umschlag (mit oder ohne Beifügung der Amtsbezeichnung) unterschrieben, so führt die fehlende Unterschrift auf der Urschrift abweichend von § 13 Abs. 3 S. 1 nicht zur Unwirksamkeit der beurkundeten Verfügung von Todes wegen. Der Notar hat auch dann „auf dem Umschlag" unterschrieben, wenn der von ihm unterschriebene Vordruck mit den Verwahrangaben gem. § 2 Abs. 1 ZTRV auf den Umschlag mit dem Testament geklebt ist, ohne dass es zusätzlich einer überlappenden Siegelung von Vordruck und Umschlag bedarf. § 35 ändert dabei nichts an der persönlichen Verantwortung des Beurkundenden für die Feststellungen in der Niederschrift, sodass die nach § 34 an sich zulässige Unterschrift des den Notar vertretenden Notarvertreters ebenso wenig diese heilende Funktion besitzt wie die eines Notariatsverwalters anstelle eines ausgeschiedenen Notars. Hat der Notar seine Unterschrift auf dem Umschlag vergessen, so kann er diese – auch noch nach der Ablieferung – bis zum Tod des Erblassers nachholen (Lerch Rn. 4; auch → § 13 Rn. 25).

## II. Erbvertrag

§ 35 gilt bei einem Erbvertrag nur unter der Voraussetzung, dass auch er zum Zwecke der Ablieferung zur amtlichen Verwahrung in der von § 34 Abs. 1 S. 1–3 vorgesehenen Weise verschlossen und vom beurkundenden Notar unterschrieben worden ist. Die Ablieferung selbst braucht dagegen für die Anwendbarkeit des § 35 noch nicht erfolgt zu sein. Wird der Erbvertrag erst später in die amtliche Verwahrung gebracht, so greift bei fehlender Unterschrift § 35 wie bei einem Testament ein (Winkler Rn. 6; MüKoBGB/Burkart Rn. 8; aA Lerch Rn. 3). § 35 gilt auch bei Ehe- und Erbverträgen. Eine Vergleich mit der anders lautenden Formulierung in § 34 Abs. 2 Hs. 2 sowie der Ausnahmecharakter des § 35 gegenüber § 13 Abs. 3 S. 1 sprechen dafür, die heilende Wirkung nur auf den Erbvertragsteil zu beziehen, nicht jedoch auf einen damit verbundenen anderen Vertrag, insbes. einen Ehevertrag (MüKoBGB/Hagena Rn. 19; Winkler Rn. 6; Armbrüster/Preuß/Renner/Seger Rn. 10; aA Lischka NotBZ 1999, 8 (12)). Der Ehevertragsteil ist und bleibt wegen der fehlenden Unterschrift gem. § 13 Abs. 3 S. 1 unwirksam. 3

# Internationales Privatrecht

## I. Allgemeine Vorschriften: Art. 1, 2 EGBGB

### Art. 1, 2 (nicht abgedruckt)

## II. Internationales Privatrecht

### 1. Allgemeiner Teil

#### a) Einleitung

##### Einleitung zum Internationalen Privatrecht

**Schrifttum: Gesamtdarstellungen:** v. Bar/Mankowski, Internationales Privatrecht, Band I: Allgemeine Lehren, 2. Aufl. 2003; v. Bar/Mankowski, Internationales Privatrecht, Band II: Besonderer Teil, 2. Aufl. 2019; v. Hoffmann/Thorn, Internationales Privatrecht, 9. Aufl. 2007 (10. Aufl. 2020 angekündigt); Hausmann/Odersky, Internationales Privatrecht in der Notar- und Gestaltungspraxis, 3. Aufl. 2017; Kegel/Schurig, Internationales Privatrecht, 9. Aufl. 2004; Kropholler, Internationales Privatrecht, 6. Aufl. 2006; Rauscher, Internationales Privatrecht, 5. Aufl. 2017; Siehr, Internationales Privatrecht, 2001.

**Kommentare:** Erman/Hohloch, Band II, 16. Aufl. 2020; Heidel/Hüßtege/Mansel/Noack, Nomos Kommentar (NK), Band I: Allgemeiner Teil des BGB mit EGBGB, 4. Aufl. 2021; Hüßtege/Mansel, Nomos Kommentar (NK), Band VI: Rom-Verordnungen, EuErbVO, HUP, 3. Aufl. 2019; juris Praxiskommentar BGB, Bd. 6 – Internationales Privatrecht, 9. Aufl. 2020; Looschelders, IPR (Art. 3–46 EGBGB), 2013; MüKoBGB, Band 12: IPR I, Europäisches Kollisionsrecht, Art. 1–26 EGBGB, 8. Aufl. 2020, Band 13: IPR II, Internationales Wirtschaftsrecht, Art. 50–253 EGBGB, 8. Aufl. 2021; Grüneberg/Thorn, BGB, 81. Aufl. 2022; Prütting/Wegen/Weinreich, BGB, 16. Aufl. 2021 (17. Aufl. 2022 angekündigt); Staudinger, Kommentar zum Bürgerlichen Gesetzbuch, EGBGB (jeweils Angabe mit Jahreszahl in Klammern).

**Textsammlungen:** Artz/Staudinger, Europäisches Verfahrens-, Kollisions- und Privatrecht, 2010; Jayme/Hausmann, Internationales Privat- und Verfahrensrecht, 20. Aufl. 2020; Riering (Hrsg.), IPR-Gesetze in Europa, 1997; Kropholler/Krüger/Riering/Samtleben/Siehr (Hrsg.), Außereuropäische IPR-Gesetze, 1999.

**Rechtsprechungs- und Fallsammlungen:** Die deutsche Rechtsprechung auf dem Gebiet des IPR **(IPRRspr),** 1926–1934, 1935–1944 (2 Bände), 1945 ff. (zuletzt 2019), derzeit bearbeitet von Kulms; Schack, Höchstrichterliche Rechtsprechung zum Internationalen Privat- und Verfahrensrecht, 2. Aufl. 2000; jährliche Rechtsprechungsübersichten von Rauscher/Pabst NJW 2007, 3541; NJW 2008, 3477; NJW 2009, 3614; NJW 2011, 3547; NJW 2012, 3490; NJW 2013, 3692; NJW 2014, 3619; Rauscher NJW 2015, 3551; NJW 2016, 3493; NJW 2017, 3486; NJW 2018, 3421; NJW 2019, 3486; NJW 2020, 3632. Zur Entwicklung des europäischen und staatsvertraglichen IPR s. Rauscher/Pabst GPR 2011, 41 ff. sowie die jährlichen Berichte von Mansel/Thorn/Wagner in IPRax, zuletzt IPRax 2022, 97 sowie von Arnold/Zwirlein-Forschner in GPR, zuletzt GPR 2021, 205.

**Gutachten:** Deutsches Notarinstitut, Gutachten zum internationalen und ausländischen Privatrecht 1993, 1994; Drobnig/Ferid/Kegel bzw. Basedow/Coester-Waltjen/Mansel, seit 2021 Lorenz/Mansel/Michaels, Gutachten zum internationalen und ausländischen Privatrecht **(IPG),** 1965 ff. (zuletzt 2018–2020); Wengler, Gutachten zum internationalen und ausländischen Familien- und Erbrecht, 2 Bände 1971.

**Zeitschriften:** Zeitschrift für ausländisches und internationales Privatrecht **(RabelsZ),** seit 1927; Praxis des Internationalen Privat- und Verfahrensrechts **(IPRax),** seit 1981.

Hilfsmittel zum ausländischen Recht: → Rn. 84.

## Übersicht



## I. Begriff, Aufgabe und Ziele des IPR

Das Internationale Privatrecht hat die Aufgabe, in privatrechtlichen Fällen mit **Auslandsberührung** (vgl. Art. 3) die auf den jeweiligen Sachverhalt anwendbare (Privat-)Rechtsordnung zu bestimmen. Man spricht, da es um die Auswahl zwischen mehreren in Betracht kommenden Rechtsordnungen geht, daher auch gleichbedeutend von **„Kollisionsrecht"** (vgl. hierzu auch die englische und französische Terminologie: Private International Law, Droit International Privé sowie conflict of laws, conflit des lois). Die speziellen Normen des IPR nennt man deshalb **Kollisionsnormen** oder Verweisungsnormen. Der Tatbestand dieser Normen enthält bestimmte Anknüpfungspunkte, als Rechtsfolge wird ein Rechtsanwendungsbefehl ausgesprochen, dh eine bestimmte Rechtsordnung als die für den jeweiligen Sachverhalt maßgebliche bezeichnet. Verwiesen wird – grds. ohne Rücksicht auf dessen Inhalt – immer auf ein bestimmtes **staatliches Recht.** Traditionen bestimmter Volksgruppen oder Regelungen von Religionsgemeinschaften sind nur dann relevant, wenn sie (auch als Gewohnheitsrecht) Teil der berufenen staatlichen Rechtsordnung sind (zur interpersonalen Rechtsspaltung → Rn. 8 f.; → Art. 4 Rn. 24 ff.). „Staat" iSd Internationalen Privatrechts ist dabei jeder souveräne Staat, unabhängig von der Frage seiner völkerrechtlichen Anerkennung. Maßgeblich ist allein, ob ein bestimmtes Recht in einem bestimmten Gebiet tatsächlich allgemein angewandt wird (hM, vgl. nur Kegel/Schurig IPR § 1 IV 2b). Dies gilt auch im Falle völkerrechtswidriger Annexion oder Besetzung eines Gebietes (vgl. etwa v. Bar/Mankowski IPR I § 3 Rn. 31 ff. mit gewissen Differenzierungen hinsichtlich des Formstatuts in einer Übergangszeit: Alternativanknüpfung in favorem negotii; zur Staatensukzession bei Staatenverfall s. Großerichter/Bauer RabelsZ 2001, 201 sowie MüKoBGB/v. Hein Rn. 51). Das IPR kennt jedoch, anders als etwa das Internationale Zivilprozessrecht, keine Exterritorialität: Für ortsbezogene Anknüpfungen sind auch Botschaften Staatsgebiet des Aufnahmestaates (vgl. etwa BGHZ 82, 34 (44) für die Frage des Ortes einer Ehescheidung im Zusammenhang mit Art. 17 Abs. 2). 1

Kollisionsnormen bewirken damit – anders als die sog. **Sachnormen** – nie eine Rechtsfolge auf dem Gebiet des materiellen Rechts, sondern bezeichnen, welches nationale Sachrecht auf einen bestimmten Lebenssachverhalt anwendbar ist. Diese Normen bilden das jeweilige **Sachstatut.** Der Ausdruck „Statut" bezeichnet also die jeweils maßgebende Rechtsordnung. So spricht man etwa hinsichtlich des auf die Erbfolge anwendbaren materiellen (Sach-)Rechts vom Erbstatut, 2 hinsichtlich des auf die Eheschließung anwendbaren Rechts vom Eheschließungsstatut, vom Kindschaftsstatut, Schuldvertragsstatut, Deliktsstatut etc.

3 Trotz einer Vielzahl von (gegenüber dem autonomen Kollisionsrecht nach Art. 3 vorrangigen) Kollisionsnormen europäischen oder staatsvertraglichen Ursprungs ist das Internationale Privatrecht daher weder Privatrecht im herkömmlichen Sinne, noch ist es notwendigerweise „Internationales Recht" iSv supranationalem oder zwischenstaatlichem Recht (zur Genesis des auf den Amerikaner Joseph Story zurückgehenden Begriffes „Internationales Privatrecht" vgl. nur v. Bar/Mankowski IPR I § 1 Rn. 15). Insbesondere besteht kein eigenständiges völkerrechtliches IPR. Auch das ungeschriebene Völker(gewohnheits)recht, welches nach Art. 25 GG Bestandteil des Bundesrechts mit Vorrang vor den einfachen Gesetzen ist, kann allenfalls einen gewissen Kontrollrahmen, dh Mindestanforderungen für das staatliche Kollisionsrecht liefern (vgl. Kropholler IPR § 8 I; Kegel/Schurig IPR § 1 IV 1; v. Bar/Mankowski IPR I § 3 Rn. 8 ff., jeweils mwN; grdl. zum Kontrollrahmen und den Folgen einer etwaigen Völkerrechtsverletzung Meesen FS Mann, 1977, 227). Es enthält aber keine konkreten Rechtssätze für das staatliche IPR (str., vgl. etwa Kropholler IPR § 8 I 1), insbes. keine Verpflichtung zur (uneingeschränkten) Anwendung fremden Rechts durch inländische Hoheitsträger (vgl. BGHZ 169, 240 Rn. 49) oder zur Gleichbehandlung von Ausländern und Inländern (BVerfG NJW 2006, 2542 Rn. 24). Die praktische Relevanz dieser Frage ist freilich gering, da es jedenfalls keine nennenswerten völkerrechtlichen Grenzen für die Gestaltung der nationalen Kollisionsrechte gibt (so zutr. v. Bar/Mankowski IPR I § 3 Rn. 12; zu älteren völkerrechtlichen Theorien im IPR vgl. v. Bar/Mankowski IPR I § 3 Rn. 8 ff.; Kegel/Schurig IPR § 1 IV 1c). „Internationales Privatrecht" ist damit Privatrecht im dogmatischen Sinne (vgl. nur Kropholler IPR § 1 V 1 sowie Kegel/Schurig IPR § 1 V, der zu Recht auf die Müßigkeit des Streites hinweist), nicht aber zwingend „internationales Recht". Es beruht als rein nationales (oder europäisches) Recht auf Normen des nationalen (bzw. europäischen) Gesetzgebers (worunter auch die von ihm ratifizierten Staatsverträge zählen) und kann – soweit nicht staatsvertraglich vereinheitlicht – von Staat zu Staat divergieren. Dies ermöglicht es, dass die Gerichte verschiedener Staaten auf denselben Sachverhalt auf Grund ihres jeweiligen (nationalen) IPR unterschiedliche Rechtsordnungen anwenden und damit auch zu unterschiedlichen materiellrechtlichen Ergebnissen kommen. Dies kann wiederum dazu führen, dass eine Partei einen Gerichtsstand möglichst in dem Staat zu erlangen sucht, dessen IPR das ihr im materiellrechtlichen Endergebnis günstigere Sachrecht zur Anwendung beruft (vgl. dazu auch BGHZ 44, 46 (50); 153, 82 (86), wo zutr. betont wird, dass damit die Entscheidung über die internationale Zuständigkeit die sachliche Entscheidung vorwegnehmen kann). Man spricht insoweit plakativ von **„forum shopping"**, welches entweder durch die kollisionsrechtliche oder materiellrechtliche **Rechtsvereinheitlichung** oder aber durch die Vereinheitlichung von Regeln über die internationale Zuständigkeit verhindert oder zumindest beschränkt werden kann. Die Vereinheitlichung des europäischen Kollisionsrechts insbes. durch die „Rom-Verordnungen" (→ Rn. 26) dient gerade diesem Zweck.

4 Die Anknüpfung bestimmter Lebenssachverhalte an bestimmte Anknüpfungspunkte mit der Rechtsfolge der Anwendbarkeit einer bestimmten Rechtsordnung durch die Kollisionsnormen erfolgt nicht willkürlich. Dahinter stehen vielmehr bestimmte **Anknüpfungsziele.** Diese vom IPR verfolgten und verfolgbaren Ziele sind jedoch vielschichtig. Abstrakt geht es ua darum, den „Schwerpunkt des Rechtsverhältnisses" zu lokalisieren und das anwendbare Recht danach zu bestimmen. Der Grundgedanke der sog. **„Anknüpfungsgerechtigkeit"** bzw. spezifisch international-privatrechtlichen Gerechtigkeit besteht somit darin, ein Rechtsverhältnis derjenigen Rechtsordnung zu unterstellen, zu welcher die **engste Verbindung** besteht. Dieses Prinzip kommt kodifikatorisch etwa in den sog. **Ausweichklauseln** (auch **Ausnahmeklausel**) zum Ausdruck (zB Art. 4 Abs. 3 Rom I-VO und Rom II-VO, Art. 21 Abs. 2 EuErbVO, Art. 13 Abs. 2 EGBGB, Art. 41 Abs. 1 EGBGB). Andererseits kann eine Kollisionsnorm auch das Ziel verfolgen, nicht die engste, sondern mehrere „enge" Verbindungen anknüpfungsbegründend wirken zu lassen. Weitere Ziele des IPR, die der Gesetzgeber innerhalb der weiten verfassungs-, europa- und völkerrechtlichen Schranken frei gewichten kann, sind neben der spezifisch international-privatrechtlichen Anknüpfungsgerechtigkeit etwa die Verwirklichung staatlicher Interessen, die persönlichen Interessen der Beteiligten sowie der **internationale Entscheidungseinklang.** Unter letzterem versteht man das (nie ganz zu verwirklichende) Idealziel, dass ein Rechtsstreit unabhängig vom angegangenen Gericht überall nach denselben Normen und damit potentiell gleich entschieden wird. Auch dieses Ideal darf freilich nicht überbewertet werden. Der praktische Aspekt der Durchsetzbarkeit einer Entscheidung steht schon deshalb im Hintergrund, weil die Anerkennung und Vollstreckung einer Entscheidung im Ausland im Regelfall nicht mehr davon abhängig gemacht wird, welches materielle Recht angewendet wurde. Ideale Verwirklichung kann der

Gedanke des Entscheidungseinklangs erst durch die fortschreitende internationale Kollisionsrechtsvereinheitlichung finden.

Die **Bedeutung** des IPR hat mit der zunehmenden internationalen Verflechtung aller Bereiche des Privatrechts im Laufe des 20. Jahrhunderts immens zugenommen. Entbehrlich wird das IPR erst mit vollständiger internationaler Rechtsvereinheitlichung auf dem Gebiet des materiellen Rechts: Soweit die zur Anwendung in Betracht kommenden Rechtsordnungen inhaltlich identisch sind, erübrigt sich eine Abgrenzung ihres Anwendungsbereichs, es besteht keine „Kollision zwischen den Rechten". In der europäischen Entwicklung besteht freilich eine Tendenz zur Ablösung des IPR durch Regelungen über die Urteilsanerkennung (Jayme/Kohler IPRax 2001, 501; übertrieben aber Geimer IPRax 2002, 69 (71): IPR „kommt total unter die Räder") sowie eine rechtspolitische Tendenz zur Anerkennung von Rechtslagen, die (wie etwa Eheschließungen, Namensführungen etc) durch Eintragungen in Register begründet oder festgestellt werden. Es deutet sich hier eine Hinwendung zu einem System einseitiger Kollisionsnormen an (zum Begriff → Rn. 46), dessen Vorteilhaftigkeit zumindest fraglich erscheint (so zutr. Jayme/Kohler IPRax 2007, 493 (498): „Erosion der Verweisungsmethode"; ähnlich Rauscher/Pabst NJW 2007, 3541: „übereilte Nivellierung auf zufälligem Niveau"). Eine Notwendigkeit, im IPR von einer Verweisungs- zu einer Anerkennungsmethode überzugehen, ist jedenfalls nicht erkennbar. Auch das Europarecht gebietet dies nicht (dazu eingehend und zutr. MüKoBGB/v. Hein EGBGB Art. 3 Rn. 117; s. auch Schurig in Mansel, Internationales Privatrecht im 20. Jahrhundert, 2014, 5, 18). Auch → Rn. 52. 5

IPR ist **zwingendes Recht.** Seine Anwendung ist nicht etwa in das Belieben der Parteien eines Zivilprozesses bzw. des Gerichts gestellt, sondern erfolgt von Amts wegen und ist vollständig **revisionsfähig** (BGH NJW 2009, 916 Rn. 8 mwN); zur Revisibilität ausländischen Rechts → Rn. 92. Versuche der Begründung des fakultativen Charakters des IPR (Lehre vom **fakultativen Kollisionsrecht:** Anwendung des IPR durch den Richter nur, wenn sich die Parteien darauf berufen) (vgl. insbes. Flessner RabelsZ 34 (1970), 547; ihm folgend Sturm FS Zweigert, 1981, 329; zuletzt Wagner ZEuP 1999, 6, der auf Grund zivilprozessualer Überlegungen mit beachtlichen Gründen für eine Parteifakultativität des Kollisionsrechts plädiert) haben sich zu Recht nicht durchgesetzt (ausdrücklich abl. der Gesetzgeber im Zuge der IPR-Reform des Jahres 1986, vgl. BT-Drs. 10/504, 26) und sind auch de lege ferenda abzulehnen. 6

## II. Abgrenzung zu anderen Rechtsgebieten

**1. Internationales Zivilprozessrecht.** Das Internationale Zivilprozessrecht (IZPR) befasst sich nicht unmittelbar mit dem anwendbaren Recht, sondern regelt – im Grundsatz ebenfalls aus rein nationaler Sicht – die Abgrenzung der Zuständigkeit deutscher und ausländischer Gerichte sowie die Anerkennung und Vollstreckung von Gerichtsentscheidungen. Die **internationale Zuständigkeit** deutscher Gerichte ist etwa in den §§ 99 ff. FamFG, insbes. aber in **Staatsverträgen** sowie in der mWv 10.1.2015 neu gefassten VO (EU) 1215/2012 über die gerichtliche Zuständigkeit und die Anerkennung und Vollstreckung von Entscheidungen in Zivil- und Handelssachen (ABl. EU 2012 L 351, 1) (sog. **Brüssel Ia-VO**) und in der VO (EG) 2201/2003 vom 27.11.2003 über die Zuständigkeit und die Anerkennung und Vollstreckung von Entscheidungen in Ehesachen und in Verfahren betr. die elterliche Verantwortung (sog. **Brüssel IIa-VO**) geregelt (zur Brüssel Ia-VO v. Hein RIW 2013, 97 ff.; Pohl IPRax 2013, 109 ff.). Diese wird mWv 1.8.2022 durch die VO (EU) 2019/1111 vom 25.6.2019 (ABl. EU 2019 L 178, 1 – **Brüssel IIb-VO**) ersetzt werden. Am 18.6.2011 ist die VO (EG) 4/2009 über die Zuständigkeit, das anwendbare Recht, die Anerkennung und Vollstreckung von Entscheidungen und die Zusammenarbeit von **Unterhaltssachen** in Kraft getreten. Im Verhältnis zu den EFTA-Staaten gilt das **Luganer Übereinkommen** (LugÜ II) vom 30.10.2007, welches ein gleichnamiges Übereinkommen zwischen der EG und den EFTA-Staaten Schweiz, Norwegen und Island ersetzt und damit ebenfalls Teil des Unionsrechts wurde. Soweit eine ausdrückliche Regelung über die internationale Zuständigkeit deutscher Gerichte fehlt, gilt eine „Doppelfunktionalität" der örtlichen Zuständigkeit: Soweit nach den hierfür geltenden Regelungen ein deutsches Gericht örtlich zuständig ist, ist es nach deutschem Recht grds. auch international, dh im Verhältnis zu ausländischen Gerichten zuständig (BGHZ 44, 46 (47) (Großer ZS); zuletzt BGH NJW 1999, 1395 f. mwN; zur besonderen Problematik der Zuständigkeit nach § 23 ZPO (Vermögensbelegenheit) vgl. BGHZ 115, 90 = NJW 1991, 3092; BGH NJW 1997, 325; 1999, 1395 betr. Erfordernis eines über die Vermögensbelegenheit hinausgehenden Inlandsbezugs für die erstmalige Geltendmachung eines Anspruchs im Erkenntnisverfahren.). In § 105 FamFG ist dies ausdrücklich so geregelt. Die VO (EG) 1393/2007 über die Zustellung gerichtlicher und außergerichtlicher Schriftstücke in Zivil- oder Han- 7 delssachen vom 13.11.2007 (**ZustellungsVO – EuZVO,** ABl. EG 2007 L 324, 79) ist am 13.11.2008 in Kraft getreten. Seit dem 1.1.2004 gilt die VO (EG) 1206/2001 über die Zusammenarbeit zwischen den Gerichten der Mitgliedstaaten auf dem Gebiet der Beweisaufnahme in Zivil- und Handelssachen vom 28.5.2001 (**Beweisaufnahme-VO – EuBVO,** ABl. EU 2001 L 174, 1), seit dem 21.10.2005 die VO (EG) 805/2004 zur Einführung eines europäischen Vollstreckungstitels für unbestrittene Forderungen (**Vollstreckungstitel-VO – EuVTVO,** ABl. EG 2004 L 143, 15) (Gebauer FPR 2006, 252; Wagner NJW 2005, 1157). Letztere wurde mWv 1.1.2009 durch die VO (EG) 861/2007 zur Einführung eines Verfahrens für geringfügige Forderungen (bis zu 2.000 Euro) ergänzt. Die neue VO (EU) 2015/848 über das **Insolvenzverfahren (EuInsVO)** gilt – mit Ausnahmen – seit dem 26.7.2017. Des Weiteren gibt es im Bereich des IZVR noch die VO (EG) Nr. 1896/2006 zur Einführung eines **Europäischen Mahnverfahrens** vom 12.12.2006 (mit Änderung durch VO (EU) 2015/2421 vom 16.12.2015, die VO (EU) 655/2014 zur Einführung eines Verfahrens für einen Europäischen Beschluss zur **vorläufigen Kotenpfändung** im Hinblick auf die Erleichterung der grenzüberschreitenden Eintreibung von Forderungen in Zivil- und Handelssachen vom 15.5.2014 sowie die VO (EU) 606/2013 über die gegenseitige Anerkennung von **Schutzmaßnahmen** in Zivilsachen vom 12.6.2013. Auch die **EuErbVO,** die **EuGüVO** und die **EuPartVO** (→ Rn. 26) enthalten Regelungen über die internationale Zuständigkeit, Anerkennung und Vollstreckung.

8 **2. Interlokales, interpersonales und intertemporales Privatrecht.** Sofern ein Staat kein einheitliches Privatrecht aufweist, sondern rechtlich durch Aufteilung in verschiedene Teilrechtsgebiete territorial gespalten ist (wie etwa die USA, Australien, Kanada, Mexiko, Großbritannien, Spanien) (vgl. Becker ZEuP 1996, 88), bedarf es einer innerstaatlichen Abgrenzung des Anwendungsbereichs der verschiedenen Teilrechtsordnungen. Die Gesamtheit der entsprechenden Regelungen bezeichnet man als das **Interlokale Privatrecht** (ILR) des betreffenden Staates. Die Regelung dieser Kollision mehrerer materiellrechtlicher Normen innerhalb eines Staates ist grds. dessen eigene Aufgabe (→ Art. 4 Rn. 24 ff.).

9 Ist das Recht eines Staates nicht territorial, sondern hinsichtlich bestimmter, etwa nach Abstammung oder Religion unterschiedener Volksgruppen gespalten, bedarf es ebenfalls bestimmter Regelungen, auf welchen Personenkreis welche Teilrechtsordnung anzuwenden ist. In diesem Zusammenhang spricht man von **interpersonalem Privatrecht.** Auch hier ist es Sache des jeweiligen Staates, selbst durch interpersonale Kollisionsregeln die Abgrenzung des Anwendungsbereichs verschiedener Rechte vorzunehmen. Sofern Staaten Religionsgruppen unterschiedlichem Recht unterwerfen, wie dies insbes. im Familien- und Erbrecht der islamischen Staaten der Fall ist (so zB in Ägypten, Jordanien, Pakistan, Syrien, aber auch Israel), spricht man von **interreligiöser Rechtsspaltung** (vgl. Stiehl, Das interpersonale Kollisionsrecht im Internationalen Privatrecht, 1989; aus der jüngeren Rspr. s. etwa BGHZ 169, 240 zum interreligiösen Familienrecht Syriens).

10 Das **intertemporale Privatrecht** regelt demgegenüber die zeitliche Kollision von Rechtsnormen ein und derselben Rechtsordnung. Handelt es sich dabei um Kollisionsnormen, so spricht man von intertemporalem internationalen Privatrecht. Die zeitliche Abgrenzung des Anwendungsbereichs von neuen und alten Kollisionsnormen des deutschen IPR regelt etwa Art. 220. Zum mittlerweile praktisch wohl nicht mehr relevanten innerdeutschen Kollisionsrecht im Zusammenhang mit der deutschen Wiedervereinigung s. die Kommentierung zu Art. 236 EGBGB von MüKoBGB/Sonnenberger, 4. Aufl. 2005, EGBGB Art. 236.

11 **3. Fremdenrecht, materielles Sonderrecht.** Vom IPR abzugrenzen ist weiter inländisches materielles Recht, welches materiellrechtliche Sondervorschriften für Ausländer bzw. Sachverhalte mit Auslandsbeziehung enthält. Dieses sog. **Fremdenrecht** regelt zwar – wie das IPR – Sachverhalte mit Auslandsbezug, es enthält aber keine Verweisungsnormen, sondern Sachnormen mit einem irgendwie auslandsbezogenen Tatbestand (welche ihrerseits die Anwendbarkeit deutschen Rechts voraussetzen). Fremdenrecht ist weitgehend im öffentlichen Recht zu finden (so zB das im AufenthG geregelte Ausländerrecht), existiert aber auch im Bereich des Privatrechts (vgl. etwa § 1944 Abs. 3 BGB, § 1954 Abs. 3 BGB).

12 **4. Internationales Einheitsprivatrecht.** Soweit – auf Staatsverträgen beruhendes – materielles **Einheitsprivatrecht** existiert, geht dieses den Regeln des jeweiligen IPR vor und macht diese innerhalb seines Anwendungsbereichs entbehrlich. Die Vorschriften über den jeweiligen Anwendungsbereich haben damit die Funktion einseitiger Kollisionsnormen (zum Begriff → Rn. 46). Auch bei der Anwendung von Einheitsrecht muss freilich hinsichtlich einzelner, im Einheitsrecht nicht geregelter Fragen zur Lückenfüllung auf ein durch das IPR der lex fori bestimmtes autonomes einzelstaatliches Recht zurückgegriffen werden. Praktisch wichtige ein-

heitsprivatrechtliche Regelungen sind insbes. das **Wiener UN-Kaufrecht (CISG)** (Übereinkommen der Vereinten Nationen über Verträge über den internationalen Warenkauf (United Nations Convention on Contracts for the International Sale of Goods – CISG) vom 11.4.1980, für Deutschland in Kraft seit dem 1.1.1991, vgl. BGBl. 1989 II 586; abgedruckt auch bei Jayme/Hausmann Leitziff 77), das Übereinkommen über den Beförderungsvertrag im internationalen Straßengüterverkehr vom 19.5.1956 **(CMR)** (Convention relative au Contrat de transport international de marchandises par route; BGBl. 1961 II 1120; abgedruckt auch bei Jayme/Hausmann Leitziff 153, 153a), das **UNIDROIT-Übereinkommen von Ottawa über das internationale Factoring** vom 28.5.1988 (BGBl. 1998 II 172; abgedruckt auch bei Jayme/Hausmann Leitziff 78) sowie das auf Staatsverträgen beruhende **Wechselgesetz** und **Scheckgesetz** (Genfer Abkommen über Bestimmungen auf dem Gebiet des internationalen Wechselprivatrechts vom 7.5.1930, RGBl. 1933 II 444; Genfer Abkommen über Bestimmungen auf dem Gebiet des internationalen Scheckprivatrechts vom 19.3.1931, RGBl. 1933 II 594). Das Projekt eines **Gemeinsamen Europäischen Kaufrechts** (GEKR/CESL) (s. den Vorschlag der EU-Kommission vom 11.10.2011 für eine Verordnung über ein Gemeinsames Europäisches Kaufrecht, KOM (2991) 635 endg.; dazu aus der Sicht der EU-Kommission Staudenmayer NJW 2011, 3491) wird derzeit nicht weiterverfolgt (Mitteilung der Kommission KOM(2014) 910 final, Annex II, Nr. 60).

Nicht echtes staatliches, sondern „unechtes", dh nichtstaatliches Einheitsprivatrecht stellen AGB, Verkehrssitten und Handelsbräuche dar, die in einzelnen Bereichen des internationalen Rechtsverkehrs beachtet werden und nicht von den Vertragsparteien, sondern von öffentlich-rechtlichen **(UNIDROIT)** oder privaten Institutionen (zB IHK Paris, IATA) vorformuliert bzw. aufgezeichnet werden (v. Bar/Mankowski IPR I § 2 Rn. 72 ff.). Dies gilt insbes. auch für die von Wissenschaftlergruppen erarbeiteten **Grundregeln des Europäischen Vertragsrechts** (Principles of European Contract Law – PECL) und den im Auftrag der EU-Kommission in Erarbeitung befindlichen sog. **„Gemeinsamen Referenzrahmen"** (dazu zuletzt das das Grünbuch der Kommission, Optionen für die Einführung eines Europäischen Vertragsrechts für Verbraucher und Unternehmen vom 1.7.2010, KOM(2010) 348/3; zu den Plänen der Einführung eines optionalen Instruments, dh eines von den Parteien als solches wählbaren europäischen Vertragsrechts s. zuletzt Herresthal EuZW 2011, 7 ff.), für welchen seit Ende 2009 ein von Seiten der Wissenschaft erarbeiteter „Draft Common Frame of Reference (DCFR)" vorliegt. Hierbei handelt es sich aber nach zutreffender Auffassung nicht um autonome supranationale Rechtsquellen, welche von sich aus Geltung beanspruchen und das IPR insoweit „überflüssig" machen (so aber der Kern der Lehre von der sog. lex mercatoria. Hiergegen zutr. v. Bar/Mankowski IPR I § 2 Rn. 73; zu den Einzelheiten der rechtstheoretisch stark umstrittenen Eingrenzung der lex mercatoria vgl. etwa MüKoBGB/Martiny Rom-I VO Art. 3 Rn. 36 f. sowie Spickhoff RabelsZ 56 (1992), 116, jeweils mwN). Die Wahl solcher Rechtsprinzipien der Parteien insbes. im internationalen Vertragsrecht kann damit nur auf der Ebene des materiellen Rechts Wirkung entfalten. Die gewählten Regelungen haben dann den Charakter vertraglicher Vereinbarungen (regelmäßig in Form von AGB), die sich in ihrer Wirksamkeit am Kontrollmaßstab der jeweiligen lex causae messen lassen müssen (zutr. schweizerisches BG IPRax 2007, 230 f.). 13

**5. Staatsangehörigkeitsrecht.** Auch das Staatsangehörigkeitsrecht wird heute nicht mehr zum IPR gezählt. Hinsichtlich der Kollision des Staatsangehörigkeitsrechts verschiedener Staaten gilt der Grundsatz, dass jeder Staat selbst bestimmt, wen er als seinen Staatsangehörigen betrachtet: Keinem Staat kann gegen seinen Willen ein Staatsangehöriger aufgedrängt oder entzogen werden (→ Art. 5 Rn. 2). Die Erwerbs- und Verlusttatbestände des deutschen Staatsangehörigkeitsrechts sind im zuletzt im Jahre 1999 reformierten, in seinem Kern nach wie vor auf das wiederholt geänderte Reichs- und Staatsangehörigkeitsgesetz vom 22.7.1913 **(RuStaG)** zurückgehenden **Staatsangehörigkeitsgesetz (StAG)** geregelt (BGBl. 1999 I 1618; in Kraft getreten am 1.1.2000; Überblick zu den Einzelheiten → Art. 5 Rn. 3). 14

## III. Rechtsquellen

**1. Nationales Recht, Reformbestrebungen.** Das deutsche Internationale Privatrecht war ursprünglich im EGBGB nur lückenhaft und teilweise lediglich durch einseitige Kollisionsnormen geregelt (zu den Rechtsquellen vgl. insbes. die Textsammlung Jayme/Hausmann; zu ausländischen IPR-Gesetzen vgl. Riering, IPR-Gesetze in Europa, 1997; Kropholler/Krüger/Riering/Samtleben/Siehr, Außereuropäische IPR-Gesetze, 1999). Nach den Reformen der Jahre 1986 (Gesetz zur Neuregelung des Internationalen Privatrechts vom 25.7.1986, in Kraft getreten am 1.9.1986 – **IPR-Neuregelungsgesetz,** BGBl. I 1142) und 1999 (Gesetz zum Internationalen Privatrecht für 15

**außervertragliche Schuldverhältnisse und für Sachen** vom 21.5.1999, in Kraft getreten am 1.6.1999, BGBl. I 1026 (zu den langjährigen Vorarbeiten vgl. BT-Drs. 14/343, 6 f.; Spickhoff NJW 1999, 2209), ist es nunmehr in den Art. 3–47 kodifiziert (die Art. 27–37 wurden mit Inkrafttreten der Rom I-VO wegen deren universellen Anwendungsbereich aufgehoben, die Regelungen über das außervertragliche Schuldrecht in den Art. 38–42 sind weitgehend durch die Rom II-VO verdrängt, Art. 17 ist weitgehend durch die Rom III-VO überlagert, → Rn. 26). Die Kollisionsnormen des IPR-Neuregelungsgesetzes von 1986 sind seit ihrem Inkrafttreten mehrfach geändert worden, so durch das am 1.7.1998 in Kraft getretene **Kindschaftsrechtsreformgesetz** vom 16.12.1997 (Art. 10, 19–21, 23), das Gesetz über Fernabsatzverträge und andere Fragen des Verbraucherrechts vom 27.7.2000 (Art. 29a), das **LPartG** vom 16.2.2001 (Art. 17a, heute Art. 17b) (Wagner IPRax 2001, 281; zum Einfluss des europäischen Kollisionsrechts Coester IPRax 2013, 114), das Gesetz zur Regelung von Rechtsfragen auf dem Gebiet der internationalen Adoptionen vom 5.11.2001 (Art. 22 Abs. 2, 3), das Gesetz zur Anpassung der Vorschriften des Internationalen Privatrechts an die VO (EU) 1259/2010 und zur Änderung anderer Vorschriften des Internationalen Privatrechts (BT-Drs. 17/11049), welches Art. 17 EGBGB an die Rom III-VO über das Internationale Scheidungsrecht (→ Rn. 26) anpasst; die gesetzliche Regelung des Statuts der **gewillkürten Stellvertretung** (Art. 8) durch das Gesetz zur Änderung von Vorschriften im Bereich des Internationalen Privat- und Zivilverfahrensrechts vom 11.6.2017 (BGBl. I 1607); die Änderung von Art. 13 durch das Gesetz zur Bekämpfung von **Kinderehen** vom 17.7.2017 (BGBl. I 2429), deren Verfassungsmäßigkeit zweifelhaft ist (s. dazu den Vorlagebeschluss BGH IPRax 2019, 152, beim BVerfG anhängig unter 1 BvL 7/18), die Änderung von Art. 17b aufgrund des Gesetzes zur Einführung des Rechts auf **Eheschließung für Personen gleichen Geschlechts** vom 20.7.2017 (BGBl. I 2787), sowie das Gesetz zum Internationalen Güterrecht und zur Änderung von Vorschriften des Internationalen Privatrechts vom 17.12.2018 (BGBl. I 2573), durch dessen Art. 2 weitreichende Änderung im **internationalen Familienrecht** erfolgten (insbes. Art. 14 (allgemeine Ehewirkungen), Art. 17b Abs. 3 (Ehegüterrecht gleichgeschlechtlicher Ehen) und Art. 17 (Anknüpfung der Ehescheidung bei ausländischen Privatscheidungen)). Weitere kollisionsrechtliche Änderungen in Bezug auf die **Ehe gleichgeschlechtlicher oder diverser Personen** erfolgte durch eine weitere Änderung von Art. 17b durch Art. 2 Gesetz zur Umsetzung des Gesetzes zur Einführung des Rechts auf Eheschließung für Personen gleichen Geschlechts vom 18.12.2018 (BGBl. I 2639). Art. 22 EGBGB **(Adoption)** wurde mWv 31.3.2020 durch das „Gesetz zur Umsetzung der Entscheidung des Bundesverfassungsgerichts vom 26. März 2019 zum Ausschluss der Stiefkindadoption in nichtehelichen Familien“ vom 19.3.2020 (BGBl. I 541) neu gefasst (s. dazu Helms FamRZ 2020, 643). Durch Art. 2 des **Gesetzes zur Reform des Vormundschafts- und Betreuungsrechts** vom 4.5.2021 (BGBl. I 882) wurden Art. 7 (Rechts- und Geschäftsfähigkeit), Art. 15 (gegenseitige Vertretung von Ehegatten in Angelegenheiten der Gesundheitsvorsorge) und Art. 24 (Vormundschaft, Betreuung und Pflegschaft) neu gefasst. Diese Änderung treten am **1.1.2023** in Kraft.

Zur geplanten Reform des internationalen Eheschließungsrechts s. Coester-Waltjen IPRax 2021, 29.

**16** Durch das Personenstandsrechtsrefomgesetz vom 19.2.2007 (BGBl. I 122) wurde im unmittelbaren Anschluss an das „Zweite Kapitel. Internationales Privatrecht“ in einem neuen „Dritten Kapitel. Angleichung“ Art. 47 eingefügt. Die Regelung ermöglicht Namensangleichungen nach deutschem materiellem Recht. Es handelt sich dabei aber nicht um eine Kollisionsnorm, sondern um eine selbstbegrenzende Sachnorm (zutr. Grüneberg/Thorn Rn. 16); zum Begriff → Rn. 48. Zum 31.3.2020 wurde durch Gesetz 19.3.2020 (BGBl. I 541) Art. 22 Abs. 1 neugefasst, der nunmehr bei der **Adoption** nicht mehr zwischen der Annahme durch eine unverheiratete Person und der Annahme durch einen oder beide Ehegatten unterscheidet. Das hat auch zu redaktionellen Änderungen von Art. 23 geführt. Mit Inkrafttreten der Rom II-VO sind durch das entsprechende Anpassungsgesetz vom 10.12.2008 (BGBl. I 2401) Änderungen und Ergänzungen erfolgt (Art. 44, 46a). Weitgehend ungeregelt ist weiterhin das **Internationale Gesellschaftsrecht,** welches der Gesetzgeber in einem dritten Reformschritt zu regeln beabsichtigt (vgl. Begr. RegE des Gesetzes zum IPR für außervertragliche Schuldverhältnisse und für Sachen, BT-Drs. 14/343, 6). Das Schicksal eines RefE des BMJ vom 8.1.2008 zum internationalen Gesellschaftsrecht ist allerdings aufgrund politischer Widerstände derzeit offen (eingehend → Art. 12 Rn. 3 ff.) (dazu etwa Wagner/Timm IPRax 2008, 81). Soweit eine gesetzliche Regelung fehlt, gelten weiterhin die gewohnheitsrechtlich entwickelten Anknüpfungsregeln. Kollisionsnormen finden sich auch in verschiedenen Spezialgesetzen wie etwa in Art. 91 ff. WechselG, Art. 60 ff. ScheckG, § 32b UrhG, §§ 335 ff. InsO.

**2. Staatsverträge.** Die **Rechtsvereinheitlichung** (→ Rn. 26) auf dem Gebiet des Kollisionsrechts ist weit vorangeschritten (zum Stand der Vereinheitlichung innerhalb der EU vgl. zuletzt Mansel/Thorn/Wagner IPRax 2018, 121). Staatsverträge bilden daher eine wichtige Quelle des deutschen Internationalen Privatrechts (vgl. Meyer-Sparenberg, Staatsvertragliche Kollisionsnormen, 1990; grdl. Kropholler, Internationales Einheitsrecht, 1975. Zur intertemporalen Maßgeblichkeit des staatsvertraglichen Kollisionsrechts der ehemaligen DDR vgl. Dannemann DtZ 1991, 130). **17**

Bedeutende **multilaterale Staatsverträge** auf dem Gebiet des Kollisionsrechts sind insbes. die **Haager Übereinkommen** (zur Geschichte der Haager Konferenz für IPR vgl. etwa Kropholler IPR § 9 I mwN; zum Problem der Staatensukzession in die Haager Übereinkommen im Zuge der staatlichen Neubildungen in Osteuropa vgl. Kondring IPRax 1996, 161; seit dem 3.4.2007 ist auch die EU als solche Mitglied der Haager Konferenz. Damit können in Zukunft Abstimmungsprobleme und Überschneidungen mit EU-Kollisionsrecht vermieden werden). Von großer praktischer Relevanz sind insbes. das am 1.1.2011 in Kraft getretene **Haager Kindesschutzübereinkommen (KSÜ)** (Jayme/Hausmann Leitziff 53; s. auch Bek. vom 7.12.2010, BGBl. II 1527); das Übereinkommen über den internationalen Schutz vom Erwachsenen vom 13.1.2000 **(ESÜ)** ist am 1.1.2009 in Kraft getreten (→ Art. 24 Rn. 5), das Kindesentführungsübereinkommen vom 25.10.1980 (Jayme/Hausmann Leitziff 222); sowie das **Testamentsformübereinkommen** aus dem Jahre 1961, welches durch die EuErbVO (→ Rn. 26) nicht verdrängt wird (s. Art. 75 Abs. 1 EuErbVO). Bedeutend sind neben den Haager Übereinkommen weiter das **Genfer Flüchtlingsübereinkommen** sowie das **UN-Übereinkommen über die Rechtsstellung der Staatenlosen.** **18**

Neben den multilateralen Staatsverträgen bestehen zahlreiche **bilaterale Staatsverträge** kollisionsrechtlichen Inhalts, insbes., aber nicht ausschließlich im Bereich des Familien- und Erbrechts. Zu nennen wären insbes. das **deutsch-iranische** Niederlassungsabkommen, das **deutsch-türkische** Nachlassabkommen, der Freundschafts-, Handels- und Schifffahrtsvertrag mit den **USA.** **19**

Staatsvertragliche Regelungen haben, sofern sie in unmittelbar geltendes nationales Recht umgesetzt sind, nach allgemeinen Regeln bzw. nach Art. 3 Nr. 2 (zum bloß deklaratorischen Charakter der Vorschrift → Art. 3 Rn. 4 f.) Vorrang vor den Regelungen des autonomen Kollisionsrechts. Die Autonomie des staatsvertraglichen Kollisionsrechts ist aber auch bei der Auslegung von Rechtsbegriffen zu beachten, sofern diese nicht – was häufig der Fall ist – eine ausdrückliche Definition im Abkommen selbst gefunden haben (so etwa der Begriff der „Minderjährigkeit" in Art. 12 MSA oder der Begriff der „elterlichen Verantwortung" in Art. 1 Abs. 2 KSÜ). Diesen kann im Interesse einer einheitlichen Rechtsanwendung nicht ohne weiteres die Begrifflichkeit des jeweiligen nationalen Rechts zugrunde gelegt werden. Erstrebenswert ist vielmehr eine **einheitliche Auslegung.** Diese erfolgt etwa durch Berücksichtigung des Wortlauts der jeweiligen Regelungen in anderen Vertragsstaaten, dessen Bedeutung in den jeweiligen Vertragsstaaten sowie Hintergrund und Entstehungsgeschichte der Regelung. Erforderlich ist also eine **autonome Qualifikation** der Verweisungsbegriffe unter Berücksichtigung von Sinn, Zweck und Entstehungsgeschichte des jeweiligen Übereinkommens (vgl. nur Grüneberg/Thorn Rn. 7; Basedow FG BGH, Bd. II, 2000, 777 ff.). Das Interesse an einer effektiven Rechtsvereinheitlichung führt darüber hinaus zur modifizierten Anwendung weiterer Grundsätze des IPR im Bereich des staatsvertraglichen Kollisionsrechts, wie etwa bei der Anknüpfung von **Vorfragen** und der **Rück-** oder **Weiterverweisung** (renvoi): Vorfragen (→ Rn. 65 ff.) sind grds. unselbstständig anzuknüpfen, Rück- und Weiterverweisung (→ Rn. 78) grds. ausgeschlossen. Zum Einfluss des Völkerrechts auf das IPR → Rn. 3. **20**

Zum Problem der Konkurrenz von Staatsverträgen **(Konventionskonflikt)** → Art. 3 Rn. 8. **21**

**3. IPR und GG. a) Kollisionsnormen und GG.** Lange Zeit umstritten war das Verhältnis zwischen IPR und **GG.** Während man früher Kollisionsnormen als „verfassungsneutrale Ordnungsnormen" ansah, weil sie in ihrer Rechtsfolge keine materiellrechtliche Regelung enthalten, ist auf Grund zweier Leitentscheidungen des BVerfG (BVerfGE 31, 58 – „Spanierbeschluss"; BVerfGE 63, 181 = NJW 1983, 1968: Nichtigerklärung von Art. 15 aF; vgl. auch BVerfGE 68, 384 = NJW 1985, 1282: Nichtigerklärung von Art. 17 Abs. 1 aF; aus jüngerer Zeit BVerfG FamRZ 2003, 361 mAnm Henrich, zu Art. 220 Abs. 3) nunmehr klargestellt, dass auch die Kollisionsnormen des IPR „als nationales, innerstaatliches Recht … in vollem Umfang an den Grundrechten zu messen" sind. Dies gilt insbes. für die Auswahl der Anknüpfungspunkte. Dabei ist jedoch die insbes. im Familien- und Erbrecht anzutreffende Anknüpfung an die Staatsangehörigkeit als solche verfassungsrechtlich nicht zu beanstanden (wenngleich auch nicht verfassungsrechtlich geboten) (zuletzt BVerfG NJW 2007, 900 Rn. 70, 71); zur Europarechtskonformität **22**

vgl. → Rn. 30. Bei Beteiligung mehrerer an einem Rechtsverhältnis kann jedoch die Anknüpfung an die Staatsangehörigkeit alleine eines Beteiligten unter Gleichheitsgesichtspunkten (Art. 3 Abs. 1 GG) bedenklich sein. Das früher im Bereich des Eherechts vorgebrachte Argument, eine einseitig an das Heimat- oder Aufenthaltsrecht des Mannes anknüpfende Kollisionsnorm könne keine gleichheitswidrige Benachteiligung der Frau darstellen, weil erst das durch die Kollisionsnorm berufene **materielle Recht** eine Aussage über eine etwaige materiellrechtliche Benachteiligung erlaube, ist vom BVerfG ausdrücklich verworfen worden: „Bereits die kollisionsrechtliche Zurücksetzung der Frau führt unabhängig vom Inhalt des danach anzuwendenden materiellen Rechts zu ihrer verfassungswidrigen Benachteiligung" (BVerfGE 63, 181 (195)). Dieser Maßstab gilt selbstverständlich auch für staatsvertragliches Kollisionsrecht, weil dieses erst auf Grund der Zustimmung des nationalen Gesetzgebers im Transformationsgesetz innerstaatliche Verbindlichkeit erlangt und damit schon deshalb für die innerstaatliche Rechtsanwendung hinsichtlich der Grundrechtsbindung autonomem Kollisionsrecht gleichzustellen ist. Für einen „favor conventionis" bleibt daher kein Raum (vgl. BGH NJW 1987, 583 mwN).

23 Die nach diesen Maßstäben verfassungswidrigen Anknüpfungen des früheren internationalen Familienrechts (Art. 15, 17, 19 aF) sind durch das IPR-Neuregelungsgesetz des Jahres 1986 (→ Rn. 15) durch verfassungsrechtlich unbedenkliche Anknüpfungen ersetzt worden. Verfassungsrechtlich problematisch ist in diesem Zusammenhang lediglich noch die in Art. 220 Abs. 3 verankerte Übergangsregelung zu Art. 15, welche zeitlich beschränkt die verfassungswidrige Anknüpfung an das Heimatrecht des Ehemannes beibehält (Art. 220 Abs. 3 S. 1 Nr. 3, S. 5) (vgl. BVerfG FamRZ 2003, 361 mAnm Henrich zur verfassungskonformen Auslegung von Art. 220 Abs. 3 S. 1 Nr. 2, S. 3). Abgesehen davon dürfte das Problem der Verfassungskonformität des deutschen IPR aber „grds. erledigt" sein (so zutr. Grüneberg/Thorn Rn. 11 unter Hinweis auf BGH NJW 1996, 2096 (2097): Verfassungskonformität von Art. 25 Abs. 1).

24 **Ausländisches** Kollisionsrecht, welches im Inland im Rahmen einer Gesamtverweisung (Art. 4 Abs. 1) anzuwenden ist, unterliegt hingegen nicht einer solchen „abstrakten" Überprüfung an den Grundrechten. Sedes materiae der Problematik ist hier vielmehr der **ordre-public-Vorbehalt** (Art. 6). Es kommt nicht darauf an, ob die fremde Kollisionsnorm, gedacht als Norm des deutschen Rechts, verfassungskonform wäre. Maßgeblich ist allein, ob die Anwendung des ausländischen Kollisionsrechts zu einem **Ergebnis** führt, das mit den wesentlichen Grundsätzen des deutschen Rechts, insbes. den Grundrechten, nicht vereinbar ist (vgl. etwa Grüneberg/Thorn Art. 6 Rn. 7, 9; MüKoBGB/v. Hein Art. 6 Rn. 117; Soergel/Kegel Vor Art. 7 Rn. 21; v. Bar/Mankowski IPR I § 7 Rn. 263, 276; Kartzke IPRax 1988, 8 (11 f.)). Dies kann idR erst anhand des auf Grund der Anknüpfung anwendbaren **materiellen Rechts** festgestellt werden (vgl. S. Lorenz FS Sturm, 1999, 1559 ff.). Daher kann etwa eine gleichheitswidrige Rückverweisung eines ausländischen Kollisionsrechts auf deutsches materielles Recht schon tatbestandlich nicht zu einem Verstoß gegen Art. 6 führen, weil die Norm lediglich die Prüfung des Anwendungsergebnisses einer „Rechtsnorm eines anderen Staates" zulässt. Die Gegenansicht stellt demgegenüber unter Berufung auf den „Spanier-Beschluss" (→ Rn. 22) auf die **kollisionsrechtliche Gerechtigkeit** ab: Ein „untragbares Ergebnis" iSv Art. 6 liege zB im Falle einer gleichheitswidrigen Anknüpfung durch ausländisches Kollisionsrecht bereits dann vor, wenn die Frau durch Abstellen auf das Mannesrecht einem fremden Recht „ausgeliefert" wird und ihre Stellung damit prozessual verschlechtert wird (so Raape/Sturm IPR 221; Mäsch RabelsZ 61 (1997), 285 ff. (302 f.); Gebauer FS Jayme, 2005, 223 ff.; NK-BGB/Schulze Art. 6 Rn. 27; Grüneberg/Thorn Art. 6 Rn. 9; tendenziell auch BGH NJW-RR 2005, 145 Rn. 18 zu gleichheitswidrigem interreligiösen Kollisionsrecht: „nahe liegender Verstoß gegen den deutschen ordre public"; ebenso MüKoBGB/v. Hein Art. 6 Rn. 135 mwN). Die hier vertretene Ansicht stellt wegen der völlig anderen Lokalisierung des Problems in Art. 6 keine Wiederbelebung der vom BVerfG abgelehnten Theorie der Kollisionsnormen als „verfassungsneutrale Ordnungsnormen" dar. Sie bedeutet auch nicht, dass die Anwendung ausländischen Kollisionsrechts nie zu einem gegen Art. 6 verstoßenden Ergebnis führen kann: Die eigentliche Problematik von ordre public und ausländischem Kollisionsrecht liegt etwa in Fällen, in welchen das ausländische Kollisionsrecht durch Statutenwechsel oder intertemporale Rechtsnormen wohlerworbene Rechtspositionen nachträglich missachtet (hierauf weist zutr. v. Bar/Mankowski IPR I § 7 Rn. 276 hin).

25 **b) Rechtsanwendungsergebnis und Grundgesetz.** Einer verfassungsrechtlichen Kontrolle unterliegt neben der deutschen Kollisionsnorm auch das **Ergebnis** der Anwendung ausländischen Rechts, worunter – wie soeben dargelegt – auch die Anwendung ausländischen Kollisionsrechts fallen kann. Dies ergibt sich schon aus der Tatsache, dass nach Art. 1 Abs. 3 GG die inländische Rechtsanwendung unabhängig davon, ob eigenes oder fremdes Recht zur Anwendung kommt,

an die Grundrechte gebunden ist (BVerfGE 31, 58 (72) = NJW 1971, 1509). Die Verwirklichung dieses Grundrechtsschutzes erfolgt über die **ordre public-Klausel** des Art. 6, die deshalb auch als „Einbruchsstelle der Grundrechte in das IPR" bezeichnet wird (BVerfGE 31, 58 (72) = NJW 1971, 1509; BGHZ 60, 68 (78); BGH NJW 1997, 2114 spricht vom „durch die Grundrechte mitbestimmten deutschen ordre public"). Der Maßstab ist freilich ein anderer als bei reinen Inlandsfällen, da es nicht um eine (abstrakte) Kontrolle ausländischen Rechts auf seine Vereinbarkeit mit den Grundrechten geht. Maßgebend ist eine differenzierende Anwendung der Grundrechte, welche deren aus der Verfassung selbst zu entnehmender Reichweite Rechnung trägt. Es kommt also neben einem hinreichenden Inlandsbezug darauf an, „ob und inwieweit das Grundrecht in Bezug auf den konkreten Sachverhalt Geltung beansprucht, insbes. auch unter Berücksichtigung der Gleichstellung anderer Staaten und der Eigenständigkeit ihrer Rechtsordnungen. Es kann auch eine den Besonderheiten des Falles, insbes. dem Grad der Inlandsbeziehungen angepasste Auslegung der Grundrechte angezeigt sein" (so BGHZ 120, 29 (34) = NJW 1993, 848; vgl. auch Spickhoff JZ 1993, 210).

**4. IPR und Europarecht. a) Europäisches Kollisionsrecht.** Auch das **Recht der EU** stellt 26
eine immer wichtiger werdende Quelle des IPR dar. Unmittelbar geltendes Kollisionsrecht der EU geht dem autonomen Kollisionsrecht vor, was durch die Neufassung von Art. 3 Nr. 1 besonders unterstrichen wurde. Die Vorschrift ist aber rein deklaratorisch, weil sich der Anwendungsvorrang Europäischen Unionsrechts bereits aus diesem selbst heraus ergibt (vgl. EuGH Slg. 1964, 1251 – Costa/ENEL). Der (seit dem 1.12.2009 an die Stelle des EG-Vertrags getretene) **Vertrag über die Arbeitsweise der Europäischen Union (AEUV)** selbst enthält allerdings – mit Ausnahme von Normen bezüglich des privatrechtlichen Handelns der Gemeinschaft selbst (EU-Privatrecht, s. zB Art. 335, 340 Abs. 4 AEUV) – keine Kollisionsnormen (vgl. MüKoBGB/v. Hein Art. 3 Rn. 92 ff.; Wendehorst FS Heldrich, 2005, 1071 ff.; zum (zu verneinenden) kollisionsrechtlichen Gehalt des Herkunftslandsprinzips des EG-Vertrags Fezer/Koos IPRax 2000, 349; Thünken IPRax 2001, 15; MüKoBGB/v. Hein Art. 3 Rn. 80 ff.; s. dazu auch EuGH NJW 2012, 137; BGH NJW 2012, 2197 zu § 3 TMG). Auch dem Richterrecht des EuGH sind keine (versteckten) Kollisionsnormen zu entnehmen (Wendehorst FS Heldrich, 2005, 1071 ff.; Sonnenberger ZVglRWiss 95 (1996), 3 (11 ff.); MüKoBGB/v. Hein Art. 3 Rn. 92 ff.). Kollisionsrechtliche Regelungen finden sich aber im **sekundären Unionsrecht.** Soweit es sich um Richtlinien auch kollisionsrechtlichen Gehalts handelt, kann sich wegen deren Umsetzungsbedürftigkeit (zur fehlenden unmittelbaren „horizontalen" Direktwirkung von EU-Richtlinien vgl. EuGH NJW 1994, 2473 f. – Faccini Dori) in nationales Recht das Problem der **richtlinienkonformen Auslegung** solcher nationaler, aber auf EU-Recht beruhender Kollisionsnormen ergeben. Es besteht hier eine „bunte, unkoordinierte Vielfalt" (so Kropholler IPR § 1 III 3; zu den einzelnen Richtlinien mit kollisionsrechtlichem Gehalt s. MüKoBGB/v. Hein Art. 3 Rn. 75 ff.). Unklar ist weiterhin der kollisionsrechtliche Gehalt von Art. 3 E-Commerce-RL (s. nur MüKoBGB/v. Hein Art. 3 Rn. 80 ff. mwN). Neben Richtlinien bestanden zunächst nur wenige unmittelbar wirkende **Verordnungen** kollisionsrechtlichen Gehalts. Eine solche unmittelbar anwendbare unionsrechtliche Kollisionsnorm enthält etwa Art. 2 Abs. 1 EWIV-VO, in welcher für verschiedene Fragen auf das Recht des statutarischen Sitzes verwiesen wird, oder Art. 93 VO (EWG) 1408/71 in welchem Zusammenhang mit **sozialrechtlichen Legalzessionen** und **Regressrechten** gleichzeitig das Zessionsstatut festgelegt wird. Der am 1.5.1999 in Kraft getretenen **Vertrag von Amsterdam** hatte dann aber in Art. 61 lit. c EG-Vertrag eine Gemeinschaftszuständigkeit für die „justizielle Zusammenarbeit in Zivilsachen" geschaffen, die damit von der „dritten Säule" der Gemeinschaft, dh der nur politisch-programmatischen Zusammenarbeit in den Bereichen Justiz und Inneres, in die „erste Säule" originärer Gemeinschaftspolitik übertragen wurde (für eine Zusammenfassung der Entwicklung s. Wagner IPRax 2014, 217). Seit dem Inkrafttreten des Vertrags von Lissabon am 1.12.2009 findet sich diese Kompetenzgrundlage nunmehr in Art. 81 AEUV. Art. 81 Abs. 2 lit. a und c AEUV erstrecken diese Zusammenarbeit ua auf „die gegenseitige Anerkennung und Vollstreckung gerichtlicher und außergerichtlicher Entscheidungen zwischen den Mitgliedstaaten" sowie die „Vereinbarkeit der in den Mitgliedstaaten geltenden Kollisionsnormen und Vorschriften zur Vermeidung von Kompetenzkonflikten", „insbes., wenn dies für das reibungslose Funktionieren des Binnenmarkts erforderlich ist". Während es zunächst noch fraglich war, ob der EG (jetzt: EU) durch Art. 61 lit. c EG-Vertrag neue Kompetenzen auf dem Gebiet des Internationalen Privat- und Verfahrensrechts des Binnenmarkts erwachsen sind oder es sich lediglich um eine Spezialkompetenznorm mit besonderem Beschlussverfahren (Art. 67 EG-Vertrag) und eingeschränkten Vorlagemöglichkeiten an den EuGH (Art. 68 EG-Vertrag) für bereits vorher vorhandene Kompetenzen zur Kollisionsrechtsangleichung als binnenmarktbezogene Maß-

nahmen handelte, hatte sich in der Folge die Ansicht durchgesetzt, dass Art. 65 EG-Vertrag der Gemeinschaft zumindest sektorielle Handlungsbefugnisse zur Angleichung der internationalen Privat- und Verfahrensrechte der Mitgliedstaaten eröffnete (s. etwa Basedow EuZW 1997, 609; Hilf/Pache NJW 1998, 705 (707); Jayme/Kohler IPRax 1997, 385 (386); Jayme/Kohler IPRax 1999, 401 sowie IPRax 2000, 454; Besse ZEuP 1999, 107; Heß NJW 2000, 23 (27 ff.); Staudinger ZfRV 2000, 93 (103 f.)). Da aber auch Bereiche wie etwa das Familien- und Erbrecht im weitesten Sinne Binnenmarktbezug aufweisen (Freizügigkeit), ist eine **umfassende Vergemeinschaftung** des IPR in Angriff genommen worden. Ziel der Harmonisierungsbemühungen ist eine Stärkung der Rechtssicherheit im grenzüberschreitenden Rechtsverkehr (zum Einfluss der Unionspolitiken auf die Anknüpfungsprinzipien des Europäischen IPR Weller IPRax 2011, 429 ff.; zum Sprachenproblem Rauscher IPRax 2012, 40 ff.). Angesichts der Neufassung der Kompetenznorm in Art. 81 Abs. 2 AEUV, welche kein unabdingbares Binnenmarkterfordernis mehr enthält („insbes."), dürften die bisher an der Kompetenz geäußerten Zweifel (s. etwa Grüneberg/Thorn Art. 3 Rn. 8; Schack ZEuP 1999, 805; Jayme IPRax 2000, 155 f.) nunmehr obsolet sein (zur Kompetenzfrage nach dem Vertrag von Lissabon Jayme/Kohler IPRax 2007, 496 sowie Mansel/Thorn/Wagner IPRax 2010, 1 (24 f.) und eingehend MüKoBGB/v. Hein Art. 3 Rn. 29 ff.). Auch das Subsidiaritäts- und Verhältnismäßigkeitsprinzip (Art. 5 EU-Vertrag) haben sich nicht als wesentliche Hindernisse einer weitgehenden Harmonisierung erwiesen und sollten dies auch nicht sein (MüKoBGB/v. Hein Art. 3 Rn. 43). Die Pläne der EU-Kommission waren jedenfalls von Anfang an und sind weiter außerordentlich weitgehend (s. dazu Wagner NJW 2009, 1911 sowie zuletzt Mansel/Thorn/Wagner IPRax 2019, 85 ff.; ein hervorragend gegliederter und stets aktueller Überblick über die Entwicklung und sämtliche Dokumente zum europäischen Kollisionsrecht finden sich ua auf den Webseiten des Instituts für ausländisches und internationales Privatrecht der Universität zu Köln (Professor Mansel) unter www.ipr.uni-koeln.de/eurprivr/kollisionsrecht.htm): Nach Inkrafttreten der Verordnung über das auf **außervertragliche Schuldverhältnisse** anzuwendende Recht **(Rom II-VO)** vom 11.7.2007 (ABl. EG 2007 L 199, 40) am 11.1.2009, der Verordnung über das auf **vertragliche Schuldverhältnisse** anzuwendende Recht **(Rom I-VO)** vom 17.6.2008 (ABl. EG 2008 L 177, 6) am 17.12.2009, der am 30.1.2009 in Kraft getretenen und seit 18.6.2011 anwendbaren Verordnung vom 18.12.2008 über die Zuständigkeit, das anwendbare Recht, die Anerkennung und Vollstreckung und die Zusammenarbeit in **Unterhaltssachen (Rom VI-VO)** (ABl. EU 2009 L 7, 1; s. dazu Gruber IPRax 2010, 128), der (seit dem 21.6.2012 geltenden) VO (EU) 1259/2010 zur Durchführung einer verstärkten Zusammenarbeit im Bereich des auf die **Ehescheidung und Trennung** ohne Auflösung des Ehebandes anzuwenden Rechts **(Rom III-VO)** vom 20.12.2010 (ABl. L 343, 10) sowie der Verordnung über die Zuständigkeit, das anzuwendende Recht, die Anerkennung und Vollstreckung von Entscheidungen und die Annahme und Vollstreckung öffentlicher Urkunden in **Erbsachen** sowie zur Einführung eines **Europäischen Nachlasszeugnisses** vom 4.7.2012 **(EuErbVO;** ABl. EG 2012 L 201, 7; → Art. 25 Rn. 4) sind am 29.1.2019 die VO (EU) 2016/1103 zur Durchführung einer verstärkten Zusammenarbeit im Bereich der Zuständigkeit des anzuwendenden Rechts und der Anerkennung und Vollstreckung von Entscheidungen in Fragen des **ehelichen Güterstands (EuGüVO)** (ABl. L 183, 1) sowie die VO (EU) 2016/1104 über die **güterrechtlichen Wirkungen eingetragener Lebenspartnerschaften** (ABl. EU 2016 L 183, 30) in Kraft treten (die (im Fall von Rom I und II offizielle) Bezeichnung dieser Verordnungen als „Rom-VO" geht auf das Römische EWG-Übereinkommen über das auf vertragliche Schuldverhältnisse anwendbare Recht (EVÜ) vom 19.6.1980 zurück, welches durch die denselben Sachbereich abdeckende Rom I-VO abgelöst wurde). Zu einem (wissenschaftlichen) Vorschlag einer VO über das **internationale Namensrecht** s. Dutta/Fran/Freitag/Helms/Krömer/Pintens StAZ 2014, 33. Das **„Stockholmer Programm"** des Rats vom 2.12.2009 (s. dazu Wagner IPRax 2010, 97) fasst für die Jahre 2010 bis 2014 weiter Kollisionsnormen für den Bereich des Gesellschaftsrechts, der Versicherungsverträge und der Sicherungsrechte ins Auge (s. dazu auch den Aktionsplan der Kommission vom 20.4.2010, KOM(2010) 171 endg. sowie Mansel/Thorn/Wagner IPRax 2013, 1 (10 ff.); zur neueren Entwicklung Wagner IPRax 2014, 469). Die Verordnungen sind jeweils als **„loi uniforme"** ausgestaltet (zum Begriff → Art. 3 Rn. 6; Glossar → Rn. 101), dh sie gelten auch dann, wenn ihre Kollisionsnormen zur Anwendung des Rechts eines Nicht-Mitgliedstaates führen. Damit geht die Europäische Rechtsangleichung auch auf dem Gebiet des IPR von staatsvertraglichen Regelungen mehr und mehr zu EU-Rechtsakten kollisionsrechtlichen Gehalts über (Jayme/Kohler IPRax 1999, 401: „Abendstunde der Staatsverträge"). Lücken enthält das europäische IPR in Bereich auf viele Fragen des Allgemeinen Teils des IPR wie etwa für Fragen der Qualifikation, der Anknüpfung von Vorfragen, des Begriffs des gewöhnlichen Aufenthalts, Eingriffsnormen etc. Es werden daher vermehrt Stimmen laut, welche die Regelung dieser Fragen in einer VO des

Allgemeinen Teils des IPR fordern (sog. **„Rom 0-VO"**) (dazu Mansel/Thorn/Wagner IPRax 2013, 1 (2); Jayme IPRax 2012, 103 sowie Leible/Unberath (Hrsg.), Brauchen wir eine Rom 0-Verordnung?, 2013). Jedenfalls ist auf eine bessere Koordinierung dieser Einzelfragen in den jeweiligen VOen hinzuwirken (so zutr. Mansel/Thorn/Wagner IPRax 2013, 1 (2)). Die zunehmende Vergemeinschaftung des IPR im Verordnungsweg führt zu einer stetigen Zurückdrängung der kollisionsrechtlichen Regelungen des EGBGB und damit derzeit zu einem nicht leicht zu überblickenden Rechtszustand (Mansel/Thorn/Wagner IPRax 2013, 1: „Flickenteppich des Einheitsrechts"). Zu den bereits erlassenen Verordnungen über die Zuständigkeit, Anerkennung und Vollstreckung in Zivil- und Handelssachen **(„Brüssel Ia-VO")**, Ehesachen **(„Brüssel IIa")** sowie über die Zustellung und Beweis → Rn. 7.

Von diesem EU-Kollisionsrecht zu unterscheiden ist europaweit staatsvertraglich harmonisiertes Kollisionsrecht, dessen Vorrang vor dem autonomen Kollisionsrecht sich nicht aus Art. 3 Nr. 1, sondern aus Art. 3 Nr. 2 ergibt. Dies gilt insbes. für das teilweise auf Grund von Art. 293 EG-Vertrag geschaffene sog. **begleitende Unionsrecht,** das nicht den Charakter sekundären Unionsrechts hat, sondern von den Mitgliedstaaten gleichsam „aus Anlass" der EG als herkömmlicher völkerrechtlicher Vertrag geschaffen wird (Jayme/Kohler IPRax 1994, 405 sprechen insoweit anschaulich vom Kollisionsrecht „in der" EU in Abgrenzung zum Kollisionsrecht „der" EU). Solche staatsvertraglichen Regelungen befinden sich freilich aus den in → Rn. 26 genannten Gründen auf dem Rückzug. Bis zum Inkrafttreten der Rom I-VO war hier auf dem Gebiet des IPR insbes. das römische Übereinkommen über das auf vertragliche Schuldverhältnisse anzuwendende Recht **(EVÜ)** zu nennen, im Bereich des IZPR das Brüsseler Übereinkommen über die gerichtliche Zuständigkeit und die Vollstreckung gerichtlicher Entscheidungen in Zivil- und Handelssachen **(EuGVÜ),** das (ausgenommen in Dänemark) durch die Brüssel I-VO (→ Rn. 7) ersetzt wurde. Da nach der Rspr. des EuGH der Gemeinschaft im Bereich ihrer Binnenkompetenz auch die Kompetenz zu entsprechenden Außenmaßnahmen zuwächst, sofern die Binnenkompetenz ausgeübt wurde (EuGH Slg. 1971, 263; Slg. 1976, 1279 = NJW 1977, 999) und weiter die Union nach Art. 216 AEUV die Befugnis zum Abschluss völkerrechtlicher Abkommen mit Drittstaaten hat, bleibt daneben im Bereich des Internationalen Privat- und Verfahrensrechts zukünftig immer weniger Raum für eigene bi- oder multilaterale staatsvertragliche Regelungen seitens der Mitgliedstaaten (vgl. insbes. zur Koordinierung der EU mit der Haager Konferenz MüKoBGB/v. Hein Art. 3 Rn. 48). 27

**b) Europarechtskonformität des autonomen IPR.** Parallel zur Debatte „Grundrechte und Kollisionsrecht" stellt sich das Problem der Vereinbarkeit des geltenden Kollisionsrechts mit dem Europarecht, insbes. mit den **Grundfreiheiten** des AEUV. 28

Unzweifelhaft unterliegt auch das IPR dem Gebot **unionsrechtskonformer Auslegung** (Art. 291 AEUV, früher Art. 10 EG-Vertrag). Soweit eine solche nicht möglich ist, kann es im Einzelfall zur Nichtanwendbarkeit geschriebener oder ungeschriebener Kollisionsregeln des deutschen IPR kommen. So kann etwa Art. 5 Abs. 1 S. 2, wonach im Falle von auch-deutschen Doppelstaatern international-privatrechtlich stets ausschließlich die deutsche Staatsangehörigkeit relevant ist (→ Art. 5 Rn. 10), zu einem Verstoß gegen das **Diskriminierungsverbot des Art. 18 AEUV** führen, wenn der Doppelstaater dadurch gehindert wird, eine Grundfreiheit des Vertrages in gleicher Weise wie ein anderer (nichtdeutscher) Doppelstaater wahrzunehmen. So soll etwa die Anwendung von Art. 5 Abs. 1 S. 2 im Rahmen von Art. 10 Abs. 1 ausgeschlossen sein, da der auch-deutsche Doppelstaater mit effektiver ausländischer Staatsangehörigkeit eines Mitgliedstaates hierdurch gegenüber anderen Doppelstaatern diskriminiert wird (vgl. eingehend Benicke/Zimmermann IPRax 1995, 141 (145 ff.); EuGH FamRZ 2004, 173 mAnm Henrich; offengelassen in BGH BeckRS 2014, 6237 Rn. 14). Auch die Anwendung des ordre public-Vorbehalts (Art. 6) muss im Einklang mit den Grundfreiheiten des AEUV erfolgen. Ist die Einschränkung europarechtlich nicht gerechtfertigt, kann entweder auf der Ebene des Kollisionsrechts oder derjenigen des Sachrechts korrigiert werden, wobei schon aus Gründen der Rechtsklarheit letzteres vorzugswürdig ist (so auch tendenziell Steindorff FS W. Lorenz, 1991, 574). 29

Ansonsten sind die Kollisionsnormen des deutschen IPR aber durchwegs **europarechtskonform.** Insbesondere stellt die in weiten Teilen des EGBGB vorgesehene Anknüpfung an die **Staatsangehörigkeit** (vgl. etwa Art. 7 Abs. 1, Art. 9, 10, 22, 24, 25 aF) keinen Verstoß gegen das Diskriminierungsverbot des Art. 18 Abs. 1 AEUV (früher Art. 12 Abs. 1 EG-Vertrag) dar: Eine allseitige Kollisionsnorm des nationalen IPR, die unterschiedslos an die Staatsangehörigkeit einer Person anknüpft, differenziert gerade nicht nach der Staatsangehörigkeit, sondern ordnet für jedweden Staatsangehörigen dieselbe Rechtsfolge (Anwendung seines Heimatrechts) an. Eine Ungleichbehandlung ergibt sich erst aus der Divergenz der verschiedenen nationalen Rechtsord- 30 nungen. Das aber ist keine Diskriminierung iSv Art. 18 Abs. 1 AEUV (früher Art. 12 Abs. 1 EG-Vertrag), da eine solche voraussetzt, dass vergleichbare Sachverhalte vom gleichen Hoheitsträger unterschiedlich geregelt sind (so zutr. MüKoBGB/v. Hein Art. 5 Rn. 44 ff. sowie die dort nachgewiesene hM; diff. Basedow IPRax 2011, 109 ff.) (zur Staatsangehörigkeitsanknüpfung im internationalen Namensrecht → Art. 10 Rn. 14). Eine hiervon zu unterscheidende, in der Diskussion aber häufig nicht exakt getrennte Frage ist diejenige, ob das Beibehalten des Staatsangehörigkeitsprinzips in weiten Teilen des geltenden deutschen IPR gerade im Hinblick auf den europäischen Einigungsprozess rechtspolitisch weiterhin gerechtfertigt ist. Das wird häufig vorschnell verneint (s. dazu aber im Zusammenhang mit dem Staatsangehörigkeitsprinzip im Internat Erbrecht Kindler IPRax 2010, 44).

31 Im **Internationalen Gesellschaftsrecht** hatte der EuGH zunächst im „Daily Mail-Urteil" (EuGH Slg. 1988, 5483 = NJW 1989, 2186) die Sitztheorie, welche die Kollisionsrechte der meisten Mitgliedstaaten beherrscht, als mit den Grundfreiheiten des EG-Vertrags vereinbar angesehen. In der Folge wurde jedoch in den Urteilen „Centros" (EuGH C-212/97, NJW 1999, 2027 = IPRax 1999, 360), „Überseering" (EuGH C-208/00, NJW 2002, 3614) und „Inspire Art" (EuGH C-167/01, NJW 2003, 3331) die Sitztheorie als mit der Niederlassungsfreiheit der Art. 43, 48 EG-Vertrag **unvereinbar** angesehen. Der BGH (BGH NJW 2003, 1461; 2005, 1648; dies gilt auch gegenüber Gesellschaften aus EFTA-Mitgliedstaaten, BGH NJW 2005, 3351. Der Deutsche Rat für IPR hat einen Vorschlag ua für die Kodifizierung eines neuen deutschen internationalen Gesellschaftsrechts vorgelegt, Sonnenberger/Bauer RIW 2006, Beilage 1 zu Heft 4) ist deshalb jedenfalls im Anwendungsbereich der Art. 49, 54 AEUV (früher Art. 43, 48 EG-Vertrag), nicht aber gegenüber Drittstaaten (BGHZ 178, 192 = NZG 2009, 68 – „Trabrennbahn"), zur Gründungsanknüpfung übergegangen (iE → Art. 12 Rn. 3 ff. mwN). Zum Referentenentwurf einer gesetzlichen Neuregelung → Rn. 15.

32 **c) Mittelbare horizontale Direktwirkung von Richtlinien.** Da Richtlinien der EU keine unmittelbare „horizontale" Direktwirkung zukommt, wird unter dem Stichwort „mittelbare horizontale Direktwirkung" Abhilfe für den Fall gesucht, dass in einem durch das IPR berufenen Sachrecht eines EU-Mitgliedstaats eine RL vertragswidrig noch nicht umgesetzt wurde. Ausgangspunkt waren die sog. „Gran Canaria-Fälle", in denen es wegen der Nichtumsetzung der Haustürwiderrufsrichtlinie um die Gewährung eines Widerrufsrechts bei sog. „Kaffeefahrten" oder sonstigen unter § 1 HaustürWG (jetzt: §§ 312, 312a BGB) fallenden Vertragsanbahnungsmethoden ging (aus der Rspr. vgl. etwa OLG Celle RIW 1991, 423; OLG Hamm NJW-RR 1989, 496 = IPRax 1990, 242; LG Bamberg NJW-RR 1990, 694; LG Hamburg NJW-RR 1990, 495; 1990, 695; LG Stuttgart NJW-RR 1990, 1394; LG Weiden NJW-RR 1996, 438; AG Lichtenfels IPRax 1990, 235; aus der umfangreichen Lit. vgl. nur Coester-Waltjen FS W. Lorenz, 1991, 313 f.; Lüderitz IPRax 1990, 218; Taupitz BB 1990, 650; Kothe EuZW 1990, 151 sowie zuletzt Rauscher EuZW 1996, 650, der zu Recht Abhilfe in einem europäisch verstandenen ordre public sucht). Hier werden teilweise die im eigenen materiellen Recht umgesetzten Sachnormen als Eingriffsnormen (→ Rn. 50) verstanden und so trotz der Anwendbarkeit ausländischen Rechts unmittelbar zur Geltung gebracht (Sonnenberger ZVglRWiss 95 (1996), 35 bemerkt zutr., dass dies nichts mit mittelbarer Direktwirkung der RL zu tun hat). Dies setzt aber voraus, dass es sich bei den betreffenden Sachnormen tatsächlich um Eingriffsnormen (etwa iSv Art. 9 Rom I-VO) handelt, was schon angesichts der tatbestandlichen Voraussetzungen spezieller verbraucherrechtlicher Sonderanknüpfungen wie zB in Art. 6 Abs. 2 Rom I-VO nicht ohne weiteres angenommen werden darf. Andererseits ist es aber auch nicht generell ausgeschlossen, den internationalen Geltungswillen der auf einer RL beruhenden Sachnorm des deutschen Rechts aus ihrer europäischen Dimension und dem Binnenbezug des Sachverhalts herzuleiten (so etwa Jayme IPRax 1990, 220 (221 f.); skeptisch Sonnenberger ZVglRWiss 95 (1996), 35), wie dies in ähnlichem Zusammenhang durch Art. 46b (früher: Art. 29a) geschieht. Nachdem der BGH zunächst eine Sonderanknüpfung dieser Regelungen nach Art. 34 EGBGB aF für die Fälle abgelehnt hat, in denen es an dem in Art. 29 Abs. 1 Nr. 1–3 EGBGB aF vorausgesetzten Inlandsbezug fehlte (BGH NJW 1997, 1697 (1699)), hat er es später ausdrücklich verneint, in den Regelungen des VerbrKrG (jetzt: §§ 491 ff. BGB) allein auf Grund des europarechtlichen Hintergrundes zwingende Regelungen iSv Art. 34 EGBGB aF zu sehen (BGHZ 165, 248 = NJW 2006, 762): Dass der Gesetzgeber eine europäische RL in nationales Recht umsetze, bedeute nicht, dass diese Normen international grundlegende Bedeutung hätten und unabhängig von den allgemeinen Kollisionsregeln auf Fälle mit Auslandsbezug anwendbar sein sollten. Im Übrigen könne ein etwaiger mittelbar aus der RL herzuleitender international zwingender Charakter der Umsetzungsnorm jedenfalls nur für den Mindeststandard der RL, nicht aber für etwaige nationale Schutzverstärkungen angenommen werden (BGHZ 165,

248 = NJW 2006, 762). Nach aA kann hier nur im Rahmen des ordre public (Art. 6) oder nach den Grundsätzen der fraus legis (künstliche Herbeiführung von Anknüpfungsmerkmalen, → Rn. 75) im Einzelfall Abhilfe geleistet werden. Zutreffend wird hier aber insbes. im Bereich des ordre public zur Zurückhaltung gemahnt (Lüderitz IPRax 1990, 218; Taupitz BB 1990, 650; v. Hoffmann/Thorn IPR § 10 Rn. 73; Coester-Waltjen FS W. Lorenz, 1991, 315 mwN). Dessen Eingreifen würde neben einem hinreichenden Inlandsbezug voraussetzen, dass ausschließlich auf Vermögensschutz ausgerichtete Verbraucherschutzvorschriften wie insbes. das Widerrufsrecht nach § 1 HaustürWG (jetzt: § 312 BGB) und § 7 VerbrKrG (bzw. § 1b AbzG, nunmehr § 495 BGB) des deutschen Rechts allgemeine, grundlegende und unverzichtbare Gerechtigkeitsvorstellungen des deutschen Gesetzgebers ausdrücken und das Ergebnis der Anwendung des Rechts eines Mitgliedstaates als unerträglich bezeichnet werden kann. Während man einen hinreichenden Inlandsbezug wohl bereits im gewöhnlichen Aufenthalt im Inland sehen kann, erscheint letzteres schon angesichts der Tatsache äußerst fraglich, dass auch das deutsche Recht diese Verbraucherschutzregelungen erst in jüngerer Zeit eingeführt hat (dies betonen zu Recht Coester-Waltjen FS W. Lorenz, 1991, 315 unter Hinweis auf Kothe EuZW 1990, 151 und Taupitz BB 1990, 651); aus der Rspr. vgl. OLG Hamm IPRax 1990, 242; aA AG Lichtenfels IPRax 1990, 235 zu § 7 VerbrKrG; LG Bamberg NJW-RR 1990, 694; OLG Celle RIW 1991, 423; LG Weiden NJW-RR 1996, 438 zu § 1 HaustürWG und Art. 34). Erfolgversprechender kann eine Anwendung der Grundsätze der fraus legis sein, da hierbei nicht vorausgesetzt wird, dass der Inhalt des anzuwendenden ausländischen Rechts anstößig ist, sondern allein der Weg, auf welchem deren Anwendbarkeit herbeigeführt wird. Auch hier wird man aber lediglich besondere Extremfälle erfassen können (vgl. Sonnenberger ZVglRWiss 95 (1996), 37; Coester-Waltjen FS W. Lorenz, 1991, 318, die betont, dass die bisher bekanntgewordenen Sachverhalte die Voraussetzungen der fraus legis nicht erfüllen; aus der Rspr. vgl. verneinend OLG Hamm NJW-RR 1989, 496 = IPRax 1990, 242 m. zust. Anm. Jayme IPRax 1990, 220). Eine mittelbare horizontale Direktwirkung von EU-Richtlinien im Wege einer wie auch immer gearteten Sonderanknüpfung nationalen richtlinienkonformen Rechts bleibt somit auf besondere Ausnahmefälle beschränkt. Sie ist insbes. kein geeignetes Instrument, anwendbares Recht eines bezüglich der Richtlinienumsetzung säumigen EU-Mitgliedstaates allgemein durch harmonisiertes deutsches Recht zu ersetzen (dazu auch MüKoBGB/v. Hein Art. 3 Rn. 75 mwN). Durch den weitgehenden Übergang der EU zum Erlass von (unmittelbar wirkenden) Verordnungen anstelle von Richtlinien (→ Rn. 26) dürfte das Problem in der Praxis ohnehin weitgehend entschärft sein.

## IV. Grundlegende Mechanismen des IPR

Der nicht als Spezialist mit dem IPR befasste Jurist wird bei privatrechtlichen Fällen mit internationalem Bezug gelegentlich fürchten, mit der Materie überfordert zu sein. Dies ist indes häufig ein hauptsächlich durch die spezielle Terminologie und Begrifflichkeit des IPR (als Hilfestellung s. das Glossar bei → Rn. 101) ausgelöster Trugschluss. Die grundlegenden Mechanismen des IPR und damit der Lösung eines Sachverhaltes „mit einer Verbindung zu einem ausländischen Staat" (Art. 3) sind keine „Geheimwissenschaft", sondern bestehen letztlich aus jedem Juristen verständlichen Vorgängen und Wertungen. Die folgenden Ausführungen verzichten daher bewusst auf die häufig anzutreffende terminologische Vielfalt, sondern versuchen, die Grundstrukturen des IPR für die Praxis verständlich zu erläutern. 33

**1. Begriff und Aufbau von Kollisionsnormen.** Wie jede andere Norm besteht eine Kollisionsnorm aus Tatbestand und Rechtsfolge. Zentraler Punkt des **Tatbestands** einer Kollisionsnorm ist ein abstrakt bezeichnetes Rechtsgebiet, welches meist aus einem ganzen Komplex von Gegenständen besteht (zB „allgemeine Wirkungen der Ehe" in Art. 14 oder „das Rechtsverhältnis zwischen einem Kind und seinen Eltern" in Art. 21), aber auch enger umgrenzt sein kann (so zB Rechts- und Geschäftsfähigkeit in Art. 7 Abs. 1, „Rechtsnachfolge von Todes wegen" in Art. 21 EuErbVO). Man spricht insoweit vom **„Anknüpfungsgegenstand"** oder „Verweisungsgegenstand". **Rechtsfolge** einer Kollisionsnorm ist die **Verweisung** auf eine bestimmte Rechtsordnung. Diese wird im Regelfall nicht konkret bezeichnet (indem etwa „deutsches Recht" für anwendbar erklärt wird), sondern unter Bezugnahme auf ein bestimmtes Element des Sachverhalts (zB Staatsangehörigkeit, gewöhnlicher Aufenthalt) abstrakt bestimmt. Dieses Element bezeichnet man als **„Anknüpfungsmerkmal"**, **„Anknüpfungsmoment"** oder **„Anknüpfungspunkt"**, die Verbindung zwischen Tatbestand und Rechtsfolge bezeichnet man als **„Anknüpfung"**. Man spricht also zB davon, dass nach Art. 25 Abs. 1 die Rechtsnachfolge von Todes wegen an die Staatsangehörigkeit des Erblassers „angeknüpft" wird. Die Anknüpfungsmerkmale des IPR variieren mit den Anknüpfungsgegenständen. Im Bereich des Personen- und Familienrechts und Erb- 34 rechts wird hauptsächlich an **Staatsangehörigkeit** und **gewöhnlichen Aufenthalt** einer Person angeknüpft, in anderen Bereichen wie etwa dem Schuldrecht wird hingegen dem **Parteiwillen** ein weiter Spielraum gewährt (vgl. Art. 3 Rom I-VO, eingeschränkter Art. 14 Rom II-VO). Im Internationalen Deliktsrecht sowie im internationalen Sachenrecht wird wiederum grds. **ortsbezogen** angeknüpft (vgl. Art. 40, 43; Art. 4 Rom II-VO).

35 Kollisionsnormen unterscheiden sich von anderen Rechtsnormen dadurch, dass ihre Rechtsfolge stets in der Verweisung auf eine Rechtsordnung besteht, also keine materiellrechtliche Regelung enthält. Normen des materiellen Rechts werden im Gegensatz zu Kollisionsnormen daher auch als „Sachvorschriften" (vgl. Art. 4 Abs. 2 S. 1) oder **„Sachnormen"** bezeichnet. Die auf Grund der Kollisionsnorm anzuwendende Rechtsordnung bezeichnet man auch als das **„verwiesene Recht"** bzw. als das jeweilige, für den Anknüpfungsgegenstand geltende **Statut** (Vertragsstatut, Deliktsstatut, Güterstatut, Scheidungsstatut, Erbstatut etc).

36 Neben diesen eigentlichen Kollisionsnormen finden sich im EGBGB sowie in den anderen Rechtsquellen des IPR auch **kollisionsrechtliche Hilfsnormen,** die lediglich bestimmte Begriffe definieren oder sich – wie etwa Art. 3–6 – mit Fragen des Allgemeinen Teils beschäftigen. Die nicht kodifizierten Regeln des Allgemeinen Teils des IPR über Qualifikation, Vorfrage und Anpassung kann man als ungeschriebene Hilfsnormen bezeichnen. Weiter finden sich im EGBGB auch Sachnormen (zB Art. 7 Abs. 2, Art. 13 Abs. 3, Art. 16).

37 **a) Anknüpfungstechniken. aa) Alternativanknüpfung, subsidiäre Anknüpfung.** Enthält eine Kollisionsnorm für denselben Anknüpfungsgegenstand mehrere alternative Anknüpfungsmerkmale (sog. **Alternativanknüpfung**), so geschieht dies, um die Wirksamkeit eines rechtlichen Vorgangs durch alternative Bereitstellung mehrerer Rechtsordnungen zu fördern **(Günstigkeitsprinzip).** Beispiele hierfür sind etwa Art. 11 Abs. 1 EGBGB, Art. 11 Rom I-VO, Art. 27 EuErbVO: Dadurch, dass wahlweise mehrere Rechtsordnungen zur Frage der Formwirksamkeit eines Rechtsgeschäfts unter Lebenden bzw. einer Verfügung von Todes wegen zur Anwendung kommen, wird die Wahrscheinlichkeit der Formwirksamkeit erhöht (sog. favor negotii). Ähnliches gilt für Art. 19 Abs. 1, 20 (Feststellung und Anfechtung der Abstammung – favor legitimationis). Keine Alternativanknüpfung, sondern eine **subsidiäre Anknüpfung** liegt vor, wenn eine Kollisionsnorm erst bei Ausfall eines primären Anknüpfungsmerkmals ein anderes beruft (sog. „Anknüpfungsleiter"). Ein typisches Beispiel für eine solche Anknüpfung ist etwa die Anknüpfungsleiter des Art. 14 Abs. 1, die nach ihrem „Erfinder" auch als „Kegel'sche Leiter" bezeichnet wird (zur Person von Gerhard Kegel, der im Jahre 2006 verstorben ist, s. nur den Nachruf von Mansel NJW 2006, 1109 f.).

38 **bb) Kumulative (gekoppelte) Anknüpfung.** Eine kumulative oder gekoppelte Anknüpfung führt demgegenüber dazu, dass ein rechtlicher Vorgang nur dann als wirksam betrachtet wird, wenn er nach mehreren Rechtsordnungen zugleich als wirksam zu beurteilen ist. Dies geschieht im Interesse der Einheitlichkeit der Rechtsfolge meist bei Statusverhältnissen. So will etwa Art. 13 Abs. 1 dadurch, dass für die Eheschließung für jeden Verlobten das jeweilige Heimatrecht zur Anwendung kommt, vermeiden, dass die Ehe nach dem Heimatrecht eines der Verlobten unwirksam ist und die Ehepartner in einem Land als verheiratet, im anderen Land als ledig gelten (streng genommen handelt es sich hierbei nicht um eine kumulative, sondern um eine gekoppelte Anknüpfung, da die jeweiligen Heimatrechte nicht auf die Eheschließung insgesamt, sondern nur auf die Eheschließungsvoraussetzung des jeweiligen Verlobten anzuwenden sind, vgl. etwa Kropholler IPR § 20 V und v. Hoffmann/Thorn IPR § 5 Rn. 115, die insoweit von einer „distributiven" Anknüpfung sprechen). Man spricht in diesem Zusammenhang von sog. **„hinkenden Rechtsverhältnissen",** die durch eine kumulative Anknüpfung zwar nicht verhindert, wohl aber reduziert werden können. Deren Verhinderung dient insbes. Art. 13 Abs. 1. Weitere kumulative Anknüpfungen finden sich in Art. 23 (Adoption) und auch in Art. 10 Abs. 2 Rom I-VO. Daneben dienen kumulative Anknüpfungen dem Schutz vor „unerwarteten" Rechtsfolgen: Bestimmte, rechtsvergleichend vielleicht nicht gewöhnliche Rechtsfolgen sollen nur dann eintreten, wenn sie sämtliche Rechtsordnungen vorsehen, zu welchen alle Beteiligten eine Verbindung haben. Dies gilt etwa für Art. 6 HUP (Unterhalt in der Seitenlinie) und Art. 17 Abs. 3 (Versorgungsausgleich) (unter beiden Aspekten daher sehr bedenklich die Kollisionsnorm für die gleichgeschlechtliche registrierte Partnerschaft, Art. 17b: Anknüpfung an den Registrierungsort).

39 Ist im Falle einer kumulativen Anknüpfung ein Vorgang nach einer maßgeblichen Rechtsordnung wirksam und nach der anderen fehlerhaft, so ist er insgesamt als fehlerhaft zu betrachten. Die Folgen der Fehlerhaftigkeit unterliegen dann derjenigen Rechtsordnung, welche die Unwirksamkeit anordnet. Ist ein Rechtsvorgang nach allen maßgeblichen Rechtsordnungen fehlerbehaftet, so gilt im Interesse der Verhinderung „hinkender" Rechtsverhältnisse der sog. „Grundsatz des

**strengeren Rechts**“, dh es gilt diejenige Rechtsordnung, welche die strengere Rechtsfolge anordnet (für den Bereich der Eheschließung (Art. 13 Abs. 1) vgl. nur BGH FamRZ 1991, 300 (303); OLG Nürnberg NJW-RR 1998, 2; OLG Zweibrücken FamRZ 2004, 950). Gleichbedeutend wird auch vom Grundsatz des **„schwächeren Rechts“** bzw. des **„ärgeren Rechts“** gesprochen.

**cc) Akzessorische Anknüpfung.** Von einer akzessorischen Anknüpfung spricht man, wenn 40
im Interesse eines harmonischen Zusammenspiels von Rechtsregeln das auf eine bestimmte Frage anwendbare Recht dasselbe sein soll, welches auf eine damit eng verknüpfte Frage Anwendung findet. Dies geschieht etwa dadurch, dass man Bereicherungsansprüche wegen einer fehlenden schuldrechtlichen Beziehung dem Recht unterstellt, das auf diese Beziehung Anwendung findet (Art. 38 Abs. 1 EGBGB, Art. 10 Abs. 1 Rom II-VO), deliktische Ansprüche zur Vermeidung von Konkurrenzproblemen ausnahmsweise derselben Rechtsordnung entnimmt, der ein bestehendes Sonderrechtsverhältnis zwischen den Beteiligten unterliegt (Art. 41 Abs. 2 Nr. 1, Art. 4 Abs. 3 S. 2 Rom II-VO) (für Ansprüche aus Verlöbnisbruch verneinend BGHZ 132, 105 (117 f.) = NJW 1996, 1411 (1414)) oder für das Vertragsstatut das für eine verbundenes Rechtsverhältnis anwendbare Recht heranzieht (Art. 4 Abs. 3 Rom I-VO) (vgl. dazu etwa BGH NJW 2015, 2581 zu Art. 28 Abs. 5 aF). Keine akzessorische Anknüpfung mit dem Ziel der Anwendung desselben materiellen Rechts enthalten hingegen die Verweisungen in Art. 15 Abs. 1, Art. 19 Abs. 1 S. 3 und Art. 22 Abs. 1 S. 2 auf das allgemeine Ehewirkungsstatut des Art. 14. Es handelt sich hierbei lediglich um redaktionelle Verweise, welche allenfalls kollisionsrechtliche Harmonie bezwecken (zur praktischen Bedeutung dieser Frage im Rahmen der Prüfung einer Rück- und Weiterverweisung → Art. 4 Rn. 14).

**dd) Unwandelbare und wandelbare Anknüpfung, Versteinerung und Statutenwechsel.** 41
Die Kollisionsnorm kann den Anknüpfungspunkt auf einen bestimmten Zeitpunkt fixiert festlegen und keine Rücksicht auf die spätere Änderung der Anknüpfungstatsachen nehmen (so etwa Art. 13, Art. 15 Abs. 1 (Zeitpunkt der Eheschließung), Art. 8 lit. a Rom III-VO (Anrufung des Gerichts), Art. 21 EuErbVO (Tod des Erblassers)) oder aber die Änderung der Anknüpfungstatsachen (Änderung von Staatsangehörigkeit, gewöhnlichem Aufenthalt, Wohnsitz; Lageort etc) beachten, indem für die Anknüpfung nicht auf einen bestimmten gleich bleibenden Zeitpunkt abgestellt wird (so etwa Art. 14 Abs. 1; Art. 21, Art. 43 Abs. 1; Art. 3 HUP). Im ersten Fall spricht man von einer **unwandelbaren,** im zweiten Fall von einer **wandelbaren Anknüpfung.**

Bei einer **unwandelbaren Anknüpfung** bleibt es aus der Sicht des deutschen Kollisionsrechts 42
somit stets bei der Anwendbarkeit derselben Rechtsordnung (sofern es sich bei der Verweisung jedoch um eine Gesamtverweisung (→ Rn. 78) handelt, kann sich im Wege der Rück- oder Weiterverweisung eine wandelbare Anknüpfung ergeben. Eine solche wandelbare Rück- oder Weiterverweisung ist auch aus deutscher Sicht anzuerkennen, dazu → Art. 4 Rn. 11). Dahinter steht der Gedanke der Wahrung wohlerworbener Rechte bzw. der Kontinuität rechtlicher Positionen (so zutr. BGHZ 40, 32 (35) zum Güterstatut). Dies bedeutet freilich nicht, dass es auch hinsichtlich des Inhalts des (unwandelbar) anwendbaren materiellen Rechts auf den Rechtszustand im Anknüpfungszeitpunkt ankommt und das verwiesene Recht mit dem Inhalt anzuwenden wäre, mit dem es im Anknüpfungszeitpunkt galt (sog. **„Versteinerung“**). Das verwiesene materielle Recht ist vielmehr in dem Stand anzuwenden, in dem es sich zurzeit der Rechtsanwendung befindet. Dies schließt die intertemporalen Vorschriften der verwiesenen Rechtsordnung ein (hM, vgl. nur Grüneberg/Thorn Rn. 24 aE; aus der Rspr. vgl. OLG Stuttgart NJW 1958, 1972). Nur dem verwiesenen Recht, dh dessen intertemporalen Normen, ist daher zu entnehmen, ob es in seinem gegenwärtigen oder in einem früheren Gehalt anzuwenden ist. Grenze ist auch hier der ordre public-Vorbehalt des Art. 6 (so kann es etwa gegen Art. 6 verstoßen, wenn die verwiesene Rechtsordnung in aus der Sicht des deutschen Rechts nicht tolerabler Weise Rückwirkung anordnet und damit etwa wohlerworbene Rechte unberücksichtigt lässt, vgl. nur v. Bar/Mankowski IPR I § 4 Rn. 190). Abzulehnen und nicht zu verallgemeinern sind in der früheren Rspr. vertretene Versteinerungstheorien im Bereich des Ehegüterrechts (so zutr. Grüneberg/Thorn Art. 15 Rn. 3; v. Bar/Mankowski IPR I § 4 Rn. 191). Hier sollten im Wege der Versteinerung Ehegatten vor Rechtsänderung in einem Land geschützt werden, mit welchem sie infolge von Flucht oder Vertreibung nichts mehr zu tun haben wollten (vgl. nur BGHZ 40, 32 (35); BGH FamRZ 76, 612). In allen entschiedenen Fällen ging es unterschwellig um einen Ost-West-Konflikt. Es ist nicht zu erwarten, dass der BGH diese Rspr. heute aufrechterhalten würde.

Im Falle einer **wandelbaren Anknüpfung** bewirkt eine Änderung der Anknüpfungstatsachen 43
(zB der Staatsangehörigkeit oder des gewöhnlichen Aufenthalts) gleichzeitig einen Wechsel des anzuwendenden Rechts. Diesen von einer bloßen inhaltlichen Änderung der weiterhin anwendbaren identischen Rechtsordnung (Versteinerungsproblematik) zu unterscheidenden Vorgang

bezeichnet man als Statutenwechsel (je nachdem, ob der Wechsel vom deutschen Recht weg oder zu diesem hinführt, wird – ohne dass dies inhaltliche Bedeutung hätte – auch von Ausgangs- und Eingangsstatutenwechsel gesprochen). Auch hier gilt der (ungeschriebene) allgemeine Grundsatz des Fortbestandes unter einem früheren Statut **(„Ausgangsstatut")** vollendeter und geschützter Rechtsverhältnisse **(„wohlerworbene Rechte")** (die Kodifikation von Sonderfällen findet sich in Art. 7 Abs. 2 (Fortbestehen erworbener Geschäftsfähigkeit) und in Art. 3 Abs. 2 S. 2 Rom I-VO (Änderung des Schuldvertragsstatuts durch nachträgliche Rechtswahl hat keinen Einfluss auf erworbene Rechte Dritter)) unter dem neuen Statut **(„Eingangsstatut"):** Rechte, Rechtslagen und Rechtsverhältnisse, die vor der Änderung der Anknüpfungstatsachen entstanden (zB Eigentumserwerb, Adoption) oder entfallen sind (zB Eigentumsverlust), bleiben auch unter dem neuen Statut wirksam (s. auch MüKoBGB/v. Hein Rn. 80). Ein wohlerworbenes Recht liegt freilich nur vor, wenn es sich um eine nach der maßgeblichen, vor dem Statutenwechsel anwendbaren Rechtsordnung gefestigte Rechtsposition handelt (BGH NJW 1996, 2096 (2097) = LM Art. 25 1986 Nr. 2 mAnm Dörner zum Art. 25 unterliegenden Anspruch auf vorzeitigen Erbausgleich nach § 1934d BGB aF). Bei gestreckten Tatbeständen wie zB der sachenrechtlichen Ersitzung kommt es damit auf das zum Zeitpunkt der Vollendung des Rechtserwerbs maßgebliche Statut an. Dieses entscheidet dann auch, ob es unter Geltung des früheren Statuts eingetretene Tatsachen (zB Besitzzeiten für die Frage des Eigentumserwerbs durch Ersitzung) rechtlich berücksichtigt (so Art. 44 Abs. 3).

**44** Sofern unter dem alten Statut entstandene Rechtspositionen in die Zukunft weiterwirken, unterliegen sie in ihren zukünftigen **Wirkungen** ab dem Zeitpunkt des Statutenwechsels freilich dem neuen Statut. So ist etwa ein Eigentumserwerb an einer beweglichen Sache vor dem Statutenwechsel auch unter dem (durch Veränderung des Lageorts) neuen Statut anzuerkennen, die aus dem Eigentum resultierenden Rechte unterliegen hingegen dem neuen Statut (für die eigentumsrechtliche Bedeutung des Besitzes vgl. BGH NJW 1960, 774 (775); zur Eigentumsvermutung vgl. S. Lorenz NJW 1995, 176 (177 f.)). Sofern das neue Statut das entsprechende Recht nicht kennt, kann sich insbes. im internationalen Sachenrecht – wegen des materiellrechtlichen **numerus clausus dinglicher Rechte** – die Notwendigkeit einer **Angleichung** bzw. **Umsetzung** (Transposition) ergeben (vgl. BGH NJW 1991, 1415; IPRax 1993, 176 mAnm Kreuzer IPRax 1993, 157 zur Autohypothek nach italienischem Recht; NJW 1992, 362 = IPRax 1993, 178 zum Registerpfandrecht an Privatflugzeug nach US-amerikanischem Recht; dazu iE → Rn. 95). Denkbar ist – allerdings nur in eng begrenzten Ausnahmefällen – auch das Phänomen einer „Heilung durch Statutenwechsel", wenn ein Vorgang nach dem Ausgangsstatut unwirksam, nach dem Eingangsstatut aber wirksam ist. Typisch ist etwa der Fall eines Staatsangehörigkeitswechsels von „Ehegatten" einer nach dem durch Art. 13 berufenen Recht unwirksamen Ehe zu einer Rechtsordnung, nach der die Eheschließung wirksam ist (iE ist diese stark vom Grundrechtsschutz, Art. 6 Abs. 1 GG, überlagerte Materie sehr str., s. zuletzt Siehr IPRax 2007, 30; aus der Rspr. vgl. etwa RGZ 132, 416; KG FamRZ 1986, 680 = IPRax 1987, 33 mAnm Siehr IPRax 1987, 19; OLG München StAZ 1993, 152 mAnm Bungert 145; BGH IPRax 2004, 438 mAnm Mäsch IPRax 2004, 421; SG Hamburg IPRax 2007, 47 mAnm Siehr IPRax 2007, 30; vgl. auch BGH FamRZ 1997, 543). Praktisch relevant kann dies auch im Sachenrecht sein, wenn etwa ein Eigentumsvorbehalt nach dem Ausgangsstatut (partiell) unwirksam, nach dem Eingangsstatut aber wirksam ist (vgl. etwa BGHZ 45, 95 = NJW 1966, 879 betr. Schicksal eines mangels Registereintragung relativ unwirksamen Eigentumsvorbehalts nach italienischem Recht nach Verbringung der Sache nach Deutschland, wo das Problem auf der Ebene der Vertragsauslegung materiellrechtlich gelöst wurde). Hier kann – ohne gesetzliche Grundlage und auf Grund iE zweifelhafter rechtlicher Konstruktion – das Vertrauen der Beteiligten auf die Gültigkeit eines Vorgangs unter dem Ausgangsstatut berücksichtigt werden (als einen gesetzlich geregelten Fall der Heilung durch Statutenwechsel kann man die auch zeitlich alternative Anknüpfung der Formwirksamkeit von Verfügungen von Todes wegen in Art. 26 bezeichnen). Letztlich handelt es sich hierbei aber nicht um eine echte Heilung durch Statutenwechsel, der häufig gar nicht vorliegt (so ist die Anknüpfung des Art. 13 Abs. 1 unwandelbar fixiert auf den Eheschließungszeitpunkt. Durch einen späteren Staatsangehörigkeitswechsel tritt also ein Statutenwechsel im eigentlichen Sinne nicht ein. Vertrauensschutz kann aber dann am Platze sein, wenn die Parteien im Hinblick auf die (hypothetische) Gültigkeit der Ehe nach dem neuen Heimatrecht eine erneute Eheschließung unterlassen), sondern um eine rechtsfortbildende Korrektur entweder des Sach- oder des Kollisionsrechts (so zutr. Kropholler IPR § 27 II; s. auch MüKoBGB/v. Hein Rn. 82 mwN), indem etwa – wie in den Eheschließungsfällen – der Anknüpfungszeitpunkt modifiziert wird (vgl. Siehr IPRax 2007, 30 (34), der wegen der unbeweglichen Anknüpfung des Eheschließungsstatuts von einer „Heilung durch Statutenersatz" im Rahmen einer „stark materiellrechtlich geprägten ungeschriebenen Sachnorm des IPR" spricht).

Zu einem Wechsel des anwendbaren Rechts kann es ohne Änderung der Anknüpfungstatsachen auch durch den Wechsel der politischen Zugehörigkeit eines Gebietes **(Souveränitätswechsel)** (vgl. Busse IPRax 1998, 155) oder durch die Änderung der (eigenen oder fremden) Kollisionsnorm kommen. Auch hier kann man zwar – anders als bei der bloßen inhaltlichen Änderung des anwendbaren materiellen Rechts – von einem Statutenwechsel sprechen, dennoch sind diese Fälle aber systematisch anders einzuordnen. Für sie gelten nicht die dargelegten (ungeschriebenen) Regeln des IPR im Falle des Statutenwechsels auf Grund wandelbarer Anknüpfung, sondern spezielle legislatorische Entscheidungen des intertemporalen (Kollisions-)Rechts (MüKoBGB/v. Hein Rn. 51 ff.; so konnte etwa die Neufassung von Art. 15 gegenüber Art. 15 aF zu einem Statutenwechsel führen, den zu verhindern bzw. zu mildern Art. 220 Abs. 3 zum Ziel hat), welches verfassungsrechtlich oder – soweit es sich um nach Art. 4 Abs. 1 relevantes ausländisches Kollisionsrecht handelt – unter dem Gesichtspunkt des ordre public (Art. 6) problematisch sein kann. Im Falle der **Staatensukzession** entscheidet das Recht des neu gebildeten bzw. aufnehmenden Staates über die Rezeption bisherigen Rechts bzw. dessen Weitergeltung für Altfälle (die Frage der Völkerrechtsmäßigkeit der Sukzession spielt dabei keine Rolle, → Rn. 1. Zur Anwendung deutscher Kollisionsnormen im Falle der Staatenabspaltung vgl. Busse IPRax 1998, 155; zur Bestimmung des anwendbaren Rechts analog Art. 4 Abs. 3 S. 2 im Fall der „sukzessiven Rechtsspaltung" vgl. Großerichter/Bauer RabelsZ 2001, 201; Ziereis, Die Staatensukzession im IPR, 2021). Dies ist im Rahmen der deutschen Wiedervereinigung etwa durch die entsprechenden Regelungen des Einigungsvertrages (Art. 230 ff.) geschehen. Im Falle der Änderung des Kollisionsrechts entscheidet dieses selbst über seinen zeitlichen Anwendungsbereich (für die Änderung des deutschen Kollisionsrechts durch das IPR-Neuregelungsgesetz des Jahres 1986 (→ Rn. 15) vgl. die Regelung des intertemporalen IPR in Art. 220). 45

**b) Einseitige und allseitige Kollisionsnormen.** Kollisionsnormen können einseitig oder allseitig aufgebaut sein (die Terminologie ist auch hier nicht einheitlich; gleichbedeutend ist auch von unvollständigen und vollständigen bzw. von zweiseitigen und mehrseitigen Kollisionsnormen die Rede). Moderne IPR-Kodifikationen enthalten idR (anders etwa das schweizerische IPR-Gesetz) allseitige Kollisionsnormen. Einseitige Kollisionsnormen regeln nur, unter welchen Voraussetzungen die inländische Rechtsordnung anzuwenden ist, enthalten aber keine direkte Aussage über die Anwendbarkeit ausländischen Rechts. Dies war etwa weitgehend im früheren deutschen IPR der Fall. **Allseitige Kollisionsnormen** enthalten hingegen einen umfassenden Rechtsanwendungsbefehl, der auch auf ausländisches Recht verweisen kann. Das geltende deutsche sowie europäische IPR enthalten nahezu ausschließlich allseitige Kollisionsnormen (vgl. aber etwa Art. 7 Abs. 2). Einseitig sind auch solche Kollisionsnormen, die im Falle eines bestimmten Inlandsbezugs Ausnahmeregelungen enthalten und so die Anwendung bestimmter Regelungen des deutschen Rechts sicherstellen (so zB Art. 13 Abs. 2, 3, 4 S. 1, Art. 16, 17 Abs. 2) oder ermöglichen (Art. 9 S. 2). Die genannten Normen sind bewusst einseitig gefasst, sodass sie – mit Ausnahme des Art. 7 Abs. 2 (zur analogen Anwendung auf neutralen Statutenwechsel → Art. 7 Rn. 46) – nicht allseitig angewandt werden können. Soweit noch einseitige Kollisionsnormen aus der Zeit vor der IPR-Reform 1986 in Geltung bzw. auf Grund von Art. 220 intertemporal anwendbar sind, werden sie idR „verallseitigt", dh als allseitige Kollisionsnormen gelesen. Gleiches gilt für Art. 26 Abs. 5 S. 2 (→ Art. 26 Rn. 13). 46

**c) Versteckte Kollisionsnormen.** Kollisionsrechtliche Regelungen können kodifikatorisch auch in Normen des materiellen Rechts mit enthalten sein. Im deutschen Recht finden sich solche Normen nur höchst selten (so soll etwa § 244 BGB nach einer verbreiteten Ansicht eine versteckte kollisionsrechtliche Regelung enthalten). Das **anglo-amerikanische Recht** enthält hingegen nach hM zahlreiche versteckte Kollisionsnormen in seinen Regelungen über die internationale Zuständigkeit (jurisdiction). Für den inländischen Rechtsanwender ist dies im Rahmen der Prüfung einer Rück- oder Weiterverweisung nach Art. 4 Abs. 1 von wesentlicher Bedeutung. Es kann hier – insbes. in familienrechtlichen Fällen – zu der sog. **„versteckten Rückverweisung"** (hidden renvoi) auf deutsches Recht kommen (→ Art. 4 Rn. 18). 47

**2. Abgrenzung von anderen Normen. a) (Selbstbegrenzende) Sachnormen.** Sachnormen unterscheiden sich von Kollisionsnormen durch ihren materiellrechtlichen Inhalt. Normen des materiellen Rechts enthalten aber gelegentlich im Tatbestand zugleich eine geschriebene oder ungeschriebene Eingrenzung ihres Anwendungsbereichs in Bezug auf grenzüberschreitende Sachverhalte. Von (versteckten) Kollisionsnormen unterscheiden sie sich insbes. durch die Einsei- 48 tigkeit des kollisionsrechtlichen Gehalts, weil nicht etwa abstrakt die Anwendbarkeit einer bestimmten Rechtsordnung auf eine bestimmte Rechtsfrage angeordnet wird, sondern lediglich negativ der Anwendungsbereich der betreffenden Sachnorm festgelegt wird (teilweise wird allerdings in der Lit. der Begriff der selbstbegrenzenden Sachnorm gleichbedeutend mit demjenigen der versteckten Kollisionsnorm behandelt). Es geht dabei also nicht um die Anwendbarkeit der Vorschrift als solcher, sondern um die Frage, ob die Norm tatbestandlich einen Auslandssachverhalt erfassen will. Dies ist eine Frage des materiellen Rechts im Rahmen einer teleologischen **Gesetzesauslegung,** weil sie die Anwendbarkeit der Rechtsordnung, der die betreffende Norm entstammt, voraussetzt. Selbstbegrenzungen von Sachnormen können sich direkt aus dem Wortlaut, aber auch aus Sinn und Zweck einer Vorschrift ergeben. Beispiel für letzteres ist etwa das Problem des internationalen Anwendungsbereichs von § 15 Abs. 4 GmbHG: Geht man davon aus, dass ratio der Vorschrift die Verhinderung der Spekulation mit GmbH-Anteilen ist, und damit Steuerungsfunktion nur hinsichtlich des inländischen Kapitalmarkts ausgeübt werden soll, besteht kein Anlass, die Formvorschrift – trotz Anwendbarkeit deutschen Rechts – auf einen Kaufvertrag anzuwenden, der – obschon deutschem Recht unterstehend – den Kauf von Anteilen einer ausländischen GmbH zum Gegenstand hat (vgl. etwa Bungert DZWiR 1993, 494 (495); Großfeld/Berndt RIW 1996, 625 (630); aA → VO (EG) 593/2008 Art. 11 Rn. 41; s. auch BGH GRUR 2004, 1035 zur Reichweite von § 7 Abs. 1 UWG aF).

49 **b) Sachnormen mit auslandsbezogenen Tatbestandselementen ohne kollisionsrechtlichen Gehalt.** Verschiedentlich enthalten Normen des materiellen Rechts Tatbestandselemente, die einen Auslandsbezug aufweisen. Dies gibt den Vorschriften allerdings keinerlei kollisionsrechtlichen Gehalt, da deren Anwendbarkeit die Anwendung deutschen Rechts auf Grund der Regelungen des Kollisionsrechts voraussetzt. So setzen etwa die § 1944 Abs. 3 BGB, § 1954 Abs. 3 BGB (verlängerte Ausschlagungs- bzw. Anfechtungsfrist bei ausländischem Erblasserwohnsitz bzw. ausländischem Aufenthalt des Erben) die Anwendbarkeit deutschen Erbrechts auf Grund von Art. 21 ff. EuErbVO voraus. Ob es sich bei dem Auslandsbezug eines Tatbestandselements um eine versteckte Kollisionsnorm mit Vorrang vor der entspr. allgemeinen Kollisionsregel handelt oder ob ihm keinerlei kollisionsrechtlicher Gehalt zukommt, ist durch **Auslegung** der Vorschrift zu ermitteln. Im Zweifel ist nicht vom Vorliegen einer speziellen Kollisionsnorm auszugehen, weil das deutsche Recht über ein vom materiellen Recht kodifikatorisch unabhängiges Kollisionsrecht verfügt und internationalrechtliche Rechtsanwendungsfragen grds. aus dem materiellen Recht „auslagert" (v. Bar/Mankowski IPR I § 4 Rn. 13).

50 **c) Eingriffsnormen.** Gleichsam als Gegenstück zu selbstbegrenzenden Sachnormen handelt es sich bei Eingriffsnormen um Sachnormen, die unabhängig von dem auf die jeweilige Rechtsfrage anwendbaren Recht Geltung beanspruchen. Ein Ausschnitt dieser Problematik ist für das internationale Schuldvertragsrecht als den praktisch wichtigsten Bereich in Art. 9 Rom I-VO und Art. 16 Rom II-VO angesprochen (s. dazu auch A. Köhler, Eingriffsnormen – Der „unfertige Teil" des europäischen IPR, 2013). Meist handelt es sich um öffentlich-rechtliche Vorschriften wirtschafts- oder sozialpolitischen Gehalts, die einen Sachverhalt ohne Rücksicht auf das sonst auf ihn anwendbare Recht international zwingend regeln wollen (s. etwa Sonnenberger IPRax 2003, 104). Ob es sich bei einer Norm um eine solche Eingriffsnorm handelt, ist ihr – sofern sie keine ausdrückliche Regelung ihres internationalen Anwendungsbereiches enthält (so etwa § 130 Abs. 2 GWB, aber auch Art. 13 Abs. 3 S. 1) – im Wege der **Auslegung** zu entnehmen. Die bloße Unabdingbarkeit der Vorschrift im internen Recht ist hierfür nicht ausreichend, sie kann allenfalls ein Indiz darstellen (BGH NJW 2006, 762 (763)). In Betracht kommen insbes. Regelungen des **Außenwirtschaftsrechts, Embargobestimmungen** und **devisenrechtliche Regelungen.** Privatrechtliche Regelungen des Verbraucherschutzes können Eingriffsnormen darstellen, sofern die Vorschriften nicht nur dem Schutz und Ausgleich widerstreitender Interessen der Vertragsparteien dienen, sondern neben reinen Individualbelangen auch öffentliche Gemeinwohlinteressen verfolgen. Bei der Annahme einer Eingriffsnorm ist aber Zurückhaltung geboten (aus der jüngeren Rspr. s. etwa BGH NJW 2006, 762 (763 f.): Widerrufsrecht nach VerbrKrG keine Eingriffsnorm; BGHZ 165, 172 = NJW 2006, 230: § 661a BGB als Eingriffsnorm iSv Art. 34). Man spricht in diesem Zusammenhang auch vom **positiven ordre public** bzw. von **lois d'application immédiate.**

51 **Ausländische** Eingriffsnormen einer im Einzelfall kollisionsrechtlich nicht anwendbaren Rechtsordnung, die allein der Verwirklichung wirtschaftlicher oder staatspolitischer Ziele des rechtsetzenden Staates selbst dienen, sind nur zu beachten, wenn und soweit dieser den Willen und die Möglichkeit besitzt, die betreffenden Bestimmungen auch durchzusetzen. Das ist etwa dann der Fall, wenn sie auf seinem Territorium belegene Sachen und Rechte oder Handlungen,

die dort zu vollziehen sind, betreffen (BGHZ 128, 41 (52) = DtZ 1995, 250 betr. Außenhandelsmonopol der ehem. DDR; BGHZ 31, 367 (372); 64, 183 (188) betr. Außenhandelsmonopol der ehem. UdSSR). Auch dann kommt allerdings eine Beachtung nicht als Rechtsnorm, sondern nur als **tatsächlicher Umstand** in Betracht: So kann etwa eine als Eingriffsnorm zu qualifizierende ausländische Vorschrift bei Anwendbarkeit deutschen materiellen Rechts nicht die Nichtigkeit eines Vertrags nach § 134 BGB begründen (BGHZ 69, 295 (296) betr. Fluchthelfervertrag), wohl aber als tatsächliches Leistungshindernis Unmöglichkeit iSv § 275 Abs. 1 BGB begründen (vgl. BGHZ 128, 41 (53) = DtZ 1995, 250 zu § 306 BGB aF) oder unter dem Gesichtspunkt des Wegfalls der Geschäftsgrundlage von Bedeutung sein (vgl. BGH NJW 1984, 1746 = IPRax 1986, 154 m. Besprechungsaufsatz Mülbert 140; vgl. zum Ganzen auch Zimmer IPRax 1993, 65). Eine entsprechende gesetzliche Regelung finden dies für das Schuldrecht in Art. 9 Abs. 3 Rom I-VO und Art. 16 Rom II-VO.

**d) „Anerkennung“.** In jüngerer Zeit wurde in der Lit., angeregt ua durch die Rspr. des EuGH (EuGH C-148/02, IPRax 2004, 339 – Garcia Avello; Schlussanträge des GA Jacobs C-96/04, IPRax 2005, 440 – Standesamt Niebüll, m. krit. Anm. Henrich IPRax 2005, 422), der Gedanke erörtert, **Anerkennungsregeln** neben Kollisions- und Eingriffsnormen als „dritte Säule“ des IPR zu qualifizieren (vgl. insbes. Lagarde RabelsZ 2004, 225; Coester-Waltjen FS Jayme, Bd. I, 2004, 121 ff.; Coester-Waltjen IPRax 2006, 392; Mansel RabelsZ 2006, 651; → Rn. 5; eingehende Darstellung bei MüKoBGB/v. Hein Art. 3 Rn. 117 ff.). Letztlich dürfte es sich dabei aber nicht um eine neue kollisionsrechtliche Methode, sondern lediglich um eine Frage der Terminologie handeln. Außerhalb der prozessualen Anerkennung ausländischer Entscheidungen bedeutet „Anerkennung“ einer bloßen Rechtslage in Abwesenheit einer anerkennungsfähigen Entscheidung nichts anderes als rechtliche Wirksamkeitskontrolle anhand der durch die Kollisionsnormen des IPR berufenen Rechtsordnung (s. etwa BayObLG FamRZ 2003, 381 und BGHZ 176, 365 = FamRZ 2008, 1409 mAnm Henrich: „Anerkennung“ einer ausländischen Privatscheidung bedeutet nichts anderes als die Entscheidung über ihre inländische Wirksamkeit nach den deutschen Kollisionsnormen). Im Übrigen ist es auch aus unionsrechtlichen Gründen weder geboten noch zweckmäßig, im IPR generell von einer Verweisungs- zu einer Anerkennungsmethode überzugehen (zutr. MüKoBGB/v. Hein Art. 3 Rn. 140). 52

**3. Anwendung von Kollisionsnormen. a) Qualifikation. aa) Problemstellung.** Der erste Schritt bei der Ermittlung des auf einen Sachverhalt mit Auslandsbezug anwendbaren Rechts ist die Bestimmung der hierfür maßgeblichen Kollisionsnorm. Da es ein „Kollisionsrecht für das Kollisionsrecht“ grds. nicht gibt (Ausnahmen sind etwa intertemporales Kollisionsrecht bei der Änderung von Kollisionsnormen, vgl. Art. 220 sowie der Fall der deutschen Wiedervereinigung, vgl. Art. 236), entstammt diese zwangsläufig dem Recht des jeweiligen Gerichtsorts (lex fori): Der Rechtsanwender geht stets von der maßgeblichen Kollisionsnorm des eigenen Rechts aus, ein deutsches Gericht wendet also primär das in Deutschland unmittelbar geltende „eigene“ Kollisionsrecht an **(lex fori-Maxime)** (BGHZ 44, 46 (50); 153, 82 (86)); zu dem darauf beruhenden Effekt des „forum shopping“ → Rn. 3. Zur Bestimmung der maßgeblichen Kollisionsnorm muss zunächst gefragt werden, in den sachlichen Anwendungsbereich welcher Kollisionsnorm der zu beurteilende Sachverhalt fällt. So wird etwa das auf die Erbfolge nach einer Person anwendbare Recht nach Art. 21 ff. EuErbVO ermittelt, weil deren Tatbestand von der „Rechtsnachfolge von Todes wegen“ spricht, das auf den ehelichen Güterstand anwendbare Recht ergibt sich aus Art. 15, weil im Tatbestand dieser Norm von den „güterrechtlichen Wirkungen der Ehe“ die Rede ist. 53

Dieser **Subsumtionsvorgang** der Zuordnung einer Rechtsfrage zu einem bestimmten kollisionsrechtlichen Sachbereich, den man im IPR als **Qualifikation** bezeichnet, ist aber nicht immer so unproblematisch wie in diesen Beispielen. Dies kann sich einerseits aus der Notwendigkeit ergeben, auslandsrechtliche Phänomene kollisionsrechtlich zu beurteilen, die das deutsche materielle Recht nicht (oder nicht mehr) (so etwa für die im deutschen Recht seit dem 1.7.1998 nicht mehr bekannte Legitimation; zu der durch die (übereilte) Aufhebung auch der entsprechenden Kollisionsnorm (Art. 21 aF) entstandenen Regelungslücke vgl. BayObLG FamRZ 1999, 1443; Hepting StAZ 1999, 97; Henrich FS Sturm, 1999, 1505 ff.; Budzikiewicz, Materielle Statutseinheit und kollisionsrechtliche Verbesserung, 2007) kennt: Da diese in die Begrifflichkeiten des eigenen Rechts, von welchen der Gesetzgeber bei der Schaffung der Kollisionsnormen ausgeht und auch ausgehen muss, nicht ohne weiteres einzuordnen sind (Kegel/Schurig IPR § 7 II 1 sprechen hier anschaulich von „Systemlücken des eigenen materiellen Rechts“), können sich hier bereits bei der Frage der maßgeblichen Kollisionsnorm Probleme ergeben. So ist etwa äußerst fraglich, ob man ein Rechtsinstitut wie zB die Vereinbarung einer Morgengabe des islamischen Rechts als allgemeine Ehewirkung, güterrechtlich, unterhaltsrechtlich oder scheidungsrechtlich 54 einordnet, dh qualifiziert (vgl. Heldrich IPRax 1983, 64 f.; eingehend zuletzt Wurmnest RabelsZ 71 (2007), 527 (550), der sich für eine güterrechtliche Qualifikation ausspricht; BGH NJW 2010, 1528 hat sich für eine Qualifikation als allgemeine Ehewirkung iSv Art. 14 ausgesprochen; BGH NJW 2020, 2024 hat obiter darauf hingewiesen, dass für ab dem 29.1.2019 geschlossene Ehen das Ehegüterstatut nach der EuGüVO maßgeblich ist, → Art. 14 Rn. 22 sowie Wurmnest JZ 2010, 736 ff.; zur verlöbnisrechtlichen Qualifikation des „Brautgelds" OLG Hamm IPRax 2012, 257 sowie Looschelders IPRax 2012, 238 ff.; zur schenkungsrechtlichen Qualifikation im türkischen materiellen Recht Krüger IPRax 2014, 204 f.). Diese Einordnung entscheidet aber über die maßgebliche Kollisionsnorm und damit – sofern die in Betracht kommenden Kollisionsnormen verschiedene Rechtsordnungen berufen – über das anzuwendende Recht und damit wiederum mittelbar über die Wirksamkeit der Vereinbarung. Ähnliches gilt für die in manchen Rechtsordnungen vorgesehene Möglichkeit der Eheschließung durch Stellvertreter (vgl. BGHZ 29, 137 (139): Qualifikation als Formfrage, daher Anwendung von Art. 11, was in casu zur Anwendung des Ortsrechts und somit zur Gültigkeit der Ehe führte; s. dazu auch Sturm IPRax 2013, 412; Einzelheiten bei → Art. 13 Rn. 63).

**55** Das Qualifikationsproblem stellt sich aber auch bei bestimmten Regelungen des **eigenen Rechts.** So ist es etwa zweifelhaft, ob eine Regelung wie der pauschale Zugewinnausgleich durch Erhöhung des Erbteils des überlebenden Ehegatten nach § 1371 Abs. 1 BGB güterrechtlichen oder erbrechtlichen Charakter hat (s. dazu zuletzt EuGH C-558/16, NJW 2018, 1377 – Mahnkopf: erbrechtliche Qualifikation unter der EuErbVO und dazu Weber NJW 2018, 1356 zur Qualifikation unter Art. 25 aF → Art. 25 Rn. 60). Umstritten ist etwa auch die Qualifikation von § 661a BGB (BGHZ 165, 172 = NJW 2006, 230 mwN: gesetzliches Schuldverhältnis aus geschäftsähnlicher Handlung; s. auch S. Lorenz NJW 2006, 472; → BGB § 661a Rn. 9). Qualifikationsprobleme dieser Art entstehen dadurch, dass die Tatbestände von Kollisionsnormen große Gebiete des materiellen Rechts abdecken: Der Gesetzgeber verwendet im Tatbestand von Kollisionsnormen Systembegriffe wie zB Rechts- und Geschäftsfähigkeit, Heirat, Scheidung, Rechtsverhältnis zwischen Eltern und ehelichen bzw. nichtehelichen Kindern, Adoption, Vormundschaft, Betreuung etc ohne bis in das letzte Detail festhalten zu können, welche einzelnen Probleme des materiellen Rechts von dem jeweiligen Systembegriff erfasst werden sollen. Sie stellen sich insbes. auch bei der international-privatrechtlichen Behandlung richterrechtlich entwickelter Rechtsinstitute (so etwa bei der Anknüpfung der sog. „unbenannten Zuwendungen", vgl. BGHZ 119, 392 = NJW 1993, 385; S. Lorenz FamRZ 1993, 393).

**56** Von Bedeutung ist das Qualifikationsproblem weiter auch für die Frage der **Reichweite** einer einmal festgestellten Verweisung (in der Lit. zT als **Nachfrage** bezeichnet, vgl. → Rn. 68): Durch die unterschiedlichen Systembegriffe verschiedener Rechtsordnungen kann es vorkommen, dass bestimmte Regelungen unterschiedlich zugeordnet werden. So ist etwa die Frage der Verjährung im deutschen Recht dem materiellen Recht zugeordnet. Verweist nun etwa das deutsche Recht bezüglich eines Anspruchs auf eine ausländische Rechtsordnung, so beinhaltet diese Verweisung nach den Systembegriffen des deutschen Rechts, weil sie alle materiellrechtlichen Fragen erfasst, auch dessen Verjährungsvorschriften. Wenn nun aber die verwiesene Rechtsordnung im materiellen Recht keine Verjährungsregel enthält, weil es die Verjährung als prozessrechtliches Rechtsinstitut begreift, stellt sich die Frage, ob die Verweisung des deutschen Kollisionsrecht nunmehr auch die prozessrechtliche Regelung der verwiesenen Rechtsordnung erfasst, obwohl ein deutsches Gericht stets deutsches und nicht ausländisches Prozessrecht anwendet (prozessrechtliche lex fori-Maxime) (so die als „Tennessee-Wechsel-Fall" berühmt gewordene Fallgestaltung in RGZ 7, 21). Andererseits kann die verwiesene Rechtsordnung auf Grund abweichender Systembegriffe in einem Bereich Regelungen enthalten, die von der Verweisung der deutschen Kollisionsnorm nicht mehr erfasst werden. Verweist etwa das IPR hinsichtlich des Scheidungsstatuts durch Art. 5, 8 Rom III-VO (früher: Art. 17) auf das Recht eines Staates, der die güterrechtlichen Folgen einer Ehescheidung als Scheidungsfolge im Recht der Ehescheidung regelt, stellt sich die Frage, ob die Verweisung auch diese Fragen mitumfassen soll, oder ob diesbezüglich das anwendbare Recht nach der hierfür maßgeblichen Kollisionsnorm des Art. 15 ermittelt werden muss.

**57** Schließlich stellt sich das Qualifikationsproblem noch im Rahmen der Prüfung einer **Rück-** oder **Weiterverweisung** (→ Rn. 78) durch das verwiesene Recht. Auch dort stellt sich, sofern es sich bei der Verweisung um eine Gesamtverweisung handelt, die Frage der maßgeblichen Kollisionsnorm (der erstberufenen Rechtsordnung). Es handelt sich also um die Subsumtion einer **ausländischen** Kollisionsnorm, zu welcher der inländische Rechtsanwender erst kommt, wenn ihn das eigene IPR auf diese Rechtsordnung verweist. In diesem Zusammenhang spricht man deshalb auch von der „Qualifikation zweiten Grades" bzw. der „Qualifikation zweiter Stufe".

**bb) Qualifikationsmethoden.** Die unterschiedlichen Qualifikationsmethoden sind in der Rechtswissenschaft seit der „Entdeckung" des Qualifikationsproblems durch Kahn und Bartin Ende des 19. Jahrhunderts (das Problem wurde der Sache nach 1891 von Kahn JherJb 30 (1891), 107 entdeckt, der Begriff später von Bartin Clunet 24 (1897), 225 ff., 466 ff., 720 ff. geprägt) stark umstritten. 58

**(1) Qualifikation nach den Systembegriffen des eigenen Rechts (lex fori-Qualifikation).** Nach der in Rspr. und wohl auch in der Lit. hM gilt zutreffenderweise grds. folgendes: Da der Gesetzgeber bei Schaffung der Kollisionsnormen von den Systembegriffen des eigenen Rechts ausgeht bzw. ausgehen muss und selbst die Reichweite der eigenen Kollisionsnormen bestimmt, sind die Tatbestandsmerkmale einer Kollisionsnorm stets nach den Systembegriffen derjenigen Rechtsordnung auszulegen, der die Kollisionsnorm entstammt. Das führt dazu, dass auf der ersten Stufe, dh bei der Anwendung einer Kollisionsnorm des deutschen Rechts durch einen deutschen Rechtsanwender, nach den Systembegriffen des eigenen Rechts zu qualifizieren ist (sog. **lex fori-Qualifikation**) (aus der Rspr. vgl. BGHZ 29, 137 (139); 44, 121 (124); 47, 324 (332); NJW 1993, 2305; 1996, 54 f.; FamRZ 1996, 601; 1997, 61; OLG Düsseldorf FamRZ 1993, 1083; aus der Lit. vgl. Grüneberg/Thorn Rn. 27; v. Bar/Mankowski IPR I § 7 Rn. 173; Kropholler IPR § 16 I, jeweils mwN; Wolff IPR, 3. Aufl. 1954, 54 ff.): „Das fremde Recht soll angewendet werden, wenn unser Gesetzgeber will, dass es angewandt werde. Ob er es will, können wir, wenn er ausdrücklich nicht gesprochen hat, nur seinen sonst erkennbaren Intentionen entnehmen. Niemals aber kann ein fremdes Gesetz uns sagen, welcher Art diese Intentionen sind" (so Kahn DogmJ 30 (1891), 1, 130 f.). Ist somit ein Institut einer ausländischen Rechtsordnung einer Kollisionsnorm des deutschen Rechts zuzuordnen, so ist zu fragen, ob der Anknüpfungsgegenstand nach den Systembegriffen des deutschen Internationalen Privatrechts unter den Tatbestand der Kollisionsnorm subsumierbar ist (stRspr, vgl. etwa BGHZ 119, 392 (394); 29, 137 (139); BGH NJW 1996, 54 f.). Bei jeder anderen Art der Qualifikation würde der Gesetzgeber die Entscheidung über Inhalt und Reichweite der selbst geschaffenen Kollisionsnorm gleichsam „aus der Hand geben". Dies gilt sowohl hinsichtlich der Qualifikation fremder Rechtsbegriffe als auch bei der Frage der Reichweite einer Verweisung. Abweichende Literaturansichten zur Qualifikation wie die namentlich von Rabel befürwortete autonome rechtsvergleichende Qualifikation (RabelsZ 5 (1931), 241 (287)) oder die von M. Wolf vertretene Qualifikation nach dem IPR bzw. dem materiellen Recht der verwiesenen Rechtsordnung (Qualifikation lege causae) (M. Wolf IPR, 3. Aufl. 1954, 54 ff.) haben sich nicht durchsetzen können (zur Kritik vgl. etwa v. Bar/Mankowski IPR I § 7 Rn. 142). Ging es zB um die Frage des auf die im romanischen Rechtskreis bekannte „Trennung von Tisch und Bett" anwendbaren Rechts, so war unter der Geltung von Art. 17 zu fragen, ob es sich nach den Systemvorstellungen des deutschen Rechts um eine Frage der allgemeinen Ehewirkungen oder um eine scheidungsrechtliche Frage handelt. Danach entschied sich, ob das anwendbare Recht nach Art. 14 oder nach Art. 17 ermittelt wird. Die Qualifikation setzt damit eine **Analyse** des fremden Rechtsinstituts voraus, dh dieses ist zunächst vom Standpunkt des ausländischen Rechts nach seinem Sinn und Zweck zu erfassen. Erst eine solche Analyse erlaubt eine Antwort auf die Frage des Charakters der Regelung nach inländischen Rechtsvorstellungen. Sie erfolgt durch einen Vergleich der betreffenden Sachnormen des ausländischen Rechts mit den Rechtsinstituten des deutschen Rechts (vgl. etwa BGHZ 29, 137 (139) zur Qualifikation der Eheschließung durch Stellvertretung im italienischen Recht). Findet sich dort ein funktionell entsprechendes Rechtsinstitut, so ist die hierfür maßgebliche Kollisionsnorm anzuwenden. Gibt es im deutschen Recht überhaupt keine Entsprechung, so kann die Frage weiterhelfen, in welchem systematischen Zusammenhang der deutsche Gesetzgeber eine entsprechende Regelung angesiedelt hätte (oder früher angesiedelt hat) (so etwa nach der Aufhebung von Art. 21 aF für Legitimationen nach ausländischem Recht, → Rn. 54 mwN). 59

Wenn hierbei von den „Systembegriffen des eigenen Rechts" die Rede ist, so sind damit freilich die Systembegriffe des (eigenen) Internationalen Privatrechts gemeint, die von denjenigen des (eigenen) materiellen Rechts durchaus abweichen können: Wegen der speziellen Funktion des Internationalen Privatrechts, auch unbekannten ausländischen Regelungen gerecht zu werden, sind die von ihm verwendeten Rechtsbegriffe oft **weiter** auszulegen als der entsprechende materiellrechtliche Begriff (dies betont etwa v. Bar/Mankowski IPR I § 7 Rn. 173, wenn er deshalb von „autonomer Qualifikation nach dem IPR des Forums" spricht; ebenso MüKoBGB/v. Hein Rn. 121: „funktional-teleologische Qualifikation" als „aufgeklärte lex-fori-Theorie"). So beinhaltet etwa der Begriff der Ehescheidung im deutschen materiellen Recht ausschließlich die endgültige Aufhebung der Ehe dem Bande nach (§ 1564 BGB). Das hinderte jedoch nicht, unter den Begriff der „Ehescheidung" in Art. 17 auch fremde Rechtsinstitute wie die Trennung von Tisch 60 und Bett zu subsumieren und das darauf anwendbare Recht nach dieser Norm zu ermitteln (vgl. BGHZ 47, 324 (336) = NJW 1967, 2109); unter der Geltung der **Rom III-VO** ist dieses Problem nunmehr obsolet, da diese ausdrücklich die Trennung von Tisch und Bett miterfasst.

61 Der Grundsatz der lex fori-Qualifikation gilt gleichfalls für die **Reichweite** der Verweisung: Ist nach den Vorstellungen des deutschen Rechts eine bestimmte Frage Bestandteil der Verweisung, so ist die verwiesene Rechtsordnung hinsichtlich dieser Frage unabhängig davon maßgebend, wie sie ihrerseits die Frage systematisch einordnet. So ist im Beispielsfall der Wechselforderung die Verjährungsregelung auch dann der verwiesenen Rechtsordnung zu entnehmen, wenn sie dort systematisch dem Prozessrecht zugeordnet ist (anders RGZ 7, 21 im erwähnten „Tennessee-Wechsel-Fall" wo eine unverjährbare Forderung angenommen wurde; richtig dann RGZ 145, 121). Umgekehrt ist eine von der verwiesenen Rechtsordnung als materiellrechtlich beurteilte Regelung nicht anzuwenden, wenn sie nach den Systemvorstellungen des deutschen Rechts prozessrechtlicher Art ist und daher von der Verweisung nicht umfasst wird, wie dies etwa bei Regelungen über die Beweisführung (s. zB OLG Düsseldorf NJW-RR 1993, 1347 (1348): Beweis einer Eheschließung nach marokkanischem Recht) oder dem Erfordernis gerichtlicher Versöhnungsversuche im Ehescheidungsrecht (s. zB OLG Frankfurt FamRZ 2001, 293: obligatorischer gerichtlicher Versöhnungsversuch vor Ehescheidung nach kroatischem Recht) der Fall sein kann. Gleiches gilt bei **Qualifikationsdivergenzen** im materiellen Recht. So umfasst zB eine Verweisung des deutschen IPR auf österreichisches Ehegüterrecht die dortigen Regelungen über den Vermögensausgleich im Falle der Scheidung auch dann, wenn es sich hierbei nach österreichischen Systembegriffen nicht um güterrechtliche, sondern scheidungsfolgenrechtliche Regelungen handelt (vgl. S. Lorenz IPRax 1995, 47 (49)).

62 **(2) Qualifikation nach den Systembegriffen der verwiesenen Rechtsordnung im Rahmen der Prüfung einer Rück- oder Weiterverweisung (lex causae-Qualifikation).** Ist im Rahmen der Prüfung einer Rück- oder Weiterverweisung (→ Rn. 78; → Art. 4 Rn. 2 ff.) eine ausländische Kollisionsnorm anzuwenden, so soll diese nach dem Rechtsanwendungsbefehl des deutschen IPR, welches die ausländische Rechtsordnung berufen hat, so angewendet werden, wie sie in der berufenen Rechtsordnung angewendet wird. Damit ist in diesem Fall grds. nach den Systembegriffen der verwiesenen Rechtsordnung **(lex causae)** zu qualifizieren. Das ist nicht etwa ein Widerspruch oder eine Ausnahme zur oben dargelegten lex fori-Qualifikation, sondern die konsequente Durchführung der zutreffenden Grundregel, dass jede Kollisionsnorm selbst ihre Reichweite bestimmt und sie daher **nach Maßgabe derjenigen Rechtsordnung anzuwenden ist, der sie entstammt.** Nur so verwirklicht sich der durch die Anerkennung der Gesamtverweisung erstrebte internationale Entscheidungseinklang (→ Art. 4 Rn. 5). Damit kann es im Einzelfall zum Phänomen der **„Rück-** bzw. **Weiterverweisung kraft abweichender Qualifikation"** kommen: Wenn etwa das deutsche Recht hinsichtlich eines Anknüpfungsgegenstandes eine Gesamtverweisung auf eine bestimmte Rechtsordnung ausspricht, dort aber der Anknüpfungsgegenstand systematisch in einen anderen Zusammenhang gestellt wird und demzufolge dort die Kollisionsnorm eines anderen Regelungsbereiches angewendet wird (v. Bar/Mankowski IPR I § 7 Rn. 149 spricht anschaulich davon, dass die verwiesene Rechtsordnung denselben Sachverhalt „in einer anderen Schublade aufbewahrt"), so muss der deutsche Rechtsanwender dem folgen. Spricht etwa das deutsche IPR hinsichtlich der güterrechtlichen Auseinandersetzung eines Ehepaares nach Scheidung der Ehe nach Art. 15, 4 eine Gesamtverweisung auf österreichisches Recht aus, welches zwar hinsichtlich des Güterstatuts die Verweisung annimmt, vermögensrechtliche Folgen der Scheidung aber seinerseits scheidungsrechtlich qualifiziert (→ Rn. 61) und hinsichtlich der Scheidungsfolgen auf deutsches Recht zurückverweist, so findet iErg deutsches materielles Ehegüterrecht Anwendung (vgl. zu diesem Beispiel S. Lorenz IPRax 1995, 47 (50); s. auch BGH NJW 2007, 3347: Qualifikation des Familiennamens des geschiedenen Ehegatten als Scheidungsfolge im türkischen IPR und dazu Henrich IPRax 2008, 121).

63 **(3) Qualifikationsverweisung.** Zwar legt jede Rechtsordnung selbst Inhalt und Reichweite ihrer Kollisionsnormen fest, jedoch steht es ihr frei, diese Entscheidung aus der Hand zu geben. Erklärt das anwendbare IPR, dass für die Qualifikation der in seinen Kollisionsnormen enthaltenen Begriffe eine andere Rechtsordnung maßgeblich sein soll, spricht man von einer **Qualifikationsverweisung** (vgl. Jayme ZfRV 1976, 93). Eine solche enthalten nach traditioneller Common-Law Regel die Kollisionsrechte des anglo-amerikanischen Rechtskreises: Danach beantwortet sich die im Tatbestand deren (ungeschriebener) Kollisionsnormen häufig relevante Frage, ob ein Gegenstand als unbeweglich oder beweglich anzusehen ist, nicht nach den eigenen Maßstäben dieser Rechtsordnungen, sondern nach dem Recht des jeweiligen Lageorts. Dem ist vom Standpunkt des deutschen Rechtsanwenders, der im Wege einer Gesamtverweisung auf die entspre-

chende Rechtsordnung verwiesen wird, ebenfalls zu folgen (vgl. BGHZ 24, 352 (355) betr. Kalifornien; BGH NJW 2000, 2421 betr. Ohio = IPRax 2002, 40 mAnm Umbeck IPRax 2002, 33; KG FamRZ 2012, 1515 betr. Colorado). Verweist somit etwa das vom deutschen IPR nach Art. 21 ff. EuErbVO als Erbstatut berufene Recht eines US-Bundesstaates hinsichtlich der Vererbung unbeweglichen Vermögens auf deutsches Recht als dasjenige des Lageortes **(lex rei sitae)** zurück und erklärt es gleichzeitig, dass eben dieses Recht zu entscheiden habe, ob es sich bei dem betreffenden Nachlassgegenstand um bewegliches oder unbewegliches Vermögen handelt, so ist dem zu folgen und nach deutschem Recht zu qualifizieren, was im Einzelfall schwierige Abgrenzungsfragen hervorrufen kann.

**(4) Autonome Qualifikation bei Anwendung staatsvertraglicher und EU-rechtlicher Kollisionsnormen.** In konsequenter Fortsetzung des hinter der lex fori-Qualifikation stehenden Gedankens kann bei der Anwendung **staatsvertraglicher Kollisionsnormen** (vgl. insbes. Meyer-Sparenberg, Staatsvertragliche Kollisionsnormen, 1990) bzw. Kollisionsnormen staatsvertraglichen Ursprungs nicht ohne weiteres auf die internen Systembegriffe des deutschen Rechts zurückgegriffen werden. Zwar ist auch hier der deutsche Gesetzgeber Normgeber im staatsrechtlichen Sinne, da die staatsvertragliche Kollisionsnorm erst im Wege der Transformation durch den Gesetzgeber Bestandteil des nationalen Rechts wird. Es kann aber davon ausgegangen werden, dass der nationale Gesetzgeber bei dieser Umsetzung die staatsvertraglichen Normen iSd Staatsvertrages selbst angewendet wissen will. Da die dort verwendeten Systembegriffe aber mit denjenigen des autonomen internen Rechts im Regelfall nicht identisch sind, kommt eine reine lex fori-Qualifikation nach den Systembegriffen des internen Rechts nicht in Betracht. Die Bedeutung der in staatsvertraglichen Kollisionsnormen verwendeten Systembegriffe ist daher im Interesse einer einheitlichen Anwendung in allen Vertragsstaaten auf Grund der Entstehungsgeschichte und des Zwecks der Regelung unter vergleichender Heranziehung der Rechtsordnung der Vertragsstaaten zu ermitteln (**autonome Qualifikation** auf rechtsvergleichender Basis). Das Gebot autonomer Qualifikation gilt a fortiori bei der Anwendung unmittelbar wirkender Kollisionsnormen des EU-Rechts (→ Rn. 20, → Rn. 26). Der deutsche Gesetzgeber ist hier auch im staatsrechtlichen Sinne nicht Normgeber. 64

**b) Vorfrage, Erstfrage, Nachfrage und Teilfrage.** Die Vorfragenproblematik gehört – insbes. im Zusammenhang mit familienrechtlichen Rechtsverhältnissen – zu den umstrittensten Fragen des internationalen Privatrechts. Für Verwirrung sorgt hier bereits die durch die Begrifflichkeit herbeigeführte Dogmatisierung von höchst unterschiedlichen Fragestellungen. Unterschiedlichkeiten und in ihrem Sinngehalt fragwürdige Differenzierungen in der Terminologie verdecken darüber hinaus häufig die entscheidenden Wertungen. 65

**aa) Problemstellungen und Terminologie.** Im Tatbestand von Kollisionsnormen finden sich häufig **Rechtsfolgen** des materiellen Rechts. Wenn etwa Art. 14 das auf die allgemeinen Wirkungen der Ehe (Tatbestand der Kollisionsnorm) anwendbare Recht (Rechtsfolge der Kollisionsnorm) bestimmt, so enthält der Tatbestand durch den Begriff der „Ehe" eine Rechtsfolge des materiellen Rechts. Der Tatbestand der Norm setzt also das Bestehen einer wirksamen Ehe voraus. Um dies zu überprüfen, muss wiederum das auf das Bestehen der Ehe anwendbare Recht ermittelt werden. Ein ähnliches Problem stellt sich bei der Anwendung des durch die Kollisionsnorm berufenen **materiellen** Rechts. Beruft etwa das auf Grund von Art. 21 ff. EuErbVO anwendbare Erbrecht den überlebenden Ehegatten zum gesetzlichen Erben, stellt sich die Frage der Wirksamkeit der Erblasserehe. Auch die Beantwortung dieser Frage setzt die Bestimmung des hierauf anwendbaren Rechts denknotwendig voraus. Derlei Vorfragen können sich nicht bei Anwendung zivilrechtlicher Normen, sondern auch im Rahmen sozialrechtlicher oder prozessrechtlicher Normen stellen (s. etwa BSGE 83, 200 zur Ehescheidung für die Frage der Witwenrente; BGH BeckRS 2012, 20579 zur Ehescheidung für Frage der Nebenklageberechtigung nach § 395 Abs. 2 Nr. 1 StPO). 66

Stellt sich die Frage nach einem präjudiziellen Rechtsverhältnis wie im ersten Beispielsfall bei der Anwendung einer **Kollisionsnorm,** so wird hierfür in der Lit. gelegentlich der Begriff der **„Erstfrage"** verwendet. Von einer **„Vorfrage"** spricht man dann nur bei der Beurteilung präjudizieller Rechtsverhältnisse bei der Anwendung (eigenen oder fremden) **materiellen** Rechts. Im zweiten Beispiel wäre also die Frage der Erbfolge als Hauptfrage, die Frage einer bestehenden Erblasserehe als Vorfrage zu bezeichnen. Eine praktische Relevanz hat diese in der Rspr. nicht gezogene Unterscheidung jedoch nicht, zur Lösung der hinter dem Vorfragenbegriff stehenden Problematik trägt sie nichts bei (differenzierender aber MüKoBGB/v. Hein Rn. 172 ff.). 67

68 Von einer **Nachfrage** spricht man – unnötigerweise – im Zusammenhang mit der Reichweite einer kollisionsrechtlichen Verweisung. Das Problem besteht hier in der Abgrenzung des Anwendungsbereiches verschiedener Kollisionsnormen der lex fori und ist damit letztlich nichts anderes als die in → Rn. 53 ff. beschriebene Frage der **Qualifikation** (→ Rn. 56).

69 Das gleiche Phänomen beschreibt der – ebenso unnötige, weil verwirrende – Begriff der **Teilfrage.** Als solche bezeichnet man Fragen, die der IPR-Gesetzgeber unabhängig von dem Zusammenhang, in welchem sie sich stellen, generell in einer speziellen Kollisionsnorm **(Sonderanknüpfung)** geregelt hat. Wenn etwa die Art. 11 EGBGB und Art. 27 EuErbVO besondere Anknüpfungen für die Form von Rechtsgeschäften enthalten, so wird damit bei der Frage der Gültigkeit eines Rechtsgeschäfts ein Teil dieser Frage – nämlich die Formwirksamkeit – aus dem Statut der Hauptfrage (also etwa dem auf den Vertrag oder die letztwillige Verfügung anwendbaren Recht) ausgegliedert und einer besonderen Anknüpfung unterworfen. Gleiches gilt etwa für die isolierte Regelung der Rechts- und Geschäftsfähigkeit in Art. 7 Abs. 1.

70 **bb) Lösungsalternativen.** Für die Behandlung von kollisionsrechtlichen wie materiellrechtlichen Vorfragen gibt es drei denkbare Varianten: Man kann das auf die Vorfrage anwendbare Recht unabhängig von dem auf die Hauptfrage anwendbaren Recht nach der Kollisionsnorm ermitteln, die man auf die Frage anwenden würde, wenn sie sich ihrerseits als Hauptfrage stellte: Bildlich gesprochen geht man also, sobald sich die Vorfrage stellt, gedanklich einen Schritt zurück zum „eigenen" IPR, ermittelt das anwendbare Recht, beantwortet nach diesem die Vorfrage und kehrt mit dem so gefundenen Ergebnis zur Hauptfrage zurück. Diese Lösung bezeichnet man als **selbstständige Anknüpfung.** Sie hat den Vorteil, dass das betreffende Rechtsverhältnis unabhängig vom jeweiligen Sachzusammenhang stets gleich beurteilt wird. Man fördert damit den **internen Entscheidungseinklang,** kommt aber uU zu Ergebnissen, welche der zur Lösung der Hauptfrage berufenen Rechtsordnung widersprechen. Die selbstständige Anknüpfung kann damit dem Ziel des **internationalen Entscheidungseinklangs** widersprechen. Dies gefährdet dann die Durchsetzbarkeit der Entscheidung im Ausland. Geht es zB um die Frage des Erbrechts des überlebenden Ehegatten, so würde bei selbstständiger Anknüpfung der Vorfrage einer wirksamen Erblasserehe hierfür das nach Art. 13 berufene Recht zur Anwendung kommen. Ist danach die Ehe gültig, wäre ein Erbrecht selbst dann zu bejahen, wenn aus der Sicht der als Erbstatut berufenen Rechtsordnung eine wirksame Ehe nicht vorliegt.

71 Bei **unselbstständiger Anknüpfung** der Vorfrage beurteilt man diese nach derjenigen Rechtsordnung, welcher die jeweilige Hauptfrage untersteht. Dies schließt das IPR der zur Lösung der Hauptfrage berufenen Rechtsordnung ein, weil es aus Gründen des **internationalen Entscheidungseinklangs** nicht darauf ankommen kann, wie das zur Lösung der Hauptfrage berufene materielle Recht die Vorfrage beurteilt, sondern wie die Frage **insgesamt,** dh iErg aus der Sicht der berufenen Rechtsordnung zu beurteilen ist. Dies setzt die Beantwortung der Frage voraus, welches Recht die zur Lösung der Hauptfrage berufene Rechtsordnung auf die Vorfrage anwenden würde. Dies muss aus Gründen des Entscheidungseinklangs deshalb selbst dann gelten, wenn hinsichtlich der Hauptfrage lediglich eine Sachnormverweisung vorliegt, denn Ziel der unselbstständigen Anknüpfung ist es, die Vorfrage so zu entscheiden, wie sie von einem Gericht der für die Hauptfrage berufenen Rechtsordnung entschieden werden würde. Die unselbstständige Vorfragenanknüpfung kann dazu führen, dass im Inland ein und dieselbe Frage (zB Gültigkeit der Ehe) je nach dem Sachzusammenhang, in dem sie sich stellt, unterschiedlich beantwortet wird. Es kann dann also zu der Situation kommen, dass eine Person zu Zwecken des Erbrechts als verheiratet, zu Zwecken des Familienrechts aber als nicht verheiratet gilt (sog. **„hinkendes" Rechtsverhältnis**). Keine unselbstständige, sondern überhaupt keine Anknüpfung der Vorfrage liegt vor, wenn man die Vorfrage direkt nach dem materiellen Recht der Hauptfrage entscheidet (so etwa in OLG München IPRax 1988, 354 (356)). Dann riskiert man sowohl den inneren als auch den internationalen Entscheidungseinklang.

72 Die dritte denkbare Möglichkeit der Behandlung von Vorfragen besteht in ihrer **alternativen Anknüpfung.** Lässt man damit für die Frage des Bestehens eines präjudiziellen Rechtsverhältnisses entweder das auf Grund selbstständiger oder das auf Grund unselbstständiger Anknüpfung anwendbare Recht entscheiden, wird das Bestehen von Statusverhältnissen begünstigt.

73 **cc) Selbstständige oder unselbstständige Vorfragenanknüpfung.** Das Problem der Vorfragenanknüpfung besteht darin, dass die Frage häufig auf ein Problem des Allgemeinen Teils des IPR reduziert wird, das man glaubt, theoretisch und abstrakt vom jeweiligen Anknüpfungsgegenstand lösen zu können. Dies hat, wie v. Bar/Mankowski zutreffend bemerken (v. Bar/Mankowski IPR I § 7 Rn. 192), zu einer kaum noch zu bewältigenden Meinungsvielfalt und einem undurchsichtigen Geflecht von Regeln, Ausnahmen und Unterausnahmen geführt. Die gerade wegen

ihrer zahlreichen Ausnahmen und Unterausnahmen im Rechtsanwendungsergebnis überraschend häufig übereinstimmenden Ansichten sind in drei Lager gespalten: Während die „Entdecker" des Vorfrageproblems, Melchior und Wengler (Melchior, Grundlagen des deutschen IPR, 1932, 245 ff.); Wengler RabelsZ 8 (1934), 148) grds. eine unselbstständige Anknüpfung der Vorfrage vertreten und dabei auch gewichtige Anhänger gefunden haben (vgl. etwa MüKoBGB/Sonnenberger, bis zur 3. Aufl. 1999, Rn. 497 ff. mwN; diff. MüKoBGB/Sonnenberger, 5. Aufl. 2010, Rn. 548 ff.; v. Hoffmann/Thorn IPR § 6 Rn. 71–72), geht die hM mit dem Argument des **internen Entscheidungseinklangs** (sehr deutlich etwa die Argumentation in BGHZ 43, 213 (218) und BGH NJW 1981, 1900 mAnm Denzler IPRax 1982, 181) im Grundsatz von einer **selbstständigen Vorfragenanknüpfung** aus (aus der jüngeren Rspr. vgl. etwa BGH NJW-RR 2007, 145 Rn. 12; NJW 2002, 1268; 1997, 2114; BayObLG FamRZ 1997, 959; OLG Frankfurt ZEV 2001, 493; BVerwG NJW 2012, 3461 Rn. 11; aus der Lit. etwa Staudinger/Looschelders, 2019, Rn. 1180 mzN; Grüneberg/Thorn Rn. 29; NK-BGB/Freitag Art. 3 Rn. 27; v. Bar/Mankowski IPR I § 7 Rn. 194). Das gilt auch im Bereich des **Europäischen Kollisionsrechts** (→ Rn. 26), sofern sich nicht aus der jeweiligen VO etwas anderes ergibt (Sonnenberger FS Kropholler, 2008, 227, 249 f.; NK-BGB/Freitag Art. 3 Rn. 32 mwN). Ausdrücklich festgeschrieben ist die selbständige Anknüpfung von Vorfragen etwa in Art. 1 Abs. 2 iVm Erwägungsgrund 10 **Rom III-VO** über Ehescheidungen. Auch die hM gesteht aber Ausnahmen von der selbstständigen Vorfragenanknüpfung zu, wenn im Einzelfall das Interesse am **äußeren Entscheidungseinklang** überwiegt. Dies ist etwa dann der Fall, wenn die Durchsetzbarkeit der Entscheidung der Hauptfrage im Ausland in Frage steht. So ist man sich etwa einig, dass familienrechtliche Vorfragen im Bereich des Staatsangehörigkeitsrechts unselbstständig anzuknüpfen sind (→ Art. 5 Rn. 2). Ähnliches gilt etwa im internationalen Namensrecht: Überlässt man den Namen einer Person insbes. aus Gründen der effektiven Durchsetzbarkeit (Ausweispapiere!) sowie im Interesse der öffentlichen Funktion des Namens und der Internationalität der Namensführung richtigerweise grds. ihrem Heimatrecht (Art. 10 Abs. 1), so muss man auch bei der Beurteilung von Namensfragen auftretende Vorfragen wie etwa die Abstammung oder Bestehen einer Ehe wegen des richtigerweise erwünschten internationalen Einklangs der Namensführung unselbstständig anknüpfen (näher → Art. 10 Rn. 11) (so zutr. BGHZ 90, 129 (140); BayObLG FamRZ 2003, 310; vgl. aber auch BGH NJW 1986, 3022 = IPRax 1987, 22). Das soll nach hM aber dann nicht geltend, wenn man sich dadurch in Widerspruch zu einem inländischen Statusurteil setzt, selbst wenn dieses im Heimatland des Betroffenen nicht anerkannt wird. Es soll hier ein Vorrang des Verfahrensrechts vor dem Kollisionsrecht bestehen (OLG Hamm FGPrax 2004, 115 gegen BayObLG FamRZ 2003, 310 betr. Familienname einer durch ein deutsches Gericht geschiedenen türkischen Staatsangehörigen, offengelassen von BGH NJW 2007, 3347; dazu → Art. 10 Rn. 12). Dem Entscheidungseinklang dient dies zumindest nicht. Richtigerweise ist nach dem Sachzusammenhang zu differenzieren, in welchem sich die Vorfrage der Gestaltungswirkung eines inländischen Statusurteils stellt (so auch BGH NJW 2012, 3524 = IPRax 2013, 444 Rn. 19 ff. m. zust. Anm. Henrich IPRax 2013, 425 ff. zur strafprozessualen Nebenklageberechtigung einer im Inland geschiedenen Ehefrau; s. auch BSGE 83, 200 zur Witwenrente). Eine Ausnahme zu Gunsten unselbstständiger Vorfragenanknüpfung macht die hM – ebenfalls aus Gründen des äußeren Entscheidungseinklangs (die Anwendung des staatsvertraglichen Kollisionsrechts soll in allen beteiligten Staaten zu demselben Ergebnis führen) – auch im Bereich des **staatsvertraglichen Kollisionsrechts** (so etwa Grüneberg/Thorn Rn. 30; OLG Karlsruhe FamRZ 2003, 956; Wienke, Zur Anknüpfung der Vorfrage bei internationalprivatrechtlichen Staatsverträgen, 1977; aA etwa Kropholler IPR § 32 VI; Meyer-Sparenberg, Staatsvertragliche Kollisionsnormen 1990, 144 ff.), sofern dort nicht ohnehin präjudizielle Fragen ausdrücklich geregelt werden (so etwa die Definition des Minderjährigen in Art. 12 MSA und Art. 2 KSÜ).

Versteht man die hM so, dass sie die selbstständige Anknüpfung von Vorfragen deshalb vorzieht, **74**
weil sie den inneren Entscheidungseinklang bevorzugt (sehr deutlich etwa v. Bar/Mankowski IPR I § 7 Rn. 197 sowie zuletzt Kegel IPRax 1996, 309 (310)), Ausnahmen aber dann zulässt, wenn das Interesse am internationalen Entscheidungseinklang überwiegt (vgl. etwa OLG München IPRax 1988, 354 mAnm Winkler v. Mohrenfels IPRax 1988, 341: unselbstständige Anknüpfung der Vorfrage des Fortbestehens einer von einem deutschen Gericht geschiedenen Ehe eines italienischen Ehegatten bei erneuter Eheschließung mit einem italienischen Ehegatten in Tondern) oder aus anderen Gründen eine unselbstständige Vorfragenanknüpfung angebracht erscheint (wobei hier häufig besser durch die Berücksichtigung ausländischen Rechts als Tatsache im Rahmen der Rechtsanwendung geholfen werden kann (→ Rn. 96), also gar keine Vorfragenproblematik vorliegt. So kann man etwa auch eine nur nach ausländischem Recht wirksame („hinkende") Ehe unter den verfassungsrechtlichen Schutz des Art. 6 GG stellen, vgl. BVerfGE 62, 323 = NJW

1983, 511 f. betr. Witwenrente, OLG Köln NJW 1993, 2755 f. betr. Sterbebucheintrag), besteht mit Ausnahme der Förderung der Rechtssicherheit durch eine Grundsatzentscheidung kein Unterschied zur vermittelnden Ansicht, welche Vorfragen je nachdem, ob das Interesse am inneren oder am äußeren Entscheidungseinklang überwiegt, selbstständig oder unselbstständig anknüpfen will. Da im Grundsatz das Interesse am inneren Entscheidungseinklang vordringlich ist (aA etwa v. Hoffmann/Thorn IPR § 6 Rn. 72), weil „national hinkende Statusverhältnisse" (gemeint ist die durch unselbstständige Vorfragenanknüpfung mögliche Situation, dass ein und dieselbe Person im Inland je nach der sich stellenden Rechtsfrage zugleich als verheiratet und unverheiratet oder verwandt und nicht verwandt gilt) weit weniger verträglich sind als „international hinkende Statusverhältnisse" (gemeint ist die in → Rn. 70 beschriebene Situation, dass eine Person in einem Land als verheiratet, verwandt gilt, in einem anderen aber nicht), gleichzeitig aber aus Rechtssicherheitsgründen eine ausschließlich einzelfallbezogene Betrachtungsweise nicht in Betracht kommen kann, ist der hM zu folgen und eine grds. selbstständige Anknüpfung von Vorfragen zu befürworten, selbst wenn eine abschließende und präzise Beschreibung der Ausnahmen nicht möglich ist (so zutr. Kropholler IPR § 32 IV).

75 **c) Anknüpfungserschleichung (Gesetzesumgehung, fraus legis, fraude à la loi). aa) Echte Gesetzesumgehung.** Die Frage des auf einen Sachverhalt anzuwendenden Rechts kann von den Parteien in vielfacher Weise beeinflusst werden. Einerseits kann eine Kollisionsnorm dies selbst unmittelbar durch die Einräumung einer **Rechtswahl** ermöglichen (so etwa in Art. 14 Abs. 3, 15 Abs. 2 EGBGB, 42, Art. 22 EuErbVO). In diesen Fällen ist das Motiv der Rechtswahl vollkommen unbeachtlich. Andererseits lässt sich aber auch bei Fehlen einer Rechtswahlmöglichkeit bzw. bei Nichtzustandekommen einer Rechtswahl das anzuwendende Recht mittelbar durch die gezielte Herbeiführung der Tatbestandsmerkmale der Kollisionsnorm, also etwa durch Verlegung des gewöhnlichen Aufenthalts oder durch Wechsel der Staatsangehörigkeit etc, beeinflussen. So kann etwa eine Person den gewöhnlichen Aufenthalt wechseln, um damit für den Fall ihres Ablebens nach Art. 21 Abs. 1 EuErbVO die Anwendbarkeit des Erbrechts eines Staates herbeizuführen, das – wie etwa das anglo-amerikanische Recht – keinen Pflichtteilsanspruch kennt. Auch kann man bewusst den Abschlussort eines Vertrages oder einer Eheschließung in das Ausland verlegen, um in den Genuss der dortigen Formvorschriften zu kommen (Art. 11). Eine solche **zweckorientierte Herbeiführung von Anknüpfungstatsachen** ist grds. unabhängig von den ihr zugrundeliegenden Motiven zulässig (BGH NJW 1971, 2124 (2125) betr. Staatsangehörigkeitswechsel zur Ehescheidung). Nur teilweise handelt es sich dabei um ein Problem des ordre public-Vorbehalts (Art. 6), der insbes. dann versagt, wenn gezielt die Anwendbarkeit deutschen Rechts herbeigeführt wird. Die praktische Bedeutung der Gesetzesumgehung war im deutschen IPR vergleichsweise gering ist, weil die Staatsangehörigkeit, an welche im Bereich des Personen-, Familien- und des Erbrechts vorwiegend angeknüpft wurde, ein relativ statisches Anknüpfungsmerkmal darstellt. Angesichts der vermehrten Durchsetzung des Aufenthaltsprinzips im europäischen IPR kann die Frage virulenter werden. Allerdings ist die Eingriffsschwelle für eine Ahndung wegen der grundsätzlichen Entscheidung des Gesetzgebers für von den Beteiligten beeinflussbare, vielfach wandelbare (→ Rn. 43) und damit „instabile" Anknüpfungsmomente außerordentlich hoch anzusetzen (MüKoBGB/v. Hein Rn. 305; Schurig FS Ferid II, 1988, 375 ff.; v. Bar/Mankowski IPR I § 7 Rn. 131): Eine Verhaltensweise, mit welcher der Gesetzgeber rechnen musste, kann nicht beliebig nach Billigkeitskriterien als Manipulation qualifiziert werden (so die zutr. Formulierung von v. Bar/Mankowski IPR I § 7 Rn. 132 f.). Nur in Ausnahmefällen wird man wegen der von den Parteien verfolgten Intentionen dem bewussten Wechsel von Anknüpfungsmomenten nach den allgemeinen Grundsätzen der Gesetzesumgehung begegnen können (angedeutet etwa in BGHZ 78, 318 (325) betr. Überweisung veruntreuter Gelder in die Schweiz zur Umgehung der Anfechtungsvorschriften des deutschen Rechts, wo allerdings zutr. primär mit der Auslegung der Kollisionsregel vorgegangen wurde). Die praktische Bedeutung der Gesetzesumgehung ist daher im deutschen IPR gering. Keine Gesetzesumgehung, sondern schlichte **Simulation** liegt dagegen vor, wenn das Vorliegen der Anknüpfungsmerkmale einer Kollisionsnorm (zB ein tatsächlich nicht existierender gewöhnlicher Aufenthalt) lediglich vorgetäuscht wird: Ein nur scheinbar bestehendes Anknüpfungsmoment ist selbstverständlich unbeachtlich (MüKoBGB/v. Hein Rn. 306).

76 **bb) Unechte Gesetzesumgehung (Rechtsumgehung).** Von einer Gesetzesumgehung kann man auch dann sprechen, wenn die Beteiligten eine Rechtshandlung im Ausland nach dem auf Grund des dortigen Kollisionsrechts anwendbaren Recht vornehmen. In der Lit. wird in diesem Zusammenhang von (unechter) Rechtsumgehung gesprochen (vgl. Kegel/Schurig IPR § 14 VII 2; v. Bar/Mankowski IPR I § 7 Rn. 136 f.), weil das Verhalten der Beteiligten nicht aus der Sicht

des deutschen IPR eine Änderung des anzuwendenden Rechts bewirkt: Ist eine im Ausland vorgenommene Rechtshandlung keine gerichtliche Entscheidung, die – unabhängig vom angewandten Recht – Gegenstand einer Anerkennung sein kann, bleibt es trotz der Vornahme im Ausland „unter einem anderen Recht“ aus der Sicht des deutschen Rechts dabei, dass sich die Wirksamkeit der Rechtshandlung nach dem aus der Sicht des deutschen Kollisionsrechts anwendbaren Recht beurteilt. Bewirken die Beteiligten jedoch etwa durch Verlegung des Aufenthalts in das Ausland die Zuständigkeit dortiger Gerichte und damit die dortige Anwendung fremden IPRs mit dem Ergebnis der Anwendung eines anderen Rechts, als nach deutschem IPR auf den Sachverhalt anwendbar wäre (sog. forum shopping, → Rn. 3), liegt ein Problem der **Urteilsanerkennung** vor. Da diese idR nicht von der Frage des angewandten Rechts abhängt (zB Art. 52 Brüssel Ia-VO; für eine Ausnahme s. etwa Art. 27 Nr. 4 LugÜ), kann so erlaubterweise das deutsche IPR umgangen werden.

**d) Scheitern der Anknüpfung (Nichtermittelbarkeit der anzuwendenden Rechtsordnung).** Das deutsche IPR ist von Amts wegen zu ermitteln und anzuwenden (→ Rn. 6). Dennoch kann es in seltenen Einzelfällen dazu kommen, dass sich eine Verweisung nicht feststellen lässt, weil sämtliche Tatbestandsvoraussetzungen (Anknüpfungstatsachen) der betreffenden Kollisionsnorm ausfallen bzw. nicht ermittelbar oder nicht nachweisbar sind. Soweit diese Situation nicht – wie in Art. 5 Abs. 2 für den Fall der nichtfeststellbaren Staatsangehörigkeit (→ Art. 5 Rn. 11) – positivrechtlich geregelt ist, ist eine an der Anknüpfungsleiter des Art. 14 Abs. 1 (sog. „Kegel'sche Leiter“) orientierte **Ersatzanknüpfung** an die engste Beziehung vorzunehmen. Führt auch dies nicht weiter, ist deutsches Recht als lex fori anzuwenden. Führen alle als Anknüpfungsergebnis in Betracht kommenden Rechtsordnungen zu demselben Rechtsanwendungsergebnis, kann die Anknüpfung offen gelassen werden. Wegen der fehlenden Revisibilität ausländischen Rechts (→ Rn. 92) gilt dies nicht bei möglicher Anwendbarkeit deutschen Rechts. 77

**4. Sachnormverweisung und Gesamtverweisung.** Die in Kollisionsnormen enthaltenen Verweisungen (eingehend → Art. 4 Rn. 1 ff.) können sich direkt auf das materielle Recht der verwiesenen Rechtsordnung beziehen. Dieses ist dann auf Grund des Rechtsanwendungsbefehls der Kollisionsnorm unabhängig davon anwendbar, ob es aus dem Gesichtspunkt des Kollisionsrechts der verwiesenen Rechtsordnung anwendbar ist, also „selbst angewendet werden will“. In diesem Fall spricht man von einer **Sachnormverweisung.** Das Gesetz erläutert diesen Begriff in Art. 4 Abs. 2 S. 1. Bezieht sich aber die Verweisung des deutschen Kollisionsrechts auf eine bestimmte Rechtsordnung nicht nur auf deren materielles Recht, sondern auf die **gesamte Rechtsordnung** unter Einschluss des Kollisionsrechts, muss zunächst gefragt werden, welches Recht nach dem Kollisionsrecht der verwiesenen Rechtsordnung auf den Sachverhalt Anwendung findet. Es muss also ausländisches Kollisionsrecht angewendet werden (iE → Art. 4 Rn. 2 ff.; zur Qualifikation bei der Anwendung ausländischen Kollisionsrechts → Rn. 62). Man spricht in diesem Fall von einer **Gesamtverweisung.** Diese kann das IPR der verwiesenen Rechtsordnung „annehmen“, indem es ebenfalls die Anwendung des eigenen Rechts anordnet. Es kann aber auch durch eine **Rückverweisung** auf deutsches Recht oder eine **Weiterverweisung** auf eine dritte Rechtsordnung die Anwendung des eigenen materiellen Rechts ablehnen. Dieser Mechanismus der Rück- oder Weiterverweisung wird auch als **renvoi** bezeichnet. Der deutsche IPR-Gesetzgeber hat sich in Art. 4 Abs. 1 grds. für die Gesamtverweisung entschieden. Das deutsche IPR ist damit – anders als manche andere Rechtsordnungen – **renvoifreundlich.** Die Verweisungen des **Europäischen Kollisionsrechts** sind hingegen bis auf den Fall von Art. 34 EuErbVO durchgängig Sachnormverweisungen (s. zB Art. 20 Rom I-VO, Art. 24 Rom II-VO). 78

**5. Gesamtstatut und Einzelstatut.** Das deutsche IPR bestimmt das anwendbare Recht grds. ohne Rücksicht darauf, ob eine ausländische Rechtsordnung die Anwendung des durch die Kollisionsnorm des deutschen Rechts berufenen Rechts „akzeptiert“. Wenn etwa nach Art. 21 EuErbVO auf die Erbfolge nach einem Erblasser mit letztem gew. Aufenthalt im Inland deutsches materielles Recht anzuwenden ist, sich im Nachlass aber im Ausland befindliche Vermögensgegenstände befinden, nimmt die Anknüpfung bei der Bestimmung des anwendbaren Rechts keine Rücksicht darauf, ob nach dem (Internationalen Privat-)Recht des Rechts des Ortes, an dem sich Nachlassgegenstände befinden, eine andere Rechtsordnung als Erbstatut maßgeblich wäre. Eine Ausnahme hiervon regelte der mWv 29.1.2019 außer Kraft getretene Art. 3a Abs. 2, der nur noch intertemporal für Altfälle im Internationalen Erb- und Ehegüterrecht relevant ist (→ Art. 3a Rn. 6 ff.). 79

## V. Ermittlung und Anwendung des materiellen Rechts

80 **1. Ermittlung ausländischen Rechts.** Der Grundsatz „iura novit curia" beansprucht nur für das deutsche Recht Geltung. Der deutsche Richter muss damit ausländisches (Kollisions-)Recht nicht kennen (grdl. etwa Fastrich ZZP 97 (1984), 423; vgl. weiter Sommerlad/Schrey NJW 1991, 1377; Kindl ZZP 111 (1998), 177; Rühl RabelsZ 71 (2007), 559). Gleiches gilt für den Notar, der lediglich auf die (mögliche) Anwendbarkeit ausländischen Rechts hinweisen, nicht aber inhaltlich darüber belehren muss (§ 17 Abs. 3 BeurkG). **„Ausländisches Recht"** ist nach § 293 ZPO das „in einem anderen Staate geltende Recht", also solches Recht, welches in keinem Teil des Inlands unmittelbar Geltung beansprucht. EU-Recht gehört hierzu ebenso wenig (das gilt auch für EU-Richtlinien. Die Tatsache, dass der Adressat der RL der Mitgliedstaat ist und es daher an einer unmittelbaren Wirkung fehlt, ändert nichts an deren unmittelbarer Geltung; zu Unrecht zweifelnd daher Sommerlad/Schrey NJW 1991, 1377 (1378)) wie das Recht der ehemaligen DDR (BGH FamRZ 1997, 496). Gerichtlich veranlasste Gutachten, die auf Grund der ausschließlichen Anwendung deutschen Kollisionsrechts zur Anwendbarkeit deutschen materiellen Rechts gelangen, sind damit Gutachten zu inländisch gesetztem Recht. Kosten hierfür dürfen nach § 21 Abs. 1 S. 1 GKG bzw. § 21 Abs. 1 S. 1 GNotKG von den Parteien nicht erhoben werden (OLG Karlsruhe FamRZ 1990, 1367; zu den Voraussetzungen einer „unrichtigen Sachbehandlung" vgl. BayObLG IPRax 1999, 387 m. Redaktionsanm. Mansel, noch zu § 16 Abs. 1 KostO).

81 § 293 ZPO, § 26 FamFG wird die Verpflichtung des Gerichts entnommen, unbekanntes ausländisches Recht **von Amts wegen** zu ermitteln (unbestr, aus der Rspr. vgl. zuletzt BGH NJW 2014, 1244 Rn. 15 mwN; als bekannt darf nach BGH IPRspr. 1994 Nr. 2 ausländisches Recht gelten, wenn eine Partei eine Auskunft des Obersten Gerichts des betreffenden Staates vorlegt). Gleiches gilt über § 173 VwGO im verwaltungsgerichtlichen Verfahren (s. dazu BVerwG NJW 2012, 3461 Rn. 14). Trotz der Mitwirkungspflicht der Parteien besteht wegen des Amtsermittlungsprinzips auch keine **subjektive Beweisführungslast** (BAG NZA 1996, 994 = AP ZPO § 293 Nr. 8 zu tariflichen Normen). Ausländisches Recht kommt dabei nicht als Tatsache (zur Berücksichtigung eines nicht anwendbaren Rechts als Tatsache → Rn. 51, → Rn. 98), sondern als **objektives Recht** zur Anwendung. Es ist daher weder geständnisfähig (und wird somit auch nicht von der Geständnisfiktion des § 331 Abs. 1 ZPO im Versäumnisverfahren erfasst) (unrichtig daher zB OLG München NJW 1976, 489 m. abl. Anm. Küppers; zutr. BVerwG NJW 2012, 3461 Rn. 15), noch darf das Gericht im Rahmen des **Beibringungsgrundsatzes** einen übereinstimmenden Parteivortrag zum Inhalt ausländischen Rechts ohne weiteres als richtig zugrundelegen (Schack IZPR Rn. 626; BAG JZ 1979, 647; MüKoBGB/v. Hein Rn. 297; BVerwG NJW 2012, 3461 Rn. 15; aA Grüneberg/Thorn Rn. 34: „idR als richtig zugrundezulegen"; MüKoBGB/v. Hein Rn. 323: „in aller Regel"; BAG RIW 1975, 521; OLG Celle RIW 1993, 587). Jedenfalls besteht bei kontroverser Darstellung eine umfassende Ermittlungspflicht (BGH NJW 1992, 2026 (2029)). Diese Ermittlungspflicht besteht grds. auch in Verfahren des **einstweiligen Rechtsschutzes** (MüKoBGB/v. Hein Rn. 326; OLG Oldenburg IPRax 1981, 136 (137)). Es ist nicht gerechtfertigt, dort generell andere Maßstäbe anzulegen und eine bloße Glaubhaftmachung des Inhalts ausländischen Rechts genügen zu lassen (so aber OLG Hamburg IPRax 1990, 400 m. krit. Anm. Mankowski/Kerfack IPRax 1990, 372) oder gar wegen der Eilbedürftigkeit generell deutsches Recht als lex fori anzuwenden (zutr. Schack IPRax 1995, 158 (160); Mankowski/Kerfack IPRax 1990, 372 (374) mwN. Eine nicht generalisierbare gesetzliche Ausnahme stellt Art. 24 Abs. 3 – vorläufige Maßregeln über Vormundschaft, Betreuung und Pflegschaft – dar). Eine hiervon zu unterscheidende Frage ist diejenige der Intensität der Ermittlungspflicht in diesen Verfahren. Aus Gründen der Effektivität des Rechtsschutzes kann es dabei zulässig sein, sich auf unmittelbar zugängliche Erkenntnisquellen zu beschränken (vgl. etwa OLG Koblenz IPRax 1995, 171 f. mAnm Schack IPRax 1995, 158) bzw. dem Antragssteller die Glaubhaftmachung des Inhalts ausländischen Rechts aufzubürden, wobei str. ist, ob im Falle des Misslingens der Antrag auf einstweiligen Rechtsschutz abgelehnt werden muss (so OLG Frankfurt NJW 1969, 991 (992); Kropholler IPR § 31 III 3c, S. 201) oder nach den Grundsätzen der Nichtermittelbarkeit deutsches Recht als Ersatzrecht anzuwenden ist (Mankowski/Kerfack IPRax 1990, 376; v. Bar/Mankowski IPR I § 5 Rn. 104). Richtigerweise kann das Problem nicht generell-abstrakt, sondern nur mit Rücksicht auf den jeweiligen Einzelfall gelöst werden. Zu berücksichtigen sind der Gegenstand des Verfahrens sowie die Folgen einer falschen Ermittlung ausländischen Rechts im jeweiligen Einzelfall (so zutr. Schack IZPR Rn. 627; zu weitgehend v. Bar/Mankowski IPR I § 5 Rn. 101, wonach die Ermittlungspflicht des Richters nur soweit reicht, wie sie im vorgegebenen Zeitrahmen erfüllbar ist. Reiche dieser nicht aus, liege ein Fall der Nichtermittelbarkeit ausländischen Rechts vor, der zur Anwendung der lex fori führe).

Zu ermitteln ist der **tatsächliche Rechtszustand.** Das Gericht darf sich nicht auf eine bloße Auslegung einzelner Vorschriften beschränken, sondern hat das Recht als Ganzes zu erforschen, wie es in Rspr. und Rechtslehre Ausdruck und in der Praxis tatsächlich Anwendung findet (BGH NJW 2014, 1244 Rn. 15; 1991, 1418 (1419); 1992, 3106 f.; NJW-RR 1997, 1154; NZI 2013, 76 Rn. 38; NJW 2014, 1244 Rn. 15 f.). Es darf sich also nicht auf die Heranziehung der Rechtsquellen beschränken, sondern muss unter Ausschöpfung der ihm zugänglichen Erkenntnismöglichkeiten auch die konkrete Ausgestaltung des Rechts in der ausländischen Rechtspraxis, insbes. die ausländische Rspr., berücksichtigen (BGH NJW 2003, 2685; 2014, 1244 Rn. 15). Bei kontroversen Ansichten in Lit. und Rspr. wird idR der Rspr. zu folgen sein, weil diese das tatsächlich geltende Recht widerspiegelt. Ist diese ebenfalls uneinheitlich, so ist – sofern feststellbar – der hM zu folgen. Eine (vorsichtige) Fortbildung ausländischen Rechts für die von ihm nicht erfassten Sachverhalte ist nicht ausgeschlossen (AG Charlottenburg IPRax 1983, 128; Jansen/Michaels ZZP 116 (2003), 19 (39)). Ein Rückgriff auf eine verwandte Rechtsordnung (so etwa der Rückgriff auf schweizerisches Recht im türkischen Recht, Jonas JuS 1987, 266) eine andere Teilrechtsordnung oder religiöses Recht (so vorgesehen etwa von Art. 3 S. 2 iranische ZPO, OLG Hamm FamRZ 1992, 822 f.; Elwan IPRax 1994, 282) ist dann zulässig, wenn dies als Rechtsfindungsmethode auch in der anwendbaren Rechtsordnung anerkannt ist. **82**

Auf welche Weise die gebotene Ermittlung ausländischen Rechts erfolgt, liegt im pflichtgemäßen Ermessen des Gerichts (BGH NJW-RR 2002, 1359; NJW 2006, 762 Rn. 33). Die Entscheidungsgründe müssen aber erkennen lassen, dass das Gericht dieses Ermessen tatsächlich ausgeübt hat (BGH NZG 2012, 1192 Rn. 33 mwN). Gemäß § 293 S. 2 ZPO ist die Möglichkeit des **Freibeweises** eröffnet (BGH NJW 1966, 296 (298)). Dies gilt auch im Urkundenprozess, da dessen beweisrechtliche Regelungen nur Tatsachen, nicht aber Rechtsfragen betreffen (BGH NJW-RR 1997, 1154). Das Gericht kann sich eigener Kenntnis, des Sachverständigenbeweises, aber auch der Mitwirkung der Parteien bedienen, wobei hinsichtlich letzterer wohl nicht von einer echten Mitwirkungspflicht, sondern eher von einer Mitwirkungsobliegenheit gesprochen werden sollte (vgl. zutr. Kindl ZZP 111 (1998), 177 (192) mwN). Auch die Einholung telefonischer Auskünfte (OLG Hamm NJW-RR 1993, 1349 (1350)) oder eigene Internetrecherche sind zulässig. Jedenfalls hat der Richter alle ihm zugänglichen Erkenntnisquellen auszuschöpfen (BGH NJW 1991, 1418 (1419); abwegig Stumpf ZRP 1999, 205 (208), wonach im Falle staatlich-religiösen Rechts (→ Rn. 1) ein Gericht zur Einholung eines Gutachtens bei der „zuständigen Stelle" der jeweiligen Religionsgemeinschaft verpflichtet und an dessen Ergebnis vorbehaltlich Art. 6 gebunden sei). Haben die Parteien unschwer Zugang zu den entsprechenden Quellen, so müssen sie das ausländische Recht idR konkret darstellen (BGH NJW 1992, 2026 (2029 und 3096, 3098)), jedoch darf ihnen die Ermittlung nicht vollumfänglich auferlegt werden(BGH NJW 1995, 1032 (1033); zur Zulässigkeit von Auflagenbeschlüssen vgl. Huzel IPRax 1990, 77; zur (verneinten) Beschwerdefähigkeit eines Auflagenbeschlusses vgl. OLG Frankfurt MDR 1983, 410). Die an die Ermittlungstiefe zu stellenden Anforderungen lassen sich nur sehr eingeschränkt generell-abstrakt bestimmen, sondern hängen von den Umständen des jeweiligen Einzelfalls ab. Die Anforderungen dürften umso höher sein, je komplexer bzw. je fremder das anzuwendende Recht im Vergleich zum eigenen und je kontroverser der Parteivortrag zu seinem Inhalt ist (BGHZ 118, 151 (163) = NJW 1992, 2026 (2029); BGH NJW-RR 1997, 1154; NJW 2006, 762 Rn. 33; BVerwG NJW 2012, 3461 Rn. 14). In einfacheren Fällen kann demgegenüber das bloße Studium des Gesetzestextes ausreichend sein, insbes. wenn dieser eindeutig und klar gefasst und die entsprechende Rechtsordnung der deutschen ähnlich ist (vgl. Kindl ZZP 111 (1998), 177 (183); s. auch OLG Oldenburg BeckRS 2007, 16886: Entbehrlichkeit eines Rechtsgutachtens, wenn eigene Erkenntnismöglichkeiten durch verfügbare Lit. und Gesetzestexte bestehen und eine dem deutschen Recht verwandte Rechtsordnung anzuwenden ist). Ermessensleitend kann in vermögensrechtlichen Streitigkeiten auch der Streitwert sein. Nach dem Grundsatz der Verhältnismäßigkeit wird man hier auf aufwändige und kostenintensive Ermittlungen verzichten müssen (so zutr. Kindl ZZP 111 (1998), 177 (183)). Die Einholung eines Sachverständigengutachtens statt der bloßen Einsichtnahme in Gutachtensammlungen ist idR nicht ermessensfehlerhaft (BayObLG IPRax 1999, 387 m. Redaktionsanm. Mansel). **83**

Zur Ermittlung ausländischen Rechts gibt es zahlreiche **praktische Hilfsmittel.** Insbesondere das **Internet** bietet mittlerweile vielfältige Möglichkeiten der Information über ausländisches Recht. In vielen Ländern sind bereits sehr umfänglich Gesetzestexte, Gerichtsentscheidungen und sonstige Informationen zugänglich. **84**

Sehr hilfreich sind insbesondere v. Bar, Ausländisches Privat- und Privatverfahrensrecht in deutscher Sprache, 10. Aufl. 2017 (Systematische Nachweise aus Schrifttum, Rspr. und veröffentlichten Gutachten); **84.1**

Riering (Hrsg.) IPR-Gesetze in Europa (1997); Kropholler/Krüger/Riering/Samtleben/Siehr (Hrsg.), Außereuropäische IPR-Gesetze (1999) sowie die Sammlungen zu den **einzelnen Rechtsgebieten** wie etwa v. Bar, Deliktsrecht in Europa, 1998; Bergmann/Ferid/Henrich, Internationales Ehe- und Kindschaftsrecht (Loseblattausgabe); Brandhuber/Zeyringer, Standesamt und Ausländer (Loseblattausgabe); Ferid/Firsching/Dörner/Hausmann, Internationales Erbrecht (Loseblattausgabe); Flick/Piltz, Der internationale Erbfall, 2. Aufl. 2008; Franck/Wachter, Handbuch Immobilienrecht in Europa, 2015; Rieck, Ausländisches Familienrecht (Loseblattausgabe); Schönhofer/Böhner, Haus- und Grundbesitz im Ausland, 1982 ff.; Süß, Erbrecht in Europa (2015); Gutachtensammlungen: Basedow/Lorenz/Mansel, Gutachten zum internationalen und ausländischen Privatrecht, 1965 ff.; Deutsches Notarinstitut, Gutachten zum internationalen und ausländischen Privatrecht, 1994 ff.; **Rechtsprechungssammlung:** Die deutsche Rspr. auf dem Gebiet des IPR, 1926–1934, 1935–1944, 1945 ff.; Schack, Höchstrichterliche Rspr. zum internationalen Privat- und Verfahrensrecht, 2. Aufl. 2000.

**84.2** Bei **Internet-Recherchen** empfiehlt sich die Benutzung von Suchmaschinen wie etwa Google, weil zahlreiche Staaten mittlerweile **offizielle staatliche** Web-Seiten mit teilweise sehr ausführlichen juristischen Informationen bereitstellen. Gleiches gilt für zahlreiche ausländische Oberste Gerichtshöfe.

**85** Trotz dieser Quellenlage wird häufig die Einholung eines **Sachverständigengutachtens** notwendig sein (zu den Anforderungen an das Sachverständigengutachten iE s. MüKoBGB/v. Hein Rn. 323; zur Haftung des Sachverständigen nach § 839a BGB Spickhoff FS Heldrich, 2005, 419 ff.; Katzenmeier FS Horn, 2007, 67 ff.). Der Maßstab, den der BGH an die Qualifikation der Gutachter anlegt, ist allerdings sehr streng und damit kaum praktikabel (BGH NJW 1991, 1418; vgl. dazu Samtleben NJW 1992, 3057; Kronke IPRax 1992, 303). Gutachten zum ausländischen Recht erteilen in Deutschland insbes. die jeweiligen Universitätsinstitute sowie das Max-Planck-Institut für Ausländisches und Internationales Privatrecht in Hamburg (eine Übersicht zu den jeweiligen Sachverständigen findet sich bei Hetger DNotZ 2003, 310; für Notare steht das Deutsche Notarinstitut in Würzburg zur Verfügung). Die Zweitverwertung eines in einem anderen Verfahren zwischen anderen Parteien eingeholten Rechtsgutachtens zum ausländischen Recht in einem neuen Verfahren ist ohne Zustimmung des Sachverständigen grds. unzulässig (vgl. dazu Jayme IPRax 2006, 587). Von der in § 411a ZPO eröffneten Möglichkeit sollte bei der Ermittlung eines ausländischen Rechtszustands wegen der Einzelfallbezogenheit derartiger Gutachten nur mit Vorsicht Gebrauch gemacht werden (so zutr. Grüneberg/Thorn Rn. 35). In Bayern sind nach der Bekanntmachung des Justizministeriums über das Sachverständigenwesen (BayJMBl. 1979, 174, idF der Änderung vom 21.11.1983, BayJMBl. 225) bestimmte, zu Recht als vorbildlich bezeichnete (Hetger DNotZ 1994, 88 (89)) Grundsätze für die Abfassung einer Anfrage zu beachten.

**86** Danach sollte die Fragestellung lauten:

- Welches Recht ist anwendbar?
- Wie ist die Rechtslage, wenn das ausländische materielle Recht zur Anwendung kommt?
- Geht die Anfrage bereits davon aus, dass das Recht eines bestimmten Staates maßgebend ist, so ist dem Sachverständigen Gelegenheit zu geben, auch hierzu Stellung zu nehmen.
- Kommt die Anwendung des Rechts eines Staates mit interlokaler oder interpersonaler Rechtsspaltung (→ Rn. 8 f.) in Betracht, so sind nach Möglichkeit die für die Feststellung des entsprechenden interlokalen oder interpersonellen Statuts erforderlichen Umstände (etwa Wohnsitz, gewöhnlicher Aufenthaltsort, Staatsangehörigkeit, religiöses Bekenntnis oder Volksgruppenzugehörigkeit) zu ermitteln und in der Anfrage mitzuteilen.
- Die Fragen werden schriftlich, möglichst unter Beifügung der einschlägigen Akten oder zumindest vollständiger Kopien, an den betreffenden Gutachter gerichtet.

**87** Auf rechtzeitig gestellten Antrag einer Partei hin ist das Gericht verpflichtet, den Sachverständigen zur Erläuterung seines Gutachtens zu laden, wenn dieses im förmlichen Beweisverfahren eingeholt wurde (BGH NJW 1994, 2959; zur kontroversen Diskussion hierüber vgl. die Nachweise bei Kindl ZZP 111 (1998), 177 (189 ff.)). Für die Kostenverteilung im Zivilprozess gilt § 91 Abs. 1 ZPO; dies gilt auch, wenn die Anwendung ausländischen Rechts auf einer Rechtswahl beruht (Grüneberg/Thorn Rn. 34; krit. dazu Rühl RabelsZ 2007, 559 ff.).

**88** Die Möglichkeit der Einholung von **Rechtsauskünften** zum ausländischen Recht bietet auch das **Europäische Übereinkommen vom 7.6.1968 betreffend Auskünfte über ausländisches Recht** (BGBl. 1974 II 938; ein Zusatzprotokoll vom 15.3.1978, BGBl. 1987 II 60, 593, betrifft die Erstreckung auf das Strafrecht, vgl. Geimer NJW 1987, 2131) und das dazu ergangene Ausführungsgesetz (BGBl. 1974 I 1433; geändert durch Gesetz vom 21.1.1987, BGBl. II 58) vom 5.7.1974 (Text des Übereinkommens sowie des Ausführungsgesetzes ua bei Jayme/Hausmann Leitziff. 200, 200a; wiedergegeben und kommentiert bei MüKoZPO/Prütting ZPO § 293 Rn. 33 ff.; zu den Einzelheiten vgl. auch Wolf NJW 1975, 1583; Otto FS Firsching, 1985, 209 ff.;

Otto JahrbItR 1991, 139; 1994, 233). Es ist für die Bundesrepublik am 19.3.1975 in Kraft getreten und gilt derzeit für Albanien, Aserbeidschan, Belarus, Belgien, Bulgarien, Costa Rica, Dänemark, Estland, Finnland, Frankreich (einschließlich überseeischer Gebiete), Georgien Griechenland, Island, Italien, Lettland, Liechtenstein, Litauen, Luxemburg, Malta, Mazedonien, Mexiko, Moldau, Niederlande (einschließlich Arunba), Norwegen, Österreich, Polen, Portugal, Rumänien, Russische Föderation, Schweden, Schweiz, Serbien und Montenegro, Slowakei, Slowenien, ehem. Sowjetunion, Spanien, Tschechien, Türkei, Ukraine, Ungarn, Vereinigtes Königreich, Zypern (vgl. FNB 2006, 554; fortlaufende Nachweise finden sich auch bei Jayme/Hausmann Leitziff. 200). Ein ähnlich strukturiertes bilaterales Übereinkommen besteht mit Marokko (Deutsch-marokkanischer Vertrag über Rechtshilfe und Rechtsauskunft vom 28.10.1985, BGBl. 1988 II 1054, in Kraft getreten am 23.6.1994, BGBl. II 1192). Sachlich erfasst das Übereinkommen Auskünfte über Zivil- und Handelsrecht, das auf diesen Gebieten geltende Verfahrensrecht sowie die Gerichtsverfassung (zur Erweiterung auf das Straf-, Strafverfahrens- und Strafvollzugsrecht durch das Zusatzprotokoll vom 15.3.1978 s. oben). Das Verfahren ist jedoch äußerst langwierig und leidet darüber hinaus an der Tatsache, dass nur abstrakte Auskünfte eingeholt werden können. Es wird daher aus deutscher Sicht nur in geringem Umfang genutzt (vgl. Kindl ZZP 111 (1998), 177 (187) mwN; statistische Angaben für 1992 und 1993 bei Otto IPRax 1995, 299 (302)). Auskunftsersuchen sind vom Gericht mit Sachverhaltsdarstellung und Übersetzung in die Amtssprache des Auskunftsstaates der deutschen Übermittlungsstelle (Deutsche Übermittlungsstellen sind für die Bundesgerichte der Bundesminister der Justiz, für die Gerichte der Länder eine zentrale, von den Landesregierungen zu bestimmende Stelle; insoweit hat auch keine Aufgabenübertragung auf das Bundesamt für Justiz stattgefunden, s. Wagner IPRax 2007, 87 (88)) vorzulegen, die das Ersuchen an die Empfangsstelle des Auskunftsstaates weiterleitet.

**2. Nichtermittelbarkeit ausländischen Rechts.** Nichtermittelbarkeit des ausländischen 89
Rechts liegt vor, wenn sich über den Inhalt der nach deutschem IPR anzuwendenden fremden Rechtsordnung (zur Nichtermittelbarkeit der anzuwendenden Rechtsordnung → Rn. 77; zur Nichtfeststellbarkeit einer Rück- oder Weiterverweisung → Art. 4 Rn. 23) entweder keine sicheren Feststellungen treffen lassen oder solche nur mit unverhältnismäßigem Aufwand und erheblicher Verfahrensverzögerung möglich sind (so BGHZ 69, 387 (393); vgl. auch BGH NJW 1982, 1215 (1216)). Die Folgen der Nichtermittelbarkeit sind strittig. Einigkeit besteht lediglich darüber, dass wegen des Amtsermittlungsprinzips (→ Rn. 81) im Falle eines **non-liquet** nicht wegen Beweisfälligkeit eine klageabweisende Entscheidung ergehen darf. Rspr. und Lit. haben eine ganze Palette von Lösungsmöglichkeiten zur Anwendung eines **Ersatzrechts** entwickelt (vgl. Kindl ZZP 111 (1998), 177 (196); ausf. Überblick bei Kreuzer NJW 1983, 1943). Der zentrale Meinungsunterschied besteht in der Reihenfolge der vorgeschlagenen Ersatzrechtsordnungen. Nach der Rspr. des BGH ist als Ersatzrecht grds. deutsches Recht als die **lex fori** anzuwenden (so BGHZ 69, 387 (393 ff.) = NJW 1978, 494 (497 f.): jedenfalls bei starkem Inlandsbezug und fehlendem Widerspruch der Parteien; ebenso die gesetzlichen Regelungen des Problems in Österreich (§ 4 Abs. 2 öIPRG) und der Schweiz (Art. 16 Abs. 2 IPRG) sowie die Praxis in Frankreich und im anglo-amerikanischen Rechtskreis). Nur wenn sich dieses „äußerst unbefriedigend“ erweist, kommt die Anwendung etwa der nächstverwandten Rechtsordnung bzw. des wahrscheinlich geltenden Rechts in Betracht. In der Lit. wird hingegen mehrheitlich in erster Linie eine größtmögliche Annäherung an den tatsächlichen Rechtszustand vertreten. Diese kann etwa durch die Anwendung der **nächstverwandten Rechtsordnung** desselben Rechtskreises, des früher geltenden Rechts oder durch die Anwendung des wahrscheinlich geltenden Rechts geschehen. Vorgeschlagen wird auch die Anwendung von etwaigem **Einheitsrecht** oder eine **kollisionsrechtliche Ersatzanknüpfung** wie etwa im Falle von Art. 5 Abs. 2 (so insbes. Müller NJW 1981, 481; Kropholler IPR § 31 III 2b; v. Hoffmann/Thorn IPR § 3 Rn. 145; Kindl ZZP 111 (1998), 177 (200 f.)). Letztere ist grds. abzulehnen, da die Anknüpfung als solche nicht gescheitert ist und die Anwendung einer anderen Rechtsordnung nicht zu einem sachnäheren Ergebnis führt (gegen eine Ersatzanknüpfung auch MüKoBGB/v. Hein Rn. 332). Anders kann man dies nur sehen, wenn das deutsche Kollisionsrecht wie etwa in Art. 14 Abs. 1 für einen konkreten Anknüpfungsgegenstand eine Anknüpfungsleiter und damit eine konkrete Wertung bereithält, keinesfalls aber ist eine analoge Anwendung von Art. 5 Abs. 2 bei Anknüpfung an die Staatsangehörigkeit möglich, weil diese Norm als eine solche des Allgemeinen Teils des IPR keine kollisionsrechtliche Wertung für einen bestimmten Anknüpfungsgegenstand enthält. Auch die Anwendung von Einheitsrecht dürfte idR mangels Existenz nicht in Betracht kommen. Soweit die nächstverwandte oder ähnliche Rechtsordnungen herangezogen werden, handelt es sich dabei häufig methodisch nicht um die Anwendung von Ersatzrecht, sondern um Auslegung bzw. Rechtsfortbildung des

anzuwendenden Sachrechts, also gerade nicht um Ersatzlösungen (bei welcher freilich Vorsicht geboten ist; insbes. bei rezipierten Rechtsordnungen ist auf Ablösungstendenzen vom „Mutterrecht" zu achten. Zur Türkei/Schweiz vgl. etwa Rumpf IPRax 1983, 114; OLG Düsseldorf NJW-RR 1997, 3 (4)). Die ersatzweise Anwendung der nächstverwandten Rechtsordnung führt wegen des möglichen entscheidungserheblichen Divergierens auch verwandter Rechtsordnungen ebenfalls nicht zwingend zu einer größtmöglichen Annäherung an den tatsächlichen Rechtszustand. Unter der Voraussetzung der vollständigen Ausschöpfung, insbes. Auslegung des berufenen Sachrechts in dem von ihm vorgegebenen Rahmen ist damit aus Gründen der Rechtssicherheit der Ansicht des BGH zu folgen und ersatzweise deutsches Recht als **lex fori** heranzuziehen (so v. Bar/Mankowski IPR I § 5 Rn. 104; Sommerlad/Schrey NJW 1991, 1379 (1383); krit. Heldrich FS Ferid I, 1988, 209; für die primäre Heranziehung des nächstverwandten Rechts und eine nur hilfsweise Anwendung der lex fori hingegen MüKoBGB/v. Hein Rn. 330). Diese Grundsätze gelten auch im Verfahren des **einstweiligen Rechtsschutzes** (Mankowski/Kerfack IPRax 1990, 376).

90 **3. Anwendung ausländischen Rechts.** Ausländisches Recht ist vom Richter grds., dh vorbehaltlich des Art. 6, so anzuwenden, wie es im betreffenden Staat **tatsächlich** gilt (vgl. nur BGH NJW 1992, 3106 (3107); NJW-RR 1997, 1154; eingehend MüKoBGB/Sonnenberger, 5. Aufl. 2010, Rn. 627 ff.); zur Ablehnung der „Versteinerung" → Rn. 42; zur modifizierten Anwendung von fortgeltendem Recht der ehemaligen DDR → Art. 6 Rn. 7. Das erfordert eine Einbeziehung sämtlicher dort relevanter Rechtsquellen einschließlich des intertemporalen Rechts unter Beachtung der jeweiligen Methodik der Rechtsfindung (BGH NJW 2014, 1244 Rn. 15). Dies gilt auch, wenn sich die Anwendbarkeit der maßgeblichen Rechtsordnung erst auf Grund einer **Weiterverweisung** einer erstverwiesenen Rechtsordnung ergibt: Das anwendbare Sachrecht ist dann nicht etwa „gefiltert" so anzuwenden, wie es in dem erstverwiesenen Staat angewendet werden würde (zur Beachtlichkeit des ordre public der weiterverweisenden Rechtsordnung → Art. 6 Rn. 18). Eine Auslegung oder gar Rechtsfortbildung ausländischen Rechts wird hierdurch nicht ausgeschlossen, sofern sich der inländische Rechtsanwender dabei noch innerhalb der von der betreffenden Rechtsordnung vorgesehenen Methodik bewegt. Dabei kann sich auch die Frage stellen, ob die entsprechende Rechtsnorm in ihrem Herkunftsland verfassungswidrig ist oder sonstigem höherrangigem Recht widerspricht und damit nichtig ist. Lässt das ausländische Recht eine Inzidentprüfung der Verfassungsmäßigkeit einer Rechtsnorm zu, so kann und muss eine solche Prüfung auch durch ein deutsches Gericht erfolgen. Ist die Entscheidung hingegen bei einem Gericht des betreffenden Staates monopolisiert, so ist die Norm bis zu einer solchen Entscheidung als wirksam zu behandeln (BayObLG IPRspr. 1968/1969 Nr. 106). Auch die eigene Stellungnahme zu Streitfragen kann erforderlich sein, wobei sich der deutsche Rechtsanwender – wenngleich nicht zwingend, so doch idR – einer hM in der betreffenden Rechtsordnung zu unterwerfen hat, sofern diese nicht der dortigen Rechtspraxis widerspricht.

91 Anzuwenden ist das ausländische Recht freilich nur in dem Rahmen, in welchem es von der deutschen Kollisionsnorm berufen ist. Hierbei handelt es sich um das in → Rn. 54 f. erörterte **Qualifikationsproblem.** Enthält etwa eine zur Lösung einer bestimmten Sachfrage berufene Rechtsordnung eine Regelung, die aus der Sicht des deutschen Rechts als prozessual zu qualifizieren ist, so findet sie im Inland wegen der ausschließlichen Anwendbarkeit deutschen Verfahrensrechts keine Anwendung. Dies ist insbes. für Fragen der **Beweislast** und der **Beweisführung** von Bedeutung. Während erstere grds. materiellrechtlich zu qualifizieren sind und damit dem jeweiligen Sachstatut unterliegen, sind letztere Bestandteil der Prozessführung und unterliegen daher grds. dem Verfahrensrecht der lex fori (vgl. umfassend Coester-Waltjen, Internationales Beweisrecht, 1983).

92 **4. Revisibilität der Anwendung ausländischen Rechts.** Streitig ist, ob seit der am 1.9.2009 in Kraft getretenen Neufassung von § 545 Abs. 1 ZPO und nach § 72 FamFG die Anwendung ausländischen Rechts nunmehr auch in vollem Umfang revisibel ist bzw. in der Rechtsbeschwerde (§§ 70 ff. FamFG) gerügt werden kann. Anders als § 545 ZPO aF setzen nämlich weder § 545 ZPO noch § 72 FamFG nach ihrem Wortlaut nur noch eine Verletzung „des Rechts" (und nicht mehr „des Bundesrechts") voraus (bejahend etwa Hess/Hübner NJW 2009, 3132; Eichel IPRax 2009, 389; Aden RIW 2009, 475; Riehm JZ 2014, 73; aA Sturm JZ 2011, 74 ff.; BLAH/Hartmann, 68 Aufl. 2010, ZPO § 545 Rn. 5; Saenger/Kayser, 4. Aufl. 2011, ZPO § 545 Rn. 10 f.; im Verwaltungsprozess ist Ermittlung ausländischen Rechts als Tatsachenfeststellung zu behandeln, das Revisionsgericht ist hieran nach Maßgabe § 137 Abs. 2 VwGO gebunden, s. BVerwG NJW 2012, 3461 Rn. 16 mwN). Nachdem der BGH die Frage zunächst offengelassen hatte (s. etwa BGHZ 188, 177 Rn. 14 = NJW 2011, 1818; BGH NZG 2012, 1192 Rn. 33), hat er sich nunmehr

klar **gegen** die Revisibilität bzw. die Überprüfungsfähigkeit im Rahmen der Rechtsbeschwerde ausgesprochen (BGHZ 198, 14 Rn. 15 ff. = NJW 2013, 3656 zu § 72 FamFG; BGH NJW 2014, 1244 Rn. 14 zu § 545 Abs. 1 ZPO; krit. hierzu Riehm JZ 2014, 73; auch rechtspolitisch zust. hingegen H. Roth NJW 2014, 1224). Er erkennt zwar an, dass ausländisches Recht vor deutschen Gerichten als „Recht" und nicht lediglich als Tatsache Anwendung findet. Gegen eine Revisibilität spreche aber neben den Gesetzesmaterialien auch die Tatsache, dass die Verweisung in § 560 ZPO sonst keinen Sinn mehr ergäbe (BGHZ 198, 14 Rn. 18 ff. = NJW 2013, 3656). Wenn man mit der Gegenansicht von der Revisibilität ausländischen Rechts ausgeht (s. dazu zuletzt Riehm JZ 2014, 73) oder sich zumindest rechtspolitisch für eine solche ausspricht (so MüKoBGB/v. Hein Rn. 336, der die Entscheidung des BGH zwar für nachvollziehbar und schlüssig begründet, aber bedauerlich hält.) dürfte es allerdings regelmäßig an den Zulassungsgründen des § 543 Abs. 2 ZPO fehlen. Ließen sich ein Zulassungsgrund wegen grundsätzlicher Bedeutung (§ 543 Abs. 2 Nr. 1 ZPO) und der Wahrung einer einheitlichen Rspr. (§ 543 Abs. 2 Nr. 2 Alt. 2 ZPO) noch aus der Typizität einer Fallgestaltung herleiten (insoweit zutr. Hess/Hübner NJW 2009, 3132; ähnlich Aden RIW 2009, 475 (476 f.): Bedürfnis nach Gleichbehandlung massenhafter Auslandssachverhalte), so wären deutsche Gerichte jedenfalls nicht über die Entscheidung des Einzelfalls hinaus (→ Rn. 82) zur Rechtsfortbildung im ausländischen Recht berufen (§ 543 Abs. 2 Nr. 2 Alt. 1 ZPO) (nicht überzeugend daher das Argument von Hess/Hübner NJW 2009, 3132 (3134), dass es nicht einzusehen sei, dass Instanzgerichte ausländisches Recht rechtsfortbildend anwenden könnten, nicht aber der BGH; vgl. aber auch Riehm JZ 2014, 73 (76)). Möglich ist aber die **Verfahrensrüge** der **fehlerhaften Ermittlung** ausländischen Rechts nach § 293 ZPO (→ Rn. 93). Im **arbeitsgerichtlichen Verfahren** (§ 73 Abs. 1 ArbGG) sowie im **Strafverfahren** (§ 337 StPO) ist die Anwendung ausländischen Rechts seit jeher revisibel. Mangels Revisibilität ausländischen Rechts darf nach Ansicht der Rspr. die kollisionsrechtliche Frage, ob deutsches oder ausländisches Recht Anwendung findet, in der Tatsacheninstanz auch dann nicht offen bleiben, wenn sie im Einzelfall nicht entscheidungserheblich ist (vgl. BGH NJW 1991, 2214; 1996, 54 (55); zutr. aA die Lit., vgl. etwa Mäsch NJW 1996, 1453; für die Revisionsinstanz s. BGH NJW 1991, 2214 f.; 1997, 2233 f.).

Mit der **Verfahrensrüge** angegriffen werden kann weiterhin eine Verletzung von § 293 ZPO. 93
Ermittlungsfehler, insbes. Ermessensfehler bei der Art und Weise der Ermittlung ausländischen Rechts (→ Rn. 80 ff.) können daher geltend gemacht werden (BGH IPRax 1988, 227 f.; 228 f.; BGHZ 99, 207 = NJW 1987, 1145; BGHZ 118, 151 (162) = NJW 1992, 2026; BGH NJW-RR 1991, 1211; 1997, 1154; NJW 2003, 2685 f.; BeckRS 2012, 17500; NJW 2014, 1244). Das Gericht hat deshalb seine diesbezüglichen Bemühungen sowie das anwendbare Recht im Urteil zu dokumentieren (vgl. BGH NJW 1988, 648; erschöpfende Ausführungen können freilich nicht verlangt werden, BGH IPRspr. 1990 Nr. 1). Gibt die Entscheidung des Tatrichters keinen Aufschluss darüber, dass dieser seiner Pflicht zur Ermittlung ausländischen Rechts nachgekommen ist, ist revisionsrechtlich davon auszugehen, dass eine ausreichende Erforschung des ausländischen Rechts verfahrensfehlerhaft unterblieben ist (BGH NZI 2013, 763 Rn. 39 = BeckRS 2013, 9698). Gleiches gilt, wenn nur allgemein auf „Rechtsgrundlagen" eines ausländischen Rechts Bezug genommen wird (BGH NJW 1992, 3106 f.).

**5. Ordre public (Art. 6).** Zum Ausschluss der Anwendung ausländischen Rechts kann es 94
gem. Art. 6 kommen, wenn diese zu einem Ergebnis führt, das mit wesentlichen Grundsätzen des deutschen Rechts offensichtlich unvereinbar ist (iE → Art. 6 Rn. 1 ff.).

**6. Probleme des Nebeneinander mehrerer Rechtsordnungen (Angleichung/Anpas- 95
sung, Umsetzung/Transposition).** Durch die parallele oder (im Fall eines Statutenwechsels) sukzessive Anwendung mehrerer Rechtsordnungen (vgl. monographisch zuletzt Looschelders, Die Anpassung im IPR, 1995; grundlegend Schröder, Die Anpassung von Kollisions- und Sachnormen, 1961) auf verschiedene rechtliche Aspekte eines Lebenssachverhalts (sog. dépeçage) können sich Situationen entweder des **Normenmangels** oder des **Normenwiderspruchs** ergeben. Dies kann etwa dann der Fall sein, wenn ein bestimmtes Problem in zwei Rechtsordnungen an jeweils unterschiedlicher Stelle gelöst wird, diese Rechtsordnungen aber nicht vollumfänglich, sondern nur „ausschnittsweise" auf denselben Sachverhalt Anwendung finden, dh auch eine (vorrangige) Qualifikation keine einheitliche Anwendung der aufeinander abgestimmten Regelungen ein und derselben Rechtsordnung ergibt (das Auftreten von Angleichungsproblemen ist deshalb häufig ein die Qualifikation beeinflussender Umstand, da die Harmonisierungsprobleme so umgangen werden können, vgl. etwa S. Lorenz IPRax 1995, 47). So liegt etwa im Erbrecht eine Situation des **Normenmangels** vor, wenn die Berechtigung des überlebenden Ehegatten in der als Erbstatut anwendbaren Rechtsordnung ehegüterrechtlich, in der als Ehegüterstatut zur Anwendung kom-

menden Rechtsordnung aber erbrechtlich geregelt ist und das Ergebnis (keine Teilhabe des überlebenden Ehegatten) damit jeder der beiden Rechtsordnungen, wären sie jeweils insgesamt und alleine auf den gesamten Lebenssachverhalt anwendbar, widerspräche. Ein Fall von Normenwiderspruch in Form sog. **Normenhäufung** läge im umgekehrten Fall sowohl erbrechtlicher als auch güterrechtlicher Beteiligung vor. Praktisch bedeutsam war insbes. der Fall der Normenhäufung im Zusammenhang mit der güterrechtlichen Qualifikation von § 1371 Abs. 1 BGB (→ Art. 15 Rn. 71) (aus der Rspr. vgl. zuletzt LG Mosbach ZEV 1998, 489 f. und m. abw. Lösung OLG Stuttgart ZEV 2005, 443; zum Angleichungserfordernis im Fall der kollisionsrechtlichen Nachlassspaltung; für einen Fall der Normenhäufung im Bereich der elterlichen Sorge vgl. etwa BGHZ 64, 129 (135)). Im Anwendungsbereich der EuErbVO hat sich der EuGH allerdings mittlerweile für eine **erbrechtliche** Qualifikation von § 1371 Abs. 1 BGB ausgesprochen (EuGH C-558/16, NJW 2018, 1377 – Mahnkopf). Ein Fall des **Normenwiderspruchs** liegt auch vor, wenn eine Rechtserscheinung des ausländischen Rechts aus anderen Gründen mit der inländischen Rechtsordnung inkompatibel ist. So sollte etwa ein dinglich wirkendes Vermächtnis (Vindikationslegat) oder ein dem deutschen Recht unbekanntes dingliches Recht des an sich anwendbaren ausländischen Rechts mit dem numerus clausus des deutschen Sachenrechts inkompatibel sein (BGH NJW 1995, 58 = IPRax 1996, 39 mAnm Dörner IPRax 1996, 26; Nishitani IPRax 1998, 74 betr. Vindikationslegat; s. dazu aber jetzt EuGH C-218/16, NJW 2017, 3767 – Kubicka; NJW 1991, 1415 = IPRax 1993, 176 mAnm Kreuzer IPRax 1993, 157 betr. italienische Autohypothek). Denkbar ist auch eine Situation, in welcher ein Normenmangel dadurch entsteht, dass eine bestimmtes Problem im ausländischen Recht prozessrechtlich behoben wird, ohne dass dies im Wege der – vorrangigen – materiellrechtlichen Qualifikation im Inland (→ Rn. 55) Anwendung finden könnte (s. zB OLG Stuttgart FamRZ 2003, 1749: kein Auskunftsanspruch des auf die güterrechtliche Auseinandersetzung anwendbaren italienischen Rechts, weil nach italienischem Prozessrecht der Amtsermittlungsgrundsatz gilt; Lückenfüllung im Wege materiellrechtlicher Angleichung durch analoge Anwendung von § 1379 BGB). Ergibt sich somit die Notwendigkeit einer Harmonisierung verschiedenartiger Rechtssysteme, so ist diese durch modifizierte Anwendung entweder des Kollisionsrechts oder des materiellen Rechts herbeizuführen. Diesen Vorgang bezeichnet man als kollisionsrechtliche bzw. materiellrechtliche **Angleichung** oder **Anpassung,** wobei die modifizierte Anwendung von Kollisionsrecht häufig nichts anderes als die Korrektur einer (nur scheinbar abgeschlossenen) Qualifikation darstellt (so zutr. MüKoBGB/Sonnenberger, 5. Aufl. 2010, Rn. 584, 593; s. dazu auch MüKoBGB/v. Hein Rn. 262). Zur Vermeidung von Beliebigkeit in der Rechtsfindung ist dabei anzustreben, die Lösung nach Möglichkeit einer der beteiligten Rechtsordnungen im Ganzen zu entnehmen und nicht eine völlig neue Lösung zu konstruieren (Kropholler IPR § 24 IV 2). In Situationen der Normenhäufung und des Normenmangels ist daher meist eine **kollisionsrechtliche** Anpassung vorzuziehen, während in Fällen mehr oder weniger „technischer" Inkompatibilität auf **materiellrechtlicher** Ebene durch Umsetzung des Rechtsinstituts in das nächstverwandte der lex fori korrigiert werden muss (so im Fall der Inkompatibilität mit dem numerus clausus dinglicher Rechte: Verwertung der Autohypothek italienischen Rechts nach den Regeln über das Sicherungseigentum, vgl. BGH IPRax 1993, 176; vgl. auch BGH NJW 2014, 1383 zur Transposition des im deutschen Recht unbekannten „Vatersnamen"). In diesen Fällen kann man auch von **Umsetzung** oder **Transposition** sprechen. Die Ergebniskorrektur im Wege der Angleichung/Anpassung ist derjenigen des ordre public-Vorbehalts (Art. 6) vorrangig (→ Art. 6 Rn. 9).

96 **7. Substitution, Auslandsrecht als Tatsache.** Mit dem Begriff der **Substitution** wird das Problem der Subsumierbarkeit von Auslandstatsachen unter den Tatbestand einer Sachnorm bezeichnet. Anders als bei der Vorfragenproblematik geht es hier ohne Einschaltung einer weiteren Anknüpfung darum, ob die fremde Rechtserscheinung den Anforderungen der (eigenen oder fremden) Sachnorm genügt. Substitution ist damit eine Frage der Auslegung der anzuwendenden Sachnorm (vgl. zuletzt Mansel FS W. Lorenz, 1991, 689 ff.; monographisch zuletzt van Venrooy, Internationalprivatrechtliche Substitution, 1999). Verlangt etwa § 311b Abs. 1 BGB die notarielle Beurkundung eines Grundstücksgeschäfts, stellt sich die Frage, ob eine solche Beurkundung auch im Ausland vor einem ausländischen Notar erfolgen kann. Bei der Substitution ist zunächst nach der Substituierbarkeit, dh danach zu fragen, ob die Erfüllung des Tatbestandsmerkmals durch eine Auslandstatsache überhaupt in Betracht kommt, dh statthaft ist. Das wird etwa zu verneinen sein beim Tatbestandsmerkmal „(gesetzlicher) Güterstand" im Rahmen von § 1371 Abs. 1 BGB im Rahmen der von EuGH C-558/16, NJW 2018, 1377 – Mahnkopf angeordneten erbrechtlichen Qualifikation von § 1371 Abs. 1 BGB, weil diese Regelung auf die Eigenheiten des deutschen gesetzlichen Güterstands zugeschnitten ist.

Ist die Substituierbarkeit zu bejahen, kommt es in einem zweiten Schritt auf die Gleichwertigkeit der Auslandstatsache mit den von der Sachnorm vorgesehenen Tatsachen an (aus der Rspr. vgl. etwa BGHZ 80, 76: Beurkundung der Satzungsänderung einer GmbH durch schweizerischen Notar; BGH NJW 2014, 2026: Einreichung der Gesellschafterliste einer deutschen GmbH durch schweizerischen Notar; FamRZ 2003, 221: schweizerischer Zahlungsbefehl steht einem deutschen Mahnbescheid hinsichtlich der verjährungsunterbrechenden Wirkung gleich; NZG 2005, 41: Anwendung der Formvorschrift § 15 Abs. 4 GmbHG auf eine Treuhandabrede über Gesellschaftsanteile einer polnischen GmbH; OLG Stuttgart ZEV 2012, 208: ausländische Rechtshängigkeit eines Scheidungsantrags im Rahmen von § 2077 BGB; zum Namensrecht vgl. BGHZ 109, 1; aus der Lit. vgl. Goette MittRhNotK 1997, 1). Substitution ist damit ausschließlich eine Frage der **Auslegung** des anzuwendenden materiellen Rechts (so wird etwa § 925 BGB nach hM im Wege der Auslegung entnommen, dass die dort vorgesehene notarielle Beurkundung der Auflassung nur durch einen inländischen Notar erfolgen kann, vgl. KG DNotZ 1987, 44 = NJW-RR 1986, 1462 mwN), nicht aber eine kollisionsrechtliche Fragestellung. **97**

Nahe verwandt mit dieser Problematik ist die Frage der Berücksichtigung ausländischen Rechts als **Tatsache.** Soweit es sich bei einer Auslandstatsache um eine Rechtsfrage handelt, kann insoweit ein an sich nicht anwendbares Recht innerhalb der Anwendung des maßgebenden materiellen Rechts als Tatsache von Bedeutung sein. So sind etwa bei der sich im Rahmen der deliktischen Haftung für einen Straßenverkehrsunfall stellenden Frage der Rechtswidrigkeit unabhängig vom Deliktsstatut (Art. 40) die örtlichen Straßenverkehrsregeln maßgeblich (ganz hM, vgl. nur BGHZ 90, 294 (298) = NJW 1984, 2032; BGHZ 87, 95 (97 f.) = NJW 1983, 1972 (1973)). Auch können ausländische Eingriffsnormen im Rahmen der Rechtsanwendung als Tatsache berücksichtigt werden (→ Rn. 51 aE). **98**

**8. Handeln unter falschem Recht.** Als Handeln unter falschem Recht bezeichnet man das Problem, dass eine Rechtshandlung vor dem Hintergrund einer als anwendbar unterstellten Rechtsordnung vorgenommen wurde, tatsächlich aber aus der Sicht des deutschen IPR einer anderen Rechtsordnung unterliegt (zum nahe verwandten Problem der „unechten Gesetzesumgehung" bei bewusstem Handeln nach einer nicht anwendbaren Rechtsordnung → Rn. 76). Man könnte deshalb auch klarer von „Handeln unter nicht anwendbaren Recht" sprechen (MüKoBGB/v. Hein Rn. 243). Das Phänomen setzt damit voraus, dass die unterstellte Anwendbarkeit einer bestimmten Rechtsordnung nicht zugleich deren Anwendbarkeit etwa im Wege einer kollisionsrechtlichen Rechtswahl herbeigeführt hat, was vorrangig zu prüfen ist (MüKoBGB/v. Hein Rn. 243; Stoll IPRax 1997, 411 (412 f.)); vgl. dazu Art. 83 Abs. 3 EuErbVO (→ Art. 25 Rn. 30). Es handelt sich damit nicht um ein kollisionsrechtliches Problem, sondern wiederum um ein rein materiellrechtliches Problem der Anwendung des berufenen materiellen Rechts (so auch MüKoBGB/v. Hein Rn. 245 mwN). Diese Situation ist insbes. im Sachenrecht (vgl. BGH NJW 1997, 461 = IPRax 1997, 422 mAnm Stoll 411: Übereignung durch Abtretung des Herausgabeanspruchs nach nur vermeintlich anwendbarem deutschem Recht), Erbrecht (vgl. etwa OLG Hamburg IPRspr. 1993 Nr. 29: Testament unter dem Einfluss amerikanischer Rechtsinstitute; ebenso BayObLG ZEV 2003, 503 (508); BGH NJW-RR 2006, 948: Berücksichtigung der mit einer unwirksamen Rechtswahl zugunsten schweizerischem bzw. liechtensteinischem Rechts verbundenen Absichten für die Testamentsauslegung; OLG Köln FGPrax 2014, 75: Berücksichtigung des schweizerischen Pflichtteilsrecht bei Einsetzung auf den Pflichtteil; Staudinger/Dörner, 2007, Art. 25 Rn. 261) sowie im Gesellschaftsrecht (vgl. etwa BGHZ 53, 181 = NJW 1970, 998) geläufig. Hier ist – soweit möglich – der fremde Rechtsbegriff im Wege der Auslegung bzw. der Umdeutung in die „Sprache" des anwendbaren Rechts (Geschäftsstatut) zu „übersetzen" (MüKoBGB/v. Hein Rn. 245). Dieses ist also allein maßgeblich für die Möglichkeit einer Auslegung, Umdeutung einer Rechtshandlung bzw. für deren Nichtigkeit einschließlich ihrer Folgen. Die so erforderliche Auslegung bzw. Umdeutung von Rechtshandlungen „unter falschem Recht" setzt damit im Rahmen des insoweit maßgeblichen „eigentlichen" Geschäftsstatuts idR dennoch die Ermittlung des Sinnes der verwendeten auslandsrechtlichen Rechtsbegriffe voraus. Das vermeintlich anwendbare Recht findet dann nicht als objektives Recht Anwendung, sondern dient als Hilfsmittel zur Ermittlung des Parteiwillens (§ 293 ZPO findet damit insoweit keine Anwendung; es gelten die normalen Beweislastregeln). **99**

## VI. Anhang I: „Checkliste" zur Lösung grenzüberschreitender Fälle

In der Praxis werfen Fallgestaltungen mit Auslandsberührung zweierlei Fragen auf. Zu prüfen ist zunächst die internationale Zuständigkeit deutscher Gerichte. An diese Prüfung schließt sich die Frage des anzuwendenden Rechts sowie dessen Ermittlung an. Die folgende „Checkliste" **100**

(→ Rn. 100.1) soll einen Überblick über die systematische Vorgehensweise in der Praxis geben. Sie ist – wie alle schematischen Darstellungen (vgl. auch Jayme IPRax 1985, 60 f.) – mit den entsprechenden Vorbehalten des jeweiligen Einzelfalls zu betrachten.

100.1 A. Zulässigkeit der Klage/des Antrags
I. Zuständigkeit
1. Internationale Zuständigkeit (→ Rn. 5)
a) Staatsvertragliche Regelungen
aa) Mehrseitige Staatsverträge (Übereinkommen)
bb) Bilaterale Staatsverträge (Abkommen)
b) EU-Verordnungen (dort finden sich Regelungen über das Verhältnis zu Staatsverträgen)
c) Autonomes Recht
aa) Vorschriften über die internationale Zuständigkeit
bb) Rückschluss von der örtlichen Zuständigkeit auf die internationale Zuständigkeit (s. zB § 105 FamFG)
2. Sachliche Zuständigkeit (zB §§ 23 Nr. 1, 71 Abs. 1 GVG)
3. Örtliche Zuständigkeit
II. Sonstige Verfahrensvoraussetzungen
Unterliegen nach dem lex fori-Prinzip grds. dem Recht des Gerichtsorts (str.), zB Parteifähigkeit § 50 Abs. 1 ZPO, Prozessfähigkeit § 52 ZPO, Anwaltszwang § 78 Abs. 1 ZPO). Bei der Frage anderweitiger Rechtshängigkeit (§ 261 Abs. 3 Nr. 1 ZPO; Art. 29 Brüssel Ia-VO) oder des Vorliegens einer rechtskräftigen Entscheidung kann sich die Frage der ausländischen Rechtshängigkeit bzw. der Anerkennung ausländischer Urteile und deren Reichweite ergeben.
B. Begründetheit der Klage/des Antrags
I. Ermittlung des anwendbaren Rechts
1. Auffinden der maßgeblichen Kollisionsnorm des IPR der lex fori (Qualifikation, → Rn. 52 ff.)
2. Kollisionsnorm, in deren Anknüpfungsgegenstand das Rechtsverhältnis fällt (vgl. tabellarische Übersicht → Rn. 102)
a) Staatsvertragliche Kollisionsnormen (Vorrang nach Art. 3)
aa) Bilaterale Abkommen
bb) Multilaterale Abkommen
b) EU-Verordnungen (dort finden sich Regelungen über das Verhältnis zu Staatsverträgen)
c) Autonomes Kollisionsrecht
aa) Intertemporales Kollisionsrecht (Art. 220)
bb) Gesetzliche Regelungen und gewohnheitsrechtliche Kollisionsnormen
3. Subsumtion der Kollisionsnorm
a) Setzt der Tatbestand der Kollisionsnorm oder ein Tatbestand des anwendbaren materiellen Rechts ein Rechtsverhältnis voraus, zB Ehe, Abstammung, Scheidung etc (Problem der Teil- bzw. Vorfrage, → Rn. 65 ff.)?
b) Auslegung des Anknüpfungsmoments der Kollisionsnorm (beispielsweise Staatsangehörigkeit, gewöhnlicher Aufenthalt, Parteiautonomie, Belegenheit der Sache, engste Verbindung) und Anwendung auf den konkreten Sachverhalt.
4. Rechtsfolge
a) Verweisung auf deutsches Recht: Anwendung deutschen materiellen Rechts **(II.)**
oder
b) Verweisung auf ein ausländisches Recht
aa) Bei Rechtsspaltung in der verwiesenen Rechtsordnung uU Unteranknüpfung nach Art. 4 Abs. 3
bb) Sachnorm- oder Gesamtverweisung? (Art. 4 Abs. 1, 2)
cc) Bei Sachnormverweisung: **Weiter bei II.**
dd) bei Gesamtverweisung: Anwendung des ausländischen Kollisionsrechts, dabei Qualifikation nach dessen Systembegriffen, sofern nicht eine Qualifikationsverweisung vorliegt (→ Rn. 62 f.).
(1) Bei Annahme der Verweisung: **Weiter bei II.**
(2) Bei Rückverweisung auf deutsches Recht- Annahme der Rückverweisung (Abbruch der Verweisungskette, Art. 4 Abs. 1 S. 2), Anwendung deutschen materiellen Rechts **(II.)**
(3) Bei Weiterverweisung auf ein anderes ausländisches Recht – neue Prüfung des Kollisionsrechts der weiterverwiesenen Rechtsordnung, sofern die Weiterverweisung ihrerseits Gesamtverweisung ist. Abbruch der Verweisungskette beim deutschen

Recht, spätestens bei der Rechtsordnung, die als erste in der Kette wiedererscheint: **Weiter bei II.**

II. Anwendung des materiellen Rechts
   1. Ermittlung des Inhalts und Anwendung des maßgeblichen materiellen Rechts (→ Rn. 80 ff.), eventuell unter Berücksichtigung eines „Handelns unter falschem Recht" (→ Rn. 99), **weiter bei 3.)** und unter Berücksichtigung von Eingriffsnormen (→ Rn. 50) oder
   2. Bei Nichtermittelbarkeit: Ermittlung und Anwendung des Ersatzrechts (→ Rn. 89).
   3. Korrektur des unter Anwendung ausländischen Rechts gefundenen Ergebnisses wegen
      a) Verstoßes gegen zwingende Vorschriften des deutschen Rechts (Art. 34)?
      b) Verstoßes gegen den deutschen ordre public (Art. 6)?
      c) Normenmangels oder -häufung bzw. Normwiderspruchs: Erfordernis der Angleichung auf kollisionsrechtlicher oder materiellrechtlicher Ebene (→ Rn. 95).

## VII. Anhang II: Glossar

Die IPR-typische Terminologie ist bisweilen geeignet, den Nicht-Spezialisten zu verunsichern. Das folgende, Vollständigkeit nicht in Anspruch nehmende Glossar (→ Rn. 101.1) soll hier eine Hilfestellung bieten (vgl. auch v. Bar/Mankowski IPR I § 1 Rn. 14 ff.). **101**

**101.1**

| | |
|---|---|
| Angleichung | Auflösung sich durch die Anwendung mehrerer Rechtsordnungen auf einen Lebenssachverhalt (dépeçage) ergebender Normwidersprüche (→ Rn. 95) |
| Anknüpfung | Verbindung zwischen Tatbestand und Rechtsfolge einer Kollisionsnorm (→ Rn. 34) |
| - akzessorische | Anknüpfung an ein bereits bestehendes anderes Rechtsverhältnis aus Gründen der Sachnähe (zB Art. 41 Abs. 2 Nr. 1 EGBGB) |
| - alternative | Anknüpfung an eines von mehreren Merkmale nach Wahl des Rechtsanwenders: Vorgang ist rechtswirksam, wenn er nach einer beliebigen) der zur Verfügung gestellten Rechtsordnungen wirksam ist (Günstigkeitsprinzip, „favor"), s. zB Art. 11 Abs. 1 EGBGB |
| - kumulative | Anknüpfung an mehrere Merkmale, die gleichzeitig vorliegen müssen: Vorgang ist nur dann rechtswirksam, wenn er nach allen Rechtsordnungen zugleich wirksam ist. |
| - objektive | vom Parteiwillen (Rechtswahl) unabhängige Anknüpfung, s. zB Art. 4 Rom I-VO |
| - subjektive | Anknüpfung an den Parteiwillen (Rechtswahl), s. zB Art. 3 Rom I-VO |
| - subsidiäre | Anknüpfung, die nur erfolgt, wenn ein vorrangiges Merkmal ausfällt (zB Art. 14 Abs. 1 Nr. 2, 3 EGBGB), „Anknüpfungsleiter" |
| - unwandelbare | Anknüpfung zu einem bestimmten Zeitpunkt, legt anwendbares Recht endgültig auch mit Wirkung für die Zukunft fest (zB Art. 15 Abs. 1 EGBGB) |
| - wandelbare | Anknüpfung zum jeweiligen Zeitpunkt der Beurteilung, anwendbares Recht kann sich also ändern (zB Art. 21 EGBGB) |
| Anknüpfungsgegenstand | Rechtsfrage bzgl. derer das anzuwendende Recht festgestellt wird (auch: Verweisungsgegenstand, → Rn. 50) |
| Anknüpfungsleiter | s. Anknüpfung, subsidiäre |
| Anpassung | s. Angleichung |
| Ausnahmeklausel, Ausweichklausel | Kollisionsnorm, die es erlaubt, von der gesetzlichen Regelanknüpfung im Falle einer engeren Verbindung mit einer anderen Rechtsordnung abzuweichen, zB Art. 41 Abs. 1; Art. 4 Abs. 3 Rom I-VO (→ Rn. 4) |
| Autonomes Recht | innerstaatliches Recht nicht staatsvertraglichen Ursprungs |
| Brüssel Ia-VO | VO (EU) 1215/2012 des Europäischen Parlaments und des Rates vom 12.12.2012 über die gerichtliche Zuständigkeit und die Anerkennung und Vollstreckung von Entscheidungen in Zivil- und Handelssachen |
| Brüssel IIa-VO | VO (EG) 2201/2003 des Rates vom 27.11.2003 über die Zuständigkeit und die Anerkennung und Vollstreckung von Entscheidungen in Ehesachen und in Verfahren betreffend die elterliche Verantwortung und zur Aufhebung der Verordnung (EG) 1347/2000 |
| dépeçage (Trennung, Aufspaltung) | unterschiedliche Anknüpfung verschiedener rechtlicher Aspekte eines einheitlichen Lebenssachverhalts (→ Rn. 95) |

| | |
|---|---|
| Eingriffsnormen | unmittelbar anwendbare Normen des Gerichtsortes (lois d'application immédiate, positiver ordre public, → Rn. 50) |
| Erstfrage | s. Vorfrage |
| EuErbVO | (inoffizielle Bezeichnung der) VO (EU) 650/2012 über die Zuständigkeit, das anzuwendende Recht, die Anerkennung und die Vollstreckung von Entscheidungen und öffentlichen Urkunden in Erbsachen sowie zur Einführung eines Europäischen Nachlasszeugnisses (→ Rn. 26) |
| EuGüVO | (Inoffizielle Bezeichnung der) VO (EU) 2016/1103 des Rates vom 24.6.2016 zur Durchführung einer Verstärkten Zusammenarbeit im Bereich der Zuständigkeit, des anzuwendenden Rechts und der Anerkennung und Vollstreckung von Entscheidungen in Fragen des ehelichen Güterstands (→ Rn. 26) |
| EuUnthVO | (inoffizielle Bezeichnung der) VO (EG) 4/2009 des Rates über die Zuständigkeit und das anwendbare Recht, die Anerkennung und Vollstreckung von Entscheidungen und die Zusammenarbeit in Unterhaltssachen vom 18.12.2008 (→ Rn. 26) |
| Favor | Begünstigung der Wirksamkeit eines rechtlichen Vorgangs bzw. eines Rechtsverhältnisses durch die wahlweise Anwendbarkeit verschiedener Rechtsordnungen im Wege alternativer Anknüpfung (→ Rn. 37) |
| favor legitimationis | alternative Anknüpfung (→ Rn. 37) der Frage der Abstammung/Ehelichkeit zur Begünstigung der Feststellung des Statusverhältnisses |
| favor negotii | Alternative Anknüpfung (→ Rn. 37) der Formwirksamkeit eines Rechtsgeschäfts zur Begünstigung der Formwirksamkeit (Art. 11, 26). |
| Forum | Gericht oder Behörde |
| forum shopping | gezielte Auswahl eines international zuständigen Gerichts zur Beeinflussung der kollisionsrechtlichen und im Ergebnis auch materiellrechtlichen Entscheidung |
| fraude à la loi, fraus legis | Gesetzesumgehung (→ Rn. 75 f.) |
| Gesamtverweisung | Kollisionsrechtliche Verweisung, welche sich auch auf das Kollisionsrecht der verwiesenen Rechtsordnung bezieht (Voraussetzung einer Rück- oder Weiterverweisung, → Art. 4 Rn. 2 ff.) |
| Geschäftsstatut | das auf eine Rechtshandlung anwendbare materielle Recht |
| Günstigkeitsprinzip | Grundsatz, wonach eine Rechtshandlung im Interesse ihrer Wirksamkeit alternativ nach mehreren Rechtsordnungen beurteilt wird (→ Rn. 37) |
| Hauptfrage | s. Vorfrage |
| ius sanguinis | das Recht der Abstammung (Staatsangehörigkeitsrecht) |
| ius soli | das Recht des Geburtsortes (Staatsangehörigkeitsrecht) |
| Kollisionsnorm | Norm des staatsvertraglichen oder autonomen IPR, welche die auf einen Sachverhalt mit Auslandsberührung anwendbare Rechtsordnung bezeichnet (→ Rn. 1 ff.) |
| Kollisionsrecht | Gesamtheit der Normen des Internationalen Privatrechts |
| lex cartae sitae | Recht des Ortes, an dem sich eine Urkunde befindet. |
| lex causae | das Recht, welches auf die jeweilige Sachfrage anwendbar ist |
| lex contractus | das auf einen Vertrag anwendbare Recht |
| lex destinationis | das Recht des Bestimmungsortes |
| lex fori | das am (jeweiligen) Gerichtsort geltende Recht |
| lex loci delicti (commissi) | Das Recht des Deliktsortes |
| lex loci actus | Das Recht des Staates, in welchem eine Handlung vorgenommen wurde |
| lex patriae | Heimatrecht |
| lex rei sitae | das Recht des Ortes, an dem sich die Sache befindet. |
| lex stabuli | das Recht des Standorts (Heimathafens, Zulassungsortes etc) |
| loi uniforme | staatsvertragliche (Kollisions-)Norm, welche nicht nur im Verhältnis zu Mitgliedstaaten, sondern in allen Fällen mit Auslandsbezug Anwendung findet |
| lois d'application immédiate | „Eingriffsnormen" |
| ordre public | öffentliche Ordnung (Art. 6) |
| Personalstatut | das auf die persönlichen Rechtsverhältnisse (Personen-, Familien- und Erbrecht) einer natürlichen Person anwendbare Recht; das auf die Rechtsverhältnisse einer juristischen Person bzw. Personengesamtheit anwendbare Recht (→ Art. 5 Rn. 1) |
| professio iuris | s. Rechtswahl |
| Qualifikation | Kategorisierung einer Rechtsfrage (Anknüpfungsgegenstand) zur Auffin- |

| | |
|---|---|
| | dung der maßgeblichen Kollisionsnorm (Ermittlung des sachlichen Anwendungsbereichs einer Kollisionsnorm, → Rn. 54 ff.) |
| Rechtswahl | Wahl des anwendbaren Rechts durch eine oder mehrere Parteien |
| (hidden) renvoi | (versteckte) Rück- oder Weiterverweisung |
| res in transitu | Sachen auf dem Transport |
| Rom I-VO | (offizielle Bezeichnung der) VO (EG) Nr. 593/2008 über das auf vertragliche Schuldverhältnisse anzuwendende Recht (→ Rn. 26) |
| Rom II-VO | (offizielle Bezeichnung der) VO (EG) Nr. 864/2007 über das auf außervertragliche Schuldverhältnisse anzuwendende Recht (→ Rn. 26) |
| Rom III-VO | (inoffizielle Bezeichnung der) VO (EU) 1259/2010 des Rates vom 20.12.2010 zur Durchführung einer Verstärkten Zusammenarbeit im Bereich der Ehescheidung und Trennung ohne Auflösung des Ehebandes anzuwendenden Rechts (→ Rn. 26) |
| Rom IV-VO | s. unter EuGüVO |
| Rom V-VO | s. unter EuErbVO |
| Rom VI-VO | s. unter EuUnthVO |
| (versteckte) Rückverweisung | Verweisung der im Wege der Gesamtverweisung berufenen Rechtsordnung auf das Recht der verweisenden Kollisionsnorm (zur „versteckten Rückverweisung" vgl. → Art. 4 Rn. 9) |
| Sachnorm | Norm, die eine Rechtsfolge auf der Ebene des materiellen Rechts enthält (→ Rn. 2) |
| Sachnormverweisung | Kollisionsrechtliche Verweisung, welche sich nicht auch auf das Kollisionsrecht der verwiesenen Rechtsordnung, sondern direkt auf deren materiellrechtliche Regelungen bezieht (Folge: Ausschluss einer Rück- oder Weiterverweisung), s. Art. 3 Abs. 1 S. 2 (→ Rn. 78) |
| Sachstatut | Gesamtheit der auf einen bestimmten Anknüpfungsgegenstand anwendbaren Normen (→ Rn. 2), s. auch „Statut" |
| Sonderanknüpfung | Kollisionsnormen für Teilfragen (→ Rn. 69) |
| Statut | Die für eine bestimmte Rechtsfrage maßgebende Rechtsordnung (zB Vertragsstatut, Deliktsstatut, Eheschließungsstatut, Erbstatut etc) |
| Substitution | Subsumierbarkeit von Auslandstatsachen unter Tatbestand einer Sachnorm (→ Rn. 96) |
| Statutenwechsel | Wechsel der auf einen Sachverhalt anwendbaren Rechtsordnung |
| Teilfrage | Rechtsfrage, die der IPR-Gesetzgeber unabhängig von dem Zusammenhang, in welchem sie sich stellt, generell in einer speziellen Kollisionsnorm (sog. Sonderanknüpfung) geregelt hat, zB Art. 11 (→ Rn. 69) |
| Vorbehaltsklausel | Vorschrift, die den ordre public des Forumstaates vorbehält (Art. 6) |
| Vorfrage | kollisionsrechtliche Behandlung präjudizieller Rechtsverhältnisse im Rahmen der sog. „Hauptfrage" (Rechtsfolge des materiellen Rechts im Tatbestand einer Kollisions- oder Sachnorm, → Rn. 65 ff.; im ersten Fall wird auch von einer „Erstfrage" gesprochen) |
| Weiterverweisung | Verweisung der im Wege der Gesamtverweisung berufenen Rechtsordnung auf das Recht eines dritten Staates. Kann ihrerseits Gesamt- oder Sachnormverweisung sein |
| Wirkungsstatut | das Recht, dem die Wirkungen eines rechtlichen Vorgangs unterliegen |

## VIII. Anhang III: Tabellarische Übersicht des geltenden IPR sowie des internationalen Einheitsrechts nach Sachgebieten

102

| Sachgebiet | autonomes (innerstaatliches) Kollisionsrecht | unmittelbar geltendes europäisches oder staatsvertragliches Einheits- oder Kollisionsrecht |
|---|---|---|
| I. Allgemeine Fragen der Anknüpfung | | |
| 1. Vorrang des europäischen und staatsvertraglichen Kollisionsrechts | Art. 3 | |

| Sachgebiet | autonomes (innerstaatliches) Kollisionsrecht | unmittelbar geltendes europäisches oder staatsvertragliches Einheits- oder Kollisionsrecht |
|---|---|---|
| 2. Begriff der Sachnormverweisung | Art. 4 Abs. 2 S. 1 | |
| 3. Vorrang des Einzelstatuts | Art. 3a Abs. 2 aF (aufgehoben) | |
| 4. Rück- und Weiterverweisung, Rechtsspaltung | Art. 4 | |
| 5. Fragen der Staatsangehörigkeitsanknüpfung | | |
| a) Mehrstaater, Volksdeutsche | Art. 5 Abs. 1, Art. 116 GG iVm Art. 9 Abschnitt II Nr. 5 FamRÄndG vom 11.8.1961 | |
| b) Ersetzung der Staatsangehörigkeit im Falle der Staatenlosigkeit oder unbekannter Staatsangehörigkeit | Art. 5 Abs. 2 | Art. 12 StaatenlosenÜ |
| c) Ersetzung der Staatsangehörigkeit bei Flüchtlingen | Art. 1, 2, 10 AHKG23<br>§ 8 HeimatlAuslG<br>§ 1 FlüchtlmG (aufgehoben)<br>§ 2 AsylG | Art. 12 GFK iVm FlüchtlingsProt |
| 6. Fragen der Anknüpfung an den gewöhnlichen Aufenthalt | Art. 5 Abs. 3 | |
| 7. Intertemporale Anwendung des EGBGB aF | Art. 220; Art. 229 § 28, §§ 47, 48 | |
| II. Natürliche Personen | | |
| 1. Allgemeine Rechts- und Geschäftsfähigkeit | Art. 7 | |
| 2. Drittschutz | Art. 12 | |
| 3. Besondere Rechts- und Geschäftsfähigkeiten | jeweiliges Wirkungsstatut | |
| 4. Deliktsfähigkeit | Deliktsstatut (Art. 40) | Deliktsstatut (Art. 15 lit. a Rom II-VO) |
| 5. Verschollenheits- und Todeserklärung | Art. 9 | |
| 6. Name | Art. 10, 17b Abs. 2 S. 1, Art. 47, 48<br>§ 1 TSG | Istanbuler CIEC-Übereinkommen über die Änderung von Namen und Vornamen vom 4.9.1958 |
| III. Juristische Personen | | |
| Rechts- und Geschäftsfähigkeit; Anerkennung, Statut | Art. 12 analog, Art. 37 Nr. 2; Sonderregelungen für Vereine und Stiftungen in §§ 23, 80 BGB | zahlreiche bilaterale Übereinkommen, insbes. mit Niederlande, Iran, USA, Italien, Spanien |
| IV. Rechtsgeschäfte | | |
| 1. Gewillkürte Stellvertretung, Vollmacht | Art. 8 | Art. 1 Abs. 2 lit. g Rom I-VO |

| Sachgebiet | autonomes (innerstaatliches) Kollisionsrecht | unmittelbar geltendes europäisches oder staatsvertragliches Einheits- oder Kollisionsrecht |
|---|---|---|
| 2. Gesetzliche Vertretung | jeweiliges Wirkungsstatut | |
| 3. Form | Art. 11; Sonderregelung für Verfügungen von Todes wegen (Art. 26), Eheschließung (Art. 13 Abs. 4). Für die Form der Rechtswahl beachte Art. 14 Abs. 1 S. 3, für Wechsel und Scheck Art. 92, 97 WG, Art. 62, 66 ScheckG | Art. 11 Rom I-VO<br>Art. 21 Rom II-VO<br>HTestformÜ (→ Art. 26 Rn. 15) |
| V. Schuldrecht | | |
| 1. Allgemeines Schuldrecht | § 244 BGB (str.) | |
| 2. Vertragliche Schuldverhältnisse (allgemein) | | Rom I-VO |
| a) Verbraucherverträge | Art. 46b<br>§ 1 Abs. 5 TMG | Art. 6 Rom I-VO |
| b) Kauf | | **Einheitsrecht:** CISG<br>Vorrang vor der Rom I-VO, s. Art. 25 Rom I-VO |
| c) Versicherungsverträge | Art. 46c EGBGB | Art. 7 Rom I-VO |
| d) Güterbeförderungsverträge | §§ 464 Abs. 4, 449 Abs. 4, 451h Abs. 3 HGB | Übereinkommen über den Beförderungsvertrag im internationalen Straßengüterverkehr vom 19.5.1956 (CMR) (vereinheitlichtes Sachrecht!)<br>Vorrang vor der Rom I-VO, s. Art. 25 Rom I-VO<br>Art. 5 Rom I-VO |
| e) Luftbeförderungsverträge | § 51 LuftVG | |
| f) Seetransportverträge | Art. 8 EGHGB | |
| g) Wertpapier-Finanztermingeschäfte | § 1 Abs. 2 WpHG | |
| h) Arbeitsverträge | § 21 FlRG; § 1 AEntG | Art. 8 Rom I-VO<br>Art. 9 RL 2008/94/EG über den Arbeitnehmerschutz bei Zahlungsunfähigkeit des Arbeitgebers |
| i) Wechsel und Scheck | Art. 93 ff. WG,<br>Art. 63 ff. ScheckG | |
| 3. Gesetzliche Schuldverhältnisse | | |
| a) Geschäftsführung ohne Auftrag | Art. 39, 41, 42 | Art. 11 Rom II-VO (→ Rn. 26) |
| b) Ungerechtfertigte Bereicherung | Art. 38, 41, 42 | Art. 10 Rom II- VO (→ Rn. 26) |
| c) Deliktsrecht | Art. 40, 41, 42 (praktisch bedeutsam insbes. für Persönlich- | Art. 4 Rom II-VO<br>kein staatsvertragliches Kollisionsrecht, bei der Prüfung einer Rück- |

| Sachgebiet | autonomes (innerstaatliches) Kollisionsrecht | unmittelbar geltendes europäisches oder staatsvertragliches Einheits- oder Kollisionsrecht |
|---|---|---|
| | keitsrechtsverletzungen, Pressedelikte) | verweisung sind jedoch, da von vielen Staaten ratifiziert, das Haager Übereinkommen über das auf Straßenverkehrsunfälle anwendbare Recht vom 4.5.1971 sowie das Haager Übereinkommen über das auf die Produkthaftpflicht anwendbare Recht vom 2.10.1973 zu beachten |
| VI. Sachenrecht | Art. 43–46<br>§§ 103–106 LuftRG<br>§ 54 Abs. 1 KGSG,<br>§ 72 KGSG | |
| VII. Immaterialgüterrecht | | zahlreiche multilaterale und bilaterale Übereinkommen (vgl. Nachweise bei MüKoBGB/Martiny Rom I-VO Art. 4 Rn. 243 ff.) |
| VIII. Handelsrecht | Art. 6 EGHGB (betr. Seehandelsrecht) | |
| IX. Wertpapierrecht | Art. 91 ff. WG;<br>Art. 60 ff. ScheckG | |
| X. Wettbewerbsrecht | | Rom II-VO |
| XI. Familienrecht | | Deutsch-iranisches Niederlassungsabkommen vom 17.12.1929 (Art. 8 Abs. 3 Deutsch-iranisches Niederlassungsabkommen iVm Schlussprotokoll hierzu) |
| 1. Eherecht | | |
| a) Verlöbnis/ Eheschließung<br>- materielle Voraussetzungen<br>- formelle Voraussetzungen<br>Gleichgeschlechtliche/diverse Ehe | <br><br>Art. 13 Abs. 1–3<br>Art. 11, 13 Abs. 4<br>§ 1309 BGB idF des Eheschließungsrechtsgesetzes vom 4.5.1998<br>Art. 17b Abs. 4, 5 | <br><br>Haager Eheschließungsabkommen vom 12.6.1902 (gilt nur noch gegenüber Italien)<br>Pariser CIEC-Übereinkommen zur Erleichterung der Eheschließung im Ausland vom 10.9.1964 |
| b) Allgemeine Ehewirkungen | Art. 10 Abs. 2, Art. 14, Art. 16 Abs. 2, Art. 220 Abs. 2<br>Art. 17b Abs. 1, 2, 5 S. 2 | |
| c) Unterhalt | | seit 18.6.2011: Rom VI-VO (→ Rn. 26) |
| d) Ehegüterrecht | Art. 15 aF, Art. 220 Abs. 3<br>§ 1409 BGB<br>Gesetz über den ehelichen Güterstand von Vertriebenen und | seit 29.1.2019: EuGüVO/ EuPartVO (→ Rn. 26) |

| Sachgebiet | autonomes (innerstaatliches) Kollisionsrecht | unmittelbar geltendes europäisches oder staatsvertragliches Einheits- oder Kollisionsrecht |
|---|---|---|
| | Flüchtlingen vom 4.8.1969 | |
| e) Auflösung und Trennung der Ehe<br>- Nichtigkeitserklärung, Aufhebung<br>Scheidungsfolgen | Art. 17; Art. 17b Abs. 4<br><br>Eheschließungsstatut<br>Art. 10 (Name)<br>Art. 17 Abs. 4 (Versorgungsausgleich)<br>Art. 21 (elterliche Sorge) | Rom III-VO (→ Rn. 26)<br><br><br>seit 18.6.2011: Rom VI-VO (→ Rn. 26)<br><br>KSÜ |
| 2. Kindschaftsrecht<br>- Abstammung (die kollisionsrechtliche Unterscheidung zwischen ehelichen und nichtehelichen Kindern wurde durch das am 1.7.1998 in Kraft getretene KindschaftsrechtsreformG aufgegeben)<br>- Wirkung des Eltern/Kind-Verhältnisses<br>- Unterhalt<br><br>- Schutzmaßnahmen gegenüber Minderjährigen<br>- Adoption<br>- Vormundschaft; Betreuung, Pflegschaft<br><br><br>- Kindesentführung | <br>Art. 19, 20<br><br><br><br><br><br><br>Art. 21<br><br><br><br><br>Art. 22, 23; § 1746 BGB<br>Art. 24 | <br>CIEC-Übereinkommen über die Feststellung der mütterlichen Abstammung nichtehelicher Kinder vom 12.9.1962<br><br><br><br>Art. 16 KSÜ<br><br>seit 18.6.2011: Rom VI-VO (→ Rn. 26)<br><br>KSÜ<br><br>Haager Vormundschaftsübereinkommen vom 12.6.1902 (gilt nur noch gegenüber Belgien und Italien)<br>Deutsch-österreichisches Vormundschaftsabkommen vom 5.2.1927<br>KSÜ<br>Haager Übereinkommen über die zivilrechtlichen Aspekte internationaler Kindesentführung vom 25.10.1980<br>Europäisches Übereinkommen über die Anerkennung und Vollstreckung von Entscheidungen über das Sorgerecht für Kinder und die Wiederherstellung des Sorgeverhältnisses vom 20.5.1980 |
| 3. Eingetragene Lebenspartnerschaft | Art. 17b | ESÜ |
| 4. Schutzmaßnahmen über Erwachsene | | ESÜ |

| Sachgebiet | | autonomes (innerstaatliches) Kollisionsrecht | unmittelbar geltendes europäisches oder staatsvertragliches Einheits- oder Kollisionsrecht |
|---|---|---|---|
| XII. Erbrecht | | | |
| a) | Erbstatut | | Deutsch-iranisches Niederlassungsabkommen vom 17.12.1929 (Art. 8 Abs. 3 Deutsch-iranisches Niederlassungsabkommen iVm Schlussprotokoll hierzu)<br>Deutsch-türkisches Nachlassabkommen (Anlage zu Art. 20 Deutsch-türkischen Konsularvertrags vom 28.5.1929). Deutsch-sowjetischer Konsularvertrag vom 25.4.1958 (Art. 28 Abs. 3)<br>EuErbVO (→ Rn. 26) |
| b) | Form letztwilliger Verfügungen | § 11 KonsularG<br>Art. 27 EuErbVO<br>Art. 25 EGBGB | HTestformÜ (→ Rn. 14).<br>§ 16 Deutsch-türkisches Nachlassabkommen (Anlage zu Art. 20 Deutsch-türkischer Konsularvertrag vom 28.5.1929), weitgehend obsolet durch Vorrang des HTestformÜ (→ Art. 25 Rn. 7) |

## b) Art. 3–6 EGBGB

### Art. 3 Anwendungsbereich; Verhältnis zu Regelungen der Europäischen Union und zu völkerrechtlichen Vereinbarungen

**Soweit nicht**

1. **unmittelbar anwendbare Regelungen der Europäischen Union in ihrer jeweils geltenden Fassung, insbesondere**
   a) **die Verordnung (EG) Nr. 864/2007 des Europäischen Parlaments und des Rates vom 11. Juli 2007 über das auf außervertragliche Schuldverhältnisse anzuwendende Recht (Rom II),**
   b) **die Verordnung (EG) Nr. 593/2008 des Europäischen Parlaments und des Rates vom 17. Juni 2008 über das auf vertragliche Schuldverhältnisse anzuwendende Recht (Rom I),**
   c) **Artikel 15 der Verordnung (EG) Nr. 4/2009 des Rates vom 18. Dezember 2008 über die Zuständigkeit, das anwendbare Recht, die Anerkennung und Vollstreckung von Entscheidungen und die Zusammenarbeit in Unterhaltssachen in Verbindung mit dem Haager Protokoll vom 23. November 2007 über das auf Unterhaltspflichten anzuwendende Recht,**
   d) **die Verordnung (EU) Nr. 1259/2010 des Rates vom 20. Dezember 2010 zur Durchführung einer Verstärkten Zusammenarbeit im Bereich des auf die Ehescheidung und Trennung ohne Auflösung des Ehebandes anzuwendenden Rechts,**
   e) **die Verordnung (EU) Nr. 650/2012 des Europäischen Parlaments und des Rates vom 4. Juli 2012 über die Zuständigkeit, das anzuwendende Recht, die Anerkennung und Vollstreckung von Entscheidungen und die Annahme und Vollstreckung öffentlicher Urkunden in Erbsachen sowie zur Einführung eines Europäischen Nachlasszeugnisses,**
   f) **die Verordnung (EU) 2016/1103 des Rates vom 24. Juni 2016 zur Durchführung einer Verstärkten Zusammenarbeit im Bereich der Zuständigkeit, des anzuwendenden Rechts und der Anerkennung und Vollstreckung von Entscheidungen in Fragen des ehelichen Güterstands sowie**

**g) die Verordnung (EU) 2016/1104 des Rates vom 24. Juni 2016 zur Durchführung der Verstärkten Zusammenarbeit im Bereich der Zuständigkeit, des anzuwendenden Rechts und der Anerkennung und Vollstreckung von Entscheidungen in Fragen güterrechtlicher Wirkungen eingetragener Partnerschaften oder**

**2. Regelungen in völkerrechtlichen Vereinbarungen, soweit sie unmittelbar anwendbares innerstaatliches Recht geworden sind,**

**maßgeblich sind, bestimmt sich das anzuwendende Recht bei Sachverhalten mit einer Verbindung zu einem ausländischen Staat nach den Vorschriften dieses Kapitels (Internationales Privatrecht).**

## I. Normzweck

Art. 3 wurde mWv 11.1.2009 neu gefasst durch das Gesetz zur Anpassung der Vorschriften des Internationalen Privatrechts an die VO (EG) Nr. 864/2007 vom 10.12.2008 (BGBl. I 2401) und wird mit dem Inkrafttreten jeder neuen kollisionsrechtlichen EU-Verordnungen (→ EinlIPR Rn. 26) ergänzt (zuletzt mWv 29.1.2019 durch Gesetz vom 17.12.2018, BGBl. I 2753). Die Vorschrift enthält in S. 1 einen nur deklaratorischen Hinweis (→ Rn. 3) auf den **Vorrang von EU-Verordnungen.** S. 2 regelt ähnliches für den **Vorrang des staatsvertraglichen IPR** vor dem rein innerstaatlichen („autonomen") IPR, sofern dieses unmittelbar anwendbares innerstaatliches Recht ist. Sie definiert in der Klammerdefinition weiter den Begriff des Internationalen Privatrechts und klärt seine Anwendungsvoraussetzungen. Danach setzt die Anwendung der Vorschriften des EGBGB über das IPR einen Sachverhalt mit Auslandsberührung voraus. 1

## II. Legaldefinition des Internationalen Privatrechts

Die – zwangsläufig missglückte – Legaldefinition des Begriffes „Internationales Privatrecht" ist ohne besondere Rechtsfolgen. Sie bedeutet insbes. nicht, dass die Anwendung der Normen des EGBGB eine besondere Vorprüfung des internationalen Bezugs eines Falles voraussetzt. Der Grad des zur Anwendung ausländischen Rechts notwendigen Auslands- oder Inlandsbezuges ergibt sich jeweils unmittelbar aus dem Tatbestand der einzelnen Kollisionsnormen selbst (PWW/Mörsdorf-Schulte Rn. 10; aA Grüneberg/Thorn Rn. 1; Looschelders IPR Rn. 3: keine Prüfung des IPR bei reinen Inlandsfällen; zu Recht für ein „pragmatisches Vorgehen" plädierend MüKoBGB/v. Hein Rn. 13: sei eine Auslandsberührung nicht erkennbar, müsse das IPR nicht geprüft werden). Man kann der Norm allenfalls die Selbstverständlichkeit entnehmen, dass ein deutsches Gericht ohne weiteres **deutsches** Kollisionsrecht anwendet (lex fori-Maxime; → EinlIPR Rn. 53). Die Vorschrift ist auch insoweit irreführend, als sich das autonome IPR nicht in den Regelungen des EGBGB erschöpft, sondern sich Kollisionsnormen auch in anderen Gesetzen finden (→ EinlIPR Rn. 15 ff.). 2

## III. Vorrang von Rechtsakten der EU (Nr. 1)

Bzgl. des Vorrangs unmittelbar anwendbarer Regelungen der EU ist die Vorschrift rein deklaratorischer Natur. Der Vorrang von (nach Art. 288 Abs. 2 AEUV unmittelbar anwendbaren) EU-Verordnungen ergibt sich unmittelbar aus dem Vorrang des Unionsrechts. Die Aufzählung der EU-Verordnungen ist nur beispielhaft, der Vorrang des Unionsrechts gilt selbstverständlich auch für Kollisionsnormen in anderen, auch nicht speziell kollisionsrechtlichen EU-Verordnungen. Das Kollisionsrecht harmonisierende EU-Richtlinien wird mangels horizontaler Direktwirkung nicht erfasst (dazu sowie den geplanten Rechtsakten → EinlIPR Rn. 26). 3

## IV. Vorrang von Staatsverträgen (Nr. 2)

Auch der Vorrang in unmittelbares staatliches Recht überführter völkerrechtlicher Vereinbarungen ergibt sich bereits aus den allgemeinen Prinzipien, insbes. der lex-posterior-Regel und der lex-specialis-Regel. Insofern ist die Vorschrift – auch nach der Intention des Gesetzgebers – bloße **Hinweisnorm** (BT-Drs. 10/504, 36). Eigenständigen Gehalt hat sie aber als **Interpretationshilfe** innerhalb der lex-posterior-Regel: Da das spätere Gesetz das frühere dann nicht aufhebt, wenn ihm eine entsprechende Selbstbeschränkung zu entnehmen ist, kann man der Vorschrift entnehmen, dass der Gesetzgeber mit der Neuregelung von Kollisionsnormen des **autonomen** (= innerstaatlichen) **Rechts** im Zweifel die frühere Transformation staatsvertraglicher Regelungen in nationales Recht nicht aufheben oder einschränken will (vgl. MüKoBGB/v. Hein Rn. 179, aus der 4

Rspr. des BGH vor Inkrafttreten des IPRG vgl. BGHZ 89, 325 (336) = NJW 1984, 1302 (1304); eine generelle Aufhebung der lex posterior-Regel durch Art. 3 Nr. 2 ist wegen der damit verbundenen Selbstbindung des Gesetzgebers abzulehnen.).

**5** Die Vorschrift erfasst nur Staatsverträge, deren Regelungen **unmittelbar anwendbares** innerstaatliches Recht sind. Das setzt idR eine Umsetzung durch den nationalen Gesetzgeber voraus, welche von der Regelung keineswegs ersetzt wird. Die bloße völkerrechtliche Verpflichtung des Gesetzgebers zur Umsetzung begründet keine Anwendbarkeit der staatsvertraglichen Regelung. Auch insoweit fehlt der Regelung jeder konstitutive Charakter.

**6** Maßgeblich bei der Prüfung des Vorrangs von Staatsverträgen ist damit neben der Frage der Ratifikation durch den nationalen Gesetzgeber sowie dem Vorliegen einer im Staatsvertrag etwa vorausgesetzten Mindestzahl von Ratifikationen die Frage, ob die staatsvertragliche Regelung nur gegenüber den Vertragsstaaten zur Anwendung kommt oder ob sie als sog. **loi uniforme** generelle Geltung beansprucht.

**7** Ob der Vorrang unmittelbar wirkenden staatsvertraglichen Kollisionsrechts auch gegenüber **gleichlautendem autonomen Kollisionsrecht,** so etwa im Verhältnis von Art. 18 zum Haager Unterhaltspflichtübereinkommen vom 2.10.1973 (Art. 18) und Art. 26 zum Haager Testamentsformübereinkommen vom 5.10.1961 (→ Art. 26 Rn. 2), Geltung beansprucht, ist überaus strittig (für Vorrang der staatsvertraglichen Regelung MüKoBGB/Sonnenberger, 5. Aufl. 2010, Rn. 5; Siehr IPRax 1987, 4 (6); Basedow NJW 1986, 2971 (2975); Mansel StAZ 1986, 316; Jayme IPRax 1986, 265 (266); Staudinger/Hausmann, 2013, Rn. 31 ff.; Meyer-Sparenberg, Staatsvertragliche Kollisionsnormen, 1990, 72; für Bedeutungslosigkeit des Staatsvertrages hingegen Grüneberg/Thorn Rn. 12; v. Bar/Mankowski IPR I § 3 Rn. 99; v. Bar/Mankowski IPR II Rn. 356; Kartzke NJW 1988, 104 (105)). Richtigerweise geht es dabei um ein **Auslegungsproblem:** Handelt es sich bei der Norm des autonomen Kollisionsrechts um die lex posterior, so ist dieser im Wege der Auslegung zu entnehmen, ob der Gesetzgeber ihr Vorrang vor der lex prior staatsvertraglichen Ursprungs geben wollte. Da Art. 3 Nr. 2 lediglich eine Auslegungsregel bezüglich der lex posterior-Regelung enthält (→ Rn. 4), ist eine solche Auslegung in Abweichung von Art. 3 Nr. 2 grds. möglich. Auch kann die in das EGBGB inkorporierte Norm staatsvertraglichen Ursprungs (zB Art. 26) wiederum als lex posterior zum ratifizierten Staatsvertrag und zugleich als lex specialis zu Art. 3 Nr. 2 aufgefasst werden und damit Anwendungsvorrang genießen. Wegen der praktischen Irrelevanz der Frage für das Rechtsanwendungsergebnis liegt jedenfalls bei Anwendung des autonomen Rechts weder völkerrechtlich eine Verletzung des Staatsvertrags noch eine revisionsrechtlich relevante Rechtsverletzung vor, sofern bei der Anwendung der entsprechenden Norm der staatsvertragliche Hintergrund beachtet wird (str., wie hier etwa MüKoBGB/Sonnenberger, 5. Aufl. 2010, Rn. 5 mwN; ähnlich Grüneberg/Thorn Rn. 12). Letzteres ist insbes. für Fragen der Qualifikation, der Vorfragenanknüpfung, der Anerkennung einer Rück- oder Weiterverweisung und des ordre public-Vorbehalts von Bedeutung (→ EinlIPR Rn. 20; zur Qualifikation → EinlIPR Rn. 63; zur Vorfragenanknüpfung → EinlIPR Rn. 73; zum ordre public → Art. 6 Rn. 8). Vom deutschen Gesetzgeber nicht ratifiziertes staatsvertragliches Kollisionsrecht kann im Rahmen einer **Gesamtverweisung** in seiner Eigenschaft als ausländisches IPR von Bedeutung sein, wenn eine Kollisionsnorm des deutschen Rechts eine Gesamtverweisung auf das Recht eines Staates ausspricht, welcher die staatsvertragliche Regelung ratifiziert hat und diese als loi uniforme, dh auch gegenüber Nichtvertragsstaaten anwendet (vgl. nur MüKoBGB/Sonnenberger, 5. Aufl. 2010, Art. 4 Rn. 68).

**8** Überschneidet sich der Anwendungsbereich mehrerer Staatsverträge **(Konventionskonflikt)** (vgl. v. Bar/Mankowski IPR I § 3 Rn. 106 f.; MüKoBGB/v. Hein Rn. 182 ff.; Staudinger/Hausmann, 2013, Rn. 37 ff.; eingehend Volken, Konventionskonflikte im IPR, 1977), so gelten, sofern die Situation nicht vom Staatsvertrag selbst ausdrücklich geregelt ist, die in Art. 30 Abs. 4 Wiener Vertragsrechtskonvention (Wiener UN-Konvention über das Recht der Verträge vom 23.5.1969, BGBl. 1985 II 926) niedergelegten Regeln des **Völkergewohnheitsrechts:** grds. gilt der neuere Vertrag (lex posterior-Regel), wenn alle Parteien des früheren Staatsvertrags auch diesem beigetreten sind. Zwischen Parteien, von denen nur eine auch dem neueren Vertrag beigetreten sind, gilt der ältere Vertrag fort (BGH NJW-RR 1986, 1005 = IPRax 1986, 382 mAnm Böhmer IPRax 1986, 362 zum deutsch-iranischen Niederlassungsabkommen im Verhältnis zum Haager Unterhaltsübereinkommen vom 24.10.1956; MüKoBGB/Sonnenberger, 5. Aufl. 2010, Einl. IPR Rn. 306).

**9** Das **Europäische Kollisionsrecht** (→ EinlIPR Rn. 26) legt sein Verhältnis zu bestehenden Staatsverträgen der Mitgliedstaaten selbst fest, vgl. dazu zB die entsprechenden Regelungen in Art. 24, 25 Rom I-VO, Art. 28 Rom II-VO, Art. 19 Rom III-VO, Art. 75 EuErbVO, Art. 69 EuUnthVO.

Zu den Besonderheiten der Anwendung von staatsvertraglichem und europäischem Kollisionsrecht → EinlIPR Rn. 21, zur Qualifikation → EinlIPR Rn. 64; zur Vorfragenanknüpfung → EinlIPR Rn. 73; zur Rück- und Weiterverweisung → Art. 4 Rn. 9 f. 10

## Art. 3a (aufgehoben)

### Überblick

Art. 3a wurde mWv 28.1.2019 durch Gesetz vom 17.12.2018 (BGBl. I 2573) aufgehoben.

### I. Normzweck

Die Vorschrift wurde mWv 11.1.2009 durch das Gesetz zur Anpassung der Vorschriften des Internationalen Privatrechts an die VO (EG) Nr. 864/2007 vom 10.12.2008 (BGBl. I 2401) eingefügt. Abs. 2 wurde mit Inkrafttreten der EuErbVO mWv 17.8.2015 durch Gesetz vom 29.6.2015 (BGBl. I 1042) geändert. Er enthielt die früher in Art. 3 Abs. 1 und 3 aF enthaltenen Regelungen. Abs. 1 definierte den Begriff der **Sachnormverweisung,** Abs. 2 betraf den Vorrang des **Einzelstatuts** vor dem **Gesamtstatut.** 1

Früherer Wortlaut (bis 28.1.2019): 2

*Art. 3a Sachnormverweisung; Einzelstatut*

*(1) Verweisungen auf Sachvorschriften beziehen sich auf die Rechtsnormen der maßgebenden Rechtsordnung unter Ausschluss derjenigen des Internationalen Privatrechts.*

*(2) Soweit Verweisungen im Dritten Abschnitt das Vermögen einer Person dem Recht eines Staates unterstellen, beziehen sie sich nicht auf Gegenstände, die sich nicht in diesem Staat befinden und nach dem Recht des Staates, in dem sie sich befinden, besonderen Vorschriften unterliegen.*

Mit dem Inkrafttreten der EuGüVO und der EuPartVO am 29.1.2019 (→ EinlIPR Rn. 26) ist Abs. 2 daher **gegenstandslos** geworden. Abs. 2 wurde deshalb mWv 29.1.2019 durch Art. 2 Nr. 2 Gesetz zum Internationalen Güterrecht und zur Änderung von Vorschriften des Internationalen Privatrechts vom 17.12.2018 (BGBl. I 2573) **aufgehoben.** Gleichzeitig wurde der Begriff der Sachnormverweisung in Abs. 1 wortlautgleich in Art. 4 Abs. 2 S. 1 übernommen (→ Art. 4 Rn. 1). 3

Die Vorschrift gilt für das internationale Erbrecht intertemporal fort für Erbfälle, die sich vor Inkrafttreten der EuErbVO ereignet haben (Art. 83 Abs. 1 EuErbVO). In Bezug auf das Internationale Ehegüterrecht gilt Abs. 2 nach Maßgabe von Art. 229 § 47 Abs. 2 für die güterrechtlichen Wirkungen von vor dem 29.1.2019 fort, sofern nicht nach diesem Zeitpunkt eine – auch für Altfälle mögliche – Rechtswahl nach eine Rechtswahl nach der EuGüVO getroffen haben. Wegen der Bedeutung intertemporaler Sachverhalte im internationalen Erb- und Ehegüterrecht wird daher die Kommentierung von Abs. 2 zunächst weitergeführt. 4

### II. Begriff der Sachnormverweisung (Abs. 1)

Dazu → Art. 4 Rn. 11. 5

### III. „Einzelstatut bricht Gesamtstatut" (Abs. 2)

**1. Normzweck.** Das nationale IPR bestimmt auf Grund einer autonomen Wertung das auf einen Sachverhalt anwendbare Recht. Da das IPR in den verschiedenen Staaten häufig divergiert und jedes Gericht als Ausgangspunkt das jeweils eigene IPR anwendet (lex fori-Maxime, → EinlIPR Rn. 53), kann dies dazu führen, dass ein und derselbe Lebenssachverhalt in verschiedenen Ländern unterschiedlichen Rechtsordnungen unterstellt und damit auch materiellrechtlich unterschiedlich beurteilt wird (zu dem dadurch verursachten Phänomen des sog forum shopping und seiner Bekämpfung → EinlIPR Rn. 3). Diese **internationale Entscheidungsdisharmonie,** welche auch durch die Anerkennung des renvoi (Art. 4 Abs. 1) nur selten gemildert wird, ist grds. hinzunehmen. Sie kann effektiv nur durch kollisionsrechtliche oder materiellrechtliche Rechtsvereinheitlichung beseitigt werden (→ EinlIPR Rn. 3). Eine Milderung erfährt das Problem allerdings durch die Regelungen der internationalen Urteilsanerkennung, bei welcher wegen des Verbots révision au fond (sachliche Überprüfung als Anerkennungsvoraussetzung, s. zB Art. 36 6 und 45 Abs. 2 Brüssel Ia-VO) kollisionsrechtliche Unterschiede unbeachtlich sind und daher kein Durchsetzungshindernis darstellen.

7 Der IPR-Gesetzgeber nimmt grds. **keine** Rücksicht auf abweichende materiellrechtliche und kollisionsrechtliche Wertungen einer aus seiner Sicht nicht anwendbaren Rechtsordnung. Geht es etwa um das auf die güterrechtlichen Verhältnisses von Ehegatten anwendbare Recht, so sieht Art. 15 Abs. 1 iVm Art. 14 Abs. 1 Nr. 1 bei deutscher Staatsangehörigkeit der Ehegatten zurzeit der Eheschließung die Anwendung deutschen materiellen Rechts selbst dann vor, wenn sich Vermögen ausschließlich im einem Drittstaat befinden und dessen Gerichte zwingende Eingriffsnormen des eigenen Rechts anwenden oder auf Grund des IPR auf das eheliche Güterrecht generell das eigene materielle Recht anwenden und damit zu anderen Ergebnissen kommen würden. Im Interesse insbes. der **Durchsetzbarkeit** von Entscheidungen soll diese Situation durch die (rechtspolitisch verfehlte) Regelung des Art. 3a Abs. 2 aF gemildert werden. Die kollisionsrechtliche Entscheidung des deutschen Gesetzgebers weicht danach aus der Sicht des deutschen IPR **an sich nicht anwendbarem,** nicht notwendig ausländischem Recht unter folgenden Voraussetzungen: (1) Eine Verweisung des 3. Abschnitts des EGBGB, dh eine **familienrechtliche** Verweisung, unterstellt das Vermögen einer Person einer bestimmten Rechtsordnung (die nicht notwendig die deutsche sein muss) (2) Die Verweisung umfasst grds. auch Vermögen, welches in einem Staat belegen ist, dessen Recht **nicht** bereits auf Grund (1) anwendbar ist. (3) Das Recht dieses sog **Belegenheitsstaates** (das auch das deutsche sein kann) enthält für auf seinem Gebiet belegene Gegenstände **„besondere Vorschriften“.** Als Rechtsfolge von Art. 3a Abs. 2 tritt dann die kollisionsrechtliche Entscheidung des deutschen IPR für die Anwendbarkeit eines bestimmten Rechts auf den gesamten Rechtsvorgang **(Gesamtstatut)** hinter den territorialen Geltungsanspruch des Belegenheitsrechts auf den dort belegenen Teil des Vermögens **(Einzelstatut)** zurück. Daraus ergibt sich der die Regelung zutreffend erfassende Merksatz **„Einzelstatut bricht Gesamtstatut“.** Die Vorschrift gilt nur im Rahmen des autonomen deutschen IPR, findet also keine Anwendung im staatsvertraglichen und europäischen IPR. Mit Inkrafttreten der EuGüVO ist die Regelung bedeutungslos werden (→ Rn. 1). Zwar enthält Art. 30 EuErbVO für das Erbstatut einen vergleichbaren Vorbehalt für besondere materiellrechtliche Regelungen des Belegenheitsstaates, jedoch gilt dieser **nicht** für **kollisionsrechtliche Sonderanknüpfungen** des Belegenheitsstaates (s. Erwägungsgrund 54 EuErbVO).

8 **2. Materiellrechtliche und kollisionsrechtliche Sondervorschriften.** Die Regelung bezieht sich auf **„Gegenstände“** im weitesten Sinn, was auch nicht körperliche Gegenstände wie Forderungen, gewerbliche Schutzrechte, Mitgliedschaftsrechte und ähnliches erfasst (BayObLG ZEV 1998, 475 (477) betr. Miterbenanteile = IPRax 2000, 309 mAnm Andrae IPRax 2000, 300; MüKoBGB/v. Hein Rn. 66). Wo sich ein Gegenstand befindet, beurteilt sich nach der jeweiligen lex fori, in Deutschland also nach deutschem Recht (BayObLG ZEV 1998, 475 (477) = IPRax 2000, 309; Staudinger/Hausmann, 2013, Art. 3 Rn. 74). Dabei wird bei immateriellen Rechten zum Teil darauf abgestellt, welcher Staat die effektive Zugriffsmöglichkeit auf das Recht hat, bei Forderungen wird zum Teil entspr. dem Rechtsgedanken des § 2369 Abs. 2 S. 2 BGB auf die internationale Zuständigkeit zur Geltendmachung oder aber auf den Schuldnerwohnsitz abgestellt (vgl. zum Ganzen BayObLG ZEV 1998, 475 (477) = IPRax 2000, 309 mwN).

9 Die Vorschrift gilt – wie vom historischen Gesetzgeber des EGBGB aF wohl ausschließlich intendiert (vgl. eingehend Wochner FS Wahl, 1973, 1612 ff.; Reichelt, Gesamtstatut und Einzelstatut im IPR, 1985; Kegel/Schurig IPR § 12 II mwN) – unstreitig für **materiellrechtliche Sonderregelungen** des Belegenheitsrechts. Das Belegenheitsrecht setzt sich insoweit über Art. 3a Abs. 2 gegenüber der kollisionsrechtlichen Entscheidung des deutschen Gesetzgebers allerdings nur dann durch, wenn es auch angewendet werden „will“, dh aus „seiner“ Sicht auch kollisionsrechtlich berufen ist (Soergel/Kegel Art. 3 Rn. 16). Auch Sondervorschriften des deutschen materiellen Rechts können sich so gegenüber der deutschen Kollisionsnorm durchsetzen (hM, vgl. nur MüKoBGB/v. Hein Rn. 37 mwN).

10 Abs. 2 erfasst aber – was unter der Vorläuferregelung in Art. 28 aF noch streitig war – auch **kollisionsrechtliche Sonderregelungen** (bejahend die stRspr seit BGHZ 50, 63; vgl. BGH NJW 1993, 1920 f. = IPRax 1994, 375 f. mAnm Dörner IPRax 1994, 362; BGHZ 131, 22 = DtZ 1996, 84: interlokal; BGH NJW 2004, 3558 (3560) = IPRax 2005, 253 mAnm Looschelders IPRax 2005, 232; BayObLGZ 1982, 236 (244); 1982, 284 (288 f.); BayObLG NJW-RR 1990, 1033; 1997, 201 f.; BayObLGZ 2003, 68 (71 ff.); BayObLG ZEV 2005, 168 f.). Das entspricht eindeutig dem Willen des Reformgesetzgebers (vgl. BT-Drs. 10/504, 36; aA Solomon IPRax 1997, 81 (84)). Die unter Art. 28 aF gegen die Maßgeblichkeit auch kollisionsrechtlicher Sonderregelungen in der Lit. erhobenen Einwendungen sind damit – obwohl rechtspolitisch zweifellos

zutr. – obsolet geworden (so zutr. die hM, vgl. nur Palandt/Thorn (77. Aufl. 2018) Rn. 6; MüKoBGB/v. Hein Rn. 48 ff. mwN; aA, aber rechtspolitische Kritik mit geltendem Recht vermengend Solomon IPRax 1997, 81; Soergel/Kegel Art. 3 Rn. 18; Soergel/Schurig Art. 15 Rn. 66; Schurig IPRax 1990, 390). Begründet wird dies mit dem Interesse an der Vermeidung undurchsetzbarer Rechtslagen sowie der größeren Sachnähe des Belegenheitsrechts (BGHZ 131, 22 (29) = DtZ 1996, 84; abw. der Begründungsansatz von Dörner IPRax 1994, 363; Staudinger/Dörner, 2007, Art. 25 Rn. 522 ff. sowie Tiedemann, Internationales Erbrecht in Deutschland und Lateinamerika, 1993, 50 ff.: genereller Vorrang des Sachstatuts vor dem Vermögensstatut). Dass diese Begründung rechtspolitisch nicht stichhaltig ist, ist allgemein anerkannt (vgl. zuletzt Solomon IPRax 1997, 81 ff. mwN; eingehend MüKoBGB/v. Hein Rn. 53), gleichwohl ist die Entscheidung des Gesetzgebers hinzunehmen (so zutr. MüKoBGB/v. Hein Rn. 62). Damit führt Abs. 2 im Ehegüterrecht häufig zu sog **kollisionsrechtlicher Vermögensspaltung,** wenn das auf Grund deutschen Kollisionsrechts eigentlich nicht anwendbare Belegenheitsrecht (führt bereits das deutsche Kollisionsrecht, sei es auch erst über den Mechanismus der Weiterverweisung (Art. 4 Abs. 1) zur Anwendung des Belegenheitsrechts, bedarf es keines Rückgriffs auf Abs. 2; unrichtig daher etwa der Hinweis auf Art. 3 Abs. 3 aF in OLG Köln IPRax 1994, 376 f.; vgl. hierzu Dörner IPRax 1994, 363 (364)) eine kollisionsrechtliche Sonderanknüpfung für auf seinem Territorium belegene (meist, aber nicht zwingend unbewegliche) Gegenstände vorsieht, wie dies insbes. im anglo-amerikanischen Recht, aber auch in weiten Teilen des romanischen Rechtskreises im internationalen Ehegüterrecht der Fall ist. Die Regelung ist damit praktisch im Wesentlichen lex specialis zu Art. 15 aF und Art. 17b aF. Zur Unteranknüpfung bei Mehrrechtsstaaten → Art. 4 Rn. 24. Nicht notwendig ist dabei, dass das Belegenheitsrecht eine solche Sonderanknüpfung nur für auf seinem Territorium belegene Gegenstände anordnet. Ein nach Abs. 2 vorrangiges Einzelstatut liegt damit bereits dann vor, wenn das Recht des Belegenheitsortes für bestimmte Gegenstände allseitig (zum Begriff der allseitigen Anknüpfung → EinlIPR Rn. 46) an das Recht des Belegenheitsortes anknüpft. Maßgeblich ist allein, dass es das eigene Recht auf in seinem Territorium belegene Gegenstände anwenden will, **weil** sie dort belegen sind. Keine „besonderen Vorschriften" kollisionsrechtlicher Natur liegen daher dann vor, wenn das Belegenheitsrecht nicht für **bestimmte** Vermögensgegenstände, sondern **generell** eine vom deutschen Recht abweichende, nicht belegenheitsbezogene kollisionsrechtliche Anknüpfung vorsieht, mag sie auch nur einen Teil des betreffenden Vermögens und im konkreten Einzelfall auf dem eigenen Gebiet belegenes Vermögen betreffen. In diesem Fall steht dem Gesamtstatut des deutschen Rechts kein fremdes Einzelstatut, sondern eine abweichende generelle kollisionsrechtliche Wertung, dh ebenfalls ein Gesamtstatut gegenüber (vgl. die zutr. Unterscheidung in OLG Zweibrücken ZEV 1997, 512 = IPRax 1999, 110 mAnm Kartzke IPRax 1999, 98; BayObLGZ 2003, 68 (71 ff.); OLG München NJW-RR 2009, 1019; LG Dortmund ZEV 2014, 158). Das Belegenheitsrecht beansprucht dann nicht deshalb Geltung, weil **bestimmte** Gegenstände auf seinem Gebiet belegen sind, sondern weil es **generell** eine andere kollisionsrechtliche Wertung vornimmt, die im Einzelfall „zufällig", aber eben gerade nicht wegen der inländischen Belegenheit zur Anwendbarkeit des eigenen Rechts (auch) auf dort belegene Gegenstände führt. In diesem Fall bleibt es ohne Rücksicht auf Durchsetzbarkeit und internationale Entscheidungsharmonie uneingeschränkt bei der Anknüpfungsregel der deutschen Kollisionsnorm. Gerade diese Unterscheidung zeigt die rechtspolitische Fragwürdigkeit der Regelung, da das Interesse an der Durchsetzbarkeit einer deutschen Entscheidung hier nicht minder ist als im Fall der kollisionsrechtlichen Vermögensspaltung des fremden IPR.

Die Beachtung einer Sonderanknüpfung erstreckt sich auf alle Fragen, die aus der Sicht des deutschen Rechts als materiellrechtlich zu qualifizieren sind. Der Vorrang eines Einzelstatuts greift damit auch dann ein, wenn kollisionsrechtlich nur eine **Teilfrage** eines Komplexes dem Belegenheitsrecht unterstellt wird (so etwa die nach dem Inkrafttreten der EuErbVO überholte Sonderanknüpfung des österreichischen IPR für den Erbschaftserwerb und die Nachlassschuldenhaftung bzgl. unbeweglichen Vermögens, vgl. hierzu S. Lorenz IPRax 2004, 536; Staudinger/Hausmann, 2013, Art. 3 Rn. 67; MüKoBGB/v. Hein Rn. 29). **11**

## Art. 4 Verweisung

**(1) [1]Wird auf das Recht eines anderen Staates verwiesen, so ist auch dessen Internationales Privatrecht anzuwenden, sofern dies nicht dem Sinn der Verweisung widerspricht. [2]Verweist das Recht des anderen Staates auf deutsches Recht zurück, so sind die deutschen Sachvorschriften anzuwenden.**

**(2) [1]Verweisungen auf Sachvorschriften beziehen sich auf die Rechtsnormen der maßgebenden Rechtsordnung unter Ausschluss derjenigen des Internationalen Privatrechts. [2]Soweit die Parteien das Recht eines Staates wählen können, können sie nur auf die Sachvorschriften verweisen.**

**(3) [1]Wird auf das Recht eines Staates mit mehreren Teilrechtsordnungen verwiesen, ohne die maßgebende zu bezeichnen, so bestimmt das Recht dieses Staates, welche Teilrechtsordnung anzuwenden ist. [2]Fehlt eine solche Regelung, so ist die Teilrechtsordnung anzuwenden, mit welcher der Sachverhalt am engsten verbunden ist.**

## Übersicht



## I. Normzweck

1 Die Vorschrift regelt wichtige grundsätzliche Fragen der Verweisung. In Abs. 1 ist der Grundsatz der **Gesamtverweisung** (Kollisionsnormverweisung), dessen Ausnahmen sowie der Abbruch einer **Rückverweisung** niedergelegt. Die mWv 29.1.2019 aus Art. 3a Abs. 1 aF übernommene Regelung in Abs. 2 S. 1 (→ Art. 3a Rn. 1) definiert die **Sachnormverweisung.** Abs. 3 behandelt schließlich den Fall interlokaler oder interpersonaler/interreligiöser **Rechtsspaltung** in der verwiesenen Rechtsordnung.

## II. Gesamtverweisung und Sachnormverweisung (Abs. 1, 2)

2 **1. Gesamtverweisung.** Befiehlt eine Norm des deutschen autonomen IPR **(Kollisionsnorm)** die Anwendung einer bestimmten ausländischen Rechtsordnung, so kann sich dieser Rechtsanwendungsbefehl ohne Rücksicht darauf, ob die verwiesene Rechtsordnung selbst angewendet werden „will", direkt auf deren **materielles Recht,** dh deren **Sachnormen** beziehen (zur Abgrenzung von Kollisions- und Sachnorm → EinlIPR Rn. 2). Damit wird das IPR der verwiesenen Rechtsordnung schlicht ignoriert und iErg uU ein anderes Recht angewendet, als es ein Richter der durch das deutsche IPR berufenen Rechtsordnung anwenden würde. In diesem Fall spricht man von einer **Sachnormverweisung** (Abs. 2 S. 1). Bezieht sich der Rechtsanwendungsbefehl der deutschen Kollisionsnorm hingegen auf die **Gesamtheit** der verwiesenen Rechtsordnung, schließt sie deren internationales Privatrecht mit ein. Man spricht dann von einer **Gesamtverweisung** bzw. Kollisionsnormverweisung (nicht – wie leider gelegentlich anzutreffen – „Gesamtnormverweisung"). In diesem Falle ist zunächst zu prüfen, ob das IPR der verwiesenen Rechtsordnung ebenfalls auf das eigene materielle Recht verweist und damit die Verweisung des deutschen IPR annimmt **(Annahme der Verweisung),** auf das deutsche Recht zurückverweist **(Rückverweisung)** oder aber auf eine dritte Rechtsordnung weiterverweist **(Weiterverweisung).** Die letzten beiden Fälle bezeichnet man wegen des französischen Ursprungs der „Entdeckung" dieses Mechanismus im berühmten Fall „Forgo" auch als **renvoi** (vgl. v. Bar/Mankowski IPR I § 7 Rn. 236; Kegel/Schurig IPR § 10 I mwN). Das Phänomen setzt aber voraus, dass die deutsche Kollisionsnorm zunächst auf ausländisches Recht verweist: Bei einer Verweisung auf deutsches Recht ist unmittelbar deutsches materielles Recht zur Anwendung berufen, das Kollisionsrecht einer vom deutschen IPR nicht berufenen Rechtsordnung konnte bis zum 29.1.2018 allenfalls im Rahmen von Art. 3a Abs. 2 aF als vorrangiges Einzelstatut relevant werden (→ Art. 3a Rn. 8).

3 **2. Sachnormverweisung (Abs. 2 S. 1).** Abs. 2 S. 1 enthält die bis zum 29.1.2019 wortlautgleich in Art. 3a Abs. 1 geregelte Definition der Sachnormverweisung (→ Art. 3a Rn. 1 ff.), ohne dass sich daraus besondere Rechtsfolgen ergeben. Die Frage, **ob** eine Kollisionsnorm eine Gesamt- oder Sachnormverweisung enthält, ist in Abs. 1, Abs. 2 S. 2 sowie in den speziellen Kollisionsnor-

men geregelt, die konkreten **Rechtsfolgen** einer Gesamtverweisung ergeben sich ebenfalls aus Abs. 1.

Sachnormverweisungen liegen immer dann vor, wenn eine Kollisionsnorm auf bestimmte **materiellrechtliche** Regelungen einer ausländischen Rechtsordnung verweist. Das geschieht entweder dadurch, dass die Kollisionsnorm nach ihrem Wortlaut von vorneherein nicht auf das „Recht" eines Staates, sondern auf die „Sachvorschriften" eines Staates verweist oder aber eine Rück- oder Weiterverweisung ausdrücklich ausschließt (so etwa Art. 20 Rom I-VO). Im autonomen deutschen IPR sind Sachnormverweisungen die Ausnahme (s. Art. 4 Abs. 1, sog „Renvoifreundlichkeit" des deutschen IPR), im europäischen und staatsvertraglichen Kollisionsrecht hingegen die Regel (s. nur Art. 20 Rom I-VO, Art. 24 Rom II-VO). Eine Ausnahme bildet die begrenzte Anerkennung einer Rückverweisung in Art. 34 EuErbVO. 4

Als **Vorteil** einer bloßen Sachnormverweisung wird es angesehen, dass die kollisionsrechtliche Wertung des deutschen Gesetzgebers in Bezug auf eine bestimmte Anknüpfung voll zum Tragen kommt, während im Falle einer Gesamtverweisung die Entscheidung über das letztlich anwendbare materielle Recht vom Gesetzgeber gleichsam „aus der Hand" gegeben wird (gegen das dieser Argumentationsweise zugrundeliegende Vorverständnis zutr. MüKoBGB/v. Hein Rn. 18 f.). Ein nicht zu unterschätzender praktischer Vorteil der Rechtsfindung besteht bei der Anerkennung einer Rückverweisung auf deutsches Recht in der – für den inländischen Rechtsanwender typischerweise einfacheren – Anwendbarkeit deutschen Sachrechts. Dies darf freilich rechtlich keine Tendenz zu einem sog **„Heimwärtsstreben"** (vorschnelles Ausgehen von einer Rückverweisung) hervorrufen. (Scheinbarer) **Nachteil** einer Sachnormverweisung ist demgegenüber derjenige des fehlenden **internationalen Entscheidungseinklangs,** weil zwar das Recht eines bestimmten Staates berufen, dennoch aber nicht in gleicher Weise entschieden wird, wie Gerichte dieses Staates entscheiden würden, wenn aus deren Sicht eine andere Rechtsordnung Anwendung fände. Freilich gewährleistet auch die Gesamtverweisung nicht stets den internationalen Entscheidungseinklang (zutr. Mäsch RabelsZ 61 (1997), 285 (296)). Dies gilt insbes., wenn die verwiesene Rechtsordnung im konkreten Fall ihrerseits eine Gesamtverweisung ausspricht. Immerhin wird aber zumindest die **Chance** des internationalen Entscheidungseinklangs durch die Anerkennung des renvoi erhöht. Man darf aber an der Sinnhaftigkeit einer Norm zweifeln, die ihr rechtspolitisches Ziel im Einzelfall nur zufällig erreichen kann 5

Für die **Praxis** sind folgende, im weiteren näher zu erläuternde Schritte bedeutsam (auch → EinlIPR Rn. 101 unter B I 4): (1) Zunächst ist zu klären, ob eine Kollisionsnorm des deutschen Rechts auf ausländisches Recht verweist. (2) Bejahendenfalls ist zu prüfen, ob es sich um eine Sachnorm- oder eine Gesamtverweisung handelt (→ Rn. 7 ff.). (3) Liegt ersteres vor, ist das materielle Recht der verwiesenen Rechtsordnung anzuwenden. (4) Liegt letzteres vor, ist zu prüfen, welches Recht nach dem IPR der verwiesenen Rechtsordnung auf den Fall anzuwenden ist (→ Rn. 17). (5) Nimmt das IPR der verwiesenen Rechtsordnung die Verweisung an, so ist das materielle Recht dieser Rechtsordnung anzuwenden. (6) Verweist das IPR der verwiesenen Rechtsordnung auf deutsches Recht zurück (Rückverweisung), ist nach Art. 4 Abs. 1 S. 2 auf jeden Fall deutsches materielles Recht anzuwenden. (7) Verweist das IPR der verwiesenen Rechtsordnung auf eine weitere Rechtsordnung, so ist auch dieser Verweisung zu folgen **(Weiterverweisung).** Die Weiterverweisung kann dabei ihrerseits Sachnorm- oder Gesamtverweisung sein. Ist sie Gesamtverweisung, ist bei (4) weiterzuverfahren (dazu sowie zum Abbruch der Verweisungskette → Rn. 21). 6

**3. Grundsatz der Gesamtverweisung (Abs. 1).** Die Verweisungen des (autonomen) deutschen IPR sind nach Abs. 1 grds. als Gesamtverweisungen zu verstehen. Dies gilt auch für richterrechtlich entwickelte Kollisionsnormen. Rechtspolitische Zweifel hieran erlauben ungeachtet ihrer Berechtigung kein Abweichen von der gesetzgeberischen Grundentscheidung der sog **Renvoifreundlichkeit** des deutschen IPR (in der rechtspolitischen Kritik zutr., aber für das geltende Recht zu weitgehend daher Mäsch RabelsZ 61 (1997), 285 mwN). Hieran hat sich auch nichts dadurch geändert, dass sich der europäische Gesetzgeber weitestgehend für ein Konzept der Sachnormverweisung entschieden hat (→ Rn. 9) (zutr. betont bei MüKoBGB/v. Hein Rn. 4). 7

**4. Ausnahmen. a) Ausdrückliche Verweisung auf Sachnormen (Abs. 2 S. 1).** Eine Sachnormverweisung liegt nach Abs. 2 S. 1 vor, wenn das Gesetz dies ausdrücklich vorsieht. Das autonome Kollisionsrecht enthält solche Verweisungen nur vereinzelt (so etwa in Art. 8 Abs. 2–5, Art. 17b Abs. 1 ggf. iVm Abs. 4; Art. 17a; sowie in Art. 12. 8

**b) Europäisches und staatsvertragliches Kollisionsrecht.** Abs. 1 gilt ausschließlich für das (geschriebene und ungeschriebene) innerstaatliche (sog. autonome) IPR. Das **europäische** 9

**Kollisionsrecht** (Art. 3 Nr. 1) folgt hingegen nahezu durchwegs dem Konzept der **Sachnormverweisung** (s. zB in Art. 20 Rom I-VO und Art. 24 Rom II-VO). Eine Ausnahme enthält Art. 34 EuErbVO, der eine Rückverweisung eines Drittstaats auf das Recht eines Mitgliedstaats sowie dessen Weiterverweisung auf das Recht eines anderen Drittstaats akzeptiert, der ebenfalls sein eigenes Recht zur Anwendung beruft.

10 Auch **staatsvertragliche Kollisionsnormen** (Art. 3 Nr. 2) verstehen sich stets als **Sachnormverweisungen,** sofern nicht der Staatsvertrag selbst die Rück- oder Weiterverweisung ausdrücklich vorsieht (so etwa Art. 21 Abs. 2 KSÜ). Es gilt also ein im Vergleich zu Art. 4 Abs. 1 umgekehrtes Regel-Ausnahme-Verhältnis. In der Regel enthalten sie nicht ohnehin bereits Verweisungen auf das „innerstaatliche Recht" (loi interne). Dies gilt auch, wenn eine staatsvertragliche Regelung kodifikatorisch in das autonome Recht integriert ist.

11 **c) Sinnvorbehalt (Art. 4 Abs. 1 S. 1 Hs. 2).** Gemäß Art. 4 Abs. 1 S. 1 Hs. 2 ist eine Verweisung auch dann als Sachnormverweisung zu verstehen, wenn die Anerkennung des renvoi dem „Sinn der Verweisung" widerspräche (vgl. Rauscher NJW 1988, 2151; Kartzke IPRax 1988, 8; Ebenroth/Eyles IPRax 1989, 1). Die Bedeutung dieser sybillinischen Formel ist in Rspr. und Lit. stark umstritten. Weitgehende Einigkeit besteht darüber, dass im Fall von **alternativen Verweisungen** zur Begünstigung der Wirksamkeit eines rechtlichen Vorgangs (→ EinlIPR Rn. 37) die Anerkennung einer Rück- und Weiterverweisung zumindest dann ausgeschlossen ist, wenn der Sinn der Verweisung, möglichst viele Rechtsordnungen alternativ zur Verfügung zu stellen, hierdurch verfehlt wird. Dies ist dann der Fall, wenn die Zahl dieser Rechtsordnungen durch den Mechanismus des renvoi wieder eingeschränkt werden würde. Dieser ist daher nur insoweit zulässig, als er dem **Günstigkeitsprinzip** entspr. die Zahl der alternativ anwendbaren Rechtsordnungen erweitert (vgl. nur Grüneberg/Thorn Rn. 6; NK-BGB/Freitag Rn. 26, jeweils mwN; krit. hierzu MüKoBGB/v. Hein Rn. 42; aA Kartzke IPRax 1988, 8; Ebenroth/Eyles IPRax 1989, 1, welche in diesen Fällen stets eine Sachnormverweisung annehmen. Generell für Gesamtverweisung auch im Falle alternativer Anknüpfung hingegen Soergel/Kegel Rn. 28; aus der Rspr. s. etwa OLG Nürnberg FamRZ 2005, 1697: Sachnormverweisung bzgl. des Abstammungsstatuts, wenn nach dem nach Art. 19 berufenen Recht die Vaterschaft etabliert ist). Die Verweisung ist damit in diesen Fällen zumindest immer auch Sachnormverweisung, jedoch wird eine etwaige nach dem IPR der berufenen Rechtsordnung anwendbare Rechtsordnung **zusätzlich** angewendet.

12 Im Übrigen ist der Gehalt des Sinnvorbehalts stark umstritten. Er ist als Ausnahmeregelung grds. eng auszulegen und darf nicht dazu dienen, im Einzelfall missliebiges ausländisches Kollisionsrecht auszuschalten (unhaltbar daher BGH IPRax 1988, 100 = NJW 1988, 638: Nichtanwendung ausländischen gleichheitswidrigen Kollisionsrechts; zur Kritik s. auch MüKoBGB/v. Hein Rn. 94 mwN). Er bezieht sich vielmehr einzig und allein auf den **abstrakten Zweck** der deutschen Kollisionsnorm ohne Ansehung des Inhalts der im Falle einer Gesamtverweisung berufenen ausländischen Kollisionsnorm (anders nur beim renvoi-Ausschluss bei Anwendung der GFK, → Art. 5 Rn. 36). Diese kann allein an dem Maßstab des Art. 6 (ordre public) gemessen werden (wohl hM, vgl. Kartzke IPRax 1988, 8 (11 f.); Schurig IPRax 1988, 88 (93); S. Lorenz FS Sturm, 1999, 1559 (1564) sowie obiter BGH NJW-RR 2007, 145 Rn. 18; dem BGH IPRax 1988, 100 zust. aber MüKoBGB/Siehr, 5. Aufl. 2010, Art. 15 Rn. 126). Wegen der Grundsatzentscheidung des IPR-Gesetzgebers für die Anerkennung des renvoi darf die Vorschrift jedenfalls nicht dazu führen, den renvoi mit dem (nur rechtspolitisch zutreffenden) Argument, er widerspreche schon als solcher stets dem „Sinn der Verweisung", generell in Frage zu stellen bzw. zurückzudrängen (hM, vgl. nur Soergel/Kegel Rn. 21; Grüneberg/Thorn Rn. 5; Staudinger/Hausmann, 2013, Rn. 87; aA Flessner, Interessenjurisprudenz im IPR, 1990, 127 ff. sowie Mäsch RabelsZ 61 (1997), 285, der lediglich die Staatsangehörigkeitsanknüpfungen als Gesamtverweisungen behandeln will).

13 Damit ergibt sich im Zusammenhang mit der Regelung der Sachnormverweisung in Abs. 2 S. 1 eine **Vermutung gegen den Ausschluss** des renvoi. Ein solcher liegt entgegen verbreiteter Auffassung insbes. auch dann nicht vor, wenn die deutsche Kollisionsnorm wie in Art. 14 Abs. 2 Nr. 4 hilfsweise an die „engste Verbindung" anknüpft (aA insbes. Staudinger/Hausmann, 2013, Rn. 102 ff.; Erman/Hohloch Rn. 18; jeweils mwN; wie hier MüKoBGB/v. Hein Rn. 43; Grüneberg/Thorn Rn. 8; v. Bar/Mankwoski IPR I § 7 Rn. 229; Kropholler IPR § 24 II 2a; Kartzke IPRax 1988, 8 (9); Ebenroth/Eyles IPRax 1989, 1 (11); Rauscher NJW 1988, 2151 (2154); grds., wenngleich diff. auch NK-BGB/Freitag Rn. 27; aus der Rspr. s. KG FamRZ 2007, 1561 (1562)). Hier liegt gerade keine auf ein bestimmtes materielles Recht bezogene **spezielle** kollisionsrechtliche Wertung vor, da sich sämtliche vom Gesetzgeber gewählte Anknüpfungskriterien als Ausprägung einer „engsten Verbindung" verstehen und es nicht einzusehen ist, bei den

primären Anknüpfungen in Art. 14 Abs. 2 eine Gesamtverweisung anzunehmen und lediglich bei einer hilfsweisen, beim Versagen der vorrangigen Anknüpfungen anwendbaren Hilfsanknüpfung an irgendeine verbleibende engste Verbindung den renvoi auszuschließen. Anders ist das dann zu beurteilen, wenn die Kollisionsnorm nicht hilfsweise, sondern zur bewussten Korrektur einer typisierten Anknüpfung an die engere Verbindung anknüpft (so etwa in Art. 41 Abs. 1 und Art. 46). Hier gebietet der Normzweck den Ausschluss einer Rück- und Weiterverweisung (MüKoBGB/v. Hein Rn. 43 mwN).

Bei **akzessorischen Anknüpfungen** (zum Begriff → EinlIPR Rn. 37) ist der renvoi nach dem Sinnvorbehalt nur dann ausgeschlossen, wenn die akzessorische Anknüpfung um **materieller Rechtseinheit** Willen erfolgt (MüKoBGB/v. Hein Rn. 44; NK-BGB/Freitag Rn. 28; Rauscher NJW 1988, 2151 (2154); Kartzke IPRax 1988, 10 f.; Kropholler IPR § 24 II 2d). So ist etwa bei den in Art. 38 Abs. 1, Art. 39 Abs. 2, Art. 40 Abs. 4 und Art. 41 Abs. Nr. 1 vorgesehenen Anknüpfungen der renvoi ausgeschlossen, weil der hierdurch beabsichtigte materiellrechtliche Gleichlauf eines gesetzlichen mit einem vertraglichen Schuldverhältnis nicht durchbrochen werden soll (BT-Drs. 14/343, 8). Anders ist dies bei der auf das allgemeine Ehewirkungsstatut des Art. 14 verweisenden Anknüpfungen des Adoptionsstatuts gem. Art. 22 Abs. 1 S. 2. Hier handelt es sich nach zutreffender hM nicht um Sachnormverweisungen auf das für die allgemeinen Ehewirkungen anwendbare materielle Recht, sondern lediglich um redaktionelle Verweise innerhalb des EGBGB. Für die Frage der Behandlung dieser Verweisung in der verwiesenen Rechtsordnung ist deren Kollisionsnorm für das Adoptionsstatut, nicht diejenige der allgemeinen Ehewirkungen maßgeblich (MüKoBGB/v. Hein Rn. 44; Rauscher NJW 1988, 2151 (2154); S. Lorenz IPRax 1992, 305 (307 f.); Kartzke IPRax 1988, 10 f.; Kropholler IPR § 24 II 2d). 14

Bei **unwandelbaren Anknüpfungen** folgt aus der Tatsache, dass sich aus der (sog „beweglichen“) Rück- oder Weiterverweisung letztlich eine **wandelbare Anknüpfung** ergibt, weil das verwiesene Recht das jeweilige Statut wandelbar anknüpft (zu den Begriffen → EinlIPR Rn. 41 ff.), kein Ausschluss der Gesamtverweisung (MüKoBGB/v. Hein Rn. 96; KG FamRZ 2007, 1564 (1565); unzutr. OLG Nürnberg MittBayNot 2011, 337 = IPRax 2012, 263 Ls., m. zutr. Redaktionsanm. Henrich mwN). Sofern dabei freilich wohlerworbene Rechte durch Rückwirkung eines Statutenwechsels betroffen werden, kann insoweit ein Verstoß gegen den ordre public (Art. 6) vorliegen (→ EinlIPR Rn. 24 mwN). 15

**d) Rechtswahl (Abs. 2 S. 2).** Ausgeschlossen ist der renvoi weiter im Falle einer (zulässigen) Rechtswahl. Die parteiautonome Bestimmung einer Rechtsordnung bezieht sich damit stets auf das **materielle Recht,** eine das Kollisionsrecht einbeziehende Rechtswahl ist nicht möglich. Die Rspr. sieht auch in der Alternative des „Ausgehens von der Anwendbarkeit eines Rechts“ in Art. 220 Abs. 3 S. 1 Nr. 2 eine den renvoi ausschließende Rechtswahl (BGH IPRax 1988, 100 (103); s. dazu aber auch BVerfG FamRZ 2003, 361 mAnm Henrich). Zutreffenderweise ergibt sich der Ausschluss des renvoi in diesem Fall allerdings bereits aus dem Sinnvorbehalt in Abs. 1 S. 1 Hs. 2 (vgl. S. Lorenz, Das intertemporale internationale Ehegüterrecht nach Art. 220 III EGBGB und die Folgen eines Statutenwechsels, 1991, 91; Schurig IPRax 1988, 88 (93); aA Rauscher NJW 1988, 2151 (2154)). 16

**5. Anwendung ausländischen Kollisionsrechts.** Liegt eine **Gesamtverweisung** auf ausländisches Recht vor, ist in einem nächsten Schritt unter Anwendung des IPR dieser Rechtsordnung zu prüfen, welches Recht „aus deren Sicht“ auf die jeweilige Frage anwendbar ist. Erlaubt die verwiesene Rechtsordnung eine parteiautonome Bestimmung des anwendbaren Rechts, so ist einer nach der verwiesenen Rechtsordnung wirksamen Rechtswahl auch dann zu folgen, wenn das deutsche IPR für das betreffende Statut keine Rechtswahl ermöglicht. 17

Auch bei der Anwendung ausländischen Kollisionsrechts gilt der Grundsatz, dass ausländisches Recht so angewendet werden soll, wie es tatsächlich gilt. Mit Ausnahme der ordre public-Klausel des ausländischen Rechts (→ Art. 6 Rn. 18) sind daher sämtliche mit der Anwendung von Kollisionsnormen verbundenen Fragen wie insbes. **Qualifikation** (zur sog Qualifikation lege causae → EinlIPR Rn. 63), **Vorfragenanknüpfung,** Behandlung von **Mehrstaatern** etc aus der Sicht der verwiesenen Rechtsordnung zu beantworten. Auf diese Weise kann es auch zur Anwendung staatsvertraglichen Kollisionsrechts kommen, welches in Deutschland nicht in innerstaatliches Recht umgesetzt wurde (→ Art. 3 Rn. 7). Unterstellt die verwiesene Rechtsordnung den Anknüpfungsgegenstand auf Grund einer von den deutschen Systembegriffen abweichenden Qualifikation einer anderen Kollisionsnorm, als das aus der Sicht der Systembegriffe des deutschen Rechts der Fall wäre, so ist dem bei der Anwendung des IPR dieser Rechtsordnung zu folgen. Daraus kann sich dann das Phänomen eines sog **„renvoi kraft abweichender Qualifikation“** ergeben, sofern nicht die verwiesene Rechtsordnung durch eine sog **„Qualifikationsverwei-** 18

**sung"** die Entscheidung „aus der Hand gibt" (→ EinlIPR Rn. 63 f.). Insbesondere in Rechtsordnungen des anglo-amerikanischen Rechtskreises existieren in manchen Bereichen, vor allem im Familien- und Erbrecht, keine ausdrücklichen Kollisionsnormen, sondern lediglich Vorschriften über die internationale Zuständigkeit der eigenen Gerichte. Diesen Zuständigkeitsregelungen liegt aber der Gedanke zugrunde, dass ein danach zuständiges Gericht das eigene materielle Recht anwenden soll. Verweist nun das deutsche IPR auf eine solche Rechtsordnung und ist nach dessen Zuständigkeitsregel ein deutsches Gericht oder das Gericht eines Drittstaates zuständig, so wird darin gleichzeitig eine **versteckte Kollisionsnorm** gesehen, wonach ein aus der Sicht der verwiesenen Rechtsordnung international zuständiges Gericht die jeweilige lex fori anwenden soll (Gleichlauf-Grundsatz). Einer solchen sog **versteckten Rück- oder Weiterverweisung** („hidden renvoi") ist nach nicht unproblematischer hM (problematisch ist insbes., dass hier im Wege einer Verallseitigung eine ausländische Kollisionsnorm letztlich fingiert wird, vgl. hierzu zutr. Mäsch RabelsZ 61 (1997), 285 (300 f.) mwN; man spricht daher auch – methodenehrlicher – von einem „hypothetischen" renvoi) ebenso wie einer ausdrücklichen Verweisung zu folgen (Grüneberg/Thorn Rn. 2; Soergel/Kegel Rn. 16; Kropholler IPR § 25 II; Staudinger/Hausmann, 2013, Rn. 79; NK-BGB/Freitag Rn. 10 f.; grds. zust. auch MüKoBGB/v. Hein Rn. 72 ff.; aus der Rspr. vgl. BayObLG NJW 1957, 952; 1962, 1013 f.; OLG Bamberg FamRZ 1979, 930; OLG Frankfurt IPRax 1982, 203; KG NJW 1960, 248; IPRax 1983, 246 Nr. 70; OLG Nürnberg IPRax 1983, 81; OLG Stuttgart IPRax 1987, 121 f. = FamRZ 1986, 687; FamRZ 1997, 958 mAnm Henrich; OLG Zweibrücken NJW-RR 1999, 948 f.; OLG Stuttgart FamRZ 2003, 1669 betr. Ghana; FamRZ 2005, 911 betr. Sri Lanka sowie KG FamRZ 2007, 1561 mAnm Henrich betr. Nigeria; umfangreiche wN bei Soergel/Kegel Rn. 16 Fn. 8; zu Recht krit. Schwimann NJW 1976, 1000; Beitzke RabelsZ 48 (1984), 623; Mäsch RabelsZ 61 (1997), 285 (300 f.); Bauer Jura 2002, 800; für einen abw. Ansatz vgl. Sonnenberger FS Sturm, 1999, 1683 ff. mwN: durch Ersatzanknüpfung zu füllende Lücke im deutschen IPR; anders für die versteckte Weiterverweisung MüKoBGB/v. Hein Rn. 74 mwN). Eine versteckte Rückverweisung kann weiter auch in Anerkennungsregeln der verwiesenen Rechtsordnung liegen (vgl. etwa OLG Köln IPRax 1989, 297 mAnm Coester-Waltjen IPRax 1989, 282; AG Minden IPRax 1992, 108 mAnm Jayme betr. Irland). Angesichts der zunehmenden Europäisierung des IPR durch idR nur auf Sachnorm verweisenden EU-Verordnungen spielt diese Frage nur noch eine geringe Rolle (→ Rn. 9).

19 **a) Annahme der Verweisung.** Erklärt das IPR der verwiesenen Rechtsordnung ebenfalls das eigene Recht für anwendbar, so nimmt es die Verweisung des deutschen IPR an. Es ist dann das **materielle Recht** dieser Rechtsordnung anzuwenden. In einem solchen Fall ist die Frage, ob sich die Verweisung des deutschen IPR als Gesamtverweisung versteht, entscheidungsunerheblich.

20 **b) Rückverweisung (Abs. 1 S. 2).** Verweist das von der deutschen Kollisionsnorm berufene IPR seinerseits auf deutsches Recht, so wird diese Rückverweisung nach Art. 4 Abs. 1 S. 2 beim deutschen Recht **„abgebrochen"**, dh es kommt unabhängig von der Frage, ob sich die Rückverweisung ihrerseits als Sachnorm- oder Gesamtverweisung versteht, deutsches materielles Recht zur Anwendung. Handelt es sich bei der Rückverweisung ihrerseits um eine Gesamtverweisung, widerspricht dies zwar dem Grundsatz, dass ausländisches IPR so angewendet werden soll, wie es der ausländische Richter anwenden würde und führt häufig gerade nicht zum intendierten internationalen Entscheidungseinklang (→ Rn. 5). Es wird aber ein endloses „Hin und Her" der Verweisung zwischen zwei Rechtsordnungen vermieden.

21 **c) Weiterverweisung.** Im Falle einer Weiterverweisung des durch die deutsche Kollisionsnorm im Wege der Gesamtverweisung berufenen Rechts **(erstverwiesenes Recht)** auf eine dritte Rechtsordnung **(zweitverwiesenes Recht)** ist zu fragen, ob es sich dabei nach dessen Regelungen um eine Sachnorm- oder eine Gesamtverweisung handelt. Ist ersteres der Fall, kommt es zur Anwendung des materiellen Rechts der zweitverwiesenen Rechtsordnung, liegt wiederum eine Gesamtverweisung vor, so ist der Verweisungskette weiter zu folgen. Sie ist gem. Abs. 1 S. 2 abzubrechen, wenn in der Verweisungskette auf deutsches Recht verwiesen wird bzw. in Analogie hierzu bei derjenigen Rechtsordnung, welche erstmals in der Verweisungskette wiedererscheint (ebenso NK-BGB/Freitag Rn. 14; MüKoBGB/v. Hein Rn. 108 ff., 105; aA Staudinger/Hausmann, 2013, Rn. 56 sowie Erman/Hohloch Rn. 9: über den Abbruch entscheidet das jeweils wiederberufene Recht; ähnlich Grüneberg/Thorn Rn. 3: Entscheidung des IPR der erstberufenen Rechtsordnung).

22 **d) Reichweite des renvoi, kollisionsrechtliche Rechtsspaltung.** Rück- oder Weiterverweisung können nach dem IPR der berufenen Rechtsordnung einen von der Kollisionsnorm des deutschen Rechts abweichenden Umfang haben und so nur für eine Teilfrage des Verweisungsge-

genstandes eine Rück- oder Weiterverweisung aussprechen **(Teilrenvoi).** Dem ist aus der Sicht des deutschen IPR zu folgen, was zu sog **kollisionsrechtlicher Rechtsspaltung** führt. Von Bedeutung war dies insbes. im internationalen Erbrecht und Ehegüterrecht, wo es im Zusammenhang mit Staaten, die unterschiedliche Anknüpfungen für bewegliches und unbewegliches Vermögen vorsehen, unter Art. 25 aF bzw. Art. 15 aF zum Phänomen der sog **„kollisionsrechtlichen Nachlassspaltung"** kommen konnte.

**6. Nichtfeststellbarkeit des renvoi.** Die Nichtfeststellbarkeit eines renvoi kann entweder auf der Nichtermittelbarkeit des ausländischen Kollisionsrechts oder aber darauf beruhen, dass dieses für den Anknüpfungsgegenstand keine (ausdrückliche) Kollisionsnorm bereithält, weil es diesen im materiellen Recht nicht kennt. Ist das ausländische Kollisionsrecht nicht (zuverlässig) ermittelbar (zu den Schwierigkeiten vgl. anschaulich Mäsch RabelsZ 61 (1997), 285 (299 f.)), so ist die Verweisung des deutschen Kollisionsrecht als **Sachnormverweisung** zu behandeln (MüKoBGB/v. Hein Rn. 103; Staudinger/Hausmann, 2013, Rn. 112; NK-BGB/Freitag Rn. 16; Kropholler IPR § 31 III; Jayme AcP 188 (1988), 440; Coester IPRax 1991, 37; v. Bar/Mankowski IPR I § 7 Rn. 221). Es besteht kein Grund, die auch in einer Gesamtverweisung enthaltene Grundentscheidung der deutschen Kollisionsnorm für die Anwendbarkeit einer bestimmten Rechtsordnung in diesem Fall dadurch zurücktreten zu lassen, dass man die Grundsätze über die Nichtermittelbarkeit ausländischen materiellen Rechts heranzieht (so aber zB v. Bar IPR I, 1. Aufl. 1987, Rn. 624; Kegel/Schurig IPR § 10 VI; Kreuzer NJW 1983, 1943, der zu Unrecht die praktische Relevanz des Problems leugnet; zu dieser zutr. Mäsch RabelsZ 61 (1997), 285 (299 f.)). Enthält das ausländische Kollisionsrecht hingegen für den Anknüpfungsgegenstand keine ausdrückliche Kollisionsnorm, weil es das anzuknüpfende Rechtsinstitut materiellrechtlich nicht kennt, liegt zunächst ein Qualifikationsproblem auf der Ebene des ausländischen Kollisionsrechts vor (zu dieser Qualifikation lege causae → EinlIPR Rn. 63): Dieses muss mit den in ihm zulässigen Mitteln der Auslegung bzw. Analogie danach befragt werden, wie es das betreffende Rechtsinstitut anknüpfen würde, wenn es dieses materiellrechtlich kennen würde. Erst wenn auch dies fruchtlos ist, muss die Verweisung des deutschen IPR als Sachnormverweisung aufgefasst werden (so auch MüKoBGB/v. Hein Rn. 101). 23

## III. Unteranknüpfung bei Verweisung auf das Recht von Mehrrechtsstaaten (Abs. 3)

Verweist das deutsche IPR auf das Recht eines Staates, der keine einheitliche Privatrechtsordnung besitzt, weil entweder in verschiedenen Teilgebieten jeweils unterschiedliches Recht gilt (**territoriale Rechtsspaltung;** so etwa die USA, Mexiko, Spanien, Vereinigtes Königreich) oder aber für bestimmte Bevölkerungsgruppen etwa nach religiösen (so insbes. die islamisch-religiös geprägten Rechtsordnungen Nordafrikas und des Nahen und Fernen Ostens, das israelische Recht sowie das Recht Indiens, Pakistans und Bangladesh, vgl. die Nachweise bei MüKoBGB/v. Hein Rn. 239; zum jordanischen Recht anschaulich Elwan/Ost IPRax 1996, 389; in Europa bestehen lediglich noch vereinzelte fakultative Sonderregelungen hinsichtlich des formellen Eheschließungsrechts, so etwa in Malta, Zypern und auch in Griechenland, vgl. hierzu Chiotellis IPRax 1982, 169) oder ethnischen (so etwa das indonesische und das malaysische Recht sowie die Stammesrechte in einigen afrikanischen Staaten) Kriterien unterschiedliches Recht gilt **(interpersonale** bzw. **interreligiöse Rechtsspaltung),** geht die Verweisung zunächst ins Leere. Die somit erforderliche Konkretisierung der Verweisung durch eine sog **„Unteranknüpfung"** regelt Abs. 3. Dieser überlässt eine notwendige Konkretisierung primär den entsprechenden gesamtstaatlichen Regelungen des Mehrrechtstaates, dh dessen (geschriebenem oder ungeschriebenem) interlokalem Privatrecht (ILR) bzw. interpersonalem Privatrecht (zu diesen Begriffen → EinlIPR Rn. 8 f.). Das Problem stellt sich allerdings nicht, wenn eine Gesamtverweisung auf das Recht eines Staates erfolgt, der trotz materiellrechtlicher Rechtsspaltung ein **einheitliches gesamtstaatliches IPR** besitzt und dieses zurück- oder weiterverweist. Im Falle der Verweisung auf die Rechtsordnung eines zerfallenen Staates (sog. **sukzessive Rechtsspaltung**) ist Abs. 3 S. 2 analog anzuwenden (dazu Großerichter/Bauer RabelsZ 2001, 201). 24

Die Regelung gilt nur für das autonome IPR. Im Wesentlichen gleichbedeutende Regelungen enthalten die Haager Übereinkommen, vgl. etwa Art. 46 ff. KSÜ; Art. 1 Abs. 2 HTestformÜ vom 5.10.1961; Art. 16 HUntÜ 1973 (vgl. Rauscher IPRax 1987, 206 (207)). Das Europäische Kollisionsrecht (→ EinlIPR Rn. 26) sieht hingegen bei territorialer Rechtsspaltung grds. jedes Teilrechtsgebiet als „Staat" iSd jeweiligen Kollisionsnormen an und schalten damit das interlokale Privatrecht des betreffenden Staates aus (s. zB Art. 22 Rom I-VO, Art. 25 Rom II-VO, Art. 14 25

Rom III-VO, Art. 16 HUP). Art. 36 Abs. 1 EuErbVO verweist für das **Erbstatut** hingegen primär auf das interlokale Privatrecht des Gesamtstaats. Zur interpersonalen Rechtsspaltung s. Art. 17 HUP und Art. 15 Rom III-VO.

26 **1. Notwendigkeit der Unteranknüpfung.** Die Vorschrift setzt voraus, dass das deutsche IPR auf das Recht eines Mehrrechtsstaates verweist, ohne dabei bereits selbst die maßgebende Teilrechtsordnung zu bezeichnen. Inhalt und Reichweite dieses Vorbehalts sind in Rspr. und Lit. str., was insbes. mit Fragen des renvoi zusammenhängt (→ Rn. 28). Das deutsche IPR bezeichnet bei territorialer Rechtsspaltung die maßgebende Teilrechtsordnung dann selbst, wenn die Anknüpfung ortsbezogen ist, also etwa bei Anknüpfung an den gewöhnlichen Aufenthalt (zB Art. 19), den Vornahmeort eines Rechtsgeschäfts (Art. 11 Abs. 1), den Tatort eines Delikts (Art. 40 Abs. 1) oder die Belegenheit einer Sache (Art. 43 Abs. 1). Die Verweisung bezieht sich in diesem Fall **direkt** auf die betreffende Teilrechtsordnung, ein etwaiges einheitliches interlokales Privatrecht (ILR; zum Begriff → EinlIPR Rn. 8) des Mehrrechtsstaates wird auch dann ignoriert, wenn seine Anwendung zur Anwendbarkeit einer anderen Teilrechtsordnung führen würde (ebenso v. Bar/Mankowski IPR I § 4 Rn. 155 f.; aA MüKoBGB/v. Hein Rn. 211 mit dem beachtlichen Argument, dass das gesamtstaatliche ILR auch Teil der verwiesenen Teilrechtsordnung ist; Rauscher IPRax 1987, 206: nur bei Sachnormverweisungen; Spickhoff JZ 1993, 336 (337): vorrangige Prüfung des gesamtstaatlichen ILR, Präzisierung der Verweisung bereits durch das deutsche IPR nur im Rahmen von Abs. 3 S. 2, dh wenn ein solches nicht existiert; Otto IPRax 1994, 1 (3); Jayme IPRax 1989, 288; Jayme RabelsZ 55 (1991), 315; Kropholler IPR § 29 II 2: Anwendung gesamtstaatlichen ILR als auch im Teilrechtsgebiet geltendes Recht). Selbst wenn man dies mit der wohl hM rechtspolitisch aus Gründen des internationalen Entscheidungseinklangs für verfehlt hält (s. aber v. Bar/Mankowski IPR I § 4 Rn. 155, wonach das ursprünglich verweisende IPR das „Vorrecht zu Bestimmung des anwendbaren Rechts" hat), ist dies jedenfalls angesichts der eindeutigen Entscheidung des Gesetzgebers zu respektieren (ebenso NK-BGB/Freitag Rn. 34). Besteht ein einzelstaatliches ILR der direkt verwiesenen Teilrechtsordnung (so zB in den USA) (vgl. Droop Jura 1993, 293), so ist im Falle einer Gesamtverweisung des deutschen IPR auf diese Teilrechtsordnung einer Weiterverweisung auf eine andere Teilrechtsordnung des Gesamtstaates zu folgen.

27 **2. Unteranknüpfung.** Ist (zB bei Anknüpfung an die Staatsangehörigkeit, die gemeinsame engste Verbindung oder bei interpersonaler Rechtsspaltung) eine Präzisierung der Anknüpfung erforderlich, so erfolgt diese primär durch das gesamtstaatliche ILR bzw. interpersonale/interreligiöse Privatrecht des betreffenden Gesamtstaates (Abs. 3 S. 1) (vgl. etwa BGHZ 160, 332 (338 f.) = NJW-RR 2005, 81 betr. iranisches interreligiöses Recht; BGH NJW-RR 2007, 145 (146) betr. syrisches interreligiöses Recht). Besteht eine solche gesamtstaatliche Regelung, wie zB in den USA (vgl. Bungert IPRax 1993, 10; Droop Jura 1993, 293), nicht **(„auch kollisionsrechtliche Rechtsspaltung"),** ist nach Abs. 3 S. 2 diejenige Rechtsordnung anzuwenden, mit welcher der Sachverhalt **am engsten verbunden** ist. Dies erfordert eine Gesamtwürdigung des jeweiligen Einzelfalls. Im Bereich des Personen-, Familien- und Erbrechts ergibt sich diese im Falle territorialer Rechtsspaltung in aller Regel aus dem (letzten) **gewöhnlichen Aufenthalt** in einem Teilrechtsgebiet des betreffenden Gesamtstaates (BT-Drs. 10/504, 40; Grüneberg/Thorn Rn. 12; MüKoBGB/v. Hein Rn. 171 mwN; KG FamRZ 2012, 1515). Bei Versagen dieser Kriterien können auch die **Teilstaatszugehörigkeit,** persönliche Bindungen oder ethnische Elemente eine Rolle spielen. Ist bei einer qualifizierten Anknüpfung an das gemeinsame Heimatrecht nach Art. 14 Abs. 1 Nr. 1 keine **gemeinschaftliche** Unteranknüpfung festzustellen, so ist die Anknüpfung an das gemeinsame Heimatrecht als gescheitert anzusehen und auf Art. 14 Abs. 1 Nr. 2, 3 zurückzugreifen (MüKoBGB/v. Hein Rn. 173; Kropholler IPR § 29 II 1c; eingehend Spickhoff JZ 1993, 336; aA – zur Ehescheidung von US-Bürgern – Bungert IPRax 1993, 10). Bei interpersonaler/interreligiöser Rechtsspaltung ergibt sich die engste Verbindung zu einer Teilrechtsordnung regelmäßig aus der Volksgruppen- bzw. Religionszugehörigkeit. Liegt eine zulässige Rechtswahl der Parteien vor, so bezieht sich diese nach Abs. 2 unmittelbar auf die Sachvorschriften einer Teilrechtsordnung. Die Unteranknüpfung ergibt sich dann direkt aus dem (ggf. durch Auslegung zu präzisierenden) Parteiwillen.

28 **3. Rück- und Weiterverweisung.** Fragen des **renvoi** werden von der Regelung in keiner Weise präjudiziert. Besteht im verwiesenen Recht eine gesamtstaatliche Regelung des Internationalen Privatrechts, so bezieht sich eine Gesamtverweisung des deutschen IPR zunächst ohne Einschaltung von Abs. 3 direkt auf dieses, weil insoweit keine Rechtsspaltung besteht. Die Frage der Unteranknüpfung stellt sich dann erst, wenn die Verweisung angenommen wird. Gleiches

gilt, wenn die gesamtverweisende Kollisionsnorm des deutschen IPR durch eine ortsbezogene Anknüpfung unmittelbar auf eine Teilrechtsordnung verweist: Das gesamtstaatliche IPR ist dann deshalb anzuwenden, weil es auch im Teilrechtsgebiet Geltung beansprucht (so zutr. Grüneberg/Thorn Rn. 13; aA Otto IPRax 1994, 1). Besteht – wie zB in den USA – kein gesamtstaatliches IPR, so ist zunächst die Frage der Unteranknüpfung zu klären, über die Frage des renvoi entscheidet dann das IPR der danach maßgeblichen Teilrechtsordnung (aus der Rspr. vgl. etwa OLG Karlsruhe NJW 1990, 1420 = IPRax 1990, 389 mAnm Schurig betr. USA/Texas). Dies gilt selbstverständlich auch, wenn die gesamtverweisende Kollisionsnorm des deutschen IPR unmittelbar auf eine Teilrechtsordnung verweist. Wird die Unteranknüpfung nach Abs. 3 S. 2 durch die „engste Verbindung" bestimmt, so ist dies **kein** Fall des renvoi-Ausschlusses nach Abs. 1 S. 1 Hs. 2 (Grüneberg/Thorn Rn. 13).

## Art. 5 Personalstatut

**(1) [1]Wird auf das Recht des Staates verwiesen, dem eine Person angehört, und gehört sie mehreren Staaten an, so ist das Recht desjenigen dieser Staaten anzuwenden, mit dem die Person am engsten verbunden ist, insbesondere durch ihren gewöhnlichen Aufenthalt oder durch den Verlauf ihres Lebens. [2]Ist die Person auch Deutscher, so geht diese Rechtsstellung vor.**

**(2) Ist eine Person staatenlos oder kann ihre Staatsangehörigkeit nicht festgestellt werden, so ist das Recht des Staates anzuwenden, in dem sie ihren gewöhnlichen Aufenthalt oder, mangels eines solchen, ihren Aufenthalt hat.**

**(3) Wird auf das Recht des Staates verwiesen, in dem eine Person ihren Aufenthalt oder ihren gewöhnlichen Aufenthalt hat, und ändert eine nicht voll geschäftsfähige Person den Aufenthalt ohne den Willen des gesetzlichen Vertreters, so führt diese Änderung allein nicht zur Anwendung eines anderen Rechts.**

### Übersicht



## I. Normzweck

Die Vorschrift regelt einzelne Fragen der Anknüpfung an die **Staatsangehörigkeit** (Abs. 1 1 und 2) sowie an den **gewöhnlichen Aufenthalt** (Abs. 3). Sie ist keine eigenständige Kollisionsnorm, sondern eine kollisionsrechtliche **Hilfsnorm** (→ EinlIPR Rn. 36). Abs. 1 und 2 ergänzen das Staatsangehörigkeitsprinzip in Fällen mehrfacher, fehlender oder nicht feststellbarer Staatsangehörigkeit, Abs. 3 betrifft die Änderung des gewöhnlichen Aufenthalts durch nicht geschäftsfähige Personen. Da das geltende IPR in weiten Teilen weiterhin vom Staatsangehörigkeitsprinzip beherrscht wird (Art. 7 Abs. 1, Art. 9, 10, 22, 24, 25) (s. dazu sowie zur europäischen Entwicklung Rauscher FS Jayme, 2005, 719 ff.; zu den Anknüpfungsmerkmalen des geltenden IPR → EinlIPR Rn. 34; zur Verfassungskonformität der Anknüpfung an die Staatsangehörigkeit s. zuletzt BVerfG NJW 2007, 900 Rn. 61, 70; zur Vereinbarkeit mit den Grundfreiheiten des AEUV → EinlIPR

Rn. 30), handelt es sich insbes. bei den Fragen betr. die Staatsangehörigkeitsanknüpfung um praktisch besonders bedeutende Probleme. Der in der Überschrift der Norm verwendete Ausdruck **„Personalstatut"** ist schillernd: Er bezeichnet nach dem Sprachgebrauch des deutschen IPR diejenige Rechtsordnung, welche für alle **persönlichen Rechtsverhältnisse** eines Menschen im Bereich des Personen-, Familien- und Erbrechts, aber auch für juristische Personen oder Personengesamtheiten maßgebend ist.

## II. Staatsangehörigkeitsanknüpfung

2 **1. Internationales Staatsangehörigkeitsrecht.** Nach (ungeschriebenem, völkerrechtskonformen) deutschem internationalen Staatsangehörigkeitsrecht richtet sich die Frage der Staatsangehörigkeit einer Person nach dem Recht des Staates, dessen Staatsangehörigkeit in Frage steht, da jeder Staat selbst bestimmt, wen er als seinen Staatsangehörigen betrachtet (vgl. hierzu nur die Definition der Staatenlosigkeit in Art. 1 Abs. 1 StaatenlosenÜ; → Rn. 54) (zu den völkerrechtlichen Grenzen dieser Rechtsmacht vgl. nur MüKoBGB/v. Hein Rn. 17 ff. mwN). Dies muss auch dann gelten, wenn dessen Staatsangehörigkeitsrecht gegen höherrangiges internationales oder europäisches Recht verstoßen sollte (s. dazu EuGHMR FamRZ 2011, 1925 mAnm Henrich). – Der hinter dieser Anknüpfung stehende Gedanke erfordert, sämtliche mit der Staatsangehörigkeit verbundenen Fragen (Abstammung, Eheschließung etc) ebenfalls ausschließlich aus der Warte des in Frage stehenden Staates zu beurteilen. **Vorfragen** (→ EinlIPR Rn. 66 ff.) sind daher in diesem Zusammenhang unselbstständig, dh nach dem IPR des Staates anzuknüpfen, um dessen Staatsangehörigkeit es geht (ganz hM, vgl. nur BGHZ 210, 59 = NJW 2016, 2322 Rn. 25 mAnm Rauscher; KG IPRax 2020, 44 Rn. 24 mAnm Brosch IPRax 2020, 24; MüKoBGB/v. Hein Einl. IPR Rn. 192; Grüneberg/Thorn Rn. 1; NK-BGB/Schulze Rn. 7; Staudinger/Bausback, 2013, Rn. 3) (auch → Rn. 3). – Neben diesem Grundsatz bestehen einige **staatsvertragliche Regelungen** auf dem Gebiet des Staatsangehörigkeitsrechts. Von Bedeutung sind insbes. das New Yorker UN-Übereinkommen über die Staatsangehörigkeit verheirateter Frauen vom 20.2.1957 (BGBl. 1973 II 1250), das New Yorker UN-Übereinkommen zur Verminderung der Staatenlosigkeit vom 30.8.1961 (BGBl. 1977 II 598; Ausführungsgesetz vom 29.6.1977, BGBl. 1977 I 1101); das Berner CIEC-Übereinkommen zur Verringerung der Fälle von Staatenlosigkeit vom 13.9.1973 (BGBl. 1977 II 613) sowie das in Deutschland seit dem 1.9.2005 geltende Straßburger Europäische Übereinkommen über die Staatsangehörigkeit vom 6.11.1997 (BGBl. 2004 II 579). Das Straßburger Europäische Übereinkommen über die Verringerung der Mehrstaatigkeit und über die Wehrpflicht von Mehrstaatern vom 6.5.1963 (BGBl. 1969 II 1954) hat die Bundesrepublik Deutschland mit Wirkung zum 21.12.2002 gekündigt (BGBl. 2002 II 171).

3 **2. Grundzüge des deutschen Staatsangehörigkeitsrechts. a) Erwerb und Verlust der deutschen Staatsangehörigkeit.** Das deutsche Staatsangehörigkeitsrecht (vgl. Hailbronner/Kau/Gnatzy/Weber, Staatsangehörigkeitsrecht, 7. Aufl. 2022) ist im seit Inkrafttreten des Gesetzes zur Reform des Staatsangehörigkeitsrechts vom 15.7.1999 am 1.1.2000, BGBl. I 1618 (vgl. Begr. RegE, BT-Drs. 14/533; zu den international-privatrechtlichen Auswirkungen der Neuregelung – vermehrte Fälle von Mehrstaatigkeit und Statutenwechsel – vgl. Fuchs NJW 2000, 489; Benicke IPRax 2000, 171), als **Staatsangehörigkeitsgesetz (StAG)** bezeichneten vormaligen Reichs- und Staatsangehörigkeitsgesetz (RuStAG) vom 22.7.1913 geregelt. Das Gesetz wurde zuletzt mWv 20.8.2021 durch das Vierte Gesetz zur Änderung des Staatsangehörigkeitsgesetzes vom 12.8.2021 (BGBl. I 13538) geändert.

4 **Erwerbstatbestände** (s. den Katalog in § 3 StAG) sind **Geburt** (§ 4 StAG), **Erklärung** eines vor dem 1.7.1993 geborenen Kindes eines deutschen Vaters bei wirksamer Anerkennung oder Feststellung der Vaterschaft (§ 5 StAG), **Adoption** (§ 6 StAG), Ausstellung der Bescheinigung nach § 15 Abs. 1 oder 2 des Bundesvertriebenengesetzes (§ 7) sowie **Einbürgerung** (§§ 8–16 StAG). § 3 Abs. 2 StAG sieht überdies den (rückwirkenden) Erwerb der Staatsangehörigkeit vor, wenn eine Person zwölf Jahre lang von deutschen Stellen als Staatsangehöriger behandelt worden ist und dies nicht zu vertreten hat. Diese **„Ersitzung"** der Staatsangehörigkeit erstreckt sich nach Maßgabe von § 3 Abs. 2 S. 4 StAG auch auf Abkömmlinge (vgl. dazu BVerwG v. 30.3.2021 – 1 C 28.20). Durch **Geburt** wird die deutsche Staatsangehörigkeit erworben durch Abstammung von einem deutschen Staatsangehörigen (§ 4 Abs. 1, 4 StAG, sog. ius sanguinis-Prinzip) sowie durch Abstammung von einem Elternteil, das seit acht Jahren rechtmäßig seinen gewöhnlichen Aufenthalt im Inland hat und eine Aufenthaltsberechtigung oder seit drei Jahren eine unbefristete Aufenthaltserlaubnis besitzt (§ 4 Abs. 3 StAG, sog ius soli-Prinzip). Ehelichkeit der Abstammung ist nicht erforderlich, jedoch muss bei nichtehelicher Abstammung von einem deutschen Vater

die Vaterschaft „nach den deutschen Gesetzen" wirksam festgestellt sein. Hierfür ist eine nach deutschem IPR wirksame Statusfeststellung bzw. eine in Deutschland anzuerkennende ausländische Entscheidung ausreichend. Soweit es beim Staatsangehörigkeitserwerb nach § 4 Abs. 3 StAG zu mehrfacher Staatsangehörigkeit ohne einer solchen eines EU-Mitgliedstaats oder der Schweiz kommt, muss unter den Voraussetzungen des § 29 StAG nach Vollendung des 21. Lebensjahrs für eine der Staatsangehörigkeiten optiert werden. Der Kreis der Optionspflichten ist allerdings durch die Neufassung von § 29 Abs. 1 und 1a StAG durch das Gesetz vom 13.11.2014 stark eingeschränkt worden, sodass es vermehrt zu Fällen von Mehrstaatigkeit kommen kann.

Auch der Erwerb der Staatsangehörigkeit durch Erklärung (§ 5 StAG) sowie durch Adoption 5
einer im Zeitpunkt der Antragstellung noch nicht 18 Jahre alten Person (§ 6 StAG) setzen eine nach deutschem Recht als wirksam zu beurteilende Statusfeststellung/Adoption voraus, was unter Einbeziehung des IPR/IZPR zu beurteilen ist. Ausreichend kann damit auch eine im Inland anzuerkennende Statusfeststellung nach ausländischem Recht bzw. eine Auslandsadoption sein, sofern sie in ihren Wirkungen die wesentlichen Merkmale einer Statusfeststellung/Adoption des deutschen Rechts erfüllt (BayVGH NJW 1989, 3107). Das Fortbestehen einer etwaigen weiteren Staatsangehörigkeit des Anerkannten/Adoptierten ist dabei für den Erwerb der deutschen Staatsangehörigkeit irrelevant (zur Adoption vgl. BayVGH NJW 1989, 3107), Doppelstaatsangehörigkeit wird (wie beim Erwerb durch Geburt) insoweit uneingeschränkt in Kauf genommen. **Eheschließung** ist kein gesetzlicher Erwerbsgrund, führt aber zu erleichterter Einbürgerung (§ 9 StAG). Neben den gesetzlichen Erwerbstatbeständen kann ein Staatsangehörigkeitserwerb weiter durch **Einbürgerung** erfolgen (vgl. §§ 8 ff. StAG, Gesetz zur Regelung von Fragen der Staatsangehörigkeit vom 22.2.1955, BGBl. I 65 (Deutsche Volkszugehörige; Wirksamkeit von Sammeleinbürgerungen sowie von Ausbürgerungen unter dem Nazi-Regime, Wiedereinbürgerungsanspruch), Gesetz zur Verminderung der Staatenlosigkeit vom 29.6.1977, BGBl. I 1101 (erleichterte Einbürgerung im Inland geborener Staatenloser), §§ 85 ff. AuslG (erleichterte Einbürgerung junger Ausländer sowie von Ausländern mit langem Aufenthalt)). Kinder deutscher Mütter, die nach der früheren (verfassungswidrigen) Fassung von § 4 RuStaG nicht durch Geburt die deutsche Staatsangehörigkeit erworben hatten (vgl. BVerfGE 37, 217 = NJW 1974, 1609), konnten bis zum 31.12.1977 die deutsche Staatsangehörigkeit durch Erklärung erwerben (Art. 3 Gesetz zur Änderung des RuStaG vom 20.12.1974) (zur besonderen Ermessenausübung bei einer Einbürgerung nach Fristversäumung vgl. BVerwG NJW 1990, 1433). **Verlusttatbestände** der deutschen Staatsangehörigkeit sind nach § 17 StAG Entlassung (§§ 18 ff.), Erwerb einer ausländischen Staatsangehörigkeit (§ 25 StAG) (zur Verfassungskonformität der Regelung BVerfG FamRZ 2007, 267), Verzicht (§ 26 StAG) sowie die Annahme als Kind durch einen Ausländer (§ 27 StAG), Erklärung der Beibehaltung einer ausländischen Staatsangehörigkeit bzw. Nichterklärung im Falle des Staatsangehörigkeitserwerbs nach § 4 Abs. 3 StAG (§ 29 Abs. 2 StAG). Der Erwerb einer ausländischen Staatsangehörigkeit führt nur dann zum Verlust der deutschen Staatsangehörigkeit, wenn er auf Antrag des Erwerbers oder seines gesetzlichen Vertreters erfolgt. Auch in diesem Fall kann eine Genehmigung zur Beibehaltung der deutschen Staatsangehörigkeit erteilt werden (§ 25 Abs. 2 StAG) (zur Verfassungsmäßigkeit dieser Regelung im Hinblick auf Art. 16 Abs. 1 S. 1 GG vgl. BVerfG NJW 1990, 2193). Zu den rechtsstaatswidrigen Ausbürgerungen von deutschen Juden unter dem NS-Regime s. Art. 116 Abs. 2 GG (vgl. Renck JZ 1979, 752; Mann FS Coing, Bd. II, 1982, 323 ff.; zu den international-privatrechtlichen Folgeproblemen vgl. nur MüKoBGB/v. Hein Anh. II Art. 5 Rn. 16; zum Begriff des „Abkömmlings" in Art. 116 Abs. 2 GG vgl. zuletzt BVerwG NJW 1994, 2164).

**b) Staatsangehörigkeit der ehemaligen DDR.** Die Staatsbürgerschaft der DDR ist mit der 6
Wiedervereinigung Deutschlands am 3.10.1990 untergegangen. Die früher streitige Frage ihrer Anerkennung ist damit obsolet geworden. Obwohl das Staatsangehörigkeitsrecht der Bundesrepublik stets von einer einheitlichen, auch die Bürger der früheren DDR einbeziehenden gesamtdeutschen Staatsangehörigkeit ausgegangen ist, führte auf Grund des sich aus dem Wiedervereinigungsgebots des Grundgesetzes ergebenden Grundsatzes der **Einheit der deutschen Staatsangehörigkeit** der Erwerb der Staatsangehörigkeit der DDR nach deren Gesetzen (etwa durch Einbürgerung) in den Grenzen des ordre public auch zum Erwerb der gesamtdeutschen Staatsangehörigkeit (BVerfGE 77, 137 = NJW 1988, 1313; zum Einfluss des ordre public BVerwGE 72, 291 = NJW 1986, 1506). Entgegen § 25 RuStaG führte auch die Beibehaltung der Staatsangehörigkeit der DDR bei Erwerb einer ausländischen Staatsangehörigkeit zur Beibehaltung der gesamtdeutschen Staatsangehörigkeit (OVG NRW DtZ 1990, 90). Der Verlust der Staatsangehörigkeit der DDR führte hingegen als solcher nicht zum Verlust der gesamtdeutschen Staatsangehörigkeit (KG NJW 1983, 2324; aA VG Greifswald StAZ 1995, 109).

7 **3. Mehrfache Staatsangehörigkeit (Abs. 1).** Besitzt eine Person mehrere Staatsangehörigkeiten, so bedarf die Anknüpfung einer Kollisionsnorm an die Staatsangehörigkeit einer Präzisierung.

8 **a) Grundsatz der effektiven Staatsangehörigkeit (Abs. 1 S. 1).** Sofern keine der Staatsangehörigkeiten die deutsche ist, ist international-privatrechtlich allein die Angehörigkeit zu demjenigen Staate maßgeblich, mit welchem die Person am engsten verbunden ist **(effektive Staatsangehörigkeit).** Die Effektivität ist auf Grund aller Umstände des jeweiligen Einzelfalles zu beurteilen, wobei nach dem Gesetzeswortlaut insbes. der gewöhnliche Aufenthalt und der jeweilige persönliche Lebensverlauf maßgebliche Kriterien liefern können. Liegt der gewöhnliche Aufenthalt in einem der Heimatstaaten, so kann idR von der Effektivität dieser Staatsangehörigkeit ausgegangen werden, wenngleich in Ausnahmefällen etwa durch den bisherigen Lebensverlauf und die vom Gesetzgeber als Bestandteil des „Lebensverlaufs" angesehene **Zukunftsplanung** die Verbindung zu einem anderen Staat enger sein kann. Maßgebliche Kriterien können etwa berufliche, familiäre und kulturelle Bindungen, Sprachzugehörigkeit, Religion, Ausübung von Wahlrecht, Erfüllung von Militärdienst etc sein (s. etwa BayObLG ZEV 2005, 165). Auch der Wille des Betroffenen kann ein Indiz bieten, sofern er nicht in offenem Widerspruch zu den objektiven Kriterien steht. Keinesfalls darf jedoch durch eine Überbetonung subjektiver Elemente de facto die Möglichkeit einer freien Rechtswahl eingeräumt werden (MüKoBGB/v. Hein Rn. 62). Bei gewöhnlichem Aufenthalt in einem **Drittstaat** kommt es verstärkt auf den Lebensverlauf an. Zu schematisch sind hier die insbes. aus Rechtssicherheitsgründen vertretene Anknüpfung an den letzten gewöhnlichen Aufenthalt in einem Heimatstaat (so zB Soergel/Kegel Rn. 9; Mansel, Personalstatut, Staatsangehörigkeit und Effektivität, 1987, § 7 Rn. 380) oder an die zuletzt erworbene Staatsangehörigkeit (so zutr. BayObLG ZEV 2005, 165 f.). Durch die Maßgeblichkeit der „engsten Verbindung" ändert sich nichts am Charakter der jeweiligen, auf die Staatsangehörigkeit abstellenden Kollisionsnorm als Gesamt- oder Sachnormverweisung (→ Art. 4 Rn. 9).

9 Lässt sich unter Ausschöpfung sämtlicher Kriterien die Effektivität einer Staatsangehörigkeit nicht feststellen, so ist analog Abs. 2 eine **Ersatzanknüpfung** an den gewöhnlichen Aufenthalt vorzunehmen (OLG Frankfurt FamRZ 1994, 716 = NJW-RR 1995, 139; OLG München IPRax 1988, 32 mAnm Mansel IPRax 1988, 22 f.; MüKoBGB/v. Hein Rn. 66; diff. Mansel, Personalstatut, Staatsangehörigkeit und Effektivität, 1987, § 7 Rn. 410; Mansel IPRax 1988, 22 f.: nur, soweit die Heimatrechte inhaltlich divergieren).

10 **b) Vorrang der deutschen Staatsangehörigkeit (Abs. 1 S. 2).** Besitzt eine Person neben anderen Staatsangehörigkeiten auch die deutsche Staatsangehörigkeit, so ist unabhängig von Fragen der Effektivität international-privatrechtlich allein letztere maßgeblich. Die frühere Rspr., die vor Inkrafttreten des IPR-Neuregelungsgesetzes bei **„auch-deutschen Mehrstaatern"** ebenfalls auf die effektive Staatsangehörigkeit abgestellt hatte (BGHZ 75, 32 = NJW 1979, 1776), ist mit dieser einhellig als „Rückschritt" bewerteten (s. nur die Nachw. bei MüKoBGB/v. Hein Rn. 69), aber eindeutigen Entscheidung des Gesetzgebers überholt. Soweit nach Art. 220 jedoch altes IPR zur Anwendung kommt, ist aber intertemporal weiterhin auch bei deutschen Mehrstaatern auf die effektive Staatsangehörigkeit abzustellen (str. ist dies für die rückwirkende Anwendung von Art. 15 nF nach Art. 220 Abs. 3 S. 2, vgl. hierzu BGH FamRZ 1987, 681: rückwirkende Anwendung von Art. 5 Abs. 1 S. 2; vgl. weiter BayObLG NJW-RR 2000, 1104; OLG Nürnberg NJOZ 2011, 1122, jeweils zum internationalen Namensrecht). Die praktische Relevanz der Vorschrift wird durch die Zunahme der Fälle mehrfacher auch-deutscher Staatsangehörigkeit infolge des Gesetzes zur Reform des Staatsangehörigkeitsrechts vom 15.7.1999 und die Neufassung von § 29 Abs. 1 und 1a StAG durch das Gesetz vom 13.11.2014 (→ Rn. 3) zunehmen (s. hierzu sowie zur berechtigten rechtspolitischen Kritik Gruber IPRax 1999, 426; Fuchs NJW 2000, 489 sowie Benicke IPRax 2000, 171). Auch bei Erwerb der deutschen Staatsangehörigkeit durch Geburt im Inland nach § 4 Abs. 3 StAG gilt der Vorrang der deutschen Staatsangehörigkeit (Grüneberg/Thorn Rn. 3; aA Benicke IPRax 2000, 171: teleologische Reduktion von Art. 5 Abs. 1 S. 2). Europarechtlich ist die Regelung nicht unbedenklich, insbes. im internationalen Namensrecht (Art. 10) kommt ein Verstoß gegen Art. 18, 20 AEUV (früher Art. 12, 17 EG-Vertrag) in Betracht (→ EinlIPR Rn. 29) (EuGH C-148/02 = FamRZ 2004, 173 mAnm Henrich; aA Grüneberg/Thorn Rn. 3; Mörsdorf-Schulte IPRax 2004, 315 (323), wonach das deutsche IPR durch seine vielfältigen Rechtswahlmöglichkeiten den europarechtlichen Anforderungen gerecht werde; wie hier NK-BGB/Schulze Rn. 29; offengelassen in BGH BeckRS 2014, 06237 Rn. 14). S. dazu auch → Rn. 12.

11 **c) Sachlicher Anwendungsbereich der Vorschrift.** Die Regelung gilt zunächst für den gesamten Bereich des autonomen deutschen **IPR.** Sie beansprucht auch dann Geltung, wenn eine

Kollisionsnorm – wie etwa Art. 14 Abs. 1 Nr. 1 – an die (letzte) gemeinsame Staatsangehörigkeit anknüpft (OLG München FamRZ 1994, 634 f. zum Ehescheidungsstatut; OLG Frankfurt NJW-RR 1995, 139): Eine gemeinsame Staatsangehörigkeit muss dann entweder eine effektive oder aber die deutsche sein. Ausdrückliche gesetzliche Ausnahmen vom Grundsatz des Vorrangs der effektiven bzw. deutschen Staatsangehörigkeit bestehen bei den Rechtswahlmöglichkeiten des EGBGB (Art. 10 Abs. 2, 3, Art. 14 Abs. 2). Die Vornahme einer solchen Rechtswahl kann allerdings durch die dann nicht mehr gewahrte kollisionsrechtliche Familieneinheit zu rechtlichen Folgeproblemen führen (vgl. MüKoBGB/v. Hein Rn. 74). Neben diesen gesetzlichen Bereichsausnahmen kann im Einzelfall der pauschale Vorrang der deutschen Staatsangehörigkeit im Wege der teleologischen Reduktion gegenüber einer effektiven ausländischen Staatsangehörigkeit zurücktreten, wenn die Anwendung von Art. 5 Abs. 1 S. 2 zu einem offenkundigen Widerspruch zur Anknüpfungsgerechtigkeit führt (Looschelders Rn. 25; PWW/Mörsdorf-Schulte Rn. 23 mwN). Denkbar ist dies etwa bei Fehlen jedweden Inlandsbezuges (Looschelders Rn. 25; Mansel, Personalstatut, Staatsangehörigkeit und Effektivität, 1987, § 7 Rn. 272; PWW/Mörsdorf-Schulte Rn. 23; aA Erman/Hohloch Rn. 6; v. Hofmann/Thorn IPR § 5 Rn. 22; MüKoBGB/v. Hein Rn. 74), aber auch bei alternativen Anknüpfungen.

Das **Kollisionsrecht der EU** enthält im Zusammenhang mit seinen – stark zurückgedrängten – **12**
Anknüpfungen an die Staatsangehörigkeit keine grundsätzliche Regelung über die kollisionsrechtliche Behandlung von Mehrstaatern. Die Rom III-VO (→ EinlIPR Rn. 26) bestimmt in Erwägungsgrund 22 Rom III-VO, dass die Frage, wie in Fällen von Mehrfachstaatsangehörigkeit zu verfahren ist, weiterhin dem jeweiligen innerstaatlichem Recht unterliegt, „wobei die allgemeinen Grundsätze der Europäischen Union uneingeschränkt zu achten sind" (ähnlich Erwägungsgrund 41 EuErbVO). Deshalb stellt sich die Frage, ob die Regelung in Art. 5 Abs. 1 S. 2 gegen das das Diskriminierungsverbot des Art. 18 AEUV verstößt. Der BGH hat diese Frage wiederholt ausdrücklich **offengelassen** (BGH NJW 2020, 3592 Rn. 36; NJW-RR 2019, 321 Rn. 16; NJW 2014, 1383 Rn. 14; zuletzt BGH BeckRS 2020, 25476 Rn. 37). Jedenfalls dann, wenn bei Anwendung von EU-Kollisionsrecht eine effektive Staatsangehörigkeit eines Mitgliedsstaats mit der (nicht effektiven) deutschen Staatsangehörigkeit konkurriert, muss Abs. 1 S. 2 **unangewendet** bleiben: Die Nichtberücksichtigung einer von den Ehegatten tatsächlich gelebten ausländischen Staatsangehörigkeit verstößt dann gegen das unionsrechtliche Diskriminierungsverbot (Art. 18 AEUV), weil dadurch die effektive Staatsangehörigkeit eines anderen EU-Mitgliedstaats schematisch zurückgedrängt wird (ganz hM, vgl. nur MüKoBGB/v. Hein Rn. 94 mwN). Wenn die effektive Staatsangehörigkeit eines auch deutschen Doppelstaaters diejenige eines **Drittstaats** ist, muss Abs. 1 S. 2 hingegen trotz berechtigter rechtspolitischer Kritik Anwendung finden (BGH BeckRS 2020, 25476 Rn. 39 f. - Sahyouni; MüKoBGB/v. Hein Rn. 95). Das gilt erst recht, wenn die Rom III-VO lediglich über Art. 17 Abs. 2 für die kollisionsrechtliche Anerkennung einer in Ausland vorgenommenen Privatscheidung Anwendung findet. Es handelt sich dann nämlich um eine Anwendung autonomen deutschen Kollisionsrechts (BGH BeckRS 2020, 25476 Rn. 48 - Sahyouni). Dies muss dann aber auch bei Beteiligung eines deutschen Staatsangehörigen mit zusätzlicher Staatsangehörigkeit eines EU-Mitgliedstaats gelten (offengelassen von BGH BeckRS 2020, 25476 Rn. 37).

Nicht anwendbar ist die Regelung im Bereich des **internationalen Verfahrensrechts** (ganz **13**
hM, vgl. nur MüKoBGB/v. Hein Rn. 77 mwN). Dies gilt sowohl für Fragen der Urteilsanerkennung und Vollstreckbarerklärung (BGHZ 118, 312 (327 f.) = NJW 1992, 3096 = LM ZPO § 328 Nr. 38/39/40 mAnm Kronke) als auch für Fragen der internationalen Zuständigkeit. Soweit im deutschen Zivilprozessrecht für die internationale Zuständigkeit deutscher Gerichte auf die deutsche Staatsangehörigkeit eines Beteiligten abgestellt wird (vgl. § 98 Abs. 1 Nr. 1 FamFG, § 99 Abs. 1 Nr. 1 FamFG, § 100 Nr. 1 FamFG, 1§ 01 Nr. 1 FamFG, § 103 Abs. 1 Nr. 1 FamFG, § 104 Abs. 1 Nr. 1 FamFG), bleibt freilich eine daneben bestehende ausländische Staatsangehörigkeit gleichfalls außer Betracht, weil der vom Aufenthalt unabhängige und damit rein staatsangehörigkeitsbezogene Schutz deutscher Gerichte einem deutschen Staatsangehörigen nicht versagt werden darf, wenn er neben der deutschen eine weitere Staatsangehörigkeit besitzt (Grüneberg/Thorn Rn. 5; Spellenberg IPRax 1988, 1 (4); Henrich IPRax 1986, 364 (365); zu Art. 4 MSA vgl. BGH NJW 1997, 3024; aA KG NJW 1998, 1565 = IPRax 1998, 274 m. abl. Anm. Henrich IPRax 1998, 247). Die Regelung ist weiter unanwendbar bei der **Anwendung ausländischen Kollisionsrechts** im Rahmen der renvoi-Prüfung (→ Art. 4 Rn. 14).

**4. Staatenlose, Personen unbekannter Staatsangehörigkeit (Abs. 2).** Ist eine Person staa- **14**
tenlos oder ist ihre Staatsangehörigkeit nicht feststellbar (zur analogen Anwendung bei Nichtfeststellbarkeit der Effektivität → Rn. 9 mwN), ordnet Abs. 2 eine Ersatzanknüpfung an den

**gewöhnlichen,** hilfsweise den sog **„schlichten" Aufenthalt** an. In jeder Kollisionsnorm des autonomen deutschen IPR ist dann das Anknüpfungsmerkmal „Staatsangehörigkeit" durch das Anknüpfungsmerkmal „gewöhnlicher Aufenthalt", hilfsweise „schlichter Aufenthalt" zu ersetzen. An dem Charakter der jeweiligen Norm als Sachnorm- oder Gesamtverweisung ändert sich dadurch nichts. Ob eine Person staatenlos ist, beurteilt sich nach den jeweils in Betracht kommenden Staatsangehörigkeitsgesetzen (→ Rn. 2), s. auch die Definition in Art. 1 Abs. 1 StaatenlosenÜ (→ Rn. 56). Bei der (von Amts wegen vorzunehmenden) Ermittlung der Staatsangehörigkeit sind deutsche Gerichte und Behörden aber nicht an die Entscheidungen der jeweiligen ausländischen Behörden gebunden (BGH IPRspr. 1977 Nr. 110). Da sich die Funktion der Vorschrift auf eine Ersetzung des Tatbestandsmerkmals „Staatsangehörigkeit" in einer Kollisionsnorm des EGBGB beschränkt, stellt sich die Frage, ob sie auch im Rahmen von Exklusivnormen zugunsten deutscher Staatsangehörigkeit (Art. 13 Abs. 2, 3, Art. 17 Abs. 1, Art. 18 Abs. 5) Anwendung findet (verneinend Staudinger/Bausback, 2013, Rn. 54; Soergel/Kegel Rn. 27 bzgl. StaatenlosenÜ). Nach zutreffender Ansicht bezweckt die Vorschrift dagegen angesichts ihres Integrationszwecks über ihren Wortlaut hinaus die vollständige Gleichstellung Staatenloser bzw. Personen unbekannter Staatsangehörigkeit mit deutschen Staatsangehörigen, sodass auch hinsichtlich der Exklusivnormen eine Gleichstellung zu erfolgen hat. Dem ist aus Gründen der Rechtssicherheit sowie zum Zweck der Integration Staatenloser zuzustimmen (MüKoBGB/v. Hein Rn. 119; v. Bar IPRax 1985, 272 f.; Henrich IPRax 1985, 353; nach dem Sinn und Zweck der jeweiligen Norm diff. BGH IPRax 1985, 292 (293) zu Art. 12 GFK; ebenso Grüneberg/Thorn Rn. 9; ähnlich Lass, Der Flüchtling im deutschen Internationalen Privatrecht, 1995, 168 f. zu Art. 12 GFK; aA noch die 2. Aufl. 2008).

15 Abs. 2 ist durch vorrangige **staatsvertragliche** bzw. **spezialgesetzliche Regelungen** weitgehend obsolet. Zu prüfen ist vorrangig, ob es sich bei der staatenlosen Person bzw. der Person unbekannter Staatsangehörigkeit alternativ (1) um eine Staatenlosen gem. dem Übereinkommen über die Rechtsstellung Staatenloser vom 28.9.1954; (2) um einen staatenlosen volksdeutschen Flüchtling oder Vertriebenen, der bereits nach Art. 116 Abs. 1 GG iVm Art. 9 Abs. 2 Nr. 5 FamRÄndG vom 11.8.1961 kollisionsrechtlich wie ein Deutscher zu behandeln ist; (3) um einen rechtsstaatswidrig unter dem NS-Regime ausgebürgerten deutschen Juden, der nach Art. 116 Abs. 2 S. 2 GG die deutsche Staatsangehörigkeit besitzt; (4) um einen Verschleppten oder einen Flüchtling nach dem AHKG 23 vom 17.3.1950; (5) um einen Flüchtling iSd GFK; (6) um einen Flüchtling iSd Gesetzes über Maßnahmen für im Rahmen humanitärer Hilfsaktionen aufgenommener Flüchtlinge vom 22.7.1980 (aufgehoben); (7) um einen anerkannten Asylberechtigten iSv § 2 AsylG handelt (iE → Rn. 39).

## III. Aufenthaltsanknüpfung

16 **1. Gewöhnlicher Aufenthalt.** Abs. 3 setzt den Begriff des gewöhnlichen Aufenthalts voraus. Eine gesetzliche Definition dieses Begriffes fehlt aber sowohl für das autonome wie für das europäische Kollisionsrecht (monographisch zuletzt Baetge, Der gewöhnliche Aufenthalt im IPR, 1994). Die speziellen Definitionen in Art. 19 Rom I-VO und Art. 23 Rom II-VO sind nicht zu verallgemeinern. Die hM definiert den gewöhnlichen Aufenthalt als den Ort eines nicht nur vorübergehenden Verweilens, an dem der Schwerpunkt der Bindungen einer Person in familiärer oder beruflicher Hinsicht, dh ihr **Daseinsmittelpunkt** liegt (s. zuletzt BGH BeckRS 2019, 6463 Rn. 19 mwN; vgl. auch BGH NJW 1994, 2047 (2048); 1975, 1068). Dieser ist aufgrund der gegebenen tatsächlichen Umstände zu beurteilen und muss auf eine gewisse Dauer angelegt sein. Ein bloß vorübergehender Aufenthalt in einem Staat begründet dort noch keinen gewöhnlichen Aufenthalt (s. zuletzt BGH BeckRS 2019, 6463 Rn. 19). Vom **Wohnsitz** unterscheidet sich der gewöhnliche Aufenthalt dadurch, dass der Wille, den Aufenthaltsort zum Mittelpunkt oder Schwerpunkt der Lebensverhältnisse zu machen, nicht erforderlich ist. Er kann daher auch als „faktischer Wohnsitz" bezeichnet werden, der durch eine gewisse Eingliederung in die soziale Umwelt begründet wird. Wegen der Maßgeblichkeit des Schwerpunkts ist ein gleichzeitiger mehrfacher gewöhnlicher Aufenthalt nicht denkbar (sehr str., wie hier Grüneberg/Thorn Rn. 10; MüKoBGB/v. Hein Rn. 170 ff.; NK-BGB/Schulze Rn. 17; v. Bar/Mankowski IPR I § 7 Rn. 24; v. Hofmann/Thorn IPR § 5 Rn. 80; aA etwa Soergel/Kegel Rn. 49; Spickhoff IPRax 1995, 185 (189); Staudinger/Bausback, 2013, Rn. 48; Erman/Hohloch Rn. 55 sowie Teile der Rspr., vgl. BayObLGZ 1980, 52; KG FamRZ 1987, 603 (604) = NJW 1988, 649 (650) m. zust. Anm. Geimer zu § 606a Nr. 2 aF ZPO; diff. Kropholler IPR § 39 II 6 sowie Baetge, Der gewöhnliche Aufenthalt im IPR, 1994, 142: nur im Rahmen von alternativen Anknüpfungen; offengelassen von OLG Oldenburg IPRax 2012, 550). Die von der Gegenansicht befürchteten „Patt-Situatio-

nen" dürften kaum bestehen (zutr. MüKoBGB/v. Hein Rn. 170; NK-BGB/Schulze Rn. 17; zur Schwerpunktbestimmung etwa bei Grenzpendlern, pendelnden Gastarbeitern und Saisonarbeitern vgl. Spickhoff IPRax 1995, 185 (187 f.)). Maßgeblicher Zeitpunkt für das Bestehen eines gewöhnlichen Aufenthalts ist – sofern nicht die entsprechende Kollisionsnorm im Rahmen einer unwandelbaren Anknüpfung (zum Begriff → EinlIPR Rn. 41 ff.) den Zeitpunkt selbst festlegt (vgl. etwa Art. 15 Abs. 1 und Art. 17 Abs. 1 S. 1 iVm Art. 14 Abs. 1 Nr. 2) – grds. derjenige der letzten mündlichen Verhandlung in der Tatsacheninstanz (anders in Fürsorgeverfahren der freiwilligen Gerichtsbarkeit, vgl. etwa BGHZ 78, 293 (301) = NJW 1981, 520 (521) zu Art. 1, 2 MSA: Zeitpunkt der tatrichterlichen Entscheidung).

Der gewöhnliche Aufenthalt setzt eine regelmäßige, wenn auch nicht ununterbrochene **physische Präsenz** der betreffenden Person voraus. Subjektive Kriterien wie insbes. der Wille, an einem bestimmten Ort einen gewöhnlichen Aufenthalt zu begründen, sind zwar nicht zwingend erforderlich, können aber bei der Frage des **Zeitpunkts** der Begründung eines gewöhnlichen Aufenthaltes von Bedeutung sein. Da dieser keine bestimmte tatsächliche Dauer des Verweilens voraussetzt, kann bereits die bloße **Absicht** des nicht nur vorübergehenden Verweilens zur Aufenthaltsbegründung ausreichend sein: Das Merkmal der nicht nur geringen Dauer des Aufenthalts bedeutet nicht, dass im Falle eines Wechsels des Aufenthaltsorts ein neuer gewöhnlicher Aufenthalt immer erst nach Ablauf einer entsprechenden Zeitspanne begründet werden könnte und bis dahin der frühere gewöhnliche Aufenthalt fortbestehen würde. Der gewöhnliche Aufenthalt an einem Ort wird vielmehr grds. schon dann begründet, wenn sich aus den Umständen ergibt, dass der Aufenthalt an diesem Ort auf eine längere Zeitdauer angelegt ist und der neue Aufenthaltsort künftig an Stelle des bisherigen Daseinsmittelpunkts sein soll (MüKoBGB/v. Hein Rn. 155; BGHZ 78, 293 (295) = NJW 1981, 520 zum MSA; BGH NJW 1993, 2047 (2049); OLG Düsseldorf FamRZ 1999, 112). Insoweit kann einer mit dem Aufenthaltsort übereinstimmenden Staatsangehörigkeit eine gewisse Indizfunktion zukommen (Schulze IPRax 2012, 526). Die tatsächliche Dauer eines Verweilens ist freilich ein wichtiges Indiz für die für Begründung eines gewöhnlichen Aufenthalts notwendige Eingliederung in die soziale Umwelt. Die Praxis geht hier als Faustregel häufig von sechs Monaten aus (zuletzt BGH NJW 1997, 3024 (3025) zum MSA, mwN; ebenso etwa OLG Hamm FamRZ 1991, 1346 (1347); NJW 1992, 636 (637); OLG Frankfurt FamRZ 1996, 1478 (1479)), was freilich vorsichtig zu handhaben ist (vgl. etwa MüKoBGB/v. Hein Rn. 154 ff.). Im Einzelfall kann es auch bei einem länger anhaltenden, aber von vorneherein zeitlich begrenzten Aufenthalt (zB Studienaufenthalt) an der notwendigen sozialen Integration fehlen (Spickhoff IPRax 1995, 185 (186)). Ein gewöhnlicher Aufenthalt ist grds. auch bei unfreiwilliger Begründung möglich (zB Versetzung eines Arbeitnehmers), jedoch wird es dann häufig, wenngleich nicht zwingend (vgl. etwa OLG Hamm FamRZ 1993, 69 f.: Verbleiben nach Aufhebung der Zwangslage als Indiz für soziale Integration), an dem Tatbestandselement der sozialen Eingliederung in die Umwelt fehlen (so etwa bei Straf- und Kriegsgefangenen, stationierten Soldaten). Fehlt diese, was nach den Umständen des jeweiligen Einzelfalls festzustellen ist, so führt auch längeres tatsächliches Verweilen nicht zur Begründung eines gewöhnlichen Aufenthaltes (vgl. BGH NJW 1975, 1068 betr. Internatsunterbringung; OLG Hamm FamRZ 1989, 1331 mAnm Henrich IPRax 1990, 59 betr. Auslandsstudium). Wegen der rein faktischen Kriterien ist grds. auch die Legalität des Aufenthaltes irrelevant (OLG Hamm NJW 1990, 651 f. betr. abgelehnten Asylbewerber mit vierjährigem Aufenthalt; OLG Koblenz und OLG Nürnberg IPRax 1990, 249 betr. 9-jährigem bzw. 23-monatigem Aufenthalt bei nicht abgeschlossenem Asylverfahren; OLG Koblenz NJW-RR 1996, 1091 betr. in Deutschland geborenes Kind einer Asylbewerberin; Rauscher IPRax 1992, 14 (15); Spickhoff IPRax 1990, 225; Grüneberg/Thorn Rn. 10 mwN; aA Soergel/Kegel Rn. 47: unter zu weitgehender Gleichstellung mit dem sozialrechtlichen Aufenthaltsbegriff), wenngleich bei offensichtlich illegalem Aufenthalt eine Aufenthaltsbegründung (entgegen dem oben Darlegten) eine bestimmte tatsächliche Verweildauer voraussetzt (OLG Bremen FamRZ 1992, 962 betr. befristet geduldetem Aufenthalt nach abgelehntem Asylantrag; OLG Köln FamRZ 1996, 946; LG Rottweil NJW-RR 1995, 967 betr. befristeten Aufenthalt eines Bürgerkriegsflüchtlings; Grüneberg/Thorn Rn. 10): Subjektive Kriterien sind für die Frage der sozialen Eingliederung dann irrelevant, solange sie offensichtlich tatsächlich nicht durchsetzbar sind. Ist die soziale Integration aber tatsächlich gegeben oder aber wegen der Unwahrscheinlichkeit aufenthaltsbeendender Maßnahmen zu erwarten, so spielt die rechtliche Zulässigkeit des Aufenthalts keine Rolle mehr. Asylbewerber können somit bei längerer Dauer eines Asylverfahrens auch dann einen gewöhnlichen Aufenthalt im Inland begründen, wenn der Asylantrag rechtskräftig abgelehnt worden ist. 17

**2. Änderung des gewöhnlichen Aufenthalts ohne/gegen den Willen des gesetzlichen Vertreters (Abs. 3).** Aus dem rein tatsächlichen Charakter des Begriffs der gewöhnlichen Aufent- 18 halts ergibt sich, dass es – anders als beim Wohnsitzbegriff des § 11 BGB – einen von anderen Personen **abgeleiteten gewöhnlichen Aufenthalt** etwa von Minderjährigen und anderen abhängigen Personen nicht gibt (hM, vgl. nur MüKoBGB/v. Hein IPR Rn. 177; Grüneberg/Thorn Rn. 10, jeweils mwN; zum Europäischen Recht vgl. EuGH v. 28.6.2018 – Rs. C-512/17, BeckRS 2018, 13329). Da es insbes. nicht auf einen rechtsgeschäftlichen Willen ankommt, können grds. auch Minderjährige eigenständig einen gewöhnlichen Aufenthalt begründen, wenngleich sie de facto im Regelfall den gewöhnlichen Aufenthalt eines Elternteils teilen dürften. Daher ist bei minderjährigen Kindern, insbes. bei Neugeborenen, vorwiegend auf die Bezugspersonen des Kindes, die es betreuen und versorgen, sowie auf das soziale und familiäre Umfeld abzustellen (vgl. EuGH FamRZ 2011, 617 Rn. 53 ff.; BGH BeckRS 2019, 6436 Rn. 19; vgl. auch EuGH FamRZ 2017, 1506; EuGH BeckRS 2018, 13329). Befindet sich das Kind bei seinen Eltern, wird es regelmäßig deren gewöhnlichen Aufenthalt teilen. Verlagert aber ein Minderjähriger gegen bzw. ohne den Willen des Aufenthaltsbestimmungsberechtigten seinen Aufenthalt (etwa im Falle des „Ausreißens" oder der Kindesentführung durch eine nicht sorgeberechtigte Person), so kommt es für die Frage, ob er einen neuen gewöhnlichen Aufenthalt begründet, allein auf seine Person an. Abs. 3 besagt lediglich die Selbstverständlichkeit, dass allein die Tatsache der (schlichten) Aufenthaltsveränderung noch nicht eine Veränderung des gewöhnlichen Aufenthalts bedeutet. Die Regelung schließt aber gerade nicht aus, dass ein ausgerissener oder entführter Minderjähriger bei entsprechender tatsächlicher sozialer Integration am neuen Aufenthaltsort einen gewöhnlichen Aufenthalt begründet (BGH NJW 1981, 520 f. mwN sowie zuletzt OLG Hamm NJW-RR 1997, 5 (6) mwN, jeweils zu Art. 2 MSA; Grüneberg/Thorn Rn. 11: feste und dauerhafte Eingliederung in die neue soziale Umwelt; MüKoBGB/v. Hein Rn. 181). Auch hier setzt damit (entgegen dem oben Darlegten) die Begründung eines gewöhnlichen Aufenthalts eine gewisse **tatsächliche Verweildauer** voraus, denn der entgegenstehende Wille des Aufenthaltsbestimmungsberechtigten stellt ein Indiz gegen einen von vorneherein auf Dauer angelegten Aufenthalt dar. Die Faustregel eines mindestens sechsmonatigen Aufenthalts bietet hier deshalb nur einen groben Anhaltspunkt (BGHZ 78, 293 (301) = NJW 1981, 520 (521) zu Art. 1, 2 MSA: „nach der Erfahrung im Regelfall angemessene Zeitspanne"; OLG Hamm NJW-RR 1997, 5 (6); Grüneberg/Thorn Rn. 11 mwN), weil es entscheidend auf die Umstände des jeweiligen Einzelfalls ankommt.

**19** Der direkte Anwendungsbereich von Abs. 3 ist gering, da die Vorschrift insbes. nicht im Bereich des **KSÜ** gilt, welches in Art. 7 eine Sonderregelung für die Kindesentführungsfälle enthält.

**20** **3. Schlichter Aufenthalt.** Hat eine Person – was möglich ist (BGH NJW 1993, 2047 (2049)) – keinen gewöhnlichen Aufenthalt, so besteht lediglich ein sog **„schlichter"** oder **„einfacher" Aufenthalt.** Dieser setzt begrifflich eine bestimmte tatsächliche Verweildauer voraus, weitere Kriterien sind nicht erforderlich (BGH BeckRS 2019, 857 Rn. 17). Der schlichte Aufenthalt tritt allerdings nicht generell als subsidiäres Anknüpfungsmerkmal an die Stelle des gewöhnlichen Aufenthalts, sondern nur dort, wo das Gesetz dies (wie etwa in Abs. 2 oder in Art. 24 Abs. 1 S. 2) ausdrücklich vorsieht. Im Übrigen kommt es wegen des Versagens des Anknüpfungsmerkmals „gewöhnlicher Aufenthalt" zu der von der jeweiligen Kollisionsnorm vorgesehenen subsidiären Anknüpfung (so etwa in Art. 14 Abs. 1 Nr. 3 (vgl. etwa BGH NJW 1993, 2047 (2049)) oder in Art. 18 Abs. 1 S. 2, Abs. 2 bzw. Art. 4, 5 HUntÜ 1973). Fehlt eine solche, gelten die Grundsätze über die Nichtermittelbarkeit der anzuwendenden Rechtsordnung, dh es kommt regelmäßig zur Anwendung der lex fori (→ EinlIPR Rn. 78). Abzulehnen ist demgegenüber die in der Lit. vertretene Hilfsanknüpfung an den letzten gewöhnlichen Aufenthalt (aA Staudinger/Bausback, 2013, Rn. 50; wie hier NK-BGB/Schulze Rn. 20; Raape/Sturm IPR, Bd. 1, 6. Aufl. 1977, 131).

**21** **4. „Domicile"-Begriff des anglo-amerikanischen Rechtskreises.** Nicht identisch mit dem Begriff des gewöhnlichen oder schlichten Aufenthalts bzw. des Wohnsitzes ist der Begriff des **domicile** im anglo-amerikanischen Privatrecht (vgl. Staudinger/Hausmann, 2013, Anh. Art. 4 Rn. 5; MüKoBGB/v. Hein Rn. 136 ff.; Junker IPR Rn. 129 ff.; zum domicile-Begriff in den USA vgl. Bungert IPRax 1993, 10 (11); s. auch BVerwG NJW 2012, 3461). Für die inländische Rechtsanwendung ist er deshalb von Bedeutung, weil das domicile im anglo-amerikanischen Rechtskreis im Bereich des Personalstatuts das tragende internationalprivatrechtliche Anknüpfungsmerkmal darstellt und daher häufig, insbes. im Familien- und Erbrecht, im Rahmen einer möglichen Rück- oder Weiterverweisung (Art. 4 Abs. 1) zu prüfen ist. Bezugspunkt des domicile ist nicht ein bestimmter Ort, sondern ein bestimmtes **Rechtsterritorium.** Ein mehrfaches gleichzeitiges domicile ist nicht möglich. Unterschieden werden grds. drei Formen des Domizils: Das domicile of origin **(Ursprungsdomizil),** das domicile of choice **(Wahldomizil)** und das domicile of dependency (**abgeleitetes Domizil** von Kindern). Das mit der Geburt erworbene domicile of origin wird regelmäßig durch das domicile der sorgeberechtigten Eltern zurzeit der Geburt bestimmt und ist unveränderlich, während das domicile of choice selbst erworben wird und aufgegeben werden kann. Für die internationalprivatrechtliche Anknüpfung ist primär das Wahldomizil relevant, nur bei Fehlen eines solchen ist auf die anderen Arten zurückzugreifen. Damit ist – anders als beim Wohnsitzbegriff – domicile-Losigkeit nicht möglich. Der Erwerb eines domicile of choice erfordert objektiv die Niederlassung in einem bestimmten Rechtsgebiet (residence) und subjektiv die Absicht, dort für unbestimmte Zeit zu verbleiben (animus manendi, intention to reside permanently). Hierbei werden relativ strenge Kriterien angelegt, die freilich in den verschiedenen Rechtsordnungen des anglo-amerikanischen Rechtskreises in den Einzelheiten divergieren können (tendenziell großzügiger etwa das Recht der US-amerikanischen Einzelstaaten, vgl. Junker IPR Rn. 131 mwN; aus der Rspr. vgl. BGH NJW 1991, 3088 betr. Ghana; OLG Zweibrücken NJW-RR 1999, 948 betr. USA; OLG Köln IPRax 1989, 297 mAnm Coester-Waltjen IPRax 1989, 282 f. betr. Irland; KG FamRZ 2007, 1561 betr. Nigeria). Nur vorübergehend im Ausland stationierte US-Soldaten erwerben am Stationierungsort idR kein „domicile" (vgl. OLG Zweibrücken NJW-RR 1999, 948; Bungert IPRax 1993, 10 (11)). Wird ein neues domicile of choice erworben, so erlischt das frühere. Wird es ohne Erwerb eines neuen Wahldomizils aufgegeben, so lebt das Ursprungsdomizil wieder auf, da dieses stets, wenn auch nur im Hintergrund, vorhanden ist (anders in den USA, wo das (aufgegebene) domicile of choice bis zum Erwerb eines neuen weiterhin anknüpfungsbestimmend bleibt) (vgl. Junker IPR Rn. 132).

Nicht zu verwechseln mit dem anglo-amerikanischen domicile-Begriff ist derjenige des Wohnsitzes („domicile") des **französischen Rechtskreises,** der inhaltlich weitgehend dem Begriff des gewöhnlichen Aufenthaltes entspricht. 22

## IV. Anhang: Das Personalstatut von Flüchtlingen, Verschleppten, Vertriebenen und Staatenlosen

Bezüglich des Personalstatuts von Flüchtlingen (umfassend Lass, Der Flüchtling im deutschen Internationalen Privatrecht, 1995) und Vertriebenen bestehen zahlreiche staatsvertragliche und autonome Sonderregelungen. Sie zielen sämtlich darauf ab, die bei diesen Personen als unangemessen empfundene oder nicht mögliche Anknüpfung an die Staatsangehörigkeit durch eine wohnsitz- bzw. aufenthaltsbezogene Anknüpfung zu ersetzen (zu rechtspolitischen Vorschlägen für die Einräumung eines Optionsrechts zugunsten der Staatsangehörigkeitsanknüpfung Henrich FS Jayme, 2005, 321 (328); zust. NK-BGB/Schulze Anh. II Art. 5 Rn. 3). Die Regelungen sind vorrangig von Amts wegen zu prüfen (vgl. für Art. 12 GFK BGH NJW-RR 2007, 145). 23

**1. Internationale Flüchtlinge. a) Genfer Flüchtlingskonvention.** UN-Abkommen über die Rechtsstellung der Flüchtlinge (GFK) vom 28.7.1951 (BGBl. 1953 II 559). 24

**aa) Wortlaut.** Text der Art. 1, 12, 16 GFK, Art. I FlüchtlingsProt: 25

**Art. 1 GFK Definition des Begriffes „Flüchtling"** 25.1

**A. Im Sinne dieses Abkommens findet der Ausdruck „Flüchtling" auf jede Person Anwendung:**

**1. Die in Anwendung der Vereinbarungen vom 12. Mai 1926 und 30. Juni 1928 oder in Anwendung der Abkommen vom 28. Oktober 1933 und 10. Februar 1938 und des Protokolls vom 14. September 1939 oder in Anwendung der Verfassung der Internationalen Flüchtlingsorganisation als Flüchtling gilt.**

**Die von der Internationalen Flüchtlingsorganisation während der Dauer ihrer Tätigkeit getroffenen Entscheidungen darüber, daß jemand nicht als Flüchtling im Sinne ihres Status anzusehen ist, stehen dem Umstand nicht entgegen, daß die Flüchtlingseigenschaft Personen zuerkannt wird, die die Voraussetzungen der Ziffer 2 dieses Artikels erfüllen;**

**2. Die infolge von Ereignissen, die vor dem 1. Januar 1951 eingetreten sind, und aus der begründeten Furcht vor Verfolgung wegen ihrer Rasse, Religion, Nationalität, Zugehörigkeit zu einer bestimmten sozialen Gruppe oder wegen ihrer politischen Überzeugung sich außerhalb des Landes befindet, dessen Staatsangehörigkeit sie besitzt, und den Schutz dieses Landes nicht in Anspruch nehmen kann oder wegen dieser Befürchtung nicht in Anspruch nehmen will; oder die sich als staatenlose infolge solcher Ereignisse außerhalb des Landes befindet, in welchem sie ihren gewöhnlichen Aufenthalt hatte, und nicht dorthin zurückkehren kann oder wegen der erwähnten Befürchtungen nicht dorthin zurückkehren will.**

**Für den Fall, daß eine Person mehr als eine Staatsangehörigkeit hat, bezieht sich der Ausdruck „das Land, dessen Staatsangehörigkeit sie besitzt" auf jedes der Länder, dessen Staatsangehörigkeit diese Person hat. Als des Schutzes des Landes, dessen Staatsangehörigkeit sie hat, beraubt gilt nicht eine Person, die ohne einen stichhaltigen, auf eine begründete Befürchtung**

**gestützten Grund den Schutz eines der Länder nicht in Anspruch genommen hat, deren Staatsangehörigkeit sie besitzt.**

**B. Im Sinne dieses Abkommens können die im Artikel 1 Abschnitt A enthaltenen Worte „Ereignisse, die vor dem 1. Januar 1951 eingetreten sind" in dem Sinne verstanden werden, daß es sich entweder um**

**a) „Ereignisse, die vor dem 1. Januar 1951 in Europa eingetreten sind" oder**

**b) „Ereignisse, die vor dem 1. Januar 1951 in Europa oder anderswo eingetreten sind"**

**handelt. Jeder vertragschließende Staat wird zugleich mit der Unterzeichnung, der Ratifikation oder dem Beitritt eine Erklärung abgeben, welche Bedeutung er diesem Ausdruck vom Standpunkt der von ihm auf Grund dieses Abkommens übernommenen Verpflichtungen zu geben beabsichtigt.**

**Jeder vertragschließende Staat, der die Formulierung zu a) angenommen hat, kann jederzeit durch eine an den Generalsekretär der Vereinten Nationen gerichtete Notifikation seine Verpflichtungen durch Annahme der Formulierung b) erweitern.**

**C. Eine Person, auf die die Bestimmungen des Absatzes A zutreffen, fällt nicht mehr unter dieses Abkommen,**

**1. wenn sie sich freiwillig erneut dem Schutz des Landes, dessen Staatsangehörigkeit sie besitzt, unterstellt; oder**

**2. wenn sie nach dem Verlust ihrer Staatsangehörigkeit diese freiwillig wiedererlangt hat; oder**

**3. wenn sie eine neue Staatsangehörigkeit erworben hat und den Schutz des Landes, dessen Staatsangehörigkeit sie erworben hat, genießt; oder**

**4. wenn sie freiwillig in das Land, das sie aus Furcht vor Verfolgung verlassen hat oder außerhalb dessen sie sich befindet, zurückgekehrt ist und sich dort niedergelassen hat; oder**

**5. wenn sie nach Wegfall der Umstände, auf Grund deren sie als Flüchtling anerkannt worden ist, es nicht mehr ablehnen kann, den Schutz des Landes in Anspruch zu nehmen, dessen Staatsangehörigkeit sie besitzt.**

**Hierbei wird jedoch unterstellt, daß die Bestimmung dieser Ziffer auf keinen Flüchtling im Sinne der Ziffer 1 des Abschnittes A dieses Artikels Anwendung findet, der sich auf zwingende, auf früheren Verfolgungen beruhende Gründe berufen kann, um die Inanspruchnahme des Schutzes des Landes abzulehnen, dessen Staatsangehörigkeit er besitzt;**

**6. wenn es sich um eine Person handelt, die keine Staatsangehörigkeit besitzt, falls sie nach Wegfall der Umstände, auf Grund deren sie als Flüchtling anerkannt worden ist, in der Lage ist, in das Land zurückzukehren, in dem sie ihren gewöhnlichen Wohnsitz hat.**

**Dabei wird jedoch unterstellt, daß die Bestimmung dieser Ziffer auf keinen Flüchtling im Sinne der Ziffer 1 des Abschnittes A dieses Artikels Anwendung findet, der sich auf zwingende, auf früheren Verfolgungen beruhende Gründe berufen kann, um die Rückkehr in das Land abzulehnen, in dem er seinen gewöhnlichen Aufenthalt hatte.**

**D. Dieses Abkommen findet keine Anwendung auf Personen, die zur Zeit den Schutz oder Beistand einer Organisation oder einer Institution der Vereinten Nationen mit Ausnahme des Hohen Kommissars der Vereinten Nationen für Flüchtlinge genießen.**

**Ist dieser Schutz oder diese Unterstützung aus irgendeinem Grunde weggefallen, ohne daß das Schicksal dieser Personen endgültig gemäß den hierauf bezüglichen Entschließungen der Generalversammlung der Vereinten Nationen geregelt worden ist, so fallen diese Personen ipso facto unter die Bestimmungen dieses Abkommens.**

**E. Dieses Abkommen findet keine Anwendung auf eine Person, die von den zuständigen Behörden des Landes, in dem sie ihren Aufenthalt genommen hat, als eine Person anerkannt wird, welche die Rechte und Pflichten hat, die mit dem Besitz der Staatsangehörigkeit dieses Landes verknüpft sind.**

**F. Die Bestimmungen dieses Abkommens finden keine Anwendung auf Personen, in bezug auf die aus schwerwiegenden Gründen die Annahme gerechtfertigt ist,**

**a) daß sie ein Verbrechen gegen den Frieden, ein Kriegsverbrechen oder ein Verbrechen gegen die Menschlichkeit im Sinne der internationalen Vertragswerke begangen haben, die ausgearbeitet worden sind, um Bestimmungen bezüglich dieser Verbrechen zu treffen;**

**b) daß sie ein schweres nichtpolitisches Verbrechen außerhalb des Aufnahmelandes begangen haben, bevor sie dort als Flüchtling aufgenommen wurden;**

**c) daß sie sich Handlungen zuschulden kommen ließen, die den Zielen und Grundsätzen der Vereinten Nationen zuwiderlaufen.**

**Art. 12 GFK Personalstatut**

**1. Das Personalstatut jedes Flüchtlings bestimmt sich nach dem Recht des Landes seines Wohnsitzes oder, in Ermangelung eines Wohnsitzes, nach dem Recht seines Aufenthaltslandes.**

**2. Die von einem Flüchtling vorher erworbenen und sich aus seinem Personalstatut ergebenden Rechte, insbesondere die aus der Eheschließung, werden von jedem vertragschließenden Staat geachtet, gegebenenfalls vorbehaltlich der Formalitäten, die nach dem in diesem Staat geltenden Recht vorgesehen sind. Hierbei wird jedoch unterstellt, daß das betreffende Recht zu demjenigen gehört, das nach den Gesetzen dieses Staates anerkannt worden wäre, wenn die in Betracht kommende Person kein Flüchtling geworden wäre.**

**Art. 16 GFK Zugang zu den Gerichten**

**1. Jeder Flüchtling hat in dem Gebiet der vertragschließenden Staaten freien und ungehinderten Zugang zu den Gerichten.**

**2. In dem vertragschließenden Staat, in dem ein Flüchtling seinen gewöhnlichen Aufenthalt hat, genießt er hinsichtlich des Zugangs zu den Gerichten einschließlich des Armenrechts und der Befreiung von der Sicherheitsleistung für Prozeßkosten dieselbe Behandlung wie ein eigener Staatsangehöriger.**

**3. In den vertragschließenden Staaten, in denen ein Flüchtling nicht seinen gewöhnlichen Aufenthalt hat, genießt er hinsichtlich der in Ziffer 2 erwähnten Angelegenheit dieselbe Behandlung wie ein Staatsangehöriger des Landes, in dem er seinen gewöhnlichen Aufenthalt hat.**

**Art. I FlüchtlingsProt (Protokoll über die Rechtsstellung der Flüchtlinge vom 31.1.1967, BGBl. 1969 II 1294)** 25.2

**(1) Die Vertragsstaaten dieses Protokolls verpflichten sich, die Artikel 2 bis 34 des Abkommens auf Flüchtlinge im Sinne der nachstehenden Begriffsbestimmung anzuwenden.**

**(2) Außer für die Anwendung des Absatzes 3 dieses Artikels bezeichnet der Ausdruck „Flüchtling" im Sinne dieses Protokolls jede unter die Begriffsbestimmung des Artikels 1 des Abkommens fallende Person, als seien die Worte „infolge von Ereignissen, die vor dem 1. Januar 1951 eingetreten sind, und …" sowie die Worte „… infolge solcher Ereignisse" in Artikel I Abschnitt A Absatz 2 nicht enthalten.**

**(3) Dieses Protokoll wird von seinen Vertragsstaaten ohne jede geographische Begrenzung angewendet; jedoch finden die bereits nach Artikel 1 Abschnitt B Absatz 1 Buchstabe a) des Abkommens abgegebenen Erklärungen von Staaten, die schon Vertragsstaaten des Abkommens sind, auch auf Grund dieses Protokolls Anwendung, sofern nicht die Verpflichtungen des betreffenden Staates nach Artikel 1 Abschnitt B Absatz 2 des Abkommens erweitert worden sind.**

**bb) Normzweck.** Zweck des Art. 12 GFK ist es, der besonderen Situation des Flüchtlings Rechnung tragend (Schutz vor dem Recht des Verfolgerstaates, rechtliche Integration im Aufnahmestaat), in allen Fragen des Personalstatuts die Anknüpfung an die Staatsangehörigkeit durch eine Anknüpfung an den Wohnsitz bzw. den Aufenthalt zu ersetzen bzw. die Anwendung des Rechts des Heimat- bzw. Verfolgerstaates weitgehend zu vermeiden. Die zentrale Bedeutung von Art. 12 GFK für das IPR ergibt sich daraus, dass sowohl § 2 AsylG als auch § 1 FlüchtlmG aF auf die GFK verweisen. 26

**cc) Persönlicher Anwendungsbereich: Flüchtlingseigenschaft.** Erfasst werden nach Art. 1 A Nr. 1 GFK zunächst Personen (vgl. ausf. das Gutachten des Amtes des Hohen Kommissars der Vereinten Nationen für Flüchtlinge RzW 1968, 156), die nach früheren Abkommen Flüchtlingsstatus haben (sog. Nansen-Flüchtlinge und IRO-Flüchtlinge). Zentrale Bedeutung hat heute Art. 1 A Nr. 2 GFK iVm Art. 1 Abs. 2 FlüchtlingsProt. Danach findet das Abkommen auch auf die neueren Flüchtlingsbewegungen Anwendung. Voraussetzung für den Flüchtlingsstatus ist, dass die **begründete Furcht** vor rassischer, religiöser, ethnischer, sozialer oder politischer Verfolgung besteht und sich die betreffende Person aus diesem Grund außerhalb ihres Heimatlandes aufhält bzw. aus diesem Grund den Schutz ihres Heimatlandes nicht in Anspruch nehmen kann oder will. Andere Fluchtgründe, insbes. die bloße Unzufriedenheit mit der allgemeinen ökonomischen Situation des Heimatlandes („Wirtschaftsflüchtlinge"), aber auch echte Notlagen wie Naturkatastrophen, Dürre, Hungersnot und Krieg etc, begründen als solche nicht den Flüchtlingsstatus nach der Konvention (für Fälle dieser Art vorgesehene aufenthaltsrechtliche Regelungen wie insbes. die RL 2001/55/EG v. 20.7.2001 iVm dem Durchführungsbeschluss EU 2022/328 des Rates, ABl. EU 2022 L 71, 1, haben keinen kollisionsrechtlichen Gehalt). Allerdings kann sich eine politische, rassische oder sonstige Verfolgung in der Bedrohung der wirtschaftlichen Existenz manifestieren (Grüneberg/Thorn Anh. Art. 5 Rn. 19; Soergel/Kegel Anh. Art. 5 Rn. 43). Die (begründet befürchtete) Verfolgung aus den genannten Gründen muss weiter zu einer Bedrohung von Leib, Leben, Bewegungsfreiheit, Religionsausübung oder wirtschaftlicher Existenz führen. Sie muss nicht direkt vom Staat ausgehen. Ausreichend ist, dass der betreffende Staat sie nicht verhindert (nach BVerwG NVwZ 1994, 497; 1994, 1112 ist Mindestvoraussetzung aber die effek- 27 tive Gebietsgewalt des Staates; an dieser fehlt es regelmäßig im Fall von Bürgerkriegen; aA VG Frankfurt NVwZ-RR 1994, 358). Die Verfolgung muss nicht zu einer Flucht geführt haben. Ausreichend ist, dass der Person aus den vom Abkommen erfassten Gründen die Rückkehr in den Heimatstaat nicht zugemutet werden kann (sog **réfugié sur place**). Der Flüchtlingsstatus wird dann in dem Zeitpunkt begründet, in welchem sich der Verzicht auf die Rückkehr in den Heimatstaat eindeutig manifestiert (vgl. etwa OLG Hamm NJW-RR 1993, 266: Manifestation durch Asylantrag). Ist die Person **staatenlos,** so muss sich die Verfolgung in Bezug auf den Staat des gewöhnlichen Aufenthalts ergeben (Nr. 2 Abs. 1 aE), bei Mehrstaatern muss die Aufenthalts- und Verfolgungssituation nach Nr. 2 Abs. 2 bezüglich sämtlicher Heimatstaaten bestehen.

28 Umstritten ist die Frage eines **abgeleiteten Flüchtlingsstatus** von Familienmitgliedern (sog personae coniunctae), die nicht selbst einen Flüchtlingstatbestand erfüllen (vgl. eingehend Lass, Der Flüchtling im deutschen Internationalen Privatrecht, 1995, 48 ff. sowie Jayme IPRax 1981, 73). Nach wohl hM erstreckt sich in Bezug auf das Personalstatut ein solcher abgeleiteter Status auf Ehegatten und Kinder, welche kraft Gesetzes die Staatsangehörigkeit des Flüchtlings teilen bzw. staatenlos sind, weil dieser staatenlos ist (BayObLGZ 1999, 27 (30 f.); 1974, 95 (100); BayObLG NJW 1975, 2146 f.; Grüneberg/Thorn Anh. Art. 5 Rn. 22; Staudinger/Bausback, 2013, Anh. IV Art. 5 Rn. 59; Erman/Hohloch Rn. 83; diff. MüKoBGB/v. Hein Anh. II Art. 5 Rn. 55). Richtigerweise erweist sich jedoch ein solcher Status zumindest für Zwecke des internationalen Privatrechts als überholt: Sofern die nahe stehende Person nicht selbst einen Flüchtlingstatbestand erfüllt (was wiederum häufig durch die familiäre Verbundenheit mit einem Flüchtling begründet sein wird), besteht kein Anlass zum Abweichen von der Regelanknüpfung der jeweiligen Kollisionsnorm (überzeugend Lass, Der Flüchtling im deutschen Internationalen Privatrecht, 1995, 51; NK-BGB/Schulze Anh. II Art. 5 Rn. 22; aus der Rspr. vgl. OLG Düsseldorf StAZ 1989, 280 (282); AG Rottweil IPRspr. 2003 Nr. 4).

29 Art. 1 D–F GFK enthalten (mit Ausnahme von Art. 1 D Abs. 2 GFK) (vgl. BVerwGE 88, 254 (258) = NVwZ 1992, 180 sowie Lass, Der Flüchtling im deutschen Internationalen Privatrecht, 1995, 43: originärer Flüchtlingsstatus, der nicht die Erfüllung der Merkmale des Art. 1 A voraussetzt) **Ausschlusstatbestände.** Art. 1 D GFK betrifft Palästinenser, Art. 1 E GFK betrifft etwa unter Art. 116 Abs. 1 GG fallende Personen, sodass volksdeutsche Flüchtlinge nicht unter die Konvention fallen. Art. 1 F GFK enthält spezielle Unwürdigkeitsgründe.

30 Die Flüchtlingseigenschaft **endet** nach Art. 1 C Nr. 1–6 GFK mit freiwilliger Unterstellung unter den Schutz des Verfolgerstaates (etwa durch die Inanspruchnahme von Vorteilen der Auslandsvertretung des Verfolgerstaates ohne zwingenden Grund) (so etwa bei Beantragung oder Verlängerung eines Passes, sofern nicht eine moralische Zwangslage besteht, nicht aber bei Heirat vor dem Generalkonsulat des Verfolgerstaates) (vgl. zum Ganzen BVerwGE 89, 231 (235) = StAZ 1993, 219 betr. Türkei), freiwilliger Wiedererlangung der Staatsangehörigkeit des Verfolgerstaates, Erwerb der Staatsangehörigkeit eines Staates, dessen Schutz die Person genießt, freiwillige Rückkehr und Niederlassung im Verfolgerstaat, Wegfall der Verfolgungsgründe im Heimatstaat (bei Staatenlosen im Wohnsitzstaat).

31 **dd) Feststellung der Flüchtlingseigenschaft, Verhältnis zum AsylG.** Die Feststellung der Flüchtlingseigenschaft nach der GFK erfolgt zumindest für die Frage der Anwendbarkeit von Art. 12 GFK nicht in einem zentralisierten Verfahren, sondern jeweils inzidenter, ohne dass dabei eine Bindung an die Entscheidungen von inländischen oder ausländischen Verwaltungsbehörden besteht (ganz hM, vgl. OLG Hamm NJW-RR 1993, 266; 1992, 391 (392); BayObLGZ 1986, 189 (193); Grüneberg/Thorn Anh. Art. 5 Rn. 23, 28; Soergel/Kegel Anh. Art. 5 Rn. 34; Staudinger/Bausback, 2013, Anh. IV Art. 5 Rn. 56; Lass, Der Flüchtling im deutschen Internationalen Privatrecht, 1995, 80 f.; zur Indizwirkung der Unterstellung eines Flüchtlings unter das Mandat des Hohen Flüchtlingskommissars der Vereinten Nationen vgl. VG Düsseldorf NVwZ 1990, 102). Die Ablehnung der Asylberechtigung im Verfahren nach dem AsylG präjudiziert daher rechtlich in keiner Weise die Frage der Flüchtlingseigenschaft nach der Konvention (→ Rn. 41). Ebenso wenig kann eine Person, die sich internationalprivatrechtlich auf die Flüchtlingseigenschaft beruft, auf die Durchführung eines Asylverfahrens verwiesen werden, da diese Frage nicht Gegenstand des Verfahrens als Anerkennung als Asylberechtigter iSv Art. 16a GG ist (BVerwG NVwZ 1989, 378). Die Anerkennung als politisch Verfolgter in einem anderen Vertragsstaat der Konvention hat keine Bindungswirkung für Asylanträge in Deutschland (BVerwG NVwZ 1987, 507).

32 **ee) Kollisionsrechtliche Behandlung von Flüchtlingen – Personalstatut (Art. 12 GFK).** Wenn Art. 12 Abs. 1 GFK bestimmt, dass sich das Personalstatut eines Flüchtlings nach dem Recht des Wohnsitzlandes, hilfsweise des Aufenthaltslandes bestimmt, so bedeutet dies zunächst, dass – wie in Art. 5 Abs. 2 – in jeder Kollisionsnorm des (auch staatsvertraglichen) deutschen IPR

das Anknüpfungsmerkmal „Staatsangehörigkeit" durch das Anknüpfungsmerkmal „Wohnsitz", hilfsweise „Aufenthalt" zu ersetzen ist (hM, vgl. nur Grüneberg/Thorn Anh. Art. 5 Rn. 24; Staudinger/Bausback, 2013, Anh. IV Art. 5 Rn. 66; MüKoBGB/v. Hein Anh. II Art. 5 Rn. 62, der den gegenständlichen Anwendungsbereich auf personen-, familien- und erbrechtliche Regelungen beschränkt sieht). Darüber hinaus sind – vorbehaltlich von Art. 12 Abs. 2 GFK – alle Anknüpfungen im Bereich des Personen-, Familien- und Erbrechts, die **iErg** zur Anwendung des Rechts des Verfolgerstaates führen, durch die Anwendung des Wohnsitz- bzw. Aufenthaltsrechts zu ersetzen. Ist der Flüchtling gemeinsam mit einer anderen Person Anknüpfungssubjekt (Art. 14 Abs. 1, Art. 17 Abs. 1, Art. 19 Abs. 1, Art. 22 S. 2), so müssen nach der ratio von Art. 12 Abs. 1 GFK (Nichtanwendung des Rechts des Verfolgerstaates) alle in der Person des Flüchtlings liegenden Bezugspunkte, die iErg zum Recht des Verfolgerstaates führen, unberücksichtigt bleiben. Führt etwa eine Anknüpfung nach Art. 14 Abs. 1 Nr. 1 an den letzten gemeinsamen gewöhnlichen Aufenthalt zum Recht des Verfolgerstaates, muss die Anknüpfung als gescheitert gelten und ist auf die nächste Anknüpfung, hilfsweise auf die lex fori zurückzugreifen (MüKoBGB/v. Hein Anh. II Art. 5 Rn. 65); zum Scheitern der Anknüpfung → EinlIPR Rn. 78.

Der Begriff des **Wohnsitzes** wird der jeweiligen lex fori überlassen. Es gilt damit grds. der Wohnsitzbegriff des deutschen Rechts, wobei eine gewisse Tendenz besteht, innerhalb des deutschen Rechts für Zwecke des Übereinkommens den Wohnsitz abweichend von §§ 7 ff. BGB wie den gewöhnlichen Aufenthalt (dazu sowie zum Begriff des „schlichten Aufenthalts" → Rn. 16 ff.) zu definieren (sog. **„kollisionsrechtlicher Wohnsitzbegriff"**) (hM, vgl. Grüneberg/Thorn Anh. Art. 5 Rn. 24; MüKoBGB/v. Hein Anh. II Art. 5 Rn. 67 mwN; NK-BGB/Schulze Anh. II Art. 5 Rn. 26; aA Soergel/Kegel Anh. Art. 5 Rn. 61). 33

Maßgebender **Zeitpunkt** für die Anknüpfungsersetzung ist dabei derjenige der Begründung der Flüchtlingseigenschaft. Wenn die jeweilige Kollisionsnorm bei der Anknüpfung an die Staatsangehörigkeit auf einen früheren Zeitpunkt abstellt (zB Zeitpunkt der Eheschließung, Art. 15), so bleibt es grds. bei dieser Anknüpfung, sofern nicht im Einzelfall ein Widerspruch zum Zweck der Konvention (Schutz vor dem Recht des Verfolgerstaates) vorliegt. Es kommt in diesem Falle auch nicht zu einer **„Versteinerung"** (→ EinlIPR Rn. 42) des Heimatrechts. 34

Aus dem Integrationsziel der GFK ergibt sich – anders als im Rahmen von Art. 5 Abs. 2 – eine kollisionsrechtliche Inländergleichstellung auch hinsichtlich der Anwendbarkeit von **Exklusivnormen** zugunsten deutscher Staatsangehöriger (Art. 13 Abs. 2, 3, Art. 17 Abs. 1, Art. 18 Abs. 5) (BGH NJW 1985, 1283 = IPRax 1985, 292 f. mAnm Jayme IPRax 1985, 272 f.; nach dem Zweck der Exklusivnorm diff. Lass, Der Flüchtling im deutschen Internationalen Privatrecht, 1995, 168 f.) (zum Begriff der Exklusivnorm → EinlIPR Rn. 46). 35

Da sich Art. 12 GFK grds. darauf beschränkt, das Anknüpfungsmerkmal „Staatsangehörigkeit" durch „Wohnsitz" zu ersetzen, sind **Rück- und Weiterverweisung** bei der nun modifiziert anzuwendenden Kollisionsnorm grds. in gleichem Maße zu beachten wie bei unmodifizierter Anwendung (zutr. OLG Hamm IPRRspr. 1991, Nr. 74; IPRRspr. 1992 Nr. 144; MüKoBGB/v. Hein Anh. II Art. 5 Rn. 74; Staudinger/Bausback, 2013, Anh. IV Art. 5 Rn. 68; aA Grüneberg/Thorn Anh. Art. 5 Rn. 25; Soergel/Kegel Anh. Art. 5 Rn. 74; Lass, Der Flüchtling im deutschen Internationalen Privatrecht, 1995, 124 f.; OLG Hamm NJW-RR 1992, 391 = StAZ 1991, 315), sofern sie nicht iErg zur Anwendung des Rechts des Heimat- oder Fluchtstaates führen (Fall eines renvoi-Ausschlusses nach Art. 4 Abs. 1 S. 1 Hs. 1; → Art. 4 Rn. 9). 36

Erworbene Rechte bleiben gem. Art. 12 Abs. 2 GFK von einem durch Begründung des Flüchtlingsstatus verursachten **Statutenwechsel** unberührt (→ EinlIPR Rn. 43). 37

Nach Art. 16 Abs. 2 GFK steht ein Flüchtling auch hinsichtlich der **internationalen Zuständigkeit** einem Inländer gleich (vgl. zuletzt BGH NJW 1990, 636 mwN; Dörner/Kötter IPRax 1991, 39; Lass, Der Flüchtling im deutschen Internationalen Privatrecht, 1995, 176 ff. mwN). 38

**b) Asylgesetz (AsylG). aa) Wortlaut.** Text der §§ 1–3, 6 AsylG: 39

**§ 1 AsylG Geltungsbereich** 39.1

**(1) Dieses Gesetz gilt für Ausländer, die Folgendes beantragen:**

**1. Schutz vor politischer Verfolgung nach Artikel 16a Absatz 1 des Grundgesetzes oder**
**2. internationalen Schutz nach der Richtlinie 2011/95/EU des Europäischen Parlaments und des Rates vom 13. Dezember 2011 über Normen für die Anerkennung von Drittstaatsangehörigen oder Staatenlosen als Personen mit Anspruch auf internationalen Schutz, für einen einheitlichen Status für Flüchtlinge oder für Personen mit Anrecht auf subsidiären Schutz und für den Inhalt des zu gewährenden Schutzes (ABl. L 337 vom 20.12.2011, S. 9); der internationale Schutz im Sinne der Richtlinie 2011/95/EU umfasst den Schutz vor Verfolgung nach dem Abkommen vom 28. Juli 1951 über die Rechtsstellung der Flüchtlinge (BGBl. 1953 II S. 559, 560) und den**

**subsidiären Schutz im Sinne der Richtlinie; der nach Maßgabe der Richtlinie 2004/83/EG des Rates vom 29. April 2004 über Mindestnormen für die Anerkennung und den Status von Drittstaatsangehörigen oder Staatenlosen als Flüchtlinge oder als Personen, die anderweitig internationalen Schutz benötigen, und über den Inhalt des zu gewährenden Schutzes (ABl. L 304 vom 30.9.2004, S. 12) gewährte internationale Schutz steht dem internationalen Schutz im Sinne der Richtlinie 2011/95/EU gleich; § 104 Absatz 9 des Aufenthaltsgesetzes bleibt unberührt.**

**(2) Dieses Gesetz gilt nicht für heimatlose Ausländer im Sinne des Gesetzes über die Rechtsstellung heimatloser Ausländer im Bundesgebiet in der im Bundesgesetzblatt Teil III, Gliederungsnummer 243-1, veröffentlichten bereinigten Fassung in der jeweils geltenden Fassung.**

**§ 2 AsylG Rechtsstellung Asylberechtigter**

**(1) Asylberechtigte genießen im Bundesgebiet die Rechtsstellung nach dem Abkommen über die Rechtsstellung der Flüchtlinge.**

**(2) Unberührt bleiben die Vorschriften, die den Asylberechtigten eine günstigere Rechtsstellung einräumen.**

**(3) Ausländer, denen bis zum Wirksamwerden des Beitritts in dem in Artikel 3 des Einigungsvertrages genannten Gebiet Asyl gewährt worden ist, gelten als Asylberechtigte.**

**§ 3 AsylG Zuerkennung der Flüchtlingseigenschaft**

**(1) Ein Ausländer ist Flüchtling im Sinne des Abkommens vom 28. Juli 1951 über die Rechtsstellung der Flüchtlinge (BGBl. 1953 II S. 559, 560), wenn er sich**

**1. aus begründeter Furcht vor Verfolgung wegen seiner Rasse, Religion, Nationalität, politischen Überzeugung oder Zugehörigkeit zu einer bestimmten sozialen Gruppe**

**2. außerhalb des Landes (Herkunftsland) befindet,**

**a) dessen Staatsangehörigkeit er besitzt und dessen Schutz er nicht in Anspruch nehmen kann oder wegen dieser Furcht nicht in Anspruch nehmen will oder**

**b) in dem er als Staatenloser seinen vorherigen gewöhnlichen Aufenthalt hatte und in das er nicht zurückkehren kann oder wegen dieser Furcht nicht zurückkehren will.**

**(2) [1]Ein Ausländer ist nicht Flüchtling nach Absatz 1, wenn aus schwerwiegenden Gründen die Annahme gerechtfertigt ist, dass er**

**1. ein Verbrechen gegen den Frieden, ein Kriegsverbrechen oder ein Verbrechen gegen die Menschlichkeit begangen hat im Sinne der internationalen Vertragswerke, die ausgearbeitet worden sind, um Bestimmungen bezüglich dieser Verbrechen zu treffen,**

**2. vor seiner Aufnahme als Flüchtling eine schwere nichtpolitische Straftat außerhalb des Bundesgebiets begangen hat, insbesondere eine grausame Handlung, auch wenn mit ihr vorgeblich politische Ziele verfolgt wurden, oder**

**3. den Zielen und Grundsätzen der Vereinten Nationen zuwidergehandelt hat.**

**[2]Satz 1 gilt auch für Ausländer, die andere zu den darin genannten Straftaten oder Handlungen angestiftet oder sich in sonstiger Weise daran beteiligt haben.**

**(3) [1]Ein Ausländer ist auch nicht Flüchtling nach Absatz 1, wenn er den Schutz oder Beistand einer Organisation oder einer Einrichtung der Vereinten Nationen mit Ausnahme des Hohen Kommissars der Vereinten Nationen für Flüchtlinge nach Artikel 1 Abschnitt D des Abkommens über die Rechtsstellung der Flüchtlinge genießt. [2]Wird ein solcher Schutz oder Beistand nicht länger gewährt, ohne dass die Lage des Betroffenen gemäß den einschlägigen Resolutionen der Generalversammlung der Vereinten Nationen endgültig geklärt worden ist, sind die Absätze 1 und 2 anwendbar.**

**(4) Einem Ausländer, der Flüchtling nach Absatz 1 ist, wird die Flüchtlingseigenschaft zuerkannt, es sei denn, er erfüllt die Voraussetzungen des § 60 Abs. 8 Satz 1 des Aufenthaltsgesetzes oder das Bundesamt hat nach § 60 Absatz 8 Satz 3 des Aufenthaltsgesetzes von der Anwendung des § 60 Absatz 1 des Aufenthaltsgesetzes abgesehen.**

**§ 6 AsylG Verbindlichkeit asylrechtlicher Entscheidungen**

**[1]Die Entscheidung über den Asylantrag ist in allen Angelegenheiten verbindlich, in denen die Anerkennung als Asylberechtigter oder die Zuerkennung des internationalen Schutzes im Sinne des § 1 Absatz 1 Nummer 2 rechtserheblich ist. [2]Dies gilt nicht für das Auslieferungsverfahren sowie das Verfahren nach § 58a des Aufenthaltsgesetzes.**

40 **bb) Normzweck.** Die für das IPR zentrale Vorschrift des § 2 Abs. 1 AsylG verfolgt durch die Verweisung auf Art. 12 GFK denselben Schutz- und Integrationszweck wie letztere. Die Regelung **erweitert** den persönlichen Anwendungsbereich von Art. 12 GFK auf Personen, die nicht zugleich Flüchtlinge iSd GFK sind.

**cc) Persönlicher Anwendungsbereich: anerkannte Asylberechtigte.** Die Verweisung des § 2 Abs. 1 AsylG auf Art. 12 GFK setzt voraus, dass die betreffende Person als Asylberechtigter **anerkannt** ist (§ 3 AsylG) (ganz hM, vgl. nur BGH NJW-RR 1993, 4; Grüneberg/Thorn Anh. Art. 5 Rn. 28; MüKoBGB/v. Hein Anh. II Art. 5 Rn. 79 f. mwN) oder ihr als politisch Verfolgter vor dem 3.10.1990 in der damaligen DDR Asyl gewährt worden ist (§ 2 Abs. 3 AsylG). Solange über einen Asylantrag noch nicht entschieden ist, kann der Antragsteller jedoch unmittelbar nach Art. 12 GFK zu behandeln sein, wenn er die Voraussetzungen der Flüchtlingseigenschaft nach Art. 1 GFK erfüllt (zur Bedeutung des Asylantrags für die Flüchtlingseigenschaft nach der GFK → Rn. 31). Da eine erfolgte Anerkennung nach § 6 AsylG in allen Verfahren bindend ist, erübrigt sich ab diesem Zeitpunkt die Prüfung der Flüchtlingseigenschaft nach Art. 1 GFK, sodass § 2 Abs. 1 AsylG in diesem Fall auch konstitutive Wirkung zukommen kann (BGHZ 169, 240 Rn. 9 = NJW-RR 2007, 145; aus dem Schrifttum vgl. etwa Wendehorst IPRax 1999, 276 (277) mwN). Hat ein Zivilgericht in diesem Fall begründete Zweifel an der Flüchtlingseigenschaft des Betroffenen, kann es lediglich bei der zuständigen Behörde (Bundesamt für die Anerkennung ausländischer Flüchtlinge) die Aufhebung (Rücknahme bzw. Widerruf) des Anerkennungsbescheides anregen und das Verfahren nach § 148 ZPO aussetzen (Wendehorst IPRax 1999, 276 (277)). Eine Bindung der Zivilgerichte an die **Ablehnung** der Anerkennung als Asylberechtigter besteht freilich nicht, sodass in einem solchen Fall die Flüchtlingseigenschaft nach Art. 1 GFK weiter bejaht werden kann und daher auch von dem befassten Gericht eigenständig zu prüfen ist (BGHZ 169, 240 Rn. 9 = NJW-RR 2007, 145; Grüneberg/Thorn Anh. Art. 5 Rn. 28; MüKoBGB/v. Hein Anh. II Art. 5 Rn. 80; Wendehorst IPRax 1999, 276 (277) mwN; zur sachlichen Übereinstimmung des Verfolgungsbegriffes in § 51 Abs. 1 AuslG und Art. 1 A Nr. 2 GFK vgl. BVerwGE 95, 42 sowie BVerwG NVwZ 1994, 1112). Keine Anwendung findet das Gesetz gem. § 1 Abs. 2 AsylG auf **heimatlose Ausländer** iSd HeimatlAuslG. Es fand in seiner bis zum 31.12.2004 geltenden Fassung auch keine Anwendung auf sog **Kontigentflüchtlinge** iSd (vormaligen) Gesetzes über Maßnahmen für im Rahmen humanitärer Hilfsaktionen (FlüchtlmG) aufgenommene Flüchtlinge (→ Rn. 46). 41

Die Frage eines **abgeleiteten** Status von Familienangehörigen stellt sich wegen der Notwendigkeit einer förmlichen Anerkennung auch für die Frage der Gewährung von Familienasyl (§ 26 AsylG) nicht (MüKoBGB/v. Hein Anh. II Art. 5 Rn. 82). 42

Der Status als Asylberechtigter **endigt** mit dem Erlöschen der Anerkennung kraft Gesetzes (§ 72 AsylG) oder durch Rücknahme/Widerruf des Anerkennungsbescheides (§ 73 AsylG). 43

**dd) Kollisionsrechtliche Behandlung von anerkannten Asylberechtigten – Personalstatut (§ 2 Abs. 1 AsylG).** Hinsichtlich der kollisionsrechtlichen Behandlung **anerkannter** Asylberechtigter gilt auf Grund der Verweisung von § 2 Abs. 1 AsylG das in → Rn. 32 ff. zur GFK Ausgeführte. § 2 Abs. 2 AsylG hat keine kollisionsrechtliche Bedeutung (Lass, Der Flüchtling im deutschen Internationalen Privatrecht, 1995, 59 ff.; Erman/Hohloch Rn. 94; aA Grüneberg/Thorn Anh. Art. 5 Rn. 29; Jayme IPRax 1984, 114 f.). 44

**c) Gesetz über Maßnahmen für im Rahmen humanitärer Hilfsaktionen aufgenommene Flüchtlinge (FlüchtlmG) vom 22.7.1980, BGBl. I 1057. aa) Wortlaut.** § Text der §§ 1, 2, 2a FlüchtlmG: 45

**§ 1 FlüchtlmG Rechtsstellung** 45.1

**(1) Wer als Ausländer im Rahmen humanitärer Hilfsaktionen der Bundesrepublik Deutschland auf Grund der Erteilung einer Aufenthaltserlaubnis vor der Einreise in der Form des Sichtvermerks oder auf Grund einer Übernahmeerklärung nach § 33 Abs. 1 des Ausländergesetzes im Geltungsbereich dieses Gesetzes aufgenommen worden ist, genießt im Geltungsbereich dieses Gesetzes die Rechtsstellung nach den Artikeln 2 bis 34, des Abkommens über die Rechtsstellung der Flüchtlinge vom 28. Juli 1951 (BGBl. 1953 II S. 559).**

**(2) Auch ohne Aufenthaltserlaubnis oder Übernahmeerklärung genießt die Rechtsstellung nach Absatz 1, wer als Ausländer vor Vollendung des 16. Lebensjahres und vor dem Inkrafttreten des Gesetzes zur Neuregelung des Ausländerrechts im Rahmen humanitärer Hilfsaktionen der Bundesrepublik Deutschland im Geltungsbereich dieses Gesetzes aufgenommen worden ist.**

**(3) Dem Ausländer wird eine unbefristete Aufenthaltserlaubnis erteilt.**

**§ 2 FlüchtlmG Nachweis**

**Der Flüchtling im Sinne des § 1 erhält zum Nachweis seiner Rechtsstellung eine amtliche Bescheinigung.**

**§ 2a FlüchtlmG Erlöschen der Rechtsstellung**

**(1) Die Rechtsstellung nach § 1 erlischt, wenn der Ausländer**

**1. sich freiwillig oder durch Annahme oder Erneuerung eines Nationalpasses erneut dem Schutz des Staates, dessen Staatsangehörigkeit er besitzt, unterstellt oder**

**2. nach Verlust seiner Staatsangehörigkeit diese freiwillig wiedererlangt hat oder**

**3. auf Antrag eine neue Staatsangehörigkeit erworben hat und den Schutz des Staates, dessen Staatsangehörigkeit er erworben hat, genießt.**

**(2) In den Fällen des Absatzes 1 hat der Ausländer unverzüglich die amtliche Bescheinigung seiner Rechtsstellung und den Reiseausweis bei der Ausländerbehörde abzugeben.**

46 **bb) Normzweck, Anwendungsbereich und kollisionsrechtliche Behandlung.** Das Gesetz ist gem. Art. 15 Abs. 3 Nr. 3 Zuwanderungsgesetz vom 30.7.2004 (BGBl. I 1950) zum 1.1.2005 **außer Kraft** getreten. Der vor diesem Zeitpunkt aufgrund des Gesetzes bereits erfolgte Erwerb eines deutschen Personalstatuts bleibt davon aber unberührt (AG Leverkusen FamRZ 2007, 1565). Auch auf die Beendigung des Status findet das Gesetz dann weiterhin Anwendung (OLG Celle BeckRS 2011, 19676; BayVGH BeckRS 2012, 59050). Es betrifft Personen, die ohne Anerkennung als Asylberechtigte und ohne die Flüchtlingseigenschaft nach der GFK zu besitzen, im Rahmen humanitärer Hilfsmaßnahmen aufgenommen wurden **(Kontingentflüchtlinge).** In der Praxis handelte es sich vor allem um vietnamesische Bootsflüchtlinge („boat people"), die insbes. in den 1980er Jahren in großer Zahl in Deutschland Aufnahme fanden. Die Aufnahme musste entweder auf Grund eines Sichtvermerks einer deutschen Auslandsvertretung oder auf Grund einer Übernahmeerklärung des Bundesministeriums des Inneren (§ 33 Abs. 1 AuslG) erfolgt sein, bei Personen unter 16 Jahren, die vor dem 1.1.1991 aufgenommen wurden (vgl. § 1 Abs. 2 FlüchtlmG) genügte die schlichte Aufnahme im Rahmen humanitärer Hilfsaktionen. Zum Nachweis ihrer Rechtsstellung erhielten die Flüchtlinge eine amtliche Bescheinigung, die nach § 2 FlüchtlmG nur deklaratorischen Charakter hatte. Insbesondere war damit keine Anerkennung als Asylberechtigter verbunden. Das Gesetz wurde auf jüdische Emigranten aus der Sowjetunion entspr. angewendet. Der **Verlust** des Status erfolgte nach § 2a FlüchtlmG in Anlehnung an die Erlöschensgründe in Art. 1 C GFK. Die **kollisionsrechtliche Behandlung** ist durch Verweisung auf die GFK geregelt. Es gilt daher insoweit das in → Rn. 32 ff. Dargelegte. Für seit dem 1.1.2005 einreisende Kontingentflüchtlinge gelten nunmehr allein Art. 12 GFK (→ Rn. 32 ff.) und § 2 Abs. 1 AsylG (→ Rn. 44). Die für den Aufenthalt aus humanitären Gründen einschlägigen §§ 22 ff. AufenthG sehen keine Regelung des Personalstatuts vor.

47 **d) AHK-Gesetz Nr. 23 über die Rechtsverhältnisse verschleppter Personen und Flüchtlinge vom 17.3.1950 iVm Gesetz über die Rechtsstellung heimatloser Ausländer im Bundesgebiet vom 25.4.1951. aa) Wortlaut.** AHK-Gesetz Nr. 23 über die Rechtsverhältnisse verschleppter Personen und Flüchtlinge vom 17.3.1950 (AHKABl S. 140, SaBl S. 256, idF des AHKG 48 vom 1.3.1951, AHKABl S. 808, SaBl S. 322; dazu Lass, Der Flüchtling im deutschen Internationalen Privatrecht, 1995, 23 ff.):

47.1 **Art. 1 AHKG23**

**Soweit das Einführungsgesetz zum Bürgerlichen Gesetzbuch bestimmt, daß die Gesetze des Staates, dem eine Person angehört, maßgebend sind, werden die Rechtsverhältnisse einer verschleppten Person oder eines Flüchtlings nach dem Recht des Staates beurteilt, in welchem die Person oder der Flüchtling zu der maßgebenden Zeit den gewöhnlichen Aufenthalt hat oder gehabt hat, oder, falls ein gewöhnlicher Aufenthalt fehlt, nach dem Recht des Staates, in welchem die Person oder der Flüchtling sich zu der maßgebenden Zeit befindet oder befunden hat.**

**Art. 2 AHKG23**

**Artikel 1 findet keine Anwendung auf die in Artikel 24 und 25 des Einführungsgesetzes zum Bürgerlichen Gesetzbuch geregelten Gegenstände.**

**Art. 10 AHKG23**

**Im Sinne dieses Gesetzes bedeutet:**

**a) Der Ausdruck „verschleppte Personen und Flüchtlinge" Personen, die nicht die deutsche Staatsangehörigkeit besitzen oder deren Staatsangehörigkeit nicht festgestellt werden kann, sofern sie ihren Aufenthalt im Gebiet der Bundesrepublik haben und eine amtliche Bescheinigung darüber besitzen, daß sie der Obhut der internationalen Organisation unterstehen, die von den Vereinten Nationen mit der Betreuung der verschleppten Personen und Flüchtlinge beauftragt ist;**

47a Gesetz über die Rechtsstellung heimatloser Ausländer im Bundesgebiet vom 25.4.1951 (BGBl. I 269):

**§ 8 HeimatlAuslG** 47a.1

**[1]Hat ein heimatloser Ausländer vor Inkrafttreten dieses Gesetzes nach anderen als den deutschen Vorschriften Rechte erworben, so behält er diese, sofern die Gesetze des Ortes beobachtet sind, an dem das Rechtsgeschäft vorgenommen ist. [2]Dies gilt insbesondere für eine vor Inkrafttreten dieses Gesetzes geschlossene Ehe.**

**bb) Normzweck, Anwendungsbereich und kollisionsrechtliche Behandlung.** Die heute wegen des Vorrangs der GFK weitgehend obsolete Regelung betraf Personen, die sich infolge der Wirren des Zweiten Weltkriegs auf der Flucht befanden oder verschleppt wurden (sog **displaced persons**). Erfasst werden nach Art. 10 AHKG23 nur Personen, die nicht die deutsche Staatsangehörigkeit besitzen oder deren Staatsangehörigkeit nicht festgestellt werden kann und die zumindest ihren schlichten Aufenthalt im Inland haben. Diese Personen müssen überdies im Besitz einer amtlichen Bescheinigung der zuständigen UNO-Hilfsorganisation (früher: IRO, heute: UNHCR) sein. Volksdeutsche Flüchtlinge und Vertriebene iSv Art. 116 Abs. 1 GG fallen nicht unter die Regelung. **Kollisionsrechtlich** ordnet Art. 1 AHKG23 die Ersetzung des Anknüpfungsmerkmals „Staatsangehörigkeit" durch das Merkmal des gewöhnlichen, hilfsweise des schlichten Aufenthalts (zum Begriff → Rn. 16 ff.) an. Dies gilt nach Art. 2 AHKG23 nicht für den Bereich des **Internationalen Erbrechts** (die Verweisung betrifft Art. 24, 25 aF und bezieht sich nunmehr auf Art. 25). § 8 HeimatlAuslG stellt lediglich eine **Ergänzung** der Regelungen des AHKG23 um ein Rückwirkungsverbot dar. Die schlecht formulierte Vorschrift will klarstellen, dass die Anknüpfung des Personalstatuts nach Art. 1 AHKG23 nur solche Tatbestände erfasst, die nach dessen Inkrafttreten verwirklicht wurden (hM, vgl. nur Grüneberg/Thorn Anh. Art. 5 Rn. 14). 48

**2. Volksdeutsche Flüchtlinge und Vertriebene (Art. 9 Abs. 2 Nr. 5 FamRÄndG iVm Art. 116 GG). a) Wortlaut.** Text des Art. 9 Abschnitt II Nr. 5 FamRÄndG, Art. 116 GG: 49

**Art. 9 Abschnitt II Nr. 5 FamRÄndG vom 11.8.1961** 49.1

**[1]Soweit im deutschen bürgerlichen Recht oder im deutschen Verfahrensrecht die Staatsangehörigkeit einer Person maßgebend ist, stehen den deutschen Staatsangehörigen die Personen gleich, die, ohne die deutsche Staatsangehörigkeit zu besitzen, Deutsche im Sinne des Artikels 116 Abs. 1 des Grundgesetzes sind. [2]Rechtskräftige gerichtliche Entscheidungen bleiben unberührt.**

**Art. 116 GG** 49.2

**(1) Deutscher im Sinne dieses Grundgesetzes ist vorbehaltlich anderweitiger gesetzlicher Regelung, wer die deutsche Staatsangehörigkeit besitzt oder als Flüchtling oder Vertriebener deutscher Volkszugehörigkeit oder als dessen Ehegatte oder Abkömmling in dem Gebiete des deutschen Reiches nach dem Stande vom 31. Dezember 1937 Aufnahme gefunden hat.**

**(2) Frühere deutsche Staatsangehörige, denen zwischen dem 30. Januar 1933 und dem 8. Mai 1945 die Staatsangehörigkeit aus politischen, rassischen oder religiösen Gründen entzogen worden ist, und ihre Abkömmlinge sind auf Antrag wieder einzubürgern. Sie gelten als nicht ausgebürgert, sofern sie nach dem 8. Mai 1945 ihren Wohnsitz in Deutschland genommen haben und nicht einen entgegengesetzten Willen zum Ausdruck gebracht haben.**

**b) Normzweck.** Art. 9 Abs. 2 Nr. 5 FamRÄndG stellt international-privatrechtlich Deutsche iSv Art. 116 Abs. 1 GG deutschen Staatsangehörigen gleich. Art. 116 Abs. 2 GG betrifft den Status ausgebürgerter Deutscher. Insoweit hat die Vorschrift keinen kollisionsrechtlichen Gehalt. 50

**c) Persönlicher Anwendungsbereich.** Erfasst werden Flüchtlinge oder Vertriebene deutscher Volkszugehörigkeit, die im Gebiet des deutschen Reichs in den Grenzen vom 31.12.1937 Aufnahme gefunden haben, ohne die deutsche Staatsangehörigkeit zu besitzen. Als Aufnahmegebiet kommt nur das Gebiet der **Bundesrepublik** und der **ehemaligen DDR** in Betracht, nicht hingegen die Gebiete östlich der heutigen deutsch-polnischen Grenze (BVerwGE 38, 224 (228) = NJW 1971, 2003. Zur fortbestehenden deutschen Staatsangehörigkeit dort lebender Deutscher selbst bei Hinzuerwerb der polnischen Staatsangehörigkeit vgl. BVerwGE 40, 141 = NJW 1975, 2887 sowie Grüneberg/Thorn Anh. Art. 5 Rn. 10 mwN). 51

Die Begriffe „Flüchtling" und „Vertriebener" sind anhand von §§ 1, 2 BVFG auszulegen, der Begriff der deutschen Volkszugehörigkeit ist in § 6 BVFG definiert. Erfasst werden auch **Spätaussiedler** iSv § 4 BVFG, dh solche Personen, die zum Zeitpunkt der Vertreibungs- bzw. Verfolgungsmaßnahme noch nicht geboren waren. Deutsche iSv Art. 116 Abs. 1 GG sind auch Personen, die als Ehegatte und Abkömmling eines Volksdeutschen Aufnahme gefunden haben, was einen kausalen Zusammenhang der familienrechtlichen Verbindung mit der Aufnahme voraus- 52 setzt (vgl. BVerwGE 90, 174 = FamRZ 1993, 53 betr. Abkömmlinge; BVerwG NVwZ-RR 1993, 105 betr. Ehegatte). Nach der Aufnahme geborene Abkömmlinge sind nur dann Deutsche, wenn sie nach den Regeln des deutschen Staatsangehörigkeitsrechts die Staatsangehörigkeit eines Elternteils erwerben würden, der Deutscher iSv Art. 116 Abs. 1 GG ist (BVerwGE 71, 301; eine Erwachsenenadoption begründet damit nicht die Eigenschaft als „Abkömmling" iSv Art. 116 Abs. 1 GG, BVerwG NJW 2007, 937). Vertriebene sind nach § 1 Abs. 2 Nr. 3 BVFG auch **Aussiedler,** wenn sie das Aufnahmeverfahren vor dem 1.1.1993 durchlaufen haben, sowie **Spätaussiedler** (§ 4 Abs. 3 BVFG).

53 **d) Kollisionsrechtliche Behandlung.** Nach Art. 9 Abschnitt II Nr. 5 FamRÄndG sind Deutsche iSv Art. 116 Abs. 1 GG kollisionsrechtlich deutschen Staatsangehörigen gleichgestellt. Die Vorschrift bestätigt lediglich die sich bereits direkt aus Art. 116 Abs. 1 GG ergebende Gleichstellung, sie wirkt daher auf den Zeitpunkt des Inkrafttretens von Art. 116 Abs. 1 GG (24.5.1949) zurück (Grüneberg/Thorn Anh. Art. 5 Rn. 12). Die betroffenen Personen gelten für Fragen des IPR sowie des IZPR gem. Art. 5 Abs. 1 S. 2 ausschließlich als deutsche Staatsangehörige. Diese Gleichstellung betrifft auch die **Exklusivnormen** zugunsten Deutscher. Für die Zeit vor Inkrafttreten des Art. 116 Abs. 1 GG bzw. für den Zeitraum vor Aufnahme der betreffenden Person im ehemaligen Reichsgebiet verbleibt es dagegen bei den allgemeinen Anknüpfungsregeln, dh bei der Anknüpfung an die nichtdeutsche Staatsangehörigkeit bzw. im Falle der Staatenlosigkeit an den gewöhnlichen Aufenthalt. Es kann damit – insbes. im Ehegüterrecht (vgl. Gesetz über den ehelichen Güterstand von Vertriebenen und Flüchtlingen vom 5.8.1969, → Art. 15 Rn. 83 ff.; zum Namensrecht → Art. 10 Rn. 16) – zu einem Statutenwechsel kommen (zum Begriff → EinlIPR Rn. 43).

54 **3. Staatenlose nach dem New Yorker UN-Übereinkommen über die Rechtsstellung der Staatenlosen vom 28.9.1954 (BGBl. 1976 II 473, für die Bundesrepublik Deutschland in Kraft getreten am 24.1.1977, BGBl. II 235; zu den Vertragsstaaten s. FNB 2001 S. 349 und BGBl. 2001 II 235). a) Wortlaut.** Text des Art. 1, 12 StaatenlosenÜ:

54.1 **Art. 1 StaatenlosenÜ Definition des Begriffs „Staatenloser"**

**(1) Im Sinne dieses Überreinkommens ist ein „Staatenloser" eine Person, die kein Staat auf Grund seines Rechtes als Staatsangehörigen ansieht.**

**(2) Dieses Übereinkommen findet keine Anwendung**

**i) auf Personen, denen gegenwärtig ein Organ oder eine Organisation der Vereinten Nationen mit Ausnahme des Hohen Flüchtlingskommissars der Vereinten Nationen Schutz oder Beistand gewährt, solange sie diesen Schutz oder Beistand genießen;**

**ii) auf Personen, denen die zuständigen Behörden des Landes, in dem sie ihren Aufenthalt genommen haben, die Rechte und Pflichten zuerkennen, die mit dem Besitz der Staatsangehörigkeit dieses Landes verknüpft sind;**

**iii) auf Personen, bei denen aus schwerwiegenden Gründen die Annahme gerechtfertigt ist,**

1. **daß sie ein Verbrechen gegen den Frieden, ein Kriegsverbrechen oder ein Verbrechen gegen die Menschlichkeit im Sinne der internationalen Übereinkünfte begangen haben, die abgefaßt wurden, um Bestimmungen hinsichtlich derartiger Verbrechen zu treffen;**
2. **daß sie ein schweres nichtpolitisches Verbrechen außerhalb ihres Aufenthaltslands begangen haben, bevor sie dort Aufnahme fanden;**
3. **daß sie sich Handlungen zuschulden kommen ließen, die den Zielen und Grundsätzen der Vereinten Nationen zuwiderlaufen.**

**Art. 12 StaatenlosenÜ Personalstatut**

**(1) Das Personalstatut eines Staatenlosen bestimmt sich nach den Gesetzen des Landes seines Wohnsitzes oder, wenn er keinen Wohnsitz hat, nach den Gesetzen seines Aufenthaltslands.**

**(2) Die von einem Staatenlosen früher erworbenen, sich aus seinem Personalstatut ergebenden Rechte, insbesondere die aus der Eheschließung, werden von jedem Vertragsstaat vorbehaltlich der nach seinen Gesetzen gegebenenfalls zu erfüllenden Förmlichkeiten geachtet; hierbei wird vorausgesetzt, daß es sich um ein Recht handelt, das nach den Gesetzen dieses Staates anerkannt worden wäre, wenn der Berechtigte nicht staatenlos geworden wäre.**

55 **b) Normzweck.** Ebenso wie Art. 5 Abs. 2 bezweckt das StaatenlosenÜ kollisionsrechtlich eine **Gleichstellung** von Staatenlosen mit Inländern.

56 **c) Anwendungsbereich.** Eine Person ist dann staatenlos, wenn sie von keinem Staat als eigener Staatsangehöriger betrachtet wird (Art. 1 Abs. 1 StaatenlosenÜ). Nach Art. 1 Abs. 2 Staatenlo-

senÜ sind bestimmte Personen vom Anwendungsbereich ausgenommen. Art. 1 Abs. 2 Ziff. i StaatenlosenÜ betrifft insbes. staatenlose **Palästinenser,** soweit diese unter Betreuung der UNRWA stehen (vgl. hierzu sowie allg. zur internationalprivatrechtlichen Stellung der Palästinenser Börner IPRax 1997, 47). Zukünftig ist jedoch die mögliche Entwicklung einer eigenen palästinensischen Staatsangehörigkeit in Betracht zu ziehen. Aus Art. 1 Abs. 2 Ziff. ii StaatenlosenÜ ergibt sich insbes. ein Vorrang von Art. 116 Abs. 1 GG für staatenlose Volksdeutsche. Die Abgrenzung des Anwendungsbereichs zur GFK erübrigt sich aus kollisionsrechtlicher Sicht, da Art. 12 GFK und Art. 12 StaatenlosenÜ inhaltlich weitgehend übereinstimmen.

**d) Kollisionsrechtliche Behandlung.** Hinsichtlich der kollisionsrechtlichen Behandlung Staatenloser gilt das zu Art. 12 GFK Ausgeführte (→ Rn. 32 ff.) entspr.: Art. StaatenlosenÜ bestimmt damit, dass – wie in Art. 5 Abs. 2 – in jeder Kollisionsnorm des (auch staatsvertraglichen) deutschen IPR das Anknüpfungsmerkmal „Staatsangehörigkeit" durch das Anknüpfungsmerkmal „Wohnsitz", hilfsweise „Aufenthalt" zu ersetzen ist. Hierin erschöpft sich die Bedeutung der Vorschrift. Da das StaatenlosenÜ – anders als die GFK – neben der Gleichbehandlung nicht das weitere Ziel verfolgt, den Betroffenen vor der Anwendung eines bestimmten Rechts zu bewahren, besteht eine darüber hinausgehende Problematik nicht. Aus diesem Grunde ist auch ein sich bei der modifizierten Anwendung der jeweiligen Kollisionsnorm ergebender renvoi ausnahmslos zu beachten (str., aA Grüneberg/Thorn Anh. Art. 5 Rn. 25; wie hier MüKoBGB/v. Hein Anh. I Art. 5 Rn. 11; NK-BGB/Schulze Anh. II Art. 5 Rn. 7; Staudinger/Bausback, 2013, Rn. 70; diff. Looschelders Anh. Art. 5 Rn. 15, der den renvoi im Einzelfall für unbeachtlich hält). Ist ein Staatenloser gleichzeitig Flüchtling iSd GFK, so gilt dies jedoch nur mit den dort genannten Einschränkungen (→ Rn. 36) (MüKoBGB/v. Hein Anh. I Art. 5 Rn. 11). 57

## Art. 6 Öffentliche Ordnung (ordre public)

**[1]Eine Rechtsnorm eines anderen Staates ist nicht anzuwenden, wenn ihre Anwendung zu einem Ergebnis führt, das mit wesentlichen Grundsätzen des deutschen Rechts offensichtlich unvereinbar ist. [2]Sie ist insbesondere nicht anzuwenden, wenn die Anwendung mit den Grundrechten unvereinbar ist.**

### Übersicht



## I. Normzweck

Die Ermittlung des jeweiligen Sachstatuts durch Anwendung der Kollisionsnorm erfolgt 1
zunächst zwangsläufig ohne Rücksicht auf dessen Inhalt und damit ohne Rücksicht auf die rechtliche Gesamtbeurteilung des jeweiligen konkreten Lebenssachverhalts. Das IPR steht damit dem materiellrechtlichen Ergebnis grds. neutral gegenüber, da es nicht das Ziel materieller, sondern **kollisionsrechtlicher Gerechtigkeit** verfolgt (→ EinlIPR Rn. 4). Man hat diese Situation treffend als „Sprung ins Dunkle" (Raape IPR, 5. Aufl. 1961, 90) bezeichnet. Da die Rechtsordnung aber gegenüber dem materiellen Endergebnis der jeweiligen Rechtsfrage nicht blind sein darf, sichert Art. 6 die **materiellen Grundwertungen** der eigenen Rechtsordnung (ordre public) gegen die von den Kollisionsnormen prinzipiell zugelassenen Auswirkungen der Anwendung fremden Rechts ab (so die Formulierung des RegE, BT-Drs. 10/504, 43). Der **ordre public-**

**Vorbehalt** ist damit einer der wichtigsten allgemeinen Grundsätze des IPR. Art. 6 soll – trotz bzw. gerade wegen der vom IPR vorausgesetzten Gleichwertigkeit der Rechtsordnungen – eine Ergebniskontrolle und -korrektur in denjenigen Fällen ermöglichen, in welchen das Ergebnis der Anwendung des an sich berufenen Rechts eines anderen Staates gegen **wesentliche Grundsätze** des **deutschen Rechts,** insbes. gegen die **Grundrechte** verstößt. Es handelt sich damit um eine **konkretisierungsbedürftige Generalklausel,** wie sie – geschrieben oder ungeschrieben – jede Rechtsordnung enthält. Sachlich stimmt die Vorschrift mit ihrem Vorläufer (Art. 30 aF) vollständig überein, eine inhaltliche Abweichung war vom Gesetzgeber trotz der abweichenden Formulierung nicht beabsichtigt (Begr. RegE, BT-Drs. 10/504, 43; BGHZ 104, 240 (243) = NJW 1988, 2173).

2 Neben Art. 6 enthält das deutsche IPR noch **spezielle Vorbehaltsklauseln** (Art. 13 Abs. 2, 3; Art. 40 Abs. 3), die in ihrem Anwendungsbereich Art. 6 verdrängen.

3 Auch das Internationale **Verfahrensrecht,** für das Art. 6 nicht gilt, enthält spezielle Vorbehaltsklauseln (zB § 328 Abs. 1 Nr. 4 ZPO, § 1059 Abs. 2 Nr. 2 lit. b ZPO; § 1061 ZPO iVm Art. V Abs. 2 lit. b Übereinkommen vom 10.6.1958 über die Anerkennung und Vollstreckung ausländischer Schiedssprüche, BGBl. 1961 II 121 (s. dazu zB BGH NJW 2009, 1215 = IPRax 2009, 519 mAnm Schütze IPRax 2009, 504); § 109 Abs. 1 Nr. 4 FamFG; Art. 102 Abs. 1 Nr. 2 EGInsO (s. dazu BGH NJW 2002, 960); Art. 27 Nr. 1 LugÜ; Art. 45 Nr. 1 Brüssel Ia-VO; Art. 15 Abs. 1 Nr. 1 Brüssel IIa-VO) (vgl. Bruns JZ 1999, 278). Dieser sog **anerkennungsrechtliche ordre public** hat gegenüber dem **internationalprivatrechtlichen ordre public** bei der Anwendung ausländischen Rechts eine Sonderstellung: Hat ein deutscher Richter ausländisches Recht anzuwenden, so ist der Maßstab strenger als bei der bloßen Hinnahme ausländischer Rechtsanwendung durch Anerkennung eines Urteils (BGH NJW-RR 2018, 1437 Rn. 15; BGH NJW 1998, 2358 = IPRax 1999, 466 mAnm Fischer IPRax 1999, 450; BGHZ 118, 312 (329) = NJW 1992, 3096 (3100); Bruns JZ 1999, 278). Insbesondere wenn die Anerkennung einem Verbot der sachlichen Überprüfung („révision au fond") unterliegt (zB Art. 52 Brüssel Ia-VO) darf die Anerkennung nur bei besonders gravierenden Verstößen gegen den ordre public verweigert werden (s. BGH NJW 2009, 3306 Rn. 14, 25 zu Art. 34 Nr. 1 Brüssel I-VO, Art. 5 Nr. 1 HVÜ und § 328 Abs. 1 Nr. 4 ZPO, s. dazu auch Rauscher LMK 2009, 293153; KG IPRax 2014, 72 sowie BGH BeckRS 2014, 23505 Rn. 28 zur Urteilsanerkennung bei Verwandtschaft infolge eines Leihmuttervertrags). Wenig hilfreich ist freilich die in diesem Zusammenhang in der Rspr. verwendete (zB BGH NJW-RR 2018, 1473 Rn. 15; BGH BeckRS 2014, 23505 Rn. 28; BGHZ 138, 331 (334) = NJW 1998, 2358 = IPRax 1999, 466 mAnm Fischer IPRax 1999, 450) terminologische Unterscheidung zwischen ordre public international und ordre public national (vgl. MüKoBGB/v. Hein Rn. 114). Im Zusammenhang mit Art. 13 Abs. 1 HZÜ (Haager Übereinkommen über die Zustellung gerichtlicher und außergerichtlicher Schriftstücke im Ausland in Zivil- oder Handelssachen vom 15.11.1965, BGBl. 1977 II 1452), wonach der ersuchte Staat die Zustellung nur verweigern darf, wenn seine Hoheitsrechte oder seine Sicherheit gefährdet sind, wird auch von einem noch weiter abgeschwächten **zustellungsrechtlichem ordre public** gesprochen (PWW/Mörsdorf-Schulte Rn. 7; s. dazu auch OLG Koblenz IPRax 2006, 25 (35 f.); BVerfGE 108, 238 sowie BVerfG RIW 2007, 211; NJW 2013, 990 zur Zustellung von Klagen auf Strafschadensersatz („punitive damages") und Sammelklagen („class actions")). Dieser greift erst ein, wenn das mit der Klage verfolgte Ziel „offensichtlich gegen unverzichtbare Grundsätze eines freiheitlichen Rechtsstaats verstieße", was etwa bei einer auf Strafschadensersatz („punitive damages") gerichteten Klage nicht ohne weiteres der Fall ist (BVerfGE 91, 335 (343); 108, 238 (247); BVerfG RIW 2007, 211; NJW 2013, 990; s. dazu auch v. Hein RIW 2007, 249). Auch die Unterwerfung unter eine sog „pretrial discovery" stellt keinen offensichtlichen Verstoß gegen unverzichtbare Grundsätze eines freiheitlichen Rechtsstaats dar (BVerfG WM 2007, 375 Rn. 15). Der zustellungsrechtliche ordre public kann aber dann verletzt sein, wenn Verfahren vor staatlichen Gerichten in einer offenkundig missbräuchlichen Art und Weise genutzt werden, um einen Marktteilnehmer gefügig zu machen (BVerfGE 108, 238 (248) = NJW 2003, 2598).

4 Die Vorschrift ist eine rein **negative Vorbehaltsklausel** mit Abwehrfunktion. Sie kann nicht dazu dienen, als zwingend erachteten Normen des deutschen materiellen Rechts unabhängig vom Inhalt an sich anwendbaren ausländischen Rechts Geltung zu verschaffen. Dies kann nur über besondere Vorbehaltsklauseln (vgl. etwa Art. 9 Abs. 2 Rom I-VO) bzw. über spezielle **Eingriffsnormen** erfolgen, die man gelegentlich auch als **positiven ordre public, ordre public interne** oder als **lois d'application immédiate** bezeichnet (→ EinlIPR Rn. 50).

5 Art. 6 ist auch keine allgemeine **kollisionsrechtliche Ausweichklausel** (zum Begriff → Art. 4 Rn. 4), welche es erlauben würde, als unangemessen empfundene Ergebnisse durch eine Korrektur auf kollisionsrechtlicher Ebene zu umgehen, wenn etwa eine andere als die an sich

anwendbare Rechtsordnung als die sachnähere oder „bessere" empfunden wird (ganz hM, vgl. nur MüKoBGB/v. Hein Rn. 96 mwN).

## II. Anwendungsbereich

**1. Ausländisches staatliches Recht.** Der ordre public-Vorbehalt wendet sich gegen das **Ergebnis** der Anwendung einer Rechtsnorm eines anderen Staates, bei der es sich auch um eine Kollisionsnorm handeln kann (zur Problematik gleichheitswidrigen ausländischen Kollisionsrechts im Rahmen der Prüfung einer Rückverweisung → EinlIPR Rn. 24). Deutsches sowie nichtstaatliches Recht ist keiner Kontrolle nach Art. 6 unterworfen (unrichtig daher BGHZ 104, 240 (243 ff.) = IPRax 1989, 235; hiergegen zutr. Behrens IPRax 1989, 217 (221)). Verstößt das Ergebnis der Anwendung **deutschen** Rechts gegen grundlegende innerstaatliche Gerechtigkeitsvorstellungen, ist es entweder unrichtig angewendet oder aber verfassungswidrig und aus diesem Grunde nicht anzuwenden und ggf. nach Art. 100 GG durch das BVerfG zu überprüfen. 6

**2. Staatsvertragliches und europäisches Kollisionsrecht.** Auch im Bereich des **staatsvertraglichen Kollisionsrechts** ist die Anwendung von Art. 6 gem. Art. 3 Nr. 2 grds. ausgeschlossen. Ein ordre public-Vorbehalt kann dort nur insoweit zum Zuge kommen, als der jeweilige Staatsvertrag selbst einen solchen vorsieht (was zumindest bei den Staatsverträgen jüngeren Datums idR der Fall ist, s. zB Art. 16 MSA, Art. 16 EVÜ) oder die Anwendung von Vorbehaltsklauseln des autonomen IPR zumindest zulässt, was im Wege der Auslegung zu ermitteln (so entnimmt die hM etwa Art. 8 Abs. 3 S. 2 Deutsch-Iranisches Niederlassungsabkommen vom 17.2.1929, RGBl. 1930 II 1006, die Möglichkeit der Anwendung von Art. 6 sowie der speziellen Vorbehaltsklauseln des deutschen IPR, vgl. BGH NJW-RR 2005, 1449 (1450); BGHZ 120, 29 (35) = NJW 1993, 848; BGH NJW-RR 1993, 962; OLG Oldenburg FamRZ 1995, 1590; OLG Hamm IPRax 1994, 49 (52); Schotten/Wittkowski FamRZ 1995, 264 (266); Krüger FamRZ 1973, 6 (8 f.); IPG 1983 Nr. 32 S. 293; für Qualifikation als eigenständigen Vorbehalt Rauscher/Pabst NJW 2009, 3614), im Zweifel aber zu verneinen ist (MüKoBGB/v. Hein Rn. 40; Grüneberg/Thorn Rn. 11). In diesem Fall kann die Anwendung der Vorbehaltsklausel selbst dann nicht erfolgen, wenn alle beteiligten Staaten im nationalen Recht einen solchen Vorbehalt vorsehen (zutr. M. Ulmer IPRax 1996, 100 (102)). Die Gegenansicht, die den innerstaatlichen ordre public-Vorbehalt eingreifen lassen will, soweit er sich im Einzelfall mit dem entsprechenden nationalen Vorbehalt des anderen Vertragsstaats deckt (OLG Düsseldorf WM 1995, 808 (811) = IPRax 1996, 128; Ebenroth/Kemner/Willburger ZIP 1995, 972 (975); MüKoBGB/Kindler IntGesR Rn. 346), behandelt letztlich ein Scheinproblem, da in diesem Fall idR bereits nach dem auf Grund des Staatsvertrags anwendbaren Recht Unwirksamkeit des betreffenden Rechtsvorgangs vorliegen wird. Nur bei einer – selten relevanten – staatsvertraglichen Verweisung auf das Recht eines Nicht-Vertragsstaates wird man auf diese Weise dem gemeinsamen ordre public der Vertragsstaaten Geltung verschaffen können und müssen. 7

Im Bereich des **europäischen Kollisionsrechts** (→ EinlIPR Rn. 26) gilt Entsprechendes: Art. 6 ist wegen Art. 3 Nr. 1 nicht anwendbar. Aufgrund europäischen Kollisionsrechts berufenes materielles Recht kann deshalb nicht am Maßstab von Art. 6 geprüft werden. Spielraum für den nationalen ordre public bleibt nur, soweit die jeweilige europarechtliche Kollisionsnorm dies zulässt. Die bisher erlassenen kollisionsrechtlichen Verordnungen (→ EinlIPR Rn. 26) enthalten sämtlich einen solchen Vorbehalt (s. zB Art. 21 Rom I-VO, Art. 26 Rom II-VO, Art. 12 Rom III-VO, Art. 35 EuErbVO; EuUnthVO iVm Art. 13 HUP). Selbstverständlich aber ist Art. 6 aber gegenüber aufgrund autonomen Kollisionsrecht berufenem Recht eines EU-Mitgliedstaates anwendbar. Im Übrigen sind aber auch bei Anwendung des ordre public-Vorbehalts selbstverständlich die Grundfreiheiten des AEUV zu beachten. Die Anwendung von EU-Recht selbst unterliegt nicht der ordre public-Kontrolle des Art. 6. 8

Auch ein möglicher staatsvertraglicher oder europarechtlicher ordre public-Vorbehalt bezieht sich stets auf den ordre public des jeweiligen Gerichtsstaates. Vor deutschen Gerichten kommt es also grds. nur auf den **deutschen** ordre public an (Art. 21 Rom I-VO, Art. 26 Rom II-VO), der freilich inhaltlich vom europäischen Recht als Bestandteil der „wesentlichen Grundsätze des deutschen Rechts" geprägt sein kann (→ Rn. 15). Inwieweit sich daneben im unionsrechtlichen Kollisionsrecht ein eigenständiger **europäischer ordre public** entwickelt, der sich vom Einfluss des europäischen Rechts auf die Wertungen innerhalb des nationalen ordre public dadurch unterscheidet, dass nicht nur die Kontrollmaßstäbe, sondern auch die Kontrollinstrumentarien selbst dem europäischen Recht entstammen, bleibt abzuwarten (Basedow FS Sonnenberger, 2004, 291 ff.; Martiny FS Sonnenberger, 2004, 523 ff.; NK-BGB/Schulze Rn. 14). Angesichts der 9 von staatsvertraglichem und europäischem Kollisionsrecht angestrebten Rechtsvereinheitlichung ist aber auch von einem möglichen ordre public-Einwand sehr zurückhaltend Gebrauch zu machen (Grüneberg/Thorn Rn. 2). Soweit staatsvertragliches Kollisionsrecht zulässigerweise in das autonome Recht integriert wurde und seinerseits einen ordre public-Vorbehalt enthält, ist Art. 6 als kodifikatorische Integration des staatsvertraglichen Vorbehalts in das EGBGB zu verstehen und damit unter besonderer Berücksichtigung des staatsvertraglichen Charakters der Norm anzuwenden, dh ebenfalls besonders restriktiv auszulegen.

## III. Prüfungsgegenstand und Prüfungsmaßstab

10 **1. Ergebnis der Rechtsanwendung.** Art. 6 S. 1 untersagt die Anwendung einer Rechtsnorm eines anderen Staates, wenn ihre Anwendung zu einem Ergebnis führt, das mit **wesentlichen Grundsätzen** des deutschen Rechts offensichtlich unvereinbar ist. Bereits aus dem Wortlaut der Norm ergibt sich damit, dass **Prüfungsgegenstand** der Vorbehaltsklausel das **konkrete Anwendungsergebnis einer Rechtsnorm im jeweiligen Einzelfall** ist. Art. 6 legitimiert damit keinesfalls eine abstrakte Kontrolle der betreffenden Norm (hM, vgl. nur BGHZ 39, 173 (177); 118, 312 (331); 160, 332 (344); BGH NZFam 2021, 1049 Rn. 32; Spickhoff, Der ordre public im Internationalen Privatrecht, 1989, 79 f.; MüKoBGB/v. Hein Rn. 126; Staudinger/Voltz, 2013, Rn. 105; Grüneberg/Thorn Rn. 5; jeweils mwN; anders der Ausgangspunkt von Dörner IPRax 1994, 33 (35 f.), der in einem ersten Schritt feststellen will, ob die anzuwendende Rechtsnorm mit den tragenden Grundsätzen des deutschen Rechts vereinbar ist und in einem zweiten Schritt (negativ) prüfen will, ob das Anwendungsergebnis im konkreten Einzelfall ausnahmsweise toleriert werden kann). Selbst wenn diese – gedacht als Norm des deutschen materiellen Rechts – evident verfassungswidrig wäre, steht ihrer Anwendung nichts entgegen, wenn nur das Anwendungsergebnis im Einzelfall nicht offensichtlich mit wesentlichen Grundsätzen des deutschen Rechts unvereinbar ist (vgl. BGHZ 120, 29 = NJW 1993, 848 = IPRax 1993, 102 mAnm Henrich IPRax 1993, 81 = JZ 1993, 210 mAnm Spickhoff; BGH NJW-RR 1993, 962 (963): kein ordre public-Verstoß der Anwendung iranischen Rechts der elterlichen Sorge, wenn trotz einseitiger Bevorzugung des Vaters im Einzelfall das Rechtsanwendungsergebnis dem Kindeswohl entspricht. BGHZ 160, 332; OLG Hamm IPRax 1995, 174 (175); OLG Koblenz NJW-RR 1993, 70 = FamRZ 1993, 563; OLG München IPRax 1989, 238 (241): kein ordre public-Verstoß des einseitigen Verstoßungsrechts des Ehemannes (talaq) bei Einverständnis der Ehefrau mit der Ehescheidung bzw. bei Vorliegen der Scheidungsvoraussetzungen des deutschen Rechts; OLG Koblenz NJW 2013, 1377 mAnm Hohloch: Scheidungsrecht der Ehefrau nach ägyptischem durch Selbstloskauf (khul); aus der Lit. vgl. Coester IPRax 1991, 236; Henrich IPRax 1993, 81; unrichtig daher RGZ 106, 82, wo – ohne Rücksicht auf den konkreten Einzelfall – die Anwendung einer Rechtsordnung, die keine Verjährung vorsieht, als ordre public-widrig angesehen wurde). Zu den damit aufgeworfenen Lückenfüllungsproblemen → Rn. 18. Letzteres setzt nicht notwendig vollständige Ergebnisübereinstimmung mit der Anwendung deutschen Rechts voraus. Ebenso kann die Anwendung einer abstrakt unbedenklichen Norm im Einzelfall – etwa wegen des Zusammenspiels mit anderen, nicht aufeinander abgestimmten Normen – zu einem ordre public-widrigen Ergebnis führen (MüKoBGB/v. Hein Rn. 130 mwN; aA Spickhoff, Der ordre public im Internationalen Privatrecht, 1989, 80). Der Verstoß des Rechtsanwendungsergebnisses gegen den ordre public kann sich schließlich auch aus dem Fehlen einer Norm ergeben (MüKoBGB/v. Hein Rn. 129; Spickhoff, Der ordre public im Internationalen Privatrecht, 1989, 80; OLG Schleswig BeckRS 2007, 19588: fehlende Adoptionsmöglichkeit nach pakistanischem Recht. Die bisherige Rspr. zum Fehlen der Legitimationsmöglichkeit nichtehelicher Kinder dürfte seit Inkrafttreten des KindschRG vom 16.12.1997, BGBl. I 2942, obsolet sein, zutr. Grüneberg/Thorn Rn. 24). Ergebnis der Rechtsanwendung iSv Art. 6 ist damit nicht nur das unmittelbare Ergebnis der jeweiligen Rechtsfrage, sondern das **Gesamtergebnis** der rechtlichen Bewertung eines Lebenssachverhaltes. So ist es etwa denkbar, dass eine Rechtsordnung bestimmte Personen erbrechtlich benachteiligt, diese Benachteiligung aber durch andere, komplementäre Rechtsinstitute (wie etwa Ehegüterrecht oder Unterhaltsrecht) kompensiert und so im Gesamtergebnis kein Verstoß gegen den ordre public vorliegt. Denkbar ist auch, dass die Abwesenheit eines Rechtsinstituts durch ein anderes Rechtsinstitut kompensiert wird (so kann etwa das Adoptionsverbot des islamischen Rechtskreises im Einzelfall durch die Möglichkeit einer kafala (Schutzzusage) kompensiert werden, NK-BGB/Schulze Rn. 29). Das setzt freilich voraus, dass diese komplementären oder kompensierenden Rechtsinstitute im konkreten Fall auch kollisionsrechtlich anwendbar sind (zutr. OLG Düsseldorf IPRax 2009, 520; OLG Hamm IPRax 2005, 481). Ist das nicht der Fall, kommt vorrangig eine Ergebniskorrektur im Wege der Angleichung in Betracht (→ EinlIPR Rn. 92).

Eine **Ausnahme** von der grundsätzlichen Irrelevanz der Begründung eines Rechtsanwendungsergebnisses ist angesichts der überragenden Bedeutung der absoluten Diskriminierungsverbote des Grundgesetzes bei **Gleichheitsverstößen** ohne reale Konkurrenzsituation zu machen: Diskriminiert eine Rechtsordnung bestimmte Bevölkerungsgruppen durch gleichheitswidrige Benachteiligung, so wird man einer entsprechenden Norm auch dann die Anwendung versagen müssen, wenn das Anwendungsergebnis als solches betrachtet deshalb indifferent ist, weil sich der Gleichheitsverstoß erst aus einem hypothetischen Vergleich ergibt. So kann insbes. die erbrechtliche Benachteiligung der überlebenden Ehefrau im Vergleich zu einem überlebenden Ehemann im islamischen Rechtskreis auch dann einen ordre public-Verstoß begründen, wenn die absolute Höhe der Erbquote für sich betrachtet keinen solchen Verstoß begründet (S. Lorenz IPRax 1993, 148; iErg ebenso Dörner IPRax 1994, 33 (35 f.); Looschelders IPRax 2006, 462 (463, 465 f.); OLG Hamm ZEV 2005, 436 (437) mAnm S. Lorenz = IPRax 2005, 481; OLG Düsseldorf IPRax 2009, 520 mAnm Looschelders IPRax 2009, 507; OLG Frankfurt ZEV 2011, 135 (136); OLG München NJW-RR 2021, 138; aA noch OLG Hamm IPRax 1994, 49 = FamRZ 1993, 111; Rademacher in Rupp, IPR zwischen Tradition und Innovation, 2019, 133). 11

Rechtsanwendungsergebnis iSv Art. 6 ist stets das Ergebnis der Anwendung des auf Grund der kollisionsrechtlichen Verweisung anwendbaren **materiellen** Rechts. Kollisionsrechtliche **Zwischenergebnisse** wie insbes. die Annahme einer Verweisung bzw. die Rück- oder Weiterverweisung durch die erstverwiesene Rechtsordnung sind nicht Prüfungsgegenstand der Vorbehaltsklausel. **Ausländisches Kollisionsrecht** kann somit nur dann Gegenstand einer Korrektur nach Art. 6 sein, wenn es zugleich zu einem Verstoß gegen wesentliche Grundsätze des deutschen Rechts im materiellrechtlichen Endergebnis führt. Das ist bei einer gleichheitswidrigen Verweisung ausländischen Kollisionsrechts idR nicht der Fall (dazu sowie zur Gegenansicht → EinlIPR Rn. 24 mwN). 12

Die Überprüfung des Ergebnisses der Anwendung einer ausländischen Rechtsnorm setzt die Ermittlung dieses Anwendungsergebnisses voraus, wobei sämtliche anwendbaren komplementären Rechtsinstitute der verwiesenen Rechtsordnung zu berücksichtigen sind. Eine Anwendung von Art. 6 unter Verzicht auf die Feststellung und Ermittlung des anwendbaren Rechts „auf Verdacht" ist nicht zulässig (Grüneberg/Thorn Rn. 5; MüKoBGB/v. Hein Rn. 127; Kropholler IPR § 36 II 3; Spickhoff, Der ordre public im Internationalen Privatrecht, 1989, 79). Die Frage des ordre public-Verstoßes darf auch nicht mit dem Fall der Nichtermittelbarkeit des anwendbaren Rechts vermengt werden (so aber BGHZ 69, 387), der ohnehin bereits zur Anwendung deutschen Rechts als Ersatzrecht führt (→ EinlIPR Rn. 90). 13

**2. Offensichtliche Unvereinbarkeit mit wesentlichen Grundsätzen des deutschen Rechts, Grundrechtsverstoß.** Aus der Formulierung der Vorschrift, insbes. den Kriterien der **Offensichtlichkeit** und der **Wesentlichkeit,** ergibt sich ihr Charakter als eine eng auszulegende, äußerst zurückhaltend anzuwendende **Ausnahmevorschrift.** Unter dem Begriff der „wesentlichen Grundsätze" sollten die in Art. 30 aF enthaltenen Kriterien der „guten Sitten" sowie des „Zwecks eines deutschen Gesetzes" zusammengefasst werden (Begr. RegE, BT-Drs. 10/504, 43). Das Tatbestandsmerkmal der offensichtlichen Unvereinbarkeit mit wesentlichen Grundsätzen des deutschen Rechts setzt einen ohne Weiteres erkennbaren, eklatanten Widerspruch gegen solche Regelungen des deutschen Rechts voraus, die zur Grundlage des hiesigen Rechtsverständnisses gehören. Die Anwendung ausländischen Rechts darf den „Kernbestand der inländischen Rechtsordnung" nicht antasten (so Begr. RegE, BT-Drs. 10/504, 42; zu den Methoden der Konkretisierung der Generalklausel vgl. insbes. Jayme, Methoden der Konkretisierung des ordre public im IPR, 1989), wobei es gleichgültig ist, ob dieser Kernbestand auf rein nationalen Anschauungen beruht oder europäischem oder internationalem Rechtsdenken entstammt (zu dieser Diskussion MüKoBGB/v. Hein Rn. 143; für eine eigenständige Rolle des europäischen ordre public hingegen Basedow FS Sonnenberger, 2004, 291 ff.). Ein bloßes Abweichen des Ergebnisses von zwingenden Normen des deutschen Rechts ist hierfür nicht ausreichend (BGHZ 118, 312 (330) = NJW 1992, 3096 (3101) zu § 328 Abs. 1 Nr. 4 ZPO), das Rechtsanwendungsergebnis muss vielmehr zu den Grundgedanken der deutschen Regelungen und den in ihnen enthaltenen Gerechtigkeitsvorstellungen in so starkem Widerspruch stehen, dass es nach inländischer Vorstellung als **schlechthin untragbar** erscheint (so die ständig gebrauchte Formel des BGH, vgl. zuletzt BGHZ 123, 268 (270) = NJW 1993, 3269 (3270); BGHZ 118, 312 (330) = NJW 1992, 3096; BGHZ 104, 240 (243) = NJW 1988, 2173 mwN zur älteren Rspr.). Ist dem so, steht auch der Gedanke des Respekts der kulturellen Identität einer Anwendung von Art. 6 in keiner Weise entgegen (zutr. Unberath, Die Anwendung islamischen Rechts durch deutsche Gerichte – Bemerkungen zum Verhältnis von kultureller Identität und Grundgesetz, in Haedrich, Muslime im säkularen Staat, 2009, 83 ff.). In diesem Zusammenhang kann es auch von Bedeutung sein, ob der betreffende 14

Vorgang im konkreten Fall als Vorfrage oder als Hauptfrage zu beurteilen ist: Lediglich vorfrageweise relevante Vorgänge, die keinen direkten Inlandsbezug haben, können einer Kontrolle nach Art. 6 auch dann standhalten, wenn sie als Hauptfrage als ordre public-widrig eingestuft werden müssten (vgl. etwa LG Frankfurt a. M. FamRZ 1976, 217 betr. Ehelichkeit von Kindern einer im Ausland geschlossenen polygamen Ehe) (zum Begriff der Vorfrage → EinlIPR Rn. 66 ff.). Maßgeblicher **Zeitpunkt** für die Beurteilung ist derjenige der richterlichen Entscheidung (**Wandelbarkeit** des ordre public-Maßstabs) (BGHZ 138, 331 (335) = NJW 1998, 2358 = IPRax 1999, 466 mAnm Fischer IPRax 1999, 450 zum anerkennungsrechtlichen ordre public; BGH IPRax 1990, 55; 1992, 380; BGHZ 51, 290 (293); RGZ 114, 171). Da es sich um eine **Rechtsfrage** handelt, kommt es nicht auf das letzte tatrichterliche Urteil, sondern ggf. auf die Revisionsinstanz an (BGHZ 30, 89 (97) zu § 1041 Abs. 1 Nr. 2 ZPO aF).

**15** Auch der Hinweis auf einen Grundrechtsverstoß in S. 2 der Vorschrift stellt keine Neuerung gegenüber dem früheren Rechtszustand dar. Bereits unter Art. 30 aF war anerkannt, dass der ordre public-Vorbehalt als „Einbruchstelle der Grundrechte in das IPR" (so BVerfGE 31, 58 im sog. „Spanier-Beschluss") (→ EinlIPR Rn. 22 ff.) verstanden werden kann. Der Hinweis auf die Grundrechtsverletzung in Art. 6 ist überdies missverständlich: Zum einen muss sich auch die Grundrechtsverletzung grds. aus dem Ergebnis der Rechtsanwendung ergeben (zur hier vertretenen Ausnahme bei Verstößen gegen das Diskriminierungsverbot → Rn. 11), zum anderen liegt nicht bei jedem Ergebnis, das bei einem reinen Inlandsfall als Verstoß gegen Grundrechte zu werten wäre, stets auch im Falle der Auslandsberührung ein Verstoß gegen den ordre public vor. Da die Auslandselemente eines Sachverhalts bei der Prüfung auf Vereinbarkeit mit den Grundrechten zu anderen Ergebnissen führen können als in Fällen, in denen es um die Beurteilung der Grundrechte bei ausschließlichem Inlandsbezug geht (Begr. RegE, BT-Drs. 10/504, 44), ist durch Auslegung der entsprechenden Verfassungsnorm festzustellen, ob sie nach Wortlaut, Sinn und Zweck für jede denkbare Anwendung inländischer hoheitlicher Gewalt gelten will oder ob sie bei Sachverhalten mit mehr oder weniger intensiver Auslandsbeziehung eine Differenzierung zulässt bzw. verlangt (so BVerfGE 31, 58 (72), bestätigt durch BVerfG NJW 2007, 900 und in der Folge die stRspr des BGH, vgl. zuletzt BGHZ 120, 29 (35) = NJW 1993, 848 (849); zum internationalen Anwendungsbereich von Art. 3 GG vgl. etwa die Ausführungen in BGH NJW-RR 1993, 962 (963)). Dieser internationale Geltungsbereich der Grundrechte **(Grundrechtskollisionsrecht)** ist ihnen selbst zu entnehmen. Eine entscheidende Rolle kommt hier dem Inlandsbezug des jeweiligen Einzelfalles zu (hM, vgl. etwa BVerfGE 31, 58 (77) = NJW 1971, 1509; BGHZ 60, 68 (78 f.); OLG Hamm ZEV 2005, 436 (437 f.); aus der Lit. vgl. Coester-Waltjen BerGesVR 38 (1998), 9; Kronke BerGesVR 38 (1998), 33; Looschelders IPRax 2009, 505 (506 f.)). Weiter ist zu prüfen, ob und inwieweit das Grundrecht in Bezug auf den konkreten Sachverhalt Geltung beansprucht, insbes. auch unter Berücksichtigung der Gleichstellung anderer Staaten und der Eigenständigkeit ihrer Rechtsordnungen (BGHZ 120, 29 (34) = NJW 1993, 848 (849); BVerfG NJW 2007, 900). Auch kann eine den Besonderheiten des Falles, insbes. dem Grad der Inlandsbeziehungen angepasste Auslegung der Grundrechte angezeigt sein (BGHZ 120, 29 (34) = NJW 1993, 848 (849); BGHZ 63, 219 (226) = NJW 1975, 114). Bestandteil des ordre public sind nicht nur Grundrechte des Grundgesetzes, sondern auch diejenigen der **Länderverfassungen** und menschenrechtlicher Übereinkommen wie insbes. der **Europäischen Menschenrechtskonvention** (EMRK) (Begr. RegE, BT-Drs. 10/504, 44). Gleiches gilt für das primäre und sekundäre **Unionsrecht:** Die Grundprinzipien des primären und sekundären Unionsrechts sind Bestandteil der innerstaatlichen Ordnung. Ihre Wahrung ist damit zugleich Wahrung der innerstaatlichen Ordnung (BGHZ 123, 268 (279); MüKoBGB/v. Hein Rn. 153, 176; Grüneberg/Thorn Rn. 8; NK-BGB/Schulze Rn. 13; PWW/Mörsdorf-Schulte Rn. 10, jeweils mwN). So kann etwa auch ein Verstoß gegen die Grundfreiheiten des AEUV mittelbar einen ordre public-Verstoß darstellen. Auch kann die europäische Dimension einer Regelung wie etwa deren Zurückführung auf eine EU-Richtlinie deren ordre public-Charakter begründen. EU-Richtlinien selbst können auf diese Weise aber erst mit ihrer Umsetzung Bestandteil des nationalen ordre public werden (aA NK-BGB/Schulze Rn. 13: bereits mit Ablauf der Umsetzungsfrist; wie hier PWW/Mörsdorf-Schulte Rn. 11; Looschelders Rn. 15 und wohl auch Erman/Hohloch Rn. 23).

**16** **3. Hinreichender Inlandsbezug.** Neben dem genannten Kriterium eines ergebnisrelevanten offensichtlichen Verstoßes ausländischen Rechts gegen grundlegende inländische Wertvorstellungen verlangt eine Ergebniskorrektur über Art. 6 einen hinreichenden Inlandsbezug des jeweiligen Einzelfalls zum Entscheidungszeitpunkt (ganz hM, vgl. Begr. RegE, BT-Drs. 10/504, 43; BVerfGE 31, 58 (77) = NJW 1971, 1509; BGH NJW 1993, 848 (849); 1992, 3096 (3105); BGHZ 60, 68 (79) = NJW 1973, 417; Grüneberg/Thorn Rn. 6; MüKoBGB/v. Hein Rn. 199 ff. mwN). Dieses nicht ausdrücklich normierte Erfordernis ergibt sich aus dem Ausnahmecharakter der Vorschrift. Der Respekt vor anderen Rechtsordnungen verbietet es, ausländischen Lebenssachverhalten ohne Rücksicht auf ihren Binnenbezug inländische Gerechtigkeitsvorstellungen aufzuoktroyieren. Die Anforderungen an die Stärke dieses Bezuges können je nach der Stärke des Verstoßes gegen grundlegende Gerechtigkeitsvorstellungen variieren: je stärker letzterer, desto geringer die Anforderungen an den Inlandsbezug. Es besteht also ein nach Ausmaß und Bedeutung des Inlandsbezugs abgestufter Prüfungsmaßstab (**Relativität** des ordre public) (hM, vgl. nur BGHZ 118, 312 (348) = NJW 1992, 3096 (3105) sowie BVerfG NJW 2007, 900 Rn. 73; MüKoBGB/v. Hein Rn. 205; Grüneberg/Thorn Rn. 6; NK-BGB/Schulze Rn. 36 ff.; PWW/Mörsdorf-Schulte Rn. 15; Looschelders Rn. 18, jeweils mwN). Als stärkste und idR ausreichende Inlandsbeziehungen kommen insbes. die deutsche Staatsangehörigkeit oder der gewöhnliche Aufenthalt eines Beteiligten im Inland in Betracht (Begr. RegE, BT-Drs. 10/504, 43). Je nach Lage des Einzelfalles können aber andere Elemente wie etwa Vermögensbelegenheit (BGHZ 31, 168 (172 f.) = NJW 1960, 189: Streitgegenstand; OLG Frankfurt ZEV 2011, 135 (136)), Unternehmenssitz, Zahlungsort, Ort einer Handlung etc in Betracht gezogen werden (WN bei MüKoBGB/v. Hein Rn. 201). Die bloße internationale Zuständigkeit deutscher Gerichte ist idR, dh vorbehaltlich besonders krasser Verstöße, nicht ausreichend (OLG Hamm IPRax 1982, 194 ff. (197); Grüneberg/Thorn Rn. 6; MüKoBGB/v. Hein Rn. 187). Am erforderlichen Inlandsbezug kann es auch bei der lediglich vorfrageweisen Relevanz einer Frage fehlen (→ Rn. 14). Die Inlandsbeziehung kann nach zutreffender Auffassung de lege lata nicht durch einen alleinigen Bezug zu einem Mitgliedstaat der EU oder einen sonstigen EU-Binnenbezug ersetzt werden, solange dieser sich nicht auch auf das Inland erstreckt (aA MüKoBGB/v. Hein Rn. 209; NK-BGB/Schulze Rn. 41; BeckOGK/Stürner Rn. 270). Ein ansonsten eher schwacher Inlandsbezug kann aber durch einen intensiven Binnenbezug ordre public-relevant verstärkt werden. Im Übrigen sind insoweit vorrangig sachnormbezogene Sonderanknüpfungen wie etwa Art. 46b zu prüfen (zutr. NK-BGB/Schulze Rn. 42; ebenso PWW/Mörsdorf-Schulte Rn. 16).

## IV. Rechtsfolgen eines ordre public-Verstoßes

**1. Nichtanwendung.** Führt die Anwendung einer ausländischen Rechtsnorm zu einem Verstoß gegen den ordre public (vgl. eingehend Schwung, Die Rechtsfolgen aus der Anwendung der ordre public-Klausel im IPR, 1983), so ordnet Art. 6 S. 1 primär die schlichte Nichtanwendung der betreffenden Norm(en) an. In den meisten Fällen wird damit ein sachgemäßes Rechtsanwendungsergebnis erreicht. Dies gilt insbes. für ordre public-widrige Ausschlusstatbestände (zB Ausschluss des Erbrechts im Falle der Religionsverschiedenheit im islamischen Recht (OLG Frankfurt ZEV 2011, 135 (136); OLG Düsseldorf IPRax 2009, 520; Looschelders IPRax 2009, 505 (507)), Ehehindernisse, Adoptionsverbote, Verjährungs- und Ausschlussfristen etc) oder Erlaubnisse (zB etwa die Möglichkeit einer Mehrehe im islamischen Recht). Die Nichtanwendung darf dabei nur soweit gehen, wie es zur Erreichung eines nicht gegen den ordre public verstoßenden Ergebnisses unbedingt erforderlich ist (Grundsatz des **geringstmöglichen Eingriffs**). Sie betrifft insbes. nur die jeweilige den Verstoß begründende Vorschrift, nicht das gesamte Statut: Wird zB in einer Ausschlussfrist zur Geltendmachung nachehelichen Unterhalts ein ordre public-Verstoß gesehen, bedeutet das nicht, dass bezüglich der Bemessung des Unterhaltsanspruchs eine Lücke entsteht. Die übrigen Voraussetzungen und die Bestimmung des Umfangs unterliegen – soweit sie ihrerseits ordre public-konform sind – weiter dem Unterhaltsstatut, ohne dass dafür der Grundsatz des geringstmöglichen Eingriffs als Begründung herangezogen werden muss (so aber OLG Koblenz FamRZ 2004, 1877 (1879)). 17

**2. Lückenfüllung.** Ergibt sich der ordre public-Verstoß hingegen aus dem **Nichtvorhandensein** bestimmter Rechtsnormen (zB im Fehlen von Unterhaltstatbeständen) oder hinterlässt die Nichtanwendung der inkriminierten Norm im konkreten Fall eine regelungsbedürftige Lücke (so zB die gleichheitswidrige Benachteiligung bestimmter Erben im islamischen Recht) (vgl. S. Lorenz IPRax 1993, 148 (150)), so stellt sich die Frage der Lückenfüllung. Nach hM ist eine solche Lücke primär aus dem anwendbaren Recht selbst zu füllen (Grundsatz des **geringstmöglichen Eingriffs**) (BGHZ 120, 29 (37 f.) = NJW 1993, 848 (850); OLG Düsseldorf IPRax 2009, 520 mAnm Looschelders IPRax 2009, 505; OLG Hamm IPRax 1994, 49 (54); RGZ 106, 82). Erst wenn dies nicht in systemkohärenter Weise möglich ist, kann ersatzweise deutsches Recht als lex fori angewendet werden, soweit dies zur Behebung des Verstoßes notwendig ist, also ein gerade noch erträgliches Rechtsanwendungsergebnis erreicht wird (vgl. nur Grüneberg/Thorn Rn. 13; Staudinger/Voltz, 2013, Rn. 171 sowie eingehend MüKoBGB/v. Hein Rn. 246 ff., jeweils mwN). 18

Die Überlegungen der hM erweisen sich indes in den meisten Fällen als überflüssig. Durch die notwendig auf das **Ergebnis** bezogene Feststellung des ordre public-Verstoßes steht nämlich idR zugleich fest, welches Ergebnis allein dem ordre public entspricht. So wird etwa in dem vieldiskutierten Fall der Unverjährbarkeit einer Forderung (RGZ 106, 82; vgl. dazu etwa MüKoBGB/v. Hein Rn. 251 f.; Soergel/Kegel Rn. 35; Kropholler IPR § 36 V; Junker IPR Rn. 282; v. Bar/Mankowski IPR I § 7 Rn. 286 f.; S. Lorenz IPRax 1999, 429) ein Scheinproblem diskutiert: Da sich der ordre public-Verstoß nicht unmittelbar aus dem Fehlen einer Verjährungsvorschrift, sondern erst aus der Tatsache ergeben kann, dass **im konkreten Fall** noch keine Verjährung eingetreten ist, kommt als modifiziertes Rechtsanwendungsergebnis zwangsläufig nur Verjährungseintritt in Betracht, ohne dass man zunächst im Wege der Lückenfüllung ein gerade noch erträgliches Höchstmaß der Verjährung feststellen müsste (aA NK-BGB/Schulze Rn. 56; MüKoBGB/v. Hein Rn. 252; wie hier PWW/Mörsdorf-Schulte Rn. 18; Looschelders Rn. 32). Ist letzteres nämlich noch nicht überschritten, fehlt es bereits am ordre public-Verstoß des Rechtsanwendungsergebnisses, sodass sich die Lückenfüllungsfrage nicht stellt. Damit gibt in allen Konflikten, in denen es um die Gewährung oder Versagung einer Rechtsfolge **ohne quantitatives Element** geht (so etwa auch im Falle einer ordre public-widrigen Verweigerung der Ehescheidung, Adoption, Statusfeststellung etc), zwangsläufig der Prüfungsmaßstab der lex fori die Lückenfüllung vor (S. Lorenz IPRax 1999, 429 ff.; Schwung RabelsZ 49 (1985), 407 (412)). Ob man dieses dann konstruktiv über eine „Angleichung" der lex causae oder – zutreffend – über eine Anwendung der lex fori erreicht (dafür auch Looschelders Rn. 32 f.), ist eine iErg irrelevante dogmatische oder terminologische Frage, denn jedenfalls wird das Rechtsanwendungsergebnis durch ein mit der Anwendung der lex fori identisches Ergebnis ersetzt. Nur in den seltenen Fällen, in welchen sich weder durch die Angleichung der lex causae noch durch Anwendung der lex fori sachgerechte Ergebnisse ziehen lassen, weil eine **quantitative Lücke** zu füllen ist und damit die Frage nach der „richtigen" Lösung durch die Bejahung eines ordre public-Verstoßes noch nicht beantwortet ist (vgl. etwa BGHZ 44, 183 (190) = NJW 1966, 296 betr. überhöhtes streitwertbezogenes anwaltliches Erfolgshonorar nach US-amerikanischem Recht; BGH NJW 1991, 2212 = IPRax 1992, 101 mAnm Henrich IPRax 1992, 84 betr. Ausschluss von nachehelichen Unterhaltsansprüchen, vgl. dazu auch Schulze IPRax 1998, 350 (351 f.); ebenso im Fall der ordre public-widrigen Versagung von Pflichtteilsansprüchen, vgl. Klingelhöffer ZEV 1996, 258 (259)), muss mit der hM eine Lückenfüllung durch eine einzelfallbezogene Sachnorm erfolgen (so auch v. Bar/Mankowski IPR I § 7 Rn. 286; krit. MüKoBGB/v. Hein Rn. 252). Es handelt sich hier um einen der materiellrechtlichen **Angleichung** (→ EinlIPR Rn. 96) verwandten Vorgang, dessen Ziel es ist, unter dem mildesten „Eingriff" in die lex causae ein dem ordre public gerade noch entsprechendes Ergebnis herzustellen. Ob man dies als eine Modifikation der lex causae (so MüKoBGB/v. Hein Rn. 251) als eigenständige Sachnorm oder – richtigerweise – als materiellrechtliche Angleichung auf der Ebene der lex fori bezeichnet, ist wiederum eine dogmatisch-terminologische Frage ohne Ergebnisrelevanz (zutr. betont von NK-BGB/Schulze Rn. 55; Looschelders Rn. 33).

## V. Ausländischer ordre public

**19** Art. 6 dient nur der Durchsetzung **inländischer Rechtsvorstellungen.** Der ordre public eines anderen Staates findet in diesem Rahmen keine Beachtung. Er soll aber nach verbreiteter Ansicht bei der Anwendung **ausländischen Kollisionsrechts** im Rahmen der renvoi-Prüfung relevant sein, wenn die vom deutschen IPR erstverwiesene Rechtsordnung zwar zurückverweist oder auf eine dritte Rechtsordnung weiterverweist, diese aber nicht bzw. nur modifiziert anwendet, weil sie ihrem ordre public widerspricht. Die (indirekte) Beachtlichkeit des ausländischen ordre public soll sich hier aus dem Gebot ergeben, das durch die deutsche Kollisionsnorm berufene Recht so anzuwenden, wie es im betreffenden Staat tatsächlich angewandt wird (MüKoBGB/v. Hein Rn. 86; Grüneberg/Thorn Rn. 8; Spickhoff, Der ordre public im Internationalen Privatrecht, 1989, 92 f.; Staudinger/Voltz, 2013, Rn. 90; Erman/Hohloch Rn. 22; NK-BGB/Schulze Rn. 21; Kropholler IPR § 36 VII; Junker IPR Rn. 289; Soergel/Kegel Rn. 37; Soergel/Kegel Art. 4 Rn. 35; weitergehend Brüning, Die Beachtlichkeit des fremden ordre public, 1997). Das so erreichte Ergebnis könne dann allerdings seinerseits wiederum gegen Art. 6 verstoßen (vgl. etwa BeckOGK/Stürner Rn. 148; NK-BGB/Schulze Rn. 22; Looschelders Rn. 14; Kropholler IPR § 36 VII; aA Spickhoff, Der ordre public im Internationalen Privatrecht, 1989, 93 f.), was idR insbes. dann der Fall sei, wenn eine Rückverweisung auf deutsches Recht am ordre public der verwiesenen Rechtsordnung scheitere. Dies ist zumindest für den Fall einer Rückverweisung auf deutsches Recht abzulehnen (so auch Ferid IPR Rn. 3–40; Müller RabelsZ 36 (1972), 60 (68); PWW/Mörsdorf-Schulte Rn. 3): Deutsches materielles Recht kann nicht unterschiedlich angewendet werden, je nachdem ob sich seine Anwendbarkeit aus einer primären Verweisung des deutschen IPR oder erst aus einer Rückverweisung einer anderen Rechtsordnung ergibt. Das Interesse am internationalen Entscheidungseinklang hat insoweit hinter dem internen Entscheidungseinklang zurückzutreten (eingehend S. Lorenz FS Geimer, 2002, 555; ausdrücklich aA MüKoBGB/v. Hein Rn. 77; Gebauer FS Jayme, 2004, 413 (426) und NK-BGB/Schulze Rn. 22). Aber auch im Falle der Weiterverweisung ist die hM abzulehnen: Der durch die Gesamtverweisung erstrebte internationale Entscheidungseinklang bezieht sich nur auf die **kollisionsrechtliche Entscheidung;** die Anwendung des letztlich durch Weiterverweisung anzuwendenden materiellen Rechts ist eine **autonome Rechtsanwendung** des deutschen Richters, die sich ausschließlich an dem anwendbaren materiellen Recht orientiert und keine Rechtsanwendung anstelle des Richters der erstberufenen Rechtsordnung (→ EinlIPR Rn. 91) (iErg ebenso PWW/Mörsdorf-Schulte Rn. 3; aA BeckOGK/Stürner Rn. 152 mwN). Das Gebot, das anwendbare materielle Recht so anzuwenden, wie es tatsächlich anzuwenden ist, bezieht sich mit anderen Worten stets darauf, wie es in dem jeweiligen Staat selbst, nicht aber darauf, wie es in einem **anderen** Staat anzuwenden ist. Lediglich das IPR der erstverwiesenen Rechtsordnung ist so anzuwenden, wie es im erstverwiesenen Recht tatsächlich angewendet wird (→ Art. 4 Rn. 14). Dies schließt den ordre public-Vorbehalt der gesamtverwiesenen Rechtsordnung allenfalls dann ein, wenn er dort bereits auf der Ebene des Kollisionsrechts eingreift, dh die dortige Anknüpfung beeinflusst: Die Gesamtverweisung gibt nur die kollisionsrechtliche Entscheidung, nicht aber die materiellrechtliche Streitentscheidung „aus der Hand“ (aA MüKoBGB/v. Hein Rn. 86).

## VI. Verfahrensrechtliche Fragen

Das Eingreifen des ordre public-Vorbehalts ist **von Amts wegen** zu prüfen. Als reine **Rechtsfrage** ist seine Anwendung auch vollständig **revisibel.** 20

## VII. Einzelfälle

Die strenge **Einzelfallbezogenheit** des ordre public-Vorbehalts insbes. im Hinblick auf das jeweilige Rechtsanwendungsergebnis macht eine exakte Typisierung in Fallgruppen nahezu unmöglich. Hinsichtlich der unüberschaubaren Kasuistik empfiehlt sich daher im Einzelfall eine Datenbankrecherche (vgl. aber auch die umfangreichen Einzelnachweise zur Rspr. bei Grüneberg/Thorn Rn. 14 ff., Erman/Hohloch Rn. 27 ff. und PWW/Mörsdorf-Schulte Rn. 19 f.). Die folgenden Hinweise beziehen sich nur auf praktisch besonders wichtige, typischerweise sensible Bereiche des ordre public-Vorbehalts. Sie sind in keiner Weise abschließend. 21

**1. IPR des Allgemeinen Teils.** Im Allgemeinen Teil des BGB ergeben sich ordre public-Probleme vor allem im Bereich des Namensrechts, der Rechts- und der Geschäftsfähigkeit. Für ordre public-widrig wurde etwa erachtet eine dem Kindeswohl widersprechende Vornamensgebung (LG Bremen StAZ 1996, 46; anders OLG Bremen NJW-RR 1996, 1029 (1030)), nicht aber die Beseitigung von Adelsprädikaten im Ausland (BVerwG NJW 1960, 452; Spickhoff, Der ordre public im Internationalen Privatrecht, 1989, 156 f.; Bungert IPRax 1994, 109 (110 f.); zur Fortführung von Firmennamen vgl. BGH LM BGB § 12 Nr. 8). Zu im Ausland erworbenen Fantasie-Adelstiteln → Art. 10 Rn. 13; → Art. 48 Rn. 15. 22

Das BVerfG hat angedeutet, dass die Versagung einer Vornamensänderung bzw. Feststellung der geänderten Geschlechtszugehörigkeit bei Transsexuellen durch deren Heimatrecht gegen das Grundrecht auf sexuelle Selbstbestimmung und damit – bei hinreichendem Inlandsbezug – gegen den ordre public verstößt (BVerfG NJW 2007, 900 Rn. 76; den Inlandsbezug bejaht das BVerfG bei rechtmäßigem und nicht nur vorübergehenden Aufenthalt des Betroffenen im Inland). Nicht zum Bestandteil des ordre public sind etwa mangelnde Rechtsfähigkeit zum Abschluss von Außenhandelsverträgen (BGH NJW 1998, 2452 (2453)), das Verbot des Selbstkontrahierens (§ 181 BGB) (RG JW 1928, 2013), die Auslegung von Willenserklärungen nach dem Empfängerhorizont (OLG Hamm NJW-RR 1998, 1542) zu zählen. Bestandteil des ordre public dürfte auch eine Mindestwahrung rechtsgeschäftlicher Entscheidungsfreiheit insbes. im Falle arglistiger Täuschung sowie im Bereich des rechtsgeschäftlichen Minderjährigenschutzes sein (vgl. etwa OLG Köln NJWE-FER 1997, 55 = FamRZ 1997, 1240: Volljährigkeit mit neun Jahren; Spickhoff, Der ordre public im Internationalen Privatrecht, 1989, 161; zu weitgehend RG IPRRspr. 1928 Nr. 10). Auch die Verjährbarkeit von Forderungen (nicht die jeweilige Verjährungsfrist) ist Bestandteil des deutschen ordre public (→ Rn. 16).

**2. Internationales Schuldrecht.** Im internationalen Schuldrecht wurde ein ordre public-Verstoß bejaht bei der Inanspruchnahme eines Bürgen nach entschädigungsloser Enteignung seiner 23

Anteile an der Hauptschuldnerin durch den vom enteignenden Staat beherrschten Bürgschaftsgläubiger (BGHZ 104, 240 = NJW 1988, 2173), bei Strafschadensersatz (punitive damages) in nicht unerheblicher Höhe (BGHZ 118, 312 = NJW 1992, 3096; Zekoll/Rahlf JZ 1999, 384 zu § 328 Abs. 1 Nr. 4 ZPO; umfassend Brockmeier, Punitive damages, multiple damages und deutscher ordre public, 1999) (vgl. aber nunmehr Art. 40 Abs. 3 Nr. 1, 2), bei der Umgehung des Haftungsausschlusses nach §§ 636 f. RVO (jetzt §§ 7 f. SGB VII) (BGHZ 123, 268 (275 f.) = NJW 1993, 3269 zu § Abs. 1 Nr. 4 ZPO; krit. Basedow IPRax 1994, 85 f.), bei der Verbindlichkeit einer Wettschuld (OLG Hamm NJW-RR 1997, 1007 f.). Nicht Bestandteil des deutschen ordre public sind die verbraucherschützenden Widerrufsrechte (§§ 312 ff., 485, 495, 506, 510 BGB) (str., wie hier OLG Düsseldorf NJW-RR 1995, 1396; OLG Hamm NJW-RR 1989, 496; aA etwa LG Bamberg NJW-RR 1190, 694; aus der Lit. vgl. Rauscher EuZW 1996, 650) oder die individualschützenden Formvorschriften des deutschen Rechts, wenngleich im Einzelfall die Bindung an einen geschlossenen Vertrag unter dem Gesichtspunkt des mangelnden Schutzes der rechtsgeschäftlichen Entscheidungsfreiheit dem ordre public widersprechen kann, wenn das Vertragsstatut insgesamt einen nur unzureichenden Schutz der Privatautonomie bietet (vgl. etwa AG Leverkusen NZV 1996, 36 = IPRspr. 1995 Nr. 5 betr. vertraglichen Anspruch bei Parkplatzbenutzung ohne Kontrahierungswillen). Zur Verjährung s. OLG Hamm NJW 2019, 3527. Im Übrigen erfolgt im Bereich des vertraglichen Schuldrechts der Schutz der „schwächeren" Vertragspartei, insbes. die Wahrung des Verbraucherschutzstandards idR bereits durch Sonderanknüpfungen gem. Art. 6 ff. Rom I-VO und Art. 46b.

24 **3. Internationales Sachenrecht.** Anwendungsfälle der ordre public-Klausel im Sachenrecht sind äußerst selten. Wegen der Grundsatzanknüpfung an das Belegenheitsrecht (Art. 43 Abs. 1) dürfte es insbes. häufig an einem ausreichenden Inlandsbezug des Sachverhalts fehlen. In der Praxis werden gelegentlich Fälle relevant, in welchen ein im Ausland wirksam entstandenes dingliches Recht mit der inländischen Sachenrechtsordnung für inkompatibel gehalten wird. Ein solcher Verstoß gegen den deutschen **numerus clausus** dinglicher Rechte führt jedoch idR nicht zur Anwendung von Art. 6, sondern zur **Angleichung/Transposition** (vgl. etwa BGH NJW 1991, 1415 betr. Autohypothek; NJW 1991, 1418; NJW-RR 1991, 1211 betr. besitzloses Schiffspfandrecht; BGHZ 39, 173 (177) betr. besitzloses Registerpfandrecht an Kraftfahrzeugen) (→ EinlIPR Rn. 96). Sofern eine im Wege der Gesamtverweisung berufene Rechtsordnung kollisionsrechtlich den Fortbestand wohlerworbener Rechte nicht gewährleistet, kommt eine ordre public-Widrigkeit ausländischen Kollisionsrechts in Betracht (→ Rn. 12). Ordre public-widrig ist grds. auch eine entschädigungslose Enteignung, sofern sie sich nicht auf das Territorium des enteignenden Staates beschränkt (fehlender Inlandsbezug) (BGHZ 104, 240 (244) = NJW 1988, 2173 mwN; BVerfGE 84, 90 = NJW 1991, 1594).

25 **4. Internationales Familienrecht.** Das internationale Familienrecht ist neben dem Erbrecht (→ Rn. 27) der praktisch bedeutendste Anwendungsbereich von Art. 6. In Bezug auf Einschränkungen der Eheschließungsfreiheit ist vorrangig Art. 13 Abs. 2 zu beachten. Im Übrigen wurden im Bereich der **Eheschließung** (vgl. hierzu sowie zur Ehescheidung Spickhoff JZ 1991, 323; speziell zum islamischen Recht Rohe StAZ 2000, 161; Stumpf ZRP 1999, 205; für einen Überblick der Entscheidungspraxis der Familiengerichte zum islamischen Recht s. Bock NJW 2012, 122) und der **persönlichen Ehewirkungen** (bei entsprechender Inlandsbeziehung) etwa für ordre public-widrig erkannt: Ehehindernis der Religionsverschiedenheit (BGHZ 56, 180: nunmehr unter Art. 13 Abs. 2 zu subsumieren), Ehehindernis der Geschlechtsumwandlung (AG Hamburg StAZ 1984, 42), Zulässigkeit der Mehrehe (AG Hanau FamRZ 2004, 949), Einwilligungserfordernis in die Eheschließung bei volljährigem Verlobten nach iranischem Recht (LG Kassel StAZ 1990, 169), Eheschließung im Wege der Stellvertretung, sofern es sich um eine Stellvertretung im Willen und nicht lediglich in der Erklärung handelt (OLG Oldenburg BeckRS 2020, 1517 = FamRZ 2020, 1476; AG Gießen StAZ 2001, 39; zur Stellvertretung in der Erklärung s. KG IPRspr. 2004, 2004 Nr. 205 S. 464: Wirksamkeit einer in Pakistan geschlossenen „Handschuhehe"; BayObLG NJWE-FER 2001, 250; BGH NZFam 2021, 1049 mAnm Mankowski), gesetzliche Vertretung der Ehefrau durch den Ehemann (LG Berlin FamRZ 1993, 198). Gegen den ordre public verstößt uU auch eine Rechtsordnung, welche die Eheschließung von Kindern unter 16 Jahren gestattet (KG FamRZ 2012, 1495; AG Fürth BeckRS 2019, 22704), s. dazu jetzt Art. 13 Abs. 3 (→ EinlIPR Rn. 15), oder eine Eheschließung unter Blutsverwandten über § 1307 BGB hinaus zulässt (Looschelders Rn. 44). Kein Verstoß wurde im Eheverbot der Schwägerschaft gesehen (BVerwG NJW 2012, 3461 Rn. 20). Im Bereich der **Ehescheidung** ist im Hinblick auf den ordre public die Möglichkeit **einseitiger Verstoßungen** (Privatscheidungen) problematisch, sofern nicht im jeweiligen Einzelfall der andere Ehegatte mit der Ehescheidung einverstanden ist

oder auch nach deutschem Recht eine Ehescheidung möglich wäre (sehr str., wie hier BayObLGZ 1998, 109; OLG Hamm IPRax 1995, 174 (175); OLG Koblenz NJW-RR 1993, 70; OLG München IPRax 1989, 238 (241) mAnm Jayme IPRax 1989, 223 f.; OLG München beckRS 2021, 25666; AG Kulmbach IPRax 2004, 529 f. m. zust. Anm. Unberath IPRax 2004, 515, 517 ff.; Lüderitz FS Baumgärtel, 1990, 333 (338); Grüneberg/Thorn Rn. 21; Beitzke IPRax 1993, 231 (234); Henrich IPRax 1995, 166; Bolz NJW 1990, 620; Rademacher in Rupp, IPR zwischen Tradition und Innovation, 2019, 132; zutr. zur Zurückhaltung mahnend Rauscher IPRax 2000, 391; aA OLG Stuttgart IPRax 2000, 427 betr. ergebnisunabhängigen Verstoß bei Nichtgewährung rechtlichen Gehörs und fehlendem Einverständnis der Ehefrau; ebenso OLG Stuttgart FamRZ 2019, 1532 = BeckRS 2019, 21493). Bei einseitigen Verstoßungen verhindert das Einverständnis der Ehefrau allerdings nur dann den ordre public-Verstoß, wenn Ehefrau nicht nur generell mit der Beendigung der Ehe, sondern auch **mit der Art der (Verstoßungs-)Scheidung** einverstanden gewesen ist (BGH NJW 2020, 3592 Rn. 54). S. dazu → Art. 17 Rn. 2; → Art. 17 Rn. 44 ff.

Ordre public-widrig kann im Einzelfall auch die Unscheidbarkeit einer Ehe bzw. die Ungleichbehandlung der Ehegatten in Bezug auf Scheidungsgründe sein (öOGH IPRax 1999, 470 f. betr. hoffnungslose Zerrüttung der Ehe und Unerträglichkeit des weiteren Zusammenlebens; OLG Stuttgart FamRZ 2004, 25 f. betr. Fehlen eines Scheidungsgrundes für die Ehefrau nach iranischem Recht bei gleichheitswidriger Benachteiligung; zum Loskaufrecht der Ehefrau (khul-Scheidung) s. OLG Koblenz NJW 2013, 1377 mAnm Hohloch; BGHZ 169, 240 Rn. 47 mAnm Rehm LMK 2007, 211665 = JZ 2007, 738 mAnm Rauscher betr. Unscheidbarkeit einer kanonischen Ehe nach syrischem Recht, gegen OLG Karlsruhe IPRax 2006, 181; S. Lorenz IPRax 1999, 429; Rauscher IPRax 2006, 140; im Vergleich zum deutschen Recht lediglich längere Trennungsfristen stellen für sich genommen hingegen noch keinen ordre public-Verstoß dar, s. etwa AG Sinzig FamRZ 2005, 1678 und implizit BGH NJW 2007, 220 betr. dreijährige Trennungsfrist des italienischen Rechts; für einen Überblick vgl. auch J. Koch, Die Anwendung islamischen Scheidungs- und Scheidungsfolgenrechts im IPR der EU-Mitgliedstaaten, 2012). Im **Kindschaftsrecht** sind im Hinblick auf den ordre public insbes. Anerkennungsverbote (BGHZ 50, 370; KG NJW-RR 1994, 774 betr. Anerkennungsverbot von Ehebruchskindern), Adoptionsverbote (vgl. etwa OLG Karlsruhe FamRZ 1998, 56; OLG Schleswig BeckRS 2007, 19588), die Versagung von Vaterschaftsanfechtungen (OLG Stuttgart FamRZ 2001, 246) und Vaterschaftsfeststellungen sowie durch Leihmutterschaft begründete Statusverhältnisse (s. dazu VG Berlin IPRax 2014, 80 sowie KG IPRax 2014, 72 (zum anerkennungsrechtlichen ordre public); eingehend zur Leihmutterschaft Mayer RabelsZ 2014, 551) von Bedeutung gewesen. Die statusrechtliche Zuordnung eines Kindes zu **gleichgeschlechtlichen Eltern** verstößt nicht gegen der ordre public (BGH NJW 2016, 2322 mAnm Rauscher; AG München NJW 2022, 252). Viele dieser Probleme sind nunmehr durch die bei der Neuregelung des internationalen Kindschaftsrechts durch das KindRG vom 16.12.1997 eingeführten Alternativanknüpfungen (zum Begriff → EinlIPR Rn. 37) der Art. 19 ff. praktisch hinfällig geworden. Gleiches gilt angesichts der Abschaffung der Legitimation im deutschen materiellen Recht hinsichtlich von Legitimationsverboten. Freilich kann weiterhin die materiellrechtliche **Ungleichbehandlung** von ehelichen und nichtehelichen Kindern gegen den ordre public verstoßen. Im Bereich der elterlichen Sorge kann das (bei Buben ab dem 3., bei Mädchen ab dem 8. Lebensjahr) allein dem Vater zustehende Sorgerecht nach islamischem Recht einen ordre public-Verstoß darstellen, sofern im Einzelfall das Kindeswohl nicht gewahrt ist (→ Rn. 7 mwN) (vgl. BGHZ 120, 29 = NJW 1993, 848; BGH NJW-RR 1993, 962 (963)). Im **Unterhaltsrecht** kommt ein ordre public-Verstoß bei der Versagung oder Minderung nachehelichen Unterhalts nur in Betracht, wenn der geschiedene Ehegatte minderjährige Kinder zu versorgen hat oder ein sonstiger besonderer Härtefall vorliegt (BGH NJW 1991, 2212 (2213 f.); OLG Koblenz FamRZ 2004, 1877 (1878); OLG Düsseldorf FamRZ 1995, 885; OLG Karlsruhe NJW-RR 1989, 1346 = IPRax 1990, 382 mAnm Hausmann; OLG Hamm NJW-RR 1999, 950 f. betr. wirksamen Unterhaltsverzicht nach türkischem Recht; FamRZ 1999, 1142 f.; zur Bemessung OLG Zweibrücken FamRZ 2000, 32; aus der Lit. vgl. zuletzt Schulze IPRax 1998, 350; auch hierbei kommt es aber entscheidend auf den jeweiligen Einzelfall an, vgl. etwa OLG Bremen FamRZ 1997, 1403 = IPRax 1998, 366 f. betr. eigenes Einkommen des geschiedenen Ehegatten). **26**

**5. Internationales Erbrecht.** Die gerade im Erbrecht häufig anzutreffenden Unterschiede der verschiedenen Rechtsordnungen rechtfertigen als solche noch nicht das Eingreifen des ordre public-Vorbehalts. Auch hier verbietet sich also jede schematische Beurteilung. In der Praxis ist das ordre public-Problem insbes. im Hinblick der Benachteiligung einzelner Erben sowie im Bereich des Pflichtteilsrechts aufgetreten (zur Versagung von Pflichtteilsansprüchen → Art. 25 **27**

Rn. 63). Die **Ungleichbehandlung** weiblicher Erben im islamischen Rechtskreis stellt – bei entsprechendem Inlandsbezug – zumindest dann eindeutig einen Verstoß gegen den ordre public dar, wenn diese im konkreten Einzelfall neben männlichen Erben berufen sind (OLG München NJW-RR 2021, 138; NZFam 2021, 94 mAnm Mankowski; s. auch dazu Pattar, Islamisch inspiriertes Erbrecht und deutscher Ordre Public, 2007; zum jüdisch-religiösen Recht s. OLG Hamburg FamRZ 2021, 1495). Nach zutreffender Ansicht gilt dies aber auch bei bloß hypothetischer Konkurrenz (gleichheitswidrige Benachteiligung im Ehegattenerbrecht, → Rn. 10 mwN). Auch **Erbverbote** auf Grund Religionsverschiedenheit stellen regelmäßig einen Verstoß gegen den ordre public dar (→ Art. 25 Rn. 61) (OLG Hamm ZEV 2005, 436 (437) mAnm S. Lorenz ZEV 2005, 440 f. = IPRax 2005, 481 mAnm Looschelders IPRax 2005, 462, 463; OLG Frankfurt ZEV 2011, 135 (136); OLG München NJW-RR 2012, 1096). Gleiches gilt für den Ausschluss der gewillkürten Erbfolge (OLG Hamburg FamRZ 2021, 1495). Problematisch kann im Einzelfall auch das Fehlen von Erbunwürdigkeitsgründen sein (→ Art. 25 Rn. 64). Generell ist zu beachten, dass die Möglichkeit, im Wege gewillkürter Erbfolge im deutschen Recht im Einzelfall ein vergleichbares Ergebnis zu erreichen, nur dann den ordre public-Verstoß ausschließen kann, wenn ein entsprechender Erblasserwille – der auch im bewussten Unterlassen einer letztwilligen Verfügung liegen kann – positiv festzustellen ist (OLG München NZFam 2021, 94 mAnm Mankowski) (→ Art. 25 Rn. 61). Das Fehlen von Pflichtteilsansprüchen wurde nach früherer Rspr. zumindest im Regelfall nicht als ordre public-widrig eingestuft. Nachdem aber das BVerfG der „grds. unentziehbaren und bedarfsunabhängigen wirtschaftlichen Mindestbeteiligung der Kinder des Erblassers an dessen Nachlass" Grundrechtsschutz nach Art. 14 Abs. 1 S. 1 GG gesprochen hat (BVerfG NJW 2005, 1561), dürfte sich diese Ansicht aber nicht mehr halten lassen (zum Ganzen → Art. 25 Rn. 63) (S. Lorenz ZEV 2005, 440 (441 f.); ebenso Looschelders IPRax 2006, 462 (465); MüKoBGB/Birk, 6. Aufl. 2015, Art. 25 Rn. 113; umfassend Pfundstein, Pflichtteil und ordre public, 2010; aA OLG Hamm IPRax 2006, 481 (486)).

28 **6. Internationales Gesellschaftsrecht.** Im internationalen Gesellschaftsrecht spielt der ordre public eine untergeordnete Rolle (→ Art. 12 Rn. 14). Insbesondere kann der Rechtsform einer juristischen Person nur in besonderen Ausnahmefällen nach Art. 6 die Anerkennung versagt werden (BGH NJW 2015, 623 Rn. 26). In Betracht kommt das etwa dann, wenn Hauptzweck einer Gesellschaft die Steuerhinterziehung bildet (BGH NJW 2015, 623 Rn. 16; WM 1979, 692).

## 2. Recht der natürlichen Personen und der Rechtsgeschäfte: Art. 7–12 EGBGB

### Art. 7 Rechtsfähigkeit und Geschäftsfähigkeit

**(1) [1]Die Rechtsfähigkeit und die Geschäftsfähigkeit einer Person unterliegen dem Recht des Staates, dem die Person angehört. [2]Dies gilt auch, soweit die Geschäftsfähigkeit durch Eheschließung erweitert wird.**

**(2) Eine einmal erlangte Rechtsfähigkeit oder Geschäftsfähigkeit wird durch Erwerb oder Verlust der Rechtsstellung als Deutscher nicht beeinträchtigt.**

**Schrifttum:** Arnold, Künstliche Intelligenz und Parteiautonomie – Rechtsfähigkeit und Rechtswahlfähigkeit im Internationalen Privatrecht, IPRax 2022, 13; Hagenguth, Die Anknüpfung der Kaufmannseigenschaft im IPR, 1981; Kramme, Mehr als ein Qualifikationsproblem: Zum Verhältnis von Verbrauchervertrags- und Geschäftsfähigkeitsstatut, RabelsZ 85 (2021), 775; Kropholler/v. Hein, Der postmortale Persönlichkeitsschutz im geltenden und künftigen Internationalen Privatrecht, FS Heldrich, 2005, 793; Mäsch, Die Bestimmung der Minderjährigkeit, FS Heldrich, 2005, 857; Rupp, Volljährigkeit, Vormundschaft und Flüchtlingseigenschaft, ZfPW 2018, 57; Schack, Das auf Altersgrenzen anwendbare Recht, FS Kronke, 2020, 501; Tschernoster, Der Minderjährige als Erbe und Vermächtnisnehmer – unter Berücksichtigung der Besonderheiten bei Testamentsvollstreckung, RNotZ 2017, 125; van Venrooy, Die Anknüpfung der Kaufmannseigenschaft, 1985.

## Übersicht



## I. Normzweck, Grundstruktur

1 Ob eine Person fähig ist, Träger von Rechten und Pflichten zu sein (Rechtsfähigkeit) oder selbst Rechtsgeschäfte zu tätigen (Geschäftsfähigkeit), sind zentrale Fragen des Bürgerlichen Rechts im Allgemeinen und der Rechtsgeschäftslehre im Besonderen. Sie stellen sich freilich niemals isoliert, sondern immer nur als ein Tatbestandsmerkmal unter mehreren im Zusammenhang mit einer „eigentlich" zu lösenden Hauptfrage. Deshalb wäre es denkbar, die Geschäfts- und Rechtsfähigkeit jeweils auch dem Recht zu unterstellen, das über diese Hauptfrage entscheidet (**Wirkungsstatut,** Geschäftsstatut, lex causae (zu diesen Begriffen → EinlIPR Rn. 101), zB Vertragsstatut bei einer vertraglichen Forderung). Dies hätte allerdings zur Folge, dass ein und dieselbe Person in unterschiedlichen Zusammenhängen in der Anwendung unterschiedlicher Rechte einmal als geschäftsfähig und einmal als geschäftsunfähig gelten könnte. Das erschien dem deutschen Gesetzgeber als untragbar, weshalb er Rechts- und Geschäftsfähigkeit einer besonderen, für alle Zusammenhänge im Grundsatz gleichen kollisionsrechtlichen Behandlung unterwarf, die zudem eine besondere Stabilität und Kontinuität gewährleisten sollte: Beide Fragen werden über Abs. 1 nach dem Recht der Staatsangehörigkeit der betroffenen Person (Personalstatut, Heimatrecht; zu diesen Begriffen → EinlIPR Rn. 101) beurteilt. Es handelt sich damit allerdings **nicht** um **„Vorfragen",** welche das schwierige Problem der selbstständigen oder unselbstständigen Anknüpfung aufwerfen. Die Kategorie der Vorfrage ist auf „präjudizielle Rechtsverhältnisse" beschränkt, aus welchen sich unmittelbar Rechtsfolgen ergeben können, während einzelne, isoliert niemals relevante tatbestandliche Voraussetzungen eines Rechtsverhältnisses wie eben die Rechts- und Geschäftsfähigkeit, wenn sie gesondert angeknüpft werden, „nur" eine verselbstständigte **Teilfrage** bilden (so auch v. Hoffmann/Thorn IPR § 6 Rn. 43; Grüneberg/Thorn Rn. 1; jurisPK-BGB/Ludwig Rn. 1); allg. zur Vorfragenproblematik und zur Abgrenzung von der Teilfrage (→ EinlIPR Rn. 65 ff.). Damit ist zur Bestimmung des auf die Rechts- und Geschäftsfähigkeit anwendbaren Rechts immer von Art. 7 auszugehen, auch wenn die Hauptfrage einem ausländischen Recht unterliegt (iErg allgM).

2 Wie schon die Abschnittsüberschrift zeigt, findet Art. 7 nur auf **natürliche Personen** Anwendung (allgM). Fragen der Rechts- und Handlungsfähigkeit **juristischer Personen und Gesellschaften** sind grds. dem gesetzlich nicht geregelten Gesellschaftsstatut (→ Art. 12 Rn. 1 ff.) unterworfen; Art. 7 ist insoweit auch analog nicht anwendbar (allgM). Allerdings kann der Rechtsgedanke des Art. 7 Abs. 2 Grundlage für einen gewissen Bestandsschutz für Gesellschaften sein (→ Art. 12 Rn. 81).

2a Wenn in Zukunft mit künstlicher Intelligenz (KI) ausgestattete und deshalb zu gewissem eigenständigen und autonomen Verhalten fähige Software-Agenten **(KI-Agenten)** rechtsgeschäftliche Erklärungen abgeben, zB Verträge schließen, wird sich auf der Ebene der materiellen Rechtsordnungen eben wegen dieser Autonomie die Frage stellen, ob das bisher bei automatisierten Erklärungen überwiegend angewendete Modell der Zurechnung an den jeweiligen Benutzer oder Betreiber (vgl. Paulus JuS 2019, 960 (963)) abgelöst werden sollte durch ein Stellvertretermodell, was eine (Teil-)Rechtsfähigkeit oder auch nur (Teil-)Geschäftsfähigkeit (in Form der Stellvertreterfähigkeit) (dazu, dass die Stellvertreterfähigkeit nicht zwangsläufig die Rechtsfähigkeit voraussetzt,

Arnold IPRax 2022, 13 (18)) solcher Systeme bedingen würde. Auf kollisionsrechtlicher Ebene bleibt einem de lege lata nichts anderes übrig (zu den Möglichkeiten de lege ferenda Arnold IPRax 2022, 13 (20 f.), das insoweit anwendbare Recht mit Hilfe einer **Analogie zu Art. 7** zu ermitteln (Arnold IPRax 2022, 13 (19)), wobei die Bestimmung des (in Ermangelung einer Staatsangehörigkeit über Art. 5 Abs. 2 oder ab dem 1.1.2023 für die Stellvertreterfähigkeit nach Art. 7 Abs. 2 n.F. direkt maßgeblichen) **gewöhnlichen oder hilfsweise schlichten Aufenthalts** eines KI-Agenten formidable Schwierigkeiten aufwirft (näher Arnold IPRax 2022, 13 (19 f.)). Entsprechendes dürfte für die Rechtsfähigkeit nicht rechtsgeschäftlich handelnder **autonomer Systeme** gelten.

3 Abs. 2 behandelt das Problem des **Wechsels der Staatsangehörigkeit,** Art. 9 das der **Todeserklärung** von Ausländern in Deutschland. Praktisch wichtiger ist **Art. 12,** der sich der Frage des **Verkehrsschutzes** widmet und in nicht seltenen Fällen die Lösung des Art. 7 **korrigiert,** seinerseits aber in weiten Bereichen von Art. 13 Rom I-VO verdrängt wird.

3a Durch Art. 2 Nr. 1 Gesetz zur Reform des Vormundschafts- und Betreuungsrechts v. 4.5.2021 (BGBl. I 882) wurde Art. 7 reformiert. Die Geschäftsfähigkeit einer Person (nicht auch die Rechtsfähigkeit) wird **ab dem 1.1.2023** erfreulicherweise nicht mehr an die Staatsangehörigkeit, sondern an ihren **gewöhnlichen Aufenthalt** angeknüpft (Art. 7 Abs. 2 n.F.). Zur intertemporalen Anwendbarkeit der Neuregelung s.u. → Rn. 57a.

## II. Staatsverträge

4 Nach Art. 8 Abs. 3 **Deutsch-iranisches Niederlassungsabkommen** vom 17.12.1929 (RGBl. 1930 II 1006) ist im „Personenrecht“ das jeweilige Heimatrecht anzuwenden. Dies erfasst auch die Rechts- und Geschäftsfähigkeit, deckt sich aber mit der Anknüpfung des Art. 7 Abs. 1, weshalb es im praktischen Ergebnis ohne Bedeutung ist, wenn der Vorrang (Art. 3 Abs. 2) des Abkommens missachtet wird (aA wegen des – allerdings bei nicht als Loi uniforme geltenden staatsvertraglichen Anknüpfungen belanglosen – Renvoiproblems Staudinger/Hausmann, 2019, Rn. 14). Art. 7 Abs. 2 und Art. 12 sind ihrerseits mit Art. 8 Abs. 3 Deutsch-iranisches Niederlassungsabkommen vereinbar, weil diese Norm die Möglichkeit eröffnet, von ihr abzuweichen, soweit diese Abweichung alle fremden Staatsangehörigen gleichermaßen trifft (Soergel/Kegel Rn. 25).

5 Das **Haager Entmündigungsabkommen** vom 17.7.1905 (RGBl. 1912, 463) wurde von der Bundesrepublik Deutschland im Zusammenhang mit der Abschaffung der Entmündigung im internen deutschen Recht mit Wirkung zum 23.8.1992 gekündigt (BGBl. II 272).

## III. Probleme des Allgemeinen Teils

6 Zur Anknüpfung bei Doppel- oder **Mehrstaatern,** Staatenlosen und Flüchtlingen vgl. Art. 5; soweit vorgeschlagen wird, bei Flüchtlingen die Ersatzanknüpfung an den gewöhnlichen Aufenthalt nach Art. 12 Abs. 1 GFK zugunsten der Anwendung des eigentlich ausgeschlossenen Heimatrechts fallen zu lassen, wenn die Volljährigkeit am Aufenthaltsort früher eintritt und damit den Minderjährigenschutz der betreffenden Person beseitigt (so wohl Rupp ZfPW 2018, 57 (74); in diese Richtung auch Erb-Klünemann/Kößler FamRB 2016, 160 (165)), widerspricht das der umgekehrten Logik des Art. 7 Abs. 2 (die niedrigere Volljährigkeitsschwelle setzt sich durch) und ist daher abzulehnen. Zur Verweisung auf Staaten mit mehreren Teilrechtsordnungen vgl. Art. 4 Abs. 3. Eine eventuelle **Rück- oder Weiterverweisung** durch das von Art. 7 berufene Recht ist nach Art. 4 Abs. 1 Hs. 1 zu beachten (allgM). Im praktischen Ergebnis kann dies dazu führen, dass gegen die Staatsangehörigkeitsanknüpfung des Art. 7 etwa das Wohnsitzrecht oder das Recht der Hauptfrage zur Anwendung gelangen (so unterwirft das Schweizer Recht „Beginn und Ende der Persönlichkeit“ dem Wirkungsstatut, also dem Recht der Hauptfrage, Art. 34 Abs. 2 IPRG). Zur Rückverweisung im Hinblick auf die Geschäftsfähigkeit (→ Rn. 18); zur Gesamt- oder Sachnormverweisung im Rahmen des neuen Art. 7 Abs. 2 (2023) → Rn. 20. Der **ordre public** (Art. 6) ist ebenfalls zu berücksichtigen, hat aber im Rahmen der Rechts- und Geschäftsfähigkeit nur selten praktische Bedeutung erlangt (ebenso MüKoBGB/Lipp Rn. 36, 70; NK-BGB/Makowsky/G. Schulze Rn. 8, jeweils mit Beispielen möglicher ordre-public-Verstöße); dies könnte sich ändern, wenn sich in Zukunft große Unterschiede bei der Beurteilung der **Rechts- und Geschäftsfähigkeit von KI-Agenten** und allgemein **autonomer Systeme** (→ Rn. 2a) auftun sollten, wobei sich schon wegen der Neuheit und Komplexität des Problems aber nur selten ein eklatanter Widerspruch gegen elementare Grundsätze der deutschen Rechtsordnung ergeben dürften (allzu großzügig in dieser Hinsicht hingegen Liebig in Tietje/Kraft/Kumpan, Beiträge zum Transnationalen Wirtschaftsrecht, Heft 169 (2020), 5 (33 ff.)). Zur Differenzierung im Rahmen

der Geschäftsfähigkeit nach gleichheitswidrigen Kriterien → Rn. 22. Zur Vorfragenproblematik → Rn. 1.

## IV. Einflüsse des Unionsrechts und der EMRK

7 Die Rom I-VO enthält Regeln zur Ermittlung des Vertragsstatuts, mit Ausnahme einer dem Art. 12 entsprechenden Verkehrsschutzregelung (Art. 13 Rom I-VO) aber keine Kollisionsnorm zur Rechts- und Geschäftsfähigkeit; diese Bereiche sind im Gegenteil nach Art. 1 Abs. 2 lit. a Rom I-VO von deren Anwendungsbereich ausdrücklich ausgeschlossen; entsprechendes gilt für das Kollisionsrecht der Ehescheidung (Art. 1 Abs. 2 lit. a Rom III-VO), des Güterrechts (Art. 1 Abs. 2 lit. a EuGüVO/EuPartVO) und des Erbrechts (Art. 1 Abs. 2 lit. b EuErbVO). Die Grenzlinie zwischen Vertrags-/Scheidungs-/Güterrechts-/Erbstatut und **Geschäftsfähigkeitsstatut** und damit die **Reichweite** des letzteren wird so zur Frage der Anwendbarkeit der genannten europäischen Verordnungen, die zwangsläufig **unionsrechtsautonom** zu beantworten ist (Kramme RabelsZ 85 (2021), 775 (781)), ohne dass die genannten Texte oder der EuGH Hilfestellung geben würden. Bis insoweit Vorgaben aus Luxemburg kommen, sollten sich deutsche Gerichte an der hier beschriebenen herkömmlichen deutschen Begrifflichkeit orientieren. Zur Testierfähigkeit (unten → Rn. 32) findet sich eine europäische Regelung in Art. 26 Abs. 1 lit. a EuErbVO. Die Anknüpfung der Rechts- und Geschäftsfähigkeit an die Staatsangehörigkeit verstößt nach hM (vgl. MüKoBGB/v. Hein Art. 5 Rn. 44 mwN) nicht gegen die sich aus Art. 18 AEUV (früher Art. 12 EGV) und den speziellen Grundfreiheiten ergebenden **europarechtlichen Diskriminierungsverbote** (→ EinlIPR Rn. 30). Dass in den berufenen Heimatrechten unterschiedliche Sachregeln bestehen und daher iErg Differenzierungen entstehen, ist unerheblich, weil letzteres nicht dem deutschen Hoheitsträger, sondern dem jeweiligen Gesetzgeber zuzurechnen ist (näher MüKoBGB/v. Hein Art. 5 Rn. 42 ff.). Die Streitfrage ist allerdings für Deutschland ohne größere praktische Relevanz, weil schon wegen der heute in der EU einheitlich geltenden Volljährigkeitsgrenze von 18 Jahren nur schwer Fälle denkbar sind, in denen im konkreten Fall die Anwendung ausländischen Heimatrechts auf die Geschäftsfähigkeit einen Nachteil für den Ausländer im Vergleich zur Anwendung deutschen Rechts auf deutsche Staatsangehörige darstellen würde (zutr. MüKoBGB/v. Hein Art. 5 Rn. 43). Nach Auffassung des EGMR verstößt die Verweigerung der rechtlichen Anerkennung einer Geschlechtsumwandlung gegen Art. 8 EMRK (EGMR NJW-RR 2004, 289 – Goodwin). Damit dürfte sich die auf Art. 3 GG gestützte Entscheidung des BVerfG zum internationalen Anwendungsbereich des TSG (→ Rn. 38, → Rn. 55) auch aus der EMRK ableiten lassen (so wohl auch Roth StAZ 2007, 17).

## V. Anwendungsbereich im Einzelnen

8 **1. Rechtsfähigkeit. a) Erfasste Regelungen.** Art. 7 behandelt (nur) die **Zivilrechtsfähigkeit natürlicher Personen** (zur analogen Anwendung über diesen Kreis hinaus → Rn. 2, → Rn. 2a), also die allgemeine Fähigkeit, als Träger privater Rechte und Pflichten Privatrechtssubjekt zu sein, diese aber umfassend. Das Recht der Staatsangehörigkeit der betreffenden Personen ist für **alle damit zusammenhängenden Fragen** zuständig, wobei es sich streng genommen um einen Fall der **Vorwirkung** eines zunächst **hypothetischen Personalstatuts** handelt. Ob rechtlich eine Person mit einer bestimmten Nationalität existiert, kann nur die über Art. 7 erst zu ermittelnde Rechtsordnung sagen. Der Wortlaut des Art. 7 ist insoweit unpräzise. Die Vorschrift müsste deshalb lauten: Die Rechtsfähigkeit einer Person beurteilt sich nach derjenigen Rechtsordnung, zu der ihre Staatsangehörigkeit bei vorhandener Rechtsfähigkeit führen würde (vgl. MüKoBGB/Lipp Rn. 19).

9 Das Personalstatut entscheidet folglich insbes. über **Beginn und Ende der Rechtsfähigkeit,** wobei in wohl allen Rechtsordnungen zwar grds. Geburt und Tod maßgeblich sind, iE bei der Bestimmung des genauen Zeitpunkts aber durchaus Unterschiede bestehen können (vgl. zB im Kontrast zu § 1 BGB den viel zitierten Art. 30 CC aF (Spanien), wonach die Rechtsfähigkeit ein mindestens 24-stündiges Leben nach der Geburt „mit menschlichem Antlitz" voraussetzte). Sofern eine Rechtsordnung den (uU teilweisen) Verlust der bürgerlichen Rechtssubjektivität auch von anderen Ereignissen als dem Tod (oder der Todeserklärung) abhängig machen sollte, wie es noch heute einige Rechte mit dem **„bürgerlichen Tod"** als Nebenfolge lebenslanger Freiheitsstrafen oder der Verurteilung zur Todesstrafe tun (vgl. zB § 79-a Civil Rights Law New York: "a person sentenced to imprisonment for life is thereafter deemed civilly dead") (weitere, zT veraltete, Hinweise bei Kegel/Schurig IPR § 17 I 1 b), steht – bei hinreichendem Inlandsbezug – der

Anwendung solcher Normen in Deutschland der **ordre public** entgegen (v. Bar/Mankowski IPR BT II § 6 Rn. 20).

10 Das Personalstatut ist für die **Bestimmung des Todes und des Todeszeitpunktes** auch dann maßgeblich, wenn es nicht lediglich um das Ende der Rechtsfähigkeit der fraglichen Person geht, so wie etwa im Erbrecht (MüKoBGB/Lipp Rn. 20; aA jurisPK-BGB/Ludwig Rn. 14). Das folgt schon daraus, dass die behördliche **Todeserklärung,** die Feststellung des Todes sowie **Lebens- und Todesvermutungen,** wie Art. 9 S. 1 klarstellt, ebenfalls dem Personalstatut unterworfen sind. Insoweit, sowie zur Ausnahme des Art. 9 S. 2 (→ Art. 9 Rn. 1 ff.).

11 **b) Nicht erfasste Regelungen. aa) Parteifähigkeit, Beteiligtenfähigkeit, Insolvenzfähigkeit. Nicht** unter Art. 7 fällt grds. die Frage der **Parteifähigkeit** natürlicher Personen (allgM; zur Parteifähigkeit von Gesellschaften → Art. 12 Rn. 40). Es ist Sache des Verfahrensrechts, insoweit Regeln festzulegen. Allerdings knüpft § 50 Abs. 1 ZPO die Parteifähigkeit ausdrücklich an die Rechtsfähigkeit an, welche ihrerseits in Fällen mit Auslandsberührung dem über Art. 7 ermittelten Recht zu entnehmen ist (allgM, zB BGHZ 51, 27 (28) = NJW 1969, 188). Es wäre verfehlt, § 50 ZPO dergestalt zu interpretieren, dass er direkt auf die Rechtsfähigkeit nach deutschem bürgerlichen Recht verweist. Eine entsprechende Regelung gilt für die **Beteiligtenfähigkeit** in der **freiwilligen Gerichtsbarkeit.** Zur Prozessfähigkeit (→ Rn. 34). Die **Insolvenzfähigkeit** ist hingegen direkt dem Insolvenzstatut zu entnehmen (Art. 4 Abs. 2 lit. a EuInsVO, § 335 InsO) (Gottwald in Gottwald InsR-HdB § 131 Rn. 80).

12 **bb) „Besondere Rechtsfähigkeiten".** Ebenfalls von Art. 7 **nicht** berührt werden die sog. besonderen Rechtsfähigkeiten (allgM). Darunter versteht man im Gegensatz zur allgemeinen zivilen Rechtssubjektivität die Fähigkeit, an **bestimmten Rechten oder Rechtsgeschäften** teilzuhaben (Soergel/Kegel Rn. 4). Das materielle Recht kann insoweit im Vergleich zur allgemeinen Rechtsfähigkeit Erweiterungen (→ Rn. 13) wie auch Beschränkungen (→ Rn. 14) vorsehen.

13 Zu nennen sind hier in ersterer Hinsicht Regeln, die Dritten ermöglichen sollen, (noch) nicht Rechtsfähige bei ihren Vermögensdispositionen zu berücksichtigen; darunter fällt zB die Möglichkeit, ein bereits gezeugtes, aber noch nicht geborenes Kind (nasciturus) zum Testamentserben oder Vermächtnisnehmer oder ein noch nicht gezeugtes Kind (nondum conceptus) zum (Nach-)Erben einzusetzen (vgl. Soergel/Kegel Rn. 4). Solche Gestaltungsoptionen sind nicht nach dem Personalstatut des Bedachten, sondern nach dem Statut des jeweiligen Rechtsgeschäfts **(Wirkungsstatut),** in den Beispielen also dem Erbstatut (so ausdrücklich Art. 23 Abs. 2 lit. c EuErbVO), zu beurteilen (allgM). Der eingebürgerte und deshalb auch hier verwendete Begriff der besonderen Rechtsfähigkeit oder der Teilrechtsfähigkeit sollte allerdings nicht in die Irre führen. Der Sache nach handelt es sich um Regeln, die **neben** die Rechtsfähigkeitsnormen treten, weil sie eine von diesen abweichende Problematik betreffen, nämlich die Fähigkeit, „Zielobjekt" von zukünftigen Zuwendungen zu sein statt „Zuordnungssubjekt" aktuell bestehender Rechte und Pflichten; die „allgemeine" Rechtsfähigkeit wird von den Normen zur „besonderen" Rechtsfähigkeit weder modifiziert noch verdrängt (in der Sache ebenso Staudinger/Dörner, 2007, Art. 25 Rn. 81 ff.). Sind kollisionsrechtlich für beide Fragen unterschiedliche Statute maßgeblich, so können sich diese uU in ihrer Wirkung neutralisieren: Stirbt ein spanisches Kind 23 Stunden nach der Geburt, so ist es wegen des über Art. 7 S. 1 berufenen Art. 30 CC mangels Rechtsfähigkeit nicht Erbe des zuvor verschiedenen Erblassers mit letzten Wohnsitz in Deutschland geworden, auch wenn es von letzterem noch als nasciturus nach deutschem Erbstatut (Art. 21 Abs. 1 EuErbVO) zulässigerweise testamentarisch als Erbe eingesetzt worden war (und nach § 1 BGB auch Erbe hätte werden können) (vgl. Staudinger/Dörner, 2007, Art. 25 Rn. 85; v. Bar IPR BT, 1. Aufl. 1991, Rn. 4). Umgekehrt sind Fälle denkbar, in denen zwar das Personalstatut mit der Zuerkennung der Rechtsfähigkeit „großzügiger" als das Erbstatut ist, letzteres aber die testamentarische Erbeinsetzung des nasciturus nicht gestattet und von daher den Übergang des Nachlasses auf diesen verhindert.

14 Was Normen angeht, die ungeachtet der generellen Rechtssubjektivität die Fähigkeit beschränken, Träger bestimmter Rechte zu sein, ist ebenfalls allgM, dass diese nicht Art. 7, sondern dem maßgeblichen Wirkungsstatut unterfallen. So sind eventuelle besondere Beschränkungen bestimmter Personengruppen in der Erwerbsfähigkeit von Grundstücken nach dem Sachstatut zu beurteilen; ebenso wie etwaige Überlebensfristen für die Erbfähigkeit (nicht zu verwechseln mit einer etwaigen Mindestlebensdauer zur Erlangung der Rechtsfähigkeit, → Rn. 9 mwN) oder das Verbot letztwilliger oder schenkweiser Zuwendungen an bestimmte Personengruppen (wie zB nach § 14 Abs. 1 HeimG) grds. dem Schenkungs- bzw. dem Erbstatut unterworfen sind (iE → Art. 25 Rn. 27), sofern nicht eine Sonderanknüpfung eingreift (vgl. zu § 14 HeimG OLG Oldenburg IPRax 1999, 469 m. zust. Anm. Dörner IPRax 1999, 455); weiterhin sind die für die Übernahme

einer Vormundschaft zu erfüllenden Kriterien dem über Art. 24 ermittelten Recht zu entnehmen (zu diesen und weiteren Beispielen vgl. Grüneberg/Thorn Rn. 2 f.; MüKoBGB/Lipp Rn. 39, 65 ff.; Kegel/Schurig IPR § 17 I b). Zur Minderjährigkeit im Unterhaltsrecht (→ Rn. 24).

**cc) Postmortaler Persönlichkeitsschutz und pränataler Deliktsschutz.** Den Anwendungsbereich des Art. 7 berührt der **postmortale Persönlichkeitsschutz** schon deshalb nicht, weil es in diesem Rahmen nicht darum geht, einen Toten als Träger von Rechten iSe fortwirkenden allgemeinen Rechtsfähigkeit anzuerkennen, sondern lediglich darum, das Andenken an seine Persönlichkeit zu bewahren und diese dem Schutz der Rechtsordnung zu unterstellen (vgl. BVerfG NJW 1971, 1645). Ob und inwieweit eine bestimmte Handlung ein Delikt darstellt, weil sie in das idS fortbestehende Persönlichkeitsrecht eines Verstorbenen eingreift, kann nur das **Deliktsstatut** entscheiden, da damit das Tatbestandsmerkmal einer unerlaubten Handlung festzulegen ist (str., iErg wie hier Kropholler/v. Hein FS Heldrich, 2005, 793 (796); aA MüKoBGB/Lipp Rn. 25 f.; Staudinger/Hausmann, 2019, Rn. 71: kumulative Anknüpfung: sowohl Personalstatut als auch Deliktsstatut müssen Persönlichkeitsrechte Verstorbener anerkennen; Staudinger/Dörner, 2007, Art. 25 Rn. 24: Personalstatut entscheidet allein; Problem übersehen von BGHZ 143, 214 = NJW 2000, 2195 – Marlene Dietrich; vgl. dazu Schack JZ 2000, 1060 f.). Das Deliktsstatut sollte kraft Sachzusammenhangs aber auch für die Frage zuständig sein, **wer** das Persönlichkeitsrecht des Verstorbenen geltend machen kann (Erbe, Angehöriger); es ergibt wenig Sinn, hier das Personalstatut zu befragen (Erman/Hohloch, 15. Aufl. 2017, Rn. 5; aA MüKoBGB/Lipp Rn. 26; NK-BGB/Makowsky/G. Schulze Rn. 15). Selbst wenn man hier das Personalstatut für maßgeblich hält, kann man dies jedenfalls nicht aus Art. 7 ableiten, weil Fragen der „Vertretung" Handlungsunfähiger hier auch bei direkter Anwendung nicht geregelt sind (zur entspr. Differenzierung bei der Vertretung Minderjähriger → Rn. 31). Bei nichtdeliktischen Ansprüchen, die auf das postmortale Persönlichkeitsrecht gestützt werden, ist ebenfalls das Statut des jeweiligen Anspruchs (Bereicherungsstatut, GoA-Statut) für beide Aspekte maßgeblich (aA Kropholler/v. Hein FS Heldrich, 2005, 793 (796)). 15

Entsprechendes gilt für den Schutz vor **pränatalen Schädigungen.** Zwar kann ein vor der Geburt im Mutterleib geschädigtes Kind selbstverständlich nach seiner Geburt nur dann Inhaber eines Schadensersatzanspruchs geworden sein, wenn es nach seinem über Art. 7 ermittelten Personalstatut die Rechtsfähigkeit erlangt hat. **Ob** allerdings die Einwirkung auf eine Schwangere auch ein Delikt gegenüber dem später geschädigt geborenem Kind darstellt, ist eine Frage, die allein das Deliktsstatut beantwortet (v. Bar IPR BT, 1. Aufl. 1991, Rn. 6). 16

**2. Geschäftsfähigkeit. a) Allgemeines, Abdingbarkeit.** Was unter Geschäftsfähigkeit zu verstehen ist, bestimmt in erster Linie das europäische Recht (→ Rn. 7). Diesem ist zu entnehmen, dass sie wie nach herkömmlichem deutschen Verständnis (Grüneberg/Ellenberger BGB Einf. v. § 104 Rn. 2) die Fähigkeit einer natürlichen Person bezeichnet, eigenständig wirksame Rechtsgeschäfte vorzunehmen (ausf. Kramme RabelsZ 85 (2021), 775 (796, 798)). In den Bereich des Art. 7 sind darüber hinaus alle ausländischen Rechtsfiguren einzubeziehen, die den gleichen Ordnungszweck verfolgen, auch wenn sie rechtstechnisch anders als die §§ 104 ff. BGB ausgestaltet sind (funktionelle Qualifikation). Zur Anwendung von Art. 7 auf die mögliche (Teil-)Geschäftsfähigkeit von **KI-Agenten** → Rn. 2a. 17

Art. 7 unterstellt (bis zum 1.1.2023; → Rn. 20) die Geschäftsfähigkeit dem Recht der **Staatsangehörigkeit** der betreffenden Person. Zu den mit der Verweisung verbundenen Problemen des Allgemeinen Teils (→ Rn. 6). **Rück- oder Weiterverweisungen** sind in diesem Rahmen nicht selten (rechtsvergleichende Übersicht über die einschlägigen kollisionsrechtlichen Regelungen in anderen Ländern bei Staudinger/Hausmann, 2019, Rn. 21 ff.), weil einige Rechtsordnungen die Geschäftsfähigkeit dem Recht des Wohnsitzes (vgl. zB Art. 35 S. 1 IPRG (Schweiz)) oder des gewöhnlichen Aufenthaltsortes der Person unterwerfen; andere berufen das Wirkungsstatut, also das Recht, dem das fragliche Rechtsgeschäft selbst unterliegt (das soll für England, USA und Kanada hinsichtlich der Verfügungen über Immobilien gelten, so Staudinger/Hausmann, 2013, Art. 4 Rn. 314 mwN) oder knüpfen alternativ zugunsten der Geschäftsfähigkeit an das domicile der Person und den Vertragsschlussort bzw. das Wirkungsstatut an (vgl. mit Differenzierungen iE für England Dicey/Morris/Collins, Conflict of Laws, Bd. II, 15. Aufl. 2012, 1865 ff.; für die Einzelstaaten der USA 16 AmJur 2nd, Conflict of Laws, 2011, § 97 mwN). Zur **Sachnormverweisung** im Rahmen des **neuen Art. 7 Abs. 2** (2023) → Rn. 20. 18

Abgesehen von diesem Umweg über das „Rückverweisungsroulette" (Flessner, Interessenjurisprudenz im IPR, 1990, 137) ist das Wirkungsstatut für das auf die Geschäftsfähigkeit anwendbare Recht ohne Belang. Die Parteien haben es etwa im Schuldvertragsrecht in der Hand, das Vertragsstatut frei zu bestimmen (Art. 3 Rom I-VO); für die Regeln zur Geschäftsfähigkeit ist ihnen diese Freiheit nicht gewährt. Art. 7 ist **zwingendes Recht** (allgM), in seinen Auswirkungen für den 19 gutgläubigen Geschäftspartner einer nach ihrem Heimatrecht geschäftsunfähigen Vertragspartei allerdings gemildert durch **Art. 12 EGBGB/Art. 13 Rom I-VO** (s. iE dort).

20 Durch das Gesetz zur Reform des Vormundschafts- und Betreuungsrechts vom 4.5.2021 (BGBl. I 882) ist Art. 7 geändert worden. Ab dem 1.1.2023 unterliegt die Geschäftsfähigkeit einer Person nicht länger ihrem Heimatrecht, sondern dem **Recht ihres gewöhnlichen Aufenthaltes.** Die ratio dieser Norm (Verkehrsschutz und Erleichterung des Rechtsverkehrs durch Erhöhung der Rechtssicherheit (RegE, BT-Drucks. 19/24445, 318)) spricht dafür, bei einem ausländischen gewöhnlichen Aufenthaltsort nach Art. 4 Abs. 1 S. 1 Hs. 2 eine **Sachnormverweisung** anzunehmen. Zur **intertemporalen Anwendbarkeit** der Neuregelung → Rn. 57a.

21 **b) Reichweite des Geschäftsfähigkeitsstatuts im Einzelnen. aa) Notwendigkeit der Geschäftsfähigkeit.** Keine Frage des Art. 7 ist, **ob** für ein bestimmtes Rechtsgeschäft oder eine Rechtshandlung Geschäftsfähigkeit erforderlich ist und zu welchem **Zeitpunkt** sie vorliegen muss (allgM) – hier entscheidet allein das Wirkungsstatut, bei schuldrechtlichen Verträgen das Vertragsstatut, im Rahmen einer dinglichen Verfügung die lex rei sitae (Art. 43), das Recht also, das auch ansonsten über die Wirksamkeitsvoraussetzungen des Rechtsgeschäfts befindet (für eine erbrechtliche Ausschlagungserklärung ebenso BayObLG NJW 2003, 216 (218)). Ob eine als Vertreter rechtsgeschäftlich handelnde Person (voll) geschäftsfähig sein muss, richtet sich nach dem Vertretungsstatut, bei Bevollmächtigung also nach dem Vollmachtsstatut (→ Art. 8 Rn. 1 ff.) (aA Kramme RabelsZ 85 (2021), 775 (801): Geschäftsfähigkeitsstatut). Der für den Erfolg eines Geschäfts zu erreichende **Grad der Geschäftsfähigkeit** (beschränkte oder volle Geschäftsfähigkeit) bestimmt sich hingegen als Präzisierung der allgemeinen Frage nach „der Geschäftsfähigkeit" der betreffenden Person nach dem von Art. 7 berufenen Recht (hM, str.; m. ausf. Begr. Schotten/Schmellenkamp, Das IPR in der notariellen Praxis, 2. Aufl. 2007, Rn. 61 f.; ebenso NK-BGB/Makowsky/G. Schulze Rn. 16; Staudinger/Hausmann, 2019, Rn. 59; jurisPK-BGB/Ludwig Rn. 23; iE wohl auch Kramme RabelsZ 85 (2021), 775 (800 f.): Bestimmungen, deren primäres Anliegen es ist, die Teilhabe von Geschäftsunfähigen und beschränkt Geschäftsfähigen am wirtschaftlichen Leben zu ermöglichen, gehören zum Geschäftsfähigkeitsstatut. AA AG Hildesheim IPRspr. 1973 Nr. 94; MüKoBGB/Lipp Rn. 46; Grüneberg/Thorn Rn. 5).

22 **bb) Altersgrenze und sonstige Voraussetzungen der Geschäftsfähigkeit.** Das Personalstatut ist ebenso maßgeblich für die geistigen und altersmäßigen Voraussetzungen für die volle Geschäftsfähigkeit sowie für die Frage, ob und mit welchen Voraussetzungen es eine **Vorstufe** zu dieser gibt – viele Rechtsordnungen kennen die deutsche Figur der „beschränkten Geschäftsfähigkeit" nicht (so das US-amerikanische common law, nach dem grds. auch vorteilhafte Geschäfte des Minderjährigen „voidable" sind, andererseits der Minderjährige aber bei Verträgen über „necessaries" unabhängig von seinem Alter gebunden ist, vgl. 42 AmJur 2nd, Infants, §§ 64 ff. (2011)) oder treffen umkehrt eine noch diffizilere Regelung (in Österreich wird unterschieden zwischen Kindern (bis sieben Jahre), Unmündigen (zwischen sieben und 14 Jahren), mündigen Minderjährigen (zwischen 14 und 18 Jahren) und Volljährigen, vgl. Koziol – Welser/Kletečka, Bürgerliches Recht, Bd. I, 14. Aufl. 2014, S7 ff.). Hierher gehört insbes. die Bestimmung der **Altersgrenze für die Volljährigkeit** (Liste für zahlreiche Länder → Rn. 58) bzw. der entsprechenden Vorstufe. Soweit einzelne Länder **nach Geschlechtszugehörigkeit unterschiedliche Grenzen** setzen, könnte man versucht sein, auf den **ordre public** zurückzugreifen. Doch ist, soweit es um Differenzierungen bei der beschränkten Geschäftsfähigkeit geht (nach Hausmann in Reithmann/Martiny IntVertrR Rn. 6.1077 sollen zB in Chile, Ecuador und Kolumbien Mädchen die beschränkte Geschäftsfähigkeit mit 12 Jahren, Jungen hingegen erst mit 14 Jahren erreichen), bereits zweifelhaft, ob es sich tatsächlich um eine Diskriminierung handelt, wenn einem typischerweise unterschiedlichen Entwicklungstempo von Jungen und Mädchen in der Pubertät Rechnung getragen wird. Wichtiger noch ist aber, dass am deutschen ordre public nur das **konkrete Ergebnis** der Anwendung einer ausländischen Rechtsnorm zu messen ist (näher → Art. 6 Rn. 10). Insoweit kann nicht zweifelhaft sein, dass die in einem konkreten Rechtsstreit getroffene Feststellung, dass eine bestimmte Person (erst) mit Erreichung einer bestimmten, für sich genommen nicht anstößigen Altersgrenze beschränkt oder voll geschäftsfähig wird, nicht dem Verdikt des Art. 6 unterfällt, unabhängig davon, ob theoretisch eine andere Person in dieser Lage bereits früher in den Genuss der Geschäftsfähigkeit gekommen wäre (diff. zum ordre public bei ausländischer Geschlechtsdiskriminierung → Art. 6 Rn. 11).

23 Zu Recht hält es das OLG Köln mit dem deutschen ordre public für unvereinbar, ein zehnjähriges iranisches Mädchen als volljährig anzusehen (OLG Köln FamRZ 1997, 1240); eine solch niedrige Volljährigkeitsstufe existiert freilich in keinem Land, auch nicht im Iran (Liste → Rn. 58.1). Soweit einzelne Staaten die Volljährigkeit mit **16 Jahren** eintreten lassen, kann darin

schon angesichts vereinzelter Tendenzen in Deutschland, das Wahlalter für Kommunal- und Landtagswahlen auf diese Schwelle zu senken, **kein ordre-public-Verstoß** gesehen werden.

Zu beachten ist, dass die Regeln über die Altersgrenze für die Volljährigkeit nur dann unmittelbar dem von Art. 7 berufenen Recht zu entnehmen sind, soweit sie **zur Ermittlung der Geschäftsfähigkeit** von Nöten sind, denn nur letztere ist Gegenstand dieser Kollisionsnorm. Bedarf es in einem anderen Zusammenhang der **(isolierten) Feststellung der Voll- oder Minderjährigkeit** einer Person, berührt dies den direkten Anwendungsbereich des Art. 7 nicht. Ist bei einem ausländischen, in Deutschland ansässigen Kind über Art. 3 ff. HUP, Art. 21 jeweils nach deutschem Recht das Ende der elterlichen Sorge oder der unterhaltsrechtlichen Privilegierung zu prüfen, hilft Art. 7 für die Konkretisierung der insoweit maßgeblichen Minderjährigkeit (§ 1626 BGB, § 1602 Abs. 2 BGB, § 1603 Abs. 2 BGB, § 1609 Nr. 1 BGB) nach seinem Wortlaut nicht weiter, weil er keine Aussage über das auf „die Minderjährigkeit" anwendbare Recht trifft. Gleiches gilt etwa für die von der Volljährigkeit abhängige **Zeugenfähigkeit** bei einer deutschen Beurkundung (§ 26 Abs. 2 Nr. 2 BeurkG). Eine andere Frage ist freilich, ob man in diesen Fällen (1) „einfach" **§ 2 BGB als Teil des deutschen Geschäftsstatuts** (zum Statut des Beurkundungsverfahrens → VO (EG) 593/2008 Art. 11 Rn. 29) anwenden kann (so OLG Hamm FamRZ 1999, 888 für den Unterhalt; ähnlich OVG Münster 16.8.1996 – 18 B 3284/95: ob ein Ausländer bei seiner Einreise iSv § 18 Abs. 1 Nr. 4 AuslG minderjährig war, beurteilt sich nach § 2 BGB) (bzw. die entsprechende ausländische Norm bei einem ausländischen Geschäftsstatut) oder (2) in **analoger Anwendung des Art. 7 das Heimatrecht** über das Erreichen der Volljährigkeitsschwelle entscheiden lassen muss. Dies ist nicht pauschal zu beantworten. Zwar werden Teilfragen, für die der Gesetzgeber nicht ausdrücklich eine eigene Anknüpfung normiert hat, „in der Regel" von der Anknüpfung der Hauptfrage umfasst (vgl. v. Hoffmann/Thorn IPR § 6 Rn. 46 mwN), was für die erstere Lösung spricht. Abweichungen im Einzelfall sind aber nicht ausgeschlossen. Maßgeblich dürfte sein, ob die fragliche Norm des materiellen Rechts in bloßer Parallelität mit den Regeln über die Geschäftsfähigkeit an das Erreichen des Volljährigkeitsalters anknüpft oder gerade deshalb, weil in diesem Zeitpunkt auch die volle Geschäftsfähigkeit erlangt wird. Handelt es sich im letzteren Fall also um eine „verkappte" Anknüpfung an die Geschäftsfähigkeit, so muss dies Konsequenzen im Kollisionsrecht haben und zur Anwendung des Art. 7 führen. Auf dieser Grundlage ist im Falle der elterlichen Sorge wegen des untrennbaren Zusammenhangs zwischen der fehlenden vollen Geschäftsfähigkeit des Kindes und seiner „Bevormundung" durch die Eltern der allgemeinen Auffassung zuzustimmen, dass für das Ende der elterlichen Sorge nicht auf das nach Art. 21 für das Eltern-Kind-Verhältnis geltende Recht zurückzugreifen ist, sondern entspr. Art. 7 die Volljährigkeitsgrenze des Heimatrechts des Kindes entscheidet (vgl. MüKoBGB/Helms Art. 21 Rn. 21 mwN; für das Ende einer Vormundschaft ebenso OLG München FamRZ 2009, 1602; OLG Hamm FamRZ 2015, 1635; OLG Bremen FamRZ 2016, 990); Entsprechendes dürfte für die Grenze zwischen Minder- und Volljährigenadoption gelten (so auch OLG Köln StAZ 2012, 88). Weil die Begrenzung der Privilegierung auf minderjährige Kinder im deutschen Unterhaltsrecht ihrerseits darauf beruht, dass die elterliche Sorge mit Erreichen der Volljährigkeit endet und damit ab diesem Zeitpunkt die Eigenverantwortung des Kindes steigt (vgl. Mot. IV 682: volljähriges Kind ist nicht mehr abhängig von den Eltern und kann über sein Vermögen frei verfügen), greift über diese Brücke Art. 7 – gegen OLG Hamm (OLG Hamm FamRZ 1999, 888) – auch für die **Minderjährigkeit im Unterhaltsrecht** ein (näher Mäsch FS Heldrich, 2005, 857; aA Grüneberg/Thorn HUP Art. 1 Rn. 9). Im Ergebnis gewinnt damit Art. 7 in Form einer analogen Anwendung jedenfalls für die isolierte **Feststellung der Volljährigkeit im Sorge- und Unterhaltsrecht** an Bedeutung; ob dies auch in anderen Bereichen so ist, bedarf jeweils einer eigenen Prüfung. Im Fall der Zeugenfähigkeit nach § 26 Abs. 2 Nr. 2 BeurkG dürfte die ratio legis eher die mit Volljährigkeit zu unterstellende Einsichtsfähigkeit der Person denn ihre Fähigkeit sein, selbstständig Rechtsgeschäfte abzuschließen; folglich ist hier auch bei ausländischen Zeugen § 2 BGB maßgeblich (aA wohl (implizit) Winkler, 19. Aufl. 2019, BeurkG § 26 Rn. 9 m Fn. 11). 24

**cc) Entmündigung, Emanzipation, Volljährigkeitserklärung, Betreuung.** Dem Personalstatut zu entnehmen sind weiterhin eventuelle gesetzliche Regelungen über die Voraussetzungen, unter denen der Status der Geschäftsfähigkeit durch **behördliche oder gerichtliche Gestaltungsakte** oder auch **private Rechtsgeschäfte,** letztere ggf. unter behördlicher Mitwirkung – Entmündigung, Emanzipation (die Emanzipation mancher ausländischer, insbes. romanischer Rechte, erweitert die Geschäftsfähigkeit des Minderjährigen, zumeist ohne zur vollen Geschäftsfähigkeit zu führen, vgl. Soergel/Kegel Rn. 18; Staudinger/Hausmann, 2019, Rn. 52; Odersky in Hausmann/Odersky IPR § 4 Rn. 32), (Teil-)Volljährigkeitserklärung (vgl. AG Moers DAVorm 1997, 925) – geändert werden kann, da und soweit es sich hier um eine allgemeine Einschränkung 25 oder Aufhebung der Wirkungen der Minder- bzw. Volljährigkeit handelt (zutr. Hausmann in Reithmann/Martiny IntVertrR Rn. 6.1078). Das Kollisionsrecht der **Betreuung** ist hingegen in Art. 24 zu finden. Eine Emanzipation durch Rechtsgeschäft kann auf der Basis des nach Art. 7 maßgeblichen ausländischen Rechts auch im Inland vorgenommen werden (heute allgM); für die zu beachtende Form gilt Art. 11 (wobei allerdings die Abgrenzung von Form- und materiellen Bestimmungen des ausländischen Rechts Schwierigkeiten machen kann, vgl. Staudinger/Hausmann, 2019, Rn. 142). Zur **Zuständigkeit** für behördliche und gerichtliche Akte und zu sonstigen Verfahrensfragen (→ Rn. 48 ff.).

26 **dd) Gesetzliche Teilgeschäftsfähigkeit.** Nach hM erfasst Art. 7 auch Normen über eine eventuelle gesetzliche Teilgeschäftsfähigkeit für bestimmte Geschäfte (Hausmann in Reithmann/Martiny IntVertrR Rn. 6.1083; MüKoBGB/Lipp Rn. 53; v. Bar/Mankowski IPR BT II § 6 Rn. 21; Staudinger/Hausmann, 2013, Rn. 46 ff.), wie sie zwar nicht das deutsche, wohl aber zB das österreichische und viele andere Rechte für **Arbeits- und Dienstverträge** mit Minderjährigen kennen. Das ist nicht selbstverständlich, wenn man sich vor Augen führt, dass „besondere Geschäftsfähigkeiten" demgegenüber dem Wirkungsstatut unterliegen sollen (→ Rn. 32) und die Grenzlinie zwischen beiden Kategorien nicht deutlich ist. Dennoch ist iErg der hM zuzustimmen, weil Rechtsordnungen, die eine gesetzliche Teilgeschäftsfähigkeit für das Arbeitsleben nicht normiert haben, häufig mit dem Mittel der Generalermächtigung durch den Sorgeberechtigten operieren, um von dieser eine Teilgeschäftsfähigkeit des Minderjährigen abzuleiten. Fällt dies unter Art. 7 (→ Rn. 28), so kann für die im Gesetz angeordnete Teilgeschäftsfähigkeit nichts anderes gelten. Das Vertrauen des Vertragspartners auf die „Arbeitsvertragsmündigkeit" des Minderjährigen wird ggf. im Rahmen des Art. 12 EGBGB, Art. 13 Rom I-VO geschützt (vgl. Hausmann in Reithmann/Martiny IntVertrR Rn. 6.1085). Zu § 113 BGB → Rn. 28.

27 **ee) Auswirkungen der Eheschließung.** Auch dem Personalstatut und nicht dem Eheschließungs- oder allgemeinem Ehewirkungsstatut unterliegt die **Erlangung und Erweiterung der Geschäftsfähigkeit** durch Eheschließung („Heirat macht mündig"), wie **Art. 7 Abs. 1 S. 2** ausdrücklich festhält (vgl. KG FamRZ 1991, 1456; aA Kramme RabelsZ 85 (2021), 775 (807): ehebedingte Emanzipation ist güterrechtlich iSd EuGüVO zu qualifizieren, wenn sie Vermögensfragen betrifft), wobei auch eine erst durch die Heirat erworbene Staatsangehörigkeit maßgeblich sein kann, wenn sie, soweit die bisherige Staatsangehörigkeit nicht „automatisch" verloren geht, als die effektive iSd Art. 5 Abs. 1 S. 1 anzusehen ist (vgl. ausf. Staudinger/Beitzke, 12. Aufl. 1984, Rn. 58 f.); bei „Auch-Deutschen" geht in jedem Fall auf Grund der – verfehlten – Regelung des Art. 5 Abs. 1 S. 2 die deutsche Nationalität vor. Die Umkehrung gilt nicht: Regeln, die die Fähigkeit einer Person zur Vornahme bestimmter Rechtsgeschäfte auf Grund der **Heirat beschränken,** sind dem nach EuGüVO/EuPartVO (vgl. jeweils Art. 27 lit. f EuGüVO/EuPartVO) maßgeblichen Recht zu entnehmen; das gilt wegen der weiten Definition des „Güterstandes" in Art. 3 Abs. 1 lit. f EuGüVO/EuPartVO unabhängig davon, ob sie ihren Grund in güterrechtlichen Erwägungen oder im allgemeinen Schutz der Ehegemeinschaft/Lebenspartnerschaft haben (Kramme RabelsZ 85 (2021), 775 (778 f.); MüKoBG/Looschelders Art. 14 EGBGB Rn. 76). Hier handelt es sich um eine Fallgruppe der „besonderen Geschäftsfähigkeit", die nicht dem Geschäftsfähigkeitsstatut, sondern dem jeweiligen Wirkungsstatut unterworfen ist (→ Rn. 32). Zur wirksamen Eheschließung als „Vorfrage" (→ EinlIPR Rn. 65 ff.).

28 **ff) Generalermächtigungen, Taschengeldparagraph.** Zweifelhaft ist die Anwendung des Art. 7 auf gesetzliche Regelungen über Wirksamkeitsvoraussetzungen, Umfang und Rechtswirkungen von Generalermächtigungen für bestimmte Lebensbereiche (vgl. §§ 112, 113 BGB) sowie auf Regelungen der Art des deutschen „Taschengeldparagraphen" (§ 110 BGB), welche **gesetzliche Vermutungen** über Vorhandensein und Umfang einer (konkludenten) Ermächtigung des Sorgeberechtigten zu rechtsgeschäftlichem Handeln des Minderjährigen beinhalten. Wer die gesetzliche Vertretungsmacht für einen Minderjährigen innehat, wie seine Erklärungen ausgelegt werden und ob er in bestimmten Fällen ggf. der Mitwirkung einer Behörde bedarf, fällt nach hM grds. nicht in den Anwendungsbereich des Art. 7 (→ Rn. 31), womit man geneigt sein könnte, auch die obigen Fragen auszuklammern. Soweit es sich aber in der Sache wie bei den genannten Normen um **gesetzlich normierte Statusveränderungen** iS einer **bereichsspezifischen vollen Geschäftsfähigkeit** des Minderjährigen handelt (vgl. zum deutschen Recht MüKoBGB/Spickhoff BGB § 112 Rn. 1; MüKoBGB/Spickhoff BGB § 113 Rn. 2), die ungeachtet ihres dogmatischen Ansatzes gerade unabhängig von einem dahingehenden Willen des Vertretungsberechtigten eintreten sollen, der durch seine Einwilligung etwa in den Betrieb des Erwerbsgeschäfts oder des Eintritts in ein Arbeitsverhältnis lediglich den „Anstoß" gibt, erscheint es gerechtfertigt,

auch insoweit das Geschäftsfähigkeitsstatut für maßgeblich zu erachten (Kramme RabelsZ 85 (2021), 775 (803); für § 110 BGB ebenso MüKoBGB/Lipp Rn. 54; Erman/Stürner Rn. 9; für §§ 112, 113 BGB v. Bar IPR BT, 1. Aufl. 1991, Rn. 35; vgl. ferner AG Moers DAVorm 1997, 926).

**gg) Folgen mangelnder Geschäftsfähigkeit.** Das Heimatrecht des Minderjährigen entscheidet auch über die Folgen mangelnder oder beschränkter Geschäftsfähigkeit für das fragliche Geschäft (str., hM NK-BGB/Makowsky/G. Schulze Rn. 17; Soergel/Kegel Rn. 7; Grüneberg/Thorn Rn. 5; jurisPK-BGB/Ludwig Rn. 29; Kropholler IPR § 42 I 1; Odersky in Hausmann/Odersky IPR § 4 Rn. 46), also zB über Nichtigkeit, schwebende Unwirksamkeit, Anfechtbarkeit, einschließlich der Frage, wer anfechten kann (Staudinger/Hausmann, 2019, Rn. 91), Heilbarkeit und Genehmigungsfähigkeit (vgl. OGH Wien BeckRS 2013, 81660). Die aA des OLG Düsseldorf (OLG Düsseldorf NJW-RR 1995, 755), das insoweit das Wirkungsstatut berufen will, verkennt, dass Voraussetzungen und Folgen auf das engste miteinander verwoben sind. Die Begriffe Geschäftsunfähigkeit, „volle" und „beschränkte" Geschäftsfähigkeit erhalten ihren Inhalt erst dadurch, dass an diese Abstufung bestimmte Rechtsfolgen geknüpft sind (Schotten/Schmellenkamp, Das IPR in der notariellen Praxis, 2. Aufl. 2007, Rn. 61b). Wie soll iÜ das Wirkungsstatut über die Folgen einer „beschränkten" Geschäftsfähigkeit urteilen, wenn es diese Figur möglicherweise gar nicht kennt? 29

Von den Folgen mangelnder oder beschränkter Geschäftsfähigkeit für die Wirksamkeit des Geschäfts sind die **(weiteren) Folgen** zu unterscheiden, die sich ergeben, wenn festgestellt ist, dass das Geschäft nach Maßgabe der obigen Regeln nichtig oder angefochten ist. Inwieweit zB **Rückabwicklungsansprüche** entstehen, entscheidet das **Wirkungsstatut** (hM) (Grüneberg/Thorn Rn. 5; Staudinger/Hausmann, 2019, Rn. 92; Erman/Hohloch Rn. 15; aA MüKoBGB/Lipp Rn. 61; Kramme RabelsZ 85 (2021), 775 (808 f.): Geschäftsfähigkeitsstatut), bei schuldrechtlichen Verträgen also das Vertragsstatut (wie Art. 12 Abs. 1 lit. e Rom I-VO für den Fall der Nichtigkeit ausdrücklich festhält) (Grüneberg/Thorn Rn. 5), bei dinglichen Verfügungen das Sachstatut, meist die lex rei sitae. Folgerichtig ist auch **§ 105a BGB** nur bei **deutschem Vertragsstatut** anwendbar (str., ebenso MüKoBGB/Lipp Rn. 44; aA Staudinger/Hausmann, 2019, Rn. 51; NK-BGB/Makowsky/G. Schulze Rn. 16), weil die in dieser Norm enthaltene Fiktion lediglich eine Rückforderung von bewirkter Leistung und Gegenleistung per Bereicherungsrecht ausschließen soll (→ BGB § 105a Rn. 7) (str., aA etwa Grüneberg/Ellenberger BGB § 105a Rn. 6 mwN). 30

**hh) Vertretung eines Minderjährigen.** Bei der Vertretung eines Minderjährigen ist dreifach zu differenzieren: Das Wirkungsstatut entscheidet für Minderjährige wie auch in allen anderen Fällen darüber, ob beim fraglichen Geschäft generell Stellvertretung zulässig oder wegen der höchstpersönlichen Natur ausgeschlossen ist (Erman/Stürner Rn. 16). Dem von Art. 7 berufenen Recht unterliegt aber die Frage, ob dafür ein **gesetzlicher Vertreter** des Minderjährigen in Betracht kommt (v. Bar IPR BT, 1. Aufl. 1991, Rn. 42). **Wer** gesetzlicher Vertreter ist und welche Wirkungen die von ihm vorgenommenen Handlungen für den Vertretenen haben, entscheiden hingegen die Rechtsordnungen, die nach Art. 21 und 24 bzw. nach dem Haager Kinderschutzübereinkommen (KSÜ) (dazu Tschernoster RNotZ 2017, 125 (147)) die elterliche Sorge und die Vormundschaft regeln (allgM; s. zuletzt noch OLG Bremen BeckRS 2016, 04752). Diesen Rechten wird man kraft Sachzusammenhangs auch die **Modalitäten der Vertretung** überlassen müssen, neben der Zulässigkeit des Selbstkontrahierens des Vertreters (vgl. BGH NJW 1992, 618; ohne Begr. diff. v. Bar IPR BT, 1. Aufl. 1991, Rn. 42) also etwa die Frage, ob die Vertretung durch einen Elternteil ausreichend (str., wie hier etwa BayObLGZ 1967, 443 (451); Staudinger/Hausmann, 2019, Rn. 95; aA v. Bar IPR BT, 1. Aufl. 1991, Rn. 42: Geschäftsfähigkeitsstatut) und in welchen Fällen zusätzlich eine behördliche oder (vormundschafts-)gerichtliche Genehmigung (str., RGZ 110, 173; Staudinger/Hausmann, 2019, Rn. 96; aA OLG Düsseldorf NJW 1951, 966; v. Bar IPR BT, 1. Aufl. 1991, Rn. 42: Geschäftsfähigkeitsstatut; MüKoBGB/Lipp Rn. 62 f.: kumulative Anknüpfung an Geschäftsfähigkeits- und Vertretungsstatut) oder die Bestellung eines Ergänzungspflegers erforderlich ist. 31

**ii) Besondere Geschäftsfähigkeiten.** Wie die „besonderen Rechtsfähigkeiten" (→ Rn. 12) unterliegen auch besondere Geschäftsfähigkeiten nicht Art. 7, sondern dem jeweiligen **Wirkungsstatut** (allgM). „Besondere" Geschäftsfähigkeiten sind spezielle Regelungen über die Fähigkeit zur Vornahme von Rechtsgeschäften, die entweder nichts mit dem altersbedingten Reifeprozess zu tun haben oder auf bestimmte Rechtsgeschäfte beschränkt sind (vgl. v. Bar IPR BT, 1. Aufl. 1991, Rn. 35 f.). Beispiele hierfür sind **Ehemündigkeit, Ehe-, Erbvertrags- und Testierfähigkeit, die Fähigkeit für das Amt des Testamentsvollstreckers, die Fähigkeit zur Abgabe** 32

**eines Vaterschaftsanerkenntnisses und der Zustimmung zur Adoption, Börsenterminfähigkeit, Wechsel- und Scheckfähigkeit** (vgl. zu diesen Beispielen Soergel/Kegel Rn. 8); welchen Anforderungen jeweils zu genügen ist und welche Folgen aus einer Missachtung erwachsen, entscheidet das Eheschließungsstatut, das Ehewirkungsstatut, das Erbstatut (so ausdrücklich für die Testierfähigkeit Art. 26 Abs. 1 lit. a EuErbVO) etc. Für die Wechsel- und Scheckfähigkeit ordnen allerdings Art. 91 WG und Art. 60 ScheckG ebenfalls eine Anknüpfung an die Staatsangehörigkeit des Ausstellers an. Zur Arbeitsvertragsmündigkeit (→ Rn. 26). Zu Formfragen in Zusammenhang mit erweiterten besonderen Geschäftsfähigkeiten (→ VO (EG) 593/2008 Art. 11 Rn. 28). Soweit es bei der Bestimmung der Grenzen besonderer Geschäftsfähigkeiten auf die **Voll- oder Minderjährigkeit** der betreffenden Person ankommt (vgl. im deutschen Recht etwa § 1303 BGB für die Ehemündigkeit), entscheidet wie auch bei ausdrücklich genannten Altersgrenzen (im deutschen Recht etwa § 2229 BGB) im Zweifel das Wirkungsstatut, nicht das Geschäftsfähigkeitsstatut nach Art. 7, weil es sich um Regeln handelt, die sich damit von der allgemeinen Geschäftsfähigkeit emanzipiert haben (→ Rn. 24). Anders ist es, wenn das Wirkungsstatut im Rahmen spezieller Geschäfte ausdrücklich auf die (allgemeine) Geschäftsfähigkeit als Wirksamkeitsvoraussetzung hinweist (im deutschen Recht zB § 2201 BGB für den Testamentsvollstrecker). Insoweit bleibt es dabei, dass das maßgebliche Recht über Art. 7 zu ermitteln ist. Wenn also ein ausländisches Recht als Eheschließungs- oder Erbstatut anders als das deutsche Recht die Ehemündigkeit oder Testierfähigkeit von der allgemeinen Geschäftsfähigkeit abhängig macht, entscheidet über Art. 7 das Heimatrecht (hM, vgl. Soergel/Schurig Art. 13 Rn. 13, Art. 26 Rn. 27, jeweils mwN).

33 **jj) Deliktsfähigkeit, Prozessfähigkeit, Verfügungsmacht.** Wie die besonderen Geschäftsfähigkeiten unterliegt auch die **Deliktsfähigkeit nicht** Art. 7 (allgM). Hier entscheidet allein das Deliktsstatut.

34 Die **Prozessfähigkeit** – bzw. die **Verfahrensfähigkeit** in der freiwilligen Gerichtsbarkeit – wird ebenfalls nicht von Art. 7 erfasst (allgM); es gelten vielmehr die besonderen verfahrensrechtlichen Vorschriften. Nach § 55 ZPO, § 9 Abs. 5 FamFG ist grds. die Prozess- oder Verfahrensfähigkeit nach dem Heimatrecht (dem Recht der Staatsangehörigkeit) maßgebend, welches bei Ausländern wie das deutsche an die bürgerlich-rechtliche Geschäftsfähigkeit (§ 52 ZPO, § 9 Abs. 1 Nr. 1 FamFG) anknüpfen kann, nicht aber muss; iSe alternativen Anknüpfung genügt bei Ausländern vor deutschen Gerichten weiterhin, dass sie zumindest nach deutschem Verfahrensrecht, also nach § 52 ZPO oder § 9 Abs. 1 FamFG, prozess- oder verfahrensfähig wären. Wird § 52 ZPO über diesen Umweg bei einem Ausländer angewandt, ist die Frage, inwieweit er „sich durch Verträge verpflichten kann", also geschäftsfähig ist, über Art. 7 nach dem Heimatrecht zu beurteilen (Zöller/Althammer ZPO § 52 Rn. 3; aA BayLSG BeckRS 2010, 68964); Gleiches gilt für die Geschäftsfähigkeit nach § 9 Abs. 1 Nr. 1 FamFG. Zur Parteifähigkeit (→ Rn. 11).

35 Die **Verfügungsmacht** ist keine Frage der Geschäftsfähigkeit. Sie ist nicht wie diese eine persönliche Eigenschaft, sondern eine Beziehung des Verfügenden zum Recht, über das verfügt wird (Hübner BGB AT Rn. 393). Sie unterliegt deshalb nicht Art. 7 (allgM), sondern eigenen Kollisionsnormen, idR dem Wirkungsstatut, kann aber auch durch Normen eingeschränkt sein, die dem Ehegüter-, Erb- oder Insolvenzstatut zu entnehmen sind.

## VI. Analoge Anwendung

36 Für einige von Art. 7 ausdrücklich nicht erfasste Fragen wird eine entsprechende Anwendung der Norm diskutiert.

37 **1. Geschlechtszugehörigkeit und -umwandlung.** Unstr. ist die Geschlechtszugehörigkeit (allg. zum Geschlecht im Recht Coester-Waltjen JZ 2010, 852) ebenso wie die Rechtsfähigkeit grds. nach dem Heimatrecht zu beurteilen. Dieses entscheidet insbes. darüber, unter welchen Voraussetzungen und mit welchen Wirkungen eine rechtliche Änderung der Geschlechtszugehörigkeit möglich ist (KG StAZ 2002, 307; OLG Karlsruhe StAZ 2003, 139; BayObLGZ 2004, 346 (350); Grüneberg/Thorn Rn. 6; Staudinger/Mankowski, 2010, Art. 13 Rn. 185; Erman/Stürner Rn. 6; MüKoBGB/Lipp Rn. 27; zur Verfassungswidrigkeit von § 8 Abs. 1 Nr. 3, 4 TSG BVerfG JZ 2011, 363 mAnm Grünberger JZ 2011, 368; s. zur Eintragung „divers" oder „inter" als Angabe des Geschlechts im Geburtenregister BGH NJW 2016, 2285; BVerfG NJW 2017, 3643; zum Vorschlag für eine eigenständige Kollisionsnorm zur Geschlechtsbestimmung Gössl IPRax 2017, 339) und ob es dafür bestimmter behördlicher oder gerichtlicher Schritte bedarf. Man muss zu diesem Ergebnis allerdings nicht auf eine Analogie zu Art. 7 Abs. 1 zurückgreifen (so aber KG NJW-RR 2021, 387 (390); OLG Schleswig FamRZ 2020, 1095 (1096); Grüneberg/Thorn Rn. 6; Staudinger/Mankowski, 2010, Art. 13 Rn. 185; Erman/Stürner Rn. 6; jurisPK-

BGB/Ludwig Rn. 31; anders Soergel/Schurig Art. 13 Rn. 15: weil die Geschlechtszugehörigkeit nur bei der Eheschließung eine Rolle spielen könne, handle es sich immer um einen Teil der Hauptfrage nach den Eheschließungsvoraussetzungen, für die Art. 13 Abs. 1 gilt; dagegen zutr. Staudinger/Mankowski, 2010, Art. 13 Rn. 185). Ein Verweis auf das jeweilige Heimatrecht ergibt sich insoweit bereits aus einem allseitigen Ausbau der § 1 Abs. 1 Nr. 3 lit. a bis c TSG, § 8 Abs. 1 Nr. 1 TSG, welche die sog. kleine und große Lösung des deutschen Rechts (bloße Vornamensänderung oder Feststellung der geänderten Geschlechtszugehörigkeit nach operativem Eingriff) nur Personen mit deutschem Personalstatut eröffnen (zutr. Kegel/Schurig IPR § 17 I 3).

Das BVerfG hat aber auf Vorlage des BayObLG (BayObLG FGPrax 2004, 71) dem Gesetzgeber aufgetragen, die inländischen Verfahren zur Änderung des Vornamens und zur Feststellung der Geschlechtszugehörigkeit durch eine Änderung von § 1 Abs. 1 Nr. 1 TSG auch **ausländischen Transsexuellen** zu öffnen, die sich rechtmäßig und nicht nur vorübergehend in Deutschland aufhalten, sofern deren Heimatrecht vergleichbare Regelungen nicht kennt (BVerfG NJW 2007, 900; zu diesem Beschluss Scherpe FamRZ 2007, 271; Roth StAZ 2007, 9). Dem ist der Gesetzgeber mit der Neufassung von § 1 Abs. 1 Nr. 3 lit. d TSG im verfassungsrechtlich geforderten Mindestumfang nachgekommen (zur Auslegung dieser Norm vgl. etwa OLG Frankfurt BeckRS 2017, 124885). Es wäre begrüßenswert, wenn der Gesetzgeber sich in diesem Bereich insgesamt vom Staatsangehörigkeitsprinzip verabschieden und dem Aufenthaltsprinzip zuwenden würde (ebenso Scherpe FamRZ 2007, 271 (272)). 38

Welche **Folgen** eine während bestehender **Ehe** vorgenommene und nach dem Heimatrecht rechtlich wirksame Geschlechtsumwandlung für den Bestand der Ehe hat, entscheidet das **Scheidungsstatut** (seit dem 21.7.2012 Art. 5 ff. Rom III-VO) (so schon v. Bar IPR BT, 1. Aufl. 1991, Rn. 13). 39

Ausländische Regelungen nach Muster von Art. 30b des schweizerischen ZGB, die eine (im Personenstandsregister einzutragende) **Geschlechtsänderung durch bloße Erklärung** gegenüber dem Zivilstandsamt unter der einzigen Voraussetzung ermöglichen, dass der (volljährige) Erklärende innerlich fest davon überzeugt ist, nicht dem bisher eingetragenen Geschlecht anzugehören, dürften schon deshalb keine Bedenken unter dem Gesichtspunkt des Ordre public auslösen, weil der EGMR entschieden hat, dass eine offizielle Änderung der Geschlechtsidentität auch ohne operative Anpassung der Geschlechtsmerkmale möglich sein muss (EGMR Urt. v. 19.1.2021 – 2145/16 und 20607/16 – X u. Y gg. Rumänien, NLMR 2021, 89 (92); Urteil abrufbar unter: https://hudoc.echr.coe.int/eng?i=001-207364, zuletzt am 3.5.2022). Im Übrigen verfolgt laut Koalitionsvertrag zwischen SPD, BÜNDNIS 90/DIE GRÜNEN und FDP vom 24.11.2021 die am 8.12.2021 angetretene Bundesregierung ein ähnliches Ziel (S. 119 des Koalitionsvertrages, abrufbar unter https://www.bundesregierung.de/resource/blob/974430/1990812/04221173eef9a6720059cc353d759a2b/2021-12-10-koav2021-data.pdf?download=1, zuletzt am 3.5.2022). 39a

Zu **Verfahrensfragen,** insbes. zur internationalen Zuständigkeit deutscher Gerichte zur Vornamensänderung und Feststellung der Geschlechtsänderung, und zur Anerkennung ausländischer behördlicher oder gerichtlicher Feststellungen (→ Rn. 55). 40

**2. Kaufmannseigenschaft, Unternehmereigenschaft.** Früher wurde gelegentlich vertreten, zur Beurteilung der **Kaufmannseigenschaft** (allg. van Venrooy, Die Anknüpfung der Kaufmannseigenschaft, 1985; Hagenguth, Die Anknüpfung der Kaufmannseigenschaft im IPR, 1981) sei entspr. Art. 7 das Recht der Staatsangehörigkeit der betreffenden Person heranzuziehen (Nachweise bei van Venrooy, Die Anknüpfung der Kaufmannseigenschaft, 1985, 2 f.; bei Gesellschaften und juristischen Personen wurde auf den Sitz oder das Gründungsrecht ausgewichen, vgl. bei van Venrooy), heute überwiegt wohl (noch) die Auffassung, es sei das Recht des **Orts der jeweiligen gewerblichen Niederlassung** maßgeblich (LG Hamburg IPRspr. 1958/59 Nr. 22; Grüneberg/Thorn Rn. 7; Ebenroth JZ 1988, 19; Hagenguth, Die Anknüpfung der Kaufmannseigenschaft im IPR, 1981, 363; grds. auch v. Bar IPR BT, 1. Aufl. 1991, Rn. 612 f.: kumulative Anknüpfung an die Niederlassung und das Wirkungsstatut; für das deutsche Recht nach den einzelnen Normen des HGB diff. van Venrooy, Die Anknüpfung der Kaufmannseigenschaft, 1985, 27 ff.), wobei es bei mehreren Niederlassungen auf diejenige ankommen soll, mit der der Sachverhalt am engsten verbunden ist (Hagenguth, Die Anknüpfung der Kaufmannseigenschaft im IPR, 1981, 363). Vorzuziehen ist aber mit einer im Vordringen befindlichen Meinung die Anwendung des jeweiligen **Wirkungsstatuts** des Geschäfts, in dessen Rahmen sich die Frage nach der Kaufmannseigenschaft stellt (Staudinger/Hausmann, 2019, Rn. 78; Erman/Stürner Rn. 11; MüKoBGB/Lipp Rn. 69; MüKoBGB/Kindler IntGesR Rn. 182 ff.; NK-BGB/Makowsky/G. Schulze Rn. 23). Dafür spricht nicht nur die Parallele zur entsprechenden Wertung bei den besonderen Geschäftsfähigkeiten (→ Rn. 32), sondern vor allem auch die Funktion der Kaufmannseigenschaft. Die 41

Rechte, die dieses Kriterium kennen, verwenden es zur Abgrenzung des persönlichen Anwendungsbereichs handelsrechtlicher Sondervorschriften, in denen besondere Pflichten auferlegt oder umgekehrt Erleichterungen gegenüber den ansonsten anwendbaren allgemeinen bürgerlich-rechtlichen Vorschriften enthalten sind. Geht es also um die Auflösung der rein binnenrechtlichen Kollision verschiedener sachrechtlicher Regelungen innerhalb einer bestimmten Rechtsordnung, so muss es dieser überlassen bleiben, über das einschlägige Kriterium zu entscheiden. Dies gilt umso mehr, als eine vom Wirkungsstatut „emanzipierte" Anknüpfung der Kaufmannseigenschaft an die gewerbliche Niederlassung häufig in die Leere führen wird, weil nicht wenige Rechte nicht zwischen einem allgemeinen bürgerlichen und einem besonderen Handelsrecht unterscheiden, daher den „Kaufmann" nicht kennen und ihn auch nicht definieren können. Entsprechende Überlegungen gelten für den Begriff des **Unternehmers,** da und soweit er zur Abgrenzung des persönlichen Anwendungsbereichs bestimmter materieller Normen verwandt wird.

42 Deshalb entscheidet beispielsweise das deutsche Recht, wenn es im Rahmen des Streits über die Wirksamkeit einer Gerichtsstandsvereinbarung vor einem deutschen Gericht darauf ankommt, ob Kaufleute iSv § 38 Abs. 1 ZPO beteiligt sind (van Venrooy, Die Anknüpfung der Kaufmannseigenschaft, 1985, 49; angesichts der Regelungen in § 38 Abs. 2 ZPO und des vorrangigen Art. 25 Brüssel Ia-VO bzw. Art. 17 LugÜ dürfte diese Frage allerdings nicht häufig praktisch werden), oder österreichisches Recht, wenn bei einem dem österreichischen Recht unterliegenden Vertrag die Höhe des gesetzlichen Zinssatzes von der Unternehmereigenschaft der Vertragspartner (§§ 352, 343 Unternehmensgesetzbuch) abhängt.

43 Zu beachten ist freilich, dass das deutsche materielle Recht (oder das jeweilige ausländische Wirkungsstatut) ggf. modifiziert anzuwenden ist, um dem Auslandsbezug des Falles Rechnung zu tragen (sog. **Auslandssachverhalt, Substitution;** allg. → EinlIPR Rn. 96). Dies ist insbes. dann der Fall, soweit sich die Kaufmannseigenschaft nicht aus einer bestimmten, territorial nicht gebundenen wirtschaftlichen Tätigkeit ableitet, sondern auf formale, regelmäßig nur im Inland zu erfüllende Kriterien stützt. Wird also beispielsweise im anwendbaren deutschen Recht die Kaufmannseigenschaft von der Eintragung ins (deutsche) Handelsregister (§ 2 HGB) oder von der (deutschen) Gesellschaftsform (Formkaufmann, § 6 HGB) abhängig gemacht oder bestimmten (deutschen) juristischen Personen ausdrücklich zugeschrieben (§ 3 Abs. 1 AktG, § 13 Abs. 3 GmbHG etc), so kann auch eine Eintragung in ein ausländisches funktionsäquivalentes Register und eine funktionsäquivalente ausländische Rechtsform der Gesellschaft (also etwa eine société anonyme französischen Rechts) dieses Kriterium erfüllen. Soweit das Wirkungsstatut eine Pflicht zur Herbeiführung der (die Kaufmannseigenschaft konstituierenden) Eintragung ins inländische Handelsregister statuiert (wie früher das deutsche Recht, „Sollkaufmann"), wird man eine ausländische Person schon dann als Kaufmann zu behandeln haben, wenn sie bei einer Niederlassung in dem Land, dessen Recht das Wirkungsstatut stellt, ihre Firma zum Handelsregister anmelden müsste, auch wenn sie tatsächlich die Eintragung gar nicht herbeiführen kann (v. Bar IPR BT, 1. Aufl. 1991, Rn. 613).

## VII. Maßgeblicher Zeitpunkt, Statutenwechsel (Abs. 2)

44 **Wechselt** eine Person die **Staatsangehörigkeit** (Statutenwechsel), so stellt sich die Frage, was gelten soll, wenn das Recht der neuen Staatsangehörigkeit an Rechts- oder Geschäftsfähigkeit strengere Anforderungen stellt als die alte; eine (unvollständige) Antwort darauf gibt Abs. 2. Praktisch relevant wird dieses Problem allein bei der Geschäftsfähigkeit, auf die sich die folgenden Ausführungen konzentrieren.

45 Ausgangspunkt muss sein, dass es Sache des Wirkungsstatuts ist, den maßgeblichen Zeitpunkt für die Bestimmung der Geschäftsfähigkeit festzulegen (→ Rn. 21) (BayObLG NJW 2003, 216 (218); MüKoBGB/Lipp Rn. 48). In aller Regel wird es danach auf die Geschäftsfähigkeit des Handelnden zum Zeitpunkt der Vornahme des Geschäfts ankommen. Eine Person, die zu diesem Zeitpunkt Deutscher und nicht oder nur beschränkt geschäftsfähig ist, wird nach Art. 7 Abs. 2 dennoch als (voll) geschäftsfähig behandelt, wenn sie zuvor ausländische Staatsangehörige und nach dem Recht dieses Staates bereits vor dem Nationalitätswechsel geschäftsfähig war („semel major, semper major"). Dies kann etwa dann vorkommen, wenn das alte Heimatrecht die Geschäftsfähigkeit früher einsetzen oder der Heirat eines Minderjährigen folgen lässt. Umgekehrt berührt es aus deutscher Sicht wegen Art. 7 Abs. 2 die volle Geschäftsfähigkeit eines 18-jährigen Deutschen nicht, wenn er die Staatsangehörigkeit eines der heute nur noch wenigen Länder erwirbt, die die Geschäftsfähigkeit erst später eintreten lassen (Liste → Rn. 58.1).

46 Die einmal erlangte Geschäftsfähigkeit wird also bei einem Statutenwechsel als **„wohlerworbenes Recht"** geschützt. Nach ihrem Wortlaut gewährt die Vorschrift diesen Schutz nur denjenigen,

die eine ausländische Staatsangehörigkeit gegen die deutsche eintauschen (sog. **Eingangsstatutenwechsel**), und ehemals deutschen Staatsbürgern, die unter Verlust ihrer deutschen Nationalität (sonst greift Art. 5 Abs. 1 S. 2 ein) eine fremde Staatsangehörigkeit annehmen **(Ausgangsstatutenwechsel), nicht** aber Ausländern, die Bürger eines Drittstaates werden **(neutraler Statutenwechsel).** Begründet wird der Verzicht auf eine umfassende Lösung vom Gesetzgeber damit, dass nicht der Eindruck eines Eingriffs in fremde Rechtsordnungen erweckt werden solle (BT-Drs. 10/504, 45). Diese Furcht ist allerdings unbegründet, da es ausschließlich um eine kollisionsrechtliche Anweisung an den inländischen deutschen Richter geht. Deshalb ist allgM, dass Art. 7 Abs. 2 bei **einem neutralen Statutenwechsel analog anzuwenden** ist (Soergel/Kegel Rn. 11; Grüneberg/Thorn Rn. 8; Kropholler IPR § 42 I 2; MüKoBGB/Lipp Rn. 109). Zu Recht wird jedoch zugleich hervorgehoben, dass eine Notwendigkeit für die Analogie dann nicht besteht, wenn das Recht der neuen Staatsangehörigkeit (wie häufig der Fall) eine dem Art. 7 Abs. 2 entsprechende Regelung kennt; eine solche Norm führt zu einer gem. Art. 4 Abs. 1 S. 1 vorrangig zu beachtenden **Weiterverweisung** auf das ehemalige Heimatrecht (zutr. Erman/Hohloch Rn. 22; v. Bar IPR BT, 1. Aufl. 1991, Rn. 33, wobei der Letztere dann, wenn zwar das neue Heimatrecht keine Weiterverweisung ausspricht, wohl aber der ehemalige Heimatstaat eine Art. 7 Abs. 2 entsprechende Norm kennt, diese ausländische Regelung entspr. heranziehen will. Das überzeugt nicht: Wenn eine Lücke im deutschen IPR mittels Analogie zu schließen ist, dann sind die Wertungen des deutschen Gesetzgebers und damit hier Art. 7 Abs. 2 vorrangig).

Art. 7 Abs. 2 wird ebenfalls analog angewandt, wenn nicht ein Staatsangehörigkeits-, sondern 47
ein bloßer **Wohnsitzwechsel** über den Mechanismus der Rückverweisung (→ Rn. 18) zu einem anderen Geschäftsfähigkeitsstatut führt (hM, zB Erman/Hohloch Rn. 20).

## VIII. Verfahrensfragen

**1. Behördliche und gerichtliche Maßnahmen. a) Volljährigerklärung/Emanzipation.** 48
**aa) Durch deutsche Behörden.** Soweit Rechts- und Geschäftsfähigkeit von behördlichen oder gerichtlichen Maßnahmen betroffen werden, gilt Folgendes: Deutsche Behörden können auf der Basis ausländischen Rechts Ausländer für volljährig erklären, eine Emanzipation vornehmen oder eine rechtsgeschäftliche Emanzipation genehmigen (allgM). Es handelt sich um eine Angelegenheit der Freiwilligen Gerichtsbarkeit, weshalb über § 151 Nr. 4 FamFG analog die **internationale und örtliche Zuständigkeit** nach §§ 99 Abs. 1, 152 Abs. 2 FamFG (gewöhnlicher Aufenthalt des Minderjährigen) zu beurteilen ist und die sachliche Zuständigkeit des Amtsgerichts – Familiengericht – für diese Verrichtungen aus § 23a GVG folgt. Art. 1 MSA (näher → Art. 21 Rn. 3) ist nicht anwendbar, weil die Emanzipation oder Volljährigkeitserklärung keine Schutzmaßnahme für den Minderjährigen ist, sondern den Minderjährigenschutz gerade beendet bzw. schwächt (allgM). Gleiches gilt kraft seines Art. 4 lit. d für das KSÜ.

**bb) Anerkennung ausländischer Akte.** Im Ausland erfolgte behördliche oder gerichtliche 49
Volljährigerklärungen bzw. Emanzipationen sind unter den Voraussetzungen des **§ 109 FamFG** im Inland anzuerkennen (allgM), Bedenken unter dem Gesichtspunkt des ordre public (§ 109 Abs. 1 Nr. 4 FamFG bzw. § 16a Nr. 4 FGG) werden in aller Regel nicht bestehen. Eines besonderen Anerkennungsverfahrens bedarf es nicht, die Entscheidung erfolgt inzidenter. Es wird allerdings vertreten, dass die **im Ausland erfolgte Volljährigerklärung eines Deutschen** nicht anerkennungsfähig sei, weil sie auch ein deutsches Gericht auf Grund der Abschaffung dieser Rechtsfigur im deutschen Recht nicht vornehmen kann (Erman/Hohloch, 15. Aufl. 2017, Rn. 29; so auch noch MüKoBGB/Birk, 5. Aufl. 2010, Rn. 59). Das überzeugt nicht. Für die Anerkennung ist nach § 109 FamFG nicht erforderlich, dass die ausländische Behörde das aus deutscher Sicht „richtige" Recht (nämlich: für Deutsche über Art. 7 deutsches Recht) angewandt hat; maßgeblich ist nach § 109 Abs. 1 Nr. 1 FamFG neben den sonstigen Voraussetzungen der § 109 Abs. 1 Nr. 2–4 FamFG allein die (spiegelbildliche) internationale Zuständigkeit nach deutschen Vorstellungen, welche, wie oben (→ Rn. 48) dargelegt, nach § 99 Abs. 1 Nr. 2 FamFG (auch) an den gewöhnlichen Aufenthalt anknüpft (so darum richtig MüKoBGB/Lipp Rn. 82). Damit kann eine ausländische Behörde einen Deutschen in Anwendung des Wohnsitzrechts für volljährig erklären. Eine solche Maßnahme nach ausländischem Recht kann bei einem dauerhaft im Ausland lebenden deutschen Minderjährigen durchaus in seinem Interesse liegen und sollte deshalb auch im Inland nicht allein wegen der Staatsangehörigkeit auf Anerkennungshindernisse stoßen (ebenso Staudinger/Hausmann, 2019, Rn. 133 ff.).

**cc) Durch Rechtsgeschäft (Genehmigungspflicht).** Bei einer Emanzipation durch 50
Rechtsgeschäft im Ausland ist zwar für das Rechtsgeschäft selbst nicht § 109 FamFG maßgeblich,

sondern zu prüfen, ob die Voraussetzungen des nach Art. 7 berufenen Rechts eingehalten sind. Ist danach aber eine staatliche **Genehmigung** erforderlich, so unterliegt eine solche einer ausländischen Behörde im Inland keiner inhaltlichen Nachprüfung, sondern allein der Anerkennung nach § 109 FamFG (allgM); ein deutsches Gericht kann genehmigen, wenn die Zuständigkeit nach § 99 Abs. 1 FamFG gegeben ist (→ Rn. 48). Soweit eine aus- oder inländische Stelle lediglich das Rechtsgeschäft beurkundet oder die Unterschriften beglaubigt hat, gilt Art. 11.

51 **b) Entmündigung. aa) Durch deutsche Behörden.** Das Bild bei Entmündigungen ist ein anderes. Mit dem zum 1.1.1992 in Kraft getretenen BtG wurde im deutschen Sachrecht die Entmündigung abgeschafft; gleichzeitig wurden mit Art. 8 die einschlägige kollisionsrechtliche Regelung und mit § 648a ZPO die Grundlage für die internationale Zuständigkeit in Entmündigungssachen aufgehoben. Daraus ist der Schluss zu ziehen, dass in Deutschland nicht nur die Entmündigung eines Deutschen nach deutschem Recht, sondern auch die eines **Ausländers nach ausländischem Recht nicht mehr möglich** ist (allgM).

52 **bb) Anerkennung ausländischer Entmündigungen.** Die Anerkennung ausländischer Entmündigungen richtet sich als ein – aus deutscher Sicht – Akt der freiwilligen („fürsorgenden") Gerichtsbarkeit nach **§ 109 FamFG** (hM, Zöller/Geimer ZPO § 328 Rn. 91; Staudinger/Hausmann, 2019, Rn. 161; Kropholler IPR § 42 II; aA v. Bar IPR BT, 1. Aufl. 1991, Rn. 48; Hausmann in Reithmann/Martiny IntVertrR Rn. 7.1049; Erman/Hohloch, 15. Aufl. 2017, Rn. 29; ohne Angabe von Gründen diff. Soergel/Kegel Anh. Art. 7 Rn. 12: bei Urteil gilt § 328 ZPO, bei Beschluss § 109 FamFG bzw. § 16a FGG). Für die Prüfung der spiegelbildlichen internationalen Zuständigkeit aus deutscher Sicht (§ 109 Abs. 1 Nr. 1 FamFG) ist auf § 104 FamFG (Heimatstaat oder gewöhnlicher Aufenthalt) zurückzugreifen (Grüneberg/Thorn Rn. 9).

53 **Nicht zugestimmt** werden kann der hM insoweit, als sie die Anerkennung der Entmündigung eines **Deutschen im Ausland** stets **am ordre public,** § 109 Abs. 1 Nr. 4 FamFG, scheitern lassen will (zB Grüneberg/Thorn Rn. 9). Weil seit 1992 ein Deutscher im Inland nicht mehr entmündigt werden kann, sondern nur noch Betreuung angeordnet wird, könne auch eine ausländische Entmündigung in Deutschland nur mit den **Wirkungen einer Betreuung** in deren weitreichendstem Umfang (einschließlich § 1903 BGB) versehen werden (v. Bar IPR BT, 1. Aufl. 1991, Rn. 48; Grüneberg/Thorn Rn. 9; Staudinger/Hausmann, 2019, Rn. 162; (wohl) noch weitergehend Erman/Hohloch, 15. Aufl. 2017, Rn. 29: ausländische Entmündigungen Deutscher sind überhaupt nicht anzuerkennen; aA – soweit ersichtlich – allein Soergel/Kegel Anh. Art. 7 Rn. 18). Der ordre public ist aber kein Mittel, um noch relativ junge Reformen des deutschen Rechts (1992) gegen minder weit „fortgeschrittenes" Auslandsrecht durchzusetzen (vgl. LG Göttingen FamRZ 1981, 207 zu Reformen im Adoptionsrecht; Soergel/Kegel Art. 6 Rn. 25). Zwar ist selbstverständlich, dass sich die Vorstellungen über den ordre public im Laufe der Zeit wandeln können. Es erscheint aber kaum vertretbar, eine Rechtsfigur, die im BGB seit dessen Anfängen verankert war und uralte Wurzeln hat, ohne nähere Begründung nicht nur (zu Recht) als reformbedürftig anzusehen, sondern schon einige Jahre nach ihrer Abschaffung als „schlechthin untragbaren" Angriff (so die ständig gebrauchte Formel des BGH zur Umschreibung des ordre-public-Verstoßes, zB BGHZ 123, 268, 270 = NJW 1993, 3269) auf den „Kernbestand der inländischen Rechtsordnung" (vgl. Begr. RegE, BT-Drs. 10/504, 42). Vollends zweifelhaft wird die hM, wenn sie den Schutz des ordre public den im Ausland entmündigten Deutschen vorbehalten will, während die – aus ihrer Sicht – Verletzung wesentlicher Grundsätze des deutschen Rechts bei Ausländern offenbar keine Bedenken auslöst.

54 Soweit danach ausländische Entmündigungen von Ausländern und Deutschen in Deutschland anzuerkennen sind, greift zum **Schutz des deutschen Rechtsverkehrs Art. 13 S. 1 Rom I-VO** (→ VO (EG) 593/2008 Art. 13 Rn. 21) bzw. (in seinem nur noch geringen Anwendungsbereich) Art. 12 S. 1 ein (Soergel/Kegel Rn. 18).

55 **2. Geschlechtsänderung. a) Gleichlaufprinzip.** Es herrscht, wie aus § 1 Abs. 1 Nr. 3a–3c TSG und § 8 Abs. 1 Nr. 1 TSG sowie der entsprechenden Gesetzesbegründung gefolgert wird, ein striktes Gleichlaufprinzip: Deutsche Gerichte sind für die Entscheidung über die Änderung des Vornamens oder der rechtlichen Geschlechtszugehörigkeit eines Transsexuellen nur dann international zuständig, soweit das TSG anwendbar ist, der Betroffene also das **deutsche Personalstatut** hat (v. Bar IPR BT, 1. Aufl. 1991, Rn. 10; vgl. BT-Drs. 8/2947, 13: „Die Entscheidung über die Änderung der Vornamen … und … der Geschlechtszugehörigkeit … eines ausländischen Transsexuellen (soll) dem Heimatstaat des Betroffenen vorbehalten bleiben."). Zur Erweiterung des Anwendungsbereichs auf in Deutschland dauerhaft ansässige Ausländer, deren Heimatrecht eine rechtswirksame Geschlechtsänderung nicht ermöglicht (→ Rn. 38).

**b) Anerkennung ausländischer Entscheidungen.** Eine ausländische gerichtliche oder behördliche Entscheidung über die Änderung des Vornamens oder der rechtlichen Geschlechtszugehörigkeit eines Transsexuellen wird nach Maßgabe des **§ 109 FamFG** im Inland anerkannt. Es muss grds. jeweils der **Heimatstaat des Transsexuellen** entschieden haben, soll die Anerkennung nicht an § 109 Abs. 1 Nr. 1 FamFG scheitern, weil nach der deutschen Konzeption die internationale Zuständigkeit insoweit an die Staatsangehörigkeit gekoppelt ist (→ Rn. 55). Nach der Erweiterung des Anwendungsbereichs des TSG auf in Deutschland mit sicherem Aufenthaltstitel ansässige Ausländer, deren Heimatrecht eine rechtswirksame Geschlechtsänderung nicht ermöglicht (→ Rn. 38), muss aber auch eine ausländische Änderung des Vornamens oder der rechtlichen Geschlechtszugehörigkeit in einer entsprechenden Situation anerkannt werden. Die Anerkennung der im Ausland vorgenommenen gerichtlichen oder behördlichen Vornamens- oder Geschlechtsänderung eines Deutschen ist nicht möglich. Die bloße Entgegennahme und Prüfung einer **Erklärung zur Geschlechtsänderung** durch eine ausländische (Zivilstands-)Behörde (s.o. → Rn. 39a) ist wie die Ziviltrauung **keine behördliche Entscheidung** und daher nicht der Anerkennung fähig. Eine andere (und wohl zu bejahende) Frage ist, ob man wie im Namensrecht die durch die im EU-Ausland nach einer solchen Erklärung erfolgte Registereintragung des geänderten Geschlechts geschaffene Rechtslage in Deutschland akzeptieren muss, indem man der Person im Inland nach Muster des Art. 48 EGBGB ein **Optionsrecht zugunsten des „ausländischen" Geschlechts** einräumt. 56

## IX. Intertemporale Fragen, Übergangsrecht im Verhältnis zur ehemaligen DDR

Für Einzelfragen des intertemporalen und des interlokalen Kollisionsrechts zur Gesetzesfassung von 1986 s. MüKoBGB/Birk, 4. Aufl. 2006, Rn. 89 ff. 57

## X. Intertemporale Anwendbarkeit des Art. 7 Abs. 2 nF (2023)

Stellt sich die Frage nach dem auf die Geschäftsfähigkeit einer natürlichen Person anwendbaren Rechts im Zusammenhang mit einem **vor dem 1.1.2023** getätigten Rechtsgeschäft, so bleibt nach dem durch Art. 2 Nr. 6 Gesetz zur Reform des Vormundschafts- und Betreuungsrechts vom 4.5.2021 (BGBl. I 882) eingefügten Art. 229 § 54 Abs. 6 der Art. 7 in der alten Fassung, dh mit der Verweisung auf das Recht der Staatsangehörigkeit, maßgeblich (zu dieser Deutung des in Art. 229 § 54 Abs. 6 genutzten Terminus „abgeschlossene Vorgänge" s. MüKoBGB/Sonnenberger, 5. Aufl 2010, Art. 220 Rn. 11 ff.). Folgerichtig ist die neue Fassung mit dem Verweis auf das Recht am gewöhnlichen Aufenthaltsort anzuwenden, wenn es um nach dem Stichtag getätigte Rechtsgeschäfte geht (zu mehraktigen Vorgängen MüKoBGB/Sonnenberger, 5. Aufl 2010, Art. 220 Rn. 13.). 57a

## XI. Anhang: Volljährigkeitsalter in ausländischen Rechten

Die Daten beruhen zu einem großen Teil auf den Angaben in Schotten/Schmellenkamp, Das IPR in der notariellen Praxis, 2. Aufl. 2007, Rn. 388; Bergmann/Ferid/Henrich, Internationales Ehe- und Kindschaftsrecht, Loseblatt, Stand März 2022; Brandhuber/Zeyringer/Heussler, Standesamt und Ausländer, Loseblatt, Stand August 2021; Bauer/Schaub/Schaub GBO, 4. Aufl. 2018, Int. Bezüge Rn. 49; Odersky in Hausmann/Odersky, Internationales Privatrecht in der Notar- und Gestaltungspraxis, 4. Aufl. 2021, § 4 Rn. 20 ff.; Hausmann in Reithmann/Martiny IntVertrR, 9. Aufl. 2022, Rn. 6.1069 ff.; BeckHdB Notar/Süß, 7. Aufl. 2019, § 28 Rn. 77; Staudinger/Hausmann, 2019, Anh. Art. 7 (dort vorhandene Fehler wurden, soweit erkannt, korrigiert, dort fehlende Daten, soweit möglich, ergänzt. Staaten, für die keine oder widersprüchliche Angaben zu finden waren, sind in die Aufstellung nicht aufgenommen worden. Die Möglichkeiten zur Erlangung der vollen Geschäftsfähigkeit bereits vor dem regulären Volljährigkeitsalter (Emanzipation etc) sind nicht berücksichtigt). 58

Ägypten: 21; Äquatorial-Guinea: 18; Äthiopien: 18; Afghanistan: 18; Albanien: 18; Algerien: 19; Andorra: 18; Angola: 18; Argentinien: 21; Armenien: 18; Aserbeidschan: 18; Australien: 18; Bahamas: 18; Bahrain: 21; Bangladesh: 18; Barbados: 18; Belgien: 18; Belize: 21; Benin: 21; Bermuda: 21; Bolivien: 18; Bosnien-Herzegowina: 18; Botsuana: 21; Brasilien: 18; Bulgarien: 18; Burkina Faso: 20; Burundi: 18 (vgl. OLG München FamRZ 2010, 1096); Cayman Islands: 18; Chile: 18; China (VR einschließlich Hong Kong): 18; Costa Rica: 18; Dänemark: 18; Dominikanische Republik: 18; Dschibuti: 18; Ecuador: 18; Elfenbeinküste: 21; El Salvador: 18; Eritrea: 18; Estland: 18; Finnland: 18; Frankreich: 18; Gabun: 21; Gambia: 18 (OLG Koblenz NZFam 2017, 728; KG BeckRS 2019, 43814 Rn. 42; anders – nicht feststell- 58.1

bar – OLG Bremen BeckRS 2017, 101891: 18 oder 21); Georgien: 18; Ghana: 18; Gibraltar: 18; Grenada: 21; Griechenland: 18; Großbritannien: 18; Guatemala: 18; Guinea: 18 (vgl. OLG Hamm BeckRS 2018, 3993; OLG Düsseldorf BeckRS 2018, 39057); Guyana: 18; Haiti: 18; Honduras: 21; Hong Kong: 18; Indien: 18; Indonesien: 18; Irak: 18; Iran: 18; Irland: 18; Island: 18; Israel: 18; Italien: 18; Jamaika: 18; Japan: 20, ab April 2022: 18; Jemen: 18; Jordanien: 18; Kambodscha: 18; Kamerun: 21; Kanada: – British Columbia, New Brunswick, Newfoundland and Labrador, North West Territories, Nova Scotia, Yukon: 19; – alle übrigen Provinzen: 18; Kasachstan: 18; Katar 18; Kenia: 18; Kirgisistan: 18; Kolumbien: 18; Kongo (demokratische Republik) : 18; Korea: – Nordkorea: 17; – Südkorea: 19; Kosovo: 18; Kroatien: 18; Kuba: 18; Kuwait: 21; Laos: 18; Lesotho: 21; Lettland: 18; Libanon: 18; Liberia: 21; Libyen: 21; Liechtenstein: 18; Litauen: 18; Luxemburg: 18; Macau: 18; Madagaskar: 21; Malawi: 21; Malaysia: 18; Mali: 21; Malta: 18; Marokko: 18; Mauretanien: 18; Mauritius: 18; Mazedonien: 18; Mexiko: 18; Moldau: 18; Monaco: 18; Mongolei: 18; Montenegro: 18; Mosambik: 18; Myanmar: 18; Namibia: 21; Nepal: 18; Neuseeland: 20; Nicaragua: 21; Niederlande: 18; Niederländische Antillen: 21; Niger: 21; Nigeria: 18 (AG Bünde BeckRS 2019, 21413 Rn. 11); Nordirland: 18; Norwegen: 18; Österreich: 18; Panama: 18; Papua-Neuguinea: 21; Pakistan: 18; Paraguay: 18; Peru: 18; Philippinen: 18; Polen: 18; Portugal: 18; Ruanda: 21; Rumänien: 18; Russland (Russische Föderation): 18; Sambia: 21; San Marino: 18; Saudi-Arabien: 18; Schweden: 18; Schweiz: 18; Senegal: 18 (vgl. OLG München FamRZ 2010, 1096); Serbien 18; Seychellen: 18; Sierra Leone: 18 (vgl. OLG München FamRZ 2010, 1095); Simbabwe: 18; Singapur: 21; Slowenien: 18; Slowakei: 18; Somalia: 18; Spanien: 18; Sri Lanka: 18; St. Kitts und Nevis: 18; St. Lucia: 18; St. Vincent und die Grenadinen: 18; Sudan: 18; Südafrika: 18 (vgl. OLG München FamRZ 2010, 1096); Suriname: 21; Swasiland: 21; Syrien: 18; Tadschikistan: 18; Taiwan: 20; Tansania: 18; Thailand: 20; Togo: 21; Trinidad/Tobago: 18; Tschad: 21; Tschechische Republik: 18; Türkei: 18; Tunesien: 18; Turkmenistan: 18; Uganda: 18; Ukraine: 18; Ungarn: 18; Uruguay: 18; USA: – Colorado, Mississippi, Guam, Puerto Rico und Samoa Islands: 21; – Alabama, Nebraska: 19; – alle anderen Staaten und DC: 18; Usbekistan 18; Venezuela: 18; Vietnam: 18; Weißrussland: 18; Zentralafrikanische Republik: 18; Zypern: 18.

## Art. 8 Gewillkürte Stellvertretung

**(1) [1]Auf die gewillkürte Stellvertretung ist das vom Vollmachtgeber vor der Ausübung der Vollmacht gewählte Recht anzuwenden, wenn die Rechtswahl dem Dritten und dem Bevollmächtigten bekannt ist. [2]Der Vollmachtgeber, der Bevollmächtigte und der Dritte können das anzuwendende Recht jederzeit wählen. [3]Die Wahl nach Satz 2 geht derjenigen nach Satz 1 vor.**

**(2) Ist keine Rechtswahl nach Absatz 1 getroffen worden und handelt der Bevollmächtigte in Ausübung seiner unternehmerischen Tätigkeit, so sind die Sachvorschriften des Staates anzuwenden, in dem der Bevollmächtigte im Zeitpunkt der Ausübung der Vollmacht seinen gewöhnlichen Aufenthalt hat, es sei denn, dieser Ort ist für den Dritten nicht erkennbar.**

**(3) Ist keine Rechtswahl nach Absatz 1 getroffen worden und handelt der Bevollmächtigte als Arbeitnehmer des Vollmachtgebers, so sind die Sachvorschriften des Staates anzuwenden, in dem der Vollmachtgeber im Zeitpunkt der Ausübung der Vollmacht seinen gewöhnlichen Aufenthalt hat, es sei denn, dieser Ort ist für den Dritten nicht erkennbar.**

**(4) Ist keine Rechtswahl nach Absatz 1 getroffen worden und handelt der Bevollmächtigte weder in Ausübung seiner unternehmerischen Tätigkeit noch als Arbeitnehmer des Vollmachtgebers, so sind im Falle einer auf Dauer angelegten Vollmacht die Sachvorschriften des Staates anzuwenden, in dem der Bevollmächtigte von der Vollmacht gewöhnlich Gebrauch macht, es sei denn, dieser Ort ist für den Dritten nicht erkennbar.**

**(5) [1]Ergibt sich das anzuwendende Recht nicht aus den Absätzen 1 bis 4, so sind die Sachvorschriften des Staates anzuwenden, in dem der Bevollmächtigte von seiner Vollmacht im Einzelfall Gebrauch macht (Gebrauchsort). [2]Mussten der Dritte und der Bevollmächtigte wissen, dass von der Vollmacht nur in einem bestimmten Staat Gebrauch gemacht werden sollte, so sind die Sachvorschriften dieses Staates anzuwenden. [3]Ist der Gebrauchsort für den Dritten nicht erkennbar, so sind die Sachvorschriften des Staates anzuwenden, in dem der Vollmachtgeber im Zeitpunkt der Ausübung der Vollmacht seinen gewöhnlichen Aufenthalt hat.**

**(6) Auf die gewillkürte Stellvertretung bei Verfügungen über Grundstücke oder Rechte an Grundstücken ist das nach Artikel 43 Absatz 1 und Artikel 46 zu bestimmende Recht anzuwenden.**

**(7) Dieser Artikel findet keine Anwendung auf die gewillkürte Stellvertretung bei Börsengeschäften und Versteigerungen.**

**(8) [1]Auf die Bestimmung des gewöhnlichen Aufenthalts im Sinne dieses Artikels ist Artikel 19 Absatz 1 und 2 erste Alternative der Verordnung (EG) Nr. 593/2008 mit der Maßgabe anzuwenden, dass an die Stelle des Vertragsschlusses die Ausübung der Vollmacht tritt. [2]Artikel 19 Absatz 2 erste Alternative der Verordnung (EG) Nr. 593/2008 ist nicht anzuwenden, wenn der nach dieser Vorschrift maßgebende Ort für den Dritten nicht erkennbar ist.**

**Schrifttum:** Bach, Zurück in die Zukunft – die dogmatische Einordnung der Rechtsscheinvollmacht im gemeineuropäischen IPR, IPRax 2011, 116; Becker, Zum neuen Internationalen Privatrecht der gewillkürten Stellvertretung (Art. 8 und 229 § 41 EGBGB), DNotZ 2017, 835; Behnen, Die Haftung des falsus procurator im IPR – nach Geltung der Rom I- und Rom II-Verordnungen, IPRax 2011, 221; Ebenroth, Kollisionsrechtliche Anknüpfung kaufmännischer Vollmachten, JZ 1983, 821; Fischer, Verkehrsschutz im internationalen Vertragsrecht, 1990, § 12; Fischer, Anscheinsvollmacht, Vollmachtsstatut und Rechtswahl, IPRax 2005, 269; Gebauer, Stellvertretung, in Leible/Unberath, Brauchen wir eine Rom 0-VO? Überlegungen zu einem Allgemeinen Teil des europäischen IPR, 2013, 325; v. Hein, Agency in the Conflict of Laws: A new German Rule, Riv.dir.int.priv.proc. 2018, 5; Heinz, Das Vollmachtsstatut, 2011; Kindler/Brüggemann, Die kollisionsrechtliche Anknüpfung kaufmännischer Vollmachten nach Art. 8 EGBGB, RIW 2018, 473; Liebig, Künstliche Intelligenz im Rahmen von Art. 8 EGBGB – Rechtliche Beurteilung des Einsatzes von KI als Stellvertreter im Lichte des Internationalen Privatrechts, in Tietje/Kraft/Kumpan, Beiträge zum Transnationalen Wirtschaftsrecht, Heft 169 (2020), 5; Mäsch, Ein Vollmachtsstatut für Europa, Liber Amicorum Klaus Schurig, 2012, 147; Ostendorf, Die kollisionsrechtliche Qualifikation von § 174 BGB, RIW 2014, 93; Rademacher, Kodifikation des internationalen Stellvertretungsrechts, IPRax 2017, 56; Ruthig, Vollmacht und Rechtsschein im IPR, 1996; Schaub, Kollisionsrechtliche Probleme bei Vorsorgevollmachten, IPRax 2016, 207; Schiller, Erteilung einer Stimmrechtsvollmacht unter Auslandsbezug – Art. 8 EGBGB, GWR 2019, 24; Schwarz, Das Internationale Stellvertretungsrecht im Spiegel nationaler und supranationaler Kodifikation, RabelsZ 71 (2007), 729; Spickhoff, Kodifikation des Internationalen Privatrechts der Stellvertretung, RabelsZ 80 (2016), 481; Steding, Die Anknüpfung der Vollmacht im IPR, ZVglRWiss 86 (1987), 25; Thöne, Die Vollmacht im internationalen Privatrecht – Zur Regelung des Art. 8 EGBGB durch das Gesetz der Änderung von Vorschriften im Bereich des Internationalen Privat- und Zivilverfahrensrechts, IHR 2017, 141; Wedemann, Vorsorgevollmachten im internationalen Rechtsverkehr, FamRZ 2010, 785.

## Übersicht



## I. Normzweck, Grundsatz

Ob eine Person kraft Gesetzes oder kraft einer Organstellung die Rechtsmacht hat, eine andere natürliche oder juristische Person Dritten gegenüber zu verpflichten, richtet sich grds. nach dem Recht, das auch im Innenverhältnis für ihre Beziehung zu der fraglichen Person oder für die Konstitution der Gesellschaftsorgane maßgeblich ist **(Parallelität von Innen- und Außenverhältnis).** Die **gesetzliche Vertretungsmacht** der Eltern oder des Vormunds ist also nach dem Statut der Eltern-Kind-Beziehung (Art. 21) bzw. dem Vormundschaftsstatut (Art. 24) zu beurteilen, die aus der **Organstellung entspringende Vertretungsmacht** der Leitungsebene einer Gesellschaft nach dem Gesellschaftsstatut (entspr. richtet sich die organschaftliche Vertretung eines ausländischen Staates nach dem Recht dieses Staates, BGHZ 40, 197; KG IPRax 1996, 280); nur 1 für den recht speziellen Fall der gegenseitigen Notvertretung von Ehegatten in Gesundheitsangelegenheiten gilt dies ab dem 1.1.2023 nicht mehr (vgl. Art. 15 nF). Die Stellvertretung auf rechtsgeschäftlicher Grundlage, also regelmäßig auf Grund einer **Vollmacht** des Geschäftsherrn, wird hingegen zu Unrecht (vgl. Mäsch Liber Amicorum Schurig, 2012, 147 (159 ff.) mit dem Vorschlag, die Vollmacht ebenso wie die gesetzliche und organschaftliche Stellvertretung akzessorisch an das Innenverhältnis zwischen Vertreter und Prinzipal anzuknüpfen und dies mit einer Vertrauensschutzregelung zugunsten des Dritten entspr. Art. 17 ESÜ zu kombinieren) vom vermeintlich instabileren und nach außen weniger sichtbaren (krit. zu diesem Argument Mäsch Liber Amicorum Schurig, 2012, 147 (155 f.)) Innenverhältnis (Auftrag, Mandat, Arbeitsvertrag etc) abstrahiert und – entspr. der Trennung im deutschen Sachrecht – im Außenverhältnis **gesondert angeknüpft (Vollmachtsstatut),** um die Interessen des Drittkontrahenten an einer zuverlässigen Feststellung von Bestand und Umfang der Vollmacht im Hinblick auf den Bestand des mit dem Vertreter abgeschlossenen Geschäfts zu wahren (vgl. v. Bar/Mankowski IPR BT II § 1 Rn. 1027 f.). Diese Anknüpfung war bislang gesetzlich nicht geregelt. Die in der Vergangenheit von Rspr. und Lehre entwickelten Regeln waren umstritten und (angesichts der praktischen Fülle von Vertretergeschäften überraschend) selten streitentscheidend, sodass von einer gewohnheitsrechtlichen Verfestigung nicht die Rede sein konnte (vgl. Basedows nicht allein auf Deutschland bezogenen Hinweis auf das „Gewirr der Meinungen" und das „ungefestigte Richterrecht", RabelsZ 45 (1981), 196 (206)). Herrschend war die Auffassung, dass – vorbehaltlich einer möglichen Rechtswahl – grds. an die **Niederlassung** des berufsmäßigen Vertreters, hilfsweise an den **Wirkungs- oder Gebrauchsort der Vollmacht** anzuknüpfen ist (näher Steding ZVglRWiss 86 (1987), 25).

2 Art. 8, der nunmehr die **Anknüpfung der gewillkürten Stellvertretung gesetzlich regelt,** beinhaltete ursprünglich Bestimmungen zum auf die Entmündigung anwendbaren Recht (→ Art. 7 Rn. 25) und wurde mit deren Wegfall im materiellen deutschen Recht zum 1.1.1992 aufgehoben (Art. 7 § 29 Nr. 1 Gesetz zur Reform des Rechts der Vormundschaft und Pflegschaft für Volljährige (Betreuungsgesetz – BtG) vom 12.9.1990, BGBl. I 2002). Seinen neuen Inhalt hat er mit Art. 5 Gesetz zur Änderung von Vorschriften im Bereich des Internationalen Privat- und Zivilverfahrensrechts vom 11.6.2017 (BGBl. I 1607) bekommen, der auf einem Referentenentwurf beruht, welcher seinerseits mit kleineren Abweichungen entsprechende Vorarbeiten des Deutschen Rats für Internationales Privatrecht aufnahm (vgl. Spickhoff RabelsZ 80 (2016), 481 (531 ff.)). Inhaltlich geht es vor allem um Feinjustierungen und Präzisierungen, nicht um einen radikal neuen Ansatz im Vergleich zur bisherigen hM (→ Rn. 1) (BRat-Drs. 653/16, 22; vgl. auch Rademacher IPRax 2017, 56 (62): keine Revolution, sondern Festschreibung des Bisherigen). Warum der deutsche Gesetzgeber sich gerade jetzt damit aus der Deckung wagt, um am Flickenteppich nationaler Regelungen mitzustricken, ist unklar. Klar ist hingegen, dass der ernsthafte Versuch einer gemeineuropäischen Lösung (→ Rn. 5) oder ein neuer Anlauf im Haag (→ Rn. 4) dem grenzüberschreitenden Rechtsverkehr dienlicher gewesen wäre (vgl. Sonnenberger ZVglRWiss 100 (2001), 107 (119)).

## II. Staatsverträge, Europarecht

3 Am 1.1.2009 ist für Deutschland das **Haager Übereinkommen über den internationalen Schutz von Erwachsenen (ESÜ)** vom 13.1.2000 in Kraft getreten. (Umsetzungsgesetz: BGBl. 2007 I 314). Es enthält in Art. 15 ff. Kollisionsregeln zur Ermittlung des anwendbaren Rechts im Hinblick auf das Bestehen, den Umfang, die Änderung und die Beendigung einer Vollmacht, „die ausgeübt werden soll, wenn (der Vollmachtgeber) nicht in der Lage ist, seine Interessen zu schützen", Art. 15 Abs. 1 ESÜ **(Vorsorgevollmacht).** Dem Vollmachtgeber wird in Art. 15 Abs. 2 ESÜ eine beschränkte Rechtswahlmöglichkeit gewährt, die schriftlich auszuüben ist; hilfsweise ist objektiv an den gewöhnlichen Aufenthaltsort des Erwachsenen bei Vollmachterteilung anzuknüpfen. Art. 17 ESÜ schützt den Drittkontrahenten in seinem guten Glauben an den Bestand der Vollmacht nach dem Recht am Gebrauchsort. Die Kollisionsnormen des ESÜ haben gem. Art. 50 Abs. 3 ESÜ **Rückwirkung** und sind als loi uniforme auch dann anzuwenden, wenn sie zum Recht eines Nichtvertragsstaates führen (Art. 18 ESÜ); ein etwaiger Renvoi ist nicht zu beachten (Art. 19 ESÜ) (näher Wedemann FamRZ 2010, 785 (786); Schaub IPRax 2016, 207). Das ELI hat kürzlich einen Report zum Schutz von Erwachsenen bei internationalen Sachverhalten veröffentlicht (abrufbar unter https://www.europeanlawinstitute.eu/fileadmin/user_upload/p_eli/Publications/ELI_Protection_of_Adults_in_International_Situations.pdf, zuletzt abgerufen am 19.4.2022). Dort wird ua für eine künftige „Vergemeinschaftung" des ESÜ gefordert, dass eine Art Vertreterzeugnis zum Nachweis der Vertretungsmacht („European Certificate of Powers of Representation") eingeführt wird, um zum einen der Fürsorgeperson den Nachweis ihrer Vertre-

tungsmacht zu erleichtern, zum anderen den Gutglaubensschutz Dritter zu verbessern (s. unter VI. 2.8. und VI. 2.9. des Reports zum Schutz von Erwachsenen bei internationalen Sachverhalten). Das ist, wenn er mit einem europaweiten Online-Register für solche Zeugnisse kombiniert wird (so Fountoulakis/Mäsch/Bargelli/Franzina/Ward, Response oft he ELI tot he European Commission's Public Consultation on the Initiative on the Cross-Border Protection of Vulnerable Adults (2022), 14; abrufbar unter https://www.europeanlawinstitute.eu/fileadmin/user_upload/p_eli/Publications/ELI_Response_Protection_of_Adults.pdf, zuletzt abgerufen am 19.4.2022) ein zukunftsweisender Ansatz, der in weiteren Bereichen Anwendung finden könnte.

Deutschland hat das **Haager Übereinkommen über das auf die Stellvertretung anwendbare Recht** vom 14.3.1978 (englischer und französischer Text abgedruckt in RabelsZ 43 (1979), 176 m. ausf. Bericht Müller-Freienfels RabelsZ 43 (1979), 80 ff.; zum Abkommen etwa auch Basedow RabelsZ 45 (1981), 196 (206)) nicht gezeichnet und wird dies aller Voraussicht nach auch in Zukunft nicht tun. Das Übereinkommen ist zwar in Argentinien, Portugal, Frankreich und den Niederlanden als loi uniforme in Kraft getreten (Quelle: http:/www.hcch.net), kann aber für den deutschen Rechtsanwender auch indirekt keine Bedeutung erlangen, weil ein etwaiger Renvoi unbeachtlich ist (→ Rn. 7). Das **UN-Abkommen über die Stellvertretung beim Internationalen Warenkauf** vom 17.2.1983 (englischer Text unter http:/www.unidroit.org; zu einer ausf. Bewertung des Abkommens Hanisch FS Giger, 1989, 251) ist ebenfalls von Deutschland nicht gezeichnet worden und noch in keinem Staat in Kraft getreten. 4

Der Entwurf der **Rom I-VO** (vom 15.12.2005, KOM(2005), 650 endg.) enthielt in Art. 7 Abs. 2 und 3 Rom I-VO-E (schwer verständliche) Regelungen zur Vollmacht, die sie grds. dem **Recht am gewöhnlichen Aufenthaltsort des Vertreters** unterstellen, welches aber durch das Recht am Gebrauchsort verdrängt wird, wenn entweder der Vertretene oder der Dritte seinen gewöhnlichen Aufenthalt in diesem Staat hat. Zudem soll der Vertreter oder der Vertretene das auf die Vollmacht anwendbare Recht **frei bestimmen** können, sofern dies schriftlich und mit ausdrücklichem Einverständnis des Dritten geschieht (vgl. Mankowski IPRax 2006, 101 (108 f.); Heinz, Das Vollmachtsstatut, 2011, 84 ff.; für eine eingehende Analyse und Kritik des Art. 7 Rom I-VO-E und einen Gegenvorschlag s. Max Planck Institute for Comparative and International Private Law RabelsZ 71 (2007), 225 (298 ff.); vgl. auch Schwarz RabelsZ 71 (2007), 729 ff.). In der verabschiedeten VO ist die Regelung **ersatzlos gestrichen** worden (vgl. auch die in Art. 1 Abs. 2 lit. g Rom I-VO (entspricht Art. 1 Abs. 2 lit. f EVÜ) enthaltene Ausnahme). 5

## III. Probleme des Allgemeinen Teils

**1. Unteranknüpfung bei Verweisung auf Staaten mit mehreren Teilrechtsordnungen.** Das Problem der Unteranknüpfung bei der Verweisung auf das Recht eines Staates mit mehreren **Teilrechtsordnungen** stellt sich im Rahmen der Ermittlung des Vollmachtsstatuts nicht, weil sämtliche in Art. 8 verwendeten Anknüpfungen (Rechtswahl, Ort des gewöhnlichen Aufenthalts des Prinzipals oder des Vertreters, gewöhnlicher oder konkreter Gebrauchsort, Belegenheitsort) die maßgebende Teilrechtsordnung bereits bezeichnen (so auch v. Hein Riv.dir.int.priv.proc. 2018, 5 (25)). 6

**2. Rück- und Weiterverweisungen.** Art. 8 enthält **Sachnormverweisungen,** sodass eventuelle Rück- und Weiterverweisungen eines ausländischen Rechts nicht zu beachten sind. Für die Rechtswahl nach Abs. 1 ergibt sich das aus Art. 4 Abs. 2, iÜ daraus, dass ausdrücklich auf „Sachvorschriften" verwiesen wird (vgl. Art. 3a Abs. 1). 7

**3. Ordre public.** Probleme mit dem ordre public sind im Rahmen des Vollmachtsstatuts bislang nicht bekannt geworden. Das Reichsgericht hat zu Recht keinen ordre public-Verstoß darin sehen wollen, dass ein ausländisches Recht Selbstkontrahieren in einem größeren Umfang als das deutsche erlaubte (RG IPRspr. 1928 Nr. 13). 8

## IV. Intertemporales Recht

Nach Art. 229 § 41 EGBGB eingefügt durch das Gesetz vom 11.6.2017 (→ Rn. 2) ist Art. 8 nur auf solche Vollmachten anzuwenden, die nach seinem Inkrafttreten am 17.6.2017 erteilt wurden. Soweit es um Vertretungsmacht kraft Rechtsschein geht (→ Rn. 56), kommt es darauf an, ob die Erklärung des Vertreters bzw. gegenüber dem Vertreter nach dem genannten Stichtag abgegeben wurde. Im Übrigen sind die ungeschriebenen Regeln zu beachten, auf die man sich zuvor gestützt hat (zu diesen iE 3. Aufl. 2012). 9

## V. Anwendungsbereich

10 **1. Gewillkürte Stellvertretung.** Die gesonderte Anknüpfung der die Vertretungsmacht betreffenden Fragen gem. Art. 8 ist auf Fallgestaltungen beschränkt, in denen der Vertreter seine Befugnis, mit Wirkung für einen anderen Rechtsgeschäfte zu tätigen oder Erklärungen entgegenzunehmen, auf eine ihrerseits rechtsgeschäftlich erteilte Vertretungsmacht stützt (Rademacher IPRax 2017, 56; MüKoBGB/Spellenberg Rn. 51, 53) (gewillkürte Stellvertretung, auch „rechtsgeschäftliche" genannt). Es geht damit um die Vertretung kraft **Vollmacht** oder eines auf eine solche bezogenen **Rechtsscheins** (aus deutscher Sicht: Anscheins- und Duldungsvollmacht). Die organschaftliche und gesetzliche Vertretung und allgemeinen Vertretungsformen, die für den Vertretenen **Fremd-, nicht Selbstbestimmung** sind (MüKoBGB/Spellenberg Rn. 54), unterliegen nicht einer vom Innenverhältnis gelösten Anknüpfung (→ Rn. 1). Das gilt zB für die **gesetzliche Vertretung Minderjähriger** (→ Art. 7 Rn. 31) und die Vertretungsmacht eines Gesellschaftsorgans (Vorstand, Geschäftsführer; → Art. 12 Rn. 39), aber auch für die Vertretungsmacht eines **Testamentsvollstreckers, Nachlass- und Insolvenzverwalters,** eines Miterben für andere Mitglieder einer **Erbengemeinschaft,** eines Ehegatten für den anderen in Folge der Eheschließung **(Schlüsselgewalt)** (BGH NJW-RR 1990, 248 (250)) oder auf güterrechtlicher Basis sowie – nach einigen Rechten denkbar – eines Geschäftsführers ohne Auftrag (MüKoBGB/Spellenberg, 6. Aufl. 2015, Vor Art. 11 Rn. 61).

Wenn (in Zukunft) mit künstlicher Intelligenz (KI) ausgestattete und deshalb zu gewissem eigenständigen und autonomen Verhalten fähige Software-Agenten **(KI-Agenten)** rechtsgeschäftliche Erklärungen abgeben, zB Verträge schließen, ist denkbar, dass im Geschäftsstatut (lex causae) eben wegen dieser Autonomie das bisher bei automatisierten Erklärungen weitgehend angewendete Modell der Zurechnung an den jeweiligen Benutzer oder Betreiber (vgl. Paulus JuS 2019, 960 (963)) ablöst wird durch ein Modell, in dem **der KI-Agent als Stellvertreter** angesehen wird (zur Frage des auf die Rechts- und Stellvertreterfähigkeit eines KI-Agenten anwendbaren Rechts → Art. 7 Rn. 2a). In diesem Fall wird man zur Ermittlung des auf die Vertretungsmacht des KI-Agenten und eines auf sie bezogenen Rechtsscheins anwendbaren Rechts Art. 8 anzuwenden haben, wobei die Anknüpfungen des Art. 8 Abs. 2 und 3 von vornherein nicht in Betracht kommen und im Regelfall die für die Anknüpfungen nach Abs. 4 und 5 S. 1 und 2 erforderliche Erkennbarkeit des gewöhnlichen oder speziellen Gebrauchsort (zum „Betriebsort" des KI-Systems als Gebrauchsort Liebig in Tietje/Kraft/Kumpan, Beiträge zum Transnationalen Wirtschaftsrecht, Heft 169 (2020), 5 (25 f.)) für den Dritten fehlen wird, womit bei Fehlen einer (ebenfalls dem Dritten erkennbaren) Rechtswahl nach Abs. 1 regelmäßig gem. Abs. 5 S. 3 das **Recht am gewöhnlichen Aufenthaltsort des durch die KI Vertretenen** zur Anwendung gelangen dürfte.

11 Ob und inwieweit eine Person berechtigt ist, über ein (eigenes oder fremdes) Recht zu verfügen, ist nicht Gegenstand des internationalen Vertretungsrechts. Die **Verfügungsmacht** ist nach dem Statut zu beurteilen, dem das von der Verfügung betroffene Recht zum Zeitpunkt der Verfügung unterliegt (Sachstatut, Forderungsstatut). Dies gilt auch für die rechtsgeschäftlich erteilte Verfügungsbefugnis, insbes. für die **Einziehungsermächtigung** (BGHZ 125, 196 (204) = NJW 1994, 2549; BGH NJW 1992, 3096 (3097); NJW-RR 1990, 248 (250); aA wohl Kegel/Schurig IPR § 17 V 2a: Vollmachtsstatut; beiläufig auch BGH GRUR 2001, 1134 – Lepo Sumera) sowie für die **Genehmigung** der Verfügung eines Nichtberechtigten (so im Grundsatz BGH RIW 2000, 704, mit Vorbehalt einer Sonderanknüpfung bei engerer Verbindung zu einem anderen Recht; aA aus Gründen des Verkehrsschutzes MüKoBGB/Wendehorst Art. 43 Rn. 134).

12 Die Vertretung bei **geschäftsähnlichen Handlungen** ist hingegen dem Vollmachtsstatut zu unterwerfen (aA wohl Ostendorf RIW 2014, 93, der den auch für geschäftsähnliche Handlungen anwendbaren § 174 BGB dem Geschäftsstatut zurechnet).

13 **2. Erfasste und ausgeschlossene Rechtsbereiche.** Die rechtsgeschäftliche Stellvertretung ist in allen Rechtsbereichen gesondert nach Art. 8 anzuknüpfen, in denen es Vertretergeschäfte gibt, also nicht nur im Schuldvertragsrecht, sondern etwa auch bei sachenrechtlichen Verfügungen in fremdem Namen und im Erb- oder Familienrecht (zustimmend v. Hein Riv.dir.int.priv.proc. 2018, 5 (14); ähnlich wohl auch MüKoBGB/Spellenberg Rn. 60). Soweit also nach dem Eheschließungsstatut (Art. 13 Abs. 1) eine Stellvertretung im Willen zulässig (→ Rn. 24) ist (→ VO (EG) 593/2008 Art. 11 Rn. 25; → Art. 13 Rn. 1 ff.), ist die Vollmacht selbst nach dem Vollmachtsstatut zu beurteilen.

14 Nach Abs. 7, der leicht verändert Art. 7 Abs. 2 S. 2 Rom I-VO-E (→ Rn. 5) nachgebildet ist, findet Art. 8 keine Anwendung auf die Stellvertretung bei **Börsengeschäften** und **Versteigerungen.** Ziel der Ausnahme ist wohl, dass insoweit wie bisher ausschließlich auf das am Ort der Börse

oder der Auktion geltende Recht zurückgegriffen wird (vgl. Spickhoff RabelsZ 80 (2016), 481 (536)); auch eine Rechtswahl nach Abs. 1 ist hier ausgeschlossen, was übertrieben erscheint (anders noch die Lösung des Art. 7 Abs. 2 S. 2 Rom I-VO-E, → Rn. 5, und der Vorentwurf des Deutschen Rates für IPR, Spickhoff RabelsZ 80 (2016), 481, 513, 535 f.). Gegen den nicht weiter erläuterten Hinweis in der Gesetzesbegründung, der Begriff des Börsengeschäfts sei weit zu verstehen und beschränke sich nicht auf **Geschäfte an Börsen iSd Börsengesetzes** (§ 2 BörsG) (BR-Drs. 653/16, 26), sollte man im Interesse der Rechtssicherheit die Ausnahme auf genau diese Geschäfte (im In- und Ausland) begrenzen, weil sie nur auf dem institutionalisierten und regulierten Börsenparkett (einigermaßen) Sinn ergibt. **Versteigerungen** sind mangels anderweitiger Hinweise iSv **§ 156 BGB** zu verstehen, weshalb die Ausnahme bei **Online-Versteigerungen** (Internet-Auktionen) des Typs eBay **nicht** zum Tragen kommen sollte (vgl. MüKoBGB/Busche BGB § 156 Rn. 3 mwN).

Darüber hinaus soll es nach der Gesetzesbegründung (BR-Dr. 653/16, 22) bei dem Grundsatz bleiben, dass Erteilung und Umfang einer **Prozessvollmacht** ausschließlich nach der **lex fori** zu beurteilen sind (BGH LM § 325 ZPO Nr. 10 = DB 1958, 1010; NJW 1990, 3088). Dass der Gesetzgeber meinte, diese weitere Ausnahme von Art. 8 nicht in der Norm selbst ausdrücklich erwähnen zu müssen, erstaunt; zu retten ist sie nur dadurch, dass man ihm – wenig schmeichelhaft – ein Redaktionsversehen attestiert (aA Rademacher IPRax 2017, 56 (57): enge Auslegung). Von der Prozessvollmacht zu unterscheiden ist die nach den allgemeinen Kriterien zu beurteilende Frage, wer in (organschaftlicher, gesetzlicher, gewillkürter) Vertretung des Mandanten diese Vollmacht erteilen kann (MüKoBGB/Spellenberg Rn. 68). 15

Die Vollmacht zur Ausstellung eines **Konnossements** war früher nach zutreffender Auffassung an den Ausstellungsort des Konnossements anzuknüpfen (näher Mankowski TranspR 1991, 253 (258 ff.)). Es ist nicht anzunehmen, dass Art. 8 daran etwas ändern will. 16

Zur **Vorsorgevollmacht** → Rn. 3. Zu **Immobiliengeschäften** → Rn. 46. 17

**3. Reichweite des Vollmachtsstatuts. a) Grundsatz.** Das Vollmachtsstatut entscheidet über alle Fragen, die mit der rechtsgeschäftlichen Erteilung, dem Bestand und Umfang sowie der Beendigung der Vertretungsmacht und eines auf sie bezogenen Rechtsscheins zusammenhängen (MüKoBGB/Spellenberg Rn. 170 f.; aus Gründen der Rechtssicherheit allgemein für eine möglichst weite Auslegung Leible/Unberath/Gebauer, Brauchen wir eine Rom 0-Verordnung?, 2013, 325 (336)). Zur Form der Vollmacht → Rn. 55. 18

Von der Frage der **Vertretungsmacht, die allein Gegenstand** des Art. 8 bildet, ist zu unterscheiden, ob für das konkrete vom Vertreter abgeschlossene Geschäft eine gewillkürte Stellvertretung überhaupt **zulässig** ist und welche weiteren Voraussetzungen vorliegen müssen, damit eine Bindungswirkung beim Vertretenen eintritt (etwa **Offenkundigkeit** des Vertreterhandelns); insoweit entscheidet das Statut, dem dieses Geschäft unterliegt **(Geschäftsstatut).** Das ergibt sich zwar nicht aus dem Wortlaut der Vorschrift, die allgemein von der gewillkürten Stellvertretung spricht und damit den gesamten Vorgang der Vertretung und ihre Rechtsfolgen meinen könnte (vgl. Rademacher IPRax 2017, 56 f. Die Gesetzesbegründung meint schwammig, die Vorschrift betreffe „Voraussetzungen und Wirkungen der Stellvertretung", BR-Drs. 653/16, 22), wohl aber aus der Intention des Gesetzgebers, die bestehende hM in Gesetzesform zu gießen statt Neues zu wagen (→ Rn. 2). Bisher war weitgehend unbestritten, dass der Regelungsgegenstand der bis dato ungeschriebenen Kollisionsnorm für die gewillkürte Stellvertretung auf die Vertretungsmacht beschränkt ist (vgl. 3. Aufl. 2012), weshalb eben auch vom „Vollmachtsstatut" gesprochen wurde (und weiter gesprochen werden kann). 19

**b) Einzelfragen. aa) Allgemein.** Das Vollmachtsstatut ist maßgeblich für: die **Erteilung** (durch Vertrag oder einseitiges Rechtsgeschäft, im letzteren Fall auch für die Bestimmung des Adressaten der Bevollmächtigungserklärung) und **Wirksamkeit** einer Vollmacht (BGH NJW 1982, 2733); ihre **Auslegung** (Hausmann in Reithmann/Martiny IntVertragsR Rn. 6.448 mwN) und ihren **Umfang** (vgl. OLG München IPRax 1990, 320; NK-BGB/Doehner, 3. Aufl. 2016, Anh. Art. 11 Rn. 14) (also etwa für die Frage, ob sie Einzel- oder Gesamtvertretungsmacht vermittelt, ob das vom Vertreter mit dem Dritten abgeschlossene Geschäft durch die Vollmacht gedeckt ist (BGH IPRspr. 1960/61 Nr. 40) oder die Vollmacht missbraucht wurde (→ Rn. 30) (vgl. RGZ 134, 67 (171)), ob der Vertreter **Untervollmacht** erteilen (OLG Frankfurt IPRspr. 192/63 Nr. 164) und mit sich **selbst kontrahieren** (BGH NJW 1992, 618; OLG Karlsruhe GRUR-RS 2017, 119653 Rn. 36; aA MüKoBGB/Spellenberg, 6. Aufl. 2015, Vor Art. 11 Rn. 143 Rn. 157) oder als Doppelvertreter auf beiden Seiten auftreten (jurisPK-BGB/Wiedemann Rn. 11; aA MüKoBGB/Spellenberg Rn. 180) darf; die **Dauer** und das **Erlöschen** der Vollmacht (etwa Erlöschen kraft gesetzlicher Befristung, durch Widerruf (RGZ 30, 122) oder Tod, Insolvenz 20 oder Geschäftsunfähigkeit des Vertretenen (vgl. Hausmann in Reithmann/Martiny IntVertragsR Rn. 6.462 mwN); zum Zusammenspiel mit der Beendigung des Innenverhältnisses → Rn. 31); die Möglichkeit, einen Minderjährigen zu bevollmächtigen (str., v. Caemmerer RabelsZ 24 (1959), 201 (215): für eine Berücksichtigung des Innenverhältnisses zugunsten des Bevollmächtigten; aA wegen Drittschutzbedenken Dorsel MittRhNotK 1997, 6 (11); MüKoBGB/Spellenberg Rn. 216: Heimatrecht nach Art. 7; noch anders – Geschäftsstatut – Staudinger/Firsching, 1984, Vor Art. 12 Rn. 252). Zur Haftung eines Minderjährigen als falsus procurator → Rn. 26.

21 Ist nach dem Vollmachtsstatut keine wirksame Vollmacht erteilt worden, so beurteilt sich die Frage, ob die Vertretungsmacht des Vertreters auf **Rechtsscheingesichtspunkte** gestützt werden kann, ebenfalls nach dem (insofern hypothetischen) Vollmachtsstatut (näher → Rn. 56). Zum Handeln ohne Vertretungsmacht → Rn. 26. Zum Rechtsschein einer **organschaftlichen Vertretungsmacht** → Art. 12 Rn. 46.

22 **bb) Vollmachten mit gesetzlich geregeltem Umfang (Prokura), registrierte Vollmachten.** Für Vollmachten mit **gesetzlich geregeltem Umfang,** wie zB die deutsche Prokura oder, in abgeschwächter Form, die Handlungsvollmacht, gilt nichts Besonderes (heute wohl allgM). Es ist deshalb unrichtig, einem Mitarbeiter der deutschen Niederlassung einer britischen Bank, dem unter Geltung deutschen Rechts (→ Rn. 33, → Rn. 39) und gerade nicht auf diese Niederlassung beschränkt Prokura erteilt worden war, die Vertretungsberechtigung für die Bank über die Zweigniederlassung hinaus abzusprechen (so Wachter BB 2005, 1289 f.; ihm folgend OLG München NZG 2015, 1437 (1439), weil „(d)as britische (sic) Recht … das Rechtsinstitut der Prokura nicht" kennt). §§ 49, 54 HGB und entsprechende Vorschriften eines ausländischen Rechts sind zu berücksichtigen, wenn sie Teil des jeweiligen Vollmachtsstatuts sind; sind sie es im Einzelfall nicht, hat der Geschäftsherr sie aber bei Erteilung der Vollmacht vor Augen gehabt, sind sie gleichwohl, soweit unter Beachtung zwingenden Rechts möglich, bei der Auslegung in dem durch das Vollmachtsstatut eröffneten Rahmen zu berücksichtigen („Handeln unter falschem Recht"; allg. → EinlIPR Rn. 99), sofern man nicht ohnehin eine konkludente Wahl des Vollmachtsstatuts iSv Abs. 1 S. 1 annimmt (→ Rn. 33). Aus anwendbaren gesetzlichen Vorschriften folgende Einschränkungen der Vertretungsmacht des Vertreters können sich auch zu Lasten eines gutgläubigen ausländischen Vertragspartners auswirken (MüKoBGB/Spellenberg Rn. 197 f., wobei eine Ausnahme gelten soll, wenn im konkreten Fall eine zuverlässige Information des Drittkontrahenten über die Vertretungsbefugnisse nicht möglich oder zumutbar war). Fallen der effektive Verwaltungs- und der Satzungssitz einer Gesellschaft auseinander, führt dies, soweit die Gründungstheorie zur Bestimmung des Gesellschaftsstatuts herangezogen wird (Anh. II zu → Art. 12 Rn. 19 ff.), zu einer unterschiedlichen Anknüpfung rechtsgeschäftlicher und organschaftlicher Vertretungsmacht (→ Rn. 1), was insbes. dann zu Friktionen führen kann, wenn ein Gesellschafter die Gesellschaft, etwa im Falle einer gemischten Gesamtvertretung (§ 125 Abs. 3 HGB), gemeinsam mit einem Prokuristen vertreten will (dazu Kindler/Brüggemann RIW 2018, 473 (477 ff.)).

23 Hinsichtlich der **Publizitätswirkungen** der Registrierung einer Vollmacht (wie nach §§ 50, 15 HGB) ist zu unterscheiden: Welche Wirkungen die Registrierung einer Vollmacht hat, kann nur das Recht des jeweiligen Registers beantworten, das auch über die Voraussetzungen einer Eintragung und den Prüfungsumfang der Registerbehörde entscheidet. Ob diese Wirkungen einen **Gutglaubensschutz des Drittkontrahenten** tragen, muss aber dem Vollmachtsstatut überlassen bleiben (zu Publizität und Gutglaubensschutz auch → VO (EG) 593/2008 Art. 11 Rn. 30).

24 **cc) Abgrenzung zum Geschäftsstatut. (1) Zulässigkeit der Stellvertretung, Anforderungen an den Vertreter.** Das Geschäfts-, nicht das Vollmachtsstatut, entscheidet darüber, ob für das Geschäft gewillkürte Stellvertretung überhaupt **zulässig** oder wegen des höchstpersönlichen Charakters ausgeschlossen ist (→ Rn. 19), und ob ggf. spezielle Anforderungen an die Bevollmächtigung (ausdrückliche statt konkludente Vollmacht, Spezial- statt Generalvollmacht etc) (Hausmann in Reithmann/Martiny IntVertragsR Rn. 6.474 f.; NK-BGB/Doehner, 3. Aufl. 2016, Anh. Art. 11 Rn. 18) oder den Bevollmächtigten (zB bei Prozessvertretern) (MüKoBGB/Spellenberg Rn. 180 ff.) zu stellen sind (auch → Rn. 15). Gleiches gilt für die Anforderungen an die **Geschäftsfähigkeit des Vertretenen** (MüKoBGB/Spellenberg Rn. 216; die Geschäftsfähigkeit selbst unterliegt freilich dem über Art. 7 ermittelten Recht), nicht aber an diejenige des Vertreters, jedenfalls soweit es um minderjährige Vertreter geht (→ Rn. 20).

25 **(2) Offenkundigkeit der Stellvertretung, Vertretung einer Gesellschaft ohne Rechtsformzusatz.** Ob der Vertretene nur bei **offenkundigem Handeln** des Vertreters **in fremdem Namen** oder auch bei **verdeckter Stellvertretung** („undisclosed agency") aus dem Vertreterge-

schäft berechtigt und verpflichtet sein kann, ist keine Frage der Vertretungsmacht und beurteilt sich folgerichtig nach Maßgabe des Geschäftsstatuts (→ Rn. 19) (OLG Düsseldorf IPRspr. 2003, Nr. 25; OLG Hamburg TranspR 1996, 40; v. Hein Riv. dir. int. priv. proc. 2018, 5 (30); Soergel/Lüderitz Anh. Art. 10 Rn. 103, 106; ebenso Hausmann in Hausmann/Odersky IPR § 6 Rn. 95; dagegen für ein weites Verständnis des Vollmachtsstatuts in dieser Frage Heinz, Das Vollmachtsstatut, 2011, 215 f.). Gleiches gilt für Zulässigkeit und Wirkung von **Handeln unter fremdem Namen** (Soergel/Lüderitz Anh. Art. 10 Rn. 106). Ob der Vertreter einer Gesellschaft mit dem Rechtsformzusatz zeichnen muss (vgl. § 4 GmbHG), beurteilt sich aus demselben Grund nicht nach dem Vollmachtsstatut, sondern nach dem Gesellschaftsstatut (Römermann GmbHR 2007, 595; zur kollisionsrechtlichen Rechtsscheinhaftung s. auch MüKoAktG/Ego Europ. Niederlassungsfreiheit Kap. 3 Rn. 603; unklar BGH NJW 2007, 1530, der bei einer niederländischen „B.V." im Hinblick auf die Pflicht zur Führung des Firmenzusatzes bei Vertretergeschäften in Deutschland gleichermaßen auf deutsches wie niederländisches Recht abgestellt hat).

**(3) Vertretung ohne Vertretungsmacht.** Zur Frage der Anknüpfung der Folgen, wenn der Vertreter bei Abschluss seines Geschäfts nach dem Vollmachtsstatut **ohne Vertretungsmacht** gehandelt hat, nehmen weder Art. 8 selbst noch die Gesetzesbegründung Stellung. Deshalb wird weiterhin Folgendes gelten: Die von den Gerichten überwiegend geteilte **hM** möchte insoweit pauschal das Geschäftsstatut des Vertretergeschäfts entscheiden lassen. Nach dem **Geschäftsstatut** soll also insbes. zu beurteilen sein ob, wie und unter welchen Voraussetzungen der Vertretene das Geschäft durch **Genehmigung** an sich ziehen kann (so etwa BGH IPRspr. 1964/65 Nr. 34; NJW 1992, 618 (619); BGHZ 128, 41 (48); OLG Celle WM 1984, 494 (500); v. Bar IPR BT, 1. Aufl. 1991, Rn. 593; Hausmann in Reithmann/Martiny IntVertragsR Rn. 6.481; Erman/Hohloch Rn. 36; Grüneberg/Thorn Rn. 6; diff. Soergel/Lüderitz Anh. Art. 10 Rn. 103: Geschäftsstatut entscheidet über Genehmigungsfähigkeit, nicht aber über die Erteilung der Genehmigung als solche; zum Ganzen Heinz, Das Vollmachtsstatut, 2011, 31 ff.). Zutreffend erscheint es hingegen, wie bei den Folgen mangelnder Geschäftsfähigkeit (→ Art. 7 Rn. 29) und mit § 49 Abs. 1 österr. IPRG und Art. 126 Abs. 2 Schweizer IPRG zu differenzieren: Wenn die vorherige „Zustimmung" zu einem Vertretergeschäft (= Bevollmächtigung) und auch ihr Widerruf unter das **Vollmachtsstatut** fällt, kann nichts anderes für die Genehmigungsfähigkeit – einschließlich ihrer Beseitigung durch einen Widerruf des Drittkontrahenten – und die nachträgliche Genehmigung selbst (zum Anknüpfungskriterium in diesem Fall → Rn. 53) gelten (zutr. Leible IPRax 1998, 257 (259); in der Sache auch BGH NJW-RR 1990, 248 (250): Auslegung und Reichweite einer Genehmigung nach dem Vollmachts-, nicht nach dem Geschäftsstatut beurteilt). Erst wenn nach dem Vollmachtsstatut feststeht, dass es an einer wirksamen Genehmigung fehlt, beurteilen sich die **weiteren Folgen** nach dem Geschäftsstatut des Vertretergeschäfts. Dieses Statut beherrscht auch die Haftung des Vertreters als **falsus procurator** (str., wie hier MüKoBGB/Spellenberg Rn. 212; v. Bar/Mankowski IPR BT II § 1 Rn. 1075; v. Hoffmann/Thorn IPR § 10 Rn. 13; Hausmann in Reithmann/Martiny IntVertragsR Rn. 6.480, 6.485 ff.; Erman/Stürner Rn. 36; aA – Vollmachtsstatut – OLG Hamburg VersR 1987, 1216; Grüneberg/Thorn Rn. 6; Kropholler IPR § 41 I 3; Fischer IPRax 1996, 332 (335); Steding ZVglRWiss 86 (1987), 25 (47); Behnen IPRax 2011, 221 (228) spricht sich ebenfalls für das Vollmachtsstatut aus, weist aber insbes. auf die Möglichkeit einer Rechtswahl hinsichtlich der Haftung eines vollmachtlosen Vertreters hin; diff. Soergel/Lüderitz Anh. Art. 10 Rn. 105: grds. Vollmachtsstatut, ob aber Erfüllung oder nur Schadensersatz gefordert werden kann, sagt das Geschäftsstatut. Der nicht Gesetz gewordene (→ Rn. 5) Art. 7 Abs. 4 Vorschlag zur Rom I-VO unterstellte die Haftung als falsus procurator dem (objektiven) Vollmachtsstatut. Der BGH NJW 2007, 1529 hat die Frage der persönlichen Haftung des für eine Gesellschaft ohne Firmenzusatz zeichnenden Vertreters als Rechtsscheinhaftung „entspr. § 179 BGB" eingestuft und für die kollisionsrechtliche Behandlung der Letzteren auf seine Grundsätze zur Anknüpfung einer Rechtsscheinsvollmacht (→ Rn. 56) Bezug genommen. Ob dem Gesellschaftsrechtssenat klar war, dass über Anwendung dieser Grundsätze gerade auf die Haftung als falsus procurator höchstrichterlich noch gar nicht entschieden wurde, muss bezweifelt werden). Soweit sich das Problem der **Vertreterhaftung** – wie idR – im Rahmen der Vertretung bei Schuldverträgen stellt, steht diese differenzierende Lösung unter dem Vorbehalt, dass der EuGH an ihr Gefallen findet, wenn er denn gefragt wird, denn sie enthält indirekt eine Stellungnahme zur (beschränkten) Reichweite von Art. 12 Abs. 1 Rom II-VO (näher → Rn. 57) (Spickhoff RabelsZ 80 (2016), 481 (524 f.); Rademacher IPRax 2017, 56 (57); vgl. auch MüKoBGB/Spellenberg Rn. 184). Ob den **Vertretenen** seinerseits eine Haftung für das Handeln des **vollmachtlosen Vertreters** unter dem Gesichtspunkt des Verschuldens bei Vertragsverhandlungen (c.i.c.) trifft, entscheidet ebenfalls das Geschäftsstatut (NK-BGB/Doehner, 3. Aufl. 2016, Anh. Art. 11 Rn. 19). 26

Die Haftung minderjähriger Vertreter wegen Überschreitung ihrer Vollmacht sollte demgegenüber dem Geschäftsfähigkeitsstatut des Art. 7 unterworfen werden (MüKoBGB/Spellenberg Rn. 212).

27 Noch wenig Aufmerksamkeit hat die Frage gefunden, ob sich der Vertreter gegen eine drohende Haftung als falsus procurator nach dem Geschäftsstatut erfolgreich mit dem Argument wehren kann, nach „seinem" Recht (= dem Recht an seinem gewöhnlichen Aufenthalt iSd Art. 19 Rom I-VO) habe er anders als nach dem Vollmachtsstatut im Rahmen einer wirksamen Vollmacht gehandelt. Will man sich jedoch nicht in Widerspruch setzen zu der Bevorzugung des Vertretenen durch die diesem ermöglichte Berufung auf sein eigenes Recht zur Abwehr einer für ihn von einem Vertreter eingegangenen vertraglichen Verpflichtung (→ Rn. 59), kommt man nicht umhin, das Vertrauen des Vertreters auf seine Vertretungsmacht generell nicht für schützenswert zu halten. Immerhin hat er es ja in der Hand, in unklaren Situationen einen Geschäftsabschluss mit dem Dritten zu verweigern.

28 **(4) Vorvertragliche Vertrauenshaftung (c.i.c.).** Die Anknüpfung der vorvertraglichen Vertrauenshaftung des Vertretenen im Rahmen eines durch einen mit Vertretungsmacht versehenen Vertreters angebahnten Vertrauensverhältnisses folgt den allgemeinen Regeln (vgl. dazu Grüneberg/Thorn Rom II-VO Art. 12 Rn. 4). Auch eine etwaige **c.i.c.-Eigenhaftung des Vertreters** neben dem Vertretenen unterliegt diesen Regeln (folgt also zumeist aus dem Geschäftsstatut), weil es hier nicht um Bestehen oder Umfang der Vertretungsmacht, sondern um die Haftung gegenüber dem Drittkontrahenten für eine eigene Pflichtverletzung geht (Soergel/Lüderitz Anh. Art. 10 Rn. 105; aA OLG Hamburg WM 1989, 1241: Vollmachtsstatut; diff. beim entsprechenden Problem im Rahmen organschaftlicher Vertretung Henssler/Strohn/Servatius Rn. 191: bei vertragsbezogenen Pflichtverletzungen soll das Geschäftsstatut maßgeben, bei gesellschaftsbezogenen dagegen das Gesellschaftsstatut).

29 **(5) Willensmängel, Zurechnung von Umstandskenntnissen.** Selbstverständlich ist, dass sich die Bedeutung von **Willensmängeln** für die eventuelle Nichtigkeit oder Anfechtbarkeit (einschließlich der Durchführung der Anfechtung) eines Rechtsgeschäfts auch dann nach dem **Geschäftsstatut** richtet, wenn ein Vertreter eingeschaltet wurde, weil für diese grundsätzliche Frage der Willensübereinstimmung bei Vertragsschluss die Vertretungsmacht keine Rolle spielt. Wenn das Geschäftsstatut aber entscheidet, ob und welche Willensmängel überhaupt relevant sind, muss es schon aus Praktikabilitätsgründen auch dazu befragt werden, ob insoweit auf die Person des Vertreters oder des Vertretenen abzustellen ist (str.) (Hausmann in Reithmann/Martiny IntVertragsR Rn. 6.479 mwN; aA LG Essen RIW 1992, 227 und die ältere Rspr. des RG: RGZ 78, 55 (60); RG IPRspr. 1929 Nr. 29; RGZ 134, 67 (69); aus der Lit. Soergel/Lüderitz Rn. 104 mwN). Gleiches gilt für die darüberhinausgehende allgemeine Frage, ob **Kenntnisse tatsächlicher Umstände des Vertreters** dem Vertretenen zugerechnet werden können, str.; auch hier geht es nicht eigentlich um die Vollmacht des Vertreters (Hausmann in Reithmann/Martiny IntVertragsR Rn. 6.478 mwN; NK-BGB/Doehner, 3. Aufl. 2016, Anh. Art. 11 Rn. 18; aA v. Caemmerer RabelsZ 24 (1959), 201 (216); Staudinger/Firsching, 1984, Vor Art. 12 Rn. 249). Folgerichtig entscheidet weiterhin das Statut der c.i.c.-Haftung des Vertretenen (Grüneberg/Thorn Rom II-VO Art. 12 Rn. 2) über die diesbezügliche Bedeutung von Umstandskenntnissen des Vertreters (Soergel/Lüderitz Anh. Art. 10 Rn. 104, 105).

30 **dd) Abgrenzung zum Statut des Innenverhältnisses zwischen Vertreter und Vertretenem.** Die Anknüpfung der Vollmacht ist auch dann vom Innenverhältnis zwischen Vertreter und Geschäftsherrn zu lösen, wenn das danach für die Vollmacht zuständige Recht auf sachrechtlicher Ebene eine solche Unterscheidung nicht trifft (allgM). Ob und in welchem Umfang aus einer bestimmten Stellung des Vertreters im Innenverhältnis zum Vertretenen (zB Anstellungsvertrag, Handelsvertreter oder -makler) die (gesetzliche) **Vermutung einer Bevollmächtigung im Außenverhältnis** folgt, entscheidet deshalb das Vollmachtsstatut, nicht das Statut des Innenverhältnisses (MüKoBGB/Spellenberg, 6. Aufl. 2015, Vor Art. 11 Rn. 58 f.). So findet beispielsweise § 56 HGB (nur) Anwendung, wenn das deutsche Recht das Vollmachtsstatut stellt, unabhängig davon, welchem Recht der Arbeitsvertrag des betroffenen Ladenangestellten unterliegt. Nach dem Vollmachtsstatut richtet sich weiterhin, ob und unter welchen Voraussetzungen eine Überschreitung der vom Vertretenen dem Vertreter im Innenverhältnis gesetzten Grenzen trotz der im Außenverhältnis bestehenden Vertretungsmacht das Vertretergeschäft unwirksam macht **(Missbrauch der Vertretungsmacht)** (RGZ 134, 67 (71); RG DNotZ 1944, 151; MüKoBGB/Spellenberg Rn. 187).

31 Das Vollmachtsstatut regelt ebenfalls, welche Folgen die **Beendigung des Innenverhältnisses** für die Vollmacht des Vertreters hat, ungeachtet der Tatsache, dass sich die Beendigung des Innen-

verhältnisses selbst naturgemäß nach dem auf das letztere anwendbaren Recht richtet (Hausmann in Reithmann/Martiny IntVertragsR Rn. 6.466).

## VI. Anknüpfung

**1. Überblick.** Art. 8 ermöglicht Vollmachtgeber, Bevollmächtigtem und Drittem gemeinsam, 32 hilfsweise dem Vollmachtgeber allein, die **Wahl des Vollmachtsstatuts** (Abs. 1). Fehlt eine Wahl, soll beim unternehmerisch handelnden Vertreter das Recht seines **eigenen gewöhnlichen Aufenthaltsorts** (Abs. 2) und beim Arbeitnehmer-Vertreter dasjenige des **gewöhnlichen Aufenthaltsorts des Arbeitgebers** maßgeblich sein (Abs. 3). Die Vertretungsmacht einer dauerhaft bevollmächtigten Privatperson unterliegt dem Recht an dem Ort, an dem sie von der Vollmacht **gewöhnlich Gebrauch** macht (Abs. 4). Alle genannten objektiven Anknüpfungen stehen unter dem Vorbehalt, dass der jeweilige Ort für den Dritten, mit dem der Vertreter kontrahiert, bei Vertragsschluss erkennbar war; war er das nicht, oder fehlt es an einer sonstigen Anwendungsvoraussetzung, so ist auf das Recht am **intendierten konkreten Gebrauchsort** (Abs. 5 S. 2), hilfsweise auf dasjenige am tatsächlichen **Gebrauchsort** (Abs. 5 S. 1) und äußerst hilfsweise auf das Recht des **gewöhnlichen Aufenthaltsorts des Vollmachtgebers** (Abs. 5 S. 3) zurückzugreifen. Eine Sonderanknüpfung an die **lex rei sitae** bei Grundstücksgeschäften (Abs. 6) beschließt den Reigen.

**2. Subjektive Anknüpfung (Rechtswahl) (Abs. 1). a) Zulässigkeit einer Rechtswahl.** 33 In der höchstrichterlichen Rspr. fehlte es bislang an eindeutigen Stellungnahmen zu der Frage, ob die **Wahl des Vollmachtsstatuts** zulässig ist (grds. bejahend aber OLG Karlsruhe MDR 1998, 1470; OLG Hamburg TranspR 1989, 70 (72)). Art. 8 Abs. 1 schließt sich nunmehr der hM in der Lit. (MüKoBGB/Spellenberg Rn. 78; Hausmann in Reithmann/Martiny IntVertragsR Rn. 6.389; Soergel/Lüderitz Anh. Art. 10 Rn. 101; Kropholler IPR § 41 I 2e; Heinz, Das Vollmachtsstatut, 2011, 194 ff., 202) an, die ebenso wie eine Reihe anderer europäischer Rechte noch heute (§ 49 Abs. 1 österr. IPRG; Art. 10 Abs. 11 span. CC; Frankreich, Niederlande, Portugal: Art. 14 Haager Übereinkommen über das auf die Stellvertretung anwendbare Recht vom 14.3.1978; Schweiz: vgl. Basler Komm. IPRG/Watter/Roth Pellanda, 4. Aufl. 2021, IPRG Art. 126 Rn. 39) eine **Wahlmöglichkeit** befürwortete.

Umstritten war innerhalb der hM aber, ob die Wahl des Vollmachtsstatuts nur bei solchen 34 Vertretergeschäften möglich sein soll, die ihrerseits der Rechtswahl zugänglich sind, also vor allem bei Schuldverträgen (so insbes. MüKoBGB/Spellenberg Rn. 78 ff.; Soergel/Lüderitz Anh. Art. 10 Rn. 101; wohl auch Hausmann in Reithmann/Martiny IntVertragsR Rn. 6.389: „jedenfalls" dort; aA NK-BGB/Doehner, 3. Aufl. 2016, Anh. Art. 11 Rn. 6, Fn. 5; Seibold/Groner NZG 2009, 126 (129)), weshalb dann etwa die **Wahl des Vollmachtsstatuts bei der Verfügung über eine bewegliche Sache ausscheidet** (bei Immobilien verhindert das schon Abs. 6). Art. 8 und die Gesetzesbegründung verhalten sich dazu nicht, aber es spricht einiges dafür, (auch) unter Geltung des neuen Rechts eine restriktive Haltung einzunehmen (aA Spickhoff RabelsZ 80 (2016), 481 (498)). Die Wahlmöglichkeit ist Ausdruck der Parteiautonomie (Begr. RegE, BR-Drs. 653/16, 24) und kann deshalb – vorbehaltlich einer hier fehlenden ausdrücklich abweichenden gesetzgeberischen Einschätzung – nur in den Gebieten eröffnet sein, in denen die letztere anerkannt ist.

**b) Wahlberechtigte: uni- oder trilaterale Wahl.** Die Bestimmung des Vollmachtsstatuts 35 kann vor Ausübung der Vollmacht **einseitig durch den Vertretenen** als Vollmachtgeber erfolgen (Abs. 1 S. 1) oder ohne zeitliche Beschränkung Gegenstand eines **dreiseitigen Rechtswahlvertrags** zwischen Vertretenem, Vertreter und dem Drittkontrahenten sein (Abs. 1 S. 2), wobei im Falle einer Kollision letzterer der einseitigen Wahl vorgeht (Abs. 1 S. 3). Abgesehen von dieser Konstellation ist die Unterscheidung zwischen uni- und trilateraler Wahl ohne erkennbare praktische Bedeutung, da im ersteren Fall **Vertreter und Dritter** vor dem Geschäftsabschluss **Kenntnis** von der Wahl des Vertretenen gehabt haben müssen. Schreiten sie anschließend zum Geschäftsabschluss, so kann man darin eine konkludente Zustimmung zu dieser Wahl sehen.

**c) Wirksamkeit der Wahl, Auslegung.** Die Wirksamkeit der Wahl des Vollmachtsstatuts im 36 Hinblick auf Zugangsvoraussetzungen (aA Rademacher IPRax 2017, 56 (58): stillschweigende Festlegung in Art. 8 selbst), Willensmängel etc wird man entspr. dem Art. 3 Abs. 5 Rom I-VO, Art. 10 Rom I-VO zugrundeliegenden Gedanken (einheitlicher Maßstab für das zumeist verbundene kollisionsrechtliche und materiellrechtliche Geschäft – Rechtswahl einerseits und Vollmachterteilung andererseits –) am gewählten Recht zu messen haben. Unabhängig von den Erfordernissen dieses Rechts ist aber bei der einseitigen Wahl durch den Vollmachtgeber die in Art. 8

selbst normierte Bedingung der **tatsächlichen Kenntnisnahme durch Vertreter und Drittkontrahenten** zu beachten; der Zugang nach deutschen Kriterien ist dafür nicht hinreichend.

37 Da die Wahl des Vollmachtsstatuts im Ermangelung einer entsprechenden Festlegung in Art. 8 keiner Form bedarf (→ VO (EG) 593/2008 Art. 11 Rn. 23) (Rademacher IPRax 2017, 56 (58); Hausmann in Reithmann/Martiny IntVertragsR Rn. 6.395), ist auch eine **konkludente Rechtswahl** möglich. Sie kann (muss aber nicht) schon darin liegen, dass der Vertretene sich bei Bevollmächtigung erkennbar auf die eigene Rechtsordnung bezieht, etwa durch die Ernennung zum „Prokuristen" und die entsprechende Eintragung im deutschen Handelsregister (so zu Recht MüKoBGB/Spellenberg Rn. 88 ff. mit Beispielen auch aus anderen Rechtsordnungen; Kindler/Brüggemann RIW 2018, 473 (478)). In solchen Fällen dürfte aber in aller Regel die objektive Anknüpfung an den gewöhnlichen Aufenthaltsort des Vertreters oder des Vertretenen (→ Rn. 38, → Rn. 39) zum gleichen Ergebnis führen. Die **Wahl** des auf das vom Vertreter mit dem Drittkontrahenten vereinbarten **Vertrag anwendbaren Rechts** (Geschäftsstatut) kann schon deshalb **keine konkludente Wahl auch des Vollmachtsstatuts** darstellen (aA MüKoBGB/Spellenberg Rn. 78), weil an dieser Rechtswahl der Vertretene, anders als von Abs. 1 vorausgesetzt, nicht beteiligt ist.

38 **3. Objektive Anknüpfungen. a) Unternehmerisch tätiger Vertreter (Abs. 2).** Die Vertretungsmacht von unternehmerisch handelnden Bevollmächtigten beurteilt sich in Ermangelung einer Rechtswahl nach Abs. 1 nach dem an seinem gewöhnlichen Aufenthalt geltenden Recht, wenn dieser Ort für den Dritten **erkennbar** ist (→ Rn. 41). Die Ratio dürfte sein, dass in dieser Konstellation für den Rechtsverkehr nahe liegt, dass der Vertreter seine Tätigkeit auf dem Boden dieser Rechtsordnung entfalten soll und entfaltet, auch wenn sie grenzüberschreitende Wirkungen hat (vgl. Hausmann in Reithmann/Martiny IntVertragsR Rn. 6.409). Der Vertreter handelt nach **§ 14 BGB** (die Begr. RegE, BR-Drs. 653/16, 24, spricht unklar von einer „Anlehnung" an § 14 BGB) als Unternehmer, wenn er das Geschäft mit dem Dritten in Ausübung seiner gewerblichen oder selbständigen beruflichen Tätigkeit schließt. Musterbeispiel dieses Vertretertyps ist damit der **Handelsvertreter iSv § 84 Abs. 1 HGB** (vgl. Hausmann in Reithmann/Martiny IntVertragsR Rn. 6.408). Zur Bestimmung des gewöhnlichen Aufenthalts des Vertreters → Rn. 47.

39 **b) Arbeitnehmer als Vertreter (Abs. 3).** Wird der Vertreter bei Vertragsschluss mit dem Dritten als Arbeitnehmer des vertretenen Prinzipals tätig, findet in Ermangelung einer Rechtswahl nach Abs. 1 das Recht des gewöhnlichen Aufenthalts des letzteren Anwendung, **wenn dieser Ort für den Dritten erkennbar ist** (→ Rn. 41). Die Gesetzesbegründung formuliert reichlich vage als Grund für diese Anknüpfung, dass ein Arbeitnehmer von der Vollmacht seines Arbeitgebers im Regelfall „im Rahmen des Wirkungskreises des Vollmachtgebers" Gebrauch macht (BR-Drs. 653/16, 24). Arbeitnehmer ist der Vertreter, wenn er iSd **§ 611a Abs. 1 BGB** im Rahmen eines Arbeitsvertrages weisungsgebundene, fremdbestimmte Arbeit in persönlicher Abhängigkeit leistet (Rademacher IPRax 2017, 56 (60); näher zum Arbeitnehmerbegriff ErfK/Preis BGB § 611a Rn. 8 ff.). Diese Anknüpfungsvariante erfasst die Tätigkeit aller unselbstständigen Vertreter, also idR Angestellter des Prinzipals, wobei keine Rolle spielt, ob es sich um leitende oder sonstige Angestellte handelt und ob ihnen Prokura, Handlungs-, Generalvollmacht oder Vollmacht in sonstiger Form eingeräumt wurde (in der Sache so schon OLG Frankfurt IPRax 1986, 373 (375): Vertretungsmacht für in concreto in der Schweiz handelnden Generalbevollmächtigten einer deutschen KG dem deutschen Recht an deren Sitz unterstellt, dies aber als „Wirkungs"-Anknüpfung bezeichnend; ähnlich auch zum alten Recht: LG Mannheim GRUR-RR 2018, 273 (275), dass das „Wirkungsstatut bei angestellten Bevollmächtigten" nach dem „Sitz des Vollmachtgebers" bestimmt). Zur Prokura auch → Rn. 22. Zur Bestimmung des **gewöhnlichen Aufenthalts des Arbeitgebers** → Rn. 47.

40 **c) Dauervollmacht für Privatperson (Abs. 4).** Geht es um eine auf Dauer angelegte Vollmacht für einen weder als Unternehmer (→ Rn. 38) noch als Arbeitnehmer des Prinzipals (→ Rn. 39), sondern „im privaten Bereich" handelnden Vertreter, wird sie nach dem Recht des Staates beurteilt, in dem er von ihr **gewöhnlich Gebrauch** macht, **wenn dieser Staat für den Dritten erkennbar ist** (→ Rn. 41). Eine Vollmacht ist eine Dauervollmacht, wenn sie **„auf einen längeren Zeitraum"** angelegt ist (Begr. RegE, BR-Drs. 653/16, 24), wobei unerheblich ist, ob sie unbefristet oder befristet erteilt wurde (Begr. RegE, BR-Drs. 653/16, 24). Das wird sich nur schwer konkretisieren lassen, wobei möglicherweise die Auslegung des Begriffs des „Dauerschuldverhältnisses" in §§ 314, 308 Nr. 3 BGB und § 309 Nr. 1 und 9 BGB eine gewisse Hilfestellung zu bieten vermag. Der Gesetzgeber dachte für diese Variante der Bevollmächtigung vor allem an Fälle, in denen ein Ehegatte dem anderen eine Vollmacht zu seiner dauernden

Vertretung in bestimmten Aufgabenkreisen erteilt (Begr. RegE, BR-Drs. 653/16, 25. Der BGH hatte eine solche familienrechtliche Dauervollmacht zwischen Ehegatten noch dem Recht des gemeinsamen gewöhnlichen Aufenthalts unterstellt, BGH NJW-RR 1990, 248 (250)). Die wohl häufigste Form einer privaten Dauervollmacht, **die Vorsorgevollmacht,** unterliegt allerdings nicht dem Abs. 4, sondern den Kollisionsnormen des **Erwachsenenschutzübereinkommens** (ESÜ; → Rn. 3). Der Anwendungsbereich des Abs. 4 wird deshalb aller Voraussicht nach schmal bleiben (so auch Rademacher IPRax 2017, 56 (60); v. Hein Riv.dir.int.priv.proc. 2018, 5 (22)). Zur **Bestimmung des Gebrauchsorts iSv Abs. 4** → Rn. 52 ff. Ist eine private Vollmacht nicht auf Dauer angelegt, greift Abs. 5 ein.

**d) Erkennbarkeit des Aufenthaltsorts/Gebrauchsorts für den Dritten.** Die in Abs. 2–4 vorgesehenen Anknüpfungen setzen voraus, dass das jeweils gewählte Anknüpfungsmerkmal (gewöhnlicher Aufenthaltsort des Bevollmächtigten oder des Vollmachtgebers/gewöhnlicher Gebrauchsort) für den Dritten im Moment des Vertragsschlusses „erkennbar" war. Diese Formulierung ist wohl so zu verstehen, dass nicht (praktisch schwer nachweisbare) positive Kenntnis erforderlich ist, sondern ausreicht, dass der Dritte diesen Ort bei gehöriger Anstrengung hätte erkennen können. Fahrlässige (§ 276 Abs. 2 BGB) Unkenntnis des Dritten steht der Anwendung der in Abs. 2–4 statuierten Anknüpfungen also nicht entgegen (Rademacher IPRax 2017, 56 (59)). In diesem Zusammenhang zu verwertende Indizien dürften vor allem Adress-Angaben auf Geschäftspapier oder in der Signatur elektronischer Nachrichten sein, die dem Dritten im Vorfeld seiner Willenserklärung zu Gesicht gekommen waren. 41

**e) Auffangregeln (Abs. 5). aa) Allgemeines.** Greifen die Abs. 1 bis 4 nicht ein, weil a) keine Rechtswahl nach Abs. 1 getroffen wurde, b) es nicht um einen unternehmerischen (Abs. 2), als Arbeitnehmer (Abs. 3) oder als Privatperson auf der Basis einer Dauervollmacht tätigen (Abs. 4) Vertreter geht oder c) der Ort, an den in diesen Absätzen angeknüpft wird, für den Dritten nicht erkennbar ist (→ Rn. 41), kommen nach Abs. 5 Hilfslösungen zur Anwendung. In erster Linie ist auf den intendierten Gebrauchsort abzustellen (S. 2), hilfsweise auf den tatsächlichen Gebrauchsort (S. 1), äußerst hilfsweise auf den gewöhnlichen Aufenthalt des Prinzipals (S. 3). 42

**bb) Auffangregel 1 (Abs. 5 S. 2): intendierter konkreter Gebrauchsort.** Nach Abs. 5 S. 2 ist das Recht des Staates anzuwenden, in dem der Vertreter im Rahmen des konkret zu beurteilenden Geschäfts mit dem Dritten von seiner Vollmacht nach Intention des Prinzipals Gebrauch machen sollte (**intendierter Gebrauchsort, früher auch intendierter Wirkungsort**), sofern **Dritter und Vertreter diese Intention kannten** oder von ihr hätten **wissen müssen;** letzteres ist in § 122 Abs. 2 BGB legaldefiniert als Unkenntnis infolge von Fahrlässigkeit, wofür wiederum § 276 Abs. 2 BGB maßgibt. Damit geht es hier trotz abweichender Formulierung in der Sache genauso um die „Erkennbarkeit" des Gebrauchsorts wie bei den in Abs. 2–4 verwendeten Anknüpfungsmerkmalen (→ Rn. 41). Zur Bestimmung des intendierten Gebrauchsorts → Rn. 52. 43

**cc) Auffangregel 2 (Abs. 5 S. 1): tatsächlicher konkreter Gebrauchsort.** Fallen der vom Vollmachtgeber intendierte und der reale Gebrauchsort auseinander **und** war der intendierte Gebrauchsort dem Dritten oder dem Vertreter nicht bekannt, ohne dass ihm ein Fahrlässigkeitsvorwurf gemacht werden kann (→ Rn. 43), ist nach S. 1 das am **tatsächlichen Gebrauchsort** (Wirkungsort) geltende Recht auf die Vollmacht anzuwenden, wenn dieser Ort **für den Dritten erkennbar** war (Abs. 5 S. 3). Zur Bestimmung des tatsächlichen Gebrauchsorts → Rn. 53. Zur Erkennbarkeitsprüfung im Allgemeinen s. → Rn. 41. An der Erkennbarkeit des tatsächlichen Gebrauchsorts für den Dritten kann es nach der Gesetzesbegründung insbes. dann fehlen, wenn der Vertreter seine Erklärung mithilfe mobiler Telekommunikationsmittel (Mobiltelefon, Tablet, Notebook etc.) abgibt (BR-Drs. 653/16, 25). Das ist aber nur die halbe Wahrheit, denn auch der Standort eines vom Vertreter genutzten ortsgebundenen Mittels der Telekommunikation (Festnetztelefon, VoIP mittels Desktop) ist für den Geschäftspartner im Regelfall nicht sicher zu bestimmen. Der tatsächliche Gebrauchsort ist auch als Auffangregel untauglich. 44

**dd) Auffangregel 3 (Abs. 5 S. 3): gewöhnlicher Aufenthalt des Prinzipals.** Sind die Auffangregeln 1 und 2 mangels Erkennbarkeit des intendierten oder tatsächlichen Gebrauchsorts für den Dritten nicht anwendbar, ist nach Abs. 5 S. 3 das Recht am gewöhnlichen Aufenthalt des Prinzipals im Zeitpunkt der Ausübung der Vollmacht berufen. Zur Bestimmung des **gewöhnlichen Aufenthalts des Prinzipals** → Rn. 47. 45

**f) Sonderregel für Grundstücksgeschäfte.** Bei **Verfügungen** über **Immobiliarrechte** ist die gewillkürte Vertretungsmacht nach Abs. 6 nach der **lex rei sitae** (Art. 43) bzw. nach dem von 46 der Ausweichklausel des Art. 46 berufenen Sachenrecht zu beurteilen, was der bisher schon hM entspricht (BGH NJW 1963, 46 (47); RGZ 149, 93 (94); OLG Stuttgart DNotZ 1981, 746; Grüneberg/Thorn Rn. 4). Diese Anknüpfung setzt sich auch gegen eine etwaige Rechtswahl durch (zur Rechtswahl bei Verfügungen über bewegliche Sachen → Rn. 34). Für das **schuldrechtliche Grundgeschäft** bleibt es nach dem klaren Wortlaut des Abs. 6 bei den allgemeinen Regeln (früher str., inzidenter so schon BGH NJW-RR 1990, 248: „Dauervollmacht" zwischen in Deutschland ansässigen Eheleuten auch insoweit nach deutschem Recht beurteilt, als sie sich auf die vom Ehemann für beide Eheleute erklärte Genehmigung des Verkaufs eines gemeinsamen spanischen Grundstücks durch einen Dritten bezog; Hausmann in Reithmann/Martiny IntVertragsR Rn. 6.436; Erman/Stürner Rn. 29; Soergel/Lüderitz Anh. Art. 10 Rn. 101, 90; aA Leible IPRax 1998, 257 (258) mwN; Schäfer IPRax 1996, 189 (190)). Deshalb kann auch die Vollmacht zur „Verwaltung" eines Grundstücks nicht mehr der lex rei sitae unterstellt werden (so aber OLG Frankfurt IPRspr. 1962/63 Nr. 164; Kropholler IPR § 41 I 2 d).

47 **g) Begriffsbestimmungen. aa) Die Bestimmung des gewöhnlichen Aufenthaltsorts des Vertreters oder des Prinzipals (Abs. 8).** Die Anknüpfungen nach Abs. 2, Abs. 3 und Abs. 5 S. 3 erfordern die Feststellung des gewöhnlichen Aufenthalts des Vertreters oder seines Prinzipals. Abs. 8 verweist zur **Begriffsbestimmung auf Art. 19 Rom I-VO** mit der Maßgabe, dass an die Stelle des dort als maßgeblich genannten Zeitpunkts des Vertragsschlusses derjenige der Vollmachtsausübung tritt (Abs. 8 S. 1). Nach Art. 19 Abs. 1 Rom I-VO ist der Ort des gewöhnlichen Aufenthalts von **Gesellschaften und juristischen Personen** im Allgemeinen der Ort ihrer Hauptverwaltung (= **effektiver Verwaltungssitz**). Ist der als Unternehmer agierende Vertreter im Fall des Abs. 2 von einer **eigenen Zweigniederlassung** aus tätig, oder ist im Rahmen der Anknüpfungen nach Abs. 3 und 5 S. 3 das Vertretergeschäft einer **Zweigniederlassung des Prinzipals** zuzuordnen, führt der Verweis auf Art. 19 Rom I-VO nach dessen Abs. 2 zur Anwendung des am Ort dieser Zweigniederlassung geltenden Rechts. Abs. 8 S. 2 fügt die Bedingung hinzu, dass letzteres nur gelten soll, wenn dieser Ort **für den Dritten erkennbar** war, andernfalls verbleibt es bei der Anknüpfung an den Ort der Hauptverwaltung (Begr. RegE, BR-Drs. 653/16, 26). Man wird nach der ratio (Verkehrsschutz) hinzufügen müssen, dass auch die Beziehung dieses Ortes zum Vertretergeschäft, also dessen Zuordnung zur Zweigniederlassung, für den Dritten erkennbar gewesen sein muss. Zum Begriff der Erkennbarkeit → Rn. 41. Für Abs. 2 und 3 erscheint diese Hürde sinnvoll, weil damit das Vertrauen des Dritten in die Anwendbarkeit des Rechts der für ihn erkennbaren Hauptverwaltung geschützt wird. Abs. 5 S. 3 greift als Auffangregel aber gerade auch dann ein, wenn die Hauptverwaltung des Prinzipals für den Dritten nicht ersichtlich war, weshalb Vertrauensschutz als Argument hier nicht greift.

48 Der gewöhnliche Aufenthaltsort einer **natürlichen Person,** die im Rahmen der Ausübung ihrer beruflichen Tätigkeit handelt, ist nach Art. 19 Abs. 1 S. 2 Rom I-VO der Ort ihrer **Hauptniederlassung,** was sich mit dem Ort übersetzen lässt, an dem sie ebendiese **berufliche Tätigkeit hauptsächlich ausübt.**

49 Weitere Details zu Art. 19 Rom I-VO → VO (EG) 593/2008 Art. 19 Rn. 1 ff.

50 Der **gewöhnliche Aufenthalt einer privat handelnden natürlichen Person,** wie er etwa nach Abs. 5 S. 3 Bedeutung erlangen kann, ist in Art. 19 Rom I-VO nicht geregelt, hier kommt es nach den allgemeinen Regeln darauf an, wo die betreffende Person ihren **Lebensmittelpunkt** hat (→ Art. 5 Rn. 16).

51 Dem gewöhnlichen Aufenthalt des Arbeitgebers (Abs. 3) gleich steht für die Vertretungsmacht des **Schiffskapitäns** das **Recht der Flagge** seines Schiffes (wohl allgM; statt aller Grüneberg/Thorn Rn. 3).

52 **bb) Bestimmung des Gebrauchsortes.** Im Folgenden wird der tatsächliche Gebrauchsort näher dargestellt; geht es um den intendierten Gebrauchsort (Abs. 5 S. 2), muss nicht der reale Vorgang, sondern die Vorstellung des Prinzipals zugrunde gelegt werden.

53 Der Gebrauchsort einer Vollmacht ist der Ort, an dem der Vertreter seine rechtsgeschäftliche Erklärung gegenüber dem Dritten **abgibt** (allgM), also der Ort, wo er seine mündliche Erklärung äußert oder seine schriftliche Erklärung auf den Weg bringt (vgl. OLG Frankfurt IPRspr. 1968/69 Nr. 21) oder von dem aus er telefoniert (OLG Saarbrücken IPRspr. 1968/69 Nr. 19a), ein Fax, eine E-Mail (näher → VO (EG) 593/2008 Art. 11 Rn. 48 mwN) oder eine Nachricht über einen Messenger-Dienst (WhatsApp oÄ) abschickt etc. Bei Nutzung des Internets geht es also um den „Ort des Einspeisens" (Spickhoff RabelsZ 80 (2016), 481 (516)). Der Ort des Zugangs seiner Willenserklärung oder der Ort, an dem er seine Vollmacht dem Dritten gegenüber nachweist, sind unbeachtlich (Hausmann in Reithmann/Martiny IntVertragsR Rn. 6.423). Bei der Prüfung der **Genehmigung vollmachtlosen Handelns** (→ Rn. 26) und der Vertretungsmacht

kraft Rechtsscheins (→ Rn. 56) gilt diese Anknüpfung an den Ort der Vertretererklärung ebenso, auch wenn man hier von einem „Gebrauchsort der Vollmacht" nur schwer sprechen kann.

Wird von einer (General- oder Dauer-)**Vollmacht für mehrere Geschäfte an unterschiedlichen Orten Gebrauch** gemacht, so gilt für jedes vom Vertreter abgeschlossene Geschäft ein anderes Vollmachtsstatut (BGH IPRspr. 1958/59 Nr. 38: Dauervollmacht für die Durchsetzung von Erbrechten in verschiedenen Staaten (nur) im Hinblick auf die Wirkungen in Deutschland dem deutschen Recht unterworfen; v. Caemmerer RabelsZ 24 (1959), 201 (207); anders Art. 8 Abs. 3 EGBGB-E (→ Rn. 2): Der „gewöhnliche" Gebrauchsort ist maßgeblich), sofern nicht die in → Rn. 38 f. dargestellte vorrangige Anknüpfung an den Ort der Niederlassung oder verwandte Einheitskriterien greifen. 54

## VII. Form der Vollmacht

Welche Formvorschriften bei der Vollmachtserteilung zu beachten sind, beurteilt sich nach Art. 11 (allgM), dh auch bei der Bevollmächtigung zum Abschluss von Schuldverträgen nicht nach Art. 11 Rom I-VO, weil (auch) Formfragen im Zusammenhang mit Vollmachten aus deren Anwendungsbereich ausgeschlossen sind (Art. 1 Abs. 2 lit. g Rom I-VO). Nach Art. 11 Abs. 1 genügt alternativ die Einhaltung der Form des am Ort der Vollmachterteilung geltenden Rechts oder des Vollmachtsstatuts (OLG Stuttgart DNotZ 1981, 746 (747) = MDR 1981, 405; Grüneberg/Thorn Rn. 6). Dies gilt auch für die Form der Auflassungsvollmacht; die zwingende Anknüpfung des Art. 11 Abs. 5 aF = Art. 11 Abs. 4 nF an die lex rei sitae greift selbst bei einer unwiderruflichen Vollmacht nicht ein (→ VO (EG) 593/2008 Art. 11 Rn. 70) (str., OLG Stuttgart DNotZ 1981, 746 (747) = MDR 1981, 405). Ebenso berührt Art. 11 Abs. 4 aF = Art. 11 Abs. 5 Rom I-VO die Vollmacht für schuldrechtliche Grundstücksgeschäfte nicht (str., Hausmann in Reithmann/Martiny IntVertragsR Rn. 6.456; aA Staudinger/Mansel, 2015, Art. 43 Rn. 1100 ff.; ebenso noch MüKoBGB/Spellenberg, 6. Aufl. 2015, Vor Art. 11 Rn. 162; nunmehr unklar MüKoBGB/Spellenberg Rn. 63). Eine davon zu unterscheidende Frage ist die Art und Weise des Vertretungsmachtnachweises gegenüber dem (deutschen) Grundbuchamt (dazu BGH NZG 2017, 101 = NZFam 2017, 91 (Keßler)). 55

## VIII. Rechtsschein einer Vollmacht

Steht nach dem anhand der obigen Regeln ermittelten Recht fest, dass der Vertreter ohne wirksame Vollmacht gehandelt und der Vertretene das Geschäft auch nicht genehmigt hat, stellt sich die Frage, ob der Vertreter den letzteren dennoch kraft des diesem zurechenbaren Rechtsscheins einer Bevollmächtigung binden konnte (zum Rechtsschein einer organschaftlichen Vertretungsmacht → Art. 12 Rn. 46). Aus deutscher Sicht geht es hier vor allem um den internationalen Anwendungsbereich der Grundsätze über die **Anscheins- und Duldungsvollmacht.** Schon die verschwimmende Grenze zwischen Duldungsvollmacht und konkludent erteilter Vollmacht zeigt, dass es wenig Sinn macht, über die Vertretungsmacht kraft Rechtsschein ein anderes Recht als über die tatsächliche Bevollmächtigung entscheiden zu lassen. Nach **hM** vor Inkrafttreten des Art. 8 waren deshalb „Rechtsscheinvollmachten" nach dem Recht zu beurteilen, dem in der konkreten Situation auch eine tatsächliche Bevollmächtigung unterworfen wäre, also nach dem (hypothetischen) **Vollmachtsstatut** (OLG Frankfurt IPRspr. 1968/69 Nr. 21; OLG Saarbrücken IPRspr. 1968/69 Nr. 19a; aus der Lit. zB Kropholler IPR § 41 I 3; Hausmann in Reithmann/Martiny IntVertragsR Rn. 6.467; Leible IPRax 1998, 257 (260); Heinz, Das Vollmachtsstatut, 2011, 23 ff.; aA – Vertragsstatut – indes Bach IPRax 2011, 116, die sich wegen der autonomen außervertraglichen Einordnung von Duldungs- und Anscheinsvollmacht für die Anwendung der Rom II-VO ausspricht und dabei konkret Art. 12 (Anknüpfung bei c.i.c.) heranziehen möchte). Der BGH hat demgegenüber in einer älteren Entscheidung auf den Ort abgestellt, **„an dem der Rechtsschein entstanden ist und sich ausgewirkt hat"** (BGHZ 43, 21 (27) = NJW 1965, 487; ohne weitere Erläuterung wiederholt in BGH NJW 2007, 1529 (1530); ihm folgend etwa OLG Karlsruhe IPRax 1987, 237 (239); krit. zum BGH Kropholler NJW 1965, 1641), ohne diese enigmatische Formel näher zu erläutern. Im konkreten Fall sollte sie in Abgrenzung zu einer anderen BGH-Entscheidung zur tatsächlichen Bevollmächtigung (BGH LM Art. 11 Nr. 2) rechtfertigen, warum die Anscheinsvollmacht der Mitarbeiter einer osteuropäischen Außenhandelsvertretung in Deutschland für Außenhandelsunternehmen ihres Landes nicht an den „Ort der Bevollmächtigung oder die Staatsangehörigkeit oder das Domizil des Vollmachtgebers" (BGHZ 43, 21 (27) = NJW 1965, 487) angeknüpft werden könne, sondern dem deutschen Recht am Sitz der Vertretung unterliege. Dies deckt sich aber mit der damals herrschenden Anknüpfung der 56 tatsächlichen Vollmacht an den Ort der Niederlassung (3. Aufl. 2012, EGBGB Anh. Art. 10 Rn. 103) und stellt deswegen in der Sache keine Abweichung von der auch hier vertretenen hM zur (vollmachts-) akzessorischen Anknüpfung der Rechtsscheinsvollmacht dar (in der Sache wohl ebenso Grüneberg/Thorn Rn. 6; Erman/Stürner Rn. 35, die lediglich verkürzend die Anknüpfung des BGH an den Entstehungs- und Wirkungsort des Rechtsscheins mit der von ihnen zum Grundsatz erhobenen Anknüpfung an den tatsächlichen Gebrauchsort der Vollmacht gleichsetzen; so auch OLG Hamburg NJW-RR 2009, 1717 (1718)). Nur wer den BGH dahingehend interpretieren wollte, dass es auf den Ort ankommen soll, an dem der Dritte „an den Rechtsschein glaubt" (Leible IPRax 1998, 257 (260)) (also regelmäßig dessen Sitz), ist zu einem anderen Ergebnis gekommen (so offenbar OLG Koblenz IPRax 1987, 237 (239): Anscheinsvollmacht eines im Wesentlichen von seinem Büro in Italien aus agierenden, aber für die Beurteilung einer Mängelrüge nach Deutschland gereisten Handelsagenten gegenüber einem in Deutschland ansässigen Kunden nach deutschem Recht beurteilt), das aber schon deshalb nicht zu rechtfertigen ist, weil die Interessenlage der Beteiligten bei tatsächlicher und Rechtsscheinsvollmacht identisch ist und eine differenzierende Anknüpfung nicht verträgt (näher Leible IPRax 1998, 257 (260)).

57 Art. 8 verhält sich zur Rechtsscheinsvollmacht nicht; auch die Gesetzesbegründung verliert dazu kein Wort. Spickhoff rechtfertigt das entsprechende Schweigen im Vorentwurf des Deutschen Rats für IPR (→ Rn. 2) damit, es sei nicht auszuschließen, dass der EuGH, wenn gefragt, der Meinung folgen wird, nach der die Haftung des Prinzipals namentlich wegen Duldungs- und Anscheinsvollmacht unter Art. 12 Abs. 1 Rom II-VO falle, weshalb es nicht am nationalen Gesetzgeber sei, diese Frage anzusprechen (Spickhoff RabelsZ 80 (2016), 481 (524); zust. Rademacher IPRax 2017, 56 (57)). Das überzeugt nicht, denn bei der Rechtsscheinsvollmacht geht es in erster Linie nicht um die außervertragliche (c.i.c.-)Haftung des Prinzipals für das Handeln des falsus procurator, sondern um das auf seine vertragliche Bindung durch diesen trotz fehlender Vollmacht anzuwendende Recht. Diese Frage aber beantwortet die Rom II-VO nicht. Im Ergebnis behalten also wegen des Schweigens des deutschen Gesetzgebers die oben (→ Rn. 56) dargestellten Grundsätze ihre Gültigkeit, ohne dass es auf den EuGH ankäme. Um den Gleichlauf mit der Vollmachtanknüpfung zu gewährleisten, sind bei allfälligen Differenzen aber nicht mehr die alten ungeschriebenen Grundsätze anzuwenden, sondern die Anknüpfungsregeln des Art. 8 (Erman/Stürner Rn. 35; jurisPK-BGB/Wiedemann Rn. 16 ff.; MüKoBGB/Spellenberg Rn. 156).

58 Zum Schutz des Vertretenen vor einer unangemessenen Bindung über eine Rechtsscheinvollmacht über Art. 10 Abs. 2 Rom I-VO analog → Rn. 59.

## IX. Vertrauensschutz des Vertretenen

59 **1. Rechtsscheinvollmacht.** Der Vertretene kann sich nach hM jedenfalls gegenüber einer auf das objektive Vollmachtsstatut gestützten Rechtsscheinvollmacht **entspr. Art. 10 Abs. 2 Rom I-VO** auf das an seinem Sitz oder gewöhnlichen Aufenthaltsort geltende Recht berufen, wenn nach diesem eine Rechtsscheinhaftung in der konkreten Situation nicht gegeben ist und er mit der Anwendung eines anderen Rechts nicht rechnen musste (Reithmann in Reithmann/Martiny IntVertragsR Rn. 6.471; Grüneberg/Thorn Rn. 6; Soergel/Lüderitz Anh. Art. 10 Rn. 107; aA Erman/Stürner Rn. 35). Wann letzteres der Fall ist, ist allerdings bislang unklar geblieben. Ausgeschlossen erscheint ein erfolgreicher „Rückzug" des Vertretenen auf sein eigenes Recht bei Vertretern, die mit seinem Willen von einer ausländischen Niederlassung aus tätig werden (→ Rn. 38, → Rn. 47). Aber auch bei Gelegenheitsvertretern (→ Rn. 42) dürfte der Vertretene die Folgen für die Rechtsanwendung zu tragen haben, wenn er jedenfalls der Tätigkeit der als Vertreter aufgetretenen Person (irgendwo) im Ausland zugestimmt hat (vgl. OLG Hamburg NJW-RR 2009, 1717 (1718)).

60 **2. Tatsächliche Vollmacht.** Ob der Vertretene gegen seine vertragliche Verpflichtung durch einen tatsächlich mit Vollmacht ausgestatteten Vertreter einwenden kann, diese Vollmacht sei nach „seinem" Recht iSd Art. 10 Abs. 2 Rom I-VO nicht wirksam oder decke ihrem Umfang nach das konkrete Geschäft nicht, ist innerhalb der hM nicht geklärt. Es ist jedoch nicht ersichtlich, warum diese Fallgruppe anders als die Rechtsscheinvollmacht (→ Rn. 59) zu behandeln wäre.

### Art. 9 Todeserklärung

**[1]Die Todeserklärung, die Feststellung des Todes und des Todeszeitpunkts sowie Lebens- und Todesvermutungen unterliegen dem Recht des Staates, dem der Verschol-**

**lene in dem letzten Zeitpunkt angehörte, in dem er nach den vorhandenen Nachrichten noch gelebt hat. [2]War der Verschollene in diesem Zeitpunkt Angehöriger eines fremden Staates, so kann er nach deutschem Recht für tot erklärt werden, wenn hierfür ein berechtigtes Interesse besteht.**

## I. Normzweck, Allgemeines

Der Tod einer natürlichen Person beendet nicht nur ihre Rechtsfähigkeit, sondern hat darüber hinaus vielfache Auswirkungen zB im Familien- und Erbrecht. Es besteht deshalb ein Interesse daran, die faktische Ungewissheit darüber, ob ein Mensch noch lebt oder bereits gestorben ist, zumindest für rechtliche Zwecke beseitigen zu können. Die hierbei von den Rechtsordnungen der Welt eingesetzten Instrumente und ihre Ausgestaltung im Detail weichen stark voneinander ab, womit die Notwendigkeit einer kollisionsrechtlichen Entscheidung darüber, welches Recht im konkreten Fall entscheiden soll, offensichtlich wird (rechtsvergleichender Überblick bei Staudinger/Althammer, 2019, Rn. 11 ff.). Im Kontrast zum deutschen Recht, wie es im Verschollenheitsgesetz (VerschG, Neubek. BGBl. 1951 I 63) geregelt ist, steht beispielsweise das anglo-amerikanische, das eine allgemeinverbindliche behördliche oder gerichtliche Todesfeststellung nicht kennt, sondern allein mit Todesvermutungen arbeitet, deren Voraussetzungen in jedem Verfahren neu bewiesen werden müssen (vgl. zu England Ferid/Firsching/Hausmann/Lichtenberger/Henrich Länderteil Großbritannien Rn. 102; Staudinger/Althammer, 2019, Rn. 20; zu den USA Ferid/Firsching/Hausmann/Firsching Länderteil USA Rn. 96). 1

Wie die Grundsatzanknüpfung für die Rechtsfähigkeit in Art. 7 nahe legt, beruft Art. 9 S. 1 für die oben angesprochenen Fragen das nach der **Staatsangehörigkeit** zu bestimmende **Heimatrecht des Verschollenen** (Personalstatut) im letzten bekannten Lebenszeitpunkt. Art. 9 S. 2 eröffnet bei **Ausländern** subsidiär die Möglichkeit einer Todeserklärung nach **deutschem Recht,** soweit hierfür ein berechtigtes Interesse streitet. 2

## II. Europäisches Recht, Staatsverträge

Art. 32 EuErbVO enthält eine in seinem Anwendungsbereich vorrangige Spezialregel zur sachrechtlichen Angleichung im Falle divergierender oder fehlender Todesvermutungen (→ Rn. 9). Das CIEC-Übereinkommen Nr. 10 über die Feststellung gewisser Todesfälle (vgl. www.personenstandsrecht.de/Webs/PERS/DE/uebereinkommen/_documents/ciec/ue10.html, zuletzt abgerufen am 25.4.2022) vom 18.9.1966 ist für Deutschland nicht in Kraft getreten. Es hat iÜ im Wesentlichen verfahrens- und keinen kollisionsrechtlichen Inhalt (Kegel/Schurig IPR § 17 I f dd bbb). 3

## III. Probleme des Allgemeinen Teils

Zur Anknüpfung bei Doppel- oder **Mehrstaatern,** Staatenlosen und Flüchtlingen vgl. Art. 5; zur Verweisung auf Staaten mit mehreren Teilrechtsordnungen Art. 4 Abs. 3. Eine eventuelle **Rück- oder Weiterverweisung** (Renvoi) durch das von Art. 9 S. 1 berufene Recht ist nach Art. 4 Abs. 1 S. 1 Hs. 1 zu beachten (allgM). Dabei ist besondere Vorsicht insoweit geboten, als sich ein Renvoi auch aus einer unterschiedlichen Einordnung des Problems im Kollisionsrecht des betreffenden Landes ergeben kann: Existiert keine allgemeine Regel, sondern wird das Problem jeweils als spezielle Facette des „eigentlich" interessierenden Hauptproblems, also etwa der Eheauflösung, des Sorgerechts bei einem verschollenen Elternteil oder der Beerbung zweier bei einem Ereignis umgekommener Personen behandelt, so liegt darin eine Verweisung auf das jeweilige Wirkungsstatut (Eheauflösungs-, Scheidungsstatut, Eltern-Kind-Statut, Erbstatut etc) aus der Sicht dieses Staates, der zu folgen ist (anders MüKoBGB/Birk, 5. Aufl. 2010, Rn. 11: Verweisung geht ins Leere, weshalb das aus deutscher Sicht zu bestimmende Wirkungsstatut zur Anwendung gelangt; so wie hier MüKoBGB/Lipp Rn. 13 f.). 4

## IV. Anwendungsbereich

**1. Allgemeines.** Das von Art. 9 berufene Recht regelt Voraussetzungen und Inhalt der im Folgenden iE genannten behördlichen Maßnahmen (Todeserklärung etc) sowie die aus ihnen folgenden oder isoliert kraft Gesetzes eintretenden Lebens- oder Todesvermutungen. Welche Konsequenzen daraus wiederum für Rechtsbeziehungen des Verschollenen (Ehe, Verträge) oder dessen Beerbung folgen, unterliegt hingegen der Beurteilung durch das jeweilige **Wirkungsstatut,** 5 also Eheauflösungsstatut analog Art. 5 ff. Rom III-VO (MüKoBGB/Winkler v. Mohrenfels Rom III-VO Art. 1 Rn. 17), Vertragsstatut, Erbstatut (Erman/Stürner Rn. 3; zumindest ungenau daher BayObLG FamRZ 1998, 443, das aus „Art. 9 iVm Art. 47 Gesetz über die Familie vom 29.5.1979 für Bosnien-Herzegowina" schloss, dass die Ehe zwischen zwei bosnischen Staatsangehörigen mangels Todeserklärung der verschollenen Ehefrau als fortbestehend anzusehen sei).

6 **2. Anwendungsbereich im Einzelnen. a) Todeserklärung, Verschollenheitserklärung.** Art. 9 erfasst in seiner ersten Variante zunächst **gerichtliche Beschlüsse** mit dem Inhalt einer Todeserklärung iSd §§ 2, 23 VerschG. Er ist darauf aber nicht beschränkt, sondern darüber hinaus auf alle funktionsäquivalenten behördlichen Erklärungen ausländischer Rechte anwendbar, mit denen eine rechtlich bindende Aussage über die Verschollenheit oder den Tod einer Person und der daraus abzuleitenden allgemeinen Folgen gemacht wird (Erman/Stürner Rn. 4). Erfasst sind damit auch **Verschollenheits- und Abwesenheitserklärungen** nach ausländischem Recht (MüKoBGB/Lipp Rn. 20). **Nicht,** jedenfalls nicht unmittelbar, unter Art. 9 fallen hingegen **öffentlich-rechtliche Sonderregeln** des deutschen Entschädigungs-, Versorgungs- und Sozialversicherungsrechts für Verschollenheitsfragen (§ 180 BEG, § 52 BVG, § 63 Abs. 4 SGB VII). Ihr räumlich-persönlicher Anwendungsbereich ist diesen Normen grds. selbst zu entnehmen. Soweit diese allerdings auf das VerschG verweisen, welches früher im aufgehobenen § 12 VerschG aF auch eine kollisionsrechtliche Regelung enthielt, dürfte damit auch der jetzige Art. 9 erfasst und entspr. heranzuziehen sein (MüKoBGB/Lipp Rn. 13 f.).

7 **b) Feststellung des Todes und des Todeszeitpunkts.** Ist der Tod einer Person gewiss, nicht aber der Todeszeitpunkt, kommt eine isolierte Feststellung des Todeszeitpunktes in Betracht (zum deutschen Recht vgl. § 39 VerschG).

8 **c) Lebens- und Todesvermutung.** Das **Heimatrecht des Betroffenen** entscheidet ebenfalls **über Voraussetzungen und Wirkung** von Lebens- und Todesvermutungen, wie sie sich bei deutschem Personalstatut beispielsweise aus §§ 9–11 VerschG ergeben, unabhängig davon, ob diese Vermutungen eine Todes- oder Verschollenheitserklärung voraussetzen oder nicht, letzteres zB bei § 10 VerschG oder allgemein im anglo-amerikanischen Rechtskreis (MüKoBGB/Lipp Rn. 57). Versterben mehrere Personen bei einem Ereignis, zB einem Unfall, ohne dass der jeweilige genaue Todeszeitpunkt feststeht, muss etwa für erbrechtliche Fragen festgelegt werden, ob die eine Person die andere zumindest kurzfristig überlebt hat (und deswegen beerben konnte) oder beide als gleichzeitig Verstorbene zu gelten haben **(Kommorientenvermutung);** die Lösungen in den einzelnen Rechtsordnungen sind insoweit sehr unterschiedlich (rechtsvergleichender Überblick bei Jayme/Haack ZVglRWiss 84 (1985), 80 (82 ff.)). Haben die Verstorbenen **verschiedene Heimatrechte** und **widersprechen** sich deren Vermutungen, so entsteht ein Konflikt, der nach richtiger Ansicht dadurch zu lösen ist, dass man hilfsweise im Wege der **kollisionsrechtlichen Angleichung** (zum Begriff → EinlIPR Rn. 95) für beide Personen das Recht heranzieht, das über die zwischen ihnen bestehenden familienrechtlichen Beziehungen entscheidet (allgemeines Ehewirkungsstatut bei Ehegatten, Eltern-Kind-Beziehung in sonstigen Fällen); str. (Jayme/Haack ZVglRWiss 84 (1985), 80 (96); Staudinger/Althammer Rn. 61; grds. aA Dörner IPRax 1994, 362 (365); ihm folgend → Art. 25 Rn. 24 (Lorenz) und nun auch MüKoBGB/Lipp Rn. 64: Die Folgen unterschiedlicher Vermutungsregeln seien bei jeweils gesonderter Prüfung der Erbfolge nach den Kommorienten hinzunehmen, solange nicht ein logischer („Sein")-Widerspruch iS Kegels (Kegel/Schurig IPR § 8 II 1) entstehe. Letzteres sei nur dann der Fall, wenn jedes Personalstatut jeweils das Überleben „seines" Angehörigen vermutet. (Nur) diese Konstellation sei mittels Angleichung, nämlich durch Rückgriff auf die materielle Lösung des § 11 VerschG (Vermutung des gleichzeitigen Versterbens), zu lösen). Wenn eine solche familienrechtliche Beziehung nicht besteht, ist äußerst hilfsweise auf das Recht zurückzugreifen, zu dem die Kommorienten in sonstiger Weise eine gemeinsame enge Beziehung (zB gemeinsamer gewöhnlicher Aufenthalt) aufweisen (Erman/Hohloch, 13. Aufl. 2011, Rn. 14; aA MüKoBGB/Birk, 5. Aufl. 2010, Rn. 47: bei unterschiedlichem Personalstatut der Kommorienten soll das Recht maßgeblich sein, dem die zu lösende Hauptfrage unterworfen ist, also idR das Erbstatut, wenn es um die Erbfähigkeit geht; hilfsweise – wenn auch das Erbstatut unterschiedlich ist – soll die Lösung des deutschen materiellen Rechts, Vermutung des gleichzeitigen Todes – gelten). Für die rechtspolitisch bedenkenswerte Auffassung von Birk, dass die Vermutungen des Personalstatuts im Rahmen erbrechtlicher Fragen nur subsidiär zu etwaig vorhandenen Vermutungen des Erbstatuts gelten sollen (MüKoBGB/Birk, 5. Aufl. 2010, Rn. 47), gab es im deutschen Kollisionsrecht keine Stütze (anders deshalb jetzt auch MüKoBGB/Lipp Rn. 64).

Für die Erbfolge nach Personen, die am 17.8.2015 oder später verstorben sind, hat der Streit wegen des **vorrangigen Art. 32 EuErbVO** viel von seiner Relevanz eingebüßt. Das Problem konfligierender Kommorientenvermutungen wird in Art. 32 EuErbVO für erbrechtliche Sachverhalte dergestalt geregelt, dass bei unaufklärbarer Reihenfolge des Versterbens zweier Personen mit unterschiedlichem Erbstatut und uneinheitlicher Regelung der Todesvermutungen diese einander nicht beerben können. Hauptzweck der Norm ist, die materielle Vorgehensweise in Bezug auf die Kommorientenproblematik zu vereinheitlichen (BeckOGK/Schmidt EuErbVO Art. 32 Rn. 3). Es handelt sich damit primär um eine Sachnorm (BeckOGK/Schmidt EuErbVO Art. 32 Rn. 1; Erman/Stürner EuErbVO Art. 32 Rn. 1; MüKoBGB/Dutta EuErbVO Art. 32 Rn. 7; Grüneberg/Thorn EuErbVO Art. 32 Rn. 1: „versteckte" Sachnorm). In ihr steckt aber eine zusätzliche kollisionsrechtliche Aussage. Denn die **Kommorientenvermutung wird implizit dem Erbstatut unterstellt** (so ausdrücklich jurisPK-BGB/Ludwig EuErbVO Art. 32 Rn. 4; Geimer/Schütze/Odersky EuErbVO Art. 32 Rn. 2; Staudinger/Althammer Rn. 61a; dies unausgesprochen voraussetzend BeckOGK/Schmidt EuErbVO Art. 32 Rn. 8 ff.; MüKoBGB/Dutta EuErbVO Art. 32 Rn. 1 ff.; anders Dutta/Weber/Weber EuErbVO Art. 32 Rn. 11; Grüneberg/Thorn EuErbVO Art. 32 Rn. 2: unselbstständig anzuknüpfende Vorfrage; NK-BGB/Looschelders EuErbVO Art. 32 Rn. 4 f.: selbstständig anzuknüpfende Vorfrage). Die Norm spricht davon, dass „diese Rechte" (gemeint sind die Erbstatute) „diesen Sachverhalt" (gemeint ist die ungeklärte Todesreihenfolge) unterschiedlich oder gar nicht regeln. Damit unvereinbar wäre, die Kommorientenvermutung trotzdem weiter einer anderen Kollisionsnorm zu unterstellen und (in Deutschland über Art. 9) an die Staatsangehörigkeit anzuknüpfen. Zudem würde auf diese Weise das Problem geschaffen, wie mit dem Fall umzugehen ist, dass die beiden Verstorbenen zwar das gleiche Erbstatut haben, aber unterschiedliche Personalstatute, die die unklare Todesreihenfolge unterschiedlich behandeln. Wer hier mit einer entsprechenden Anwendung von Art. 32 EuErbVO helfen will (so etwa Dutta/Weber/Weber EuErbVO Art. 32 Rn. 11; NK-BGB/Looschelders EuErbVO Art. 32 Rn. 5), muss eine planwidrige Gesetzeslücke behaupten und würde damit verkennen, dass Art. 32 EuErbVO das Tatbestandsmerkmal der unterschiedlichen Erbstatute nicht zufällig oder irrtümlich enthält, sondern weil dies als Voraussetzung dafür angesehen wird, dass es zu unterschiedlichen Kommorientenregelungen kommen kann. Der hier vertretenen Auffassung steht schließlich auch Art. 1 Abs. 2 lit c EuErbVO nicht entgegen, der Todesvermutungen aus dem Anwendungsbereich der EuErbVO ausschließt. Im Lichte von Art. 32 EuErbVO kann und muss Art. 1 Abs. 2 lit. c dahingehend ausgelegt werden, dass nur **isolierte Vermutungen in Bezug auf den Erblasser allein** von der EuErbVO ausgenommen sind, nicht aber Vermutungen hinsichtlich der Reihenfolge von Todesfällen zweier oder mehrerer Personen (jurisPK-BGB/Ludwig Rn. 5; ebenso BeckOGK/Schmidt Art. 32 EuErbVO Rn. 3; Erman/Stürner Rn. 10, Art. 32 EuErbVO Rn. 4; Grüneberg/Thorn Rn. 2). Es bleibt folglich als Ergebnis zu konstatieren, dass Art. 32 EuErbVO die Kommorientenvermutung für erbrechtliche Fragen den Erbstatuten der betroffenen Personen unterstellt und für den Fall der unterschiedlichen Behandlung durch diese eine materiellrechtliche Regelung trifft, die inhaltlich der des deutschen Sachrechts (§ 11 VerschG) entspricht. 9

Art. 9 S. 1 EGBGB und § 11 VerschG sind aufgrund der Sperrwirkung der Verordnungsregelung (vgl. Calliess/Ruffert/Ruffert AEUV Art. 288 Rn. 21) nur noch in den (praktisch wohl sehr seltenen) Fällen anwendbar, in denen die Kommorientenvermutung außerhalb einer erbrechtlichen Fragestellung iSd EuErbVO eine Rolle spielt. 10

## V. Art. 9 S. 2

In Abweichung von der Regelanknüpfung des Art. 9 S. 1 eröffnet Art. 9 S. 2 deutschen Gerichten die Möglichkeit, im Rahmen ihrer internationalen Zuständigkeit (→ Rn. 15) eine Person mit ausländischem Personalstatut nach deutschem Recht für tot zu erklären, soweit hierfür ein „berechtigtes Interesse" gegeben ist. Es entscheiden die Umstände des Einzelfalls (allgM). Ein „berechtigtes Interesse" wird im Regelfall (nur) dann gegeben sein, wenn (1) im nach Art. 9 S. 1 vorrangig berufenen Heimatrecht des Verschollenen ein der Todeserklärung vergleichbares Instrument fehlt oder dieses im konkreten Fall versagt, oder der Inhalt des anwendbaren ausländischen Rechts trotz der nach § 293 ZPO erforderlichen Anstrengungen des Gerichts insoweit nicht aufgeklärt werden kann, **und** (2) in der Sache ein so **starker Inlandsbezug** besteht, dass es nicht gerechtfertigt erscheint, sich mit den sonstigen rechtlichen Möglichkeiten des Heimatrechts (etwa Todesvermutung nach einem uU längeren Zeitraum) oder dem Fortbestehen der Ungewissheit zu begnügen. Der bloße letzte gewöhnliche Aufenthalt des Verschollenen im Inland wird dafür regelmäßig nicht ausreichen, weil dies nichts dazu aussagt, ob ein berechtigtes Interesse anderer 11 daran besteht, mittels der hilfsweisen Anwendung deutschen Rechts rechtliche Gewissheit über sein Ableben zu erhalten. Ein solches Interesse ist jedoch zu bejahen, wenn überlebende Personen mit gewöhnlichem Aufenthalt in Deutschland (etwa hinsichtlich ihrer Ehe oder ihres Personenstandes) betroffen sind und/oder zur Klärung in Deutschland zu verortender offener Rechtsfragen (zB hinsichtlich eines hier weiterzuführenden Unternehmens, der Durchsetzung von inländischen Rentenansprüchen von Hinterbliebenen) die Todeserklärung notwendig ist; allgemein also, wenn ohne die letztere der **inländische Rechtsverkehr** beeinträchtigt würde (vgl. mit unterschiedlichen Akzentuierungen MüKoBGB/Lipp Rn. 31; Staudinger/Althammer Rn. 64; Erman/Stürner Rn. 6: berechtigtes Interesse „regelmäßig" bereits allein durch die Voraussetzung oben (1) begründet). In der Begründung des RegE zum IPR-Reformgesetz von 1986 wird hingegen die Auffassung vertreten, auch nach Art. 9 S. 2 liege ein berechtigtes Interesse **stets** (also auch ohne die Voraussetzung oben (1)) in den im aufgehobenen § 12 Abs. 2–4 VerschG aF genannten Fällen vor (BT-Drs. 10/504, 46); die Lit. stimmt dem weitgehend zu (Soergel/Kegel Rn. 10; v. Bar IPR BT, 1. Aufl. 1991, Rn. 19; Kropholler IPR § 42 III 1; v. Hoffmann/Thorn IPR § 7 Rn. 5; in der Sache wohl auch NK-BGB/Schulze Rn. 3; Grüneberg/Thorn Rn. 3; BeckOGK/Goette Rn. 23 f.). Dem ist jedenfalls für § 12 Abs. 2 und 3 VerschG aF schon deshalb **nicht zu folgen,** weil nicht ersichtlich ist, inwieweit die dort genannten Umstände (im Inland belegene Vermögenswerte; materiell dem **deutschen Recht** unterliegende Rechtsbeziehungen des Verschollenen; inländischer Wohnsitz und deutsche Staatsangehörigkeit des überlebenden Ehegatten) für sich genommen die Antwort auf die Frage nach dem auf die **Todeserklärung anwendbaren Recht** (nicht nach dem „Ob" einer Todeserklärung durch deutsche Gerichte!) beeinflussen können. Und § 12 Abs. 4 VerschG aF hilft ohnehin nicht weiter, weil diese Vorschrift ihrerseits ein dort nicht definiertes „berechtigtes Interesse" voraussetzt (abl. zur „Tradierung" des § 12 Abs. 2–4 VerschG aF auch MüKoBGB/Lipp Rn. 31).

12 Auf **isolierte Feststellungen des Todeszeitpunktes** nach §§ 39 ff. VerschG ist Art. 9 S. 2 analog anwendbar (hM), weil nicht ersichtlich ist, dass der Gesetzgeber durch die enge Formulierung des Art. 9 S. 2 diese Variante bewusst ausschließen wollte (Erman/Stürner Rn. 9; Staudinger/Althammer Rn. 63). Für die Möglichkeit einer Verschollenheitserklärung ist Art. 9 S. 2 ohne Bedeutung, weil diese dem deutschen Recht unbekannt ist.

13 Die einseitige Regelung des Art. 9 S. 2 ist **nicht allseitig auszubauen** (allgM). Es kann daher eine deutsche Behörde nicht einen Deutschen oder einen zu Lebzeiten hier ansässigen Ausländer in Abweichung von dem nach Art. 9 S. 1 berufenen Recht nach einem (anderen) ausländischen Recht unter Hinweis auf ein dafür streitendes Interesse für tot oder verschollen erklären (Soergel/Kegel Rn. 26). Eine dem Art. 9 S. 2 entsprechende Regelung **im ausländischen Recht** kann aber bei der Prüfung einer Rück- oder Weiterverweisung eine Rolle spielen.

## VI. Art. 2 § 1 Abs. 4 S. 1 VerschÄndG

14 Eine den Art. 9 S. 2 ergänzende Sonderregel zur ausnahmsweisen Todeserklärung ausländischer Staatsbürger nach deutschem Recht enthält Art. 2 § 1 Abs. 4 VerschÄndG (BGBl. 1951 I 59; abgedruckt zB bei Soergel/Kegel Vor Art. 9). Der Anwendungsbereich dieser Vorschrift ist jedoch auf Personen beschränkt, die **vor dem 1.7.1948 aus Anlass des Zweiten Weltkriegs** vermisst worden sind. Auf eine Kommentierung wird deshalb hier verzichtet (s. aber näher Soergel/Kegel Rn. 20 ff.).

## VII. Verfahrensfragen

15 **1. Internationale Zuständigkeit deutscher Gerichte.** Die internationale Zuständigkeit deutscher Gerichte für eine Todeserklärung, Feststellung des Todes oder der Todeszeit sowie – wenn sie im anwendbaren Recht vorgesehen ist – die Verschollenheitserklärung ist in § 12 VerschG geregelt. Eine Verschollenheitserklärung nach ausländischem Recht ist als bloßes minus zur Todeserklärung einem deutschen Gericht nicht so fremd, dass Bedenken im Hinblick auf die erforderliche „wesenseigene Zuständigkeit" (allg. Schack IZVR Rn. 620 ff.) entstünden (richtig v. Bar IPR II, 1. Aufl. 1991, Rn. 16; Kegel/Schurig IPR § 17 I 1f bb aaa). § 12 Abs. 1 VerschG eröffnet die internationale Zuständigkeit dann, wenn der Verschollene im letzten sicheren Lebenszeitpunkt **deutscher Staatsangehöriger** war oder **seinen gewöhnlichen Aufenthalt im Inland** hatte. Dies wird ergänzt durch § 12 Abs. 2 VerschG, wonach die internationale Zuständigkeit deutscher Gerichte in Ermangelung dieser Kriterien dann zu bejahen ist, wenn „ein **berechtigtes Interesse** an einer Todeserklärung oder Feststellung der Todeszeit durch sie besteht." Der Begriff des berechtigten Interesses ist hier nicht zwangsweise wie bei Art. 9 S. 2 (→ Rn. 11) auszulegen, weil das

Interesse am Tätigwerden deutscher Gerichte und das Interesse an der Anwendung deutschen Rechts in der Sache nicht notwendig miteinander verknüpft sind; str. (im Ansatz ebenso MüKoBGB/Lipp Rn. 26; Staudinger/Althammer, 2019, Rn. 68; aA etwa v. Bar IPR BT, 1. Aufl. 1991, Rn. 16: § 12 Abs. 2 VerschG meint nur Fälle, in denen über Art. 9 S. 2 materiell deutsches Recht angewandt wird; Kropholler IPR § 42 III 2: Erwägungen zu Art. 9 S. 2 gelten „entspr", soweit für die Zuständigkeit nicht ohnehin § 12 Abs. 1 Nr. 2 VerschG greift). Im Rahmen der Zuständigkeit geht es lediglich darum, ob und unter welchen Umständen es trotz des Umstandes, dass der Verschollene weder deutscher Staatsangehöriger noch in Deutschland ansässig war, nicht zumutbar erscheint, die von der Ungewissheit über den Tod des Verschollenen rechtlich betroffenen Personen auf die Anrufung ausländischer Behörden zu verweisen. Das richtet sich danach, ob trotz der aus deutscher Sicht im Umkehrschluss zu § 12 Abs. 1 VerschG vorrangigen Zuständigkeit der Behörden des ausländischen Heimat- oder Aufenthaltslandes des Verschollenen ein **Fürsorgebedürfnis** für Maßnahmen deutscher Gerichte zu erkennen ist (vgl. Kegel/Schurig IPR § 17 I 1 f bb ccc). Folglich ist erstes Kriterium, ob die Anrufung der genannten ausländischen Behörde für den Antragsteller aus rechtlichen (etwa weil diese Behörde sich aus eigener Sicht nicht für zuständig erachtet oder in der Sache ausländisches Recht anwenden würde, das eine Todes- oder Verschollenheitserklärung nicht kennt) oder tatsächlichen (etwa hohe Kostenhürden, lange Verfahrensdauer oÄ) Gründen **nicht möglich** oder **nicht Erfolg versprechend** ist. Ist dies der Fall, ist in einem zweiten Schritt zu prüfen, ob der Fall einen hinreichenden **Bezug zum inländischen Rechtsverkehr** aufweist, der ein „Einspringen" gerade der deutschen Gerichte rechtfertigt. Hier kann auf die in → Rn. 11 bei (2) entwickelten Kriterien zurückgegriffen werden: Der Bezug ist gegeben, wenn der Antragsteller seinen gewöhnlichen Aufenthalt im Inland hat und/oder die Todeserklärung für im Inland zu lokalisierende Rechtsbeziehungen erforderlich erscheint.

**2. Anerkennung ausländischer Todeserklärungen.** Ausländische Todeserklärungen und verwandte behördliche oder gerichtliche Feststellungen sind unter den Voraussetzungen des **§ 109 FamFG** (zum zeitlichen Anwendungsbereich s. Art. 111 FGG-RG vom 17.12.2008, BGBl. I 2586, 2743) in Deutschland ohne ein förmliches Anerkennungsverfahren (inzidenter) anzuerkennen (allgM). Dabei ist nach § 109 Abs. 1 Nr. 1 FamFG ua die spiegelbildliche internationale Zuständigkeit aus § 12 VerschG (→ Rn. 15) zu prüfen, nicht aber, ob das aus der Sicht des deutschen IPR richtige Recht angewandt wurde (allgM). Unerheblich ist, ob ein deutscher Staatsangehöriger oder ein Ausländer mit letztem gewöhnlichen Aufenthalt in Deutschland betroffen ist, denn aus § 12 Abs. 3 VerschG ergibt sich, dass Deutschland in diesen Fällen keine ausschließliche eigene Zuständigkeit in Anspruch nimmt (v. Bar IPR BT, 1. Aufl. 1991, Rn. 15; vgl. auch BGH FamRZ 1994, 498 mAnm Bosch FamRZ 1994, 499: keine Bedenken gegen die Anerkennung einer polnischen Todeserklärung eines deutschen Staatsangehörigen). Anzuerkennen ist unter den genannten Voraussetzungen auch eine spätere Abänderung der eigenen Todeserklärung (insbes. im Hinblick auf den Todeszeitpunkt) durch die ausländische Behörde (BGH IPRax 1982, 155 mAnm Vékás IPRax 1982, 142, zum alten Recht). Anerkennung bedeutet **Erstreckung der Wirkungen** des ausländischen Hoheitsaktes ins Inland, womit eine anzuerkennende ausländische Todes- oder Verschollenheitserklärung auch in Deutschland – in den Grenzen des ordre public (§ 109 Abs. 1 Nr. 4 FamFG bzw. § 16a Nr. 4 FGG) – diejenigen Wirkungen hat, die ihr nach dem von der ausländischen Behörde angewandten (ausländischen) Recht zukommen (MüKoBGB/Lipp Rn. 37; vgl. auch BGH FamRZ 1994, 498 mAnm Bosch FamRZ 1994, 499: ob aus einer in Polen erfolgten und hier anerkannten Todeserklärung in Deutschland ebenso wie bei einer deutschen Todeserklärung (nur) eine widerlegliche Vermutung des Todes folgt, beurteilt sich nach dem von der polnischen Behörde angewandten materiellen polnischen Recht; BGH IPRax 1982, 155 mAnm Vékás 142, zum alten Recht: bei einer nach ungarischem Recht ergangenen Todeserklärung entscheidet das ungarische Recht darüber, ob die Todeserklärung für Folgeentscheidungen bindend ist oder etwa – zB hinsichtlich des Todeszeitpunkts – der Gegenbeweis zugelassen ist). 16

**3. Inländische Abänderung/Aufhebung ausländischer Todeserklärungen.** Die Abänderung oder Aufhebung einer ausländischen und hier anzuerkennenden Todeserklärung durch ein nach § 12 VerschG international zuständiges deutsches Gericht ist in den vom **deutschen Recht** gesetzten Grenzen (§§ 30, 33a VerschG) möglich; hM (zB MüKoBGB/Lipp Rn. 47; Erman/Hohloch, 15. Aufl. 2017, Rn. 12; iErg auch MüKoBGB/Lipp Rn. 47 f.; vgl. zur Abänderung von ausländischen Titeln der streitigen Gerichtsbarkeit Geimer IZPR Rn. 2653; Schack IZVR Rn. 1184 ff., dort auch eingehende theoretische Erörterung des Problems). Ob zusätzlich zu fordern ist, dass das Recht des Entscheidungsstaates die Abänderung grds. erlaubt, ist nach richtiger Auffassung zwar zu verneinen (MüKoZPO/Gottwald ZPO § 323 Rn. 101; vgl. auch Schack 17

IZVR Rn. 1189, beide zur streitigen Gerichtsbarkeit; aA noch Bumiller/Winkler, 8. Aufl. 2008, FGG § 16a Rn. 9), bedarf allerdings regelmäßig nicht der Entscheidung (offen gelassen wurde diese Frage auch von BGH NJW 1983, 1976 f. zu § 328 ZPO), weil, soweit ersichtlich, sich als falsch herausstellende Todes- und Verschollenheitserklärungen sowie Todeszeitpunktfeststellungen überall nachträglich korrigiert oder aufgehoben werden können.

18 **4. Konkurrierende Todes- oder Verschollenheitsfeststellungen.** Die Konkurrenz widerstreitender Entscheidungen zur Todes- oder Verschollenheitsfeststellung (zu den verschiedenen Möglichkeiten des Widerspruchs zwischen Todesfeststellungen vgl. näher MüKoBGB/Birk, 5. Aufl. 2010, Rn. 39) wird auf der Anerkennungsebene gelöst: Gemäß § 109 Abs. 1 Nr. 3 FamFG **geht die inländische der ausländischen vor** (dh letztere wird nicht anerkannt und entfaltet im Inland keine Wirkungen), bei divergierenden ausländischen Entscheidungen setzt sich **die frühere** durch; allgM (ausführlicher MüKoBGB/Birk, 5. Aufl. 2010, Rn. 39 f.).

## Art. 10 Name

**(1) Der Name einer Person unterliegt dem Recht des Staates, dem die Person angehört.**

**(2) [1]Ehegatten können bei oder nach der Eheschließung gegenüber dem Standesamt ihren künftig zu führenden Namen wählen**
**1. nach dem Recht eines Staates, dem einer der Ehegatten angehört, ungeachtet des Artikels 5 Abs. 1, oder**
**2. nach deutschem Recht, wenn einer von ihnen seinen gewöhnlichen Aufenthalt im Inland hat.**

**[2]Nach der Eheschließung abgegebene Erklärungen müssen öffentlich beglaubigt werden. [3]Für die Auswirkungen der Wahl auf den Namen eines Kindes ist § 1617c des Bürgerlichen Gesetzbuchs sinngemäß anzuwenden.**

**(3) [1]Der Inhaber der Sorge kann gegenüber dem Standesamt bestimmen, daß ein Kind den Familiennamen erhalten soll**
**1. nach dem Recht eines Staates, dem ein Elternteil angehört, ungeachtet des Artikels 5 Abs. 1,**
**2. nach deutschem Recht, wenn ein Elternteil seinen gewöhnlichen Aufenthalt im Inland hat, oder**
**3. nach dem Recht des Staates, dem ein den Namen Erteilender angehört.**

**[2]Nach der Beurkundung der Geburt abgegebene Erklärungen müssen öffentlich beglaubigt werden.**

**Schrifttum:** Bargen, Der Doktorgrad – ein bürgerlicher Adelstitel?, JZ 2017, 726; Benicke/Zimmermann, Internationales Namensrecht im Spannungsfeld zwischen Internationalem Privatrecht, Europäischem Privatrecht, Europäischem Gemeinschaftsrecht und Europäischer Menschenrechtskonvention, IPRax 1995, 144; Coester-Waltjen, Anerkennung im Internationalen Personen-, Familien- und Erbrecht und das Europäische Kollisionsrecht, IPRax 2006, 392; Dutta/Helms/Pintens (Hrsg.), Ein Name in ganz Europa – Vorschläge für ein Internationales Namensrecht der Europäischen Union, 2016; Dutta, Reform des deutschen Namensrecht, 2020; Döring, Ein Vornamensproblem in Europa, JR 2018, 75; Ehlers, Die Behandlung fremdartiger Namen im deutschen Recht, 2016; Gaaz/Bornhofen/Lammers, Personenstandsgesetz, 4. Aufl. 2020; Henrich, Das internationale Namensrecht auf dem Prüfstand des EuGH, FS Heldrich, 2005, 667; Hepting, Das internationale Ehenamensrecht in der Reform, StAZ 1994, 1; Hepting, Das IPR des Kindesnamens nach der Kindschaftsrechtsreform, StAZ 1998, 133; Hepting, Angleichung im internationalen Namensrecht, StAZ 2001, 257; Hepting/Dutta, Familie und Personenstand, 3. Aufl. 2019; Heussler, Nach welchem Recht richtet sich der Familienname von schweizerischen Staatsangehörigen mit Wohnsitz in Deutschland?, StAZ 2017, 44; Kienemund, Neuere Entwicklungen im Namensrecht, NZFam 2017, 1073; Lipp, Namensrecht und Europarecht – Die Entscheidung Grunkin-Paul II und ihre Folgen für das deutsche Namensrecht, StAZ 2009, 1; Rauhmeier, Kann eine türkische Ehefrau die Erklärung zur Führung eines Doppelnamens nach ihrem Heimatrecht wirksam gegenüber dem deutschen Standesamt abgeben?, StAZ 2017, 216; Schünemann, Die Firma im internationalen Rechtsverkehr, 2016; Solomon, Objektive Angleichung nach Eingangsstatutenwechsel, StAZ 2018, 265; Stoll, Die Rechtswahl im Namens-, Ehe- und Erbrecht, 1991; Tarman/Başoğlu, Nationales und internationales Namensrecht der Türkei, StAZ 2017, 33; Thomas, Öffentlich-rechtliche Namensänderungen, StAZ 2010, 33; Wagner, Ausschließliche Umsetzung der namensrechtlichen Rechtsprechung des EuGH durch vereinheitlichtes Kollisionsrecht?, Liber Amicorum Kohler, 2018, 567; Wall, Die konkludente Rechtswahl des Ehenamens nach Art. 10 II EGBGB und des Kindesnamens nach Art. 10 III EGBGB, StAZ 2018, 206.

## Übersicht



## I. Normzweck, Grundsatz

Der Name einer Person ist nicht nur für das Privatrecht und dort insbes. für das Personenstandswesen wichtig, sondern auch für ihre Personal- und Ausweispapiere. Da letztere idR von dem Staat, dem die betreffende Person angehört, auf der Basis des eigenen Rechts ausgestellt werden und eine Diskrepanz zwischen dem **„öffentlich-rechtlichen" und „privatrechtlichen" Namen** nicht wünschenswert erscheint, beruft Art. 10 Abs. 1 für den letzteren Bereich ebenfalls **das Heimatrecht** (vgl. Begr. RegE, BT-Drs. 10/504, 46 f.; krit. zu dieser Begr. Soergel/Schurig Rn. 4). Diese Lösung kann allerdings bei Familien mit Mitgliedern verschiedener Staatsangehörigkeit die Kennzeichnung der Familieneinheit durch einen gemeinsamen Familiennamen oder zwar unterschiedliche, aber nach einheitlichen Regeln gebildete Nachnamen gefährden. Dem tragen die Ausnahmeregelungen in Abs. 2 und 3 Rechnung, indem sie für die **Namensführung von Ehegatten und Kindern eine Rechtswahlmöglichkeit** eröffnen. Art. 47 und Art. 48 ergänzen Art. 10, unglücklich platziert, im Hinblick auf die **Anpassung eines fremdländischen Namens** nach einem Statutenwechsel (→ Rn. 16) zum deutschen Recht und die **„Anerkennung" eines im EU-Ausland abweichend vom deutschen Recht gebildeten Namens** eines deutschen Namensträgers (vgl. zu den Vorteilen, die eine objektive Anknüpfung an den gewöhnlichen Aufenthalt hätte Dutta/Helms/Pintens/de Groot, Ein Name in ganz Europa – Vorschläge für ein Internationales Namensrecht der Europäischen Union, 2016, 41 ff.). 1

Im Rahmen von Art. 10 Abs. 1 spielt die Beurteilung familienrechtlicher Tatbestände für die Bestimmung des Namens eine wichtige Rolle. Von großer Bedeutung ist deshalb hier die gesetzlich nicht geregelte Frage der **Vorfragenanknüpfung** (→ Rn. 11). Der Vorschlag, von der von Art. 10 Abs. 1 angeordneten Anknüpfung des Namens an das Heimatrecht des Namensträgers im Falle der **Adoption** eine Ausnahme zu machen und (auch) für den Namen des Adoptierten das **Adoptionsstatut** zu befragen (Henrich FS Großfeld, 1999, 355 (364)), ist mit dem geltenden Recht nicht zu vereinbaren; in der Praxis kann sich aber die uU abweichende Ansicht eines ausländischen Rechts über § 109 FamFG durchsetzen, wenn im Falle einer Dekretadoption im 2

Adoptionsbeschluss der auf der Grundlage des Adoptionsstatuts geänderte Name des Adoptierten ausdrücklich festgestellt wird (→ Rn. 35, → Rn. 37).

## II. Staatsverträge

3 **1. Deutsch-iranisches Niederlassungsabkommen.** Zum Deutsch-iranischen Niederlassungsabkommen → EinlIPR Rn. 19; → Art. 7 Rn. 4. Die Grundsatzanknüpfung des Art. 10 Abs. 1 deckt sich mit dem von Art. 8 Abs. 3 des Abkommens für das den bürgerlich-rechtlichen Namen einschließende „Personenrecht" berufenen Heimatrecht. Die Sonderregeln in Art. 10 Abs. 2 und 3 sind als Abweichungen, die alle (fremden) Staatsangehörigen gleichermaßen treffen, nach dem Niederlassungsabkommen gestattet und daher auch dann anzuwenden, wenn iranische Staatsangehörige betroffen sind.

4 **2. Istanbuler CIEC-Abkommen.** Das Istanbuler CIEC-Abkommen über die Änderung von Namen und Vornamen vom 4.9.1958 (BGBl. 1961 II 1076; abgedruckt bei Jayme/Hausmann Nr. 21; Vertragsstaaten neben Deutschland zurzeit Frankreich, Italien, Luxemburg, Niederlande, Österreich, Portugal, Spanien, Türkei) regelt **Verfahrensfragen,** dh die internationale **Zuständigkeit** für Namensänderungen durch inländische Behörden und die **Anerkennung** ausländischer Namensänderungen (→ Rn. 33 ff.), und hat damit mit dem Inhalt von Art. 10, nämlich der Bestimmung des Namensstatuts, keine Berührungspunkte.

5 **3. Pariser CIEC-Abkommen.** Ebenfalls einer Verfahrensfrage widmet sich das Pariser CIEC-Abkommen betr. die **Entscheidungen über die Berichtigung von Einträgen in Personenstandsbüchern** (Zivilstandsregistern) vom 10.9.1964 (BGBl. 1969 II 588; einsehbar bei https://www.personenstandsrecht.de/Webs/PERS/DE/uebereinkommen/_documents/ciec/ue09.html, zuletzt abgerufen am 25.4.2022; Vertragsstaaten neben Deutschland zurzeit Frankreich, Luxemburg, Niederlande, Schweiz, Spanien, Türkei). Eine solche Berichtigung soll nur die Behörde vornehmen, die auch die Eintragung selbst vorgenommen hat, ist dann aber in den anderen Vertragsstaaten anzuerkennen und (nur für deren Personenstandsregister) bindend (vgl. BSG IPRspr. 1985 Nr. 210 Türkei: keine Bindung für Sozialgericht).

6 **4. Münchener CIEC-Abkommen.** Das Münchener CIEC-Abkommen über das auf Namen und Vornamen anwendbare Recht vom 5.9.1980 (nichtamtliche deutsche Übersetzung mit Erläuterungen abgedruckt bei Böhmer StAZ 1980, 109 (113 f.); darüber hinaus einsehbar bei https://www.personenstandsrecht.de/Webs/PERS/DE/uebereinkommen/_documents/ciec/ue19.html, zuletzt abgerufen am 24.4.2022) ist für Deutschland (noch) nicht, wohl aber für Italien, die Niederlande, Spanien und Portugal (Soergel/Schurig Rn. 107) in Kraft. Das Abkommen kann deshalb nur im Rahmen der Prüfung eines Renvois (→ Rn. 10) Bedeutung gewinnen, zumal nach seinem Art. 2 das durch das Abkommen bezeichnete Recht auch das eines Nichtvertragsstaates sein kann. Da die Anknüpfung des Namens im Abkommen aber mit der des Art. 10 Abs. 1 übereinstimmt, ergibt sich aus ihm idR die Annahme der Verweisung.

7 **5. Berner CIEC-Abkommen.** Das Berner CIEC-Abkommen über die Angabe von Familiennamen und Vornamen in den Personenstandsbüchern vom 13.9.1973 (BGBl. 1976 II 1473; einsehbar bei https://www.personenstandsrecht.de/Webs/PERS/DE/uebereinkommen/_documents/ciec/ue14.html, zuletzt abgerufen am 25.4.2022; Vertragsstaaten neben Deutschland zurzeit Griechenland, Italien, Luxemburg, Niederlande, Österreich, Türkei) normiert die Schreibweise ausländischer Namen in inländischen Personenstandsbüchern einschließlich der Frage der Transliteration von in fremden Schriftzeichen ausgedrückten Namen (näher → Rn. 22). Auf die Frage, nach welchem Recht ein Name zu beurteilen ist, hat das Abkommen keinen Einfluss.

8 **6. CIEC-Abkommen von Antalya.** Das CIEC-Abkommen über die Anerkennung von Namen vom 16.9.2005 (nichtamtliche Übersetzung einsehbar bei https://www.personenstandsrecht.de/Webs/PERS/DE/uebereinkommen/_documents/ciec/ue31.html, zuletzt abgerufen am 25.4.2022) ist bisher nur von Portugal gezeichnet worden. Es ist daher noch nicht in Kraft getreten (zum Abkommen und dessen Entstehungsgeschichte Sturm FS Spellenberg, 2010, 523).

## III. Probleme des Allgemeinen Teils

9 **1. Doppelstaater, Staatenlose, Verweis auf Staaten mit Teilrechtsordnungen.** Zur Anknüpfung bei Doppel- oder **Mehrstaatern,** Staatenlosen und Flüchtlingen vgl. Art. 5; ein

deutsch-ausländischer Doppelstaater erwirbt aus deutscher Sicht seinen Geburtsnamen grds. gem. Art. 10 Abs. 1, 5 Abs. 1 S. 2 unabhängig vom Geburtsort oder gewöhnlichen Aufenthalt nach deutschem materiellen Recht; zur europarechtlichen Fragwürdigkeit der Anwendung des Art. 5 Abs. 1 S. 2 im Namensrecht → Rn. 14 (vgl. zB OLG Zweibrücken FamRZ 1999, 1447). Zweifelhaft ist im Hinblick auf die „auflösende Bedingung" des § 29 StAG, ob sich beim Erwerb der deutschen Staatsangehörigkeit nach § 4 Abs. 3 StAG der Name unter teleologischer Reduktion des Art. 5 Abs. 1 S. 2 nach dem Recht der effektiven (ausländischen) Staatsangehörigkeit richtet (so LG Karlsruhe StAZ 2001, 111); allg. gegen eine Sonderbehandlung des § 4 Abs. 3 StAG → Art. 5 Rn. 10. Zur Staatsangehörigkeit und zum abgeleiteten Flüchtlingsstatut von Kindern auch → Rn. 67. Zur Verweisung auf Staaten mit mehreren **Teilrechtsordnungen** → Art. 4 Rn. 20.

**2. Rück- und Weiterverweisung.** Etwaige Rück- oder Weiterverweisungen (umfassend zum Renvoi im Namensrecht Sturm/Sturm FS Jayme, 2004, 919) des aus deutscher Sicht berufenen Rechts sind nach Art. 4 Abs. 1 und 2 im Rahmen der objektiven Bestimmung des Namensstatuts über Art. 10 Abs. 1 zu beachten (allgM), nicht aber dann, wenn es um eine Rechtswahl nach Art. 10 Abs. 2 und 3 geht (Art. 4 Abs. 2). Zu einem Renvoi kann es nicht nur dann kommen, wenn das aus deutscher Sicht maßgebliche Recht die Namensführung statt dem Heimatrecht etwa dem Recht am Wohnsitz oder gewöhnlichen Aufenthaltsort unterstellt, sondern insbes. auch dann, wenn es namensrechtliche Folgen eines familienrechtlichen Vorgangs anders qualifiziert, zB die Namensführung von Ehegatten dem Ehewirkungsstatut unterstellt oder die des adoptierten Kindes dem Adoptionsstatut (vgl. BGH NJW 2007, 3347 (3349) betr. Türkei, Namensführung als Scheidungsfolge; FGPrax 1999, 102 betr. Peru; allg. zur Rück- und Weiterverweisung bei der Namensführung Henrich StAZ 1997, 225 mz Hinweisen zu ausländischen Kollisionsrechten); zum Renvoi kraft abweichender Qualifikation allg. → Art. 4 Rn. 14. 10

**3. Vorfragenanknüpfung.** Gesetzlich nicht geklärt ist die Frage, nach welchem Recht die Wirksamkeit familienrechtlicher Tatbestände zu überprüfen ist, wenn sie auf den Namen einer Person „ausstrahlen" (Eheschließung, Scheidung, Adoption, – eheliche – Kindschaft, Vaterschaftsanerkennung und -anfechtung etc). Sicher ist nur, dass insoweit nicht „automatisch" das durch Art. 10 berufene Namensstatut entscheidet, sondern zunächst mit Hilfe des Kollisionsrechts das für diese **Vorfragen** maßgebliche Recht neu zu ermitteln ist. Streitig ist, **welches Kollisionsrecht** zu befragen ist: das der Hauptfrage (lex causae, hier Namensstatut, sog. unselbstständige – besser: abhängige – Vorfragenanknüpfung), oder das deutsche als das Kollisionsrecht des Forums (lex fori, sog. selbstständige Anknüpfung). Allg. zu diesem Problem → EinlIPR Rn. 65. Ist das Namensstatut aufgrund deutscher Staatsangehörigkeit des Betroffenen deutsches Recht, so ist das Kollisionsrecht der lex causae und der lex fori identisch – selbstständige und unselbstständige Vorfragenanknüpfung haben keine unterschiedlichen Auswirkungen. **Rspr.** und **hL** befürworten die **unselbstständige Anknüpfung** und somit eine Anknüpfung nach dem IPR des Rechts der Hauptfrage (BGHZ 90, 129 = NJW 1984, 1299; BGH NJW 1986, 984; KG NJW-RR 1989, 644; BayObLG FamRZ 1990, 93; NJW 1992, 632; OLG Stuttgart FamRZ 1992, 102; OLG Zweibrücken StAZ 2016, 51; AG Tostedt FamRZ 2019, 1550; MüKoBGB/Lipp Rn. 37; Grüneberg/Thorn Rn. 2; Erman/Stürner Rn. 7a; Kropholler IPR § 43 I 1 a; v. Hoffmann/Thorn IPR § 6 Rn. 65; Sturm StAZ 1990, 350; aA Soergel/Schurig Rn. 88; v. Bar IPR BT, 1. Aufl. 1991, Rn. 86 ff.; Hepting/Dutta Rn. II-228; Wall StAZ 2016, 54 (55). Für eine „hinkende" Eheschließung offengelassen von BayObLG StAZ 2000, 45 (47), weil in concreto die materielle Heilungsvorschrift des § 1310 Abs. 3 BGB auch bei selbstständiger Anknüpfung half). Durch die Anwendung (auch) der kollisionsrechtlichen Regeln des Heimatstaates der betreffenden Person soll der von **Art. 10 Abs. 1** angestrebte Gleichlauf mit dem in den Ausweispapieren zu findenden („öffentlich-rechtlichen") Namen (→ Rn. 1) gewährleistet werden (Kropholler IPR § 32 IV 2b). Akzeptiert man das (abl. Mäsch in Leible/Unberath, Brauchen wir eine Rom 0-Verordnung?, 2013, 201 (215): Der öffentlich-rechtliche Name sollte dem privatrechtlichen folgen, nicht umgekehrt), muss man konsequent bleiben und darf dem **BGH** und einigen anderen Stimmen **nicht** darin folgen, dass vom Grundsatz der unselbstständigen Anknüpfung eine **Ausnahme** zu machen sei, wenn **die (nicht)eheliche Abstammung eines Kindes** (BGH NJW 1986, 3022; KG NJW-RR 1989, 644; OLG Düsseldorf FamRZ 1999, 328; offenbar auch KG BeckRS 2019, 2327 Rn. 24; OLG Frankfurt BeckRS 2018, 30904 Rn. 20; BayObLG StAZ 2000, 45 betr. Vaterschaftsanerkenntnis; unklar BayObLG NJW 1992, 632: selbstständige Anknüpfung des Ehelichenstatus, nicht aber der nichtehelichen Abstammung; der Rspr. zust. zB Erman/Stürner Rn. 7a) oder die Wirksamkeit der **Adoption** (Henrich IPRax 1998, 96 f.; offengelassen von OLG Karlsruhe IPRax 1998, 110 (111); auch hier unselbständig anknüpfend AG Tostedt FamRZ 2019, 1550) als Vorfrage für die Namensführung nach Art. 10 Abs. 1 zu prüfen ist. Anderes gilt im Rahmen von Art. 10 11

**Abs. 2 und 3:** Da hier ohnehin der Gleichlauf mit den Ausweispapieren zugunsten der (Möglichkeit zur) familiären Namenseinheit via **Rechtswahl** verlassen wird, gibt es hier keinen Grund, fremdem Kollisionsrecht die Priorität einzuräumen. Hier sind Vorfragen **selbstständig anzuknüpfen.** Das Wahlrecht für Eheleute nach Abs. 2 setzt also eine nach dem vom deutschen IPR berufenen Recht wirksame Eheschließung voraus (OLG Düsseldorf FGPrax 2016, 287), das Wahlrecht für den Kindesnamen nach Abs. 3 eine über deutsche Kollisionsnormen ermittelte Kindschaftsbeziehung. Damit lassen sich uU unbillig erscheinende Folgen der unselbstständigen Vorfragenanknüpfung im Rahmen von Art. 10 Abs. 1 beseitigen.

**11.1** Ein ausländisches Ehepaar muss bei einer unselbstständigen Vorfragenanknüpfung, wenn die Kollisionsnormen des gemeinsamen Heimatrechts zu einer Rechtsordnung führen, die die Ehe anders als das aus deutscher Sicht für diese Frage berufene Recht für ungültig hält, nach Art. 10 Abs. 1 den Namen tragen, den ihr Heimatrecht für Unverheiratete vorsieht. Wenn v. Bar daraus ein Plädoyer für die selbstständige Anknüpfung (auch) im Rahmen von Art. 10 Abs. 1 ableitet (v. Bar IPR BT, 1. Aufl. 1991, Rn. 87), lässt er außer Betracht, dass die Eheleute über Art. 10 Abs. 2 iVm der dort selbstständig vorzunehmenden Anknüpfung der Ehewirksamkeit zu einem gemeinsamen Ehenamen in Deutschland kommen können.

**12** Das Problem der Vorfragenanknüpfung stellt sich nicht, wenn Gegenstand der Vorfrage die gestaltende Wirkung einer **richterlichen oder behördlichen Entscheidung** ist, insbes. also die Wirksamkeit einer **Dekretadoption** oder einer **gerichtlichen Scheidung.** Hier kommt es **nicht** darauf an, ob diese Entscheidung den über eine selbstständige oder unselbstständige Anknüpfung zu ermittelnden materiellen Normen des maßgeblichen (Adoptions- oder Scheidungs-)Statuts entspricht, sondern darauf, ob sie **im Inland** verfahrensrechtlich **wirksam** ist (vgl. speziell zur Adoption MüKoBGB/Helms Art. 22 Rn. 73 f.; einprägsam Lüderitz FamRZ 1988, 881: „Verfahrensrecht geht dem materiellen IPR vor"; aA NK-BGB/Mankowski Rn. 28: Bei einem Konflikt zwischen materiellem Namensstatut und Personenstandsverfahrensrecht geht im Zweifel das materielle Recht vor, weil das Verfahrensrecht nur „dienende Funktion" hat), was für inländische Entscheidungen selbstverständlich ist und für ausländische von den jeweils maßgeblichen **Anerkennungsvoraussetzungen (Art. 21 Brüssel IIa-VO, § 328 ZPO, § 109 FamFG)** abhängt (unrichtig daher OLG Karlsruhe FGPrax 1997, 144 = IPRax 1998, 110 mAnm Henrich IPRax 1998, 96, das bei (in concreto offen gelassener) unselbstständiger Vorfragenanknüpfung die Wirksamkeit der von einem deutschen Amtsgericht ausgesprochenen Erwachsenenadoption eines libanesischen Staatsangehörigen im Hinblick auf die Namensfolge „nach libanesischem Recht" (materielles Recht? IPR?) prüfen wollte); bei nicht von Behörden des gemeinsamen Heimatstaates vorgenommenen ausländischen Scheidungen ist außerhalb des Anwendungsbereichs der EuEheVO zusätzlich das obligatorische Anerkennungsverfahren nach § 107 FamFG zu beachten. **Kein Raum** bleibt für die Prüfung, ob deutsche Vorentscheidungen **im Heimatstaat des Namensträgers** anerkennungsfähig sind (so aber Kegel/Schurig IPR § 17 IV 1b; noch schärfer KG StAZ 1988, 325 (326) und BayObLG IPRax 2004, 121 m. abl. Anm. Mäsch IPRax 2004, 102, die nicht einmal Anerkennungsfähigkeit ausreichen lassen wollen, sondern eine tatsächliche Anerkennungsentscheidung des Heimatstaates fordern! Richtig hingegen OLG Nürnberg BeckRS 2021, 39876 = NZFam 2022, 330 mAnm Mankowski; OLG Hamm StAZ 2004, 171; OLG Düsseldorf FamRZ 1999, 328; Staudinger/Hausmann, 2019, Rn. 143; offengelassen von BGH NJW 2007, 3347 Rn. 19 f.), denn auf die „Zustimmung" ausländischer Hoheitsträger kann es für die inländische Wirksamkeit einer getroffenen inländischen hoheitlichen Maßnahme niemals ankommen (ins Leere geht auf dieser Basis die Kritik von Hepting StAZ 1998, 133 (143), der einen „eklatanten Wertungswiderspruch" darin sieht, dass man bei einer (von ihm abgelehnten) unselbstständigen Vorfragenanknüpfung im Rahmen von Art. 10 Abs. 1 eine durch ein deutsches Gericht ausgesprochene Adoption im Inland als namensrechtlich irrelevant ansehen müsste, wenn das maßgebliche Heimatrecht sie nicht anerkennt). Eine solche Prüfung wird folgerichtig außerhalb des internationalen Namensrechts und außerhalb des Sonderfalls des Art. 13 Abs. 2 Nr. 3, soweit ersichtlich, nirgendwo befürwortet. Der **Name eines Elternteils** oder einer anderen Person ist, weil es sich nicht um ein präjudizielles Rechtsverhältnis handelt, **keine Vorfrage** bei der Ermittlung des von diesem abhängigen Namen des Kindes. Hier ist, wenn Zweifel bestehen, unabhängig vom Streit über die selbstständige oder unselbstständige Vorfragenanknüpfung das insoweit anwendbare Recht immer über Art. 10 zu bestimmen (iErg ebenso BayObLG StAZ 2000, 45 (46); Staudinger/Hausmann, 2019, Rn. 343, beide dies allerdings zu Unrecht als „selbstständig anzuknüpfende Vorfrage" bezeichnend). Ebenfalls um **keine Vorfrage** handelt es sich, wenn im Rahmen einer (uU nach einer Rechtswahl gem. Abs. 2) einem ausländischen Recht unterliegenden **Ehenamenswahl** zu bestimmen ist, welche **die Namen der Beteiligten** sind, aus denen sie auswählen können (aA KG FGPrax 2020, 49 (50)); auch hier ist immer der Weg über Art. 10 zu gehen.

**4. Ordre public.** Konstellationen, in denen die Anwendung ausländischer Vorschriften durch deutsche Gerichte gegen den ordre-public-Vorbehalt (Art. 6) verstößt, sind im internationalen Namensrecht selten, aber nicht ausgeschlossen. (1) Nach deutschem Namensrecht sind keine **Vornamen** „zugelassen", die für Inländer **erkennbar anstößig oder lächerlich** (vgl. Hepting/Dutta Rn. IV-427 f., 431 ff.; Wendt FPR 2010, 12) oder in sonstiger Weise dem Kinde **erhebliche Schwierigkeiten bei seiner Persönlichkeitsentfaltung** zu bereiten geeignet sind (Weber NZFam 2015, 4 (8)). Dieses Prinzip setzt sich zum Schutz des Kindes bei hinreichendem Inlandsbezug auch gegen ein großzügigeres ausländisches Namensrecht durch (allgM) (statt aller Hepting/Dutta Rn. IV-455; vgl. LG Bremen StAZ 1996, 46: Vorname „Frieden mit Gott allein durch Jesus Christus" verstößt bei südafrikanischem Namensstatut gegen den deutschen ordre public; aA OLG Bremen StAZ 1996, 86; Seibicke StAZ 1997, 99). Der deutsche Grundsatz, dass ein eindeutig „geschlechtswidriger" Name (anders als ein „geschlechtsneutraler") unzulässig ist (BVerfG NJW 2009, 663 – „Kiran"; Hepting/Dutta Rn. IV-393; vgl. auch OLG Düsseldorf StAZ 2010, 11: einem geschlechtsneutralen Vornamen muss ein weiterer, das Geschlecht eindeutig kennzeichnender, Vorname beigelegt werden), dürfte ebenfalls zum Inhalt des internationalen ordre public zu zählen sein (inzident ebenso Hepting/Dutta Rn. IV-372, 363 ff.); allerdings sind solche Namen international selten. Bei ausländischen Vornamen ist für die Geschlechtszuordnung nicht das deutsche Sprachempfinden, sondern die Gebräuchlichkeit im Ausland maßgebend (zB ist „Andrea" für einen italienischen Jungen nicht geschlechtswidrig) (OLG Düsseldorf StAZ 2010, 11 f. mwN). Ein Kind weiblichen Geschlechts darf einen nach ausländischem Recht erworbenen Mittelnamen führen, der ein in Deutschland gebräuchlicher männlicher Vorname ist, wenn schon der Vorname des Kindes die notwendige Individualisierungsfunktion erfüllt (BGH FGPrax 2017, 122 (124 f.)). (2) **Streitig** ist, ob es gegen den ordre public verstößt, wenn ein ausländisches Recht dem Namensträger freie Hand lässt, seinen (Vor- und Nach-)**Namen durch private Willenserklärung** oder im Wege eines gebundenen Gerichtsbeschlusses nach Belieben **zu ändern** (insbes. angelsächsische Rechte sind hier großzügig, vgl. v. Bar IntEncCompL III 17–57 ff.; zu England Meyer-Witting, Das Personennamensrecht in England, 1990. Für das Eingreifen von Art. 6 bei hinreichendem Inlandsbezug (zB Wohnsitz in Deutschland, Beurkundung der Namensänderungserklärung vor deutschem Notar) etwa LG Hagen IPRax 1985, 294 mAnm Henrich IPRax 1985, 273; MüKoBGB/Lipp Rn. 54 ff.; Erman/Stürner Rn. 7; gegen einen ordre-public-Verstoß LG Traunstein StAZ 2008, 246; Soergel/Schurig Rn. 92; wohl auch LG Heidelberg IPRspr. 1988 Nr. 6: selbst „freie" (Wieder-)Annahme eines adeligen Namens verstößt nicht gegen den ordre public, wenn der Namensträger adelig geboren war; v. Bar IPR BT, 1. Aufl. 1991, Rn. 90: „größte Zurückhaltung"). Die Lösung dürfte – wie auch sonst in ordre-public-Fällen – darin liegen, dass nach Art. 6 nicht die ausländischen Rechtsregeln („freie Namensänderung möglich") abstrakt anhand deutscher Gerechtigkeitsvorstellungen zu überprüfen sind, sondern „nur" ihre inländischen Auswirkungen im konkreten Fall (A nennt sich jetzt B; allg. → Art. 6 Rn. 9). Dass eine als A geborene Person später B heißt, ist für sich genommen nun sicher nicht anstößig – es sei denn, der Name wurde aus betrügerischer oder sonst nicht billigenswerter Motivation gewechselt (was zB für den Fall des LG Hagen IPRax 1985, 294 zu verneinen ist: Dort sollte die Namensänderung dazu führen, dass der ausländische Ehemann denselben (Doppel-)Namen wie seine deutsche Frau tragen kann. Auf der Grenzlinie liegt der 1998 an die Öffentlichkeit gelangte Fall des australischen Software-Spezialisten, der sich zur Steigerung seiner Bekanntheit und seiner Umsätze in Bill Gates umbenannte). Zu Recht lassen deshalb deutsche Gerichte idR die Anerkennung der „freien" Annahme eines deutschsprachigen adeligen Namens nach englischem Recht am deutschen ordre public scheitern (OLG Nürnberg FamRZ 2015, 1655 mAnm Wall FamRZ 2015, 1658; vgl. auch Dutta FamRZ 2015, 1213 (1216 ff.); AG Nürnberg StAZ 2015, 59; AG Meiningen StAZ 2016, 114; OLG Jena StAZ 2016, 114 (116); dazu auch → Art. 48 Rn. 15). Selbst die Annahme eines aus einem einzigen Buchstaben gebildeten Namens (ohne Vorname) (zu einem solchen Fall Coester StAZ 1988, 215: „Y") ist unter dieser Voraussetzung hingegen hinzunehmen, weil dies allenfalls dem Namensträger gesellschaftliche Schwierigkeiten bereiten, nicht aber die Grundfeste der deutschen Rechtsordnung erschüttern kann. (3) Nach herrschender und zutreffender Meinung ruft es den ordre public weder dann auf den Plan, wenn ein ausländisches Recht einem Ehepaar **keine Möglichkeit zu einem gemeinsamen Ehenamen** einräumt (MüKoBGB/Lipp Rn. 55; Soergel/Schurig Rn. 92 mN zur älteren Rspr.), noch, wenn umgekehrt ein **Zwang zu einem gemeinsamen Namen** (idR dem Mannesnamen) ausgeübt wird (vgl. v. Bar IPR BT, 1. Aufl. 1991, Rn. 90) – in beiden Fällen hilft die Wahlmöglichkeit des Art. 10 Abs. 2 Härten für den deutschen Rechtskreis zu verhindern. (4) Die bloße **Abschaffung von Adelstiteln** (→ Rn. 24) in ausländischen Rechtsordnungen verstößt nicht gegen den deutschen ordre public (allgM), wohl aber eine bestimmte Bevölkerungsgruppen 13 schikanierende oder diskriminierende Namensregelung (Soergel/Schurig Rn. 17 mN zur älteren Rspr.). Bei späteren deutschen Staatsangehörigen (zum Statutenwechsel → Rn. 16) oder nach einer Rechtswahl zum deutschen Recht über Art. 10 Abs. 2 kann Abhilfe bei internationalprivatrechtlich hinzunehmenden ausländischen Namensregeln ggf. über die öffentlich-rechtlichen Namensänderungsregeln des materiellen Rechts (NamÄndG), bei Spätaussiedlern auch über § 94 BVFG, geschaffen werden. (5) Es verstößt nicht gegen den deutschen ordre public, wenn ein deutsches Kind durch die Wahl ausländischen Rechts einen Familiennamen erlangt, der nicht vom Familiennamen eines Elternteils abgeleitet ist (detaillierte Begr. bei Krömer StAZ 2015, 251 (252 f.); angelehnt an AG Kleve StAZ 2013, 290). (6) Eine Bestimmung wie im früheren spanischen Namensrecht, nach der ein Kind bei fehlender Einigung der Eltern „automatisch" den Nachnamen des Vaters vor dem Nachnamen der Mutter als Familiennamen führt, ist diskriminierend und verstößt deshalb nicht nur gegen Art. 14 iVm Art. 8 EMRK (EGMR 26.10.2021 – Nr. 30.306/13, NLMR 2021, 446 – Léon Madrid), sondern – bei hinreichendem Inlandsbezug – auch gegen den deutschen ordre public. Zum Ordre-public-Verstoß bei der **Wahl eines in einem anderen EU-Mitgliedstaat erworbenen Namens** nach Art. 48 EGBGB näher → EGBGB Art. 48 Rn. 15.

## IV. Einflüsse des Unionsrechts und der EMRK

14 Die Anknüpfung des Namens an die Staatsangehörigkeit verstößt grds. nicht gegen das allgemeine Diskriminierungsverbot und die Grundfreiheiten des **EU-Rechts** (str., hM, Schlussanträge GA Sharpston C-353/06, BeckRS 2008, 70497 Rn. 62 – Grunkin-Paul; vgl. weiter Henrich FS Heldrich, 2005, 667 (674 f.); → EinlIPR Rn. 28 ff.; Coester-Waltjen IPRax 2006, 392 (397); Wall StAZ 2009, 261 (263)). Art. 21 AEUV (früher Art. 18 EG-Vertrag) hat nach (wenig überzeugender) Auffassung des EuGH jedoch zwei Konsequenzen: (1) Zum einen soll es den Mitgliedstaaten verwehrt sein, den Namen **minderjähriger Kinder mit doppelter inländisch- und (EU-)ausländischer Staatsangehörigkeit** ausschließlich nach dem eigenen Recht zu beurteilen (EuGH IPRax 2004, 339 – García Avello mAnm Mörsdorf-Schulte EuGH IPRax 2004, 315; vgl. dazu Henrich FS Heldrich, 2005, 667 (671 ff.); Helms GPR 2005, 36; Frank StAZ 2005, 161), wie es im deutschen Recht Art. 10 Abs. 1 iVm **Art. 5 Abs. 1 S. 2** grds. vorsieht. Die deutsche Regelung wird aber durch das von Art. 5 Abs. 1 S. 2 ausdrücklich nicht eingeschränkte Wahlrecht des Art. 10 Abs. 3 S. 1 Nr. 1 „aufgeweicht", sodass die Entscheidung ohne Auswirkung auf das deutsche Internationale Kinder-Namensrecht bleibt (BGH NJW-RR 2022, 361 Rn. 16; Henrich FS Heldrich, 2005, 667 (672)). Jedoch wird man in Fortführung des Urteils nunmehr wohl **erwachsenen Doppelstaatern,** die in ihren beiden (EU-)Heimatstaaten unterschiedliche Namen führen, ebenso ein Wahlrecht zugunsten eines dieser Rechte ungeachtet des Art. 5 Abs. 1 S. 2 einräumen müssen (Henrich FS Heldrich, 2005, 667 (672 f.)). (2) Zum anderen darf kein **EU-Bürger iSd Art. 20 AEUV** gezwungen sein, in mehreren Mitgliedstaaten unterschiedliche Namen zu führen (EuGH NJW 2009, 135 = JZ 2009, 151 (152) – Grunkin-Paul m. krit. Anm. Kroll-Ludwigs JZ 2009, 151 (153); vgl. ferner EuGH StAZ 2011, 77 – Sayn-Wittgenstein, ohne direkten kollisionsrechtlichen Bezug), weshalb jeder Mitgliedstaat den Namen **„anzuerkennen"** hat, unter dem der betroffene Bürger zuvor in einem anderen Mitgliedstaat in einem **Register rechtmäßig eingetragen** wurde (GA Sharpston StAZ 2008, 274 = BeckRS 2008, 70497 Rn. 94 – Grunkin-Paul). Offen blieb zunächst, wie dieses **„Ersteintragungsprinzip"** (Wall StAZ 2009, 261 (263)) in Deutschland rechtstechnisch zu bewältigen ist. Einige wollten die ausländische Registereintragung als wichtigen Grund für eine Namensänderung nach § 3 Abs. 1 NamÄndG ansehen, (so zB Lipp StAZ 2009, 1 (8); Martiny DNotZ 2009, 453 (457 f.)) andere in analoger Anwendung von Art. 10 Abs. 3 S. 1 Nr. 2 die Wahl des Rechts des Erstregistrierungsstaates zulassen (vgl. Mansel/Thorn/Wagner IPRax 2011, 1 (6)) oder Art. 21 AEUV selbst als vorrangig anzuwendende, versteckte primärrechtliche Kollisionsnorm deuten, die auf das Recht des Erstregistrierungsstaates verweist (so in der Sache OLG München NJW-RR 2010, 660; dagegen zu Recht zB Mansel/Thorn/Wagner IPRax 2011, 1 (6)). Ebenfalls ungeklärt war, ob eine und ggf. welche weitere Verbindung zum Ersteintragungsstaat über die Geburt hinaus bestehen muss, um die „Anerkennungspflicht" auszulösen, und welche Folgerungen sich für die Namensführung unter Geschwistern und aus einem Statutenwechsel aus Sicht des Erstregistrierungsstaates ergeben. Inzwischen hat der deutsche Gesetzgeber mit der Norm des **Art. 48 EGBGB** reagiert, nach der die betroffene Person durch Erklärung gegenüber dem Standesamt bestimmen kann, dass sie anstelle des nach deutschem Namensrecht gebildeten oder zu bildenden Namens den im EU-Ausland erworbenen und dort in ein Register eingetragenen Namen führen will (vgl. BT-Drs. 17/11049, 12; Hepting/Dutta Rn. II-435). Damit wird die „Anerkennung" in die Hände des

Namensinhabers gelegt (→ Art. 48 Rn. 1 ff.), (näher Freitag StAZ 2013, 69; grds. gegen eine obligatorische Anerkennung auch bei „fehlender europaweiter Einnamigkeit" NK-BGB/Mankowski Rn. 172a). Ab dem 16.2.2019 wird zudem die **Urkundenvorlageverordnung** (VO (EU) 2016/1191) zu einer Erleichterung der unionsweiten Anerkennung von Personenstandsurkunden führen (→ VO (EG) 593/2008 Art. 11 Rn. 83) (Sieberichs StAZ 2016, 262 ff.; Wagner DNotZ 2011, 176; allg. Zadravec, Civil status documents – challenges for civil registrars to circumvent problems stemming from the legal void, 11/2012, abrufbar unter: http:/www.europarl.europa.eu/studies). Die VO sieht einen völligen Verzicht von jeglicher Form der Legalisation oder anderer Förmlichkeiten vor (vgl. Art. 4 VO (EU) 2016/1191) (Güßregen EuZW 2013, 405; Philipp EuZW 2014, 166) und widerspricht somit dem Haager Übereinkommen von 1961 (vgl. Mäsch in Langenbucher, Europäisches Privat- und Wirtschaftsrecht, 5. Aufl. 2022, 550). Zu EU-rechtlichen Grenzen für die **Transliteration** → Rn. 22. Angesichts der stark unterschiedlich ausgestalteten materiellen namensrechtlichen Regelungen in den Mitgliedstaaten der EU erscheint eine **EU-Verordnung für das Internationale Namensrecht wünschenswert,** um der (durch die EuGH-Rspr. und auf ihr aufbauenden unilateralen Regelungen der Art des Art. 48 nur unzureichend gebannten) Gefahr der Beeinträchtigung der Niederlassungsfreiheit und der Arbeitnehmerfreizügigkeit durch eine „gespaltene" Namensführung zu begegnen. Die Vorarbeiten für eine solche VO beschränken sich derzeit allerdings noch auf den wissenschaftlichen Bereich (Döring JR 2018, 75–79; Dutta/Helms/Pintens, Ein Name in ganz Europa – Vorschläge für ein Internationales Namensrecht der Europäischen Union, 2016).

Zu weit geht es aber, in jeder **„gespaltenen" Namensführung** (also einer solchen, bei der 15
verschiedene Rechtsordnungen – aus welchem Grund auch immer – den Namen einer Person unterschiedlich beurteilen) einen Verstoß gegen Art. 8 Abs. 2 **EMRK** sehen zu wollen, wenn es dem Betroffenen nicht freisteht, seinen Namen (in welchem Land?) zu ändern (so aber Benicke/Zimmermann IPRax 1995, 141 (149)). Zum gegen die EMRK verstoßenden automatischen Vorrang des Nachnamens des Vaters nach früherem spanischen Recht → Rn. 13 aE.

## V. Statutenwechsel

**1. Wechsel des Personalstatuts.** Bei einem Wechsel des Personalstatuts, also idR bei einem 16
Wechsel der Staatsangehörigkeit, aber auch bei Erlangung des Flüchtlingsstatus' nach Art. 12 Abs. 1 GFK (zu einem solchen Fall KG MDR 2017, 1057), untersteht die Namensführung nach Art. 10 Abs. 1 ab diesem Zeitpunkt dem neuen Recht (allgM); Gleiches gilt bei der Wahl eines neuen Namensstatuts nach Art. 10 Abs. 2 und 3. Die nach altem Recht entstandenen Rechte und Pflichten bestehen allerdings bei einem Wechsel zum deutschen Recht fort (zum Statutenwechsel allg. → EinlIPR Rn. 43). Die Regeln zu den Folgen eines Statutenwechsels sind Teil des (nationalen) Kollisionsrechts. Ob eine ausländische Rechtsordnung die unter einem ihr fremden Statut entstandenen Rechte bei einem Wechsel anerkennt, entscheidet folglich ihr Kollisionsrecht. Im Zweifel dürften die Regeln aber denen des deutschen IPR entsprechen, die im Folgenden allein dargelegt werden. Eine abweichende Gestaltung müsste iÜ am ordre public gemessen werden. Für den Namen heißt das: Ein unter Herrschaft ausländischen Rechts erworbener oder verlorener Name bleibt unter dem neuen deutschen Namensstatut erworben oder verloren (Soergel/Schurig Rn. 23; Bungert IPRax 1994, 109, 110). Für deutsche Volkszugehörige und frühere Deutsche, die nun (wieder) ein deutsches Personalstatut erworben haben, gilt keine Ausnahme (BGHZ 121, 305 (311) = NJW 1993, 2245; näher Soergel/Schurig Rn. 23), bei Spätaussiedlern ist im deutschen Sachrecht aber § 94 BVFG zu beachten, der für Statusdeutsche in gewissem Rahmen eine Anpassung an die deutsche Namensführung ermöglicht (näher Silagi StAZ 1999, 263; Soergel/Schurig Rn. 23a; für eine analoge Anwendung von § 94 BVFG (über Art. 10 Abs. 2), wenn nur einer der Ehegatten Statusdeutscher ist, OLG Stuttgart FGPrax 1999, 54; OLG Frankfurt StAZ 2000, 210 (211)). Verlorene Adelsbezeichnungen sind also auch bei einem späteren Erwerb der deutschen Staatsangehörigkeit nicht wieder zu erlangen (hM, aA Kegel/Schurig IPR § 17 IV 2: Adelsabschaffungen sind wie Enteignungen zu behandeln und wirken nur für das Gebiet des eingreifenden Staates), wenn nicht auf der Ebene des materiellen Rechts § 3a NamÄndG hilft (vgl. VGH Mannheim IPRax 1994, 136 mAnm Bungert IPRax 1994, 109; näher Soergel/Schurig Rn. 14 f.). Eine „Rückübersetzung" von unter altem Namensstatut slawisierten Namen deutscher Volksangehöriger ist vorbehaltlich der genannten Vorschriften nicht vorzunehmen (anderes gilt selbstverständlich dann, wenn der Betroffene zurzeit der Slawisierung des Namens durch eine ausländische Stelle die deutsche Staatsangehörigkeit hatte. In diesem Fall ist die Umwandlung nicht anzuerkennen, vgl. Nr. A 1.3.6 PStG-VwV), allerdings soll ein sowjetrussisches bloßes „Durchgangsnamensstatut" bei nicht-sowjetischer Staatsangehörigkeit im Zeitpunkt der Geburt aus deutscher Sicht

unbeachtlich sein (KG StAZ 1996, 301: bei Geburt als Lette (1937) entfallen etwaige als späterer Sowjetbürger nach dem neuen Heimatrecht hinzu erworbene Namensbestandteile (Vatersname als Zwischenname) nach Statutenwechsel zum deutschen Recht). Ausländische Adelsbezeichnungen sind bei Erwerb der deutschen Staatsangehörigkeit nicht einzudeutschen (für eine Anwendung des Art. 47 Abs. 1 S. 1 Nr. 5 dagegen Grüneberg/Thorn Rn. 10 mwN).

17 **2. „Verträglichkeit" mit dem materiellen deutschen Recht.** Die konkrete Form eines unter ausländischem Recht erworbenen Namens muss aber mit den Regeln des deutschen Rechts über Namensführung und -bildung „verträglich" sein; ist dies nicht der Fall, kann der Name anzupassen sein (ausf. anhand zahlreicher Fallgruppen Hepting StAZ 2001, 257), so zB hinsichtlich seiner Schreibweise in lateinischen Buchstaben, wenn er aus einem Land mit anderen Schriftzeichen stammt. Zur Transliteration iÜ → Rn. 22; zu ausländischen **geschlechtsspezifischen Namensformen** nach einem Wechsel zum deutschen Recht → Rn. 24. Sonstige Fälle der „Unverträglichkeit" scheinen eher selten zu sein, liegen insbes. nicht bereits dann vor, wenn der ausländische Name einen Bestandteil hat, den das deutsche Recht nicht kennt (etwa einen Zwischennamen nach islamischem oder russischem Recht) (näher Hepting/Dutta Rn. II-300 ff.; vgl. auch BGH NJW 2014, 1383 Rn. 26 für einen Vaterszwischennamen nach bulgarischem Recht). Deshalb konnte der Namensträger vormals auch nach Einbürgerung einen **Zwischennamen** selbst freiwillig **nicht ablegen** (OLG Frankfurt StAZ 2006, 142); seit dem 24.5.2007 hilft insoweit Art. 47 Abs. 1 S. 1 Nr. 3 (→ Art. 47 Rn. 1 ff.). Ein aus einem **Eigennamen** (zum Begriff → Rn. 24) und einem religiös motivierten Zusatz **(„Singh")** gebildeter Name kann in dieser Form auch nach deutschem Recht getragen werden (BayObLG StAZ 2000, 235 (236)). Auf Wunsch des Namensträgers ist aber nach Auffassung des BayObLG eine Anpassung dergestalt vorzunehmen, dass der Eigenname als Vorname und der Namenszusatz als Familienname geführt wird (BayObLGZ 1998, 66 = FGPrax 1999, 23 (25 f.); BayObLG StAZ 2000, 235 (236); aA zB noch Hepting/Gaaz PStG § 2 Rn. 13h); folgt man dem, ist der herrschenden Ansicht, der **Namenszusatz** könne (mangels Familiennamensqualität) unter deutschem Recht **nicht zum gemeinsamen Ehenamen** bestimmt werden (BayObLG StAZ 1987, 102; 1993, 387; OLG Hamm StAZ 1998, 258), der Boden entzogen (konsequent BayObLG StAZ 2000, 235 (236)). Mehrere Eigennamen oder mehrere Bestandteile eines Eigennamens können ebenfalls mittels „Anpassungserklärung" zu Vor- und Familienname bestimmt werden (vgl. BayObLG StAZ 1998, 284; zur Bestimmung des Familiennamens aus einer Kette von Eigennamen nach islamischem Recht OLG Hamm StAZ 1995, 238 (239 f.)) und dann auch die Grundlage für einen Ehenamen bilden (vgl. BayObLG StAZ 1992, 241; OLG Jena StAZ 1996, 172). Besteht ein Name nach ausländischem Recht aus einem persönlichen Eigennamen und dem Eigennamen des Vaters, so kann der Namensträger nach Statutenwechsel zum deutschen Recht **frei bestimmen, welches der beiden Elemente als Vor- und Familienname** gelten soll; sein Ehegatte kann gleichzeitig die umkehrte Wahl treffen (OLG Hamm StAZ 2006, 357 betr. sri-lankisches Recht).

18 **3. Anpassung der Namensführung nach Art. 47 und 48.** Die Anwendung der soeben dargestellten Regeln zur Anpassung eines mit deutschen Gepflogenheiten nicht verträglichen ausländischen Namens nach einem Statutenwechsel zum deutschen Recht ist in der Praxis oft schwierig und mit Unsicherheiten behaftet (vgl. Solomon StAZ 2018, 265). Deshalb ermöglicht Art. 47 es dem Namensträger, durch Erklärung gegenüber dem Standesamt **eine für das deutsche Namensrecht passende Namensform zu wählen** (zu den Einzelheiten → Art. 47 Rn. 1 ff.). Art. 48 ermöglicht seinerseits dem Namensträger, bei deutschem Namensstatut einen in einem anderen Mitgliedsstaat der europäischen Union erworbenen und in Personenstandsbüchern eingetragenen Namen zu wählen (zu den Einzelheiten → Art. 48 Rn. 1 ff.).

19 **4. Rechtswahl.** Soweit das (Familien-)Namensstatut nach Art. 10 Abs. 2 und 3 durch eine Rechtswahl bestimmt wurde, hat ein späterer **Wechsel der Staatsangehörigkeit keinen Einfluss** mehr und führt nicht zu einem Statutenwechsel (Hepting/Dutta Rn. III-688).

## VI. Behördliche Namensfeststellung und -änderung

20 Zur Bindung an eine gerichtliche oder behördliche Namensfeststellung, insbes. im Zusammenhang mit einer Adoption, → Rn. 34, zur behördlichen Namensänderung → Rn. 33.

## VII. Intertemporale Anwendung

21 Art. 10 basiert in seiner jetzigen Fassung auf der IPR-Reform von 1986, deren Übergangsvorschrift sich in Art. 220 findet (zu ihren Folgen speziell für das Namensrecht MüKoBGB/Lipp

Rn. 77 ff.; zur Anwendung alten Rechts auf die namensrechtlichen Folgen einer vor dem 1.9.1986 erfolgten Vaterschaftsanerkennung AG Rottweil FamRZ 2000, 57), und auf zwei späteren Änderungen durch das Familiennamensrechtsgesetz (FamNamRG) mit Wirkung vom 17.4.1994 und das Kindschaftsrechtsreformgesetz (KindRG) mit Wirkung vom 1.7.1998. Art. 7 FamNamRG (aufgehoben durch Gesetz v. 23.11.2007, BGBl. I 2614) enthielt die Übergangsvorschrift zum ersten Gesetz (zu ihrer kollisionsrechtlichen Komponente ausf. Henrich IPRax 1994, 174 (176 ff.)), Art. 224 § 3 die zum letzteren. Art. 2 Nr. 15 lit. a PStRG vom 19.2.2007 (BGBl. I 122) brachte mit Wirkung vom 1.1.2009 mit dem Wechsel vom „Standesbeamten" zum „Standesamt" nur sprachliche Änderungen.

## VIII. Eintragung in Personenstandsbücher

Wie ein Name gebildet wird, bestimmt das Namensstatut. In welcher Weise er in deutsche Personenstandsbücher einzutragen ist, ist eine Verfahrensfrage, die unabhängig vom Namensstatut deutschem Recht als lex fori unterliegt (v. Bar/Mankowski IPR BT II § 6 Rn. 241); Gleiches gilt für die nachträgliche Berichtigung eines Eintrags (BayObLG StAZ 1999, 331 (332); unzutr. OLG Düsseldorf BeckRS 2019, 12662 Rn. 38 ff., 40, das den Familiennamen Art. 19 Abs. 1 unterstellt). Hat der Name ausländische „Wurzeln" (aufgrund eines bei Erwerb oder auch jetzt noch maßgebenden ausländischen Namensstatuts), so ist er grds. so einzutragen, wie er vom Namensträger nach dem ausländischen Namensrecht tatsächlich geführt wird, auch wenn dies von deutschen Vorstellungen abweicht (vgl. OLG Rostock StAZ 1994, 287: vietnamesische Namen sind auch nach einem Statutenwechsel zum deutschen Recht in der in Vietnam gebräuchlichen Reihenfolge – Nachname, Zwischenname, Vorname – in die Personenstandsbücher aufzunehmen). Eine **Übersetzung ausländischer Adelsprädikate** ins Deutsche ist unzulässig, wenn das ausländische Namensstatut dieses nicht ausnahmsweise selbst vorsieht (BayObLG StAZ 1989, 345; Staudinger/Hausmann, 2019, Rn. 44, 50 betr. Ungarn). Es kann aber im übertragenen Sinne gewisse „Übersetzungsarbeit" notwendig sein, um den formalen Anforderungen der an deutschen Kategorien ausgerichteten Register zu genügen (zur Behandlung islamischer Namen im deutschen Personenstandsrecht Sturm FS Lange, 1992, 957 (960 ff.)). Dies gilt etwa für die Behandlung von **Zwischennamen** (vgl. Soergel/Schurig Rn. 8) oder von Fällen, in denen ein Familienname deutschen Zuschnitts gar nicht geführt wird (zu einem Fall eines fehlenden Familiennamens und dessen Ersetzung im Heiratsbuch durch einen Eigennamen BayObLG StAZ 1996, 41; zur Eintragung eines Eigennamens und eines religiös motivierten Namenszusatzes in den Personenstandsbüchern in den Spalten für Vor- und Familienname mit den erläuternden Zusätzen „Eigenname" und „Namenszusatz" BayObLG FGPrax 1999, 23 (24 f.); zum „persönlichen Namen" eines srilankischen Staatsangehörigen und dessen Eintragung als Vorname BayObLG EzFamR aktuell 1999, 109 = FamRZ 1999, 1661 Ls.), insbes. aber auch für Namen, die im Herkunftsland aus nicht-lateinischen Schriftzeichen gebildet werden. Hier ist eine Umschreibung in lateinische Schrift erforderlich (§ 15 Abs. 3 S. 1 PStV), die gem. Art. 3 **Berner CIEC-Abkommen** vom 13.9.1973 (→ Rn. 7; im Folgenden: **NamÜbK**) in möglichst buchstabengetreuer Übertragung nach den einschlägigen ISO-Normen vorzunehmen ist **(Transliteration),** ohne Rücksicht auf eine phonetische Übereinstimmung des Übertragungsergebnisses mit dem Ursprungsnamen. Das kann zu einem Namen führen, der in der Aussprache deutlich verfälscht ist. Nach Auffassung des EuGH verstößt dies bei einem gewerblich tätigen EU-Bürger jedenfalls dann gegen die Niederlassungsfreiheit nach Art. 49 AEUV (ex-Art. 43 EG-Vertrag), wenn in der Folge der Namensträger von seiner Umgebung nicht mehr mit seinem geschriebenen Namen identifiziert werden kann (EuGH StAZ 1993, 256 mAnm Streinz StAZ 1993, 243 = IPRax 1994, 113 – Konstantinidis; zu Recht krit. zur europarechtlichen Argumentation des EuGH Böhmer IPRax 1994, 80 (81); ausf. Henrich FS Heldrich, 2005, 667 (668 f.)), doch wird Fällen dieser Art heute durch eine interessengerechte Auslegung von Art. 2 und 3 NamÜbK begegnet, indem die vielfach in **die ausländischen Ausweispapiere oder Personenstandsurkunden** zur Erleichterung des internationalen Verkehrs aufgenommene **phonetische Transkription** des Namens in lateinische Buchstaben (zB nach dem ELOT-System) der Transliteration vorgezogen wird (BGH FamRZ 1994, 225 (226); KG StAZ 2015, 207 (208); vgl. auch KG StAZ 2000, 216; auch zur Bedeutung unterschiedlicher Transliterationen in zeitlich aufeinanderfolgenden Pässen AG Hagen FamRZ 2003, 1015; OLG Hamburg StAZ 2015, 81 (82 f.); näher Staudinger/Hausmann, 2019, Rn. 57 ff.; Böhmer IPRax 1994, 80 (81); diese Entwicklung hatte bereits vor dem EuGH das OLG Karlsruhe StAZ 1993, 114 eingeleitet; zur vorrangigen Schreibweise in einer Urkunde des Heimatstaats vgl. OLG Nürnberg FGPrax 2015, 189 (190)). Der von einer deutschen Ausländerbehörde ausgestellte Reiseausweis für Flüchtlinge hat diese Bindungswirkung nicht (vgl. KG BeckRS 2017, 129276 **22**

Rn. 10; MDR 2017, 1057 (1058): jedenfalls dann nicht, wenn die Schreibweise ersichtlich den vorgeschriebenen Transliterationsregeln widerspricht). Im Übrigen ist die Transliteration eines Namens nach Maßgabe des NamÜbK auch dann vorzunehmen, wenn der Staat, unter dessen Recht der Name erworben wurde, das Abkommen nicht ratifiziert hat (KG BeckRS 2017, 129276 Rn. 5 zum Namen in kyrillischer Schrift nach dem Recht der Russischen Föderation; OLG Hamburg FGPrax 2014, 280 (281) bzgl. eines Namens nach ägyptischem Recht).

## IX. Anwendungsbereich

23 **1. Persönlicher Anwendungsbereich.** Art. 10 betrifft nur den Namen der natürlichen Person (allgM). Zum Namen juristischer Personen und zur handelsrechtlichen Firma → Rn. 86.

24 **2. Sachlicher Anwendungsbereich. a) Namensführung, -bestandteile und -schreibweise.** Nach dem Namensstatut richten sich alle Namensbestandteile und Modalitäten der Namensbildung, also vornehmlich

- **Eigenname** (der Eigenname ist der einer Einzelperson zugeordnete Individualname, der mit ihrem Tod erlischt; dem entspricht im deutschen Recht der Vorname, vgl. Staudinger/Hausmann, 2019, Vor Art. 10 Rn. 3) bzw.
- **Vorname** (zur Grenze des ordre public für die Vornamensgebung nach ausländischem Recht → Rn. 13; zur Frage der Berechtigung zur Vornamensgebung → Rn. 30; zur **Vornamensänderung** nach abgeschlossener Beurkundung im Geburtenbuch → Rn. 32),
- Existenz und Form eines **Familiennamens** (Nachname),
- die Führung des **Vaternamens** mit Bezeichnung des Tochter-/Sohn-Verhältnisses (-ewitsch, Ben) (OLG Hamburg BeckRS 2021, 18771) sowie
- eventuelle **Zwischennamen** („middle names") (näher Staudinger/Hausmann, 2019, Vor Art. 10 Rn. 24 f.; vgl. KG StAZ 2017, 237 (bei deutschem Personalstatut kann auch ein aus einem einzigen Buchstaben bestehender Mittelname US-amerikanischer Herkunft, sog. middle initial, als weiterer Vorname gelten und als solcher eingetragen werden); KG FGPrax 1999, 101 = FamRZ 2000, 53; OLG Frankfurt FGPrax 2000, 106 und BayObLG StAZ 2000, 235 (236) zum Versuch, bei deutschem Personalstatut des Kindes den Mädchennamen der US-amerikanischen Mutter in der Funktion eines US-amerikanischen „middle name" als weiteren Vornamen des Kindes eintragen zu lassen) und
- **Namenszusätze** („Jr.") (AG Coburg StAZ 1990, 106; AG Bad Kreuznach StAZ 1990, 107),
- Verbindungsworte beim Hinzufügen des Mannesnamens nach Heirat (BGHZ 56, 193 (195) = NJW 1971, 1516: „de"),
- **Adelsprädikate** (zu den namensrechtlichen Folgen der Erhebung eines Deutschen in den Adelsstand im Ausland → Rn. 35) etc sowie
- die **Reihenfolge** der Namensführung (OLG Rostock StAZ 1994, 287 (288)).

25 Zur Folge für die Eintragung in deutsche Personenstandsbücher → Rn. 22. **Nicht** zum Namen iSd Art. 10 gehören **akademische Grade** und **Ehrentitel,** auch wenn sie in Deutschland „nach ständiger Übung" (BGHZ 38, 380 = NJW 1963, 581) in Personenstandsbücher einzutragen sind (BGH WM 2017, 1011; Staudinger/Hausmann, 2019, Rn. 18; gerade wegen dieser Möglichkeit der Eintragung aber krit. NK-BGB/Mankowski Rn. 86. Für die Streichung der Eintragungsfähigkeit auch Bargen JZ 2017, 726 (729)). Das Namensstatut entscheidet über die Form des Namens, insbes. über **Abwandlungen aufgrund des Geschlechts,** dh idR über eine besondere Form für **weibliche** Namensträger (zB -ová nach tschechischem Recht). Die im griechischen Reisepass eingetragene Transkription der weiblichen Namensform in die männliche Grundform ist für deutsche Behörden nicht bindend, da und soweit sie die Rechtslage nicht zutreffend wiedergibt (OLG Hamm StAZ 2005, 262). Bei einem **Statutenwechsel** (→ Rn. 16) zum deutschen Recht ist der weibliche Name mit dieser Abwandlung beizubehalten, weil dies zwar hiesigem internen Recht nicht entspricht, mit diesem aber nicht unverträglich ist (hM) (LG Oldenburg StAZ 1990, 196 (197); AG Bonn IPRspr. 1985 Nr. 9; KG StAZ 1968, 351 (352); Staudinger/Hausmann, 2019, Rn. 159; aA Soergel/Schurig Rn. 6). Diese Lösung wird durch Art. 47 Abs. 1 Nr. 4 bestätigt, der es der Namensträgerin überlässt, aus freien Stücken zur ursprünglichen Form des nach dem Geschlecht abgewandelten Namens zu optieren (→ Art. 47 Rn. 14). Beizubehalten sind auch alle diakritischen Zeichen (→ Rn. 27). Problematischer ist der Fall, dass sich der **nach deutschem Recht** zu beurteilende Name einer Person von einer anderen ableitet, die ihrerseits einen **nach ausländischem Recht** begründeten Namen in geschlechtsspezifischer Form führt. Ein Beispiel ist das außerhalb einer Ehe geborene deutsche Kind einer ehemals polnischen Mutter, die auch nach dem Statutenwechsel ihren Familiennamen in weiblicher Form führt. Nach hM erwirbt das

Kind über § 1617a BGB ungeachtet seines Geschlechts stets **die (männliche) Stammform des Familiennamens,** weil das deutsche Recht geschlechtsbezogene Besonderheiten des Familiennamens nicht kennt (LG Oldenburg StAZ 1992, 143; aA OLG München NJW-RR 2008, 1680 (1681 f.) = FamRZ 2009, 437 (438 f.) mit Verweis auf die Möglichkeit zur Option gem. Art. 47 Abs. 2 iVm Abs. 1 S. 1 Nr. 4, dieser Schluss ist jedoch nicht zwingend, → Art. 47 Rn. 23. Mit einer bedenkenswerten, die Praxis wohl aber überfordernden Differenzierung: Soergel/Schurig Rn. 6: Die weibliche Form wird unter deutschem Recht dann erworben, sofern sie im ausländischen Recht gleichwertig neben der männlichen steht und nicht nur einen nicht konstitutiven Namenszusatz darstellt). Unter deutschem Recht kann deshalb auch der Ehemann den Familiennamen seiner Frau nicht in der weiblichen Form zu seinem Ehenamen wählen (OLG Hamm StAZ 1986, 10; aA LG Berlin StAZ 2000, 109, weil Art. 3 GG es verbiete, die männliche Form als „Grundform" anzusehen). Ähnlich liegt es bei **Doppelnamen des spanischen Rechtskreises:** Ungeachtet der Tatsache, dass nach spanischem Verständnis lediglich der erste Apellido, der Geburtsname eines Ehegatten, an die nächste Generation weitergegeben wird, kann **bei deutschem Namensstatut** zum gemeinsamen Ehenamen nur der **vollständige Doppelname** bestimmt werden (BGH IPRax 2000, 428), welcher nach deutschem Recht auch zum Geburtsnamen eines Abkömmlings wird (OLG Düsseldorf StAZ 1995, 41).

Zu den ab dem 1.1.2009 eröffneten Möglichkeiten des Betroffenen, nach einem Statutenwech- **26** sel zum deutschen Recht durch Erklärung gegenüber dem Standesamt **eine von den obigen Regeln abweichende Namensform** anzunehmen, s. Art. 47.

Die **Schreibweise** des Namens richtet sich ebenfalls nach dem Namensstatut (allgM), zu **27** beachten sind deshalb auch in Deutschland fremde **diakritische Zeichen** wie Akzente etc (vgl. Hepting/Dutta Rn. II-192). Zur **Transliteration** bei Eintragungen in deutsche Personenstandsbücher → Rn. 22.

**b) Ehenamenswahl, Einbenennung.** Das Namensstatut entscheidet über die materiellrecht- **28** lichen Möglichkeiten der Ehenamenswahl oder der Einbenennung eines Kindes. Das auf die **Form** solcher Erklärungen anwendbare Recht ermittelt sich nach Art. 11 (AG Berlin-Schöneberg StAZ 2002, 81 (82); Sturm FS Sonnenberger, 2004, 711 (714)). Zum Ehenamen in einer gemischtnationalen Ehe → Rn. 41; zur Ehenamenswahl von Spätaussiedlern → Rn. 62. Davon zu unterscheiden ist die Rechtswahl für den Namen von Ehegatten nach Art. 10 Abs. 2 (→ Rn. 42 ff.).

**c) Pseudonyme, Gebrauchsnamen.** Ob die Verwendung eines von den materiellen Regeln **29** des Namensstatuts abweichenden Namens (Künstlername, **Pseudonym**) im Rechtsverkehr die Rechte Dritter verletzt oder umgekehrt unter bestimmten Umständen Schutz genießt, beurteilt sich nicht nach dem Namensstatut, sondern – wie auch sonst der Persönlichkeitsschutz – nach dem **Deliktsstatut** (v. Bar IPR BT, 1. Aufl. 1991, Rn. 91; aA v. Bar/Mankowski IPR BT II § 6 Rn. 246; NK-BGB/Mankowski Rn. 77; Soergel/Schurig Rn. 5). Hierher gehören auch die Fälle, in denen ein Ehepartner, zumeist die Ehefrau, aus gesellschaftlicher Sitte (auch) im Rechtsverkehr den Namen des anderen (mit-)benutzt, ohne dass hierfür nach dem Namensstatut eine rechtliche Grundlage (insbes.: gemeinsamer Ehename) besteht (**Gebrauchsnamen,** nom d'usage; BGH NJW-RR 2017, 902 (903): Dass die verheiratete Ehefrau in der ecuadorianischen Rechtsordnung ihrem Familiennamen unter Vorschaltung der Präposition „de" den des Ehemannes beifügen kann, ist eine bloße Gebrauchsbefugnis und kein materiellrechtlicher Namenserwerb). Schon die Tatsache, dass die Grundsatzanknüpfung des Art. 10 Abs. 1 mit der anzustrebenden Übereinstimmung mit den Ausweispapieren gerechtfertigt wird, zeigt, dass Art. 10 nur den kraft Gesetzes bestehenden bürgerlichen Namen erfassen soll. Im Übrigen obliegt auch der Schutz des letzteren dem Deliktsstatut (→ Rn. 38), weshalb für das Pseudonym insoweit nichts anderes gelten kann. Art. 10 kommt erst ins Spiel, wenn versucht wird, das Pseudonym im Wege der Namensänderung (→ Rn. 32) zum „richtigen" bürgerlichen Namen zu machen oder wenn das Heimatrecht den personenstandsrechtlich unbeachtlichen Gebrauchsnamen mit einschlägigen Rechtsnormen aufwertet (Recht zur Fortführung nach Scheidung oÄ) (vgl. zu Frankreich Coester StAZ 1987, 196; Despeux StAZ 2000, 195 (197) Fn. 24) – diese Regeln wird man über Art. 10 Abs. 1 auch im Ausland zu beachten haben. Welche Folgen die Verwendung eines „falschen" Namens für die Willensübereinstimmung im Rahmen des Vertragsschlusses mit einem gutgläubigen Dritten hat, entscheidet das Vertragsstatut (Art. 10 Rom I-VO); ebenso, inwieweit bei der Stellvertretung Handeln **unter** fremden Namen dem Handeln **in** fremden Namen gleichzustellen ist.

**d) Berechtigung zur Bestimmung des Vornamens.** Die hM unterstellt die Berechtigung **30** zur Bestimmung des Vornamens eines neugeborenen Kindes (ebenso wie die inhaltlichen Grenzen für die Wahl eines bestimmten Namens, → Rn. 24) dem Namenstatut, weil es keinen Sinn mache, verschiedene Rechtsordnungen über den Erwerb von Vor- und Familiennamen entscheiden zu lassen (vgl. Grüneberg/Thorn Rn. 19 mwN). Wenn aber in der Neufassung von Art. 10 Abs. 3 klargestellt wird, dass zur Rechtswahl hinsichtlich des Familiennamens des Kindes der Inhaber der elterlichen Sorge berechtigt ist, der allein auch die materielle Namenswahl im deutschen Recht treffen kann (§§ 1617, 1617a BGB), kann für die Vornamenswahl im Rahmen von Art. 10 Abs. 1 genau aus diesem Grund nichts anderes gelten: Auch diese steht dem Sorgerechtsinhaber zu (so auch OLG Frankfurt BeckRS 2018, 30904 Rn. 28; bereits vor der Neufassung MüKoBGB/Birk, 3. Aufl. 1998, Rn. 32; MüKoBGB/Klinkhardt, 3. Aufl. 1998, Art. 19 Rn. 68; wohl auch BayObLG StAZ 1999, 331 (332); offen gelassen noch von BayObLG StAZ 1995, 106 (107). Beide Auffassungen kombinierend Staudinger/Hausmann, 2019, Rn. 490 f.: Der durch unselbständige Anknüpfung zu ermittelnde Sorgerechtsinhaber ist nur dann zur Vornamenserteilung befugt, **wenn** das Namensstatut den Kreis der dazu Berechtigten mit einem in diese Richtung weisenden Rechtsbegriff wie „Eltern", „gesetzliche Vertreter" oder „Inhaber der elterlichen Sorge" umschreibt; ebenso etwa MüKoBGB/Lipp Rn. 59; NK-BGB/Mankowski Rn. 67). Zur (unselbstständigen) Anknüpfung der Vorfrage des Sorgerechts (nach deutschem IPR eine Sache des Art. 21) → Rn. 11.

31 **e) Wirkung familienrechtlicher Tatbestände auf den Namen.** Das Namensstatut entscheidet über die Wirkung familienrechtlicher Tatbestände (Eheschließung, Scheidung, Adoption, – eheliche – Kindschaft, Vaterschaftsanerkennung (zur Übertragbarkeit vom Namensstatut auf weitere Statusentscheidungen KG IPRax 2011, 70; Nordmeier StAZ 2011, 129) und -anfechtung etc) auf den Namen einer Person. Wenn etwa das nepalesische Recht bei einer Erwachsenenadoption den Erwerb des Familiennamens des Adoptierenden von der ausdrücklichen Einwilligung des leiblichen Vaters abhängig macht, so ist das bei nepalesischer Staatsangehörigkeit des Adoptivkindes über Art. 10 zu berücksichtigen, unabhängig davon, welchem Recht die Adoption selbst unterliegt (AG Rottweil StAZ 2006, 144). Zum Wechsel der Staatsangehörigkeit durch den fraglichen Tatbestand → Rn. 40; zu dem auf seine Wirksamkeit anwendbaren Recht → Rn. 11.

32 **f) Namensänderung. aa) Allgemeines; behördliche und privatautonome Namensänderung.** Das durch Art. 10 Abs. 1 berufene Recht bestimmt über die materiellen Voraussetzungen für eine behördliche oder privatautonome Namensänderung (hM; aA Staudinger/Hausmann, 2019, Rn. 66 f.: privatautonome Namensänderung ist öffentlich-rechtlich zu qualifizieren; dagegen etwa LG Traunstein StAZ 2008, 246). Deutschen Staatsangehörigen ist damit die Letztere selbst bei Vornahme im Ausland verwehrt, da sie dem deutschen materiellen Recht unbekannt ist (allgM); sie kann allenfalls über den Umweg des Art. 48 zum Erfolg führen. Das hindert allerdings auch unter dem Gesichtspunkt des ordre public Namensträger mit ausländischem Personalstatut – vorbehaltlich einer Rückverweisung (→ Rn. 10) – im Regelfall nicht daran, eine Namensänderung im In- oder Ausland mit Wirkung für den deutschen Rechtsbereich vorzunehmen (→ Rn. 13). Bei deutschem Namensstatut kann der **Vorname** eines Kindes **nach abgeschlossener Beurkundung im Geburtenbuch** nicht im Wege der Berichtigung, sondern nur über eine behördliche Namensänderung korrigiert werden; Gleiches gilt für die Hinzufügung eines weiteren Vornamens (BayObLG FamRZ 2000, 55). Im Übrigen ist hinsichtlich der **behördlichen Namensänderung** mit Blick auf die internationale Zuständigkeit deutscher Behörden und die Anerkennung von Namensänderungen unter Mitwirkung ausländischer Behörden zu unterscheiden:

33 **bb) Namensänderung durch deutsche Behörden.** Deutsche Behörden werden idR auf der Grundlage des NamÄndG tätig. Eine behördliche Namensänderung im Inland (ausf. Thomas StAZ 2010, 33) kommt danach nur bei einem wichtigen Grund iSd §§ 3, 3a NamÄndG in Betracht. Sie wird grds. nur Personen mit (auch) **deutschem Personalstatut** ermöglicht (allgM). Gegenüber den Vertragsstaaten des Istanbuler CIEC-Abkommens über die Änderung von Namen und Vornamen (→ Rn. 4 mwN) ergibt sich dies aus Art. 2 des Abkommens (wobei bei Doppelstaatern nicht die effektive Staatsangehörigkeit vorgeht (vgl. Soergel/Schurig Rn. 96), also für Deutsche das gleiche Ergebnis wie nach dem im Rahmen des Abkommens nicht anwendbaren Art. 5 Abs. 1 S. 2 erreicht wird). Für die übrigen Fälle bestimmt § 1 NamÄndG, dass der Familienname nur bei Deutschen (hier gilt Art. 5 Abs. 1 S. 2 zumindest entspr.) und Staatenlosen mit inländischem Wohnsitz geändert werden kann. Ersteres umfasst nach hM alle Deutschen iSv Art. 116 Abs. 1 GG (vgl. Loos, 2. Aufl. 1996, NamÄndG § 1 II 2 lit. a), letzteres steht pars pro toto für alle Fälle, in denen eine Person ein deutsches Personalstatut hat, ohne deutscher Staatsangehöriger zu sein (näher → Art. 5 Rn. 23: Asylberechtigte, Flüchtlinge). Zusätzlich soll in der Folge einer Entscheidung des HmbOVG in einer deutsch-ausländischen Ehe eine Namens-

änderung durch eine deutsche Behörde mit Wirkung auch für den ausländischen Partner dann möglich sein, wenn ein gemeinsamer Ehename nach deutschem Recht geführt wird, der von der Heimatrechtsordnung des letzteren nicht anerkannt wird (HmbOVG StAZ 1985, 45); in diesem Fall können die Eheleute über das NÄG nachträglich den Geburtsnamen des ausländischen Ehegatten zum Ehenamen bestimmen (näher Henrich/Wagenitz/Bornhofen, Deutsches Namensrecht, C/220). Man wird darin den Ansatz für eine Notzuständigkeit deutscher Behörden für die Namensänderung eines Ausländers sehen können, die manche allgemein bei „besonderem Fürsorgebedürfnis“ fordern (vgl. Soergel/Schurig Rn. 11).

Wird von einer deutschen Behörde oder einem deutschen Gericht der Name einer Person außerhalb des NamÄndG geändert, etwa im Wege der **konstitutiven Festlegung des Namens** des Anzunehmenden in einem auf ausländischem Recht basierenden **Adoptionsdekret** (zur bloßen Feststellung eines kraft Gesetzes geänderten Namens → Rn. 37), so ist diese Änderung im Inland bindend, auch wenn sie auf fehlerhaften sach- oder kollisionsrechtlichen Erwägungen beruht, soweit sie nicht nichtig ist (LG Rottweil FamRZ 2005, 1696 Ls.). 34

**cc) Die Anerkennung einer Namensänderung durch ausländische Behörden.** Ist nach dem oben Gesagten die internationale Zuständigkeit deutscher Behörden auf deutsche Staatsangehörige und diesen gleichgestellten Personen beschränkt, so wirkt sich dieses Konzept auch auf die Anerkennung ausländischer behördlicher Namensänderungen aus. Eine ausländische behördliche Namensänderung entfaltet in Deutschland in Anlehnung an § 328 ZPO, § 109 FamFG nur dann Wirkung, wenn sie aus dem **Heimatstaat des Namensträgers** stammt (§ 328 Nr. 1 ZPO, § 109 Abs. 1 Nr. 1 FamFG, iErg hM) (statt aller OLG Bremen StAZ 1986, 9; Erman/Stürner Rn. 14; weiter Henrich, Der Erwerb und die Änderung des Familiennamens unter besonderer Berücksichtigung von Fällen mit Auslandsberührung, 1983, 93 f.; zust. Soergel/Schurig Rn. 11: Anzuerkennen sind auch Namensänderungen aus Drittstaaten, wenn das Heimatrecht des Namensträgers für das Namensstatut auf dieses weiterverweist) oder von diesem anerkannt wird (Staudinger/Hausmann, 2019, Rn. 76) und den deutschen ordre public nicht verletzt (§ 328 Nr. 4 ZPO, § 109 Abs. 1 Nr. 4 FamFG); auf die Verbürgung der Gegenseitigkeit kommt es nicht an. Entspr. der deutschen Lösung (→ Rn. 33), die eine Zuständigkeit bei jedem Deutschen annimmt, sollte es gegen Art. 5 Abs. 1 nicht auf die effektive Staatsangehörigkeit ankommen. Im Anwendungsbereich des **Istanbuler Abkommens** (→ Rn. 4) folgt die Anerkennung der in einem fremden Heimatstaat erwirkten Namensänderung bereits aus Art. 3 Istanbuler Abkommen. Konsequenz ist, dass die **im Ausland erfolgte behördliche Änderung des Namens eines Deutschen** im Inland jedenfalls dann **nicht anzuerkennen** ist, wenn er nicht zugleich die betreffende ausländische Staatsangehörigkeit hat (hM) (abw. MüKoBGB/Lipp Rn. 71: Namensänderung eines Deutschen soll anerkannt werden, wenn sie auf einem Antrag oder einer Anregung des Betroffenen beruht). Ob es hilft, wenn ein Deutscher **auch** Angehöriger des den Namen ändernden Staates ist, ist – außerhalb des Anwendungsbereichs des Istanbuler Abkommens (in Art. 5 Istanbuler Abkommen ist die Frage grds. bejahend beantwortet) – **strittig.** Nach richtiger Auffassung (OLG Bremen StAZ 1986, 9 (10)) ist dies zu bejahen (aA OLG Hamm StAZ 1999, 40; BayObLG StAZ 2000, 148 (150); v. Bar IPR BT, 1. Aufl. 1991, Rn. 100 Fn. 387; Staudinger/Hausmann, 2019, Rn. 78a), denn es ist weder dem NamÄndG zu entnehmen noch sonst ein Grund dafür ersichtlich, dass Deutschland für die Namensänderung deutsch-ausländischer Doppelstaater eine ausschließliche Zuständigkeit in Anspruch nimmt. Letzteres würde beispielsweise dann, wenn der Namensträger seinen Lebensmittelpunkt im Ausland hat, auch zu ganz unangemessenen Ergebnissen führen. Bei (nach der hier vertretenen Auffassung: allein, nach aA: auch) deutschem Personalstatut verhilft die Adelsverleihung durch einen ausländischen Staat nicht zu einem adeligen Namen für den Bereich des deutschen Rechts (zutr. v. Bar IPR BT, 1. Aufl. 1991, Rn. 92; iE auch v. Bar/Mankowski IPR BT II § 6 Rn. 249); eine andere Frage ist, ob man auf diesen Umstand erfolgreich einen Antrag auf Namensänderung nach dem NamÄndG stützen kann (vgl. BVerwG StAZ 1960, 76). 35

**dd) Behördliche Vornamensänderung nach dem TSG.** Für die behördliche Vornamensänderung nach dem Transsexuellengesetz (TSG) aufgrund einer veränderten Geschlechtszuordnung gilt insoweit keine Besonderheit: Deutsche Behörden können nach § 1 TSG für Deutsche oder Deutschen Gleichgestellte und seit der Neufassung des § 1 Abs. 1 Nr. 3 TSG mit Gesetz vom 20.7.2007 (BGBl. I 1566) auch für Ausländer, die sich rechtmäßig und nicht nur vorübergehend in Deutschland aufhalten, sofern deren Heimatrecht vergleichbare Regelungen zur Vornamensänderung nicht kennt, tätig werden; ansonsten werden ausländische Vornamensänderungen nur dann anerkannt, wenn sie vom Heimatstaat der betroffenen Person vorgenommen wurden (zum TSG näher → Art. 7 Rn. 37 f., → Art. 7 Rn. 55 f.). 36

37 **ee) Behördliche Feststellung eines kraft Gesetzes geänderten Namens.** Von der oben behandelten Problematik der Namensänderung durch eine Behörde ist der Fall zu unterscheiden, dass diese einen kraft Gesetzes geänderten Namen feststellt, etwa im Zusammenhang mit einer Dekretadoption. Eine solche rechtskräftige Feststellung durch ein deutsches Gericht ist ohne weiteres bindend, auch wenn sie auf sachrechtlichen Fehlern oder der Anwendung des falschen Rechts beruht (vgl. OLG Karlsruhe FGPrax 1997, 144 = IPRax 1998, 110 mAnm Henrich IPRax 1998, 96; dies soll allerdings nicht gelten, wenn für die vorgenommene Namensbestimmung im angewendeten Recht „jegliche gesetzliche Grundlage fehlt", OLG Karlsruhe FGPrax 1999, 58 (59)); bei einer ausländischen Feststellung kommt es auf die Anerkennung nach § 109 FamFG an (AG Karlsruhe StAZ 1990, 264; Henrich FS Großfeld, 1999, 355 (358)).

38 **g) Namensschutz.** Der Schutz des Namens unterliegt dem **Deliktsstatut** (hM; Begr. RegE, BT-Drs. 10/504, 46; OLG Stuttgart IPRspr. 1988 Nr. 14; NK-BGB/Mankowski Rn. 91 mwN; Henrich FS Großfeld, 1999, 355 (364); Grüneberg/Thorn Rn. 11; Erman/Stürner Rn. 16; Kropholler IPR § 43 vor I; aA Kegel/Schurig IPR § 17 IV 1; diff. Soergel/Schurig Rn. 20 ff.: namensrechtlicher Schutz (zB nach § 12 BGB) richtet sich nach Namensstatut, nur der deliktsrechtliche Namensschutz nach dem Deliktsstatut; diesem zust. Staudinger/Hausmann, 2019, Rn. 92). Dass die Antwort auf die Frage, welchen Namen eine Person berechtigterweise führt, das Namensstatut gibt, zwingt nicht dazu, dieser Rechtsordnung insgesamt oder in Teilaspekten auch die Voraussetzungen für einen Schutz dieses Namens zu entnehmen. Sachnäher ist hier das Deliktsstatut (Art. 40 ff., wegen Art. 1 Abs. 2 lit. g Rom II-VO nicht die Rom II-VO) (vgl. MüKoBGB/Junker Art. 40 Rn. 86 f.), weil dieses auch iÜ den Schutz der Persönlichkeit des Namensträgers übernimmt und der Täter mit dessen Geltung – weil idR das Recht am Tatort – eher rechnen muss als mit einem schwer erkennbaren fremden Namensstatut. Das deutsche Recht entscheidet als Deliktsstatut deshalb auch über die Frage, ob sich der Träger eines im deutschen Geburtsregister falsch eingetragenen Namens mit ausländischem Namensstatut unter Berufung auf sein allgemeines Persönlichkeitsrecht gegen eine Berichtigung des Namens wehren kann (KG MDR 2013, 98 – inzident). Zum Schutz des Firmennamens → Rn. 87. Inwieweit aus der nichtberechtigten Benutzung eines fremden Namens bereicherungsrechtliche Ansprüche erwachsen können, entscheidet das Bereicherungsstatut (Art. 38) (vgl. Wagner RIW 1994, 195).

## X. Regelanknüpfung: Staatsangehörigkeit

39 **1. Maßgeblicher Zeitpunkt.** Art. 10 Abs. 1 beruft zum Namensstatut das **Heimatrecht des Namensträgers** (zu Doppelstaatern, Staatenlosen etc → Rn. 9). Maßgeblich ist die Staatsangehörigkeit **zum Zeitpunkt des Vorgangs,** für den die Ermittlung des Namens relevant ist, also etwa zum Zeitpunkt der vorzunehmenden Eintragung in Personenstandsbücher, der behaupteten Verletzung des Namensrechts oder einer zu überprüfenden materiellrechtlichen Namenswahlerklärung. Hatte der Namensträger zuvor eine andere Staatsangehörigkeit, so wird aber – jedenfalls nach deutschem Kollisionsrecht – der Name grds. in der Prägung übernommen, die er unter dem alten Namensstatut erhalten hat (ausf. zum Statutenwechsel → Rn. 16). Damit kommt es in einem zweiten Schritt jeweils auch auf die Staatsangehörigkeit zum **Zeitpunkt des für den (möglichen) Erwerb oder Verlust des Namens relevanten Vorgangs** an; maßgeblich sind also die materiellen Namensregeln des Heimatrechts etwa bei Geburt, Eheschließung, Adoption, Scheidung, privater Namensänderung (allgM).

40 **2. Erwerb einer neuen Staatsangehörigkeit mit dem namensrechtlich relevanten Vorgang.** Wenn und soweit ein solch namensrechtlicher Vorgang zugleich den Erwerb einer neuen Staatsangehörigkeit mit sich bringt (möglich etwa bei Vaterschaftsanerkennung, Heirat, Adoption), ist die Namensfolge dem **neuen** Heimatrecht zu entnehmen, sofern bei Fortbestand der alten Staatsangehörigkeit die neu erworbene die **effektive oder die deutsche** ist (Art. 5 Abs. 1) und damit das Personalstatut bestimmt; andernfalls bleibt es beim alten Recht (Soergel/Schurig Rn. 27 Fn. 1a mit Art. 14 Rn. 5; Hepting/Dutta Rn. III-659, beide für die Eheschließung). Die vom **BGH angeführte Gegenmeinung,** die jedenfalls bei der Bildung des Ehenamens eine etwaige durch die Heirat erworbene Staatsangehörigkeit außer Betracht lassen will (BGHZ 72, 163 (165); BayObLG IPRax 1987, 242 (243): in beiden Fällen war allerdings die alte Staatsangehörigkeit sowohl die deutsche als auch die effektive, sodass auch die hier vertretene Auffassung zu keinem anderen Ergebnis geführt hätte; Grüneberg/Thorn Rn. 12), leuchtet nicht ein, weil es doch gerade um den nach Eheschließung und damit unter Herrschaft des für diesen Zeitraum maßgebenden Personalstatuts zu führenden Namen geht (zutr. Soergel/Schurig Rn. 27 Fn. 1a); sie gerät iÜ dann

in Schwierigkeiten, wenn die alte Staatsangehörigkeit mit der Eheschließung verloren geht – dann bleibt auch ihr nichts anderes übrig, als (von ihrem Ausgangspunkt systemwidrig) dann doch auf die neue Staatsangehörigkeit zurückzugreifen (MüKoBGB/Lipp Rn. 91). Entsprechendes gilt bei dem **Verlust der Staatsangehörigkeit** aufgrund eines familienrechtlichen Vorgangs (Vaterschaftsanfechtung) (vgl. Hepting StAZ 1998, 133 (136): ob ein Kind mit Anfechtung der Vaterschaft seinen Namen verliert, beurteilt sich nach seinem Heimatrecht nach erfolgter Anfechtung).

**3. Name nach Eheschließung.** Der von Ehegatten nach Eheschließung **kraft Gesetzes** zu führende Name beurteilt sich im Grundsatz ebenso nach dem Recht der Staatsangehörigkeit (zum Namensstatut bei Erwerb einer neuen Staatsangehörigkeit durch Eheschließung → Rn. 40) wie auch die Frage, ob ihnen **materiell ein Wahlrecht** für die Bestimmung eines gemeinsamen Familiennamens zukommt. Bei gemischtnationalen Ehen sind damit unterschiedliche Rechte maßgeblich, die bei unterschiedlichen Vorstellungen über die Namensführung in einer Ehe zu **Regelungswidersprüchen** führen können. Nicht immer muss sich ein solcher Widerspruch iErg auswirken. Wenn etwa das Mannesrecht für beide Ehegatten die unveränderte Fortführung der „vorehelichen" Namen vorsieht, nach dem Heimatrecht der Frau diese aber kraft Gesetzes den Mannesnamen als Ehenamen erwirbt, führen beide iErg den Mannesnamen wie einen gemeinsamen Ehenamen (vielzitiertes Beispiel nach Henrich IPRax 1986, 334). In anderen Fällen kann man im Wege der materiellrechtlichen **Anpassung (Angleichung;** allg. → EinlIPR Rn. 95) (ausf. zur Anpassung bei der Namensführung von Ehegatten Staudinger/Hausmann, 2019, Rn. 288 ff.) helfen, indem sich das **flexiblere dem starreren Recht beugt,** man also den „gemeinsamen Nenner" ermittelt: Das Recht, das keinen gesetzlichen Ehenamen oder keine oder eine weniger weitgehende Namenswahl ermöglicht, setzt sich durch, soweit das von ihm erstrebte Ergebnis im anderen Recht zumindest **auch möglich** ist. Trifft etwa das deutsche Recht mit einem ausländischen Recht zusammen, nach dem jeder Ehegatte in der Ehe seinen bisherigen Namen behalten muss, führt dies bei Anwendung des Art. 10 Abs. 1 dazu, dass auch der deutsche Ehegatte seinen Namen weiterführt, weil § 1355 Abs. 1 S. 3 BGB ihm dies ermöglicht; die Wahlmöglichkeiten des § 1355 Abs. 1 S. 1, Abs. 4 BGB bleiben ihm hingegen versperrt, denn sie setzen eine gemeinsame Wahl voraus (Hepting/Dutta Rn. III-673). Für eine Lösung, nach der § 1355 Abs. 2 BGB und das türkische Recht bei einer Eheschließung zwischen einer Deutschen und einem Türken, dessen Heimatrecht den Geburtsnamen des Ehemannes gesetzlich zum Ehenamen bestimmt, dahingehend anzupassen ist, dass eine (nur vermeintlich) **„gemeinsame" Bestimmung des Ehenamens durch beide Ehegatten mit Wirkung nur für den deutschen Ehegatten** ermöglicht wird (OLG Stuttgart FamRZ 2007, 149; krit. Krömer StAZ 2007, 242; zust. Sturm StAZ 2010, 1 (8); Hepting/Dutta Rn. III-677; vgl. auch Soergel/Schurig Rn. 63n), besteht weder Raum noch Notwendigkeit, denn die Rechtswahl nach Art. 10 Abs. 2 vermag den Ehegatten zu einem gemeinsamen deutschen Namensstatut und damit allen Wahlmöglichkeiten des § 1355 BGB zu verhelfen (vgl. Henrich IPRax 2007, 52, der selbst aber der Ansicht des OLG Stuttgart vorsichtig positiv gegenübersteht). 41

## XI. Rechtswahl für den Namen von Ehegatten (Abs. 2)

**1. Grundsatz, Normzweck.** Zur Vermeidung der oben (→ Rn. 41) geschilderten Probleme, die aus der Staatsangehörigkeits-Anknüpfung für die Namensführung in einer gemischtnationalen Ehe erwachsen können, billigt der deutsche Gesetzgeber Eheleuten – und über den Verweis in **Art. 17b Abs. 2 auch den Beteiligten einer Lebenspartnerschaft – eine beide Namen umfassende Rechtswahlmöglichkeit** zu; die über Art. 10 Abs. 2 S. 1 Nr. 2 auch dazu genutzt werden kann, die Namensführung eines ausländischen Paares an das **deutsche Umweltrecht anzupassen.** Weil die Rechtswahl zeitlich unbeschränkt möglich ist (→ Rn. 42), ist auch die Anpassung an **Änderungen der Personalstatute nach Eheschließung** eröffnet (zum Normzweck auch Hepting StAZ 1994, 1 (4)). 42

**2. Voraussetzungen der Rechtswahl. a) Wirksame Eheschließung/wirksame Eingehung einer eingetragenen Lebenspartnerschaft.** Das auf den künftig zu führenden Namen anzuwendende Recht kann von den „Ehegatten", dh nur im Falle einer wirksamen Eheschließung gewählt werden. Die Eheschließung ist damit eine **Vorfrage,** die **selbständig** anzuknüpfen ist (str.; → Rn. 11). In **direkter** Anwendung steht die Rechtswahl nach Abs. 2 nur den Partnern einer (wirksamen) **verschiedengeschlechtlichen Ehe** zu, weil der Ehebegriff des Art. 10 auf dem des Art. 13 aufbaut, der gleichgeschlechtliche Ehen ausschließt (→ Art. 13 Rn. 17, → Art. 13 Rn. 21) (jurisPK-BGB/Mäsch Art. 13 Rn. 21). **Gleichgeschlechtliche Ehepartner** 43 können aber bei wirksamer Eheschließung über Art. 17b Abs. 4 und Abs. 2 S. 1 ebenfalls die von Art. 10 Abs. 2 eröffneten Rechtswahlmöglichkeiten für ihren Ehenamen nutzen. Darüber hinaus (und sogar in erster Linie) stellt Art. 17b Abs. 2 S. 1 klar, dass die Rechtswahlmöglichkeit entspr. (zur Bedeutung der „entsprechenden" Anwendung MüKoBGB/Coester Art. 17b Rn. 54) auch für die Partner einer wirksam eingegangenen **eingetragenen Lebenspartnerschaft** gilt. Zur materiellen Namenswahl im letzteren Fall (→ Rn. 59).

44 **b) Frist.** Die Möglichkeit zur Wahl des Namensstatuts ist nicht auf den Zeitpunkt der Eheschließung begrenzt; die Wahl kann **ohne Fristbegrenzung** auch zu einem späteren Zeitpunkt während der Ehe erfolgen. Dies gilt grds. auch für Ehen, die vor dem Inkrafttreten der Neufassung des Art. 10 Abs. 2 am 1.4.1994 geschlossen wurden. Nach der Übergangsvorschrift des Art. 7 § 5 Abs. 1 FamNamRG ist für diese Ehen der Weg zu einer nachträglichen Rechtswahl nach Art. 10 Abs. 2 nF seit Ablauf der zweijährigen Übergangsfrist nur dann verschlossen, wenn die Eheleute zuvor bereits von den eingeschränkten kollisionsrechtlichen Wahlmöglichkeiten des bisherigen Rechts nach Art. 10 Abs. 2–4 aF Gebrauch gemacht haben; in den übrigen Fällen gibt es auch in „Altehen" für die Ausübung des Wahlrechts nach Art. 10 Abs. 2 nF keine zeitliche Begrenzung (ausführlicher Soergel/Schurig Rn. 63l; Bornhofen StAZ 1994, 141 (149); aA Henrich IPRax 1994, 174 (176)). Zu den von Art. 10 Abs. 2 grds. nicht berührten **Fristen des materiellen Rechts zur Wahl eines Namens** → Rn. 58.

45 **c) Ort der Eheschließung.** Die Möglichkeit zur Wahl des Namensstatuts ist im Gegensatz zum früheren Recht nicht mehr auf Ehen beschränkt, die im Inland geschlossen wurden. Für Auslandsehen hat insbes. die nachträgliche Rechtswahl in Form der Wahl des deutschen Rechts bei einem Zuzug nach Deutschland Bedeutung. Ob Eheschließung im In- oder Ausland: Voraussetzung für eine Wahl des Namensstatuts ist eine **wirksame Eheschließung.** Dies beurteilt sich in **selbstständiger Anknüpfung** immer nach dem vom deutschen IPR (Art. 13) insoweit berufenen Recht (→ Rn. 11).

46 **d) Staatsangehörigkeit der Ehegatten.** Auch wenn der Gesetzgeber das Wahlrecht vor allem mit Blick auf die rechtlichen Namenskonflikte in einer gemischtnationalen Ehe konzipiert hat (→ Rn. 41), sind **divergierende Heimatrechte keine Tatbestandsvoraussetzung** für die Ausübung des Wahlrechts. Ein Recht wählen kann deshalb auch ein Paar mit **gemeinsamer ausländischer Staatsangehörigkeit,** sei es, um die Namensführung am deutschen Umweltrecht auszurichten (Art. 10 Abs. 2 S. 1 Nr. 2), sei es, um über die gewillkürte Berufung ihres gemeinsamen Heimatrechts den bei der objektiven Anknüpfung des Art. 10 Abs. 1 (→ Rn. 10), nicht aber bei der Rechtswahl (→ Rn. 57) wirkenden Mechanismus des Renvoi auszuschalten, oder auch um das Namensstatut gegen einen späteren Statutenwechsel immun zu machen (→ Rn. 16; allgM). Auch für ein Ehepaar mit zum Zeitpunkt der Wahl (nur) **deutscher Staatsangehörigkeit** ist die Rechtswahl **nicht ausgeschlossen,** weil zumindest der letztere Aspekt auch für sie gilt (Hepting StAZ 1996, 235 (236); offengelassen von OLG Hamm FGPrax 1999, 55 (56); aA Soergel/Schurig Rn. 31). Voraussetzung ist jedoch generell, dass die Ehegatten durch eine nach dem Recht desjenigen Staates, dem sie angehören, gültige Ehe verbunden sind (OLG Düsseldorf FamRZ 2017, 359).

47 **3. Reichweite des Wahlrechts. a) Sachliche Reichweite. aa) Familiennamen.** Die Ehegatten können nur das für den während der Ehe von ihnen jeweils zu führenden Familiennamen maßgebliche Recht bestimmen. Soll ein Namensbestandteil eines ausländischen Ehegatten über eine Wahl des deutschen Rechts mittels der Namenswahl des § 1355 Abs. 1 BGB zum gemeinsamen Ehenamen bestimmt werden, ist deshalb sorgfältig zu prüfen, ob dieser Bestandteil in seiner Funktion einem Familiennamen deutscher Prägung entspricht (→ Rn. 17). Alle nicht den Familiennamen bildenden Namensbestandteile unterliegen weiterhin der Anknüpfung nach Art. 10 Abs. 1 (AG Berlin-Schöneberg StAZ 2016, 142 (143)).

48 **bb) Wahl des anwendbaren Rechts.** Art. 10 Abs. 2 ist auf die Rechtswahl beschränkt, eine materielle **Namenswahlmöglichkeit** erwächst daraus nur, wenn und soweit sie das **gewählte materielle Recht** zulässt (→ Rn. 58).

49 **b) Wählbare Rechte. aa) Heimat- oder deutsches Recht.** Gewählt werden kann eines der Heimatrechte der Ehegatten oder das deutsche Recht, wenn zumindest einer der Ehegatten seinen gewöhnlichen Aufenthalt (zu diesem Begriff näher → Art. 5 Rn. 16) in Deutschland hat. Die Geltung des Art. 5 Abs. 1 wird ausdrücklich ausgeschlossen. Daraus folgt, dass bei Doppelstaatern nicht die effektive oder die deutsche Staatsangehörigkeit den Vorrang genießt, sondern jede der Staatsangehörigkeiten gleichermaßen als Anknüpfungspunkt für die Wahl dienen kann.

**bb) Heimat-/Aufenthaltsrecht bei Ausübung des Wahlrechts.** Maßgeblicher **Zeitpunkt** für die Bestimmung der zur Verfügung stehenden Heimatrechte ist derjenige der Ausübung des Wahlrechts, nicht der Eheschließung. Die Ehegatten sind also bei einer nachträglichen Rechtswahl nicht auf die Rechte beschränkt, die ihnen bei Eheschließung zur Verfügung standen; umgekehrt hilft ihnen dann eine bei Eheschließung noch bestehende, später verlorene Staatsangehörigkeit nicht. Entsprechendes gilt für die Wahlmöglichkeit nach Art. 10 Abs. 2 S. 1 Nr. 2: Sie wird (nur) durch einen gewöhnlichen inländischen Aufenthalt im Zeitpunkt der Wahl eröffnet (Grüneberg/Thorn Rn. 14 f.; Hepting/Dutta Rn. III-696). Dies ermöglicht auch und gerade bei einem späteren Zuzug nach Deutschland die Anpassung an das hiesige Namensrecht. 50

**cc) Ausländisches Aufenthaltsrecht.** Zweifelhaft ist, ob Art. 10 Abs. 2 S. 1 Nr. 2 **analog** angewandt werden kann in Fällen, in denen die Ehegatten das Recht eines **anderen als des deutschen Staates** wählen wollen, in dem sich einer der oder beide Ehegatten gewöhnlich aufhalten. Es ist rechtspolitisch tatsächlich ungereimt, einem deutsch-italienischen Ehepaar, das in der Schweiz lebt, nicht auch für den Bereich des deutschen Rechts die Wahl des Schweizer Namensrechts zu ermöglichen, das nach Schweizer IPR ohnehin gilt (Beispiel nach Soergel/Schurig Rn. 63d; krit. zu diesem Versäumnis des deutschen Gesetzgebers Soergel/Schurig Rn. 63d; Hepting/Dutta Rn. III-722). Dennoch wurde die Analogiefähigkeit für die bis 1994 geltende Fassung des Art. 10 Abs. 2 zutreffend mit der Begründung verneint, es liege insoweit keine „planwidrige" Gesetzeslücke vor (Soergel/Schurig Rn. 30), weil der Gesetzgeber offenbar Handlungsbedarf für deutsche Behörden nur bei einem Inlandsaufenthalt gesehen hat. Dass er diese Einstellung geändert hat, ist nicht feststellbar, weshalb es nicht angeht, die in der neuen Fassung beibehaltene Beschränkung auf die Wahl des deutschen Aufenthaltsrechts nunmehr als einen mit Hilfe der Analogie auszugleichenden Irrtum des Gesetzgebers anzusehen (iE ebenso Hepting/Dutta Rn. III-723; Staudinger/Hausmann, 2019, Rn. 254; Grüneberg/Thorn Rn. 14 f.; Erman/Stürner Rn. 24; **aA** Soergel/Schurig Rn. 63d; NK-BGB/Mankowski Rn. 103 mwN; MüKoBGB/Lipp Rn. 99; Henrich FS Großfeld, 1999, 355 (362); ebenso bereits zum alten Recht Sturm StAZ 1995, 255 (259), letzterer ohne Begr.). 51

**4. Wirksame Ausübung des Wahlrechts. a) Materielle Voraussetzungen.** Die Rechtswahl ist ein Rechtsgeschäft. Ob dieses materiell wirksam vorgenommen wurde oder an Mängeln leidet (etwa Irrtum) und welche Folgen (Unwirksamkeit, bloße Anfechtbarkeit) diese auslösen, bestimmt sich nicht nach dem gewählten, sondern immer nach **deutschem Recht** (heute wohl allgM) (näher MüKoBGB/Lipp Rn. 103). Danach ist eine **Irrtumsanfechtung ausgeschlossen** (str., vgl. Staudinger/Hausmann, 2019, Rn. 260 mwN; aA LG Stuttgart StAZ 2002, 341; AG Gießen StAZ 2009, 208; noch anders Sturm FS Sonnenberger, 2004, 711 (723): Rücktritt nach § 313 Abs. 3 S. 1 BGB; vgl. zum Ausschluss der Irrtumsanfechtung bei der materiellrechtlichen Namenswahl BayObLG NJW 1993, 337). Die Erklärung ist nach dem ausdrücklichen Wortlaut der Vorschrift gegenüber dem Standesamt abzugeben, also **amtsempfangsbedürftig.** Eine im Ausland erfolgte Rechtswahl (zu ihrer Form → Rn. 54 f.) muss also nicht nur gegenüber der ausländischen Trauungs- oder Beurkundungsperson erklärt werden, sondern zusätzlich nach § 41 Abs. 2 PStG dem das Eheregister führenden Standesamt oder hilfsweise dem Standesamt I in Berlin zugehen, um im Inland wirksam zu sein (vgl. Staudinger/Hausmann, 2019, Rn. 286). Zur **stillschweigenden Rechtswahl durch sachrechtliche Namenswahl** → Rn. 60. 52

**b) Formelle Voraussetzungen.** Die für die Rechtswahlerklärung einzuhaltende Form ergibt sich aus Art. 10 Abs. 2 selbst (hM; aA Hepting StAZ 1994, 1 (7); Hepting/Dutta Rn. III-726: Form ergibt sich aus Art. 11 Abs. 1). 53

**aa) Nachträgliche Rechtswahl.** Art. 10 Abs. 2 regelt ausdrücklich allerdings nur die Form der **nachträglichen Rechtswahl:** Diese bedarf der **öffentlichen Beglaubigung** (§ 129 BGB), die **im Inland** nicht nur vom Notar, sondern nach § 41 Abs. 1 Nr. 4 PStG auch vom Standesbeamten vorgenommen werden kann. Wird die nachträgliche Erklärung im Ausland abgegeben, was zulässig ist, kommt es darauf an, ob die Tätigkeit der Person, die die Erklärung entgegennimmt, einem deutschen Notar oder einem deutschen Standesbeamten **funktionell gleichwertig ist (Substitution;** näher → VO (EG) 593/2008 Art. 11 Rn. 39 ff.). 54

**bb) Rechtswahl bei Eheschließung.** Die Rechtswahl bei Eheschließung wird, weil Art. 10 Abs. 2 insoweit keine Sonderregel enthält, wie die materielle Namenswahl von den **Formvorschriften für die Eheschließung** selbst erfasst (allgM). Sie muss **im Inland** also bei beiderseitiger gleichzeitiger Anwesenheit vor dem Standesbeamten erklärt (§§ 1310, 1311, 1355 Abs. 3 S. 1 BGB), nicht aber schriftlich niedergelegt werden, da die Beurkundung der Eheschließung, der 55

Namens- und der Rechtswahl im Eheregister nach §§ 15, 41 PStG kein Wirksamkeitserfordernis darstellt (vgl. Hepting StAZ 1994, 1 (7)). **Im Ausland** muss **die dort geltende Eheschließungsform** eingehalten werden (Hepting StAZ 1994, 1 (7)). Die Wahl des Ehenamensstatuts kann also gegenüber jeder nach der Ortsform zur Trauung berechtigten Person (Priester!) erfolgen und ist nicht unbedingt vor einem Standesbeamten im deutschen Sinne oder einer funktionell gleichwertigen Person zu erklären (aA OLG Düsseldorf StAZ 2010, 11; Grüneberg/Thorn Rn. 14: nur funktionell gleichwertiger ausländischer Standesbeamter; noch anders Soergel/Schurig Rn. 63 f.: nur, wenn Trauungsperson nach Recht des Heiratsorts kollisionsrechtliche Wahlerklärungen entgegennehmen darf). Allerdings ist erforderlich, dass die ausländische Trauungsperson überhaupt bereit ist, eine Wahlerklärung hinsichtlich des Namensstatuts entgegenzunehmen, woran es fehlen kann, wenn im Heiratsstaat Namenserklärungen bei Eheschließung im Allgemeinen oder Rechtswahlerklärungen im Besonderen unbekannt sind. Der den Ehegatten obliegende **Nachweis,** dass eine Rechtswahlerklärung bei der Heirat im Ausland abgegeben und entgegengenommen wurde, kann in der Praxis wohl nur durch einen entsprechenden Vermerk in den Heiratspapieren geführt werden. Die bloße Tatsache, dass die Eheleute die Heiratsurkunde mit einem bestimmten Namen unterzeichnet haben, ist für sich genommen nicht hinreichend, um eine kollisionsrechtliche Wahl des diesem Namen zugrunde liegenden Namensstatuts zu vermuten (OLG Frankfurt StAZ 2004, 338 (340) für Rechtswahl und materielle Namensbestimmung; näher Hepting StAZ 1994, 1 (7)).

56 **5. Folgen der Rechtswahl. a) Bindungswirkung.** Die einmal getroffene Rechtswahl ist **bindend.** Die Eheleute haben nicht die Möglichkeit zu einer Korrektur, selbst dann nicht, wenn sich später die tatsächlichen Verhältnisse ändern (hM, Staudinger/Hausmann, 2019, Rn. 302; MüKoBGB/Lipp Rn. 112; jurisPK-BGB/Janal Rn. 22; aA Sturm StAZ 2005, 253 (258); NK-BGB/Mankowski Rn. 113). Davon sollte eine **Ausnahme** gemacht werden, wenn die **Rechtswahl keine Auswirkung** auf den in der Ehe geführten Namen hatte, etwa weil die Beteiligten im Anschluss keine materielle Wahl des Ehenamens getroffen und deshalb nach dem gewählten Recht wie nach ihren Personalstatuten ihren jeweiligen vorehelichen Namen fortgeführt haben (KG FGPrax 2017, 92). Die Aufhebung (durch gemeinsame Erklärung der Ehegatten) unterliegt als actus contrarius der Form des Art. 10 Abs. 2 S. 2 (KG FGPrax 2017, 92).

57 **b) Keine Rückverweisung.** Die Rechtswahl führt direkt zum materiellen Namensrecht. Eine eventuelle Rück- oder Weiterverweisung des Kollisionsrechts dieser Rechtsordnung ist unbeachtlich (Art. 4 Abs. 2).

58 **c) Materiellrechtliche Ehenamenswahl.** Die wirksame Wahl des für den während der Ehe zu führenden Namen maßgeblichen materiellen Rechts sagt für sich genommen noch nichts darüber aus, ob, unter welchen Voraussetzungen und in welcher Form die Eheleute auch einen **gemeinsamen Namen wählen** können (OLG Hamm FGPrax 1999, 55 (56)). Darüber entscheidet das gewählte materielle Recht selbst (allgM). Dieses Recht entscheidet bei einer Rechtswahl nach Eheschließung auch darüber, ob und inwieweit eine **nachträgliche Namenswahl** überhaupt möglich ist und ob der Ablauf etwaig hierfür geltender **Fristen** durch den Umstand gehemmt ist, dass die Eheleute durch die nachträgliche Rechtswahl erst für ihre Anwendbarkeit gesorgt haben. Im deutschen Recht besteht ein solches Problem durch die Abschaffung der früheren Fünfjahresfrist für die Namenswahl nach Heirat (§ 1355 Abs. 3 S. 2 BGB aF) nicht mehr (zur Wahl eines ausländischen **Eigennamens** oder eines bloßen **Namenszusatzes** („Singh") sowie eines **Doppelnamen des spanischen Rechtskreises** zum gemeinsamen Ehenamen unter deutschem Recht → Rn. 17, → Rn. 24). Wird deutsches Recht gewählt und soll ein unter einem ausländischem Statut erworbener, uU nicht ohne weiteres mit dem deutschen Namensrecht verträglicher Name (→ Rn. 17) zum Ehenamen bestimmt werden, so ermöglicht **Art. 47,** durch Erklärung gegenüber dem Standesamt, **eine für das deutsche Namensrecht passende Namensform zu wählen** (Einzelheiten dort). Mehrere Eigennamen können nicht zum Familiennamen bestimmt werden, da das deutsche Recht einen mehrgliedrigen Familiennamen grds. nicht zulässt (BGH NJW-RR 2015, 321 (322 f.)). Das auf die **Form** einer materiellrechtlichen Namenswahl anwendbare Recht ermittelt sich nach Art. 11 (Sturm FS Sonnenberger, 2004, 711 (714)). Ein deutsches Standesamt ist (im Wege der Substitution, näher → EinlIPR Rn. 96) für die Entgegennahme einer materiellen Namenserklärung nach ausländischem Recht zuständig, wenn die Entgegennahme nach diesem Recht einen rein formellen Vorgang und kein materiellrechtliches Wirksamkeitserfordernis wie im deutschen Recht darstellt (vgl. Rauhmeier StAZ 2017, 216 (217)). Wird ein ausländisches Recht gewählt und stellt sich bei dessen Anwendung die Frage, **welche Familiennamen** für die Bestimmung eines gemeinsamen Familiennamens zur Verfügung stehen, handelt es sich nicht um eine Vorfrage (→ Rn. 12 aE; str., aA KG FGPrax 2020, 49 (50)).

Es ist vielmehr – wie sonst auch – immer über Abs. 1 das Namensstatut des Namensträgers und dann über dessen materielle Regeln der Familienname zu ermitteln.

Lebenspartner können bei **Wahl deutschen Namensrechts** gem. Art. 17b Abs. 2 S. 1 iVm Art. 10 Abs. 2 (→ Rn. 43) **keinen Ehenamen** (§ 1355 BGB, § 41 PStG), sondern **nur einen Lebenspartnerschaftsnamen (§ 3 LPartG, § 42 PStG) bestimmen** (BGH NJW 2016, 2953 (2954)). Kennt das **gewählte ausländische Heimatrecht** keine Regelung für die Namenswahl für Lebenspartner, ist zu prüfen, ob im Wege der Substitution auf die Regeln für den Ehenamen zurückgegriffen werden kann (MüKoBGB/Coester Art. 17b Rn. 54). 59

**Kollisionsrechtliche Rechtswahl** und **materielle Namenswahl** können miteinander in einer Erklärung **verbunden werden** (allgM). Die Rechtswahl kann auch stillschweigend in einer Namenswahl verborgen sein, wenn die gewählte Namensform nur nach einem nicht kraft Gesetzes anwendbaren Recht möglich ist und deshalb dessen Wahl zwingend voraussetzt (vgl. OLG Düsseldorf StAZ 2010, 110; Gegenbeispiel bei OLG München StAZ 2009, 241). Ein dahingehender Rechtsfolgenwillen kann aber nur dann angenommen werden, wenn die beteiligten Personen sich des Auslandsbezugs bewusst sind (OLG Nürnberg FamRZ 2016, 1586 (1587)); allg. zur Rechtswahl als Vertrag → VO (EG) 593/2008 Art. 3 Rn. 1 ff.. 60

**d) Korrektur eines nach altem Statut gebildeten Ehenamens nach Rechtswahl.** 61
**aa) Wirkung ex nunc.** Der Wechsel des Namensstatuts durch eine nachträgliche Rechtswahl nach Eheschließung hat Wirkung nur für die Zukunft. Wenn deutsches Recht nach einem Zuzug nach Deutschland über Art. 10 Abs. 2 S. 1 Nr. 2 nachträglich gewählt wird und die Ehegatten aufgrund des bisherigen Namensstatuts den Mannesnamen als gemeinsamen Ehenamen führen **mussten,** stellt sich allerdings die materiellrechtliche Frage, ob sie nunmehr **zur getrennten Namensführung zurückkehren** können. Nach dem Wortlaut des § 1355 Abs. 3 BGB ist dies zu verneinen, da nachträglich nur ein gemeinsamer Ehename gewählt werden kann (weil mangels abweichender Erklärung bei Eheschließung kraft Gesetzes getrennte Namen geführt werden). Würde man in wörtlicher Anwendung materiellrechtlich die zwangsweise Festlegung einer gemeinsamen Namensführung in der Ehe durch das bisherige Statut hinnehmen, würde das die kollisionsrechtliche Möglichkeit zum Wechsel des Namensstatuts zur Anpassung an deutsche Gepflogenheiten (und Wahlmöglichkeiten) weitgehend entwerten. Deshalb wird man in solchen Fällen den Ehegatten nach § 1355 BGB eine Namenswahl so gestatten müssen, als stünden sie jetzt bei der Eheschließung. Sie können sich deshalb (für die Zukunft) auch gegen den gemeinsamen Ehenamen entscheiden (Soergel/Schurig Rn. 63h; aA Henrich IPRax 1994, 174 (175)).

**bb) „Verbrauch" des materiellen Wahlrechts.** Haben die Ehegatten hingegen **bei der Eheschließung nach ausländischem Recht** (freiwillig) einen **gemeinsamen Ehenamen bestimmt,** so können sie diesen über eine spätere Wahl des deutschen Namensrechts nicht mit Hilfe des § 1355 Abs. 3 BGB nachträglich austauschen oder gar zur getrennten Namensführung zurückkehren. Das materielle Wahlrecht des § 1355 BGB ist durch die frühere Wahl nach ausländischem Recht **verbraucht** (OLG Hamm FGPrax 1999, 55 (56); Soergel/Schurig Rn. 63h aE). Dies gilt nach zutreffender, vom **BGH** allerdings **verworfener** Auffassung, auch für **Spätaussiedler** (OLG Hamm FGPrax 1999, 55 (56); aA BGH FamRZ 2001, 903 (904); OLG Frankfurt StAZ 2006, 263; 2000, 209 Vorlagebeschluss; OLG Stuttgart FGPrax 1999, 57 (58); BayObLG StAZ 1999, 270 Vorlagebeschluss; Silagi StAZ 1999, 263 (265); Gaaz IPRax 2000, 115 (116); weitergehend Sturm FS Sonnenberger, 2004, 711 (725): Jeder „Auslandsdeutsche" kann nach Rückkehr in die Heimat eine Namenswahl berichtigen, mit der er sich an fremdes Aufenthaltsrecht angepasst hat; zum Folgeproblem des Kindesnamens, wenn die Eltern auf der Basis der Auffassung des BGH zur getrennten Namensführung zurückkehren, vgl. OLG Frankfurt StAZ 2007, 146: entspr. Anwendung des § 1617c BGB); ihnen kann nicht mit einer Sonderinterpretation von § 1355 Abs. 3 BGB geholfen werden, zumal eine im Regierungsentwurf zum EheschlRG enthaltene Ergänzung des § 1355 Abs. 3 BGB, die Deutschen iSd Art. 116 GG eine erneute Wahl ausdrücklich zugestehen wollte (vgl. BT-Drs. 12/4898; dagegen die Beschlussempfehlung des Rechtsausschusses, BT-Drs. 13/9416, 29), gerade nicht Gesetz geworden ist. Sedes materiae bleibt deshalb allein § 94 BVFG, der der speziellen Situation der Spätaussiedler Rechnung tragen soll, eine zweite Namenswahl aber auch in analoger Anwendung nur schwerlich zulässt. 62

**e) Namensführung nach Auflösung der Ehe.** Nach hM ist das nach Art. 10 Abs. 2 gewählte Recht auch für die Namensführung nach **Scheidung** (OLG Dresden StAZ 2004, 170; BayObLG FamRZ 2003, 310; OLG Hamm StAZ 1999, 370; v. Bar/Mankowski IPR BT II § 6 Rn. 191; Staudinger/Hausmann, 2019, Rn. 242 mwN; MüKoBGB/Lipp Rn. 120; aA v. Bar IPR BT, 1. Aufl. 1991, Rn. 76) und nach dem **Tod** (Soergel/Schurig Rn. 63) einer der Ehegatten maßgeb- 63 lich. Eine erneute Rechtswahlmöglichkeit für beide oder einen der Ex-Ehegatten nach Scheidung sieht das Gesetz nicht vor. Haben deutsch-ausländische Eheleute für ihre Namensführung in der Ehe nach Art. 10 Abs. 2 ausländisches Recht gewählt, so möchte dennoch die hM dem deutschen Ehegatten erlauben, analog Art. 10 Abs. 2 S. 1 Nr. 1 **für seine Namensführung nach der Scheidung zum deutschen Namensrecht** (und damit zu § 1355 Abs. 5 BGB) zurückzukehren (OLG Frankfurt StAZ 2005, 47; OLG Dresden StAZ 2004, 170; OLG Hamm StAZ 1999, 370; Staudinger/Hausmann, 2019, Rn. 273; MüKoBGB/Lipp Rn. 121; Henrich StAZ 1996, 132; Grüneberg/Thorn Rn. 12; verallgemeinernd Nr. 41.2 PStG-VwV: jeder Ex-Ehegatte kann zum eigenen Ehenamensrecht zurückkehren). Das ist abzulehnen (so auch Soergel/Schurig Rn. 61; NK-BGB/Mankowski Rn. 117), da es an beiden Voraussetzungen für eine Analogie (ungeplante Gesetzeslücke/vergleichbare Interessenlage) fehlt. Verheiratet sich der Namensträger nach Scheidung erneut, wird sein Name in dieser Ehe wieder nach Art. 10 Abs. 1 vom Recht seiner Staatsangehörigkeit bestimmt (Staudinger/Hausmann, 2019, Rn. 273; Wachsmann StAZ 2005, 80; Kubitz StAZ 2000, 311; Jauß StAZ 2001, 118), und ihm stehen gemeinsam mit seinem neuen Ehepartner erneut die Wahlmöglichkeiten des Art. 10 Abs. 2 offen (Kubitz StAZ 2000, 311).

64 **f) Folgen der Rechtswahl für den Namen eines Kindes (Abs. 2 S. 3). aa) Allgemeines.** Der Familienname eines Kindes bestimmt sich gem. Art. 10 Abs. 1 nach dem Recht seiner Staatsangehörigkeit oder nach dem gem. Art. 10 Abs. 3 für seinen Namen gewählten Recht (→ Rn. 67 ff.). Haben die verheirateten Eltern nach Art. 10 Abs. 2 **vor der Geburt des Kindes** das für ihren jeweiligen Familiennamen in der Ehe maßgebliche Recht gewählt und dann über ihren Namen entschieden, wirkt sich die Rechtswahl mittelbar insofern aus, als sich nach wohl jedem Recht, das einen Familiennamen kennt, der Familienname des Kindes in der einen oder anderen Form nach dem von den Eltern bei Geburt getragenen Namen richtet, der seinerseits vom gewählten Statut bestimmt wird. Wählen die Eltern aber **nach der Geburt** des Kindes ein neues Statut für ihren Namen und ändert sich dieser kraft nachfolgender materieller Namenswahl oder ex lege (andernfalls wäre die Rechtswahl überflüssig), muss auf der Ebene des materiellen Rechts entschieden werden, ob und unter welchen Voraussetzungen sich auch der Name des Kindes ändert. Hier ist zu unterscheiden:

65 **bb) Deutsches Namensstatut des Kindes.** Ist das Namensstatut des Kindes das deutsche Recht, findet sich die Antwort im Hinblick auf die Folgen einer nachträglichen materiellen Namenswahl in **§ 1617c BGB.** Für den Fall, dass sich infolge der Rechtswahl der Name der Eltern kraft Gesetzes ändert, erklärt **Art. 10 Abs. 2 S. 3** die Norm ebenfalls („sinngemäß") für anwendbar. Die Namensänderung der Eltern infolge der Rechtswahl wirkt sich demnach bei **deutschem Namensstatut** des Kindes **ohne weiteres auf seinen Namen** aus, wenn es zu diesem Zeitpunkt das **fünfte Lebensjahr** noch nicht vollendet hat (Grüneberg/Götz BGB § 1617c Rn. 3). Ist das Kind älter als fünf Jahre, ändert sich sein Name nur dann, wenn es sich in öffentlich beglaubigter Form – oder einer eventuell abweichenden Ortsform (Art. 11 Abs. 1) – gegenüber dem Standesamt der Rechtswahl **anschließt** (vgl. zu einem solchen Fall unter Geltung von § 1616a BGB aF, der noch die Genehmigung des Vormundschaftsgerichts forderte, BayObLG StAZ 1998, 284 (285)). Ist das Kind **noch nicht 14 Jahre alt oder ist es geschäftsunfähig,** wird diese Erklärung vom Sorgeberechtigten in gesetzlicher Vertretung (selbstständig anzuknüpfende Vorfrage; → Rn. 11) abgegeben. Andernfalls muss das **Kind sich selber erklären,** bis zum Eintritt der Geschäftsfähigkeit allerdings **gemeinsam mit dem gesetzlichen Vertreter.**

66 **cc) Ausländisches Namensstatut des Kindes.** Unterliegt der Name des Kindes ausländischem Recht, entscheidet **dieses** über die Auswirkungen der Elternnamensänderung auf das Kind; ggf. sind, dem Rechtsgedanken des Art. 10 Abs. 2 S. 3 folgend, die ausländischen Regeln über die Auswirkungen einer materiellen Namenswahl der Eltern bei ex-lege-Änderungen infolge der Rechtswahl entspr. anzuwenden. Es besteht **kein Anlass,** stattdessen auch bei **ausländischem Namensstatut generell § 1617c BGB** anzuwenden (so auch Soergel/Schurig Rn. 75 f. noch zu § 1616a BGB aF; Staudinger/Hausmann, 2019, Rn. 311; Henrich IPRax 1994, 174 (178)), wie es eine Mindermeinung (Grüneberg/Thorn Rn. 18) fordert; dies sollte den Fallgestaltungen vorbehalten bleiben, in denen es einschlägige Regeln im Kindesnamensstatut gar nicht gibt (zutr. Soergel/Schurig Rn. 75 f.).

## XII. Rechtswahl für den Kindesnamen (Abs. 3)

67 **1. Grundsatz, Normzweck.** Der Name des Kindes wird grds. durch sein Heimatrecht bestimmt (Art. 10 Abs. 1). Maßgeblich für seinen Geburtsnamen ist die durch Geburt erworbene

Staatsangehörigkeit, ggf. der von seinen Eltern abgeleitete Flüchtlingsstatus (vgl. BayObLGZ 1999, 27 (30 f.)); abw. → Art. 5 Rn. 28 (Lorenz). Ist die Mutter zu diesem Zeitpunkt verheiratet, kommt es hierfür nach deutschem Staatsangehörigkeitsrecht, wie wohl auch nach allen ausländischen Rechten, neben ihrer Nationalität auch auf die Staatsangehörigkeit des Ehemannes an, sonst auf diejenige des Mannes, der die Vaterschaft anerkennt oder dessen Vaterschaft festgestellt wird. Hat das Kind danach eine doppelte Staatsangehörigkeit, entscheidet Art. 5 Abs. 1: Es geht die deutsche (vgl. LG München I StAZ 1999, 174; BayObLG FamRZ 2000, 56), beim Konflikt zweier ausländischer Heimatrechte die effektive Staatsangehörigkeit vor, ersatzweise gilt das Recht des gewöhnlichen Aufenthalts (BGH NJW-RR 2015, 1089 (1090)). Erfolgt die **Vaterschaftsanerkennung** (oder eine konstitutive Registrierung) **nach der Geburt,** so kann sie den Geburtsnamen des Kindes nur beeinflussen, wenn der damit verbundene Staatsangehörigkeitserwerb (wie nach § 4 Abs. 1 S. 1 StAG) **zurückwirkt;** andernfalls bewirkt sie, wenn sie über Art. 5 Abs. 1 S. 1 maßgibt, nur einen Statutenwechsel für die Zukunft (vgl. BayObLG StAZ 1996, 200 (201)). Der bisherige Name des Kindes bleibt im letzteren Fall wegen des Grundsatzes der Namenskontinuität (→ Rn. 16) vorbehaltlich einer behördlichen Namensänderung erhalten (näher Hepting StAZ 1998, 133 (136) auch zu den Folgen für die Personenstandsregister). Vorfragen (Ehe, Vaterschaftsanerkennung) sind im Rahmen der Prüfung der Staatsangehörigkeit des Kindes unselbstständig anzuknüpfen (Staudinger/Hausmann, 2019, Rn. 339); näher → Art. 5 Rn. 2; davon zu unterscheiden ist die Anknüpfung der von Art. 10 Abs. 3 oder von dem durch diesen für die Namensfrage berufenen Recht aufgeworfene Vorfragen (→ Rn. 11).

Auch die namensrechtlichen Folgen sonstiger postnataler familienrechtlich relevanter Veränderungen (Adoption, Legitimation, soweit ein anwendbares Recht diese vorsieht, etc) bestimmen sich grds. nach dem Heimatrecht des Kindes (zur Vorfragenanknüpfung → Rn. 11). **68**

Das Namensstatut des Kindes stimmt nicht immer mit dem Recht seiner Umwelt überein; es kann auch, insbes. im Hinblick auf nach der Geburt erfolgte Änderungen, wie die oben erwähnte nachträgliche Vaterschaftsanerkennung (zum umgekehrten Fall KG IPRax 2011, 70), zu einem die tatsächlichen familiären Verhältnisse nicht widerspiegelnden Namen führen. Die Rechtswahl nach Art. 10 Abs. 3 soll deshalb dem Sorgeberechtigten ermöglichen, die **Namensführung des Kindes der konkreten Familiensituation und der sozialen Umgebung anzupassen** (Hepting StAZ 1998, 133 (137)), um in letzterer Hinsicht eine nach Heimat- und Aufenthaltsrecht **gespaltene Namensführung zu verhindern** (BGH NJW-RR 2022, 361 Rn. 36). **69**

**2. Voraussetzungen der Rechtswahl. a) Eheliche und nichteheliche Kinder.** Art. 10 Abs. 3 unterscheidet im Anschluss an die Entwicklung im materiellen Recht nicht (mehr) zwischen ehelichen und nichtehelichen Kindern; die Möglichkeit zur Namensrechtswahl ist beiden Gruppen unter gleichen Voraussetzungen und in gleichem Umfang gegeben. **70**

**b) Zeitpunkt.** Die Wahl des Namensstatuts ist nicht auf den Zeitpunkt der Beurkundung der Geburt begrenzt; wie Art. 10 Abs. 3 S. 2 zeigt, kann man sie auch später nachholen, ohne an eine Frist gebunden zu sein (LG Berlin StAZ 2003, 172; Staudinger/Hausmann, 2019, Rn. 376). Weil die Wahl dem Sorgeberechtigten vorbehalten ist, muss sie allerdings bis zum Zeitpunkt der das Sorgerecht beendenden Volljährigkeit (die Altersgrenze für die Volljährigkeit ist analog Art. 7 dem Heimatrecht des Kindes zu entnehmen, → Art. 7 Rn. 24) des Kindes getroffen werden. Auch die nachträgliche Wahl muss nach geltendem Recht nicht in **einem zeitlichen Zusammenhang mit einer tatsächlichen Änderung** stehen, die eine Namensanpassung sachlich rechtfertigt (Aufenthaltswechsel, Änderung der Familiensituation, Statutenwechsel) (aA Hepting StAZ 1998, 133 (140 f.)). **71**

**c) Wahlberechtigte.** Wahlberechtigt ist der Sorgeberechtigte. Wer **sorgeberechtigt** für das Kind ist, ist in **selbstständiger Anknüpfung** nach Art. 15 ff. KSÜ oder – in Altfällen – nach Art. 21 zu ermitteln (BGH NJW-RR 2022, 361 Rn. 18; Dutta StAZ 2010, 193 (200); OLG Düsseldorf FamRZ 1999, 328 (329)), sofern nicht eine deutsche oder über die Brüssel IIa-VO/Brüssel IIb-VO, KSÜ, ESÜ bzw. § 109 FamFG **anzuerkennende ausländische Entscheidung** vorgeht (ausf. Dutta StAZ 2010, 193). Das Sorgerechtsstatut entscheidet auch darüber, ob bei mehreren Sorgeberechtigten beide gemeinsam handeln müssen oder nicht. **72**

**d) Inlandsbezug.** Die Rechtswahl setzt materiellrechtlich **keinen besonderen Inlandsbezug** voraus (Grüneberg/Thorn Rn. 20; aA Hepting StAZ 1998, 133 (141)), wie man aus § 45 Abs. 2 S. 3 PStG rückschließen kann, der das Standesamt I Berlin zur Entgegennahme der Rechtswahlerklärung in den Fällen für örtlich zuständig erklärt, in denen weder eine deutsche Geburtsregistereintragung noch ein deutscher Wohnsitz oder gewöhnlicher Aufenthalt ins Inland weist. **73**

74 **3. Reichweite des Wahlrechts. a) Sachliche Reichweite.** Das Wahlrecht betrifft nur den Familiennamen des Kindes; sein Vorname und alle anderen Namensbestandteile unterliegen weiterhin der Anknüpfung nach Art. 10 Abs. 1 (hM, → Rn. 30). Bei sog. **Vatersnamen** wird nicht einheitlich beurteilt, ob es sich nach seiner Funktion eher um einen Familiennamen (so BGH NJW 1971, 1521; OLG Hamburg BeckRS 2021, 18771) oder einen Vornamen handelt (BGH NJW 2014, 1338 (1384); OLG Dresden StAZ 2018, 155; Staudinger/Hausmann, 2019, Art. 47 Rn. 52 mit Ausnahme des Falles, dass ein Familienname gänzlich fehlt (Rn. 51)). Jedenfalls soll das Patronym in europarechtskonformer Auslegung im Lichte des Art. 21 AEUV der Rechtswahl zugänglich sein, wenn der Sorgeberechtigte das Recht eines Mitgliedstaates wählt, dem auch das Kind angehört und dabei zum Ausdruck bringt, dass das Kind das Patronym nach dem gewählten Recht führen soll (KG NZFam 2018, 188 zum Vatersnamen nach bulgarischem Recht; iE ebenso BGH NJW 2022, 361 Rn. 30; NK-BGB/Mankowski Rn. 158; zur Anerkennungspflicht bzgl. des Namens aus Art. 21 AEUV EuGH NJW 2017, 3581; → Art. 48 Rn. 13).

75 Wie Art. 10 Abs. 2 ist auch Art. 10 Abs. 3 auf die **Rechtswahl** beschränkt, eine materielle **Namenswahlmöglichkeit** folgt nur, wenn und soweit sie das **gewählte materielle Recht** zulässt (→ Rn. 83). Die Möglichkeit zur Namenswahl ist weder zwingende Voraussetzung noch automatische Folge der Rechtswahl (vgl. BayObLG StAZ 1997, 275); aber → Rn. 76 zur Einbenennung.

76 **b) Wählbare Rechte.** Zur Wahl stehen ungeachtet des Art. 5 Abs. 1 (die Ausführungen bei → Rn. 49 gelten entspr.) eines der **Heimatrechte** der Eltern oder das **deutsche Recht,** wenn zumindest ein Elternteil seinen gewöhnlichen Aufenthalt (zu diesem Begriff näher → Art. 5 Rn. 16) in Deutschland hat. Aus dem Begriff des Familiennamens leitet der BGH (BGH NJW-RR 2018, 837) ab, dass nur Rechtsordnungen gewählt werden können, die (ausschließlich) eine den **familiären Bezug erkennbar machende Namenserteilung** vorsehen, weshalb Rechte nicht in Frage kommen, die **nur Eigennamen** kennen (so auch Staudinger/Hausmann, 2019, Rn. 389; NK-BGB/Mankowski Rn. 158; s. auch Hepting StAZ 2001, 257 (259); Krömer StAZ 2006, 152 (153)) oder die Wahl eines **reinen Phantasienamens** zulassen. Das überzeugt nicht. Stehen im gewählten Recht nur Eigennamen zur Verfügung, hilft die materielle Wahl eines Familiennamens **analog Art. 47 Abs. 1 Nr. 2,** die nach der hier vertretenen Auffassung – wie vom BGH jetzt für Art. 10 Abs. 3 gefordert – auf die Bestimmung eines Namens beschränkt ist, der einen familiären (sozialen) Bezug zum künftigen Namensträger aufweist (→ Art. 47 Rn. 10). Gegen reine Phantasienamen kann im Einzelfall der ordre public in Stellung gebracht werden (→ Rn. 13); eines kategorischen Ausschlusses von Rechtsordnungen, die eine freie Namenswahl zulassen, bedarf es dazu nicht (ebenso BeckOGK/Stürner Art. 6 Rn. 317; vgl. auch v. Sachsen Gessaphe LMK 2018, 411606). Wie der vom BGH entschiedene Fall nachdrücklich zeigt, ist ein solcher sogar unsinnig: Es gibt keinen Anlass, die Wahl eines Phantasienamens nach australischem Recht zu verhindern, wenn dieser identisch ist mit dem (Phantasie-)Namen, den sich der australische Vater des fraglichen Kindes nach dessen Geburt zugelegt hat, denn damit wird gerade die familiäre Zugehörigkeit nach außen dokumentiert. Die Wahl eines Rechts, das zwar keinen Familiennamen, wohl aber nicht auf die nächste Generation übergehende **Vaters- oder Beinamen** (→ Rn. 24) kennt, ist erst recht zulässig, weil hier der Vaters- oder Zwischenname im Wege der Substitution die Rolle des Familiennamens übernehmen kann (OLG Stuttgart BeckRS 2010, 10796 = StAZ 2010, 265 betr. mongolischen Beinamen; OLG Celle BeckRS 2013, 18730 = StAZ 2014, 274 betr. isländischen Kennzeichnungsnamen; Staudinger/Hausmann, 2019, Rn. 389; Wachsmann StAZ 2000, 220; NK-BGB/Mankowski Rn. 158 f.; jurisPK-BGB/Janal Rn. 31). Bei **Flüchtlingen** kann nicht auf ihre Staatsangehörigkeit zurückgegriffen werden (aA Grüneberg/Thorn Rn. 21), weil diese hinter ihren gewöhnlichen Aufenthalt zurücktritt (näher → Art. 5 Rn. 32), was durch den Ausschluss von Art. 5 Abs. 1 nicht berührt wird. Gewählt werden kann nach **Art. 10 Abs. 3 S. 1 Nr. 3** auch das Recht des Staates, dem „ein den Namen Erteilender" angehört. Damit wird bei der sog. **Einbenennung** zur namensrechtlichen Identifizierung des Kindes mit einem Stiefelternteil, wie sie im deutschen Recht in § 1618 BGB geregelt ist, eine weitere Wahlmöglichkeit geschaffen. Zwar eröffnet Art. 10 Abs. 3 S. 1 Nr. 3 wie die anderen Varianten „nur" eine Rechtswahl. Nach Sinn und Wortlaut der Vorschrift wird man hier aber die getrennte Betrachtung von Rechtswahl und materieller Namensfolge (→ Rn. 75) aufgeben müssen und die Rechtswahl nach Nr. 3 nur in den Fällen zulassen, in denen sie tatsächlich zu einer **Namensangleichung mit dem Stiefelternteil** führt (ebenso Soergel/Schurig Rn. 78). Zur Rolle des Art. 23 bei der Einbenennung → Art. 23 Rn. 5, → Art. 23 Rn. 15.

77 Maßgeblicher **Zeitpunkt** für die Bestimmung der zur Verfügung stehenden Heimatrechte ist der der **Ausübung des Wahlrechts,** nicht der Geburt (→ Rn. 50).

**4. Wirksame Ausübung des Wahlrechts. a) Materielle Voraussetzungen.** Zur Beurteilung der materiellen Wirksamkeit der Rechtswahl nach deutschem Recht → Rn. 52. Deutschem Recht unterliegt bei Zweifeln insbes. die Auslegung, ob überhaupt eine Rechtswahl vorgenommen werden sollte (vgl. OLG München FamRZ 2009, 1597). 78

**b) Formelle Voraussetzungen. aa) Nachträgliche Rechtswahl.** Die einzuhaltende **Form** ergibt sich aus Art. 10 Abs. 3 S. 2 nur für die nachträgliche Rechtswahl: Diese muss (ebenso wie die nachträgliche materielle Namenswahl nach deutschem Recht, § 1617 Abs. 1 S. 2 BGB) **öffentlich beglaubigt** (§ 129 BGB) werden, was **im Inland** nicht nur beim Notar, sondern entspr. § 45 PStG auch durch den Standesbeamten geschehen kann. Zur Rechtswahlerklärung im Ausland (diese ist zulässig, Grüneberg/Thorn Rn. 21; MüKoBGB/Lipp Rn. 144) näher → Rn. 54. 79

**bb) Rechtswahl bei Geburt.** Fraglich ist die für die Rechtswahl bei Geburt, dh bis zur Beurkundung der Geburt in Deutschland (vgl. Soergel/Schurig Rn. 75d), einzuhaltende Form. Die Vorschrift schweigt dazu, weshalb manche Art. 10 Abs. 3 S. 2 analog anwenden wollen und die öffentliche Beglaubigung auch in diesem Fall fordern (so Hepting StAZ 1998, 133 (138); anders Hepting/Dutta Rn. IV-325). Näher liegt, die Rechtswahl bei Geburt entweder an den formellen Anforderungen für die Geburtsanzeige durch die Sorgeberechtigten (§ 18 Abs. 1 Nr. 1 PStG) (so Staudinger/Hausmann, 2019, Rn. 386; Wachsmann StAZ 1999, 339; iErg offenlassend NK-BGB/Mankowski Rn. 155) oder an denjenigen zu messen, die das deutsche Recht (§ 1617 Abs. 1 S. 1 BGB) an die materiellrechtliche Namenswahl für das Kind zu diesem Zeitpunkt stellt (→ BGB § 1617 Rn. 9). Damit genügt die **einfache (formlose) Erklärung gegenüber dem Standesamt,** wovon auch Nr. 21.3.2 PStG-VwV und (stillschweigend) das BayObLG (BayObLG StAZ 1997, 174 (175) zu Art. 10 Abs. 3 aF; zust. Grüneberg/Thorn Rn. 21) ausgehen. 80

**5. Folgen der Rechtswahl, Abänderbarkeit.** Für die Folgen der Rechtswahl gelten zunächst die Aussagen in → Rn. 56 ff. zur Wahl des Namensstatuts bei Eheleuten entspr. 81

Der Wechsel des Namensstatuts durch eine Rechtswahl nach Beurkundung der Geburt in Deutschland hat **Wirkung nur für die Zukunft** und führt einen Statutenwechsel herbei (aA OLG Hamm NJOZ 2011, 631). Der Geburtsname des Kindes wird also zunächst übernommen (→ Rn. 16), er ändert sich nur, wenn das gewählte Statut eine private Namensänderung oder eine Namenswahl (dazu sogleich) ermöglicht. Wird deutsches Recht gewählt und ist der unter einem ausländischem Statut erworbene Geburtsname nicht ohne weiteres mit dem deutschen Namensrecht verträglich (→ Rn. 17), so ermöglicht **Art. 47,** durch Erklärung gegenüber dem Standesamt, **eine für das deutsche Namensrecht passende Namensform zu wählen** (zu Einzelheiten → Art. 47 Rn. 1 ff.). 82

Die wirksame Wahl des für den Kindesnamen maßgeblichen materiellen Rechts sagt für sich genommen noch nichts darüber aus, ob, unter welchen Voraussetzungen und in welcher Form für den Namen selbst Wahlmöglichkeiten bestehen. Darüber entscheidet das materielle Recht; wird deutsches Recht gewählt, die §§ 1617 ff. BGB. 83

Zunächst nicht verheiratete Eltern, die nach der Geburt des Kindes eine Rechtswahl nach Art. 10 Abs. 3 S. 1 Nr. 1 zugunsten eines ausländischen Rechts getroffen haben, und die später heiraten und für ihre Namensführung in der Ehe gem. Art. 10 Abs. 2 S. 1 deutsches Recht wählen, um danach einen gemeinsamen Ehenamen zu bestimmen, können nach Auffassung des OLG Frankfurt (OLG Frankfurt FGPrax 2008, 64) für den künftig zu führenden Familiennamen des Kindes erneut eine Rechtswahl nach Art. 10 Abs. 3 treffen und durch die Wahl des deutschen Rechtes, in Anwendung des § 1617c Abs. 1 BGB, die Erstreckung des Ehenamens auf den Geburtsnamen des Kindes erreichen. 84

**6. Rechtswahl bei mehreren Kindern.** Bei mehreren Kindern kann für jedes Kind eine andere Rechtswahl getroffen werden, weil kollisionsrechtlich eine dem § 1617 Abs. 1 S. 3 BGB entsprechende Vorschrift fehlt (Soergel/Schurig Rn. 75b; Henrich StAZ 1996, 129 (134); Grüneberg/Thorn Rn. 23); auch kann eine unterschiedliche Wahl bei Änderung des Aufenthaltsorts der Familie oder der Staatsangehörigkeit der Eltern sinnvoll sein (auf die Fälle der nachträglichen Änderung der kollisionsrechtlichen Rahmenbedingungen wollen Hepting StAZ 1998, 133 (139); Hepting/Dutta Rn. IV-331, die Rechtswahlmöglichkeit für ein nachgeborenes Kind beschränken). Unterschiedliche Namensstatute führen nicht automatisch zu (unerwünschten) unterschiedlichen Namen (näher MüKoBGB/Lipp Rn. 150 f.). Wenn für das zweite Kind kraft Heimatrechtsanknüpfung oder Rechtswahl deutsches Recht gilt, ist allerdings § 1617 Abs. 1 S. 3 BGB zu beachten: Sein Name ist materiellrechtlich festgelegt durch die Wahl des Namens für das erste Kind, unab- 85 hängig davon, unter welchem Recht diese vorgenommen wurde (Henrich StAZ 1996, 129 (134); aus Art. 224 § 3 kann sich anderes ergeben, vgl. OLG München FamRZ 2008, 181).

## XIII. Name der juristischen Person, Firma

86 Der Name der juristischen Person und allgemein von Gesellschaften unterliegt dem Gesellschaftsstatut; zu dessen Bestimmung → Art. 12 Rn. 4. **Handelsnamen** (Firma, Geschäftsbezeichnung) werden von der hM hinsichtlich ihres Bestehens und der Namensberechtigung ebenfalls nach dem Gesellschaftsstatut beurteilt, wenn sie von Gesellschaften geführt werden (BayObLG RIW 1986, 548 (549); Staudinger/Großfeld, 1998, IntGesR Rn. 319; aA MüKoBGB/Kindler IntGesR Rn. 240: Wie beim Einzelkaufmann Recht am Ort der Hauptniederlassung, unabhängig davon, ob dieses über die Sitztheorie auch das Gesellschaftsstatut stellt oder nicht; noch aA Schünemann, Die Firma im internationalen Rechtsverkehr, 2016, 199 ff.: die zwingend oder fakultativ in ein Register eingetragene Firma unterliegt dem Recht am Registerort; die nicht eingetragene Firma dem Staatsangehörigkeitsrecht des Firmenträgers), bei natürlichen Personen nach dem Recht am tatsächlichen Unternehmenssitz (= Hauptniederlassung) (Grüneberg/Thorn Rn. 5). Für die Firma einer Zweigniederlassung ist das an ihrem Ort geltende Recht maßgeblich (OLG München NZG 2011, 157; MüKoBGB/Kindler IntGesR Rn. 255 f.). Wird eine nach ausländischem Recht gebildete Firma im deutschen Inland verwendet, darf sie, um schutzfähig zu sein, nicht gegen den ordre public (Art. 6) oder gegen den Grundsatz der Firmenwahrheit (§ 18 Abs. 2 HGB) verstoßen (krit. MüKoHGB/Krafka HGB § 13d Rn. 21). Ob und inwieweit diese Anknüpfungen und Grenzen der Schutzfähigkeit in Konflikt stehen mit der Niederlassungsfreiheit in der EU aus Art. 49, 54 AEUV, ist mangels einschlägiger Rspr. des EuGH einstweilen ungeklärt (ausf. Schünemann, Die Firma im internationalen Rechtsverkehr, 2016, 156 ff., 177 ff.).

87 Der **Schutz des Namens** einer Gesellschaft und der Schutz einer Firma, auch unter wettbewerbsrechtlichen Gesichtspunkten, richten sich nach dem Recht des Landes, für dessen Gebiet der Schutz geltend gemacht wird **(„Schutzland")** (Staudinger/Großfeld, 1998, IntGesR Rn. 323); dies wird sich idR mit der deliktsrechtlichen Anknüpfung an den Tatort (Art. 40 bzw. Art. 4 Rom II-VO) decken. Führt dies zum deutschen Recht, wird sein Schutz unabhängig davon gewährt, ob nach dem für das Bestehen des Namens zuständigen ausländischen Recht (→ Rn. 86) entsprechende Schutzvorschriften bestehen (BGH NJW 1995, 2985 (2986) gegen die frühere Rspr.).

## Art. 11 Form von Rechtsgeschäften

**(1) Ein Rechtsgeschäft ist formgültig, wenn es die Formerfordernisse des Rechts, das auf das seinen Gegenstand bildende Rechtsverhältnis anzuwenden ist, oder des Rechts des Staates erfüllt, in dem es vorgenommen wird.**

**(2) Wird ein Vertrag zwischen Personen geschlossen, die sich in verschiedenen Staaten befinden, so ist er formgültig, wenn er die Formerfordernisse des Rechts, das auf das seinen Gegenstand bildende Rechtsverhältnis anzuwenden ist, oder des Rechts eines dieser Staaten erfüllt.**

**(3) Wird der Vertrag durch einen Vertreter geschlossen, so ist bei Anwendung der Absätze 1 und 2 der Staat maßgebend, in dem sich der Vertreter befindet.**

**(4) Ein Rechtsgeschäft, durch das ein Recht an einer Sache begründet oder über ein solches Recht verfügt wird, ist nur formgültig, wenn es die Formerfordernisse des Rechts erfüllt, das auf das seinen Gegenstand bildende Rechtsverhältnis anzuwenden ist.**

1 Für die Form von Schuldverträgen, die am oder nach dem 17.12.2009 geschlossen wurden, ist statt Art. 11 EGBGB **Art. 11 Rom I-VO** maßgeblich. Deshalb wurde durch Gesetz vom 25.6.2009 (BGBl. I 1574) Art. 11 Abs. 4 aF mWv 17.12.2009 aufgehoben und der bisherige Abs. 5 zu Abs. 4. Weil sich durch den Übergang zur Rom I-VO für Schuldverträge nur marginale Abweichungen zu Art. 11 EGBGB aF ergeben, erfolgt die Kommentierung des Art. 11 EGBGB bei Art. 11 Rom I-VO (→ VO (EG) 593/2008 Art. 11 Rn. 1 ff.).

**Art. 12 Schutz des anderen Vertragsteils**

**[1]Wird ein Vertrag zwischen Personen geschlossen, die sich in demselben Staat befinden, so kann sich eine natürliche Person, die nach den Sachvorschriften des Rechts dieses Staates rechts-, geschäfts- und handlungsfähig wäre, nur dann auf ihre aus den Sachvorschriften des Rechts eines anderen Staates abgeleitete Rechts-, Geschäfts- und Handlungsunfähigkeit berufen, wenn der andere Vertragsteil bei Vertragsabschluß diese Rechts-, Geschäfts- und Handlungsunfähigkeit kannte oder kennen mußte. [2]Dies gilt nicht für familienrechtliche und erbrechtliche Rechtsgeschäfte sowie für Verfügungen über ein in einem anderen Staat belegenes Grundstück.**

**Übersicht**



## I. Zu Art. 12

Für den Verkehrsschutz bei Schuldverträgen, die am oder nach dem 17.12.2009 geschlossen wurden, ist statt Art. 12 EGBGB **Art. 13 Rom I-VO** maßgeblich (näher → VO (EG) 593/2008 Art. 13 Rn. 1 ff.). Wegen seines **S. 2** bleibt für Art. 12 nur noch ein sehr schmaler Anwendungsbereich, der sich im Wesentlichen auf **Verfügungen** über bewegliche Sachen und inländische Grundstücke beschränkt (Grüneberg/Thorn Rn. 1). Weil Art. 12 und Art. 13 Rom I-VO mit ihrer gemeinsamen Wurzel in Art. 11 EVÜ inhaltsgleich sind, kann hier aber sowohl für die Reichweite des Ausschlusses von familien- und erbrechtlichen Rechtsgeschäften als auch hinsichtlich des Vertrauensschutzes bei Mobiliarverfügungen auf die Kommentierung von Art. 13 Rom I-VO verwiesen werden (→ VO (EG) 593/2008 Art. 13 Rn. 1 ff.).a 1

## II. Anhang I: Art. 17 ESÜ

Art. 17 ESÜ

**(1) Die Gültigkeit eines Rechtsgeschäfts zwischen einem Dritten und einer anderen Person, die nach dem Recht des Staates, in dem das Rechtsgeschäft abgeschlossen wurde, als Vertreter des Erwachsenen zu handeln befugt wäre, kann nicht allein deswegen bestritten und der Dritte nicht nur deswegen verantwortlich gemacht werden, weil die andere Person nach dem in diesem Kapitel bestimmten Recht nicht als Vertreter des Erwachsenen zu handeln befugt war, es sei denn, der Dritte wusste oder hätte wissen müssen, dass sich diese Vertretungsmacht nach diesem Recht bestimmte.**

**(2) Absatz 1 ist nur anzuwenden, wenn das Rechtsgeschäft unter Anwesenden im Hoheitsgebiet desselben Staates geschlossen wurde.**

Art. 17 ESÜ behandelt ein mit Art. 12 verwandtes Problem (→ VO (EG) 593/2008 Art. 13 Rn. 39). Er schützt insbes. bei Vorsorgevollmachten nach Art. 15 ESÜ den guten Glauben des Vertragspartners an den Bestand der Vertretungsmacht (näher zu Art. 17 ESÜ zB MüKoBGB/Lipp ESÜ Art. 17). 2

## III. Anhang II: Internationales Gesellschaftsrecht

**Schrifttum:** Bayer/J. Schmidt, BB-Gesetzgebungs- und Rechtsprechungsreport Europäisches Unternehmensrecht 2015/16, BB 2016, 1923; Bartels, Zuzug ausländischer Kapitalgesellschaften unter der Sitztheorie, ZHR 176 (2012), 412; Behrens, Die GmbH im internationalen und europäischen Recht, 2. Aufl. 1997; Brehm/Schümmer, Grenzüberschreitende Umwandlungen nach der neuen Richtlinie über grenzüberschreitende Umwandlungen, Verschmelzungen und Spaltungen, NZG 2020, 538; Bungert, Deutsch-amerikanisches

Gesellschaftsrecht, ZVglRWiss 93 (1994), 117; Eidenmüller (Hrsg.), Ausländische Kapitalgesellschaften im deutschen Recht, 2004; Forsthoff, Die Bedeutung der Rechtsprechung des EuGH zur Mobilität von Gesellschaften über das Gesellschaftsrecht hinaus, EuZW 2015, 248; Franz, Grenzüberschreitende Sitzverlegung und Niederlassungsfreiheit – eines systematische Betrachtung offener und geklärter Fragen, EuZW 2016, 930; Freitag, Zur Geltung der Gründungstheorie im Verhältnis der EU-Mitgliedstaaten zu Kanada nach dem CETA-Abkommen, NZG 2017, 615; Habersack, Europäisches Gesellschaftsrecht, 4. Aufl. 2011; Hausmann, Der Renvoi im deutschen internationalen Gesellschaftsrecht nach „Überseering" und „Inspire Art", GS Blomeyer, 2004, 586; Heckschen, Grenzüberschreitender Formwechsel, ZIP 2015, 2049; Heinz/Hartung, Die englische Limited, 2011; Hirte/Bücker, Grenzüberschreitende Gesellschaften, 2. Aufl. 2006; Hoffmann, Die stille Bestattung der Sitztheorie durch den Gesetzgeber, ZIP 2007, 1581; Hoffmann/Horn, Die Neuordnung des internationalen Personengesellschaftsrechts, RabelsZ 86 (2022), 65; Hofmeister, Grundlagen und Entwicklungen des internationalen Gesellschaftsrechts, WM 2007, 868; Hübner, Organhaftung, EuGVO und Rom I-VO, ZGR 2016, 897; Hübner, Eine Rom-VO für das Internationale Gesellschaftsrecht, ZGR 2018, 149; Hushahn, Der isolierte grenzüberschreitende Formwechsel – Zugleich Anmerkung zum Urteil des EuGH v. 25.10.2017 in der Rechtssache Polbud, RNotZ 2018, 23; Kindler, Ende der Diskussion um die sogenannte Wegzugsfreiheit, NZG 2009, 130; Kindler, Unternehmensmobilität nach „Polbud": Der grenzüberschreitende Formwechsel in Gestaltungspraxis und Rechtspolitik, NZG 2018, 1; Klöhn/Schwarz, Das Gesellschaftsstatut der Restgesellschaft, IPRax 2015, 412; Kovács, Der grenzüberschreitende (Herein-)Formwechsel in der Praxis nach dem Polbud-Urteil des EuGH; Leible/Galneder/Wißling, Englische Kapitalgesellschaften mit deutschen Verwaltungssitz nach dem Brexit, RIW 2017, 718; Mann, Die Decentralized Organization – ein neuer Gesellschaftstyp? Gesellschafts- und kollisionsrechtliche Implikationen, NZG 2021, 1014; Mäsch/Gausing/Peters, Deutsche Ltd., PLC und LLP: Gesellschaften mit beschränkter Lebensdauer? – Folgen eines Brexits für pseudo-englische Gesellschaften mit Verwaltungssitz in Deutschland, IPRax 2017, 49; Meeusen, Freedom of establishment, conflict of laws and the transfer of a company's registered office: towards full cross-border corporate mobility in the internal market?, JPIL 12 (2017), 294; Meeusen, Polbud: new perspectives for corporate mobility in the internal market, Liber Amicorum Kohler, 2018, 313; Merkt, US-amerikanisches Gesellschaftsrecht, 3. Aufl. 2013; Oechsler, Die Polbud-Entscheidung und die Sitzverlegung der SE, ZIP 2018, 1269; Roth, Die Bedeutung von Cadbury-Schweppes für die Centros-Judikatur des EuGH, EuZW 2010, 607; Rotheimer, Referentenentwurf zum Internationalen Gesellschaftsrecht, NZG 2008, 181; Sandrock, Gesellschafter- und Geschäftsführerlisten von englischen Limiteds im deutschen Rechtsverkehr, RIW 2011, 1; Schelo, Internationale Restrukturierungen unter dem StaRUG, WM 2022, 556; Schnichels, Reichweite der Niederlassungsfreiheit, 1995; Seibold, Der grenzüberschreitende Herein-Formwechsel in eine deutsche GmbH – Geht doch!, ZIP 2017, 456; Stiegler, Grenzüberschreitende Mobilität von Personengesellschaften, ZGR 2017, 312; M. Stürner, US-amerikanische Scheinauslandsgesellschaften im deutschen IPR, FS Ebke, 2021, 965; Teichmann/Knaier, Auswirkungen des Brexit auf das Gesellschaftsrecht, EuZW-Sonderausgabe 1/2020 2020, 14; Wagner/Timm, Der Referentenentwurf eines Gesetzes zum Internationalen Privatrecht der Gesellschaften, Vereine und juristischen Personen, IPRax 2008, 81; Weller, autonome Unternehmenskollisionsrecht, IPRax 2017, 167; Zimmer, Internationales Gesellschaftsrecht, 1996; Zwirlein, EU-Überseegesellschaften – Welches Gesellschaftskollisionsrecht gilt gegenüber Gesellschaften aus den mit der EU assoziierten überseeischen Ländern und Gebieten, GPR 2017, 182; Zwirlein, Minimalinvasive Maximallösung für pseudoenglische Kapitalgesellschaften, ZGR 2018, 900.

3 **1. Grundstruktur.** Das Internationale Gesellschaftsrecht bezeichnet die Gesamtheit der Regeln, mit denen ermittelt wird, welches materielle Recht über „gesellschaftsrechtliche Verhältnisse" regiert (vgl. schon RGZ 83, 367), oder, in den Worten des BGH, nach welchem materiellen Recht eine Gesellschaft „entsteht, lebt und vergeht" (BGHZ 25, 134 (144) = NJW 1957, 1433). Bestimmt wird also das **Gesellschaftsstatut.** Das Internationale Gesellschaftsrecht wurde bei der IPR-Reform 1986 ausgespart (vgl. auch Art. 37 Nr. 2 aF = Art. 1 Abs. 2 lit. f Rom I-VO); der Grund damals war das Bestreben, dem Abschluss der bereits zuvor angeschobenen europäischen Vereinheitlichung der Materie nicht vorzugreifen (BT-Drs. 10/504, 29). Das zwischen den ursprünglichen sechs Mitgliedstaaten der EWG auf der Basis des damaligen Art. 220 EWG-Vertrag (früher Art. 293 EGV-Nizza; keine Entsprechung mehr im AEUV) geschlossene EWG-Übereinkommen vom 29.2.1968 über die gegenseitige Anerkennung von Gesellschaften und juristischen Personen (BGBl. 1972 II 370) ist allerdings wegen der noch ausstehenden Ratifikation durch die Niederlande niemals in Kraft getreten. Inzwischen ist das Abkommen totes Recht (vgl. Bungert ZVglRWiss 93 (1994), 117 (122)), seine Wiederbelebung nicht zu erwarten (Großfeld/König RIW 1992, 433 (436); zum Abbruch der Neuverhandlungen über das Abkommen aus Anlass des Beitritts neuer EG-Mitglieder vgl. Timmermans RabelsZ 48 (1984), 1 (39 f.); Bericht des BMJ ZIP 1986, 674 (677 ff.)). Dennoch wurde auch 1999 bei der Ergänzung des EGBGB das Internationale Gesellschaftsrecht nicht kodifiziert und der Rechtsanwender auf einen „späteren Zeitpunkt" vertröstet (BT-Drs. 14/343 unter A1). Der deutsche Gesetzgeber hat damit das Heft des Handelns weitgehend aus der Hand gelegt. Auch wenn derzeit nicht absehbar ist, dass die EU von den ihr im Amsterdamer Vertrag zugesprochenen Kompetenzen auf dem Gebiet der Angleichung der IPR-Vorschriften der Mitgliedstaaten (Art. 81 AEUV) im Hinblick auf das Internationale Gesell-

schaftsrecht Gebrauch machen wird, so lässt die EuGH-Rspr. zur Niederlassungsfreiheit (→ Rn. 17) jedenfalls im Verhältnis zu den anderen EU-Mitgliedstaaten dem nationalen Gesetzgeber nicht mehr viel Spielraum. Im Januar 2008 hat das BMJ konsequenterweise einen auf Vorarbeiten des Deutschen Rates für IPR (vgl. Sonnenberger/Bauer RIW-Beil. 1 zu Heft 4/2006, 1–24) basierenden Referentenentwurf zum internationalen Gesellschaftsrecht (einsehbar bei https://rsw.beck.de/docs/librariesprovider5/rsw-dokumente/Referentenentwurf-IGR (zuletzt abgerufen am 20.4.2022)) vorgelegt, der im Wesentlichen die weltweite Anwendung der vom EuGH für Europa erzwungenen Regeln vorsieht (iE Bollacher RIW 2008, 200, 201; Wagner/Timm BB 2008, 81; Rotheimer NZG 2008, 181). Die gesetzgeberische Umsetzung dieses Entwurfs scheint aber derzeit nicht auf der politischen Agenda zu stehen. Aber gerade deshalb geht es zu weit, in den **materiellrechtlichen** (Neu-)Regelungen des MoMiG (BGBl. 2008 I 2026) zum Satzungssitz bei GmbH und AG (§ 4a GmbHG, § 5 AktG) und des MoPeG (BGBl. 2021 I 3436) zum Vertragssitz bei Personengesellschaften (§ 706 S. 2 BGB, ab 1.1.2024) genau diese noch ausstehende Wende zur universellen Geltung der Gründungstheorie zu erblicken (so aber Hoffmann ZIP 2007, 1581 (1585 f.); Hoffmann/Horn RabelsZ 86 (2022), 65 (68)).

Einstweilen gelten also in Deutschland weiterhin die von der Rspr. unter weitgehender Zustimmung der Lit. entwickelten Regeln, denen man jedenfalls heute **gewohnheitsrechtlichen Charakter** zusprechen muss (BGH NZG 2010, 909 Rn. 21; MüKoBGB/Kindler IntGesR Rn. 5). Danach ist grds. das Recht des Landes maßgeblich, in dem sich der tatsächliche Verwaltungssitz der fraglichen Gesellschaft befindet (**Sitztheorie;** näher → Rn. 22); in einigen speziellen Konstellationen (→ Rn. 6 ff.) gilt auf Grund vorrangiger staatsvertraglicher Regelungen die **Gründungstheorie,** nach der das Recht entscheidet, unter dem die Gesellschaft gegründet wurde. In Gefolge der EuGH-Entscheidungen Centros, Überseering und Inspire Art hat sich darüber hinaus die Auffassung durchgesetzt, dass die Gründungstheorie auch für **alle Gesellschaften aus der EU** gilt (näher → Rn. 17). Damit gibt die Sitztheorie in der Praxis letztlich nur noch für Gesellschaften aus Drittländern Maß (→ Rn. 22). 4

**Supranationale Gesellschaftsformen** wie zB die Societas Europaea haben mit dem auf das Kollisionsrecht beschränkten Internationalen Gesellschaftsrecht nichts zu tun (→ Rn. 89 ff.). 5

**2. Staatsverträge. a) Deutsch-amerikanischer Freundschafts-, Handels- und Schifffahrtsvertrag.** Nach hM (Überblick über gesellschaftsrechtlich relevante Staatsverträge bei Rehm in Eidenmüller, Ausländische Kapitalgesellschaften im deutschen Recht, 2004, § 2 Rn. 12) enthält Art. XXV Abs. 5 FrHSchV D-USA (**deutsch-amerikanischer Freundschafts-, Handels- und Schifffahrtsvertrag** vom 29.10.1954 (BGBl. 1956 II 487; Art XXV Abs. 5 S. 2 FrHSchV D-USA lautet: „Gesellschaften, die gem. den Gesetzen und sonstigen Vorschriften des einen Vertragsteils in dessen Gebiet errichtet sind, gelten als Gesellschaften dieses Vertragsteils; ihr rechtlicher Status wird in dem Gebiet des anderen Vertragsteils anerkannt.") eine umfassende kollisionsrechtliche Sonderregel dergestalt, dass **im Verhältnis zu den USA** (zum Einfluss der neueren Entwicklung des „europäischen" internationalen Gesellschaftsrechts auf das deutsch-amerikanische Verhältnis Schurig Liber Amicorum Hay, 2005, 369; Ebke ZVglRWiss 2011, 2) die **Gründungstheorie** gilt (BGH NJW-RR 2002, 1359, 1360; NJW 2003, 1607; NZG 2004, 1001; aus der Lit. Stürner FS Ebke, 2021, 995 (996); Ebenroth/Bippus DB 1988, 842 (843); Ebenroth/Bippus NJW 1988, 2137 (2141); Grüneberg/Thorn Anh. Art. 12 Rn. 10; MüKoBGB/Kindler IntGesR Rn. 340 mwN); mit dieser Vertragsbestimmung haben sich die USA mit dem auch im autonomen Kollisionsrecht der US-Bundesstaaten geltenden Gründungsrechts-Konzept durchgesetzt. Eine nach dem Recht eines US-Bundesstaates wirksam gegründete Gesellschaft ist demnach aus deutscher Sicht **ohne Rücksicht auf den Ort des Verwaltungssitzes** als rechtsfähig anzuerkennen und auch iÜ – jedenfalls im Grundsatz – am Recht dieses Bundesstaates als Gesellschaftsstatut zu messen (ausf. und zT aA Bungert ZVglRWiss 93 (1994), 117 (132 ff.)). Dies gilt grds. für **sämtliche Fragen in Bezug zu Gründung, Verfassung und Haftung** der Gesellschaft (Stürner FS Ebke, 2021, 995 (998)), insbes. also auch für die Partei- und Prozessfähigkeit. Für das Namensschutzstatut haben die entsprechenden Gesellschaften nach Art. X Abs. 1 FrHSchV D-USA aber nur Anspruch auf Inländerbehandlung (BGH NJW-RR 2013, 487 = LMK 2013, 344766 (Weller)). Umstritten ist, ob die Gründungsanknüpfung auch dann gilt, wenn der Gesellschaft mit Ausnahme des Gründungsakts **jegliche effektive Beziehung zum US-Gründungsstaat** fehlt, insbes., weil sie ihre Aktivitäten maßgeblich in und von Deutschland aus entfaltet und dort ihre tatsächliche Verwaltung hat (zu einem solchen Fall einer „Pseudo"-Delaware-Corporation OLG Düsseldorf IPRax 1996, 128). Der Ansatz beim **ordre public,** den manche in dieser Situation befürworten, führt selbst dann nicht weiter, wenn man gegen die zutreffende hM (→ Art. 6 Rn. 7 ff.) diese Rechtsfigur im staatsvertraglichen Bereich im Allgemeinen und für den FrHSchV D-USA im Besonderen 6 auch ohne ausdrückliche oder durch Auslegung zu ermittelnde Normierung im Staatsvertrag selbst für anwendbar hält (so OLG Düsseldorf IPRax 1996, 128; zutr. aA M. Ulmer IPRax 1996, 100 (102); Stürner FS Ebke, 2021, 965 (973)). Der ordre public dient nicht der Korrektur einer **deutschen** (auch staatsvertraglich begründeten) Kollisionsnorm im Einzelfall, sondern der Abwehr **ausländischer** Rechtsnormen wegen ihres materiellen Ergebnisses, nachdem die kollisionsrechtliche Anknüpfung bereits abgeschlossen ist (Stürner FS Ebke, 2021, 965 (974); allg. MüKoBGB/v. Hein Art. 6 Rn. 1 f.; unzutr. OLG Düsseldorf IPRax 1996, 128). Das Problem der vermeintlich rechtsmissbräuchlichen Ausnutzung der staatsvertraglich verordneten Anknüpfung an das Recht der Gründung ist richtigerweise bei der **Gesetzesumgehung** (→ EinlIPR Rn. 75) anzusiedeln, doch wird ein solcher Vorwurf selten berechtigt sein: Wenn der (staatsvertraglich gebundene) Gesetzgeber ausdrücklich und ausschließlich den Gründungsakt für maßgeblich erachtet, liegt in der bloßen Nutzbarmachung dieses Konzeptes durch den oder die Gesellschaftsgründer regelmäßig kein Rechtsmissbrauch (Stürner FS Ebke, 2021, 965 (975)); anderes mag in den seltenen Fällen gelten, in denen sicher festgestellt werden kann, dass die Gesellschaft **allein zu rechtsmissbräuchlichen Zwecken,** etwa der Gläubigerschädigung, nach dem fraglichen Recht errichtet wurde (Stürner FS Ebke, 2021, 965 (975)). Das Ziel der Steuerersparnis reicht allerdings nicht aus (schwankend Stürner FS Ebke, 2021, 965 (975)), weil insoweit steuerrechtliche Mittel (etwa § 42 AO) zur Verfügung stehen. Andere wollen damit helfen, dass sie unter Berufung auf die IGH-Entscheidung im Nottebohm-Fall (ICJ Reports 1955, 4 (23 f.)) einen **„genuine link"** der Gesellschaft zum Gründungsstaat in Form dorthin weisender tatsächlicher, effektiver Beziehungen fordern, nur dann soll sich das Gründungsrecht gegen das Recht am tatsächlichen Verwaltungssitz durchsetzen (OLG Düsseldorf IPRax 1996, 128; Ebenroth/Bippus DB 1988, 842 (844 ff.); Mankowski RIW 2005, 481 (488 f.); MüKoBGB/Kindler IntGesR Rn. 345 ff. mwN; offengelassen von BGH NZG 2004, 1001, weil auch nur geringe Aktivitäten im Gründungsstaat genügen, die im zu entscheidenden Fall gegeben waren; krit. Ebke JZ 2005, 299 (302)). Diese Ableitung sieht sich mehreren durchschlagenden Einwänden ausgesetzt (ausf. und überzeugend Bungert ZVglRWiss 93 (1994), 117 (151 f.)), von denen hier nur der hervorgehoben werden soll, dass dem völkerrechtlichen genuine-link-Erfordernis, so es existiert, gerade auch durch eine Anknüpfung an das Gründungsrecht der Kapitalgesellschaft genügt werden kann (Bungert ZVglRWiss 93 (1994), 117 (155); abl. zum genuine-link-Erfordernis auch Grüneberg/Thorn Anh. Art. 12 Rn. 3; Schurig Liber Amicorum Hay, 2005, 369 (375); Leible/Ruffert/Schurig, Völkerrecht und IPR, 2006, 55 (66); Damann RabelsZ 68 (2004), 607 (644); Rehm JZ 2005, 304 (305); Paal RIW 2005, 735 (738); Stürner FS Ebke, 2021, 965 (973); zur vergleichbaren Problematik, ob § 8 TzWrG wegen der darin angeordneten Anwendung deutschen Time-Sharing-Rechts trotz fehlenden Inlandsbezugs des Sachverhalts gegen Völkerrecht verstieß, Hildenbrand/Kappus/Mäsch, Time-Sharing und TzWrG, 1997, § 8 Rn. 31).

7 Festzuhalten bleibt, dass auf Grund von Art. XXV FrHSchV D-USA im deutsch-amerikanischen Rechtsverkehr gegenseitig alle Gesellschaften anzuerkennen sind, die den Anforderungen des Rechts des Gründungsstaates genügen. Weitere Bedingungen sind nicht zu stellen (zutr. M. Ulmer IPRax 1996, 100 (103)). Näher zur Gründungstheorie und ihren praktischen Folgen → Rn. 17 ff.

8 **b) Comprehensive Economic Trade Agreement (CETA) zwischen Kanada und der EU bzw. ihren Mitgliedstaaten.** Fraglich ist, inwieweit das Comprehensive Economic Trade Agreement (CETA; ABl. EU 2017 L 11, 23) zwischen Kanada und der Europäischen Union bzw. ihren Mitgliedstaaten eine Entscheidung über die Anwendung der Gründungstheorie vorgibt. Das Abkommen ist zwar bereits von Kanada und der EU selbst ratifiziert, als gemischtes Abkommen (ausf. Mayr EuR 2015, 575) bedarf es aber auch der Ratifizierung durch sämtliche EU-Mitgliedstaaten, die bisher nur teilweise erfolgt ist; bisher haben 15 EU-Mitgliedstaaten das Abkommen ratifiziert (zum Ratifizierungsstand http://www.consilium.europa.eu/en/documents-publications/treaties-agreements/agreement/?id=2016017&DocLanguage=en (zuletzt abgerufen am 20.4.2022)). Das CETA-Abkommen wurde am 21.9.2017 vorläufig in Kraft gesetzt (ABl. 2017 L 238, 9) und entfaltet somit zwar nicht vollumfänglich, wohl aber in den hier interessierenden Bereichen Wirkung (Freitag NZG 2017, 615 (616)). Angesichts vieler Parallelen zum deutsch-amerikanischen Freundschafts-, Handels- und Schifffahrtsvertrag (→ Rn. 45), wird für die Anwendung der Gründungstheorie auch im europäisch-kanadischen Rechtsverkehr plädiert (so Freitag NZG 2017, 615 (617)). Dem ist zuzustimmen. Zwar enthält das CETA-Abkommen im Gegensatz zum deutsch-amerikanischen Abkommen keine explizite Kollisionsregel, die zur Anwendung der Gründungstheorie verpflichtet. Zudem wird der Begriff „Unternehmen" allgemein als eine nach anwendbarem Recht („under applicable law") gegründete oder organisierte

Einheit definiert (Art. 1.1 CETA), was auch als Verweis auf das nach dem autonomen IPR des Forums berufene Gesellschaftsstatut verstanden werden kann (zweifelnd deshalb Grüneberg/Thorn Anh. Art. 12 Rn. 1). Ein „Unternehmen einer Vertragspartei" (enterprise of a party), das nach Art. 8.4 CETA anders als Unternehmen aus Drittstaaten gerade von der Investitions- und Niederlassungsfreiheit auf dem Gebiet des anderen Vertragspartners profitieren soll, wird aber nach Art. 8.1 CETA präziser als ein solches beschrieben, das nach dem Recht dieses Vertragsstaates errichtet oder verfasst wurde (und dort eine nennenswerte Geschäftstätigkeit ausübt) – ein klarer Hinweis darauf, dass insoweit auf beiden Seiten des Atlantiks uneingeschränkt und einheitlich die Gründungstheorie maßgibt. Nur dieser Weg verhindert einen europäischen Flickenteppich, mit dem etwa eine nach kanadischem Recht gegründete, aber von einem Drittstaat aus gesteuerte Gesellschaft in den Niederlanden (die der Gründungstheorie folgen), nicht aber in Deutschland den Schutz des Art. 8 CETA genießt. Zwar bleibt es trotz dieser Feststellung theoretisch möglich, außerhalb des Anwendungsbereichs des Investitions- und Niederlassungsschutzes des CETA bei der Sitztheorie zu bleiben, eine solche schwer zu beherrschende Zersplitterung der Rechtsanwendung kann aber in praktischer Hinsicht keiner ernsthaft wollen (ebenso Freitag NZG 2017, 615 (618)). Deshalb ist iErg festzuhalten, dass im deutsch/europäisch-kanadischen Verhältnis **auch außerhalb des CETA** auf die **Gründungstheorie** zurückzugreifen ist.

**c) Deutsch-spanisches Niederlassungsabkommen.** Für Art. XV Abs. 2 Deutsch-spanisches Niederlassungsabkommen vom 23.4.1970 (BGBl. 1972 II 1041) war trotz des insoweit indifferenten Wortlauts umstritten, ob er im Verhältnis zu Spanien die Sitztheorie zugunsten der Gründungstheorie verdrängt (so Soergel/Lüderitz Anh. Art. 10 Rn. 13; aA Steiger RIW 1999, 169 (175); Ebenroth/Bippus DB 1988, 842 (844); näher 2. Aufl. Rn. 47). Durch die EuGH-Rspr. ist für die EU-Mitgliedstaaten Deutschland und Spanien heute aber die Gründungstheorie vorgegeben (→ Rn. 17), sodass der Streit nicht mehr relevant ist. 9

**d) Bilaterale Kapitalschutz- und Investitionsförderungsabkommen.** Aus den Formulierungen in einigen bilateralen Kapitalschutz- oder Investitionsförderungsabkommen wird geschlossen, dass die **Sitztheorie im Verhältnis zu dem jeweiligen Staat nur eingeschränkt** gilt. Während es für Gesellschaften mit **effektivem Verwaltungssitz in Deutschland** dabei bleibt, dass sie nach der Sitztheorie den Anforderungen des deutschen Gesellschaftsrechts genügen müssen, ist iÜ die Gründungstheorie maßgeblich. Gesellschaften, die nach den Gesetzen des anderen Vertragsstaates wirksam gegründet wurden, sind in Deutschland unabhängig davon anzuerkennen, ob sie ihren tatsächlichen Verwaltungssitz in diesem oder einem Drittstaat haben (ausf. Ebenroth/Bippus RIW 1988, 336). Betroffen sind Gesellschaften, die nach dem Recht folgender Staaten gegründet sind: **Antigua und Barbuda** (BGBl. 2000 II 858), **Bolivien, Bosnien und Herzegowina, Brunei Darussalam, Burkina Faso, Volksrepublik China, Dominica, Ghana, Guyana, Honduras, Hongkong, Indien, Indonesien, Jamaika, Jemen, Kambodscha, Kamerun, Katar** (zu den Besonderheiten des Abkommens mit Katar MüKoBGB/Kindler IntGesR Rn. 332 Fn. 1202), **Kongo (Demokratische Republik ehemals Zaïre), (Süd-)Korea, Kuba, Kuwait, Lesotho, Liberia, Malaysia, Mali, Mauritius, Nepal, Oman, Pakistan, Papua-Neuguinea, Senegal, Singapur, Somalia, Sri-Lanka, St. Lucia, St. Vincent und die Grenadinen, Sudan, Swasiland, Tansania, Tschad, Zentralafrikanische Republik** (Nachweise bei MüKoBGB/Kindler IntGesR Rn. 332 Fn. 1202; zur Fortgeltung des mit dem ehemaligen Jugoslawien abgeschlossenen Kapitalschutzabkommens in der Republik Serbien vgl. Bek. BGBl. 2010 II 363; BGBl. 1997 II 961). 10

**e) Rück- und Weiterverweisungen.** Rück- oder Weiterverweisungen des durch einen Staatsvertrag berufenen Rechts sind nicht zu beachten. 11

**3. Probleme des Allgemeinen Teils. a) Unteranknüpfung bei Staaten mit mehreren Teilrechtsordnungen.** Das Problem der Unteranknüpfung bei der Verweisung auf das Recht eines Staates mit mehreren Teilrechtsordnungen stellt sich im Rahmen des Internationalen Gesellschaftsrechts nicht, weil sowohl die Anknüpfung an den tatsächlichen Verwaltungssitz (Sitztheorie) als auch die an das „Gründungsrecht" (Gründungstheorie) die maßgebende Teilrechtsordnung bereits bezeichnet. 12

**b) Rück- und Weiterverweisungen.** Rück- oder Weiterverweisungen des aus deutscher Sicht berufenen ausländischen Rechts sind im Bereich der **Sitztheorie** nach ganz herrschender, allerdings abzulehnender Ansicht (→ Rn. 23) entspr. **Art. 4 Abs. 1 Hs. 1 zu beachten** (vgl. etwa BGH NZG 2010, 909 (911): Verweisungsannahme durch das türkische Recht; BGH NJW 2004, 3706 (3707): Rückverweisung durch das Recht von Hong Kong und Thailand; OLG 13

Frankfurt IPRax 1991, 403 (404 f.): Weiterverweisung durch das Schweizer Recht; OLG Hamm NJW 2001, 2183: Rückverweisung durch das englische Recht). Dies gilt auch und gerade dann, wenn das Kollisionsrecht des Verwaltungssitzes seinerseits an das Gründungsrecht anknüpft (Ein Überblick über die Anknüpfung in einzelnen ausländischen Kollisionsrechten findet sich etwa in Schwarz, Europäisches Gesellschaftsrecht, 2000, Rn. 164, nur EU-Mitgliedstaaten; Staudinger/Großfeld, 1998, IntGesR Rn. 153 ff., irreführend zu Dänemark; MüKoBGB/Kindler IntGesR Rn. 512 ff.). Im Bereich der Gründungstheorie ist der Renvoi bei den staatsvertraglichen Anknüpfungen nicht zu beachten (→ Rn. 11) und für EU-Gesellschaften (→ Rn. 17) praktisch belanglos, weil die Niederlassungsfreiheit alle Mitgliedstaaten gleichermaßen zur Anwendung der Gründungstheorie zwingt.

14 **c) Ordre public.** Der ordre public (Art. 6) spielt im Internationalen Gesellschaftsrecht keine große Rolle. Die deutsche öffentliche Ordnung ist nicht bereits immer dann in Gefahr, wenn in Deutschland nach einem ausländischen Gesellschaftsstatut organisierte juristische Personen und Gesellschaften tätig werden, die in ihrer Ausgestaltung mit einem vom deutschen Recht zur Verfügung gestellten Typus nicht vergleichbar sind (allgM). Über den ordre public können – bei hinreichendem Inlandsbezug – (→ Art. 6 Rn. 16) (speziell zum Gesellschaftsrecht Zimmer IntGesR 274: Kriterium ist insbes., aber nicht notwendig das Bestehen einer Inlandsniederlassung oder -vertretung) nur solche Ergebnisse der Anwendung ausländischer Rechtsnormen abgewehrt werden, die „Minimalerfordernisse" (Staudinger/Großfeld, 1998, IntGesR Rn. 202) des deutschen Gesellschaftsrechts missachten. Was zu diesen Minimalerfordernissen zu zählen ist, ist eher unklar; einschlägige Rspr. ist nicht ersichtlich. Die Lit. fordert beispielhaft eine „hinreichende Gewähr", dass ein gesellschaftsrechtliches Gebilde sich nicht jederzeit „in Luft auflöst" (Staudinger/Großfeld, 1998, IntGesR Rn. 202), und – bei fehlender persönlicher Haftung – die Beachtung der deutschen Grundsätze der Trennung der Vermögensmassen der Gesellschaft und ihrer Mitglieder (Staudinger/Großfeld, 1998, IntGesR Rn. 202) sowie der Aufbringung und Erhaltung des Gesellschaftskapitals (Staudinger/Großfeld, 1998, IntGesR Rn. 202; Fischer, Verkehrsschutz im internationalen Vertragsrecht, 1990, 256 f.). Nicht zum ordre public zählen die deutschen Mindestkapitalbeträge bei juristischen Personen oder die unternehmerische Mitbestimmung der Arbeitnehmer. Der **ordre public ist iÜ kein Mittel,** um die **Erschleichung laxerer gesellschaftsrechtlicher Standards** durch die Gründung in einem „Oasenstaat" zu verhindern, mit dem die fragliche Gesellschaft ansonsten keine Berührungspunkte aufweist. Der missbräuchlichen Manipulation von Anknüpfungsmerkmalen wird vielmehr allein mit der Figur der **Gesetzesumgehung** begegnet (zur Unterscheidung von ordre public und Gesetzesumgehung → EinlIPR Rn. 75) (wohl nur irrtümlich anders OLG Düsseldorf IPRax 1996, 128). Im Rahmen der Sitztheorie steht dem Erfolg einer solchen Vorgehensweise ohnehin schon die Anknüpfung an den der Manipulation nur schwer zugänglichen tatsächlichen Verwaltungssitz entgegen. Anders liegt es bei staatsvertraglichen Anknüpfungsregeln auf der Grundlage der Gründungstheorie (→ Rn. 6). Eine liechtensteinische Stiftung kann wegen ordre public-Verstoßes dann nicht anerkannt werden, wenn die Steuerhinterziehung Hauptzweck ihrer Gründung ist (OLG Düsseldorf IPRax 2012, 433; krit. zu dem in dieser Entscheidung angenommenen Durchgriff auf die Begünstigten und der Annahme eines ordre public-Verstoßes Prast ZVglRWiss 111 (2012), 391 (414); zur liechtensteinischen Familienstiftung s. auch OGH IPRax 2012, 445 sowie Jakob/Uhl IPRax 2012, 451).

15 **d) Statutenwechsel, Anerkennungsproblematik.** Zum Statutenwechsel durch Sitzverlegung → Rn. 65 ff.

16 Mit dem Begriff der **„Anerkennung"** einer ausländischen Gesellschaft wird im internationalen Gesellschaftsrecht lediglich die Suche nach dem Gesellschaftsstatut umschrieben: Eine Gesellschaft ist anzuerkennen, wenn sie nach dem über die Gründungs- oder ausnahmsweise Sitztheorie (→ Rn. 4) ermittelten materiellen Recht wirksam gegründet wurde (allgM). Ein besonderer verfahrensrechtlich zu qualifizierender Anerkennungsakt anstelle oder zusätzlich zu dieser materiellen Prüfung ist nicht erforderlich.

17 **4. Einflüsse des Unionsrechts und der EMRK. a) Unionsrecht.** Das materielle Gesellschaftsrecht ist weit mehr als andere Bereiche des Privatrechts vom europäischen Gesetzgeber geprägt (Bayer/J. Schmidt BB 2008, 454 ff.). Zu den bereits umgesetzten gesellschaftsrechtlichen Richtlinien gesellen sich die Verordnungen zur Schaffung der EWIV (VO (EWG) 2137/85) und der Europäischen Aktiengesellschaft (SE) (→ Rn. 89 f.) sowie zahlreiche verwirklichte Richtlinien und einige noch der Verwirklichung harrende Richtlinienentwürfe und sonstige Projekte (zu aktuellen Entwicklungen Kumpan/Pauschinger EuZW 2020, 909). Im Internationalen Gesellschaftsrecht fehlt es (noch) an Sekundärrecht (zum Vorschlag der GEDIP für eine EU-VO (einseh-

bar unter https://gedip-egpil.eu/wp-content/uploads/2016/09/Societe-TxtSousGroup-1.pdf (zuletzt abgerufen am 20.4.2022) Hübner ZGR 2018, 149 (170 ff.); v. Hein Liber Amicorum Kohler, 2018, 551 ff.). Hier stellt sich aber die Frage, inwieweit die in Deutschland herrschende Sitztheorie gegen primäres Europarecht, nämlich die auch für Gesellschaften garantierte Niederlassungsfreiheit aus Art. 49, 54 AEUV (früher Art. 43, 48 EGV-Nizza), verstößt (so schon früh etwa Schnichels, Reichweite der Niederlassungsfreiheit, 1995, 198; Gounalakis/Radke ZVglRWiss 98 (1999), 1 (24)), weil eine der Auswirkungen dieser Theorie ist, dass die grenzüberschreitende Verlegung der Hauptniederlassung **(primäre Niederlassungsfreiheit)** (zur Unterscheidung zwischen der „primären" -Errichtung der Hauptniederlassung außerhalb des Gründungslandes oder nachträgliche Verlagerung ins Ausland – und der „sekundären" Niederlassungsfreiheit – Gründung von ausländischen Zweigniederlassungen oder Tochtergesellschaften – vgl. Habersack EuropGesR § 3 Rn. 2) unter Wahrung der Identität der Gesellschaft nicht möglich ist (näher → Rn. 70 ff.). Da aber Art. 293 EGV-Nizza (früher Art. 220 EGV-Nizza) es den Mitgliedstaaten zur (nicht erfüllten) Aufgabe machte, auf völkerrechtlicher Ebene und damit außerhalb des Europarechts gemeinsame Regeln für die gegenseitige Anerkennung ausländischer Gesellschaften aufzustellen, war lange Zeit hM, dass die Garantie der Niederlassungsfreiheit auf die Anknüpfung des Gesellschaftsstatuts keinen Einfluss nimmt, sondern eine nach dem kollisionsrechtlich maßgeblichen nationalen Recht wirksam gegründete bzw. bestehende Gesellschaft voraussetzt. Mit anderen Worten: Das Internationale Gesellschaftsrecht geht der primären Niederlassungsfreiheit vor (vgl. Klinke ZGR 1993, 1 (7); Kindler NJW 1999, 1993 (1997)). Damit wurde begründet, dass die Sitztheorie in Einklang mit Art. 43, 48 EGV-Nizza (heute Art. 49, 54 AEUV) stehe (vgl. zB BayObLGZ 1992, 113 (116 ff.) = DNotZ 1993, 187; OLG Hamm ZIP 1997, 1696 (1697); Habersack EuropGesR § 3 Rn. 13 mwN; so auch noch 2. Aufl. Rn. 13), wobei sich diese Sichtweise insbes. auf das Daily-Mail-Urteil des EuGH aus dem Jahr 1988 stützte, wonach „beim derzeitigen Stand des Gemeinschaftsrechts" die sich aus den Kollisionsrechten der Mitgliedstaaten ergebenden Hindernisse für einen nachträglichen Sitzwechsel hinzunehmen seien (EuGH Slg. 1988, 5505 = NJW 1989, 2186 – Daily Mail). Auf Vorlage des BGH (BGH RIW 2000, 55; dazu etwa Altmeppen DStR 2000, 1061; Forsthoff DB 2000, 1109; Zimmer BB 2000, 1361; Kindler RIW 2000, 649. GA Ruiz-Jarabo Colomer hielt in seinen Schlussanträgen vom 4.12.2001 die Sitztheorie grds. für europarechtskonform; es sei nur materiell- oder kollisionsrechtlich sicherzustellen, dass der Gesellschaft bei Sitzverlegung nicht die Klagemöglichkeit genommen wird, ZIP 2002, 75. Im deutschen Recht ist dies weitgehend gesichert, → Rn. 65) hat der EuGH 2002 im Fall **Überseering** demgegenüber entschieden, dass die Niederlassungsfreiheit die EU-Mitgliedstaaten verpflichtet, die Rechtsfähigkeit einer in einem Mitgliedstaat wirksam gegründeten Gesellschaft, die ihren Sitz in einen anderen Mitgliedstaat verlegt, „nach dem Recht ihres Gründungsstaats zu achten" (EuGH NJW 2002, 3614 (3617) – Überseering). Aus einer Gesamtschau dieser Entscheidung mit dem vorangegangenen **Centros-**Urteil (EuGH NJW 1999, 2027 – Centros) aus dem Jahr 1999 und dem folgenden **Inspire-Art-**Verfahren (EuGH NJW 2003, 3331 – Inspire Art) schließen nunmehr die deutschen Gerichte (BGH NJW 2003, 1461; 2004, 3706 (3707); 2005, 1648 (1649); 2009, 289 – Trabrennbahn; BayObLG NZG 2003, 290; 2004, 98 (99); OLG Celle GmbHR 2003, 532 f.; OLG Zweibrücken FGPrax 2003, 135 (136); OLG Hamburg NZG 2007, 597; vgl. auch öOGH JZ 2000, 199 mAnm Mäsch JZ 2000, 201) und die hL (etwa Grüneberg/Thorn Anh. Art. 12 Rn. 5; Bayer BB 2003, 2357 (2363 f.); Eidenmüller ZIP 2002, 2233 (2238); Eidenmüller/Rehm ZGR 2004, 159 (164 ff.); Forsthoff DB 2002, 2471 (2476); Großerichter DStR 2003, 1 (15); Horn NJW 2004, 893 (896 f.); Leible/Hoffmann RIW 2002, 925 (929); Lutter BB 2003, 7 (9); Ulmer NJW 2004, 1201 (1205 ff.); Weller IPRax 2017, 167 (168 f.): Deutung als versteckte Kollisionsregel; Wertenbruch NZG 2003, 618 f.; Zimmer BB 2003, 1 (5); ders. NJW 2003, 3585 (3586 f.); aA Kindler NJW 2003, 1073 (1077 ff.); Altmeppen NJW 2004, 97 (99 f.); Altmeppen/Wilhelm DB 2004, 1083 (1085 f.); zum Übergang zur Gründungstheorie und zur Anerkennung ausländischer Gesellschaften auch Basedow FS Martiny, 2014, 243 (250 ff.)), dass im **innereuropäischen Rechtsverkehr** insgesamt von der **Sitz- zur Gründungstheorie zu wechseln** ist (zur Mobilität europäischer Gesellschaften und ihrer (fehlenden) Steuerung durch die Gesetzgebung s. die empirische Studie von Ringe ECFR 2013, 230; zur Begünstigung von Briefkastenfirmen durch Einflüsse der Niederlassungsfreiheit umfassend Sorensen Common Market Law Review 2015, 85; guter Überblick über die EuGH-Rspr. zur Mobilität von Gesellschaften bei Forsthoff EuZW 2015, 248). Das hat zum einen die Konsequenz, dass das Internationale Gesellschaftsrecht Deutschlands jetzt **zweigeteilt** ist: Für im EU-Ausland/EWR gegründete Gesellschaften und solchen aus Ländern mit entsprechenden Staatsverträgen (→ Rn. 4) gilt die Gründungstheorie (iE → Rn. 19), für Gesellschaften aus Drittstaaten die Sitztheorie (iE → Rn. 22 ff.; zum davon abw. RefE → Rn. 3). Zum anderen hat die Hinwendung zur

Gründungstheorie zu einem – wohl vorübergehenden – Boom von in England gegründeten, aber in Deutschland ansässigen und tätigen private limited companies (Ltd.) geführt, der zahlreiche praktische Probleme mit sich bringt (→ Rn. 74 f.) und den deutschen Gesetzgeber unter Druck gesetzt hat, im Gesellschaftsrecht zu „lüften", antiquierte Vorschriften ad acta zu legen und im MoMiG 2008 etwa mit der „Unternehmergesellschaft haftungsbeschränkt" eine Light-Variante der GmbH in den Wettbewerb mit der Limited zu schicken (vgl. Eidenmüller ZGR 2007, 168; Leuering ZRP 2006, 201; Zimmer FS Schmidt, 2009, 1789; zum MoMiG etwa Grigoleit/Rieder, GmbH-Recht nach dem MoMiG, 2009; Hirte NZG 2008, 761; Wälzholz GmbHR 2008, 841; allg. zur grenzüberschreitenden Sitzverlegung nach Inkrafttreten des MoMiG, Bayer/Schmidt ZHR 173 (2009), 735; zu den Handelsregisteranforderungen an ausländische Kapitalgesellschaften nach Inkrafttreten des MoMiG, Belgorodski/Friske WM 2011, 251). Der am 31.12.2020 faktisch vollzogene Austritt des Vereinigten Königreichs aus der EU verschärft die Problematik wegen des Wegfalls der Niederlassungsfreiheit für in Deutschland ansässige Limiteds zusätzlich (näher → Rn. 81).

18 **b) EMRK.** Die Auffassung, dass die Sitztheorie gegen die Europäische Menschenrechtskonvention (EMRK) verstößt (Meilicke RIW 1992, 578), hat zu Recht keine Anhänger gefunden (zur Kritik vgl. Bungert EWS 1993, 17 (22); v. Bar BerDtGesVölkR 1994, 1991 (200); Ebke RabelsZ 62 (1998), 196 (212 f.)).

19 **5. Anknüpfung. a) Gründungstheorie. aa) Anwendungsbereich. (1) Geographisch.** Die Gründungstheorie gilt für alle Gesellschaften, die im **zur EU gehörenden Territorium** (gem. Art. 355 AEUV (früher Art. 299 Abs. 2 UAbs. 1, Abs. 3–6 EGV-Nizza) gehören über die europäischen Hoheitsgebiete der Mitgliedstaaten hinaus ebenfalls zur EU: die französischen Überseedepartements Guadeloupe, Französisch-Guayana, Martinique, Réunion, die spanischen Kanarischen Inseln, Ceuta und Melilla sowie die portugiesischen Inseln Azoren und Madeira. Nicht zur EU gehören sonstige Überseegebiete einzelner EU-Staaten wie die niederländischen Karibikinseln, die französischen Territoires d'Outre Mer und besonderen Gebiete Französisch-Polynesien, St. Pierre & Miquelon und Mayotte. Innerhalb des geographischen Europas ausgeschlossen sind Andorra, die Kanalinseln, die Faröer-Inseln, Art. 355 Abs. 5 lit. a AEUV (früher Art. 299 Abs. 6 lit. a EGV-Nizza), die Isle of Man, vgl. Art. 355 Abs. 5 lit. c AEUV (früher Art. 299 Abs. 6 lit. c EGV-Nizza), Monaco, San Marino, der Vatikanstaat und Grönland, nicht aber die Åland-Inseln, Art. 355 Abs. 4 AEUV (früher Art. 299 Abs. 5 EGV-Nizza)) eines anderen EU-Mitgliedstaats nach den dortigen Rechtsvorschriften gegründet worden sind. Erfasst sind außerdem Gesellschaften aus **assoziierten außereuropäischen Ländern und Hoheitsgebieten,** die gem. Art. 198 Abs. 1, 199 Nr. 5 AEUV iVm Anh. II AEUV in den Geltungsbereich der Niederlassungsfreiheit gem. Art. 49 ff. AEUV einbezogen sind, sofern sie dort entweder ihren tatsächlichen Verwaltungssitz haben oder ihre Tätigkeit in tatsächlicher und dauerhafter Verbindung mit der Wirtschaft dieses Gebietes steht (Erfordernis eines **„real and continuous link";** vgl. nur Art. 50 lit. b Beschluss des Rates v. 25.11.2013, 2013/755/EU, L 344, 1; ausf. zum Ganzen Zwirlein GPR 2017, 182 (184 ff.)) Ist letzteres gegeben, ist etwa eine auf Curaçao inkorporierte Gesellschaft auch bei einem Verwaltungssitz in Deutschland oder einem Drittland nach dem Gründungsrecht zu beurteilen (BGH NJW 2004, 3706; iE geht es um folgende Gebiete: Grönland, Neukaledonien und Nebengebiete, Französisch-Polynesien, Französische Süd- und Antarktisgebiete, Wallis & Futuna, Mayotte, St. Pierre & Miquelon, die niederländischen Karibikinseln (Aruba, Bonaire, Curaçao, Saba, Sint Eustatius, Sint Maarten)). **Nicht** mehr von der Gründungstheorie erfasst sind seit dem mit Ablauf des 31.12.2020 vollzogenen **„Brexit"** (dazu und zu den „pseudo-foreign corporations" → Rn. 81) die in britischen Überseegebieten (zB Falkland Islands, St. Helena oder Cayman Islands) gegründeten Gesellschaften. Der Gründungstheorie unterfallen über Art. 31, 34 EWR-Abkommen (ABl. 1994 L 1, 3) auch Gesellschaften aus Ländern des **EWR,** also aus **Liechtenstein** (BGH NJW 2005, 3351 mAnm Weller ZGR 2006, 748), **Norwegen** oder **Island,** nicht aber solche, die in der Schweiz inkorporiert sind (BGH NJW 2009, 289 (290) – Trabrennbahn, mAnm Kieninger). Die Schweiz ist zwar Mitglied der EFTA, nicht aber des EWR (vgl. Weller ZGR 2006, 748 (766); zu möglichen Auswirkungen der Niederlassungsfreiheit bezüglich Gesellschaften mit Bezug zur Schweiz, Jung EuZW, 2012, 863). Davon zu unterscheiden ist der Fall, dass eine in einem Drittland inkorporierte Gesellschaft in der Schweiz domiziliert ist: hier folgt jedenfalls nach hM das deutsche Recht der Schweizer Weiterverweisung (Art. 154 Abs. 1 IPRG; → Rn. 23). Für im EU-Mitgliedstaat Deutschland gegründete und geführte Gesellschaften gilt deutsches Recht kraft der Gründungstheorie, nicht wegen des Verwaltungssitzes (Grüneberg/Thorn Anh. Art. 12 Rn. 5; aA Roth FS Heldrich, 2005, 974 (977)).

**(2) Persönlich.** Weil die Anwendung der Gründungstheorie von der Niederlassungsfreiheit des Art. 54 AEUV erzwungen wurde (→ Rn. 17), und diese gem. Art. 54 Abs. 2 AEUV auf Gesellschaften mit einem Erwerbszweck beschränkt ist, ist das auf einen Idealverein anwendbare Recht auch dann nach der Sitztheorie zu ermitteln, wenn er in einem EU-Mitgliedstaat gegründet wurde (OLG Zweibrücken NZG 2005, 1019 (1020); dazu Behrens ZEuP 2007, 324). 20

**bb) Anknüpfung.** Nach der Gründungstheorie ist das Gesellschaftsstatut anhand des Willens der Gesellschaftsgründer zu bestimmen: Maßgeblich ist das **Recht, nach dessen Vorschriften sie die Gesellschaft organisiert** und ihre Rechtsform bestimmt haben (vgl. Behrens IPR Rn. 20). Dies zeigt sich insbes. in der **Einhaltung der Publizitäts- und Registrierungsvorschriften** dieses Rechts (der RefE (→ Rn. 17) sieht deshalb eine zweistufige Anknüpfung vor: Recht des Ortes der Eintragung in ein Register, hilfsweise das Recht, nach dem die Gesellschaft organisiert ist; dazu und zu der Frage, ob diese Anknüpfung auch im Verhältnis zu den USA gelten kann, Kaulen IPRax 2008, 389 ff.); hilfsweise entscheidet der bei der Gründung in der Satzung angegebene Sitz **(Satzungssitz),** weil das **Recht des Inkorporationsstaates** idR die Notwendigkeit eines statuarischen Sitzes auf seinem Territorium vorsieht. 21

**b) Sitztheorie. aa) Geltungsbereich.** Die Sitztheorie gilt für alle Gesellschaften ohne Erwerbszweck (→ Rn. 20); bei kommerziellen Unternehmungen für alle, die nicht in einem Land inkorporiert wurden, für das nach dem in → Rn. 19 Gesagten die Gründungstheorie maßgibt (Grüneberg/Thorn Anh. Art. 12 Rn. 5 mwN). Dazu zählen etwa die Isle of Man (OLG Hamburg BB 2007, 1519 mAnm Binz/Mayer), die Schweiz (→ Rn. 19) (BGH NJW 2009, 289 (290) – Trabrennbahn, mAnm Kieninger; NJW-RR 2010, 1364), die Türkei (BGH NZG 2010, 909 (911)) und die Marshall Islands (OLG Hamburg BeckRS 2019, 18529 Rn. 42). Zu Bestrebungen, der Sitztheorie auch ihren Restanwendungsbereich zu nehmen, → Rn. 3. 22

**bb) Anknüpfung.** Im Bereich der Sitztheorie ist für die Bestimmung des Gesellschaftsstatuts nach st Rspr. (zB BGHZ 53, 181 (183); 78, 318 (334) = NJW 1981, 522; BGHZ 134, 116 (118) = NJW 1997, 657; BayObLGZ 1992, 113 (115) = NJW-RR 1993, 43; BayObLG DB 1998, 2318 (2319); OLG Hamm RIW 1997, 236 (237); KG DB 1997, 1124 (1125); OLG Düsseldorf JZ 2000, 203; jüngst bestätigt durch BGH NJW 2009, 289 – Trabrennbahn, mAnm Kieninger) und hL (Grüneberg/Thorn Anh. Art. 12 Rn. 11; Staudinger/Großfeld, 1998, IntGesR Rn. 38; MüKoBGB/Kindler IntGesR Rn. 423 ff., mwN in MüKoBGB/Kindler IntGesR Rn. 361 Fn. 1421) der **Ort des tatsächlichen Sitzes der Hauptverwaltung** der fraglichen Gesellschaft entscheidend. Unerheblich ist der in der Satzung angegebene Sitz (Satzungssitz), der Registrierungsort oder – was idR damit zusammenfällt – das Recht, unter dem die Gesellschaft gegründet wurde. Gerechtfertigt wird die Sitztheorie mit dem Ziel, im Interesse vor allem der Gläubiger, aber auch der Minderheitseigner und der Arbeitnehmer der Gesellschaft die Umgehung von Schutzvorschriften des Staates, in dem der effektive Schwerpunkt der Gesellschaft liegt, durch reine **Briefkastengründungen in Oasenstaaten mit laxeren Regelungen zu verhindern** (MüKoBGB/Kindler IntGesR Rn. 424 ff.; Ulmer JZ 1999, 662 (664) betont hingegen am Beispiel Englands zu Recht, dass die aus der Zulassung ausländischer Briefkastengesellschaften vermeintlich fließenden Gefährdungen für den Gläubigerschutz bei nüchterner Betrachtung nicht so groß sind wie von vielen – ohne nähere Prüfung der Rechtslage nach dem Gründungsrecht – befürchtet). Dass dieser Gedanke tatsächlich tragfähig ist, wird mit beachtlichen Gründen bestritten. So ist weder garantiert, dass wirtschaftlicher Schwerpunkt und Verwaltungssitz zusammenfallen (richtig Behrens IPR Rn. 13), noch ausgemacht, dass man mit der „Keule" der unwirksamen Gründung von pseudo foreign corporations (→ Rn. 77) den zu schützenden Interessen besser gerecht wird als mit einer modifizierten Gründungstheorie (zu den schwierigen Folgeproblemen der Sitztheorie vgl. umfassend Eidenmüller/Rehm ZGR 1997, 89, allerdings noch vor der Anerkennung der (Teil-)Rechtsfähigkeit der GbR durch BGHZ 146, 341 = NJW 2001, 1056 – Arge Weißes Ross), was sich nicht zuletzt daran zeigt, dass auch Anhänger der Sitztheorie nicht selten mit dem erklärten Ziel des Schutzes des Geschäftsverkehrs(!) die zunächst unter Anwendung des Sitzrechts in Frage gestellte Rechtsfähigkeit von Briefkastenfirmen über den Umweg des Rechtsscheins dann doch bejahen (näher → Rn. 46) (zu Recht krit. insoweit Behrens IPR Rn. 33). Es spricht deshalb rechtspolitisch einiges dafür, mit dem Vorschlag des Deutschen Rats für IPR und dem sistierten Referentenentwurf auch in Bezug auf Drittstaaten-Gesellschaften zur Gründungstheorie überzugehen (→ Rn. 3) (dafür auch Kieninger NJW 2009, 292 (293); Paefgen WM 2009, 529 (534 ff.); Eidenmüller ZIP 2002, 2233 (2244); Behrens IPRax 2003, 193 (205); im Verhältnis zur Schweiz ebenso OLG Hamm ZIP 2006, 1822; aA BayObLG DB 2003, 819; Grüneberg/Thorn Anh. Art. 12 Rn. 2; Mankowski RIW 2004, 481 (483), die weiterhin von der gewohnheitsrechtlichen 23

Anknüpfung an den effektiven Verwaltungssitz ausgehen); die Gerichte scheuen aber jedenfalls derzeit noch vor diesem Schritt zurück (vgl. BGH NJW 2009, 289 (291) – Trabrennbahn, mAnm Kieninger: es ist nicht Sache der Gerichte, der Willensbildung des Gesetzgebers vorzugreifen). Nimmt man jedoch die Begründung der Sitztheorie ernst, so wird man gegen die ganz hM (vgl. beispielsweise OLG Hamburg BeckRS 2019, 18529 Rn. 46) einer **Weiterverweisung** des Kollisionsrechts am Verwaltungssitz nicht folgen können: Die oben genannten Interessen sind im gleichen Maße betroffen, wenn eine in Andorra oder Monaco inkorporierte Briefkastenfirma nicht von Lörrach, sondern von Basel aus geleitet wird, unabhängig davon, dass der Schweizer Gesetzgeber einen anderen Weg als das deutsche Recht verfolgt und grds. das Gründungsrecht (Art. 154 Abs. 1 IPRG) beruft (vgl. Mäsch RabelsZ 61 (1997), 285 (291); wie hier für eine Sachnormverweisung Zwirlein GPR 2017, 182 (188 f.); abl. zum Renvoi auch Brödermann/Iversen, Europäisches Gemeinschaftsrecht und Internationales Privatrecht, 1994, Rn. 284 ff.).

24 **cc) Bestimmung des tatsächlichen Verwaltungssitzes.** Der tatsächliche Verwaltungssitz (umfassend Panthen, Der „Sitz"-Begriff im Internationalen Gesellschaftsrecht, 1988) ist in den auf Sandrock zurückgehenden Worten des BGH „der Tätigkeitsort der Geschäftsführung und der dazu berufenen Vertretungsorgane, also der Ort, wo die grundlegenden **Entscheidungen der Unternehmensleitung effektiv in laufende Geschäftsführungsakte umgesetzt** werden" (BGH NJW 1986, 2194; Sandrock FS Beitzke, 1979, 669 (683)). Damit ist maßgeblich, wo die zuständigen Mitglieder der obersten Geschäftsleitung der Gesellschaft ihre Weisungen zur Gestaltung des Tagesgeschäfts geben. In der Regel, aber nicht zwingend, wird dies der Ort sein, an dem **Vorstands- und Aufsichtsratssitzungen** stattfinden, da und soweit die dort getroffenen Entscheidungen dort auch zwecks gesellschaftsinterner Umsetzung verlautbart werden. Der Ort von Betriebs- und Produktionsstätten der Gesellschaft ist ebenso unerheblich wie der Ort, an dem die interne Willensbildung des Leitungsorgans stattfindet (MüKoBGB/Kindler IntGesR Rn. 459), an dem untergeordnete Verwaltungsaufgaben wie Buchführung und Steuerangelegenheiten bearbeitet werden (vgl. LG Essen NJW 1995, 1500 (1501)) oder an dem sich eine „Abschreibungsgesellschaft" ihr Kapital beschafft (aA OLG Frankfurt IPRax 1986, 373 (374) m. insoweit abl. Anm. Arens IPRax 1986, 355 (357)). Im Konzern ist der Sitz für jede konzernangehörige Gesellschaft nach diesen Kriterien gesondert, also im Hinblick auf die jeweils eigene Unternehmensleitung zu bestimmen; der Sitz der konzernleitenden Gesellschaft überstrahlt nicht alles. Der Sitz einer reinen Holdinggesellschaft ist dort, wo die Entscheidungen über die Verwaltung der Beteiligungen getroffen und umgesetzt werden (vgl. MüKoBGB/Kindler IntGesR Rn. 462). Ein tatsächlicher **Doppelsitz** ist – anders als ein Satzungs-Doppelsitz, aber wie ein doppelter gewöhnlicher Aufenthalt (→ Art. 5 Rn. 16) – **nicht möglich;** auch in schwierigen Fällen ist der Schwerpunkt der effektiven Verwaltungstätigkeit zu ermitteln (Hausmann in Reithmann/Martiny IntVertragsR Rn. 6.77; ausf. zum Schwerpunkt der Verwaltungstätigkeit in Grenzfällen – Kleinstunternehmen mit schwacher Struktur, multinationale Unternehmen mit auf mehrere Staaten verteilter Geschäftsführung etc – Borges RIW 2000, 167 (170 ff.)). Bei einer dezentralen Struktur mit zwei oder mehr wirklich gleichgeordneten, auch nicht ansatzweise hierarchisch verbundenen operativen Verwaltungszentralen in verschiedenen Ländern – wie sie tatsächlich nur selten vorliegen wird (ein Beispiel soll die DaimlerChrysler AG gewesen sein, vgl. Zimmer FS Buxbaum, 2000, 655 (665 f.)) – sollte die Übereinstimmung einer der Verwaltungszentralen mit dem Satzungssitz den Ausschlag geben. Der tatsächliche Verwaltungssitz ist deckungsgleich mit dem **insolvenzrechtlichen „Mittelpunkt der hauptsächlichen Interessen" des Schuldners (COMI** – Center of Main Interests, Art. 3 EuInsVO), da und soweit man ihn wie diesen aus Gläubiger- bzw. Drittperspektive bestimmt (Rauscher/Mäsch EuInsVO Art. 7 Rn. 6 ff.).

25 **dd) Nachweis des effektiven Verwaltungssitzes, Beweislast. (1) Offenlassen des Sitzortes, Vermutung der Übereinstimmung von Gründungsort und Verwaltungssitz.** Der Nachweis des Ortes des effektiven Verwaltungssitzes (ausf. Travers, Der Beweis des Anknüpfungskriteriums „tatsächlicher Sitz der Hauptverwaltung" im Internationalen Gesellschaftsrecht, 1998) wird geführt, indem mit den im jeweiligen Verfahren zulässigen Beweismittel zur Überzeugung des Richters belegt wird, dass dort nach den obigen Kriterien die Entscheidungen der Unternehmensleitung effektiv in laufende Geschäftsführungsakte umgesetzt werden. Es ist aber in jedem Fall sorgfältig zu prüfen, ob ein positiver Nachweis im obigen Sinne tatsächlich notwendig ist. Ist etwa umstritten, ob eine Gesellschaft ihren Verwaltungssitz am ausländischen Gründungsort oder in Deutschland hat, so kann jedenfalls im Hinblick auf die Partei- und Rechtsfähigkeit eine Entscheidung dieser Frage **dahinstehen,** wenn bei deutschem Gesellschaftsstatut wegen des Betriebs eines Handelsgewerbes § 124 HGB oder die neuere Rspr. des BGH zur Rechts- und Parteifähigkeit der Außen-GbR (→ Rn. 78) helfen würde (Übersehen etwa von LG Potsdam

RIW 2000, 945; richtig hingegen LG München I RIW 2000, 147). Dies dürfte in der Praxis zahlreiche Problemfälle entschärfen.

Im Übrigen spricht nach der wohl überwiegenden Rspr. eine **Vermutung** dafür, dass sich der effektive **Verwaltungssitz einer Gesellschaft in dem Land befindet, in dem sie registriert** ist, oder nach dessen Recht sie gegründet wurde (vgl. etwa OLG Jena IPRax 1998, 364 (365) = DB 1998, 1178; OLG Düsseldorf IPRax 1996, 128 = DB 1995, 1021; OLG Hamm NJW-RR 1995, 469 (470) = DB 1995, 137; LG Rottweil IPRax 1986, 110 (111); wohl auch BGHZ 97, 269 (273) = NJW 1986, 2194; Bungert IPRax 1998, 339 (341) mwN. Ebenso vermutet Art. 3 Abs. 1 EuInsVO eine Übereinstimmung von COMI (→ Rn. 24) und Satzungssitz). Gegen kritische Stimmen in der Lit. (etwa MüKoBGB/Kindler IntGesR Rn. 474 mwN) ist an dieser Vermutung festzuhalten, denn keiner wird ernsthaft bestreiten wollen, dass in der Rechtswirklichkeit die überwältigende Mehrzahl aller im Geschäftsverkehr auftretenden Gesellschaften von dem Land aus gesteuert werden, in dem sie gegründet wurden. Die Frage ist lediglich, unter welchen Umständen diese Vermutung als erschüttert anzusehen ist mit der Folge, dass der nach den unten darzustellenden Regeln Beweisbelastete nunmehr vollen Beweis antreten muss. Allein die Tatsache, dass die Gesellschaft in einem als „Oasenstaat" verschrienen Land (eine beispielhafte Aufzählung findet sich bei MüKoBGB/Kindler IntGesR Rn. 375) gegründet wurde, reicht nach richtiger Ansicht nicht aus (KG NJW-RR 1997, 1127 (1128); Bungert IPRax 1998, 339 (342); aA MüKoBGB/Kindler IntGesR Rn. 476), weil auch in diesen Ländern „reguläre" Gesellschaften tätig sind. Entscheidend wird in diesen wie auch in anderen Fällen vielmehr sein, ob Umstände bekannt sind, die es als zweifelhaft erscheinen lassen, dass die geschäftsleitenden Weisungen tatsächlich im Gründungsstaat ausgegeben und umgesetzt werden (vgl. Bungert IPRax 1998, 339 (346)). Solche Umstände sind etwa eine fehlende firmeneigene Postanschrift und fehlende eigene Fax- oder Telefonanschlüsse (OLG Düsseldorf IPRax 1996, 128); weiter die Tatsache, dass alle die Leitungsebene bildenden natürlichen Personen ihren gewöhnlichen Aufenthaltsort nicht im Gründungsstaat (vgl. OLG Köln OLGR 1999, 377) haben oder keine dortige Geschäftstätigkeit der Gesellschaft zu erkennen ist; ferner, dass am Satzungssitz ein funktionsfähiger Apparat (eigenes Personal, Büro) – soweit für die Geschäfte der Gesellschaft nach ihrem behaupteten Umfang notwendig – nicht vorhanden ist (aA Bungert IPRax 1998, 339 (346)). Schädlich ist es selbstverständlich auch, wenn der Gesellschaftsvertrag einer nach englischem Recht gegründeten private limited company den leitenden Direktoren der Gesellschaft aus vermeintlichen steuerlichen Gründen untersagt, in England Sitzungen abzuhalten (vgl. OLG Frankfurt RIW 1999, 783). Ist danach im Einzelfall die Vermutung der Übereinstimmung von Gründungs-/Registrierungsstaat und Staat des tatsächlichen Verwaltungssitzes erschüttert, muss im Hinblick auf die Frage, wer den vollen Nachweis des Sitzortes beizubringen bzw. die Folgen der Nichtfeststellbarkeit zu tragen hat, nach den verschiedenen Verfahren und Parteirollen differenziert werden. 26

**(2) Aktivprozesse der Gesellschaft.** In Aktivprozessen der Gesellschaft zur Durchsetzung eigener (prozessualer) Ansprüche muss die Gesellschaft grds. im Rahmen der Zulässigkeitsprüfung ihre **Parteifähigkeit** (→ Rn. 40) nach dem Gesellschaftsstatut belegen, also auf der Basis der Sitztheorie (zum Anwendungsbereich der Gründungstheorie → Rn. 19 ff.) den Beweis führen, dass sie ihren effektiven Verwaltungssitz im Land der Rechtsordnung hat, von der sie diese ableitet (MüKoBGB/Kindler IntGesR Rn. 473 mwN; instruktiv LG Stuttgart WM 2018, 667; abwegig OLG Frankfurt RIW 1999, 783 (784): ist ein Verwaltungssitz weder im Gründungs- noch in einem anderen Staat feststellbar, weil die Geschäftsführer der Gesellschaft die Geschäfte „fliegend" wahrgenommen haben, ist die Gesellschaft hilfsweise nach der Gründungstheorie(!) als rechtsfähig anzusehen. Das Gericht belohnt auf diese Weise besonders dubioses Geschäftsgebaren; insoweit abl. auch Borges RIW 2000, 167 (169)). Für die **Rechtsfähigkeit** als eine Anspruchsvoraussetzung in der Begründetheitsstation gilt Entsprechendes; wegen der weitgehenden Abhängigkeit der Partei- von der Rechtsfähigkeit wird sich häufig eine gesonderte Prüfung allerdings erübrigen. 27

Beantragt der Beklagte ein Versäumnis- oder Verzichtsurteil gegen die klagende Gesellschaft, trifft ihn die Beweislast für deren wirksames Bestehen, muss er also ggf. die Tatsachen zur Bestimmung des effektiven Verwaltungssitzes beibringen. 28

**(3) Passivprozesse der Gesellschaft.** In Passivprozessen der Gesellschaft wird **§ 50 Abs. 2 ZPO** entspr. angewandt (BGH NJW 2004, 3706 (3707); 1986, 2194; MüKoBGB/Kindler IntGesR Rn. 477). Es ist ohne nähere Prüfung des Verwaltungssitzes von der **Parteifähigkeit** ausländischer Gesellschaften auszugehen, wenn (1) dies erforderlich ist, um Ansprüche durchzusetzen, die ungeachtet ihrer Rechtsfähigkeit nur gegen sie gerichtet sein können (insbes. also dann, wenn die Gesellschaft als **Buchberechtigte** auf Erteilung der Bewilligung nach § 19 GBO verklagt wird) (vgl. BGH NJW 1986, 2194), oder wenn (2) die Gesellschaft im inländischen Rechtsverkehr 29 wie eine juristische Person aufgetreten ist (etwa als „Stiftung" ausländischen Rechts) und es dem „redlichen Geschäftsverkehr" nicht möglich oder zuzumuten ist, Nachforschungen über die tatsächliche Rechtsfähigkeit oder die etwaigen „Hintermänner" anzustellen (Gefahr der „Rechtlosstellung") (BGH NJW 1960, 1204 (1205)). In den Fällen, in denen der Kläger seinen Klageanspruch **in der Sache** auf die **Rechtsunfähigkeit** der verklagten Gesellschaft stützt, hat er diese (genauer: die Tatsachen, die zum Sitz in einem Land führen, nach dessen Recht die Gesellschaft nicht rechtsfähig ist) genauso zu beweisen (BGH NJW 1986, 2194), wie er grds. im umgekehrten Fall die von der Gesellschaft bestrittene **Rechtsfähigkeit** zu belegen hat. Der Gesellschaft, die im Rechtsverkehr wie eine juristische Person aufgetreten ist, ist allerdings eine Berufung auf die eigene Rechtsunfähigkeit nach dem Grundsatz des venire contra factum proprium verwehrt (Staudinger/Großfeld, 1998, IntGesR Rn. 240), sodass sich in diesen Fällen die Beweislastfrage nicht stellt.

**30** Soweit in Prozessen, an denen die Gesellschaft beteiligt ist, nicht um deren Partei- oder Rechtsfähigkeit gestritten wird, sondern die geltend gemachten Ansprüche in der Sache von **gesellschaftsrechtlichen Normen einer bestimmten Rechtsordnung** abhängen, ohne dass deren Anwendbarkeit durch die Beurteilung der Rechts- oder Parteifähigkeit nach diesem Recht präjudiziert ist (→ Rn. 25 zu § 124 HGB, → Rn. 29 zu § 50 Abs. 2 ZPO), trifft nach allgemeinen Grundsätzen diejenige Partei die Beweislast für die zu diesem Recht führenden Anknüpfungstatsachen (hier also den tatsächlichen Verwaltungssitz), welche von diesen Normen eine für sie günstige Rechtsfolge ableitet.

**31** **(4) Prozesse unter Dritten.** In Prozessen unter Dritten, in denen zur Begründung der vom Kläger geltend gemachten Ansprüche auf die **Rechtsunfähigkeit** der Gesellschaft nach dem Gesellschaftsstatut verwiesen wird, gelten wie in → Rn. 29 die allgemeinen Regeln. Wer also als Gläubiger auf der Basis der deutschen Normen zur **Gesellschafter- und Handelndenhaftung** bei Geschäften im Namen einer vermeintlich nicht wirksam gegründeten Gesellschaft (näher → Rn. 78 f.) gegen einen Gesellschafter klagt, hat die Voraussetzungen für die Anwendbarkeit dieser gesellschaftsrechtlichen Regeln und damit den tatsächlichen Sitz in Deutschland zu beweisen (ebenso MüKoBGB/Kindler IntGesR Rn. 484; vgl. zu diesen Fällen OLG München NJW 1986, 2197 (2198); OLG Oldenburg NJW 1990, 1422; OLG Düsseldorf IPRax 1996, 128).

**32** **(5) Handelsregister-Eintragungsverfahren.** Im handelsregisterlichen Eintragungsverfahren (etwa bzgl. der Anmeldung einer inländischen Zweigniederlassung oder der Eintragung von Gesellschafterbeschlüssen, an denen eine ausländische juristische Person als Gesellschafter mitgewirkt hat) gilt der **Amtsermittlungsgrundsatz** (§ 26 FamFG), aber auch die oben dargelegte **Vermutungsregel** (→ Rn. 26) (Bungert IPRax 1998, 339 (343); der Sache nach auch KG NJW-RR 1997, 1127 (1128): Nachforschung nur bei „begründeten Zweifeln"; selbst wenn das Gericht seinen Worten nach die Übertragung der im Zivilprozess geltenden Vermutungsregel auf die freiwillige Gerichtsbarkeit ablehnt). Das Registergericht kann sich folglich idR darauf verlassen, dass Gründungsstaat und Verwaltungssitz zusammenfallen, die Gesellschaft also, wenn die dortigen Gründungsvorschriften beachtet sind, wirksam entstanden ist. Nur bei **„begründeten Zweifeln"** (KG NJW-RR 1997, 1127, das freilich die Schwelle für solche Zweifel sehr niedrig ansetzt: Gründung in „Oasenstaat", niedriges Grundkapital; aA MüKoBGB/Kindler IntGesR Rn. 486, der folgerichtig das Registergericht für verpflichtet halten müsste, auch bei jeder nach deutschem Recht gegründeten Gesellschaft nach deren tatsächlichem Verwaltungssitz zu fahnden) hinsichtlich des Verwaltungssitzes muss es Nachforschungen anstellen und kann zu diesem Zweck vom Anmeldenden weitergehende Nachweise verlangen sowie ggf. die Eintragung ablehnen, wenn positive Gewissheit nicht zu erlangen ist.

**33** **(6) Grundbuch-Eintragungsverfahren.** Im Grundbuch-Eintragungsverfahren bestehen im Rahmen von **§ 19 GBO keine besonderen Nachforschungspflichten** des Grundbuchamtes hinsichtlich der (von der **Rechtsfähigkeit** und damit der Bestimmung des Gesellschaftsstatuts abhängenden) **Beteiligten- und Erwerbsfähigkeit** (auf die Rechtsfähigkeit iÜ kommt es nicht an; BGH IWRZ 2017, 177; dazu Kindler/Paulus IPRax 2019, 229; KG Rpfleger 2018, 259 für die italienische società semplice); es genügt, wenn diese – etwa wegen eines auf die Rechtsfähigkeit hindeutenden Namenszusatzes wie Ltd., Inc. oÄ – nach den Eintragungsunterlagen „abstrakt möglich" erscheint (Bausback DNotZ 1996, 254 (263 f.)). Nur in den Fällen des **§ 20 GBO** (insbes. **Auflassung**) muss der Antragsteller den **materiellen Konsens** der Parteien und damit auch deren rechtliche Existenz (und auf der Seite des Erwerbers dessen Erwerbsfähigkeit) nachweisen. Dazu gehört auch der Nachweis des Verwaltungssitzes im Gründungsstaat, wenn von dessen Rechtsordnung die Rechtsfähigkeit abgeleitet wird und die Frage des Sitzes nicht offen gelassen werden kann (→ Rn. 25). Das Registergericht kann auch hier von der Vermutung (→ Rn. 26) als allgemeinem Erfahrungssatz ausgehen (OLG Hamm NJW-RR 1995, 469 (470)); ist sie entkräftet, kann der Nachweis „formfrei" auf Grund freier Beweiswürdigung der vom Antragsteller vorgelegten Eintragungsunterlagen geführt werden. Die Form des § 29 Abs. 1 S. 2 GBO ist nicht einzuhalten, weil die Beweiskraft öffentlicher Urkunden tatsächliche Umstände wie den Verwaltungssitz gar nicht erfassen kann (vgl. OLG Hamm NJW-RR 1995, 469 (470); Eidenmüller/Rehm ZGR 1997, 89 (110)). § 32 GBO gilt für nach ausländischem Recht gegründete Gesellschaften nur, wenn sie bereits eine ordnungsgemäß eingetragene Zweigniederlassung in Deutschland haben (OLG Hamm NJW-RR 1995, 469 (470); MüKoBGB/Kindler IntGesR Rn. 487) oder das betreffende ausländische Register seiner rechtlichen Bedeutung nach dem deutschen Register gleichsteht (Demharter GBO § 32 Rn. 8; für das beim „Companies House" geführte englische Register wegen der mangelnden Prüfungskompetenz ablehnend OLG Düsseldorf NZG 2015, 199).

Die Form des § 29 Abs. 1 S. 2 GBO ist jedenfalls für ausländische Gesellschaften, die sich auf **34** die Kapitalverkehrsfreiheit berufen können, dann nicht einzuhalten, wenn die Beibringung von Urkunden nicht möglich ist, weil es im Gründungsstaat etwa kein öffentliches Register für die betreffende Gesellschaftsform gibt. In diesem Falle genügt die Erbringung der im Ausland möglichen Nachweise (vgl. KG FGPrax 2012, 236).

**ee) Auseinanderfallen von Gründungsrecht und Verwaltungssitz.** Die wirksame Grün- **35** dung und die Rechtsfähigkeit einer Gesellschaft wird nach dem oben Gesagten **im Geltungsbereich der Sitztheorie** (→ Rn. 22) – vorbehaltlich einer Rück- oder Weiterverweisung (→ Rn. 13) – ausschließlich am materiellen Recht des tatsächlichen Verwaltungssitzes gemessen. Gesellschaften, die vom Land A aus gesteuert werden, sind inländische Gesellschaften dieses Staates auch dann, wenn sie nach dem Recht des Staates B gegründet wurden: Letzteres macht sie nur zu Scheinauslandsgesellschaften oder **pseudo foreign corporations,** befreit sie aber nicht von der Pflicht zur Einhaltung der materiellen gesellschaftsrechtlichen Regeln des Sitzlandes. In der Regel wird die Anerkennung als rechtsfähige juristische Person eine Registrierung im Sitzland voraussetzen, welche die Registrierung im ausländischen Gründungsstaat nicht ersetzen kann. Es stellt sich in diesem Fall die weitere Frage, ob trotz der fehlenden Registrierung zumindest eine Teilrechtsfähigkeit bejaht werden kann oder die schlichte Nichtexistenz der Gesellschaft die Folge ist. Weil sich dies auf der Ebene des materiellen Rechts beantwortet, sind pauschale Antworten nicht möglich. Zu **pseudo foreign corporations** mit **Sitz in Deutschland** → Rn. 76 ff.; zu den Folgen der **nachträglichen Verlegung des Verwaltungssitzes** aus dem Gründungs- in ein anderes Land → Rn. 70 ff.

**6. Reichweite des Gesellschaftsstatuts. a) Persönlicher Anwendungsbereich.** Art. 150 **36** Abs. 1 des Schweizer IPRG bestimmt, dass Gesellschaften iSd Schweizer Kollisionsrechts alle **„organisierten Personenzusammenschlüsse und organisierten Vermögenseinheiten"** sind. Dies umschreibt zutreffend auch den persönlichen Anwendungsbereich des deutschen Internationalen Gesellschaftsrechts (ebenso MüKoBGB/Kindler IntGesR Rn. 3). Erfasst sind damit insbes. rechtsfähige Einheiten wie Stiftungen (BGH WM 2016, 1943; OLG Köln OLGR 1999, 377), private Anstalten, Vereine, Genossenschaften und Kapitalgesellschaften, aber auch nicht oder nur teilrechtsfähige „Gebilde" mit einer selbst geschaffenen, **dauerhaften Organisationsstruktur,** wie sie vor allem bei Personenhandelsgesellschaften, aber auch bei bestimmten Personengesellschaften des bürgerlichen Rechts – (man denke etwa an die bei Großbauprojekten häufigen **Arbeitsgemeinschaften** oder an bankrechtliche **Emmissionskonsortien** (näher MüKoBGB/Kindler IntGesR Rn. 285 ff., 292 ff.) – anzutreffen ist (allgM). Indizien für eine Organisationsstruktur sind etwa die Belegung eigener Räume, die Beschäftigung eigenen Personals oder die Schaffung spezieller Geschäftsführungsregeln im Inneren und Vertretungsregeln für den Auftritt der Gesellschaft nach außen etc. Keine Rolle spielt, ob ein ideeller oder wirtschaftlicher Zweck verfolgt wird (allgM), unerheblich ist auch, ob Anteilseigner einer privaten Gesellschaft direkt oder indirekt der Staat oder eine Kommune ist: Auch idS **„öffentliche" Unternehmen** unterfallen den Regeln des Internationalen Gesellschaftsrechts (allgM). Zweifelhaft ist hingegen, ob dies auch für **„öffentlich-rechtliche Unternehmen",** also nach öffentlichem Recht organisierte Gebilde, insbes. **öffentlich-rechtliche Körperschaften,** gilt, wenn sie privatwirtschaftlich tätig werden. Nach richtiger Ansicht ist diese Frage ebenso wie bei der (öffentlich-rechtlichen) Frage der Staatsangehörigkeit einer natürlichen Person (→ Art. 5 Rn. 2) zugunsten einer abweichenden Kollisionsnorm zu entscheiden: Maßgeblich ist das **Recht des Staates, von dessen öffentlich-rechtlichen Rechtssätzen das Gebilde seine Existenz (möglicherweise) ableitet,** da jeder Staat selbst entscheidet, welche öffentlich-rechtlichen Unternehmensformen er ins Leben ruft (aA Staudinger/Großfeld, 1998, IntGesR Rn. 652 ff. mwN; wieder anders MüKoBGB/Kindler,

3. Aufl. 1998, IntGesR Rn. 696). Die für Privatunternehmen entwickelte analoge Anwendung von Art. 12 in Fällen beschränkter Rechtsfähigkeit dürfte aber auch gegenüber öffentlich-rechtlichen Unternehmen gelten.

37 Auch bei **Trusts** des anglo-amerikanischen Rechtskreises entscheidet die Organisationsstruktur über die Zurechnung zum Internationalen Gesellschaftsrecht: Ist die Struktur vorhanden, was allenfalls, aber nicht zwingend bei express trusts denkbar ist, gelten die obigen Anknüpfungsregeln; fehlt sie (idR bei statutory, implied und constructive trusts), entscheidet das Vertrags- oder, je nach Zusammenhang, das Erbstatut (ebenso zum damaligen Schweizer Recht Girsberger/Heini ua (Hrsg.) IPRG/Vischer, 2. Aufl. 2004, IPRG Art. 150 Rn. 13 ff.; vgl. ausführlicher Wittuhn, Das internationale Privatrecht des trust, 1987; Czermak, Der express trust im internationalen Privatrecht, 1986; Mayer, Die organisierte Vermögenseinheit gem. Art. 150 des Bundesgesetzes über das internationale Privatrecht, 1998). Deutschland hat anders als einige seiner bedeutendsten Außenhandelspartner (Vertragsstaatenliste über www.hcch.net) das **Haager Übereinkommen über das auf Trusts anzuwendende Recht und über ihre Anerkennung von 1985** (deutscher Text auf https://www.fedlex.admin.ch/eli/cc/2007/375/de (zuletzt abgerufen am 20.4.2022); dazu Pirrung IPRax 1987, 52; Pirrung FS Heldrich, 2005, 925) nicht ratifiziert und wird dies wohl auch nicht tun. Aus deutscher Sicht kann es also allenfalls bei der Frage der Rück- oder Weiterverweisung (→ Rn. 13) eine Rolle spielen, wenn das deutsche IPR zum Recht eines Vertragsstaates geführt hat.

38 Für Gesellschaften, die sich **keine erkennbare Organisation gegeben** haben, gilt das **Vertragsstatut,** zu dessen Bestimmung man die Rom I-VO wegen Art. 1 Abs. 2 lit. f Rom I-VO) wohl nur entspr. heranziehen kann. Das betrifft aus deutscher Sicht insbes. die **reine Innen-GbR** sowie Gläubiger- und gesetzlich begründete Bruchteilsgemeinschaften und **Gelegenheits(außen)gesellschaften des bürgerlichen Rechts** (vgl. Staudinger/Großfeld, 1998, IntGesR Rn. 714). Behandelt man reine Innen- und Gelegenheitsaußengesellschaften des bürgerlichen Rechts gleich, erübrigt sich die Abgrenzung der Innen- von der Außen-GbR, die kollisionsrechtlich nicht einfacher ist als auf materiellrechtlicher Ebene (vgl. zu letzterem K. Schmidt NJW 2001, 993 (1001 f.)). Auch die **stille Gesellschaft** fällt als Innengesellschaft nicht unter das Internationale Gesellschaftsrecht, sondern beurteilt sich nach den Normen des Vertragsstatuts (vgl. Staudinger/Großfeld, 1998, IntGesR Rn. 709: Vertragsstatut ist – vorbehaltlich einer Rechtswahl – idR das Recht an dem Ort, an dem das Unternehmen betrieben wird). Entsprechendes gilt für eine **DAO („Decentralized Autonomous Organization"),** eine Zusammenarbeitsform, die auf der Ethereum-Blockchain aufsetzt (vgl. ethereum.org/en/dao/) und dank der jeder Blockchain zugrundeliegenden Distributed-Ledger-Technologie und smart contracts ohne jegliche dauerhafte korporative Strukturen auskommt. Weil die Ethereum-Plattform von einer Schweizer GmbH (Ethereum Switzerland GmbH) entwickelt wurde und von dieser kontrolliert wird, letzteres gemeinsam mit der Ethereum Foundation, einer Stiftung schweizerischen Rechts, führt dieser Ansatz entspr. Art. 4 Abs. 4 Rom I-VO zum materiellen schweizerischen Recht (aA Mann NZG 2017, 1014 (1019 f.): grds. Gesellschaftsstatut maßgeblich, da sich dieses aber mangels Registrierung oder tatsächlichem Verwaltungssitz nicht bestimmen lässt, gilt hilfsweise die lex fori).

39 **b) Sachlicher Anwendungsbereich: Umfang des Gesellschaftsstatuts. aa) Anwendungsbereich im Allgemeinen.** Das Gesellschaftsstatut bezeichnet die Gesamtheit der materiellen Regeln, nach denen eine Gesellschaft „entsteht, lebt und vergeht" (→ Rn. 3) (BGH NJW 1957, 1433). Dazu zählen Normen über: die Art der Gesellschaft und ihren **Typus,** insbes. also die Frage, ob und in welchem Umfang einer Gesellschaft juristische Persönlichkeit zuerkannt wird; die **Entstehung der Gesellschaft,** dh die materiellen Voraussetzungen für die Gründung der Gesellschaft (insbes. Mindestzahl der Gesellschafter, Kapitalaufbringung, Wirksamkeit von Sacheinlagen, Register- und Publizitätspflichten sowie ihre konstitutive oder deklaratorische Funktion; zu Formfragen in diesem Zusammenhang → Rn. 41; zu Vor- und Vorgründungsgesellschaft sowie zur Berechtigung und Verpflichtung aus Geschäften im Gründungsstadium → Rn. 42); **die Rechts- und Handlungsfähigkeit** (BGHZ 128, 41 (44) = DtZ 1995, 250) (zur **ultra-vires-Lehre** und auf bestimmte Rechtsgeschäfte **beschränkten Rechtsfähigkeit** sowie zum Schutz des Rechtsverkehrs in diesem Zusammenhang → Rn. 45 f.); den **Namen und die Firma** der Gesellschaft (Berechtigung zum Tragen einer Firma, Kriterien für die Namensbildung und für notwendige oder untersagte Namensbestandteile; zum Namens- und Firmenschutz → Art. 10 Rn. 86 f.) (monografisch zum internationalen Firmenrecht Schünemann, Die Firma im internationalen Rechtsverkehr, 2016, insbes. 130 ff.); die **Organisation (Verfassung) der Gesellschaft,** insbes. die Ernennung, Zusammensetzung und Abberufung der **Organe** und deren Aufgaben

und Befugnisse einschließlich der sich aus der organschaftlichen Stellung ergebenden **Vertretungsmacht** (BGHZ 128, 41 (44)) und deren Grenzen bei einem **Insichgeschäft** (Maidl DNotZ 2022, 163, 171 f., dort auch zur Gegenmeinung (Geschäftsstatut); deshalb kann bei einer ihrem englischen Gründungsrecht unterliegenden Limited mit Sitz in Deutschland nicht eine Befreiung des Geschäftsführers vom Selbstkontrahierungsverbot „des § 181 BGB" ins Handelsregister eingetragen werden (vgl. dazu OLG Frankfurt GmbHR 2009, 214; OLG München NJW-RR 2005, 1486; 2006, 1042; OLG Celle NJW-RR 2006, 324; Behme ZVglRWiss 108 (2009), 178 (185 ff.); Schall NZG 2006, 54; Wachter NZG 2005, 338; Wachter ZNotP 2005, 122; 132 f.; aA LG Freiburg ZIP 2005, 84 = EWiR 2004, 1225 (Schall); LG Ravensburg GmbHR 2005, 489 (490) = EWiR 2005, 423 (Wachter); LG Augsburg NZG 2005, 356) (zur organschaftlichen Vertretung einer ausländischen Zweigniederlassung, zum **Anschein** einer organschaftlichen Vertretungsmacht und zur gewillkürten Vertretung → Rn. 46). Das Gesellschaftsstatut bestimmt ferner, ob und auf welche Weise der gesetzliche Vertreter sein **Amt niederlegen** kann (BGH NZG 2011, 909) und damit auch über die Frage, wem und wie eine solche Niederlegungserklärung zugehen muss (str., aA BGH NZG 2011, 909). Es bestimmt weiterhin über die **Vertretung der Arbeitnehmer in den Organen der Gesellschaft** (LG Stuttgart BeckRS 2018, 5500 Rn. 37 ff.; zur betrieblichen Mitbestimmung, → Rn. 49); die Befugnisse zu Erlass und Abänderung von **Satzungsbestimmungen; Kapitalerhaltungs- und -erhöhungsvorschriften; Rechnungslegungsvorschriften;** die internen Beziehungen der Gesellschaft zu ihren Gesellschaftern sowie zwischen den letzteren **(Treuepflichten; Beitrags- und Nachschusspflichten),** die aus der Mitgliedschaft folgenden **Mitwirkungsrechte,** wie etwa Stimmrechte und Stimmrechtsbeschränkungen sowie Auskunfts- und Rechnungslegungsansprüche (LG München I RIW 2000, 47), ihre **Verbriefung** (zum Unterschied zwischen dem Recht aus dem Papier (Gesellschaftsstatut) und dem Recht am Papier (Sachstatut) S. Lorenz NJW 1995, 176) und **Übertragbarkeit;** zu Stimmbindungsverträgen → Rn. 43; die Rechtsstellung des Destinatärs einer Stiftung sowie daraus folgende Ansprüche (BGH WM 2016, 1943); die **Innenhaftung** der Organe und der Gesellschafter aus der Verletzung gesellschaftsrechtlicher Vorschriften (OLG München ZIP 1999, 1558 (1559)); aber → Rn. 55; die **Außenhaftung für die Verbindlichkeiten der Gesellschaft** (insbes. die Frage, ob kraft Gesetzes die Haftung auf das Vermögen der Gesellschaft beschränkt ist oder auch das Vermögen der Gesellschafter ergreift und ob es im letzteren Fall zulässig ist, die Haftungsmasse rechtsgeschäftlich auf das Gesellschaftsvermögen zu begrenzen; ob aus einem bestimmten Rechtsverhältnis die Haftung der Gesellschaft gegen einen Dritten begründet ist – etwa Delikt, Vertrag – bestimmt das auf dieses Rechtsverhältnis anwendbare Wirkungsstatut); die Voraussetzungen für einen **Haftungsdurchgriff** auf die **Gesellschafter** oder die im Namen der Gesellschaft Handelnden **(Handelndenhaftung,** → Rn. 79) (BGH NJW 2005, 1648 (1649): Geschäftsführer einer wirksam in England gegründeten Limited haftet nicht nach deutschem Recht – § 11 Abs. 2 GmbHG – für rechtsgeschäftliche Verbindlichkeiten der Gesellschaft; dazu Leible RIW 2005, 544) und umgekehrt für eine Haftung der Gesellschaft für Verbindlichkeiten der Gesellschafter; die **Übertragung von Anteilsrechten** (OLG Stuttgart RIW 2000, 629; für das der Übertragung zu Grunde liegende Kausalgeschäft ist das über Art. 3 ff. Rom I-VO zu ermittelnde Vertragsstatut maßgeblich, Grüneberg/Thorn Anh. Art. 12 Rn. 19) (zur Form → VO (EG) 593/2008 Art. 11 Rn. 80) und deren **Belastung** (zum Kapitalmarktrecht → Rn. 95); das **Verbot des Erwerbs eigener Aktien** durch die Gesellschaft (vgl. Spickhoff BB 1997, 2593); die **Auflösung der Gesellschaft** (Auflösungsgründe, Publizitäts- und Registerpflichten, Wirkungen der Auflösung, insbes. Durchführung der Liquidation, Ernennung und Befugnisse der Liquidatoren, Erlöschen der Rechtspersönlichkeit; Wiedereintragung einer erloschenen Gesellschaft; zu Insolvenz → Rn. 56; zur Verstaatlichung/Enteignung s. → Rn. 96).

Die **Parteifähigkeit** richtet sich ebenfalls nach dem Gesellschaftsstatut (BGH IPRax 2000, 21 **40**
(22) mAnm H. Roth IPRax 2000, 11). Sie ist nach herrschender und zutreffender Auffassung nicht nur entspr. § 50 Abs. 1 ZPO dann gegeben, wenn die Gesellschaft nach dem Gesellschaftsstatut rechtsfähig ist, sondern auch dann, wenn ihr die verfahrensrechtlichen Vorschriften des Gesellschaftsstatuts Parteifähigkeit ohne (volle) Rechtsfähigkeit zubilligen (Schack, Internationales Zivilverfahrensrecht, 7. Aufl. 2017, Rn. 648 mwN), wie etwa das deutsche Recht der OHG und der KG (§§ 124 Abs. 1, 161 Abs. 2 HGB) und das englische Recht der partnership (Practice Direction 7A Ziff. 5A.3 zu den Civil Procedure Rules (CPR) Part 7 in England weiterhin anwendbar, s. Part 50 und Schedule 1 der CPR; vgl. auch BGH IPRax 2000, 21 (22); sowie OLG Karlsruhe NZG 2018, 757 zur Parteifähigkeit einer irischen general partnership). Die Parteifähigkeit bleibt im Hinblick auf inländisches Vermögen zum Zwecke der Liquidation auch bestehen, wenn die ausländische Gesellschaft im Ursprungsland bereits aus dem Register gelöscht ist (OLG Jena NZG 2007, 877; OLG Nürnberg GmbHR 2008, 41; OLG Brandenburg ZIP 2016, 1871 (1872); vgl.

auch Anm. Cranshaw zu OLG Düsseldorf 10.5.2010, jurisPR-HaGesR 1/2011 Anm. 4 sowie Anm. Mock EWiR 2011, 67; OLG Karlsruhe ZIP 2013, 1237; OLG Hamm ZIP 2014, 1426 m. krit. Anm. zur Anwendung der Sitztheorie im vorliegenden Fall Cranshaw, jurisPR-HaGesR 12/ 2014 Anm. 6; folgerichtig KG BeckRS 2009, 88784 = GmbHR 2010, 216; KG NJW 2014, 2737: keine Parteifähigkeit nach Löschung im Ursprungsland, wenn kein inländisches Vermögen vorhanden; keine Anwendung der Rechtsfigur der „Rest- und Spaltgesellschaft", sondern Entstehung einer neuen (inländischen) Gesellschaft, wenn die gelöschte Gesellschaft neue Geschäfte tätigt, die über den Zweck der Liquidation des Restvermögens hinausgehen, OLG Celle NZG 2012, 738 mAnm Cranshaw jurisPR-HaGesR 8/2012 Anm. 4; ausf. zur Problematik der Löschung ausländischer Gesellschaften aus dem Register und zur Anwendung der Grundsätze der Rest- und Spaltgesellschaft → Rn. 84). Ist die Wiedereintragung der zunächst gelöschten Gesellschaft im ausländischen Register möglich, wie zB bei der im englischen Register gelöschten Limited (Section 1028 des englischen Companies Act 2006), verliert die Gesellschaft, wenn sie nicht als Rest-, Spalt- oder Liquidationsgesellschaft oder als Einzelunternehmer fortgeführt wird, zwar ihre Parteifähigkeit. Wegen des nur vorübergehenden Verlustes ist ein Verfahren, an dem sie beteiligt ist, jedoch analog § 239 Abs. 1 ZPO zu unterbrechen (BGH NZG 2017, 394 = DNotZ 2017, 618; vgl. näher Hübner IPRax 2017, 575). Zur Möglichkeit, die Parteifähigkeit ohne genaue Feststellung des Gesellschaftsstatuts zu bejahen, → Rn. 25; zu den Erleichterungen bei der Feststellung der **passiven Parteifähigkeit** → Rn. 29.

41 **bb) Einzelne Anwendungsfragen. (1) Formerfordernisse.** Zu Formfragen in Zusammenhang mit gesellschaftsrechtlichen Vorgängen → VO (EG) 593/2008 Art. 11 Rn. 73 ff.

42 **(2) Vor- und Vorgründungsgesellschaft.** Das Gesellschaftsstatut ist kraft Vorwirkung auch das Statut der **Vorgesellschaft** – soweit die Sitztheorie gilt, entscheidet also der tatsächliche oder erst projektierte Verwaltungssitz der künftigen Gesellschaft. Damit ist das Gesellschaftsstatut darüber zu befragen, ob und inwieweit die Vorgesellschaft selbst bereits Träger von Rechten und Pflichten sein kann. Gleiches gilt für die Frage, wer aus Verträgen berechtigt und verpflichtet wird, die **im Namen einer** nach dem Gesellschaftsstatut **(noch) nicht wirksam gegründeten Gesellschaft** geschlossen wurden; dies betrifft insbes. die **Gesellschafter- und Handelndenhaftung** (Staudinger/Großfeld, 1998, IntGesR Rn. 261; MüKoBGB/Kindler IntGesR Rn. 531). Ob dem Geschäftspartner ggf. in seinem Vertrauen auf die insoweit am Abschlussort geltenden Regeln mit einer analogen Anwendung des Art. 12 geholfen werden kann, ist durch die bisherige Rspr. nicht geklärt; dies spricht dafür, dass ein praktisches Bedürfnis für einen solchen zusätzlichen Schutz neben dem des Sitzrechts nicht existiert. Keine Bedenken bestehen jedenfalls dagegen, die Frage, ob der Vertragspartner der (noch) nicht existierenden Gesellschaft **eigenen Ansprüchen** des im Namen der letzteren **Handelnden** ausgesetzt ist oder nicht, über eine Analogie zu Art. 12 alternativ zugunsten des gutgläubigen Vertragspartners (zum Günstigkeitsvergleich des Art. 13 Rom I-VO → VO (EG) 593/2008 Art. 13 Rn. 35) (abzulehnen ist LG München I ZIP 1999, 1680, das gegen die intendierte Schutzrichtung des Art. 12 die Feststellung, dass der Vertragspartner der nicht-existierenden ausländischen Gesellschaft zur Zahlung an den unter deren Namen Auftretenden verpflichtet sei, dem Recht am (deutschen) Abschlussort entnahm) auch nach dem Recht des Abschlussortes zu beantworten. Sorgfältig zu prüfen bleibt dabei, ob im konkreten Fall der gute Glaube des Geschäftspartners tatsächlich schützenswert war.

43 Im Gegensatz zur Vorgesellschaft richtet sich das Verhältnis zwischen den Gründern auf Grund des zuvor geschlossenen Vertrages mit dem Ziel der Gründung der Gesellschaft **(Vorgründungsgesellschaft)** mangels einer eigenen Organisationsstruktur nach dem Vertragsstatut (Art. 3 ff. Rom I-VO) (vgl. Staudinger/Großfeld, 1998, IntGesR Rn. 245 mwN). Entsprechendes gilt für Stimmbindungsverträge.

44 **(3) Beschränkungen der Rechtsfähigkeit, Rechtsfähigkeit kraft Rechtsschein.** Die **Rechtsfähigkeit** richtet sich auch dann nach dem Gesellschaftsstatut, wenn dieses – anders als das deutsche Recht – eine Beschränkung der Rechtsfähigkeit von Gesellschaften kennt. Hierhin gehört etwa die **ultra-vires-Lehre** des anglo-amerikanischen Rechts, nach der – mit vielen Schattierungen und Differenzierungen iE – Geschäfte, die außerhalb des satzungsmäßigen Geschäftszweckes einer Gesellschaft liegen, nicht mit Wirkung für und gegen diese Gesellschaft vorgenommen werden können (vgl. etwa Merkt, US-amerikanisches Gesellschaftsrecht, 3. Aufl. 2013, Rn. 218 f., 333 ff.; in vielen Bundesstaaten hat die ultra-vires-Lehre allerdings nur noch für das Innenverhältnis zwischen Gesellschaft und Gesellschafter Bedeutung, vgl. zB Art. 2 § 203 New York Business Corporation Law), und Regeln in Ländern mit staatlich reglementiertem Außenhandel, nach denen **Außenhandelsverträge** besonderen Außenhandelsgesellschaften vor-

behalten werden, im Umkehrschluss alle anderen Gesellschaften also für derartige Geschäfte partiell nicht rechtsfähig sind (vgl. zu einem solchen Fall BGH NJW 1998, 2452 betr. Jugoslawien/ Kroatien). Diese beschränkte Rechtsfähigkeit ist auch vor deutschen Gerichten zu beachten, wobei dem Geschäftspartner einer solchen Gesellschaft mit der **analogen Anwendung von Art. 12** geholfen werden kann, wenn er auf deren unbeschränkte Geschäftsfähigkeit nach dem Recht des Abschlussortes (für Gesellschaften vergleichbaren Zuschnitts) vertraut hat (hM, MüKoBGB/Kindler IntGesR Rn. 548 mwN; offengelassen von BGH NJW 1998, 2452, weil in concreto Bösgläubigkeit gegeben war; aA die Vorinstanz, OLG Bremen OLGR 1997, 49, welche allerdings die Analogie allein wegen des auf natürliche Personen beschränkten Wortlauts von Art. 12 ablehnte (!); Bausback DNotZ 1996, 254 (259) für Auflassungen; so ausdrücklich auch Art. 12 Abs. 2 RefE, Rn. → Rn. 4). Es schadet allerdings **schon leichte Fahrlässigkeit** (zu Fahrlässigkeitskriterien im Hinblick auf Außenhandelsgeschäfte BGH NJW 1998, 2452 (2453)).

Über Art. 12 hinausgehend ist wohl hM, dass, anknüpfend an die Rspr. des BGH zur passiven Parteifähigkeit (→ Rn. 29), auf der Grundlage allgemeiner **Rechtsscheingrundsätze** eine Gesellschaft, die nach ihrem ausländischen Statut nicht rechtsfähig ist, aber **in Deutschland als juristische Person aufgetreten** ist, zu ihren Lasten als rechtsfähig behandelt werden kann, wenn die in → Rn. 29 unter (2) erläuterten Voraussetzungen vorliegen (OLG Nürnberg IPRax 1985, 342 m. zust. Anm. Rehbinder IPRax 1985, 324). 45

**(4) Gewillkürte Vertretung, Anschein einer organschaftlichen Vertretungsmacht, Vertretung einer ausländischen Zweigniederlassung.** Die rechtsgeschäftlich begründete, also nicht auf eine Organstellung zurückgehende Vertretung der Gesellschaft, beurteilt sich nach dem **Vollmachtsstatut** (→ Art. 8 Rn. 10 ff.). Auch die Frage, ob eine Person, die nicht Organ der Gesellschaft ist oder ihre organschaftliche Vertretungsmacht überschritten hat, gleichwohl über den (vom zuständigen Organ) geduldeten **Anschein** einer das konkrete Geschäft umfassenden **organschaftlichen Vertretungsmacht** die Gesellschaft zu binden vermag, wird von der hM vom Gesellschaftsstatut gelöst und wie die Anscheinsvollmacht dem Vollmachtsstatut unterworfen (BGHZ 40, 197 (203 f.) = NJW 1964, 203; Leible IPRax 1998, 257 (261), jeweils für ausländischen Fiskus; OLG Hamm IPRspr. 1956/57, Nr. 27: president einer US-Gesellschaft; MüKoBGB/ Kindler IntGesR Rn. 566). Zur Anknüpfung der Anscheinsvollmacht → Art. 8 Rn. 56 ff.). Soweit Gesellschaftsorgane im Staate einer **ausländischen registrierten Zweigniederlassung** mit Bezug auf diese handeln, sollte ein Schutz des Vertragspartners analog Art. 12 in Erwägung gezogen werden, wenn das Gesellschaftsstatut dem Recht der Zweigniederlassung unbekannte Beschränkungen der Vertretungsmacht enthält (vgl. näher Leible IPRax 1997, 133 (135 f.)). 46

**(5) Erwerb von Anteilen einer Gesellschaft durch eine andere; Grenzüberschreitende Typenvermischung, Spaltung und Verschmelzung; Beherrschungsverträge; Konzernhaftung.** Ob der **Erwerb von Anteilen an einer juristischen Person durch eine andere** zulässig ist, ist kumulativ nach dem Statut der erwerbenden als auch der Zielgesellschaft zu prüfen (allgM), ebenso die **grenzüberschreitende Typenvermischung zwischen Personen- und Kapitalgesellschaften.** Aus deutscher sachrechtlicher Sicht bestehen keine Bedenken dagegen, dass sich eine ausländische Kapitalgesellschaft an einer deutschen Personengesellschaft (insbes. **„ausländische Kapitalgesellschaft & Co KG"**) beteiligt (str., vgl. OLG Stuttgart IPRax 1995, 397 (399): schweizerische „GmbH & Co KG"; OLG Saarbrücken IPRax 1990, 324: schweizerische „AG & Co. KG"; BayObLG NJW 1986, 3029 (3031): englische „Ltd. & Co. KG"; Nachweise zum Schrifttum bei Behrens IPR Rn. 34; aA Staudinger/Großfeld, 1998, IntGesR Rn. 540; MüKoBGB/Kindler IntGesR Rn. 557 f., jeweils mwN; zu möglichen Auswirkungen der Niederlassungsfreiheit Klöhn/Schaper ZIP 2013, 49; zum mit dem Austausch der dt. Komplementärgesellschaft durch eine ausländische Kapitalgesellschaft zumeist verbundenen Verwaltungssitzverlegung Graewe/Hippeli RIW 2016, 405); Gleiches gilt vice versa für ausländische Beteiligungen inländischer Gesellschaften. Dies entbindet nicht von der zusätzlichen Prüfung nach dem jeweiligen ausländischen Sachrecht. 47

Voraussetzungen und Folgen **grenzüberschreitender Beherrschungsverträge** beurteilen sich nach dem Statut der **abhängigen Gesellschaft** (hM, LG München I BeckRS 2011, 19892; Grüneberg/Thorn Anh. Art. 12 Rn. 21 mwN; diff. Kronke ZGR 1989, 473; aA Einsele ZGR 1996, 40: kumulative Anwendung beider Gesellschaftsstatuten; vgl. auch Ebenroth JZ 1988, 77), ebenso ganz allgemein die Rechtsbeziehungen in einem grenzüberschreitenden **Unterordnungskonzern** (MüKoBGB/Kindler IntGesR Rn. 685 zum Internationalen Gleichordnungskonzern; Zimmer IntGesR 370 ff.). Die deutschen Grundsätze über die Haftung wegen eines **existenzvernichtenden Eingriffs** (§ 15b Abs. 5 InsO = § 64 S. 3 GmbHG, § 92 Abs. 2 S. 3 AktG, § 130a Abs. 1 S. 3 HGB jeweils aF) sind hingegen insolvenzrechtlich einzuordnen; das anwendbare Recht 48 bestimmt sich nach Art. 7 EuInsVO nF (näher Rauscher/Mäsch EuInsVO Art. 7 Rn. 21 f.). Bei internationalen **Verschmelzungen und Spaltungen** wird **kumulativ** an die Statuten der beteiligten oder entstehenden Gesellschaften angeknüpft (vgl. auch BGH NZG 2019, 873 Rn. 16: Verschmelzung zweier schwedischen Gesellschaften unterliegt dem gemeinsamen Gesellschaftsstatut (Gründungsrecht)); ist danach (auch) deutsches Recht anwendbar, folgte nach bisher hM aus § 1 Abs. 1 UmwG, dass beide Vorgänge in grenzüberschreitender Form sachrechtlich unzulässig sind (MüKoBGB/Kindler IntGesR Rn. 795 ff.); zur Rechtslage nach der RL 2005/56/EG über die Verschmelzung von Kapitalgesellschaften und der UmwG-Reform → Rn. 85.

49 **(6) Betriebsverfassungsrecht.** Die betriebliche Mitbestimmung und allgemein das internationale Betriebsverfassungsrecht folgen unabhängig vom Gesellschaftsstatut eigenen Regeln **(Territorialitätsprinzip).** Näher bei Art. 30. Zur unternehmerischen Mitbestimmung → Rn. 39.

50 **(7) Insolvenzantragspflicht; Haftung für masseschmälernde Zahlungen; Existenzvernichtungs- und Insolvenzverursachungshaftung.** Die Insolvenzantragspflicht (§ 15a InsO), die Haftung für Zahlungen nach Zahlungsunfähigkeit oder Überschuldung (§ 15b Abs. 4 InsO = § 64 S. 1 GmbHG aF) sowie die Existenzvernichtungs- und Insolvenzverursachungshaftung (§ 826 BGB, § 15b Abs. 5 InsO = § 64 S. 3 GmbHG, § 92 Abs. 2 S. 3 AktG, § 130a Abs. 1 S. 3 HGB jeweils aF) sind insolvenzrechtlich zu qualifizieren, weil, wie der EuGH in der Rechtssache „Kornhaas" entschieden hat, auch „die Regeln für die Bestimmung der zur Stellung des (Eröffnungs-)Antrags (…) verpflichteten Personen" sowie „die Folgen eines Verstoßes gegen diese Verpflichtungen" unter das Insolvenzstatut fallen (EuGH NJW 2016, 223 Rn. 19) und die Niederlassungsfreiheit einer EU-Auslandsgesellschaft dieser Qualifikation nicht entgegensteht (näher Rauscher/Mäsch EuInsVO Art. 7 Rn. 19). Nicht entscheidend ist dagegen, ob die entsprechenden Regelungen - wie nach dem MoMiG - rechtsformneutral (dann Insolvenzstatut) oder rechtsformspezifisch (dann Gesellschaftsstatut) ausgestaltet wurden (so aber die in diesem Kommentar bis zur 56. Edition, Stand: 1.11.2020, vertretene Auffassung). Das hat zur Folge, dass die Regelungen nun auch Scheinauslandsgesellschaften mit dem Mittelpunkt der hauptsächlichen Schuldnerinteressen (center of main interests – „COMI") im Inland erfassen (vgl. Art. 3, 7 EuInsVO nF; dazu Rauscher/Mäsch EuInsVO Art. 7 Rn. 22 mwN). Auch der BGH hat im Anschluss an „Kornhaas" § 64 S. 1 GmbHG aF (= § 15b Abs. 4 InsO) auf den Director einer in Deutschland ansässigen Limited angewendet (BGH NZG 2016, 550).

51 **cc) Abgrenzung zu anderen Statuten. (1) Erbstatut.** Ob und unter welchen Voraussetzungen eine juristische Person **erbfähig** ist, richtet sich nach dem Erbstatut (ausf. zu dieser Abgrenzungsfrage Staudinger/Dörner, 2007, Art. 25 Rn. 63 ff.; v. Oertzen IPRax 1994, 73; Witthoff, Die Vererbung von Anteilen deutscher Personengesellschaften im IPR, 1992; zur Erbfähigkeit als einer „besonderen Rechtsfähigkeit" → Art. 7 Rn. 12 ff.). Stellt sich die Frage, ob und in welcher Weise eine Person im Wege der Erbfolge von der Beteiligung des Erblassers an einer Gesellschaft profitiert, ist zu differenzieren: **Wer Erbe wird, bestimmt das Erbstatut;** ob und in welcher Weise sich der **Gesellschaftsanteil** oder ein aus ihm fließendes Folgerecht **im Nachlass wiederfindet, bestimmt das Gesellschaftsstatut** (allgM). Praktische Probleme warf bislang allein die Vererbung von Anteilen an **Personengesellschaften** auf. Insoweit gilt: Das Gesellschaftsstatut bestimmt, ob und unter welchen Voraussetzungen (etwa Nachfolgeklauseln, Eintrittsklauseln) die **Gesellschafterstellung auf den Erben übergeht** oder, verneinendenfalls, ob und in welchem Umfang dem letzteren ein **Abfindungsanspruch** zusteht (v. Oertzen IPRax 1994, 73 (74)). Das **Verhältnis zwischen mehreren Erben** und die Verteilung der Nachlasswerte unter ihnen bestimmt auch in Bezug auf Gesellschaftsanteile oder Abfindungsansprüche grds. das Erbstatut; eine Ausnahme gilt, wenn das Gesellschaftsstatut – wie das deutsche Recht – **besondere,** von den allgemeinen erbrechtlichen Grundsätzen abweichende Regeln für die **Rechtsnachfolge in Gesellschaftsanteile** kennt (etwa Einzelnachfolge statt Universalsukzession). Diese Spezialregeln setzen sich nach dem Rechtsgedanken des Art. 3 Abs. 3 Rom I-VO gegen das Erbstatut durch (vgl. Staudinger/Dörner, 2007, Art. 25 Rn. 64).

52 **(2) Ehegüterstatut.** Noch wenig geklärt ist das Verhältnis zwischen Ehegüter- und Gesellschaftsstatut (umfassend zur Abgrenzung Riering IPRax 1998, 322). Abgrenzungsfragen tauchen insbes. dann auf, wenn die Ehegatten nach dem über Art. 229 § 47 Abs. 2 Nr. 2, Art. 15 EGBGB aF oder die EuGüVOo ermittelten Ehegüterstatut in **Güter- oder Errungenschaftsgemeinschaft** leben und nur ein Ehegatte eine Beteiligung an einer Gesellschaft hält oder erwirbt, deren Statut ein anderes Recht ist. Grds gilt: Ob und in welcher Form der eine Ehegatte den Gesellschaftsanteil erwerben kann und welche Mitgliedschaftsrechte daraus erwachsen, entscheidet das Gesellschaftsstatut (vgl. Soergel/Kegel Art. 15 Rn. 36). Welche speziell **güterrechtlichen**

**Folgen** der Erwerb im Hinblick auf den anderen Ehegatten auslöst, ist hingegen nach dem **Güterstatut** zu beurteilen (MüKoBGB/Kindler IntGesR Rn. 661). Das umfasst insbes. die Frage nach der Einbeziehung des Anteils in das Gesamtgut der Ehegatten, ggf. auch nach der Art der Mitberechtigung des anderen Ehegatten (Gesamthand, Bruchteilsgemeinschaft, wertmäßige Beteiligung) sowie etwaige **güterrechtliche Verpflichtungs- und Verfügungsbeschränkungen** (vgl. Bohlscheid RNotZ 2005, 505 (530)). Sieht das Güterstatut eine gesamthänderische Beteiligung der Ehegatten vor, kann dies zur – in der Praxis schwierigen – gemeinschaftlichen Ausübung von Mitgliedschaftsrechten aus dem Anteil zwingen (näher zur Beteiligung an einer deutschen GmbH Riering IPRax 1998, 322 (326)). **Spezielle gesellschaftsrechtliche „Erwerbshindernisse",** also auf der Basis des **Gesellschaftsstatut** gesetzlich – Beispiele im deutschen Recht: § 38 S. 1 BGB; § 717 S. 1 BGB – oder rechtsgeschäftlich – **Vinkulierung;** etwa § 15 Abs. 5 GmbHG, § 68 Abs. 2 AktG – begründete Verbote der Übertragung von Gesellschaftsanteilen auf andere, sollen jedoch der güterrechtlich angeordneten (gesamthänderischen) Mitberechtigung des Ehegatten entgegenstehen (Riering IPRax 1998, 322 (325); MüKoBGB/Kindler IntGesR Rn. 661 mwN; auch Schotten/Schmellenkamp DNotZ 2007, 729 (735 ff.) für das Verhältnis des ausländischen Ehegüterstatuts zum deutschen Gesellschaftsstatut). Letzterer ist in diesem Fall auf etwaige schuldrechtliche Ausgleichsansprüche des Güterstatuts angewiesen (Riering IPRax 1998, 322 (325)).

Ob es **Eheleuten gestattet ist, miteinander eine Gesellschaft** zu gründen, beantwortet **53** nicht das Gesellschafts-, sondern das Ehegüterstatut (MüKoBGB/Kindler IntGesR Rn. 661 mwN; zur kollisionsrechtlichen Anknüpfung von Ausgleichsansprüchen im Rahmen von Ehegatteninnengesellschaften ausf. Christandl FamRZ 2012, 1692 (1693 ff.)). Gesellschaftsverbote zwischen Ehegatten sind allerdings rar geworden.

**(3) Deliktsstatut.** Ob und unter welchen Bedingungen eine nach dem Gesellschaftsstatut als **54** rechtsfähig geltende Gesellschaft für unerlaubte Handlungen (einschließlich Wettbewerbsverstöße) durch eine natürliche Person einstehen muss **(Deliktsfähigkeit),** entscheidet das **Delikts-, nicht das Gesellschaftsstatut** (allgM). Kommt man über Art. 4 Rom II-VO zu deutschem Deliktsrecht, gilt also für die Haftung auch einer ausländischen Gesellschaft § 31 BGB (vgl. OLG Köln NJW-RR 1998, 756) mit der weiten Auslegung, die der Begriff des „verfassungsmäßig berufenen Vertreters" durch die Rspr. erfahren hat. Ob die maßgeblichen Kriterien in der Person des Handelnden erfüllt sind, wird sich allerdings häufig nicht ohne Rückgriff auf das Gesellschaftsstatut und die ihm danach zukommende (Organ-)Stellung im Unternehmen klären lassen (ähnlich MüKoBGB/Kindler IntGesR Rn. 645). Entsprechendes gilt bei ausländischem Deliktsstatut. **Ansprüche der Gesellschaft gegen eines ihrer Organe oder einer ihrer sonstigen Mitarbeiter** wegen der Verletzung von sich aus dem Rechtsverhältnis zwischen ihnen ergebenden Pflichten sind nach Auffassung des EuGH auch dann vertragsrechtlicher Natur (→ Rn. 55), wenn sie nach nationalem Recht deliktisch eingeordnet werden (EuGH EuZW 2015, 922 – Ferho, zur Brüssel I-VO; dazu etwa Hübner ZGR 2016, 897; Asbrand/Wegen IWRZ 2016, 248).

**(4) Statut des Anstellungsverhältnisses mit Organen.** Das Anstellungsverhältnis (nach **55** deutscher Terminologie: der Dienstvertrag) der Gesellschaft mit einem Organ beurteilt sich nach dem getrennt vom Gesellschaftsstatut zu ermittelnden **Vertragsstatut** (MüKoBGB/Kindler IntGesR Rn. 641). Dieses – dann hypothetische – Statut entscheidet auch darüber, ob es überhaupt neben dem (Organ-)Bestellungs- ein besonderes Anstellungsverhältnis gibt (vgl. Mankowski RIW 2004, 167 (171): im französischen Recht sind gesonderte Anstellungsverträge mit Gesellschaftsorganen untersagt). Das Vertragsstatut ist über die Rom I-VO zu ermitteln. Liegt keine Rechtswahl nach Art. 3 Rom I-VO vor, ist grds. nach Art. 4 Abs. 1 lit. b Rom I-VO an den **gewöhnlichen Aufenthaltsort des Organs** anzuknüpfen; jedoch dürfte im Regelfall wegen der Verzahnung der Anstellung mit der Bestellung zum Organ ein „offensichtlich engerer Zusammenhang" mit dem **Gesellschaftsstatut** bestehen, was nach Art. 4 Abs. 3 Rom I-VO zu **dessen Anwendung auch auf den Anstellungsvertrag** führt (Asbrand/Wegen IWRZ 2016, 248 (253)). Die objektive Grundsatzanknüpfung wechselt zum **Arbeitsort der Organperson** (und die Auswirkungen der **Rechtswahl werden zu seinen Gunsten eingeschränkt**), wenn sie als Arbeitnehmerin iSv Art. 8 Rom I-VO gilt. Die **Arbeitnehmereigenschaft** hat der EuGH für den Direktor einer niederländischen BV (Besloten vennootschap met beperkte aansprakelijkheid) bejaht, weil er gegenüber den Gesellschaftern weisungsgebunden ist (EuGH EuZW 2015, 922 – Ferho). Zwar ist diese Entscheidung zur Zuständigkeitsnorm des Art. 20 Brüssel I-VO ergangen, sie dürfte aber wegen des Gebots der einheitlichen Auslegung der Rom I-VO und der Brüssel Ia-VO (Erwägungsgrund 7 Rom I-VO) auch für die erstere Geltung beanspruchen (so auch Hübner ZGR 2016, 897 (906)) Damit ist in grenzüberschreitenden Fällen auch für die Bestimmung des

Vertragsstatuts des **Geschäftsführers einer deutschen GmbH Art. 8 Rom I-VO** heranzuziehen, weil er wie der Direktor einer BV den Weisungen der Gesellschafterversammlung unterworfen ist (Mankowski RIW 2004, 167 (169) mit einer konsequenten Ausnahme für Geschäftsführer, die zugleich Gesellschafter mit wesentlichem Einfluss in der Gesellschaft sind, RIW 2004, 167 (171); iE ebenso Lüttringhaus EuZW 2015, 904 (906)). Praktisch wird sich dieser Regimewechsel nur für Verträge mit Rechtswahlklauseln auswirken, weil Art. 8 Abs. 4 Rom I-VO für die objektive Anknüpfung eine dem Art. 4 Abs. 3 Rom I-VO entsprechende Ausweichklausel bereithält, die erlaubt, die Anstellungsverträge auch von „Arbeitnehmer-Organen" dem Gesellschaftsstatut zu unterstellen (vorsichtig in diese Richtung auch Lüttringhaus EuZW 2015, 904 (906)). Vorstandsmitglieder einer deutschen AG sind wegen ihrer fehlenden Weisungsgebundenheit (§ 76 Abs. 1 AktG) keine Arbeitnehmer (Mankowski RIW 2004, 167 (169); Lüttringhaus EuZW 2015, 904 (906)); für sie verbleibt es daher bei Art. 3 und 4 Abs. 3 Rom I-VO. Zu beachten bleibt, dass der EuGH den Arbeitnehmergerichtsstand des Art. 20 Brüssel I-VO (= Art. 22 Brüssel Ia-VO) nicht nur für Ansprüche der Gesellschaft gegen ein Geschäftsleitungsmitglied aus dem Anstellungsverhältnis, sondern auch aufgrund einer „Gesamtbetrachtung" für konkurrierende Ansprüche aus unerlaubter Handlung und schließlich auch aus **Organhaftung** geöffnet hat (EuGH EuZW 2015, 922 – Ferho). Während diesem Ansatz für deliktische Ansprüche auch im Kollisionsrecht zu folgen ist → Rn. 54 verbleibt es für **Organhaftungsansprüche schon deshalb bei der Maßgeblichkeit des Gesellschaftsstatuts,** weil nach Art. 1 Abs. 2 lit. f Rom I-VO „Fragen betreffend das Gesellschaftsrecht" und insbes. die „innere Verfassung" einer Gesellschaft von der Rom I-VO ausgenommen sind (diff. Hübner ZGR 2016, 897 (906 ff.): das Gesellschaftsstatut muss über Art. 8 Rom I-VO „allein um den unionsrechtlich gebotenen Schutz des Arbeitnehmers ergänzt werden").

56 **(5) Insolvenzstatut; Restrukturierungsstatut.** Die Bestimmung des auf Voraussetzungen, Durchführung und Wirkung eines inländischen Insolvenzverfahrens sowie auf die Anerkennung und Folgen eines ausländischen Insolvenzverfahrens im Inland anwendbaren Rechts unterliegen der **EuInsVO** (seit dem 26.6.2017 VO (EU) 2015/848, zuvor VO (EG) 1346/2000), hilfsweise den in Deutschland nach Einführung der InsO weiterhin nur bruchstückhaft gesetzlich niedergelegten Regeln des Internationalen Insolvenzrechts (§§ 355 ff. InsO). Zur Abgrenzung des Gesellschafts- vom Insolvenzstatut, insbes. im Hinblick auf die schwierige Frage der Einordnung von **insolvenzrechtlichen Annexverfahren** (Rauscher/Mäsch EuInsVO Art. 6 Rn. 6 ff.; zur Insolvenzantragspflicht und die Haftung für masseschmälernde Zahlungen → Rn. 50). Durch die Ausweitung des Insolvenzstatuts lassen sich Gläubiger- und Verkehrsschutzinteressen im Hinblick auf im Inland operierende Unternehmen durchsetzen, die infolge der unionsrechtlich vorgegebenen Abkehr von der Sitztheorie hin zur Gründungstheorie für in EU/EWR-Staaten gegründete Gesellschaften teilweise in Frage stehen (dazu Weller IPRax 2017, 167 (175 f.)). Wegen der Ende 2021 erfolgten Änderung des Anh. A zur EuInsVO (ABl. EU 2021 L 455, 4) unterfallen auch **öffentliche Restrukturierungssachen nach dem StaRUG** (Unternehmensstabilisierungs- und -restrukturierungsgesetz vom 22.12.2020, BGBl. I 3256) dem Insolvenzstatut (näher Schelo WM 2022, 556).

57 **(6) (Handels-)Registerstatut.** Registerrecht ist öffentliches Recht. Wegen des dieses grds. beherrschenden Territorialitätsprinzips gilt deutsches Handelsregisterrecht für alle Unternehmen mit Niederlassung in Deutschland, unabhängig vom Gesellschaftsstatut und Ort des Satzungs- oder effektiven Verwaltungssitzes (vgl. Baumbach/Hopt/Hopt HGB § 13d Rn. 2; zu offenen Rechtsfragen bezüglich der Eintragung inländischer Zweigniederlassungen ausländischer Gesellschaften Hoger NZG 2015, 1219; zur Eintragungsfähigkeit der Einzelvertretungsmacht eines directors einer engl. Limited Mense/Poschitz GWR 2015, 206; zur Gefahr der europaweiten Verknüpfung von Handelsregistern aufgrund unterschiedlicher Standards, Ries ZIP 2013, 866). In diesem Sinne „ausländische" Unternehmen müssen also die Registerpflichten der §§ 13d ff. HGB beachten. Unklarheit besteht darüber, welche Unterlagen und Angaben für die Eintragung gefordert werden können. So wies das OLG Frankfurt die Beschwerde gegen die Verweigerung der Eintragung einer englischen Limited zurück und bestätigte ua die Pflicht zur Vorlage einer öffentlich beglaubigten Abschrift des memorandum of association sowie die Pflicht zur Angabe der Höhe des Stammkapitals (OLG Frankfurt NZG 2017, 1431; darauffolgend Vorlagebeschluss des BGH NZG 2019, 775; dazu ausf. Otto-Gräbener NZG 2019, 934). Eine nach englischem Recht gegründete, aber ausschließlich in Deutschland ansässige Limited hat an ihrem Sitz nach § 13d HGB eine „Zweigniederlassung" zur Eintragung anzumelden (AG Duisburg NZG 2003, 1072 (1073); Klose-Mokroß DStR 2005, 971 (972)). Solange für die im Inland tätige Zweigniederlassung eine eigene Firma nicht gebildet wurde, ist die Eintragung eines Zusatzes, der die Einord-

nung als Zweigniederlassung ermöglicht, auch für ausländische Unternehmen nicht erforderlich (OLG Düsseldorf FGPrax 2017, 119 (120)). Obwohl die Verletzung dieser Pflicht durch § 14 HGB sanktioniert ist, sind geschätzte zwei Drittel der in Deutschland tätigen englischen Limiteds in den deutschen Handelsregistern nicht verzeichnet (Sandrock RIW 2011, 1 (2) mwN; zu aktuellen Zahlen Kornblum GmbHR 2016, 691). Aber auch bei den eingetragenen Limiteds erfüllen die deutschen registerrechtlichen Publizitätsvorschriften bzgl. Gesellschafter und Geschäftsführer ihre Aufgabe nicht optimal (Sandrock RIW 2011, 1 (11 f.), dort auch zum Beweiswert von Kopien aus den englischen registers of members und registers of directors). Eine Pflicht des Registergerichts zur Amtsermittlung nach §§ 26, 382 FamFG besteht nach Auffassung des BGH nur dann, wenn entweder die formalen Mindestanforderungen für eine Eintragung nicht erfüllt sind oder begründete Zweifel an der Wirksamkeit der zur Eintragung angemeldeten Erklärungen oder der Richtigkeit der mitgeteilten Tatsachen bestehen (BGH NZG 2011, 909).

**c) Sonderanknüpfung einzelner materiellrechtlicher Normen.** Die Frage, ob die nach dem in → Rn. 36 ff. Gesagten umfassende Geltung des Gesellschaftsstatuts unter Rückgriff auf Rechtsnormen anderer Länder eingeschränkt werden kann, stellt sich in der Praxis nur für die Gründungstheorie: Inwieweit darf der Staat, in dem die Gesellschaft ihren tatsächlichen Verwaltungssitz hat, eigene, als besonders sensibel angesehene Vorschriften durch eine **Sonderanknüpfung** gegen das Gründungsrecht durchsetzen? 58

**aa) Allgemeines, staatsvertraglich festgelegte Gründungstheorie.** Für die Gründungstheorie spricht die mit ihr verbundene Rechtssicherheit, aber auch ihre Anhänger können und wollen nicht verleugnen, dass mit der größeren Freiheit, die dem Parteiwillen gewährt wird, zugleich die Gefahr nicht wünschenswerter Gesellschaftsgründungen in „Oasenstaaten" zur Umgehung strenger Schutzvorschriften im Land der schwerpunktmäßigen Geschäftstätigkeit wächst. Vorschläge zur Eindämmung dieser Gefahr sind in der Vergangenheit in zahlreichen Varianten gemacht worden, die mit Stichworten wie **eingeschränkte Gründungs-** (Behrens IPR Rn. 23; Behrens IPRax 1999, 323), **Überlagerungs-** (Sandrock BerDtGesVölkR 18 (1978), 169 (191 ff.); Sandrock RabelsZ 42 (1978), 227 (246 ff.); Sandrock FS Beitzke, 1979, 669 ff.; Sandrock BB 1999, 1337) und **Differenzierungstheorie** (Grasmann Rn. 625 ff.; 977 ff.) oder **Kombinationslehre** (Zimmer IntGesR 220 ff.) bezeichnet werden und als gemeinsamen Nenner haben, dass jedenfalls in gewissem Umfang gesellschaftsrechtliche Schutzvorschriften des Landes des tatsächlichen Verwaltungssitzes oder der hauptsächlichen Geschäftstätigkeit neben oder an Stelle des Gründungsrechts Anwendung finden **(modifizierte Gründungstheorien)** (umfassend zu den einzelnen Spielarten der modifizierten Gründungstheorie MüKoBGB/Kindler IntGesR Rn. 390 ff.; weitere Vorschläge zum Schutz inländischer Gläubiger von Kapitalgesellschaften mit fiktivem Auslandssitz bei Ulmer JZ 1999, 662). Praktische Erfahrungen gibt es mit diesen Theorien nicht. Die in → Rn. 10 genannten bilateralen Kapitalschutz- oder Investitionsförderungsabkommen haben, soweit ersichtlich, insoweit noch keinen Anlass zu Gerichtsentscheidungen gegeben, und im Rahmen des FrHSchV D-USAes sieht die – spärliche – Praxis zu Unrecht ein Allheilmittel gegen pseudo foreign corporations im ordre-public-Vorbehalt und dem vermeintlich zu beachtenden „genuine link"-Erfordernis (→ Rn. 6). Vorzuziehen ist für den letzteren Vertrag Bungerts mit gründlicher Analyse begründete **Spaltungslösung,** wonach sich nur das **Außenverhältnis** der Gesellschaft (worunter insbes. die Frage der Rechtsfähigkeit, der organschaftlichen Vertretungsmacht und einer eventuellen materiellen Durchgriffshaftung der Gesellschafter oder handelnden Personen zu verstehen ist) nach Gründungsrecht beurteilt, während das **Innenverhältnis** (insbes. die Rechte und Pflichten der (auch Minderheits-)Gesellschafter und die Berufung, Aufgabe, Haftung und Abberufung der Verwaltungsorgane) dem Recht am tatsächlichen Verwaltungssitz unterworfen ist (ausf. Bungert ZVglRWiss 93 (1994), 117 (139 f.)). 59

**bb) Gründungstheorie im Bereich der unionsrechtlichen Niederlassungsfreiheit. (1) Zwingende Gründe des Allgemeinwohls.** Die Niederlassungsfreiheit, die über den Umweg der EuGH-Rspr. den Übergang zur Gründungstheorie im innereuropäischen Rechtsverkehr erzwungen hat, setzt zugleich möglichen Eingriffen in die umfassende Geltung des Gründungsrechts für die betroffene Gesellschaft enge Grenzen: In Fortführung seiner allgemeinen Rspr. zu staatlichen Eingriffen in die Grundfreiheiten durch unterschiedslos auf in- wie ausländische Marktbürger anwendbare Normen (Calliess/Ruffert/Kingreen AEUV Art. 36 Rn. 45 ff.) ist nach Auffassung des EuGH dem Sitzstaat die Durchsetzung eigener Normen gegen das Gründungsrecht nur dann gestattet, wenn er mit diesen Normen (1) zwingende Gründe des **Allgemeinwohls** (2) in einer **nicht-diskriminierenden** und (3) zur Erreichung des Ziels **geeigneten Weise** verfolgt, ohne (4) über das hinauszugehen, was insoweit **erforderlich** ist (vgl. EuGH NJW 1999, 2027 60

(2029) – Centros; NJW 2003, 3331 (3334) – Inspire Art; BGH NJW 2005, 1648 (1649)). Einen zwingenden Grund des Allgemeinwohls kann etwa der Schutz der Gesellschaftsgläubiger, der Minderheitsgesellschafter und der Arbeitnehmer der Gesellschaft darstellen (vgl. Grüneberg/ Thorn Anh. Art. 12 Rn. 6, der noch den Schutz des Fiskus dazu zählt). Insbesondere Prüfungsschritt (4) zwingt aber zu einer sorgfältigen Prüfung, ob das Ziel nicht statt mit einer **Sonderanknüpfung von Schutzvorschriften des Sitzstaates** bereits unter Anwendung des ausländischen Gründungsrechts oder mit Hilfe unionsrechtlicher Schutzregelungen erreicht werden kann. So gibt es etwa im englischen Gesellschaftsrecht der Limited einige Möglichkeiten, den Gläubigern einer vermögenslos am Markt agierenden Limited mit Verwaltungssitz in Deutschland zu helfen (knapp dazu Rehm in Eidenmüller, Ausländische Kapitalgesellschaften im deutschen Recht, 2004, § 10 Rn. 65 ff.; Just, Die Englische Limited in der Praxis, 4. Aufl. 2012, Rn. 181 ff.; für eine insolvenzrechtliche Anknüpfung des Gläubigerschutzregimes Ego IWRZ 2019, 243). Zudem betont der EuGH auf der Grundlage seines Leitbildes vom verständigen und mündigen Marktteilnehmer, dass ein besonderes Bedürfnis für die Durchsetzung sitzstaatlichen Gläubigerschutzes schon dann regelmäßig nicht besteht, wenn die Gesellschaft nach außen erkennbar als ausländische aufgetreten ist (EuGH NJW 2003, 3331 (3334) – Inspire Art; dieser Gesichtspunkt schließt allerdings Schutzmaßnahmen zugunsten nichtvertraglicher Gläubiger der Gesellschaft nicht aus, vgl. Spindler/Berner RIW 2004, 7 (13 f.)). Die **Handelndenhaftung** deutscher Prägung (§ 11 Abs. 2 GmbHG) ist deshalb bei Gesellschaften mit ausländischem Gründungsrecht nicht anwendbar (BGH NJW 2005, 1648 (1649)). Zwar werden die Gesellschafter ausländischer Gesellschaften mit Sitz in Deutschland der deutschen **Existenzvernichtungshaftung** (vgl. Zöllner GmbHR 2006, 1 (7); Römermann NJW 2006, 2065 (2068)) auszusetzen sein; das hat aber eine international-insolvenzrechtliche und nicht -gesellschaftsrechtliche Begründung (→ Rn. 43). Weitgehend Einigkeit besteht darüber, dass auch die **Unternehmensmitbestimmung** durch Sonderanknüpfung nicht zu begründen ist (Hüffer/Koch AktG § 1 Rn. 48; Eidenmüller ZIP 2002, 2233 (2242); Eidenmüller/Rehm ZGR 2004, 159 (184 f.); Forsthoff DB 2002, 2471 (2477); Hammen WM 1999, 2487 (2493 ff.); Paefgen DB 2003, 487 (491 f.); aA Bayer AG 2004, 534 (537 f.); v. Halen WM 2003, 571 (577); Ulmer JZ 1999, 662 (663)). Insgesamt müssen sich Eingriffe des Sitzstaates in die umfassende Geltung des Gründungsrechts an **sehr hohen Anforderungen** messen lassen (Hofmeister WM 2007, 868 (871 f.); Schön ZHR 168 (2004), 268 (292 f.)).

61 **(2) Bekämpfung von Missbrauch und Betrug.** Weiterhin sollen nach EuGH Maßnahmen des Sitzstaates zur Verhinderung einer missbräuchlichen oder betrügerischen Nutzung der Niederlassungsfreiheit erlaubt sein (EuGH NJW 1999, 2027 (2028) – Centros; eingehend zur EuGH-Rspr. im Hinblick auf missbräuchliche Ausnutzung der Niederlassungsfreiheit Forsthoff EuZW 2015, 248). Wenn er aber selbst das ausdrückliche Ziel, mit der Gesellschaftsgründung nach Auslandsrecht die strengere Rechtsordnung des Sitzstaates zu unterlaufen und die Einhaltung hinderlicher Rechtsvorschriften zu vermeiden, so wie dies die „Centros"-Gründer offen eingeräumt haben, nicht als missbräuchlich einstuft (EuGH NJW 1999, 2027 f. – Centros), dürfte dieser Rechtfertigungsgrund (zur dogmatischen Einstufung als Rechtfertigungsgrund oder Tatbestandsausschluss Spindler/Berner RIW 2004, 7 (8 f.) mwN) keine allzu große Wirkung entfalten (Hofmeister WM 2007, 868 (871)). In der Rspr. wurde er aber etwa herangezogen in Fällen, in denen die Gründung einer englischen Limited der **Umgehung einer Gewerbeuntersagung** diente (BGH NJW 2007, 2328; OLG Dresden ZIP 2006, 1097; OLG Jena NZG 2006, 434 (Vorlagebeschluss); krit. dazu Mankowski BB 2006, 1173). Die Entscheidung in Sachen **Cadbury-Schweppes** im Jahr 2006 könnte als ein erster Schritt des EuGH zurück zu einer restriktiveren Haltung gesehen werden, da er darin die Wahl einer ausländischen Gesellschaftsform nur unter der Voraussetzung von der Niederlassungsfreiheit gedeckt sieht, dass eine tatsächliche und gefestigte wirtschaftliche Tätigkeit im Registerstaat ausgeübt wird (EuGH EuZW 2006, 663 – Cadbury-Schweppes); nach wohl hM beschränkt sich ihre Bedeutung aber auf das Steuerrecht (vgl. G.H. Roth EuZW 2010, 607; aA etwa Kindler IPRax 2010, 274).

62 **7. Grenzüberschreitende Sitzverlegung. a) Allgemeines, sekundäres Unionsrecht.** Ein Vorentwurf der Europäischen Kommission von 1997 für eine (14.) „Richtlinie über die Verlegung des Sitzes einer Gesellschaft in einen anderen Mitgliedstaat" (abgedruckt in ZIP 1997, 1721), der ohne Eingriffe in die nationalen Kollisionsrechte die Identität der Gesellschaft bei grenzüberschreitender Sitzverlegung auf sachrechtlicher Ebene wahren will (zum Vorentwurf etwa Habersack EuropGesR § 4 Rn. 35 ff.; Meilicke GmbHR 1998, 1053), stieß bald auf unüberwindbare Hürden. Das Projekt wurde vor dem Hintergrund der EuGH-Rspr. zur Niederlassungsfreiheit, die die rechtlichen Probleme bei Verlegung des tatsächlichen Verwaltungssitzes weitgehend beseitigt hat (→ Rn. 17), 2004 von der Kommission reduziert, auf die Verlegung des Satzungssitzes wiederbe-

lebt und im Dezember 2007 wieder eingestellt (näher https://www.europarl.europa.eu/RegData/etudes/etudes/join/2013/494460/IPOL-JOIN_ET(2013)494460_DE.pdf, zuletzt abgerufen am 22.4.2022). Nachdem auch der Arbeitskreis Europäisches Unternehmensrecht 2011 Thesen zum Erlass einer europäischen Sitzverlegungsrichtlinie aufgestellt hat (abgedruckt in NZG 2011, 98), hat die Kommission im Aktionsplan 2012 (COM (2012) 740 (14)) das Vorhaben abermals aufgenommen. Nach Konsultationsrunden in 2013 (Bayer/Schmidt BB 2014, 1219 (1225)) und 2017 hat die Kommission nach langer Wartezeit (vgl. dazu Bungert/Wansleben DB 2017, 2591; Bayer/Schmidt BB 2017, 2114 (2118); Kindler NZG 2018, 1 (5)) am 25.4.2018 ein Maßnahmenpaket vorgelegt (COM (2018) 241 insbes. deren Art. 86a ff.; vgl. auch Habersack ZHR 2018, 495). Am 12.12.2019 wurde der Richtlinienentwurf zur Änderung der RL (EU) 2017/1132 im Hinblick auf grenzüberschreitende Umwandlungen, Verschmelzungen und Spaltungen (**RL (EU) 2019/2121** vom 27.11.2019, ABl. EU L 321, 1) vom Rat angenommen. Die neue Umwandlungsrichtlinie harmonisiert die Regeln für grenzüberschreitende Umwandlungen, Spaltungen von EU-Kapitalgesellschaften; auch die Anforderungen für grenzüberschreitende Verschmelzungen wurden geändert (näher Stelmaszczyk GmbHR 2020, 61; Müller AG 2020, R5; Brehm/Schümmer NZG 2020, 538). Die Umsetzungsfrist läuft bis zum 31.1.2023 (Art. 3 RL (EU) 2019/2121). Der Unionsgesetzgeber hat sich aber bisher noch nicht dazu durchringen können, auch eine Harmonisierung des Gesellschaftskollisionsrechts in Angriff zu nehmen (krit. deshalb Bayer/Schmidt BB 2019, 1922, 1926; Schurr EuZW 2019, 539, 544). Einstweilen ist deshalb auch in Binnenmarktsachverhalten von den unten darzustellenden allgemeinen Regeln auszugehen, wobei zum einen zwischen Sitzverlegungen im Geltungsbereich der Gründungs- oder der Sitztheorie und zum anderen zwischen der Verlegung des Satzungssitzes oder des effektiven Verwaltungssitzes zu unterscheiden ist (Überblick über die zu unterscheidenden Konstellationen der grenzüberschreitenden Sitzverlegung hinsichtlich der Vorgaben der Niederlassungsfreiheit auch bei Franz EuZW 2016, 930). Die Darstellung konzentriert sich auf die für deutsche Gerichte praktisch wichtigste Fallgruppe der **Sitzverlegungen von und nach Deutschland.** Für Sitzverlegungen zwischen Drittländern gelten aber entsprechende Überlegungen; nur die aus dem deutschen Sachrecht als Gesellschaftsstatut geschöpften Argumente sind ggf. durch solche aus dem entsprechenden ausländischen Statut zu ersetzen (zu sachrechtlichen Vorschriften in anderen EU-Mitgliedstaaten für transnationale Sitzverlegungen (Zu- oder Wegzug) vgl. Schwarz EuropGesR Rn. 171).

**b) Gründungstheorie.** Zum Geltungsbereich der Gründungstheorie im deutschen IPR → 63 Rn. 19 ff. Betroffen sind danach insbes. **Sitzverlegungen** von nach deutschem Recht gegründeten Gesellschaften in andere **Mitgliedstaaten der EU** sowie **in die USA und umgekehrt.**

**aa) Verlegung des effektiven Verwaltungssitzes.** Soweit die Gründungstheorie gilt, ist der 64 effektive Verwaltungssitz nicht das maßgebliche Kriterium für die Bestimmung des auf gesellschaftsrechtliche Verhältnisse anwendbaren Rechts. Die Sitzverlegung führt nicht zu einer Änderung des anwendbaren Rechts und damit nicht zu einem Statutenwechsel. Es ist folglich allein das **materielle Recht des Gründungsstaates,** das entscheiden muss, ob die effektive Verwaltung der Gesellschaft von einem anderen Land aus **negative Auswirkungen auf den Bestand der Gesellschaft** (oder in sonstiger Hinsicht) hat. Nach dem Recht der US-Bundesstaaten ist dies wohl zu verneinen, weil allein die Beibehaltung eines „registered office" für Zustellungszwecke notwendig ist (zum „registered office" nach US-Recht vgl. knapp Merkt, US-amerikanisches Gesellschaftsrecht, 3. Aufl. 2013, Rn. 360 f.; Bungert RIW 1999, 109 (113)). **Auch im deutschen Sachrecht ist der effektive Verwaltungssitz** einer deutschen Gesellschaft **im Ausland kein Hindernis,** sofern im Inland der Satzungssitz und ein Minimum an Geschäftstätigkeit beibehalten bleiben. Spätestens mit der Änderung von § 4a GmbHG bzw. § 5 AktG durch das MoMiG (Gesetz zur Modernisierung des GmbH-Rechts und zur Bekämpfung von Missbräuchen vom 23.10.2008, BGBl. I 2026; in Kraft getreten am 1.11.2008) kann die früher hM, nach der die **Verlegung des effektiven Verwaltungssitzes ins Ausland sachrechtlich zwingend zum Übertritt der Gesellschaft ins Liquidationsstadium** führt (Staudinger/Großfeld, 1998, IntGesR Rn. 613; OLG Hamm NJW 2001, 2183; wN in 2. Aufl. Rn. 91), endgültig keinen Bestand mehr haben, weil diese Normen nur noch einen Satzungs-, nicht aber einen effektiven Verwaltungssitz im Inland fordern (vgl. zB Wicke GmbHG § 4a Rn. 11). Die **„Cartesio"-Entscheidung** des EuGH, in der dieser den EU-Mitgliedstaaten die Aufrechterhaltung von „Wegzugssperren" gestattet (EuGH NZG 2009, 61 – Cartesio; zu Recht krit. zu der daraus folgenden Unterscheidung von Wegzugs- und Zuzugsfällen Leible/Hoffmann BB 2009, 58), ist damit für das deutsche Recht bedeutungslos (vorsichtiger Kindler NZG 2009, 130 (132)).

**bb) Verlegung des Satzungssitzes. (1) Verlegung aus und nach Deutschland.** Die Verle- 65 gung des Satzungssitzes einer deutschen Gesellschaft iSd § 5 Abs. 1 AktG, § 4a Abs. 1 GmbHG etc ins Ausland führt im Geltungsbereich der Gründungstheorie ebenfalls nicht zu einem Statutenwechsel, weil das anwendbare Recht – das (deutsche) Gründungsrecht – auch hier dasselbe bleibt (aA Behrens IPR Rn. 62; Bungert RIW 1999, 109 (112)). Aber das deutsche **Sachrecht** verhindert die Wirksamkeit des Verlegungsbeschlusses, der deshalb als solcher nicht ins Handelsregister eingetragen werden kann (BayObLG NJW-RR 2004, 836). Die hM im deutschen Recht wertet den Beschluss über die Verlegung des Satzungssitzes als **Auflösungsbeschluss,** der zur Liquidation der Gesellschaft führt (vgl. OLG Düsseldorf DB 2001, 901 mAnm Emde; OLG Hamm NJW-RR 1998, 615; BayObLG NJW-RR 1993, 43; Staudinger/Großfeld, 1998, IntGesR Rn. 655; Ebenroth/Auer JZ 1993, 374 f. mwN; aA Hüffer/Koch AktG § 5 Rn. 13; Michalski/Leible Syst Darst 2 Rn. 179; MüKoBGB/Kindler IntGesR Rn. 838 f. mwN; MüKoAktG/Koch AktG § 262 Rn. 38; MüKoHGB/Krafka, 4. Aufl. 2016, HGB § 13h Rn. 14 f.; Scholz/Westermann GmbHG Anh § 4a Rn. 73 ff.; Triebel/v. Hase BB 2003, 2409 (2415) mwN in Fn. 74: Nichtigkeit des Beschlusses über die Satzungssitzverlegung analog § 241 Nr. 3 AktG; die Gesellschaft bleibt aus dieser Sicht als werbende in Deutschland ansässig; offengelassen von BayObLG NJW-RR 2004, 836). Hier ist ihr zuzustimmen, weil der Satzungssitz große Bedeutung hat für die Zuständigkeit deutscher Behörden und Gerichte (näher Staudinger/Großfeld, 1998, IntGesR Rn. 241) und folglich mit seiner Verlegung eine wirksame behördliche und gerichtliche Kontrolle, wenn nicht ver-, so doch behindert wird (Staudinger/Großfeld, 1998, IntGesR Rn. 652). Die Rspr. des EuGH zur Niederlassungsfreiheit (→ Rn. 17) hatte hieran auch im innereuropäischen Verhältnis zunächst nichts geändert, weil diese (nur) Regeln über die Verlegung des effektiven **Verwaltungssitzes** der Gesellschaft unter Wahrung ihrer Identität bereitstellte (vgl. für Wegzugsfälle EuGH NZG 2009, 61 – Cartesio: Erfordernis eines inländischen Verwaltungssitz mit Art. 43, 48 EGV-Nizza vereinbar; für Zuzugsfälle BayObLG NJW-RR 2004, 836; krit. hierzu Bayer BB 2003, 2357 (2363 f.); Wertenbruch NZG 2003, 618 (620); Triebel/v. Hase BB 2003, 2409 (2411); Eidenmüller JZ 2004, 24 (29); zust. Hausmann GS Blomeyer, 2004, 586). Abhilfe hätte insoweit nur die derzeit auf Eis gelegte EU-RL (→ Rn. 62) schaffen können. Von der Niederlassungsfreiheit geschützt ist nach Auffassung des EuGH („Vale") aber eine gemeinschaftsinterne **grenzüberschreitende Verlegung von Verwaltungs- und Satzungssitz** unter gleichzeitigem identitätswahrendem Wechsel zu einer Gesellschaftsform des Zuzugsstaats **(grenzüberschreitender Formwechsel),** da und sofern dessen nationales Recht einen entsprechenden innerstaatlichen Formwechsel in die fragliche Zielgesellschaft kennt (EuGH NJW 2012, 2715 – Vale; näher Behme NZG 2012, 936; Kindler EuZW 2012, 888; Kraft/Böttcher NJW 2012, 2701; Weller LMK 2012, 336113; Wöhlert/Degen GWR 2012, 432; König/Bormann NZG 2012 1241; Biermeyer CMLR (50), 2013, 571; Wohlrab GRP 2012, 316; ausf. zur Vale-Entscheidung und den verschiedenen Fallgruppen Schön ZGR 2013, 333; Borg-Barthet ICLQ 62 (2013), 503; s. auch die nachfolgende Entscheidung des OGH Wien EWiR 2015, 107 mAnm Stiegler; ausführlich zu einem grenzüberschreitenden Formwechsel de lege lata auch Heckschen ZIP 2015, 2049). Nach der Entscheidung **„Polbud"** (EuGH NJW 2017, 3639 = ZIP 2017, 2145 = NZG 2017, 1308; ausf. zum Vorlagebeschluss des polnischen Obersten Gerichtshofs Oplustil/Sikora EWS 2017, 134; ausf. Besprechung Paefgen WM 2018, 993; 2018, 1029; Kovács ZIP 2018, 253) gilt Gleiches nun auch für den **grenzüberschreitenden Formwechsel** unter Verlegung **nur des Satzungssitzes,** ohne an den Verwaltungssitz zu rühren, und zwar selbst dann, wenn die Gesellschaft im Zuzugsstaat keinerlei tatsächliche wirtschaftliche Tätigkeit auszuüben beabsichtigt (EuGH NJW 2017, 3639 Rn. 37; insoweit aA noch GA Kokott C-106/16, BeckRS 2017, 108853). Darin liegt zum einen eine konsequente Fortentwicklung der EuGH-Rspr. – wenn man, wie das Gericht in „Centros" (EuGH NJW 1999, 2027) entschieden hat, eine Gesellschaft nach dem Recht eines EU-Mitgliedstaats von vornherein mit der Absicht gründen darf, mit ihr ausschließlich in einem anderen Mitgliedstaat tätig zu werden, dann ist es nur noch ein kleiner Schritt zu der hier in Frage stehenden Variante, dass die Gesellschaft nachträglich den Wechsel zur Form eines anderen EU-ausländischen Gesellschaftsstatuts betreibt. Zum anderen wird damit aber die Fragwürdigkeit dieses libertären Ansatzes besonders deutlich: Die Niederlassungsfreiheit soll die freie Wahl des Standorts wirtschaftlicher Betätigung gewährleisten, nicht aber den Gesellschaftern die freie Wahl des auf diese anwendbaren Rechts eröffnen (richtig GA Kokott C-106/16, BeckRS 2017, 1088531 Rn. 38; ebenso Mörsdorf ZIP 2017, 2381; Kieninger NJW 2017, 3624 (3626 f.); Schollmeyer ZGR 2018, 186; ausf. d'Avout Recueil Dalloz 2017, 2512; sehr krit. auch Kindler NZG 2018, 1 (3), der sich angesichts der Enthüllungen in den kurz zuvor veröffentlichten sog. Paradise Papers die Frage stellt, ob die Entscheidung „auf Zynismus oder Naivität" beruht (7); im gleichen Sinne Hushahn RNotZ 2018, 23 (25); iE auf Linie des EuGH Kovács ZIP 2018, 253; Schall ZfPW 2018, 176). Zudem scheint es jetzt auch kein Halten mehr zu geben bei der grenzüberschreitenden **Verlegung des Satzungssitzes ohne Formwechsel;** die deutsche Lösung der Wertung des

Verlegungsbeschlusses als Auflösungsbeschluss (s. oben) dürfte auch in dieser Konstellation kaum Gnade vor den Augen des EuGH finden (zu den zulässigen Regelungsmöglichkeiten des nationalen Gesetzgebers vgl. Teichmann NZG 2017, 543 (562 ff.); Wachter NZG 2017, 1308 (1313)).

Mit den Beschlüssen des OLG Nürnberg (OLG Nürnberg NZG 2014, 349 mAnm Stiegler), des KG (KG ZIP 2016, 1223) und des OLG Düsseldorf (OLG Düsseldorf ZIP 2017, 2057 = DStR 2017, 2345 = GWR 2017, 399 (Nentwig)) liegen erste deutsche Entscheidungen vor, die einen „Hereinformwechsel" (unter Verlegung von Satzungs- und Verwaltungssitz von Luxemburg – OLG Nürnberg – bzw. Frankreich – KG – bzw. den Niederlanden – OLG Düsseldorf – nach Deutschland), billigten, gestützt auf die Vorgaben der Vale-Entscheidung. Zweifel wurden im Fall des OLG Nürnberg an der vom Gericht stillschweigend angenommenen Kontinuität des Rechtsträgers trotz der bereits mehrere Monate zurückliegenden Löschung aus dem luxemburgischen Handelsregister angemeldet (Stiegler NZG 2014, 351; krit. zum einen aus diesem Grund, zum anderen wegen der analogen Anwendung der auf Inlandssachverhalte zugeschnittenen §§ 190 ff. UmwG auch Neye EWiR 2014, 45 (46); zust. hingegen Schaper ZIP 2014, 810 (812); zur Entscheidung des OLG Nürnberg mit weitergehenden Überlegungen ferner Hübner IPRax 2015, 134; ausf. zum „Hereinformwechsel" Seibold ZIP 2017, 456). Das OLG Düsseldorf betonte zu Recht, dass die auf Binnenfälle ausgelegten §§ 1, 191, 226 UmwG dahingehend europarechtskonform ausgelegt werden müssten, dass einer dem Recht eines anderen Mitgliedstaates unterliegenden Gesellschaft der Formwechsel in eine GmbH nach deutschem Recht ermöglicht wird (OLG Düsseldorf ZIP 2017, 2057. Das AG Charlottenburg hat in GmbHR 2014, R311 eine „Checkliste" zu den anzuwendenden Rechtsnormen bei grenzüberschreitenden Sitzverlegungen veröffentlicht). Das KG verneinte die analoge Anwendung von Art. 8 SE-VO, der Regelungen für die Verlegung des Sitzes einer SE enthält, auf den grenzüberschreitenden Hereinformwechsel jedenfalls im vorliegenden Fall (KG ZIP 2016, 1223 (1224); krit. dazu Hushan RNotZ 2016, 618 (620 f.); ebenfalls krit. bezüglich der Begründung Verse/Schöllisch WuB 2017, 87; vgl. auch Schapers/Vollertsen EWiR 2017, 109; Zwirlein ZGR 2017, 114). Über den umgekehrten Fall eines „Hinausformwechsels" einer deutschen GmbH nach Italien hatte das OLG Frankfurt (OLG Frankfurt NZG 2017, 423) zu entscheiden. Unter Zugrundelegung der EuGH-Entscheidung in Sachen Vale (→ Rn. 65) hat es dabei die §§ 190 ff. UmwG analog angewandt und den Formwechsel in eine italienische S.r.l. für zulässig gehalten (krit. zur analogen Anwendung des § 202 Abs. 1 Nr. 1 und Nr. 3, Abs. 2 und Abs. 3 UmwG in diesem Fall Knaier DNotZ 2017, 390 (391 f.); krit. auch Teichmann ZIP 2017, 1190; zur „Herausumwandlung" einer GmbH am Beispiel Liechtenstein Nentwig GWR 2015, 447). Das Gericht hat dabei ausdrücklich offengelassen, ob neben der Verlegung des Satzungssitzes die Aufnahme einer „wirklichen wirtschaftlichen Tätigkeit" erforderlich ist (OLG Frankfurt NZG 2017, 423 Rn. 42); nach „Polbud" dürfte das zu verneinen sein (→ Rn. 65). Aufgrund der nach wie vor offenen Fragen werden die Rufe nach sekundärrechtlichen Regelungen zu grenzüberschreitenden Formwechseln immer lauter (Schaper ZIP 2014, 810 (812, 814); auch Franz EuZW 2016, 930 (934); Hübner IPRax 2015, 134 (139); Wohlrab GRP 2012, 316 (319); Haar GRP 2012, 137 (144)); Schön ZGR 2013, 333 (364 f.); Kindler NZG 2018, 1; Hushahn RNotZ 2018, 23; Kieninger NJW 2017, 3624 (3627); Kieninger ZEuP 2018, 309 (317)). Vgl. zu den bisherigen europäischen Legislativüberlegungen → Rn. 62. Auch das Europäische Parlament hat sich mittlerweile in die Diskussion eingeschaltet und am 13.6.2017 gefordert, künstliche Sitzverlegungen zu verhindern, die nur der Vermeidung von Steuern sowie Arbeitnehmer- und Minderheitenrechten dienen (Entschließung des Europäischen Parlaments P8_TA(2017)0248; vgl. auch Philipp EuZW 2017, 547). **66**

**(2) Verlegung aus den USA.** Aus US-amerikanischer Sicht kommt es wohl allein darauf an, dass die in einem US-Bundesstaat gegründete Gesellschaft in diesem Staat ein „registered office" und einen „registered agent" behält; der Satzungssitz deutscher Prägung spielt, soweit ersichtlich, keine Rolle (vgl. Bungert RIW 1999, 109 (113 f.)). **67**

**c) Sitztheorie.** Die Sitztheorie beherrscht das deutsche Internationale Gesellschaftsrecht außerhalb des Verhältnisses zur EU und zum EWR sowie außerhalb staatsvertraglicher Sonderregeln (→ Rn. 22 ff.). **68**

**aa) Verlegung des effektiven Verwaltungssitzes. (1) Zuzug nach Deutschland.** Verlegt im Geltungsbereich der Sitztheorie eine im Ausland gegründete und zuvor vom Ausland aus geleitete Gesellschaft ihren effektiven Verwaltungssitz nach Deutschland, so kommt es zu einem Statutenwechsel: Die Gesellschaft untersteht nunmehr als pseudo foreign corporation dem materiellen deutschen Gesellschaftsrecht (allgM). Zu den Folgen dieses Statutenwechsels → Rn. 74 ff. **69**

70 **(2) Wegzug aus Deutschland. (a) Aufnehmender Staat folgt Gründungstheorie.** Verlegt eine **in Deutschland gegründete Gesellschaft ihre tatsächliche Leitung ins Ausland,** ändert sich das anwendbare Recht nach hM dann nicht, wenn der **aufnehmende Staat** seinerseits kollisionsrechtlich der **Gründungstheorie** folgt (angelsächsisch geprägte Länder, Schweiz) (knapper Überblick zu Staaten außerhalb von EU/EWR, die der Gründungstheorie folgen, bei MüKoBGB/Kindler IntGesR Rn. 513; zur abzulehnenden Ansicht, § 4a GmbHG enthalte eine versteckte Kollisionsregel iSd Gründungstheorie, vgl. nur Weller IPRax 2017, 167 (171) mwN), weil dessen **Rückverweisung** auf das deutsche (Gründungs-)Recht zu folgen sei (→ Rn. 13). Stimmt man dem zu, kommt es nicht zu einem Statutenwechsel und ist der Fall wie in → Rn. 65 zu behandeln. Lehnt man, wie hier vertreten (→ Rn. 13), die Beachtlichkeit einer Rückverweisung ab, ändert sich das anwendbare Recht und gelten die in der folgenden Rn. darzustellenden Regeln. Wird mit dem Verwaltungssitz zugleich der Satzungssitz verlegt (→ Rn. 73).

71 **(b) Aufnehmender Staat folgt Sitztheorie.** Folgt der Staat, in den die deutsche Gesellschaft ihren effektiven Verwaltungssitz verlegt hat, der Sitztheorie, nimmt er die Verweisung des deutschen Kollisionsrechts an. Das **Sachrecht des Zuzugsstaates** ist nunmehr maßgeblich (aA Kegel/Schurig IPR § 17 II 2: altes und neues Recht gleichermaßen maßgeblich). In der Regel wird dies (jedenfalls bei juristischen Personen) zur Nichtigkeit der Gesellschaft führen, weil dessen Vorschriften über die Gründung einer Gesellschaft nicht beachtet wurden (zu vereinzelten sachrechtlichen Vorschriften anderer EU-Mitgliedstaaten, die unter bestimmten Voraussetzungen den identitätswahrenden Zuzug von im Ausland gegründeten Gesellschaften ohne Neugründung ermöglichen (Belgien, Frankreich, Luxemburg, Portugal, Spanien), vgl. Schwarz EuropGesR Rn. 171. Eine Voraussetzung ist immer, dass (auch) der Wegzugsstaat sachrechtlich die Gesellschaft trotz Sitzverlegung bestehen lässt, vgl. Schwarz EuropGesR Rn. 171, was nunmehr für Deutschland gegeben ist, → Rn. 67); möglicherweise kommt aber eine Teilrechtsfähigkeit in Betracht. Soll die Gesellschaft als solche „weiterleben", müsste sie neu gegründet werden (MüKoBGB/Kindler IntGesR Rn. 826).

72 **bb) Verlegung des Satzungssitzes. (1) Verlegung aus Deutschland.** Weil der Satzungssitz im Rahmen der auf den tatsächlichen Verwaltungssitz abstellenden Sitztheorie wie bei der Gründungstheorie kein maßgebliches Kriterium zur Bestimmung des anwendbaren Rechts ist, gelten bei der Verlegung des Satzungssitzes einer in Deutschland gegründeten Gesellschaft ins Ausland die in → Rn. 65 ff. dargestellten Regeln entspr. (materiell-rechtliche Würdigung als Auflösungsbeschluss) (OLG Hamm NJW 2001, 2183: fälschlicherweise zugleich die Auflösung auf die Nichtanerkennung der Gesellschaft durch das – nicht gefragte! – Recht des neuen Satzungssitz-Ortes stützend; Staudinger/Großfeld, 1998, IntGesR Rn. 652).

73 **(2) Verlegung nach Deutschland.** Welche Folgen die Verlegung des Satzungssitzes einer tatsächlich vom Ausland aus geleiteten Gesellschaft nach Deutschland hat, beurteilt sich nach dem jeweiligen materiellen ausländischen Gesellschaftsrecht, da kein Statutenwechsel stattfindet. Anderes gilt nur dann, wenn man mit der hier abgelehnten hM eine Rückverweisung für beachtlich hält (→ Rn. 13) **und** der Staat des Verwaltungssitzes kollisionsrechtlich einer Theorie folgt, nach der weder der Ort der tatsächlichen Verwaltung der Gesellschaft noch das Gründungsrecht, sondern der jeweilige Ort des Satzungssitzes maßgeblich sein soll; in diesem Fall sind mit dem neuen deutschen Satzungssitz kraft Rückverweisung die Normen des materiellen deutschen Gesellschaftsrechts und damit die Regeln über pseudo foreign corporations im deutschen Sachrecht (→ Rn. 77 ff.) maßgeblich (anders MüKoBGB/Kindler IntGesR Rn. 847 mit Rn. 519, der – ohne Begründung – Gründungstheorie und Anknüpfung an den jeweiligen Satzungssitz gleichsetzt und deshalb in der hier behandelten Konstellation für alle Staaten, die der Gründungstheorie folgen, zu einer Rückverweisung zum deutschen Recht kommt).

74 **8. Scheinauslandsgesellschaften in Deutschland.** Die Terminologie ist nicht einheitlich, gelegentlich wird mit dem Begriff „Scheinauslandsgesellschaft" (pseudo foreign corporation) in Deutschland nur eine solche bezeichnet, die nach ausländischem Recht gegründet wurde und organisiert ist, in Anwendung der Sitztheorie aber auf Grund ihres effektiven inländischen Verwaltungssitzes dem deutschen Recht untersteht (unten b), → Rn. 76). In einem umfassenderen Sinn, der auch hier zugrunde gelegt wird, ist der Begriff auch unter der Gründungstheorie anwendbar (unten a)) und bezeichnet jede Gesellschaft, die ihren effektiven Verwaltungssitz in einem anderen Staat als dem hat, unter dessen Recht sie gegründet wurde. Das „scheinausländische" ist in beiden Fällen darin zu sehen, dass die Gesellschaft keine tatsächlichen und dauerhaften Verbindungen zur Wirtschaft des Staates (mehr) hat, in dem sie inkorporiert wurde.

**a) Scheinauslandsgesellschaften im Anwendungsbereich der Gründungstheorie.** Im Anwendungsbereich der Gründungstheorie (→ Rn. 19) sind im Ausland gegründete Gesellschaften auch dann, wenn sie ihren effektiven Verwaltungssitz von Anfang an in Deutschland hatten oder ihn später dorthin verlegt haben, an ihrem ausländischen Gründungsrecht zu messen (→ Rn. 19). Dies gilt jedenfalls, soweit es sich nicht um insolvenzrechtliche Fragestellungen handelt. Wegen des Fehlens einer Mindestkapitalregelung war jedenfalls eine Zeit lang die Rechtsform einer private limited company („Limited") (zur Nutzung der Limited Liability Partnership als Organisationsform anwaltlicher Berufsausübung in Deutschland Henssler/Mansel NJW 2007, 1393, Ewer AnwBl. 2010, 857 sowie Hartung AnwBl. 2011, 84; allgemein Melchior AnwBl. 2011, 20; zur Partnerschaftsgesellschaft mit beschränkter Berufshaftung als möglicher Alternative s. Linardatos VersR 2013, 1488) nach englischem Recht bei deutschen Unternehmensgründern sehr beliebt. Dieser Trend ist jedoch schon seit einigen Jahren rückläufig, was wohl ua auf die Einführung der „Unternehmergesellschaft (haftungsbeschränkt)" zurückzuführen ist sowie auf einen allgemein sehr hohen Rechtsberatungsbedarf (empirische Daten bei Kornblum GmbHR 2016, 691). 75

Hilfe für die zahlreichen Probleme bei der praktischen Arbeit mit dem englischen Gesellschaftsstatut der „deutschen" Limited findet sich etwa bei Henssler/Strohn/Servatius IntGesR Rn. 40 ff.; Heinz/Hartung, Die englische Limited, 2011; Just, Die englische Limited in der Praxis, 4. Aufl. 2012; Römermann (Hrsg.), Private Limited Company in Deutschland, 2006; Triebel/v. Hase/Melerski, Die Limited in Deutschland, 2006; Hirte/Bücker, Grenzüberschreitende Gesellschaften, 2. Aufl. 2006. Das englische Gesellschaftsrecht hat sich nach vollständigem Inkrafttreten des Companies Act 2006 (2006 c 46) im Oktober 2009 umfassend geändert (vgl. aus dem deutschen Schrifttum Thole RIW 2008, 606). 75.1

**b) Scheinauslandsgesellschaften im Anwendungsbereich der Sitztheorie.** Eine nach ausländischem Recht gegründete, im Rahmen der Sitztheorie (zu deren Anwendungsbereich → Rn. 22) wegen des von Anfang an in Deutschland liegenden oder später hierher verlegten Verwaltungssitzes aber dem deutschen Gesellschaftsrecht unterworfene Gesellschaft ist im Ausgangspunkt unabhängig von der Sichtweise des Gründungsrechts als solche **nicht rechtsfähig** (umfassend zur Behandlung von schuld- und sachenrechtlichen Verträgen sowie Gestaltungserklärungen und Delikten unter „Beteiligung" einer Scheinauslandsgesellschaft Eidenmüller/Rehm ZGR 1997, 89); sie kann aber aus Rechtsscheinsgesichtspunkten als rechtsfähig zu behandeln sein (→ Rn. 46). Das berührt die im Folgenden darzustellende persönliche Gesellschafter- und Handelndenhaftung nicht (richtig Eidenmüller/Rehm ZGR 1997, 89, 104). Es fehlt die insoweit notwendige konstitutive Eintragung in ein deutsches Register, welche wegen des numerus clausus der deutschen Gesellschaftsformen durch eine etwaige ausländische Eintragung nicht ersetzt werden kann (allgM). Der numerus clausus führt weiter dazu, dass das ausländische Gebilde in das System des deutschen Gesellschaftsrechts eingeordnet werden muss (sog. Wechselbalg-Theorie, dazu krit. und mit alternativen Lösungsansätzen nach den Grundsätzen des intertemporalen Kollisionsrechts Bartels ZHR 176 (2012), 412). Insoweit ist zu differenzieren (näher zum Folgenden m. ausf. Begr. auch MüKoBGB/Kindler IntGesR Rn. 489 ff.). 76

**aa) Alleingesellschafter.** Steht hinter der pseudo foreign corporation nur **eine Person,** haftet diese für im Namen der Scheinauslandsgesellschaft abgeschlossene Geschäfte persönlich und unbeschränkt (allgM), wird als wahrer Unternehmensinhaber aber aus diesen Geschäften auch persönlich berechtigt. Bei Betrieb eines Handelsgewerbes iSv § 1 Abs. 2 HGB ist die Person als Kaufmann zu behandeln, wenn das deutsche Recht auch das Wirkungsstatut des fraglichen Geschäfts stellt (zur Anknüpfung der Kaufmannseigenschaft → Art. 7 Rn. 41). 77

**bb) Mehrere Gesellschafter.** Besteht das Gebilde aus mehreren Personen, so ist es als **nichtrechtsfähiger Verein** einzustufen, wenn ein ideeller Zweck iSd § 21 BGB verfolgt wird (MüKoBGB/Kindler IntGesR Rn. 496). Bei erwerbswirtschaftlicher Zielsetzung handelt es sich um eine Personengesellschaft, dh **beim Betrieb eines Handelsgewerbes iSv § 1 Abs. 2 HGB** – was die Regel sein dürfte – um eine **OHG,** ansonsten um eine **GbR** (BGH NJW 2009, 289 (291) – Trabrennbahn, mAnm Kieninger; NJW 2002, 3539; insoweit krit. Gottschalk ZIP 2009, 948 (950 f.)). Im ersten Fall ist **§ 124 Abs. 1 HGB** und die daraus folgende rechtliche Verselbstständigung der Gesellschaft etwa für die Parteifähigkeit zu beachten; im letzteren die Rspr. des BGH zur Rechts- und Parteifähigkeit einer Außen-GbR (BGH NJW 2001, 1056 – ARGE Weißes Ross; aA Bechtel NZG 2001, 21 (23): eine aus dem Ausland zuziehende Gesellschaft ist „zunächst" eine fehlerhafte Vorgesellschaft). In beiden Fällen **haften die Gesellschafter persönlich und unbeschränkt** (anders für „reine Kapitalanleger" – Haftung nur in Höhe der Einlageverpflich- 78 tung – Fischer IPRax 1991, 100 (101); Eidenmüller/Rehm ZGR 1997, 89 (103)). Das bloße Auftreten als ausländische Kapitalgesellschaft führt ebenfalls in beiden Fällen nicht zu einer Haftungsbeschränkung auf das Gesellschaftsvermögen. Zur Rechtsfähigkeit kraft Rechtsscheins → Rn. 44.

79 **cc) Handelndenhaftung.** Ist die Scheinauslandsgesellschaft (etwa als Ltd, Inc oder Stiftung) körperschaftlich strukturiert, tritt neben die persönliche Haftung der Gesellschafter die persönliche Haftung der handelnden Personen entspr. § 41 Abs. 1 S. 2 AktG, § 11 Abs. 2 GmbHG (ganz hM, Rspr.-Nachweise bei MüKoBGB/Kindler IntGesR Rn. 499 Fn. 2027; zu aktuellen Problemen der Haftung von Geschäftsleitern, insbes. zur Handelndenhaftung s. Schulz/Wasmeier RIW 2010, 657). Die Handelndenhaftung trifft alle **Organmitglieder,** alle Personen, die wie Organe auftreten **(faktische Organe)** sowie rechtsgeschäftlich bestellte Vertreter der Gesellschaft, die als **selbstständige Entscheidungsträger** aufgetreten sind (vgl. Fischer IPRax 1991, 100 (102); weiter OLG Oldenburg NJW 1990, 1422 (1423): alle Handelnden; zust. Staudinger/Großfeld, 1998, IntGesR Rn. 443).

80 **dd) Wirksamkeit von Vertragsschlüssen.** Manche möchten regelmäßig im Wege der Auslegung der für die (als solche nicht existierende) ausländische Kapitalgesellschaft abgegebenen Willenserklärung und wegen der mangelnden Vertretungsmacht für die tatsächlich bestehende inländische OHG oder GbR wirksame Vertragsschlüsse mit der Letzteren verneinen (vgl. Eidenmüller/Rehm ZGR 1997, 89 (92 ff.)), wollen dem Geschäftspartner aber dennoch (gesetzliche) Erfüllungs- und erst in zweiter Reihe Schadensersatzansprüche gegen die Handelnden und Gesellschafter geben (Eidenmüller/Rehm ZGR 1997, 89 (92 ff., 101 ff.), wobei allerdings trotz des fehlenden Synallagmas die Einreden „aus §§ 320 ff. BGB" bestehen sollen (auch wenn deutsches Recht nicht Vertragsstatut ist oder eine Vorleistungspflicht der Gesellschaft vereinbart wurde?)). Dies erscheint als eine kaum zu rechtfertigende Bevorzugung des Geschäftspartners, könnte er doch weder bei einer „echten" inländischen noch einer „echten" ausländischen Gesellschaft auf Erfüllungsansprüche ohne eine eigene Verpflichtung hoffen.

81 **c) Britische Scheinauslandsgesellschaften nach dem „Brexit".** Einen noch nicht dagewesenen Sonderfall stellt der am 31.1.2020 formell und mit dem Ablauf der Übergangsfrist am 31.12.2020 auch faktisch vollzogene Austritt des Vereinigten Königreichs aus der EU („Brexit") dar (s. Mitteilung über das Inkrafttreten des Abkommens über den Austritt des Vereinigten Königreichs Großbritannien und Nordirland aus der Europäischen Union und der Europäischen Atomgemeinschaft, ABl. EU 2020 L 29, 189; sowie Art. 126, 127 Abs. 1 BrexitAbk (Abkommens über den Austritt des Vereinigten Königreichs Großbritannien und Nordirland aus der Europäischen Union und der Europäischen Atomgemeinschaft, ABl. EU 2020 L 29, 7)), der mangels anderslautender Verhandlungsergebnisse (vgl. das Handels- und Kooperationsabkommen zwischen der Europäischen Union und der Europäischen Atomgemeinschaft einerseits und dem Vereinigten Königreich Großbritannien und Nordirland andererseits, Abl. EU 2020 L 444, 14; zu den Abläufen des Austritts bereits Mäsch/Gausing/Peters IPRax 2017, 49 (51); Basedow ZEuP 2016, 567 ff.) zur Folge hat, dass sich im UK gegründete pseudo-foreign corporations nicht mehr auf die Niederlassungsfreiheit berufen können (BGH ZIP 2021, 566; andere möchten hingegen aus dem Post-Brexit-Handelsabkommen einen Bestandsschutz für englische Gesellschaften mit Verwaltungssitz im Inland ableiten, vgl. Schmidt EuZW 2021, 613 (615 ff.); Zwirlein-Forschner IPRax 2021, 357 (360 f.)). Dies betrifft vor allem die ehemals zahlreichen in Deutschland ansässigen private companies limited by shares (Ltd.), limited liability partnerships (LLP) und public limited companies (PLC) nach englischem Recht → Rn. 75. Einigkeit besteht über die kollisionsrechtliche Behandlung solcher Gesellschaften, die nach einem Wirksamwerden des Brexits nach englischem Recht neu gegründet werden und ihren tatsächlichen Verwaltungssitz in Deutschland nehmen oder aber diesen Sitz sodann dorthin verlegen. Das Vereinigte Königreich ist fortan als Drittstaat zu behandeln und die betroffenen Gesellschaften unterliegen somit der Sitztheorie mit den in → Rn. 76 beschriebenen Folgen, die ein solcher Statutenwechsel mit sich bringt (so zur Ltd. BGH ZIP 2021, 566 f. mwN).

82 Schwieriger ist jedoch die Behandlung zum Zeitpunkt des Austritts bereits in Deutschland ansässiger „englischer" Gesellschaften. Die uneingeschränkte Anwendung der Sitztheorie auf in Drittstaaten registrierte Gesellschaften, wie es der BGH in seiner Trabrennbahn-Entscheidung vorgegeben hat, ist im vorliegenden Fall aus Vertrauens- und Verkehrsschutzgesichtspunkten kaum vorstellbar. Während der Statutenwechsel in der Zuzugskonstellation aus einem Nicht-EU/EWR Staat grds. eine bewusste Entscheidung der Gesellschaft bzw. der dahinterstehenden Personen ist, haben diese auf den Statutenwechsel, der allein auf den Austritt des Vereinigten Königreichs aus

der EU zurückzuführen ist, keinen Einfluss. Zum Zeitpunkt ihrer Sitzverlegung nach oder Gründung in Deutschland konnten sie vielmehr auf die Geltung der Niederlassungsfreiheit und somit der Anerkennung ihrer Gesellschaft als Kapitalgesellschaft vertrauen. Das gilt jedenfalls bis zum Zeitpunkt des Referendums vom 23.6.2016. Darüber hinaus würde eine Umqualifizierung all dieser juristischen Personen zu dem deutschen Gesellschaftsrecht bekannten Personengesellschaften, ua mit der Folge der unbeschränkten persönlichen Haftung der Gesellschafter, wegen ihrer hohen Anzahl und der bereits seit vielen Jahren in Deutschland getätigten Geschäfte den Rechtsverkehr im besonderen Maße erschüttern und somit für Rechtsunsicherheit sorgen (vgl. auch Leible/Galneder/Wißling RIW 2017, 718 (721 ff.); Nazari-Kanachayi WM 2017, 2370 (2372 f.), die gesellschaftsrechtliche Handlungsmöglichkeiten aufzeigen). Vertrauens- und Verkehrsschutz gehören jedoch zu den im IPR geschützten Interessen und können nicht unberücksichtigt bleiben. So bedarf es gar nicht dem in diesem Fall fälschlicherweise häufig bemühten, verfassungsrechtlich gewährleisteten, rechtsstaatlichen Vertrauensschutzprinzip (vgl. Mäsch/Gausing/Peters IPRax 2017, 49 (52 f.) mwN; ebenso Seeger DStR 2016, 1817 (1819 f.)). Das deutsche IPR kennt eine Norm, die einen interessensmäßig gleichgelagerten Fall erfasst und deren Rechtsgedanke im vorliegenden Fall heranzuziehen ist: Art. 7 Abs. 2, der eine Ausprägung des Grundsatzes vom Schutz wohlerworbener Rechte (jurisPK-BGB/Ludwig Art. 7 Rn. 41) und ein Rezept gegen die häufig nicht interessengerechten Folgen eines Statutenwechsels darstellt. Jedenfalls in seiner analogen Anwendung erhält er einer natürlichen Person im Falle eines Statutenwechsels die einmal erlangte Rechts- und Geschäftsfähigkeit (→ Art. 7 Rn. 46). Anders formuliert heißt das, die Fähigkeit, Zuordnungssubjekt von Rechten und Pflichten zu sein und im Rechtsverkehr selbständig zu handeln, also Verbindlichkeiten einzugehen und Forderungen zu erwerben, verliert man durch einen Statutenwechsel nicht mehr. Dieser besondere Schutz ist nicht nur durch das legitime Interesse des Betroffenen am Erhalt seiner Rechtsstellung gerechtfertigt, sondern auch und insbes. durch das Bedürfnis des Rechtsverkehrs nach Rechtssicherheit. Genau diese Interessenlage besteht auch bei der Behandlung pseudo-englischer Gesellschaften im vorgenannten Fall (ausf. dazu Mäsch/Gausing/Peters IPRax 2017, 49 (54 f.)). Da Art. 7 Abs. 2 zwar nicht vom Gesetzestext her, aber faktisch nur übergangsweise bis zur Erlangung der Geschäftsfähigkeit nach dem neuen Sachstatut wirkt (typischerweise also maximal für die Zeitspanne zwischen dem 18. und dem 21. Geburtstag), passt der Rechtsgedanke auch, um einen nur vorübergehenden Vertrauensschutz und keinen Bestandsschutz für die pseudo-englischen Gesellschaften herzuleiten. Demnach ist solchen Gesellschaften, die bereits vor dem Referendum ihren Verwaltungssitz in Deutschland hatten, eine Frist von drei Jahren ab Wirksamwerden des Austritts aus der EU bzw. dem EWR zuzubilligen, in der das alte Gesellschaftsstatut fortwirkt und die allemal ausreichen dürfte, um entsprechende Maßnahmen, wie etwa die Umwandlung in eine deutsche Gesellschaft, durchzuführen (Mäsch/Gausing/Peters IPRax 2017, 49 (55); für eine Übergangsfrist von „ca. zwei Jahren“ Freitag/Korch ZIP 2016, 1361; für Bestandsschutz Bode/Bron GmbHR 2016, R129; für eine Anwendung des neu berufenen deutschen Sachrechts mit ex-nunc-Wirkung Weller/Thomale/Benz NJW 2016, 2378 und Schall ZfPW 2016, 407 (410 ff.); gegen Bestands- oder temporären Vertrauensschutz Seeger DStR 2016, 1817 sowie Teichmann/Knaier, IWRZ 2016, 243, die das Vertrauen als nicht schutzwürdig erachten, IWRZ 2016, 243 (245), und die Abwicklung betreffender Gesellschaften nach den Grundsätzen der Rest- und Spaltgesellschaft vorschlagen, sofern keine weitere werbende Tätigkeit ausgeübt wird, IWRZ 2016, 243 (245 f.); vgl. ferner Mentzel IWRZ 2017, 248 (249) und Zwirlein/Großerichter/Gäsch NGZ 2017, 1041 (1042); für einen personengesellschaftsrechtlichen Haftungsausschluss Nazari-Khanachayi WM 2017, 2370 (2373 ff.); für eine innerstaatliche Normierung der Gründungstheorie: Leible/Galneder/Wißling RIW 2017, 718; Lieder/Bialluch NotBZ 2017, 165 (170) sowie Lieder/Kliebisch BB 2009, 338; einen Überblick de lege lata sowie de lege ferenda gibt Mohamed ZVglRWiss 2018, 189; s. auch J. Schmidt ZIP 2019, 1093). Die Rspr. kann sich mit dem Gedanken eines Bestands- oder temporären Vertrauensschutzes bislang nicht anfreunden (vgl. OLG München EuZW 2021, 955).

Für pseudo-englische **Kapitalgesellschaften,** die eine Umwandlung in eine deutsche Gesell- 83
schaft durchführen wollen, sieht der seit dem 1.1.2019 (BGBl. 2018 I 2694) geltende **§ 122m UmwG** (hierzu auch Klett NZG 2019, 292) einen zeitlich begrenzten Bestandsschutz vor: Lassen solche Gesellschaften innerhalb einer Frist von zwei Jahren einen Verschmelzungsplan (§ 122c Abs. 4 UmwG) in Deutschland notariell beurkunden und wird die Verschmelzung fristgerecht beim Handelsregister angemeldet, dann werden sie für diese Übergangszeit als EU-Auslandgesellschaft, dh nicht als Drittstaatengesellschaft, behandelt. Die Übergangsfrist beginnt mit dem Ausscheiden des Vereinigten Königreichs aus der EU, bzw. nach dem Auslaufen eines etwaigen Übergangszeitraums, innerhalb dessen das Vereinigte Königreich in der Bundesrepublik Deutschland weiterhin als EU-Mitgliedstaat gilt (→ Rn. 81; näher Zwirlein ZGR 2018, 900 (insbes. 911 ff.);

Bauerfeind/Tamcke GmbHR 2019, 11). Problematisch ist, dass es zur praktischen Durchführung der grenzüberschreitenden Verschmelzung immer noch der Mitwirkung der englischen Seite bedarf. Erteilt etwa der High Court seine Zustimmung nicht, so kann die nach § 122l Abs. 1 S. 2 UmwG erforderliche Verschmelzungsbescheinigung nicht ausstellt werden, mit der Folge, dass das Registergericht in Deutschland keine Eintragung vornehmen kann (Schröder BB 2018, 2755 (2758) befürchtete für vor dem Brexit noch nicht abgeschlossene Verschmelzungen ein solches Szenario; vgl. auch Zwirlein ZGR 2018, 900 (920 f.); Bauerfeind/Tamcke GmbHR 2019, 11 (14)). Für pseudo-englische **Personengesellschaften** (zB LLPs; statistische Daten bei Mohamed ZVglRWiss 2018, 189 (192) und in BR-Drs. 55/21, 163 f.) bietet das neue Gesetz ohnehin keine Lösung. Denn diese sind nach § 122b Abs. 1 UmwG nicht verschmelzungsfähig (Zwirlein ZGR 2018, 900 (916); Behme ZRP 2018, 204 (205); J. Schmidt GmbHR 2018, R292; Klett NZG 2019, 292 (294); aA Wolff GmbHR 2019, 52 (56 f.)). Der fehlende Bestandschutz dürfte auch der Grund dafür gewesen sein, dass zahlreiche deutsche (Anwalts-)LLPs kurz vor Ablauf der Übergangsfrist (→ Rn. 81) zu einer deutschen Rechtsform, zumeist zur Partnerschaftsgesellschaft mit beschränkter Berufshaftung (PartG mbB) gewechselt sind.

84 **9. Status ausländischer Gesellschaften mit inländischem Vermögen nach Löschung im ausländischen Register.** Wird eine im Ausland registrierte Gesellschaft gelöscht, so finden bei noch verbliebenem Vermögen der gelöschten Gesellschaft im Inland oder noch andauernder inländischer Abwicklungsgeschäfte die Grundsätze der Rest- und Spaltgesellschaft Anwendung (vgl. zum ursprünglichen Anwendungsbereich dieser Grundsätze im Falle von Enteignungen → Rn. 96; der praktisch häufigste Fall ist die Löschung einer Limited aus dem beim Companies House geführten Register (striking off) wegen Verletzung von Publizitätspflichten, dazu Zimmer/Naendrup ZGR 2007, 789), soweit das davor maßgebliche Gesellschaftsstatut keine Lösung für diese Fälle vorsieht (zB das liechtensteinische Recht, dazu vgl. OLG Karlsruhe WM 2013, 1276). Demnach wird das weitere Bestehen der Gesellschaft zu Liquidationszwecken fingiert, sie ist rechtsfähig und im Prozess somit jedenfalls parteifähig (OLG Jena NZG 2007, 877; OLG Nürnberg GmbHR 2008, 41; OLG Brandenburg ZIP 2016, 1871 (1872); vgl. auch Besprechung von Cranshaw zu OLG Düsseldorf 10.5.2010, jurisPR-HaGesR 1/2011 Anm. 4 sowie von Mock EWiR 2011, 67; folgerichtig KG BeckRS 2009, 88784; NJW 2014, 2737: keine Parteifähigkeit nach Löschung im Ursprungsland, wenn tatsächlich kein inländisches Vermögen vorhanden; monografisch zu dem praktisch häufigsten Fall einer gelöschten Limited Jansen, Zur Behandlung einer gelöschten limited company als Restgesellschaft in der Bundesrepublik Deutschland, 2015). Es soll dadurch verhindert werden, dass inländisches Vermögen keinem Rechtsträger zugeordnet werden kann. Höchstrichterlich nicht eindeutig geklärt und im Schrifttum umstritten ist, welchem Gesellschaftsstatut diese Restgesellschaft untersteht, was insbes. für die ordnungsgemäße Vertretung von Bedeutung ist. Da nach der Löschung im ausländischen Register die Gesellschaft analog zu den Entscheidungen Cartesio (→ Rn. 64) und Vale (→ Rn. 65) nicht mehr niederlassungsberechtigt iSd Unionsrechts sein dürfte, erscheint die Anwendung der Gründungstheorie auf die Restgesellschaft nicht zwingend, die Anknüpfung erfolgt nach autonomen deutschen Kollisionsrecht (ebenso Klöhn IPRax 2015, 412 (415); Grüneberg/Thorn Anh. Art. 12 Rn. 8). Die Restgesellschaft hat ihren Verwaltungssitz wahrscheinlich, wenn nur noch inländisches Vermögen vorhanden ist, im Inland, sodass die Sitztheorie zur Anwendung dt. Gesellschaftsrechts käme mit der Folge, dass diese als GbR oder OHG zu behandeln wäre. Vorzugswürdig erscheint jedoch in Modifikation des ungeschriebenen autonomen Kollisionsrechts die Anordnung der Fortgeltung des alten Gesellschaftsstatuts, sofern die Restgesellschaft tatsächlich liquidiert wird (iErg ebenso ohne weitere Begr. OLG Brandenburg ZIP 2016, 1871 (1872): Restgesellschaft als juristische Person, „Rest-Limited"; Cranshaw jurisPR-HaGesR 12/2014 Anm. 6; Zimmer/Naendrup ZGR 2007, 789 (805 ff.); anders BGH WM 2017, 433 Rn. 16 ff.: „nach deutschem Recht zu beurteilen, insbes. auch abzuwickeln und umzugründen" und Bestellung eines Nachtragsliquidators analog § 273 Abs. 4 S. 1 AktG; auch Klöhn/Schwarz IPRax 2015, 412). Dafür spricht, dass das (ursprüngliche) Gesellschaftsstatut auch die Auflösung und die Liquidation umfasst, welche im Hinblick auf in Deutschland belegenes Vermögen noch nicht abgeschlossen ist. Nur bei Fortführung der werbenden Tätigkeit ist von einer Neugründung oder einer Art (grenzüberschreitendem) identitätswahrendem Formwechsel (Wertung des § 190 Abs. 1 UmwG) auszugehen. Sowohl Gründungs- als auch Sitztheorie würden fortan zur Geltung deutschen Gesellschaftsrechts kommen (dahingehend wohl OLG Hamm ZIP 2014, 1426 mit kritischer Anmerkung zur Anwendung der Sitztheorie im vorliegenden Fall Cranshaw jurisPR-HaGesR 12/2014 Anm. 6; ebenso OLG Celle NZG 2012, 738). Da die Voraussetzungen des § 197 UmwG nicht erfüllt sein dürften, wäre die Restgesellschaft dann als GbR oder OHG zu behandeln.

**10. Grenzüberschreitende Verschmelzungen und Formwechsel.** Mit der am 25.4.2007 (BGBl. I 542) in Kraft getretenen Reform des Umwandlungsgesetzes (vgl. zu den binnenrechtlichen Aspekten der Reform Bayer/Schmidt NZG 2006, 841; Drinhausen BB 2006, 2313; zur grenzüberschreitenden Verschmelzung Drinhausen/Keinath BB 2006, 725; Forsthoff DStR 2006, 613; Kallmeyer/Kappes AG 2006, 224; Spahlinger/Wegen NZG 2006, 721; Vetter AG 2006, 613; vgl. zur fraglichen Unionsrechtskonformität von § 1 Abs. 1 Nr. 4 UmwG Wilhelmi JZ 2009, 411 (413)) hat der deutsche Gesetzgeber ua die Vorgaben der RL 2005/56/EG über die Verschmelzung von Kapitalgesellschaften aus verschiedenen Mitgliedstaaten (hierzu etwa Bayer/Schmidt NJW 2006, 401) in §§ 122a–122l UmwG umgesetzt, womit nunmehr grenzüberschreitende Verschmelzungen in dem dort näher geregelten Verfahren möglich sind (näher Heckschen DNotZ 2007, 444 (453 ff.); Bayer/Schmidt ZIP 2016, 841; seit dem 1.1.2019 erstrecken sich die §§ 122a ff. UmwG auch auf die grenzüberschreitende Verschmelzungen auf Personengesellschaften (BGBl. 2018 I 2694); näher Zwirlein ZGR 2018, 900; Cramer DStR 2018, 2435; zum anwendbaren Recht für den Übergang ausländischen Vermögens bei Verschmelzungen und Spaltungen Fisch NZG 2016, 448. Dabei liegt eine solche Verschmelzung auch dann vor, wenn alle an der Umwandlung beteiligten Rechtsträger ihre Geschäftstätigkeit in nur einem Mitgliedstaat ausüben bzw. in der ausländischen EU-Gesellschaft keinerlei wirtschaftliche Tätigkeit stattfindet, vgl. Court of Appeal (England and Wales) 18.1.2018 (2018) EWCA Civ 10 besprochen von Stiegler EWiR 2018, 173). Parallel zum Verfahren der Verabschiedung der RL hat der EuGH im Fall **„Sevic"** entschieden, dass es bereits die Niederlassungsfreiheit gebietet, die grenzüberschreitende Hineinverschmelzung nach Deutschland möglich zu machen (EuGH NJW 2006, 425 – SEVIC; dazu etwa Leible/Hoffmann RIW 2006, 16); die RL 2005/56/EG (inzwischen abgelöst von RL 2017/1132/EU) und das neue UmwG erübrigen für die Praxis eine Auseinandersetzung mit dieser primärrechtlichen Argumentation. Zum durch die „Vale"-Entscheidung des EuGH ermöglichten **identitätswahrenden grenzüberschreitenden Formwechsel** und die Probleme mangels nationaler und unionsrechtlicher Regelungen → Rn. 65 (zu den Möglichkeiten einer grenzüberschreitenden Umwandlung von Limiteds aus Anlass des „Brexits" Schall ZfPW 2016, 407; sowie → Rn. 83; zu grenzüberschreitenden Sitzverlegungen und Verschmelzungen von Personengesellschaften Stiegler ZGR 2017, 312. Zur RL 2019/2121/EU oben → Rn. 62). 85

**11. Nachbargebiete. a) Internationale Zuständigkeit für Binnenstreitigkeiten in der Gesellschaft.** Für gesellschaftsrechtliche Binnenstreitigkeiten (Streitigkeiten über die Gültigkeit, die Nichtigkeit oder die Auflösung einer Gesellschaft und Beschlussmängelstreitigkeiten) sind nach Art. 24 Nr. 2 S. 1 Brüssel Ia-VO die Gerichte des **Sitzlandes** der fraglichen Gesellschaft **ausschließlich zuständig.** Nach S. 2 ist der Sitz iSd Vorschrift in Abweichung von Art. 63 Brüssel Ia-VO über das Kollisionsrecht des jeweils angegangenen Gerichts, dh durch Ermittlung des Gesellschaftsstatuts, zu bestimmen, um zu einem **Gleichlauf zwischen anwendbaren Recht und Zuständigkeit** zu gelangen (vgl. Rauscher/Mankowski Brüssel Ia-VO Art. 24 Rn. 104). Für deutsche Gerichte bedeutet das, dass sie im Anwendungsbereich der **Sitztheorie** (→ Rn. 22) zuständig sind, wenn sich der **effektive Verwaltungssitz in Deutschland** befindet (BGH NJW-RR 2010, 1364) oder das Recht des Verwaltungssitzlandes auf das deutsche Recht zurückverweist (→ Rn. 13). Innerhalb der EU und des EWR führt die Gründungstheorie (→ Rn. 19) zur ausschließlichen internationalen Zuständigkeit der Gerichte des Staates der **Gesellschaftsgründung** und damit zur **Unzuständigkeit deutscher Gerichte** bei Gesellschaften, die im EU/EWR-Ausland inkorporiert wurden, selbst wenn sie den effektiven Verwaltungssitz im Inland haben (Scheinauslandsgesellschaften, → Rn. 74 ff.) (OLG Frankfurt NZG 2010, 581). Manche wollen davon (und von der Anwendung des Gründungsrechts) unter Berufung auf das EuGH-Urteil „Cadbury Schweppes" (EuGH EuZW 2006, 663 – Cadbury-Schweppes) eine Ausnahme machen, wenn im Gründungsstaat „eine bloß fiktive Ansiedlung" besteht (Kindler NZG 2010, 576 (578)). Diese Ausnahme wäre aber faktisch die Regel und würde damit auf das Ende der Gründungstheorie und auf die Rückkehr zur Sitztheorie innerhalb Europas hinauslaufen, womit „Cadbury-Schweppes" sicher überinterpretiert ist. Der BGH ist deshalb dieser Ansicht zu Recht nicht gefolgt (BGH VersR 2018, 505 (506)), wobei zu bedauern ist, dass er unter fragwürdigem Rückgriff auf die „Acte-clair"-Doktrin eine Vorlage an den EuGH verweigert und diesem damit die Chance genommen hat, europaweit für Klarheit zu sorgen. 86

Art. 24 Nr. 2 S. 1 Brüssel Ia-VO umfasst aber nur die dort genannten Gegenstände. Insbesondere sind viele Klagen der Gesellschafter gegen die Gesellschaft, zB auf Ansprüche aus Vermögens- oder Kontrollrechten, Klagen der Gesellschafter untereinander und überhaupt Schadenersatzklagen nicht erfasst (ausführlich zum sachlichen Anwendungsbereich der Vorschrift (Rauscher/Mankowski Brüssel Ia-VO Art. 24 Rn. 123 ff.). Insoweit gelten die allgemeinen bzw. sonstigen besonderen 87 und ausschließlichen Gerichtsstände. Letzterer kann für Klagen gegen den Geschäftsführer zur Geltendmachung von Ansprüchen aus **Geschäftsleiterhaftung** aus Art. 22 Abs. 1 Brüssel Ia-VO folgen, wenn der Geschäftsführer als Arbeitnehmer zu qualifizieren ist. Während Geschäftsführern nach nationalem Arbeitsprozessrecht der Weg in die Arbeitsgerichtsbarkeit gem. § 5 Abs. 1 S. 3 ArbGG versperrt ist, ist der **Arbeitnehmerbegriff** im Rahmen der Brüssel Ia-VO autonom auszulegen. Der EuGH will die Arbeitnehmereigenschaft im Rahmen des Art. 22 Abs. 1 Brüssel Ia-VO auch bei Geschäftsführern annehmen, soweit diese gegenüber anderen Gesellschaftsorganen weisungsgebunden sind (EuGH EuZW 2015, 922 Rn. 45 – Holterman Feho Exploitatie ua/Spies von Büllesheim; ausf. dazu Lüttringhaus EuZW 2015, 922; krit. Knöfel EuZA 2016, 348). Diese (Vor-)frage beantwortet das nach dem IPR der lex fori zu bestimmende Gesellschaftsstatut, ggf. auch unter Einbeziehung besonderer Weisungsbefugnisse aus der Satzung, soweit die Satzungsautonomie des Gesellschaftsstatuts dies zulässt (Lüttringhaus EuZW 2015, 922 (905); Hübner ZGR 2016, 897 (905)). Grundsätzlich gilt dies auch für **Gesellschafter-Geschäftsführer,** solange diese aufgrund ihrer Gesellschafterstellung nicht selbst mehr als unerheblichen Einfluss in dem weisungsbefugten Organ nehmen können (EuGH EuZW 2015, 922 Rn. 47 – Holterman Feho Exploitatie ua/Spies von Büllesheim). Der EuGH unterscheidet dabei nicht, ob Rechte aufgrund der Verletzung von Pflichten aus dem Anstellungs- oder dem Organverhältnis geltend gemacht werden (zur Übertragbarkeit dieser Rspr. auf die Ermittlung des anwendbaren Rechts nach der Rom I-VO → Rn. 55). Die internationale Zuständigkeit für **Erstattungsansprüche nach §§ 30, 31 GmbHG** folgt aus Art. 7 Nr. 1 lit. a Brüssel Ia-VO, da diese Ansprüche unabhängig von einem Insolvenzverfahren geltend gemacht werden können und mit einem solchen daher nicht in einem engen Zusammenhang stehen, sodass sie nicht von der Ausnahme des Art. 1 Abs. 2 lit. b Brüssel Ia-VO erfasst sind (OLG Düsseldorf ZInsO 2016, 2313 (2314); Rauscher/Mankowski Brüssel Ia-VO Art. 1 Rn. 138 f.).

88 **b) Fremdenrecht.** Auf einer anderen Ebene als das Internationale Gesellschaftsrecht, nämlich der des Sachrechts, liegt das Gesellschafts-Fremdenrecht, das privat- oder öffentlich-rechtliche Sonderregeln für Gesellschaften umfasst, die wegen des Verwaltungssitzes oder – im Bereich der Gründungstheorie (→ Rn. 19) – der Gründung außerhalb Deutschlands als ausländisch zu qualifizieren sind **(„Sachrecht für Fremde").** Solche Sonderregeln für ausländische Gesellschaften berühren etwa ihren Grundrechtsschutz (Art. 19 Abs. 3 GG) oder finden sich im Außensteuer- und Wirtschaftsrecht, im Kapitalmarktrecht, im Prozessrecht (§§ 55, 110, 116 Abs. 1 Nr. 2 ZPO) sowie in den besonderen Normen für ausländische Stiftungen und Vereine (§ 80 Abs. 1 BGB) und für **inländische Zweigniederlassungen ausländischer Unternehmen** (umfassend Rinne, Zweigniederlassungen ausländischer Unternehmen im deutschen Kollisions- und Sachrecht, 1998) (zB §§ 53–53c KWG; §§ 57 ff. VAG), insbes. für deren **Eintragung im Handelsregister** (§§ 13d ff. HGB) (ausführlicher zum Gesellschafts-Fremdenrecht etwa Staudinger/Großfeld, 1998, IntGesR Rn. 961 ff.; MüKoBGB/Kindler IntGesR Rn. 873 ff., Rn. 909 ff. zur registerrechtlichen Behandlung von inländischen Zweigniederlassungen ausländischer Unternehmen). Die für die Eintragung der Zweigniederlassung (auch) einer Gesellschaft aus dem EU-Ausland zu zahlenden **Gebühren** müssen sich wegen Art. 10, 12 RL 69/335/EWG aF (vgl. heute RL 2008/7/EG) am tatsächlichen Aufwand und nicht am Grundkapital der Gesellschaft orientieren **(Kostendeckungsprinzip)** (EuGH NZG 1998, 274 – Fantask; weshalb § 26 Abs. 6 KostO aF auf Zweigniederlassungen von EU-Auslandsgesellschaften nicht anwendbar war, vgl. BayObLG RIW 1999, 301; OLG Köln RIW 1999, 302).

89 **c) Supranationale Gesellschaftsformen. aa) Europäische Wirtschaftliche Interessenvereinigung (EWIV).** Als erste supranationale Gesellschaftsform wurde mit einer auf Art. 308 EG-Vertrag (früher Art. 235 EGV, heute Art. 352 AEUV) gestützten Verordnung die Europäische Wirtschaftliche Interessenvereinigung (EWIV) geschaffen (VO (EWG) 2137/85 vom 25.7.1985, ABl. L 199, 1), welche im Kern nicht der Entfaltung einer eigenen, sondern nur der Koordination der wirtschaftlichen Tätigkeit ihrer Mitglieder dienen soll. Die (unmittelbar anwendbare) Verordnung verweist für zahlreiche Einzelfragen, so etwa auch für die Frage der Rechtspersönlichkeit einer EWIV, auf bestehendes oder zu erlassendes einzelstaatliches Recht (zur Verknüpfung der EWIV mit dem einzelstaatlichen Recht vgl. Abmeier NJW 1986, 2987). Welches einzelstaatliche Recht insoweit zur Anwendung gelangt, richtet sich nach **Verwaltungssitz der Gesellschaft.** Nach deutschem Recht ist eine in Deutschland ansässige EWIV im Wesentlichen wie eine **OHG** zu behandeln (ausf. zur EWIV Habersack EuropGesR § 12).

90 **bb) Europäische Aktiengesellschaft (SE).** Nach 30 Jahren Diskussion sind am 8.10.2001 die rechtlichen Regelungen zur Europäischen Aktiengesellschaft **(Societas Europaea – SE)**

verabschiedet worden, die am 8.10.2004 in Kraft traten (VO (EG) 2157/2001 (SE-VO), RL 2001/88/EG, jeweils vom 8.10.2001, ABl. L 294, 22; dazu etwa Casper AG 2007, 97; Lutter BB 2002, 1; Schwarz ZIP 2001, 1847; aus Drittland-Sicht (Schweiz) Mäsch/Fountoulakis SZW/RSDA 2005, 49; zur Vorrats-SE Casper/Schäfer ZIP 2007, 653; zu den Vorentwürfen Pluskat EuZW 2001, 524). Seit dem 14.2.2005 bzw. 29.12.2004 ist die deutsche Umsetzungsgesetzgebung in Kraft (Gesetz zur Ausführung der Verordnung (EG) Nr. 2157/2001 des Rates vom 8.10.2001 über das Statut der Europäischen Gesellschaft (SE) (SE-Ausführungsgesetz – SEAG), vom 22.12.2004, BGBl. I 3675; Gesetz über die Beteiligung der Arbeitnehmer in einer Europäischen Gesellschaft (SE-Beteiligungsgesetz – SEBG) vom 22.12.2004, BGBl. I 3675). Eine stetig wachsende Anzahl an SE zeigt die zunehmende Beliebtheit dieser Rechtsform (vgl. dazu mwN Bayer/J. Schmidt BB 2016, 1923). Die SE-VO enthält in Art. 9 Abs. 1 lit. c Ziff. ii SE-VO und Art. 15 Abs. 1 SE-VO einen ergänzenden Verweis auf das nationale Recht des Sitzstaates. Eine Sitzverlegung (dazu Art. 7 und 8 SE-VO) hat somit einen Statutenwechsel zur Folge (Grüneberg/Thorn Anh. Art. 12 Rn. 4).

**cc) Europäische Privatgesellschaft (SPE).** Die Arbeiten zur Einführung der Rechtsform der „Europäischen Privatgesellschaft" **(Societas Privata Europaea, SPE),** dem europäischen Pendant zur GmbH, sind über das Vorbereitungsstadium nicht hinausgekommen. Die Kommission hatte am 25.6.2008 einen VO-Entwurf vorgelegt (KOM(2008) 396; dazu etwa Hommelhoff/Teichmann GmbHR 2008, 897; Maul/Röhricht BB 2008, 1574 ff.). Die Mitgliedstaaten waren beinah erwartungsgemäß hinsichtlich des Sitzes einer SPE, der Mindestkapitalanforderung und insbes. der Arbeitnehmermitbestimmung unterschiedlicher Auffassung, sodass das Vorhaben vorerst als gescheitert angesehen werden muss (zum Kompromissvorschlag des Rates der EU vom 23.5.2009 Maschke BB 2011, 1027; die Wiederaufnahme der Einführungsbemühungen fordernd Bayer/J. Schmidt BB 2014, 1219 (1223); Bayer/J. Schmidt BB 2015, 1731 (1735); Bayer/J. Schmidt BB 2016, 1923 (1924); s. auch Hommelhoff ZIP 2016, Beil. Heft 22, 31 zu einer Stellungnahme des Bundestages zur Einführung einer SUP mit Empfehlung der Wiederaufnahme). 91

**dd) Europäische Einpersonengesellschaft (SUP).** Im April 2014 hat die Kommission als Ersatz für die bislang gescheiterte SPE (→ Rn. 91) einen Richtlinienvorschlag vorgelegt, der die Harmonisierung nationaler Regelungen im Zusammenhang mit Einpersonen-Kapitalgesellschaften zum Ziel hat (Vorschlag für eine Richtlinie des Europäischen Parlaments und des Rates über Gesellschaften mit beschränkter Haftung mit einem einzigen Gesellschafter vom 9.4.2014, KOM(2014) 212 final; dazu zB Drygala EuZW 2014, 491; Kindler ZHR 179 (2015), 330; Kindler, The Single-Member Limited Liability Company (SUP), 2016; Lutter/Koch, Societas Unius Personae (SUP), 201; Weller/Bauer ZEuP 2015, 6). Die RL zielt nicht auf die Schaffung einer neuen supranationalen Rechtsform ab, sondern schreibt den Mitgliedstaaten vor, im nationalen Recht Einpersonen-Kapitalgesellschaften mit den in der RL vorgegebenen Regelungen anzubieten **(„Societas Unius Personae" – SUP).** Die RL will vor allem die Gründung von Tochtergesellschaften im Ausland durch KMU erleichtern. Aus diesem Grund sieht der Vorschlag ua kein Mindestkapitalerfordernis und ein Online-Gründungsverfahren vor, das innerhalb von drei Tagen abgeschlossen sein soll. Gerade letzteres ist höchst umstritten (dazu Kindler DNotZ-Sonderheft 2016, 75 (80 ff.)). Kollisionsrechtlich folgt der Entwurf in Art. 7 Abs. 4 der Gründungstheorie. Wollte man nicht alle inländischen Einpersonen-Kapitalgesellschaften diesen Regelungen unterwerfen, müsste man in Deutschland eine weitere Rechtsformvariante der GmbH ähnlich der UG schaffen (Omlor NZG 2014, 1137 (1138 f.)). Der RL-Vorschlag gilt wegen des mit Missbrauchsgefahren begründeten Widerstands des Europäischen Parlaments heute als gescheitert (Bormann/Stelmaszcyk ZIP 2018, 764). 92

**ee) Europäische Genossenschaft (SCE).** Die Europäische Genossenschaft **(Societas Cooperativa Europaea – SCE)** ist – wie die SE – in einer VO und einer RL normiert: VO (EG) 1435/2003, RL 2003/72/EG, jeweils vom 22.7.2003, ABl. EG 2003 L 207, 1 und 25 (dazu Habersack EuropGesR § 14; Schulze NZG 2004, 792; zur Kapitalverfassung Heilmeier EuZW 2010, 887). Seit dem 18.8.2006 gelten die entsprechenden Umsetzungsvorschriften des deutschen Rechts: Gesetz zur Ausführung der VO (EG) 1435/2003 des Rates vom 22.7.2003 über das Statut der Europäischen Genossenschaft (SCE-Ausführungsgesetz – SCEAG) vom 14.8.2006, BGBl. I 1911; Gesetz über die Beteiligung der Arbeitnehmer und Arbeitnehmerinnen in einer Europäischen Genossenschaft (SCE-Beteiligungsgesetz – SCEBG) vom 14.8.2006, BGBl. I 1917). 93

**ff) Europäische Stiftung (FE).** Ein von der Europäischen Kommission am 8.2.2011 vorgelegter Vorschlag über das Statut der Europäischen Stiftung **(Fundatio Europaea – FE)** wird inzwischen nicht mehr weiter verfolgt (→ BGB § 80 Rn. 39). 94

95 **d) Internationales Kapitalmarktrecht.** Das in Deutschland weitestgehend nicht gesetzlich fixierte Internationale Kapitalmarktrecht (umfassend MüKoBGB/Lehmann IntFinanzmarktR Rn. 1 ff.) ist kein Teil des Internationalen Gesellschaftsrechts und folgt eigenen Regeln. Ein einheitliches Anknüpfungsprinzip gibt es allerdings wegen der sehr heterogenen Normen, die im Kapitalmarktrecht (Insiderrecht, Übernahmeregeln, Börsenhandel und -aufsicht etc) zusammengefasst werden, nicht (näher MüKoBGB/Kindler IntGesR Rn. 22 ff.; MüKoBGB/Lehmann Int. FinanzmarktR Rn. 26 f.; zur Kodifikation des europäischen Übernahmekollisionsrechts in der Übernahme-RL vgl. etwa v. Hein ZGR 2004, 529).

96 **12. Enteignungen.** Eine Enteignung (ausführlicher MüKoBGB/Wendehorst Anh. Art. 46) hat grds. nur Wirkung im Gebiet des enteignenden Staates (Territorialitätsprinzip) (Grüneberg/Thorn Art. 43 Rn. 12 mwN). Wird also eine Gesellschaft mit Sitz im Ausland enteignet, so berührt das die außerhalb des Sitzstaates belegenen Vermögenswerte der Gesellschaft nicht (stRspr, BGHZ 32, 256; danach soll auch eine „kalte" Enteignung des Gesellschaftsvermögens über den Umweg der Enteignung der Mitgliedschaftsrechte in der Gesellschaft nur territorial wirken; unzutr. daher Vorlagebeschluss AG Berlin-Charlottenburg EWiR Art. 43 EG 3/09, 479 (J. Schmidt); krit. Mansel/Thorn/Wagner IPRax 2010, 1 (2 ff.); der EuGH hat sich mit Beschluss vom 12.1.2010 – C-497/08, ABl. EU C 63, 19, für offensichtlich unzuständig erklärt). Die Gesellschaft besteht aus deutscher Sicht als **Rest- oder Spaltgesellschaft** mit unveränderter Vertretungsmacht ihrer Organe und unveränderten Mitgliedschaftsrechten weiter (BGHZ 43, 51; nach aA soll sich die Gesellschaft in eine Liquidationsgesellschaft umwandeln, vgl. MüKoBGB/Kindler IntGesR Rn. 977 ff.); ihr Gesellschaftsstatut und ihre Rechtsform ändern sich nicht.

## 3. Internationales Familienrecht

### a) Internationales Ehe- und Partnerschaftsgesetz

#### aa) Rom III-VO

## Verordnung (EU) Nr. 1259/2010 des Rates vom 20. Dezember 2010 zur Durchführung einer Verstärkten Zusammenarbeit im Bereich des auf die Ehescheidung und Trennung ohne Auflösung des Ehebandes anzuwendenden Rechts

## Kapitel I. Anwendungsbereich, Verhältnis zur Verordnung (EG) Nr. 2201/2003, Begriffsbestimmungen und universelle Anwendung

### Art. 1 Anwendungsbereich

**(1) Diese Verordnung gilt für die Ehescheidung und die Trennung ohne Auflösung des Ehebandes in Fällen, die eine Verbindung zum Recht verschiedener Staaten aufweisen.**

**(2) Diese Verordnung gilt nicht für die folgenden Regelungsgegenstände, auch wenn diese sich nur als Vorfragen im Zusammenhang mit einem Verfahren betreffend die Ehescheidung oder Trennung ohne Auflösung des Ehebandes stellen:**
**a) die Rechts- und Handlungsfähigkeit natürlicher Personen,**
**b) das Bestehen, die Gültigkeit oder die Anerkennung einer Ehe,**
**c) die Ungültigerklärung einer Ehe,**
**d) die Namen der Ehegatten,**
**e) die vermögensrechtlichen Folgen der Ehe,**

**f) die elterliche Verantwortung,**
**g) Unterhaltspflichten,**
**h) Trusts und Erbschaften.**

**Schrifttum:** Althammer, Das europäische Scheidungskollisionsrecht der Rom III-VO unter Berücksichtigung aktueller deutscher Judikatur, NZFam 2015, 9; Althammer, „Abendgabe" und Scheidung nach deutschem Recht, NZFam 2016, 1022; Antomo, Anerkennung ausländischer Privatscheidungen – Rom III-Verordnung analog?, NJW 2018, 435; Antomo, Reformbedarf bei der Anerkennung von Privatscheidungen, NZFam 2018, 243; Arnold/Schnetter, Privatscheidungen und die Renaissance der autonomen Kollisionsrechte Europas, ZEuP 2018, 646; Arnold/Zwirlein, Die Entwicklung der Rechtsprechung zum Internationalen Privatrecht, GPR 2018, 221; Becker, Die Vereinheitlichung von Kollisionsnormen im europäischen Familienrecht – Rom III, NJW 2011, 1593; Coester/Coester-Waltjen, Ehe und eingetragene Lebenspartnerschaft – sachrechtliche Visionen und kollisionsrechtliche Konsequenzen, FS Brudermüller, 2014, 73; Coester-Waltjen, Fernwirkungen der Europäischen Verordnungen auf die international-familienrechtlichen Regelungen des EGBGB, FamRZ 2013, 170; Coester-Waltjen, Die verpasste Chance – Der EuGH und die Privatentscheidung, IPRax 2018, 238; Cubeddu Wiedemann/Henrich, Neue Trennungs- und Scheidungsverfahren in Italien, FamRZ 2015, 1253; Dutta, Ausländische Privatscheidungen nach Sahyouni, FF 2018, 60; Finger, Neues Kollisionsrecht der Ehescheidung und Trennung ohne Auflösung des Ehebandes, VO Nr. 1259/2010 (Rom 3) – vorrangig: Rechtswahl der Beteiligten, FuR 2013, 305; Gössl, Überlegungen zum deutschen Scheidungskollisionsrecht nach „Sahyouni", GPR 2018, 94; Gruber, Scheidung auf Europäisch – die Rom III-Verordnung, IPRax 2012, 381; Gruber, Die konkludente Rechtswahl im Familienrecht, IPRax 2014, 53; Hau, Zur Durchführung der Rom III-VO in Deutschland, FamRZ 2013, 249; Helms, Reform des internationalen Scheidungsrechts durch die Rom III-Verordnung, FamRZ 2011, 1765; Helms, Konkludente Wahl des auf die Ehescheidung anwendbaren Rechts?, IPRax 2014, 349; Helms, Neubewertung von Privatscheidungen nach ausländischem Recht vor dem Hintergrund der Entwicklungen im deutschen Sach-, Kollisions- und Verfahrensrecht, FS Coester-Waltjen, 2015, 431; Henrich, Zur Parteiautonomie im europäisierten internationalen Familienrecht, FS Pintens, 2012, 701; Kemper, Die Umsetzung des neuen Internationalen Scheidungsrechts in Deutschland – Rom III und die Folgen, FamRBInt 2013, 12; Kohler, Zur Gestaltung des europäischen Kollisionsrechts für Ehesachen: Der steinige Weg zu einheitlichen Vorschriften über das anwendbare Recht für Scheidung und Trennung, FamRZ 2008, 1673; Kruger, Rome III and Parties' Choice, 2012, https://ssrn.com/abstract=2173334; Kruger/Verhellen, Dual Nationality = Double Trouble?, 7 J. Priv. Int'l L. (2011) 601; Lignier/Geiger, Die Verstärkte Zusammenarbeit in der Europäischen Union, RabelsZ 79, 546; Lüderitz, Talaq vor deutschen Gerichten, FS Baumgärtel, 1990, 333; Magnus, Die konkludente Rechtswahl im internationalen Erb- und Familienrecht, IPRax 2019, 8; Makowsky, Europäisierung des Internationalen Ehescheidungsrechts durch die Rom III-Verordnung, GPR 2012, 266; Mayer, Scheidung ohne Gericht – europäische Entwicklungen, StAZ 2018, 106; Nitsch, Scheidungsrecht – International: Die Rom III-VO, ZfRV 2012, 264; Pietsch, Rechtswahl für Ehesachen nach „Rom III", NJW 2012, 1768; Pika/Weller, Privatscheidungen zwischen Europäischem Kollisions- und Zivilprozessrecht, IPRax 2017, 67; Raupach, Ehescheidung mit Auslandsbezug in der Europäischen Union, 2014; Rauscher, Anpassung des IPR an die Rom III-VO, FPR 2013, 257; Rösler, Rechtswahlfreiheit im Internationalen Scheidungsrecht der Rom III-Verordnung, RabelsZ 78, 155; Röthel, Rom III-VO: Impulse für eine Materialisierung der Parteiautonomie, Jahrbuch für Italienisches Recht 25 (2012), 3; Rüberg, Auf dem Weg zu einem europäischen Scheidungskollisionsrecht, Konstanz 2006; Schall/Weber, Die vorsorgende Wahl des Scheidungsstatus nach der Rom III-VO, IPRax 2014, 381; Schurig, Eine hinkende Vereinheitlichung des internationalen Ehescheidungsrechts in Europa, FS v. Hoffmann, 2011, 405; Stürner, Rom III-VO – ein neues Scheidungskollisionsrecht, Jura 2012, 708; Stürner, Vereinheitlichung des Internationalen Privat- und Zivilverfahrensrechts neun Jahre nach Inkrafttreten des Amsterdamer Vertrags, NJW 2008, 2225; Weller/Hauber/Schulz, Gleichstellung im Internationalen Scheidungsrecht – talaq und get im Lichte des Art. 10 Rom III-VO, IPRax 2016, 123; Winkler v. Mohrenfels, Die Rom III-VO und die Parteiautonomie, FS v. Hoffmann, 2011, 527; Winkler v. Mohrenfels, Die Rom III- und Brüssel IIa-Verordnungen in der deutschen Rechtpraxis, ZVglRWiss 2016, 650; Winkler v. Mohrenfels, Die Rom III-VO – Teilvereinheitlichung des europäischen internationalen Scheidungsrechts, ZEuP 2013, 699; Yassari, Die islamische Brautgabe im deutschen Kollisions- und Sachrecht, IPRax 2011, 63; Ziereis/Zwirlein, Das Verhältnis von Art. 17 Abs. 2 EGBGB zur Rom III-Verordnung, IPRax 2016, 103.

## Überblick

Die Rom III-VO geht Art. 17 Abs. 1 EGBGB vor und ersetzt dessen Anknüpfungsregeln insbesondere für ab dem 21.6.2012 (einschließlich) neu eingeleitete Scheidungsverfahren (→ Rn. 5). Sie erfasst die Ehescheidung und die Lockerung des Ehebandes (Trennung von Tisch und Bett), nicht aber rückwirkende Formen der Eheauflösung, die somit weiterhin unter das Ehewirkungsstatut fallen. Mit Wirkung zum 22.12.2018 hat der Gesetzgeber in Art. 17b Abs. 4 klargestellt, dass sie auch für die gleichgeschlechtliche Ehe anzuwenden ist. (→ Rn. 20). Für ausländische Privatscheidungen gilt Art. 17 Abs. 2 EGBGB (→ Rn. 5, → Rn. 11 f.)

Art. 5 sieht die Möglichkeit der Rechtswahl vor, die aber auf bestimmte Rechtsordnungen beschränkt ist. Neben das Recht des gemeinsamen gewöhnlichen Aufenthalts der Ehegatten und das Heimatrecht jedes Ehegatten tritt insbesondere das Recht des Gerichtsorts (→ Art. 5 Rn. 13).

Art. 8 regelt die objektive Anknüpfung und sieht dabei eine Leiter vor, die sich von Art. 17 aF EGBGB insbesondere darin unterscheidet, dass der gemeinsame gewöhnliche Aufenthalt an erste Stelle gerückt ist (→ Rn. 6).

Der ordre public-Vorbehalt ist in Art. 12 geregelt und wird ergänzt von zwei weiteren Vorbehaltsklauseln in Art. 10 und Art. 13. Art. 10 hat die größte Bedeutung. Er ergreift die Fälle, in denen das nach Art. 5 oder Art. 8 anwendbare Recht entweder eine Scheidung überhaupt nicht vorsieht oder ein gleichberechtigter Zugang zu dieser nicht besteht (→ Art. 10 Rn. 4).

Für die Form der Rechtswahl, bei der den Mitgliedstaaten Spielraum gegeben wird, wurde in Art. 46d EGBGB eine neue Regelung eingeführt (→ EGBGB Art. 46d Rn. 1 ff.).

Zu den verfahrensrechtlichen Fragen → EGBGB Art. 17 Rn. 94 ff.

**Übersicht**



## I. Allgemeines zur Rom III-VO

1 **1. Entstehung und Vorrang.** Die Einführung einheitlicher kollisionsrechtlicher Normen für die Scheidung **in der EU** machte große Schwierigkeiten. Eine zunächst geplante EU-Verordnung scheiterte am Widerstand einiger Mitgliedstaaten. Insbesondere konnte eine Erweiterung der Brüssel IIa-VO, die überarbeitet und um kollisionsrechtliche Vorschriften für das Eherecht ergänzt werden sollte, sich nicht durchsetzen (Vorschlag für eine VO des Rates zur Änderung der VO (EG) Nr. 2201/2003 im Hinblick auf die Zuständigkeit in Ehesachen und zur Einführung von Vorschriften betreffend das anwendbare Recht in diesem Bereich, KOM (2006) 399, Ratsdok. 11818/06; hierzu Beschluss des BR, BR-Drs. 531/06, BT-Drs. 16/2784).

2 Durch die **Rom III-VO** wurde dann eine auf bestimmte Mitgliedstaaten beschränkte Lösung erreicht (vgl. zur Entwicklung das Grünbuch über das anzuwendende Recht und die gerichtliche Zuständigkeit in Scheidungssachen vom 14.3.2005, KOM (2005) 82; zum Ganzen genauer Winkler v. Mohrenfels FS v. Hoffmann, 2011, 528 ff.; Kohler FamRZ 2008, 1673; Wagner NJW 2009, 1911; Kohler/Pintens FamRZ 2009, 1529 (1532); Mansel/Thorn/Wagner IPRax 2009, 2). Sie basiert auf dem Beschluss des Rates über die Ermächtigung zu einer Verstärkten Zusammenarbeit im Bereich des auf die Ehescheidung und Trennung ohne Auflösung des Ehebandes anzuwendenden Rechts (ABl. EU 2010 L 189, 12). Danach durften Belgien, Bulgarien, Deutschland, Spanien, Frankreich, Italien, Lettland, Luxemburg, Ungarn, Malta, Österreich, Portugal, Rumänien und Slowenien ohne Beteiligung der anderen Mitgliedstaaten eine isolierte Lösung vereinbaren. Andere Staaten können jederzeit beitreten, bisher haben davon aber nur **Litauen, Griechenland** und **Estland** (iE → Art. 3 Rn. 1) Gebrauch gemacht. Am 30.12.2010 ist die Rom III-VO in Kraft getreten. Sie ist gem. Art. 21 ab dem 21.6.2012 anwendbar (→ Rn. 5) und gilt universell. Auf die Anwendung der Rom III-VO in Deutschland hat die begrenzte Zahl der teilnehmenden Mitgliedstaaten keine Auswirkungen.

3 In den letzten Jahren hat sich das die Ehe betreffende Kollisionsrecht der EU einen großen Schritt weiterentwickelt. Die **EuGüVO** gilt für Ehen bzw. für Eheverträge, die ab dem 29.1.2019 geschlossen werden (Art. 69 Abs. 3 EuGüVO). Für registrierte Partnerschaften besteht die parallele **EuPartVO.** Die EuGüVO regelt zwar nur „güterrechtliche" Fragen, wird aber – da der dort verwendete Güterrechtsbegriff sehr weit ist – den Art. 17 Abs. 1 EGBGB teilweise überlagern (→ EGBGB Art. 17 Rn. 11; → EGBGB Art. 17 Rn. 18).

4 Eine Angleichung des materiellen Ehescheidungsrechts der Mitgliedstaaten ist vorerst nicht zu erwarten. Hier scheinen die Widerstände einiger Mitgliedstaaten noch unüberwindbar (Vorarbeiten aber etwa bei Roth, Future Divorce Law – Two Types of Divorce, in Boele-Woelki, Common

Core and Better Law in European Family Law, 2005, 41; näher NK-BGB/Gruber Vor Art. 1 Rn. 89 ff.).

Die **Rom III-VO geht** dem nationalen Kollisionsrecht **vor.** Gemäß Art. 18 gilt sie für **ab dem 21.6.2012** (einschließlich) **neu eingeleitete Scheidungsverfahren** und für ab dem 21.6.2012 getroffenen Rechtswahlvereinbarungen (Kohler/Pintens FamRZ 2012, 1425) (näher zu den Übergangsregelungen → Art. 18 Rn. 1 ff.). Sie gilt **universell** (Art. 4) und ersetzt seit dem Tag ihres Geltungsbeginns (21.6.2012) die Anknüpfungsregeln des Art. 17 Abs. 1 EGBGB aF. Art. 17 Abs. 1 EGBGB aF wurde daher durch das Gesetz zur Anpassung der Vorschriften des Internationalen Privatrechts an die VO (EU) Nr. 1259/2010 und zur Änderung anderer Vorschriften des Internationalen Privatrechts (BT-Drs. 17/11049) mit Wirkung zum 29.1.2013 aufgehoben. Der Art. 17 Abs. 1 EGBGB nF enthält nur noch ergänzende Regeln für die Fragen, die nicht von der Rom III-VO oder sonstigen Kollisionsnormen erfasst werden. Doch hat der EuGH am 20.12.2017 entgegen der Erwartungen entschieden, dass die Rom III-VO auf **Privatscheidungen** keine Anwendung findet (EuGH ECLI:EU:C:2017:988 Rn. 35 ff. = NJW 2018, 447 – Sahyouni II). Der Gesetzgeber sah sich dadurch veranlasst, mit Wirkung zum 21.12.2018 doch noch eine **Auffangregel** einzuführen, die in **Art. 17 Abs. 2 EGBGB** aufgenommen wurde (durch Gesetz zum Internationalen Güterrecht und zur Änderung von Vorschriften des Internationalen Privatrechts vom 17.12.2018, BGBl. 2018 I 2573, 2580). Sie gilt für alle Scheidungen, die nicht unter die Rom III-VO fallen. Im Übrigen ist für die Privatscheidungen Art. 17 Abs. 3 EGBGB von Relevanz, der Privatscheidungen in Deutschland ausschließt (zum Verhältnis zur Rom III-VO → EGBGB Art. 17 Rn. 10). Art. 17 Abs. 4 EGBGB, der den Versorgungsausgleich betrifft, besteht neben der Rom III-VO und auch neben der EuGüVO fort und berührt diese nicht, weil die Verordnungen den Versorgungsausgleich jeweils nicht umfassen (→ EGBGB Art. 17 Rn. 6). 5

**2. Grundgedanken und Zweck.** Die Grundgedanken der Rom III-VO sind deutlich anders als die des früheren autonomen deutschen Scheidungskollisionsrechts. Schon aufgrund ihres eingeschränkten Anwendungsbereichs kann die Rom III-VO nicht mehr den Gedanken der einheitlichen **Anknüpfung** aller Rechtsbeziehungen der Ehegatten verfolgen. Dagegen hat die **Parteiautonomie** mit einer beschränkten Rechtswahlmöglichkeit erheblich an Gewicht gewonnen (allg. dazu und mit umfassenden Literaturhinweisen MüKoBGB/v. Hein Einl. IPR Rn. 35). Anders als in Art. 17 EGBGB wird diese an erste Stelle gerückt (Art. 5). Für die objektive Anknüpfung (Art. 8) wird weniger auf Kontinuität als auf die gegenwärtigen Lebensumstände der Ehegatten abgestellt, indem der gemeinsame gewöhnliche Aufenthalt zum Zeitpunkt der Scheidung als vorrangiges Kriterium kodifiziert wurde. Inhaltlich liegt dem wohl die Vorstellung zu Grunde, dass das Aufenthaltsrecht am ehesten zu den Erwartungen der Ehegatten passt. Das dürfte häufig richtig sein, da die Ehegatten in vielen Fällen ihre Kenntnisse aus der Lebensumwelt schöpfen. Gerade bei Paaren gleicher Staatsangehörigkeit, die sich womöglich nur vorübergehend in einem anderen Staat aufhalten oder gar häufiger den Aufenthaltsstaat wechseln, muss die Richtigkeit dieses Gedankens aber bezweifelt werden (dazu mwN Helms FamRZ 2011, 1765 (1769); krit. auch Franzina CDT 2011, 85 (97)). Zu beobachten ist auch eine gewisse **Scheidungsfreundlichkeit** der Rom III-VO (dies besonders hervorhebend NK-BGB/Gruber Vor Art. 1 Rn. 50 ff.), die allgemein durch die Neigung zur Anwendung der lex fori und vor allem durch die Möglichkeit der Wahl der lex fori noch im Verfahren zum Ausdruck kommt. Zu Recht ist aber darauf hingewiesen worden, dass es kein allgemeines Prinzip des Vorrangs der scheidungsfreundlichsten Rechtsordnung gibt, sondern im Gegenteil nach Art. 13 eine Scheidung verweigert werden kann und auch scheidungsfeindliche Rechtsordnungen bis zur Grenze der Art. 10, 12 respektiert und angewendet werden (BeckOGK/Gössl Rn. 26). 6

Daneben tritt das eher formale und praxisfreundliche Ziel, einen Gleichlauf mit der Brüssel IIa-VO zu erreichen. Dann kann das Gericht sein eigenes Recht anwenden. Ganz grds. sollte durch die Rechtsvereinheitlichung das Forum Shopping in Scheidungssachen bekämpft werden (s. nur Winkler v. Mohrenfels FS v. Hoffmann, 2011, 528 (536); Makowsky GPR 2012, 266). In Hinblick auf dieses Ziel ist die beschränkte Geltung in nur 17 Mitgliedstaaten (→ Rn. 2) besonders bedauerlich. 7

## II. Anwendungsbereich (Art. 1)

**1. Überblick.** Art. 1 beschreibt den sachlichen und räumlichen Anwendungsbereich der Rom III-VO. Dabei werden in **Abs. 1** zum einen die beiden wesentlichen Gegenstände, nämlich die **Ehescheidung** und die **Trennung ohne Auflösung des Ehebands** benannt. Zum anderen ist dort auch eine Beschränkung der Anwendbarkeit auf Fälle vorgesehen, die Verbindung zum Recht 8 verschiedener Staaten aufweisen. **Abs. 2** bezeichnet einige Gegenstände, auf welche die Rom III-VO nicht anwendbar ist. Die meisten davon benennen bloße Selbstverständlichkeiten (lit. a, Rechts- und Handlungsfähigkeit; lit. d bis lit. g, selbstständige Folgesachen; lit. h, Trusts und Erbschaften). Bedeutender ist die Klarstellung, dass Fragen der Gültigkeit oder Ungültigkeit der Ehe (lit. b und c) nicht erfasst sind.

9 **2. Scheidung und Ehetrennung (Abs. 1). a) Abgrenzung zu Aufhebung, Anfechtung, Nichtigerklärung.** Die Rom III-VO gilt nur für die Ehescheidung und die Ehetrennung (Trennung von Tisch und Bett, → Rn. 16). Eine Ehescheidung liegt vor, wenn eine zunächst wirksame Ehe **ex nunc** aufgelöst wird. Die Rom III-VO greift dagegen **nicht** für die **Aufhebung oder Anfechtung der Ehe** als Folge von Willensmängeln oder anderer Mängel – wie zB Ehehindernissen oder Formfehlern – bei Heirat. Diese allgemein anerkannte Lesart wird durch Art. 1 Abs. 2 lit. c bestätigt. Das enge Verständnis gilt selbst dann, wenn unter ausländischem Recht auch diese Verfahren der Aufhebung untechnisch unter den Begriff **„Scheidung"** gefasst werden. Denn diese „Aufhebungen" sind schon in der Fehlerhaftigkeit der Eheschließung begründet und daher eng mit dem Eheschließungsstatut verknüpft. Hierfür sowie für die Möglichkeit der **Wiederheirat nach der Scheidung** greift daher Art. 13 EGBGB (NK-BGB/Gruber Rn. 11). Der Anwendungsbereich unterscheidet sich damit vom Anwendungsbereich der Brüssel IIa-VO, die nach Art. 1 Abs. 1 lit. a auch die Ungültigerklärung einer Ehe erfasst (die Brüssel IIa-VO auch bei Ungültigerklärung nach dem Tod eines Ehegatten anwendend EuGH ECLI:EU:C:2016:772 = NJW 2017, 375 – Mikołajczyk; dagegen Althammer/Arnold Brüssel IIa-VO Art. 1 Rn. 12; Hausmann IntEuSchR (A) Rn. 24; NK-BGB/Gruber Brüssel IIa-VO Art. 1 Rn. 6; Rauscher/Rauscher Brüssel IIa-VO Art. 1 Rn. 3; Staudinger/Spellenberg, 2015, Brüssel IIa-VO Art. 1 Rn. 27).

10 Problematisch ist auch die Einordung von Eheauflösungen durch Todes- und Verschollenheitserklärungen. Hier erfolgt die Auflösung der Ehe kraft Gesetzes als eine Art Nebenwirkung der Todeserklärung. Solche Fälle lassen sich zwar kaum als Scheidung iSd Rom III-VO qualifizieren. Dennoch sollte die Rom III-VO angewendet werden. Zum einen passt sie doch letztlich gut, weil Art. 1 Abs. 2 lit. c nur die Ungültigerklärung (ex tunc) als Ausnahme benennt. Zum anderen gibt es keine besser passenden Normen (MüKoBGB/Winkler v. Mohrenfels Rn. 14; Rauscher IPR Rn. 811 aE; überzeugend für eine Analogie NK-BGB/Gruber Rn. 81).

11 **b) Privatscheidungen.** Ob die Rom III-VO Privatscheidungen umfasst, war lange umstritten. Der EuGH hat jedoch mit der die Entscheidung **Sahyouni II** geklärt, dass die Rom III-VO Privatscheidungen generell **nicht erfasst** (EuGH ECLI:EU:C:2017:988 = BeckRS 2017, 136150 – Sahyouni II; dafür auch schon Generalanwalt Saugmandsgaard Øe NZFam 2017, 997). Die Frage betrifft vor allem die Fälle, in denen die Privatscheidung bereits im Ausland erfolgt ist und nun entschieden werden muss, ob sie in Deutschland wirksam ist. Demgegenüber hat sie in Deutschland weniger Bedeutung für die Fälle, in denen eine solche Scheidung im Inland erfolgen soll, weil eine wirksame inländische Privatscheidung nach Art. 17 Abs. 3 EGBGB ohnehin ausgeschlossen ist (→ EGBGB Art. 17 Rn. 36). Für andere Mitgliedstaaten, welche die Privatscheidung kennen (insbes. Frankreich; näher → EGBGB Art. 17 Rn. 29), ist es nun notwendig geworden, ein eigenständiges Kollisionsrecht auch für diese Inlandsscheidungen (wieder) einzuführen (Heiderhoff/Nicolas-Vullierme, StAZ 2018, 361 (363)). Zum Umgang mit Privatscheidungen im Allgemeinen → EGBGB Art. 17 Rn. 27 ff.

12 Das OLG München hatte die Frage sogar zweimal dem EuGH vorlegt (OLG München FamRZ 2016, 1363). In der Entscheidung **Sahyouni I** (OLG München FamRZ 2015, 1613; EuGH ECLI:EU:C:2016:343 = NZFam 2016, 789 – Sahyouni) hatte der EuGH das Problem noch verkannt und darauf hingewiesen, dass für die Anerkennung ausländischer Scheidungen nicht die Rom III-VO sondern die Brüssel IIa-VO gelte. Letztere greife jedoch ebenfalls nur ein, wenn die Scheidung in einem Mitgliedstaat erfolgt sei. Da aus seiner Sicht der Geltungsbereich des Unionsrechts somit überhaupt nicht eröffnet war, erklärte sich der EuGH für die Beantwortung der Vorlagefragen offensichtlich unzuständig. In der Folgeentscheidung hat der EuGH die Anwendbarkeit der Rom III-VO (und zugleich auch der Brüssel IIa-VO) dann eindeutig und vollständig abgelehnt (positiv schon zur ersten Entscheidung Pika/Weller IPRax 2017, 65 (67 f.)). Der EuGH stützt die Entscheidung, die iErg begrüßt werden muss, auf nur teilweise überzeugende Überlegungen. Während es zutrifft, dass sich in verschiedenen Artikeln der Rom III-VO Hinweise für die Erwartung des Verordnungsgebers finden, ein Gericht oder eine Behörde werde tätig werden (etwa Art. 5 Abs. 2 und Abs. 3, dazu Rn. 39 der Entscheidung), kann die Parallelführung zur Brüssel IIa-VO weit weniger überzeugen (krit. gerade dazu auch Coester-Waltjen IPRax 2018, 238 (240); Arnold/Zwirlein GPR 2018, 221 (225)). Erstens fällt schon der generelle Anwendungsbereich in Bezug auf den Begriff der Auflösung der Ehe auseinander, zweitens ist es klar,

dass eine Verfahrensordnung private Rechtsakte nicht betrifft, während solche von einer Kollisionsnorm normalerweise umfasst sind. Drittens zeigen die Erwägungen zum Erwartungshorizont des Verordnungsgebers (Rn. 45), dass der EuGH bis zuletzt nicht begriffen hat, dass die Vorlagefrage auf die kollisionsrechtliche Behandlung einer ausländischen Scheidung gerichtet war. Denn er bezieht sich hier nur darauf, dass die neuen privaten Scheidungsmöglichkeiten, die in einigen Mitgliedstaaten eingeführt wurden, damals noch nicht bestanden (zu diesen → EGBGB Art. 17 Rn. 29). Die eigentlich betroffenen privaten Scheidungen des islamischen Rechts waren jedoch auch zurzeit der Entstehung der Verordnung ein längst bekanntes, häufiges und viel diskutiertes Problem.

Die jetzige Entscheidung mit der klaren Aussage, dass die Rom III-VO auf Privatscheidungen **13** nicht anwendbar ist, sollte trotz der defizitären Begründung als Chance begriffen werden. Sie hindert die Mitgliedstaaten nicht an einer **entsprechenden Anwendung** der geeigneten Normen (→ Rn. 14), erlaubt aber zugleich, die Anwendung der ungeeigneten Normen, wie etwa des Art. 10, zu vermeiden (so auch Wagner NJW 2018, 1793 (1798); Mayer FamRZ 2018, 171; Dutta FF 2018, 60 (61); Antomo NJW 2018, 435 (437); NK-BGB/Gruber Rn. 71 f.; iE auch Althammer NZFam 2015, 9 (11); Hau FamRZ 2013, 249 (250); umfassend zum Umgang mit Privatscheidungen Helms FS Coester-Waltjen, 2015, 431); zum konkreten Problem → Art. 10 Rn. 11 ff.

In Deutschland liegt nun mit dem am 21.12.2019 in Kraft getretenen **Art. 17 Abs. 2 EGBGB** **14** eine gesetzliche Regelung vor, die genau in diesem Sinne eine solche entsprechende Anwendung der passenden Regeln der Rom III-VO anordnet (→ EGBGB Art. 17 Rn. 44). Diese Regelung greift zeitlich uneingeschränkt und kann auch auf solche Privatscheidungen angewendet werden, die bereits früher im Ausland erfolgt sind.

Wenn dieser Vorgehensweise von einzelnen Stimmen entgegengehalten worden ist, eine solche **15** Analogie erlaube das EU-Recht nicht (Coester-Waltjen IPRax 2018, 238 (242); Gössl GPR 2018, 94 (98)), so trifft dies nicht zu. Denn es geht hier nicht um eine innerhalb des Rechts der EU gebildete Analogie. Es werden eben nicht die Lücken im Recht der EU durch die Rom III-VO gefüllt, sondern die Lücken, die durch die begrenzte Reichweite der europäischen Normen im nationalen Recht entstanden sind. Es handelt sich daher eher um einen Vorgang, der der überschießenden Umsetzung bei Richtlinien ähnelt. Letztlich wird also, unter Bezugnahme auf die Kollisionsnormen in der Rom III-VO, das nationale Recht (nämlich Art. 17 EGBGB) ergänzt. Kurz gesagt sind die durch die Analogie gebildeten neuen Regeln nicht Teil des EU-Rechts.

**c) Trennung von Tisch und Bett.** Die Rom III-VO gilt des Weiteren ausdrücklich für die **16** unter fremdem Recht (ua Italien – zum neuen italienischen Recht Cubeddu Wiedemann/Henrich FamRZ 2015, 1253, Portugal, Polen – mit einer Übersicht zu den EU-Mitgliedstaaten https://e-justice.europa.eu/content_divorce-45-de.do, zuletzt abgerufen am 16.7.2019, Türkei Art. 167 türk. ZGB, Breuer, Ehe- und Familiensachen in Europa, 2008, Rn. 691) gelegentlich vorkommenden bloßen **Lockerungen** des Ehebands durch gerichtlich/behördlich angeordnete **Trennung von Tisch und Bett,** die meist eine Vorstufe der eigentlichen Scheidung mit endgültiger Lösung des Ehebands darstellen (BGHZ 47, 324 = NJW 1967, 2109; BGH NJW 1988, 636; OLG Karlsruhe FamRZ 2007, 838; OLG Stuttgart NJW-RR 1989, 261; FamRZ 1997, 879; OLG Hamm FamRZ 1990, 61).

Nicht erfasst ist die Frage des Anspruchs bzw. der Berechtigung zum Getrenntleben während **17** der Ehe (insbes. Herstellungsklage), der Ausfluss der allgemeinen Ehewirkungen ist. Die **Berechtigung zum Getrenntleben während der Ehe** beurteilt sich nach dem Ehewirkungsstatut, es gilt Art. 14 (Grüneberg/Thorn Rn. 6; Erman/Hohloch Rn. 4; Erman/Hohloch Art. 14 Rn. 29).

Ob die Trennung später in eine Scheidung **umgewandelt** werden kann, bestimmt ebenfalls **18** das für die Scheidung maßgebende Recht. Dieses konnte nach Art. 17 EGBGB aF wegen Statutenwechsels nach der Trennung ein anderes sein als das Trennungsstatut. Das verhindert nun **Art. 9** (OLG Nürnberg FamRZ 2014, 835 für das türkische Recht). Nur wenn das Trennungsrecht die eigentliche Scheidung nicht vorsieht, ist erneut nach Art. 8 anzuknüpfen. Die Ehegatten können allerdings in jedem Fall durch Rechtswahl ein anderes Recht vereinbaren (näher Rauscher IPR Rn. 829 f.).

**d) Auflösung registrierter Partnerschaften und gleichgeschlechtlicher Ehen.** Registrierte Partnerschaften fallen nach allgM nicht unter die Rom III-VO (s. nur NK-BGB/Gruber **19** Rn. 37 ff.; Jauernig/Budzikiewicz Rn. 3). Für ihre kollisionsrechtliche Behandlung und insbes. für die Auflösung gilt Art. 17b EGBGB. Greift deutsches Recht, so erfolgt nach § 15 LPartG die Aufhebung der Lebenspartnerschaft.

20 Streitig war dagegen bisher, wie im Ausland geschlossene **gleichgeschlechtliche Ehen** zu behandeln sind. Die Rom III-VO lässt es für die Mitgliedstaaten offen, ob sie die Rom III-VO auf die gleichgeschlechtliche Ehe anwenden wollen oder nicht. Der deutsche Gesetzgeber war hier jedoch zunächst unentschlossen. Die Begründung zum deutschen Anpassungsgesetz (Gesetz zur Anpassung der Vorschriften des IPR an die VO (EU) Nr. 1259/2010 und zur Änderung anderer Vorschriften des IPR vom 23.1.2013, BGBl. I 101), enthielt keine Äußerung zu den gleichgeschlechtlichen Verbindungen. Auch nachdem mit dem Gesetz zur Einführung des Rechts auf Eheschließung für Personen gleichen Geschlechts **(GgEheG)** vom 20.7.2017 (BGBl. I 2787), das am 1.10.2017 in Kraft getreten ist, geklärt worden war, dass in Deutschland eine gleichgeschlechtliche Ehe nach §§ 1564 ff. BGB geschieden werden kann und nicht die „Auflösung" nach dem LPartG erfolgt, blieb die Frage offen. Mit der Neufassung des Art. 17b Abs. 4 S. 1 EGBGB, die am 22.12.2018 in Kraft getreten ist, hat der Gesetzgeber nun jedoch geklärt, dass die **Rom III-VO anzuwenden** ist (so schon zum aktuellen Recht auch MüKoBGB/Winkler v. Mohrenfels Rn. 6). Dem ist vollständig zuzustimmen. Die bisherige, umfassende Diskussion der Frage erübrigt sich somit (dazu die Ed. November 2018, Rn. 18 ff.). Es sei erwähnt, dass nach Art. 17b Abs. 4 S. 2 EGBGB (in Kraft getreten am 29.1.2019) konsequent auch die Anwendung der **EuGüVO** anordnet.

21 **e) Auflösung nichtehelicher/faktischer Lebensgemeinschaften.** Rein faktische Lebensgemeinschaften („nichteheliche" Lebensgemeinschaften) sind von der Rom III-VO **nicht** unmittelbar **erfasst.** Das Kollisionsrecht hat damit eine Lücke, denn auch das autonome nationale Recht sieht keine besonderen Regelungen für diese vor. Art. 17b EGBGB, der für die eingetragenen Lebenspartnerschaften gilt, erfasst unregistrierte und verschiedengeschlechtliche Verbindungen nicht (→ EGBGB Art. 17b Rn. 20). Diese Regelungslücke betrifft nicht nur die Auflösung der faktischen Lebensgemeinschaften, sondern alle diese betreffenden familiengerichtlichen Angelegenheiten. Bei der Auflösung der Lebensgemeinschaft als solcher – wie sie im hier vorliegenden Zusammenhang hauptsächlich interessiert – bereitet das weniger Probleme als bei den Folgen der Auflösung (→ EGBGB Art. 17b Rn. 25). Denn in den meisten Rechtsordnungen, die überhaupt Regelungen für die Auflösung einer faktischen Lebensgemeinschaft vorsehen, ist die Auflösung völlig form- und fristlos jederzeit frei möglich.

22 Nur kurz sei skizziert, welche Möglichkeiten der Anknüpfung für alle weiteren Fragen bestehen. Grundsätzlich ist umstritten, ob die Auflösung familienrechtlich – dann über Art. 14 ff. bzw. uU die Rom III-VO – oder schuldrechtlich – dann über Art. 27 ff. – angeknüpft werden muss. Überwiegend wird eine familien- bzw. eherechtliche Qualifikation der nichtehelichen Lebensgemeinschaft vorgenommen (v. Bar IPR II Rn. 122; Kropholler IPR § 46 V; nach Normen diff. Soergel/Schurig Vor Art. 13 Rn. 30; MüKoBGB/Coester EGBGB Art. 17b Rn. 147 – mit dem Ruf nach einer Kollisionsnorm; Striewe IPRax 1983, 248; Andrae IntFamR § 9 Rn. 36 ff.; Röthel IPRax 2000, 74; anders, aber ohne Nennung einer Grundlage, BGH NJW-RR 2005, 1089; offengelassen von OLG Zweibrücken NJW-RR 1993, 1478). Das überzeugt, da es sich um eine personale Verbindung handelt und der Ausgangspunkt aller die nichteheliche Lebensgemeinschaft betreffenden Rechtsfragen in dieser persönlichen, familiären Komponente liegt. Hinzu kommt, dass die nichteheliche Lebensgemeinschaft im ausländischen Recht, soweit es besondere Regelungen gibt, ganz deutlich als familienrechtliches Institut verstanden wird oder sogar kodifiziert ist (so in Europa ua in vielen Regionen Spaniens und in Portugal – dazu González Beilfuss in Scherpe/Yassari, Rechtsstellung nichtehelicher Lebensgemeinschaften, 249 ff.; Josep Ferrer i Riba in Kroppenberg/Schwab ua, Rechtsregeln für nichteheliches Zusammenleben, 193 ff.; für Portugal Schäfer in Rieck, Ausländisches Familienrecht, 14. EL 2016, Rn. 33 ff.; auch in Belgien – gesetzliches Zusammenwohnen als güterrechtsähnlicher Tatbestand – dazu Pintens in Scherpe/Yassari, Rechtsstellung nichtehelicher Lebensgemeinschaften, 277 ff.; sonst etwa in Australien und Neuseeland, dazu Jessep in Scherpe/Yassari, Rechtsstellung nichtehelicher Lebensgemeinschaften, 529 ff., 535 ff.; für England und Wales Scherpe FamRZ 2008, 1690 ff.; zum Gesetzesentwurf in Irland Sloan/Scherpe FamRZ 2008, 1697 ff.; in Anknüpfung daran Sloan/Scherpe FamRZ 2011, 1451; in vielen Provinzen Kanadas – dazu Holland in Scherpe/Yassari, Rechtsstellung nichtehelicher Lebensgemeinschaften, 479 ff., 501 ff.; mw Beispielen Dörner FS Jayme, 143, 145; ähnlich wie hier Andrae IntFamR § 9 Rn. 38; Junker IPR Rn. 539). Zunächst muss also familienrechtlich vorgegangen werden, um die Grundlagen des Rechts der nichtehelichen Lebensgemeinschaften im fremden Recht aufzuspüren.

23 Das allein bringt aber keine vollständige Klärung. Sehr genau muss nämlich differenziert werden, wenn die einzelnen Folgefragen der Auflösung zu behandeln sind. Hier muss zunächst separat angeknüpft werden, soweit dies schon gesetzlich vorgegeben ist, also zB bei Abstammungs-, Unter-

halts- und Sorgerechtsfragen (HUP, Art. 19 ff. EGBGB) (Andrae IntFamR § 9 Rn. 40, 41; Henrich IntFamR § 1 VIII 2b mwN; Junker IPR Rn. 539).

Problematisch ist demgegenüber insbesondere, ob eine separate Anknüpfung erfolgen kann oder muss, soweit die Abwicklung der nichtehelichen Lebensgemeinschaft keine familienrechtlichen Besonderheiten aufweist, sondern scheinbar rein schuldrechtlich erfolgt. Eine selbstständige schuldrechtliche Anknüpfung sollte jedoch auch dann abgelehnt werden (vertiefend MüKoBGB/Coester EGBGB Art. 17b Rn. 109 ff.). Es lässt sich im deutschen Recht gründlich genug erkennen, wie familienrechtlich verfärbt schuldrechtliche Ansprüche verstanden werden, soweit es um den Ausgleich von Vermögenspositionen nach dem Ende der nichtehelichen Lebensgemeinschaft geht (s. nur BGH NJW 2011, 2880; 2010, 998; auch BGH NJW-RR 2005, 1089, wo allerdings unmittelbar das Bereicherungsstatut angewendet wird). Es handelt sich zwar um den Gebrauch schuldrechtlicher Anspruchsgrundlagen, jedoch dienen sie einem familienrechtlichen Zweck und füllen im Grunde Lücken des Familienrechts auf (für güterrechtliche Qualifikation v. Bar IPR II Rn. 122; Junker IPR Rn. 539; insoweit auch Andrae IntFamR § 9 Rn. 38). Streitig ist dann weiterhin, ob entsprechend Art. 15, 14 EGBGB die gemeinsame Staatsangehörigkeit vorrangig zu berücksichtigen ist, oder ob es in jedem Fall vorrangig auf den gemeinsamen gewöhnlichen Aufenthalt ankommt. Andrae vertritt nunmehr nachdrücklich die Ansicht, dass die moderneren familienrechtlichen Normen den gewöhnlichen Aufenthalt favorisierten, und dies auch für die Ansprüche nach dem Ende einer nichtehelichen Lebensgemeinschaft übernommen werden solle (Andrae IntFamR § 9 Rn. 45 ff.). Zutreffend weist sie außerdem darauf hin, dass es in einer nichtehelichen Lebensgemeinschaft auch rein schuldrechtliche, vertraglich begründete Ansprüche geben kann, für die dann die Rom I-VO gilt. Mit dieser Meinung entfernt sie sich allerdings weit vom derzeit noch geltenden geschriebenen Recht. Diesem kann nur entsprochen werden, indem die jeweils am ehesten passende Norm – idR also die EuGüVO – herangezogen wird. Es ist also stets zunächst die einschlägige familienrechtliche Kollisionsnorm anzuwenden. Sodann kann dem ggf. berufenen ausländischen Recht selbst entnommen werden, ob für die sich stellenden Einzelfragen familienrechtliche oder schuldrechtliche Regelungen anzuwenden sind. 23.1

Beachtlich ist, dass die vorstehenden Grundsätze nur für die nicht registrierten, eheähnlichen Gemeinschaften gelten, für registrierte heterosexuelle Gemeinschaften gelten sie nicht. Für die registrierten Gemeinschaften ist vielmehr Art. 17b EGBGB analog anzuwenden (→ EGBGB Art. 17b Rn. 23 f.) (zu den bloßen Einstandsgemeinschaften MüKoBGB/Coester EGBGB Art. 17b Rn. 152, welcher diesbezüglich eher für eine schuldrechtliche Anknüpfung plädiert). 24

**3. Anknüpfungsgegenstände. a) Voraussetzungen der Scheidung. aa) Überblick.** Das nach der Rom III-VO ermittelte Scheidungsstatut regelt die materiell-rechtlichen **Voraussetzungen** der Ehescheidung, dh **ob und aus welchen Gründen** geschieden oder getrennt werden kann (Scheidbarkeit) und **wann** die erforderlichen Trennungs- oder Scheidungsgründe vorliegen bzw. nicht (mehr) vorliegen. Der sachliche Anwendungsbereich der Rom III-VO stimmt damit weitgehend mit dem Anwendungsbereich des früheren Art. 17 Abs. 1 EGBGB aF überein. Nur in einigen Einzelfragen weicht er davon ab. 25

**bb) Zulässigkeit und Voraussetzungen der Scheidung.** Nach dem Scheidungsstatut richtet sich zunächst die Frage der Scheidbarkeit der Ehe, also der **Zulässigkeit** von Scheidung oder Ehetrennung. Das Scheidungsstatut bestimmt insbes. auch die **Scheidungs- und Ehetrennungsgründe.** Die Scheidungsgründe sind in den Rechtsordnungen sehr unterschiedlich. Hierbei kann es sich wie in Deutschland um Zerrüttung, aber auch um Verschulden oder sonstige uU schuldlose Pflichtverletzungen handeln. Das deutsche Gericht prüft dann das Vorliegen des Verschuldens bzw. des sonstigen Scheidungsgrundes (OLG Zweibrücken FamRZ 1997, 430 zum Verschulden; OLG Stuttgart FamRZ 2004, 25 zur Unterhaltsverweigerung; zur Frage des Schuldausspruchs im Tenor → Rn. 32). 26

Die Verschuldensscheidung ist international noch häufig: 27

Zu den Rechtsordnungen der Mitgliedstaaten der EU siehe die **Übersichten** unter https://e-justice.europa.eu/content_divorce-45-de.do (zuletzt abgerufen am 16.1.2019); weltweit Rieck, Ausländisches Familienrecht, 14. EL 2016; vgl. aus der jüngeren Rspr. AG Leverkusen FamRZ 2006, 950; OLG Hamm IPRax 2000, 308 – zu Polen, wo der Schuldausspruch nach Art. 57 § 1 FVGB Bedeutung für den Unterhaltsanspruch hat (zum polnischen Scheidungsrecht Margonski in Süß/Ring, Eherecht in Europa, 989 ff. Rn. 101 ff.); BGH NJW 1988, 636 betr. altes italienisches Recht; in Österreich sieht § 49 EheG die Möglichkeit einer Verschuldensscheidung vor (Nademleinsky in Rieck, Ausländisches Familienrecht, 14. EL 2016, Rn. 13); das griechische Recht kennt im Grunde ebenfalls noch die Verschuldensscheidung (von Huebner/Vlachopoulos in Rieck, Ausländisches Familienrecht, 14. EL 2016, Rn. 13) – in beiden Staaten besteht daneben die Möglichkeit der einvernehmlichen Scheidung sowie der Scheidung nach mehrjähriger Trennungszeit – §§ 55, 55a österr EheG, Art. 1439, 1441 griech. ZGB (dazu ferner Stamatia- 27.1

dis/Tsantinis in Süß/Ring, Eherecht in Europa, S. 595 ff. Rn. 45 ff.). Zum französischen Recht, das ebenfalls die Verschuldensscheidung noch also eine von mehreren Optionen beibehält, Döbereiner ZEuP 2007, 521 (seit 2017 gibt es in Frankreich auch die Privatscheidung, dazu → EGBGB Art. 17 Rn. 29). Eine Darstellung im Überblick findet sich in Boele-Woelki/Braat/Curry-Sumner, European Family Law in Action, Volume I – Grounds for Divorce, 2005, 187 ff.

**27.2** Auch das türkische Recht kennt die Verschuldensscheidung – allerdings ebenfalls neben anderen Scheidungsgründen, wie insbesondere der Zerrüttungsscheidung (zum türkischen Recht nach der Reform vom 1.1.2002 OLG Hamm FamRZ 2006, 1387; OLG Karlsruhe NJW-RR 2006, 369; insbesondere zur Frage der Zerrüttung nach Art. 166 türk. ZGB OLG Stuttgart FamRZ 2012, 1497; OLG Frankfurt a. M. FamRZ 2005, 1681 sowie OLG Bremen FamRZ 2005, 1683; Odendahl FamRZ 2009, 567; Oğuz FamRZ 2005, 766; Öztan FamRZ 2005, 328; Seier/Seier ZFE 2004, 336).

**28** Oftmals müssen nach fremdem Recht für die Scheidung **Warte- und Trennungsfristen** eingehalten sein (BGHZ 169, 328 = NJW 2007, 220; OLG Hamm FamRZ 2004, 954; OLG Stuttgart OLGR 1999, 248). Die Scheidung kann dagegen nach manchen ausländischen Rechtsordnungen auch **ohne Gründe** stattfinden (etwa das spanische Recht, zur Reform von 2005 Martin-Casals/Ribot FamRZ 2006, 1331; Huzel in Süß/Ring, Eherecht in Europa, 1293 ff., Rn. 61; eine Übersicht bringt Staudinger/Mankowski, 2011, EGBGB Art. 17 Rn. 26 ff.).

In vielen Rechtsordnungen erfolgt die Scheidung durch privaten Rechtsakt (→ EGBGB Art. 17 Rn. 29 f.). Wegen Art. 17 Abs. 3 EGBGB stellt die **Durchführung eines** solchen **privaten Rechtsakts** (zB Verstoßung, Vertrag), soweit die Scheidung in Deutschland erfolgt, nicht den konstitutiven Akt, sondern nur den Grund für die gerichtliche Auflösung der Ehe dar (→ EGBGB Art. 17 Rn. 29 ff.). Bei **vertraglich vereinbarten Scheidungsgründen** wird für die Wirksamkeit der Vereinbarung und deren Auslegung ebenfalls das Scheidungsstatut angewendet (OLG Schleswig IPRspr. 2000, Nr. 66, 136). Von der Rom III-VO umfasst ist auch die Frage der Möglichkeit einer **einverständlichen Scheidung** und die Bedeutung des Widerspruchs eines Ehegatten gegen die Scheidung (soweit nicht eine Privatscheidung betroffen ist).

**30** Die Rom III-VO beherrscht schließlich die Frage, ob Scheidungsgründe entkräftet oder **verwirkt** sind (OLG Köln IPRspr. 2001, Nr. 71, 149 zu Art. 129 Abs. türk. ZGB aF; OLG Frankfurt FamRZ 1978, 510). Scheidungsgründe können uU auch **erloschen** sein, zB durch Versöhnung, Einwilligung in bestimmte Handlungen des Ehegatten (KG StAZ 1976, 16), durch Mitverschulden (BGH FamRZ 1982, 795; OLG Frankfurt IPRax 1982, 22), oder durch Fristverstreichen (OLG Karlsruhe FamRZ 1990, 168 f.).

**30.1** Wie gezeigt fallen sonstige Formen der **Eheauflösung** nur ausnahmsweise unter die Rom III-VO (→ Rn. 10). Ist dies ausnahmsweise der Fall (Ehelösung ex nunc kraft Gesetzes) so sind auch die Gründe für diese Auflösung von der Rom III-VO erfasst. Dazu können gehören: Tod, Verschollenheitserklärung (zu einem Sonderfall OLG Köln IPRspr. 1982, Nr. 43: Abfall des Ehemanns vom islamischem Glauben), uU auch lebenslange Freiheitsstrafe (näher Staudinger/Mankowski, 2016, Rn. 243 ff.).

**31** Schließlich gilt die Rom III-VO auch für die Gründe, die zur **Trennung von Tisch und Bett** berechtigen (Nachweise → Rn. 16).

**32** **b) Scheidungsausspruch.** Das Scheidungsstatut – und nicht die lex fori – bestimmt den Inhalt des Scheidungsbeschlusses (Erman/Hohloch Rn. 7). Das deutsche Gericht nimmt im Scheidungs- oder Trennungsbeschluss entsprechende sachrechtliche Feststellungen zur Schuld oder zum Mitverschulden auf (BGH NJW 1988, 636; OLG Zweibrücken FamRZ 1997, 431). Aus dem Schuldausspruch im Scheidungsbeschluss können sich insbes. Auswirkungen für die Scheidungs- oder Trennungsfolgen – wie etwa den Unterhalt – oder für die Anerkennungsfähigkeit ergeben. Ein **Ausspruch zur Schuld** kann daher auch **in den Tenor** des deutschen Scheidungsbeschlusses aufgenommen werden (für die Rom III-VO überzeugend Gruber IPRax 2012, 381 (383); BGH NJW 1988, 636 (638) betr. altes italienisches Recht; OLG Zweibrücken FamRZ 1997, 431; OLG Hamm IPRax 2000, 308; FamRZ 1989, 625; OLG Celle FamRZ 1989, 623, alle betr. Polen; OLG Karlsruhe NJW-RR 1990, 778 betr. Portugal; FamRZ 1995, 738 betr. Österreich; OLG Frankfurt IPRax 1982, 22 betr. Griechenland; Grüneberg/Thorn Rn. 6). Er **muss** in den **Tenor** aufgenommen werden, wenn davon die Wirkungen des Scheidungsbeschlusses abhängen (Johannsen/Henrich EGBGB Anh. Art. 17 Rn. 73; Staudinger/Mankowski, 2011, EGBGB Art. 17 Rn. 236, 237; Erman/Hohloch Rn. 7). Bei **Fehlen** des Schuldausspruchs ist keine Entscheidungsergänzung und, wegen Identität des Streitgegenstands, keine neue Antragsstellung möglich (OLG Hamm IPRax 2000, 308). Möglich ist dann vielmehr Einlegung der Beschwerde – oder – bei Rechtkraft, notfalls eine Berücksichtigung des Verschuldens bei den Folgeentscheidungen trotz des fehlenden Schuldausspruchs (wie hier Roth IPRax 2000, 292).

Wichtig ist hier jedoch die Abgrenzung zu **verfahrensrechtlichen** Fragen, für die nicht das Scheidungsstatut gilt, sondern die stets der lex fori unterliegen, sodass sie in Deutschland also deutschem Recht unterfallen (→ EGBGB Art. 17 Rn. 99; → EGBGB Art. 17 Rn. 94). Gegenüber verfahrensrechtlichen Normen und Grundsätzen kann das ausländische Recht nichts ausrichten. Daraus folgt auch, dass ein deutscher Scheidungsbeschluss auch dann gestaltende Wirkung entfaltet und die Ehe auflöst, wenn die Ehe nach dem Heimatrecht nicht hätte aufgelöst werden können. 33

**c) Unmittelbare Wirkung und Durchführung der Scheidung.** Erfasst ist außerdem die eigentliche **unmittelbare Folge** der Scheidung oder Trennung, also die Auswirkung auf den Bestand der Ehe. Ob und inwieweit eine **Auflösung oder Lockerung** der ehelichen Verbindung eintritt, richtet sich also nach dem Heimatrecht. Im Scheidungs- oder Trennungsbeschluss müssen daher die nach dem Heimatrecht vorgesehenen Folgen (insbes. Scheidung oder bloße Trennung) beachtet werden. Hier schlägt aber wiederum der Vorrang der prozessualen lex fori durch. Durch einen etwaigen uneingeschränkten deutschen Scheidungsbeschluss wird die Ehe daher geschieden, selbst wenn das ausländische Recht dies, etwa wegen fehlender Scheidungsgründe oder auch wegen fehlender Zuständigkeit, nicht vorsieht. Davon zu trennen ist die Frage, ob dieser deutsche Beschluss auch im Ausland anerkannt wird. 34

**Folge** der **Ehetrennung** ist die Lockerung des ehelichen Bandes. Welche genauen Folgen die **Trennung von Tisch und Bett** hat, wird durch das jeweilige Trennungsstatut beherrscht. Das Scheidungsstatut bestimmt auch die Möglichkeit der Umwandlung der Trennung in eine Scheidung, etwa nach Ablauf der Trennungsfrist (→ Art. 9 Rn. 1) (OLG Frankfurt FamRZ 1975, 632; LG Hamburg IPRspr. 1976, Nr. 47; AG Altena IPRax 1981, 61). 35

Wiewohl sich grds. auch die **Durchführung** der Scheidung oder Trennung nach dem Scheidungsstatut richtet, kann die Scheidung einer Ehe in Deutschland gem. Art. 17 Abs. 3 EGBGB nur durch gerichtlichen Beschluss erfolgen (mit Gestaltungswirkung; → EGBGB Art. 17 Rn. 5; → EGBGB Art. 17 Rn. 35 f. Im Regelfall wird das Verfahren der Trennung wie ein deutsches Scheidungsverfahren durchgeführt. Anders kann es aber sein, wenn der nach dem ausländischen Recht einer Scheidung vorgelagerte Schritt eine solche Förmlichkeit nicht verlangt. 36

**Andere Arten der Eheauflösung** (ua → Rn. 10) durch in Deutschland verwirklichte Auflösungsgründe vollziehen sich ipso iure. Eine Entscheidung wird insoweit nicht benötigt, nur die etwaigen erforderlichen Erklärungen (Todeserklärung oÄ) müssen anerkannt werden (Kegel/Schurig IPR § 20 IV 1b bb). 36.1

**d) Nicht erfasste Scheidungsfolgen.** Wie Art. 1 Abs. 1 Rom III-VO erkennen lässt, beschränkt sich die Rom III-VO in ihrem Anwendungsbereich ganz auf die Auflösung der Ehe selbst. **Scheidungsfolgen umfasst sie nicht.** Das wird durch den Ausnahmekatalog in Art. 1 Abs. 2 Rom III-VO bestätigt. Einen Umkehrschluss erlaubt dieser nicht. Auch etwaige in dem Ausnahmekatalog fehlende Scheidungsfolgen werden also nicht von der Rom III-VO erfasst. Scheidungsfolgen, für die keine gesonderten Kollisionsnormen bestehen, fallen daher unter Art. 17 Abs. 1 EGBGB. 37

## III. Allgemeine Fragen

**1. Vorfragen. a) Überblick.** Bei der Scheidung können sich häufig Vorfragen stellen. Die Rom III-VO schließt ihre eigene Anwendbarkeit für die meisten Vorfragen in Art. 1 Abs. 2 ausdrücklich aus. Es kann also, falls selbstständig angeknüpft wird, zur Ermittlung des anwendbaren Rechts nicht die Rom III-VO angewendet werden. Das sagt aber noch nichts darüber aus, ob allgemein selbstständig oder unselbstständig anzuknüpfen ist. Erwägungsgrund 10 Abs. 3 verweist darauf, dass Vorfragen nach den Kollisionsnormen der Mitgliedstaaten zu behandeln seien. Teils wird dies als klarer Hinweis auf eine selbstständige Anknüpfung verstanden (MüKoBGB/v. Hein Einl. IPR Rn. 155). Andere entnehmen diesem knappen Satz nur die Aussage, dass die Mitgliedstaaten selbst entscheiden dürfen, wie sie Vorfragen behandeln möchten (NK-BGB/Gruber Vor Art. 1 Rn. 70). Wenn der Wortlaut auch durchaus die erste Interpretation mehr stützt („sollen nach den Kollisionsnormen geregelt werden, die in dem betreffenden teilnehmenden Mitgliedstaat anzuwenden sind"), wäre es doch wohl übertrieben, diesem Satz das Gebot der selbstständigen Anknüpfung zu entnehmen. Allerdings erlaubt er sicher, dass die Entscheidung über die selbstständige oder unselbstständige Anknüpfung nach dem autonomen nationalen IPR getroffen wird. Das führt dazu, dass idR selbstständig anzuknüpfen ist (NK-BGB/Gruber Vor Art. 1 Rn. 71; Hausmann IntEuSchR (A) Rn. 254; Erman/Hohloch Rn. 8 ff.) 38

39 **b) Vorfrage des Bestehens einer Ehe.** Besonders relevant ist die Vorfrage der Ehewirksamkeit (Gültigkeit, Beginn und Ende der Ehe). Diese wird nach ganz herrschender und überzeugender Ansicht auch unter der Rom III-VO selbstständig angeknüpft (Hausmann IntEuSchR (A) Rn. 254; NK-BGB/Gruber Vor Art. 1 Rn. 71 ff.; Gruber IPRax 2012, 381 (389); Erman/Hohloch Rn. 10; MüKoBGB/Winkler v. Mohrenfels Rn. 18; Lüderitz IPRax 1987, 74 (76); **aA** Grüneberg/Thorn Rn. 8; zum Nachweis der Eheschließung ohne Dokumente OLG Düsseldorf FamRZ 2020, 167). Es gelten die für die Eheschließung maßgeblichen Kollisionsnormen, also insbes. Art. 13 sowie Art. 11.

40 Davon zu unterscheiden ist die Frage, ob eine zunächst wirksame Ehe bereits **aufgelöst** oder **von Tisch und Bett getrennt** ist. Dazu kommt es auf die Anerkennung der im Ausland erfolgten Auflösungsschritte an (näher zur Anerkennung → EGBGB Art. 17 Rn. 127 ff.).

40.1 Wenn die seltene Frage betroffen ist, ob eine zunächst – etwa in Folge einer Todeserklärung – aufgelöste Ehe **wieder auflebt,** weil der für tot erklärte Ehegatte zurückgekehrt ist, so betrifft dies eine Frage der Wirkungsweise der zunächst erfolgten Eheauflösung (nicht der Eheschließung). Daher ist die Rom III-VO einschlägig (Kegel/Schurig IPR § 20 IV 1b bb, 803).

41 **2. Rück- und Weiterverweisungen (renvoi).** Art. 11 stellt klar, dass die Rom III-VO stets auf das Sachrecht verweist. Bei der Verweisung wird also das IPR der berufenen Rechtsordnung nicht beachtet, sondern unmittelbar deren Scheidungs- oder Trennungsrecht angewendet (→ Art. 11 Rn. 1).

42 **3. Ordre public und sonstige Vorbehaltsklauseln.** Die Rom III-VO enthält eigene Vorbehaltsklauseln. Der eigentliche ordre public-Vorbehalt ist in Art. 12 geregelt. Er wird ergänzt von zwei weiteren Vorbehaltsklauseln in Art. 10 und Art. 13. Art. 10 hat die größte Bedeutung und macht aus deutscher Sicht erhebliche Anwendungsschwierigkeiten. Er ergreift die Fälle, in denen das nach Art. 5 oder Art. 8 anwendbare Recht entweder eine Scheidung überhaupt nicht vorsieht oder ein gleichberechtigter Zugang zu dieser nicht besteht (→ Art. 10 Rn. 4 ff.). Art. 13 Abs. 2 ist darauf gerichtet, den Mitgliedstaaten, die keine gleichgeschlechtliche Ehe kennen, die Möglichkeit einzuräumen, auch die Scheidung solcher Ehen zu verweigern (→ Art. 13 Rn. 1 ff.). Häufig wird auch Art. 17 Abs. 3 EGBGB als besondere Vorbehaltsnorm verstanden (→ EGBGB Art. 17 Rn. 5).

## IV. Zum Verfahren

43 Das Scheidungsverfahren richtet sich stets nach der lex fori (→ EGBGB Art. 17 Rn. 94 ff.). Für die internationale **Zuständigkeit** gilt weitgehend die Brüssel IIa-VO (→ EGBGB Art. 17 Rn. 96; → EGBGB Art. 17 Rn. 111 ff.). Bei der **Anerkennung** ausländischer Ehescheidungen ist es von Bedeutung, ob sie in einem Mitgliedstaat der EU erlassen wurden. Dann gilt die Brüssel IIa-VO (→ EGBGB Art. 17 Rn. 127 ff.; zur am 25.6.2019 beschlossenen **Neufassung** → EGBGB Art. 17 Rn. 130.1). Stammt die Entscheidung aus einem Nichtmitgliedstaat, gilt das FamFG (→ EGBGB Art. 17 Rn. 129); ggf. greifen einschlägige Staatsverträge (→ EGBGB Art. 17 Rn. 133).

## Art. 2 Verhältnis zur Verordnung (EG) Nr. 2201/2003

**Diese Verordnung lässt die Anwendung der Verordnung (EG) Nr. 2201/2003 unberührt.**

1 Art. 2 bestätigt die Selbstverständlichkeit, dass die verfahrensrechtliche Brüssel IIa-VO neben der Rom III-VO angewendet werden muss. Die Brüssel IIa-VO regelt insbes. die internationale Zuständigkeit deutscher Gerichte (→ EGBGB Art. 17 Rn. 111 ff.) und die Anerkennung von Ehescheidungen aus anderen Mitgliedstaaten (→ EGBGB Art. 17 Rn. 127 ff.).

## Art. 3 Begriffsbestimmungen

**Für die Zwecke dieser Verordnung bezeichnet der Begriff:**

**1. „teilnehmender Mitgliedstaat" einen Mitgliedstaat, der auf der Grundlage des Beschlusses 2010/405/EU des Rates vom 12. Juli 2010 oder auf der Grundlage eines**

**gemäß Artikel 331 Absatz 1 Unterabsatz 2 oder 3 des Vertrags über die Arbeitsweise der Europäischen Union angenommenen Beschlusses an der Verstärkten Zusammenarbeit im Bereich des auf die Ehescheidung und Trennung ohne Auflösung des Ehebandes anzuwendenden Rechts teilnimmt;**

**2. „Gericht" alle Behörden der teilnehmenden Mitgliedstaaten, die für Rechtssachen zuständig sind, die in den Anwendungsbereich dieser Verordnung fallen.**

Art. 3 bringt zwei unproblematische Begriffsklärungen. Abs. 1 betrifft die Bestimmung der teilnehmenden Mitgliedstaaten, also der Staaten, deren Behörden und Gerichte die Rom III-VO als ihr eigenes Kollisionsrecht anwenden. Außer den vierzehn ursprünglichen teilnehmende Mitgliedstaaten Belgien, Bulgarien, Deutschland, Frankreich, Italien, Lettland, Luxemburg, Malta, Österreich, Portugal, Rumänien, Slowenien, Spanien und Ungarn haben inzwischen Litauen, Griechenland und Estland die Teilnahme erklärt. Die Kommission hat dies jeweils bestätigt, und zwar für Litauen mit Wirkung zum 22.5.2014 (ABl. EU 2012 L 323, 18), für Griechenland mit Wirkung zum 29.7.2015 (ABl. EU 2014 L 23, 41) und für Estland mit Wirkung zum 11.2.2018 (ABl. EU 2016 L 216, 23). Weitere EU-Mitgliedstaaten dürfen jederzeit die Teilnahme erklären (Art. 331 AEUV). 1

In Abs. 2 wird erläutert, dass der Begriff „Gericht" weit zu verstehen ist und auch Behörden umfasst. Das ist die übliche Begriffsverwendung in den familienrechtlichen Verordnungen. Bei der Scheidung ist dieses weite Verständnis besonders wichtig, weil in den Mitgliedstaaten die Scheidung nicht immer in die Zuständigkeit der Gerichte fällt. Notwendig für die Eröffnung des Anwendungsbereichs der Rom III-VO ist aber, dass die Entscheidung von der zuständigen Behörde „ausgesprochen" und nicht nur registriert wurde (näher → Art. 1 Rn. 1 ff.). 2

### Art. 4 Universelle Anwendung

**Das nach dieser Verordnung bezeichnete Recht ist auch dann anzuwenden, wenn es nicht das Recht eines teilnehmenden Mitgliedstaats ist.**

Art. 4 bringt nur die aus deutscher Sicht ohnehin selbstverständliche Klarstellung, dass die Verordnung auch auf das Recht eines Drittstaats verweisen kann, und dass die Verweisung auch dann zu befolgen ist. Es gelten – wie stets – nur die allgemeinen Grenzen bei der Anwendung fremden Rechts, also insbes. Art. 10 und Art. 12. Die Rom III-VO verweist nach Art. 11 stets nur auf das ausländische Sachrecht, sodass Rückverweisungen allgemein ausgeschlossen sind. 1

## Kapitel II. Einheitliche Vorschriften zur Bestimmung des auf die Ehescheidung und Trennung ohne Auflösung des Ehebandes anzuwendenden Rechts

### Art. 5 Rechtswahl der Parteien

**(1) Die Ehegatten können das auf die Ehescheidung oder die Trennung ohne Auflösung des Ehebandes anzuwendende Recht durch Vereinbarung bestimmen, sofern es sich dabei um das Recht eines der folgenden Staaten handelt:**

**a) das Recht des Staates, in dem die Ehegatten zum Zeitpunkt der Rechtswahl ihren gewöhnlichen Aufenthalt haben, oder**

**b) das Recht des Staates, in dem die Ehegatten zuletzt ihren gewöhnlichen Aufenthalt hatten, sofern einer von ihnen zum Zeitpunkt der Rechtswahl dort noch seinen gewöhnlichen Aufenthalt hat, oder**

**c) das Recht des Staates, dessen Staatsangehörigkeit einer der Ehegatten zum Zeitpunkt der Rechtswahl besitzt, oder**

**d) das Recht des Staates des angerufenen Gerichts.**

**(2) Unbeschadet des Absatzes 3 kann eine Rechtswahlvereinbarung jederzeit, spätestens jedoch zum Zeitpunkt der Anrufung des Gerichts, geschlossen oder geändert werden.**

**(3) [1]Sieht das Recht des Staates des angerufenen Gerichts dies vor, so können die Ehegatten die Rechtswahl vor Gericht auch im Laufe des Verfahrens vornehmen. [2]In diesem Fall nimmt das Gericht die Rechtswahl im Einklang mit dem Recht des Staates des angerufenen Gerichts zu Protokoll.**

## Überblick

Nach Art. 5 dürfen die Ehegatten das auf die Ehescheidung anwendbare Recht durch Vereinbarung wählen (zum zeitlichen Anwendungsbereich → Art. 1 Rn. 5). Sie sind dabei jedoch auf die in Abs. 1 bestimmten Rechtsordnungen beschränkt (→ Rn. 5 ff.). Es handelt sich um solche Rechtsordnungen, zu denen eine recht deutliche Verbindung der Ehegatten besteht. Eine Besonderheit findet sich in lit. d – danach darf auch die lex fori gewählt werden (→ Rn. 13).

Für das Zustandekommen und die Wirksamkeit der Rechtswahlvereinbarung gilt Art. 6. Es gelten außerdem die Formvorschriften des Art. 7 sowie des Art. 5 Abs. 3 iVm Art. 46d EGBGB (für die Wahl im Scheidungsverfahren).

## Übersicht



## I. Normzweck und Bedeutung der Rechtswahlfreiheit

1 Mit der Einführung der Rechtswahlfreiheit für die Ehescheidung wurde die Parteiautonomie, die im internationalen Familienrecht zuvor eher schwach ausgeprägt war, erheblich gestärkt. Gegenüber dem früheren deutschen Recht (Art. 17 aF EGBGB) bringt dies eine große Veränderung.

2 Der europäische Gesetzgeber hat diesen Weg auch in der EuGüVO und EuPartVO beschritten. Die Rechtswahlfreiheit ist letztlich eine unverzichtbare Ergänzung zur Geltung des Aufenthaltsstatuts bei der objektiven Anknüpfung. Denn sonst wären mobile Ehepaare großen Unsicherheiten über die Möglichkeit und Voraussetzungen einer Scheidung ausgesetzt. Wollen sie diese vermeiden, steht ihnen nun die Rechtswahl offen.

3 Insgesamt ist die Einführung der Rechtwahlfreiheit für die Scheidung zu begrüßen (näher zur Rezeption in Deutschland NK-BGB/Hilbig-Lugani Rn. 3). Sie bringt gewisse Manipulationsmöglichkeiten mit sich, jedoch bietet sie gerade für die Ehescheidung eine gute Lösung. Die Gefahren sollten hier nicht überschätzt werden. Denn betroffen ist ja nur die Auflösung der Ehe als solche, nicht etwaige Scheidungsfolgen (→ Art. 1 Rn. 37). Vor diesem Hintergrund erscheint auch die Möglichkeit, die lex fori zu wählen – und dies sogar noch im bereits eingeleiteten Scheidungsverfahren – als pragmatische und häufig vereinfachende Lösung. Sie wird nur in den Fällen erfolgen, in denen beide Ehegatten die Scheidung begehren und idR den Zweck haben, das Verfahren zu vereinfachen und Kosten einzusparen, die die Anwendung ausländischen Rechts mit sich bringen kann.

4 Problematisch ist – gerade bei der rein effizienzorientierten Wahl einer fremden lex fori – jedoch die Erstreckung des Scheidungsstatuts auf den **Versorgungsausgleich** durch Art. 17 Abs. 4 S. 1 EGBGB. Wird vor einem ausländischen Gericht der Einfachheit halber die lex fori gewählt, werden sich idR weder das Gericht noch die Ehegatten darüber bewusst sein, dass hierdurch der Versorgungsausgleich mit abbedungen wird (→ EGBGB Art. 17 Rn. 54 ff.; → Rn. 19 f.).

## II. Wahlmöglichkeiten

5 **1. Recht des gewöhnlichen Aufenthalts beider Ehegatten (Abs. 1 lit. a).** Wählbar ist nach Art. 5 Abs. 1 lit. a zunächst das Recht des **gewöhnlichen Aufenthaltsorts.** Die Ehegatten

brauchen keinen gemeinsamen Aufenthaltsort zu haben – es reicht aus, dass beide jeweils einzeln ihren gewöhnlichen Aufenthalt in demselben Staat haben (s. nur Althammer/Mayer Rn. 15).

Der **Begriff des gewöhnlichen Aufenthalts** ist europäisch autonom auszulegen. Als gewisse Hilfe kann hierfür die Rspr. des EuGH zur Brüssel IIa-VO herangezogen werden, soweit die bestehenden Unterschiede nicht übersehen werden (krit. NK-BGB/Hilbig-Lugani Rn. 37). Die Bestimmung des gewöhnlichen Aufenthalts, also des **„tatsächlichen Lebensmittelpunkts"** (unstr.; darauf stellt der EuGH in stRspr ab; zuletzt etwa EuGH ECLI:EU:C:2018:513 = FamRZ 2018, 1426 – HR) des Ehepaares, ist idR einfach. Es können jedoch Grenzfälle auftreten, etwa wenn das Paar Wohnungen an verschiedenen Orten besitzt oder ein Partner im Ausland arbeitet. In solchen Fällen muss versucht werden, aus den vom EuGH bereits entwickelten Ansätzen Anhaltspunkte zu gewinnen (zu der Frage, ob der Begriff des gewöhnlichen Aufenthalts stets einheitlich zu verstehen ist, MüKoBGB/Heiderhoff Brüssel IIa-VO Art. 8 Rn. 22). Es entspricht dabei nicht nur allgemeinen Grundsätzen, sondern auch dem Telos der Norm, darauf abzustellen, wo die engste gelebte Beziehung der Eheleute zur Umwelt besteht (Helms FamRZ 2011, 1765 (1769)). Die zentralen familienrechtlichen Entscheidungen des EuGH zur **Bestimmung des Lebensmittelpunkts** beziehen sich auf Kinder. Um die Aussagen auf Erwachsene anwendbar zu machen, müssen sie an deren, den kindlichen nur eingeschränkt entsprechenden Bezugspunkte, sowie an die andere Zielsetzung der Art. 5 und 8 angepasst werden (die Unterschiede betonend Helms FamRZ 2011, 1765). Es gilt auch für Erwachsene, dass der gewöhnliche Aufenthalt Ausdruck einer „gewissen sozialen und familiären Integration" ist (zu Erwachsenen knapp etwa EuGH ECLI:EU:C:2008:437 = NJW 2008, 3201 – Kozłowski: Integration aufgrund „beständigen Verweilens von gewisser Dauer"). Freilich spielt das soziale Umfeld oft eine größere Rolle als bei Kindern. Die Länge und Konstanz des Aufenthalts und das gemeinsame Wohnen mit dem Ehegatten und der Familie müssen nicht immer eine ähnlich große Bedeutung haben wie bei Kindern. Jedenfalls sind „die Dauer, die Regelmäßigkeit und die Umstände des Aufenthalts in einem Mitgliedstaat sowie die Gründe für diesen Aufenthalt" wesentlich (zu allem EuGH ECLI:EU:C:2009:225 = NJW 2009, 1868 – A; Slg. 2010, 14309 Rn. 56 = FamRZ 2011, 617 – Mercredi; noch deutlicher Schlussanträge der Generalanwältin Kokott Slg. 2009, 2805 Rn. 38; EuGH ECLI:EU:C:2018:513 = FamRZ 2018, 1426 = BeckRS 2018, 13329 – HR). Bei einem Umzug kommt es darauf an, ob sogleich eine dauerhafte Integration angestrebt ist und beispielsweise ein langfristiger Arbeitsplatz eingenommen oder sonst ein längerer Aufenthalt (zB Ruhestand) geplant ist. Ist die Dauer des Aufenthalts unbestimmt, kann bei Erwachsenen die Integration oftmals lange, vielleicht sogar mehrere Jahre dauern (umfassend zu diesen Fällen MüKoBGB/v. Hein EGBGB Art. 5 Rn. 148). 6

**Einzelfälle:** Schwierigkeiten können besondere Fälle machen, wie etwa Arbeitnehmer, die unter Zurücklassung der Familie über einen längeren Zeitraum im Ausland arbeiten. Dann wird der gewöhnliche Aufenthalt zwar meist am Familienwohnort bleiben. Gerade vor einer Scheidung muss aber eine Entfremdung von der Familie oder dem Ehegatten geprüft werden. Relevante Indizien sind zB Faktoren wie die Häufigkeit von Heimfahrten, die Einbindung in das Leben am Arbeitsort, das Bestehen einer Rückkehrabsicht etc. Ebenfalls problematisch sind Fälle, in denen Ehegatten zwei (oder mehr) feste Wohnorte haben – etwa einen Sommer- und einen Winterwohnort. Besteht an keinem dieser Wohnorte eine stärkere Integration (oft wird das Paar mit einem Ort im sozialen oder familiären Bereich deutlich mehr verwurzelt sein, oder sprachlich bzw. durch die Staatsangehörigkeit ein stärkeres Heimatgefühl haben), so muss man die Frage stellen, ob es zwei gewöhnliche Aufenthaltsorte geben kann, oder ob ein solcher in diesen Fällen ganz fehlt. Danach kann nur Letzteres richtig sein. Die Möglichkeit zweier gewöhnlicher Aufenthaltsorte wäre zumindest im Rahmen des Art. 8 untragbar, denn dann ließe sich kein anwendbares Recht bestimmen (insofern anders BeckOGK/Gössl Art. 8 Rn. 2 ff.). Im Rahmen des Art. 5 sollte man mit der Annahme des gewöhnlichen Aufenthalts eher großzügig sein. Die Wahl der Rechtsordnung eines bestimmten Ortes kann für sich selbst nämlich bereits das entscheidende Indiz sein, weil sie vielleicht zeigt, dass die Ehegatten dort so integriert sind, dass sie auch das dortige Recht für ihre Angelegenheiten anwendbar machen möchten (mit vertiefenden Überlegungen BeckOGK/Gössl Art. 8 Rn. 14 ff.; zum Einfluss subjektiver Kriterien → Rn. 21). 7

Die Wahl des Rechts des gemeinsamen gewöhnlichen Aufenthalts kann insbes. auch dann wirksam erfolgen, wenn zum Zeitpunkt der Wahl überhaupt noch kein Auslandsbezug besteht (OLG Hamm IPRax 2014, 349). Ihre Wirkung entfaltet sie in einem solchen Fall allerdings erst, falls die Ehegatten später den Aufenthalt oder die Staatsangehörigkeit wechseln (wie hier Gruber IPRax 2012, 381 (384)). Diese „vorbeugende" Rechtswahl hat insbes. den Vorteil, dass Paare schon bei Eheschließung das auf eine eventuelle, künftige Scheidung anwendbare Recht vorab 8 festlegen können und nicht erst warten müssen, bis der Fall eines Umzugs eintritt, durch den sie dem wechselnden Statut des Art. 8 Rom III-VO ausgesetzt wären.

9 **2. Recht des früheren gemeinsamen gewöhnlichen Aufenthalts (Abs. 1 lit. b).** Wählbar ist auch das Recht eines **früheren gemeinsamen gewöhnlichen Aufenthaltsorts,** sofern einer der Ehegatten dort noch seinen gewöhnlichen Aufenthalt hat. Auch hier ist es ausreichend, dass beide Ehegatten in demselben Staat ihren Aufenthalt hatten. Ein „gemeinsamer" Aufenthalt ist nicht erforderlich (Althammer/Mayer Rn. 15). Der fortgesetzte Aufenthalt des einen Ehegatten muss zum Zeitpunkt der Rechtswahl noch bestehen (Althammer/Mayer Rn. 16). Ein späterer Wegzug ist unschädlich.

10 **3. Recht der Staatsangehörigkeit (Abs. 1 lit. c).** Nach Abs. 1 lit. c darf außerdem das Recht des Heimatstaats eines Ehegatten, also dessen **Staatsangehörigkeitsrecht** gewählt werden. Hierbei lässt sich aus Erwägungsgrund 22 der Präambel entnehmen, dass Art. 5 Abs. 1 S. 1 EGBGB anwendbar bleibt, sodass es sich um die **effektive Staatsangehörigkeit** eines Ehegatten handeln muss (Gruber IPRax 2012, 381 (385); Finger FuR 2011, 61 (65); auch BT-Drs. 17/11049, 8; **aA** die wohl hM: NK-BGB/Hilbig-Lugani Rn. 45, 45a; Althammer/Mayer Rn. 19; Hau FamRZ 2013, 249 (252); jurisPK-BGB/Ludwig Rn. 16; Helms FamRZ 2011, 1765 (1770); Rauscher IPR Rn. 818; Rösler RabelsZ 78 (2014), 155; Kruger/Verhellen 7 J. Priv. Int'l L. (2011) 601 (619)). Hiergegen spricht nicht die vom EuGH zur Brüssel IIa-VO vertretene, abweichende Ansicht (EuGH ECLI:EU:C:2009:474 = FamRZ 2009, 1571 = EuZW 2009, 619 – Hadadi). Gleichlauf wäre zwar wünschenswert, wurde aber durch Erwägungsgrund 22, der gerade die Abweichung von der Brüssel IIa-VO mit sich bringt, vom Verordnungsgeber durchbrochen (aA Grüneberg/Thorn Rn. 4). Durchsetzen kann sich daher auch nicht der Gedanke, dass im Sinne einer Stärkung der Parteiautonomie ein besonders weiter Katalog der wählbaren Rechtsordnungen anzustreben sei (in diese Richtung etwa Helms FamRZ 2011, 1765 (1770)). Denn im Gegenteil zeigt der Katalog, dass nur wenige Kriterien für ausreichend eng gehalten werden, und dass insbes. eine tatsächliche Verbindung zu dem gewählten Recht (Aufenthalt) ausschlaggebend sein soll. Die ineffektive Staatsangehörigkeit nur eines Ehegatten wäre demgegenüber häufig sehr abgelegen.

11 Da, wie Erwägungsgrund 22 ausdrücklich erwähnt, zugleich die besonderen Vorgaben des EU-Rechts beachtlich sind, zu denen das Diskriminierungsverbot gehört (Art. 18 AEUV), darf aber **Art. 5 Abs. 1 S. 2 EGBGB** nicht angewendet werden (Gruber IPRax 2012, 381 (385)). Die deutsche Staatsangehörigkeit gilt also nicht automatisch als effektive Staatsangehörigkeit.

12 Für Staatenlose und **Flüchtlinge** (zum Begriff umfassend Arnold in Budzikiewicz ua, Migration und IPR, 2018, 25 ff.) gelten die allgemeinen Regelungen, also insbes. das New Yorker Übereinkommen über die Rechtsstellung der Staatenlosen vom 28.9.1954 und das Genfer Übereinkommen über die Rechtsstellung der Flüchtlinge vom 28.7.1951. Danach tritt an die Stelle des Rechts der Staatsangehörigkeit jeweils das Recht des gewöhnlichen Aufenthalts (Art. 5 EGBGB). Das erscheint insbes. für Flüchtlinge problematisch, wenn diese ihr gemeinsames Heimatrecht für die Scheidung wählen möchten. Hier ist zu überlegen, ob das Genfer Übereinkommen, welches eine Begünstigung der Flüchtlinge anstrebt, eingeschränkt ausgelegt werden kann (zu solchen Bestrebungen etwa Majer StAZ 2016, 337). Dafür spricht sehr deutlich der Zweck des Genfer Übereinkommens. Dieses ist zu einer Zeit entstanden ist, als die Rechtswahl im internationalen Familienrecht noch völlig unüblich war, und wollte die Flüchtlinge davor bewahren, weiterhin dem Recht des „Verfolgerstaats" unterstellt zu sein. Damit sollten keinesfalls die Wahlmöglichkeiten eines modernen IPR für Flüchtlinge eingegrenzt werden. Sie können trotz Art. 12 GFK ihr Heimatrecht wählen (aA Niethammer-Jürgens in Budzikiewicz ua, Migration und IPR, 2018, 119, 125).

13 **4. Lex fori (Abs. 1 lit. d).** Nach Abs. 1 lit. d) darf schließlich das Recht des **angerufenen Gerichts** gewählt werden. Streitig ist hier, ob die Wahl der lex fori schon vor der Anrufung des Gerichts möglich ist. Der deutsche Wortlaut der Norm kann nicht herangezogen werden, weil andere Sprachfassungen insofern abweichen (näher Gruber IPRax 2012, 381 (385); NK-BGB/Hilbig-Lugani Rn. 49 ff.). Solange die Brüssel IIa-VO eine Gerichtsstandsvereinbarung für die Ehescheidung nicht vorsieht, dürfte die Beschäftigung mit der Frage weitgehend müßig sein. Denn praktisch wäre eine solche Vereinbarung nur gemeinsam mit einer Prorogation sinnvoll. Eine Art Blankovereinbarung, nach der ohne Bestimmung irgendeines Gerichts lediglich die Geltung der lex fori vereinbart wird (sog. floating choice-of-law clause), muss ausscheiden (wie hier Gruber IPRax 2012, 381 (385); Rauscher/Helms EuZPR/EuIPR Rn. 41; Mörsdorf-Schulte RabelsZ 77 (2013), 786 (814); aA Althammer/Mayer Rn. 25 ff.; NK-BGB/Hilbig-Lugani Rn. 49 ff.). Sie brächte zu viel Unsicherheit und würde zudem den bewusst begrenzten Katalog

des Art. 5 ungewollt erweitern. Erwägungsgrund 18 sieht zudem vor, „dass beide Ehegatten ihre Rechtswahl in voller Sachkenntnis treffen". Eine Aufklärung über sämtliche potentiell anwendbare Rechtsordnungen und die möglichen negativen Abweichungen zum objektiv anzuwendenden Recht dürfte kaum je realistisch sein (so iE – wenngleich floating clauses bei der Rom III-VO prinzipiell für möglich haltend – auch Rösler in „Mehr Freiheit wagen" – Beiträge zur Emeritierung von Basedow, 2018, 277, 293 f.). Damit verbleiben die Fälle, in denen die Anrufung eines konkreten Gerichts in Kürze bevorsteht und die Parteien sich in diesem Zeitraum schon vorab auf die lex fori einigen. Dagegen bestehen insbes. vor dem Hintergrund des Abs. 2 keine Bedenken (Rauscher/Helms EuZPR/EuIPR Rn. 41).

Soweit die Rechtswahl sich auf einen **Mehrrechtsstaat** mit unterschiedlichen Rechtsgebieten bezieht, wird die Wahl nach Art. 14 bei Art. 5 lit. a und lit. b (Aufenthaltsbezug) so verstanden, dass das Recht des Gebiets gemeint ist, in welchem der Aufenthalt besteht (→ Art. 14 Rn. 5). Bei Art. 5 lit. c kommt es darauf an, zu welchem Gebiet die engste Verbindung besteht. Bei Art. 5 lit. d ist entscheidend, in welchem Gebiet der Gerichtsort liegt (auch Pietsch NJW 2012, 1768 (1769)). Unterscheidet der Mehrrechtsstaat nach Personengruppen, was für das Scheidungsrecht als Teil einiger Religionsrechte nicht selten ist, so greifen die in diesem Staat selbst geltenden Abgrenzungsvorschriften. Nur wenn solche nicht existieren, kommt es auf die engste Verbindung der Ehegatten an (→ Art. 15 Rn. 2). **13.1**

## III. Durchführung und Folgen der Wahl

**1. Zeitpunkt und Ausdrücklichkeit.** Die Vereinbarung zwischen den Ehegatten kann nach **Art. 5 Abs. 2** bis spätestens zum Zeitpunkt der Anrufung des Gerichts geschlossen werden. Die **Formerfordernisse** für diese Rechtswahl „vorab" sind in Art. 7 iVm Art. 46d Abs. 1 EGBGB enthalten. In **Art. 5 Abs. 3** wird den Mitgliedstaaten zugestanden, die Rechtswahl darüber hinaus auch noch im laufenden Verfahren zuzulassen. **Art. 46d Abs. 2 EGBGB** enthält die Regelung, dass die Rechtswahl bei Durchführung des Verfahrens in Deutschland auch noch bis zum **Schluss der mündlichen Verhandlung** im ersten Rechtszug vorgenommen werden kann. **14**

Sehr streitig ist die Frage, ob die Rechtswahl stets **ausdrücklich** erfolgen muss oder ob es ausreichen kann, wenn sich der gemeinsame Wille aus dem Zusammenhang eines formgerechten Scheidungsvertrags **konkludent** ergibt. Die Rom III-VO schweigt dazu, anders als etwa Art. 3 Abs. 1 S. 2 Rom I-VO oder Art. 22 Abs. 2 EuErbVO, die diese Form der Rechtswahl jeweils explizit zulassen. Vielfach wird daher die konkludente Rechtswahl ganz abgelehnt (Helms FamRZ 2011, 1765 (1768); Mörsdorf-Schulte RabelsZ 77 (2013), 786 (817); Althammer/Mayer Art. 7 Rn. 5). Man sollte in der Tat auch aus teleologischen Gründen vorsichtig sein und bedenken, dass die Zulassung einer konkludenten Rechtswahl es einem kundigen Ehegatten wesentlich erleichtern kann, einen unwissenden Ehegatten zu übervorteilen. Die konkludente Rechtswahl deshalb völlig abzulehnen, scheint aber aus zwei Gründen unrichtig. Erstens ist zu bedenken, dass der Wortlaut der Norm offen ist. Wenn auch die konkludente Rechtswahl – anders als in anderen EU-Verordnungen – nicht ausdrücklich genannt ist, so ist sie ebenso wenig explizit ausgeschlossen. Das aber wäre leicht möglich gewesen. Als weiteres, allerdings auch nicht über jeden Zweifel erhabenes Indiz ließe sich außerdem die Entstehungsgeschichte der EuGüVO anführen (dies etwas überbewertend Magnus IPRax 2019, 8 (14)). Dort ist zwar die Beschränkung auf die ausdrückliche Rechtswahl, die im Vorschlag von 2011 (KOM (2011), 126) noch explizit vorgesehen war, später gestrichen worden. Das könnte aber auch geschehen sein, weil man den Hinwies für unnötig hielt. Das zweite, wichtigere Argument betrifft die Rechtspraxis. Ein völliger Ausschluss der konkludenten Rechtswahl kann in der praktischen Anwendung über das Ziel hinausschießen. Denn es mag Fälle geben, in denen Zweifel an der übereinstimmenden Absicht der Wahl trotz des Fehlens einer ausdrücklichen Äußerung in der relevanten Urkunde nicht bestehen. Man sollte eine konkludente Rechtswahl daher nicht generell ausschließen, sondern ihr mit großer Vorsicht begegnen und sie **nur in eindeutigen Fällen** annehmen (wie hier NK-BGB/Hilbig-Lugani Rn. 11b; insgesamt abl., aber eine solche strenge Prüfung doch in Erwägung ziehend Rauscher/Helms Rn. 64, 65 ff.; Helms IPRax 2014, 334; zu weitgehend OLG Hamm IPRax 2014, 349). **15**

**2. Wahl einer Rechtsordnung bei Privatscheidung.** Art. 5 ist nicht anwendbar, wenn das auf eine Privatscheidung anzuwendende Recht bestimmt werden muss (EuGH ECLI:EU:C:2017:988 Rn. 35 ff. = NJW 2018, 447 – Sahyouni II). Dagegen wird man annehmen müssen, dass Art. 5 doch eingreift, wenn die Ehegatten ein Scheidungsrecht wählen, welches auch die **Privatscheidung** kennt. Diese Frage kann etwa dann bedeutsam werden, wenn ein Ehegatte in Deutschland eine gerichtliche Scheidung nach deutschem Recht beantragt und der andere sich auf die Wahl des französischen Rechts beruft. Aus deutscher Sicht kann die Frage letztlich **16**

offenbleiben. Denn das autonome deutsche Kollisionsrecht verweist in Art. 17 Abs. 2 EGBGB auch für solche Scheidungen, die nicht originär von der Rom III-VO erfasst sind, wieder auf deren Kollisionsnormen. Die Wahl ist also für wirksam anzusehen, ohne dass eine genaue Abgrenzung nötig wird. Ausgenommen wird von Art. 17 Abs. 2 Nr. 1 EGBGB nur der für Privatscheidungen ohnehin unpassende Art. 5 Abs. 1 lit. d. Für diesen scheidet die Wahl eines privaten Scheidungsrechts schon von selbst aus, da die Wahl des „Rechts des angerufenen Gerichts" sich gerade auf ein laufendes gerichtliches Scheidungsverfahren bezieht, welches bei der Privatscheidung aber immer fehlt (schon Helms FamRZ 2011, 1765 (1768)).

**17** Art. 17 Abs. 2 Nr. 2 EGBGB bestimmt außerdem, dass bei der Anwendung des Art. 5 Abs. 2 nicht auf den Zeitpunkt der Anrufung des Gerichts abstellen ist, sondern auf den Zeitpunkt der Einleitung des Scheidungsverfahrens. Nach Art. 17 Abs. 2 Nr. 3 EGBGB sollen die Ehegatten eine Rechtswahl gem. Art. 5 Abs. 3 noch im Laufe des (in diesem Fall privaten) Scheidungsverfahrens durchführen können, wenn das gewählte Recht dies erlaubt. Diese letzte Besonderheit ist ganz auf die kollisionsrechtliche Anerkennung ausländischer Privatscheidungen gerichtet. Wenn also ein deutsch-französisches Ehepaar in Frankreich eine Privatscheidung durchführen lässt und im Verfahren noch die Geltung französischen Rechts vereinbart hat, so soll es nach Art. 17 Abs. 2 Nr. 3 EGBGB für die Wirksamkeit der Wahl des französischen Rechts auf dessen eigene Vorgaben ankommen. Leider haben die europäischen Rechtsordnungen, die die Privatscheidung eingeführt haben, derzeit soweit ersichtlich noch kein Kollisionsrecht für diese geschaffen (zu Frankreich Nicolas-Vullierme/Heiderhoff StAZ 2018, 361 (364)).

**18** **3. Grenzen der Parteiautonomie – ordre public.** Auch für das gewählte Recht gelten der allgemeine Vorbehalt des ordre public (Art. 12) sowie der besondere Vorbehalt des **Art. 10.** Haben die Ehegatten zunächst wirksam ein Recht gewählt, welches aber die Ehefrau aufgrund ihres Geschlechts benachteiligt, so kann es – ebenso wie nach objektiver Anknüpfung – nur angewendet werden, wenn das nicht zu einem Ergebnis führt, welches gegen den ordre public des Gerichtsstaats verstößt. Davon ist aber nicht auszugehen, wenn die Ehefrau im konkreten Fall auch noch aktuell mit der Scheidung nach dem gewählten Recht einverstanden ist (zu diesem Ansatz → Art. 10 Rn. 15; → EGBGB Art. 17 Rn. 51).

## IV. Wirkungen der Rechtswahl auf den Versorgungsausgleich und das Güterrecht

**19** Die Rechtswahl strahlt über Art. 17 Abs. 4 EGBGB auch auf den Versorgungsausgleich aus. Wird nach Art. 5 deutsches Scheidungsrecht gewählt, so bezieht sich diese Wahl nach Art. 17 Abs. 4 S. 1 EGBGB nämlich stets auch mit auf den Versorgungsausgleich. Eine separate Rechtswahl bezüglich des Versorgungsausgleichs ist nicht möglich. Nach Art. 5 kann sie nicht erfolgen, weil die Rom III-VO keine Scheidungsfolgen erfasst. Das EGBGB sieht eine solche Rechtswahl ebenfalls nicht vor. Wünschen die Ehegatten den Versorgungsausgleich nicht, so können sie dies nur durch einen dem deutschen Recht, also insbes. den §§ 6 ff. VersAusglG genügenden Vertrag erreichen.

**20** Umgekehrt wird der Versorgungsausgleich zunächst stets automatisch „mit abgewählt", wenn die Ehegatten ein fremdes Recht für die Scheidung wählen. Eine Durchführung in Deutschland kommt dann nur gem. Art. 17 Abs. 4 S. 2 EGBGB in Betracht (→ EGBGB Art. 17 Rn. 54 ff.).

**21** Eventuelle güterrechtliche Wirkungen einer auf die Scheidung bezogenen Rechtswahl könnten sich allenfalls aus einem ausländischen Güterrechtsstatut ergeben. Für die EuGüVO hat die Wahl des Scheidungsrechts keine unmittelbaren oder mittelbaren Wirkungen. Die dort bestehenden objektiven und subjektiven Anknüpfungskriterien nehmen keinen Bezug auf das auf die Scheidung anzuwendende Recht. Die EuGüVO erlaubt aber ihrerseits die Rechtswahl für güterrechtliche Fragen.

## Art. 6 Einigung und materielle Wirksamkeit

**(1) Das Zustandekommen und die Wirksamkeit einer Rechtswahlvereinbarung oder einer ihrer Bestimmungen bestimmen sich nach dem Recht, das nach dieser Verordnung anzuwenden wäre, wenn die Vereinbarung oder die Bestimmung wirksam wäre.**

**(2) Ergibt sich jedoch aus den Umständen, dass es nicht gerechtfertigt wäre, die Wirkung des Verhaltens eines Ehegatten nach dem in Absatz 1 bezeichneten Recht zu bestimmen, so kann sich dieser Ehegatte für die Behauptung, er habe der Vereinbarung nicht zugestimmt, auf das Recht des Staates berufen, in dem er zum Zeitpunkt der Anrufung des Gerichts seinen gewöhnlichen Aufenthalt hat.**

## I. Normzweck und Überblick

Das Zustandekommen und die Wirksamkeit der Rechtswahl richten sich, so wie es für schuldrechtliche Verträge bekannt ist, gem. Art. 6 Abs. 1 zunächst nach dem gewählten Recht. Damit soll zum einen die Parteiautonomie respektiert, zum anderen die volle Kontrolle der Ehegatten gewährleistet werden (so Erwägungsgrund 19; krit. Kohler FS v. Hoffmann, 2013, 208 (215)). 1

Für **das Zustandekommen** sieht Art. 6 Abs. 2 eine Art „Zumutbarkeitsschwelle" vor (krit. gerade dazu Basedow FS Pintens, 2012, 135 (143)). Bei **Unzumutbarkeit** kann sich ein Ehegatte danach für die Behauptung, er habe der Vereinbarung nicht zugestimmt, auch auf das Recht des Staates berufen, in dem er zum Zeitpunkt der Anrufung des Gerichts seinen gewöhnlichen Aufenthalt hat (näher → Rn. 8). 2

Für die **Wirksamkeit der Wahlvereinbarung** gibt es keine solche Ausweichregelung. Sie unterliegt daher nach Abs. 1 stets nur der Kontrolle nach dem Recht, das bei Wirksamkeit der Wahl auf die Scheidung anwendbar wäre (näher → Rn. 5). 3

## II. Einzelerläuterung

**1. Anwendung des gewählten Rechts (Abs. 1).** Das **Zustandekommen** meint die Frage, ob überhaupt zwei übereinstimmende Willenserklärungen vorliegen. Auch die Frage, wie sich fehlende Vertretungsmacht auswirkt, fällt unter die Norm. Da Abs. 1 eindeutig die Frage umfasst, ob eine Willensübereinstimmung im Sinne einer Rechtswahl vorliegt, muss die **Auslegung** der Erklärungen ebenfalls nach dem (eventuell) gewählten Recht erfolgen (NK-BGB/Hilbig-Lugani Rn. 2; eine potentielle Wahl iranischen Rechts aber wohl nach deutschen Grundsätzen auslegend OLG Hamm BeckRS 2013, 09327). Die **Form** unterliegt nicht Art. 6, sondern ist in Art. 7 separat geregelt. Nach allgemeiner Ansicht fällt auch die Geschäftsfähigkeit nicht unter Art. 6, da diese in Art. 1 Abs. 2 lit. a vom Anwendungsbereich der Verordnung ausgenommen ist. 4

Die **Wirksamkeit** erfasst vor allem die **Behandlung von Willensmängeln.** Hierher gehören außerdem Nichtigkeitsgründe wie die Sittenwidrigkeit (NK-BGB/Hilbig-Lugani Rn. 4; dagegen aber Hausmann IntEuSchR Rn. 293 – letztlich gilt hier einschränkend, dass weder Art. 5 noch das sogleich zur Inhaltskontrolle Ausgeführte unbeachtet bleiben dürfen, in diese Richtung auch Althammer/Mayer Rn. 3). Schließt das gewählte Recht die Möglichkeit der Rechtswahl als solche aus, greift jedoch nicht Art. 6, sondern allein **Art. 5.** Art. 6 Abs. 1 kann daher nicht dazu führen, dass eine Rechtswahl schon deshalb unbeachtlich ist, weil die gewählte Rechtsordnung selbst eine solche Wahl nicht vorsieht (Althammer/Mayer Rn. 3; Rauscher/Helms Rn. 1; Hausmann IntEuSchR Rn. A 293). 5

Die Einzelheiten der Abgrenzung des Anwendungsbereichs des Art. 6 sind sehr streitig. Das betrifft besonders die Frage der Inhaltskontrolle – etwa im Sinne einer AGB-Kontrolle oder iSd Rspr. des BVerfG und des BGH zur Inhaltskontrolle von Eheverträgen (grdl. BVerfGE 103, 89 (101 ff.) = FamRZ 2001, 343 = NJW 2001, 957; BGHZ 158, 81 = FamRZ 2004, 601 = NJW 2004, 930). Will man sich hierzu eine Meinung bilden, so muss man sich zunächst stets klarmachen, dass die Rom III-VO nur die Auflösung der Ehe selbst betrifft und nicht deren Folgen. Insbesondere der nacheheliche Unterhalt und die güterrechtlichen Scheidungsfolgen unterliegen eigenständigen Kollisionsnormen. Die Wahl des Scheidungsstatuts wird also typischerweise nur dazu führen, dass eine Ehe auf eine andere, sei es schnellere und einfachere, oder langwierigere und verfahrensrechtlich aufwändigere Art und Weise geschieden wird als es bei objektiver Anknüpfung geschehen würde. Ob man darin jemals eine ausreichende Benachteiligung sehen kann, um im Rahmen einer Inhaltskontrolle zur Nichtigkeit zu gelangen, ist sehr zweifelhaft. Auch die Vorstellung, dass die Wahl des Scheidungsstatuts mit der Wahl eines Unterhalts- oder Güterstatuts „stehen und fallen" könne, erscheint eher abwegig (vorsichtig auch NK-BGB/Hilbig-Lugani Rn. 5). Durch Kollisionsnormen, die auf das Scheidungsstatut verweisen, kann die Rechtswahl aber uU doch größere Bedeutung erlangen. In Deutschland betrifft das noch Art. 17 Abs. 4 S. 1 EGBGB für den Versorgungsausgleich (→ EGBGB Art. 17 Rn. 61). 6

Verbleibt wegen dieser wirtschaftlichen „Nebenwirkungen" zumindest ein eventuelles **Restanwendungsfeld für eine Inhaltskontrolle** iSd Rspr. des BVerfG und BGH, so ist es nicht leicht, der Rom III-VO dazu eine klare Aussage zu entnehmen. Wenig hilfreich ist Erwägungsgrund 18, der betont, dass Willensmängel der Ehegatten beachtlich seien und dass insbes. die Chancengleichheit und die vollständige Rechtskenntnis der Ehegatten gewahrt sein müssten. Als Teil der Präambel kann dieser Erwägungsgrund jedenfalls keine eigene Rechtsgrundlage für eine Inhaltskontrolle sein (Rauscher IPR Rn. 819). Jedoch lässt sich diesem Erwägungsgrund vielleicht die Andeutung entnehmen, dass eine gewisse Inhaltskontrolle von Rechtswahlvereinbarungen zumindest iSd Rom 7

III-VO ist (ausf. zur Problematik BeckOGK/Gössl Rn. 10 ff. – letztlich abl.; zugeneigt Rösler RabelsZ 78 (2014), 155 ff. (181)). Dazu gegenläufig enthält Art. 5 andererseits keinerlei Einschränkungen. Auch Art. 6 nimmt nicht auf Erwägungsgrund 18 Bezug. Die Norm lässt aber diese Kontrolle zumindest nach dem gewählten – keinesfalls dagegen nach dem abgewählten! – Recht zu. Die hM versteht Art. 6 Abs. 1 insofern überzeugend weit und vertritt die Ansicht, dass eine Vertragsabschluss- bzw. Inhaltskontrolle nach dem gewählten Recht erfolgen dürfe, wenn dies eine solche vorsieht. Das bedeutet, dass eine Inhaltskontrolle nach deutschem Recht immerhin dann möglich ist, wenn deutsches Recht gewählt wurde (Althammer/Mayer Rn. 4; NK-BGB/Hilbig-Lugani Rn. 4a; Röthel Jb. für Italienisches Recht 25, 3, 14; dagegen Hau FamRZ 2013, 249 (252)).

8 **2. Anwendung des Aufenthaltsrechts (Abs. 2).** Nach der Ausnahmeregelung in Abs. 2 soll sich ein Ehegatte gegen die Annahme eines Zustandekommens der Rechtswahl auf sein Aufenthaltsrecht berufen dürfen, wenn sich aus den Umständen ergibt, „dass es nicht gerechtfertigt wäre, die Wirkung des Verhaltens eines Ehegatten nach dem in Abs. 1 bezeichneten Recht zu bestimmen".

9 Diese Regelung ist praktisch kaum zu handhaben, aber vor allem auch inhaltlich gar nicht überzeugend. Letzteres gilt zum einen, weil sie sich nicht auf den gewöhnlichen Aufenthalt zurzeit der Rechtswahl, sondern auf den gewöhnlichen Aufenthalt bei Anrufung des Gerichts bezieht (Basedow FS Pintens, 2012, 135 (143)). Zum anderen passt sie mit dem Formerfordernis des Art. 7 nicht zusammen. Allgemein wird angenommen, dass eine Unzumutbarkeit sich angesichts der Formerfordernisse kaum konstruieren lässt (Rauscher/Helms Rn. 14; Grüneberg/Thorn Rn. 2; Althammer/Mayer Rn. 6).

## Art. 7 Formgültigkeit

**(1) [1]Die Rechtswahlvereinbarung nach Artikel 5 Absätze 1 und 2 bedarf der Schriftform, der Datierung sowie der Unterzeichnung durch beide Ehegatten. [2]Elektronische Übermittlungen, die eine dauerhafte Aufzeichnung der Vereinbarung ermöglichen, erfüllen die Schriftform.**

**(2) Sieht jedoch das Recht des teilnehmenden Mitgliedstaats, in dem beide Ehegatten zum Zeitpunkt der Rechtswahl ihren gewöhnlichen Aufenthalt hatten, zusätzliche Formvorschriften für solche Vereinbarungen vor, so sind diese Formvorschriften anzuwenden.**

**(3) Haben die Ehegatten zum Zeitpunkt der Rechtswahl ihren gewöhnlichen Aufenthalt in verschiedenen teilnehmenden Mitgliedstaaten und sieht das Recht beider Staaten unterschiedliche Formvorschriften vor, so ist die Vereinbarung formgültig, wenn sie den Vorschriften des Rechts eines dieser Mitgliedstaaten genügt.**

**(4) Hat zum Zeitpunkt der Rechtswahl nur einer der Ehegatten seinen gewöhnlichen Aufenthalt in einem teilnehmenden Mitgliedstaat und sind in diesem Staat zusätzliche Formanforderungen für diese Art der Rechtswahl vorgesehen, so sind diese Formanforderungen anzuwenden.**

### I. Normzweck und Überblick

1 Art. 7 bestimmt, welche **Formerfordernisse** bei der Rechtwahl bestehen. Erwägungsgrund 19 erläutert, dass hierdurch zum einen eine Dokumentation gewährleistet sein soll, zum anderen wird dort aber auch eine Warn- und Informationsfunktion benannt. Aus deutscher Sicht wird man letzteres nur sehr eingeschränkt in Art. 7 verwirklicht finden. Denn die Formvorschriften sind eher niedrig. Eine Beratung ist gar nicht vorgesehen. In Deutschland wird dies meist beklagt (NK-BGB/Hilbig-Lugani Rn. 11; Hausmann IntEuSchR Rn. 300a; Coester-Waltjen/Coester FS Schurig, 2012, 33 (45); Hau FamRZ 2013, 249 (252); positiver jedoch zu Recht Rauscher/Helms Rn. 4).

2 Nach Art. 7 Abs. 1, der für die Fälle der Rechtswahl nach Art. 5 Abs. 1 und Abs. 2 gilt, ist als Minimum nur die Schriftform, das Datum und die Unterzeichnung der Ehegatten erforderlich. Nur in bestimmten Fällen tritt nach Abs. 2–4 ein etwaiges strengeres Aufenthaltsrecht der Ehegatten bzw. eines Ehegatten hinzu.

## II. Einzelerläuterung

**1. Form des Abs. 1.** Abs. 1 verlangt lediglich, dass die Schriftform eingehalten wird und die Datierung und die „Unterzeichnung durch beide Ehegatten" erfolgen. Nach S. 2 reicht auch eine elektronisch übermittelte, speicherbare Fassung aus. Weder müssen die Erklärungen der Ehegatten in einer gemeinsamen Urkunde erfolgen noch wird durch die Norm die Stellvertretung ausgeschlossen (hM, NK-BGB/Hilbig-Lugani Rn. 10 mwN; Rauscher/Helms Rn. 8). Für die Unterzeichnung bei der elektronischen Rechtswahl (zB durch zwei E-Mails) wird meist die qualifizierte Signatur iSd Signatur-RL verlangt (Hausmann IntEuSchR Rn. 304; NK-BGB/Hilbig-Lugani Rn. 9; Rauscher/Helms Rn. 11). Das ist angesichts von deren geringer praktischer Verbreitung ein erhebliches Hindernis für die Wirksamkeit solcher Vereinbarungen. Möglich muss das Verschicken eines signierten und eingescannten Dokuments sein. Zur konkludenten Rechtswahl im Rahmen einer zwischen den Ehegatten in genügender Schriftform über die Scheidung getroffenen Vereinbarung, an die hohe Anforderungen zu stellen sind, → Art. 5 Rn. 15. 3

Hat keiner der Ehegatten seinen gewöhnlichen Aufenthalt in einem teilnehmenden Mitgliedstaat, reicht die Form des Abs. 1 für die Rechtswahl aus. Nur wenn wenigstens ein Ehegatte seinen gewöhnlichen Aufenthalt in einem teilnehmenden Mitgliedstaat hat, sind die Abs. 2–4 beachtlich. 4

**2. Höhere Formerfordernisse nach dem Recht des Aufenthaltsstaats.** Art. 7 erlaubt die Bestimmung höherer Formerfordernisse in den Mitgliedstaaten und regelt in Abs. 2–4, wann diese anzuwenden sind. Für deren Geltung ist danach zu unterscheiden, wo die Ehegatten ihren gewöhnlichen Aufenthalt haben. Deutschland hat von der Möglichkeit, höhere Anforderungen an die Form zu bestimmen, mit Art. 46d Abs. 1 EGBGB Gebrauch gemacht. Dieser verlangt die notarielle Form. 5

Nach **Abs. 2** gelten zunächst die (höheren) Formvorschriften eines teilnehmenden Mitgliedstaats, wenn dort **beide Ehegatten ihren gewöhnlichen Aufenthalt** haben. Art. 46d Abs. 1 EGBGB greift somit ohne weiteres ein, wenn beide Ehegatten zum Zeitpunkt der Rechtswahl ihren gewöhnlichen Aufenthalt in Deutschland haben. 6

**Abs. 3** regelt den Fall, dass beide Ehegatten ihren gewöhnlichen Aufenthalt in verschiedenen an der Rom III-VO teilnehmenden Mitgliedstaaten haben. Dann braucht die Rechtswahl nur den Formerfordernissen eines dieser Staaten zu genügen. Hat einer der Mitgliedstaaten keine besonderen Erfordernisse statuiert, bleibt es folglich bei dem Minimumstandard des Art. 7 Abs. 1 (Helms FamRZ 2011, 1765 (1769)). Die deutschen Formvorschriften kommen hier nur dann zum Tragen, wenn nicht die Formvorschriften eines anderen teilnehmenden Mitgliedstaats eingehalten sind. 7

**Abs. 4** greift, wenn nur einer der Ehegatten seinen gewöhnlichen Aufenthalt in einem teilnehmenden Mitgliedstaat hat. Dann kommen die Formvorschriften dieses Mitgliedstaats immer zur Anwendung, wenn sie über Abs. 1 hinausgehen. Die deutschen Formvorschriften kommen danach also stets zum Tragen, wenn ein Ehegatte seinen gewöhnlichen Aufenthalt in Deutschland hat, der andere aber außerhalb der an der Rom III-VO teilnehmenden Mitgliedstaaten. 8

## III. Im Scheidungsverfahren vorgenommene Vereinbarungen

Für im Scheidungsverfahren selbst vorgenommene Vereinbarungen greift Art. 7 nicht ein. Die Entscheidung darüber, ob solche überhaupt zulässig sind, liegt gem. Art. 5 Abs. 3 bei den Mitgliedstaaten. Nach Art. 46d Abs. 2 S. 1 EGBGB sind sie in Deutschland zulässig. Es greift die Form des § 127a BGB ein, sodass die Protokollierung ausreicht (Art. 46d Abs. 2 S. 1 EGBGB). 9

## Art. 8 In Ermangelung einer Rechtswahl anzuwendendes Recht

**Mangels einer Rechtswahl gemäß Artikel 5 unterliegen die Ehescheidung und die Trennung ohne Auflösung des Ehebandes:**

**a) dem Recht des Staates, in dem die Ehegatten zum Zeitpunkt der Anrufung des Gerichts ihren gewöhnlichen Aufenthalt haben, oder anderenfalls**

**b) dem Recht des Staates, in dem die Ehegatten zuletzt ihren gewöhnlichen Aufenthalt hatten, sofern dieser nicht vor mehr als einem Jahr vor Anrufung des Gerichts endete und einer der Ehegatten zum Zeitpunkt der Anrufung des Gerichts dort noch seinen gewöhnlichen Aufenthalt hat, oder anderenfalls**

**c) dem Recht des Staates, dessen Staatsangehörigkeit beide Ehegatten zum Zeitpunkt der Anrufung des Gerichts besitzen, oder anderenfalls**

**d) dem Recht des Staates des angerufenen Gerichts.**

## I. Normzweck und Überblick

1 Die Rom III-VO knüpft in Art. 5 vorrangig an eine Rechtswahlvereinbarung der Ehegatten an. Für den Fall der fehlenden Rechtswahl muss nach Art. 8 objektiv anknüpft werden. Hierfür sieht die Norm eine **Anknüpfungsleiter** vor. Diese Leiter verfolgt zwar das klassische Ziel der Identifikation der engsten Verbindung (näher Rösler RabelsZ 78 (2014), 155 (165)). Sie unterscheidet sich jedoch grundlegend von der gem. Art. 17 Abs. 1 aF EGBGB iVm Art. 14 EGBGB bis einschließlich zum 20.6.2012 geltenden „Kegelschen Leiter". Der gewöhnliche Aufenthalt des Ehepaars ist gegenüber der Staatsangehörigkeit deutlich wichtiger geworden. An erster Stelle steht nun das Recht des **gewöhnlichen Aufenthaltsorts** beider Ehegatten. Es folgt das Recht eines früheren gewöhnlichen Aufenthaltsorts, soweit ein Ehegatte sich dort weiterhin gewöhnlich aufhält. Die gemeinsame Staatsangehörigkeit wird erst auf dritter Stufe relevant. Das entspricht dem Ziel der Freizügigkeit in der EU und den heute typischerweise zu beobachtenden wichtigsten Bindungen der Person, die meist am gewöhnlichen Aufenthaltsort bestehen (nur NK-BGB/Hilbig-Lugani Rn. 10). Eine Ausweichklausel für Fälle, in denen eine andere engste Verbindung sich aufdrängt, sieht die Norm nicht vor.

2 Eine Besonderheit stellt die Anwendung der **lex fori** auf vierter Stufe dar. Auch abgesehen von der direkten Anwendbarkeit der lex fori nach lit. d führt Art. 8 dazu, dass häufiger als früher deutsches Recht anzuwenden ist. Dadurch wird die Rechtsanwendung vereinfacht (näher Rauscher/Helms Rn. 5; mit Hinweisen aus der Entstehungsgeschichte NK-BGB/Hilbig-Lugani Rn. 4).

## II. Einzelerläuterungen

3 **1. Gewöhnlicher Aufenthaltsort beider Ehegatten (lit. a).** Haben die Ehegatten ihren gewöhnlichen Aufenthaltsort **in demselben Staat,** so ist das Recht dieses Staats anwendbar. Es braucht sich nicht um einen gemeinsamen Aufenthalt zu handeln. Die Anknüpfung an den gewöhnlichen Aufenthalt führt dazu, dass die Ehen von allen Paaren, die beide ihren gewöhnlichen Aufenthalt in Deutschland haben, nun nach deutschem Recht geschieden werden können (etwa OLG Jena FamRZ 2018, 1011 = BeckRS 2018, 304).

4 Das betrifft viele Migranten und erfasst insbes. auch die Fälle, in denen beide Staatsangehörige dieselbe ausländische Staatsangehörigkeit haben. Insbesondere die Ehen türkischer Staatsangehöriger können nun nach deutschem Recht geschieden werden (OLG Stuttgart FamRB 2014, 242 – mit der Folge, dass eine Trennung von Tisch und Bett für ein türkisches Ehepaar mit gewöhnlichem Aufenthalt in Deutschland ausgeschlossen ist; zu den einzelnen Konstellationen bei der Scheidung türkischer Ehen näher Yarayan NZFam 2016, 1141; Elden NZFam 2014, 245; OLG Naumburg NJW 2015, 2270). Beachtlich bleibt aber das **deutsch-iranische Niederlassungsabkommen.** Nach Art. 8 Abs. 3 deutsch-iranisches Niederlassungsabkommen ist für Paare mit (nur) iranischer Staatsangehörigkeit das iranische Recht anzuwenden (näher dazu und mit Abdruck der Norm → EGBGB Art. 25 Rn. 11).

5 Der **Begriff des gewöhnlichen Aufenthalts** ist autonom nach europäischen Grundsätzen zu bestimmen. Es kommt darauf an, wo sich der „**tatsächliche Lebensmittelpunkt**" einer Person befindet (näher → Art. 5 Rn. 6).

6 Relevanter **Zeitpunkt** für die Bestimmung des gewöhnlichen Aufenthaltsorts ist die Anrufung des Gerichts, die sich nach Art. 16 Brüssel IIa-VO richtet (Erwägungsgrund 13 S. 2; auch Rauscher/Helms Rn. 7; NK-BGB/Hilbig-Lugani Rn. 23). Zur Privatscheidung → Rn. 11.

7 **2. Letzter gewöhnlicher Aufenthaltsort beider Ehegatten (lit. b).** Haben die Ehegatten ihren gemeinsamen Aufenthaltsort zurzeit der Anrufung des Gerichts nicht in demselben Staat, so findet nach lit. b das Recht des **letzten gewöhnlichen Aufenthalts** beider Ehegatten Anwendung, sofern dieser nicht mehr als ein Jahr vor Anrufung des Gerichts endete und solange ein Ehegatte seinen gewöhnlichen Aufenthalt dort noch hat. Diese Anknüpfungsalternative hat die häufige Situation vor Augen, dass ein Ehegatte nach dem Scheitern der Ehe in seinen Heimatstaat zurückzieht. Es soll dann dennoch auf das Recht des Staates angekommen, in welchem die Ehe zuletzt gelebt wurde. Auch hier kommt es allerdings nicht darauf an, ob es sich um einen gemeinsamen Aufenthaltsort beider Ehegatten handelt.

8 Die Jahresfrist kann in Kombination mit dem deutschen Recht, welches vor der Scheidung nach § 1565 Abs. 2 BGB im Regelfall ein einjähriges Getrenntleben erfordert, zu ungewollten Effekten führen. Zieht ein Ehegatte zeitgleich mit der Trennung in den gemeinsamen Heimatstaat zurück, so kann es sinnvoll sein, den Scheidungsantrag **vor Ablauf des Trennungsjahrs** zu

stellen, um die Anwendung deutschen Rechts zu sichern (auch Rauscher/Helms Rn. 13). Denn lit. c würde anderenfalls ggf. auf das gemeinsame Heimatrecht verweisen (→ Rn. 9).

**3. Gemeinsame Staatsangehörigkeit (lit. c).** Fehlt ein gewöhnlicher Aufenthalt beider Ehegatten in einem Staat oder ein den Anforderungen der lit. b genügender früherer gewöhnlicher Aufenthalt, so ist gem. lit. c auf eine **gemeinsame Staatsangehörigkeit** abzustellen. Ähnlich wie zu Art. 5 Abs. 1 lit. c ist auch hier streitig, ob bei **doppelter Staatsangehörigkeit** Art. 5 Abs. 1 EGBGB anwendbar ist, sodass es allein auf die effektive Staatsangehörigkeit ankommt. Der Streitstand ist hier jedoch anders. Der ausdrückliche Verweis auf das nationale Recht in Erwägungsgrund 22 wird hier häufiger aufgegriffen. Überwiegend wird – überzeugend – angenommen, dass es sich im Rahmen des Art. 8 um die gemeinsame effektive Staatsangehörigkeit handeln müsse (NK-BGB/Hilbig-Lugani Rn. 19; Helms FamRZ 2011, 1765 (1770 f.); Grüneberg/Thorn Rn. 4; Althammer/Tolani Rn. 11; jurisPK-BGB/Ludwig Rn. 6). Ebenso wie auch im Rahmen des Art. 5 Abs. 1 lit. c sollte aber auch daran festgehalten werden, dass Art. 5 Abs. 1 S. 2 EGBGB unangewendet bleiben muss. Denn die Bevorzugung der eigenen Staatsangehörigkeit ist mit den Grundgedanken des Rechts der EU – auch im Verhältnis zur Drittstaatenangehörigkeit – nicht vereinbar. Außerdem würde durch die Anwendung des Art. 5 Abs. 1 S. 2 EGBGB die mit Art. 8 lit. c bezweckte Suche nach der engsten Verbindung gestört (anders, zumindest für eine Privatscheidung, BGH NJW 2020, 3592 – Sahyouni). 9

Bei Verweisungen auf das Recht von **Mehrrechtsstaaten** gilt Art. 14, wenn die unterschiedlichen Rechtsordnungen für unterschiedliche **Territorien** gelten. Grenzt das fremde Recht dagegen nach **Personengruppen** ab, so kommt es, soweit der betroffene Staat nicht selbst Vorgaben macht (Art. 15 S. 1), auf die engste Verbindung an (Art. 15 S. 2). Für **Staatenlose** etc → Art. 5 Rn. 12. Auch hier gilt Art. 12 GFK (OLG Düsseldorf FamRZ 2020, 167). 9.1

**4. Lex fori (lit. d).** Fehlen alle in lit. a bis c genannten Kriterien, so ist nach lit. d schließlich auf den Ort des **angerufenen Gerichts** abzustellen (OLG Zweibrücken NJW-RR 2015, 1157; OLG Düsseldorf FamRZ 2020, 167). Damit schlagen also die Zuständigkeitsregeln der Brüssel IIa-VO auf das anwendbare Recht durch. Diese unterste Stufe der Anknüpfung greift immer schon dann, wenn die Ehegatten seit mehr als einem Jahr in unterschiedlichen Staaten leben und keine effektive gemeinsame Staatsangehörigkeit haben (zur Kritik NK-BGB/Hilbig-Lugani Rn. 22). 10

Da Art. 17 Abs. 2 EGBGB für die Anknüpfungen bei der **Privatscheidung** auf Art. 8 Rom III-VO verweist, wird die Norm für diese entspr. angewandt. Nach Art. 17 Abs. 2 Nr. 2 EGBGB tritt bei lit. a bis lit. c an die Stelle der „Anrufung des Gerichts" die Einleitung des Scheidungsverfahrens. Das dürfte ein nicht immer ganz klar festzulegender Zeitpunkt sein. Lit. d kann bei der Privatscheidung überhaupt nicht angewendet werden, da es eine lex fori hier nicht gibt. Der schon zuvor herrschenden Ansicht (Althammer/Tolani Rn. 13; Grüneberg/Thorn Rn. 7; zugeneigt auch Rauscher/Helms Rn. 46; auch → 3. Aufl. 2012, Rn. 10) folgend hat der Gesetzgeber in Art. 17 Abs. 2 Nr. 4 EGBGB nun die Regelung aufgenommen, dass als letzte Stufe bei der Privatscheidung das Recht des Staates anwendbar ist, mit dem die Parteien gemeinsam am engsten verbunden sind. Nach Art. 17 Abs. 3 EGBGB ist aber eine private Scheidung in Deutschland in jedem Fall ausgeschlossen. 11

## Art. 9 Umwandlung einer Trennung ohne Auflösung des Ehebandes in eine Ehescheidung

**(1) Bei Umwandlung einer Trennung ohne Auflösung des Ehebandes in eine Ehescheidung ist das auf die Ehescheidung anzuwendende Recht das Recht, das auf die Trennung ohne Auflösung des Ehebandes angewendet wurde, sofern die Parteien nicht gemäß Artikel 5 etwas anderes vereinbart haben.**

**(2) Sieht das Recht, das auf die Trennung ohne Auflösung des Ehebandes angewendet wurde, jedoch keine Umwandlung der Trennung ohne Auflösung des Ehebandes in eine Ehescheidung vor, so findet Artikel 8 Anwendung, sofern die Parteien nicht gemäß Artikel 5 etwas anderes vereinbart haben.**

### I. Normzweck und Überblick

Art. 9 Abs. 1 verfolgt den Zweck, Kontinuität bei der Anknüpfung zu erreichen, wenn eine Rechtsordnung ein zweistufiges Scheidungsverfahren vorsieht, bei dem zunächst die Trennung 1

„von Tisch und Bett" ausgesprochen wird, und die Scheidung erst später erfolgt. Das Recht, welches auf die Trennung angewendet wurde, soll dann „automatisch" auch für die Scheidung gelten. Ein anderes Recht kommt nur zur Anwendung, wenn die Ehegatten dieses gem. Art. 5 wirksam gewählt haben. Art. 5 Brüssel IIa-VO bildet das prozessuale Gegenstück zu Art. 9. Die Norm allein würde aber Kontinuität nicht gewährleisten können, da die Anknüpfung nach Art. 8 wandelbar ist und vom aktuellen gewöhnlichen Aufenthalt abhängt (Althammer/Tolani Rn. 6).

2 Art. 9 Abs. 2 enthält eine Ergänzung für den Fall, dass eine Rechtsordnung überhaupt nur die Trennung der Ehe kennt und eine Umwandlung in eine Ehescheidung nicht zulässt. Dann soll iSd von der Rom III-VO stets verfolgten Scheidungsfreiheit erneut angeknüpft werden. Es gilt dann zunächst Art. 8. Für den Fall, dass auch das nach Art. 8 anzuwendende Recht eine Scheidung nicht kennt, greift Art. 10 (NK-BGB/Budzikiewicz Rn. 23).

## II. Einzelerläuterung

3 **1. Art. 9 Abs. 1.** Art. 9 greift nur, wenn die Parteien für die Scheidung **keine Rechtswahl** getroffen haben. Relevant wird dies besonders in dem Fall, dass eine Rechtswahl erst nach Abschluss des Trennungsverfahrens erfolgt (insbes. Art. 5 Abs. 1 lit. d) (näher Rauscher/Helms Rn. 12 f.). Erfolgt die Rechtswahl vor der Trennung, so erfasst sie typischerweise Trennung und Scheidung, sodass Art. 9 Abs. 1 seine Bedeutung verliert. Bei einer auf die Trennung beschränkten Rechtwahl greift er jedoch durch.

4 Art. 9 umfasst alle Fälle, in denen zunächst eine Trennung ausgesprochen wird, um später eine Scheidung zu erreichen. Trotz des Wortlauts der Norm („Umwandlung") ist es unerheblich, ob die Trennung ieS in eine Scheidung umgewandelt werden soll oder ob die Trennung einfach als Scheidungsvoraussetzung gilt.

**4.1** Ein Beispiel für eine solche Rechtsordnung bietet weiterhin das italienische Recht, dass nach Art. 3 Abs. 2 lit b) nun allerdings nicht mehr zwingend einen gerichtlichen Trennungsausspruch verlangt, sondern eine anwaltliche Vereinbarung genügen lässt. Die Frist wurde auf ein Jahr (bzw. bei einvernehmlicher Scheidung auf sechs Monate) verkürzt (Bergmann/Ferid/Henrich/Henrich Länderbericht Italien 39 f.). Auch das türkische Recht kennt einen Trennungsausspruch (OLG Nürnberg FamRZ 2014, 835).

5 Art. 9 Abs. 1 sollte auch angewendet werden, wenn die Trennung von einem Gericht nicht konstitutiv ausgesprochen, sondern nur bestätigt wird, oder wenn sie, wie im italienischen Recht, statt durch Gerichtsbeschluss auch durch anwaltliche Vereinbarung wirksam durchgeführt werden kann. Denn der Wortlaut der Norm ist insofern offen und Zweck der Norm ist in ganz gleicher Weise erfüllt (ausf. NK-BGB/Budzikiewicz Rn. 7 ff.; ebenso Rauscher/Helms Rn. 6a).

6 Es kommt nicht darauf an, welches Recht nach Art. 8 auf die Trennung richtigerweise hätte angewendet werden sollen, sondern allein darauf, welches Recht wirklich angewendet wurde (Grüneberg/Thorn Rn. 1; NK-BGB/Budzikiewicz Rn. 14). Wenn der Trennungsausspruch durch ein ausländisches Gericht erfolgt ist, kommt es darauf an, ob die Entscheidung anerkennungsfähig ist (Grüneberg/Thorn Rn. 1; eingehend NK-BGB/Budzikiewicz Rn. 8 ff.).

7 Ist in einem anderen Staat ein Trennungsverfahren anhängig, und wird nun im Inland ein Scheidungsantrag gestellt, so besteht trotz Art. 9 keine **ausländische Rechtshängigkeit** in derselben Sache (OLG München FamRZ 2014, 862 mAnm Heiderhoff). Art. 9 zwingt generell nicht dazu, eine Trennungsentscheidung abzuwarten.

8 **2. Art. 9 Abs. 2.** Abs. 2 erfasst zunächst die Fälle, in denen das Trennungsstatut die Scheidung gar nicht kennt. Hier wird nicht unmittelbar auf Art. 10 verwiesen, sondern zunächst der Weg über Art. 8 eingeschlagen. Es ist also zu prüfen, ob das nach Art. 8 anwendbare Recht von dem Trennungsstatut abweicht und die Scheidung kennt. Erst wenn dies nicht der Fall ist, greift Art. 10 (wie hier NK-BGB/Budzikiewicz Rn. 21 ff.; anders wohl Althammer/Tolani Rn. 5).

9 Die Norm erfasst nach überzeugender Ansicht zudem die Fälle, in denen die Scheidung überhaupt nicht mit der Trennung in Verbindung steht – zB weil sie auf einen anderen Scheidungsgrund gestützt wird oder weil das auf die Trennung angewendete Recht einen Zusammenhang nicht vorsieht. Dann gibt es keinerlei Grund für die in Abs. 1 vorgesehene Kontinuität (Rauscher/Helms Rn. 18; NK-BGB/Budzikiewicz Rn. 24; diff. Henrich FS Gottwald, 2014, 267 (270)).

## Art. 10 Anwendung des Rechts des Staates des angerufenen Gerichts

**Sieht das nach Artikel 5 oder Artikel 8 anzuwendende Recht eine Ehescheidung nicht vor oder gewährt es einem der Ehegatten aufgrund seiner Geschlechtszugehörigkeit**

**keinen gleichberechtigten Zugang zur Ehescheidung oder Trennung ohne Auflösung des Ehebandes, so ist das Recht des Staates des angerufenen Gerichts anzuwenden.**

## I. Normzweck und Überblick

Anders als das autonome deutsche Scheidungsrecht (dort allerdings früher Art. 17 Abs. 1 S. 2 EGBGB aF; aus dem Eherecht derzeit auch Art. 13 Abs. 3 EGBGB, dazu aber wegen Annahme der Verfassungswidrigkeit die Vorlage des BGH an das BVerfG BeckRS 2018, 32048), enthält die **Rom III-VO** nicht nur einen allgemeinen ordre public-Vorbehalt, sondern hebt in Art. 10 zwei Spezialtatbestände hervor, bei denen der Rückgriff auf die lex fori generell erfolgt. Es handelt sich um häufig thematisierte und teils im Verlauf der Entstehung als für manche Staaten besonders relevant identifizierte Tatbestände, die generell jeweils dem Bereich des ordre public zugeordnet werden können. Die in Art. 10 bestimmten „Sondertatbestände" verhindern die Anwendung bestimmter ausländischer Scheidungsrechte und setzen das Recht des Gerichtsorts durch, ohne dass die typische, aus nationaler Perspektive erfolgende Prüfung eines Verstoßes gegen die wesentlichen Grundsätze der lex fori erforderlich ist. Dabei soll Art. 10 Var. 2 die **Gleichbehandlung** der Geschlechter sichern (nur Althammer/Tolani Rn. 1), während Art. 10 Var. 2 vor den Gerichten der teilnehmenden Mitgliedstaaten das **„Recht auf Scheidung"** sichert. Dogmatisch ist dabei umstritten, ob man von einem Sonderfall des ordre-public-Vorbehalts sprechen kann oder ob es sich um ein davon zu unterscheidendes Rechtsinstrument („abstrakte Verwerfungsnorm") handelt. Diese Frage wird teils mit dem Problem verbunden, ob Art. 10 Var. 2 bereits immer dann eingreift, wenn das ausländische Scheidungsrecht (in abstracto) einen Ehegatten aufgrund seines Geschlechts benachteiligt, oder ob – wie bei Art. 6 EGBGB – eine Kontrolle des konkreten Ergebnisses der Anwendung des ausländischen Rechts erfolgt (MüKoBGB/Winkler v. Mohrenfels Rn. 6). Diese in Deutschland stark umstrittene Frage wird unten näher zu erörtern sein (→ Rn. 13 f.). Wenn man es wie Winkler von Mohrenfels als integralen Bestandteil eines jeden ordre public-Vorbehalts ansieht, dass er nur als konkrete Ergebniskontrolle wirken kann, ist in der Tat nur eine gemeinsame Beantwortung beider Fragen möglich. Doch dürfte man dieser Lesart die Rom III-VO dogmatisch überfrachten. Die ausdrückliche und gesonderte Behandlung von geschlechterdiskriminierendem Scheidungsrecht und von Scheidungsverboten – und damit zweier typischerweise im Bereich des ordre public zu behandelnden Tatbestände – in Art. 10 sollte als Verdeutlichung einer Abwehrhaltung verstanden werden – also als eine, wenn auch ungewohnte, Ausprägung des ordre public (abzulehnen ist die Einordnung Verschraegens, Internationales Privatrecht, Wien 2012, Rn. 138, die meint, das EU-Recht erhalte hier Eingriffsnormcharakter). 1

Auch Art. 10 Var. 1 muss aber als solche spezielle Vorbehaltsregel verstanden werden (NK-BGB/Budzikiewicz Rn. 1). Danach ist das **„Recht auf Scheidung"** gesichert (Althammer/Tolani Rn. 1), ohne dass die grundsätzliche Frage beantwortet werden muss, ob ein solches zum Grundbestand des jeweiligen nationalen oder des europäischen Rechts gehört. 2

Art. 10 steht nicht allein, sondern wird zum einen von dem allgemeinen ordre public Vorbehalt in Art. 12 ergänzt, zum anderen finden sich zwei weitere Sonderregelungen in Art. 13. **Art. 13 Var. 2** erlaubt es den Gerichten, eine Ehescheidung abzulehnen, wenn die ausländische Verbindung nach der lex fori nicht als gültige, einer Ehescheidung offenstehende Verbindung angesehen wird (zur Anwendung auf gleichgeschlechtliche Ehen → Art. 13 Rn. 3 f.). Nach dem Sondertatbestand in **Art. 13 Var. 1** darf schließlich das Gericht die Scheidung verweigern, wenn diese nach seinem Recht nicht vorgesehen ist (→ Art. 13 Rn. 1). 3

## II. Art. 10 Var. 1

**1. Allgemeines.** Art. 10 bestimmt in Var. 1, dass die lex fori angewendet werden muss, wenn das nach Art. 5 oder Art. 8 anzuwendende Recht eine Ehescheidung nicht vorsieht. Die Norm räumt dem Gericht kein Ermessen ein. Ob das betreffende Recht kraft objektiver Anknüpfung gilt oder gewählt wurde, ist unerheblich. Die Norm gilt iÜ ohne Rücksicht auf die Staatsangehörigkeit oder den gewöhnlichen Aufenthalt. Es kommt insofern allein darauf an, ob das angerufene Gericht nach der Brüssel IIa-VO international zuständig ist. 4

Art. 10 Var. 1 umfasst, wie auch Erwägungsgrund 26 verdeutlicht, nur **absolute Scheidungsverbote** (EuGH BeckRS 2020, 16048 mAnm Mankowski FamRZ 2020, 1467; Grüneberg/Thorn Rn. 2). Soweit es lediglich um konkrete Scheidungshindernisse geht, sind allenfalls – bei Ungleichbehandlung – Art. 10 Var. 2 oder der allgemeine ordre public-Vorbehalt des Art. 12 heranzuziehen (Althammer/Tolani Rn. 2). Da Scheidungsverbote heute selten sind (sie stammen aus dem kanonischen Recht, das vor allem noch auf den Philippinen und im Vatikan gilt, dazu 5 nur Staudinger/Mankowski, 2010, EGBGB Art. 17 Rn. 20), dürfte der unmittelbare Anwendungsbereich der Norm klein bleiben.

6 **2. Erweiterte Anwendung.** Für verschiedene Konstellationen stellt sich die Frage, ob der Gedanke des Art. 10 Var. 1 erweiterbar ist. Dies ist aufgrund des klaren Zwecks der Regelung (Scheidungsfreiheit sichern) jedoch mit Vorsicht zu handhaben.

7 Die Norm greift **nicht** ein, wenn nur die **Trennung von Tisch und Bett** im anwendbaren Recht nicht vorgesehen ist. Denn in einem solchen Fall entsteht keine Sperrung der Scheidung (OLG München BeckRS 2015, 425; näher NK-BGB/Budzikiewicz Rn. 17).

8 Für Art. 17 Abs. 1 S. 2 EGBGB aF war vereinzelt die entsprechende Anwendung auf Fälle vorgeschlagen worden, in denen sich der Inhalt des nach Art. 17 Abs. 1 S. 1, Art. 14 EGBGB maßgebenden Rechts nicht ermitteln ließ (Kersting FamRZ 1992, 268; andeutend etwa Grüneberg/Thorn, 70. Aufl. 2011, Rn. 9). Das war jedoch nie erforderlich, da es die allgemeine kollisionsrechtliche Regel gibt, dass bei nicht ermittelbarem ausländischen Recht die lex fori, also deutsches Recht, anzuwenden ist (→ EGBGB EinlIPR Rn. 89). Auch für Art. 10 kommt eine Analogie nicht in Betracht. Bedenkenswert ist allenfalls, ob bisher gemachte Vorschläge für Hilfsanknüpfungen – wie etwa das Ausweichen auf die nächste Stufe der Anknüpfungsleiter, soweit diese auf ein ermittelbares Recht verweist – auch unter der Rom III-VO weiterverfolgt werden sollten (mit diesem Vorschlag Stürner Jura 2012, 708 (711)).

9 Es kann vorkommen, dass im Inland eine Ehe geschlossen worden ist, die nach dem für die Scheidung maßgeblichen Recht jedoch überhaupt nicht als wirksame Ehe angesehen wird, weil bestimmte Voraussetzungen nicht erfüllt sind (OLG Stuttgart FamRZ 1980, 783; OLG Koblenz NJW-RR 1994, 647; OLG Hamm FamRZ 1994, 1182). Auch infolge einer im Ausland wirksamen, im Inland aber nicht anerkennungsfähigen Ehescheidung können solche nur (noch) im Inland wirksamen Ehen entstehen. Sie werden als **„hinkende Ehen"** oder **Inlandsehen** bezeichnet. Für von Anfang an hinkende Ehen (die nur im Inland gelten) sollte bisher nach hM nicht das durch Art. 17 Abs. 1 EGBGB aF zu ermittelnde Scheidungsstatut angewendet werden, sondern es sollte in entsprechender Anwendung von Art. 17 Abs. 1 S. 2 EGBGB aF nach deutschem Recht geschieden werden. Das wurde selbst dann vertreten, wenn keiner der Beteiligten Deutscher ist. Argumentiert wird für diese regelwidrige Anwendung deutschen Rechts damit, dass das ausländische Recht die Ehe nicht wolle, also sein Desinteresse an der Verbindung zeige (so etwa MüKoBGB/Winkler v. Mohrenfels Art. 1 Rn. 38). Das überzeugte zum alten Recht und insofern ergeben sich durch die **Rom III-VO** keine inhaltlichen Veränderungen. Es sollte daher Art. 10 analog herangezogen und nach deutschem Recht geschieden werden (MüKoBGB/Winkler v. Mohrenfels Art. 1 Rn. 38; jurisPK-BGB/Ludwig Art. 1 Rn. 8). Ist also die Ehe nach dem für die Heiratsform geltenden deutschen Recht gültig (zB Standesamtsehe), nach dem Scheidungsstatut aber Nichtehe, wird sie allein nach deutschem Recht geschieden und nicht nach dem Recht, nach welchem gar keine Ehe vorliegt (OLG Hamm FamRZ 1994, 1182; OLG Koblenz NJW-RR 1994, 647; diff. Kegel/Schurig IPR § 20 VII 2a dd: deutsches Recht nur, wenn es geringere Voraussetzungen an die Scheidung stellt als das Scheidungsstatut; ähnlich Soergel/Schurig Rn. 34: Ehe soll nicht stärker binden als nach jedem der beiden Rechte; gänzlich gegen die Anwendbarkeit deutschen Rechts Looschelders Rn. 10). Schwieriger ist die Behandlung einer im Heimatstaat als geschieden geltenden Ehe, die aber mangels Anerkennung der Scheidung im Inland noch als wirksam gilt. Hier sollte der Einstieg über das Scheidungsstatut erfolgen, wiewohl iErg häufig Probleme im Bereich des ordre public bestehen werden, sodass letztlich deutsches Recht zur Anwendung kommen dürfte (MüKoBGB/Winkler v. Mohrenfels Art. 1 Rn. 38).

10 Seit durch Art. 17b Abs. 4 S. 1 EGBGB entschieden ist, dass die Rom III-VO auch auf **gleichgeschlechtliche Ehen** anzuwenden ist (näher → Art. 1 Rn. 20), fragt sich, ob Art. 10 Var. 1 entspr. angewendet werden sollte, wenn das nach Art. 8 berufene Recht eine Auflösung gerade nur einer solchen Verbindung nicht vorsieht. Richtigerweise sollte jedoch eine Anpassung vorgenommen und das im berufenen Recht aufzufindende Ehescheidungsrecht angewendet werden (so Rauscher/Helms Rn. 6; weiter diff. NK-BGB/Budzikiewicz Rn. 14). Findet sich keine entsprechende Möglichkeit, kann über Art. 12 auf die lex fori ausgewichen werden (nur BeckOGK/Gössl Rn. 11).

## III. Ungleichbehandlung (Art. 10 Var. 2)

11 **1. Problemstand.** Art. 10 Var. 2 verfolgt das Ziel, die Anwendung eines Scheidungsrechts zu verhindern, welches einen Ehegatten aufgrund seines Geschlechts benachteiligt. Auch hier handelt es sich um eine zwingende Regel – das Gericht darf bei Bejahung der Diskriminierung nicht

abwägen (zu den Voraussetzungen des Eingreifens aber → Rn. 15). Die Vorschrift wirft aus deutscher Sicht erhebliche Probleme auf, weil sie sehr weit gefasst ist. Ganz überwiegend wird dieser weite Ansatz kritisch betrachtet. Nach dem Wortlaut der Norm soll auf die lex fori bereits dann zurückgegriffen werden dürfen, wenn das Scheidungsstatut „einem Ehegatten aufgrund seiner Geschlechtszugehörigkeit keinen gleichberechtigten Zugang zur Ehescheidung" gewährt (zu der gewissen Widersprüchlichkeit der Rom III-VO in diesem Punkt Kohler/Pintens FamRZ 2011, 1433 (1434)).

Das wirft die Frage auf, ob eine rein abstrakte Betrachtung ausreicht. Dann wäre deutsches Scheidungsrecht schon dann anzuwenden, wenn das ausländische Scheidungsrecht Elemente aufweist, die Gleichberechtigung vermissen lassen (dafür Generalanwalt Saugmandsgaard Øe C-372/16, NZFam 2017, 997 – Sahyouni; MüKoBGB/Winkler v. Mohrenfels Rn. 5; Weller/Hauber/Schulz IPRax 2016, 123 (129)). Man könnte demgegenüber auch wie im Rahmen des Art. 6 EGBGB eine konkrete Ergebniskontrolle vornehmen. Die Frage hat dadurch einen Teil ihrer Relevanz verloren, dass die Norm auf die Anerkennung ausländischer **Privatscheidungen** nicht mehr anzuwenden ist (EuGH ECLI:EU:C:2017:988 = NJW 2018, 447 Rn. 35 ff. – Sahyouni II). Für diese gilt gem. Art. 17 Abs. 2 Nr. 5 EGBGB nur der allgemeine ordre public-Vorbehalt des Art. 6 EGBGB (näher → Rn. 17). Doch bleibt sie für die Anwendung ausländischen Rechts im deutschen Scheidungsverfahren relevant und kann so weiterhin etwa den islamischen **Talaq** (dazu Möller Journal of Private International Law 2014, 461 (470 ff., 473 ff.)) oder den jüdischen Get (dazu Elmaliah/Thomas FamRZ 2018, 739) betreffen. Zur **praktischen Handhabung** solcher Fälle → Rn. 19. 12

**2. Konkrete oder abstrakte Betrachtung.** Nach in Deutschland ganz hM soll es im Rahmen des Art. 10 Var. 2, ebenso wie es zu Art. 6 EGBGB allgemein vertreten wird, auf eine konkrete, dem Willen des Ehepartners entgegenlaufende Ungleichbehandlung ankommen (OLG Hamm IPRax 2014, 349 (356); NK-BGB/Budzikiewicz Rn. 27; Erman/Hohloch Rn. 5; Helms FamRZ 2011, 1765 (1772); Helms IPRax 2014, 334 (335); Hausmann IntEuSchR A II Rn. 342; mit Nachdruck Arnold/Schnetter ZEuP 2018, 646 (660 ff.); Coester-Waltjen IPRax 2018, 238 (241) mit dem Hinweis darauf, dass eine abstrakte Betrachtung sehr weit führen würde und insofern insbes. überzeugend gegen Weller/Thomale/Zimmermann JZ 2017, 1080 (1086); zu Recht befürchtend, dass sich eine solche Sichtweise in den anderen Mitgliedstaaten uU nicht durchsetzen können wird, allerdings Gruber IPRax 2012, 381 (391)). Aufgrund des doch recht deutlichen Wortlauts der Norm und seines typischen Bestrebens nach eher einfachen Lösungen muss angenommen werden, dass der **EuGH,** wenn er die Gelegenheit erhält, die hier abgelehnte abstrakte Anwendung bejahen wird (wegen der aus ihrer Sicht eindeutigen Ausrichtung der Norm für abstrakte Betrachtung daher BeckOGK/Gössl Rn. 17 ff.); zur in dieser Frage bestehenden Vorlagepflicht → Rn. 18. 13

Eine konkrete Betrachtung ist dennoch jedenfalls vorzugswürdig. Denn geschlechterdifferenzierende Elemente werden sich in vielen ausländischen Scheidungsrechten finden. In all diesen Fällen sogleich deutsches Recht anzuwenden, erscheint als übermäßige Abweichung von wesentlichen internationalprivatrechtlichen Grundsätzen, nämlich der Suche nach der engsten Verbindung, und der Annahme der Gleichwertigkeit der Rechtsordnungen (nochmals Arnold/Schnetter ZEuP 2018, 646 (660 ff.); dagegen argumentierend MüKoBGB/Winkler v. Mohrenfels Rn. 6). Es stärkt zudem nicht die Rechtsposition der Frau, sondern beschränkt ihre Entscheidungsfreiheit (Erman/Hohloch Rn. 6; dies betonend auch Rohe, Europäisches Kollisionsrecht und religiöses Recht, in Arnold, Grundfragen des Europäischen Kollisionsrechts, 2016, 67, 75; dem folgend Arnold/Zwirlein GPR 2018, 221 (225)). 14

Man sollte die Norm daher so verstehen, dass ein besonderer Fall des Verstoßes gegen den ordre public eine ausdrückliche Erwähnung gefunden hat. Die separate Normierung des Gleichheitsverstoßes in Art. 10 Var. 2 hat dann in der Rechtspraxis keine Auswirkungen. Dementsprechend sollte Art. 10 Var. 2 entgegen seinem sehr problematischen Wortlaut (krit. auch Gruber IPRax 2012, 381 (391); Helms FamRZ 2011, 1765 (1772)) mit der für Verstöße gegen den ordre public stets gebotenen Umsicht angewendet werden. In diese Richtung deutet auch Erwägungsgrund 24 mit der Formulierung „in bestimmten Situationen". Art. 10 Var. 2 sollte also nur angewendet werden, wenn im konkreten Fall ein Ehegatte aufgrund seines Geschlechts benachteiligt wird (Althammer/Tolani Rn. 4; NK-BGB/Budzikiewicz Rn. 27 f.; beispielhaft OLG Hamm FamRZ 2011, 1056: fehlendes Scheidungsrecht für die scheidungswilligen Ehegatten). Das ist vor allem der Fall, wenn eine Frau die Scheidung begehrt, aber für sie im anzuwendenden Recht keine, oder nur eine unzumutbare Scheidungsmöglichkeit vorgesehen ist. Umgekehrt kann es auch der Fall sein, wenn der Mann einseitig die Scheidung ausspricht, obwohl die Frau mit dieser 15 diskriminierenden Behandlung nicht einverstanden ist. Dagegen sollte ein Eingreifen der Norm verneint werden, wenn auch der abstrakt diskriminierte Ehegatte sich frei für die Durchführung der Scheidung nach dem diskriminierenden Recht entscheidet (OLG München FamRZ 2016, 1363; OLG Hamm IPRax 2014, 349; NK-BGB/Budzikiewicz Rn. 27; Rauscher/Helms Rn. 11). Das gilt umso mehr, wenn das Heimatrecht verschiedene Wege zur Scheidung vorsieht, aus denen die Ehegatten gemeinsam gewählt haben.

15.1 Bestehen in einer Rechtsordnung solche **verschiedenen Arten der Scheidung,** von denen eine oder mehrere nur dem Ehemann, andere dagegen auch der Ehefrau zustehen, wird meist angenommen, dass ohnehin keine Diskriminierung vorliege (näher NK-BGB/Budzikiewicz Rn. 29). Hier wird die Anwendung des Art. 10 meist sogar von denjenigen abgelehnt, die für eine abstrakte Betrachtung sind (so etwa BeckOGK/Gössl Rn. 25 ff.; Kruger, https://ssrn.com/abstract=2173334, 6. a); mit weiteren Beispiele und ebenfalls gegen ein Eingreifen des Art. 10 Möller Journal of Private International Law 2014, 461 (470 ff.); enger jedoch MüKoBGB/Winkler v. Mohrenfels Rn. 6).

16 Bei der Gesamtbewertung darf man iÜ nicht die reine Auflösungswirkung mit weiteren Scheidungsfolgen verwechseln. Für diese gilt die Rom III-Verordnung nicht und es besteht keine Verknüpfung: Auch wenn die Auflösung der Ehe wirksam ist, sind die Scheidungsfolgen gesondert auf Verstöße gegen den ordre public zu prüfen (zB nach der EuGüVO).

17 **3. Sonderfall ausländische Privatscheidung.** Die beschriebenen Grundsätze mit der konkreten Betrachtung der Diskriminierung gelten nun in Deutschland jedenfalls für ausländische **Privatscheidungen.** Das statuiert der am 21.12.2018 in Kraft getretene Art. 17 Abs. 2 Nr. 5 EGBGB (→ EGBGB Art. 17 Rn. 44). Sonst hätten in der Tat unsinnige Folgen gedroht: Auch wenn die ausländische Scheidung im Einvernehmen der Parteien erfolgt wäre, hätte eine durch **Verstoßung** erreichte Scheidung nie anerkannt werden können. Die Ehegatten hätten in Deutschland somit weiterhin als verheiratet gegolten, ganz gleich, ob beide seit Jahren auf die Scheidung vertraut und eventuell sogar neu geheiratet hätten (zum Problem einer abstrakten Anwendung näher Heiderhoff IPRax 2017, 160 (163)). Damit soll keinesfalls verkannt werden, dass die Verstoßung der Ehefrau häufig auch entgegen deren Willen durch einseitigen Entschluss des Ehemanns erfolgt. In diesen Fällen verstößt sie eklatant gegen Art. 3 Abs. 2 GG und Art. 10 Var. 2 greift – auf der Basis der konkreten Lesart – selbstverständlich ein (AG Frankfurt NJW 1989, 1434).

18 **4. Rechtsfolgen und praktischer Umgang mit der Norm.** Art. 10 Var. 2 sieht vor, dass im Falle einer Ungleichbehandlung (ebenso wie bei Var. 1) die lex fori anzuwenden ist. Bevor auf die lex fori zurückgegriffen wird, sollte jedoch auch unter Art. 10 – ebenso wie bei dem allgemeinen ordre public-Vorbehalt in Art. 12 (näher → Art. 12 Rn. 9) – zunächst geprüft werden, ob sich mit den Mitteln des Scheidungsstatuts eine vertretbare Lösung erreichen lässt (aA NK-BGB/Budzikiewicz Rn. 30).

19 Die Fälle, in denen auf eine Scheidung ausländisches Recht anzuwenden ist, sind durch die Regelanknüpfung an den gewöhnlichen Aufenthalt in Art. 8 lit. a und b deutlich seltener geworden. Kommt es doch einmal dazu, dass (insbes. nach Art. 8 lit. c) ein möglicherweise diskriminierendes Heimatrecht anwendbar wäre, **empfiehlt** es sich in der **Praxis** zunächst, dringend zu einer Rechtswahl nach Art. 5 Abs. 1 lit. c zu raten. Erst wenn das nicht gelingt, muss beurteilt werden, ob das ausländische Recht diskriminierend ist. Bestehen hieran Zweifel, weil nur eine abstrakte Diskriminierung besteht (→ Rn. 12), gilt die Pflicht zur **Vorlage an den EuGH** gem. Art. 267 AEUV (zumindest für das letztinstanzliche Gericht), weil es sich um eine Frage der Auslegung der Rom III-VO handelt.

## Art. 11 Ausschluss der Rück- und Weiterverweisung

**Unter dem nach dieser Verordnung anzuwendenden Recht eines Staates sind die in diesem Staat geltenden Rechtsnormen unter Ausschluss derjenigen des Internationalen Privatrechts zu verstehen.**

1 Art. 11 schließt, wie auch bereits die meisten anderen EU-Verordnungen (teilweise anders Art. 34 Abs. 1 EuErbVO), die Annahme von Rück- und Weiterverweisungen aus. Die Kollisionsnormen der Rom III-VO verweisen unmittelbar auf das Sachrecht (zur Kritik Althammer/Tolani Rn. 3). Deutsche Kollisionsnormen, die auf die Anknüpfung nach der Rom III-VO Bezug nehmen, werden so ebenfalls zu Sachrechtsverweisungen. Das betrifft Art. 17 Abs. 1, 2 und 4 EGBGB.

Dasselbe gilt bei einer Rechtswahl der Ehegatten. Nach hM ist eine ausdrücklich gewollte Kollisionsrechtswahl im Rahmen der Rom III-VO ausgeschlossen (→ EGBGB Art. 4 Rn. 1 ff.). Für diese Ansicht sprechen die Intransparenz einer solchen Rechtswahl und der eng begrenzte Katalog in Art. 5, der sonst gesprengt würde (NK-BGB/Budzikiewicz Rn. 10 mwN). 2

## Art. 12 Öffentliche Ordnung (Ordre public)

**Die Anwendung einer Vorschrift des nach dieser Verordnung bezeichneten Rechts kann nur versagt werden, wenn ihre Anwendung mit der öffentlichen Ordnung (Ordre public) des Staates des angerufenen Gerichts offensichtlich unvereinbar ist.**

### I. Normzweck und Überblick

Art. 12 enthält den allgemeinen ordre-public-Vorbehalt. Die Norm greift, wenn das nach Art. 5 oder Art. 8 anwendbare Scheidungsrecht gegen den ordre public – also die öffentliche Ordnung – des Gerichtsstaats verstößt und erlaubt es dem Gericht, ein solches Recht unangewendet zu lassen. Art. 12 tritt damit an die Stelle des früher geltenden Art. 6 EGBGB. Neben Art. 12 können die – aus deutscher Sicht neuartigen – Sondertatbestände in Art. 10 und Art. 13 zur Anwendung kommen, die einige typische Vorbehalte gesondert behandeln. 1

### II. Einzelerläuterung

**1. Maßstab.** Grundsätzlich gilt nach Art. 12, dass ein Gericht dann nicht zur Anwendung fremden Sachrechts verpflichtet ist, wenn dieses den nationalen ordre public offensichtlich verletzt. Ein eigenständiger EU-rechtlicher Maßstab dafür, was zum ordre public gehört, besteht nicht. Es handelt sich um ein Konzept, das gerade auf den Schutz nationaler Vorbehalte gerichtet ist (Rauscher/Helms Rn. 2; grdl. EuGH ECLI:EU:C:2000:164 = NJW 2000, 1853 – Krombach). 2

Die Rspr. des EuGH setzt daher traditionell zwar einen Rahmen dafür, wie ein im EU-Recht enthaltener ordre-public-Vorbehalt zu handhaben ist, überlässt aber die eigentliche Ausfüllung weitgehend den nationalen Gerichten (EuGH ECLI:EU:C:2000:164 = NJW 2000, 1853 – Krombach). Die Rspr. des EuGH hat sich bisher auf die Anerkennung von Urteilen aus anderen Mitgliedstaaten bezogen, und ist daher nicht unmittelbar übertragbar, zumal sie stets sehr den Grundsatz des gegenseitigen Vertrauens betont (sehr deutlich EuGH EU:C:2015:471 = EuZW 2015, 713 Rn. 50, 63 – Diageo Brands). Dennoch ist sie aber wohl zumindest in den Grundzügen übertragbar (wie hier Althammer/Arnold Rn. 2 ff.). Das gilt ohne Weiteres für die Feststellung, dass es sich um ein nationales Konzept handelt. Aber auch die Aussagen des EuGH in der Entscheidung Apostolides zum Vorbehalt des ordre public sollte man für Art. 12 fruchtbar machen (näher BeckOGK/Gössl Rn. 7 ff.). Zwar geht es hier nicht um gegenseitiges Vertrauen, aber es ist davon auszugehen, dass bei der Entstehung der Rom III-VO das Leitbild des vom EuGH propagierten, zurückhaltenden ordre public verfolgt werden sollte. Insofern gilt auch hier, dass die Norm nur greift, wenn das anwendbare Recht gegen einen „wesentlichen Rechtsgrundsatz verstieße und deshalb in einem **nicht hinnehmbaren Gegensatz zur Rechtsordnung**" des Gerichtsstaats stünde. Dabei „muss es sich bei diesem Verstoß um eine offensichtliche **Verletzung einer (…) als wesentlich geltenden Rechtsnorm** oder eines (…) als grundlegend anerkannten Rechts handeln" (EuGH ECLI:EU:C:2009:271 = BeckRS 2009, 70441 – Apostolides). Letztlich bedeutet dies, dass insbes. Grundrechtsverstöße relevant sind, wobei zum deutschen ordre public auch die EU-Grundrechtecharta sowie die EMRK gehören (nur NK-BGB/Budzikiewicz Rn. 14; Grüneberg/Thorn Rn. 1; das verlangt auch der EuGH, so schon EuGH ECLI:EU:C:2000:164 = NJW 2000, 1853 Rn. 22 f. – Krombach). 3

Auch innerhalb dieser ohnehin schon engen Grenzen ist der Vorbehalt des ordre public stets mit Vorsicht einzusetzen. Abweichungen bei den Scheidungsvoraussetzungen oder den Scheidungsfolgen allein begründen noch nicht den Einwand des ordre-public-Verstoßes (Erman/Hohloch Rn. 9), selbst wenn sie uns ungewohnt sein mögen. Ein Verstoß kann dennoch sowohl bei den Voraussetzungen der Scheidung als auch bei den Scheidungsfolgen gegeben sein. Es muss aber jeweils im Einzelfall geprüft werden, ob **das konkrete Ergebnis** bereits so sehr vom deutschen Recht abweicht, dass ein Festhalten daran mit deutschen Rechtsgrundsätzen unvereinbar erschiene (Rauscher/Helms Rn. 5; Henrich IntScheidungsR Rn. 93 ff.; Staudinger/Mankowski Rn. 106 ff.). Das zeigt auch Erwägungsgrund 25. 4

5 Wesentlich ist dabei auch der Inlandsbezug des jeweiligen Falls (näher dazu Rauscher/Helms Rn. 3; NK-BGB/Budzikiewicz Rn. 17 ff.). Soweit nicht der Kernbereich der Menschenrechte betroffen ist, gilt: Je geringer der Inlandsbezug und je stärker der Bezug der Ehegatten zum anwendbaren Recht, desto eher sind auch in Deutschland fremde Maßstäbe zu akzeptieren. Art. 12 kann zB eingreifen, wenn ausländisches Scheidungsrecht eine Scheidung zwar nicht ganz ausschließt (dann greift Art. 10 Var. 1), aber diese an sehr hohe Voraussetzungen knüpft (Helms FamRZ 2011, 1765 (1771); Gruber IPRax 2012, 381 (391); dies überzeugend abl. für die dreijährige Wartefrist nach türkischem Recht OLG Stuttgart FamRZ 2012, 1497; auch Staudinger/Mankowski Rn. 20 ff. mit einer näheren Übersicht über die scheidungsfeindlichen Rechtsordnungen).

6 Stets muss auch beachtet werden, ob die Nichtanwendung der Norm nicht gerade erst dazu führt, dass nicht hinzunehmende Nachteile für einen Ehegatten entstehen. In keinem Fall darf die Verweigerung der Anwendung des ausländischen Rechts ihrerseits zu einer Verletzung von EU-Grundrechten führen (Althammer/Arnold Rn. 3). Dies wird in Erwägungsgrund 25 S. 2 ausdrücklich erwähnt und kann besonders eine Diskriminierung betreffen.

7 Allerdings kann es für die Gewichtung der Erheblichkeit des Verstoßes eine Bedeutung haben, ob der dadurch belastete Ehegatte sich an der betreffenden Norm stößt. Wie schon zu Art. 10 ausgeführt, ist es wenig überzeugend, eine Norm wegen Diskriminierung zu verwerfen, die im konkreten Fall von dem diskriminierten Ehegatten gern hingenommen wird, weil sie den eigenen Interessen entgegenkommt (etwa weil die Ehefrau in der Verstoßung auch selbst den einfachsten Weg zur von beiden Ehegatten einvernehmlich angestrebten Scheidung sieht).

8 **Anwendungsfälle** für Art. 12 wird man heute am ehesten im Bereich der gleichgeschlechtlichen Beziehungen finden. Wenn ein Recht die Scheidung solcher Paare in keiner Weise ermöglicht (→ Art. 10 Rn. 10), muss über Art. 12 die lex fori angewendet werden. Darüber hinaus können im konkreten Fall unerträgliche Scheidungshindernisse vorstellbar sein, jedoch nimmt das deutsche Recht, wie § 1566 Abs. 2 BGB zeigt, selbst uU sehr lange Wartezeiten hin (mit weiteren Überlegungen zu Beispielsfällen MüKoBGB/Winkler v. Mohrenfels Rn. 2 ff.).

9 **2. Rechtsfolgen des ordre public Verstoßes.** Liegt ein offensichtlicher Verstoß gegen den ordre public vor, lässt das Gericht das ausländische Recht **von Amts wegen** unbeachtet. Ein Antrag ist nicht erforderlich (näher zu den anwaltlichen Pflichten NK-BGB/Budzikiewicz Rn. 28 ff.).

10 Wenn dies geschieht, muss die Lücke gefüllt werden, die durch die Unanwendbarkeit des ausländischen Rechts entsteht. Die Rom III-VO enthält hierzu keine ausdrückliche Vorgabe, sodass vorgeschlagen worden ist, die autonomen nationalen Grundsätze der lex fori anzuwenden (Franzina CDT 2011, 85 (125); dafür auch NK-BGB/Budzikiewicz Rn. 26; Rauscher/Helms Rn. 6; BeckOGK/Gössl Rn. 28). Besser erscheint allerdings, eine einheitliche Vorgehensweise anzustreben. Nach bisherigem deutschen Recht kann bei einem Verstoß gegen den ordre public nicht ohne Weiteres deutsches Recht auf die Ehescheidung angewendet werden. Vielmehr sollte der Eingriff in das fremde Recht möglichst gering bleiben. Insbesondere ist zu prüfen, ob dem fremden Recht selbst korrigierende oder ergänzende Regelungen entnommen werden können (OLG Hamm FamRZ 2010, 1563) oder ob es schonend angepasst werden kann, etwa durch Herabsetzung übertriebener Scheidungsvoraussetzungen (Althammer/Arnold Rn. 25; Hausmann IntEuSchR Rn. A 376). Muss die lex fori angewendet werden, so geschieht dies nur, soweit es wirklich erforderlich ist, um den Verstoß zu beheben. Da diese Methode großen Respekt vor dem Scheidungsstatut zeigt und möglichst milde Korrekturmaßnahmen verfolgt, muss ihre Anwendung auch im Rahmen der Rom III-VO befürwortet werden (Rauscher/Helms Rn. 6; Althammer/Arnold Rn. 25).

11 Aus deutscher Sicht spielt der Meinungsstreit keine Rolle. Nach beiden Ansichten gilt für deutsche Gerichte, dass die Lücke schonend und möglichst in Anlehnung an das nach Art. 5 oder Art. 8 bestimmte Recht zu füllen ist. So kann es sein, dass der Ehefrau entgegen dem Scheidungsstatut ein Scheidungsrecht zugestanden wird, weil sie sonst dem Mann gegenüber benachteiligt wäre. Für die eigentliche Auflösung der Ehe sollte dann aber dennoch das fremde Recht angewendet werden, soweit die Vorschriften hierzu dem ordre public entsprechen.

## Art. 13 Unterschiede beim nationalen Recht

**Nach dieser Verordnung sind die Gerichte eines teilnehmenden Mitgliedstaats, nach dessen Recht die Ehescheidung nicht vorgesehen ist oder die betreffende Ehe für die**

**Zwecke des Scheidungsverfahrens nicht als gültig angesehen wird, nicht verpflichtet, eine Ehescheidung in Anwendung dieser Verordnung auszusprechen.**

Art. 13 benennt zwei konkrete Konstellationen, in denen die Gerichte es entgegen dem gem. Art. 5 oder Art. 8 anwendbaren Recht ablehnen dürfen, die Scheidung auszusprechen. Dies gilt zum einen, wenn das Recht der lex fori eine Scheidung nicht vorsieht, zum anderen, wenn die Ehe, deren Scheidung beantragt wird, nach der lex fori nicht als gültig angesehen wird. 1

Allgemein wird davon ausgegangen, dass **Art. 13 Alt. 1** auf das absolute Scheidungsverbot in Malta zugeschnitten war und es den maltesischen Gerichten ermöglichen sollte, sich an der Rom III-VO zu beteiligen (Hausmann IntEuSchR Rn. A 379; Becker NJW 2011, 1543 (1544)). Dieses Scheidungsverbot ist jedoch 2012 entfallen (zum aktuellen Scheidungsrecht in Malta Pietzsch FamRZ 2012, 426). Die Norm ist seitdem ohne Anwendungsbereich (Grüneberg/Thorn Rn. 1; Gruber IPRax 2012, 381 (389)). 2

Den Hauptanwendungsfall des **Art. 13 Alt. 2** bildet demgegenüber nach wohl allgemeiner Ansicht die gleichgeschlechtliche Ehe (Grüneberg/Thorn Rn. 2; Hausmann IntEuSchR Rn. A 380), die in vielen Mitgliedstaaten inzwischen eingeführt wurde (zum ausländischen Recht → EGBGB Art. 17b Rn. 8.1). Art. 13 Alt. 2 stellt es den Gerichten der Mitgliedstaaten, die eine solche Ehe nicht kennen, demnach frei, ob sie diese Ehe scheiden. 3

Aus deutscher Sicht war die Bedeutung des Art. 13 Alt. 2 bis zur Einführung der gleichgeschlechtlichen Ehe mit Wirkung zum 1.10.2017 höchst streitig. Das ist nunmehr überholt. Wenn man, wie hier vertreten, die Rom III-VO auf gleichgeschlechtliche Ehen anwendet (→ Art. 1 Rn. 20; → EGBGB Art. 17b Rn. 16; → EGBGB Art. 17b Rn. 55 f.), kann Art. 13 Alt. 2 sich nicht auswirken. Denn die Scheidung von gleichgeschlechtlichen Ehen ist in Deutschland nun ohne Weiteres vorgesehen. Wenn man dagegen annehmen wollte, dass die Rom III-VO auf gleichgeschlechtliche Ehen in Deutschland nicht anwendbar ist (so zur alten Rechtslage etwa Rauscher/Helms Rn. 9 ff.; Rauscher IPR Rn. 825; iE auch Althammer/Tolani Rn. 3), dann ist die ausländische gleichgeschlechtliche Ehe nach Art. 17b Abs. 4, Abs. 1 nach dem Recht am Registerort zu scheiden. 4

Meist wird angenommen, dass Art. 13 Alt. 2 auch herangezogen werden kann, wenn eine ausländische Ehe im Inland als unwirksam angesehen wird, weil Ehevoraussetzungen fehlen (Althammer/Tolani Rn. 4; Mörsdorf-Schulte RabelsZ 77 (2013), 786 (798); dagegen MüKoBGB/Winkler v. Mohrenfels Rn. 2). Diese Auffassung ist zumindest unschädlich. Es würde sich lediglich um den Hinweis handeln, dass die Vorfrage der Eheschließung selbstständig anzuknüpfen ist (Hausmann IntEuSchR Rn. A 383). Dies ergibt sich auch schon aus Art. 1 Abs. 2 lit. b (Rauscher/Helms Rn. 4). 5

## Art. 14 Staaten mit zwei oder mehr Rechtssystemen – Kollisionen hinsichtlich der Gebiete

**Umfasst ein Staat mehrere Gebietseinheiten, von denen jede ihr eigenes Rechtssystem oder ihr eigenes Regelwerk für die in dieser Verordnung geregelten Angelegenheiten hat, so gilt Folgendes:**

**a) Jede Bezugnahme auf das Recht dieses Staates ist für die Bestimmung des nach dieser Verordnung anzuwendenden Rechts als Bezugnahme auf das in der betreffenden Gebietseinheit geltende Recht zu verstehen;**

**b) jede Bezugnahme auf den gewöhnlichen Aufenthalt in diesem Staat ist als Bezugnahme auf den gewöhnlichen Aufenthalt in einer Gebietseinheit zu verstehen;**

**c) jede Bezugnahme auf die Staatsangehörigkeit betrifft die durch das Recht dieses Staates bezeichnete Gebietseinheit oder, mangels einschlägiger Vorschriften, die durch die Parteien gewählte Gebietseinheit oder, mangels einer Wahlmöglichkeit, die Gebietseinheit, zu der der Ehegatte oder die Ehegatten die engste Verbindung hat bzw. haben.**

### I. Normzweck und Überblick

Art. 14 und 15 bestimmen, wie vorzugehen ist, wenn in dem Staat, dessen Recht nach den Art. 4 ff. anwendbar ist, mehrere unterschiedliche Rechte für die Scheidung gelten (mit vielen Bsp. Meyer RabelsZ 83 (2019), 721). Dabei enthält Art. 14 die Regelung für die Staaten, in denen in unterschiedlichen Gebieten eines Staates unterschiedliche Rechte gelten (wie etwa in den 1

USA), während Art. 15 die Staaten betrifft, in denen für unterschiedliche Personengruppen (etwa abhängig von der Religionszugehörigkeit) unterschiedliches Scheidungsrecht zur Anwendung kommt. Beide Normen können gleichzeitig anzuwenden sein, wenn ein Staat sowohl räumlich als auch personell unterschiedliche Scheidungsrechte kennt (näher NK-BGB/Nordmeier Rn. 4). Unterschiedliche Teilrechtsgebiete sind im Scheidungsrecht verbreitet, weil dies als Teil des Familienrechts nicht selten in die Gesetzgebungskompetenz der Bundesstaaten oder Provinzen fällt (neben den USA etwa auch Kanada, Spanien und Großbritannien).

## II. Einzelerläuterung

2 Art. 14 greift nur ein, wenn ein Staat mehrere Gebietseinheiten hat, in denen jeweils ein unterschiedliches Scheidungsrecht gilt. Der Begriff der Gebietseinheit ist weit zu verstehen. Gilt für ein bestimmtes, örtlich begrenztes und fest umrissenes Gebiet eines Staates ein anderes Scheidungsrecht als für andere Gebiete, so muss Art. 14 angewendet werden (näher und mit Beispielen Rauscher/Helms Rn. 1 ff.). Abzugrenzen ist diese Konstellation jedoch von den Fällen, in denen das jeweils andere Scheidungsrecht im Grunde für eine Personengruppe gilt, und nur faktisch – weil diese Personen sich an einem bestimmten Ort aufhalten – damit zugleich auf ein bestimmtes Gebiet beschränkt ist. Bei einem solchen Personenbezug greift Art. 15.

3 Art. 14 unterscheidet drei unterschiedliche Fälle, die etwas verwirrend angeordnet und dargestellt sind.

4 **Lit. a** ist zwar als Grundregel angelegt, erfasst jedoch letztlich wegen des Vorrangs der spezielleren Regeln in lit. b und lit. c ebenfalls nur einen Einzelfall, nämlich die Fälle, in denen auf die lex fori verwiesen wird (Art. 5 Abs. 1 lit. d und Art. 8 lit. d) (nur Rauscher/Helms Rn. 6; Althammer/Schäuble Rn. 3). In diesem Fall ist unmittelbar das Sachrecht anzuwenden, dass am Ort des angerufenen Gerichts gilt (Rauscher/Helms Rn. 6; jurisPK-BGB/Ludwig Rn. 2; Althammer/Schäuble Rn. 3).

5 **Lit. b** bestimmt, wie vorzugehen ist, wenn das Recht des gewöhnlichen Aufenthalts anzuwenden ist. Es soll dann unmittelbar nur auf das Recht des Teilgebiets ankommen, in dem die Ehepartner ihren gewöhnlichen Aufenthalt haben. Die Norm ist insbes. auch dann wichtig, wenn es für die Anknüpfung bzw. die Wirksamkeit einer Rechtswahl darauf ankommt, ob die Ehepartner den gewöhnlichen Aufenthalt in demselben Staat haben oder hatten (Art. 5 Abs. 1 lit. a und lit. b). Das kann nach Art. 14 lit. b nur bejaht werden, wenn beide sich **in demselben Teilgebiet** gewöhnlich aufhalten oder aufhielten (s. nur MüKoBGB/Winkler v. Mohrenfels Rn. 2; näher Meyer RabelsZ 83 (2019), 721 (767)). Die Ehegatten dürfen also keine Rechtswahl nach Art. 5 Abs. 1 lit. a und lit. b treffen, wenn sie sich zwar in demselben Staat, aber nicht in demselben Teilrechtsgebiet aufgehalten haben.

6 Soweit sie beide ihren gewöhnlichen Aufenthalt in demselben Teilgebiet hatten, wird eine unpräzise Rechtswahl („wir wählen das Recht der USA") idR als Wahl des Rechts des Teilgebiets ausgelegt werden können, in dem der gewöhnliche Aufenthalt liegt (Hausmann IntEuSchR Rn. A 391; Althammer/Schäuble Rn. 6). Die Gegenansicht lehnt dies ab, weil in einem solchen Fall die Wahl nicht „in voller Kenntnis der Rechtsfolgen" erfolgt sei (NK-BGB/Nordmeier Rn. 17). Mit einer solchen Annahme würde verkannt, dass die Ehegatten in einem solchen Fall, genau wie bei jeder Wahl des Aufenthaltsrechts, das Recht wählen möchten, das in ihrem Lebensumfeld gilt. Sie brauchen nicht zu wissen, dass in anderen Gebietseinheiten ihres Aufenthaltsstaats ein anderes Recht gilt. Wie tiefgehend ihre Kenntnis in Hinblick auf das gewählte Recht ist, hängt ebenfalls nicht davon ab, ob es im ganzen Staat oder nur in einem Teilrechtsgebiet gilt.

7 Leben oder lebten die Ehegatten dagegen in unterschiedlichen Teilgebieten, muss der Fall so behandelt werden, als hätten die Ehegatten keinen gemeinsamen Aufenthalt. Es wird dann also im Rahmen des Art. 5 bzw. des Art. 8 auf die jeweils nächste Stufe abgestellt. Somit kommt es, sofern eine solche vorhanden ist, auf die (im Falle des Art. 8 gemeinsame) Staatsangehörigkeit an, ansonsten wird die lex fori angewendet (Althammer/Schäuble Rn. 6 f.; NK-BGB/Nordmeier Rn. 18; aA Hausmann IntEuSchR Rn. A 391, der in diesem Fall das interlokale Privatrecht anwenden will).

8 **Lit. c** erfasst die Fälle, in denen das Recht der Staatsangehörigkeit der Ehegatten anwendbar ist (Art. 5 Abs. 1 lit. c und Art. 8 lit. c). Für diese Fälle sieht lit. c eine Leiter vor. Zunächst gilt das interlokale Kollisionsrecht des betreffenden (Gesamt-)Staates (Stufe 1). Hat der Staat kein solches interlokales Privatrecht (zB die USA), so können die Ehegatten die Gebietseinheit wählen (Stufe 2). Nehmen die Ehegatten keine solche Teilrechtswahl vor, so kommt es auf die engste Verbindung an (Stufe 3). Die Formulierung „mangels einer Wahlmöglichkeit" für die Stufe 3 ist insoweit ein Übersetzungsfehler. Stufe 2 räumt gerade die Rechtswahlmöglichkeit ein. Dies bele-

gen auch andere Sprachfassungen der Verordnung (NK-BGB/Nordmeier Rn. 21 Fn. 45; Rauscher/Helms Rn. 10). Es kommt also einfach darauf an, dass von der Wahlmöglichkeit kein Gebrauch gemacht wurde.

Die im Kontext des internationalen Scheidungsrechts überraschend weitreichende 2. Stufe wird teilweise scharf kritisiert. So können die Ehegatten, wenn einer der Partner US-Amerikaner ist, das Scheidungsrecht eines jeden US-Bundesstaates wählen, was den Rahmen der eigentlich eng gefassten Grenzen des Art. 5 Abs. 1 erheblich erweitert (Gruber IPRax 2012, 381 (385); NK-BGB/Nordmeier Rn. 22; weniger krit. Rauscher/Helms Rn. 9). 9

## Art. 15 Staaten mit zwei oder mehr Rechtssystemen – Kollisionen hinsichtlich der betroffenen Personengruppen

**[1]In Bezug auf einen Staat, der für die in dieser Verordnung geregelten Angelegenheiten zwei oder mehr Rechtssysteme oder Regelwerke hat, die für verschiedene Personengruppen gelten, ist jede Bezugnahme auf das Recht des betreffenden Staates als Bezugnahme auf das Rechtssystem zu verstehen, das durch die in diesem Staat in Kraft befindlichen Vorschriften bestimmt wird. [2]Mangels solcher Regeln ist das Rechtssystem oder das Regelwerk anzuwenden, zu dem der Ehegatte oder die Ehegatten die engste Verbindung hat bzw. haben.**

### I. Normzweck und Überblick

Art. 15 bestimmt, welches Recht anzuwenden ist, wenn in dem Staat, auf dessen Recht verwiesen wird, unterschiedliche Rechte für verschiedene Personengruppen gelten. Die Norm ergänzt somit Art. 14, der die Staaten behandelt, in welchen unterschiedliche Rechte für verschiedene Gebietseinheiten gelten. Staaten mit einer solchen sog. personellen Rechtsspaltung sind häufig. Diese knüpfen idR an die Religion oder die Stammeszugehörigkeit an (mit Beispielen NK-BGB/Nordmeier Rn. 4). 1

Die Regelungen des Art. 15 unterscheiden sich deutlich von Art. 14. Anders als dort wird zunächst auf das interpersonale Kollisionsrecht des betreffenden Staats verwiesen. Nur wenn ein solches nicht besteht, kommt es auf die engste Verbindung des Ehegatten zu einer Personengruppe an. Auf eine Anknüpfungsleiter wurde verzichtet. 2

### II. Einzelerläuterung

Ähnlich wie in Art. 14 ist auch in Art. 15 die Beschreibung der betroffenen Staaten weit zu verstehen. Mehrere „Rechtssysteme oder Regelwerke" sind insbes. auch dann anzunehmen, wenn für bestimmte Personengruppen religiöse Regeln oder Gewohnheitsrecht gelten (Rauscher/Helms Rn. 1). 3

**Vorrangig** ist in diesen Fällen **das interpersonelle Kollisionsrecht** des betreffenden Staates anzuwenden. Streitig ist, wie damit umzugehen ist, wenn dieses interpersonelle Kollisionsrecht mit seinen Regeln zur Bestimmung des anzuwendenden Rechts aus Sicht des zuständigen Gerichts gegen den ordre public verstößt. Das könnte man immer dann annehmen, wenn einseitig an die Zugehörigkeit des Ehemanns zu einer bestimmten Gruppe angeknüpft wird (etwa aufgrund seiner Religion). Die hM meint, in einem solchen Fall müsse das interpersonelle Kollisionsrecht unangewendet bleiben (Rauscher/Helms Rn. 6; Althammer/Schäuble Rn. 2), während insbes. Nordmeier die Möglichkeit eines ordre-public-Verstoßes der ausländischen Kollisionsnorm generell verneint (NK-BGB/Nordmeier Rn. 7). Er meint, durch die Inkorporation in die Rom III-VO unterliege das fremde Kollisionsrecht lediglich dem Prüfmaßstab des höherrangigen EU-Rechts. Selbst wenn man diesem Schritt nicht folgen möchte, so ist ihm doch insofern zuzustimmen, als bei der Verwerfung des fremden Kollisionsrechts das Ergebnis der Anknüpfung nicht unbeachtet bleiben kann. Es sollte also zumindest nicht die überschießende Verwerfung erfolgen, die Art. 10 anordnet. Hat die Ehefrau, deren Religion ein diskriminierendes Scheidungsrecht kennt, einen Mann geheiratet, der einer anderen Personengruppe zugehört und für den ein nicht diskriminierendes Recht gilt, so kann nicht infolge einer Verwerfung der Kollisionsnorm als diskriminierend in Kauf genommen werden, dass nun das diskriminierende Sachrecht zur Anwendung berufen würde. Dieses müsste dann ohnehin wiederum als ordre public-widrig verworfen werden – mit der Folge, dass gem. Art. 10 die lex fori anzuwenden wäre (näher → Art. 10 Rn. 18). Das Kollisionsrecht sollte also jedenfalls nur dann als ordre public-widrig verworfen werden, wenn auch das Ergebnis sich für die Ehefrau als nachteilig darstellt. 4

5 Wenn es kein interpersonelles Kollisionsrecht gibt, greift das Recht der Personengruppe, zu der das Ehepaar die **engste Verbindung** hat. Hierbei kommt es auf die Einbeziehung aller Umstände des Einzelfalls an, wobei die jeweilige kulturelle und religiöse Verbundenheit die größte Bedeutung haben dürfte (NK-BGB/Nordmeier Rn. 9 Fn. 45; Rauscher/Helms Rn. 7).

### Art. 16 Nichtanwendung dieser Verordnung auf innerstaatliche Kollisionen

**Ein teilnehmender Mitgliedstaat, in dem verschiedene Rechtssysteme oder Regelwerke für die in dieser Verordnung geregelten Angelegenheiten gelten, ist nicht verpflichtet, diese Verordnung auf Kollisionen anzuwenden, die allein zwischen diesen verschiedenen Rechtssystemen oder Regelwerken auftreten.**

1 Die Regelung des Art. 16, die parallel zB auch in Art. 22 Abs. 2 Rom I-VO und Art. 25 Abs. 2 Rom II-VO zu finden ist, stellt klar, dass die Rom III-VO nur das internationale Kollisionsrecht enthält. Das interlokale Kollisionsrecht bestimmen die teilnehmenden Mitgliedstaaten weiterhin selbst.

2 Die Regelung betrifft nur solche Mitgliedstaaten, die überhaupt Mehrrechtsstaaten sind. Für Deutschland hat sie keine Bedeutung. Betroffen sind Griechenland und Spanien, die jeweils ein autonomes nationales interlokales Kollisionsrecht haben (näher dazu BeckOGK/Gössl Rn. 2).

## Kapitel III. Sonstige Bestimmungen

### Art. 17 Informationen der teilnehmenden Mitgliedstaaten

**(1) Die teilnehmenden Mitgliedstaaten teilen bis spätestens zum 21. September 2011 der Kommission ihre nationalen Bestimmungen, soweit vorhanden, betreffend Folgendes mit:**

**a) die Formvorschriften für Rechtswahlvereinbarungen gemäß Artikel 7 Absätze 2 bis 4, und**

**b) die Möglichkeit, das anzuwendende Recht gemäß Artikel 5 Absatz 3 zu bestimmen.**

**Die teilnehmenden Mitgliedstaaten teilen der Kommission alle späteren Änderungen dieser Bestimmungen mit.**

**(2) Die Kommission macht die nach Absatz 1 übermittelten Informationen auf geeignetem Wege, insbesondere auf der Website des Europäischen Justiziellen Netzes für Zivil- und Handelssachen, öffentlich zugänglich.**

1 Die Rom III-VO nimmt im Rahmen des Art. 7 und des Art. 5 auf ergänzende Bestimmungen des nationalen Rechts der Mitgliedstaaten Bezug. Art. 17 sieht zur Vereinfachung der Rechtsanwendung vor, dass die Mitgliedstaaten der Kommission die betreffenden nationalen Bestimmungen mitteilen. Eine Rechtsverbindlichkeit tritt dadurch nicht ein. Ein Berufung auf etwaige fehlerhafte oder fehlende Mitteilungen ist nicht möglich (näher NK-BGB/Nordmeier Rn. 4).

2 Die Informationen sind im Internet zugänglich unter: https://e-justice.europa.eu/content_law_applicable_to_divorce_and_legal_separation-356-de-de.do?member=1 (zuletzt abgerufen am 16.7.2019). Allgemeine Informationen über das Scheidungsrecht der Mitgliedstaaten finden sich unter https://e-justice.europa.eu/content_divorce-45-de-de.do?member=1 (zuletzt abgerufen am 16.7.2019).

### Art. 18 Übergangsbestimmungen

**(1) Diese Verordnung gilt nur für gerichtliche Verfahren und für Vereinbarungen nach Artikel 5, die ab dem 21. Juni 2012 eingeleitet beziehungsweise geschlossen wurden.**

**Eine Rechtswahlvereinbarung, die vor dem 21. Juni 2012 geschlossen wurde, ist ebenfalls wirksam, sofern sie die Voraussetzungen nach den Artikeln 6 und 7 erfüllt.**

**(2) Diese Verordnung lässt Rechtswahlvereinbarungen unberührt, die nach dem Recht eines teilnehmenden Mitgliedstaats geschlossen wurden, dessen Gerichtsbarkeit vor dem 21. Juni 2012 angerufen wurde.**

## I. Normzweck und Überblick

Art. 18 legt den Zeitpunkt fest, ab dem die Rom III-VO anzuwenden ist. Dabei ist die Grundregel in Abs. 1 S. 1 enthalten, der festlegt, dass die Verordnung für alle ab dem 21.6.2012 eingeleiteten Verfahren und alle ab diesem Tag geschlossenen Rechtswahlvereinbarungen gilt. Abs. 1 S. 2 und Abs. 2 ergänzen dies für die Rechtswahl. Nach Abs. 1 S. 1 sind auch Rechtswahlvereinbarungen, die vor dem 21.6.2012 geschlossen wurden, als wirksam anzusehen, wenn sie die Voraussetzungen der Art. 6 und 7 erfüllen. Selbst wenn eine Rechtswahlvereinbarung erst nach dem 21.6.2012 erfolgt, kann sie außerdem noch nach nationalem IPR eines teilnehmenden Mitgliedstaats für wirksam angesehen werden, wenn das Scheidungsverfahren dort bereits vor dem 21.6.2012 eröffnet wurde. 1

Für **Litauen** tritt an die Stelle des 21.6.2012 der 22.5.2014 (Beschluss der Kommission vom 21.11.2012, ABl. EU L 323, 18), für **Griechenland** der 29.7.2015 (Beschluss der Kommission vom 27.1.2014, ABl. EU L 23, 41) und für **Estland** der 11.2.2018 (Beschluss der Kommission vom 10.8.2016, ABl. EU L 216, 23). 2

## II. Einzelerläuterung

**1. Allgemeine Regel (Abs. 1 S. 1).** Abs. 1 S. 1 enthält die Grundregel für die zeitliche Anwendbarkeit der Rom III-VO. Danach gilt sie zunächst dann, wenn das **Verfahren** am 21.6.2012 oder später **eingeleitet wurde.** Es kommt dabei auf das Scheidungsverfahren an. Etwaige Vorverfahren vor dem Stichtag – wie ein Verfahrenskostenhilfeverfahren (nur OLG Hamm BeckRS 2013, 09327; Althammer/Mayer Rn. 1 mwN) – hindern das Eingreifen der Rom III-VO nicht. Auch ein früheres Trennungsverfahren verhindert nicht, dass für ein nach dem Stichtag eingeleitetes Scheidungsverfahren die Rom III-VO gilt. Selbst wenn es im zweiten Verfahren um eine Umwandlung der Trennung in eine Scheidung geht, handelt es sich um ein neues Verfahren mit einem eigenen Gegenstand (OLG Nürnberg FamRZ 2014, 835; Rauscher/Helms Rn. 3 mwN). Nur wenn die Trennung von Tisch und Bett als solche der Verfahrensgegenstand ist, kommt es auf die Einleitung gerade dieses Verfahrens an. Für den Zeitpunkt der Einleitung des Verfahrens gilt auch hier Art. 16 Brüssel IIa-VO. 3

Für die zeitliche Anwendbarkeit auf eine **Rechtswahl** kommt es darauf an, ob die Vereinbarung am 21.6.2012 oder später geschlossen wurde. Dies gilt auch, wenn die Rechtswahl in einem Verfahren erfolgt (zu dieser Möglichkeit → Art. 5 Rn. 14), das bereits vor dem Stichtag eingeleitet wurde (näher Rauscher/Helms Rn. 4 mwN). 4

**2. Frühere Rechtswahl.** Die **Rechtswahl** kann nach Art. 18 Abs. 1 S. 2 auch dann nach der Rom III-VO wirksam sein, wenn sie bereits früher als am 21.6.2012 vereinbart worden ist (OLG Hamm BeckRS 2013, 09327). Soweit sie den Erfordernissen der Art. 6, 7 genügt, soll sie nach dieser Norm – ohne irgendeine zeitliche Begrenzung – zu beachten sein (Gruber IPRax 2012, 381 (384)). Das führt zu gewissen Zweifelsfragen. 5

Zunächst muss es sich nach richtiger Auffassung um eine Rechtswahl in den Grenzen des **Art. 5** handeln – es muss also ein Recht aus dem dort vorgesehenen Katalog gewählt worden sein (str., wie hier Rauscher/Helms Rn. 7; Althammer/Mayer Rn. 3; Grüneberg/Thorn Rn. 1; jurisPK/Ludwig Rn. 6). Weder die Ansicht, nach welcher eine solche Beschränkung ganz abzulehnen ist (NK-BGB/Nordmeier Rn. 9; Erman/Hohloch Rn. 1), noch die Ansicht, nach der umgekehrt verlangt wird, dass die Rechtswahl die Kataloge des bei ihrer Vereinbarung geltenden nationalen IPR erfüllen müsse (so BeckOGK/Gössl Rn. 11 f.), können überzeugen. 6

Es gibt keinen durchschlagenden Grund dafür, dass die Norm sich allein auf die Form der Rechtswahl beschränken sollte. Insbesondere lässt sich dies nicht daraus ableiten, dass sonst kein schutzwürdiges Vertrauen eines Ehegatten in die Wirksamkeit der Rechtswahl entstanden sein könne (so aber BeckOGK/Gössl Rn. 11 f.). Mit dem Vertrauensschutz lässt sich nicht für eine Differenzierung argumentieren, denn das Vertrauen kann auf die Form (also Art. 6 und 7) gleichermaßen gerichtet sein wie auf die Auswahl der Rechtsordnungen (MüKoBGB/Winkler v. Mohrenfels Rn. 2). In dem Vertrauen ist zwar eine zentrale Problematik zu erblicken – durch eine Verengung auf die Einhaltung der Formverschriften lässt sie sich aber nicht lösen (→ Rn. 10 f.). 7

Das hier befürwortete Verständnis lässt sich demgegenüber zum einen mit dem Wortlaut der Norm gut vereinbaren. Die Annahme eines Redaktionsversehens (Althammer/Mayer Rn. 3; Grü- 8 neberg/Thorn Rn. 1) ist nicht erforderlich. S. 2 nimmt in verkürzter Form Bezug auf S. 1. Zum anderen verhindert eine Bezugnahme auf Art. 5, dass für einen Übergangszeitraum geradezu zufällig der Wahl weit entfernter Rechtsordnungen nachträglich zur Wirkung verholfen wird.

**9** Tatsächlich muss in Hinblick auf die Wirksamkeit von Rechtswahlvereinbarungen, die aus der Zeit vor dem Geltungsbeginn der Rom III-VO stammen, jedoch mehrfach differenziert werden, wobei der jeweils ermittelbare Parteiwille die wesentliche Bedeutung haben muss: Berufen sich in einem nach dem 21.6.2012 eingeleiteten Verfahren beide Ehegatten auf die früher erfolgte Wahl, entstehen im deutschen Verfahren keine Probleme, denn dann kann notfalls eine Bestätigung der Wahl im Verfahren protokolliert werden.

**10** Wenn sich aber nur ein Ehegatte auf eine frühere Wahl des Scheidungsstatuts beruft, muss die in Art. 6 Rom III-VO adressierte Prüfung des Parteiwillens besonders sorgfältig erfolgen. Denn insbes. bei einer vor dem Geltungsbeginn der Rom III-VO, also vor dem 21.6.2012, abgeschlossenen Vereinbarung hat der andere Ehegatte seinerzeit einer Vereinbarung zugestimmt, ohne dass es dafür eine Rechtsgrundlage gab – was er sogar gewusst haben mag. Möglich ist auch, dass der Katalog der wählbaren Rechtsordnungen ein anderer (engerer) war. Nur wenn von einer ernstlich gewollten Wahl zwischen den in Art. 5 Rom III-VO genannten Rechtsordnungen ausgegangen werden darf, kann also die vor dem 21.6.2012 geschlossene Rechtswahlvereinbarung Bestand haben.

**11** Nicht leicht zu beurteilen sind auch die Fälle, in welchen die Ehegatten vor dem Geltungsbeginn der Rom III-VO ein Ehewirkungsstatut gewählt haben (Art. 14 Abs. 2, 3 EGBGB aF). Sie mögen dabei oftmals davon ausgegangen sein, dies werde sich wegen Art. 17 Abs. 1 EGBGB aF auf das Scheidungsrecht mit auswirken. Hier muss wieder versucht werden, die Willensrichtung der Parteien bei Vertragsschluss zu ermitteln. Für eine Fortwirkung wird meistens sprechen, dass man nicht erwarten kann, dass die Parteien in ständiger Beobachtung der Rechtslage ihre Vereinbarung in Hinblick auf die Rom III-VO erneuern (diese annehmend auch Rauscher/Helms Rn. 6; NK-BGB/Nordmeier Rn. 9). Dagegen können aber die bereits für die „echten" Scheidungsvereinbarungen genannten Gründe, also insbes. Zweifel am ursprünglichen Willen der Parteien, sprechen (noch zweifelnd Helms FamRZ 2011, 1765 (1767)).

**12** **3. Rechtswahlvereinbarungen in Altverfahren (Abs. 2).** Abs. 2 erwähnt noch einmal gesondert Rechtswahlvereinbarungen, die nach nationalem Recht in einem Verfahren geschlossen wurden, dass bereits vor dem 21.6.2012 eingeleitet wurde. Diese bleiben „unberührt". Die ergänzende Wirkung dieser Regelung besteht allein darin, dass in diesem Fall Abs. 1 S. 2 nicht zum Tragen kommen kann. Ist die Wahl nach nationalem Recht unwirksam, kann sie also nicht nach Abs. 1 S. 2 durch das Inkrafttreten der Rom III-VO „geheilt" werden (Hausmann IntEuSchR Rn. A 404; Rauscher/Helms Rn. 8). Dass umgekehrt die einmal nach nationalem Recht wirksam getroffene Rechtswahlvereinbarung wirksam bleibt, ergibt sich bereits aus Abs. 1 S. 1.

## Art. 19 Verhältnis zu bestehenden internationalen Übereinkommen

**(1) Unbeschadet der Verpflichtungen der teilnehmenden Mitgliedstaaten gemäß Artikel 351 des Vertrags über die Arbeitsweise der Europäischen Union lässt diese Verordnung die Anwendung internationaler Übereinkommen unberührt, denen ein oder mehrere teilnehmende Mitgliedstaaten zum Zeitpunkt der Annahme dieser Verordnung oder zum Zeitpunkt der Annahme des Beschlusses gemäß Artikel 331 Absatz 1 Unterabsatz 2 oder 3 des Vertrags über die Arbeitsweise der Europäischen Union angehören und die Kollisionsnormen für Ehescheidung oder Trennung ohne Auflösung des Ehebandes enthalten.**

**(2) Diese Verordnung hat jedoch im Verhältnis zwischen den teilnehmenden Mitgliedstaaten Vorrang vor ausschließlich zwischen zwei oder mehreren von ihnen geschlossenen Übereinkommen, soweit diese Bereiche betreffen, die in dieser Verordnung geregelt sind.**

**1** In Art. 19 **Abs. 1** ist das Verhältnis der Rom III-VO zu den internationalen Übereinkommen auf dem Gebiet des Scheidungskollisionsrechts beschrieben, welche die teilnehmenden Mitgliedstaaten bereits früher **mit Drittstaaten** abgeschlossen haben. Solche Übereinkommen bleiben unberührt. Für Deutschland betrifft dies das **deutsch-iranische Niederlassungsabkommen** (→ EGBGB Art. 17 Rn. 1 ff.).

**Abs. 2** gilt für Übereinkommen, die zwischen zwei oder mehr Mitgliedstaaten abgeschlossen wurden oder werden, ohne dass Drittstaaten beteiligt sind. Hier braucht nicht auf völkervertragliche Pflichten Rücksicht genommen zu werden. Daher treten solche Übereinkommen zurück. Deutschland ist hiervor nicht betroffen, da es kein solches Übereinkommen geschlossen hat (mit Beispielen zu anderen Mitgliedstaaten Rauscher/Helms Rn. 10 ff.). 2

### Art. 20 Revisionsklausel

**(1) [1]Die Kommission legt dem Europäischen Parlament, dem Rat und dem Europäischen Wirtschafts- und Sozialausschuss spätestens zum 31. Dezember 2015 und danach alle fünf Jahre einen Bericht über die Anwendung dieser Verordnung vor. [2]Dem Bericht werden gegebenenfalls Vorschläge zur Anpassung dieser Verordnung beigefügt.**

**(2) Die teilnehmenden Mitgliedstaaten übermitteln der Kommission zu diesem Zweck sachdienliche Angaben betreffend die Anwendung dieser Verordnung durch ihre Gerichte.**

Die EU-Verordnungen im internationalen Familienrecht enthalten typischerweise eine Evaluierungsvorgabe, wie sie auch hier vorgesehen ist. 1

## Kapitel IV. Schlussbestimmungen

### Art. 21 Inkrafttreten und Geltungsbeginn

**Diese Verordnung tritt am Tag nach ihrer Veröffentlichung im *Amtsblatt der Europäischen Union* in Kraft.**

**Sie gilt ab dem 21. Juni 2012, mit Ausnahme des Artikels 17, der ab dem 21. Juni 2011 gilt.**

**Für diejenigen teilnehmenden Mitgliedstaaten, die aufgrund eines nach Artikel 331 Absatz 1 Unterabsatz 2 oder Unterabsatz 3 des Vertrags über die Arbeitsweise der Europäischen Union angenommenen Beschlusses an der Verstärkten Zusammenarbeit teilnehmen, gilt diese Verordnung ab dem in dem betreffenden Beschluss angegebenen Tag.**

Die Verordnung ist am 30.12.2010, einen Tag nach der Veröffentlichung im Amtsblatt (ABl. EU L 343, 10) in Kraft getreten. Wichtig ist, dass sie in allen Kernbereichen erst **ab dem 21.6.2012** gilt. Die eigentliche Übergangsvorschrift ist in Art. 18 enthalten. Dieser Aufschub machte es möglich, die Informationen aus den Mitgliedstaaten schon vor dem Geltungsbeginn einzuholen. Zudem hatten die Mitgliedstaaten die nötige Zeit für Anpassungsmaßnahmen im nationalen Recht. 1

Für **Litauen** ist die Rom III-VO am 23.11.2012 in Kraft getreten. Sie gilt dort ab dem 22.5.2014 (Beschluss der Kommission vom 21.11.2012, ABl. EU L 323, 18). Für **Griechenland** ist sie am 29.1.2014 in Kraft getreten und gilt seit dem 29.7.2015 (Beschluss der Kommission vom 27.1.2014, ABl. EU L 23, 41). Für **Estland** ist sie am 12.8.2016 in Kraft getreten und gilt ab dem 11.2.2018 (Beschluss der Kommission vom 10.8.2016, ABl. EU L 216, 23). 2

## bb) EuGüVO

# Verordnung (EU) 2016/1103 des Rates vom 24. Juni 2016 zur Durchführung einer Verstärkten Zusammenarbeit im Bereich der Zuständigkeit, des anzuwendenden Rechts und der Anerkennung und Vollstreckung von Entscheidungen in Fragen des ehelichen Güterstands

## Kapitel I. Anwendungsbereich und Begriffsbestimmungen

### Art. 1 Anwendungsbereich

**(1) Diese Verordnung findet auf die ehelichen Güterstände Anwendung.**
**Sie gilt nicht für Steuer- und Zollsachen sowie verwaltungsrechtliche Angelegenheiten.**

**(2) Vom Anwendungsbereich dieser Verordnung ausgenommen sind**
**a) die Rechts-, Geschäfts- und Handlungsfähigkeit der Ehegatten;**
**b) das Bestehen, die Gültigkeit oder die Anerkennung einer Ehe;**
**c) die Unterhaltspflichten;**
**d) die Rechtsnachfolge nach dem Tod eines Ehegatten;**
**e) die soziale Sicherheit;**
**f) die Berechtigung, Ansprüche auf Alters- oder Erwerbsunfähigkeitsrente, die während der Ehe erworben wurden und die während der Ehe zu keinem Renteneinkommen geführt haben, im Falle der Ehescheidung, der Trennung ohne Auflösung des Ehebands oder der Ungültigerklärung der Ehe zwischen den Ehegatten zu übertragen oder anzupassen;**
**g) die Art der dinglichen Rechte an Vermögen und**
**h) jede Eintragung von Rechten an beweglichen oder unbeweglichen Vermögensgegenständen in ein Register, einschließlich der gesetzlichen Voraussetzungen für eine solche Eintragung, sowie die Wirkungen der Eintragung oder der fehlenden Eintragung solcher Rechte in ein Register.**

### Überblick

Art. 1 regelt den sachlichen Anwendungsbereich der EuGüVO in positiver (Abs. 1 S. 1, → Rn. 13 ff.) und negativer (Abs. 2, → Rn. 22 ff.) Hinsicht.

### Übersicht



## I. Einführung

1 **1. Internationales Güterrecht vor Inkrafttreten der EuGüVO.** Auf **Unionsebene** existierten vor Inkrafttreten der EuGüVO keine güterrechtlichen IPR- oder IZVR-Vorschriften. Die Brüssel IIa-VO und auch ihre Nachfolgerin, die Brüssel IIb-VO erstrecken sich – mit Ausnahme

der elterlichen Verantwortung – nicht auf Scheidungsfolgesachen (Erwägungsgrund 8 Brüssel IIa-VO; Erwägungsgrund 9 S. 2 Brüssel IIb-VO) (EuGH BeckRS 2017, 122519 Rn. 31 – Iliev).

Auf **internationaler Ebene** ratifizierten nur Frankreich, Luxemburg und die Niederlande das **Haager Übereinkommen über das auf eheliche Güterstände anwendbare Recht** vom 14.3.1978 (zum Ratifikationsstand s. https://www.hcch.net/en/instruments/conventions/status-table/?cid=87). Das **Haager Ehewirkungsübereinkommen** vom 17.7.1905 wurde von Deutschland am 14.1.1986 mit Wirkung vom 23.8.1987 gekündigt (BGBl. 1986 II 505). Das Ehewirkungsübereinkommen gilt zwar formal noch für Italien, Portugal und Rumänien (zum Ratifikationsstand s. https://www.hcch.net/en/instruments/the-old-conventions/1905-effects-of-marriage-convention). Es ist aber davon auszugehen, dass der auf das Heimatrecht des Mannes abstellende Art. 2 Abs. 1 Haager Ehewirkungsübereinkommen in Italien, Portugal und Rumänien nicht mehr angewendet werden darf, weil die kollisionsrechtliche Bevorzugung des Mannes auch in diesen Staaten verfassungswidrig ist (v. Bar RabelsZ 57 (1993), 63, (78)) 2

Auf **bilateraler Ebene** enthält das **Deutsch-Iranische Niederlassungsabkommen** vom 17.2.1929 (RGBl. 1930 II 1006) in Art. 8 Abs. 3 S. 1 Deutsch-Iranisches Niederlassungsabkommen eine Kollisionsregel, die dem Schlussprotokoll gem. auch für das eheliche Güterrecht gilt. **Art. 8 Abs. 3 S. 1 Deutsch-Iranisches Niederlassungsabkommen** verweist auf das gemeinsame Heimatrecht der Ehegatten. Deutsche Gerichte können das Abkommen jedoch nach hM nur auf Ehegatten anwenden, die ausschließlich die iranische Staatsangehörigkeit haben („die Angehörigen jedes der vertragsschließenden Saaten im Gebiet des anderen Staates“) (vgl. zu den Einzelheiten MüKoBGB/Looschelders Art. 62 Rn. 7 f.; NK-BGB/Magnus Art. 62 Rn. 6). **Art. 8 Abs. 3 S. 2 Deutsch-Iranisches Niederlassungsabkommen** erlaubt die Abweichung von der in Art. 8 Abs. 3 S. 1 Deutsch-Iranisches Niederlassungsabkommen enthaltenen Kollisionsnorm, wenn ein solcher Ausschluss „allgemein gegenüber jedem anderen fremden Staat erfolgt“. Diese Formulierung ist nicht als Öffnung für andere universell anwendbare Kollisionsnormen zu verstehen (aA Erbarth NZFam 2018, 249 (250)), sondern als Öffnung für den ordre public-Vorbehalt der Vertragsstaaten (OLG Düsseldorf NJW-RR 2009, 732 (733)). 3

Zur **Sachrechtsvereinigung** existieren verschiedene wissenschaftliche Vorschläge (Martiny ZfPW 2017, 13 f. mwN). Einen EU-weit wählbaren Güterstand gibt es bisher nicht. Auf bilateraler Ebene besteht das **WZGA** (Deutsch-Französisches Abkommen über den Güterstand der Wahl-Zugewinngemeinschaft vom 4.2.2010, Text im BGBl. 2012 II 180; Ausführungsgesetz vom 15.3.2012, BGBl. II 178). Die Wahl-Zugewinngemeinschaft steht Ehegatten zur Verfügung, deren Güterstand dem deutschen oder französischen Sachrecht unterliegt (Art. 1 S. 1 WZGA). Sofern der zeitliche Anwendungsbereich der EuGüVO eröffnet ist (→ Rn. 7), bestimmt sich das auf den Güterstand anwendbare Sachrecht nach Art. 22, 26. Bei der Begründung der Wahl-Zugewinngemeinschaft handelt es sich um eine **Vereinbarung über den ehelichen Güterstand** (→ Art. 3 Rn. 10), deren Formgültigkeit sich nach Art. 25 bestimmt (Boving ZErb 2019, 225 (226)). 4

**2. Verordnungsgenese.** Das Güterrecht stand schon seit längerer Zeit auf der Agenda der EU. Im **Wiener Aktionsplan** vom 3.12.1998 (ABl. 1999 C 19, 1) priorisierten der Rat und die Kommission die Angleichung der Regelungen für Gesetzes- und Zuständigkeitskonflikte für den Bereich des Ehegüterrechts. Im **Maßnahmenprogramm** vom 30.11.2000 (ABl. 2001 C 12, 1, 3) befürwortete der Rat ein Rechtsinstrument zur internationalen Zuständigkeit sowie Anerkennung und Vollstreckung von Urteilen in Fragen der Auflösung der ehelichen Güterstände (Erwägungsgrund 4); neben Regelungen für eheliche Güterstände regte der Rat auch Regelungen für die Folgen der Trennung nichtverheirateter Paare an. Im **Haager Programm** vom 4.11.2004 (ABl. 2005 C 53, 1) forderte der Europäische Rat die Kommission auf, ein „Grünbuch über die Regelung des Kollisionsrechts im Bereich des ehelichen Güterstands, einschließlich der Frage der Zuständigkeit und der gegenseitigen Anerkennung“ zu unterbreiten (Erwägungsgrund 5). 5

Das von der Kommission schließlich vorgelegte **Grünbuch** vom 17.7.2006 umfasste sowohl die ehelichen Güterstände als auch die vermögensrechtlichen Folgen der nichtehelichen Lebensgemeinschaft (KOM (2006) 400 endg., S. 3). Die Kommission stützt sich auf eine Studie des Konsortiums ASSER UCL aus dem Jahre 2003 (Study in comparative law on the rules governing conflicts of jurisdiction and laws on matrimonial property regimes and the implementation for property issues of the separation of unmarried couples in the Member States), die vermögensrechtlichen Probleme transnationaler Paare aufzeigt. Schlussendlich beziehen sich die **Verordnungsvorschläge** (KOM (2011) 126 endg., KOM (2011) 127 endg.) und auch die **Güterrechtsverordnungen** (EuGüVO und EuPartVO) auf das Ehegüterrecht und das Güterrecht registrierter Partnerschaften (→ Rn. 17 ff.); eine Ausweitung auf alle nichtehelichen Lebensgemeinschaften fand nicht statt. 6

7 **3. Zeitlicher Anwendungsbereich.** Die Kollisionsnormen der EuGüVO gelten für Ehegatten, die **ab dem 29.1.2019** die Ehe eingegangen sind oder ab dem 29.1.2019 eine Rechtswahl zum Güterrecht getroffen haben (Art. 69 Abs. 3; BGH NJW 2019, 2935 Rn. 27; OLG Saarbrücken NJW-RR 2020, 266 Rn. 9). Der Zeitpunkt der Verfahrenseinleitung ist für die zeitliche Anwendbarkeit der Kollisionsnormen nicht von Belang (aA OGH BeckRS 2021, 15222 Rn. 3; 2019, 57678 Rn. 10). Auch der Zeitpunkt der Vornahme eines Rechtsgeschäfts ist unerheblich (Gräf, Drittbeziehungen und Drittschutz in den Europäischen Güterrechtsverordnungen, 2019, 126–130). Die EuGüVO gilt nicht für vor dem 29.1.2019 getroffene Rechtswahlvereinbarungen (Coester-Waltjen in Dutta/Weber, Die Europäische Güterrechtsverordnung, 2017, 47 (48) Fn. 3; Erbarth NZFam 2019, 417 (423); Erbarth NZFam 2018, 249 (250); zur Rechtslage in Frankreich s. Martiny ZfPW 2017, 1 (12)). Für Ehegatten, die **vor dem 29.1.2019** die Ehe eingegangen sind und ab diesem Zeitpunkt keine Rechtswahl nach Art. 22 getroffen haben, gelten gem. Art. 229 § 47 Abs. 2 Nr. 2 EGBGB die Art. 15, 16 EGBGB aF.

7.1 Der **Übersetzungsfehler** in der deutschen Version, der eine Geltung für Ehen und Rechtswahlvereinbarungen erst nach dem 29.1.2019 (dh ab 30.1.2019) vorsah, wurde zwischenzeitlich **korrigiert** (ABl. 2017 L 113, 62; Erbarth NZFam 2019, 417 (423)).

8 **4. Räumlicher Anwendungsbereich. a) Verstärkte Zusammenarbeit.** Für die EuGüVO und die EuPartVO fand sich im Rat nicht die gem. Art. 81 Abs. 3 AEUV erforderliche Einstimmigkeit (Erwägungsgrund 10). Die Verordnungen wurden deshalb – ebenso wie bereits die Rom III-VO – im Wege der verstärkten Zusammenarbeit nach Art. 20 EUV und Art. 326 ff. AEUV verabschiedet (Ratsbeschluss vom 9.6.2016, ABl. EU L 159, 16). Die EuGüVO und die EuPartVO gelten nur in den Mitgliedstaaten, die an der Verstärkten Zusammenarbeit teilnehmen (Art. 70 Abs. 2). Neben **Deutschland** nehmen **Belgien, Bulgarien, Finnland, Frankreich, Griechenland, Italien, Kroatien, Luxemburg, Malta,** die **Niederlande, Österreich, Portugal, Schweden, Slowenien, Spanien,** die **Tschechische Republik** und **Zypern** teil (Erwägungsgrund 11). Für das Kollisionsrecht wirkt sich der beschränkte räumliche Anwendungsbereich aus Sicht der teilnehmenden Mitgliedstaaten nicht aus, weil die Kollisionsnormen universell anwendbar sind (Art. 20). Die vereinfachte Anerkennung und Vollstreckung (Art. 36 ff.) gilt nur für Entscheidungen aus teilnehmenden Mitgliedstaaten.

9 Die bisher nicht teilnehmenden Mitgliedstaaten können jederzeit ihre Teilnahme erklären (Art. 328 Abs. 1 UAbs. 1 S. 2 AEUV).

10 **b) Verhältnis zu bestehenden internationalen Übereinkünften (Art. 62).** Im **Verhältnis zu Drittstaaten** bleiben die im Zeitpunkt des Erlasses der EuGüVO bestehenden Staatsverträge maßgeblich (Art. 62 Abs. 1). Aus deutscher Sicht ist im Bereich des Kollisionsrechts nur das Deutsch-Iranische Niederlassungsabkommen (→ Rn. 3) vorrangig zu beachten (MüKoBGB/Looschelders Art. 62 Rn. 6; NK-BGB/Magnus Art. 62 Rn. 5). Da das Deutsch-Iranische Niederlassungsabkommen vor deutschen Gerichten nur auf Paare mit iranischer Staatsangehörigkeit Anwendung findet (→ Rn. 3), endet der Vorrang des Niederlassungsabkommens mit der Erlangung der deutschen Staatsangehörigkeit durch einen oder beide Partner; die sodann maßgeblichen Kollisionsnormen der EuGüVO führen ggf. zu einem Statutenwechsel (MüKoBGB/Looschelders Art. 62 Rn. 6; NK-BGB/Magnus Art. 62 Rn. 6). Ob dieser Statutenwechsel rückwirkend zum Zeitpunkt der Eheschließung stattfindet (so MüKoBGB/Looschelders Art. 62 Rn. 6), ist mit Blick auf Art. 22 Abs. 2, der im Grundsatz von einer Wirkung ex nunc ausgeht, zweifelhaft. Im **Verhältnis zwischen den Mitgliedstaaten** verdrängt die EuGüVO bestehende internationale Übereinkünfte (Art. 62 Abs. 2). Dieser Vorrang der EuGüVO gilt nicht nur für Übereinkünfte, an denen ausschließlich Mitgliedstaaten beteiligt sind (zB Haager Übereinkommen von 1978, → Rn. 3), sondern auch für Übereinkünfte, an denen neben Mitgliedstaaten Drittstaaten beteiligt sind (MüKoBGB/Looschelders Art. 62 Rn. 17). Das WZGA (→ Rn. 4) verdrängt die EuGüVO nicht gem. Art. 62 Abs. 2, weil es allein materiellrechtliche Fragen regelt (Dutta FamRZ 2016, 1973 (1985); Martiny ZfPW 2017, 1 (15)). Zwischen **Finnland** und **Schweden** ist die Anwendung der EuGüVO aufgrund der Weitergeltung regionaler Abkommen gem. Art. 62 Abs. 3 eingeschränkt (Dok. 11887/13, 13543/13).

11 **c) Grenzüberschreitender Bezug.** Die EuGüVO findet gem. Erwägungsgrund Art. 14 iVm Art. 81 Abs. 1 AEUV nur auf eheliche Güterstände mit einem irgendwie gearteten grenzüberschreitenden Bezug Anwendung. Anders als in der Rom III-VO (vgl. Art. 1 Abs. 1 Rom III-VO) findet diese Voraussetzung keine Erwähnung in den Artikeln der Verordnung (dazu Dok. 17792/11 ADD 9; Dok. 15718/13).

Für die Anwendbarkeit der **Kollisionsnormen** ist der grenzüberschreitende Bezug theoretischer Natur; die Kollisionsnormen sind nur relevant, wenn der Sachverhalt einen Bezug zu mehreren Staaten aufweist (vgl. zu Art. 1 Abs. 1 Rom III-VO: Gruber IPRax 2012, 381 (384)). Es genügt, wenn der grenzüberschreitende Bezug allein durch **Auslandselemente einer Drittbeziehung** hergestellt wird (z. B. rein nationale Ehe und ausländische Staatsangehörigkeit oder ausländischer gewöhnlicher Aufenthalt des Dritten, ausführlich Gräf, Drittbeziehungen und Drittschutz in den Europäischen Güterrechtsverordnungen, 2019, 145–152). Zur Rechtswahl → Art. 22 Rn. 5. Zur Formgültigkeit einer Vereinbarung über den ehelichen Güterstand → Art. 25 Rn. 2. 12

## II. Sachlicher Anwendungsbereich

**1. Zivilrechtliche Aspekte der ehelichen Güterstände (Abs. 1).** Vom sachlichen Anwendungsbereich der EuGüVO sind die **ehelichen Güterstände** umfasst (Abs. 1 S. 1). Eine unionsautonome Definition der ehelichen Güterstände findet sich in Art. 3 Abs. 1 lit. a. Art. 27 enthält einen nicht abschließenden Positivkatalog von Fragen, die Teil des ehelichen Güterrechts sind. 13

Der Anwendungsbereich beschränkt sich auf die **zivilrechtlichen Aspekte** der ehelichen Güterstände. Steuer- und Zollsachen sowie verwaltungsrechtliche Angelegenheiten sind – wie in anderen EU-Verordnungen (Art. 1 Abs. 1 S. 2 Rom I-VO; Art. 1 Abs. 1 S. 2 Rom II-VO; Art. 1 Abs. 1 S. 2 Brüssel Ia-VO; Art. 1 Abs. 1 S. 2 EuErbVO) – gem. Abs. 1 S. 2 ausgeschlossen. 14

**a) Ehe.** Die EuGüVO findet Anwendung, wenn zwischen den Betroffenen eine „Ehe" besteht. Eine unionsautonome Definition des Ehebegriffs fehlt; maßgeblich für die **Definition** ist das **nationale Recht** der Mitgliedstaaten (Erwägungsgrund 17). Damit bleibt den Mitgliedstaaten die Anwendung der EuGüVO auf **polygame Ehen** (a. A. Gräf, Drittbeziehungen und Drittschutz in den Europäischen Güterrechtsverordnungen, 2019, 132 f.) und reine **Konsensehen** überlassen. Aus deutscher Sicht fallen polygame Ehen und reine Konsensehen in den Anwendungsbereich der EuGüVO (MüKoBGB/Looschelders Rn. 31, 33; Hüßtege/Mansel/Magnus Rn. 24). Zwar mag die Ehe aus Sicht des Eheschließungsstatuts nicht wirksam sein oder gegen den ordre public verstoßen; begrifflich handelt es sich aber dennoch um eine Ehe (anders Dutta in Hilbig-Lugani/Huber, Moderne Familienformen, 2017, 153 (161 f.). Für die Vorfrage der Wirksamkeit gilt Art. 1 Abs. 2 lit. b. Zudem beantwortet das nationale Recht die Frage, ob **gleichgeschlechtliche "Ehen"** als Ehen gelten und unter die EuGüVO fallen oder der EuPartVO unterliegen. Die Anregungen einzelner Delegationen zur Hervorhebung des geschlechtsneutralen Charakters der Ehe (Dok. 13698/11 ADD 10; Dok. 13698/11 ADD 18) griff der Rat nicht auf. Aus deutscher Sicht findet die EuGüVO auf gleichgeschlechtliche Ehen Anwendung (Art. 17b Abs. 4 S. 2 EGBGB; Gräf, Drittbeziehungen und Drittschutz in den Europäischen Güterrechtsverordnungen, 2019, 134). 15

Die Verordnung lässt offen, **welches nationale Recht** für den Ehebegriff maßgeblich ist. Unklar ist damit insbes., welches Recht darüber entscheidet, ob auf eine gleichgeschlechtliche "Ehe" die **EuGüVO** oder die **EuPartVO** Anwendung findet. Hierzu werden drei Ansichten vertreten: Nach der ersten Ansicht handelt es sich um eine Qualifikationsfrage, die aus der Sicht der jeweiligen **lex fori** zu beantworten ist; dementsprechend muss das mit dem Fall befasste Gericht (Art. 3 Abs. 2) prüfen, ob eine gleichgeschlechtliche Ehe in seinem eigenen Recht als Ehe zu qualifizieren ist (Gräf, Drittbeziehungen und Drittschutz in den Europäischen Güterrechtsverordnungen, 2019, 132; Kohler/Pintens FamRZ 2016, 1509 f.; MüKoBGB/Looschelders Rn. 21; Hüßtege/Mansel/Magnus Rn. 16 f.; Grüneberg/Thorn Rn. 2; Rodríguez Benot in: Iglesias Buigues/Palao Moreno, Régimen económico matrimonial y efectos patrimoniales de las uniones registradas en la Unión Europea, 2019, Art. 1 Ziff. 1.1.; Weber DNotZ 2016, 659 (669)), wobei teils darauf abgestellt wird, ob gleichgeschlechtliche Paare im **Sachrecht** die Ehe schließen können (Coester-Waltjen in Dutta/Weber, Die Europäischen Güterrechtsverordnungen, 2017, 47 (49); de la Durantaye IPRax 2019, 281 (286)); teils wird das **Kollisionsrecht** vom Verweis eingeschlossen (Gräf, Drittbeziehungen und Drittschutz in den Europäischen Güterrechtsverordnungen, 2019, 132). Überwiegend wird hingegen eine funktionale Betrachtung angestellt und für maßgeblich gehalten, ob eine ausländische gleichgeschlechtliche Ehe im **innerstaatlichen IPR,** zumindest für die Zwecke des Güterrechts, als Ehe zu qualifizieren ist (Bonomi in Dutta/Weber, Die Europäischen Güterrechtsverordnungen, 2017, 123 Rn. 49; MüKoBGB/Looschelders Rn. 26). Die zweite Ansicht stuft die Frage als Erstfrage ein (vgl. Art. 1 Abs. 2 lit. b), die selbständig nach dem IPR der jeweiligen lex fori anzuknüpfen ist **(lex causae)** (so Garber in Europäisches Zivilverfahrensrecht in Österreich V, 2018, 109 (147); Simotta ZVglRWiss 2017, 44 (47)). Die 16 dritte Ansicht hält die lex libri siti (Recht des Staates, in dem das Paarbeziehungsregime begründet wurde, idR **Recht des Erstregisterstaates**) für maßgeblich (v. Bary GPR 2020, 201 (205); v. Bary IPRax 2019, 281 (285); Dutta FamRZ 2016, 1973 (1976); Erbarth NZFam 2019, 417 (424); Erbarth NZFam 2018, 249 (250); Schulze/Kemper Art. 3 Rn. 2; MüKoFamFG/Mayer Art. 3 Rn. 8; Ziereis NZFam 2019, 237 f.).

**16.1** Die Frage nach dem maßgeblichen Ehebegriff ist keine Erstfrage, sondern eine **Qualifikationsfrage.** Sie betrifft den Anwendungsbereich der EuGüVO und kein präjudizielles Rechtsverhältnis (vgl. v. Bar/Mankowski IPR I § 7 Rn. 186). Gegen die zweitgenannte Ansicht spricht zudem Art. 9 Abs. 1: Kommt ein an sich zuständiges Gericht zu dem Ergebnis, dass das Eheschließungsstatut die gleichgeschlechtliche Ehe für die Zwecke eines Verfahrens über den ehelichen Güterstand nicht als Ehe anerkennt, kann es sich nach Art. 9 Abs. 1 für unzuständig erklären (Bergquist/Damascelli/Frimston/Lagarde/Reinhartz/Reinhartz, The EU Regulations on Matrimonial and Partrimonial Property, 2019, Rn. 1.13). Würde das Eheschließungsstatut auch über den Ehebegriff der EuGüVO entscheiden, käme die EuGüVO in solchen Fällen gar nicht zur Anwendung und Art. 9 Abs. 1 würde seinen Zweck verfehlen. Die zweite Ansicht und auch die erste Ansicht haben außerdem den Nachteil, dass gleichgeschlechtliche Ehen je nach Forumstaat entweder der EuGüVO oder der EuPartVO unterfallen und das objektiv anwendbare Recht variieren kann. Ziel der Verordnungen ist aber, den Ehegatten/Partnern im Voraus Klarheit über das anwendbare Recht zu verschaffen (Erwägungsgrund 43 S. 1 EuGüVO, Erwägungsgrund 42 S. 1 EuPartVO). Dem **europäischen Entscheidungseinklang** dienlich wäre daher die Anwendung der lex libri siti. Gleichwohl gingen die Mitgliedstaaten bei der Fassung der Verordnung von der Anwendbarkeit der lex fori und nicht der lex libri siti aus, denn Erwägungsgrund 17 verweist nur auf das „Recht der Mitgliedstaaten"; bei Anwendbarkeit der lex libri siti könnte auch das Recht eines Drittstaates über Qualifikation entscheiden. Der Wortlaut der EuGüVO spricht damit für eine **Qualifikation** nach dem **Recht des Forumstaats.** Dabei ist nicht zu fragen, ob die jeweilige Ehe nach dem Sachrecht der lex fori wirksam wäre, sondern ob sie ihrer Funktion nach im **IPR** als Ehe qualifiziert wird. Mit der Qualifikation lege fori dürfte die EuGüVO (noch) nicht im Widerspruch zum unionsrechtlichen Anerkennungsprinzip stehen: Die Mitgliedstaaten sind zwar für die Zwecke der Gewährung eines abgeleiteten Aufenthaltsrechts (EuGH BeckRS 2018, 10159 – Coman) oder der Ausstellung eines Reisepasses (EuGH C-490/20, ECLI:EU:C:2021:1008 Rn. 49 f. – V.M.A.) zur Anerkennung von Statusverhältnissen verpflichtet. Die Qualifikation lege fori führt aber nicht dazu, dass einer gleichgeschlechtlichen Ehe die Rechtswirkungen versagt werden, sondern, dass statt der EuGüVO die EuPartVO Anwendung findet.

**17** **b) Eingetragene Partnerschaften.** Die EuPartVO findet auf die Güterstände eingetragener Partnerschaften Anwendung (Art. 1 Abs. 1 S. 1 EuPartVO). Art. 3 Abs. 1 lit. a EuPartVO definiert die eingetragene Partnerschaft unionsautonom. Eine **unionsautonome Definition** befand der Rat für die EuPartVO im Gegensatz zur EuGüVO für sinnvoll, weil eingetragene Partnerschaften, anders als Ehen, nicht in allen Mitgliedstaaten existieren und unterschiedliche Voraussetzungen haben (Dok. 13698/11 ADD 15).

**18** Art. 3 Abs. 1 lit. a EuPartVO definiert die eingetragene Partnerschaft **geschlechtsneutral;** erfasst sind homo- und heterosexuelle **Lebensgemeinschaften zweier Personen;** Lebensgemeinschaften zwischen mehr als zwei Personen sind ebenso ausgeschlossen wie Zweckgemeinschaften und Gesellschaften (Dutta FamRZ 2016, 1973 (1976); Dutta in Hilbig-Lugani/Huber, Moderne Familienformen, 2017, 153 (154 f.)). Die Definition ist so weit gefasst, dass sie auch die Ehe einschließt (Looschelders FS Kronke, 2020, 317 (324)). Wenn eine Lebensgemeinschaft nach nationalem Recht (→ Rn. 16) als Ehe iSd EuGüVO anzusehen ist, hat die EuGüVO Vorrang. Ist eine Lebensgemeinschaft nicht als Ehe iSd EuGüVO anzusehen, findet die EuPartVO Anwendung.

**19** Die Definition erfasst nur Partnerschaften, deren **Registereintragung** konstitutive Wirkung entfaltet. Partnerschaften, die allein aufgrund des faktischen Zusammenlebens bestehen und deren Eintragung nur deklaratorische Wirkung entfaltet, fallen nicht in den Anwendungsbereich der EuPartVO (Dok. 13698/11 ADD 10; Dok. 13698/11). Partnerschaften, die ohne Eintragung bestehen, deren Eintragung aber weitere vermögensrechtliche Wirkungen herbeiführt, sind von der EuPartVO erfasst; insoweit ist die Registereintragung zumindest teilweise konstitutiv. Ist die Eintragung neben dem faktischen Zusammenleben für eine bestimmte Zeit eine Möglichkeit, um vermögensrechtliche Wirkungen herbeizuführen, dann ist die Eintragung vor Ablauf dieser Zeit konstitutiv und führt zur Anwendung der EuPartVO (aA Dutta FamRZ 2016, 1973 (1976)). Maßgeblich für die Wirkungen der Eintragung ist das Recht des registerführenden Staates. Erforderlich ist die Registereintragung bei einer Behörde (Erwägungsgrund 16); daher können **notariell begründete Partnerschaften** als eingetragene Partnerschaften zu qualifizieren sein, wenn die Notare als Behörden zu qualifizieren sind (Bonomi in Dutta/Weber, Die Europäischen Güterrechtsverordnungen, 2017, 123 Rn. 62).

Art. 1 Abs. 2 lit. d EuErbVO und ähnlich auch Art. 1 Abs. 2 lit. c Rom I-VO schließen das „eheliche Güterrecht" sowie „das Güterrecht aufgrund von Verhältnissen, die nach dem auf die Verhältnisse anwendbaren Recht mit der Ehe vergleichbare Wirkungen entfalten" aus. Die EuGüVO und die EuPartVO können diese Bereichsausnahmen nicht vollständig ausfüllen (krit. zB Dok. 13698/11 ADD 16): Partnerschaftsverhältnisse, die mit der Ehe vergleichbare Wirkungen entfalten, fallen nur dann unter die EuPartVO, wenn sie zu ihrer Wirksamkeit der Registrierung bedürfen. 19.1

Die Anregung einiger Mitgliedstaaten, die EuGüVO und die EuPartVO möglichst parallel auszugestalten (Dok. 13698/11 ADD 10; Dok. 13698/11 ADD 14; Dok. 13698/11 ADD 18), wurde in weiten Teilen, etwa bei der Rechtswahl (Art. 22, Art. 22 EuPartVO), umgesetzt. Die allgemeine Kollisionsnorm für das Güterrecht eingetragener Partnerschaften unterscheidet sich hingegen von der Kollisionsnorm für das eheliche Güterrecht (Art. 26, Art. 26 EuPartVO). 20

**c) Faktische Lebensgemeinschaften.** Für Paare, die nicht verheiratet und auch nicht gem. Art. 3 Abs. 1 lit. a EuPartVO mit verbindlicher Wirkung als Partner registriert sind (de facto-Paare), gilt weder die EuGüVO noch die EuPartVO (Gräf, Drittbeziehungen und Drittschutz in den Europäischen Güterrechtsverordnungen, 2019, 136; zur Anknüpfung im deutschen IPR Gräf, Drittbeziehungen und Drittschutz in den Europäischen Güterrechtsverordnungen, 2019, 139–141; Heiderhoff IPRax 2018, 1 (2); zur Regelung des IZVR durch die Brüssel Ia-VO EuGH FamRZ 2019, 1557 Rn. 45; Brosch FamRZ 2019, 1560). Behandelt das Recht des Staates, in dem die Lebensgemeinschaft begründet wurde, die Lebensgemeinschaft im Hinblick auf ihre vermögensrechtlichen Wirkungen wie eine Ehe, kommt allerdings die Anwendung der EuGüVO in Betracht (v. Bary GPR 2020, 201 (204); Dutta FamRZ 2016, 1973 (1977); Hüßtege/Mansel/Magnus Rn. 23). 21

**2. Bereichsausnahmen (Abs. 2).** Abs. 2 beinhaltet eine **abschließende** (KOM (2011) 126 endg., 6) Aufführung der Bereichsausnahmen. Die Bereichsausnahmen sind **autonom** auszulegen. 22

**a) Rechts-, Geschäfts- und Handlungsfähigkeit (lit. a).** Abs. 2 lit. a nimmt die Rechts-, Geschäfts- und Handlungsfähigkeit der Ehegatten vom Anwendungsbereich aus. Im deutschen Kollisionsrecht gilt Art. 7 EGBGB (MüKoBGB/Looschelders Rn. 37). Der Ausschluss erfasst die **allgemeine** Rechts-, Geschäfts- und Handlungsfähigkeit (vgl. zur Diskussion im Rat Dok. 13698/11 ADD 12; Dok. 13698/11 ADD 13; Dok. 15706/12; Gräf, Drittbeziehungen und Drittschutz in den Europäischen Güterrechtsverordnungen, 2019, 223 f.). Keine Anwendung findet die EuGüVO daher auf ehebedingte Modifikationen der allgemeinen Geschäftsfähigkeit, z. B. die **ehebedingte Einschränkung der Geschäftsfähigkeit der Frau** (soweit derartige Regelungen noch existieren) und die **ehebedingte Erweiterung der Geschäftsfähigkeit Minderjähriger** (Gräf, Drittbeziehungen und Drittschutz in den Europäischen Güterrechtsverordnungen, 2019, 224–226). Dagegen erstreckt sich lit. a nicht auf **spezifische** Befugnisse und Rechte eines oder beider Ehegatten – weder im Verhältnis untereinander noch gegenüber Dritten (Erwägungsgrund 20 Hs. 2). Spezifische Befugnisse und Rechte beziehen nicht auf alle Arten von Rechtsgeschäften, sondern nur auf vermögensbezogene Verträge (Gräf, Drittbeziehungen und Drittschutz in den Europäischen Güterrechtsverordnungen, 2019, 224). Sie fallen in den Anwendungsbereich der EuGüVO, wie sich auch aus Art. 27 lit. d ergibt. Die Verordnung findet daher beispielsweise Anwendung auf Zustimmungserfordernisse (§§ 1365, 1369 BGB) sowie auf Mitverpflichtung und Mitberechtigung (§ 1357 BGB). 23

**b) Bestehen, Gültigkeit und Anerkennung einer Ehe (lit. b).** Abs. 2 lit. b stellt klar, dass die Vorfragen des Bestehens und der Gültigkeit einer Ehe nicht in den Anwendungsbereich der Verordnung fallen. Dies gilt sowohl für die Vorfragen innerhalb einer Kollisionsnorm der Verordnung (auch: **Erstfragen**) als auch für **Vorfragen** in materiellen Normen, auf die die EuGüVO verweist (Dutta FamRZ 2016, 1973 (1975)). Zum Ehebegriff der EuGüVO in Abgrenzung zur EuPartVO → Rn. 16. 24

Vor- und Erstfragen unterliegen weiterhin dem nationalen Recht der Mitgliedstaaten, einschließlich ihrer Vorschriften zum internationalen Privatrecht (Erwägungsgrund 21). Im deutschen Kollisionsrecht sind die Voraussetzungen der Ehe nach hM **selbständig anzuknüpfen;** es gelten Art. 11, 13 EGBGB, für gleichgeschlechtliche Ehen gilt Art. 17b Abs. 4 S. 1 EGBGB (Heiderhoff IPRax 2018, 1 (4); Hüßtege/Mansel/Magnus Rn. 8; Martiny ZfPW 2017, 1 (10); MüKoBGB/Looschelders Rn. 44; Weber DNotZ 2016, 659 (669); Ziereis NZFam 2019, 237 (241)). Bei gleichgeschlechtlichen Ehen stellt sich außerdem das Problem der **Substituierbarkeit,** wenn das anwendbare ausländische Güterrecht die gleichgeschlechtliche Ehe nicht kennt (Ziereis NZFam 2019, 237 (238)); zu polygamen Ehen). 25

26 **c) Unterhaltspflichten (lit. c).** Unterhaltspflichten sind vom Anwendungsbereich der Verordnung ausgenommen. Grund für die Ausnahme ist, dass dieser Bereich bereits durch die EuUnthVO und das HUP 2007 geregelt ist (Erwägungsgrund 22 Hs. 1).

27 Einige Staaten kennen Zahlungsverpflichtungen nach Beendigung der Ehe, die eine **eigene Kategorie** neben bzw. anstatt von Unterhaltsansprüchen und güterrechtlicher Auseinandersetzung bilden.

27.1 Hierzu gehören zB der Ausgleichsanspruch bei Bestehen eines durch die Ehe verursachten wirtschaftlichen Ungleichgewichtes im spanischen Recht (pension compensatoria, Art. 97 Código civil), die prestation compensatoire nach Art. 270 ff. Code civil (Frankreich), der Ausgleichsanspruch nach dem Matrimonial Cause Act 1973 im englischen Recht und der als immaterieller Schadensersatz ausgestaltete Anspruch des nichtschuldigen Ehegatten gegen den schuldigen Ehegatten im rumänischen Recht (zur Rechtslage in Rumänien vgl. Dok. 13698/11 ADD 9).

28 Die Anregung zur Klarstellung, ob solche Verpflichtungen unter die EuGüVO oder die EuUnthVO fallen (Dok. 13698/11 ADD 10), griff der Rat nicht auf. Der EuGH gab in der Rechtssache van den Boogaard Hinweise für eine **funktionale Abgrenzung** zwischen Unterhalt und Güterrecht: „Wenn (…) eine Leistung dazu bestimmt ist, den Unterhalt eines bedürftigen Ehegatten zu sichern, oder wenn die Bedürfnisse und die Mittel beider Ehegatten bei seiner Festsetzung berücksichtigt werden, so hat (die Leistung eine) Unterhaltspflicht zum Gegenstand. Bezweckt die Leistung dagegen nur die Aufteilung der Güter zwischen den Ehegatten, so betrifft (sie) die ehelichen Güterstände …" (EuGH EuZW 1997, 242 Rn. 22 – van den Boogaard). Unerheblich ist, ob die Zahlung monatlich oder als Einmalbetrag erfolgt (EuGH EuZW 1997, 242 Rn. 23).

28.1 Für eine unterhaltsrechtliche Qualifikation genügt folglich, wenn der Anspruch zwar nicht von der aktuellen Bedürftigkeit des Anspruchstellers abhängig ist, aber – wie die spanische pension compensatoria – den Lebensstandard des Anspruchsstellers während der Ehe und nach der Trennung sowie die Leistungsfähigkeit des Anspruchsgegners berücksichtigt (OLG Düsseldorf v. 16.3.2005 – 4 UF 278/04 mAnm Brück informaciones 2006, 37; Anoveros Terradas 17 Anuario Espanol Derecho Int'l Priv. 821 (830) (2017); Calvo Caravaca/Carrascosa Gonzalez 1 Cuadernos Derecho Transnacional 36 (64 f.) (2009); Reckhorn-Hengemühle FamRBint 2009, 12 (16); Hausmann, Internationales und Europäisches Familienrecht, 2. Aufl. 2018, Kap. C Rn. 36). Unterhaltsrechtlich zu qualifizieren ist auch die französische prestation compensatoire (EuGH Slg. 1980, 731 = IPRax 1981, 19; OLG Stuttgart NJW-RR 1994, 135 f.; Heiderhoff IPRax 2018, 1 (2)) und der Schadensersatzanspruch gegen den an der Scheidung Schuldigen nach Art. 174 Abs. 1 ZGB Türkei (OLG Karlsruhe NJW-RR 2006, 369; 2003, 725 f.; BeckOK BGB/Heiderhoff HUP Art. 1 Rn. 30). Eine gespaltene Anknüpfung sollte – auch bei Einmalzahlungen nach dem englischen Matrimonial Cause Act 1973 – nach Möglichkeit vermieden werden (Hüßtege/Mansel/Magnus Rn. 34; anders wohl Heiderhoff IPRax 2018, 1 (2)).

29 **d) Rechtsnachfolge nach dem Tod eines Ehegatten (lit. d).** Nicht nach der EuGüVO zu beurteilen ist die Rechtsnachfolge nach dem Tod eines Ehegatten. Das Erbrecht wurde ausgenommen, weil hierfür die EuErbVO gilt (Erwägungsgrund 22 Hs. 2) (KOM (2011) 126 endg., 6). Erwägungsgrund 18 stellt jedoch klar, dass die EuGüVO grds. auch die **güterrechtliche Auseinandersetzung infolge des Todes eines Ehegatten** erfasst. Auf die erbrechtliche Beteiligung und die güterrechtliche Auseinandersetzung können daher unterschiedliche Rechte anwendbar sein (vgl. Art. 21 Abs. 1 EuErbVO und Art. 26 Abs. 1 lit. a). Zu **Erbverträgen, gemeinschaftlichen Testamenten** und **Vereinbarungen über den ehelichen Güterstand** → Art. 3 Rn. 10.

30 Der EuGH wählte eine **funktionale Abgrenzung** zwischen Güter- und Erbstatut: Rechtsinstitute sind güterrechtlich zu qualifizieren, wenn sie die Aufteilung der Vermögenswerte zwischen den Ehegatten **vor Bestimmung der Nachlassmasse** betreffen. Liegt hingegen der Hauptzweck in der Bestimmung der Rechte des überlebenden Ehegatten im Verhältnis zu den übrigen Erben **an der Nachlassmasse,** ist das Rechtsinstitut erbrechtlich zu qualifizieren (EuGH NJW 2018, 1377 Rn. 40 – Mahnkopf). Den pauschalisierten Zugewinnausgleich nach **§ 1931 Abs. 3 BGB, § 1371 Abs. 1 BGB** qualifizierte der EuGH anhand dieser Vorgaben und entgegen der bisher in Deutschland hM (BGHZ 205, 289 Rn. 24 ff. = NJW 2015, 2185; Dutta FamRZ 2016, 1973 (1974); aA Andrae IPRax 2018, 221 (227)) **erbrechtlich** (EuGH NJW 2018, 1377 Rn. 44 – Mahnkopf). Ein pauschaler Zugewinnausgleich findet folglich nicht statt, wenn ausländisches Erbrecht und deutsches Güterrecht nebeneinander Anwendung finden. Enthält die ausländische Erbquote des Ehegatten nur die erbrechtliche Beteiligung und keinen güterrechtlichen Ausgleich, kann der überlebende Ehegatte ggf. einen rechnerischen Zugewinnausgleich verlangen (Süß

DNotZ 2018, 742 (747 f.)). Bei einem deutschen Erbstatut findet § 1371 Abs. 1 BGB Anwendung, wenn die Ehegatten im gesetzlichen Güterstand der Zugewinngemeinschaft leben (Aiwanger ErbR 2019, 202 (207); Dutta FamRZ 2019, 1390 (1395)). Bei **Erbfällen vor Inkrafttreten der EuErbVO** (dh vor dem 17.8.2015) bleibt es bei der güterrechtlichen Qualifikation (OLG München ZEV 2019, 631 (632)).

Eine Klarstellung, ob **Trusts** vom Anwendungsbereich erfasst sind, unterblieb entgegen der Anregung einzelner Ratsdelegationen (Dok. 17792/11 ADD 9, Dok. 8307/12). Vom Anwendungsbereich der Rom III-VO (Art. 1 Abs. 2 lit. h Rom III-VO) und der EuErbVO (Art. 1 Abs. 2 lit. j EuErbVO) sind Trusts ausdrücklich ausgeschlossen; das Fehlen einer ausdrücklichen Ausnahme in der EuGüVO spricht dafür, dass Trusts zwischen Ehegatten grds. erfasst sein können. Die EuGüVO gilt für aus einem Trust folgende Ansprüche, wenn sie aufgrund der Ehe oder der Auflösung der Ehe bestehen (Art. 3 Abs. 1 lit. a). Stehen sich die Ehegatten wie Dritte gegenüber, gilt die EuGüVO nicht. 31

**e) Soziale Sicherheit (lit. e).** Lit. e nimmt die soziale Sicherheit ebenso wie Art. 1 Abs. 2 lit. c Brüssel Ia-VO vom Anwendungsbereich aus. Übernimmt man die für die Brüssel Ia-VO gefundene **autonome Auslegung** des Begriffs „soziale Sicherheit", umfasst die Ausnahme zuvörderst Streitigkeiten zwischen Sozialversicherungsträgern und Berechtigten (MüKoBGB/Looschelders Rn. 59; Rauscher/Mankowski, EuZPR/EuIPR, 4. Aufl. 2016, Brüssel Ia-VO Art. 1 Rn. 96). 32

**f) Übertragung oder Anpassung von Ansprüchen auf Alters- oder Erwerbsunfähigkeitsrente (lit. f).** Abs. 2 lit. f war im Kommissionsvorschlag (KOM (2011) 126 endg.) noch nicht enthalten. Die Bereichsausnahme wurde erst während der Beratungen im Rat auf Anregung der deutschen Delegation eingefügt (Dok. 9142/13, 7951/13, 17871/12, 17792/11 ADD 9). Ziel der Ausnahme ist es, anderen Staaten die Durchführung des komplexen, auf das nationale Altersvorsorgesystem zugeschnittenen Versorgungsausgleichs zu ersparen; insbes. würden den Gerichten anderer Mitgliedstaaten die den nationalen Familiengerichten zur Verfügung stehenden Hilfen fehlen (Auskunftsformulare, Berechnungsprogramme). 33

Die Bereichsausnahme gilt für **Ansprüche auf Alters- oder Erwerbsunfähigkeitsrente.** Diese Begriffe werfen verschiedene Abgrenzungsfragen auf. Erstens erfasst der Begriff der Erwerbsunfähigkeit **jede Form der Invalidität,** auch wenn lit. f enger gefasst ist als die deutschen Versorgungsbestimmungen (Borth FamRZ 2019, 1573 (1574)). Zweitens sind unter Renten grds. nur solche Anrechte zu verstehen, die auf eine **wiederkehrende Leistung** im Alter oder aufgrund von Erwerbsunfähigkeit gerichtet sind. Lit. f erfasst dementsprechend seinem Wortlaut nach keine auf Kapitalleistung gerichteten Anrechte. Problematisch ist deshalb, ob Anrechte nach dem Betriebsrentengesetz oder dem Altersvorsorge-Zertifizierungsgesetz, die gem. § 2 Abs. 2 Nr. 3 VersAusglG unabhängig von der Leistungsform (dh auch Kapitalleistungen) dem Versorgungsausgleich unterliegen, von lit. f erfasst sind. Für die Ausnahme auch solcher Anrechte spricht das Ziel von lit. f (→ Rn. 33); zudem bestimmt Erwägungsgrund 23 S. 1, dass Ansprüche gleich welcher Art ausgenommen sind und den spezifischen Systemen der Mitgliedstaaten Rechnung zu tragen ist. Im Verordnungsgebungsverfahren wurde möglicherweise übersehen, dass der Versorgungsausgleich nicht nur Renten, sondern im Einzelfall auch Kapitalleistungen erfassen kann. Ziel war es jedenfalls, das gesamte Versorgungsausgleichssystem vom Anwendungsbereich auszunehmen (vgl. Dok. 17871/12 „specific settlement system for pension splitting"). Der deutsche **Versorgungsausgleich** fällt demgemäß insgesamt nicht in den Anwendungsbereich der Verordnung (Erbarth NZFam 2018, 249 (252)); Heiderhoff IPRax 2018, 1 (2); aA Borth FamRZ 2019, 1573 (1574); Dutta FamRZ 2016, 1973 (1975); Kohler/Pintens FamRZ 2011, 1433; MüKoBGB/Looschelders Rn. 61; MüKoFamFG/Mayer Rn. 33). Für den Versorgungsausgleich gilt kollisionsrechtlich **Art. 17 Abs. 4 EGBGB.** Die **internationale Zuständigkeit** folgt für Verbundverfahren aus Art. 98 Abs. 3 FamFG und für selbständige Verfahren aus § 102 FamFG (Borth FamRZ 2019, 1573). Für die Anerkennung und Vollstreckung gelten die §§ 108 ff. FamFG. 34

Im Übrigen ist lit. f **eng auszulegen** (Erwägungsgrund 23 S 2). Die EuGüVO findet gem. Erwägungsgrund 23 S. 3 insbes. Anwendung auf die Kategorisierung von Rentenansprüchen, auf die während der Ehe bereits ausgezahlten Renten (vgl. lit. f: „die während der Ehe zu keinem Renteneinkommen geführt haben") (Borth FamRZ 2019, 1573 (1575 f.)) und auf den Ausgleich von mit gemeinsamem Vermögen finanzierten Rentenversicherungen (Borth FamRZ 2019, 1573 (1576)). 35

**g) Sachenrecht.** Die Zuweisung von Vermögen aufgrund des Eheverhältnisses (zB die automatische Zuweisung von Vermögen an beide Ehegatten bei Eheschließung) unterliegt dem Güterstatut, wie Art. 27 lit. a und b zeigen (Dutta FamRZ 2016, 1973 (1975); Martiny ZfPW 2017, 1 36

(12)). Das anwendbare Güterrecht kann daher die Begründung oder Übertragung eines dinglichen Rechts ermöglichen (Erwägungsgrund 24 S. 1). Bereichsausnahmen existieren für die Art der dinglichen Rechte (lit. g) und die Registereintragung (lit. h).

37 **aa) Art der dinglichen Rechte (lit. g).** Abs. 2 lit. g nimmt in Anlehnung an Art. 1 Abs. 2 lit. k EuErbVO die Art der dinglichen Rechte vom Anwendungsbereich der EuGüVO aus. Zur Art der dinglichen Rechte gehören die **Formen gemeinschaftlicher Berechtigung** und die **Formen beschränkt dinglicher Rechte** (numerus clausus der Sachenrechte) (vgl. zu Art. 1 Abs. 2 lit. k EuErbVO EuGH NJW 2017, 3767 Rn. 48 – Kubicka). Das Güterstatut regelt hingegen, welcher Vermögensmasse eine Sache zuzuordnen ist (**Vermögenszuordnung,** Art. 27 lit. a EuGüVO). Darüber hinaus bestimmt das Güterrecht auch, wie sich der Übergang in diese Vermögensmasse vollzieht (**Erwerbsmodus,** Art. 27 lit. b EuGüVO; Gräf, Drittbeziehungen und Drittschutz in den Europäischen Güterrechtsverordnungen, 2019, 289; zu Art. 1 Abs. 2 lit. k EuErbVO EuGH NJW 2017, 3767 Rn. 50 – Kubicka). Folglich ordnet das Güterstatut an, **ob** und **wie** dingliche Rechte entstehen, während das Belegenheitsrecht entscheidet, **welche** Sachenrechte entstehen dürfen (Erwägungsgrund 24 S. 2). Der Belegenheitsstaat ist nicht verpflichtet, ein dingliches Recht anzuerkennen, wenn sein Recht dieses dingliche Recht nicht kennt (Erwägungsgrund 24 S. 3). Möglich ist jedoch eine Anpassung (Art. 29). Eine mit Art. 30 EuErbVO vergleichbare Regelung existiert nicht (vgl. dazu Dok. 18045/12).

38 **bb) Registereintragungen (lit. h).** Abs. 2 lit. h ist an Art. 1 Abs. 2 lit. l EuErbVO angelehnt (Dok. 13969/12, 15706/12, 7848/13) und nimmt die Eintragung der Vermögensgegenstände in einem Register einschließlich ihrer Voraussetzungen und Wirkungen vom Anwendungsbereich der EuGüVO aus (Erwägungsgrund 27 S. 1).

39 Das Recht des Mitgliedstaats, in dem das Register geführt wird, bestimmt, ob das nach dem Güterstatut begründete (→ Rn. 37) dingliche Recht **eintragungspflichtig** ist (Erwägungsgrund 27 S. 3), unter welchen **registerrechtlichen Voraussetzungen die Eintragung** vorzunehmen ist (Gräf, Drittbeziehungen und Drittschutz in den Europäischen Güterrechtsverordnungen, 2019, 290 f.) und welche Behörden (zB Grundbuchamt) für die Eintragung **zuständig** sind (Erwägungsgrund 27 S. 2).

40 Auch **Formvoraussetzungen und formelle Genehmigungsvoraussetzungen** (zB § 2 GrdstVG) bestimmt das Recht des Registerstaates (Erwägungsgrund 27 S. 5). Die Vorschriften der EuGüVO über die Anerkennung von Entscheidungen und Urkunden sind jedoch zu beachten (Erwägungsgrund 27 S. 4, Art. 36 ff., Art. 58).

41 Das Recht des registerführenden Staates regelt, **wie** die Eintragung vorzunehmen ist; dabei ist jedoch dem Inhalt des ausländischen Rechtsinstituts Rechnung zu tragen (zu Art. 15 EGBGB aF OLG Oldenburg NJW-RR 2019, 793). Die **Wirkungen der Eintragung** (zB deklaratorisch oder konstitutiv, öffentlicher Glaube) eines Rechts in ein Register sind ebenfalls vom Anwendungsbereich der EuGüVO ausgenommen und unterliegen dem Recht des Mitgliedstaats, in dem das Register geführt wird (Erwägungsgrund 28 S. 1; a. A. Gräf, Drittbeziehungen und Drittschutz in den Europäischen Güterrechtsverordnungen, 2019, 297). Ordnet das ausländische Güterrecht einen Eigentumsübergang für ein in Deutschland gelegenes Grundstück außerhalb des Grundbuchs an, dann lässt sich diese Anordnung aus Sicht des deutschen Grundbuchrechts mittels (deklaratorischer) **Grundbuchberichtigung** (§ 22 GBO) umsetzen (offen Rupp GPR 2016, 295 (296 f.)); vgl. auch → Art. 22 Rn. 13.

42 **3. Verfahren und Beweis.** Die EuGüVO enthält keine Art. 1 Abs. 3 Rom I-VO, Art. 1 Abs. 3 Rom II-VO entsprechende Klarstellung. Gleichwohl ist die EuGüVO – mit Ausnahme von internationaler Zuständigkeit, Anerkennung und Vollstreckbarkeit – nicht auf das Verfahren anwendbar (Dok. 18965/11, 16045/11 ADD 2). Verfahrensfragen unterliegen der **lex fori.** Die Qualifikation von Fragen als verfahrensrechtlich oder materiellrechtlich sollte unionsautonom erfolgen.

43 Die Frage, wie der **Verkauf** oder die **Versteigerung** im Rahmen der gerichtlichen Teilung einer Gütergemeinschaft (vgl. § 1477 Abs. 1 BGB, § 753 BGB) oder Errungenschaftsgemeinschaft erfolgt, ist verfahrensrechtlich zu qualifizieren (Dok. 16045/11 ADD 2; ähnlich für die Nachlassteilung MüKoBGB/Dutta EuErbVO Art. 23 Rn. 38).

44 Ebenfalls verfahrensrechtlich zu qualifizieren ist die Frage, ob das Gericht zum Zwecke der Auseinandersetzung der Güter oder des Zugewinnausgleichs das Vermögen der Ehegatten **von Amts wegen** ermittelt oder ob der **Beibringungsgrundsatz** gilt. Auskunftsansprüche sind hingegen materiell-rechtlich zu qualifizieren und unterliegen der EuGüVO (Heiderhoff IPRax 2018, 1 (3)); zur Anpassung → Art. 27 Rn. 5.1.

**Beweislastregeln** und damit auch gesetzliche Vermutungen (vgl. § 1362 BGB) sind nach hM materiellrechtlich zu qualifizieren und folgen dem Recht der lex causae (Gräf, Drittbeziehungen und Drittschutz in den Europäischen Güterrechtsverordnungen, 2019, 228, 247–249; MüKoZPO/Prütting ZPO § 286 Rn. 140 ff.). Verfahrensrechtlich zu qualifizieren ist hingegen die **Beweisaufnahme** (Beweisarten, Beweiswert etc). 45

### III. Nicht ausgeschlossen

**1. Unentgeltliche Zuwendungen.** Im Verordnungsvorschlag waren die Gültigkeit und die Wirkung unentgeltlicher Zuwendungen ausgenommen. Die Kommission ging davon aus, dass für Schenkungen die Rom I-VO gilt (KOM (2011) 126 endg., 6 Fn. 9, Art. 1 Abs. 3 lit. c; vgl. auch OGH BeckRS 2016, 80223; dazu Wiedemann FamRZ 2016, 229; krit. zum Kommissionsvorschlag Bachmann, Die neuen Rom IV-Verordnungen, 2016, 71 f.). Der Rat strich die Ausnahme. Verträge, die unentgeltliche Zuwendungen zum Gegenstand haben, sind dementsprechend nicht generell vom Anwendungsbereich ausgenommen. 46

Ob Ansprüche, die auf unentgeltlichen Zuwendungen beruhen, ehegüterrechtlich zu qualifizieren sind, ist nach Art. 3 Abs. 1 lit. a und Art. 27 zu beurteilen: entscheidend ist, ob sie vermögensrechtliche Regelungen zwischen den Ehegatten darstellen, die aufgrund der Ehe oder aufgrund der Auflösung der Ehe gelten. **Schenkungsverbote unter Ehegatten** fallen damit unter das Güterstatut (MüKoBGB/Looschelders Art. 27 Rn. 17). **Nebengüterrechtliche Ansprüche** zur Rückabwicklung unbenannter Zuwendungen oder familienrechtlicher Kooperationsverträge (§ 812 Abs. 1 S. 2 Var. 2 BGB und § 313 BGB) unterliegen der EuGüVO, selbst wenn sie auf allgemeinen zivilrechtlichen Anspruchsgrundlagen beruhen (Andrae IPRax 2018, 221 (223); Dobereiner MittBayNot 2018, 405 (408); Dutta FamRZ 2016, 1973 (1975); Heiderhoff IPRax 2018, 1 (2); Köhler in Dutta/Weber, Die Europäischen Güterrechtsverordnungen, 2017, 148 Rn. 7; Gräf, Drittbeziehungen und Drittschutz in den Europäischen Güterrechtsverordnungen, 2019, 220, 237–239; MüKoBGB/Looschelders Rn. 16; Hüßtege/Mansel/Magnus Rn. 32; Martiny ZfPW 2017, 1 (9); Mayer IPRax 2016, 353 (355); Sanders FamRZ 2018, 978 (979 ff.)). Die Rückabwicklung dient der Rückgewähr von Leistungen, die ein Ehegatte im Vertrauen auf den Bestand der ehelichen Lebensgemeinschaft gemacht hat. Sie ergänzt das Familienrecht in Fällen, in denen die güterrechtliche Abwicklung unzureichend ist oder die Ehegatten Gütertrennung vereinbart haben. Dem Güterstatut unterliegt auch die Rückabwicklung von **Schwiegereltern-Schenkungen** (Gräf, Drittbeziehungen und Drittschutz in den Europäischen Güterrechtsverordnungen, 2019, 220, 240–242); Rechtsgrundlage ist insoweit zwar keine unbenannte Zuwendung und kein familienrechtlicher Kooperationsvertrag, sondern eine Schenkung nach § 516 BGB; die Rückforderung nach § 313 BGB erfolgt aber aufgrund des Wegfalls der ehelichen Lebensgrundlage und das eheliche Güterrecht beeinflusst den Rückforderungsanspruch (zB die Frage, ob das eigene Kind von der Zuwendung ganz oder teilweise im Wege des Zugewinnausgleichs profitiert). 47

Für die Rückabwicklung von **Schenkungsverträgen,** bei denen sich die Ehegatten **wie Dritte** gegenüberstehen, gilt nicht die EuGüVO, sondern die Rom I-VO. Bei einem **Vertrag zugunsten Dritter** unterfällt das Valutaverhältnis zwischen den Ehegatten (Versprechensempfänger und Dritter) demensprechend nicht der EuGüVO (Andrae IPRax 2018, 221 (227)). Ob der Vertrag zugunsten Dritter auf den Todesfall insgesamt oder Teile desselben der EuErbVO oder der Rom I-VO und der Brüssel Ia-VO unterliegen, ist umstritten (→ EuErbVO Art. 1 Rn. 30). Die Frage, ob Schenkungen nach dem **Tod** eines Ehegatten **anzurechnen** oder **auszugleichen** sind, unterfällt der EuErbVO (Andrae IPRax 2018, 221 (227)). 48

**2. Ehegattengesellschaften.** Im Kommissionsentwurf waren Ehegattengesellschaften vom Anwendungsbereich ausgenommen (KOM (2011) 126 endg., Art. 1 Abs. 3 lit. e). Der Rat strich die Ausnahme aufgrund von Unsicherheiten über deren Reichweite. Unklar blieb insbes., ob der Begriff der „Ehegattengesellschaft" auch Gesellschaften oder Anteile von Gesellschaften erfasst, die die Ehegatten als Wertanlage besitzen und die damit ein Teil des Ehevermögens sind. Ebenso war unklar, ob auch Gesellschaften zwischen Ehegatten gemeint sind, die genauso zwischen Dritten bestehen könnten (vgl. dazu Dok. 8307/12, 13698/11 ADD 1, 13698/11 ADD 4, 13698/11 ADD 11, 13698/11 ADD 12, 13698/11 ADD 15, 13698/11 ADD 18, 13698/11, 17792/11 ADD 9, 13969/12). 49

Nach Streichung der Ausnahme ist nach Art. 3 Abs. 1 lit. a und Art. 27 zu entscheiden, ob Ehegattengesellschaften vom Anwendungsbereich der EuGüVO erfasst sind. Das Güterstatut regelt die **Einteilung des Vermögens in verschiedene Kategorien** (Art. 27 lit. a); es regelt damit auch, in welche Kategorie Gesellschaftsvermögen eines Ehegatten fällt (Dengel, Die europäische 50

Vereinheitlichung des Internationalen Güterrechts und des Internationalen Güterrechts für eingetragene Partnerschaften, 2014, 157; Dobereiner MittBayNot 2018, 405 (408)). Die **güterrechtliche Auseinandersetzung** unterliegt dem Güterstatut (Art. 27 lit. e). Gesellschaften oder Anteile von Gesellschaften, die die Ehegatten als Wertanlage besitzen, können als Ehevermögen Teil der Auseinandersetzung sein. Auch das **Verbot von Gesellschaftsverträgen zwischen Ehegatten** unterliegt der EuGüVO (Dobereiner MittBayNot 2018, 405 (408)).

51 Bei der **Auseinandersetzung von Gesellschaften** ist zwischen Innengesellschaften und Außengesellschaften zu differenzieren: Ansprüche nach Auflösung **stillschweigend vereinbarter Ehegatteninnengesellschaften** (§§ 733, 738 BGB) sind als nebengüterrechtliche Ansprüche – ebenso wie unentgeltliche Zuwendungen (→ Rn. 47) – von der EuGüVO erfasst, wenn sie als Ergänzung zum Güterrecht einen Ausgleich zwischen den Ehegatten schaffen (Andrae IPRax 2018, 221 (223)); Dobereiner MittBayNot 2018, 405 (408); Döbereiner/Frank, Internationales Güterrecht in der Praxis, 2019, Rn. 44; Dutta FamRZ 2016, 1973 (1975)); Heiderhoff IPRax 2018, 1 (2); Köhler in Dutta/Weber, Die Europäischen Güterrechtsverordnungen, 2017, 148 Rn. 7; MüKoBGB/Looschelders Rn. 16; Hüßtege/Mansel/Magnus Rn. 32; Martiny ZfPW 2017, 1 (9); C. Mayer IPRax 2016, 353 (355); Sanders FamRZ 2018, 978 (979 ff.); aA Dengel, Die europäische Vereinheitlichung des Internationalen Güterrechts und des Internationalen Güterrechts für eingetragene Partnerschaften, 2014, 157; anders bisher auch BGH NJW 2015, 2581). Hieran lässt sich zwar zweifeln, wenn man bedenkt, dass eine Ehegatteninnengesellschaft nach der Rspr. des BGH nur besteht, wenn die Ehegatten mit ihrer Tätigkeit einen über die bloße Verwirklichung der ehelichen Lebensgemeinschaft hinausgehenden Zweck erreichen wollen (BGH NZG 2016, 547 Rn. 23). Die Ehegatteninnengesellschaft wurde aber von der Rspr. konstruiert, ohne dass die Ehegatten ausdrücklich einen Gesellschaftsvertrag geschlossen haben; durch diese Konstruktion soll ein gerechter Vermögensausgleich zwischen den Ehegatten erreicht werden, wenn das Güterrecht keine befriedigende Lösung bereithält (BGH NJW 2015, 2581 Rn. 16). Die Ansprüche nach Auflösung der Ehegatteninnengesellschaft ergänzen daher das Ehegüterrecht und fallen in den Anwendungsbereich der Verordnung (vgl. Art. 3 Abs. 1 lit. a).

52 Die Auflösung und Auseinandersetzung von Gesellschaften zwischen den Ehegatten, die nach **außen** in Erscheinung treten (Außen-GbR, OHG, GmbH etc), richtet sich nach dem Gesellschaftsstatut, soweit die Auseinandersetzung nicht spezifisch-familienrechtlichen Zielen folgt (Andrae IPRax 2018, 221 (223)). Zu Gesellschaften, an denen **Dritte beteiligt** sind, → Art. 3 Rn. 7.

## Art. 2 Zuständigkeit für Fragen des ehelichen Güterstands innerhalb der Mitgliedstaaten

**Diese Verordnung berührt nicht die Zuständigkeit der Behörden der Mitgliedstaaten für Fragen des ehelichen Güterstands.**

1 Art. 2 wurde in Anlehnung an Art. 2 EuErbVO in die EuGüVO aufgenommen (Dok. 7848/13, 4 Fn. 4). In Anlehnung an die Erwägungsgründe 20–22 EuErbVO fügte der Rat in seinen Beratungen zudem die Erwägungsgründe 29–31 EuGüVO ein. Art. 2 EuPartVO und Erwägungsgrund 29–31 EuPartVO sind parallel ausgestaltet.

2 In einigen Mitgliedstaaten sind Notare (→ Rn. 2.1) für Fragen des ehelichen Güterstands zuständig. Art. 2 stellt klar, dass die Verordnung die **interne Zuständigkeitsverteilung** zwischen Gerichten und Notaren nicht berührt (Erwägungsgrund 30 S. 1).

2.1 **Notare** können unter den Begriff „Gericht" fallen, wenn sie gerichtliche Funktionen ausüben (Erwägungsgrund 29; → Art. 3 Rn. 18). Üben Notare eine **gerichtliche Funktion** aus, sind sie an die internationale Zuständigkeit nach der EuGüVO gebunden (Erwägungsgrund 30 S. 2) und die von ihnen erlassenen Entscheidungen unterliegen der Anerkennung, Vollstreckbarkeit und Vollstreckung nach der EuGüVO (Erwägungsgrund 31 S. 2). Üben Notare **keine gerichtliche Funktion** aus, sind sie nicht an die internationale Zuständigkeit nach der EuGüVO gebunden und die von ihnen erlassenen öffentlichen Urkunden verkehren nach den Bestimmungen in Kapitel V über öffentliche Urkunden (Erwägungsgrund 31 S. 3).

## Art. 3 Begriffsbestimmungen

**(1) Im Sinne dieser Verordnung bezeichnet der Ausdruck**

**a) „ehelicher Güterstand" sämtliche vermögensrechtlichen Regelungen, die zwischen den Ehegatten und in ihren Beziehungen zu Dritten aufgrund der Ehe oder der Auflösung der Ehe gelten;**

**b) „Vereinbarung über den ehelichen Güterstand" jede Vereinbarung zwischen Ehegatten oder künftigen Ehegatten, mit der sie ihren ehelichen Güterstand regeln;**
**c) „öffentliche Urkunde" ein den ehelichen Güterstand betreffendes Schriftstück, das als öffentliche Urkunde in einem Mitgliedstaat förmlich errichtet oder eingetragen worden ist und dessen Beweiskraft**
**d) sich auf die Unterschrift und den Inhalt der öffentlichen Urkunde bezieht und**
**e) durch eine Behörde oder eine andere vom Ursprungsmitgliedstaat hierzu ermächtigte Stelle festgestellt worden ist;**
**f) „Entscheidung" jede von einem Gericht eines Mitgliedstaats über einen ehelichen Güterstand erlassene Entscheidung ohne Rücksicht auf ihre Bezeichnung, einschließlich des Kostenfestsetzungsbeschlusses eines Gerichtsbediensteten;**
**g) „gerichtlicher Vergleich" einen von einem Gericht gebilligten oder vor einem Gericht im Laufe eines Verfahrens geschlossenen Vergleich über den ehelichen Güterstand;**
**h) „Ursprungsmitgliedstaat" den Mitgliedstaat, in dem die Entscheidung ergangen, die öffentliche Urkunde errichtet oder der gerichtliche Vergleich gebilligt oder geschlossen worden ist;**
**i) „Vollstreckungsmitgliedstaat" den Mitgliedstaat, in dem die Anerkennung und/oder Vollstreckung der Entscheidung, der öffentlichen Urkunde oder des gerichtlichen Vergleichs betrieben wird.**

**(2) Im Sinne dieser Verordnung bezeichnet der Ausdruck „Gericht" jedes Gericht und alle anderen Behörden und Angehörigen von Rechtsberufen mit Zuständigkeiten in Fragen des ehelichen Güterstands, die gerichtliche Funktionen ausüben oder in Ausübung einer Befugnisübertragung durch ein Gericht oder unter der Aufsicht eines Gerichts handeln, sofern diese anderen Behörden und Angehörigen von Rechtsberufen ihre Unparteilichkeit und das Recht der Parteien auf rechtliches Gehör gewährleisten und ihre Entscheidungen nach dem Recht des Mitgliedstaats, in dem sie tätig sind,**
**a) vor einem Gericht angefochten oder von einem Gericht nachgeprüft werden können und**
**b) vergleichbare Rechtskraft und Rechtswirkung haben wie eine Entscheidung eines Gerichts in der gleichen Sache.**

**Die Mitgliedstaaten teilen der Kommission nach Artikel 64 die in Absatz 1 genannten sonstigen Behörden und Angehörigen von Rechtsberufen mit.**

## Überblick

Art. 3 enthält – wie andere Verordnungen zum internationalen Privat- und Verfahrensrecht (Art. 2 EuUnthVO, Art. 3 Rom III-VO, Art. 3 EuErbVO, Art. 2 Brüssel Ia-VO, Art. 2 Brüssel IIa-VO) – einen Definitionskatalog. Art. 3 EuPartVO enthält ebenfalls einen Definitionskatalog (zur Definition der registrierten Partnerschaft → Art. 1 Rn. 17).

## Übersicht



## I. Ehelicher Güterstand (Abs. 1 lit. a)

Die EuGüVO findet auf die ehelichen Güterstände Anwendung (Art. 1 Abs. 1). Art. 3 Abs. 1 definiert den „ehelichen Güterstand" **unionsautonom** (Erwägungsgrund 18 S. 2 Hs. 1); maßgeblich ist nicht das Begriffsverständnis der Mitgliedstaaten, sondern ein einheitliches unionsrechtliches Verständnis. Die Definition deckt sich mit der Rspr. des EuGH zur Bereichsausnahme in 1

Art. 1 Abs. 2 lit. a Brüssel Ia-VO (EuGH BeckRS 2004, 71654 – de Clavel; EuZW 1997, 242 Rn. 22 – van den Boogaard; BeckRS 2017, 122519 – Iliev). Zur güterrechtlichen Bereichsausnahme in anderen Verordnungen vgl. Art. 1 Abs. 2 lit. b Rom I-VO, Art. 1 Abs. 2 lit. b Rom II-VO, Art. 1 Abs. 2 lit. d EuErbVO, ähnlich: Art. 1 Abs. 2 lit. e Rom III-VO.

2 **1. Vermögensrechtliche Regelungen.** Der eheliche Güterstand umfasst **sämtliche vermögensrechtliche Regelungen** zwischen den Ehegatten und Dritten, soweit diese aufgrund der Ehe oder ihrer Auflösung gelten. Zu den vermögensrechtlichen Regelungen gehören zwingendes Recht, dispositives Recht und Vereinbarungen (Erwägungsgrund 18 S. 2 Hs. 2). Der Begriff erfasst daher – wie Art. 25 und Art. 27 zeigen – neben den gesetzlichen Güterständen auch vertraglich begründete oder modifizierte Güterstände (Dutta FamRZ 2016, 1973).

3 Die Definition unterscheidet nicht zwischen **vermögensrechtlichen Regelungen, die in Abhängigkeit eines Güterstands** gelten (§§ 1363 ff. BGB) und **allgemeinen vermögensrechtlichen Wirkungen** der Ehe (vermögensrechtlicher Gehalt des § 1353 BGB, § 1357 BGB, vermögensrechtlicher Gehalt des § 1358 BGB nF, § 1362 BGB). Allgemeine vermögensrechtliche Wirkungen fallen dementsprechend abweichend von der früheren deutschen Qualifikation (Art. 14 EGBGB aF) nicht mehr unter das allgemeine Ehewirkungsstatut, sondern unter die EuGüVO (Dutta FamRZ 2016, 1973 (1974); Erbarth NZFam 2019, 417 (423); Gräf, Drittbeziehungen und Drittschutz in den Europäischen Güterrechtsverordnungen, 2019, 217 f.; Erbarth NZFam 2018, 249 (252); Heiderhoff IPRax 2018, 1 (2); Mankowski NJW 2019, 465 (468); Martiny ZfPW 2017, 1 (8 f.); Grüneberg/Thorn Art. 1 Rn. 3; aA Bonomi in Dutta/Weber, Die Europäischen Güterrechtsverordnungen, 2017, 123 (136 f.)).

3.1 Güterrechtlich zu qualifizieren sind grds. die Regelungen der Rechtsverhältnisse an der **Ehewohnung** und an den **Haushaltsgegenständen** nach §§ 1361a, 1361b, 1568a 1568b BGB (Andrae IPRax 2018, 221 (224); Dutta FamRZ 2016, 1973 (1975); Erbarth NJW 2019, 1169 (1173); Erbarth NZFam 2019, 417 (423 f.); Erbarth NZFam 2018, 249 (252); Heiderhoff IPRax 2018, 1 (2); MüKoBGB/Looschelders Art. 1 Rn. 18; Martiny ZfPW 2017, 1 (9)); vgl. auch Erwägungsgrund 53 S. 2 und → Art. 30 Rn. 4. Die EuGüVO ist jedoch nur auf die **Zuweisung der Ehewohnung zum Zwecke der (vorläufigen) Vermögensverteilung** anwendbar. Maßnahmen, die **(schwerpunktmäßig) zum Zwecke des Gewaltschutzes** angeordnet werden, sind keine vermögensrechtlichen Angelegenheiten und unterliegen nicht der EuGüVO (Heiderhoff IPRax 2018, 1 (2); aA Dutta FamRZ 2016, 1973 (1975); Hüßtege/Mansel/Magnus Art. 1 Rn. 29). Art. 17a EGBGB aF wurde dementsprechend teilweise von der EuGüVO verdrängt und neugefasst (BT-Drs 19/4852, 39): Art. 17a EGBGB gilt nur noch für Betretungs-, Näherungs- und Kontaktverbote, nicht mehr für die Nutzungsbefugnis von Ehewohnung und Hausrat. Für die Anerkennung und Vollstreckung von Gewaltschutzmaßnahmen beinhaltet die VO (EU) 606/2013 Sonderregelungen; zuständigkeitsrechtlich gilt die Brüssel Ia-VO/das LugÜ 2007 (MüKoBGB/Duden GewSchG § 1 Rn. 52; MüKoFamFG/Mayer Art. 1 Rn. 7); kollisionsrechtlich gilt bei Bezug zu einer inländischen Ehewohnung Art. 17a EGBGB und im Übrigen Art. 4 Rom II-VO (MüKoBGB/Duden GewSchG § 1 Rn. 53; BeckOK/Heiderhoff EGBGB Art. 17a Rn. 22).

3.2 Die aus den islamisch geprägten Rechtordnungen stammende **Braut- oder Morgengabe** fällt unter die EuGüVO, wenn sie nicht ausnahmsweise bedarfsorientiert und damit unterhaltsrechtlich zu qualifizieren ist (Andrae IPRax 2018, 221 (223); Dutta FamRZ 2019, 1390 (1394); Dutta FamRZ 2016, 1973 (1974); Erbarth NZFam 2018, 249 (252); Heiderhoff IPRax 2018, 1 (2); Köhler in Dutta/Weber, Die Europäischen Güterrechtsverordnungen, 2017, 148 Rn. 6; Martiny ZfPW 2017, 1 (9); Ziereis NZFam 2019, 237 (238); vgl. zum deutschen Kollisionsrecht zuletzt BGH NJW 2020, 2024 (2025)).

3.3 Unter den Begriff des Güterrechts fällt der Anspruch eines Ehegatten gegen den anderen Ehegatten auf Abgeltung seiner Mitarbeit im Erwerb des anderen nach dem österr. **§ 98 ABGB** (Andrae IPRax 2018, 221 (222); Martiny ZfPW 2017, 1 (9)).

4 Der deutsche Gesetzgeber beschränkte Art. 14 EGBGB zum 29.1.2019 auf die allgemeinen Ehewirkungen, gewährte eine beschränkte Rechtswahlfreiheit und wechselte bei der objektiven Anknüpfung vom Staatsangehörigkeitsprinzip zum Aufenthaltsprinzip (BGBl. 2018 I 2573) (Erbarth NZFam 2019, 417 (424); Mankowski NJW 2019, 465 (468)).

5 **2. Aufgrund der Ehe oder der Auflösung der Ehe.** Die EuGüVO erfasst die vermögensrechtlichen Regelungen zwischen den Ehegatten oder gegenüber Dritten, die **aufgrund der Ehe** oder **aufgrund der Auflösung der Ehe** gelten. Hierzu zählen sowohl die Aspekte, die mit der Verwaltung des Vermögens der Eheleute im Laufe der Ehe zusammenhängen, als auch die Aspekte, die bei der güterrechtlichen Auseinandersetzung infolge der Trennung, Scheidung oder des Todes eines Ehegatten zum Tragen kommen (Erwägungsgrund 18 S. 1). Erwägungsgrund 18 S. 3 („direkt

infolge der Ehe oder der Auflösung des Eheverhältnisses") zeigt jedoch, dass ebenso wie nach der bisherigen Rspr. des EuGH (EuGH BeckRS 2004, 71654 Rn. 10 – de Clavel; BeckRS 2017, 122519 Rn. 28 – Iliev) ein **unmittelbarer Zusammenhang** mit der Ehe oder ihrer Auflösung erforderlich ist (Looschelders IPRax 2018, 591 (593); zur Teilung von im Miteigentum der Ehegatten stehenden Gegenständen → Art. 27 Rn. 5). Die Qualifikation von Rechtsverhältnissen erfolgt demensprechend unabhängig davon, ob sie ihre Rechtsgrundlage im Familienrecht haben. Entscheidend ist ihre **Funktion** (Gräf, Drittbeziehungen und Drittschutz in den Europäischen Güterrechtsverordnungen, 2019, 219).

**3. Regelungen zwischen den Ehegatten und Regelung ihrer Beziehungen zu Dritten. Rechtsverhältnisse der Ehegatten untereinander** unterliegen der EuGüVO, wenn sie im unmittelbaren Zusammenhang mit der Begründung und Realisierung der ehelichen Lebensgemeinschaft oder der Auflösung der Ehe stehen (Andrae IPRax 2018, 221 (222)). Hierzu gehört etwa die Aufteilung von gemeinschaftlichen Ansprüchen und gemeinschaftlichen Schulden im Innenverhältnis, auch wenn sich der Rechtsgrund aus dem Schuldrecht ergibt (§§ 430, 426 BGB) (Andrae IPRax 2018, 221 (222 f.)). Auch die aus einer **Vereinbarung** zwischen den Ehegatten (zB Scheidungsfolgevereinbarung) abgeleiteten Ansprüche fallen unter die EuGüVO (OGH BeckRS 2020, 49985 Rn. 13). Stehen sich die Ehegatten hingegen **wie Dritte** gegenüber, gilt nicht die EuGüVO; für vertragliche Ansprüche gilt die Rom I-VO (zB Schenkungsverträge, Werkverträge, Dienstverträge, Arbeitsverträge), für außervertragliche Ansprüche die Rom II-VO. Für Ansprüche wegen Mitarbeit im Betrieb des anderen Ehegatten kommt die EuGüVO demensprechend nur zur Anwendung, wenn die Ehegatten sich nicht in einem Arbeitsvertrag wie Dritte gegenüberstehen (Andrae IPRax 2018, 221 (223); MüKoBGB/Looschelders Art. 1 Rn. 17). Zu § 98 ABGB → Rn. 3.3. Zu unbenannten Zuwendungen und familienrechtlichen Kooperationsverträgen → Art. 1 Rn. 46 ff., zur Ehegatteninnengesellschaft → Art. 1 Rn. 49 ff. 6

**Rechtsverhältnisse zwischen Ehegatten und Dritten** (zB Arbeitsverträge, Werkverträge, Mietverträge, Kaufverträge, Schenkungsverträge, Gesellschaftsverträge) unterliegen je nach Eröffnung des Anwendungsbereichs Rom I-VO, Rom II-VO oder autonomen Recht und Brüssel Ia-VO (Andrae IPRax 2018, 221 (223); Heiderhoff IPRax 2018, 1 (2)). Die Auswirkungen des Güterrechts auf Rechtsverhältnisse mit Dritten (Art. 27 lit. f) und die Haftung eines Ehegatten für Verbindlichkeiten des anderen Ehegatten gegenüber Dritten (§ 1357 BGB, Art. 27 lit. c) unterliegen der EuGüVO (Gräf, Drittbeziehungen und Drittschutz in den Europäischen Güterrechtsverordnungen, 2019, 215). 7

**4. Nicht: Persönliche Ehewirkungen.** Persönliche Ehewirkungen (persönliche Verpflichtungen aus § 1353 Abs. 1 S. 1 BGB, § 1356 BGB, § 1359 BGB) sind vom Anwendungsbereich der EuGüVO ausgenommen (Erbarth NZFam 2018, 249, (252); Gräf, Drittbeziehungen und Drittschutz in den Europäischen Güterrechtsverordnungen, 2019, 229–232; Mankowski NJW 2019, 465 (468)). Der Ausschluss persönlicher Ehewirkungen ergibt sich aus der Beschränkung des Anwendungsbereichs auf den ehelichen Güterstand (Art. 1 Abs. 1, Art. 3 Abs. 1 lit. a); einer Bereichsausnahme bedarf es nicht. Die im Entwurf zur EuPartVO noch enthaltene Bereichsausnahme für persönliche Ehewirkungen (KOM (2011) 127 endg. – Art. 1 Abs. 3 lit. a) wurde deshalb als überflüssig angesehen und gestrichen. Für persönliche Ehewirkungen gilt Art. 14 EGBGB. Die gesetzliche **Haftungsprivilegierung** (§ 1359 BGB) ist auch dann nach **Art. 14 EGBGB** anzuknüpfen, wenn in der Verletzung der ehelichen Pflicht zugleich ein deliktisches Handeln liegt (BeckOGK/Erbarth BGB § 1359 Rn. 83; MüKoBGB/Looschelders Art. 1 Rn. 12; aA – akzessorisch zur deliktischen Haftungsnorm – Heiderhoff IPRax 2018, 1 (2); Hüßtege/Mansel/Magnus Art. 1 Rn. 30). **Deliktische Ansprüche** zwischen Ehegatten unterliegen dem **Deliktsstatut** (MüKoBGB/Looschelders Rn. 12); um eine Spaltung zwischen Deliktsstatut und Recht der Haftungsprivilegierung zu vermeiden, sind deliktische Ansprüche zwischen Ehegatten aber gem. Art. 4 Abs. 3 S. 2 Rom II-VO akzessorisch zum Ehewirkungsstatut anzuknüpfen (BeckOGK/Erbarth BGB § 1359 Rn. 87). 8

## II. Vereinbarung über den ehelichen Güterstand (Abs. 1 lit. b)

Art. 25 regelt nicht die Formgültigkeit von Eheverträgen, sondern nur die Formgültigkeit von Vereinbarungen über den ehelichen Güterstand. Die im Kommissionsentwurf noch enthaltene Bezugnahme auf Eheverträge (KOM(2011) 126 endg. – Art. 2 lit. b, Art. 20) wurde als verfehlt angesehen, weil Eheverträge nicht auf die Regelung güterrechtlicher Beziehungen beschränkt sind, sondern auch anderweitige Regelungen, zB zum Unterhalts- oder Sorgerecht, enthalten können (Dok. 13698/11 ADD 4, 17792/11 ADD 9). 9

10 Vereinbarungen über den ehelichen Güterstand sind Vereinbarungen, mit denen die Ehegatten Regelungen zum ehelichen Güterstand treffen. Hierzu zählen etwa die **Vereinbarung eines Wahlgüterstandes** einschließlich der Wahl-Zugewinngemeinschaft nach dem WZGA (→ Art. 1 Rn. 4), die **Modifikation des gesetzlichen Güterstandes,** die **Modifikation sonstiger vermögensrechtlicher Regelungen** dispositiver Art (zB § 1357 Abs. 2 BGB) und **Auseinandersetzungsverträge** (Köhler in Dutta/Weber, Die Europäischen Güterrechtsverordnungen, 2017, 148 Rn. 8). Von der EuGüVO ausgenommen sind **Erbverträge,** dh Vereinbarungen, die Rechte am künftigen Nachlass begründen, ändern oder entziehen (Art. 3 Abs. 1 lit. b EuErbVO) (Andrae IPRax 2018, 221 (228)), und **gemeinschaftliche Testamente** (Art. 3 Abs. 1 lit. c EuErbVO). Erbrechtliche Vereinbarungen unterfallen auch dann nicht der EuGüVO, wenn sie in „Eheverträge" eingebunden sind, zB Erb- oder Pflichtteilsverzicht (Erwägungsgrund 12 S. 1 „Eheverträge, soweit diese keine erbrechtlichen Fragen regeln") (Aiwanger ErbR 2019, 202 (204)).

11 **Nebengüterrechtliche Vereinbarungen** (zB ehebedingte Zuwendungen, familienrechtliche Kooperationsverträge, Ehegatteninnengesellschaften) fallen nicht unter Abs. 1 lit. b und bedürfen deshalb nicht nach Art. 25 Abs. 1 mindestens der Schriftform oder der elektronischen Form (Bonomi in Dutta/Weber, Die Europäischen Güterrechtsverordnungen, 2017, 123 Rn. 89; Dutta FamRZ 2019, 1390 (1395 f.; MüKoBGB/Looschelders Art. 25 Rn. 5; aA Andrae IPRax 2018, 221 (223); Sanders FamRZ 2018, 978 (983); Süß in Dutta/Weber, Die Europäischen Güterrechtsverordnungen, 2017, 85 (91 ff.)). Auf eine Formbedürftigkeit deutet zwar der Wortlaut von Abs. 1 lit. b in systematischer Zusammenschau mit Abs. 1 lit. a hin: Abs. 1 lit. b nimmt auf den ehelichen Güterstand Bezug. Unter die ehelichen Güterstände nach Abs. 1 lit. a fallen sämtliche vermögensrechtliche Regelungen, einschließlich nebengüterrechtlicher Beziehungen (→ Art. 1 Rn. 46 ff.). Die Entstehungsgeschichte von Abs. 1 lit. b legt jedoch ein engeres Verständnis von Abs. 1 lit. b nahe: Der Rat tauschte die Bezugnahme auf Eheverträge nicht durch die Bezugnahme auf Vereinbarungen über den ehelichen Güterstand aus, um sämtliche vermögensrechtliche Vereinbarungen der Ehegatten einzuschließen, sondern um nichtgüterrechtliche Vereinbarungen (Unterhalt, Sorgerecht) auszuschließen. Daher sind von Abs. 1 lit. b nur **spezifisch familienrechtliche Vereinbarungen** (→ Rn. 10) erfasst. Für dieses enge Verständnis spricht zudem Erwägungsgrund 48 S. 1, wonach eine Vereinbarung über den ehelichen Güterstand „eine Art der Verfügung über das Vermögen (ist), die in den Mitgliedstaaten nicht in gleichem Maße zulässig ist und anerkannt wird".

## III. Titel

12 **1. Öffentliche Urkunde (Abs. 1 lit. c).** Eine öffentliche Urkunde aus einem Mitgliedstaat hat in einem anderen Mitgliedstaat grds. die gleiche formelle Beweiskraft wie im Ursprungsmitgliedstaat (Art. 58) und kann auf Antrag für vollstreckbar erklärt werden (Art. 59). Art. 3 Abs. 1 lit. c definiert den Begriff der öffentlichen Urkunde. Der Rat passte die Definition während seiner Beratungen an Art. 3 Abs. 1 lit. i EuErbVO und Art. 2 lit. c Brüssel Ia-VO an (vgl. Dok. 13698/11 ADD 14, 13698/11 ADD 3, 13698/11 ADD 4, 17792/11 ADD 9). Der Begriff ist daher im Einklang mit der EuErbVO und der Brüssel Ia-VO auszulegen.

13 **2. Entscheidung (Abs. 1 lit. d).** Für Entscheidungen gelten die Regelungen zur Anerkennung, Vollstreckbarkeit und Vollstreckung (Kapitel IV). Abs. 1 lit. d definiert den Begriff der Entscheidung in einem **weiten Sinne.** Der Rat passte die Definition in seinen Beratungen an Art. 3 Abs. 1 lit. g EuErbVO und Art. 2 lit. a S. 1 Brüssel Ia-VO an (vgl. 13698/11 ADD 15, 13698/11 ADD 14); der Begriff ist daher ebenso zu verstehen wie unter der EuErbVO und der Brüssel Ia-VO. Auf die Bezeichnung der Entscheidung kommt es nicht an. Erfasst sind neben Urteilen und Beschlüssen auch Zahlungsbefehle, Vollstreckungsbescheide und Kostenfestsetzungsbeschlüsse.

14 **3. Gerichtlicher Vergleich (Abs. 1 lit. e).** Gerichtliche Vergleiche können gem. Art. 60 für vollstreckbar erklärt werden. Art. 3 Abs. 1 lit. e definiert den Begriff des gerichtlichen Vergleichs. Die Definition ist an Art. 3 Abs. 1 lit. h EuErbVO und Art. 2 lit. b Brüssel Ia-VO angelehnt und ebenso zu verstehen.

15 Sonderregelungen für **außergerichtliche Vergleiche** trifft die Verordnung nicht (vgl. dazu Dok. 13698/11 ADD 9, 18965/11, S. 4 Fn. 6, 7). Vor einem Güterichter (§ 36 Abs. 5 FamFG) oder einem außergerichtlichen Mediator (§ 36a FamFG) geschlossene Vergleiche und Anwaltsvergleiche werden daher – ebenso wie unter der Brüssel Ia-VO – erst nach gerichtlicher Billigung zum gerichtlichen Vergleich (vgl. MüKoZPO/Gottwald Brüssel Ia-VO Art. 2 Rn. 29). Eine grenzüberschreitende Vollstreckbarkeit nach der EuGüVO kann außerdem durch Aufnahme der

außergerichtlich gefundenen Einigung in eine öffentliche Urkunde iSd Art. 3 Abs. 1 lit. c erreicht werden (→ Rn. 12).

### IV. Beteiligte Mitgliedstaaten (Abs. 1 lit. f und g)

Lit. f und g definieren die Begriffe Ursprungsmitgliedstaat und Vollstreckungsmitgliedstaat. Die Definitionen sind an Art. 3 Abs. 1 lit. e, f EuErbVO angelehnt und ebenso zu verstehen. 16

### V. Gericht (Abs. 2)

Abs. 2 definiert den Begriff des Gerichts im Einklang mit Art. 3 Abs. 2 EuErbVO in einem weiten Sinne und erfasst auch nichtgerichtliche Stellen oder Personen. Damit soll den unterschiedlichen Zuweisungen der funktionalen Zuständigkeit in den Mitgliedstaaten Rechnung getragen werden. 17

Vom weiten Gerichtsbegriff umfasst sind zum einen Gerichte im klassischen Sinne. Zum anderen gehören auch andere Behörden (zB Verwaltungsbehörden) und Angehörige von Rechtsberufen mit Zuständigkeiten in Fragen des ehelichen Güterstands zu den Gerichten iSd Verordnung, wenn sie folgende Voraussetzungen erfüllen: Ausübung gerichtlicher Funktionen, Gewährleistung von Unparteilichkeit und rechtlichem Gehör sowie Nachprüfbarkeit und Rechts(kraft)wirkung der Entscheidungen. Die Ausübung gerichtlicher Funktionen setzt ebenso wie nach Art. 3 Abs. 2 EuErbVO voraus, „kraft eigener Befugnis über zwischen den Parteien etwa bestehende Streitpunkte entscheiden zu können" (EuGH NJW 2019, 2293 Rn. 55 – WB; NJW 2020, 2947 Rn. 51 – E.E.). Nur Gerichte iSd Abs. 2 sind durch die in Kapitel II festgelegten Zuständigkeitsregeln gebunden; ihre Entscheidungen verkehren nach den Vorschriften in Kapitel IV (Erwägungsgrund 31 S. 2). Erfüllen Behörden oder Angehörige von Rechtsberufen die Voraussetzungen nicht (zB deutsche, französische und portugiesische Notare) (vgl. Dok. 13698/11 ADD 15, 13698/11 ADD 11), sind sie nicht durch die in Kapitel II festgelegten Zuständigkeitsregeln gebunden. Die von ihnen errichteten öffentlichen Urkunden verkehren nach den Vorschriften in Kapitel V (Erwägungsgrund 31 S. 3; → Art. 2 Rn. 2.1). 18

## Kapitel II. Gerichtliche Zuständigkeit (nicht kommentiert)

## Kapitel III. Anzuwendendes Recht

### Art. 20 Universelle Anwendung

**Das nach dieser Verordnung bezeichnete Recht ist auch dann anzuwenden, wenn es nicht das Recht eines Mitgliedstaats ist.**

Art. 20 legt die universelle Anwendung der Kollisionsnormen fest (Erwägungsgrund 44). Die Vorschrift wurde an Art. 20 EuErbVO angepasst (vgl. Dok. 16045/11 ADD 12, 18965/11); sie entspricht außerdem inhaltlich Art. 2 Rom I-VO, Art. 3 Rom II-VO und Art. 4 Rom III-VO. Art. 20 EuPartVO und Erwägungsgrund 43 EuPartVO sind parallel ausgestaltet. 1

Die universelle Anwendung hat zur Folge, dass alle teilnehmenden Mitgliedstaaten (→ Art. 1 Rn. 8) das anwendbare Recht nach der EuGüVO bestimmen, einerlei, ob die EuGüVO das Recht eines teilnehmenden Mitgliedstaats, das Recht eines nicht teilnehmenden Mitgliedstaates oder das Recht eines Drittstaats bezeichnet. 2

### Art. 21 Einheit des anzuwendenden Rechts

**Das gesamte Vermögen der Ehegatten unterliegt ungeachtet seiner Belegenheit dem gemäß Artikel 22 oder 26 auf den ehelichen Güterstand anzuwendenden Recht.**

### Überblick

Art. 21 und Erwägungsgrund 43 S. 4 regeln den Grundsatz der einheitlichen Anknüpfung (→ Rn. 1 f.). Art. 21 und Erwägungsgrund 42 S. 4 EuPartVO sind parallel ausgestaltet. Der Einheitlichkeitsgrundsatz kann nur in zeitlicher Hinsicht, nicht in gegenständlicher Hinsicht durchbrochen werden (→ Rn. 3 f.).

### I. Einheitlichkeitsgrundsatz

1 Der Einheitlichkeitsgrundsatz dient der **Vereinfachung der Rechtsanwendung:** insbes. im Falle der Auseinandersetzung des Güterstands bei Beendigung der Ehe verhindert der Einheitlichkeitsgrundsatz die Anwendung unterschiedlicher Sachrechte auf verschiedene Vermögenswerte.

2 Das auf den Ehegüterstand anzuwendende Recht gilt für das gesamte bewegliche und unbewegliche Vermögen der Eheleute unabhängig vom Belegenheitsort (Erwägungsgrund 43 S. 4). Eine Aufspaltung (dépeçage) findet nicht statt. Der Einheitlichkeitsgrundsatz gilt unabhängig davon, ob das anwendbare Recht von den Ehegatten gewählt (Art. 22) oder mangels Rechtswahl nach Maßgabe des Art. 26 festgelegt wurde. Der Einheitlichkeitsgrundsatz kann zu Normenwidersprüchen des Güterrechts mit dem Sachenrecht führen (Gräf, Drittbeziehungen und Drittschutz in den Europäischen Güterrechtsverordnungen, 2019, 254 f.; krit. Kohler/Pintens FamRZ 2011, 1433 (1436)); → Art. 1 Rn. 36 ff.

### II. Durchbrechung des Einheitlichkeitsgrundsatzes

3 Eine Durchbrechung des Einheitlichkeitsgrundsatzes durch teilweise **Rück- oder Weiterverweisung** schließt Art. 32 aus. Vorrangige **Einzelstatute** (vgl. Art. 3a Abs. 2 EGBGB aF) lässt Art. 21 nicht zu (Dutta FamRZ 2019, 1390 (1393); Martiny ZfPW 2017, 1 (13)). Die **Eingriffsnorm** räumt nur dem Recht des Forumstaates, nicht aber dem Recht der lex rei sitae Vorrang ein (→ Art. 30 Rn. 2). Eine **Rechtswahl** ist nur wirksam, wenn sie für das gesamte Vermögen getroffen wird (→ Art. 22 Rn. 4).

4 Möglich ist jedoch ein **zeitliches Nacheinander** verschiedener Statute, insbes. durch eine nicht rückwirkend getroffene Rechtswahl gem. Art. 22 Abs. 2 (Heiderhoff IPRax 2018, 1 (4)) oder über die Anwendung der Ausweichklausel gegen den Willen eines Ehegatten (Art. 26 Abs. 3 UAbs. 2).

## Art. 22 Rechtswahl

**(1) Die Ehegatten oder künftigen Ehegatten können das auf ihren ehelichen Güterstand anzuwendende Recht durch Vereinbarung bestimmen oder ändern, sofern es sich dabei um das Recht eines der folgenden Staaten handelt:**

**a) das Recht des Staates, in dem die Ehegatten oder künftigen Ehegatten oder einer von ihnen zum Zeitpunkt der Rechtswahl ihren/seinen gewöhnlichen Aufenthalt haben/hat, oder**

**b) das Recht eines Staates, dessen Staatsangehörigkeit einer der Ehegatten oder künftigen Ehegatten zum Zeitpunkt der Rechtswahl besitzt.**

**(2) Sofern die Ehegatten nichts anderes vereinbaren, gilt eine während der Ehe vorgenommene Änderung des auf den ehelichen Güterstand anzuwendenden Rechts nur für die Zukunft.**

**(3) Eine rückwirkende Änderung des anzuwendenden Rechts nach Absatz 2 darf die Ansprüche Dritter, die sich aus diesem Recht ableiten, nicht beeinträchtigen.**

### Überblick

Art. 22 folgt – wie Art. 5 Rom III-VO, Art. 8 HUP 2007 und Art. 22 EuErbVO – dem Grundsatz der Privatautonomie und erlaubt im beschränkten Maße eine Rechtswahl (Erwägungsgrund 45, 46; Dok. 18965/11, → Rn. 1 ff.). Das nach Art. 22 gewählte Recht ist gegenüber der objektiven Anknüpfung nach Art. 26 **vorrangig.** Die Rechtswahl ist inhaltlich und zeitlich **beschränkt:** wählbar sind nur bestimmte Rechtordnungen (Abs. 1, → Rn. 7 ff.) und die Rechtswahl gilt grundsätzlich nur für die Zukunft (Abs. 2, → Rn. 12 ff.).

## I. Zulässigkeit der Rechtswahl

**1. Zwischen Ehegatten oder künftigen Ehegatten.** Nur Ehegatten oder künftige Ehegatten können eine Rechtswahl treffen. **Ehegatten** können das auf ihren Güterstand anzuwendende Recht **ab Eheschließung** bestimmen. Eine bestimmte Mindestdauer der Ehe ist für die Rechtswahl nicht notwendig. Eine bereits getroffene Rechtswahl kann während der Ehe geändert oder insgesamt beseitigt werden. 1

Auch eine Rechtswahl zwischen **künftigen Ehegatten,** dh **vor Eheschließung,** ist möglich; die Rechtswahl wird in diesem Fall erst mit Eheschließung wirksam (Martiny ZfPW 2017, 1 (17)). 2

Solange die Ehegatten noch nicht geschieden sind, kann die Rechtswahl auch noch **während des Scheidungsverfahrens** erfolgen. **Nach Scheidung oder Aufhebung der Ehe** scheidet eine Rechtswahl dem Wortlaut nach aus, weil die einstigen Partner dann nicht mehr „Ehegatten" iSv Abs. 1 sind; Ehegatten, die in einer Rechtsordnung geschieden werden, die keinen Zwangsverbund zwischen Scheidungssache und Gütersache kennt, können zwischen Rechtskraft der Scheidung und Entscheidung über die güterrechtliche Auseinandersetzung keine Rechtswahl mehr treffen. Auch **nach dem Tod eines Ehegatten** kommt eine Rechtswahl nicht mehr in Betracht; der Vorschlag für eine Rechtswahl zwischen dem überlebenden Ehegatten und den Erben (Dok. 16045/11 ADD 2) fand keine Zustimmung im Rat. 3

**2. Gegenstand der Rechtswahl.** Die Ehegatten können das anwendbare Recht nur bezüglich ihres **gesamten Vermögens** wählen (Art. 21). Eine teilweise Rechtswahl bezüglich einzelner Vermögensgegenstände ist unwirksam (Erbarth NZFam 2018, 249 (251)). Insofern weicht die EuGüVO von Art. 15 Abs. 2 Nr. 3 EGBGB aF ab. 4

**3. Grenzüberschreitender Bezug.** Die EuGüVO findet gem. Erwägungsgrund 14 nur auf eheliche Güterstände mit grenzüberschreitendem Bezug Anwendung (→ Art. 1 Rn. 11). Ist die EuGüVO nicht anwendbar, weil kein grenzüberschreitender Bezug besteht, kann sich die Zulässigkeit der Rechtswahl nicht aus Art. 22 ergeben. Art. 22 kann aber nachträglich zur Anwendung gelangen und die Rechtswahl zulässig werden, sobald ein grenzüberschreitender Bezug hinzutritt (MüKoBGB/Looschelders Art. 1 Rn. 4; MüKoBGB/Looschelders Art. 22 Rn. 4; Hüßtege/Mansel/Magnus Art. 1 Rn. 11; Hüßtege/Mansel/Sieghörtner Rn. 15; Weber DNotZ 2016, 659 (677); Grüneberg/Thorn Art. 1 Rn. 1; für die Rom III-VO Gruber IPRax 2012, 381 (384)). 5

Ist die EuGüVO anwendbar und die Rechtswahl nach Art. 22 zulässig, gelten Art. 23, 24 für die **formelle** und die **materielle Wirksamkeit der Rechtswahl,** einerlei, ob im Zeitpunkt der Rechtswahl bereits ein grenzüberschreitender Bezug bestand oder nicht (→ Art. 25 Rn. 2). 6

## II. Wählbare Rechtsordnungen (Abs. 1)

Laut Abs. 1 können Ehegatten nur Rechtsordnungen wählen, zu denen sie eine tatsächliche Verbindung haben: den **gewöhnlichen Aufenthalt** (lit. a) oder die **Staatsangehörigkeit** (lit. b). Die Wahl der lex fori für ein bestimmtes Verfahren ist – im Unterschied zu Art. 5 Abs. 1 lit. d Rom III-VO – nicht möglich. Ebenfalls nicht möglich ist – im Unterschied zu Art. 15 Abs. 2 Nr. 3 EGBGB aF – die Wahl der lex rei sitae für unbewegliches Vermögen (krit. Kohler, Anmerkungen zur Parteiautonomie im internationalen Privatrecht, in Gebauer/Mansel/Schulze, Die Person im internationalen Privatrecht, 2019, 9, 19). 7

Möglich ist die Wahl des gem. Art. 26 zum Zeitpunkt der Rechtswahl **objektiv geltenden Rechts** (zum grenzüberschreitenden Bezug → Rn. 5); damit können die Ehegatten die Anwendung der Ausweichklausel des Art. 26 Abs. 3 im Fall eines späteren Aufenthaltswechsels verhindern (Niethammer-Jürgens/Erb-Klünemann, Internationales Familienrecht in der Praxis, 2. Aufl. 2019, 120). 8

**1. Gewöhnlicher Aufenthalt zum Zeitpunkt der Rechtswahl.** Wählbar ist nur das Recht des Staates, in dem **mindestens einer der Ehegatten** oder einer der künftigen Ehegatten zum **Zeitpunkt der Rechtswahl** (dh Abschluss der Rechtswahlvereinbarung) schon und noch seinen gewöhnlichen Aufenthalt hat (Martiny ZfPW 2017, 1 (15); Weber DNotZ 2016, 659 (677)). Dies gilt auch, wenn die Rechtswahl vor der Eheschließung erfolgt und die Ehegatten zum Zeitpunkt der Eheschließung ihren Aufenthalt bereits gewechselt haben (Weber DNotZ 2016, 659 (677)). Das Recht eines vorherigen oder späteren Aufenthaltsstaates steht nicht zur Wahl, auch wenn zum vorherigen oder späteren Aufenthaltsstaat eine langjährige Verbindung besteht (Heiderhoff IPRax 2018, 1 (6)). Zulässig ist jedoch eine **aufschiebend bedingte Rechtswahl** zugunsten des Rechts 9 eines künftigen Aufenthaltsstaates, wenn das Rechtswahlstatut (Art 24) eine solche Bedingung zulässt (Aiwanger ErbR 2019, 202 (205); Weber DNotZ 2016, 659 (677); krit. MüKoBGB/Looschelders Rn. 14; aA Döbereiner MittBayNot 2018, 405 (414)). Der Wortlaut des Art. 22 Abs. 1 lit. a erlaubt eine aufschiebend bedingte Rechtswahl: die Erklärung wird erst bei Eintritt der Bedingung (= Aufenthaltswechsel) wirksam, sodass „zum Zeitpunkt der Rechtswahl" ein gewöhnlicher Aufenthalt in dem Staat besteht, dessen Recht gewählt wird. Zur Bestimmung des gewöhnlichen Aufenthalts → Art. 26 Rn. 5.

10 **2. Staatsangehörigkeit zum Zeitpunkt der Rechtswahl.** Die Ehegatten können aus allen Staatsangehörigkeiten wählen, die sie zum Zeitpunkt der Rechtswahl besitzen. Um Fälle doppelter Staatsangehörigkeit zu erfassen, wurde die Formulierung „eines" Staates anstatt „des" Staates gewählt (Dok. 18965/11, 16045/11 ADD 2). Bei doppelter Staatsangehörigkeit können die Ehegatten jede bestehende, nicht nur die effektive, Staatsangehörigkeit wählen (Erwägungsgrund 50 S. 2) (Dutta FamRZ 2016, 1973 (1980 f.); Erbarth NZFam 2018, 249 (253); Heiderhoff IPRax 2018, 1 (6); Kohler/Pintens FamRZ 2016, 1509; MüKoBGB/Looschelders Rn. 15; Martiny ZfPW 2017, 1 (17); Niethammer-Jürgens/Erb-Klünemann, Internationales Familienrecht in der Praxis, 2. Aufl. 2019, 117; Weber DNotZ 2016, 659); dies gilt nicht nur für doppelte EU-Staatsangehörigkeit, sondern auch, wenn ein Ehegatte zusätzlich die Staatsangehörigkeit eines Drittstaats besitzt (Martiny ZfPW 2017, 1 (17)).

11 Die Bestimmung der Staatsangehörigkeit der Ehegatten obliegt dem Kollisionsrecht und dem nationalen Recht der Mitgliedstaaten. Für **Staatenlose** (Art. 12 StaatenlosenÜ, BGBl. 1976 II S. 474) und **Flüchtlinge** (Art. 12 GFK, BGBl. 1953 II S. 560) ersetzt der Wohnsitzstaat bzw. der Aufenthaltsstaat die Staatsangehörigkeit (iE BeckOGK/Gössl Rom III-VO Art. 5 Rn. 53).

## III. Wirkung der Rechtswahl (Abs. 2, 3)

12 **1. Grundsatz: Statutenwechsel (Abs. 2).** Die Verordnung erlaubt die nachträgliche Wandelung des anwendbaren Rechts, indem sie die erstmalige oder abändernde Rechtswahl nicht nur bis zum Beginn, sondern auch während der Ehe zulässt (→ Rn. 1) (krit. Dok. 16045/11 ADD 8). Die nachträgliche Rechtswahl gilt grds. nur für die Zukunft (ex nunc): Wählen die Ehegatten im Laufe der Ehe ein anderes Recht, kommt es zu einem **Statutenwechsel;** auf das vor der Rechtswahl erworbene Vermögen findet ein anderes Recht Anwendung als auf das nach der Rechtswahl erworbene Vermögen (krit. Dok. 16045/11 ADD 2, 17792/11 ADD 9, 16045/11 ADD 4, 16045/11 ADD 7).

13 **2. Vereinbarung der rückwirkenden Geltung.** Die Ehegatten können einen Statutenwechsel verhindern, indem sie die **rückwirkende Geltung** der Rechtswahl vereinbaren (krit. Martiny ZfPW 2017, 1 (18)). Die Rechtswahl wirkt dann ab dem Zeitpunkt der Eheschließung (ex tunc). Auch die Eigentumsverhältnisse werden rückwirkend neu bewertet, einerlei, ob die lex rei sitae eine rückwirkende Änderung der Eigentumsverhältnisse vorsieht (Heiderhoff IPRax 2018, 1 (7); aA Kroll-Ludwigs NZFam 2016, 1061 (1063)); Art. 1 Abs. 2 lit. g gilt nur für die Art der Sachenrechte, nicht für den Erwerbsmodus (→ Art. 1 Rn. 37). Ist allerdings formell-rechtlich eine rückwirkende Änderung der Eigentumsverhältnisse im Eigentumsregister nicht möglich, kommt auch materiell-rechtlich nur eine Änderung der Eigentumsverhältnisse für die Zukunft in Betracht (Art. 1 Abs. 2 lit. h). Der Statutenwechsel kann dann keine rückwirkende Eigentumsänderung zum Inhalt haben (Weber DNotZ 2016, 659 (682); aA Heiderhoff IPRax 2018, 1 (7)), weil ansonsten materielle Rechtslage und formeller Registerinhalt dauerhaft nicht übereinstimmen würden. In Deutschland ist eine Grundbuchberichtigung rückwirkend möglich (→ Art. 1 Rn. 41).

14 Die rückwirkende Rechtswahl darf „Ansprüche Dritter" nicht beeinträchtigen. Mit dieser Formulierung sind nicht nur Ansprüche iSv § 194 Abs. 1 BGB gemeint, sondern – im Einklang mit der englischen und der französischen Sprachfassung (rights of third parties, droits de tiers) und mit Art. 26 Abs. 3 UAbs. 3 (→ Art. 26 Rn. 27) – jegliche erworbenen oder zumindest gefestigten **Rechte und Rechtspositionen Dritter** (Gräf, Drittbeziehungen und Drittschutz in den Europäischen Güterrechtsverordnungen, 2019, 344 ff.; Martiny ZfPW 2017, 1 (18)). Ziel der Regelung ist der Schutz des Bestandsinteresses des Dritten (Gräf, Drittbeziehungen und Drittschutz in den Europäischen Güterrechtsverordnungen, 2019, 340). Im Verhältnis zu Dritten findet weiterhin das Recht Anwendung, das vor der Rechtswahl galt (sog. **kollisionsrechtliche inter partes-Lösung,** Gräf, Drittbeziehungen und Drittschutz in den Europäischen Güterrechtsverordnungen, 2019, 366 ff.).

Beispiele: Wahl deutschen Rechts führt nicht dazu, dass Dritter bereits erworbenes Eigentum rückwirkend gem. §§ 1365, 1369 BGB verliert; Abwahl deutschen Rechts führt nicht dazu, dass Mithaftung nach § 1357 BGB entfällt; Abwahl deutschen Rechts führt nicht dazu, dass nebengüterrechtliche Ansprüche Dritter entfallen (Gräf, Drittbeziehungen und Drittschutz in den Europäischen Güterrechtsverordnungen, 2019, 379 f.). **14.1**

Die Rechtswahl ex tunc kann für einen der Ehegatten den Verlust einer Rechtsposition bedeuten. Eine Schutznorm entspr. Art. 8 Abs. 3 HUP 2007, wonach der Unterhaltsverzicht stets anhand des Rechts am gewöhnlichen Aufenthalt des Verzichtenden zu messen ist, fehlt in der EuGüVO (krit. Heiderhoff IPRax 2018, 1 (7)). **15**

## IV. EuPartVO

Der Kommissionsentwurf für die EuPartVO (KOM(2011) 127 endg.) sah keine Rechtswahl vor. Nach den Beratungen im Rat (vgl. Dok. 13698/11 ADD 1, 13698/11 ADD 3, 16045/11 ADD 2, 16045/11 ADD 3, 16045/11 ADD 10) wurde die Rechtswahlmöglichkeit auch in die EuPartVO übernommen. Art. 22 und Erwägungsgrund 44, 45 EuPartVO stimmen weitgehend mit der EuGüVO überein. Nach der EuPartVO besteht zusätzlich die Möglichkeit, das Recht zu wählen, nach dem die Partnerschaft begründet wurde (Art. 22 Abs. 1 lit. c EuPartVO). Zudem steht die Rechtswahl unter dem Vorbehalt, dass das gewählte Recht „güterrechtliche Wirkungen an das Institut der eingetragenen Partnerschaft knüpft" (Art. 22 Abs. 1 EuPartVO). **16**

# Art. 23 Formgültigkeit der Rechtswahlvereinbarung

**(1) [1]Eine Vereinbarung nach Artikel 22 bedarf der Schriftform, ist zu datieren und von beiden Ehegatten zu unterzeichnen. [2]Elektronische Übermittlungen, die eine dauerhafte Aufzeichnung der Vereinbarung ermöglicht, sind der Schriftform gleichgestellt.**

**(2) Sieht das Recht des Mitgliedstaats, in dem beide Ehegatten zum Zeitpunkt der Rechtswahl ihren gewöhnlichen Aufenthalt haben, zusätzliche Formvorschriften für Vereinbarungen über den ehelichen Güterstand vor, so sind diese Formvorschriften anzuwenden.**

**(3) Haben die Ehegatten zum Zeitpunkt der Rechtswahl ihren gewöhnlichen Aufenthalt in verschiedenen Mitgliedstaaten und sieht das Recht beider Staaten unterschiedliche Formvorschriften für Vereinbarungen über den ehelichen Güterstand vor, so ist die Vereinbarung formgültig, wenn sie den Vorschriften des Rechts eines dieser Mitgliedstaaten genügt.**

**(4) Hat zum Zeitpunkt der Rechtswahl nur einer der Ehegatten seinen gewöhnlichen Aufenthalt in einem Mitgliedstaat und sind in diesem Staat zusätzliche Formvorschriften für Vereinbarungen über den ehelichen Güterstand vorgesehen, so sind diese Formvorschriften anzuwenden.**

## Überblick

Art. 23 regelt die formalen Anforderungen an eine Rechtswahlvereinbarung teils unionsautonom (Abs. 1, → Rn. 1 ff.) und teils mittels Verweisung (Abs. 2–3, → Rn. 5 ff., vgl. auch Erwägungsgrund 47). Die Vorschrift ist an Art. 7 Rom III-VO angelehnt (Dok. 16045/11 ADD 3, 16045/11 ADD 7, 16045/11 ADD 9, 16045/11 ADD 12, 17792/11 ADD 9, 18965/11). Art. 23 und Erwägungsgrund 46 EuPartVO sind parallel ausgestaltet.

## I. Mindestanforderung (Abs. 1)

Abs. 1 verlangt als Mindestanforderungen **Schriftform, Datum** und **Unterschrift beider Ehegatten.** Diese Mindestanforderungen soll die Ehegatten schützen und sicherstellen, dass sie sich der Tragweite ihrer Rechtswahl bewusst sind, dh ein **kollisionsrechtliches Erklärungsbewusstsein** besteht (Erwägungsgrund 47 S. 2; krit. Kohler, Anmerkungen zur Parteiautonomie im internationalen Privatrecht, in Gebauer/Mansel/Schulze (Hrsg.), Die Person im internationalen Privatrecht, 2019, 9, 19). Die Formerfordernisse sind autonom und in Übereinstimmung mit Art. 7 Abs. 1 Rom III-VO auszulegen (Martiny ZfPW 2017, 1 (18)). **1**

2 Die Schriftform erfordert die **Perpetuierung der Erklärung durch Schriftzeichen** auf Papier oder einem ähnlichen zur Wiedergabe von Schriftzeichen geeigneten Stoff. Elektronische Medien, die eine dauerhafte Aufzeichnung der Vereinbarung ermöglichen, stehen der Schriftform gleich (Abs. 1 S. 2).

3 Die Unterschrift muss von beiden Ehegatten per **Handzeichen** bewirkt werden; im Falle der elektronischen Übermittlung (Abs. 1 S. 2) genügt eine elektronische Signatur.

4 Das Schriftstück als solches muss **datiert** sein, nicht die Unterschriften.

## II. Zusätzliche Formvorschriften

5 Nach Abs. 2–4 kommen zusätzlich zu den Mindestanforderungen nach Abs. 1 nationale Formvorschriften zur Anwendung **(Beurkundungs-** oder ggf. **Registrierungserfordernisse)** (Döbereiner MittBayNot 2018, 405 (416)). Die nach Abs. 2–4 anzuwendenden Formvorschriften treten neben die in Abs. 1 festgelegten Mindestanforderung; die Mindestanforderungen aus Abs. 1 werden jedoch auch durch die Einhaltung ärgerer Formerfordernisse (zB § 1410 BGB) erfüllt. Maßgeblich sind nicht die Formvorschriften für Rechtswahlvereinbarungen, sondern für Vereinbarungen über den ehelichen Güterstand; eine Art. 46d EGBGB entsprechende Regelung war daher nicht notwendig (Dutta FamRZ 2016, 1973 (1981)). Nicht möglich ist ein alternativer Rückgriff auf die Ortsform oder das Recht der Staatsangehörigkeit (Döbereiner MittBayNot 2018, 405 (417)). Erfordert das nach Abs. 2–4 anwendbare Recht die notarielle Beurkundung und wurde die Beurkundung in einem anderen Staat vorgenommen, kommt eine **Substitution** in Betracht (Döbereiner MittBayNot 2018, 405 (417)).

6 **1. Gemeinsamer gewöhnlicher Aufenthaltsstaat (Abs. 2).** Sieht das Recht des Mitgliedstaats, in dem beide Ehegatten zum Zeitpunkt der Rechtswahl ihren gewöhnlichen Aufenthalt haben, zusätzliche Formvorschriften vor, müssen diese eingehalten werden. Abs. 2 erfordert nur einen gemeinsamen gewöhnlichen Aufenthaltsstaat, nicht einen gewöhnlichen Aufenthalt am selben Ort (ebenso → Art. 26 Rn. 5). Haben die Ehegatten ihren gewöhnlichen Aufenthalt in Deutschland, verlangen §§ 1408, 1410 BGB die notarielle Beurkundung bei gleichzeitiger Anwesenheit beider Ehegatten.

7 **2. Unterschiedliche Aufenthaltsmitgliedstaaten (Abs. 3).** Haben die Ehegatten zum Zeitpunkt der Rechtswahl ihren gewöhnlichen Aufenthalt in verschiedenen Mitgliedstaaten, in denen unterschiedliche zusätzliche Formvorschriften vorgesehen sind, so genügt **alternativ** die Einhaltung der Formvorschriften eines der beiden Mitgliedstaaten. Gibt nur ein Mitgliedstaat strengere Formvorschriften als Abs. 1 vor, kommen diese Formvorschriften zur Anwendung.

8 **3. Nur ein Ehegatte mit gewöhnlichem Aufenthalt in Mitgliedstaat (Abs. 4).** Abs. 4 regelt den Fall, in dem ein Ehegatte seinen gewöhnlichen Aufenthalt in einem Mitgliedstaat und der andere Ehegatte seinen gewöhnlichen Aufenthalt in einem Drittstaat hat. In diesem Fall muss die Rechtswahlvereinbarung die zusätzlichen Formvorschriften des Mitgliedstaates waren.

9 **4. Gewöhnlicher Aufenthalt beider Ehegatten in einem Drittstaat.** Abs. 2–4 enthalten keinen Verweis für den Fall, dass beide Ehegatten ihren gewöhnlichen Aufenthalt in einem Drittstaat haben. In diesem Fall muss die Rechtswahlvereinbarung nur den Mindestanforderungen nach Abs. 1 entsprechen, einerlei, ob drittstaatliches Recht ärgere Formvorschriften vorsieht oder nicht (Döbereiner MittBayNot 2018, 405 (417)).

## Art. 24 Einigung und materielle Wirksamkeit

**(1) Das Zustandekommen und die Wirksamkeit einer Rechtswahlvereinbarung oder einer ihrer Bestimmungen bestimmen sich nach dem Recht, das nach Artikel 22 anzuwenden wäre, wenn die Vereinbarung oder die Bestimmung wirksam wäre.**

**(2) Ein Ehegatte kann sich jedoch für die Behauptung, er habe der Vereinbarung nicht zugestimmt, auf das Recht des Staates berufen, in dem er zum Zeitpunkt der Anrufung des Gerichts seinen gewöhnlichen Aufenthalt hat, wenn sich aus den Umständen ergibt, dass es nicht angemessen wäre, die Wirkung seines Verhaltens nach dem in Absatz 1 bezeichneten Recht zu bestimmen.**

### Überblick

Art. 24 regelt das auf Einigung und die materielle Wirksamkeit einer Rechtswahl anwendbare Recht. Eine entsprechende Vorschrift fehlte im Kommissionsentwurf; sie wurde erst während der Ratsberatungen in Anlehnung an Art. 6 Rom III-VO eingefügt (Dok. 16045/11 ADD 2, 17792/11 ADD 9, 16045/11 ADD 3). Art. 24 EuPartVO ist parallel ausgestaltet.

### I. Kollisionsnorm

**1. Abs. 1.** Abs. 1 bestimmt – ebenso wie Art. 6 Abs. 1 Rom III-VO und Art. 10 Abs. 1 Rom I-VO – das **gewählte Güterstatut** als das auf die Einigung und die materielle Wirksamkeit anwendbare Recht. Dieses Statut bestimmt nur über das Zustandekommen der Einigung und die materielle Wirksamkeit der Rechtswahl. Die **Zulässigkeit einer Rechtswahl,** auch einer Rechtswahl mit Rückwirkung (Gräf, Drittbeziehungen und Drittschutz in den Europäischen Güterrechtsverordnungen, 2019, 331), ergibt sich bereits aus Art. 22. Ob nach dem gewählten Güterstatut eine Rechtswahl zulässig ist, ist einerlei. 1

Als Fragen des Zustandekommens der **Einigung** sind der äußere und der innere Vornahmetatbestand und der Konsens zu qualifizieren. Zur **materiellen Wirksamkeit** der Rechtswahl gehört die Behandlung von Willensmängeln. Die Vorfrage der Rechts- und Geschäftsfähigkeit der Ehegatten ist nach Art. 1 Abs. 2 lit. b gesondert anzuknüpfen. Für die Form der Vereinbarung gilt Art. 23. 2

**2. Konkludente Rechtswahl.** Der Kommissionsentwurf beschränkte sich auf die ausdrückliche Rechtswahl (KOM (2011) 126 endg. Art. 19 Abs. 2 Hs. 1), um Rechtsunsicherheit zu vermeiden (KOM (2011) 126 endg. S. 9). In der EuGüVO fehlt eine solche Beschränkung, nachdem sich einige Ratsdelegationen für eine konkludente Rechtswahl aussprachen (vgl. Dok. 16045/11 ADD 2, 16045/11 ADD 3). Eine konkludente Rechtswahl ist daher möglich, wenn das gem. Abs. 1 anwendbare Recht eine solche erlaubt (→ Rn. 2); hierauf deutet auch Art. 24 Abs. 2 hin (Dutta FamRZ 2016, 1973 (1981); MüKoBGB/Looschelders Art. 22 Rn. 8; MüKoBGB/Looschelders Rn. 8). Ebenso wie nach Art. 3 Abs. 1 S. 1 Rom I-VO sollte sich die Rechtswahl aber zumindest eindeutig aus den Bestimmungen des Ehevertrages (zB durch Bezugnahme auf ein bestimmtes nationales Rechtsinstitut) oder aus den Umständen des Falles ergeben. 3

### II. Ausnahme (Abs. 2)

Abs. 2 ist angelehnt an Art. 6 Abs. 2 Rom III-VO und Art. 10 Abs. 2 Rom I-VO. Die Vorschrift erlaubt es jedem Ehegatten, sich bezüglich der **Wirksamkeit seiner Zustimmung** auf sein Aufenthaltsrecht zu berufen. Der Anwendungsbereich der Ausnahmevorschrift liegt primär in der konkludenten Rechtswahl (Dutta FamRZ 2016, 1973 (1981); MüKoBGB/Looschelders Rn. 8; vgl. zu Art. 6 Rom III-VO BeckOGK/Gössl Rom III-VO Art. 6 Rn. 27; krit. Heiderhoff IPRax 2018, 1 (7)). Sinnvoll erscheint es, Abs. 2 insbes. auf Willensmängel anzuwenden. Wäre ein Ehegatte nach seinem Aufenthaltsrecht nicht an eine Willenserklärung gebunden, an die er nach dem gem. Abs. 1 anwendbaren Recht gebunden ist, hat er ein Interesse, sich auf sein Aufenthaltsrecht zu berufen. 4

Maßgeblich ist der gewöhnliche Aufenthalt zum **Zeitpunkt der Anrufung des Gerichts,** nicht der gewöhnliche Aufenthalt zum Zeitpunkt der Rechtswahl. Abs. 2 dient damit nicht dem Schutz des Vertrauens in die Geltung des Aufenthaltsrechts, sondern dem nachträglichen Schutz der Entscheidungsfreiheit. 5

Damit der Ehegatte sich auf das Aufenthaltsrecht berufen kann, muss die Anwendung des gewählten Rechts unter Berücksichtigung aller Umstände **unangemessen** sein. Zu den Umständen gehören die Vertragsabschlusssituation (zB Erfahrenheit, finanzielle (Zwangs-)Lage, rechtliche Beratung) und die Rechtsfolgen der Rechtswahl. 6

## Art. 25 Formgültigkeit einer Vereinbarung über den ehelichen Güterstand

**(1) [1]Die Vereinbarung über den ehelichen Güterstand bedarf der Schriftform, ist zu datieren und von beiden Ehegatten zu unterzeichnen. [2]Elektronische Übermittlungen, die eine dauerhafte Aufzeichnung der Vereinbarung ermöglichen, sind der Schriftform gleichgestellt.**

**(2) Sieht das Recht des Mitgliedstaats, in dem beide Ehegatten zum Zeitpunkt der Vereinbarung ihren gewöhnlichen Aufenthalt haben, zusätzliche Formvorschriften für**

**Vereinbarungen über den ehelichen Güterstand vor, so sind diese Formvorschriften anzuwenden.**

**Haben die Ehegatten zum Zeitpunkt der Vereinbarung ihren gewöhnlichen Aufenthalt in verschiedenen Mitgliedstaaten, und sieht das Recht beider Staaten unterschiedliche Formvorschriften für Vereinbarungen über den ehelichen Güterstand vor, so ist die Vereinbarung formgültig, wenn sie den Vorschriften des Rechts eines dieser Mitgliedstaaten genügt.**

**Hat zum Zeitpunkt der Vereinbarung nur einer der Ehegatten seinen gewöhnlichen Aufenthalt in einem Mitgliedstaat und sind in diesem Staat zusätzliche Formvorschriften für Vereinbarungen über den ehelichen Güterstand vorgesehen, so sind diese Formvorschriften anzuwenden.**

**(3) Sieht das auf den ehelichen Güterstand anzuwendende Recht zusätzliche Formvorschriften vor, so sind diese Formvorschriften anzuwenden.**

## Überblick

Art. 25 regelt in Anlehnung an die Form der Rechtswahlvereinbarung (Art. 23) die Form der Vereinbarung über den ehelichen Güterstand durch sachrechtliche Mindestanforderungen (Abs. 1, → Rn. 3) und Verweisung auf nationales Recht (Abs. 2, 3, → Rn. 4 ff.). Die Vorschrift dient der Erleichterung der „Anerkennung von auf der Grundlage einer Vereinbarung über den ehelichen Güterstand erworbenen Güterstandsrechten in den Mitgliedstaaten" (Erwägungsgrund 48 S. 2). Art. 25 und Erwägungsgrund 47 EuPartVO sind parallel ausgestaltet.

## I. Anwendungsbereich

1 Art. 25 gilt für **Vereinbarungen über den ehelichen Güterstand** iSv Art. 3 Abs. 1 lit. b. Nebengüterrechtliche Vereinbarungen fallen nicht hierunter (→ Art. 3 Rn. 11). Art. 25 regelt nur die **Form.** Zulässigkeit, Einigung und materielle Wirksamkeit einer Vereinbarung über den ehelichen Güterstand unterliegen gem. Art. 27 lit. g dem nach Art. 23, 26 zu bestimmenden Güterstatut (Dutta FamRZ 2016, 1973 (1984)). Dem Güterstatut unterliegen ferner Form, Zulässigkeit, Einigung und materielle Wirksamkeit von **Vereinbarungen mit Dritten,** soweit sie dem sachlichen Anwendungsbereich unterfallen → Art. 3 Rn. 7.

2 Ist die EuGüVO anwendbar, entscheidet Art. 25 über die formelle Wirksamkeit der Vereinbarung, einerlei, ob im Zeitpunkt der Vereinbarung bereits ein **grenzüberschreitender Bezug** bestand oder nicht (aA Sanders FamRZ 2018, 978 (982)). Eine ursprünglich formell unwirksame Vereinbarung kann daher durch das Hinzutreten eines grenzüberschreitenden Bezuges wirksam werden. Eine formell wirksame Vereinbarung über den ehelichen Güterstand bleibt allerdings nach allgemeinen Grundsätzen (vgl. MüKoBGB/v. Hein Einl IPR Rn. 79 ff.) bei Hinzutreten eines grenzüberschreitenden Bezuges wirksam, auch wenn sie Formerfordernissen des Art. 25 nicht genügt.

## II. Sachrechtliche Mindestanforderung (Abs. 1)

3 Absatz 1 enthält eine **Sachnorm** (krit. Dok. 16045/11 ADD 3, 16045/11 ADD 9, 16045/11 ADD 14, 17792/11 ADD 9; zur Kompetenz s. Corneloup/Égéa/Gallant/Jault-Seseke/Franzina, Le droit Européen des régimes patrimoniaux des couples, 2018, Art. 25 Rn. 15 ff.; Sanders FamRZ 2018, 978 (981 ff.)). Die Mindestanforderungen an die Form von Güterstandsvereinbarungen sind identisch mit den Mindestanforderungen für die Rechtswahl (Art. 23 Abs. 1).

## III. Kollisionsnormen (Abs. 2, 3)

4 Abs. 2 und 3 regeln Konstellationen, in denen zusätzliche Formvorschriften heranzuziehen sind. Die nach Abs. 2 und Abs. 3 anzuwendenden Formvorschriften treten neben die in Abs. 1 festgelegten Mindestanforderung; die Mindestanforderungen aus Abs. 1 werden jedoch durch die Einhaltung ärgerer Formerfordernisse (zB § 1410 BGB) erfüllt.

5 Abs. 2 ist parallel zu Art. 23 Abs. 2–4 ausgestaltet und verweist auf die Formvorschriften des Mitgliedstaates, in dem einer oder beide Ehegatten zum Zeitpunkt der Vereinbarung ihren gewöhnlichen Aufenthalt haben. Sieht das gem. Art. 22 oder Art. 26 auf den ehelichen Güterstand anwendbare Recht zusätzliche Formvorschriften vor, sind diese Formvorschriften neben Abs. 1 und ggf. neben Abs. 2 anzuwenden (Abs. 3). Nicht möglich ist ein alternativer Rückgriff auf die

Ortsform oder das Recht der Staatsangehörigkeit; das favor-negotii-Prinzip gilt somit nicht mehr (Bergschneider FamRZ 2020, 563 (564); Dutta FamRZ 2019, 1390 (1395); Dutta FamRZ 2016, 1973 (1984)). Erfordert das nach Abs. 2, 3 anwendbare Recht die notarielle Beurkundung und wurde die Beurkundung in einem anderen Staat vorgenommen, kommt eine Substitution in Betracht (Weber DNotZ 2016, 659 (684)).

Für rechtsgeschäftliche **Verfügungen über dingliche Rechte** gelten die Formvorschriften der lex rei sitae. 6

## Art. 26 Mangels Rechtswahl der Parteien anzuwendendes Recht

**(1) Mangels einer Rechtswahlvereinbarung nach Artikel 22 unterliegt der eheliche Güterstand dem Recht des Staates,**
**a) in dem die Ehegatten nach der Eheschließung ihren ersten gemeinsamen gewöhnlichen Aufenthalt haben, oder anderenfalls**
**b) dessen Staatsangehörigkeit beide Ehegatten zum Zeitpunkt der Eheschließung besitzen, oder anderenfalls**
**c) mit dem die Ehegatten unter Berücksichtigung aller Umstände zum Zeitpunkt der Eheschließung gemeinsam am engsten verbunden sind.**

**(2) Besitzen die Ehegatten zum Zeitpunkt der Eheschließung mehr als eine gemeinsame Staatsangehörigkeit, findet nur Absatz 1 Buchstaben a und c Anwendung.**

**(3) Ausnahmsweise kann das Gericht, das für Fragen des ehelichen Güterstands zuständig ist, auf Antrag eines der Ehegatten entscheiden, dass das Recht eines anderen Staates als des Staates, dessen Recht nach Absatz 1 Buchstabe a anzuwenden ist, für den ehelichen Güterstand gilt, sofern der Antragsteller nachweist, dass**
**a) die Ehegatten ihren letzten gemeinsamen gewöhnlichen Aufenthalt in diesem anderen Staat über einen erheblich längeren Zeitraum als in dem in Absatz 1 Buchstabe a bezeichneten Staat hatten und**
**b) beide Ehegatten auf das Recht dieses anderen Staates bei der Regelung oder Planung ihrer vermögensrechtlichen Beziehungen vertraut hatten.**

**[1]Das Recht dieses anderen Staates gilt ab dem Zeitpunkt der Eheschließung, es sei denn, ein Ehegatte ist damit nicht einverstanden. [2]In diesem Fall gilt das Recht dieses anderen Staates ab Begründung des letzten gemeinsamen gewöhnlichen Aufenthalts in diesem anderen Staat.**

**Die Anwendung des Rechts des anderen Staates darf die Rechte Dritter, die sich auf das nach Absatz 1 Buchstabe a anzuwendende Recht gründen, nicht beeinträchtigen.**

**Dieser Absatz gilt nicht, wenn die Ehegatten vor der Begründung ihres letzten gemeinsamen gewöhnlichen Aufenthalts in diesem anderen Staat eine Vereinbarung über den ehelichen Güterstand getroffen haben.**

### Überblick

Art. 26 regelt die objektive Anknüpfung mittels einer Anknüpfungskaskade (→ Rn. 2 ff.) für den Fall, dass keine (wirksame) Rechtswahl (Art. 22) vorliegt. Die objektive Anknüpfung soll sicherstellen, dass der eheliche Güterstand einem im Voraus bestimmbaren Recht unterliegt, zu dem eine enge Verbindung besteht (Erwägungsgrund 43 S. 1, 3; Dok. 11579/13; Gräf, Drittbeziehungen und Drittschutz in den Europäischen Güterrechtsverordnungen, 2019, 123 f.). Zudem soll das harmonisierte Kollisionsrecht zu einem internationalen Entscheidungseinklang in den teilnehmenden Mitgliedstaaten führen (Erwägungsgrund 43 S. 2; Gräf, Drittbeziehungen und Drittschutz in den Europäischen Güterrechtsverordnungen, 2019, 119). Die Anknüpfung ist vorbehaltlich der Ausweichklausel in Abs. 3 (→ Rn. 21 ff.) unwandelbar (→ Rn. 18 ff.).

### Übersicht

## I. Anknüpfungsgegenstand

1 Gegenstand der Anknüpfung ist der **eheliche Güterstand** iSv Art. 3 Abs. 1 lit. a, Art. 27. Das anwendbare Recht gilt sowohl für die vermögensrechtlichen Folgen der Ehe während des **Zusammenlebens** als auch für die Folgen der **Beendigung** des Eheverhältnisses.

## II. Anknüpfungskaskade (Abs. 1)

2 Abs. 1 regelt die objektive Anknüpfung mittels einer dreistufigen Anknüpfungskaskade. Insbesondere die Reihenfolge der Anknüpfungskriterien war in den Beratungen umstritten; einige Delegationen sprachen sich für die Staatsangehörigkeit als vorrangiges Anknüpfungskriterium aus (Dok. 16045/11 ADD 1, 16045/11 ADD 5, 16045/11 ADD 8, 16045/11 ADD 10, 16045/11 ADD 12, 15718/13, 11579/13). Die EuGüVO folgt dem bereits in anderen Verordnungen eingeschlagenen Weg (zB Art. 8 lit. a Rom III-VO, Art. 21 Abs. 1 EuErbVO) und räumt dem **gewöhnlichen Aufenthalt Vorrang** ein (krit. Süß FS 25 Jahre Deutsches Notarinstitut, 2018, 815 (816 f.)).

3 Ein **Gleichlauf** mit der **internationalen Zuständigkeit** in Güterrechtssachen (Art. 4 ff.) besteht **nicht** zwingend (Staudinger/Looschelders, 2019, Einl. IPR Rn. 322; krit. Dok. 16045/11). Zudem können Güterstatut und **Erbstatut** auseinanderfallen (Art. 1 Abs. 2 lit. d) (krit. Dok. 16045/11 ADD 12).

4 Eine mit Art. 10 Rom III-VO vergleichbare **Vorbehaltsklausel** für die lex fori in Fällen von Diskriminierungen aus Gründen des Geschlechts wurde vorgeschlagen (Dok. 15706/12, 6158/13, 10031/13), aber schließlich nicht in die Verordnung aufgenommen. Sieht das anwendbare Recht geschlechtsdiskriminierende Regelungen vor, kann das Gericht Art. 31 anwenden.

5 **1. Erster gemeinsamer gewöhnlicher Aufenthalt (Abs. 1 lit. a).** Vorrangiges Anknüpfungskriterium ist der **gemeinsame gewöhnliche Aufenthalt** der Ehegatten. Zur Bestimmung des gewöhnlichen Aufenthalts wird man in gewissem Umfang auf die in anderen Verordnungen gefundene Auslegung zurückgreifen dürfen und neben einer **physischen Anwesenheit** („Aufenthalt") die **soziale Integration** („gewöhnlich") anhand von objektiven Kriterien (Dauer, Regelmäßigkeit des Aufenthalts, soziale und berufliche Bindungen) und subjektiven Kriterien (Wille zur Aufenthaltsbegründung) bestimmen (Martiny ZfPW 2017, 1 (16)). Besondere, mit Erwägungsgrund 23, 24 EuErbVO vergleichbare Leitlinien wurden nicht in die EuGüVO aufgenommen. Angesichts der Vermögensbezogenheit der Güterrechtsverordnungen erscheint es jedoch angezeigt, neben der sozialen Integration auch die Vermögensbelegenheit zu berücksichtigen (Gräf, Drittbeziehungen und Drittschutz in den Europäischen Güterrechtsverordnungen, 2019, 304 f.). Der gemeinsame gewöhnliche Aufenthalt muss sich nicht am selben Ort befinden; ein gemeinsamer gewöhnlicher Aufenthalt in einem Staat genügt (Dutta FamRZ 2019, 1390 (1393); Heiderhoff IPRax 2018, 1 (5); Kroll-Ludwigs GPR 2016, 231 (237); Weber DNotZ 2016, 659 (670 f.); aA Süß FS 25 Jahre Deutsches Notarinstitut, 2018, 815 (817 f.)).

6 Maßgeblich ist der **erste** gewöhnliche Aufenthalt. Nicht durchsetzen konnten sich die Vorschläge zur Anknüpfung an den letzten gewöhnlichen Aufenthalt (Dok. 16045/11 ADD 1) oder an den gewöhnlichen Aufenthalt zum Zeitpunkt der Anrufung des Gerichts (Dok. 16045/11 ADD 6). Der erste gewöhnliche Aufenthalt kann zwar im Einzelfall schwerer nachweisbar sein; er hat jedoch den Vorteil, dass von Anfang an feststeht, welches Recht im Falle einer Beendigung der Ehe Anwendung finden wird.

7 Haben die Ehegatten **bei Eheschließung** einen gemeinsamen gewöhnlichen Aufenthalt, gilt das Recht dieses Aufenthaltsstaates. Begründen die Ehegatten ihren gemeinsamen gewöhnlichen Aufenthalt erst nach der Eheschließung, ist an diesen Aufenthalt nur anzuknüpfen, wenn er **„kurz nach der Eheschließung"** begründet wurde (Erwägungsgrund 49 S. 2). Zur Verhinderung eines der Rechtssicherheit zuwiderlaufenden Schwebezustandes bedarf es eines gewissen zeitlichen Zusammenhanges zwischen Eheschließung und Aufenthaltszusammenlegung (Heiderhoff IPRax 2018, 1 (5); MüKoBGB/Looschelders EuGüVO Rn. 8). Eine Aufenthaltszusammenlegung innerhalb von drei Monaten nach Eheschließung dürfte jedenfalls ausreichend sein (Weber DNotZ

2016, 659 (672)). Eine starre Frist ist jedoch nicht anzuwenden; im Einzelfall (etwa bei Aufschub der Aufenthaltszusammenlegung aufgrund beruflicher Umstände) kann auch eine Zeitspanne von mehr als drei Monaten genügen. Eine Zeitspanne von einem Jahr (Heiderhoff IPRax 2018, 1 (5)), teils sogar von sechs Monaten (Gräf, Drittbeziehungen und Drittschutz in den Europäischen Güterrechtsverordnungen, 2019, 318) wird für zu lang befunden.

Bei einer Aufenthaltszusammenlegung kurz nach der Eheschließung, gilt das Recht des gemeinsamen Aufenthalts ex tunc auch für die Zeit zwischen Eheschließung und Aufenthaltszusammenlegung (Gräf, Drittbeziehungen und Drittschutz in den Europäischen Güterrechtsverordnungen, 2019, 316; anders noch Dok. 17792/11 ADD 9; zum Drittschutz im Zeitraum zwischen Eheschließung und Aufenthaltszusammenlegung Gräf, Drittbeziehungen und Drittschutz in den Europäischen Güterrechtsverordnungen, 2019, 319 f.). Fehlt ein zeitlicher Zusammenhang zwischen Eheschließung und Aufenthaltszusammenlegung, erfolgt eine Anknüpfung nach Abs. 1 lit. b; bei späterer Aufenthaltszusammenlegung wandelt sich das Güterstatut nicht mehr. **8**

**2. Gemeinsame Staatsangehörigkeit bei Eheschließung (Abs. 1 lit. b, Abs. 2). a) Allgemeines.** Die gemeinsame Staatsangehörigkeit bei Eheschließung steht als Anknüpfungskriterium im Rang nach dem gemeinsamen gewöhnlichen Aufenthalt. Die Frage, **welchem Staat eine Person angehört,** bestimmt sich nach nationalem Recht unter Einschluss des Kollisionsrechts. In Deutschland ist das Recht des (potentiell) verleihenden Staates anwendbar (BeckOGK/Gössl Rom III-VO Art. 8 Rn. 36). **9**

Für **Staatenlose** (Art. 12 StaatenlosenÜ, BGBl. 1976 II 474) und **Flüchtlinge** (Art. 12 GFK, BGBl. 1953 II 560) ersetzt der Wohnsitzstaat bzw. der Aufenthaltsstaat die Staatsangehörigkeit. **10**

Maßgeblicher Zeitpunkt für die Anknüpfung ist die Eheschließung. Es genügt daher, wenn die **Staatsangehörigkeit durch Eheschließung** erworben wird. **11**

**b) Doppel- und Mehrstaater.** Die Behandlung von **Doppelstaatern** (doppelte Staatsangehörigkeit) und **Mehrstaatern** (mind. dreifache Staatsangehörigkeit) ist in der Verordnung nicht eindeutig geregelt. Einerseits bestimmt Abs. 2, dass für Ehegatten mit mehr als einer gemeinsamen Staatsangehörigkeit nur Abs. 1 lit. a und c gelten. Beachtlich ist nur der Verweis auf lit. c (engste Verbindung); haben die Ehegatten einen gemeinsamen gewöhnlichen Aufenthalt bei Eheschließung, kommt ohnehin lit. a und nicht lit. b zu Anwendung. Andererseits bestimmt Erwägungsgrund 50 S. 1, dass es sich bei der Frage nach der Behandlung mehrfacher Staatsangehörigkeit um eine Vorfrage handelt, die sich nach nationalem Recht richtet. **12**

Ein Teil der Lit. bezieht Erwägungsgrund 50 S. 1 nur auf die Frage, ob überhaupt eine doppelte oder mehrfache Staatsangehörigkeit zulässig ist. Art. 5 Abs. 1 EGBGB findet keine Anwendung. Sobald die Ehegatten **irgendeine gemeinsame Staatsangehörigkeit** haben, wird gem. Abs. 1 lit. b an das Recht dieses Staates angeknüpft; bei der gemeinsamen Staatsangehörigkeit kann es sich auch um die nicht effektive Staatsangehörigkeit handeln. Haben die Ehegatten **mehr als eine gemeinsame Staatsangehörigkeit,** findet gem. Abs. 2 nur Abs. 1 lit c Anwendung; dies gilt auch, wenn es sich bei der gemeinsamen Staatsangehörigkeit nicht um die effektive Staatsangehörigkeit handelt (Heiderhoff IPRax 2018, 1 (6)). **13**

Ein anderer Teil der Lit. bezieht Erwägungsgrund 50 S. 1 auch auf die Frage, welche von mehreren Staatsangehörigkeiten kollisionsrechtlich zu berücksichtigen ist. Erwägungsgrund 50 S. 1 Hs. 2 verweist auf die allgemeinen Grundsätze des Unionsrechts, die eine Bevorzugung der eigenen Staatsangehörigkeit verbieten. Art. 5 Abs. 1 S. 2 EGBGB findet demnach keine Anwendung (Martiny ZfPW 2017, 1 (17)). Art. 5 Abs. 1 S. 1 EGBGB findet Anwendung. Danach ist im Rahmen von Abs. 1 lit. b nur eine **gemeinsame effektive Staatsangehörigkeit** zu berücksichtigen (MüKoBGB/Looschelders EuGüVO Rn. 12; Schulze/Kemper Rn. 8 f.). Abs. 2 findet keine Anwendung, wenn die Ehegatten mehr als eine gemeinsame Staatsangehörigkeit, aber nur eine gemeinsame effektive Staatsangehörigkeit haben. Gegen diese Ansicht spricht, dass für Abs. 2 dann aus der Sicht vieler Mitgliedstaaten (vgl. BeckOGK/Gössl Rom III-VO Art. 8 Rn. 39.1) praktisch kein Raum verbliebe. **14**

**3. Gemeinsame engste Verbindung (Abs. 1 lit. c).** Abs. 1 lit. c benennt als letzte Stufe der objektiven Anknüpfung das Recht des Staates, dem die Ehegatten am engsten verbunden sind. Lit. c ist einschlägig, wenn die Ehegatten keinen gemeinsamen gewöhnlichen Aufenthalt (zeitnah) nach Eheschließung (lit. a) und keine gemeinsame Staatsangehörigkeit im Zeitpunkt der Eheschließung (lit. b) hatten. **15**

Die EuGüVO benennt keine Kriterien, die zur Beurteilung der engsten Verbindung herangezogen werden können. Der Kommissionsentwurf nannte „insbes. des Orts der Eheschließung" als Kriterium für eine enge Verbindung (KOM (2011) 126 endg, Art. 17 Abs. 1 lit. c). Nach Kritik **16** einiger Ratsdelegationen – insbes. angesichts der Möglichkeit des Hochzeitstourismus – (16045/11 ADD 7, Dok. 17792/11 ADD 9, 16045/11 ADD 10, 16045/11 ADD 11, 16045/11 ADD 12) wurde dieser Passus gestrichen. Der Ort der Eheschließung ist daher jedenfalls nicht gewichtiger als andere Kriterien. Nach Erwägungsgrund 49 S. 4 sollen vielmehr **alle Umstände** berücksichtigt werden. Vorzunehmen ist folglich eine Gesamtwürdigung unter Einbeziehung aller Umstände, die die Ehegatten oder deren Vermögen betreffen. Hierzu gehören ein langer gemeinsamer Aufenthalt, die enge familiäre, soziale und berufliche Verbundenheit zu einem Staat (Heiderhoff IPRax 2018, 1 (6)) sowie die Belegenheit von ehelichem Vermögen. Der Ort der Eheschließung kann neben anderen Kriterien für die enge Verbundenheit zu einem Staat sprechen. Allein die Eheschließung an einem (ggf. exotischen) Ort genügt nicht für die Anknüpfung an das Recht dieses Staates.

17 Maßgeblich für die engste Verbindung ist der **Zeitpunkt der Eheschließung** (Erwägungsgrund 49 S. 4; Gräf, Drittbeziehungen und Drittschutz in den Europäischen Güterrechtsverordnungen, 2019, 320). Gemeinsame Zukunftspläne sind berücksichtigungsfähig, wenn sie bei Eheschließung bereits konkret vorliegen.

## III. Unwandelbarkeit

18 **1. Allgemeines.** Die EuGüVO folgt – anders als das Haager Übereinkommen vom 14.3.1978 (Art. 7 Abs. 2) – nicht dem Mutabilitätsprinzip. Das objektive Güterstatut nach Art. 26 Abs. 1 ist unwandelbar, weil es auf den Zeitpunkt der Eheschließung abstellt (zur Aufenthaltsnahme kurz nach der Eheschließung → Rn. 7 f.). Ein späterer Aufenthaltswechsel während der Ehe ändert das nach Abs. 1 lit. a bestimmte Recht nicht. Ein Wegfall der gemeinsamen Staatsangehörigkeit lässt das nach Abs. 1 lit. b bestimmte Recht nicht entfallen. Eine Änderung der die engste Verbindung ausmachenden Umstände führt nicht zur Änderung des nach Abs. 1 lit. c bestimmten Rechts.

18.1 Einige Mitgliedstaaten befürworteten im Verordnungsgebungsprozess die Wandelbarkeit der Anknüpfung (16045/11 ADD 2; 16045/11 ADD 4; 16045/11 ADD 7), vor allem wenn die Ehegatten ihren gewöhnlichen Aufenthalt ändern und dann für viele Jahre in einem anderen Staat leben. Letztlich überwogen die Argumente der **Rechtssicherheit** und **Vorhersehbarkeit** (Dok. 16045/11 ADD 8; 16045/11 ADD 10) für eine Unwandelbarkeit der Anknüpfung. Als Kompromiss sieht Abs. 3 die Möglichkeit der **Durchbrechung der Unwandelbarkeit** vor. Die Ehegatten können außerdem jederzeit mit einer **Rechtswahl** das Güterstatut ändern (Art. 22).

19 **2. Flüchtlinge.** Das Gesetz über den ehelichen Güterstand von Vertriebenen und Flüchtlingen vom 4.8.1969 (BGBl. I 1067) wurde mit Ablauf des 28.1.2019 aufgehoben (Art. 9 Gesetz vom 17.12.2018, BGBl. I 2573). Es beseitigte für Vertriebene und Flüchtlinge die Unwandelbarkeit des Güterstatuts nach Art. 15 Abs. 1 EGBGB aF und leitete den Güterstand ex nunc in den gesetzlichen Güterstand der Zugewinngemeinschaft über (Staudinger/Looschelders, 2019, Einl. IPR Rn. 689).

20 Unter der EuGüVO bleibt es für Flüchtlinge grds. bei der Unwandelbarkeit der Anknüpfung; möglich ist aber ein Rückgriff auf die Ausweichklausel in Abs. 3.

## IV. Ausweichklausel (Abs. 3)

21 Abs. 3 enthält eine Ausweichklausel. Die Ausweichklausel wurde zur Abfederung der Unwandelbarkeit der Anknüpfung nach Abs. 1 eingefügt. Die Ausweichklausel ist – anders als beispielsweise Art. 21 Abs. 2 EuErbVO – hinsichtlich Anwendungsbereich und Voraussetzungen **eng gefasst.**

22 **1. Anwendungsbereich.** Die Ausweichklausel gilt **nur für die objektive Anknüpfung nach Abs. 1 lit. a** (Abs. 3 UAbs. 1). Sie gilt nicht für die Rechtswahl und nicht für die objektive Anknüpfung nach Abs. 1 lit. b und c (Erwägungsgrund 51) (krit. Heiderhoff IPRax 2018, 1 (6)). Sie findet ferner keine Anwendung, wenn die Ehegatten eine Vereinbarung über den ehelichen Güterstand (Art. 3 Abs. 1 lit. b) getroffen haben (Abs. 3 UAbs. 4).

23 **2. Formelle Voraussetzungen.** In formeller Hinsicht bedarf es zur Abweichung von dem nach Abs. 1 lit. a bestimmten Recht eines Antrags; der Antrag ist von einem oder von beiden Ehegatten zu stellen. Die Antragstellung durch einen Ehegatten ist auch möglich nach Tod des anderen Ehegatten.

24 **3. Materielle Voraussetzungen.** Ausgewichen werden darf auf das Recht des **letzten gemeinsamen gewöhnlichen Aufenthalts,** wenn die Ehegatten in letzten Aufenthaltsstaat über

einen **erheblich längeren Zeitraum** als in dem ersten Aufenthaltsstaat gelebt (UAbs. 1 lit. a) und auf die Anwendbarkeit dieses Rechts **vertraut** haben (UAbs. 1 lit. b). Ein Ausweichen auf einen zwischenzeitlichen Aufenthalt ist nicht zulässig, auch wenn es sich dabei um den längeren oder längsten gemeinsamen Aufenthalt handelt. Die Ausweichklausel darf nur in Ausnahmefällen angewandt werden (UAbs. 1); die Voraussetzungen nach UAbs. 1 lit. a und b sind daher eng auszulegen.

**4. Rechtsfolgen.** Gerichte haben zwar einen Beurteilungsspielraum im Hinblick auf den in Abs. 3 UAbs. 1 lit. a vorausgesetzten erheblich längeren Zeitraum, aber **keinen Ermessensspielraum** (Gräf, Drittbeziehungen und Drittschutz in den Europäischen Güterrechtsverordnungen, 2019, 311–314). Liegen die Voraussetzungen für ein Ausweichen vor, ist das Recht des letzten gewöhnlichen Aufenthalts anzuwenden. Das Recht des letzten gewöhnlichen Aufenthalts findet grds. rückwirkend Anwendung ab dem Zeitpunkt der Eheschließung (UAbs. 2 S. 1 Hs. 1; zur rückwirkenden Bewertung der Eigentumsverhältnisse → Art. 22 Rn. 13). UAbs. 2 schließt eine Rückwirkung aus, wenn ein Partner mit der Rückwirkung nicht einverstanden ist; das Recht des letzten gewöhnlichen Aufenthalts gilt dann erst ab Aufenthaltsbegründung und es kommt zur zeitlichen Rechtsspaltung (Heiderhoff IPRax 2018, 1 (6)). 25

Abs. 3 verbietet die Anwendung der Ausweichklausel nicht, wenn **bereits ein Ehegatte verstorben** ist (→ Rn. 23). Die EuGüVO lässt aber offen, ob die Erteilung des Einverständnisses nach Abs. 3 UAbs. 2 dann den Erben obliegt oder ob das Ausweichrecht stets rückwirkend oder stets erst ab Begründung des letzten gemeinsamen gewöhnlichen Aufenthalts gilt. Eine im Rat vorgeschlagene, besondere Ausweichklausel ohne Zustimmungserfordernis (Dok. 13882/14) für diesen Fall wurde nicht aufgenommen. 26

Die rückwirkende Anwendung des Rechts am letzten gewöhnlichen Aufenthalt darf **Rechte Dritter** nicht beeinträchtigen (Abs. 3 UAbs. 3). Ziel der Regelung ist der Schutz des Bestandsinteresses des Dritten (Gräf, Drittbeziehungen und Drittschutz in den Europäischen Güterrechtsverordnungen, 2019, 340). Siehe auch → Art. 22 Rn. 14 27

## V. EuPartVO

Die objektive Anknüpfung nach Art. 26 EuPartVO unterscheidet sich von derjenigen in Art. 26 EuGüVO. Die güterrechtlichen Wirkungen einer eingetragenen Partnerschaft unterliegen dem Recht des Staates, nach dessen Recht die verbindliche Eintragung zur Begründung der Partnerschaft vorgenommen wurde (Art. 26 Abs. 1 EuPartVO) (krit. Dok. 16045/11 ADD 2, 16045/11 ADD 4, 16045/11 ADD 7, 16045/11 ADD 13; Heiderhoff IPRax 2018, 1 (8)). Art. 26 Abs. 2 EuPartVO enthält eine Art. 26 Abs. 3 entsprechende Ausweichklausel. 28

# Art. 27 Reichweite des anzuwendenden Rechts

**Das nach dieser Verordnung auf den ehelichen Güterstand anzuwendende Recht regelt unter anderem**

**a) die Einteilung des Vermögens eines oder beider Ehegatten in verschiedene Kategorien während und nach der Ehe;**
**b) die Übertragung von Vermögen von einer Kategorie in die andere;**
**c) die Haftung des einen Ehegatten für die Verbindlichkeiten und Schulden des anderen;**
**d) die Befugnisse, Rechte und Pflichten eines oder beider Ehegatten in Bezug auf das Vermögen;**
**e) die Auflösung des ehelichen Güterstands und die Teilung, Aufteilung oder Abwicklung des Vermögens;**
**f) die Wirkungen des ehelichen Güterstands auf ein Rechtsverhältnis zwischen einem Ehegatten und Dritten und**
**g) die materielle Wirksamkeit einer Vereinbarung über den ehelichen Güterstand.**

## Überblick

Die EuGüVO findet auf die ehelichen Güterstände Anwendung (Art. 1 Abs. 1). Art. 27 listet Fragen auf, die ehegüterrechtlich zu qualifizieren sind. Die Liste ist **nicht abschließend.** Aufgeführt sind nur **materiellrechtliche Fragen;** verfahrensrechtliche Aspekte sind vom Anwendungsbereich ausgeschlossen (→ Art. 1 Rn. 42 ff.). Art. 27 EuPartVO ist parallel ausgestaltet. Vergleichbare Kataloge enthalten Art. 23 EuErbVO und Art. 11 HUP. Zur Sicherstellung eines unionsweiten Entscheidungseinklangs (vgl. Erwägungsgrund 43 S. 2) sind die Begriffe **autonom** auszulegen (Gräf, Drittbeziehungen und Drittschutz in den Europäischen Güterrechtsverordnungen, 2019, 119).

### I. Vermögenskategorien, Vermögensübertragung (lit. a, b)

1 Für allgemeine sachenrechtliche Verfügungen, die nicht aus dem Eheverhältnis folgen, gilt nicht die EuGüVO, sondern Art. 43 EGBGB. Die Zuweisung und Übertragung von Vermögen aufgrund des Eheverhältnisses (zB die automatische Zuweisung von Vermögen an beide Ehegatten bei Eheschließung) oder aufgrund der Beendigung der Ehe unterliegt hingegen dem Güterstatut, wie Art. 27 lit. a und b zeigen (→ Art. 1 Rn. 37). Güterrechtlich zu qualifizieren ist auch die Einteilung des Vermögens eines oder beider Ehegatten in verschiedene Kategorien während der Ehe und nach ihrer Auflösung (Erwägungsgrund 52 S. 1). Hierzu gehört insbes. die Einteilung des Vermögens in einer Gütergemeinschaft (vgl. §§ 1416 ff. BGB) oder einer Errungenschaftsgemeinschaft. Vom Anwendungsbereich der EuGüVO ausgenommen sind die Arten der dinglichen Rechte (Art. 1 Abs. 2 lit. g) und Registereintragungen (Art. 1 Abs. 2 lit. h).

### II. Haftung für Verbindlichkeiten und Schulden (lit. c)

2 Güterrechtlich zu qualifizieren ist die Haftung eines Ehegatten für Verbindlichkeiten und Schulden des anderen Ehegatten. Anders als im früheren deutschen Kollisionsrecht (Art. 14, 15 EGBGB aF) fallen auch güterstandunabhängige Haftungsvorschriften in den Anwendungsbereich der EuGüVO. Die Frage der Mitverpflichtung und Mitberechtigung (§ 1357 BGB) unterliegt daher der EuGüVO (Andrae IPRax 2018, 221 (222); Gräf, Drittbeziehungen und Drittschutz in den Europäischen Güterrechtsverordnungen, 2019, 228; Heiderhoff IPRax 2018, 1 (2)).

### III. Vermögensrechtliche Befugnisse, Rechte und Pflichten (lit. d)

3 Unter lit. d fallen **Verwaltungs- und Verfügungsbefugnisse** eines oder beider Ehegatten bezüglich des Vermögens (vgl. §§ 1422 ff. BGB), vermögensbezogene Wirkungen eines gesetzlichen **Notvertretungsrechts** (vgl. § 1358 BGB nF; Croon-Gestefeld FamRZ 2021, 1939 (1941)) sowie **Zustimmungserfordernisse** (vgl. §§ 1365, 1369 BGB; Gräf, Drittbeziehungen und Drittschutz in den Europäischen Güterrechtsverordnungen, 2019, 213).

4 Auch die **gesetzliche Prozessstandschaft** nach § 1368 BGB ist materiellrechtlich zu qualifizieren (Wieczorek/Schütze/Hausmann, 3. Aufl. 1994, ZPO Vor § 50 Rn. 103; aA Stein/Jonas/Jacoby, 23. Aufl. 2014, ZPO Vor § 50 Rn. 33 ohne Differenzierung nach der Art der Prozessführungsbefugnis) und unterliegt der EuGüVO (Heiderhoff IPRax 2018, 1 (2)).

### IV. Auflösung, Teilung, Aufteilung oder Abwicklung (lit. e)

5 Unter lit. e fällt die Auflösung des Güterregimes (Erwägungsgrund 52 S. 1). Hierzu gehören der Zugewinnausgleich einschließl. sog. Rückholansprüche (vgl. § 1390 BGB, Gräf, Drittbeziehungen und Drittschutz in den Europäischen Güterrechtsverordnungen, 2019, 229) sowie die Auseinandersetzung von Gütergemeinschaften oder Errungenschaftsgemeinschaften. Die Teilung eines im **Miteigentum** der (geschiedenen) Ehegatten stehenden Gegenstands fällt in den Anwendungsbereich der EuGüVO, wenn die Teilung im Zusammenhang mit der Auflösung der ehelichen Lebensgemeinschaft steht (→ Art. 3 Rn. 5). Die Teilung eines während der Ehe erworbenen Kfz zwischen den geschiedenen Ehegatten unterfällt damit der EuGüVO (die Brüssel Ia-VO findet keine Anwendung, EuGH BeckRS 2017, 122519 Rn. 29 f. – Iliev). Ehegüterrechtliche **Auskunftsansprüche** sind materiell-rechtlich zu qualifizieren und unterliegen der EuGüVO (Heiderhoff IPRax 2018, 1 (3)); → Art. 1 Rn. 44.

5.1 Viele Rechtsordnungen kennen im materiellen Recht keinen Auskunftsanspruch; stattdessen erfolgt die Ermittlung des ehelichen Vermögens im Verfahren von Amts wegen. Ausländische verfahrensrechtliche Regelungen zur Amtsermittlung können in deutschen Verfahren jedoch nicht angewandt werden, weil für das Verfahren die lex fori gilt. Der Normenmangel, den die Anwendung von ausländischem Sachrecht und deutschem Verfahrensrecht hervorruft, ist durch Anpassung im Wege der Gewährung eines materiellrechtlichen Auskunftsanspruchs zu lösen (OLG Hamm FamRZ 2006, 1383; OLG Karlsruhe FamRZ 1995, 738 (740); OLG Hamm NJW-RR 1993, 1155; OLG Frankfurt a. M. NJW-RR 1991, 83; OLG Hamm IPRax 1988, 108 f.; LG München I IPRspr. 1977, 183 f.; AG Wolfratshausen IPRax 1982, 23; Heiderhoff IPRax 2018, 1 (3)).

### V. Wirkung auf Rechtsverhältnisse mit Dritten (lit. f)

Das Güterstatut bestimmt grds. die Auswirkungen des ehelichen Güterstands auf ein Rechtsverhältnis zwischen einem Ehegatten und Dritten (lit. f, Erwägungsgrund 52 S. 2). Auf die Eigentumsvermutung (vgl. § 1362 BGB, → Art. 1 Rn. 45) und auf spezifisch güterrechtliche Ansprüche gegenüber Dritten (zB § 1390 BGB, Gräf, Drittbeziehungen und Drittschutz in den Europäischen Güterrechtsverordnungen, 2019, 229; Heiderhoff IPRax 2018, 1 (2)) ist daher die EuGüVO anwendbar. Das anwendbare Güterrecht kann dem Dritten aber nur unter den Voraussetzungen des Art. 28 entgegengehalten werden. 6

### VI. Materielle Wirksamkeit von Güterstandvereinbarungen (lit. g)

Das Güterstatut ist maßgeblich für die materielle Wirksamkeit von Güterstandvereinbarungen. Hierzu zählen die generelle Zulässigkeit einer solchen Vereinbarung, die Möglichkeit der Änderung des Güterstandes und die Grenzen der Zulässigkeit (zB §§ 138, 242 BGB). Nicht erfasst ist die formelle Wirksamkeit von güterrechtlichen Vereinbarungen; hierfür gilt Art. 25. Ausgeschlossen ist außerdem die Rechts- und Geschäftsfähigkeit (Art. 1 Abs. 2 lit. a). 7

## Art. 28 Wirkungen gegenüber Dritten

**(1) Ungeachtet des Artikels 27 Buchstabe f darf ein Ehegatte in einer Streitigkeit zwischen einem Dritten und einem oder beiden Ehegatten das für den ehelichen Güterstand maßgebende Recht dem Dritten nicht entgegenhalten, es sei denn, der Dritte hatte Kenntnis von diesem Recht oder hätte bei gebührender Sorgfalt davon Kenntnis haben müssen.**

**(2) Es wird davon ausgegangen, dass der Dritte Kenntnis von dem auf den ehelichen Güterstand anzuwendenden Recht hat, wenn**

**a) dieses Recht das Recht des Staates ist,**
**i) dessen Recht auf das Rechtsgeschäft zwischen einem Ehegatten und dem Dritten anzuwenden ist,**
**ii) in dem der vertragschließende Ehegatte und der Dritte ihren gewöhnlichen Aufenthalt haben oder**
**iii) in dem die Vermögensgegenstände – im Fall von unbeweglichem Vermögen – belegen sind,**

**oder**

**b) ein Ehegatte die geltenden Anforderungen an die Publizität oder Registrierung des ehelichen Güterstands eingehalten hat, die vorgesehen sind im Recht des Staates,**
**i) dessen Recht auf das Rechtsgeschäft zwischen einem Ehegatten und dem Dritten anzuwenden ist,**
**ii) in dem der vertragschließende Ehegatte und der Dritte ihren gewöhnlichen Aufenthalt haben oder**
**iii) in dem die Vermögensgegenstände – im Fall von unbeweglichem Vermögen – belegen sind.**

**(3) Kann ein Ehegatte das auf seinen ehelichen Güterstand anzuwendende Recht einem Dritten nach Absatz 1 nicht entgegenhalten, so unterliegen die Wirkungen des ehelichen Güterstands gegenüber dem Dritten dem Recht des Staates,**

**a) dessen Recht auf das Rechtsgeschäft zwischen einem Ehegatten und dem Dritten anzuwenden ist oder**
**b) in dem die Vermögensgegenstände – im Fall von unbeweglichem Vermögen – belegen sind oder, im Fall eingetragener Vermögenswerte oder im Fall von Rechten, in dem diese Vermögenswerte oder Rechte eingetragen sind.**

### Überblick

Weil für Dritte oftmals nicht ersichtlich ist, welches Recht auf die vermögensrechtlichen Beziehungen der Ehegatten Anwendung findet, enthält Art. 28 (wie auch Art. 16 EGBGB aF) eine Sonderregelung für die Geltung des Güterstatuts gegenüber Dritten. Art. 22 Abs. 3, 26 Abs. 3 UAbs. 3 EuGüVO enthalten ebenfalls drittschützende Normen. Doch während Art. 22 Abs. 3 EuGüVO und Art. 26 Abs. 3 UAbs. 3 EuGüVO Dritte vor dem Verlust bestehender Rechte und

Rechtspositionen schützen, regelt Art. 28 EuGüVO den Schutz gutgläubiger Dritter beim Erwerb von Rechten und Rechtspositionen. Art. 28 EuPartVO ist parallel ausgestaltet.

## I. Anwendungsbereich

1 Art. 28 EuGüVO findet nur auf den **rechtsgeschäftlichen Verkehr** Anwendung (vgl. Abs. 2 lit. a Ziff. i, lit. b Ziff. i, Abs. 3 lit. a: „Rechtsgeschäft"; Gräf, Drittbeziehungen und Drittschutz in den Europäischen Güterrechtsverordnungen, 2019, 400).

1.1 Beispiele: Erwirbt ein Dritter einen Gegenstand nicht durch Rechtsgeschäft (sondern kraft Gesetzes oder kraft Hoheitsaktes) oder resultiert die Rechtsbeziehung aus einer unerlaubten Handlung, kommt es auf das Vertrauen des Dritten auf ein bestimmtes Güterrecht nicht an; Art. 28 EuGüVO findet keine Anwendung (Dutta FamRZ 2016, 1973 (1982); Gräf, Drittbeziehungen und Drittschutz in den Europäischen Güterrechtsverordnungen, 2019, 403). Auf Rückholansprüche gegen Dritte (§ 1390 BGB) und Rückforderungsansprüche Dritter (insb. der Schwiegereltern) aufgrund unentgeltlicher Zuwendungen (→ Art. 1 Rn. 47) findet Art. 28 EuGüVO Anwendung; sie stehen im **unmittelbaren Zusammenhang mit einem Rechtsgeschäft** (Gräf, Drittbeziehungen und Drittschutz in den Europäischen Güterrechtsverordnungen, 2019, 402). Gesetzliche Mitverpflichtungen und -berechtigungen des anderen, nicht vertragsschließenden Ehegatten fallen unter Art. EuGüVO, wenn die Mitverpflichtung und -berechtigung aufgrund des Abschlusses eines Rechtsgeschäfts durch einen Ehegatten eintritt (z. B. § 1357 BGB). Die im belgischen und französischen Recht zu findende mietvertragliche Mitverpflichtung basiert hingegen nicht auf dem Vertragsschluss, sondern auf der Mitnutzung durch den nicht vertragsschließenden Ehegatten; Art. 28 EuGüVO findet keine Anwendung (Gräf, Drittbeziehungen und Drittschutz in den Europäischen Güterrechtsverordnungen, 2019, 403 f.).

2 Ferner deutet Abs. 1 darauf hin, dass Art. 28 EuGüVO nur Anwendung findet „in einer Streitigkeit zwischen einem Dritten und einem oder beiden Ehegatten". Art. 28 EuGüVO schützt Dritte jedoch auch in Streitigkeiten mit anderen Dritten, wenn das Rechtsverhältnis des Dritten mit einem Ehegatten vorgreiflich ist (Gräf, Drittbeziehungen und Drittschutz in den Europäischen Güterrechtsverordnungen, 2019, 408 f.).

## II. Geltung des Güterstatuts gegenüber Dritten

3 Die Wirkungen des ehelichen Güterstands auf ein Rechtsverhältnis zwischen einem Ehegatten und einem Dritten bestimmen sich nach dem Recht, das nach dieser Verordnung auf den ehelichen Güterstand anzuwenden ist (Art. 27 lit. f). Nach Art. 28 Abs. 1 kann ein Ehegatte das tatsächlich anwendbare Güterrecht dem Dritten jedoch grds. nicht entgegenhalten (Erwägungsgrund 52 S. 3), es sei denn der Dritte hatte Kenntnis oder hätte Kenntnis haben müssen (I.) oder die Vermutung nach Abs. 2 greift ein (II.).

4 **1. Kenntnis oder Kennenmüssen (Abs. 1).** Die Begriffe der Kenntnis und des Kennenmüssens sind **unionsautonom** auszulegen. **Kenntnis** muss nicht hinsichtlich des materiellen Inhalts des Güterstatuts vorliegen. Vielmehr muss der Dritte **positives Wissen** darüber haben, dass ein bestimmtes Güterstatut anwendbar ist (Gräf, Drittbeziehungen und Drittschutz in den Europäischen Güterrechtsverordnungen, 2019, 435).

5 Anstatt der Kenntnis genügt es auch, wenn der Dritte bei gebührender Sorgfalt vom anwendbaren Güterrecht hätte **Kenntnis haben müssen.** Unter Kennenmüssen ist jedes fahrlässige Sich-Verschließen gegenüber einer möglichen Kenntnisnahme zu verstehen; **einfache Fahrlässigkeit** genügt, wie ein Vergleich zur Formulierung in Art. 69 Abs. 3 und 4 EuErbVO zeigt (Gräf, Drittbeziehungen und Drittschutz in den Europäischen Güterrechtsverordnungen, 2019, 435). Je bedeutsamer das Rechtsgeschäft, desto umfangreicher ist die Nachforschungspflicht der Dritten (Gräf, Drittbeziehungen und Drittschutz in den Europäischen Güterrechtsverordnungen, 2019, 437). Ein Kennenmüssen liegt idR vor, wenn der Dritte von einem ausländischen gewöhnlichen Aufenthalt der Ehegatten wusste (Dutta FamRZ 2016, 1973 (1982); Gräf, Drittbeziehungen und Drittschutz in den Europäischen Güterrechtsverordnungen, 2019, 438). Eine ausländische Staatsangehörigkeit begründet hingegen nur bei besonders bedeutsamen Rechtsgeschäften eine Nachforschungspflicht (Gräf, Drittbeziehungen und Drittschutz in den Europäischen Güterrechtsverordnungen, 2019, 438 f.; anders wohl Dutta FamRZ 2016, 1973 (1982)).

6 Maßgeblicher **Zeitpunkt** für die Kenntnis oder das Kennenmüssen ist grundsätzlich die Vollendung des Rechtsgeschäfts (Gräf, Drittbeziehungen und Drittschutz in den Europäischen Güterrechtsverordnungen, 2019, 439 f.).

Steht jedoch in Frage, ob § 1365 BGB als Teil des deutschen Güterrechts gegenüber dem Dritten gilt, ist Kenntnis/Kennenmüssen bei Abschluss des Verpflichtungsgeschäfts maßgeblich; spätere Kenntnis/Kennenmüssen beeinträchtigt das Verfügungsgeschäft nicht (vgl. ebenso zur Kenntnis, dass Vermögensgegenstand das wesentliche Vermögen ausmacht BGH, NJW-RR 1990, 1154). **6.1**

Die **Beweislast** für die Kenntnis oder das Kennenmüssen des Dritten trägt der Ehegatte, der sich auf die Anwendung des Güterrechts beruft (Weber DNotZ 2016, 659 (685)). **7**

**2. Vermutete Bösgläubigkeit (Abs. 2).** Nach Abs. 2 wird die Kenntnis des Dritten vermutet. Es handelt sich um eine **unwiderlegliche Vermutung** (Gräf, Drittbeziehungen und Drittschutz in den Europäischen Güterrechtsverordnungen, 2019, 410 f.). Gegen die Einordnung als Fiktion spricht, dass die Fiktion – zumindest in der deutschen Rechtsdogmatik – einen Umstand als gegeben ansieht, der in Wirklichkeit nicht besteht (aA Dutta FamRZ 2016, 1973 (1983)). **8**

Die Vermutung greift, wenn das Güterrecht eines bestimmten Staates anwendbar ist (lit. a) oder wenn ein Ehegatte die güterrechtlichen Publizitätsanforderung in einem bestimmten Staat eingehalten hat (lit. b). Die Rechtsordnungen, dessen Güterrecht anwendbar oder dessen Publizitätsanforderungen erfüllt sein müssen, regeln lit. a und lit. b **identisch:** der Staat, dessen Recht auf das Rechtsgeschäft zwischen dem Ehegatten und dem Dritten anwendbar ist (Ziff. i), der Staat, in dem der vertragsschließende Ehegatte und der Dritte ihren gewöhnlichen Aufenthalt haben (Ziff. ii) oder der Staat, in dem das unbewegliche Vermögen belegen ist, auf das sich das Rechtsgeschäft bezieht (Ziff. iii). Das Rechtsgeschäft zwischen dem Ehegatten und dem Dritten ist selbständig anzuknüpfen, wobei sowohl eine objektive Anknüpfung als auch eine Rechtswahl in Betracht kommen (Gräf, Drittbeziehungen und Drittschutz in den Europäischen Güterrechtsverordnungen, 2019, 412–414). Die EuGüVO regelt nicht, wie der gewöhnliche Aufenthalt eines Dritten zu bestimmen ist, der keine natürliche Person ist; hierfür ist Art. 19 Rom I-VO heranzuziehen (ebenso Dok. 6158/13). **9**

Abs. 2 ist **abschließend.** In anderen Fällen, zB wenn das Güterrecht des Staates anwendbar ist, in dem die Ehegatten aktuell ihren gewöhnlichen Aufenthalt haben, ist Abs. 2 nicht anwendbar (krit. Heiderhoff IPRax 2018, 1 (8)). Hat sich der Dritte in den Aufenthaltsstaat der Ehegatten begeben, ist allerdings idR von Kennenmüssen iSv Abs. 1 auszugehen (→ Rn. 4) (Heiderhoff IPRax 2018, 1 (8); weitergehend Martiny ZfPW 2017, 1 (26)). **10**

## III. Ersatzgüterstatut (Abs. 3)

Das Ersatzgüterstatut für die Drittwirkungen wird nach Abs. 3 bestimmt: Bezieht sich das Rechtsgeschäft auf unbewegliches Vermögen oder eingetragene Vermögenswerte, gilt lit. b. **Vorrangig** anwendbar ist dann das Recht des Belegenheits- oder Registerstaats (Gräf, Drittbeziehungen und Drittschutz in den Europäischen Güterrechtsverordnungen, 2019, 444–446; Heiderhoff IPRax 2018, 1 (8); Martini ZfPW 2017, 1 (27); Weber RNotZ 2017, 365 (371); a. A. Döbereiner MittBayNot 2018, 405 (423); Süß, in Dutta/Weber (Hrsg.), Europäische Güterrechtsverordnungen, 2017, 85 (Rn. 79)). Greift lit. b als lex specialis nicht ein, gilt die lex causae, dh das auf das Rechtsgeschäft zwischen dem Ehegatten und dem Dritten anwendbare Recht. Bei Schuldverträgen bestimmt sich das Recht mithin nach der Rom I-VO. **11**

Sind Regelungen im Ersatzgüterstatut güterstandsabhängig, ist auf den **Ersatzgüterstand** abzustellen, der dem Güterstand im tatsächlichen Güterstatut am ähnlichsten ist (Gräf, Drittbeziehungen und Drittschutz in den Europäischen Güterrechtsverordnungen, 2019, 446–448). **12**

Die Regelungen des Ersatzgüterstatuts sind nicht zwingend anwendbar, sondern nur, wenn sie für den Dritten **im konkreten Fall** zu einem **günstigeren Ergebnis** führen (Gräf, Drittbeziehungen und Drittschutz in den Europäischen Güterrechtsverordnungen, 2019, 448–451). **13**

## Art. 29 Anpassung dinglicher Rechte

**Macht eine Person ein dingliches Recht geltend, das ihr nach dem auf den ehelichen Güterstand anzuwendenden Recht zusteht, und kennt das Recht des Mitgliedstaats, in dem das Recht geltend gemacht wird, das betreffende dingliche Recht nicht, so ist dieses Recht soweit erforderlich und möglich an das in der Rechtsordnung dieses Mitgliedstaats am ehesten vergleichbare Recht anzupassen, wobei die mit dem besagten dinglichen Recht verfolgten Ziele und Interessen und die mit ihm verbundenen Wirkungen zu berücksichtigen sind.**

### Überblick

Art. 20 enthält eine Anpassungsvorschrift für dingliche Rechte, die angelehnt ist an Art. 31 EuErbVO. Andere Formen der Anpassung (zB Erbrecht und Güterrecht) bleiben unberührt (Erwägungsgrund 26). Art. 29 EuPartVO ist parallel ausgestaltet.

1 Die EuGüVO gilt für die Einteilung und Übertragung von Vermögen aufgrund der Ehe oder aufgrund der Auflösung der Ehe (Art. 27 lit. a, b). Das anwendbare Güterrecht kann daher die Begründung oder Übertragung eines dinglichen Rechts ermöglichen (Erwägungsgrund 24 S. 1). Die Art der dinglichen Rechte ist hingegen gem. Art. 1 Abs. 2 lit. g vom Anwendungsbereich der EuGüVO ausgeschlossen und unterliegt dem Belegenheitsrecht (Erwägungsgrund 24 S. 2). Fallen Güterstatut und Sachenrechtsstatut auseinander, kann es zu **Normenwidersprüchen** kommen, wenn das Belegenheitsrecht ein durch das Güterrecht begründetes Sachenrecht nicht anerkennt. Dies ist zB der Fall, wenn das Güterstatut eine besondere Form des gemeinschaftlichen Eigentums vorsieht, die das Belegenheitsstatut nicht kennt (Heiderhoff IPRax 2018, 1 (3); zur insoweit gebotenen Großzügigkeit aber Gräf, Drittbeziehungen und Drittschutz in den Europäischen Güterrechtsverordnungen, 2019, 266 f.). Besteht ein Normenwiderspruch, kommt die Anpassung zum Zuge: Art. 29 Hs. 1 **verpflichtete** den Belegenheitsstaat, soweit erforderlich und möglich, zur Anpassung an das am ehesten vergleichbare inländische Rechtsinstitut (zB Umdeutung einer joint tenancy in Anspruch auf Einräumung von Miteigentum, Andrae IPRax 2018, 221 (229)).

2 Art. 29 Hs. 2 geht von einer **funktionalen Anpassung** aus: das Rechtsinstitut muss im Hinblick auf die Ziele, Interessen und Wirkungen vergleichbar sein. Zur Ermittlung des ausländischen Güterrechts sollen die Behörden im Belegenheitsstaat mit den Behörden des Staates kommunizieren, dessen Güterrecht Anwendung findet, und die Informationen nutzen, die im Europäischen Justizportal (https://e-justice.europa.eu) bereitgestellt werden (Erwägungsgrund 25 S. 3, Art. 63).

## Art. 30 Eingriffsnormen

**(1) Diese Verordnung berührt nicht die Anwendung der Eingriffsnormen des Rechts des angerufenen Gerichts.**

**(2) Eine Eingriffsnorm ist eine Vorschrift, deren Einhaltung von einem Mitgliedstaat als so entscheidend für die Wahrung seines öffentlichen Interesses, insbesondere seiner politischen, sozialen oder wirtschaftlichen Ordnung, angesehen wird, dass sie ungeachtet des nach Maßgabe dieser Verordnung auf den ehelichen Güterstand anzuwendenden Rechts auf alle Sachverhalte anzuwenden ist, die in ihren Anwendungsbereich fallen.**

### Überblick

Art. 30 enthält einen Vorbehalt für Eingriffsnormen. Art. 30 EuPartVO ist parallel ausgestaltet. Es werden zunächst die Anwendungsvoraussetzungen (→ Rn. 1 f.) und sodann Anwendungsfälle (→ Rn. 3 f.) dargelegt.

### I. Anwendungsvoraussetzungen

1 **1. Eingriffsnorm.** Die **Definition** der Eingriffsnorm ist in der deutschen Fassung nahezu und in der englischen Fassung vollständig identisch mit Art. 9 Abs. 1 Rom I-VO; Art. 30 Abs. 2 ist daher ebenso auszulegen wie Art. 9 Abs. 1 Rom I-VO. Entgegen anderslautender Stimmen im Rat (vgl. 16045/11 ADD 10, 15706/12, 16045/11 ADD 13, 13698/11 ADD 16) sind nicht alle zwingenden Vorschriften (règles du régime primaire) notwendigerweise auch Eingriffsnormen. Abs. 2 ist vielmehr eng auszulegen (Erwägungsgrund 53 S. 3), weil die Vorschrift den Einheitlichkeitsgrundsatz (Art. 21) durchbricht und zudem den Schutz Dritter einschränkt; Art. 28 gilt nur gegenüber dem Güterstatut, nicht gegenüber Eingriffsnormen (Dutta FamRZ 2016, 1973 (1983)). Erforderlich ist, dass die Norm „entscheidend für die Wahrung (d)es öffentlichen Interesses" ist.

2 **2. Eingriffsnormen des Forumstaates.** Nach Abs. 1 sind die Eingriffsnormen des Rechts des angerufenen Gerichts (lex fori) anwendbar. Ebenso wie in Art. 16 Rom II-VO und anders als Art. 9 Abs. 3 Rom I-VO und Art. 30 EuErbVO erfasst Art. 30 folglich nur **Eingriffsnormen des Forumstaates** (Bonomi in Dutta/Weber, Die Europäischen Güterrechtsverordnungen, 2017, 123 Rn. 109). Eingriffsnormen anderer Staaten sind dem Wortlaut nach unbeachtlich; insbes.

wird Eingriffsnormen der lex rei sitae kein Vorrang eingeräumt. Die Streichung des noch im Verordnungsvorschlag enthaltenen Verweises auf Eingriffsnormen anderer Staaten spricht gegen eine planwidrige Regelungslücke, auch wenn die Parallele zu Art. 30 EuErbVO und der internationale Entscheidungseinklang gerade unter den Mitgliedstaaten für eine Beachtlichkeit von Eingriffsnormen anderer Mitgliedstaaten gesprochen hätten (zur Berücksichtigung ausländischer Eingriffsnormen als tatsächliche Umstände vgl. MüKoBGB/Looschelders Rn. 9).

### II. Anwendungsfälle

Als Anwendungsfall für die Eingriffsnorm nennt Erwägungsgrund 53 S. 2 die **Vorschriften zum Schutz der Familienwohnung** (ebenso KOM (2011) 126 endg. S. 9, krit. Dok. 17792/ 11 ADD 9). Unter „Vorschriften zum Schutz der Familienwohnung" fallen Vorschriften, die die **Verfügung eines Ehegatten über die Familienwohnung** ohne Zustimmung des anderen beschränken (für Frankreich Art. 215 Abs. 3 Code civil; Art. 5 WZGA). **§ 1365 BGB** kann die Verfügung über die Familienwohnung verhindern, wenn die Familienwohnung nahezu das gesamte Vermögen des Verfügenden Ehegatten ausmacht (sog. Einzeltheorie); § 1365 BGB ist aber nicht ausschließlich auf den Schutz der Familienwohnung angelegt. Da § 1365 BGB nicht speziell dem Schutz der Familienwohnung, sondern allgemein der Sicherung der wirtschaftlichen Grundlage der Familie und des Zugewinnausgleichsanspruchs dient, verneint die hM den Eingriffsnormcharakter (Dutta FamRZ 2016, 1973 (1983); Heiderhoff IPRax 2018, 1 (9); MüKoBGB/Looschelders Rn. 7). Wird im konkreten Fall durch die Verfügung der Familie die Wohngrundlage entzogen, dürfte § 1365 BGB jedoch als Eingriffsnorm anzusehen sein. **§ 1368 BGB** ist hingegen nicht als Eingriffsnorm anzusehen (Heiderhoff IPRax 2018, 1 (9)). 3

Die Zuweisungsregeln der Familienwohnung **(§§ 1361b, 1568a BGB),** für die auch Art. 17a EGBGB eine Sonderregelung enthält, können als Eingriffsnormen anzusehen sein (MüKoBGB/ Looschelders Rn. 6; Erbarth NJW 2019, 1169 (1173)), wenn sie im Einzelfall zur **Erhaltung der Familienwohnung** (etwa für einen Partner und die Kinder) und nicht zur bloßen Vermögensverteilung zwischen den Ehegatten führen. Zur Qualifikation von Gewaltschutzmaßnahmen → Art. 3 Rn. 3.1. 4

## Art. 31 Öffentliche Ordnung (ordre public)

**Die Anwendung einer Vorschrift des nach dieser Verordnung bestimmten Rechts eines Staates darf nur versagt werden, wenn ihre Anwendung mit der öffentlichen Ordnung *(ordre public)* des Staates des angerufenen Gerichts offensichtlich unvereinbar ist.**

### Überblick

Art. 31 regelt den ordre public-Vorbehalt. Nach allgemeinen Ausführungen zur Norm (→ Rn. 1) werden zunächst die Anwendungsvoraussetzungen (→ Rn. 2 ff.) und sodann Anwendungsfälle (→ Rn. 6 f.) erläutert.

### I. Allgemeines

Der Rat glich die Formulierung an Art. 35 EuErbVO an (Dok. 18965/11, 18045/12); vgl. ähnlich Art. 21 Rom I-VO, Art. 26 Rom II-VO, Art. 12 Rom III-VO und Art. 13 HUP. Art. 31 EuPartVO ist parallel ausgestaltet. Neben dem kollisionsrechtlichen ordre public-Vorbehalt enthält Art. 37 lit. a einen entsprechenden Vorbehalt bei der Anerkennung und Vollstreckbarerklärung; Art. 58 Abs. 1 enthält einen Vorbehalt bei der Annahme öffentlicher Urkunden. 1

### II. Anwendungsvoraussetzungen

Art. 31 bezieht sich auf die öffentliche Ordnung „des Staates des angerufenen Gerichts". In erster Linie bestimmen die Mitgliedstaaten selbst, welche Anforderungen an ausländisches Recht sich aus ihrer **innerstaatlichen öffentlichen Ordnung** ergeben. In Deutschland werden die Wertungen des GG, aber auch die Grundprinzipien und Grundwertungen des Unionsrechts zur Ausfüllung des ordre public-Vorbehaltes herangezogen (OLG Hamm BeckRS 2013, 3604 Rn. 69 = FamRZ 2013, 1481). 2

Auch wenn die Mitgliedstaaten ihre innerstaatliche öffentliche Ordnung selbst festlegen dürfen, ist die Auslegung der **Grenzen** des Art. 31 **unionsautonom** vorzunehmen (vgl. zu Brüsseler 3

Übereinkommen/Brüssel I-VO EuGH NJW 2000, 1853 Rn. 23; 2000, 2185 Rn. 28; BeckRS 2009, 70441 Rn. 57; EuZW 2012, 912 Rn. 49). Die Anwendung von Art. 31 ist auf Fälle offensichtlicher Unvereinbarkeit beschränkt; der Vorbehalt greift nur in Ausnahmefällen (Erwägungsgrund 54 S. 1). Bloße Nichtübereinstimmung von ausländischem und innerstaatlichem Recht genügt für einen ordre public-Verstoß nicht. Es muss sich um eine **„offensichtliche Verletzung** einer in der Rechtsordnung des (Forumstaats) als **wesentlich geltenden Rechtsnorm** oder eines dort als **grundlegend anerkannten Rechts“** handeln, die in einem **„nicht hinnehmbaren Gegensatz zur Rechtsordnung“** des Forumstaats stünde (EuGH NJW 2000, 1853 Rn. 37; 2000, 2185 Rn. 29; EuZW 2009, 422 Rn. 27; BeckRS 2009, 70441 Rn. 59; EuZW 2012, 912 Rn. 51).

4 Die Nichtanwendung des ausländischen Rechts darf nicht zu einem Verstoß gegen die **Unionsgrundrechte,** insbes. gegen Art. 21 über den Grundsatz der Nichtdiskriminierung, führen (Erwägungsgrund 54).

5 Außerdem ist ein hinreichender **Inlandsbezug** erforderlich.

### III. Anwendungsfälle

6 Bei **gleichgeschlechtlichen Ehen** ist eine Unzuständigerklärung gem. Art. 9 möglich; eine Nichtanwendung des ausländischen Rechts kommt nicht in Betracht (Heiderhoff IPRax 2018, 1 (9)). Gleiches gilt für die EuPartVO. Ein Staat, der das Institut der eingetragenen Partnerschaft nicht vorsieht, kann sich für unzuständig erklären; die im Kommissionsvorschlag vorgesehene Möglichkeit, dem ausländischen Recht die Anwendung zu versagen, weil das Recht am Ort des angerufenen Gerichts das Institut der eingetragenen Partnerschaft nicht kennt (KOM (2011) 127 endg. Art. 18 Abs. 2), wurde gestrichen (vgl. Dok. 16045/11 ADD 13).

7 Art. 31 erfasst Fälle der **Ungleichbehandlung von Mann und Frau** (Art. 23 GRCh), zB im Rahmen der Verwaltungsbefugnisse während der Ehe oder bei der Auseinandersetzung des Vermögens nach Beendigung der Ehe (MüKoBGB/Looschelders Rn. 11). Eine an Art. 10 Rom III-VO angelehnte Sondervorschrift für Fälle der Ungleichbehandlung wurde im Rat erwogen, aber schließlich nicht in die EuGüVO aufgenommen, weil solche Fälle von Art. 31 erfasst sind (Dok. 16045/11 ADD 12, 18045/12).

8 Sieht eine Rechtsordnung nach Beendigung der Ehe keine güterrechtlichen Ausgleichsansprüche vor, liegt darin nicht ohne weiteres ein ordre public-Verstoß. Im Einzelfall kann aber ein Verstoß vorliegen, wenn angesichts der Ausgestaltung der Lebensgemeinschaft und der übrigen Ausgleichsmechanismen (Unterhaltsrecht, Versorgungsausgleich) ein Ehegatte unangemessen benachteiligt wird (vgl. auch Bonomi in Dutta/Weber, Die Europäischen Güterrechtsverordnungen, 2017, 123 Rn. 102; MüKoBGB/Looschelders Rn. 12). Fallen Güterstatut und Unterhaltsstatut bzw. Versorgungsausgleichstatut auseinander und führt dieser Umstand zu einem Normenmangel, ist auch an eine Anpassung zu denken.

## Art. 32 Ausschluss der Rück- und Weiterverweisung

**Unter dem nach dieser Verordnung anzuwendenden Recht eines Staates sind die in diesem Staat geltenden Rechtsnormen mit Ausnahme seines Internationalen Privatrechts zu verstehen.**

1 Nach Art. 32 sind die Verweisungen in der EuGüVO **Sachnormverweisungen** (nicht: Gesamtverweisungen). Ähnliche Vorschriften finden sich in den meisten anderen Kollisionsrechtsakten der EU (Art. 20 Rom I-VO, Art. 24 Rom II-VO, Art. 11 Rom III-VO, Art. 15 EuUnthVO iVm Art. 12 HUP). Art. 32 EuPartVO ist parallel ausgestaltet.

2 Die Differenzierung des Art. 34 EuErbVO zwischen Mitgliedstaaten und Drittstaaten wurde nicht aufgegriffen. Die Verweisungen der EuGüVO führen – anders als die Verweisungen der EuErbVO – auch zur Anwendung des **Rechts eines Drittstaats,** wenn dieses Recht nicht angewandt werden will.

## Art. 33 Staaten mit mehr als einem Rechtssystem – interlokale Kollisionsvorschriften

**(1) Verweist diese Verordnung auf das Recht eines Staates, der mehrere Gebietseinheiten umfasst, von denen jede eigene Rechtsvorschriften für eheliche Güterstände hat, so**

**bestimmen die internen Kollisionsvorschriften dieses Staates die Gebietseinheit, deren Rechtsvorschriften anzuwenden sind.**

**(2) In Ermangelung solcher internen Kollisionsvorschriften gilt:**

**a) Jede Bezugnahme auf das Recht des in Absatz 1 genannten Staates ist für die Bestimmung des anzuwendenden Rechts aufgrund von Vorschriften, die sich auf den gewöhnlichen Aufenthalt der Ehegatten beziehen, als Bezugnahme auf das Recht der Gebietseinheit zu verstehen, in der die Ehegatten ihren gewöhnlichen Aufenthalt haben.**

**b) Jede Bezugnahme auf das Recht des in Absatz 1 genannten Staates ist für die Bestimmung des anzuwendenden Rechts aufgrund von Vorschriften, die sich auf die Staatsangehörigkeit der Ehegatten beziehen, als Bezugnahme auf das Recht der Gebietseinheit zu verstehen, zu der die Ehegatten die engste Verbindung haben.**

**c) Jede Bezugnahme auf das Recht des in Absatz 1 genannten Staates ist für die Bestimmung des anzuwendenden Rechts aufgrund sonstiger Bestimmungen, die sich auf andere Anknüpfungspunkte beziehen, als Bezugnahme auf das Recht der Gebietseinheit zu verstehen, in der sich der einschlägige Anknüpfungspunkt befindet.**

## Überblick

Art. 33 gilt für Staaten mit territorialer Rechtsspaltung im Güterrecht (zB Spanien – vgl. 16045/11 ADD 12, UK, USA, Australien, Kanada, Mexiko) und basiert seiner Struktur nach auf Art. 36 EuErbVO (Dok. 18965/11, 17792/11 ADD 9). Welches lokale Güterrecht anwendbar ist, bestimmt sich vorrangig nach dem nationalen interlokalen Privatrecht (Abs. 1) und hilfsweise nach Abs. 2. Art. 33 EuPartVO ist parallel ausgestaltet.

## I. Nationales interlokales Privatrecht (Abs. 1)

Abs. 1 verweist bei Staaten mit territorialer Rechtsspaltung im Güterrecht (zB Mexiko) zur Bestimmung des interlokal anwendbaren Sachrechts auf das innerstaatliche Kollisionsrecht. Insoweit weicht Art. 33 von Art. 22 Abs. 1 Rom I-VO, Art. 25 Abs. 2 Rom II-VO und Art. 14 Rom III-VO ab, die das interlokale Privatrecht des ausländischen Staates (zumindest teilweise) ausschalten (Staudinger/Looschelders, 2019, Einl. IPR Rn. 268). 1

## II. Hilfsanknüpfung (Abs. 2)

Nur wenn ein innerstaatliches Kollisionsrecht für interlokale Konflikte nicht existiert, überträgt Abs. 2 die einschlägigen Anknüpfungskriterien für internationale Kollisionen auf die interlokale Kollision. Anknüpfungen an den gewöhnlichen Aufenthalt in einem Staat (zB Art. 26 Abs. 1 lit. a) sind als Anknüpfungen an den gewöhnlichen Aufenthalt in einer Gebietseinheit zu verstehen. Anknüpfungen an die Staatsangehörigkeit sind als Anknüpfungen an das Recht des Staates zu verstehen, zu denen die Ehegatten die engste Verbindung haben. Sonstige Anknüpfungskriterien, die sich auf einen Staat beziehen (zB engste Verbindung, Vermögensbelegenheit), sind als Bezugnahme auf das Recht einer Gebietseinheit zu verstehen. 2

Abs. 2 lit. a bezieht sich seinem Wortlaut nach nur auf Vorschriften, die auf den gewöhnlichen Aufenthalt beider Ehegatten abstellen. Bei Vorschriften, die sich auf den gewöhnlichen Aufenthalt eines Ehegatten beziehen, ist – ebenso wie nach Art. 14 Rom III-VO – der gewöhnliche Aufenthalt dieses Ehegatten in der jeweiligen Gebietseinheit maßgeblich (Dok. 8307/12). 3

## Art. 34 Staaten mit mehr als einem Rechtssystem – interpersonale Kollisionsvorschriften

**[1]Gelten in einem Staat für die ehelichen Güterstände zwei oder mehr Rechtssysteme oder Regelwerke für verschiedene Personengruppen, so ist jede Bezugnahme auf das Recht dieses Staates als Bezugnahme auf das Rechtssystem oder das Regelwerk zu verstehen, das die in diesem Staat geltenden Vorschriften zur Anwendung berufen. [2]In Ermangelung solcher Vorschriften ist das Rechtssystem oder das Regelwerk anzuwenden, zu dem die Ehegatten die engste Verbindung haben.**

1 Art. 34 entspricht seinem Inhalt nach Art. 37 EuErbVO, Art. 15 Rom III-VO und Art. 17 HUP (Dok. 18965/11, 16045/11 ADD 2, 16045/11 ADD 10). Art. 34 EuPartVO ist parallel ausgestaltet.

2 Die Vorschrift verweist bei Staaten mit personaler Rechtsspaltung (zB aufgrund Religionszugehörigkeit, Stammeszugehörigkeit) auf das **innerstaatliche interpersonale Kollisionsrecht** (S. 1). Existieren keine innerstaatlichen Normen, ist vorrangig auf die **engste Verbindung** abzustellen (S. 2). Dabei sind in erster Linie die Kriterien heranzuziehen, die die Zugehörigkeit zu der Personengruppe ausmachen, für die ein besonderes Güterrecht besteht, zB Religionszugehörigkeit, Stammeszugehörigkeit.

### Art. 35 Nichtanwendung dieser Verordnung auf innerstaatliche Kollisionen

**Ein Mitgliedstaat, der mehrere Gebietseinheiten umfasst, von denen jede ihre eigenen Rechtsvorschriften für eheliche Güterstände hat, ist nicht verpflichtet, diese Verordnung auf Kollisionen zwischen den Rechtsordnungen dieser Gebietseinheiten anzuwenden.**

1 Art. 35 entspricht inhaltlich Art. 38 EuErbVO (Dok. 18965/11) sowie Art. 16 Rom III-VO und Art. 15 HUP. Art. 35 EuPartVO ist parallel ausgestaltet.

2 Die Vorschrift betrifft teilnehmende Mitgliedstaaten mit interlokaler Rechtsspaltung (zB Spanien). Die teilnehmenden Mitgliedstaaten sind nicht verpflichtet, die Kollisionsnormen der EuGüVO auf interlokale Kollisionsfälle anzuwenden; sie können die Kollisionsnormen aber freiwillig auf interlokale Kollisionen anwenden.

## Kapitel IV. Anerkennung, Vollstreckbarkeit und Vollstreckung von Entscheidungen (nicht kommentiert)

## Kapitel V. Öffentliche Urkunden und gerichtliche Vergleiche (nicht kommentiert)

## Kapitel VI. Allgemeine und Schlussbestimmungen (nicht kommentiert)

## cc) Art. 13–17a EGBGB

### Art. 13 Eheschließung

**(1) Die Voraussetzungen der Eheschließung unterliegen für jeden Verlobten dem Recht des Staates, dem er angehört.**

**(2) Fehlt danach eine Voraussetzung, so ist insoweit deutsches Recht anzuwenden, wenn**

**1. ein Verlobter seinen gewöhnlichen Aufenthalt im Inland hat oder Deutscher ist,**
**2. die Verlobten die zumutbaren Schritte zur Erfüllung der Voraussetzung unternommen haben und**
**3. es mit der Eheschließungsfreiheit unvereinbar ist, die Eheschließung zu versagen; insbesondere steht die frühere Ehe eines Verlobten nicht entgegen, wenn ihr Bestand durch eine hier erlassene oder anerkannte Entscheidung beseitigt oder der Ehegatte des Verlobten für tot erklärt ist.**

**(3) Unterliegt die Ehemündigkeit eines Verlobten nach Absatz 1 ausländischem Recht, ist die Ehe nach deutschem Recht**

**1. unwirksam, wenn der Verlobte im Zeitpunkt der Eheschließung das 16. Lebensjahr nicht vollendet hatte, und**

**2. aufhebbar, wenn der Verlobte im Zeitpunkt der Eheschließung das 16., aber nicht das 18. Lebensjahr vollendet hatte.**

**(4) [1]Eine Ehe kann im Inland nur in der hier vorgeschriebenen Form geschlossen werden. [2]Eine Ehe zwischen Verlobten, von denen keiner Deutscher ist, kann jedoch vor einer von der Regierung des Staates, dem einer der Verlobten angehört, ordnungsgemäß ermächtigten Person in der nach dem Recht dieses Staates vorgeschriebenen Form geschlossen werden; eine beglaubigte Abschrift der Eintragung der so geschlossenen Ehe in das Standesregister, das von der dazu ordnungsgemäß ermächtigten Person geführt wird, erbringt vollen Beweis der Eheschließung.**

**Schrifttum:** v. Bar, Die eherechtlichen Konventionen der Haager Konferenz(en), RabelsZ 57 (1993), 63; Coester-Waltjen, Kinderehen – Neue Sonderanknüpfung um EGBGB, IPRax 2017, 429; Helms, Die Anerkennung ausländischer Entscheidungen im Europäischen Eheverfahrensrecht, FamRZ 2001, 257; Henrich, Nichtigerklärung einer gemischt-internationalen bigamischen Ehe, IPRax 1993, 236; Henrich, Die Morgengabe und das Internationale Privatrecht, FS Sonnenberger, 2004, 389; Hepting, Die „ordnungsgemäße Ermächtigung" in Art. 13 Abs. 3 Satz 2 EGBGB nF, StAZ 1987, 154; Hepting, Das Eheschließungsrecht nach der Reform, FamRZ 1998, 713; Jayme, Zum Verhältnis von Rückverweisung und Vorfrage bei der Eheschließung einer in Deutschland geschiedenen Brasilianerin, IPRax 2003, 339; Klein, Dänisches Eherecht vor deutschen Oberverwaltungsgerichten, StAZ 2008, 33; Mörsdorf-Schulte, Dänische Eheschließung vor dem OVG, NJW 2007, 1331; Otte, Wenn der Schein trügt – zivil-, verfahrens- und kollisionsrechtlicher Umgang mit der sog. „Aufenthaltsehe", JuS 2000, 148; Röthel, Inländerprivilegien und Grundrechtsschutz der Transsexualität: Gleichwertigkeit von Staatsangehörigkeits- und Aufenthaltsanknüpfung?, IPRax 2007, 204; Schwimann, Der rätselhafte Art. 13 Abs. 2 nF EGBGB, StAZ 1988, 35; Striewe, Ausländisches und Internationales Privatrecht der nichtehelichen Lebensgemeinschaft, 1986; Sturm, Zum neuen § 1310 Absatz 3 BGB, FS Rolland, 1999, 373; R. Wagner, Die Anerkennung und Vollstreckung von Entscheidungen nach der Brüssel II-Verordnung, IPRax 2001, 73; Wurmnest, Die Mär von der mahr – Zur Qualifikation von Ansprüchen aus Brautgabevereinbarungen, RabelsZ 71 (2007), 527; Wurmnest, Die Brautgabe im Bürgerlichen Recht, FamRZ 2005, 1878; Yassari, Die Brautgabe im Familienvermögensrecht, 2014.

**Rechtsvergleichend:** Bergmann/Ferid/Henrich, Internationales Ehe- und Kindschaftsrecht, Loseblatt, Stand: 2022 (online-Version mit ca. 130 Länderberichten unter www.vfst.de); Breuer, Ehe- und Familiensachen in Europa – Das internationale Mandat mit Länderberichten, 2008; Kroppenberg/Schwab/Henrich/Gottwald/Spickhoff (Hrsg.), Rechtsregeln für nichteheliches Zusammenleben, 2009 (Länderberichte Belgien, Deutschland, England, Frankreich, Griechenland, Italien, Niederlande, Österreich, Schweden, Schweiz, Slowenien, Spanien, Ukraine, Wales); Rieck/Lettmaier, Ausländisches Familienrecht, Die Ehe, Loseblattsammlung, 22. Aufl. 2022; Süß/Ring (Hrsg.), Eherecht in Europa, mit Länderberichten, 4. Aufl. 2020.

## Übersicht



## I. Allgemeines

**1. Regelungskonzept.** Art. 13 regelt das auf die heterosexuelle Eheschließung anwendbare Recht. Für die Schließung einer homosexuellen Ehe oder einer eingetragenen Lebenspartnerschaft findet sich eine eigene Regelung in Art. 17b. Art. 13 Abs. 1 unterstellt die **sachlichen Eheschließungsvoraussetzungen** den Heimatrechten der Verlobten (→ Rn. 39 ff.). Abs. 2 beruft im Interesse der Eheschließungsfreiheit unter bestimmten Voraussetzungen ersatzweise deutsches Recht 1

(→ Rn. 56 ff.), wenn nach dem nach Abs. 1 berufenen Eheschließungsstatut eine Eheschließung ausgeschlossen ist. Der mit am 1.6.2017 vom Bundestag beschlossenen Gesetz (BT-Drs. 18/12086) neu eingefügte Abs. 3 (→ Rn. 26) dient der „Bekämpfung" von im Ausland geschlossenen Minderjährigenehen, indem er im Inland Unwirksamkeit oder Aufhebbarkeit anordnet. Abs. 4 (Abs. 3 aF) hat die bei einer Eheschließung im Inland zu beachtende Form zum Gegenstand (→ Rn. 63 ff.). Die **Form der Eheschließung** im Ausland fällt unter Art. 11 (Ortsform oder Form des gemäß Art. 13 Abs. 1, → Rn. 70 ff. zu bestimmenden Geschäftsrechts) (zur Gesetzgebungsgeschichte vgl. Staudinger/Mankowski, 2011, Rn. 37–47).

2 Das Gesetz trennt für die heterosexuelle Ehe zwischen der Begründung des Ehebandes und den **Wirkungen der Ehe** (anders für die eingetragene Lebenspartnerschaft und die homosexuelle Ehe Art. 17b, der für beide Fragen einheitlich an den Registrierungsort anknüpft). Die Ehewirkungen sind nicht von Art. 13 erfasst, sondern einzeln normiert in Art. 10 Abs. 1 und 2 (namensrechtliche Wirkungen), in Art. 14 (allgemeine Wirkungen), in Art. 15 aF und Art. 16 aF bzw. nunmehr der EuGüVO (güterrechtliche Wirkungen), in Art. 15 EuUnthVO iVm HUP (unterhaltsrechtliche Wirkungen) sowie in der EuErbVO (erbrechtliche Wirkungen). Voraussetzungen und Folgen der Auflösung der Ehe ex nunc (Abgrenzung zu Ehemängeln → Rn. 16; → Rn. 11) fallen nicht unter Art. 13, sondern mit unter das Scheidungsstatut (des Art. 17 iVm) der Rom III-VO bzw. die Kollisionsregel zur inländischen Ehewohnung in Art. 17a.

3 **2. Rechtstatsachen.** Am 31.12.2021 betrug der ausländische Bevölkerungsanteil in Deutschland ca. 14,2 % (Statistisches Bundesamt, www.destatis.de: ca. 11,8 Millionen Ausländer bei einer Gesamtbevölkerung von ca. 83,2 Millionen). An den 407.466 im Jahr 2017 in Deutschland stattgefundenen Eheschließungen waren 32.000 Ausländer und 37.015 Ausländerinnen beteiligt (Statistisches Bundesamt, Statistisches Jahrbuch 2019, 61, abrufbar über www.destatis.de). Unter Berücksichtigung dessen, dass in Deutschland auch Ehepaare leben, die ihre Ehe im Ausland (gemeinsames Heimatland, Land mit erleichterter Eheschließung) geschlossen haben, ergibt sich eine **beachtliche praktische Relevanz** des internationalen Eheschließungsrechts im Hinblick auf seine präjudizielle Bedeutung für die Geltendmachung von Ehewirkungen, eine spätere Scheidung oder eine erneute Eheschließung.

## II. Vorrangige staatsvertragliche Regelungen (Art. 3 Nr. 1, 2)

4 Das **Haager Abkommen zur Regelung des Geltungsbereichs der Gesetze auf dem Gebiete der Eheschließung** (HEheSchlA) vom 12.6.1902 (RGBl. 1904, 221) ist nach dem 1.6.1989 (Kündigung Luxemburgs, Bek. vom 23.12.1988, BGBl. 1989 II 69) nur noch von Bedeutung gewesen im Verhältnis zwischen Deutschland und **Italien** (Bek. vom 14.2.1955, BGBl. II 188; Staudinger/Mankowski, 2011, Rn. 4; Erman/Stürner Rn. 64; MüKoBGB/Coester, 7. Aufl. 2018, Art. 13 Anh. Rn. 1; ungeachtet der auf Italien beschränkten Bekanntmachung von 1955 halten Kegel/Schurig IPR § 20 IV 5a das Abk. auch noch für anwendbar im Verhältnis zu **Rumänien,** zu dem es 1904 in Kraft trat. Die Haager Konferenz verzeichnet darüber hinaus auch für **Portugal** ein Inkrafttreten 1907 und keine Kündigung, https://www.hcch.net/en/instruments/the-old-conventions/1902-marriage-convention, zuletzt abgerufen am 3.9.2022. Trotz überwiegend angenommener völkerrechtlicher Fortgeltung wird bei vor den Weltkriegen abgeschlossenen Staatsverträgen der Klarheit für die Gerichte halber eine die Suspendierung oder Anwendungshemmung beendende Regierungserklärung zur Wiederanwendung gefordert, dazu BGH NJW 1954, 837; 1969, 980; BGHZ 31, 374 (380); 51, 330; 70, 268 (271); MüKoBGB/Sonnenberger, 5. Aufl. 2010, Einl. IPR Rn. 325–330), und zwar wegen inzwischen erfolgter **Kündigung Deutschlands** nur bis zum 1.6.2019 (Bek. vom 23.11.2017, BGBl 17 II 1508). Hier verdrängte es Art. 13 Abs. 1 und Art. 11 Abs. 1 (Jayme Jb. ItalR 2 (1989), 13; zuletzt KG FamRZ 1999, 1130). Nach Art. 8 HEheSchlA wird es nur auf solche Ehen angewandt, die in einem Vertragsstaat (BGH NJW 1997, 2114; OLG Hamm FamRZ 2007, 656) zwischen Personen geschlossen werden, von denen wenigstens eine einem Vertragsstaat angehört. Dabei soll der Eheschließungsstaat nicht identisch sein dürfen mit dem Vertragsstaat, dem die Person angehört; denn die frühen IPR-Abk. wollten keine lois uniformes schaffen, sondern gingen vom Gegenseitigkeitsprinzip aus (Staudinger/Mankowski, 2011, Rn. 13). Ob das HEheSchlA auch auf Ehen zwischen Deutschen und Angehörigen eines Drittstaates anwendbar ist, ist umstritten (dagegen RGZ 78, 235; Staudinger/Mankowski, 2011, Rn. 12 f.; Soergel/Schurig Rn. 142; Looschelders Rn. 91; dafür AG Memmingen IPRax 1983, 300; Palandt/Thorn, 78. Aufl. 2019, Anh. Art. 13 Rn. 3 mit der Einschränkung, dass das Abk. nach seinem Art. 8 Abs. 2 nicht zur Anwendung des Rechts eines Nichtvertragsstaates verpflichte). Art. 13 Abs. 4 bleibt jedenfalls unberührt (Staudinger/Mankowski, 2011, Rn. 9; Erman/Hohloch, 15. Aufl. 2017, Rn. 64). Inhaltlich ähnelt die

Regelung des HEheSchlA der des Art. 13 Abs. 1: Nach Art. 1 HEheSchlA unterliegen die Voraussetzungen der Eheschließung für jeden Verlobten dem Recht des Staates, dem er unmittelbar vor der Eheschließung angehört und nach Hs. 2 sind auch Rück- und Weiterverweisung zu beachten. Es gilt keine allgemeine Vorbehaltsklausel, doch finden sich besondere Normen zur ordre public-Widrigkeit in Art. 2 und 3 HEheSchlA, die den Vorbehalt auf religiöse Ehehindernisse beschränken. Insgesamt ist das Abkommen praktisch nahezu bedeutungslos, auch weil es nach seinen Regelungen angesichts der modernen Eheschließungsrechte kaum jemals zu anderen Ergebnissen führt als das deutsche autonome IPR.

Von den meisten Vertragsstaaten ist das vorgenannte HEheSchlA von 1902 gekündigt und ersetzt worden durch das **Haager Abkommen über die Eheschließung und Anerkennung der Gültigkeit von Ehen** vom 14.3.1978 (Text abgedruckt in 25 AmJComp Law (1977) 399 und abrufbar über www.hcch.net; inoffizielle Übersetzung in StAZ 1977, 202 mit Erl. durch Böhmer S. 185; eingehend Kegel/Schurig IPR § 20 IV 5b; v. Bar RabelsZ 57 (1993), 66 (81 ff., 106 f.) auch zur deutschen Kritik). Dieses Abk. ist seit dem 1.5.1991 in Kraft, allerdings **nicht für Deutschland,** sondern bisher nur für Australien, Luxemburg und die Niederlande. Es unterscheidet zwischen Inlandsheirat (Sach- oder Kollisionsrecht des Heiratsstaates) und Auslandsheirat (Anerkennung, wenn nach dem Recht des Heiratsstaates wirksam; inländische Rechtsvorstellungen treten – bis an die Grenze des ordre public – zurück). 5

Das **Pariser CIEC-Übereinkommen Nr. 7 zur Erleichterung der Eheschließung im Ausland** (ParCIECÜE) vom 10.9.1964 (BGBl. 1969 II 451, deutsche Fassung – authentisch ist allein der französische Text, abrufbar über www.ciec1.org sowie www.ciec-deutschland.de; in Kraft seit dem 25.7.1969 zwischen Deutschland, den Niederlanden, inklusive Surinam, und der Türkei (Bek. vom 22.9.1969, BGBl. II 2054), seit dem 15.1.1977 auch im Verhältnis zu Spanien (BGBl. II 105) und seit dem 21.2.1987 zu Griechenland (BGBl. II 364); weiter haben Belgien und Frankreich das ParCIECÜE gezeichnet) ist praktisch nicht bedeutsam geworden. Titel I des ParCIECÜE ist durch Deutschland von der Geltung ausgeschlossen worden. Kern des Staatsvertrages ist Art. 5 ParCIECÜE, der **bei vorgeschriebener religiöser Eheschließung** die konsularische oder diplomatische Eheschließung für Angehörige von Vertragsstaaten erleichtert. Durch den Wechsel von Vertragsstaaten wie Spanien und Griechenland von der zwingend religiösen Eheschließung zur fakultativen Zivilehe ist die Bedeutung des ParCIECÜE zurückgegangen. 6

Das **Münchener CIEC-Abk. Nr. 20 über die Ausstellung von Ehefähigkeitszeugnissen** vom 5.9.1980 (BGBl. 1997 II 1087, authentische Fassung französisch, abrufbar unter www.ciec-deutschland.de), für die Bundesrepublik Deutschland in Kraft seit 1.11.1997 im Verhältnis zu Italien, Luxemburg, den Niederlanden, Österreich, Portugal, der Schweiz, Spanien und der Türkei, Bek. vom 25.5.1999, BGBl. II 486 (ausf. zum Abk. Gaaz StAZ 1996, 289), vereinheitlicht Form und Inhalt der Zeugnisse (→ Rn. 78), regelt aber kein Kollisionsrecht. 7

**Bilaterale Konsularverträge** enthalten **speziell die Trauungsbefugnis** betreffende kollisionsrechtliche Regelungen. Sie bestehen im Verhältnis zur Türkei (Art. 18 Konsularvertrag vom 28.5.1929, RGBl. 1930 II 748), zu Japan (Regierungsabkommen über die Erteilung standesamtlicher Befugnisse vom 27.6.1957, BAnz. 1957 Nr. 174), Bulgarien (29.9.1911 und 4.6.1929, RGBl. 1913, 435; RGBl. 1930 II 763), Italien (4.5.1891, RGBl. 142; 1920, 1577), Paraguay (21.7.1887, RGBl. 1888, 178) und der UdSSR (25.4.1958, BGBl. 1959 II 233, 469) bzw. ihren Nachfolgestaaten, für die die Weitergeltung der deutsch-sowjetischer Verträge vereinbart wurde, namentlich der Russischen Föderation (BGBl. 1992 II 1016), Kasachstan (BGBl. 1992 II 1120), Kirgisistan (BGBl. 1992 II 1015), Georgien (BGBl. 1992 II 1128), Armenien (BGBl. 1993 II 169), Ukraine (BGBl. 1993 II 1189), Usbekistan (BGBl. 1993 II 2038), Belarus (BGBl. 1994 II 2533), Tadschikistan (BGBl. 1995 II 255), der Republik Moldau (BGBl. 1996 II 768) und Aserbaidschan (BGBl. 1996 II 2471), sowie zu Großbritannien (30.7.1956, BGBl. 1957 II 285 – gilt auch im Verhältnis zu Fiji, Grenada, Jamaika, Malawi und Mauritius). 8

Die Befugnis Eheschließungen im Inland vorzunehmen, haben auch Konsuln solcher Staaten, mit denen **Konsular- oder Handelsverträge mit Meistbegünstigungsklausel** für konsularische Befugnisse abgeschlossen worden sind, wie mit dem Jemen (vom 21.4.1953, BGBl. 1954 II 573, 1955 II 4), Schweden (vom 26.7.1933, RGBl. II 530, allerdings ohne Verbürgung der Gegenseitigkeit), Belgien und Luxemburg (RGBl. 1992 II 883), Bolivien (RGBl. 1910, 507), Estland (RGBl. 1926 II 327), Haiti (RGBl. 1993 II 1), Iran (RGBl. 1930 II 1002), Irland (RGBl. 1931 II 116), Kolumbien (RGBl. 1895, 471), Litauen (RGBl. 1929 II 245), Nicaragua (RGBl. 1897, 171), Österreich (RGBl. 1930 II 1079), Panama (RGBl. 1928 II 639), Südafrika (RGBl. 1929 II 15) und Siam (RGBl. 1938 II 52). Allerdings machen die begünstigten Staaten in der Praxis von der konsularischen Trauungsbefugnis kaum Gebrauch (MüKoBGB/Coester Rn. 145). 9

10 Die Konsularverträge räumen Konsuln der Vertragsstaaten die **Trauungsbefugnis** für Angehörige des Entsendestaates im jeweils anderen Vertragsstaat ein, wenn Gegenseitigkeit verbürgt ist. Weitere Voraussetzung der konsularischen Trauungsbefugnis ist die Ermächtigung eines Konsuls zur Vornahme der Eheschließung durch das Recht des Entsendestaates. Sie kann durch dieses in persönlicher Hinsicht begrenzt sein, häufig auf die Trauung Angehöriger des Entsendestaates; deutsches Recht erlaubt seinen Konsuln die Vornahme nicht mehr (→ Rn. 11). Eine Begrenzung kommt gewöhnlich in den bilateralen Übk. zum Ausdruck (so für russische (Art. 23 deutsch-russischer Konsularvertrag) und türkische Konsuln (Art. 18, 27 deutsch-türkischer Konsularvertrag).

11 Eine **Trauungsbefugnis deutscher Konsuln im Ausland** ist nur noch für die Beurteilung vor dem 1.1.2009 geschlossener Ehen relevant. Bis dahin ergab sie sich aus dem aufgehobenen § 8 Konsulargesetz vom 11.9.1974 (BGBl. I 2317), wenn wenigstens ein Verlobter deutscher Staatsangehöriger und keiner der Verlobten Angehöriger des Empfangsstaates (Sitz des Konsuls) war. Der Konsul fungierte dann als deutscher Standesbeamter. Anwendbar waren die Verfahrensvorschriften des PStG. Die konsularische Trauung Deutscher erfüllte damit die Formerfordernisse ihres Heimatrechts iSd Art. 11 Abs. 1 Alt. 1; für den einem Drittstaat angehörenden Eheschließenden erfolgte die Trauung in der deutschen Ortsform. Näheres zu den Konsularbezirken, zur Trauungsbefugnis und dem personalen Anwendungsbereich von § 8 Konsulargesetz regelten zuletzt am 4.12.1998 neugefasste Ausführungsvorschriften (StAZ 1975, 109; 1999, 213).

12 Ob die vorgenannten bilateralen Verträge ihre Funktion im Rahmen der Geltung der inhaltlich weiter gehenden **Art. 5 ff. WKÜ** (Wiener Übereinkommen über konsularische Beziehungen vom 24.4.1963, BGBl. 1969 II 1587) eingebüßt haben (so Erman/Stürner Rn. 6a; aA MüKoBGB/Coester Rn. 140 Fn. 513; Hepting StAZ 1987, 159 f.) oder letztere keine ausreichende Grundlage für eine Trauungsermächtigung bieten, ist umstritten.

13 Im Übrigen gehen die bilateral geregelten Trauungsbefugnisse gemäß Art. 3 Abs. 2 zwar Art. 13 insgesamt vor, bleiben inhaltlich aber hinter Art. 13 Abs. 4 S. 2 zurück. Die bilateralen Verträge haben idR nur die Eheschließungsbefugnis über beide Verlobte aus dem Entsendestaat zum Gegenstand, während Art. 13 Abs. 2 S. 2 die Staatsangehörigkeit eines der Verlobten aus dem Entsendestaat genügen lässt. Eine Ausschaltung günstigerer Regelungen ist den Vertragstexten nicht zu entnehmen; Günstigkeitsprinzip (Staudinger/Mankowski, 2011, Rn. 33 f. mwN); ausdrücklicher Verzicht nur in Art. 19 lit. a Nr. 3 Konsularvertrag mit Großbritannien vom 30.7.1956 (BGBl. 1957 II 285). **Im Rahmen der Abkommen erübrigt sich** immerhin die nach Art. 13 Abs. 4 S. 2 erforderliche **Prüfung der ordnungsgemäßen Ermächtigung** (vgl. BayObLG StAZ 1988, 259 (260); Staudinger/Mankowski, 2011, Rn. 35; Looschelders Rn. 79), es sei denn der Konsularvertrag macht die Trauungsbefugnis seinerseits ausdrücklich von der Ermächtigung durch das Recht des Entsendestaates abhängig (zB die Verträge mit der Türkei und Japan); dann begründet die konsularvertragliche Klausel nicht einmal eine Vermutung zugunsten einer Trauungsermächtigung iSd Art. 13 Abs. 4 S. 2 (MüKoBGB/Coester Rn. 146; aA Böhmer StAZ 1969, 232, Bornhofen StAZ 1981, 269 f.).

14 Auf **Iraner in Deutschland** und **Deutsche im Iran** findet das Niederlassungsabkommen zwischen dem Deutschen Reich und dem Kaiserreich Persien (Dt.-Iran. NiederlAbk, RGBl. 1931 II 9, Bek. vom 15.8.1955, BGBl. II 829) Anwendung, das sich nach seinem Schlussprotokoll (RGBl. 1930 II 1012), das „einen Teil des Abkommens selbst bildet", ua auf die „Ehe" und „alle Angelegenheiten des Familienrechts unter Einschluss aller den Personenstand betreffenden Fragen" erstreckt. Vom persönlichen Anwendungsbereich her ist es beschränkt auf Fälle, in denen beide Verlobten ausschließlich die iranische bzw. ausschließlich die deutsche Staatsangehörigkeit besitzen (vgl. BGH FamRZ 1986, 345 (347)), vom räumlichen her auf Rechtshandlungen im jeweils anderen Vertragsstaat (Art. 8 Abs. 3) (OLG München FamRZ 2010, 1280). In Art. 8 Abs. 3 Dt.-Iran. NiederlAbk (Abdruck → Art. 25 Rn. 12) ordnet es kollisionsrechtlich die Geltung des Heimatrechts an. Es bleiben jedoch über Art. 8 Abs. 3 S. 2 Dt.-Iran. NiederlAbk die besonderen „ordre public"-Klauseln des deutschen Rechts anwendbar. Ob dies aber dazu führt, dass sich zB die Gültigkeit einer von zwei Iranern in Deutschland geschlossenen Ehe nach der Inlandsform des Art. 13 Abs. 4 S. 1 (→ Rn. 61), also nach deutschem Recht und nicht etwa nach iranischem Recht richtet (Schotten/Wittkowski FamRZ 1995, 267), erscheint insofern zweifelhaft, als die Ausnahmevorschrift des Art. 13 Abs. 4 S. 1 gerade für die Eheschließung unter zwei Ausländern eine Gegenausnahme erfährt (Art. 13 Abs. 4 S. 2), die Anwendung deutschen formalen Eheschließungsrechts also keineswegs unbedingt durchgesetzt wird.

15 Das **UN-Übereinkommen über die Erklärung des Ehewillens, das Heiratsmindestalter und die Registrierung von Eheschließungen** vom 7.11.1962 (BGBl. 1969 II 161, Bekanntmachung über den Geltungsbereich vom 26.2.2007, BGBl. II 347) gewährleistet in Art. 1 und 3

sachrechtlich die Eheschließungsfreiheit und ist für die Bundesrepublik Deutschland in Kraft seit dem 7.10.1969 (zum Inkrafttreten in den anderen Vertragsstaaten Übersicht bei Staudinger/Mankowski, 2011, Rn. 27, mit Abdruck der Art. 1 und 3 in Staudinger/Mankowski, 2011, Rn. 26). Der Einfluss auf das Kollisionsrecht ist mittelbar (ebenso Art. 16 Abs. 1 S. 1 Allgemeine Erklärung der Menschenrechte vom 10.12.1948, Art. 12 EMRK und der Internationale Pakt über bürgerliche und politische Rechte vom 19.12.1966, BGBl. 1973 II 1533).

## III. Anwendungsbereich

**1. Abgrenzung des Eheschließungsstatuts.** Art. 13 erfasst in Abs. 1 die sachlichen Voraussetzungen der Eheschließung (Willensbildung; Ehefähigkeit; Ehemündigkeit; Zustimmungen Dritter; Ehewillen; Ersetzung der Zustimmung durch Gericht; Eheschließung unter falschem Namen; Stellvertretung im Willen), Ehehindernisse, Eheverbote und Rechtsfolgen (→ Rn. 51) ihres Fehlens oder ihrer Verletzung. Für den Extremfall, dass Folge die Unmöglichkeit der beabsichtigten Eheschließung ist, schafft ggf. Abs. 2 Abhilfe. Die **Form** der Eheschließung wird nach Abs. 4 (Heirat im Inland) bzw. Art. 11 (Heirat im Ausland) gesondert angeknüpft (→ Rn. 64 ff.). Nicht vom Eheschließungsstatut des Art. 13 umfasst sind die **Wirkungen** der geschlossenen Ehe (zu diesen s. Art. 10, 14 und 15 aF mit Verkehrsschutzregelung in Art. 16 aF bzw. EuGüVO, EuUnthVO iVm HUP und EuErbVO) sowie Voraussetzungen und Folgen ihrer Auflösung ex nunc (zu diesen s. Art. 17, 17a Rom III-VO). Bei der **Abgrenzung zum Scheidungsstatut** (Art. 17 bzw. Rom III-VO) kommt es nicht auf die gewählte Bezeichnung an. Manche Rechtsordnungen bezeichnen die Folge mangelhafter Eheschließung als „Scheidung" (Beispiele nennen Soergel/Schurig Rn. 3). Teilweise werden beide Auflösungen auch sachlich zunehmend ähnlich behandelt (Coester-Waltjen/Coester, Formation of Marriage, Intl Encyclopedia of Comp Law, Vol. IV 1997 sec 3-151, 157, 172 ff.). Es kommt vielmehr darauf an, ob der Mangel schon die Begründung der Ehe betrifft oder eine wirksam geschlossene Ehe ihr vorzeitiges Ende findet. Bei der Qualifikation als Aufhebungs- bzw. Nichtigkeitsgrund auf der einen oder Scheidungsgrund auf der anderen Seite ist auszugehen vom Selbstverständnis und Funktionszusammenhang des fremden Rechts. Wo die Qualifikation nach dem Antragsziel (MüKoBGB/Winkler v. Mohrenfels Art. 17 Rn. 32) wegen gleicher Folgen nicht weiterführt, soll nach einer Ansicht das Scheidungsstatut den Vorrang haben (MüKoBGB/Coester Rn. 113 mwN zur Diskussion); idR wird aber mit Hilfe des Zeitpunktes auch hier eine Zuordnung der betreffenden Voraussetzung zu Eheschließung (dann Art. 13) oder Eheführung (dann Rom III-VO zum Scheidungskollisionsrecht) möglich sein, dh danach, ob der Mangel schon bei Heirat vorhanden war oder noch nicht (Kegel/Schurig IPR § 20 IV 3; Soergel/Schurig Rn. 3: Mangel bei Heirat vs. Versagen der Ehe). 16

**2. Ehe. a) Ehebegriff.** Ehe iSv Abs. 1 ist die als Ehe verstandene – also herausgehobene (Kegel/Schurig IPR § 20 IV 1b; MüKoBGB/Schwimann, 2. Aufl. 1992, Rn. 4; Erman/Stürner Rn. 13), auf Lebenszeit angelegte und alle Lebensbereiche erfassende – Lebensgemeinschaft (daher auch keine postmortale „Ehe", → Rn. 27) von, nach überkommenem Verständnis, Frau und Mann (so auch das Eheverständnis des BVerfG NJW 2002, 2543 (2549); 2010, 2783, dazu → Rn. 21 f., → Rn. 30 mwN zu gleichgeschlechtlichen Ehen; aA, die Geschlechtsverschiedenheit als nicht mehr zeitgemäßes Charakteristikum abl., zB Coester-Waltjen FS Henrich, 2000, 96 f.; Gebauer/Staudinger IPRax 2002, 277; Röthel IPRax 2002, 498; weiter → Rn. 30). Trotz der 2017 in Kraft getretenen sachrechtlichen Öffnung der Ehe auch für Personen gleichen Geschlechts, bleibt es kollisionsrechtlich bei der Unterscheidung und für die Eheanknüpfung in Art. 13 gilt die herkömmliche Definition; die gleichgeschlechtliche Ehe wird in Art. 17b Abs. 4 gesondert angeknüpft (zum Grund → Rn. 21). Im Übrigen liegt Art. 13 ein weiter, über deutsches materielles Eherecht hinausgreifender Ehebegriff zugrunde. Die Ehe ist folglich nicht allein die formal eingegangene **Einehe,** sondern auch die **formlos** eingegangene Verbindung (BayObLG IPRspr. 1977 Nr. 161; LG Heilbronn IPRspr. 1952/53 Nr. 165; Nachweise zur „faktischen Sowjetehe" und zur common-law-Ehe mancher US-Staaten MüKoBGB/Coester Rn. 5 in Fn. 10) und sogar die nach dem betreffenden Heimatrecht wirksame **Mehrehe** (LG Hamburg IPRspr. 1974 Nr. 50; LG Frankfurt a. M. IPRspr. 1976 Nr. 53) sowie die **Zeitehe** schiitischen Rechts (MüKoBGB/Coester Rn. 7 mN zum iranischen Recht). 17

**b) Eheähnliche Lebensgemeinschaft.** Nicht erfasst ist die (weil von den Partnern selbst nicht als „Ehe" verstandene) nichteheliche oder eheähnliche Lebensgemeinschaft (PWW/Martiny Rn. 23; Grüneberg/Thorn Rn. 5). Fragen der Anknüpfung bei **Begründung und Auflösung** der Lebensgemeinschaft sowie der Vermögensauseinandersetzung sind im deutschen Kollisionsrecht nicht ausdrücklich geregelt (v. Bar IPR II § 2 Rn. 120; Striewe, Ausländisches und Internati- 18 onales Privatrecht der nichtehelichen Lebensgemeinschaft, 1986, 357 ff.). Es kommen die allgemeinen Vorschriften über den Unterhalt (Art. 15 EuUnthVO iVm HUP), die Kindschaft (Art. 19 ff.) und das Erbrecht (Art. 25, 26) zur Anwendung.

19 Die **übrigen vermögensrechtlichen Folgen** eheähnlicher Lebensgemeinschaften unterliegen wegen der Ablehnung ehelicher Bindung und des Fehlens eines Begründungsaktes nach einer Meinung grds. nicht den Art. 13 ff. (Grüneberg/Thorn Rn. 5 iVm Grüneberg/Thorn Art. 17b Rn. 12; MüKoBGB/Coester Rn. 9). Teilweise wird daher auf Grundlage einer schuldrechtlichen Qualifikation die Heranziehung der Kollisionsregeln der Rom I-VO bzw. der Rom II-VO vertreten (Grüneberg/Thorn Rn. 5; teilweise auch Erman/Stürner Vor Art. 13 Rn. 18, 20). Allerdings tragen die sonst für die vermögensrechtlichen Wirkungen in Frage kommenden Anknüpfungen nach dem Vertrags-, Gesellschafts- bzw. für Fragen der dinglichen Rechtslage nach dem Belegenheitsstatut dem inzwischen sozialtypischen Phänomen des faktischen familienähnlichen Zusammenlebens mit allmählichem Zusammenwachsen zu einer Gemeinschaft nicht hinreichend Rechnung. Großen Zuspruch findet daher die Ansicht, dass im Hinblick auf die Eheähnlichkeit und den personalen Charakter der Beziehung eine familienrechtliche Qualifikation jedenfalls besser passe als die schuldrechtlichen Alternativen (Andrae IntFamR § 9 Rn. 30; v. Hoffmann/Thorn IPR § 8 VI Rn. 18; Junker Rn. 539; Kropholler IPR § 46 V; Striewe, Ausländisches und Internationales Privatrecht der nichtehelichen Lebensgemeinschaft, 1986, 385 ff.; Martiny in Hausmann/Hohloch Nichteheliche Lebensgemeinschaft Rn. 786 ff.; Kegel/Schurig IPR § 20 III; Staudinger/Mankowski, 2011, Anh. Art. 13 Rn. 61 ff.). Als Begründung liegt eine Analogie zu Art. 14 nF nahe, der primär an den gewöhnlichen Aufenthalt anknüpft. Auf diese Weise lässt sich der Faktizität der Gemeinschaft und der Ablehnung statusrechtlicher Folgen durch die Betroffenen Rechnung tragen. Insgesamt erscheint der **gemeinsame gewöhnliche Aufenthalt als Ort der gelebten Gemeinschaft** als sachgerechter Anknüpfungspunkt für die kollisionsrechtliche Beurteilung etwaiger aus dem bloßen Zusammenleben sich ergebender Folgen oder Abwicklungsansprüche (überzeugend Erman/Hohloch, 15. Aufl. 2017, Vor Art. 13 Rn. 19) und stellt zugleich den größten gemeinsamen Nenner der verschiedenen Ansichten dar (MüKoBGB/Coester Art. 17b Rn. 115 ff. mN zu dem unter verschiedenen Aspekten iE mehrheitlich diesen Anknüpfungspunkt ins Zentrum stellenden Diskussionsstand; Coester befürwortet dabei analog Art. 14 Abs. 3 Nr. 1 eine Rechtswahlmöglichkeit zugunsten eines Heimatrechts, wenn keiner die Staatsangehörigkeit des Aufenthaltsstaates besitzt). Rechtsschutzerwartungen können beim formlosen Zusammenleben, wenn überhaupt, allenfalls durch das Recht am gewöhnlichen Aufenthalt begründet werden (Lüderitz FamR Rn. 132, 360). Dieses Statut der eheähnlichen Lebensgemeinschaft – verstanden, der herrschenden deutschen Auffassung entsprechend, nicht als Statusbeziehung, sondern als „personale Ganzheitsbeziehung" – würde, anders als bei der Ehe, deren Begründung ebenso wie deren Wirkungen umfassen und es wäre wandelbar (Erman/Stürner Vor Art. 13 Rn. 19).

20 **Wenn die heterosexuelle eheähnliche Lebensgemeinschaft registriert worden ist,** was zB nach französischem, niederländischem oder belgischem Recht sowie auch nach einigen spanischen Foralrechten möglich ist (auslandsrechtlicher Überblick bei Winkler v. Mohrenfels, 2004, 155 ff.), kommt eine Anwendung des – in direkter Anwendung gleichgeschlechtlichen Verbindungen vorbehaltenen (PWW/Martiny Art. 17b Rn. 1) – Art. 17b (→ Art. 17b Rn. 13 f.) im Wege der Analogie in Betracht (dafür MüKoBGB/Coester Art. 17b Rn. 12; Erman/Stürner Art. 17b Rn. 6; Rauscher IPR, 3. Aufl. 2009, Rn. 840; Grüneberg/Thorn Rn. 5; aA Staudinger/Mankowski, 2011, Art. 17b Rn. 101 f.; Looschelders Rn. 88). Mit der Anknüpfung an den für die Parteien grds. frei bestimmbaren Registrierungsort wäre dabei kollisionsrechtlich für eheähnliche Gemeinschaften jedoch eine Privilegierung gegenüber der Ehe verbunden, deren Anknüpfung an die Staatsangehörigkeit eine parteiautonome Gestaltung weitgehend ausschließt. Da es hier aber nicht um eine auszugleichende Diskriminierung homosexueller Paare geht, besteht für eine solche Privilegierung keine Rechtfertigung. Überzeugender erscheint daher für die Frage der wirksamen Begründung einer registrierten heterosexuellen Lebensgemeinschaft eine Anknüpfung an die Heimatrechte entspr. **Art. 13 analog,** der Ordnungsinteressen ebenso Rechnung trägt wie Parteiinteressen. Dies nicht nur, aber umso mehr, wenn man schon in der kollisionsrechtlichen Privilegierung homosexueller Ehen durch Art. 17b einen möglichen Verstoß gegen Art. 3 GG sieht (so zB Grüneberg/Thorn Rn. 5).

21 **c) Nicht heterosexuelle Lebensgemeinschaft.** Für die gleichgeschlechtliche **eingetragene Lebenspartnerschaft** existiert mit Art. 17b eine eigene Kollisionsnorm. Fragen der Begründung der Lebenspartnerschaft richten sich gemäß Art. 17b Abs. 1 S. 1 nach dem Sachrecht des Staates, in dem die Partnerschaft registriert ist. Öffnet eine Rechtsordnung, wie etwa diejenige Belgiens, der Niederlande, Kaliforniens, Spaniens, Schwedens, Frankreichs, Portugals, Schottlands oder die-

jenige von England und Wales und inzwischen auch unsere eigene das Institut der **Ehe** auch **für gleichgeschlechtliche Paare,** so ist Art. 17b entsprechend anzuwenden (vgl. Art. 17b Abs. 4 nF) (dafür schon vor Neufassung des Art. 17b Abs. 4 durch das Gesetz zur Einführung des Rechts auf Eheschließung für Personen gleichen Geschlechts AG Münster NJW-RR 2010, 1308; Henrich FamRZ 2002, 137; Staudinger/Mankowski, 2011, Rn. 177 ff.; Erman/Hohloch, 14. Aufl. 2014, Rn. 13; offengelassen von OLG Köln FamRBInt 2011, 13). Gegen die Heranziehung des Art. 13 (Erman/Hohloch, 15. Aufl. 2017, Rn. 13; Staudinger/Mankowski, 2011, Rn. 177 ff.; MüKoBGB/Coester Rn. 6; aA Röthel IPRax 2002, 498; offengelassen von OLG Köln FamRBInt 2011, 13) sprach – jedenfalls bisher – die Auffassung vom **aliud zur Ehe** (zu dieser BVerfG NJW 2002, 2543 (2549); 2010, 2783: Gebot der Gleichbehandlung der eingetragenen Lebenspartnerschaft ohne Erweiterung des Begriffs der Ehe; zur „Ehe für alle" → Rn. 30), jetzt die ausdrückliche Sonderanknüpfung in Art. 17b Abs. 4. Da die Anwendung von Art. 13 zum Verlust der die Wirksamkeit der Verbindung begünstigenden Anknüpfung an den Registrierungsort führen und sie der strengeren distributiven Anknüpfung unterwerfen würde (anschaulich AG Münster NJW-RR 2010, 1308 zur Eheschließung eines Niederländers mit einem Italiener nach niederländischem Recht), ordnet der neue Abs. 4 des Art. 17b für gleichgeschlechtliche Ehen und auch für Ehen, bei denen zumindest ein Ehegatte weder dem weiblichen noch dem männlichen Geschlecht angehört, die analoge Anwendung dessen Abs. 1 bis 3 an. Der gegen Kinderehen gerichtete Art. 13 Abs. 3 (→ Rn. 26) gilt aber auch hier analog, was in Art. 17b Abs. 5 für nicht heterosexuelle Ehen ausdrücklich angeordnet ist, was im Wege der Lückenfüllung durch Analogie ebenso für die eingetragene Lebenspartnerschaft gelten dürfte.

Die Frage der **Ehefähigkeit** bei Eheschließung mit einem **Transsexuellen** des ehemals glei- 22
chen Geschlechts unterliegt gemäß Art. 13 dem Heimatrecht des betreffenden Eheschließungswilligen (für die Frage der Eingehung einer Lebensgemeinschaft mit einer Person des neuen Geschlechts gilt Art. 17b; zur Aufrechterhaltung einer bestehenden Ehe mit einem nunmehr Angehörigen desselben Geschlechts s. sachrechtlich BVerfG FamRZ 2008, 1597 f. und → Rn. 30, was sich auch auf die kollisionsrechtliche Qualifikation auswirken dürfte: Wenn das BVerfG offenbar dem Gedanken des Schutzes wohlerworbener Rechte entspr. ausnahmsweise von einem Durchschlagen der personenstandsrechtlichen Änderung auf die rechtmäßig begründete, nachhaltig vollzogene und von beiden Partnern als unverändert gewünschte familienrechtliche Beziehung absieht, dürfte die Frage einer Fortsetzung der (heterosexuellen) Ehe mindestens unter dem Aspekt der Nachwirkung oder Ausstrahlungswirkung der jahrzehntelang gelebten Ehe auch kollisionsrechtlich dem ohnehin unwandelbaren Statut für die Schließung einer (heterosexuellen) Ehe des Art. 13 unterfallen). Gegenüber ablehnendem Heimatrecht des Transsexuellen setzen sich deutsche verfassungsrechtliche Wertvorstellungen (Art. 1, 2 und 6 GG) und der inländische ordre public durch (Staudinger/Mankowski, 2011, Rn. 185 mwN; nach EGMR NJW 2004, 289 verletzt es Art. 12 EMRK, Transsexuellen nach einer Geschlechtsumwandlung die Eheschließung mit einer Person ihres ursprünglichen Geschlechts zu verwehren; ggf. muss Befreiung vom Ehefähigkeitszeugnis nach § 1309 Abs. 2 BGB erteilt werden, vgl. Looschelders Rn. 40). Dem ist im Rahmen des Art. 13 Abs. 2 Rechnung zu tragen. Von der Ehefähigkeit zu trennen ist die vorrangig zu beantwortende Frage der statusändernden Wirkung einer geschlechtsumwandelnden Operation (sog. große Lösung) bzw. einer entsprechenden Erklärung (sog. kleine Lösung). Diese richtet sich entspr. Art. 7 Abs. 1 nach dem Personalstatut (KG StAZ 2002, 307 (308); Kegel/Schurig IPR § 17 I 3; Staudinger/Mankowski, 2011, Rn. 185; MüKoBGB/Coester Rn. 53; Erman/Stürner Rn. 27a; aA Soergel/Schurig Rn. 15: ebenfalls nach Art. 13, da nur für Eheschließung relevant. Im Lichte von BVerfG JZ 2007, 409 (s. sogleich) schlägt Röthel IPRax 2007, 207 eine Ergänzung der grundsätzlichen Berufung des Heimatrechts durch eine subsidiäre Berufung deutschen Aufenthaltsrechts nach dem rechtstechnischen Muster der ehemaligen Art. 18 Abs. 1 und 2 bzw. des Art. 19 Abs. 1 S. 1 und 2 vor). Kennt das danach berufene Heimatrecht keine Möglichkeit der **Statusänderung,** so hat nach Art. 8 Abs. 1, 1 Abs. 1 Nr. 3 lit. d TSG auch ein Ausländer die Gelegenheit, eine solche vor einem deutschen Gericht zu erwirken, wenn er ein unbefristetes Aufenthaltsrecht besitzt oder eine verlängerbare Aufenthaltserlaubnis und sich dauerhaft rechtmäßig im Inland aufhält (mit der entspr. Neufassung des Art. 1 Abs. 1 TSG durch BGBl. 2007 I 1571 ist der Gesetzgeber dem Auftrag des BVerfG (JZ 2007, 409 mAnm Pawlowski und Aufs. Röthel IPRax 2007, 204) nachgekommen, eine mit Art. 3 Abs. 1 GG, Art. 2 Abs. 1 GG, Art. 1 Abs. 1 GG vereinbare Regelung zu treffen. Der EuGH (JZ 2004, 512) geht davon aus, dass sich aus Art. 8 EMRK ein Recht auf Anerkennung von Geschlechtsumwandlungen ergibt). Da im Inland die Statusfeststellung durch das deutsche Gericht verbindlich ist (Art. 10 TSG), kann es zu „hinkender Geschlechtszugehörigkeit" (MüKoBGB/Coester, 6. Aufl. 2015, Rn. 52) kommen.

23 **d) Verlobung.** Art. 13 trifft nur eine kollisionsrechtliche Regelung für die sachlichen Voraussetzungen der **Eheschließung.** Obwohl in Art. 13 von den „Verlobten" die Rede ist, ist keine Verlobung im Rechtssinne (etwa ein den §§ 1297–1302 BGB entspr. Vertrag) vorausgesetzt. Ausreichend ist, dass sich die Beteiligten wechselseitig das Eheversprechen gegeben haben, zur Eheschließung unmittelbar anschicken oder wenigstens fest entschlossen haben. Die Verwendung des Begriffes im Gesetzestext entspricht lediglich dem Anknüpfungszeitpunkt (unmittelbar) vor der Eheschließung (→ Rn. 44).

24 Für das gegenseitige Eheversprechen (Verlobung) oder für das durch Verlobung begründete Rechtsverhältnis (Verlöbnis) enthält das EGBGB keine Anknüpfungsregel. Auf die **sachlichen Voraussetzungen der Verlobung** (zB Zulässigkeit, Ledigsein, Zustimmungserfordernisse, Sittenwidrigkeit) wird Art. 13 Abs. 1 aber seit BGHZ 28, 375 entspr. angewendet sowie nach hM (Staudinger/Mankowski Anh. Art. 13 Rn. 10; Soergel/Schurig Vor Art. 13 Rn. 14) wohl auch Abs. 2. Art. 13 analog soll auch für das Verlöbnis gleichgeschlechtlicher Partner (vgl. § 1 Abs. 3 LPartG) gelten, dessen Anknüpfung analog Art. 17b an der noch fehlenden Registrierung scheitert (MüKoBGB/Coester Vor Art. 13 Rn. 1). Sie richten sich, wie bei der Eheschließung, für jeden Verlobungswilligen in Bezug auf den konkreten anderen Verlobungswilligen nach seinem Heimatrecht (BGHZ 28, 375 (377) = NJW 1959, 529; LG Bochum FamRZ 1990, 882; LG Berlin FamRZ 1993, 198; Staudinger/Mankowski Anh. Art. 13 Rn. 10). Bei unterschiedlichen Heimatrechten ist also distributiv Wirksamkeit nach beiden Heimatrechten notwendig. Nach dem Grundsatz des „ärgeren Rechts" sind auch hier die strengeren Vorschriften dafür maßgebend, ob das Verlöbnis überhaupt zustande kommt. Wenn eines der Rechte das Verlöbnis als Rechtsinstitut nicht kennt, richtet sich die Wirksamkeit des Verlöbnisses allein nach dem anderen Recht (Staudinger/Mankowski Anh. Art. 13 Rn. 13 mwN). Klagbarkeit ist wegen der Freiheit der Eheschließung (§ 1297 BGB) kein konstitutiver Bestandteil; sie dürfte ganz im Gegenteil gegen den deutschen ordre public verstoßen (Soergel/Schurig Vor Art. 13 Rn. 15; Erman/Stürner Vor Art. 13 Rn. 12). Geschäftsfähigkeit wird gesondert nach Art. 7 angeknüpft, die Geschlechtszugehörigkeit ebenfalls gesondert entsprechend Art. 7 sowie die Verlöbnisfähigkeit nach Art. 13 (Staudinger/Mankowski Anh. Art. 13 Rn. 11, auch zur sog Wiegenverlobung). Die Form richtet sich nur nach Art. 11 (Staudinger/Mankowski Anh. Art. 13 Rn. 16 ff.).

25 Weil das Versprechen zur Eingehung der Ehe schon aus Gründen des ordre public unabhängig von der anwendbaren Rechtsordnung nicht erzwingbar ist, interessiert idR nur die Anknüpfung von **Sekundärwirkungen des Verlöbnisses** (Rückgabe von Geschenken und Schadensersatz). Der BGH knüpft trotz Kritik des Schrifttums nach wie vor entspr. Art. 13 an das Heimatrecht des in Anspruch genommenen Verlobten an (BGH FamRZ 2005, 1151; BGHZ 132, 105 (116) = NJW 1996, 1411; BGHZ 28, 375 (379) = NJW 1959, 529; krit. Mankowski IPRax 1997, 173; Staudinger/Mankowski Art. 13 Anh. Rn. 19 ff.; MüKoBGB/Coester Vor Art. 13 Rn. 6), was zu einer Rechtsspaltung je nach Zielrichtung des geltend gemachten Anspruches führt. Vorzugswürdig erscheint eine generelle Anlehnung des Verlobungskollisions- an das Ehekollisionsrecht, das zwischen Eingehung und Wirkungen der Ehe unterscheidet und die Wirkungen nicht nach Art. 13, sondern nach der Anknüpfungsleiter des Art. 14 bestimmt, die für die Frage der Verlobungswirkungen analog heranzuziehen wäre (Lüderitz IPR Rn. 359 mwN; Kropholler IPR § 44 IV 3; Junker IPR Rn. 495; Staudinger/Mankowski, 2011, Anh. Art. 13 Rn. 25 ff.; MüKoBGB/Coester Vor Art. 13 Rn. 6; Einwände zeigt auf Rauscher IPR S. 161; Soergel/Schurig Rn. 17 f. für kumulative Anknüpfung an beide Heimatrechte nach dem Grundsatz des schwächeren Rechts). Ist hierbei mangels gemeinsamen gewöhnlichen Aufenthalts und gemeinsamer Staatsangehörigkeit auf der letzten Stufe hilfsweise auf den Schwerpunkt des Verlöbnisses abzustellen, so können für das gemeinsame Umweltrecht etwa die miteinander gesprochene Sprache oder der Ort, an dem die Verlobten ein gemeinsames Eheleben aufzunehmen planten, ein Indiz darstellen (dazu auch Staudinger/Mankowski, 2011, Anh. Art. 13 Rn. 32, der dabei im Zweifelsfalle den Belangen des verlassenen, idR anspruchsberechtigten Verlobten ein höheres Anknüpfungsgewicht beimessen würde als jenen des anderen Verlobten). Auch verlöbnisrechtliche Rückgewähr- oder Ersatzansprüche von Verwandten und gegen **Verwandte** der Verlobten sind nach diesem Recht zu beurteilen (MüKoBGB/Coester Vor Art. 13 Rn. 6; Mörsdorf-Schulte Anm. zu OLG Celle FamRBInt 2008, 31; OLG Hamm FamRBInt 2011, 47 m. zust. Anm. Mörsdorf-Schulte). Rechtsfolgen mit mittelbarer **Eheerzwingung**sfunktion (etwa Vertragsstrafe) dürften **ordre-public-widrig** sein (Erman/Stürner Vor Art. 13 Rn. 12). Dies ist aber nicht schon bei einem Über- oder Unterschreiten der in §§ 1298–1301 BGB vorgesehenen Ersatz- und Herausgabeansprüche anzunehmen (MüKoBGB/Coester Vor Art. 13 Rn. 8; Erman/Stürner Vor Art. 13 Rn. 16 mwN).

## IV. Sachliche Voraussetzungen der Eheschließung

**1. Anknüpfungsgegenstand. a) Ehefähigkeit und Willensbildung.** Dem Eheschließungsstatut unterliegen Fragen der **Ehefähigkeit** und des Mindestalters für eine Eheschließung **(Ehemündigkeit).** Ehemündigkeit unter 14 Jahren ist unter dem Gesichtspunkt des ordre public kritisch zu beurteilen und verstößt idR gegen Art. 6 (Erman/Stürner Rn. 24; keinen Verstoß gegen den ordre public bei Eheschließung mit 14 Jahren vor gemeinsamer Flucht aus Syrien sieht im Einzelfall BGH NZFam 2019, 65 im Anschluss an OLG Bamberg FamRZ 2016, 1270 m. krit. Anm. Mankowski; zu Eheschließung mit zwölf Jahren AG Fürth FamRZ 2019, 1855), jedenfalls bei starkem Inlandsbezug auch eine Ehemündigkeit vor Vollendung des 15. (AG Hannover FamRZ 2002, 1116 (1117); Staudinger/Mankowski, 2011, Rn. 203 mwN) bzw. 16. (MüKoBGB/Coester Rn. 38; Rohe StAZ 2006, 93 (95): Aufhebbarkeit als Folge des Verstoßes sowie Möglichkeit der Heilung durch Bestätigung bei Volljährigkeit, wie bei § 1314 f. BGB) Lebensjahres. Für einen Rückgriff auf Art. 6 bleibt im Hinblick auf ein geringes Lebensalter indes kein Raum mehr, seit2017 mit dem Gesetz zur **Bekämpfung von Kinderehen Abs. 3** in Kraft getreten ist nach dem bei ausländischem Ehemündigkeitsstatut die Ehe nach deutschem Recht unwirksam ist, wenn der Verlobte im Zeitpunkt der Eheschließung das 16. Lebensjahr nicht vollendet hatte (Nr. 1), bzw. aufhebbar, wenn der Verlobte im Zeitpunkt der Eheschließung das 16., aber nicht das 18. Lebensjahr vollendet hatte (Nr. 2). Die Verortung des **neuen Abs. 3** hinter Abs. 2 spricht dafür, die neue Regelung als **spezielle ordre-public-Klausel** einzuordnen (ebenso Erman/Hohloch, 15. Aufl. 2017, Rn. 41b; aA Coester-Waltjen IPRax 2017, 429 (432): Eingriffsnorm im Sinne einer Sachnorm mit Mindeststandards; Grüneberg/Thorn Rn. 20). Zwar handelt es sich bei Abs. 3 Nr. 1 und Nr. 2 um deutsche Sachnormen (Erman/Stürner Rn. 41a), die unbedingt zur Anwendung gelangen. Dennoch spricht der Ursprung des Abs. 3 in dem Wunsch nach größerer Rechtssicherheit angesichts der uneinheitlichen Handhabung des ordre public Vorbehalts bei Minderjährigenehen (Begr. RegE, BR-Drs 275/17, 14) eher gegen seine dogmatische Einordnung als Eingriffsnorm. Die von dem eigentlich anwendbaren ausländischen Eheschließungsstatut angeordnete Rechtsfolge einer wirksamen Eheschließung wird bei Verstoß gegen die in Abs. 3 anhand der genannten Altersgrenzen festgelegten deutschen Ehemündigkeitsvorstellungen korrigiert durch das in Abs. 3 angeordnete Unwirksamkeits- (Nr. 1) bzw. Aufhebbarkeitsverdikt (Nr. 2). Der Umstand, dass neben der Aufhebbarkeitsanordnung des Abs. 3 Nr. 2 etwa auch die §§ 1313 ff. BGB, namentlich die Heilungsvorschrift des § 1315 BGB anwendbar sein dürften (BeckOGK/Rentsch Rn. 47 f.), zeigt, dass deutsches Recht insgesamt korrigierend eingreift und nicht nur Abs. 3 Nr. 2 als einzelne deutsche Sachrechtsnorm im Kontext des ansonsten voll zum Zuge kommenden ausländischen Ehefähigkeitsstatuts zur Anwendung berufen ist. Eine auf Abs. 3 Nr. 1 bezogene Ausnahmeregelung, findet sich in Gestalt der in den Überleitungsvorschriften (Art. 229 § 44 Nr. 2) untergebrachten Härtefallregelung für die vor Vollendung des 16. Lebensjahres geschlossene und bis zur Volljährigkeit ohne gewöhnlichen Aufenthalt auch nur eines der Ehegatten in Deutschland geführte Minderjährigenehe. Wenn hier die Härte der deutschen Korrektur bei Verminderung des Inlandsbezugs durch Führung der Ehe im Ausland zurückgenommen wird, entspricht dies strukturell eher einer ordre-public-Korrektur als der Anwendung einer Eingriffsnorm. Der BGH hält Abs. 3 Nr. 1 wegen Unmöglichkeit einer Einzelfallprüfung für unvereinbar mit Art. 1, 2 Abs. 1 GG, Art. 3 Abs. 1 GG und Art. 6 Abs. 1 GG und hat die Frage der **Verfassungsmäßigkeit dem BVerfG vorgelegt** (BGH NZFam 2019, 65). **26**

Vom Eheschließungsstatut etwaig zusätzlich verlangte **Geschäftsfähigkeit** ist nach Art. 7 Abs. 1 gesondert anzuknüpfen (Personalstatut) (Grüneberg/Thorn Rn. 6; MüKoBGB/Coester Rn. 41; Erman/Stürner Rn. 24). **26a**

Nahezu universales Grunderfordernis für eine Eheschließung ist ein rechtserheblicher **Ehewille** auf Seiten beider Verlobter (MüKoBGB/Coester Rn. 43 unter Bezugnahme auf mehrere Konventionen und Deklarationen der UN). Art. 13 erfasst dementsprechend die Willensbildung zur Eheschließung. Dabei geht es um Wirkung, Folgen und Geltendmachung von Willensmängeln (etwa Irrtum, Drohung, Täuschung, aber auch Gewalt, geheimer Vorbehalt oder Mangel an Ernstlichkeit) (OLG München IPRspr. 1950/51 Nr. 132; OLG Frankfurt FamRZ 1987, 155; AG Lüdenscheid NJW-RR 1998, 866; Erman/Stürner Rn. 24b), was auch Fragen der **Scheinehe** (fehlender Konsens zur Lebensgemeinschaft) und ihrer Rechtsfolgen (Anfechtbarkeit, wie nach § 1314 Abs. 2 Nr. 5 BGB, § 1313 BGB, oder etwa Nichtigkeit) mit einschließt; zweiseitiges (→ Rn. 43) Ehehindernis (MüKoBGB/Coester Rn. 59 ff.; Staudinger/Mankowski, 2011, Rn. 350; vgl. auch Otte JuS 2000, 148 (153 f.); OLG München StAZ 2009, 309). Auch gehören gesetzliche oder gewillkürte **Stellvertretung** im Willen dazu (Begr. RegE, BT-Drs. 10/504, 52). Dies ist teilweise möglich in islamischen Rechten, ohnehin aber nicht zulässig bei inländischer Eheschließung, die schon **27** aus Gründen formeller Wirksamkeit persönliche und gleichzeitige Anwesenheit beider Partner verlangt (→ Rn. 63 ff.). Wo die Stellvertretung, wie in Deutschland, verboten ist, ist dieses Vertretungsverbot idR zweiseitiges (→ Rn. 43) Ehehindernis: Stellvertretung im Willen führt daher zur Nichtehe auch dann, wenn sich nicht der deutsche, sondern der andere Partner vertreten lässt (Kropholler IPR § 44 II 3; Staudinger/Mankowski, 2011, Rn. 219 mwN). Unter Abs. 1 fällt weiterhin die Zulässigkeit der Eheschließung unter falschem Namen (OLG München StAZ 2009, 309), nicht hingegen Stellvertretung in der Erklärung oder Erklärung durch Boten, was Formfragen sind (→ Rn. 63). Eine grds nach Art. 11 anzuknüpfende reine Formfrage liegt nur vor, wenn es sich um eine Stellvertretung lediglich in der Erklärung handelt, bei der der Vollmachtgeber die Eheschließung sowie den konkreten Ehepartner nach eigenem Willen bestimmt hat, dem Vertreter also weder eine eigene Entscheidungsbefugnis bezüglich der Eheschließung noch der Wahl des Ehepartners eingeräumt ist (BGH NZFam 2021, 1049 mAnm Mankowski). Einzelabweichungen von inländischen Vorstellungen sind mit Art. 6 vereinbar, solange nicht die Geltendmachung schwerer Willens- oder Vertretungsmängel gänzlich ausgeschlossen ist. Die Eheschließung im Ausland im Wege doppelter Stellvertretung verstößt nicht gegen den deutschen ordre public (BGH NZFam 2021, 1049 mAnm Mankowski). Die materiellen Voraussetzungen der Bevollmächtigung richten sich nach Art. 8 (Mankowski NZFam 2021, 1049). Die Möglichkeit des Eheschlusses mit einem, der naturgemäß keinen eigenen Willen mehr bilden kann, unterliegt Art. 13 (analog) (OLG Karlsruhe IPRax 1991, 250; aA Beitzke IPRax 1991, 228), soweit die beschränkten Wirkungen der postmortalen Ehe nicht von vornherein die Anwendung anderer Kollisionsnormen gebieten (MüKoBGB/Coester Rn. 8, 44). Die Qualifizierung als Ehe erscheint in der Tat als zweifelhaft, da eine Lebensgemeinschaft nicht mehr eingegangen werden kann. Als Ausweg bietet sich außer Art. 19 im Hinblick auf die Vaterschaftswirkung ggf. eine Analogie zu Art. 13 an).

28 Hinzu kommen Fragen der **Zustimmung Dritter** (BGH IPRspr. 1964/65 Nr. 88; KG FamRZ 1968, 466; LG Kassel StAZ 1990, 169) sowie der Ersetzung der Zustimmung durch ein Gericht.

29 **b) Ehehindernisse.** Zu den sachlichen Voraussetzungen der Eheschließung gehört weiter das Fehlen von (ein- oder zweiseitigen, → Rn. 42 f.) Ehehindernissen und **Eheverboten.** Diese können Eigenschaften der Nupturienten, ihre Beziehung untereinander oder zu Dritten betreffen.

30 **aa) Fehlende Geschlechtsverschiedenheit.** Fehlende Geschlechtsverschiedenheit ist in vielen Staaten Ehehindernis und war dies im Inland bis zur Öffnung der Ehe des BGB „für alle“ im Jahr 2017. Zwischen gleichgeschlechtlichen Partnern waren (und sind nach wie vor) nach dem LPartG eingetragene Lebenspartnerschaften zulässig; lange blies es auch in Deutschland bei der begrifflichen Trennung von „Ehe“ und „Lebenspartnerschaft“ (→ Rn. 17), wobei sachrechtlich weitgehende Gleichbehandlung erreicht worden ist (lediglich keine gemeinsame Fremdadoption). Die EMRK verlangt nicht, das Recht zur Eheschließung auf homosexuelle Paare auszuweiten (EGMR DÖV 2010, 737).

31 **bb) Familiäre Beziehung.** Ehehindernisse können sich weiterhin aus bereits vorhandenen familiären Beziehungen zwischen den Eheschließungswilligen ergeben: So knüpfen manche fremde Rechtsordnungen an **Verwandtschaft und Schwägerschaft,** auch auf Grund eines **Adoptionsverhältnisses,** weit reichende Eheverbote, andere verfahren hier großzügig (Überblick zB bei Heiderhoff StAZ 2014, 193 (199)). Soweit die Maßstäbe in diesem Punkt vom deutschen Recht abweichen, haben sie idR vor Art. 13 Abs. 2 und Art. 6 Bestand (OLG Düsseldorf FamRZ 1969, 654; OLG Stuttgart FamRZ 2000, 821; → Rn. 59; laut EGMR FamRZ 2005, 1971 Ls. mit Bericht Henrich, verstößt englisches Eheverbot der Schwägerschaft aber gegen Art. 12 EMRK), doch kann über strengere Eheverbote wegen entfernter Verwandtschaft oder Schwägerschaft ggf. Art. 13 Abs. 2 hinweghelfen (BT-Drs. 10/504, 53, zB § 809 ZGB Rep Korea: Verwandtschaft bis 8. Grad; Blutsverwandte mit gleichem Namen und Stammsitz). Umgekehrt schlägt die von § 1307 BGB (Verwandte gerader Linie, Geschwister) gezogene Grenze als minimales Ehehindernis auf den ordre public (Art. 6) durch (→ Art. 6 Rn. 24) (ebenso Looschelders Art. 6 Rn. 44).

32 **cc) Vorehe.** Das Eheverbot der **Doppelehe** oder der **Mehrehe** verbietet die Eheschließung eines Verheirateten (sog einseitiges Ehehindernis, → Rn. 41: betrifft die Frage, wer heiraten darf) und idR auch mit einem Verheirateten (sog zweiseitiges Ehehindernis, → Rn. 43: betrifft die Frage, wen man heiraten darf); auch ob dieses eine Wiederholung der Eheschließung gestattet, richtet sich nach dem Eheschließungsstatut (so für das spanische Recht KG NJ 2022, 170). Im monogamen Ehestatut führt die Vorfrage der Doppelehe stets zur Überprüfung der Wirksamkeit der Schließung einer früheren Ehe und/oder ihrer wirksamen Auflösung, namentlich durch Schei-

dung. Bei der Vorfrage des gültigen Bestehens einer anderen Ehe kommt der Vermeidung hinkender Ehen (Definition → Rn. 40) große Bedeutung zu. Daher werden Zustandekommen und Fortbestand einer **Vorehe grds. unselbständig angeknüpft** (OLG München IPRax 1988, 354 (356); Schwimann StAZ 1988, 37; MüKoBGB/Coester Rn. 72; aA OLG Koblenz IPRax 1996, 278; OLG Nürnberg NJW-RR 1998, 4; BayObLGZ 1998, 253; 1. Aufl. Rn. 37 (Otte); Soergel/Schurig Rn. 17; Erman/Stürner Rn. 31; nur hinsichtlich des Zustandekommens aA Staudinger/Mankowski, 2011, Rn. 263): Da das Interesse am internationalen Entscheidungseinklang insoweit überwiegt (zu parallelen Fällen unselbständiger Anknüpfung, etwa wegen Bedeutung internationalen Namenseinklangs, → Rn. 72) ist hier das Internationale Privat- und Verfahrensrecht der lex causae heranzuziehen. Dabei entscheidet (1) über die Wirksamkeit der Vorehe das nach dem Kollisionsrecht der das Ehehindernis der Mehrehe enthaltenden Rechtsordnung zurzeit der Schließung der Vorehe geltende Ehestatut, und (2) über die Wirksamkeit einer Scheidung das Scheidungsstatut dieser Rechtsordnung bzw. bei Scheidung durch behördlichen oder gerichtlichen Akt deren Recht der internationalen Anerkennung (BGH FamRZ 1997, 542 (543). Nur wenn dies letztlich zur Unüberwindbarkeit des Ehehindernisses der Mehrehe führt, kann der – von ebendieser unselbständigen Anknüpfung ausgehende (MüKoBGB/Coester Rn. 72, 76; Staudinger/Mankowski, 2011, Rn. 121 ff.) – Art. 13 Abs. 2 (→ Rn. 56 ff.) eingreifen und unter den dort genannten Voraussetzungen zur Überwindung dieses Hindernisses erlauben, unmittelbar auf ein in Deutschland ergangenes oder anerkanntes Scheidungsurteil abzustellen.

Wenn das Ehehindernis der Mehrehe im Rahmen des **deutschen Eheschließungsstatuts** in **33**
Frage steht, gilt nichts anderes, auch wenn naturgemäß die Vorfragenanknüpfung hier nicht als unselbständige hervortritt (Jayme IPRax 2003, 339), sondern von der selbständigen nicht zu unterscheiden ist. Die **Wirksamkeit** der Schließung der **Vorehe** richtet sich nach Art. 13 und 11 in Bezug auf die damaligen Verlobten und den damaligen Eheschließungsort. Auch hier erfolgt bei Auflösung durch gerichtliche oder behördliche Entscheidung eine Verlagerung der Prüfung auf das Prozessrecht: Scheidung durch rechtskräftiges deutsches Urteil beseitigt aus deutscher Sicht ohne weiteres das Ehehindernis der Vorehe. Entsprechendes gilt, wenn nach dem anwendbaren Recht eine **bestehende registrierte Partnerschaft ein Ehehindernis** darstellt; diese ist dann zunächst nach dem auf die vorbestehende Verbindung anwendbaren Recht zu beenden, auch wenn die Partnerschaft zwischen den Eheleuten selbst bestand (KG FamRZ 2014, 1105). Inlandswirkung einer durch ausländisches Urteil erfolgten Scheidung erfordert Anerkennung nach Art. 21 ff. Brüssel IIa-VO bzw. §§ 107, 109 FamFG (→ Rn. 90 f.) (BGH FamRZ 2001, 991). Dabei entfalten Entscheidungen von Gerichten der EU-Mitgliedstaaten mit Ausnahme Dänemarks ihre Inlandswirkung ohne besonderes Anerkennungsverfahren (Art. 21 Brüssel IIa-VO); die Anerkennung ist jeweils inzidenter zu prüfen. Das Gleiche gilt für Entscheidungen eines Gerichts oder einer Behörde des gemeinsamen Heimatstaates beider Ehegatten (§ 107 Abs. 1 S. 2 FamFG). Rechtskraftwirkungen anderer ausländischer Scheidungsurteile werden im Inland erst durch positiven Abschluss des förmlichen Anerkennungsverfahrens nach § 107 FamFG begründet (für teleologische Reduktion und Verzicht auf ein deutsches Anerkennungsverfahren, wenn beide Partner Ausländer sind, KG StAZ 1984, 309; Staudinger/Mankowski, 2011, Rn. 312 zur Vorgängernorm Art. 7 § 1 FamRÄndG; MüKoBGB/Coester Rn. 77). Umgekehrt kommt es zu keiner **Inlandswirkung der Auslandsscheidung,** wenn im inländischen Anerkennungsverfahren festgestellt wird, dass die Anerkennungsvoraussetzungen nicht vorliegen (§ 107 Abs. 9 FamFG). Diese Grundsätze gelten auch für eine ausländische Privatscheidung, wenn sie Gegenstand einer Feststellung des Vorliegens der Anerkennungsvoraussetzungen nach § 107 FamFG war (OLG Hamm FamRZ 1992, 673 zur Vorgängernorm Art. 7 § 1 FamRÄndG), was teilweise für fakultativ möglich gehalten wird. Ist kein Anerkennungsverfahren durchgeführt worden, so richtet sich die Wirksamkeit einer Privatscheidung mangels unmittelbarer Anwendbarkeit der Rom III-VO (EuGH NZFam 2018, 126 – Sayouni) nach Art. 17 Abs. 2 und bleibt bei Vornahme im Inland ohne Wirkung (Art. 17 Abs. 3); die Wirkung bei Vornahme im Ausland hängt dann vom Scheidungsstatut der Vorehe ab (Soergel/Schurig Rn. 18; Looschelders Rn. 48; dazu → Rn. 82 ff.). Dies ist, ggf. unter Berücksichtigung des ordre public, inzidenter zu prüfen, wenn die (ehemaligen) Ehegatten hinsichtlich der Wirksamkeit ihrer Privatscheidung nicht schon Feststellungsklage (diese ist zulässig, vgl. AG Hamburg IPRspr. 1982 Nr. 66A; für optionales Verfahren nach § 107 FamFG → Art. 17 Rn. 142 mN zum Streitstand) erhoben haben.

Diese Anerkennungsgrundsätze gelten auch für im Ausland zwischen Partnern mit **polygamem** **34**
**Ehestatut** (Länderübersicht bei Staudinger/Mankowski, 2011, Rn. 239 ff.) geschlossene Mehrehen. Sie können im Inland zwar uU als Ehe anerkannt (LG Frankfurt a. M. FamRZ 1976, 217; OLG Hamm StAZ 1986, 352; SozG Stuttgart FamRZ 1992, 234; Erman/Stürner Rn. 32), als solche hier aber nicht geschlossen werden (Erman/Stürner Rn. 32; MüKoBGB/Coester Rn. 70

mwN). Dabei wirkt der deutsche ordre public nicht nur als Trauungsverbot für den Standesbeamten, sondern als materielles Mehreheverbot, das nur bei starker Auslandsbeziehung zurücktritt, nicht aber bereits dann, wenn in Deutschland lebende Ausländer das Ausland nur zum Zwecke der Schließung einer nach ihren Heimatrechten gestatteten Mehrehe aufsuchen, um die Polygamie sodann im Inland zu leben (aA MüKoBGB/Coester Rn. 70). Das das Ehehindernis aufstellende Recht befindet auch über **Bestand, Wirkung und Befreiungsmöglichkeiten.** Einschaltung der betreffenden Behörden kann helfen, sog hinkende (Definition → Rn. 41) Verbindungen zu verhindern (Kropholler IPR § 44 I 1).

**35** Wurde die Vorehe in Gütergemeinschaft oder ähnlichem Güterstand gelebt oder besteht im Hinblick auf eine Vermögensverwaltung eigener Kinder die Gefahr einer Interessenkollision, so ist nach manchen Rechtsordnungen ein **Auseinandersetzungszeugnis** beizubringen (so bis 1998 auch unter deutschem Eheschließungsstatut nach § 9 EheG; dazu KG FamRZ 1961, 477; AG Moers DAVorm 1991, 955). Ob sein Fehlen, wie zumeist, einseitiges (→ Rn. 42) Ehehindernis ist, entscheidet das Personalstatut des betreffenden Verlobten (vgl. ausf. insbes. zum schweizerischen und ehemaligen deutschen Recht Staudinger/Mankowski, 2011, Rn. 353 ff.). Die Gültigkeit eines ausländischen Auseinandersetzungszeugnisses hat der Standesbeamte selbst inzidenter zu prüfen (vgl. MüKoBGB/Coester Rn. 58, wonach bei Fehlen eines anzuerkennenden ausländischen Zeugnisses § 99 FamFG die internationale Zuständigkeit der deutschen Familiengerichte für die eigene Zeugniserteilung begründen kann).

**36** **dd) Weitere Ehehindernisse.** Weitere Ehehindernisse können sein: **Geschlechtsgemeinschaft** (Geschlechtsverkehr des einen mit einem Blutsverwandten gerader Linie des anderen Verlobten, vgl. ehemals auch § 4 Abs. 2 EheG, verfassungswidrig nach BVerfG NJW 1974, 545) und **Milchverwandtschaft** (in den islamischen Rechten), **vorheriger Ehebruch** der Eheschließungswilligen (OLG Frankfurt NJW 1956, 672 (673); aus heutiger Sicht ggf. unvereinbar mit Art. 6 GG), **Wartefrist** der Frau (zB AG Halle/Westf. FamRZ 2016, 307) oder des Ehebrechers oder Scheidungsschuldigen (Staudinger/Mankowski, 2011, Rn. 353–367, auch zum Streit über die Ein- oder Zweiseitigkeit (→ Rn. 42 f.) dieser Ehehindernisse), **körperliche oder geistige Mängel** (Erbkrankheiten, Geisteskrankheit, ansteckende Krankheiten, Impotenz) (MüKoBGB/Coester Rn. 87), **Religionsverschiedenheit** (Staudinger/Mankowski, 2011, Rn. 387 ff.), **höhere Weihen** (OLG Hamm OLGZ 1974, 103), **Rasseverschiedenheit** oder **ausländische** Staatsangehörigkeit (Staudinger/Mankowski, 2011, Rn. 405 f.; MüKoBGB/Coester Rn. 91, auch zum Verstoß gegen Art. 6), fehlende **Zustimmung** durch gesetzliche Vertreter oder Verwandte (MüKoBGB/Coester Rn. 42, auch zur Entbehrlichkeit der Zustimmung bei volljährigen Verlobten wegen Art. 13 Abs. 2), staatliche **Genehmigung bei Beamten,** Militärangehörigen oder auch **Studenten** (Nachweise bei Erman/Stürner Rn. 30; Staudinger/Mankowski, 2011, Rn. 407 f.), noch abzuleistende **Wehrpflicht**. Bei unzumutbar langer Verzögerung kann dies über Art. 13 Abs. 2 abwehrbar sein (Erman/Stürner Rn. 30) bzw. gegen Art. 6 verstoßenbei(OLG Düsseldorf StAZ 1980, 308).

**37** **c) Zuwendungen.** Unter Umständen kann die Wirksamkeit der Eheschließung von Zuwendungen an die Braut (**Brautgabe/Morgengabe**) oder deren Familie (Brautpreis, Brautgeld, → Rn. 38) abhängen. Die Qualifikation der Brautgabe islamisch geprägter Rechtsordnungen („mahr", „sadaq", „mehriye", ausf. → Art. 14 Rn. 22) ist umstritten. Es handelt sich um ein vor der Heirat vereinbartes Heiratsgeld, das vom Mann an die Frau zu zahlen ist. Es kann ganz oder teilweise vor oder bei Eheschließung, während der Ehe oder bei Eheauflösung zu zahlen sein, wobei der Fälligkeitszeitpunkt in der deutschen Diskussion teilweise als einer der Anhaltspunkte dafür gewertet wird, ob ihm eheschließungsrechtliche, güterrechtliche, unterhaltsrechtliche, erbrechtliche oder schuldrechtliche Funktion zukommt (BGH NJW 1987, 2161; FamRZ 1999, 217; OLG Stuttgart FamRBInt 2007, 29, mAnm Mörsdorf-Schulte; Yassari FamRZ 2002, 1088 (1093 f.) betr. Iran). Der BGH versteht den Anspruch auf die Brautgabe nach denjenigen islamisch geprägten Rechtsordnungen, die diese nicht als Wirksamkeitsvoraussetzung der Eheschließung normieren, als Ehewirkung und wendet insoweit einheitlich Art. 14 an (BGH NJW 2010, 1528 zu Iran). Überzeugender ist die güterrechtliche Qualifikation (ausf. → Art. 15 Rn. 46). Was hingegen die Eigenschaft des Versprechens oder der ganzen oder teilweisen Leistung einer Brautgabe als Ehevoraussetzung angeht, ist Art. 13 maßgeblich (ebenso Grüneberg/Thorn Rn. 11; aA Erman/Stürner Rn. 33). Eine solche eheschließungsrechtliche Funktion liegt vor, wenn von der Brautgabe (auch nach nur einem der Heimatrechte der Verlobten) die Rechtswirksamkeit der Eheschließung abhängt, was wohl nur nach dem in den maghrebinischen Staaten verbreiteten malekitischen Ritus der Fall ist (vgl. Krüger FamRZ 1977, 115 mN; Rohe, Das islamische Recht, 3. Aufl. 2011, 85, 86: uU Anfechtbarkeit; Staudinger/Mankowski, 2011, Rn. 381 ff.; MüKoBGB/

Coester Rn. 86; Looschelders Rn. 53; Henrich FS Sonnenberger, 2004, 391; zu Art. 13 Nr. 2 des marokkanischen CSP Andrae IntFamR § 3 Rn. 140). Das Fehlen der Brautgabe ist dann zweiseitiges (→ Rn. 43) Ehehindernis (Erman/Hohloch, 15. Aufl. 2017, Rn. 33; zT aA Henrich FS Sonnenberger, 2004, 391 f.; MüKoBGB/Sonnenberger, 5. Aufl. 2010, Einl. IPR Rn. 519: uU dem Formstatut unterliegender Zeremonialakt).

Nicht nur verschiedene afrikanische Rechte, sondern auch etwa yezidische Praxis machen die Wirksamkeit der Eheschließung davon abhängig, dass der Bräutigam an die Familie der Braut einen **Brautpreis** zahlt (vgl. Staudinger/Mankowski, 2011, Rn. 385 f. mN für die Rechte Sambias, Zaires und des Stammes der Ibo in Nigeria; OLG Celle FamRBInt 2008, 31 für die Praxis der kurdischen Yeziden und OLG Hamm FamRBInt 2011, 47 f. ebenfalls zu yezidischem Brautgeld; zur vorislamischen (heute als Eheschließungsbedingung rechtswidrigen) Tradition des Brautpreises (baslik) in der Türkei Henrich FS Öztan, 2008, 491, und im Jemen, vgl. Rohe, Das islamische Recht, 3. Aufl. 2011, 85). Auch hier gilt Art. 13 Abs. 1, wobei hinreichender Inlandsbezug gegen das Erfordernis einer solchen Ablösesumme unter dem Aspekt der Menschenwürde Art. 6 auf den Plan ruft (vgl. Sturm StAZ 1995, 350; zur Sittenwidrigkeit der Brautgeldabrede OLG Hamm FamRBInt 2011, 47 mAnm Mörsdorf-Schulte); denn die Frau kann hier – anders als bei der Brautgabe, wo sie etwa durch Verzicht (zum Erlass der Brautgabe vgl. OLG Zweibrücken FamRBInt 2007, 81, berichtet von Mörsdorf-Schulte) oder Stundung letztlich die Eheschließung ermöglichen kann – nicht selbst über die Forderung verfügen. 38

**2. Anknüpfungspunkt. a) Staatsangehörigkeit, Personalstatut.** Anknüpfungspunkt ist bei Art. 13 die Staatsangehörigkeit (bzw. das Personalstatut) der Verlobten unmittelbar vor der Eheschließung. Ausschlaggebend ist bei **Doppel- oder Mehrstaatern** nach Maßgabe von Art. 5 Abs. 1 S. 1 die engste Verbindung zu einem der Heimatstaaten (effektive Staatsangehörigkeit, gewöhnlicher Aufenthalt), bei Mehrstaatern mit deutscher Staatsangehörigkeit automatisch deutsches Recht (Art. 5 Abs. 1 S. 2). Bei Angehörigen von **Mehrrechtsstaaten** erfolgt Unteranknüpfung nach Art. 4 Abs. 3. Bei zur Zeit der Eheschließung **Staatenlosen** wird sowohl nach Art. 12 StaatenlosenÜ – trotz des abweichenden Wortlautes („Wohnsitz") gleicher Anknüpfungspunkt wie Art. 5 → Art. 5 Rn. 54 ff. mit Abdruck der Vorschriften) als auch nach Art. 5 Abs. 2 an den gewöhnlichen, hilfsweise den einfachen Aufenthalt angeknüpft. Bei **Flüchtlingen** iSd GFK greift – unabhängig vom Status der Asylberechtigung (OLG Bamberg FamRZ 1982, 505; OLG Hamm FamRZ 1992, 551) – internationales Flüchtlingsrecht ein, nach dem ebenfalls der gewöhnliche Aufenthalt maßgeblich ist (Art. 12 Abs. 1 GFK; Art. 1 AHKG23 vom 17.3.1950; näher → Art. 5 Rn. 23 ff.). 39

**b) Anknüpfungspersonen.** Anknüpfungspersonen sind die **Verlobten.** Dabei handelt es sich um die unmittelbar Eheschließungswilligen, nicht notwendig die Partner eines förmlichen Verlöbnisses (zu diesem → Rn. 23 f.). 40

Eine vollwirksame Ehe wird geschlossen, wenn die **Voraussetzungen beider Personalstatute** – getrennt für Mann und Frau – vorliegen, sog „distributive" Anknüpfung oder „Koppelung" beider Rechte (Kropholler IPR § 44 I 1; Staudinger/Mankowski, 2011, Rn. 49; daneben auch von „Kumulation" spricht Erman/Stürner Rn. 15). Einseitige Beachtung nur des die Eheschließungsvoraussetzungen bejahenden (schwächeren) Rechts könnte sonst zu **hinkenden** (dh in nur einem der Heimatstaaten für wirksam, im anderen aber für unwirksam gehaltenen) **Ehen** führen, was vermieden werden soll. Löst das Fehlen einer zweiseitigen (→ Rn. 43) Ehevoraussetzung bei einem der Eheschließenden in den Heimatrechten beider Eheschließenden unterschiedliche Rechtsfolgen aus, so setzt sich die strengere Rechtsfolge (zB Ehenichtigkeit statt Aufhebbarkeit) durch **(Grundsatz des „ärgeren/strengeren Rechts")** (BGH NJW 1991, 3088; OLG Düsseldorf IPRax 1993, 251; BayObLGZ 1993, 224; OLG Nürnberg NJW-RR 1998, 5; OLG Oldenburg IPRax 2001, 143; OLG Frankfurt FamRZ 2002, 705; OLG Zweibrücken FamRZ 2004, 950; Henrich IPRax 1993, 236; Erman/Stürner Rn. 15, 37). Wenn die Heimatrechte hinsichtlich des Bestands des Ehebandes gleich arge Rechtsfolgen vorsehen, aber unterschiedliche Modalitäten (zB der Erhebung der Nichtigkeitsklage) und weitere Folgen, die sich gegenseitig behindern oder ausschließen, bedarf es einer Hilfsanknüpfung: Nach einer Ansicht soll an die engste Verbindung, die idR zum gemeinsamen gewöhnlichen Aufenthalt bei Eheschließung (oder später) bestehe, anzuknüpfen (OLG Stuttgart FamRBInt 2011, 1 = BeckRS 2010, 21155; Henrich IPRax 1993, 236 (237); Knott, Die fehlerhafte Ehe im IPR, 1997, 66 ff.; MüKoBGB/Coester Rn. 118), letzthilfsweise die lex fori heranzuziehen sein (OLG Stuttgart FamRBInt 2011, 1 = BeckRS 2010, 21155); nach einer anderen Ansicht ist das Scheidungsstatut analog anzuwenden (Lüderitz Rn. 339), nach einer weiteren Ansicht das Heimatrecht nur des „verletzten" oder getäuschten 41

Ehegatten (OLG Zweibrücken FamRZ 2006, 1201; OLG Düsseldorf IPRax 1993, 251; LG Hamburg IPRspr. 1975 Nr. 38).

42 Im Ausgangspunkt bewirkt die **distributive Anknüpfung,** dass Voraussetzungen und Wirksamkeit der Eheschließung aus der Sicht des Heimatrechts jedes Eheschließenden dergestalt vorliegen müssen, dass für jeden Eheschließenden die Eheschließungsvoraussetzungen nach dem für ihn maßgeblichen Eherecht gegeben sind und nach diesem Recht keine Ehehindernisse vorliegen. Dabei ist zu unterscheiden: **Einseitige Ehehindernisse** beziehen sich nur auf die Person eines Eheschließenden und gelten daher nur für die jeweilige Anknüpfungsperson, aufgrund deren Staatsangehörigkeit die betreffende Rechtsordnung anwendbar ist.

43 Sog. **zweiseitige Ehehindernisse** des Personalstatuts eines Eheschließenden gelten hingegen für beide Eheschließenden (Begr. RegE, BT-Drs. 10/504, 52), und hindern die Wirksamkeit daher auch schon dann, wenn sie nur in der Person des an sich nicht dem betreffenden Recht unterworfenen anderen Eheschließenden vorliegen. Dass dessen Personalstatut das betreffende Ehehindernis nicht kennt (zB Verbot der Doppelehe im deutschen Recht, nicht aber im Recht des in Mehrehe verheirateten Muslimen), spielt dann keine Rolle. Denn das jeweilige Heimatrecht gilt nicht nur für die Voraussetzungen, die sich auf den betreffenden Verlobten beziehen (Looschelders Rn. 4), sondern für die Frage, ob und unter welchen Voraussetzungen dieser heiraten kann, was eben auch von Voraussetzungen abhängig gemacht werden kann, die außerhalb seiner Person liegen, insbesondere von in der Person des zu Heiratenden liegenden Umständen: Der Bezug zur jeweiligen Anknüpfungsperson besteht in der für diese geltenden Rechtsfolge, nicht darin dass diese in ihrer Person selbst die Voraussetzung oder ein Ehehindernis erfüllt oder nicht. Über die Qualifizierung eines Ehehindernisses als ein- oder zweiseitig entscheidet das Sachrecht, welches das betreffende Ehehindernis aufstellt. Unter den deutschen Regelungen wurden als zweiseitiges Ehehindernis qualifiziert die §§ 5, 7, 18 Abs. 1 EheG; nicht aber § 8 EheG (heute §§ 1306, 1307, 1319 BGB); Beispiele → Rn. 27, → Rn. 32, → Rn. 36 f.

44 **c) Anknüpfungszeitpunkt.** Der Anknüpfungszeitpunkt liegt **unmittelbar vor der Eheschließung.** Maßgeblich ist ausschließlich das zu diesem Zeitpunkt geltende Personalstatut, das auch als „Antrittsrecht" bezeichnet wird (RGZ 151, 313; BGHZ 27, 375 (380) = NJW 1958, 1627; AG Hannover FamRZ 2002, 1116; Begr. RegE, BT-Drs. 10/504, 52). Die Unwandelbarkeit der Anknüpfung schließt einen Statutenwechsel aus: Ein Wechsel der Staatsangehörigkeit oder Eintritt von Staatenlosigkeit durch oder nach der Eheschließung hat grds. keinen Einfluss auf das Eheschließungsstatut (OLG Koblenz IPRspr. 1988 Nr. 62; Grüneberg/Thorn Rn. 6; Erman/Stürner Rn. 11). Diese Unwandelbarkeit bietet Schutz vor späterer Invalidierung der Ehe durch Statutenwechsel. Allenfalls im Interesse der Heilung einer fehlerhaften Eheschließung kann ein späterer Wechsel der Staatsangehörigkeit ausnahmsweise Berücksichtigung finden (→ Rn. 52 ff.). Dies gilt auch für den **Staatsangehörigkeits(hinzu)erwerb durch die Eheschließung** selbst, der ebenfalls irrelevant bleibt, solange er nicht ausnahmsweise im Rahmen der Heilung anfänglicher Eheschließungsmängel Bedeutung erlangt.

45 Auch **früheres Heimatrecht** hat keine Wirkung – Art. 7 Abs. 2 gilt hinsichtlich der Ehemündigkeit nicht analog.

46 Ein späterer **Wechsel zur deutschen Staatsangehörigkeit** verändert daher zwar nicht das auf die Eheschließung anwendbare Recht, kann jedoch eine Intensivierung des Inlandsbezuges (→ Art. 6 Rn. 15) begründen und auf diesem Wege zum Eingreifen des deutschen ordre public führen, dessen Verletzung aber nach Art. 6 nur im Extremfall zur Abänderung führt: zB zur Unwirksamkeit bei pakistanischer Kinderehe, nicht aber ohne weiteres bei im Ausland geschlossener arabischer Mehrehe, wo dem ordre public durch die Einräumung der Möglichkeit sofortiger Eheaufhebung im Inland genügt ist, auch wenn die Ehefrauen von dieser im konkreten Fall keinen Gebrauch machen (Staudinger/Mankowski, 2011, Rn. 83–86 mwN).

47 **d) Gesetzesumgehung.** Eheschließungsrecht ist nicht frei wählbar. Wählbar sind aber der **Eheschließungsort** und, wenn auch mit (durch die Staatsangehörigkeitsrechte vorgegebenen) Einschränkungen, die **Staatsangehörigkeit.** Eine damit bezweckte Steuerung des anwendbaren Eheschließungsrechts durch ausschließlich darauf gerichtete Manipulation von Anknüpfungsmerkmalen kann als Gesetzesumgehung (fraus legis) dazu führen, dass dann das Recht anwendbar ist, das ohne die fraudulöse Handlung anwendbar wäre, wobei der Erwerb der betreffenden Staatsangehörigkeit iÜ als wirksam behandelt würde (vgl. allg. BGH NJW 1981, 522 (524); Staudinger/Mankowski, 2011, Rn. 64). In der Praxis wird einem Staatsangehörigkeitswechsel aber wegen seiner zahlreichen weiteren Wirkungen eine **ausschließliche Umgehungsabsicht** kaum jemals unterstellt. Für die Verlegung des Trauungsortes gilt umgekehrt, dass der Gesetzgeber mit der Formanknüpfung an die lex loci celebrationis (Art. 11) den Beteiligten bewusst die Wahl des Ortes

überlässt, so dass es widersprüchlich wäre, die Nutzung dieser Wahlmöglichkeit als Umgehung zu diskreditieren.

Herbeiführung der Eheschließungsvoraussetzungen durch Änderung des Personalstatuts **(echte Gesetzesumgehung)** (allg. → Rn. 74) (speziell Staudinger/Mankowski, 2011, Rn. 65 f.) oder Verlagerung des Trauungsortes ins Ausland ist daher im Prinzip möglich. Dabei betrifft eine Verlegung des Trauungsortes letztlich nicht nur die Formvorschriften, sondern kann mittelbar dazu führen, dass zB wegen abweichender Anknüpfung der Eheschließungsvoraussetzungen (Dänemark: lex loci celebrationis maßgeblich für formelle wie materielle Ehevoraussetzungen – „Tondern-Ehe") oder abweichender Qualifikation (Schottland: Mindestalter als Formerfordernis – „Gretna Green-Ehe") von der ausländischen Trauungsbehörde auch ein anderes materielles Eheschließungsrecht angewandt wird als aus deutscher kollisionsrechtlicher Sicht geboten wäre. Auf diese Weise lässt sich zB den § 1309 BGB oder § 1310 BGB mit ihren weitreichenden Prüfungspflichten für den deutschen Standesbeamten ausweichen oder es lassen sich trennende oder aufschiebende Eheverbote (zB Wartefristen) des deutschen materiellen Eheschließungsrechts umgehen **(unechte Gesetzesumgehung;** allg. → Rn. 75) (speziell Staudinger/Mankowski, 2011, Rn. 67 ff. m. ausf. Erl. der Gretna-Green- und Tondern-Ehen). Auch bei Anwendbarkeit deutschen Rechts nach Art. 13 Abs. 1 sind unter Verstoß gegen deutsche aufschiebende Eheverbote im Ausland formwirksam geschlossene Ehen ohne weiteres wirksam; zwar sind unter Verstoß gegen trennende Eheverbote geschlossene Ehen eigentlich fehlerhaft, aber ohne gerichtliche Feststellung des Mangels wirkt sich dieser ebenfalls nicht aus. 48

Aus diesen Gründen ist zur Erlangung **aufenthaltsrechtlicher Vorteile** in Deutschland die Eheschließung in Dänemark beliebt, wo die Trauungspraxis der Behörden nach wie vor unbürokratisch gehandhabt wird und rechtsgültige Ehen Deutscher mit Drittstaatenangehörigen leichter zustande kommen als im Inland (vgl. zB OVG NRW NJW 2007, 314; VGH BW NJW 2007, 2506; www.expressheirat.de; www.heiraten-in-dk.de; dazu Mörsdorf-Schulte NJW 2007, 1331; auf Grund ausländischen Protests in den letzten Jahren ergangene Verschärfungen der dänischen Trauungsregelung (dazu Bergmann/Ferid/Henrich Dänemark S. 22 mwN; Looschelders Rn. 11) scheinen die Praxis der dortigen Trauungsbehörden bislang nicht nennenswert verändert zu haben. Zum auslandsrechtlichen Hintergrund Klein StAZ 2008, 34 ff.). Die vor einer ausländischen Behörde erfolgte Trauung ist grds. als Ortsform hinzunehmen und bedarf im Inland weder einer Legalisierungsbescheinigung (VGH BW InfAuslR 2006, 323) noch eines sonstigen formellen Aktes wie etwa der Eintragung in das Eheregister nach § 15 PStG (OLG Brandenburg InfAuslR 2002, 478: Anlegung eines Familienbuchs nach § 15a Abs. 1 Nr. 1 aF PStG insoweit entbehrlich). Solange es sich nach Ortsrecht nicht um eine Nichtehe handelt, unterliegt sie keiner révision au fond durch ein inländisches Gericht (VGH BW NJW 2007, 2506; Mörsdorf-Schulte NJW 2007, 1331; Klein StAZ 2008, 33 f.; aA OVG NRW NJW 2007, 314). Eine Vernichtung, auch nach dem materiellen Eheschließungsstatut, bleibt unbenommen, bedarf teilweise aber eines gesonderten Feststellungsaktes, der uU nur ex nunc wirkt (so etwa die gerichtliche Aufhebung nach §§ 1313, 1314 BGB, dazu Mörsdorf-Schulte NJW 2007, 1333; zur Reaktion auch anderer europäischer Rechte auf Scheinehen vgl. Otte JuS 2000, 153 f.; zu den beschränkten dänischen Aufhebungsmöglichkeiten Klein StAZ 2008, 35). Gelingt aus der Sicht des am Eheschließungsort anwendbaren Rechts die Eheschließung ehemündiger und lediger Personen, so steht auch der ordre public (Art. 6) nicht entgegen (Erman/Stürner Rn. 10). 49

**3. Rück- und Weiterverweisung.** Art. 13 Abs. 1 führt nicht unmittelbar zum Eheschließungsrecht der Heimatstaaten, sondern zunächst nur zu deren Kollisionsrechten: Die Verweisung des Art. 13 Abs. 1 ist **Gesamtverweisung (Kollisionsnormverweisung).** Rück- und Weiterverweisung durch das IPR der verwiesenen Rechte – etwa auf vorehelichen gewöhnlichen Aufenthalt, voreheliches domicile oder Eheschließungsort – sind nach Art. 4 Abs. 1 zu beachten (BGH NJW 1991, 3088 (3090)). Dies ist insbesondere bei Verweisung auf Rechtsordnungen mit Domizilprinzip bedeutsam (Großbritannien, USA, Dänemark, Norwegen, Brasilien) (OLG Hamm StAZ 1991, 317; AG Groß-Gerau IPRax 2003, 355 Ls. mit Aufsatz Jayme IPRax 2003, 339), kommt wegen der weiten Verbreitung der Heimatrechtsanknüpfung aber insgesamt eher selten vor (Nachweise bei Staudinger/Mankowski, 2011, Rn. 56–63). 50

**4. Korrekturen (Eheschließungsmängel, Eheschließungsfreiheit). a) Heilung mangelhaft geschlossener Ehen. aa) Sachrechtliche Heilung.** Art. 13 ist nicht nur für die Ehevoraussetzungen, sondern auch für die Verletzungsfolgen maßgeblich (→ Rn. 16). Die Heilung von Mängeln der Eheschließung unterliegt daher dem verletzten Recht. Bei Verletzung beider Heimatrechte der Eheschließungswilligen hat auch die **Heilung nach beiden Rechten** zu erfolgen. Das verletzte Recht bestimmt über die Verletzungsfolgen (Folgenstatut), über die rechtliche Bewertung 51 des Mangels, über seine sachrechtliche Auswirkung, ob die Folgen eo ipso eintreten oder erst nach gerichtlicher Geltendmachung, über die Klagebefugnis zur Geltendmachung des Mangels durch Ehepartner oder Dritte (früherer bzw. dritter Ehegatte, Eltern, Erben), über die Verteilung des Klagerechts und über die einzuhaltenden Fristen. Ein Mangel kann die Gültigkeit der Ehe unberührt lassen (so bei der Verletzung von Sollvorschriften), zur Aufhebung führen, zur Vernichtbarkeit der Ehe oder zur Nichtexistenz (Nichtehe) (vgl. zB BGH FamRZ 2001, 991). **Heilung** kann etwa **durch Zeitablauf oder Bestätigung** vorgesehen sein. Hierbei handelt es sich um sachrechtliche Heilung.

52 **bb) Kollisionsrechtliche Heilung.** Kollisionsrechtliche Heilung ist auf dem Wege des **Statutenwechsels** denkbar. Inwieweit ein solcher auf Grund bei Eheschließung oder nachträglich erfolgten Staatsangehörigkeitserwerbs im Interesse einer Heilung ausnahmsweise möglich sein soll, ist umstritten (die Rspr. äußert sich großzügig, die Ansicht der Lit. ist nach Feststellung MüKoBGB/Coester Rn. 17 mwN etwa hälftig geteilt). Zwar würde seine Zulassung zur Überspielung des ursprünglichen, an sich – im Interesse von **Statussicherheit** und -beständigkeit – unwandelbaren Eheschließungsstatuts führen (gegen Heilung durch Statutenwechsel daher Soergel/Kegel 11. Aufl. 1984, Art. 13 aF Rn. 41), doch dient der Grundsatz der Unwandelbarkeit (→ Rn. 42 ff.) nach hM nicht der Perpetuierung einer Unwirksamkeit (BGHZ 27, 375 (380); KG FamRZ 1986, 680; OLG München StAZ 1993, 151 f.; Staudinger/Mankowski, 2011, Rn. 90 f. mwN). Es verstieße gegen die Eheschließungsfreiheit (Art. 6 Abs. 1 GG), nachteilige Rechtsfolgen aus Eheschließungsmängeln zu ziehen, **wenn die Ehe unter einem Recht gelebt wird, das die Ehe als gültig ansieht** (ähnlich Siehr IPRax 2007, 34). Vordergründig bejaht die **Rspr.** die Möglichkeit kollisionsrechtlicher Heilung grds. (BGHZ 27, 375 (382) = NJW 1958, 1627; nach Siehr IPRax 2007, 31 mN haben bisher nur wenige Entscheidungen iE eine Heilung abgelehnt, etwa wenn die Eheleute später nicht in einem „heilenden" Staat als Eheleute zusammen lebten oder die Heilung erst nach dem relevanten Zeitpunkt eingetreten sei), begründet dies aber kaum (vgl. Erman/Stürner Rn. 35 mN), so dass dem Grundsatz verallgemeinerungsfähige Konturen fehlen. Konkrete Fälle, in denen eine Heilung angenommen werden konnte, sind bisher selten (KG FamRZ 1986, 680; SG Hamburg IPRax 2007, 47 (48), wegen sozialversicherungsrechtlich autonomer Auslegung des Witwenbegriffs allerdings nicht entscheidungserheblich; OLG Koblenz IPRspr. 1988 Nr. 62 und 1975 Nr. 39; nur hilfsweise OLG München StAZ 1993, 151 (152)). Als vermittelnde Lösung, die einerseits einer Heilung nicht im Wege steht, andererseits aber auch nicht über Gebühr Unsicherheit in den Bestand der Ehe bringt, bietet sich an, die Heilung auf die unter neuem Personalstatut wirklich gelebte Ehe zu beschränken, wobei für eine solche Korrektur des Art. 13 Abs. 1 sehr unterschiedliche rechtliche Konstruktionen rund um den Statutenwechsel vorgeschlagen werden (zum Diskussionsstand vgl. MüKoBGB/Coester Rn. 17 ff. mwN). Welche Rolle das neue Personalstatut und welche das am gemeinsamen gewöhnlichen Aufenthalt geltende Recht spielt, etwa, ob sie sich decken müssen, bleibt vielfach offen (Aufgabe des gewöhnlichen Aufenthalts und Neubegründung im neuen Personalstatut fordernd MüKoBGB/Coester Rn. 19; ähnlich Erman/Stürner Rn. 35; s. auch Siehr IPRax 2007, 34).

53 Tatsächlich dürfte das Problem eher in dem in einem (je nach Lage des Falles kollisions- oder auch sachrechtlichen) Rechtsirrtum begründeten **Absehen der vermeintlichen Eheleute von einer späteren Novation der Eheschließung** liegen als in der Unwandelbarkeit als solcher, zumal der Normtext des Art. 13 Abs. 1 keinen fixen Anknüpfungszeitpunkt benennt und Wandelbarkeit jedenfalls explizit nicht ausschließt (auch → Rn. 54). Vor allem vermag die Annahme der Wandelbarkeit allein das Ergebnis einer Heilung nicht zu begründen: Denn auch unter Geltung des neuen Statuts wären dessen Voraussetzungen nicht erfüllt, weil die förmliche und freiwillige Eheschließung selbst noch unter Geltung des alten Statuts erfolgt ist und, jedenfalls ohne eine dem Art. 43 Abs. 3 vergleichbare Regel, eine Berücksichtigung von vor dem Statutenwechsel erfolgten (zumal abgeschlossenen) Vorgängen kaum zu begründen ist. Subjektiv kommt das Verhalten der nach wie vor sich freiwillig zu ihrer Ehe bekennenden Eheleute nach dem Statutenwechsel einem **„Unterlassen unter falschem Recht"** gleich. Dass dieses anders als sonstiges „Handeln unter falschem Recht" (→ Rn. 94 zu dessen sachrechtlicher Berücksichtigung) durch Korrektur des Anknüpfungs(zeit)punktes honoriert werden soll, leuchtet nicht ein.

54 Heilungsüberlegungen können daher allein an dem Aspekt **kollisionsrechtlichen Vertrauensschutzes** ansetzen (ähnlich Kropholler IPR § 27 II 3c). Heilung ist nur angebracht, wenn im Einzelfall entsprechende Vertrauensmomente vorliegen, etwa eingewanderte Partner eine erneute Eheschließung (bzw. Scheidung einer Vorehe) gerade deshalb unterlassen haben, weil eine nach altem Heimatrecht unwirksame oder geschiedene Ehe (bzw. unwirksame Scheidung der Vorehe) nach dem Recht des neuen Heimat- und Aufenthaltsstaates als wirksam angesehen wird (KG

IPRax 1987, 33). Insoweit überzeugt auch das überwiegende Abstellen auf das Recht, unter dem die Ehe gelebt worden ist, obwohl dies bei Abheben auf den bloßen Statutenwechsel keine Relevanz haben dürfte, weil unter Art. 13 Abs. 1 nur ein neues Heimatrecht relevant sein kann. Ein langjährig beständiges Umweltrecht – bei Ehe und Familie regelmäßig besonders geprägt durch den **gewöhnlichen Aufenthalt** – rechtfertigt seine Berücksichtigung auch unter dem Aspekt des Drittschutzes, insoweit eine solche Prägung auch nach außen erkennbar wird. Ebenso wie in den gesetzlich niedergelegten kollisionsrechtlichen Vertrauensschutztatbeständen der Art. 12 und 16 wird hier zusätzlich ein **subjektives Element** (Unkenntnis, Gutgläubigkeit) zu fordern sein, freilich nicht wie dort seitens eines Dritten, sondern seitens der Eheleute selbst. Urkunden und Registereintragungen können Indizien für ein solches Vertrauen auf die Anwendbarkeit der später auch tatsächlich mit der Eheführung eng verbundenen Rechtsordnung sein. Zusätzlich zur tatsächlichen Eheführung unter und dem subjektiven Vertrauen in die Geltung dieser Rechtsordnung muss aber ein **Wechsel im Personalstatut** hin zu ebendieser hinzukommen (**kumulative Voraussetzungen einer Heilung**). Dies ist deshalb erforderlich, weil andernfalls die eherechtliche Anknüpfung contra legem korrigiert (zur Grenze des Gesetzeswortlauts Wengler RabelsZ 23 (1958), 535 (546)) und unzulässig eine Ausweichklausel eingeführt würde: Art. 13 Abs. 1 legt zwar einen Anknüpfungspunkt fest (Staatsangehörigkeit), benennt ausdrücklich jedoch keinen Anknüpfungszeitpunkt. Zwar fixiert die hM diesen grds. zutreffend auf den Moment vor Eheschließung (→ Rn. 44 ff.), vom Gesetzestext her bleibt aber Spielraum. Erst diese Unschärfe eröffnet die Möglichkeit einer Auswahl – die dann freilich beschränkt ist auf die aufeinander folgenden Personalstatute – und bietet daher den notwendigen Ansatzpunkt für eine gewisse Korrektur der allzu starren Anknüpfung. Auf eine innere Loslösung vom alten Personalstatut (so aber KG IPRax 1987, 33 (34) mwN; MüKoBGB/Coester Rn. 19: völlige Lösung: „alle Brücken hinter sich abgebrochen haben"; Staudinger/Mankowski, 2011, Rn. 95) wird man verzichten können: Wichtig ist nur, dass es überhaupt ein **neues Personalstatut** gibt und dieses **mit dem gelebten Recht übereinstimmt.**

Von Heilung zu unterscheiden ist der Fall, dass (etwa politische, religiöse oder rassische) Ehehindernisse unter ausländischem Eheschließungsstatut den deutschen ordre public verletzen – die Ehe ist dann nur aus der Sicht deutschen Rechts (= hinkend) gültig – oder eine **Beseitigung von Ehehindernissen** (etwa die Vorehe wird geschieden) nachträglich **rückwirkend** anerkannt wird (→ Rn. 53 ff.) (BGH FamRZ 1997, 543; OLG Karlsruhe FamRZ 1991, 92; Soergel/Schurig Rn. 27). In diesen Fällen findet, anders als bei der Heilung, keine Neubewertung der Rechtslage statt, sondern diese hätte zum Zeitpunkt der Eheschließung bereits genauso beurteilt – eben als wirksam behandelt – werden müssen. Bei der Heilung wird demgegenüber durch die Berücksichtigung späterer Umstände die Rechtslage, ggf. ex tunc, selbst umgestaltet. **55**

**b) Regelwidrige Anwendung deutschen Rechts (Abs. 2).** Fehlen nach dem Eheschließungsstatut sachliche Ehevoraussetzungen, so können diese unter den kumulativ vorliegenden Voraussetzungen des Abs. 2 durch (punktuelle) Anwendung deutschen Rechts ersetzt werden. Im Übrigen bleibt es bei der Anwendung des nach Abs. 1 bestimmten Eheschließungsstatuts (Erman/Stürner Rn. 22). Abs. 2 honoriert unter den dort genannten Voraussetzungen starken Inlandsbezug und setzt die in Art. 6 Abs. 1 GG grundrechtlich garantierte **Eheschließungsfreiheit** im Kollisionsrecht durch. Die damit intendierte Verwirklichung des ordre public hat ihren Ursprung in BVerfGE 31, 58 („Spanierentscheidung") (Begr. RegE, BT-Drs. 10/504, 53). Bei Abs. 2 handelt es sich um eine – die allgemeine Vorbehaltsklausel des Art. 6 in Bezug auf die Eheschließungsfreiheit verdrängende (aber → Rn. 57) – spezielle ordre-public-Klausel (Grüneberg/Thorn Rn. 2; Kegel/Schurig IPR § 20 IV 1b bb). **56**

Soweit es um Verstöße gegen andere Grundsätze als denjenigen der Eheschließungsfreiheit geht, ist **Art. 6 daneben** weiterhin anwendbar (zB Eheverbot der Eingehung polygamer Ehe im Inland oder von Kinderehen). Wegen der im ausländischen Recht kaum mehr anzutreffenden Scheidungsverbote wird der vor allem als Reaktion auf diese eingeführte Abs. 2 zT als inzwischen überflüssig angesehen (Kropholler IPR § 44 I 3 Fn. 6; Schwimann StAZ 1988, 35). **57**

**Abs. 2** verweist in Ausnahme zu Abs. 1 auf **deutsches Recht,** wenn **vier Voraussetzungen** kumulativ gegeben sind: **58**

(1) Nach wenigstens einem der beteiligten Personalstatute **fehlt eine Eheschließungsvoraussetzung,** die im deutschen Recht nicht aufgestellt ist (zB Wartefrist (AG Halle/Westf. FamRZ 2016, 307); Eheverbot der Religionsverschiedenheit (BGHZ 56, 180; OLG Hamm FamRZ 1977, 323), des nicht geleisteten Wehrdienstes (OLG Düsseldorf StAZ 1980, 308), der höheren Weihen (OLG Hamm StAZ 1974, 66)) oder deren Beurteilung unter deutschem Recht anders ausfiele. **59**

Vergleichsmaßstab ist dabei immer das deutsche Recht, unabhängig davon, ob es im betreffenden Fall auch eines der Eheschließungsstatute ist oder nicht.

60 (2) Erforderlich ist nach Abs. 2 Nr. 1 weiter gewöhnlicher Aufenthalt eines Verlobten im Inland oder dessen deutsche Staatsangehörigkeit (Art. 116 Abs. 1 GG). Mit diesen Alternativen konkretisiert der Gesetzgeber den für ein Eingreifen des deutschen ordre public ausreichenden **Inlandsbezug.** Die Aufenthaltsanknüpfung nimmt Art. 13 Abs. 2 den Charakter einer Exklusivnorm nur für Deutsche. Nr. 1 Alt. 2 wird daher auf Staatenlose und Flüchtlinge entspr. angewendet (Grüneberg/Thorn Rn. 17; Erman/Stürner Rn. 18). Streitig ist angesichts der Spezialität im Verhältnis zur allgemeinen ordre public Klausel, ob eine Überwindung ausländischer Ehehindernisse aus Gründen des ordre public auch möglich ist, wenn der Inlandsbezug hinter der Festlegung in Nr. 1 zurückbleibt, also etwa nur schlichter Inlandsaufenthalt gegeben ist oder nur die Eheschließung im Inland stattfindet. Da der Gesetzgeber mit Art. 13 Abs. 2 gerade nicht das Wirkungsfeld des deutschen ordre public beschneiden wollte, es vielmehr um die gesetzliche Niederlegung einer typischen Fallkonstellation ging, wird man dies jedenfalls nicht grds. ausschließen können, wobei die Ansiedlung dieser Fälle bei Art. 13 Abs. 2 analog oder Art. 6 als rechtstechnische Frage letztlich dahinstehen kann (MüKoBGB/Coester Rn. 27). Als Auffangregel muss auch hier das bewegliche System des Art. 6 gelten, in dem besonders krasse Abweichungen vom deutschen ordre public selbst dann zu einer Korrektur führen können, wenn der Inlandsbezug gering ist.

61 (3) Abs. 2 Nr. 2 normiert als Obliegenheit der Verlobten, die ihnen zumutbaren **Schritte zur Beseitigung der Ehehindernisse** unter dem von Art. 13 Abs. 1 berufenen Recht zu unternehmen. Dadurch soll die Entstehung „hinkender" (→ Rn. 41) Ehen verhindert werden. Denkbar ist etwa die Beseitigung aufschiebender Ehehindernisse, die Bemühung um Befreiung von Ehehindernissen (BGH FamRZ 1997, 544) oder um Beseitigung des Ehehindernisses der Doppelehe durch Betreiben der Anerkennung einer Inlands- oder Drittstaatsscheidung im Heimatstaat oder durch Zweitscheidung im Heimatstaat (OLG Hamm FamRZ 2003, 298; Erman/Stürner Rn. 19). Wegen Unzumutbarkeit unterbleiben können Schritte, die nach dem Recht oder der Rechtspraxis des anwendbaren Eheschließungsrecht aussichtslos oder nach deutschem Recht ihrerseits ordre public-widrig sind (BGH FamRZ 1997, 544; KG FamRZ 1994, 1414; OLG Hamm StAZ 2003, 169; OLG Köln StAZ 1989, 260 (261); AG Halle/Westf. FamRZ 2016, 307; krit. im Hinblick auf Rechtsunsicherheit Kropholler IPR § 44 I 3).

62 (4) Schließlich darf es nach Abs. 2 Nr. 3 mit der verfassungsrechtlich in Art. 6 Abs. 1 GG garantierten **Eheschließungsfreiheit nicht vereinbar** sein, die Ehe zu versagen. Als Beispiel für eine solche Unvereinbarkeit bezieht sich das Gesetz auf das Ehehindernis der Doppelehe: Wenn das anwendbare ausländische Recht vom Bestand der Vorehe ausgehe, obwohl diese aus deutscher Sicht wegen Scheidung oder Tod nicht mehr bestehe, sei dies mit der Eheschließungsfreiheit unvereinbar. Ein solches „Hinken" der im Inland erfolgten oder anerkannten Beseitigung der Vorehe kann relevant sein bei Verlobten aus Staaten wie Andorra, Malta, der Vatikanstaat, San Marino, die Dominikanische Republik und die Philippinen, die an der Unauflöslichkeit der Ehe festhalten (Aufzählung bei Dötsch NJW-Spezial 2007, 532 (533); zu den Philippinen ausf. Staudinger/Mankowski, 2011, Rn. 281), aber auch, wenn ein ausländischer Staat ein deutsches Scheidungsurteil nicht anerkennt, weil er eine Alleinzuständigkeit für die Scheidung seiner eigenen Staatsangehörigen beansprucht (vgl. Staudinger/Mankowski, 2011, Rn. 283 unter Hinweis auf irakisches Recht), jedenfalls wenn diese sich dort nicht mehr nachholen (→ Rn. 61) lässt. Ein weiteres Beispiel für eine Unvereinbarkeit nennt der RegE, nämlich das Ehehindernis entfernter Verwandtschaft (BT-Drs. 10/504). Dass das Gesetz **Regelbeispiel**e aufführt, weist darauf hin, dass die Unvereinbarkeit restriktiv zu verstehen ist. Art. 13 Abs. 2 als spezielle Ausprägung des ordre public-Vorbehalts schützt nicht vor allen vom deutschen Recht abweichenden Ehehindernissen. Das Scheitern der Eheschließung im Inland muss vielmehr als untragbar erscheinen. Hierbei ist zwischen der durch Art. 6 Abs. 1 GG gewährleisteten Eheschließungsfreiheit und dem Bestreben des Gesetzgebers abzuwägen, nach Möglichkeit hinkende, dh im Heimatstaat mindestens eines der Verlobten nicht anerkannte Ehen zu vermeiden (vgl. BVerfGE 31, 58). Wie stets bei Prüfung der ordre-public-Vereinbarkeit hat auch diese Abwägung im Lichte der Umstände des konkreten Falles zu erfolgen (OLG Stuttgart FamRZ 2000, 821 hält Scheitern der Eheschließung bei Eheverbot der Schwägerschaft (→ Rn. 31) unter diesem Aspekt für nicht unangemessen, zumal hinter diesem rechtsvergleichend nicht ungewöhnlichen und bis 1998 auch in Deutschland gültigen Eheverbot legitime Zwecke der Vermeidung familiärer Belastungssituationen stehen und in casu die Kinder der Ehewilligen nach Ansicht des Gerichtes keine durchgreifenden Nachteile aus dem Eheverbot erlitten).

## V. Form der Eheschließung (Abs. 4)

**1. Qualifikation als Formfrage.** Die Abgrenzung der sachlichen Eheschließungsvoraussetzungen gegenüber Fragen der Form erfolgt durch teleologische und funktionelle Qualifikation. Sinn und Zweck von Formvorschriften sind die Sicherung des Beweises, der Hinweis auf die Bedeutung der abzugebenden Erklärung und die Verhinderung übereilter und verbotener Rechtsgeschäfte (BGHZ 29, 137 (142)). Die Art und Weise der Bekundung des Ehekonsenses vor dem Standesbeamten ist eine Frage der Form. Gleiches gilt trotz materiellrechtlicher Sichtweise der Kirche für die **Kundgabe** des Ehekonsenses vor einem Priester (RGZ 88, 191 (193)). Auch die Handschuhehe (etwa Art. 111 Abs. 2 Codice civile Italien) wird als Formfrage qualifiziert, weil es sich um Stellvertretung „mit gebundener Marschroute" handelt (BGHZ 29, 137 (144); OLG Zweibrücken FamRBInt 2011, 45 mAnm Turan-Schnieders, zur pakistanischen Handschuhehe) bzw. um **Botenschaft** (Kegel/Schurig IPR § 20 IV 2a) (Stellvertretung in der Erklärung im Unterschied zu Stellvertretung im Willen, → Rn. 31). Nicht zur Form zählt hingegen die Frage der postmortalen Eheschließung; denn mit der intendierten Bindung an einen Verstorbenen steht das Wesen der Ehe und der Ehewille in Frage (→ Rn. 31) (OLG Karlsruhe IPRax 1991, 250 m. Aufs. Beitzke IPRax 1991, 227; Kropholler IPR § 44 II). 63

**2. Eheschließung im Inland.** Für die Anknüpfung der **Form** gibt es zwei unterschiedliche Kollisionsregeln, je nachdem, wo die Ehe geschlossen wurde. Bei Eheschließung in einer diplomatischen Vertretung ist Eheschließungsort das Gastland (BGHZ 82, 34 (43 f.) = NJW 1982, 517; Staudinger/Mankowski, 2011, Rn. 487 mwN). Zweifelhaft sein kann der Ort der Eheschließung vor allem in Vertretungsfällen. Die Ehe wird dort eingegangen, wo die Eheschließungserklärungen des Vertreters und des anderen Partners zusammentreffen (Art. 11 Abs. 4) (BGHZ 29, 237 = NJW 1958, 1627; Kropholler IPR § 44 II 3 mwN Fn. 29); auf den Ort der Unterzeichnung der Vollmachtsurkunde kommt es hier nicht an. So kann zwar eine Handschuhehe im Inland nicht geschlossen werden (Art. 13 Abs. 4 S. 1), doch kann ein Verlobter im Inland die Vollmacht für eine ausländische Eheschließung erteilen (Kropholler IPR § 44 II 3). 64

**a) Grundsatz.** Nach dem **staatlichen Eheschließungsmonopol** kann die Eheschließung im Inland nur nach den deutschen Formvorschriften der §§ 1310 ff. BGB (obligatorische Ziviltrauung unter persönlicher und gleichzeitiger Anwesenheit beider Partner vor dem Standesbeamten) erfolgen (Art. 13 Abs. 4 S. 1), selbst wenn die Personalstatute der Verlobten eine andere Eheschließungsform zulassen oder vorsehen. Art. 13 Abs. 4 verdrängt die allgemeine alternative Formanknüpfung des Art. 11. Die Einhaltung der Form des Geschäftsrechts (das sind hier gemäß Art. 13 Abs. 1 die Heimatrechte der Verlobten) reicht somit nicht aus, sondern Art. 13 Abs. 4 setzt zwingend die Ortsform durch und verleiht damit dem nach deutschem materiellen Recht geltenden Prinzip der obligatorischen Zivilehe auf deutschem Boden auch international unbedingte Geltung. Abs. 4 S. 1 wird deshalb als spezielle Ausprägung von Art. 6 angesehen **(spezielle ordre-public-Klausel).** Nach dem mithin anwendbaren deutschen Sachrecht liegt bei einem Formverstoß eine Nichtehe vor. 65

Dem deutschen Standesbeamten stellt sich so vielfach die Aufgabe, ein möglicherweise **vom deutschen Formstatut abweichendes ausländisches Sachstatut** (Heimatrechte der Nupturienten, Art. 13 Abs. 1) anwenden zu müssen. Dies soll ihm erleichtert werden durch die Übertragung der Klärung von Vorfragen auf andere Behörden, die für die Ausstellung des Ehefähigkeitszeugnisses (das zudem der besseren Umsetzung internationalen Entscheidungseinklangs dient, → Rn. 74), die Erteilung einer Befreiung hiervon (→ Rn. 77) oder die Anerkennung ausländischer Scheidungen zuständig sind (→ Rn. 89 ff.). In der sich daraus für den ausländischen Verlobten ergebenden Notwendigkeit der Beibringung eines Ehefähigkeitszeugnisses ist kein Verstoß gegen Art. 3 GG zu sehen (Staudinger/Mankowski, 2011, Rn. 48). 66

Der Zwang zur Inlandsform hat in der Vergangenheit vereinzelt zum Zustandekommen hinkender (Definition → Rn. 41) Ehen geführt. Die daran Anstoß nehmende Kritik und Vorschläge zur Rückkehr zur Grundregel des Art. 11 Abs. 1 (Dopffel/Drobnig/Siehr, Reform des deutschen IPR, 1980, 174; MPI Hamburg RabelsZ 47 (1983), 622) haben sich aber nicht durchgesetzt. Die **Gefahr hinkender Ehen** hat durch die Einführung der fakultativen Zivilehe in einigen Ländern (Griechenland; Spanien) und die Möglichkeit der Heilung nicht standesamtlich geschlossener Ehen gem. § 1310 Abs. 3 BGB (→ Rn. 75) etwas abgenommen. Soweit die Gefahr fortbesteht, ist sie gegenüber dem Bedürfnis nach Rechtsklarheit hinsichtlich des Personenstandsverhältnisses der im Inland lebenden Partner hinzunehmen (Kropholler IPR § 44 II 1a). 67

68 **b) Ausnahme.** S. 2 mildert diese strenge Grundregel des S. 1 für die im Inland geschlossene **reine Ausländerehe** ab (damit erfolgte die Übernahme des früheren § 15a EheG 1946 in das EGBGB), weil zahlreiche ausländische Rechtsordnungen die auf deutschen Standesämtern geschlossene Ehe ihrer Staatsangehörigen nicht anerkennen. Keiner der Verlobten darf Deutscher oder deutscher Doppelstaater sein; auch wenn die deutsche Staatsangehörigkeit nicht die effektive ist, schadet sie gemäß Art. 5 Abs. 2 S. 1.

69 Voraussetzung ist die Eheschließung durch eine von der Regierung des Staates, dem mindestens einer der Eheschließungswilligen angehört, ordnungsgemäß ermächtigte Person in der Form, die das Recht dieses Staates vorschreibt. Ordnungsgemäß ermächtigte Personen können zB **diplomatische Vertreter, Truppenoffiziere oder Geistliche** sein. Zur Trauung generell ermächtigt sind nach Art. 5 lit. F WKÜ (Wiener Übereinkommen über konsularische Beziehungen vom 24.4.1963, BGBl. 1969 II 1587) auch **konsularische Vertreter** (→ Rn. 12). Die Staatsangehörigkeit des ermächtigenden Staates muss der Ermächtigte nicht besitzen. Während bei konsularischen und diplomatischen Vertretern und Truppenoffizieren allgemein ihre Ermächtigung durch Gesetz ausreicht (OLG Hamm FamRZ 1986, 678), liefert die gesetzliche Anerkennung der kirchlichen Trauung für katholische oder orthodoxe Geistliche keine ausreichende Ermächtigung (BGHZ 43, 213; BGH FamRZ 2000, 699; 2003, 838; OLG Celle FamRZ 1964, 209; BayObLG FamRZ 1966, 147). Denn durch Anerkennung der kirchlichen Trauung übernimmt der ausländische Heimatstaat nicht schon die Gewähr für eine seinen Gesetzen entsprechende ordnungsgemäße Trauung. Eine Ermächtigung iSd Art. 13 Abs. 4 S. 2 verlangt aber gerade eine solche Verbürgung der staatlichen Trauungsfunktion und die wirksame Bestellung des Betreffenden zum Organwalter (MüKoBGB/Coester Rn. 140 mwN). Geistliche sind daher aus der Sicht des Auslands persönlich zu benennen, wobei auch eine entsprechende gesetzliche Ermächtigung als ordnungsgemäß iSv Art. 13 Abs. 4 S. 2 anzuerkennen wäre (Hepting StAZ 1987, 154 (157)). In diesen Fällen wird verlangt, dass die ausländische Regierung der Bundesrepublik Deutschland die Ermächtigung durch Verbalnote bekannt gibt (BGH FamRZ 2003, 838 (841); Veröffentlichung einer solchen Verbalnote betr. griechisch-orthodoxe Geistliche zB in StAZ 1965, 15), so dass das Bestehen einer Ermächtigung anhand einer Anfrage beim Bundesverwaltungsamt in Köln, sonst auch bei der diplomatischen oder konsularischen Vertretung des betreffenden Staates geprüft werden kann.

70 Zur **Beweisführung** der Eheschließung vor einer besonders dazu ermächtigten Person reicht die beglaubigte Abschrift der Eintragung in das konsularische Standesregister des betreffenden Heimatstaates (Art. 13 Abs. 4 S. 2 Hs. 2) aus, nicht aber etwa ein Eintrag in Kirchenbücher (BGHZ 43, 213 (226)). Da Abs. 4 S. 2 aber keine einschränkende Tendenz besitzt, sondern im Interesse der Praxis nur einen häufig vorkommenden Fall regelt, in dem der „volle Beweis" jedenfalls erbracht ist, bleibt den Eheschließenden unbenommen, den Beweis mit anderen Mitteln zu führen und den Rechtsanwender von der Eheschließung zu überzeugen (vgl. ausf. BayObLG StAZ 1988, 259; VG Stuttgart IPRspr. 1991, Nr. 73; MüKoBGB/Coester Rn. 143; Soergel/Schurig Rn. 92; aA offenbar BGHZ 43, 213 (226); Staudinger/Mankowski, 2011, Rn. 648 f.; v. Bar IPR II Rn. 178).

71 **3. Eheschließung im Ausland.** Bei Heirat im Ausland bestimmt sich das Formstatut hingegen direkt nach Art. 11 (OLG Karlsruhe StAZ 1994, 286; VGH BW NJW 2007, 2506 (2507); OLG München StAZ 2009, 309 und FamRZ 2010, 1280; übersehen durch OVG NRW NJW 2007, 314 m. abl. Anm. Mörsdorf-Schulte NJW 2007, 1331). Art. 13 enthält insoweit keine spezielle Regelung. Formgültigkeit kann sich demgemäß richten entweder nach den Formerfordernissen des **Geschäftsrechts** – dh entspr. Art. 13 Abs. 1 distributiv nach den Personalstatuten der Verlobten – (Art. 11 Abs. 1 Alt. 1, bei deutschem Recht in der Form des § 1310 BGB) oder alternativ des Rechts des Ortes der Eheschließung (Art. 11 Abs. 1 Alt. 2, locus regit actum: **Ortsrecht**). Wirksam sind folglich die nur kirchliche Heirat Deutscher in Spanien, Griechenland oder bestimmten US-Bundesstaaten die formlose Konsensehe nach altem common law (RGZ 138, 314 (216)); die Handschuhehe (BGHZ 29, 137 (147) = NJW 1959, 717; zu beiderseitiger deutsch-iranischer Handschuhehe KG OLGZ 1973, 435) in den diese gestattenden Staaten sowie zB die faktische Sowjetehe (RGZ 157, 257 (259)).

72 Die **Alternativanknüpfung** soll die Validierung der Ehe erleichtern („Günstigkeitsprinzip"). Über Folgen von nicht geheilten **Formfehlern** befindet – wenn keine alternativ wirksame Form gefunden wird – die verletzte Rechtsordnung. Sind Ehen sowohl nach Ortsrecht wie nach einem oder beiden Heimatrechten formfehlerhaft, ist entspr. der Grundintention von Art. 11 (Günstigkeitsprinzip) in ihrem Verhältnis zueinander **das mildere Recht** vorzuziehen (Staudinger/Mankowski, 2011, Rn. 763, 764 mwN). Im Verhältnis der beiden beteiligten Personalstatute zueinander ist hingegen maßgeblich das Recht mit den strengeren Gültigkeitsvoraussetzungen (Grundsatz

des „ärgeren" Rechts), in der Beurteilung des Formfehlers übereinstimmendes Personalstatut und Ortsrecht sind daher maßgeblich (LG Berlin IPRspr. 1960/61 Nr. 87; Staudinger/Mankowski, 2011, Rn. 762).

Die Ortsrechtsanknüpfung gilt **auch für rein deutsche Ehen** (Art. 11 Abs. 1 Alt. 1 oder 2, Art. 13 Abs. 1). Unbedeutend ist also, ob auch das ausländische Heimatrecht eines Verlobten die Ortsform genügen lässt (Kropholler IPR § 44 II 2). Deutsche Partner können daher im Ausland wirksam eine kirchliche oder gar eine common-law-Eheschließung (bloßer Konsens ohne Trauungsorgan) nach dem Recht einiger US-Bundesstaaten vornehmen, wobei auch die dortige Beurkundung ausreicht und insbesondere keine Eintragung in das deutsche Eheregister erforderlich ist (OLG Jena FamRZ 2020, 1461; NZFam 2020, 260 mAnm Mankowski), selbst wenn sie dadurch die deutsche Zivilehe vermeiden wollen. Halten sich die Brautleute in verschiedenen Staaten auf, so beurteilt sich die Ehewirksamkeit wiederum nach dem für sie günstigeren Recht (etwa wenn einer der Staaten die formlose Eheschließung erlaubt, Art. 11 Abs. 2) (Kropholler IPR § 44 II 2). 73

**4. Heilung formfehlerhafter Ehen. a) Bei Eheschließung im Ausland.** Heilung des Formmangels bei Auslandseheschließungen ist ebenso möglich wie die Heilung materieller Mängel. Auch hier kann bereits das anwendbare Sachrecht (Orts- oder Geschäftsstatut) Heilungsmöglichkeiten vorsehen (→ Rn. 51). Sonst ist an eine kollisionsrechtliche Heilung zu denken, die aber nur im Ausnahmefall möglich ist und nur bei einem Wechsel der Staatsangehörigkeit im Falle eines nach Art. 11 Abs. 1 Alt. 1 iVm Art. 13 Abs. 1 gebildeten Formstatuts in Betracht kommt (→ Rn. 52 ff. zu Art. 13 Abs. 1 unmittelbar). 74

**b) Bei Eheschließung im Inland.** Heilung des Formmangels bei Inlandseheschließungen ist im Grundsatz nicht möglich (Art. 13 Abs. 4). Eine Ausnahme konstituiert § 1310 Abs. 3 BGB (sachrechtliche Heilung). Die Norm erlaubt aus Gründen des Vertrauensschutzes die Heilung von Verstößen gegen Art. 13 Abs. 4, etwa wenn die trauende Person weder deutscher Standesbeamter noch zur Eheschließung „ordnungsgemäß ermächtigte Person" iSv Art. 13 Abs. 4 S. 2 war (Begr. RegE, BT-Drs. 13/4898, 17). Ansatzpunkt für das zu schützende Vertrauen ist die Eintragung der Ehe in ein Personenstandsbuch oder die Erteilung einer die wirksame Eheschließung voraussetzenden Bescheinigung (BGH FamRZ 2003, 838). Neben den formellen Voraussetzungen ist mindestens zehnjähriges Zusammenleben der Ehegatten oder mindestens fünfjähriges Zusammenleben bis zum Tode eines Partners erforderlich. § 1310 Abs. 3 BGB ist Formvorschrift und findet unbeschadet des Personalstatuts der Partner als Ortsrecht auf jede fehlerhafte Inlandstrauung Anwendung (Kropholler IPR § 44 II 1c; Sturm FS Rolland, 1999, 377; aA Bosch FamRZ 1997, 139; Erman/Stürner Rn. 45: nur bei deutschem materiellen Ehestatut); denn § 1310 Abs. 3 BGB kommt als Vorschrift des deutschen Formstatuts der ursprünglichen (gescheiterten) Eheschließung zur Anwendung, für die der Anknüpfungszeitpunkt auf den missglückten Eheschließungsversuch fixiert ist. Wo später die Heilungsumstände verwirklicht werden, ist für die kollisionsrechtliche Anknüpfung und ihren Ort irrelevant (aA Palandt/Thorn Rn. 28). 75

## VI. Verfahrensrecht

**1. Internationale Zuständigkeit und Verfahrensablauf. a) Feststellungen der Ehevoraussetzungen.** Deutsches Verfahrensrecht beherrscht Verfahrensart und Verfahrensablauf. Feststellungen über das Vorliegen oder Nichtvorliegen der Ehevoraussetzungen oder über die Wirksamkeit von Privatscheidungen ohne behördliche Mitwirkung (nach Maßgabe des Scheidungsstatuts) treffen die **Gerichte und Behörden** im Rahmen ihrer Zuständigkeit **inzidenter** (im Rahmen eines auf eine andere Frage gerichteten Verfahrens) **oder direkt,** etwa im Rahmen einer Scheidungs- oder Feststellungsklage auf Bestehen oder Nichtbestehen einer Ehe (→ Rn. 89). Die **Landesjustizverwaltungen** treffen die vorgenannten Feststellungen nach § 107 FamFG im Rahmen der Anerkennung ausländischer Entscheidungen in Ehesachen (→ Rn. 89). **Standesbeamte** bzw. die nach den §§ 47 ff. PStG zuständigen **Gerichte** treffen sie bei der Entscheidung über die Zulässigkeit einer Amtshandlung des Standesbeamten. Die internationale Zuständigkeit der Gerichte (Entscheidungszuständigkeit) richtet sich nach den Vorschriften der Art. 3 ff. Brüssel IIa-VO (zur Anwendungsfrage → Rn. 89), sonst nach §§ 98 ff. FamFG. 76

**b) Ehefähigkeitszeugnis.** Bei einer **Inlandseheschließung** mit Auslandsbezug wird die Anwendung des fremden Rechts, auf das Art. 13 Abs. 1 verweist, verfahrensmäßig dadurch erleichtert, dass **ausländischem Personalstatut** unterstehende (s. Art. 5) Eheschließungswillige vor der Eheschließung in Deutschland eine Bescheinigung vorzulegen haben, aus der das Nichtvorliegen von Ehehindernissen und das Vorliegen der materiellrechtlichen Eheschließungsvoraussetzungen 77 nach ihrem Heimatrecht hervorgeht (Ehefähigkeitszeugnis, § 1309 BGB). In dem Zeugnis muss auch der jeweils andere Verlobte genannt sein (MüKoBGB/Coester Rn. 104), weil zweiseitige Ehehindernisse (→ Rn. 43) ohne dessen Konkretisierung nicht subsumiert werden können und sonst keine abschließende Beurteilung der materiellen Ehewirksamkeit nach dem Heimatrecht des das Zeugnis beantragenden Partners erfolgen kann. Zusätzlich zu der Entlastungsfunktion für den deutschen Standesbeamten werden Eheschließungen verhindert, die im Heimatstaat eines der Verlobten eventuell nicht anerkannt werden. Die nur Ausländer treffende Pflicht aus § 1309 BGB verstößt nicht gegen Art. 3 GG (→ Rn. 66).

**78** Staaten, die Ehefähigkeitszeugnisse ausstellen, nennt § 166 Abs. 4 DA (Neubekanntmachung vom 27.7.2000, BAnz. Nr. 154a; aktuelle Aufzählung der Staaten bei Palandt/Brudermüller, 79. Aufl. 2020, BGB § 1309 Rn. 9; besondere Verfahren zur Beschaffung gelten im Verhältnis zu Luxemburg, Österreich und der Schweiz). Dem Ehefähigkeitszeugnis einer **Heimatbehörde** steht nach § 1309 Abs. 1 S. 2 BGB gleich eine nach Maßgabe eines mit dem betreffenden Heimatstaat geschlossenen völkerrechtlichen Vertrages (etwa das CIEC-Übk. über die Ausstellung von Ehefähigkeitszeugnissen, → Rn. 7) ausgestellte Bescheinigung einer anderen Stelle. Die zuständige Behörde bezeichnet jeder Vertragsstaat selbst. Häufig sind dies konsularische Auslandsvertretungen.

**79** Das Ehefähigkeitszeugnis kann im Grundsatz nicht materiellrechtlich über das Fehlen sonstiger Eheschließungsvoraussetzungen hinweghelfen oder entsprechende Befreiungen ersetzen (MüKoBGB/Coester Rn. 107 f.; Staudinger/Mankowski, 2011, Rn. 592, 594: zu Ausnahmen s. Ziff. 12.7 PStG-VwV, etwa Entbehrlichkeit des Heimataufgebots, Gesundheitszeugnisses etc). Das Zeugnis ist nicht mehr und nicht weniger als ein **Beweismittel** für den Inhalt des von Art. 13 Abs. 1 berufenen ausländischen Rechts – Sach- wie Kollisionsrecht, daher auch erforderlich bei Rückverweisung auf deutsches Eheschließungsrecht (Begr. RegE, BT-Drs. 13/4898, 15; Kropholler IPR § 44 I 4; Hepting FamRZ 1998, 713) – sowie für die maßgeblichen Tatsachen (BT-Drs. 13/4898, 15; BGHZ 41, 136 (139) = NJW 1964, 976; BGHZ 46, 87 (92) = NJW 1966, 1811; MüKoBGB/Coester Rn. 99 mwN) (→ BGB § 1309 Rn. 1 ff.).

**80** Stellt der Heimatstaat keine Ehefähigkeitszeugnisse aus, haben Staatenlose ihren gewöhnlichen Aufenthalt im Ausland oder weist das ausländische Personalstatut Ehehindernisse auf, die gegen den deutschen ordre public verstoßen, kann der Präsident des OLG, in dessen Bezirk die Ehe geschlossen werden soll, nach Prüfung, ob Ehehindernisse nach ausländischem Personalstatut bestehen, von der **Vorlagepflicht befreien** (§ 1309 Abs. 2 S. 2 und 3 BGB) (BGHZ 56, 180 (184) = NJW 1971, 1519 betr. jüdisches Eheverbot der Religionsverschiedenheit). Bestehen keine Ehehindernisse, besteht Anspruch auf Erteilung der Befreiung (BGHZ 56, 180 (184) = NJW 1971, 1519). Es handelt sich um einen Justizverwaltungsakt, über dessen Rechtmäßigkeit auf Antrag das OLG (Senat unter Ausschluss des Präsidenten) entscheidet (§ 23 Abs. 1 EGGVG, § 25 Abs. 1 EGGVG). Der Standesbeamte hat diese Entscheidung vorzubereiten (§ 12 Abs. 3 PStG) und ist an sie gebunden.

**81** § 1309 Abs. 1 BGB ist **Sollvorschrift** des Verfahrensrechts. Der Trauungsbeamte ist trotz Vorlage eines Ehefähigkeitszeugnisse oder eines Befreiungsnachweises aber nicht gehindert, die Eheschließungsvoraussetzungen gesondert nachzuprüfen und die Trauung bei sachlich begründeten Zweifeln zu verweigern (Grenze: Willkürverbot). Der Standesbeamte ist an den Inhalt des Zeugnisses nicht gebunden. Er kann die Mitwirkung an der Eheschließung ablehnen, wenn er es nicht für richtig hält (BGHZ 46, 87 = NJW 1966, 1811). Umgekehrt ist eine Eheschließung auch dann wirksam, wenn ein Ehefähigkeitszeugnis gar nicht vorgelegt wurde (Kropholler IPR § 44 I 4). Auch hindern Ehefähigkeitszeugnis oder Befreiung den Standesbeamten nicht daran, zur Ausräumung ihm verbleibender Zweifel eine gerichtliche Entscheidung nach § 49 Abs. 2 PStG herbeiführen (OLG Braunschweig StAZ 1996, 85 (86); Staudinger/Mankowski, 2011, Rn. 592), die ihn dann bindet. Gegen eine Ablehnung der Eheschließung durch den Standesbeamten können die Verlobten gem. §§ 49 ff. PStG gerichtliche Entscheidung beantragen.

**82** Mit einem Ehefähigkeitszeugnis nicht zu verwechseln ist die **staatliche Heiratsgenehmigung** wegen besonderer Vertrauensverhältnisse oder Pflichtenstellungen zum Heimatstaat. International zuständig sind nur die Heimatbehörden. Das Genehmigungserfordernis kann ggf. durch Art. 13 Abs. 2 oder Art. 6 überwunden werden (Soergel/Schurig Rn. 114 mwN Fn. 8).

**83** Die Zuständigkeit zur Erteilung eines Ehefähigkeitszeugnisses **für Deutsche, die im Ausland heiraten wollen,** richtet sich nach § 39 PStG. Bei begründetem Verdacht der Eingehung einer Scheinehe hat der Standesbeamte die Zeugnisausstellung zu verweigern (§ 1310 Abs. 1 S. 2 BGB, § 1314 Abs. 2 Nr. 5 BGB) (vgl. MüKoBGB/Coester Rn. 109 mwN).

**84** **c) Verweigerung von Scheinehen.** Die Schließung von offenkundig zum Zwecke der Erlangung aufenthaltsrechtlicher und arbeitsrechtlicher Vorteile beabsichtigter Scheinehen (→ Rn. 49) kann der Standesbeamte nach § 1314 Abs. 2 Nr. 5 BGB, § 1310 Abs. 1 S. 2 BGB ablehnen (OLG Düsseldorf StAZ 1996, 138, FamRZ 1999, 225; 1999, 791; OLG Celle StAZ 1996, 366; FamRZ 1998, 1108; OLG Jena StAZ 1998, 177; 2000, 175; OLG Dresden NJW-RR 2001, 1; OLG Schleswig StAZ 2001, 362; OLG Naumburg FamRZ 2002, 1115; Otte JuS 2000, 148). Es sind jedoch konkrete Anhaltspunkte für einen Rechtsmissbrauch erforderlich, um Ermittlungen (§ 13 Abs. 2 PStG) aufzunehmen (KG NJW-RR 2001, 1373). Bei im Ausland geplanter Scheinehe kann der deutsche Standesbeamte die Erteilung eines Ehefähigkeitszeugnisses ablehnen (AG Bonn IPRax 1984, 42).

**d) Befreiung von Ehehindernissen.** Für die Befreiung von in der Person eines Verlobten liegenden Ehehindernissen sind deutsche Gerichte international zuständig, wenn der gehinderte Verlobte Deutscher ist oder sich gewöhnlich im Inland aufhält sowie wenn im Inland ein Fürsorgebedürfnis besteht (§ 99 FamFG bzw. § 104 FamFG), oder deutsches Recht anzuwenden ist. Vorrangig sind bei Minderjährigen Brüssel IIa-VO (Art. 1 Abs. 2 lit. b Brüssel IIa-VO und KSÜ bzw. bei Erwachsenen das ESÜ zu beachten. Die örtliche Zuständigkeit richtet sich nach § 152 FamFG bzw. § 272 FamFG. 85

**e) Anlegung deutscher Personenstandsbücher und Eintragungen.** Bei Eheschließung vor dem deutschen Standesbeamten (Art. 13 Abs. 4 S. 1) wird die Ehe in das Eheregister eingetragen (§ 15 PStG) und ein Familienbuch angelegt. Bei Eheschließung vor einer dazu ermächtigten Person (Art. 13 Abs. 4 S. 2) geschieht dies nur auf Antrag (§ 34 Abs. 2 PStG). Gleiches gilt bei Eheschließung im Ausland (§ 34 Abs. 1 PStG). Eine im Ausland geschlossene gleichgeschlechtliche Ehe wird nicht in das Ehe-, sondern in das Lebenspartnerschaftsregister (§ 35 Abs. 1 S. 1 PStG; auch → Rn. 21) eingetragen (OLG München BeckRS 2011, 18723 zum spanischen Recht; OLG Zweibrücken NJW-RR 2011, 1156 zum kalifornischen Recht). Die Registrierung im deutschen Eheregister hat Beweiskraft im innerdeutschen Rechtsverkehr (§§ 54 ff. PStG). 86

**f) Konsularische Eheschließung.** Für konsularische Eheschließungen im Ausland galt bis zum 31.12.2008 § 8 KonsularG (→ Rn. 11); die Möglichkeit bestand aber bereits vor der Aufhebung der Regelung praktisch nicht mehr (vgl. Mörsdorf-Schulte in Schröder/Bergschneider FamilienvermögensR Rn. 11.107 mN). Die **konsularische Eheschließungen im Inland** regeln bilateral geschlossene Konsularverträge oder Handelsverträge mit Meistbegünstigungsklausel (→ Rn. 8 f.). Die Verlagerung des Trauungsortes in das Ausland (zur Umgehung von § 1309 = unechte **Gesetzesumgehung,** → Rn. 47 f.) ist begrenzt möglich. Trennende Ehehindernisse der Heimatrechte werden auf diese Weise aber nicht beseitigt (LG Hamburg IPRspr. 1974 Nr. 50; Erman/Stürner Rn. 10) (aber → Rn. 48 aE). 87

**2. Anerkennung ausländischer Eheschließungen und Eheentscheidungen.** Im Ausland geschlossene Ehen können vor inländischen Behörden und Gerichten durch Vorlage entsprechender Bescheinigungen anerkannt werden. **Nachweis** wird erbracht durch Urkunde, Zeugenaussage, eidesstattliche Versicherung oder sonstige geeignete Mittel (BayObLG IPRspr. 1988 Nr. 59; zB dänischer Trauschein VGH BW NJW 2007, 2506 und OVG NRW NJW 2007, 314 mAnm Mörsdorf-Schulte NJW 2007, 1331). 88

Eine gerichtliche Überprüfung des Bestehens oder Nichtbestehens der Ehe als eigener Verfahrensgegenstand ist nur möglich in einem eigenen **Feststellungsverfahren** nach Maßgabe der dafür vorgesehenen besonderen Zulässigkeitsvoraussetzungen (§ 121 Nr. 3 FamFG ff.). Geht es dabei um Ehen mit Auslandsberührung, so setzen Anträge **vor deutschen Gerichten** die **internationale Zuständigkeit** voraus. Diese ergibt sich vorrangig aus Art. 3 ff. Brüssel IIa-VO, die für einen Rückgriff auf die autonome Zuständigkeitsnorm § 98 Abs. 1 FamFG nur Raum lassen im Falle einer Restzuständigkeit, dh wenn sich aus der Brüssel IIa-VO in keinem der EU-Staaten außer Dänemark eine Zuständigkeit ergibt (vgl. Schröder/Bergschneider/Mörsdorf-Schulte Rn. 11.120–125; zur Öffnungsklausel des Art. 7 Brüssel IIa-VO auch OGH IPRax 2010, 74 m. Aufs. Andrae/Schreiber IPRax 2010, 79 ff.). Der Anwendungsbereich der Brüssel IIa-VO erfasst nach ihrem Art. 1 Abs. 1 lit. a neben Scheidung und Trennung ausdrücklich zwar nur die „Ungültigerklärung einer Ehe", doch sollen nach überwM (Rauscher Brüssel IIa-VO Art. 1 Rn. 7; Kropholler EuropZivilProzR Einl. Rn. 86; R. Wagner IPRax 2001, 73 (76) Fn. 58; Hau FamRZ 2000, 1333; Gruber FamRZ 2000, 1129 (1130); PWW/Martiny Rn. 17; einschr. MüKoBGB/Coester Rn. 171: nur Feststellung des Nichtbestehens; aA MüKoZPO/Gottwald Brüssel I-VO Art. 1 Rn. 2; Helms FamRZ 2001, 257 (259)) auch Klagen auf Feststellung des Bestehens oder Nichtbestehens einer Ehe darunter fallen. 89

**Ausländische Entscheidungen** in Ehesachen (Feststellung von Bestehen oder Nichtbestehen der Ehe, Nichtigerklärung, Aufhebung, Scheidung mit oder ohne Trennung des Ehebandes; Pri- 90 vatscheidungen mit behördlicher Beteiligung) durch staatliche oder religiöse Gerichte oder Behörden bedürfen grds. (Ausnahmen s. unten) für ihre **Anerkennung** im Inland der Entscheidung der zuständigen **Landesjustizverwaltung,** die auf unbefristeten Antrag jedes rechtlich Interessierten gem. §§ 107 ff. FamFG ergeht (BGH FamRZ 2001, 991, noch unter Geltung der Vorläufernormen). Deren Entscheidung ist allgemeinverbindlich (§ 107 Abs. 9 FamFG). Entscheidungen des gemeinsamen Heimatstaates der Eheleute bedürfen nach § 107 Abs. 1 S. 2 FamFG keiner Anerkennung in einem separaten Verfahren und sind daher inzident auf ihre Anerkennungsfähigkeit zu überprüfen. Wenn einer der Ehegatten zugleich Deutscher ist, scheidet diese Möglichkeit, die ohnehin eng auszulegen ist, aus (OLG Düsseldorf IPRspr. 1979 Nr. 77). Es besteht aber auch hier fakultativ die Möglichkeit der Durchführung eines Anerkennungsverfahrens bei der Landesjustizverwaltung (BGHZ 112, 130 = NJW 1990, 3081; BLAH/Hartmann ZPO § 328 Rn. 55; MüKoZPO/Gottwald ZPO § 328 Rn. 162; aA OLG Frankfurt NJW 1971, 1528; Geimer NJW 1971, 2138; Stein/Jonas/Schumann ZPO § 328 Rn. 440, 445).

91 Stammt die anzuerkennende **Entscheidung aus einem EU-Mitgliedstaat** mit Ausnahme Dänemarks, so verdrängt die Brüssel IIa-VO (zum sachlichen Anwendungsbereich → Rn. 86) autonomes nationales Recht. Nach ihr ist eine förmliche Anerkennung von Entscheidungen aus Mitgliedstaaten nicht erforderlich. Für Gerichte wie für Standesbeamte gilt hier das Prinzip der **Inzidentanerkennung** (Art. 21 Brüssel IIa-VO), selbst wenn die ausländische Entscheidung ihre Gestaltungswirkung erst mit der Eintragung in das Personenstandsbuch erlangt und diese im Wege der Substitution in Deutschland erfolgt (Schlosser, EU-Zivilprozessrecht, 2. Aufl. 2002, Brüssel IIa-VO Art. 14 Rn. 2 mwN – ab der 3. Aufl. ist die Brüssel IIa-VO nicht mehr kommentiert). Auch in Bezug auf Entscheidungen aus EU-Staaten außer Dänemark existiert aber ein isoliertes Feststellungsverfahren über die bestehende oder nicht bestehende Anerkennungsfähigkeit, das jede Partei einer ausländischen Entscheidung beantragen kann (Art. 21 Abs. 3 Brüssel IIa-VO, §§ 10, 12 IntFamRG); ausf. zur Anerkennung ausländischer Scheidungen → Art. 17 Rn. 107 ff. Bei Entscheidungen aus der **Schweiz** oder aus **Tunesien** sind neben (vgl. Zöller/Geimer ZPO § 328 Rn. 8) dem autonomen Anerkennungsrecht bilaterale Staatsverträge anwendbar (RGBl. 1930 II 1066: Schweiz; BGBl. 1969 II 890: Tunesien).

92 **Verfahren,** in denen es auf eine Anerkennung durch die Landesjustizverwaltung nach § 107 FamFG ankommt, sind **auszusetzen** (§ 148 ZPO).

93 Soll die ausländische Entscheidung über das Bestehen einer Ehe in erster Linie dazu benutzt werden, in **Rechte Dritter** (Erbe, Versicherer) einzugreifen, so kommt ein Verstoß gegen den inländischen anerkennungsrechtlichen ordre public (Art. 22 lit. a Brüssel IIa-VO, § 109 Abs. 1 Nr. 4 FamFG) in Betracht (Soergel/Schurig Rn. 117). Allerdings dürfte der Nachweis solcher ausschließlich auf Beschädigung der Rechtspositionen Dritter gerichteter Schritte schwierig sein.

94 **Sachliche Anerkennungsvoraussetzungen** sind Gerichtsbarkeit des Entscheidungsstaates, formelle Rechtskraft der Entscheidung und die in Art. 22 Brüssel IIa-VO (in Bezug auf die Scheidung → Art. 17 Rn. 110) bzw. § 109 Abs. 1 FamFG aufgeführten Voraussetzungen. Maßgeblicher Zeitpunkt zur Beurteilung des Vorliegens der Anerkennungsvoraussetzungen und zur intertemporalen Bestimmung des anzuwendenden deutschen Anerkennungsrechts nach Rechtsänderungen ist der Abschluss des ausländischen Verfahrens (Erlass der Entscheidung) (KG FamRZ 1987, 603); im Falle des § 109 Abs. 1 Nr. 3 und 4 ist jedoch der Zeitpunkt der deutschen Entscheidung über die Anerkennung maßgeblich (MüKoBGB/Coester Rn. 180; betr. ordre public-Einwand BGH NJW 1998, 2358). Falls es die Anerkennung fördert, sind aber auch jüngere Entwicklungen zu berücksichtigen. Die Anerkennung wirkt dann ab Rechtskraft der deutschen Anerkennungsentscheidung (BayObLG StAZ 1988, 101).

## VII. Interlokales Privat- und Verfahrensrecht

95 **1. Recht der Deutschen Demokratischen Republik und Ost-Berlins vor dem Beitritt.** In der DDR regelten die §§ 5–8 FamGB (GBl. 1966, 1; ÜbernahmeVO vom 28.1.1966, VOBl. I 117, idF vom 19.6.1975, GBl. I 517; Einzelheiten bei Soergel/Schurig Rn. 164) das **materielle Eheschließungsrecht** (Anfang, Ende der Ehe und Ehewirkungen). Aufhebung der Ehe (iSd §§ 28–37 EheG aF) war durch Scheidung (§ 24 FGB, zuletzt neu gefasst durch 1. FamRÄndG vom 20.7.1990, GBl. I 1038, in Kraft 1.10.1990, außer Kraft am 3.10.1990) ersetzt, parallel dazu die Aufhebung iSv § 39 Abs. 1 EheG durch § 38 FGB. Die Reaktion auf Ehehindernisse oder Willensmängel war daher nicht Nichtigkeit, sondern Scheidung, wenn Ostrecht das interlokale Personalstatut des betreffenden Verlobten war.

96 **Internationales Eheschließungsrecht** der DDR und Berlin Ost war zuletzt geregelt in den §§ 12, 20 Abs. 3 RAG (Ost-Berlin VOBl. 1976, 9; zur Entwicklung näher Soergel/Schurig

Rn. 176). Aus Sicht der DDR gab es kein interlokales Eherecht, weil die Bundesrepublik und Berlin West als Ausland galten. Für jeden Verlobten unterlagen die Heiratsvoraussetzungen seinem Heimatrecht. Heirat von Ausländern war bis zum 31.1.1990 **genehmigungspflichtig** (Abs. 1 S. 2 aufgehoben zum 1.2.1990, GBl. I 10; Einzelheiten der Zustimmung zuletzt geregelt in §§ 5–13 VO zur Gewährung des ständigen Wohnsitzes für Ausländer in der DDR und zur Eheschließung von Bürgern der DDR mit Ausländern vom 30.11.1988, GBl. I 274 = StAZ 1989, 85 f., in Kraft seit 1.1.1989). Es galt die Form des Abschlussortes (§ 18 Abs. 2 RAG), bei gemischtnationalen Ehen genügte die Form des Heimatrechts eines Verlobten (§ 18 Abs. 3 RAG). § 18 Abs. 1 S. 2 RAG und die Bestimmungen der VO vom 30.11.1988 wurden, soweit Heirat von Ausländern betreffend, 1990 aufgehoben (§ 18 RAG durch § 1 Gesetz zur Anpassung von Regelungen an das Reisegesetz vom 11.1.1990, GBl. I 10 = StAZ 1990, 118, die VO vom 30.11.1988 durch Bek. vom 1.1.1990, GBl. I 13).

**2. Recht der Bundesrepublik Deutschland vor dem Beitritt.** Im innerdeutschen Verhältnis galt aus westdeutscher Sicht bis zur deutschen Wiedervereinigung am 3.10.1990 Art. 13 entspr.: An die Stelle der Staatsangehörigkeit trat **das interlokale Personalstatut** jedes Verlobten, also dessen **gewöhnlicher Aufenthalt** in West oder Ost (BGH NJW 2001, 2394; zu eng noch BGHZ 42, 99 (100): Eherecht der DDR nur, wenn beide Verlobte bei Heirat gewöhnlichen Aufenthalt in der DDR hatten; krit. Soergel/Schurig Rn. 169). Auf die **Form** der Eheschließung war **Art. 11 Abs. 1 entspr.** anzuwenden. Art. 13 Abs. 4 S. 1 (bzw. dessen identische Vorgängernorm Art. 13 Abs. 3 S. 1) wurde auf Heiraten in der DDR und in Berlin-Ost nicht angewandt. Für entsprechende Anwendung des Art. 13 Abs. 2, der zur alternativen Geltung des westdeutschen Rechts führen würde, besteht interlokal kein Anlass (Kegel/Schurig IPR § 20 IV 6b bb). **97**

**3. Rechtslage seit Beitritt.** Seit der Wiedervereinigung ist die Rechtsspaltung aufgehoben, allerdings nicht vollständig, vgl. **Art. 236** und **Art. 234 § 1.** Für die Eheschließungen seit dem 3.10.1990 **(„Neufälle")** gilt im gesamten Gebiet der Bundesrepublik das zuvor nur in den alten Bundesländern und West-Berlin geltende materielle, Internationale und interlokale Eheschließungsrecht (EheG, BGB, EGBGB). **98**

Für die vor dem 3.10.1990 geschlossenen Ehen **(„Altfälle")** führt Art. 236 § 1 zur Anwendung des **bisherigen Internationalen Privatrechts.** Um zu entscheiden, ob das bisherige Internationale Privatrecht dasjenige der DDR oder dasjenige der Bundesrepublik war, ist eine interlokale Beurteilung erforderlich. Ob diese ohne weiteres anhand des heutigen einheitlichen interlokalen Privatrechts (identisch mit demjenigen der Bundesrepublik vor der Wiedervereinigung) oder bei Schwerpunkt des Falles in den neuen Bundesländern nach demjenigen der DDR (→ Rn. 96) zu erfolgen hat, hängt davon ab, ob man die Fortgeltungsanordnung in Art. 236 § 1 nicht nur auf das Internationale, sondern (ua weil dies der Auffassung in der DDR entsprach) auch auf das interlokale Privatrecht bezieht oder nicht. Die Frage war umstritten und ist vom BGH inzwischen in dem Sinne entschieden worden, dass interlokales Privatrecht auch bei Altfällen in jedem Fall dasjenige der Bundesrepublik sei (BGHZ 124, 273 = NJW 1994, 582; BGH NJW 2006, 2034; Palandt/Heldrich im Palandt-Archiv Teil II bei www.palandt.beck.de, Art. 236 Rn. 4 mit zahlreichen Hinweisen zur Gegenansicht). In Bezug auf die Eheschließungsanknüpfung dürfte die Frage angesichts der Ähnlichkeit der diesbezüglichen Kollisionsregel in beiden deutschen Gebieten (→ Rn. 95 ff.) letztlich ohne praktische Relevanz sein. **99**

Führt das interlokal anwendbare IPT zur Anwendung deutschen Rechts, erfordert die Anordnung der **Fortgeltung von Sachrecht der DDR** (FamGB DDR) in Art. 234 für bis einschließlich am 2.10.1990 in der DDR geschlossene bzw. für nichtig erklärte Ehen (Palandt/Diederichsen im Palandt-Archiv Teil II bei www.palandt.beck.de, Art. 234 § 2 Rn. 2) wiederum eine interlokale Entscheidung, für die die Rspr. bundesdeutsches interlokales Privatrecht (→ Rn. 97) heranzieht (Nachweise → Rn. 99). **100**

Das **interlokale Verfahrensrecht** regelt Fragen des anwendbaren Rechts auf Verfahren vor und nach der deutschen Vereinigung (insbesondere Zuständigkeit, Anerkennung, Vollstreckung) sowie der Kollision von Entscheidungen mit verschiedenen Ergebnissen (Kegel/Schurig IPR § 22 VIII 2; Soergel/Kegel, 11. Aufl. 1984, Art. 17 Rn. 178; Soergel/Kegel, 11. Aufl. 1984, Vor Art. 7 Rn. 704–793, 719, 745–760; Soergel/Kegel Anh. Art. 3 Rn. 238, 243; Soergel/Kegel Art. 17 Rn. 152–156). Relevant ist noch die Anerkennung und Vollstreckung von **Entscheidungen von Gerichten der DDR.** Scheitern kann die Anerkennung vor allem an der Verletzung der internationalen Zuständigkeit (Anerkennungszuständigkeit, mithin „spiegelbildlich" aus Sicht der Bundesrepublik) und des ordre public (näher Kegel/Schurig IPR VIII 2b ccc mN). **101**

## Art. 14 Allgemeine Ehewirkungen

**(1) [1]Soweit allgemeine Ehewirkungen nicht in den Anwendungsbereich der Verordnung (EU) 2016/1103 fallen, unterliegen sie dem von den Ehegatten gewählten Recht. [2]Wählbar sind**

**1. das Recht des Staates, in dem beide Ehegatten im Zeitpunkt der Rechtswahl ihren gewöhnlichen Aufenthalt haben,**

**2. das Recht des Staates, in dem beide Ehegatten ihren gewöhnlichen Aufenthalt während der Ehe zuletzt hatten, wenn einer von ihnen im Zeitpunkt der Rechtswahl dort noch seinen gewöhnlichen Aufenthalt hat, oder**

**3. ungeachtet des Artikels 5 Absatz 1 das Recht des Staates, dem ein Ehegatte im Zeitpunkt der Rechtswahl angehört.**

**[3]Die Rechtswahl muss notariell beurkundet werden. [4]Wird sie nicht im Inland vorgenommen, so genügt es, wenn sie den Formerfordernissen für einen Ehevertrag nach dem gewählten Recht oder am Ort der Rechtswahl entspricht.**

**(2) Sofern die Ehegatten keine Rechtswahl getroffen haben, gilt**

**1. das Recht des Staates, in dem beide Ehegatten ihren gewöhnlichen Aufenthalt haben, sonst**

**2. das Recht des Staates, in dem beide Ehegatten ihren gewöhnlichen Aufenthalt während der Ehe zuletzt hatten, wenn einer von ihnen dort noch seinen gewöhnlichen Aufenthalt hat, sonst**

**3. das Recht des Staates, dem beide Ehegatten angehören, sonst**

**4. das Recht des Staates, mit dem die Ehegatten auf andere Weise gemeinsam am engsten verbunden sind.**

**Schrifttum:** Finger, Familienrechtliche Rechtsanwendung im Verhältnis zum Iran, FuR 1999, 58, 158, 215; Henrich, Die Morgengabe und das Internationale Privatrecht, FS Sonnenberger, 2004, 389; Krüger, Ehe und Brautgabe, FamRZ 1977, 114; Krüger, Beharrung und Entwicklung im islamischen Recht (unter besonderer Berücksichtigung des ehelichen Vermögensrechts), Symposium Spellenberg, 2006, 171; Lichtenberger, Zu einigen Problemen des Internationalen Familien- und Erbrechts, FS Ferid, 1988, 269; Mörsdorf-Schulte, Anknüpfungszeitpunkt und Anpassung bei der Morgengabe, ZfRV 2010, 166; Schotten/Wittkowski, Das deutsch-iranische Niederlassungsabkommen im Familien- und Erbrecht, FamRZ 1995, 264; Wegmann, Rechtswahlmöglichkeiten im internationalen Familienrecht, NJW 1987, 1740; Wurmnest, Die Mär von der mahr – Zur Qualifikation von Ansprüchen aus Brautgabevereinbarungen, RabelsZ 71 (2007), 527; Yassari, Die islamische Brautgabe im deutschen Kollisions- und Sachrecht, IPRax 2011, 63.

### Übersicht



## I. Allgemeines

1 **1. Regelungskonzept.** Art. 14 beantwortet allein die kollisionsrechtliche Frage, welchem Recht die allgemeinen Wirkungen (Rechtsfolgen) einer Ehe unterliegen **(Ehewirkungsstatut).** Die Vorfrage des gültigen Eheschlusses (Voraussetzungen einer Ehe) bestimmt sich nach dem von Art. 13 berufenen Recht (Eheschließungsstatut). Namens-, unterhalts- und güterrechtliche Wirkungen, Scheidung und Scheidungsfolgen sowie erbrechtliche Folgen unterliegen gesonderter Anknüpfung (Art. 10; EuUnthVO iVm HUP; Art. 15 aF bzw. EuGüVO; Art. 17 iVm Rom III-VO; Art. 17a; EuErbVO). Wenn dabei Art. 15 Abs. 1 aF sowie Art. 17 Abs. 1 S. 1 aF und Art. 17 Abs. 3 aF noch auf die **Grundsatzanknüpfung** des Art. 14 verwiesen, verliehen sie diesem damit im Sinne eines einheitlichen Familienstatuts (Begriff aus BT-Drs. 10/5632, 41) eine mittelbare Bedeutung über die Anknüpfung der allgemeinen Ehewirkungen hinaus. In dem Maße, in dem

das EU-Recht das auf die Ehefolgen anwendbare Recht bestimmte, verlor sich dieser Anknüpfungsgleichklang jedoch. Der deutsche Gesetzgeber hat darauf am 17.12.2018 mit einer Novellierung des Art. 14 reagiert (Art. 2 Nr. 4 IntGüRVGEG, BGBl. 2018 I 2573), der sich in seiner Neufassung die im internationalen Familienrecht der EU übliche Anknüpfung (Rechtswahl und gewöhnlicher Aufenthalt statt Staatsangehörigkeit) zu eigen macht, und damit den Anknüpfungsgleichklang wiederherstellt. Die noch im autonomen IPR bestehenden Verweisungen in Art. 19 Abs. 1 S. 3 für das Abstammungsstatut und Art. 22 S. 2 für das Adoptionsstatut blieben erhalten und wurden an die Neufassung des Art. 14 redaktionell angepasst (Verweis nunmehr auf Abs. 2 statt Abs. 1). Langfristig kommt Art. 14 aF Bedeutung vor allem dadurch zu, dass der auf absehbare Zeit noch die Praxis bestimmende Art. 15 aF (→ Art. 15 Rn. 1) auf Art. 14 aF verweist. Bei **Teilnahme der Ehegatten am inländischen Rechtsverkehr** ist im Falle der Anwendung des Art. 14 aF der Art. 16 Abs. 2 aF zu beachten, wonach deutscher Verkehrsschutz Abweichungen ausländischen Ehewirkungsstatuts uU verdrängen kann.

**2. Neufassung und zeitlicher Anwendungsbereich.** Mit der Neufassung des Art. 14 hat der deutsche Gesetzgeber sich für die Anknüpfung der Ehewirkungen vom staatsangehörigkeitsbestimmten Personalstatut gelöst und die unionsrechtliche Anknüpfung an den gewöhnlichen Aufenthalt mit Betonung der Rechtswahl übernommen. Die unter altem Recht dominierende gemeinsame Staatsangehörigkeit der Ehegatten ist zum nachrangigen Anknüpfungspunkt herabgestuft. **Intertemporal** regelt Art. 229 § 47 Abs. 1, dass sich die allgemeinen Wirkungen der Ehe bis einschließlich 28.1.2019 nach Art. 14 in der bis zu diesem Tag geltenden Fassung bestimmen (vgl. BGH NJW 2019, 2935 (2937); OLG Frankfurt ErbR 2021, 47: anwendbar über den Verweis aus Art. 15 aF). Dies kann zu einer zeitlichen Spaltung des allgemeinen Ehewirkungsstatuts führen. Angesichts der unterschiedlichen objektiven Anknüpfung der alten und der neuen Fassung des Art. 14 ist es etwa für Ehegatten, die außerhalb des gemeinsamen Heimatstaates leben und keine Rechtswahl getroffen haben, am 29.1.2019 unversehens zu einem Statutenwechsel gekommen. Zum Wortlaut → Rn. 2.1. 2

Der bisherige Art. 14 lautete: 2.1

**Art. 14 EGBGB aF Allgemeine Ehewirkungen**

(1) Die allgemeinen Wirkungen der Ehe unterliegen

1. dem Recht des Staates, dem beide Ehegatten angehören oder während der Ehe zuletzt angehörten, wenn einer von ihnen diesem Staat noch angehört, sonst
2. dem Recht des Staates, in dem beide Ehegatten ihren gewöhnlichen Aufenthalt haben oder während der Ehe zuletzt hatten, wenn einer von ihnen dort noch seinen gewöhnlichen Aufenthalt hat, hilfsweise
3. dem Recht des Staates, mit dem die Ehegatten auf andere Weise gemeinsam am engsten verbunden sind.

(2) Gehört ein Ehegatte mehreren Staaten an, so können die Ehegatten ungeachtet des Artikels 5 Abs. 1 das Recht eines dieser Staaten wählen, falls ihm auch der andere Ehegatte angehört.

(3) [1]Ehegatten können das Recht des Staates wählen, dem ein Ehegatte angehört, wenn die Voraussetzungen des Absatzes 1 Nr. 1 nicht vorliegen und

1. kein Ehegatte dem Staat angehört, in dem beide Ehegatten ihren gewöhnlichen Aufenthalt haben, oder
2. die Ehegatten ihren gewöhnlichen Aufenthalt nicht in demselben Staat haben.

[2]Die Wirkungen der Rechtswahl enden, wenn die Ehegatten eine gemeinsame Staatsangehörigkeit erlangen.

(4) [1]Die Rechtswahl muss notariell beurkundet werden. [2]Wird sie nicht im Inland vorgenommen, so genügt es, wenn sie den Formerfordernissen für einen Ehevertrag nach dem gewählten Recht oder am Ort der Rechtswahl entspricht.

**3. Vorrangige staatsvertragliche Regelungen (Art. 3 Nr. 1, 2).** Das **Haager Ehewirkungsabkommen** vom 17.7.1905 (RGBl. 1912, 453) betraf allgemeine Ehewirkungen und das Ehegüterrecht. Mit seiner Kündigung zum 23.8.1987 ist das Abkommen **für Deutschland außer Kraft** getreten. Die in Art. 2 Haager Ehewirkungsabkommen geregelte Anknüpfung des gesetzlichen Güterstandes an die Staatsangehörigkeit des Mannes verstieß gegen Art. 3 Abs. 2 GG (BGH NJW 1987, 583 = IPRax 1987, 114 m. Aufsatz Henrich IPRax 1987, 93). Auf vor dem Außerkrafttreten entstandene Fälle kann es mit Ausnahme des Art. 2 Haager Ehewirkungsabkommen entspr. Art. 220 Abs. 1 und 2 noch anwendbar sein. 3

Noch in Kraft ist das **Deutsch-iranische Niederlassungsabkommen** vom 17.2.1929 (RGBl. 1930 II 1006; BGBl. 1955 II 829; dazu Schotten/Wittkowski FamRZ 1995, 264; Finger FuR 1999, 58 ff.; Finger FuR 1999, 158 ff.; Finger FuR 1999, 215 ff.). Art. 8 Abs. 3 Dt.-Iran. NiederlAbk enthält eine Kollisionsnorm für das gesamte Personen-, Familien- und Erbrecht (OLG Celle 4

FamRZ 1990, 656). Zum Geltungsbereich von Art. 8 Abs. 3 Dt.-Iran. NiederlAbk heißt es im Schlussprotokoll (RGBl. 1930 II 1012): „Die vertragsschließenden Staaten sind sich darüber einig, dass das Personen, Familien- und Erbrecht, das heißt das Personalstatut, die folgenden Angelegenheiten umfasst: Ehe, eheliche Abstammung, Annahme an Kindes Statt, Geschäftsfähigkeit, Volljährigkeit, Vormundschaft und Pflegschaft, Entmündigung, testamentarische und gesetzliche Erbfolge, Nachlassabwicklungen und Erbauseinandersetzungen, ferner alle anderen Angelegenheiten des Familienrechts unter Einschluss aller den Personenstand betreffenden Fragen."). Angeknüpft wird an das gemeinsame Heimatrecht der Ehepartner. Das Abkommen gilt nur für in Deutschland lebende Ehegatten gemeinsamer iranischer und für im Iran lebende Ehegatten gemeinsamer deutscher Staatsangehörigkeit (OLG Zweibrücken IPRspr. 1983 Nr. 53; OLG Celle FamRZ 1990, 656; Erman/Stürner Rn. 4). Nicht anwendbar ist es bei gemischtnationalen Ehen, bei Doppelstaatern (BVerfG FamRZ 2007, 615; Looschelders Rn. 39; Schotten/Wittkowski FamRZ 1995, 264 (265 f.), wenn auch nur ein Ehegatte Doppelstaater ist) und bei Flüchtlingen aus dem Iran (BGH NJW-RR 1986, 1005; OLG Bremen IPRspr. 1984 Nr. 92). Die Anwendung des Heimatrechts der Ehepartner kann vom Aufenthaltsstaat „nur ausnahmsweise und nur insoweit ausgeschlossen werden, als ein Ausschluss allgemein gegenüber jedem anderen fremden Staat erfolgt" (Art. 8 Abs. 3 S. 2 Dt.-Iran. NiederlAbk), wie dies etwa bei einer Verletzung des deutschen ordre public der Fall ist.

## II. Anknüpfungsgegenstand

5 **1. Qualifikation als allgemeine Ehewirkung. a) Ehe.** Um Wirkungen einer Ehe kann es nur gehen, wenn eine Ehe wirksam geschlossen und nicht geschieden worden ist. Diese Frage nach dem **Bestand einer Ehe wird als Vorfrage** grds. selbständig nach Art. 11, 13 (Eheschließung) bzw. nach der Rom III-VO (Ehescheidung) angeknüpft (ausf. → Rn. 71 ff.; vgl. bei Art. 13 und 17 Rom III-VO auch zu vorrangigen Staatsverträgen und Anerkennungsfragen bei ausländischem Trauschein oder ausländischer Scheidung).

6 Der kollisionsrechtliche **Ehebegriff** des Art. 14 deckt sich mit demjenigen des Art. 13 (→ Art. 13 Rn. 17 ff.). Er umfasst daher **nicht** die in Art. 17b geregelten Ehen und eingetragenen Lebenspartnerschaften zwischen **homosexuellen** Partnern oder Partnerinnen; allerdings erstreckt Art. 17b Abs. 5 S. 2 die Bestimmungen des Art. 14 zur Rechtswahl auf Ehen zwischen Ehegatten desselben Geschlechts und Ehen, bei denen ein Ehegatte weder dem weiblichen noch dem männlichen Geschlecht angehört, die danach ebenfalls ihr Ehewirkungsstatut wählen können. Nach einer Ansicht werden auch etwaige **Wirkungen eheähnlicher Lebensgemeinschaften** nicht durch Art. 14 erfasst, sondern je nach Grundlage der zu beurteilenden Rechtsbeziehung beherrscht vom Vertragsstatut (mit der Folge freier Rechtswahl, Art. 3 Rom I-VO, bzw., wenn nicht gewählt wurde, gemäß Art. 4 Abs. 4 Rom I-VO wegen „engster Verbindung" idR letztlich ähnlicher Anknüpfung folgend wie Art. 14), Belegenheitsstatut etc (BGH FamRZ 1981, 530; Grüneberg/Thorn Rn. 1, 14; aA v. Bar IPR II Rn. 122; MüKoBGB/Siehr, 6. Aufl. 2015, Rn. 139, 140; MüKoBGB/Siehr, 6. Aufl. 2015, Art. 18 Rn. 140; Soergel/Schurig Vor Art. 13 Rn. 30, 31; Kegel/Schurig IPR § 20 III; Staudinger/Mankowski, 2011, Art. 13 Anh. Rn. 80–84). Überzeugender ist die Ansicht, wonach wegen des personalen Einschlags der Beziehung insgesamt an den gemeinsamen gewöhnlichen Aufenthalt als Ort der gelebten Gemeinschaft anzuknüpfen ist, was sich angesichts des nunmehr auf eben diesen Anknüpfungspunkt abstellenden Art. 14 auch auf eine Analogie zu diesem stützen lässt (zur Begründung → Art. 13 Rn. 19). Die Ablehnung rechtlicher Erfassung ihrer Beziehung durch die nur faktisch Zusammenlebenden mag sachrechtlich der Annahme eines eigenen Rechtsinstituts entgegenstehen, schließt kollisionsrechtlich aber nicht aus, einen an der Faktizität orientierten Schwerpunkt des Verhältnisses festzustellen, um überhaupt ein über Vorhandensein oder Fehlen spezifischer rechtlicher Wirkungen erst befindendes Recht zu finden. Es bleibt abzuwarten, ob die Rspr. die Anregungen des Schrifttums zur Entwicklung eigener IPR-Normen bzw. zu entsprechender Anwendung geltenden Ehekollisionsrechts noch aufnimmt, wofür die Konvergenz der unterschiedlichen Schrifttumsansichten im Ergebnis (gewöhnlicher Aufenthalt) förderlich sein könnte. Da in Deutschland und verschiedenen anderen europäischen Ländern zwischen 25 und 30 % der heterosexuellen Paare zusammenleben, ohne eine Ehe geschlossen zu haben (vgl. Henrich FamRZ 2010, 333 ff.), tut eine verlässliche Anknüpfung Not. Die Wirkung einer **registrierten heterosexuellen Partnerschaft** (zur Anknüpfung ihrer Eingehung → Art. 13 Rn. 20) richtet sich nach Art. 14 analog. Zu den Wirkungen eines **Verlöbnisses** → Art. 13 Rn. 25.

**b) Allgemeine Wirkungen.** „Allgemeine Ehewirkungen" sind alle Wirkungen einer Ehe, für die das Gesetz **keine besonderen** Anknüpfungsregeln vorsieht. Die Anwendbarkeit des Art. 14 ist dabei nicht von vornherein beschränkt auf persönliche Ehewirkungen. Soweit vermögensrechtliche Wirkungen nicht einer anderen Kollisionsnorm (zB Art. 15 aF bzw. der EuGüVO) zugewiesen sind, fallen sie grds. ebenso wie die persönlichen Ehewirkungen unter Art. 14, der insoweit auch als Auffangtatbestand dient (vgl. etwa BGHZ 183, 287 Rn. 14 = NJW 2010, 1528. Missverständlich die Gleichsetzung des Anwendungsbereichs des Art. 14 mit dem Ausdruck „persönliche Ehewirkungen" zB bei Kegel/Schurig IPR § 20 V 1, die deshalb zusätzlich den engeren Begriff „personenrechtlich" verwenden, Kegel/Schurig IPR § 20 V 3). Der Kreis der Ehewirkungen ist durch funktionale Qualifikation (Zwecksetzung der betreffenden Norm) zu ermitteln: Maßgeblich ist zunächst das begriffliche Verständnis des deutschen Rechts, wie es sich in den §§ 1353–1362 BGB findet, bei fremden Regelungen ist darüber hinaus deren Selbstverständnis und Funktionszusammenhang zu beachten (MüKoBGB/Siehr, 6. Aufl. 2015, Rn. 78; Erman/Stürner Rn. 28), so dass, wie sonst auch, mittels rechtsvergleichender Methodik entschieden werden kann, ob die in Frage stehende fremde Regelung dem deutschen Funktionsbegriff einer Ehewirkung zuzuordnen ist. 7

Soweit die dem autonomen Recht vorrangige EuGüVO anwendbar ist, bleiben wegen deren weiten, jegliche vermögensrechtliche Ehewirkung erfassenden (Erwägungsgrund 18 EuGüVO, Art. 27 EuGüVO) Anwendungsbereichs für Art. 14 nF nur noch persönliche Ehewirkungen. Art. 14 Abs. 1 S. 1 nF stellt diesen sachlich verdrängenden Vorrang ausdrücklich klar. Soweit die EuGüVO noch nicht anwendbar ist, verbleibt es **für Art. 14 nF** bei dem alten, von Art. 14 aF übernommenen Zuschnitt des Anknüpfungsgegenstandes; denn der Eingangssatz des Art. 14 nF hat keinen eigenen Regelungsgehalt, sondern hebt nur deklaratorisch den Vorrang der EuGüVO hervor (vgl. RegE, BT-Drs. 19/4852, 37). Der Anknüpfungsgegenstand des Art. 14 nF erfährt daher für ab dem 29.1.2019 geschlossene Ehen oder Ehen für die ab diesem Zeitpunkt eine güterrechtliche Rechtswahl getroffen wurde (Art. 69 Abs. 3 EuGüVO) eine Einschränkung. In den übrigen Fällen bleibt es bei der **alten größeren Reichweite des Anknüpfungsgegenstandes,** die zB Schlüsselgewalt und Eigentumsvermutung umfasst (→ Rn. 16, → Rn. 19). Geht es um Wirkungen, die eine vor dem 29.1.2019 geschlossene Ehe in der Zeit nach diesem Tag entfaltet, bleibt es auch unter Geltung des Art. 14 nF bei dem weiteren Anwendungsbereich, wenn nicht nach diesem Tag eine Rechtswahl getroffen wurde. 8

**Besondere Anknüpfungsregeln** finden sich für das **Ehenamensrecht** in Art. 10 (objektive Anknüpfung in Abs. 1, subjektive Anknüpfung in Abs. 2), für das **Ehegüterrecht** in Art. 15 Abs. 2 mit der Ausnahmeregelung des Art. 16 (Art. 16 Abs. 2 sieht auch zu Art. 14 Ausnahmen vor) bzw. in der EuGüVO, für das **Scheidungs-** und Scheidungsfolgenrecht in Art. 17, 17a bzw. in der Rom III-VO und für das Recht des Ehegatten- und Familienunterhalts in Art. 15 EuUnthVO, der die Kollisionsregeln des HUP für anwendbar erklärt. Die Qualifikation als allgemeine Ehewirkung bedeutet daher vielfach Abgrenzung zum Anwendungsbereich dieser besonderen – von Staatsvertrag oder Gesetz gesondert angeknüpften – Ehewirkungen. 9

**2. Einzelne allgemeine Ehewirkungen. a) Persönliche Rechtsbeziehungen (eheliche Lebensgemeinschaft und Lebensführung).** Zu den von Art. 14 aF wie Art. 14 nF (zu letzterem zählt RegE, BT-Drs. 19/4852, 37 im Wesentlichen die folgenden Anknüpfungsgegenstände auf) erfassten persönlichen Rechtsbeziehungen zählen die **Pflichten zur ehelichen Lebensgemeinschaft** im Ganzen (§ 1353 BGB). Sie betreffen Einzelheiten der Eheführung (Arbeitsteilung bei Haushaltsführung und Erwerbstätigkeit, § 1356 BGB, Dienstpflicht, Pflicht zu gegenseitiger Unterstützung, Regelung von Meinungsverschiedenheiten), Auskunftspflichten nicht speziell güterrechtlicher Art (BGH FamRZ 1984, 465; AG Karlsruhe FamRZ 1999, 1507), den Anspruch auf Herstellung der Lebensgemeinschaft (RGZ 147, 385; KG JW 1939, 2470; LG Berlin IPRspr. 1960/61 Nr. 182; Erman/Stürner Rn. 30; Grüneberg/Thorn Rn. 15; wenn der Vorbereitung einer Scheidungsklage dienend aA OLG München FamRZ 1986, 807), die Klagbarkeit des Herstellungsverlangens (KG FamRZ 1968, 646; Soergel/Schurig Rn. 40 Fn. 7 mwN zu älterer Rspr.; Erman/Hohloch Rn. 29) und die gegen die Herstellungsklage gerichteten Einreden von Scheidungs- bzw. Trennungsgründen (KG FamRZ 1968, 646 (647)). Das **Verfahren** der Herstellungsklage bestimmt sich hingegen nach der **lex fori.** Unter Art. 14 fallen weiter Entscheidungs- und Eingriffsrechte (etwa in persönlichen Angelegenheiten des Ehegatten (Soergel/Schurig Rn. 43 mwN), Wohnortbestimmung) (BGHZ 42, 7 (12); OLG Hamm FamRZ 1980, 447), das Recht auf Getrenntleben (BGH NJW 1976, 1028; MüKoBGB/Looschelders Rn. 49; Erman/Stürner Rn. 30; Grüneberg/Thorn Rn. 15; Soergel/Schurig Rn. 40; aA OLG Karlsruhe IPRax 1985, 106; OLG München FamRZ 1986, 807: Art. 17 – nicht aber die Gestaltungsklage auf Trennung 10 von Tisch und Bett, dazu → Rn. 11), die Rechtsfolgen der Verletzung ehelicher Pflichten, die Haftung wegen Verletzung eherechtlicher – nicht deliktsrechtlicher – Pflichten (Soergel/Schurig Rn. 45), der Anspruch **gegen Ehepartner** auf Unterlassung der Ehestörung bzw. Schadensersatzanspruch (OLG Hamm NJW-RR 1998, 1542; MüKoBGB/Looschelders Rn. 42; Erman/Stürner Rn. 32; Grüneberg/Thorn Rn. 15; aA v. Bar IPR II Rn. 192 Fn. 428) und der allgemeine Haftungsmaßstab bei Sorgfaltspflichtverletzungen in der Ehe (§ 1359 BGB) (MüKoBGB/Siehr Rn. 102; Kegel/Schurig IPR § 20 V 3; Erman/Stürner Rn. 34: werde jedoch bei Teilnahme am allgemeinen Verkehr durch das Deliktsstatut verdrängt) (aber → Rn. 18) sowie eine etwaige Verjährungshemmung.

**11** Nicht zu Art. 14, sondern als Scheidungsersatz oder -vorstufe in den Anwendungsbereich der Rom III-VO gehört der **Anspruch auf Trennung von Tisch und Bett** (BT-Drs. 10/504, 60; BGHZ 47, 324 (333) = NJW 1967, 2109; BGH NJW 1988, 636), s. nunmehr deutlich Art. 1 Abs. 1 Rom III-VO. Art. 14 unterfallen jedoch persönliche **Nachwirkungen aus einer bereits geschiedenen Ehe** wie etwa der Auskunftsanspruch (BGH FamRZ 1984, 465).

**12** **b) Vermögensrechtliche Beziehungen.** Die hauptsächlichen vermögensrechtlichen Folgen einer Eheschließung, nämlich Unterhalt (EuUnthVO) und Güterrecht (Art. 15 bzw. EuGüVO) werden gesondert angeknüpft und unterliegen daher im Prinzip nicht dem Art. 14, jedoch ergeben sich hier Abgrenzungsprobleme in Randbereichen (→ Rn. 19 ff.). Die Ehe löst aber auch andere wirtschaftlich bedeutsame Folgen aus. Diese unterfallen Art. 14 aF, der trotz der insoweit missverständlichen gelegentlichen Kennzeichnung seines Anknüpfungsgegenstandes als „persönliche" Ehewirkungen auch vermögensrechtliche Fragen umfasst (BGHZ 183, 287; Kegel/Schurig IPR § 20 V 3) (auch → Rn. 7).

**13** Anders verhält es sich mit **Art. 14 nF,** der die **vermögensrechtlichen Ehewirkungen** zugunsten der EuGüVO **ausklammert** (PWW/Martiny Rn. 4; Erbarth NZFam 2018, 249 (252)). Hierzu gehören im Hinblick auf Art. 27 EuGüVO die Mithaftung eines Ehegatten für die Schulden des anderen und die Befugnisse des Ehegatten in Bezug auf das Vermögen (dazu in Bezug auf Art. 14 aF → Rn. 16, → Rn. 19). Da die Ausklammerung sich jedoch nur aus Art. 14 Abs. 1 S. 1 nF ergibt, ist im Einzelfall zu prüfen, ob die EuGüVO Anwendung findet, deren zeitlicher Anwendungsbereich sich nicht ganz mit dem des Art. 14 nF deckt (→ Rn. 1 f.).

**14** **aa) Geschäftsfähigkeit.** Der **Erwerb** der Geschäftsfähigkeit durch Eheschließung („Heirat macht mündig") (umfängliche rechtsvergleichende Tabelle hierzu bei Schotten/Schmellenkamp, Das Internationale Privatrecht in der notariellen Praxis, 2. Aufl. 2007, Anh. 1) unterliegt einer Sonderanknüpfung in Art. 7 Abs. 1 S. 2; denn dabei geht es um die allgemein größere Lebenserfahrung der verheirateten Frau.

**15** Etwaige **Beschränkungen** der Geschäfts- und Handlungsfähigkeit auf Grund der Ehe (Interzessionsverbote; Zustimmungserfordernis zu bestimmten Rechtsgeschäften auf Grund innerehelicher Aufgabenteilung; Beispiele → Rn. 17) werden hingegen von Art. 14 erfasst (LG Berlin FamRZ 1993, 198; Erman/Stürner Rn. 33; Grüneberg/Thorn Rn. 15; Kegel/Schurig IPR § 20 V 3; speziell zu Interzessionsverboten MüKoBGB/Looschelders Rn. 69 f.); unter Art. 15 fallen sie, wenn sie nicht zum Schutz der ehelichen Lebensgemeinschaft und ihrer materiellen Grundlage, sondern allein um der ehelichen Vermögensgüter willen angeordnet sind (MüKoBGB/Siehr, 6. Aufl. 2015, Rn. 92: zB §§ 1365, 1369 BGB) bzw. nur bei bestimmten Güterständen eintreten (MüKoBGB/Looschelders Rn. 46; so zB beim südafrikanischen Recht, Kegel/Schurig IPR § 20 V 3) (auch → Rn. 19). Bei Minderungen der Geschäftsfähigkeit wird der **Rechtsverkehr** nach Art. 12 Rom I-VO bzw. Art. 13 Rom I-VO **geschützt** (MüKoBGB/Looschelders Rn. 70; Palandt/Thorn Rn. 18). Art. 7 Abs. 2 gilt entspr.: Wechsel des Ehewirkungsstatuts beeinträchtigt die Geschäftsfähigkeit nicht. Auf Beschränkungen der Geschäftsfähigkeit aus güterrechtlichen Gründen ist Art. 15 anwendbar (bzw. die EuGüVO), ebenfalls ggf. eingeschränkt durch Art. 7 Abs. 2, Art. 12.

**16** **bb) Freiwillige oder gesetzliche Mithaftung des anderen Ehegatten.** Angesichts des über das autonome deutsche Verständnis von Güterrecht hinausgreifenden Anwendungsbereichs der EuGüVO auf bislang dem allgemeinen Ehewirkungsstatut unterliegende Fragen, ist für vor dem 29.1.2019 geschlossene Ehen ohne Rechtswahl aus intertemporalen Gründen (Art. 69 Abs. 3 EuGüVO) weiter davon auszugehen, dass die folgenden Rechtsfragen in dem bisher angenommenen Umfang von Art. 14 erfasst sind (→ Rn. 16 ff.), während sie bei ab dem 29.1.2019 geschlossenen Ehen oder solchen mit Rechtswahl – der weiten güterrechtlichen Qualifikationsvorgaben des Art. 27 EuGüVO entspr. – der vorrangig anwendbaren EuGüVO unterliegen: Zu Art. 14 gehören die Verpflichtungsermächtigung für Geschäfte zur Deckung des Lebensbedarfs (§ 1357 BGB,

Schlüsselgewalt), Fragen des Abschlusses von Rechtsgeschäften untereinander (BGH NJW 1969, 369; OLG Stuttgart NJW 1958, 1972; Erman/Hohloch, 15. Aufl. 2017, Rn. 32), Sicherungsrechte der Ehegatten am Vermögen des anderen (Legalhypotheken, mangels Eintragungsfähigkeit im Inland nicht zulässig (Erman/Hohloch, 15. Aufl. 2017, Rn. 32; Palandt/Thorn, 78. Aufl. 2019, Rn. 18; MüKoBGB/Looschelders Rn. 64: ggf. Anspruch des Ehegatten auf Eintragung im Grundbuch aus Ehewirkungsstatut im Wege der Anpassung; aA Soergel/Schurig Rn. 57): hier besteht Angleichungsbedarf) (v. Bar IPR II Rn. 191; Soergel/Schurig Rn. 57: „zumindest"), Besitz- und Eigentumsvermutungen, soweit nicht güterrechtlich beeinflusst, dh soweit sie, wie § 1362 BGB, unabhängig vom Güterstand gelten (Palandt/Thorn, 78. Aufl. 2019, Rn. 18; Erman/Hohloch, 15. Aufl. 2017, Rn. 32; Soergel/Schurig Rn. 65). Für **Drittschutz** sorgt Art. 16 Abs. 2, der uU dazu führen kann, dass nach Art. 14 anwendbares ausländisches Ehewirkungsrecht von den deutschen §§ 1357, 1362 BGB verdrängt wird.

Bei zwischen Ehegatten **verbotenen Geschäften** (Schenkung, Kauf, nach Art. 156 cc Paraguay alle Verträge) ist auf den Zweck des Verbots abzustellen. In der Regel geht es um die Absicherung der materiellen Grundlage für die eheliche Lebensführung bzw. den Schutz der Gläubiger vor Übervorteilung durch die Ehegatten und nicht um die Vermögensordnung zwischen den Ehegatten, so dass Art. 14 anwendbar ist. Gleiches gilt für Verbote von Geschäften mit Dritten (zB Interzessionsverbote) oder gesetzlich bestimmte Zustimmungsvorbehalte (Kegel/Schurig IPR § 20 V 3; v. Bar IPR II Rn. 189; Soergel/Schurig Rn. 64; Palandt/Thorn, 78. Aufl. 2019, Rn. 18; OLG Karlsruhe FamRZ 2015, 1610 zu aus der Ehe folgender Verfügungsbeschränkung betr. Familienwohnung; anscheinend übersehen von BGH NJW 1997, 1011, wo nur Bürgschaftsstatut angewandt wurde, das das Verbot, sich ohne Zustimmung des Ehepartners zu verbürgen, nicht kannte; ebenso OLG Köln RIW 1998, 148 für Schuldbeitritt – entsprechende Beschränkungen des Ehewirkungsstatuts hätten nur über Art. 16 überwunden werden können). 17

Bei Teilnahme der Ehegatten **am allgemeinen Rechtsverkehr** wird das Recht der Sorgfaltspflichtverletzungen vom **Deliktsstatut** beherrscht (BGHZ 90, 294: bei gleichem Umgebungsrecht ggf. gleiche Anknüpfungsergebnisse; Erman/Stürner Rn. 34). Der Anspruch **gegen den Dritten** auf Unterlassung der Ehestörung bzw. Schadensersatzanspruch unterfällt ebenfalls dem Deliktsstatut (Erman/Stürner, Rn. 32; MüKoBGB/Looschelders Rn. 42). 18

**cc) Abgrenzung zum Ehegüterrecht.** Schwierig ist die Abgrenzung gegenüber güterrechtlichen Wirkungen. So ist die Verfügungsbeschränkung eines Ehegatten über Haushaltsgegenstände (§ 1369 BGB) nach deutschem Recht Folge des gesetzlichen Güterstandes der Zugewinngemeinschaft und damit güterrechtlich zu qualifizieren. Nach französischem Recht ist die Verfügungsbeschränkung hingegen unabhängig vom Güterstand rein eherechtliche Folge (Art. 215 Abs. 3 Cc). Eine Hilfsüberlegung kann sein, ob die Regel die Ehe schlechthin charakterisieren soll (für Doppelqualifikation daher MüKoBGB/Siehr, 6. Aufl. 2015, Rn. 117). Regelungen über Einbringung und Erwerb von Vermögen in Rechtsordnungen mit nur einem Güterstand werden vorzugsweise güterrechtlich qualifiziert (Soergel/Schurig Rn. 37). Die Zulässigkeit von Ehegattengesellschaften (Palandt/Thorn, 78. Aufl. 2019, Rn. 18; Soergel/Schurig Rn. 63) und Ehegattenarbeitsverträgen richtet sich wegen ihres güterrechtlichen Einschlages nach Art. 15 (RGZ 163, 367 (376); FG Düsseldorf RIW 1987, 644; Erman/Hohloch, 15. Aufl. 2017, Rn. 32). Das Gleiche gilt für die Rückabwicklung ehebedingter **unbenannter Zuwendungen** (→ Art. 15 Rn. 38). Wie die deutsche Gesetzessystematik zeigt, gehören hingegen Regelungen, die den § 1357 BGB (Schlüsselgewalt) und § 1362 BGB (Eigentumsvermutungen) entsprechen, zu den allgemeinen Ehewirkungen; sie haben ihren Grund im gemeinsamen arbeitsteiligen Wirtschaften und Wohnen. Nicht um eine allgemeine Ehewirkung, sondern um ein Institut des Ehegüterrechts handelt es sich nach richtiger Ansicht schließlich bei der **Brautgabe,** auch wenn hier bisweilen Haushaltsgegenstände zugewendet werden (ausf. → Rn. 22). 19

**dd) Abgrenzung zum Unterhalt. Unterhaltsansprüche** und **Prozesskostenvorschuss** (als Unterhaltsleistung zu einem bestimmten Zweck, § 1360a Abs. 4 BGB) unterstehen normalerweise der EuUnthVO (KG FamRZ 1988, 167; Grüneberg/Thorn Rn. 17; Lüderitz IPR Rn. 136; v. Bar IPR II Rn. 297; Soergel/Schurig Rn. 52 noch zu Art. 18 aF). Zwar kann im fremden Recht ausnahmsweise eine güterrechtliche Funktion gegeben sein, so dass dann Art. 15 bzw. die EuGüVO anzuwenden ist (Soergel/Schurig Rn. 52; für Mehrfachqualifikation nach Art. 14, 15 MüKoBGB/Siehr, 6. Aufl. 2015, Rn. 104), Art. 14 kommt hier jedenfalls nicht in Betracht (iErg ähnlich MüKoBGB/Looschelders Rn. 52). 20

Unklar ist, wie die Pflicht zum **Unterhalt von Verwandten des Ehegatten** zu qualifizieren ist. Nach einer Ansicht wird hier wegen des Auseinanderfallens von Berechtigung und Begünstigung aus Zweckmäßigkeitsgründen ehewirkungsrechtlich angeknüpft (Soergel/Schurig Rn. 47), 21 nach anderer Ansicht unterhaltsrechtlich (Rauscher IPR 3. Aufl. 2009 Rn. 882 ff. zu Art. 206 frz. Cc, wonach Schwiegereltern gegen Schwiegerkinder einen Unterhaltsanspruch haben). Die Unterhaltspflicht für ein gemeinsames Kind wird jedenfalls unterhaltsrechtlich angeknüpft, auch wenn sie auch gegenüber dem Ehepartner besteht. Gleiches gilt für den Anspruch auf Taschengeld (LG Augsburg FamRZ 1973, 375).

22 **ee) Qualifikation der Brautgabe.** Die bei Eheschließung fällige und in oder nach der Ehe geltend gemachte **Braut- oder Morgengabe** („mahr", „sadaq", „mehriye") hingegen ist nicht unterhaltsrechtlich zu qualifizieren (BGHZ 183, 287 = NJW 2010, 1528; OLG Hamburg FamRZ 2004, 459; Staudinger/Mankowski Anh. I Art. 18 Rn. 282; aA KG FamRZ 1980, 470 (471); AG Hamburg IPRax 1983, 74 (75); AG Memmingen IPRax 1985, 230 mAnm Henrich; AG Kerpen FamRZ 1999, 1429; 2001, 1526 (1527); AG Aachen IPRspr. 2000 Nr. 67) (zur Qualifikation der Brautgabe auch → Art. 17 Rn. 37; ausf. → Art. 15 Rn. 44), weil sie allenfalls (faktisch) unterhaltssichernd wirkt, nicht aber in Erfüllung einer Unterhaltspflicht gegeben wird. Die Brautgabe als bedarfsmindernden Vermögenswert bei der Beurteilung daneben eventuell bestehender unterhaltsrechtlicher Ansprüche sachrechtlich zu berücksichtigen, schließt die Ablehnung der unterhaltsrechtlichen Qualifikation nicht aus (ähnlich Soergel/Schurig Rn. 48; Wurmnest RabelsZ 71 (2007), 551 f.). Ein Teil der Rspr. unter Führung des BGH ordnet die Brautgabe als allgemeine Ehewirkung ein (BGHZ 183, 287 = NJW 2010, 1528 m. zust. Anm. Henrich NJW 2010, 537 sowie m. abl. Anm. Mörsdorf-Schulte ZfRV 2010, 166, Wurmnest JZ 2010, 736 und Yassari IPRax 2011, 63; OLG Stuttgart NJW-RR 2008, 742; 2009, 585; OLG Zweibrücken FamRZ 2007, 1555; OLG Nürnberg FamRZ 2001, 1613; wohl OLG Köln NJW-RR 2007, 154; 1994, 200; Henrich FS Sonnenberger, 389 (395); Palandt/Thorn, 78. Aufl. 2018, Rn. 18; Palandt/Thorn, 78. Aufl. 2018, Art. 13 Rn. 9; v. Bar IPR II Rn. 192; Erman/Hohloch, 15. Aufl. 2017, Rn. 34; Erman/Hohloch, 15. Aufl. 2017, Art. 13 Rn. 33; MüKoBGB/Looschelders, 7. Aufl. 2018, Rn. 54–58, ua gerade auch im Hinblick auf die Wandelbarkeit) und **transponiert** bei Anwendbarkeit deutschen Rechts die Brautgabevereinbarung, unter Aufgabe einer früheren Qualifizierung als Ehevertrag (BGHZ 183, 287 Rn. 23 = NJW 2010, 1528), nunmehr als einen der notariellen Form bedürftigen familienrechtlichen Vertrag sui generis (BGH NJW 2020, 2024 m. krit. Anm. Heiderhoff LMK 2020, 432157; Dutta FamRZ 2020, 1073; zur Frage der Einhaltung der für Schenkungsversprechen vorgesehenen Form bei muslimischer Hochzeit in Deutschland auch OLG Saarbrücken FamRBInt 2005, 71 (72) mAnm Mörsdorf-Schulte) und erteilt der von der Vorinstanz angenommenen Einordnung als Naturalobligation eine Absage. Bei Vereinbarung in Deutschland unter Beteiligung Deutscher ist jedenfalls die Prüfung des Rechtsbindungswillens zu beachten (OLG Stuttgart FamRBInt 2008, 49; Mörsdorf-Schulte Anm. zu OLG Saarbrücken FamRBInt 2005, 71; s. auch OLG Frankfurt FamRZ 2017, 357 eine Deutung als Scherzerklärung abl., bei beidseits iranischer Staatsangehörigkeit bei Eheschließung; vgl. ähnlich zur Transposition in deutsches Recht bei Vereinbarung durch deutsche Muslime oder gemischtnationale Paare, die in Deutschland leben, Wurmnest FamRZ 2005, 1878; Wurmnest RabelsZ 71 (2007), 527 (555 f.)). Die Funktion kann von Rechtsordnung zu Rechtsordnung uU variieren (Nachweise → Art. 13 Rn. 37), doch überzeugt im Regelfall allein die **güterrechtliche Qualifikation** (ausf. → Art. 15 Rn. 46) (OLG Bremen FamRZ 1980, 606 (607); OLG Frankfurt FamRZ 1996, 1479; Krüger FamRZ 1977, 114 (116); Wurmnest RabelsZ 71 (2007), 552 ff.; Wurmnest JZ 2010, 737 (738); Mörsdorf-Schulte ZfRV 2010, 167 f.; Yassari IPRax 2011, 64 f.; MüKoBGB/Siehr, 6. Aufl. 2015, Rn. 109; MüKoBGB/Siehr, 6. Aufl. 2015, Art. 15 Rn. 97; Soergel/Schurig Rn. 48; Soergel/Schurig Art. 15 Rn. 35; Andrae IntFamR § 3 Rn. 149; NK-BGB/Andrae Rn. 87: Annex zum Güterstand der Gütertrennung nach islamischem Recht mit Ehestabilisierungs- und nachehelicher Versorgungsfunktion), so dass ein Rückgriff auf den insoweit subsidiären (→ Rn. 7) Art. 14 nicht erforderlich ist. An der güterrechtlichen Natur im Sinne der EuGüVO dürfte kaum zu zweifeln sein (dazu PWW/Martiny EuGüVO Art. 27 Rn. 9, IPR-Anh. 5), wobei die bisherige Diskussion zur Qualifikation der Brautgabe für nicht der EuGüVO unterliegende Altehen (Eheschließung vor 29.1.2019) weiter maßgeblich bleibt (→ Rn. 16). **Auch bei Anwendung des Art. 14 wäre ein Statutenwechsel allerdings ausgeschlossen,** da es sich bei der Begründung des Morgengabeanspruchs, der unabhängig von dem frei zu vereinbarenden Auszahlungszeitpunkt vollständig bei Eheschließung oder -vollzug entsteht (Krüger Symposium Spellenberg, 2006, 171 (179)), um einen abgeschlossenen Tatbestand handelt (→ Rn. 68). Trotz prinzipieller Wandelbarkeit der Anknüpfung des Art. 14 ist daher einheitlich auf den Entstehungszeitpunkt der Forderung zu Beginn der Ehe abzustellen (vgl. Mörsdorf-Schulte ZfRV 2010, 167; ebenso MüKoBGB/Winkler v. Mohrenfels Art. 17 Rn. 198; aA BGHZ 183, 287 und im Rahmen von Art. 14 wohl auch Yassari IPRax 2011, 66). Andernfalls würde die Frau riskieren, sich durch

Stundung ihrer Rechte zu begeben. Denn die frei vereinbarte Summe geht bereits mit Eheschließung in das persönliche Vermögen der Ehefrau über, auch wenn sie häufig bis zur Geltendmachung vom Manne verwaltet wird. Sie ähnelt einer individuellen Anerkennungssumme für die mit Schließung einer islamischen Ehe traditionell aufgegebenen Chancen und Freiheiten (anderweitige Verheiratung, außerhäusliche Erwerbstätigkeit) der ansonsten nunmehr weitgehend vom Ehemann abhängigen und im Rahmen seiner Weisungen zur Familienarbeit verpflichteten Frau. Die „mahr" dient als Zeichen des Respekts des Ehemannes für seine Frau und kann als eine Art pauschalierter **Teilhabe der Ehefrau an der Vermögenssteigerung des Ehemannes** verstanden werden (Wurmnest RabelsZ 71 (2007), 554), was auch zu der Übung passt, dass die Frau den Betrag ganz oder teilweise bis zur Beendigung der Ehe stundet. Anders als beim Zugewinnausgleich richtet sich die finanzielle Partizipation hier nicht ex post nach dem tatsächlich Erwirtschafteten, sondern nach einem bei Heirat gegebenen Versprechen und damit einer ex ante getroffenen Einschätzung und eingegangenen Bindung.

In der Türkei mit ihrem westlichen Zivilrecht lässt sich eine entspr. islamische wie traditionell türkische Tradition **(„mehri (oder „mihri") müeccel")** nur durch ein bei Eheschließung gegebenes aufschiebend bedingtes Schenkungsversprechen umsetzen, für das eine schuldvertragliche (so OLG Düsseldorf NJW-RR 2009, 1380; dazu weisen Rauscher/Pabst NJW 10, 3489 zutr. darauf hin, dass eine konkludente Rechtswahl oder eine engere Verbindung zur Türkei zu prüfen sind; diese für den Regelfall abl. Henrich FS Öztan, 2008, 491 (500 f.)) oder ehewirkungs- bzw. scheidungsrechtliche (so OLG Stuttgart FamRBInt 2008, 49 mAnm Mörsdorf-Schulte) Qualifikation vertreten wird, wobei die Ähnlichkeit zu ehebedingten unbenannten Zuwendungen (→ Rn. 19) für eine familienrechtliche Qualifikation spricht (Anm. Mörsdorf-Schulte FamRBInt 2009, 50 zu OLG Stuttgart FamRBInt 2008, 49). 23

**ff) Nutzung von Ehewohnung und Haushaltsgegenständen.** Die am unmittelbarsten der Verwirklichung der ehelichen Lebensgemeinschaft dienenden Vermögensgüter sind Ehewohnung und Haushaltsgegenstände. Art. 17a sieht hierfür eine eigene (wenn auch nur einseitige) Kollisionsregel vor. Nach seiner bis zu 28.1.2019 geltenden Fassung unterliegt die Nutzungsbefugnis für die im Inland belegene Ehewohnung und die im Inland befindlichen Haushaltsgegenstände den deutschen Sachvorschriften. Nach der seit 29.1.2019 geltenden Fassung Beides gilt sowohl während (Getrenntleben) als auch nach (Scheidung) der Ehe (→ Art. 17a Rn. 16). Ab zeitlicher Anwendbarkeit der EuGüVO dürfte die Frage der Nutzung von dieser erfasst sein; jedenfalls nicht von Art. 14. 24

Da ein allseitiger Ausbau dieser Exklusivnorm nicht in Betracht kommt (→ Art. 17a Rn. 10), unterliegt die Nutzung einer **im Ausland belegenen Ehewohnung** nebst Haushaltsgegenständen während der bestehenden (auch getrennt gelebten) Ehe dem allgemeinen Ehewirkungsstatut des Art. 14 (OLG Hamm FamRZ 1990, 54; OLG Stuttgart FamRZ 1990, 1354; KG FamRZ 1991, 1190; OLG Frankfurt IPRax 1993, 417; FamRZ 1994, 633; 1994, 715; OLG Celle FamRZ 1999, 443; Palandt/Thorn, 78. Aufl. 2018, Rn. 18; Lüderitz IPRax 1987, 74 (77); v. Bar IPR II Rn. 190; Soergel/Schurig Rn. 50; aA OLG Hamm FamRZ 1989, 621; IPRax 1990, 186; OLG Düsseldorf NJW 1990, 3091; OLG Koblenz IPRax 1991, 263; OLG Hamm FamRZ 1993, 91; OLG Karlsruhe FamRZ 1993, 1464; MüKoBGB/Looschelders, 7. Aufl. 2018, Rn. 53; diff. MüKoBGB/Siehr, 6. Aufl. 2015, Rn. 105 ff.: Ehewirkungsstatut statt Unterhaltsstatut ausnahmsweise, wenn es bei Zuweisung von Haushaltsgegenständen und Ehewohnung nicht um Bedürftigkeit, sondern um Beseitigung von Konfliktherden mit Ziel einer Entspannung oder Versöhnung geht). Das gleiche gilt für die mit der Ehewohnung zusammenhängenden Betretungs-, Näherungs- und Kontaktverbote. Jedenfalls die Nutzung unterliegt ab zeitlicher Anwendbarkeit der EuGüVO dieser. Der Aspekt der Unterhaltssicherung, der für eine Anwendung der EuUnthVO iVm HUP spräche, tritt demgegenüber in den Hintergrund (OLG Stuttgart FamRZ 1190, 1354 (1356); OLG Frankfurt FamRZ 1989, 84; 1994, 633; OLG Hamm FamRZ 1990, 54; KG FamRZ 1991, 1190; aA – Anknüpfung an das Unterhaltsstatut – OLG Hamm IPRax 1990, 186 m. zust. Aufs. Weber IPRax 1990, 95; OLG Düsseldorf NJW 1990, 3091; OLG Koblenz NJW-RR 1991, 522; AG Kerpen FamRZ 1997, 893; Brudermüller FamRZ 1999, 204). Soweit Vorschläge einer Anknüpfung an die lex rei sitae (OLG Stuttgart FamRZ 1978, 686; OLG Hamm FamRZ 1981, 875) oder bei Eilbedürftigkeit an die lex fori (OLG Karlsruhe IPRax 1985, 106; KG IPRspr. 1996 Nr. 67) die Anwendung deutschen Rechts auf in Deutschland belegene Wohnungen zum Ziel hatten, haben sie sich mit Einführung des Art. 17a erledigt. 25

Werden die Nutzungsansprüche Teil einer güterrechtlichen Auseinandersetzung, so war schon bisher Art. 15 anzuwenden (Soergel/Schurig Rn. 50). Eine als Scheidungsfolge vorzunehmende Aufteilung wird dem Scheidungsstatut unterstellt (Erman/Hohloch, 15. Aufl. 2017, Rn. 33; 26

MüKoBGB/Looschelders, 7. Aufl. 2018, Rn. 53). Inwieweit dies nicht nur für ausländische Wohnungen gilt, sondern auch für den von Art. 17a erfassten Regelungsgegenstand, ist umstritten (→ Art. 17a Rn. 16). Als Exklusivnorm ist Art. 17a prinzipiell eng auszulegen und dem Gesetzeswortlaut entspr. auf die Nutzungsbefugnis und die genannten Verbote zu beschränken, dabei dürfen konkurrierende **vermögensrechtliche Statute** eine unter Art. 17a vom deutschen Recht gewährte Nutzungsbefugnis allerdings nicht faktisch vereiteln. Sich aus einer solchen Depeçage ergebenden Abstimmungsproblemen kann mit Anpassungsmechanismen (→ EinlIPR Rn. 95) abzuhelfen sein.

## III. Anknüpfung

27 **1. Überblick zu den Anknüpfungspunkten. Nach Art. 14 aF** richten sich die Wirkungen einer wirksam geschlossenen Ehe nach dem Heimatrecht der Eheleute als in erster Linie hiervon Betroffenen. Soweit Außenwirkungen in Rede stehen (Mitverpflichtung des anderen Ehegatten oder Eigentumsvermutungen), werden betroffene Dritte durch die Sonderanknüpfung des Art. 16 Abs. 2 vor unvermutet fremdem Heimatrecht ihrer Geschäftspartner geschützt (→ Art. 16 Rn. 38 ff.). – Bei Art. 14 aF bemüht sich der Gesetzgeber, zweierlei unter einen Hut zu bringen: Anknüpfung an das Heimatrecht und (bei unterschiedlichem Heimatrecht der Betroffenen) Anknüpfung ohne Verletzung des Gleichberechtigungsgrundsatzes durch Bevorzugung der Staatsangehörigkeit nur eines der Ehegatten. Dass Art. 14 aF trotz der einfachen **Heimatrechtsgrundregel** einen großen Textumfang hat und kompliziert anmutet, liegt an den Bemühungen des Gesetzgebers, diese Regel möglichst weitgehend zur Geltung zu bringen und auf eine Anknüpfung an andere Anknüpfungspunkte (gewöhnlicher Aufenthalt, sonst engste Verbindung) nur hilfsweise zurückzugreifen: Bei divergierender Staatsangehörigkeit entscheidet die letzte gemeinsame Staatsangehörigkeit während der Ehe (Abs. 1 Nr. 1 Alt. 2). Auf Wunsch (förmliche Rechtswahl) der Parteien kann dabei auch eine gemeinsame nicht effektive Staatsangehörigkeit ausreichen (Abs. 2), sonst wiederum auf Wunsch (förmliche Rechtswahl) der Parteien, auch die Staatsangehörigkeit nur eines der Ehegatten, wenn der Bezug zum gewöhnlichen Aufenthalt schwach ist (Abs. 3).

28 Auch **Art. 14 nF** arbeitet mit subjektiver und objektiver Anknüpfung, stellt die Rechtswahl jedoch in Anlehnung an den Stil der Rechtsakte des europäischen internationalen Familienrechts an die Spitze (Abs. 1 nF). Die Form der Rechtswahl hat sich gegenüber der alten Fassung nicht geändert, es sind aber zum einen die diversen Sperren des Abs. 3 aF weggefallen, die dazu führten, dass eine Rechtswahl überhaupt nur in wenigen Ausnahmefällen möglich war und zum anderen ist der Kreis der Rechte erweitert worden: Es kann nicht nur das Heimatrecht eines der Ehegatten sondern auch das Recht des aktuellen oder letzten, von einem der Ehegatten beibehaltenen gewöhnlichen Aufenthalt gewählt werden. Für die objektive Anknüpfung sind die Sprossen der bisherigen Kegel'schen Leiter umgekehrt worden: gewöhnlicher Aufenthalt vor Staatsangehörigkeit, die zudem die aktuelle und gemeinsame sein muss. Auffanganknüpfung bleibt die gemeinsame engste Verbindung. Die Auslegung der neuen Anknüpfungspunkte dürfte sich an derjenigen der alten orientieren. Allerdings legt die Anlehnung des Gesetzgebers an das Regelungskonzept der EuGüVO (vgl. RegE, BT-Drs. 19/4852, 37) einen Auslegungsgleichlauf mit dieser nahe, deren verbindliche Auslegung dem EuGH obliegt.

29 **2. Objektive Anknüpfung.** Die objektive Anknüpfung der allgemeinen Ehewirkungen ist in Art. 14 Abs. 1 aF fünfstufig gestaffelt, in Art. 14 Abs. 2 nF vierstufig **(Anknüpfungsleiter,** nach ihrem Entwickler auch **„Kegel'sche Leiter"** genannt). In einem konkreten Fall darf die nächst höhere Stufe (im Bild der Leiter eigentlich „Sprosse", doch wird überwiegend von „Stufe" gesprochen) erst beschritten werden, wenn die vorhergehende Stufe keinen möglichen Anknüpfungspunkt geliefert hat (BGH IPRax 1995, 111 (113)). Es handelt sich um eine Hintereinanderschaltung von **Hilfsanknüpfungen.** Anschaulich wird auch von einer Kaskadenanknüpfung gesprochen (Staudinger/Mankowski, 2011, Rn. 8).

30 **a) Primäranknüpfung an die gemeinsame Staatsangehörigkeit. aa) Gegenwärtige gemeinsame Staatsangehörigkeit.** Nach Art. 14 Abs. 1 Nr. 1 Alt. 1 aF bestimmen sich die allgemeinen Ehewirkungen zunächst nach dem Recht des Staates, dem beide Ehegatten zur Zeit der zu beurteilenden Ehewirkung (zum Anknüpfungszeitpunkt → Rn. 62 ff.) angehören **(1. Anknüpfungsstufe).** Das Gleiche gilt nach Art. 14 Abs. 2 Nr. 3 nF, allerdings nur, wenn kein gemeinsamer gewöhnlicher Aufenthalt besteht oder bestand (3. Anknüpfungsstufe). Die Staatsangehörigkeit eines Ehegatten richtet sich nach dem Recht des Staates, dessen Staatsangehörigkeit jeweils erwogen wird, dh jeder Staat bestimmt mit seinem Staatsangehörigkeitsrecht über die Zugehörigkeit der Personen selbst. Bei der Staatsangehörigkeit als Aspekt der Beziehung zwischen

Staat und Bürger handelt es sich nicht um eine privatrechtliche Frage, sondern um eine solche des öffentlichen Rechts, so dass für deren „Anknüpfung" nicht IPR-Regeln heranzuziehen sind und sich auch nicht die für zivilrechtliche Rechtsverhältnisse sich stellende Frage einer selbständigen oder unselbständigen Anknüpfung stellt.

Führt der Erwerb der Staatsangehörigkeit kraft Eheschließung zu gemeinsamer Staatsangehörigkeit, scheint die Voraussetzung des Abs. 1 Nr. 1 Alt. 1 aF bzw. des Abs. 2 Nr. 1 nF erfüllt. Bei **Mehrstaatern** ist dies aber nicht ohne weiteres der Fall. Denn für sie gelten die allgemeinen Grundsätze, dh für die Anknüpfung an deren Heimatrecht gilt **nur die effektive Staatsangehörigkeit** (engste Verbindung, Art. 5 Abs. 1 S. 1). Das muss aber nicht diejenige sein, die durch Heirat (hinzu)erworben wurde (Palandt/Thorn, 78. Aufl. 2018, Rn. 7). Die durch Eheschließung hinzuerworbene Staatsangehörigkeit wird sich idR zur „effektiven" erst entwickeln müssen. Im Einzelfall sind Ausnahmen (etwa durch vorangegangenen langen Aufenthalt im neuen Heimatstaat) denkbar. Auch fließen in die Feststellung der Effektivität Zukunftsplanung und Wille der Betroffenen, wenn sie in den objektiven Gegebenheiten eine Stütze finden, diesen jedenfalls nicht widersprechen, durchaus ein (→ Art. 5 Rn. 8). Außerdem ist in dieser Situation gemeinsames Heimatrecht auch unabhängig von dessen Effektivität als Ehewirkungsstatut wählbar (Art. 14 Abs. 2). Hatten die Ehegatten eine entsprechende formwirksame (→ Rn. 56 ff.) Rechtswahl aber nicht getroffen, reichte ihr gemeinsames Heimatrecht nicht aus, wenn es für den Mehrstaater unter ihnen nicht zugleich die effektive Staatsangehörigkeit ist (OLG Hamm FamRZ 1990, 54; AG Freiburg IPRax 2002, 223 m. Aufs. Jayme IPRax 2002, 209; Erman/Hohloch, 15. Aufl. 2017, Rn. 13; Soergel/Schurig Rn. 5: sogar für „strengere Anforderungen"). 31

Ist einer der Ehegatten **Deutsch-Ausländer,** so ist nach Art. 5 Abs. 1 S. 2 eine Anknüpfung an die gemeinsame ausländische Staatsangehörigkeit unabhängig von Effektivitätsüberlegungen von vornherein ausgeschlossen (OLG Hamm FamRZ 1990, 54). Es liegt dann keine zur Anknüpfung iSv Art. 14 Abs. 1 Nr. 1 Alt. 1 taugliche gemeinsame Staatsangehörigkeit vor (OLG Hamm FamRZ 1990, 54; Erman/Hohloch, 15. Aufl. 2017, Rn. 13; Palandt/Thorn, 78. Aufl. 2018, Rn. 7), so dass die Ehegatten auf eine Rechtswahl nach Abs. 2 (→ Rn. 49) oder die Hilfsanknüpfungen der Anknüpfungsleiter angewiesen sind. 32

Soweit das Heimatrecht Anknüpfungspunkt ist, ist für **Staatenlose, internationale Flüchtlinge** und ihnen gleichgestellte Asylsuchende das Recht ihres gewöhnlichen Aufenthaltes maßgeblich, vgl. Art. 12 StaatenlosenÜ (→ Art. 5 Rn. 54 ff.) und Art. 12 GFK (→ Art. 5 Rn. 25 ff.); vgl. auch das zum 1.1.2005 außer Kraft getretene FlüchtlmG (→ Art. 5 Rn. 45 f.) sowie Art. 5 Abs. 2 und das mit dem AHKG23 fast inhaltsgleiche HeimatlAuslG, hilfsweise das Recht ihres schlichten Aufenthalts (Art. 5) (OLG Hamm StAZ 1998, 78; OLG Köln FamRZ 1999, 1517). Für **Verschleppte und internationale Flüchtlinge** mit Aufenthalt im Bundesgebiet, die nicht die deutsche Staatsangehörigkeit besitzen, gilt das AHKG23 (→ Art. 5 Rn. 47 f.) und das inhaltsgleiche Gesetz für Berlin-West. **Volksdeutsche Flüchtlinge** iSv Art. 116 GG unterliegen deutschem Recht. 33

**bb) Letzte gemeinsame Staatsangehörigkeit während der Ehe.** Verliert ein Ehegatte die während der Ehezeit bestehende gemeinsame Staatsangehörigkeit, gibt er sie auf oder nimmt er eine andere Staatsangehörigkeit an, während der andere die früher gemeinsame beibehält, unterliegen die allgemeinen Wirkungen der Ehe nach Art. 14 Abs. 1 Nr. 1 Alt. 2 aF dem Recht des Staates, dem beide Ehegatten während der Ehe zuletzt angehörten, **wenn der andere Ehegatte die (früher gemeinsame) Staatsangehörigkeit noch beibehält** (OLG Frankfurt FamRZ 2008, 997). Diese zweite Anknüpfungsstufe der Staatsangehörigkeitsanknüpfung hat Art. 14 Abs. 2 nF nicht aufgegriffen; in der neuen Kegel'schen Leiter folgt auf die Anknüpfung an die gegenwärtige gemeinsame Staatsangehörigkeit ohne staatsangehörigkeitsbezogene Zwischenstufe gleich die Anknüpfung an die gemeinsame engste Verbindung. Die Anknüpfung der aF an die letzte gemeinsame Staatsangehörigkeit war etwa dann relevant, wenn die neue Staatsangehörigkeit eines Mehrstaaters erst später zur effektiven wird, er also dadurch die früher gemeinsame Staatsangehörigkeit noch „beibehält" (Soergel/Schurig Rn. 8). Die rückwärtig auf Kontinuität gerichtete Anknüpfung ist starr und gilt auch, wenn bereits ein Ehegatte aus einer gemeinsamen Staatsangehörigkeit heraus einen Staatsangehörigkeitswechsel zum Aufenthaltsstaat hin vornimmt, in dem beide Ehegatten bereits lange leben, um sich dessen Recht anzupassen (krit. Kropholler IPR § 45 II 3b). 34a

Das Gesetz beabsichtigte mit Alt. 2 des Abs. 1 Nr. 1 aF **Anknüpfungskontinuität** und Verhinderung eines Verstoßes gegen Art. 3 Abs. 2 GG. Die intendierte Kontinuität der Anknüpfung lässt sich erst durch den Staatsangehörigkeitswechsel beider Ehepartner durchbrechen. Das leuchtet ein, denn der Wechsel der Staatsangehörigkeit ist höchstpersönlich und in der Ehe nicht konsensbedürftig. 35

36 Notwendig ist die Begründung gemeinsamer Staatsangehörigkeit **zu irgendeinem Zeitpunkt in der Ehe.** War diese nicht begründet worden (etwa wegen Staatenlosigkeit, Flüchtlingsstatus oder effektiv verschiedener Staatsangehörigkeit), oder bestand die gemeinsame Staatsangehörigkeit nur vor der Ehe, kommen nach Art. 14 aF nur Abs. 1 Nr. 2 und 3 sowie Abs. 2 zur Anwendung (OLG Hamm StAZ 1993, 78; BayObLG NJW-RR 1999, 1452; Erman/Hohloch, 15. Aufl. 2017, Rn. 14: „über Nr. 2 zu adäquaten Ergebnissen").

37 Wegen ihrer Wandelbarkeit (→ Rn. 66) entfällt die Anknüpfung nach Nr. 1 infolge **Verlustes** der noch verbliebenen, früher gemeinsamen Staatsangehörigkeit oder beim Mehrstaater durch **Aufgabe** der effektiven, früher gemeinsamen Staatsangehörigkeit. In dieser Situation war nach Art. 14 aF also einseitige Veränderung des Statuts durch einen der Ehepartner möglich (Soergel/Schurig Rn. 9; krit. Kegel/Schurig IPR § 20 V 1a). **Späterer Wiedererwerb** der alten gemeinsamen Staatsangehörigkeit durch einen Ehegatten löste nicht mehr die Wirkung von Abs. 1 Nr. 1 Alt. 2 aus.

38 **b) Anknüpfung an den gemeinsamen gewöhnlichen Aufenthalt. aa) Recht des gegenwärtigen gemeinsamen gewöhnlichen Aufenthalts.** Greift Art. 14 Abs. 1 Nr. 1 aF in beiden Alternativen nicht ein (gemeinsame Staatsangehörigkeit bestand zu keiner Zeit während der Ehe oder die bei ausländischen Mehrstaatern übereinstimmende war nicht die effektive iSv Art. 5 Nr. 1 oder die ehemals gemeinsame Staatsangehörigkeit wurde gemeinsam abgelegt), so unterliegen die allgemeinen Ehewirkungen nach Art. 14 Abs. 1 Nr. 2 Alt. 1 dem Recht des Staates, in dem beide Ehegatten für den zu beurteilenden Zeitraum ihren gewöhnlichen Aufenthalt begründet haben **(3. Anknüpfungsstufe).** Nicht notwendig ist, dass die Ehegatten zusammen leben; gemeinsamer gewöhnlicher Aufenthalt erfordert nicht Wohnungsnahme am gleichen Ort, sondern nur im gleichen Staat (Begr. RegE, BT-Drs. 10/504, 55; Soergel/Schurig Rn. 11).

38a Nach neuer Rechtslage stellt die Anknüpfung an den gegenwärtigen gemeinsamen gewöhnlichen Aufenthalt die 1. Anknüpfungsstufe dar (Art. 14 Abs. 2 Nr. 1 nF).

39 Der gewöhnliche Aufenthalt bestimmt sich als der **Daseins- oder Lebensmittelpunkt** einer Person, an dem der Schwerpunkt der Beziehungen in familiärer und beruflicher Hinsicht liegt (BGHZ 19, 240 (245) = NJW 1956, 262). Es gelten die zu Art. 5 Abs. 3 entwickelten objektiven und ggf. auch subjektiven Kriterien (OLG Frankfurt ErbR 2021, 47) (→ Art. 5 Rn. 16 ff.). Der gewöhnliche Aufenthalt wird für jeden Ehegatten getrennt ermittelt. Hat ein Ehegatte mehrere Lebensmittelpunkte und bereitet die Ausermittlung eines eindeutigen gewöhnlichen Aufenthalts Probleme, so lassen sich hier ausnahmsweise (zum Grundsatz vgl. PWW/Mörsdorf Art. 5 Rn. 31) mehrere gewöhnliche Aufenthalte annehmen, da das Zusammenfallen eines gewöhnlichen Aufenthalts mit dem des anderen Ehegatten ausreicht (Erman/Hohloch, 15. Aufl. 2017, Rn. 16).

40 Gibt es zwei gemeinsame gewöhnliche Aufenthalte, so ist für die Anknüpfung nach Art. 14 Abs. 1 Nr. 2 eine Auswahl zu treffen (Junker IPR Rn. 509 aE) und eine Gewichtung vorzunehmen. Liegt die berufliche Existenz im einen Land und leben die gemeinsamen Kinder im anderen, so ist die soziale Integration der Ehepartner im Aufenthaltsstaat der Kinder regelmäßig stärker.

41 **bb) Letzter gemeinsamer gewöhnlicher Aufenthalt.** Gibt ein Ehegatte diesen gemeinsamen gewöhnlichen Aufenthalt auf, während der andere ihn ununterbrochen (Unterbrechung mit anschließender Rückkehr nicht ausreichend, BGH NJW 1993, 2048) beibehält, richten sich die allgemeinen Ehewirkungen gem. Art. 14 Abs. 1 Nr. 2 Alt. 2 nach dem Recht des letzten gemeinsamen Aufenthaltsstaates der Ehegatten während der Ehe **(4. Anknüpfungsstufe).** Auch Alt. 2 ist Ausdruck des Kontinuitäts- und des Gleichberechtigungsgedankens. Das Festhalten an dem einmal gewählten Anknüpfungspunkt soll einen Statutenwechsel nach Möglichkeit verhindern, der durch Wechsel des Aufenthaltsstaates noch leichter zu erreichen wäre als durch Staatsangehörigkeitswechsel (Staudinger/Mankowski, 2011, Rn. 59; Junker IPR Rn. 509). Aufgabe der Gemeinsamkeit oder der Gewöhnlichkeit des Aufenthalts durch beide Ehegatten lässt eine Anknüpfung nach Nr. 2 Alt. 2 nicht mehr zu. Es ist dann zur 5. Anknüpfungsstufe überzugehen.

41a Art. 14 nF knüpft bereits auf der 2. Anknüpfungsstufe an den von einem Ehegatten beibehaltenen letzten gewöhnlichen Aufenthalt an.

42 Problematisch ist die Anknüpfung an einen Aufenthaltsort nach Abs. 1 Nr. 2 Alt. 2, wenn die **Heimatrechte der Beteiligten verschieden, aber eng miteinander verwandt** sind, während ihnen Recht und Kultur des Aufenthaltsstaates relativ fremd sind („Gefällekonstellation"). Nach der Vorstellung des Gesetzes soll hier die Rechtswahlmöglichkeit des Abs. 3 (→ Rn. 50 ff.) Abhilfe schaffen.

43 **c) Gemeinsame engste Verbindung auf andere Weise.** Kann ein mindestens von einem Partner beibehaltenes gemeinsames Personalstatut oder beibehaltener gemeinsamer gewöhnlicher

Aufenthalt nicht gefunden werden, so erfolgt nach Art. 14 Abs. 1 Nr. 3 aF (**5. Anknüpfungsstufe**) eine Anknüpfung an die gemeinsame engste Verbindung der Ehegatten zu einem Staat. In Art. 14 Abs. 2 Nr. 4 nF rekurriert auch die Neufassung auf der letzten Stufe auf diesen Anknüpfungspunkt. Eine solche Verbindung können zB begründen:

aa) der gemeinsame einfache, nicht nur ganz vorübergehende (flüchtige) Aufenthalt in einem Staat (BT-Drs. 10/5632, 41);

bb) der letzte gemeinsame gewöhnliche Aufenthalt in einem Staat, wenn keiner der Ehegatten sich mehr dort befindet, einer der Ehegatten aber diesem Staat angehört (BT-Drs. 10/5632, 41);

cc) die gemeinsame soziale Bindung der Ehegatten an einen Staat durch Herkunft iwS, durch Kultur, Sprache oder berufliche Tätigkeit (BT-Drs. 10/5632, 41);

dd) die gemeinsame Verbundenheit der Ehegatten mit einem Staat durch die beabsichtigte Begründung einer gemeinsamen Staatsangehörigkeit oder eines ersten gemeinsamen gewöhnlichen Aufenthaltes in einem Staat („erster ehelicher Wohnsitz“) (BT-Drs. 10/5632, 41; OLG Köln FamRZ 1998, 1590, selbst wenn es letztlich nicht zur Verwirklichung dieser Absichten gekommen ist; AG Hannover FamRZ 2000, 1576);

ee) der Ort der Eheschließung, sofern dieser Aspekt durch die Staatsangehörigkeit, den gewöhnlichen Aufenthalt eines Ehegatten oder sonstige Momente gemeinsamer Verbindung verstärkt wird und nicht zufällig erscheint (BT-Drs. 10/5632, 41; BGH IPRax 1994, 131 (133); OLG Celle FamRZ 1998, 686 (687); OLG Düsseldorf FamRZ 2003, 381, Ls.);

ff) gemeinsames religiöses Eherecht (Erman/Hohloch, 15. Aufl. 2017, Rn. 18), falls beide Ehegatten Staaten verbunden sind, die dessen weltliche Geltung anordnen (ähnlich einschr. KG FamRZ 2002, 840 (841); Andrae IntFamR § 3 Rn. 55);

gg) gemeinsame Berührungspunkte im Zeitpunkt der Eheschließung;

hh) gemeinsame zukünftige Anknüpfungspunkte – Planung (laut BT-Drs. 10/504, 55 sollen besonders in der ersten Zeit einer Ehe auch subjektive, durch objektive Umstände untermauerte Elemente berücksichtigt werden können) – in Bezug auf den Verlauf der ehelichen Lebensgemeinschaft. Dies sollte als Konkretisierung der Nr. 3 ursprünglich in den Gesetzestext aufgenommen werden. Wegen der Befürchtung weiterer Zweifelsfragen angesichts dieser Heraushebung hat man darauf verzichtet, sich aber von dem Kriterium nicht distanziert, so dass es weiterhin Bedeutung ha (BT-Drs. 10/5632, 41), wenn es auch bei der Verweisung von Art. 15 auf Art. 14 wegen des dortigen Abstellens ausschließlich auf den Eheschließungszeitpunkt allenfalls als Bezugspunkt einer Planung weiterhilft (darauf entscheidend abstellend BGH NJW 2019, 2935 (2937)).

Die Kriterien stehen in keiner Rangfolge, sondern sind nach Abwägung der kollisionsrechtlichen Interessen variabel einsetzbar. Die Gesetzesbegründung nennt zusätzlich ein negatives Beispiel dafür, was **nicht als gemeinsame engste Verbindung** gelten solle: So könne idR nicht an die letzte gemeinsame Staatsangehörigkeit angeknüpft werden, wenn keiner der Ehegatten diesem Staat mehr angehört und dort keiner mehr seinen Aufenthalt hat, weil sich danach beide vollständig von diesem Staat gelöst haben (BT-Drs. 10/5632, 41).

Ist eine **gemeinsame engste Verbindung** zu einem Staat **nicht feststellbar,** besteht über die Rechtsfolge Streit. Hier werden sehr unterschiedliche Ansichten vertreten: Nach dem Grundsatz des „schwächeren Rechts“ ist eine kumulative Anwendung beider Heimatrechte denkbar (Kegel/Schurig IPR § 20 V 1a; Soergel/Schurig Rn. 15), andere plädieren für Rechtswahl oder Wahl desjenigen der beteiligten Rechte, das dem deutschen Recht am nächsten steht, einige für die Anwendung der deutschen lex fori wegen gemeinsamer Verbindung zum Gerichtsstaat (KG FamRZ 2002, 840; OLG Schleswig FamRZ 2007, 470; Erman/Hohloch, 15. Aufl. 2017, Rn. 18; Andrae IntFamR § 3 Rn. 57; NK-BGB/Andrae Rn. 33: im Hinblick auf den in der internationalen Zuständigkeit zum Ausdruck kommenden Inlandsbezug), zT wenigstens bei deutschem Heimatrecht eines Ehegatten (Spickhoff JZ 1993, 338 f. (341 f.)). Richtigerweise erscheint die Anwendung deutschen Rechts in dieser Situation bei jedem substantiellen Inlandsbezug vertretbar. Wenn aber die kumulative Anwendung beider Heimatrechte zu einem praktikablen Ergebnis führt, dürfte dies der kollisionsrechtlichen Grundwertung des Abs. 1 Nr. 1 am ehesten entsprechen (AG Leverkusen FamRZ 2006, 1384). In die unter Abwägung aller relevanten Faktoren vorzunehmende Beurteilung der engsten Verbindung können neben den og einfließen ua der Verlauf der ehelichen Lebensgemeinschaft oder der gewöhnliche Aufenthalt gemeinsamer Kinder (MüKoBGB/Looschelders, 7. Aufl. 2018, Rn. 103 ff.). 44

Bei **Getrenntleben** kommt es kaum zu reinen Ehewirkungen. Allein für die Beurteilung des Ehewirkungsstatuts in dieser Zeit ist die Anknüpfung nach Nr. 3 gegenüber den Anknüpfungen nach Abs. 1 Nr. 1 und 2 daher eher unbedeutend. Bedeutung hat Nr. 3 vor allem bei einer 45

Verweisung aus Art. 15 Abs. 1 auf Art. 14. So lässt sich für den Zeitpunkt des Eintritts der Rechtshängigkeit des Scheidungsantrags eine gemeinsame engste Beziehung am ehesten anhand der oben genannten Punkte aa) bis gg) ermitteln (BGH NJW 1993, 2048 f.; OLG Celle FamRZ 1998, 686; OLG Köln FamRZ 1998, 1590; BT-Drs. 10/504, 55; 10/5632, 41).

46 **3. Subjektive Anknüpfung: beschränkte Rechtswahl (Abs. 2–4). a) Wirkung der Wahl.** Schon Art. 14 aF bot den Ehegatten in den von Abs. 2 und 3 gezogenen Grenzen die Möglichkeit der Rechtswahl des Ehewirkungsstatuts. Die Ehegatten können dadurch unerwünschten Anknüpfungsergebnissen aus Abs. 1 Nr. 1 und 2 aF ausweichen und in klarer, vorhersehbarer und daher weitgehend streitvermeidender Weise das Ehewirkungsstatut (letztlich auch mit Wirkung für Güterrechts- und Scheidungsstatut) festlegen. Die Rechtswahl ist jederzeit, auch vor der Eheschließung, möglich, wirkt aber mit Abschluss der Rechtswahlvereinbarung **nur ex nunc** bzw., wenn die in Abs. 2 und 3 genannten Voraussetzungen im Wahlzeitpunkt noch nicht vorliegen, erst mit deren Eintreten (Formulierungsbeispiele für vorsorgliche Rechtswahl bei Schotten/Schmellenkamp, Das Internationale Privatrecht in der notariellen Praxis, 2. Aufl. 2007, Rn. 132, 132a).

47 In der **Praxis** (ausf. Formulierungsvorschläge für eine Rechtswahl zur Bestimmung des Ehewirkungsstatuts zugunsten deutschen Rechts geben Schotten/Schmellenkamp, Das Internationale Privatrecht in der notariellen Praxis, 2. Aufl. 2007, Rn. 119, 131–132a) wird von der Rechtswahl bisher nur selten Gebrauch gemacht (etwa OLG Düsseldorf FamRZ 1995, 932; BayObLGZ 1998, 108; Zurückhaltung stellt auch fest Erman/Hohloch, 15. Aufl. 2017, Rn. 19). Dies könnte daran liegen, dass wichtige Rechtsfragen aus dem Anwendungsbereich des Art. 14 ausscheiden, im Streitfall durch Rechtswahl kaum noch beeinflussbar sind bzw. das auf rein persönliche Ehewirkungen anwendbare Recht selten geplant wird. Unbedeutend ist die Wahl ausländischen Rechts, soweit es im Aufenthaltsstaat kraft objektiver Anknüpfung ohnehin angewendet wird. Nicht sicher ist schließlich die Anerkennung der im Inland vorgenommenen Rechtswahl in Drittländern. Hier drohen hinkende Rechtsverhältnisse (zum Ganzen Soergel/Schurig Rn. 16).

48 Wegen der Verweisung in Art. 15 aF hat die Wahl des Ehewirkungsstatuts, bis zu Anwendbarkeit der EuGüVO im Jahr 2019, auch auf das Ehegüterrecht Auswirkung, allerdings nur dann, wenn sie schon bei der Eheschließung erfolgte (Soergel/Schurig Rn. 17). Auch zu einem späteren Zeitpunkt lässt sich aber für das **Güterrecht** noch von den – zudem weniger strengen – Rechtswahlmöglichkeiten des Art. 15 Abs. 2 aF Gebrauch machen. Seit Ablösung des Art. 17 Abs. 3 S. 1 aF durch die Rom III-VO beeinflusst die Wahl des Ehewirkungsstatuts das Versorgungsausgleichsstatut nicht mehr. Keinen Einfluss hat die Rechtswahl auf **Abstammungsstatut.** Hier verweist Art. 19 Abs. 1 S. 3 unmittelbar auf Art. 14 Abs. 2 nF, der nur die objektive Anknüpfung vorsieht.

49 **b) Wahlmöglichkeiten. aa) Gemeinsames Heimatrecht bei Mehrstaatern.** Abs. 2 aF eröffnete nur eine äußerst begrenzte Wahlmöglichkeit: Mehrstaater (zur objektiven Anknüpfung bei diesen → Rn. 31 f.) dürfen unter ihren Heimatrechten wählen und zwar nur zugunsten deren Schnittmenge. Diese Rechtswahlmöglichkeit des Abs. 2 aF erschöpfte sich der Sache nach darin, den sonst zwingenden Art. 5 Abs. 1 im Interesse einer weit gehenden Verwirklichung der 1. Anknüpfungsstufe (Abs. 1 Nr. 1 Alt. 1) zur Disposition der Betroffenen zu stellen. Die Wahl steht nur Mehrstaatern offen. Sie kann nur zur Erreichung einer Anknüpfung an die gemeinsame (nicht effektive oder nichtdeutsche) Staatsangehörigkeit eingesetzt werden, wenn diese nicht bereits nach Abs. 1 Ehewirkungsstatut ist. Sie ist auch anwendbar, wenn **beide Ehegatten** Doppelstaater sind und das Recht der gemeinsamen, aber nicht effektiven Staatsangehörigkeit wählen, was auch dann möglich ist, wenn sie **gleiche Doppelstaater** sind (Soergel/Schurig Rn. 18). Mit der Neufassung des Art. 14 ist die durch Art. 5 gegebene Beschränkung entfallen; nach Art. 14 Abs. 1 Nr. 3 nF kann ungeachtet des Art. 5 Abs. 1 das Recht des Staates dem ein Ehegatte angehört, gewählt werden.

50 **bb) Heimatrecht eines Ehegatten (Abs. 3).** Ist ein gegenwärtiges oder früheres gemeinsames Heimatrecht (Abs. 1 Nr. 1 aF) nicht feststellbar, konnte die Anknüpfungsleiter in Abs. 1 Nr. 2 und 3 aF zu einem Ehewirkungsstatut (Aufenthaltsrecht) führen, mit dem die Ehegatten nur geringfügig verbunden sind (→ Rn. 42). Das Gesetz benannte solche Konstellationen als **Voraussetzungen der Rechtswahl** in den Abs. 3 Nr. 1 und 2 und erlaubte insoweit die Wahl des Heimatrechts eines der Ehegatten (BT-Drs. 10/504, 56, 57). Dabei ging es davon aus, dass bei fehlender gemeinsamer Staatsangehörigkeit in der Ehezeit (Abs. 1 Nr. 1 aF) die Anknüpfung an das Recht des gegenwärtigen gemeinsamen Aufenthaltsstaates, dem zur Zeit der Anknüpfung kein Ehegatte angehört (Abs. 1 Nr. 2 Alt. 1 aF = Fall des Abs. 3 Nr. 1 aF), oder die Anknüpfung an das Recht des letzten, während der Ehezeit gemeinsamen gewöhnlichen Aufenthaltsstaates, in

dem sich die Ehegatten im Zeitpunkt der Anknüpfung nicht mehr gewöhnlich aufhalten (Abs. 1 Nr. 2 Alt. 2 aF = Fall des Abs. 3 Nr. 2 aF), schwach oder interessenwidrig sein kann.

Die Rechtswahl war hingegen – in Umkehrung des Abs. 3 aF – **ausgeschlossen, wenn** das Ehewirkungsstatut durch Abs. 1 Nr. 1 Alt. 1 oder 2 aF bestimmt wird oder wenn ein Ehegatte die Staatsangehörigkeit des gemeinsamen gewöhnlichen Aufenthaltsstaates hat oder wenn beide Ehegatten zur Zeit der Anknüpfung ihren gewöhnlichen Aufenthalt in demselben Staat haben. Jede dieser Alternativen wird als hinreichend starke Anknüpfung angesehen, die keinen Raum für eine Rechtswahl lässt. **51**

Für die Alternative einer Rechtswahl nach Abs. 2 galt dies nicht, obwohl sie ebenfalls zu dem starken Anknüpfungsmoment eines (wenn auch letztlich nur formal) gemeinsamen Heimatrechts führt. Die Bezugnahme des Abs. 3 auf Abs. 1 Nr. 1 aF schließt die Anknüpfung nach Abs. 1 Nr. 1 iVm Abs. 2 auf Grund Wahl eines gemeinsamen nichteffektiven oder nichtdeutschen Personalstatuts nicht ein. Denn insoweit ist der Wortlaut (Bezugnahme nur auf Abs. 1) eindeutig. Es besteht **kein Vorrang der Wahl nach Abs. 2 gegenüber derjenigen nach Abs. 3.** **52**

Wählbar ist nach Abs. 3 S. 1 aF das Recht des Staates, dem ein Ehegatte angehört. Streitig war, ob hierfür bei Mehrstaatern Effektivität der Staatsangehörigkeit notwendig ist und auch der Vorrang der Deutschenstellung gilt oder ob **ohne die Bindung des Art. 5 Abs. 1** zwischen allen Nationalitäten ausgewählt werden kann. Anders als Abs. 2 aF nennt Abs. 3 aF den Art. 5 Abs. 1 nicht und stellt diesen nicht ausdrücklich zur Disposition. Als Vorschrift des allgemeinen Teils gilt Art. 5 Abs. 1 immer dann, wenn er nicht – wie in Abs. 2 aF – ausgeschlossen ist. Einen Anhaltspunkt dafür, dass der Gesetzgeber in Abs. 3 aF die Geltung des Art. 5 Abs. 1 übersehen hat, könnte der Umstand liefern, dass Heimatstaat und Staat des gewöhnlichen Aufenthalts sich jedenfalls im Falle der Nr. 1 nicht decken, die Effektivität einer der Staatsangehörigkeiten vielfach also in dieser Alternative schon schwer feststellbar sein dürfte. Zweifelhaft ist die Anwendbarkeit des Art. 5 Abs. 1 überdies generell dann, wenn das Heimatrecht nur auf Grund einer Rechtswahl zum Zuge kommt und nicht ohne weiteres von Gesetzes wegen. Immerhin in drei Fällen (Art. 14 Abs. 2 und Art. 10 Abs. 2 und 3) hat der Gesetzgeber hierfür ausdrücklich die Beschränkung des Art. 5 Abs. 1 aufgehoben. Bei Art. 5 Abs. 1 handelt es sich um einen gesetzlichen Auswahlmechanismus bei mehrdeutigem Personalstatut, dessen es im Falle einer Rechtswahl nicht bedarf, sofern der Wahlberechtigte hier die betreffende Rechtsordnung selbst auswählt (vgl. PWW/Mörsdorf Art. 5 Rn. 21 f.) (ähnlich → Art. 5 Rn. 11). Art. 10 Abs. 2 und 3 zeigen auch, dass das nichteffektive oder nichtdeutsche Personalstatut auch dann wählbar sein kann, wenn seine Bedeutung nicht, wie in Art. 14 Abs. 2, durch die Übereinstimmung mit dem Personalstatut einer anderen Person verstärkt ist. Daher war auch im Rahmen des Art. 14 Abs. 3 aF nicht zu fordern, dass das gewählte Heimatrecht des Mehrstaaters wenigstens iSv Art. 5 Abs. 1 effektiv oder das deutsche sein muss. Dies würde die Wahlmöglichkeit in einem vom Gesetzgeber nicht intendierten Maße einschränken, der die gemeinsame Wahl der Ehegatten in dieser Konstellation gleichsam als letzten Ausweg aus einer unbefriedigenden objektiven Anknüpfung ermöglicht (iE ebenso Palandt/Heldrich, 67. Aufl. 2008, Rn. 13; Lichtenberger FS Ferid, 1988, 269 (273); Soergel/Schurig Rn. 22; Kegel/Schurig IPR § 20 V 1b; aA Palandt/Thorn, 78. Aufl. 2019, Rn. 13; v. Bar IPR II Rn. 200; Kühne IPRax 1987, 71; Wegmann NJW 1987, 1740 f.; Pirrung IPVR 143; MüKoBGB/Looschelders, 7. Aufl. 2018, Rn. 116; Mansel, Personalstatut, Staatsangehörigkeit und Effektivität, 1988, Rn. 433; Erman/Hohloch, 15. Aufl. 2017, Rn. 20, 22). **53**

**cc) Statutenabsicherung durch Rechtswahl?.** Streitig und ungeklärt ist, ob ein sich aus der **objektiven Anknüpfung** nach Abs. 1 Nr. 1 oder Nr. 2 aF ergebendes Recht (etwa gegenwärtiges oder früheres effektives gemeinsames Heimatrecht oder gegenwärtiger gemeinsamer gewöhnlicher Aufenthalt) **auch gewählt** werden kann, mit dem Ziel einer Abschneidung der Rück- oder Weiterverweisung (wegen Sachnormverweisung nach Art. 4 Abs. 2) oder um die Wandelbarkeit auszuschließen (dafür Kühne IPRax 1987, 70; aA Lichtenberger FS Ferid, 1988, 269 (273); v. Bar IPR II Rn. 199 Fn. 459; Erman/Hohloch, 15. Aufl. 2017, Rn. 20). Die Wahlmöglichkeit nach Abs. 2 aF nur den Mehrstaatern einzuräumen, anderen Ehegatten aber zu versagen, erscheint willkürlich (so zu Recht wertend Soergel/Schurig Rn. 19, 25). Ein Erst-Recht-Schluss drängt sich auf: Ist die Wahl des Rechts nicht effektiver Staatsangehörigkeit eines Doppel- oder Mehrstaaters möglich, könnte auch die Wahl effektiver Staatsangehörigkeit im Normalfall (Abs. 1 Nr. 1 aF) zulässig sein (eine Rechtswahl über die Abs. 2 und 3 hinaus bietet sich auch für bestimmte Interessenlagen an). Allerdings wird angesichts des bei der Gesetzesnovelle herrschenden Streits (vgl. die Nachweise bei Soergel/Schurig Rn. 16 Fn. 1) um eine generelle Rechtswahl des Ehewirkungsstatuts die historische Auslegung dagegen sprechen. Umgekehrt sollte auf die Rechtswahl nach Art. 14 Abs. 2 aF in Anbetracht der Enge der Wahlvorgaben Art. 4 Abs. 2 ohnehin nicht **54**

angewandt werden, weil es sich funktional eher um einen zu Art. 5 Abs. 1 alternativen Auswahlmechanismus bei Mehrdeutigkeit des gesetzlichen Anknüpfungspunktes (der Staatsangehörigkeit) handelt als um eine Wahl des Rechts und die Wahl angesichts der vorgegebenen Beschränkungen eher den Charakter einer Option hat (iE ebenso Vorschlag Soergel/Schurig Rn. 19, 25; die Auswahl zwischen den eigenen Nationalitäten nach Abs. 2 lässt sich insofern mit der deliktsrechtlichen Option in Art. 40 Abs. 1 S. 2 vergleichen, die, vgl. PWW/Mörsdorf Art. 4 Rn. 16, ebenfalls keine Rechtswahl iSd Art. 4 Abs. 2 darstellt). Das Problem der Ungleichbehandlung wäre damit entschärft.

**55** **c) Durchführung und Geltung der Wahl. aa) Zeitpunkt.** Die Rechtswahl unter den gegebenen Voraussetzungen ist **zu jedem Zeitpunkt** und auch mehrfach möglich und kann sogar im Vorgriff auf eine Eheschließung erfolgen, wenn die in Abs. 2 und 3 aF bzw. Abs. 1 nF normierten Voraussetzungen wenigstens substantiell prognostiziert werden können. Die Wirkung ist dann aufschiebend bedingt. Umgekehrt lässt aber ein späterer Eintritt der Voraussetzungen eine Rechtswahl nicht in Wirksamkeit erstarken, wenn sie in der irrtümlichen Annahme getroffen wurde, die Voraussetzungen lägen bereits vor (Soergel/Schurig Rn. 29).

**56** **bb) Materielle Erfordernisse.** Rechtswahl der Ehegatten oder Verlobten ist nur **gemeinsam** möglich. Die Einigung ist familienrechtlicher Vertrag.

**57** Das auf ihn anwendbare Recht ist nach einer Ansicht – entspr. dem in Art. 10 Abs. 1 Rom I-VO zum Ausdruck kommenden Grundsatz des Schuldvertragskollisionsrechts – das als Ehewirkungsstatut gewählte Recht (vgl. Erman/Stürner Rn. 15; Grüneberg/Thorn Rn. 8; MüKoBGB/Siehr, 6. Aufl. 2015, Rn. 59, der auch auf die parallele Situation der Art. 25, 27 EuErbVO abhebt). Nach aA richtet sich die Frage, ob die Rechtswahl materiell wirksam zustande gekommen ist, nach der lex fori (A. Börner IPRax 1995, 313 f.; Palandt/Thorn Rn. 14). Eine vermittelnde Ansicht greift für die Frage, ob überhaupt eine Rechtswahl vorliegt, zusätzlich auf die lex fori zurück (MüKoBGB/Looschelders Rn. 122 mwN).

**58** **cc) Form.** Die **Rechtswahl** ist **im Inland** – unabhängig davon, welches Recht gewählt ist – nur wirksam bei **notarieller Beurkundung (Abs. 4 aF/Abs. 3 nF).** Diese soll sachkundige Beratung sichern, Klarheit schaffen und vor unliebsamen Folgen warnen. Die Ehegatten müssen für die Rechtswahl daher gleichzeitig vor dem Notar erscheinen (str., wie hier Lichtenberger FS Ferid, 1988, 269 (271); v. Bar IPR II Rn. 201; Staudinger/Mankowski, 2011, Rn. 120–123; wohl auch Erman/Hohloch, 15. Aufl. 2017, Rn. 24; undeutlich BT-Drs. 10/504, 56, 57; aA Breuer in Rahm/Künkel FamR/FamVerfR Bd. 8 Rn. 202; Soergel/Schurig Rn. 32). Zu den Formerfordernissen im deutschen Recht gehört die Feststellung der Sprachkundigkeit eines Ehegatten und ggf. Hinzuziehung eines Dolmetschers (§ 16 BeurkG) (OLG Schleswig IPRspr. 2000 Nr. 53; OLG Stuttgart FamRZ 1991, 708 (709 f.); Andrae IntFamR § 3 Rn. 64). S. 2 und die Gesetzesbegründung lassen auf Gleichstellung der Rechtswahl mit den Formerfordernissen des Ehevertrages gem. § 1410 BGB schließen. S. 1 ist außerdem lex specialis zu Art. 11 Abs. 1: Auch wenn das gewählte Recht (= Geschäftsrecht) eine mildere Form vorsieht, reicht deren Einhaltung im Inland nicht aus.

**59** Wird die **Rechtswahl im Ausland** vorgenommen, so genügt für ihre Form nach S. 2 alternativ die Einhaltung des für einen Ehevertrag gewählten Geschäftsrechts (ohne Rücksicht auf die Beachtung der Form) (Begr. RegE, BT-Drs. 10/504, 57), des für einen Ehevertrag geltenden Ortsrechts (OLG Düsseldorf FamRZ 1995, 932; BayObLGZ 1998, 108; Grüneberg/Thorn Rn. 8; vgl. Lichtenberger FS Ferid, 1988, 269 (271)) oder des Rechts, auf das das IPR von Geschäfts- oder Ortsrecht zugunsten von Formgültigkeit verweist (Bericht RA, BT-Drs. 10/5632, 39; Soergel/Schurig Rn. 32; MüKoBGB/Looschelders Rn. 126; aA MüKoBGB/Siehr, 6. Aufl. 2015, Rn. 61: Sachnormverweisungen entspr. Art. 3a Abs. 1 (aF), da Art. 14 Abs. 4 S. 2 aF unmittelbar von „Formerfordernissen" spricht; Erman/Stürner Rn. 16). Bei Weiterverweisung reicht aber auch die Form des verweisenden Sachrechts aus (BGH NJW 1967, 1177; Staudinger/Mankowski, 2011, Rn. 125; MüKoBGB/Spellenberg Art. 11 Rn. 58). Die **Alternativanknüpfung** dient größtmöglicher Validierung der Rechtswahl, was dem Art. 4 Abs. 1 S. 1 letzter Hs. entspr. (→ Art. 4 Rn. 9) (PWW/Mörsdorf Art. 4 Rn. 13 mwN) eine flexible und am sachrechtlichen Ergebnis der Erreichung von Formgültigkeit orientierte Beurteilung der **Entscheidung zwischen Sachnorm- und Gesamtverweisung** bedingt. Renvoi hingegen führt zu einer Verengung der Rechtswahl und ist daher ausgeschlossen (Staudinger/Mankowski, 2011, Rn. 125; insofern auch Erman/Hohloch, 15. Aufl. 2017, Rn. 24).

**60** Ist nach dem anwendbaren Formstatut **konkludente Rechtswahl** möglich, so ist zwischen der Vereinbarung als rechtsverbindlich gewollter Regelungen und der bloßen Feststellung der

Einhaltung religiöser Riten sorgsam zu unterscheiden (BayObLG FamRZ 2003, 381 (383); Andrae IntFamR § 3 Rn. 68). Ein ausschließlich güterrechtliche Fragen und ggf. den Versorgungsausgleich regelnder Ehevertrag indiziert keine Rechtswahl für das allgemeine Ehewirkungsstatut (BayObLG FamRZ 1998, 1594 (1596); Staudinger/Mankowski, 2011, Rn. 144). Der Bezugnahme der Parteien in einem Eheverfahren auf das in diesem Verfahren nach der Gesetzeslage richtigerweise anwendbare Recht kann kein rechtsgeschäftlicher Erklärungswille beigemessen werden, dass die Parteien für ihre Ehe insgesamt – also über das betreffende Verfahren hinaus – die Geltung dieses Rechts vereinbaren wollen (OLG Frankfurt NJW-RR 2006, 369).

Alternativ zu allem ist Substitution durch **im Ausland erfolgte notarielle Beurkundung** 61 möglich, wenn sie der deutschen **funktionell gleichwertig** ist (arg. e S. 2: „genügt es") (Lichtenberger DNotZ 1986, 644 (663); v. Bar IPR II, Rn. 201 Fn. 465; Staudinger/Mankowski, 2011, Rn. 126–129; Soergel/Schurig Rn. 32; MüKoBGB/Looschelders Rn. 126).

**dd) Erlöschen.** Die **nach Abs. 3 getroffene Rechtswahl** wirkte ex lege **nur bis zur Erlangung einer gemeinsamen Staatsangehörigkeit,** Abs. 3 S. 2 aF, die Voraussetzung der objektiven Anknüpfung nach Abs. 1 Nr. 1 aF ist. Bei Mehrstaatern muss diese gemeinsame Staatsangehörigkeit daher iSv Art. 5 effektiv oder deutsch sein (Kühne IPRax 1987, 72; Wegmann NJW 1987, 1740 f.; Soergel/Schurig Rn. 26; Erman/Hohloch, 15. Aufl. 2017, Rn. 26; MüKoBGB/Looschelders Rn. 118; v. Bar IPR II Rn. 203; aA Palandt/Thorn, 78. Aufl. 2019, Rn. 15). Da mit dieser Regel sich die objektive Anknüpfung gegen eine zulässig getroffene Rechtswahl durchsetzt, und zwar selbst dann, wenn den Parteien der Eintritt des Erlöschensgrundes nicht bewusst ist, ist eine enge Auslegung geboten (Lüderitz IPR Rn. 342 Fn. 21). Wird eine gemeinsame nichteffektive Staatsangehörigkeit erworben, bleibt den Ehegatten unbenommen, anstelle der nach Abs. 3 aF getroffenen Rechtswahl nunmehr eine Wahl nach Abs. 2 aF vorzunehmen. 62

Auf eine **Wahl nach Abs. 2** aF ist der Erlöschensgrund des Abs. 3 S. 2 aF schon aus systematischen Gründen nicht anzuwenden. Für eine Analogie besteht kein Anlass (Andrae IntFamR § 3 Rn. 60; NK-BGB/Andrae Rn. 37 mwN auch zur aA). 63

Im Übrigen wirkt die nach Abs. 2 aF wie die **nach Abs. 3 aF getroffene Rechtswahl** 64 unstreitig bis zum Zeitpunkt erneuter einverständlicher Änderung oder Aufhebung durch erneute wirksame Rechtswahlvereinbarung (BT-Drs. 10/5632, 11, 41; Lüderitz IPR Rn. 342; Palandt/Thorn Rn. 16; Soergel/Schurig Rn. 21 mwN). Streitig ist, ob die Wirkungen der Rechtswahl dann beendet sind, wenn die als Anknüpfungspunkt **zugrunde liegende Staatsangehörigkeit verloren bzw. aufgegeben worden ist** (so Soergel/Schurig Rn. 20), oder ob die Rechtswahl bis zu ihrer eigenen einverständlichen Aufhebung weiterwirkt (Lüderitz IPR Rn. 342; MüKoBGB/Looschelders Rn. 118; Erman/Hohloch, 15. Aufl. 2017, Rn. 26). Aus Abs. 3 S. 2 folgt für eine Wahl nach Abs. 3, dass die Beendigung der Rechtswahl tatbestandlich auf den Fall beschränkt sein soll, der nach Abs. 1 Nr. 1 Alt. 1 eine objektive und im Vergleich interessengerechte Anknüpfung ermöglicht (**Erwerb** gemeinsamer Staatsangehörigkeit), deren Fehlen durch Rechtswahl gerade ersetzt werden sollte. Es ist interessengerecht, dass sich die Rechtswahl gegenüber allen anderen Änderungen der Staatsangehörigkeit durchsetzt. Verändern sich also die zum Zeitpunkt der Rechtswahl bestehenden, ihr zugrunde gelegten Umstände nachträglich (Verlust der Staatsangehörigkeit durch beide Ehegatten oder Wechsel des Aufenthaltes), beendet dies die Wirkungen der Rechtswahl nicht (Soergel/Schurig Rn. 28). An eine Rückwirkung des bloßen Staatsangehörigkeitswechsels auf das gewählte Ehewirkungsstatut werden die Ehegatten kaum jemals denken. Angesichts des Optionscharakters der **Wahl nach Abs. 2 aF** (→ Rn. 54) muss hier anderes gelten: Besitzt keiner der Ehegatten mehr die gewählte Staatsangehörigkeit, so erlischt die Wirkung der Wahl nach Abs. 2 aF (Soergel/Schurig Rn. 20; aA Erman/Hohloch, 15. Aufl. 2017, Rn. 26; MüKoBGB/Looschelders Rn. 112) ebenso wie auch eine Anknüpfung nach Abs. 1 Nr. 1 unmittelbar (ohne die durch Abs. 2 bewirkte Außerkraftsetzung des Art. 5 Abs. 1) erlöschen würde.

Für der Neufassung des Art. 14 unterliegende Fälle stellen sich die vorgenannten Fragen nicht 64a mehr, da Art. 14 Abs. 3 S. 2 aF gestrichen wurde und die Rechtswahl nicht mehr automatisch erlöscht, sondern nur noch bei Aufhebung durch die Parteien.

**4. Anknüpfungszeitpunkt.** Bei der Anknüpfung der allgemeinen Ehewirkungen kommt es – 65 im Unterschied zur mittelbaren Anwendung der Anknüpfung des Art. 14 durch Art. 19, wo unwandelbar angeknüpft wird an den Zeitpunkt der Kindsgeburt – nicht auf einen bestimmten Zeitpunkt an. Maßgebend ist vielmehr, welcher der Anknüpfungspunkte des Art. 14 Abs. 1 aF zu dem Zeitpunkt erfüllt ist, in welchem sich **der jeweils anzuknüpfende Sachverhalt (Anknüpfungstatbestand)** verwirklicht (zB Abschluss des Vertrages, dessen Verpflichtungswirkungen auf einen Ehegatten in Frage stehen). Art. 14 nF knüpft ebenfalls wandelbar an (vgl. RegE, BT-Drs. 19/4852, 37).

66 Das **Statut der allgemeinen Ehewirkungen** ist also **wandelbar.** Das für die jeweilige Ehewirkung maßgebliche Recht ändert sich, wenn es zum **Wechsel zu einem neuen Anknüpfungspunkt** kommt (Erman/Stüner Rn. 10; PWW/Martiny Rn. 16; Grüneberg/Thorn Rn. 6). Der Wechsel von **Staatsangehörigkeit** oder **Aufenthalt** nur eines Ehegatten führt idR (Ausnahme → Rn. 35) nicht den Wechsel des Ehewirkungsstatuts herbei – es bleibt beim Recht des letzten gemeinsamen objektiven Anknüpfungspunktes (Staatsangehörigkeit, gewöhnlicher Aufenthalt). Wechseln beide Ehegatten ihre Staatsangehörigkeit oder ihren Aufenthalt in verschiedene Richtungen, kommen die Anknüpfungen nach Abs. 1 Nr. 1 und 2 nicht zur Anwendung, es bleibt nur die Suche nach der auf andere Weise sich ergebenden gemeinsamen engsten Verbindung (Nr. 3). Dabei dürfte aber dann (neben anderen Aspekten) auch die letzte gemeinsame Staatsangehörigkeit oder der letzte gemeinsame Aufenthalt von Bedeutung sein.

67 Ein durch **Rechtswahl** bestimmtes Ehewirkungsstatut ist maßgeblich bis zur Aufhebung oder Abänderung durch Rechtsgeschäft. Auch Abs. 3 S. 2 (→ Rn. 62 ff.) führt zu einem Statutenwechsel. Die vom Ehewirkungsstatut abgeleiteten anderen Statuten sind idR umwandelbar (→ Rn. 65).

68 **Abgeschlossene Tatbestände** beurteilen sich nach altem, **neue** Tatbestände nach neuem Ehewirkungsstatut (BGHZ 63, 107 (111) = NJW 1975, 112; Staudinger/Mankowski, 2011, Rn. 109). Wenn der BGH eine **Brautgabevereinbarung** (→ Rn. 22) als ehevertragliche Zahlungsvereinbarung charakterisiert (BGHZ 183, 287 Rn. 10, 23 = NJW 2010, 1528), handelt es sich um einen abgeschlossenen Tatbestand, für den das anfängliche Ehewirkungsstatut maßgeblich ist, auch wenn die Auszahlung gestundet und erst zum Ende der Ehe verlangt wird (Mörsdorf-Schulte ZfRV 2010, 167; ebenso MüKoBGB/Winkler v. Mohrenfels Art. 17 Rn. 62; Problem des Anknüpfungszeitpunktes bei abgeschlossenen Tatbeständen nicht gesehen von BGHZ 183, 287). Ein späterer Erlass der Brautgabe würde bei ehewirkungsrechtlicher Qualifizierung allerdings dem späteren Statut unterliegen (OLG Zweibrücken FamRBInt 2007, 81 (82) mAnm Mörsdorf-Schulte). **Gestreckte** Tatbestände, die in den Geltungszeitraum des neuen Statuts hineinreichen, können uU nach neuem Sachrecht beurteilt werden (→ EinlIPR Rn. 43 f.). Unter altem Recht **entstandene** Rechte und Pflichten bestehen fort, ihr **Inhalt** bestimmt sich jedoch nach neuem Recht (PWW/Mörsdorf Art. 3 Rn. 39 ff.). Hier können sich Angleichungsfragen (**Anpassung,** → EinlIPR Rn. 95) ergeben, die durch Auslegung des neuen Sachrechts zu lösen sind (Soergel/Schurig Rn. 14; Soergel/Schurig Vor Art. 3 Rn. 154–162; zur Anpassung bei der Morgengabe Mörsdorf-Schulte ZfRV 2010, 166). Ist es auch innerhalb des für anwendbar befundenen Rechts zur Rechtsänderung gekommen, können dessen intertemporale Normen nochmals die Geltung des alten oder neuen materiellen Rechts anordnen.

69 **5. Geltung allgemeiner Grundsätze. a) Gesamtverweisung.** Die Verweisungen des Art. 14 Abs. 1 Nr. 1 und 2 sind nach Art. 4 Abs. 1 Gesamtverweisungen. Rück- und Weiterverweisung des verwiesenen Rechts sind folglich zu beachten (OLG Frankfurt FamRZ 2008, 997; KG NJW 2005, 626; OLG Stuttgart NJW 2005, 913; OLG Schleswig NJW-RR 2002, 361; v. Bar IPR II Rn. 208; Kartzke IPRax 1988, 9; Erman/Hohloch Rn. 6). Praktisch bedeutsam ist dies insbesondere bei nicht in ihrem Heimatland lebenden Angehörigen von Staaten, die dem Domizilprinzip folgen, wie die Jurisdiktionen des angloamerikanischen Rechtskreises, aber auch Dänemark oder Norwegen (Erman/Stürner Rn. 13).

70 Für die Anknüpfung an den Staat der **gemeinsamen engsten Verbindung nach Abs. 1 Nr. 3** wird in Teilen des Schrifttums Rück- oder Weiterverweisung als dem Sinn der Anknüpfung gemäß Art. 4 Abs. 1 S. 1 letzter Hs. zuwiderlaufend angesehen. Die Verweisung in Abs. 1 Nr. 3 aF wird daher von manchen als Sachnormverweisung behandelt (Erman/Hohloch, 15. Aufl. 2017, Rn. 6; Andrae IntFamR § 3 Rn. 70; Erman/Stürner Rn. 5). Eine derartige Differenzierung, die entsprechend auch für Abs. 2 Nr. 4 nF gelten müsste, ist in der Anknüpfungs- und Verweisungstechnik des EGBGB aber nicht angelegt. Alle objektiven Anknüpfungen des EGBGB sind Typisierungen engster Verbindungen, eine Anknüpfung nach offener Abwägung ist für Belange des renvoi nicht anders zu behandeln (KG FamRZ 2007, 1561; Kartzke IPRax 1988, 9; PWW/Mörsdorf Art. 4 Rn. 15; MüKoBGB/Sonnenberger, 6. Aufl. 2015, Art. 4 Rn. 20 ff.; MüKoBGB/Looschelders Rn. 134; Staudinger/Mankowski, 2011, Rn. 97, mit Einschränkung Rn. 98; Soergel/Schurig Rn. 70; Rauscher IPR, 3. Aufl. 2009, Rn. 736) (ebenso → Art. 4 Rn. 9).

71 Um eine **Sachnormverweisung** handelt es sich gemäß Art. 4 Abs. 2 bei einer **Rechtswahl** nach Abs. 3 aF ebenso wie bei einer solchen nach Abs. 1 nF (Grüneberg/Thorn Rn. 3; Erman/Stürner Rn. 5; Staudinger/Mankowski, 2011, Rn. 96 ff.). Abs. 2 aF sollte hingegen als Gesamtverweisung betrachtet werden (Begründung → Rn. 54). Zur alternativen Sachnorm- oder Gesamtverweisung bei der Anknüpfung der **Form** der Rechtswahl im Ausland gem. Abs. 4 S. 2 aF → Rn. 59.

**b) Rechtsspaltung, Einzelstatut.** Besitzt das Recht, auf das verwiesen wird, **mehrere Teilrechtsordnungen,** weil etwa für Angehörige verschiedener Religionen, verschiedener Volkszugehörigkeit oder verschiedener Regionen unterschiedliches Familienrecht gilt, so findet Art. 4 Abs. 3 Anwendung (→ Art. 4 Rn. 20 ff.). 72

**c) Vorfrage nach dem Bestand einer Ehe.** Die Beurteilung des Bestehens einer Ehe ist **selbständig anzuknüpfende** Vorfrage. Berufen sind die für Eheschließung und Eheauflösung maßgeblichen Kollisionsnormen (Art. 11, 13, 17 sowie die Rom III-VO) (RGZ 157, 257; OLG Hamm FamRZ 1982, 166; MüKoBGB/Looschelders Rn. 132). 73

Daher ist eine im Inland geschlossene Ehe auch dann nach Art. 13 Abs. 3 S. 1 formgültig, wenn das Heimatrecht eines der Eheleute die deutsche Ziviltrauung nicht anerkennt und die Ehe deshalb als ungültig und nicht geschlossen (Nichtehe) ansieht. Die ältere Rspr. hatte in diesem Falle auch die Ehewirkungen deutschem Recht unterstellt (Nachweise bei Soergel/Schurig Rn. 69 Fn. 2). Im Schrifttum und der neueren Rspr. werden die Ehewirkungen hingegen mehrheitlich konsequent nach Art. 14 angeknüpft (KG NJW 1963, 51; Staudinger/Mankowski, 2011, Rn. 52; Erman/Stürner Rn. 8; Grüneberg/Thorn Rn. 14; BGHZ 78, 288 = NJW 1981, 526). Der erstgenannte, in Anlehnung an den unter altem Kollisionsrecht für die Scheidung hinkender Ehen (ausländische Nichtehe – inländische Ehe) entwickelte Gedanke führt zur gespaltenen Beurteilung von Ehewirkungen, durchbricht die Anknüpfung nach Art. 14 und sollte daher nur auf krasse Fälle einer Invalidierung der Ehe durch zu strenges ausländisches Recht angewendet werden (so zutr. Soergel/Schurig Rn. 69). Der Sache nach handelt es sich hier um eine **Anpassungsproblematik** infolge einer Depeçage durch das Aufeinandertreffen eines nicht harmonierenden Vorfragen- (Ehebestand, Art. 13) und Hauptfragenstatuts (Ehewirkung, Art. 14). Methode der Wahl zur Auflösung fehlender Abstimmung der hier infolge selbständiger Vorfragenanknüpfung nebeneinander anzuwendenden Rechte (des Eheschließungs- und des Ehewirkungsstatuts) ist die Angleichung (Anpassung, → EinlIPR Rn. 95). Alternativ zur kollisionsrechtlichen Anpassung (entspricht der oben genannten alten Lösung) könnten daher als sachrechtliche Anpassungsversuche vorsichtige Modifikationen des ausländischen Ehewirkungsrechts in Betracht zu ziehen sein. 74

Kommt es wegen Verstoßes gegen **inländische Formvorschriften** zur **Nichtehe,** liegen Ehewirkungen als Anknüpfungsgegenstand nicht vor. Zu beurteilen sind dann nur die Rechtswirkungen einer nichtehelichen Lebensgemeinschaft nach den dafür geltenden Anknüpfungsregeln (→ Rn. 6; → Art. 13 Rn. 19). Tritt hingegen Heilung des Mangels ein (→ Art. 13 Rn. 51 ff., → Art. 13 Rn. 74 f.), ist auch die Vorfrage des Bestehens der Ehe zu bejahen. 75

Ist eine Ehe bereits aufgelöst, so treten Ehewirkungen nicht mehr ein. Hinsichtlich der Vorfrage der **Eheauflösung** gilt: Bei Inlandsscheidung kommt es auf die Rechtskraft des Scheidungsurteils an. Über die Wirksamkeit einer gerichtlichen oder behördlichen Auslandsscheidung ist entweder inzidenter im Gerichtsverfahren über die zu beurteilende Ehewirkung oder im Verfahren der inländischen Anerkennung der Auslandsscheidung nach § 107 FamFG zu befinden. Die Vorfrage der Wirksamkeit einer ausländischen Privatscheidung wird, grds. selbständig angeknüpft (MüKoBGB/Looschelders Rn. 132). 76

**d) Ordre public-Vorbehalt.** Die Anwendung ausländischen Kollisions- und Sachrechts ist bei entsprechendem Inlandsbezug hinsichtlich ihrer Konformität mit wesentlichen Grundsätzen des deutschen Rechts zu überprüfen. Zu beachten ist hier insbesondere die kollisions- und sachrechtliche **Gleichbehandlung von Mann und Frau** (BGH NJW 1967, 2109; genauer: keine sachlich ungerechtfertigte Ungleichbehandlung). Ein Verstoß gegen den deutschen ordre public kann sich etwa ergeben, wenn im Ehewirkungsstatut Rechte in der Ehe in einer gegen Art. 3 GG verstoßenden Weise geregelt werden (zB einseitiges Aufenthaltsbestimmungs- oder Wohnsitzbestimmungsrecht (KG JW 1936, 2473; FamRZ 1958, 464; Erman/Stürner Rn. 7); sonstige ungleich bzw. einseitig verteilte Entscheidungsrechte, etwa Kündigungsrecht nur des Mannes; Steigerung oder Abschwächung der **Pflicht zur ehelichen Lebensgemeinschaft** im Vergleich zu deutschem Recht (RGZ 150, 283 betr. Italien); Notwendigkeit der Trennungsklage für Antrag auf Änderung des Unterhalts (LG Darmstadt NJW 1962, 1162 betr. Italien); Pflicht zum Zusammenleben im iranischen Unterhaltsrecht (OLG Oldenburg IPRax 1981, 136; wN bei Soergel/Schurig Rn. 41), ggf. auch bei exzessiver Brautgabeverpflichtung, → Art. 15 Rn. 97). Persönliche Wirkungen polygamer Ehen sind von Art. 6 nicht berührt, mit Einschränkung bestimmter, aus der Sicht unseres Rechts „unteilbarer" Ehewirkungen, zB Herstellung der ehelichen Lebensgemeinschaft (BT-Drs. 10/504, 43; Lüderitz IPR Rn. 208; Soergel/Schurig Rn. 74; Jayme FamRZ 1975, 341). 77

## IV. Verfahren

**78** Verfahren, in denen Art. 14 zur Anwendung gelangt, sind zB die Klage auf Herstellung des ehelichen Lebens, das Verfahren über Teilung von Ehewohnung und Haushaltsgegenständen nach § 1361a BGB (→ Rn. 83), Streitigkeiten zu verbotenen Geschäften mit Dritten sowie einstweilige Anordnungen (→ Rn. 81) und die gerichtliche Mitwirkung bei der Schließung von Geschäften zur Deckung des Lebensbedarfs (→ Rn. 82).

**79** Die **internationale Zuständigkeit** deutscher Gerichte richtet sich primär nach Art. 3 ff. **Brüssel IIb-VO.** Diese gilt nach Art. 1 Abs. 1 lit. b Brüssel IIb-VO etwa für **Trennungen** ohne Auflösung des Ehebandes. Daneben verbleibt ein Anwendungsbereich für autonomes Zuständigkeitsrecht: Und zwar entspr. Art. 6 Abs. 1 Brüssel IIb-VO zum einen dann, wenn sich aus Art. 3–5 Brüssel IIb-VO keine internationale Zuständigkeit eines EU-Mitgliedstaates außer Dänemark ergibt. Zum anderen dann, wenn es sich um eine Angelegenheit außerhalb des Ehesachenbegriffs des Art. 1 Abs. 1 Brüssel IIb-VO handelt, etwa im Falle der **Herstellungsklage,** die auch nicht unter den Ehesachenbegriff des § 121 FamFG fällt, sondern als positive Herstellungsklage eine Familienstreitsache iSd § 112 Nr. 3 FamFG bzw. als negative Herstellungsklage (Recht zum Getrenntleben) eine Familiensache iSd § 266 Abs. 1 Nr. 2 FamFG ist (MüKoFamFG/Hilbig-Lugani FamFG § 121 Rn. 19 f.). Nach autonomem Recht richtet sich die internationale Zuständigkeit deutscher Gerichte für Ehesachen nach § 98 FamFG, bei anderen Familiensachen nach §§ 105, 111 FamFG, iÜ nach §§ 12 ff. ZPO. In den Fällen des § 98 Abs. 1 Nr. 4 FamFG ist die internationale Zuständigkeit deutscher Gerichte ausgeschlossen, wenn die Entscheidung offensichtlich in keinem Heimatstaat eines Ehegatten anerkannt würde. In Bezug auf die vermögensrechtlichen Ansprüche käme eine Geltung der sonst vorrangig anwendbaren Brüssel Ia-VO in Betracht, doch schließt deren Art. 1 Abs. 2 lit. a alle vermögensrechtlichen Beziehungen, die sich unmittelbar aus der Ehe oder ihrer Auflösung ergeben (EuGH NJW 1979, 1100; OLG Stuttgart FamRZ 2001, 1371; OLG München IPRspr. 1999 Nr. 158; Andrae IntFamR § 3 Rn. 3), vom Anwendungsbereich aus; entsprechendes gilt für das sonst ebenfalls vorrangige LugÜ II nach dessen Art. 1 Abs. 2 lit. a. Unter diese Ausnahme fällt auch die Rückforderung unbenannter Zuwendungen (Andrae IntFamR § 3 Rn. 4).

**80** Kennt das ausländische Ehewirkungsstatut eine Klageart (etwa **Herstellungsklage**) nicht, kann in dieser Weise auch nicht in Deutschland geklagt werden. Kann der Anspruch im Ausland hingegen im Verfahren der freiwilligen Gerichtsbarkeit verfolgt und verwirklicht werden, ist eine Herstellungsklage vor deutschen Gerichten möglich (KG JW 1936, 2473; Soergel/Schurig Rn. 42). Ausländische und inländische Herstellungsurteile sind im Inland nicht vollstreckbar (§ 888 Abs. 2 ZPO).

**81** Das **Verfahren** vor deutschen Gerichten richtet sich nach der ZPO und dem FamFG. **Einstweilige Anordnungen** betreffend Getrenntleben, Leistung gegenseitigen Unterhalts, Nutzung von Ehewohnung und Haushaltsgegenständen, Herausgabe persönlicher Gegenstände, Prozesskostenvorschuss, Kontaktverbot, Überlassungsanordnung konnten bisher wegen des Eilbedürfnisses nach dem Verfahrens- und Sachrecht des angerufenen Forums getroffen werden (zum früheren § 620 S. 1 Nr. 5–10 ZPO s. BayObLGZ 1960, 370; OLG Hamburg MDR 1968, 670; OLG Karlsruhe FamRZ 1973, 97; OLG Stuttgart IPRspr. 1979, Nr. 184; OLG Frankfurt FamRZ 1980, 174; OLG Karlsruhe IPRax 1987, 38; KG IPRax 1991, 60; ausf. mN zum von der Rspr. angewandten heimischen oder ausländischen Recht Soergel/Schurig Rn. 53). Der gem. § 105 FamFG auch für die internationale Zuständigkeit maßgebliche § 50 FamFG knüpft in Abs. 1 an die jeweilige Hauptsachezuständigkeit (vgl. der die betreffende Verfahrensart regelnde Abschnitt des FamFG) an, gestattet jedoch in Abs. 2 in „besonders dringenden Fällen" dem Amtsgericht, in dessen Bezirk das Bedürfnis bekannt wird oder sich die Person oder Sache befindet, ein gerichtliches Tätigwerden. Unter Geltung der inzwischen von der Brüssel IIb-VO abgelösten Brüssel IIa-VO galt nach deren Art. 20 für die Anordnung einstweiliger Maßnahmen einschließlich Schutzmaßnahmen **autonomes Zuständigkeitsrecht,** wenn Personen oder Vermögensgegenstände in diesem Staat betroffen sind. Die internationale Zuständigkeit deutscher Gerichte bestimmte sich insoweit nach der – nach autonomem deutschem Recht (gem. Art. 20 Brüssel IIa-VO ohne Rücksicht auf die Zuständigkeitsordnung der Brüssel IIa-VO) zu bestimmenden – internationalen Hauptsachezuständigkeit (für die notwendig bereits anhängige Ehesache) (OLG Schleswig IPRspr. 1950/51 Nr. 3; KG FamRZ 1974, 198; OLG Karlsruhe FamRZ 1984, 184), in Eilfällen auch bereits vor Klärung der Hauptsachezuständigkeit (OLG Hamm NJW 1977, 1597). Gleiches galt für einstweilige Verfügungen (OLG Oldenburg IPRax 1991, 136; OLG Karlsruhe FamRZ 1986, 1226). Art. 20 Brüssel IIa-VO hat jedoch für den Bereich der Ehesachen, anders als für Kindschaftssachen (Art. 15 Brüssel IIb-VO), in der Brüssel IIb-VO keine Nachfolgenorm erhalten. Angesichts dessen ist unklar, ob die Öffnung für auf nationales Recht gestützte Maßnahmen bei besonderem Gebietsbezug und besonderer Dringlichkeit auch bei Ehesachen fortgilt. Dagegen könnte sprechen, dass der EuGH schon unter Geltung des Art. 20 Brüssel IIa-VO von einer restriktiv auszulegenden Ausnahmezuständigkeit ausging (EuGH ECLI:EU:C:2009:810 = BeckRS 2010, 90184 – Detiček), was jedenfalls eine Analogie zu Art. 15 Brüssel IIb-VO ausschließen dürfte. Zuständig für Eilmaßnahmen wäre dann nur das nach der Brüssel IIbVO bestimmte Hauptsachegericht.

Ausländisches Recht kann die **gerichtliche Mitwirkung bei Beschränkung, Entziehung oder Wiederherstellung der Befugnis zu Geschäften** zur Deckung des täglichen Bedarfs vorsehen. Hierfür sind deutsche Gerichte sachlich zuständig (Soergel/Schurig Rn. 44; Soergel/Schurig Art. 15 Rn. 61). Internationale und örtliche Zuständigkeit richtet sich doppelfunktional nach § 105 FamFG, § 266 Abs. 1 Nr. 2 FamFG, § 267 FamFG. Der Anspruch ausländischer Gerichte auf ausschließliche Zuständigkeit wird nicht beachtet, vgl. § 267 Abs. 1 S. 2 FamFG (Soergel/Schurig Rn. 44). **82**

**Ansprüche auf Ehewohnung und Haushaltsgegenstände** sind erfasst vom autonomen Begriff des ehelichen Güterstandes in Art. 1 Abs. 2 lit. a Brüssel Ia-VO und Art. 1 Abs. 2 Nr. 1 LugÜ II (Andrae IntFamR § 3 Rn. 7; MüKoBGB/Winkler v. Mohrenfels Art. 17a Rn. 17; Mörsdorf-Schulte in Schröder/Bergschneider FamilienvermögensR Rn. 11.233) und damit aus dem Anwendungsbereich von Brüssel Ia-VO und LugÜ II ausgenommen. Auch die Brüssel IIa-VO gilt hier nicht (vgl. Erwägungsgrund 8 Brüssel IIa-VO). Der internationale Gerichtsstand ergibt sich daher aus autonomem Recht: Über Ehewohnung und Haushaltsgegenstände wird nach §§ 1361a, 1361b BGB im Verfahren der freiwilligen Gerichtsbarkeit entschieden (§ 111 Nr. 5 FamFG) (noch zur aufgehobenen HausratsVO AG München IPRax 1981, 60; BayObLGZ 1953, 102; OLG Hamm FamRZ 1968, 321; OLG Frankfurt FamRZ 1989, 84; OLG Karlsruhe IPRax 1985, 106; Soergel/Schurig Rn. 51). Die internationale Zuständigkeit deutscher Gerichte ergibt sich aus §§ 105, 201 FamFG, wenn es um ein isoliertes Verfahren über Haushaltsgegenstände geht. Bei Anhängigkeit einer Ehesache im Inland ergibt sich eine auch international wirkende **Verbundzuständigkeit** aus § 98 Abs. 2 FamFG, § 137 Abs. 2 Nr. 3 FamFG. Ob diese Zuständigkeit davon abhängig ist, dass das anzuwendende Recht eine entsprechende Sonderregelung für diese Gegenstände kennt, oder schon ausreicht, dass es nur um die Regelung der Rechtsverhältnisse an der Ehewohnung und an Haushaltsgegenständen geht, ist umstritten (gegen Anwendung von § 621 Abs. 1 Nr. 7 ZPO aF, wenn ausländisches Recht anwendbar ist, das eine entspr. Regelung nicht kennt, OLG Stuttgart FamRZ 1997, 1085; OLG Karlsruhe NJW 1997, 202 mwN; dafür OLG Frankfurt FamRZ 2001, 367 mwN; OLG Düsseldorf FamRZ 1995, 1280). Ausf. → Art. 17a Rn. 25 ff. **83**

Die **Anerkennung** ausländischer Entscheidungen der streitigen Gerichtsbarkeit richtet sich, wenn weder Brüssel IIa-VO noch Brüssel Ia-VO mit ihren Anerkennungsvorschriften anwendbar sind, nach § 328 ZPO, von Entscheidungen der freiwilligen Gerichtsbarkeit nach §§ 107 ff. FamFG. Zur Anerkennung iÜ ausf. → Art. 17 Rn. 1 ff. **84**

## V. Innerdeutsches Kollisionsrecht

Bei der Anknüpfung von Ehewirkungen bei Altfällen ist im Hinblick auf die DDR neben dem internationalen auch das interlokale Privat- und Zivilverfahrensrecht zu beachten (ausf. → Art. 13 Rn. 95 ff.). **85**

**Vor der Wiedervereinigung** am 3.9.1990 war das Recht im Verhältnis zur DDR **interlokal gespalten.** Aus westdeutscher Sicht galt Art. 14 Abs. 1 Nr. 2 und 3 und Abs. 3 entspr. (Abs. 2 hatte interlokal keine Funktion): Anstelle der Staatsangehörigkeit war an den gewöhnlichen Aufenthalt anzuknüpfen, bei unterschiedlichem Aufenthalt an den letzten gemeinsamen, bei dessen Fehlen an die engste Verbindung zum Recht eines Gebietes. **86**

In der DDR waren die Art. 14–16 aF EGBGB durch § 16 EGFGB abgeschafft, § 16 EGFGB sodann durch § 15 Abs. 2 Nr. 37 EGZGB vom 19.6.1975 aufgehoben worden. § 16 EGFGB wurde ersetzt durch § 19 RAG (Rechtsanwendungsgesetz) vom 5.12.1975 (GBl. I 748; VOBl. 1976, 9 für Berlin Ost). **87**

§ 19 RAG lautete: „Die persönlichen Beziehungen, die Unterhaltsansprüche und die Vermögensverhältnisse der Ehegatten bestimmen sich nach dem Recht des Staates, dessen Bürger die Ehegatten sind. Sind die Ehegatten Bürger verschiedener Staaten, so ist das Recht der Deutschen Demokratischen Republik anzuwenden." **87.1**

**Nach der Wiedervereinigung** begründet die zeitliche Rechtsspaltung eine fortwirkende Relevanz der ehemals räumlichen Rechtsspaltung: Für die **nach der deutschen Vereinigung** **88**

**eingetretenen Ehewirkungen** (auch solcher vor dem Beitritt geschlossener Ehen) gilt heute im gesamten Bundesgebiet das **BGB,** Art. 234 § 1 (Art. 234 § 1 gilt für alle familienrechtlichen Verhältnisse, Art. 234 § 3 regelt trotz seiner Überschrift „Wirkungen der Ehe im Allgemeinen" nur namensrechtliche Fragen). Nach der in Art. 236 § 2 niedergelegten **intertemporalen Regel** richtet sich für die Zeit vor dem Beitritt die Frage des auf die Wirkungen familienrechtlicher Rechtsverhältnisse anwendbaren Rechts nach dem damaligen – interlokal gespaltenen – IPR. Ob RAG oder EGBGB zum Zuge kommt, wird heute in **entsprechender Anwendung des Art. 14** entschieden, sog **innerdeutsches Kollisionsrecht,** vgl. 1. Aufl. 2003, Art. 236 Rn. 9 ff., 19 (Palandt/Heldrich, 64. Aufl. 2005, Art. 3 Rn. 4, Art. 234 § 3, Art. 236 Rn. 4, abrufbar über www.palandt.beck.de im Palandt-Archiv, Teil II).

## Art. 15 (aufgehoben)

**Schrifttum:** Ebenroth/Eyles, Der Renvoi nach der Novellierung des deutschen Internationalen Privatrechts, IPRax 1989, 1; Henrich, Nochmals: Staatsangehörigkeit und Güterstand deutsch/österreichischer Sowjetzonenflüchtlinge, IPRax 1983, 25; Jäger, Der neue deutsch-französische Güterstand der Wahl-Zugewinngemeinschaft – Inhalt und seine ersten Folgen für die Gesetzgebung und Beratungspraxis –, DNotZ 2010, 804; Kemp, Grenzen der Rechtswahl im internationalen Ehegüter- und Erbrecht, 1999; Krüger, Zur Rückforderung von Ehegeschenken nach türkischem Recht, GS Lüderitz, 2000, 415; Hoischen, Der deutsch-französische Wahlgüterstand in der notariellen Praxis, RNotZ 2015, 317; Lichtenberger, Zu einigen Problemen des Internationalen Familien- und Erbrechts, FS Ferid, 1988, 269; Lorenz, Ehegattenerbrecht bei gemischt-nationalen Ehen – Der Einfluss des Ehegüterrechts auf die Erbquote, NJW 2015, 2157; Ludwig, Zur Anwendbarkeit des Art. 3 Abs. 3 EGBGB im Internationalen Ehegüterrecht bei der Berechnung des Zugewinnausgleichs nach deutschem Recht, DNotZ 2000, 663; Mansel/Thorn/Wagner, Europäisches Kollisionsrecht 2010: Verstärkte Zusammenarbeit als Motor der Vereinheitlichung?, IPRax 2011, 1; Martiny, Das Grünbuch zum Internationalen Ehegüterrecht – Erste Regelungsvorschläge, FPR 2008, 206; Mankowski, Neue Gesetze im deutschen Internationalen Ehe- und Eheverfahrensrecht, NJW 2019, 465; Meyer, Der neue deutsch-französische Wahlgüterstand, FamRZ 2010, 612; Mörsdorf-Schulte, Anknüpfungszeitpunkt und Anpassung bei der Morgengabe, ZfRV 2010, 166; Riering, Gesellschaftsstatut und Ehegüterstatut, IPRax 1998, 322; Schotten, Die Konstituierung des neuen sowie die Beendigung und Abwicklung des alten Güterstandes nach einer Rechtswahl, DNotZ 1999, 326; Rohe, Das islamische Recht, 3. Aufl. 2011; Stoll, Die Rechtswahl im Namens-, Ehe- und Erbrecht, 1991; Stürner, Der neue deutsch-französische Wahlgüterstand als Modell für die Rechtsvereinheitlichung, JZ 2011, 545; Wassermann, Die güterrechtlichen Beziehungen von Übersiedlern aus der DDR, FamRZ 1990, 333; Winkler v. Mohrenfels, Ehebezogene Zuwendungen im Internationalen Privatrecht, IPRax 1995, 379; Wurmnest, Die Mär von der mahr – Zur Qualifikation von Ansprüchen aus Brautgabevereinbarungen, RabelsZ 71 (2007), 527.

### Übersicht



### I. Vorbemerkung zur zeitlichen Anwendbarkeit

1 Der bisherige Art. 15 wird **durch die EuGüVO verdrängt.** Aus Gründen der Rechtsklarheit (vgl. RegE, BT-Drs. 19/4852, 37) ist er daher durch Gesetz vom 17.12.2018 (Art. 2 Nr. 5 IntGüRVGEG, BGBl. 2018 I 2573) mit Wirkung zum 29.1.2019 **aufgehoben** worden. **Intertemporal** bestimmt Art. 229 § 47 Abs. 2 Nr. 2, dass Art. 15 in der bis einschließlich 28.1.2019 gelten-

den Fassung weiter anzuwenden ist, wenn die Ehegatten die Ehe vor dem 29.1.2019 geschlossen haben und ab diesem Zeitpunkt keine Rechtswahl nach der EuGüVO getroffen haben (BGH NJW 2019, 2935 (2937)). Auf die Mehrzahl der sich stellenden internationalgüterrechtlichen Fragen **wird** daher **auf absehbare Zeit der bisherige Art. 15 Anwendung finden** (vgl. zB OLG Saarbrücken NJW-RR 2020, 266; OLG Nürnberg RNotZ 2021, 345 (347); OLG Frankfurt ErbR 2021, 47 (54)). Soweit Art. 15 aF auf Art. 14 verweist, ist zu beachten, dass die Verweisung, nachdem Art. 14 ebenfalls geändert worden ist, auf Art. 14 aF erfolgt (vgl. zB OLG Frankfurt ErbR 2021, 47 (54)). Zum Wortlaut → Rn. 1.1. Durch Gesetz vom 4.5.2021 (BGBl. I 882) ist **Art. 15 neu gefasst** und wird mit folgendem Wortlaut ab dem 1.1.2023 anwendbar sein: „In Angelegenheiten der Gesundheitssorge, die im Inland wahrgenommen werden, ist § 1358 der Bürgerlichen Gesetzbuchs auch dann anzuwenden, wenn nach anderen Vorschriften insoweit ausländisches Recht anwendbar wäre." Der gleichzeitig in Kraft tretende § 1358 BGB regelt die gegenseitige Vertretung von Ehegatten in Angelegenheiten der Gesundheitssorge.

Der bisherige Art. 15 aF lautete: **1.1**

**Art. 15 EGBGB aF Güterstand**

(1) Die güterrechtlichen Wirkungen der Ehe unterliegen dem bei der Eheschließung für die allgemeinen Wirkungen der Ehe maßgebenden Recht.

(2) Die Ehegatten können für die güterrechtlichen Wirkungen ihrer Ehe wählen

1. das Recht des Staates, dem einer von ihnen angehört,
2. das Recht des Staates, in dem einer von ihnen seinen gewöhnlichen Aufenthalt hat, oder
3. für unbewegliches Vermögen das Recht des Lageorts.

(3) Artikel 14 Abs. 4 gilt entsprechend.

(4) Die Vorschriften des Gesetzes über den ehelichen Güterstand von Vertriebenen und Flüchtlingen bleiben unberührt.

## II. Regelungskonzept

Die güterrechtlichen Wirkungen (Rechtsfolgen) einer Ehe **unterscheiden sich im internationalen Vergleich erheblich:** Manche nationale Rechte gehen mehr von der Gütertrennung aus, andere mehr von einer Errungenschaftsgemeinschaft; dem common law ist das Ehegüterrecht als Kategorie unbekannt (Martiny FPR 2008, 206 mwN; zum common law auch OLG Celle FamRZ 2009, 359). Art. 15 aF verweist für die güterrechtlichen Wirkungen auf die gesamte Vorschrift des Art. 14 aF für die Anknüpfung von Ehewirkungen. Allerdings ist die Anknüpfung des Güterrechtsstatuts fixiert auf den Zeitpunkt der Eheschließung (Unwandelbarkeit, → Rn. 81 ff.) während das allgemeine Ehewirkungsstatut sich im Verlaufe der Ehe ändern kann (Wandelbarkeit, → Art. 14 Rn. 65). **2**

Der **Gleichlauf von Ehewirkungsstatut und Güterrechtsstatut** fördert die einheitliche Anknüpfung aller Rechtsbeziehungen der Ehegatten untereinander und – infolge entsprechender Verweisungen aus dem internationalen Kindschaftsrecht auf das deshalb sog „Familienstatut" des Art. 14 aF (→ Art. 14 Rn. 1) – auch im Verhältnis zu ihren Kindern. Die Verweisung nach Abs. 1 gilt – unbeschadet der für das Güterrechtsstatut isoliert vorgesehenen Rechtswahlmöglichkeit nach Abs. 2 – für das durch objektive Anknüpfung ebenso wie für das durch Rechtswahl bestimmte Ehewirkungsstatut. Mit einer (rechtzeitigen; zum Anknüpfungszeitpunkt → Rn. 81 ff.) Wahl des Rechts ihrer allgemeinen Ehewirkungen gemäß Art. 14 aF Abs. 2, 3 legen die Ehegatten daher ohne weiteres auch das Güterrecht fest. **3**

Bei **Teilnahme eines Ehegatten am inländischen Rechtsverkehr** ist Art. 16 aF zu beachten, der gutgläubige Dritte schützt und Eintragungen eines fremden Güterstandes in das deutsche Güterrechtsregister erforderlich machen kann. **4**

Im deutschen IPR herrscht der **Grundsatz der Einheit des Güterrechts:** Die gesamte güterrechtliche Rechtsbeziehung wird von einem Recht beherrscht, unabhängig vom Lageort der einzelnen Vermögensgegenstände (Mobilien und Immobilien). Eine Durchbrechung des Grundsatzes der Einheit kann sich aber im Wege des **renvoi** ergeben (Art. 4 Abs. 1), wenn das durch Art. 15 Abs. 1 aF berufene Güterrechtsstatut auf das Recht des Lageortes der Immobilie weiterverweist (Teilweiterverweisung), oder auch beim **Vorrang des Belegenheitsstatuts** gemäß Art. 3a Abs. 2 aF, wenn dieses eine kollisionsrechtliche Spaltung (die sich daraus ergebende Spaltung des Güterrechtsstatuts erstreckt sich auf die Durchführung eines Zugewinnausgleichs; aA Ludwig DNotZ 2000, 663) des Güterrechtsstatuts für Immobilien und Mobilien vorsieht (→ Rn. 95) (BayObLGZ 71, 34; KG NJW 1973, 428) oder schließlich auf Grund der in Abs. 2 Nr. 3 zugelassenen (partiellen) Rechtswahl der lex rei sitae für unbewegliches Vermögen (→ Rn. 69 ff.). **5**

6 Eine Mehrzahl anwendbarer Güterrechte ließ sich durch gleichsam absichernde **Rechtswahl** (nach Art. 15 Abs. 1 aF iVm Art. 14 Abs. 3 aF oder Art. 15 Abs. 2 Nr. 1 und 2 aF; bei Art. 15 Abs. 1 aF iVm Art. 14 Abs. 2 aF ist die Anwendung des Art. 4 Abs. 2 allerdings nicht sicher, → Art. 14 aF Rn. 54) insofern vermeiden, als Art. 4 Abs. 2 dann fremdes Kollisionsrecht ausschaltet. Findet **sachrechtlich** französisches oder deutsches Güterrecht Anwendung, so bietet das deutsch-französische Güterrechtsabkommen den Ehegatten einen **internationalen Wahlgüterstand** (→ Rn. 31) an.

7 Bei **Altehen** sind wegen der unwandelbaren (→ Rn. 74 ff.) Anknüpfung und der Änderung der kollisionsrechtlichen Rechtslage in den Jahren 1953, 1983 und 1986 intertemporale Besonderheiten zu beachten, die in Art. 220 Abs. 3 detailliert geregelt sind (→ Rn. 101).

8 Bei vor Aufnahme in die Bundesrepublik geschlossenen Ehen **volksdeutscher** Vertriebener, Flüchtlinge und Übersiedler unterliegt die Unwandelbarkeit Einschränkungen (→ Rn. 76 ff.).

## III. Vorrangige Sonderregelungen in Staatsverträgen (Art. 3 Nr. 1, 2)

9 **1. Haager Ehewirkungsabkommen.** Das Haager Abkommen betreffend den Geltungsbereich der Gesetze in Ansehung der Wirkungen der Ehe auf die Rechte und Pflichten der Ehegatten in ihren persönlichen Beziehungen und auf das Vermögen der Ehegatten vom 17.7.1905 (RGBl. 1912, 453 (475), Bek. vom 14.1.1955, BGBl. II 188; abrufbar über www.hcch.net) ist von der Bundesrepublik zum 23.8.1987 **gekündigt** worden (Bek. vom 26.2.1986, BGBl. II 505). Es galt zuletzt nur noch im Verhältnis zu Italien – hier mit der Maßgabe, dass der wegen Verstoßes gegen Art. 3 Abs. 2 GG nicht angewandte Art. 2 Abs. 1 Haager Ehewirkungsabkommen durch entsprechende Anwendung von Art. 220 Abs. 3 ersetzt wurde (Bericht RA, BT-Drs. 10/5632, 46).

10 **2. Haager Abkommen über das auf Ehegüterstände anzuwendende Recht.** Vertragsstaaten des Abkommens vom 14.3.1978 sind seit dem 1.9.1992 Frankreich, Luxemburg und die Niederlande (abgedruckt in RabelsZ 41 (1977), 554 und abrufbar über www.hcch.net; Schrifttumsnachweise bei Soergel/Schurig Rn. 82 Fn. 67). Von Deutschland ist es noch nicht gezeichnet. Nach Art. 2 gilt es als sog „loi uniforme" auch gegenüber Angehörigen von Drittstaaten. Es kann daher infolge einer Gesamtverweisung auf das Recht eines Abkommensstaates anwendbar sein (OLG Düsseldorf FGPrax 2000, 5).

11 **3. Deutsch-iranisches Niederlassungsabkommen vom 17.2.1929.** Art. 8 Abs. 3 Dt.-Iran. NiederlAbk enthält eine kollisionsrechtliche Regelung auch des Güterstatuts mit Anknüpfung an das gemeinsame Heimatrecht (zur Morgengabe bei iranischen Eheleuten Frankfurt NZFam 16, 1112). Das Abkommen ist aber nur dann anwendbar, wenn beide in Deutschland sich aufhaltenden Ehegatten nur die iranische Staatsangehörigkeit haben oder umgekehrt im Iran beide Ehegatten nur die deutsche Staatsangehörigkeit besitzen (→ Art. 14 Rn. 4 mwN).

12 **4. EU-Verordnung zum internationalen Ehegüterrecht.** Am 28.7.2016 ist die EuGüVO zum internationalen Ehegüterrecht in Kraft getreten. Sie vereinheitlicht neben dem Kollisions- auch das Zuständigkeits- und Anerkennungsrecht. Für eingetragene Lebenspartnerschaften und Funktionsäquivalente ist parallel hierzu eine entsprechende Verordnung in Kraft getreten (EuPartVO). Da bei familienrechtlichen Projekten, anders als etwa beim Projekt zum Internationalen Erbrecht (EuErbVO), im Rat nach Anhörung des Europäischen Parlaments Einstimmigkeit erforderlich ist (Art. 81 Abs. 3 AEUV), konnte die Verabschiedung, wie schon diejenige der Rom III-VO im Jahr 2012 (→ Art. 17 Rn. 8) nur im Wege der „verstärkten Zusammenarbeit" (Art. 20 EUV, Art. 326 ff. AEUV) gelingen, an der hier 19 Mitgliedstaaten teilnahmen (neben der Bundesrepublik Deutschland sind dies Belgien, Bulgarien, Finnland, Frankreich, Griechenland, Italien, Kroatien, Luxemburg, Malta, die Niederlande, Österreich, Portugal, Schweden, Slowenien, Spanien, die Tschechische Republik und Zypern) (einführend Dutta FamRZ 2016, 1973; Finger FuR 2016, 640; Henrich ZfRV 2016, 171; Kohler/Pintens FamRZ 2016, 1509; Kroll-Ludwigs GPR 2016, 231; Kroll-Ludwigs NZFam 2016, 1061; Mansel/Thorn/Wagner IPRax 2017, 1 (4 ff.); Rodríguez Rodrigo/Miller NZFam 2016, 1065; Weber DNotZ 2016, 659. Speziell zur Zuständigkeitsordnung Simotta ZVglRWiss 116 (2017), 44. Zur Abgrenzung zur EuErbVO vgl. Mankowski ZEV 2016, 479; Weber DNotZ 2016, 424. Zum geplanten deutschen Durchführungsrecht vgl. Heiderhoff IPRax 2017, 231). Die Verordnung gilt in den teilnehmenden Mitgliedstaaten ab dem 29.1.2019 (zum Übergangsrecht vgl. Art. 69 EuGüVO). Zum Staatsvertrag über den **deutsch-französischen Wahlgüterstand** (WZGA), der keine Harmonisierung im Bereich des Kollisionsrechts, sondern des Sachrechts zum Gegenstand hat, → Rn. 31.

### IV. Anknüpfungsgegenstand

Die „güterrechtlichen Wirkungen der Ehe" sind gleichbedeutend mit einer gesetzlich oder vertraglich begründeten Sonderrechtsordnung für das Vermögen der Ehegatten, deren inhaltliche Ausgestaltung oder Abwicklung nach Auflösung der Ehe gesonderten Abwicklungsbestimmungen unterliegt (BT-Drs. 19/504, 57; OLG Hamm FamRZ 1992, 965), oder in der von einer weiteren Regelung ganz abgesehen wird (Gütertrennung). Erfasst sind **Entstehung, Wirkungen** und **Beendigung** der Sonderordnung und damit verbundener Rechte und Pflichten der beteiligten Ehegatten. Entscheidend für die Einordnung der Ehewirkungen als güterrechtlich ist deren **Funktion** in der Rechtsordnung, in der sie ihren Ursprung haben. Wegen der unwandelbaren objektiven Anknüpfung des Ehegüterrechts ist die **Abgrenzung** zu Scheidungsfolgenstatut und Erbstatut bedeutsam. 13

**1. Ehe.** Die Anwendung des Art. 15 aF setzt zunächst die Beantwortung der Frage voraus, ob eine Ehe besteht oder bestand. Diese ist als Vorfrage (Erstfrage) **selbständig anzuknüpfen** (ausf. → Rn. 89 ff.). 14

Der kollisionsrechtliche **Ehebegriff** des Art. 15 aF deckt sich mit demjenigen der Art. 13 und Art. 14 (→ Art. 13 Rn. 17 ff.), umfasst also etwa nicht die in Art. 17b geregelten eingetragenen Lebenspartnerschaften zwischen homosexuellen Partnern und nicht die eheähnlichen Lebensgemeinschaften (zu deren Anknüpfung → Art. 13 Rn. 18 f.; → Art. 14 Rn. 6). Die güterrechtlichen Wirkungen von **formalisierten Lebensgemeinschaften** fremder Rechte (zB brasilianische Vertragsehe oder unión de hecho) dürften nach Art. 15 (analog) zu bestimmen sein (ähnlich MüKoBGB/Siehr, 6. Aufl. 2015, Rn. 189). 15

**2. Güterrechtliche Wirkungen. a) Qualifikation.** „Güterrechtliche Wirkungen" sind, den allgemeinen Regeln entsprechend, nach dem Begriffsverständnis des deutschen Rechts unter funktionaler Erfassung der betreffenden ausländischen Regelung und deren Selbstverständnisses zu qualifizieren. Erfasst sind alle Regeln, die für das **Vermögen der Ehegatten** während der Ehe **eine besondere Ordnung** entweder schaffen oder explizit ausnehmen bzw. die nach Eheauflösung für vermögensrechtliche Abwicklung sorgen (BT-Drs. 10/504, 57; OLG Hamm FamRZ 1992, 965; Palandt/Thorn, 78. Aufl. 2019, Rn. 25); es geht um das Verhältnis, in dem das gegenwärtige und künftige Vermögen des Mannes und der Frau während der Ehe und der Zeit ihrer Abwicklung zueinander stehen (Gernhuber/Coester-Waltjen FamR § 31 Rn. 1). 16

**b) Einzelne güterrechtliche Wirkungen. aa) Gesetzlicher Güterstand.** Vom Güterrechtsstatut beherrscht werden zunächst **Entstehung und Änderung** des gesetzlichen Güterstandes anlässlich der Eheschließung. 17

Dazu gehört die **Maßgeblichkeit eines von mehreren Güterständen** einer Rechtsordnung, die Wirkung eines Güterstandes, die Unterscheidung von Gütermassen und die Zuordnung von Gegenständen zu einem Güterstand (zB Erwerb unter Lebenden ins Gesamtgut, Erwerb von Todes wegen ins Vorbehaltsgut) (OLG Oldenburg Rpfleger 1991, 412; BayObLGZ 1992, 85; OLG Hamm FamRZ 1999, 300). 18

Weiterhin gehören zu den güterrechtlichen Wirkungen etwa die **Zusammensetzung der Gütermassen** nach dem entstandenen gesetzlichen Güterstand, Eigentumsverhältnisse, Verwaltungs- und Nutzungsrechte durch einen oder beide Ehegatten (OLG Köln NJW-RR 1998, 865; OLG Celle IPRax 1999, 113) (Berechtigung zur Nutzung, Art und Weise und Verwendungszweck der Nutzungen; Mitberechtigung an Konto), sowie Zustimmungs- und Kontrollrechte des jeweils nicht verwaltenden Ehegatten; Besitz- und Verfügungsrechte, Verfügungs- und Erwerbsverbote oder -beschränkungen infolge des Güterstandes (Beachtung auch im Grundbuchverkehr, auch im Zusammenhang mit Auflassungsvormerkung (vgl. zum Zustimmungserfordernis der Ehefrau zur Verfügung bei Erwerb eines kraft gesetzlicher Vermutung zum Gesamtgut zählenden Grundstücks bei luxemburgischem gesetzlichen Güterstand der Errungenschaftsgemeinschaft OLG Saarbrücken FamRZ 2020, 1468); §§ 1365, 1369 BGB), die dingliche Berechtigung an Gesellschaftsanteilen bei Eheleuten in Gütergemeinschaft und die Notwendigkeit gerichtlicher Genehmigungen, wenn vom Güterstand vorgesehen. 19

Fragen der **Verwaltung und Nutznießung** sowie der Schuldenhaftung im Innen- und Außenverhältnis unterstehen ebenfalls dem Güterrechtsstatut. 20

Zu den güterrechtlichen Wirkungen gehören ferner: 21

- güterstandsabhängige Sorgfaltspflichten bei der Verwaltung und bei deren Verletzung die Frage der **Haftung** der Ehegatten untereinander;
- Auskunftsansprüche und -pflichten betr. Vermögensverwaltung und Vermögensbestand (bei Fehlen im Güterrechtsstatut durch Anpassung zu ergänzen; hilfsweise Ehewirkungsstatut);

- Fragen der Auseinandersetzung einschließlich **Auskunftspflicht,** Fragen der **Sicherheitsleistung** für güterrechtliche Ansprüche;
- Folgerungen des Ehegüterrechts für das Unterhaltsrecht und Prozesskostenvorschusspflicht, ggf. Anpassung, wenn das ausländische Güterrechtsstatut diese Ansprüche nicht kennt;
- die güterstandsabhängige Haftung eines Ehegatten für die Verbindlichkeiten des anderen gegenüber Dritten und die Ausgleichspflicht der Ehegatten untereinander;
- die Frage des Bestehens einer Gesellschaft zwischen den Ehegatten;
- Gesellschaftsverbot unter Ehegatten;
- Rechte zur Geltendmachung der Rechte des anderen Ehegatten und die materiellrechtliche Klagebefugnis zur gerichtlichen Geltendmachung von Rechten;
- der Einfluss der Scheidung/Trennung auf das Güterrecht (zB Verpflichtung zur Rückgabe der Mitgift).

22 Das Güterrechtsstatut beherrscht schließlich sämtliche Fragen der **Beendigung** eines Güterstandes, nämlich

- alle Fragen der Gründe (Beendigung der Ehe, Pflichtverletzung iSv § 1386 BGB; gesetzliche Trennung), Art und Weise der Beendigung des gesetzlichen Güterstandes durch Tod, Scheidung oder sonstiger Auflösung der Ehe (Aufhebung, Nichtigerklärung, Trennung von Tisch und Bett);
- Fragen der **vorzeitigen Aufhebung** vor Auflösung der Ehe wegen Pflichtverletzung eines Ehegatten, und aller damit zusammenhängender Ansprüche auf Rechnungslegung und Auskunft (MüKoBGB/Siehr, 6. Aufl. 2015, Rn. 69 f.);
- Fragen zum Nießbrauch an Vermögenswerten des Partners bei Beendigung des Güterstandes (AG Frankfurt IPRspr. 1991 Nr. 80);
- anlässlich der Beendigung des Güterstandes Fragen der Entschädigung für die Nutzung eines beiden Partnern zugewiesenen Vermögensgegenstandes (OLG München IPRspr. 1993 Nr. 59);
- die **Auseinandersetzung** zwischen den Ehegatten und ihren Rechtsnachfolgern, Auskunftsansprüche betr. das Vermögen (bzw. dem von diesem berufenen Scheidungsstatut) (OLG Hamm NJW-RR 1992, 1220; OLG Koblenz NJW-RR 1994, 648);
- die Ersetzung des aufgelösten Güterstandes durch Gütertrennung oder durch **fortgesetzte Gütergemeinschaft** zwischen dem überlebenden Ehegatten und den gemeinschaftlichen Abkömmlingen (BGH FamRZ 1982, 358; OLG Düsseldorf NJW-RR 1994, 453).

23 **bb) Wahlgüterstände.** Unter Art. 15 Abs. 1 und 2 aF fällt auch die Frage, ob und mit welchem Inhalt Ehegatten einen Ehevertrag und damit einen vertragsmäßig bestimmten Güterstand abschließen, ändern und aufheben können (BGH NJW-RR 2011, 1410). Sonderanknüpfung von **Teilfragen** (Geschäftsfähigkeit Art. 7, → Rn. 27, Form Art. 11, → Rn. 34) oder von deutschem Recht zum Schutz des inländischen Rechtsverkehrs (Art. 16) ist daneben zu beachten.

24 **(1) Abschluss eines Ehevertrags..** Der Ehevertrag kann nach deutschem Recht vor und nach der Eheschließung geschlossen werden. Sieht ausländisches Ehegüterstatut einen **nachträglichen Ehevertrag** nicht vor, so können sich die Ehegatten diese Möglichkeit durch nachträgliche Wahl eines entsprechenden Rechts verschaffen, so etwa durch Wahl des deutschen Rechts unter den Voraussetzungen des Abs. 2 Nr. 1 oder 2 für das gesamte eheliche Vermögen oder unter den Voraussetzungen von Abs. 2 Nr. 3 für das im Inland belegene Vermögen (Soergel/Schurig Rn. 51).

25 Ist mit dem Ehevertrag die Wahl eines anderen Güterstatuts verbunden (wird also nicht nur eine **sachrechtliche Wahl** zugunsten eines Wahlgüterstandes getroffen, sondern zugleich auch eine **kollisionsrechtliche Wahl** zwischen den nach Art. 14 aF, 15 aF wählbaren Rechtsordnungen), so beherrschen dann dessen Sachnormen die güterrechtlichen Wirkungen der Ehe (Soergel/Schurig Rn. 48). Kollisionsrechtliche Wirksamkeit der Wahl setzt aber die Beachtung der Formalien des Art. 15 Abs. 3 aF iVm Art. 14 Abs. 4 aF voraus. Ohne Einhaltung der notariellen Form, könnte ein solcher Vertrag mithin nur bei Vertragsschluss im Ausland wirksam sein (→ Rn. 74).

26 Der Ehevertrag muss nach Maßgabe des geltenden Ehegüterstatuts **zulässig** sein, das auch über die Notwendigkeit etwaiger **Genehmigungen** und das Vorliegen oder Fehlen von **Willensmängeln** entscheidet. Kennt das gewählte ausländische Güterstatut einen Ehevertrag nicht, so ist das zu respektieren (MüKoBGB/Siehr, 6. Aufl. 2015, Rn. 76).

27 Die allgemeine **Geschäftsfähigkeit** zum Abschluss des Vertrages richtet sich nach dem Heimatrecht der Vertragschließenden (Art. 7 Abs. 1) (MüKoBGB/Siehr, 6. Aufl. 2015, Rn. 77; Soergel/Schurig Rn. 55 mwN). Als familienrechtliches Rechtsgeschäft wird der Ehevertrag nicht von Art. 12 S. 1 erfasst. Das Güterstatut beherrscht die Geschäftsfähigkeit, soweit für den Ehevertrag besondere Regeln vorgehalten werden (Soergel/Schurig Rn. 55; Staudinger/Mankowski, 2011,

Rn. 311, zB Altersobergrenze nach portugiesischem und brasilianischem Recht, Rn. 309; Looschelders Rn. 8).

Wird zusammen mit dem Ehevertrag ein Erbvertrag geschlossen, bleibt für den Erbvertrag das Erbstatut maßgeblich. Ob ein Ehevertrag zur **Umgehung eines Erbvertrags** gedacht und deshalb wegen Gesetzesumgehung unwirksam ist, bestimmt sich nach Güterrechtsstatut und inländischem IPR (→ EinlIPR Rn. 75 f.). **28**

**(2) Inhalt.** Über Inhalt und Wirkungen eines Ehevertrages sowie die Zulässigkeit seiner Abänderung und Ergänzung entscheidet ebenfalls das Güterrechtsstatut. Das Gleiche gilt für die Ersetzung durch Güterstatut vorgeschriebener ausländischer Vertragstypen. **29**

Zulässiger Inhalt eines Ehevertrages ist die Schaffung, Änderung oder Beendigung eines Güterstandes. Der Ehevertrag ist deshalb nicht bloßer Auseinandersetzungsvertrag (Soergel/Schurig Rn. 45). Zum Inhalt des Ehevertrages kann auch gehören, ob Vorbehaltsgut begründet werden darf oder ob Zuwendungen an Dritte zulässig sind. Auch ob Verfügungen von Todes wegen im Ehevertrag zulässig sind, entscheidet das Güterstatut. Zur Änderung gehören zB Veränderungen in der Verwaltung des Gesamtgutes, Erklärung von Vorbehaltsgut zu Gesamtgut und von Gesamtgut zu Vorbehaltsgut. Hierbei ist die Abgrenzung zu anderen, gesondert anzuknüpfenden nichteherechtlichen Rechtsverhältnissen zwischen den Ehegatten oder im Verhältnis zu Dritten zu beachten. **30**

Nach dem Abkommen zwischen der Bundesrepublik Deutschland und der Französischen Republik über den **Güterstand der Wahl-Zugewinngemeinschaft** vom 4.2.2012 (ratifiziert mit Gesetz vom 15.3.2012, BGBl. II 178) können Ehegatten im Falle der Anwendbarkeit deutschen oder französischen Güterstatuts (Art. 1 WZGA) einen durch das vereinheitlichte Sachrecht der Art. 2–18 WZGA ausgestalteten Güterstand wählen (Meyer FamRZ 2010, 612 ff.; Jäger DNotZ 2010, 804 ff.; Stürner JZ 2011, 545 ff.). Der neue Güterstand steht auch rein deutschen oder rein französischen Ehen oder Lebenspartnerschaften offen. Die Umsetzung in deutsches Sachrecht findet sich in § 1519 BGB, § 7 S. 2 LPartG. Der Güterstand ist mit geringfügigen französisch inspirierten Modifikationen der deutschen Zugewinngemeinschaft nachgebildet. Durch seine Wahl lassen sich die höheren gesetzlichen Ehegattenerbteile des deutschen Rechts vermeiden oder es lässt sich auch, im Falle eines hohen Zugewinnausgleichsanspruchs, dem überlebenden Ehegatten eine besonders starke Stellung verschaffen (ausf. Hoischen RNotZ 2015, 317). Andere EU-Staaten können dem Staatsvertrag beitreten (Art. 21 WZGA). **31**

Kommt deutsches Güterrecht zur Anwendung, so ist nach § 1409 BGB eine bloße globale sachrechtliche **Verweisung auf einen Güterstand ausländischen Rechts** im Ehevertrag („Stichwortvertrag“) unzulässig. Entscheidend und erlaubt ist bei Rechtswahl hingegen die Bestimmung ausländischen Güterrechtsstatuts nach den Vorgaben von Art. 15 Abs. 2 für den Ehevertrag insgesamt, der dann auch dem gewählten Recht gemäß abzuschließen ist (Soergel/Schurig Rn. 52). Zulässig ist aber auch die wortgetreue oder wenigstens eingepasste **Inkorporation** ausländischer Bestimmungen in den Ehevertrag, allerdings unter Beachtung der zwingenden Vorschriften der § 1408 Abs. 2 S. 2 BGB und § 1413 BGB (MüKoBGB/Siehr, 6. Aufl. 2015, Rn. 85). **32**

**Handeln unter falschem,** nicht der objektiven Anknüpfung entsprechenden **Recht** (allg. → EinlIPR Rn. 95) kann möglicherweise **als Rechtswahl** nach Art. 15 Abs. 2 aF ausgelegt werden. Auch hier setzten freilich die Formerfordernisse des Art. 15 Abs. 3 aF iVm Art. 14 Abs. 4 aF Grenzen: Ohne notarielle Form, bei der wohl auch Ausdrücklichkeit zu verlangen wäre, würde eine solche Auslegung oder gar Annahme einer konkludenten Wahl nur bei Handeln im Ausland und einem entspr. großzügigen Orts- oder Geschäftsstatut nach Art. 15 Abs. 3 aF iVm Art. 14 Abs. 4 S. 2 aF in Betracht kommen. Scheidet das aus, sollte der Parteiwille im Wege der Ausschöpfung von Auslegungsspielräumen des tatsächlich geltenden Ehegüterstatuts möglichst weitgehend verwirklicht werden. Ist das nicht möglich und sind für die Parteien wesentliche Vertragsteile nach anwendbarem Ehegüterstatut nicht wirksam, ist der gesamte Ehevertrag unwirksam (MüKoBGB/Siehr, 6. Aufl. 2015, Rn. 86). **33**

**(3) Form.** Die Formerfordernisse des Ehevertrages sind nach dem über Art. 11 Abs. 1–3 ermittelten Formstatut gesondert anzuknüpfen (BGH NJW-RR 2011, 1410 mAnm Mörsdorf-Schulte LMK 2011, 322656). Maßgeblich ist daher iS eines favor negotii alternativ das Recht des Abschlussortes (Art. 11 Abs. 1 Alt. 1) oder das Güterstatut (Art. 11 Abs. 1 Alt. 2 iVm Art. 15) selbst, wobei aber bei besonders schwacher Ortsform ein Verstoß gegen den deutschen ordre public (Art. 6) zu prüfen ist (Mörsdorf-Schulte LMK 2011, 322656). Davon zu unterscheiden sind die (strengeren) Formerfordernisse des Rechtswahlvertrages, die auch bei Verbindung mit den sachrechtlichen Regelungen eines Ehevertrags zu beachten sind (→ Rn. 25). **34**

35 **(4) Beendigung.** Abänderung und Aufhebung des Ehevertrages, Auseinandersetzung und Fortsetzung zwischen dem überlebenden Ehegatten und den gemeinsamen Abkömmlingen unterliegen dem Ehegüterstatut. Wird der vertragliche Güterstand, etwa durch Auflösung auf Verlangen eines oder beider Ehegatten, noch während der Ehe beendet, so entscheidet das auf den Vertrag anwendbare Güterrechtsstatut auch darüber, welcher gesetzliche Güterstand an die Stelle des vertraglichen tritt und wie der Übergang geregelt ist (MüKoBGB/Siehr, 6. Aufl. 2015, Rn. 90). Anders liegt es nur, wenn mit der Auflösung des Ehevertrages auch die kollisionsrechtliche Rechtswahl aufgehoben oder durch eine neue ersetzt wird. Dann entscheidet das objektiv angeknüpfte Ehegüterstatut bzw. das neu gewählte Recht.

36 **c) Abgrenzung.** In Bezug auf die einzelnen Vermögensgegenstände vorgenommene Rechtshandlungen führen zu Berührungspunkten des Güterstatuts mit zahlreichen anderen Statuten:

37 **aa) Gegenüber Schuldrecht.** Rechtsbeziehungen zu Dritten unterstehen zunächst jeweils dem Recht, das das einzelne Rechtsverhältnis beherrscht. Dies gilt grds. auch für Rechtsbeziehungen der Ehegatten untereinander. So unterliegen etwa vertragliche schuldrechtliche Beziehungen unter Ehegatten und deren (Rück-)abwicklung prinzipiell dem Schuldstatut (Art. 3 ff. Rom I-VO, auch der Arbeitsvertrag zwischen Ehegatten) (BGHZ 119, 392 (396 ff.) = NJW 1993, 385: unbenannte Zuwendungen unter Ehegatten; insoweit aA → Rn. 39; Palandt/Thorn, 78. Aufl. 2019, Rn. 25; aA Winkler v. Mohrenfels IPRax 1995, 379) bzw. dem Gesellschaftsstatut. Gesetzliche Schuldverhältnisse (GoA, ungerechtfertigte Bereicherung, unerlaubte Handlung) unterliegen den hierfür geltenden **besonderen Schuldstatuten** (Rom II-VO bzw. Art. 38–42, soweit sie daneben fortgelten). Es kann aber zu einem Zusammenspiel dieser jedenfalls als **Ausgangspunkt** heranzuziehenden Schuldstatute mit dem Güterstatut kommen:

38 Denn **spezielle güterrechtliche Rechtsfolgen oder Tatbestandsvoraussetzungen** der Rechtsbeziehungen werden güterrechtlich beurteilt (Soergel/Schurig Rn. 37). Soweit das Güterstatut für bestimmte Verträge Einschränkungen vorsieht, etwa Ehegattengesellschaften oder Arbeitsverträge verbietet (RGZ 193, 367 (376): belg. Verbot von Ehegattengesellschaft; FG Düsseldorf RIW 197, 644: niederländisches Verbot von Arbeitsverträgen; Palandt/Thorn, 78. Aufl. 2019, Rn. 25; Erman/Hohloch, 15. Aufl. 2017, Rn. 36), ist dies daher zu beachten, auch wenn der Vertrag sich iÜ nach Schuldstatut richtet (Hausmann in Reithmann/Martiny IntVertragsR Rn. 6040; zu ehewirkungsrechtlichen Verboten → Art. 14 Rn. 17). Über die dingliche Berechtigung von in Güter- oder Errungenschaftsgemeinschaft lebenden Ehegatten an einer Kapitalgesellschaft herrscht das Güterstatut und nicht das Gesellschaftsstatut (Kropholler IPR § 45 IV 2; Riering IPRax 1998, 322); denn hier geht es um die vermögensrechtliche Zuordnung. Ebenso beherrscht das Güterstatut die vom Güterstand abhängige Zugehörigkeit einer Forderung zum Vorbehaltsgut, die Haftung eines Ehegatten für Verbindlichkeiten des anderen und Fragen der Mitberechtigung am Bankkonto.

39 Die Rückabwicklung ehebedingter **unbenannter Zuwendungen** (Definition der unbenannten Zuwendung vgl. BGHZ 142, 137 (147) = NJW 1999, 2962: Rechtsgeschäft sui generis mit familienrechtlichem Charakter, das zur Vermögensmehrung des anderen Ehegatten führt und dessen Zweck nach dem übereinstimmenden Willen der Parteien ein Beitrag zur Ausgestaltung, Erhaltung oder Sicherung der ehelichen Lebensgemeinschaft ist) unterliegt nach Art. 10 Abs. 1 Rom II-VO bzw. Art. 38 Abs. 1 dem der Zuwendung zugrunde liegenden Rechtsverhältnis, was hier das Ehegüterrecht ist. Denn es geht um im Interesse der Lebensgemeinschaft getätigte Vermögensbeiträge eines Ehegatten an den anderen. Auch besteht ein besonderes Bedürfnis nach Rechtssicherheit, dem am besten die mit der Anknüpfung an Art. 15 aF gewährleistete Unwandelbarkeit Rechnung trägt (Andrae IntFamR § 3 Rn. 158 ff.; Hausmann in Reithmann/Martiny IntVertragsR Rn. 6041; Winkler v. Mohrenfels IPRax 1995, 381; unklar Looschelders Art. 14 Rn. 4; aA BGHZ 119, 392 (396 ff.) = NJW 1993, 385: Vertragsstatut; BGHZ 183, 287 = NJW 2010, 1528: Ehewirkungsstatut (bei Deutung eines Brautgabeversprechens als ehebedingte Zuwendung)).

40 **bb) Gegenüber Sachenrecht und Forderungsstatut.** Der reine Vollzug jeder vom Ehegüterrecht angeordneten **Verfügung** richtet sich nach Belegenheitsstatut. Eigentumserwerb, Besitz, Entstehen beschränkt dinglicher Rechte, Übergang oder Untergang dinglicher Rechte unterstehen dem Recht des Lageortes der betreffenden Sache (lex rei sitae), ebenso die dingliche Rechtslage (OLG Köln NJW-RR 1994, 200; aA LG Berlin FamRZ 1993, 198; LG Tübingen NJW-RR 1992, 1096) und der Anspruch auf **Herausgabe** des persönlichen Eigentums infolge der Scheidung sowie Voraussetzungen und Wirkungen sachenrechtlicher Rechtsgeschäfte (Erwerb von Allein-

oder Miteigentum der Ehegatten OLG Köln NJW-RR 1994, 200; aA LG Berlin FamRZ 1993, 198). Bei Forderungen gilt das Schuldstatut.

Das die Sache oder Forderung beherrschende Statut regelt aber nur Tatbestand und Rechtsfolge der Verfügung selbst. Über die innereheliche Verteilung der Rechte und Pflichten bzw. ihrer einzelnen Aspekte entscheidet hingegen das Güterrecht, nämlich über Einflüsse auf die Besitzlage, die Art des gemeinschaftlichen Eigentums, die Zuordnung eines Gegenstandes zu einer von mehreren Gütermassen oder über die Verfügungsbefugnis eines Ehegatten (Erfordernis der Zustimmung der Ehefrau bei Verfügung des Ehemanns über zum Gesamtgut zählendes Grundstück nach Art. 1424 Abs. 1 C.C. Luxemburg OLG Saarbrücken NJW-RR 2020, 266). Güterrechtlich angeordnete Entstehung eines Rechts am Gegenstand und Rechtsfolgen dürfen indes nicht dem die Einzelgegenstände beherrschenden Recht widersprechen (einschr. Soergel/Schurig Rn. 36 für den Fall deutschen Einzelgegenstandsstatuts, weil ausreichender Schutz durch Art. 16 aF und Regeln des gutgläubigen Erwerbs im Sachenrecht bestehe). **41**

**cc) Gegenüber allgemeinen Ehewirkungen.** Nicht güterrechtlich sondern ehewirkungsrechtlich zu qualifizieren sind Fragen zu Geschäften zur Deckung des Lebensbedarfs, zu ehelichen Haushaltsgegenständen (aber nur bis zur Trennung von Tisch und Bett, danach greift das Scheidungsstatut ein, Art. 17, 17a, → Art. 17a Rn. 14), zu verbotenen Geschäften zwischen den Ehegatten, zu einer gesetzlichen Hypothek des anderen Ehegatten, zu **Eigentumsvermutungen** (Soergel/Schurig Rn. 42) und zu Interzessionsverboten (→ Art. 14 Rn. 18), nicht aber zur Morgengabe (→ Rn. 46). **42**

**dd) Gegenüber Trennung und Scheidung.** Endet der Güterstand durch Scheidung, so richtet sich die Auseinandersetzung einschließlich einer Auseinandersetzungspflicht der Ehegatten nach dem Güterrechtsstatut (BGH FamRZ 1986, 1200; OLG Karlsruhe FamRZ 1995, 738; OLG Köln NJW-RR 1998, 865; OLG Hamburg IPRax 2002, 304; OLG Stuttgart FamRZ 2005, 1676). Der **Auseinandersetzungsvertrag** vor oder nach Scheidung oder Trennung von Tisch und Bett ist ebenfalls nach Art. 15 güterrechtlich zu beurteilen (Soergel/Schurig Rn. 45). Zwar beendet die Ehescheidung den ehelichen Güterstand, doch lässt sie gleichzeitig das Abwicklungsverhältnis beginnen (MüKoBGB/Winkler v. Mohrenfels Art. 17 Rn. 65). **Unterhaltsvereinbarungen** vor oder nach Ehescheidung oder Trennung werden – gleich ob isoliert oder im Verbund mit Auseinandersetzungsvereinbarungen – unterhaltsrechtlich qualifiziert und gesondert angeknüpft (MüKoBGB/Winkler v. Mohrenfels Art. 17 Rn. 61; Soergel/Schurig Rn. 46). Für Ansprüche nach Scheidung oder Trennung regelt dies ausdrücklich Art. 15 EuUnthVO iVm Art. 5 HUP. Als Unterhalt idS sind auch Ausgleichszahlungen zu qualifizieren, die, wie die französischen prestations compensatoires oder der türkische Entschädigungsanspruch (dazu AG Hamburg FamRZ 1989, 749 (752)), an die Stelle eines Unterhaltsanspruchs treten (Henrich IntScheidungsR Rn. 176 f., obwohl in Frankreich selbst eine güterrechtliche Qualifizierung vorherrscht; aA OLG Karlsruhe IPRax 1990, 406 m. krit. Anm. Hausmann IPRax 1990, 382). Im Wege kollisionsrechtlicher **Anpassung** (→ EinlIPR Rn. 95) (PWW/Mörsdorf Art. 3 Rn. 60) ist das Scheidungsstatut auch auf das Güterrecht zu erstrecken, wenn englisches Güterrecht mit deutschem Scheidungsstatut zusammentrifft; denn englisches Recht geht zwar von Gütertrennung aus, bemisst aber dafür den nachehelichen Unterhalt (Art. 18 Abs. 4 aF iVm Art. 17 Abs. 1) in Abhängigkeit von den zur Bildung des ehelichen Vermögens geleisteten Beiträgen der Ehegatten (OLG Hamburg IPG 1999 Nr. 24; AG Emmendingen IPRspr. 2000 Nr. 54; Henrich IntScheidungsR Rn. 274). **43**

Andere in- oder ausländische **scheidungsrechtliche Nebenfolgen** sind etwa die **Zuweisung der Ehewohnung und die Teilung von Haushaltsgegenständen.** Hier wurde die Abgrenzung zur unterhaltsrechtlichen (OLG Hamm FamRZ 1989, 621; Kegel IPR § 20 V 3) oder güterrechtlichen Qualifizierung (OLG Köln NJW-RR 1989, 646; Soergel/Schurig Art. 14 Rn. 37, Art. 18 Rn. 128, Art. 17 Rn. 123 mwN in Fn. 14, 16, 17) zuweilen uneinheitlich beurteilt. Dabei hat sich, was das materielle Recht angeht, die Beurteilung nach dem Scheidungsstatut gemäß Art. 17 Abs. 1, der jetzt auf die Rom III-VO verweist (bei Belegenheit in Deutschland Art. 17a) durchgesetzt (OLG Frankfurt FamRZ 1989, 75 (77); KG FamRZ 1989, 74; OLG Köln NJW-RR 1989, 646; OLG Stuttgart FamRZ 1990, 1354; OLG Hamm FamRZ 1993, 211; Soergel/Schurig Art. 17 Rn. 123), (bei Zuweisung im Rahmen des Getrenntlebens während bestehender Ehe dementsprechend die Beurteilung nach Art. 14, → Art. 14 Rn. 24 ff.). Art. 15 aF ist aber anzuwenden, wenn die Nutzungsansprüche Teil einer güterrechtlichen Auseinandersetzung werden (Soergel/Schurig Art. 14 Rn. 50). Für den **Versorgungsausgleich** gilt Scheidungsstatut (Art. 17 Abs. 3) (BGH NJW 1993, 2049). Das **Verfahren der Verteilung** richtet sich nach der lex fori. **44**

Für den Fall einer Trennung von Tisch und Bett, in dem deutsches Recht, das diese nicht kennt, Güterrechtsstatut ist, werden zwei Lösungen vertreten: Nach der einen sind die **güterrechtlichen** **45**

**Folgen der Trennung** dem Trennungsstatut (= Scheidungsstatut, → Art. 17 Rn. 13) zu entnehmen und es muss ggf. eine Angleichung (Anpassung, → EinlIPR Rn. 95) erfolgen (Soergel/Schurig Rn. 44; → 1. Aufl. 2003, Rn. 62 (Otte)). Nach aA sind die im Güterrechtsstatut für den Fall der Scheidung vorgesehenen Regeln analog anzuwenden (Staudinger/Mankowski, 2011, Rn. 289, 290). Im Ergebnis werden beide Ansichten kaum auseinander liegen, doch dürfte konstruktiv die zweite Ansicht vorzuziehen sein. Denn für die Hauptfrage (vermögensmäßige Auseinandersetzung der Ehegatten) ist vom Güterrechtsstatut auszugehen. Die sich auf dessen Grundlage stellende Vorfrage der Scheidung ist nach Art. 17 anzuknüpfen (→ Art. 17 Rn. 13), was zu dem Recht führt, das die Trennung von Tisch und Bett vorsieht. Um diese Trennung wiederum als Scheidung iSd deutschen Güterrechts aufzufassen, ist Transposition (→ EinlIPR Rn. 95) erforderlich, ggf. mit anschließender sachrechtlicher Anpassung, in deren Rahmen etwaige im Trennungsstatut vorhandene Unterschiede zwischen einer Scheidung und einer Trennung von Tisch und Bett, die ggf. geringere vermögensrechtliche Konsequenzen auslöst, zu berücksichtigen sind.

**46** Der Anspruch auf die nach islamischem Recht bei oder nach Eheschließung fällige – und idR erst bei Trennung geltend gemachte – **Braut-** oder **Morgengabe** („mahr", „sadaq", „mehriye", → Art. 14 Rn. 22 aE) (Rohe, Das islamische Recht, 3. Aufl. 2011, 85 ff.; zum – im modernen türkischen Recht nur als Geschenk zulässigen, Krüger GS Lüderitz, 2000, 415 (418 f.) – traditionellen türkischen „mihri müeccel" → Art. 14 Rn. 22 aE)) mit der die Frau mit Eintritt in die Ehe (nebst der damit verbundenen Einschränkung ihrer Selbstbestimmung, vgl. die Gehorsamspflicht) ohne weitere Bedingung einen ihr persönlich zustehenden Vermögenswert erhält, ist idR güterrechtlich zu qualifizieren (OLG Bremen FamRZ 1980, 606 (607); OLG Köln NJW-RR 1994, 200; OLG Frankfurt FamRZ 1996, 1479; LG Frankfurt a. M. IPRspr. 1987 Nr. 52; Krüger FamRZ 1977, 114 (116); MüKoBGB/Siehr, 6. Aufl. 2015, Rn. 97; Wurmnest FamRZ 2005, 1879; Wurmnest RabelsZ 71 (2007), 527 (553 ff.); Wurmnest JZ 2010, 735 (737, 738); Mörsdorf-Schulte ZfRV 2010, 166 (167 f.); Yassari IPRax 2011, 64 ff. treffend: „Güterstand der Gütertrennung unter Zahlung einer Brautgabe"; Andrae IntFamR § 3 B IV Rn. 148 ff.: umfassende Qualifikation; aA ua – weitere abl. Nachweise → Art. 14 Rn. 22 – BGHZ 183, 287 = NJW 2010, 1528; OLG Köln NJW-RR 2007, 154 und Henrich FS Spellenberg, 2004, 394, die jeweils schon im Rahmen der kollisionsrechtlichen Qualifikation den Begriff des Güterrechts unzutr. auf den deutschen gesetzlichen Güterstand der Zugewinngemeinschaft verengen; insgesamt auch → Art. 13 Rn. 37). Auch wenn keine abstrakt bezeichnete Vermögensmasse, sondern konkret benannte Einzelgegenstände oder Vermögenswerte zugewandt werden (die Frage, ob Geldsummen- oder Geldsortenschuld besteht und Inflationsbereinigung erforderlich ist, wirft BGH FamRZ 2004, 1952 (1958) auf), so geht es hier doch um eine allein Ehegatten vorbehaltene besondere Ordnung von Vermögen iSd Art. 15 (→ Rn. 16). Gegenstand der Morgengabe ist häufig eine Anzahl festgelegter Goldmünzen, manchmal auch wertvolle Haushaltsgegenstände, daneben zumeist Spiegel, Kerzenleuchter und Koran; dabei hat die Vereinbarung von Gold keinen symbolischen Wert, sondern dient heute der Wertsicherung der in Euro ausgedrückt regelmäßig fünfstelligen Summe gegen die Schwankungen der Landeswährung (vgl. Krüger FS Spellenberg, 2006, 171 (197); Mörsdorf-Schulte ZfVR 2010, 167 Fn. 10 mit Beispielen aus der deutschen Rspr. iHv 13.000, 30.000, 60.000 und 110.000 Euro; im Fall des OLG Bamberg FamRBInt 2011, 25 waren 150.000 US-Dollar vereinbart worden) (zur ordre-public-Widrigkeit → Rn. 97). Die Morgengabe ist Grundlage einer eigenen **Vermögensbildung der Frau** (Staudinger/Mankowski, 2011, Anh. I Art. 18 Rn. 282; Yassari StAZ 2009, 366 (368)), die sich nach dem Status der Frau und nicht nach dem wirtschaftlichen Verlauf der Ehe richtet. Üblich ist aber eine Stundung, die den Mann in die Lage versetzt, die geschuldete Morgengabe im Laufe der Ehe zu erwirtschaften. Mittelbar sichert dies vor dem Hintergrund vermögensrechtlicher Eigenverantwortlichkeit den Unterhalt der Frau und schützt gleichzeitig vor vorschneller einseitiger Ehebeendigung durch den Mann. Auf die Verankerung im Wesen der Ehe weist der nach den zugrunde liegenden religiösen Texten (Sure 4 Vers 24; Sure 2 Verse 229, 236 f., auf Deutsch bei MüKoBGB/Winkler v. Mohrenfels Art. 17 Rn. 62 Fn. 159 ff.) bestehende Bezug der Morgengabe zu Sexualität und Fortpflanzung hin (dies leuchtet ein auch ohne die vom OLG Hamburg FamRZ 2004, 459 gewählte Überzeichnung, wonach „die Morgengabe im Wesentlichen der Preis dafür" sei, „dass der Ehemann ein quasi dingliches Recht auf ehelichen Verkehr mit der Ehefrau erwirbt". Der Text von Sure 4 Vers 24 (nach MüKoBGB/Winkler v. Mohrenfels Art. 17 Rn. 198 Fn. 435) „und für die Freuden, die ihr von ihnen empfanget, gebt ihnen ihre Morgengabe" weist auf eine synallagmatische Verbindung zur Ehe insgesamt hin (ähnlich iE Wurmnest RabelsZ 71 (2007), 537). Die Aussetzung der Morgengabe (Sure 2 Vers 237 bei MüKoBGB/Winkler v. Mohrenfels Art. 17 Rn. 198 Fn. 437) lässt sich plausibler vielleicht als „Brautwerbung" auffassen, zumal die Frau ihr Einverständnis zur Ehe, insbes. bei konkurrierenden Bewerbern, auch von der Höhe der Brautgabe abhängig machen kann (vgl. Argumentation der Klägerin in OLG Bamberg FamRBInt 2011, 25). Die Brautgabe drückt die Übernahme von Verantwortung und verbindlich (das Maß der) Wertschätzung des Mannes für die Frau aus, vgl. ausf. Wurmnest RabelsZ 71 (2007), 538 ff., der die mahr dementsprechend als „ein Zeichen des Respekts des Ehemannes für seine Frau" bezeichnet, RabelsZ 71 (2007), 538 (554)), aber auch der Zeitpunkt des Versprechens notwendig bei Begründung der Ehe, wo die Brautgabe gleichsam in das Synallagma der Eheschließung eingebunden ist. Dass der Betrag sich uU bei Scheidung auf Betreiben (nur oder auch) der Frau vermindern kann (zur Auswirkung der Loskaufscheidung bzw. des Erlasses (Hinweis auf diesen in Sure 2 Vers 237, auf Deutsch bei MüKoBGB/Winkler v. Mohrenfels Art. 17 Rn. 62 Fn. 161) auf die Verpflichtung zur Auszahlung der Morgengabe: OLG Stuttgart FamRBInt 2009, 25 (Mörsdorf-Schulte); OLG Zweibrücken FamRBInt 2007, 81 (Mörsdorf-Schulte)), hindert eine güterrechtliche Einordnung nicht (so sah etwa das BGB vor der Güterrechtsreform in § 1478 BGB aF eine güterrechtliche Sanktionsmöglichkeit des in der Scheidung für schuldig erklärten Ehegatten vor. Was aber dem Güterrechtsverständnis des BGB entspricht, kann nicht demjenigen des EGBGB widersprechen). Wenn vertraglich eine Brautgabe vereinbart wurde, kann je nach Rechtsordnung auch ein gesetzlicher Anspruch auf die übliche Brautgabe nicht – wirksam (zur Wirksamkeit des Morgengabeversprechens vgl. OLG Saarbrücken FamRBInt 2011, 71 (72) betr. Scheingeschäft, Anfechtung; OLG Stuttgart FamRBInt 2008, 49 (50) mAnm Mörsdorf-Schulte (Konsens) und dies Anm. zu OLG Bamberg FamRBInt 2011, 25 (26) betr. Rechtsbindungswille, Formwirksamkeit) – bestehen (so nach Art. 99 S. 2 ZGB Afghanistan, vgl. OLG Bamberg FamRBInt 2011, 25; dazu auch Rohe, Das islamische Recht, 3. Aufl. 2011, 85 f.), die auch für die Angehörigen unterschiedlicher Religionsgruppen verschieden sein kann (vgl. OLG Bamberg FamRBInt 2011, 25).

**ee) Gegenüber Erbrecht.** Endet der Güterstand durch Tod eines Ehegatten, hängt die Qualifizierung der Rechtsfolgen von der Sichtweise ab, ob in erster Linie die eheliche Vermögensordnung abgewickelt werden soll unter Berücksichtigung des Erbrechts oder ob der überlebende Ehegatte unter Berücksichtigung des ehelichen Güterstandes am Nachlass des Verstorbenen partizipiert. Die überwM in Rspr. und Lit. tendiert nunmehr allgemein zu **güterrechtlicher vor erbrechtlicher Qualifikation.** Zum Nachlass rechnet nur das durch güterrechtlichen Ausgleich bereinigte Vermögen des Erblassers (LG Memmingen IPRax 1985, 41; Erman/Hohloch, 15. Aufl. 2017, Rn. 37). 47

Die Qualifizierung des **Zugewinnausgleichs,** einschließlich der Verjährungsfrage (BGH NJW-RR 2002, 937), erfolgt daher nach hM rein güterrechtlich. Das gilt auch im Erbfall bei Entstehung der zu errechnenden **Ausgleichsforderung** mit dem Tode des anderen Ehegatten nach § 1371 Abs. 2 BGB (BayObLGZ 1978, 276 (284)). 48

Streitig war lange Zeit die Qualifikation der **pauschalen Erhöhung nach § 1371 Abs. 1 BGB.** Wer die Erhöhung des Erbteils nach § 1371 Abs. 1 BGB erbrechtlich qualifizierte, konnte den Ausgleich nach § 1371 Abs. 1 BGB nur durchführen, wenn sich auch die Erbfolge ausschließlich oder partiell nach deutschem Recht richtete (so OLG Düsseldorf IPRspr. 1987 Nr. 105; Ferid IPR Rn. 8–130; Schotten/Johnen DtZ 1991, 259; diff. MüKoBGB/Siehr, 6. Aufl. 2015, Rn. 104 ff.). Richtete sie sich nach ausländischem Erbrecht, war der Zugewinnausgleich nur nach § 1371 Abs. 2 BGB durchzuführen. Auch hier hat sich in Deutschland inzwischen die güterrechtliche Qualifikation durchgesetzt (BGH NJW 2015, 2185 m. zust. Aufsatz Lorenz NJW 2015, 2157; OLG Karlsruhe NJW 1990, 1421; OLG Hamm IPRax 1994, 49 (53); LG Mosbach ZEV 1998, 489; OLG Stuttgart FamRZ 2005, 1711, letztlich aber unklar ob güterrechtlich oder Doppelqualifikation, diesem folgend OLG Frankfurt FamRZ 2010, 975 (dazu krit. Rauscher/Pabst NJW 2010, 3487 (3490)); Looschelders IPRax 2009, 509; Jeremias/Schäper IPRax 2005, 524 f.; Palandt/Thorn, 78. Aufl. 2019, Rn. 26; Soergel/Schurig Rn. 40; Erman/Hohloch, 15. Aufl. 2017, Rn. 37; Dörner IPRax 1994, 34; Staudinger/Mankowski, 2011, Rn. 342 ff.; Kropholler IPR § 45 IV 2), während die Frage europarechtlich durch den EuGH als erbrechtlich qualifiziert worden ist (EuGH EU:C:2018:138 = NJW 2018, 1377 – Mahnkopf). Für die Anwendung von § 1371 Abs. 1 BGB ist nach der güterrechtlichen Qualifikation entscheidend, ob in der Ehe deutsches Güterrechtsstatut herrscht und der gesetzliche Güterstand der Zugewinngemeinschaft besteht. Auf die Frage, ob außerdem Erbstatut deutsches Recht sein muss, kommt es dann nicht mehr an (LG Bonn MittRhNotK 1985, 106; Palandt/Thorn, 78. Aufl. 2019, Rn. 26; v. Bar IPR II Rn. 244; Erman/Hohloch, 15. Aufl. 2017, Rn. 37). Ob der Ehegatte erbt, ist nach dem betreffenden Erbstatut zu beantwortende Vorfrage. Erlangt der Ehegatte danach keine Erbenstellung, so entfällt die Möglichkeit des § 1371 Abs. 1 BGB. 49

Haben die Ehegatten in deutscher oder ausländischer Gütertrennung gelebt, ist die in **§ 1931 Abs. 4 BGB** vorgesehene Erhöhung des gesetzlichen Erbteils **erbrechtlich** zu qualifizieren. Denn 50 hier geht es darum, wie der Nachlass erbrechtlich zu verteilen ist und nicht darum, was in güterrechtlicher Betrachtungsweise in den Nachlass fällt (OLG Düsseldorf ZEV 2009, 515; v. Bar IPR II Rn. 244; Kropholler IPR § 45 IV 2; Erman/Hohloch, 15. Aufl. 2017, Rn. 38; Palandt/Thorn, 78. Aufl. 2019, Rn. 28; aA Soergel/Schurig Rn. 38, 41: güterrechtlich).

51 Erhält der überlebende Ehegatte durch die Anwendung unterschiedlicher Güter- und Erbrechte am Nachlass im Verhältnis zu den Miterben inhaltlich weniger (oder mehr), als ihm nach jedem der beiden Rechte allein mindestens (bzw. höchstens) zustände, weil durch die depeçage das – in jeder Rechtsordnung für sich betrachtet aufeinander abgestimmte – Zusammenspiel von Erbrecht und Güterrecht gestört wird (sog **Normenmangel oder Normenhäufung**), ist eine Lösung nur im Wege der **Angleichung** (Anpassung, → EinlIPR Rn. 95) möglich durch Sicherung des Teils, der dem überlebenden Ehegatten **nach jedem Recht allein** mindestens (bzw. höchstens) zustände (OLG Hamm IPRax 1994, 49; LG Mosbach ZEV 1998, 489; Looschelders IPRax 2009, 509 mwN; v. Bar IPR II Rn. 244; Palandt/Thorn, 78. Aufl. 2019, Rn. 26; Erman/Hohloch, 15. Aufl. 2017, Rn. 37; angedeutet auch in OLG Frankfurt FamRZ 2010, 975; aA OLG Stuttgart NJW-RR 2005, 740). Das konkrete Ergebnis wird im Wege der Interpolation zwischen den bei hypothetischer Anwendung der betroffenen Rechtsordnungen je für sich erzielten Ergebnissen zu finden sein.

52 **3. Einschränkung durch Verkehrsschutz.** Einschränkend schützt Art. 16 Abs. 1 aF den inländischen (gutgläubigen) Rechtsverkehr vor ausländischen Güterständen, die nicht in das Güterrechtsregister des zuständigen deutschen Amtsgerichts eingetragen sind (→ Art. 16 Rn. 14 ff.). Ausländische gesetzliche oder Wahlgüterstände werden damit genauso behandelt wie deutsche Wahlgüterstände: Wenn sie nicht in das deutsche Güterrechtsregister eingetragen sind, können sie Dritten (im Inland) nicht entgegengehalten werden (§ 1412 BGB). Außerdem erklärt Art. 16 Abs. 2 aF zugunsten eines gutgläubigen Dritten unabhängig von dem nach Art. 15 aF anwendbaren Güterrecht die deutschen §§ 1431, 1456 BGB für anwendbar (→ Art. 16 aF Rn. 38 ff., → Art. 16 aF Rn. 54).

## V. Anknüpfung

53 **1. Akzessorietät zum allgemeinen Ehewirkungsstatut als Grundanknüpfung (Abs. 1).** Art. 15 Abs. 1 aF verweist auf das **Ehewirkungsstatut,** das **nach Art. 14** Abs. 1 aF primär durch die gemeinsame (effektive oder deutsche) Staatsangehörigkeit (Nr. 1), sonst durch Rechtswahl in den Schranken der Abs. 2 bzw. 3, sonst durch den gemeinsamen gewöhnlichen Aufenthalt (Nr. 2) im gleichen Staat, sonst durch die gemeinsame engste Verbindung (Nr. 3) bestimmt wird. Art. 15 Abs. 1 aF verweist nicht auf das Eheschließungsstatut des Art. 13 Abs. 1 (so aber OLG Nürnberg FGPrax 2020, 212). Für Art. 15 aF ist, anders als für Art. 14 aF, entscheidend ausschließlich das **im Zeitpunkt der Eheschließung** geltende Ehewirkungsstatut (Anknüpfungszeitpunkt, → Rn. 81 f.). Anknüpfung an die vergangenheitsbezogenen Merkmale („während der Ehe zuletzt angehörten/hatten") ist daher nicht möglich. Denn schon für Art. 14 aF ist vor der Eheschließung bestehende, aber verlorengegangene Gemeinsamkeit nicht maßgebend; für Art. 15 aF wird darüber hinaus durch die Unwandelbarkeit auch nach der Eheschließung erworbene Gemeinsamkeit ausgeblendet (die aber uU als Indiz Rückschlüsse tatsächlicher Art auf den Zeitpunkt der Eheschließung zulassen, → Rn. 57). Die objektive Anknüpfungsleiter des Art. 14 aF wird dadurch von fünf auf drei Stufen reduziert. Die subjektive Anknüpfung gewinnt an Bedeutung, weil über die Rechtswahl nach Art. 14 Abs. 2 und 3 aF hinaus güterrechtlich auch Rechtswahl nach Art. 15 Abs. 2 aF möglich ist.

54 **a) Objektive Anknüpfung an die gemeinsame Staatsangehörigkeit (iVm Art. 14 Abs. 1 Nr. 1 aF).** Primäranknüpfung ist die gemeinsame Staatsangehörigkeit der Eheleute bei Eheschließung (Art. 14 Abs. 1 Nr. 1). Umstritten ist angesichts der engen zeitlichen Fixierung des Anknüpfungspunktes (→ Rn. 81 ff.) auf dieser ersten Anknüpfungsebene, ob eine **erst durch Eheschließung erworbene oder hinzuerworbene Staatsangehörigkeit** für die Qualifizierung als „gemeinsame Staatsangehörigkeit" herangezogen werden kann (wegen Art. 5 Abs. 1 S. 2 stellt sich das Problem nicht bei deutschen Ehegatten). (Diese Frage hat im Rahmen des Art. 14 aF selbst keine Bedeutung, da sie ihre Relevanz erst durch die Verengung des Art. 15 aF auf den Moment der Eheschließung erlangt). Zum Teil wird dies kategorisch abgelehnt (Palandt/Thorn, 78. Aufl. 2019, Rn. 17), zum Teil wenigstens bejaht bei gleichzeitigem Verlust der alten Staatsangehörigkeit (Erman/Hohloch, 15. Aufl. 2017, Rn. 18), bei Bestehen (BayObLGZ 1986, 1; OLG Düsseldorf IPRax 1984, 156; OLG Karlsruhe NJW 1984, 570; aA KG IPRax 1987, 117) oder bei Eheschließung bereits angelegtem oder gar rasch absehbarem Erwerb einer entsprechenden

effektiven Staatsangehörigkeit (Soergel/Schurig Rn. 5; letzteres offenbar verneinend Erman/Hohloch, 15. Aufl. 2017, Rn. 18). Bei Erwerb einer neuen Staatsangehörigkeit durch Ehe und gleichzeitigem Verlust der zuvor bestehenden Staatsangehörigkeit leuchtet ein Abstellen auf die neue Staatsangehörigkeit ein. Denn in diesem Falle liegt eine doppelte Staatsangehörigkeit nicht mehr vor und der Zeitpunkt des Art. 15 aF „bei der Eheschließung" ist, anders als in Art. 13 das Heimatrecht „der Verlobten", eine juristische Sekunde später anzusetzen, d.h. nicht im letzten Moment vor der Eheschließung sondern im ersten Moment der Ehe. Nach dem Wortlaut des Abs. 1 soll es nämlich ankommen auf das „für die allgemeinen Wirkungen der Ehe maßgebende(n) Recht", was darauf hindeutet, dass die Ehe Wirkungen entfaltet, also schon besteht; in diesem Moment besteht auch bereits die neu erworbene Staatsangehörigkeit und die frühere Staatsangehörigkeit ist abgelegt. Wird die neue Staatsangehörigkeit nur hinzu erworben und liegt deshalb im entscheidenden Zeitpunkt doppelte Staatsangehörigkeit vor, ließe sich der Feststellung der Effektivität iSd Art. 5 Abs. 1 S. 1 anhand des weiteren Verlaufs der Ehe entgegen halten, dass dies auf eine unzulässige Rückwirkung eines erst später vorliegenden gemeinsamen Personalstatuts auf den Zeitpunkt der Eheschließung hinausliefe. Ist ein Bekennen des betreffenden Ehegatten zu dieser gemeinsamen Staatsangehörigkeit zu erkennen, sollte man hier dennoch nicht kleinlich sein, zumal die in der Zukunft liegenden objektiven Umstände lediglich der Untermauerung der subjektiven Haltung dienen und so ohnehin eher eine Indiz- als eine tatsächliche Rückwirkung vorliegt. Folgt man dem nicht, dürfte aber wenigstens das Kriterium der gemeinsamen engsten Verbindung gemäß Art. 14 Abs. 1 Nr. 3 aF vorrangig durch die spätere gemeinsame Staatsangehörigkeit erfüllt sein (→ Art. 14 Rn. 43), so dass sie jedenfalls bei Fehlen eines gemeinsamen gewöhnlichen Aufenthalts wieder Bedeutung erlangt.

**b) Objektive Anknüpfung an den gemeinsamen gewöhnlichen Aufenthalt (iVm Art. 14 Abs. 1 Nr. 2 aF).** Besteht bei Eheschließung keine gemeinsame Staatsangehörigkeit, so ist gem. Abs. 1 iVm Art. 14 Abs. 1 Nr. 2 aF anzuknüpfen an den gemeinsamen gewöhnlichen Aufenthalt im gleichen Staat zurzeit der Eheschließung. Spätere Veränderungen werden nach allgM nicht berücksichtigt (BGH NJW-RR 2011, 1410 mAnm Mörsdorf-Schulte LMK 2011, 322656; Begr. RegE, BT-Drs. 10/504, 58; Erman/Hohloch, 15. Aufl. 2017, Rn. 19). 55

Die in → Rn. 9 dargestellte Problematik besteht hier entspr.: Existiert ein gemeinsamer gewöhnlicher Aufenthalt zurzeit der Eheschließung noch nicht, sollte der bereits bei Eheschließung hinreichend konkret geplante und später aufgenommene gewöhnliche Aufenthalt (Staudinger/Mankowski, 2011, Rn. 37 f., der auf damit verbundene Beweisschwierigkeiten hinweist) – sofern belegbar – tauglicher Anknüpfungspunkt wenigstens iSv Art. 14 Abs. 1 Nr. 3 aF sein. Entgegen dem Wortlaut von Art. 14 Abs. 1 Nr. 2 aF sollte in gleicher Weise verfahren werden, wenn zwar zurzeit der Eheschließung ein gemeinsamer Aufenthalt bestand, aber ein gemeinsamer Aufenthaltswechsel geplant und nach der Eheschließung auch unverzüglich vorgenommen wird (ebenso bereits Soergel/Schurig Rn. 9). Begeben die Verlobten sich zum Zwecke der Eheschließung in den Heimatstaat der Frau, haben aber die Ehewohnung bereits in einem anderen Staat eingerichtet, so ist zu beachten, dass der gewöhnliche Aufenthalt schon allgemein keine ununterbrochene physische Präsenz der betreffenden Person voraussetzt und subjektive Momente, wie der Wille, an einem bestimmten Ort einen gewöhnlichen Aufenthalt zu begründen, gerade bei einem neuen Aufenthalt von Bedeutung sind (→ Art. 5 Rn. 17). 56

**c) Objektive Anknüpfung an die gemeinsame engste Verbindung (iVm Art. 14 Abs. 1 Nr. 3 aF).** Hatten die Ehegatten bei Heirat weder ein gemeinsames Heimatrecht noch gemeinsamen gewöhnlichen Aufenthalt im vorbenannten Sinne, führt die Verweisung von Abs. 1 zum Recht der gemeinsamen engsten Verbindung (Art. 14 Abs. 1 Nr. 3 aF). Entscheidend ist auch hier der bereits bei Eheschließung hinreichend konkret geplante und später aufgenommene gewöhnliche Aufenthalt (→ Art. 14 Rn. 41). Auch die Tatsachenentwicklung nach der Eheschließung kann, bei Fehlen gegenteiliger Anhaltspunkte, ein taugliches Indiz für die von den Ehegatten schon bei Eheschließung geteilte Zukunftsplanung sein und insofern in die Betrachtung einzubeziehen sein, wenn die Tatsachenentwicklung nicht ungewöhnlich oder überraschend ist (BGH NJW 2019, 2935 (2937)). 57

Die wesentliche Bedeutung von Nr. 3 liegt bei den vorerwähnten Problemen nach Eheschließung erworbener Staatsangehörigkeit bzw. begründeten gemeinsamen Aufenthalts (BGH NJW 198, 638 (640) obiter; MüKoBGB/Siehr, 6. Aufl. 2015, Rn. 21; v. Bar IPR II Rn. 208; Erman/Hohloch, 15. Aufl. 2017, Rn. 20). Kann zur Zeit der Eheschließung gar keine gemeinsame Bindung zu einem gemeinsamen Staat festgestellt werden, ist letztlich nur die kumulative Anwendung beider Heimatrechte nach dem **Grundsatz des schwächeren Rechts** möglich (Soergel/Schurig Rn. 13). 58

59 **d) Subjektive Anknüpfung bei Wahl des Ehewirkungsstatuts (iVm Art. 14 Abs. 2–4 aF).** Eine nach Art. 14 Abs. 2–4 aF vor oder bei Eheschließung vorgenommene, zulässige Rechtswahl des Ehewirkungsstatuts erstreckt sich nach Art. 15 Abs. 1 aF auch auf den Güterstand und geht den durch Abs. 1 berufenen objektiven Anknüpfungen des Art. 14 Abs. 1 Nr. 2 und 3 aF vor. Diese mittelbare Bestimmung des Güterrechtsstatuts durch Wahl des Ehewirkungsstatuts ist im gleichen Umfang (dazu, insbesondere zu Besonderheit betr. Art. 14 Abs. 2, → Art. 14 Rn. 71) Sachnormverweisung wie hinsichtlich der unmittelbaren Bestimmung des Ehewirkungsstatuts, will man dem Sinn einer Rechtswahl auch im Einklang mit Art. 4 Abs. 1 S. 1 Hs. 2 und Abs. 2 gerecht werden (Erman/Hohloch, 15. Aufl. 2017, Rn. 21; MüKoBGB/Siehr, 6. Aufl. 2015, Rn. 118–120 mwN). Zugunsten der Annahme einer Gesamtverweisung wird der damit vermeintlich eher erreichbare Gleichlauf von Güterrechtsstatut und Erbstatut angeführt (Rauscher NJW 1988, 2154; Ebenroth/Eyles IPRax 1989, 12 Fn. 131). Dieser lässt sich jedoch ohnehin nicht sicher erreichen und wird von den Partnern bei Wahl des Ehewirkungsstatuts zur Zeit der Heirat auch weniger in den Blick genommen als ein Gleichlauf von Ehewirkungs- und Güterrechtsstatut. Diesbezügliche Unsicherheiten konnten die Ehegatten jedenfalls durch ausdrückliche Wahl des Güterrechtsstatuts nach Art. 15 Abs. 2 und 3 aF vermeiden (so auch Kartzke IPRax 1988, 10 f.; Kropholler IPR § 45 III 2; MüKoBGB/Siehr, 6. Aufl. 2015, Rn. 120).

60 **2. Wahl des Güterrechts (Abs. 2).** Für das Güterrecht besteht neben der Anknüpfung an das (zum Zeitpunkt der Eheschließung) gewählte Ehewirkungsstatut die Möglichkeit der nur auf das Güterrecht bezogenen **Rechtswahl.** Diese besteht in weiterem Umfang als für die allgemeinen Ehewirkungen und ist nicht an besondere Voraussetzungen, insbesondere das Nichtvorliegen eines gemeinsamen Personalstatuts, geknüpft. Die Ehegatten können auf diese Weise eine ihren Verhältnissen entsprechende Vermögensrechtsordnung selbst bestimmen oder schlicht auf bestimmte Regelungen des gewählten Rechts abzielen. Gewählt wird Sachrecht; eine Rückverweisung ist gemäß Art. 4 Abs. 2 nicht zu beachten. Der Grundsatz der Einheit des Güterrechtsstatuts ist bei Wahl eines Güterrechts folglich nicht durch Kollisionsrecht des gewählten Rechts (etwa im Wege des renvoi) angreifbar.

61 Die Möglichkeit der Rechtswahl ist von der Staatsangehörigkeit der Ehegatten nicht abhängig. Freilich steht ausländischen Rechtsordnungen die Anerkennung einer anderorts getroffenen Rechtswahl frei. Daher sind trotz Rechtswahl **in verschiedenen Staaten** voneinander **abweichende Beurteilungen** der güterrechtlichen Verhältnisse einer Ehe **möglich** (Kropholler IPR § 45 IV 4). Somit sollte bei Rechtswahl bedacht werden, in welchem Staat die Ehe danach tatsächlich geführt wird. Die Möglichkeit einer güterrechtlichen Rechtswahl kennen ua belgisches, englisches, französisches, luxemburgisches, österreichisches (Art. 19 österr. IPRG) und türkisches (Art. 15 türkisches IPRG) Recht (umfassend Begr. RegE, BT-Drs. 10/504, 57–58; zum neuen türk. IPR Turan-Schnieders/Finger FamRBInt 2008, 40 (42)).

62 **a) Zeitpunkt der Wahl.** Die Rechtswahl ist zur Erreichung höchstmöglicher Flexibilität und Anpassung an sich ändernde Verhältnisse nicht an einen bestimmten Zeitpunkt geknüpft. Sie kann **jederzeit** geändert oder auch aufgehoben werden mit der Folge des Wiederauflebens der objektiven Anknüpfung nach Abs. 1. Maßgeblich für die **Änderungsbefugnis** ist bei der hier erlaubten Rechtswahl allein – anders als nach Verweisung kraft objektiver Anknüpfung – deutsches IPR. Eine Neuwahl der Rechtsordnung ist daher auch dann möglich, wenn das Kollisionsrecht der bis zur Neuwahl maßgeblichen Rechtsordnung eine Änderung des Güterrechtsstatuts nicht vorsieht oder verbietet (MüKoBGB/Siehr, 6. Aufl. 2015, Rn. 44, 25).

63 Die Voraussetzungen für eine Rechtswahl müssen nur im Zeitpunkt des beabsichtigten Eintritts der güterrechtlichen Wirkungen vorliegen: Nach dem Willen des Gesetzgebers ist eine **vorgezogene** (vor Eheschließung erfolgende) **Rechtswahl** möglich. Deren Wirkungen sollen dann erst mit der Eheschließung eintreten (Begr. RegE, BT-Drs. 10/504, 58).

64 Rechtswahl **während der Ehe** ist ebenfalls möglich und erlaubt den Wechsel des bisher bestehenden Güterrechtsstatuts ex nunc (Schotten DNotZ 1999, 327; Palandt/Thorn, 78. Aufl. 2019, Rn. 21; aA Mankowski/Osthaus DNotZ 1997, 20), schließt aber bereits vorhandenes Vermögen ein (Begr. RegE, BT-Drs. 10/504, 58). Der alte Güterstand ist abzuwickeln (Schotten DNotZ 1999, 326). Abwicklung und Überleitung des bisherigen Güterstandes richten sich nach dem neuen Güterrechtsstatut (Palandt/Thorn, 78. Aufl. 2019, Rn. 21; aA Wegmann NJW 1987, 1744: Abwicklung nach dem bisherigen Güterrechtsstatut; auch → Rn. 85). Rückwirkende Rechtswahl ist nicht möglich (Schotten DNotZ 1999, 327; Palandt/Thorn, 78. Aufl. 2019, Rn. 21; aA Staudinger/Mankowski, 2011, Rn. 116). Hiervon zu unterscheiden ist die Frage, ob und inwieweit das anwendbare Güterrecht selbst (sachrechtlich) den Parteien gestattet, ihrem Güterstand eine

gewisse Rückwirkung beizumessen (ein Beispiel aus dem italienischem Recht nennt Lichtenberger DNotZ 1986, 661).

**b) Aufhebung der Wahl.** Die Rechtswahl wird bei **Entfallen ihrer tatbestandlichen Voraussetzungen** nicht eo ipso hinfällig, sondern nur auf Betreiben der Eheleute. Sie ist jederzeit mit Wirkung ex nunc aufhebbar und änderbar (Begr. RegE, BT-Drs. 10/504, 58) in ein anderes Güterrechtsstatut. Bei bloßer Aufhebung lebt das mittels Anknüpfung an die Verhältnisse zum Zeitpunkt der Eheschließung – nicht des Aufhebungszeitpunkts (so aber Staudinger/Mankowski, 2011, Rn. 112 f.; MüKoBGB/Siehr, 6. Aufl. 2015, Rn. 49) – gem. Abs. 1 zu bestimmende Güterrechtsstatut wieder auf (Lichtenberger DNotZ 1986, 660; Soergel/Schurig Rn. 25; Kropholler IPR § 45 IV 4d). Andernfalls würde die Unwandelbarkeit des objektiven Güterstatuts zur Disposition der Parteien gestellt. Der Aufhebung eine Art impliziter Wahl des auf Grund der dann gegebenen Lage zu ermittelnden objektiven Ehegüterstatuts zu entnehmen (vgl. Staudinger/Mankowski, 2011, Rn. 113), kommt nicht nur einer Fiktion gleich, weil die Parteien bei einer bloßen Aufhebung ihrer Wahl hinsichtlich des Rechts, das an dessen Stelle tritt, gerade keine Bestimmung getroffen haben, zB weil sie keine Einigung erzielt haben. Selbst wenn man eine solche Bestimmung unterstellen würde, könnte sie nur Geltung haben, wenn sie sich im Rahmen der von Abs. 2 gesetzten Bedingungen einer Rechtswahl hielte, namentlich eines der danach überhaupt wählbaren Rechte berufen würde und den Formanforderungen des Art. 15 Abs. 3 aF iVm Art. 14 Abs. 4 aF genügen würde, nach denen sich jedenfalls im Inland eine konkludente oder implizite Rechtswahl verbietet. 65

Interessant war die Rechtswahl insbesondere für Ehen, die vor dem 1.4.1953 geschlossen worden waren und deren güterrechtlichen Wirkungen nach Art. 220 Abs. 3 unberührt bleiben. Art. 220 Abs. 3 S. 6 verweist hier ausdrücklich auf die **Möglichkeit nachträglicher Rechtswahl** gemäß Art. 15 Abs. 2 und 3 aF. 66

**c) Kreis der wählbaren Rechte. aa) Heimatrecht eines Ehegatten (Abs. 2 Nr. 1).** Wählbar ist das Recht des Staates, dem einer der Ehegatten angehört. Übereinstimmende Staatsangehörigkeit ist nicht notwendig. Anders als der Gesetzeswortlaut („des Staates") vermuten lässt, ist bei Doppelstaatern nicht die Wahl des betreffenden effektiven Heimatrechts iSv Art. 5 Abs. 1 S. 1 oder gar deutschen Rechts iSv Art. 5 Abs. 1 S. 2 notwendig: Doppelstaater haben wie bei Art. 10 Abs. 2 S. 1 Nr. 1 und Art. 14 Abs. 2 aF die freie Wahl; **Art. 5 Abs. 1 ist nicht zu beachten** (Kropholler IPR § 45 IV 4a; Erman/Hohloch, 15. Aufl. 2017, Rn. 26; Palandt/Heldrich, 67. Aufl. 2008, Rn. 22, Art. 5 Rn. 4; ausf. MüKoBGB/Siehr, 6. Aufl. 2015, Rn. 28 ff.; aA Lichtenberger DNotZ 1986, 659; v. Bar IPR II Rn. 222; Palandt/Thorn, 78. Aufl. 2019, Rn. 22). Zwar wird damit sogar der Anknüpfungsbezug nach Abs. 2 Nr. 2 unterschritten, doch spricht für eine erweiternde Auslegung auch der Wortlaut von Art. 3 Abs. 2 Nr. 1 Haager Ehegüterrechtsabkommen vom 14.3.1978. Der durch Art. 5 Abs. 1 S. 2 angeordnete Vorrang deutschen Rechts kann ohnehin durch die Aufenthaltsanknüpfung nach Art. 15 Abs. 1 aF iVm Art. 14 Abs. 1 Nr. 2 aF umgangen werden, wenn ausländisches Kollisionsrecht die Einschränkung des Art. 5 Abs. 1 S. 2 nicht kennt (so ausf. MüKoBGB/Siehr, 6. Aufl. 2015, Rn. 28 ff.). Die nach Nr. 1 getroffene Rechtswahl betrifft einheitlich alle güterrechtlichen Beziehungen der Ehegatten. Die Wahl des Heimatrechts bietet sich an bei absehbarem Wechsel des Aufenthaltsstaates. 67

**bb) Gewöhnlicher Aufenthalt eines Ehegatten (Abs. 2 Nr. 2).** Alternativ ist das Recht des Staates wählbar, in dem wenigstens einer der Ehegatten seinen gewöhnlichen Aufenthalt hat. Selbstverständlich können auch beide Ehegatten ihren gewöhnlichen Aufenthalt im gleichen Staat haben. Die Wahl nach Abs. 2 Nr. 2 erlaubt gerade Ausländern flexibel und unabhängig von ihrem Heimatrecht die Anpassung an das Recht ihres Aufenthaltsstaates. Auch diese Rechtswahl beherrscht alle güterrechtlichen Beziehungen der Ehegatten. 68

**cc) Belegenheitsrecht bei Immobilien (Abs. 2 Nr. 3): Gegenständlich beschränkte Rechtswahl.** Gewählt werden kann nach den bisher genannten Möglichkeiten nur ein Güterrechtsstatut insgesamt und nicht Teile verschiedener Rechtsordnungen. In Ausnahme hiervon kann für unbewegliches Vermögen das Belegenheitsrecht (Lageort) gewählt werden (Art. 15 Abs. 2 Nr. 3 aF), und zwar ohne Rücksicht auf die Heimatrechte der Ehegatten oder ihr sonstiges nach Abs. 1 und 2 Nr. 1 und 2 bestimmtes Güterrechtsstatut (LG Mainz NJW-RR 1994, 73 mAnm Mankowski). Dadurch kommt es hinsichtlich des Gesamtvermögens zur **Spaltung des Güterrechtsstatuts:** Die betroffenen Vermögensmassen sind unterschiedlichen güterrechtlichen Regelungen unterworfen, etwa mit unterschiedlichen Wirkungen für Verfügungsbeschränkungen oder Ausgleichsregelungen. 69

70 Umstritten ist, ob die Rechtswahl **das gesamte in einem Staat belegene Immobiliarvermögen** erfassen muss oder ob sie sich auch auf einzelne Immobilien beschränken darf (für Letzteres LG Mainz FamRZ 1994, 1457 m. zust. Anm. Mankowski; Kropholler IPR § 45 IV 4c; Palandt/Thorn, 78. Aufl. 2019, Rn. 22 mwN; Henrich FamRZ 1986, 847; Soergel/Schurig Art. 18 Rn. 21; Lichtenberger FS Ferid, 1988, 269 (275 ff.); Lichtenberger DNotZ 1986, 659; 1987, 300; Stoll, Die Rechtswahl im Namens-, Ehe- und Erbrecht, 1991, 131 ff.; dagegen Kemp, Grenzen der Rechtswahl im internationalen Ehegüter- und Erbrecht, 1999, 60 ff.; Kühne IPRax 1987, 73; Langenfeld FamRZ 1987, 12; Wegmann NJW 1987, 1743; Schotten DNotZ 1994, 566). Gegen eine hierdurch bewirkte weitergehende Spaltung des Güterrechtsstatuts ist nichts einzuwenden, wenn sie hinreichend erkennbar gemacht wird. Ob für verschiedene, einheitlichem Belegenheitsrecht unterstehende Grundstücke ein jeweils anderer sachrechtlicher Güterstand des Belegenheitsrechts gewählt werden kann, muss den sachrechtlichen Bestimmungen dieses Belegenheitsrechts überlassen bleiben. Nach deutschem Sachrecht wäre dies nicht möglich (Kropholler IPR § 45 IV 4c, diese sachrechtliche Haltung des deutschen Rechts allerdings ohne Begr. verallgemeinernd).

71 Der Inhalt des **Begriffes des „unbeweglichen Vermögens"** wird nach einer Auffassung unabhängig vom Lageort dem deutschem Recht entnommen (Kropholler IPR § 45 IV 4c; ausf MüKoBGB/Siehr, 6. Aufl. 2015, Rn. 28e; Palandt/Thorn, 78. Aufl. 2019, Rn. 22). Nach einer anderen Ansicht ist nach dem Recht des Lageortes zu qualifizieren (Staudinger/Mankowski, 2011, Rn. 164; Kühne IPRax 1987, 73; Soergel/Schurig Rn. 18, 22). Im Hinblick auf den Zweck der Wahlmöglichkeit, im Interesse des internationalen Entscheidungseinklangs auch aus deutscher Sicht gerade diejenigen Gegenstände der lex rei sitae zu unterstellen, die diese möglicherweise selbst ihrem Recht unterstellt, lässt sich ohne Berücksichtigung der Einordnung durch die lex rei sitae nicht auskommen. Denn anders als in Art. 25 Abs. 2 aF besteht hier keine gesetzliche Beschränkung auf in Deutschland belegenes unbewegliches Vermögen (auch wenn der historische Gesetzgeber primär solche Konstellationen im Auge gehabt haben dürfte, → Rn. 71). Man wird daher Erweiterungen des deutschen Begriffs des unbeweglichen Vermögens im Hinblick auf das Verständnis des jeweiligen Belegenheitsstaates zulassen müssen, nicht aber Einschränkungen.

72 Erfasst werden Grundstücke, deren Bestandteile und Zubehör, ebenso das Erbbaurecht und das Wohnungs- und Stockwerkseigentum, beschränkt dingliche Rechte an Grundstücken und grundstücksgleiche Rechte. Nicht erfasst sind bloße Forderungen (aA Wegmann NJW 1987, 1743), Gesellschaftsanteile (Röll MittBayNot 1989, 3) und Registerrechte (an Kfz nach italienischem oder französischem Recht; an Schiffen). Der Erbanteil an einem Nachlass, zu dem Grundstücke gehören, ist nicht unbeweglich; ebenso wenig der Anteil an einer Gesellschaft mit Grundbesitz. Denn in diesen Fällen stehen Gesamthands- und Gesellschaftsanteil im Vordergrund (Kropholler IPR § 45 IV 4c; Lichtenberger DNotZ 1986, 659; v. Bar IPR II Rn. 369; Krzywon BWNotZ 1986, 154 (159); aA Erman/Hohloch, 15. Aufl. 2017, Rn. 28; anders auch für die Erbengemeinschaft an einem Grundstück und reine Grundstückgesellschaften Neuhaus RabelsZ 19 (1954), 566; Staudinger/Dörner, 2007, Art. 25 Rn. 485 mwN).

73 Vom Gesetzgeber beabsichtigt war, den Erwerb deutscher Grundstücke durch ausländische Ehegatten – vor allem im Grundbuchrecht – zu erleichtern (vgl. BayObLG NJW-RR 1992, 1235). Umgekehrt gilt dies freilich **auch für den Erwerb ausländischer Grundstücke** durch deutsche Ehegatten (Erman/Hohloch, 15. Aufl. 2017, Rn. 28). Die Rechtswahl nach Abs. 2 Nr. 3 kann Zweifel ausräumen helfen, ob ein Fall des Art. 3a Abs. 2 aF vorliegt, und es kann Übereinstimmung mit dem Erbstatut nach Art. 25 Abs. 2 aF herbeigeführt werden. Spaltung des Güterrechtsstatuts kann aber auch **Anpassungsprobleme** aufwerfen, etwa dann, wenn der deutsche gesetzliche Güterstand nur für das in Deutschland belegene Grundvermögen gilt (Kropholler IPR § 45 IV 4c; Süß ZNotP 1999, 385).

74 **d) Form der Wahl.** Für die Form der Rechtswahl verweist Abs. 3 auf die entsprechende Anwendung von Art. 14 Abs. 4 aF. Erfolgt die Rechtswahl **im Ausland** und ist dem dortigen Ortsrecht oder einem gewählten Recht eine Wahl des Güterrechtsstatuts bekannt, so ist die Einhaltung der deutschen Ehevertragsform oder einer dieser gleichwertigen, ausländischen Form (Substitution) nicht notwendig, wenn eine weniger strenge Form vom Ortsrecht oder Geschäftsrecht vorgeschrieben und eingehalten ist (so etwa Art. 53 Abs. 1 Schweizer IPRG, vgl. MüKoBGB/Siehr, 6. Aufl. 2015, Rn. 32). Im Interesse der Rechtsklarheit sollte die Rechtswahl aber auch in diesen Fällen möglichst ausdrücklich erfolgen. Für die Annahme einer **konkludenten Rechtswahl** (für deren Zulässigkeit wohl MüKoBGB/Siehr, 6. Aufl. 2015, Rn. 32 f.) sind strenge Anforderungen an deren Eindeutigkeit zu stellen (→ Art. 14 Rn. 59). Weder aus der Rechtswahl für einen Kaufvertrag über ein Grundstück (LG Augsburg MittBayNot 1995, 233) noch aus der

Vereinbarung einer Brautgabe (OLG Frankfurt 1996, 1478; ausf. Wurmnest RabelsZ 71 (2007), 554 (555)) ergibt sich ohne weiteres eine Wahl des Ehegüterstatuts.

**3. Anknüpfungspersonen. a) Allgemeines.** Anknüpfungspersonen sind bei Art. 15 aF die Eheleute. Besonderheiten hinsichtlich des Personalstatuts bei **Mehrstaatern, Staatenlosen, Flüchtlingen und Mehrrechtsstaatern** folgen den allgemeinen Regeln der Art. 5 und Art. 4 Abs. 3. Bei **Doppel- oder Mehrstaatern** ist die effektivere oder die deutsche Staatsangehörigkeit maßgebend, Art. 5 Abs. 1. Bei **Staatenlosen** und **Flüchtlingen** ist auf den gewöhnlichen Aufenthalt abzustellen, Art. 5 Abs. 2 bzw. die einschlägigen Abkommen (→ Art. 14 Rn. 33). 75

Für **internationale Flüchtlinge und gleichgestellte Asylberechtigte** mit Wohnsitz, gewöhnlichem Aufenthalt oder sonstigem gemeinsamen Schwerpunkt (zB einfacher Aufenthalt) im Aufenthaltsstaat soll nach einer Auffassung wegen ihrer innerlichen Aufgabe der Bindung an das Herkunftsland und dessen Recht das **Güterrechtsstatut wandelbar** gestellt werden (Soergel/Schurig Rn. 70; Kegel/Schurig IPR § 20 VI 1d). Überzeugender ist die hM (OLG Hamm FamRZ 1977, 327; OLG Bamberg FamRZ 1982, 505; Erman/Hohloch, 15. Aufl. 2017, Rn. 4; Palandt/Thorn Rn. 3; Palandt/Thorn Anh. Art. 15 Rn. 2), nach der diese Personengruppen auf die auch ihnen offen stehende Möglichkeit der Rechtswahl nach Abs. 2 zu verweisen sind (MüKoBGB/Siehr, 6. Aufl. 2015, Rn. 56). Zwar wird bei deutschen Flüchtlingen der Grundsatz der Unwandelbarkeit durchbrochen (→ Rn. 79), doch rechtfertigt sich dies durch die schon vor der Flucht bestehende Volkszugehörigkeit und ist als gesetzliche Ausnahmeregelung restriktiv auszulegen. 76

**b) Volksdeutsche (Abs. 4).** Auf Volksdeutsche als Minderheit „in einem Staat mit fremdnationaler Mehrheit" (BGH FamRZ 1982, 358 (360)), **Vertriebene (auch Um-, Aus- und Spätaussiedler), Flüchtlinge aus der Sowjetzone und der DDR** iSd BVFG **sowie Übersiedler aus der DDR,** die allesamt nach Art. 116 Abs. 1 GG kollisionsrechtlich als Deutsche zu behandeln sind, ist in güterrechtlichen Fragen vorrangig das **Gesetz über den ehelichen Güterstand von Vertriebenen und Flüchtlingen** (GeGVF) vom 4.8.1969 (BGBl. I 1067), in Kraft seit dem 1.10.1969 (Text abgedruckt bei Jayme/Hausmann Nr. 37; v. Bar IPR II Rn. 218;Erman/Hohloch, 15. Aufl. 2017, Rn. 53; dazu Henrich IPRax 1983, 25; Wassermann FamRZ 1990, 333; Scheugenpflug MittRhNotK 1999, 372) anwendbar. Hierauf weist Art. 15 Abs. 4 hin. 77

Die Regelung gilt für die seinerzeit **in der DDR in gültiger Ehe Lebenden,** für **Übersiedler aus der DDR und Berlin-Ost,** die bis zum Ende der DDR am 2.10.1990 in das Gebiet der alten Bundesrepublik oder Berlin-West übergesiedelt sind (§ 3 BVFG, § 1 Abs. 1 S. 2 GeGVF) (Soergel/Schurig Rn. 75; Palandt/Thorn, 78. Aufl. 2019, Anh. Art. 15 Rn. 2; Erman/Hohloch, 15. Aufl. 2017, Rn. 51) und für **Spätaussiedler** iSv § 4 BVFG, die ihre Heimat bis zum 31.12.1992 in Richtung Deutschland verlassen haben. Spätaussiedler, die ihre Heimat erst nach diesem Zeitpunkt verlassen haben, fallen aufgrund von § 4 Abs. 3 BVFG bei Einbeziehung ihres Ehegatten in den Aufnahmebescheid ebenfalls in den Anwendungsbereich des Gesetzes (Erman/Hohloch, 15. Aufl. 2017, Rn. 51; PWW/Martiny Rn. 16; Scheugenpflug MittRhNotK 1999, 372; ebenso schon vor Neufassung des BVFG auf Grundlage einer Analogie Staudinger/Mankowski, 2011, Rn. 439 f.; AnwK-BGB/Sieghörtner Rn. 10; aA Palandt/Thorn, 78. Aufl. 2019, Anh. Art. 15 Rn. 2); sie brauchen sich nicht auf die nach Art. 15 Abs. 2 aF mögliche ex nunc wirkende Wahl deutschen Rechts verweisen zu lassen (so aber Palandt/Thorn, 78. Aufl. 2019, Anh. Art. 15 Rn. 2). 78

Das Gesetz leitet in § 1 bei gewöhnlichem Aufenthalt beider Ehegatten in der Bundesrepublik über zum deutschen Ehegüterstatut (Statutenwechsel). Der **Grundsatz der Unwandelbarkeit ist damit bei deutschen Flüchtlingen durchbrochen.** Anwendbar ist das Gesetz, wenn beide Ehegatten ihren gewöhnlichen, hilfsweise ihren schlichten Aufenthalt in Deutschland zur Zeit des Inkrafttretens des Gesetzes oder gem. § 3 S. 1 GeGVF nach diesem Zeitpunkt gemeinsam oder nacheinander begründet haben und wenn beide Ehegatten zu dieser Zeit im gesetzlichen Güterstand eines außerhalb der Bundesrepublik Deutschland geltenden Gesetzes leben. Wird die erste Voraussetzung des gewöhnlichen Inlandsaufenthalts erst nach Inkrafttreten des Gesetzes am 1.10.1969 erfüllt, so gilt das bundesdeutsche Ehegüterrecht erst ab Beginn des vierten Monats nach Begründung des gemeinsamen Inlandsaufenthalts (§ 3 GeGVF). Bis dahin entstandenes Eigentum der Ehegatten bleibt als Sondervermögen Gesamthandseigentum (OLG Brandenburg DtZ 1997, 204; Palandt/Thorn, 78. Aufl. 2019, Anh. Art. 15 Rn. 3). 79

Im Zeitpunkt des Statutenwechsels dürfen die Ehegatten nicht in einem gesetzlichen Güterstand gelebt haben, der etwa durch Rückverweisung oder Überleitung Bundesrecht untersteht (Erman/Hohloch, 15. Aufl. 2017, Rn. 52; Palandt/Thorn, 78. Aufl. 2019, Rn. 52, Anh. Art. 15 Rn. 3). Die zweite Voraussetzung ist auch nicht erfüllt durch Ehegatten, die zuvor in vertraglichem Güterstand gelebt hatten (Abs. 1), der nicht in der Bundesrepublik galt, oder deren gesetzlicher Güter- 80 stand in ein Güterrechtsregister in der Bundesrepublik eingetragen war (§ 1 Abs. 2 GeGVF, § 2 GeGVF) und es darf nicht iSv §§ 2, 4 GeGVF dessen Weitergeltung beantragt worden sein. Zur Überleitung kommt es auch dann nicht, wenn sie durch einen Ehegatten durch notariell beurkundete Erklärung gegenüber einem Amtsgericht abgelehnt wird (§§ 2, 3 GeGVF). Das Gesetz gilt mit Wirkung ab 1.10.1969, dh es gibt insoweit keine Rückwirkung (OLG Hamm NJW 1977, 1591; Palandt/Thorn, 78. Aufl. 2019, Anh. Art. 15 Rn. 2; Erman/Hohloch, 15. Aufl. 2017, Rn. 51; aA Sonnenberger FS Ferid, 1988, 447 (458)).

81 **4. Anknüpfungszeitpunkt. a) Unwandelbarkeit.** Für die gesetzliche Grundanknüpfung wird – anders als beim Ehewirkungsstatut – ausdrücklich unwandelbar auf den Zeitpunkt der Eheschließung abgestellt. Das zu diesem Zeitpunkt zur Anwendung gelangende Ehewirkungsstatut ist für das Güterrechtsstatut maßgeblich. Ein kurz vor der Heirat eingetretener Anknüpfungswechsel – etwa durch Ehevertrag – findet daher Berücksichtigung (Soergel/Schurig Rn. 28; Kegel/Schurig IPR § 20 VI 3). Die Begründung der Anknüpfungspunkte während der Ehe ist hingegen nicht ausreichend. Eine Änderung (Staatsangehörigkeits- oder Aufenthaltswechsel; engste Beziehung zu einem Staat; Wahl des Ehewirkungsstatuts) während der Ehe ist unerheblich (OLG Düsseldorf FGPrax 2000, 7). Damit sollen Rechtssicherheit und Rechtsklarheit verwirklicht werden (Begr. RegE, BT-Drs. 10/504, 58) und wohlerworbene Rechte erhalten bleiben (LG Stuttgart BWNotZ 1981, 136; OLG Oldenburg Rpfleger 1985, 188; Soergel/Schurig Rn. 28; krit. Kropholler IPR § 45 IV 3a).

82 Eine Anknüpfung an die **vergangenheitsbezogenen Merkmale** „frühere" gemeinsame Staatsangehörigkeit (Art. 14 Abs. 1 Nr. 1 Alt. 2 aF) oder „früherer" gemeinsamer gewöhnlicher Aufenthalt (Art. 14 Abs. 1 Nr. 2 Alt. 2 aF) ist daher im Rahmen des Art. 15 Abs. 1 aF ausgeschlossen (BT-Drs. 10/5632, 41). Aus dem gleichen Grund kann nicht an eine nach Heirat erst erworbene Staatsangehörigkeit oder an einen während der Ehe erst begründeten gewöhnlichen Aufenthalt angeknüpft werden (Begr. RegE, BT-Drs. 10/504, 58; Palandt/Thorn Rn. 16–19). Ausreichend ist insoweit aber die anlässlich der Eheschließung erworbene gemeinsame Staatsangehörigkeit oder der während der Ehe erst begründete gewöhnliche Aufenthalt, zumindest unter den bei Art. 14 Abs. 1 Nr. 3 aF aufgeführten Voraussetzungen der belegbaren Planung bei Heirat (ausf. → Rn. 53 ff.).

83 Zwar ist für die Auffanganknüpfung des Art. 15 Abs. 1 aF iVm Art. 14 Abs. 1 Nr. 3 aF ebenfalls der Zeitpunkt des Eheschlusses ausschlaggebend. Bei der Beurteilung der engsten Verbindung sind aber häufig als Indizien auch feststellbare gemeinsame **Zukunftspläne** (Begründung eines gemeinsamen gewöhnlichen Aufenthalts unmittelbar im Anschluss an die Eheschließung oder später) von Bedeutung. Verwirklichung des Plans ist nicht erforderlich (Palandt/Thorn Rn. 19). Zur Bestimmung der gemeinsamen engsten Verbindung sind alle ermittelbaren Einzelfallumstände zu berücksichtigen (soziale Bindung durch Herkunft, Kultur, Sprache, Beruf, gemeinsamer schlichter, nicht nur vorübergehender Aufenthalt).

84 **b) Ausnahmsweise Statutenwechsel.** Die Unwandelbarkeit kann **im Falle einer Rück- oder Weiterverweisung durchbrochen** werden, wenn das verweisende fremde Kollisionsrecht seinerseits Wandelbarkeit vorsieht (OLG Hamm IPRspr. 1974 Nr. 62; LG Memmingen IPRax 1985, 41 betr. Ungarn; MüKoBGB/Siehr, 6. Aufl. 2015, Rn. 125; Erman/Hohloch, 15. Aufl. 2017, Rn. 11; aA OLG Nürnberg MittBayNot 2011, 337); denn bei einer Gesamtverweisung (Art. 4 Abs. 1; → Rn. 91, → Rn. 93) ist das ausländische IPR (bis zur Grenze des ordre public) grds. ohne Rücksicht auf das IPR der lex fori anzuwenden (anders OLG Nürnberg MittBayNot 2011, 337, das die Missachtung der im ausländischen verwiesenen Recht angeordneten Wandelbarkeit mit Erwägungen des deutschen Gesetzgebers zum inländischen Art. 15 begründet). Ebenso kann Wandelbarkeit eintreten durch **Anknüpfungswechsel** nach Art. 220 Abs. 3.

85 Die Unwandelbarkeit konnte auch **durch güterrechtliche Rechtswahl** der Ehegatten während der Ehe gemäß Art. 15 Abs. 2 aF **durchbrochen** werden, um das Güterrechtsstatut veränderten Vermögensverhältnissen anzupassen. An der Rechtslage zur Zeit der Eheschließung sollen Ehegatten nicht gegen ihren Willen festgehalten werden. Eine **Rückwirkung** kann normalerweise nur innerhalb der Grenzen des gewählten Güterstandes eintreten (→ Rn. 64) (Kropholler IPR § 45 IV 4; Lichtenberger DNotZ 1986, 661). Ohne besondere sachrechtliche Regelung oder zulässige vertragliche Vereinbarung einer Rückwirkung wirkt der vom gewählten Recht vorgesehene oder darunter gewählte Güterstand nur ex nunc für neues Vermögen (Kropholler IPR § 45 IV 4; MüKoBGB/Siehr, 6. Aufl. 2015, Rn. 55; Erman/Hohloch, 15. Aufl. 2017, Rn. 25, 11; aA Palandt/Thorn, 78. Aufl. 2019, Rn. 21: vom Zeitpunkt der Rechtswahl auch für bestehendes Ehevermögen). Die Ehegatten können aber **vom Zeitpunkt der Rechtswahl an** eine Wirkung auf das vor dieser Rechtswahl bereits bestehende Vermögen vorsehen, soweit dadurch nicht Rechte

Dritter nachteilig berührt werden (BT-Drs. 10/504, 58; Erman/Hohloch, 15. Aufl. 2017, Rn. 25; MüKoBGB/Siehr, 6. Aufl. 2015, Rn. 46). Völlige Rückwirkung in den Zeitraum vor der Rechtswahl ist wegen drittschützender Belange abzulehnen (Palandt/Thorn, 78. Aufl. 2019, Rn. 21; Schotten DNotZ 1999, 327; aA Mankowski/Osterhaus DNotZ 1997, 20). Neues Recht beherrscht auch Abwicklung und Überleitung des bisherigen Güterstandes, weil nur dieses die Zuordnung des bisherigen Ehevermögens im neuen Güterstand zu regeln vermag (BT-Drs. 10/504, 104, 110; Palandt/Thorn, 78. Aufl. 2019, Rn. 21; Erman/Hohloch, 15. Aufl. 2017, Rn. 25; für altes Recht Wegmann NJW 1987, 1744; MüKoBGB/Siehr, 6. Aufl. 2015, Rn. 45). Die **allgemeinen Regeln des Statutenwechsels,** wonach unter dem bisherigen Statut begründete („wohlerworbene") Rechte – zB Anspruch auf Zugewinnausgleich unter dem alten Recht – anzuerkennen sind, ihr weiteres Schicksal sich aber nach dem neuen Statut richtet – zB Einstellung des Ausgleichsanspruchs als Vermögenswert in das Anfangsvermögen des betreffenden Ehegatten unter neuem Recht –, gelten auch hier.

Unwandelbarkeit des maßgeblichen Güterrechtsstatuts behindert nicht die Berücksichtigung dessen materiellrechtlicher Entwicklung. Verweisung auf ein Recht erfasst auch dessen intertemporale Vorschriften und materiellrechtliche Änderungen (KG FamRZ 2005, 1676; OLG Stuttgart NJW 1958, 1972; OLG Karlsruhe IPRax 1990, 122; Palandt/Thorn, 78. Aufl. 2019, Rn. 3; Soergel/Schurig Rn. 29, 63 f., 70). Unwandelbarkeit bedeutet nicht fortschrittsfeindliche **„Versteinerung"** des alten Rechtszustandes. **Rechtswahl** des alten Rechtszustandes ist hingegen möglich, wenn das intertemporale Recht des berufenen Rechts dies zulässt (MüKoBGB/Siehr, 6. Aufl. 2015, Rn. 37). **86**

Anknüpfung an den Zeitpunkt des Abbruchs der **Beziehungen zu einem früheren Heimatstaat** durch Vertreibung, Flucht oder Emigration sollte nach früherer Rspr. vor der Anwendung politisch motivierter Rechtsänderungen schützen, die im Kern Fluchtgrund waren (BGHZ 40, 32 = NJW 1963, 1975; BGH FamRZ 1976, 612; BayObLGZ 1959, 89; 1961, 123; OLG Hamm NJW 1977, 1591; LG Wuppertal IPRspr. 1987 Nr. 54). Diese Anknüpfung führt indes nur zu veraltetem Recht und kann daher integrationsfeindlich wirken (Palandt/Thorn, 78. Aufl. 2019, Rn. 3; MüKoBGB/Siehr, 6. Aufl. 2015, Rn. 56; OLG Düsseldorf FamRZ 1979, 160). Die Schwierigkeiten sind leichter mit dem Einwand des ordre public zu lösen (v. Bar IPR I Rn. 319; Erman/Hohloch, 15. Aufl. 2017, Rn. 12; Erman/Hohloch, 15. Aufl. 2017, Einl. Rn. 34). Betrachtet man das Güterrechtsstatut bei Flüchtlingen als wandelbar (→ Rn. 76), so werden die Schwierigkeiten (bei entspr. ausländischem intertemporalen Recht) vermieden. **87**

Eine weitere Ausnahme vom Grundsatz der Unwandelbarkeit statuiert das nach **Art. 15 Abs. 4** aF fortgeltende und auch vom Einigungsvertrag unberührt gebliebene Gesetz vom 4.8.1969 über den ehelichen Güterstand von Vertriebenen und Flüchtlingen (→ Rn. 77 ff.). Für volksdeutsche Flüchtlinge iSv Art. 116 Abs. 1 GG **leitet** das Gesetz deren gesetzlichen Güterstand **in den geltenden gesetzlichen Güterstand** der Gütertrennung mit Zugewinnausgleich (Zugewinngemeinschaft) **über.** Ehevertragliche Güterstände bleiben unberührt. **88**

## VI. Allgemeine Vorschriften

**1. Vorfrage der Ehe.** Die Vorfrage der bestehenden oder aufgelösten Ehe ist **selbständig anzuknüpfen.** Maßgeblich sind die Eheschließung und Eheauflösung beherrschenden Kollisionsregeln (Art. 11, 13, Rom III-VO) und – bei Vorliegen einer ausländischen Entscheidung – das Anerkennungsrecht (§ 107 FamFG, § 328 ZPO bzw. vorrangig die Brüssel IIb-VO und Staatsvertragsrecht, ausf. → Art. 13 Rn. 32 f.). Unerheblich ist, ob das anwendbare Güterstatut die Gültigkeit der Ehe anerkennt (OLG Stuttgart FamRZ 1978, 507; Palandt/Thorn, 78. Aufl. 2019, Rn. 24). Auch bei solch **hinkenden** (im Inland wirksamen, im Ausland unwirksamen) Ehen bestimmen sich die güterrechtlichen Wirkungen nach Art. 15 aF (str., wie hier OLG Stuttgart FamRZ 1978, 507; Soergel/Schurig Rn. 62; Erman/Hohloch, 15. Aufl. 2017, Rn. 10 mwN zum älteren Streitstand; MüKoBGB/Siehr, 6. Aufl. 2015, Rn. 110) (zur entspr. Problematik ausf. → Art. 14 Rn. 70). Art. 15 ist indes nicht einschlägig, wenn im Inland eine **Nichtehe** vorliegt (etwa wegen Verstoßes gegen die Inlandsform gemäß Art. 13 Abs. 3 S. 1). **89**

Eine nach ausländischem Formstatut im Ausland formlos geschlossene Ehe ist auch im Inland gültig (→ Art. 13 Rn. 71 ff.) (RGZ 138, 214; 157, 257), soweit nicht der – seltene – Verstoß gegen Art. 6 vorliegt; ebenso eine gemäß Art. 13 Abs. 3 **in ausländischen Formen formgültig** im Inland geschlossene Ehe. Die güterrechtlichen Wirkungen einer solchen Ehe bestimmen sich nach dem über Art. 15 ermittelbaren Güterrechtsstatut (MüKoBGB/Siehr, 6. Aufl. 2015, Rn. 188). **90**

91 **2. Gesamtverweisung, Rechtsspaltung.** Nach Art. 4 Abs. 1 sind Rück- und Weiterverweisung im Grundsatz beachtlich. **Gesamtverweisung** liegt vor, wenn das Güterrechtsstatut objektiv nach dem Familienstatut gemäß Art. 14 Abs. 1 Nr. 1 und 2 aF bestimmt wird. Gleiches gilt im Falle der Anknüpfung an das nach Art. 14 Abs. 1 Nr. 3 aF bestimmte Familienstatut (Recht der engsten gemeinsamen Verbindung).

92 Als **Sachnormverweisung** stellen sich die meisten Fälle einer unmittelbaren oder mittelbaren Wahl des Güterrechtstatuts dar, nämlich sowohl

- die sich aus Art. 14 Abs. 3 aF (zu Art. 14 Abs. 2 → Art. 14 Rn. 71, → Art. 14 Rn. 54) ergebenden Verweisungen bei Rechtswahl des Ehewirkungsstatuts, an die Art. 15 Abs. 1 objektiv anknüpft, als auch
- die direkte Wahl des Güterrechtsstatuts nach Art. 15 Abs. 2 und 3 aF.

Zur flexiblen Handhabung der Entscheidung zwischen Gesamt- oder Sachnormverweisung bei der Anknüpfung der Form der im Ausland getroffenen Rechtswahlvereinbarung entspr. Art. 15 Abs. 3 aF iVm Art. 14 Abs. 4 S. 2 aF → Art. 14 Rn. 71.

93 Zu **teilweiser Rück- oder Weiterverweisung** kann es kommen, wenn ausländisches Kollisionsrecht an bewegliches und unbewegliches Vermögen unterschiedlich anknüpft (Rechtsspaltung) oder überhaupt an den jeweiligen Belegenheitsort anknüpft und damit nur für im Inland belegene Vermögensgegenstände auf die deutsche lex rei sitae zurückverweist. Die damit verbundene Durchbrechung des Grundsatzes einheitlicher güterrechtlicher Anknüpfung durch das berufene Recht wird akzeptiert (vgl. auch Art. 3a Abs. 2 aF, dazu → Rn. 95 ff.). Ebenso wird eine Durchbrechung des Unwandelbarkeitsgrundsatzes hingenommen durch Verweisung auf ein nach Heirat maßgebliches Recht (bewegliche Anknüpfung) (Soergel/Schurig Rn. 64; MüKoBGB/Siehr, 6. Aufl. 2015, Rn. 115; aA OLG Nürnberg MittBayNot 2011, 337; auch → Rn. 84). Weiterverweisung als Gesamtverweisung ist möglich (arg. e Art. 4 Abs. 1 S. 2).

94 Bei Verweisung auf das Recht eines Mehrrechtsstaates mit einer **territorial oder personal gespaltenen Rechtsordnung** ist die maßgebende Teilrechtsordnung anhand von Art. 4 Abs. 3 zu bestimmen (zB zu den spanischen Foralrechten des ehelichen Güterrechts Schotten/Schmellenkamp, Das Internationale Privatrecht in der notariellen Praxis, 2. Aufl. 2007, 583 f.; Reckhorn-Hengemühle FamRBInt 2010, 42 ff.). Bei erst nach der Eheschließung **zerfallenen ehemaligen Gesamtstaaten** ist die maßgebende Nachfolgerechtsordnung durch entsprechende Anwendung des Art. 4 Abs. 3 anhand der engsten Verbindung zu ermitteln (OLG Frankfurt IPRax 2001, 140 zum ehem. Jugoslawien; Großerichter/Bauer RabelsZ 65 (2001), 211).

95 **3. Vorrang des Einzelstatuts (Art. 3a Abs. 2 aF).** Das Güterrechtsstatut beherrscht als **Gesamtstatut** grds. alle Vermögensgegenstände der Ehegatten (Palandt/Thorn, 78. Aufl. 2019, Rn. 4; Erman/Hohloch Rn. 13). Dies ruft Art. 3a Abs. 2 aF auf den Plan, der hier eine bedingte Sonderanknüpfung anordnen kann. Anwendbar ist Art. 3a Abs. 2 aF nur auf Vermögensgegenstände, die sich außerhalb des Staates befinden, dessen Recht als Güterstatut anwendbar ist. Wenn nun in dem Staat, in dem sich diese Gegenstände befinden (Belegenheitsstaat) eine Rechtsordnung gilt, innerhalb derer etwa für Sondervermögen besondere güterrechtliche Regeln bestehen, bestimmte Vermögensgegenstände also dem (dortigen) allgemeinen Güterrecht entzogen und einem besonderen Regime unterworfen werden, erklärt Art. 3a Abs. 2 aF diese besonderen Regeln für (neben dem iÜ für die anderen Vermögensgegenstände geltenden Güterstatut) anwendbar. Solche güterrechtliche Rechtsspaltung kann sich ergeben bei sachrechtlicher Sonderbestimmung der lex rei sitae für Sondervermögen (Kegel/Schurig IPR § 12 II; MüKoBGB/Siehr, 6. Aufl. 2015, Rn. 124), zB Erbhöfe, Familienfideikommisse, Lehen, Stiftungsgüter (BT-Drs. 10/504, 36; keine güterrechtliche Sonderanknüpfung nach inländischem Recht), oder bei kollisionsrechtlicher (hM, BGHZ 45, 351; 50, 63; BayObLGZ 1971, 34; OLG Hamm FamRZ 2014, 947: in Bezug auf die streitgegenständliche Immobilie in England jedoch nicht feststellbar; Palandt/Thorn, 78. Aufl. 2019, Rn. 4; Lüderitz IPR Rn. 168; Erman/Hohloch, 15. Aufl. 2017, Rn. 13, 25; krit. Soergel/Schurig Rn. 66; Kegel/Schurig IPR § 12 II 2b cc; diff. MüKoBGB/Siehr, 6. Aufl. 2015, Rn. 126) Sonderanknüpfung an das Recht des Belegenheitsstaates (lex rei sitae). Im Rahmen der Berechnung des Zugewinns nach deutschen Güterstatut kann die Zuordnung von Vermögensgegenständen als Vorfrage Bedeutung erlangen, bei der eine etwaige Sonderanknüpfung zu berücksichtigen wäre (offengelassen von OLG Hamm FamRZ 2014, 947; aA Ludwig DNotZ 2000, 663). Die von Art. 3a Abs. 2 aF angeordnete Sonderanknüpfung der in dem betreffenden Staat belegenen Vermögensgegenstände an dieses Einzelstatut kann ebenso zu einer kollisionsrechtlichen Spaltung führen wie partielle Rechtswahl der Ehegatten gemäß Art. 15 Abs. 2 Nr. 3 aF. Letztere beschränkt sich auf unbewegliches Vermögen, während die Rechtsspaltung nach Art. 3a Abs. 2

aF sowohl **unbewegliches als auch bewegliches Vermögen** erfasst (BayObLGZ 1971, 34; KG NJW 1973, 428; OLG Hamm IPRspr. 1974 Nr. 62; Soergel/Schurig Rn. 21).

Fraglich ist dieser Vorrang des Einzelstatuts gegenüber dem Gesamtstatut, wenn letzteres durch Rechtswahl bestimmt worden ist, sei es gem. Abs. 2 Nr. 1 und 2, sei es gem. Abs. 2 Nr. 3. Unbestritten sollen sich nach Art. 3a Abs. 2 aF sachrechtliche Sonderbestimmungen der lex rei sitae gegen die Rechtswahl durchsetzen (MüKoBGB/Siehr, 6. Aufl. 2015, Rn. 127). Vereinzelt wird vorgeschlagen, dass sich im Falle nur kollisionsrechtlicher Rechtsspaltung das Einzelstatut gegen ein gewähltes Gesamtstatut nicht durchsetzt, und zwar auch soweit das kraft Sonderanknüpfung geltende Recht eine **Rechtswahl** für unzulässig erklärt (eine Rechtswahl sich also gegen eine ausländische lex rei sitae durchsetzt) (MüKoBGB/Siehr, 6. Aufl. 2015, Rn. 128; Soergel/Schurig Rn. 66). Eine solche Sonderstellung der Rechtswahl gegenüber kollisionsrechtlicher Sonderanknüpfung findet zurzeit aber weder in der Rspr. noch im herrschenden Schrifttum eine Stütze. 96

**4. Ordre public.** Sowohl ausländisches Güterkollisionsrecht wie Gütersachrecht ist bei hinreichendem Inlandsbezug an Art. 6 zu messen (Soergel/Schurig Rn. 68; Erman/Hohloch, 15. Aufl. 2017, Rn. 9). Lücken fremden Rechts sind vorrangig durch **Auslegung,** ggf. auch durch **Anpassung** zu schließen (MüKoBGB/Siehr, 6. Aufl. 2015, Rn. 141); Beispiele → Rn. 43, → Rn. 45, → Rn. 51, → Rn. 73; allg. → EinlIPR Rn. 95. Im Einzelfall kann eine Morgengabevereinbarung wegen finanziellen Ruins des Ehemanns, auch im Hinblick auf dessen Wiederverheiratungsfreiheit gegen den ordre public verstoßen und eine Reduktion der exzessiven Höhe gebieten (OLG Bamberg FamRBInt 2011, 25 mAnm Mörsdorf-Schulte). Nicht hinnehmbar sind gegen den Gleichberechtigungsgrundsatz verstoßende Anknüpfungen und sachrechtliche Regeln mit gleichberechtigungswidriger Vermögenszuordnung. Von Art. 6 unberührt bleiben hingegen ausländische Zugewinngemeinschaften und Gütertrennung (OLG Karlsruhe IPRax 1990, 122; Soergel/Schurig Rn. 68 mwN), des Weiteren güterrechtliche Wirkungen polygamer Ehen unter der Geltung islamischen Rechts (Soergel/Schurig Rn. 68, Art. 13 Rn. 122). 97

## VII. Verfahrensrecht

Nachdem Art. 69 EuGüVO die Geltungseinschränkung auf ab dem 29. Januar 2019 eingegangene Ehen und solche mit Güterrechtswahl nur für Kapitel III der EuGüVO vorsieht, gelten für am 29.1.2019 oder danach eingeleitete Verfahren bereits die internationalverfahrensrechtlichen Bestimmungen der EuGüVO, die dort in Kapitel II, IV und V geregelt sind und hinsichtlich der internationalen Zuständigkeit teilweise auf die Brüssel IIa-VO, nunmehr Brüssel IIb-VO verweisen. Von der Darstellung des in vor dem 28.1.2019 eingeleiteten Verfahren für die Fragen der internationalen Zuständigkeit, Anerkennung und Vollstreckung geltenden autonomen internationalen Verfahrensrechts des FamFG wird auf die Vorauflagen verwiesen. 98

Die Bestätigung einer ausländischen Güterrechtsentscheidung als europäischer Vollstreckungstitel ist wegen des Ausschlusses des Güterrechts in Art. 2 Abs. 2 lit. a EuVTVO grds. auch bei unbestrittenen Forderungen auf Zugewinnausgleich nicht möglich (KG FamRBInt 2010, 87 m. insoweit zust. Anm. Mörsdorf-Schulte), wohl aber wenn das Güterrecht nur als Vorfrage Bedeutung hat, etwa für einen im selben Verfahren geltend gemachten Schadensersatzanspruch (KG NKOZ 2010, 2516; aA KG FamRBInt 2010, 87 m. abl. Anm. Mörsdorf-Schulte). 99

## VIII. Intertemporales Recht

Für die güterrechtlichen Wirkungen der Ehe trifft Art. 220 Abs. 3 eine besondere intertemporale Regelung in Bezug auf Altehen, die **vor dem Inkrafttreten des neuen IPR am 1.9.1986 und damit des Art. 15 nF** (Ersetzung der gleichberechtigungswidrigen Anknüpfung an das Heimatrecht des Mannes durch Anknüpfung an gemeinsames Heimatrecht, gewöhnlichen Aufenthalt und engste Verbindung) geschlossen worden sind. Bereits bevor Art. 15 in seiner gegenwärtigen Fassung in Kraft trat, war die aF vom BVerfG am 22.2.1983 für partiell nichtig erklärt worden (BVerfGE 63, 191). Abgesehen davon war sie nach Art. 117 Abs. 1 GG „eigentlich" bereits mit Ablauf des 31.3.1953 außer Kraft getreten. In den von diesen Daten markierten drei Zeiträumen ist damit im Hinblick auf die vermeintliche (Vertrauensschutz) und tatsächliche Rechtslage die Situation unterschiedlich; dem trägt der Gesetzgeber in Art. 220 Abs. 3 Rechnung, der den allgemeinen Regeln des Art. 220 Abs. 1, 2 vorgeht. Zur Ablösung des Art. 15 aF durch die EuGüVO → Rn. 1. 101

### IX. Interlokales Privat- und Verfahrensrecht

102 In der DDR herrschte bis 1965 gesetzlich **Gütertrennung** mit der Option zur Begründung von **Miteigentum** an einzelnen Vermögensgegenständen. Bei Scheidung oder Tod eines Partners hatte der andere einen unvererblichen und unübertragbaren familienrechtlichen **Ausgleichsanspruch** gegen den anderen Ehegatten bzw. die Erben. Das FGB vom 20.12.1965 (GBl. 1966 I 1; VOBl. 1966 I 117) führte in den §§ 13–16 FGB dann eine Errungenschaftsgemeinschaft ein („Eigentums- und Vermögensgemeinschaft"), die durch das 1. Familienrechtsänderungsgesetz vom 20.7.1990 (GBl. I 1038) für die Zeit vom 1.10.1990 bis zum 3.10.1990 zT verändert wurde.

103 Nach Art. 234 § 4 Abs. 1 wird der gesetzliche Güterstand der DDR am 3.10.1990 in den gesetzlichen Güterstand der Zugewinngemeinschaft übergeleitet. In den beiden folgenden Jahren hatte jeder Ehegatte die Möglichkeit, dem Kreisgericht gegenüber zu **erklären, dass der bisherige gesetzliche Güterstand fortgelten solle.** Für die Zeit vor dem Beitritt kann auch ohne eine solche Erklärung ein etwa entstandener Ausgleichsanspruch nach § 40 FGB geltend gemacht werden, wenn die Ehe später geschieden wird (BGH NJW 1999, 2520; Looschelders Rn. 45). Ob die betreffenden Ehegatten überhaupt dem Recht der DDR unterstanden oder nach Abgabe der erwähnten Erklärung unterstehen, richtet sich nach hM nach dem interlokalen Privatrecht der Bundesrepublik Deutschland (BGHZ 124, 273 = NJW 1994, 582; BGH NJW 2006, 2034). Danach wird der **Güterstand im innerdeutschen Verhältnis** nach Art. 15 analog (interlokales Kollisionsrecht, ausf. → Art. 13 Rn. 96 ff.) unwandelbar an den gewöhnlichen Aufenthalt der Ehegatten im Zeitpunkt der Eheschließung angeknüpft (BGHZ 40, 32 (35) = NJW 1963, 1975; Erman/Hohloch, 15. Aufl. 2017, Rn. 15). Haben die Ehegatten als Bürger der DDR ihren **gewöhnlichen Aufenthalt vor der Wiedervereinigung in die Bundesrepublik verlegt,** so ist die Überleitung ihres gesetzlichen Güterstandes vorrangig nach dem Gesetz über den ehelichen Güterstand von Vertriebenen und Flüchtlingen (→ Rn. 77 ff.) zu beurteilen (Wassermann FamRZ 1990, 333; Looschelders Rn. 46). Weist der güterrechtliche Altfall Auslandsbezug auf, so entscheidet Art. 15 analog (als interlokale Norm) zunächst darüber, ob nach dem IPR der DDR (RAG) oder nach dem EGBGB anzuknüpfen ist (Art. 236; → Art. 14 Rn. 87 f.).

## Art. 16 (aufgehoben)

**Schrifttum:** Amann, Eigentumserwerb unabhängig von ausländischem Güterrecht?, MittBayNot 1986, 222; Fischer, Verkehrsschutz im internationalen Verkehrsrecht, 1990, 133; Gottschalg, Zur Bedeutung des § 1412 Abs. 2 BGB im Hinblick auf das Güterrechtsregister, DNotZ 1970, 274; Liessem, Guter Glaube beim Grundstückserwerb von einem durch seinen Güterstand verfügungsbeschränkten Ehegatten?, NJW 1989, 497; Mankowski, Neue Gesetze im deutschen Internationalen Ehe- und Eheverfahrensrecht, NJW 2019, 465; H. Roth, Grundbuchverfahren und ausländisches Güterrecht, IPRax 1991, 320; Schotten, Der Schutz des Rechtsverkehrs im Internationalen Privatrecht, DNotZ 1994, 670; Süß, Ausländer im Grundbuch und im Registerverfahren, Rpfleger 2003, 54.

### Übersicht



### I. Vorbemerkung zur zeitlichen Anwendbarkeit

1 Der bisherige Art. 16 wird durch die EuGüVO verdrängt. Aus Gründen der Rechtsklarheit (vgl. RegE BT-Drs. 19/4852, 37) ist er daher durch Gesetz vom 17.12.2018 (Art. 2 Nr. 5 IntGüRVGEG, BGBl. 2018 I 2573) mit Wirkung zum 29.1.2019 **aufgehoben** worden. **Intertemporal** bestimmt Art. 229 § 47 Abs. 2 Nr. 2, dass Art. 16 in der bis einschließlich 28.1.2019 geltenden Fassung **weiter anzuwenden** ist, wenn die Ehegatten die **Ehe vor dem 29.1.2019** geschlossen haben und ab diesem Zeitpunkt keine Rechtswahl nach der EuGüVO getroffen haben. Auf die Mehrzahl der sich stellenden internationalgüterrechtlichen Fragen wird daher auf absehbare Zeit der **bisherige Art. 16 aF Anwendung** finden. Zum Wortlaut → Rn. 1.1.

Der bisherige Art. 16 aF lautete: 1.1

**Art. 16 EGBGB aF Schutz Dritter**

(1) Unterliegen die güterrechtlichen Wirkungen einer Ehe dem Recht eines anderen Staates und hat einer der Ehegatten seinen gewöhnlichen Aufenthalt im Inland oder betreibt er hier ein Gewerbe, so ist § 1412 des Bürgerlichen Gesetzbuchs entsprechend anzuwenden; der fremde gesetzliche Güterstand steht einem vertragsmäßigen gleich.

(2) Auf im Inland vorgenommene Rechtsgeschäfte ist § 1357, auf hier befindliche bewegliche Sachen § 1362, auf ein hier betriebenes Erwerbsgeschäft sind die §§ 1431 und 1456 des Bürgerlichen Gesetzbuchs sinngemäß anzuwenden, soweit diese Vorschriften für gutgläubige Dritte günstiger sind als das fremde Recht.

## II. Regelungskonzept

Wegen der Primäranknüpfung der Art. 14 und Art. 15 an die Staatsangehörigkeit und der 2 Möglichkeit der Wahl von Ehewirkungs- oder Güterrechtsstatut (Art. 14 Abs. 2–4, Art. 15 Abs. 2 und 3) können dauernd oder vorübergehend im Inland lebende Ausländer im Hinblick auf ihre Vermögensverhältnisse fremdem Recht unterstehen, dessen Eigenarten und zahlreiche Abweichungen von inländischem Recht ihrem Gegenüber im inländischen Rechtsverkehr nicht ohne weiteres bekannt sind. So ergeben sich in vielen ausländischen Güterrechten aus dem gesetzlichen **Güterstand Beschränkungen der Handlungsfreiheit** der einzelnen Ehegatten im Rechtsverkehr mit Dritten. Dabei handelt es sich zB um Zustimmungserfordernisse zu bestimmten Geschäften mit Immobilien oder Haushaltsgegenständen (Belgien, Dänemark, Finnland, Frankreich, Italien, Norwegen, Portugal, Schweden; vgl. jeweils Schotten/Schmellenkamp, IPR, 2. Aufl. 2007, Anh. II Anh. II) oder um Einschränkungen der Verfügungsbefugnis der Ehefrau (Brasilien, Chile, vgl. Nachweise bei Staudinger/Mankowski, 2011, Rn. 2). Auch kennen viele ausländische Rechte keine § 1357 BGB entsprechende Mitverpflichtungsbefugnis unter Ehegatten oder weisen in Ausgestaltung oder Rechtsfolgen Modifikationen auf (§ 96 österreichisches ABGB, Art. 187 türkisches ZGB).

Zu weiteren **Besonderheiten der Rechte der EU-Mitgliedstaaten** vgl. die von der Kom- 2.1 mission in Auftrag gegebene Studie vom 30.4.2003 über die vermögensrechtlichen Verhältnisse bei verheirateten und bei unverheirateten Paaren im internationalen Privatrecht und in den Rechtsordnungen der Mitgliedstaaten der Union (Étude sur les régimes matrimoniaux des couples mariés et sur le patrimoine des couples non mariés dans le droit international privé et le droit interne des États membres de l'Union, http://ec.europa.eu/civiljustice/publications/docs/regimes/report_regimes_030703_fr.pdf).

Gegen die hieraus folgenden Unwägbarkeiten sieht Art. 16 einseitige Kollisionsregeln zum 3 **Schutz des inländischen Rechtsverkehrs** (BT-Drs. 10/504, 59) gutgläubiger Dritter mit Ehegatten vor, die ausländischem Ehewirkungs- oder Güterrechtsstatut unterworfen sind. Die vermögensrechtlichen Beziehungen der Ehegatten untereinander bleiben im Innenverhältnis von der Sonderanknüpfung des Art. 16 unberührt und unterstehen weiterhin den Art. 14 und Art. 15.

Zur Sicherung eines **kollisionsrechtlichen Gutglaubensschutzes** des mit einer verheirateten 4 Person kontrahierenden oder eine solche verklagenden Dritten bedient sich Art. 16 Abs. 1 des **deutschen Güterrechtsregisters.** Dieses besitzt **negative Publizität** und zerstört nach § 1412 BGB einen guten Glauben an die Geltung des (deutschen) gesetzlichen Güterstandes bzw. eines noch eingetragenen, inzwischen unrichtig gewordenen Wahlgüterstandes. § 1412 BGB schneidet Ehegatten, die es versäumen, ihren Wahlgüterstand oder dessen Änderung eintragen zu lassen, daraus sich herleitende Einwendungen gegenüber Dritten ab. Art. 16 Abs. 1 ordnet die entsprechende Geltung dieser Vorschrift mit der Maßgabe an, dass der fremde gesetzliche oder vertragliche (Erman/Hohloch, 15. Aufl. 2017, Rn. 15: zB Gütertrennung als ausländischer Vertragsgüterstand) Güterstand einem inländischen Wahlgüterstand gleichsteht. Da Eintragungen eines ausländischen Güterstandes in das – ohnehin auch bei reinen Inlandsfällen für Wahlgüterstände kaum genutzte – deutsche Güterrechtsregister nur selten erfolgen (vgl. nur MüKoBGB/Looschelders Rn. 21; Erman/Hohloch, 15. Aufl. 2017, Rn. 12c), führt das in aller Regel zur Anwendung deutschen Güterrechts im Außenverhältnis, soweit dieses für den Dritten günstiger ist als das eigentlich anwendbare Güterstatut. Das nach Art. 16 iVm § 1412 BGB zugunsten des Dritten fiktiv zugrunde zu legende Güterrecht muss aber nicht zwingend der deutsche gesetzliche Güterstand sein; vielmehr bringt die von Art. 16 angeordnete Analogie zu § 1412 BGB einschließlich dessen Abs. 2 es mit sich, dass wegen der negativen Publizität dann, wenn zunächst ein ausländischer Güterstand eingetragen war, aber nach Eintreten eines Statutenwechsels (gemäß Art. 15 auf Grund Rechtswahl oder Änderung der objektiven Anknüpfungspunkte sowie ggf. auch auf Grund von sachrechtlichen

Wahlmöglichkeiten des tatsächlich anwendbaren Güterrechtsstatuts) die Änderung der Eintragung versäumt wurde, Art. 16 durchaus auch dem ehemals geltenden eingetragenen ausländischen Güterstand zur Anwendung verhilft, soweit er für den Dritten vorteilhafter ist als das aktuell geltende deutsche oder ausländische Güterrecht (vgl. entspr. zur versäumten Änderung der Eintragung eines Wahlgüterstandes bei direkter Anwendung des § 1412 BGB RGRK-BGB/Finke § 1412 Rn. 17; Staudinger/Thiele, 2007, BGB § 1412 Rn. 13; Gottschalg DNotZ 1970, 274).

**5** Zusätzlich ordnet Art. 16 Abs. 2 zugunsten eines gutgläubigen Dritten (vor der Reform setzte Abs. 2 keinen guten Glauben voraus und gewährte daher einen objektiven Schutz, vgl. Begr. RegE, BT-Drs. 10/504, 59; Bericht des Rechtsausschusses, BT-Drs. 10/5632, 42) die Geltung einzelner, im Rechtsverkehr **wichtiger Bestimmungen deutschen Ehewirkungs- bzw. Güterrechts** (§§ 1357, 1362 BGB und §§ 1431, 1456 BGB) an, wenn sie für diesen Dritten günstiger sind. Der sich gewöhnlich im Inland aufhaltende oder hier ein Erwerbsgeschäft betreibende Ehegatte soll sich gutgläubigen Dritten gegenüber, mit denen er Geschäfte im Inland abschließt, nicht darauf berufen können, dass er nach dem anwendbaren ausländischen Güterrecht nicht das Ehevermögen verpflichten kann, obwohl dies nach deutschem Recht so wäre. Art. 16 verfolgt damit insgesamt ein Günstigkeitsprinzip zugunsten des Geschäftspartners des Ehegatten. Umgekehrt ist fremdes, dem inländischen funktionell vergleichbares Recht Dritten gegenüber nur anwendbar, wenn es für sie im Einzelfall günstiger ist als das deutsche.

**6** Eine Entsprechung zu Art. 16 normiert für **im Ausland eingetragene Lebenspartnerschaften und gleichgeschlechtliche Ehen** Art. 17b Abs. 2 S. 2 und S. 3.

**7** **Parallelnormen** finden sich in Art. 13 Rom I-VO und Art. 12: So wie Art. 16 im Interesse kollisionsrechtlichen Verkehrsschutzes als Gegenspieler zu Art. 14 und 15 fungiert, sind Art. 13 Rom I-VO und Art. 12 Gegenspieler zu Art. 7. Art. 13 Rom I-VO und Art. 12 überwinden unter Verkehrsschutzgesichtspunkten Beschränkungen der allgemeinen Rechts- und Geschäftsfähigkeit, die sich aus dem nach Art. 7 eigentlich anwendbaren Heimatrecht ergeben. Anders als Art. 16 sind sie allseitig formuliert. Dort gilt nicht nur deutsches, sondern jedes Abschlussortrecht. Teilweise wird auch für ehebedingte Verpflichtungs- und Verfügungsbeschränkungen eine Heranziehung des Art. 13 Rom I-VO bzw. Art. 12 vertreten, da diese neben Rechts- und Geschäftsfähigkeit auch von Handlungsfähigkeit sprechen (so LG Aurich NJW 1991, 642; Grüneberg/Thorn Rom I-VO Art. 13 Rn. 6; Fischer, Verkehrsschutz im internationalen Verkehrsrecht, 1990, 171; Liessem NJW 1989, 497 (500); Hanisch IPRax 1987, 47 (50 f.); MüKoBGB/Spellenberg Rom I-VO Art. 13 Rn. 32, 36: mindestens analog). Alternativ wird vorgeschlagen, die **Konkurrenz der Art. 13 Rom I-VO und Art. 12** zu Art. 16 über ein Günstigkeitsprinzip zu Gunsten der jeweils die Rechtswirksamkeit bewirkenden Norm aufzulösen (Liessem NJW 1989, 497 (500)) oder mit Erwägungen der Spezialität zu Gunsten des Art. 16 (Roth IPRax 1999, 320 (322); Schotten DNotZ 1994, 670; Schotten DNotZ 1994, 83 f.). Art. 12 ist im vorliegenden Kontext nicht schon wegen seiner Nichtanwendbarkeit auf familienrechtliche Rechtsgeschäfte (Art. 12 S. 2) ausgeschlossen; denn mit dem Dritten wird kein familienrechtliches Rechtsgeschäft abgeschlossen. Teleologische und systematische Gründe sprechen aber grds. dafür, Beschränkungen zum Erhalt des Familienvermögens und der Ausgestaltung der ehelichen Lebensgemeinschaft trotz des sprachlich weit gefassten Begriffs der Handlungsfähigkeit nicht den Art. 13 Rom I-VO bzw. Art. 12 zu unterstellen, sondern ausschließlich Art. 16 (vgl. HK-BGB/Staudinger Art. 12 Rn. 7; Erman/Hohloch Art. 12 Rn. 11; Looschelders Art. 12 Rn. 16; Staudinger/Hausmann, 2013, Art. 12 Rn. 35; eine Anwendung nebeneinander schlägt MüKoBGB/Looschelders Rn. 4 vor) (auch → Art. 12 Rn. 41. Im Hinblick auf seine Auslegungszuständigkeit betreffend Art. 13 Rom I-VO und den Vorrang des Europarechts wird letztverbindlich der EuGH diese Abgrenzungsfrage zu entscheiden haben (s. auch MüKoBGB/Spellenberg Rom I-VO Art. 13 Rn. 32; MüKoBGB/Looschelders Rn. 4). Soweit Art. 16 Lücken aufweist, schließt dies deren Füllung mittels Analogie zu Art. 13 Rom I-VO bzw. Art. 12 nicht aus (→ Rn. 21).

**8** Art. 16 verdrängt, soweit er zur Anwendung deutschen Rechts führt, selbstverständlich auch die erst am Ergebnis der Rechtsanwendung ansetzende ordre public-Regelung des **Art. 6** (Staudinger/Mankowski, 2011, Rn. 2; Erman/Hohloch Rn. 3).

**9** Die **praktische Bedeutung** von Art. 16 erscheint groß. Die problemlose Anwendung der dort getroffenen Regelungen (LG Aurich NJW 1991, 642 m. Aufs. Roth IPRax 1991, 320; Erman/Hohloch Rn. 5) hat Rechtsstreitigkeiten mit Bezug auf Verkehrsschutzbelange bisher im Wesentlichen erspart (BGH NJW 1992, 909; OLG Frankfurt IPRax 2001, 140 m. Aufsatz Henrich 113; OLG Celle IPRax 1993, 96 mAnm Jayme IPRax 1993, 80; OLG Köln DNotZ 1972, 182; KG IPRspr. 1972 Nr. 55; DNotZ 1933, 112; LG Aurich NJW 1991, 642; AG Wedel IPRspr. 1972 Nr. 54).

### III. Vorrangige staatsvertragliche Regelungen (Art. 3 Nr. 1 und Nr. 2)

Art. 16 wird durch spezielleres Abkommensrecht (Art. 3 Nr. 2) gegenwärtig nur in seltenen Fällen verdrängt. Für den Bereich der allgemeinen Ehewirkungen und des ehelichen Güterrechts gilt für Deutschland zurzeit nur das **Deutsch-Iranische Niederlassungsabkommen** vom 17.2.1929 (RGBl. 1930 II 1006; 1931 II 9; BGBl. 1955 II 829). Die Geltung des Art. 16 schließt es jedoch nicht aus (so auch MüKoBGB/Looschelders Rn. 9 mwN). Denn hierbei handelt es sich um eine Verkehrsschutzregelung, die eine „allgemein gegenüber jedem anderen fremden Staat" geltende Ausnahme vom anwendbaren Güter- bzw. Ehewirkungsrecht darstellt, die gemäß Art. 8 Abs. 3 S. 2 Dt.-Iran. NiederlAbk auch in dessen Anwendungsbereich anwendbar bleibt. 10

Das **Haager Ehewirkungsabkommen** von 1905, dessen Art. 8 Abs. 1 gegenüber Art. 16 speziell war, ist seit dem 23.8.1987 außer Kraft (BGBl. 1986 II 505; abgedruckt noch in Soergel/Schurig Anh. Rn. 1 ff.). 11

Das **Haager Übereinkommen über das auf Ehegüterstände anwendbare Recht** vom 14.3.1978 enthält in Art. 9 Abs. 2–4 HEhegüterÜ eine eigene Drittschutzregelung, ist für Deutschland aber noch nicht in Kraft (→ Art. 15 Rn. 10). 12

Die ab 21.1.2019 anwendbare **EuGüVO** hält mit Art. 28 EuGüVO ebenfalls eine kollisionsrechtliche Verkehrsschutzregelung bereit und zwar eine allseitige. Diese regelt die Wirkung des Ehegüterstatuts gegenüber Dritten und die Möglichkeiten eines Gläubigerschutzes durch Güterrechtsregister. Im Anwendungsbereich dieser unionsrechtlichen Verordnung bleibt für Art. 16 kein Raum mehr. 13

### IV. Einzelerläuterungen

**1. Wirkung ausländischen Güterrechts gegenüber Dritten im Inlandsverkehr (Abs. 1).** Bei Teilnahme der Eheleute am inländischen Rechtsverkehr können sich Abweichungen des fremden Güterrechtsstatuts gegenüber inländischem Güterrecht ergeben (→ Rn. 1). Die rechtlichen Abweichungen können Dritten nur entgegengehalten werden, wenn dieser Güterstand im Inland im Güterrechtsregister eingetragen ist oder wenn der Dritte den betreffenden ausländischen Güterstand positiv kennt. Das ergibt sich aus Abs. 1 iVm § 1412 BGB. 14

**a) Anwendungsbereich. aa) Einwendungen gegen ein Rechtsgeschäft.** Von der Verweisung auf § 1412 BGB erfasst werden zunächst Ansprüche aus Rechtsgeschäften zwischen einem der Ehegatten und dem Dritten; nicht erfasst sind Ansprüche aus Gesetz (Bereicherung, unerlaubte Handlungen, gesetzliche Unterhaltspflicht, Prozesskostenforderung des Staates) (Erman/Hohloch, 15. Aufl. 2017, Rn. 14; OLG Breslau JW 1930, 1880) und der Erwerb in der Zwangsvollstreckung (Grüneberg/Siede BGB § 1412 Rn. 6) oder kraft Gesetzes (Grüneberg/Siede BGB § 1412 Rn. 6). Registereintragung oder Kenntnis des Dritten müssen zum Zeitpunkt des Geschäftsabschlusses gegeben sein (Grüneberg/Siede BGB § 1412 Rn. 8 f.). Der Verkehrsschutz betrifft **zweiseitige Rechtsgeschäfte** zwischen einem Ehegatten und dem Dritten ebenso wie **einseitige Rechtsgeschäfte** des Dritten gegenüber dem Ehegatten. Ob der im ausländischen Güterstand lebende Ehegatte auf Erwerber- oder Veräußererseite steht, ist irrelevant (Amann MittBayNot 1986, 222 (224); Staudinger/Mankowski, 2011, Rn. 44). Das Grundbuchamt muss einen auf Grund von Abs. 1 zustande gekommenen Erwerb eintragen, auch wenn die dem Erwerber unbekannte ausländische güterrechtliche Verfügungsbeschränkung dort positiv dienstlich bekannt ist (LG Aurich NJW 1991, 642; H. Roth IPRax 1991, 320; aA offenbar noch Süß Rpfleger 2003, 54 (63) mit älteren Nachweisen). 15

Es muss sich um ein **Verkehrsgeschäft** handeln (Erman/Hohloch, 15. Aufl. 2017, Rn. 14). Erfasst werden uneingeschränkt auch Geschäfte über Immobilien (Umkehrschluss aus dem Fehlen einer Entsprechung zu Art. 12 S. 2, Staudinger/Mankowski, 2011, Rn. 72). 16

**bb) Einwendungen gegen rechtskräftige Urteile.** Der Verkehrsschutz des von Art. 16 in Bezug genommenen § 1412 BGB erfasst neben Einwendungen gegen ein Rechtsgeschäft auch Einwendungen gegen ein rechtskräftiges Urteil, welches zwischen einem Ehepartner und dem Dritten ergangen ist. Als Gegenstand eines solchen Urteils kommen jegliche Forderungen in Betracht, etwa auch deliktische Haftungsansprüche; denn die Vertrauensbetätigung liegt hier nicht in einem rechtsgeschäftlichen, sondern in einem prozessualen Handeln: Der Dritte wird in seinem (typisierten) Vertrauen darauf geschützt, dass der Ehegatte, mit dem er den Prozess führt, nach dem von ihm angenommenen Güterstand zur Prozessführung auch mit Wirkung für und gegen den anderen Ehegatten befugt ist (Staudinger/Thiele, 2007, BGB § 1412 Rn. 26). Es geht mithin nicht um den Ausschluss von Einwendungen in der Zwangsvollstreckung, sondern um den Aus- 17 schluss von Einwendungen gegen die **Rechtskrafterstreckung** auf den anderen Ehepartner (Staudinger/Mankowski, 2011, Rn. 35). § 1412 BGB kann daher nur Anwendung finden, soweit die fingierte Güterrechtslage überhaupt eine solche Wirkung der Rechtskraft eines zwischen einem Ehegatten und einem Dritten ergangenen Urteils für und gegen den anderen Ehegatten kennt (Grüneberg/Siede BGB § 1412 Rn. 7). Aus diesem Grunde ist Art. 16 iVm § 1412 Abs. 1 Alt. 2 BGB praktisch gegenstandslos: Denn der inländische gesetzliche Güterstand der Zugewinngemeinschaft sieht eine solche Rechtskrafterstreckung nicht vor (nicht einmal bei Verurteilung eines Ehegatten auf Grundlage des § 1357 BGB, vgl. nur MüKoBGB/Wacke, 4. Aufl. 2000, BGB § 1357 Rn. 48; aA → 1. Aufl. 2003 (Otte); Staudinger/Mankowski, 2011, Rn. 35. Historisch sah der deutsche gesetzliche Güterstand eine solche Rechtskrafterstreckung noch vor, weshalb die Bedeutung dieser Alternative des § 1412 (bzw. seiner Vorgängernorm § 1435 aF) BGB ursprünglich größer war als heute: Zur Zeit der Schaffung des später in § 1412 übernommenen § 1435 BGB aF wurde durch die Eheschließung das Vermögen der Frau von Gesetzes wegen der Verwaltung und Nutznießung des Mannes unterworfen (§ 1363 Abs. 1 BGB aF), was nach § 1380 BGB aF zur Folge hatte, dass der Mann ein zu diesem „eingebrachten Gut" gehörendes Recht der Frau im eigenen Namen gerichtlich geltend machen konnte und das Urteil, wenn er befugt war, über das Recht nach § 1376 BGB aF ohne Zustimmung der Frau zu verfügen, auch für und gegen diese wirkte). Immerhin kann es zu dieser Situation noch im Falle des Art. 16 iVm § 1412 Abs. 2 BGB kommen, wenn nämlich ein zuvor bestehender ausländischer Güterstand oder Wahlgüterstand im Güterrechtsregister eingetragen ist, nach dem eine solche Rechtskrafterstreckung gilt, und die Eintragung der Änderung oder Aufhebung dieses Güterstandes versäumt worden ist. In diesem Fall müssen die Ehegatten sich an dem eingetragenen Güterstand festhalten lassen. Ist etwa eine – tatsächlich später durch Ehevertrag oder kollisionsrechtlichen Statutenwechsel aufgehobene oder geänderte – Gütergemeinschaft mit Alleinverwaltung durch den Ehemann im Güterrechtsregister eingetragen, so müssen die Ehegatten dies auch im Hinblick auf eine nach § 1422 BGB bzw. nach der für den betreffenden ausländischen Güterstand (nach dem etwa, wie nach einigen südamerikanischen Rechten, vgl. Staudinger/Mankowski, 2011, Rn. 2, der Ehemann kraft Gesetzes Verwalter des Gesamtguts einer Güter- oder Errungenschaftsgemeinschaft oder sogar, wie im Deutschland der ersten Hälfte des 20. Jahrhundert, von im Eigentum seiner Ehefrau stehenden Vermögen („eingebrachtes Gut") wird, was nach dem betreffenden Recht auch dem § 1380 BGB aF entsprechende Urteilswirkungen mit sich bringen dürfte) geltenden ausländischen Norm gegebene Rechtskrafterstreckung auf den das Gesamtgut nicht verwaltenden Ehegatten gegen sich gelten lassen.

**18** Einwendungen des anderen Ehegatten sind entspr. § 1412 Abs. 1 Hs. 2 BGB nur dann zulässig, wenn der die Rechtskrafterstreckung nicht vorsehende aktuelle ausländische (insoweit gilt § 1412 BGB entspr., Staudinger/Mankowski, 2011, Rn. 33) oder deutsche Güterstand im Güterrechtsregister eingetragen oder dem Dritten positiv bekannt war, als der Rechtsstreit anhängig (MüKoBGB/Kanzleiter § 1412 Rn. 6) bzw. **rechtshängig** (Staudinger/Thiele, 2007, BGB § 1412 Rn. 42) wurde, der Dritte also zum Zeitpunkt seines Eingehens des Prozessrechtsverhältnisses nicht mit der subjektiven Rechtskrafterstreckung rechnen durfte. Bei **ausländischen Verfahren** stellt sich die Frage, inwiefern hier ein vom deutschen Güterrechtsregister getragener Vertrauensschutz gerechtfertigt ist. Teilweise wird der Verkehrsschutz von vornherein auf inländische Urteile beschränkt (AG Wedel IPRspr. 1972 Nr. 54; Erman/Hohloch, 15. Aufl. 2017, Rn. 14; krit. Soergel/Schurig Rn. 6). Folgt man dieser Ansicht, so lassen sich ausländische Urteile jedenfalls nicht unter dem Gesichtspunkt des anschließend in Deutschland geführten Exequaturverfahrens inländischen Urteilen gleich stellen (Staudinger/Mankowski, 2011, Rn. 35; so aber Staudinger/v. Bar, 12. Aufl. 1992, Art. 16 aF Rn. 13); denn dieses hat auf die subjektive Rechtskraftwirkung keinen Einfluss mehr. Ebenso wenig wie beim rechtsgeschäftlichen Verkehrsschutz eine grundsätzliche Beschränkung auf im Inland vorgenommene Rechtsgeschäfte geboten ist (→ Rn. 20), ist beim prozessualen Verkehrsschutz eine grundsätzliche Beschränkung auf inländische Prozesse erforderlich (so auch Soergel/Schurig Rn. 6; iErg ebenso Staudinger/Mankowski, 2011, Rn. 35 f.). Jedoch ist stets eine ein typisiertes Vertrauen auf die Geltung inländischen Rechts bzw. eine die Maßgeblichkeit des inländischen Registers rechtfertigende Inlandsbeziehung zu fordern, die bei im Ausland geführten Prozessen besonders darzulegen wäre (so auch MüKoBGB/Looschelders Rn. 28; tendenziell restriktiver noch MüKoBGB/Siehr, 2. Aufl. 1990, Rn. 21, der ein solches Vertrauen bei ausländischen Verfahren von vornherein als Ausnahme ansieht). Veranlassung, ein darüber hinausgehendes **konkretes Vertrauen** zu verlangen, besteht auch beim prozessualen Verkehrsschutz nicht (so aber offenbar Staudinger/Mankowski, 2011, Rn. 36). Der vertrauensrelevante Zeitpunkt der Rechtshängigkeit wäre bei ausländischen Verfahren nach der ausländischen prozessualen lex fori zu bestimmen (ebenso MüKoBGB/Looschelders Rn. 28 aE; Staudinger/Mankowski, 2011, Rn. 35).

Abgesehen von der dargestellten subjektiven Rechtskrafterstreckung wirkt der von Art. 16 Abs. 1 iVm § 1412 BGB vermittelte Verkehrsschutz nicht isoliert in der Zwangsvollstreckung, erweitert also nicht die Vollstreckungsmöglichkeiten des Titulargläubigers über den tatsächlich bestehenden Güterstand hinaus (Soergel/Schurig Rn. 6; Staudinger/Mankowski, 2011, Rn. 34–36). **19**

**cc) Analoge Anwendung zum Schutz des ausländischen Geschäftsverkehrs.** Trotz der einseitig auf den Schutz deutschen Verkehrsrechts zugeschnittenen Fassung (BT-Drs. 10/504, 59) kann die Regelung zur **allseitigen** Kollisionsnorm ausgebaut und damit im Wege der Analogie auch auf den Schutz des ausländischen Rechtsverkehrs ausgedehnt werden, **wenn der fremde Staat seinen Rechtsverkehr in ähnlicher Weise schützt** (Kegel/Schurig IPR § 20 VI 4; Fischer, Verkehrsschutz im internationalen Verkehrsrecht, 1990, 176 ff.; MüKoBGB/Looschelders Rn. 3 mwN; Soergel/Schurig Rn. 22; aA Staudinger/Mankowski, 2011, Rn. 48–51: fehlender ausländischer Registerschutz; zurückhaltend Reithmann/Martiny/Hausmann Rn. 6075; Erman/Hohloch, 15. Aufl. 2017, Rn. 25: Erforderlichkeit nicht erkennbar). Tatsächlich ist ein entsprechender registerbezogener kollisionsrechtlicher Verkehrsschutz innerhalb der EU nicht ungewöhnlich (vgl. Abschlussbericht „Analyse comparative des rapports nationaux et proposition d'harmonisation" des der EG-Kommission erstatteten Gutachtens über Güterrecht in den Mitgliedstaaten vom 30.4.2003, 181 unter 3.5, http:/ec.europa.eu/justice_home/doc_centre/civil/studies/doc/regimes/report_regimes_030703_fr.pdf). Ein vergleichbarer Schutzmechanismus ist nicht schon darin zu sehen, dass der fremde Staat sein Recht zum Ehewirkungsrecht insgesamt beruft. Andererseits dürfte die Gleichwertigkeit des ausländischen Verkehrsschutzes (Fischer, Verkehrsschutz im internationalen Verkehrsrecht, 1990, 176 f.) nicht von der Existenz eines mit negativer Publizität ausgestatteten Registers abhängen, da die deutsche Rechtspraxis auf dieses ohnehin kaum zurückgreift und diese Möglichkeit der Erhaltung der Außenwirkung ihres Güterstandes gerade für rechtsunkundige ausländische Ehegatten allenfalls eine theoretische Möglichkeit darstellt. Innerhalb der von allseitigen Normen geprägten Gesamtkonzeption des deutschen Kollisionsrechts erscheint ein auf den inländischen Rechtsverkehr begrenzter Verkehrsschutz als Fremdkörper; nicht der Ausbau zur allseitigen Norm, sondern die Exklusivität inländischen Rechts bedürfte einer besonderen Begründung (aA Erman/Hohloch, 15. Aufl. 2017, Rn. 25), zumal der Gesetzgeber die Frage nicht abschließend regeln wollte (ein Umkehrschluss aus der Erwähnung einer möglichen Analogie durch die Gesetzesmaterialien BT-Drs. 10/504, 59 in Zusammenhang nur des Abs. 2, wie Staudinger/Mankowski, 2011, Rn. 51 ihn zieht, ist nicht zwingend, da das Schutzkonzept beider Absätze ähnlich und auf dasselbe Ziel gerichtet ist, Abs. 2 ebenfalls die Wirkung nicht nur des Art. 14, sondern auch des Art. 15 einschränkt und dem Güterrechtsregister letztlich auch im Rahmen des Abs. 2 eine gewisse Bedeutung für die Zerstörung des guten Glaubens des Dritten zukommt, Staudinger/Mankowski, 2011, Rn. 47. Daher ist es auch verständlich, wenn etwa Looschelders Rn. 18 eine Allseitigkeit des Art. 16 ohne Differenzierung zwischen Abs. 1 und 2 erörtert und zutr. insgesamt bejaht. Zu Abs. 2 → Rn. 58). Dass nur die Teilnahme am **deutschen Rechtsverkehr** für gutgläubige Dritte zum Verlust des güterrechtlichen Schutzes führen soll, Verkehr im Ausland aber den güterrechtlichen Unwägbarkeiten selbst dann ausgesetzt sein soll, wenn das dortige Kollisionsrecht einen entsprechenden Schutz vorsieht, leuchtet nicht ein, zumal sich der Verkehrsschutz unabhängig von der auf den Vertrag oder die Verfügung anwendbaren lex causae und deren Schutzintensität für unerfahrene Verkehrsteilnehmer durchsetzt. Wenn das europäische und deutsche Kollisionsrecht mit Art. 13 Rom I-VO und Art. 12 eine allseitige Einschränkung des vom Heimatrecht etwaig gewährten Minderjährigenschutzes hinnimmt, ist nicht erkennbar, warum bei der ebenso von Verkehrsinteressen geleiteten Einschränkung des Schutzes der wirtschaftlichen Grundlage der Ehe größere Zurückhaltung geboten sein sollte. **20**

**dd) Analoge Anwendung auf nicht güterrechtlich zu qualifizierende Ehewirkungen?.** Probleme bereiten Rechtsordnungen, die die Freiheit von Eheleuten, über eigenes oder gemeinsames Vermögen zu verfügen bzw. bestimmte Verpflichtungen einzugehen, unabhängig vom Güterstand im Interesse der Familiengemeinschaft einschränken. So sehen zahlreiche Rechtsordnungen bereits als allgemeine Ehewirkung (zur Abgrenzung der Qualifikation von allgemeinen Ehewirkungen (Art. 14) und Ehegüterrecht (Art. 15) Süß Rpfleger 2003, 54 (64)) vor, dass Ehegatten zum Abschluss bestimmter besonders belastender oder risikoreicher Verpflichtungsverträge wie Schenkung, Bürgschaft, Schuldübernahme oder Abzahlungskauf einer gerichtlichen Genehmigung (sog Interzessionsverbote) oder der Zustimmung ihres Partners bedürfen (vgl. Hausmann in Reithmann/Martiny IntVertragsR Rn. 5866 unter Hinweis auf ua Art. 235 Abs. 3, 242 Abs. 1 **21**

brasilianischer CC und Art. 494 Abs. 1 schweizerisches OR. Süß Rpfleger 2003, 54 (64): Art. 224 § 1 Nr. 4 belgischer CC und Art. 1:88 Abs. 1 lit. c niederl. BW verlangen für Schenkungen durch einen Ehegatten die Zustimmung des anderen Ehegatten auch dann, wenn die Schenkung aus dem Vorbehaltsgut des schenkenden Ehegatten erfolgt, soweit durch die Schenkung der Erhalt des Familienvermögens gefährdet wird). Da hier nicht die güterrechtlichen sondern die allgemeinen Wirkungen der Ehe einem ausländischen Recht unterliegen, findet Art. 16 Abs. 1 vom Wortlaut her keine Anwendung. Mangels **Eintragungsfähigkeit** allgemeiner Ehewirkungen in das Güterrechtsregister (Ausnahmen bilden hier nur die in Abs. 2 genannten Materien im Rahmen des durch Abs. 2 gewährleisteten Schutzes, → Rn. 48) scheidet ein auf dessen (negative) Publizität gestützter Gutglaubensschutz von vornherein aus. Angesichts dessen, dass die Praxis vom Güterrechtsregister ohnehin kaum Gebrauch macht (→ Rn. 1), kommt es indes auch hinsichtlich des Güterstandes letztlich nur noch auf die positive Kenntnis des Dritten an, die sich hier wie dort etwa durch einen entsprechenden Hinweis im Rahmen der Vertragsverhandlungen erzeugen ließe. Dennoch verbietet sich eine Analogie: Denn der nicht an dem Rechtsgeschäft beteiligte und hiervon vielleicht nicht einmal in Kenntnis gesetzte andere Ehegatte hätte auf die Kenntnis des Dritten von den allgemeinen Ehewirkungen und damit seinen guten Glauben keinerlei Einflussmöglichkeit und könnte – anders als nach dem registergestützten Schutzkonzept des Abs. 1 – den nach der ehewirkungsrechtlich anwendbaren Rechtsordnung gegebenen Schutz des Familienvermögens mangels Eintragungsmöglichkeit nicht durchsetzen. Ein **Verkehrsschutz gegenüber unerwarteten allgemeinen Ehewirkungen kommt daher nur auf Grundlage einer Analogie zu** dem – vom Grundsatz her (zur Bedeutung, die das Register auch hinsichtlich der Einschränkung von allgemeinen Ehewirkungen – zB Ausschluss der Schlüsselgewalt – haben kann, → Rn. 48) – ohne Register auskommenden **Abs. 2** (dafür auch Staudinger/Mankowski, 2011, Rn. 17, 18), **ggf. auch iVm Art. 13 Rom I-VO, Art. 12** als Rechtsanalogie (zu deren direkter Anwendbarkeit → Rn. 7) in Betracht (→ Rn. 57).

22 **b) Wirkung.** Bei ordnungsgemäßer Registereintragung des ausländischen Güterstandes oder Kenntniserlangung vor Geschäftsabschluss eines Ehegatten mit dem Dritten können gegen das Rechtsgeschäft **Einwendungen** aus güterrechtlichen Verfügungsbeschränkungen (etwa bei ausländischen Gütergemeinschaften entspr. §§ 1416, 1418 BGB) (Soergel/Schurig Rn. 7) oder nicht erfüllten Zustimmungserfordernissen hergeleitet werden. Interessen des auf die Wirksamkeit des Vertrages vertrauenden Dritten finden in dieser Situation auch bei ungewöhnlichen Abweichungen vom inländischen Güterrecht kollisionsrechtlich keinen Schutz. – Eine Geltendmachung von Ansprüchen aus culpa in contrahendo oder der aus arglistiger Täuschung folgenden Rechtsfolgen bleibt dem Dritten unbenommen. Ebenso der von anderen Rechtsscheinträgern sachrechtlich gewährleistete Gutglaubensschutz wie §§ 892f., 932ff. BGB (vgl. Hausmann in Reithmann/Martiny IntVertragsR Rn. 6069 und zur gleichen Frage bei § 1412 BGB in direkter Anwendung Grüneberg/Siede BGB § 1412 Rn. 2; MüKoBGB/Kanzleiter BGB § 1412 Rn. 10), soweit er kollisionsrechtlich eingreift, etwa als lex rei sitae dann, wenn einer der unter im Güterrechtsregister eingetragener ausländischer Gütergemeinschaft lebenden Ehegatten im deutschen Grundbuch als Alleineigentümer eines in Deutschland gelegenen Grundstücks eingetragen wäre. – Andererseits kann bei Geltung fremden Güterstatuts auch der Dritte sich auf ihm daraus ergebende Vorteile berufen. Doch ist dies eine Wirkung des Güterrechtsstatuts und nicht eine von Art. 16 Abs. 1 an dessen Eintragung geknüpfte Folge (Erman/Hohloch, 15. Aufl. 2017, Rn. 15).

23 Fehlen Eintragung und Kenntnis, ist **der Dritte** durch die Regelung in § 1412 BGB im Vertrauen auf die Geltung des deutschen gesetzlichen Güterstandes **geschützt.** Der Dritte kann in dieser Situation letztlich das ihm günstigere Recht wählen (Amann MittBayNot 1986, 222 (226); Schotten DNotZ 1994, 670 (678); wohl auch Soergel/Schurig Rn. 8; aA Gernhuber/Coester-Waltjen FamR § 33 IV 2); denn § 1412 BGB schließt schon nach seinem Wortlaut nur Einwendungen der Ehegatten – also nicht des Dritten selbst – aus: Ist das Rechtsgeschäft nach den tatsächlichen – dh gemäß Art. 15 anwendbaren – güterrechtlichen Verhältnissen unwirksam, sind aber die Ehegatten mit dieser Einwendung ausgeschlossen, so hat der dritte Geschäftspartner die **Wahl,** ob er sich auf die tatsächliche Rechtslage berufen, die Unwirksamkeit des Rechtsgeschäfts also geltend machen oder an dem Rechtsgeschäft festhalten will (vgl. zu § 1412 in direkter Anwendung MüKoBGB/Kanzleiter § 1412 Rn. 9; Soergel/Gaul BGB § 1412 Rn. 7 mwN; Staudinger/Thiele, 2007, BGB § 1412 Rn. 12; aA Dölle FamR I § 46 III 1; Gernhuber/Coester-Waltjen FamR § 33 IV 2). Dies führt auch nicht zu übermäßiger Unsicherheit hinsichtlich des Bestandes des Rechtsgeschäfts; denn vom Dritten wird zu verlangen sein, einen etwaigen Verzicht auf den Verkehrsschutz unverzüglich nach Kenntnis der wahren güterrechtlichen Lage zu äußern; schweigt er, ist davon auszugehen, dass er an der von ihm ursprünglich intendierten Wirksamkeit

des Vertrages festhält. – Auch wenn nur Abs. 2 von „günstigeren" Vorschriften spricht, normiert doch auch Art. 16 Abs. 1 iVm § 1412 BGB ebenso ein **Günstigkeitsprinzip,** das einerseits die Wirksamkeit des Rechtsgeschäfts begünstigen will, diesen Verkehrsschutz aber andererseits nur im Interesse des konkreten Dritten gewährt, der auf ihn auch verzichten kann.

Aus einer (von vornherein) **falschen Eintragung** kann der Dritte keine Rechte herleiten. **24** Denn das Güterrechtsregister besitzt keine positive, sondern nur negative Publizität. (BayObLGZ 1959, 89; Staudinger/Mankowski, 2011, Rn. 37; Soergel/Schurig Rn. 6; s. aber zur falsch gewordenen Eintragung Soergel/Schurig Rn. 3).

Ebenso wie unter § 1412 BGB unmittelbar, gilt auch bei seiner von Art. 16 Abs. 1 angeordneten **25** entsprechenden Anwendung, dass der Ausschluss von sich aus dem tatsächlichen Güterstand ergebenden Einwendungen diejenigen Einwendungen unberührt lässt, die den Ehegatten auf Grund der Güterrechtslage zustehen, von der der Dritte nach § 1412 BGB auf Grund seines guten Glaubens ausgehen darf, auch wenn es sich dabei um **dieselben Einwendungen** handelt wie nach dem an sich geltenden, wegen versäumter Eintragung präkludierten ausländischen Recht (RGZ 142, 59 (61)). Art. 16 Abs. 1 versperrt in diesem Falle nicht die Berufung auf die nach deutschem Güterrecht gegebenen Einwendungen der §§ 1363 ff. BGB; diese kann nur der Dritte selbst durch Geltendmachung der ihm günstigeren wahren Rechtslage versperren (Erman/Hohloch, 15. Aufl. 2017, Rn. 16).

**c) Anwendungsvoraussetzungen. aa) Ausländisches Güterstatut.** Die güterrechtlichen **26** Wirkungen der betreffenden Ehe müssen aus Sicht des Inlands dem **Recht eines anderen Staates** unterliegen. Der **ausländische Güterstand** kann ein gesetzlicher oder ein vertraglicher sein. Maßgeblich ist eine Bestimmung des Güterrechtsstatuts durch objektive Anknüpfung nach Art. 15 Abs. 1 oder durch Rechtswahl nach Art. 15 Abs. 2. Ob die Eheleute bei im Inland getroffener Rechtswahl ihres Güterstandes vom Notar über die Bedeutsamkeit der Eintragung in das deutsche Güterrechtsregister für Art. 16 belehrt worden sind oder nicht, spielt keine Rolle. Denkbar ist auch die Geltung fremden Rechts nur für Teile des Vermögens der oder eines Ehegatten als Folge einer Teilrückverweisung (Soergel/Schurig Rn. 3). Deutschem Güterrecht unterstehende Ehen fallen nicht unter Art. 16 Abs. 1; eine Sonderanknüpfung wäre hier auch nicht notwendig. Deutsches Güterstatut ist auch bei Ausländerehen nicht selten, was nicht unbedingt auf eine Rechtswahl nach Art. 15 Abs. 2 zurückgehen muss, sondern sich auch bei objektiver Anknüpfung nach Art. 15 Abs. 1 aus den allgemeinen Regeln ergeben kann, etwa auf Grund von **Rück- oder Weiterverweisung,** bei **Asylberechtigten,** Flüchtlingen oder auch bei Mehrstaatern nach Art. 5 Abs. 1.

**bb) Inlandsbezug.** Anknüpfungspunkt für die Sonderanknüpfung des Abs. 1 ist, dass **einer** **27** **der Ehegatten** sich im Inland gewöhnlich aufhält (zum Anknüpfungspunkt des gewöhnlichen Aufenthalts → Art. 5 Rn. 16 f.) oder hier ein Gewerbe betreibt. Dabei muss es sich nicht um den kontrahierenden Ehegatten handeln (v. Bar IPR II Rn. 234; Bader MittRhNotK 1994, 161 (163); Erman/Hohloch, 15. Aufl. 2017, Rn. 8; MüKoBGB/Looschelders Rn. 17 f.; krit., iErg aber ebenso Staudinger/Mankowski, 2011, Rn. 22); denn auf die zur Verfügung stehende Haftungsmasse kann das Güterrecht unabhängig davon Einfluss nehmen, mit welchem der Ehegatten der Vertragsabschluss erfolgt. Auch für die Person des Dritten wird weder inländische Staatsangehörigkeit noch inländischer gewöhnlicher Aufenthalt gefordert. Demnach müsste der gesetzlich vorgeschriebene Inlandsbezug die Parteien des Rechtsgeschäfts nicht einmal betreffen. Anders als etwa die ebenfalls den Verkehr schützenden Art. 13 Rom I-VO, Art. 12 sowie Art. 16 Abs. 2 macht Art. 16 Abs. 1 keine Vorgaben hinsichtlich des Abschlussorts des Rechtsgeschäfts. Auch der Belegenheitsort des involvierten Vermögens ist nach dem Wortlaut ohne Bedeutung (Soergel/Schurig Rn. 4).

Dem Gesetzgeber ging es mit Art. 16 indes nur um den Schutz des inländischen Rechtsverkehrs, **28** nicht um eine generelle Relativierung des in Art. 15 normierten Internationalen Güterrechts. Daher erscheint kollisionsrechtlich schutzbedürftig nur der Dritte, der typischerweise auf die Geltung gerade deutschen Ehegüterrechts bzw. auf die Vollständigkeit des deutschen Güterrechtsregisters vertraut. Allein der objektive Umstand des inländischen gewöhnlichen Aufenthalts oder Gewerbes eines der Ehegatten bietet für sich genommen aber keine Grundlage für ein solches Vertrauen. Das verkehrsschützende Telos des Art. 16 gebietet daher, über den Wortlaut von Abs. 1 hinaus einen **Bezug des Rechtsgeschäfts und des kontrahierenden Dritten zum Inland** zu fordern, um die Geltung des Güterrechts nicht ohne Grund zu beschneiden. Andernfalls nähme Abs. 1 nämlich den Charakter einer einseitigen Sonderanknüpfung der Außenwirkung des Güterrechts schlechthin an den deutschen gewöhnlichen Aufenthalt eines Ehegatten an. Der die Staatsangehörigkeit in den Mittepunkt stellende Art. 15 hätte dann nur noch für die Innenwirkung der güterrechtlichen Angelegenheiten Bedeutung. Der gesetzgeberisch beabsichtigte Verkehrsschutz als Rechtfertigung der Ungleichbehandlung von Außen- und Innenwirkung wäre nicht mehr erkennbar. Auch wenn der Gesetzgeber bei der Neufassung des Art. 16 versäumt hat, dem Ausdruck zu verleihen, ist daher im Wege der teleologischen Reduktion ein Bezug zum inländischen Rechtsverkehr zu fordern, aus dem heraus der Dritte veranlasst wird, auf die Geltung deutschen Rechts bzw. der Maßgeblichkeit des deutschen Registers zu vertrauen. Mangels gesetzlicher Konkretisierung eines solchen Bezugs besteht hier Raum für eine Betrachtung der Gesamtheit der Umstände, zu denen im Einzelfall etwa auch eine inländische Vertragsanbahnung gehören kann (Looschelders Rn. 4 misst solchen sonstigen Umständen Bedeutung zu, wenn sie im Einzelfall den typischen Bezugspunkt des Abschlussortes als eher zufällig erscheinen lassen). Hinreichender Inlandsbezug ist jedenfalls dann gegeben, wenn der Vertrag im Inland geschlossen wurde (Hausmann in Reithmann/Martiny IntVertragsR Rn. 6075; Schotten DNotZ 1994, 670 (677 f.); v. Bar IPR II Rn. 234; Staudinger/Mankowski, 2011, Rn. 31 f.). Alternativ dürfte vor allem auch der gewöhnliche Inlandsaufenthalt des Dritten idR einen ausreichenden Inlandsbezug begründen (Erman/Hohloch, 15. Aufl. 2017, Rn. 11; Staudinger/Mankowski, 2011, Rn. 30); denn im gewöhnlichen Aufenthalt sieht der Gesetzgeber auch in anderen kollisionsrechtlichen Zusammenhängen (zB Art. 46b EGBGB sowie Art. 6 Rom-I-VO) das Umfeld, das wesentlich den rechtsgeschäftlichen Erwartungshorizont der Partei bestimmt. Der Geltung deutschen Rechts für das getätigte Rechtsgeschäft (lex causae) kommt hingegen keine Bedeutung für den Inlandsbezug zu (Soergel/Schurig Rn. 30; Erman/Hohloch, 15. Aufl. 2017, Rn. 11).

**29** Soweit der Gutglaubensschutz nicht die rechtsgeschäftliche Verpflichtungs- oder Verfügungsbefugnis betrifft, sondern die prozessuale Verfügungsbefugnis (Art. 16 iVm § 1412 Abs. 1 Alt. 2 BGB: „Einwendungen gegen ein rechtskräftiges Urteil"), wird neben dem gewöhnlichen Aufenthalt des Dritten etwa auch der **Ort der Prozessführung** einen entsprechenden Inlandsbezug begründen können (→ Rn. 17). Weist das deutsche Güterrechtsregister zum vertrauensschutzrelevanten Zeitpunkt überhaupt die Eintragung eines Güterstandes auf – die im vorliegenden Zusammenhang für den Drittschutz nur wegen der versäumten Änderung oder Aufhebung relevant wird – so dürfte bereits der (beim prozessualen Vertrauensschutz regelmäßig gegebene, → Rn. 17) Umstand, dass die Eheleute eine solche Eintragung im Inland veranlasst haben, einen hinreichenden Anhaltspunkt für die Maßgeblichkeit des deutschen Güterrechtsregisters und damit den notwendigen Inlandsbezug begründen.

**30** Für den gesetzlich geforderten **gewöhnlichen Aufenthalt** eines Ehegatten im Inland muss dieser hier seinen tatsächlichen Lebensmittelpunkt haben (MüKoBGB/Looschelders Rn. 16); lediglich einfacher Inlandsaufenthalt (Besuch, Durchreise) reicht nicht aus. Nach altem Recht war gewöhnlicher Aufenthalt beider Ehegatten erforderlich (MüKoBGB/Looschelders Rn. 16). Schon die Zuständigkeit des das Güterrechtsregister führenden Amtsgerichts setzt nach § 1558 Abs. 1 BGB den gewöhnlichen Aufenthalt eines der Ehegatten voraus (Erman/Hohloch Rn. 10; KG NJW 1973, 428; OLG Köln OLGZ 1972, 171; OLG Hamm OLGZ 1965, 342).

**31** Soweit Abs. 1 auf einen **inländischen Gewerbebetrieb** abstellt, setzt dieser eine auf Gewinn gerichtete selbständige Tätigkeit von gewisser Dauer im Inland voraus (Staudinger/Mankowski, 2011, Rn. 24). Der Begriff des Gewerbebegriffs orientiert sich an der Gewerbeordnung (Soergel/Schurig Rn. 4; MüKoBGB/Siehr, 2. Aufl. 1990, Rn. 18; Staudinger/Mankowski, 2011, Rn. 23). Reine Messevertretungen, Erscheinen oder Vertretensein auf anderen Märkten, bloße Werbung oder Kundenbesuche mit Vertragsabschluss sind ebenso ausgenommen (Erman/Hohloch Rn. 8; MüKoBGB/Siehr, 2. Aufl. 1990, Rn. 14) wie Tätigkeiten der freien Berufe, wobei bei vergleichbarem Vertrauenstatbestand ggf. eine analoge Anwendung in Betracht kommen könnte (vgl. MüKoBGB/Looschelders Rn. 18), weil der Gesetzgeber eine entsprechende Regelungsnotwendigkeit übersehen haben mag, weil man herkömmlicherweise dem Freiberufler unterstellt haben dürfte, ohnehin am gewöhnlichen Aufenthalt zu praktizieren. Der inländische Betrieb muss weder einziger noch überwiegender Ausgangspunkt der Tätigkeit des Gewerbes sein. Der betreibende Ehegatte braucht keinen gewöhnlichen Aufenthalt im Inland zu haben. Er muss das Gewerbe aber für sich betreiben, **nicht als** Vertreter, Organ oder Gesellschafter für eine dritte Rechtspersönlichkeit (sei es auch als beherrschender oder **geschäftsführender Gesellschafter**); denn diese wäre von besonderen güterrechtlichen Verfügungsbeschränkungen nicht betroffen (Staudinger/Mankowski, 2011, Rn. 26).

**32** **cc) Fehlende Eintragung.** Der Verweis auf § 1412 BGB bewirkt, dass Verkehrsschutz nur gewährt wird, wenn die Ehegatten ihren ausländischen Güterstand oder dessen Aufhebung oder Änderung im deutschen Güterrechtsregister nicht gem. § 1560 BGB haben eintragen lassen. Da nach deutschem Recht eine Pflicht zur Registereintragung nicht besteht und in der Praxis Ehegatten unter ausländischem Güterrechtsstatut idR eine solche auch nicht vornehmen lassen, müssen sie sich gegenüber unwissenden Dritten als deutschem gesetzlichen Güterstand unterworfen behandeln lassen (LG Aurich NJW 1991, 642; Erman/Hohloch Rn. 12). Nach § 1412 BGB können lediglich **vertragsmäßige Güterstände** oder deren Aufhebung oder Beschränkung in das Güterrechtsregister eingetragen werden. Nach Abs. 1 können Ehegatten mit ausländischem Güterrechtsstatut auch ihren **gesetzlichen Güterstand** eintragen lassen. Zum Verfahren der Registereintragung → Rn. 59.

Eintragungen in das deutsche Güterrechtsregister werden nur selten vorgenommen. Art. 16 **33**
Abs. 1 bewirkt daher in der Praxis regelmäßig, dass im Rechtsverkehr mit Eheleuten mit abweichendem Güterstand für Dritte die in den §§ 1363 ff. BGB normierten Regelungen zum gesetzlichen Güterstand (Zugewinngemeinschaft) angewandt werden.

Verkehrsschutz wird infolge Eintragung im deutschen Güterrechtsregister nur dann versagt, **34**
wenn die Publizitätsvorschriften des deutschen Rechts eingehalten sind. Auch wenn fremdes Güterrecht die Möglichkeit formloser Vereinbarungen eröffnet, erlangen diese erst mit Eintragung Wirksamkeit gegenüber Dritten (Staudinger/Mankowski, 2011, Rn. 40).

**dd) Unkenntnis des Dritten.** Auch ohne Eintragung scheidet Verkehrsschutz dann aus, wenn **35**
der Dritte das Bestehen des konkreten ausländischen Güterstandes, dh der einzutragenden Tatsachen positiv kennt. Ausreichend ist die Kenntnis eines **bestimmten ausländischen Güterstandes;** Kenntnisse über seine Ausgestaltung iE sind allerdings nicht notwendig (Erman/Hohloch, 15. Aufl. 2017, Rn. 9; MüKoBGB/Looschelders Rn. 30; Soergel/Schurig Rn. 8; Staudinger/Mankowski, 2011, Rn. 43).

Unterhalb dieser Schwelle ist das Maß schädlicher Kenntnis unklar: So wird vertreten, nur das **36**
positive Wissen um die Geltung fremden Güterrechts reiche aus (Hausmann in Reithmann/Martiny IntVertragsR Rn. 6077; Looschelders Rn. 6; aA Palandt/Thorn, 78. Aufl. 2019, Rn. 2; Staudinger/Mankowski, 2011, Rn. 42: Kenntnis der Nichtanwendbarkeit deutschen Güterrechts nicht ausreichend), oder, dass Umstände bekannt sind, aus denen sich eine Abweichung der güterrechtlichen Situation der Eheleute von der inländischen Rechtslage aufdrängt (Erman/Hohloch, 15. Aufl. 2017, Rn. 13; aA Soergel/Schurig Rn. 8: nur Kenntnis des konkreten Güterstandes). Kenntnis der Ausländereigenschaft eines oder beider Ehegatten genügt jedenfalls nicht (MüKoBGB/Looschelders Rn. 31; Hausmann in Reithmann/Martiny IntVertragsR Rn. 6077); denn aus ihr lässt sich schon nicht zwingend auf die Geltung fremden Ehegüterrechts schließen.

Das Gesetz erfordert **Kenntnis.** Grob oder gar leicht fahrlässige Unkenntnis von Tatsachen, **37**
die auf einen fremden Güterstand hindeuten, reicht nicht aus (Erman/Hohloch, 15. Aufl. 2017, Rn. 13; AG Wedel IPRspr. 1972 Nr. 54; MüKoBGB/Looschelders Rn. 31; Staudinger/Mankowski, 2011, Rn. 41–43; Schotten DNotZ 1994, 670 (677); v. Bar IPR II Rn. 234). Die diesbezügliche Beweislast liegt beim Prozessgegner des Dritten (Erman/Hohloch, 15. Aufl. 2017, Rn. 13). Umgekehrt hilft Kenntnis nicht, wenn es zur Eintragung gekommen ist. Dem Dritten kann seine Unkenntnis nur in dem Maße zugutekommen, in dem sie von dem fremden Güterrecht sachrechtlich berücksichtigt wird (Erman/Hohloch, 15. Aufl. 2017, Rn. 15).

**2. Schutz des inländischen Rechtsverkehrs vor fremdem Ehewirkungs- oder Güter-** **38**
**rechtsstatut (Abs. 2). a) Normzweck.** Abs. 2 bewirkt Verkehrsschutz gegenüber abweichenden Vorschriften ausländischen Ehewirkungs- oder Güterstatuts dadurch, dass er die **Geltung der wichtigsten Regeln des deutschen Ehewirkungsrechts im Rahmen von Verkehrsgeschäften anordnet,** soweit sich Dritte im guten Glauben an ihre Geltung befinden und soweit sie günstiger sind als das nach Art. 14 oder 15 maßgebliche fremde Recht. Praktisch hat das zur Folge, dass in nahezu allen Rechtsgeschäften mit ausländischem Recht unterstehenden Ehepartnern die in Abs. 2 genannten Vorschriften zur Anwendung kommen.

Der Anwendungsvorrang ergibt sich nur bei günstigerer Regelung gegenüber dem fremden **39**
Recht. Rechtswahl deutschen Rechts (nach Art. 14 Abs. 2 oder 3 bzw. Art. 15 Abs. 2) erspart diese **Günstigkeitsprüfung** (Erman/Hohloch, 15. Aufl. 2017, Rn. 5; BGH NJW 1992, 909 = LM BGB § 1357 Nr. 7 mAnm Hohloch; NJW 1988, 1592). Wird **Schutz bereits ausreichend durch Abs. 1** zuteil, bleibt Abs. 2 außer Betracht. Regelungen eines nach Abs. 1 anwendbaren zB voreingetragenen ausländischen gesetzlichen Güterstandes können freilich hinter den in Abs. 2 genannten drittschützenden Normen zurück bleiben.

**b) Anwendungsvoraussetzungen.** Abs. 2 verhilft bei der **grundsätzlichen Geltung aus-** **40**
**ländischen Ehewirkungsstatuts (Art. 14) oder Güterrechtsstatuts (Art. 15)** einigen Verkehrsschutzregeln des deutschen Rechts der allgemeinen Ehewirkungen (§§ 1357, 1362 BGB) und des Rechts der Gütergemeinschaft (§§ 1431, 1456 BGB) zur Geltung, die bei der Anwendung

fremden Rechts nicht zur Anwendung kämen. Im **Innenverhältnis der Ehegatten** zueinander bleibt das ausländische Recht anwendbar.

41 **aa) Ausländisches Ehewirkungs- oder Güterrechtsstatut.** Erste Voraussetzung ist, dass bei im Inland vorgenommenen Rechtsgeschäften (Abs. 2 Hs. 1) und bei im Inland befindlichen Sachen (Abs. 2 Hs. 2) für den Geschäftspartner des Dritten ausländisches Ehewirkungsstatut, beim inländischen Betrieb eines Erwerbsgeschäfts (Abs. 2 Hs. 3) ausländisches Güterrechtsstatut gilt. Dies ist nach den Art. 14 und Art. 15 oder vorrangigem Staatsvertragsrecht zu beurteilen.

42 **bb) Günstigkeit.** Das somit zur Anwendung berufene Ehewirkungs- oder Ehegüterrecht muss für den gutgläubigen Dritten, verglichen mit den genannten deutschen Vorschriften ungünstiger sein. Günstiger ist hier das Recht, das für den Dritten **im konkreten Einzelfall** (Erman/Hohloch, 15. Aufl. 2017, Rn. 23; MüKoBGB/Looschelders Rn. 38; Hausmann in Reithmann/Martiny IntVertragsR Rn. 6081; aA OLG Celle IPRax 1993, 96) vorteilhafter ist (BGH NJW 1992, 909 = LM BGB § 1357 Nr. 7 mAnm Hohloch; OLG Celle IPRax 1993, 96). Die Günstigkeitsprüfung umfasst auch die im Kern neutrale Fragestellung, ob Validierung oder Invalidierung des Rechtsgeschäfts unter der Geltung des einen oder anderen Rechts für den Dritten vorzugswürdig erscheint (Palandt/Thorn, 78 Aufl. 2019, Rn. 3; insoweit einschr. Soergel/Schurig Rn. 11; aA Staudinger/Mankowski, 2011, Rn. 55–57, 66; Hausmann in Reithmann/Martiny IntVertragsR Rn. 6081: kein Reurecht des Dritten, begünstigt werden kann allein die Gültigkeit des Rechtsgeschäfts oder der Vollstreckungshandlung, Wahlrecht nur in Zweifelsfällen der so verstandenen Günstigkeit bzw. bei Verschiedenheit der Rechtsfolgen in beiden Rechten). Dies hängt weniger von der bloßen Wirksamkeit als vom Inhalt des Rechtsgeschäfts ab. Für **vom Dritten vorgenommene Rechtsgeschäfte** wird eine das allgemeine Ehewirkungsstatut übersteigende Ausdehnung der Wirksamkeit nach § 1357 BGB auf den anderen Ehegatten idR günstiger, für dem **Dritten gegenüber vorgenommene einseitige Rechtsgeschäfte** (dh nachteilige Folgen) wird sie idR ungünstiger sein (zu allg. Soergel/Schurig Rn. 11; einseitig auf Gültigkeit des Rechtsgeschäfts bzw. Zulässigkeit der Vollstreckung abstellend MüKoBGB/Looschelders Rn. 38). Umgekehrt kehrt eine nach § 1357 hinter dem allgemeinen Ehewirkungsstatut zurückbleibende Wirkung diese Sichtweise um: vorteilhafte Rechtsfolgen sind nach § 1357 BGB dann ungünstiger, nachteilige Rechtsfolgen günstiger (Soergel/Kegel, 11. Aufl. 1984, Rn. 13, 14, 15; gegen diese Querwirkung Soergel/Schurig Rn. 11, 12, 13).

43 Die Entscheidung über die kollisionsrechtliche Einwendung obliegt grds. dem Gericht. Der Verkehrsschutz sollte jedoch disponibel sein, dem Dritten also ein Verzicht möglich sein (Staudinger/Mankowski, 2011, Rn. 15, 47; MüKoBGB/Looschelders Rn. 38; H. Roth IPRax 1991, 320 (321); Schotten DNotZ 1994, 670 (678); Böhmer JR 1992, 498; aA Soergel/Schurig Rn. 10; Hausmann in Reithmann/Martiny IntVertragsR Rn. 6081: nur bei Zweifeln darüber, was günstiger ist). Dies gilt für das **Recht selbst** wie auch **hinsichtlich der Person** des vom Rechtsgeschäft Betroffenen, wenn Ehewirkungsstatut und § 1357 BGB in Bezug auf die Bindungswirkung des Geschäfts für den einen oder anderen Ehegatten voneinander abweichen (Staudinger/Mankowski, 2011, Rn. 15, 57; Soergel/Kegel, 11. Aufl. 1984, Art. 16 aF Rn. 14; krit. Soergel/Schurig Rn. 11). Das Werturteil der Günstigkeit ergibt sich aus einer Gesamtbetrachtung. Auswahl nur der vorteilhaften Regelungen (Rosinentheorie) ist nicht möglich (LG Aurich NJW 1991, 642; Bader MittRhNotK 1994, 161 (164); Staudinger/Mankowski, 2011, Rn. 16, 47).

44 **cc) Inlandsbezug.** Abs. 2 verlangt einen Inlandsbezug, der in jeder der drei genannten Situationen konkret im Gesetzestext beschrieben wird: Vornahme des Rechtsgeschäfts im Inland für die Frage der Mitverpflichtung (→ Rn. 51), Belegenheit der Sache im Inland für die Frage der Eigentumsvermutung (→ Rn. 52 f.) und Betrieb des Erwerbsgeschäfts im Inland für die Frage diesbezüglicher Beschränkungen (→ Rn. 56). Ob Abs. 2 darüber hinaus stillschweigend voraussetzt, dass **auch hier der in Abs. 1 verlangte allgemeine Inlandsbezug** (gewöhnlicher Aufenthalt wenigstens eines Ehegatten im Inland oder Gewerbebetrieb im Inland, → Rn. 27 ff.) vorliegt, ist umstritten. Zu Gunsten einer solchen Einschränkung wird angeführt, dass ohne diese Verknüpfung der Vertrauensschutz des Dritten im Rahmen der in Abs. 2 geregelten Bereiche (§§ 1357, 1362, 1431 und 1456 BGB) zu weit ausgreifen würde (1. Aufl. 2003, Rn. 32 (Otte); zu weiteren Widersprüchen Soergel/Schurig Rn. 9; aA MüKoBGB/Looschelders Rn. 35; Staudinger/Mankowski, 2011, Rn. 53; Looschelders Rn. 9). Tatsächlich ist jedoch kein Grund dafür erkennbar, über die Annahme einer solchen weiteren Voraussetzung die im Rahmen des Abs. 1 bei der Feststellung des Inlandsbezugs sich stellenden Probleme (→ Rn. 27 ff.) in Abs. 2 hineinzutragen, zumal solche physischen Momente unter den Bedingungen einer globalisierten, auf Telekommunikation gestützten Wirtschaft nurmehr noch relative Bedeutung für den Vertrauensschutz haben.

Richtiger dürfte sein, die typischen Momente des von Abs. 1 geforderten Inlandsbezugs bei der Feststellung des von Abs. 2 vorausgesetzten guten Glaubens (→ Rn. 43 ff.) angemessen zu berücksichtigen, etwa in der Weise, dass bei gewöhnlichem Inlandsaufenthalt oder inländischem Gewerbebetrieb mindestens eines Ehegatten die Anforderungen an etwaige Nachforschungen deutlich abzusenken wären. Dies liefe darauf hinaus, dass bei Vorliegen der Anwendungsvoraussetzungen des Abs. 1 jedenfalls idR auf die Anwendbarkeit deutschen Rechts vertraut werden dürfte, eine Unkenntnis des eigentlich anwendbaren Ehewirkungs- und Güterstatut also jedenfalls mangels besonderer Anhaltspunkte nicht auf grobe Fahrlässigkeit zurückgeführt werden könnte.

Welchem **Vertragsstatut das getätigte Rechtsgeschäft** im Fall des Abs. 2 Hs. 1 unterliegt, ist **unbedeutend**. Herbeiführung der deutschen Verkehrsschutzregelungen durch Rechtswahl zwischen einem oder beiden Ehegatten und dem Dritten ist nicht möglich (Staudinger/Mankowski, 2011, Rn. 52; Jayme IPRax 1993, 80 f.; Looschelders Rn. 8; aA BGH NJW 1992, 909; Erman/Hohloch, 15. Aufl. 2017, Rn. 5), da es sich bei Art. 16 um eine objektive Anknüpfung handelt und § 1357 BGB nicht vertragsrechtlich zu qualifizieren ist, also nicht von der ggf. subjektiv bestimmten lex causae des abgeschlossenen Vertrages erfasst ist. **45**

**dd) Gutgläubigkeit.** Abs. 2 wirkt nur zugunsten gutgläubiger Dritter. Guter Glaube fehlt nach Maßgabe des in § 932 Abs. 2 BGB niedergelegten zivilrechtlichen Grundsatzes **bei Kenntnis oder grob fahrlässiger Unkenntnis** (BT-Drs. 10/504, 59). Bezogen wird er auf die Anwendbarkeit fremden Rechts als Ehewirkungs- bzw. Güterrechtsstatut. Wegen der Schwierigkeit bei der Beurteilung, ob und mit welchem Inhalt ausländisches Recht gilt, sollte Fahrlässigkeit aber zurückhaltend beurteilt werden (Erman/Hohloch, 15. Aufl. 2017, Rn. 22). Fremder Akzent allein zerstört guten Glauben nicht, denn selbst bei verschiedener Staatsangehörigkeit der Ehegatten kann nach Art. 14 Abs. 1 Nr. 2 deutsches Recht gelten (Lüderitz IPR Rn. 347). **46**

Ist der Dritte hinsichtlich der Nichtanwendbarkeit fremden Rechts gutgläubig und kommt es deshalb zur Anwendung der genannten deutschen Vorschriften, so kann bei der sachrechtlichen Anwendung der §§ 1357, 1431 und 1456 BGB guter Glaube nochmals eine Rolle spielen, wenn nämlich ein Ehegatte von der sachrechtlichen Möglichkeit der rechtsgeschäftlichen Abänderung der gesetzlichen Regelungen Gebrauch gemacht hat; denn vor solchen Änderungen ist der Rechtsverkehr wiederum auf sachrechtlicher Ebene nach § 1412 BGB geschützt (gem. § 1357 Abs. 2 S. 2 BGB bzw. § 1431 Abs. 3 BGB oder § 1456 Abs. 3 BGB). Insoweit **schadet bei fehlender Eintragung im Güterrechtsregister nur noch positive Kenntnis** der in den § 1357 BGB bzw. § 1431 BGB oder § 1456 BGB maßgeblichen Umstände (Soergel/Schurig Rn. 20). **47**

Eine Bedeutung für das Kollisionsrecht gewinnt dies., wenn man annimmt, dass nicht nur rechtsgeschäftliche, sondern auch auslandsrechtliche Abweichungen von den genannten gesetzlichen Regelungen des deutschen Familienrechts eintragungsfähig sind und am Schutz des Güterrechtsregisters teilnehmen. In diesem Falle ergäbe sich in kollisionsrechtlicher Hinsicht insgesamt eine **zweistufige Gutglaubensprüfung,** bei der zwar im Ausgangspunkt die kollisions- und die sachrechtliche Ebene klar voneinander zu trennen sind (Staudinger/Mankowski, 2011, Rn. 54), letztlich aber auch der kollisionsrechtliche gute Glaube an die Geltung deutschen Rechts zum Gegenstand der registerrechtlichen negativen Publizität wird. Der Dritte müsste Eintragungen in Entsprechung zu § 1357 Abs. 2 S. 2 BGB bzw. § 1431 Abs. 3 BGB oder § 1456 Abs. 3 BGB dann im Rahmen von Art. 16 Abs. 2 gegen sich gelten lassen (so Erman/Hohloch, 15. Aufl. 2017, Rn. 22). Trotz der fehlenden Erwähnung im Gesetzeswortlaut des Abs. 2 spricht für eine solche Eintragungsfähigkeit von Abweichungen des ausländischen allgemeinen Ehewirkungs- oder Güterstatuts von den deutschen §§ 1357, 1563, 1431 BGB und § 1456 BGB, dass so ein reinen Inlandsfällen vergleichbares Niveau an Verkehrsschutz erreicht wäre, was dem Anliegen des Art. 16 entspricht. Die **Eintragungsfähigkeit** von Tatsachen ist nicht gesetzlich geregelt, sondern ergibt sich unmittelbar aus der Funktion des Güterechtsregisters (vgl. allg. MüKoBGB/Kanzleiter BGB Vor § 1558 Rn. 6). Diese wird von § 1412 BGB, von den auf diese Vorschrift verweisenden (zB Art. 16 Abs. 1 oder § 1357 Abs. 2 S. 2 BGB) sowie den wiederum auf diese Normen verweisenden Normen, wie eben Art. 16 Abs. 2, bestimmt. Eine Gleichstellung der registerrechtlichen Schutzposition ausländischem Recht unterstehender Eheleute mit inländischen Eheleuten, die entsprechendes privatautonom angeordnet haben, setzt eine Bejahung der Eintragungsfähigkeit von durch die ausländische Gesetzeslage vorgegebenen Restriktionen, soweit sie in ihren Wirkungen nicht weiter gehen als die Beschränkung nach § 1357 bzw. der Einwilligungswiderruf nach §§ 1431, 1456 BGB voraus. Der Wortlaut des Art. 16 Abs. 2 gebietet keine engere Auslegung; denn sein Verweis auf §§ 1357, 1431, 1456 BGB schließt den darin enthaltenen registergestützten sachrechtlichen Gutglaubensschutz mit ein (Erman/Hohloch, 15. Aufl. 2017, Rn. 19: Anwendung des § 1357 BGB mit allen Absätzen). Es besteht auch keine Veranlassung, eine Analogisierung ausländi- **48** scher gesetzlicher Regelungen mit rechtsgeschäftlichen Regelungen in Abs. 1 zuzulassen, nicht aber in Abs. 2. Die **an sich registerunabhängige Schutzkonzeption des Abs. 2** zwingt nicht dazu, den Abweichungen des kollisionsrechtlich anwendbaren ausländischen Rechts weniger Durchsetzungskraft zuzugestehen als unter deutschem Recht ohnehin möglichen rechtsgeschäftlichen Abweichungen. Methodisch handelt es sich hier um eine nach allgemeinen Grundsätzen im Hinblick auf die Situation des sog Auslandssachverhalts angepasste Auslegung des anwendbaren Sachrechts der § 1357 Abs. 2 S. 2 BGB, § 1431 Abs. 3 BGB, § 1456 Abs. 3 BGB. Gehen die auslandsrechtlichen Beschränkungen weiter als die in den deutschen Vorschriften zugelassenen, so lässt sich ihnen mangels Eintragungsfähigkeit auf diesem sachrechtlichen Wege allerdings nicht zur Anwendung verhelfen. Die Publizitätsfunktion des Registers hat damit im Rahmen des Abs. 2 eine weitaus geringere Tragweite als im Rahmen des Abs. 1, wo sie auch dem deutschen Recht unbekannte ausländische Beschränkungen abzusichern in der Lage ist.

**49** Die Voraussetzungen des Verkehrsschutzes müssen **zur Zeit des Abschlusses des Rechtsgeschäfts** vorliegen. Spätere Veränderungen sind ohne Bedeutung.

**50** **c) Die einzelnen Abweichungen vom deutschen Recht. aa) Anwendung von § 1357 auf im Inland vorgenommene Rechtsgeschäfte (Abs. 2 Hs. 1).** Art. 16 Abs. 2 Hs. 1 betrifft die Befugnis zur **Mitverpflichtung** des einen Ehegatten durch den anderen Ehegatten (sog „Schlüsselgewalt"). Sie und nicht die aus § 1357 BGB eventuell auch resultierende Mitberechtigung des nichtkontrahierenden Ehegatten spielt aus der Sicht des Dritten für den Günstigkeitsvergleich die entscheidende Rolle (Staudinger/Mankowski, 2011, Rn. 60). Betroffen sind nur Geschäfte zur angemessenen Deckung des Lebensbedarfs. Keine Anwendung findet die Ermächtigung zur Mitverpflichtung bei Getrenntleben (§ 1357 Abs. 3 BGB).

**51** **Inlandsvornahme** des Rechtsgeschäfts setzt Anwesenheit des Dritten und des vertragsschließenden Ehegatten im Inland voraus (Erman/Hohloch, 15. Aufl. 2017, Rn. 19; Soergel/Schurig Rn. 10 sowie MüKoBGB/Looschelders Rn. 40; Staudinger/Mankowski, 2011, Rn. 61, die zwar von den „Vertragsparteien" sprechen, damit aber offenbar auch nur die den Vertrag schließenden Personen meinen und nicht auch den erst durch § 1357 zur Vertragspartei werdenden anderen Ehegatten; aA Palandt/Thorn, 78. Aufl. 2019, wonach Anwesenheit nur einer der Vertragsparteien ausreiche). Dass ein Rechtsgeschäft iSd EGBGB nur dann in einem Land vorgenommen wird, wenn sich die Vertragsschließenden in diesem Land befinden, ergibt schon die sprachliche Zusammenschau der Art. 13 Rom I-VO, Art. 11 Abs. 1 und 2, Art. 12 S. 1 und Art. 16 Abs. 2. Die Parteien müssen sich bei Abgabe ihrer Willenserklärungen im Anwendungsbereich derselben Rechtsordnung aufhalten; ein Rechtsgeschäft unter Anwesenden ist aber nicht erforderlich (MüKoBGB/Looschelders Rn. 40; Staudinger/Mankowski, 2011, Rn. 62: nationale Distanzgeschäfte). Bei **Stellvertretung** reicht es auf Seiten des vertrauenden Vertragsteils mit Blick auf § 166 BGB ohne weiteres aus, wenn sich nur der Vertreter im Inland befindet. Nichts anderes gilt bei Stellvertretung auf Seiten des Ehegatten; denn dessen persönliche Anwesenheit im Inland spielt für das typisierte Vertrauen auf die Geltung der deutschen eherechtlichen Mitverpflichtungsbefugnis, anders als etwa die familienbezogene Natur des Rechtsgeschäfts als solche, keine erkennbare Rolle. Das Geschäftsrecht des Rechtsgeschäfts ist irrelevant (Auswirkungen hat es allenfalls für den Gutglaubensschutz).

**52** **bb) Eigentumsvermutung gem. § 1362 BGB im Inland (Abs. 2 Hs. 2).** Art. 16 Abs. 2 regelt die Sonderanknüpfung einer weiteren Ehewirkung: Haben Eheleute unter der Geltung ausländischen Ehewirkungsstatuts im Inland belegene bewegliche Sachen und hat wenigstens ein Ehegatte gewöhnlichen Inlandsaufenthalt oder betreibt er im Inland ein Gewerbe, dann ist zugunsten gutgläubiger Gläubiger eines Ehegatten § 1362 BGB anwendbar, sofern die darin normierte Eigentumsvermutung für den Gläubiger günstiger ist als Regelungen des ausländischen Ehewirkungsstatuts. Die Eigentumsvermutung des § 1362 BGB muss sich auf **im Inland belegene bewegliche Sachen** beziehen. Sie gilt entspr. in der für reine Inlandsfälle geltenden Weise zu Lasten des anderen, nichtschuldenden Ehegatten, bei Getrenntleben der Ehepartner nur eingeschränkt bzw. nicht, wenn der Vollstreckungsgegenstand sich nicht im Besitz des schuldenden Ehegatten befindet, und bei Sachen des persönlichen Gebrauchs nur nach § 1362 Abs. 2 BGB.

**53** Der Anknüpfungspunkt der Belegenheit einer beweglichen Sache schafft Anknüpfungsgleichheit mit dem lex rei sitae-Grundsatz des internationalen Sachenrechts. Art. 16 Abs. 2 gilt nicht für Immobiliargeschäfte. Verfügungsbeschränkungen und Zuordnungen des Eigentums nach ausländischem Ehegüterrecht gehen der Belegenheitsanknüpfung des Immobiliarstatuts insoweit vor (Staudinger/Mankowski, 2011, Rn. 71). Auch § 892 BGB hilft darüber nicht hinweg; denn ausländische eherechtliche und ehegüterrechtliche Regelungen sind im Grundbuch nicht eintragungsfähig. Verkehrsschutz bei Geschäften über Immobilien bietet nur Abs. 1.

**cc) Zustimmungserfordernis bei selbständigem Erwerbsgeschäft im Inland gem. §§ 1431, 1456 BGB (Abs. 2 Hs. 3).** Betreibt bei einer Gütergemeinschaft der nicht oder nicht allein verwaltende Ehegatte ein Erwerbsgeschäft, in dessen Betrieb der andere generell eingewilligt hat oder den er widerspruchslos zur Kenntnis genommen hat, so sind einzelne Zustimmungen zu Rechtsgeschäften und zur Führung von Rechtstreitigkeiten nicht mehr notwendig. Die Geltendmachung von Einspruch oder Widerruf der Zustimmung ist Dritten gegenüber nur noch nach Maßgabe von § 1412 BGB möglich. Art. 16 Abs. 2 ordnet die entsprechende Anwendung der §§ 1431, 1456 BGB an für gleiche oder ähnlich wirksame generelle Einwilligungen des fremden Güterrechtsstatuts. 54

Der Schutz des Dritten nach Abs. 2 iVm § 1431 BGB und § 1456 BGB setzt zunächst voraus, dass der **ausländische Güterstand dem Dritten bekannt** war **oder** dass er im deutschen Güterrechtsregister **eingetragen** war. Ohne Eintragung ist Verkehrsschutz bereits über Abs. 1 iVm § 1412 BGB gegeben (Erman/Hohloch, 15. Aufl. 2017, Rn. 21; Palandt/Thorn, 78. Aufl. 2019, Rn. 3. In dem denkbaren Falle einer unzutr. gewordenen Eintragung, etwa einer Gütergemeinschaft, → Rn. 4, kann Abs. 2 freilich seine Bedeutung auch ohne Eintragung des aktuell bestehenden ausländischen Güterstandes behalten). Liegen diese Voraussetzungen vor, setzen die Regeln der §§ 1431, 1456 BGB ein: Der Dritte darf sich darauf verlassen, dass Einwilligung des anderen Ehegatten oder Kenntnis vom Erwerbsgeschäft seines Partners auch nach dem fremden Güterrechtsstatut den §§ 1431, 1456 BGB entsprechende Folgen hat und dass Einwilligung bzw. Kenntnis bis zur Eintragung oder Kenntniserlangung des Dritten wirken. Bei **Kenntnis oder grobfahrlässiger Nichtkenntnis der gegenteiligen Wirkung des fremden Rechts** ist eine Berufung des Dritten auf Abs. 2 ausgeschlossen. Gleiches gilt, wenn der Dritte **konkret** vom Widerruf der Einwilligung oder vom Einspruch **Kenntnis** hat oder eine entsprechende Eintragung im deutschen Güterrechtsregister erfolgt ist. Ob insoweit auch **bereits grobfahrlässige Unkenntnis** schadet (so MüKoBGB/Siehr, 2. Aufl. 1990, Rn. 42; Kegel/Schurig IPR § 20 VI 4), ist zweifelhaft. Denn hinsichtlich der für die §§ 1431, 1456 BGB bedeutsamen Umstände (Widerruf der Einwilligung, Einspruch) schadet nach § 1412 BGB **nur positive Kenntnis** (Soergel/Schurig Rn. 16; MüKoBGB/Looschelders Rn. 47). 55

Das Erwerbsgeschäft muss **im Inland betrieben** werden. Der Begriff des Erwerbsgeschäfts entspricht demjenigen in § 1431 BGB (→ BGB § 1431 Rn. 1 ff.) und umfasst neben Gewerbe ua freiberufliche und landwirtschaftliche Tätigkeiten sowie Heimarbeit (Staudinger/Mankowski, 2011, Rn. 77). 56

**d) Analoge Anwendung von Abs. 2 auf sonstige Beschränkungen ausländischen Ehewirkungsrechts.** Abs. 2 ist über seinen kasuistischen Wortlaut hinaus entspr. anwendbar, wenn ein Ehegatte nach einem fremden Ehewirkungsstatut beschränkt ist, bestimmte Geschäfte abzuschließen, die er nach deutschem allgemeinen Ehewirkungsrecht abschließen könnte. Auf diese Weise lassen sich etwa auslandsrechtliche Verbote, für den anderen Ehegatten Bürgschaften zu stellen (Interzessionsverbote) (BT-Drs. 10/504, 59; Erman/Hohloch, 15. Aufl. 2017, Rn. 24; Soergel/Schurig Rn. 21; Staudinger/Mankowski, 2011, Rn. 86–88; Hausmann in Reithmann/Martiny IntVertragsR Rn. 6083) oder ohne dessen Zustimmung Schenkungen zu machen (Looschelders Rn. 17; zur Problematik → Rn. 21), überwinden. Eine Analogie ist nicht notwendig in Fällen, in denen Art. 13 Rom I-VO bzw. Art. 12 weiterhilft (→ Rn. 7). 57

**e) Analoge Anwendung zum Schutz ausländischen Geschäftsverkehrs.** Aus den schon zu Abs. 1 (→ Rn. 20) genannten Gründen ist auch der vom Wortlaut her ebenso als einseitige Kollisionsnorm ausgestaltete Abs. 2 zu einer allseitigen Norm auszubauen (MüKoBGB/Looschelders Rn. 3; Soergel/Schurig Rn. 22; zweifelnd Erman/Hohloch, 15. Aufl. 2017, Rn. 25; aA Staudinger/Mankowski, 2011, Rn. 89 f.). Mit Hilfe einer solchen Analogie können die Entsprechungen zu den §§ 1357, 1362, 1431, 1456 BGB im Recht des ausländischen Ortes des Geschäftsschlusses, der Belegenheit bzw. des Gewerbebetriebs zur Anwendung gebracht werden, falls das betreffende ausländische Recht selbst auch einen ähnlichen kollisionsrechtlichen Verkehrsschutz gegen fremdes Ehewirkungs- oder Güterstatut vorsieht, mit anderen Worten über ein Pendant zu Art. 16 Abs. 2 verfügt (vgl. BT-Drs. 10/504, 59). Versucht man, diese Bedingung rechtstechnisch einzuordnen, so ähnelt die Konstruktion weniger einer Sonderanknüpfung ausländischen Verkehrsschutzrechts (so aber Staudinger/Mankowski, 2011, Rn. 90), mit der, wie etwa bei Art. 3 Abs. 3 deutlich von der allgemeinen kollisionsrechtlichen Methodik abgewichen würde, als vielmehr einer besonderen Spielart der von Art. 4 Abs. 1 ohnehin zu Regel erhobenen Gesamtverweisung, die die Anwendung der fremden Verkehrsschutznormen unter die Bedingung der Annahme der Verweisung durch das dortige Verkehrsschutzkollisionsrecht stellt. Auch wenn sich die konstruktiv etwas ungewöhnliche Bedingung nicht ganz glatt in das kollisionsrechtliche System integ- 58 rieren lässt, dürften Bedenken hinsichtlich einer ausreichenden gesetzlichen Ermächtigung (Staudinger/Mankowski, 2011, Rn. 90) die analoge Heranziehung des Art. 16 Abs. 2 letztlich nicht ausschließen, zumal die Bedingung ausdrücklich gerade von den Gesetzesmaterialien angeregt ist.

### V. Verfahrensvorschriften

59 Für das Verfahren der Registereintragung gelten die §§ 1558–1563 BGB, Art. 4 EGHGB. Nach § 1558 Abs. 1 BGB ist **örtlich zuständiges Registergericht** jedes Gericht, in dessen Bezirk auch nur einer der Ehegatten seinen gewöhnlichen Aufenthalt oder seinen Gewerbetrieb hat. Betreibt ein Ehegatte im Inland ein Gewerbe, gilt § 1558 Abs. 1 BGB iVm Art. 4 Abs. 1 EGHGB. Bei Wechsel von gewöhnlichem Aufenthalt oder Ort des Gewerbebetriebes in den Bezirk eines anderen Registergerichts muss die Eintragung dort wiederholt werden (§ 1559 Abs. 1 BGB).

60 Welche Tatsachen **eintragungsfähig** sind, ist nicht geregelt; ihr Kreis ergibt sich mittelbar aus § 1412 BGB, ggf. iVm den auf ihn Bezug nehmenden Normen wie ua § 1357 Abs. 3 BGB etc oder Art. 16 Abs. 1 und umfasst jedenfalls all diejenigen güterrechtlich und – wegen § 1357 Abs. 3 BGB teilweise auch – eherechtlich relevanten Umstände, an deren Veröffentlichung das Gesetz Rechtswirkungen knüpft (→ Rn. 21, → Rn. 48).

61 Die **internationale Zuständigkeit** deutscher Registergerichte ergibt sich in Anlehnung an die örtliche Zuständigkeit kraft Doppelfunktionalität der Zuständigkeitsnormen bei gewöhnlichem Inlandsaufenthalt eines Ehegatten oder bei inländischem Gewerbebetrieb. Hat der im Inland gewerbetreibende Ehegatte keinen gewöhnlichen Inlandsaufenthalt, ist im Wege der Anpassung örtlich zuständig das Gericht, in dessen Bezirk der Ehegatte das Gewerbe betreibt. Bei Kaufmannseigenschaft des Ehegatten ist gemäß Art. 4 EGHGB örtlich zuständig das Gericht am Ort der Handelsniederlassung (Soergel/Schurig Rn. 5).

### VI. Interlokales Recht

62 **Vor der Wiedervereinigung** griff Art. 16 nach interlokalrechtlichen Grundsätzen im Verhältnis zur DDR ein, wenn DDR-Recht interlokal als Güterrechtsstatut der Ehegatten galt (OLG München NJW 1953, 628), weil die Ehegatten seine Weitergeltung gewählt hatten oder weil nach früher gemeinsamen gewöhnlichen DDR-Aufenthalt nur einer der Ehegatten gewöhnlichen Aufenthalt oder Gewerbebetrieb in der Bundesrepublik hatte.

63 **Nach der Wiedervereinigung** ist **Art. 16 Abs. 1** im Bereich des innerdeutschen Kollisionsrechts entspr. anwendbar, wo Rechtsverschiedenheit gegeben ist (Erman/Hohloch, 15. Aufl. 2017, Rn. 4). Zur Fortsetzung der innerdeutschen Rechtsspaltung infolge der Übergangsvorschriften der Art. 230 ff. → Art. 13 Rn. 97 ff. Für den Bereich des Ehegüterrechts ist dies etwa denkbar, wenn sich die Eheleute im Beitrittsgebiet gemäß Art. 234 § 4 Abs. 2 S. 1 für die Beibehaltung des bisherigen gesetzlichen Güterstandes entschieden haben (→ Art. 15 Rn. 103), weil der in Art. 234 § 4 Abs. 2 S. 2 enthaltene Einwendungsausschluss lediglich frühere Geschäfte schützt.

64 **Art. 16 Abs. 2** ist im innerdeutschen Kollisionsrecht nicht entspr. anwendbar, soweit Art. 234 § 1 und § 3 im Bereich der allgemeinen Ehewirkungen nicht zu Rechtsverschiedenheit führt.

## Art. 17 Sonderregelungen zur Scheidung

**(1) Soweit vermögensrechtliche Scheidungsfolgen nicht in den Anwendungsbereich der Verordnung (EU) 2016/1103 oder der Verordnung (EG) Nr. 4/2009 fallen oder von anderen Vorschriften dieses Abschnitts erfasst sind, unterliegen sie dem nach der Verordnung (EU) Nr. 1259/2010 auf die Scheidung anzuwendenden Recht.**

**(2) Auf Scheidungen, die nicht in den Anwendungsbereich der Verordnung (EU) Nr. 1259/2010 fallen, finden die Vorschriften des Kapitels II dieser Verordnung mit folgenden Maßgaben entsprechende Anwendung:**

1. **Artikel 5 Absatz 1 Buchstabe d der Verordnung (EU) Nr. 1259/2010 ist nicht anzuwenden;**
2. **in Artikel 5 Absatz 2, Artikel 6 Absatz 2 und Artikel 8 Buchstabe a bis c der Verordnung (EU) Nr. 1259/2010 ist statt auf den Zeitpunkt der Anrufung des Gerichts auf den Zeitpunkt der Einleitung des Scheidungsverfahrens abzustellen;**
3. **abweichend von Artikel 5 Absatz 3 der Verordnung (EU) Nr. 1259/2010 können die Ehegatten die Rechtswahl auch noch im Laufe des Verfahrens in der durch Artikel 7 dieser Verordnung bestimmten Form vornehmen, wenn das gewählte Recht dies vorsieht;**

4. **im Fall des Artikels 8 Buchstabe d der Verordnung (EU) Nr. 1259/2010 ist statt des Rechts des angerufenen Gerichts das Recht desjenigen Staates anzuwenden, mit dem die Ehegatten im Zeitpunkt der Einleitung des Scheidungsverfahrens auf andere Weise gemeinsam am engsten verbunden sind, und**
5. **statt der Artikel 10 und 12 der Verordnung (EU) Nr. 1259/2010 findet Artikel 6 Anwendung.**

**(3) Eine Ehe kann im Inland nur durch ein Gericht geschieden werden.**

**(4) [1]Der Versorgungsausgleich unterliegt dem nach der Verordnung (EU) Nr. 1259/2010 auf die Scheidung anzuwendenden Recht; er ist nur durchzuführen, wenn danach deutsches Recht anzuwenden ist und ihn das Recht eines der Staaten kennt, denen die Ehegatten im Zeitpunkt des Eintritts der Rechtshängigkeit des Scheidungsantrags angehören. [2]Im Übrigen ist der Versorgungsausgleich auf Antrag eines Ehegatten nach deutschem Recht durchzuführen, wenn einer der Ehegatten in der Ehezeit ein Anrecht bei einem inländischen Versorgungsträger erworben hat, soweit die Durchführung des Versorgungsausgleichs insbesondere im Hinblick auf die beiderseitigen wirtschaftlichen Verhältnisse während der gesamten Ehezeit der Billigkeit nicht widerspricht.**

**Schrifttum:** Althammer, Das europäische Scheidungskollisionsrecht der Rom III-VO unter Berücksichtigung aktueller deutscher Judikatur, NZFam 2015, 9; Althammer, „Abendgabe" und Scheidung nach deutschem Recht, NZFam 2016, 1022; Antomo, Reformbedarf bei der Anerkennung von Privatscheidungen, NZFam 2018, 243; Antomo, Anerkennung ausländischer Privatscheidungen – Rom III-Verordnung analog?, NJW 2018, 435; Arnold/Schnetter, Privatscheidungen und die Renaissance der autonomen Kollisionsrechte Europas, ZEuP 2018, 646; Arnold/Zwirlein, Die Entwicklung der Rechtsprechung zum Internationalen Privatrecht, GPR 2018, 221; Becker, Die Vereinheitlichung von Kollisionsnormen im europäischen Familienrecht – Rom III, NJW 2011, 1593; Croon-Gestefeld, Die Ehe für alle im EU-Freizügigkeitsrecht, StAZ 2018, 297; Cubeddu Wiedemann/Henrich, Neue Trennungs- und Scheidungsverfahren in Italien, FamRZ 2015, 1253; Dutta/Schwab/Henrich/Gottwald/Löhnig (Hrsg.), Scheidung ohne Gericht?, 2017; Dutta, Ausländische Privatscheidungen nach Sahyouni – Viele Fragen nach EuGH, Urt. v. 20.12.2017 – C-372/16, FF 2018, 60; Elmaliah/Thomas, Die Anerkennung von Ehescheidungen aus dem außereuropäischen Ausland – am Beispiel der israelischen Scheidung, FamRZ 2018, 739; Finger, Islamische Morgengabe – insbesondere im Verhältnis zum Iran, FuR 2017, 182; Gebauer, Analoge Anwendung des § 107 FamFG bei inländischer Privatscheidung unter Beteiligung einer ausländischen Behörde, IPRax 2018, 497; Finger, Internationales Recht der Ehescheidung, FuR 2021, 250; Gössl, Überlegungen zum deutschen Scheidungskollisionsrecht nach „Sahyouni", GPR 2018, 94; Gruber, Scheidung auf Europäisch – die Rom III-Verordnung, IPRax 2012, 381; Gruber, Die neue Anknüpfung des Versorgungsausgleichs: Eine Bestandsaufnahme, IPRax 2016, 539; Hau, Das System der internationalen Entscheidungszuständigkeit im Europäischen Eheverfahrensrecht, FamRZ 2000, 1333; Hau, Das Internationale Zivilverfahrensrecht im FamFG, FamRZ 2009, 821; Heiderhoff, Die Anerkennung ausländischer Entscheidungen in Ehesachen, StAZ 2009, 328; Heiderhoff/Nicolas-Vullierme, Die neue Privatscheidung in Frankreich und ihre Wirkungen in Deutschland: Vorbild oder Ärgernis?, StAZ 2018, 361; Helms, Internationales Verfahrensrecht für Familiensachen in der Europäischen Union, FamRZ 2002, 1593; Helms, Neubewertung von Privatscheidungen nach ausländischem Recht vor dem Hintergrund der Entwicklungen im deutschen Sach-, Kollisions- und Verfahrensrecht, FS Coester-Waltjen, 2015, 431; Henrich, Die Morgengabe und das internationale Privatrecht, FS Sonnenberger, 2004, 389; Herfarth, Scheidung nach religiösem Recht durch deutsche Gerichte, IPRax 2000, 101; Kohler/Pintens, Entwicklungen im europäischen Personen-, Familien- und Erbrecht – 2018, FamRZ 2018, 1369; Kontogeorgou, Die neue einvernehmliche Scheidung in Griechenland im Spiegel der EuEheVO, NZFam 2018, 385; Löhnig, Die gleichgeschlechtliche Ehe im Internationalen Privatrecht, NZFam 2017, 1085; Löhnig, Die „Sahyouni-Saga", NZFam 2021, 446; Lüderitz, Talaq vor deutschen Gerichten, FS Baumgärtel, 1990, 333; Mayer, Scheidung ohne Gericht – Europäische Entwicklungen, StAZ 2018, 106; Möller, No Fear of Ṭalaq: A Reconsideration of Muslim Divorce Laws in Light of the Rome III Regulation, Journal of Private International Law 2014, 461; Mörsdorf-Schulte, Anknüpfungszeitpunkt und Anpassung bei der Morgengabe, ZfRV 2010, 166; Pika/Weller, Privatscheidungen zwischen europäischem Kollisions- und Zivilprozessrecht, IPRax 2017, 65; Rauscher, Anpassung des IPR an die Rom III-VO, FPR 2013, 257; Rauscher, Unbilligkeit bei Versorgungsausgleich mit Auslandsbezug, IPRax 2015, 139; Rieck, Einbeziehung ausländischer Anrechte in den Versorgungsausgleich, FPR 2011, 498; Wagner, Versorgungsausgleich bei deutsch/US-amerikanischer Ehe, IPRax 1999, 94; Wall, Bedeutung des § 107 Abs. 1 FamFG bei der Beurteilung der Wirksamkeit von Auslandseheschließungen, StAZ 2018, 55; Yassari, Die islamische Brautgabe im deutschen Kollisions- und Sachrecht, IPRax 2011, 63; Ziereis/Zwirlein, Das Verhältnis von Art. 17 Abs. 2 EGBGB zur Rom III-Verordnung, IPRax 2016, 103.

## Überblick

Seit dem 21.6.2012 gilt für Neuverfahren in Ehescheidungssachen vorrangig die VO (EU) Nr. 1259/2010 (Rom III-VO). Art. 17 enthält seitdem nur noch ergänzende Regelungen (→

Rn. 2). Diese wurden mit Wirkung zum 21.12.2018 erweitert, nachdem der EuGH in der Sache Sahyouni II (→ Rn. 44) entschieden hatte, dass die Rom III-VO keine Anwendung auf Privatscheidungen findet. Abs. 2 regelt nun die Anknüpfung bei ausländischen Privatscheidungen (→ Rn. 27 ff.). Hierbei wird mit verschiedenen Modifikationen auf die Kollisionsnormen in der Rom III-VO verwiesen. Die früheren Abs. 2 (Ausschluss der Privatscheidung im Inland) und Abs. 3 (Anknüpfung des Versorgungsausgleichs) wurden durch diese Ergänzung zu Abs. 3 und 4.

Art. 17 und die Rom III-VO gelten jeweils für Ehescheidungen sowie für Ehetrennungen. Für die Auflösung registrierter Lebenspartnerschaften gilt Art. 17b Abs. 1. Mit der am 22.12.2018 in Kraft getretenen Neufassung des Art. 17b Abs. 4 hat der Gesetzgeber nun explizit entschieden, dass auch auf die Auflösung gleichgeschlechtlicher Ehen (sowie solcher Ehen, bei denen zumindest ein Ehegatte weder dem weiblichen noch dem männlichen Geschlecht angehört), die Rom III-VO sowie ergänzend Art. 17 Abs. 1–3 anzuwenden sind. Für die nicht in der Rom III-VO enthaltenen Fragen (insbes. Versorgungsausgleich) gelten jedoch weiterhin die Sonderanknüpfungen in Art. 17b (→ Rn. 14).

Von der Rom III-VO sind die materiell-rechtlichen Voraussetzungen der Scheidung bzw. Trennung sowie deren Hauptfolge, nämlich die Auflösung (bzw. Trennung) der Ehe (→ Rn. 12 ff.) erfasst. Bei den sonstigen Folgen der Ehescheidung ist zu differenzieren. Meist greifen Sonderregelungen, insbesondere die EuGüVO für das Güterrecht (in einem weiten Sinne), Art. 17 Abs. 4 für den Versorgungsausgleich (→ Rn. 54 ff.), das HUP für den nachehelichen Unterhalt und Art. 21 für die elterliche Sorge. Nur für Restfälle greift Art. 17 Abs. 1.

Art. 17 Abs. 3 bestimmt, dass die Scheidung in Deutschland nur durch ein Gericht erfolgen kann (→ Rn. 35 ff.). Ohnehin gilt für die Durchführung der Scheidung deutsches Verfahrensrecht (→ Rn. 94). Die internationale Zuständigkeit richtet sich dabei weitgehend nach der Brüssel IIa-VO (→ Rn. 111 ff.). Für die Anerkennung ausländischer Ehescheidungen gilt bei Entscheidungen aus EU-Mitgliedstaaten die Brüssel IIa-VO, für Entscheidungen aus Drittstaaten greifen §§ 107, 109 FamFG (→ Rn. 127 ff.).

## Übersicht



## I. Allgemeines

1 **1. Normzweck und zeitliche Anwendbarkeit.** Infolge des Inkrafttretens der vorrangigen Rom III-VO wurde Art. 17 **Abs. 1** zu einer ergänzenden Auffangregelung für solche Scheidungsfolgen umgestaltet, die weder unter die Rom III-VO (zu deren Reichweite und Entstehung → VO (EU) 1259/2010 Art. 1 Rn. 1) noch unter eine der bestehenden Regelungen (wie Art. 17 Abs. 4; Art. 17a; HUP) fallen. Mit Wirkung zum Tag des Inkrafttretens der relevanten Normen der EuGüVO (29.1.2018) wurde Abs. 1 nochmals ergänzt und klarer gefasst, um auch den Vorrang des HUP und der EuGüVO zu verdeutlichen. Die Norm verweist für diese sog. unselbstständigen Scheidungsfolgen ausdrücklich auf das Recht, welches für die Scheidung selbst anwendbar ist und somit auf die Rom III-VO. Solche Folgen sind allerdings selten (→ Rn. 16). Andere wichtige **Nebenfolgen** der Scheidung, so insbes. der nacheheliche Unterhalt (Art. 3, 5 HUP) und die elterliche Sorge (Art. 21), wurden und werden gesondert angeknüpft.

Der Gesetzgeber hatte sich 2013 noch dagegen entschieden, für die Ehescheidung selbst eine Auffangregelung im EGBGB vorzusehen – wie dies etwa in Art. 25 für das Erbrecht erfolgt ist. Die vollständige Aufhebung der nationalen Kollisionsnorm geschah in dem Glauben, die Rom III-VO sei insofern lückenlos (BT-Drs. 17/11049, 8). Dadurch, dass der EuGH im Dezember 2017 die Anwendbarkeit der Rom III-VO auf Privatscheidungen verneint hat (näher zum Urteil Sahyouni → Rn. 44), war jedoch eine erhebliche Regelungslücke entstanden. Der Gesetzgeber hat daher mit Wirkung zum 21.12.2018 durch Gesetz zum Internationalen Güterrecht und zur Änderung von Vorschriften des Internationalen Privatrechts vom 17.12.2018 (BGBl. I 2573 (2580)) doch eine Auffangregel eingeführt, die in **Abs. 2** aufgenommen wurde. Sie gilt für alle Scheidungen, die nicht unter die Rom III-VO fallen. Das betrifft derzeit, soweit ersichtlich, nur Privatscheidungen. Für diese sieht Abs. 2 nunmehr eine modifizierte Anwendung der Rom III-VO vor (→ Rn. 44 ff.; → VO (EU) 1259/2010 Art. 1 Rn. 12 ff.). 2

Nach der Neufassung der Art. 17 Abs. 1 und Abs. 2 kann eine eventuelle **Rückverweisung** (renvoi) aus dem fremden Recht auch für die unselbstständigen Scheidungsfolgen nicht mehr beachtet werden (→ Rn. 93). 3

Bei der **zeitlichen Anwendbarkeit** des Art. 17 (iE → Rn. 153 ff.) sind verschiedene Fragen auseinanderzuhalten. Die Neufassung des Art. 17 **Abs. 1** durch das Gesetz zur Anpassung der Vorschriften des Internationalen Privatrechts an die Verordnung (EU) Nr. 1259/2010 und zur Änderung anderer Vorschriften des Internationalen Privatrechts vom 23.1.2013 (BGBl. I 101) ist am 29.1.2013 in Kraft getreten. Nach der Übergangsvorschrift in Art. 229 § 28 Abs. 1 ist Art. 17 Abs. 1 anzuwenden, wenn das Scheidungsverfahren nach dem 28.1.2013 eingeleitet worden ist. Der Geltungszeitraum stimmt also nicht mit dem Geltungsbeginn der Rom III-VO am 21.6.2012 und der daraus automatisch folgenden Unanwendbarkeit des Art. 17 Abs. 1 aF überein. Für die nicht von der Rom III-VO und auch nicht von anderen Kollisionsnormen erfassten Scheidungsfolgen (näher → Rn. 12; → Rn. 16 ff.) gilt daher bei den Verfahren, die zwischen dem 21.6.2012 und dem 29.1.2013 eingeleitet wurden, Art. 17 Abs. 1 aF weiter, während die eigentliche Scheidung der Rom III-VO unterliegt (Grüneberg/Thorn Art. 229 § 28 Rn. 3). Dagegen gilt der am 21.12.2018 in Kraft getretene Art. 17 **Abs. 2** rückwirkend für alle Privatscheidungen, solange diese nach dem Inkrafttreten der Rom III-VO erfolgt sind (BT-Drs. 19/4852, 39; BGH FamRZ 2020, 1811) (näher → Rn. 156). 4

**Abs. 3** (bis zum 20.12.2018 Abs. 2) bestimmt, dass keine Privatscheidungen in Deutschland möglich sind. Diese Regelung erschien dem Gesetzgeber so wichtig, dass sie trotz des zunächst nicht abwegig scheinenden Vorrangs der Rom III-VO auch in dieser Frage nicht aufgegeben wurde. Da inzwischen geklärt ist, dass die Rom III-VO Privatscheidungen gar nicht erfasst, kann es aus heutiger Sicht offen bleiben, ob die Norm neben einer europäischen Regelung zulässig gewesen wäre. Da zur dogmatischen Einordnung der Norm meist vertreten, wird, Abs. 3 verkörpere einen besonderen Aspekt des deutschen ordre public (nur Grüneberg/Thorn Rn. 6), konnte dies wegen der Freiheit der Mitgliedstaaten zur autonomen nationalen Ausfüllung des ordre public aber auch schon früher bejaht werden (so auch weiterhin EuGH ECLI:EU:C:2014:2319 = EuZW 2015, 76 – FlyLAL; grdl. EuGH ECLI:EU:C:2000:164 = NJW 2000, 1853 Rn. 22 f. – Krombach; gegen eine Begrenzung des nationalen ordre public-Vorbehalts durch die EU-Charta allg. Heiderhoff in Heiderhoff/Lohsse/Schulze, EU-Grundrechte und Privatrecht, 2016, 95 ff.). Angesichts des Näherrückens moderner autonomer Scheidungsformen ohne gerichtliche Beteiligung in europäischen Nachbarstaaten und der Reformrufe in Deutschland muss freilich eher über eine Reformierung der Norm nachgedacht werden als über ihre Verteidigung (nur Coester-Waltjen JZ 2017, 1073 (1079) mwN). 5

Auch der für den Versorgungsausgleich geltende **Abs. 4** (bis zum 20.12.2018 noch Abs. 3) wurde im Rahmen der Durchführung der Rom III-VO nicht grundlegend verändert. Es wurde nur der Verweis auf das Scheidungsstatut an die Rom III-VO angepasst. Auch durch das Inkrafttreten der EuGüVO ergeben sich hier keine Neuerungen, weil der Versorgungsausgleich nach Art. 1 Abs. 2 lit. f EuGüVO von deren Anwendungsbereich ausgenommen ist. Es bleibt also bei dem Grundsatz, dass der Versorgungsausgleich dem auf die Scheidung anzuwendenden Recht unterliegt. Er ist jedoch nur durchzuführen, wenn entweder für die Scheidung deutsches Recht greift und das Recht eines der Staaten, denen die Ehegatten im Zeitpunkt des Eintritts der Rechtshängigkeit des Scheidungsantrags angehören, das Institut des Versorgungsausgleichs kennt, oder wenn die Voraussetzungen des Abs. 4 S. 2 vorliegen (BT-Drs. 16/10144, 113). Die erhebliche Änderung war bereits 2009 erfolgt, als zugleich mit der Schaffung des VersAusglG die Beschränkung des Versorgungsausgleichs auf die Fälle festgelegt wurde, in denen Scheidungsstatut deutsches Recht ist. Damit sollte nach der Gesetzesbegründung das Problem behoben werden, das sich aus der Verzahnung des zivilrechtlichen Instituts des Versorgungsausgleichs mit dem Sozialversicherungs- 6 recht ergibt. Unter dem Eindruck der damaligen Rspr. wollte der Gesetzgeber es vermeiden, dass deutsche Gerichte zwar ausländisches Recht auf den Versorgungsausgleich anwenden könnten, aber daran gehindert wären, die öffentlich-rechtlich nötigen Anordnungen zu treffen. Zu den Einzelfragen → Rn. 54 ff.

7 **2. Rechtstatsachen.** Internationale Ehescheidungen sind häufig. Im Jahr 2016 betrafen nach Erhebungen des statistischen Bundesamtes 15% aller in Deutschland erfolgten Ehescheidungen ausländische oder gemischt nationale Ehen. Das waren insgesamt 24.425 Scheidungen. Knapp 30% davon (6.985 Fälle) erfolgten zwischen zwei ausländischen Ehepartnern, wobei davon 4054, also etwa 60%, die gleiche Staatsangehörigkeit besaßen (näher Statistisches Bundesamt, Fachserie 1 Reihe 1.4, Bevölkerung und Erwerbstätigkeit, 2016, 31).

8 **3. Staatsvertragliche Kollisionsnormen.** Auf dem Gebiet des internationalen Scheidungsrechts ist Deutschland zurzeit nicht an multilateralen Übereinkommen beteiligt. Das **Haager Abkommen zur Regelung des Geltungsbereichs der Gesetze und der Gerichtsbarkeit auf dem Gebiete der Ehescheidung und der Trennung von Tisch und Bett** vom 12.6.1902 (Haager Ehescheidungsabkommen, RGBl. 1904, 231 (249)) ist seit dem 1.6.1934 im Verhältnis zu Deutschland außer Kraft (RGBl. II 26).

9 Noch in Kraft ist das **deutsch-iranische Niederlassungsabkommen** vom 17.2.1929 (Art. 8 Abs. 3 Dt.-Iran. NiederlAbk, Wortlaut bei → Art. 25 Rn. 12; Jayme/Hausmann Nr. 22). Art. 8 Abs. 3 Deutsch-Iranisches Niederlassungsabkommen iVm Ziff. I Abs. 3 Schlussprotokoll enthält eine den Art. 17 bzw. die Rom III-VO (vgl. Art. 19 Rom III-VO) verdrängende Kollisionsregelung für die Ehescheidung von rein iranischen Ehen in Deutschland und rein deutschen Ehen im Iran. Diese verweist jeweils auf das Heimatrecht (Sachrecht) der Beteiligten (BGH NJW-RR 2005, 1449; OLG Frankfurt ECLI:DE:OLGHE:2019:0405.4UF35.19.0A = BeckRS 2019, 11216; OLG Hamm FamRZ 2013, 1481; OLG Frankfurt NZFam 2016, 1112 zur Fortgeltung bei Wechsel der Staatsangehörigkeit; NJW 1990, 646; OLG Stuttgart FamRZ 2004, 25; OLG Düsseldorf FamRZ 1998, 1114; OLG München IPRax 1989, 240).

10 **4. Vorrang des EU-Kollisionsrechts.** Die am 20.12.2010 in Kraft getretene **Rom III-VO geht dem autonomen deutschen Kollisionsrecht vor.** Sie ist gem. Art. 21 Rom III-VO ab dem 21.6.2012 anwendbar (näher → VO (EU) 1259/2010 Art. 21 Rn. 1) und gilt universell. Auf die Anwendung der Rom III-VO in Deutschland hat es keine Auswirkung, dass diese nur von einem Teil der Mitgliedstaaten im Wege der verstärkten Zusammenarbeit verabschiedet wurde. Die **Rom III-VO** ersetzt die Anknüpfungsregeln des Art. 17 Abs. 1 aF für **ab dem 21.6.2012** (einschließlich) **neu eingeleitete Scheidungsverfahren** (Kohler/Pintens FamRZ 2012, 1425). Die **Rom III-VO** ist in diesem Werk gesondert kommentiert (→ VO (EU) 1259/2010 Art. 1 Rn. 1 ff.).

11 Zu beachten ist auch die **EuGüVO,** die für Ehen bzw. für Eheverträge gilt, die nach dem 29.1.2019 geschlossen werden (Art. 69 Abs. 3 EuGüVO). Diese regelt zwar güterrechtliche Fragen, überlagert aber – da der dort verwendete Güterrechtsbegriff sehr weit ist – teilweise den Art. 17 Abs. 1 (näher insbes. zur Brautgabe → Rn. 19 ff.). Auf der Ebene des Rechts der EU sind für die Ehescheidung zudem die einschlägigen Normen des **internationalen Verfahrensrechts** (→ Rn. 111 ff.; → Rn. 130 ff.) von großer Bedeutung.

## II. Einzelerläuterungen

12 **1. Scheidungsfolgen (Abs. 1). a) Überblick.** Art. 17 Abs. 1 in der bis zum 28.1.2013 geltenden Fassung griff, insofern anders als nun die Rom III-VO, grds. auch für die **sonstigen Rechtsfolgen** der Ehescheidung ein, soweit es dafür keine Sonderregelungen gab. Dies setzt Art. 17 nF explizit fort. Dabei werden die vorrangigen Vorschriften nun ausdrücklich benannt. Neben den Vorschriften des Dritten Abschnitts des Zweiten Kapitels gehören dazu auch Art. 15 EuUnthVO mit dem HUP und die EuGüVO. Insgesamt gibt es für fast alle Scheidungsfolgen vorrangige, selbstständige Kollisionsnormen (→ Rn. 16 ff.). Daher bleiben für Art. 17 Abs. 1 nur wenige, eher seltene Scheidungsfolgen.

13 **b) Betroffene Rechtsinstitute. aa) Begriff der Ehescheidung.** „Scheidung" iSd Art. 17 muss ebenso verstanden werden wie in der Rom III-VO. Alles andere widerspräche dem Zweck des Verweises. Der Begriff umfasst damit zunächst die **Scheidungen iSd** deutschen Rechts, zusätzlich aber auch **alle Eheauflösungen** ex nunc. Er erfasst jedoch **nicht** die **Aufhebung oder Anfechtung der Ehe** als Folge von Willensmängeln oder anderen Mängeln – wie zB Ehehindernissen oder Formfehlern – bei Heirat (→ VO (EU) 1259/2010 Art. 1 Rn. 9).

Für die **gleichgeschlechtlichen Ehen** muss entspr. der vom Gesetzgeber gewählten Regelungstechnik kollisionsrechtlich der Einstieg immer über Art. 17b erfolgen, von dem man dann aber ohne Einschränkung zu den dort jeweils genannten eigentlichen Anknüpfungsregeln gelangt. Die Neuregelung des Art. 17b Abs. 4 statuiert nun ausdrücklich, dass die Scheidung gleichgeschlechtlicher Ehen sich ebenfalls nach der Rom III-VO richtet und Art. 17b Abs. 5 verweist zudem ergänzend auf Art. 17 Abs. 1–3 (→ Art. 17b Rn. 55 ff.; → VO (EU) 1259/2010 Art. 1 Rn. 20). **14**

**bb) Auflösung nichtehelicher Lebensgemeinschaften und registrierter Partnerschaften.** Die Auflösung von **registrierten Partnerschaften** fällt nicht unter die Rom III-VO, sondern für sie gilt gem. Art. 17b Abs. 1 S. 1 das Registerstatut (→ VO (EU) 1259/2010 Art. 1 Rn. 19). Dazu, ob auch die Auflösung **nichtehelicher Lebensgemeinschaften,** die allerdings in den meisten Staaten ohnehin keinen besonderen rechtlichen Anforderungen unterliegt, in den Anwendungsbereich der Rom III-VO und damit dann konsequenterweise auch des Art. 17 Abs. 1 fällt, werden unterschiedliche Auffassungen vertreten. Letztlich lässt sich eine unmittelbare Erstreckung kaum bejahen. Vielmehr müssen eigenständige Lösungen gefunden werden (→ VO (EU) 1259/2010 Art. 1 Rn. 21). **15**

**c) Erfasste Scheidungswirkungen. aa) Art. 17 Abs. 1 als Auffangregel für unselbstständige Scheidungsfolgen.** Art. 17 Abs. 1 aF war darauf ausgelegt, auch weitere Folgen der Scheidung zu regeln, soweit dafür keine gesonderte Regelung besteht. Diesen Weg geht die Rom III-VO nicht. Die dadurch entstandene Lücke will die Neufassung des Art. 17 Abs. 1 schließen. Sie regelt ausschließlich die unselbstständigen Scheidungsfolgen (MüKoBGB/Winkler v. Mohrenfels Rn. 29). Faktisch fallen allerdings **nur wenige sonstige Folgen** von Ehetrennung bzw. Scheidung unter die Norm. Meist greift dagegen eine besondere Kollisionsnorm, wie die EuGüVO (oder vor dem 29.1.2019 der – weniger weit reichende – Art. 15 aF) für das Güterrecht, Art. 17 Abs. 4 für den Versorgungsausgleich, das HUP für den Unterhalt, Art. 21 für die elterliche Sorge. Dabei ist die Abgrenzung nicht immer einfach. **16**

**bb) Unselbstständige Scheidungsfolgen im Einzelnen.** Nach Scheidungsstatut (nicht nach Deliktsstatut) kann sich die **Schadensersatzpflicht** des schuldig Geschiedenen richten (OLG Karlsruhe NJW-RR 2003, 725; OLG Frankfurt FamRZ 1992, 1182; OLG Stuttgart FamRZ 1993, 974, alle zu Art. 143 Abs. 2 aF türk. ZGB, entspricht nun Art. 174 Abs. 1 türk. ZGB). Anders kann es aber sein, wenn der Anspruch bei genauerem Hinsehen **unterhaltsrechtlich** qualifizierbar ist (näher → HUP 2007 Art. 1 Rn. 31) (OLG Stuttgart FamRZ 1993, 975). **17**

In Hinblick auf Schenkungen, Zuwendungen, Schuldversprechen und ähnliche Geschäfte zwischen Eheleuten ist zu beachten, dass die EuGüVO, die aber erst für seit dem 29.1.2019 geschlossene Ehen bzw. Eheverträge gilt (→ Rn. 11), einen deutlich weiteren Anwendungsbereich als der bis dahin geltende Art. 15 hat. Das betrifft insbes. die bisher meist unter Art. 17 Abs. 1 eingeordnete Frage des Rechts zum **Widerruf von Schenkungen** bei Ehescheidung (für Einordnung unter Art. 17 vor Inkrafttreten der EuGüVO MüKoBGB/Winkler v. Mohrenfels Rn. 67). Für diese Institute besteht die eigentliche Problematik nunmehr eher in der Abgrenzung zwischen schuldrechtlich und eherechtlich geprägten Formen. Besteht kein eherechtlicher Zusammenhang, handelt es sich also beispielsweise einfach um ein Schuldversprechen zwischen Ehegatten, das nicht mit güterrechtlichen Vorschriften im Zusammenhang steht, oder geht es um die Rückabwicklung einer Schenkung wegen groben Undanks, gilt jeweils das Vertragsstatut. Ähnlich liegt es bei der **Herausgabe von Eigentum** anlässlich der Scheidung – und nicht in rechtlichem Zusammenhang mit der Scheidung – Art. 43, wo also das Recht der Belegenheit der Sache gilt (OLG Köln NJW-RR 1994, 200; aA OLG Hamm FamRZ 1994, 1259 zu Art. 15). Geht es dagegen um die **im Zusammenhang mit der Ehe** oder der Scheidung stehende und insofern besonderen Regelungen unterliegende Vertragsverhältnisse, so gilt die **EuGüVO.** Das muss aus deutscher Sicht insgesamt die **ehebedingten Zuwendungen** betreffen (wie hier Hausmann IntEuSchR Rn. B 553; mit ausf., überzeugender Begründung Sanders FamRZ 2018, 978 (980 ff.) – dort auch zum besonderen Problem bei den Eheverträgen; enger, aber insofern nicht überzeugend Weber DNotZ 2016, 659 (666)). Auch die **Pflicht zur Herausgabe** von Gegenständen wird nach der EuGüVO noch häufiger als güterrechtlich zu qualifizieren sein als schon unter Art. 15 aF (zur Nutzung von Ehewohnung und Haushaltsgegenständen → Rn. 23). **18**

Durch die **EuGüVO** wird insbes. die Einordnung der im islamischen Recht verbreiteten Formen der **Morgen- oder Brautgabe** deutlich vereinfacht, da sie diese weitgehend **umfassen wird.** Teilweise wird für den Zeitraum vor dem Eingreifen der EuGüVO für Ansprüche im Bereich der sog. Morgengabe oder Brautgabe (mahr) angenommen, sie seien unselbstständige **19**

Scheidungsfolgen, die unter Art. 17 Abs. 1 fallen (zumindest hilfsweise OLG Köln NJW 2016, 649; für eine Abendgabe Althammer NZFam 2016, 1022). Das ist iErg abzulehnen. Vielmehr sollte auch schon für Altfälle idR das Güterstatut angewendet werden (OLG Frankfurt FamRZ 2020, 908; dem ebenfalls zuneigend, aber offenlassend BGH NJW 2020, 2024). Das sei im Folgenden noch näher dargelegt.

**20** Will man für die Brautgabe und verwandte Instrumente eine korrekte Qualifikation vornehmen, so muss in einem ersten Schritt geprüft werden, ob es sich bei dem geltend gemachten Anspruch überhaupt um eine Brautgabe iSd Eheschließungsstatuts (Art. 14) handelt. Ein Indiz gegen das Vorliegen einer Brautgabe ist ein nachträglich abgeschlossener Schenkungsvertrag (OLG Stuttgart FamRZ 2007, 825, leider ohne Aussage zur Kollisionsnorm). Handelt es sich um eine Brautgabe, so muss unter Heranziehung der jeweiligen nationalen Vorschriften weiter differenziert werden (so zu Recht OLG Hamburg FamRZ 2004, 459; zu den unterschiedlichen islamischen Schulen Staudinger/Mankowski, 2010, Art. 13 Rn. 380 ff.; zum türk. Recht OLG Hamm NJW-RR 1995, 133; OLG Köln NJW-RR 1994, 200; Yarayan NZFam 2016, 1153; zu allem Henrich FS Sonnenberger, 2004, 389 ff.; Wurmnest FamRZ 2005, 1878 ff.; Scholz ZFS 2010, 325 ff.). Insbesondere bestehen hier nämlich erhebliche Unterschiede in Hinblick auf die konkrete Konstruktion und den geltend gemachten Anspruch. So kann Leistung bei Eheschließung oder Leistung bei Eheende vereinbart sein, und es kann einerseits um Zahlung, andererseits aber auch um Herausgabe einer bereits geleisteten Morgengabe gehen (bei Scheidung zu zahlende Beträge des sunnitischen Rechts für Art. 17 etwa Rauscher FPR 2013, 257 (259); zu dieser Differenzierung – iErg abl. – Andrae IntFamR § 3 Rn. 185 ff.; zur Geltendmachung der Morgengabe im Verbundverfahren BGHZ 160, 332 = NJW-RR 2005, 81).

**21** Im Kontext des Art. 17 Abs. 1 interessieren vor allem Ansprüche auf **Rückgabe der Morgengabe** oder auf die **nachträgliche Zahlung** der Morgengabe **bei der Ehescheidung.** Für diese ist die Ermittlung des anzuwendenden Rechts höchst streitig. Nach einer Ansicht gilt das Scheidungsstatut für die aus Anlass der Scheidung geltend gemachten Ansprüche auf eine noch nicht geleistete **Morgengabe** (in Betracht ziehend OLG Hamburg FamRZ 2004, 459; andeutend auch OLG Köln NJW-RR 2007, 154; OLG München IPRspr. 1985, Nr. 67; dagegen Grüneberg/Thorn Rn. 3). Für eine unterhaltsrechtliche Qualifikation spricht demgegenüber, dass die Morgengabe auch die Funktion hat, die Braut finanziell abzusichern (→ HUP 2007 Art. 1 Rn. 32) (OLG Düsseldorf FamRZ 1998, 623; KG FamRZ 1988, 296; AG Hamburg IPRax 1983, 74; AG Memmingen IPRax 1985, 230; OLG Hamm FamRZ 1981, 875; Heldrich IPRax 1983, 64; Heßler IPRax 1988, 95 (97); Soergel/Kegel Rn. 28). Das kann aber nur durchgreifen, wenn im konkreten Fall dieser Aspekt im Vordergrund steht, was soweit ersichtlich nicht üblich ist. Für die güterrechtliche Qualifikation wird wiederum angeführt, dass es um eine dem Güterrecht verwandte Stabilisierung der Ehe und um die vermögensrechtliche Beziehung zwischen den Ehegatten gehe. Außerdem lässt sich mit der güterrechtlichen Einordnung eine weitgehend einheitliche Qualifikation für alle die Morgengabe betreffenden Fragen erreichen (Andrae IntFamR § 3 Rn. 191 ff.). Teils wurde schließlich auch Art. 14 gegenüber Art. 15 aF (zur jetzt in Kraft getretenen EuGüVO noch → Rn. 22) bevorzugt, weil es um eine im Ehevertrag festgelegte Ehewirkung „sui generis" gehe (OLG Köln NJW 2016, 649; NJW-RR 2007, 154; MüKoBGB/Winkler v. Mohrenfels Rn. 62; Henrich FS Sonnenberger, 2004, 389 (395)). Der **BGH** hat zwar zu einer nach iranischem Recht vereinbarten Morgengabe ebenfalls Art. 14 angewendet (BGH FamRZ 2010, 535; zust. Henrich FamRZ 2010, 537; zust. wohl auch Finger FuR 2017, 182 (184); abl. Andrae IntFamR § 3 Rn. 192 f.), allerdings mit der Begründung, dass es sich um eine Art Auffangtatbestand handele. Diese Lösung war immerhin einfach und einheitlich. Sie wäre allerdings nach der Einführung des neuen Art. 17 Abs. 1 nicht mehr tragfähig. Für nicht anders zuzuordnende Institute ist dieser nun der Auffangtatbestand (so auch Althammer NZFam 2016, 1022).

**22** Letztlich ist jedoch für die meisten Fälle der Brautgabe die Einordnung beim Güterrecht vorzuziehen, und zwar auch schon für die Fälle, die zeitlich noch nicht unter die EuGüVO fallen. Denn die Morgengabe enthält typischerweise ein Element des Vermögensausgleichs zwischen den Ehegatten. Zwar kann sie häufig – wie etwa in dem vom BGH im Jahr 2010 entschiedenen Fall (BGH FamRZ 2010, 535) – auch schon vor Beendigung der Ehe gefordert werden. Selbst dann handelt es sich aber im Kern um eine Güterzuordnung zwischen den Ehegatten. Ergänzen lässt sich das durch die Überlegung, dass die Ansprüche nicht von den typischen unterhaltsrechtlichen Voraussetzungen – wie Leistungsfähigkeit und Bedürftigkeit – abhängen (Öztan FamRZ 1998, 624; Wurmnest FamRZ 2005, 1879; Wurmnest JZ 2010, 736; Mörsdorf-Schulte ZfRV 2010, 166 (168); Yassari IPRax 2011, 63). Somit erfasst Art. 17 die Morgengabe zumindest in ihren typischen Ausprägungen nicht; vielmehr passt, abhängig von den Eigenarten des jeweils im konkreten Fall Vereinbarten, häufig Art. 15 aF bzw. die EuGüVO. Erwähnt sei abschließend, dass der BGH bei Geltung deutschen Rechts die Brautgabe als schenkungsähnlich einordnet und für die Wirksamkeit die notarielle Form verlangt (BGH NJW 2020, 2024 mAnm Dutta FamRZ 2020, 1077).

Für Ansprüche, die auf die **Nutzung der Ehewohnung** oder von **Haushaltsgegenständen** gerichtet sind, greift ebenfalls die EuGüVO. Art. 17a, der diese Ansprüche bisher erfasste, gilt daher seit Inkrafttreten der EuGüVO nur noch für Gewaltschutzanordnungen. Schon früher (und weiterhin für Altfälle) galt bzw. gilt Art. 17a aber nicht allseitig, sondern immer nur für den Fall, dass die betroffene Wohnung oder der Hausrat sich im Inland befindet. Daher kann für Altfälle neben Art. 17a in Hinblick auf **im Ausland belegene Haushaltsgegenstände** noch Art. 17 Abs. 1 Anwendung finden (NK-BGB/Gruber Rn. 16; Grüneberg/Thorn Rn. 4). Soweit die Ansprüche im Rahmen des Scheidungsverfahrens geltend gemacht werden, ist daher im Regelfall das Scheidungsstatut anzuwenden (so die hM, vgl. OLG Hamm NJW-RR 1998, 1542; auch MüKoBGB/Winkler v. Mohrenfels Art. 17a Rn. 1). Anders kann es bei Altfällen jedoch liegen, wenn die Herausgabe der Haushaltsgegenstände oder der Ehewohnung nach dem Ehestatut güterrechtlichen oder unterhaltsrechtlichen Charakter trägt (→ Art. 17a Rn. 14). Anders mag es auch sein, wenn die Scheidung im Zeitpunkt der Anspruchsstellung bereits so lange zurückliegt, dass die Aufteilung nur noch rein schuldrechtlichen Charakter trägt (OLG Hamburg NJW-RR 2001, 1012). Hinsichtlich des Verfahrens ist die lex fori, also das FamFG (insbes. §§ 200 ff. FamFG), anzuwenden. 23

**cc) Separat geregelte Scheidungsfolgen.** Für die meisten und wesentlichen Scheidungsfolgen gibt es besondere Anknüpfungsnormen, die vorrangig anzuwenden sind. Der Anspruch auf **nachehelichen Unterhalt,** der Anspruch auf **Auskunft über die Vermögensverhältnisse** wegen Unterhalts (OLG FamRZ 2005, 1682 = BeckRS 2005, 9475) und auf **Abänderung** einer Ehegattenunterhaltsentscheidung (→ HUP 2007 Art. 1 Rn. 86 ff.) unterliegen dem Unterhaltsstatut. Hier gilt zunächst **Art. 3 HUP,** der eine Anknüpfung an den gewöhnlichen Aufenthalt des Berechtigten vorsieht (→ HUP 2007 Art. 3 Rn. 2 ff.). Als ergänzende Regel für die Ehe tritt Art. 5 HUP hinzu, der eine Anknüpfung an die engste Verbindung zulässt, wenn einer der Eheleute sich darauf beruft (→ HUP 2007 Art. 5 Rn. 1 ff.). Diese Regelung gilt auch für **Unterhalt nach Trennung.** Der Anspruch gegen den anderen Ehegatten auf **Verfahrenskostenvorschuss** unterfällt nach heute überwM wegen der Verwandtschaft zum Unterhaltsanspruch ebenfalls dem Unterhaltsstatut (→ HUP 2007 Art. 1 Rn. 36) (OLG Zweibrücken IPRax 1984, 329). Auch die **sozialversicherungsrechtlichen Auswirkungen** der Scheidung werden selbstständig angeknüpft – im Grundsatz also nach dem Territorialprinzip, vgl. nur § 3 SGB IV (BSGE 83, 200 = NJWE-FER 1999, 255; Kegel/Schurig IPR § 23). **Namensrechtliche** Folgen werden gesondert nach Art. 10 angeknüpft (näher → Art. 10 Rn. 41) (AG Duisburg StAZ 1991, 256; Grüneberg/Thorn Rn. 3). **Kindschaftsrechtliche** Folgen der Scheidung für das Verhältnis zwischen Eltern und Kindern (elterliche Sorge über das eheliche Kind) unterliegen dem Kindschaftsrecht, Art. 21 bzw. vorrangig dem KSÜ (Übereinkommen über die Zuständigkeit, das anzuwendende Recht, die Anerkennung, Vollstreckung und Zusammenarbeit auf dem Gebiet der elterlichen Verantwortung und der Maßnahmen zum Schutz von Kindern, BGBl. 2009 II 602; abgedruckt in Grüneberg/Thorn Anh. Art. 24 Rn. 15) oder – selten – dem MSA (Übereinkommen über die Zuständigkeit der Behörden und das anzuwendende Recht auf dem Gebiete des Schutzes von Minderjährigen vom 5.10.1961, BGBl. 1971 II 217; näher Grüneberg/Thorn Anh. Art. 24 Rn. 15), welches für Kinder mit gewöhnlichem Aufenthalt in Deutschland seit dem 1.1.2011 gilt (näher → Art. 21 Rn. 4 f.). **Güterrechtliche** Scheidungsfolgen unterfallen dem Güterrechtsstatut, das für ab dem 29.1.2019 geschlossene Ehen bzw. Eheverträgen der EuGüVO unterliegt (näher zur zeitlichen Geltung der EuGüVO → Rn. 11). Für vor diesem Zeitpunkt geschlossene Ehen gilt noch das autonome Recht (Art. 15 aF; → Art. 15 Rn. 43). Der **Versorgungsausgleich** (Ausgleich der in der Ehe unterschiedlich erworbenen Anwartschaften auf Invaliditäts- und Alterssicherung) wird nach Art. 17 Abs. 4 gesondert angeknüpft (→ Rn. 54 ff.). 24

**d) Scheidungsfolgen und ordre public.** Für Verstöße gegen den ordre public muss seit dem Inkrafttreten der Rom III-VO wie folgt unterschieden werden. Verstößt das eigentliche Eheauflösungsrecht (zB Scheidungsgründe) gegen den ordre public, so sind die Art. 10 ff. Rom III-VO einschlägig (anders nur bei Privatscheidungen; dazu → Rn. 27). Sind dagegen die Scheidungsfolgen iSd Art. 17 Abs. 1 ordre public-widrig, bleibt Art. 6 einschlägig, weil die Rom III-VO die Scheidungsfolgen nicht erfasst. Dass ausländische **Scheidungsfolgen** gegen den deutschen ordre public (Art. 6) verstoßen, kommt gelegentlich vor. Insbesondere kann der Grundsatz der Gleichberechtigung von Mann und Frau verletzt sein. Wie stets muss jedoch bei der Anwendung 25 des Art. 6 mit Vorsicht vorgegangen werden (OLG Celle FamRZ 2012, 383; OLG Karlsruhe NJW-RR 2003, 725; OLG Frankfurt FamRZ 1992, 1182, jeweils kein Verstoß durch Anspruch auf Ersatz des immateriellen Schadens nach türk. Recht). Es kann gegen den ordre public versto-ßen, wenn das anzuwendende Recht **einseitige Schuldtatbestände** kennt, die dazu führen, dass eine Seite (meist die Frau) auch bei den Folgen der Scheidung gegenüber dem Mann benachteiligt wird. Eher ist ein Eingreifen bei den selbstständigen Scheidungsfolgen denkbar. So verstößt der vollständige Ausschluss des Unterhalts für die Mutter eines Kleinkinds wegen Verwirkens einer Frist zur Geltendmachung gegen den ordre public, wenn das **Wohl des Kindes** dadurch gefährdet ist (→ HUP 2007 Art. 13 Rn. 1 ff., insbes. → HUP 2007 Art. 13 Rn. 5) (OLG Koblenz FamRZ 2004, 1877).

26 Zur Korrektur ist bei einem Verstoß das mildeste Mittel anzuwenden – nach Möglichkeit ist das ausländische Recht heranzuziehen und dort nach einer alternativen Lösung zu suchen; nur im Notfall kann auf deutsches Recht zurückgegriffen werden (→ Art. 6 Rn. 18) (nur nochmals OLG Koblenz FamRZ 2004, 1877).

27 **2. Umgang mit inländischen und ausländischen Privatscheidungen (Abs. 2 und 3). a) Begriff und Vorkommen der Privatscheidung.** Es ist kollisionsrechtlich und internationalverfahrensrechtlich von großer Bedeutung, ob eine Scheidung als „Privatscheidung" anzusehen ist, oder ob eine hoheitliche Scheidung vorliegt. Denn erstens ist es für Privatscheidungen vollständig ausgeschlossen, diese in Deutschland durchzuführen (Abs. 3). Zweitens sind ausländische Privatscheidungen kollisionsrechtlich ganz anders zu behandeln als hoheitliche Scheidungen. Bei ersteren wird die Wirksamkeit nur dann bejaht, wenn das nach Art. 17 Abs. 2 iVm mit der Rom III-VO geltende Scheidungsstatut diese vorsieht (näher → Rn. 44). Bei letzteren erfolgt dagegen eine verfahrensrechtliche Anerkennung nach §§ 107, 109 FamFG bzw. der Brüssel IIa-VO (näher → Rn. 127 ff.). Dabei werden nur die in Art. 22 Brüssel IIa-VO (→ Rn. 132) bzw. in § 109 FamFG (→ Rn. 146 ff.) vorgesehenen Voraussetzungen geprüft.

Die **Abgrenzung** von „echten" Privatscheidungen und hoheitlichen Scheidungen macht dabei leider ganz erhebliche Schwierigkeiten.

28 Nach der klassischen Abgrenzungsformel ist zu prüfen ist, ob die Scheidung einen **konstitutiven hoheitlichen Rechtsakt** erfordert (NK-BGB/Gruber Brüssel IIa-VO Art. 21 Rn. 9 f.; Grüneberg/Thorn Rom III-VO Art. 2 Rn. 8). Ist dies nicht der Fall, wird sie als privat angesehen und wie soeben gezeigt kollisionsrechtlich geprüft (OLG München FamRZ 2015, 1611; Grüneberg/Thorn Rom III-VO Art. 2 Rn. 8; Heiderhoff StAZ 2009, 328 (331)).

29 Die **Privatscheidung** ohne Mitwirkung staatlicher Gerichte ist in vielen Rechtsordnungen vorgesehen. So kann in der EU in **Italien, Spanien,** in **Frankreich** und in **Griechenland** die Ehescheidung inzwischen durch eine in notarieller bzw. anwaltlicher Form geschlossene Vereinbarung erfolgen (im Überblick zu Frankreich, Italien und Spanien, Mayer StAZ 2018, 106 ff.; zum ital. Recht, das weiterhin die förmliche Trennung voraussetzt, Patti in Dutta/Schwab/Henrich/Gottwald/Löhnig, Scheidung ohne Gericht, 2017, 105; Cubeddu Wiedemann/Henrich FamRZ 2015, 1253; in Frankreich gelten seit dem 1.1.2017 die Art. 229.1 ff. Code Civil, die die notarielle Scheidung ermöglichen, dazu Ferrand in Dutta/Schwab/Henrich/Gottwald/Löhnig, Scheidung ohne Gericht, 2017, 145; Heiderhoff/Nicolas-Vullierme StAZ 2018, 361, zum neuen span. Recht (Ley 2/2015 de la Jurisdicción Voluntaria) das (partiell) am 23.7.2015 in Kraft trat, Ferrer Riba in Dutta/Schwab/Henrich/Gottwald/Löhnig, Scheidung ohne Gericht, 2017, 119; knapp auch Henrich FamRZ 2015, 1572; für Griechenland s. Art. 1441 Abs. 1 ZGB GRC nF, dazu Kontogeorgou NZFam 2018, 385; zu allen EU-Mitgliedstaaten s. auch die Angaben unter https://e-justice.europa.eu/content_divorce-45-de.do, zuletzt abgerufen am 17.1.2019).

30 Viele andere Staaten kennen schon viel länger den **Aufhebungsvertrag** ohne oder mit **Registrierung** – so **Japan** (§§ 763 ff. jap. ZGB – dazu Bergmann/Ferid/Henrich/Koziol/Kimura Länderbericht Japan, 34 f.; KG BWNotZ 2020, 330) und **Thailand** (BGHZ 82, 45 = NJW 1982, 517; näher Bergmann/Ferid/Henrich/König-Tumpiya Länderbericht Thailand, 25 f.). In Brasilien gibt es bereits seit 2007 die notarielle Scheidung (Weishaupt StAZ 2007, 244; zu einer nicaraguanischen notariellen Scheidung KG BeckRS 2020, 34305). Nach **islamischem Recht** besteht die Möglichkeit der Ehescheidung durch Verstoßung (talaq). Hierbei sind die Einzelheiten sehr unterschiedlich ausgestaltet. Der rein private „klassische" talaq, bei dem der Ehemann die Formel (sogar ohne Anwesenheit der Frau) nur aussprechen muss, wird allerdings zunehmend seltener (mit Einzelheiten Möller Journal of Private International Law 2014, 461 (470 ff., 473 ff.)). Häufig sind bestimmte (meist religionsgerichtliche) Verfahrenselemente oder Registrierungsakte vorgesehen. In Indien ist die Scheidung durch einseitige Verstoßung zumindest derzeit verboten (The Muslim Women (Protection of Rights on Marriage) Ordinance, 2019, No. DL – (N)04/0007/2003-19;

zur vorhergehenden Entscheidung des obersten Indischen Gerichtshofs becklink 2007589; weitere Bsp. bei BGHZ 160, 332 = NJW-RR 2005, 81; OLG Hamm BeckRS 2013, 09327; FamRZ 2010, 1563; OLG Rostock FamRZ 2006, 947; OLG Stuttgart IPRax 1988, 172; AG Frankfurt a. M. NJW 1989, 1434; OLG München IPRax 1989, 238 (241); Elwan/Mehnhofer StAZ 2005, 168; Rauscher IPRax 2000, 391; Lüderitz FS Baumgärtel, 1990, 335). Das **jüdische Recht** kennt die Übergabe des Scheidebriefes (Get) (näher BGH NJW-RR 2008, 1169 = FamRZ 2008, 1409 mAnm Siehr IPRax 2009, 332; vorgehend OLG Oldenburg FamRZ 2006, 950 mAnm Henrich IPRax 2007, 137, der betont, dass die jüdische Privatscheidung sich darin von der Verstoßung unterscheidet, dass dem privaten Akt ein religionsgerichtliches Verfahren vorgeschaltet ist; Elmaliah/Thomas FamRZ 2018, 739).

**b) Moderne Umgangsweise mit „halbprivaten" Scheidungen.** Das oben (→ Rn. 28) beschriebene Abstellen auf den konstitutiven Hoheitsakt für die Anerkennung ausländischer Privatscheidungen ist heute – insbes. angesichts der sich mehrenden „halbprivaten" Scheidungen innerhalb der EU – im Grunde eine zu enge Sichtweise und es ist daher angebracht, in Hinblick auf diese ausländischen „halbprivaten" Scheidungen großzügiger vorzugehen. Denn die eigentliche Auflösung der Ehe, um die allein es hier geht, ist nicht in einem solchen Maße sensibel, dass eine kollisionsrechtliche „Kontrolle" mithilfe einer Ermittlung des Scheidungsstatuts vonnöten wäre, wenn eine ausländische Behörde die Registrierung vorgenommen hat (mit dem Hinweis darauf, dass das deutsche Recht längst keinen Anlass zu einer strengen Haltung gegenüber ausländischen Privatscheidungen gibt, Helms FS Coester-Waltjen, 2015, 431 (432 ff.)). **31**

Zumindest für die nun in vielen EU-Mitgliedstaaten eingeführten Privatscheidungen (näher → Rn. 29) tut eine einfache Lösung Not. Denn das Recht der EU dürfte eine kollisionsrechtliche Nichtanerkennung dieser in mitgliedstaatlichen Rechtsordnungen vorgesehenen Ehescheidungen mit der Begründung, dass das deutsche Recht die Privatscheidung nicht kenne, kaum zulassen (zum Namensrecht EuGH ECLI:EU:C:2008:559 = NJW 2009, 135 – Grunkin-Paul; näher Pika/Weller IPRax 2017, 65 (69 ff.)). Umso bedauerlicher ist es, dass der EuGH selbst den Weg durchkreuzt hat, die Brüssel IIa-VO insofern weit zu verstehen. Denn in der Entscheidung Sahyouni II hat er auch für die Anwendung der **Brüssel IIa-VO** engere Vorgaben gemacht. Die Brüssel IIa-VO greift nach seiner Auffassung nur, wenn die Scheidung von „einem staatlichen Gericht oder von einer öffentlichen Behörde bzw. unter deren Kontrolle ausgesprochen" wurde. Damit hat er alle **Scheidungen,** die **durch Vertrag** zustande kommen und nur im Anschluss aus Gründen der Dokumentation registriert werden, vollständig aus dem Anwendungsbereich der **Brüssel IIa-VO ausgeschlossen** (EuGH ECLI:EU:C:2017:988 = NJW 2018, 447 Rn. 41 ff., 48 – Sahyouni II; Hausmann IntEuSchR A Rn. 22; auch Paraschas in Geimer/Schütze IRV-HdB Brüssel IIa-VO Art. 21 Rn. 2–15). Bei der **Neufassung** der Brüssel IIa-VO ist allerdings bezüglich der Anerkennung von Privatscheidungen innerhalb der EU ein Durchbruch gelungen (näher → Rn. 130.1). Zur derzeit noch geltenden Rechtslage ist verschiedentlich erwogen worden, ob Art. 46 Brüssel IIa-VO, der vollstreckbare Urkunden betrifft, für Scheidungen angewendet werden könnte. Da die Vereinbarung der Ehescheidung als solche keinen vollstreckbaren Inhalt hat (auf Folgesachen kommt es hier nicht an), passt die Regelung jedenfalls nicht unmittelbar (iErg abl. etwa auch Kontogeorgou NZFam 2018, 385 (387); NK-BGB/Gruber Brüssel IIa-VO Art. 1 Rn. 15). Eine Analogie ließe sich in Erwägung ziehen. Denn obwohl die Norm ursprünglich nur für Vereinbarungen aus dem Bereich der elterlichen Sorge gedacht war, kommt dies weder im Wortlaut noch in der Stellung zum Ausdruck. Allerdings dürfte es auf Bedenken stoßen, dass nach Art. 22, 24 Brüssel IIa-VO die Zuständigkeit des ausstellenden Staates nicht überprüft werden darf. Das ist bei Urteilen hinnehmbar, weil für diese das Zuständigkeitsregime der Brüssel IIa-VO gilt. Bei Privatscheidungen gibt es jedoch keine vereinheitlichte Regelung der Zuständigkeit. Lehnt man ein (analoges) Eingreifen des Art. 46 Brüssel IIa-VO daher ab, so muss das bedeuten, dass die Mitgliedstaaten vorerst (in Parallele zur Rom III-VO) frei darin sind, eigenständige Regelungen für die Anerkennung von behördlich oder gerichtlich nur registrierten Scheidungen aufzustellen. Bis zum Wirksamwerden der Neufassung der Brüssel IIa-VO (näher → Rn. 130.1) scheint daher der Weg zu einer Nutzung des FamFG frei. Die Brüssel IIa-VO beansprucht insofern keinen Vorrang. Dass der EuGH, wie Dutta es angesichts der Entscheidung Coman (EuGH ECLI:EU:C:2018:385 = BeckRS 2018, 10159 = FamRZ 2018, 1063 – Coman, mAnm Dutta FamRZ 2018, 1067) in Bezug auf Eheschließungen heraufbeschwört, für statusändernde Scheidungen zukünftig einfach den Anerkennungsgrundsatz anwenden wird, erscheint derzeit ebenfalls höchst unwahrscheinlich (letztlich zweifelnd auch Dutta FamRZ 2018, 1066 (1068); deutlicher de la Durantaye IPRax 2019, 281, 286). Vielmehr ging es dem EuGH dort wohl allein um die **32**

Freizügigkeit nach Art. 21 AEUV (eng verstehend auch Kohler/Pintens FamRZ 2018, 1369 (1373 f.)). Zur Anerkennung nach dem FamFG → Rn. 134 ff.

33 Bevor man den Weg über das FamFG geht, sollte man im jeweiligen Einzelfall genau abgrenzen, ob eine Anerkennung nach Art. 21 ff. Brüssel IIa-VO doch erfolgen kann. Oft wurde (vor allem vor der Entscheidung Sahyouni II) überzeugend vertreten, deren Anwendungsbereich zumindest dann noch zu bejahen, wenn der behördlichen Mitwirkung auch nur im weiteren Sinne eine konstitutive Wirkung zukommt (etwa noch Pika/Weller IPRax 2017, 65 (65 ff., 71)). Bei einzelnen europäischen Privatscheidungen würde man aufgrund der für das Wirksamwerden der Scheidung als erforderlich zu beurteilenden behördlichen **Prüfungspflicht bei der Registrierung** an sich gut eine solche Wirkung bejahen können (dafür Rauscher/Rauscher Brüssel IIa-VO Art. 2 Rn. 9; noch weitergehend Prütting/Helms/Hau FamFG § 98 Rn. 7 mwN). Doch ließe sich diese großzügige Sichtweise erst wieder vertreten, wenn der EuGH von seiner (zu engen!) Formel aus der Sahyouni-Entscheidung doch ein Stück weit wieder abweichen würde. Das ist – auch angesichts des deutlichen Wortlauts von Art. 21 Brüssel IIa-VO – jedoch derzeit nicht unbedingt zu erwarten.

34 Jedenfalls ist aber nicht die Möglichkeit versperrt, zu §§ 107, 109 FamFG dennoch eine großzügige Sichtweise zu vertreten. Es sollte daher für eine verfahrensrechtliche Behandlung bereits ausreichen, wenn es sich um eine **bloße Registrierung** handelt, solange diese nach dem anwendbaren Recht **notwendiger** (zugleich meist letzter) Teilschritt der Ehescheidung ist. Wenn eine Registrierung oder sonstige behördliche oder gerichtliche Mitwirkung erfolgt ist, handelt es sich daher nach hier vertretener Ansicht eigentlich nicht um eine „echte" Privatscheidung. Es kommt dann nicht mehr Art. 17 Abs. 2 zur Anwendung. Somit wäre es für die Anerkennung insbes. nicht mehr von Bedeutung, dass das Scheidungsstatut eine Privatscheidung kennt (Pika/Weller IPRax 2017, 65 (69 ff.); Paraschas in Geimer/Schütze IRV-HdB Brüssel IIa-VO Art. 21 Rn. 13). Näher dazu noch im Zusammenhang der Anerkennung von Auslandsscheidungen → Rn. 127 ff.

35 **c) Keine Privatscheidung im Inland.** Das Scheidungsstatut bestimmt zunächst auch, auf welche Art und Weise die Scheidung als solche durchgeführt wird. Nur soweit das eigentliche Verfahrensrecht betroffen ist, gilt die lex fori (→ Rn. 94; → Rn. 99). Art. 17 Abs. 3 setzt diesem Grundsatz jedoch eine wesentliche Grenze: Eine **inländische Scheidung** ist – unabhängig vom Scheidungsstatut – **nur durch gerichtliche Entscheidung** (§ 1564 BGB) möglich (Begr. RegE, BT-Drs. 10/504, 61; OLG Stuttgart FamRZ 2004, 25; Ziereis/Zwirlein IPRax 2016, 103 insbes. zur Vereinbarkeit der Norm mit dem EU-Recht). Unter Inland iSv Abs. 3 fallen auch ausländische Botschaften in Deutschland (BGHZ 82, 34 = NJW 1982, 517; OLG Frankfurt EzFamR aktuell 2003, 92; MüKoBGB/Winkler v. Mohrenfels Rn. 13).

36 In **Deutschland** ausgeschlossen sind danach nicht nur eigentliche Privatscheidungen, sondern auch Scheidungen durch **nichtstaatliche Gerichte,** also zB geistliche oder Kirchengerichte (BGH NJW-RR 1994, 642 = FamRZ 1994, 435 – dort allerdings zur Anerkennung der Scheidung durch ein Rabbinatsgericht; zu allem näher die Übersicht bei Staudinger/Mankowski, 2010, Rn. 58 ff.). Wenn das Scheidungsrecht eine solche Scheidungsform vorsieht, muss daher in Deutschland ebenfalls ein staatliches Gericht tätig werden (näher → Rn. 99).

37 Art. 17 Abs. 3 ist zwingend und führt in Verbindung mit § 1564 S. 1 BGB das **gerichtliche Scheidungsmonopol** des deutschen formellen und materiellen Scheidungsrechts in das Kollisionsrecht ein. Ein Problem der Vereinbarkeit mit der **Rom III-VO** stellt sich nicht, da diese nach der Rspr. des EuGH Privatscheidungen überhaupt nicht erfasst (→ Rn. 2; → Rn. 44). Welches Recht anzuwenden ist, wenn im Inland dennoch eine Privatscheidung versucht wird, richtet sich nach Abs. 2. Doch besteht in diesen Fällen keine Notwendigkeit zur Bestimmung des anwendbaren Rechts, da ja die private Scheidung ohnehin wirkungslos bleibt. Davon zu trennen ist die Frage, wie deutsche Gerichte damit umgehen müssen, wenn ein ausländisches Scheidungsrecht eingreift, welches die Privatscheidung vorsieht. Dann greift für die Bestimmung des anwendbaren Rechts zunächst ohne Weiteres die Rom III-VO ein, denn das Familiengericht ermittelt im Rahmen eines gerichtlichen Scheidungsverfahrens das anwendbare Recht. Bei der eigentlichen Durchführung der Scheidung vor dem Familiengericht handelt es sich selbst dann nie um eine Privatscheidung, wenn das deutsche Gericht die vorgesehenen privaten Handlungen (etwa das Aussprechen des talaq) in das Verfahren einbezieht und zur Grundlage des Scheidungsbeschlusses macht (näher → Rn. 99; → Rn. 107).

38 Um die Scheidung dennoch dem fremden Recht entspr. durchführen zu können, werden die im Scheidungsstatut vorgesehenen **privaten Handlungen,** wie der talaq oder ein Scheidungsvertrag, als materiell-rechtliche Voraussetzungen für den Scheidungsbeschluss angesehen, der wie stets mit gestaltender Wirkung die Ehe auflöst (→ Rn. 107). So sollte man auch mit sonstigen

**Vorbereitungshandlungen** umgehen (anders aber OLG Hamburg NJW 2020, 409 m. krit. Anm. Mankowski NZFam 2020, 48).

Wenn im Inland entgegen Art. 17 Abs. 3 eine Privatscheidung erfolgt ist, kann diese für den Staat des Scheidungsstatuts oder für Drittländer idR wirksam sein. Dennoch wird die Ehe aus deutscher Sicht nicht aufgelöst. Das Eheband bleibt erhalten und ein inländischer Gestaltungsbeschluss wird nicht entbehrlich (ganz hM, Grüneberg/Thorn Rn. 6; Erman/Hohloch Rn. 27; aA Kegel/Schurig IPR § 20 VII 3b, der meint, richtiger wäre Feststellungsurteil). **39**

Erfolgt in Deutschland eine private Scheidung und wird diese im Heimatstaat anerkannt, sodass die Ehe dort als aufgelöst gilt, spricht man von einer **„hinkenden Scheidung".** So eine hinkende Scheidung führt zu einer hinkenden – nämlich nur noch in Deutschland wirksamen – Ehe. Eine spätere gerichtliche Inlandsscheidung in Deutschland ist möglich – und kann nach deutschem Recht vorgenommen werden (→ Rn. 99) (BGHZ 82, 34 = NJW 1982, 517). **40**

Wenn eine **Privatscheidung nicht vollkommen in Deutschland** durchgeführt wird, sondern zB ein Ehegatte in Deutschland und einer im Ausland lebt und beide an ihrem jeweiligen Wohnort agieren, muss entschieden werden, ob Abs. 3 noch eingreift oder ob bereits von einer privaten Auslandsscheidung ausgegangen werden kann. Diese würde nicht unter Abs. 3 fallen und könnte nach allgemeinen Maßstäben anerkannt werden (→ Rn. 127 ff.). Beachtlich ist bei der Abgrenzung von In- und Auslandscheidung nicht nur das Scheidungsmonopol als solches, sondern auch das Bedürfnis nach Rechtsklarheit. Die hM lässt es dennoch zu, dass ein **nicht konstitutiver** Teilakt einer privaten Auslandsscheidung in Deutschland erfolgt. So begründet allein **inländischer Zugang** einer im Ausland abgegebenen Erklärung (insbes. des an sich ohne Zugang wirksamen talaq) keine unzulässige Inlandsscheidung iSv Abs. 3. Es handelt sich hierbei um eine **Auslandsscheidung** (BayObLG IPRax 1982, 104 f. – dort allerdings wegen ordre public-Verstoßes dennoch keine Anerkennung; OLG Frankfurt NJW 1990, 646 (647)). **Konstitutive Akte** – wie die Übergabe des Scheidebriefes oder die Erklärung des talaq (zu den sich aus den unterschiedlichen Regelungen in verschiedenen Staaten hier ergebenden Problemen näher Henrich IntScheidungsR Rn. 46 f.) – dürfen dagegen nicht privat im Inland erfolgen (OLG Stuttgart IPRax 1988, 172; BayObLG FamRZ 1985, 75; OLG Düsseldorf IPRax 1986, 305; Grüneberg/Thorn Rn. 6; aA, allerdings bei bloßer Beglaubigung einer Erklärung in Deutschland, KG StAZ 1984, 309; insgesamt großzügiger Beule IPRax 1988, 150). Dieser differenzierenden Ansicht muss aus systematischen wie praktischen Gründen zugestimmt werden: Würde man dagegen die Scheidung scheitern lassen, nur weil nicht konstitutive Teilakte im Inland durchführt wurden, so wäre nämlich eine im Ausland erfolgende Privatscheidung schon dann stets faktisch ausgeschlossen, wenn ein Ehegatte seinen gewöhnlichen Aufenthalt in Deutschland hat. Denn dann werden sich Zustellungen oder Beglaubigungen in Deutschland kaum vermeiden lassen (ähnlich MüKoBGB/Winkler v. Mohrenfels Rn. 15). Das will Art. 17 Abs. 3 jedoch nicht erreichen. **41**

Die **Feststellung der Unwirksamkeit** einer im Inland vollzogenen, reinen Privatscheidung ohne behördliche Mitwirkung kann durch **Feststellungsbeschluss** gem. § 113 FamFG, § 256 ZPO erfolgen, ansonsten inzident, wenn es in einem Verfahren um den Bestand der Ehe als Vorfrage geht (OLG Hamm IPRax 1989, 107; Lüderitz FS Baumgärtel, 1990, 333 (342) betont richtig, dass jeder besondere Verfahrensakt unnötig sei). **42**

**d) Privatscheidung im Ausland. aa) Allgemeines und Unanwendbarkeit der Rom III-VO.** Wenn eine Privatscheidung **im Ausland** erfolgt ist, greift Art. 17 Abs. 3 nicht ein. Sie kann also grds. Wirkung in Deutschland entfalten. Eine „echte" Privatscheidung (ohne behördliche oder gerichtliche Beteiligung) wird dabei kollisionsrechtlich behandelt. Sie ist in Deutschland wirksam, wenn das nach **Abs. 2** kollisionsrechtlich ermittelte Scheidungsstatut die Privatscheidung zulässt (→ Rn. 46 ff.). Aus dem deutschen materiellen Recht ergibt sich, dass auch eine ausländische Privatscheidung nicht als wirksam anzusehen ist, wenn das Scheidungsstatut deutsches Recht ist. Denn wie § 1564 BGB ausdrücklich festhält, lässt das deutsche Recht nur die gerichtliche Scheidung zu (BGH NJW-RR 2008, 1169 Ls. 2 = FamRZ 2008, 1409; BGHZ 110, 267 = NJW 1990, 2194; BayObLG FamRZ 2003, 381; OLG Celle FamRZ 1998, 686; zugleich für das ital. Recht KG FamRZ 2013, 1484 (1485)). **43**

Die **Rom III-VO** kann seit der Entscheidung Sahyouni II vom 20.12.2017 für Privatscheidungen **keine unmittelbare Anwendung** mehr finden. Denn der EuGH hat damit ihre Geltung verbindlich ausgeschlossen (EuGH ECLI:EU:C:2017:988 = NJW 2018, 447 Rn. 35 ff. – Sahyouni II). Vom 20.12.2017 bis zum 20.12.2018 bestand daher eine Regelungslücke. Das OLG München hat deshalb – entgegen der hM, die auf eine Analogie zur Rom III-VO verwies (dafür etwa Wagner NJW 2018, 1793 (1798); Mayer FamRZ 2018, 171; Dutta FF 2018, 60 (61); Antomo NJW 2018, 435 (437)) – sogar den aufgehobenen Art. 17 Abs. 1, in der Fassung, die bis zum **44**

28.1.2013 galt, wieder angewendet (OLG München FamRZ 2018, 817 – Schlussentscheidung zu Sahyouni). Der Gesetzgeber ist jedoch zügig tätig geworden. Der **neue Abs. 2** bestimmt nun überzeugend, dass die **Rom III-VO** in einer **modifizierten Form** auch für die Privatscheidung angewendet werden soll (anwendend BGH NJW 2020, 3592). Es ist damit insgesamt ein besseres Ergebnis erreicht worden, als es bei Anwendbarkeit der Rom III-VO eingetreten wäre. Denn die aus dem deutschen Recht selbst heraus abgeleitete, nur entsprechende Anwendung der Kollisionsnormen der Rom III-VO hat den großen Vorteil, dass es möglich ist, die Anwendung des ungeeigneten Art. 10 Rom III-VO zu vermeiden. Wenn zumindest einer Heranziehung der Rom III-VO durch die Gerichte auf dem Wege der Analogie von einigen Autoren entgegengehalten wurde, eine solche Analogie erlaube das EU-Recht nicht (etwa Coester-Waltjen IPRax 2018, 238 (242); Gössl GPR 2018, 94 (98)), so trifft dies wohl nicht zu. Denn die Analogie wäre nicht innerhalb des Rechts der EU gebildet worden und somit auch nicht Teil des EU-Rechts gewesen. Mit Art. 17 Abs. 2 sind nun aber derartige Besorgnisse endgültig ausgeräumt. Denn es werden hier einzelne Normen des EU-Rechts verwendet, um das autonome nationale Recht zu ergänzen. Soweit sich im Rahmen der über Art. 17 Abs. 2 erfolgenden Anwendung der Rom III-VO Auslegungszweifel ergeben, darf und sollte eine **Vorlage an den EuGH** erfolgen (zweifelnd BGH NJW 2020, 3592; wie hier Antomo NJW 2020, 3592; NK-BGB/Pfeiffer, Unionsprivatrecht und Zivilrechtspraxis – eine Einführung, Rn. 62, 78; Grabitz/Hilf/Nettesheim/Karpenstein, Das Recht der Europäischen Union, 65. EL August 2018, AEUV Art. 267 Rn. 21). Dass der EuGH seine Kompetenz annehmen wird, ist hier kaum zweifelhaft, denn es handelt sich um eine unbedingte und unmittelbare Verweisung auf das EU-Recht, die auch zu einer deckungsgleichen Übernahme desselben führen würde (EuGH ECLI:EU:C:1995:85 = BeckRS 2004, 76609 – Kleinwort Benson). Dass einzelne Regelungen ausgenommen sind, ändert nicht den Inhalt der übernommenen Teile (zur Analogie anders, für die jetzige gesetzgeberische Regelung aber wohl wie hier Arnold/Schnetter ZEuP 2018, 646 (659)).

45 Die neugeschaffene Norm macht deutlich, dass es dem gesetzgeberischen Willen entspricht, sie auch auf **Altfälle** anzuwenden. Sie gilt ausweislich der Gesetzesbegründung **zeitlich** für alle Privatscheidungen, die nach dem Inkrafttreten der Rom III-VO durchgeführt wurden (BT-Drs. 19/4852, 39); allg. zum zeitlichen Anwendungsbereich → Rn. 4. Für Scheidungen, die vor dem Inkrafttreten der Rom III-VO erfolgt sind, gilt dagegen das frühere Recht, also Art. 14, 17 aF (so auch OLG Düsseldorf FamRZ 2018, 1657 (mit insofern missverständlichem redaktionellem Ls.)).

46 **bb) Regelungsinhalt des Abs. 2. (1) Überblick.** Der neue Art. 17 Abs. 2 verweist auf die Kollisionsnormen der Rom III-VO (zur Rechtswahl → VO (EU) 1259/2010 Art. 5 Rn. 1; zur objektiven Anknüpfung → VO (EU) 1259/2010 Art. 8 Rn. 1), bestimmt dabei jedoch fünf Abweichungen. Diese Maßgaben betreffen zum einen die Bereiche, in denen die Rom III-VO auf das Verfahren oder die lex fori verweist, da dies für Privatscheidungen nicht passt. So ist es etwa teils bei der Rechtswahl sowie bei der Geltung der lex fori als Auffangregel. Zum anderen soll statt der Art. 10 und 12 Rom III-VO die allgemeine Regel des Art. 6 EGBGB gelten. Insgesamt wurde so eine sachgerechte Lösung gefunden.

47 **(2) Modifikation der Kollisionsnormen der Rom III-VO.** Gemäß Art. 17 Abs. 2 **Nr. 1** ist zunächst Art. 5 Abs. 1 lit. d Rom III-VO nicht anwendbar. Das ergibt sich daraus, dass hier die Wahl der lex fori vorgesehen ist und eine solche bei der Privatscheidung nicht existiert. Damit reduziert sich die Auswahl auf die Optionen in Art. 5 Abs. 1 lit. a bis c. Zusätzliche Einschränkungen gibt es nicht. Wenn einer der danach wählbaren Rechtsordnungen die Privatscheidung vorsieht, können die Ehegatten also eine Privatscheidung durchführen. Sie müssen sich wegen Art. 17 Abs. 3 für die Scheidung aber in das Ausland begeben. Häufiger als bei gerichtlichen Scheidungen kann sich die Frage stellen, ob die Rechtswahl konkludent erfolgt ist (näher → VO (EU) 1259/2010 Art. 5 Rn. 15). Man sollte dies nur in Ausnahmefällen bejahen, in denen ein den Formanforderungen des Art. 7 Rom III-VO genügenden Dokument den Rechtswahlwillen eindeutig erkennen lässt (sehr weit, aber letztlich doch abl. KG BWNotZ 2020, 330).

48 Nach Art. 17 Abs. 2 **Nr. 2** wird für alle Normen der Rom III-VO, die auf den Zeitpunkt der „Anrufung des Gerichts“ abstellen (Art. 5 Abs. 2, Art. 6 Abs. 2 und Art. 8 lit. a bis c) eine Modifikation vorgenommen. Statt auf den Zeitpunkt der Anrufung des Gerichts soll auf den Zeitpunkt der Einleitung des Scheidungsverfahrens abgestellt werden. Das ist leider eine weniger hilfreiche Lösung, denn der Begriff Verfahren passt für Privatscheidungen nicht (schon Kohler/Pintens FamRZ 2018, 1369 (1372)). Bei der Anwaltsscheidung, wie sie in Frankreich erfolgt, wird oft schwer festzustellen sein, zu welchem Zeitpunkt die Vorberatungen in die eigentlichen Scheidungsverhandlungen übergegangen sind. In anderen Fällen, wie bei den noch vorkommenden

reinen talaq-Scheidungen (→ Rn. 30), muss es wohl um den Zeitpunkt des Aussprechens der Formel gehen. Zu beachten ist, dass der BGH in Bezug auf Art. 8 lit. c Rom III-VO zumindest für die Fälle der Privatscheidung nunmehr die Anwendung des Art. 5 Abs. 1 S. 2 EGBGB bejaht hat.

Nach Art. 17 Abs. 2 **Nr. 3** sollen die Ehegatten die Rechtswahl statt gem. Art. 5 Abs. 3 Rom III-VO im Gerichtsverfahren auch noch im Laufe des privaten Verfahrens vornehmen können, wenn das gewählte Recht dies vorsieht und nach Art. 17 Abs. 2 **Nr. 4** soll im Rahmen der objektiven Anknüpfung auf letzter Stufe statt der lex fori, auf die in Art. 8 lit. d verwiesen wird, bei Privatscheidungen das Recht gelten, mit dem die Ehegatten im Zeitpunkt der Einleitung des Scheidungsverfahrens auf andere Weise gemeinsam am engsten verbunden sind. 49

**(3) Art. 17 Abs. 2 Nr. 5: Geltung des Art. 6 für den ordre public.** Für Privatscheidungen gilt nach Art. 17 Abs. 2 Nr. 5 nunmehr der allgemeine ordre public-Vorbehalt nach Art. 6. Da die Rom III-VO nicht eingreift, ist die Frage, ob dieser dem Art. 6 entspr. zu verstehen ist, für Privatscheidungen bedeutungslos geworden (→ VO (EU) 1259/2010 Art. 10 Rn. 12). Art. 6 stellt nun zum einen für die Anerkennung ausländischer Privatscheidungen, zum anderen aber auch für die Vornahme privater Scheidungsakte im Rahmen deutscher gerichtlicher Scheidungsverfahren eine Grenze dar (zu letzteren näher → Rn. 107). 50

In der Sache sind insbes. einseitige Privatscheidungen, etwa durch Verstoßung, vom ordre public-Vorbehalt betroffen. Denn diese stehen in aller Regel nur dem Ehemann offen und stehen daher in Widerspruch zu Art. 3 Abs. 2 GG. Doch ist der ordre public-Vorbehalt ganz allgemein, und auch hier, als eine Ergebniskontrolle zu verstehen (→ Art. 6 Rn. 10) (s. nur MüKoBGB/v. Hein Art. 6 Rn. 117 ff.). Hielte man es anders, so würde man riskieren, die kollisionsrechtliche Prämisse der Gleichwertigkeit der Rechtsordnungen aufzugeben und die Überlegenheit des eigenen Rechts zum Dogma zu machen (nachdrücklich gegen die Idee der Überlegenheit der lex fori auch Coester-Waltjen IPRax 2018, 238 (241)). Es kommt also darauf an, ob im konkreten Fall ein Ehegatte einen Nachteil erleidet, der an den deutschen Vorschriften gemessen eklatant gegen die deutschen Rechtsgrundsätze verstößt. Bei richtiger Handhabung des ordre public führen daher auch in geschlechterdiskriminierender Weise nur einem Ehegatten zur Verfügung stehende Scheidungsformen nicht automatisch zu einer Verletzung des ordre public. Vielmehr kommt es auf **die konkrete Diskriminierung im Einzelfall** an. Daher muss bei der einseitigen Verstoßung oder ähnlichen nur dem Ehemann zustehenden Scheidungsformen geprüft werden, ob im konkreten Fall der Wille der Ehefrau dieser Form der Scheidung entgegenstand (OLG Hamm FamRZ 2010, 1563; Erman/Hohloch Rom III-VO Art. 12 Rn. 5; Rauscher/Helms Rom III-VO Art. 12 Rn. 5). Häufig kommt es demgegenüber vor, dass die Ehegatten beide die Scheidung wünschen und sie einvernehmlich – und nur äußerlich – die Form der einseitigen Verstoßung wählen, etwa weil sie kostengünstig ist oder weil die Rechtsfolgen gerade für die Frau vorzugswürdig sind. Die Anerkennung hier auszuschließen, würde der Ehefrau die Autonomie absprechen, über ihre eigene Scheidung zu entscheiden (Erman/Hohloch Rn. 6; Rohe in Arnold, Grundfragen des Europäischen Kollisionsrechts, 2016, 67 (75); Arnold/Zwirlein GPR 2018, 221 (225)). Anders muss es natürlich stets sein, wenn die Ehefrau eine solche einseitige den Mann bevorzugenden Scheidung ablehnt (auch → Rn. 109 zur Durchführung im deutschen Verfahren). Bejaht wurde ein ordre public-Verstoß zu Recht bei der Verstoßung einer (abwesenden) deutschen Ehefrau durch den deutschen Ehemann in Katar (OLG Stuttgart FamRZ 2019, 1532). 51

Ähnliches gilt bei allen diskriminierenden Scheidungen. Auch die **Khul oder Khula-Scheidung** – eine Art „Selbstloskauf" durch die Ehefrau (näher zu den vielfältigen Erscheinungsformen Macfarlane, Islamic Divorce in North America: A Shari'a Path in a Secular Society, 2012, 167 ff.) – kann anerkannt werden, falls im Einzelfall keine Benachteiligung vorlag, etwa weil sich zeigt, dass keine Zahlungen geflossen sind (näher und mwN Rauscher/Helms Rom III-VO Art. 12 Rn. 13). Neben den Privatscheidungen, die einen Ehegatten aufgrund des Geschlechts benachteiligen, kann es solche Formen geben, in denen aus religiösen Gründen diskriminiert wird. Sonstige Gründe für einen ordre public-Verstoß einer ausländischen Privatscheidung sind kaum vorstellbar. 52

Problematisch können Fälle sein, in denen die Ehefrau **erst im Anerkennungsverfahren** erstmals eine Diskriminierung **vorträgt.** Man muss hier sehr vorsichtig vorgehen und im Einzelfall entscheiden. Nur wenn sicher geklärt werden kann, dass die betroffene Frau sich in einem solchen Fall wirklich erst später – aus neu entstandenen Motiven heraus – dafür entschieden hat, die Scheidung abzulehnen, kann eine Anerkennung dennoch erfolgen. Dagegen sollte man in solchen Fällen im Zweifel davon ausgehen, dass schon bei Ausspruch der Scheidung die freie Entscheidung für die diskriminierende Form der Scheidung fehlte und daher die Anerkennung ablehnen. 53

54 **3. Versorgungsausgleich (Abs. 4). a) Überblick.** Der Versorgungsausgleich (also der Ausgleich der während der Ehe von den Ehegatten in unterschiedlicher Höhe erworbenen Anwartschaften auf Renten uÄ) wird als weitere Scheidungsfolge nach Art. 17 Abs. 4 gesondert angeknüpft. Er soll dabei im Grundsatz ebenfalls dem Scheidungsstatut unterliegen. Die Anknüpfung erfolgt daher nach Art. 5, 8 Rom III-VO (bzw. in Altverfahren nach Art. 17 Abs. 1 S. 1 aF; zu Übergangsfragen → Rn. 153 ff.) (OLG Zweibrücken NJW-RR 2015, 1157; OLG Naumburg NJW 2015, 2270). In Abs. 4 S. 1 Hs. 2 werden jedoch zwei **wesentliche Ausnahmen** gemacht. Mit Wirkung zum 1.9.2009 wurde durch das Gesetz zur Strukturreform des Versorgungsausgleichs (VAStrRefG) vom 3.4.2009 (BGBl. I 700) die erhebliche Beschränkung eingeführt, dass der Versorgungsausgleich nach Abs. 4 S. 1 überhaupt nur dann ohne Weiteres durchgeführt wird, wenn das **Scheidungsstatut deutsches Recht** ist. Die Änderung berücksichtigt die Schwierigkeit, die sich aus der engen Verzahnung des (zivilrechtlichen) Instituts des Versorgungsausgleichs mit dem (öffentlich-rechtlich ausgestalteten) Sozialversicherungsrecht ergibt (BT-Drs. 16/10144, 113 f.). Denn bei der Anwendung ausländischen Rechts konnte das deutsche Gericht die bei einem Sozialversicherungsträger des Landes erworbenen Anrechte nicht öffentlich-rechtlich ausgleichen, selbst wenn das entsprechende Recht einen Ausgleich vorsah. Die Regelung hat jedoch gravierende Auswirkungen bei der Scheidung eines deutschen Paares, welches seinen gewöhnlichen Aufenthalt im Ausland hat und nur dort Versorgungsanwartschaften erworben hat. In diesen Fällen hilft auch nicht Abs. 4 S. 2, sodass ein Versorgungsausgleich ausscheidet (krit. insoweit Rauscher FPR 2013, 257 (260); Gruber IPRax 2015, 539 (540 ff.)). Greift deutsches Recht, erfolgt die Durchführung nach den §§ 6–19, 28 VersAusglG, § 137 FamFG **von Amts wegen** als Folgesache im Scheidungsverfahren (Keidel/Weber FamFG § 137 Rn. 23; mit weiteren praktischen Hinweisen Niethammer-Jürgens/Erb-Klünemann, Internationales Familienrecht in der Praxis, 2019, 58 ff.).

55 Es ist seit der Reform des Art. 17 Abs. 4 vom 1.9.2009 somit nicht mehr möglich, dass ein Versorgungsausgleich nach ausländischem Recht durchgeführt werden muss (nur Grüneberg/Thorn Rn. 8; BT-Drs. 16/10144, 113 f.). Vielmehr wird er **zunächst überhaupt nicht durchgeführt,** wenn die Rom III-VO nicht auf deutsches Recht verweist.

Außerdem darf kein Versorgungsausgleich stattfinden, wenn keines der **Heimatrechte der Ehegatten** dieses Institut kennt.

56 Weitere Voraussetzungen für die Durchführung des Versorgungsausgleichs bestehen nicht. Dieser ist also nicht etwa ausgeschlossen, wenn der Ausgleichsberechtigte oder der Ausgleichsverpflichtete nur einen **ausländischen Wohnsitz** hat (OLG Karlsruhe FamRZ 1998, 1029).

57 **b) Maßgeblichkeit des Scheidungsstatuts (Abs. 4 S. 1).** Nach Abs. 4 S. 1 ist auf den Versorgungsausgleich das Scheidungsstatut anzuwenden. Damit soll ein Gleichlauf erreicht werden, der einmal sinnvoll gewesen sein mag, aber jetzt nicht mehr sinnvoll sein dürfte. Das Scheidungsstatut unter der Rom III-VO ist sehr flexibel. Das beruht auch darauf, dass es gerade nur für die Auflösung der Ehe selbst geschaffen wurde. Für diese Auflösung als solche sind oft beide Ehegatten an Einfachheit und Schnelligkeit interessiert. Es ist auch nicht von allzu erheblicher Bedeutung, ob die Ehe nach drei Monaten oder nach zwei Jahren, mit Berücksichtigung von Gründen oder allein aufgrund des Willens der Ehegatten, durch Gestaltungsurteil oder durch Feststellungsurteil, geschieden wird. Das ist beim Versorgungsausgleich ganz anders. Von ihm kann die wirtschaftliche Existenz eines Ehegatten über einen Zeitraum von mehreren Jahrzehnten abhängen. Dass hier der gewöhnliche Aufenthalt, die Rechtswahl oder gar die lex fori entscheidend sein sollen, ist bedenklich (näher dazu Gruber IPRax 2016, 539).

58 Bei der dem Scheidungsstatut folgenden Anknüpfung nach Art. 17 Abs. 4 bleibt es auch dann, wenn für die eigentliche Scheidung nach Art. 10 Rom III-VO (bzw. früher nach Art. 17 Abs. 1 S. 2) regelwidrig deutsches Recht berufen ist.

59 Stets ist die nach der Rom III-VO oder nach Art. 17 Abs. 2 **zutreffende** Anknüpfung ausschlaggebend. Ob das Gericht, das die Ehe geschieden hat, dabei eine andere Rechtsordnung angewendet hat, ist bedeutungslos.

60 **c) Vertraglicher Ausschluss des Versorgungsausgleichs oder Rechtswahl.** Der Versorgungsausgleich kann vertraglich ausschließbar sein (zur deutschen Rechtslage §§ 6, 8 VersAusglG, §§ 1408 ff. BGB) (zur Inhaltsbeschränkung bei Eheverträgen hier nur BGHZ 158, 81 = NJW 2004, 930; zum Versorgungsausgleich auch BGH NJW 2005, 137). Die **Wirksamkeit** eines vertraglichen Ausschlusses des Versorgungsausgleichs bestimmt sich nach dem Recht, welches auch auf den Versorgungsausgleich anzuwenden ist. Dabei kommt es – wie bei allen die Scheidungswirkungen betreffenden Verträgen – zunächst auf das Scheidungsstatut zu dem nach Abs. 1 maßgebenden Zeitpunkt (Rechtshängigkeit) an. Soweit die Geltung des deutschen Scheidungsstatuts beim

Vertragsschluss nicht vorhersehbar war, wie es wegen der Aufenthaltsanknüpfung in der Rom III-VO häufiger vorkommen kann, muss für die Billigkeitskontrolle jedoch differenziert werden. In Hinblick auf die Wirksamkeitskontrolle (BGHZ 158, 81 = NJW 2004, 930) muss das Recht, das bei Vertragsschluss für die Scheidung maßgebend gewesen wäre, Berücksichtigung finden, da es hierbei entscheidend darauf ankommt, dass ein Ehegatte sich durch die Vereinbarung in einer gegen die guten Sitten verstoßenden Weise Vorteile gegenüber dem sonst für die Ehe geltenden Recht verschafft (Staudinger/Mankowski, 2010, Rn. 350 f.; aA Soergel/Schurig Rn. 131, der in jedem Fall Abs. 4 mit Abs. 1 anwenden will). Eine Ausübungskontrolle, wie sie die Rspr. des BGH (BGH NJW 2005, 137) sowie das Versorgungsausgleichsrecht vorsehen, muss aber auch in diesem Fall anhand der gegenwärtigen Umstände, also unter Heranziehung des tatsächlichen Scheidungsstatuts, stattfinden.

Bei der **Rechtswahl** ergeben sich durch die **Rom III-VO** erhebliche Änderungen auch für den Versorgungsausgleich. Wird nach **Art. 5 Rom III-VO** deutsches Scheidungsrecht gewählt, so bezieht sich diese Wahl nach Art. 17 Abs. 4 S. 1 nämlich stets auch mit auf den Versorgungsausgleich. Eine separate Rechtswahl bzgl. des Versorgungsausgleichs ist weder nach Art. 5 Rom III-VO möglich (weil dieser keine Scheidungsfolgen erfasst), noch sieht das EGBGB sie vor. Wünschen die Ehegatten den Versorgungsausgleich nicht, so können sie dies nur durch einen dem deutschen Recht, also insbes. den §§ 6 ff. VersAusglG, genügenden Vertrag erreichen. Umgekehrt wird der Versorgungsausgleich zunächst stets abgewählt, wenn die Ehegatten ein fremdes Recht wählen. Eine Durchführung in Deutschland kommt dann nur gem. Art. 17 Abs. 4 S. 2 in Betracht. Diese Verknüpfung ist sehr ungünstig und von den Ehegatten vermutlich häufig nicht intendiert (sehr krit. auch Gruber IPRax 2016, 539 (543)). Sie eröffnet auch die Möglichkeit von Missbrauch. Das gilt insbes. bei der oft eilig und möglicherweise unter einem gewissen Druck durch das Gericht erfolgenden Wahl der lex fori noch im Verfahren (→ Art. 46d Rn. 5). Wenn das Scheidungsverfahren im Ausland durchgeführt wird, obwohl die Ehe ansonsten viel engere Bezüge zum deutschen Recht aufweist, können so Versorgungsansprüche verloren gehen. Bestehen bleiben muss zumindest die Möglichkeit, nach Art. 17 Abs. 4 S. 2 vorzugehen (→ Rn. 66 ff.) (auch dazu näher Gruber IPRax 2016, 539 (543)). **Güterrechtliche Wirkungen** einer Ausschlussvereinbarung werden vom Güterrechtsstatut beherrscht. 61

**d) Einschränkung des Grundsatzes durch zusätzliche Anwendung des Heimatrechts (Abs. 4 S. 1 Hs. 2).** Durch Abs. 4 S. 1 Hs. 2 wird der in S. 1 Hs. 1 enthaltene Grundsatz der Anknüpfung an das Scheidungsstatut deutlich eingeschränkt. Der Versorgungsausgleich wird nämlich nur noch dann durchgeführt, wenn das **Scheidungsstatut deutsches Recht** ist und wenn zusätzlich das Heimatrecht wenigstens eines Ehegatten eine **dem deutschen Recht zumindest funktionell vergleichbare Regelung** kennt (zum Begriff des „Kennens" → Rn. 63). Die letztgenannte Einschränkung bleibt wirkungslos, wenn ein Ehegatte Deutscher ist und damit das Heimatrecht eines Ehegatten ohnehin deutsches Recht ist. Praktisch relevant wird die Einschränkung jedoch für im Inland lebende Ausländer. Bei Mehrstaatern kommt es auch hier auf das nach Art. 5 Abs. 1 beachtliche Recht der effektiven Staatsangehörigkeit an, bei Staatenlosen und Flüchtlingen auf das durch den gewöhnlichen Aufenthalt bestimmte Personalstatut. Der Zweck dieser Regelung besteht darin, den Ehegatten Überraschungen durch ein ihnen unbekanntes Rechtsinstitut des Aufenthaltsrechts zu ersparen. Das wurde für erforderlich gehalten, da nur wenige Rechte einen Versorgungsausgleich oder entsprechende Regelungen – zum Teil mit sozialversicherungsrechtlichen oder familienrechtlichen Abwandlungen – kennen (BT-Drs. 10/504, 62; krit. Kegel/Schurig IPR § 20 VII 4, 878). Auf welche Weise das Scheidungsstatut bestimmt worden ist, ist für die Anwendung von Abs. 4 S. 1 Hs. 2 dabei grds. gleichgültig (Grüneberg/Thorn Rn. 9). 62

Wann eine Rechtsordnung den Versorgungsausgleich iSd Abs. 4 S. 1 Hs. 2 **„kennt"**, ist nicht immer leicht zu bestimmen. Das Heimatrecht muss jedenfalls (im Sachrecht selbst) den Versorgungsausgleich oder eine vergleichbare Regelung enthalten (Grüneberg/Thorn Rn. 9). Der BGH vertritt die Ansicht, der Kerngehalt des betreffenden Rechtsinstituts müsse mit den **wesentlichen Strukturmerkmalen** des deutschen Versorgungsausgleichs vergleichbar sein (BGH FamRZ 2009, 677 = NJW-RR 2009, 795). Teils wird angenommen, dass bei Teilung von mehr als der Hälfte der Anwartschaften davon ausgegangen werden könne (Kegel/Schurig IPR § 20 VIII 4, 878). Jedoch muss systematischer angesetzt werden: Nur wenn im Heimatrecht dafür gesorgt ist, dass durch eine richterliche Entscheidung bei oder nach der Ehescheidung auch der Ehegatte ohne eigenes Einkommen zu Lasten des anderen Ehegatten (also durch eine Art Teilung) später eine Rente oder sonstige Versorgung erhält, kann von einem Funktionsäquivalent ausgegangen werden (genauer Staudinger/Mankowski, 2010, Rn. 323 ff.; ähnlich auch Johannsen/Henrich/Henrich 63

Rn. 11 f.). Unerheblich ist dabei, ob die Aufteilung nur schuldrechtlich erfolgt (BGH FamRZ 2009, 677 = NJW-RR 2009, 795). Eine allgemein gültige Quote kann nicht gebildet werden. Der Ausgleich muss jedoch zu einem angemessenen Teil erfolgen – das wird idR schon wegen des Charakters des Versorgungsausgleichs als „gleichmäßige Teilung" deutlich mehr als die Hälfte der Ansprüche betreffen.

**64** Dass somit der Versorgungsausgleich nur dann durchgeführt wird, wenn er in eng verwandter Form wenigstens dem Heimatrecht eines Ehegatten bekannt ist, verringert die Fälle des Versorgungsausgleichs bei internationalen Ehescheidungen deutlich. Denn der Versorgungsausgleich ist international noch nicht verbreitet.

**64.1** Mit einer Übersicht über die Rechtsordnungen, die Ausgleichungen bei der Versorgung kennen, Staudinger/Mankowski, 2010, Rn. 306–316 sowie zur Rspr. Staudinger/Mankowski, 2010, Rn. 334. Einen **als Versorgungsausgleich zu qualifizierenden Ausgleich** kennen in Europa jedenfalls **Griechenland, Großbritannien, Irland** und die **Schweiz** (Breuer, Ehe- und Familiensachen in Europa – Das internationale Mandat mit Länderbericht, 2008, Rn. 461 betr. Griechenland, Rn. 470 betr. Großbritannien, Rn. 476 betr. Irland, Rn. 638 betr. Schweiz). Das **türkische** Recht kennt den Versorgungsausgleich nicht (BGH NJW-RR 2007, 361; 2008, 457); das im **niederländischen** Recht bestehende System hält der BGH für nicht strukturell vergleichbar mit dem deutschen Rechtsinstitut (BGH FamRZ 2009, 677 = NJW-RR 2009, 795; FamRZ 2009, 681 = FPR 2010, 535); allerdings ist die niederländische AOW-Pension im deutschen Versorgungsausgleich zu berücksichtigen. Auch einige Bundesstaaten und Territorien der **USA** kennen den Versorgungsausgleich (Wagner IPRax 1999, 94 mwN); das chinesische Recht kennt ihn nicht (AG Duisburg BeckRS 2010, 16617); ebenso wenig das libanesische Recht (OLG Hamm FamRB 2019, 467). Weitere Ländernachweise bei Streicher/Köblitz, Familiensachen mit Auslandberührung, 2008, 357 ff. sowie bei Süß/Ring, Eherecht in Europa, 3. Aufl. 2017, 315 ff. (s. auch BeckOGK/Hamberger BGB § 1587 Rn. 41.1; Rieck FPR 2011, 498 Fn. 9).

**65** Liegen die Voraussetzungen des Abs. 4 S. 1 Hs. 1 und Hs. 2 vor, so wird der Versorgungsausgleich durchgeführt und bestimmt sich dann allein nach dem deutschen Recht.

**66** **e) Durchbrechung des Grundsatzes: Regelwidrige Durchführung des Versorgungsausgleichs nach deutschem Recht (Abs. 4 S. 2). aa) Keine Durchführung nach Abs. 4 S. 1.** Nach Abs. 4 S. 1 kommt es zunächst nicht zum Versorgungsausgleich, wenn das Scheidungsstatut nicht deutsches Recht ist oder wenn keines der Heimatrechte der Ehegatten ein vergleichbares Institut kennt. In diesen Fällen kann **auf Antrag** unter den Voraussetzungen des Abs. 4 S. 2 dennoch ein Versorgungsausgleich nach deutschem Recht durchgeführt werden (BGH NJW 2007, 2477; NJW-RR 2007, 361; OLG Oldenburg FamRZ 1995, 1590; altes und neues Recht sind verfassungsgemäß laut BVerfG IPRspr. 1990, Nr. 93). Wie bei einem Eingreifen des Abs. 4 S. 1 gilt auch in den Fällen des S. 2, dass der Versorgungsausgleich, wenn er überhaupt durchgeführt werden kann, allein nach dem deutschen Recht behandelt wird (Grüneberg/Thorn Rn. 13).

**67** Erste Voraussetzung für die Anwendung deutschen Rechts (Ersatzanknüpfung) ist nach Abs. 4 S. 2, dass ein Versorgungsausgleich gem. Abs. 4 S. 1 nicht durchzuführen ist. Es ist gleichgültig, ob der Versorgungsausgleich schon aufgrund des ersten Halbsatzes oder erst aufgrund des zweiten Halbsatzes von Abs. 4 S. 1 nicht durchgeführt werden kann.

**68** Durch die Neufassung des Abs. 4 S. 1 Hs. 2 wurde der Anwendungsbereich des Abs. 4 S. 2 deutlich erweitert (vgl. BT-Drs. 16/10144, 114 f.), da nun S. 2 immer schon dann gilt, wenn ein ausländisches Recht Scheidungsstatut ist. Viele Streitfragen haben sich dadurch erledigt.

**69** **bb) Antrag eines Ehegatten – Tenorierung.** Der Versorgungsausgleich nach deutschem Recht findet nur dann statt, wenn ein Ehegatte den Versorgungsausgleich **beantragt** (zweite Voraussetzung) (OLG Hamm FamRZ 1989, 1191; 1991, 204; OLG München FamRZ 1990, 186; OLG Schleswig FamRZ 1991, 96; Grüneberg/Thorn Rn. 11).

**70** Die Durchführung des Versorgungsausgleichs erfolgt nicht notwendig im Verbundverfahren. Vielmehr kann der Antrag auch noch nachträglich gestellt werden (→ Rn. 88) (OLG Braunschweig FamRZ 2005, 1683; OLG Karlsruhe FamRZ 2006, 955; OLG Köln OLGR 2005, 441).

**71** Probleme können hier auftreten, wenn das die Scheidung aussprechende Gericht wegen des fehlenden Antrags auf Versorgungsausgleich in den **Beschlusstenor** die Rechtsfolge aufnimmt, dass ein Versorgungsausgleich nicht stattfinde. Ein solcher Ausspruch muss unterbleiben (Henrich IntScheidungsR Rn. 274). Erfolgt er dennoch, so erwächst er nicht in Rechtskraft (OLG Karlsruhe FamRZ 2006, 955; OLG Düsseldorf FamRZ 1999, 1210).

**72** **cc) Inländische Versorgungsanwartschaften.** Als dritte Voraussetzung muss der Antragsgegner in der Ehezeit (bis zur Zustellung des Scheidungsantrags) (BGH FamRZ 2009, 677 =

NJW-RR 2009, 795; FamRZ 2009, 681 = FPR 2010, 535; NJW-RR 1994, 962: auch bei vorangegangener Ehetrennung; OLG Koblenz FamRZ 1991, 1324) außerdem eine **inländische Versorgungsanwartschaft** erworben haben.

Eine inländische Versorgungsanwartschaft kann auch **im Ausland erworben** sein, soweit sich der Versorgungsanspruch gegen einen inländischen Träger richtet (nur Staudinger/Mankowski, 2010, Rn. 381). Vereinzelt ist vorgeschlagen worden, die Norm analog anzuwenden, wenn es sich um echte **ausländische Anwartschaften** handelt, die aber in einem Staat erworben wurden, der seinerseits einen Versorgungsausgleich kennt. Gemeint ist ein allseitiger Ausbau der Norm (dafür Lorenz FamRZ 1987, 645 (653)). Dieser sollte dann konsequenterweise und zur Erhöhung der Praktikabilität zu einem Versorgungsausgleich nach ausländischem Recht führen (zu letzterem wie hier Staudinger/Mankowski, 2010, Rn. 384; dagegen will Lorenz FamRZ 1987, 645 (653) deutsches Recht anwenden). Zu Recht wendet hiergegen jedoch Mankowski ein, dass in den wenigen betroffenen Fällen die Ehegatten an ihr Heimatgericht verwiesen werden sollten (Staudinger/Mankowski, 2010, Rn. 382 ff.; abl. nun auch MüKoBGB/Winkler v. Mohrenfels Rn. 95). **73**

**dd) Bekanntheit des Versorgungsausgleichs in einem Heimatrecht.** Alternativ reichte es nach **Abs. 4 S. 2 Nr. 2** aF auch, wenn eines der Ehewirkungsstatute, denen die Ehe unterlag, den Versorgungsausgleich kannte. Diese Bestimmung wurde wegen angeblich fehlender praktischer Bedeutung durch das Anpassungsgesetz gestrichen (BT-Drs. 17/11049, 11). Das gedoppelte Abstellen des Abs. 4 S. 2 Nr. 2 aF auf **Kenntnis** des Versorgungsausgleichs brachte gegenüber S. 1 allerdings wesentliche Unterschiede mit sich. Zwar war der Begriff des Kennens ebenso eng zu verstehen wie in S. 1 (→ Rn. 63) (s. nur MüKoBGB/Winkler v. Mohrenfels, 5. Aufl. 2010, Rn. 226). Es kam hier aber nicht mehr auf das Heimatrecht der Ehegatten an, sondern auf das Ehewirkungsstatut. Dabei reichte es, wenn die Ehe nur zeitweilig einem Ehewirkungsstatut unterlag, welches den Versorgungsausgleich kannte. Bei gemischt nationalen Ehen reichte also insbes. der frühere gemeinsame gewöhnliche Aufenthalt in Deutschland (Art. 14 Abs. 1 Nr. 2 aF). **74**

**ee) Keine Unbilligkeit.** Schließlich darf der Versorgungsausgleich nach Abs. 4 S. 2 letzter Hs. nur durchgeführt werden, wenn dies nicht im Einzelfall zu unbilligen Ergebnissen führt. Wenn die Durchführung des Versorgungsausgleichs im Hinblick auf die beiderseitigen wirtschaftlichen Verhältnisse der Ehegatten unbillig wäre, muss er also unterbleiben. Der BGH versteht Art. 17 Abs. 4 S. 2 letzter Hs. dabei so, dass er auch die genaue Festlegung der Ausgleichsansprüche schon hier prüft und auf das jeweils billige Maß festlegt (deutlich BGH NJW-RR 2007, 361; NJW 2014, 61 m. insofern zust. Anm. Rauscher IPRax 2015, 139; dem folgend OLG Frankfurt ECLI:DE:OLGHE:2018:0129.1UF133.15.00 = BeckRS 2018, 14169). Teils wird dagegen Abs. 4 S. 2 als Kollisionsregel verstanden, die nur die Möglichkeit der Durchführung oder der Ablehnung des Versorgungsausgleichs zulässt. Billigkeitsaspekte bei der Festlegung der Höhe der Ansprüche müssten dann im Rahmen des § 27 VersAusglG festgemacht werden (dafür Kegel/Schurig IPR § 20 VII 4, 879 f. zu § 1576c BGB aF). Der Wortlaut der Norm stützt die Ansicht des BGH: Der Versorgungsausgleich muss nur unterbleiben, „soweit" er unbillig ist. **75**

Die **Problematik der Billigkeit** hat auch nach der Reform durch das VersAusglG ihre Bedeutung nicht verloren. Die nunmehr in § 27 VersAusglG enthaltene Härteklausel ist nicht auf die durch Abs. 4 verursachten spezifischen Härten ausgerichtet (Bergmann FuR 2009, 421 (424); Bergmann NZFam 2014, 1023). Sie tritt jedoch hinzu, sobald die Entscheidung für die Anwendung des deutschen Rechts gefallen ist (BGH NJW 2014, 61; Rauscher IPRax 2015, 139). Die Unbilligkeit iSd Art. 17 Abs. 4 S. 2 ist rein wirtschaftlich zu betrachten und die sich manifestierende Unangemessenheit muss eine gewisse Schwelle überschreiten (MüKoBGB/Winkler von Mohrenfels Rn. 97). Der Versorgungsausgleich kann insbes. dann unbillig sein, wenn zwar nur ein Ehegatte im Inland eine Altersversorgung aufgebaut hat, der andere Ehegatte aber ein entsprechendes oder gar diese übertreffendes Vermögen oder eine Altersversorgung anderer Art im Ausland aufgebaut hat (BGH FamRZ 1994, 825 = NJW-RR 1994, 962; OLG Stuttgart NJW-RR 2008, 457; OLG Frankfurt FamRZ 2018, 184; BT-Drs. 10/5632, 42; Grüneberg/Thorn Rn. 12; MüKoBGB/Winkler v. Mohrenfels Rn. 97; krit. Lüderitz IPRax 1987, 79). Dieses Vermögen muss aber eine angemessene Alterssicherung darstellen und darf insbes. nicht hinter der durch den Versorgungsausgleich zu erreichenden zurückbleiben (BGH NJW 2007, 2477). Ähnliche Konkurrenzen können sich mit der **Brautgabe** oder vergleichbaren Einmalzahlungen ergeben. Hier muss im Einzelfall geprüft werden, ob die Höhe der Zahlung die zusätzliche Teilung der Rentenanwartschaften unbillig macht. Meist wird ihre Höhe dafür nicht annähernd ausreichen (OLG Köln FamRZ 2016, 1592). Unbillig kann ein Versorgungsausgleich insbes. auch sein, wenn er nicht die wirtschaftlichen Unterschiede zwischen den Aufenthaltsstaaten der Ehegatten berücksichtigt (BGH NJW-RR 2007, 361; OLG Frankfurt FamRZ 2000, 164). Über das im **76**

Gesetz genannte Beurteilungskriterium (wirtschaftliche Verhältnisse) hinaus können in der gebotenen Einzelfallprüfung weitere – ebenfalls letztlich finanzielle – Gesichtspunkte Beachtung finden (OLG Hamm NZFam 2015, 226). Insbesondere können die im Zeitraum nach der Scheidung eingetretenen Veränderungen relevant werden (BGH NJW 2014, 61).

77 Eine etwaige **Verwirkung** durch eine zu späte Beantragung des Versorgungsausgleichs ist nicht nach § 242 BGB, sondern ebenfalls allgemein im Rahmen des Art. 17 Abs. 4 S. 2 zu prüfen (BGH NJW 2014, 61). Unbillig ist der Versorgungsausgleich jedoch nicht allein deshalb, weil der andere Ehegatte es trotz eigenen Einkommens unterlassen hat, eine eigene Altersversorgung aufzubauen (OLG Karlsruhe NJW-RR 2004, 652). Vielmehr kommt es hier auf die Einzelumstände an. Beachtet werden muss schließlich, inwiefern die aufgeteilten Rentenansprüche vor Ort ausgezahlt werden (BGH NJW-RR 2007, 361; FamRZ 2000, 419 = NJW-RR 2000, 595).

78 Differenziert zu beurteilen ist die Frage, ob ein Versorgungsausgleich nach Abs. 4 S. 2 überhaupt durchgeführt werden darf, wenn das fremde Recht aufgrund einer **Rechtswahl** anwendbar wurde. Es könnte dann generell unbillig sein, wenn ein Ehegatte sich später auf diese Norm beruft (dazu tendierend Johannsen/Henrich/Henrich Rn. 18). Überwiegend wird demgegenüber angenommen, dass die Rechtswahl im Rahmen der Billigkeitsprüfung nur einen der zu bewertenden Faktoren darstellt. Die schnelle Wahl der fremden lex fori im Rahmen des Scheidungsverfahrens wird fast immer ohne jeden Gedanken an den Versorgungsausgleich erfolgen. Wie gezeigt ist es bereits unerfreulich, dass durch sie der reguläre Versorgungsausgleich nach Abs. 4 S. 1 ausgeschlossen wird. Dagegen mag es Fälle geben, in denen von beiden Ehegatten intendiert war, mit der Rechtswahl für die Scheidung auch den Versorgungsausgleich auszuschließen. In so einem Fall wäre die Durchführung nach Abs. 4 S. 2 in der Tat unbillig (ähnlich NK-BGB/Gruber Rn. 83 f.; Gruber IPRax 2016, 539 (543); MüKoBGB/Winkler v. Mohrenfels Rn. 101; Staudinger/Mankowski, 2010, Rn. 396).

79 Die Frage der **Schuld** an der Ehescheidung ist bei der Abwägung ohne Bedeutung (OLG Celle FamRZ 1991, 205). Das OLG Frankfurt lehnt überzeugend eine **Teilentscheidung** über einzelne Anwartschaften ab, solange nicht die Frage der Billigkeit geklärt ist (OLG Frankfurt ECLI:DE:OLGHE:2018:0129.1UF133.15.00 = BeckRS 2018, 14169).

80 **f) Inländischer Versorgungsausgleich bei ausländischem Scheidungsstatut. aa) Grundsätzlich vollständige Durchführung.** Sind die Voraussetzungen des Abs. 4 S. 2 erfüllt, so wird der Versorgungsausgleich im Grundsatz vollständig durchgeführt. Auch wenn also nur ein Teil der Anwartschaften in Deutschland erworben wurde (Abs. 4 S. 2), wird der Versorgungsausgleich für alle Anwartschaften durchgeführt (Johannsen/Henrich/Henrich Rn. 21 mwN). Ausländische Rentenanwartschaften werden also – freilich in schuldrechtlicher Form – ebenfalls geteilt. Sind die ausländischen Anwartschaften eines Ehegatten überhaupt nicht feststellbar, so kann der Ausgleich der in Deutschland erworbenen Ansprüche des anderen Ehegatten nach § 19 Abs. 3 VersAusglG unbillig sein (OLG Zweibrücken FamRZ 2015, 2063; KG FamRZ 2016, 982 mit der zutr. Erläuterung, dass bei bekanntermaßen zumindest sehr geringen ausländischen Anwartschaften der Ausgleich der inländischen Anwartschaften doch erfolgen kann; → Rn. 86).

81 Anders kann es nur sein, wenn die vollständige Durchführung des Versorgungsausgleichs gegen die Billigkeit iSd Abs. 4 S. 2 letzter Hs. verstieße. Dann fällt der Versorgungsausgleich nicht notwendig insgesamt weg, sondern es erfolgt eine Anpassung in der Höhe der Ansprüche. Obwohl der Wortlaut des Abs. 4 S. 2 letzter Hs. an diesem Punkt nicht ganz klar ist, kommt es nicht etwa zu einer Beschränkung auf die in Deutschland erworbenen Ansprüche. Der Ausgleichspflichtige soll vielmehr schon auf der Ebene des anwendbaren Rechts insgesamt davor geschützt werden, seine Anwartschaften teilen zu müssen, falls dies unbillig wäre (etwa wegen der inzwischen eingetretenen finanziellen Lage des anderen; näher → Rn. 75 f.).

82 **bb) Reichweite des Versorgungsausgleichsstatuts.** Das gem. Art. 17 Abs. 4 S. 1 oder Abs. 4 S. 2 für den Versorgungsausgleich geltende deutsche Recht beherrscht die Voraussetzungen und die Durchführung des Versorgungsausgleichs. Dazu gehören alle versorgungsausgleichsrechtlich zu qualifizierenden Fragen, also auch Auskunftsansprüche gem. § 220 FamFG (OLG Bamberg FamRZ 1979, 239 zu § 1587e BGB aF; NK-BGB/Gruber Rn. 48; Prütting/Helms/Hau FamFG § 102 Rn. 10). Geht es um die Wirksamkeit einer Vereinbarung, mit der die Parteien den Versorgungsausgleich ausgeschlossen haben, so gilt, wie oben bereits näher dargelegt, ebenfalls das gem. Abs. 4 iVm Abs. 1 ermittelte Statut (→ Rn. 60).

83 **cc) Behandlung inländischer Versorgungsanwartschaften.** Für die inländischen Versorgungsanwartschaften gelten die §§ 217 ff. FamFG, §§ 10 ff. VersAusglG (für nach dem 1.9.2009

anhängig gewordene Scheidungen sowie ab dem 1.9.2010 für alle Scheidungen, die noch nicht erstinstanzlich entschieden wurden, § 48 VersAusglG). Im Hinblick auf die inländischen Ansprüche erfolgt der öffentlich-rechtliche Versorgungsausgleich, und zwar grds. auch dann, wenn der Berechtigte im Ausland lebt.

**dd) Behandlung ausländischer Versorgungsanwartschaften.** Wenn der Versorgungsausgleich nach Abs. 4 S. 1 oder 2 nach deutschem Versorgungsausgleichsrecht stattfindet, müssen auch **ausländische Versorgungsanwartschaften** geteilt werden (BGH FamRZ 2007, 996 = NJW 2007, 2477; FamRZ 2006, 321 = NJW-RR 2006, 577 mAnm Reinhard FamRZ 2007, 866). Anders ist es nur dann, wenn es sich um vom Einkommen/von der Einzahlung ganz abgekoppelte, volksrentenartige Ansprüche handelt (Andrae IntFamR § 4 Rn. 108; Ruland, Versorgungsausgleich, 4. Aufl. 2015, Rn. 100 ff.; zu Anrechten bei zwischenstaatlichen oder überstaatlichen Versorgungsträgern Rieck FPR 2011, 498 (503)). Ausländische Anrechte können von deutschen Gerichten mangels Zuständigkeit jedoch nicht mit Wirkung für einen ausländischen Versorgungsträger aufgeteilt werden (BGH NJW 1989, 1997; Grüneberg/Thorn Rn. 14). Art. 3a Abs. 2 ist nicht anwendbar, es gilt also nicht etwa für bestimmte Anwartschaften das Belegenheitsrecht (Grüneberg/Thorn Rn. 14). 84

Es bleibt damit nur der **schuldrechtliche Versorgungsausgleich,** der seit dem 1.9.2009 in den §§ 20 ff. VersAusglG (früher §§ 2 und 3a ff. VAHRG) geregelt ist (BGH FamRZ 2007, 996 = NJW 2007, 2477; FamRZ 2006, 321 = NJW-RR 2006, 577; NJW 1989, 1997; OLG Zweibrücken NJWE-FER 2001, 143; OLG Bamberg FamRZ 1986, 691; OLG Hamm NJW-RR 1989, 584; OLG Nürnberg NJW-RR 1999, 803; Grüneberg/Thorn Rn. 14; Staudinger/Mankowski, 2010, Rn. 402 zum neuen deutschen Recht Bergner NJW 2009, 1169; Bergner FamFR 2011, 3; Rieck FPR 2011, 498 (501); Wick FuR 2009, 482). 85

**Ausländische Anwartschaften** sind einbezogen worden in den **schuldrechtlichen Versorgungsausgleich** unter deutschem Recht in Bezug auf **französisches** (BGH FamRZ 2001, 284 = NJW-RR 2001, 289; OLG Karlsruhe FamRZ 2010, 1989; OLG Stuttgart FamRZ 1989, 760), **italienisches** (OLG Zweibrücken NJWE-FER 2001, 143), **niederländisches** (BGH FamRZ 2008, 770; OLG Celle FamRZ 1994, 1463), **österreichisches** (BGH FamRZ 2006, 321; OLG Schleswig OLGR 2006, 170), **polnisches** (BGH FamRZ 1989, 949; OLG Karlsruhe FamRZ 2000, 963), **schweizerisches** (KG FamRZ 1990, 1257), **schwedisches** (OLG Bamberg FamRZ 1980, 62), **dänisches** (AG Flensburg FamRZ 2009, 1585), **türkisches** (OLG Köln FamRZ 2014, 844 mAnm Rieck NZFam 2014, 662; OLG München NZFam 2014, 272), **belgisches** (OLG Köln FamRZ 2002, 1632), **britisches** (OLG Karlsruhe FPR 2002, 299), **irisches** (BGH FamRZ 2013, 106) und **US-Recht** (AG Heidelberg IPRax 1990, 126; AG Landstuhl FamRZ 1994, 837; wN bei Ruland, Versorgungsausgleich, 4. Aufl. 2015, Rn. 101). 85.1

Sind die inländischen Anwartschaften eines Ehegatten höher als die ausländischen des anderen Ehegatten (letztere also nur als Rechnungsposten zu berücksichtigen), bleibt es beim **öffentlich-rechtlichen Versorgungsausgleich** (BGH NJW-RR 2004, 1; Wagner IPRax 1999, 94 (96); Grüneberg/Thorn Rn. 14). Problematisch sind die häufigen Fälle, in welchen sich die Höhe der ausländischen Ansprüche gar **nicht ermitteln** lässt. Normalerweise ist hier die Beweislast klar verteilt: Derjenige, der einen Ausgleichsanspruch begehrt, muss nachweisen, dass er keine eigenen Rentenanwartschaften besitzt. Ansonsten kann der Versorgungsausgleich, soweit diese Anwartschaften betroffen sind, nicht durchgeführt werden und das Verfahren ist auszusetzen (Rauscher IPRax 2005, 431 mwN). Der BGH hat hiervon eine Ausnahme zugelassen, um die Anspruchsberechtigten zu entlasten. Sind die Ansprüche offen erkennbar wertlos oder nicht durchsetzbar, dürfen sie bei der Durchführung des Versorgungsausgleichs ohne besonderen Nachweis über ihre Höhe außer Acht gelassen werden (BGH NJW-RR 2004, 1, dort ausf. zur Problematik). Der BGH hat damit eine pragmatische Lösung für einen tatsächlich sehr häufigen Fall geschaffen (krit. Rauscher IPRax 2005, 431). 86

**ee) Berechnung der Ehezeit.** Die Bestimmung der Ehezeit, bzw. des Endes des für den Versorgungsausgleich maßgeblichen Zeitraums richtet sich nach § 3 VersAusglG. Die Ehezeit endet danach am letzten Tag des Monats vor Zustellung des Scheidungsantrags. Bei der Trennung von Tisch und Bett – als Vorstufe zur Scheidung – handelt es sich nicht um das Ende der Ehe. Es kommt auch hier auf die Ehescheidung an (OLG Saarbrücken IPRspr. 2004, Nr. 57, 125). Anders ist es nur, wenn das ausländische Recht eine Scheidung gar nicht kennt, sodass die Trennung funktional an die Stelle der Scheidung tritt (MüKoBGB/Winkler v. Mohrenfels Rn. 110 f.). 87

**g) Inländischer Versorgungsausgleich nach Auslandsscheidung.** Ist die Ehe im Ausland geschieden worden, ohne dass ein Versorgungsausgleich durchgeführt wurde, kann nach Anerken- 88 nung der Scheidung der **Versorgungsausgleich** im Inland im Verfahren nach § 111 Nr. 7 FamFG, §§ 217 ff. FamFG auch **nachträglich isoliert durchgeführt** werden (BGH NJW 1993, 2047; NJW-RR 1994, 322; OLG Frankfurt FamRZ 2005, 989; OLG Braunschweig FamRZ 2005, 1683; OLG Karlsruhe FamRZ 2006, 955; OLG Köln OLGR Köln 2005, 441; OLG Stuttgart FamRZ 1991, 1068); zur Verwirkung im Zusammenhang des Abs. 4 S. 2 → Rn. 77. Ansonsten gelten die allgemeinen Regeln. Dabei ist aber zu beachten, dass in der nachträglichen Geltendmachung des Versorgungsausgleichs als solcher noch keine Härte für den anderen Ehegatten liegt (BGH NJW 1992, 3293; OLG Braunschweig FamRZ 2005, 1683). Ob bei der Wahl eines ausländischen Rechts (etwa der lex fori des ausländischen Gerichts) für die Scheidung der Billigkeitsausgleich nach Art. 17 Abs. 4 S. 2 überhaupt noch eingreifen kann, ist allerdings wie gezeigt sehr streitig (→ Rn. 78).

**89** Wird die **Abänderung** einer Entscheidung über den Versorgungsausgleich begehrt, ist für Verfahren nach dem VAHRG, deren Antrag beim Versorgungsträger vor dem 1.9.2009 eingegangen ist, das **alte Recht** (§ 10a VAHRG) **weiterhin anzuwenden.** Ansonsten gelten die §§ 225 ff. FamFG. Eine Entscheidung über den Versorgungsausgleich kann danach letztlich nur abgeändert werden, wenn entweder bei der Ermittlung des Wertunterschieds der ausgleichspflichtigen Anrechte später wesentliche Änderungen eintreten, oder wenn das Gericht einen Fehler bei der Ermittlung gemacht hat (BGH FamRZ 2005, 1467 = BeckRS 2005, 08209). Beides wird nach neuem Recht nur noch selten vorkommen. Wenn dagegen der Versorgungsausgleich zu Unrecht vollständig ausgeschlossen oder zu Unrecht durchgeführt wurde, oder wenn eine **kollisionsrechtlich fehlerhaft** zustande gekommene, aber rechtskräftige Entscheidung eines deutschen Gerichts über einen Versorgungsausgleich oder über die Nichtdurchführung des Versorgungsausgleichs vorliegt, kann die Entscheidung nicht abgeändert werden (BGH FamRZ 2005, 1467 = BeckRS 2005, 08209; FamRZ 1997, 326; aA OLG Hamm NJW-RR 1993, 263). Können **Anwartschaften nicht geklärt** werden, spricht das Gericht aus, dass eine Durchführung des Versorgungsausgleichs **zurzeit** nicht stattfindet, um so die Möglichkeit der späteren Änderung offen zu halten (OLG Oldenburg FamRZ 2003, 1752).

**90** Sollte ein **ausländisches Scheidungsurteil** bereits einen Ausspruch über die Folgen der Scheidung enthalten, so schließt dies den deutschen Versorgungsausgleich idR nicht aus (mit Missbrauchserwägungen bei einer im Rahmen der Auslandsscheidung getroffenen Vereinbarung über die Scheidungsfolgen OLG Köln OLGR 2005, 441 = BeckRS 2005, 4343). Wird im Inland ein Antrag auf Durchführung des isolierten Versorgungsausgleichs gestellt, so ist darüber im Inland zu entscheiden. Das anwendbare Recht ist, unabhängig vom ausländischen Urteil, nach Art. 17 Abs. 4 zu ermitteln.

**91** Für eine Scheidung, die dem deutsch-iranischen Niederlassungsübereinkommen (→ Rn. 9) unterfällt, gilt Art. 17 Abs. 4 insgesamt nicht – ein Versorgungsausgleich findet daher, soweit iranisches Recht Scheidungsstatut ist, nicht statt (BGH NJW-RR 2005, 1449; aA MüKoBGB/Winkler v. Mohrenfels Rn. 91).

**92** **4. Allgemeine Regeln (Rück- und Weiterverweisung).** Die gesetzliche Anknüpfung des Scheidungsstatuts in **Art. 17 aF** war nach der allgemeinen Regel des Art. 4 Abs. 1 grds. als **Gesamtverweisung** zu verstehen. Rück- und Weiterverweisungen durch im maßgeblichen fremden Recht aufgefundene Scheidungskollisionsnormen wurden danach angenommen (KG NJW 2005, 2562; OLG Stuttgart FamRZ 2005, 913; OLG Karlsruhe NJW-RR 1990, 777; OLG Hamm NJW 1991, 3099). Nur eine **Rechtswahl,** wie sie etwa auch nach Art. 14 Abs. 2 und Abs. 3 aF erfolgen konnte, verwies auch nach altem Recht wegen des entsprechenden Parteiwillens stets auf das Sachrecht.

**93** Die Rückverweisung war insbes. bei der Scheidung ursprünglich rein **türkischer Ehen** praxisrelevant, wenn nur einer der Ehegatten die deutsche Staatsangehörigkeit angenommen hatte. Sie erlaubte die Anwendung des deutschen Rechts (OLG Stuttgart FamRZ 2005, 913; KG NJW 2005, 2562; OLG Düsseldorf NJW-RR 2005, 447), was inzwischen durch Art. 8 Rom III-VO ohnehin fast stets gewährleistet sein wird (zu den Konstellationen näher nur Elden NZFam 2014, 245). Heute sind **Rückverweisungen** im Rahmen des Art. 17 **nicht** mehr **beachtlich.** Denn die Norm will sich ganz an die Rom III-VO anlehnen. Das gilt sowohl für Abs. 1 (Erman/Hohloch Rn. 3) und Abs. 2 als auch für Abs. 4 (Hausmann IntEuSchR D Rn. 48).

## III. Verfahrensrecht

**94** **1. Überblick über die Fragen des Verfahrensrechts.** Zunächst ist klar, dass für ein in Deutschland stattfindendes Verfahren die lex fori, also deutsches Recht gilt. Doch wird es nicht selten nötig, einzelne Bausteine des ausländischen Rechts in das deutsche Verfahren zu integrieren, um eine auch in den Heimatstaaten der Parteien anzuerkennende Scheidung zu erreichen (→ Rn. 99).

Eine andere Frage ist darauf gerichtet, ob überhaupt die internationale Zuständigkeit deutscher Gerichte besteht (→ Rn. 111 ff.). Aus Art. 17 bzw. der Rom III-VO lässt sich keine Zuständigkeitsgrundlage ableiten, denn sie regeln nur das Kollisionsrecht der Scheidung. Vielmehr gilt für diese Frage ausschließlich das Verfahrensrecht (OLG Karlsruhe OLGR 2009, 655 = BeckRS 2009, 23642). Dieses regelt auch, wann gerichtliche Scheidungen, die im Ausland erfolgt sind, in Deutschland anerkannt werden können (→ Rn. 127 ff.). 95

Probleme entstehen auch im internationalen Verfahrensrecht dadurch, dass dazu einerseits die autonomen deutschen Normen des internationalen Prozessrechts im FamFG vorliegen, andererseits aber das Recht der EU viele Fragen vorrangig regelt und schließlich zu einzelnen Fragen staatsvertragliche Vereinbarungen vorliegen.

Für Fragen der Zuständigkeit für das Scheidungsverfahren sowie der Anerkennung und Vollstreckung von Ehescheidungen und Sorgerechtsentscheidungen in der Europäischen Union gilt seit dem 1.3.2005 die **Brüssel IIa-VO.** Sie regelt die internationale **Zuständigkeit** für eine Ehescheidung etc umfassend – sie enthält Bestimmungen auch für die (wenigen) Fälle, in denen keiner ihrer Zuständigkeitstatbestände greift (→ Rn. 112). Bei der **Anerkennung** greift sie nur ein, soweit die Entscheidung aus einem Staat stammt, in dem die Brüssel IIa-VO ebenfalls gilt. Im Verhältnis zu Polen, Tschechien, der Slowakei, Slowenien, Ungarn, Zypern, Malta, Lettland, Litauen und Estland gilt sie seit dem 1.5.2005 (ABl. EG 2003 L 236, 33). Im Verhältnis zu Rumänien und Bulgarien gilt sie seit dem 1.1.2007 (ABl. EG 2005 L 157, 46) und im Verhältnis zu Kroatien seit dem 1.7.2013. Die Brüssel IIa-VO findet somit für alle Mitgliedstaaten der EU, mit **Ausnahme von Dänemark,** Anwendung. Die Brüssel II-VO ist noch anzuwenden für Verfahren, die vor dem 1.3.2005 eingeleitet wurden (vgl. Art. 64 Brüssel IIa-VO). Im Verhältnis zu Dänemark galt auch sie nicht. Die deutschen **Ausführungsvorschriften** finden sich im IntFamRVG. 96

Das **autonome internationale Verfahrensrecht** für die Ehescheidung ist in den §§ 98 ff. FamFG (Zuständigkeit, → Rn. 118 ff.), und §§ 107, 109 FamFG (Anerkennung, → Rn. 134 ff.) enthalten. 97

Ungeklärt ist derzeit die internationalverfahrensrechtliche Behandlung der gleichgeschlechtlichen Ehe. Weder ist geklärt, ob die Brüssel IIa-VO anwendbar ist, noch ist im autonomen Verfahrensrecht geklärt, ob die Vorschriften über die Ehe oder die Vorschriften über die eingetragene Lebenspartnerschaft (eLP) heranzuziehen sind. Für die Brüssel IIa-VO sollte man auch nach der Entscheidung Coman (→ Rn. 32) noch davon ausgehen, dass deren Anwendung zwar wünschenswert wäre, aber jedenfalls derzeit nicht angenommen werden kann (sehr str.) (für die Anwendung etwa Hausmann IntEuSchR A Rn. 32 f., mit Verweis auf ein dynamisches Verständnis des Ehebegriffs; NK-BGB/Gruber EheVO Art. 1 Rn. 3; zugeneigt auch Mankowski IPRax 2017, 541 (546) mwN; gegen die Anwendung die jedenfalls frühere hM HK-ZPO/Dörner EuEheVO Art. 1 Rn. 7; entschieden auch Rauscher/Rauscher Brüssel IIa-VO Art. 1 Rn. 6 f.; Helms FamRZ 2002, 1593 (1594)). Eine Änderung des Inhalts der Brüssel IIa-VO infolge der geänderten Haltung zur gleichgeschlechtlichen Ehe in vielen Mitgliedstaaten der EU anzunehmen, wäre angesichts der klar auf die gesetzgeberische Intention zurzeit der Entstehung abstellende Rspr. des EuGH zur Privatscheidung kaum überzeugend (näher → Rn. 32 f.). Wenn der deutsche Gesetzgeber die Anwendung wünscht, muss er dies daher erklären. Wird dementsprechend das FamFG angewendet, so ist wohl inzwischen geklärt, dass **§ 98 FamFG** für die internationale Zuständigkeit und **§ 107 FamFG** für die Anerkennung herangezogen werden soll. Zwar wird im Kollisionsrecht die gleichgeschlechtliche Ehe weiterhin im Grundsatz nach den Regeln für die eLP behandelt, was geschieht, weil ein besonderes Schutzbedürfnis gesehen und daher die Anwendung deutschen Rechts gefördert werden soll (näher → Rn. 14; → Art. 17b Rn. 4; → Art. 17b Rn. 34). Doch muss man nach der neuesten Gesetzänderung wohl sagen, dass das Fehlen jeglicher Spezialregelungen im FamFG dafür spricht, dass nun einfach das Eherecht gelten soll (so für § 98 schon zuvor Prütting/Helms/Hau FamFG § 98 Rn. 33; nunmehr deutlich auch BT-Drs 19/4670, 27). 98

**2. Durchführung der Scheidung im Inland bei ausländischem Scheidungsstatut.** 99
**a) Geltung deutschen Verfahrensrechts.** Für das Verfahren gilt bei in Deutschland durchzuführenden Scheidungen die **lex fori.** An die Stelle eines ausländischen Verfahrens tritt das inländische gerichtliche (Scheidungs-) Verfahren mit inländischen Verfahrensregeln (§§ 121 ff. FamFG) (Rauscher/Helms Rom III-VO Rn. 16; Herfarth IPRax 2000, 101 (102)). Der Scheidungsantrag wird daher nach deutschem Verfahrensrecht auf seine Zulässigkeit und nach dem Scheidungsstatut auf

seine Begründetheit geprüft. An die Stelle eines im Scheidungsstatut vorgesehenen nichtgerichtlichen Verfahrens (Verwaltungsverfahren; sondergesetzliche Scheidung; Scheidung durch Behörden oder geistliche Gerichte; Scheidung nur mit Eintragung in Register des Standesamtes) tritt das deutsche Ehescheidungsverfahren, das mit Gestaltungsbeschluss endet. Um die ausländischen Scheidungsvoraussetzungen zu erhalten, werden ausländische private oder verfahrensrechtliche Akte soweit möglich in das deutsche Verfahren integriert (näher → Rn. 107; auch → Rn. 37).

100 **b) Beachtung ausländischer Verfahrensbesonderheiten im deutschen Scheidungsverfahren. aa) Abgrenzung von materiellen und verfahrensrechtlichen Akten.** Die Abgrenzung von materiell-rechtlichen und verfahrensrechtlichen Vorschriften ist nicht immer einfach zu treffen. Insbesondere können auch bestimmte Elemente des Scheidungsverfahrens, etwa Antragserfordernisse, zur Erreichung der einvernehmlichen Scheidung materiell-rechtlichen Charakter tragen. Doch ist die Qualifikation von ausländischen Rechtsakten als materiell- oder als verfahrensrechtlich sehr wichtig. Denn materielle Rechtsakte gehören zum Scheidungsstatut und richten sich daher ohne Weiteres nach dem fremden Recht. Verfahrensrechtliche Voraussetzungen sind dagegen im Grundsatz in Deutschland nicht zu übernehmen, da für das Verfahren insgesamt die lex fori, also deutsches Recht gilt (zu Einzelfragen → Rn. 102 ff.). Im Sinne einer verbesserten Chance der Anerkennung sollten, soweit möglich, ohne Beharren auf der strengen Unterscheidung **auch verfahrensrechtliche Bestandteile** ausländischer Ehescheidungen in das deutsche Verfahren **integriert** werden. Reine Verfahrensregeln des ausländischen Scheidungsstatuts sind demgegenüber nicht zu beachten.

101 Insbesondere können im fremden Recht vorgesehene **Sühne- oder Mediationsversuche** auch im deutschen Scheidungsverfahren durchgeführt werden (OLG Frankfurt FamRZ 2001, 293; OLG Karlsruhe NJW-RR 1990, 778; OLG Bremen IPRax 1985, 47, jeweils zu gerichtlichen Sühneversuchen; OLG Hamburg FamRZ 2001, 1007 zu einem privaten Sühneversuch). Auch andere Verfahrensregeln mit materiell-rechtlichem Anteil, wie zB die Mitwirkung der **Staatsanwaltschaft** im Scheidungsverfahren, dürfen und sollten angewendet werden, wenn deutsches Verfahrensrecht entsprechenden Raum lässt und erst dadurch die nach § 98 Abs. 1 Nr. 4 FamFG zu beachtende Anerkennungsfähigkeit der deutschen Entscheidung im Ausland herbeigeführt werden kann. Die Notwendigkeit der Durchführung entfällt, wenn der betroffene Heimatstaat auf die Anwendung solcher Verfahrensregeln verzichtet (AG Lüdenscheid FamRZ 2002, 1486).

101.1 So ist es bei der Beteiligung der Staatsanwaltschaft, wie das italienische Recht sie fordert. Diese wird, anders als hier vertreten, oftmals für mit dem deutschen Verfahrensrecht nicht vereinbar gehalten und deshalb ausgeschlossen. Das ist unproblematisch, da es für die Anerkennung der in Deutschland durchgeführten Scheidung in Italien auf diese Beteiligung nicht mehr ankommt (OLG Frankfurt a. M. IPRax 1983, 193). (Zu den Folgen einer wirklichen Unvereinbarkeit von ausländischen Verfahrensvorgaben und deutschem Verfahrensrecht → Rn. 112).

102 **bb) Vorstadien und Vorbedingungen der Ehescheidung.** Einige Rechtsordnungen kennen nicht die unmittelbare Scheidung der Ehe, sondern verlangen das Durchlaufen einer Phase der Lockerung oder auch sonstige vorgelagerte Verfahrensakte. Bedeutsam ist die besonders in **Italien** verlangte **Trennung von Tisch und Bett.** Unter dem neuen italienischen Recht ist diese auf sechs Monate verkürzt, aber nicht abgeschafft worden (nur Cubeddu Wiedemann/Henrich FamRZ 2015, 1253). Hier bestimmt das ausländische Trennungsstatut den Charakter und – soweit keine gesonderte Anknüpfung gilt – die Folgen der Trennung (zur Anwendbarkeit der Rom III-VO auf solche Trennungen OLG München BeckRS 2015, 00425). Es gilt jedoch inländisches Verfahrensrecht, soweit der Vollzug der Trennung durch gerichtliches Gestaltungsurteil betroffen ist.

103 In der **Türkei** wird bei bestimmten Scheidungstatbeständen eine **gerichtliche Rückkehraufforderung** verlangt (Art. 164 Abs. 2 türk. ZGB; näher Heiderhoff IPRax 2007, 118). Unstreitig kann diese von deutschen Gerichten ausgesprochen werden. Streitig ist aber, ob dies – ganz abweichend von den türkischen Vorschriften – auf der Basis einer Sachprüfung durch Beschluss zu geschehen hat (so OLG Stuttgart FamRZ 2005, 1679), oder ob eine Anpassung deutschen Verfahrensrechts in der Weise möglich ist, dass die Gerichte tatsächlich den bloßen Formalakt durchführen, die Rückkehraufforderung auszusprechen (dafür Heiderhoff IPRax 2007, 118; jedenfalls falsch das AG Besigheim FamRZ 2005, 913, mit dem Erlass eines Urteils ohne Sachprüfung).

104 **cc) Verfahrensvorschriften bei Scheidungsfolgen und Verbund.** Eine im fremden (so wie früher nach § 630 ZPO aF auch im deutschen) Recht geregelte Pflicht, Vereinbarungen über

die Scheidungsfolgen oder Vereinbarungen über die Regelung von Umgangs- oder Sorgerecht bei **einverständlicher** Scheidung im Verfahren vorzulegen, ist idR materiell-rechtlich als Scheidungsvoraussetzung zu qualifizieren (AG Hamburg IPRax 1983, 74; Erman/Hohloch Rn. 24). Ihre Anwendung folgt also dem Scheidungsstatut. Dagegen sind die Vorschriften über das deutsche – oder ein eventuelles ausländisches – **Verbundverfahren** verfahrensrechtlicher Natur (zur Geltendmachung der Morgengabe im Verbundverfahren BGHZ 160, 332 = NJW-RR 2005, 81).

Eine Sonderfrage stellt aber die Anwendung der deutschen verfahrensrechtlichen Vorschriften auf die **Trennung von Tisch und Bett** dar. Hier finden die deutschen Verbundvorschriften nur dann entsprechende Anwendung, wenn man das Trennungsverfahren als mit der Scheidung iSd FamFG äquivalent ansieht (dafür OLG Karlsruhe FamRZ 2007, 838; 1999, 1680; OLG Frankfurt NJW-RR 1995, 139; für eine Anwendung ohne Äquivalenzprüfung Johannsen/Henrich/Henrich Anh. Art. 17 Rn. 83; MüKoBGB/Winkler v. Mohrenfels Rn. 33, 125). Ausländische Verbundvorschriften können vor deutschen Gerichten nicht angewendet werden. Versucht werden kann aber wiederum, vom ausländischen Recht gewünschte Ergebnisse über die Anwendung entsprechender deutscher Parallelvorschriften zu erreichen. **105**

**dd) Nichtbeachtung zusätzlicher Wirksamkeitserfordernisse.** Wenn das Scheidungsstatut neben einem Gestaltungsurteil die **Eintragung der Scheidung in ein Register** des Standesamts des Heimat- oder Aufenthaltslandes erfordert (nicht mehr in Belgien und den Niederlanden, aber noch in Italien (zu letzterem Bergmann/Ferid/Henrich/Cubeddu Wiedemann Länderbericht Italien, 42), ist das inländische Gestaltungsurteil ohne eine solche Eintragung ausreichend. Denn diese Eintragung ist nur ausländischer Verfahrensbestandteil. Sie ist dem Einfluss des inländischen Verfahrens daher völlig entzogen und wird aus deutscher Sicht durch das inländische Verfahren vollständig ersetzt (Kegel/Schurig IPR § 20 VII 3b). Das hat freilich die unerfreuliche Folge, dass dadurch die Ehe im Inland geschieden ist, im Staat des Scheidungsstatuts möglicherweise aber noch wirksam bleibt („hinkende“ Scheidung bzw. Ehe). Teils wird daher vorgeschlagen, wenigstens einen Hinweis auf die Notwendigkeit der Registrierung in den Urteilsgründen der deutschen Entscheidung aufzunehmen (so Erman/Hohloch Rn. 25). Für die unmittelbare Wirksamkeit der Scheidung hilft ein solcher Hinweis aber nicht weiter, wenn er von den Parteien nicht (freiwillig) befolgt wird. **106**

**c) Umgang mit vom ausländischen Scheidungsrecht vorgegebenen privaten Rechtsakten im deutschen Scheidungsverfahren. aa) Einbindung in das Verfahren.** Wenn das Scheidungsstatut private Rechtsakte der Parteien vorsieht, sind diese im Regelfall innerhalb des deutschen Verfahrens zu erfüllen. Es gilt nicht etwa ersatzweise deutsches Recht, da sonst die Anerkennung der Scheidung im Heimatstaat (bzw. im sonstigen Ausland) gefährdet wäre und es zu hinkenden Ehen käme. Der **Vollzug der Scheidung** in Deutschland geschieht dabei jedoch in jedem Fall durch gerichtlichen **Gestaltungsbeschluss.** Dies gilt auch, wenn das Scheidungsstatut eine Scheidung durch Rechtsgeschäft oder durch Verstoßung kennt (ganz hM, BGHZ 160, 332 = NJW-RR 2005, 81; OLG München IPRax 1989, 238; Henrich IntScheidungsR Rn. 97; für inländisches Feststellungsurteil, dass Ehe nicht mehr besteht, hingegen Kegel/Schurig IPR § 20 VII 3b). Die einverständliche Privatscheidung (Beispiele bei → Rn. 29) kann jedoch innerhalb des gerichtlichen Verfahrens vor dem inländischen Gericht vorgenommen werden. Auch die islamische Verstoßung – talaq – wird vor dem deutschen Gericht erklärt (BGHZ 160, 332 = NJW-RR 2005, 81; AG Esslingen IPRax 1993, 250; AG Hamburg FamRZ 1980, 453; entschieden dagegen aber MüKoBGB/Winkler v. Mohrenfels Rn. 16; Staudinger/Mankowski, 2010, Rn. 207 ff.). Das Gericht kann sich auch auf zwischen den Parteien bereits vor Durchführung des Gerichtsverfahrens durchgeführte private Erklärungen stützen. So wird zum einen berücksichtigt, dass die **Privatscheidung** entspr. dem Scheidungsstatut als **materiell-rechtliche Grundlage** des deutschen gerichtlichen Scheidungsbeschlusses verstanden werden muss (Staudinger/Mankowski, 2010, Rn. 185; Junker IPR Rn. 533). Zum anderen wird den deutschen Verfahrensvorstellungen Rechnung getragen. **107**

Muss eine private Erklärung **erzwungen** werden – etwa der Ausspruch der Verstoßung durch den Mann – gilt § 894 ZPO (vgl. § 120 Abs. 1 FamFG). Der betroffene Ehegatte wird zur Abgabe der Erklärung verurteilt und sie gilt mit Rechtskraft des Urteils bzw. Beschlusses als abgegeben (BGHZ 160, 332 = NJW-RR 2005, 81). **108**

Die Grenze für die Durchführung solcher privater Scheidungserklärungen vor deutschen Gerichten bildet der allgemeine ordre public-Vorbehalt nach Art. 6. Nach diesem wird, wie in → Rn. 50 f. erläutert, eine Ergebniskontrolle durchgeführt: Wäre die Anwendung des ausländischen Rechts aus deutscher Sicht iErg mit wesentlichen Grundsätzen des deutschen Rechts unvereinbar, so kann sie nicht erfolgen. Nach diesem Maßstab wird eine Scheidung durch (vor Gericht noch- **109** mals ausgesprochene) **Verstoßung** (talaq) **vor deutschen Gerichten** dann durchgeführt, wenn eine freie Zustimmung der Ehefrau zu dieser Scheidungsform vorliegt. Dann handelt es sich im Grunde um eine einvernehmliche Scheidung (AG Hamburg FamRZ 1980, 453; OLG München IPRax 1989, 238 (241); AG Bonn IPRax 1985, 165; AG Esslingen IPRax 1993, 250 (251); NK-BGB/Gruber Rn. 35; → VO (EU) 1259/2010 Art. 10 Rn. 11; Junker IPR Rn. 533; aA Erman/Hohloch Rn. 27: für „Umdeutung in Konventionalscheidung"). Die Ehe ist außerdem dann idR zu scheiden, wenn eine Scheidung nach deutschem Recht ebenfalls gegen den Willen des anderen Ehegatten möglich wäre – wie es nach einem Getrenntleben von mehr als drei Jahren stets der Fall ist (→ VO (EU) 1259/2010 Art. 12 Rn. 5) (AG Kulmbach FamRZ 2004, 631; OLG München IPRax 1989, 238 (241)).

110 **bb) Insbesondere: Rechtsordnungen mit ausschließlicher Scheidungszuständigkeit nichtstaatlicher Gerichte.** Insbesondere in Israel und in einigen islamischen Rechtsordnungen sieht das Scheidungsstatut nicht die rein private Scheidung vor, sondern die Scheidung durch ein religiöses Gericht. Wenn diese Zuständigkeit eine ausschließliche (mit Einzelheiten zum in Israel geltenden jüdischen Recht, wo dies der Fall ist, Elmaliah/Thomas FamRZ 2018, 739 (742 f.)) ist, muss überlegt werden, wie sie überwunden werden kann, um die Scheidung in Deutschland zu ermöglichen. Jedenfalls kann es nicht sein, dass die Scheidung in Deutschland dann verweigert wird (so aber KG FamRZ 1994, 839; IPRax 2000, 126; wie hier dagegen Henrich IPRax 1995, 86; Staudinger/Mankowski, 2010, Rn. 219 ff.). Qualifiziert man die Zuständigkeit des religiösen Gerichts verfahrensrechtlich, so kann sie ohne Weiteres durch Anwendung der lex fori überwunden werden (BGHZ 160, 332 Rn. 37 = NJW-RR 2005, 81 – jedenfalls soweit das Sachrecht nicht dermaßen eng mit dem Verfahrensrecht verknüpft sei, dass eine Trennung ausscheidet; jurisPK-BGB/Ludwig Rn. 26; Prütting/Helms/Hau FamFG Vor §§ 98–106 Rn. 42 mit dem Hinweis, dass gleichzeitig eine Anpassung nötig sein kann; aA Erman/Hohloch Rn. 16 aE: Verstoß gegen den ordre public).

111 **3. Zuständigkeit (Grundsatz und Verbundprinzip). a) Recht der EU. aa) Brüssel IIa-VO.** Die internationale Zuständigkeit der Gerichte der EU-Staaten in Scheidungssachen ist in Art. 3–7 Brüssel IIa-VO geregelt. Vom 1.3.2001 bis zum 28.2.2005 galten die Art. 2–6 Brüssel II-VO (Vogel MDR 2000, 1045; Hau FamRZ 1999, 484). Zum räumlichen Anwendungsbereich, zum Inkrafttreten in Bezug auf die Beitrittsstaaten, sowie zur Ausnahme Dänemarks → Rn. 96. Zuvor galt das autonome nationale Recht, also insbes. § 606a ZPO aF.

112 **bb) Erfasste Rechtsfragen.** Die Brüssel IIa-VO erfasst nur die Scheidung selbst, sowie die ausdrücklich genannten Folgesachen (insbes. elterliche Sorge). Soweit eine Folgesache nicht durch die Brüssel IIa-VO erfasst ist, gelten die autonomen nationalen Regelungen. Dies gilt namentlich für die internationale Verbundzuständigkeit nach § 98 Abs. 2 FamFG, die nicht durch die Brüssel IIa-VO ausgeschlossen wird (Rauscher/Rauscher Brüssel IIa-VO Art. 1 Rn. 17; Prütting/Helms/Hau FamFG § 98 Rn. 39 ff.). Für **Unterhaltsverfahren** galt im Verhältnis zu den EU-Mitgliedstaaten bis zum 17.6.2011 (einschließlich) die Brüssel I-VO. Seit dem 18.6.2011 gilt die EuUnthVO (näher → HUP 2007 Art. 1 Rn. 25).

113 **cc) Zuständigkeitstatbestände.** Die Möglichkeit einer Gerichtsstandsvereinbarung für die Scheidung besteht nach der Brüssel IIa-VO nicht. Auch die am 25.6.2019 beschlossene **Neufassung** der Brüssel IIa-VO sieht insofern keine Änderung vor (Verordnung des Rates über die Zuständigkeit, die Anerkennung und Vollstreckung von Entscheidungen in Ehesachen und in Verfahren betreffend die elterliche Verantwortung und über internationale Kindesentführungen (Neufassung), ABl. EU 2019 L 178, 1). Die **allgemeine Zuständigkeit** kann nach Art. 3 Abs. 1 lit. a Brüssel IIa-VO zunächst durch **gewöhnlichen Aufenthalt** begründet werden. Hier seien die Zuständigkeitstatbestände der Vereinfachung halber nur aus der Sicht des deutschen Gerichts dargestellt. Die Zuständigkeit kann durch den gewöhnlichen Aufenthalt beider oder eines Ehegatten in Deutschland begründet werden (für einen abgelehnten Asylbewerber OLG Frankfurt FamRZ 2019, 1532; Koblenz FamRZ 2009, 611 für Iraner; AG Leverkusen FamRZ 2006, 950). Hierbei reichen der gemeinsame gewöhnliche Aufenthalt, der letzte gemeinsame gewöhnliche Aufenthalt sowie der Aufenthalt des Antragsgegners (bzw. bei gemeinsamer Antragstellung eines Ehegatten) ohne Weiteres aus. Hat nur der Antragsteller seinen gewöhnlichen Aufenthalt in Deutschland, so muss es sich um einen Aufenthalt von wenigstens einem Jahr handeln. Ist der Antragsteller deutscher Staatsangehöriger, so reicht es, wenn er sich seit sechs Monaten vor der Antragstellung in Deutschland aufgehalten hat. Hierin wird in aller Regel ein Verstoß gegen das Diskriminierungsverbot erblickt (Helms FamRZ 2002, 1593 (1596) mwN). Zumindest aber wird die Personenverkehrsfreiheit im Binnenmarkt nicht gefördert, wenn bestimmte Vorgänge – wie

die Ehescheidung – am leichtesten im Heimatstaat erreicht werden können. Hinzu kommt die Begründung der Zuständigkeit durch gemeinsame Staatsangehörigkeit eines Mitgliedstaates bzw. durch gemeinsames domicile im Vereinigten Königreich oder Irland (Art. 3 Abs. 1 lit. b Brüssel IIa-VO). Es wird ganz überwiegend angenommen, dass eine Übereinstimmung auch der nicht effektiven Staatsangehörigkeit des betreffenden Mitgliedstaats ausreichen soll (so auch EuGH ECLI:EU:C:2009:474 = EuZW 2009, 619 – Hadadi; Dilger, Die Regelungen zur internationalen Zuständigkeit in Ehesachen in der Verordnung (EG) Nr. 2201/2003, 2004, Rn. 483 ff.; Hau FamRZ 2000, 1333 (1337); abl. Kohler FamRZ 2009, 1574). Die Brüssel IIa-VO regelt nicht die Folgesachen und kennt daher auch **keine** internationale **Verbundzuständigkeit** für Folgesachen (EuGH ECLI:EU:C:2018:10 = BeckRS 2018, 581 – PM; dazu Kohler/Pintens FamRZ 2018, 1369 (1380)). Doch richtet sich die Zuständigkeit für **Güterrechtssachen** nach Art. 5 Abs. 1 EuGüVO (meist) danach, wo das Scheidungsverfahren anhängig ist (näher Simotta ZVglRWiss 2017, 44 (52 ff.)). Die internationale Zuständigkeit für **Unterhaltssachen** bestimmt sich nach der **EuUnthVO** (→ HUP 2007 Art. 1 Rn. 4; → HUP 2007 Art. 1 Rn. 72 ff.), wo Art. 3 lit. c EuUnthVO zumindest die Möglichkeit der Anrufung des mit der Scheidung befassten Gerichts vorsieht.

Die Brüssel IIa-VO ist immer anwendbar. Sie gilt also auch, wenn beide Ehegatten Staatsange- **114** hörige von **Drittstaaten** sind. Es müssen lediglich die Voraussetzungen des jeweiligen Zuständigkeitstatbestands erfüllt sein. Insbesondere reicht also der gewöhnliche Aufenthalt in Deutschland (bzw. einem Mitgliedstaat).

Die durch Art. 3 Brüssel IIa-VO begründete Zuständigkeit ist gem. Art. 6 Brüssel IIa-VO **115** **ausschließlich,** wenn der beklagte Ehegatte seinen gewöhnlichen Aufenthalt in einem Mitgliedstaat der EU hat oder die Staatsangehörigkeit dieses Staates besitzt oder sein domicile in Irland oder im Vereinigten Königreich hat (EuGH ECLI:EU:C:2007:740 = NJW 2008, 207 – Lopez). Näher zur Bedeutung der Art. 6, 7 sowie zur ergänzenden Anwendbarkeit des autonomen Rechts → Rn. 118 ff.

Für den **einstweiligen Rechtsschutz** gilt Art. 20 Brüssel IIa-VO. Nach hM sind dadurch in **116** dringenden Fällen neben den Zuständigkeiten nach den Zuständigkeitstatbeständen der Brüssel IIa-VO auch die Zuständigkeitstatbestände des nationalen Rechts eröffnet (→ Rn. 124). Eine Anerkennung nach der Brüssel IIa-VO ist dann allerdings nicht möglich. Vorliegen muss der in der Norm beschriebene Bezug zu in diesem Staat befindlichen Personen oder Vermögen (MüKoBGB/Heiderhoff Brüssel IIa-VO Art. 20 Rn. 8; Zöller/Geimer Brüssel IIa-VO Art. 20 Rn. 7 ff.).

**b) Staatsverträge.** Internationale Übereinkommen, welche Regelungen zur internationalen **117** Zuständigkeit in Ehescheidungssachen enthalten, sind für Deutschland nicht in Kraft. Anders ist es bei bestimmten Folgesachen, wie zB der elterlichen Sorge (KSÜ).

**c) Autonomes Recht. aa) Zuständigkeitstatbestände.** § 98 FamFG (früher § 606a ZPO) **118** regelt die internationale Zuständigkeit deutscher Gerichte in Ehesachen gegenüber der Brüssel IIa-VO nur noch subsidiär (Art. 7 Brüssel IIa-VO). Seine Bedeutung ist dabei, soweit es um die eigentliche Ehescheidung geht, gering (Bork/Jacoby/Schwab/Heiderhoff FamFG § 98 Rn. 13). Bedeutung hat die Norm aber für die Auflösung von Lebenspartnerschaften (iVm § 109 FamFG; näher → Art. 17b Rn. 68) und für Entscheidungen in Ehesachen, die nicht die Auflösung der Ehe iSd Brüssel IIa-VO betreffen. Für die Ehescheidung oder Ehetrennung kann § 98 Abs. 1 FamFG wegen Art. 6 Brüssel IIa-VO jedenfalls nur noch dann eingreifen, wenn der Antragsgegner nicht die Staatsangehörigkeit eines Mitgliedstaates besitzt und seinen gewöhnlichen Aufenthalt außerhalb der EU hat (vgl. Art. 6 Brüssel IIa-VO). Streitig ist jedoch die Bedeutung des Art. 7 Abs. 1 Brüssel IIa-VO. Die hM vertritt überzeugend, dass die Brüssel IIa-VO auch in diesen Fällen das nationale Recht verdrängt, soweit die Brüssel IIa-VO nur irgendeinen Gerichtsstand in der EU begründet. Erst wenn es also nach der Brüssel IIa-VO gar keinen Gerichtsstand in der EU gibt, wird § 98 FamFG danach „freigegeben" (ausf. Bork/Jacoby/Schwab/Heiderhoff FamFG § 98 Rn. 13 ff.; Prütting/Helms/Hau FamFG § 98 Rn. 29; Hau FamRZ 2000, 1333 (1340); NK-BGB/Gruber Brüssel IIa-VO Art. 7 Rn. 1 ff.; Zöller/Geimer Brüssel IIa-VO Art. 6 Rn. 9; aA Rauscher/Rauscher Brüssel IIa-VO Art. 6 Rn. 6 ff. mwN). Daraus folgt insgesamt, dass vor allem noch die Zuständigkeit nach § 98 Abs. 1 Nr. 1 FamFG relevant sein kann. Sie greift, wenn der antragstellende Ehegatte die deutsche Staatsangehörigkeit besitzt und beide Parteien sich gewöhnlich außerhalb der EU aufhalten, bzw. der Antragsteller jedenfalls keinen privilegierten gewöhnlichen Aufenthalt iSd Art. 3 Abs. 1 lit. a Spiegelstrich 5, 6 Brüssel IIa-VO in einem Mitgliedstaat hat (so auch Prütting/Helms/Hau FamFG § 98 Rn. 29).

Die sich aus § 98 FamFG ergebende Zuständigkeit gilt aber nicht mehr nur für deutsche **119** Staatsangehörige, sondern iVm Art. 7 Abs. 2 Brüssel IIa-VO für Angehörige aller Mitgliedstaaten, die ihren gewöhnlichen Aufenthalt in Deutschland haben (Hau FamRZ 2000, 1333, 1340; Zöller/Geimer Brüssel IIa-VO Art. 7 Rn. 2). § 98 Abs. 1 Nr. 1 FamFG greift wegen Art. 7 Abs. 2 Brüssel IIa-VO daher auch dann ein, wenn der Antragsteller nicht die deutsche Staatsangehörigkeit hat, sondern Staatsangehöriger eines anderen Mitgliedstaates ist und sich gewöhnlich in Deutschland aufhält. Allerdings gilt auch das nur, wenn dieser Aufenthalt seit weniger als zwölf Monaten besteht. Denn sonst würde, wie gezeigt (→ Rn. 113), vorrangig Art. 3 Brüssel IIa-VO eingreifen. § 98 Abs. 1 Nr. 4 FamFG hat damit für EU-Bürger seine Bedeutung verloren. Die negative **Anerkennungsprognose** findet für sie keine Anwendung mehr (OLG Stuttgart FamRZ 2004, 1382), weil § 98 Abs. 1 Nr. 1 FamFG vorrangig eingreift. Nur wenn der Antragsteller seinen gewöhnlichen Aufenthalt in Deutschland hat, sich hier aber seit weniger als einem Jahr aufhält (sonst greift Art. 3 Abs. 1 lit. a Spiegelstrich 5) und nicht Staatsangehöriger eines Mitgliedstaats ist, kann § 98 Abs. 1 Nr. 4 FamFG noch eingreifen. Es sei daher nur kurz darauf hingewiesen, dass an die Offensichtlichkeit der Nichtanerkennung in der Praxis ohnehin hohe Anforderungen gestellt werden (OLG Frankfurt FamRZ 1992, 700; OLG Hamm StAZ 1994, 221; IPRax 1987, 250 – zugängliche Quellen für das ausländische Anerkennungsrecht sind zB Staudinger/Spellenberg, Internationales Verfahrensrecht in Ehesachen, Anh. FamFG § 98; Bergmann/Ferid/Henrich, Internationales Ehe- und Kindschaftsrecht, Länderberichte). Eine nur geringe Wahrscheinlichkeit einer Anerkennung reicht zur Annahme der internationalen Zuständigkeit schon aus, sodass die Bedeutung der Anerkennungsprognose auch als solche nicht groß ist.

120 **Prozesskostenhilfe** wird jedoch auch bei Vorliegen einer Zuständigkeit nicht gewährt, wenn mit einer Anerkennung der Ehe in dem gemeinsamen Heimatstaat beider Ehegatten nicht gerechnet werden kann (OLG Stuttgart FamRZ 2004, 1382).

121 **bb) Bedeutung des § 98 FamFG für die Anerkennung.** Wegen § 109 Abs. 1 Nr. 1 FamFG hat § 98 FamFG auch für die Anerkennung von ausländischen Ehescheidungen Bedeutung. Die dort bestimmte Notwendigkeit der Zuständigkeit des ausländischen Gerichts für die Anerkennung in Deutschland gilt aber nur, solange nicht der Anwendungsbereich der Brüssel IIa-VO eröffnet ist (→ Rn. 127 ff.). Damit wurde die bestehende Rechtslage in das FamFG übernommen. Zur Ermittlung der Zuständigkeit des entscheidenden ausländischen Gerichts ist § 98 FamFG spiegelbildlich heranzuziehen. Es reicht also der gewöhnliche Aufenthalt des Klägers im Scheidungsstaat. Wenn durch § 98 Abs. 1 S. 1 FamFG auch eine internationale Zuständigkeit in Deutschland begründet ist, schließt diese, wie § 106 FamFG jetzt ausdrücklich bestimmt, die Zuständigkeit ausländischer Gerichte und damit die Anerkennung einer im Ausland ergangenen Ehescheidung nicht aus. Ergänzend darf im Rahmen des Spiegelbildgrundsatzes auf Art. 3 ff. Brüssel IIa-VO Bezug genommen werden.

122 **cc) Verbundzuständigkeit.** § 98 Abs. 2 FamFG bestimmt nunmehr ausdrücklich die zuvor aus der analogen Anwendung des § 621 ZPO abgeleitete sog. internationale Verbundzuständigkeit. Deutsche Gerichte sind danach auch dann für Folgesachen zuständig, wenn bei isolierter Betrachtung eine internationale Zuständigkeit nicht gegeben wäre. Ungeachtet der Formulierung des § 98 Abs. 2 FamFG sind im **Ehetrennungsverfahren** die Regeln zur Verbundzuständigkeit entspr. anzuwenden (Prütting/Helms/Hau FamFG § 98 Rn. 41 mwN). Welche Folgesachen im Verbund entschieden werden können, richtet sich nach § 137 Abs. 2 FamFG. Nach § 137 Abs. 2 S. 1 Nr. 1 FamFG kann zunächst der **Versorgungsausgleich** einbezogen werden. Die Zuständigkeit für einen isolierten Versorgungsausgleich ist nun in § 102 FamFG geregelt (vgl. BR-Drs. 309/07, 488 f.; BT-Drs. 16/6308, 221). Die bis 2009 erforderliche Analogie zu § 606a Abs. 1 ZPO aF ist somit nicht mehr nötig (zur früheren Rechtslage BGH NJW-RR 1994, 834; aA Staudinger/Spellenberg, Internationales Verfahrensrecht in Ehesachen, 14. Aufl. 2005, ZPO § 606a Rn. 276 ff.). § 98 Abs. 2 FamFG kann aber dann nicht eingreifen, wenn sich die internationale Zuständigkeit für die Folgesache nach einer vorrangigen **EU-Verordnung** richtet. Das betrifft vor allem die **Güterrechtssachen,** wo für ab dem 29.1.2019 anhängig gemachte Verfahren die EuGüVO gilt (→ Rn. 113). Auch **Ehewohnungs- und Haushaltssachen** fallen in diesen Fällen unter die EuGüVO. Diese Angelegenheiten können als Folgesachen daher nur noch dann gem. § 137 Abs. 2 S. 1 Nr. 3 bzw. Nr. 4 FamFG in den Verbund einbezogen werden, wenn sich aus der EuGüVO eine Zuständigkeit der deutschen Gerichte ergibt. Verdrängt wird die Regelung zum internationalen Entscheidungsverbund auch durch die **EuUnthVO.** Jedoch kennt Art. 3 lit. c EuUnthVO ebenfalls eine (optionale) Verbundzuständigkeit, die in §§ 25 f. AUG aufgegriffen und ausgestaltet worden ist. Die weiteren Folgesachen gem. § 137 Abs. 3 FamFG (**Sorge-, Umgangsrecht** und Kindesherausgabe) können zwar ebenfalls in den internationalen Entscheidungsverbund des § 98 Abs. 2 FamFG einbezogen werden. Abgesehen davon, dass sich dies schon nach nationalem Verfahrensrecht nicht immer anbietet (Prütting/Helms/Helms FamFG § 137

Rn. 58 ff.), wird jedoch auch hier die Einbeziehung sehr weitreichend durch **Gemeinschafts- oder Konventionsrecht verdrängt** und erfolgt somit allenfalls noch dann, wenn die Zuständigkeitstatbestände der Brüssel IIa-VO oder des KSÜ eine Zuständigkeit deutscher Gerichte vorsehen.

Ist ein Scheidungsverfahren im Ausland anhängig, können deutsche Gerichte gleichwohl über Folgesachen entscheiden. Es gibt also **keine internationale Verbundunzuständigkeit** (Staudinger/Spellenberg, 2015, Brüssel IIa-VO Art. 19 Rn. 21; Bork/Jacoby/Schwab/Heiderhoff FamFG § 98 Rn. 28 f.; Hau FamRZ 2009, 823, (824); zum alten Recht OLG Düsseldorf IPRax 1983, 129; OLG Frankfurt NJW-RR 1990, 647; Schwolow FPR 2002, 605 (608)). Die ausländische Rechtshängigkeit ist aber zu beachten, wenn die Verbundsache im Ausland bereits rechtshängig ist und sich der Streitgegenstand des ausländischen Verfahrens mit dem inländischen Verfahren deckt (näher → Rn. 152) (s. nur Staudinger/Spellenberg, 2015, FamFG § 98 Rn. 281; Staudinger/Henrich, 2014, Art. 21 Rn. 151a). 123

**dd) Einstweilige Anordnung.** Die Zuständigkeit für das Eilverfahren richtet sich gem. Art. 20 Brüssel IIa-VO zunächst nach den allgemeinen Vorschriften, also nach Art. 3 ff. Brüssel IIa-VO. Jedoch erlaubt Art. 20 Brüssel IIa-VO bei Vorliegen der Voraussetzungen (insbes. Dringlichkeit, Inlandsbezug) einen Rückgriff auf nationale Zuständigkeiten. Hier gelten die §§ 98 ff. FamFG. § 50 FamFG, der an die Zuständigkeit in der Hauptsache anknüpft, begründet keine eigenständige internationale Zuständigkeit (OLG Karlsruhe FamRZ 2014, 1565; Keidel/Giers FamFG § 50 Rn. 5). Ist das Verfahren (nur) im Ausland anhängig, ist weiterhin streitig, ob und unter welchen Voraussetzungen überhaupt Eilrechtsschutz im Inland erlangt werden kann. Dafür spricht nicht nur die Unabhängigkeit des Eilrechtsschutzes nach §§ 49 ff. FamFG. Auch Art. 20 Brüssel IIa-VO enthält keine entgegenstehenden Voraussetzungen. Daher sollte man die Zulässigkeit bejahen, wenn ein (eng zu verstehendes) eiliges Rechtsschutzbedürfnis hierfür besteht. Es greift auch dann der für die entsprechende Sache jeweils geltende Zuständigkeitstatbestand – also zB §§ 105, 213 Abs. 2 FamFG. Für Maßnahmen zum Schutz betroffener Kinder gelten Art. 11, 12 KSÜ. 124

**ee) Wesenseigene Unzuständigkeit.** In extrem gelagerten Einzelfällen ist die internationale Zuständigkeit verneint worden, weil das Scheidungsstatut von dem deutschen Gericht eine **„wesensfremde"** gerichtliche Tätigkeit erforderte (KG FamRZ 1994, 839: Rabbinatsscheidung). Jedoch dürfte sich (fast) immer eine rechtliche Lösung finden, die auf der einen Seite den Anforderungen des ausländischen Scheidungsverfahrens genügt, auf der anderen Seite aber für das deutsche Gericht durchführbar ist. Zumeist wird die Anwendung einer derart wesensfremden ausländischen Sachvorschrift ohnehin gegen den deutschen ordre public verstoßen und kann schon aus diesem Grund übergangen werden (näher Bork/Jacoby/Schwab/Heiderhoff FamFG § 98 Rn. 21). 125

**d) Folgen fehlender internationaler Zuständigkeit.** Die internationale Zuständigkeit ist in jeder Lage des Verfahrens von Amts wegen zu prüfen (BGH NJW 2016, 3174; BGHZ 184, 269 = NJW 2010, 1351; BGHZ 120, 29 = NJW 1993, 848). Eine rechtskräftige inländische gerichtliche Entscheidung ist jedoch trotz Zuständigkeitsmangels **wirksam** (BGH NJW 1999, 1871; LG Bonn StAZ 1989, 354; Kegel/Schurig IPR § 22 II, 1053). Freilich droht die Nichtanerkennung der deutschen Scheidung im Ausland. 126

**4. Anerkennung. a) Überblick.** Bei der Anerkennung muss unterschieden werden, in welchem Staat und in welcher Form die Ehescheidung erfolgt ist. Für Ehescheidungen, die durch Gerichte oder Behörden eines Mitgliedstaats der EU erfolgt sind, muss die **vorrangige Geltung des Rechts der EU** beachtet werden. Hier gilt insbes. die Brüssel IIa-VO (zu deren räumlichen und zeitlichen Anwendungsbereich → Rn. 96). Nach Art. 21 ff. Brüssel IIa-VO erfolgt die Anerkennung ausländischer Entscheidungen ipso iure (näher → Rn. 131). 127

Das Luganer Übereinkommen (Übereinkommen über die gerichtliche Zuständigkeit und die Vollstreckung gerichtlicher Entscheidungen in Zivil- und Handelssachen vom 16.9.1988, BGBl. 1994 II 2660; revidiert durch LugÜ II, ABl. EU 2007 L 339, 3) gilt nach Maßgabe des Art. 1 Abs. 2 Nr. 1 in Scheidungssachen nicht. Relevant ist das LugÜ aber noch für im Rahmen von Scheidungen erlassene Unterhaltsregelungen und einstweilige Unterhaltsanordnungen im Verhältnis zu Island, Norwegen und der Schweiz (näher → HUP 2007 Art. 1 Rn. 64) (BGHZ 171, 310 = NJW 2007, 3432; EuGH Slg. 1980, 731 = NJW 1980, 1218 – de Cavel). 128

**Gerichtliche und behördliche Ehescheidungen,** die **nicht** aus einem **EU-Mitgliedstaat** stammen, werden nach § 107 FamFG iVm § 109 FamFG anerkannt. Nach § 107 FamFG dürfen ausländische gerichtliche und behördliche Ehescheidungen ausschließlich in dem dort vorgegebenen förmlichen Verfahren anerkannt werden (→ Rn. 135 f.). Für das Eingreifen des § 107 FamFG reicht, anders als für das Eingreifen der Brüssel IIa-VO, auch die bloße nicht konstitutive Beteili- 129 gung einer Behörde (OLG Frankfurt FamRZ 2005, 989; zu allem näher Heiderhoff StAZ 2009, 328). Die Anerkennung von **Privatscheidungen,** bei denen keine Behörde mitgewirkt hat, kann dagegen inzident oder in einem gerichtlichen Feststellungsverfahren geklärt werden (→ Rn. 141).

**130** **b) Recht der EU. aa) Brüssel IIa-VO. (1) Geltungsbereich.** Die Brüssel IIa-VO (zum räumlichen und zeitlichen Geltungsbereich → Rn. 96) gilt für die Anerkennung von Scheidungen (→ Rn. 107), die durch „Entscheidung" eines Gerichts oder einer Behörde eines Mitgliedstaats der EU ausgesprochen worden sind (Art. 2, 21 Brüssel IIa-VO). Sie gilt also nicht für Privatscheidungen. Der **EuGH** hat zudem den Weg für eine erweiterte Anwendung der Art. 21 ff. Brüssel IIa-VO, wie oben gezeigt, ohne Not versperrt (zur Entscheidung Sahyouni II des EuGH, die noch nicht einmal eine Entscheidung aus einem anderen Mitgliedstaat betraf, → Rn. 32 f.). Scheidungen, bei denen zwar eine behördliche Registrierung nötig ist, der konstitutive Akt aber privat erfolgt, wie es in einige EU-Mitgliedstaaten nun möglich ist, können somit derzeit nicht nach der Brüssel IIa-VO anerkannt werden (zur **Reform** → Rn. 130.1). Die in den verschiedenen EU-Mitgliedstaaten möglichen Formen der halb oder vollständig privaten Scheidungen unterscheiden sich voneinander (näher Mayer StAZ 2018, 106), und es sollte, wie oben schon gezeigt, bei der Einordnung als privat oder „hoheitlich" nach der gesetzlichen Ausgestaltung im jeweiligen Einzelfall unterschieden werden (→ Rn. 27 ff.). In der Regel wird man ein Eingreifen der Brüssel IIa-VO aber nicht begründen können. Auch Scheidungen durch **religiöse Gerichte,** die aber in der EU selten sein dürften, fallen **nicht** unter die Brüssel IIa-VO (s. nur Rauscher/Rauscher, Brüssel IIa-VO Art. 2 Rn. 7 ff.; für eine Einordnung der jüdischen Scheidung als gerichtliche Scheidung aber nachdrücklich Elmaliah/Thomas FamRZ 2018, 739 (745 f.)).

**130.1** Eine **Neufassung der Brüssel IIa-VO** wurde am 25.6.2019 vom Rat verabschiedet (Brüssel IIb-VO = VO (EU) 2019/1111, ABl. EU 2019 L 178, 1). Sie tritt am 22.7.2019 in Kraft, gilt jedoch nach Art. 105 Abs. 2 Brüssel IIb-VO in ihren wesentlichen Teilen erst **ab dem 1.8.2022.** Das Eherecht wurde mangels Einigungsbereitschaft mehrerer Mitgliedstaaten weitgehend ausgespart. Doch sind nun überraschend in Art. 65 ff. Brüssel IIb-VO neue Bestimmungen zur Anerkennung von **Privatscheidungen** aufgenommen worden. Diese werden ganz ähnlich wie Gerichtsentscheidungen anerkannt, wobei die Voraussetzungen an die Besonderheiten der Privatscheidung angepasst sind. So muss nach Art. 66 Brüssel IIb-VO ein bestimmten Formvorgaben entsprechendes Zertifikat vorgelegt werden, und die Anerkennung erfolgt nur unter den in Art. 68 Abs. 1 Brüssel IIb-VO bestimmten Voraussetzungen. Dabei wurde die Zustimmung aller Mitgliedstaaten (die im Eherecht lange Zeit völlig ausgeschlossen schien) offenbar dadurch errungen, dass es den Mitgliedstaaten freigestellt wurde, die Prüfung der Anerkennungsvoraussetzungen (ganz generell, also auch für alle Gerichtsentscheidungen) anders als von der Kommission avisiert auch weiterhin von Amts wegen vorzunehmen (dazu insbes. Erwägungsgrund 54 Brüssel IIb-VO nF).

**131** **(2) Anerkennungsverfahren.** Für die Anerkennung von Entscheidungen aus einem Mitgliedstaat der EU gilt nicht das Anerkennungsmonopol nach § 107 FamFG. Im Normalfall erfolgt die **automatische Anerkennung.** Wird die Wirksamkeit der Entscheidung in einem Gerichtsverfahren relevant, prüft das Gericht sie inzident. Eine rechtskräftige Feststellung der Anerkennung (oder der Nichtanerkennung) kann nur bei einem entsprechenden Interesse nach Art. 21 Abs. 3 Brüssel IIa-VO erreicht werden. Dieses ist bei den Ehegatten idR zu bejahen (Rauscher/Rauscher Brüssel IIa-VO Art. 21 Rn. 34). Das Verfahren der Anerkennung bestimmt sich in diesem Fall nach §§ 10 ff. IntFamRVG (Rauscher/Rauscher Brüssel IIa-VO Art. 21 Rn. 38 ff.).

**132** **(3) Anerkennungsvoraussetzungen.** Die Anerkennung darf nur verweigert werden, wenn die in Art. 22 Brüssel IIa-VO genannten Gründe gegeben sind. Keinesfalls darf sie wegen fehlender Zuständigkeit versagt werden. Darin liegt der wesentliche inhaltliche Unterschied zum autonomen Recht. Die in Art. 22 Brüssel IIa-VO genannten Gründe sind: Der Verstoß gegen den ordre public, der aber innerhalb der EU selten sein wird (lit. a); die Verletzung des rechtlichen Gehörs iSd lit. b; die Unvereinbarkeit mit einer zwischen denselben Personen im Anerkennungsstaat ergangenen Entscheidung (lit. c) sowie die Unvereinbarkeit mit einer in einem Drittstaat ergangenen, anerkennungsfähigen Entscheidung (lit. d).

**133** **bb) Staatsverträge.** Für die Anerkennung von Ehescheidungen gelten nur noch wenige Staatsverträge. In Kraft sind das **deutsch-schweizerische Abkommen** über die gegenseitige Anerkennung und Vollstreckung von gerichtlichen Entscheidungen und Schiedssprüchen vom 2.11.1929 (RGBl. 1930 II 1066) und das **deutsch-tunesische Abkommen** vom 19.7.1966 (BGBl. 1969 II 890; in Kraft seit 13.3.1970, vgl. BGBl. II 125). Die Anerkennungstatbestände dieser Abkommen gehen nicht über die des deutschen autonomen Rechts (§ 109 FamFG) hinaus, sodass aufgrund des Günstigkeitsgrundsatzes auch § 109 FamFG angewendet werden kann (Staudinger/Spellenberg, 2015, FamFG § 97 Rn. 40). Das Luxemburger **CIEC-Übereinkommen über die Anerkennung von Entscheidungen in Ehesachen** vom 8.9.1967 ist gezeichnet und in Kraft (in den Niederlanden, Österreich und der Türkei), aber von Deutschland nicht ratifiziert. Das **Haager Übereinkommen über die Anerkennung von Ehescheidungen und Ehetrennungen** vom 1.6.1970 wurde von Deutschland nicht gezeichnet.

**c) Autonomes Recht. aa) Geltung.** Die autonomen Vorschriften des deutschen Anerkennungsrechts gelten für Ehescheidungen aus Staaten außerhalb der EU sowie für Ehescheidungen, die vor dem Inkrafttreten der Brüssel II-VO – also vor dem 1.3.2001 – ergangen sind (näher Dilger, Die Regelungen zur internationalen Zuständigkeit in Ehesachen in der Verordnung (EG) Nr. 2201/2003, 2004, Rn. 174 ff.). Autonomes Recht gilt außerdem für Ehescheidungen, bei denen weder ein staatliches Gericht noch eine Behörde konstitutiv mitgewirkt haben. Denn dafür enthält das Unionsrecht bisher keine Regelungen. 134

**bb) Anerkennungsverfahren. (1) Verfahren bei gerichtlicher oder behördlicher Ehescheidung.** Ist im Ausland die Scheidung durch ein Gericht oder unter konstitutiver Mitwirkung einer Behörde erfolgt, hängt die Wirksamkeit dieser Scheidung im Inland von der Anerkennung im Anerkennungsverfahren nach § 107 FamFG ab (zur Ausnahme davon → Rn. 140). § 107 FamFG ersetzt mit nahezu unverändertem Inhalt Art. 7 § 1 FamRÄndG (näher Heiderhoff StAZ 2009, 328; krit. Andrae/Heidrich FPR 2006, 222). Die Entscheidung ergeht **auf Antrag** § 107 Abs. 4 FamFG (zur Antragsberechtigung OLG Koblenz IPRax 1988, 359; Krzywon IPRax 1988, 349 f.). Der Antrag ist nicht fristgebunden (BayObLG FamRZ 1979, 1014); das Antragsrecht kann aber verwirkt werden (OLG Düsseldorf IPRspr. 1977 Nr. 162). 135

Das in § 107 FamFG vorgesehene Verfahren gilt **ausschließlich,** dh dass die Scheidung nicht auf andere Art und Weise Wirksamkeit erlangen kann. Eine Ausnahme enthält aber § 107 Abs. 1 S. 3 FamFG für den Fall, dass die Ehescheidung in dem Staat erfolgt ist, dem beide Ehegatten zurzeit der Entscheidung angehört haben (zu den Grenzen OLG Frankfurt FamRZ 2005, 989). 136

Zuständig sind nach § 107 Abs. 2 FamFG die **Landesjustizverwaltungen** des Bundeslandes, in dem sich ein Ehegatte gewöhnlich aufhält (BayObLGZ 1996, 122 (123)), hilfsweise des Landes erneuter Heirat; äußerst hilfsweise des Landes Berlin (§ 107 Abs. 2 S. 3 FamFG). Die Zuständigkeit ist durch Rechtsverordnung übertragbar auf einen oder mehrere OLG-Präsidenten (§ 107 Abs. 3 FamFG) (Übersicht bei Prütting/Helms/Hau FamFG § 107 Rn. 36). Über die Entscheidung der Landesjustizverwaltung entscheidet auf Antrag das **OLG** (§ 107 Abs. 5, 6 S. 1 FamFG). 137

Ist die Wirksamkeit der ausländischen Ehescheidung **Vorfrage** in einem inländischen Verfahren, darf das Gericht nicht selbst über die Anerkennungsfähigkeit entscheiden. Es erfolgt die Aussetzung von Amts wegen nach § 113 FamFG, § 148 ZPO bis zur Entscheidung durch die Landesjustizverwaltung (BGH FamRZ 2001, 991; NJW 1983, 514; OLG Frankfurt FamRZ 2005, 989). Die Entscheidung ist bindend für Gerichte und Verwaltungsbehörden (§ 107 Abs. 9 FamFG). Bei offensichtlich nicht anerkennungsfähiger Auslandsscheidung kann das inländische Verfahren fortgesetzt werden (BGH NJW 1983, 514; OLG Koblenz FamRZ 2005, 1692 mAnm Gottwald FamRZ 2005, 1694). 138

Zur Anerkennung von ausländischen Scheidungsfolgeregelungen, wie zB Sorgerechtsregelungen, ist ein Anerkennungsverfahren iSv § 107 FamFG nicht erforderlich (BGH NJW-RR 2007, 722 = FamRZ 2007, 717; KG FamRZ 1994, 759; Geimer ZZP 1990, 498). Die Anerkennung richtet sich nach §§ 108, 109 FamFG; in Unterhaltssachen nach der EuUnthVO (→ HUP 2007 Art. 1 Rn. 72 ff.). 139

Werden **Ausländer ohne deutsche Staatsangehörigkeit in ihrem Heimatstaat** (außerhalb der EU) **geschieden,** erfordert die Anerkennung der Entscheidung nicht das Verfahren nach § 107 FamFG. Auf der Basis des § 109 FamFG kann im gerichtlichen oder behördlichen Verfahren inzident über die Anerkennung entschieden werden. Die Durchführung des Verfahrens nach § 107 FamFG bleibt allerdings möglich, wenn eine Partei dies beantragt (hM, BGHZ 112, 127 = NJW 1990, 3081; Prütting/Helms/Hau FamFG § 107 Rn. 32; Johannsen/Henrich/Henrich FamFG § 107 Rn. 7). Bei **Mehrstaatern** ist die Reichweite der Norm streitig. Bei § 107 FamFG bleibt es immer, wenn auch nur einer der Ehegatten die (nicht notwendig effektive) deutsche Staatsangehörigkeit besitzt (BayObLG NJW-RR 1990, 842; aA Prütting/Helms/Hau FamFG § 107 Rn. 33). Ansonsten muss die gemeinsame, effektive Staatsangehörigkeit des Entscheidungsstaats bestehen. Wenn zweifelhaft ist, ob beide Ehegatten zurzeit der Scheidung die Staatsangehörigkeit (bei Mehrstaatern die effektive Staatsangehörigkeit) des Entscheidungsstaats besaßen, sollte nach der Ratio des Gesetzes § 107 FamFG immer angewendet werden (OLG Hamburg IPRspr. 1982 Nr. 181). 140

**(2) Verfahren bei reiner Privatscheidung.** Für Privatscheidungen im weiteren Sinne, bei denen eine Behörde mitgewirkt hat, ohne dass diese Mitwirkung konstitutive Wirkung hatte, 141 wird § 107 Abs. 1 FamFG nach hM ebenfalls angewendet (Prütting/Helms/Hau FamFG § 107 Rn. 26; Staudinger/Spellenberg, 2015, FamFG § 107 Rn. 68 f.). Das gilt nicht nur für § 107 Abs. 1 S. 1 FamFG, sondern auch für § 107 Abs. 1 S. 2 FamFG (mit ausf. Begr. BGH NJW 2019, 931). Grundlage der Wirksamkeit ist in diesen Fällen nach wohl noch hM aber das nach dem Kollisionsrecht anwendbare Scheidungsstatut. So ist auch vorzugehen, wenn bei einer inländischen Privatscheidung nur die Registrierung im Ausland erfolgt ist (OLG Nürnberg FamRZ 2017, 360; dazu umfassend Gebauer IPRax 2018, 497). Die Fortentwicklung des deutschen sowie verschiedener europäischer Scheidungsrechte legt es jedoch näher, hier zumindest de lege ferenda zu einer rein verfahrensrechtlichen Anerkennung überzugehen (→ Rn. 32 ff.).

**142** Dagegen sind **ausländische Privatscheidungen, bei denen keine gerichtliche oder behördliche Mitwirkung** erfolgt oder vorgesehen ist, keine Entscheidungen iSd §§ 107, 109 FamFG. Die Wirksamkeit oder Unwirksamkeit von Privatscheidungen **ohne ausländische behördliche Mitwirkung** ist **ohne förmliches Verfahren** von den im Inland damit befassten Behörden oder Gerichten **inzident** festzustellen (str., wie hier OLG Hamm IPRax 1989, 107; Erman/Hohloch Rom III-VO Art. 2 Rn. 17; Heiderhoff StAZ 2009, 328 (332); Keidel/Zimmermann FamFG § 107 Rn. 16; Henrich IntScheidungsR Rn. 42; Looschelders Rn. 72; aA Andrae IntFamR § 4 Rn. 165). Fraglich ist allenfalls, wie die Betroffenen Sicherheit darüber erhalten können, ob ihre ausländische Privatscheidung im Inland Wirkung entfaltet oder nicht. Es bestehen keine Bedenken, die Betroffenen die Anerkennung auf dem Wege des § 107 FamFG **optional** durchführen zu lassen, wenn sie dies beantragen (str., wie hier OLG Stuttgart FamRZ 2019, 1532 (1533); PräsOLG Frankfurt StAZ 2003, 137; Hau FamRZ 2009, 821 (826); Keidel/Zimmermann FamFG § 107 Rn. 16; Heiderhoff StAZ 2009, 328 (332); Johannsen/Henrich/Henrich FamFG § 107 Rn. 11; skeptisch Looschelders Rn. 72). Das Verfahren nach § 107 FamFG passt wegen der deutlichen Parallele zu den „halbprivaten Scheidungen" mit deklaratorischer behördlicher Mitwirkung letztlich auch besser, als ein Antrag auf Feststellung des Nichtbestehens der Ehe nach § 113 FamFG, § 256 ZPO (diesen zulassend AG Hamburg IPRspr. 1982 Nr. 66 A: Feststellung der Wirksamkeit der Scheidung).

**143** **cc) Voraussetzungen der Anerkennung. (1) Allgemeine Voraussetzungen.** Die Anerkennung hängt davon ab, dass die Landesjustizverwaltung das Vorliegen ihrer Voraussetzungen feststellt. Die Voraussetzungen der Anerkennung der ausländischen Entscheidung beurteilen sich grds. nach den **zurzeit des Erlasses** der Entscheidung geltenden Vorschriften (BGH NJW 1990, 2195; KG NJW 1988, 649). Hilfreich und nicht schädlich ist ein Abstellen auf den **Zeitpunkt der Anerkennung,** wenn die Anerkennung dadurch erleichtert wird (BayObLG BayObLGZ 1987, 439; FamRZ 1990, 1265: int. Zuständigkeit aus Sicht des Anerkennungszeitpunkts gegeben).

**144** Da die Anerkennung in ihrer Wirkung nie über die anzuerkennende Entscheidung hinausgeht (→ Rn. 151), ist Voraussetzung für eine Anerkennung, dass die Ehe durch die ausländische Entscheidung geschieden wurde. Daher sind nur solche Entscheidungen oder Behördenakte anerkennungsfähig, durch die nach dem Recht des Entscheidungsstaats die Ehe rechtskräftig aufgelöst worden ist (BayObLG FamRZ 1990, 897; 1998, 1305). Es dürfen keine Verfahrensbestandteile mehr fehlen – auch zB nicht eine erforderliche behördliche Registrierung. Dies alles muss zweifelsfrei sein. Voraussetzung der Anerkennung einer Privatscheidung ist außerdem, dass der konstitutive Akt der Scheidung im Ausland vollzogen wurde.

**145** Für die Anerkennung einer ausländischen Ehetrennungsentscheidung ohne Auflösung des ehelichen Bands (die natürlich auch in Deutschland nur als Trennung und nicht als Scheidung anerkannt werden kann) bedeutet dies, dass die Ehe im Ausland wirksam getrennt worden sein muss (BayObLG FamRZ 1990, 897; OLG Hamburg IPRspr. 1983 Nr. 184: ausländische Entscheidung kann im Bereich des Anerkennungsverfahrens keine größere Wirkung beanspruchen, als sie sich selbst beilegt). Die fehlende Anerkennung in einem anderen Staat, dessen Recht Scheidungsstatut ist, hindert nicht die Anerkennung einer ausländischen Entscheidung im Inland.

**146** **(2) Voraussetzungen bei gerichtlicher oder behördlicher Ehescheidung.** Die materiellrechtlichen Anerkennungsvoraussetzungen ergeben sich seit dem 1.9.2009 aus **§ 109 FamFG.** Nach dem Gesetzgeberwillen ist der bisherige Regelungsgehalt ohne Änderungen in das FamFG übernommen worden (BT-Drs. 16/6308, 222). Erste Voraussetzung für die Anerkennung ist nach § 109 Abs. 1 Nr. 1 FamFG, dass die Gerichte des Scheidungsstaats nach **spiegelbildlicher Anwendung** deutscher Zuständigkeitsregeln international zuständig waren (sog. Anerkennungszuständigkeit oder äußere internationale Zuständigkeit; → Rn. 121). Für die Anerkennung einer Drittstaatenentscheidung genügt es wie bisher stattdessen auch, wenn diese in den Heimatstaaten der Ehegatten anerkannt wird (§ 98 Abs. 2 S. 2 FamFG).

Bei Fehlen der internationalen Zuständigkeit ist die Anerkennung zu versagen (BayObLG NJW 1990, 3099; NJW-RR 1992, 514). Nach wohl überwiegender – aber dem Schutzzweck der Norm widersprechender – Ansicht kann ein Zuständigkeitsmangel auch durch Zustimmung beider Parteien nicht geheilt werden (→ Rn. 128) (BayObLG NJW-RR 1992, 514; Staudinger/Spellenberg, 2015, FamFG § 109 Rn. 68; krit. Prütting/Helms/Hau FamFG § 109 Rn. 24; Bork/Jacoby/Schwab/Heiderhoff FamFG § 109 Rn. 4). **147**

Weitere Anerkennungsvoraussetzungen finden sich in § 109 Abs. 1 Nr. 2–4 FamFG. Dazu gehört die ordnungsgemäße und rechtzeitige Zustellung des verfahrenseinleitenden Schriftstücks; außerdem darf kein Widerspruch mit einer früheren Entscheidung bzw. mit einem früher rechtshängigen Verfahren vorliegen. Schließlich wird überprüft, ob durch die Anerkennung der Entscheidung kein **ordre public-Verstoß** erfolgen würde. Hier wird nicht nur der Scheidungsausspruch selbst, sondern auch das zur Scheidung führende ausländische Verfahren geprüft. Wie sich aus einem Umkehrschluss aus § 109 Abs. 4 FamFG ergibt, ist die Verbürgung der Gegenseitigkeit bei Entscheidungen in Ehesachen nicht Voraussetzung für die Anerkennung. **148**

Bei bestimmten Anerkennungsvoraussetzungen ist es problematisch, ob deren Fehlen **heilbar** ist, wenn beide Parteien damit einverstanden sind. Dabei muss es darauf ankommen, auf welche Vorschriften die Parteien auch im deutschen Verfahren **verzichten** könnten. Daher kann die betroffene Partei auf das Anerkennungshindernis der Gehörsverletzung nach § 109 Abs. 1 Nr. 2 FamFG verzichten (OLG Bremen FamRZ 2004, 1975; MüKoFamFG/Rauscher FamFG § 109 Rn. 9). Schwierigkeiten macht der Verzicht auf die Geltendmachung der **Unzuständigkeit,** da auch hinter den Zuständigkeitsregeln ein Ordnungsinteresse des Staates steht (diesen bei zwingenden Gerichtsständen abl. daher MüKoFamFG/Rauscher FamFG § 109 Rn. 9). Man sollte aber zum einen berücksichtigen, dass es hier nicht um ein noch durchzuführendes Verfahren geht – dann kann es ein Schutzbedürfnis geben –, sondern um ein fertig abgeschlossenes Verfahren, mit dessen Ergebnis beide Parteien einverstanden sind (wN → Rn. 147). **149**

**(3) Voraussetzungen bei reinen Privatscheidungen.** Für die Anerkennung von Privatscheidungen müssen die Voraussetzungen des sich aus dem Kollisionsrecht ergebenden Scheidungsstatuts eingehalten sein. Es ist also Art. 17 Abs. 2 anzuwenden (→ Rn. 44). Auf die in § 109 FamFG genannten Kriterien kommt es nicht an (BGHZ 110, 267 = NJW 1990, 2194; BayObLG NJW-RR 1994, 771; OLG Celle FamRZ 1998, 686; 1998, 757). Da die Privatscheidung in Deutschland insgesamt nicht zulässig ist (Art. 17 Abs. 3, § 1564 BGB), scheidet die Anerkennung aus, wenn das Scheidungsstatut deutsches Recht ist (BGH NJW-RR 2008, 1169; BGHZ 110, 267 = NJW 1990, 2194; BGH NJW-RR 1994, 642; BayObLG NJW-RR 1994, 771; FamRZ 2003, 381; OLG Oldenburg FamRZ 2006, 950; OLG Celle FamRZ 1998, 686 (757)). Zu allem → Rn. 144; → Rn. 141; → Rn. 135 ff. **150**

**dd) Wirkungen der Anerkennung.** Die Anerkennung der ausländischen Entscheidung führt dazu, dass die Wirkungen der ausländischen Entscheidung auf das Inland erstreckt werden (ganz hM, vgl. nur OLG Hamm FamRZ 2014, 1935 mAnm Heiderhoff; Zöller/Geimer ZPO § 328 Rn. 20 ff.; Staudinger/Spellenberg, 2015, FamFG § 107 Rn. 112; Hausmann IntEuSchR Rn. K 252). Die Anerkennung verleiht daher der ausländischen Ehescheidung keine weitergehenden Wirkungen im Inland als sie im Ausland hat (OLG Hamm FamRZ 1993, 215). Eine nachträgliche Abänderung von Unterhaltstiteln im Inland gem. § 238 FamFG ist aber möglich (→ HUP 2007 Art. 1 Rn. 86 ff.). Die Anerkennung erfasst auch den Ausspruch der Entscheidung über die Schuld (BGH FamRZ 1976, 614 (615); aA Krzywon StAZ 1989, 93 (96)). Die anerkannte ausländische Entscheidung bindet Gerichte und Verwaltungsbehörden (BGHZ 82, 39 = NJW 1982, 517). **151**

**5. Rechtshängigkeit im Ausland.** Ein Scheidungsverfahren kann im Inland nicht durchgeführt werden, wenn bereits ein Verfahren im Ausland rechtshängig ist (Johannsen/Henrich/Henrich FamFG § 98 Rn. 32 ff.). Das gilt nach Art. 19 Brüssel IIa-VO, wenn das Verfahren in einem anderen EU-Mitgliedstaat rechtshängig ist, und nach § 124 S. 2 FamFG iVm § 261 Abs. 3 Nr. 1 ZPO für die Rechtshängigkeit in einem sonstigen Staat (OLG Bremen FamRZ 2016, 1189; KG FamRZ 2016, 836). Wer sich auf die ausländische Rechtshängigkeit beruft, muss ihr Vorliegen beweisen (Gottwald FamRZ 2005, 380; aA OLG Zweibrücken FamRZ 2005, 379). Das ausländische Verfahren muss zuerst rechtshängig geworden sein, um die Sperre auszulösen (**Prioritätsgrundsatz**). Um festzustellen, wann das betroffene Verfahren im Ausland rechtshängig geworden ist, ist bei Eingreifen des § 261 ZPO das ausländische Prozessrecht anzuwenden. Jedoch muss der für die Rechtshängigkeit erforderliche Verfahrensstand wenigstens annähernd vergleichbar sein – insbes. muss der andere Ehegatte wenigstens von dem Verfahren wissen (wie hier BGH NJW-RR 2008, 1169 (1170 f.) für Scheidung durch israelisches Rabbinatsgericht; OLG Hamm NJW **152**

1988, 3102 (3103): vergleichbarer Entwicklungsstand beider Verfahren; näher Heiderhoff, Die Berücksichtigung ausländischer Rechtshängigkeit, 1998, 193 ff.). Bei Rechtshängigkeit in einem EU-Mitgliedstaat findet für die Bestimmung des Rechtshängigkeitszeitpunkts (im anderen Staat sowie in Deutschland) Art. 16 Brüssel IIa-VO Anwendung. Die ausländische Rechtshängigkeit ist jedoch nur beachtlich, wenn eine Anerkennung der ausländischen Entscheidung zu erwarten ist (BGH NJW 2001, 524 für Zahlungsklage; OLG Oldenburg FamRZ 2006, 1043 für Scheidung in Israel; bestätigt durch BGH NJW-RR 2008, 1169 = FamRZ 2008, 1409).

## IV. Intertemporales Recht

153 **1. Anpassung des Scheidungskollisionsrechts an die Rom III-VO.** Aufgrund der mehrfachen Änderungen des Art. 17 stellen sich verschiedene Übergangsprobleme. Zunächst sei das Inkrafttreten der grundsätzlichen Anpassung an die Rom III-VO im Jahr 2013 erläutert, im Folgenden dann die weiteren Neuerungen. Die Rom III-VO ist am 21.6.2010 in Kraft getreten. Sie gilt nach Art. 21 Rom III-VO ab dem 21.6.2012 (einschließlich). Art. 18 Rom III-VO bestimmt, dass sie in allen Scheidungsverfahren anzuwenden ist, die an diesem Tag oder später eingeleitet wurden oder werden (näher → VO (EU) 1259/2010 Art. 18 Rn. 1). Für den Zeitpunkt der Einleitung ist auf Art. 16 Brüssel IIa-VO abzustellen (Gruber IPRax 2012, 381 (384)). Probleme stellen sich in Hinblick auf die **Rechtswahl.** Zum einen fragt sich, wie mit einer Rechtswahlvereinbarung umzugehen ist, die **vor dem Stichtag** erfolgt ist, zum anderen muss beachtet werden, dass die **Formvorschriften** des Anpassungsgesetzes ebenso wie der angepasste Art. 17 Abs. 1 selbst erst mit Wirkung zum 29.1.2013 in Kraft getreten sind (→ Rn. 155).

154 Die Übergangsvorschrift zum Gesetz zur Anpassung der Vorschriften des Internationalen Privatrechts an die Verordnung (EU) Nr. 1259/2010, also zur am 29.1.2013 in Kraft getretenen Neuregelung des Art. 17, findet sich in Art. 229 § 28. Nach Abs. 1 ist die Neuregelung auf alle Scheidungsverfahren anzuwenden, die nach dem 28.1.2013 eingeleitet worden sind. Gemeint ist hier wie stets der Zeitpunkt der Rechtshängigkeit. Wie bereits soeben ausgeführt, greift aber die Rom III-VO schon für Verfahren, die ab dem 21.6.2012 rechtshängig gemacht wurden (so auch BGH NJW 2022, 62) – nur für die wenigen, von Art. 17 Abs. 1 erfassten unselbstständigen Scheidungsfolgen gilt also der Stichtag des 29.1.2013. Für den **Versorgungsausgleich** ist nach Art. 229 § 28 Abs. 2 das alte Recht weiter anzuwenden, wenn das Scheidungsverfahren vor dem 29.1.2013 eingeleitet worden ist. Art. 17 Abs. 3 aF behält also für vor dem 29.1.2013 eingeleitete Verfahren Bestand. Dasselbe gilt für Art. 17 Abs. 1, insoweit dieser sich auf die unselbstständigen Scheidungsfolgen bezieht. Da die Rom III-VO den Versorgungsausgleich und die Scheidungsfolgen nicht regelt, ist das kein Verstoß gegen ihren Vorrang. Es kommt allerdings zu unerfreulichen Übergangsproblemen etwa dann, wenn die Parteien für ein vor dem 29.1.2013 eingeleitetes Scheidungsverfahren eine Rechtswahl treffen. Dann kann es zu einem Auseinanderfallen von Scheidungsstatut und Versorgungsausgleichsstatut bzw. zwischen Scheidungs- und Scheidungsfolgenstatut kommen – und zwar sowohl dann, wenn die Ehegatten das deutsche Recht gewählt, als auch wenn sie es abgewählt haben. Dies widerspricht dem Gedanken der alten wie des neuen Anknüpfungsregeln.

Es fragt sich also, ob Art. 17 Abs. 3 für den Übergangszeitraum so zu verstehen ist, dass er noch auf Art. 17 Abs. 1 aF Bezug nimmt (dafür BGH NJW 2022, 62). Richtiger erscheint es, Art. 17 Abs. 3 S. 1 aF (und Art. 17 Abs. 1 S. 1 aF, sofern es um unselbstständige Scheidungsfolgen geht) zwar anzuwenden, aber die Norm für die Übergangszeit zwischen dem 21.6.2012 und dem 29.1.2013 teleologisch so auszulegen, dass sie für Verfahren ab dem 21.6.2012 nicht mehr auf den faktisch außer Kraft getretenen Art. 17 Abs. 1, sondern auf das nach der Rom III-VO tatsächlich anzuwendende Scheidungsstatut verweist. Dem steht Art. 229 § 28 nicht entgegen, denn der Gesetzgeber hatte nicht die Möglichkeit, eine rückwirkende Geltung der neuen Norm ausdrücklich zu bestimmen. Es sei allerdings nicht verschwiegen, dass die Gesetzesbegründung offenbar das hier abgelehnte Auseinanderfallen in Kauf nimmt (BT-Drs. 17/11049, 13; dem folgend BGH NJW 2022, 62).

155 In Hinblick auf die **Form** stellt sich ein zusätzliches Übergangsproblem, weil auch **Art. 46e** erst zum 29.1.2013 in Kraft getreten ist. Daher konnten Vereinbarungen zuvor wirksam in der Form des Art. 7 Rom III-VO erfolgen (→ Art. 46e Rn. 6).

156 **2. Einführung der Regelung für Privatscheidungen in Abs. 2.** Für die Neuregelung für Privatscheidungen in Abs. 2 gibt es keine Übergangsregelung. Die Gesetzesbegründung erläutert jedoch die zeitliche Geltung. Scheidungen, die vor dem Geltungsbeginn der Rom III-VO erfolgt sind, unterfallen danach ohnehin Art. 17 aF. Der BGH hat überzeugend eine Rückwirkung der Neuregelung bejaht, allerdings nur bis zum 29.1.2013 (BGH BeckRS 2020, 25476 = FamRZ

2020, 1811); man sollte die Norm jedoch richtigerweise für alle Scheidungen anwenden, die nach dem Geltungsbeginn der Rom III-VO, also ab dem 21.6.2012, erfolgt sind (krit. dazu aber Wall, FamRZ 2020, 1817).

**3. Altfälle vor dem 1.9.1986 – Art. 220.** Nach Art. 220 Abs. 1 war die am 1.9.1986 in Kraft getretene Neuregelung des Scheidungsstatuts auf zu jenem Zeitpunkt bereits rechtshängige Scheidungsverfahren als sog. „abgeschlossene Tatbestände" nicht anwendbar (BGH FamRZ 1987, 793; 1990, 32; 1990, 386; NJW 1990, 638; 1990, 2195; 1991, 3088; FamRZ 1991, 421; 1993, 177; 1994, 884). Das „neue" Scheidungskollisionsrecht fand nur Anwendung auf Scheidungsverfahren, die nach dem 1.9.1986 rechtshängig geworden waren. 157

## V. Interlokales Recht

**1. Neufälle.** Für **Scheidungen** nach dem Inkrafttreten des BGB in den neuen Bundesländern am 3.10.1990 (Neufälle) und ihre **Folgen** gilt das westdeutsche materielle und internationale (und interlokale) Scheidungsrecht. Art. 236 § 2 regelt dies für die neuen Bundesländer in Bezug auf das internationale Familienrecht. Mit Bezug auf das interlokale Familienrecht ist Art. 236 § 2 entspr. anzuwenden. Relevant wird das Übergangsrecht heute allenfalls noch für Fälle des **nachträglichen isolierten Versorgungsausgleichs** nach Ehescheidungen, die vor dem 1.1.1992 erfolgt sind. Für diese gilt nach Art. 234 § 6 Abs. 1 S. 1 in Bezug auf den Versorgungsausgleich noch das Recht der DDR. In einem solchen Fall muss daher so vorgegangen werden, wie in einem internationalen Fall: Es ist zunächst Kollisionsrecht anzuwenden, um festzustellen, ob Ost- oder Westrecht Scheidungsstatut ist. Ist Ostrecht Scheidungsstatut, so erfolgt kein Versorgungsausgleich (BGH NJW 2006, 2034; allg. zur rentenrechtlichen Situation bei DDR-Ehen Lauterbach NZS 2004, 131). 158

Bei allen erst später erfolgten Ehescheidungen gilt das BGB. Für den Versorgungsausgleich ist aber noch Art. 234 § 6 Abs. 1 S. 2 zu beachten. Der Versorgungsausgleich findet auch dann insoweit nicht statt, als das auszugleichende Anrecht Gegenstand oder Grundlage einer vor dem Wirksamwerden des Beitritts geschlossenen Vereinbarung oder gerichtlichen Entscheidung über die Vermögensverteilung war. 159

**2. Altfälle.** Vor dem Stichtag **im Gebiet der ehemaligen DDR** erfolgte, rechtskräftig abgeschlossene **Ehescheidungen** (und Scheidungsfolgen) bleiben nach Art. 18 Abs. 1 Einigungsvertrag wirksam. Für die nach dem Stichtag zu beurteilenden **Scheidungsfolgen** (Name, Unterhalt, Versorgungsausgleich) solcher Alt-Scheidungen verweist Art. 236 § 1 in den neuen Bundesländern auf das „bisherige" dort geltende internationale und interlokale Privatrecht (§ 20 Abs. 1 und 2 RAG). 160

### Art. 17a Ehewohnung

**Betretungs-, Näherungs- und Kontaktverbote, die mit einer im Inland belegenen Ehewohnung zusammenhängen, unterliegen den deutschen Sachvorschriften.**

### Übersicht



## I. Allgemeines

**1. Entstehungsgeschichte und Normzweck.** Seit dem 29.1.2019 dient die stark reduzierte Norm nur noch dem Gewaltschutz mit Bezug zu der in Deutschland belegenen Ehewohnung durch Betretungs-, Näherungs- und Kontaktverbote (Neufassung durch das Gesetz zum Internationalen Güterrecht und zur Änderung von Vorschriften des Internationalen Privatrechts, BGBl. 2018 I 2573 (2580)). Die zuvor ebenfalls erfassten sonstigen Anordnungen in Bezug auf die Nutzung der Wohnung und der Haushaltsgegenstände unterfallen nunmehr der **EuGüVO** (BT- 1

Drs. 19/4852, 39). Die Norm greift nur für **im Inland** belegene Wohnungen und die im Zusammenhang damit stehenden Verbote.

2 Ursprünglich war Art. 17a – zunächst noch mit deutlich weiterem Anwendungsbereich – als kollisionsrechtliche Ergänzung des Gewaltschutzgesetzes mit Wirkung zum 1.1.2002 in das EGBGB eingefügt worden (Gesetz zur Verbesserung des zivilrechtlichen Schutzes bei Gewalttaten und Nachstellungen sowie zur Erleichterung der Überlassung der Ehewohnung bei Trennung vom 11.12.2001, BGBl. I 3513; dazu Schwab FamRZ 2002, 1 (2 f.)). **Ziel des GewSchG** ist die Schaffung einer Rechtsgrundlage für Schutzanordnungen des Zivilgerichts bei häuslicher Gewalt und bestimmten unzumutbaren Belästigungen (zB Stalking). Es verschafft eine Anspruchsgrundlage für die zumindest zeitweise **Überlassung** einer zuvor gemeinsam genutzten Wohnung **nach häuslicher Gewalt** und für **Schutzanordnungen** gegen Gewalt und Nachstellungen (näher Grziwotz NJW 2002, 872; Schumacher FamRZ 2002, 645).

3 Art. 17a soll durch die Anwendung deutschen Sachrechts diesen **Schutz auch in internationalen Fällen** sichern (BT-Drs. 14/5429, 14). Zum einen fehlt es nämlich im ausländischen Ehewirkungs-, Ehescheidungs-, Güterrechts- oder Unterhaltsstatut nicht selten schon an einer Regelung über die Zuweisung der Ehewohnung, die den Schutz eines misshandelten oder mit Gewalt bedrohten Ehegatten sowie dadurch gefährdeter Kinder sicherstellt. Zum anderen und vor allem ist aber zum Schutz vor drohenden Gewalttaten **zügiges Handeln** der Gerichte nötig, sodass es einer gesicherten und eindeutigen, durch die Gerichte schnell anwendbaren Rechtsgrundlage bedarf (näher → Rn. 10) (zu allem auch Looschelders Rn. 2). Hinzu kommt die enge Verbindung der materiell-rechtlichen Normen mit dem der lex fori folgenden Verfahren, welche eine Anwendung des deutschen Rechts ebenfalls sinnvoll erscheinen lässt. Den Erwartungen zum Trotz ist Art. 17a praktisch bisher auch in seiner früheren, die Verteilung von Haushaltsgegenständen und der Ehewohnung noch umfassenden Fassung, offenbar wenig relevant. Es liegen nur ganz vereinzelt veröffentlichte Entscheidungen vor, die jeweils nicht den nun noch geltenden Teil betreffen.

4 Art. 17a verweist für **Betretungs-, Näherungs- und Kontaktverbote** der Ehegatten untereinander auf die Sachvorschriften des deutschen Rechts, insbes. auf die des GewSchG (Motzer in Schwab ScheidungsR-HdB, 7. Aufl. 2013, VIII Rn. 135). Art. 17a greift jedoch nicht für alle Tatbestände des GewSchG, sondern nur, soweit die Wohnung sowie damit zusammenhängende Betretungs-, Näherungs- und Kontaktverbote betroffen sind (→ Rn. 17 ff.). Die Norm umfasst seit der Neufassung nicht mehr die über den bloßen Gewaltschutz hinausgehenden Ansprüche auf (vorübergehende oder dauerhafte) Nutzung und gilt daher nicht mehr für §§ 1361a f. BGB und für § 1568b BGB, da diese Ansprüche nun der EuGüVO unterfallen (→ Rn. 26).

5 Die Übergangsregelung zur jüngsten Neufassung des Art. 17a findet sich in Art. 229 § 47 (BGBl. 2018 I 2573 (2581)). Art. 229 § 47 Abs. 2 Nr. 2 der Überleitungsvorschrift bestimmt, dass auf Ehen, die vor dem 29.1.2019 geschlossen wurden und bei denen die Ehegatten ab diesem Zeitpunkt bezüglich des auf ihren Güterstand anzuwendenden Rechts keine Rechtswahl nach der EuGüVO getroffen haben, Art. 17a **weiter in der Fassung** anzuwenden ist, **die bis einschließlich 28.1.2019** galt.

6 **2. Europarechtliche und staatsvertragliche Kollisionsnormen.** Im **Recht der EU** gibt es keine direkt auf den Gewaltschutz gerichteten Kollisionsnormen (die VO (EU) 606/2013 (sog. Schutzmaßnahmen-VO) betrifft lediglich verfahrenstechnische Aspekte; krit. dazu Dutta FamRZ 2015, 85) (näher → Rn. 29). Allerdings bestehen doch verschiedene EU-Regelungen, die den Gewaltschutz in grenzüberschreitenden Konstellationen von unterschiedlichen Seiten aus berühren. Zum einen ist am 29.1.2019 die **EuGüVO** in Kraft getreten, die wie bereits angesprochen zu einer erheblichen Änderung des Anwendungsbereichs von Art. 17a geführt hat. Sie erfasst nämlich die Ansprüche aus §§ 1361a, 1361b, 1568a, 1568b BGB, da ihr Güterrechtsbegriff deutlich weiter ist als der deutsche und auch die vermögensrechtlichen allgemeinen Ehewirkungen umfasst. Soweit also im Rahmen der von Art. 17a erfassten Gewaltschutzanordnungen Fragen des Eigentums oder der allgemeinen Nutzungsberechtigung zu klären sind, muss das anwendbare Recht dafür nach der EuGüVO ermittelt werden.

7 Zu beachten ist zum anderen, dass die **Rom II-VO** dem Art. 17a in vielen Fällen vorgehen dürfte. Die Einzelheiten sind ungeklärt, weil der Ausnahmetatbestand in Art. 1 Abs. 2 lit. a Rom II-VO (außervertragliche Schuldverhältnisse aus einem Familienverhältnis oder aus Verhältnissen, die nach dem auf diese Verhältnisse anzuwendenden Recht vergleichbare Wirkungen entfalten) sich sehr unterschiedlich verstehen lässt. Für §§ 1, 2 GewSchG wird jedoch überwiegend ein Eingreifen der Rom II-VO angenommen, sodass Art. 17a zurücktritt (MüKoBGB/Winkler von Mohrenfels Rn. 5; aA NK-BGB/Gruber Rn. 9; der Gesetzgeber ging von einer rein verfahrensrechtlichen Natur der Norm aus, BT-Drs. 14/5429, 22) (näher → Rn. 17, → Rn. 25). Unproble-

matisch ist der Vorrang des Art. 17a dagegen, soweit die Ausnahmen in Art. 1 Abs. 2 Rom II-VO klar eingreifen. Diese greifen allerdings vor allem für die Ansprüche, die dem Eherecht zu entnehmen sind, wie etwa §§ 1361a, 1361b, 1568a, 1568b BGB und die somit nun ohnehin unter die EuGüVO fallen (jeweils noch aus der Zeit vor dem Inkrafttreten der EuGüVO NK-BGB/Gruber Rn. 8 ff.; MüKoBGB/Winkler von Mohrenfels Rn. 4; näher Breidenstein FamFR 2012, 172 (175); zur neuen Rechtslage Hausmann IntEuSchR A Rn. 335; Heiderhoff IPRax 2017, 231 (236)).

Die **verfahrensrechtlichen Vorschriften** in der Brüssel IIa-VO und in der Brüssel Ia-VO erfassen die hier betroffenen Gewaltschutzanordnungen nicht oder nur teilweise. Die Brüssel IIa-VO scheidet hier aus, weil nach Art. 1 Abs. 1 lit. a ihr Anwendungsbereich auf die Ehescheidung selbst beschränkt ist (MüKoFamFG/Gottwald Brüssel IIa-VO Art. 1 Rn. 10). Die Brüssel Ia-VO erfasst dagegen deliktische Ansprüche, sodass ähnliche Abgrenzungsprobleme auftreten wie bei der Rom II-VO (Rauscher/Mankowski Brüssel Ia-VO Art. 1 Rn. 12; MüKoZPO/Gottwald Brüssel Ia-VO Art. 1 Rn. 10). Die **EuGüVO,** die wie gezeigt für das Kollisionsrecht nur gilt, wenn die Ehe ab dem 29.1.2019 geschlossen wurde, greift verfahrensrechtlich bereits eher und ist deshalb für die von ihr erfassten Gegenstände (insbes. §§ 1361a, 1361b, 1568a, 1568b BGB) schon dann anzuwenden, wenn das Verfahren ab dem 29.1.2019 eingeleitet worden ist. Schließlich ist – bei im Ausland erlassenen Schutzanordnungen – die **VO (EU) Nr. 606/2013** über die gegenseitige Anerkennung von Schutzmaßnahmen in Zivilsachen vom 12.6.2013 zu beachten (→ Rn. 29). 8

Das **deutsch-iranische Niederlassungsabkommen** vom 17.2.1929 enthält in Art. 8 Abs. 3 deutsch-iranisches Niederlassungsabkommen iVm Ziff. I Abs. 3 Schlussprotokoll eine allgemeine, auch den Art. 17a verdrängende Kollisionsregelung (Wortlaut → Art. 25 Rn. 12). Diese verweist jeweils auf das Heimatrecht (Sachrecht) der Beteiligten und lässt für rein iranische Ehen daher eine Anwendung des Art. 17a nicht zu (→ Art. 17 Rn. 9; für Ausnahmen → → Rn. 23). 9

## II. Einzelerläuterungen

**1. Grundsätze. a) Einseitige Verweisungsnorm.** Mit Art. 17a werden Gewaltschutzmaßnahmen – nämlich Betretungs-, Näherungs- und Kontaktverbote –, die sich auf eine in Deutschland belegene **Ehewohnung** beziehen, in Kollisionsfällen ausschließlich dem deutschen Sachrecht unterstellt (Motzer in Schwab ScheidungsR-HdB, 7. Aufl. 2013, VIII Rn. 135). Art. 17a ist damit eine rein einseitige Verweisungsnorm. Bei im Inland befindlichen Wohnungen gilt deutsches Recht. Diese im EGBGB sonst nur noch vereinzelt verwendete Regelungstechnik ist laut der Gesetzesbegründung gerechtfertigt, weil die Familiengerichte in Gewaltschutzangelegenheiten vielfach über Eilanträge mit weitreichender Bedeutung für elementare Rechtsgüter der Beteiligten zu entscheiden haben. Sie sind daher in besonderem Maße auf eine klare, nicht erst ermittlungs- und klärungsbedürftige Rechtsgrundlage angewiesen (BT-Drs. 14/5429, 37). Die Einseitigkeit der Verweisung ergibt sich nicht nur aus dem Wortlaut der Norm, sie entspricht auch ihrem Ziel. Unbeschadet der Ehewirkungs-, Güterrechts-, Scheidungs- und Unterhaltsstatute soll auf deutschem Territorium Gewaltschutz und Rechtsfrieden schnell und nach den örtlichen Regelungen durchsetzbar sein. Das soll auch für im Inland geführte gemischt-nationale sowie ausländische Ehen und Partnerschaften gelten (Staudinger/Mankowski, 2011, Rn. 9). 10

Ein allseitiger Ausbau der Norm – mit der Folge, dass auf im Ausland belegene Wohnungen das entsprechende ausländische Recht anwendbar wäre – ist daher nicht möglich (Staudinger/Mankowski, 2011, Rn. 10; Grüneberg/Thorn Rn. 4). 11

Hinzu kommt, dass spezialgesetzliche Gewaltschutzregelungen international noch nicht sehr verbreitet sind. Ein Ausbau zur zweiseitigen Anknüpfung erschien dem Gesetzgeber auch schon deshalb nicht angezeigt. 12

Vgl. aber Art. 1a **türk. Gesetz** zum Schutz der Familie von 1998, der eine verwandte Regelung enthält (abgedruckt in FamRZ 1998, 732; näher Finger FuR 1998, 398 (401)). In **Österreich** ist das dortige Gewaltschutzgesetz (GewSchG) schon seit 1.5.1997 in Kraft. Ein neues Gewaltschutzgesetz hat auch die **Schweiz** (Art. 28b ZGB, in Kraft seit 1.7.2007); die meisten Kantone der Schweiz haben eigene Gewaltschutzgesetze (zB Zürich – GSG). **Bolivien** hat seit dem 3.12.1995 ein „Gesetz gegen familiäre und häusliche Gewalt" (idF vom 6.7.1998 abgedruckt bei Bergmann/Ferid/Henrich Länderbericht Bolivien). **Irland** hat seit 1976 ein „Gesetz zum Schutz der Familienwohnung" (abgedruckt bei Bergmann/Ferid/Henrich Länderbericht Irland). In **Norwegen** gibt es seit dem 4.7.1991 ein „Gesetz über das Recht, die gemeinsame Wohnung und die Haushaltsgegenstände nach der Beendigung einer Haushaltsgemeinschaft zu übernehmen" (abgedruckt bei Bergmann/Ferid/Henrich Länderbericht Norwegen). 12.1

13 Bei ausländischen Spezialgesetzen, welche hinter den deutschen Vorstellungen zurückbleiben, würde schließlich der allseitige Ausbau die Anwendung des inländischen ordre public nur erschweren.

14 **b) Im Ausland befindliche Wohnung (bisherige Rechtslage).** Wie soeben gezeigt kann die Norm für im Ausland belegene Wohnungen nicht allseitig ausgebaut werden (→ Rn. 11). Soweit nicht bereits die EuGüVO eingreift, muss die kollisionsrechtliche Behandlung der **Zuweisung der Ehewohnung** aus Anlass der Trennung oder Scheidung der Ehegatten noch den allgemeinen Normen folgen. Wenn sie **vor der Scheidung** erfolgt, wird sie überwiegend dem Ehewirkungsstatut (hier gilt für Altehen dann Art. 14 aF) unterstellt (MüKoBGB/Winkler v. Mohrenfels Rn. 12; OLG Stuttgart FamRZ 1990, 1354; 1998, 1321 f.; OLG Frankfurt FamRZ 1994, 633; 1994, 715 f.; OLG Celle FamRZ 1999, 443; für alle Fälle Soergel/Schurig Art. 14 Rn. 50 mwN). **Nach der Scheidung** wird dagegen Art. 17 Abs. 1 aF und damit das Scheidungsstatut angewendet (MüKoBGB/Winkler v. Mohrenfels Rn. 10; NK-BGB/Gruber Rn. 27; OLG Karlsruhe NJW 1997, 202; OLG Stuttgart FamRZ 1990, 1354; OLG Hamm NJW-RR 1998, 1542). Je nach dem Sachzusammenhang, in dem ein Anspruch erhoben oder eine Regelung getroffen wird, kann stattdessen im Einzelfall auch das **Güterrechts- oder das Unterhaltsstatut** anwendbar sein – allerdings muss eine sorgfältige Qualifikation eine Einordnung der Ansprüche als Teil des Güter- oder Unterhaltsrechts begründen (für Unterhaltsstatut im Einzelfall KG IPRspr. 1996 Nr. 67; OLG Hamm IPRax 1990, 186; FamRZ 1993, 191; OLG Koblenz NJW-RR 1991, 522; OLG Düsseldorf NJW 1990, 3091 f.; OLG Frankfurt FamRZ 1991, 1190; OLG Karlsruhe FamRZ 1993, 1464; eingehende Analyse bei Henrich FS Ferid, 1988, 147 (152 ff.)).

15 **2. Anwendungsbereich. a) Ehegatten – gleichgeschlechtliche Lebenspartnerschaften – nichteheliche Lebensgemeinschaften.** Der Anwendungsbereich der Norm ist dadurch deutlich beschränkt, dass sie nur auf die „Ehewohnung" bezogen ist. Art. 17b Abs. 2 verweist auf Art. 17a und erweitert den Anwendungsbereich von Art. 17a auf registrierte **Lebenspartnerschaften,** sodass auch deren Wohnung ohne weiteres erfasst ist. Dasselbe gilt für **gleichgeschlechtliche Ehen.** Hier kann nach der Regelungstechnik des Gesetzgebers Art. 17a nicht etwa unmittelbar angewendet werden, obwohl dies nahe läge. Vielmehr muss (was iErg keinen Unterschied macht) wie stets über Art. 17b Abs. 4 vorgegangen werden, der auf Art. 17b Abs. 2 und damit dann auch auf Art. 17a verweist.

16 Problematisch ist jedoch die Frage der Anwendung auf **nichteheliche Lebensgemeinschaften,** die nach dem Wortlaut des Gesetzes nicht von der Verweisung nach Art. 17a erfasst werden (keine „Ehewohnung") und für die auch die Regelung in Art. 17b Abs. 2 nicht gilt (krit. bereits Finger WuM 2001, 313 (315); auch Staudinger/Mankowski, 2011, Rn. 27). Dieses Aussparen der nichtehelichen oder eheähnlichen Lebensgemeinschaften ist verwunderlich, zumal das GewSchG selbst keine Statusspezifikation vornimmt und nur von „Partnerschaft" und von einem „auf Dauer angelegten gemeinsamen Haushalt" ausgeht. Schon dieses Auseinanderfallen mit dem GewSchG sollte verhindert werden. Insofern scheint eine **analoge Anwendung** des Art. 17a zunächst sinnvoll (wie hier Looschelders Rn. 5; NK-BGB/Gruber Rn. 33; eine Analogie erwägend auch Staudinger/Mankowski, 2011, Rn. 27 ff.). Allerdings muss letztlich der Vorrang der Rom II-VO bedacht werden. Die dortigen Ausnahmetatbestände greifen hier nicht ein. Art. 17a wird daher verdrängt. Auswirkungen hat er nur insoweit, wie er – auch für die nichteheliche Lebensgemeinschaft (!) – den Eingriffsnormcharakter des GewSchG bestätigt (dazu und allg. näher NK-BGB/Gruber Rn. 10 f.).

17 **b) Erfasste Schutzanordnungen. aa) Belegenheit im Inland.** Anknüpfungspunkt für die Verweisung in Art. 17a ist die inländische Belegenheit der Ehewohnung. Auf diese inländische Belegenheit müssen die erfassten Tatbestände bezogen sein. Ein Befriedungs- und Schutzbedürfnis besteht freilich auch dann, wenn zwar die gemeinsame Wohnung im Ausland liegt, sich der Aufenthalt des Verletzten hingegen im Inland befindet. Dann ist jedoch Art. 17a nach seinem klaren Wortlaut, nach seinem Zweck und nach dem Willen des Gesetzgebers nicht anwendbar (NK-BGB/Gruber Rn. 16).

18 **bb) Erfasste Schutzanordnungen.** Der Wortlaut von Art. 17a beschränkt den Anwendungsbereich auf die mit der Ehewohnung zusammenhängenden Schutzanordnungen. Mit den Schutzanordnungen sind gerichtliche Maßnahmen zum Schutz vor Gewalt und Nachstellungen gemeint. Solche Schutzanordnungen finden sich in § 1 GewSchG. Sie sind nicht sämtlich auf die Wohnung des Opfers bezogen, sodass sich fragt, in welchem Umfang sie von Art. 17a erfasst sind. Wenn in der Gesetzesbegründung angenommen wird, die Norm sei rein verfahrensrechtlicher Natur (so

entschied die BReg., BT-Drs. 14/5429, 41) und daher stets anwendbar, entspricht dies jedenfalls nicht dem Norminhalt (näher → Rn. 25) (wie hier NK-BGB/Gruber Rn. 29).

Hat eine Person vorsätzlich den Körper, die Gesundheit oder die Freiheit einer anderen Person widerrechtlich verletzt, hat das Gericht nach § 1 Abs. 1 GewSchG auf Antrag der verletzten Person die zur Abwendung weiterer Verletzungen erforderlichen Maßnahmen zu treffen. Das Gericht kann insbes. anordnen, dass der Täter es unterlässt, **19**

1. die Wohnung der verletzten Person zu betreten,
2. sich in einem bestimmten Umkreis der Wohnung der verletzten Person aufzuhalten,
3. zu bestimmende andere Orte aufzusuchen, an denen sich die verletzte Person regelmäßig aufhält,
4. Verbindung zur verletzten Person, auch unter Verwendung von Fernkommunikationsmitteln, aufzunehmen,
5. Zusammentreffen mit der verletzten Person herbeizuführen,

soweit dies nicht zur Wahrnehmung berechtigter Interessen erforderlich ist.

Zulässig ist eine Schutzanordnung nach § 1 Abs. 2 auch dann, wenn **20**

1. eine Person einer anderen mit einer Verletzung des Lebens, des Körpers, der Gesundheit oder der Freiheit widerrechtlich gedroht hat oder
2. wenn eine Person widerrechtlich und vorsätzlich

a) in die Wohnung einer anderen Person oder deren befriedetes Besitztum eindringt oder
b) eine andere Person dadurch unzumutbar belästigt, dass sie ihr gegen den ausdrücklich erklärten Willen wiederholt nachstellt oder sie unter Verwendung von Fernkommunikationsmitteln verfolgt.

Angesichts der weitergehenden, nicht wohnungsbezogenen Erfassung von Nachstellung und Belästigung in § 1 Abs. 1 und 2 GewSchG ist undeutlich, worin der Zusammenhang iSv Art. 17a bestehen muss: **21**

- im Zusammenhang mit der Ehewohnung (rein räumlich),
- im Zusammenhang mit einer vorhergehenden Nutzungsbefugnis der Ehewohnung,
- im Zusammenhang mit dem für die Zuweisung ursächlichen Verhalten oder
- im Zusammenhang nur mit Gewalt oder Belästigung?

Die Bezugnahme der Gesetzesbegründung auf die bisherige Anwendung von Ehewirkungs- bzw. Scheidungsstatut oder von Güterrechts- und Unterhaltsstatut (→ Rn. 14) deutet auf einen **notwendigen Bezug zur Wohnung** (im Inland) hin. Dieser Bezug rechtfertigt auch die einseitige Verweisung in den drei ersten Fällen. Eine bloße Anknüpfung an im Inland begangene oder dort nur wirkende Gewalt oder Belästigung reicht dagegen nicht. Auch schon der Gesetzgeber selbst hat erkennen lassen, dass hierfür offenbar eine rein deliktskollisionsrechtliche Lösung ausreichen soll (Begr., BGBl. 2001 I 3513; vgl. zur Anwendung des Deliktsrechts und zum Stalking in einem rein deutschen Fall OLG Saarbrücken NJW-RR 2006, 747; NK-BGB/Gruber Rn. 19). **22**

**c) Deliktsrechtliche Ansprüche.** Soweit Art. 17a für die Schutzanordnungen nach den soeben angestellten Überlegungen nicht greift, weil die Verletzungen keinen Bezug zu einer Ehewohnung im Inland aufweisen, muss das internationale Deliktsrecht angewendet werden. Auch bei Anwendung der allgemeinen Kollisionsnormen gelangt man letztlich oft zum deutschen Recht. So greift bei schuldhafter Rechtsgutverletzung und insbes. beim „Stalking" ohne Bezug zu einer inländischen Ehewohnung zwar Art. 17a nicht ein. Hier ist jedoch nach **Art. 4 Abs. 1 Rom II-VO** das deutsche Recht im Regelfall auch das Deliktsstatut. Anders ist es nur, wenn Täter und Verletzter ihren gewöhnlichen Aufenthalt beide in demselben ausländischen Staat haben und daher Art. 4 Abs. 2 Rom II-VO greift. Für diese Fälle ist es relevant, ob das GewSchG als Eingriffsnorm zu verstehen ist (überzeugend dafür Andrae IntFamR § 3 Rn. 89; auch NK-BGB/Gruber Rn. 10; mit einer etwas engeren Abgrenzung Motzer in Schwab ScheidungsR-HdB, 7. Aufl. 2013, VIII Rn. 135, 138). Bejaht man den Charakter als Eingriffsnorm, setzt es sich auch gegen die Anknüpfung nach Staatsverträgen durch (nur NK-BGB/Gruber Rn. 12 am Bsp. des Deutsch-Iranischen Niederlassungsabkommens). **23**

**d) Rechte von betroffenen Kindern und Jugendlichen.** Art. 17a erfasst nur Rechte der Partner untereinander. Zwar verweist § 3 Abs. 1 GewSchG (Geltungsbereich, Konkurrenzen) für **Personen unter elterlicher Sorge, Vormundschaft oder unter Pflegschaft** anstelle von § 1 Abs. 1 oder Abs. 2 S. 1 GewSchG auf deutsches Sorgerechts-, Vormundschafts- oder Pflegschaftsrecht, kollisionsrechtlich ist dies aber nicht gesondert verarbeitet. Auch das GewSchG gibt den mitbetroffenen Kindern und Jugendlichen bewusst kein eigenes Antragsrecht (Grüneberg/Götz GewSchG § 3 Rn. 2). **24**

## III. Verfahrensrecht

25 Für das Verfahrensrecht gilt wie stets die lex fori. Da § 1 GewSchG verfahrensrechtlich gestaltet ist (einstweiliger Rechtsschutz), gilt deutsches Recht für den Erlass von Schutzanordnungen (Begr., BGBl. 2001 I 3513). Inländische Schutzanordnungen ergehen und sind im Inland durchsetzbar nach inländischem Verfahrensrecht (§ 214 FamFG). Allerdings ist zu beachten, dass dies nur für die verfahrensrechtliche Form gilt. Die materiell-rechtlichen Voraussetzungen der Anordnung müssen dem anwendbaren Recht entnommen werden (→ Rn. 17 ff.).

26 Hinsichtlich der internationalen Zuständigkeit und Anerkennung ist zu differenzieren, da teilweise **europäisches Recht** eingreift. Wie schon gezeigt gilt für die unter Art. 17a aF fallenden Ansprüche nach §§ 1361a, 1361b BGB und für § 1568b BGB für ab dem 29.1.2019 eingeleitete Verfahren die **EuGüVO.** Wann für die sonstigen Verfahren die Brüssel IIa-VO oder auch die Brüssel Ia-VO eingreift, ist weniger klar. Die **Brüssel IIa-VO** gilt für den Bereich des Art. 17a jedenfalls dann insgesamt nicht, wenn kein Bezug zu einer Ehescheidung vorliegt. Denn sie erfasst nur die Scheidung selbst sowie sorgerechtliche Angelegenheiten. Überwiegend wird aber vertreten, für Eilmaßnahmen müsse Art. 20 Brüssel IIa-VO greifen, wenn der beantragte Rechtsschutz **im Zusammenhang mit einer Scheidung** erfolge (so insbes. Staudinger/Spellenberg, 2015, Brüssel IIa-VO Art. 20 Rn. 38 ff.; Zöller/Geimer Brüssel IIa-VO Art. 20 Rn. 3; noch weiter diff. Rauscher/Rauscher Brüssel IIa-VO Art. 20 Rn. 10 Fn. 25: §§ 2, 3 GewSchG und § 1361b BGB seien von Art. 20 erfasst, § 1361a BGB dagegen nicht).

27 Auch bei der **Brüssel Ia-VO** muss, trotz der mit einer differenzierenden Lösung verbundenen praktischen Schwierigkeiten, zwischen den verschiedenen von Art. 17a erfassten Ansprüchen unterschieden werden: Zu beachten ist zunächst die in Art. 1 Abs. 2 lit. a Brüssel Ia-VO vorgesehene Bereichsausnahme für güterrechtliche Angelegenheiten, die weit zu verstehen ist und mit dem Anwendungsbereich der EuGüVO korrespondiert (Rauscher/Mankowski Brüssel Ia-VO Art. 1 Rn. 12; MüKoZPO/Gottwald EuGVO Art. 1 Rn. 14). Entsprechend gilt die Brüssel Ia-VO für solche Angelegenheiten nicht.

28 Dagegen können Verfahren nach dem GewSchG nicht mehr unter den Begriff der „güterrechtlichen Gegenstände" subsumiert werden. Für Anträge nach dem GewSchG, die **keinen Zusammenhang mit einer Ehescheidung** aufweisen, gilt daher die Brüssel Ia-VO. Es greift die Zuständigkeitsnorm des Art. 7 Nr. 2 Brüssel Ia-VO, da der Anspruch deliktisch zu qualifizieren ist (Andrae IntFamR § 3 Rn. 18, 89). Eine Zuständigkeit besteht danach sowohl am Handlungs- als auch am Erfolgsort (nur Zöller/Geimer Brüssel Ia-VO Anh. II Art. 5 Rn. 26). Soweit weder die EuGüVO, noch die Brüssel IIa-VO oder die Brüssel Ia-VO eingreifen, richtet sich die internationale Zuständigkeit nach autonomem Recht. Hier gelten insbes. die §§ 201, 105 FamFG.

29 Die grenzüberschreitende **Anerkennung** und **Durchsetzung** der inländischen Schutzanordnung (Betretungs-, Näherungs- und Kontaktverbote) kann geboten sein, etwa wenn die Belästigung oder Nachstellung bei inländischer Ehewohnung aus dem (ggf. nahen oder bei Einsatz von Kommunikationsmitteln auch fernen) Ausland heraus erfolgt. Innerhalb des Anwendungsbereichs der Brüssel IIa-VO erfolgt diese nach Art. 21 ff. Brüssel IIa-VO, innerhalb des Anwendungsbereichs der Brüssel Ia-VO nach Art. 31 ff. Brüssel Ia-VO. Seit dem 1.11.2015 gilt die **VO (EU) 606/2013** über die gegenseitige Anerkennung von Schutzmaßnahmen in Zivilsachen vom 12.6.2013 (sog. Schutzmaßnahmen-VO; dazu Andrae IntFamR § 3 Rn. 18a ff.; Geimer FS Coester-Waltjen, 2015, 375). Diese Verordnung verfolgt den richtigen und wichtigen Ansatz, die Anerkennung von Schutzmaßnahmen innerhalb der EU zu vereinfachen. Doch deutet sich an, dass es weiterhin oft schneller und einfacher ist, die Schutzmaßnahme in Deutschland neu zu beantragen, als nach der VO (EU) 606/2013 vorzugehen (umfassend Dutta FamRZ 2015, 85 – zu Letzterem insbes. Dutta FamRZ 2015, 85 (92)).

30 Für im Inland verhängte und zuvor angedrohte **Ordnungssanktionen** (Ordnungsgeld oder Ordnungshaft) nach § 890 ZPO ist eine internationale Durchsetzbarkeit nicht vollständig gewährleistet (näher BeckOK ZPO/Stürner ZPO § 890 Rn. 59). Jedenfalls kommt für Ordnungsgeld eine EU-weite Durchsetzung in Betracht. Gerichtlich entschieden ist, dass auf Ordnungsgeld lautende Entscheidungen innerhalb der EU nach der Brüssel Ia-VO anerkennungsfähig und vollstreckbar sind (EuGH ECLI:EU:C:2011:668 Rn. 35 ff. = NJW 2011, 3568 – Realchemie Nederland/Bayer CropScience AG; BGHZ 185, 124 = NJW 2010, 1883 (1884)).

## dd) Art. 17b EGBGB

### Art. 17b Eingetragene Lebenspartnerschaft und gleichgeschlechtliche Ehe

**(1) [1]Die Begründung, die Auflösung und die nicht in den Anwendungsbereich der Verordnung (EU) 2016/1104 fallenden allgemeinen Wirkungen einer eingetragenen Lebenspartnerschaft unterliegen den Sachvorschriften des Register führenden Staates. [2]Der Versorgungsausgleich unterliegt dem nach Satz 1 anzuwendenden Recht; er ist nur durchzuführen, wenn danach deutsches Recht anzuwenden ist und das Recht eines der Staaten, denen die Lebenspartner im Zeitpunkt der Rechtshängigkeit des Antrags auf Aufhebung der Lebenspartnerschaft angehören, einen Versorgungsausgleich zwischen Lebenspartnern kennt. [3]Im Übrigen ist der Versorgungsausgleich auf Antrag eines Lebenspartners nach deutschem Recht durchzuführen, wenn einer der Lebenspartner während der Zeit der Lebenspartnerschaft ein Anrecht bei einem inländischen Versorgungsträger erworben hat, soweit die Durchführung des Versorgungsausgleichs insbesondere im Hinblick auf die beiderseitigen wirtschaftlichen Verhältnisse während der gesamten Zeit der Lebenspartnerschaft der Billigkeit nicht widerspricht.**

**(2) Artikel 10 Abs. 2 und Artikel 17a gelten entsprechend.**

**(3) Bestehen zwischen denselben Personen eingetragene Lebenspartnerschaften in verschiedenen Staaten, so ist die zuletzt begründete Lebenspartnerschaft vom Zeitpunkt ihrer Begründung an für die in Absatz 1 umschriebenen Wirkungen und Folgen maßgebend.**

**(4) [1]Gehören die Ehegatten demselben Geschlecht an oder gehört zumindest ein Ehegatte weder dem weiblichen noch dem männlichen Geschlecht an, so gelten die Absätze 1 bis 3 mit der Maßgabe entsprechend, dass sich das auf die Ehescheidung und auf die Trennung ohne Auflösung des Ehebandes anzuwendende Recht nach der Verordnung (EU) Nr. 1259/2010 richtet. [2]Die güterrechtlichen Wirkungen unterliegen dem nach der Verordnung (EU) 2016/1103 anzuwendenden Recht.**

**(5) [1]Für die in Absatz 4 genannten Ehen gelten Artikel 13 Absatz 3, Artikel 17 Absatz 1 bis 3, Artikel 19 Absatz 1 Satz 3, Artikel 22 Absatz 3 Satz 1 sowie Artikel 46e entsprechend. [2]Die Ehegatten können für die allgemeinen Ehewirkungen eine Rechtswahl gemäß Artikel 14 treffen.**

**Schrifttum:** Bruns, Eingetragene Lebenspartnerschaften im Rahmen der EU-Erbrechtsverordnung, ZErb 2014, 181; Buschbaum, Kollisionsrecht der Partnerschaften außerhalb der traditionellen Ehe – Teil 1 und Teil 2, RNotZ 2010, 73 und RNotZ 2010, 149; Coester, Art. 17b EGBGB unter dem Einfluss des Europäischen Kollisionsrechts, IPRax 2013, 114; Coester-Waltjen, Die Mitmutterschaft nach südafrikanischem Recht im deutschen Geburtenregister, IPRax 2016, 132; Coester-Waltjen, Die Einführung der gleichgeschlechtlichen Ehe in ausgewählten Rechtsordnungen, ZEuP 2018, 320; de la Durantaye, Same same but different? Das IPR der Ehe für alle nach Inkrafttreten des Gesetzes zur Umsetzung des Eheöffnungsgesetzes, IPRax 2019, 281; Dutta, Das neue internationale Güterrecht der Europäischen Union – ein Abriss der europäischen Güterrechtsverordnungen, FamRZ 2016, 1973; Forkert, Eingetragene Lebenspartnerschaften im deutschen IPR – Art. 17b EGBGB, 2003; Gebauer/Staudinger, Registrierte Lebenspartnerschaften und die Kappungsregel des Art. 17b Abs. 4 EGBGB, IPRax 2002, 275; Gruber, Überlegungen zur Reform des Kollisionsrechts der eingetragenen Lebenspartnerschaft und anderer Lebensgemeinschaften, IPRax 2021, 39; Henrich, Kollisionsrechtliche Fragen der eingetragenen Lebenspartnerschaft, FamRZ 2002, 137; Henrich, Im Ausland begründete, im Inland fortgeführte heterosexuelle Partnerschaften, FS Coester-Waltjen, 2015, 443; Jakob, Die eingetragene Lebenspartnerschaft im internationalen Privatrecht, 2002; Röthel, Anerkennung gleichgeschlechtlicher Ehen nach deutschem und europäischem Recht, IPRax 2006, 250; Röthel, Öffnung der Ehe – wenn ja wie?, FamRZ 2015, 1241; Stüber, Gesetz zur Überarbeitung des Lebenspartnerschaftsrechts, FamRZ 2005, 574; Süß, Notarieller Gestaltungsbedarf bei eingetragenen Lebenspartnerschaften mit Ausländern, DNotZ 2001, 168; Wagner, Das neue Internationale Privat- und Verfahrensrecht zur eingetragenen Lebenspartnerschaft, IPRax 2001, 281.

### Übersicht

## I. Allgemeines

1 **1. Gesetzesgeschichte und Normzweck.** Art. 17b hat seit seiner Erstfassung, die durch das LPartG (Art. 3 § 25 Gesetz zur Beendigung der Diskriminierung gleichgeschlechtlicher Gemeinschaften: Lebenspartnerschaften vom 16.2.2001, BGBl. 2001 I 266 (279); zur Entstehungsgeschichte Schwab FamRZ 2001, 385 f.; Wagner IPRax 2001, 281 (293); zur Verfassungsmäßigkeit BVerfG NJW 2002, 2543) – zunächst noch als Art. 17a – in das EGBGB eingefügt wurde, vielfältige Änderungen und Ergänzungen erlebt. Die Erstfassung trat am 1.8.2001 in Kraft. Damit wurde für das neue Institut der eingetragenen Lebenspartnerschaft (eLP) eine ausdrückliche Kollisionsregel geschaffen, sodass der Streit um die richtige Qualifikation (Jakob, Die eingetragene Lebenspartnerschaft im internationalen Privatrecht, 2002, 157 ff.; Röthel IPRax 2000, 74) von gesetzgeberischer Seite beendet wurde. Als durch das GewSchG vom 11.12.2001 (BGBl. 2001 I 3513) in Art. 17a die Regelung über den Schutz der Ehewohnung aufgenommen wurde, verschob die Regelung sich und wurde zu Art. 17b. In Abs. 2 wurde zeitgleich ein Verweis auf Art. 17a aufgenommen, da die dort ebenfalls enthaltenen Gewaltschutzvorschriften auch für die eLP gelten sollten. Mit Wirkung zum 29.1.2013 war dann die Regelung zum Versorgungsausgleich der Neufassung des Art. 17 Abs. 3 angepasst worden (Art. 17b Abs. 1 S. 3 und 4 aF).

2 Weitere Ergänzungen betrafen insbes. die Anfügung des Abs. 2 S. 3 mit Wirkung zum 26.11.2015, da diese Entsprechung zu Art. 16 aF zuvor gefehlt hatte. Schon mit Wirkung zum 17.8.2015 war die erbrechtliche Sonderregelung in Abs. 1 S. 2 aufgehoben worden, da insofern seitdem allein die EuErbVO gilt.

3 Die jüngsten Änderungen betrafen die **gleichgeschlechtliche Ehe.** Abs. 4 hatte im Zuge des sog. Eheöffnungsgesetzes zunächst mit Wirkung zum 1.10.2017 einige Anordnungen getroffen, die lückenhaft waren und letztlich weitgehend auf die Kollisionsnormen für die eLP verwiesen. Dies wurde sogleich als unzureichend und als inhaltlich wenig überzeugend angesehen (auch → Rn. 55 f.), sodass die Regelungen mit Wirkung zum 22.12.2019 erneut reformiert wurden. Mit dem Gesetz zur Umsetzung des Gesetzes zur Einführung des Rechts auf Eheschließung für Personen gleichen Geschlechts (BGBl. 2018 I 2639 (2640)) wurde nun ein differenzierendes System eingeführt, bei dem zwar zunächst in Abs. 4 weiterhin pauschal auf die Abs. 1–3 verwiesen wird, jedoch sodann in Abs. 5 iE doch einige der für die Ehe geltenden Normen für anwendbar erklärt werden (→ Rn. 58). Der Anwendungsbereich dieser Normen wurden außerdem zugleich auf solche Ehen erstreckt, an denen Personen beteiligt sind, die weder dem weiblichen noch dem männlichen Geschlecht angehören (näher BR-Drs. 432/18, 26 f.). Mit Wirkung zum 29.1.2019 wurde schließlich die Anpassung an die EuPartVO und die EuGüVO vorgenommen. Durch Abs. 1 wird für die güterrechtlichen Wirkungen der eLP auf die EuPartVO verwiesen und Abs. 4 S. 2 erklärt für die gleichgeschlechtliche Ehe die EuGüVO für anwendbar (BGBl. 2018 I 2573 (2580)).

4 In seiner heutigen Fassung enthält Art. 17b somit die Kollisionsnormen für gleichgeschlechtliche Paarbeziehungen (sowie für Paarbeziehungen mit Beteiligung von Personen, die weder dem weiblichen noch dem männlichen Geschlecht angehören). Diese Regelungstechnik bringt es mit sich, dass die Anknüpfung der eLP, aber eben auch der gleichgeschlechtlichen Ehe zunächst eigenständig und nicht unmittelbar nach den für die heterosexuelle Ehe geltenden Normen stattfindet. Das hat den **Zweck,** Verweisungen auf Rechtsordnungen zu vermeiden, die gleichgeschlechtliche Partnerschaften nicht anerkennen. Durch die Einführung des Art. 17b sollte der Zweck des LPartG, der Diskriminierung gleichgeschlechtlicher Partnerschaften entgegenzuwirken, auch kollisionsrechtlich unterstützt und verstärkt werden (BT-Drs. 14/3751, 60). Es sollte gesichert werden, dass die Anwendung eines Rechts erfolgt, welches die von den Beteiligten gewählte Form der Verbindung (→ Rn. 6 ff.) kennt. Um dies zu erreichen, wird insbes. verstärkt an die Führung des **Registers** angeknüpft. Die gegenwärtige Fassung der Abs. 4 und Abs. 5 will genau dieses Ziel auch für gleichgeschlechtliche Ehegatten erreichen. Auch wenn durch die letzte Korrektur überzeugend viel weitgehender auf die für die Ehe geltenden Kollisionsnormen verwiesen wird, bleibt danach Abs. 1 insbes. für die Eingehung der Ehe anwendbar. Dadurch haben auch Ausländer mit nur kurzfristigem Inlandsaufenthalt und mit einem Heimatrecht, welches die

gleichgeschlechtliche Ehe nicht kennt, die Möglichkeit, in Deutschland die gleichgeschlechtliche Ehe zu schließen (ebenso wie dies bis zum 30.9.2017 für die eLP möglich war).

Die Gegenstände, für die die Vorschrift **keine explizite Regelung** trifft, unterliegen den 5 allgemeinen kollisionsrechtlichen Anknüpfungen (→ Rn. 50 ff.).

**2. Rechtsvergleichende Übersicht.** Regelungen zu registrierten gleichgeschlechtlichen 6 Lebenspartnerschaften sind, seitdem Dänemark 1989 als erstes Land die „registreret partnerskab" (Scherpe FPR 2001, 439; Süß/Ring, Eherecht in Europa, 3. Aufl. 2017, 466 Rn. 108) einführte, weltweit verbreitet (schon Dethloff ZEuP 2004, 59; Scherpe FPR 2010, 211). Von den EU-Mitgliedstaaten sehen derzeit nur Bulgarien, Lettland (dort ausdrückliches Verbot der gleichgeschlechtlichen Ehe, Art. 35 Abs. 2 ZGB), Litauen, Polen, Rumänien (ausdrückliches Verbot in Art. 277 ZGB) und die Slowakei (abl. Verfassungsänderung im Juni 2014) keine Möglichkeit vor, die gleichgeschlechtliche Paarbeziehung zu formalisieren. Die ausländischen Regelungen unterscheiden sich in verschiedenster Weise vom deutschen Sachrecht. Während das Rechtsinstitut der registrierten Partnerschaft in einigen Rechtordnungen der Ehe stark angeglichen ist, sehen andere Rechtsordnungen deutlichere Unterschiede zur Ehe vor als Deutschland. In vielen Staaten ist die registrierte gleichgeschlechtliche Partnerschaft – ebenso wie in Deutschland – wieder abgeschafft worden, als die gleichgeschlechtliche Ehe eingeführt wurde (→ Rn. 7.1, → Rn. 8.1).

Der französische PACS, die belgische cohabitation légale, sowie die niederländische und luxem- 7 burgische registrierte Partnerschaft stehen nicht nur homosexuellen Partnerschaften offen, sondern können auch von verschiedengeschlechtlichen Lebensgemeinschaften begründet werden. Sie bestehen neben der Möglichkeit der (verschieden- oder gleichgeschlechtlichen) Ehe.

Registrierte Partnerschaftsformen bestehen ua in Dänemark (1989, registreret partnerskab; seit 2012 gleich- 7.1 geschlechtliche Ehe) (Ring/Ring-Olsen StAZ 2012, 264; Scherpe FamRZ 2012, 1434), **Norwegen** (1993, registrert partnerskap; seit 2009 gleichgeschlechtliche Ehe) (Frantzen FamRZ 2008, 1707), **Schweden** (1995, registrerat partnerskap, seit 2009 gleichgeschlechtliche Ehe) (dazu Carsten StAZ 2010, 173), **Grönland** (1996, registreret partnerskab; seit 2016 gleichgeschlechtliche Ehe), **Island** (1996, staðfesta samvist (eingetragene Partnerschaft), seit 2010 gleichgeschlechtliche Ehe, daneben eingetragene Lebensgemeinschaft, vgl. Art. 2 Abs. 5 AdoptG), einigen autonomen Gemeinschaften **Spaniens** (Übersicht bei Süß/Ring, Eherecht in Europa, 3. Aufl. 2017, 1330 Rn. 102; Ausländisches Familienrecht, Loseblatt, Rn. 28), **Niederlande** (1998, geregistreerd partnerschap) (Buschbaum RNotZ 2010, 73 (76)), **Frankreich** (1999, pacte civil de solidarité – PACS), **Belgien** (2000, cohabitation légale) (Pintens FamRZ 2000, 69), **Finnland** (2002, rekisteröity parisuhde/registrerat partnerskap, seit 2017 gleichgeschlechtliche Ehe), **Luxemburg** (2004, partenariat (enregistré)), **Großbritannien und Nordirland** (2005, civil partnership, seit 2014 neben der gleichgeschlechtlichen Ehe) (Scherpe/Sloan FamRZ 2013, 1469), **Andorra** (2005, unió estable de parella), **Tschechien** (2006, registrované partnerství), **Schweiz** (2007, eingetragene Partnerschaft) (hierzu Widmer IPRax 2007, 155), **Griechenland** (2008, registrierte verschiedengeschlechtliche Partnerschaft durch Partnerschaftsvertrag) (Koutsouradis FamRZ 2009, 1544; Koutsouradis StAZ 2009, 299); seit 2015 auch für gleichgeschlechtliche Paare; **Ungarn** (2009, bejegyzett élettársi kapcsolat) (Weiss FamRZ 2009, 1566), **Österreich** (2010, Eingetragene Partnerschaft (gleichgeschlechtlich)) (Aichhorn FPR 2010, 217), **Malta** (2014, Lebenspartnerschaft, gleich- und verschiedengeschlechtlich), **Kroatien** (2014, registrierte Lebenspartnerschaft), **Estland** (2016), **Italien** (2016, Unione civile) und **Slowenien** (2017, Partnergemeinschaft).

Viele europäische Staaten haben homosexuellen Partnern in den letzten Jahren die Möglichkeit 8 der **Eheschließung** eröffnet (zur kollisionsrechtlichen Behandlung der gleichgeschlechtlichen Ehe im deutschen Recht → Rn. 21, → Rn. 55 ff.; zum europäischen Kollisionsrecht → Rn. 16 ff.).

Die **gleichgeschlechtliche Ehe** ist in Europa ua möglich in den **Niederlanden** (Art. 1:30 NBW; mit 8.1 Wirkung zum 1.4.2001 als erstes Land der Welt), in **Belgien** (143 belg. CC; seit 1.6.2003, hierzu Pintens/Scherpe StAZ 2003, 321), **Spanien** (Art. 44 Abs. 2 span. CC, geändert durch die Reform im Juli 2005, dazu Martin-Casals/Ribot FamRZ 2006, 1331), **Norwegen** (§ 1 Ehegesetz, iK 1.1.2009; dazu Frantzen FamRZ 2008, 1707), **Schweden** (seit 1.5.2009, vgl. den Hinweis bei Mankowski/Höffmann IPRax 2011, Fn. 22; Jänterä-Jareborg FamRZ 2010, 1505), **Portugal** (Art. 1577 CC nF mWv 2.6.2010, Übersetzung in StAZ 2010, 251; de Oliveira FamRZ 2011, 1464) und **Island** (24.6.2010); in **Dänemark** seit dem 15.6.2012; Seit dem 18.5.2013 ist sie auch in **Frankreich** (Art. 143 ff. CC, dazu Ougier StAZ 2014, 8; Ferrand/Francoz-Terminal FamRZ 2013, 1448) erlaubt; in **Großbritannien** (mit Ausnahme von Nordirland) ist sie seit dem 13.3.2014 möglich (Sec 1 (1) Marriage (Same Sex Couples) Act 2013, näher Sloan StAZ 2014, 136), in **Schottland** ist seit dem 16.12.2014 der Marriage and Civil Partnership (Scotland) Act 2014 in Kraft, in **Luxemburg** gibt es die gleichgeschlechtliche Ehe seit dem 1.1.2015 (Art. 143 ff. CC), in **Irland** seit dem 16.11.2015 (Marriage Act 2015), in **Grönland** seit dem 1.4.2016, in Finnland seit dem 1.3.2017. Zudem hat der **österreichische** Verfassungsgerichtshof die Einführung der gleichgeschlechtlichen Ehe verlangt (ÖJZ 2018, 73 = FamRZ 2018,

191 mAnm Ferrari). Der Unterschied zwischen den west- und den osteuropäischen Staaten, wo die gleichgeschlechtliche Ehe oft nachdrücklich abgelehnt wird, ist nicht zu übersehen (mit einem Überblick und Hintergrundüberlegungen Coester-Waltjen, ZEuP 2018, 320).

9 Auch außerhalb Europas existieren der eLP vergleichbare Rechtsinstitute. In den Vereinigten Staaten sind eingetragene Partnerschaften in vielen Bundesstaaten von der nun allgemein zulässigen gleichgeschlechtlichen Ehe abgelöst worden. Einzelne Bundesstaaten haben die registrierte Partnerschaft auch für heterosexuelle Paare geöffnet (teils nur für Senioren, vgl. kaliforn. Family Code Section 297).

9.1 In den **USA** wurde das Verbot der gleichgeschlechtlichen Ehe am 26.6.2015 durch den Supreme Court für verfassungswidrig erklärt (US Supreme Court, Obergefell v. Hodges, 576 U.S. (2015), 135 S.Ct. 1039 = BeckRS 2015, 12345); die Gesetzgebung liegt in der Kompetenz der Bundesstaaten. Folgende US-Bundesstaaten haben bzw. hatten Gesetze, die eine **eingetragene Lebenspartnerschaft** (überwiegend Civil Unions oder (registered) Domestic Partnerships) vorsehen: **Colorado** (Civil Union Act 2013, auch für heterosexuelle Paare, seit 2014 daneben gleichgeschlechtliche Ehe), **Connecticut** (2005–2008, seitdem gleichgeschlechtliche Ehe), **Delaware** (2011–2014, seitdem gleichgeschlechtliche Ehe), **District of Columbia** (2002–2009, seitdem gleichgeschlechtliche Ehe), **Hawaii** (1997, seit 2013 gleichgeschlechtliche Ehe), **Illinois** (2011, Civil Union, seit 2014 daneben gleichgeschlechtliche Ehe), **Kalifornien** (1999, seit 2008 – mit Unterbrechungen – daneben die gleichgeschlechtliche Ehe), Maine (2004–2012, seitdem gleichgeschlechtliche Ehe), **Massachusetts** (Ehe offen für gleichgeschlechtliche Paare seit 2004), Nevada (2009, seit 2014 daneben gleichgeschlechtliche Ehe), **New Hampshire** (2008–2010, Civil Union, seitdem gleichgeschlechtliche Ehe), **New Jersey** (2007, Civil Union, seit 2013 daneben gleichgeschlechtliche Ehe), **Oregon** (2007, domestic partnership, seit 2014 gleichgeschlechtliche Ehe), **Rhode Island** (2011–2013, seitdem gleichgeschlechtliche Ehe), **Vermont** (2000, Civil Union, seit 2009 gleichgeschlechtliche Ehe), **Washington** (2007–2012, seitdem gleichgeschlechtliche Ehe) und Wisconsin (2009, domestic partnership, seit 2014 gleichgeschlechtliche Ehe).

9.2 **Sonstige Staaten: Argentinien** (2003 bereits in Buenos Aires (dazu Scherpe/Hömberg StAZ 2004, 38 ff.), seit 2015 neues Familienrecht mit rechtlicher Regelung und Eintragungsmöglichkeit für nichteheliche (gleich- oder verschiedengeschlechtliche) Lebensgemeinschaften; seit 2010 gleichgeschlechtliche Ehe), **Australien** (in einzelnen Staaten, zuerst 2003, Tasmania-Relationship Act; seit dem 25.10.2018 allgemein (Marriage Amendment (Definition and Religious Freedoms) Act 2017), **Brasilien** (2011, união homoafetiva, seit 2011/2013 gleichgeschlechtliche Ehe; einige Provinzen **Kanadas** (hierzu Heun, Gleichgeschlechtliche Ehen in rechtsvergleichender Sicht, 1999, 172 ff.) (zB für Québec Lebenspartnerschaft seit 2002; seit 2005 gleichgeschlechtliche Ehe, Sec 4 Civil Marriage Act 2005) (insbes. zum kanadischen Kollisionsrecht Wiggerich FamRZ 2013, 1453), **Kolumbien** (2007, seit 2016 gleichgeschlechtliche Ehe), Neuseeland (2005, Civil Union Act 2004, seit 2013 gleichgeschlechtliche Ehe), **Mexico** (2006/2007 Ley de Sociedad de Convivencia; der oberste Gerichtshof entschied 2015, dass Gesetze der einzelnen Bundesstaaten, welche die gleichgeschlechtliche Ehe verbieten, verfassungswidrig sind, seitdem Anpassung); weitere Entwicklungen in Süd- und Mittelamerika sind derzeit aufgrund einer Entscheidung des Inter American Courts of Human Rights zu erwarten (Coester-Waltjen ZEuP 2018, 320 (324 f.)); **Südafrika** (Civil Union Act 2006), **Uruguay** (2008, auch für heterosexuelle Paare, seit 2013 gleichgeschlechtliche Ehe).

10 Nicht alle diese Rechtsordnungen haben allseitige **Kollisionsnormen** für die Lebenspartnerschaft (Wagner IPRax 2001, 281 (289) m. Bsp. Dänemark). Mehrere kollisionsrechtliche Modelle konkurrieren: Wohnsitz eines Partners im Inland und inländische Staatsangehörigkeit (Norwegen), lex loci celebrationis (Niederlande), analoge Anwendung der Kollisionsnormen für die Ehe (Belgien).

11 **3. Staatsvertragliche und europarechtliche Kollisionsnormen. a) Staatsverträge.** Unmittelbar zu den Lebenspartnerschaften gibt es bislang keine staatsvertraglichen Regelungen. Jedoch ist das HUP auf Unterhaltsansprüche zwischen Lebenspartnern anwendbar (→ Rn. 12). Für das Güterrecht in der eLP gilt seit dem 29.1.2019 die **EuPartVO** (→ Rn. 15). Ansonsten ist auch bei den EU-Verordnungen jeweils zu prüfen, ob eine entsprechende Anwendung in Betracht kommt (→ Rn. 14).

12 Bei den **Staatsverträgen** kann die Frage, inwieweit bestehende Rechtsinstrumente auf Lebenspartnerschaften analoge Anwendung finden können, nicht pauschal beantwortet werden. Schon unter den Begriff der „Familie" iSd Art. 1 HUntÜ 1973 wurde die Lebenspartnerschaft meist subsumiert (dafür etwa MüKoBGB/Coester, 7. Aufl. 2017, Rn. 6). Für das HUP ist die Anwendbarkeit soweit ersichtlich unstreitig gegeben (nur MüKoBGB/Coester Rn. 6, 49 ff.). Der Gesetzgeber hat durch die Streichung des Art. 17b Abs. 1 S. 2 aF deutlich gemacht, dass zumindest aus deutscher Sicht das HUP angewendet werden soll (→ HUP 2007 Art. 1 Rn. 41). Bestrebungen, ein eigenes Übereinkommen zu den nichtehelichen Lebensgemeinschaften (inklusive der eingetragenen Lebensgemeinschaften) in

das zukünftige Arbeitsprogramm der Haager Konferenz aufzunehmen, waren über lange Jahre am Widerstand jener Staaten, die eine materiell-rechtliche Regelung des Rechtsinstituts noch nicht kannten, gescheitert (Wagner IPRax 2001, 281 (282 f.)), konnten sich nun jedoch durchsetzen (https://www.hcch.net/de/projects/legislative-projects/cohabitation).

Nach Art. 8 Abs. 3 **deutsch-iranisches Niederlassungsabkommen** vom 17.2.1929 (Wortlaut → Art. 25 Rn. 12) richten sich familienrechtliche Angelegenheiten zwischen iranischen Staatsangehörigen nach iranischem Recht. Sie können in Deutschland also keine gleichgeschlechtliche Ehe (bzw. bis zum 1.10.2017 keine eLP) schließen. Bei verschiedenem Personalstatut der Beteiligten ist das Abkommen nicht anwendbar (BGH NJW 1990, 636; OLG Bremen IPRax 1985, 296). 13

**b) EU-Recht und eLP.** Ob gleichgeschlechtliche Verbindungen von **Rechtsakten der EU** mit umfasst werden, ist ebenfalls nicht immer eindeutig bestimmbar. Insgesamt ist das Recht der EU wegen der unterschiedlichen Haltung der Mitgliedstaaten in Hinblick auf die **eLP** eher zurückhaltend. Die Rom III-VO gilt nicht für die Auflösung von eLP (→ Rom III-VO Art. 1 Rn. 17) (NK-BGB/Gruber Rom III-VO Art. 1 Rn. 37). Die eLP wird überhaupt allgemein nicht als „Ehe" (etwa iSd Brüssel IIa-VO) angesehen (Rauscher/Rauscher Brüssel IIa-VO Art. 1 Rn. 6). Art. 2 Nr. 2 lit. a und b Freizügigkeits-RL unterscheiden zwischen Ehegatten und Lebenspartnern „sofern die eingetragene Partnerschaft der Ehe gleichgestellt ist" (zur insofern erweiterten Umsetzung nur Brinkmann ZAR 2014, 213). Für die **EuUnthVO** mit dem HUP gilt das bereits soeben Gesagte: Dieses hat einen weiten Anwendungsbereich und erlaubt die Erstreckung auf alle Unterhaltsansprüche, die familienrechtlicher Art sind, also auch auf solche aus eLP. 14

Speziell für die eLP gilt die **EuPartVO** (VO (EU) 2016/1104 vom 24.7.2016 zur Durchführung einer Verstärkten Zusammenarbeit im Bereich der Zuständigkeit, des anzuwendenden Rechts und der Anerkennung und Vollstreckung von Entscheidungen in Fragen güterrechtlicher Wirkungen eingetragener Partnerschaften, ABl. EU 2016 L 183, 30), die ein der EuGüVO zwar stark ähnelndes aber doch separates Kollisionsrecht für das Güterrecht der eLP enthält. Sie ist am 29.7.2016 in Kraft getreten und ihre Kollisionsnormen gelten für eLP, die ab dem 29.1.2019 eingegangen worden sind, sowie für güterrechtliche Verträge, die ab diesem Tag geschlossen worden sind. Sie enthält ein vereinheitlichtes Güterrecht für die registrierten Partnerschaften und ersetzt Art. 17b insoweit vollständig. 15

**c) EU-Recht und gleichgeschlechtliche Ehe.** Inwiefern die Ehe betreffende EU-Verordnungen auf die **gleichgeschlechtliche Ehe** angewendet werden können, ist streitig und muss für jeden Rechtsakt gesondert beantwortet werden. Die **Rom III-VO,** die seit dem 21.6.2012 gilt, überlässt den Mitgliedstaaten die Qualifikation des Ehebegriffs und ist grds. auch offen für Scheidungen gleichgeschlechtlicher Ehen (für Anwendung schon früher NK-BGB/Gruber Rom III-VO Art. 1 Rn. 21 ff.). Der Gesetzgeber hat sich nun überzeugend entschieden, in Art. 17b Abs. 4 klarzustellen, dass die Rom III-VO in Deutschland auf die gleichgeschlechtliche Ehe anzuwenden ist (→ Rn. 55 ff., → Rom III-VO Art. 1 Rn. 20 mwN). 16

Auch für die **EuGüVO** wird meist angenommen, dass es den Mitgliedstaaten überlassen bleibe, ob sie diese – oder sonst die EuPartVO – auf die gleichgeschlechtliche Ehe anwenden wollen (Simotta ZVglRWiss 2017, 44 (47); Weber DNotZ 2016, 659 (669)). Für Deutschland wurde die Anwendbarkeit der EuGüVO bis zur Einführung der gleichgeschlechtlichen Ehe überwiegend abgelehnt und ein Eingreifen der EuPartVO bejaht (für Anwendung der EuPartVO Martiny ZfPW 2017, 1 (8); in diese Richtung auch Weber DNotZ 2016, 659 (669)). Durch die Einführung der gleichgeschlechtlichen Ehe hat sich dies geändert. Der Gesetzgeber hat in Abs. 4 S. 2 klargestellt, dass auf gleichgeschlechtliche Ehen allein die EuGüVO anzuwenden ist (dafür überzeugend schon zuvor MüKoBGB/Looschelders Einf. EuGüVO Rn. 23 ff.). 17

Die Anwendung der **Brüssel IIa-VO** auf die **gleichgeschlechtliche Ehe** ist sehr umstritten (dafür NK-BGB/Gruber Brüssel IIa-VO Art. 1 Rn. 3; Hausmann IntEuSchR A Rn. 33; dagegen Althammer/Arnold Art. 1 EuEheVO Rn. 6 f; HK-ZPO/Dörner Art. 1 EuEheVO Rn. 3; MüKo-FamFG/Gottwald Brüssel IIa-VO Art. 1 Rn. 5). Doch muss diese, wenn auch mit Bedauern, weiterhin verneint werden. Man kann dabei nicht darauf verweisen, dass die gleichgeschlechtliche Ehe sich in der EU immer mehr verbreitet hat (so aber etwa Hausmann IntEuSchR A Rn. 33). Denn der EuGH hat in der Entscheidung Sahyouni II sehr deutlich gemacht, dass er die Brüssel IIa-VO gerade **nicht dynamisch** auslegen will. Vielmehr geht er explizit davon aus, dass der Verordnungsgeber sich an den Scheidungsformen orientiert habe, die bei ihrer Entstehung in der EU verbreitet gewesen seien (EuGH ECLI:EU:C:2017:988 = NJW 2018, 447 Rn. 45 – Sahyouni II; näher zu der Entscheidung → Art. 17 Rn. 32 f.). Wenn überhaupt, müsste Deutschland daher die (dann entsprechende) Anwendbarkeit für seine Gerichte ergänzend bestimmen. Der deutsche 18

Gesetzgeber hat aber im Gegenteil auf jegliche verfahrensrechtliche Regelung verzichtet, und zwar mit dem Hinweis, dass § 98 FamFG gelte (BT-Drs 19/4670, 27). Die **EuUnthVO** (iVm HUP) hingegen erfasst die gleichgeschlechtliche Ehe ohne Weiteres, da sie lediglich einen familienrechtlichen Charakter des Unterhaltsanspruchs verlangt (→ HUP 2007 Art. 1 Rn. 39).

## II. Einzelerläuterungen

19 **1. Sachlicher Anwendungsbereich (Anknüpfungsgegenstand). a) Eingetragene Lebenspartnerschaft.** Art. 17b bestimmt das auf die eLP anzuwendende Recht. Der Begriff „eingetragene Lebenspartnerschaft" ist **weit zu verstehen** (MüKoBGB/Coester Rn. 10). Nur so kann die Vielfalt der internationalen Ausgestaltung (→ Rn. 6 ff.) kollisionsrechtlich erfasst werden. Bei der Qualifikation ist der Begriff der eLP entspr. den allgemeinen Grundsätzen (näher → EinlIPR Rn. 53 ff.) unabhängig von der sachrechtlichen Begriffsbildung zu bestimmen.

20 **aa) Rechtsförmlichkeit.** Entscheidendes Kriterium ist die Rechtsförmlichkeit registrierter Partnerschaften, dh deren förmliche Begründung sowie ihr daraus folgender Status mit Rechtswirkungen – im Gegensatz zur lediglich **faktischen Lebensgemeinschaft.** Eine analoge Anwendung von Art. 17b auf nicht registrierte ausländische Partnerschaften ist bereits mangels Registrierungsstatuts nicht möglich (ausf. zu den Einzelfragen Buschbaum RNotZ 2010, 149 (153 ff.)).

21 **bb) Qualifikation der eLP und der gleichgeschlechtlichen Ehe.** Nach hM ist die eLP als rechtliches aliud zur Ehe zu verstehen (BVerfG NJW 2002, 2543 (2549)). Normen für die Ehe gelten daher nicht für die eLP. Umstritten war bisher jedoch die Qualifikation der in manchen Ländern schon viel früher als in Deutschland eingeführten **Ehe für gleichgeschlechtliche Paare** (ua Niederlande, Spanien und Belgien, → Rn. 8.1) (zur öffentlich-rechtlichen Anerkennung dieser Ehen Röthel IPRax 2006, 250 (251 ff.)). Unterschiedlich wurde insbes. beurteilt, ob die Kollisionsnormen für die Ehe (insbes. Art. 13) oder die Normen für die eLP (also Art. 17b) anzuwenden sein sollten. Nach hM waren die gleichgeschlechtlichen „Ehen" unter Art. 17b (direkt oder analog) zu subsumieren (BGH NJW 2016, 2953; 2016, 2322; ausf. Mankowski/Höffmann IPRax 2011, 247 (250 ff.); Henrich FamRZ 2002, 137 (138); Dörner FS Jayme, 2004, 143 (150 f.); MüKoBGB/Coester, 6. Aufl. 2015, Rn. 139; Staudinger/Mankowski, 2010, Rn. 22 ff.; Andrae IntFamR § 10 Rn. 68; Martiny in Hausmann/Hohloch Nichteheliche Lebensgemeinschaft Kap. 12 Rn. 62). Nach der Gegenansicht sollte die eherechtliche Anknüpfung nach Art. 13 ff. sachgerechter sein (Gebauer/Staudinger IPRax 2002, 275 (277); Forkert, Eingetragene Lebenspartnerschaften im deutschen IPR – Art. 17b EGBGB, 2003, 79 f.; Palandt/Thorn, 76. Aufl. 2017, Rn. 1; Winkler v. Mohrenfels FS Ansay, 2006, 527 (536 f.); insgesamt krit. Röthel FamRZ 2015, 1241 (1242)).

22 Durch die am 1.10.2017 in Kraft getretene Änderung des Gesetzes und die klaren Regelungen in Art. 17b Abs. 4 und 5 hat sich dieser **Streit erledigt.** Obwohl die gleichgeschlechtliche Ehe der heterosexuellen Ehe im deutschen Sachrecht vollständig angeglichen wurde, hat der Gesetzgeber für diese gesonderte Kollisionsnormen geschaffen. Das wirkt dogmatisch zwar unangebracht, bringt aber zwei erhebliche Vorteile mit sich. Zum ersten konnte so in Hinblick auf die EU-Verordnungen Klarheit über die Anwendung geschaffen werden. Zum zweiten, und das ist noch viel wichtiger, kann potentiellen Diskriminierungen im ausländischen Recht besser ausgewichen werden. Insbesondere die Entscheidung, dass es für die Eingehung der gleichgeschlechtlichen Ehe bei Art. 17b Abs. 1 bleibt, ist für heiratswillige Paare von großem Vorteil. Denn sonst müsste Art. 13 Abs. 1 angewendet werden. Danach wären gleichgeschlechtliche Ehen immer schon dann nichtig bzw. könnten nicht geschlossen werden, wenn auch nur das Heimatrecht eines Ehegatten diese ablehnen würde. Das kann keinesfalls gewollt sein. Durch die Anwendung des Registerstatuts nach Art. 17b Abs. 1 wird allerdings erreicht, dass die gleichgeschlechtliche Ehe gegenüber der verschiedengeschlechtlichen Ehe privilegiert wird und dass, wie bei der eLP, auch ein Paar mit gewöhnlichem Aufenthalt in Deutschland und ausländischer Staatsangehörigkeit in Deutschland wirksam die gleichgeschlechtliche Ehe schließen kann. Auf eine Anerkennungsfähigkeit in der Heimat kommt es in keiner Weise an. De lege ferenda sollte für die Eheschließung eine Regelung gefunden werden, die für die verschiedengeschlechtliche und die gleichgeschlechtliche Ehe dieselbe Anknüpfung vorsieht (näher Coester IPRax 2013, 114 (116 f.); Heiderhoff IPRax 2017, 160 (163 f.)). Zu weiteren Einzelheiten der Regelungen in Art. 17b Abs. 4 und 5 → Rn. 56 ff., insbes. zur Scheidung und der Anwendbarkeit der Rom III-VO → Rn. 14; → Art. 17 Rn. 14; → Rom III-VO Art. 1 Rn. 18.

23 **cc) Andere Merkmale.** Ob Art. 17b analog auf **heterosexuelle registrierte** Partnerschaften angewendet werden kann, ist weiterhin streitig (Registrierung heterosexueller Paare ist zB möglich in den Niederlanden, Belgien und Luxemburg. In Großbritannien wird Entsprechendes derzeit

diskutiert, https://www.judiciary.gov.uk/wp-content/uploads/2016/01/steinfeld-v-secretary-foreduction.pdf). Teils wird eine Anwendung des Art. 17b in diesen Fällen abgelehnt (Staudinger/Mankowski, 2010, Rn. 99 ff.; Münch/Süß FamR Rn. 324 f.; Wagner IPRax 2001, 281 (295)). Konsequenz dieser Ansicht ist, dass der Streit über die auf nicht registrierte, nichteheliche Lebensgemeinschaften anwendbaren Kollisionsnormen auch auf diese registrierten Lebensgemeinschaften übertragen wird. Praktisch brauchbarer und gut begründbar ist die Gegenansicht: Sie wendet Art. 17b analog oder sogar unmittelbar auf ausländische registrierte Partnerschaften auch dann an, wenn sie heterosexuell sind oder keinen unbedingten Paarcharakter tragen (Grüneberg/Thorn Rn. 1; Grüneberg/Thorn Art. 13 Rn. 3; NK-BGB/Gebauer Rn. 8 ff.: unmittelbar; Andrae IntFamR § 10 Rn. 61; Henrich FS Coester-Waltjen, 2015, 443 (446); Coester FS Sonnenberger, 2004, 321 (328 ff.) unter Verweis auf den ordre public; Rauscher IPR § 8 Rn. 879; Erman/Hohloch Rn. 6).

Dieser klaren Lösung sollte gefolgt werden: Soweit ausländische Rechtsordnungen einen förmlichen Rechtsakt voraussetzen (so zB in Belgien, Vermont und Katalonien), erscheint eine (analoge) Anwendung des Art. 17b angemessen. Sonst müssten die für alle Paare geöffneten ausländischen registrierten Partnerschaften unterschiedlich behandelt werden, je nachdem, ob diese im konkreten Fall von Personen gleichen oder unterschiedlichen Geschlechts geschlossen wurden. Die Verbindung müsste entweder unter Art. 17b oder – mit den bekannten Schwierigkeiten – unter die Art. 15 ff. eingeordnet werden. Ein Grund für eine Beschränkung auf homosexuelle Partnerschaften ist kaum erkennbar (so auch Rauscher IPR § 8 Rn. 879; v. Hoffmann IPR § 8 Rn. 73 b; NK-BGB/Gebauer Rn. 8). Dass der ursprüngliche Zweck der Norm auch in der Verhinderung von Diskriminierung homosexueller Paare lag, stellt keine Schranke für ein erweitertes Verständnis dar (anders aber Looschelders Rn. 5). 24

**b) Rechtliche Behandlung nicht erfasster Gemeinschaften.** Die Qualifikation der nicht registrierten, also bloß faktischen Lebensgemeinschaften, zu denen insbes. die sog. nichtehelichen Lebensgemeinschaften gehören, ist damit weiterhin streitig (MüKoBGB/Coester Rn. 106; iE Martiny in Hausmann/Hohloch Nichteheliche Lebensgemeinschaft Kap. 12 Rn. 7 ff.). Dabei darf zwischen heterosexuellen und homosexuellen Beziehungen nicht unterschieden werden. Zum Teil wird eine rein schuldrechtliche (Grüneberg/Thorn Rn. 13; Grüneberg/Thorn Art. 13 Rn. 3), überwiegend aber eine familienrechtliche Qualifikation vorgeschlagen. Diese familienrechtliche Einordnung ist auch sachgerecht, da sowohl im ausländischen Recht als auch im deutschen Recht die rechtliche Bewertung dieser Lebensgemeinschaften aus familienrechtlicher Perspektive erfolgt. Wenn letztlich die Anwendung eherechtlicher Vorschriften abgelehnt wird, ist das keine Negierung des familienrechtlichen Charakters, sondern nur Ausfluss der Unterschiedlichkeit gerade zur Ehe. Somit muss für die faktischen Lebensgemeinschaften die jeweils passende familienrechtliche Vorschrift herangezogen werden. Insbesondere kommen die güterrechtlichen Kollisionsnormen in Betracht, wenn es um die Vermögensverteilung nach der Beendigung einer Gemeinschaft geht und solche Ansprüche sich aus einem (möglicherweise) anwendbaren Sachrecht ergeben (dagegen eine Anwendung des Rechts des gewöhnlichen Aufenthalts vorschlagend Gruber IPRax 2021, 39 (50 f.)). Gerade an der EuGüVO lässt sich schön sehen, dass dabei häufig die zu starren Anknüpfungspunkte problematisch sind, die zu der manchmal eher fließenden Entstehung einer faktischen Gemeinschaft nicht unbedingt passen (→ Art. 14 Rn. 6; → Rom III-VO Art. 1 Rn. 22 ff.) (zu den Einzelheiten auch MüKoBGB/Coester Rn. 106 ff.). 25

**c) Reichweite der Anknüpfung. aa) Überblick.** Das Registerstatut beherrscht die Begründung, die Wirkungen und die Auflösung der eLP. Es besteht ein **Gleichlauf** von Partnerschaftsschließungs- und Partnerschaftswirkungsstatut. Bei Registrierung in Deutschland haben daher weder das gemeinsame Heimatrecht noch das gemeinsame Aufenthaltsrecht Bedeutung. Für die **erbrechtlichen** Wirkungen galt bis zum 17.8.2015 das Registerstatut hilfsweise nach dem allgemeinen Statut (→ Rn. 46). Nunmehr gilt allein die EuErbVO. Die früher in Art. 17 Abs. 1 S. 2 enthaltene Auffangregelung für den Unterhaltsanspruch wurde bereits mit Wirkung zum 18.6.2011 durch Art. 12 Gesetz zur Durchführung der VO (EG) Nr. 4/2009 und zur Neuordnung bestehender Aus- und Durchführungsbestimmungen auf dem Gebiet des internationalen Unterhaltsverfahrensrechts (EGAUG) vom 23.5.2011 (BGBl. 2011 I 898 (917)) gestrichen. Für das Unterhaltsrecht gilt seit dem 18.6.2011 ausschließlich das HUP (→ Rn. 39, → HUP 2007 Art. 1 Rn. 1). Um zu vermeiden, dass ein unterhaltsberechtigter Lebenspartner während der Partnerschaft oder nach deren Ende dadurch erhebliche Nachteile erleidet, muss die Lebenspartnerschaft als „Ehe" iSd Art. 5 HUP eingeordnet werden. 26

**bb) Begründung der Lebenspartnerschaft.** Das Registerstatut beherrscht sämtliche Fragen bzgl. der Begründung der eLP. Erfasst sind Inhalt und Abgabe der erforderlichen Erklärungen sowie 27 die materiellen Voraussetzungen der Begründung (vor dem 1.10.2017 galt also für die materiellen Voraussetzungen der Begründung nach § 1 LPartG insbes. das Konsenserfordernis, erforderlich waren außerdem die Gleichgeschlechtlichkeit der Partner sowie das Nichtvorliegen der Partnerschaftshindernisse nach § 1 Abs. 3 LPartG). Die Lebenspartnerschaft wird mit dem **Inhalt** des Rechts des Registerstaats geschlossen (in Deutschland für vor dem 1.10.2017 geschlossene Verbindungen also gem. dem LPartG, seitdem mit vollen Ehewirkungen). Mithin können auch zwei ausländische Staatsangehörige vor einem deutschen Standesbeamten unter deutschem Recht getraut werden und schließen dabei eine Ehe nach deutschem Recht. Die Norm gilt aber auch für Formfragen, wie die Frage der zuständigen staatlichen Stelle, des Beurkundungs- und Registrierungsverfahrens oder etwaiger fremdenrechtlicher Beschränkungen; Art. 11 gilt hier nicht (BT-Drs. 14/3751, 60). Dass die **Form** erfasst ist, bedeutet, dass eLP auch in Deutschland dann nach ausländischer Form – also insbes. ohne Standesbeamten – geschlossen werden können, wenn sie im Ausland registriert werden und somit dem dortigen Registerrecht unterliegen (zur gleichgeschlechtlichen Ehe → Rn. 59).

28 **cc) Wirkungen der Lebenspartnerschaft.** Das Registerstatut gilt für die **allgemeinen Partnerschaftswirkungen** iSv gegenseitigen persönlichen Rechten und Pflichten (wie zB die Verpflichtung zur Gemeinschaft, § 2 LPartG), Eigentumsvermutungen (Martiny in Hausmann/Hohloch Nichteheliche Lebensgemeinschaft Kap. 12 Rn. 85), Haftungserleichterungen (vgl. § 4 LPartG), Beziehungen zu den Verwandten des Lebenspartners (vgl. § 11 LPartG), nur für vor dem 29.1.2019 begründete eLP auch noch für den Güterstand (→ Rn. 34 ff.; zur nun geltenden EuPartVO → Rn. 15) (ausf. Martiny in Hausmann/Hohloch Nichteheliche Lebensgemeinschaft Kap. 12 Rn. 88 ff.) oder vergleichbare Wirkungen, die das ausländische Sachrecht bereithält (MüKoBGB/Coester Rn. 32). Eine **Rechtswahl** ist nicht möglich (Coester IPRax 2013, 114 (118); Henrich FamRZ 2002, 139; Martiny in Hausmann/Hohloch Nichteheliche Lebensgemeinschaft Kap. 12 Rn. 67). **Sorgerechtliche Befugnisse** hingegen gehören nicht zu den allgemeinen Wirkungen der eLP und unterliegen mithin nicht dem Registerstatut (MüKoBGB/Coester Rn. 33; NK-BGB/Gebauer Rn. 43; Erman/Hohloch Rn. 12). Da die sog. Kappungsgrenze in Abs. 4 aF abgeschafft wurde (→ Rn. 63), kann dabei die Wirkungen einer im Ausland begründeten Partnerschaft nunmehr auch über die vom deutschen Recht vorgesehenen Rechtsfolgen hinausgehen.

29 **dd) Auflösung der eLP.** Auch die Auflösung der eLP richtet sich nach dem Recht des **Registrierungsstaats.** Damit wird garantiert, dass jeder eLP auch die Möglichkeit der Auflösung zur Verfügung steht. Denn es erscheint nicht vorstellbar, dass ein Staat eine eLP einführt, die unauflöslich angelegt ist (Staudinger/Mankowski, 2010, Rn. 42; für den unwahrscheinlichen Fall des Gegenteils NK-BGB/Gebauer Rn. 47: analoge Anwendung von Art. 17 Abs. 1 S. 2). Erfasst sind sowohl die **Voraussetzungen** sowie grds. auch die **Folgen** der Auflösung. Das Partnerschaftsstatut gilt für die Auflösung durch staatlichen Rechtsakt ebenso wie für die gesetzliche Auflösung, etwa durch Tod des einen Lebenspartners oder durch Rechtsgeschäft (Wagner IPRax 2001, 281 (289); MüKoBGB/Coester Rn. 34 f.). Auch **Formvorschriften** bzgl. der Auflösung werden vom Registerstatut beherrscht (→ Rn. 34) (BT-Drs. 14/3751, 60). Nur das eigentliche **Verfahren** der behördlichen Aufhebung unterliegt – entspr. den allgemeinen Regeln – der lex fori (Grüneberg/Thorn Rn. 6).

30 Streitig ist, wie die **Art und Weise der Auflösung,** deren Regelungen international stark divergieren, anzuknüpfen ist. Das hat zum einen Bedeutung, wenn Lebenspartnerschaften, deren Statut die private Auflösung kennt, in Deutschland aufgelöst werden sollen. Wichtig wird es zum anderen auch, wenn zu entscheiden ist, ob eine ausländische private Auflösung einer in Deutschland registrierten Lebenspartnerschaft wirksam ist.

30.1 In Deutschland ist wie bei der Scheidung ein Gerichtsurteil erforderlich (§ 15 Abs. 1 LPartG); in den Niederlanden (Buch 1, Art. 80 c lit. c BW) und Island (Kap. VI Abs. 2 Art. 106 PartG 1996) reicht eine gemeinsame, notarielle oder amtlich registrierte Erklärung der Lebenspartner aus. In Frankreich (Art. 515-7 Abs. 7 Nr. 2 cc) und Belgien (Art. 1476 CC/BW) genügt ein einseitiger Antrag bzw. eine einseitige Erklärung.

31 Sieht man die Art und Weise der Auflösung als verfahrensrechtliche Frage an, müsste die lex fori angewendet werden und es wären nach § 15 LPartG stets die Gerichte zuständig (dafür Grüneberg/Thorn Rn. 6). Auch könnte man analog Art. 17 Abs. 2 ein dem Scheidungsmonopol verwandtes Auflösungsmonopol durch die Gerichte annehmen (so aus Gründen der Sicherheit und sonstigen Ordnungsvorstellungen Jakob, Die eingetragene Lebenspartnerschaft im internationalen Privatrecht, 2002, 304 ff.). Allerdings sprechen gewichtige Gründe dafür, dass auch für die Art und Weise das **Registerstatut** gilt: Es kann kaum sein, dass es sich um eine verfahrensrechtliche Frage handelt, wenn das ausländische Registerstatut eine private Auflösung vorsieht. Zudem

besteht kein Anhaltspunkt dafür, das Fehlen einer dem Art. 17 Abs. 3 entsprechenden Vorschrift als planwidrige Lücke anzusehen. Im Gegenteil ist davon auszugehen, dass der Gesetzgeber bewusst auf das „Auflösungsmonopol" verzichtet hat (so die hM, Andrae IntFamR § 10 Rn. 43; jurisPK-BGB/Gärtner/Duden Rn. 33; Henrich FamRZ 2002, 137 (141); NK-BGB/Gebauer Rn. 48). Soll also eine ausländische eLP im Inland aufgelöst werden, sind ggf. sowohl die erleichterten als auch die erschwerten Voraussetzungen des registerführenden Staates maßgeblich (eingehend MüKoBGB/Coester Rn. 38 ff.).

Für eine eLP bzw. eine gleichgeschlechtliche Ehe, die in Deutschland registriert wurde, gilt hingegen die in § 15 Abs. 1 LPartG normierte Pflicht zum gerichtlichen Verfahren. Eine im Ausland erfolgte private Auflösung kann nicht anerkannt werden. Für eine Lockerung dieses Grundsatzes besteht kein Anlass (MüKoBGB/Coester Rn. 39; Andrae IntFamR § 10 Rn. 44; Looschelders Rn. 16). Das gilt erst recht dann, wenn die Auflösung allein dadurch erfolgt sein könnte, dass im Ausland nachfolgend eine gleichgeschlechtliche Ehe (zwischen denselben Personen) geschlossen wurde (OLG Köln BeckRS 2019, 14555; m. zust. Anm. Löhnig NZFam 2019, 1022). **32**

Die **Folgen** der Auflösung werden ebenfalls vom Registerstatut erfasst, soweit für diese keine Sonderregelung vorgesehen ist. Für den Unterhalt gilt das HUP (näher → Rn. 39 ff.; zum Versorgungsausgleich → Rn. 44). **33**

**2. Anknüpfungspunkt – Recht des Register führenden Staates.** Die Begründung, die allgemeinen und die güterrechtlichen Wirkungen sowie die Auflösung einer eLP unterfallen gem. Abs. 1 S. 1 den Sachvorschriften des Register führenden Staates (lex libri, → Rn. 26 ff.). Ein längerer Aufenthalt in Deutschland, eine Aufenthaltsberechtigung oder Aufenthaltsgenehmigung sind also keine Voraussetzung für die Eingehung einer eLP bzw. jetzt einer gleichgeschlechtlichen Ehe. Die lex libri ist klar und gut feststellbar. Sie wurde aber vor allem gewählt, um sicher zu stellen, dass das anwendbare Recht die eLP überhaupt kennt (BT-Drs. 14/3751, 60; Andrae IntFamR § 10 Rn. 15; krit. hierzu Martiny in Hausmann/Hohloch Nichteheliche Lebensgemeinschaft Kap. 12 Rn. 58). Die Begriffe „Eintragung" und „Register" sind weit auszulegen und erfassen alle staatlichen Beurkundungsakte (MüKoBGB/Coester Rn. 23). Das Recht des registerführenden Staates kann nicht gleichgesetzt werden mit dem Recht des Registrierungsorts, da manche Staaten die Möglichkeit der Registrierung im Ausland vor den dortigen Konsulaten vorsehen (so zB Frankreich für den PACS, Art. 515-3 VI Abs. 2 und 515-7 V Abs. 2 cc; dazu MüKoBGB/Coester Rn. 20). **34**

Die Anknüpfung an das Sachrecht des Registerorts ist **unwandelbar** (BT-Drs. 14/3751, 60; Grüneberg/Thorn Rn. 3; Andrae Andrae IntFamR § 10 Rn. 17). Bei mehrfacher Registrierung ist allerdings Abs. 3 zu beachten (→ Rn. 67) (Grüneberg/Thorn Rn. 3). Nach § 27 Abs. 2 **AufenthG** führt die Eingehung der Lebenspartnerschaft mit einer deutschen (§ 28 AufenthG) oder in Deutschland mit Niederlassungs-/Aufenthaltserlaubnis lebenden Person zu einem Nachzugsrecht. **35**

**3. Besondere Anknüpfungsgegenstände. a) Güterrechtliche Wirkungen und Verkehrsschutz (Abs. 1 S. 1, Abs. 2 S. 2 und 3 aF).** Für die güterrechtlichen Wirkungen ist zeitlich zu differenzieren. Zwar ist die EuPartVO in Kraft getreten und ihre Kollisionsnormen gelten seit dem 29.1.2019. Doch betrifft dies nur eLP, die ab diesem Tag geschlossen wurden (zu güterrechtlichen Verträgen → Rn. 37). Für alle schon früher geschlossenen eLP gilt somit weiter Art. 17b Abs. 2 S. 2 und 3 aF. Danach greift grds. das Registerstatut. Anders als bei der Ehe (Art. 15 aF) gilt also nicht das an das Heimat- oder Aufenthaltsrecht angeknüpfte Wirkungsstatut (Art. 14). Eine **Rechtswahlmöglichkeit,** wie sie Art. 15 Abs. 2 aF den Eheleuten eröffnete, besteht für die Lebenspartner nicht (Erman/Hohloch Rn. 7; NK-BGB/Gebauer Rn. 44 f., beide unter Verweis auf die mittelbare Rechtswahlmöglichkeit durch Wahl des Registrierungsorts). **36**

Allerdings eröffnen ihnen die §§ 6 und 7 LPartG die Möglichkeit eines **Güterrechtsvertrags,** wobei seit dem 29.1.2019 ergänzend die (teils sachrechtlichen) Formvorschriften des Art. 25 EuPartVO zu beachten sind. Inhaltlich herrscht über das Eherecht hinausgehende Gestaltungsfreiheit. Die Lebenspartner können sogar ein ausländisches Güterrechtsmodell übernehmen (MüKoBGB/Coester Rn. 42; Henrich FamRZ 2002, 137 (139)). Unter die güterrechtlichen Wirkungen sind sämtliche auf der Begründung der eLP beruhenden Spezialordnungen des Vermögens der Lebenspartner zu subsumieren. Insbesondere sind die Verteilungsregeln erfasst, die nach dem Ende der eLP gelten (MüKoBGB/Coester Rn. 43; NK-BGB/Gebauer Rn. 44). Unterhaltsansprüche, die von §§ 6 und 7 LPartG nicht erfasst sind, unterfallen ohnehin nicht Art. 17b, sondern dem HUP (→ Rn. 39). **37**

38 Für vor dem 29.1.2019 geschlossene eLP und gleichgeschlechtliche Ehen gelten gem. Art. 229 § 47 Abs. 2 und Abs. 3 auch die Regelungen in **Abs. 2 S. 2** und **3** aF weiter. Für neue eLP wird Art. 17b Abs. 2 S. 2 aF dagegen von Art. 28 **EuPartVO** abgelöst, während für neue Ehen inzwischen Art. 28 EuGüVO gilt. Durch den somit zunächst faktisch für viele eLP noch relevanten **Abs. 2 S. 2 aF** wurde die Geltung des Registerstatuts zugunsten des im Inland geltenden **Verkehrsschutzes** modifiziert. Als einseitige Kollisionsnorm bestimmt dieser, dass sowohl die Eigentumsvermutung nach § 8 Abs. 1 LPartG, § 1362 BGB als auch die „Schlüsselgewalt" nach § 8 Abs. 2 LPartG, § 1357 BGB gelten, soweit diese Regelungen gutgläubige Dritte gegenüber dem Registerstatut begünstigen. Abs. 2 S. 2 aF ist Art. 16 Abs. 2 aF nachgebildet (allerdings ohne Erstreckung auf die §§ 1365 ff. BGB). Der im Rahmen des Abs. 2 S. 2 aF notwendige **Günstigkeitsvergleich** sowie der zu verlangende **Inlandsbezug** folgen den zu Art. 16 Abs. 2 aF entwickelten Grundsätzen (Looschelders Rn. 15; Andrae IntFamR § 10 Rn. 38). Günstiger ist danach das Sachrecht, das im konkreten Einzelfall dem Gläubiger oder Vertragspartner zu seinem erstrebten Erfolg verhilft (Martiny in Hausmann/Hohloch Nichteheliche Lebensgemeinschaft Kap. 12 Rn. 93; HK-LPartR/Kiel Rn. 63) (näher Art. 16 Abs. 2 aF, → Art. 16 Rn. 42 ff.). Auf eine Nachbildung von Art. 16 Abs. 1 aF hatte man wegen der Regelung in Art. 17b Abs. 4 aF zunächst verzichtet (BT-Drs. 14/3741, 60; MüKoBGB/Coester Rn. 45). In **Abs. 2 S. 3** aF wurde dann mit Wirkung zum 25.11.2016 doch die Regelungen des **Art. 16 Abs. 1** aF übernommen, die bisher fehlten (→ Art. 16 Rn. 14 ff.). Außerhalb der unmittelbaren güterrechtlichen Folgen der eLP gelten für eigentumsrechtliche Fragen die allgemeinen Regeln des Internationalen Sachenrechts (Art. 43 ff.) und somit das Recht des Belegenheitsorts (lex rei sitae) (näher Martiny in Hausmann/Hohloch Nichteheliche Lebensgemeinschaft Kap. 12 Rn. 25).

39 **b) Unterhaltsrecht.** Hinsichtlich der unterhaltsrechtlichen Folgen gilt das **allgemeine Unterhaltsstatut.** Die Verweisung in Abs. 1 S. 2 aF wurde nicht mit Wirkung zum 18.6.2011 gestrichen, um das in Abrede zu stellen, sondern weil die dort mitenthaltene Auffangregelung nach Inkrafttreten des HUP nicht mehr erforderlich und wohl auch nicht zulässig schien. Das HUP regelt die Ansprüche als vorrangiges Recht der EU abschließend.

40 Im Schrifttum war bisher umstritten, ob das **HUntÜ 1973** sowie das **HUP** auch für die eLP gelten. Der Gesetzgeber hat durch die Streichung der Unterhaltsansprüche aus Abs. 1 S. 2 aF nunmehr klargestellt, dass er von einem Eingreifen und einem umfassenden Vorrang des HUP ausgeht (BT-Drs. 17/4887, 52 f.).

41 Sachlich macht diese Änderung für die eLP einen großen Unterschied. Denn **Art. 17b Abs. 1 S. 2** erlaubte ein Ausweichen auf die Sachvorschriften des Registrierungsstaats, falls das Unterhaltsstatut keine Unterhaltsansprüche zwischen Partnern einer eLP kannte (BT-Drs. 14/3751). Die Lebenspartner konnten sich so darauf verlassen, dass das Registerrecht für alle etwaigen Unterhaltsansprüche Geltung behalten würde (zu Recht krit. zur Neuregelung daher Coester IPRax 2013, 114 (120), der bezweifelt, dass diese Schutzlücke über Art. 5 HUP geschlossen werden kann).

42 Heute muss verhindert werden, dass berechtigte Erwartungen eines Partners (seien diese auf das Fehlen von Unterhaltspflichten oder auf das Bestehen von Unterhaltsrechten gerichtet) durch das Kollisionsrecht enttäuscht werden. Insbesondere sollte es nicht durch den gezielten Umzug eines Partners in einen besonders unterhaltsfreundlichen oder -unfreundlichen Staat zum Wegfall oder zur Begründung von Unterhaltspflichten kommen können. Die eLP muss, um brauchbare Ergebnisse für Lebenspartner zu erreichen, unter Art. 5 HUP subsumiert werden. Denn sonst würden für Lebenspartner Art. 3 und Art. 6 HUP gelten. Die Unterhaltsansprüche würden sich nach dem gewöhnlichen Aufenthalt des Berechtigten richten und sie wären zudem der Einwendung des Verpflichteten ausgesetzt, dass sie nach dem Recht seines gewöhnlichen Aufenthalts nicht existieren, was die unerwünschten Manipulationen in beide Richtungen gerade begünstigen würde (→ HUP 2007 Art. 1 Rn. 42).

43 Nur für Unterhaltsansprüche zwischen Lebenspartnern, die in einem vor dem 18.6.2011 eröffneten Verfahren und zugleich für einen Zeitraum vor dem 18.6.2011 geltend gemacht werden, bleibt es noch bei Art. 17b Abs. 1 S. 2 (zur Übergangsregelung → HUP 2007 Art. 1 Rn. 13; inhaltlich vgl. → 2. Aufl. 2008, Art. 18 Rn. 30 ff.).

44 **c) Versorgungsausgleich.** Die zum 29.1.2013 erfolgte erneute Änderung des Normtexts diente der Anpassung des Abs. 1 S. 2 und 3 an den ebenfalls geänderten Art. 17 Abs. 3. Der bis heute in Kraft befindliche Abs. 1 S. 3 modifiziert die Geltung des Registerstatuts für den Versorgungsausgleich. Der Versorgungsausgleich wird nur durchgeführt, wenn deutsches Recht anzuwenden ist. Außerdem muss zumindest eines der Heimatrechte den Versorgungsausgleich kennen. Dabei kommt es nur auf das materielle Recht des entsprechenden Staates an, Rück- oder Weiterverweisungen sind nicht zu beachten. Es genügt nicht, wenn das fremde Recht einen

nachehelichen Versorgungsausgleich vorsieht. Es reicht jedoch aus, dass ein irgendwie gearteter Versorgungsausgleich unter Lebenspartnern im Grundsatz bekannt ist (→ Art. 17 Rn. 63 ff.) (Grüneberg/Thorn Rn. 8). Wenn ein Versorgungsausgleich nach Art. 17b Abs. 1 S. 2 nicht durchzuführen ist, kommt es auf Antrag eines der Lebenspartner zur hilfsweisen Anwendung **deutschen Rechts** gem. Abs. 1 S. 3. Hierfür muss der andere Lebenspartner während der eLP eine deutsche Versorgungsanwartschaft erworben haben. Die Durchführung darf der Billigkeit nicht widersprechen (→ Art. 17 Rn. 75 ff.).

**d) Erbrecht. aa) Geltung des Erbstatuts.** Für das Erbrecht enthielt Art. 17b früher einen ausdrücklichen Verweis auf die allgemeinen Vorschriften. Auch wenn dieser Hinweis nun gestrichen wurde, steht fest, dass erbrechtliche Fragen nicht erfasst sind. Für die Rechtsnachfolge von Personen, die nach dem 16.8.2015 gestorben sind, gilt vielmehr die **EuErbVO.** Das Erbstatut gilt zunächst ohne Besonderheiten. Die **Vorfrage** des Bestehens einer eLP ist selbstständig anzuknüpfen (wie hier NK-BGB/Gebauer Rn. 58). Die sich ergebenden Probleme liegen auf der Hand (dazu ausf. Bruns ZErb 2014, 181 (182)). Derzeit ist somit die erbrechtliche Position von Lebenspartnern mit gewöhnlichem Aufenthalt in einem Staat, der die eLP nicht kennt, nicht in allen Fällen gesichert (mit Vorschlägen MüKoBGB/Dutta EuErbVO Art. 23 Rn. 11). Nur durch Anwendung des ordre public gem. Art. 35 EuErbVO kann hier geholfen werden (→ Rn. 66) (näher MüKoBGB/Coester Rn. 56 f.). 45

**bb) Art. 17 Abs. 1 S. 2 aF – fehlendes Erbrecht nach Erbstatut.** Für die Rechtsnachfolge von Personen, die **vor dem 17.8.2015 verstorben** sind, ist noch die alte Fassung des Art. 17 Abs. 1 S. 2 anwendbar. Begründet die eLP kein „gesetzliches Erbrecht", gilt danach hilfsweise das **Registerstatut.** Sieht das Erbstatut eine erbrechtliche Stellung des Lebenspartners vor, muss es dagegen angewendet werden, auch wenn diese Stellung sehr schwach ist (Looschelders Rn. 22 f.; Henrich FamRZ 2002, 137 (144)). Insbesondere muss kein gesetzliches Pflichtteilsrecht vorgesehen sein (so auch Süß DNotZ 2001, 168 (172); Henrich FamRZ 2002, 137 (144); Leipold ZEV 2001, 218 (222)). 46

Bei der Anwendung des ausländischen Erbrechts darf nicht formal vorgegangen werden. Sieht es kein Lebenspartnererbrecht vor, muss geprüft werden, ob der Begriff des Ehegatten im ausländischen Recht durch den des Lebenspartners ersetzt werden kann (Wellenhofer-Klein, Die eingetragene Lebenspartnerschaft, 2003, Rn. 357). Meist wird man dies freilich ablehnen müssen (so auch Wagner IPRax 2001, 281 (291); NK-BGB/Gebauer Rn. 59). Geprüft werden muss immer auch, ob die konkret betroffene eLP einer etwaigen vom Erbstatut erfassten Partnerschaft überhaupt entspricht (Eule RNotZ 2003, 434). 46.1

S. 2 Hs. 2 verweist auf die Sachvorschriften des Registrierungsstaats (S. 1). Dessen erbrechtliche Vorschriften sind dann lückenfüllend anzuwenden. Im Grundsatz soll es bei der Anwendbarkeit des allgemeinen Erbstatuts bleiben (BT-Drs. 14/3751, 60; Süß DNotZ 2001, 172 (173) spricht von einem „Normenmix"). In der Konsequenz bedeutet dies, dass diejenigen, denen nach dem Erbstatut ein bestimmter Nachlassanteil zustünde, nunmehr einen Teil hiervon an den Lebenspartner verlieren (näher Looschelders Rn. 24 f.; MüKoBGB/Coester, 6. Aufl. 2015, Rn. 58). 47

**e) Namensrecht.** Art. 17b enthält keine gesonderte kollisionsrechtliche Regelung für das Namensrecht, hier muss also nach Art. 10 angeknüpft werden (zum Anwendungsbereich → Art. 10 Rn. 24 ff.; zur eLP → Art. 10 Rn. 42). Nach Art. 10 Abs. 1 gilt daher grds. das **Heimatrecht** der Lebenspartner (Grüneberg/Thorn Rn. 7). Art. 17b Abs. 2 S. 1 verweist ausdrücklich auf Art. 10 Abs. 2 und verdeutlicht den Lebenspartnern so die für ihre Namensführung geeignete Rechtswahl des Art. 10 Abs. 2 (näher Grüneberg/Thorn Rn. 7; NK-BGB/Gebauer Rn. 66). Wenn das hiernach berufene Heimatrecht keine Regelung für das Namensrecht enthält, ist zu prüfen, ob das Ehegattennamensrecht entspr. anwendbar ist. Dies hat durch Auslegung und ggf. Substitution zu erfolgen (MüKoBGB/Coester Rn. 60). Die entsprechende Anwendung des Art. 10 Abs. 2 S. 3 erscheint nur in Ausnahmefällen angebracht, nämlich dann, wenn das Kind tatsächlich Kind beider Lebenspartner ist. Ist dies – wie in den meisten Fällen – nicht der Fall, kann nur die Änderung des Namens seines Elternteils für das Kind von Bedeutung sein. Dies sind dann Fälle der Einbenennung, die nach dem Personalstatut zu regeln sind. 48

**f) Gewaltschutz.** Abs. 2 verweist auch auf **Art. 17a.** Die deutschen Gewaltschutzvorschriften gelten daher auch für Lebenspartner, die im **Inland** eine gemeinsame Wohnung haben (Abs. 2 iVm Art. 17a). Befindet sich die Wohnung jedoch im **Ausland,** hat die Anknüpfung als allgemeine Partnerschaftswirkung unter das Registerstatut bzw. nach Aufhebung unter das Aufhebungsstatut (also auch Registerstatut) stattzufinden. **Endgültige Regelungen** über die Partnerwohnung und die Haushaltsgegenstände sind güterrechtlich zu qualifizieren und müssen folglich nach der 49

EuPartVO bzw. (noch) dem Registerstatut angeknüpft werden (Art. 17b Abs. 1 S. 1). Die für ab dem 29.1.2019 geschlossene eLP eingreifende **EuPartVO** kennt einen weiteren Güterrechtsbegriff als das nationale Recht, sodass sie umfassend für die Zuweisung der Haushaltsgegenstände und der gemeinsamen Wohnung gilt.

50 **g) Sonstige Rechtsfragen.** Art. 17b hält nicht für jede in Verbindung mit der eLP möglicherweise auftretende Fragestellung eine Regelung bereit. Damit gelten für diese Sachkomplexe die allgemeinen Kollisionsnormen.

51 Für **Verträge,** die die Lebenspartner untereinander abschließen, gelten, soweit kein Spezialstatut eingreift, die Kollisionsnormen der Art. 27 ff. in direkter Anwendung. Für **deliktsrechtliche** Sachkomplexe gilt auch für Lebenspartner das Deliktsstatut der Art. 40 ff. in direkter Anwendung. Wenn allerdings das Recht der eLP in das Deliktsrecht hineinwirkt, wie durch eine Modifizierung des **Haftungsmaßstabs** der Lebenspartner zueinander, gilt hierfür das Registerstatut.

52 Auch kindschaftsrechtliche Aspekte haben in der eLP Bedeutung. Für die Frage der **Abstammung** des Kindes von einem Lebenspartner, kommt es bei Art. 19 Abs. 1 S. 1 und 2 auf die eLP gar nicht an. Art. 19 Abs. 1 S. 3 sollte aber – als Ausfluss des in Art. 19 geltenden Günstigkeitsgrundsatzes – dann analog angewendet werden, wenn das Registerstatut besondere Abstammungsregeln für die eLP vorsieht (→ Art. 19 Rn. 20).

53 Soweit es um die **sorgerechtlichen** Befugnisse des einen Lebenspartners in Bezug auf die Kinder seines Partners geht, ist nach den allgemeinen Vorschriften anzuknüpfen. Damit kommt insbes. das **KSÜ** (Haager Kinderschutzübereinkommen vom 19.10.1996) zur Anwendung, welches das MSA mit Wirkung zum 1.1.2011 abgelöst hat (→ Art. 21 Rn. 4 ff.). Nach Art. 15 Abs. 1 KSÜ gilt bei Tätigwerden deutscher Gerichte in aller Regel deutsches Recht. Im Übrigen gilt auch für Kinder in der eLP Art. 21 analog, sodass es auf das Recht des gewöhnlichen Aufenthalts des Kindes ankommt. Da der Bezug zum Kind für das Sorgerecht vorrangig ist, gibt es keinen Grund, hier für die eLP eine andere Regelung als für Ehegatten anzunehmen (MüKoBGB/Coester Rn. 73; Martiny in Hausmann/Hohloch Nichteheliche Lebensgemeinschaft Kap. 12 Rn. 115; aA Forkert, Eingetragene Lebenspartnerschaften im deutschen IPR – Art. 17b EGBGB, 2003, 113, 316).

54 Für die **Adoption** durch Lebenspartner war eine Sonderregel (Art. 22 Abs. 1 S. 3) nötig gewesen, solange die Adoption gem. Art. 22 Abs. 1 aF an die Staatsangehörigkeit der Annehmenden bzw. das Ehewirkungsstatut anknüpfte. So sollte das (wiewohl auch in Deutschland nur eingeschränkt bestehende) Adoptionsrecht von Lebenspartnern gesichert werden. Da seit dem 31.3.2020 für in Deutschland durchgeführte Adoptionen stets deutsches Recht gilt, sind diese Regelungen überflüssig geworden. Die entsprechenden Verweise in Art. 17b Abs. 5 aF, durch die die Anwendung dieser Regeln auf die gleichgeschlechtliche Ehe sichergestellt werden sollte, konnten daher gestrichen werden. Zur Anerkennung ausländischer Adoptionsentscheidungen → Art. 22 Rn. 57 ff.

55 **4. Gleichgeschlechtliche Ehe (Abs. 4 und Abs. 5). a) Allgemeines.** Bei der überstürzten Einführung der gleichgeschlechtlichen Ehe mit Wirkung zum 1.10.2017 hatte der Gesetzgeber in Art. 17b Abs. 4 zunächst ohne nähere Diskussion auch eine neue Kollisionsnorm speziell für diese Verbindungen geschaffen. Die Norm wurde nun mit dem Gesetz zur Umsetzung des Gesetzes zur Einführung des Rechts auf Eheschließung für Personen gleichen Geschlechts modifiziert und durch Abs. 5 ergänzt. Der jetzige Abs. 4 enthält nun Hinweise auf die anwendbaren EU-Verordnungen, während Abs. 5 ausgewählte Normen des Eherechts für anwendbar erklärt.

56 Die Regelungstechnik des Gesetzgebers bleibt kritikwürdig. Denn die grundsätzliche Behandlung der gleichgeschlechtlichen Ehe als eLP – mit einzelnen Verweisen auf das Eherecht – ist eine unnötige systematische Ungleichbehandlung im Verhältnis zur verschiedengeschlechtlichen Ehe (krit. auch de la Durantaye IPRax 2019, 281 (283 f.)). Es hätte genügt und wäre angemessen gewesen, für die wenigen noch auf die Staatsangehörigkeit abstellenden Normen (insbes. Art. 13) eine Ergänzung vorzunehmen (bzw. diese zu reformieren). Damit hätte man auch verhindern können, dass die gleichgeschlechtliche Ehe derzeit kollisionsrechtlich privilegiert wird. Abs. 4 und 5 bringen nämlich eine nur eingeschränkt zu rechtfertigende Privilegierung der gleichgeschlechtlichen Ehe gegenüber Art. 13 Abs. 1, 2 und 4 (→ Rn. 22). Insgesamt ist zu hoffen, dass auch diese zweite Neufassung der Kollisionsnormen für gleichgeschlechtliche Ehen als Provisorium verstanden werden darf. Bei der Auslegung sollte der bereits benannte Normzweck – also die Abwehr von Kollisionsnormen für die Ehe, die auf die Staatsangehörigkeit abstellen – leitend sein (mit aufeinander abgestimmten Reformvorschlägen für Art. 13 und Art. 17b Coester-Waltjen IPRax 2021, 29; Gruber IPRax 2021, 39).

**b) Verweis auf Rom III-VO und EuGüVO in Abs. 4.** Die Rom III-VO überlässt die Entscheidung darüber, ob sie auf die gleichgeschlechtliche Ehe anzuwenden ist, den jeweiligen teilnehmenden Mitgliedstaaten (→ Rom III-VO Art. 1 Rn. 20). Der Gesetzgeber hat dies mit Abs. 4 nun angeordnet. Auch bei der Abgrenzung zwischen EuGüVO und EuPartVO bleibt es den teilnehmenden Mitgliedstaaten wie gezeigt (→ Rn. 17) überlassen, wo die gleichgeschlechtliche Ehe eingeordnet wird. Die in S. 2 nunmehr vorgenommene Zuordnung der gleichgeschlechtlichen Ehe zur EuGüVO überzeugt. **57**

**c) Anwendungsbereich der Abs. 4 und Abs. 5.** Art. 17b Abs. 4 verweist für die kollisionsrechtliche Behandlung der gleichgeschlechtlichen Ehe sowie der Ehe, bei der zumindest ein Ehegatte weder dem weiblichen noch dem männlichen Geschlecht angehört, zunächst weiterhin grds. auf die Abs. 1–3. Damit bleibt das Gesetz bei der systematischen Trennung dieser Ehen von den heterosexuellen Ehen (zur Kritik → Rn. 56). Soweit nicht Abs. 5 eine Sonderregelung enthält, greift das Kollisionsrecht der eLP. **58**

Dies gilt zunächst für **die Eingehung** der gleichgeschlechtlichen Ehe. Das bedeutet, dass jedes gleichgeschlechtliche Paar, welches in Deutschland heiraten möchte, hier getraut werden kann. Auf den gewöhnlichen Aufenthalt oder die Staatsangehörigkeit kommt es nicht an. Wenn die Ehegatten sich für eine Registrierung im Ausland entscheiden, braucht auch dann die deutsche Ortsform nicht gewahrt zu werden, wenn die eigentliche Eingehung der Ehe in Deutschland erfolgt. Denn einen Verweis auf Art. 13 Abs. 4 hat der Gesetzgeber in Abs. 5 nicht aufgenommen (näher zu allem → Rn. 4, → Rn. 22). Verwiesen wird demgegenüber auf den hochproblematischen Art. 13 Abs. 3, den der BGH dem BVerfG zur Normenkontrolle vorgelegt hat (BGH ECLI:DE:BGH:2018:141118BXIIZB292.16.0 = NZFam 2019, 65). Vorfragen, wie die Frage des Bestehens einer anderen Partnerschaft oder Ehe, sind selbstständig anzuknüpfen (→ Rn. 45, → Rn. 65). **59**

Die Norm erfasst zudem die **allgemeinen Wirkungen** der Ehe. Anders als bei verschiedengeschlechtlichen Ehepaaren richten sich diese also ebenfalls nach dem Registerstatut und somit uU nach einem Recht, welches den Ehegatten sehr fremd ist. Für eine solche Regelung mochte bei eLP ein Regelungsbedarf bestehen, weil es nicht in allen Staaten Normen zu den Wirkungen der eLP gibt. Bei der Ehe wird so dagegen ohne jede Not der kollisionsrechtliche Grundgedanke der Nähe zum anwendbaren Recht aufgegeben. Der Gesetzgeber hat aber nun die Regelung dadurch abgemildert, dass den Ehegatten nach Abs. 5 S. 2 die **Rechtswahl** entspr. Art. 14 Abs. 1 möglich ist. Art. 14 Abs. 1 in der seit dem 29.1.2019 geltenden Fassung erlaubt den Ehegatten, zwischen verschiedenen Rechtsordnungen zu wählen, darunter insbes. das Recht des Staats, in dem beide ihren gewöhnlichen Aufenthalt haben sowie das gemeinsame Heimatrecht (→ Art. 14 Rn. 28). Auswirkungen auf sonstige Anknüpfungen (Art. 19, 22) hat eine solche Wahl nicht, da bei einer Bezugnahme auf das Ehewirkungsstatut stets allein das sich bei objektiver Anknüpfung ergebende Recht gemeint ist (→ Rn. 62). **60**

Für die Anknüpfung der **Scheidung** gilt Art. 17 Abs. 1 bis 3, soweit nicht ohnehin die Rom III-VO eingreift. Damit kann die Scheidung auch bei gleichgeschlechtlichen Ehen im Inland nur durch Gerichtsurteil erfolgen (Art. 17 Abs. 3; zu den Einzelheiten → Art. 17 Rn. 35). Scheidungen, die nicht in den Anwendungsbereich der Rom III-VO fallen – also insbes. Privatscheidungen – werden auf die in Art. 17 Abs. 2 beschriebene modifizierte Weise nach den Regeln der Rom III-VO angeknüpft (zu den Einzelheiten → Art. 17 Rn. 27 ff.). Für den **Versorgungsausgleich** gilt dagegen weiter Art. 17b Abs. 1. **61**

Ärgerlich sind die Verweise auf Art. 19, Art. 22 Abs. 3 S. 1 sowie Art. 46e. Zumindest der bisherige Verweis auf den Art. 22 Abs. 1 S. 2 konnte mit der Aufhebung dieser Norm nun gestrichen werden. Die in Bezug genommenen Normen gelten jeweils für die Ehe. Durch die Öffnung der Ehe für gleichgeschlechtliche Paare gelten sie daher ohnehin, sodass eine „entsprechende" Anwendung in keiner Weise notwendig ist. Offenbar handelt es sich um einen Lapsus, denn der Gesetzgeber wollte diese Fragen ausweislich der Gesetzesbegründung lediglich klarstellen (BT-Drs. 19/4670, 27). Insofern sollte man für die analoge Anwendung des Art. 19 (→ Rn. 52) auf die eLP auch keinerlei Schlüsse aus dieser Neuregelung ziehen. Wichtig ist jedoch, dass der Verweis auf „Art. 14 Absatz 2" in Art. 19 Abs. 1 S. 3 wirklich wörtlich zu verstehen ist. Ausweislich der Gesetzesbegründung soll auch bei der gleichgeschlechtlichen Ehe das sich – insofern also nur hypothetisch – aus Art. 14 Abs. 2 ergebende Recht gelten. Es kommt also nicht auf das „echte" Ehestatut an, welches sich für gleichgeschlechtliche Ehen wie gezeigt nach Art. 17b Abs. 4 iVm Abs. 1 bestimmt (→ Rn. 58). Da dies – was wohl zutrifft – zu größerer „Sachnähe" führt, sieht der Gesetzgeber Vorteile für das Kindeswohl (BT-Drs. 19/4670, 27; dafür auch schon früher MüKoBGB/Helms Rn. 48). **62**

63 **d) Art. 17b Abs. 4 aF – Abschaffung der „Kappungsgrenze".** Nach dem bis zum 30.9.2017 geltenden Art. 17b Abs. 4 aF sollten im Ausland registrierte Lebenspartnerschaften keine über die im LPartG und im BGB für die eLP vorgesehenen allgemeinen und güterrechtlichen Wirkungen haben (BT-Drs. 14/1351, 61; Wagner IPRax 2001, 281 bei Fn. 193; krit. etwa Jakob, Die eingetragene Lebenspartnerschaft im internationalen Privatrecht, 2002, 183 ff., der den pauschalen Rückschritt fremden Rechts auf das deutsche Niveau im Hinblick auf die vorherige Öffnung durch die Anknüpfung an das Registerrecht als widersprüchlich bemängelt). Abs. 4 aF musste vor allem auf **gleichgeschlechtliche Ehen** angewendet werden und führte dazu, dass diese wie eLP zu behandeln waren (BGH NJW 2016, 2953; 2016, 2322; OLG München FamRZ 2011, 1526; OLG Zweibrücken FamRZ 2011, 1526; KG FamRZ 2011, 1525; VG Berlin StAZ 2010, 372; Andrae IntFamR § 10 Rn. 69; Staudinger/Mankowski, 2010, Rn. 85). Sie wurden nach § 35 PStG als eLP in das Lebenspartnerschaftsregister eingetragen. Nach richtiger Ansicht war aber die Kappungsregel nur auf die allgemeinen Fragen anzuwenden, für die nach Abs. 1 S. 1 das **Registerrecht** berufen war (so insbes. MüKoBGB/Coester, 6. Aufl. 2015, Rn. 85 ff.; NK-BGB/Gebauer Rn. 77; KG IPRax 2016, 160 (162); zust. Coester-Waltjen IPRax 2016, 132 (135)). Auch der BGH hatte eine Anwendung des Abs. 4 aF auf die Abstammung überzeugend abgelehnt (BGH NJW 2016, 2322). Die Kappungsgrenze wurde überzeugend **rückwirkend abgeschafft** (→ Rn. 74).

64 **5. Allgemeine Regeln. a) Rück- und Weiterverweisungen.** Abs. 1 verweist auf die **Sachvorschriften** des Register führenden Staates. Rück- und Weiterverweisungen sind unbeachtlich (krit. Wagner IPRax 2001, 281). So ist gesichert, dass das Ziel der Norm – nämlich die Begünstigung der eLP durch Sicherung der Geltung des Registerstatuts (→ Rn. 4) – nicht durch eine Weiterverweisung doch noch vereitelt werden kann.

65 **b) Vorfragen.** Vorfragen sind selbstständig anzuknüpfen (BT-Drs. 14/3751, 60; Henrich FamRZ 2002, 137; Wagner IPRax 2001, 281 (288); Staudinger/Mankowski, 2010, Rn. 34). Wichtigste Vorfrage für die Möglichkeit der Eingehung der eLP ist das Fehlen einer anderweitigen Ehe oder Lebenspartnerschaft (§ 1 Abs. 3 Nr. 1 LPartG). Weitere Vorfrage kann die Volljährigkeit der Lebenspartner sein, dafür gilt Art. 7.

66 **c) Ordre public.** Verstöße gegen den ordre public iSd Art. 6 sind bei der eLP nur schwer vorstellbar. Dadurch, dass das Registerstatut anzuwenden ist, kann kaum damit gerechnet werden, dass das anwendbare Recht diskriminierende Normen enthält. Wenn die Wirkungen einer ausländischen eLP hinter denen des LPartG zurückbleiben, liegt darin kein Verstoß gegen den ordre public (Looschelders Rn. 11). Zweifelhaft ist allerdings, wie damit umzugehen ist, wenn Unterhaltsansprüche oder Erbansprüche schwach ausgeprägt sind. Bei erbrechtlicher Schlechterstellung muss an eine Anwendung des Art. 35 EuErbVO gedacht werden, die uU sogar über Art. 17 b Abs. S. 2 Hs. 2 aF hinausgehen kann (sehr weitgehend MüKoBGB/Coester Rn. 56). Auch schon vor ihrer Einführung in Deutschland verstieß eine ausländische gleichgeschlechtliche Ehe nicht gegen den deutschen ordre public (wegen Art. 17b Abs. 4 aF stellte die Frage sich allerdings gar nicht).

67 **d) Intertemporale Konfliktregelung (Abs. 3).** Führen die Partner einer wirksam eingetragenen Lebenspartnerschaft die wirksame Eintragung in einem weiteren Staat herbei, würde die Regelung in Abs. 1 mit seiner Sachnormverweisung auf Vorschriften des jeweiligen Registrierungsstaats dazu führen, dass zwei Rechtsordnungen nebeneinander anwendbar wären (BT-Drs. 14/3751, 60 f.). Abs. 3 vermeidet diesen Normkonflikt und unterstellt die in Abs. 1 umschriebenen allgemeinen, güterrechtlichen und erbrechtlichen Wirkungen und Folgen der Lebenspartnerschaft den **Sachvorschriften des Staats der letzten Registrierung.** Die Partner können durch Neuregistrierung also einen Statutenwechsel herbeiführen und das Wirkungsstatut und das Güterrechtsstatut für die Zukunft (nicht ex tunc) verändern. Dies kann bei einem Aufenthaltswechsel sinnvoll sein, wenn die Wirkungen und Folgen nach inländischem Recht über die nach dem Recht des ersten Registrierungsstaats hinausgehen (BT-Drs. 14/3751, 61; Jakob, Die eingetragene Lebenspartnerschaft im internationalen Privatrecht, 2002, 213). Die Beteiligten können sich zB die nach deutschem Recht vorgesehenen Lebenspartnerschaftswirkungen unabhängig von der Ausgestaltung des ausländischen Begründungsstatuts sichern.

## III. Internationales Verfahrensrecht

68 **1. Internationale Zuständigkeit.** Für die Begründung von Lebenspartnerschaften existieren bisher keine staatsvertraglichen oder europäischen Regelungen. Insbesondere ist die Brüssel IIa-

VO nicht anwendbar, selbst wenn man dies für rechtspolitisch verfehlt halten mag (so die ganz hM, Zöller/Geimer Brüssel IIa-VO Art. 1 Rn. 17; Rauscher/Rauscher Brüssel IIa-VO Art. 1 Rn. 6 f.; MüKoBGB/Coester Rn. 83; aA Boele-Woelki ZfRV 2001, 121 (127); Hess EuropZivilProzR § 10 Rn. 19). Für **Unterhaltsansprüche** gilt aber auch in der eLP die EuUnthVO (vor dem 18.6.2011 galt die Brüssel I-VO). Ansonsten bleibt es beim autonomen deutschen Recht. Gemäß § 103 Abs. 1 Nr. 1 FamFG sind deutsche Gerichte international zuständig, wenn ein Lebenspartner (Antragssteller oder Antragsgegner) **Deutscher** ist oder zumindest bei der Gründung der eLP war (Antrittszuständigkeit). Diese Regelung entspricht § 98 Abs. 1 Nr. 1 FamFG. Gemäß § 103 Abs. 1 Nr. 2 FamFG begründet auch der **gewöhnliche Aufenthalt eines Lebenspartners im Inland** die Zuständigkeit. Anders als in § 98 Abs. 1 FamFG wird für diesen Fall keine positive Anerkennungsprognose gefordert. Gemäß § 103 Abs. 1 Nr. 3 FamFG ist eine Zuständigkeit gegeben, wenn die Lebenspartnerschaft vor einer zuständigen **deutschen Stelle begründet** worden war (Zelebrationskompetenz). Dieser Tatbestand ist insbes. erforderlich, um ausländischen Lebenspartnern bei einem Wegzug aus Deutschland die Möglichkeit der Auflösung der Partnerschaft zu sichern (Wagner IPRax 2001, 281 (292)). Insgesamt ist der Zugang zu Gerichten in Lebenspartnerschaftssachen leichter als in Ehesachen, damit für das noch nicht in allen Rechtsordnungen anerkannte Rechtsinstitut die Justizgewährung garantiert ist (Bork/Jacoby/Schwab/Heiderhoff FamFG § 103 Rn. 5). Verfassungsrechtliche Bedenken werden wegen des Unterschieds zur Ehe allgemein verworfen (Prütting/Helms/Hau FamFG § 103 Rn. 7). Auf **gleichgeschlechtliche Ehen** kann dagegen nun § 98 FamFG angewendet werden. Die Anwendung des § 103 FamFG könnte man zwar bejahen, wenn man den Verweis auf das Recht der eLP in Art. 17b Abs. 4 entspr. weit deuten und dessen Schutzzweck auf das Verfahrensrecht übertragen würde. Denn bei der gleichgeschlechtlichen Ehe kann eine verstärkte Zufluchtsmöglichkeit nach Deutschland erforderlich werden (dafür MüKoBGB/Coester Rn. 84). Doch hat der Gesetzgeber nun im Rahmen der Begründung des Gesetzes zur Umsetzung des Gesetzes zur Einführung des Rechts auf Eheschließung für Personen gleichen Geschlechts erklärt, dass hier **§ 98 FamFG** anwendbar sei (BT-Drs. 19/4670, 27).

§ 103 Abs. 2 FamFG enthält für Folgesachen im Fall der Aufhebung oder Feststellung des **69** Bestehens oder Nichtbestehens einer Lebenspartnerschaft eine im bisherigen Recht fehlende ausdrückliche Regelung zur internationalen **Verbundzuständigkeit** (Prütting/Helms/Hau FamFG § 103 Rn. 11 ff.). Bei einem Verfahren im Verbund sind deutsche Gerichte auch für Folgesachen zuständig, für die bei einer isolierten Betrachtung eine Zuständigkeit nicht eröffnet wäre. Soweit Unterhalt betroffen ist, gelten nunmehr Art. 3 lit. c EuUnthVO iVm § 25 AUG.

**2. Anerkennung ausländischer Entscheidungen.** Auch für die Anerkennung ausländischer **70** Entscheidungen existieren (bislang) keine europäischen oder staatsvertraglichen Regelungen. Wiederum gilt nur für die Anerkennung und Vollstreckung von **Unterhaltsansprüchen** die EuUnthVO. Die Anerkennung aller anderen Entscheidungen richtet sich daher nach § 109 FamFG. § 109 Abs. 3 FamFG bestimmt als Besonderheit, dass die internationale Zuständigkeit fehlen darf, wenn die Entscheidung vom Registrierungsstaat anerkannt wird. Aus § 109 Abs. 4 FamFG ergibt sich, dass für die Auflösung von Lebenspartnerschaften das Gegenseitigkeitserfordernis entfällt.

Der frühere Streit, ob ein Feststellungsverfahren analog Art. 7 § 1 FamRÄndG stattzufinden **71** hatte, ist für § 107 FamFG wohl beigelegt worden. Für eine **analoge** Anwendung von **§ 107 FamFG** spricht zwar, dass es auch bei der eLP Sinn ergibt, eine verbindliche Feststellung der Auflösung zu verlangen. Dagegen spricht aber, dass das FamFG für die Lebenspartnerschaft stets ausdrückliche Regelungen vorsieht. Da § 107 FamFG eine solche nicht enthält, kann die Norm für die eLP nicht angewendet werden (Bork/Jacoby/Schwab/Heiderhoff FamFG § 107 Rn. 3; Prütting/Helms/Hau FamFG § 107 Rn. 21 f.). Anders liegt es bei den **gleichgeschlechtlichen** Ehen. Für diese sollte nun mangels Sonderregelung ebenfalls § 107 FamFG angewendet werden. Aus Art. 17b Abs. 4 auf eine Ausnahme zu schließen, scheint angesichts von dessen sehr beschränktem Zweck verfehlt (umgekehrt aber MüKoBGB/Coester Rn. 88).

## IV. Übergangsregeln

Zu den beiden jüngsten Änderungen des Art. 17b (→ Rn. 3) bestehen Übergangsregeln, die **72** sich in Art. 229 § 47 (BGBl. 2018 I 2573 (2581)) und Art. 229 § 48 (BGBl. 2018 I 2639 (2640)) finden. Art. 229 § 47 geht auf das Gesetz zum Internationalen Güterrecht und zur Änderung von Vorschriften des Internationalen Privatrechts vom 17.12.2018 zurück und erfasst gleichgeschlechtliche Ehen sowie eingetragene Lebenspartnerschaften. Der durch das Gesetz neu eingefügte Art. 229 § 47 bestimmt in seinem Abs. 2 Nr. 2 zunächst, dass auf gleichgeschlechtliche Ehen, die vor dem 29.1.2019 geschlossen wurden und bei denen die Ehegatten ab diesem Zeitpunkt bezüglich des auf ihren Güterstand anzuwendenden Rechts keine Rechtswahl nach der EuGüVO getroffen haben, Art. 17b Abs. 4 aF weiter Anwendung findet. Gemeint ist hier die Fassung des Abs. 4, die vom 22.12.2018 bis zum 28.1.2018 galt. Aus dieser ergab sich (ebenso wie aus der vom 1.10.2017 bis zum 21.12.2018 geltenden Fassung), dass für das Güterrecht nach Art. 17b Abs. 1 das Registerrecht gilt.

**73** Abs. 3 sieht sodann für eingetragene Lebenspartnerschaften einen ähnlichen Mechanismus vor: Auf Lebenspartnerschaften, die vor dem 29.1.2019 eingetragen wurden und für die ab diesem Zeitpunkt keine Rechtswahl über das auf die güterrechtlichen Wirkungen ihrer Partnerschaft anzuwendende Recht nach der EuPartVO getroffen worden ist, ist Art. 17b Abs. 1 S. 1, Abs. 2 S. 2 und 3 in der Fassung, die bis zum 28.1.2019 galt, weiter anzuwenden.

**74** Die zweite neu eingefügte Überleitungsvorschrift (Art. 229 § 48) stammt aus dem Gesetz zur Umsetzung des Gesetzes zur Einführung des Rechts auf Eheschließung für Personen gleichen Geschlechts (BGBl. 2018 I 2639) und trat am 22.12.2018 in Kraft. Die Norm reicht etwas weiter in die Vergangenheit zurück und betrifft die sog. Kappungsgrenze, die Art. 17b Abs. 4 vor Einführung des „Eheöffnungsgesetzes" mit Wirkung zum 1.10.2017 vorsah (näher zu Art. 17b aF → Rn. 63). Diese Kappungsregelung, die insbes. in der Rspr. auf gleichgeschlechtliche Ehen erstreckt wurde, hebt nun Art. 229 § 48 klarstellend auch für den Zeitraum vor Inkrafttreten des „Eheöffnungsgesetzes" (BGBl. 2017 I 2787) auf (zur Begr. s. auch BT-Drs. 19/4670, 28, dort noch zu „Art. 229 § 47-E"). Überzeugend bestimmt die Vorschrift, dass auf gleichgeschlechtliche Ehen und eingetragene Lebenspartnerschaften, die vor dem 1.10.2017 im Ausland nach den Sachvorschriften des Register führenden Staates wirksam geschlossen oder begründet worden sind, Art. 17b Abs. 4 in seiner bis einschließlich 30.9.2017 geltenden Fassung keine Anwendung findet.

## b) Internationales Unterhaltsrecht

### aa) HUP

# Protokoll über das auf Unterhaltspflichten anzuwendende Recht

vom 23. November 2007 (ABl. 2009 Nr. L 331 S. 19)

### Art. 1 Anwendungsbereich

**(1) Dieses Protokoll bestimmt das auf solche Unterhaltspflichten anzuwendende Recht, die sich aus Beziehungen der Familie, Verwandtschaft, Ehe oder Schwägerschaft ergeben, einschließlich der Unterhaltspflichten gegenüber einem Kind, ungeachtet des Familienstands seiner Eltern.**

**(2) Die in Anwendung dieses Protokolls ergangenen Entscheidungen lassen die Frage des Bestehens einer der in Absatz 1 genannten Beziehungen unberührt.**

**Schrifttum:** Andrae, Zum Verhältnis der Haager Unterhaltskonvention 2007 und des Haager Protokolls zur geplanten EG-Unterhaltsverordnung, FPR 2008, 196; Andrae, Zum Beitritt der Europäischen Gemeinschaft zum Haager Protokoll über das Unterhaltskollisionsrecht, GPR 2010, 196; Andrae, Nachehelicher Unterhalt bezogen auf eine gescheiterte deutsch-schweizerische Ehe, IPRax 2014, 326; Andrae, Der sachliche Anwendungsbereich der Europäischen Güterrechtsverordnung IPRax 2018, 221; Bartl, Die neuen Rechtsinstrumente zum IPR des Unterhalts auf internationaler und europäischer Ebene, 2011; Bonomi, Rapport explicatif sur le Protocole de La Haye du 23 novembre 2007 sur la loi applicable aux obligations alimentaires (abrufbar unter http:/www.hcch.net/index_fr.php?act=publications.details&pid=4898); Bonomi, The Hague Protocol of 23 November 2007 on the law applicable to maintenance obligations, YB PIL 2008, 333; Coester-Waltjen/Coester, Rechtswahlmöglichkeiten im Europäischen Kollisionsrecht, FS Schurig, 2012, 33; Conti/Bißmaier, Das neue Haager Unterhaltsprotokoll von 2007, FamRBint 2011, 62; Eidenmüller, Discovery und materiellrechtlicher Auskunftsanspruch im deutschen Unterhaltsprozess – Anpassung durch Qualifikation?, IPRax 1992, 356; Eßer, Der Erlass weitergehender Formvorschriften im Rahmen des Haager Unterhaltsprotokolls durch die Mitgliedstaaten der EU, IPRax 2013, 399; Finger, Die Europäische Unterhaltsverordnung und das Haager Unterhaltsprotokoll, FuR 2014, 82; Gebauer/Schulze, Wissenschaft, Lehre und Praxis des Internationalen Privat- und Verfahrensrechts, NJW 2001, 1192; Gruber, Die neue EG-Unterhaltsverordnung, IPRax 2010, 128; Gruber, Das Haager Protokoll zum internationalen Unterhaltsrecht, FS Spellenberg, 2010, 177; Hau, Die Europäische Unterhaltsverordnung und das Haager Unterhaltsprotokoll in der deutschen Rechtspraxis, ZVglRWiss 2016, 672; Hausmann, Der Unterhaltsbegriff in Staatsverträgen des internationalen Privat- und Verfahrensrechts, IPRax 1990, 382; Harten/Jäger-Maillet, Wenn Kindesunterhaltsansprüche übergegangen sind: Durchsetzung im Ausland, JAmt 2008, 413; Hau, Die Europäische Unterhaltsverordnung und das Haager Unterhaltsprotokoll in der deutschen Rechtspraxis, ZVglRWiss 2016, 672; Hausmann, Schranken der Rechtswahl im internationalen Unterhaltsrecht, FS Martiny, 2014, 345; Heiderhoff, Vollstreckbarerklärung von Titeln auf Kindesunterhalt im Verhältnis zwischen Deutschland und Österreich, IPRax 2004, 99; Heiderhoff, Wann ist ein „Clean Break" unterhaltsrechtlich zu qualifizieren?, IPRax 2011, 156; Heiderhoff, Die EU-Güterrechtsverordnungen, IPRax 2018, 1; Henrich, Im Labyrinth des internationalen Unterhaltsrechts, FamRZ 2015, 1761; Hilbig-Lugani, Staat – Familie – Individuum: Eine rechtsvergleichende Betrachtung zu Unterhaltsverhältnissen und ihrer privatautonomen Gestaltbarkeit in Deutschland, England und Wales, Frankreich und Schweden, 2014; Hirsch, Neues Haager Unterhaltsübereinkommen – Erleichterte Geltendmachung und Durchsetzung von Unterhaltsansprüchen über Ländergrenzen hinweg, FamRBint 2008, 70; Hohloch, Unterhaltsrecht in Zeit und Raum, FS Brudermüller, 2014, 335; Janzen, Die neuen Haager Übereinkünfte zum Unterhaltsrecht und die Arbeiten an einer EG-Unterhaltsverordnung, FPR 2008, 218; Katsanou, Übereinkommen über die Geltendmachung von Unterhaltsansprüchen im Ausland – „New Yorker Unterhaltsübereinkommen", FRP 2006, 255; Kohler/Pintens, Entwicklungen im europäischen Personen-, Familien- und Erbrecht 2017–2018, FamRZ 2018, 1369; Kremer, Das Stiefkind im Unterhaltsrecht, 2000; Looschelders/Boos, Das grenzüberschreitende Unterhaltsrecht in der internationalen und europäischen Entwicklung, FamRZ 2006, 374; Magnus, Die konkludente Rechtswahl im internationalen Erb- und Familienrecht, IPRax 2019, 8; Mankowski, Im Dschungel der für die Vollstreckbarerklärung ausländischer Unterhaltsentscheidungen einschlägigen Abkommen und ihrer Ausführungsgesetze, IPRax 2000, 188; Mankowski, Anerkennung und Vollstreckung von Unterhaltsentscheidungen aus Dänemark oder: Die neuen Leiden des Internationalen Unterhaltsverfahrensrecht; Mansel/Thorn/Wagner, Europäisches Kollisionsrecht 2008, IPRax 2009, 1; Martiny, Maintenance Obligations in the Conflict of Laws, Rec des cours 247 (1994-III), 131; Martiny, Grenzüberschreitende Unterhaltsdurchsetzung nach europäischem und internationalem Recht, FamRZ 2008, 1681; Meise, Rechtswahl in vorsorgenden Eheverträgen und Scheidungsvereinbarungen – Teil 2, RNotZ 2016, 553; Mingers, Auskunftsansprüche im internationalen Unterhaltsrecht, 1998; Prinz, Das neue Unterhaltsrecht unter europäischem Einfluss, 2013; Reng, Unterhaltsansprüche auf Grund nichtehelicher Lebensgemeinschaft: internationales Privatrecht und ausländisches materielles Recht, 1994; Rieck, Möglichkeiten und Risiken der Rechtswahl nach supranationalem Recht bei der Gestaltung von Ehevereinbarungen, NJW 2014, 257; Rieländer, Die Wahlfreiheit zwischen den Aufenthaltszuständigkeiten nach Art. 3 lit. a und b EuUntVO im Unterhaltsregressverfahren, GPR 2021, 33; Ring, Das auf die Unterhaltspflicht gegenüber Kindern anzuwendende Recht nach dem HKindUntÜ, ZFE 2008, 130; Schäuble, Die Sicherung von Unterhaltsvereinbarungen zwischen Ehegatten durch Rechtswahl zu Gunsten deutschen Rechts, NZFam 2014, 1071; Schlauß/Meysen, Ratifizierung des Haager Unterhaltsübereinkommens 2007 durch die USA, JAmt 2017, 2; Schmidt (Hrsg.), Internationale Unterhaltsrealisierung, 2011; Schotten/Wittkowski, Das deutsch-iranische Niederlassungsabkommen im Familien- und Erbrecht, FamRZ 1995, 264; Schulze, Bedürfnis und Leistungsfähigkeit im internationalen Unterhaltsrecht, 1998; Wagner, Das neue Internationale Privat- und Verfahrensrecht zur eingetragenen Lebenspartnerschaft, IPRax 2001, 281; Wagner, Der Wettstreit um neue kollisionsrechtliche Vorschriften im Unterhaltsrecht, FamRZ 2006, 979; Wagner, Die Haager Übereinkommen zum Schutz von Kindern, ZKJ 2008, 353; Wandt, Zum Rückgriff im Internationalen Privatrecht, ZVglRWiss 1987, 272; Wicke, Der Gang des Verfahrens nach dem Auslandsunterhaltsgesetz, FPR 2006, 240.

## Überblick

Das HUP (Haager Unterhaltsprotokoll 2007) gilt seit dem 18.6.2011 umfassend und allseitig für die Anknüpfung aller familienrechtlichen Unterhaltsansprüche (→ Rn. 1). Verfahrensrechtlich wird es ergänzt durch das HUÜ 2007 (Haager Unterhaltsübereinkommen 2007, → Rn. 26 f.) und die EuUnthVO (→ Rn. 25)

Die beiden wesentlichen Anknüpfungsregeln sind in Art. 3 Abs. 1 und Art. 4 Abs. 3 enthalten. Nach Art. 3 Abs. 1 gilt im Regelfall das Recht am gewöhnlichen Aufenthaltsort des Unterhaltsberechtigten (→ Rn. 6). Die lex fori tritt nach Art. 4 Abs. 3 allerdings dann an erste Stelle, wenn der Unterhaltsberechtigte nicht die Klägerzuständigkeit (vgl. Art. 3 lit. b EuUnthVO) nutzt, sondern die Gerichte am gewöhnlichen Aufenthaltsort des Berechtigten anruft (→ Rn. 6). Für den Fall, dass gerade nach dem so bestimmten Recht kein Unterhalt erlangt werden kann, bestehen jeweils Ausweichanknüpfungen (→ Rn. 7; → Art. 4 Rn. 6). Für Unterhaltsansprüche zwischen Ehegatten bringt Art. 5 eine wichtige Sonderregel. Hier kann der Unterhaltsverpflichtete (etwas vereinfacht dargestellt) verlangen, dass statt des sich aus Art. 3 Abs. 1 ergebenden Rechts das Recht der engsten Verbindung der Ehe angewendet wird (→ Art. 5 Rn. 1). Art. 6 enthält eine ähnliche

Norm für Unterhaltsansprüche sonstiger volljähriger Personen (→ Art. 6 Rn. 1 ff.). Nach Art. 7 und Art. 8 besteht eine eingeschränkte Rechtswahlmöglichkeit für Unterhaltsansprüche (→ Art. 7 Rn. 1).

Das HUP bestimmt in Art. 11 den Geltungsbereich der Verweise näher. In Art. 13 enthält es einen eigenständigen ordre-public-Vorbehalt. Vorfragen sollten idR selbstständig angeknüpft werden (→ Rn. 48 ff.).

Das Verfahren richtet sich nach der lex fori. Die internationale Zuständigkeit ist in der EuUnthVO geregelt. Die Anerkennung und Vollstreckung von Unterhaltstiteln aus einem anderen EU-Mitgliedstaat erfolgt ebenfalls nach der EuUnthVO (→ Rn. 58). Bei Unterhaltstiteln aus Drittstaaten kommt es darauf an, ob Staatsverträge bestehen (→ Rn. 72; → Rn. 77; → Rn. 97). Ansonsten gelten §§ 108–110 FamFG (→ Rn. 80). Unter bestimmten Voraussetzungen kann zur Durchsetzung von Unterhaltsansprüchen im Ausland Rechtshilfe erlangt werden (→ Rn. 66 ff.).

## Übersicht



## I. Allgemeines

1 **1. Geltung und Zweck des HUP.** Das HUP (Haager Protokoll über das auf Unterhaltspflichten anzuwendende Recht vom 16.12.2009, ABl. EU 2009 L 331, 19) ist mWv 18.6.2011 an die Stelle des HUntÜ 1973 (Haager Übereinkommen über das auf Unterhaltspflichten anwendbare Recht vom 2.10.1973, BGBl. 1986 II 837) getreten (→ Rn. 19). Der das HUntÜ 1973 im nationalen Recht abbildende Art. 18 EGBGB wurde daher aufgehoben. Die ungewöhnliche Bezeichnung als Protokoll hat keine technische Bedeutung, sondern soll nur andeuten, dass ein Zusammenwirken mit dem parallel verabschiedeten prozessualen Haager Unterhaltsübereinkommen (HUÜ 2007; → Rn. 26 f.) erwünscht ist. Es handelt sich jedoch beim HUP um ein eigenständiges völkerrechtliches Übereinkommen (s. nur Bonomi YB PIL 2008, 333 (336)).

2 Die Notwendigkeit einer internationalen Durchsetzung von Unterhaltsansprüchen ist ein häufiges und für die Unterhaltsschuldner teils existentielles Problem (zur kontinuierlich wachsenden Zahl von Unterhaltsverfahren mit grenzüberschreitenden Sachverhalt, die beim Bundesamt für Justiz anhängig sind, Schlauß ZKJ 2018, 214). Mithilfe der internationalen Übereinkommen und insbes. auch durch den Einsatz von zuständigen Zentralstellen in den beteiligten Staaten (in Deutschland das Bundesamt für Justiz → Rn. 68) soll sie möglichst erleichtert werden. Die umfassende Regelung des auf die gesetzlichen Unterhaltsansprüche anwendbaren Rechts durch das HUP, durch welches über den Weg des Art. 15 EuUnthVO immerhin schon eine Harmonisierung des europäischen Unterhaltskollisionsrechts erreicht wurde (Arnold IPrax 2012, 311; zum Konzept der EU auch → EuUnthVO Art. 15 Rn. 1), ist vor diesem Hintergrund sehr zu begrüßen.

3 Das HUP bestimmt nunmehr umfassend die Anknüpfung des Unterhaltsstatuts zwischen „Unterhaltsberechtigtem" und „Unterhaltsverpflichtetem" (das ist die klassische unterhaltsrechtliche Terminologie, nur Denkschrift (Bericht Verwilghen), BT-Drs. 10/258, 60 Nr. 137). Erfasst sind damit die zwischen einem Unterhaltsanspruchsteller und dessen Anspruchsgegner geltend gemachten Ansprüche. Das HUP verdrängt jedoch nicht Regelungen zu anderen, nur als Vorfragen relevanten Gegenständen, wie etwa die Rom III-VO (Ehescheidung) oder Art. 21 EGBGB (Eltern-Kind-Verhältnis).

4 Das HUP muss aus deutscher Sicht **wie EU-Recht** behandelt werden (zur Auslegung des Übereinkommens, für die der EuGH zuständig ist → Rn. 28). Denn es ist Teilstück der

EuUnthVO (Verordnung (EG) Nr. 4/2009 des Rates vom 18.12.2008 über die Zuständigkeit, das anwendbare Recht, die Anerkennung und Vollstreckung von Entscheidungen und die Zusammenarbeit in Unterhaltssachen, ABl. EU 2009 L 7, 1). Die EuUnthVO enthält, anders als es ihr Name vermuten lässt, zwar selbst keine eigenständige Kollisionsnorm. Art. 15 EuUnthVO verweist vielmehr auf das HUP. Damit wird dieses jedoch gleichsam inkorporiert. Als Rechtsakt der EU ist die EuUnthVO einschließlich des HUP vorrangig und verdrängt somit das nationale Recht. Der deutsche Gesetzgeber hat deshalb Art. 3 Abs. 1 EGBGB entspr. geändert und in lit. c den Beschluss vom 30.9.2009 über den Abschluss des Haager Protokolls aufgenommen. Art. 18 EGBGB wurde vollständig gestrichen.

Die EU hat die Inhalte des HUP mit gutem Grund, durch Verweisung in Art. 15 EuUnthVO, in das EU-Recht inkorporiert, anstatt eine eigene Regelung des Unterhaltskollisionsrechts vorzulegen. So sollte eine nicht nur EU-weite, sondern weltweite Vereinheitlichung ermöglicht werden (näher zur Entwicklung NK-BGB/Gruber Vor Art. 1 Rn. 4 ff.). **5**

Die grundlegenden Kollisionsnormen sind in Art. 3 Abs. 1, Art. 4 Abs. 3 enthalten. Nach Art. 3 Abs. 1 erfolgt, wie auch schon nach dem HUntÜ 1973, zunächst eine Anknüpfung an das Recht des Landes, in dem der Unterhaltsberechtigte seinen gewöhnlichen Aufenthalt hat. Das Recht am gewöhnlichen Aufenthaltsort des Verpflichteten tritt nach Art. 4 Abs. 3 allerdings dann an erste Stelle, wenn ein Unterhaltsberechtigter iSd Art. 4 (insbes. das Kind gegen seine Eltern; → Art. 4 Rn. 15 ff.) dort den gerichtlichen Antrag stellt (zur Zuständigkeit s. Art. 3 lit. a EuUnthVO). Die Anwendung der **lex fori** und die Anknüpfung an den **gewöhnlichen Aufenthalt** sind hier also entscheidend. Die Staatsangehörigkeit spielt demgegenüber eine äußerst untergeordnete Rolle. **6**

Die Art. 4 Abs. 2 und Abs. 4 enthalten zwei unterhaltsfreundliche Ausweichregeln. Verhilft das nach Art. 3 Abs. 1 bzw. nach Art. 4 Abs. 3 primär anwendbare Recht dem Unterhaltsberechtigten nicht zu einem Anspruch, so wird ein anderes Recht herangezogen. Bei Art. 3 Abs. 1 ist dies nach Art. 4 Abs. 2 die lex fori. Bei Art. 4 Abs. 3 ist es nach Art. 4 Abs. 4 das Recht am gewöhnlichen Aufenthaltsort des Berechtigten. Diese Ausweichmöglichkeit beruht auf dem Gedanken, dass der **Schutz des Unterhaltsberechtigten** Priorität hat. **7**

Das gilt uneingeschränkt aber nur für den Kindesunterhalt. Art. 6, der insbes. den Elternunterhalt erfasst und weitgehend auch Art. 5, der für eheliche und nacheheliche Unterhaltsansprüche sowie Lebenspartnerschaften gilt, sind demgegenüber darauf ausgerichtet, den Unterhaltsverpflichteten vor einer Art **„Unterhaltsshopping"** durch den Berechtigten zu schützen. Beide Normen ermöglichen es dem Verpflichteten, in bestimmten Fällen gegen den Unterhaltsanspruch ein anderes Recht vorzubringen, zu dem eine (vermeintlich) engere Beziehung besteht (→ Art. 5 Rn. 1 ff.; → Art. 6 Rn. 4). **8**

Schließlich erlangt auch die **Rechtswahl** eine nicht unerhebliche Bedeutung. **Art. 7** erlaubt sehr weitgehend die Anwendung der lex fori, was risikoreich für den Unterhaltsberechtigten – insbes. das unterhaltsberechtigte Kind – erscheint. Art. 8, der weitere Wahloptionen zur Verfügung stellt, gilt nicht für Minderjährige (→ Art. 8 Rn. 3; → Art. 8 Rn. 14 f.). **9**

Das HUP ist somit insgesamt sehr viel deutlicher als das HUntÜ 1973 auf die Anwendbarkeit der lex fori ausgerichtet. Das Gericht wird auch nach Art. 3 in den meisten Fällen die lex fori anwenden dürfen, da der Berechtigte üblicherweise in seinem Aufenthaltsstaat das Verfahren einleitet (Art. 3 lit. a EuUnthVO, → Rn. 61). Die hilfsweise Anknüpfung an das Staatsangehörigkeitsrecht wurde fast vollständig zurückgedrängt. Selbst in Art. 6 erfolgt diese nur, wenn zusätzlich der Verpflichtete in dem betreffenden Staat seinen gewöhnlichen Aufenthalt hat (zu Recht positiv dazu Rauscher/Andrae Art. 4 Rn. 7). **10**

Trotz der sich aus Art. 5 und 6 ergebenden Einschränkungen muss das HUP als **unterhaltsfreundlich** verstanden und in diesem Sinne ausgelegt werden (→ Rn. 29). **11**

**2. Zeitliche und räumliche Geltung des HUP. a) Inkrafttreten und Geltung in der EU.** Das HUP ist gem. Art. 25, nach der Ratifizierung durch Serbien am 10.4.2013, zum 1.8.2013 in Kraft getreten (näher zu den Übergangsregelungen → Rn. 13; → Art. 22 Rn. 1 f.). Zuvor hatte nur die EU – die hier als ein Vertragsstaat anzusehen ist (erläuternd Mankowski FamRZ 2010, 1487) – die Ratifikationsurkunde hinterlegt. Für die **Mitgliedstaaten der EU** war das Unterhaltskollisionsrecht aber auch schon seit dem 18.6.2011 allein aus dem HUP zu entnehmen. Denn die EU hat durch **Beschluss des Rates** vom 30.11.2009 (ABl. EU L 331, 17) dessen interne Geltung ab dem **18.6.2011** bestimmt. Nach Art. 4 Beschluss vom 30.11.2009 sollte das Protokoll zwar nur „innerhalb der Gemeinschaft" gelten. Diese Formulierung darf jedoch nicht als Einschränkung des Geltungsbereichs aufgefasst werden. Es handelt sich lediglich um eine etwas mehrdeutige Ausdrucksweise, die klarstellen soll, dass es sich um ein besonderes Inkraftsetzen für **12**

die betreffenden EU-Mitgliedstaaten handelte. Das Protokoll ist seit dem 18.6.2011 also nicht nur im Verhältnis zu anderen Mitgliedstaaten, sondern allseitig (→ Rn. 14) anzuwenden.

13 **b) Übergangsregeln.** Art. 22, der die Übergangsregel enthält, wird durch Art. 5 Beschluss vom 30.11.2009 (→ Rn. 12) überlagert. Art. 5 Beschluss vom 30.11.2009 trifft folgende Regelung: Für ab dem 18.6.2011 eingeleitete Verfahren ist das HUP anzuwenden. Das gleiche gilt für ab dem 18.6.2011 abgeschlossene oder gebilligte Vergleiche sowie für ab diesem Tag ausgestellte öffentliche Urkunden. Für am 18.6.2011 bereits eingeleitete Verfahren muss differenziert werden: Das HUP wird dann nur für die Unterhaltspflichten angewendet, die nach seinem Inkrafttreten entstehen. Dagegen gilt für Ansprüche, die einen Zeitraum vor dem Inkrafttreten des Protokolls betreffen, das bisherige Kollisionsrecht, also idR das HUntÜ 1973 (→ Art. 22 Rn. 2).

14 **c) Allseitigkeit.** Wie auch schon das HUntÜ 1973 gilt das Protokoll nach Art. 2 **allseitig.** Es kommt also aus deutscher Sicht nicht darauf an, ob der Fall Bezüge zu einem weiteren Vertragsstaat aufweist (BGH NJW 2020, 1674 = FamRZ 2020, 918). Die Anwendung kann nur gegenüber den Vertragsstaaten anderer Übereinkommen, wie etwa des HUntÜ 1956 oder des deutsch-iranischen Niederlassungsabkommens ausscheiden, soweit diese ihm vorgehen (→ Rn. 19 ff.).

15 Es ist somit für die Anwendung auch unerheblich, dass das HUP in Dänemark und Großbritannien nicht gilt. Auch im Verhältnis zu Dänemark und Großbritannien muss das HUP angewendet werden.

16 **3. Verhältnis zu anderen Kollisionsnormen. a) Überblick.** Im internationalen Unterhaltsrecht haben autonome Normen nur noch im ausführenden Bereich eine Bedeutung. Insbesondere ist das Kollisionsrecht nun vollständig dem europäischen Recht oder ggf. vorrangigen Staatsverträgen zu entnehmen (→ Rn. 1 ff.). Es war eine konsequente Entscheidung des Gesetzgebers, Art. 18 EGBGB mit dem Inkrafttreten des einheitlichen europäischen Unterhaltskollisionsrechts zu streichen. Bereits seit dem Inkrafttreten des HUntÜ 1973 hatte die Norm keinen eigenen Anwendungsbereich mehr. Es war eher verwirrend, dass die Regelungen des Übereinkommens inhaltsgleich in das EGBGB übernommen worden waren.

17 Auch das autonome **internationale Verfahrensrecht** im FamFG ist für das Unterhaltsrecht heute weitgehend gegenstandslos. Für die Zuständigkeit gilt die EuUnthVO. Für die Anerkennung gilt diese ebenfalls, soweit der anzuerkennende Unterhaltstitel aus einem beteiligten Mitgliedstaat stammt. Ansonsten gelten gegenüber sehr vielen Staaten internationale Übereinkommen. Insbesondere greift das HUÜ 2007 (→ Rn. 26 f.; → Rn. 77).

18 Durch das Inkrafttreten der EuUnthVO, des HUP und des neuen AUG (→ Rn. 25; → Rn. 66 ff.; → Rn. 81) ist bei der internationalen Unterhaltsrealisierung insgesamt eine deutliche Vereinfachung eingetreten. Dennoch muss bei der Rechtsanwendung weiterhin darauf geachtet werden, dass die richtigen Regeln angewendet werden. Vor allem bei der Anerkennung ist zu beachten, welche Normen jeweils im Verhältnis zu dem konkret betroffenen Staat gelten (→ Rn. 72 ff.).

19 **b) Verhältnis des HUP zu den älteren Haager Übereinkommen.** Nicht eindeutig geklärt ist das Verhältnis des **HUP** zum **HUntÜ 1973.** Nach Ansicht des deutschen Gesetzgebers ist auch dies mit Wirkung zum 18.6.2011 komplett hinter das HUP zurückgetreten. Dabei soll es nicht darauf ankommen, ob ein Staat betroffen ist, der nur das HUntÜ 1973, nicht aber das HUP ratifiziert hat. Die Frage ist jedoch streitig. Vielfach wird – systematisch überzeugend – ein Vorrang des HUntÜ 1973 angenommen. Der Wille des europäischen und deutschen Gesetzgebers geht jedoch eindeutig in die Richtung eines vollständigen Vorrangs des HUP (→ Art. 18 Rn. 3).

20 Das **HUntÜ 1956** kennt dagegen die Gegenseitigkeit und bleibt somit zweifellos gegenüber allen Vertragsstaaten anwendbar, die nicht ihrerseits das HUP ratifiziert haben. Das sind derzeit jedoch nur noch Liechtenstein und das chinesische Verwaltungsgebiet Macao (→ Rn. 21 f.).

21 **c) Haager Übereinkommen von 1956 über das auf Unterhaltsverpflichtungen gegenüber Kindern anzuwendende Recht.** Das Haager Übereinkommen über das auf Unterhaltsverpflichtungen gegenüber Kindern anzuwendende Recht vom 24.10.1956 (**HUntÜ 1956** = UStAK) ist für die Bundesrepublik Deutschland seit dem 1.1.1962 in Kraft (BGBl. 1961 II 1012; Jayme/Hausmann Nr. 40). Es gilt auch nach dem Inkrafttreten des HUP noch im Verhältnis zu **Liechtenstein** und dem chinesischen Verwaltungsgebiet **Macao.** Ansonsten haben alle Vertragsstaaten auch das HUP ratifiziert, sodass das alte Übereinkommen durch das HUP ersetzt ist.

22 Das HUntÜ 1956 und das Ergänzungsgesetz vom 2.6.1972 (BGBl. II 589) regeln nur das anwendbare Recht auf dem Gebiet der Unterhaltspflicht (keine Zuständigkeitsregelung: OLG Düsseldorf FamRZ 1979, 313). Sachlich betrifft das HUntÜ 1956 nur Unterhaltsansprüche von

unverheirateten Kindern unter 21 Jahren (Art. 1 Abs. 4 HUntÜ 1956). Erfasst sind die Ansprüche von Kindern (eheliche, nichteheliche, Adoptiv-), die ihren **jeweiligen gewöhnlichen Aufenthalt in einem Vertragsstaat** haben (OGH ZfRV 2004, 157) oder – soweit der frühere Aufenthalt entscheidet – gehabt haben (Art. 6, Art. 1 Abs. 1, 2 HUntÜ 1956). Auf die Staatsangehörigkeit des Kindes kommt es nicht an. Gewöhnlicher Aufenthalt ist auch hier der Daseinsmittelpunkt (BGH FamRZ 2001, 412; NJW 1975, 1068). Umgekehrt sollte das Übereinkommen aber auch angewendet werden, wenn das Kind in Deutschland und der Verpflichtete in einem Vertragsstaat leben (wie hier Staudinger/Mankowski, 2003, EGBGB Anh. II Art. 18 Rn. 9). **Ausnahmen** von der Aufenthaltsanknüpfung sind in Art. 2 HUntÜ 1956 normiert. Danach kann jeder Vertragsstaat eigenes Recht anwenden, wenn (kumulativ) der Unterhaltsanspruch vor seinen Behörden geltend gemacht wird, wenn Unterhaltspflichtiger und Kind die gemeinsame Staatsangehörigkeit dieses Staats haben und wenn der Pflichtige seinen gewöhnlichen Aufenthalt in diesem Staat hat (vgl. Art. 1a deutsches Zustimmungsgesetz vom 24.10.1956 idF des Ergänzungsgesetzes vom 2.6.1972, BGBl. 1972 II 589). Hat das Kind nach dem Aufenthaltsrecht keinen Anspruch, entscheidet das Recht, das vom IPR des Forumstaats berufen wird (Art. 3 HUntÜ 1956). Die Vorbehaltsklausel in Art. 4 HUntÜ 1956 darf nur bei deutlichem Verstoß (manifestement) gegen den ordre public angewendet werden. Werden Unterhaltsansprüche geltend gemacht, die nicht in den Anwendungsbereich des HUntÜ 1956 fallen (zB nachehelicher Unterhalt), so gilt auch im Verhältnis zu Macao und Liechtenstein das HUP.

**d) Haager Übereinkommen über das auf Unterhaltspflichten anwendbare Recht.** Das HUntÜ 1973 ist nach der vom Gesetzgeber vertretenen, hier trotz inhaltlicher Zweifel übernommenen Ansicht ab dem 18.6.2011 nicht mehr anzuwenden (→ Rn. 19; → Art. 18 Rn. 3). Letztlich geht es bei der streitigen Frage um die Auslegung von Art. 18. Sicherheit wird daher nicht zu erreichen sein, bevor der EuGH darüber entschieden hat. Wollte man seine Weitergeltung im Verhältnis zu den Vertragsstaaten annehmen, die nicht Vertragsparteien des HUP geworden sind, so würde es noch im Verhältnis zu Japan, der Schweiz, Albanien, den niederländischen Überseebesitzungen (BGBl. 2013 II 386) und der Türkei gelten. Zu den Übergangsvorschriften → Art. 22 Rn. 1 f., zum Inhalt → 2. Aufl. 2008. 23

**e) Deutsch-iranisches Niederlassungsabkommen.** Art. 8 Abs. 3 deutsch-iranisches Niederlassungsabkommen (Niederlassungsabkommen zwischen dem Deutschen Reich und dem Kaiserreich Persien, RGBl. 1930 II 1002, 1006; BGBl. 1931 II 9; BGBl. 1955 II 829; Wortlaut des Art. 8 Abs. 3 deutsch-iranisches Niederlassungsabkommen in → EGBGB Art. 25 Rn. 12) geht dem HUP vor. Es ist noch in Kraft (Bek. vom 15.8.1955, BGBl. 1955 II 829), gilt aber nur bei gleicher Staatsangehörigkeit beider Beteiligten (Schotten/Wittkowski FamRZ 1995, 264 (265 f.)). Bei verschiedenem Personalstatut der Beteiligten ist das Abkommen nicht anwendbar (BGH NJW 1990, 636; OLG Bremen IPRax 1985, 296), sodass in diesen Fällen das HUP Anwendung findet (Rauscher/Andrae Art. 19 Rn. 5). Bei Mehrstaatern entscheidet die effektive Staatsangehörigkeit. Nach dem Abkommen unterliegen Unterhaltsansprüche zwischen Iranern iranischem Recht (OLG Zweibrücken FamRZ 2007, 1555; auch bei Scheidung nach deutschem Recht, AG Kerpen FamRZ 2001, 1526 f.). Der Unterhaltsanspruch iranischer Kinder gegen einen iranischen Elternteil unterliegt also stets iranischem Recht. 24

**4. Internationales Verfahrensrecht. a) EuUnthVO.** Die EuUnthVO ist zwar am 18.6.2008 in Kraft getreten. Sie ist aber nach Art. 76 EuUnthVO im Wesentlichen erst ab dem 18.6.2011 anwendbar. Die EuUnthVO gilt inzwischen für alle EU-Mitgliedstaaten. **Dänemark** hat dies durch eine Art Trick erreicht. Es ordnet nämlich die EuUnthVO als eine Änderung der Brüssel Ia-VO ein und konnte so einfach eine auf Art. 3 Abs. 2 Zuständigkeitsabkommen Zivil- und Handelssachen EG-Dänemark vom 10.10.2005 (Abkommen zwischen der EG und dem Königreich Dänemark über die gerichtliche Zuständigkeit und die Anerkennung und Vollstreckung von Entscheidungen in Zivil- und Handelssachen, ABl. EU 2005 L 299, 62; in Kraft getreten am 1.7.2007) gestützte Annahmeerklärung abgeben (dies erfolgte schon am 14.1.2009; näher dazu Rauscher/Andrae EuUnthVO Art. 1 Rn. 50). Dagegen haben **Irland** und **Großbritannien** von ihren jeweiligen Annahmerechten Gebrauch gemacht (Art. 3, 4 GB/IRL-Protokoll – Protokoll über die Position des Vereinigten Königreichs und Irlands, dem Vertrag über die Europäische Union und dem Vertrag zur Gründung der Europäischen Gemeinschaft beigefügt; vgl. auch Präambel 46, 47 EuUnthVO). Die Mitgliedschaft von Großbritannien und Dänemark umfasst jedoch mangels Beteiligung am HUP **nicht das Kapitel III** (insbes. Vollstreckung ohne Exequatur). Für Dänemark gilt außerdem laut der dänischen Erklärung nicht das Kapitel VII. Die **Ausfüh-** 25

**rung** der EuUnthVO sowie der verfahrensrechtlichen Übereinkommen ist mit Wirkung zum 18.6.2011 nunmehr einheitlich im **AUG** geregelt.

26 **b) Unterhaltsrechtliche Übereinkommen.** Von den bisher (→ Rn. 19 ff.) angesprochenen kollisionsrechtlichen Abkommen müssen die **verfahrensrechtlichen Abkommen** unterschieden werden. Das kollisionsrechtliche HUP wurde parallel zu dem neuen verfahrensrechtlichen **HUÜ 2007** (Übereinkommen über die internationale Geltendmachung der Unterhaltsansprüche von Kindern und anderen Familienangehörigen vom 23.11.2007) entwickelt (näher Niethammer-Jürgens/Erb-Klünemann Internationales Familienrecht in der Praxis, 2019, 92 ff.). Anders als im Kollisionsrecht hat sich die EU im internationalen Verfahrensrecht dagegen entschieden, das Konventionsrecht zu übernehmen. Das ist verständlich, da der enge Zusammenhalt in der EU viel weitgehendere Regeln ermöglicht als dies für ein auf weltweite Geltung angelegtes Übereinkommen je möglich wäre.

27 Die **EU** hat das HUÜ 2007 aber dennoch **ratifiziert.** Es gilt für alle Mitgliedstaaten gegenüber den sonstigen Vertragsstaaten mit Wirkung ab dem 1.8.2014 und bestimmt vor allem die Anerkennung und Vollstreckung von Unterhaltstiteln aus Drittstaaten sowie die Zusammenarbeit bei der Unterhaltsdurchsetzung (→ Rn. 77 ff.). Zum 1.1.2017 ist es gegenüber den **USA** in Kraft getreten, was eine gewaltige Vereinfachung für die Unterhaltdurchsetzung bedeutet (Schlauß/Meysen JAmt 2017, 2) und zu einem Anstieg der Verfahrenszahlen geführt hat (Schlauß ZKJ 2018, 214 (215)). Gegenüber der Türkei gilt es seit dem 1.2.2017 (Statustabelle unter http:/hcch.e-vision.nl/index_en.php?act=conventions.status&cid=131).

## II. Auslegung des HUP

28 Allgemein wird davon ausgegangen, dass das Protokoll wie Recht der EU zu behandeln ist (→ Rn. 4). Zuständig für die Auslegung ist – für alle EU-Mitgliedstaaten – somit ausschließlich der EuGH, es greift Art. 267 AEUV (dazu ausdrücklich ECLI:EU:C:2018:408 Rn. 21 ff. = FamRZ 2018, 1503 = BeckRS 2018, 10469 – KP). Bei Zweifelsfragen zur Auslegung des Protokolls muss das letztinstanzliche Gericht also nach Art. 267 Abs. 3 AEUV eine Vorlage an den EuGH beschließen. Den Untergerichten ist Ermessen eingeräumt (Art. 267 Abs. 2 AEUV). Der EuGH muss seinerseits anstreben, dass Protokoll auch konventionsautonom auszulegen (Art. 20). Letzteres erfordert die Berücksichtigung der Perspektive der anderen Vertragsstaaten und wird steigende Bedeutung entfalten, je mehr Staaten beitreten. Grundlage kann insbes. das Protokoll Bonomis zum HUP (http:/www.hcch.net/index_fr.php?act=publications.details&pid=4898) sein (so auch NK-BGB/Gruber Vor Art. 1 Rn. 13). Es liegen bereits mehrere Entscheidungen des EuGH vor, auf die jeweils im Kontext eingegangen wird. Der EuGH hat dabei den Bericht Bonomis ausdrücklich einbezogen (ECLI:EU:C:2018:408 Rn. 54 f. = FamRZ 2018, 1503 = BeckRS 2018, 10469 – KP).

## III. Art. 1 – Sachlicher Anwendungsbereich

29 **1. Übersicht.** Das HUP enthält gegenüber dem HUntÜ 1973 zwar einige erhebliche Änderungen bei der Anknüpfung, arbeitet aber grds. mit den überbrachten Begrifflichkeiten. Der Anwendungsbereich des HUP ist weit. Zweck ist die Bündelung aller (familienrechtlichen) Unterhaltsansprüche in einem Regelungskomplex. Entsprechend sind der **Unterhaltsbegriff** → Rn. 30 ff.) und der **Familienbegriff** (→ Rn. 39 ff.) des Art. 1 weit zu verstehen. Insbesondere ist bei den Formen gleichgeschlechtlichen und nichtehelichen Zusammenlebens von einer Öffnung auszugehen (→ Rn. 41 ff.).

30 **2. Weiter Unterhaltsbegriff. a) Umrisse.** Der **Begriff Unterhalt** oder, wie Art. 1 formuliert „Unterhaltspflichten", wird im HUP nicht definiert. Auch einen Negativkatalog nicht erfasster Fragen, wie die EU-Verordnungen ihn oft kennen, gibt es hier nicht. Der angestrebte weite Anwendungsbereich des HUP muss Grundlage der Abgrenzung sein. Zugleich muss beachtet werden, dass der Anspruch unterhaltsrechtliche Funktionen erfüllen muss (auch → Rn. 32). Es kommt darauf an, ob der Anspruch der Befriedigung von Lebensbedürfnissen – oder anders gesagt der Versorgung des Berechtigten – dient (Rauscher/Andrae Rn. 10). Gleich ist dabei, ob es um die Befriedigung einmaliger oder dauerhafter Lebensbedürfnisse geht (Erman/Hohloch Rn. 2). Unwichtig ist auch, wie der Anspruch bezeichnet ist.

31 **b) Abgrenzung zum Erbstatut.** Im deutschen Recht sowie in vielen ausländischen Rechtsordnungen gibt es **erbrechtlich** begründete Ansprüche mit unterhaltsrechtlichem Einschlag (mit

Beispielen zum ausländischen Recht Staudinger/Mankowski, 2016, Rn. 96 ff.). Sind die Ansprüche spezifisch erbrechtlicher Art, so gilt nicht das HUP, sondern die **EuErbVO** (näher Rauscher/Gruber Rn. 17 ff.; MüKoBGB/Dutta EuErbVO Art. 1 Rn. 30). Insofern kann die Regelung des Art. 1 Abs. 2 lit. e EuErbVO als passendes Gegenstück betrachtet werden. In Deutschland betrifft dies vor allem den Dreißigsten (§ 1969 BGB) sowie die Ausbildungsansprüche des Stiefkindes iSv § 1371 Abs. 4 BGB (zum vorzeitigen Erbausgleichsanspruch des nichtehelichen Kindes nach § 1934d BGB aF BGHZ 96, 262 = NJW 1986, 2190). Dasselbe gilt für Ansprüche, die – wie etwa § 1586b BGB – zwar zunächst unterhaltsrechtlich eingekleidet sind, aber (wie § 1586b S. 3 BGB erkennen lässt) an sich den angemessenen Ausgleich von Erbansprüchen anstreben (wie hier Staudinger/Mankowski, 2016, Rn. 99 f.). Es kann auch vorkommen, dass das Erbrecht nur den Übergang bestimmter Ansprüche regelt, während der eigentliche Anspruch familienrechtlicher Art ist. In diesem Fall gilt für die Art und Weise des Übergangs das Erbstatut, für den Anspruch selbst dagegen das HUP (näher Staudinger/Mankowski, 2016, Rn. 103 f.).

**c) Ehe- und scheidungsrechtliche Ansprüche mit unterhaltsrechtlichem Charakter.** 32
Schwierigkeiten kann die Qualifikation von im Ausland bekannten, unterhaltsähnlichen familienrechtlichen Ansprüchen machen. So mag es hohe Einmalzahlungen geben, die dennoch unterhaltsrechtlich zu verstehen sind (etwa England, → Rn. 34) oder es finden sich verschuldensabhängige Elemente (dazu sogleich). Die Berücksichtigung von Leistungsfähigkeit oder Bedürftigkeit (mit diesen Kriterien – noch zu Art. 5 Nr. 2 EuGVÜ EuGH Slg. 1997, 1147 Rn. 22 = IPRax 1999, 35 = BeckRS 2004, 75191 – van den Boogard) kann hier die unterhaltsrechtliche Qualifikation unterstützen, ist aber nicht conditio sine qua non. Für die **Morgengabe,** welche teilweise durchaus unterhaltssichernde Funktionen haben kann (dem Unterhaltsstatut zuneigend Soergel/Kegel Rn. 28; diff. Erman/Hohloch Rn. 7), sollte eine einheitliche Behandlung angestrebt werden, die nicht im Unterhaltsrecht, sondern seit dem Inkrafttreten der EuGüVO klar im Bereich des Güterrechts gefunden werden kann (Heiderhoff IPRax 2018, 1 (2); Andrae IPRax 2018, 221 (223) mwN). Problematisch ist auch die Einordnung der im Eherecht häufig vorkommenden Pflicht, zu den Kosten der gemeinsamen Lebens- und Haushaltsführung beizutragen (für unterhaltsrechtliche Qualifikation mit überzeugender Begründung Staudinger/Mankowski, 2016, Rn. 26).

Das HUP ist auch anwendbar, wenn ein Unterhaltsanspruch selbst als Schadensersatzanspruch 33 oder Ausgleichsleistung konstruiert ist – etwa die Ausgestaltung von Getrenntlebenden- oder Geschiedenenunterhalt als Ersatz der trennungs- und scheidungsbedingten Nachteile (so auch Hausmann IntEuSchR Rn. C-525). **Ausschlaggebend** für die unterhaltsrechtliche Qualifikation ist **die Funktion** einer Sicherung der Lebensbedürfnisse des Berechtigten (Staudinger/Mankowski, 2016, Rn. 39). Dies betrifft besonders die Ansprüche aus Art. 270 ff. franz CC **(prestations compensatoires).** Diese vereinigen zwar mehrere Funktionen in sich, es überwiegt aber die absichernde Funktion (EuGH Slg. 1980, 731 = IPRax 1981, 19 mAnm Hausmann IPRax 1981, 5; Hausmann IPRax 1990, 382 (384 ff.); OLG Stuttgart NJW-RR 1994, 135 f.; ausf. Staudinger/Mankowski, 2016, Rn. 32 ff.; zweifelnd Soergel/Kegel Rn. 27; insbes. zu den nach der Reform des französischen Ehescheidungsrechts verschuldensunabhängigen prestations compensatoires, Furkel/Gergen FamRZ 2005, 1615 (1621 f.); Döbereiner ZEuP 2007, 521, (525 f.)). Ähnlich ist es mit **Art. 174 Abs. 1 türk. ZGB** (entspricht Art. 143 türk. ZGB aF), der einen Schadensersatzanspruch gegen den an der Scheidung Schuldigen – für durch die Scheidung erlittene Einbußen gegenüber dem ehelichen Lebensstandard – gewährt (OLG Karlsruhe NJW-RR 2006, 369; 2003, 725 f.: Vereinbarkeit mit dem deutschen ordre public; wie hier NK-BGB/Gruber Rn. 7; zum türkischen Recht Rumpf/Odendahl in Bergmann/Ferid/Henrich Länderbericht Türkei 42, 43; zum neuen türkischen Recht Turan-Schnieders/Finger FamRBInt 2008, 40; Oğuz FamRZ 2005, 766 (771)). Anders muss man es bei Art. 174 Abs. 2 türk. ZGB sehen, bei dem es um Ersatz der immateriellen Schäden geht, die durch eine Persönlichkeitsverletzung entstanden sind (OLG Stuttgart FamRZ 2012, 999; Staudinger/Mankowski, 2016, Rn. 40). Ohne weiteres unterhaltsrechtlich zu qualifizieren, ist der Anspruch aus **Art. 175 türk. ZGB** weil es hier gerade um die Bedürftigkeit des berechtigten Ehegatten geht (OLG Hamm FamRZ 2006, 1387).

Im **englischen Recht** gilt der Grundsatz des clean break, der es mit sich bringt, dass nach 34 der Scheidung oftmals eine einheitliche Summe gewährt wird, die aus englischer Sicht als eine Art Unterhalt angesehen wird, aus deutscher Sicht aber güterrechtliche und unterhaltsrechtliche Elemente mischt. Dabei scheitert die unterhaltsrechtliche Einordnung nicht daran, dass es sich um eine Einmalzahlung handelt. Der BGH sieht aber eine Grenze, wenn Vermögenswerte (hier Grundeigentum) endgültig aufgeteilt werden (BGH FamRZ 2009, 1659; zust. Heiderhoff IPRax 2011, 187; vgl. auch OLG Celle FamRZ 2009, 359 zur Reichweite der Rechtshängigkeitssperre durch ein englisches Scheidungsfolgenverfahren; näher Staudinger/Mankowski, 2016, Rn. 47 ff.; auch Finger FuR 2009, 181).

35 Nicht erfasst sind schließlich Ansprüche, die typischerweise vom Ehewirkungs-, Güter- oder Scheidungsfolgenstatut beherrscht werden. Dies gilt insbes. für die **Zuweisung von Ehewohnung und Haushaltsgegenständen,** die nunmehr (idR für seit dem 29.1.2019 geschlossene Ehen, sonst auch bei ab diesem Datum geschlossenen Eheverträgen) unter die EuGüVO fallen. Zuvor gelten für im Inland belegene Gegenstände Art. 17a EGBGB aF und für im Ausland belegene Gegenstände Art. 17 Abs. 1 EGBGB aF weiter (ganz hM, wie hier Grüneberg/Thorn EGBGB Art. 17 Rn. 4; näher dazu NK-BGB/Gruber EGBGB Art. 17 Rn. 15 f.; Andrae IntFamR § 3 Rn. 83 ff.).

36 Der Anspruch auf **Verfahrenskostenvorschuss** im Scheidungsverfahren trägt unterhaltsrechtlichen Charakter (OLG Köln FamRZ 1995, 680; VG Berlin BeckRS 2016, 45894; jurisPK-BGB/Ludwig Rn. 10; Henrich IntFamR § 5 IV 2d).

37 **d) Vorbereitende Ansprüche (Auskunft).** Erfasst sind auch vorbereitende Ansprüche, wie ein **Auskunftsanspruch,** weil sie die Feststellung des Unterhaltsanspruchs erst ermöglichen (BGH FamRZ 2013, 1113 (1114); BGH NJW-RR 1994, 644; OLG Köln FamRZ 2003, 544; OLG Frankfurt IPRax 1983, 245; OLG Stuttgart IPRax 1986, 180; OLG Nürnberg FamRZ 1996, 353; Hau ZVglRWiss 2016, 672 (676)). Die nicht von der Auskunft abhängigen Voraussetzungen des Anspruchs müssen aber bereits gegeben sein (BGH NJW 1983, 279).

38 Sind Auskunftsansprüche im Unterhaltsstatut nicht vorgesehen, kommt es auf die Gründe an, auf denen dies beruht. Oftmals fehlt ein Auskunftsanspruch, weil im berufenen Recht von Amts wegen die Verhältnisse untersucht werden. In diesem oder vergleichbaren Fällen muss aus deutscher Sicht ein Auskunftsanspruch konstruiert werden. Die Tatsachenermittlung von Amts wegen ist jedenfalls nicht möglich und würde der vom Gericht insofern anzuwendenden deutschen lex fori widersprechen. Der Auskunftsanspruch wird in solchen Fällen auf unterschiedliche Art konstruiert. Teils wird der Weg der Anpassung gewählt (OLG Stuttgart IPRax 1990, 113; OLG Hamm NJW-RR 1993, 1155; näher Staudinger/Mankowski, 2016, Rn. 17; Andrae IntFamR § 8 Rn. 177), teils wird die Qualifikation als prozessual übernommen und die lex fori angewendet (OLG Karlsruhe FamRZ 1995, 738 f.; Eidenmüller IPRax 1992, 356 f.). Ist dagegen der Auskunftsanspruch nicht vorhanden, weil auch der Unterhaltsanspruch in der geltend gemachten Form nicht vorgesehen ist, so ist eine Anpassung nicht möglich (zur Abänderung eines italienischen Urteils auf nachehelichen Unterhalt OLG Bamberg FamRZ 2005, 1682). Dann muss vielmehr geprüft werden, ob die Ausweichklauseln in Art. 4 eingreifen und ohnehin für den gesamten Unterhaltsanspruch ein anderes materielles Recht angewendet werden muss. Bezieht sich dagegen die verweigerte Auskunft auf einen aus der Sicht des anzuwendenden ausländischen Unterhaltsstatuts irrelevanten Informationsbaustein, muss dies akzeptiert werden.

39 **3. Familie, Verwandtschaft, Ehe oder Schwägerschaft. a) Umrisse.** Aus dem Wortlaut des Art. 1 ergibt sich, dass nur Ansprüche aus den Beziehungen von **Familie, Verwandtschaft, Ehe oder Schwägerschaft** gemeint sind. Auch das ist – zumindest für die deutsche Rechtsanwendung – weit auszulegen. Unterhaltsansprüche fallen immer dann unter das HUP, wenn sie den in Art. 1 Abs. 1 genannten Beziehungen, die ihrerseits weit auszulegen sind, in irgendeiner Weise zuzurechnen sind (Rauscher/Andrae Rn. 5 ff.; schon für das HUntÜ 1973 Hausmann IPRax 1990, 382). Das gilt insbes. ohne Einschränkung auch für die gleichgeschlechtliche Ehe.

40 Erfasst sind insbes. Unterhaltsansprüche aus ehelicher oder nichtehelicher Abstammung infolge Adoption, sowie – soweit sie bestehen – auch Ansprüche des Pflegekindes gegen seine Pflegeeltern. Art. 1 bezieht die **Unterhaltspflicht gegenüber nichtehelichen Kindern** ausdrücklich mit ein, was aus deutscher Sicht allenfalls klarstellende Bedeutung hat. Erfasst ist auch der nacheheliche Unterhalt einschließlich von Ansprüchen, die sich bei Ungültigkeitserklärung von Ehen ergeben können (Art. 5). Gleiches gilt für die aus Schwangerschaft, Geburt und Kindesbetreuung resultierenden Unterhaltspflichten des leiblichen Vaters gegenüber der mit ihm nicht verheirateten Mutter (§§ 1615l ff. BGB) und – im Ausnahmefall – umgekehrt der Mutter gegenüber dem Vater (§ 1615l Abs. 4 BGB) (so die ganz hM, nur BGH FamRZ 2011, 97; Grüneberg/Thorn Rn. 6).

41 **b) Nichteheliche Lebensgemeinschaften. aa) Eingetragene Lebenspartnerschaft.** Für das HUntÜ 1973 war streitig, ob es die eLP erfasste. Für das HUP scheint dieser Streit überwunden. Allgemein wird angenommen, dass es Ansprüche aus einer eLP umfasst (Gruber IPRax 2010, 128 (130); Rauscher/Andrae Rn. 7; Grüneberg/Thorn Rn. 7; NK-BGB/Gebauer EGBGB Art. 17b Rn. 52; Erman/Hohloch Rn. 2; Henrich FamRZ 2002, 137 (141 f.); Göppinger/Wax/Linke Rn. 3086 f.; Forkert, Eingetragene Lebenspartnerschaften im deutschen IPR: Art. 17b

EGBGB, 2003, 202 ff.). Der deutsche Gesetzgeber hat eindeutig zu erkennen gegeben, dass er die Anwendbarkeit annimmt, indem die Auffangregel in Art. 17b Abs. 1 S. 2 EGBGB gestrichen wurde (→ Art. 5 Rn. 7; → EGBGB Art. 17b Rn. 14; → EGBGB Art. 17b Rn. 21, und → EGBGB Art. 17b Rn. 39 ff.).

Streitig ist allein, ob die Entscheidung über die Anwendung auf gleichgeschlechtliche Paarbeziehungen sich aus einer autonomen Auslegung ergibt oder jedem Vertragsstaat überlassen bleibt. Richtig ist zunächst Letzteres (wie hier die hM, etwa Rauscher/Andrae Rn. 4; MüKoBGB/Staudinger Rn. 15a; Hausmann IntEuSchR Rn. C-545). Der erläuternde Bericht gibt den Willen der Konferenz zu diesem Punkt klar wieder (Bonomi Rapport explicatif Rn. 31, abrufbar unter https://assets.hcch.net/upload/expl39de.pdf; ausf. auch Bonomi YB PIL 2008, 333 (339 f.)). Dort heißt es, die Konferenz habe eine Festlegung im HUP bewusst vermieden, um jedem Vertragsstaat die Möglichkeit zu geben, eine eigene Entscheidung zu treffen. Das ist taktisch überzeugend, denn es hätte die Ratifizierungschancen für das Übereinkommen deutlich geschmälert, wenn gleichgeschlechtliche Beziehungen explizit aufgenommen worden wären. Eine andere Frage ist, wie der EuGH sich zu der Einbeziehung der gleichgeschlechtlichen Verhältnisse stellt. Selbst wenn das HUP die Entscheidung den Vertragsstaaten überlässt, kann der EuGH für die EU-Mitgliedstaaten hier eine einheitliche Handhabung herbeiführen. Ob der EuGH, dem die Auslegungskompetenz zusteht, in dieser Frage dennoch für alle Mitgliedstaaten der EU eine einheitliche Lösung suchen wird (dann Einbeziehung gleichgeschlechtlicher registrierter Partnerschaften oder Ehen), ist nicht sicher. Es würde dem HUP auch gerecht werden, wenn der EuGH dessen Offenheit dazu nutzte, jeden EU-Mitgliedstaat ebenfalls eine eigene Entscheidung treffen zu lassen. Die Anwendbarkeit auf die eLP hat zur Folge, dass Art. 5 in Deutschland analog angewendet werden muss (→ Art. 5 Rn. 7). 42

**bb) Nichteheliche Lebensgemeinschaft.** Auch für die nichteheliche Lebensgemeinschaft war zum HUntÜ 1973 streitig, ob sich aus ihr ergebende Unterhaltsansprüche erfasst sein sollten. Die Frage war früher allerdings weniger relevant, weil die nichteheliche Lebensgemeinschaft alternativ unter den wortgleichen Art. 18 EGBGB fallen sollte (so etwa Reng, Unterhaltsansprüche auf Grund nichtehelicher Lebensgemeinschaft: internationales Privatrecht und ausländisches materielles Recht, 1994, 93; Schümann, Nichteheliche Lebensgemeinschaften und ihre Einordnung im Internationalen Privatrecht, 2001, 86 ff.). Auch schon das HUntÜ 1973, dessen Wortlaut keine Einschränkungen normiert, sollte nach überwiegender Ansicht auf die nichtehelichen Lebensgemeinschaften anwendbar sein, soweit diese nach dem anwendbaren Recht gesetzliche Unterhaltsansprüche mit sich bringt (Hausmann FS Henrich, 2000, 241 (260); Junker IPR Rn. 539; Soergel/Schurig Vor Art. 13 Rn. 35 f.; Staudinger/Löhnig BGB Anh. § 1297 Rn. 34). 43

Dem ist auch für das HUP zuzustimmen. Denn in Bezug auf Unterhalt muss das Gleiche gelten, wie für die nichteheliche Lebensgemeinschaft im Allgemeinen: Sie ist zunächst familienrechtlich zu qualifizieren (→ Rom III-VO Art. 1 Rn. 22 f.) und damit greift das HUP ein. Kennt das nach HUP ermittelte Statut einen familienrechtlichen Unterhaltsanspruch, der sich aus der nichtehelichen Lebensgemeinschaft oder aus deren Auflösung ergibt, so ist das HUP ohne Einschränkung anwendbar (wie hier die hM, Grüneberg/Thorn Rn. 7; Rauscher/Andrae Rn. 7; Erman/Hohloch Rn. 2). Wenn das so ermittelte Unterhaltsstatut, ähnlich wie das deutsche Recht, keinen solchen Anspruch kennt, kann weiter überlegt werden, ob es in dem konkreten Fall ausnahmsweise Ansprüche geben könnte, die rein schuldrechtlicher – etwa schuldvertraglicher – Natur sind. Für solche Ansprüche, die aber im Grunde gar nicht unmittelbar auf dem Institut der nichtehelichen Lebensgemeinschaft basieren, kann dann eine der Rechtsnatur dieser Ansprüche entsprechende (etwa vertragliche) Anknüpfung erfolgen (s. nur Erman/Hohloch Rn. 2). 44

**c) Vertragliche und deliktische Ansprüche auf Unterhalt.** Vertragliche Unterhaltsansprüche werden vom HUP grds. nicht erfasst. Insbesondere fallen Ansprüche auf Grund **vertraglicher oder deliktischer Schadensersatzpflicht** wegen entgangenen Unterhalts (zum Beispiel wegen Tötung eines Unterhaltspflichtigen iSv § 844 Abs. 2 BGB) nicht in den Anwendungsbereich. Hier greift das Vertrags- oder Deliktsstatut ein. Es überwiegt die typische Schadensersatzfunktion. Erfasst ist aber das Bestehen einer familienrechtlichen Unterhaltspflicht als Vorfrage einer solchen deliktischen Schadensersatzpflicht (OLG Hamm NZV 1989, 271; Erman/Hohloch Rn. 4; Grüneberg/Thorn Rn. 4). 45

Für vertragliche Unterhaltspflichten gilt eine wesentliche **Rückausnahme.** Tritt die vertraglich vereinbarte Verpflichtung an die Stelle eines gesetzlichen oder sonst familienrechtlichen Anspruchs, so wird sie vom HUP beherrscht. Das gilt insbes. für Unterhaltsansprüche in **Scheidungsvereinbarungen** (NK-BGB/Gruber Rn. 12; Henrich IntFamR § 5 IV 1; Kropholler IPR § 47 II 4 a; diff. Staudinger/Mankowski, 2016, Rn. 90 ff.). 46

## IV. Allgemeine Regeln

47 **1. Rück- und Weiterverweisungen.** Im HUP wird stets direkt auf die Sachvorschriften des anwendbaren Rechts verwiesen (Art. 12). Daher gilt die Grundregel des Art. 4 Abs. 1 EGBGB hier nicht. Rück- und Weiterverweisung durch das IPR des betreffenden Staats sind unbeachtlich.

48 **2. Vorfragen. a) Umrisse und Meinungsstand.** Ist über eine Vorfrage (zB Scheidung einer Ehe) rechtskräftig entschieden, so gilt diese Entscheidung (soweit sie anerkennungsfähig ist) auch im Inland. Eine eigene Entscheidung des deutschen Gerichts darf nicht mehr erfolgen. Schwierigkeiten machen jedoch alle anderen Vorfragen. Betroffen sind die unterschiedlichsten Fragen, wie beispielsweise die Frage der Gültigkeit einer Ehe für den Ehegattenunterhalt, der Abstammung im Hinblick auf die Unterhaltspflicht des Kindes gegenüber einem Elternteil oder auch der Wirksamkeit einer Adoption oder eines Unterhalt umfassenden Pflegeverhältnisses. Die Anknüpfung von Vorfragen war bereits unter dem HUntÜ 1973 umstritten. Auch das HUP enthält hierzu keine ausdrücklichen Aussagen, weil eine Einigung nicht realistisch erschien. Insofern bleibt es bei den bisherigen, im nationalen Recht entwickelten Lösungen (dazu auch Looschelders/Boos FamRZ 2006, 374 (378)).

49 Gemäß Art. 1 Abs. 2 entfalten Entscheidungen über den Unterhalt keine Wirkung im Hinblick auf die darin angenommenen Statusverhältnisse. Aufgrund dieser Norm, sowie allgemein aufgrund des staatsvertraglichen Charakters des Protokolls wird für Vorfragen häufig eine **unselbstständige Anknüpfung** vorgeschlagen. Dies führt zur Beurteilung auch der Vorfragen nach dem vom IPR des Unterhaltsstatuts zur Anwendung berufenen Recht (OLG Frankfurt FamRZ 2012, 502 (503); LG Dortmund NJW-RR 1990, 12; OLG Hamm FamRZ 1999, 888: bei gewöhnlichem Aufenthalt in Deutschland also Volljährigkeit mit 18 Jahren, selbst bei abweichender Regelung nach Heimatrecht; Grüneberg/Thorn Rn. 9; PWW/Martiny Vor Art. 1 Rn. 4 für Kindesunterhalt; diff. Erman/Hohloch Rn. 11 – bei Ehegattenunterhalt selbstständig, bei nachehelichem Unterhalt unselbstständig, bei Abstammung alternativ). Andere befürworten dagegen auch im Rahmen des HUP eine **selbstständige Anknüpfung** (NK-BGB/Gruber Rn. 35; PWW/Martiny Vor Art. 1 Rn. 4 bei Rechtswahl). Für diese spricht der Aspekt des internationalen Entscheidungseinklangs bzw. das Interesse an Gleichbehandlung familienrechtlicher Beziehungen in unterschiedlichen Kontexten (Soergel/Kegel Rn. 86; Soergel/Kegel Vor Art. 3 Rn. 130; Kegel/Schurig IPR § 20 IX 1 a; Kropholler IPR § 47 II 4b). Sie entspricht außerdem dem auch außerhalb von Staatsverträgen Üblichen (Staudinger/Mankowski, 2016, Vor Art. 1 Rn. 10). Nach einer dritten Ansicht muss sich hingegen der gerade in Unterhaltsfragen zu berücksichtigende Aspekt der Begünstigung des Unterhaltsberechtigten auch hier durchschlagen. Dieser kann besonders gut durch die **alternative,** dem Berechtigten jeweils günstigste Anknüpfung erreicht werden (dafür MüKoBGB/Siehr, 6. Aufl. 2015, Art. 11 Rn. 15 ff., 249; Lagarde FS Overbeck, 1990, 520 ff. (527 f.); Erman/Hohloch Rn. 13 für Abstammung sowie soweit erheblich auch die Ehelichkeit bei Kindesunterhalt). Bevor abschließend zu dem Streit Stellung genommen werden kann (→ Rn. 52), sei vorab darauf hingewiesen, dass für einzelne Vorfragen eine differenzierende Lösung angezeigt ist (diff. etwa auch MüKoBGB/Staudinger Art. 11 Rn. 24 ff.).

50 **b) Arten von Vorfragen.** Für einige Vorfragen ist die Anknüpfung (weitgehend) unstreitig. Dies gilt etwa für die **Staatsangehörigkeit,** die sich immer nach dem Recht des betroffenen Staates richtet (→ Rn. 49). Früher ließ Art. 8 HUntÜ 1973 für den **Geschiedenenunterhalt** erkennen, dass die Vorfrage der Scheidung **selbstständig** anzuknüpfen bzw. eine Entscheidung nach §§ 107, 109 FamFG sein sollte (OLG Hamm FamRZ 1993, 75; zust. Henrich FamRZ 1993, 436; Erman/Hohloch Rn. 12; aA Müller StAZ 1989, 301 (304)). Wiewohl der Wortlaut des Übereinkommens sich insofern deutlich verändert hat (die nun in Art. 5 enthaltene Sonderanknüpfung ist weiter und erfordert nicht schon eine wirksame Ehescheidung), sollte diese Lösung beibehalten und nach der Rom III-VO angeknüpft werden. Die Einrede des Art. 5 würde sonst das Scheidungsstatut automatisch miterfassen und damit eine zu weitreichende Wirkung entfalten. Anders als früher muss diese Argumentation auch Unterhaltsansprüche **während der Ehe** einschließlich des Trennungsunterhalts erfassen. Denn auch diese Ansprüche unterfallen nun der Einredemöglichkeit des Art. 5, welche die Frage der Wirksamkeit der Ehe selbst nicht umfassen sollte.

51 Früher wurde auch die Frage des **Alters** bzw. der Volljährigkeit des Unterhaltsberechtigten, die für den Unterhaltsanspruch bedeutsam sein können, unselbständig angeknüpft (OLG Hamm FamRZ 1999, 888: wegen des Gebots der Gleichbehandlung und der Anpassung an die Verhältnisse des Aufenthaltsstaats; FamRZ 2003, 1855 f.; NK-BGB/Schulze Art. 7 Rn. 25). Heute kommt die Volljährigkeit im HUP nicht mehr vor. Vielmehr werden immer (Art. 4, Art. 8 Abs. 3)

klare Altersgrenzen genannt, sodass sich keine Vorfrage mehr stellt. Für die sonstigen Vorfragen, wie etwa die Anknüpfung der Vorfragen der Abstammung (offenlassend BGH FamRZ 2017, 1682) bzw. der Ehe der Kindeseltern, die Frage der Wirksamkeit einer Adoption oder eines den Unterhalt umfassenden Pflegeverhältnisses, bestehen dagegen solche einheitlichen Einordnungen nicht.

**c) Stellungnahme.** Schon im Interesse der Einfachheit empfiehlt sich (abgesehen von den soeben benannten Ausnahmen, → Rn. 50 f.) eine möglichst einheitliche Behandlung aller Vorfragen. Zu bevorzugen ist entgegen der staatsvertraglichen Tradition die **selbstständige** Anknüpfung. Dafür sprechen verschiedene Gründe. Zum einen ist die gesteigerte Bedeutung der Parteiautonomie zu berücksichtigen. Statusverhältnisse können nicht der Rechtswahl unterliegen (so auch Rauscher/Andrae Rn. 17). Das wird auch nicht durch das Prinzip der Unterhaltsfreundlichkeit verlangt. Im Gegenteil geht das Kaskadenmodell, nachdem – bei unselbstständiger Anknüpfung – jeweils auch alle Vorfragen nach den unterschiedlichen Rechtsordnungen „durchgetestet" werden können, über die vom HUP gewünschte, modifizierte Begünstigung hinaus (so auch NK-BGB/Gruber Rn. 35). Auch Art. 6 würde durch eine unselbstständige Anknüpfung übermäßig an Bedeutung gewinnen, da der Unterhaltsverpflichtete sich danach auch in solche Staaten zurückziehen könnte, die bestimmte Statusverhältnisse (Adoption, nichteheliche Kindschaft, etc) gar nicht kennen. Bei unselbstständiger Anknüpfung würde sich daraus nämlich ergeben, dass eine Unterhaltspflicht nicht besteht. 52

Abgelehnt werden muss aus diesem Grund auch die alternative Anknüpfung. Ohnehin wäre es falsch, die Unterhaltsfreundlichkeit auf eine „Statusfreundlichkeit" auszudehnen. Vielmehr berücksichtigt die selbstständige Anknüpfung das Günstigkeitsprinzip in einem ausreichenden und passenden Maß. So verfolgt etwa Art. 19 EGBGB einen extrem abstammungsfreundlichen Ansatz. 53

Zu bedenken ist überdies, dass über die betreffende Vorfrage, sei es die Wirksamkeit einer Ehe, sei es die Abstammung eines Kindes, sehr oft ein **gesonderter Rechtsstreit** geführt wird. Zwar kann es wegen Art. 1 Abs. 1 nicht zu einem rechtlichen Konflikt kommen. Trotzdem ist es ungünstig, einander widersprechende Entscheidungen geradezu zu fördern. Außerdem kommt es doch zu einer Anpassungspflicht, wenn der statusrechtliche Rechtsstreit – in dem das Gericht die Frage unmittelbar, also gewissermaßen selbstständig, anknüpfen wird – entschieden ist. Diese Entscheidung ist nämlich dann, wie eingangs (→ Rn. 48) bereits gesagt, nach allgemeiner Ansicht auch für die Frage des Unterhaltsanspruchs verbindlich. Hiermit lässt es sich nur schlecht vereinbaren, zugunsten des Unterhaltberechtigten im Unterhaltsrechtsstreit zunächst unselbstständig oder alternativ anzuknüpfen (wie hier NK-BGB/Gruber Rn. 35; Staudinger/Mankowski, 2016, Vor Art. 1 Rn. 10 ff., 41; weitgehend auch Rauscher/Andrae Rn. 15 ff. – mit Ausnahme der Abstammung des Kindes, Rauscher/Andrae Rn. 18; aA Grüneberg/Thorn Rn. 9). 54

Die Bevorzugung der selbstständigen Anknüpfung passt schließlich dann ideal, wenn es sich um eine Frage handelt, über die ein eigenes Haager Übereinkommen vorliegt. So nimmt etwa Art. 8 Abs. 3 bzgl. der Schutzbedürftigkeit eines Erwachsenen gezielt Bezug auf das ESÜ.

**3. Ordre public.** Das HUP enthält eine eigene ordre public Klausel in Art. 13. Das bedeutet, dass das Ergebnis, welches sich bei Anwendung des über Art. 3 ff. gefundenen Unterhaltsstatuts ergibt, zuletzt der ordre-public-Kontrolle unterzogen wird (→ Art. 13 Rn. 1 ff.). 55

## V. Verfahrensrecht

**1. Allgemeines.** Für das Verfahren gilt, wie stets, die lex fori. Nach ihr richten sich die Zuständigkeit, die Anerkennung und Vollstreckung ausländischer Entscheidungen, aber auch sonstige verfahrensrechtliche Fragen. So kann auch bei Anwendbarkeit ausländischen Rechts das vereinfachte Verfahren nach §§ 249 ff. FamFG durchgeführt werden (OLG Karlsruhe NJW-RR 2006, 1587). Stets muss aber die Abgrenzung von verfahrensrechtlichen und materiellrechtlichen Fragen sorgfältig getroffen werden (insbes. zum Abänderungsantrag → Rn. 90 f.; zu Art. 11 lit. d → Art. 11 Rn. 15) 56

Das autonome internationale Verfahrensrecht wird, wie auch das materielle Recht, stark von EU-Verordnungen und Übereinkommen überlagert. Durch das **HUÜ 2007** (→ Rn. 26 f.) und durch die **EuUnthVO** (→ Rn. 25) hat das internationale Verfahrensrecht für den Unterhalt eine Neuregelung erfahren. Das **HUÜ 2007** umfasst Ansprüche auf Kindesunterhalt bis zum vollendeten 21. Lebensjahr des Kindes und Unterhaltsansprüche zwischen – ggf. geschiedenen – Ehegatten. Es enthält Vorschriften über die behördliche Zusammenarbeit sowie über die Anerkennung und Vollstreckung ausländischer Entscheidungen. Während die EuUnthVO sich im Kollisionsrecht wie 57 gezeigt ganz dem HUP unterordnet, ist die Abstimmung mit dem HUÜ 2007 anders erfolgt. Hier ist der EU zwar der Beitritt zum HUÜ 2007 möglich. Die Zeichnung ist auch – mit Wirkung für alle Mitgliedstaaten außer für Dänemark – am 6.4.2011 bereits erfolgt (dazu der Beschluss des Rates vom 31.3.2011 über die Unterzeichnung des Haager Übereinkommens vom 23.11.2007 über die internationale Geltendmachung der Unterhaltsansprüche von Kindern und anderen Familienangehörigen im Namen der Europäischen Union, ABl. EU 2011 L 192, 39). Da jedoch die prozessuale Zusammenarbeit in der EU viel enger sein kann als weltweit, war eine eigene Verordnung unausweichlich.

**58** Die **EuUnthVO** gilt für alle Arten familienrechtlichen Unterhalts (Art. 1 EuUnthVO) und regelt nicht nur Anerkennung und Vollstreckung, sondern auch die internationale Zuständigkeit (zum Inkrafttreten → Rn. 25). Die wesentlichste Neuerung besteht darin, dass für diejenigen Mitgliedstaaten, die auch durch das HUP gebunden sind (nicht Großbritannien und Dänemark, zu letzterem näher Mankowski NZFam 2015, 346), die Vollstreckung ohne Vollstreckbarerklärung eingeführt wird (Art. 17 Abs. 2 EuUnthVO, → Rn. 73 f.).

**59** **2. Zuständigkeit. a) Überblick.** Für die **internationale Zuständigkeit** von Verfahren, die ab dem 18.6.2011 eingeleitet worden sind, gilt abschließend die **EuUnthVO.** Das FamFG ist nicht mehr anwendbar. Einzig für das **LugÜ 2007** wird diskutiert, ob es für den Fall, dass der Antragsgegner seinen Wohnsitz in Island, Norwegen oder der Schweiz hat, der EuUnthVO vorgeht (dafür etwa Prütting/Helms/Hau FamFG § 110 Anh. 4 Rn. 8; Hausmann IntEuSchR C-343). Für einen solchen Vorrang spricht insbes. Art. 4 Abs. 4 EuUnthVO, der für den Fall einer Gerichtsstandsvereinbarung die Vorschriften des LugÜ modifiziert. Das wäre kaum nötig, wenn nicht von dessen grundsätzlicher Geltung auszugehen wäre (genauer Rauscher/Andrae EuUnthVO Art. 69 Rn. 16 ff.). Der BGH hat bisher das Verhältnis von EuUnthVO und LugÜ offenlassen können (BGH NJW 2014, 2785). Das wird meist möglich sein, da die Zuständigkeitstatbestände beider Rechtsakte sich sehr ähneln (zum Klägergerichtsstand → Rn. 61).

**60** **b) EuUnthVO.** Die EuUnthVO ist universell anwendbar, greift also für alle internationalen Unterhaltsverfahren, die vor deutschen Gerichten geführt werden sollen. Schwierigkeiten macht die Bestimmung des hinreichenden Auslandsbezugs. Dieser ist relevant, weil Art. 3 ff. EuUnthVO für den Fall ihres Eingreifens auch die örtliche Zuständigkeit mitregeln. Für die Regelungen der internationalen Zuständigkeit kann die Frage offen bleiben. Man kann sie problemlos auf alle Sachverhalte anwenden. Dagegen ist für die Frage der **örtlichen Zuständigkeit** eine Eingrenzung sinnvoll (näher Rauscher/Andrae EuUnthVO Art. 3 Rn. 15 ff.). Die nationalen Zuständigkeitsvorschriften könnten sonst durch Zufälligkeiten wie diejenige, dass ein Beteiligter eine doppelte Staatsangehörigkeit besitzt, überlagert werden. Teils wird dennoch in Bezug auf die Regelungen der örtlichen Zuständigkeit irgendein Auslandsbezug für ausreichend angesehen, mit der Folge, dass ein komplett in Deutschland angesiedelter Unterhaltsstreit (Berechtigter, Verpflichteter und Gericht befinden sich in Deutschland) nach den Zuständigkeitsregeln der Art. 3 ff. EuUnthVO und nicht nach § 232 FamFG zu behandeln wäre (so Prütting/Helms/Hau FamFG Anh. 3 § 110 Rn. 14 f.). Nach vorzugswürdiger Ansicht ist ein qualifizierter Bezug nötig, der nicht allein durch eine fremde Staatsangehörigkeit eines Betroffenen erreicht ist. Es muss vielmehr auf den gewöhnlichen Aufenthalt wenigstens eines Betroffenen im Ausland ankommen (so auch Rauscher/Andrae EuUnthVO Art. 3 Rn. 19 f.). Auf dieses Verständnis deuten auch die Ausführungs- und Auffanggerichtsstände in den §§ 25 ff. AUG hin.

**61** In Art. 3 EuUnthVO sind ein Beklagtengerichtsstand (Art. 3 lit. a EuUnthVO), ein Klägergerichtsstand (Art. 3 lit. b EuUnthVO) und Annexgerichtsstände für personenstandsrechtliche oder sorgerechtliche Verfahren vorgesehen. Dabei wird bei den Annexzuständigkeiten jeweils eine Ausnahme gemacht für die Fälle, in denen die Zuständigkeit im Ausgangsverfahren allein auf der Staatsangehörigkeit beruht. Aus deutscher Sicht ist Art. 3 lit. c EuUnthVO bedeutsam, da hierunter das **Verbundverfahren** in Scheidungssachen fällt. Es ist in den §§ 25 f. AUG ausgestaltet. Schwierigkeiten macht die Zuständigkeit, wenn **öffentliche Einrichtungen Regress** nehmen, da hierzu (anders als zum anwendbaren Recht) jede Regelung fehlt. Nach überzeugender Ansicht sollte auch der Klägergerichtsstand des Art. 3 lit. b EuUnthVO erhalten bleiben, sodass die Einrichtung am gewöhnlichen Aufenthaltsort des ursprünglichen Unterhaltsgläubigers das Verfahren einleiten kann (sehr str.; wie hier AG Stuttgart IPRax 2014, 280; Mankowski IPRax 2014, 249; Andrae FPR 2013, 38; aA etwa Hau FamRZ 2010, 516 (519); näher Martiny FamRZ 2014, 429 (433)).

**62** Nach Art. 4 EuUnthVO sind **Gerichtsstandvereinbarungen** (einfache Schriftform, Abs. 2) möglich, soweit der Berechtigte volljährig ist. Abs. 1 S. 1 beschränkt die Wahl aber auf bestimmte, enumerativ genannte Zuständigkeiten. Es soll eine gewisse Nähe zu dem gewählten Gericht bestehen müssen (gewöhnlicher Aufenthalt oder Staatsangehörigkeit einer Partei, lit. a, b). Bei Ehegatten kommt insbes. das in Ehesachen zuständige Gericht hinzu (lit. c).

**c) Brüssel Ia-VO.** Die Brüssel Ia-VO gilt seit dem 18.6.2011 nicht mehr für Unterhaltspflichten. 63

**d) EuGVÜ/LugÜ.** Art. 5 Nr. 2 EuGVÜ (Übereinkommen der Europäischen Gemeinschaft über die gerichtliche Zuständigkeit und die Vollstreckung gerichtlicher Entscheidungen in Zivil- und Handelssachen vom 27.9.1968, BGBl. 1972 II 774) und der gleichlautende **Art. 5 Nr. 2 LugÜ** (Übereinkommen über die gerichtliche Zuständigkeit und die Anerkennung und Vollstreckung von Entscheidungen in Zivil- und Handelssachen vom 30.10.2007, BGBl. 1995 II 221, BGBl. 2007 II 1995) kennen einen Klägergerichtsstand am Wohnsitz des gewöhnlichen Aufenthalts des Unterhaltsberechtigten. Das EuGVÜ galt noch bis zum 1.7.2007 gegenüber Dänemark, seitdem ist es zunächst komplett durch die Brüssel Ia-VO, dann für Unterhaltspflichten durch die EuUnthVO abgelöst worden (zur alten Rechtslage Mankowski IPRax 2000, 188 (192 f.)). **Art. 5 Nr. 2 LugÜ** gilt nach wohl hM noch im Verhältnis zu **Island, Norwegen und der Schweiz** (→ Rn. 59). 64

**e) Autonomes deutsches Verfahrensrecht. Sachlich** sind für durch Verwandtschaft und Ehe begründete Unterhaltspflichten die Familiengerichte ausschließlich zuständig (§ 23a Abs. 1 Nr. 1 GVG). Für die **örtliche** Zuständigkeit gelten §§ 232, 233 FamFG, soweit nicht ein internationales Verfahren iSd EuUnthVO betroffen ist (→ Rn. 60). Für die internationale und die örtliche Zuständigkeit in Unterhaltssachen mit hinreichendem Auslandsbezug ist das autonome Recht nicht mehr anwendbar (→ Rn. 17; → Rn. 59). Es bleiben die Vorschriften in §§ 25 ff. AUG für Einzelfragen der Ausgestaltung. 65

**3. Grenzüberschreitende Durchsetzung von Unterhaltsansprüchen und -entscheidungen. a) Rechtshilfe. aa) Umrisse.** Die Rechtshilfe ist ein wesentliches Instrument zur Vorbereitung der Geltendmachung sowie zur letztendlichen Durchsetzung von Unterhaltsansprüchen im Ausland. Rechtshilfe kann nicht nur im Geltungsbereich der EuUnthVO erlangt werden, sondern ist in einigen internationalen Übereinkommen vorgesehen. Sie ist in Deutschland nun konzentriert in den §§ 4 ff. AUG geregelt. 66

Das AUG dient nach § 1 AUG (auch über die Rechtshilfe hinaus) der Durchführung der den Unterhalt betreffenden EU-Verordnungen sowie der folgenden völkerrechtlichen Verträge: 67

- HUÜ 2007 (Haager Übereinkommen vom 23.11.2007 über die internationale Geltendmachung der Unterhaltsansprüche von Kindern und anderen Familienangehörigen, ABl. EU 2011 L 192, 51, vgl. für die aktuelle Liste der Vertragsstaaten https://www.hcch.net/en/instruments/conventions/status-table/?cid=131);
- HUVÜ 1973 (Haager Übereinkommen vom 2.10.1973 über die Anerkennung und Vollstreckung von Unterhaltsentscheidungen, BGBl. 1986 II 826, vgl. für die aktuelle Liste der Vertragsstaaten http:/www.hcch.net/index_en.php?act=conventions.status&cid=85);
- New Yorker UN-UnterhaltsÜ 1988 (Übereinkommen vom 16.9.1988 über die gerichtliche Zuständigkeit und die Vollstreckung gerichtlicher Entscheidungen in Zivil- und Handelssachen, BGBl. 1994 II 2658);
- New Yorker UN-UnterhaltsÜ 1956 (Übereinkommen vom 20.6.1956 über die Geltendmachung von Unterhaltsansprüchen im Ausland, BGBl. 1959 II 150);
- sowie allgemein der Geltendmachung von gesetzlichen Unterhaltsansprüchen im Verhältnis zu Staaten, bei denen die Gegenseitigkeit verbürgt ist.

Von diesen sehen die New Yorker Übereinkommen, das **HUÜ 2007** (näher Andrae FPR 2008, 196) und die EuUnthVO Rechtshilfe vor. In Deutschland dient das Bundesamt für Justiz in Bonn als zentrale Behörde iSd § 4 Abs. 1 AUG als Empfangs- und Übermittlungsbehörde (zu den Einzelheiten Heger/Selg FamRZ 2011, 1101 (1103 f.); zu Fallzahlentwicklung und Aufgabenkonzentration im BfJ Schlauß ZKJ 2018, 214). 68

**bb) New Yorker UN-Übereinkommen.** Von erheblicher Bedeutung ist das UN-UnterhaltsÜ 1956. Das Übereinkommen erfasst allgemein „Unterhaltsansprüche", wobei aber von einer Beschränkung auf Ansprüche familienrechtlicher Art auszugehen ist (Katsanou FPR 2006, 255 (256)). Der Unterhaltsberechtigte muss in einem Vertragsstaat seinen (zumindest) einfachen Aufenthalt haben. Auf die Staatsangehörigkeit kommt es nicht an. Das UN-UnterhaltsÜ 1956 gilt in über 60 Staaten (Liste der Vertragsstaaten unter https://www.bundesjustizamt.de/DE/Themen/Buergerdienste/AU/UN/Staatenliste/Staatenliste_node.html), allerdings nicht in den USA und in Kanada. Das UN-UnterhaltsÜ 1956 soll die Geltendmachung und internationale Durchsetzung 69 von Unterhaltsansprüchen über als Übermittlungs- und Empfangsstellen deklarierte Zentralbehörden erleichtern (zur Praxis Harten/Jäger-Maillet JAmt 2008, 413 (414)).

70 Für alle Ersuchen aus dem Ausland ist gem. § 4 AUG das Bundesamt für Justiz als zentrale Behörde zuständig. Es gilt als bevollmächtigt, im Namen des Antragstellers selbst außergerichtlich oder gerichtlich tätig zu werden. Sie darf sogar einen Unterhaltsantrag stellen und die Vollstreckung eines Unterhaltstitels betreiben.

71 Für die Entgegennahme von Gesuchen von Unterhaltsberechtigten in Deutschland ist nach § 7 AUG das Amtsgericht am Sitz des Oberlandesgerichts zuständig, in dessen Bezirk der Antragsteller seinen gewöhnlichen Aufenthalt hat (Zuständigkeitskonzentration). Das Gesuch, das nicht tituliert sein muss, wird nach einer Erfolgsaussichtsprüfung (Art. 4 Abs. 3 UN-UnterhaltsÜ 1956) mit den entsprechenden Übersetzungen und Bescheinigungen über die Zentralstelle an die zuständige Empfangsstelle im Ausland übersandt. Dieser obliegt es, die „geeigneten Schritte" zu ergreifen, um die Leistung des Unterhalts zu erreichen (Art 6 Abs. 1 Hs. 1 UN-UnterhaltsÜ 1956). Im Einzelnen richtet sich die Tätigkeit der Empfangsstelle nach den geltenden Bestimmungen ihres Staats (umfassend Katsanou FPR 2006, 255 (258)).

72 **b) Anerkennung und Vollstreckung ausländischer Titel in Deutschland. aa) Übersicht.** Wie für die internationale Zuständigkeit überlagern sich auch für die Anerkennung verschiedene europäische, staatsvertragliche und autonome Regelungen. Hierbei greifen staatsvertragliches und autonomes Recht grds. **nebeneinander.** Ist also die Anerkennung nach einer der einschlägigen Vorschriften möglich, kommt es auf die anderen Vorschriften nicht mehr an **(Günstigkeitsprinzip).** Meist wird angenommen, dass die **EuUnthVO** ausschließliche Geltung beanspruche (Art. 69 Abs. 2 EuUnthVO). Die Frage hat keine Bedeutung. Denn die unmittelbare Vollstreckbarkeit, wie Art. 17 EuUnthVO sie anordnet, gibt es weder in Staatsverträgen noch im autonomen Recht.

73 **bb) Europäische Regelungen. (1) EuUnthVO.** Die Vollstreckung von Unterhaltstiteln nach der EuUnthVO erfolgt für nach dem 18.6.2011 ergangene Entscheidungen nach Art. 17 EuUnthVO ohne gesondertes Anerkennungs- und Vollstreckungsverfahren. Es gibt insbes. keine Versagungsgründe für die Anerkennung mehr. Hier wird die Erteilung des entsprechenden Titels bereits im Ausgangsverfahren beantragt. Zur Vollstreckung kann sich der Unterhaltsberechtigte dann direkt an die Vollstreckungsorgane im Vollstreckungsstaat wenden. Auch für etwaige Rechtsbehelfe gegen die Vollstreckung gilt, mit den in Art. 21 EuUnthVO vorgesehenen Einschränkungen, das Recht des Vollstreckungsstaats (zu allem Rauscher/Andrae/Schimrick EuUnthVO Art. 17 Rn. 1 ff.). Für die Durchführung der Vollstreckung gelten §§ 30 ff. AUG.

74 Art. 17 EuUnthVO gilt allerdings nur für die Mitgliedstaaten, welche auch das HUP ratifiziert haben (nicht Großbritannien und Dänemark, → Rn. 58). Für Großbritannien und Dänemark sowie für alle Entscheidungen aus der Zeit vor dem 18.6.2011 gilt das „normale" Anerkennungsverfahren nach den Art. 23 ff. EuUnthVO (zur zeitlichen Geltung nun OLG Nürnberg BeckRS 2014, 17085; → Rn. 12 ff.). Es erfolgt dann die so genannte **automatische Anerkennung** (ipso jure). Es gelten insofern die in Art. 24 EuUnthVO genannten Versagungsgründe und der Verpflichtete kann sich nach Art. 32 EuUnthVO gegen die Vollstreckbarerklärung wehren. Das Verfahren nach Art. 23 ff. EuUnthVO gilt auch für alle Entscheidungen, die in einem Mitgliedstaat noch unter der Geltung der Brüssel Ia-VO erlassen wurden. Das ergibt sich aus Art. 75 Abs. 2 EuUnthVO.

74.1 Die Anerkennung und Vollstreckung von Unterhaltstiteln kann nach Art. 24 lit. a EuUnthVO insbesondere an einer Verletzung des **verfahrensrechtlichen ordre public** scheitern. Eine solche kann sich in der Praxis daraus ergeben, dass im Verfahren über Kindesunterhalt die Abstammung (Vaterschaft) nicht ordnungsgemäß geklärt wird (so in BGH NJW 2009, 3306).

75 **(2) EuVTVO.** Auch die EuVTVO kennt eine Vollstreckung ohne Exequatur. Gemäß Art. 68 Abs. 2 EuUnthVO wird die EuVTVO verdrängt, soweit die EuUnthVO in dem betreffenden Mitgliedstaat umfassend gilt. Da für **Großbritannien** die Vollstreckung nach Art. 17 EuUnthVO jedoch ausscheidet, bleibt die EuVTVO auch für den Unterhalt relevant. Sie gilt allerdings nur für unstreitige Forderungen.

76 **(3) Brüssel Ia-VO.** Da für die Anerkennung und Vollstreckung von Entscheidungen eines Mitgliedstaats nach der Brüssel Ia-VO, wie soeben dargelegt (→ Rn. 72 ff.), nun auch die EuUnthVO gilt, hat die Verordnung für das Unterhaltsrecht keine Bedeutung mehr.

77 **cc) Staatsvertragliche Regelungen.** Für die Anerkennung und Vollstreckung von ausländischen Unterhaltsentscheidungen treten mehrere Übereinkommen nebeneinander. Das neueste

Übereinkommen ist des **HUÜ 2007** (Haager Übereinkommen über die internationale Geltendmachung der Unterhaltsansprüche von Kindern und anderen Familienangehörigen vom 23.11.2007). Es ist am 1.8.2014 in Kraft getreten und gilt derzeit gegenüber Albanien, Bosnien und Herzegowina, Montenegro, Norwegen, der Türkei, der Ukraine und den USA (stets aktuelle Statustabelle unter https://www.hcch.net/en/instruments/conventions/status-table/?cid=131).

Daneben gilt das **HUVÜ 1973** noch im Verhältnis zu all den Staaten weiter, die nur dieses und noch nicht das HUÜ 2007 ratifiziert haben, und zugleich nicht Mitgliedstaaten der EU sind. Es erfasst alle Arten von Familienunterhalt, gilt aber grds. nicht für Vergleiche (OLG Dresden NJW-RR 2007, 82; knapp Looschelders/Boos FamRZ 2006, 374 (380 f.)). **78**

Das **HUVÜ 1958** (Haager Übereinkommen über die Anerkennung und Vollstreckung von Entscheidungen auf dem Gebiet der Unterhaltspflicht gegenüber Kindern vom 15.4.1958, BGBl. 1961 II 1005, Jayme/Hausmann Nr. 180) gilt nur noch gegenüber **Liechtenstein** und **Suriname.** Es erfasst nur Ansprüche auf Kindesunterhalt. **Bilaterale Abkommen,** die allgemein zur Anerkennung und Vollstreckung von Urteilen dienen, bestehen mit **Israel** (2.7.1977) (BGBl. 1980 II 926, in Kraft seit dem 1.1.1988) und **Tunesien** (19.7.1966) (BGBl. 1969 II 886, in Kraft seit dem 3.3.1970; dazu Jayme IPRax 1984, 101). **79**

Wegen des **Günstigkeitsgrundsatzes** können die §§ 108 ff. FamFG für die Anerkennung von Unterhaltsentscheidungen aus Drittstaaten noch angewendet werden (Johannsen/Henrich/Henrich FamFG § 108 Rn. 17). Zu beachten ist, dass nach § 108 Abs. 4 FamFG bei Unterhaltssachen (als Familienstreitsachen) Voraussetzung für eine Anerkennung ist, dass die Gegenseitigkeit verbürgt ist. **80**

**dd) Staaten mit oder ohne Verbürgung der Gegenseitigkeit.** Besteht zwischen einem Staat und Deutschland kein Staatsvertrag, so ist das AUG nur anwendbar, wenn ein **Gegenseitigkeitsvertrag** besteht (§ 1 Abs. 1 Nr. 3 AUG). Derzeit sind solche Verträge mit vielen Bundesstaaten der USA, den meisten Provinzen Kanadas und mit Südafrika in Kraft (Staatenliste bei Verfahren förmlicher Gegenseitigkeit unter https://www.bundesjustizamt.de/DE/Themen/Buergerdienste/AU/AUG/Vertragsstaaten/Staatenliste_node.html). Gibt es einen solchen Vertrag, so verweist § 64 Abs. 1 S. 1 AUG auf § 110 FamFG. Die Voraussetzungen der Anerkennung selbst richten sich dann nach § 109 FamFG. **81**

Bei **fehlender Gegenseitigkeitsverbürgung** richten sich die Anerkennung und Vollstreckung allein nach §§ 109, 110 FamFG. Dann muss die Gegenseitigkeit jeweils individuell überprüft werden, da sie nach § 109 Abs. 4 Nr. 1 FamFG iVm § 112 Nr. 1 FamFG Voraussetzung für eine Anerkennung ist (OLG München OLGR 2009, 116). **82**

Für die Vollstreckung von in einem ausländischen Scheidungsverfahren zugesprochenem **Scheidungsunterhalt** ist außerhalb des Anwendungsbereichs der Brüssel IIa-VO nach § 107 FamFG zusätzlich die förmliche Anerkennung des Scheidungsurteils in Deutschland Voraussetzung. Dies gilt aber nicht für **Kindesunterhalt** der innerhalb eines Scheidungsverfahrens zugesprochen wird, da dieser rechtlich nicht auf der Scheidung beruht (BGH NJW-RR 2007, 722; Soergel/Kegel Rn. 21; aA OLG Celle NJW 1991, 1428). **83**

**c) Sonderfragen. aa) Offene und unbestimmte Auslandstitel. (1) Verfahren zur Vollstreckbarerklärung konkretisierungsbedürftiger ausländischer Unterhaltstitel.** Nicht selten kommt es vor, dass Auslandstitel für die Vollstreckung in Deutschland zu unbestimmt sind. Sie werden dann soweit möglich konkretisiert. Offene Auslandstitel müssen für Zwecke der Inlandsvollstreckung **ergänzt** werden, etwa durch Anpassung der Unterhaltshöhe an einen Index für Lebenshaltungskosten oder ähnliche nähere Fixierungen (BGHZ 122, 16 = NJW 1993, 1801; OLG Stuttgart DAVorm 1990, 713; OLG Düsseldorf FamRZ 1994, 1480; OLG Hamburg RIW 1994, 424). Innerhalb des Geltungsbereichs der EuUnthVO verweist Art. 41 EuUnthVO insofern auf das nationale Recht des Vollstreckungsstaats. **84**

**(2) Unbestimmte Auslandstitel.** Wenn es nicht um solche rechnerisch zu ermittelnden Ergänzungen, sondern um noch fehlende wertende Entscheidungen geht, scheidet eine Vollstreckbarerklärung im Inland dagegen aus. So ist es etwa, wenn die Erfüllung von Bedingungen geprüft werden muss (wie „bis zum ordentlichem Abschluss einer Ausbildung“ dazu KG FamRB 2017, 22; auch schon AG Wiesbaden FamRZ 2006, 562: Zahlung eines Viertels der Gesamteinkünfte; OLG Karlsruhe FamRZ 2002, 1420: Unterhalt bei „ernsthaftem, zielstrebigem Studium“). **85**

**bb) Abänderung von Unterhaltsentscheidungen. (1) Übersicht.** In Unterhaltssachen ist häufig eine Änderung des Titels erforderlich, denn die Lebensumstände des Berechtigten oder Verpflichteten können sich ändern, was wiederum Auswirkungen auf die Höhe des Unterhalts hat. Welches Recht anwendbar ist, wenn ein Antrag auf Abänderung eines ausländischen Unter- **86**

haltstitels gestellt wird, wirft viele Zweifelsfragen auf. Klar ist jedenfalls, dass bei einem Abänderungsantrag nie eine révision au fond erfolgen kann. Weitgehend geklärt scheint auch, dass ein zwischenzeitlich eingetretener Statutenwechsel – wie es etwa infolge eines Wechsels des gewöhnlichen Aufenthalts des Berechtigten – bei der Bestimmung des anwendbaren Unterhaltsrechts jedenfalls dann zu beachten ist, wenn geklärt ist, dass ein Abänderungsantrag statthaft ist (BGH NJW 2015, 694; so auch Staudinger/Mankowski, 2016, Vor Art. 1 Rn. 63 ff.; Gruber IPRax 2016, 338, 340 f). Dazu, wie weit die Wandelbarkeit der Anknüpfung iE geht, → Art. 4 Rn. 21 f.

**87** Weiterhin umstritten ist dagegen die Frage, nach welchem Recht die **Voraussetzungen** für eine Abänderung von Unterhaltsentscheidungen zu beurteilen sind (diese Unterscheidung betonend auch Staudinger/Mankowski, 2016, Vor Art. 1 Rn. 58; Gruber IPRax 2016, 338 f.). Nicht vollständig geklärt scheint es auch, ob **ein Statutenwechsel allein** bereits die Zulässigkeit des Abänderungsantrags stützen kann (näher → Rn. 93).

**88** Die **EuUnthVO** enthält zu diesen Fragen **keine Aussage.** Dort ist nunmehr aber wenigstens die **Zuständigkeit** für den Großteil der Fälle geregelt worden. Nach Art. 8 EuUnthVO (der nur für EU-Mitgliedstaaten sowie Vertragsstaaten des HUP gilt) darf das Verfahren nur vor dem Gericht geführt werden, das die Erstentscheidung erlassen hat, wenn der Verpflichtete dort seinen gewöhnlichen Aufenthalt hat (näher Gruber IPRax 2010, 128 (135); Hau ZVglRWiss 2016, 672 (679) insbes. zu einer Abänderungsannexkompetenz). Obwohl die Norm eine ganze Reihe von Ausnahmen enthält (Abs. 2), zeigt sie deutlich, dass eine Art „Abänderungsforum-Shopping" unerwünscht ist. Zugleich baut die Norm erkennbar auf dem weitgehend unstreitigen Grundsatz auf, dass sich die Voraussetzungen der Abänderung nicht notwendig nach dem Recht des Erstverfahrens richten.

**89** **(2) Auf die Voraussetzungen der Abänderung anwendbares Recht.** Die Frage nach dem auf die eigentliche Abänderungsmöglichkeit anzuwendenden Recht muss sich letztlich darauf konzentrieren, wo genau die Grenze zwischen verfahrensrechtlichen und sachrechtlichen Fragen verläuft. Denn die rein **verfahrensrechtlichen** Voraussetzungen der Abänderung (Zuständigkeit, Antragsbefugnis) sind, wie alle verfahrensrechtlichen Fragen, nach der **lex fori** zu beurteilen (OLG Hamm FamRZ 1991, 718; Erman/Hohloch Rn. 45; Soergel/Kronke Anh. IV Art. 38 Rn. 188). Das eigentliche Abänderungsverfahren richtet sich somit in Deutschland nach § 238 FamFG (nur Prütting/Helms/Bömelburg FamFG § 238 Rn. 10). Die **sachrechtlichen Voraussetzungen** der Abänderung einer Unterhaltsentscheidung (Maßstäbe der Änderung und Inhalt des neuen Unterhaltstitels) sind dagegen materiellrechtlicher Art, sodass zunächst Kollisionsrecht (also das HUP) anzuwenden ist.

**90** Schwierigkeiten bei der Zuordnung zu der einen oder der anderen Gruppe machen diejenigen Voraussetzungen, die zwar materiellrechtlicher Art, aber in Deutschland dennoch in § 238 FamFG geregelt und damit prozessual ausgestaltet sind. Qualifiziert man diese prozessual, so übergeht man das Unterhaltsstatut. Letztlich kann es dazu kommen, dass eine Abänderung erfolgt, obwohl das ausländische Sachrecht eine Abänderung – generell, oder im konkreten Fall – nicht zulässt (offenlassend mvN BGH NJW 2015, 694 mAnm Andrae NZFam 2015, 267; dies für zulässig haltend MüKoZPO/Gottwald ZPO § 323 Rn. 101; aA Prütting/Helms/Bömelburg FamFG § 238 Rn. 10 f.). Da durch die Abänderung faktisch die Anerkennung eingeschränkt wird, kann eine vollkommen freie Abänderung im Anwendungsbereich von EU-Verordnungen und Übereinkommen, welche Anerkennungsverpflichtungen enthalten, jedoch nicht erfolgen. Verstärkt wird daher die Auffassung vertreten, die Abänderung müsse **materiellrechtlich** qualifiziert werden, was dann mit sich bringt, dass das Unterhaltsstatut auf alle Voraussetzungen (insbes. auch wesentliche Änderungen der tatsächlichen und rechtlichen Verhältnisse) anzuwenden ist (zu allem ausf. Rauscher/Andrae Einl. Rn. 29 ff. mwN – für materiellrechtliche Qualifikation). Das widerspricht zwar der verfahrensrechtlichen Ausgestaltung, die das deutsche Recht für die Abänderung vorsieht. Dennoch muss dieser Auffassung darin beigepflichtet werden, dass die so erreichbare Einordnung in den Anwendungsbereich des HUP außerordentlich erstrebenswert ist.

**91** Hierbei ist dann wie bereits eingangs erwähnt nach ganz hM jeweils neu anzuknüpfen, wenn ein Wechsel des Unterhaltsstatuts gegeben ist, etwa durch einen Aufenthaltswechsel des Anspruchstellers. Es wird das sich neu ergebende Unterhaltsstatut angewendet (Gruber IPRax 2016, 340; Staudinger/Mankowski, 2016, Vor Art. 1 Rn. 50 ff., 63 f.; OLG Hamm NJW-RR 2005, 876; OLG Koblenz OLGR 2003, 339; Linke in Göppinger/Wax UnterhaltsR Rn. 3309; Riegner FamRZ 2005, 1799 (1802)). Dagegen herrscht bei **unverändertem Statut** weniger Einvernehmen darüber, ob dann immer das von dem ausländischen Gericht angewendete Sachrecht herangezogen werden muss (so noch BGH NJW 1983, 1976; Spellenberg IPRax 1984, 304; offengelassen von BGH NJW-RR 1993, 5; OLG Karlsruhe FamRZ 1989, 1310). Das bewirkt eine größere

Stabilität des ersten Titels. Nach im Vordringen befindlicher und überzeugender Ansicht lässt sich eine solche Beschränkung jedoch nicht rechtfertigen. Auch bei unveränderten Umständen darf gegenüber einem Vertragsstaat für die Zulässigkeit einer Abänderung das Recht befragt werden, das nach dem HUP anzuwenden gewesen wäre (Gruber IPRax 2016, 340; Staudinger/Mankowski, 2016, Vor Art. 1 Rn. 50 ff., 63 f.).

**(3) Für die neue Entscheidung in der Sache anwendbares Recht.** Wenn sich die Umstände geändert haben und Klarheit darüber besteht, dass ein Abänderungsantrag **zunächst zulässig** ist, muss noch das bei der Bestimmung des geänderten Unterhaltsanspruchs anzuwendende **Sachrecht bestimmt** werden. Hierfür darf und muss das sich nach deutschem Kollisionsrecht (HUP) ergebende Unterhaltsstatut angewendet werden. Das ist inzwischen wohl unstreitig (BGH NJW 2015, 694 mAnm Heiderhoff FamRZ 2015, 484; Gruber IPRax 2016, 340; KG NJW-RR 1994, 138; Staudinger/Mankowski, 2016, Vor Art. 1 Rn. 43 ff., 63 f.; Riegner FamRZ 2005, 1799 (1802); Rauscher/Andrae Einl. Rn. 37). Das gilt auch dann, wenn kein Statutenwechsel erfolgt ist und insbes. auch, wenn die Parteien den gewöhnlichen Aufenthalt nicht gewechselt haben. 92

**(4) Isolierter Statutenwechsel/geänderte Kollisionsnorm.** Ob ein Abänderungsantrag allein darauf gestützt werden kann, dass ein Statutenwechsel eingetreten ist, ist weiterhin umstritten (dazu zögerlich BGH NJW 2015, 694; befürwortend Gruber IPRax 2016, 338 (343); dagegen Rauscher/Andrae Einl. Rn. 35). Bejahendenfalls könnte der Abänderungsantrag sogar allein darauf gestützt werden, dass durch das Inkrafttreten des HUP eine **geänderte Kollisionsnorm** und somit ein neues materielles Recht anwendbar ist (so Conti/Bißmeier FamRBint 2011, 62 (64 f.)). Das wäre sogar der relevanteste Fall, denn bei einem sonstigen Statutenwechsel stellt sich die Frage eher selten. Dieser tritt idR durch einen Umzug ein, sodass damit gleichzeitig geänderte Lebensverhältnisse beim Berechtigten oder Verpflichteten eintreten. 93

Ein Statutenwechsel tritt dagegen, anders als Andrae befürchtet (Rauscher/Andrae Einl. Rn. 35), nicht dadurch ein, dass eine Partei ein neues Unterhaltsverfahren bei einem anderen Gericht einleitet, etwa um die Vorteile des Art. 4 Abs. 2 für sich zu nutzen. Diese Vorgehensweise ist bei richtiger Lesart der Kollisionsnormen bereits im Ansatz ausgeschlossen, da das Unterhaltsstatut insofern nicht wandelbar ist (→ Art. 4 Rn. 21). 93.1

Bei einem rein deutschen Fall wäre die parallele Frage klar zu bejahen. Hier reicht eine Gesetzes- oder Rechtsprechungsänderung aus, um darauf einen Abänderungsantrag zu stützen (BGHZ 183, 197 = NJW 2010, 365; zuletzt BGH NJW 2010, 3582). Der Wortlaut des § 238 Abs. 1 FamFG lässt dies, anders als früher § 328 ZPO, jetzt auch deutlich erkennen. An einen Statutenwechsel wurde dabei aber nicht gedacht, und der Wortlaut der Norm erzwingt eine Anwendung nicht (näher Heiderhoff FamRZ 2015, 484 (485)). Für den Abänderungsantrag aufgrund eines Statutenwechsels sollten die allgemeinen Grundsätze gelten. Für die **sachrechtlichen Voraussetzungen** der Abänderung gilt also das Recht, welches nach dem HUP als Unterhaltsstatut anzuwenden ist. Wenn für die Voraussetzungen des Abänderungsantrags deutsches Recht greift, sollte bei jedem Statutenwechsel, aufgrund dessen der Antragsteller eine veränderte Höhe des Unterhaltsanspruchs behauptet, der Abänderungsantrag zugelassen werden. Problematisch ist das aber in Hinblick auf **Art. 4 Abs. 3,** da sich dort der Statutenwechsel allein aus der Antragstellung durch den Unterhaltsverpflichteten ergibt (EuGH ECLI:EU:C:2018:744 Rn. 33 ff., 45 = NJW 2018, 3433 – Mölk; näher → Art. 4 Rn. 14 f.). Hier wird man, um nicht die Anknüpfung von vornherein ihres Sinns zu berauben verlangen müssen, dass zusätzlich weitere veränderte Umstände vorgetragen werden als der bloße Wechsel der Zuständigkeit. 94

**(5) Keine Vollstreckungsabwehrklage.** Das Begehren auf Abänderung kann nicht als Einwendung gegen die Vollstreckbarerklärung iSd Art. 17, 21 EuUnthVO geltend gemacht werden. Insbesondere passt nicht die Vollstreckungsabwehrklage. Diese ist nur statthaft, wenn es um punktuelle Ereignisse geht, die zu einer Einwendung gegen den Unterhaltsanspruch führen – wie etwa die Erfüllung (BGH FamRZ 2007, 989; Rauscher/Andrae/Schimrick EuUnthVO Art. 21 Rn. 42). 95

**cc) Neuer Antrag im Inland.** Statt der Vollstreckbarerklärung des ausländischen Unterhaltstitels (Sachurteil) kann im Inland ein neues Verfahren eingeleitet werden. Ist der ausländische Titel anerkennungsfähig, darf das inländische Urteil in diesem Fall inhaltlich nicht abweichen. Ansonsten muss der Antrag in einen Abänderungsantrag umgedeutet werden (BGH FamRZ 1992, 1060). Ist unklar, ob ein ausländischer Unterhaltsantrag aus Sach- oder Verfahrensgründen abgewiesen worden ist (OLG Hamburg FamRZ 1990, 535), oder wird der ausländische Titel im Inland nicht 96 anerkannt (OLG Nürnberg IPRax 1985, 353), ist der Antragsteller ohnehin zur Erhebung eines neuen Antrags im Inland berechtigt.

97 **d) Vollstreckung deutscher Unterhaltstitel im Ausland.** Soll aus einem deutschen Unterhaltstitel in einem anderen EU-Mitgliedstaat vollstreckt werden, wird der Gläubiger im Regelfall nach der EuUnthVO vorgehen und einen unmittelbar vollstreckbaren Titel iSd Art. 17 EuUnthVO beantragen. Nur gegenüber Großbritannien kommt ein Vorgehen nach der EuVTVO in Betracht (→ Rn. 75). Dazu muss die Forderung aber unbestritten bleiben. Ansonsten kommt es darauf an, ob staatsvertragliche Regelungen bestehen. So ist es zB im Verhältnis zu Island, Norwegen und der Schweiz (LugÜ) sowie zur Türkei und den USA (HUÜ 2007; → Rn. 26 f.). Bestehen solche Regelungen nicht, greifen die autonomen Anerkennungs- und Vollstreckungsvorschriften des Vollstreckungsstaats. Wie oben dargestellt, kann insbes. im Geltungsbereich des UN-UnterhaltsÜ 1956 die Rechtshilfe nach dem AUG genutzt werden, die große Vorteile bringen kann (→ Rn. 66 ff.).

## VI. Interlokales und intertemporales Kollisionsrecht

98 Zum HUP → Art. 22 Rn. 1 f.; zu älteren Rechtsänderungen → 2. Aufl. 2008, EGBGB Art. 18 Rn. 106 ff.

### Art. 2 Universelle Anwendung

**Dieses Protokoll ist auch dann anzuwenden, wenn das darin bezeichnete Recht dasjenige eines Nichtvertragsstaats ist.**

1 Art. 2 bestimmt, dass das Protokoll allseitig anwendbar ist (→ Art. 1 Rn. 14 f.). Muss ein ausländisches Recht angewendet werden, gilt für die Ermittlung auch im Familienverfahren § 293 ZPO (BGHZ 198, 14 = NJW 2013, 3656).

### Art. 3 Allgemeine Regel in Bezug auf das anzuwendende Recht

**(1) Sofern in diesem Protokoll nichts anderes bestimmt ist, ist für Unterhaltspflichten das Recht des Staates maßgebend, in dem die berechtigte Person ihren gewöhnlichen Aufenthalt hat.**

**(2) Wechselt die berechtigte Person ihren gewöhnlichen Aufenthalt, so ist vom Zeitpunkt des Aufenthaltswechsels an das Recht des Staates des neuen gewöhnlichen Aufenthalts anzuwenden.**

## I. Normzweck und Grundlagen

1 Art. 3 enthält eine Grundregel für die objektive Anknüpfung von Unterhaltsansprüchen. Danach ist an den gewöhnlichen Aufenthalt des Unterhaltsberechtigten anzuknüpfen, und zwar, wie sich aus Abs. 2 ergibt wandelbar. Damit wird das im Unterhaltsrecht schon früher verbreitete Ziel verfolgt, dass der Unterhaltsanspruch an das Lebensumfeld des Berechtigten angepasst sein soll (so auch Rauscher/Andrae Rn. 6; NK-BGB/Bach Rn. 2; Staudinger/Mankowski, 2016, Rn. 4). Diese Regel wird in den folgenden Normen jedoch vielfach durchbrochen, um teils übermäßige Nachteile für den Unterhaltsberechtigten, vor allem aber Härten für den Unterhaltsverpflichteten zu vermeiden. Die objektive Anknüpfung steht im HUP noch an erster Stelle. Die Rechtswahl ist nach Art. 7 und Art. 8 jedoch in gewissen Grenzen möglich.

## II. Recht des gewöhnlichen Aufenthalts des Berechtigten

2 Unterhaltsansprüche unterliegen nach Art. 3 dem materiellen Unterhaltsrecht (Sachnormverweisung) am jeweiligen gewöhnlichen Aufenthalt des **Unterhaltsberechtigten.** Unterhaltsberechtigter ist der „potenzielle Gläubiger eines Unterhaltsanspruchs" (so Staudinger/Mankowski, 2016, Rn. 7).

3 Der Begriff des **gewöhnlichen Aufenthalts** ist vertragsautonom auszulegen, es ist aber (auch wegen der Zuständigkeit des EuGH für die Auslegung des Protokolls) von einer Angleichung an den vom EuGH für die europäischen Verordnungen geprägten Begriff auszugehen (dazu EuGH

ECLI:EU:C:2009:225 = NJW 2009, 1868 – A). Die abschließende Entscheidung über den Einzelfall müssen die nationalen Gerichte in jedem Fall eigenverantwortlich treffen.

Der gewöhnliche Aufenthalt ist als **faktischer Lebensmittelpunkt** zu begreifen (allgM und (bindende) stRspr des EuGH FamRZ 2015, 107 = BeckRS 2014, 82297 – C; ECLI:EU:C:2018:513 = FamRZ 2018, 1426 = BeckRS 2018, 13329 – HR; BGH NJW 2016, 3174; Grüneberg/Thorn EGBGB Art. 5 Rn. 11; NK-BGB/Bach Rn. 12; zum alten Unterhaltsrecht BGH FamRZ 2001, 412 f.; OLG Hamm FamRZ 1989, 621) und meist leicht festzustellen (Staudinger/Mankowski, 2016, Rn. 11 ff.). Bei **Kindern** leitet er sich nicht notwendig von den Eltern ab, sondern hängt von der sozialen und familiären Integration des Kindes ab. Diese lässt sich wiederum an der Dauer und den Umständen des Aufenthalts ablesen und das gemeinsame Wohnen an einem Ort mit den Eltern hat insofern hohe Bedeutung. Der EuGH hat neben den Gründen für den Aufenthalt des Kindes, seinem Schulbesuch und seinen familiären Bindungen auch die Sprache und die Staatsangehörigkeit berücksichtigt (EuGH ECLI:EU:C:2009:225 = NJW 2009, 1868 – A; zu einem Säugling Slg. 2010, I-14309 = FamRZ 2011, 617 = BeckRS 2011, 80085 – Mercredi). Im Urteil HR hat der EuGH ergänzt, dass kulturelle Einflussnahmen eines Elternteils, Urlaube in der „alten Heimat" und der Plan eines Elternteils, dorthin zurückzukehren, demgegenüber zurücktreten (EuGH ECLI:EU:C:2018:513 = FamRZ 2018, 1426 = BeckRS 2018, 13329 – HR). Doch beeinflusst der Aufenthaltswille die Beurteilung des gewöhnlichen Aufenthalts generell ebenfalls deutlich. So tritt bei einer auf Dauer angelegten Verlegung des Daseinsmittelpunkts in einen neuen Staat der Wechsel des gewöhnlichen Aufenthalts idR sofort ein (wie hier NK-BGB/Gruber Rn. 9). Nur wenn sich ausnahmsweise ein zunächst als vorübergehend gedachter Aufenthaltswechsel erst später verfestigt, kommt es auf den Zeitpunkt der Verfestigung an (str.; wie hier Rauscher/Andrae Rn. 15) (näher zu allem → Rom III-VO Art. 5 Rn. 6). Zuletzt hat der EuGH bestätigt, dass ein gewöhnlicher Aufenthalt des Kindes auch dann entscheidend ist, wenn er erst infolge einer Entführung eingetreten ist (EuGH ECLI:EU:C:2022:371 = FamRB 2022, 252 m. krit. Anm. Dimmler). Es ist wichtig, dieses Urteil eng zu verstehen. Es betrifft nur die Fälle, in denen zuvor die hohen Hürden, die bei einer Entführung für die Begründung eines neuen Aufenthalts bestehen (dazu MüKoBGB/Heiderhoff Brüssel IIb-VO Art. 8 Rn. 29) überwunden worden sind. 4

Handelt es sich bei dem Aufenthaltsstaat um einen **Mehrrechtsstaat,** so wird die Unteranknüpfung durch Art. 16 angeordnet (näher Art. 16 Rn. 1 ff.). Es kommt also darauf an, welches Recht in der Gebietseinheit des gewöhnlichen Aufenthalts gilt. Bei **personaler Rechtsspaltung** gilt nach Art. 17 das nach dem internen interpersonalen Kollisionsrecht geltende Recht (→ Art. 17 Rn. 1 ff.). 5

## III. Wandelbarkeit (Abs. 2)

Gemäß Abs. 2 ist die Anknüpfung **wandelbar.** Mit der Verlegung des gewöhnlichen Aufenthalts in einen anderen Staat wechselt das durch Regelanknüpfung gefundene Unterhaltsstatut nach Art. 3 Abs. 2 ex nunc (OLG Naumburg FamRZ 2010, 1364; OLG Köln NJW-RR 2005, 876; OLG Hamm FamRZ 1989, 1084; OLG Karlsruhe FamRZ 1990, 313; OLG Koblenz FamRZ 1990, 426; OLG Düsseldorf FamRZ 1995, 37). Dies gilt auch bei einem Wechsel während des laufenden Verfahrens. 6

Wenn allerdings unter dem bisherigen Statut eine **wirksame Vereinbarung** über die Höhe des zu zahlenden Unterhalts geschlossen wurde, behält diese im Grundsatz ihre Wirksamkeit auch bei einem Statutenwechsel (OLG Hamm FamRZ 1998, 1532; Grüneberg/Thorn Rn. 8). Ihre Änderung muss aus dem materiellen Recht heraus begründbar (zB wesentliche Änderung der Geschäftsgrundlage) sein und tritt keinesfalls automatisch ein. Gerichtlich **rechtskräftig** festgestellte, unter altem Statut erstrittene Unterhaltspflichten bleiben wirksam bis zur Änderung durch neue Entscheidung unter neuem Statut (OLG Naumburg FamRZ 2010, 1364; Kropholler IPR § 47 II 1; NK-BGB/Gruber Rn. 13). 7

## IV. Kein gewöhnlicher Aufenthalt

Das HUP enthält keine ausdrückliche Regelung für den Fall, dass der Unterhaltsberechtigte gar keinen gewöhnlichen Aufenthalt hat. Teils ist vorgeschlagen worden, eventuelle Lücken dann über Art. 4 und 5 zu schließen (NK-BGB/Bach Rn. 16). Das entspricht aber nicht dem Zweck dieser Normen. Vielmehr geht das HUP offenbar davon aus, dass es eine Person ohne gewöhnlichen Aufenthalt nicht geben kann. Insofern sollte jeweils der Ort bestimmt werden, der – ohne gewöhnlicher Aufenthalt zu sein – einem solchen am nächsten kommt. 8

## Art. 4 Besondere Regeln zugunsten bestimmter berechtigter Personen

**(1) Die folgenden Bestimmungen sind anzuwenden in Bezug auf Unterhaltspflichten**
**a) der Eltern gegenüber ihren Kindern;**
**b) anderer Personen als der Eltern gegenüber Personen, die das 21. Lebensjahr noch nicht vollendet haben, mit Ausnahme der Unterhaltspflichten aus in Artikel 5 genannten Beziehungen; und**
**c) der Kinder gegenüber ihren Eltern.**

**(2) Kann die berechtigte Person nach dem in Artikel 3 vorgesehenen Recht von der verpflichteten Person keinen Unterhalt erhalten, so ist das am Ort des angerufenen Gerichts geltende Recht anzuwenden.**

**(3) [1]Hat die berechtigte Person die zuständige Behörde des Staates angerufen, in dem die verpflichtete Person ihren gewöhnlichen Aufenthalt hat, so ist ungeachtet des Artikels 3 das am Ort des angerufenen Gerichts geltende Recht anzuwenden. [2]Kann die berechtigte Person jedoch nach diesem Recht von der verpflichteten Person keinen Unterhalt erhalten, so ist das Recht des Staates des gewöhnlichen Aufenthalts der berechtigten Person anzuwenden.**

**(4) Kann die berechtigte Person nach dem in Artikel 3 und in den Absätzen 2 und 3 dieses Artikels vorgesehenen Recht von der verpflichteten Person keinen Unterhalt erhalten, so ist gegebenenfalls das Recht des Staates anzuwenden, dem die berechtigte und die verpflichtete Person gemeinsam angehören.**

### Übersicht



## I. Überblick und Normzweck

1 Art. 4 modifiziert die Grundregel in Art. 3 für bestimmte Unterhaltsverhältnisse. Art. 4 fasst sehr unterschiedliche Tatbestände zusammen, denen aber gemeinsam ist, dass sie nur für **die in Abs. 1 genannten Personen** gelten sollen. Gemeinsam ist ihnen auch, dass das Gericht jeweils **von Amts wegen** das für die Parteien günstigere Recht anwenden muss.

2 Erfasst sind insbes. die Ansprüche zwischen **Eltern und Kindern** (Abs. 1, → Rn. 3). Nach Art. 4 Abs. 2 tritt die lex fori an erste Stelle, wenn der Unterhaltsberechtigte nach seinem eigenen Aufenthaltsrecht keinen Unterhalt erhalten kann. Nach Abs. 3 ist das Aufenthaltsrecht des Verpflichteten anzuwenden, wenn der Unterhaltsberechtigte iSd Art. 4 (→ Rn. 15) an diesem Ort Klage erhebt.

## II. Persönlicher Anwendungsbereich (Abs. 1)

3 Nach Art. 4 Abs. 1 lit. a sind zunächst Unterhaltspflichten der Eltern gegenüber ihren Kindern erfasst. Dabei kommt es auf die rechtliche Vater- bzw. Mutterschaft an (§§ 1591, 1592 ff. BGB), sodass Stief- oder Pflegekinder hier nicht gemeint sind. Wie allgemein gilt auch hier, dass Adoptivkinder (jedenfalls nach einer Volladoption) leiblichen Kindern gleichgestellt sind. Das Alter des Kindes ist unerheblich. Ist im nationalen Unterhaltsrecht die „Minderjährigkeit“ Voraussetzung des Anspruchs (s. § 1612a BGB) gilt Art. 7 EGBGB, es kommt also idR auf die Staatsangehörigkeit des Kindes an (näher MüKoBGB/Staudinger Rn. 3).

4 Nach Art. 4 Abs. 1 lit. b sind alle sonstigen Unterhaltspflichten gegenüber Personen erfasst, die das 21. Lebensjahr noch nicht vollendet haben. Die Haager Konferenz war sich bewusst darüber, dass hierin eine weite Öffnung für die Sonderanknüpfungen liegt. Denn der Grund der Ansprüche ist unerheblich, es ist daher etwa auch Geschwisterunterhalt erfasst. Darin wurde kein Problem gesehen, da dem Unterhaltsverpflichteten die Möglichkeit der Einwendung nach Art. 6 verbleibt

(Bonomi Rapport explicatif Rn. 56). Für aus einer **Ehe** resultierende Ansprüche gilt jedoch auch dann vorrangig Art. 5, wenn der berechtigte Ehegatte jünger als 21 Jahre alt ist (wie hier Rauscher/Andrae Rn. 10).

Schließlich sind nach Art. 4 Abs. 1 lit. c die Unterhaltspflichten der Kinder gegenüber ihren Eltern erfasst, wobei es wieder auf die rechtliche Abstammung ankommt. 5

## III. Subsidiäre Geltung der lex fori (Abs. 2)

**1. Kaskadenregelung.** Art. 4 Abs. 2 enthält eine altbekannte Hilfsanknüpfung, welche den Unterhaltsberechtigten begünstigt. Danach ist für den Fall, dass der Berechtigte nach dem in Art. 3 vorgesehenen Recht **keinen Unterhalt** erhalten würde, zunächst die lex fori anzuwenden. Führt auch dies nicht zu einem Unterhaltsanspruch, so ist nach Abs. 4 schließlich das gemeinsame Heimatrecht von Berechtigtem und Verpflichtetem anzuwenden, sofern ein solches existiert. 6

Der OGH hat dem EuGH die Frage vorgelegt, ob die Norm auch dann zur Anwendung gelangen kann, wenn der das Unterhaltsverfahren einleitende Antrag im Staat des gewöhnlichen Aufenthalts des Unterhaltsberechtigten eingebracht wird (OGH Rs. 7 Ob 208/16p; EuGH ECLI:EU:C:2018:408 = FamRZ 2018, 1503 = BeckRS 2018, 10469 – KP). Diese Frage kann bei einer rückwirkenden Geltendmachung von Unterhalt relevant werden, wenn das Kind seinen gewöhnlichen Aufenthalt inzwischen verlegt hat (→ Rn. 12). Es muss angenommen werden, dass das Problem bei der Schaffung der Norm übersehen wurde (s. etwa Bonomi Rapport explicatif Rn. 63). Dennoch scheint die Situation geradezu typisch, weil sonst – da die Klage üblicherweise am gewöhnlichen Aufenthaltsort eingelegt werden dürfte – die Norm weitgehend leerliefe. Der EuGH hat die Frage nur teilweise bejaht (EuGH ECLI:EU:C:2018:408 = FamRZ 2018, 1503 = BeckRS 2018, 10469 – KP). Denn er stellt überzeugend fest, dass die subsidiäre Anknüpfung in Abs. 2 nur dann eine Berechtigung habe, wenn der Unterhaltsberechtigte eine enge Verbindung zu dem Gerichtsstaat habe. Diese Verbindung ist in Fällen ohne zeitliche Verschiebung allein deshalb anzunehmen, weil sie nach der EuUnthVO Voraussetzung dafür ist, dass die Gerichte dort überhaupt zuständig sind. Wird nun Unterhalt für die Vergangenheit geltend gemacht, so muss eine gleichwertige Auslandsbeziehung verlangt werden. Diese ist dann zu bejahen, wenn auch schon für den Zeitraum, für den der Unterhalt geltend gemacht wird, ein Zuständigkeitstatbestand der EuUnthVO erfüllt war (mit ungewöhnlich ausführlicher und überzeugender Begr. EuGH ECLI:EU:C:2018:408 Rn. 34 ff. = FamRZ 2018, 1503 = BeckRS 2018, 10469 – KP; mit ergänzenden Überlegungen Staudinger/Mankowski, 2016, Rn. 33). 7

**2. Tatbestandsvoraussetzung „kein Unterhalt".** Problematisch und im Text nicht eindeutig geklärt ist, wann genau davon ausgegangen werden darf, dass der Berechtigte „keinen Unterhalt" erlangen kann und somit die Ausweichregeln angewendet werden dürfen. Es ist anzunehmen, dass die Norm auch vom EuGH weiterhin so ausgelegt werden wird, wie es schon Art. 7 HUntÜ 1973 erfolgte, der dasselbe Problem aufwarf. Die Regelung muss eng verstanden werden. Entscheidend ist die **grundsätzliche Nichtgewährung** eines Unterhaltsanspruchs gegen den Pflichtigen (BGH FamRZ 2001, 412 m. zust. Anm. Hohloch JuS 2001, 610; OLG Nürnberg FuR 2010, 478; OLG Hamm FamRZ 1999, 889; Grüneberg/Thorn Rn. 16; Erman/Hohloch Rn. 17). Es müssen also die „harten" rechtlichen Voraussetzungen eines Unterhaltstatbestands fehlen. 8

Das kann zum einen daran liegen, dass es den geltend gemachten Unterhaltstatbestand gar **nicht gibt.** So sind der Unterhaltsanspruch zwischen Geschwistern, wie er in manchen Rechtsordnungen bestehen kann (s. etwa Art. 1504 griechisches ZGB) oder der Unterhaltsanspruchs des Stiefkinds gegen den Stiefelternteil, wie er im englischen Recht bekannt ist, im deutschen Recht nicht vorgesehen. Hier wäre also etwa bei Ansprüchen zwischen zwei Personen mit deutscher Staatsangehörigkeit jeweils ein Ausweichen auf das gemeinsame Heimatrecht (Abs. 4, → Rn. 18) denkbar. 9

Auch wenn für die Erfüllung des Unterhaltsanspruchs eine **einzelne Voraussetzung komplett fehlt,** wie ein Verschulden, ein Überschreiten der Altersgrenze (auch etwa des gemeinsamen Kindes) oder ein ähnliches konstituierendes Element, kann auf die Ausweichrechtsordnung zurückgegriffen werden (OLG Bremen NJW-RR 1999, 513; Rauscher/Andrae Rn. 17; Erman/Hohloch Rn. 17; Soergel/Kegel Rn. 7; diff. Göppinger/Wax/Linke Rn. 3040 f.). Diese weite Auslegung folgt aus dem mit der Norm bezweckten Ziel der Unterhaltsfreundlichkeit. 10

Streitig war bisher, wie vorzugehen war, wenn bestimmte Voraussetzungen des Anspruchs nicht erfüllt sind, etwa der **Zeitraum der Gewährung** (man denke etwa an § 1615l BGB) überschritten ist oder ein Verschulden fehlt (unklar BGH FamRZ 2001, 412 f.; für Rückgriff auf lex fori Grüneberg/Thorn Rn. 16; mit vielen Beispielen MüKoBGB/Staudinger Art. 4 Rn. 11 ff.; Stau- 11 dinger/Mankowski EGBGB Anh. I Art. 18 Rn. 174 f.; Erman/Hohloch Rn. 17; Hohloch IPRax 2001, 437 mit Beispielen). Im Rahmen des bereits erwähnten Vorlageverfahrens (→ Rn. 7) hatte der OGH dem EuGH auch die Frage vorgelegt, ob Art. 4 Abs. 2 die Fälle erfasst, in denen das Recht des bisherigen Aufenthaltsorts mangels Einhaltung bestimmter gesetzlicher Voraussetzungen keinen Unterhaltsanspruch **für die Vergangenheit** vorsieht. Denn es ging in dem Fall um rückwirkende Unterhaltsansprüche eines deutschen Kindes, die nach deutschem Recht ausgeschlossen waren, weil das Kind die Voraussetzungen des **§ 1613 S. 1 BGB** nicht erfüllt hatte. Der EuGH macht hierzu leider etwas allgemein gehaltene Ausführungen, doch wird klar, dass er großzügig sein will. Er meint, Abs. 2 sei auch dann anzuwenden, **„wenn eine gesetzliche Voraussetzung nicht erfüllt ist“** (EuGH ECLI:EU:C:2018:408 = FamRZ 2018, 1503 = BeckRS 2018, 10469 – KP Rn. 56). Ausreichend für einen Rückgriff auf das Ersatzrecht ist es danach insbes., wenn nach dem zunächst greifenden Statut eine Verfristung (Staudinger/Mankowski, 2016, Rn. 42 f.) oder Verwirkung bestehender Ansprüche vorliegt.

12 Umgekehrt löst es aber die Anwendbarkeit von Abs. 2 jedenfalls **nicht** aus, wenn in dem fremden Recht die Gewährung von Unterhaltsansprüchen in **nur geringer oder geringerer Höhe** vorgesehen ist (OLG Karlsruhe FamRZ 1990, 1352; OLG Hamm FamRZ 1998, 25; 1999, 889). Nicht ausreichend ist auch das Versagen von Prozesskostenhilfe (KG FamRZ 1988, 167, 169; Soergel/Kegel Rn. 12) und dass der Anspruch wegen mangelnder Bedürftigkeit oder fehlender Leistungsfähigkeit nicht realisierbar ist (BGH FamRZ 2001, 412 f.; OLG Hamm FamRZ 1998, 25; OLG Oldenburg NJW-RR 1996, 1220 f.; Staudinger/Mankowski EGBGB Anh. I Art. 18 Rn. 182a, 185). Dies entspricht auch dem Willen der Mehrheit der Haager Konferenz (berichtend Bonomi Rapport explicatif Rn. 61). Die weichen Faktoren (Bedürftigkeit und Leistungsfähigkeit) können über den insofern spezielleren Art. 14 korrigiert werden (wie hier Rauscher/Andrae Rn. 19).

13 Letztlich muss die Grenze daher dort gezogen werden, wo es nicht mehr um das „ob“, sondern nur noch um die Qualität des Anspruchs geht. Das ist allerdings nicht immer leicht. Für letzte Sicherheit werden eventuell noch weitere Entscheidung des EuGH abzuwarten sein.

## IV. Vorrang der lex fori (Abs. 3)

14 **1. Ratio.** Art. 4 Abs. 3 enthält ebenso wie Abs. 2 einen Tatbestand, bei dem lex fori an die Stelle des Aufenthaltsrechts treten soll. Doch handelt es sich bei Abs. 2 um eine subsidiäre Günstigkeitsregelung, während Abs. 3 in Abweichung von der Regelanknüpfung des Art. 3 der lex fori originär den Vorrang einräumt. Die Regelung in Art. 4 Abs. 3 ist vollständig neu. Sie erklärt sich nur als Kompromiss zwischen den Anhängern des Aufenthaltsrechts und den Anhängern der lex fori. Sie basiert auf dem Gedanken, dass derjenige, der sich freiwillig vor die Gerichte im Aufenthaltsstaat des Verpflichteten begibt, damit zugleich signalisiert, dass er sich auch auf die Anwendung des dortigen Rechts einlassen will. Die Norm verhindert außerdem, dass zunächst – zumindest idR ohne Not – ein ausländisches Gericht angerufen wird, um dorthin dann ein fremdes Recht „mitzubringen“ (zur Rolle der lex fori im HUP → Art. 1 Rn. 10).

15 **2. Anwendungsbereich.** Die Regelung greift automatisch und zwingend, wenn eine der in Art. 4 Abs. 1 beschriebenen Unterhaltsforderungen (näher → Rn. 3) vom Berechtigten im Aufenthaltsstaat des Verpflichteten geltend gemacht wird. Das Protokoll springt dabei etwas in der Wortwahl (Gericht, Behörde), letztlich kommt es aber überhaupt nicht darauf an, ob das im betroffenen Staat vorgesehene Verfahren gerichtlich oder behördlich ist. Es muss sich nur um die international zuständige Stelle handeln. Dabei greift die Norm, wie der EuGH klargestellt hat, nur ein, wenn die berechtigte Person den Antrag stellt, nicht etwa auch dann, wenn sie sich nur rügelos auf das Verfahren eingelassen hat (EuGH ECLI:EU:C:2018:744 = NJW 2018, 3433 Ls. 1 – Mölk). Art. 4 Abs. 3 bringt ein Problem bei der **Wandelbarkeit** mit sich, das unten noch näher zu erörtern ist (→ Rn. 21).

16 Derzeit ist noch ungeklärt, ob Art. 4 Abs. 3 auch eingreift, wenn nicht der Berechtigte selbst, sondern eine **zuständige Stelle iSd Art. 10** die übergeleitete Unterhaltsforderung im eigenen Namen einklagt. Gegen eine Anwendung des Abs. 3 hat sich Andrae gewendet, weil sie meint, die in der Norm mit enthaltene Rechtswahlkompetenz stehe allein dem Berechtigten persönlich zu (Rauscher/Andrae Rn. 14). Für ein solches einengendes Verständnis des Art. 4 Abs. 3 ist jedoch kein tragender Grund ersichtlich. Denn die Anwendung der lex fori bringt stets eine Vereinfachung und dem Wortlaut der Norm ist eine so enges Verständnis des Begriffs „Berechtigter“ nicht zu entnehmen (wie hier NK-BGB/Bach Rn. 19 f.; Staudinger/Mankowski, 2016, Rn. 64). Auch ist ein Missbrauch zum Nachteil des Unterhaltsberechtigten kaum zu befürchten.

**3. Rückausweichklausel in Abs. 3 S. 2.** Für den Fall, dass der Unterhaltsberechtigte nach der lex fori keinen Unterhalt erlangen kann, enthält Abs. 3 S. 2 eine Rückausnahme. Das erinnert an eine Art Rettungsfallschirm für einen vom Unterhaltsberechtigten selbst zuvor begangenen prozessualen Fehler. Denn normalerweise wird sich der Unterhaltsberechtigte nur dann in den Aufenthaltsstaat des Verpflichteten begeben, wenn er sich davon erhebliche Vorteile im Hinblick auf das materielle Recht verspricht. 17

Anders kann es aber bei einer Zuständigkeitsvereinbarung nach Art. 4 EuUnthVO sein. Diese kann den Berechtigten zur Klageerhebung am Aufenthalt des Verpflichteten zwingen. Auch bei Vorliegen einer solchen Zuständigkeitsvereinbarung muss Abs. 3 S. 2 angewendet werden, zumal Art. 4 EuUnthVO ansonsten keine Missbrauchskontrolle vorsieht. Zu den Einzelheiten, insbes. der Auslegung des Tatbestandsmerkmals „keinen Unterhalt", → Rn. 8 ff. 18

## V. Heimatrecht als Ausweichrechtsordnung (Abs. 4)

Gewähren das Aufenthaltsstatut iSv Art. 3 und die lex fori – gleich ob sie nach Art. 4 Abs. 2 oder 3 berufen ist – **keinen Unterhalt,** so ist nach Art. 4 Abs. 4 schließlich das **gemeinsame Heimatrecht** (Staatsangehörigkeit) von Berechtigtem und Pflichtigem berufen. Hier kommt es also in bestimmten Fällen zu einer mehrstufigen Kaskade: Ist nach Abs. 3 S. 1 von vornherein die lex fori anzuwenden, so erfolgt der Rückgriff gem. Abs. 3 S. 2 zunächst auf das Recht des gewöhnlichen Aufenthalts des Berechtigten. Erst wenn dies auch keinen Unterhalt gewährt, muss nach Abs. 4 schließlich geprüft werden, ob die Anwendung des gemeinsamen Heimatrechts von Berechtigtem und Verpflichtetem zu einer Bejahung des Anspruchs führt. 19

Für die Vorfrage der **Staatsangehörigkeit** ist unstreitig, dass sie nicht vom HUP bestimmt wird, sondern dass jeder Staat diese nach eigenem Staatsangehörigkeitsrecht regelt. Bei Mehrstaatern ist nach hM **nicht die gemeinsame effektive** Staatsangehörigkeit erforderlich. Das wird daraus gefolgert, dass durch die selten anzuwendende „tertiäre" Anknüpfung an die gemeinsame Staatsangehörigkeit der Schutz des Unterhaltsberechtigten verbessert werden sollte, was bei einem so weiten Verständnis besser erreicht werde (Staudinger/Mankowski, 2016, Rn. 76; Andrae GPR 2010, 196 (203); Helms FS Pintens, 2012, 681 (696); aA Grüneberg/Thorn Rn. 18). Für Staatenlose bleibt es bei der Aufenthaltsanknüpfung. Auf Personen mit gemeinsamem Flüchtlingsstatut findet Art. 4 Abs. 4 entsprechende Anwendung. Bei Mehrrechtsstaaten gilt Art. 16. 20

## VI. Wandelbarkeit

Nach hM sind auch die Anknüpfungen des Art. 4 grds. **wandelbar.** Allerdings kann das dazu führen, dass die Regelung genutzt wird, um ein „Unterhalts-Shopping" zu treiben. Insbesondere kann der Berechtigte einen auf der Basis des Art. 4 Abs. 3 zugesprochenen Anspruch zu Fall bringen, indem er seinerseits einen (Abänderungs-)antrag stellt, für den die reguläre Anknüpfung nach Art. 3 gälte. Daher ist überzeugend vorgeschlagen worden, teleologisch zu bestimmen, in welchen konkreten Fällen eine Wandelbarkeit zu bejahen ist (NK-BGB/Bach Rn. 28). Eine Wandelbarkeit müsste danach ausscheiden, wenn der Unterhaltsverpflichtete durch einen Abänderungsantrag zu erreichen versucht, dass die gerade nach dem gem. Art. 4 Abs. 3 anwendbaren Recht titulierte Forderung wieder zu Fall gebracht würde (nochmals NK-BGB/Bach Rn. 30 f.). Doch hat der EuGH solche Bedenken nicht geteilt. In der Entscheidung **Mölk** hat er vielmehr ausdrücklich bestätigt, dass auch für einen kurz nach der gem. Art. 4 Abs. 3 erfolgten Titulierung des Unterhaltsanspruchs gestellten Abänderungsantrag des Verpflichteten nicht mehr das nach Art. 4 Abs. 3 bestimmte Recht gelte. Er meinte, diese „missliche" Situation sei im HUP so angelegt (EuGH ECLI:EU:C:2018:744 Rn. 33 ff., 45 = NJW 2018, 3433 – Mölk). Allerdings war in dem zu entscheidenden Fall zumindest eine Änderung der Einkommensverhältnisse eingetreten, sodass der **Abänderungsantrag** nicht allein auf den Statutenwechsel gestützt wurde. Ob ein allein auf das sich ändernde Statut gestützter sofortiger Gegenantrag möglich wäre, brauchte der EuGH nicht zu entscheiden. Diese Frage richtet sich weitgehend nach dem autonomen Verfahrensrecht der lex fori und sollte verneint werden (→ Art. 1 Rn. 93 f.). 21

Im Rahmen des **Abs. 4** wird die Wandelbarkeit teils bei missbräuchlichem Wechsel der Staatsangehörigkeit abgelehnt (Staudinger/Mankowski, 2016, Rn. 80), teils wird gesagt, ein Wechsel der Staatsangehörigkeit des Verpflichteten könne nie zu Lasten des Berechtigten wirken (NK-BGB/Bach Rn. 31). 22

### Art. 5 Besondere Regel in Bezug auf Ehegatten und frühere Ehegatten

**[1]In Bezug auf Unterhaltspflichten zwischen Ehegatten, früheren Ehegatten oder Personen, deren Ehe für ungültig erklärt wurde, findet Artikel 3 keine Anwendung, wenn**

**eine der Parteien sich dagegen wendet und das Recht eines anderen Staates, insbesondere des Staates ihres letzten gemeinsamen gewöhnlichen Aufenthalts, zu der betreffenden Ehe eine engere Verbindung aufweist. [2]In diesem Fall ist das Recht dieses anderen Staates anzuwenden.**

## I. Normzweck und Überblick

1 Für eheliche Unterhaltsansprüche erlaubt es Art. 5 jeder Partei, sich gegen die aus Art. 3 folgende Anwendung des Rechts am gewöhnlichen Aufenthalt des Unterhaltsberechtigten zu wenden. Sowohl der Berechtigte als auch der Verpflichtete dürfen die Anwendung des Rechts verlangen, zu dem die Ehegatten die engste Verbindung haben. Die Regelung ist gegenüber Art. 8 HUntÜ 1973 völlig neu konzipiert. Sie betrifft nicht mehr nur den Scheidungsunterhalt und verfolgt insbes. nicht mehr die Anwendung des Scheidungsfolgenstatuts.

2 Die Behandlung der ehelichen Ansprüche im weiteren Sinne wurde so modifiziert, weil die Anknüpfung an das Aufenthaltsrecht des Berechtigten zu leicht manipulierbar schien. Auch wurde eine zu erhebliche Begünstigung des unterhaltsberechtigten Ehegatten als Ratifizierungshindernis eingeschätzt. Viele Staaten haben die nachehelichen Ansprüche stark eingeschränkt und könnten nicht akzeptieren, dass in internationalen Fällen ungeahnte Ansprüche durchsetzbar werden würden (so Bonomi Rapport explicatif Rn. 78; näher Rauscher/Andrae Rn. 4).

3 Die Ratio hinter der Anknüpfung an die engste Verbindung ist überzeugend. Die zuvor übliche Anknüpfung an das Scheidungsstatut brachte nämlich verschiedene Nachteile. Zum einen war sie natürlich nur durchführbar, wenn eine Scheidung überhaupt erfolgt war. Zum anderen schien aber auch das Scheidungsstatut oft nicht einer idealen Anknüpfung zu entsprechen. Es wird in allen Staaten unterschiedlich bestimmt und hängt nicht unbedingt davon ab, mit welchem Land die Ehe besonders eng verbunden ist. Mit Art. 5 wurde nun erreicht, dass die Ehepartner sich darauf verlassen können, dass die bedeutsame Frage der Unterhaltsverpflichtung der Rechtsordnung unterliegt, in deren Geltungsbereich sie ihre Ehe geführt haben (Bonomi Rapport explicatif Rn. 79 ff.; ähnlich Staudinger/Mankowski, 2016, Rn. 6).

4 Die Norm erfasst Ansprüche während der Ehe, nach Ende der Ehe und sogar nach Ungültigerklärung der Ehe. Sie gewährt beiden Ehegatten eine **Einrede** gegen die Anwendung des Rechts am gewöhnlichen Aufenthaltsort des Berechtigten nach Art. 3.

## II. Einzelerläuterung

5 **1. Grundsatz.** Auch der Unterhaltsanspruch zwischen Ehegatten richtet sich zunächst nach Art. 3 (nachdrücklich Staudinger/Mankowski, 2016, Rn. 2). Art. 5 enthält jedoch eine Einredemöglichkeit. Danach kann jede Partei sich gegen die Anwendung des Aufenthaltsortsrechts wenden – die Norm kann also sowohl zugunsten des Berechtigten als auch zu dessen Lasten wirken. Voraussetzung ist, dass die betreffende Ehe eine engere Verbindung zu einem anderen Staat aufweist, dessen Recht dann angewendet werden kann. Art. 5 nennt als Beispiel das Recht „des Staates ihres letzten gemeinsamen gewöhnlichen Aufenthalts" (→ Rn. 8). Besteht eine solche engere Verbindung nicht, so bleibt es bei dem nach Art. 3 anzuwendenden Recht.

6 **2. Von Art. 5 erfasste Ansprüche.** Von Art. 5 werden alle Unterhaltsansprüche erfasst, die zwischen Ehegatten, früheren Ehegatten oder Personen, deren Ehe für ungültig erklärt wurde, bestehen. Insbesondere werden also auch solche Ansprüche umfasst, die während der laufenden Ehe bestehen. Es kommt nicht darauf an, ob die Ansprüche im Rahmen eines etwaigen Scheidungsverfahrens mit geltend gemacht werden, oder ob die Scheidung separat durchgeführt wird bzw. worden ist.

7 **3. Insbesondere Anwendung auf registrierte Partnerschaften.** Wie gezeigt kann das HUP auch auf Ansprüche nach Auflösung einer **eingetragenen Partnerschaft** (eLP) angewendet werden (→ Art. 1 Rn. 41). Der deutsche Gesetzgeber hat mit der Streichung des Art. 17b Abs. 1 S. 2 eindeutig gezeigt, dass er eine solche Anwendung wünscht (→ EGBGB Art. 17b Rn. 14, → EGBGB Art. 17b Rn. 21, → EGBGB Art. 17b Rn. 39 ff.). Das heißt aber noch nicht, dass gerade auch Art. 5 angewendet werden kann. Denn diese Norm spricht – anders etwa als Art. 3 – spezifisch von „Ehe". An sich werden Lebenspartnerschaft und Ehe aus deutscher Sicht nicht gleichgesetzt. Das gilt auch für das Kollisionsrecht. Dennoch wird eine (genau genommen analoge) Anwendung des Art. 5 auf die eLP überzeugend bejaht (Gruber FS Spellenberg, 2010, 177 (188); PWW/Martiny Rn. 2; Hausmann IntEuSchR Rn. C-609; Coester IPRax 2013, 114 (120); Rauscher/Andrae Rn. 9). Die Haager Konferenz hatte nämlich, anders als der deutsche Gesetzgeber,

nicht die Möglichkeit, die eLP ausdrücklich in der Norm zu erwähnen. Sie konnte auch sonst an keiner Stelle einer besonderen Regelung zugeführt werden, weil man in jedem Fall die Ratifizierungschancen geschmälert hätte (→ Art. 1 Rn. 42). Auf sie passt aber der Regelungszweck des Art. 5 (→ Rn. 2) genau. Dagegen würde der sonst greifende Art. 6 nicht passen. Dann nämlich könnte sich nach der Beendigung einer registrierten Partnerschaft ein Partner den Unterhaltspflichten entziehen, indem er seinen Aufenthalt in einen Staat verlegen würde, der Ansprüche aus registrierten Partnerschaften nicht kennt. Dies wäre ohne weiteres erfolgreich, wenn die Partner eine unterschiedliche Staatsangehörigkeit haben. Wenn sie aus einem gemeinsamen Heimatstaat kommen, wäre ein solches Ausweichen immer noch erfolgreich, solange das gemeinsame Heimatrecht Unterhaltspflichten nach dem Ende einer eLP nicht kennt (Rauscher/Andrae Rn. 9).

**4. Engere Verbindung.** Bei der Bestimmung des anzuwendenden Rechts ist Art. 5 leider sehr unspezifisch. Es kann das Recht eines Staates angewendet werden, zu welchem die Ehe eine **engere Verbindung** aufweist. Art. 5 ist insbes. für die Fälle gedacht, in denen der Berechtigte Ehegatte nach dem Ende der Ehe in einen anderen Staat umgezogen ist, sodass sein Aufenthaltsrecht mit der Ehe gar keine oder eine nur sehr geringe Verbindung aufweist. In einem solchen Fall kommt „insbes." der Staat des letzten gemeinsamen Aufenthalts der Ehegatten – gemeint ist damit ein in der Ehezeit liegender Aufenthalt – als engste Verbindung in Betracht. Das heißt aber keinesfalls, dass dieser letzte gemeinsame Aufenthalt immer ausschlaggebend ist. Vielmehr kann es auch sein, dass der gewöhnliche Aufenthalt des vermeintlich Unterhaltsberechtigten sich gerade weiterhin im Staat des letzten gemeinsamen Aufenthalts befindet, aber das Recht eines anderen, mit der Ehe enger verbundenen Staats angewendet werden soll. Es muss daher in **jedem einzelnen Fall** geprüft werden, ob zu diesem anderen Staat wirklich eine engere Verbindung der Ehe besteht als zu dem aktuellen gewöhnlichen Aufenthalt des Berechtigten (zu möglichen Kriterien OLG Karlsruhe, FamRZ 2021, 1030). Welche Staaten bzw. Rechtsordnungen sonst in Betracht kommen und wann genau eine Verbindung „enger" ist, ist in der Norm nicht näher bestimmt. Ein früherer, langer gewöhnlicher Aufenthalt kann aber wohl nur bei deutlich überwiegender Zeit einen kürzeren gewöhnlichen Aufenthalt am Ende der Ehe verdrängen. Das legt nicht nur der Wortlaut der Norm nahe, sondern auch der Charakter des nachehelichen Unterhaltsrecht, welches (anders als das Güterrecht) eher an die Lebensumstände gegen Ende der Ehe anschließt (abzulehnen daher AG Flensburg, NZFam 2021, 707). Auch die Staatsangehörigkeit darf einbezogen werden, soweit sie die Ehe wirklich geprägt hat (Bonomi Rapport explicatif Rn. 85; Rauscher/Andrae Rn. 18). Dass die Staatsangehörigkeit in ihrer Bedeutung typischerweise hinter aufenthaltsorientierten Kriterien zurücksteht, zeigt aber die Gesamtkonzeption des HUP (zB → Art. 1 Rn. 6) (zurückhaltend daher zu Recht NK-BGB/Bach Rn. 15; OLG Karlsruhe, FamRZ 2021, 1030). 8

**5. Geltendmachung.** Anders als Art. 4 (→ Art. 4 Rn. 1) verlangt Art. 5, dass sich eine der Parteien auf die Anwendung des Rechts der engsten Verbindung beruft. Nach wohl einhelliger Ansicht kann sie auch einem Zessionar – also insbes. einer Einrichtung nach Art. 10 HUP – zustehen (Staudinger/Mankowski, 2016, Rn. 30; NK-BGB/Bach Rn. 13; Rauscher/Andrae Rn. 13). Die Norm spricht von einer „Einwendung". Es ist davon auszugehen, dass hierfür keinerlei formale Anforderungen gelten. Sie muss jedoch von einer Partei **in den Prozess eingebracht werden** und kann nicht von Amts wegen angewendet werden (Rauscher/Andrae Rn. 12; Bonomi Rapport explicatif Rn. 83). 9

Es richtet sich nach der lex fori, wie lange eine solche Einwendung im Verfahren möglich ist (Rauscher/Andrae Rn. 12). In Deutschland gelten die allgemeinen Regeln über Angriffs- und Verteidigungsmittel. Die reguläre zeitliche Grenze bildet dabei nach § 282 ZPO das Ende der letzten mündlichen Verhandlung. Die Zurückweisung kann gem. § 115 FamFG erfolgen (nur Keidel/Weber FamFG § 113 Rn. 17). Meist liegt die Zeitgrenze aber früher, weil entweder ein früher erster Termin bestimmt ist oder der Richter eine Schriftsatzfrist setzt (§§ 275, 276 ZPO). Der BGH hat ausnahmsweise eine in der Revisionsinstanz erhobene Einrede berücksichtigt, weil das Unterbleiben der Einrede in der Beschwerdeinstanz auf einem Fehler des Gerichts beruhte und die Tatsachen unstreitig waren. Er wendete insofern die in der Rspr. allgemein zu § 559 ZPO gemachte Ausnahme an (BGH NJW 2013, 2662). 10

**6. Wandelbarkeit.** Da das HUP für den nachehelichen Unterhalt nicht mehr wie noch das HUntÜ 1973 an das per se unwandelbare tatsächliche Scheidungsstatut anknüpft, ist auch die Anknüpfung des ehelichen Unterhaltsanspruchs grds. wandelbar. Das gilt aber nicht für einen Anspruch, der nach Beendigung der Ehe nach den Vorgaben des Art. 5 an die engste Verbindung zur Ehe anknüpft. Denn diese ist nach der Beendigung der Ehe unveränderlich. Das nach Art. 5 für 11

**nacheheliche Unterhaltsansprüche** bestimmte Statut ist also letztlich **unwandelbar** (Hausmann IntEuSchR Rn. C-616).

12 Diese Unwandelbarkeit wirkt auch fort für spätere (in- oder ausländische) Abänderungen einer solchen Entscheidung über nachehelichen Unterhalt. Soweit allerdings die abzuändernde Entscheidung auf Art. 3 gestützt wurde, kann **bei veränderten Umständen** im Rahmen des Abänderungsverfahrens die Einwendung aus Art. 5 noch erhoben werden. Problematisch ist die Frage, ob auch alle früheren Entscheidungen, die auf Art. 8 HUntÜ 1973 gestützt waren, nach dem Inkrafttreten des HUP abgeändert werden dürfen (→ Art. 1 Rn. 93).

13 **7. Unterhaltsvereinbarungen.** Eine Rechtswahl geht dem Art. 5 fraglos vor (Erman/Hohloch Rn. 6). Welches Recht über die Wirksamkeit einer vor der Scheidung getroffenen Vereinbarungen über den nachehelichen Unterhalt entscheiden sollte, soweit die Ehegatten nicht zugleich eine gültige Rechtswahl (→ Art. 8 Rn. 1 ff.) getroffen haben, richtet sich demgegenüber ebenfalls nach Art. 5 (s. nur Rauscher/Andrae Art. 3 Rn. 16). Schon früher wurden solche Vereinbarung mit über Art. 8 HUntÜ 1973 beurteilt (Grüneberg/Thorn, 72. Aufl. 2013, EGBGB Art. 18 Rn. 8, 12; LSG Sachsen-Anhalt NZS 2003, 43). Nichts anderes kann nach dem HUP gelten, sodass auch hier Art. 3 und 5 eingreifen. Ein **umfassender Ehevertrag** wird folglich, soweit eine Rechtswahl fehlt, in Bezug auf die Rechtsanwendung uU in einen güterrechtlichen Teil und einen unterhaltsrechtlichen Teil aufgespalten. Für den güterrechtlichen Teil gilt für Eheverträge, die ab dem 29.1.2019 geschlossen worden, die EuGüVO, wo vor allem die besonderen Formvorschriften der Art. 24, 25 EuGüVO zu beachten sind. Für ältere Eheverträge gilt noch Art. 15 EGBGB aF.

## Art. 6 Besondere Mittel zur Verteidigung

**Außer bei Unterhaltspflichten gegenüber einem Kind, die sich aus einer Eltern-Kind-Beziehung ergeben, und den in Artikel 5 vorgesehenen Unterhaltspflichten kann die verpflichtete Person dem Anspruch der berechtigten Person entgegenhalten, dass für sie weder nach dem Recht des Staates des gewöhnlichen Aufenthalts der verpflichteten Person noch gegebenenfalls nach dem Recht des Staates, dem die Parteien gemeinsam angehören, eine solche Pflicht besteht.**

### I. Normzweck und Überblick

1 Art. 6 eröffnet dem Unterhaltspflichtigen für bestimmte, eher weniger zentrale Unterhaltsansprüche die Möglichkeit, dem Anspruch entgegenzuhalten, dass weder nach dem Recht seines gewöhnlichen Aufenthaltsorts noch nach dem Recht des Staates, dem die Parteien gemeinsam angehören, eine Unterhaltspflicht besteht. Art. 6 ersetzt und erweitert die früher bestehende Einrede gegen eine Unterhaltspflicht zwischen ferneren Verwandten, die nur in einigen Vertragsstaaten bekannt war (Art. 7 HUntÜ 1973). Die Norm verfolgt den letztlich richtigen Zweck, die Ausnutzung von länderspezifischen unterhaltsrechtlichen Besonderheiten (zB Geschwisterunterhalt) durch den Unterhaltsberechtigten zu verhindern.

2 Allerdings geht Art. 6 recht weit und ist in der Anwendung eher kompliziert, insbes. weil mehrere Rechtsordnungen überprüft werden müssen. Letztlich wird – zumindest für die in Art. 4 Abs. 1 lit. b und lit. c genannten Personen – das zunächst aufgebaute Kaskadenmodell der Art. 3 und 4 wieder vernichtet. Jeder, der diesen Personen Unterhalt schuldet, kann sich in einen Staat zurückziehen, welcher die Unterhaltspflicht nicht kennt (ähnlich krit. Rauscher/Andrae Rn. 3).

### II. Einzelerläuterungen

3 **1. Anwendungsbereich.** Art. 6 gilt laut seinem klaren Wortlaut nicht für Ansprüche des Kindes gegen die Eltern und für Ansprüche mit Bezug zu einer Ehe (Art. 5) (Andrae FPR 2008, 196, 202; Gruber FS Spellenberg, 2010, 177 (185)). Art. 6 greift grds. auch dann, wenn eine Person erst aus Art. 4 einen Anspruch ableiten kann (Bonomi Rapport explicatif Rn. 100; Rauscher/Andrae Rn. 4, 5). Das ist eine merkwürdige Gegenläufigkeit der Normen, die aber praktisch dadurch nicht allzu wirkungsvoll ist, dass der wichtige Anspruch des Kindes gegen die Eltern nicht unter Art. 6 fällt (NK-BGB/Bach Rn. 2; Staudinger/Mankowski, 2016, Rn. 13).

3.1 Die hauptsächlich gemeinten ungewöhnlichen Unterhaltspflichten können insbesondere sein: Der Anspruch der **Eltern gegen ihr Kind** der in einigen Rechtsordnungen fehlt, so etwa im schwedischen und im englischen Recht sowie in vielen US-Staaten; die Unterhaltspflichten zwischen Verwandten in der Seitenlinie, so zB für **Geschwister** in Italien (FG Hamburg EFG 1981, 294; Rieck, Ausländisches Familienrecht, Rn. 49) und der Türkei (AG Fritzlar IPRax 1984, 278; BFH IPRax 2004, 342-346); die Unterhaltspflichten für **Stiefkinder** in England (Martiny, Unterhaltsrang und -rückgriff, Bd. 1 Teil II, § 4 IV 2 d), den Niederlanden (Kremer, Das Stiefkind im Unterhaltsrecht, Kap. IV, 3) und Schweden (Kremer, Das Stiefkind im Unterhaltsrecht, 2000, Kap. IV, 4; Rieck, Ausländisches Familienrecht, Rn. 33) und Unterhaltspflichten für **Verschwägerte,** zB gegenüber **Schwiegereltern** nach türkischem (BFH IPRax 2004, 342 mAnm Kanzler FR 2002, 1244 f.), niederländischem (Rieck, Ausländisches Familienrecht, Rn. 38) und französischem Recht (Martiny, Unterhaltsrang und -rückgriff, Bd. 1, Teil II § 4 III 1 g).

Die Norm greift immer dann ein, wenn nach dem Recht am gewöhnlichen Aufenthalt des Verpflichteten eine **Unterhaltspflicht nicht besteht.** Falls Berechtigter und Verpflichteter dieselbe Staatsangehörigkeit haben, besteht die Einrede nur dann, wenn auch das gemeinsame Heimatrecht eine Unterhaltspflicht für den betroffenen Fall nicht kennt. 4

Art. 6 erfasst nicht nur den Fall, dass der spezifische Unterhaltstatbestand in den anderen Staaten gar nicht besteht. Die Norm greift vielmehr auch, wenn der Unterhaltspflicht nach dem bezeichneten „Verteidigungs"-Recht nur bestimmte tatbestandliche Hindernisse entgegenstehen. Die Abgrenzung erfolgt wie bei den Ausweichregeln in Art. 4 (→ Art. 4 Rn. 8 ff.) und Art. 5 (Bonomi Rapport explicativ Rn. 108). Dass der Unterhaltsanspruch lediglich geringer ist, hat also auch hier keine Bedeutung (→ Art. 4 Rn. 12). Das bedeutet, dass Art. 6 nicht verwendet werden kann, um eine Herabsetzung der Höhe des Unterhalts zu erreichen (Staudinger/Mankowski, 2016, Rn. 17). Auch eine etwaige unterschiedliche Beurteilung der Leistungsfähigkeit und der Bedürftigkeit ist irrelevant. 5

**2. Funktionsweise und Konsequenz.** Art. 6 gewährt dem Unterhaltsverpflichteten eine im Prozess vorzubringende Einrede. Für die wirksame Geltendmachung gilt das zu Art. 5 Gesagte (→ Art. 5 Rn. 9 f.). Als Konsequenz entfällt die Unterhaltspflicht. 6

## Art. 7 Wahl des anzuwendenden Rechts für die Zwecke eines einzelnen Verfahrens

**(1) Ungeachtet der Artikel 3 bis 6 können die berechtigte und die verpflichtete Person allein für die Zwecke eines einzelnen Verfahrens in einem bestimmten Staat ausdrücklich das Recht dieses Staates als das auf eine Unterhaltspflicht anzuwendende Recht bestimmen.**

**(2) Erfolgt die Rechtswahl vor der Einleitung des Verfahrens, so geschieht dies durch eine von beiden Parteien unterschriebene Vereinbarung in Schriftform oder erfasst auf einem Datenträger, dessen Inhalt für eine spätere Einsichtnahme zugänglich ist.**

### I. Normzweck und Überblick

Nach Art. 7 und Art. 8 besteht nunmehr auch für Unterhaltsansprüche eine, wenn auch eingeschränkte, **Rechtswahlmöglichkeit.** Nach Art. 7 können die Parteien für ein einzelnes Verfahren, das entweder bereits eingeleitet ist oder bevorsteht, die **lex fori** wählen. Art. 8 erlaubt demgegenüber eine begrenzte Möglichkeit der Rechtswahlvereinbarung vorab. Dem **Schutz des Schwächeren** wird mit verschiedenen Regelungen in Art. 8 Abs. 3–5 Rechnung getragen. Ob es richtig ist, dass ein Schutzbedürfnis bei der „Einmal-Wahl" nach Art. 7 so viel geringer ist als bei Art. 8 (dies betonend EuGH ECLI:EU:C:2018:744 = NJW 2018, 3433 Rn. 39 – Mölk; zust. Mansel/Thorn/Wagner, IPRax 2019, 85 (115)), darf man bezweifeln. 1

Die Einführung der Rechtswahlfreiheit dient einerseits allgemein der Parteiautonomie, andererseits soll den Parteien ermöglicht werden, größere Rechtssicherheit zu erreichen (näher etwa Andrae GPR 2010, 196 (200)). Denn durch die Anknüpfung an den gewöhnlichen Aufenthalt lässt sich kaum vorsehen, ob und in welcher Höhe in familiären Kontexten mit Unterhaltsansprüchen bzw. Unterhaltspflichten zu rechnen ist. Letzteres betrifft freilich weniger die Wahl der lex fori im laufenden Verfahren nach Art. 7 als die allgemeinen Rechtswahlvereinbarungen nach Art. 8 (→ Art. 8 Rn. 1). Art. 7 verfolgt demgegenüber den besonderen Zweck, **die Anwendbarkeit der lex fori** zu stärken (NK-BGB/Bach Rn. 2; Erman/Hohloch Rn. 1; Rauscher/Andrae Rn. 1). 2

### II. Einzelerläuterungen

**1. Allgemeines.** Allgemein wird davon ausgegangen, dass die Rechtswahl nur zwischen Unterhaltsberechtigtem und Unterhaltsverpflichteten möglich ist. Streitig ist aber, ob eine **öffent-** 3

**liche Einrichtung,** die den Anspruch durchsetzt, als „Berechtigter" anzusehen ist und infolgedessen eine wirksame Vereinbarung mit dem Verpflichteten treffen kann (dagegen Rauscher/Andrae Rn. 3; dafür NK-BGB/Bach Rn. 6). Letztlich ist Berechtigter immer derjenige, der den Anspruch aktuell innehat, sodass die öffentliche Einrichtung für die betroffenen übergegangenen Ansprüche die Rechtswahl vereinbaren kann (so auch Staudinger/Mankowski, 2016, Rn. 7 f.). Für Minderjährige kann der **gesetzliche Vertreter** (nach Art. 16 KSÜ) die Erklärung abgeben (Rauscher/Andrae Rn. 4). Auch ansonsten ist eine **Bevollmächtigung** nicht ausgeschlossen. Überzeugend ist vorgeschlagen worden, dass die Wahl für ein Unterhaltsverfahren auch für alle nachfolgenden **Abänderungsverfahren** fortgelten sollte (Erman/Hohloch Rn. 2; Staudinger/Mankowski, 2016, Rn. 16). Selbstverständlich können die Parteien aber einvernehmlich eine neue Wahl treffen.

4 **2. Wahl der lex fori nach Einleitung des Verfahrens.** Die Parteien können nach Abs. 1 zunächst in einem laufenden Rechtsstreit die lex fori wählen. Erfolgt die Rechtswahl nach Einleitung des Verfahrens (Abs. 1), so setzt sie keine besondere Form voraus, sondern sie muss lediglich „ausdrücklich" erfolgen. Für die formalen und zeitlichen Voraussetzungen der im Verfahren getroffenen Rechtswahlvereinbarung gilt die lex fori (Erman/Hohloch Rn. 3; Gruber FS Spellenberg, 2010, 177 (189)).

5 **3. Wahl der lex fori vor Einleitung des Verfahrens (Abs. 2).** Erfolgt die Wahl vor der Einleitung des Verfahrens, dann ist nach Art. 7 Abs. 2 eine von beiden Parteien unterzeichnete Vereinbarung nötig, die entweder in einfacher „Schriftform" (gemeint ist wohl Papierform) erfolgen oder auf einem (sonstigen) Datenträger gespeichert sein kann (näher Staudinger/Mankowski, 2016, Rn. 23 f.). In beiden Fällen ist eine Unterschrift erforderlich. Welche Anforderungen an die elektronische Unterschrift zu stellen sind, ist dabei streitig (näher MüKoBGB/Staudinger Art. 8 Rn. 19 mit überzeugendem Hinweis auf Art. 3 lit. d HUÜ 2007). Zu eventuellen höheren Anforderungen im nationalen Recht → Art. 8 Rn. 13.

6 Es ist davon auszugehen, dass die Wahl auch **vorsorglich** vereinbart werden kann. Dann aber muss erkennbar sein, für welches Verfahren in welchem konkreten Staat sie gedacht ist. Eine „blinde" Wahl der lex fori ist nicht möglich (Grüneberg/Thorn Rn. 26; Rauscher/Andrae Rn. 8). Typischerweise kann dies gelingen, wenn gleichzeitig eine Gerichtsstandsvereinbarung erfolgt. Es reicht auch, die Rechtsordnung ergänzend zu bezeichnen (Staudinger/Mankowski, 2016, Rn. 19). Problematisch ist die Konstellation, dass aus irgendwelchen Gründen (etwa infolge einer Klagerücknahme) mehrere Verfahren geführt werden. Dann ist fraglich, ob die Rechtswahl nur für den ersten Streit gilt. Davon ist, zumindest in der Regel, auszugehen (Grüneberg/Thorn Rn. 26; näher Gruber FS Spellenberg, 2010, 177 (190)).

## Art. 8 Wahl des anzuwendenden Rechts

**(1) Ungeachtet der Artikel 3 bis 6 können die berechtigte und die verpflichtete Person jederzeit eine der folgenden Rechtsordnungen als das auf eine Unterhaltspflicht anzuwendende Recht bestimmen:**

**a) das Recht eines Staates, dem eine der Parteien im Zeitpunkt der Rechtswahl angehört;**

**b) das Recht des Staates, in dem eine der Parteien im Zeitpunkt der Rechtswahl ihren gewöhnlichen Aufenthalt hat;**

**c) das Recht, das die Parteien als das auf ihren Güterstand anzuwendende Recht bestimmt haben, oder das tatsächlich darauf angewandte Recht;**

**d) das Recht, das die Parteien als das auf ihre Ehescheidung oder Trennung ohne Auflösung der Ehe anzuwendende Recht bestimmt haben, oder das tatsächlich auf diese Ehescheidung oder Trennung angewandte Recht.**

**(2) Eine solche Vereinbarung ist schriftlich zu erstellen oder auf einem Datenträger zu erfassen, dessen Inhalt für eine spätere Einsichtnahme zugänglich ist, und von beiden Parteien zu unterschreiben.**

**(3) Absatz 1 findet keine Anwendung auf Unterhaltspflichten betreffend eine Person, die das 18. Lebensjahr noch nicht vollendet hat, oder einen Erwachsenen, der aufgrund einer Beeinträchtigung oder der Unzulänglichkeit seiner persönlichen Fähigkeiten nicht in der Lage ist, seine Interessen zu schützen.**

**(4) Ungeachtet des von den Parteien nach Absatz 1 bestimmten Rechts ist das Recht des Staates, in dem die berechtigte Person im Zeitpunkt der Rechtswahl ihren gewöhnli-**

**chen Aufenthalt hat, dafür maßgebend, ob die berechtigte Person auf ihren Unterhaltsanspruch verzichten kann.**

**(5) Das von den Parteien bestimmte Recht ist nicht anzuwenden, wenn seine Anwendung für eine der Parteien offensichtlich unbillige oder unangemessene Folgen hätte, es sei denn, dass die Parteien im Zeitpunkt der Rechtswahl umfassend unterrichtet und sich der Folgen ihrer Wahl vollständig bewusst waren.**

### Übersicht



## I. Normzweck und Überblick

1 Während Art. 7 nur den Sonderfall der Wahl der lex fori für ein einzelnes Verfahren regelt, enthält Art. 8 die zentralen Regelungen für die allgemeinen **Rechtswahlvereinbarungen.** Ziel der Norm ist die Stärkung der Parteiautonomie und die Möglichkeit, trotz Mobilität der Parteien erhöhte Rechtssicherheit für Unterhaltsstreitigkeiten zu erhalten (näher → Art. 7 Rn. 2). Die Möglichkeit einer Rechtswahl in Unterhaltssachen ist wichtig, weil die Rechtsordnungen sehr unterschiedlich mit Unterhaltsvereinbarungen umgehen, wie sie etwa in Deutschland im Rahmen von Eheverträgen getroffen werden (etwa BGH NJW 2004, 930; 2009, 842). Nur durch die Kombination mit einer Rechtswahl sowie einer Gerichtsstandsvereinbarung nach Art. 4 EuUnthVO können solche Vereinbarungen auch im internationalen Rechtsverkehr einigermaßen abgesichert werden (näher Schäuble NZFam 2014, 1071).

2 Die Auswahl der wählbaren Rechtsordnungen wird in Abs. 1 zunächst, wie im internationalen Familienrecht allgemein üblich, begrenzt. So soll verhindert werden, dass eine Rechtsordnung gewählt wird, mit der die Parteien in keiner Weise verbunden sind. Denn durch eine solche Wahl würden die Unsicherheit und die Gefahr der Übervorteilung einer Partei deutlich steigen (ähnlich Rauscher/Andrae Rn. 7). Wird eine andere Rechtsordnung gewählt, ist die Wahl unwirksam (nur Hausmann IntEuSchR Rn. C-649).

3 Es bestehen außerdem gewisse, wenn auch niedrige, formale Anforderungen (Abs. 2). Dem Schutz des Schwächeren wird mit verschiedenen Regelungen in Art. 8 Abs. 3–5 Rechnung getragen. Insbesondere ist die Rechtswahl nach Art. 8 – anders als die Rechtswahl nach Art. 7 – ausgeschlossen, wenn eine der Parteien minderjährig ist (Abs. 3).

## II. Einzelerläuterungen

4 **1. Wählbare Rechtsordnungen (Abs. 1).** Art. 8 Abs. 1 zählt die Rechtsordnungen auf, die von den Parteien gewählt werden dürfen. Der Katalog lässt erkennen, dass es nicht nur darum ging, eine gewisse Nähe zum gewählten Recht sicherzustellen, sondern dass Vereinfachung ebenfalls gewünscht war.

5 Nach **lit. a** kann eine Rechtsordnung gewählt werden, der eine der Parteien angehört. Unstreitig reicht bei doppelter Staatsangehörigkeit eines (oder beider) Ehegatten jede, also auch eine nichteffektive, Staatsangehörigkeit aus (Grüneberg/Thorn Rn. 30; Rauscher/Andrae Rn. 8; Erman/Hohloch Rn. 2). Die Wahlmöglichkeit sollte iÜ auch Personen mit **Flüchtlingsstatus** eingeräumt werden (näher → Rom III-VO Art. 5 Rn. 12).

6 Nach **lit. b** kann außerdem das Recht jedes Staates gewählt werden, in dem eine der Parteien ihren **gewöhnlichen Aufenthalt** hat (näher zum Begriff des gewöhnlichen Aufenthalts → Art. 3 Rn. 3 ff.).

7 In beiden Fällen kommt es dabei nach dem deutlichen Wortlaut der Norm für die Bestimmung der Staatsangehörigkeit bzw. des gewöhnlichen Aufenthalts allein auf den **Zeitpunkt der Rechtswahl** an (Hausmann IntEuSchR Rn. C-663, 666 ff.). Nach einem Wechsel der Staatsangehörigkeit oder des gewöhnlichen Aufenthalts bleibt eine einmal von Art. 8 gedeckte Wahl also wirksam. Umgekehrt bleibt eine vormals unzulässige Wahl aber auch unwirksam, selbst wenn die Wahl das Recht der neuen Staatsangehörigkeit oder das neue Aufenthaltsrecht vorwegnahm – die Wahl muss, wenn sie wirksam werden soll, vielmehr neu vorgenommen werden (Erman/Hohloch Rn. 2).

**8** Nach **lit. c** und **lit. d** kann außerdem das für den **Güterstand oder für die Ehescheidung** gewählte oder darauf jeweils bereits tatsächlich angewendete Recht auch für den Unterhalt gewählt werden. Diese Möglichkeiten überzeugen, weil sie darauf gerichtet sind, eine Abgrenzung zwischen den Statuten unnötig zu machen und ein einheitliches Recht für die Scheidung samt der finanziellen Folgesachen zu bestimmen. Sie sind entspr. auf andere Formen persönlicher Verbindungen wie die **eingetragene Lebenspartnerschaft** anzuwenden, soweit es für diese ein Güterrecht bzw. eine der Scheidung entsprechende Auflösung gibt (Staudinger/Mankowski, 2016, Rn. 42).

**9** Die erste Alternative (gewähltes Scheidungs- oder Güterstatut) bringt es zum einen mit sich, dass der Kreis der wählbaren Rechtsordnungen erweitert wird. Dies gilt aber nicht beliebig, da die Rechtswahlmöglichkeit für das Güterrecht und die Ehescheidung meisten ebenfalls beschränkt ist. Die Wirksamkeit der auf Güterstand oder Scheidungsstatut bezogenen Rechtswahl setzt Art. 8 aber voraus (so zu Recht Gruber FS Spellenberg, 2010, 177 (191); näher NK-BGB/Bach Rn. 19). Häufig wird die Zulässigkeit einer Wahl nach lit. c nicht über die ohnehin schon in lit. a oder lit. b zur Verfügung gestellten Wahlmöglichkeiten hinausgehen (→ Rn. 9.1). Doch kann das anders sein, da uU auf einen anderen Zeitpunkt abzustellen ist (wenn etwa der güterrechtliche Vertrag schon älter ist) oder das objektive Güter- bzw. Scheidungsstatut einem anderen Recht unterliegt.

**9.1** Der für die Scheidung selbst geltende Art. 5 Rom III-VO beschränkt die Wahl in etwas anderen Einzelheiten – insbesondere tritt nach Art. 5 Abs. 1 lit. d Rom III-VO die lex fori hinzu. Art. 22 EuGüVO, der für das Güterrecht betreffende Rechtswahlvereinbarungen gilt, die ab dem 29.1.2019 getroffen werden, sieht ebenfalls nur einen begrenzten Katalog von Rechtsordnungen vor. Wie in Art. 8 Abs. 1 lit. a und lit. b kommt es auch nach Art. 22 Abs. 1 EuGüVO auf die Staatsangehörigkeit oder den gewöhnlichen Aufenthalt eines der (ggf. zukünftigen) Ehegatten zum Zeitpunkt der Rechtswahl an. Art. 22 Abs. 1 lit. c EuPartVO sieht demgegenüber zusätzlich die Möglichkeit vor, dass Recht des Begründungsorts zu wählen. Der für ältere Vereinbarungen noch geltende Art. 15 EGBGB aF entspricht dem Art. 8.

**10** Die zweite Alternative des lit. c, also die Wahl des auf die Scheidung oder den Güterstand **bereits angewandten Rechts,** hat ihren großen Vorteil ebenfalls darin, dass es praktisch und einfach ist, wenn so die Geltung desselben Rechts für diese Rechtsfragen erreicht werden kann. Das vermeidet Qualifikationsprobleme und fördert in sich konsistente Rechtsfolgen der Scheidung (Coester-Waltjen/Coester FS Schurig, 2012, 33 (40)). Nach wohl allgemeiner Ansicht ist eine solche Wahl jedoch frühestens ab dem Zeitpunkt möglich, zu dem im bereits laufenden Scheidungsverfahren das anzuwendende Recht feststeht (NK-BGB/Bach Rn. 21; Rauscher/Andrae Rn. 14; Hausmann IntEuSchR Rn. C-676 auch bei gleichzeitiger Entscheidung).

**11** Art. 8 ermöglicht in keinem Fall eine Vereinbarung der Parteien, in der sie quasi blanko das Unterhaltsrecht dem Scheidungs- oder Güterstatut unterstellen. Vielmehr ist es erforderlich, dass die Parteien eine **konkrete Rechtsordnung** benennen, deren Anwendung sie wünschen.

**12** **2. Form und persönliche Voraussetzungen. a) Formerfordernisse.** Nach Art. 8 Abs. 2 ist dieselbe Form wie in Art. 7 – also Schriftform – vorgeschrieben (→ Art. 7 Rn. 5). Ausdrücklich muss die Rechtswahl dabei nicht erfolgen, sodass sie **konkludent** in einer schriftlichen Erklärung enthalten sein kann. Mit der Annahme einer konkludenten Rechtswahl sollte man jedoch generell zurückhaltend sein. Vorstellbar wäre etwa, dass ein die Scheidung betreffender Vertrag für den Unterhalt auf bestimmte Institute Bezug nimmt, die gerade nur in einer Rechtsordnung bekannt sind. Hinzukommen muss jedoch unbedingt, dass die Ehegatten sich über die internationale Dimension ihres Falls bewusst waren (Rauscher/Andrae Rn. 6; Grüneberg/Thorn Rn. 31; Andeutung in der Urkunde verlangt Hausmann IntEuSchR Rn. C-652). Die Möglichkeit der Stellvertretung ist durch das HUP nicht ausgeschlossen und richtet sich – ebenso wie die materielle Wirksamkeit der Vereinbarung – nach dem gewählten Recht (Erman/Hohloch Rn. 1; Grüneberg/Thorn Rn. 31).

**13** Problematisch und streitig ist, ob für die Rechtswahl **weitere Form- oder sonstige Wirksamkeitsvoraussetzungen des nationalen Rechts** gelten sollen. Der erläuternde Bericht räumte diese Möglichkeit in seiner vorläufigen Fassung noch ein (darauf Bezug nehmend etwa Hausmann IntEuSchR Rn. C-660), sie wird aber in der Schlussfassung nicht mehr erwähnt (Bonomi Rapport explicatif Rn. 145). Befürwortend meint Gruber, es müssten die Voraussetzungen erfüllt sein, welche die gewählte Rechtsordnung für einen solchen Vertrag verlange (Gruber FS Spellenberg, 2010, 177 (191); auch Eßer IPRax 2013, 399 (401)). Dem ist jedoch zu widersprechen (so auch Rauscher/Andrae Rn. 16; NK-BGB/Bach Rn. 26; Dethloff FS Martiny, 2014, 6). Der Wortlaut des Art. 8 Abs. 2 ist klar. Weder dort noch in der auf das Protokoll verweisenden EuUnthVO ist eine Erweiterung vorgesehen. Eine Öffnung für zusätzliche nationale Formvorschriften würde zu Unübersichtlichkeit der Rechtslage und Verunsicherung bei den Betroffenen führen und die durch das Protokoll angestrebte Stärkung der Parteiautonomie in internationalen Rechtsverhältnissen würde behindert (ähnlich Staudinger/Mankowski, 2016, Rn. 25). In Deutschland entsteht so zwar ein gewisser Konflikt mit § 1585c S. 2 BGB, der für Vereinbarungen über nachehelichen Unterhalt, die vor Rechtshängigkeit des Scheidungsverfahrens abgeschlossen werden, die notarielle Form vorschreibt. Dieser Konflikt zwischen nationalen, inhaltlichen Vereinbarungen und internationalen, rechtswählenden Vereinbarungen ist jedoch hinzunehmen – zumal er dadurch entschärft wird, dass die Inhaltskontrolle nach Art. 8 Abs. 4 und 5 erfolgt (→ Rn. 17 ff.) (gegen weitere Formerfordernisse auch Rauscher/Andrae Rn. 16).

**b) Ausgeschlossene Personen.** Gemäß Art. 8 Abs. 3 ist die Rechtwahl nach Art. 8 Abs. 1 ausgeschlossen, wenn der Unterhaltsberechtigte das 18. Lebensjahr noch nicht vollendet hat oder wenn es sich um einen „Erwachsenen" handelt, der aufgrund einer Beeinträchtigung oder der Unzulänglichkeit seiner persönlichen Fähigkeiten nicht in der Lage ist, seine Interessen zu schützen. Da das Protokoll bei der Bestimmung der schutzbedürftigen Erwachsenen bewusst auf das ESÜ Bezug nimmt, muss dieses zur Auslegung herangezogen werden. Das bedeutet (wie auch schon der Normzusammenhang selbst nahelegt), dass „Erwachsener" hier als Person über 18 Jahre zu verstehen ist (Staudinger/Mankowski, 2016, Rn. 66). 14

In beiden Fällen kommt es auf den **Zeitpunkt** des Abschlusses der Vereinbarung an. Eine mit einem Minderjährigen oder einem vorübergehend schutzbedürftigen Erwachsenen abgeschlossene Vereinbarung wird also nicht später wirksam. Umgekehrt bleibt die einmal wirksam geschlossene Vereinbarung auch dann weiter wirksam, wenn der Berechtigte später schutzbedürftig iSd Abs. 3 Alt. 2 wird (Staudinger/Mankowski, 2016, Rn. 70). 15

**c) Verhältnis von Art. 8 zu Art. 7.** Wenn eine Rechtswahl auf Art. 7 abzielt, dessen Anforderungen aber nicht genügt (zB weil die Scheidung, auf die Bezug genommen wird, sich verzögert hat oder das Verfahren in einem anderen Staat eröffnet wurde) kann sie bei Vorliegen der Voraussetzungen in eine wirksame Rechtswahl nach Art. 8 umgedeutet werden. Umgekehrt kann eine nach Art. 8 unwirksame Wahl dann wirksam sein, wenn bereits eine der Optionen des Art. 7 erfüllt ist (Grüneberg/Thorn Rn. 25; Staudinger/Mankowski, 2016, Rn. 27 ff.). Die Parteien können bei ihrer Wahl auch eine Kombination aus Art. 7 und Art. 8 vereinbaren (dafür Schäuble NZFam 2014, 1071 (1078)). Allerdings ist eine unbeschränkte Wahl der lex fori wie gezeigt (→ Rn. 2 f.) unter dem HUP nicht vorgesehen. 16

**3. Missbrauchskontrolle. a) Kein Unterhaltsverzicht entgegen dem Recht des gewöhnlichen Aufenthalts (Abs. 4).** Art. 8 Abs. 4 will den Unterhaltsberechtigten davor schützen, nach einem fremden, von den Parteien gewählten Recht auf seinen Unterhaltsanspruch zu verzichten. Stattdessen soll hierfür immer das Recht des gewöhnlichen Aufenthalts gelten (zur Unlogik der Vorschrift NK-BGB/Bach Rn. 34). Wie die Norm zu verstehen ist, wird nicht völlig einheitlich beurteilt. Inzwischen wird überwiegend vertreten, dass Art. 8 Abs. 4 nicht nur eingreift, wenn ein „echter" Unterhaltsverzicht vorliegt, der nach dem Recht des gewöhnlichen Aufenthalts nicht möglich wäre. Vielmehr wird das Eingreifen des Abs. 4 meist auch dann bejaht, wenn eine Rechtwahl dazu führt, dass der Berechtigte (bewusst oder unbewusst) von Gesetzes wegen seinen Unterhaltsanspruch verliert (Staudinger/Mankowski, 2016, Rn. 81; Grüneberg/Thorn Rn. 32 – Analogie; Hausmann IntEuSchR Rn. C-685; Gruber FS Spellenberg, 2010, 177 (191)). Teils wird aber auch angenommen, die Regelung wolle nur bestimmen, dass für einen explizit erklärten Unterhaltsverzicht stets das Recht des gewöhnlichen Aufenthalts gelte (so Rauscher/Andrae Rn. 23). Der Wortlaut lässt beide Deutungen zu. Im erläuternden Bericht findet sich der Hinweis, auch der Verzicht schon durch die Wahl der Rechtsordnung, die einen Unterhaltsanspruch für den Berechtigten nicht vorsehe, solle umfasst sein (Bonomi Rapport explicatif Rn. 149). Im Sinne des Berechtigten sollte dem gefolgt werden (auch MüKoBGB/Staudinger Rn. 22b). 17

Nach dem erläuternden Bericht meint Art. 8 Abs. 4 nicht Verzichte, die im Gegenzug zu einer Einmalleistung erklärt werden (Bonomi Rapport explicatif Rn. 149; Gruber FS Spellenberg, 2010, 177 (191)). Hier handelt es sich letztlich um Vereinbarungen. 18

**b) Allgemeine Billigkeitskontrolle.** Abs. 5 bringt eine allgemeine Billigkeitskontrolle für die Rechtswahl, die aber nicht greift, wenn eine umfassende Aufklärung erfolgt ist und sich die betroffene Person der Folgen der Rechtswahl bewusst war. Damit findet sich im HUP eine Kodifizierung des in Deutschland etablierten und auch im Rahmen der Rechtswahl diskutierten Gedankens der informierten Selbstbestimmung (nur Röthel JbItalR 25 (2012), 3, 12). So positiv dies zu bewerten ist, muss doch auch bedacht werden, dass die Norm einen nicht auszuräumenden 19

Unsicherheitsfaktor bei der Vereinbarung einer Rechtswahl darstellt (etwa Gruber, Risiken bei der Rechtswahl im Familien- und Erbrecht, in Budzikiewicz ua, Migration und IPR, 2018, 2018, 169, 184).

**20** Deutet man Abs. 4 so weitgehend, wie soeben vorgeschlagen (→ Rn. 17), bleibt für die allgemeine Billigkeitskontrolle nach Abs. 5 nicht mehr allzu viel Raum (so auch Hausmann IntEuSchR Rn. C-685). Denn der Berechtigte hat in jedem Fall auch nach dem gewählten Recht einen Unterhaltsanspruch. Abs. 5 gibt jedoch den Gerichten die Möglichkeit, die Rechtwahl noch einmal in jeder Hinsicht auf ihre Billigkeit zu überprüfen. Dabei kann zum einen deren unmittelbare Auswirkung auf die Höhe des Unterhaltsanspruchs berücksichtigt werden. Auch wenn ein Verzicht im eigentlichen Sinne nicht vorliegt, kann die Wahl zu erheblichen Verringerungen des Unterhaltsanspruchs führen, die uU zu korrigieren sind. Bei der Entscheidung darüber, ob Unbilligkeit und Unangemessenheit vorliegt, sind auch die sonstigen Umstände der Rechtswahl zu berücksichtigen, wie die Art und Weise des Zustandekommens oder die Verbindung der Parteien zum gewählten Recht. Wurde beispielsweise das Recht der nichteffektiven Staatsangehörigkeit des Verpflichteten gewählt, so fällt die Kontrolle strenger aus, als wenn das Recht der gemeinsamen effektiven Staatsangehörigkeit gewählt worden wäre (mit Einzelheiten Staudinger/Mankowski, 2016, Rn. 86 ff.).

**21** Nach dem ausdrücklichen Wortlaut der Norm scheidet die Korrektur aus, wenn „die Parteien im Zeitpunkt der Rechtswahl **umfassend unterrichtet** und sich der Folgen ihrer Wahl **vollständig bewusst** waren". Angesichts der Wortwahl (umfassend, vollständig), sollte dies eng verstanden werden (NK-BGB/Bach Rn. 41).

## Art. 9 „Domicile" anstelle von „Staatsangehörigkeit"

**Ein Staat, der den Begriff des „domicile" als Anknüpfungspunkt in Familiensachen kennt, kann das Ständige Büro der Haager Konferenz für Internationales Privatrecht davon unterrichten, dass für die Zwecke der Fälle, die seinen Behörden vorgelegt werden, in Artikel 4 der Satzteil „dem die berechtigte und die verpflichtete Person gemeinsam angehören" durch „in dem die berechtigte und die verpflichtete Person gemeinsam ihr „domicile" haben" und in Artikel 6 der Satzteil „dem die Parteien gemeinsam angehören" durch „in dem die Parteien gemeinsam ihr „domicile" haben" ersetzt wird, wobei „domicile" so zu verstehen ist, wie es in dem betreffenden Staat definiert wird.**

**1** Da manche Staaten (besonders des common law Rechtskreises) im IPR traditionell auf das „domicile" (also eine Art Wohnsitz) abstellen, erlaubt das HUP den Vertragsstaaten die Meldung, dass sie die Staatsangehörigkeit in den jeweils betroffenen Normen durch den Wohnsitz ersetzen (mit Einzelheiten Staudinger/Mankowski, 2016, Rn. 1 ff.). Das ist eine nicht unübliche Regelung (vgl. nur Art. 6 lit. b Brüssel IIa-VO).

**2** Bisher hat nur Irland eine entsprechende Meldung gemacht (http://www.hcch.net/index_en.php?act=status.comment&csid=1065&disp=resdn).

## Art. 10 Öffentliche Aufgaben wahrnehmende Einrichtungen

**Für das Recht einer öffentliche Aufgaben wahrnehmenden Einrichtung, die Erstattung einer der berechtigten Person anstelle von Unterhalt erbrachten Leistung zu verlangen, ist das Recht maßgebend, dem diese Einrichtung untersteht.**

**1** Unterhaltsansprüche werden häufig nicht von der berechtigten Person selbst geltend gemacht. Vielmehr erhält diese ihr Geld von einer staatlichen Stelle. Die staatliche Stelle nimmt dann Regress bei dem Unterhaltsschuldner. Für diesen Fall enthält Art. 10 eine Kollisionsnorm, die nur die Frage betrifft, ob die Einrichtung das Recht hat, die **Erstattung** der erbrachten Leistung zu verlangen.

**2** Die **Entstehung** des Erstattungsanspruchs einer für den Unterhaltsschuldner in Vorleistung getretenen öffentlichen Einrichtung (Kommune, Jugendbehörde, Sozialbehörde, Unterhaltsvorschusskasse, gemeinwirtschaftlich betriebenes Krankenhaus) regelt danach die Rechtsordnung, der die Einrichtung untersteht – also das **Forderungsstatut.** Danach richten sich auch alle Einzelheiten zur Ausgestaltung des Erstattungsanspruchs – etwa ob, wie in Deutschland, eine Überleitung des Unterhaltsanspruchs erfolgt (cessio legis) oder ein anderer Entstehungsgrund vorgesehen ist (näher Rauscher/Andrae Rn. 7 f.).

Für die Frage, ob und in welcher Höhe der **Unterhaltsanspruch selbst** überhaupt **besteht,** gelten dagegen die allgemeinen Kollisionsnormen (→ Art. 11 Rn. 17 f.). Nach richtiger Ansicht sind die allgemeinen Kollisionsnormen vollumfänglich anwendbar, sodass auch die Sonderanknüpfungen in Art. 4 (lex fori) und Art. 5 offenstehen, wenn die Einrichtung den Anspruch gerichtlich durchsetzt (→ Art. 4 Rn. 1 ff.; → Art. 5 Rn. 9). 3

Art. 10 kann nicht entspr. auf **Erstattungsansprüche Privater** angewendet werden, die anstelle des Unterhaltsverpflichteten an den Unterhaltsberechtigten geleistet haben. Hier gilt vielmehr der schuldrechtliche Grundsatz, dass die rechtliche Beurteilung des Forderungsübergangs dem Statut des Hauptverhältnisses folgt (→ Rom II-VO Art. 19 Rn. 1 ff.; → Rom II-VO Art. 20 Rn. 1 ff.). Es gilt auf diesem Umweg also das Unterhaltsstatut (näher Rauscher/Andrae Rn. 12 ff.; ausf. auch NK-BGB/Gruber Art. 11 Rn. 12; iErg auch MüKoBGB/Staudinger Rn. 10). 4

### Art. 11 Geltungsbereich des anzuwendenden Rechts

**Das auf die Unterhaltspflicht anzuwendende Recht bestimmt insbesondere,**

**a) ob, in welchem Umfang und von wem der Unterhaltsberechtigte Unterhalt verlangen kann;**
**b) in welchem Umfang die berechtigte Person Unterhalt für die Vergangenheit verlangen kann;**
**c) die Grundlage für die Berechnung des Unterhaltsbetrags und für die Indexierung;**
**d) wer zur Einleitung eines Unterhaltsverfahrens berechtigt ist, unter Ausschluss von Fragen der Prozessfähigkeit und der Vertretung im Verfahren;**
**e) die Verjährungsfristen oder die für die Einleitung eines Verfahrens geltenden Fristen;**
**f) den Umfang der Erstattungspflicht der verpflichteten Person, wenn eine öffentliche Aufgaben wahrnehmende Einrichtung die Erstattung der der berechtigten Person anstelle von Unterhalt erbrachten Leistungen verlangt.**

## I. Normzweck und Überblick

Art. 11 enthält eine Auflistung der Gegenstände, die von den Verweisungen der Art. 3 ff. erfasst sind. Im Sinne der weiten Auslegung des Protokolls sollten auch die einzelnen Gegenstände jeweils weit verstanden werden, wobei aber die Grenze zu den rein verfahrensrechtlichen Fragen, die nach der lex fori zu beurteilen sind, zu berücksichtigen bleibt. Die genannten Gegenstände entsprechen inhaltlich dem auch schon unter Art. 10 HUntÜ 1973 und Art. 18 EGBGB geltenden Anwendungsbereich des Unterhaltsstatuts. 1

## II. Einzelerläuterungen

**1. Voraussetzungen und Bemessung des Unterhaltsanspruchs (lit. a bis lit. c). a) Voraussetzungen.** Das nach Art. 3 ff. maßgebliche Unterhaltsstatut entscheidet über das Bestehen des Anspruchs, über den Berechtigten und den Verpflichteten und im Ansatz auch über die Höhe des Anspruchs, also über die **Anspruchsvoraussetzungen** (OLG Hamm FamRZ 1989, 1084; FamRZ 1990, 1137; OLG Stuttgart FamRZ 1987, 700; OLG Karlsruhe FamRZ 1990, 313; NJW-RR 1989, 1346 f.; OLG Oldenburg FamRZ 1988, 170; NK-BGB/Gruber Rn. 2 ff.). Dazu gehören auch **Fristen, Beginn, Beendigung, Wirkungen** eines Verzichts (LG Oldenburg FamRZ 1993, 233; OLG Frankfurt FamRZ 1994, 584; OLG Karlsruhe NJW-RR 1992, 1094 f.) oder eine Verwirkung (OLG Celle FamRZ 1991, 598 f.; OLG Hamm FamRZ 1994, 774; unrichtig OLG Zweibrücken FamRZ 2004, 729). Umfasst ist auch die rechtliche Wirkung des Tods des Berechtigten oder Verpflichteten sowie die Folge eines Zusammenlebens des Berechtigten oder Verpflichteten mit einem neuen Partner (Grüneberg/Thorn Rn. 39). Die **Altersgrenze,** bis zu welcher der Unterhaltsberechtigte als Minderjähriger (wie zB in § 1602 Abs. 2 BGB) privilegiert ist, ist ebenfalls umfasst (OLG Hamm FamRZ 2002, 54: Ende der Unterhaltspflicht schon bei Volljährigkeit nach dem Unterhaltsstatut von Massachusetts; zur Anknüpfung von Vorfragen allg. → Art. 1 Rn. 48 ff.). Schließlich richtet sich der **Rang** mehrerer Unterhaltsverpflichtungen nach dem Unterhaltsstatut (OLG Frankfurt NJW-RR 1990, 647 f.; FamRZ 1994, 584). 2

Die **Verjährung,** die ebenfalls unter lit. a fällt, wird in lit. e noch ausdrücklich erwähnt, wobei insbes. bestimmt ist, dass die Fristen sowie etwaige für die Einleitung eines Verfahrens geltenden 3

Fristen sich ebenfalls nach dem Unterhaltsstatut (also nicht nach der lex fori) richten (näher Rauscher/Andrae Rn. 24 f.).

4 Das Unterhaltsstatut bestimmt abstrakt auch die **Person des Unterhaltsschuldners,** dh gegen wen sich die Ansprüche richten können (Ehegatten, Eltern, Kinder). Notwendige tatbestandliche Voraussetzungen der Unterhaltspflicht wie Abstammung, Ehelichkeit (wo erforderlich) eines Kindes oder Gültigkeit einer Ehe sind jedoch als **Vorfragen** uU gesondert anzuknüpfen (→ Art. 1 Rn. 48 ff.).

5 Schließlich beherrscht das Unterhaltsstatut die sachrechtlichen Voraussetzungen der **Abänderung einer Unterhaltsentscheidung** auf Grund von Veränderungen in den Lebensverhältnissen des Berechtigten oder Verpflichteten (umfassend → Art. 1 Rn. 86 ff.).

6 Erfasst sind von Art. 11 lit. a zunächst auch die Regelungen über **Art und Höhe** der Unterhaltsleistungen (BGH NJW 2004, 3111 zur Anrechnung von Kindergeld; NJW-RR 1987, 1474; OLG Köln IPRax 1988, 30; OLG Hamm FamRZ 2005, 369 f.; 1989, 1084; 1989, 1095). Davon zu trennen ist, wie **Art. 14** bestimmt, jedoch die sich bei der Berücksichtigung von Bedürftigkeit und Leistungsfähigkeit konkret ergebende Bemessung (→ Art. 14 Rn. 1 ff.).

7 Des Weiteren bestimmt das Unterhaltsstatut über die **Art der Gewährung** des Unterhalts – zB durch Geldzahlung, Sachleistung, oder Erziehungs- bzw. Betreuungsleistung (OLG Karlsruhe NJW-RR 1991, 643; OLG Bamberg NJW-RR 1990, 198).

7.1 Die Erfüllung erfolgt dabei im Regelfall in der am gewöhnlichen Aufenthalt des Berechtigten geltenden **Währung** (Rauscher/Andrae Rn. 8). Auch die Wahl einer anderen Währung kann zulässig sein (Grüneberg/Thorn Rn. 39). Stets muss die Zahlung in der bestimmten Währung dem Verpflichteten (rechtlich und tatsächlich) möglich, sowie beiden Parteien zumutbar sein (BGH NJW-RR 1993, 5). Unzumutbar sein kann eine Währung bei im Aufenthaltsstaat des Berechtigten herrschender Inflation (LG Rottweil DAVorm 1988, 195; Erman/Hohloch Rn. 9a) oder bei dort geltenden Deviseneinfuhrvorschriften, die zur Zahlung nach amtlichen Wechselkursverhältnis 1:1 zwingen, dem Berechtigten aber nur einen Bruchteil der Zahlung zukommen lassen (so früher häufig in sozialistischen Regimes BGH NJW-RR 1990, 1093 f.; mwN Soergel/Kegel Fn. 10, 11 und 18). Dann muss es entweder bei der Währung des Landes bleiben, in dem der Verpflichtete lebt, oder es muss auf eine Währung zurückgegriffen werden, die dorthin eingeführt werden kann. Bei Umrechnung kommt es in solchen Fällen nicht auf den Kurs der Währung, sondern auf einen **Kaufkraftvergleich** an (Warenkorbvergleich) (OLG Frankfurt a. M. DAVorm 1986, 458; Krause FamRZ 2002, 145; näher NK-BGB/Gruber Rn. 8). Auf ausländische Vollstreckungstitel kann der Schuldner in Deutschland nach § 244 BGB in inländischer Währung leisten (KG NJW-RR 1995, 202; 1994, 138: Wahlrecht des Unterhaltsberechtigten bei zulässiger Abänderungsklage).

8 Dass auch für die Frage, inwiefern und ggf. inwieweit **Unterhalt für die Vergangenheit** gefordert werden darf, das Unterhaltsstatut gelten soll, bestimmt Art. 11 lit. b ausdrücklich (Erman/Hohloch Rn. 11). Hier sind die Unterschiede in den Rechtsordnungen zu groß, sodass das Bedürfnis nach einer gesonderten Erwähnung gesehen wurde. Für deutsche Unterhaltsschuldner kann dies eine erhebliche Verschärfung bedeuten (dazu OGH Beschl. v. 25.1.2017 – 7 Ob 208/16p).

9 **b) Bemessung des Unterhalts nach lit. c. aa) Umrisse.** Die Bemessung des Unterhalts unterliegt nach Art. 11 lit. c ebenfalls dem Unterhaltsstatut. Allerdings wird diese Vorschrift in bestimmten Fällen **durch Art. 14 überlagert.** Dieser enthält eine eigenständige **Sachrechtsnorm** und schreibt vor, dass die Bedürfnisse der unterhaltsberechtigten Person und die Leistungsfähigkeit der verpflichteten Person auch dann zu berücksichtigen sind, wenn das Unterhaltsstatut dies nicht vorsieht (→ Art. 14 Rn. 1 ff.).

10 **bb) Berücksichtigung des Lebensstandards.** Leben Unterhaltsberechtigter und Verpflichteter in verschiedenen Ländern mit verschiedenem Lebensstandard, so sind für den **Unterhaltsbedarf** des Berechtigten die **Lebensbedingungen in seinem Aufenthaltsstaat** maßgebend (BGH NJW-RR 1987, 1474; OLG Hamm FamRZ 2005, 369; OLG Zweibrücken FamRZ 2004, 729; OLG Hamm FamRZ 1989, 626; OLG Düsseldorf FamRZ 1992, 953; OLG Köln DAVorm 1993, 95; Soergel/Kegel Rn. 35 mwN in Fn. 5). Dies geschieht idR durch individuell zu ermittelnden **Aufschlag** oder **Abschlag** gegenüber dem deutschen Bedarf. Für die Beurteilung der Leistungsfähigkeit und den Selbstbehalt des **Pflichtigen** muss auch dessen Aufenthaltsrecht mit berücksichtigt werden (OLG Bamberg NJW-RR 1990, 198; OLG Köln DAVorm 1993, 95; zum Selbstbehalt OLG Stuttgart FamRZ 2006, 1403 f.; OLG Naumburg FamRZ 1994, 395; DAVorm 1994, 722).

10.1 Beispiele aus der Rspr. für die Berücksichtigung abweichenden Lebensstandards im Falle von Ehegatten- und Kindesunterhalt finden sich im Verhältnis zu Bulgarien (OLG Koblenz FamRZ 1998, 1532; auch Buseva FamRZ 1997, 264), Polen (OLG Hamm FamRZ 2005, 369 f.; IPRax 2002, 529; KG FamRZ 2002,

1057 f.; AG Leverkusen FamRZ 2004, 727), Serbien (OLG Stuttgart FamRZ 1999, 887 f.), Slowenien (LG Hannover FamRZ 1998, 858), Tschechien (OLG München FamRZ 1998, 857) und der Türkei (OLG Stuttgart FamRB 2014, 137; OLG Nürnberg FamRZ 2008, 1755; OLG Hamm FamRZ 2006, 1387; OLG Zweibrücken FamRZ 1999, 33; OLG München FamRZ 2002, 55).

Zur Berücksichtigung abweichender Lebensstandards in den verschiedenen Aufenthaltsstaaten der Beteiligten kommt es bei **Trennungs- oder Geschiedenenunterhalt** nicht, wenn die eheliche Lebensgemeinschaft vor der Trennung/Scheidung nur im Ausland bestand. Bei Geschiedenenunterhalt kommt es für den Vergleich der Lebensverhältnisse auf den **Scheidungszeitpunkt** an, sodass Einkommensveränderungen im neuen Aufenthaltsstaat als unerwartete Entwicklungen angesehen werden, die unberücksichtigt bleiben (OLG Hamm FamRZ 1989, 625; Johannsen/Henrich/Henrich Rn. 30). Ferner gilt der **Halbteilungsgrundsatz nur eingeschränkt,** wenn der ins Ausland zurückkehrende Ehegatte wegen des dort bestehenden geringeren Lebensstandards geringere Lebenshaltungskosten hat (OLG Karlsruhe NJW-RR 1988, 392 f.; Erman/Hohloch Rn. 33; zu einem zwischen Marokko und Deutschland pendelnden Unterhaltsverpflichteten OLG Hamm NJW-RR 1992, 710). 11

Trotz der grundsätzlichen Berücksichtigung der Lebensverhältnisse am Aufenthaltsort des Berechtigten muss eine **gewisse Teilhabe** an den besseren Lebensverhältnissen im Aufenthaltsstaat des Verpflichteten erfolgen (BGH NJW-RR 1987, 1474; Staudinger/Mankowski, 2016, Rn. 23 f. mwN). Das ist ein Grundsatz, der sich auch im deutschen Unterhaltsrecht, etwa in § 1578 Abs. 1 BGB, widerspiegelt, wo letztlich die Aufrechterhaltung eines im Zeitpunkt der Scheidung bestehenden ehelichen Lebensstandards maßgebend ist. 12

**cc) Konkrete Bedarfsbemessung.** Bei der Bedarfsbemessung hat die individuelle Ermittlung Vorrang (BGH NJW-RR 1987, 1474; OLG Karlsruhe FamRZ 1992, 58; Rauscher/Andrae Art. 14 Rn. 12a; Henrich IntScheidungsR Rn. 140). Es kommt dafür auf die **Kaufkraft** des Geldes an, die am ehesten durch einen Warenkorbvergleich (Verbrauchergeldparität) ermittelt werden kann (OLG Hamm FamRZ 2005, 369; NK-BGB/Gruber Rn. 8). Die Bedarfsbemessung stützt sich nicht auf statistische Angaben, kann sich aber als Ausgangspunkt an der deutschen Tabelle (ggf. mit Aufschlag bzw. Abschlag) und den Tabellen für den Kaufkraftvergleich orientieren (OLG Koblenz FamRZ 2007, 1592; OLG Koblenz FamRZ 2004, 1515; OLG Düsseldorf FamRZ 2002, 1118; Erman/Hohloch Rn. 32; Henrich IPRax 1988, 22). Über die Lebenshaltungskosten im In- und Ausland finden sich Angaben im Statistischen Jahrbuch der Bundesrepublik Deutschland. Immer, wenn die Verbrauchergeldparität von der Devisenparität abweicht, muss eine entsprechende Angleichung des Unterhalts durch Korrektur nach oben oder nach unten erfolgen (ein guter Überblick über die relevanten Daten für die wichtigsten Länder findet sich bei Dose in Wendl/Dose UnterhaltsR § 9 Rn. 42 ff.). Für den Unterhaltsbedarf im Ausland enthält auch das **Bundessteuerblatt** vergleichende, wenn auch wesentlich gröbere, Länderinformationen (näher Henrich IntScheidungsR Rn. 140). Aktuell ist durch die Gerichte mehrfach die Verwendung des Indexes von Eurostat (http://ec.europa.eu/eurostat/tgm/table.do?tab=table&init=1&language=en&pcode=tec00120&plugin=1) erfolgt (BGH FamRZ 2014, 1536; ergänzend OLG Karlsruhe FamRZ 2017, 282). Vorsicht muss bei Durchschnittsberechnungen gelten, da die Lebenshaltungskosten innerhalb eines Landes enorm unterschiedlich sein können (zur Türkei OLG Stuttgart FamRB 2014, 137). 13

Auch für die **Leistungsfähigkeit des Verpflichteten** müssen mit Hilfe der genannten Quellen und unter Berücksichtigung der Besonderheiten des Falles individuelle Informationen eingeholt werden (OLG Karlsruhe FamRZ 2017, 282). Der BGH hat die Verwendung der von Eurostat ermittelten „vergleichenden Preisniveaus des Endverbrauchs der privaten Haushalte einschließlich indirekter Steuern" für die Anpassung gebilligt (BGH FamRZ 2014, 1536). Schließlich fällt die **Dynamisierung** von Unterhaltsansprüchen, wie sie in Deutschland bekannt ist (§ 1612a BGB) unter Art. 11 lit. c. Bei der technischen Umsetzung ist auf die Vollstreckbarkeit im Ausland zu achten (näher Rauscher/Andrae Rn. 21). 14

**c) Verfahrenseinleitung (lit. d und lit. e).** Das Unterhaltsstatut und nicht das Verfahrensrecht beherrscht im Interesse des Entscheidungseinklangs nach Art. 11 lit. d und lit. e auch einige Fragen, die den Bereich der Rechtsdurchsetzung berühren. Dabei ist jedoch zu unterscheiden. Von Art. 11 lit. d ist nur die **Klagebefugnis** bzw. Antragsbefugnis erfasst. Nicht in allen Staaten ist nämlich, so wie in Deutschland, jeweils der Anspruchsinhaber (zB das minderjährige Kind) antragsbefugt. Ausgeschlossen sind ausdrücklich die Fragen der Prozessfähigkeit und der gesetzlichen Vertretung eines Kindes oder Verfahrensunfähigen im Verfahren. 15

16 Nach Art. 11 lit. e fallen auch **Fristen** für die Verfahrenseinleitung unter das Unterhaltsstatut. Aus deutscher Sicht erscheint das selbstverständlich, da die Verjährung ohnehin materiell-rechtlich qualifiziert wird. In manchen Staaten sind solche Zeitgrenzen aber verfahrensrechtlich ausgestaltet (Klage-/Antragsfristen), wodurch lit. e seine eigenständige Bedeutung erlangt. Führt die Verfristung zu einem Verlust des Unterhaltsanspruchs, sind die Ausweichregelungen (Art. 4, 5) zu beachten. Rein prozessuale Fristen, wie etwa die Berufungsfrist, erfasst lit. e nicht (MüKoBGB/Staudinger Rn. 100).

17 **2. Erstattungsanspruch und Ausmaß der Erstattungspflicht gegenüber öffentlich-rechtlichen Versorgungsträgern (Art. 10 und Art. 11 lit. f).** Geht es um die Erstattung von Unterhalt, den zuvor eine öffentliche Stelle an den Berechtigten gezahlt hat, müssen unterschiedliche Fragen getrennt voneinander beurteilt werden. Art. 10 befasst sich mit der Frage, ob eine Einrichtung ein Erstattungsrecht hat. Hierfür greift nicht das Unterhaltsstatut, sondern das Recht, dem die Einrichtung untersteht (→ Art. 10 Rn. 1 ff.). Auch für die Durchsetzungsbefugnis gilt nicht Art. 11, sondern der vorrangige Art. 64 Abs. 2 EuUnthVO. Danach kommt es ebenfalls auf das Recht an, dem die Einrichtung untersteht (→ EuUnthVO Art. 64 Rn. 1). Erst wenn das Erstattungsrecht als solches nach dem Recht der Einrichtung besteht und die Einrichtung auch durchsetzungsbefugt ist, greift Art. 11 lit. f. Dieser bestimmt, dass sich der Umfang der Erstattungspflicht nach dem Unterhaltsstatut richtet.

18 Das nach **Art. 11 lit. f** berufende Unterhaltsstatut beherrscht also (nur) das **Ausmaß der Erstattungspflicht** des Unterhaltsschuldners. Das auf den übergegangenen Anspruch vor Übergang anwendbare Recht soll auch nach Übergang anwendbar sein; die rechtliche Stellung des Unterhaltsschuldners soll durch Vorleistung und cessio legis nicht nachteilig verändert werden. Dazu gehören die Fragen der **Höhe,** des **Erlöschens** und der **Verjährung** dieses Erstattungsanspruchs (Hausmann IntEuSchR Rn. C-740; zu den Einzelfragen Rauscher/Andrae Art. 10 Rn. 7 ff.).

## Art. 12 Ausschluss der Rückverweisung

**Der Begriff „Recht" im Sinne dieses Protokolls bedeutet das in einem Staat geltende Recht mit Ausnahme des Kollisionsrechts.**

1 Wie für das Unterhaltsrecht schon zuvor bekannt, sind nach dem HUP (nun ausdrücklich) alle Verweisungen Sachrechtsverweisungen. Es darf also ohne weiteres das materielle Unterhaltsrecht des Staats angewendet werden, auf dessen Rechtsordnung verwiesen wird.

## Art. 13 Öffentliche Ordnung (ordre public)

**Von der Anwendung des nach diesem Protokoll bestimmten Rechts darf nur abgesehen werden, soweit seine Wirkungen der öffentlichen Ordnung (ordre public) des Staates des angerufenen Gerichts offensichtlich widersprechen.**

### I. Normzweck und Übersicht

1 Art. 13 enthält einen klassischen ordre-public-Vorbehalt. Das angerufene Gericht darf danach, solche ausländischen Normen, die offensichtlich gegen die öffentliche Ordnung des Gerichtsstaats verstoßen, unangewendet lassen. Damit entspricht die Norm Art. 6 EGBGB. Art. 13 gilt auch, wenn die Anknüpfung auf einer Rechtswahl beruht (Henrich FamRZ 2015, 1761, 1765).

2 Im Verhältnis der EU-Mitgliedstaaten, die durch das HUP gebunden sind, ergibt sich dadurch ein recht großes Gefälle zwischen dem kollisionsrechtlichen und dem anerkennungsrechtlichen ordre public. Denn bei der Anerkennung einer ausländischen Entscheidung darf ein ordre- public-Verstoß nach Art. 21 EuUnthVO nicht mehr berücksichtigt werden, während dies kollisionsrechtlich durch Art. 13 weiterhin vorgesehen ist (dazu auch Rauscher/Andrae Rom III-VO Art. 21 Rn. 47).

### II. Einzelerläuterung

3 Art. 13 ist restriktiv anzuwenden. Er soll nur unerträgliche Ergebnisse ausschließen. Wegen der Ausweichanknüpfungen in Art. 4 und Art. 5 und der Sachnorm in Art. 14 werden unerträgliche

Ergebnisse, wie eine auf den ordre public gestützte Korrektur sie stets erfordert, unter dem HUP selten vorkommen (Grüneberg/Thorn Rn. 46; Schäuble NZFam 2014, 1071 (1074)).

Abweichungen vom inländischen **Unterhaltsmaß,** die sich durch fehlende Berücksichtigung von Bedarf oder Leistungsfähigkeit ergeben, können wegen Art. 14 nicht mehr auftreten. 4

Die komplette **Nichtgewährung** von Unterhalt (insbes. nach der Ehe) ist **nicht schlechthin ordre-public-widrig** (Schulze IPRax 1998, 351; BSG IPRspr. 2003, Nr. 75, 214 ff.; BGH NJW 1991, 2212; OLG Karlsruhe NJW-RR 1989, 1346 f. betr. islamisches Recht; OLG Köln NJW-RR 1998, 1540 f. betr. türkisches Recht; NK-BGB/Gruber Rn. 2). Anders ist nur im **Härtefall** zu entscheiden (BGH NJW 1991, 2212; Hausmann IntEuSchR Rn. C-747). Die Rspr. neigt hier zu sorgfältiger Einzelfallprüfung (Überblick bei Ring ZFE 2008, 130 (132)). Wesentlich ist dabei unter anderem die Wahrung des **Kindeswohls.** Wenn wegen Nichtgewährung von nachehelichen Unterhaltsansprüchen die elterliche Kindesbetreuung in verfassungsrechtlich relevanter Art und Weise gefährdet wird, greift Art. 13 ein (OLG Zweibrücken FamRZ 1997, 95; OLG Hamm FamRZ 1999, 1142 betr. Marokko; OLG Zweibrücken FamRZ 2000, 32 betr. Algerien; NK-BGB/Gruber Rn. 2). Problematisch kann auch der **Verzicht** auf Unterhalt sein, da dieser nach § 1614 BGB für die Zukunft ausscheidet (näher Staudinger/Mankowski, 2016, Rn. 19). Die Grenze des Art. 13 kann überschritten sein, wenn der Bedürftige dadurch der öffentlichen Sozialfürsorge zur Last fällt (OLG Hamm NJW-RR 1999, 950). Denkbar wäre auch ein zu niedriger, die **menschenwürdige Existenz gefährdender** Selbstbehalt für den Verpflichteten. Schließlich kann ein Verstoß vorliegen, wenn das Unterhaltsstatut keinerlei Abänderungsmöglichkeit bei veränderten Verhältnissen vorsieht (Rauscher/Andrae Rn. 10; Staudinger/Mankowski, 2016, Rn. 22). 5

Verstößt das ausländische Recht gegen den ordre public, so ist – wie im Rahmen des Art. 6 EGBGB – nicht einfach umfassend deutsches Recht anzuwenden, sondern eine möglichst **vorsichtige,** dem Unterhaltsstatut entsprechende **Korrektur** vorzunehmen (Rauscher/Andrae Rn. 13; aA Staudinger/Mankowski, 2016, Rn. 2). 6

## Art. 14 Bemessung des Unterhaltsbetrags

**Bei der Bemessung des Unterhalts sind die Bedürfnisse der berechtigten Person und die wirtschaftlichen Verhältnisse der verpflichteten Person sowie etwaige der berechtigten Person anstelle einer regelmäßigen Unterhaltszahlung geleistete Entschädigungen zu berücksichtigen, selbst wenn das anzuwendende Recht etwas anderes bestimmt.**

### I. Normzweck und Überblick

Art. 14 bestimmt, dass die Beurteilung der **Bedürftigkeit** des Berechtigten sowie der **Leistungsfähigkeit** des Verpflichteten bei der Bemessung des Unterhalts zu berücksichtigen sind. Es handelt sich also nicht um eine Kollisionsnorm, sondern um eine eigene, sachrechtliche Norm. Art. 14 **verdrängt Art. 11 lit. a** insofern, als er bestimmt, dass diese Berücksichtigung ohne Rücksicht auf das Unterhaltsstatut in jedem Fall erfolgen muss. 1

### II. Einzelerläuterungen

**1. Auslegung durch den EuGH.** Wie alle Normen des HUP wird auch Art. 14 für die Mitgliedstaaten der EU künftig verbindlich durch den EuGH ausgelegt werden. Das ist hier besonders wichtig, weil Art. 14 die Basis für die Berechnung des Unterhaltsanspruchs bildet (näher → Rn. 4). Es ist jedoch davon auszugehen, dass der EuGH allenfalls einige Grundlagen klären und sich nicht mit den Details der Bemessung befassen wird. Die Rechtsanwendung obliegt ohnehin weiter den nationalen Gerichten. 2

**2. Berücksichtigung von Bedürfnissen und Leistungsfähigkeit.** Art. 14 greift ein, ohne dass es darauf ankommt, ob das nach dem Unterhaltsstatut erreichte Ergebnis dem ordre public des Gerichtsstaats widerspricht (unstr.; nachdrücklich Rauscher/Andrae Rn. 3). Er ist jedoch nicht heranzuziehen, wenn das Unterhaltsstatut die Bedürftigkeit und die Leistungsfähigkeit bereits umfassend einbezieht (NK-BGB/Gruber Rn. 2; Staudinger/Mankowski, 2016, Rn. 8; zum türkischen Recht OLG Nürnberg FamRZ 2008, 1755). Die Norm erfasst insbes. die Fälle, in denen Ehegattenunterhalt nicht von der Bedürftigkeit und der Leistungsfähigkeit, sondern von einem Verschulden an der Scheidung abhängt. Sie greift aber nicht ein, wenn das Unterhaltsstatut von 3 vornherein gar keinen Unterhaltsanspruch vorsieht (Staudinger/Mankowski, 2016, Rn. 9; Rauscher/Andrae Rn. 5). Dann ist allenfalls eine Verletzung des ordre public iSd Art. 13 zu prüfen.

4 **3. Berechnung des Unterhalts.** Art. 14 stellt sicher, dass die Unterhaltsberechnung die wichtigen Faktoren der Bedürftigkeit und der Leistungsfähigkeit einbezieht. Dies geschieht nicht unter Rückgriff auf das autonome nationale Recht, sondern unmittelbar auf der Basis des insofern ergänzend auszulegenden Art. 14 (ähnlich Staudinger/Mankowski, 2016, Rn. 17 ff.). Nach Art. 14 allein kann der Unterhalt freilich nicht berechnet werden. Die Norm bestimmt nur den Grundsatz.

5 Für die sich ergebenden Einzelfragen der Berechnung, wie Festlegung der Lebenshaltungskosten, Berechnung des Selbstbehalts und Dynamisierung muss wieder das autonome Sachrecht herangezogen werden. Das Unterhaltsstatut beherrscht auch die Pflicht des Berechtigten zur Erwerbstätigkeit (OLG Hamm FamRZ 1989, 1084 (1086); OLG Celle FamRZ 1991, 598 (600)).

6 **4. Berücksichtigung von Entschädigungen.** Art. 14 bestimmt außerdem, dass Entschädigungen, die dem Berechtigten anstelle einer regelmäßigen Unterhaltszahlung zugekommen sind, zu berücksichtigen sind. Gemeint sind hier besonders die im englischen Recht üblichen Einmalzahlungen im Rahmen des clean break (Bonomi rapport explicatif Rn. 184; näher Staudinger/Mankowski, 2016, Rn. 12).

## Art. 15 Nichtanwendung des Protokolls auf innerstaatliche Kollisionen

**(1) Ein Vertragsstaat, in dem verschiedene Rechtssysteme oder Regelwerke für Unterhaltspflichten gelten, ist nicht verpflichtet, die Regeln dieses Protokolls auf Kollisionen anzuwenden, die allein zwischen diesen verschiedenen Rechtssystemen oder Regelwerken bestehen.**

**(2) Dieser Artikel ist nicht anzuwenden auf Organisationen der regionalen Wirtschaftsintegration.**

1 Die Norm richtet sich nur an Mehrrechtsstaaten und betrifft Deutschland daher nicht. Diesen steht es frei, das HUP im interlokalen Kollisionsrecht unangewendet zu lassen. Abs. 2 soll klarstellen, dass Abs. 1 die EU oder ähnliche Zusammenschlüsse nicht betrifft.

## Art. 16 In räumlicher Hinsicht nicht einheitliche Rechtssysteme

**(1) Gelten in einem Staat in verschiedenen Gebietseinheiten zwei oder mehr Rechtssysteme oder Regelwerke in Bezug auf in diesem Protokoll geregelte Angelegenheiten, so ist**

**a) jede Bezugnahme auf das Recht eines Staates gegebenenfalls als Bezugnahme auf das in der betreffenden Gebietseinheit geltende Recht zu verstehen;**

**b) jede Bezugnahme auf die zuständigen Behörden oder die öffentliche Aufgaben wahrnehmenden Einrichtungen dieses Staates gegebenenfalls als Bezugnahme auf die zuständigen Behörden oder die öffentliche Aufgaben wahrnehmenden Einrichtungen zu verstehen, die befugt sind, in der betreffenden Gebietseinheit tätig zu werden;**

**c) jede Bezugnahme auf den gewöhnlichen Aufenthalt in diesem Staat gegebenenfalls als Bezugnahme auf den gewöhnlichen Aufenthalt in der betreffenden Gebietseinheit zu verstehen;**

**d) jede Bezugnahme auf den Staat, dem die Parteien gemeinsam angehören, als Bezugnahme auf die vom Recht dieses Staates bestimmte Gebietseinheit oder mangels einschlägiger Vorschriften als Bezugnahme auf die Gebietseinheit zu verstehen, zu der die Unterhaltspflicht die engste Verbindung aufweist;**

**e) jede Bezugnahme auf den Staat, dem eine Partei angehört, als Bezugnahme auf die vom Recht dieses Staates bestimmte Gebietseinheit oder mangels einschlägiger Vorschriften als Bezugnahme auf die Gebietseinheit zu verstehen, zu der die Person die engste Verbindung aufweist.**

**(2) Hat ein Staat zwei oder mehr Gebietseinheiten mit eigenen Rechtssystemen oder Regelwerken für die in diesem Protokoll geregelten Angelegenheiten, so gilt zur Bestimmung des nach diesem Protokoll anzuwendenden Rechts Folgendes:**

**a) Sind in diesem Staat Vorschriften in Kraft, die das Recht einer bestimmten Gebietseinheit für anwendbar erklären, so ist das Recht dieser Einheit anzuwenden;**

**b) fehlen solche Vorschriften, so ist das Recht der in Absatz 1 bestimmten Gebietseinheit anzuwenden.**

**(3) Dieser Artikel ist nicht anzuwenden auf Organisationen der regionalen Wirtschaftsintegration.**

Art. 16 bestimmt näher, wie mit Mehrrechtsstaaten umzugehen ist, in denen eine **räumliche Rechtsspaltung** besteht, also für unterschiedliche Gebietseinheiten ein unterschiedliches Unterhaltsrecht gilt. Für die Staaten, die eine personale Rechtsspaltung kennen, gilt Art. 17. 1

Die Norm ist weit auszulegen. Die Gebietseinheiten brauchen keine besondere Autonomie aufzuweisen, es reicht aus, dass aufgrund territorialer Grenzen ein unterschiedliches Unterhaltsrecht gilt. Eine Bestimmung durch Rechtswahl ist vorrangig (Grüneberg/Thorn Rn. 51; näher dazu Meyer RabelsZ 83 (2019), 721 (742)). 2

Zunächst ist stets zu prüfen, ob Abs. 2 eingreift (nur Rauscher/Andrae Rn. 1; Grüneberg/Thorn Rn. 51). Ähnlich wie nach Art. 4 Abs. 3 HUntÜ 1973 wird nämlich in Art. 16 Abs. 2 **vorrangig auf die Bestimmungen des betroffenen Staats** verwiesen. Erst wenn solche Bestimmungen im Recht dieses Staates fehlen, gelten die Regeln des Abs. 1. Beim gewöhnlichen Aufenthalt kommt es dann jeweils auf den Aufenthalt in einem bestimmten Teilgebiet an (Abs. 1 lit. b und c). Bei der Staatsangehörigkeit wird auf die engste Verbindung der Unterhaltspflicht abgestellt (Abs. 1 lit. d und e). 3

### Art. 17 Hinsichtlich der betroffenen Personengruppen nicht einheitliche Rechtssysteme

**Hat ein Staat für in diesem Protokoll geregelte Angelegenheiten zwei oder mehr Rechtssysteme oder Regelwerke, die für verschiedene Personengruppen gelten, so ist zur Bestimmung des nach dem Protokoll anzuwendenden Rechts jede Bezugnahme auf das Recht des betreffenden Staates als Bezugnahme auf das Rechtssystem zu verstehen, das durch die in diesem Staat in Kraft befindlichen Vorschriften bestimmt wird.**

Die Regelung in Art. 17 gilt für Mehrrechtsstaaten, in denen für unterschiedliche Personengruppen ein unterschiedliches Unterhaltsrecht gilt. Das ist häufig, da viele Staaten für das Familienrecht nach Religionszugehörigkeit unterscheiden (zB Israel und Indien). Das HUP geht davon aus, dass in den betreffenden Staaten eigene Kollisionsregeln bestehen, die bestimmen, welches Recht maßgeblich sein soll (Erman/Hohloch Rn. 1). 1

Komplex kann sich der Umgang mit einem interpersonellen Kollisionsrecht erweisen, das aus Sicht des zuständigen Gerichts gegen den ordre public verstößt. Das könnte man immer dann annehmen, wenn einseitig an die Zugehörigkeit des Ehemanns zu einer bestimmten Gruppe angeknüpft wird (etwa aufgrund seiner Religion). Die hM meint, in einem solchen Fall müsse das interpersonelle Kollisionsrecht unangewendet bleiben (Rauscher/Helms Art. 15 Rn. 6; auch Erman/Hohloch Rn. 1; Staudinger/Mankowski, 2016, Rn. 4; dagegen für den parallel lautenden Art. 15 Rom III-VO NK-BGB/Nordmeier Rom III-VO Art. 15 Rn. 7). Wichtig ist jedoch, dass bei der Verwerfung des fremden Kollisionsrechts das Ergebnis der Anknüpfung beachtet wird. Das Kollisionsrecht sollte nur dann als ordre public-widrig verworfen werden, wenn auch das Ergebnis sich für die Ehefrau als nachteilig darstellt (näher → Rom III-VO Art. 15 Rn. 1 ff.). 2

### Art. 18 Koordinierung mit den früheren Haager Übereinkommen über Unterhaltspflichten

**Im Verhältnis zwischen den Vertragsstaaten ersetzt dieses Protokoll das Haager Übereinkommen vom 2. Oktober 1973 über das auf Unterhaltspflichten anzuwendende Recht und das Haager Übereinkommen vom 24. Oktober 1956 über das auf Unterhaltsverpflichtungen gegenüber Kindern anzuwendende Recht.**

## I. Normzweck und Überblick

Art. 18 regelt das Verhältnis des HUP zu den beiden bisherigen Haager Übereinkommen über das anwendbare Recht. Trotz der scheinbaren Klarheit der Regelung sind dabei wesentliche Einzelfragen streitig. Es steht fest, dass im Verhältnis zwischen den Vertragsstaaten die beiden Haager Übereinkommen durch das HUP abgelöst wurden. Nicht eindeutig geklärt ist aber, was 1 im Verhältnis zu den Vertragsstaaten der alten Übereinkommen gilt, die das HUP bisher nicht ratifiziert haben.

## II. Einzelerläuterung

2 **1. Verhältnis zum HUntÜ 1973.** Insbesondere wird uneinheitlich gesehen, inwiefern das HUntÜ 1973 noch beachtlich ist. Leider ist die Frage von hoher praktischer Relevanz, da unter anderem die Türkei, die Schweiz und Japan (zu weiteren Vertragsstaaten → Art. 1 Rn. 23) betroffen sind (offenlassend für die Schweiz BGH IPRax 2014, 345; für die Türkei OLG Stuttgart NJW 2014, 1458). Immerhin kann die Frage häufig offenbleiben, weil das HUntÜ 1973 und das HUP oftmals an den gewöhnlichen Aufenthalt des Berechtigten anknüpfen (BGH FamRZ 2013, 1366 (1368); OLG Stuttgart FamRZ 2014, 1536). Vor dem Ziel der Vereinheitlichung der Rechtslage in der EU sollte die Frage von allen EU-Mitgliedstaaten einheitlich gehandhabt werden. Da die Frage die Auslegung des HUP betrifft, ist der EuGH für die verbindliche Entscheidung zuständig (Dutta FamRZ 2014, 2005 (2006); Hau ZVglRWiss 2016, 67, (683)).

3 Der deutsche Gesetzgeber geht eindeutig davon aus, dass dieses Übereinkommen nicht mehr anwendbar ist, und zwar auch nicht gegenüber den Vertragsstaaten, die nicht zugleich Vertragsstaaten des HUP geworden sind. Dies begründet er insbes. damit, dass das HUntÜ 1973 keine Gegenseitigkeitsklausel und somit auch keine Verpflichtung enthalte, es gegenüber den anderen Vertragsstaaten weiter anzuwenden (BT-Drs. 17/4887, 53). Diese Lesart ist bei völkerrechtlichem Blick auf das HUntÜ 1973 wohl vertretbar. Art. 19 HUntÜ 1973 räumt anderen Übereinkommen sogar ausdrücklich den Vorrang ein (davon ausgehend, dass auch spätere Übereinkommen von diesem Vorrang erfasst sind, NK-BGB/Gruber Rn. 3; aA Grüneberg/Thorn Rn. 56). Jedoch legt Art. 18 selbst deutlich das Gegenteil nahe (gegen die Ansicht des Gesetzgebers deshalb etwa auch Andrae GPR 2010, 196 (200); Andrae IPRax 2014, 326 (328 f.); nachdrücklich Dutta FamRZ 2014, 2005 (2006)). Denn in Art. 18 ist gerade für das HUntÜ 1973 ausdrücklich bestimmt, dass es nur im Verhältnis „zwischen den Vertragsstaaten" ersetzt werden solle.

4 Will man die Auffassung des deutschen Gesetzgebers stützen, so kann dies allenfalls über den Beschluss des Rates vom 30.11.2009 gelingen (Beschluss über den Abschluss des Haager Protokolls vom 23.11.2007 über das auf Unterhaltspflichten anzuwendende Recht durch die Europäische Gemeinschaft – 2009/941/EG, ABl. EU 2009 L 331, 17, veröffentlicht auch in der Ratifikationserklärung selbst). Dieser gilt nämlich **gem. Art. 19** vorrangig und kann somit auch die Regelung des Art. 18 überlagern. Nun lässt sich in dem Beschluss eine ausdrückliche Abkehr vom HUntÜ 1973 nicht finden. Diese würde aber in so hohem Maße der Vereinfachung dienen, dass es wohl sinnvoll wäre, den Beschluss ergänzend auszulegen. Er würde dann dahingehend zu verstehen sein, dass für die Mitgliedstaaten der EU (mit Ausnahme Großbritanniens und Dänemarks) das HUntÜ 1973 keine Geltung mehr hat (aA Mankowski NZFam 2014, 267 (268), der darauf hinweist, dass das Verhältnis zum HUntÜ 1973 eigentlich in Art. 18 geregelt ist, während Art. 19 andere Übereinkommen meint; iE wie hier, aber über eine Analogie zu Art. 351 Abs. 2 AEUV, Kroll-Ludwigs IPRax 2016, 34). In Deutschland gilt somit allseitig und auch gegenüber den Vertragsstaaten des HUntÜ 1973 nur das HUP.

5 **2. Verhältnis zum HUntÜ 1956.** Das Verhältnis zum HUntÜ 1956 ist im Grundsatz einfacher, weil dieses Übereinkommen keine Öffnungsklausel enthält und somit bindend bleibt. Es gilt daher für Kinder mit gewöhnlichem Aufenthalt in Liechtenstein und in Macao weiter (Grüneberg/Thorn Rn. 54). Streitig ist nur, ob es auch gilt, wenn Kinder aus Liechtenstein oder Macao ihren gewöhnlichen Aufenthalt in Deutschland haben. Aufgrund der völkerrechtlichen Bindung muss es auch in diesen Fällen angewendet werden (wie hier NK-BGB/Gruber Rn. 6; aA Grüneberg/Thorn Rn. 54; anders auch BT-Drs. 17/4887, 53).

## Art. 19 Koordinierung mit anderen Übereinkünften

**(1) Dieses Protokoll lässt internationale Übereinkünfte unberührt, denen Vertragsstaaten als Vertragsparteien angehören oder angehören werden und die Bestimmungen über im Protokoll geregelte Angelegenheiten enthalten, sofern die durch eine solche Übereinkunft gebundenen Staaten keine gegenteilige Erklärung abgeben.**

**(2) Absatz 1 gilt auch für Einheitsrecht, das auf besonderen Verbindungen insbesondere regionaler Art zwischen den betroffenen Staaten beruht.**

Art. 19 lässt internationalen Übereinkommen zwischen den Vertragsstaaten den Vorrang. Aus deutscher Sicht betrifft Art. 19 zunächst das Niederlassungsabkommen zwischen dem Deutschen Reich und dem Kaiserreich Persien vom 17.2.1929 (Deutsch-iranisches Niederlassungsabkommen, auszugsweise bei → EGBGB Art. 25 Rn. 1 ff.). Dieses gilt aber nur bei gleicher Staatsangehörigkeit beider Beteiligten. Bei unterschiedlichem Personalstatut (bei Doppelstaatern entscheidet die effektive Staatsangehörigkeit; Art. 5 Abs. 1 S. 2 ist zu beachten) der Beteiligten ist das Abkommen nicht anwendbar (BGH NJW 1990, 636; OLG Bremen IPRax 1985, 296). 1

Außerdem ermöglicht Art. 19 Abs. 2 (zu dessen Reichweite näher Staudinger/Mankowski, 2016, Rn. 10 ff.) die Vorrangigkeit des Art. 64 Abs. 2 EuUnthVO (→ EuUnthVO Art. 64 Rn. 1 ff.). Soweit der Beschluss des Rates vom 30.11.2009 (Beschluss über den Abschluss des Haager Protokolls vom 23.11.2007 über das auf Unterhaltspflichten anzuwendende Recht durch die Europäische Gemeinschaft, ABl. EU 2009 L 331, 17, veröffentlicht auch in der Ratifikationserklärung selbst) die Geltung des HUP modifiziert, ist auch dies durch Art. 19 abgedeckt (Rauscher/Andrae Rn. 2). 2

### Art. 20 Einheitliche Auslegung

**Bei der Auslegung dieses Protokolls ist seinem internationalen Charakter und der Notwendigkeit, seine einheitliche Anwendung zu fördern, Rechnung zu tragen.**

Art. 20 zielt darauf ab, eine möglichst international einheitliche Auslegung des HUP zu erreichen. Dazu sind die Begriffe nicht aus nationaler Sicht, sondern möglichst konventionsautonom zu verstehen. Letzteres gelingt, indem die Perspektive der anderen Vertragsstaaten berücksichtigt und rechtsvergleichende Erwägungen angestellt werden (näher Rauscher/Andrae Rn. 1). Das Protokoll Bonomis zum HUP (http:/www.hcch.net/index_fr.php?act=publications.details&pid=4898) sollte dabei als Auslegungshilfe verwendet werden (so auch NK-BGB/Gruber Vor Art. 1 Rn. 13). 1

Zusätzlich ist zu beachten, dass für die EU-Mitgliedstaaten das HUP über Art. 15 EuUnthVO in das EU-Recht inkorporiert ist. Zuständig für die Auslegung ist daher ausschließlich der EuGH, es greift Art. 267 AEUV. Bei Zweifelsfragen zur Auslegung des Protokolls muss das letztinstanzliche Gericht also nach Art. 267 Abs. 3 AEUV eine Vorlage an den EuGH beschließen (→ Art. 1 Rn. 1 ff.). 2

### Art. 21 Prüfung der praktischen Durchführung des Protokolls

**(1) Der Generalsekretär der Haager Konferenz für Internationales Privatrecht beruft erforderlichenfalls eine Spezialkommission zur Prüfung der praktischen Durchführung dieses Protokolls ein.**

**(2) Zu diesem Zweck arbeiten die Vertragsstaaten mit dem Ständigen Büro der Haager Konferenz für Internationales Privatrecht bei der Sammlung der Rechtsprechung zur Anwendung dieses Protokolls zusammen.**

Die Norm nimmt Bezug auf Art. 20 und beschreibt, wie bei Anwendungsproblemen vorzugehen ist. 1

### Art. 22 Übergangsbestimmungen

**Dieses Protokoll findet keine Anwendung auf Unterhalt, der in einem Vertragsstaat für einen Zeitraum vor Inkrafttreten des Protokolls in diesem Staat verlangt wird.**

Art. 22 enthält eine knappe Regel zur zeitlichen Anwendung des HUP. Diese wird aber durch Art. 5 Beschluss vom 30.11.2009 (→ Art. 1 Rn. 1 ff.) überlagert. Dieser **Beschluss des Rates** vom 30.11.2009 (ABl. EU L 331, 17) bestimmt die Geltung des HUP für die EU-Mitgliedstaaten, für die es eingreift, anders und sieht als Stichtag bereits den **18.6.2011** vor. Während Art. 22 scheinbar anordnet, dass sich alle Unterhaltsansprüche für den Zeitraum vor Inkrafttreten des Übereinkommens noch nach altem Recht richten, trifft Art. 5 des Beschlusses vom 30.11.2009 eine der Anwendung des HUP freundlichere, differenzierte Regelung. 1

2 Danach ist in ab dem 18.6.2011 eingeleiteten Verfahren stets das HUP anzuwenden. Das Gleiche gilt für ab dem 18.6.2011 abgeschlossene oder gebilligte Vergleiche sowie für ab diesem Tag ausgestellte öffentliche Urkunden. Für am 18.6.2011 bereits eingeleitete Verfahren muss differenziert werden: Das HUP wird dann nur für die Unterhaltspflichten angewendet, die nach seinem Inkrafttreten entstehen (NK-BGB/Gruber Rn. 2). Dagegen gilt für Ansprüche, die einen Zeitraum vor dem Inkrafttreten des Protokolls betreffen, das bisherige Kollisionsrecht, also idR das HUntÜbk1973 (Rauscher/Andrae EuUnthVO Art. 15 Rn. 20; OLG Bremen FamRZ 2013, 224; OLG Celle JAmt 2012, 487). Welcher genaue Zeitpunkt als „Einleitung des Verfahrens" gilt, soll sich nach Art. 5 Beschluss vom 30.11.2009 nach der EuUnthVO richten. Somit kommt es auf die Einreichung des verfahrenseinleitenden Schriftstücks (Klage oder Antrag) bei Gericht iSd Art. 9 EuUnthVO an.

## bb) EuUnthVO

## Verordnung (EG) Nr. 4/2009 des Rates vom 18. Dezember 2008 über die Zuständigkeit, das anwendbare Recht, die Anerkennung und Vollstreckung von Entscheidungen und die Zusammenarbeit in Unterhaltssachen

(ABl. 2009 Nr. L 7 S. 1, ber. 2011 Nr. L 131 S. 26, 2013 Nr. L 8 S. 19 und Nr. L 281 S. 29)

## Kapitel I. Anwendungsbereich und Begriffsbestimmungen

### Art. 1 Anwendungsbereich

**(1) Diese Verordnung findet Anwendung auf Unterhaltspflichten, die auf einem Familien-, Verwandtschafts-, oder eherechtlichen Verhältnis oder auf Schwägerschaft beruhen.**

**(2) In dieser Verordnung bezeichnet der Begriff „Mitgliedstaat" alle Mitgliedstaaten, auf die diese Verordnung anwendbar ist.**

1 Die EuUnthVO regelt die Zuständigkeit, das anwendbare Recht, die Anerkennung und Vollstreckung von Entscheidungen aus anderen beteiligten EU-Mitgliedstaaten sowie die Zusammenarbeit dieser Mitgliedstaaten in internationalen Unterhaltssachen. Sie findet ab dem 18.6.2011 Anwendung und gilt in allen EU-Mitgliedstaaten (näher → Art. 15 Rn. 1 ff.; → HUP 2007 Art. 1 Rn. 23).

2 Die vorliegende Kommentierung greift allein Art. 15 (→ Art. 15 Rn. 1 ff.) und Art. 64 Abs. 2 (→ Art. 64 Rn. 1) als Kollisionsnormen auf. Wegen der übrigen Inhalte sei verwiesen auf MüKo-FamFG/Lipp EuUnthVO.

## Kapitel II. Zuständigkeit (nicht kommentiert)

## Kapitel III. Anwendbares Recht

### Art. 15 Bestimmung des anwendbaren Rechts

**Das auf Unterhaltspflichten anwendbare Recht bestimmt sich für die Mitgliedstaaten, die durch das Haager Protokoll vom 23. November 2007 über das auf Unterhaltspflichten**

**anzuwendende Recht (nachstehend „Haager Protokoll von 2007" genannt) gebunden sind, nach jenem Protokoll.**

1 Art. 15 ersetzt ein eigenständiges Kollisionsrecht in der EuUnthVO. Die EuUnthVO wählt für die Regelung des anwendbaren Rechts eine ungewöhnliche Technik. Sie regelt diese Fragen nämlich nicht eigenständig, sondern bestimmt nur, dass alle beteiligten Mitgliedstaaten an das HUP gebunden sind (das HUP ist in diesem Werk kommentiert, → HUP 2007 Art. 1 Rn. 1). Diese Vorgehensweise wurde gewählt, weil in der wichtigen Frage des Unterhaltskollisionsrechts die internationale Vereinheitlichung nicht behindert werden sollte (anders noch Art. 12–21 Entwurf der Kommission, KOM (2005) 649; näher Rauscher/Andrae Rn. 3 ff.). Hinzu kam, dass man so eine über die EU hinausgehende einheitliche Lösung erreichen konnte.

2 Das HUP ist gem. Art. 25, nach der Ratifizierung durch Serbien am 10.4.2013, zum 1.8.2013 in Kraft getreten. Für die **Mitgliedstaaten,** die durch das HUP gebunden sind (nicht Dänemark und das Vereinigte Königreich, die das HUP bisher nicht ratifiziert haben), hat die **EU** aber durch **Beschluss des Rates** vom 30.11.2009 (ABl. EU 2009 L 331, 17) die interne Geltung des HUP bereits ab dem **18.6.2011** bestimmt. Es wurde so zudem erreicht, dass das HUP für die beteiligten Mitgliedstaaten schon galt, bevor es eigentlich in Kraft getreten war (ausführlich → HUP 2007 Art. 1 Rn. 9). Da das HUP über Art. 15 in die EuUnthVO inkorporiert wird, ist für seine Auslegung – für alle EU-Mitgliedstaaten verbindlich – ausschließlich der EuGH zuständig. Es greift Art. 267 AEUV (→ HUP 2007 Art. 1 Rn. 26).

3 Die EuUnthVO enthält mit Art. 64 Abs. 2 schließlich eine eigenständige kollisionsrechtliche Regelung (zu deren Vorrangigkeit vor dem HUP → Art. 64 Rn. 3).

## Kapitel IV. Anerkennung, Vollstreckbarkeit und Vollstreckung von Entscheidungen (nicht kommentiert)

## Kapitel V. Zugang zum Recht (nicht kommentiert)

## Kapitel VI. Gerichtliche Vergleiche und öffentliche Urkunden (nicht kommentiert)

## Kapitel VII. Zusammenarbeit der Zentralen Behörden (nicht kommentiert)

## Kapitel VIII. Öffentliche Aufgaben wahrnehmende Einrichtungen

### Art. 64 Öffentliche Aufgaben wahrnehmende Einrichtungen als Antragsteller

**(1) Für die Zwecke eines Antrags auf Anerkennung und Vollstreckbarerklärung von Entscheidungen oder für die Zwecke der Vollstreckung von Entscheidungen schließt der Begriff „berechtigte Person" eine öffentliche Aufgaben wahrnehmende Einrichtung, die für eine unterhaltsberechtigte Person handelt, oder eine Einrichtung, der anstelle von Unterhalt erbrachte Leistungen zu erstatten sind, ein.**

**(2) Für das Recht einer öffentliche Aufgaben wahrnehmenden Einrichtung, für eine unterhaltsberechtigte Person zu handeln oder die Erstattung der der berechtigten Person anstelle von Unterhalt erbrachten Leistung zu fordern, ist das Recht maßgebend, dem die Einrichtung untersteht.**

**(3) Eine öffentliche Aufgaben wahrnehmende Einrichtung kann die Anerkennung und Vollstreckbarerklärung oder Vollstreckung folgender Entscheidungen beantragen:**

**a) einer Entscheidung, die gegen eine verpflichtete Person auf Antrag einer öffentliche Aufgaben wahrnehmenden Einrichtung ergangen ist, welche die Bezahlung von Leistungen verlangt, die anstelle von Unterhalt erbracht wurden;**
**b) einer zwischen einer berechtigten und einer verpflichteten Person ergangenen Entscheidung, soweit der der berechtigten Person Leistungen anstelle von Unterhalt erbracht wurden.**

**(4) Die öffentliche Aufgaben wahrnehmende Einrichtung, welche die Anerkennung und Vollstreckbarerklärung einer Entscheidung geltend macht oder deren Vollstreckung beantragt, legt auf Verlangen alle Schriftstücke vor, aus denen sich ihr Recht nach Absatz 2 und die Erbringung von Leistungen an die berechtigte Person ergeben.**

1 Art. 64 Abs. 2 enthält eine Kollisionsnorm. Diese bestimmt, nach welchem Recht sich die Handlungsbefugnis öffentlicher Einrichtungen und deren Berechtigung, Regress zu nehmen, richtet. Hierfür wird auf das Recht verwiesen, dem die Einrichtung untersteht. Das entspricht praktischen Notwendigkeiten und dürfte keine Anwendungsschwierigkeiten mit sich bringen.

2 In ihrem zweiten Teil (Erstattung der der berechtigten Person anstelle von Unterhalt erbrachten Leistung) entspricht diese Regelung dem Art. 10 HUP (näher daher → HUP 2007 Art. 10 Rn. 1 ff. ff.). Ein Konflikt zwischen beiden Normen kann angesichts ihrer inhaltlichen Identität auftreten.

3 Der erste Teil der Regelung – nämlich die Frage, wer für die berechtigte Einrichtung handeln darf – entspricht dagegen nicht Art. 11 lit. d HUP. Denn auch Art. 11 lit. d betrifft die generelle Klageberechtigung – etwa die Vertretung eines Kindes durch seine Eltern oder eben durch eine öffentliche Einrichtung (→ HUP 2007 Art. 11 Rn. 1 ff.). Art. 19 Abs. 2 HUP bewirkt, dass Art. 64 Abs. 2 den Vorrang erhält (Rauscher/Andrae Rn. 6; Staudinger/Mankowski HUP Art. 11 Rn. 66).

## Kapitel IX. Allgemeine Bestimmungen und Schlussbestimmungen (nicht kommentiert)

## cc) Art. 18 EGBGB

### Art. 18 (aufgehoben)

## c) Internationales Kindschaftsrecht: Art. 19–23 EGBGB

### Art. 19 Abstammung

**(1) [1]Die Abstammung eines Kindes unterliegt dem Recht des Staates, in dem das Kind seinen gewöhnlichen Aufenthalt hat. [2]Sie kann im Verhältnis zu jedem Elternteil auch nach dem Recht des Staates bestimmt werden, dem dieser Elternteil angehört. [3]Ist die Mutter verheiratet, so kann die Abstammung ferner nach dem Recht bestimmt werden, dem die allgemeinen Wirkungen ihrer Ehe bei der Geburt nach Artikel 14 Absatz 2 unterliegen; ist die Ehe vorher durch Tod aufgelöst worden, so ist der Zeitpunkt der Auflösung maßgebend.**

**(2) Sind die Eltern nicht miteinander verheiratet, so unterliegen Verpflichtungen des Vaters gegenüber der Mutter auf Grund der Schwangerschaft dem Recht des Staates, in dem die Mutter ihren gewöhnlichen Aufenthalt hat.**

**Schrifttum:** Benicke, Kollisionsrechtliche Fragen der Leihmutterschaft, StAZ 2013, 101; Budzikiewicz, Materielle Statuseinheit und kollisionsrechtliche Statusverbesserung, Tübingen 2007; Coester-Waltjen, Ausländische Leihmütter – Deutsche Wunscheltern, FF 2015, 186; Coester-Waltjen, Die Mitmutterschaft nach südafrikanischem Recht im deutschen Geburtsregister, IPRax 2016, 132; Dethloff, Leihmütter, Wunscheltern und ihre Kinder, JZ 2014, 922; Dörner, Probleme des neuen Internationalen Kindschaftsrechts, FS Henrich,

2000, 119; Dutta/Schwab/Henrich/Gottwald/Löhnig, Künstliche Fortpflanzung und europäisches Familienrecht, 2015; Engel, Internationale Leihmutterschaft und Kindeswohl, ZEuP 2014, 538; Frank, Die unglückselige Mehrfachanknüpfung in Art. 19 Abs. 1 EGBGB, StAZ 2009, 65; Frie, Die Mitmutter kraft ausländischen Rechts, FamRZ 2015, 943; Frie, Wer ist der richtige Vater? Streit um das „Günstigkeitsprinzip" in Art. 19 Abs. 1 EGBGB in der aktuellen obergerichtlichen Rechtsprechung, StAZ 2017, 104; Gaaz, Ausgewählte Probleme des neuen Eheschließungs- und Kindschaftsrechts, StAZ 1998, 241; Gössl, Regelungslücken und Analogien im Kollisionsrecht – Beispiel Embryonenelternschaft, IPRax 2019, 41; Heiderhoff, Der gewöhnliche Aufenthalt von Säuglingen, IPRax 2012, 523; Heiderhoff, Rechtliche Abstammung im Ausland geborener Leihmutterkinder, NJW 2014, 2673; Helms, Aktuelle Fragen des internationalen Abstammungsrechts, StAZ 2009, 293; Helms, Leihmutterschaft – ein rechtsvergleichender Überblick, StAZ 2013, 114; Helms, Reproduktionsmedizin und Abstammungsrecht: Hat Deutschland die internationale Entwicklung verpasst?, FF 2015, 234; Henrich, Das Kollisionsrecht im Kindschaftsrechtsreformgesetz, StAZ 1998, 1; Henrich, Kindschaftsrechtsreformgesetz und IPR, FamRZ 1998, 1401; Henrich, Das Kind mit zwei Müttern (und zwei Vätern) im internationalen Privatrecht, FS Schwab, 2005, 1141; Henrich, Leihmütterkinder: Wessen Kinder?, IPRax 2015, 229; Hepting, Ausländische Legitimation im deutschen Geburtenbuch, StAZ 1999, 97; Hepting, Konkurrierende Vaterschaften in Auslandsfällen, StAZ 2000, 33; Huber, Die ausländische Legitimation zwischen Aufenthaltsrecht, Heimatrecht und deutschem Geburtenbuch, IPRax 2000, 116; Looschelders, Alternative und sukzessive Anwendung mehrerer Rechtsordnungen nach dem neuen internationalen Kindschaftsrecht, IPRax 1999, 420; Mansel, Reform des internationalen Abstammungs- und Adoptionsrechts des EGBGB, IPRax 2015, 185; Mayer, Sachwidrige Differenzierungen in internationalen Leihmutterschaftsfällen, IPRax 2014, 57; Mayer, Vaterschaftsfeststellung für Embryonen: Qualifikation, Kollisionsrecht, Sachrecht, IPRax 2016, 432; Otte, The New German Conflicts Law on Parents and Children, Yearbook of Private International Law, Vol. 1, 1999, 189; Rauscher, Gespaltenes Kindschaftsrecht im vereinten Deutschland, StAZ 1991, 1; Reuß, Gestaltung des europäischen abstammungsrechtlichen Kaleidoskops, FS Coester-Waltjen, 2015, 681; Siehr, Das Kindschaftsrecht im Einigungsvertrag, IPRax 1991, 20; Sturm, Das Günstigkeitsprinzip und die Zustimmung nach Art. 23 EGBGB, Schutz für das Kind oder Hindernis für die Abstammungsfeststellung?, StAZ 1997, 261; Sturm, Das Abstammungsstatut und seine alternative Anknüpfung, StAZ 2003, 353; Woitge, Der Status von Kindern ausländischer Leihmütter in Deutschland, Jura 2015, 496.

## Übersicht



## I. Allgemeines

**1. Gesetzesgeschichte und Normzweck.** Abs. 1 bestimmt das anwendbare Recht für die Abstammung des Kindes von seinen Eltern. Die Norm trat am 1.7.1998 in Kraft. Sie beruht auf dem Gesetz zur Reform des Kindschaftsrechts (KindRG) vom 16.12.1997 (BGBl. 1999 I 2942). Mit diesem wurde neben dem materiellen auch das internationale Kindschaftsrecht grundlegend erneuert. In spiegelbildlicher Umsetzung der materiell-rechtlichen Gleichstellung nichtehelicher und ehelicher Kinder ist die Unterscheidung zwischen nichtehelicher und ehelicher Abstammung in Art. 19 aF und Art. 20 aF aufgegeben und die Regelung des Art. 21 aF, der die Anknüpfung der Statusverbesserung durch Legitimation behandelte, ersatzlos gestrichen worden (zum alten Recht Eschbach, Die nichteheliche Kindschaft im IPR, Geltendes Recht und Reform, 1997). Das auf die **Begründung** der Abstammung anwendbare Recht wird durch Art. 19 Abs. 1 bestimmt, während die **Anfechtung** der Abstammung der Regelung des Art. 20 unterfällt. Die Rechtsbeziehung zwischen dem Kind und seinen Eltern (insbes. elterliche Sorge) ist separat in Art. 21 geregelt (vorrangig gilt das KSÜ). Art. 23 ergänzt Art. 19, soweit im Rahmen der Abstammung die Zustimmung des Kindes oder einer der sonstigen erfassten Personen erforderlich ist. Art. 19 Abs. 2 bestimmt das Recht, welches für die in Folge der Schwangerschaft bestehenden Ansprüche der Mutter des nichtehelichen Kindes gegen den Vater gilt. Hier muss das HUP beachtet werden (→ Rn. 5). 1

Die Norm stellt mehrere **Anknüpfungsalternativen** auf, von denen von Amts wegen diejenige zu wählen ist, nach welcher für das Kind am ehesten ein Vater bzw. eine Mutter bestimmt 2 werden kann. Es gilt das Günstigkeitsprinzip (→ Rn. 22 ff.) (MüKoBGB/Helms Rn. 13; Andrae IntFamR § 5 Rn. 4; Hepting StAZ 2000, 33 (34)).

3 Schwierigkeiten können entstehen, wenn nach den alternativ anzuwendenden Rechtsordnungen unterschiedliche Personen als rechtliche Eltern anzusehen sind. Auch wenn gleichgeschlechtliche Paare für Zeugung, Geburt und Eintragung eines Kindes in das Ausland ausweichen, um die doppelte Mutterschaft (uU auch doppelte Vaterschaft) zu erreichen, kann die Rechtsanwendung auf Probleme stoßen (→ Rn. 15). Angesichts von in vielen Ländern verbreiteten reproduktionsmedizinischen Praktiken (wie Eizellenspende, Samenspende verbunden mit doppelter Mutterschaft, Leihmutterschaft) wird vielfach eine Reform der Norm angemahnt (Mansel IPRax 2015, 185 – mit dem Vorschlag des Deutschen Rats für Internationales Privatrecht; Helms FF 2015, 234; Siehr StAZ 2015, 258 (262 f.)).

4 **2. Staatsvertragliche Regelungen.** Staatsvertragliche Regelungen gehen dem autonomen Kollisionsrecht gem. Art. 3 Nr. 2 vor. Für die Frage der Abstammung von der **Mutter** gilt vorrangig das **CIEC-Übereinkommen** über die Feststellung der mütterlichen Abstammung nichtehelicher Kinder vom 12.9.1962 (BGBl. 1965 II 23; FNB 1998, 424). Es gilt im Verhältnis zu Griechenland, Luxemburg, Niederlande, der Schweiz, Spanien und der Türkei. Nach Art. 1 CIEC-Übereinkommen wirkt die Eintragung einer Frau als Mutter für die Abstammung konstitutiv und macht ein nach Abstammungsstatut etwa erforderliches Mutterschaftsanerkenntnis entbehrlich (Staudinger/Henrich, 2019, Vor Art. 19 Rn. 17 ff. – mit Abdruck; MüKoBGB/Helms Rn. 76). Zuletzt hat das OLG Celle entschieden, es greife nur, wenn das Kind aus Sicht aller betroffenen Staaten nichtehelich sei (OLG Celle NJW-RR 2011, 1157 (1158)). Das ist nicht nachvollziehbar. Streitig ist auch, ob das Übereinkommen nur Anwendung findet, wenn Mutter und Kind Angehörige eines Vertragsstaats sind (näher zum Meinungsstand und mit überzeugendem Lösungsansatz Staudinger/Henrich, 2019, Vor Art. 19 Rn. 19 ff.). Auch darin liegt eine im Abkommen nicht angelegte Einengung. Teils wird angenommen, dass auch **Art. 3 HUP** eine im Rahmen von Unterhaltsstreitigkeiten geltende staatsvertragliche Sonderregelung mit sich bringe (so noch zum HUntÜ 1973 Kegel/Schurig IPR § 20 X 2). Das wäre aber nur dann zutreffend, wenn man, anders als hier vertreten (→ Rn. 40 ff.), im Rahmen des HUP die unselbstständige Anknüpfung von Vorfragen favorisieren würde. Nur dann würde nämlich die Abstammung im Rahmen des Unterhaltsstreits mit nach dem Unterhaltsstatut bestimmt.

5 Im Bereich des Art. 19 Abs. 2 ist das HUP jedoch für **Unterhaltsansprüche** vorrangig anwendbar. Vereinzelt wird Art. 19 Abs. 2 allerdings auch als lex specialis gegenüber dem Unterhaltsrecht begriffen (v. Hoffmann/Thorn IPR § 8 Rn. 135; Kegel/Schurig IPR § 20 X 2). Das lässt sich wegen der Qualität des HUP als dem EU-Recht zuzuordnender Staatsvertrag freilich nicht (mehr) vertreten (näher → HUP 2007 Art. 1 Rn. 49; zur Vorfragenanknüpfung → Rn. 40 ff.). Nach Art. 8 Abs. 3 **deutsch-iranisches Niederlassungsabkommen** vom 17.2.1929 (RGBl. 1930 II 1002 (1006); 1931 II 9; BGBl. 1955 II 899) richtet sich das Familienrecht zwischen iranischen Staatsangehörigen nach iranischem Recht (Art. 8 Abs. 3 deutsch-iranisches Niederlassungsabkommen; Wortlaut → Art. 25 Rn. 12). Bei verschiedenem Personalstatut der Beteiligten ist das Abkommen nicht anwendbar (BGH NJW 1990, 636) (mwN → Art. 17 Rn. 9). Bei Mehrstaatern entscheidet die effektive Staatsangehörigkeit (str. für die deutsche Staatsangehörigkeit, dazu → Art. 25 Rn. 11).

## II. Einzelerläuterungen

6 **1. Anwendungsbereich des Abs. 1. a) Abs. 1 S. 1 und 2.** Abs. 1 S. 1 und 2 bestimmen das auf die Abstammung anwendbare Recht sowohl in Bezug auf den Vater als auch auf die Mutter (zur doppelten Mutterschaft im ausländischen Recht → Rn. 6.4; zum Kollisionsrecht → Rn. 15). Nach Auffassung des BGH fällt auch der Anspruch auf statusneutrale Abstammungsklärung aus § 1598a BGB unter Art. 19 (BGH FamRZ 2019, 1543; ebenso jurisPK/Duden, Art. 19 Rn. 33; Art. 20 Rn. 13; Staudinger/Henrich, 2019, Rn. 69d; aA MüKoBGB/Helms Art. 20 Rn. 13). Die Bestimmung der Abstammung fällt im Ausland dabei teils deutlich anders aus als in Deutschland.

6.1 Im ausländischen Recht wird teils nicht nur die Vaterschaft, sondern auch die Mutterschaft besonders festgestellt (DIJuF-Rechtsgutachten JAmt 2010, 66 f.). So herrscht in **Italien** bei der unehelichen Abstammung das Anerkennungsprinzip, durch das eine uneheliche Vaterschaft und Mutterschaft festgestellt wird (Art. 250 Cciv). Daneben ist eine gerichtliche Feststellung der Abstammung möglich (Art. 269 Cciv) (Bergmann/Ferid/Henrich/Henrich Länderbericht Italien, Stand Mai 2017, 87, 90).

6.2 Bei der **Geburt nach Scheidung** der Mutter gibt es in vielen Rechtsordnungen eine Abstammungsvermutung für Kinder, die innerhalb von 300 Tagen nach der Scheidung geboren werden (zu allem ausf.

Wedemann, Konkurrierende Vaterschaften und doppelte Mutterschaft im Internationalen Abstammungsrecht, 2006, 25 ff.). Dazu gehören die **Türkei** (Art. 285 Abs. 1 ZGB) (Bergmann/Ferid/Henrich/Rumpf/Odendahl Länderbericht Türkei, Stand Februar 2017, 88), **Bulgarien** (Art. 61 Abs. 1 Familiengesetzbuch) (Bergmann/Ferid/Henrich/Jessel-Holst Länderbericht Bulgarien, Stand September 2016, 60), solange das Kind nicht in einer neuen Ehe geboren wird (Art. 61 Abs. 1, 2 Familiengesetzbuch), mit der gleichen Einschränkung wohl auch **England** (Herring, Family Law, 8. Aufl. 2017, 359), **Polen** (Art. 62 § 1 iVm Art. 56 Familien- und Vormundschaftsgesetzbuch) (Bergmann/Ferid/Henrich/de Vries Länderbericht Polen, Stand August 2018, 65, 68) und **Portugal** (NK-BGB/Müller-Bromley, BGB Familienrecht, 3. Aufl. 2014, Länderbericht Portugal, Rn. 79) und Spanien (BGH NZFam 2022, 253).

In **Schweden** reicht es für die Zuordnung zu einem anderen Vater aus, dass der Ehemann dessen **6.3**
Vaterschaftsanerkennung schriftlich bestätigt (§ 2 Elterngesetz) (Bergmann/Ferid/Henrich/Giesen Länderbericht Schweden, Stand Mai 2017, 33 f., 66 f.). In **Österreich** kann der biologische Vater seit 2005 trotz bestehender rechtlicher Vaterschaft eines anderen Mannes ein sog. durchbrechendes Vaterschaftsanerkenntnis abgeben (§ 147 Abs. 2 ABGB). Dies kann bei entsprechender Mitwirkung von Mutter und Kind zu einer rechtlichen Vaterschaft führen (zu einem Praxisfall Krömer StAZ 2016, 151; noch zu § 163e ABGB aF Ferrari FamRZ 2005, 1634 (1635)).

Die Zulassung der **Mutterschaft einer zweiten Frau** (Co-Mutterschaft) neben der Geburtsmutter **6.4**
hat sich in den letzten Jahren international rasch verbreitet. Sie ist beispielsweise im **englischen** (Sec 42 ff. Human Fertilisation Act 2008), im **spanischen** (Art. 7 Abs. 3 **Ley sobre técnicas de reproducción humana asistida**)(dazu Ferrer i Riba FamRZ 2007, 1513 (1515)), im **niederländischen** (Reuß in Dutta/Schwab/Henrich/Gottwald/Löhnig, Künstliche Fortpflanzung und europäisches Familienrecht, 2015, 127, 142 ff.) und im **schwedischen** Recht (Jänterä-Jareborg FamRZ 2006, 132) vorgesehen (mit diesen und weiteren Beispielen auch Sieberichs StAZ 2015, 1).

Vom Abstammungsstatut werden das Erfordernis und die Voraussetzungen einer Anerkennung **7**
der Vater- oder Mutterschaft bzw. deren gerichtlicher Feststellung, Empfängniszeiten, Vaterschafts- und Beiwohnungsvermutungen erfasst. Dem Abstammungsstatut unterfallen außerdem eventuell erforderliche Zustimmungserfordernisse zu einer Abstammungserklärung, wobei nach Art. 23 ergänzend das **Heimatrecht** bzw. nach Art. 23 S. 2 das deutsche Recht heranzuziehen ist. Insbesondere für die Anerkennung durch den Vater kann das wichtig werden (Sturm StAZ 1997, 261). Sehr streitig ist gegenwärtig, ob **Art. 21 AEUV** (Freizügigkeit) es erfordert, ein in einem anderen Mitgliedstaat bereits wirksames Vaterschaftsanerkenntnis ohne Beachtung der Art. 19 und 23 anzuerkennen (näher → Art. 23 Rn. 4) (so KG NJW 2011, 535; krit. Mansel/Thorn/Wagner IPRax 2011, 1 (7 ff.)). Für die **Form der Anerkennung** gilt Art. 11, soweit nicht das **CIEC-Übereinkommen** eingreift. In jedem Fall reicht auch bei deutschem Abstammungsstatut die Ortsform aus (zu Spanien BGH FamRZ 2017, 1682).

Art. 19 bestimmt auch die Rechtsfolgen einer Legitimanerkennung nach islamischem Recht, **8**
weil diese am ehesten der Anerkennung nach § 1592 Nr. 2 BGB ähnelt, welche ebenfalls keine leibliche Abstammung voraussetzt (auch → Art. 22 Rn. 16) (MüKoBGB/Helms Rn. 33; Grüneberg/Thorn Rn. 7; Kegel/Schurig IPR § 7 III 3b cc bbb: Art. 22). Auch das deutsche Recht ermöglicht bewusst die Anerkennung fremder Kinder zur Herstellung der rechtlichen Vaterschaft. Der BGH musste sich jüngst mit der Frage befassen, ob Art. 19 auch die Abstammung in Bezug auf einen extrakorporal aufbewahrten, kryokonservierten **Embryo** erfasst und bildete eine Analogie (→ Rn. 18) (BGH NJW 2016, 3174). Nicht unter Abs. 1 fällt die Beurteilung der Frage der Beseitigung einer rechtswirksam begründeten Abstammung, etwa durch **Anfechtung.** Insoweit ist Art. 20 einschlägig.

**b) Abs. 1 S. 3.** Gegenüber Abs. 1 S. 1 und 2 ist der Anwendungsbereich des Abs. 1 S. 3 **9**
eingeschränkt. Die Verweisung auf das allgemeine Ehestatut kommt nur insofern zum Tragen, als die Frage betroffen ist, ob ein Kind durch Geburt in der Ehe die Mutter und deren Ehemann als Eltern erhält (hM, AG Gießen StAZ 2005, 362 (363); MüKoBGB/Helms Rn. 10; NK-BGB/Bischoff Rn. 18; aA Grüneberg/Thorn Rn. 7). Dieser Auffassung kann nicht entgegengehalten werden, dass sie auf die Feststellung des (durch das KindRG abgeschafften) Status der Ehelichkeit hinausliefe (so aber Grüneberg/Thorn Rn. 7); dem Kind wird lediglich durch zusätzliche Anknüpfung an das Ehewirkungsstatut möglichst frühzeitig zu einem Vater verholfen (→ Rn. 19). In Abstimmung mit der am 29.1.2019 in Kraft getretenen Änderung des Art. 14 durch das Gesetz zum Internationalen Güterrecht und zur Änderung von Vorschriften des Internationalen Privatrechts vom 18.12.2018 (BGBl. I 2573 (2580)) wurde der Verweis auf das Ehewirkungsstatut in Art. 19 Abs. 1 S. 3 angepasst. Zu beachten ist, dass es – wie der Verweis auf **Art. 14 Abs. 2** klar erkennen lässt – stets nur auf die objektive Anknüpfung des Ehewirkungsstatuts ankommt (zur Anknüpfung nach Abs. 1 S. 3 iE → Rn. 19).

10 **2. Anknüpfungspunkte in Abs. 1. a) Alternativanknüpfungen.** Abs. 1 sieht drei Anknüpfungsmöglichkeiten vor, die zur Ermittlung der maßgeblichen Rechtsordnung alternativ herangezogen werden können (zum Rangverhältnis der einzelnen Anknüpfungspunkte → Rn. 22 ff.).

11 **aa) Aufenthalt des Kindes.** Nach Abs. 1 S. 1 unterliegt die Abstammung dem Recht des Staats, in dem das Kind seinen **gewöhnlichen Aufenthalt** hat. Zur Anwendung berufen wird dadurch diejenige Rechtsordnung, zu der das Kind in aller Regel die engste Verbindung aufweist. Maßgeblich für die Bestimmung des gewöhnlichen Aufenthalts ist der Schwerpunkt der Bindung des Kindes, dh seine soziale Integration durch familiäre, freundschaftliche oder sonstige Beziehungen (**Daseinsmittelpunkt**). Von ganz wesentlicher Bedeutung ist dabei die Dauer und Beständigkeit des Aufenthalts (→ Art. 5 Rn. 16 ff.) (BGH NJW 1975, 1068; IPRax 1981, 139; OLG Schleswig OLGR 2005, 744; Grüneberg/Thorn Art. 5 Rn. 10). Ist ein Aufenthalt auf Dauer angelegt, kann das Kind aber häufig sehr schnell nach dem Umzug, in manchen Fällen auch gleich mit dem Umzug, seinen gewöhnlichen Aufenthalt an einem neuen Ort begründen. Der gewöhnliche Aufenthalt des Kindes ist zwar grds. unabhängig von demjenigen seiner Eltern zu bestimmen (Andrae IntFamR § 6 Rn. 36; v. Hoffmann/Thorn IPR § 5 Rn. 81 ff.), folgt diesem faktisch dennoch häufig (nur MüKoBGB/Helms Rn. 8; NK-BGB/Bischoff Rn. 14). Bei der Geburt stimmt er in aller Regel mit dem gewöhnlichen Aufenthalt der Mutter überein. Dasselbe gilt auch darüber hinaus für Kinder, die mit ihren Eltern zusammenleben (BayObLG FamRZ 2001, 1543). In Fällen, in welchen der Aufenthaltsort der Mutter erkennbar zum Zweck der Geburt eines Kindes vorübergehend in das Ausland verlegt worden ist, kann jedoch kaum gleich mit Geburt ein gewöhnlicher Aufenthalt im Ausland angenommen werden (OLG Celle NJW-RR 2011, 1157 (1158); ausf. Andrae IntFamR § 5 Rn. 12 f.). Bei einem **widerrechtlichen Verbringen** des Kindes muss uU ein deutlich längerer Aufenthalt und ein echtes Einleben des Kindes verlangt werden. Bei einem unsicheren ausländerrechtlichen Status kann ein gewöhnlicher Aufenthalt zwar entstehen, auch dann ist aber nicht bereits die Verlegung des Aufenthalts ausreichend, sondern es muss eine echte Integration entstehen (abl. bei viermonatigem Aufenthalt OLG Karlsruhe ECLI:DE:OLGKARL:2017:0720.18UF59.16.0A = BeckRS 2017, 121175).

12 Durch die Regelung des Art. 19 Abs. 1 S. 1 hat der Gesetzgeber eine Harmonisierung mit dem Unterhaltsstatut nach Art. 4 Abs. 1 HUntÜ 1973 (nun insofern gleichlautend Art. 3 HUP) und mit Art. 2 Abs. 1 iVm Art. 1 MSA (nun der insofern unveränderte Art. 5 KSÜ) verwirklicht, die gleichfalls auf den gewöhnlichen Aufenthalt des Kindes abstellen.

13 Das Abstammungsstatut nach Abs. 1 S. 1 ist durch Änderung des gewöhnlichen Aufenthalts grds. **wandelbar,** da der Aufenthaltsort gewechselt werden kann (ganz hM; anders aber Kegel/Schurig IPR § 20 X 3: über die Abstammung ist unwandelbar im Zeitpunkt der Geburt zu entscheiden). Fraglich ist aber, wieweit diese Wandelbarkeit rechtlich beachtlich ist. Teils wird von uneingeschränkter Wandelbarkeit ausgegangen (Grüneberg/Thorn Rn. 4: es entscheidet das neue Statut; Erman/Hohloch Rn. 9). Meist wird diese jedoch eingeschränkt (Henrich StAZ 1998, 1 (3) mit Verweis auf Art. 68 f. schweiz. IPR, das Abs. 1 als Vorbild gedient habe und seinerseits den Zeitpunkt der Geburt des Kindes als maßgeblich für die Anknüpfung der Abstammung statuiert habe; NK-BGB/Bischoff Rn. 15; Rauscher IPR 206 f.; Looschelders IPRax 1999, 420 (423 f.); Andrae IntFamR § 5 Rn. 16; Hepting, Deutsches und Internationales Familienrecht, Rn. IV 123 ff.). Denn die uneingeschränkte Wandelbarkeit könnte dazu führen, dass eine Abstammung durch Aufenthaltswechsel neu begründet werden könnte oder eine zuvor bestehende durch Aufenthaltswechsel entfiele. Zwar wird dies aufgrund der dreifachen Anknüpfungsalternativen selten sein. Im Einzelfall sind dennoch Konstellationen denkbar, in denen die Wandelbarkeit des Abstammungsstatuts den Verlust einer unter dem Vorstatut begründeten Vaterschaft zur Folge haben kann (mit Beispielen Andrae IntFamR § 5 Rn. 17; mit Beispiel auch Otte, Yearbook of Private International Law, Vol. 1, 1999, 189 (197)). Doch fragt sich, wie das Problem angemessen zu lösen ist.

14 Ein Abstellen auf den Zeitpunkt der Geburt ist angesichts der klaren Regelung in Abs. 1 S. 1 nämlich nicht möglich (näher Otte, Yearbook of Private International Law, Vol. 1, 1999, 189 (198) Fn. 30). Richtig ist es vielmehr, auch die Wandelbarkeit in einer dem Kind günstigen Weise zu verstehen (Staudinger/Henrich, 2019, Rn. 14). Solange die Abstammung ungeklärt ist oder nach altem Statut zu verneinen war, ist das neue Statut anzuwenden. Immerhin hat der Gesetzgeber ausweislich der Gesetzesbegründung gewollt, dass eine wandelbare Anknüpfung es dem Standesbeamten in weitem Umfang erlaubt, das interne Recht des Beurkundungsstaats anzuwenden (Begr. RegE, BT-Drs. 13/4899, 137). Das verhilft dem rechtlich vaterlosen Kind uU schneller zu einem Vater. Anders ist es dagegen, wenn die Abstammung bei dem Wechsel des Aufenthalts bereits geklärt war. Bereits **bestehende Zuordnungen,** seien sie gesetzlicher Art oder erst durch Aner-

kennung eingetreten, können durch den Statutenwechsel **nicht** wieder **aufgelöst** werden (hM, Andrae IntFamR § 5 Rn. 16; Hepting/Dutta, Deutsches und Internationales Familienrecht, Rn. IV 125 ff. – mit dem Hinweis darauf, dass diese Lesart ohnehin den allgemeinen Regeln entspreche; Looschelders IPRax 1999, 420 (424); Dörner FS Henrich, 2000, 119 (125 f.)).

Weitgehend geklärt ist die Frage auch für den Fall, dass gleichgeschlechtliche Paare ein Kind im Ausland entspr. dem dort geltenden Recht mit **zwei Müttern** (oder uU Vätern) eintragen lassen haben. Hatte das Kind seinen gewöhnlichen Aufenthalt zunächst in dem betreffenden Staat und war deshalb nach Art. 19 S. 1 dessen Recht anwendbar, so kommt es in der Tat auf die soeben diskutierte Frage der **Wandelbarkeit** an. Aus den bereits diskutierten Gründen sollte auch hier wegen der einmal gesicherten Abstammung (vollendeter Tatbestand) die Wandelbarkeit abgelehnt werden. Damit kann (und muss) die im Ausland erfolgte Eintragung übernommen werden (dafür BGH NJW 2016, 2322 m. zust. Anm. Dutta FamRZ 2016, 1256; KG IPRax 2016, 160; offenlassend noch OLG Celle NJW-RR 2011, 1157 (1158)), soweit sie nicht (ausnahmsweise) gegen den ordre public verstößt (→ Rn. 46). Hat das Kind die deutsche Staatsangehörigkeit, so erfolgt eine Nachbeurkundung nach § 36 Abs. 1 S. 2 PStG, bei der zwei Mütter eingetragen werden (BGH NJW 2016, 2322; KG IPRax 2016, 160; Coester-Waltjen IPRax 2016, 132). War dagegen nach Art. 19 schon bei der Geburt deutsches Recht anwendbar, weil das Kind gar keinen gewöhnlichen Aufenthalt in dem betreffenden Staat hatte, und war aus deutscher Sicht auch zu keinem späteren Zeitpunkt das Recht des eintragenden Staates anwendbar, so ist es kaum möglich, einen Statusschutz zu konstruieren (so auch OLG Celle NJW-RR 2011, 1157 (1158); krit. Heiderhoff IPRax 2012, 523). In einem solchen Fall stellt sich auch nicht die Frage, ob sich aus **Art. 21 AEUV** eine Pflicht zur Anerkennung der ausländischen Eintragung ergibt, da die Freizügigkeit nicht betroffen ist (allg. → Art. 23 Rn. 4). 15

Bei **prozessualer Anerkennung** und **Substitution** stellt sich das Problem nicht: Gerichtliche Abstammungsfeststellungen im früheren Aufenthaltsstaat werden gem. §§ 108 f. FamFG anerkannt und wirken wie im Urteilsstaat fort (allg. Schack IZVR Rn. 791 ff.). Ausländische (außergerichtliche) Vaterschaftsanerkenntnisse können, soweit sie nach Substitutionsgrundsätzen mit den inländischen gleichgestellt und sachlich gleichwertig und nach dem Recht des früheren Aufenthaltsstaats wirksam sind, unter § 1592 Nr. 2 BGB subsumiert werden (Looschelders IPRax 1999, 420 (424)). Die Abgrenzung prozessualer und materiell-rechtlicher Abstammungsfeststellung bereitet jedoch Schwierigkeiten (→ Rn. 49). 16

**bb) Heimatrechte der Eltern (Abs. 1 S. 2).** Nach Abs. 1 S. 2 kann die Abstammung im Verhältnis zu jedem Elternteil alternativ auch nach dessen Heimatrecht ermittelt werden. Bei Mehrstaatern ist Art. 5 Abs. 1 zu berücksichtigen, bei Staatenlosen Art. 5 Abs. 2. Bei letztgenannten ist zudem das New Yorker Übereinkommen über die Rechtsstellung der Staatenlosen vom 28.9.1954 zu beachten (ratifiziert durch Gesetz vom 12.4.1976, BGBl. II 473; für die Bundesrepublik Deutschland in Kraft getreten am 24.1.1977, BGBl. II 235); zu allem näher → Art. 5 Rn. 2 ff. Hier ergibt sich die **Wandelbarkeit** durch die Möglichkeit des Wechsels der Staatsangehörigkeit – es gelten die soeben (→ Rn. 13 f.) dargelegten Grundsätze. 17

Sehr streitig ist derzeit, wie im Falle eines extrakorporal aufbewahrten, kryokonservierten **Embryos** vorzugehen ist. Allgemein wird angenommen, dass jedenfalls nicht das Sachenrecht eingreifen kann. Der BGH hat entschieden, dass im Wege der Analogie ausschließlich Abs. 1 S. 2 eingreifen solle. Die anderen Alternativen des Art. 19 passten demgegenüber nicht (insbes. bestehe kein gewöhnlicher Aufenthalt) (BGH NJW 2016, 3174 m. zust. Anm. Dutta/Hammer FamRZ 2016, 1852, dort auch zur Frage der „Sorge"berechtigung; zust. auch Reuß, Theorie eines Elternschaftsrechts, 2019, 493 f.). In der Lit. wird demgegenüber teils vertreten, es müsse eine eigenständige (derzeit ungeschriebene) Kollisionsregel gebildet werden (Gössl IPRax 2019, 41 (44 f.)), teils wird gerade Abs. 1 S. 1 für eine Analogie vorgeschlagen (legaler Entstehungs- und Aufbewahrungsort, so Mayer IPRax 2016, 432 (434)). Letztlich scheint, solange nicht eine Gesetzesänderung erfolgt, die Analogie zu Abs. 1 S. 2 als noch beste Notlösung, da der Lagerort zu leicht manipulierbar ist. Allerdings ist einzuräumen, dass auch die Staatsangehörigkeit der Erzeuger als Anknüpfungskriterium für diese Fälle nicht wirklich überzeugen kann. 18

**cc) Ehewirkungsstatut (Abs. 1 S. 3).** Ist die Mutter verheiratet, kann die Abstammung des Kindes gem. Art. 19 Abs. 1 S. 3 auch nach dem Ehewirkungsstatut des Art. 14 Abs. 2 bestimmt werden. Maßgeblicher Zeitpunkt ist in diesem Fall die Geburt des Kindes (bzw. der vorherige Tod ihres Ehegatten). Aufgrund dieser Fixierung des Anknüpfungszeitpunkts ist das so bestimmte Abstammungsstatut – anders als bei Art. 19 Abs. 1 S. 1 und 2 – **nicht wandelbar** (Rauscher IPR 206 f.; v. Hoffmann/Thorn IPR § 8 Rn. 130). Eine Rechtswahl seitens der Ehegatten nach Maßgabe des Art. 14 Abs. 1 ist aufgrund der eindeutigen Verweisung des Art. 19 Abs. 1 S. 3 auf 19

Art. 14 Abs. 2 ohne Einfluss auf die Anknüpfung der Abstammung. Das Ehewirkungsstatut ist also ggf. hypothetisch zu ermitteln, als wäre die Rechtswahl nicht erfolgt.

**19.1** Die Anknüpfung nach Art. 14 Abs. 2 folgt einem hierarchischen Stufensystem, wobei die jeweils nachfolgenden Anknüpfungspunkte nur hilfsweise (nicht alternativ) zur Verfügung stehen (näher → Art. 14 Rn. 27 ff.). In erster Linie anwendbar ist das Recht des Staates, in dem beide Ehegatten ihren gewöhnlichen Aufenthalt haben (Art. 14 Abs. 2 Nr. 1); es folgt das Recht des Staates, in dem beide Ehegatten ihren gewöhnlichen Aufenthalt während der Ehe zuletzt hatten, wenn einer von ihnen dort noch seinen gewöhnlichen Aufenthalt hat (Art. 14 Abs. 2 Nr. 2). Auf dritter Stufe greift nach Art. 14 Abs. 2 Nr. 3 das gemeinsame Heimatrecht (bei Staatenlosen und Flüchtlingen das gemeinsame Personalstatut) und auf letzter Stufe ist die Rechtsordnung des Staats heranzuziehen, mit dem die Ehegatten auf andere Weise gemeinsam am engsten verbunden sind (Art. 14 Abs. 2 Nr. 4).

**20** Die Vorfrage – teils wird hier von einer „Erstfrage" gesprochen, weil es um einen Begriff in der Kollisionsnorm selbst geht – nach dem Bestehen einer **(gültigen) Ehe** der Mutter ist selbstständig nach Art. 13 anzuknüpfen (näher Andrae IntFamR § 5 Rn. 39; Looschelders Rn. 14; Grüneberg/Thorn Rn. 5; v. Hoffmann/Thorn IPR § 8 Rn. 130; Staudinger/Henrich, 2019, Rn. 19; MüKoBGB/Helms Rn. 43 ff.) (zu den „echten" Vorfragen, die sich meist im Rahmen des Abs. 1 S. 1 stellen, → Rn. 40 ff.). Ob eine analoge Anwendung der Regelung auf Kinder aus **eheähnlichen Gemeinschaften** und insbes. aus **eingetragenen Partnerschaften** (eLP) erfolgen kann, hängt von der Art der Partnerschaft ab. Die Anwendung der Norm auch für **gleichgeschlechtliche Ehen** wurde durch die letzte Reform des Art. 17b Abs. 5 durch das Gesetz zur Umsetzung des Gesetzes zur Einführung des Rechts auf Eheschließung für Personen gleichen Geschlechts vom 18.12.2018 (BGBl. I 2639 (2640)) mit Wirkung zum 22.12.2019 nun **angeordnet** (näher → Art. 17b Rn. 58 ff.; insbes. → Art. 17b Rn. 62). Dabei bestimmt die Gesetzesbegründung, dass auch bei der gleichgeschlechtlichen Ehe das sich aus Art. 14 Abs. 2 ergebende Recht gelten soll, da dies „sachnah" sei (BT-Drs. 19/4670, 27; dafür auch schon früher MüKoBGB/Helms Rn. 48). Es kommt also nicht auf das „echte" Ehestatut an, welches sich für gleichgeschlechtliche Ehen nach Art. 17b Abs. 4 iVm Abs. 1 ergibt und an den Registerort angeknüpft wird (näher → Art. 17b Rn. 22).

**21** Dagegen wird für die **eLP** und die **faktischen Lebensgemeinschaften** die analoge Anwendung überwiegend abgelehnt (Grüneberg/Thorn Rn. 5; NK-BGB/Bischoff Rn. 20; Andrae IntFamR § 5 Rn. 21). Doch ist dem zu widersprechen. Art. 19 Abs. 1 S. 3 sollte analog auch auf die eLP und darüber hinausgehend sogar auf die faktischen Lebensgemeinschaften angewendet werden, wenn eine ausländische Rechtsordnung gerade für diese Form der Paarbeziehung eine besondere Abstammungsregelung vorsieht, die dem Kind zugutekommen kann. Denkbar ist etwa die Gewährung der Vaterstellung für den Lebensgefährten der Mutter (mit Angaben dazu Staudinger/Henrich, 2019, Rn. 59) oder inzwischen immer häufiger der Zweit-Mutterstellung für die Lebenspartnerin der Bauchmutter (allg. → Rn. 15). Es ist dann das Statut der Partnerschaft zu befragen (wie hier Coester-Waltjen IPRax 2016, 132 (135 f.); in diese Richtung auch Jakob, Die eingetragene Lebenspartnerschaft, 2002, 343 f., jedoch nur für heterosexuelle Gemeinschaften). Die Kappungsgrenze des Art. 17 Abs. 4 aF wirkte sich hier auch schon früher nicht aus, weil sie die Zuordnungswirkung (mit diesem Begriff Coester-Waltjen IPRax 2016, 132 (136)) nicht abschneiden kann.

**22** **b) Rangfolge der Anknüpfungen. aa) Problemstand.** Wie einleitend ausgeführt enthält Art. 19 unterschiedliche Anknüpfungsalternativen, damit es möglichst in jedem Fall gelingt, ein Kind einem Vater und einer Mutter zuzuordnen (favor filiationis). Das Gesetz sieht dazu in Abs. 1 ein alternatives Anknüpfungssystem vor, ohne festzulegen, welcher Anknüpfung der Vorzug zu geben ist, wenn die parallele Verweisung in unterschiedliche Rechtsordnungen zu kollidierenden Ergebnissen führt (näher Reuß, Theorie eines Elternschaftsrechts, 2018, 496 f.). Es kann aber geschehen, dass nicht nur eine der Rechtsordnungen zu einer Feststellung der Abstammung führt. Dabei ist es möglich, dass unterschiedliche Ergebnisse eintreten. So kann eine der Rechtsordnungen schneller zur Feststellung der Abstammung führen als eine andere oder es kann auch geschehen, dass die Rechtsordnungen zur **Abstammung von verschiedenen Personen** führen. Denkbar ist dies etwa bei Geburt nach Ehescheidung. Während § 1592 Nr. 1 BGB für die Zuordnung des Kindes zum Ehemann auf den Zeitpunkt der Geburt (Geburt in der Ehe) abstellt, also eine Vaterschaft des geschiedenen Ehemanns nicht ex lege begründet, knüpfen andere Rechte an die Empfängnis in der Ehe an, sodass auch deutlich nach Eheende (300 Tage) geborene Kinder noch dem Ehemann zugeordnet werden (→ Rn. 6.2). Welche Elternstellung in einem solchen Fall vorgeht, ist höchst streitig und sei im Folgenden näher dargelegt.

**bb) Geltung und Inhalt des Günstigkeitsprinzips. (1) Wortlaut und Normzweck.** Ein vorgegebenes Rangverhältnis der einzelnen Anknüpfungsalternativen besteht nach überwiegender Ansicht nicht (KG NZFam 2020, 593; OLG Hamm FamRZ 2005, 291; OLG Schleswig FamRZ 2003, 781; Grüneberg/Thorn Rn. 6; Gaaz StAZ 1998, 241 (250); aA Kegel/Schurig IPR § 20 X 2: gewöhnlicher Aufenthalt geht vor; ebenso Dethloff IPRax 2005, 329; v. Hoffmann/Thorn IPR § 8 Rn. 132). Dem ist zuzustimmen. Denn zwar scheint die Formulierung in Art. 19 Abs. 1 S. 2 und 3 („kann die Abstammung ferner bestimmt werden") auf deren nachrangige Anwendbarkeit hinzudeuten; einer solchen Sichtweise steht jedoch entgegen, dass hier die Formulierung des insoweit identischen Art. 20 Abs. 1 S. 3 aF übernommen wurde (auch BT-Drs. 13/4899, 137 f.). Für diesen war aber einhellig von der Gleichwertigkeit der Anknüpfungspunkte ausgegangen worden (Looschelders IPRax 1999, 420 (421); Dörner FS Henrich, 2000, 119 (120); Sturm StAZ 2003, 353 (355); zum alten Recht Henrich StAZ 1995, 284). Ansätze für die Lösung der Konkurrenzfrage müssen sich daher an dem Zweck der Norm – also an der Begünstigung der Herstellung einer Elternstellung – orientieren. Ausschlaggebendes Kriterium ist das **Wohl des Kindes** (Henrich FamRZ 1998, 1401 (1402); Otte, Yearbook of Private International Law, Vol. 1, 1999, 189 (193 ff.); zum Kindeswohl im Abstammungsrecht Heiderhoff NJW 2016, 2629 (2630)). Letztlich ist daher stets die Anknüpfungsalternative zu wählen, die für das Kind am günstigsten ist (sog. **Günstigkeitsprinzip**) (ganz hM, KG NZFam 2020, 593; OLG München FamRZ 2017, 1691; OLG Hamm FamRZ 2014, 1559; BayObLG NJW-RR 2002, 1009; KG FamRZ 2011, 1518; OLG Nürnberg FamRZ 2005, 1697; Grüneberg/Thorn Rn. 6; Staudinger/Henrich, 2019, Rn. 22 ff.; Henrich FS Schwab, 2005, 1141 (1145 f.); Sturm StAZ 2003, 353 (355 ff.); krit. MüKoBGB/Helms Rn. 13 f., allerdings weil er sich eine Verallgemeinerungsfähigkeit wünscht, die letztlich in der Tat innerhalb des Günstigkeitsprinzip erreicht werden muss und kann). Äußerst streitig ist, wie der „günstigste" Elternteil zu ermitteln ist. Hierbei lassen sich einige Kriterien identifizieren. So soll insbes. eine **schnelle** und **leichte Feststellung** der Abstammung gefördert werden (Looschelders IPRax 1999, 420 (421); Rauscher IPR 205; v. Hoffmann/Thorn IPR § 8 Rn. 132). Es kommt für das Wohl des Kindes jedoch auch darauf an, dass das Kind einen **geeigneten Vater** (bzw. zweiten Elternteil) bekommt (→ Rn. 25). Dies sei im Folgenden näher erläutert. 23

**(2) Priorität.** Um die Günstigkeit dem Kind gegenüber zu wahren, ist nach hM primär das Statut maßgeblich, aufgrund dessen eine Abstammung **zuerst** gesetzlich festgestellt werden kann oder gerichtlich festgestellt wurde. Dies gilt jedenfalls dann, wenn bei der Geburt **nur eine Person** als möglicher rechtlicher Vater in Betracht kommt (BGH NZFam 2022, 253; OLG Hamm FamRZ 2014, 1559; 2009, 126; OLG Nürnberg FamRZ 2005, 1697; Grüneberg/Thorn Rn. 6; Henrich FamRZ 1998, 1401 (1402); Sturm StAZ 2003, 353 (355); zum genauen Zeitpunkt Helms StAZ 2009, 293 (295): nicht erst Eintragungszeitpunkt; krit. zu allem Frank StAZ 2009, 65 (67)). Ebenso ist es grds. auch, wenn die biologische Vaterschaft eines anderen Mannes zwar bekannt ist, aber die Anerkennung durch diesen noch nicht erfolgt ist (näher → Rn. 25 ff., → Rn. 30). Dahinter steht der Gedanke, dass es dem Wohl des Kindes am besten dient, wenn es möglichst schnell und ohne unnötige Kosten einem Vater (bzw. einem zweiten Elternteil) zugeordnet wird. Bei gerichtlicher Feststellung der Abstammung muss ggf. zuerst eine Anerkennung der betreffenden Entscheidung erfolgen (zB §§ 108 f. FamFG). Wenn in einem solchen Fall ein anderes mögliches Statut die private Anerkennung vorsieht, so ist dieses Statut anzuwenden, weil es auf **einfacherem Weg** zu der Feststellung der Vaterschaft führt. Ermöglicht eine Rechtsordnung die Anerkennung, während die andere ein Gerichtsverfahren vorsieht, ist die Anerkennung vorzuziehen (BayObLG FamRZ 2001, 1543; KG FamRZ 2011, 1518). Sollte der so bestimmte Vater nicht der biologische Vater sein, kann die Vaterschaft nach dem für die Vaterschaftsanfechtung geltenden Recht beseitigt werden (BGH NZFam 2022, 253; OLG Nürnberg FamRZ 2005, 1697). Ob tatsächlich der „schnellste Vater" zugleich der günstigste Vater ist, kann mit Recht bezweifelt werden (Frank StAZ 2009, 65 (67)). Immerhin bringt die ganz hM Rechtssicherheit mit sich (Helms StAZ 2009, 293 (294)). Sie kann aber nicht alle Fälle klären, sodass die im Folgenden zu erörternden weiteren Kriterien notwendig werden. 24

**(3) Wahrscheinlichkeit und Kindeswohl bei mehreren möglichen Vätern.** Das Kriterium der Priorität kann dann nicht entscheidend sein, wenn die alternativ zur Anwendung berufenen Rechtsordnungen die Vaterschaft **verschiedener Männer schon im Zeitpunkt der Geburt** begründen. Auch wenn zwar nicht bei der Geburt, aber doch zum Zeitpunkt der Eintragung der Geburt bzw. der gerichtlichen Entscheidung über die Abstammung die betreffenden zwei Väter (bzw. Elternteile) feststehen, mag man das Prioritätsprinzip verwerfen wollen, weil sein Zweck (das Erreichen baldiger Sicherheit) nicht mehr zielführend ist. 25

**26** In diesem Fall gilt dennoch das Günstigkeitsprinzip, es wirkt sich nun jedoch anders aus – nötig wird eine Orientierung an materiellen Kriterien. Diese sind **den Wertungen** des deutschen Abstammungsrechts, also den Anordnungen **der §§ 1592 ff. BGB** und den dahinter liegenden Grundsätzen zu entnehmen (→ Rn. 27, → Rn. 30). Das bedeutet insbes., dass bei einem während bestehender Ehe geborenen Kind, welches von einem anderen Mann anerkannt wird, der Ehemann als Vater vorgeht (wie hier Dörner FS Henrich, 2000, 119 (123 f.); anders aber Otte, Yearbook of Private International Law, Vol. 1, 1999, 189 (194)). Wird dieses Ergebnis nicht gewünscht, steht den Parteien, genau wie im nationalen Recht, die Anfechtung zur Verfügung (OLG Nürnberg FamRZ 2005, 1697). Durchbrechungen wird man allenfalls zulassen können, wenn der Ehemann der Mutter keine sozial-familiäre Beziehung zu dem Kind hat, sodass der anerkennende biologische Vater sie anfechten könnte und sie daher ohnehin keinen Bestand haben würde.

**27** In den Fällen, in denen das Abstammungsstatut auch solche Kinder noch als vom Ehemann abstammend ansieht, die erst nach der Ehe geboren wurden (**300-Tage-Regel,** → Rn. 6.2), sieht das deutsche Recht keine explizite Regelung vor. Die Regel wurde in Deutschland jedoch nicht ohne Grund abgeschafft. In diesen Fällen ist zumindest die **bei der Geburt bereits erklärte Anerkennung** durch den „neuen" Partner zu bevorzugen (sehr str., wie hier OLG Hamm FamRZ 2009, 126: Prinzip der Abstammungswahrheit; BayObLG NJW-RR 2002, 1009; Henrich FamRZ 1998, 1401 (1402); weiterhin offenlassend BGH NZFam 2022, 253; BGHZ 215, 271 = FamRZ 2017, 1687 = NJW 2017, 2911; BGH FamRZ 2017, 1848 Rn. 13 = NJW 2017, 3447; FamRZ 2018, 1334 = NJW 2018, 2641; zumindest für den Fall, dass die nach deutschen Recht wirksame Anerkennung zur **deutschen Staatsangehörigkeit** des hier lebenen Kindes führt, KG NZFam 2020, 593; **aA** – nämlich ehemaliger Ehemann – jetzt jedoch OLG Hamm StAZ 2019, 370; OLG Jena NZFam 2017, 283; für ein Wahlrecht des Kindes, das mangels feststehender Vaterschaft idR durch die Mutter als gesetzliche Vertreterin ausgeübt, wird Grüneberg/Thorn Rn. 6; PWW/Martiny Rn. 12). Auch dann, wenn die Anerkennung zwar erst kurz nach der Geburt, aber noch vor der Eintragung in das Geburtenregister erfolgt, sollte so entschieden werden (OLG München FamRZ 2017, 1691; dagegen BGH FamRZ 2018, 1334 Rn. 10 f.). Die durch Anerkennung bewirkte Vaterschaft wird nämlich zum einen häufiger mit der genetischen Abstammung zusammentreffen als die des früheren Ehemannes. Zum anderen sieht das deutsche Abstammungsrecht, wie § 1592 Nr. 2 BGB zeigt, die freiwillige Übernahme der Vaterschaft durch den neuen Partner der Mutter als günstige Lösung für das Kind an. Für eine analoge Anwendung des § 1599 Abs. 2 BGB (→ Rn. 28 aE) besteht hier daher keine Notwendigkeit (dagegen auch OLG Hamm FamRZ 2009, 126; dafür aber Helms StAZ 2009, 293 (296)).

**28** Eine Anerkennung kann aber dann **nicht vorgehen,** wenn sie weder **vor der Geburt** (KG JAmt 2016, 144; OLG Düsseldorf ECLI:DE:OLGD:2018:0516.3WX76.18.00 = BeckRS 2018, 17081) noch **spätestens bis zur Eintragung des Kindes** in das Geburtenregister erklärt wurde (nur nochmals OLG München FamRZ 2017, 1691; auch OLG Karlsruhe NZFam 2016, 192 – offenlassend, ob auch eine unmittelbar bevorstehende Anerkennung reichen könnte; überzeugend dagegen für einen Fall, in dem die Anerkennungsbereitschaft des mutmaßlichen biologischen Vaters nicht gesichert war, OLG Hamm FamRZ 2014, 1559). In einem solchen Fall muss die Vaterschaft nach der 300-Tage-Regel zunächst durch Anfechtung beseitigt werden, bevor eine Anerkennung möglich ist. Schwierigkeiten hat hier zuletzt die Anwendung des **§ 1599 Abs. 2 BGB** bereitet. Die Norm ist im Wege eines Erst-Recht-Schlusses auch dann anzuwenden, wenn die Scheidung nicht erst anhängig ist, sondern wenn sie bei Geburt bereits erfolgt war (etwa BGHZ 215, 271 = FamRZ 2017, 1687 = NJW 2017, 2911; zust. Rauscher NJW 2018, 2641 (2643)). So soll das „Auswechseln" des Vaters erleichtert werden. Der BGH hat jedoch zum einen abgelehnt, die Norm auch bei einer Trennung von Tisch und Bett anzuwenden (BGH FamRZ 2017, 1848 Rn. 18 m. krit. Anm. Henrich). Zum anderen hat er für den Fall des Eingreifens des § 1599 Abs. 2 BGB weitergehend angenommen, es gelte dann auch Art. 20 S. 2. Das hat zur Folge, dass für ein Kind mit gewöhnlichem Aufenthalt in Deutschland der vereinfachte Weg über § 1599 Abs. 2 stets eröffnet ist (BGH NJW 2018, 2641 = FamRZ 2018, 1334 m. zust. Anm. Ziereis; dagegen Rauscher NJW 2018, 2641 (2643 f.); Grüneberg/Thorn Art. 20 Rn. 2). Damit will der BGH offenbar letztlich doch die Wertungen des deutschen Abstammungsrechts zur Anwendung bringen. Das Ziel ist nachvollziehbar, doch muss man sich fragen, ob nicht eine an deutschen Wertungen orientierte Auslegung des Günstigkeitsgrundsatzes, wie sie hier vorgeschlagen wurde (→ Rn. 26 f.), auf einem einfacheren und dogmatisch überzeugenderen Weg zum selben Ergebnis führen könnte. Die weiteren Wertungen des deutschen Abstammungsrechts seien im Folgenden noch aufgezeigt:

Häufig wird die Anwendung der Wertungen des deutschen Rechts dazu führen, dass die Wahrscheinlichkeit der biologischen Richtigkeit ausschlaggebend ist. Das ist freilich nicht immer entscheidend. So wird man keinen **Samenspender** als Vater feststellen wollen, wenn die Mutter verheiratet ist und mit ihrem Ehemann gemeinsam die Verantwortung übernehmen will (vgl. die Wertung des § 1600 BGB). Die Wahrscheinlichkeit kann auch sonst überlagert werden von Überlegungen dazu, welcher Vater dem Kindeswohl am besten entspricht (Kegel/Schurig IPR § 20 X 2: Kindeswohl entscheidet bei gleicher Wahrscheinlichkeit; noch stärker Hepting StAZ 2000, 33 (34 f.): relative Günstigkeit, dh Unwahrscheinlichkeit ist nur ein relatives Indiz, wenn der unwahrscheinliche Vater mit einem wahrscheinlichen konkurriert). 29

Bei der Feststellung sowohl der Wahrscheinlichkeit als auch des Kindeswohls sind **niemals der individuelle Fall** oder gar die konkret um die Vaterschaft konkurrierenden Persönlichkeiten zu betrachten. Vielmehr muss, um Willkür und Wertungswidersprüche mit dem nationalen Recht zu vermeiden, immer von den generellen Wertungen des deutschen Rechts ausgegangen werden (so insbes. Dörner FS Henrich, 2000, 119 (123 f.); Wedemann, Konkurrierende Vaterschaften und doppelte Mutterschaft im Internationalen Abstammungsrecht, 2006, 111 ff.; ähnlich Looschelders IPRax 1999, 420 (421): die Auflösung des Interessenkonflikts erfordert primär eine materielle, keine rein kollisionsrechtliche Wertentscheidung; dagegen MüKoBGB/Helms Rn. 13). Diese sind darauf ausgerichtet durch abstrakte Regeln die für das Kindeswohl wesentlichen Parameter zu verwirklichen: Dazu gehören neben der Abstammungsrichtigkeit und der Abstammungsklarheit vor allem die Abstammungssicherheit – aber eben, wie sich bei der Samenspende besonders deutlich zeigt und wie es auch § 1592 Nr. 1 und 2 BGB sowie § 1600 Abs. 1 Nr. 2 BGB, § 1600 Abs. 2 BGB klarmachen, auch voluntative sowie soziale Komponenten. 30

**(4) Insbesondere Leihmutterschaft im Ausland.** Bei einer Leihmutterschaft (Ersatzmutterschaft), wie sie mit den Methoden der künstlichen Fortpflanzungstechnik durchführbar ist, kann sich die Frage der Mutterschaft im Verhältnis zwischen genetischer und gebärender Mutter („Bauchmutter“) stellen. Nach deutschem Recht gilt nach § 1591 BGB die Frau als Mutter, die das Kind geboren hat; der genetischen Mutter ist es nicht möglich, diesen Status anzugreifen (BT-Drs. 13/4899, 82 ff.). § 1 Abs. 1 Nr. 7 ESchG untersagt Ärzten zudem die Durchführung der für eine Leihmutterschaft erforderlichen medizinischen Maßnahmen (künstliche Befruchtung oder Embryotransplantation). Im Ausland ist die Leihmutterschaft dagegen teilweise erlaubt und in einigen Staaten wird sogar, meist infolge gerichtlicher Überprüfung, Bestätigung oder auch Entscheidung, die Wunschmutter zur rechtlichen Mutter (Duden StAZ 2018, 137; näher aus rechtsvergleichender Sicht Helms StAZ 2013, 114). Aufgrund der weltweit noch sehr unterschiedlichen Handhabung von grenzüberschreitenden Leihmutterschaftsfällen hat die Haager Konferenz eine Expertengruppe eingesetzt, die zur Förderung der Rechtssicherheit ein multilaterales Übereinkommen erarbeiten soll (der aktuelle Bericht der Arbeitsgruppe ist abrufbar unter https://assets.hcch.net/docs/c25b558d-c24e-482c-a92b-d452c168a394.pdf; zu den angestoßenen Vereinheitlichungsbestrebungen außerdem schon Lagarde ZEuP 2015, 233 (240); sowie Engel ZEuP 2014, 538 (560 f.)). 31

In **Griechenland** gilt bei einer Leihmutterschaft die Mutterschaftsvermutung für die Frau, der die gerichtliche Erlaubnis erteilt wurde (genetische Mutter). Diese Vermutung kann jedoch innerhalb von sechs Monaten nach der Geburt durch eine Mutterschaftsanfechtungsklage widerlegt werden, wenn bewiesen wird, dass das Kind biologisch von der gebärenden Frau abstammt (Art. 1464 Abs. 2 griech. ZGB). Die Mutterschaft wird in einem solchen Fall durch ein unanfechtbares Gerichtsurteil festgestellt (Bergmann/Ferid/Henrich/Kastrissios Länderbericht Griechenland, Stand Januar 2016, 71; LG Heraklion FamRZ 2004, 1507 zu Art. 1455 ff. griech. ZGB). In **Portugal** werden ebenfalls die Wunscheltern rechtliche Eltern (Art. 8 Gesetz Nr. 32/2006; geändert durch Gesetz Nr. 25/2016). Auch in einigen **Staaten der USA** wird nach dem Uniform Parentage Act 2002 (Modellgesetz) die genetische Mutter (bei entsprechender gerichtlicher Bestätigung) rechtliche Mutter (mwN Henrich FS Schwab, 2005, 1141 (1142)); für **Indien** ist die Rechtslage unklar (VG Berlin IPRax 2012, 548; näher Heiderhoff IPRax 2012, 523; Duden StAZ 2014, 164 (165)). In einigen EU-Mitgliedstaaten, welche die Leihmutterschaft wie Deutschland verbieten, wird auf die ausländische Leihmutterschaft durch Trennung von Eltern und Kind reagiert. Der EGMR hält dies unter bestimmten Umständen für mit Art. 8 EGMR vereinbar (zu **Italien** EGMR FamRZ 2017, 444 – Paradiso and Campanelli); zum Umgang der **französischen Rspr.** mit einer kalifornischen Leihmutterschaft (Ferrand/Francoz-Terminal FamRZ 2010, 1489 (1491)). Auch in der Schweiz lässt sich ein eher restriktiver Umgang mit im Ausland durchgeführten Leihmutterschaften beobachten (s. etwa die Entscheidung des Bundesgerichts, BGE 141 III 312, in der es – wiederum in Folge einer kalifornischen Leihmutterschaft – die Anerkennung zweier Väter wegen ordre-public-Verstoßes ablehnte; dazu auch Dumitrescu NZFam 2018, 835 (839)). 31.1

**32** Problematisch sind vor allem die Fälle, in welchen das ausländische Recht die Wunscheltern als Eltern ansieht, **ohne** dass eine **gerichtliche Entscheidung** erforderlich ist (zur Anerkennung in den Fällen, in denen eine gerichtliche Entscheidung erfolgt ist, → Rn. 49; dort auch zur Abgrenzung bei **behördlichen Eintragungen**). Denn bei einer Anknüpfung nach Art. 19 gelangt man für die Leihmütterfälle nur selten zur Anwendung ausländischen Rechts, da meist alle Alternativen auf das deutsche Recht verweisen. In den meisten Fällen führt **keine** der **Anknüpfungsalternativen** des Abs. 1 zur Anwendung eines Rechts, welches eine Zuordnung des Kindes zu der Wunschmutter ermöglicht. Häufig hat nämlich das Kind seinen ersten gewöhnlichen Aufenthalt bereits in Deutschland, sodass Abs. 1 S. 1 zum deutschen Recht führt (so auch BGH NJW 2019, 1605; Benicke StAZ 2013, 107; Heiderhoff IPRax 2013, 523; Staudinger/Henrich, 2019, Rn. 77a). Anders ist dies, wie oben schon gezeigt wurde, dann, wenn das Kind zunächst längere Zeit im Geburtsstaat verbleibt (sei es auch zwangsweise, weil eine Einreise nach Deutschland verwehrt wird). Denn dann erwirbt es im Geburtsstaat seinen gewöhnlichen Aufenthalt und wird damit – soweit das dortige Recht dies vorsieht – zum Kind der Wunscheltern (auch MüKoBGB/Helms Rn. 8; Siede FamRB 2019, 224 (226)). Dabei ist nicht unbedingt eine Dauer von mehr als sechs Monaten zu verlangen (MüKoBGB/Helms Rn. 8; Heiderhoff IPRax 2012, 523). War die Elternstellung der Wunscheltern wegen des hinreichend langen Aufenthalts im Geburtsstaat bereits zu bejahen, so geht diese wegen der eingeschränkten Wandelbarkeit der Anknüpfung nicht mehr verloren (→ Rn. 13 f.). Soweit man einen Verstoß gegen den ordre public verneint (dazu → Rn. 35 f.; → Rn. 45), darf das Kind dann nach Deutschland gebracht werden und die Elternstellung der Wunscheltern bleibt erhalten.

**33** Hat das Kind keinen gewöhnlichen Aufenthalt im Geburtsstaat begründet, kann die Elternstellung der deutschen Wunscheltern meist nur mit großem Argumentationsaufwand begründet werden. Die Staatsangehörigkeitsanknüpfung in Abs. 1 S. 2 wird nur sehr selten „zufällig“ auf eine der wenigen Rechtsordnungen weisen, welche die Wunscheltern als Eltern ansehen. Nur wenn man gerade an die Staatsangehörigkeit der Bauchmutter anknüpft, gelangt man zur Anwendung des entspr. ausgestalteten ausländischen Rechts. Nach der üblichen Lesart der Norm ist auf einen einzelnen Elternteil allerdings nur abzustellen, soweit es darum geht, gerade dessen Elternstellung zu begründen (BGH NZFam 2017, 907 m. krit. Anm. Löhnig; näher Staudinger/Henrich, 2019, Rn. 78). Insofern besteht derzeit eine unbefriedigende Rechtslage, welche mit den Mitteln des Kollisionsrechts nur mühsam und eingeschränkt auflösbar ist. Teils wird daher sogar nicht auf die Wunschmutter, sondern allein auf den Wunschvater abgestellt. Dieser kann zumindest dann, wenn die Leihmutter unverheiratet ist, das Kind nach § 1592 Nr. 2 BGB anerkennen und so die rechtliche Vaterstellung erlangen (so OLG Düsseldorf IPRax 2014, 77; zu Recht sehr krit. zu der so entstehenden, rein zufälligen Differenzierung Mayer IPRax 2014, 57; Andrae IntFamR § 5 Rn. 52 sieht darin überzeugend einen Verstoß gegen Art. 3 GG).

**34** Greift auch nicht (ebenso zufällig) Abs. 1 S. 3, so ist nach Art. 19 im Grunde eindeutig das deutsche Recht anwendbar. Dann kommt es zu einer gespaltenen Abstammung, bei der das Kind nach deutschem Recht zwar der ausländischen Leihmutter zugeordnet wird, nach dem Recht am Aufenthaltsort der Leihmutter jedoch den deutschen Eltern. Um dieses unerträgliche Ergebnis zu verhindern, bliebe kollisionsrechtlich nur noch die Option, einen **ausnahmsweisen Rückgriff auf das ausländische Recht** durchzuführen (näher dazu Heiderhoff NJW 2014, 2673 (2677)). Will man dies nicht tun, so kann als Notlösung der Weg über die **Adoption** gegangen werden (dazu OLG Düsseldorf FamRZ 2017, 976; Engel ZEuP 2014, 538 (548); Siede FamRB 2019, 224 (226); zu den Risiken für Kind und Eltern treffend Löhnig NZFam 2019, 431). Der EGMR leitet aus Art. 8 EMRK auch bei fehlender genetischer Verwandtschaft ein Recht des Kindes auf Feststellung der Abstammung von der rechtmäßig als „gesetzliche Mutter“ angegebenen Wunschmutter ab. Doch sieht er es für ausreichend an, wenn das Verhältnis durch Adoption begründet wird (EGMR FamRZ 2019, 887 mAnm Ferrand). Zur Möglichkeit, auf §§ 108, 109 FamFG auszuweichen, → Rn. 49.

**35** Sollte doch einmal ein Recht Anwendung finden, welches die Elternschaft der genetischen (Wunsch-)Eltern bewirkt, stellt sich die Folgefrage, ob dieses Ergebnis gegen den deutschen **ordre public** verstößt (Art. 6) (dafür etwa VG Berlin IPRax 2014, 80; KG IPRax 2014, 72 – allerdings in Bezug auf den Vater; Benicke StAZ 2013, 101 (111); Engel ZEuP 2014, 538 – praktisch ist meist die Anerkennung ausländischer Entscheidungen über den Elternstatus betroffen, dazu → Rn. 49). Ein solcher Verstoß besteht **im Regelfall** jedoch **nicht** (so auch BGH NJW 2015, 479 zu § 109 Abs. 1 Nr. 4 FamFG). Eine Entscheidung über die Verletzung des ordre public ist immer nur im Einzelfall zu treffen. Es kommt darauf an, ob das im konkreten Fall erreichte Ergebnis der deutschen öffentlichen Ordnung entgegensteht.

Von den Verfechtern eines generellen Verstoßes gegen den ordre public ist dann vereinzelt als Konsequenz vertreten worden, es sei soweit möglich schon über Art. 19 Abs. 1 das Recht zur Anwendung zu bringen, das der Mutter iSd § 1591 BGB, also der Leihmutter, die Mutterschaft zuerkennt (Looschelders IPRax 1999, 420 (423); Otte Yearbook of Private International Law, Vol. 1, 1999, 189 (199); NK-BGB/ Bischoff Rn. 29). Hierfür wird insbesondere der Normzweck des § 1591 BGB angeführt, der darauf gerichtet sei, Gesetzesumgehungen durch Fortpflanzungshilfen auch im Ausland zu verhindern (Begr. RegE, BT-Drs. 13/4899, 82 f.; Looschelders IPRax 1999, 420 (423)). Eine andere Entscheidung wäre danach auch dann nicht möglich, wenn ein Kind mit Wissen und Willen der Leihmutter bereits längere Zeit bei den genetischen (und oftmals vermeintlich rechtlichen) Eltern gelebt hat. **35.1**

Eine das Kind betreffende Rechtsaussage kann nicht allein deshalb ordre-public-widrig sein, weil die zugrunde liegende Norm gegen wichtige deutsche Grundsätze verstößt, sondern es muss eine Gesamtbetrachtung des jeweiligen Ergebnisses erfolgen. Bei dieser muss stets zentral das Kindeswohl berücksichtigt werden. Wenn ein von einer Leihmutter ausgetragenes Kind nach der Geburt von der Wunschmutter nach Deutschland verbracht wird, ist es, trotz aller ethischer Bedenken gegen die Durchführung von Leihmutterschaften, und insbes. von kommerziellen Leihmutterschaften (dazu zusammenfassend etwa Helms StAZ 2013, 114), im Allgemeinen **erforderlich,** das Kind der **Wunschmutter zuzuordnen** (AG Friedberg FamRZ 2013, 1994; Staudinger/ Henrich, 2019, Rn. 77a; MüKoBGB/Helms Rn. 25, 58; iErg auch Hepting/Dutta, Deutsches und Internationales Familienrecht, Rn. IV-165; Siede FamRB 2019, 224 (226)). Denn die Leihmutter wird oft überhaupt keinen Kinderwunsch gehabt haben und sie wird nicht bereit sein, das Kind bei sich aufzunehmen. Das Kind würde ihr, wie gezeigt, vielfach auch im Aufenthaltsstaat gar nicht rechtlich zugeordnet werden, sodass das Kind letztlich elternlos im Geburtsstaat verbleiben müsste. Nicht selten ist das Kind sogar bereits an die Wunscheltern gewöhnt, die meist unmittelbar nach der Geburt die Elternrolle eingenommen haben werden oder den Willen haben, dies zu tun (diesen psychosozialen Vorteil betonend auch BGH FamRZ 2018, 1846 Rn. 21). In aller Regel besteht daher **kein Verstoß** gegen den **ordre public** (so auch MüKoBGB/Helms Rn. 58; Dethloff, JZ 2016, 207 (208 ff.); näher Reuß, Theorie eines Elternschaftsrechts, 2018, 513 f.; Duden, Leihmutterschaft im Internationalen Privat- und Verfahrensrecht, 2015, 61 ff.; für die Fälle der prozessualen Anerkennung ebenso BGH FamRZ 2015, 479 = NJW 2015, 694; FamRZ 2018, 1846 Rn. 16 = NJW-RR 2018, 1473). Es entspricht daher trotz der Wertung des § 1591 BGB der Günstigkeit, diejenige Anknüpfung zu wählen, nach der das Kind den Wunscheltern zugeordnet wird (ähnlich wie hier Henrich FS Schwab, 2005, 1141 (1149) mit versch. Bespr.; Siede FamRB 2019, 224 (226); aA aber Wedemann, Konkurrierende Vaterschaften und doppelte Mutterschaft im Internationalen Abstammungsrecht, 2006, 140 ff.). Zudem verbietet es auch Art. 8 EMRK, ein Kind noch von den Wunscheltern zu trennen, wenn es bereits längere Zeit mit diesen zusammengelebt hat (EGMR FamRZ 2017, 444 = NJW 2017, 941 – Paradiso und Campanelli, mAnm Duden, dort auch zur Kontextualisierung mit den vorhergehenden Urteilen des EGMR Mennesson und Labassee). Anders liegt es, wenn die Leihmutter während der Schwangerschaft doch einen Kinderwunsch entwickelt hat und das Kind behalten will. Ist nun über die Mutterschaft zu entscheiden, so tritt in der Tat die deutsche Wertung zugunsten der genetischen Mutter hervor. Es wird dann diejenige Anknüpfung gewählt, nach der die genetische Mutter die rechtliche Mutter wird (näher dazu und zum ordre public im Allgemeinen → Rn. 44 ff.; → Art. 6 Rn. 9 ff.). **36**

**3. Abs. 2. a) Anwendungsbereich.** Art. 19 Abs. 2 erfasst wegen des Vorrangs des HUntÜ 1973 nur solche Ansprüche der mit dem Vater nicht verheirateten Mutter, die nicht Unterhaltsansprüche sind (zur Konkurrenz mit dem HUntÜ 1973 näher → Rn. 4). Erfasst sind insbes. Kosten, die im Zusammenhang mit der Schwangerschaft und der Geburt oder auch bei Tod der Mutter (§ 1615m BGB) entstehen. Der Anspruch der Mutter aus § 1615l Abs. 1 und 2 BGB sowie der Anspruch des betreuenden nichtehelichen Vaters gegen die Mutter gem. § 1615l Abs. 4 BGB fallen nicht unter Art. 19 Abs. 2, da es sich um Unterhaltsansprüche handelt (OLG Karlsruhe NZFam 2017, 865; aA Kegel/Schurig IPR § 20 X 2). Nicht in den Anwendungsbereich des Art. 19 Abs. 2 fallen auch Ansprüche aus unerlaubten Handlungen oder Verlöbnis; diese unterstehen dem Delikts- bzw. Verlöbnisstatut (MüKoBGB/Helms Rn. 79; Grüneberg/Thorn Rn. 9). **37**

**b) Anknüpfungspunkt.** Die Ansprüche der Mutter gegenüber dem nicht mit ihr verheirateten Vater aufgrund der Schwangerschaft und Geburt unterliegen dem Recht des Staats, in dem die Mutter ihren **gewöhnlichen Aufenthalt** hat. Das Statut ist wandelbar, maßgeblich ist der Aufenthalt im Zeitpunkt der Anspruchsbegründung (MüKoBGB/Helms Rn. 78; Grüneberg/ Thorn Rn. 9). Rück- und Weiterverweisungen sind beachtlich (Grüneberg/Thorn Rn. 2; NK- **38**

BGB/Bischoff Rn. 35; v. Hoffmann/Thorn IPR § 8 Rn. 135). Anders ist es freilich, soweit das für Unterhaltsansprüche vorrangige HUntÜ 1973 (→ Rn. 4) angewendet wird.

39 **4. Allgemeine Regeln. a) Rück- und Weiterverweisungen.** Rück- und Weiterverweisungen (Art. 4 Abs. 1) sind im Rahmen der Anknüpfung nach Art. 19 Abs. 1 S. 1 und 2 sowie Art. 19 Abs. 1 S. 3 iVm Art. 14 Abs. 2 grds. zu beachten (Grüneberg/Thorn Rn. 2; Looschelders Rn. 21; iErg auch Andrae IntFamR § 5 Rn. 38: „primär eine Sachnormverweisung und sekundär eine Gesamtverweisung"). Allerdings darf dadurch wegen des Günstigkeitsgrundsatzes nicht die Möglichkeit der Feststellung der Vaterschaft entfallen. Teils wird daher vertreten, Verweisungen seien nur zu beachten, soweit dadurch die Zahl der anwendbaren Rechtsordnungen nicht reduziert wird (Grüneberg/Thorn Rn. 2; für Abs. 1 S. 2 und 3 auch MüKoBGB/Helms Rn. 29; v. Hoffmann/Thorn IPR § 8 Rn. 134). Richtiger und mit Art. 4 Abs. 1 S. 1 vereinbar ist die Aussage, dass eine **Rückverweisung nicht** angenommen (bzw. eine Weiterverweisung nicht beachtet) wird, **wenn dadurch die Möglichkeit der Feststellung der Vaterschaft entfiele** (BGH NZFam 2022, 253; OLG Nürnberg FamRZ 2005, 1697; iErg ebenso MüKoBGB/Helms Rn. 29 – durch Renvoi darf die Feststellung der Abstammung nicht erschwert werden).

40 **b) Vorfragen. aa) Grundsatz der selbstständigen Anknüpfung.** Auch im Rahmen des Art. 19 gilt zunächst der allgemeine Grundsatz der selbstständigen Anknüpfung. Die im Zusammenhang mit der Feststellung der Abstammung auftretenden Vorfragen (Vertretung, Form, Geschäftsfähigkeit, etc) sind selbstständig anzuknüpfen (diff. MüKoBGB/Helms Rn. 51 ff., auch zu den wenigen Ausnahmen; Looschelders Rn. 5). Insbesondere ist die Frage einer gültigen **Ehe der Mutter** im Rahmen des Abs. 1 S. 3 selbstständig anzuknüpfen (→ Rn. 19) (nur nochmals Grüneberg/Thorn Rn. 7; NK-BGB/Bischoff Rn. 13). Streitig ist aber, wie anzuknüpfen ist, wenn es um die **Ehelichkeit** des Kindes als solche geht. Das kann häufig der Fall sein, wenn das berufene ausländische Recht von der Ehelichkeit abhängig macht, wie anzuknüpfen ist; vgl. dazu die folgenden Ausführungen.

41 **bb) Vorfrage der Ehelichkeit.** Durch das KindRG ist die Unterscheidung zwischen ehelicher und nichtehelicher Abstammung aufgegeben worden. Soweit im ausländischen Recht an die **Ehelichkeit** (eheliche Abstammung) eines Kindes noch Rechtsfolgen geknüpft werden (wie insbes. die Abstammung vom Vater), wäre es widersprüchlich, diese Vorfrage selbstständig anzuknüpfen. Sie verbleibt gleichsam innerhalb des Systems des ausländischen Rechts und ist daher **unselbstständig** anzuknüpfen. Es sind also die Kollisionsnormen der auf die jeweilige Rechtsfrage zur Anwendung berufenen Rechtsordnung (Sachstatut) anzuwenden (AG Gießen StAZ 2005, 362; Dutta FamRZ 2016, 1256; Staudinger/Henrich, 2019, Rn. 34; MüKoBGB/Helms Rn. 45; Hepting StAZ 1999, 97; Grüneberg/Thorn Rn. 8; Andrae IntFamR § 5 Rn. 56; NK-BGB/Bischoff Rn. 13; v. Hoffmann/Thorn IPR § 8 Rn. 129; offenlassend BGH NJW 2016, 2322; aA Looschelders Rn. 5; Budzikiewicz, Materielle Statuseinheit und kollisionsrechtliche Statusverbesserung, 2007, 389 ff. Rn. 596). Verweist das ausländische Kollisionsrecht zurück auf deutsches Recht oder weiter auf das Recht eines Drittstaats, dem die Unterscheidung zwischen ehelicher und nichtehelicher Abstammung ebenfalls fremd ist, so kann diese Verweisung nur als solche auf den Status der einheitlichen Kindschaft begriffen werden (Hepting StAZ 1999, 97 (98)).

42 **cc) Legitimation.** Schwierigkeiten entstehen auch, soweit eine ausländische Rechtsordnung noch an dem Institut der Legitimation festhält. Als solche kann die Legitimation aus deutscher Sicht ignoriert werden. Durch sie wird das Kind „ehelich", was an sich keine Bedeutung entfaltet und von der Frage der Abstammung getrennt werden kann und muss. Als Vorfrage für andere Rechtsfragen kann die Legitimation aber ihre Bedeutung behalten. Sie kann Wirkungen etwa für das Eltern-Kind-Verhältnis, den Namen, die Staatsangehörigkeit (so in der Türkei) oder das Erbrecht haben. Für diese Rechtsfragen ist jeweils einzeln zu überlegen, wie anzuknüpfen ist (Hepting StAZ 1999, 97 (98); Staudinger/Henrich, 2019, Rn. 89 ff.; NK-BGB/Bischoff Rn. 55). Dennoch lässt sich insgesamt sagen, dass eine **unselbstständige** Anknüpfung sinnvoll ist (Henrich FamRZ 1998, 1401 (1404); Hepting StAZ 1999, 97). Dann kann nämlich, soweit das anzuwendende ausländische Recht die Frage der Legitimation beachtlich findet, auch ausländisches Kollisionsrecht angewendet werden, um das für die Legitimation geltende Recht zu ermitteln. Anders als im deutschen Recht werden sich dort geeignete Vorschriften finden.

43 Notwendig ist die Auseinandersetzung mit der Legitimation aber auch für die Frage des Randvermerks im **Geburtenbuch.** Es fragt sich, ob die Legitimation als Form der Personenstandsänderung iSd § 27 Abs. 3 PStG begriffen und daher eingetragen werden muss (Huber IPRax 2000, 116). Hier wird nicht selten die **selbstständige** Anknüpfung befürwortet (BayObLGZ 1999, 163 = IPrax 2000, 135 (137); Kegel/Schurig IPR § 20 XII). Welche Norm im deutschen Recht

angewendet werden soll, ist dabei allerdings höchst streitig. Teils wird die Anwendung von Art. 21 aF bzw. die Bildung einer neuen, diesem entsprechenden ungeschriebenen Kollisionsregel vertreten (Kegel/Schurig IPR § 20 XII; Hepting IPRax 2001, 114; Otte, Yearbook of Private International Law, Vol. 1, 1999, 189 (201 f.)). Teils wird Art. 21 nF (Huber IPRax 2000, 116 (118)) und teils Art. 23 vorgeschlagen (Budzikiewicz, Materielle Statuseinheit und kollisionsrechtliche Statusverbesserung, 2007, 391 ff. Rn. 600). Hier sind vielerlei Aspekte zu bedenken. Letztlich ist der Randvermerk jedoch abzulehnen. Zu Recht weist Henrich darauf hin, dass ein Eingreifen des § 27 PStG angesichts der dann von Amts wegen bestehenden Pflicht zur Eintragung praktisch höchst problematisch ist (Staudinger/Henrich, 2019, Rn. 86). Aber auch der entscheidende Gedanke an das Wohl des Kindes kann nicht zu einem anderen Ergebnis führen. Für das Kind ist zwar wichtig, dass es bei einer Rückkehr in seinen Heimatstaat (oder bei dort auftretenden Rechtsfragen – wie einer Erbberechtigung) den Status des ehelichen Kindes hat. Es ist aber nicht anzunehmen, dass die Randbemerkung im Geburtenbuch dabei ausschlaggebend sein kann. Vielmehr ist es umgekehrt diskriminierend für das in Deutschland lebende Kind, wenn seine nachträgliche Legitimation eingetragen werden muss (iErg wie hier OLG Köln FamRZ 1999, 529 (530); Staudinger/Henrich, 2019, Rn. 79 ff.; Huber IPRax 2000, 116; NK-BGB/Bischoff Rn. 54; für ein Kind, welches durch die Legitimation keine neue Rechtsstellung erlangt (Kosovo) auch OLG Stuttgart FamRZ 2000, 436; aA BayObLGZ 1999, 163 = IPRax 2000, 135 (137); Hepting StAZ 1999, 97 (101 f.); IPRax 2001, 114: die zur Vermeidung der Diskriminierung allerdings jeweils die bloße Eintragung der Eheschließung befürworten; AG Heilbronn IPRax 1999, 114; Grüneberg/Thorn Rn. 8). Erreichen lässt sich dieses Ziel, indem die Frage nicht als abstammungsrechtliche, sondern als Frage des Eltern-Kind-Verhältnisses begriffen wird. Dann greift Art. 21 nF bzw. inzwischen Art. 15 KSÜ – also das Recht des gewöhnlichen Aufenthalts (Huber IPRax 2000, 116 (119)).

**c) Ordre public. aa) Allgemeines.** Wegen der Möglichkeit des Günstigkeitsvergleichs (→ Rn. 23 ff.) wird der ordre public im Rahmen der Anwendung des Art. 19 nur selten bedeutsam. Allgemein ist auf das Wohl des Kindes im konkreten Fall abzustellen. Das kann die Anwendung von Regeln, die in ihrer Anlage diskriminierend oder unsachlich sind, in einem konkreten Einzelfall durchaus erlauben (noch zum alten Recht OLG Karlsruhe FamRZ 2002, 899 (900)). **44**

**bb) Leih- und Wunschmutterschaft.** Oben wurde bereits dargelegt, dass die Wunschmutterschaft in den meisten Fällen die für das Kind günstigste Abstammungsvariante ist und nach Art. 19 die entsprechende Anknüpfung gewählt werden muss (→ Rn. 35). In der Regel verstößt die Anerkennung der Elternstellung der Wunscheltern bei Leihmutterschaft nicht gegen den deutschen ordre public. Doch gilt dies nicht ausnahmslos. Ein Verstoß kann insbes. dann anzunehmen sein, wenn die Leihmutter das Kind behalten möchte, weil sie eine emotionale Verbindung zu ihm aufgebaut hat. Es widerspricht den Grundwertungen des deutschen Rechts, das Kind in einem solchen Fall der Wunschmutter zuzuordnen. Meist wird man das Instrument des ordre publics hier dennoch nicht brauchen, weil schon die Abstammungsalternativen des Art. 19 entspr. genutzt werden können. Es wird das Statut ausgewählt, nach dem die Leihmutter die rechtliche Mutter ist. Wichtig wird die Frage aber, wenn eine **ausländische Entscheidung anzuerkennen** ist. Hier können auch Gedanken der Generalprävention Bedeutung erhalten, wenn deutsche Eltern nur für den erforderlichen Mindestzeitraum in das Ausland reisen, um dort ein Kind von einer Leihmutter austragen zu lassen. Im Einzelnen gilt aber das in → Rn. 25 ff. Dargestellte: Da es um eine das Kind und sein ganzes Dasein betreffende Frage geht, dürfen formale oder generalpräventive Argumente niemals über das Wohl des Kindes im konkreten Fall gestellt werden. Will die US-amerikanische Leihmutter das Kind nicht behalten, sind aber die deutschen Wunscheltern gut geeignet, so muss uU die Mutterschaft der Wunschmutter akzeptiert werden (wie hier Henrich FS Schwab, 2005, 1141 (1152)). **45**

**cc) Doppelte Mutterschaft/Vaterschaft/Transsexualität.** Wenn ein Kind nach ausländischem Recht ein Abstammungsverhältnis zu zwei Müttern oder zu zwei Vätern oder sogar zu mehr als zwei Personen begründet hat, verstößt auch dies nicht gegen den deutschen ordre public (BGH NJW 2016, 2322; KG FamRZ 2015, 943; Frie FamRZ 2015, 889 (894)). Auf dem Weg der Sukzessiv- und Stiefkindadoption kennt die deutsche Rechtsordnung ohnehin die Möglichkeit der doppelten Vaterschaft bzw. Mutterschaft. Es gilt die allgemeine Regel, dass es auf das Kindeswohl im konkreten Fall ankommt. In aller Regel ist es für das Kind von Vorteil, wenn ihm nicht nur eine, sondern zwei Personen als Eltern zugeordnet werden. Die **Gleichgeschlechtlichkeit** der Eltern kann **nicht als Verstoß gegen den ordre public** bewertet werden (grdl. BVerfG NJW 2013, 847 Rn. 44 = FamRZ 2013, 521; deutlich auch BGH FamRZ 2022, 629; BGHZ 203, **46**

350 Rn. 43 = NJW 2015, 479; Wall StAZ 2018, 288 (291 f.); Sieberichs StAZ 2015, 1 (3); auch Reuß FS Coester-Waltjen, 2015, 681 (690)). Ergibt sich aus dem nach Art. 7 analog anzuwendenden ausländischen Recht, dass ein **transsexueller Mann** auch im Eltern-Kind-Verhältnis als Mann anzusehen ist, kann er die Vaterschaft anerkennen (OLG Schleswig FamRZ 2020, 1095 zu einem Fall, in welchem Art. 19 für die Anerkennung auf das deutsche Recht verwies und § 1592 Nr. 2 BGB anwendbar war; näher Wall StAZ 2020, 201).

## III. Verfahrensrecht

47 **1. Internationale Zuständigkeit.** Europäische Regelungen über die Abstammung liegen bisher nicht vor. Die internationale Zuständigkeit für Abstammungssachen ist in § 100 FamFG geregelt. Nach § 100 Nr. 1 FamFG sind die deutschen Gerichte (nicht ausschließlich – § 106 FamFG) zuständig, wenn das Kind, die Mutter, der Vater oder der Mann, der an Eides statt versichert, der Mutter während der Empfängniszeit beigewohnt zu haben, Deutscher iSv Art. 116 Abs. 1 GG ist. Nach § 100 Nr. 2 FamFG reicht es auch, wenn eine dieser Personen ihren gewöhnlichen Aufenthalt im Inland hat (krit. zu dieser sehr weiten Regelung Bork/Jacoby/Schwab/Heiderhoff FamFG § 100 Rn. 3). Die Norm kommt unabhängig davon zur Anwendung, welches Recht über die materielle Rechtslage entscheidet (kein Gleichlauf zwischen materiellem Recht und internationaler Zuständigkeit) oder ob der Heimatstaat der ausländischen Partei(en) die Entscheidung anerkennt (Zöller/Geimer FamFG § 100 Rn. 8 f.). § 100 FamFG ist bei kryokonservierten Embryonen analog anwendbar (BGH NJW 2016, 3174).

48 **2. Anwendbares Verfahrensrecht.** Ob für die Feststellung der Vaterschaft im konkreten Fall überhaupt ein Gerichtsverfahren erforderlich ist, entscheidet sich nach der lex causae (Zöller/Geimer FamFG § 100 Rn. 17). Dagegen wird das Verfahren ggf. – wie stets – nach der lex fori durchgeführt. Muss eine Untersuchung bei einem im Ausland lebenden, als Vater in Betracht kommenden Mann durchgeführt werden (§ 178 Abs. 1 FamFG), so greift für das Verfahren der Erzwingung innerhalb der EU Art. 13 EuBVO (OLG Bremen FamRZ 2009, 802 m. insoweit zust. Anm. Knöfel FamRZ 2009, 1339).

49 **3. Anerkennung.** Die Anerkennung ausländischer gerichtlicher Entscheidungen über die Vaterschaft richtet sich, soweit kein bilaterales Übereinkommen eingreift, nicht nach Art. 19, sondern nach §§ 108, 109 FamFG. Streitig ist dabei hier (ähnlich wie etwa auch bei den „Privatscheidungen"), in welchen Fällen eine gerichtliche Entscheidung iSd § 108 FamFG anzunehmen ist und in welchen Fällen eine bloße behördliche Eintragung vorliegt. Zuletzt hat das OLG Celle das Vorliegen einer Entscheidung bejaht (OLG Celle FamRZ 2017, 1496 m. zumindest iErg zust. Anm. Unger). Der BGH hat jedoch, wie schon zuvor das OLG München, umgekehrt entschieden, dass eine standesamtliche Eintragung in der Ukraine keinen Entscheidungscharakter trage (BGH NJW 2019, 1608; OLG München FamRZ 2018, 696). Betroffen sind besonders die **Leihmutterschaften.** Bedenkt man die oben (→ Rn. 32 ff.) dargelegten Schwierigkeiten, über Art. 19 zu einer Abstammung des Kindes von den Wunscheltern zu gelangen, erkennt man, dass ein starkes Bedürfnis dafür bestehen kann, statt Art. 19 lieber §§ 108, 109 FamFG anzuwenden. Das gilt zumindest immer dann, wenn die Abstammung von den Wunscheltern dem Kindeswohl entspricht. Dennoch erlaubt dieses Bedürfnis allein es noch nicht, die Dogmatik des FamFG zu übergehen (krit. auch Duden StAZ 2018, 137 (142 f.), der meint, das OLG Celle sei hier zu weit gegangen, und betont, entscheidend müsse sein, ob die Behörde eine eigenständige Sachprüfung durchführe). Wo die Abstammung unmittelbar aus dem Gesetz folgt und die Eintragung ein rein deklaratorischer Vorgang ist, der auch fehlen könnte, ist es kaum möglich, de lege lata ein Eingreifen der verfahrensrechtlichen Normen zu bejahen (im Kontext der halbprivaten Scheidungen auch → Art. 17 Rn. 34; → Art. 17 Rn. 135 ff.).

50 Auch bei der Anerkennung ausländischer Entscheidung ist gem. § 109 Abs. 1 Nr. 4 FamFG der ordre public zu beachten. Dabei dürfen auch im Rahmen des § 109 Abs. 1 Nr. 4 aber nicht einfach die deutschen Gesetze als Maßstab angelegt werden. Insbesondere ist die Einholung eines serologischen oder genetischen Gutachtens als Voraussetzung für die Feststellung der Abstammung nicht erforderlich (OLG Dresden FamRZ 2006, 563: Feststellung aufgrund der Aussage der Mutter; OLG Stuttgart FamRZ 2005, 636: Feststellung auf der Basis von Zeugenaussagen; OLG Hamm FamRZ 2003, 1855; zu einem Fall der Ersatzmutterschaft AG Nürnberg FamRZ 2010, 1579). Zu Recht verneint wurde die Anerkennungsfähigkeit jedoch für eine Gerichtsentscheidung, die bei streitiger Abstammung ohne Gutachten und **ohne rechtliches Gehör** des festgestellten Vaters erging (BGHZ 182, 188 = NJW 2009, 3306; OLG Hamm NJW-RR 2006, 293).

Ganz generell haben die Verfahrensgrundrechte im Rahmen des § 109 Abs. 1 Nr. 4 FamFG eine hohe Bedeutung.

Ob Entscheidungen anerkannt werden können, durch welche nach einer im Ausland erfolgten **Leihmutterschaft** den Wunscheltern die Elternstellung zugesprochen wird, oder ob ein Verstoß gegen den **anerkennungsrechtlichen ordre public** des § 109 Abs. 1 Nr. 4 FamFG (dazu Prütting/Helms/Hau FamFG § 109 Rn. 45) anzunehmen ist, ist weiterhin streitig (dagegen OLG Braunschweig FamRZ 2017, 972; KG StAZ 2013, 348; dafür AG Friedberg FamRZ 2013, 1994). Der BGH hat einen Verstoß gegen § 109 Abs. 1 Nr. 4 FamFG zumindest in den Fällen verneint, in denen ein Elternteil (im zu entscheidenden Fall einer von zwei Wunschvätern) mit dem Kind genetisch verwandt ist (BGHZ 203, 350 = NJW 2015, 479 m. zust. Anm. Coester-Waltjen FF 2015, 186; Dethloff JZ 2016, 207; Helms FamRZ 2015, 245; Heiderhoff NJW 2015, 485; Henrich IPRax 2015, 229; Woitge Jura 2015, 496). Dabei hat er in einer jüngeren Entscheidung das oben schon benannte, allgemeingültige Kriterium der psychosozialen Beziehung des Kindes zu den Wunscheltern in den Mittelpunkt gerückt (BGH FamRZ 2018, 1846 Rn. 21). Auf das Geschlecht der Wunscheltern kommt es nicht an (BGH FamRZ 2022, 629). **51**

Der Rspr. des BGH ist zuzustimmen. Die Anerkennung muss darüber hinaus auch in Fällen erfolgen, in denen eine Verwandtschaft zwischen einem Wunschelternteil und dem Kind nicht besteht (KG FamRZ 2020, 607 = NZFam 2020, 227; auch schon Dethloff JZ 2014, 922 (928)). Vor allem das Kriterium der psychosozialen Beziehung zu den Wunscheltern ist verallgemeinerungsfähig und gilt auch, wenn kein Elternteil mit dem Kind verwandt ist. Richtiger Ansicht nach ist ein Verstoß gegen den ordre public im Regelfall nicht anzunehmen (→ Rn. 32 ff. mwN). **52**

## IV. Intertemporales und interlokales Recht

**1. Intertemporales Recht.** Für die jüngste Änderung, also den Verweis auf Art. 14 Abs. 2 (der inhaltlich gegenüber Art. 14 Abs. 1 aF stark verändert ist) in Art. 19 Abs. 1 S. 3 kommt es nach Art. 229 § 47 EGBGB darauf an, ob die Geburt vor dem 29.1.2019 stattgefunden hat. **53**

Nach Art. 224 § 1 Abs. 1 (analog) haben die Art. 19 Abs. 1 aF und Art. 20 Abs. 1 aF auch zukünftig noch Bedeutung, soweit die Vaterschaft hinsichtlich eines vor dem 1.7.1998 geborenen Kindes festzustellen ist (ganz hM, OLG Karlsruhe FamRZ 2002, 899; Staudinger/Henrich, 2019, Rn. 5; Kropholler IPR § 48 IV, 405; NK-BGB/Bischoff Rn. 39; Grüneberg/Thorn Rn. 3; aA Dörner FS Henrich, 2000, 119 ff. (128) – Art. 220 analog). Die Abstammung richtet sich in diesem Fall nach Art. 19 aF, sofern die Mutter zum Zeitpunkt der Empfängnis oder der Geburt des Kindes verheiratet war, ansonsten nach Art. 20 aF. Die Frage der wirksamen Eheschließung der Eltern untersteht als selbstständig anzuknüpfende Vorfrage dem nach Art. 13 berufenen Recht (BGHZ 43, 214 (218, 227); Kegel/Schurig IPR § 20 XII). Liegt eine wirksame Eheschließung vor, beurteilt sich die Ehelichkeit eines Kindes in erster Linie nach dem sog. Ehewirkungsstatut (Art. 19 Abs. 1 S. 1 aF iVm Art. 14 Abs. 1 aF). Bei gleicher Staatsangehörigkeit der Mutter und ihres Ehemanns gilt danach gem. Art. 14 Abs. 1 aF (!) das gemeinsame Heimatrecht bzw. das letzte gemeinsame Heimatrecht (OLG Karlsruhe FamRZ 2002, 899). Fehlt es an einer gemeinsamen Staatsangehörigkeit, so findet das Recht am Ort des gemeinsamen gewöhnlichen Aufenthalts Anwendung (Art. 14 Abs. 1 Nr. 2 aF), hilfsweise das Recht, zu dem beide Ehegatten die engste Verbindung aufweisen (Art. 14 Abs. 1 Nr. 3 aF). Alternativ kann nach Art. 19 Abs. 1 S. 2 aF der eheliche Status des Kindes auch nach dem Heimatrecht der Mutter oder ihres Ehemanns festgestellt werden. Maßgeblich ist jeweils der Zeitpunkt der Geburt. War die Mutter weder zum Zeitpunkt der Empfängnis noch bei der Geburt verheiratet, sieht Art. 20 Abs. 1 aF die alternative Anknüpfung an das Heimatrecht der Mutter, das Heimatrecht des Vaters – jeweils im Zeitpunkt der Geburt – oder das Recht des Staates, in dem das Kind – im Zeitpunkt der Feststellung – seinen gewöhnlichen Aufenthalt hat, vor. **54**

**2. Interlokale Fallgestaltungen.** Auf interlokale Fallgestaltungen finden Art. 234 § 1 und Art. 234 § 7 Anwendung (BGH NJW 1999, 1862; Rauscher StAZ 1991, 1; Siehr IPRax 1991, 20). **55**

## Art. 20 Anfechtung der Abstammung

**[1]Die Abstammung kann nach jedem Recht angefochten werden, aus dem sich ihre Voraussetzungen ergeben. [2]Das Kind kann die Abstammung in jedem Fall nach dem Recht des Staates anfechten, in dem es seinen gewöhnlichen Aufenthalt hat.**

## I. Allgemeines

1 **1. Normzweck.** Art. 20 bestimmt das anwendbare Recht für die Anfechtung der Abstammung. Davon erfasst ist die Abstammung von der Mutter und vom Vater. Wie in Art. 19 wurde auch hier mit Inkrafttreten des KindRG am 1.7.1998 die Unterscheidung zwischen ehelicher und nichtehelicher Kindschaft aufgegeben.

2 Die Vorschrift stellt, ohne eine konkrete Liste vorzugeben, alle Rechtsordnungen zur Wahl, aus denen sich die Voraussetzungen der Abstammung ergeben (OLG Stuttgart ZAR 2011, 67). Hinzu kommt das Recht des gewöhnlichen Aufenthalts des Kindes, welches sogar dann anwendbar ist, wenn sich danach nicht die Abstammung des Kindes von der Person ergibt, gegen deren Stellung sich die Anfechtung richtet. Die Norm ist damit ausgesprochen anfechtungsfreundlich. Dabei muss allerdings der Gedanke im Vordergrund stehen, dem Kind das Recht auf seine wahre Abstammung zu sichern, während Rechte Dritter stets auch vor dem Hintergrund des Kindeswohls zu beurteilen sind (Kropholler IPR § 48 IV 2; krit. dazu, dass auch anfechtende (Schein-)Väter begünstigt werden, insbes. Andrae IntFamR § 5 Rn. 63).

3 **2. Staatsvertragliche Regelungen.** Es gibt zurzeit keine staatsvertraglichen Regelungen über die Anfechtung der Abstammung. Die CIEC-Staatsverträge sind für die Anfechtung der Abstammung nicht einschlägig (→ Art. 19 Rn. 4). Für Iraner gilt wie stets das **deutsch-iranische Niederlassungsabkommen** vom 17.2.1929 (Art. 8 Abs. 3 deutsch-iranisches Niederlassungsabkommen; Wortlaut → Art. 25 Rn. 12; näher → Art. 19 Rn. 5).

## II. Einzelerläuterungen

4 **1. Sachlicher Anwendungsbereich.** Nach Art. 20 bestimmt sich, welchem Recht die Beseitigung einer einmal begründeten oder festgestellten Abstammung unterliegt. Da im ausländischen Recht, anders als im deutschen Recht, nicht selten die Anfechtung der **Mutterschaft** möglich ist, ist auch diese von Art. 20 erfasst (näher nur Staudinger/Henrich, 2019, Rn. 42 ff.).

5 Die Vorschrift bestimmt die Anknüpfung der Anfechtungsgründe, der Form (Frage der Klagenotwendigkeit) und Frist der Anfechtung einschließlich Hemmung und Unterbrechung (OLG Hamm FamRZ 1998, 1133 zu Art. 19 Abs. 1 S. 1 aF; Grüneberg/Thorn Rn. 3).

6 Auch die Anfechtungsberechtigung richtet sich nach dem Anfechtungsstatut (Grüneberg/Thorn Rn. 3; MüKoBGB/Helms Rn. 11; Andrae IntFamR § 5 Rn. 66; v. Hoffmann/Thorn IPR § 8 Rn. 137). Will der **biologische Vater** die Vaterschaft anfechten, ist zu bedenken, dass dies (zumindest nach deutschem Recht) zugleich mit einer Feststellung der Vaterschaft verbunden ist. Es ist dann für die Anfechtung Art. 20, für die Feststellung aber Art. 19 anzuwenden (BGH NJW-RR 2018, 68 Rn. 8 f. = FamRZ 2018, 41).

6.1 Meist können heute die Mutter, der rechtliche Vater und das Kind die Vaterschaft anfechten. Die Anfechtung der Vaterschaft durch den potentiellen leiblichen Vater trotz ehelicher Geburt oder Vaterschaftsanerkennung wie in **Deutschland** (§ 1600 Abs. 1 Nr. 2, Abs. 2 BGB) ist unter ähnlichen Voraussetzungen auch in anderen Ländern wie etwa in **Frankreich** möglich, wenn keine sozial-familiäre Beziehung vorliegt. **Norwegen** (§ 6 Kindes- und Elterngesetz) und **Russland** (Art. 52 Familiengesetzbuch) sehen für den biologischen Vater sogar ein uneingeschränktes Anfechtungsrecht vor (zu allem näher Frank FS Schwab, 2005, 1127 ff. (1136 f.)). Wenn dies im Anfechtungsstatut vorgesehen ist, kann auch die **Staatsanwaltschaft** anfechten; im deutschen Recht wurde die Möglichkeit der Anfechtung durch die **zuständige Behörde** nach § 1600 Abs. 1 Nr. 5 BGB aF, die 2008 eingeführt worden war, um missbräuchlichen Vaterschaftsanerkennungen entgegenzuwirken, infolge einer Entscheidung des BVerfG (BVerfG NJW 2014, 1364) inzwischen wieder aufgehoben (durch Art. 4 Nr. 3 Gesetz zur besseren Durchsetzung der Ausreisepflicht vom 20.7.2017, BGBl. I 2780 (2785 f.); noch zur alten Rechtslage Helms StAZ 2007, 69 ff.).

7 Sofern die Anfechtung im Klageverfahren durchzuführen ist, richtet sich aber das **Verfahrensrecht** wie stets nach der lex fori (Andrae IntFamR § 5 Rn. 66). Zum Verfahrensrecht zählen auch die zulässigen Beweismittel. Dafür gilt in Deutschland also die ZPO (Andrae IntFamR § 5 Rn. 66). Zum Anfechtungsstatut gehören dagegen gesetzliche Vermutungen, die aufgrund eines verweigerten Gentests zur Feststellung der Vaterschaft führen (Pfeiffer FS Laufs, 2005, 1193 (1197)).

8 **2. Anwendbares Recht. a) Abstammungsstatut.** Gemäß Art. 20 S. 1 ist Anfechtungsstatut jedes Recht, nach dem sich die **Voraussetzungen der Abstammung ergeben.** Das können alle in Art. 19 genannten Rechtsordnungen sein (Looschelders Rn. 9; mit Beispielen Staudinger/Henrich, 2019, Rn. 10 ff.; anwendend BGHZ 215, 271 = FamRZ 2017, 1687 = NJW 2017,

2911). Ausreichend ist, wie der Wortlaut deutlich erkennen lässt, dass sich bei Anwendung der entsprechenden Rechtsordnungen eine Abstammung des Kindes ergeben würde. Ob die Abstammung auch tatsächlich nach dieser Rechtsordnung festgestellt wurde, ist ohne Bedeutung (jurisPK/Duden Rn. 24; MüKoBGB/Helms Rn. 2; Grüneberg/Thorn Rn. 2; aA v. Hoffmann/Thorn IPR § 8 Rn. 136: Anfechtung nur nach dem Recht, nach dem die Anfechtung festgestellt wurde; so wohl auch Andrae IntFamR § 5 Rn. 57). Ist die Feststellung der Abstammung nach mehreren Rechtsordnungen möglich, so kann die Anfechtung nach Wahl des Anfechtenden alternativ (nicht kumulativ) nach jedem dieser Rechte erfolgen (zum Rechtsgedanken der Wahlfreiheit BGH NJW-RR 2012, 449 Rn. 17 ff. = FamRZ 2012, 616; OLG Stuttgart FamRZ 1999, 610; Grüneberg/Thorn Rn. 2; MüKoBGB/Helms Rn. 3; Henrich FamRZ 1998, 1401 (1403); Otte, Yearbook of Private International Law, Vol. 1, 1999, 189 (199); einschr. Andrae IntFamR § 5 Rn. 62: Priorität des Rechts des gewöhnlichen Aufenthalts). Die alternative Anknüpfung ist vor allem dann von praktischer Bedeutung, wenn die Anfechtung nach einer der berufenen Rechtsordnungen wegen Fristablaufs bereits ausgeschlossen ist; in diesem Fall bleibt es dem Anfechtenden unbenommen, Rückgriff auf die anderen möglichen Abstammungsstatute zu nehmen (OLG Karlsruhe FamRZ 2000, 107). Da Art. 20 S. 1 sich auf Art. 19 bezieht, der ein im Grundsatz wandelbares Abstammungsstatut vorsieht, ist auch das Anfechtungsstatut **wandelbar** (näher → Art. 19 Rn. 13).

**b) Aufenthaltsstatut.** Nach Art. 20 S. 2 kann nur **das Kind** darüber hinaus die Abstammung nach dem Recht seines **gewöhnlichen Aufenthalts** (→ Art. 19 Rn. 11 ff.) anfechten. Im Gegensatz zu Art. 20 S. 1 setzt Art. 20 S. 2 seinem insoweit klaren Wortlaut nach („in jedem Fall") nicht voraus, dass sich aus dem Anfechtungsstatut überhaupt die Abstammung ergibt, die durch die Anfechtung beseitigt werden soll (Henrich FamRZ 1998, 1401 (1403); Grüneberg/Thorn Rn. 2). Diese Möglichkeit hat nur das Kind. Sie ist den übrigen Anfechtungsberechtigten verwehrt (KG FamRZ 2016, 922 Rn. 27). 9

Da auch Art. 20 S. 1 die Anknüpfung an den gewöhnlichen Aufenthalt des Kindes bereits umfasst, kommt Art. 20 S. 2 letztlich nur dann zum Tragen, wenn nach dem Recht des gewöhnlichen Aufenthalts die anzufechtende Abstammung in der Tat gar nicht besteht (mit Bsp. Staudinger/Henrich, 2019, Rn. 22). Streitig ist, ob die Norm auch dann angewendet werden kann, wenn nach **§ 1599 Abs. 2 BGB** vorgegangen werden soll. Der BGH hat nun eine analoge Anwendbarkeit bejaht (BGH NJW 2018, 2641 = FamRZ 2018, 1334), obwohl § 1599 Abs. 2 BGB eine Antragstellung durch das Kind nicht vorsieht (näher → Art. 19 Rn. 28). 10

Das Anfechtungsstatut nach Art. 20 S. 2 ist durch Änderung des gewöhnlichen Aufenthalts ex nunc **wandelbar** (Kegel/Schurig IPR § 20 X 3; Grüneberg/Thorn Rn. 2). 11

**3. Allgemeine Regeln. a) Rück- und Weiterverweisungen.** Rück- und Weiterverweisungen (Art. 4 Abs. 1) sind im Rahmen der Anknüpfung nach Art. 20 S. 1 iVm der zur Bestimmung des Abstammungsstatuts maßgeblichen Kollisionsnorm grds. beachtlich (zu den Einschränkungen → Art. 19 Rn. 39) (Kropholler IPR § 48 IV 2c; aA – nämlich Sachnormverweisung auf das Recht, nach dem die Abstammung festgestellt wurde – v. Hoffmann/Thorn IPR § 8 Rn. 136; Andrae IntFamR § 5 Rn. 67). Gleiches gilt für die Anknüpfung nach Art. 20 S. 2. Allerdings darf – ebenso wie bei Art. 19 – durch die Rück- oder Weiterverweisung die Anfechtung nicht vereitelt werden (Grüneberg/Thorn Rn. 1; NK-BGB/Bischoff Rn. 14). 12

**b) Vorfragen.** Wie stets erfolgt die Anknüpfung von Vorfragen (Form, gesetzliche Vertretung, Geschäftsfähigkeit) im Regelfall selbstständig. Anders ist es jedoch, wenn im ausländischen Recht noch nach ehelicher und nichtehelicher Kindschaft unterschieden wird. Da das deutsche Recht dazu keine Regelung mehr enthält, ist die Vorfrage der **Ehelichkeit** des Kindes unselbstständig anzuknüpfen (→ Art. 19 Rn. 41) (Kropholler IPR § 48 IV 2; Andrae IntFamR § 5 Rn. 56; aA Looschelders Rn. 2). Geht es jedoch nicht um die Ehelichkeit als solche, sondern um die Gültigkeit der Ehe der Mutter, unterliegt diese Frage wiederum – gem. der allgemeinen Regel – einer selbstständigen Anknüpfung (→ Art. 19 Rn. 40). 13

**c) Ordre public.** Grundsätzlich kann die Ausgestaltung der Anfechtung gegen den deutschen ordre public (Art. 6) verstoßen. Jedoch kommt dieser wegen der Anknüpfungsalternativen selten zur Anwendung (NK-BGB/Bischoff Rn. 15). Kein automatischer Verstoß liegt vor, wenn das ausländische Recht zwischen ehelicher und nichtehelicher Abstammung unterscheidet (NK-BGB/Bischoff Rn. 16; Looschelders Rn. 5). Sieht das ausländische Recht eine im Verhältnis zum deutschen Recht **kürzere Anfechtungsfrist** vor, so ist darin ebenfalls nicht zwingend ein Verstoß gegen den ordre public zu sehen (BGHZ 75, 32 (43 f.) = NJW 1979, 1776: sechs Monate). Jedoch darf hier heute nicht mehr einseitig der Wunsch nach dem Erhalt des ehelichen Status für 14 das Kind dominieren. Vielmehr ist auch das Recht auf die Feststellung der wahren Abstammung wesentlich (mwN BVerfG NJW 2016, 1939 Rn. 34 ff.). Nicht ausreichend sind daher sehr kurze Fristen (Staudinger/Henrich, 2019, Rn. 56; Andrae IntFamR § 5 Rn. 69; Looschelders Rn. 5; MüKoBGB/Helms Rn. 16; anders aber AG Spandau FamRZ 1998, 1132: einen Monat nach türk. Recht; ebenso v. Hoffmann/Thorn IPR § 8 Rn. 137). Ein Widerspruch zu deutschen Grundwertungen kann außerdem in Betracht kommen, wenn die Anfechtungsfrist kenntnisunabhängig ausgestaltet ist, es für deren Beginn also nicht darauf ankommt, dass der Anfechtungsberechtigte von den die Anfechtung begründenden Umständen Kenntnis erlangt hat (NK-BGB/Bischoff Rn. 16; MüKoBGB/Helms Rn. 16; krit. auch schon Henrich FamRZ 2006, 182). Jedenfalls liegt ein Verstoß vor, wenn das Recht auf Anfechtung der Abstammung von der ausländischen Rechtsordnung vereitelt wird oder wenn die Anfechtung einer Anerkennung wider besseres Wissen nicht möglich ist und dem Anerkennenden nicht genügend Bedenkzeit gewährt wurde (OLG Stuttgart FamRZ 2001, 246; NK-BGB/Bischoff Rn. 16; offenlassend Henrich IPRax 2002, 118).

15 Auch bei der **unbefristeten** Anfechtung muss die Frage des ordre public erwogen werden (keinen Verstoß sehend OLG Celle FamRZ 2020, 609 = BeckRS 2019, 33367). Jedenfalls ist es vorstellbar, dass ein Kind vor einer willkürlichen, entgegen besserem Wissen erst nach Jahren erhobenen Anfechtungsklage geschützt werden muss (ähnlich Staudinger/Henrich, 2019, Rn. 52 f.; aA MüKoBGB/Helms Rn. 17). Die Verwertung heimlicher Vaterschaftstests in anderen Rechtsordnungen kann sowohl kollisions- als auch anerkennungsrechtlich gegen den ordre public verstoßen (Pfeiffer FS Laufs, 2005, 1193 ff.).

## III. Verfahrensfragen

16 **1. Internationale Zuständigkeit.** Zur Internationalen Zuständigkeit → Art. 19 Rn. 47.

17 **2. Anerkennung.** Zur Anerkennung → Art. 19 Rn. 49.

## IV. Interlokale und intertemporäre Fallgestaltungen

18 **1. Interlokales Recht.** Bei interlokalen Fallgestaltungen greifen Art. 234 § 1 und 234 § 7 ein. Anfechtungen, die nach dem 1.7.1998 erfolgt sind, richten sich nach dem BGB (vgl. BGH NJW 1999, 1862).

19 **2. Intertemporales Recht.** Nach Art. 224 § 1 Abs. 2 (analog) findet Art. 20 auf alle Anfechtungen Anwendung, die nach dem 30.6.1998 erfolgen, unabhängig davon, wann das Kind geboren wurde (OLG Nürnberg FamRZ 2002, 1722; OLG Köln FamRZ 2003, 1857; Grüneberg/Thorn Rn. 1; aA – nämlich für analoge Anwendung von Art. 220 – Dörner FS Henrich, 2000, 119 (128 ff.)). Streitig ist aber, ob die Norm genauso angewendet werden kann, wie bei nach dem Stichtag geborenen Kindern. Dann müsste für die Bestimmung der Abstammungsstatute also Art. 19 nF herangezogen werden (so OLG Hamm FamRZ 2005, 291). Richtig ist indes die Gegenauffassung, die für die Abstammung dennoch das alte Recht heranzieht, wie Art. 224 § 1 Abs. 1 es ausdrücklich bestimmt (wie hier OLG Karlsruhe FamRZ 2002, 899; Staudinger/Henrich, 2019, Rn. 3).

## Art. 21 Wirkungen des Eltern-Kind-Verhältnisses

**Das Rechtsverhältnis zwischen einem Kind und seinen Eltern unterliegt dem Recht des Staates, in dem das Kind seinen gewöhnlichen Aufenthalt hat.**

**Schrifttum:** Andrae, Zur Abgrenzung des räumlichen Anwendungsbereichs von EheVO, MSA, KSÜ und autonomem IZPR/IPR, IPRax 2006, 82; Andrae, Anerkennung einer ausländischen Entscheidung zur elterlichen Sorge, NZFam 2016, 1011; Braeuer/v. Lilien, Mitwirkung des deutschen Rechtsanwalts bei der Sorgerechtsregelung im Ausland, NJW 2015, 3491; Dutta, Die Inzidentprüfung der elterlichen Sorge bei Fällen mit Auslandsbezug, StAZ 2010, 193; Dutta/Scherpe, Die Durchsetzung von Rückführungsansprüchen nach dem Haager Kindesentführungsübereinkommen durch deutsche Gerichte, FamRZ 2006, 901; Finger, Praktische Folgen des Kinderschutzübereinkommens vom 15.10.1996, MDR 2011, 1395; Gärtner, Elterliche Sorge bei Personenstandsfällen mit Auslandsbezug – Änderungen durch das Inkrafttreten des Kinderschutzübereinkommens, StAZ 2011, 65; Gruber, Das HKÜ, die Brüssel IIa-Verordnung und das Internationale Familienrechtsverfahrensgesetz, FPR 2008, 214; Heiderhoff, Keine Rückwirkung des Art. 16 Abs. 3 KSÜ, IPRax 2015, 326; Heiderhoff, Perpetuatio fori im Sorgerechtsstreit, IPRax 2016, 335; Heiderhoff, Das Kindeswohl im internationalen Familienverfahren, FS Geimer, 2017, 231; Helms, Der Begriff des Kindes im

Internationalen Familienrecht, in Budzikiewicz ua (Hrsg.), Migration und IPR, 2018, 149; Looschelders, Fortbestand oder Verlust des elterlichen Sorgerechts bei Wechsel des gewöhnlichen Aufenthalts, IPRax 2014, 152; Odendahl, Das Haager Minderjährigenschutzabkommen (MSA) von 1961 – Wie lebendig ist das Fossil?, IPRax 2015, 575; Schulz, Inkrafttreten des Haager Kinderschutzübereinkommens v. 19.10.1996 für Deutschland am 1.1.2011, FamRZ 2011, 156; Schulz, Das deutsche internationale Kindschaftsrecht – Internationale, europäische und innerstaatliche Regelungen und ihre Konkurrenzen, FamRZ 2018, 797; Sturm/Sturm, Die gesetzliche Vertretung Minderjähriger nach dem neuen Kindschaftsrecht – national und international, StAZ 1998, 305.

## Übersicht



## I. Allgemeines

1 **1. Normzweck, Entstehung und heutige Bedeutung.** Art. 21 regelt die Anknüpfung einiger wesentlicher Rechtsbeziehungen des Kindes zu seinen Eltern. Die Vorschrift wurde durch das KindRG vom 16.12.1997 neu in das EGBGB eingefügt und ist seit dem 1.7.1998 in Kraft, wird aber inzwischen weitgehend durch das **KSÜ** verdrängt (→ Rn. 2). Die bis 1998 in Art. 21 aF geregelte Anknüpfung der Statusverbesserung durch Legitimation ist ersatzlos aufgehoben worden (→ Art. 19 Rn. 42). Die heutige Fassung des Art. 21 unterscheidet (anders als Art. 19 Abs. 2 aF und Art. 20 Abs. 2 aF) nicht mehr zwischen ehelicher und nichtehelicher Kindschaft, sondern knüpft **einheitlich an den gewöhnlichen Aufenthalt** des Kindes an. Dadurch hat der Gesetzgeber eine weitgehende Harmonisierung mit dem Unterhaltsstatut nach Art. 4 Abs. 1 HUntÜ 1973 (inzwischen Art. 3 HUP, → HUP 2007 Art. 3 Rn. 2 ff.) und dem bis zum 31.12.2010 parallel geltenden Art. 2 Abs. 1 iVm Art. 1 MSA verwirklicht. Das KSÜ stellt ebenfalls auf den gewöhnlichen Aufenthalt ab.

2 **2. Anwendungsbereich des Art. 21. a) Übersicht.** Aufgrund der vorrangigen Staatsverträge verbleibt für Art. 21, wenn überhaupt, nur ein geringer Anwendungsbereich. Schon früher hatte die Norm zwischen Art. 18 bzw. dem HUP (Unterhalt), Art. 19 (Abstammung), Art. 22 (Adoption) und dem MSA (Schutzmaßnahmen) einen schmalen Anwendungsbereich, der vor allem die elterliche Sorge umfasste. Anders als noch das MSA, das sachlich nur für Schutzmaßnahmen gilt, umfasst das seit dem 1.1.2011 in Kraft befindliche **KSÜ** auch den **Bereich der elterlichen Sorge vollständig,** sodass es dem autonomen deutschen Recht auch insoweit vorgeht. Allerdings ist der Anwendungsbereich der Kollisionsnormen im KSÜ teilweise zweifelhaft und streitig (→ Rn. 13 ff.), woraus sich Restanwendungsfälle für Art. 21 ergeben können.

3 **b) Von Art. 21 generell nicht erfasste Rechtsbereiche.** Von vorneherein nicht in den Anwendungsbereich des Art. 21 fallen **Unterhaltsansprüche** (Anknüpfung nach dem HUP; → HUP 2007 Art. 1 Rn. 1 ff.). Auch der **Vor- und Nachname** des Kindes einschließlich der Befugnis zur Erteilung des Vornamens sind nicht erfasst, diesbezüglich erfolgt die Anknüpfung nach Art. 10 (Grüneberg/Thorn Rn. 6; Rauscher IPR § 7 Rn. 686 f.; aA MüKoBGB/Helms Rn. 23, der die Befugnis für die Auswahl eines Vornamens der Personensorge zuordnet und insofern das KSÜ anwendet). Allerdings kann es bei der Namenserteilung im Sinne einer Vorfrage darauf ankommen, ob derjenige, der den Namen erteilt, die elterliche Sorge innehat (BGH NJW-RR 2016, 1473 = FamRZ 2016, 1747 – jedoch offenlassend, ob dies dann wiederum selbstständig oder unselbstständig anzuknüpfen ist; Staudinger/Henrich, 2019, Rn. 63). Die Frage des Eintritts der **Volljährigkeit** wird grds. selbstständig nach Art. 7 angeknüpft (BGH FamRZ 2018, 457 Rn. 21 ff. = NJW 2018, 613; MüKoBGB/Helms Rn. 21; Kegel/Schurig IPR § 20 XI 1), ist aber häufig nicht relevant (zum KSÜ → Rn. 6). Das **Erbrecht** bestimmt sich nach der EuErbVO. Ebenfalls nicht erfasst werden die Auswirkungen der **Vormundschaft** über ein Kind sowie der

Bereich der **Pflegschaft** (Anknüpfung nach KSÜ bzw. nach Art. 24) (Kegel/Schurig IPR § 20 XI 1).

4 **3. Konkurrierende staatsvertragliche und europarechtliche Kollisionsnormen. a) KSÜ und MSA.** Mit Wirkung zum 1.1.2011 ist das KSÜ (Haager Kinderschutzübereinkommen 1996, Übereinkommen über die Zuständigkeit, das anzuwendende Recht, die Anerkennung, Vollstreckung und Zusammenarbeit auf dem Gebiet der elterlichen Verantwortung und der Maßnahmen zum Schutz von Kindern, BGBl. 2009 II 602; dazu Sturm IPRax 1997, 10; Siehr RabelsZ 62 (1998), 464; Roth JBl 1999, 758; Schulz FamRZ 2003, 1351; Finger FamRBint 2010, 95) auch für Deutschland in Kraft getreten und hat weitgehend das MSA abgelöst (Art. 51 KSÜ; zum Verhältnis der Übereinkommen → Rn. 6). Das KSÜ ist derzeit in allen EU-Mitgliedstaaten sowie in Albanien, Armenien, Australien, der Dominikanischen Republik, Ecuador, Honduras, Kuba, Lesotho, Marokko, Monaco, Montenegro, Norwegen, Russland, Serbien, der Schweiz, der Türkei, der Ukraine und in Uruguay in Kraft. Am 1.4. 2019 ist es auch in der Republik Fidschi sowie am 1.7.2019 in Paraguay in Kraft getreten (Statustabelle unter http:/www.hcch.net/index_en.php?act=conventions.status&cid=70). Die **Brüssel IIa-VO** geht dem KSÜ nach Art. 61 Brüssel IIa-VO vor, soweit verfahrensrechtliche Fragen betroffen sind (→ Rn. 29 f.). Für die kollisionsrechtlichen Fragen – welche die Brüssel IIa-VO nicht regelt – besteht bisher kein vereinheitlichtes Recht der EU, sodass es bei der Anwendung des KSÜ (→ Rn. 13 ff.) bleibt.

5 Das MSA hat demgegenüber nur noch eine sehr geringe Bedeutung. Es gilt jedoch, wie Art. 51 KSÜ erkennen lässt, noch für Kinder aus Staaten, die das **MSA,** nicht aber das KSÜ ratifiziert haben. Gegenüber diesen Staaten bleibt das MSA bindend (OGH IPRax 2015, 574 m. zust. Anm. Odendahl IPRax 2015, 575). Das MSA galt lange Zeit noch für türkische Kinder, doch ist die Türkei mit Wirkung zum 1.2.2017 ebenfalls Vertragsstaat des vorrangigen KSÜ geworden. Aktuell betrifft das Abkommen nur noch Kinder aus der chinesischen Sonderverwaltungszone Macao (Statustabelle unter http:/hcch.e-vision.nl/index_en.php?act=conventions.status&cid=39). Zu beachten ist auch der **deutlich engere Anwendungsbereich** des MSA. Es erfasst nur Schutzmaßnahmen, also zB nicht die Frage, wer die elterliche Sorge innehat (BGH NJW-RR 2016, 1473 Rn. 14 ff. = FamRZ 2016, 1747). Geht es um die gesetzliche oder gerichtliche Zuweisung der Sorge zu einem oder beiden Elternteilen, bleibt es ebenfalls beim KSÜ (Dutta FamRZ 2016, 146). Zur Konkurrenz des KSÜ mit der Brüssel IIa-VO → Rn. 30 f.

6 **b) Haager Kindesentführungsübereinkommen.** Das Haager Übereinkommen über die zivilrechtlichen Aspekte internationaler Kindesentführungen (HKÜ) vom 25.10.1980 ist gezielt darauf gerichtet, die möglichst schnelle Rückführung von Kindern (unter 16 Jahren) zu erreichen, die widerrechtlich in einen anderen Vertragsstaat verbracht wurden oder dort festgehalten werden (für Deutschland am 1.12.1990 in Kraft getreten, BGBl. 1990 II 206; BGBl. 1991 II 329). Eine aktuelle Übersicht über die Vertragsstaaten findet sich unter https://www.hcch.net/en/instruments/conventions/status-table/?cid=24 sowie https://www.justiz.nrw.de/Bibliothek/ir_online_db/ir_htm/vertragsstaaten25101980.htm. Nach Art. 3 HKÜ ist das Verbringen oder Zurückhalten widerrechtlich, wenn dadurch die Alleinsorge oder die gemeinsame Sorge einer Person oder Behörde verletzt wird (OLG Stuttgart ECLI:DE:OLGSTUT:2018:0914:17UF146.18.00 Rn. 32 = BeckRS 2018, 35196; FamRZ 2013, 51 Rn. 21; OLG Düsseldorf FamRZ 2008, 1775 Rn. 6 ff. = BeckRS 2008, 21261; OLG Rostock FamRZ 2003, 959 Ls. 2; näher zum allem MüKoBGB/Heiderhoff HKÜ Art. 3 Rn. 1 ff.). Die reibungslose und schnelle Rückführung soll zum einen durch eine enge Zusammenarbeit der Behörden, zum anderen durch einen Anspruch auf sofortige Herausgabe (Art. 12 S. 1 HKÜ) erreicht werden. Nach Art. 12 S. 2 HKÜ wird die Rückgabe auch nach Ablauf eines Jahres noch angeordnet, sofern nicht erwiesen ist, dass sich das Kind in seine neue Umgebung eingelebt hat. Art. 13 HKÜ normiert demgegenüber als Ausnahmetatbestand drei Ablehnungsgründe: Übt der andere Elternteil die Sorge nicht aus, willigt er ein oder genehmigt er nachträglich, so scheidet die Rückführung nach Art. 13 S. 1 lit. a HKÜ aus (OLG Karlsruhe NJW-RR 2006, 1590; ausf. zu den Anforderungen an die Genehmigung OLG Düsseldorf NJW-RR 2018, 258; zu einer konkludenten Zustimmung und zur Beweislast OLG Stuttgart FamRZ 2009, 2017; zu Recht sehr einschr. zum Einwand der Nichtausübung der Sorge OLG Stuttgart OLGR 2009, 402). Auch die schwerwiegende Gefahr eines körperlichen oder seelischen Schadens schließt die Rückführung aus, Art. 13 S. 1 lit. b HKÜ (dies ist praktisch der weitaus häufigste Ablehnungsgrund, Schlauß ZKJ 2018, 214 (216); Beaumont et al. J. Priv. Int. L 2016, 215 f.; anwendend OLG Stuttgart FamRZ 2015, 1631 Rn. 38 ff. mwN) sowie zuletzt bei entsprechender Reife des Kindes dessen eigener entgegenstehender Wille, Art. 13 S. 2 HKÜ (letztlich abl. zum Verweigerungsgrund OLG Stuttgart BeckRS 2015, 16230 Rn. 17 f.).

Das HKÜ wird durch die Brüssel IIa-VO noch ergänzt und erweitert, s. dazu Erwägungsgrund 17 S. 1 Brüssel IIa-VO. Zur Effektuierung des Rückführungsverlangens trägt etwa Art. 11 Abs. 4 Brüssel IIa-VO bei. Hiernach muss das Kind auch dann herausgegeben werden, wenn Gefahren, die das Gericht des neuen Aufenthaltsstaats hinsichtlich der Herausgabe befürchtet, durch angemessene staatliche Vorkehrungen beseitigt werden. Zulässig ist nunmehr also auch die Anordnung von Auflagen zum Schutz des Kindes (etwa in Form sog. undertakings) (als Beispiel aus der Rspr. dazu OLG Frankfurt NZFam 2018, 1000 Ls. 2, wonach hinreichende Vorkehrungen getroffen sind, wenn der Elternteil im Heimatstaat eine qualifizierte psychologische Begleitung und den Schulbesuch im gewohnten Umfeld sicherstellt; näher zu möglichen Schutzvorkehrungen auch Holzmann FPR 2010, 497 (499 f.); Mäsch FamRZ 2002, 1069 (1071 ff.)). Wird die Rückgabe im Verbringungsmitgliedstaat letztlich abgelehnt, greifen die speziellen Regelungen in Art. 11 Abs. 6–8 Brüssel IIa-VO. Im Rahmen derer können die nach Art. 10 Brüssel IIa-VO weiterhin international zuständigen Gerichte des ursprünglichen Aufenthaltsstaats ein Herausgabeverfahren gleichwohl durchführen (dazu EuGH Slg. 2008, I-5271 = NJW 2008, 2973 – Inga Rinau). Die Gerichte im Herkunftsstaat erhalten damit „das letzte Wort", deren Entscheidung ist vollstreckbar, Art. 11 Abs. 8 Brüssel IIa-VO (näher MüKoBGB/Heiderhoff Brüssel IIa-VO Art. 11 Rn. 15). Die Vollstreckung in Deutschland richtet sich nach § 44 IntFamRVG (mit der Anordnung von Ordnungshaft OLG Stuttgart OLGR 2007, 15; OLG Karlsruhe FamRZ 2008, 2223; zu allem näher Dutta/Scherpe FamRZ 2006, 901; Gruber FPR 2008, 214). 7

Die am 25.6.2019 beschlossene **Neufassung** der Brüssel IIa-VO (Verordnung des Rates über die Zuständigkeit, die Anerkennung und Vollstreckung von Entscheidungen in Ehesachen und in Verfahren betreffend die elterliche Verantwortung und über internationale Kindesentführungen (Neufassung), ABl. EU 2019 L 178, 1), die gemäß Art. 105 Abs. 2 nF in ihren wesentlichen Teilen erst ab dem 1.8.2022 wirken wird, gestaltet die Verzahnung mit dem HKÜ in Art. 22 ff. nF weiter aus. Insbesondere wird die Vollstreckbarkeit von Schutzmaßnahmen durch Art. 27 Abs. 5 nF verbessert und die Voraussetzungen für die „Schlussentscheidung" iSd heutigen Art. 11 Abs. 8 werden durch Art. 29 präzisiert. 7.1

**c) Weitere Übereinkommen.** Das Europäische Übereinkommen über die Anerkennung und Vollstreckung von Entscheidungen über das Sorgerecht für Kinder und die Wiederherstellung des Sorgerechtsverhältnisses **(EuSorgeRÜ)** vom 20.5.1980 (BGBl. 1990 II 206, 220; für die Bundesrepublik Deutschland in Kraft seit dem 1.2.1991, BGBl. II 392) ist lediglich Rechtshilfeabkommen ohne eigene Kollisionsnormen in Bezug auf das Sorgerecht und ohne Kompetenznormen für angerufene Gerichte, über das Sorgerecht selbst zu entscheiden. Es wird durch die Brüssel IIa-VO verdrängt und gilt nur noch im Verhältnis zu den Staaten, die nicht zugleich EU-Mitgliedstaaten sind (ua Serbien, Schweiz, Montenegro, Norwegen; vgl. für einen aktuellen Stand der Ratifikationen http:/conventions.coe.int/Treaty/Commun/ChercheSig.asp?NT=105&CM=8&DF=6/15/2007&CL=GER). 8

Soweit die Geltendmachung von **Unterhaltsansprüchen** in Rede steht, richtet sich die Befugnis dazu gem. Art. 11 lit. d **HUP** (näher → HUP 2007 Art. 11 Rn. 15) ausnahmsweise nach dem Unterhaltsstatut. 9

Das Niederlassungsabkommen zwischen dem Deutschen Reich und dem Kaiserreich Persien vom 17.2.1929 (Art. 8 Abs. 3 **Deutsch-iranisches Niederlassungsabkommen;** Wortlaut → Art. 25 Rn. 8.1) geht Art. 21 sowie dem KSÜ vor (mit Beispielsfall Finger MDR 2011, 1395 (1398)). Es gilt aber nur bei gleicher Staatsangehörigkeit beider Beteiligten. Bei unterschiedlichem Personalstatut (bei Doppelstaatern entscheidet die effektive Staatsangehörigkeit; Art. 5 Abs. 1 S. 2 ist zu beachten, näher → Art. 25 Rn. 11) der Beteiligten ist das Abkommen nicht anwendbar (BGH NJW 1990, 636; OLG Bremen IPRax 1985, 296). Das **Übereinkommen des Europarats vom 15.5.2003 über den Umgang von und mit Kindern** ist noch nicht in Kraft getreten (dazu Mansel/Thorn/Wagner IPRax 2009, 11). 10

## II. Einzelerläuterungen

**1. KSÜ. a) Sachlicher Anwendungsbereich.** Nach Art. 3 KSÜ, der anders als Art. 1 MSA eine beispielhafte, nicht abschließende Aufzählung enthält, damit aber nur eine Klarstellung erreichen wollte (BT-Drs. 16/12068, 30), fallen in den **sachlichen Anwendungsbereich** des KSÜ zunächst alle Maßnahmen zum Schutz der Person und des Vermögens des Kindes (näher zu allem Staudinger/Pirrung, 2018, Art. 1 KSÜ Rn. D 15 ff.). Wie sich aus Art. 1 lit. c KSÜ ergibt, ist anders als unter dem MSA außerdem das auf die **elterliche Sorge** (oder, wie das KSÜ es ausdrückt „elterliche Verantwortung") anwendbare Recht umfassend mit bestimmt (zu Art. 16 und 17 näher 11

→ Rn. 16). Dazu gehört – im Einklang mit dem Begriffsverständnis zur Brüssel IIa-VO – auch das **Umgangsrecht** (einschließlich des Umgangsrechts der Großeltern; ausf. hierzu Schlussanträge des Generalanwalts, ECLI:EU:C:2018:242 Rn. 67 ff. = BeckRS 2018, 5070 – Valcheva; zur parallelen Geltung der Brüssel IIa-VO EuGH NJW 2018, 2034 Rn. 15 ff. – Valcheva; zum weiten Begriffsverständnis auch Staudinger/Pirrung, 2018, KSÜ Art. 3 Rn. D 27). Ausdrücklich erfasst sind auch die Pflegschaft, **Vormundschaft** (dazu näher → Art. 24 Rn. 3, → Art. 24 Rn. 15), Kafala sowie einige öffentlich-rechtliche Maßnahmen (insbes. Inobhutnahme). Die **Inobhutnahme** und die Anordnung der Vormundschaft über **unbegleitete minderjährige Ausländer und insbes. Flüchtlinge** ist somit vom KSÜ erfasst (BGH NJW 2018, 613 Rn. 29).

**12** In **persönlicher** Hinsicht ist das KSÜ nach Art. 2 für Kinder anwendbar, die das 18. Lebensjahr noch nicht vollendet haben (näher zum Begriff des Kindes im IPR Helms in Budzikiewicz ua, Migration und IPR, 2018, 149, 151 ff.; zur Altersfeststellung und weiteren Rechtsfragen im Kontext Dürbeck FamRZ 2018, 553 (556)). Liegt nach dem Heimat- oder Aufenthaltsrecht der **Eintritt der Volljährigkeit zu einem späteren Zeitpunkt,** greift trotzdem nicht das KSÜ (zu diesen Fällen, insbes. bei Flüchtlingen, → Art. 24 Rn. 13). Nicht ausdrücklich bestimmt ist die **internationale Anwendbarkeit.** Sie lässt sich im Ansatz wohl aus den Zuständigkeitsregeln ableiten und richtet sich nicht nach der Staatsangehörigkeit, sondern allein danach, ob sich das Kind in einem Vertragsstaat gewöhnlich aufhält (Art. 5 KSÜ). In bestimmten Fällen (so gem. Art. 6 Abs. 1 für Flüchtlinge, für Eilfälle Art. 11 KSÜ) reicht auch der einfache Aufenthalt aus (s. nur Grüneberg/Thorn Anh. Art. 24 Rn. 14). Für in Deutschland lebende Kinder greift das KSÜ damit immer ein, wenn eine gerichtliche oder behördliche Maßnahme mit Bezug auf ein Kind mit gewöhnlichem Aufenthalt in Deutschland zu treffen ist (Art. 15 KSÜ) oder wenn das Bestehen und der Umfang der elterlichen Sorge für ein Kind zu bestimmen sind, das sich in einem Vertragsstaat aufhält (Art. 16 KSÜ).

**13** **b) Kollisionsregeln des KSÜ. aa) Art. 15 Abs. 1 KSÜ – das auf Schutzmaßnahmen anwendbare Recht.** Der persönliche und räumliche Anwendungsbereich des KSÜ erfasst, wie bereits oben dargestellt, insbes. alle Kinder unter 18 Jahren, die ihren gewöhnlichen Aufenthalt in einem Vertragsstaat haben (→ Rn. 12). Das KSÜ enthält im dritten Kapitel verschiedene Normen mit kollisionsrechtlichem Gehalt: Nach Art. 15 Abs. 1 KSÜ (ähnlich Art. 2 MSA) wendet das **nach Kapitel II KSÜ zuständige** Gericht für **Schutzmaßnahmen** stets sein eigenes Recht an. Es gilt also die **lex fori.** Da gem. Art. 5 KSÜ im Regelfall das Gericht am Ort des gewöhnlichen Aufenthalts zuständig ist, handelt es sich zugleich um das Aufenthaltsortrecht. Von Art. 15 KSÜ, der auf Art. 3 KSÜ (→ Rn. 11) aufbaut, sind sämtliche gerichtlich oder behördlich angeordnete Umgangs- oder Sorgerechtsregelungen erfasst – insbes. die gerichtliche Übertragung der Sorge oder eines Teils der Sorge auf einen Elternteil im Fall der Scheidung der Eltern.

**14** Der für das MSA schon heftig geführte Streit, ob eine so geartete Kollisionsnorm angewendet werden darf, soweit sich die Zuständigkeit nicht nach dem Übereinkommen, sondern nach Art. 8 ff. Brüssel IIa-VO richtet, setzt sich für das KSÜ leider fort. Zwar steht für das KSÜ, anders als noch für das MSA, fest, dass es neben der Brüssel IIa-VO anwendbar ist, jedoch bleiben drei Lösungen für den Umgang mit Art. 15 denkbar: Erblickt man das wesentliche Anliegen des Art. 15 Abs. 1 KSÜ darin, die lex fori für anwendbar zu erklären (Gleichlaufprinzip), so könnte man die Norm über den Wortlaut hinaus auch auf die Zuständigkeiten erstrecken, die sich aus der Brüssel IIa-VO ergeben (BT-Drs. 16/12068, 31; OLG Hamm NJW-RR 2020, 837; Andrae IPRax 2006, 82 (87); Wagner/Janzen FPR 2011, 110 (112 f.); mit Art. 62 Abs. 1 Brüssel IIa-VO argumentierend Kropholler IPR § 48 I 3). Sieht man demgegenüber den Zweck darin, das Recht am gewöhnlichen Aufenthalt des Kindes für anwendbar zu erklären (passend zu Art. 5 KSÜ), so ist die Norm nicht auf weitere Zuständigkeitstatbestände übertragbar (AG Leverkusen FamRZ 2002, 1636 (1637); Gruber Rpfleger 2002, 545 (549), jeweils zum MSA). Diese Auffassung überzeugt allerdings kaum, da das KSÜ neben dem gewöhnlichen Aufenthalt noch einige andere Zuständigkeiten kennt (→ Rn. 32), bei denen anwendbares Recht und Aufenthaltsrecht ohnehin auseinanderfallen.

**15** Eine dritte Auffassung will Art. 15 KSÜ dagegen nur dann anwenden, wenn sich – bei einer hypothetischen Anwendung – aus den Art. 5 ff. KSÜ ebenfalls eine Zuständigkeit ergeben würde (BGH NJW 2018, 613 – aber ohne Äußerung zu den Fällen, in denen die hypothetische Anwendung nicht möglich wäre; für die Anwendung „jedenfalls" dann mwN auch OLG Karlsruhe NJW-RR 2013, 1157 Ls. 1, Rn. 11; NJW 2016, 87 Rn. 18; Weissinger Rpfleger 2017, 8 (9); Erb-Klünemann/Kößler FamRB 2016, 160 (162); Rauscher/Rauscher Brüssel IIa-VO Art. 8 Rn. 25). Für die Fälle, in denen die Brüssel IIa-VO oder das FamFG zu einer Zuständigkeit führen, während das KSÜ eine solche nicht vorsähe, griffe danach Art. 21 ein. Dieser Auffassung ist zu folgen. Für sie spricht, dass sie Art. 15 KSÜ nicht überstrapaziert, zugleich aber so weit wie möglich versteht (dafür auch Staudinger/Henrich, 2019, Rn. 10; jurisPK-BGB/Duden Rn. 39). Die Norm enthält eine Regelung für den Fall, dass eine Zuständigkeit nach Art. 5 ff. KSÜ gegeben ist, nicht aber für sonstige Fälle. Gegen diese Ansicht spricht zwar die enorme Kompliziertheit in der Anwendung. Dies scheint jedoch zum einen derzeit unvermeidlich zu sein, zum anderen sind die Zuständigkeitstatbestände von Brüssel IIa-VO und KSÜ sehr ähnlich, sodass ein Rückgriff auf Art. 21 nicht häufig nötig werden wird. Doch muss für den „Wahlgerichtsstand" des Art. 12 Abs. 3 Brüssel IIa-VO eine Parallele verneint werden. Denkbar ist ein Rückgriff vor allem aber auch bei einer Anwendung des § 99 Abs. 1 Nr. 1 FamFG – also bei einem deutschen Kind mit Aufenthalt in einem Staat, der weder der EU angehört noch das KSÜ ratifiziert hat (Prütting/Helms/Hau FamFG § 99 Rn. 18).

**bb) Art. 16 und 17 KSÜ – das auf die elterliche Sorge anwendbare Recht.** Gemäß **Art. 16** KSÜ richtet sich die Zuweisung der elterlichen Sorge **kraft Gesetzes** nach dem gewöhnlichen Aufenthalt des Kindes. Diese Ergänzung zu Art. 15 KSÜ ist schon deshalb notwendig, weil hier kein Gericht oder keine Behörde tätig wird, sodass keine Bezugnahme auf die lex fori möglich ist. **Art. 17** KSÜ regelt dagegen die **„Ausübung"** der Sorge. Diese richtet sich ebenfalls nach dem gewöhnlichen Aufenthalt des Kindes. Umfasst sind jeweils, wie der Katalog in Art. 3 KSÜ zeigt, nicht nur die klassischen Fragen elterlicher Sorge einschließlich der gesetzlichen Vertretung, des Umgangsrechts und der Vermögenssorge, sondern – anders als unter Art. 21 – auch die parallelen Fragen bei der Vormundschaft. Die **Abgrenzung zu Art. 15** KSÜ ist nicht immer ganz einfach. Sie wird aber wichtig, wenn ein Gericht an einem anderen Ort als dem gewöhnlichen Aufenthaltsort des Kindes tätig wird. 16

Man sollte zunächst jeweils darauf abstellen, ob es um das im Gerichtsverfahren auf die zu ergreifende Schutzmaßnahme anzuwendende Recht geht, oder um dem gerichtlichen Eingriff vorgelagerte Fragen (näher zum Begriff der Ausübung Rauscher/Hilbig-Lugani KSÜ Art. 17 Rn. 2 ff.). In den **Genehmigungsverfahren,** wie sie häufig im Bereich der Vermögenssorge und bei einigen wenigen Entscheidungen im Bereich der Personensorge (etwa der Unterbringung nach § 1631b BGB) nötig werden, trifft beides zusammen. Hier ist noch Art. 17 KSÜ anzuwenden, soweit sich die Frage stellt, ob eine Genehmigung erforderlich wird (etwa Staudinger/Pirrung, 2018, KSÜ Art. 17 Rn. D 112). Die gerichtliche Entscheidung selbst ist dagegen bereits eine Schutzmaßnahme iSd Art. 15 KSÜ (OLG Hamm NJW-RR 2020, 837). Wenn das ausländische Recht eine Genehmigung verlangt, das inländische Recht dagegen nicht, kann es unter Heranziehung von **Art. 15 Abs. 2 KSÜ** notwendig werden, eine solche zu erteilen (OLG Hamm NJW-RR 2020, 837). Schwierigkeiten entstehen auch, wenn nach dem Recht am gewöhnlichen Aufenthaltsort eine bloße Genehmigung des Gerichts genügt, während die lex fori weitergehende Maßnahmen (wie etwa die Bestellung eines Ergänzungspflegers) vorsieht oder umgekehrt. Streng genommen darf die Schutzmaßnahme keinen weitgehenderen Eingriff in die elterliche Sorge darstellen, als das am Ort des gewöhnlichen Aufenthalts geltende Recht (Art. 17 KSÜ) ihn erfordert. Doch ist zu bedenken, dass sich hier verfahrensrechtliche Fragen (für die immer die lex fori gilt) und materiell-rechtliche Fragen gegenseitig beeinflussen können (so macht nach der – allerdings zweifelhaften – Auffassung des BGH FamRZ 2014, 640 = NJW-RR 2014, 900, der (verfahrensrechtlich einzuordnende) Verfahrensbeistand uU die Bestellung eines (materiell-rechtlich einzuordnenden) Ergänzungspflegers überflüssig; s. auch EuGH ECLI:EU:C:2018:265 = NJW 2018, 1741 – Saponaro, zum griechischen Recht, nach dem ein Staatsanwalt die Rechte des Kindes schützt). Notfalls muss im Wege von Substitution und Anpassung ein angemessener Schutz herbeigeführt werden. 17

Dieses Zusammentreffen kann zukünftig im Erbrecht häufiger auftreten, weil der EuGH hier (bei entsprechender Einigung der Eltern) eine Zuständigkeit am Ort des Nachlassverfahrens nach Art. 12 Abs. 3 lit. b Brüssel IIa-VO bejaht hat (EuGH NJW 2018, 1741 – Saponaro). Wenn man bei einer solchen Zuständigkeit nach der Brüssel IIa-VO überhaupt Art. 15 für anwendbar hält (was richtigerweise abzulehnen ist; → Rn. 14 f.), muss man hier sehr genau abgrenzen. 17.1

Der **gewöhnliche Aufenthaltsort** ist der **Daseinsmittelpunkt** des Kindes (näher → Art. 5 Rn. 16 ff.; → Art. 19 Rn. 11). Er muss auf gewisse Dauer angelegt sein und den Ort darstellen, an dem das Kind den Schwerpunkt seiner sozialen Bindungen hat (mwN OLG Saarbrücken NZFam 2016, 528). Während bei einer rechtmäßigen Verlegung des Daseinsmittelpunkts ein neuer gewöhnlicher Aufenthalt (bei entsprechendem Bleibewillen) teilweise sogar sofort begründet werden kann (aktuell etwa OLG Nürnberg ECLI:DE:OLGNUER:2017:0705.7UF660.17.0A Rn. 27 ff. = NJOZ 2017, 1664), wird bei einem widerrechtlichen Verbringen des Kindes eine Integration im Zufluchtsstaat nicht so leicht anzunehmen sein (BGH NJW 1997, 3024 = FamRZ 18

1997, 1070 noch zum MSA; näher zur int. Zuständigkeit bei Aufenthaltswechsel Schulz FamRZ 2011, 156 (157)). Oft wird von den Gerichten faustformelartig angenommen, dann sei ein Verstreichen von sechs Monaten erforderlich (BGH NJW 1997, 3024 = FamRZ 1997, 1070; einschr. MüKoBGB/Helms Rn. 15 mwN; auch OLG Stuttgart ECLI:DE:OLGSTUT:2017:0315.17UF37.17.0A = BeckRS 2017, 145432; ausf. Baetge IPRax 2001, 573 (575)). Richtigerweise ist aber ohne eine starre zeitliche Grenze darauf abzustellen, ob das betreffende Kind seinen Daseinsmittelpunkt im neuen Aufenthaltsstaat hat. Bei häufigen Umzügen, verdeckten Wohnorten etc. kann das wesentlich länger dauern. Bei **minderjährigen Flüchtlingen** reicht nach Art. 6 Abs. 1 KSÜ der einfache Aufenthalt, sodass eine Abgrenzung nur im Rahmen des Art. 16 KSÜ nötig wird.

19 **cc) Begrenzte Wandelbarkeit.** Begründet das Kind aber einen neuen gewöhnlichen Aufenthalt, so kommt im Grundsatz das Recht dieses neuen Aufenthaltsorts zur Anwendung. Doch wird die **wandelbare Anknüpfung** in Art. 16 Abs. 2–4 KSÜ sowie Art. 19 KSÜ genauer ausgestaltet und es bleiben insbes. wohlerworbene Rechte erhalten.

20 Art. 16 Abs. 2 KSÜ bestimmt zunächst, dass in allen Fällen der Übertragung von Sorge oder Umgang durch Vereinbarung oder einseitiges Rechtsgeschäft einmalig auf den Zeitpunkt des Wirksamwerdens abzustellen ist. Wie sich aus dem weit wichtigeren Art. 16 **Abs. 3** KSÜ ergibt, wirkt zudem jede einmal begründete elterliche Verantwortung auch nach einem Wechsel des gewöhnlichen Aufenthalts des Kindes in einen anderen Staat fort (OLG Celle NJW-RR 2018, 1093 = FamRZ 2018, 1436; OLG Frankfurt BeckRS 2015, 11332 = FamRZ 2015, 1633 – dies gilt auch beim Übergang vom MSA zum KSÜ; MüKoBGB/Staudinger KSÜ Art. 16 Rn. 3 f., 16). Das ist eine bedeutsame Verbesserung gegenüber der allgemeinen Wandelbarkeit, die Art. 21 vorsieht (→ Rn. 21.1). Aus Art. 16 **Abs. 4** KSÜ ergibt sich schließlich, dass ein Statutenwechsel nur zur **Begründung** – also nicht zum Verlust – eines bislang nicht existierenden Sorgerechts führen kann (Siehr RabelsZ 62 (1998), 464 (490 f.); Looschelders IPRax 1999, 420 (426); Wagner/Janzen FPR 2011, 110 (112)). Es kann so allerdings zu mehr als zwei sorgeberechtigten Elternteilen kommen (Schulz FamRZ 2011, 156 (159); Gärtner StAZ 2011, 65 (68); zu Sonderfällen, etwa bei vermehrten Umzügen, Rauscher/Hilbig-Lugani KSÜ Art. 16 Rn. 26).

21 Wie schon früher bleiben **abgeschlossene tatsächliche Vorgänge** (zB Verletzung einer Umgangsrechtsregelung oder Überschreitung sorgerechtlicher Befugnisse) von einem Statutenwechsel ohnehin unberührt (Grüneberg/Thorn Rn. 3; ähnlich MüKoBGB/Helms Rn. 16). Nach Art. 19 KSÜ sind schließlich **Rechtsgeschäfte,** die von einer nach Ortsrecht scheinbar zur Vertretung befugten Person für ein Kind abgeschlossen werden, nur unter bestimmten Umständen unwirksam.

21.1 Art. 21, dessen Anknüpfungen ebenfalls wandelbar sind (ganz hM, nur Staudinger/Henrich, 2019, Rn. 24) kennt eine solche Begrenzung nicht. Es kam daher früher oftmals zum Statutenwechsel und zu erheblicher Rechtsunsicherheit, etwa bei Sorgeerklärungen oder in Fällen, in denen die Eltern aus einem Staat, der die gemeinsame Sorge unverheirateter Eltern bei Geburt kennt, mit dem Kind in einen Staat umzogen, der diese nicht kennt. Für Altfälle, die nun seltener werden, können sich noch Schutzlücken ergeben (OLG Karlsruhe FamRZ 2013, 1238; IPRax 2014, 178; umfassend Heiderhoff IPRax 2015, 326), die wohl am besten durch eine teleologische Reduktion der Norm verhindert werden können (sehr str., dafür etwa Looschelders IPRax 2014, 152 (154)).

22 Die Möglichkeit der Begründung von Sorge oder Umgang durch Statutenwechsel hat hohe Relevanz. Vor allem bei unverheirateten Eltern weichen die Rechtsordnungen hier voneinander ab. In der EU schreitet die Gleichstellung ehelicher und unehelicher Familienverhältnisse zwar weiter voran, die nationalen Regelungsmodelle unterscheiden sich hier teils aber dennoch erheblich. Uneinheitlichkeit gibt es insbes. dahingehend, ob es auf ein tatsächliches Zusammenleben der Eltern mit dem Kind ankommt und inwieweit staatliche Mitwirkungserfordernisse bestehen (vgl. dazu die Serviceseiten der Europäischen Kommission mit einer Übersicht zu allen Mitgliedstaaten https://e-justice.europa.eu/content_parental_responsibility-302-de.do?clang=de).

22.1 Der rechtsgeschäftliche Erwerb der gemeinsamen elterlichen Sorge durch Abgabe von Sorgeerklärungen nach § 1626a BGB findet nach dem **englischen** Children Act 1989 durch rechtsgeschäftliches „parental responsibility agreement" eine Entsprechung (Sturm/Sturm StAZ 1998, 305 (313 f.)). Nach dem Children Act 2003 erhält der Vater die Sorge aber auch automatisch, wenn er die Geburt gemeinsam mit der Mutter beim Standesamt anzeigt (zu Besonderheiten auch Siehr IPRax 2005, 526). In **Polen** und **Bulgarien** erwerben die nichtehelichen Partner die gemeinsame elterliche Sorge im Fall der Anerkennung ex lege (http://ceflonline.net/wp-content/uploads/Poland-Parental-Responsibilities.pdf; http://ceflonline.net/wp-content/uploads/Bulgaria-Parental-Responsibilities.pdf). In **Frankreich** besteht die gemeinsame Sorge automatisch, wenn die Vaterschaft im ersten Lebensjahr des Kindes festgestellt wird (Art. 372 franz. CC). In **Italien** hat die (Un-)Ehelichkeit der Eltern keinen Einfluss mehr auf die elterliche Sorge. Auch nicht verheiratete Eltern sind grundsätzlich gemeinsam verantwortlich (zu Änderungen durch die ital. Kindschaftsrechtsreform auch Patti FamRZ 2013, 1450 (1452)). Die Rechtsstellung der Eltern hängt im Einzelnen jedoch davon ab, inwiefern ein Zusammenleben mit dem Kind stattfindet, Art. 316, 317 ital. CC (http://ceflonline.net/wp-content/uploads/Italy-Parental-Responsibilities.pdf). In **Ungarn** ist ebenfalls vom Zusammenleben abhängig, ob die Modalitäten der Sorge speziell geregelt werden müssen (http://ceflonline.net/wp-content/uploads/Hungary-Parental-Responsibilities.pdf). In den **Niederlanden** erfolgt auf Antrag beider Eltern die Eintragung in das Sorgerechtsregister (Art. 1.252 BW). **Österreichisches** Recht verlangt eine behördliche oder gerichtliche Entscheidung (§ 177 S. 2, 3 ABGB), im **schweizerischen** Recht (Art. 298a ZGB nF) kann die gemeinsame Sorge zusammen mit der Anerkennung der Vaterschaft gegenüber dem Zivilstandsamt erklärt oder später an die Kindesschutzbehörde gerichtet werden. In der **Türkei** besteht bei unverheirateten Eltern die Alleinsorge der Mutter und das Gericht kann nur in eng begrenzten Fällen das Sorgerecht auf den Vater übertragen (Art. 337 türk. ZGB); Sorgeerklärungen sind nicht vorgesehen (zu in Deutschland abgegebenen Sorgeerklärungen für ein Kind mit gewöhnlichem Aufenthalt in der Türkei AG Pankow/Weißensee FamRZ 2016, 145 m. erl. und berichtigender Anm. Dutta).

Bei Trennung oder Scheidung der Eltern wird die Weiterführung der gemeinsamen Sorge immer üblicher, auch dort gibt es aber noch Unterschiede (Martiny FamRZ 2012, 1765 (1775)). **23**

Weiter geführt wird die gemeinsame Sorge in aller Regel, so etwa in den **Niederlanden** (Art. 1:251 BW), in **Frankreich** (Art. 373-2 franz. CC), in **Spanien** (dort kann ein Getrenntleben der Eltern allerdings besondere Ausübungsbestimmungen erfordern) (http://ceflonline.net/wp-content/uploads/Spain-Parental-Responsibilities.pdf) und **Italien** (Patti FamRZ 2006, 1321). Das **tschechische** Recht bestimmt, dass die Eltern sich vor einer Scheidung über das zukünftige Sorgerecht einigen. Nur, wenn dies nicht möglich ist, entscheidet das Gericht (näher Bohata FamRBint 2013, 44 (51)). In einigen Staaten ist hingegen zwingend eine Gerichtsentscheidung erforderlich. In **Ungarn** etwa gehört die elterliche Sorge zu den Inhalten, über die sich im Scheidungsverfahren stets geeinigt werden muss (iE Szeibert FamRZ 2015, 1574 (1576)). So ist es auch in der **Türkei,** wo das Gericht aber über den Wortlaut des Gesetzes hinaus auch die gemeinsame Sorge anordnen kann (Oğuz FamRZ 2005, 766 (773)). In **Rumänien** gehört das nacheheliche Sorgerecht ebenfalls zu den Inhalten, die im Scheidungsverfahren gerichtlich bestimmt werden. Eine Gerichtsentscheidung ist auch erforderlich in der **Schweiz** (Art. 133 Abs. 1 ZGB). In **Österreich** bildet die Fortführung der gemeinsamen „Obsorge" den Regelfall, es muss aber nach Auflösung der Ehe oder der häuslichen Gemeinschaft eine gerichtliche Vereinbarung darüber getroffen werden, in wessen Haushalt das Kind hauptsächlich betreut wird (§ 179 Abs. 1 S. 1, Abs. 2 ABGB). Was die Ausübung der Sorge angeht, so kommt es in **vielen europäischen Ländern** – auch gegen den Willen eines Elternteils – zur gerichtlichen Anordnung eines **Wechselmodells,** zB in Frankreich, Italien und Schweden (vgl. den Überblick bei Hammer FamRZ 2015, 1433 (1434); und aus anwaltlicher Perspektive Braeuer/v. Lilien NJW 2015, 3491 (3492)). Übersichtlich zu allen Einzelheiten Boele-Woelki/Ferrand ua (Hrsg.), Principles of European Family Law Regarding Parental Responsibilities, 2007, mit im Internet erhältlichen Berichten http://ceflonline.net/parental-responsibility-reports-by-jurisdiction/. **23.1**

**c) Allgemeine Regeln.** Art. 21 Abs. 1 KSÜ bestimmt, dass die Verweisungen des KSÜ **Sachnormverweisungen** sind, und schließt damit den renvoi aus. Art. 21 Abs. 2 KSÜ enthält aber eine Ausnahme für den Fall, dass durch Art. 16 KSÜ auf ein Drittstaatenrecht verwiesen wird. Nimmt dieses Recht die Verweisung an, so ist es anzuwenden (s. nur Gärtner StAZ 2011, 65 (68)). **24**

**2. Art. 21. a) Anwendungsbereich.** Art. 21 regelt, anders als das KSÜ, nur die Anknüpfung der Rechtsbeziehungen zwischen einem Kind und den Personen, die aufgrund des nach Art. 19 Abs. 1 oder Art. 22 bestimmten Rechts als **dessen Eltern** gelten. Die Norm kann nach hier vertretener Auffassung zur Anwendung kommen, wenn sich die Zuständigkeit aus einem **Zuständigkeitstatbestand** ergibt, der im KSÜ in vergleichbarer Weise nicht vorkommt (→ Rn. 15) (wie hier Schulz FamRZ 2018, 797 (804)) oder wenn das Kind **über 18 Jahre** alt ist, aber nach dem einschlägigen Recht noch nicht volljährig ist (→ Rn. 12) und deshalb unter elterlicher Sorge steht. Art. 21 umfasst vor allem die kraft Gesetzes entstandenen **Umgangs- und Sorgerechte** (Junker IPR Rn. 567; MüKoBGB/Helms Rn. 19; Otte, Yearbook of Private International Law, Vol. 1, 1999, 189 (200); v. Hoffmann/Thorn IPR § 8 Rn. 140; Kegel/Schurig IPR § 20 XI 1; Grüneberg/Thorn Rn. 5). Im Einzelnen betrifft dies den Inhalt und Umfang der Personen- und Vermögenssorge. Vom Anwendungsbereich erfasst werden auch Nachwirkungen der Sorge, die nach dem Tod eines Elternteils gegenüber dem Kind bestehen (BayObLG NJW-RR 1992, 70 **25**

(72); MüKoBGB/Helms Rn. 18). Geht es um die Sorge weiterer Personen, ist die Abgrenzung zu Art. 24 schwierig. Sobald das Rechtsverhältnis eher einer Vormundschaft ähnelt, geht Art. 24 vor. Art. 21 kann aber die Frage der Verwandtschaft als solcher beherrschen (näher Kegel/Schurig IPR § 20 XIV 1).

26 **b) Allgemeine Regeln. Rück- und Weiterverweisungen** (Art. 4 Abs. 1) durch das Recht am Ort des gewöhnlichen Aufenthalts sind – anders als nach dem KSÜ – zu beachten (BGH NJW-RR 2016, 1473 Rn. 12 = FamRZ 2016, 1747; AG Regensburg FamRZ 2014, 1556 Rn. 24 ff.; NK-BGB/Benicke Rn. 39; Grüneberg/Thorn Rn. 1; v. Hoffmann/Thorn IPR § 8 Rn. 140). Zwar ließe sich das bezweifeln, weil der Gesetzgeber in Art. 21 eine Harmonisierung mit dem auf das Sachrecht verweisenden MSA herbeiführen wollte. Jedoch enthält das EGBGB bei aus Übereinkommen übernommenen Sachnormverweisungen ansonsten stets einen aus dem Gesetz unmittelbar hervorgehenden Hinweis (vgl. Art. 18 aF). Da eine solche Klarstellung in Art. 21 fehlt, ist von einer Gesamtverweisung auszugehen (zuletzt ausdrücklich BGH NJW-RR 2016, 1473 Ls. 2, Rn. 19 ff. = FamRZ 2016, 1747; iE ebenso MüKoBGB/Helms Rn. 17) (→ Art. 4 Rn. 7 ff.). Für **versteckte Rückverweisungen** gelten die allgemeinen Grundsätze (→ Art. 4 Rn. 18; → Art. 22 Rn. 42).

27 **3. Vorfragenanknüpfung.** Die Vorfrage der **Abstammung** bzw. **Adoption** ist selbstständig nach Art. 19 Abs. 1 oder Art. 22 anzuknüpfen (OLG Köln StAZ 2013, 319 Rn. 14 ff.; MüKoBGB/Helms Rn. 26; Grüneberg/Thorn Rn. 4). Soweit allerdings im ausländischen Recht eine Rechtsbeziehung neben der Abstammung zusätzlich noch an die Ehelichkeit bzw. Legitimation des Kindes oder an die Ehe der Eltern gebunden wird, ist diese Vorfrage unselbstständig, dh nach den Kollisionsnormen der nach Art. 21 zur Anwendung berufenen Rechtsordnung anzuknüpfen (→ Art. 19 Rn. 41) (MüKoBGB/Helms Rn. 26). Die Vorfrage der **Minderjährigkeit** ist für das autonome Recht wiederum selbstständig anzuknüpfen und richtet sich nach Art. 7 (NK-BGB/Benicke Rn. 48; näher Helms in Budzikiewicz ua, Migration und IPR, 2018, 149, 155). Für das KSÜ ist sie in Art. 2 geregelt.

28 **4. Ordre public.** Die Anwendung ausländischen Rechts kann wegen Verstoßes gegen den ordre public ausgeschlossen sein (Art. 6, Art. 22 KSÜ). Dies ist dann anzunehmen, wenn sie zu einem Ergebnis führt, das mit dem Kindeswohl offensichtlich unvereinbar ist (Erman/Hohloch Rn. 5; Kropholler IPR § 48 IV 4c; für einen Fall der Anerkennung einer ausl. Entscheidung OLG Hamm IPRspr. 2000, Nr. 81, 166). Sorgerechtsregelungen oder Kindesherausgabeansprüche müssen sich am Kindeswohl orientieren. Vorsicht ist geboten, wenn sie schematisch entweder die Mutter oder den Vater bevorzugen (BGHZ 120, 29 = NJW 1993, 848 mAnm Spickhoff JZ 1993, 210; mit Einzelheiten insbes. zum islamischen Recht Staudinger/Henrich, 2019, Rn. 41 ff.). Dennoch muss es dem ordre public nicht immer widersprechen, wenn nach ausländischem Recht ein Elternteil, sei es Vater oder Mutter, von Gesetzes wegen die Alleinsorge hat (MüKoBGB/Helms Rn. 27; OLG Frankfurt IPRspr. 2001, Nr. 89b, 185; aA die Vorinstanz: AG Korbach FamRZ 2002, 633; einen ordre public-Verstoß annehmend auch OLG Karlsruhe NJW-RR 1998, 582: Stichentscheid des Vaters nach altem Art. 263 türk. ZGB). Vielmehr kommt es darauf an, ob die konkrete Sorgerechtsregelung **im Einzelfall iErg** dem Kindeswohl entspricht (BGHZ 206, 86 Rn. 34 = NJW 2015, 2800; BVerwGE 145, 153 Rn. 22 = IPRspr. 2012, Nr. 278b, 627; Botthof StAZ 2013, 77 (78)). Hierbei kommt es nicht darauf an, ob das Kindeswohl bereits ernstlich gefährdet ist (str., wie hier NK-BGB/Benicke Rn. 51; Andrae IntFamR § 6 Rn. 122; diff. Henrich IPRax 1993, 83 (84); aA OLG Saarbrücken IPRax 1993, 100 f.). Vielmehr ist hier – freilich mit der gebotenen Zurückhaltung – darauf abzustellen, bei welchem Elternteil das Kindeswohl am besten gefördert werden wird (ähnlich MüKoBGB/Helms Rn. 27). Problematisch ist schon wegen der fehlenden Kontinuität häufig die Sorgerechtsverteilung des islamischen Rechts, bei der die Mutter bis zu einem gewissen Alter die tatsächliche Personensorge innehat, später aber die Gesamtsorge auf den Vater übergeht (ähnlich NK-BGB/Benicke Rn. 54; ausf. zum islamischen Recht auch jurisPK-BGB/Duden Rn. 85 ff.). Eine Übertragung der Sorge auf die Großeltern kann insbes. die Rechte der Mutter in einer so erheblichen Weise verletzen, dass der ordre public-Vorbehalt eingreift (OLG Koblenz IPRspr. 2005, Nr. 71, 150). Widerspricht eine Sorgerechtsregelung in dieser Weise dem ordre public, kann sie von den deutschen Gerichten abgeändert werden, wobei nach Möglichkeit schonend vorzugehen ist und die entsprechenden Normen des ausländischen Rechts herangezogen werden sollten (nochmals BGHZ 120, 29 = NJW 1993, 848).

## III. Internationales Verfahrensrecht

**1. Internationale Zuständigkeit. a) Brüssel IIa-VO.** Die internationale Zuständigkeit für alle Entscheidungen über die elterliche Verantwortung innerhalb der **EU-Mitgliedstaaten** richtet sich seit dem 1.3.2005 nach der **Brüssel IIa-VO** (VO (EG) Nr. 2201/2003 des Rates über die Zuständigkeit und die Anerkennung und Vollstreckung von Entscheidungen in Ehesachen und in Verfahren betreffend die elterliche Verantwortung vom 27.11.2003). Zum Inkrafttreten der Brüssel IIa-VO in den neuen Mitgliedstaaten sowie zur Ausnahme Dänemarks → Art. 17 Rn. 96. Zuständig sind gem. Art. 8 Abs. 1 Brüssel IIa-VO grds. die Gerichte des Mitgliedstaats, in dem das Kind seinen gewöhnlichen Aufenthalt hat. Der Begriff ist autonom auszulegen, wobei der EuGH bereits ausgesprochen hat, dass auf die soziale und familiäre Integration des Kindes abzustellen ist und neben der Dauer und der Regelmäßigkeit des Aufenthalts auch dessen Gründe einzubeziehen seien – wie Umzug der Familie, Staatsangehörigkeit des Kindes, Einschulung, Sprachkenntnisse (EuGH Slg. 2009, I-2805 = FamRZ 2009, 843 = BeckRS 2009, 70389 – A; iE MüKoBGB/Heiderhoff Brüssel IIa-VO Art. 8 Rn. 8 ff.). Die Brüssel IIa-VO verdrängt für die Frage der Zuständigkeit nach Art. 60 lit. a Brüssel IIa-VO das MSA, aber nur „im Verhältnis zwischen den Mitgliedstaaten" (→ Rn. 30 f.). Nach Art. 61 lit. a Brüssel IIa-VO verdrängt sie die zuständigkeitsrechtlichen Regelungen des KSÜ demgegenüber vollständig, soweit sich das Kind in einem EU-Mitgliedstaat aufhält. Anders als das KSÜ gilt die Brüssel IIa-VO nach richtiger Ansicht auch für Kinder, die bereits das 18. Lebensjahr vollendet haben, soweit sie noch unter elterlicher Sorge stehen (str., wie hier Schulz FamRZ 2018, 797 (798); ausf. zum Streitstand Helms in Budzikiewicz ua, Migration und IPR, 2018, 149, 159 ff.). 29

**b) KSÜ/MSA. aa) Konkurrenz zur Brüssel IIa-VO.** Die soeben angesprochenen Regelungen zur Abgrenzung des Anwendungsbereichs von Brüssel IIa-VO und KSÜ/MSA bringen Auslegungsschwierigkeiten mit sich. Art. 5 ff. KSÜ und Art. 1 MSA werden weitgehend durch die Brüssel IIa-VO verdrängt. Sie sind aber dann doch anwendbar, wenn der Minderjährige seinen gewöhnlichen Aufenthalt in einem Vertragsstaat hat, der nicht EU-Mitgliedstaat ist. Das ist für das KSÜ weitgehend unstreitig, gilt aber auch für das MSA (BGH NJW 2005, 672 noch zu Brüssel II-VO/MSA; OLG Zweibrücken FamRZ 2014, 1555; Rauscher/Rauscher Brüssel IIa-VO Art. 60, 61 Rn. 6, 9; NK-BGB/Gruber Brüssel IIa-VO Art. 60 Rn. 4 ff.; dagegen Prütting/Helms/Hau FamFG § 99 Rn. 20). Letzteres verliert allerdings auch im Verfahrensrecht zunehmend an Praxisrelevanz: Betroffen ist wie gezeigt derzeit nur noch das chinesische Verwaltungsgebiet Macao (für die Türkei trat am 1.2.2017 das KSÜ in Kraft und löste damit das MSA ab; näher zu den Vertragsstaaten → Rn. 5). 30

Fraglich ist aber, wie vorzugehen ist, wenn ein Kind aus einem Vertragsstaat des MSA/KSÜ, der nicht EU-Vertragsstaat ist, sich in Deutschland aufhält. Für Art. 60 Brüssel IIa-VO (also für das MSA) lässt sich recht leicht argumentieren, in diesem Fall sei nicht das „Verhältnis der Mitgliedstaaten" betroffen, sodass für Kinder aus Macao das MSA angewendet werden kann (str., s. nur wie hier NK-BGB/Gruber Brüssel IIa-VO Art. 60 Rn. 2 ff.; aA Prütting/Helms/Hau FamFG § 99 Rn. 20). Dagegen verlangt der Wortlaut des Art. 61 Brüssel IIa-VO mit Bezug zum KSÜ, dass bei gewöhnlichem Aufenthalt des Kindes in Deutschland immer die Brüssel IIa-VO angewendet werden muss. Die vertragliche Bindung durch das KSÜ ist somit zu ignorieren. Auch für Kinder aus einem KSÜ-Vertragsstaat (etwa Australien), ist die Zuständigkeit somit nach der Brüssel IIa-VO zu bestimmen, wenn diese den gewöhnlichen Aufenthalt in Deutschland oder einem anderen EU-Mitgliedstaat haben (→ Rn. 29) (wie hier Staudinger/Henrich, 2019, Rn. 141; Rauscher/Rauscher Brüssel IIa-VO Art. 61 Rn. 9; Andrae IPRax 2006, 82 (84)). Wechselt das Kind den gewöhnlichen Aufenthalt und verzieht es in einen Drittstaat, so gilt – sofern ein Vertragsstaat dessen betroffen ist – jedoch wieder das KSÜ. Eine perpetuatio fori kommt dann, anders als nach Art. 8 Brüssel IIa-VO vorgesehen, nicht in Betracht (OLG Stuttgart NZFam 2016, 528 Ls. 1; KG FamRZ 2015, 1214; Heiderhoff IPRax 2016, 335; Rauscher/Hilbig-Lugani KSÜ Einl. Rn. 20). 31

**bb) Zuständigkeitstatbestände.** Die internationale Zuständigkeit ist in Art. 5–14 KSÜ geregelt. Gegenüber dem MSA erfolgte eine deutliche Verfeinerung und Erweiterung (iE auch BT-Drs. 16/12068, 31). Die Grundregel in Art. 5 KSÜ sieht weiterhin eine Zuständigkeit am gewöhnlichen Aufenthaltsort vor (→ Rn. 5). Ein weiterer wesentlicher Zuständigkeitstatbestand ist die Annexzuständigkeit im Scheidungsverfahren nach Art. 10 KSÜ. Eine Besonderheit liegt in der in Art. 8, 9 KSÜ vorgesehenen Übernahme des Verfahrens durch ein sachnäheres Gericht. 32

33 **c) Autonomes deutsches Recht.** Die autonomen deutschen Vorschriften zur internationalen Zuständigkeit sind nur für die Fälle einschlägig, in denen weder die Brüssel IIa-VO noch das MSA und das KSÜ vorgehen. Das ist der Fall, wenn das Kind seinen gewöhnlichen Aufenthalt in einem Staat hat, der weder EU-Mitgliedstaat noch Vertragsstaat der Übereinkommen ist. In diesen Fällen ist § 99 FamFG heranzuziehen (OLG Schleswig OLGR 2005 Rn. 18 f. noch zu § 35b FGG; BGH NJW-RR 2016, 69 Rn. 15 f.). Die Norm kann eine ergänzende Zuständigkeit begründen, weil nach § 99 Abs. 1 S. 1 Nr. 1 FamFG die deutschen Gerichte insbes. international zuständig sind (nicht ausschließlich, § 106 FamFG), wenn das Kind Deutscher iSd Art. 116 GG ist (ausf. BeckOK FamFG/Sieghörtner FamFG § 99 Rn. 26 f.). Dagegen wird die Zuständigkeit nach § 99 Abs. 1 S. 2 FamFG, der auf die Notwendigkeit der Fürsorge für ein Kind abstellt, neben dem KSÜ kaum noch eine Rolle spielen, da Art. 11 KSÜ in solchen Fällen ebenfalls eine Zuständigkeit vorsieht. Sorgerechtsregelungen iSd § 137 Abs. 3 FamFG im Zusammenhang mit einem Scheidungsverfahren unterliegen aufgrund des Scheidungsverbunds nach § 98 Abs. 2 FamFG der Zuständigkeit der deutschen Familiengerichte.

34 **2. Anerkennung und Vollstreckung.** Hinsichtlich des auf die Anerkennung anzuwendenden Rechts gilt traditionell eine Art Günstigkeitsgrundsatz (Schack IZVR Rn. 897). Kann eine ausländische Entscheidung bereits nach autonomem Recht anerkannt werden, kommt es letztlich nicht darauf an, ob auch ein Übereinkommen greift (NK-BGB/Benicke Rn. 75). Greifen mehrere Übereinkommen, kann die Anerkennung auf jedes davon gestützt werden (BGH NJW 2008, 1531). Aus diesem System schert aber die Brüssel IIa-VO aus. Diese beansprucht auch in Fragen der Anerkennung und Vollstreckung Vorrang (MüKoBGB/Helms Rn. 2). Eine wichtige Besonderheit von Sorgerechtsentscheidungen besteht darin, dass diese im Ausland oft **stillschweigend** eine vollstreckbare **Kindesherausgabeanordnung** umfassen. Ein deutscher Gerichtsvollzieher kann das aber nicht erkennen. Für Entscheidungen im Anwendungsbereich der Brüssel IIa-VO, des KSÜ oder des EuSorgeRÜ bestimmt daher § 33 IntFamRVG, dass die Herausgabeanordnung in die Vollstreckungsklausel oder in eine Anordnung nach § 44 IntFamRVG aufgenommen werden kann (Schulz FamRZ 2018, 797 (804)).

35 **a) Anerkennung und Vollstreckung innerhalb der EU.** Die Anerkennung und Vollstreckung von Sorgerechts- und Umgangsrechtsentscheidungen eines anderen EU-Mitgliedstaats richten sich vorrangig nach Art. 21 ff. Brüssel IIa-VO (zur Geltung → Rn. 29) (näher MüKoBGB/Heiderhoff Brüssel IIa-VO Art. 21 ff.). Hiernach sind sorgerechtliche Regelungen eines Mitgliedstaats ohne weitere Voraussetzungen in jedem anderen Mitgliedstaat anzuerkennen.

Für die Vollstreckung einer in einem anderen Mitgliedstaat ergangenen sorgerechtlichen Entscheidung ist eine Vollstreckbarerklärung erforderlich (Art. 28 Brüssel IIa-VO). Die Voraussetzungen ergeben sich aus Art. 22 ff. Brüssel IIa-VO. Der Antrag ist beim FamG am Sitz des OLG des gewöhnlichen Aufenthalts des Vollstreckungsschuldners oder des Kindes zu stellen (Art. 29 Brüssel IIa-VO, §§ 12 ff. IntFamRVG). Dies gilt aber nicht für Entscheidungen, die ein Umgangsrecht bzw. die Herausgabe des Kindes anordnen. Solche Entscheidungen sind nach Art. 41, 42 Brüssel IIa-VO ohne gesonderte Vollstreckbarerklärung in allen Mitgliedstaaten vollstreckbar. Voraussetzung ist eine entsprechende Bescheinigung des Gerichts des Ursprungsmitgliedstaats (näher Art. 41 Abs. 2 Brüssel IIa-VO).

36 **b) Anerkennung und Vollstreckung nach KSÜ/EuSorgeRÜ/MSA.** Gegenüber den Vertragsstaaten, die nicht Mitgliedstaaten der EU sind, greifen auch für die Anerkennung das KSÜ (Art. 61 Brüssel IIa-VO) (wie hier Rauscher/Rauscher Brüssel IIa-VO Art. 61 Rn. 10; Dutta StAZ 2010, 193 (195)) und das MSA (Art. 60 Brüssel IIa-VO) (dazu nur MüKoZPO/Gottwald Brüssel IIa-VO Art. 60 Rn. 3). Beide Übereinkommen umfassen aber nur die Anerkennung von **Schutzmaßnahmen** (näher Gärtner StAZ 2011, 65 (69)). Das **MSA** (zum verbliebenen Anwendungsfall → Rn. 30) sieht die gegenseitige Anerkennung ipso iure vor, wobei (scheinbar) einzige Voraussetzung ist, dass die zuständige Behörde gehandelt hat (Art. 7 S. 1 MSA). Nach Art. 16 MSA gilt jedoch ein ordre public-Vorbehalt. Nach Art. 23 **KSÜ** (zu den Vertragsstaaten → Rn. 4) sind Maßnahmen iSd KSÜ in allen Vertragsstaaten anzuerkennen. Die Versagungsgründe sind in Art. 23 Abs. 2 KSÜ enthalten (ausf. zum ordre public Andrae NZFam 2016, 1011 (1015)). In Art. 26 ff. KSÜ finden sich nunmehr auch Regelungen zur Vollstreckbarkeitserklärung von Maßnahmen, die auf das nationale Recht verweisen. Die Umsetzung im IntFamRVG ist bereits erfolgt (→ Rn. 31). Für die Anerkennung von Sorgerechtsentscheidungen aus Drittstaaten (etwa Norwegen) ist das **Europäische Sorgerechtsübereinkommen** (EuSorgeRÜ) zu beachten, das neben der Anerkennung auch die Vollstreckbarerklärung ermöglicht (vgl. Art. 7 EuSorgeRÜ).

**c) Anerkennung und Vollstreckung nach autonomem Recht.** Die Anerkennung von Sorgerechtsentscheidungen oder von Entscheidungen über die Herausgabe des Kindes kann auch auf der Grundlage der §§ 108 f. FamFG vorgenommen werden (BGH NJW 1983, 2775 = FamRZ 1983, 1008; NJW 1989, 2197 = FamRZ 1989, 378; OLG München FamRZ 1993, 349 (350); KG DAVorm 1991, 206; OLG Koblenz NJW 1989, 2201 (2203); OLG Hamm FamRZ 1987, 506; AG Mönchengladbach FamRZ 2005, 1702). Im Verhältnis zu den staatsvertraglichen Regelungen gilt wiederum das Günstigkeitsprinzip (Staudinger/Henrich, 2019, Rn. 227; MüKoBGB/Helms Rn. 49). Im Rahmen des § 108 FamFG, der im Grundsatz kein besonderes Anerkennungsverfahren voraussetzt, ist zu beachten, dass bei einer Regelung des Sorgerechts im Zusammenhang mit einer ausländischen Scheidung grds. zunächst das Verfahren nach § 107 FamFG (früher Art. 7 § 1 FamRÄndG aF) durchgeführt werden muss. Die sachlichen Anerkennungsvoraussetzungen sind § 109 FamFG zu entnehmen. Eine révision au fond findet nicht statt; dh, dass das deutsche Gericht die ausländische Entscheidung nicht nachprüfen darf. Die Vollstreckung ausländischer Entscheidungen richtet sich nach § 110 (Vollstreckbarerklärung), § 35 FamFG (Zwangsmittel) sowie den §§ 89 ff. FamFG (Ordnungsmittel). Abänderungen ausländischer Sorgerechtsentscheidungen durch international zuständige deutsche Gerichte sind zulässig, sofern dies nach dem ermittelten Sachstatut statthaft ist (BGH IPRax 1987, 317; BGHZ 64, 19 = NJW 1975, 1072; OLG Karlsruhe FamRZ 1995, 562 (563); OLG Hamm IPRax 1993, 104 (106); KG OLGZ 75, 119; Grüneberg/Thorn Rn. 8). 37

## IV. Intertemporales und interlokales Recht

**1. Intertemporales Recht.** Das KSÜ ist nach seinem Art. 53 KSÜ auf Maßnahmen anzuwenden, die getroffen werden, nachdem das Übereinkommen in dem Staat in Kraft getreten ist, in welchem die Maßnahme erfolgt. Es gilt insbes. für ab diesem Tag ergehende Gerichtsentscheidungen über die elterliche Sorge (BGH NJW 2011, 2360). Für die Anerkennung und Vollstreckung von ausländischen Maßnahmen kann es angewendet werden, wenn das Übereinkommen zum Zeitpunkt des Erlasses der Maßnahme auch in dem anerkennenden Staat in Kraft getreten ist. 38

Eine spezielle Übergangsvorschrift für die Anknüpfung des Eltern-Kind-Verhältnisses besteht nicht. Jedoch können die üblichen Regeln, wie insbes. **Art. 220 Abs. 2 analog,** herangezogen werden (für Art. 236 §§ 1 und 2 analog Kegel/Schurig IPR § 20 XI 3; beides nennend Staudinger/Henrich, 2019, Rn. 8). Danach ist für Auswirkungen des Rechtsverhältnisses vor dem 1.7.1998 die alte Rechtslage, für solche seit Inkrafttreten des KindRG neues Recht maßgebend. Mit dem Inkrafttreten der Neuregelung am 1.7.1998 kann es mithin zu einem **Statutenwechsel** in Bezug auf das Eltern-Kind-Verhältnis kommen; dies gilt insbes., wenn unter altem Recht gem. Art. 19 Abs. 2 S. 1 aF das Ehewirkungsstatut zur Anwendung berufen wurde (vgl. Bsp. bei v. Hoffmann/Thorn IPR § 8 Rn. 140). 39

**2. Interlokales Recht.** In interlokalen Fallgestaltungen sind für die Zeit vor dem 3.10.1990 die Regelungen in Art. 19 Abs. 2 aF und Art. 20 Abs. 2 aF entspr. heranzuziehen. Demnach gilt hinsichtlich der Rechtsbeziehungen zwischen einem ehelichen Kind und seinen Eltern das Ehewirkungsstatut (Art. 19 Abs. 1 S. 1 aF) bzw., wenn die Ehe nicht (mehr) besteht, das Recht am gewöhnlichen Aufenthalt des Kindes (Art. 19 Abs. 2 S. 2 aF) (Palandt/Heldrich, 57. Aufl. 1998, Art. 19 Rn. 17; MüKoBGB/Klinkhardt, 3. Aufl. 1998, Art. 19 Rn. 44); für nichteheliche Kinder ist ausschließlich das Recht am jeweiligen gewöhnlichen Aufenthalt maßgeblich (Art. 20 Abs. 2 aF) (Palandt/Heldrich, 57. Aufl. 1998, Art. 20 Rn. 2). Ab dem 3.10.1990 gelten einheitlich die Vorschriften des BGB. 40

## Art. 22 Annahme als Kind

**(1) [1]Die Annahme als Kind im Inland unterliegt dem deutschen Recht. [2]Im Übrigen unterliegt sie dem Recht des Staates, in dem der Anzunehmende zum Zeitpunkt der Annahme seinen gewöhnlichen Aufenthalt hat.**

**(2) Die Folgen der Annahme in Bezug auf das Verwandtschaftsverhältnis zwischen dem Kind und dem Annehmenden sowie den Personen, zu denen das Kind in einem familienrechtlichen Verhältnis steht, unterliegen dem nach Absatz 1 anzuwendenden Recht.**

**(3) [1]In Ansehung der Rechtsnachfolge von Todes wegen nach dem Annehmenden, dessen Ehegatten, Lebenspartner oder Verwandten steht der Angenommene ungeachtet**

**des nach den Absätzen 1 und 2 anzuwendenden Rechts einem nach den deutschen Sachvorschriften angenommenen Kind gleich, wenn der Erblasser dies in der Form einer Verfügung von Todes wegen angeordnet hat und die Rechtsnachfolge deutschem Recht unterliegt. [2]Satz 1 gilt entsprechend, wenn die Annahme auf einer ausländischen Entscheidung beruht. [3]Die Sätze 1 und 2 finden keine Anwendung, wenn der Angenommene im Zeitpunkt der Annahme das achtzehnte Lebensjahr vollendet hatte.**

**Schrifttum:** Benicke, Typenmehrheit im Adoptionsrecht und deutsches Internationales Privatrecht, 1995; Botthof, Der Schutz des Familienlebens nach Art. 8 EMRK und sein Einfluss auf die Anerkennung ausländischer Adoptionsentscheidungen, StAZ 2013, 77; Dietz, Das Erbrecht des Adoptivkindes im Internationalen Privatrecht, Frankfurt 2006; Emmerling de Oliveira, Adoptionen mit Auslandsberührung, MittBayNot 2010, 429; Finger, Neuregelung des dt. Rechts der Kindesannahme, insbes. Art. 22 und 23 EGBGB, FuR 2020, 693; Frank, Neuregelungen auf dem Gebiet des Internationalen Adoptionsrechts unter besonderer Berücksichtigung der Anerkennung von Auslandsadoptionen, StAZ 2003, 257; Heiderhoff, Das Erbrecht des adoptierten Kindes nach der Neuregelung des internationalen Adoptionsrechts, FamRZ 2002, 1682; Helms, Vorschlag zur Reform des Internationalen Adoptionsrechts, StAZ 2015, 97; Helms, Öffnung der Stiefkindadoption für nichteheliche Lebensgemeinschaften und Reform des Internationalen Adoptionsrechts, FamRZ 2020, 645; Henrich, Wirksamkeit einer Auslandsadoption und Rechtsfolgen für die Staatsangehörigkeit, IPRax 2008, 237; Lorenz, Adoptionswirkungen, Vorfragenanknüpfung und Substitution im Internationalen Adoptionsrecht nach der Umsetzung des Haager Adoptionsübereinkommens v. 29.5.1993, FS Sonnenberger, 2004, 497; Majer, Die Anerkennung ausländischer Adoptionsentscheidungen, NZFam 2015, 1138; Maurer, Das Gesetz zur Regelung von Rechtsfragen auf dem Gebiet der internationalen Adoption und zur Weiterentwicklung des Adoptionsvermittlungsrechts, FamRZ 2003, 1337; Menhofer, Die Kafala des marokkanischen Rechts vor deutschen Gerichten, IPRax 1997, 252; Reinhard, Gewollt oder nicht? Die Adoption von Kindern aus dem Ausland, ZRP 2006, 244; Schnabel, Aufenthaltserlaubnis und Adoption – Adoptionshindernis der Kinderlosigkeit und Vorbehalt des ordre public, IPRax 1993, 169; Staudinger, Der ordre public-Vorbehalt bei der Anerkennung ausländischer Adoptionen, FamRBint 2007, 42; Steiger, Im alten Fahrwasser zu neuen Ufern – Neuregelungen im Recht der internationalen Adoption mit Erläuterungen für die notarielle Praxis, DNotZ 2002, 184; Weitzel, Anerkennung einer Auslandsadoption nach deutschem Recht trotz schwerwiegender Mängel der ausländischen Entscheidung?, JAmt 2006, 333; Weitzel, Zur Anerkennung ausländischer Adoptionsentscheidungen, IPRax 2007, 308; Weitzel, Das Haager Adoptionsübereinkommen vom 29.5.1993, NJW 2008, 186.

## Überblick

Art. 22 bestimmt das auf Adoptionen anwendbare Recht. Die wichtigsten und grundsätzlich vorrangigen staatsvertraglichen Regelungen legen dagegen eher inhaltliche Anforderungen für Adoptionen fest. Das Haager Adoptionsübereinkommen bestimmt Voraussetzungen und Anforderungen für internationale Adoptionen (→ Rn. 4 f.). Am 1.7.2017 ist zudem das Europäische Übereinkommen über die Adoption von Kindern vom 27.11.2008 für Deutschland in Kraft getreten (→ Rn. 6).

Der sachliche Anwendungsbereich des Art. 22 umfasst die starke Adoption (Volladoption) und die schwache Adoption (→ Rn. 11 ff.) und zwar sowohl als gerichtliche Adoption (Dekretadoption) als auch als private Adoption (Vertragsadoption – zur Durchführung in Deutschland → Rn. 48 ff.). Abs. 1 bestimmt die Voraussetzungen (→ Rn. 19 f.) und die Art und Weise der Durchführung der Adoption (→ Rn. 27). Hier sind mit Wirkung zum 31.3.2020 erhebliche Änderungen erfolgt. Für die Annahme in Deutschland gilt nunmehr nach Abs. 1 S. 1 die lex fori (→ Rn. 41 f.). Für die Annahme im Ausland wird nach Abs. 1 S. 2 an den gewöhnlichen Aufenthalt des Kindes angeknüpft. Es wird nicht mehr wie bisher für die unterschiedlichen Konstellationen der Adoption unterschieden. Für die Einwilligungen des Kindes und der Personen, zu denen es in einem familienrechtlichen Verhältnis steht, gilt nun nicht mehr zusätzlich Art. 23 (→ Rn. 21 ff.).

Die Rechtsfolgen der Adoption sind in Abs. 2 geregelt, der auf das Adoptionsstatut in Abs. 1 verweist. Darunter fallen sowohl Wirkungen für den Status des Kindes als auch die Folgen für die verwandtschaftlichen Beziehungen des Kindes (→ Rn. 28 ff.). Abs. 3 enthält eine Sonderregel für den Fall der testamentarischen Erbeinsetzung des Adoptivkindes (→ Rn. 31 ff.).

Rück- und Weiterverweisungen sind zu beachten (→ Rn. 42 ff.). Vorfragen sind im Regelfall selbstständig anzuknüpfen (→ Rn. 43 f.). Ein Verstoß gegen den ordre public kann insbesondere vorliegen, wenn die Adoption nicht dem Kindeswohl, sondern anderen Zwecken dient (→ Rn. 45 f.).

Die internationale Zuständigkeit richtet sich nach § 101 FamFG (→ Rn. 49 ff.). Die Anerkennung einer Adoption erfolgt vorrangig nach dem HAdoptÜ (→ Rn. 52 ff., insbesondere →

Rn. 54), dessen Vorgaben in Deutschland im AdWirkG umgesetzt worden sind (→ Rn. 62 f.). Ansonsten richtet sich die Anerkennung nach autonomem Recht (→ Rn. 52 f., → Rn. 56 ff.).

## Übersicht



## I. Allgemeines

**1. Normzweck.** Art. 22 bestimmt das auf Adoptionen anwendbare Recht. Die anhaltende Kritik an der bisher geltenden komplizierten Anknüpfung, die stark auf die Staatsangehörigkeit der Annehmenden ausgerichtet war, hat zu einer radikalen Reform geführt. Die Neufassung des Art. 22 ist am 31.3.2020 in Kraft getreten (im Überblick dazu Finger FuR 2020, 693). Wie es den weltweit vereinheitlichten Adoptionsstandards entspricht, wird nun stattdessen für Inlandsadoptionen die lex fori angewendet (dafür insbes. Helms StAZ 2015, 97; so auch die Vorschläge des Rats für IPR, Mansel IPRax 2015, 185). Für im Ausland erfolgende Adoptionen wird auf den gewöhnlichen Aufenthalt des Kindes abgestellt. Das überzeugt, weil dieser die Lebensumstände häufig mehr prägt als die Staatsangehörigkeit (Helms FamRZ 2020, 645, 648; Heiderhoff IPRax 2017, 160 (166); andeutend auch Dutta IPRax 2017, 139 (145)). Auf die zusätzliche Berufung des Heimatrechts des Kindes, soweit es um die dort geforderten Einwilligungen (insbes. des Kindes und seiner Eltern) geht, wird nunmehr ganz verzichtet. Art. 23 erfasst Adoptionen nicht mehr. Unverändert ist geblieben, dass Art. 22 zwischen der **Durchführung** der Annahme, für die Abs. 1 gilt, und den **Rechtsfolgen** der Annahme, für die Abs. 2 gilt, differenziert. Art. 22 Abs. 3 stärkt zusätzlich die erbrechtliche Position des angenommenen Kindes bei testamentarischer Verfügung. 1

Nach der Neufassung des Art. 22 muss nun für die Ermittlung des anwendbaren Rechts bei Inlandsadoptionen nicht mehr auf die Auslandsberührung des Sachverhalts geachtet werden. Es ist unerheblich, ob das Kind oder die Annehmenden ausländische Staatsangehörige sind. Nach § 101 FamFG sind die deutschen Gerichte zuständig, wenn einer der Beteiligten entweder die deutsche Staatsangehörigkeit hat oder einen gewöhnlichen Aufenthalt in Deutschland hat (→ Rn. 49). Art. 22 Abs. 1 S. 2 ist einschlägig, wenn eine Annahme im Ausland durch Privatrechtsakt erfolgt ist und in Deutschland anerkannt werden soll. Liegt dagegen bereits eine ausländische behördliche oder gerichtliche Entscheidung vor, so stellt sich die Frage des anwendbaren Rechts nicht mehr; zu prüfen ist nur noch, ob die ausländische Entscheidung im Inland anerkannt werden kann (→ Rn. 62 ff.). 2

**2. Staatsvertragliche Regelungen.** Nach Art. 3 Nr. 2 gehen staatsvertragliche Regelungen den Vorschriften des EGBGB vor. Das Adoptionsrecht ist davon nur teilweise betroffen, da es nur wenige kollisionsrechtliche Regelungen in Staatsverträgen gibt. Das **Recht der EU** enthält solche Regelungen bisher noch gar nicht. Die neuen Anknüpfungsregeln dürften auch keine Konflikte mit Art. 21 AEUV (Freizügigkeit) auslösen 3

**a) Haager Adoptionsübereinkommen.** Deutschland ist seit dem 1.3.2002 Vertragsstaat des Haager Übereinkommens über den Schutz von Kindern und die Zusammenarbeit auf dem Gebiet der internationalen Adoptionen vom 29.5.1993 (BGBl. 2001 II 1035; **HAdoptÜ**). Das Übereinkommen gilt derzeit in 99 Staaten (eine aktuelle Statusliste findet sich unter http:/hcch.e-vision.nl/index_en.php?act=conventions.status&cid=69). Ziel des Übereinkommens ist der Schutz der Kinder vor missbräuchlichen Adoptionen (insbes. Kinderhandel). Das Übereinkommen enthält **keine kollisionsrechtlichen** Bestimmungen, sondern einige materielle Voraussetzungen und Anforderungen an das Adoptionsverfahren (Weitzel NJW 2008, 186; Lorenz FS Sonnenberger, 2004, 497 (503 f.)). 4

5 Nach seinem Art. 2 Abs. 1 gilt das Übereinkommen, wenn ein (minderjähriges) Kind, das in einem Mitgliedstaat seinen gewöhnlichen Aufenthalt hat, in einen anderen Mitgliedstaat verbracht wird, weil es von einer Person oder einem Ehepaar aus diesem Mitgliedstaat angenommen wurde oder angenommen werden soll. Erfasst sind dabei alle Adoptionen oder adoptionsähnlichen Rechtsinstitute, welche eine dauerhafte Eltern-Kind-Beziehung begründen (Art. 2 Abs. 2 HAdoptÜ). Zentral sind die Vorschriften in Art. 4 und 5 HAdoptÜ, die letztlich eine Zusammenarbeit der Behörden von Heimatstaat und Aufnahmestaat zum Wohl des Kindes vorsehen (eine stets aktuelle Liste über die in den Vertragsstaaten zuständigen Behörden findet sich unter: https://www.hcch.net/en/instruments/conventions/authorities1/?cid=69; in Deutschland ist das Bundesamt für Justiz in Bonn zuständig; zu dessen Aufgaben im Bereich der Auslandsadoption Schlauß StAZ 2019, 10 (13)). Der Adoptionsantrag wird nach Art. 14 HAdoptÜ, § 4 AdÜbAG am Heimatort der Annehmenden gestellt. Daraufhin müssen Behörden des Aufnahmestaates unter anderem prüfen, ob die Annehmenden geeignet sind (Art. 4, 5 HAdoptÜ). Die Behörden im Aufenthaltsstaat des Kindes überprüfen, ob die Adoption dem Wohl des Kindes dient und ob alle Einwilligungen rechtmäßig erteilt wurden (Art. 4 HAdoptÜ). Insbesondere kommt es darauf an, ob für das Kind keine geeignete Unterbringung im Heimatstaat gefunden werden kann. Die eigentliche Matching-Entscheidung – also die Zuordnung des Kindes zu den Annehmenden – erfolgt durch die zuständige Behörde im Heimatstaat in enger Zusammenarbeit mit der zuständigen Behörde im Aufnahmestaat. Die zentrale Behörde des Vermittlungsstaats macht einen Vermittlungsvorschlag, der im Aufnahmestaat geprüft wird. In Deutschland überprüft die Auslandsvermittlungsstelle nach § 5 AdÜbAG insbes. nochmals die Wahrung des Kindeswohls. Das Verfahren nach dem HAdoptÜ endet dann damit, dass die Heimatbehörde entscheidet, den Annehmenden das Kind anzuvertrauen (Art. 17 HAdoptÜ). Der Adoptionsbeschluss kann entweder im Heimatstaat oder im Aufnahmestaat erfolgen (mit praktischen Informationen https://www.bundesjustizamt.de/DE/Themen/Buergerdienste/BZAA/Informationen/Informationen_node.html).

6 **b) Sonstige internationale Verträge.** Am 1.7.2015 ist zudem das **Europäische Übereinkommen über die Adoption von Kindern** vom 27.11.2008 (BGBl. 2015 II 1673) für Deutschland in Kraft getreten. Es enthält keine Kollisionsnormen, sondern legt, wie das HAdoptÜ, Standards für die Annahme von Kindern fest. Die Neufassung wurde erarbeitet, nachdem Schweden (2002) und Großbritannien (2005) das Übereinkommen in seiner Fassung vom 24.4.1967 gekündigt hatten, um mit ihren nationalen Regelungen nicht gegen das Abkommen zu verstoßen (der stets aktuelle Stand der Ratifikationen findet sich unter http://www.coe.int/de/web/conventions/full-list/-/conventions/treaty/202/signatures?p_auth=tbtJEpAa). Insbesondere wurden die Normen zum Umgang mit den Abstammungsinformationen modernisiert und die unterschiedliche Behandlung ehelicher und außerehelicher Kinder abgeschafft. Kollisionsrechtliche Regelungen enthält das Abkommen über die Zuständigkeit der Behörden, das anwendbare Recht und die Anerkennung von Entscheidungen auf dem Gebiet der Adoption vom 15.11.1965. Dieses Abkommen wird aber voraussichtlich nicht mehr in Kraft treten, Deutschland hat es nicht unterzeichnet (Status unter www.hcch.net/index_en.php?act=conventions.status&cid=75; zum Inhalt knapp Kegel/Schurig IPR § 20 XIII 4).

7 Als staatsvertragliche Regelung geht im Verhältnis zum Iran das deutsch-iranische Niederlassungsabkommen vom 17.2.1929 (Art. 8 Abs. 3 deutsch-iranisches Niederlassungsabkommen; Wortlaut → Art. 25 Rn. 12) im Rahmen seines Anwendungsbereichs der Anknüpfung nach Art. 22 vor. Es greift ein, wenn sowohl die Annehmenden als auch das Kind die iranische Staatsangehörigkeit haben (näher → Art. 25 Rn. 11). Der Iran kennt nicht das im islamischen Recht teils ausdrücklich normierte Verbot der Adoption (näher → Rn. 17). Im Verhältnis zu Dänemark besteht eine Vereinbarung betreffend den vereinfachten Behördenverkehr in Adoptionssachen (Bek. vom 24.1.1969, BGBl. 1969 II 180).

8 Bedeutsam ist schließlich die **UN-Kinderrechtskonvention** (KRK) vom 20.11.1989, die am 5.4.1992 in Deutschland in Kraft getreten ist (BGBl. 1992 II 990). Sie bestimmt insbes., dass eine Auslandsadoption nur erfolgen soll, wenn eine entsprechende Betreuung des Kindes im Inland nicht möglich erscheint (Subsidiaritätsprinzip, Art. 21 lit. b) (näher Zimmermann NZFam 2016, 150 (151)).

## II. Rechtstatsachen

9 Adoptionen sind insgesamt **relativ selten.** Im Jahr 2017 wurden in Deutschland nach Angaben des statistischen Bundesamtes insgesamt nur noch 3888 (2010: noch 4021) Kinder und Jugendliche adoptiert (aktuelle Zahlen unter https:/www-genesis.destatis.de/genesis/online/link/tabelleErgebnis/22521-0001). Der Anteil ausländischer Kinder an diesen Adoptionen beträgt etwa 12,8 %:

497 der angenommenen Kinder besaßen nicht die deutsche Staatsangehörigkeit (2010: noch gut 24 %). In 226 Fällen handelte es sich dabei um eine sog. internationale Adoption, also um eine in Deutschland durchgeführte Adoption eines zuvor im Ausland lebenden Kindes. Von den hier betroffenen Kindern waren 73 unter drei Jahre alt (iE unter https://www.destatis.de/DE/Themen/Querschnitt/Jahrbuch/jb-bevoelkerung.pdf?__blob=publicationFile, S. 71 f.). Auffällig ist demnach, dass die Zahlen für Auslandsadoptionen seit einigen Jahren sinken (dazu und zu Reformplänen Schlauß ZKJ 2018, 214 (218)). Sie betreffen zudem oftmals bereits ältere Kinder – typischerweise dürfte es sich um Kinder von Verwandten handeln.

Das internationale Adoptionsrecht kann außerdem relevant werden für Kinder, die außerhalb des Anwendungsbereichs bzw. sonst nicht nach den Regelungen des HAdoptÜ im Ausland angenommen worden sind (näher im Kontext der Anerkennung → Rn. 52 ff.). Zuverlässige Zahlen darüber, wie viele deutsche Eltern Kinder (dann meist Säuglinge oder Kleinkinder) selbstständig im Ausland adoptieren und sie erst nach durchgeführter Annahme mit nach Deutschland bringen, liegen nicht vor. **10**

## III. Einzelerläuterungen

**1. Sachlicher Anwendungsbereich. a) Begriff der Annahme als Kind – Qualifikation. aa) Formen der Adoption.** Art. 22 regelt die Anknüpfung der „Annahme als Kind". Unmittelbar erfasst sind die im deutschen Recht bekannte Minderjährigenadoption (§§ 1741 ff. BGB) und die Volljährigenadoption (§§ 1767 ff. BGB) sowie die entsprechenden Institute des ausländischen Rechts. Die Formulierung „Annahme als Kind" setzt nicht die Minderjährigkeit des Anzunehmenden voraus, sondern sie schließt jegliche Personen ein, zu denen ein Eltern-Kind-Verhältnis begründet werden soll (Erman/Hohloch Rn. 12; NK-BGB/Benicke Rn. 2; Soergel/Lüderitz Rn. 2). **11**

Umfasst sind sowohl die **starke Adoption** (Volladoption), wie sie in Deutschland für Minderjährige bekannt ist, als auch die **schwache Adoption,** wie etwa das österreichische Recht (§§ 191 ff., insbes. §§ 197 ff. ABGB) sie kennt und wie sie in Deutschland für Volljährige besteht (Soergel/Lüderitz Rn. 2; Looschelders Rn. 6; NK-BGB/Benicke Rn. 2). Bei der starken Adoption wird das Kind verwandtschaftlich völlig aus der alten Familie herausgenommen und tritt in die neue Familie wie ein leibliches Kind ein. Bei der schwachen Adoption werden neue Verwandtschaftsbeziehungen meist nur zu dem Annehmenden selbst hergestellt, die Beziehungen zu den leiblichen Verwandten bleiben ganz oder teilweise bestehen (§ 1770 BGB). **12**

Schließlich greift Art. 22 nicht nur für Dekretadoptionen, also für **Adoptionen durch Gerichtsentscheidung,** wie sie das deutsche Recht kennt, sondern auch für **Vertragsadoptionen,** also Adoptionen durch private vertragliche Vereinbarung (AG Karlsruhe IPRspr. 2011, Nr. 138, 336) (→ Rn. 48). **13**

**bb) Weitere, der Adoption nur ähnliche Rechtsinstitute.** Darüber hinaus können auch im Inland unbekannte, jedoch in der Funktion adoptionsähnliche Rechtsinstitute erfasst sein. Es kommt dann darauf an, ob durch dieses Institut ein dauerhaftes Eltern-Kind-Verhältnis bzw. ein anderes Verwandtschaftsverhältnis zwischen Personen konstituiert wird, die zuvor in keiner (rechtlichen) Abstammungsbeziehung zueinander standen (amtl. Begr., BT-Drs. 10/504, 70). Hiervon betroffen ist unstreitig die (allerdings wohl nicht mehr oder kaum noch vorkommende) Annahme an Enkels oder Bruders statt (amtl. Begr., BT-Drs. 10/504, 70; Erman/Hohloch Rn. 12; Andrae IntFamR § 7 Rn. 23; Grüneberg/Thorn Rn. 1). **14**

Problematisch ist dagegen die Frage, welche Formen der im Ausland bekannten **Pflegekindschaft** vom Adoptionsstatut erfasst sind. Hier ist es durch das Inkrafttreten des KSÜ (für Deutschland seit 1.1.2011, BGBl. 2010 II 1527) zu einer entscheidenden Rechtsänderung gekommen. In bewusster Abgrenzung zur Adoption sind die Pflegekindschaft und ausdrücklich auch die Kafala (zum Institut → Rn. 17) (ausf. BeckOGK/Markwardt Rn. 23 f.) in den Anwendungsbereich des KSÜ aufgenommen worden (Art. 3 lit. e KSÜ) (dazu Lagarde-Bericht S. 547, abrufbar unter: http:/hcch.e-vision.nl/upload/expl34.pdf). Um Brüche zu vermeiden, sollte diese Entscheidung akzeptiert und auch auf die Auslegung des Art. 22 übertragen werden, sodass dieser die Kafala nicht erfassen kann (wie hier Staudinger/Henrich, 2019, Rn. 2; MüKoBGB/Helms Rn. 8; NK-BGB/Benicke Rn. 4; Grünenwald NZFam 2016, 389 (391); in eine andere Richtung deutend noch die amtl. Begr., BT-Drs. 10/504, 70; aA bei Unterhaltspflicht und elterlicher Sorge der Pflegeeltern Grüneberg/Thorn Rn. 1). Für die Pflegekindschaft, wie sie etwa in Italien, der Schweiz oder in Österreich neben der Möglichkeit der Adoption besteht, gilt nunmehr ebenfalls **15** das KSÜ (Staudinger/Henrich, 2019, Rn. 2; NK-BGB/Benicke Rn. 4; MüKoBGB/Helms Rn. 8).

16 Umgekehrt wird teils angenommen, die im islamischen Recht bekannte **Legitimanerkennung** eines Kindes durch einen Mann, der biologisch nicht der Vater ist, könne als Adoption qualifiziert werden (Looschelders Rn. 6). Hier darf jedoch nicht übersehen werden, dass die deutsche Anerkennungsregelung in § 1592 Nr. 2 BGB genau diese Möglichkeit der Erlangung der Vaterstellung ohne biologische Vaterschaft ebenfalls kennt. Es handelt sich daher aus deutscher Sicht nicht um einen der Adoption funktionsgleichen Vorgang. Vielmehr ist Art. 19 anwendbar (→ Art. 19 Rn. 8) (wie hier Soergel/Lüderitz Rn. 16; MüKoBGB/Helms Art. 19 Rn. 33; aA jurisPK-BGB/Behrentin/Grünenwald Rn. 10).

17 **cc) Rechtsvergleichende Hinweise.** Die Adoption ist heute weltweit sehr verbreitet. Sie findet in aller Regel zum Wohl des Kindes statt und ist immer häufiger als Volladoption ausgestaltet. Meist erfolgt sie unter konstitutiver Beteiligung von Behörden oder Gerichten, vereinzelt (etwa im hinduistischen Recht) ist jedoch noch die private Adoption durch Vertrag vorgesehen (zu Letzterem OLG München IPRspr. 2011, Nr. 117, 268). Eine wesentliche Ausnahme stellen einige Staaten dar, die islamisches Recht anwenden. Dort ist die Adoption teils sogar verboten (Ägypten, Algerien, Marokko; anders bspw. Somalia und Tunesien, welche die Adoption kennen (umfassend Yassari AJCL 2015, 927 (944 ff.))). An ihre Stelle tritt mit der **Kafala** eine stark ausgebaute Pflege, die insbes. die Unterhaltspflicht umfasst. Die Kafala fällt wie gezeigt, anders als die Adoption, in den Anwendungsbereich des KSÜ (→ Rn. 15; → Art. 24 Rn. 15) (eine Liste mit Kurzbeschreibungen der Wirkungen, die die Adoption in den verschiedenen Rechtsordnungen (weltweit) hat, stellt das Bundesjustizamt im Internet zur Verfügung https://www.bundesjustizamt.de/DE/Themen/Buergerdienste/BZAA/Adoptionswirkungen/Adoptionswirkungen_node.html. Einen Überblick bietet auch Staudinger/Henrich, 2019, Vor Art. 22 Rn. 3 ff.; nähere Einzelheiten bei Bergmann/Ferid/Henrich, Internationales Ehe- und Kindschaftsrecht mit Staatsangehörigkeitsrecht, Loseblatt).

18 **b) Reichweite des Adoptionsstatuts. aa) Möglichkeit der Adoption.** In sachlicher Hinsicht regelt das von Art. 22 berufene Recht zunächst die grundsätzliche Frage, ob eine Annahme als Kind überhaupt möglich ist, dh ob ein entsprechendes Rechtsinstitut prinzipiell zur Verfügung gestellt wird (MüKoBGB/Helms Rn. 18; Soergel/Lüderitz Rn. 13). Die hierbei früher auftretenden Konflikte bei Anwendung ausländischen Rechts auf in Deutschland erfolgende Adoptionen sind nun nicht mehr relevant.

19 **bb) Voraussetzungen der Adoption. (1) Allgemeine Voraussetzungen.** Nach Art. 22 sind auch die Voraussetzungen anzuknüpfen, unter denen eine Annahme als Kind erfolgen kann (BayObLG NJW-RR 1997, 644 (645); Grüneberg/Thorn Rn. 4; Looschelders Rn. 7; Staudinger/Henrich, 2019, Rn. 23; MüKoBGB/Helms Rn. 18 ff.). Hierunter fallen unter anderem besondere Altersgrenzen (Höchst- oder Mindestalter) des Kindes und des Annehmenden, ein eventuell erforderlicher Altersunterschied zwischen diesen, sowie die Frage, ob der Annehmende kinderlos sein muss (wie im früheren türk. Recht, dazu noch AG Siegen IPRax 1993, 184 (185) – einen Verstoß gegen den ordre public annehmend). Erfasst sind auch Fragen der persönlichen Eignung und wirtschaftlichen Fähigkeit des Annehmenden, die Verantwortung für die Erziehung eines Kindes zu übernehmen. Auch die Anforderungen an das Kindeswohl und das erwartete Eltern-Kind-Verhältnis unterliegen grds. dem Adoptionsstatut, wobei hier die Grenzen, die durch den deutschen ordre public gezogen werden, allerdings relativ eng sind (mit Bezug zur Zahl der Kinder, die eine Person adoptieren darf, etwa Kegel/Schurig IPR § 20 XIII 2b). Das von Art. 22 berufene Recht bestimmt bei der Ehegattenadoption aber auch, ob die **Ehegatten** ein Kind lediglich gemeinsam annehmen können, oder ob ggf. eine Adoption durch nur einen der Ehepartner möglich ist (etwa im Fall der Stiefkindadoption, vgl. § 1741 Abs. 2 BGB oder als Adoption durch den leiblichen Vater, OLG Hamm NJW-RR 1993, 1287 (1288) zum früheren ital. Recht).

20 Hinzu kommen die eventuellen weiteren Voraussetzungen, wie etwa die Erforderlichkeit von Probezeiten oder (vor allem auch im Fall der Anerkennung ausländischer Adoptionen, → Rn. 52 ff.) von Rechtsakten, die für die Wirksamkeit der Adoption unabdingbar sind, zB Eintragung in ausländischen Personenstandsbüchern (MüKoBGB/Helms Rn. 18; Andrae IntFamR § 7 Rn. 42). Nach dem von Art. 22 berufenen Recht richtet sich des Weiteren, welche Personen bei der Adoption mitwirken und welche Erklärungen diese abgeben müssen.

21 **(2) Einwilligungen.** Besonders wichtig für die Adoption sind die Fragen der **Erforderlichkeit** und der **Erteilung** von Einwilligungen (Grüneberg/Thorn Rn. 5; Soergel/Lüderitz Rn. 14; MüKoBGB/Helms Rn. 24 ff.; Andrae IntFamR § 7 Rn. 42). Sie waren bis zum 31.3.2020 daher

gesondert anzuknüpfen, es galten die Art. 22 und Art. 23 kumulativ (Grüneberg/Thorn Rn. 1; Andrae IntFamR § 7 Rn. 52). Nun mehr wurde diese Dopplung abgeschafft. Das nach Art. 22 Abs. 1 S. 1 bzw. 2 geltende Adoptionsstatut bestimmt also nun auch über die Notwendigkeit und den Inhalt von Zustimmungen – etwa des Kindes oder der Eltern. Für Adoptionen in Deutschland gilt somit auch hier allein das deutsche Recht – für im Ausland erfolgende Adoptionen das Recht des gewöhnlichen Aufenthaltsorts des Kindes. Auch die Frage, ob die Einwilligung des Kindes durch den **gesetzlichen Vertreter** erteilt werden kann bzw. erteilt werden muss, richtet sich nach dem so bestimmten Recht (AG Eilenburg IPRspr. 2009, Nr. 102, 251 für 14-jähriges ungarisches Kind; LG Augsburg FamRZ 1973, 160 (161); Erman/Hohloch Rn. 15; MüKoBGB/Helms Rn. 21). Wer der gesetzliche Vertreter des Kindes ist, muss dagegen als Vorfrage geklärt werden – hier erfolgt im Regelfall eine selbstständige Anknüpfung (→ Rn. 51 f.).

Der Verweisung nach Art. 22 unterliegt schließlich auch das Erfordernis der gerichtlichen oder behördlichen **Genehmigung** einer Erklärung oder Einwilligung (OLG Köln StAZ 2006, 76; MüKoBGB/Helms Rn. 28; Grüneberg/Thorn Rn. 5). § 1746 Abs. 1 S. 4 BGB, der hier früher zu Zweifeln führte, wurde ebenfalls mit Wirkung zum 31.3.2020 aufgehoben (zum alten Problem noch MüKoBGB/Helms Rn. 29; Andrae IntFamR § 7 Rn. 61). **22**

Das Adoptionsstatut gilt ebenfalls für die Frage der **Ersetzbarkeit** oder **Entbehrlichkeit** von Zustimmungen (AG Stuttgart FamRZ 2015, 1986 – dt. Adoptionsstatut und durch ausl. Gerichtsbeschluss erfolgte Ersetzung; BayObLG FamRZ 2002, 1282; 2002, 1142; 1988, 868; OLG Karlsruhe FamRZ 1999, 1686; Erman/Hohloch Rn. 15; MüKoBGB/Helms Rn. 25; Grüneberg/Thorn Rn. 5). Steht die **Anfechtung** einer Erklärung wegen **Irrtums** in Rede, so ist auch diese nach Art. 22 anzuknüpfen (Grüneberg/Thorn Rn. 4). **23**

Ihre Grenze findet die Reichweite des Adoptionsstatuts bei solchen **Vorfragen,** die selbstständig anzuknüpfen sind. Dies gilt für die Frage der allgemeinen Geschäftsfähigkeit des Erklärenden, für die Art. 7 greift, sowie für die Frage der Form der Erklärung, die Art. 11 unterliegt (→ Rn. 43) (Looschelders Rn. 13, 14; MüKoBGB/Helms Rn. 21, 22). **24**

**(3) Insbesondere Folgen der Einwilligung in die Adoption.** Nach Art. 22 Abs. 1 richtet sich grds. auch die Regelung des uU eintretenden Zwischenstadiums zwischen dem Zeitpunkt der Einwilligung der Eltern in die Adoption, mit der sie sich bereits aus der Elternstellung zu lösen beginnen, und der Aufnahme in die neue Familie. Im deutschen Recht richten sich die Folgen der Einwilligung eines Elternteils für die elterliche Sorge, unabhängig von der Staatsangehörigkeit des Kindes, nach § 1751 Abs. 1–3 BGB (LG Bonn FamRZ 1979, 1078; LG Kassel FamRZ 1993, 234 (235) m. abl. Anm. Henrich; MüKoBGB/Helms Rn. 35; aA Staudinger/Henrich, 2019, Rn. 28). Zu beachten ist jedoch, dass die Amtsvormundschaft eines deutschen Jugendamts gem. § 1751 Abs. 1 BGB nur dann eintreten kann, wenn der Angenommene seinen Aufenthalt im Inland hat. Lebt das Kind im Ausland, muss der Vormund bei Verlegung des Aufenthalts nach Deutschland vom FamG bestellt werden – es handelt sich dann um eine Schutzmaßnahme nach dem KSÜ (zum Anwendungsbereich → Art. 24 Rn. 3 f.) (wie hier Erman/Hohloch Rn. 15; Staudinger/Henrich, 2019, Rn. 28). **25**

Bei **ausländischem Adoptionsstatut,** aber Aufenthalt des Kindes in Deutschland, gilt § 1751 BGB nicht. Wenn ein Vormund erforderlich wird, bestimmt sich das anwendbare Recht nach dem MSA bzw. nach dem KSÜ. **26**

**cc) Durchführung der Adoption.** Nach dem Adoptionsstatut richtet sich ferner die Art und Weise, in der die Adoption durchzuführen ist. Dies gilt allerdings nur, soweit nicht reines Verfahrensrecht betroffen ist, das wie stets der lex fori unterliegt. Da nunmehr für in Deutschland erfolgende Adoptionen ohnehin deutsches Recht gilt, ist hier eine Abgrenzung nicht mehr erforderlich. In Bezug auf im Ausland erfolgende Adoptionen kann weiterhin wichtig bleiben, dass das Adoptionsstatut auch die Frage erfasst, ob die Adoption durch Gerichtsbeschluss, durch privaten Vertrag oder in einer Mischform erfolgt (MüKoBGB/Helms Rn. 19; Staudinger/Henrich, 2019, Rn. 33). Ist die Adoption in Deutschland durchzuführen, zwang der deutsche ordre public schon früher zur Einhaltung bestimmter Mindestvoraussetzungen (→ Rn. 45). **27**

**dd) Wirkungen der Adoption (Abs. 2). (1) Status.** Die Wirkungen der Adoption betreffen zunächst die Konsequenzen, die die Adoption auf den Status des Kindes hat. Art. 22 Abs. 2 bestimmt ausdrücklich, dass sich auch die Folgen, welche die Adoption für die verwandtschaftlichen Beziehungen des Kindes hat, nach dem Adoptionsstatut richten. Das Adoptionsstatut entscheidet also, ob und in welchem Ausmaß die Rechtsbeziehungen des Angenommenen zu seiner natürlichen Familie gelöst und im Verhältnis zu der Familie des Annehmenden begründet werden (NK-BGB/Benicke Rn. 14; Erman/Hohloch Rn. 17; Staudinger/Henrich, 2019, Rn. 44; **28**

MüKoBGB/Helms Rn. 31; Grüneberg/Thorn Rn. 6; auch OVG Hamburg StAZ 2007, 86). Sieht das Adoptionsstatut eine sog. schwache Adoption (→ Rn. 12) vor, so hat die nach diesem Recht durchgeführte Adoption also auch nur die im ausländischen Recht vorgesehenen, gegenüber dem deutschen Recht geringeren Wirkungen. Art. 22 Abs. 2 gilt allerdings, wie bereits dargelegt, nicht für die **Anerkennung** von Adoptionen, die im **Ausland** durch Gerichtsbeschluss oder behördliche Entscheidung erfolgt sind. Diese müssen nach §§ 108, 109 Abs. 1 FamFG bzw. nach dem AdWirkG anerkannt werden (Weitzel NJW 2008, 186 (188); Staudinger FamRBint 2007, 42 (43)). Dabei kann nach § 3 AdWirkG eine schwache Adoption in eine starke Adoption umgewandelt werden (→ Rn. 62).

29 **(2) Eltern-Kind-Verhältnis.** Der Geltungsbereich des Adoptionsstatuts ist begrenzt auf den Vorgang der Adoption. Erlangt das adoptierte Kind durch die Adoption im Verhältnis zu dem Annehmenden die Stellung eines natürlichen Kindes, so richtet sich das zukünftige Rechtsverhältnis zwischen Kind und Annehmendem nicht nach dem Adoptionsstatut, sondern unterliegt der vom KSÜ (oder noch vom MSA) berufenen Rechtsordnung (Grüneberg/Thorn Rn. 6; Staudinger/Henrich, 2019, Rn. 46).

30 **(3) Name.** Nicht dem Adoptionsstatut, sondern dem von Art. 10 berufenen Namensstatut unterliegen auch die namensrechtlichen Auswirkungen der Adoption (AG Rottweil StAZ 2006, 144; LG Gießen IPRspr. 1995, Nr. 13; Frank StAZ 2018, 202; Erman/Hohloch Rn. 18; MüKoBGB/Helms Rn. 36; Grüneberg/Thorn Rn. 6; PWW/Martiny Rn. 2; näher zu denkbaren Konfliktfällen NK-BGB/Benicke Rn. 23; Staudinger/Henrich, 2019, Rn. 47 ff.; Benicke, Typenmehrheit im Adoptionsrecht und deutsches Internationales Privatrecht, 1995, 241 ff.; aA AG Detmold IPRax 1990, 254: Art. 22 als lex specialis; ferner OLG Karlsruhe FamRZ 1999, 253: Adoptionsbeschluss hat hinsichtlich der Namensgebung Bindungswirkung). Maßgeblich für die Namensgebung ist danach das Personalstatut des Kindes, das dieses nach Durchführung des Adoptionsverfahrens besitzt.

31 **(4) Erbrecht. (a) Anknüpfung im Allgemeinen.** Art. 22 Abs. 3 enthält eine Sondervorschrift für den Fall der testamentarischen Erbeinsetzung des Adoptivkindes. Die allgemeinen Grundlagen des Erbrechts des angenommenen Kindes sind jedoch in Art. 22 nicht geregelt. Es gelten die erbrechtlichen Kollisionsnormen. Dabei ist zu differenzieren: Das von der EuErbVO berufene Erbstatut entscheidet darüber, wie die Verwandtschaftsbeziehungen zwischen Erblasser und Erbe ausgestaltet sein müssen, um ein Erbrecht des letzteren zu begründen (unstr., s. nur NK-BGB/Benicke Rn. 38; Grüneberg/Thorn Rn. 6). Ob durch die Adoption ein entsprechendes Verhältnis zu der Familie des Annehmenden entstanden bzw. zu der natürlichen Familie des Angenommenen erloschen ist, bemisst sich dann aber auf der Grundlage der Rechtsordnung, nach der die Adoption tatsächlich durchgeführt wurde (BGH NJW 1989, 2197; OLG Düsseldorf FamRZ 1998, 1627; MüKoBGB/Helms Rn. 38; Andrae IntFamR § 7 Rn. 111 ff.; Kropholler IPR § 51 IV 2; Grüneberg/Thorn Rn. 6; NK-BGB/Benicke Rn. 38, 15; Heiderhoff FamRZ 2002, 1682 (1683)). Dies gilt unabhängig davon, ob diese Rechtsordnung auch mit der von Art. 22 berufenen Rechtsordnung übereinstimmt (Looschelders Rn. 25; dagegen wollen Dietz, Das Erbrecht des Adoptivkindes im Internationalen Privatrecht, 2006, 100, sowie Erman/Hohloch Rn. 19, wohl nicht auf das tatsächlich angewendete Adoptionsrecht, sondern auf das Adoptionsstatut nach Art. 22 abstellen).

32 Bei deutschem Erbstatut kann also zB kein Erbrecht nach § 1924 BGB angenommen werden, falls der Angenommene nach dem Adoptionsstatut gar nicht einem „Abkömmling" gleichgestellt ist. Auch die umgekehrten Fälle können so gelöst werden: Wenn Kinder durch Volladoption die Rechtsposition eines natürlichen Kindes des Erblassers erhalten haben, so haben sie das gleiche Erbrecht wie ein Abkömmling, auch wenn das Erbstatut ein Erbrecht angenommener Kinder ausschließt. Das kommt vor, wenn es entweder die schwache Adoption kennt oder eine Adoption gar nicht vorsieht. Auf diesem Wege wird der Wirkung beider beteiligten Statuten in angemessener Form Rechnung getragen. Ausgestaltung und Umfang des Erbrechts richten sich nach dem gem. der EuErbVO anzuwendenden Recht (Erman/Hohloch Rn. 19; MüKoBGB/Helms Rn. 37).

33 **(b) Insbesondere erbrechtliche Folgen der Minderjährigenadoption (Abs. 3).** Eine erbrechtliche Sonderregelung von geringer praktischer Relevanz enthält Art. 22 Abs. 3 (näher Dietz, Das Erbrecht des Adoptivkindes im Internationalen Privatrecht, 2006, 108 ff.). Danach können der Annehmende sowie dessen Ehegatte und dessen Verwandte das Kind durch Verfügung von Todes wegen in der erbrechtlichen Stellung einem leiblichen Kind gleichstellen (zu dieser Thematik auch EGMR NJW 2005, 875, wonach ein Testament vom Gericht nicht so ausgelegt werden darf, dass es zwischen leiblichen und adoptierten Kindern unterscheidet; zur dennoch

verbleibenden Möglichkeit ausdrücklicher Unterscheidung im Testament Staudinger ZEV 2005, 140). Diese Regelung gilt allerdings nur bei Geltung deutschen Erbrechts und nur bei der Annahme Minderjähriger (Abs. 3 S. 3). Die Besonderheit der Norm betrifft das Pflichtteilsrecht. Denn eine Einsetzung des angenommenen Kindes als Erbe neben oder vor den leiblichen Kindern war ohnehin stets möglich. Die Gleichstellung nach Art. 22 Abs. 3 bewirkt nun zusätzlich eine Verringerung des Pflichtteils der leiblichen Kinder: Denn bei der Berechnung des Pflichtteils muss infolge der Gleichstellung das angenommene Kind ebenfalls bereits berücksichtigt werden (Heiderhoff FamRZ 2002, 1682 (1685); Looschelders Rn. 28). Hat der unverheiratete Erblasser zB ein leibliches und das angenommene Kind, beträgt der Pflichtteil nicht mehr ein Halb, sondern nur noch ein Viertel (§§ 1924, 2303 BGB).

Ist die Adoption im Ausland erfolgt, so kann Abs. 3 zwar angewendet werden (vgl. Abs. 3 S. 2), jedoch ist dann die Umwandlung der Annahme nach § 3 AdWirkG der näherliegende und umfassende Weg zur Erreichung der Rechtsstellung eines leiblichen Kindes (→ Rn. 62). **34**

**(5) Staatsangehörigkeit.** Wird ein ausländisches oder staatenloses Kind durch einen deutschen Staatsangehörigen adoptiert, so **erwirbt** das Kind nach § 6 StAG die deutsche Staatsangehörigkeit, wenn es im Zeitpunkt der Stellung des Annahmeantrags (BVerwGE 160, 138 Rn. 12 = NJW 2018, 881; BVerwGE 119, 111 = NJW 2004, 1401; BVerwGE 108, 216 = NJW 1999, 1347; BayVGH FamRZ 1999, 91; MüKoBGB/Helms Rn. 41; Grüneberg/Thorn Rn. 20) noch nicht 18 Jahre alt ist (diese in der Norm konkret bezeichnete Altersgrenze gilt unabhängig davon, ob das Kind gem. Art. 7 minder- oder volljährig ist, Soergel/Lüderitz Rn. 24, Fn. 30; MüKoBGB/Helms Rn. 41, Fn. 115; unzutr. VGH Baden-Württemberg NJW 1992, 3117). Bei gemeinsamer Annahme durch ein Ehepaar ist die deutsche Staatsangehörigkeit eines Ehepartners ausreichend (BVerwGE 151, 245 = BeckRS 2015, 43765 für eine Stiefkindadoption; BayVGH NJW 1989, 3107; AG Bonn StAZ 1992, 41; MüKoBGB/Helms Rn. 41; Grüneberg/Thorn Rn. 20). § 6 StAG setzt voraus, dass die Annahme als Kind „nach den deutschen Gesetzen wirksam ist“. Bei einer ausländischen Adoptionsentscheidung ist also die Anerkennung im Inland erforderlich. **35**

Nach allgM muss die Adoption außerdem die **wesentlichen Merkmale** einer Minderjährigenadoption nach deutschem Recht erfüllen (HmbOVG StAZ 2007, 86; BayVGH NJW 1989, 3107 betr. Österreich; VGH BW NJW 1992, 3117 betr. Indonesien; VG München StAZ 1992, 351 betr. Brasilien; Andrae IntFamR § 7 Rn. 109; Soergel/Lüderitz Rn. 24; MüKoBGB/Helms Rn. 41; Grüneberg/Thorn Rn. 20). Sie muss also ein dauerhaftes Kindschaftsverhältnis zwischen Angenommenem und Annehmendem begründen. Dabei braucht es sich nicht um eine Volladoption im technischen Sinne zu handeln (OVG Münster BeckRS 2016, 51946; enger OVG Hamburg IPRax 2008, 261; wie hier Henrich IPRax 2008, 237). Als Folge der Adoption muss jedoch das verwandtschaftliche Verhältnis zu den leiblichen Eltern entweder beendet sein (Volladoption) oder zumindest in seiner Bedeutung hinter dem neu begründeten Kindschaftsverhältnis deutlich zurücktreten (großzügig hier HessVGH StAZ 1985, 312). Dem Erwerb der Staatsangehörigkeit steht auch nach restriktiver Ansicht nicht entgegen, dass einzelne rechtliche Beziehungen zu den leiblichen Eltern bestehen bleiben (OVG Münster BeckRS 2016, 51946; HmbOVG IPRax 2008, 261). Nicht erforderlich ist, dass das Kind durch die Adoption seine alte Staatsangehörigkeit verliert (BayVGH NJW 1989, 3107; AG Siegen IPRspr. 1992, Nr. 146; Soergel/Lüderitz Rn. 24). Wird das Kind nach Stellung des Antrags **volljährig,** so ist ein verfahrens- und materiell-rechtlicher Zusammenhang zwischen dem Antrag und der schließlich erfolgenden Annahme erforderlich (BVerwGE 151, 245 = StAZ 2015, 310). **36**

Adoptiert ein Ausländer ein (minder- oder volljähriges) deutsches Kind, so **verliert** dieses nach § 27 S. 1 StAG die deutsche Staatsangehörigkeit, wenn es durch die Adoption zugleich die Staatsangehörigkeit des Annehmenden erwirbt. Voraussetzung für den Verlust der deutschen Staatsangehörigkeit ist wiederum das Vorliegen einer (wirksamen) Volladoption (→ Rn. 36). Eine Ausnahme macht § 27 S. 2 StAG nur für den Fall, dass der Angenommene mit einem deutschen Elternteil verwandt bleibt, also für die Stiefkindadoption. Nach allgemeiner Ansicht ist dem eine Adoption gleichzusetzen, die gemeinschaftlich durch einen deutschen und einen ausländischen Ehegatten erfolgt (Grüneberg/Thorn Rn. 21). **37**

**(6) Rechtsverletzungen und deren Folgen.** Fehlt es an einer nach den Regeln des Adoptionsstatuts für die Durchführung der Adoption notwendigen Voraussetzung oder weist diese sonstige Mängel auf, so ist streitig, welches Recht über die Rechtsfolgen (**Unwirksamkeit, Aufhebbarkeit, Anfechtbarkeit** etc.) entscheidet, die dieser Fehler auslöst. Richtigerweise richtet sich dies nach dem Recht des Staates, dessen Vorschriften nicht eingehalten wurden. Es gilt also auch hierfür grds. das Adoptionsstatut – das früher im Rahmen des Art. 23 diskutierte Problem ist entfallen. **38**

**39** Das soeben Gesagte gilt nur für solche Adoptionen, die im Inland noch vorgenommen werden sollen bzw. im Ausland durch Privatrechtsakt (Vertrag) erfolgt sind. Liegt bereits eine inländische oder ausländische gerichtliche oder behördliche Entscheidung vor, so ist zu unterscheiden. Soweit eine in Deutschland durchgeführte Adoption oder eine anerkannte ausländische Adoption einen Mangel aufweist, gelten wegen des Verfahrens zur Aufhebung eines Annahmeverhältnisses die §§ 191, 198 Abs. 2 FamFG. Dem minderjährigen Beteiligten wird, wie in allen Adoptionssachen, ein Verfahrensbeistand bestellt, wenn dieser zur Interessenwahrung erforderlich ist. Ein Annahmeverhältnis wird durch richterlichen Beschluss (§ 198 Abs. 2 FamFG) aufgehoben. Für noch nicht anerkannte ausländische Dekretadoptionen ist zunächst zu prüfen, ob die ausländische Entscheidung im Inland überhaupt anerkannt werden kann (→ Rn. 57) (Staudinger/Henrich, 2019, Rn. 36). Das kann aus zwei Gründen scheitern: Zum einen kann die Mangelhaftigkeit so erheblich sein, dass eine wirksame, anerkennungsfähige ausländische Adoption gar nicht vorliegt. Für diese Frage kommt es nicht auf das sich aus Art. 22 ergebende Adoptionsstatut an, sondern auf das Recht, welches auf die Adoption tatsächlich angewendet wurde. Zum anderen kann in dem Mangel zugleich ein Anerkennungshindernis liegen, selbst wenn das angewendete Recht die Adoption für wirksam ansehen würde.

**40** Soll allerdings eine Adoption aufgrund eines **nachträglich** eingetretenen Umstands – wie schwerer Vernachlässigung – aufgehoben werden, so muss das Recht angewendet werden, welches sich zum Zeitpunkt der gewünschten Aufhebung bei Anknüpfung nach Art. 22 ergibt (NK-BGB/Benicke Rn. 13). Hat das Adoptionsstatut gewechselt, so findet auf die Frage der Aufhebbarkeit ausschließlich das neue Recht Anwendung. Soll eine **erneute Adoption** durchgeführt werden, so darf nicht das für diese geltende Adoptionsstatut herangezogen werden, soweit es darum geht, ob die Erstadoption aufhebbar ist. Jedoch ist auch dieses Statut für die erneute Adoption beachtlich, etwa in der Frage, ob es die erneute Adoption überhaupt zulässt (zu weitgehend dagegen AG München IPRax 1981, 182 Ls.; Looschelders Rn. 9).

**41** **2. Anwendbares Recht.** Art. 22 differenziert heute nicht mehr zwischen der Annahme durch eine unverheiratete Person und der Annahme durch einen oder beide Ehegatten. Das hat viele Probleme gelöst. Insbesondere bestehen keine Schwierigkeiten mehr bei einer gemeinsamen Annahme durch zwei unverheiratete Personen. Diese ist in Deutschland nach § 1766a BGB iÜ bei der Stiefkindadoption nun in bestimmten Fällen ebenfalls möglich.

**41.1** Die Möglichkeit der Adoption durch eingetragene Lebenspartner verbreitet sich international zunehmend. In **Schweden, England, Spanien, Belgien** (neues Gesetz verkündet am 20.2.2017, http://www.ejustice.just.fgov.be/eli/loi/2017/02/20/2017011284/moniteur), **Dänemark** und den **Niederlanden** war bereits vor Einführung der gleichgeschlechtlichen Ehe (Übersicht → Art. 17b Rn. 8.1) die gemeinschaftliche Adoption durch gleichgeschlechtliche Paare möglich (Muscheler FPR 2010, 227 (232); Dethloff ZEuP 2004, 59 (64); Pintens FamRZ 2003, 329 (336); Jakob, Die eingetragene Lebenspartnerschaft im internationalen Privatrecht, 2001, 104 f., 348 f.). Neben der Adoption gleichgeschlechtlicher Ehepartner ist eine gemeinschaftliche Adoption eingetragener Lebenspartner möglich in **Malta** und **Österreich** (entspr. Entscheidung des österr. VfGH FamRZ 2015, 391; Nademleinsky NZFam 2017, 244). Zu den Ländern, in denen weder eine gleichgeschlechtliche Ehe, noch eine gemeinsame Adoption eingetragener Lebenspartner möglich ist, gehören ua **Kroatien, Slowenien, Estland, Ungarn** und die **Schweiz.** Der EGMR hat entschieden, dass es eine gegen Art. 14 EMRK verstoßende Diskriminierung bedeutet, wenn eine Adoption allein wegen der sexuellen Orientierung des Annahmewilligen abgelehnt wird (EGMR NJW 2009, 3637 betr. Frankreich). Das **revidierte Europäische Übereinkommen** über die Adoption von Kindern vom 27.11.2008 sieht eine gemeinschaftliche Adoption durch gleichgeschlechtliche Paare vor, überlässt es in Art. 7 Abs. 2 EUAdoptÜ aber den Mitgliedstaaten, ob sie die Möglichkeit der gemeinschaftlichen Adoption auch auf gleichgeschlechtliche Paare, die miteinander verheiratet oder verpartnert sind oder sogar auf Paare, gleichen oder verschiedenen Geschlechts, die in einer stabilen Beziehung zusammenleben, erstrecken (Text unter http:/conventions.coe.int/Treaty/EN/Treaties/Html/202.htm; Liste der aktuellen Vertragsstaaten unter http://www.coe.int/en/web/conventions/full-list/-/conventions/treaty/202/signatures).

**42** **3. Allgemeine Regeln. a) Rück- und Weiterverweisungen.** Die Frage der Rück- und Weiterverweisungen (renvoi, Art. 4 Abs. 1), die bisher erhebliche Probleme aufwarf, stellt sich für Inlandsadoptionen im Rahmen des Art. 22 Abs. 1 S. 1 nun nicht mehr. Damit ist insbes. die Frage der versteckten Rückverweisung auf das deutsche Recht nun nicht mehr relevant. Bedeutung kann ein renvoi allenfalls noch bei der Beurteilung der **Wirksamkeit von vertraglichen Auslandsadoptionen** erlangen, die nicht nach dem Recht des gewöhnlichen Aufenthalts des Kindes erfolgt sind. Wenn hier das Aufenthaltsrecht des Kindes seinerseits auf das Recht verweist, nach dem die Adoption durchgeführt worden ist, dann muss dieser renvoi beachtlich bleiben. Sonst würde der betreffenden ausländischen Adoption ohne Not und über die Vorstellungen der nach Art. 22 Abs. 1 S. 2 primär berufenen Rechtsordnung hinausgehend die Anerkennung verweigert.

**b) Vorfragen.** Vorfragen sind im Regelfall **selbstständig** anzuknüpfen. Dies gilt, zumindest soweit deutsches Recht Adoptionsstatut ist, auch für Vorfragen in Bezug auf die Adoption. Insbesondere richtet sich die für die Abgrenzung von §§ 1741 ff. BGB (Minderjährigenadoption) zu §§ 1767 ff. BGB (Volljährigenadoption) relevante Frage der **Minderjährigkeit** nach ganz hM nach Art. 7 (BayObLG NJW-RR 1995, 1287; Grüneberg/Thorn Rn. 1; NK-BGB/Benicke Rn. 7). Auch die Frage nach dem **gesetzlichen Vertreter** des Kindes, die insbes. für die Erteilung der Einwilligung des Kindes wichtig werden kann, muss selbstständig angeknüpft werden (idR nach dem KSÜ, sonst nach Art. 21 und Art. 24 Abs. 1 oder MSA) (Erman/Hohloch Rn. 15; Grüneberg/Thorn Rn. 5; Soergel/Lüderitz Rn. 22; diff. MüKoBGB/Helms Rn. 27; Staudinger/Henrich, 2019, Rn. 25 ff., jeweils anders bei ausl. Adoptionsstatut – ebenso, wie auch hier im Folgenden dargelegt). Selbstständig anzuknüpfen ist schließlich wie stets auch die **Form** der Einwilligungserklärung (Art. 11) (schon KG FamRZ 1993, 1363 Ls.; mit Beispielsfall Zimmermann StAZ 2018, 251 (252); näher Staudinger/Henrich, 2019, Rn. 27). 43

Soweit jedoch das **ausländische Adoptionsstatut** zu eng mit dem dortigen materiellen Recht verknüpften Vorfragen führt, ist für einzelne Fragen eine Ausnahme zu machen, weil sonst die Einheitlichkeit der Entscheidung gefährdet wäre. Dies gilt insbes. mit Bezug auf die Altersgrenze, wenn das ausländische Recht zwischen der Volljährigenadoption und der Minderjährigenadoption unterscheidet. Die Frage der „Volljährigkeit" muss dann **unselbstständig** nach den Kollisionsnormen des Adoptionsstatuts angeknüpft werden, um Unstimmigkeiten zu vermeiden (MüKoBGB/Helms Rn. 20; NK-BGB/Benicke Rn. 7; weitgehend auch Staudinger/Henrich, 2019, Rn. 26, 31; Andrae IntFamR § 7 Rn. 35; für selbstständige Anknüpfung nach Art. 7 aber OLG Bremen OLGR 2006, 510; Looschelders Rn. 13; Erman/Hohloch Rn. 14; Grüneberg/Thorn Rn. 1). Auch bei anderen Vorfragen, wie der gesetzlichen Vertretung, sollte dann (ausnahmsweise) unselbstständig angeknüpft werden, wenn sonst der Entscheidungseinklang gefährdet wäre (str., wie hier Staudinger/Henrich, 2019, Rn. 31; Andrae IntFamR § 7 Rn. 35). 44

**c) Ordre public.** Da durch die Änderung des Art. 22 Abs. 1 ausländisches Adoptionsrecht nun von deutschen Gerichten nicht mehr angewendet wird, vereinfacht sich der Umgang mit dem ordre public. Er wird nur noch im Rahmen der Anerkennung relevant. Dabei greift bei den üblichen Adoptionen durch Gerichtsentscheidung (Dekretadoptionen) nicht Art. 6, sondern § 109 Abs. 1 Nr. 4 FamFG (→ Rn. 57 ff.). Nur bei **vertraglichen Adoptionen** greifen Art. 22 Abs. 2, Art. 6 EGBGB ein. 45

Ausländisches Recht verstößt insbes. dann gegen den ordre public, wenn die Adoption nicht zum **Wohl des Kindes** und insbes. zur Herstellung eines Eltern-Kind-Verhältnisses erfolgt, sondern anderen Zwecken dient. Das ist allerdings weltweit selten geworden (eher um einen Ausnahmefall handelt es sich demnach bei AG Frankfurt a. M. FamRZ 2018, 365 (366). Hier erklärte das Gericht eine in Myanmar durchgeführte sog. Kittima-Adoption – eine reine Vertragsadoption, die stark von religiösen Riten geprägt ist und etwa keine Prüfung der Elterneignung oder sonstige Schutzvorkehrungen vorsieht – wegen fehlender Berücksichtigung des Kindeswohls für ordre-public-widrig). Ein Verstoß kann etwa anzunehmen sein, wenn eine Vielzahl von Kindern adoptiert wird, nur um ihnen bestimmte Rechte (zB Staatsangehörigkeit) zu sichern (Kegel/Schurig IPR § 20 XIII 2b; dem folgend Soergel/Lüderitz Rn. 15). Art. 6 dürfte jedoch durch die Änderung des Art. 23 erheblich an Bedeutung gewinnen. Wenn im Ausland eine Adoption durchgeführt wird, ganz ohne dass die **Einwilligung der Eltern oder des Kindes** eingeholt wurde, oder wenn die Einwilligung der Eltern aus politischen oder ähnlichen Gründen ersetzt wurde, kann dies gegen den ordre public verstoßen. 46

Bei weiteren Fehlern, die nicht das Kindeswohl betreffen, muss Art. 6 mit großer Zurückhaltung angewandt werden. Es liegt zB kein Verstoß vor, wenn ein Ehegatte ohne Zustimmung des anderen ein Kind annehmen darf (OLG Nürnberg FPR 2002, 457 betr. Rumänien). Sieht das Adoptionsstatut lediglich eine **schwache Adoption** vor, aufgrund derer nicht sämtliche Beziehungen zu der natürlichen Familie des Kindes aufgehoben werden, so verstößt der Ausspruch einer solchen Adoption trotz der im deutschen Recht statuierten Volladoption nicht gegen den ordre public (Soergel/Lüderitz Rn. 23). 47

**4. Durchführung der Adoption in Deutschland – Dekret- oder Vertragsadoption.** Bisher konnte es zu erheblichen Schwierigkeiten kommen, wenn die deutschen Gerichte ein Recht anwenden mussten, welches eine Adoption durch Parteivereinbarung (Vertragsadoption) 48 vorsah. Durch die Anwendung der lex fori bei Inlandsadoptionen kann auch dieses Problem nicht mehr auftreten.

## IV. Verfahrensfragen

49 **1. Internationale Zuständigkeit.** Die internationale Zuständigkeit in Fragen der Adoption bestimmt sich nach § 101 FamFG. Danach sind die deutschen Gerichte international zuständig, wenn der Annehmende, einer der annehmenden Ehegatten oder das Kind Deutscher iSd Art. 116 GG ist oder einen gewöhnlichen Aufenthalt im Inland hat.

50 Nicht erforderlich ist es hingegen, dass die Adoption in dem Staat anerkennungsfähig ist, dessen Rechtsordnung nach Art. 22 auf die Adoption Anwendung findet (NK-BGB/Benicke Rn. 67). Zu beachten ist jedoch, dass ggf. das Rechtsschutzbedürfnis fehlt, wenn das Kind und die Adoptiveltern unmittelbar nach der Adoption in ein Land zurückkehren wollen, das die Annahme voraussichtlich nicht anerkennen wird (Grüneberg/Thorn Rn. 9; NK-BGB/Benicke Rn. 68).

51 Die örtliche Zuständigkeit richtet sich nach § 187 FamFG. Da ausländisches Sachrecht nun nicht mehr anwendbar sein kann, konnte auch die Regelung in § 187 Abs. 4 FamFG aF, die für diese Fälle einen Verweis auf die Zuständigkeitskonzentration der § 5 Abs. 1 S. 1 und Abs. 2 AdWirkG anordnete, aufgehoben werden. An ihre Stelle wird in § 187 Abs. 4 FamFG nunmehr für die Fälle auf § 5 Abs. 1 S. 1 und Abs. 2 AdWirkG verwiesen, in denen der Anzunehmende seinen gewöhnlichen Aufenthalt im Ausland hat; zur **Anerkennungszuständigkeit** → Rn. 64.

52 **2. Anerkennung. a) Allgemeines.** Bei der Anerkennung von Adoptionen ist besondere Vorsicht geboten, weil es gilt, kindeswohlschädliche Adoptionen, die international durchaus vorkommen, zurückzudrängen. Wesentliche Unterschiede ergeben sich für die Anerkennung daraus, ob das HAdoptÜ (allg. → Rn. 4 f.) eingreift oder ob es bei der Anwendung autonomen deutschen Rechts bleibt. Das HAdoptÜ stellt einige eigene Anerkennungsvoraussetzungen auf (Art. 23 ff.; → Rn. 54) (Frank StAZ 2003, 257 ff.; Maurer FamRZ 2003, 1337 (1339 ff.)) und sieht eine Umwandlung von schwachen in starke Adoptionen vor (Art. 27; → Rn. 62). Gilt **autonomes Recht,** so unterliegt die Anerkennung einer im Ausland erfolgten Adoption unterschiedlichen Voraussetzungen, je nachdem, ob es sich um eine reine Vertragsadoption handelt oder aber ein Gericht bzw. eine andere öffentliche Stelle konstitutiv bei der Durchführung mitgewirkt hat (→ Rn. 56 f.) (Benicke, Typenmehrheit im Adoptionsrecht und deutsches Internationales Privatrecht, 1995, 86 ff.). Bei privaten Adoptionen erfolgt eine Überprüfung anhand des sich aus Art. 22 ergebenden Adoptionsstatuts (zur Abgrenzung OLG München IPRspr. 2011, Nr. 117, 268), gerichtliche oder behördliche Adoptionen unterliegen dagegen § 109 Abs. 1 FamFG (→ Rn. 57).

53 Die Anerkennung einer ausländischen Adoption kann stets **inzident** innerhalb des gerichtlichen Verfahrens erfolgen, für dessen Ausgang sie erheblich ist (BGH FamRZ 1987, 378 (379); OLG Zweibrücken OLGR 2000, 335; Prütting/Helms/Hau FamFG § 108 Rn. 41; Andrae/Heidrich FPR 2006, 222 (223)). Rechtskraft entwickelt diese inzidente Anerkennung nicht. In Deutschland wurde zur Umsetzung der Vorgaben des HAdoptÜ das **AdWirkG** erlassen. Dieses gilt allgemein, also auch außerhalb des Anwendungsbereichs des HAdoptÜ. Es sieht für die Anerkennung aller (also privater und gerichtlicher) ausländischen Minderjährigenadoptionen ein fakultatives **Anerkennungsverfahren** vor (§§ 1, 2 AdWirkG).

54 **b) Voraussetzungen der Anerkennung nach dem HAdoptÜ.** Das HAdoptÜ formalisiert die Voraussetzungen für die Anerkennung einer Adoption. Es ist nach Art. 23 Abs. 1 HAdoptÜ zunächst erforderlich, dass die zuständige Behörde des Staates, in dem die Adoption durchgeführt wurde, bestätigt, dass die Adoption gem. den Vorschriften des HAdoptÜ durchgeführt wurde. Das Gericht im Anerkennungsstaat braucht dies also nicht selbst zu überprüfen. Zugleich darf es aber nicht die Anerkennung von einer eigenen Überprüfung oder gar von weiteren Voraussetzungen abhängig machen. Bei Vorliegen der entsprechenden Bescheinigung erfolgt gem. Art. 24 HAdoptÜ lediglich die Prüfung, ob die Adoption gegen den **ordre public** verstößt. Schwierigkeiten entstehen, wenn das strikte Verfahren des HAdoptÜ nicht eingehalten wurde. Der Streit, ob dann **anstelle der Art. 23, 24 HAdoptÜ eine Anerkennung nach nationalem Recht** (§ 2 AdWirkG mit § 109 Abs. 1 FamFG) erfolgen darf, hat sich weitgehend gelegt. Das OLG Schleswig hat dies mit der Begründung abgelehnt, das bei der Anerkennung im Allgemeinen anzuwendende Günstigkeitsprinzip gelte hier nicht, weil sonst der Zweck des HAdoptÜ – nämlich die Einhaltung von Mindeststandards bei der Adoption – verfehlt werde (OLG Schleswig FamRZ 2014, 498; eher abl. auch bereits OLG München IPRspr. 2011, Nr. 117, 268; offenlassend OLG Karlsruhe IPRspr. 2012, Nr. 126b, 260). Dem ist jedoch mit der hM zu widersprechen (OLG Düsseldorf

NZFam 2018, 1053; OLG Stuttgart FamRZ 2018, 362; mit näherer Begr. auch Andrae IntFamR § 7 Rn. 68 ff.; Botthof StAZ 2013, 77; Staudinger FamRBint 2007, 42 (44 f.)). Für die hier vertretene Ansicht spricht entscheidend der Gedanke des Kindeswohls (nachdrücklich OLG Düsseldorf BeckRS 2018, 23908 Rn. 15; das Kindeswohl betonend auch OLG Celle FamRZ 2017, 1503 Rn. 21). Dabei kann die Anerkennung der Adoption für das Kindeswohl uU so wichtig sein kann, dass sie auch ohne Vorliegen der notwendigen Erklärung(en) erfolgen muss. Das gilt insbes., wenn das **Kind bereits (länger) bei den Annehmenden lebt.** Wie § 1741 Abs. 1 S. 2 BGB erkennen lässt, entspricht diese Beachtung des Kindeswohls im Einzelfall – auch auf Kosten einer Generalprävention – dem deutschen Adoptionsrecht. Wichtig ist also, dass bei der Überprüfung des Kindeswohls und des ordre public nicht generalpräventiv vorgegangen werden darf. Es ist stets auf das Wohl des konkreten Kindes im Zeitpunkt der Anerkennungsentscheidung abzustellen (allg. → Rn. 59) (nochmals OLG Düsseldorf BeckRS 2018, 23908 Rn. 15; so weitgehend auch KG FamRZ 2006, 1405, teils aber mit unzutreffenden Ausführungen (1408); einschr. bei Kinderhandel auch NK-BGB/Benicke Rn. 117 f.). Unter Anwendung des § 109 FamFG muss daher jeweils geprüft werden, ob durch die Verletzung der Verfahrensvorschriften im Ausland das Kindeswohl – und damit zugleich der deutsche ordre public – beeinträchtigt sind (sehr weitgehend AG Hamm JAmt 2006, 363; krit. Weitzel JAmt 2006, 333). Das wird idR der Fall sein, wenn die Prüfung der Geeignetheit des Annehmenden oder die Kindeswohldienlichkeit der Adoption ganz fehlt (so lag es in OLG Köln FamRZ 2009, 1607; OLG Frankfurt FamRZ 2009, 376; LG Flensburg JAmt 2009, 192; dagegen umgekehrt in OLG Celle FamRZ 2017, 1503). Ist sie erfolgt, dann wird sie nicht überprüft, sondern es wird im Zweifel davon ausgegangen, dass sie richtig erfolgt ist (OLG Düsseldorf BeckRS 2018, 23908 Rn. 19; OLG Stuttgart FamRZ 2018, 362 Rn. 46).

Schwierig zu handhaben sind die Fälle, in denen die **Kindeswohlprüfung nicht erfolgt** ist. **55** Sie wird dann nicht im eigentlichen Sinne „nachgeholt" und insofern scheidet die Anerkennung häufig aus, weil der ordre public verletzt ist. Da jedoch bei der Prüfung des ordre public stets auf den Zeitpunkt der Anerkennungsentscheidung abzustellen ist, kann die Beurteilung selbst in solchen Fällen im Einzelfall anders liegen (näher Heiderhoff FS Geimer, 2017, 231 (240 ff.)). Die Nichtanerkennung wegen eines Verstoßes gegen den ordre public kann nämlich dann nicht auf eine fehlende Kindeswohlprüfung gestützt werden, wenn die Ablehnung der Wirksamkeit der Annahme für das Kind noch schlechter wäre, als ihre Aufrechterhaltung. Notfalls muss daher im Rahmen des Anerkennungsverfahrens eine eigene Kindeswohlprüfung erfolgen (so auch schon BT-Drs. 14/6011, 29; zust. Staudinger FamRBint 2007, 42 (44)). Diese erfolgt aus der „Jetzt-Sicht" und wird vor allem wichtig, wenn sich das Kind bei den Annehmenden eingelebt hat (wie hier OLG Brandenburg StAZ 2017, 15; jurisPK-BGB/Behrentin/Grünenwald Rn. 110). Die formale Betrachtungsweise, eine Kindeswohlprüfung gehöre nicht in das Anerkennungsverfahren, ist abzulehnen (anders aber OLG Celle FamRZ 2012, 1226; OLG Karlsruhe IPRspr. 2012, Nr. 126b, 260). Ist die Kindeswohlprüfung im Anerkennungsverfahren nicht durchführbar, weil Informationen aus dem Entscheidungsstaat für das Gericht nicht zugänglich sind, muss die Anerkennung letztlich verweigert werden (OLG Hamm FamRZ 2011, 310). Auch wenn das Kind, was häufig der Fall ist, im Zeitpunkt der Anerkennungsentscheidung **noch nicht bei den Annehmenden lebt,** darf eine fehlende Kindeswohlprognose oder Eignungsprüfung grds. nicht im Anerkennungsverfahren nachgeholt werden (nur beispielhaft OLG Hamm FamRZ 2017, 1583; LG Dresden JAmt 2006, 360; AG Hamm JAmt 2006, 361; auch Bork/Jacoby/Schwab/Heiderhoff FamFG § 109 Rn. 16).

**c) Voraussetzungen der Anerkennung nach autonomem Recht. aa) Vertragsadoption.** **56** Die lediglich durch privaten Rechtsakt vorgenommene Adoption stellt keine „ausländische Entscheidung" dar, sodass die Anerkennung nicht über § 2 AdwirkG, § 109 Abs. 1 FamFG erfolgen kann. Zu prüfen ist vielmehr, ob sämtliche Wirksamkeitsvoraussetzungen erfüllt sind, die das von Art. 22 berufene Adoptionsstatut für die Durchführung der Kindesannahme fordert (OLG München IPRspr. 2011, Nr. 117, 268; AG Tübingen StAZ 1992, 217; Looschelders Rn. 33; Soergel/Lüderitz Rn. 43; Staudinger/Henrich, 2019, Rn. 98; genauer zur Abgrenzung MüKoBGB/Helms Rn. 85; Grüneberg/Thorn Rn. 12). Bei Geltung deutschen Adoptionsstatuts ist eine Vertragsadoption wegen § 1752 BGB stets unwirksam (AG Karlsruhe IPRspr. 2011, Nr. 138, 336; KG FamRZ 2006, 1405; Grüneberg/Thorn Rn. 12; Staudinger/Henrich, 2019, Rn. 98). Dieser Fall kann allerdings seit der Reform vom 31.3.2020 nur noch vorkommen, wenn ausnahmsweise ein Kind mit gewöhnlichem Aufenthalt in Deutschland im Ausland angenommen wird.

**bb) Ausländische Entscheidungen.** Hat bei einer im Ausland vorgenommenen Adoption **57** ein Gericht oder eine Behörde an der Kindesannahme mitgewirkt und greift nicht das HAdoptÜ (näher zum Verhältnis → Rn. 52), so erfolgt die Anerkennung der betreffenden Entscheidung nach Maßgabe des § 109 Abs. 1 FamFG (BGH BeckRS 2020, 16546). Für die Beurteilung, ob eine Behörde oder ein Gericht mitgewirkt hat, kommt es darauf an, ob eine gerichtliche oder behördliche Überprüfung der wesentlichen Voraussetzungen erfolgt ist (Erman/Hohloch Rn. 24a; ähnlich Grüneberg/Thorn Rn. 13 (gerichtliche Bestätigung); näher Benicke, Typenmehrheit im Adoptionsrecht und deutsches Internationales Privatrecht, 1995, 169 ff.; anwendend OLG Düsseldorf FamRZ 2011, 1522). Reine Registrierungsakte ändern den Charakter als private Vertragsadoption nicht (Looschelders Rn. 34). Anerkennungsfähig sind neben Volladoptionen auch schwache Adoptionen, durch welche die Rechtsbeziehungen des Kindes zu seiner natürlichen Familie nicht oder jedenfalls nicht vollständig abgebrochen werden. Durch die Anerkennung gem. § 109 Abs. 1 FamFG erstrecken sich die nach ausländischem Recht bestehenden (starken oder schwachen) Adoptionswirkungen auch auf das Inland, sodass es im Fall einer schwachen Adoption bei eben dieser Wirkung bleibt. Die Aufwertung von einer schwachen zu einer starken (dem deutschen Recht entsprechenden) Volladoption kann nur im Rahmen der Umwandlung nach § 3 AdWirkG erfolgen (→ Rn. 62). Ein Verstoß gegen den **ordre public** (§ 109 Abs. 1 Nr. 4 FamFG) ist, wie bereits aus §§ 2, 3 AdWirkG geschlossen werden kann, hierin nicht zu erblicken (heute allgM, OLG Zweibrücken StAZ 1985, 132 (133); NK-BGB/Benicke Rn. 95; Soergel/Lüderitz Rn. 50; Looschelders Rn. 36; MüKoBGB/Helms Rn. 98; Grüneberg/Thorn Rn. 14).

**58** Eine Anerkennung nach § 109 FamFG setzt nicht voraus, dass die Annahme des Kindes auf der Grundlage der von Art. 22 berufenen Rechtsordnung vorgenommen wurde.

**59** **cc) Insbesondere ordre public.** Gemäß § 109 Abs. 1 Nr. 4 FamFG muss die ausländische Entscheidung dem deutschen ordre public entsprechen, um anerkannt werden zu können. Deutsche Gerichte verweigern ausländischen Adoptionen – gerade wenn man den Ausnahmecharakter der Norm bedenkt – relativ häufig die Anerkennung, weil ein Verstoß gegen den ordre public angenommen wird. Wie soeben dargelegt, verlangt der ordre public aber nicht, dass die ausländische Adoption der deutschen Adoption in den Wirkungen gleicht (→ Rn. 57). Meist wird der Verstoß gegen den ordre public darin gesehen, dass das **Kindeswohl** bei der ausländischen Adoption nicht hinreichend berücksichtigt wurde (→ Rn. 54) (ausf. OLG Düsseldorf FamRZ 2011, 1522 (1523); OLG Hamm FamRZ 2011, 310; KG FamRZ 2006, 1405; OLG Köln FamRZ 2009, 1607; LG Flensburg JAmt 2009, 192; Weitzel IPRax 2007, 308 (310 ff.)). Da es wie gezeigt (→ Rn. 55) beim ordre public immer auf eine **Ergebniskontrolle** ankommt, muss das Gericht sich bei der Prüfung jeden einzelnen Falls auch immer sorgfältig ein Bild über die aktuellen Lebensumstände des Kindes verschaffen. Denn es kann, insbes. wenn ein stabiles Eltern-Kind-Verhältnis entstanden ist, dazu kommen, dass trotz Zweifeln an der Wahrung des Kindeswohls im Adoptionsverfahren inzwischen kein ordre-public-Verstoß mehr bejaht werden kann (OLG Hamm FamRZ 2015, 1983 (1984 f.); OLG Bremen FamRZ 2015, 425 Ls. 3). Ein Verstoß gegen den ordre public kann wiederum dann vorliegen, wenn **wesentliche Erklärungen** der Beteiligten (insbes. der natürlichen Eltern) nicht oder nicht freiwillig abgegeben wurden und es auch an einer nach rechtsstaatlichen Grundsätzen einwandfreien Ersetzung dieser Erklärungen fehlt (Soergel/Lüderitz Rn. 48; Staudinger/Henrich, 2019, Rn. 90 f.; Grüneberg/Thorn Rn. 13; aA Kegel/Schurig IPR § 20 XIII 3: Zustimmung nach Maßgabe des Heimatrechts des Kindes ist ausreichend). In diesem Fall ist jedoch auch zu berücksichtigen, dass die fehlende oder unwirksame Zustimmung des Angenommenen oder die fehlende Genehmigung durch das FamG ggf. noch nachgeholt werden kann (Grüneberg/Thorn Rn. 13 aE). Kein Verstoß gegen den ordre public besteht darin, dass es sich bei den Annehmenden um ein **gleichgeschlechtliches Paar** handelt (deutlich – im Zusammenhang mit der Leihmutterschaft – BGHZ 203, 350 Rn. 43 = NJW 2015, 479; BGHZ 206, 86 = NJW 2015, 2800; Wall StAZ 2018, 288 (291 f.); auch Reuß FS Coester-Waltjen, 2015, 681 (690); zumindest die Nichtigkeit einer Anerkennungsentscheidung abl. KG FamRZ 2013, 717). Bei der **Volljährigenadoption** kann im Einzelfall ein Verstoß vorliegen, wenn die Interessen der leiblichen Kinder des Annehmenden übergangen wurden (umfassend, auch mit Überlegungen zum verfahrensrechtlichen ordre public, BGH BeckRS 2020, 16546).

**60** Wie stets ist nicht nur der materiell-rechtliche, sondern auch der **verfahrensrechtliche** ordre public zu beachten (§ 109 Abs. 1 Nr. 2 und 3 FamFG). Denkbar ist eine Verletzung hier etwa, wenn eine zuvor erfolgte deutsche Adoption im Ausland übergangen wurde (NK-BGB/Benicke Rn. 90; zum rechtlichen Gehör BGH BeckRS 2020, 16546 Rn. 62). Kein Verstoß gegen den ordre public liegt dagegen vor, wenn die ausländische Entscheidung nur nicht dem Verfahren des AdVermiG entspricht (KG FamRZ 2006, 1405). Zum Verstoß gegen die Vorgaben des HAdoptÜ → Rn. 54.

Maßgeblicher Zeitpunkt für die Bestimmung des Verstoßes gegen den ordre public ist der Zeitpunkt, in dem über die Anerkennung zu entscheiden ist (BGH BeckRS 2020, 16546 Rn. 67; KG FamRZ 2011, 311; 2006, 1405; Grüneberg/Thorn Rn. 10; Klinkhardt IPRax 1997, 414 (415); krit. Geimer IPRax 2017, 472 (474); krit. auch Weitzel IPRax 2007, 308 (310 ff.)). Auch die Verletzung von wesentlichen Verfahrensvorschriften kann also überwunden werden, wenn es für das Kindeswohl notwendig ist, vgl. den Gedanken des § 1741 Abs. 1 S. 2 BGB. Die besondere Problematik des HAdoptÜ (→ Rn. 54) besteht außerhalb von dessen Anwendungsbereich nicht. Das Gericht muss im Rahmen der Anerkennungsentscheidung notfalls **eigene Kindeswohlerwägungen** anstellen. Führen diese zu einer positiven Beurteilung der Annahme, so ist die ausländische Entscheidung anzuerkennen, selbst wenn sie erhebliche Verfahrensfehler enthält (str., wie hier BGHZ 206, 86 = NJW 2015, 2800; AG Hamm JAmt 2004, 377; Beyer JAmt 2006, 329 (332); nachdrücklich Majer NZFam 2015, 1138; Staudinger FamRBint 2007, 42; aA aber OLG Köln BeckRS 2016, 05945 – zumindest keine vollständige Nachholung der fehlenden Prüfung; AG Celle JAmt 2004, 377). Zu den entsprechenden Gedanken bei Geltung des HAdoptÜ → Rn. 54. 61

**3. Umwandlung bzw. Wiederholung der Adoption im Inland. a) Umwandlung der Adoption.** § 3 AdWirkG sieht vor, dass im Rahmen des Anerkennungsverfahrens die Wirkungen der ausländischen Minderjährigenadoption umgewandelt und an das deutsche Recht angeglichen werden können. Dies gilt für alle Arten von ausländischen Minderjährigenadoptionen, seien es schwache oder starke Adoptionen, seien sie in einem Mitgliedstaat des HAdoptÜ ergangen oder nicht (Maurer FamRZ 2002, 1337 (1340 f.)). Dabei statuiert § 3 AdWirkG drei Voraussetzungen: (1) Die Umwandlung muss dem Kindeswohl dienen, (2) es müssen die erforderlichen Einwilligungen erteilt worden sein und (3) es dürfen keine wesentlichen Interessen des Ehegatten/Lebenspartners oder der Kinder von Angenommenem bzw. Annehmendem entgegenstehen (umfassend Steiger DNotZ 2002, 184 (184 ff.; 203 ff.); Staudinger/Henrich, 2019, Rn. 100 ff.; Maurer FamRZ 2003, 1337 ff.; Lorenz FS Sonnenberger, 2004, 497 (512 ff.)). Problematisch ist insbes. die Notwendigkeit der Einwilligungen. Diese liegen typischerweise noch nicht vor. Denn die im Ausland bei in Hinblick auf die schwache Adoption eventuell bereits abgegebenen Erklärungen reichen im Regelfall nicht als Basis für die deutsche Volladoption aus, weil die Eltern sich über eine endgültige Lösung des familiären Bandes nicht im Klaren waren (OLG Hamm FamRZ 2013, 1499 (1500 f.); Zimmermann NZFam 2016, 150 (151)). Lassen sich erneute Einwilligungen nicht einholen, besteht zwar die Möglichkeit der Anwendung des § 1748 BGB, also der Ersetzung der Einwilligung. Sind jedoch die (sehr!) engen Vorgaben des § 1748 BGB nicht gewahrt, ist die Umwandlung bei Fehlen der nötigen Einwilligungen nicht möglich (wie hier Staudinger/Henrich, 2019, Rn. 104). 62

**b) Wiederholung der Adoption.** Früher wurde anstelle der Anerkennung der Adoption häufig eine einfache Wiederholung der Adoption im Inland vorgenommen. Eine Wiederholung kam zum einen dann in Betracht, wenn eine schwache ausländische Adoption (→ Rn. 62) durch eine Volladoption nach deutschem Recht ersetzt werden sollte (OLG Frankfurt NJW-RR 1992, 777; LG Stuttgart StAZ 1989, 316; AG Ibbenbüren IPRax 1984, 221; Soergel/Lüderitz Rn. 58; Staudinger/Henrich, 2019, Rn. 99; Klinkhardt IPRax 1995, 238 f.). Zu diesem Zweck ist eine Adoptionswiederholung heute nicht mehr möglich, da die Umwandlung nach § 3 AdWirkG insofern spezieller ist und die Wiederholung ausschließt. Die Wiederholung kam aber zum anderen auch in Betracht, soweit **Zweifel** bestanden, ob eine im Ausland vorgenommene Adoption im Inland anerkennungsfähig war. Dies war insbes. dann bedeutsam, wenn einzelne Voraussetzungen der Adoption, wie zB eine bestimmte Einwilligungserklärung, nicht nachgewiesen werden konnten. Es ist str., ob die Wiederholung der Adoption in diesem Fall mit dem AdWirkG vereinbar ist (dafür AG Worms IPRax 2004, 534; MüKoBGB/Helms Rn. 108; Heiderhoff FamRZ 2002, 1282 (1285); Steiger DNotZ 2002, 184 (206); iErg sehr ähnlich, nämlich für eine Wiederholung nur bei Fehlen bzw. fehlender Nachweisbarkeit von Anerkennungsvoraussetzungen Grüneberg/Thorn Rn. 18; dagegen aber NK-BGB/Benicke (AdwirkG) Anh. I Art. 22 Rn. 45 ff.: stets Umwandlung). Allerdings wirkt die neue Adoption nur ex nunc und kommt insofern einer Anerkennung nicht gänzlich gleich (AG Hagen IPRax 1984, 279 betr. Sri Lanka; MüKoBGB/Helms Rn. 109). 63

**4. Anerkennungszuständigkeit.** Für die Anerkennung von **Minderjährigenadoptionen** gilt vorrangig die Zuständigkeitsregel in § 5 AdWirkG. Durch § 5 AdWirkG erfolgt eine **Zuständigkeitskonzentration** bei dem FamG im Bezirk des OLG. Das bedeutet, dass zunächst festgestellt werden muss, welches Gericht nach §§ 101, 187 FamFG örtlich und international zuständig wäre. Dieses entscheidet aber nicht selbst über die Anerkennung, sondern es ist innerhalb des 64 gleichen OLG-Bezirks das Gericht zuständig, in dessen Gerichtsbezirk das OLG seinen Sitz hat. In Berlin ist das AG Schöneberg zuständig. Die Zuständigkeitskonzentration bezieht sich nur auf Verfahren, in denen der Anzunehmende zurzeit der Annahme noch nicht das 18. Lebensjahr vollendet hat und endet mit Eintritt der Volljährigkeit (OLG Köln FamRZ 2011, 311; OLG München StAZ 2008, 13; OLG Stuttgart FGPrax 2007, 26). Die Anerkennungszuständigkeit für Volljährigenadoptionen bestimmt sich unmittelbar nach §§ 101, 187 Abs. 1, 2 und 5 FamFG.

## V. Interlokale und intertemporäre Fallgestaltungen

65 **1. Interlokales Recht.** Seit dem 3.10.1990 gelten im gesamten Bundesgebiet einheitlich die westdeutschen materiellen und kollisionsrechtlichen Adoptionsvorschriften. Auf Adoptionen, die vor dem 3.10.1990 abgeschlossen wurden, fand (und findet) in den neuen Bundesländern jedoch gem. Art. 236 § 1 analog das Kollisionsrecht der früheren DDR (§ 23 RAG) Anwendung (Pirrung RabelsZ 55 (1991), 211 (235 ff.); Staudinger/Dörner Art. 236 Rn. 84; Kegel/Schurig (Kegel) IPR § 20 XIII 5b; aA Spickhoff IPRax 1998, 462 (463); Kegel/Schurig (Schurig) IPR § 1 VII 2b). Für die Behandlung von Adoptionen, die vor dem Beitrittszeitpunkt nach dem Recht der ehemaligen DDR vorgenommen wurden, ist die Regelung des Art. 234 § 13 heranzuziehen (vgl. Wolf FamRZ 1992, 12).

66 **2. Intertemporales Recht.** Die neuesten Änderungen des Art. 22 Abs. 1 gelten mit ihrem Inkrafttreten am 31.3.2020 für alle ab diesem Tag ausgesprochenen Adoptionen (Art. 229 § 51). Für Kinder, die davor angenommen wurde, gilt die bis dahin geltende Fassung. Für Kinder, die vor dem 29.1.2019 angenommen wurden, gilt nach Art. 229 § 47 Abs. 4 weiterhin **Art. 22 Abs. 1 S. 2** in seiner bis 28.1.2019 geltenden Fassung – es wurde also auf Art. 14 Abs. 1 aF verwiesen.

67 Wichtig werden kann bei Adoptionen auch noch die Behandlung von Annahmen aus der Zeit vor dem Inkrafttreten des EGBGB. Nach Art. 220 Abs. 1 unterliegen die **Wirksamkeit** sowie die **statusrelevanten Konsequenzen** einer Adoption, die vor dem 1.9.1986 durchgeführt wurde, der Verweisung nach Art. 22 aF. Hinsichtlich der Frage, wann eine Adoption als idS durchgeführt gilt, ist danach zu unterscheiden, ob die betreffende Annahme im In- oder Ausland erfolgt ist. Liegt eine Inlandsadoption vor, so gilt diese dann als abgeschlossen, wenn der betreffende Beschluss gem. § 197 Abs. 2 FamFG zugestellt wurde (Erman/Hohloch Rn. 8; Staudinger/Henrich, 2019, Rn. 3; MüKoBGB/Helms Rn. 56). Ist die Adoption dagegen im Ausland vorgenommen worden, so ist sie erst dann durchgeführt, wenn sämtliche Voraussetzungen vorliegen, die ihre Anerkennung auch im Inland ermöglichen. Dies setzt bei einer Adoption durch gerichtliche oder behördliche Entscheidung **(Dekretadoption)** voraus, dass die Adoption wirksam geworden ist; im Fall einer Adoption durch Parteivereinbarung **(Vertragsadoption)** müssen dagegen alle Voraussetzungen erfüllt sein, die das Recht aufstellt, das durch die Normen des deutschen Kollisionsrechts berufen wird (insbes. müssen sämtliche erforderlichen Einwilligungen und Genehmigungen eingeholt worden sein) (Erman/Hohloch Rn. 8; Staudinger/Henrich, 2019, Rn. 3). Liegt nach Maßgabe der vorgenannten Bedingungen ein abgeschlossener Vorgang vor, so richten sich im Folgenden auch **Aufhebung** bzw. **Anfechtung** der Adoption nach dem von Art. 22 aF berufenen Recht (Staudinger/Henrich, 2019, Rn. 3). Die **Wirkungen** der Adoption, die ihrer Natur nach **wandelbar** sind, werden gem. Art. 220 Abs. 2 ab dem 1.9.1986 nach neuem Recht angeknüpft (Staudinger/Henrich, 2019, Rn. 4).

## Art. 23 Zustimmung

**[1]Die Erforderlichkeit und die Erteilung der Zustimmung des Kindes und einer Person, zu der das Kind in einem familienrechtlichen Verhältnis steht, zu einer Abstammungserklärung oder einer Namenserteilung unterliegen zusätzlich dem Recht des Staates, dem das Kind angehört. [2]Soweit es zum Wohl des Kindes erforderlich ist, ist statt dessen das deutsche Recht anzuwenden.**

### Überblick

Art. 23 gilt für Fragen der Abstammung (→ Rn. 5) und der Namenserteilung (→ Rn. 6). Für die Adoption wurde mit der Änderung des Art. 22 Abs. 1 mit Wirkung zum 31.3.2020 die zusätzliche Geltung des Zustimmungsstatuts aufgegeben (→ Rn. 7). Art. 23 ergänzt das berufene Recht (→ Rn. 13). Eventuell nach dem Heimatrecht des Kindes notwendige Zustimmungen müssen dessen Vorgaben entsprechend durchgeführt werden. Falls es zum Wohl des Kindes erforderlich ist, gilt hilfsweise deutsches Recht (→ Rn. 21).

Unterliegt die Frage der Statusänderung ohnehin bereits dem Personalstatut des Kindes, so kommt Art. 23 S. 1 keine eigenständige Bedeutung mehr zu. Gleiches gilt für die Verweisung nach Art. 23 S. 2, die als Ausnahmevorschrift zu Art. 23 S. 1 nur dann Anwendung findet, wenn Hauptstatut und Zustimmungsstatut auseinander fallen (→ Rn. 23).

## Übersicht



## I. Normzweck

1 Art. 23 tritt **zusätzlich** neben die Art. 10 Abs. 1, 3 (Name) und Art. 19 Abs. 1 (Abstammung). Art. 23 bestimmt für diese den Status betreffende Rechtsfragen, dass in Bezug auf Zustimmungen des Kindes bzw. solcher Personen, zu denen das Kind in einem familienrechtlichen Verhältnis steht – insbes. also der Eltern – auch das Heimatrecht des Kindes angewendet werden muss. Das Personalstatut des Kindes ist also zusätzliches Zustimmungsstatut. Die Norm führt damit in Bezug auf Zustimmungserfordernisse zu einer kumulativen Anwendung des für die Abstammungserklärung oder die Namensänderung berufenen Rechts und dem (nach Art. 23 berufenen) Heimatrecht des Kindes (S. 1). Durch die zusätzliche Anwendung des Heimatrechts soll verhindert werden, dass eine für das Kind wesentliche Statusänderung oder eine evtl. ähnlich bedeutsame Namenserteilung unter Umgehung des Schutzes durch das Heimatrecht des Kindes (Personalstatut) erfolgen kann. Man wollte solche wesentlichen Rechtsakte zum einen nicht durch eine Überzahl an Formalitäten behindern, zum anderen aber doch das Heimatrecht des Betroffenen nicht völlig übergehen (BT-Drs. 10/504, 71 f.). Gleichzeitig erhöht sich durch die Befolgung der Vorgaben des Heimatstatuts die Wahrscheinlichkeit, dass Statusänderungen auch im Ausland, vor allem im Heimatstaat des Betroffenen, anerkannt und hinkende Rechtsverhältnisse damit weitestgehend vermieden werden.

2 Soweit es zum Wohl des Kindes erforderlich ist, wird nach S. 2 stattdessen deutsches Recht angewendet. Die hilfsweise Anwendbarkeit des deutschen Rechts zum Schutz des Kindeswohls ist letztlich eine besondere Ausprägung des ordre public. Die Norm kam bisher vor allem zum Tragen, wenn eine für das Kindeswohl sehr förderliche Adoption nicht wegen des Fehlens einer Zustimmung scheitern sollte und dürfte nunmehr stark an Bedeutung verlieren (→ Rn. 21 ff.).

## II. Recht der EU und Staatsverträge

3 Nach Art. 3 Nr. 2 geht als staatsvertragliche Regelung das **deutsch-iranische Niederlassungsabkommen** vom 17.2.1929 (Art. 8 Abs. 3 deutsch-iranisches Niederlassungsabkommen; Wortlaut → Art. 25 Rn. 12) im Rahmen seines Anwendungsbereichs der Anknüpfung nach Art. 23 vor (näher zum persönlichen Geltungsbereich → Art. 25 Rn. 11).

4 Eigene EU-rechtliche Kollisionsnormen zur Abstammung und zur Namenserteilung existieren noch nicht und sind nicht in Vorbereitung. Weiterhin nicht vollständig geklärt ist allerdings das Verhältnis von **Art. 21 AEUV** zu Art. 23. Nach der Rspr. des EuGH zu Art. 21 AEUV behindern hinkende Namens- und Statusverhältnisse die Freizügigkeit der EU-Bürger (EuGH ECLI:EU:C:2008:559 = NJW 2009, 135 – Grunkin-Paul; ECLI:EU:C:2003:539 = IPRax 2004, 339 – Garcia Avello). Daraus kann folgen, dass durch Anwendung der Normen des EGBGB erzielte Ergebnisse gegen Art. 21 AEUV verstoßen und korrigiert werden müssen. Das kann erhebliche Auswirkungen haben, wenn Tatbestände (zB Vaterschaft, Einbenennung) in anderen EU-Staaten bereits erfüllt und die entsprechenden Rechtsfolgen eingetreten sind, während aus inländischer Sicht noch Einwilligungserfordernisse bestehen. Dann kann es soweit kommen, dass deutsche Regeln zurücktreten müssen – wiewohl immer zunächst zu prüfen ist, ob die Behinderung der Freizügigkeit „gerechtfertigt" ist (EuGH ECLI:EU:C:2010:806 = FamRZ 2011, 1486 = BeckRS 2010, 91487 – Ilonka Sayn-Wittgenstein). Bisher ist aber nicht geklärt, ob die Rspr. des EuGH überhaupt alle hinkenden Tatbestände erfasst. So ist bezweifelt worden, ob eine hinkende

Vaterschaft die Freizügigkeit behindert (so Frie StAZ 2016, 161 (166)). Es kann auch Tatbestände geben, bei denen die EU bewusst Zurückhaltung übt, wie es etwa bis zur Entscheidung Coman (EuGH ECLI:EU:C:2018:385 = FamRZ 2018, 1063 = NVwZ 2018, 1545 – Coman; näher zur Entscheidung → Art. 17 Rn. 32) bei den gleichgeschlechtlichen Partnerschaften/Ehen war (anders noch VG Berlin IPRax 2011, 270; zur jetzigen Rechtslage Croon-Gestefeld StAZ 2018, 297) (→ Art. 17b Rn. 14). In der Rechtsanwendung handelt es sich um einen mit der Berücksichtigung des ordre public vergleichbaren Vorgang (zu weitgehend KG NJW 2011, 535, wo jegliche Kollisionsrechtsanwendung hinter eine EU-weite Geltung von Statusverhältnissen zurückgestellt wird; eine versteckte Kollisionsnorm annehmend Wall IPRax 2010, 433). Nach richtiger Auffassung kann Art. 21 AEUV nicht unmittelbar an die Stelle einer kollisionsrechtlichen Anknüpfung treten.

## III. Anwendbares Recht

5 **1. Anwendungsbereich. a) Zustimmungsgegenstand. aa) Abstammungserklärung.** Art. 23 S. 1 erfasst zunächst die Zustimmung zur Abstammungserklärung. Hiervon betroffen ist vor allem der häufige Fall der Anerkennungserklärung seitens des Vaters, zu der, wie auch im deutschen Recht, die Zustimmung der Mutter oder auch die Zustimmung des Kindes nötig sein können (HmbOVG InfAuslR 2008, 199 (200); OLG Hamm FamRZ 2005, 291; OLG Stuttgart FamRZ 1990, 559; mit Beispielsfall Frie StAZ 2018, 233). Problematisch sind dabei insbes. die Fälle, in denen eine Zustimmung der Mutter zur Anerkennung nach dem Heimatrecht des Kindes nicht erforderlich ist (näher Frie StAZ 2016, 161 ff. mit vielen Beispielen und Vorschlägen zu einer Einengung dieser Tatbestände). Auch das Zustimmungserfordernis in § 1599 Abs. 2 BGB fällt grds. unter Art. 23 S. 1 (OLG Köln StAZ 2014, 113). Ohne weiteres erfasst sind auch Abstammungserklärungen durch die Mutter, wie einige Rechtsordnungen sie kennen (Erman/Hohloch Rn. 11; Staudinger/Henrich, 2019, Rn. 8; Grüneberg/Thorn Rn. 4). Dabei tritt das nach Art. 23 S. 1 berufene Recht neben die Zustimmungsvoraussetzungen, die das Abstammungsstatut (Art. 19 Abs. 1) aufstellt, sodass sich die Wirksamkeit der Zustimmungserklärung kumulativ nach den Regelungen beider Rechtsordnungen richtet. Sollte der Fall eintreten, dass ein Elternteil sowohl persönlich als auch in der Funktion des gesetzlichen Vertreters des Kindes zustimmungsberechtigt ist, so gilt die in der einen Rolle abgegebene Erklärung grds. auch als solche in der anderen (OLG Frankfurt FamRZ 1989, 663 (664); Staudinger/Henrich, 2019, Rn. 11; Grüneberg/Thorn Rn. 3).

6 **bb) Namenserteilung.** Des Weiteren findet Art. 23 bei der Namenserteilung Anwendung (OLG Frankfurt NJWE-FER 2000, 205). Betroffen ist in erster Linie die Einbenennung des Kindes, bei der es den neuen Ehenamen der Mutter erwirbt (§ 1618 BGB). Jedoch kann ebenso die Namenserteilung durch die Mutter oder den Vater in Rede stehen – in Deutschland also Art. 10 Abs. 3 bzw. im materiellen Recht §§ 1617 ff. BGB (Staudinger/Henrich, 2019, Rn. 13; MüKoBGB/Helms Rn. 20 f.; Grüneberg/Thorn Rn. 4). Die Voraussetzungen einer wirksamen Zustimmung sind in diesem Fall sowohl dem Namensstatut (Art. 10) als auch dem nach Art. 23 berufenen Recht zu entnehmen (AG Rottweil StAZ 2006, 144; Grüneberg/Thorn Rn. 4).

7 **cc) Annahme als Kind.** Art. 23 gilt seit dem 31.3.2020 nicht mehr für die Zustimmung zu einer **Adoption** des Kindes. Hier greift allein Art. 22 Abs. 1. Fehlen bei einer im Ausland erfolgten vertraglichen Annahme als Kind wichtige Einwilligungserklärungen (Kind, Eltern), so greift nicht mehr Art. 23, sondern allein Art. 6 (→ Art. 22 Rn. 46).

8 **b) Zustimmende Personen.** Art. 23 S. 1 erfasst zunächst die Zustimmung des betroffenen **Kindes.** Dabei gilt als „Kind" diejenige Person, deren Status bzw. Name sich ändern soll. Bei der Frage nach dem Kindesstatus iSd Art. 23 S. 1 handelt es sich nicht um eine nach Art. 7 zu beantwortende Vor- oder Erstfrage, sondern um einen autonom auszulegenden Rechtsbegriff. Das Alter des Betroffenen spielt in diesem Zusammenhang keine Rolle, sodass Minder- und Volljährige gleichermaßen in den Anwendungsbereich der Vorschrift fallen (BayObLG NJW-RR 1995, 1287 (1288); v. Bar IPR II Rn. 324; Erman/Hohloch Rn. 5, 9; Soergel/Lüderitz Rn. 16; MüKoBGB/Helms Rn. 6). Die Verwendung des Begriffs „Kind" erklärt sich daraus, dass eine „Eltern-Kind-Beziehung" betroffen ist. Wenn dieses Element fehlt, weil etwa eine selbst gewünschte Namensänderung einer volljährigen Person (zB im Rahmen der Eheschließung) durchzuführen ist, greift Art. 23 nicht ein.

9 Von der Auslegung des Kindesbegriffs in Art. 23 S. 1 zu unterscheiden ist die Problematik, die sich erst im Folgenden daraus ergeben kann, dass das nach Art. 23 S. 1 berufene Heimatrecht

unterschiedliche Regelungen für Minder- und Volljährige bereithält. Dies betraf bisher vor allem Adoptionen und dürfte nun seltener relevant werden. Die maßgebliche Altersgrenze ist ggf. unselbstständig nach den Vorschriften des Personalstatuts anzuknüpfen (Staudinger/Henrich, 2019, Rn. 16).

Wenn nach dem Heimatrecht des Kindes eine gesetzliche Vertretung erfolgt, so fragt sich, nach welchem Recht zu beurteilen ist, wer der **gesetzliche Vertreter** des Kindes ist. Auch das sollte unselbstständig angeknüpft werden, da das Ziel des Art. 23 S. 1 gerade darin liegt, die Vorgaben des Heimatrechts einzuhalten. Um die dort erforderlichen Anforderungen wirklich zu wahren, ist es nötig, dem Heimatrecht auch bei der Bestimmung der zustimmungspflichtigen Personen zu folgen (Staudinger/Henrich, 2019, Rn. 10; MüKoBGB/Helms Rn. 9; MüKoBGB/v. Hein Einl. IPR Rn. 151; aA – Bestimmung der Person des Vertreters ist selbstständig anzuknüpfende Vorfrage – Kropholler IPR § 49 IV 1; Erman/Hohloch Rn. 10; Soergel/Lüderitz Rn. 16). **10**

Neben der Zustimmung des Kindes erfasst Art. 23 auch die Zustimmung durch **dritte Personen,** zu denen das Kind „in einem familienrechtlichen Verhältnis" steht. Aus den soeben genannten Gründen ist auch die Frage, ob ein solches Verhältnis vorliegt, nach dem durch Art. 23 berufenen Recht zu beantworten. Sie ist also ebenfalls als unselbstständige Vorfrage zu behandeln (MüKoBGB/Helms Rn. 7; ähnlich Staudinger/Henrich, 2019, Rn. 7: Entscheidung zwischen selbstständiger und unselbstständiger Anknüpfung sollte aber im jeweiligen Einzelfall getroffen werden; aA Kropholler IPR § 49 IV 1: selbstständige Anknüpfung). **11**

Streitig ist die Frage, ob Art. 23 auch für die Zustimmung des **Ehegatten** des Kindes gilt (dagegen Soergel/Lüderitz Rn. 15; Staudinger/Henrich, 2019, Rn. 24; Looschelders Rn. 14; dafür v. Bar IPR II Rn. 324; KG FamRZ 1973, 472 (476) zu Art. 22 Abs. 2 aF). Dabei handelt es sich nicht um die Vorfrage, ob ein Ehegatte zum Kind in einem „familienrechtlichen Verhältnis" steht. Vielmehr geht es um eine autonome Auslegung des Art. 23 und seiner Zielrichtung. Aus deutscher Sicht wird man dazu klar sagen können, dass das Interesse des Ehegatten nicht als so hoch eingeschätzt werden kann, dass es die zusätzliche Anwendung des Heimatrechts des Kindes nötig machen würde (Staudinger/Henrich, 2019, Rn. 24; aA noch → 2. Aufl. 2008, Rn. 10). **12**

**c) Ergänzende Geltung.** Art. 23 findet stets nur ergänzend („zusätzlich") neben den Regelungen der Art. 10 Abs. 1, 3 und Art. 19 Abs. 1 Anwendung, kann also nicht isoliert von diesen herangezogen werden (v. Bar IPR II Rn. 323; Erman/Hohloch Rn. 1; MüKoBGB/Helms Rn. 2, 5; Grüneberg/Thorn Rn. 1). Fehlt es bereits aufgrund der Vorschriften des Hauptstatuts an den Voraussetzungen einer Abstammungserklärung oder Namenserteilung, so ist eine Prüfung des nach Art. 23 berufenen Rechts obsolet (noch zum alten Recht BayObLG NJW-RR 1995, 1287 (1288): Volljährigenadoption; OLG Celle FamRZ 1995, 829: Adoption; Soergel/Lüderitz Rn. 3). **13**

Zudem gilt die Norm nur für solche statusrelevanten Vorgänge, die entweder im **Inland** vorgenommen werden oder im **Ausland durch Privatrechtsakt** (zB Vertrag) erfolgen. Liegt bereits eine ausländische gerichtliche oder behördliche Entscheidung vor, so stellt sich die Frage des anwendbaren Rechts nicht mehr; zu prüfen ist nur noch, ob die ausländische Entscheidung im Inland anerkannt werden kann. Das richtet sich, soweit keine vorrangigen staatsvertraglichen Regelungen anwendbar sind, nach §§ 108 f. FamFG (Erman/Hohloch Rn. 17; Staudinger/Henrich, 2019, Rn. 27). **14**

Die Verweisung nach Art. 23 läuft auch dann leer, wenn die in Rede stehende Statusänderung bzw. Einbenennung zwar den Vorschriften des Hauptstatuts, nicht aber dem Heimatrecht des Kindes bekannt ist. Die Zustimmungserfordernisse sind in diesem Fall ausschließlich dem Hauptstatut zu entnehmen; das Heimatrecht bleibt unberücksichtigt (Jayme IPRax 1988, 251; Jayme NJW 1989, 3069 (3070) zust. bzgl. Minderjährigenadoption; Staudinger/Henrich, 2019, Rn. 19; Andrae IntFamR § 7 Rn. 52; aA Kegel/Schurig IPR § 20 XIII 2 b: Einwilligung soll als fehlend gelten; Soergel/Lüderitz Rn. 14: vergleichbare Rechtsinstitute sollen für Einwilligungserfordernis herangezogen werden). Das Problem, dass das Heimatstatut das gewünschte Rechtsinstitut gar nicht kennt, wurde bisher gelegentlich im Adoptionsrecht bedeutsam (Staudinger/Henrich, 2019, Rn. 19). Es dürfte nun kaum noch vorkommen. **15**

**d) Zustimmungsbedürftigkeit.** Art. 23 regelt die Anknüpfung sowohl der Erforderlichkeit (Notwendigkeit) als auch der Erteilungsvoraussetzungen einer Zustimmung. Dabei betrifft die Frage der Erforderlichkeit den Punkt, inwiefern eine Zustimmung der betroffenen Personen überhaupt erfolgen muss, in welchen Fällen sie fehlen darf sowie ob und, wenn ja, unter welchen Voraussetzungen sie ersetzt werden kann (Erman/Hohloch Rn. 10; Kropholler IPR § 49 IV 1; MüKoBGB/Helms Rn. 11; Grüneberg/Thorn Rn. 3; aA Soergel/Lüderitz Rn. 12: Ersetzbarkeit einer Zustimmung unterliegt ausschließlich der Verweisung nach Art. 23 S. 2). Steht die Notwendigkeit der Zustimmungserteilung danach fest, so regelt das Heimatrecht des Kindes die Voraussetzungen **16**

zungen, unter denen die als erforderlich erachtete Zustimmung wirksam erteilt werden kann (MüKoBGB/Helms Rn. 9; Grüneberg/Thorn Rn. 3). Der Verweisung nach Art. 23 unterliegt also auch das eventuelle Erfordernis gerichtlicher oder behördlicher Genehmigungen der Zustimmungen (MüKoBGB/Helms Rn. 9; Grüneberg/Thorn Rn. 3; aA Soergel/Lüderitz Rn. 17, der eine Durchführung solcher Verfahrensschritte im Inland ablehnt). Schließlich wird auch die Bestimmung des Zeitpunkts erfasst, zu dem sämtliche Voraussetzungen für eine wirksame Zustimmung gegeben sein müssen (Erman/Hohloch Rn. 10; Grüneberg/Thorn Rn. 3).

**17** Fehlt es an einer notwendigen Zustimmung oder liegen nicht alle erforderlichen Voraussetzungen vor, so ist sehr streitig, welches Recht über die **Rechtsfolgen** entscheidet, die dieser Fehler auslöst. Wohl überwiegend wird vertreten, dass dies sich nach dem Recht des Staates richten müsse, dessen Vorschriften nicht eingehalten wurden. Bei zusätzlichen Zustimmungserfordernissen nach Art. 23 gilt dann also auch für die Folgen des Fehlens das Heimatstatut (MüKoBGB/Helms Rn. 12; Erman/Hohloch Rn. 10; Soergel/Lüderitz Rn. 11, 13; Staudinger/Henrich, 2019, Rn. 25; Kropholler IPR § 49 IV 2; Grüneberg/Thorn Rn. 3; aA NK-BGB/Benicke Rn. 35). Richtig ist es, wegen der zusätzlich erforderlichen Zustimmungen nur das nach Art. 23 S. 1 berufene Recht zu befragen. Es bestimmt darüber, welche Zustimmungen vorliegen müssen und welche Folgen sich an ein Fehlen knüpfen. Verstößt die im Heimatrecht vorgesehene Folge gegen das Kindeswohl (zB abrupte Nichtigkeit), so kann Art. 23 S. 2 herangezogen werden (MüKoBGB/Helms Rn. 28; Andrae IntFamR § 7 Rn. 54). Alles andere würde dem Zweck der Norm (→ Rn. 1 f.) nicht gerecht.

**18** Fehlen Zustimmungen nach beiden Statuten, und sehen diese unterschiedliche Rechtsfolgen vor, so kommt das strengere Recht zum Tragen (Staudinger/Henrich, 2019, Rn. 26; Kropholler IPR § 49 IV 2; aA Soergel/Lüderitz Rn. 13; NK-BGB/Benicke Rn. 35).

**19** **2. Bestimmung des Personalstatuts.** Gemäß **Art. 23 S. 1** richtet sich im Fall einer Abstammungserklärung oder Namenserteilung die Erforderlichkeit sowie die Erteilung einer Zustimmung des betroffenen Kindes oder eines Dritten, zu dem das Kind in einem familienrechtlichen Verhältnis steht, ergänzend nach dem Recht des Staates, dem das Kind angehört (Personalstatut). Zur Bestimmung des Personalstatuts sind die allgemeinen Regeln des Art. 5 Abs. 1 heranzuziehen. Ist das Kind staatenlos, so greift Art. 5 Abs. 2, sofern nicht staatsvertragliche Regelungen (vorrangig anzuwenden ist vor allem das New Yorker Abkommen über die Rechtsstellung Staatenloser vom 28.9.1954, BGBl. 1976 II 473; näher → Art. 5 Rn. 2, → Art. 5 Rn. 54 ff.) vorgehen. Maßgeblicher **Zeitpunkt** für die Ermittlung des Personalstatuts ist derjenige unmittelbar vor der Statusänderung oder Namenserteilung; erwirbt das Kind durch die Änderung seines Status eine neue (oder weitere) Staatsangehörigkeit, so bleibt diese für die Anknüpfung nach Art. 23 S. 1 unberücksichtigt (OLG Frankfurt NJW 1988, 1472 (1473); FamRZ 1997, 241 (243); Soergel/Lüderitz Rn. 4; Staudinger/Henrich, 2019, Rn. 5; MüKoBGB/Helms Rn. 3; Grüneberg/Thorn Rn. 3).

**20** **3. Renvoi.** Ob Rück- und Weiterverweisungen durch das Heimatrecht des Kindes (renvoi, Art. 4 Abs. 1) zu beachten sind, ist für Art. 23 streitig. Für die Annahme von Rückverweisungen spricht, dass der die Norm beherrschende Schutzgedanke einer solchen Gesamtverweisung nicht entgegensteht. Es ist angesichts der nur zusätzlichen Anknüpfung an das Personalstatut des Kindes nicht erforderlich, den Sachnormen des entsprechenden Landes zur Geltung zu verhelfen, wenn dessen Kollisionsrecht die Verweisung nicht annimmt (BayObLG NJW-RR 1988, 1352; Grüneberg/Thorn Rn. 2; Kropholler IPR § 49 IV Rn. 2). Es muss dem Heimatrecht aber darüber hinaus zugestanden werden, seinerseits bewusst Erfordernisse eines weiteren, fremden Rechts zu verlangen. Dafür spricht auch der Wortlaut der Norm. Diese enthält keinen Hinweis auf eine (ausnahmsweise anzunehmende) Sachverweisung und kann daher iVm mit der Grundregel des Art. 4 auch nicht ohne weiteres als Sachverweisung angesehen werden (Soergel/Lüderitz Rn. 24; Jayme IPRax 1990, 309 (310)). Es gibt jedoch auch ein wichtiges Argument gegen die Annahme einer Gesamtverweisung: Es würde den Sinn des Art. 23 verletzen, wenn das Heimatrecht auf ein weiteres, aus deutscher Sicht eher abgelegen erscheinendes Recht verweist. Art. 23 darf nicht dazu führen, dass die Statusänderung unnötig verkompliziert wird (mit Bsp. Staudinger/Henrich, 2019, Rn. 6). Daher ist der neueren Auffassung zuzustimmen, die differenziert und Rück- und Weiterverweisungen (nur) dann annimmt, wenn diese gerade auf die besonderen Zustimmungserfordernisse ausgerichtet sind (Andrae IntFamR § 7 Rn. 58; diff. auch Staudinger/Henrich, 2019, Rn. 6; aA MüKoBGB/Helms Rn. 4: Art. 4 Abs. 1 greift uneingeschränkt).

**21** **4. Sonderanknüpfung, Kindeswohl. a) Normzweck.** Nach **Art. 23 S. 2** sind Erforderlichkeit und Erteilung der Zustimmung nicht dem Heimatrecht des Kindes, sondern deutschem Recht zu entnehmen, wenn das Wohl des Kindes dies erfordert. Die Regelung ist innerhalb ihres Anwendungsbereichs als spezielle Ausprägung des ordre public-Vorbehalts zu betrachten und verdrängt damit die allgemeine Vorschrift des Art. 6 (Erman/Hohloch Rn. 15; Staudinger/Henrich, 2019, Rn. 32; MüKoBGB/Helms Rn. 28 f.). Es handelt sich um eine gegenüber Art. 23 S. 1 subsidiäre Ausnahmeregelung, deren Anwendung strengen Maßstäben unterliegt. Insbesondere muss die Anwendung deutschen Rechts im konkreten Fall nicht bloß nützlich, sondern tatsächlich erforderlich sein, um das Kindeswohl zu wahren (OLG Celle StAZ 1989, 9 (10); BayObLG NJW-RR 1995, 327 (329); OLG Frankfurt FamRZ 1997, 241 (243); LG Bielefeld FamRZ 1989, 1338 (1339); AG Celle FamRZ 2017, 1500 Rn. 39 ff.; Henrich StAZ 1995, 284 (286); Staudinger/Henrich, 2019, Rn. 29; Kropholler IPR § 49 IV 3; MüKoBGB/Helms Rn. 28; aA AG Frankfurt DAVorm 1994, 734: bereits ein bloßer Vorteil für das Kind ist ausreichend; LG Lahnstein FamRZ 1994, 1350 (1351): keine hohen Anforderungen; weit auch NK-BGB/Benicke Rn. 36).

**b) Anwendungsbereich.** Die Regelung des Art. 23 S. 2 stimmt sachlich mit dem Anwendungsbereich des Art. 23 S. 1 überein, betrifft also gleichermaßen Abstammungserklärungen und Namenserteilungen. Freilich muss desto mehr Zurückhaltung geübt werden, je weniger wichtig der Akt für das Kind ist (noch zur nun nicht mehr erfassten Stiefkindadoption BayObLG FamRZ 2002, 1282). Der persönliche Anwendungsbereich der Norm ist auf **minderjährige** Kinder beschränkt (BayObLG NJW-RR 1995, 327; Erman/Hohloch Rn. 16a; v. Bar IPR II Rn. 325; aA AG Tübingen StAZ 1998, 182: Adoption eines 19-jährigen Kindes; unklar auch LG Rottweil FamRZ 2005, 1696). 22

Keine Anwendung findet Art. 23 S. 2, wenn Anforderungen des **eigentlichen Abstammungsstatuts** bzw. des für Namensänderung geltenden Rechts nicht erfüllt sind. Dies folgt aus dem Wortlaut der Vorschrift („statt dessen") ebenso wie aus deren Sinn und Zweck. Durch Anwendung der Regelung sollen lediglich solche Schwierigkeiten überwunden werden, die aus den (zusätzlich berufenen) Zustimmungserfordernissen des Heimatrechts resultieren (Soergel/Lüderitz Rn. 23; Kropholler IPR § 49 IV 3 aE; aA OLG Hamm FamRZ 2005, 291). Werden die Voraussetzungen des Hauptstatuts als unzumutbar empfunden, so bleibt nur der Rückgriff auf die allgemeine Regelung des Art. 6. Streitig ist die Vorgehensweise bei einer **Übereinstimmung** von Hauptstatut und Personalstatut des Kindes. Dann wird häufig das Eingreifen des Art. 23 S. 2 befürwortet (Grüneberg/Thorn Rn. 6; Erman/Hohloch Rn. 16; Kropholler IPR § 49 IV 3 aE). Auch das lässt sich jedoch mit dem Wortlaut und Sinn der Norm nicht vereinbaren. Art. 23 erfasst diese Fälle insgesamt nicht – es bleibt bei Art. 6 (Soergel/Lüderitz Rn. 23). 23

**c) Kindeswohl.** Das in Art. 23 S. 2 anvisierte Wohl des Kindes rechtfertigt eine Abweichung von Art. 23 S. 1 nur dann, wenn dem Kind anderenfalls ernsthafte Nachteile drohten (OLG Köln StAZ 2013, 319 Rn. 27; BayObLG NJW-RR 1995, 327; OLG Frankfurt FamRZ 1997, 241 (243); DAVorm 1998, 472; Grüneberg/Thorn Rn. 6). Dies trifft vor allem in solchen Fällen zu, in denen die Frage nach der Notwendigkeit einer Zustimmungserklärung aufgrund der Verweisung nach Art. 23 S. 1 in angemessener Zeit nicht beantwortet werden kann. Sie kommt auch dann zum Tragen, wenn die ausländischen Vorschriften zwar bekannt sind, deren Vorgaben aber nicht oder nur unter beträchtlichen Schwierigkeiten erfüllt werden können und zugleich die zügige Klärung der Statusfrage für das Kind wichtig ist (BayObLG NJW-RR 1995, 327; großzügig OLG Frankfurt DAVorm 1998, 472 zu einer Vaterschaftsanerkennung). 24

**5. Intertemporales Recht.** Intertemporal hängt die Anwendbarkeit des Art. 23 davon ab, ob die Vorgänge, die einer Zustimmung bedürfen, bereits vor dem 1.9.1986 abgeschlossen waren (Art. 220 Abs. 1) (Erman/Hohloch Rn. 6; Staudinger/Henrich, 2019, Rn. 3; MüKoBGB/Helms Rn. 13; iErg ebenso Soergel/Lüderitz Rn. 5). Ist dies der Fall, wurde die Anerkennungserklärung, Adoption oder Namenserteilung also schon vor dem genannten Datum wirksam, bleibt sie von der Anknüpfung nach Art. 23 unberührt. Für Adoptionen, die ab dem 31.3.2020 erfolgen, gilt Art. 23 nicht mehr. 25

## Art. 24 Vormundschaft, Betreuung und Pflegschaft

**(1) [1]Die Entstehung, die Änderung und das Ende der Vormundschaft, Betreuung und Pflegschaft sowie der Inhalt der gesetzlichen Vormundschaft und Pflegschaft unterliegen dem Recht des Staates, dem der Mündel, Betreute oder Pflegling angehört. [2]Für einen Angehörigen eines fremden Staates, der seinen gewöhnlichen Aufenthalt oder, mangels eines solchen, seinen Aufenthalt im Inland hat, kann ein Betreuer nach deutschem Recht bestellt werden.**

**(2) Ist eine Pflegschaft erforderlich, weil nicht feststeht, wer an einer Angelegenheit beteiligt ist, oder weil ein Beteiligter sich in einem anderen Staat befindet, so ist das Recht anzuwenden, das für die Angelegenheit maßgebend ist.**

**(3) Vorläufige Maßregeln sowie der Inhalt der Betreuung und der angeordneten Vormundschaft und Pflegschaft unterliegen dem Recht des anordnenden Staates.**

**Schrifttum:** Erb-Klünemann/Kößler, Unbegleitete minderjährige Flüchtlinge – eine verstärkte familiengerichtliche Herausforderung, FamRB 2016, 160; Ganner, Herausforderungen und Reform des Erwachsenenschutzes im internationalen Vergleich, BtPrax 2016, 209; Guttenberger, Das Haager Übereinkommen über den internationalen Schutz von Erwachsenen, BtPrax 2006, 83; Hellmann, Rechtliche Unterstützung und Vertretung für Menschen mit geistiger Behinderung in den EU-Staaten, BtPrax 2006, 87; Helms, Reform des internationalen Betreuungsrechts durch das Haager Erwachsenenschutzabkommen; FamRZ 2008, 1995; Helms, Fortsetzung der Vormundschaft bei Flüchtlingen trotz Vollendung des 18. Lebensjahrs, ZKJ 2018, 219; Jayme, Die Patientenverfügung: Erwachsenenschutz und Internationales Privatrecht, FS Spellenberg, 2010, 203; Jaspersen, Die vormundschaftliche Genehmigung in Fällen mit Auslandsbezug, FamRZ 1996, 393; Kordel, Auslandsberührung bei General- und Vorsorgevollmachten, notar 2018, 303; Lagarde, Erläuternder Bericht zum ESÜ – übersetzt in BT-Drs. 16/3250, 28; Ludwig, Der Erwachsenenschutz im Internationalen Privatrecht nach Inkrafttreten des Haager Erwachsenenschutzübereinkommens, DNotZ 2009, 251; Nitzinger, Das Betreuungsrecht im internationalen Privatrecht, 1998; Rausch, Betreuung bei Auslandsbezug, BtPrax 2004, 137; Röthel, Das Betreuungsrecht im IPR, BtPrax 2006, 90; Röthel, Erwachsenenschutz in Europa: Von paternalistischer Bevormundung zu gestaltbarer Fürsorge, FamRZ 2004, 999; Röthel/Woitge, Das ESÜ-Ausführungsgesetz – effiziente Kooperation im internationalen Erwachsenenschutz, IPRax 2010, 409; Röthel/Woitge, Das Kollisionsrecht der Vorsorgevollmacht, IPRax 2010, 494; Rupp, Volljährigkeit, Vormundschaft und Flüchtlingseigenschaft, ZfPW 2018, 57; Schaub, Kollisionsrechtliche Probleme bei Vorsorgevollmachten, IPRax 2016, 207; Schulte-Bunert, Rechtliche Betreuung deutscher Staatsangehöriger auf Mallorca – Teil 1 und 2, FuR 2014, 334 und FuR 2014, 401; Siehr, Das Haager Übereinkommen über den internationalen Schutz Erwachsener, RabelsZ 64 (2000), 715; Wagner, Die Regierungsentwürfe zur Ratifikation des Haager Übereinkommens vom 13.1.2000 zum internationalen Schutz Erwachsener, IPRax 2007, 11; Wagner/Beyer, Das Haager Übereinkommen vom 13.1.2000 zum internationalen Schutz Erwachsener, IPRax 2007, 231; Wedemann, Vorsorgevollmacht im internationalen Rechtsverkehr, FamRZ 2010, 785.

## Überblick

Art. 24 regelt die Anknüpfung der Vormundschaft, Betreuung und Pflegschaft nur noch für die seltenen Fälle, in welchen nicht staatsvertragliche Regelungen – insbesondere das ESÜ – vorgehen (→ Rn. 3 ff.). Für die Entstehung, die Änderung und das Ende der Vormundschaft (→ Rn. 19), Betreuung (→ Rn. 30) und Pflegschaft (→ Rn. 38) sowie den Inhalt der gesetzlichen Vormundschaft und Pflegschaft gilt nach Abs. 1 das Heimatrecht. Dagegen richtet sich der Inhalt der Betreuung (→ Rn. 32) und der angeordneten Vormundschaft (→ Rn. 21) und Pflegschaft (→ Rn. 40) gemäß Abs. 3 nach dem Recht des anordnenden Staates. Sonderregelungen finden sich in Abs. 1 S. 2 für die Betreuung von Ausländern mit gewöhnlichem Aufenthalt in Deutschland (→ Rn. 31) sowie in Abs. 2 für die Pflegschaft unbekannter Beteiligter und Beteiligter, die sich im Ausland befinden (→ Rn. 35). In Abs. 3 ist die Anknüpfung vorläufiger Maßregeln geregelt (→ Rn. 44 f.).

Die im Rahmen der Reform des Vormundschafts- und Betreuungsrechts erfolgte Neufassung der Norm ist erst ab dem 1.1.2023 anwendbar (→ Rn. 2.1 f.).

## Übersicht

## I. Normzweck

Art. 24 wird inzwischen fast vollständig von staatsvertraglichen Regeln verdrängt, nämlich für die Vormundschaft über Kinder durch das KSÜ (→ Rn. 3) bzw. das MSA (→ Rn. 4) und für den Schutz Erwachsener durch das ESÜ (→ Rn. 5). Alle drei Übereinkommen sehen, anders als der insofern nicht mehr zeitgemäße Art. 24 Abs. 1 (krit. auch Staudinger/v. Hein, 2019, Rn. 7), grds. eine Anwendung der lex fori vor. Dies ist schon deshalb sinnvoll, weil bei der Einrichtung und der Durchführung von Vormundschaften und Betreuungen materielles Recht und Verfahrensrecht eng miteinander verwoben sind (Kropholler IPR § 50 II). Diese besondere Verknüpfung hat ihren Grund in der hohen Grundrechtsrelevanz der Rechtsgebiete. Die Eingriffe in Freiheits-, Persönlichkeits- und (bei der Vormundschaft) Elternrechte werden außerdem international noch sehr uneinheitlich bewertet (rechtsvergleichend Ganner BtPrax 2016, 209 ff.) und daher unterschiedlichen Verfahrensstandards unterworfen. Schwierigkeiten bestehen auch dahingehend, dass bei der Anwendung fremder Heimatrechte aus deutscher Perspektive der ordre public allzu häufig tangiert würde. Hinzu kommt, dass bei Anwendbarkeit der lex fori die Notwendigkeit der Ermittlung und Anwendung ausländischen Rechts durch Behörden und Fachgerichte vermieden wird. Dies ist gerade deshalb wünschenswert, weil oft eilig gehandelt werden muss und zudem jedenfalls die Behörden in dieser Hinsicht über wenige Ressourcen verfügen (Rausch BtPrax 2004, 137 (139); Röthel BtPrax 2006, 90 (91)). 1

Als Restfälle für ein Eingreifen des Art. 24 werden zum einen bestimmte Pflegschaftsarten genannt, die das ESÜ nicht umfasst, etwa die Abwesenheitspflegschaft für Erwachsene. Daneben soll nach dem Lagarde-Bericht (BT-Drs. 16/3250, 28 (33)) auch „Verschwendungssucht als solche“ vom ESÜ nicht erfasst sein – eine weitere Lücke im ESÜ ergibt sich daraus aber aus deutscher Sicht kaum, da es auch hier stets auf das Schutzbedürfnis im Einzelfall ankommt (näher Röthel/Woitge IPRax 2010, 409 (410)). Zum anderen gilt Art. 24 in den Fällen, in welchen der Anwendungsbereich des KSÜ und MSA bzw. des ESÜ nicht eröffnet ist. Das kann der Fall sein, weil sich der Erwachsene/das Kind in einem Nichtvertragsstaat aufhält (dann keine räumliche Anwendbarkeit) oder weil eine **über 18-jährige Person** nach dem Heimatrecht noch nicht als volljährig gilt und für diese eine Vormundschaft erforderlich wird (→ Rn. 15; → Rn. 20). Zur Reform → Rn. 2.1 f. 2

Die Norm wurde durch das **Gesetz zur Reform des Vormundschafts- und Betreuungsrechts** vom 4.5.2021 (BGBl. 2021 I 822) reformiert. Die Neufassung, die erst zum 1.1.2023 in Kraft treten wird, stellt für die Entstehung, die Ausübung, die Änderung und das Ende der unterschiedlichen Fürsorgeverhältnisse dann auf den gewöhnlichen Aufenthalt ab. 2.1

Verändert wird dann auch die Regelung in Art. 7. Nach Art. 7 Abs. 2 wird es für die Geschäftsfähigkeit ebenfalls auf den gewöhnlichen Aufenthalt ankommen. Eine einmal erlangte Geschäftsfähigkeit ändert sich durch einen Aufenthaltswechsel jedoch nicht. 2.2

## II. Sonderregelungen in Staatsverträgen

**1. KSÜ – Vormundschaft.** Für die Vormundschaft und die Pflegschaft über Personen, die noch nicht 18 Jahre alt sind, gilt seit dem 1.1.2011 vorrangig das KSÜ (näher → Art. 21 Rn. 4). Es gilt für Kinder mit gewöhnlichem Aufenthalt in Deutschland unabhängig von deren Staatsangehörigkeit sowie für Kinder mit gewöhnlichem Aufenthalt in einem der sonstigen Vertragsstaaten (→ Art. 21 Rn. 12) und verdrängt das MSA (→ Rn. 4) weitgehend. 3

**2. MSA – angeordnete Vormundschaft.** Das MSA greift neben dem KSÜ noch in dem seltenen Fall ein, dass ein Minderjähriger seinen gewöhnlichen Aufenthalt in Deutschland hat und einem Staat angehört, der das MSA, nicht aber das KSÜ ratifiziert hat. Es kommt außerdem zur Anwendung, wenn ein Minderjähriger seinen gewöhnlichen Aufenthalt in einem solchen Staat hat. Betroffen war lange Zeit noch die Türkei (nun mWv 1.2.2017 auch Vertragsstaat des KSÜ), inzwischen greift das Abkommen nur noch im Verhältnis zur chinesischen Sonderverwaltungszone Macao (Statustabelle für das MSA unter http:/www.hcch.net/index_en.php?act=conventions.sta- 4 tus&cid=39; für das KSÜ unter http:/www.hcch.net/index_en.php?act=conventions.status&cid=70). Die Praxisrelevanz des MSA dürfte damit zukünftig sehr gering sein.

4.1 Der Anwendungsbereich des MSA umfasst zudem nur **angeordnete** Vormundschaften über Minderjährige. Es enthält dagegen keine Regelung für das auf die Amtsvormundschaft anwendbare Recht. Hier greift lediglich die Anerkennungsregelung in Art. 3 MSA (zur Abgrenzung bei Einzelmaßnahmen wie vormundschaftsrechtlichen Genehmigungen Jaspersen FamRZ 1996, 393 (398)). Mit Erreichen der Volljährigkeit des Mündels endet die Anwendbarkeit des MSA (OLG München FamRZ 2009, 1602; 2010, 1096 Rn. 4).

4.2 Zur Anknüpfung: Nach Art. 2 MSA haben die „nach Artikel 1 zuständigen Behörden" ihr eigenes Recht anzuwenden. Es gilt also stets die lex fori. Inwiefern diese Regel anwendbar ist, wenn sich die Zuständigkeit nicht nach dem MSA, sondern nach der Brüssel IIa-VO richtet, ist streitig. Solche Konstellationen können vermieden werden, wenn man für diese Fälle Zuständigkeitsfragen nach dem MSA beantwortet (→ Rn. 52). Bejaht man hingegen mit der aA den Vorrang der Brüssel IIa-VO (NK-BGB/Gruber Brüssel IIa-VO Art. 8 Rn. 9; MüKoBGB/Gottwald Brüssel IIa-VO Art. 8 Rn. 2) und gelangt so zu einer Zuständigkeit außerhalb des Übereinkommens, ist nur die Auffassung überzeugend, die Art. 2 MSA immer dann anwendet, wenn sich aus Art. 1 MSA – bei hypothetischer Anwendung – eine Zuständigkeit ergäbe (näher in Bezug auf das KSÜ → Rn. 14 ff.).

5 **3. ESÜ – Betreuung.** Für die Betreuung bzw. sonstige Institute des Erwachsenenschutzes gilt seit dem 1.1.2009 das ESÜ (Staudinger/v. Hein, 2019, ESÜ (umfassende Kommentierung); Helms FamRZ 2008, 1995; Hellmann BtPrax 2006, 87). Es wurde am 13.1.2000 verabschiedet und von Deutschland am 3.4.2007 ratifiziert (BGBl. II 323); das Ausführungsgesetz (ErwSÜAG) trat zeitgleich in Kraft (zur Gesetzgebung BT-Drs. 16/3251, BR-Drs. 674/06 und 675/06; Wagner IPRax 2007, 11). Mit der Ratifikation durch Großbritannien (nur für Schottland) am 5.11.2003 und Frankreich am 18.9.2008 wurde die Mindestzahl von drei Vertragsstaaten erreicht. Das ESÜ gilt inzwischen immerhin auch in Estland, Finnland, Lettland, Monaco, Österreich, Portugal, der Schweiz, Tschechien und Zypern (die aktuellen Ratifizierungen können der Seite http:/www.hcch.net/index_en.php?act=conventions.status&cid=71 entnommen werden). Dass es bislang – gut 18 Jahre nach seiner Verabschiedung – nicht mehr Staaten ratifiziert haben, ist gerade angesichts dessen bedauerlich, dass das Übereinkommen eine Chance zur verbesserten und vereinheitlichten Handhabung grenzüberschreitender Erwachsenenschutzfälle bietet (vor diesem Hintergrund hat sich nun auch die EU – gemeinsam mit der Haager Konferenz für Internationales Privatrecht – einer Verbesserung internationalen Erwachsenenschutzes angenommen; s. zu einer entsprechenden Konferenz im Dezember 2018: https://assets.hcch.net/docs/a92e7691-249d-473c-a8fe-160fde870b41.pdf; eine vorhergehende Studie ist abrufbar unter: http://www.europarl.europa.eu/RegData/etudes/STUD/2016/581388/EPRS_STU(2016)581388_EN.pdf). Das ESÜ regelt die internationale Zuständigkeit, das anwendbare Recht und die Anerkennung und Vollstreckung für den gesamten Bereich des Erwachsenenschutzes. Umfasst ist auch die Vorsorgevollmacht (→ Rn. 46 ff.). Darüber hinaus etabliert das ESÜ in Art. 28 ff. ein am KSÜ orientiertes umfassendes System der Zusammenarbeit zwischen den Vertragsstaaten (Siehr RabelsZ 64 (2000), 715 (745 ff.); Guttenberger BtPrax 2006, 83; zur grds. engen Anlehnung an das KSÜ, BT-Drs. 16/3250, 24). Das ErwSÜAG enthält die erforderlichen Einzelheiten hierzu. Die zuständige Zentrale Behörde in Deutschland ist nach § 1 ErwSÜAG das Bundesamt für Justiz (näher Röthel/Woitge IPRax 2010, 409).

6 **4. Weitere Übereinkommen.** Im Verhältnis zum Iran gilt das **deutsch-iranische Niederlassungsabkommen** (näher → Art. 21 Rn. 10; abgedruckt bei Jayme/Hausmann, Nr. 22). Art. 8 Abs. 3 deutsch-iranisches Niederlassungsabkommen iVm Ziff. I Abs. 3 Schlussprotokoll bestimmt die Anwendung des iranischen Rechts, wenn der Betroffene die iranische Staatsangehörigkeit besitzt (Wortlaut → Art. 25 Rn. 12). Daneben sind weder Art. 24, noch das KSÜ oder das ESÜ anwendbar (Staudinger/v. Hein, 2019, Vor Art. 24 Rn. 14; diese ausschließende Wirkung annehmend auch BGH NJW-RR 2005, 1449 bzgl. einer Ehescheidung).

6.1 Viele sonstige bilaterale Abkommen sind außer Kraft getreten oder werden faktisch nicht mehr angewendet – so das deutsch-polnische Vormundschaftsabkommen vom 5.3.1924 (RGBl. 1925 II 145; dazu Staudinger/v. Hein, 2019, Vor Art. 24 Rn. 13). Gekündigt wurden das Haager Entmündigungsabkommen vom 17.7.1905 (von Deutschland gekündigt mit Wirkung zum 23.8.1992, BGBl. II 272), das im Verhältnis zu Belgien bestehende (alte) Haager Abkommen zur Regelung der Vormundschaft über Minderjährige (Haager Vormundschaftsübereinkommen) vom 12.6.1902 (RGBl. 1904 II 240 – abgedruckt und kommentiert in MüKoBGB/Klinkhardt, 4. Aufl. 2006, Anh. Art. 24, gekündigt von Deutschland am 1.6.2009, BGBl. II

290), sowie das deutsch-österreichische Vormundschaftsabkommen vom 5.2.1927 (RGBl. II 511 – Bek. vom 8.5.2003 über das Außerkrafttreten des deutsch-österreichischen Vormundschaftsabkommens – BGBl. II 540, ber. 824).

Für **Leistungen der Jugendhilfe** findet das deutsch-österreichische Abkommen über Fürsorge- und Jugendwohlfahrtspflege vom 17.1.1966 Anwendung (BGBl. 1969 II 2, samt Durchführungsvereinbarung vom 25.10.1968, BGBl. 1969 II 1285). Nach Art. 2 können Österreicher in Deutschland die gleichen Leistungen beanspruchen wie Deutsche. Im Verhältnis zur Schweiz gilt die deutsch-schweizerische Fürsorgevereinbarung vom 14.7.1952 (BGBl. 1953 II 32). Das Europäische Fürsorgeabkommen vom 11.12.1953 (BGBl. 1956 II 564) gilt im Verhältnis zu Belgien, Dänemark, Estland, Frankreich, Griechenland, Großbritannien und Nordirland, Irland, Island, Italien, Luxemburg, Malta, Niederlande, Norwegen, Portugal, Schweden, Spanien und der Türkei. 6.2

**5. Brüssel IIa-VO.** Für Verfahrensfragen greift außer dem KSÜ (sowie selten dem MSA) und dem ESÜ auch die Brüssel IIa-VO. Sie ist in ihrem Anwendungsbereich grds. vorrangig gegenüber den Übereinkommen (näher → Rn. 51 ff.). 7

## III. Allgemeine Regeln

**1. Staatsverträge. a) Rück- und Weiterverweisungen.** Die Frage der Rück- und Weiterverweisung stellt sich für KSÜ und ESÜ idR nicht, da die lex fori anwendbar ist. Für die Sonderfälle, in denen fremdes Recht anwendbar ist, enthalten sowohl das KSÜ (Art. 21 Abs. 1 KSÜ) als auch das ESÜ (Art. 19 ESÜ) ausschließlich Sachnormverweisungen. Wird allerdings nach Art. 16 KSÜ auf das Recht eines Nichtvertragsstaats verwiesen, der die Verweisung nicht annimmt, sondern auf das Recht eines zweiten Nichtvertragsstaats weiterverweist, soll nach Art. 21 Abs. 2 KSÜ ausnahmsweise das Recht dieses anderen Staats angewendet werden (nur Andrae IntFamR § 6 Rn. 120). 8

**b) Vorfragen.** Die Vorfrage nach der **Minderjährigkeit** bzw. **Volljährigkeit** stellt sich nach dem KSÜ und dem ESÜ nicht, da beide hierzu eigene Regelungen enthalten. Das KSÜ greift ohne Rücksicht auf das anwendbare Recht immer ein, wenn ein Kind noch nicht das 18. Lebensjahr vollendet hat (zur Behandlung von Personen, die über 18 Jahre alt, aber nach dem Personalstatut noch minderjährig sind, → Rn. 13). Das ESÜ greift bei schutzbedürftigen Personen über 18 Jahren (→ Rn. 25). Für das Eingreifen des MSA ist nach Art. 12 MSA Minderjährigkeit nach dem Heimat- sowie nach dem Aufenthaltsrecht erforderlich – und damit „doppelt" anzuknüpfen. Die **Geschäftsfähigkeit** von Volljährigen unterliegt stets, also auch im Rahmen des ESÜ, der selbstständigen Anknüpfung nach Art. 7 (s. nur Röthel BtPrax 2006, 90 (94)). Gleiches gilt für eventuelle Formerfordernisse, für die Art. 11 Anwendung findet (Röthel/Woitge IPRax 2010, 494 (499 ff.)). Die Staatsangehörigkeit kann nur für die Abgrenzung des Anwendungsbereichs gegenüber anderen Übereinkommen Bedeutung haben. Sie ist wie stets nach dem (vermeintlichen) Heimatrecht zu beurteilen. 9

**c) Auslegung.** Das KSÜ und das ESÜ sind autonom auszulegen. Dabei zielen die Übereinkommen bei der Begriffsverwendung auf Einheitlichkeit, sodass sie nach Möglichkeit gleich auszulegen sind. Diese Parallelität wird besonders vor dem Hintergrund deutlich, dass für Minderjährigen- und Erwachsenenschutz zunächst die gemeinsame Regelung in einem Übereinkommen erwogen wurde und schließlich das KSÜ jedenfalls als Vorbild für das ESÜ diente (näher BT-Drs. 16/3250, 24; iE auch Staudinger/v. Hein, 2019, Einl zum ESÜ Rn. 6; Wagner/Beyer IPRax 2007, 321). Anzustreben ist auch eine einheitliche Auslegung der Übereinkommen in den Vertragsstaaten. 10

**2. Art. 24. Rück- und Weiterverweisungen** des Heimatrechts sind gem. Art. 4 Abs. 1 zu beachten (Erman/Hohloch Rn. 4; Soergel/Kegel Rn. 58; Staudinger/v. Hein, 2019, Rn. 64; MüKoBGB/Lipp Rn. 29; Grüneberg/Thorn Rn. 1). Dies gilt auch für die Verweisung in Art. 24 Abs. 2 (Erman/Hohloch Rn. 4; Staudinger/v. Hein, 2019, Rn. 67; Grüneberg/Thorn Rn. 1). 11

**Vorfragen** wie die des elterlichen Sorgerechts (Art. 21) und der Minder-/Volljährigkeit bzw. der Geschäftsfähigkeit (Art. 7) sind selbstständig anzuknüpfen (Erman/Hohloch Rn. 6; MüKoBGB/Lipp Rn. 28; Staudinger/v. Hein, 2019, Rn. 94). 12

Zu beachten ist, dass für das Personalstatut von Flüchtlingen Art. 12 GFK gilt (zum Flüchtlingsbegriff der GFK Arnold in Budzikiewicz ua, Migration und IPR, 2018, 25 ff.), der bestimmt, dass das Recht des „Wohnorts" – gemeint ist der gewöhnliche Aufenthaltsort – an die Stelle des Staatsangehörigkeitsrechts tritt. Der gewöhnliche Aufenthalt von Flüchtlingen liegt idR im 13

Zufluchtsstaat – notfalls reicht nach der GFK aber auch der einfache Aufenthalt aus (näher Baetge StAZ 2016, 289 (294 f.)). Die Frage, ab welchem Alter ein **Flüchtling volljährig** ist, richtet sich daher allein nach dem Recht des Aufenthaltsstaats (nun auch BGH NJW 2018, 613 Rn. 23 = FamRZ 2018, 457 – zugleich zur Feststellung des Heimatrechts bei fehlendem Flüchtlingsstatus; zust. und erläuternd Helms ZKJ 2018, 219; näher v. Hein FamRZ 2015, 1822 (1823); unrichtig insofern OLG Karlsruhe FamRZ 2015, 1820; offenlassend OLG Bremen FamRZ 2016, 990 Rn. 7). Dagegen greift für sonstige ausländische Staatsangehörige nach Art. 7 deren Heimatrecht (zuletzt beschäftigte besonders Guinea die Gerichte, s. beispielhaft BGH NJW 2018, 613 = FamRZ 2018, 457; NZFam 2018, 334; OLG Karlsruhe NJOZ 2018, 854; umfassend dazu Dutta/Lüttringhaus FamRZ 2018, 1564; Spellenberg IPRax 2020, 136). Personen, die über 18 Jahre alt, nach ihrem Heimatrecht aber noch minderjährig sind, erhalten daher nur dann einen Vormund, wenn sie keinen Flüchtlingsstatus besitzen (zur Neufassung des Art. 7 Abs. 2, die aber erst zum 1.1.2023 in Kraft treten wird, → Rn. 2.1). Das ist zwar widersinnig, aber eindeutig so bestimmt (mit dem insofern inhaltlich überzeugenden, jedoch mit der GFK kaum zu vereinbarenden Vorschlag einer erheblichen teleologischen Reduktion der Norm Majer StAZ 2016, 337 (340)). Die Anordnung der Vormundschaft in einem solchen Fall ist iÜ nicht vom ESÜ erfasst (BGH NJW 2018, 613 = FamRZ 2018, 457; NK-BGB/Benicke ESÜ Art. 2 Rn. 1; aA v. Hein FamRZ 2015, 1822; OLG Stuttgart BeckRS 2018, 2255). Dieses ist seinem klaren Sinn nach nicht auf Personen ausgerichtet, die aufgrund bloßer Minderjährigkeit schutzbedürftig sind (OLG Brandenburg InfAuslR 2016, 463 Rn. 11). Insofern ist es richtig, für die Vormundschaft Art. 24 anzuwenden (OLG Bremen FamRZ 2016, 990; OLG Karlsruhe FamRZ 2015, 1820 mAnm v. Hein, für einen 18-jährigen Algerier; OLG Hamm FamRZ 2015, 1635 für einen 19-jährigen Migranten aus Guinea; OLG Bremen FamRZ 2013, 312 für einen 18-Jährigen aus Liberia); vgl. für eine Übersicht zum Volljährigkeitsalter in ausländischen Rechtsordnungen → Art. 7 Rn. 58.1.

13.1 Nicht näher behandelt werden können hier die Probleme, die bei der Altersfeststellung auftreten können, wenn keine Papiere vorliegen. Im Zweifel ist von Minderjährigkeit auszugehen (dazu OLG Hamm BeckRS 2018, 31142; Dürbeck FamRZ 2018, 553 (556); Menne FamRZ 2016, 1223 (1226)). Zur Inobhutnahme und weiteren öffentlich-rechtlichen Schutzmaßnahmen → Rn. 42 (umfassend zur Thematik Rupp ZfPW 2018, 57; Dürbeck FamRZ 2018, 553).

14 Das Gericht ist **von Amts wegen** verpflichtet, Feststellungen zur Frage der **Staatsangehörigkeit** zu treffen, wenn Anhaltspunkte dafür bestehen, dass der Betroffene eine ausländische Staatsbürgerschaft besitzt und deshalb ausländisches Recht angewendet werden muss (BayObLG IPRax 1985, 354 f.). Bei Mehrstaatern gelten die allgemeinen Regeln des Art. 5 Abs. 1. Ist der Betroffene staatenlos, kommt Art. 5 Abs. 2 zum Tragen, sofern nicht staatsvertragliche Regelungen vorgehen (näher → Art. 5 Rn. 2). Vorrangig anzuwenden ist vor allem das New Yorker Abkommen über die Rechtsstellung der Staatenlosen vom 28.9.1954 (BGBl. 1976 II 473; ausf. → Art. 5 Rn. 54 ff.).

## IV. Vormundschaft

15 **1. KSÜ. a) Anwendungsbereich.** Das KSÜ ist räumlich anwendbar, wenn ein Kind seinen gewöhnlichen Aufenthalt in einem Vertragsstaat hat (zum MSA und zur Konkurrenz der Übereinkommen → Rn. 4 sowie → Art. 21 Rn. 4 f.). Nach Art. 2 KSÜ gilt das Übereinkommen aber nur für Personen, die das **18. Lebensjahr** noch nicht vollendet haben. Für die Frage nach der Fortwirkung einer Vormundschaft über diesen Zeitpunkt hinaus ist danach zu differenzieren, ob der Betroffene des Erwachsenenschutzes bedarf oder ob er nach dem Heimatrecht noch minderjährig ist (schon → Rn. 13). Sachlich gilt das KSÜ für alle Arten der Vormundschaft über Minderjährige. Die **angeordnete Vormundschaft** ist dabei in Deutschland der Normalfall (§§ 1773 ff. BGB). Hingegen ist als gesetzliche Vormundschaft die Amtsvormundschaft des Jugendamts nach § 1791c BGB ausgestaltet (Staudinger/v. Hein, 2019, Rn. 10; MüKoBGB/Lipp Rn. 24; Grüneberg/Thorn Rn. 5). Sie tritt ein, wenn eine minderjährige, nicht verheiratete Frau ein Kind bekommt, für das noch kein Vormund bestellt wurde und für das auch der Vater nicht die elterliche Sorge hat. Als weiteren Fall der gesetzlichen Vormundschaft gibt es in Deutschland noch § 1751 Abs. 1 S. 2 BGB, der für den Zeitraum nach der Einwilligung der Eltern in die Adoption aber vor deren Ausspruch gilt. Das KSÜ erfasst auch das im islamisch geprägten Recht bekannte, eine Mischung aus Pflege und Adoption darstellende Institut der **Kafala** (Art. 3 lit. e KSÜ; s. auch bei → Art. 22 Rn. 17). Vom KSÜ erfasst sind auch **öffentlich-rechtliche Maßnahmen** (→ Rn. 42).

**b) Anwendbares Recht.** Nach **Art. 15 Abs. 1 KSÜ** ist für Schutzmaßnahmen, zu denen die **Anordnung einer Vormundschaft** gehört, zunächst die lex fori anzuwenden. Die Norm kann bei einer Zuständigkeit nach der Brüssel IIa-VO dann angewendet werden, wenn sich auch aus dem 2. Kapitel des KSÜ – bei dessen hypothetischer Anwendung – ebenfalls eine Zuständigkeit in Deutschland ergeben würde (hierfür zuletzt etwa BGH NJW 2018, 613 = FamRZ 2018, 457 Ls. 3) (ausf. → Art. 21 Rn. 14 f.). Im Bereich der Vormundschaft kann daneben **Art. 15 Abs. 2 KSÜ** Bedeutung gewinnen, der bei Erforderlichkeit für den Schutz der Person oder des Vermögens des Kindes ausnahmsweise die Anwendung des Rechts eines anderen Staates erlaubt, soweit der Sachverhalt eine enge Verbindung zu diesem hat. Das wird dann in Erwägung zu ziehen sein, wenn die auszuführenden Schutzakte vorwiegend in diesen anderen Staaten erfolgen oder sich auswirken, etwa weil das Kind kurz vor dem Umzug in diesen Staat steht oder sein Vermögen dort liegt (BT-Drs. 16/12068, 56). 16

Nach Art. 15 Abs. 3 KSÜ führt ein Aufenthaltswechsel des Kindes dazu, dass sich die Bedingungen für die Anwendung der getroffenen Maßnahme nach dem neuen Aufenthaltsrecht richten; zu Art. 19 KSÜ, der einen Verkehrsschutz für die Fälle vorsieht, in denen scheinbar gesetzliche Vertretung gegeben war, → Art. 21 Rn. 21. 17

Für die **gesetzliche Vormundschaft** beansprucht § 1791c BGB schon selbst Geltung für alle Kinder mit gewöhnlichem Aufenthalt in Deutschland und enthält damit eine Kollisionsregel. Diese war nach ganz hM vorrangig zu Art. 24 anzuwenden (Staudinger/v. Hein, 2019, Rn. 10; MüKoBGB/Lipp Rn. 24). Das kann gegenüber dem KSÜ freilich nicht gelten. Man gelangt vielmehr **über Art. 16 KSÜ** zu § 1791c BGB (DIJuF-Rechtsgutachten JAmt 2016, 380). Unter Art. 16 KSÜ fällt auch die Ausgestaltung der Vormundschaft. Es darf nicht übersehen werden, dass vor der Bestellung eines Vormunds uU nach § 1674 BGB das Ruhen der Sorge der im Ausland befindlichen Eltern angeordnet werden muss. Hierfür gilt, weil eine gerichtliche Schutzanordnung betroffen ist, wiederum Art. 15 KSÜ. 18

**2. Art. 24. a) Anwendungsbereich.** Art. 24 erfasst sowohl die **anzuordnende** als auch die **gesetzliche** Vormundschaft, wird aber, wie schon gezeigt (→ Rn. 1), in diesem Bereich fast ganz vom KSÜ verdrängt. Es greift allerdings insbes. noch bei über 18-jährigen, nach dem Heimatrecht aber noch minderjährigen ausländischen Personen (die keinen Flüchtlingsstatut haben, s. → Rn. 13). Soll die Vormundschaft oder Pflegschaft für einen **nasciturus** bestellt werden (vgl. §§ 1774 S. 2, 1912 BGB; das KSÜ greift nach Art. 2 KSÜ nicht), so ist dessen voraussichtliches Heimatrecht heranzuziehen (Soergel/Kegel Rn. 36; Staudinger/v. Hein, 2019, Rn. 26). 19

**b) Anwendbares Recht.** Das **Heimatrecht** entscheidet gem. Art. 24 Abs. 1 S. 1 über die **Entstehung** der Vormundschaft und bestimmt damit die Voraussetzungen, unter denen die Maßnahmen zur Anwendung kommen. **Änderungen** und **Ende** der Vormundschaft richten sich ebenfalls nach dem Heimatrecht, weshalb es entscheidend darauf ankommen kann, ob der Betroffene nach dortigem Recht volljährig ist (nur nochmals BGH NJW 2018, 613 = FamRZ 2018, 457; → Rn. 12). Maßgeblich ist dabei die Staatsangehörigkeit (Personalstatut), die der Mündel zum Zeitpunkt der Änderung bzw. der Beendigung hat (MüKoBGB/Lipp Rn. 27) (zum Personalstatut von Flüchtlingen → Rn. 13). Die **Beendigung des Amts** des Vormunds betrifft hingegen den Inhalt der Vormundschaft, sodass gem. Art. 24 Abs. 3 das Recht des anordnenden Staates Anwendung findet (Staudinger/v. Hein, 2019, Rn. 34). Das Vormundschaftsstatut ist durch die Änderung der Staatsangehörigkeit ex nunc **wandelbar.** In diesem Fall ist nach dem neuen Personalstatut darüber zu entscheiden, ob weiterhin ein Bedürfnis für die unter altem Heimatrecht begründete Vormundschaft besteht oder ob diese nunmehr aufzuheben ist (Soergel/Kegel Rn. 50; Staudinger/v. Hein, 2019, Rn. 35; Kegel/Schurig IPR § 20 XV 2b). 20

**c) Inhalt.** „Inhalt" der Vormundschaft iSd **Abs. 3** wird weit verstanden. Die gesamte **Durchführung** einer **angeordneten** Vormundschaft richtet sich nach dem Recht des Landes, in dem sie angeordnet wurde (Art. 24 Abs. 3). Dazu gehören die Fähigkeit bzw. die Tauglichkeit (§§ 1780, 1781 BGB), die Auswahl und die Bestellung des Vormunds, seine Rechte, namentlich seine Vertretungsmacht, und seine Pflichten gegenüber dem Mündel und gegenüber Dritten (MüKoBGB/Lipp Rn. 37–46). Ebenfalls nach Art. 24 Abs. 3 ist die Haftung des Vormunds anzuknüpfen, soweit diese aus dem Verhältnis zum Mündel resultiert; beruht die Haftung auf einem deliktischen Verhalten, so findet das Deliktsstatut Anwendung (Erman/Hohloch Rn. 13; Staudinger/v. Hein, 2019, Rn. 42; MüKoBGB/Lipp Rn. 46). 21

Auf das Recht zur **Ablehnung** der Übernahme der Vormundschaft (§§ 1785 ff. BGB) sollte ebenfalls Abs. 3 abgewendet werden. Es gehört nicht zur Begründung der Vormundschaft, sondern betrifft die Rechte des zukünftigen Vormunds. Nach heutigem Verständnis ginge es jedoch zu 22 weit, deshalb – ohne konkrete Rechtsgrundlage – dessen Personalstatut anwenden. Vielmehr passt das Begründungsstatut nach Abs. 3 (Staudinger/v. Hein, 2019, Rn. 40; aA – nämlich Personalstatut des Vormunds – Soergel/Kegel Rn. 17a; MüKoBGB/Lipp Rn. 40; Kegel/Schurig IPR § 20 XV 2c; ebenso noch die Vorauflage).

23 Bei einer **gesetzlichen Vormundschaft** richtet sich die Durchführung nach dem Heimatrecht des Mündels (Art. 24 Abs. 1 S. 1).

## V. Betreuung

24 **1. ESÜ. a) Anwendungsbereich.** Wie das KSÜ ist auch das ESÜ **räumlich** anwendbar, wenn einer der in dem Übereinkommen verwendeten Anknüpfungstatbestände verwirklicht ist – was bedeutet, dass der Betroffene seinen gewöhnlichen Aufenthalt in einem Vertragsstaat haben muss (Helms FamRZ 2008, 1995 (1998); Staudinger/v. Hein, 2019, Einl. ESÜ Rn. 7). Außerdem muss die Konstellation international sein, was insbes. bei gewöhnlichem Aufenthalt in Deutschland und fremder Staatsangehörigkeit der Fall ist (näher Siehr RabelsZ 64 (2000), 715 (722)).

25 **Sachlich** erfasst sind nach Art. 1 Abs. 1 ESÜ alle Maßnahmen zum Schutz von Erwachsenen, die aufgrund einer Beeinträchtigung oder der Unzulänglichkeit ihrer persönlichen Fähigkeiten nicht in der Lage sind, ihre Interessen zu schützen (als häufigen Anwendungsfall nennt der erl. Bericht etwa ältere Menschen, namentlich Alzheimerpatienten, BT-Drs. 16/3250, 28 (33)). Erwachsene sind nach Art. 2 Abs. 1 ESÜ alle Personen, die das 18. Lebensjahr vollendet haben. Das ESÜ erfasst insbes. die Betreuung iSd §§ 1896 ff. BGB, und zwar im Grunde vollständig (zu Ausnahmen im Grenzbereich zum Erbrecht Helms FamRZ 2008, 1995 (1996)), namentlich einschließlich der Unterbringung. Erfasst ist auch die Vormundschaft über Erwachsene (Art. 3 lit. c ESÜ), soweit ein anderer Staat diese kennt (zum Umgang damit → Rn. 29). Schließlich ist auch die **Vorsorgevollmacht** erfasst (→ Rn. 46 ff.). Die Wirksamkeit von **Patienten- und Betreuungsverfügungen** wird dagegen vom ESÜ **nicht** umfasst. Sie ist selbstständig anzuknüpfen, wobei die Einzelheiten streitig sind (zu diesbezüglichen Lücken im Kollisionsrecht Jayme FS Spellenberg, 2010, 203 (206 ff.); näher Röthel in Lipp, Handbuch der Vorsorgeverfügung, 2009, § 20 Rn. 27, die sich für eine Anwendung des Rechts des Wirkungsorts ausspricht). Es handelt sich nicht um Vollmachten iSd Art. 8. Ob eine Betreuungs- oder Patientenverfügung für die geplante Schutzmaßnahme überhaupt beachtlich ist, bestimmt das auf die Maßnahme anzuwendende Recht, also idR die lex fori (Helms FamRZ 2008, 1995, (1999); Röthel in Lipp, Handbuch der Vorsorgeverfügung, 2009, § 20 Rn. 13).

26 Pflegschaften, die aufgrund äußerer Umstände, wie einer Abwesenheit des Betroffenen, errichtet werden, fallen nicht in den Anwendungsbereich des ESÜ (Helms FamRZ 2008, 1995 (1996)).

27 **b) Anwendbares Recht.** Nach Art. 13 Abs. 1 ESÜ wenden die nach dem Übereinkommen zuständigen Behörden im Grundsatz ihr eigenes Recht, also die **lex fori** an. Nach Abs. 2 dürfen sie ausnahmsweise das Recht eines anderen Staates anwenden oder berücksichtigen, zu dem der Sachverhalt eine enge Verbindung hat (zur entsprechenden Norm im KSÜ → Rn. 16) (auch Siehr RabelsZ 64 (2000), 717 (737)). Nach Art. 14 ESÜ gilt schließlich, dass die Bedingungen für die Durchführung einer Maßnahme sich stets nach dem Recht des Staates richten, in dem sie durchgeführt wird.

28 Art. 17 ESÜ sieht wie Art. 19 KSÜ (→ Rn. 17) einen Verkehrsschutz für Personen vor, die im Hinblick auf die Vertretungsmacht in das Ortsrecht vertrauen (näher Siehr RabelsZ 64 (2000), 715 (741 f.); ausf. auch Kordel notar 2018, 303 (307 f.)).

29 **2. Art. 24. a) Anwendungsbereich.** Art. 24 erfasst nicht nur die Betreuung im engen Wortsinn, sondern auch die Rechtsinstitute, die im ausländischen Recht die Funktion der Betreuung übernehmen. Insbesondere bei ausländischen **Vormundschaften für Erwachsene** muss stets überlegt werden, ob sie nicht vielmehr der Funktion des Erwachsenenschutzes dienen (näher Röthel BtPrax 2006, 90 (91); Röthel FamRZ 2004, 999; dagegen NK-BGB/Benicke Rn. 4). Die Qualifikation einer solchen „Vormundschaft" als Betreuung erhält trotz der parallelen Nennung beider Institute (Vormundschaft und Betreuung) in Abs. 1 S. 1 Bedeutung, weil erst die Einordnung als Betreuung die Anwendbarkeit des Abs. 1 S. 2 eröffnet.

30 **b) Anwendbares Recht. Entstehung, Änderungen** und **Ende** der Betreuung richten sich nach dem **Heimatrecht** des Betreuten **(Art. 24 Abs. 1 S. 1).** Entscheidend ist das Personalstatut zum Zeitpunkt der Entstehung, Änderung oder Beendigung der Betreuung (auch → Rn. 20). Das „Ende" iSd Norm erfasst nur die Betreuung als solche, auf die **Beendigung des Amtes** des Betreuers findet Art. 24 Abs. 1 S. 1 keine Anwendung (Schulte-Bunert FuR 2014, 401 (402);

Staudinger/v. Hein, 2019, Rn. 34). Hierfür gilt gem. Art. 24 Abs. 3 das Recht des anordnenden Staates.

Darüber hinaus kann das Betreuungsgericht für einen Ausländer mit gewöhnlichem Aufenthalt im Inland nach **Art. 24 Abs. 1 S. 2** wahlweise auch einen Betreuer nach deutschem Recht (§§ 1896 ff. BGB) bestellen (Staudinger/v. Hein, 2019, Rn. 31; Kegel/Schurig IPR § 20 XV 1; Grüneberg/Thorn Rn. 4; Röthel BtPrax 2006, 90 (91); aA v. Bar IPR II Rn. 50 ff.; Erman/Hohloch Rn. 15, die Art. 24 Abs. 1 S. 2 als Exklusivnorm verstehend; aA Oelkers, Internationales Betreuungsrecht, 1996, 237, die die Art. 24 Abs. 1 S. 1 und 2 als Regel-/Ausnahmeanknüpfung versteht). Mit der hM ist zu verlangen, dass der Betroffene im Inland seinen gewöhnlichen Aufenthalt hat. Nur bei einem Betroffenen, der auch andernorts keinen gewöhnlichen Aufenthalt hat, reicht der schlichte Aufenthalt im Inland aus (PWW/Martiny Rn. 25; aA NK-BGB/Benicke Rn. 18). Von dieser Möglichkeit (zu den Vorteilen → Rn. 1) ist in der Praxis durchaus Gebrauch gemacht worden (etwa BayObLG FPR 2002, 275; dazu auch Kegel/Schurig IPR § 20 XV 1), inzwischen ergibt sich die Anwendbarkeit deutschen Rechts allerdings weitgehend aus dem vorrangingen ESÜ (zum Bedeutungsverlust von Art. 24 Abs. 1 S. 2 auch jurisPK-BGB/Wiedemann Rn. 52; Staudinger/v. Hein, 2019, Rn. 31). 31

Über den **Inhalt** der Betreuung entscheidet in jedem Fall das Recht der **anordnenden Behörde** (**Art. 24 Abs. 3**). Für die Abgrenzung gilt das über den Vormund Gesagte auch für den Betreuer (→ Rn. 20 ff.). Art. 24 Abs. 3 gilt zunächst für die Auswahl des Betreuers (str., wie hier Henrich IntFamR 338 mwN). Nach Art. 24 Abs. 3 richten sich außerdem der Aufgabenkreis des Betreuers sowie seine einzelnen Kompetenzen, seine Pflichten und die Haftung des Betreuers gegenüber dem Betreuten bei Pflichtverletzungen (§ 1908i Abs. 1 S. 1 BGB iVm § 1833 BGB). Vor allem werden **Genehmigungspflichten** (wie insbes. in § 1904 BGB und § 1906 BGB vorgesehen) erfasst, sodass zB eine gefährliche Heilbehandlung oder eine Unterbringung in Deutschland nicht ohne betreuungsgerichtliche Genehmigung möglich sind (wie hier Röthel BtPrax 2006, 90 (92); mit Einzelheiten auch Schulte-Bunert FuR 2014, 401 (403)). 32

## VI. Pflegschaft

**1. Anwendungsbereich.** Art. 24 findet auf Pflegschaften nur Anwendung, soweit nicht das MSA, das KSÜ oder Art. 21 vorgehen. Zu den erfassten Pflegschaften zählt unstreitig die Abwesenheitspflegschaft für Erwachsene nach § 1911 BGB (Staudinger/v. Hein, 2019, Rn. 13; NK-BGB/Benicke Rn. 20). 33

Streitig ist, ob die Norm auch für die **Ergänzungspflegschaft** für Minderjährige nach § 1909 BGB gelten soll (dafür Soergel/Kegel Rn. 11; Staudinger/v. Hein, 2019, Rn. 13; Kegel/Schurig IPR § 20 XV 2a; dagegen MüKoBGB/Lipp Rn. 56). Die Frage wird selten relevant werden, da bei Aufenthalt des Kindes in Deutschland das MSA bzw. das KSÜ vorrangig sind. Jedoch sollte differenziert werden: Da die Ergänzungspflegschaft neben die elterliche Sorge oder neben eine Vormundschaft treten kann und jeweils auf diese abgestimmt sein muss, sollte alternativ das Recht angewendet werden, das für das Sorgerecht (Art. 21) bzw. für die Vormundschaft (dann Art. 24) maßgebend ist. 34

**a) Sonderregelung in Art. 24 Abs. 2.** Die Pflegschaft für unbekannte Beteiligte (§ 1913 BGB) und für Beteiligte, die sich im Ausland befinden (§ 1911 BGB), unterliegt gem. Art. 24 Abs. 2 dem Recht, das für die Angelegenheit selbst maßgebend ist. Für unbekannte Beteiligte ist eine solche Regelung notwendig, da die Anknüpfung an das Personalstatut ausscheidet. Dagegen ist unklar, in welchen Fällen die Norm bei einem abwesenden Beteiligten angewendet werden soll. Sie passt jedenfalls nur dann, wenn es um die Pflegschaft in Bezug auf eine konkrete Angelegenheit geht, für welche ein bestimmtes anwendbares Recht gilt (rätselnd auch Staudinger/v. Hein, 2019, Rn. 57). Die frühere Sonderregelung in § 10 Zuständigkeitsergänzungsgesetz wurde aufgehoben durch das Erste Gesetz über die Bereinigung von Bundesrecht vom 19.4.2006 (BGBl. I 866). 35

**b) Sonderregelung Nachlasspflegschaft.** Nicht von der Anknüpfung nach Art. 24 erfasst wird die Bestellung von Nachlasspflegschaften (vgl. §§ 1960, 1961 BGB). Auf diese findet als ungeschriebener Rechtsgrundsatz das Recht der anordnenden Behörde Anwendung (Erman/Hohloch Rn. 10; Staudinger/v. Hein, 2019, Rn. 17). Auch die Pflegschaft für Nachlassauseinandersetzungen unterliegt nicht Art. 24, sondern richtet sich nach dem Erbstatut (Kegel/Schurig IPR § 20 XV 1). 36

37 **c) Sonderregelung Sammelvermögen.** Die Pflegschaft für Sammelvermögen (vgl. § 1914 BGB) unterliegt schließlich dem Recht des Staates, in dem das betreffende Vermögen verwaltet bzw. verwahrt wird (Erman/Hohloch Rn. 10; Staudinger/v. Hein, 2019, Rn. 16; MüKoBGB/Lipp Rn. 61).

38 **2. Anwendbares Recht. Entstehung, Änderungen** und **Ende** der von Art. 24 Abs. 1 erfassten Pflegschaft richten sich nach dem **Heimatrecht** des Pfleglings (Art. 24 Abs. 1 S. 1). Maßgebend ist auch hier das Personalstatut zum Zeitpunkt der Entstehung, Änderung oder Beendigung der Pflegschaft.

39 Die Sonderregelung in **Art. 24 Abs. 2** (→ Rn. 35) meint, dass das Pflegschaftsstatut akzessorisch an das in der Hauptsache maßgebliche Statut anzuknüpfen ist (etwa in Erbrechtsfällen an das Erbstatut) (mit weiterem Bsp. jurisPK-BGB/Wiedemann Rn. 56).

40 Die Durchführung einer **angeordneten Pflegschaft** nach Abs. 1 oder Abs. 2 richtet sich nach dem Recht des Landes, in dem sie angeordnet wurde (Art. 24 Abs. 3). Für die Abgrenzung von Abs. 1 bzw. Abs. 2 zu Abs. 3 gilt das über die Vormundschaft Gesagte entspr. (→ Rn. 20 ff.). Über den Inhalt einer **gesetzlichen Pflegschaft** (die das deutsche Recht allerdings nicht kennt) bestimmt das nach Art. 24 Abs. 1 S. 1 berufene Heimatrecht des Pfleglings.

## VII. Beistandschaft und Schutzmaßnahmen

41 Generell ausgenommen aus dem Anwendungsbereich des Art. 24 und des MSA ist die **beantragte Beistandschaft des Jugendamts** nach §§ 1712–1717 BGB. Es ist fraglich, ob diese Ausnahme auch für das KSÜ gelten kann. Denn erstens nennt das KSÜ in Art. 3 lit. d die Beistandschaft ausdrücklich als Regelungsgegenstand und die Erläuterungen lassen erkennen, dass die dort verwendeten Begriffe sehr weit gefasst sind (BT-Drs. 16/12068, 42). Zweitens spricht gegen eine Ausnahme, dass die Beistandschaft ein Rechtsinstrument ist, das sich aus der früheren Amtsvormundschaft entwickelt hat und ergänzend neben die elterliche Sorge tritt. Eine Aussparung würde daher zu einer systemwidrigen Lücke führen. Es gibt also keine Ausnahme für die Beistandschaft. Die einseitige Kollisionsnorm in § 1717 BGB, nach der die beantragte Beistandschaft nur eintritt, wenn das Kind seinen gewöhnlichen Aufenthalt im Inland hat (→ BGB § 1717 Rn. 2) verliert damit ihre Bedeutung. Im Ergebnis ändert sich allerdings nichts, denn für Kinder mit gewöhnlichem Aufenthalt in Deutschland verweist Art. 15 Abs. 1 iVm Art. 5 KSÜ ebenfalls auf das deutsche Recht. Hat das Kind seinen gewöhnlichen Aufenthalt in einem Staat, der nicht Vertragsstaat des KSÜ ist, kommt für die Beurteilung dortiger, der Beistandschaft ähnlicher Institute, das nach Art. 21 (nicht Art. 24) berufene Recht zur Anwendung (Grüneberg/Thorn Rn. 5; NK-BGB/Benicke Rn. 9).

42 Ebenfalls nicht vom Anwendungsbereich des Art. 24 erfasst werden **öffentlich-rechtliche Schutzmaßnahmen** (Erman/Hohloch Rn. 11a; Grüneberg/Thorn Rn. 3). Dagegen greift das **KSÜ** ein, soweit es sich nicht um öffentliche Maßnahmen allgemeiner Art iSd Art. 4 lit. h KSÜ handelt. Ergänzt wird das KSÜ durch § 6 SGB VIII, der eine eigene Kollisionsnorm enthält, nach der Leistungen der Jugendhilfe an Personen mit tatsächlichem Aufenthalt in Deutschland (§ 6 Abs. 1 S. 1 SGB VIII) sowie an deutsche Staatsangehörige im Ausland (§ 6 Abs. 3 SGB VIII) erfolgen können. Das SGB VIII bestimmt dabei selbst, für welche Altersgruppen die jeweiligen Hilfen vorgesehen sind. Die **Inobhutnahme** eines ausländischen Kindes, welches sich ohne Begleitung eines Sorgeberechtigten in Deutschland aufhält, erfolgt gem. (Art. 11 Abs. 1 KSÜ iVm) Art. 15 KSÜ nach deutschem Recht. Die entsprechenden Regelungen in § 6 Abs. 1 S. 2, § 42 Abs. 1 Nr. 3 SGB VIII sind damit überlagert. Dies gilt auch für die neu eingeführten **§§ 42a–42f SGB VIII,** wonach die Jugendämter bei unbegleiteter Einreise ausländischer Kinder/Jugendlicher und insbes. bei **minderjährigen** alleinreisenden **Flüchtlingen** zu deren vorläufiger Inobhutnahme berechtigt und verpflichtet sind und weitere Schutzmaßnahme durchführen können (näher zu allem Dürbeck FamRZ 2018, 553; Erb-Klünemann/Kößler FamRB 2016, 160; Veit FamRZ 2016, 93).

## VIII. Vorläufige Maßnahmen

43 **1. KSÜ und ESÜ.** Sowohl das KSÜ als auch das ESÜ enthalten besondere Regeln für eilige und für vorläufige Maßnahmen. Nach Art. 11 Abs. 1 KSÜ und nach Art. 10 Abs. 1 ESÜ dürfen **dringliche Schutzmaßnahmen** von den Behörden stets getroffen werden. Damit sind reguläre Maßnahmen gemeint, die jedoch faktisch eilig sind und deshalb nicht im Rahmen der gewöhnlichen Zuständigkeiten getroffen werden können (dabei soll die Dringlichkeit iSd Übereinkommens

eher eng auszulegen sein, BT-Drs. 16/12068, 52; BT-Drs. 16/3250, 45). Die auf diese Normen gestützten Maßnahmen treten bei gewöhnlichem Aufenthalt des Kindes/Erwachsenen in einem Vertragsstaat automatisch außer Kraft, sobald dort eine entsprechende Maßnahme ergeht. Sie treten außerdem außer Kraft, wenn eine Maßnahme aus einem Drittstaat anerkannt wird. Eigentliche Eilmaßnamen (einstweilige Anordnungen) dürfen nach Art. 12 KSÜ und nach Art. 11 ESÜ getroffen werden. Diese Maßnahmen unterliegen allein den Voraussetzungen nach dem nationalen Recht und wirken territorial nur in dem Staat, in dem sie erlassen werden. Sie dürfen nicht erlassen werden, wenn bereits widersprechende Maßnahmen angeordnet wurden (Siehr RabelsZ 64 (2000), 715 (735)).

**2. Art. 24 Abs. 3.** Nach Art. 24 Abs. 3 gilt für vorläufige Maßnahmen die lex fori. Das auf diese Weise berufene Recht entscheidet darüber, welche Maßnahmen iE getroffen werden können. In Betracht kommen vor allem Sicherungsmaßregeln in Bezug auf die Person oder das Vermögen: die Hinterlegung von Geld oder Wertpapieren, die Inventarerrichtung, die Kündigung von Forderungen oder die Anfechtung von Willenserklärungen, die Bestellung eines Verwahrers, die Erteilung von Genehmigungen zum Abschluss von Verträgen, die Arrestbeitreibung sowie die Bestellung eines Prozessvertreters (Erman/Hohloch Rn. 17; Soergel/Kegel Rn. 19; Staudinger/v. Hein, 2019, Rn. 60; Kropholler IPR § 50 II 5; Grüneberg/Thorn Rn. 7). 44

Ob und wie die Anordnung einer Vormundschaft, Betreuung oder Pflegschaft selbst als vorläufige Maßnahme im Rahmen des Art. 24 Abs. 3 erfolgen kann, war lange streitig. Heute hat sich jedoch die Ansicht durchgesetzt, dass eine **vorläufige Vormundschaft, Betreuung** oder **Pflegschaft** als vorläufige Maßnahme gem. Art. 24 Abs. 3 angesehen werden kann (Looschelders Rn. 14; Staudinger/v. Hein, 2019, Rn. 62 f.; Kropholler IPR § 50 II 5; Schulte-Bunert FuR 2014, 401 (403); Röthel BtPrax 2006, 90 (93) unter Hinweis auf die zeitliche Grenze in § 69f Abs. 2 FGG; Oelkers, Internationales Betreuungsrecht, 1996, 253 ff.; aA Erman/Hohloch Rn. 17; Grüneberg/Thorn Rn. 7: Anknüpfung nach Art. 24 Abs. 1). Freilich müssen alle Voraussetzungen einer solchen vorläufigen Maßnahme im berufenen Recht gegeben sein. In Deutschland kommen etwa Maßnahmen nach § 1909 Abs. 3 BGB oder nach § 300 FamFG (vorläufiger Betreuer) in Betracht. Zur Inobhutnahme nach Jugendhilferecht → Rn. 42. 45

## IX. Vorsorgevollmacht, Patientenverfügung uÄ

Das ESÜ enthält eine Kollisionsnorm für **Vorsorgevollmachten,** der in Folge nationaler sowie supranationaler Bestrebungen zur Förderung privater Vorsorge steigende Praxisrelevanz zukommen dürfte (allein in Deutschland sind inzwischen bereits rund 3,9 Millionen Vorsorgevollmachten registriert, aktuelle Zahlen hierzu finden sich unter: https://www.vorsorgeregister.de/Presse/Statistik/2018/index.php; zu europäischen Entwicklungstendenzen Dethloff FamR § 17 Rn. 49). Gemäß Art. 15 Abs. 1 ESÜ gilt das Recht des Staates, in welchem der Vollmachtgeber zurzeit der Errichtung der Vollmacht seinen gewöhnlichen Aufenthalt hat. Vorrangig zu berücksichtigen ist aber nach Art. 15 Abs. 2 ESÜ eine **Rechtswahl,** die ausdrücklich und in Schriftform erfolgen kann (auch Ludwig DNotZ 2009, 251 (255)). Die Wahl ist auf bestimmte Rechtsordnungen begrenzt, mit denen der Betroffene eng verbunden ist (krit. und für eine Erweiterung der Wahlmöglichkeiten zugunsten des Rechts des zukünftigen gewöhnlichen Aufenthalts Siehr RabelsZ 64 (2000), 715 (739 f.); sowie bzgl. des aktuellen gewöhnlichen Aufenthalts Kordel notar 2018, 303 (304)). 46

Das ESÜ erfasst dabei jedoch nur echte Vorsorgevollmachten, mit welchen einem Dritten Vertretungsmacht eingeräumt wird und nur in Bezug auf das Außenverhältnis. Ob sich die Bevollmächtigung auf vermögensrechtliche oder persönliche Aspekte bezieht, spielt keine Rolle (iE zu den erfassten Vollmachtsgestaltungen Schaub IPRax 2016, 207 (208 f.)). Patientenverfügungen fallen hingegen nicht in den Anwendungsbereich von Art. 15 ESÜ, soweit diese nicht ausnahmsweise eine Bevollmächtigung enthalten (Helms FamRZ 2008, 1995 (1999); MüKoBGB/Lipp ESÜ Art. 15 Rn. 17). Ebenfalls nicht erfasst sind gewöhnliche Vollmachten. Soweit eine umfassende persönliche Vollmacht auch über den Eintritt der Schutzbedürftigkeit hinaus wirksam bleiben soll, muss wegen des auf reine Vorsorgevollmachten beschränkten Anwendungsbereichs des Art. 15 ESÜ wohl eine zeitliche Aufteilung bei der Anknüpfung vorgenommen werden, obwohl dies unpraktisch ist (wie hier und näher zur Abgrenzung Staudinger/v. Hein, 2019, Art. 15 ESÜ Rn. 11 ff.). Für den Zeitraum vor dem Eintritt der Schutzbedürftigkeit gilt dann das allgemeine Vollmachtsstatut. Hierbei macht Art. 8 Abs. 1 zumindest eine einheitliche Rechtswahl möglich. 47

Nach Art. 15 Abs. 3 ESÜ unterliegen Art und Weise der Ausübung der Vollmacht (zB Notwendigkeit des schriftlichen Nachweises) dem Recht des Staats, in welchem der Betroffene zum Entscheidungszeitpunkt seinen gewöhnlichen Aufenthalt hat (näher Helms FamRZ 2008, 1995

(1999)). Dabei kann die genaue Abgrenzung zu Abs. 1 zuweilen schwierig sein (Kordel notar 2018, 303 (306); Wedemann FamRZ 2010, 785 (789 f.)). Relevant werden kann darüber hinaus zwingendes Recht (Art. 20 ESÜ).

**48** Da nicht alle Vertragsstaaten eine Vorsorgevollmacht kennen müssen (vgl. für einen Überblick über die Rechtslage im Ausland Staudinger/v. Hein, 2019, Art. 15 ESÜ Rn. 2 ff.), wurde in Art. 16 ESÜ zumindest eine Sachnorm aufgenommen, die bestimmt, dass bei einer Ausnutzung der Vertretungsmacht in einer Weise, die den Schutz des Erwachsenen nicht ausreichend sicherstellt, diese durch Maßnahmen einer nach dem ESÜ zuständigen Behörde aufgehoben oder geändert werden darf. Dabei ist das maßgebliche Recht so weit wie möglich zu berücksichtigen (BT-Drs. 16/3250, 52).

**49** Liegt der **gewöhnliche Aufenthalt des Verfügenden in einem Nichtvertragsstaat,** ist streitig, ob dann das autonome Recht gilt, oder ob das ESÜ eingreift (für Letzteres die inzwischen ganz hM, etwa Staudinger/v. Hein, 2019, Art. 15 ESÜ Rn. 7; MüKoBGB/Lipp ESÜ Art. 15 Rn. 25; Wedemann FamRZ 2010, 785 (787)). Die allseitige Anwendung des ESÜ ist aus dem Übereinkommen zwar nicht eindeutig abzuleiten. Immerhin deutet aber Art. 18 ESÜ stark darauf hin. Vor dem Hintergrund, dass das deutsche Recht keine gesonderte Regelung für diese Fälle enthält, erscheint die Anwendung der Art. 15 ff. ESÜ jedenfalls am praxisgerechtesten (zu den Schwierigkeiten, wenn die in Deutschland erteilte Vollmacht in einem Nichtvertragsstaat genutzt werden soll Rieck NZFam 2018, 56 – für das Beispiel Spanien).

## X. Internationales Verfahrensrecht

**50** **1. Internationale Zuständigkeit.** Bei der Bestimmung der internationalen Zuständigkeit für gerichtliche Vormundschafts-, Pflegschafts- oder Betreuungsmaßnahmen sind staatsvertragliche und europäische Regelungen vorrangig zu beachten. Die Abgrenzung kann Schwierigkeiten bereiten.

**51** **a) Angelegenheiten mit Bezug auf Minderjährige.** Einschlägig ist insbes. die **Brüssel IIa-VO,** die für Fragen der internationalen Zuständigkeit bei Entscheidungen über die elterliche Verantwortung einschließlich der Vormundschaft und Pflegschaft (Art. 1 Abs. 2 lit. b Brüssel IIa-VO) gilt (Grüneberg/Thorn Rn. 8). Solange eine Person über 18 Jahren noch nicht als volljährig anzusehen ist (→ Rn. 12 f.), greift ebenfalls (noch) die Brüssel IIa-VO (sehr str., wie hier Schulz FamRZ 2018, 797 (798); ausf. zum Streitstand Helms, in: Budzikiewicz ua (Hrsg.), Migration und IPR, 2018, 149, 159 ff.). In der **Neufassung** vom 25.6.2019 (ABl. EU 2019 L 178, S. 1) ist eine Begrenzung auf das 18. Lebensjahr vorgesehen (Art. 2 Abs. 2 Nr. 6 nF). Art. 8 Brüssel IIa-VO sieht als Grundtatbestand die Zuständigkeit der Gerichte des Mitgliedstaats vor, in dem das Kind seinen gewöhnlichen Aufenthalt hat. Für minderjährige Flüchtlinge ohne gewöhnlichen Aufenthalt gilt Art. 13 Brüssel IIa-VO.

**52** Wann daneben für Fragen der Zuständigkeit das **KSÜ** bzw. das **MSA** gilt, ist streitig. Nach Art. 60 lit. a Brüssel IIa-VO geht die Brüssel IIa-VO dem MSA nur „im Verhältnis zwischen den Mitgliedstaaten" vor. Das muss so verstanden werden, dass die Brüssel IIa-VO zurücktritt, wenn das Kind seinen gewöhnlichen Aufenthalt außerhalb der EU in einem Mitgliedstaat des MSA hat und wenn ein Kind aus einem solchen Staat sich gewöhnlich in Deutschland aufhält. Das KSÜ gilt nach Art. 61 Abs. 1 Brüssel IIa-VO nur, wenn das Kind seinen Aufenthalt nicht in einem Mitgliedstaat hat (nur Rauscher/Rauscher Brüssel IIa-VO Art. 60, 61 Rn. 6, 9; NK-BGB/Gruber Brüssel IIa-VO Art. 60 Rn. 4 ff.) (näher zu allem → Art. 21 Rn. 29 ff.). In Vormundschafts- und Pflegschaftssachen sind nach Art. 5 KSÜ in erster Linie die Gerichte im gewöhnlichen Aufenthaltsstaat des Mündels zuständig.

**53** Nur wenn weder die Brüssel IIa-VO noch das KSÜ (bzw. MSA) eingreifen, darf noch § 99 Abs. 1 FamFG herangezogen werden (dies betonend auch OLG Karlsruhe NJOZ 2018, 854 Rn. 14; näher Rausch BtPrax 2004, 137). § 99 Abs. 1 FamFG kann daher nur eine Zuständigkeit begründen, wenn sich ein deutsches Kind in einem Staat gewöhnlich aufhält, der weder EU-Mitgliedstaat noch Vertragsstaat von KSÜ oder MSA ist (anwendend BGH NJW 2018, 613 = FamRZ 2018, 457 – auch mit dem Hinweis, dass der Kindesbegriff iRd § 99 FamFG angelehnt an die betreffende Kindschaftssache zu verstehen ist; Kind kann demnach auch eine Person sein, die das 18. Lebensjahr vollendet hat (Rn. 14 ff.); ebenso OLG Karlsruhe NJOZ 2018, 854 Rn. 14 mwN). Außerdem darf keine der Zuständigkeiten in Art. 9 ff. Brüssel IIa-VO eingreifen. Örtlich zuständig ist dann nach § 272 Abs. 1 Nr. 4 FamFG das AG Berlin-Schöneberg (s. nur Bork/Jacoby/Schwab/Heiderhoff FamFG § 272 Rn. 8).

**b) Angelegenheiten in Bezug auf Volljährige.** Für Betreuungsangelegenheiten und Erwachsenenpflegschaften gibt es noch kein europäisches Verfahrensrecht. Es gelten daher in erster Linie die **Art. 5 f. ESÜ.** Nach Art. 5 ESÜ sind vorrangig die Behörden des Staates zuständig, in dem der Betroffene seinen **gewöhnlichen Aufenthalt** hat (zu einem Fall des Aufenthaltswechsels LG Cottbus FamRZ 2018, 1693 mAnm Heiderhoff). Art. 6 ESÜ enthält Ergänzungen für Flüchtlinge (näher Helms FamRZ 2008, 1995 (1996)). Art. 7 und 8 ESÜ sehen die Möglichkeit vor, dass in Absprache mit den nach Art. 5 f. ESÜ zuständigen Gerichten (und stets nur nachrangig) die Heimatgerichte handeln können, wenn dies zum Wohl des Betroffenen besser erscheint. 54

Das autonome Recht ist in Betreuungssachen nur noch anwendbar, wenn der Betroffene sich nicht in einem Vertragsstaat aufhält. Dann sind nach § 104 Abs. 1 Nr. 1 FamFG die deutschen Gerichte zuständig, wenn der Betroffene Deutscher ist. 55

**2. Anerkennung.** Für die Anerkennung gilt wie stets das Günstigkeitsprinzip (→ Art. 21 Rn. 37). Zu beachten ist jedoch der Vorrang, den die Brüssel IIa-VO beansprucht. Wesentlich ist im Hinblick auf die Vormundschaft und Betreuung auch der allgemeine Grundsatz, dass die Wirkungen der ausländischen Entscheidung durch die Anerkennung insgesamt auf das Inland erstreckt werden (MüKoFamFG/Rauscher FamFG § 108 Rn. 18 ff.). Das bedeutet, dass nicht nur die Bestellung des Vormunds oder Betreuers weiterwirkt, sondern – mit den sich aus dem Kollisionsrecht ergebenden Ausnahmen – auch dessen Befugnisse so anzuerkennen sind, wie sie ihm im Ausland erteilt wurden (ähnlich Röthel BtPrax 2006, 90 (93)). 56

Die Anerkennung einer im Ausland durchgeführten Anordnung oder Aufhebung fürsorgerechtlicher Handlungen richtet sich nach der **Brüssel IIa-VO,** soweit die Entscheidung aus einem Mitgliedstaat (mit Ausnahme Dänemarks) stammt. Nach Art. 60 lit. a Brüssel IIa-VO bzw. Art. 61 Brüssel IIa-VO treten das MSA und das KSÜ in diesen Fällen zurück (s. nur Rauscher/Rauscher Brüssel IIa-VO Art. 21 Rn. 3; MüKoBGB/Heiderhoff Brüssel IIa-VO Art. 61 Rn. 1 f.). 57

Das KSÜ greift ein, wenn die Entscheidung aus einem Vertragsstaat stammt, der nicht Mitgliedstaat der EU ist. Es enthält in den Art. 23 ff. KSÜ Regelungen zur gegenseitigen Anerkennung und Vollstreckung von getroffenen Maßnahmen. Nach Art. 23 Abs. 1 KSÜ erfolgt die Anerkennung ipso iure, die Gründe für eine Versagung der Anerkennung sind in Art. 23 Abs. 2 KSÜ genannt und enthalten ua einen ordre public-Vorbehalt (lit. d). Voraussetzung der Anerkennung ist außerdem die Gewährung des rechtlichen Gehörs für Kind und Eltern im Ausgangsverfahren (lit. b und c) (näher zu den Anerkennungshindernissen Andrae NZFam 2016, 1011 (1015 f.)). 58

Das MSA greift ein, wenn die Entscheidung aus einem Vertragsstaat stammt, der nicht Mitgliedstaat der EU und nicht Vertragsstaat des KSÜ ist (dies trifft nur noch auf Macao zu; → Rn. 4). Es sieht die gegenseitige Anerkennung ipso iure vor, wobei (scheinbar) einzige Voraussetzung ist, dass die zuständige Behörde gehandelt hat (Art. 7 S. 1 MSA). Nach Art. 16 MSA gilt jedoch ein ordre public-Vorbehalt. Das MSA schließt die Fragen der Vollstreckung von seinem Anwendungsbereich aus (Art. 7 S. 2 MSA). 59

Greift die Brüssel IIa-VO nicht ein, finden (ggf. alternativ zum KSÜ oder MSA) die §§ 108, 109 Abs. 1 FamFG Anwendung (Bork/Jacoby/Schwab/Heiderhoff FamFG § 109 Rn. 2). Ordnet ein deutsches Gericht im Rahmen seiner Zuständigkeit nach § 99 Abs. 1 FamFG eine Betreuung an, während auch im Ausland eine Betreuungssache anhängig ist, verliert die im Ausland getroffene Fürsorgemaßnahme für deutsche Rechtsverhältnisse ihre Anerkennungsfähigkeit (ungenau (noch zum FGG) OLG Hamm FamRZ 2003, 253 (254); wie hier Röthel BtPrax 2006, 90 (93)). 60

Problematisch kann allgemein die Anerkennung **ausländischer Entmündigungen** sein. Meist wird überzeugend vertreten, diese nicht insgesamt am ordre public-Vorbehalt scheitern zu lassen (anders aber Nitzinger, Das Betreuungsrecht im internationalen Privatrecht, 1998, 44 ff.). Vielmehr kann der Gedanke verwendet werden, den der frühere Art. 9 § 1 BtG aF für intertemporale Fälle statuierte: Im Rahmen der Anerkennung muss eine solche Vormundschaft nach Entmündigung in eine Betreuung mit Einwilligungsvorbehalt (§ 1903 BGB) übergeleitet werden (Staudinger/v. Hein, 2019, Rn. 133 mwN; Looschelders Rn. 8, 17; Böhmer StAZ 1992, 65 (70); ebenso – aber nur für deutsche Betreute – Henrich IntFamR 340; auch für deutsche Entmündigte dagegen sehr zurückhaltend mit dem Rückgriff auf den ordre public Röthel BtPrax 2006, 90 (93); mwBsp für denkbare Verstöße einer ausländischen Entscheidung gegen den deutschen ordre public MüKoBGB/Lipp ESÜ Art. 22 Rn. 19 f.; MüKoBGB/Lipp EGBGB Art. 8 Rn. 4 ff.). 61

## XI. Intertemporales und interlokales Recht

**Intertemporal** unterliegt nach Art. 220 Abs. 1 die Entstehung von Vormundschaften und Pflegschaften in der Zeit vor dem 1.9.1986 als abgeschlossener Vorgang weiterhin dem bis dahin maßgeblichen Kollisionsrecht (Art. 23 aF). Inhalt, Änderung und Ende einer bereits vor dem 62

1.9.1986 begründeten Vormundschaft oder Pflegschaft sind dagegen gem. Art. 220 Abs. 2 als „Wirkungen familienrechtlicher Rechtsverhältnisse“ ab diesem Zeitpunkt nach neuem Recht (Art. 24) anzuknüpfen (Erman/Hohloch Rn. 7; Staudinger/Kropholler, 1996, Rn. 8; Kegel/Schurig IPR § 20 XV 2b; Grüneberg/Thorn Art. 220 Rn. 4).

63 Für **interlokale** Fallgestaltungen galt in den alten Bundesländern bis zum 3.10.1990 die Regelung des Art. 24 entspr. (näher Erman/Hohloch Rn. 8; Soergel/Kegel Rn. 88; Staudinger/Kropholler, 1996, Rn. 97; Kegel/Schurig IPR § 20 XV 5b bb; Grüneberg/Thorn Rn. 1; vgl. auch BGHZ 91, 186 = NJW 1984, 2361). Seit dem 3.10.1990 gelten nach Art. 234 § 1 für das gesamte Bundesgebiet einheitlich die Vorschriften des BGB. Für die Frage der Überleitung von Vormundschaften und Pflegschaften, die zum Beitrittszeitpunkt dem Recht der ehemaligen DDR unterlagen, ist die Regelung des Art. 234 §§ 14 und 15 heranzuziehen (Rauscher StAZ 1991, 1 (11); Siehr IPRax 1991, 20 (22)).

## 4. Internationales Erbrecht

### a) EuErbVO

## Verordnung (EU) Nr. 650/2012 des Europäischen Parlaments und des Rates vom 4. Juli 2012 über die Zuständigkeit, das anzuwendende Recht, die Anerkennung und Vollstreckung von Entscheidungen und die Annahme und Vollstreckung öffentlicher Urkunden in Erbsachen sowie zur Einführung eines Europäischen Nachlasszeugnisses

## Kapitel I. Anwendungsbereich und Begriffsbestimmungen

#### Art. 1 Anwendungsbereich

**(1) [1]Diese Verordnung ist auf die Rechtsnachfolge von Todes wegen anzuwenden. [2]Sie gilt nicht für Steuer- und Zollsachen sowie verwaltungsrechtliche Angelegenheiten.**

**(2) Vom Anwendungsbereich dieser Verordnung ausgenommen sind:**

**a) der Personenstand sowie Familienverhältnisse und Verhältnisse, die nach dem auf diese Verhältnisse anzuwendenden Recht vergleichbare Wirkungen entfalten;**

**b) die Rechts-, Geschäfts- und Handlungsfähigkeit von natürlichen Personen, unbeschadet des Artikels 23 Absatz 2 Buchstabe c und des Artikels 26;**

**c) Fragen betreffend die Verschollenheit oder die Abwesenheit einer natürlichen Person oder die Todesvermutung;**

**d) Fragen des ehelichen Güterrechts sowie des Güterrechts aufgrund von Verhältnissen, die nach dem auf diese Verhältnisse anzuwendenden Recht mit der Ehe vergleichbare Wirkungen entfalten;**

**e) Unterhaltspflichten außer derjenigen, die mit dem Tod entstehen;**

**f) die Formgültigkeit mündlicher Verfügungen von Todes wegen;**

**g) Rechte und Vermögenswerte, die auf andere Weise als durch Rechtsnachfolge von Todes wegen begründet oder übertragen werden, wie unentgeltliche Zuwendungen, Miteigentum mit Anwachsungsrecht des Überlebenden (joint tenancy), Rentenpläne, Versicherungsverträge und ähnliche Vereinbarungen, unbeschadet des Artikels 23 Absatz 2 Buchstabe i;**

**h) Fragen des Gesellschaftsrechts, des Vereinsrechts und des Rechts der juristischen Personen, wie Klauseln im Errichtungsakt oder in der Satzung einer Gesellschaft, eines Vereins oder einer juristischen Person, die das Schicksal der Anteile verstorbener Gesellschafter beziehungsweise Mitglieder regeln;**

**i) die Auflösung, das Erlöschen und die Verschmelzung von Gesellschaften, Vereinen oder juristischen Personen;**
**j) die Errichtung, Funktionsweise und Auflösung eines Trusts;**
**k) die Art der dinglichen Rechte und**
**l) jede Eintragung von Rechten an beweglichen oder unbeweglichen Vermögensgegenständen in einem Register, einschließlich der gesetzlichen Voraussetzungen für eine solche Eintragung, sowie die Wirkungen der Eintragung oder der fehlenden Eintragung solcher Rechte in einem Register.**

*Französische Fassung:*

**Article premier Champ d'application**

**1. [1]Le présent règlement s'applique aux successions à cause de mort. [2]Il ne s'applique pas aux matières fiscales, douanières et administratives.**

**2. Sont exclus du champ d'application du présent règlement:**
**a) l'état des personnes physiques ainsi que les relations de famille et les relations réputées avoir des effets comparables en vertu de la loi applicable;**
**b) la capacité juridique des personnes physiques, sans préjudice de l'article 23, paragraphe 2, point c), et de l'article 26;**
**c) les questions relatives à la disparition, à l'absence ou à la mort présumée d'une personne physique;**
**d) les questions liées aux régimes matrimoniaux et aux régimes patrimoniaux relatifs aux relations qui, selon la loi qui leur est applicable, sont réputées avoir des effets comparables au mariage;**
**e) les obligations alimentaires autres que celles résultant du décès;**
**f) la validité quant à la forme des dispositions à cause de mort formulées oralement;**
**g) les droits et biens créés ou transférés autrement que par succession, par exemple au moyen de libéralités, de la propriété conjointe avec réversibilité au profit du survivant, de plans de retraite, de contrats d'assurance et d'arrangements analogues, sans préjudice de l'article 23, paragraphe 2, point i);**
**h) les questions régies par le droit des sociétés, associations et personnes morales telles que les clauses contenues dans les actes constitutifs et dans les statuts de sociétés, d'associations et de personnes morales qui fixent le sort des parts à la mort de leurs membres;**
**i) la dissolution, l'extinction et la fusion de sociétés, d'associations et de personnes morales;**
**j) la constitution, le fonctionnement et la dissolution des trusts;**
**k) la nature des droits réels; et**
**l) toute inscription dans un registre de droits immobiliers ou mobiliers, y compris les exigences légales applicables à une telle inscription, ainsi que les effets de l'inscription ou de l'absence d'inscription de ces droits dans un registre.**

*Englische Fassung:*

**Article 1 Scope**

**1. [1]This Regulation shall apply to succession to the estates of deceased persons. [2]It shall not apply to revenue, customs or administrative matters.**

**2. The following shall be excluded from the scope of this Regulation:**
**(a) the status of natural persons, as well as family relationships and relationships deemed by the law applicable to such relationships to have comparable effects;**
**(b) the legal capacity of natural persons, without prejudice to point (c) of Article 23(2) and to Article 26;**
**(c) questions relating to the disappearance, absence or presumed death of a natural person;**
**(d) questions relating to matrimonial property regimes and property regimes of relationships deemed by the law applicable to such relationships to have comparable effects to marriage;**
**(e) maintenance obligations other than those arising by reason of death;**
**(f) the formal validity of dispositions of property upon death made orally;**
**(g) property rights, interests and assets created or transferred otherwise than by succession, for instance by way of gifts, joint ownership with a right of survivorship, pension plans, insurance contracts and arrangements of a similar nature, without prejudice to point (i) of Article 23(2);**

**(h) questions governed by the law of companies and other bodies, corporate or unincorporated, such as clauses in the memoranda of association and articles of association of companies and other bodies, corporate or unincorporated, which determine what will happen to the shares upon the death of the members;**
**(i) the dissolution, extinction and merger of companies and other bodies, corporate or unincorporated;**
**(j) the creation, administration and dissolution of trusts;**
**(k) the nature of rights in rem; and**
**(l) any recording in a register of rights in immovable or movable property, including the legal requirements for such recording, and the effects of recording or failing to record such rights in a register.**

## Überblick

Art. 1 regelt den sachlichen Anwendungsbereich der EuErbVO. Abs. 1 S. 1 ordnet (positiv) die Anwendung auf die „Rechtsnachfolge von Todes wegen" an. In Abs. 1 S. 1 und Abs. 2 werden darüber hinaus (negativ) bestimmte Bereiche von der Anwendung ausgenommen.

## Übersicht



## I. Einführung in die EuErbVO

1 **1. Gegenstand und Zweck der Verordnung.** Erbfälle können leicht einen **grenzüberschreitenden Bezug** haben, etwa weil der Erblasser nicht (nur) Angehöriger des Staates war, in dem er verstorben ist (OLG München FGPrax 2020, 283), oder weil vererbtes Vermögen in einem anderen Staat belegen ist (vgl. EuGH NJW 2020, 2947 Rn. 42 ff. – E.E.; NJW 2018, 2309 Rn. 32 – Oberle). In derartigen Erbfällen mit Auslandsbezug besteht die Gefahr von Rechtsunsicherheit und Rechtszersplitterung. Diese betrifft zum einen die **prozessuale** Frage, welcher Staat mit seinen Behörden und Gerichten für auf den Erbfall bezogene Entscheidungen (international) zuständig ist und ob diese Entscheidungen im Ausland anerkannt werden. Ferner stellt sich die Frage, welches (nationale) **materielle Erbrecht** auf den Erbfall anzuwenden ist. Auf diese Fragen gab es vor Einführung der EuErbVO in den nationalen Rechten der EU-Mitgliedstaaten unterschiedliche Antworten (näher hierzu MüKoBGB/Dutta Vor Art. 1 Rn. 1). Das erschwerte dem Erblasser die vorweggenommene Regelung seines Nachlasses und den aus dem Erbfall Berechtigten sowie den Nachlassgläubigern die Durchsetzung ihrer Rechte (Erwägungsgrund 7). Beides erachtete der europäische Gesetzgeber als Hindernisse für den **freien Verkehr** von **Personen** und das reibungslose Funktionieren des **Binnenmarkts** innerhalb der EU, die durch eine einheitliche Regelung für die teilnehmenden Mitgliedstaaten (→ Rn. 8) beseitigt werden sollen (Erwägungsgrund 7 und 8).

2 **2. Entstehungsgeschichte.** Die EuErbVO von 2012 hat keine Vorgängerregelung. Der Ausgangspunkt ihrer Entstehung ist der „Wiener Aktionsplan" der Kommission und des Rats aus dem Jahr 1998 (ABl. 1999 C 19, 10). 2009 wurde ein Kommissionsvorschlag veröffentlicht (KOM (2009) 154 endg.). Das Europäische Parlament und der Europäische Rat stimmten 2012 der endgültigen Fassung der Verordnung zu, die am 4.7.2012 unterzeichnet und am 27.7.2012 veröffentlicht wurde (ABl. 2012 L 201, 107). Nachfolgende Berichtigungen gab es in Art. 84 Abs. 2 (ABl. 2012 L 344, 3), Art. 83 Abs. 3 (ABl. 2013 L 41, 16), Art. 78 Abs. 1 (ABl. 2013 L 60, 140) und Art. 27 Abs. 1 lit. d (ABl. 2014 L 363, 186).

3 **3. Kompetenzgrundlage.** Die Präambel der EuErbVO nennt **Art. 81 Abs. 2 AEUV** als Kompetenzgrundlage. Das Kollisionsrecht in Kapitel III und die prozessualen Zuständigkeitsrege-

lungen in Kapitel II lassen sich auf Art. 81 Abs. 2 lit. c AEUV stützen (Erwägungsgrund 2). Für die Vorschriften zur Anerkennung und Vollstreckung von Entscheidungen anderer Mitgliedstaaten ist Art. 81 Abs. 2 lit. a AEUV die Grundlage. Das Nachlasszeugnis gem. Kapitel VI fällt unter Art. 81 Abs. 2 lit. f AEUV (MüKoBGB/Dutta Vor Art. 62 Rn. 3; NK-BGB/Looschelders Vor Art. 1 Rn. 5).

**4. Regelungsgehalt und Systematik.** Die EuErbVO enthält auf Erbfälle bezogene Regelungen des Verfahrensrechts und des internationalen Privatrechts, jedoch kein materielles Sachrecht. In **Kapitel I** werden der sachliche Anwendungsbereich (Art. 1) und einige Begriffe bestimmt (Art. 3). Das **Kapitel II** regelt die internationale Zuständigkeit für erbrechtliche Entscheidungen. Nach **Kapitel III** richtet sich, welches nationale materielle Erbrecht anzuwenden ist. Die **Kapitel IV** und **V** enthalten Vorschriften zur Anerkennung und Vollstreckung erbrechtlicher Entscheidungen, öffentlicher Urkunden und gerichtlicher Vergleiche anderer Mitgliedstaaten. In **Kapitel VI** ist das durch die Verordnung neu geschaffene Europäische Nachlasszeugnis geregelt, das dem erleichterten unionsweiten Nachweis der aus dem Erbfall entstandenen Berechtigungen dient. Das abschließende **Kapitel VII** regelt ua das Verhältnis zu konkurrierenden internationalen Übereinkommen, Informationspflichten der Mitgliedstaaten sowie das Inkrafttreten und den zeitlichen Anwendungsbereich der Verordnung. 4

**5. Auslegung.** Da die EuErbVO als Akt der europäischen Rechtsvereinheitlichung aus sich heraus gültig sein und im gesamten Geltungsgebiet denselben Inhalt haben muss (→ Rn. 10), ist sie eigenständig **(autonom)** auszulegen (EuGH NJW 2018, 1377 Rn. 32 – Mahnkopf). Zu berücksichtigen sind dabei neben Wortlaut, Systematik, Zweck (EuGH NJW 2018, 1377 Rn. 32 – Mahnkopf) und Entstehungsgeschichte (EuGH NJW 2007, 1799 Rn. 18 – Color Drack) der Verordnung die allgemeinen Rechtsgrundsätze, die sich aus der Gesamtheit der innerstaatlichen Rechtsordnungen ergeben (EuGH NJW 1977, 489 (490) – Eurocontrol), sowie die Gleichwertigkeit der verschiedenen Sprachfassungen (EuGH BeckRS 2014, 81144 Rn. 40 – Ivansson) und die praktische Wirksamkeit des europäischen Rechts („effet utile"). Insbesondere die (nicht unmittelbar bindenden) Erwägungsgründe sind eine ergiebige Quelle für die autonome Auslegung der EuErbVO. Bei Zweifeln über die Auslegung der Verordnung können die nationalen Gerichte nach Art. 267 Abs. 2 AEUV dem EuGH Fragen zur Vorabentscheidung stellen (zur Bindungswirkung dieser Entscheidung Calliess/Ruffert/Wegener AEUV Art. 267 Rn. 50 ff.). Letztinstanzliche Gerichte sind hierzu sogar verpflichtet (Art. 267 Abs. 3 AEUV). 5

**6. Verhältnis zu anderen Regelungen.** Die EuErbVO gilt unmittelbar in allen teilnehmenden Mitgliedstaaten (→ Rn. 8) der EU (Art. 288 Abs. 2 AEUV). In ihrem Anwendungsbereich **verdrängt** sie **nationales Recht.** Die Durchführung der EuErbVO regelt in Deutschland das Internationale Erbrechtsverfahrensgesetz (IntErbRVG). 6

Nach Art. 75 Abs. 1 UAbs. 1 lässt die EuErbVO jedoch die Anwendung **internationaler Übereinkommen unberührt,** denen ein oder mehrere Mitgliedstaaten zum Zeitpunkt der Annahme der EuErbVO angehören und die Bereiche betreffen, die in der Verordnung geregelt sind. Diese Übereinkommen haben in den jeweiligen Vertragsstaaten also gegenüber der EuErbVO Vorrang. Art. 75 Abs. 1 UAbs. 2 konkretisiert dies für das praktisch besonders bedeutsame HTestformÜ. Für Deutschland sind als weitere Staatsverträge iSd Art. 75 Abs. 1 von Bedeutung: das deutsch-iranische Niederlassungsübereinkommen vom 17.2.1929, der Konsularvertrag zwischen dem Deutschen Reich und der Türkei vom 28.5.1929 sowie der Konsularvertrag zwischen der Bundesrepublik Deutschland und der UdSSR vom 25.4.1958 (näher zu diesen Abkommen MüKoBGB/Dutta Art. 75 Rn. 8 ff., 16 ff., 31 ff.). 7

## II. Geltungs- und Anwendungsbereich der EuErbVO

**1. Geltungsbereich.** Die EuErbVO gilt in allen Mitgliedstaaten der EU, außer in Irland und in Dänemark (Erwägungsgrund 82 f.). 8

**2. Inkrafttreten und Geltungsbeginn.** Gem. Art. 84 UAbs. 1 ist die Verordnung am zwanzigsten Tag nach ihrer Veröffentlichung in Kraft getreten, also am 16.8.2012. Nach Art. 84 UAbs. 2 gilt sie ab dem 17.8.2015, wobei dort auch für einzelne Durchführungsvorschriften eine frühere Geltung angeordnet wird. So sollten die Art. 79–81 schon ab dem 5.7.2012 gelten, was jedoch nicht möglich war, weil die Verordnung erst am 16.8.2012 in Kraft trat, sodass jene Vorschriften auch erst ab diesem Datum gelten konnten (MüKoBGB/Dutta Art. 84 Rn. 3). Ferner gelten nach Art. 84 UAbs. 2 die Art. 77 und Art. 78 ab dem 16.11.2014 (zu den entsprechenden Berichtigungen der Verordnung → Rn. 2). 9

10 **3. Zeitlicher Anwendungsbereich. a) Grundsatz nach Art. 83 Abs. 1.** Ergänzend zum Inkrafttreten und zum Geltungsbeginn nach Art. 84 regelt Art. 83, welche Fälle zeitlich von der Verordnung erfasst werden. Gem. Art. 83 Abs. 1 findet die Verordnung auf die Rechtsnachfolge von Personen Anwendung, die am **17.8.2015** oder danach **verstorben** sind. Der entscheidende Anknüpfungspunkt ist also der Zeitpunkt des Todes des Erblassers. Im Rahmen eines Rechtssatzes wird der **Todeszeitpunkt** zum normativen Begriff, sodass insofern nicht einfach auf natürliche (medizinische) Anschauungen abgestellt werden kann. Da es hier um den Inhalt des europäischen Rechts geht, kommt ferner nur eine autonome Bestimmung des Begriffs in Betracht (Dutta/Weber/Bauer/Fornasier Art. 83 Rn. 6; MüKoBGB/Dutta Art. 4 Rn. 9; aA BeckOGK/J. Schmidt Art. 4 Rn. 35; MüKoFamFG/Rauscher Art. 4 Rn. 10). Das Gegenargument, die Bestimmung des Todeszeitpunkts sei durch die EuErbVO nicht harmonisiert, da Art. 1 Abs. 2 lit. b und c die Rechtsfähigkeit sowie Fragen betreffend die Verschollenheit oder Abwesenheit einer natürlichen Person und die Todesvermutung ausschlössen (so etwa BeckOGK/J. Schmidt Art. 4 Rn. 35; MüKoFamFG/Rauscher Art. 4 Rn. 10), überzeugt nicht. Denn dieser Ausschluss bedeutet nur, dass die Verordnung insofern keine allgemeine, das nationale Recht generell verdrängende Regelung trifft. Soweit es aber um die Anwendung der Verordnung geht, muss diese in allen ihren Teilen aus sich selbst heraus gültig und immer den gleichen Inhalt haben, mag dieser auch nur in einer Verweisung auf das jeweilige nationale Recht liegen. Unterschiedliche Inhalte der Verordnung in verschiedenen Mitgliedstaaten widersprächen nicht nur dem Zweck der Verordnung, sondern wären auch rechtstheoretisch unhaltbar, weil die Verordnung ein einheitlicher Rechtsakt ist. Ein europäischer Begriff des Todeszeitpunkts hat sich bisher aber noch nicht etabliert. Deshalb kommt man nicht umhin, zumindest mittelbar auf die Dogmatik der nationalen Rechtsordnungen zurückzugreifen. Überzeugend ist der Vorschlag, dass auf das Recht abzustellen ist, welches nach den Art. 21 ff. hypothetisch auf den Fall anzuwenden ist (MüKoBGB/Dutta Art. 4 Rn. 9; Dutta/Weber/Bauer/Fornasier Art. 83 Rn. 6). Diejenigen, die eine autonome Bestimmung des Todeszeitpunkts ablehnen, stellen hingegen auf das nach der lex fori anzuknüpfende Personalstatut ab (so etwa NK-BGB/Looschelders Art. 21 Rn. 8; MüKoFamFG/Rauscher Art. 4 Rn. 10). Die Uhrzeit des Todes richtet sich nach der Zeit des Orts, an dem der Erblasser verstorben ist (Dutta/Weber/Bauer/Fornasier Art. 83 Rn. 6; BeckOGK/J. Schmidt Art. 83 Rn. 6).

11 **b) Besonderheiten bei Rechtswahl und Verfügung von Todes wegen gem. Art. 83 Abs. 2–4.** Art. 83 Abs. 2–4 erweitert gegenüber dem Kapitel III der EuErbVO die Möglichkeiten einer wirksamen Rechtswahl oder Verfügung von Todes wegen (zum Begriff s. Art. 3 Abs. 1 lit. d; → Art. 3 Rn. 8), wenn diese vor dem in Art. 83 Abs. 1 genannten Stichtag (17.8.2015) erfolgten. Denn der Erblasser konnte in diesen Fällen nicht wissen, ob er vor oder nach dem Stichtag stirbt, sodass er auch nicht anhand des Stichtags das für seine Rechtswahl oder Verfügung maßgebliche Recht bestimmen konnte. Außerdem erfasst die Verordnung auch solche Fälle, in denen die Rechtswahl oder Verfügung schon vor dem Erlass der Verordnung getroffen wurde (BGH NJW 2019, 3449 Rn. 21; MüKoBGB/Dutta Art. 83 Rn. 8; Amann DNotZ 2019, 326 (329); diff. Solomon in Dutta/Herrler, Die Europäische Erbrechtsverordnung, 2014, 19 Rn. 70). Deshalb kann eine vor dem Geltungsbeginn der EuErbVO getroffene unwirksame Rechtswahl oder Verfügung von Todes wegen nachträglich über Art. 83 Abs. 2–4 wirksam werden (zur Rechtswahl BGH NJW 2019, 3449 Rn. 20 ff., der darin keine unzulässige Rückwirkung sieht). Auch Art. 83 Abs. 2–4 setzt voraus, dass der Erblasser am oder nach dem in Art. 83 Abs. 1 genannten Stichtag gestorben ist (NK-NachfolgeR/Köhler Art. 22 Rn. 16; aA Solomon in Dutta/Herrler, Die Europäische Erbrechtsverordnung, 2014, 19 Rn. 71).

12 **aa) Rechtswahl (Art. 83 Abs. 2).** Eine vor dem 17.8.2015 erfolgte Rechtswahl ist nach Art. 83 Abs. 2 wirksam, wenn sie **alternativ** entweder den Anforderungen von **Art. 22** genügt oder dem zum Zeitpunkt der Rechtswahl geltenden IPR eines Staats, in dem der Erblasser damals entweder seinen **gewöhnlichen Aufenthalt** (→ Art. 21 Rn. 5) hatte oder dessen **Staatsangehörigkeit** (→ Art. 22 Rn. 7) er besaß. Wirksam ist auch eine nur teilweise nach diesen Rechten wirksame Rechtswahl im Umfang der Teilwirksamkeit (OLG München FGPrax 2020, 283 (284)). Wegen des universellen Charakters des in der Verordnung enthaltenen Kollisionsrechts (→ Art. 20 Rn. 1) ist es unerheblich, ob diese Staaten Mitgliedstaaten oder Drittstaaten sind (Dutta/Weber/Bauer/Fornasier Art. 83 Rn. 15; MüKoBGB/Dutta Art. 83 Rn. 8). Gehörte der Erblasser mehreren Staaten an, so genügt es, dass die Rechtswahl nach dem Recht eines dieser Staaten wirksam war. Wirksam ist die Rechtswahl auch dann, wenn sie zwar nicht nach dem Recht des Aufenthalts- oder Heimatstaats wirksam war, jedoch nach dem Recht, auf das das Kollisionsrecht dieser Staaten für den betroffenen Sachverhalt verwies (Dutta/Weber/Bauer/Fornasier Art. 83 Rn. 16; MüKoBGB/Dutta Art. 83 Rn. 9; Heinig RNotZ 2014, 197 (214)). Umstritten ist, ob sich die

**Folgen** einer nach Art. 83 Abs. 2 wirksamen Rechtswahl allein nach der EuErbVO richten (diff. Dutta/Weber/Bauer/Fornasier Art. 83 Rn. 18 ff.; MüKoBGB/Dutta Art. 83 Rn. 10) oder nach den in jener Vorschrift genannten Rechten des Aufenthalts- oder Heimatstaats, wenn sich aus diesen die Wirksamkeit der Rechtswahl ergibt. Ferner ist umstritten, ob Art. 83 Abs. 2 mit dem Verweis auf Kapitel III auch die Vorschriften zur **Wahl** des **Errichtungsstatuts** in Art. 24 Abs. 2 und Art. 25 Abs. 3 erfasst (so BGH BeckRS 2021, 3848 Rn. 13; NJW 2019, 3449 Rn. 12; OLG München FGPrax 2020, 283 (284); BeckRS 2020, 21529 Rn. 33; BeckOGK/J. Schmidt Art. 83 Rn. 10.1; Mankowski ZEV 2019, 538 (542); aA EuGH ZEV 2021, 717 Rn. 39 – UM: Vorschrift regele nur die Gültigkeit der Rechtswahl für die gesamte Rechtsnachfolge von Todes wegen) oder insofern auf Art. 83 Abs. 3 abzustellen ist (so MüKoBGB/Dutta Art. 83 Rn. 7; Nordmeier ZEV 2021, 330 (332); Rieländer ErbR 2021, 1016 (1018); ebenso für die Zulässigkeit sowie die materielle und formelle Wirksamkeit der Verfügung v. Bary ZEV 2021, 38 (39)), was aber kaum praktische Bedeutung hat.

**bb) Wirksamkeit einer Verfügung von Todes wegen (Art. 83 Abs. 3).** Eine vor dem 17.8.2015 errichtete Verfügung von Todes wegen ist nach Art. 83 Abs. 3 zulässig sowie materiell und formell wirksam, wenn sie **alternativ** einer der dort genannten Regelungen entspricht: Neben dem **Kapitel III** der EuErbVO kann sich die Wirksamkeit auch aus dem zum Zeitpunkt der Verfügung geltenden IPR eines Staats ergeben, in dem der Erblasser damals entweder seinen **gewöhnlichen Aufenthalt** (→ Art. 21 Rn. 5) hatte oder dessen **Staatsangehörigkeit** (→ Art. 22 Rn. 7) er besaß. Anders als bei einer Rechtswahl (→ Rn. 12) genügt es bei einer Verfügung von Todes wegen ferner, dass sie bei Errichtung dem IPR des Mitgliedstaats entsprach, dessen Behörde mit der Erbsache befasst ist (**lex fori;** zur entsprechenden Korrektur der Verordnung → Rn. 2). „Behörde" idS sind alle mit der Erbsache befassten „Gerichte" gem. Art. 3 Abs. 2. Im Übrigen gilt das Gleiche wie bei Art. 83 Abs. 2 (→ Rn. 12). 13

**cc) Fiktion der Rechtswahl (Art. 83 Abs. 4).** Errichtete der Erblasser vor dem 17.8.2015 eine **Verfügung von Todes wegen** nach dem Recht eines Staats, welches der Erblasser nach der EuErbVO hypothetisch hätte wählen können, gilt dieses Recht als vom Erblasser umfassend für die Rechtsnachfolge von Todes wegen gewählt (zu den Folgen einer Änderung der Verfügung für die Fiktion Amann DNotZ 2019, 326 (341 ff.)). Das nach der EuErbVO wählbare Recht ist gem. Art. 22 das Recht des Staats, dem der Erblasser im Zeitpunkt der Rechtswahl oder im Zeitpunkt seines Todes angehörte. Fraglich und umstritten ist, ob es genügt, dass die Verfügung von Todes wegen objektiv nach dem Recht des Herkunftsstaats wirksam ist (so zB BeckOGK/J. Schmidt Art. 83 Rn. 20; Windeknecht ZEV 2021, 284 (287) oder darüber hinausgehend ein subjektives Element beim Erblasser vorhanden sein muss (krit. hierzu Amann DNotZ 2019, 326 (332 ff.)). Klar ist, dass ein rechtsgeschäftlicher Wille zur Rechtswahl nicht gefordert werden kann, weil sonst die Fiktion in Art. 83 Abs. 4 wegen der Möglichkeit einer konkludenten Rechtswahl nach Art. 83 Abs. 2 Var. 1, Art. 22 Abs. 2 Var. 2 überflüssig ist (MüKoBGB/Dutta Art. 83 Rn. 13; Magnus IPRax 2019, 8 (13)). Auf der anderen Seite erscheint bei einer nur zufälligen Übereinstimmung mit einer Rechtsordnung die Rechtswahlfiktion als überschießend (vgl. auch MüKoBGB/Dutta Art. 83 Rn. 13; Dutta/Weber/Bauer/Fornasier Art. 83 Rn. 36). Wenn der Erblasser bei seiner Verfügung aber ein bestimmtes Recht einhalten wollte (so auch MüKoBGB/Dutta Art. 83 Rn. 14: „Rechtsanwendungsbewusstsein"; Magnus IPRax 2019, 8 (13)), zeigt er damit, dass er von der Anwendung eines konkreten Rechts ausgegangen ist. Das ist nicht nur ein genügender sachlicher Anknüpfungspunkt für die Rechtswahlfiktion, sondern in diesen Fällen ist auch das Vertrauen des Erblassers in die Anwendung des von ihm beachteten Rechts schutzwürdig (nach Dutta/Weber/Bauer/Fornasier Art. 83 Rn. 36 und Amann DNotZ 2019, 326 (335 ff.) ist die Regelung hingegen schon objektiv auf die Fälle beschränkt, in denen das Heimatrecht des Erblassers auch die Anknüpfung des Erbstatuts an die Staatsangehörigkeit vorsah). 14

**4. Persönlicher und räumlicher Anwendungsbereich.** Der persönliche und räumliche Anwendungsbereich (zum Begriff → Rn. 15.1) der EuErbVO ist nicht allgemein geregelt, da er bei den einzelnen Vorschriften **unterschiedlich** ist. Das hier kommentierte **Kollisionsrecht** enthält insofern in den Art. 20 ff. keine Beschränkung (→ Art. 20 Rn. 1). Seine Anwendung hängt also insbes. nicht davon ab, dass die betroffene Person einem Mitgliedstaat angehört oder in einem Mitgliedstaat ihren gewöhnlichen Aufenthalt hat oder hatte. Nach wohl hM sind diese Vorschriften deshalb auch auf Fälle anwendbar, die keinerlei Bezug zu einem Mitgliedstaat haben (vgl. nur Dutta/Weber/Bauer/Fornasier Art. 20 Rn. 1; BeckOGK/J. Schmidt Rn. 13; NK-BGB/Looschelders Vor Art. 1 Rn. 5, Art. 20 Rn. 2). Das ist kompetenzrechtlich bezweifelt worden (etwa von Majer ZEV 2011, 445 (447 ff.)), aber schon deshalb angezeigt, weil nur so gewährleistet 15 ist, dass die zunächst „reinen **Drittstaatensachverhalte**" bei einer späteren Berührung mit der EU von allen Mitgliedstaaten gleichbehandelt werden. Wegen des umfassenden Anwendungsbereichs des Kollisionsrechts der EuErbVO verbleibt insofern für das nationale IPR der Mitgliedstaaten kein Anwendungsbereich (→ Art. 20 Rn. 1). Die EuErbVO setzt schon deshalb „einen Erbfall mit **grenzüberschreitendem Bezug**" voraus (→ Rn. 1; → Rn. 15.2) (EuGH NJW 2020, 2947 Rn. 34 ff. – E.E.; in diese Richtung schon EuGH NJW 2018, 2309 Rn. 32, 35 – Oberle; vgl. hierzu auch BeckOGK/J. Schmidt Rn. 9), weil sich nur dann die von ihr beantworteten Regelungsfragen stellen (MüKoBGB/Dutta Art. 1 Rn. 61).

15.1 Der räumliche Anwendungsbereich ist nicht mit dem **Geltungsbereich** zu verwechseln. Der Geltungsbereich ist der geographische Raum, in dem die Verordnung als Rechtsnorm gilt. Der räumliche Anwendungsbereich grenzt hingegen geographisch die Fälle ein, die von der Verordnung geregelt werden.

15.2 Der EuGH bejaht „einen Erbfall mit **grenzüberschreitendem Bezug**", „wenn der Erblasser die Staatsangehörigkeit eines Mitgliedstaats und im Zeitpunkt seines Todes seinen Aufenthalt in einem anderen Mitgliedstaat hatte, aber seine Verbindung zu dem erstgenannten Mitgliedstaat – in dem sich das Nachlassvermögen befindet, während die Erbberechtigten ihren Aufenthalt in diesen beiden Mitgliedstaaten haben – nicht abgebrochen hatte" (EuGH NJW 2020, 2947 – E.E.). Nach BGH BeckRS 2021, 3848 Rn. 9 ergibt sich ein grenzüberschreitender Bezug auch aus der österreichischen Staatsangehörigkeit des Ehemannes einer deutschen Erblasserin.

16 **5. „Mitgliedstaaten" iSd EuErbVO.** Die EuErbVO knüpft häufig an den Begriff des „Mitgliedstaats" an, ohne diesen näher zu erläutern (anders zB Art. 1 Abs. 4 Rom I-VO). Dass Irland und Dänemark nicht durch die EuErbVO gebunden werden, ändert zwar nichts an ihrem generellen Status als Mitgliedstaaten der EU. Dennoch ist man sich weitgehend einig, dass diese Staaten mangels Bindung an die EuErbVO nicht „Mitgliedstaaten" im Sinne dieser Verordnung sind, sondern nach ihr wie ein „Drittstaat" zu behandeln sind (so auch § 1 Abs. 2 IntErbRVG) (s. nur Burandt/Rojahn/Burandt/Schmuck Rn. 1; MüKoBGB/Dutta Vor Art. 1 Rn. 30). Andernfalls drohen nämlich sachwidrige Ergebnisse (näher hierzu MüKoBGB/Dutta Vor Art. 1 Rn. 30).

17 **6. Sachlicher Anwendungsbereich (Art. 1). a) Zweck und Systematik.** Art. 1 Abs. 1 S. 1 bestimmt (positiv), dass die EuErbVO auf die „Rechtsnachfolge von Todes wegen" anzuwenden ist. Da hierin noch keine Beschränkung auf das Zivilrecht enthalten ist, die Verordnung aber nur für dieses gelten soll, schließt Art. 1 Abs. 1 S. 2 ausdrücklich das öffentliche Recht von der Anwendung aus (Erwägungsgrund 9 und 10; → Rn. 19). Art. 1 Abs. 2 nimmt darüber hinaus aus „Gründen der Klarheit" einige Bereiche des Zivilrechts, „die als mit Erbsachen zusammenhängend betrachtet werden könnten, ausdrücklich vom Anwendungsbereich" der EuErbVO aus (Erwägungsgrund 11), wodurch wiederum die positive Anwendungsbestimmung präzisiert wird (s. auch Erwägungsgründe 12–15, 18 f.). Der Ausnahmenkatalog des Abs. 2 enthält überwiegend bloße Klarstellungen und Selbstverständlichkeiten, aber in Abs. 2 lit. f auch eine echte Ausnahme.

18 **b) Rechtsnachfolge von Todes wegen.** Art. 1 Abs. 1 S. 1 bestimmt (positiv), dass die EuErbVO auf die „Rechtsnachfolge von Todes wegen" anzuwenden ist (s. Erwägungsgrund 9). Dieser autonom zu deutende Begriff wird von Art. 3 Abs. 1 lit. a näher definiert (→ Art. 3 Rn. 2). Umstritten ist, ob für die generelle Auslegung des Begriffs „Rechtsnachfolge von Todes wegen" auch auf Art. 23 Abs. 2 abgestellt werden darf, der unmittelbar nur die Reichweite des Erbstatuts bestimmt (dafür etwa Burandt/Rojahn/Burandt/Schmuck Rn. 2; MüKoBGB/Dutta Rn. 2; NK-BGB/Looschelders Rn. 8; Erman/Hohloch Rn. 1; dagegen Schall/Simon in Geimer/Schütze Int. Rechtsverkehr Rn. 11 m. Fn. 21).

19 **c) Ausdrücklich ausgeschlossene Bereiche. aa) Steuer- und Zollsachen sowie verwaltungsrechtliche Angelegenheiten.** Die EuErbVO ist Teil der justiziellen Zusammenarbeit in Zivilsachen gem. Art. 81 AEUV (→ Rn. 3). Zwar gehört das von der Verordnung auch geregelte Zivilverfahrensrecht zum öffentlichen Recht, doch ist diese Zuordnung rein formal. Darüber hinausgehend ist öffentliches Recht nicht von der Verordnung erfasst. Art. 1 Abs. 1 S. 2 stellt dies für „Steuer- und Zollsachen sowie verwaltungsrechtliche Angelegenheiten" klar (s. auch Erwägungsgrund 10). Das nationale Recht bestimmt also zB darüber, wie „Steuern oder sonstige Verbindlichkeiten öffentlich-rechtlicher Art berechnet und entrichtet werden, seien es vom Erblasser im Zeitpunkt seines Todes geschuldete Steuern oder **Erbschaftssteuern** jeglicher Art, die aus dem Nachlass oder von den Berechtigten zu entrichten sind" (Erwägungsgrund 10). Ferner richtet sich nach nationalem Recht, „ob die Freigabe des Nachlassvermögens an die Berechtigten nach dieser Verordnung oder die Eintragung des Nachlassvermögens in ein Register nur erfolgt, wenn Steuern gezahlt werden" (Erwägungsgrund 10). Eine **staatliche Beteiligung** am **Nachlass** fällt

dann unter die EuErbVO, wenn sie – wie etwa in § 1936 BGB – als privatrechtliches Erbrecht ausgestaltet ist, jedoch nicht bei einer öffentlich-rechtlichen Regelung (MüKoBGB/Dutta Rn. 12); hierzu auch Art. 33. Nicht unter die EuErbVO fällt auch eine öffentlich-rechtlich ausgestaltete Nachfolge in **sozialrechtliche Leistungsansprüche,** zB gem. § 56 SGB I (näher MüKoBGB/Dutta Rn. 13).

**bb) Personenstand sowie Familienverhältnisse (lit. a).** Nach Art. 1 Abs. 2 lit. a regelt die EuErbVO nicht den Personenstand, Familienverhältnisse sowie Verhältnisse mit vergleichbaren Wirkungen. Zum **„Personenstand"** gehört der familienrechtliche Status einer Person (BeckOGK/J. Schmidt Rn. 18), also insbes. die Abstammung, die Adoption sowie die Wirksamkeit und der Bestand einer Ehe oder eingetragenen Lebenspartnerschaft (Burandt/Rojahn/Burandt/Schmuck Rn. 4; NK-BGB/Looschelders Rn. 13). Die **„Familienverhältnisse"** umfassen die aus dem Personenstand erwachsenden rechtlichen Beziehungen, etwa das Verhältnis zwischen Eltern und Kindern oder zwischen Eheleuten sowie sonstige Verwandtschaftsverhältnisse (vgl. Erwägungsgrund 8 Rom I-VO; BeckOGK/J. Schmidt Rn. 19). Verhältnisse mit **„vergleichbarer Wirkung"** sind insbes. die verrechtlichen Beziehungen gleichgeschlechtlicher und sonstiger Paare, die keine Ehe sind, zB die deutsche Lebenspartnerschaft nach dem LPartG (BeckOGK/J. Schmidt Rn. 19; NK-BGB/Looschelders Rn. 14). **20**

Die Ausnahme in Art. 1 Abs. 2 lit. a bedeutet vor allem, dass das Kapitel III der EuErbVO nicht das für den Personenstand und die Familienverhältnisse maßgebliche Recht bestimmt, selbst wenn – wie häufig – Personenstand und Familienverhältnisse Anknüpfungspunkte für ein (etwa gesetzliches) Erbrecht sind (MüKoBGB/Dutta Rn. 16). Es stellt sich deshalb die (generell umstrittene) Frage, ob Personenstand und Familienverhältnisse als **Vorfragen** eines Erbrechts „selbstständig" nach dem IPR der lex fori oder „unselbstständig" nach dem IPR des für die Rechtsnachfolge von Todes wegen maßgeblichen Rechts (lex causae) zu bestimmen sind (→ Art. 21 Rn. 35). **21**

**cc) Rechts-, Geschäfts- und Handlungsfähigkeit von natürlichen Personen (lit. b).** Art. 1 Abs. 2 lit. b schließt die Rechts-, Geschäfts- und Handlungsfähigkeit von natürlichen Personen grds. aus dem Anwendungsbereich der EuErbVO aus. Von der Verordnung erfasst bleiben jedoch gem. Art. 23 Abs. 2 lit. c die **Erbfähigkeit** sowie nach Art. 26 Abs. 1 lit. a die **Testierfähigkeit.** **22**

**dd) Verschollenheit, Abwesenheit einer natürlichen Person, Todesvermutung (lit. c).** Nach Art. 1 Abs. 2 lit. c erfasst die EuErbVO nicht „Fragen betreffend die Verschollenheit oder die Abwesenheit einer natürlichen Person oder die Todesvermutung". Diese Aspekte können als Anknüpfungspunkt für eine (unter die Verordnung fallende) Rechtsnachfolge von Todes wegen von Bedeutung sein und richten sich als Vorfrage nach dem IPR der lex fori (→ Art. 21 Rn. 35). Einen besonderen Fall in diesem Zusammenhang regelt Art. 32. **23**

**ee) Güterrecht (lit. d).** Nach Art. 1 Abs. 2 lit. d ist die Verordnung nicht auf das Güterrecht der Ehe und eheähnlicher Verhältnisse anzuwenden (s. auch Erwägungsgrund 12). Letztere sind insbes. die verrechtlichen Beziehungen gleichgeschlechtlicher und sonstiger Paare, die keine Ehe sind, zB die deutsche Lebenspartnerschaft nach dem LPartG. Die von Art. 1 Abs. 2 lit. d ausgeschlossenen Bereiche unterfallen potentiell der VO (EU) 2016/1103 (EuGüVO) und der VO (EU) 2016/1104 (EuPartVO), sodass die Abgrenzung zwischen Erbrecht und Güterrecht auch die Grenze zwischen den Anwendungsbereichen dieser Verordnungen markiert (vgl. Mankowski IPRax 2017, 541 (549)). Für die Auslegung des Begriffs „Güterrecht" kann Art. 3 Abs. 1 lit. a EuGüVO herangezogen werden (zur „Qualifikationsprärogative" von EuGüVO und EuPartVO Mankowski IPRax 2017, 541 (549)), der „ehelicher Güterstand" als „sämtliche vermögensrechtlichen Regelungen, die zwischen den Ehegatten und in ihren Beziehungen zu Dritten aufgrund der Ehe oder der Auflösung der Ehe gelten" definiert. Die insofern problematische Abgrenzung zwischen Güterrecht und Erbrecht, ist – insbes. auf europäischer Ebene – bisher noch kaum geklärt (näher hierzu Dörner ZEV 2019, 309). Immerhin hat der EuGH schon entschieden, dass § 1371 BGB unter die EuErbVO fällt, also erbrechtlich zu qualifizieren ist (EuGH NJW 2018, 1377 – Mahnkopf; ausf. hierzu Dörner ZEV 2018, 305; Weber NJW 2018, 1356; Süß DNotZ 2018, 742; Schmidt ErbR 2020, 91 (94 ff.); Koch DNotZ 2020, 414). **24**

**ff) Unterhaltspflichten (lit. e).** Art. 1 Abs. 2 lit. e schließt Unterhaltpflichten, die „nicht mit dem Tode entstehen", vom Anwendungsbereich der EuErbVO aus. Für sie gilt die EuUnthVO. Ob eine Unterhaltspflicht **„mit dem Tode" entstanden** ist und deshalb unter die EuErbVO fällt, kann man einerseits formal bestimmen, indem man darauf abstellt, ob die konkrete Verpflichtung, für einen bestimmten Zeitraum Unterhalt zu leisten, erst nach dem Tode des Erblassers **25**

entstanden ist (so MüKoBGB/Dutta Rn. 34; HK-ZPO/Siebert Rn. 9). Von der EuErbVO erfasst wären danach etwa auch der Anspruch auf den „Dreißigsten" gem. § 1969 BGB (MüKoBGB/Dutta Rn. 34; jurisPK-BGB/Eichel Rn. 36; Erman/Holoch Rn. 7; NK-BGB/Looschelders Rn. 37; BeckOGK/J. Schmidt Rn. 29) sowie die Ansprüche aus §§ 1586b, 1615l Abs. 3 S. 4 BGB (MüKoBGB/Dutta Rn. 34; HK-ZPO/Siebert Rn. 9; aA diff. Dutta/Weber/Schmidt Rn. 66), obwohl diese Ansprüche tatbestandlich eine Unterhaltspflicht des Erblassers vor dessen Tod voraussetzen und diese in der Sache fortsetzen. Es ist aber nicht recht einzusehen, warum die sachlich gleiche Verpflichtung für manche Zeitabschnitte unter die EuErbVO fallen soll und für andere nicht. Überzeugender ist deshalb eine funktionale Abgrenzung danach, ob die Unterhaltspflicht ein Ersatz für ein fehlendes gesetzliches Erbrecht oder eine sonstige Beteiligung am Nachlass ist, die Verpflichtung also sachlich dem Erbrecht zuzuordnen ist. Die vorgenannten Ansprüche sind somit nicht von der EuErbVO erfasst (diff. NK-BGB/Looschelders Rn. 38).

**26** Nicht unter die EuErbVO fallen jedenfalls die schon zu Lebzeiten des Erblassers entstandenen Unterhaltspflichten, für die nach dessen Tod der Erbe (Nachlass) forthaftet (MüKoBGB/Dutta Rn. 34). Ausgenommen sind ferner Schadensersatzansprüche von Hinterbliebenen, die durch die Tötung des Erblassers entstanden sind (MüKoBGB/Dutta Rn. 29), zB nach § 844 BGB. Von der EuErbVO erfasst ist hingegen der Anspruch auf Unterhalt der werdenden Mutter eines Erben gem. § 1963 BGB, da dieser erst mit dem Tode des Erblassers entsteht (MüKoBGB/Dutta Rn. 33; NK-BGB/Looschelders Rn. 37).

**27** **gg) Formgültigkeit mündlicher Verfügungen von Todes wegen (lit. f).** Nach Art. 1 Abs. 2 lit. f ist die EuErbVO nicht auf die Formgültigkeit von mündlichen Verfügungen von Todes wegen anzuwenden (für schriftliche Verfügungen s. Art. 27). Für sie gilt vor deutschen Gerichten das HTestformÜ oder – bei dessen Unanwendbarkeit gegenüber einem Staat – Art. 26 Abs. 2 EGBGB, der auf Art. 27 verweist.

**28** **hh) Nicht durch Rechtsnachfolge von Todes wegen übertragene Rechte (lit. g).** Art. 1 Abs. 2 lit. g nennt klarstellend und beispielhaft einige Fälle, die keine „Rechtsnachfolge von Todes wegen" iSd EuErbVO sind (s. auch Erwägungsgrund 14). Dieser Katalog ist aber nur eingeschränkt hilfreich. So sind etwa „unentgeltliche Zuwendungen" ausgenommen, was aber natürlich nur für eine **Schenkung** unter **Lebenden** gilt, welche schon ohne Weiteres nach Art. 1 Abs. 1 S. 1 nicht unter die EuErbVO fällt.

**29** **Schenkungen von Todes wegen,** bei denen der Erwerb (dinglich) erst nach dem Tod des Schenkers vollzogen wird (vgl. § 2301 BGB), fallen hingegen unter die EuErbVO (EuGH ZEV 2021, 717 Rn. 32 ff. – UM mAnm J. P. Schmidt ZEV 2021, 717 mAnm Rieländer ErbR 2021, 1016: Nachlassspaltung soll verhindert und eine einheitliche Regelung für alle zivilrechtlichen Aspekte der Rechtsnachfolge von Todes wegen mit grenzüberschreitendem Bezug geschaffen werden; OGH Wien ZEV 2021, 328 (330) mAnm Nordmeier ZEV 2021, 330; Dörner ZEV 2012, 505 (508); MüKoBGB/Dutta Rn. 37; jurisPK-BGB/Eichel Rn. 40; Erman/Holoch Rn. 9; Grüneberg/Thorn Rn. 11; BeckOGK/J. Schmidt Rn. 32; vgl. auch Erwägungsgrund 14: „Verfügungen unter Lebenden mit dinglicher Wirkung vor dem Tod"). Denn bei diesen ist eine sachliche Abgrenzung zur Verfügung von Todes wegen überhaupt nicht sinnvoll möglich.

**30** Umstritten ist die Zuordnung, wenn die Schenkung von Todes wegen durch einen **Vertrag zugunsten Dritter** (vgl. § 328 BGB) geschieht. Manche wollen hier die EuErbVO zwar nicht auf das Deckungsverhältnis zwischen Versprechendem und Versprechensempfänger (Erblasser) anwenden, jedoch auf das Valutaverhältnis zwischen dem Erblasser und dem Zuwendungsempfänger (so zB MüKoBGB/Dutta Rn. 39; NK-BGB/Looschelders Rn. 47; Grüneberg/Thorn Rn. 11). Andere sprechen sich für eine einheitliche Qualifizierung als Rechtsgeschäft unter Lebenden aus (so etwa Nordmeier ZEV 2013, 117 (122 f.); diff. Dutta/Weber/Schmidt Rn. 100).

**31** Ob die von der Verordnung ausgenommenen Verfügungen unter Lebenden bei der Bestimmung der Anteile der einzelnen am Nachlass Berechtigten **anzurechnen** oder **auszugleichen** sind, richtet sich gem. Art. 23 Abs. 2 lit. i nach dem von Art. 21 f. bestimmten Recht.

**32** **ii) Gesellschaftsrecht (lit. h–j).** Nach Art. 1 Abs. 2 lit. h, i und j sind Fragen des Gesellschaftsrechts von der EuErbVO ausgenommen. Ob etwa eine Rechtsnachfolge von Todes wegen in die Gesellschaftsanteile des Erblassers möglich ist (lit. h: „Klauseln (…), die das Schicksal der Anteile verstorbener Gesellschafter beziehungsweise Mitglieder regeln") oder durch den Tod eines Gesellschafters die Gesellschaft aufgelöst wird (lit. i; vgl. § 727 BGB), richtet sich nach dem vom Gesellschaftskollisionsrecht zur Anwendung berufenen Recht (Burandt/Rojahn/Burandt/Schmuck Rn. 11; Grüneberg/Thorn Rn. 12; näher Leitzen ZEV 2012, 520 f.; Weischede, Die Gesellschafternachfolge von Todes wegen unter der EuErbVO, 2021, 182 ff.). Enthält dieses Recht spezifische Vorschriften für den Übergang von Gesellschaftsanteilen von Todes wegen (etwa nach deutschem Recht bei der Vererbung von Anteilen an Personengesellschaften), so gehen auch diese Regelungen dem Erbstatut vor (NK-NachfolgeR/Köhler Art. 23 Rn. 23; MüKoBGB/Dutta Rn. 43 ff.; aA Weischede, Die Gesellschafternachfolge von Todes wegen unter der EuErbVO, 2021, 196 f.). Soweit das Gesellschaftsrecht aber keine besonderen Regelungen zur Rechtsnachfolge von Todes wegen enthält oder an eine – vom Gesellschaftsrecht nicht selbst näher bestimmte – erbrechtliche Berechtigung anknüpft (etwa die Stellung einer Person als Erbe), ist die EuErbVO maßgeblich (MüKoBGB/Dutta Rn. 47; Dutta/Weber/Schmidt Rn. 107 f.).

Nach lit. j fällt nur die „Errichtung, Funktionsweise und Auflösung eines **Trusts**" nicht unter die EuErbVO (zum Begriff des „Trust" BeckOGK/J. Schmidt Rn. 45; eingehend zum angloamerikanischen „testamentary trust" Falter/Geks NZG 2017, 1251). Wird jedoch ein Trust testamentarisch oder kraft Gesetzes im Rahmen der gesetzlichen Erbfolge errichtet, so soll nach Erwägungsgrund 13 im Hinblick auf den Übergang der Vermögenswerte und die Bestimmung der Berechtigten das nach der EuErbVO auf die Rechtsnachfolge von Todes wegen anzuwendende Recht gelten (s. nur Burandt/Rojahn/Burandt/Schmuck Rn. 13). **33**

**jj) Art der dinglichen Rechte (lit. k).** Die EuErbVO erfasst auch „die Begründung oder den Übergang eines Rechts an beweglichen oder unbeweglichen Vermögensgegenständen im Wege der Rechtsnachfolge von Todes wegen" (Erwägungsgrund 15 S. 1; vgl. auch Art. 23 Abs. 2 lit. e: „Übergang der zum Nachlass gehörenden Vermögenswerte, Rechte und Pflichten"). Auf welche **Weise** sich der dingliche **Erwerb** eines erbrechtlich am Nachlass Berechtigten vollzieht, richtet sich also nach dem Erbrecht, welches von den Art. 21 ff. zur Anwendung berufen wird, nicht nach dem Sachenrechtsstatut (zum Vindikationslegat EuGH NJW 2017, 3767 Rn. 50 – Kubicka, → Rn. 34.1; zum Vindikationslegat und dinglich wirkenden Teilungsanordnungen OLG München FGPrax 2020, 265 (266); zum Legalnießbrauch OLG Saarbrücken ZEV 2019, 640 Rn. 7 ff., → Rn. 34.2; MüKoBGB/Dutta Rn. 53; NK-NachfolgeR/Köhler Rn. 19). **34**

Das in manchen Mitgliedstaaten (jedoch nicht in Deutschland) bekannte **Vindikationslegat,** bei dem der Vermächtnisnehmer unmittelbar am vermachten Gegenstand dinglich berechtigt wird, ist nach dem EuGH nur eine Modalität für den Übergang der Berechtigung an einem Vermögensgegenstand (EuGH NJW 2017, 3767 Rn. 49 ff. – Kubicka mAnm Thorn/Lasthaus IPRax 2019, 24). Die dinglichen Wirkungen, die ein Vindikationslegat im Zeitpunkt des Eintritts des Erbfalls gemäß dem vom Erblasser nach Art. 22 gewählten Recht entfaltet, dürfen also auch dann nicht von Mitgliedstaaten abgelehnt werden, wenn deren Recht diese Wirkungen nicht kennt (früher str.; aA etwa noch Dörner ZEV 2012, 505 (509): ein sich auf eine in Deutschland befindliche unbewegliche oder bewegliche Sache beziehendes Vindikationslegat sei nach Art. 31 in ein Damnationslegat gem. § 2174 BGB umzudeuten; ausf. zum Problem und Streitstand Gubenko, Die Abgrenzung des Erbstatuts vom Sachstatut in der EuErbVO, 2021, 222 ff.; eingehend zu Grundbuchfragen beim Vindikationslegat OLG Saarbrücken ZEV 2019, 640 Rn. 8 ff.; Dorth ZEV 2018, 11 (13 f.); zum Themenkreis auch Kurth ErbR 2020, 321; nach OLG Köln FGPrax 2020, 38 (39) ist wegen der unmittelbaren dinglichen Wirkung auch in Deutschland eine Nachlasspflegschaft nach § 1961 BGB zur Erfüllung eines Vindikationslegats überflüssig und deshalb unzulässig). **34.1**

Das OLG Saarbrücken hat die Grundsätze des EuGH zum Vindikationslegat (→ Rn. 34.1) auf einen gesetzlichen Nießbrauch des überlebenden Ehegatten nach französischem Recht übertragen (OLG Saarbrücken ZEV 2019, 640 Rn. 7 ff.; krit. hierzu Leitzen ZEV 2019, 642; Litzenburger FD-ErbR 2019, 418921; Dutta/Weber/Schmidt Rn. 150; ausführlich Gubenko, Die Abgrenzung des Erbstatuts vom Sachstatut in der EuErbVO, 2021, 252 ff.; vgl. ferner Kurth ErbR 2020, 321 (322)). **34.2**

Soweit das nach der EuErbVO anzuwendende Erbrecht die Begründung und den Übergang von dinglichen Rechten im Wege der Rechtsnachfolge von Todes wegen regelt (→ Rn. 34), bestimmt es im Ausgangspunkt auch über den **Inhalt** dieser Rechte (MüKoBGB/Dutta Rn. 58; NK-NachfolgeR/Köhler Rn. 20 f.). Jedoch soll eine in nationalen Rechtsordnungen möglicherweise bestehende Beschränkung auf bestimmte Arten von dinglichen Rechten **(„Numerus clausus der Sachenrechte")** durch die Verordnung nicht angetastet werden (Erwägungsgrund 15 S. 2), weshalb Art. 1 Abs. 2 lit. k die „Art der dinglichen Rechte" aus dem Anwendungsbereich der EuErbVO ausschließt. Zu den dinglichen Rechten in diesem Sinne gehören auch Immaterialgüterrechte (jurisPK-BGB/Eichel Rn. 44). Die Ausnahme erfasst die Qualifikation der Sachen und Rechte sowie die Existenz und die Anzahl der dinglichen Rechte (EuGH NJW 2017, 3767 Rn. 47 f. – Kubicka). Ein Mitgliedstaat soll nicht verpflichtet sein, ein dingliches Recht an einer in diesem Mitgliedstaat belegenen Sache anzuerkennen, wenn sein Recht dieses dingliche Recht nicht kennt (Erwägungsgrund 15 S. 3). In diesen Fällen ist vielmehr eine **Anpassung** des vererbten Rechts an die im Belegenheitsstaat bekannten Rechte gem. Art. 31 vorzunehmen. **35**

**36** **kk) Eintragung von Rechten (lit. l).** Art. 1 Abs. 2 lit. l nimmt die Eintragung von Rechten an beweglichen und unbeweglichen Gegenständen in Register (zB in das deutsche Grundbuch) sowie die Eintragungsvoraussetzungen und -wirkungen von der EuErbVO aus (Erwägungsgrund 18 S. 1 und 19 S. 1). Maßgeblich für die **Eintragungsvoraussetzungen** ist bei beweglichen Gegenständen das Recht des Mitgliedstaats, in dem das Register geführt wird, und bei unbeweglichen Gegenständen das Recht des Belegenheitsstaats (Erwägungsgrund 18 S. 2; eingehend zu Grundbuchfragen beim Vindikationslegat OLG Saarbrücken ZEV 2019, 640 Rn. 8 ff.; Dorth ZEV 2018, 11 (13 f.)). Diese Rechte entscheiden dann etwa auch darüber, welche Stelle zur Prüfung der Eintragungsvoraussetzungen **zuständig** ist (zB Grundbuchämter oder Notare).

**37** Beim **Nachweis** der **Eintragungsvoraussetzungen** sollen die Eintragungsbehörden aber diejenigen von den zuständigen Behörden in einem anderen Mitgliedstaat erstellten Schriftstücke annehmen, deren Verkehr nach dieser Verordnung vorgesehen ist, also insbes. das Europäische Nachlasszeugnis gem. Kapitel VI der EuErbVO, wobei die Eintragungsbehörden aber auch nach dem Registerrecht erforderliche weitergehende Angaben und Dokumente verlangen können (Erwägungsgrund 18 S. 4 ff.; vgl. auch OGH Wien ZEV 2019, 353 Rn. 14 f.).

**38** Von der EuErbVO ausgenommen sind nur die registerrechtlichen Voraussetzungen für die Eintragung, jedoch nicht die **materiellrechtlichen Voraussetzungen** des **Rechtserwerbs** selbst, der sich allein nach dem von der EuErbVO zur Anwendung berufenen Erbrecht bestimmt (EuGH NJW 2017, 3767 Rn. 54 ff. – Kubicka; OLG München FGPrax 2020, 90 (92); näher hierzu MüKoBGB/Dutta Rn. 53 ff.; vgl. auch OGH Wien ZEV 2018, 737 Rn. 14: nach dem Erbstatut richte sich, „ob die Rechte an der Liegenschaft überhaupt Gegenstand des Erbrechts sind und ggf. auf welche Weise und zu welchem Zeitpunkt der Erbe den Nachlass erwirbt"; aA zB noch Odersky in Geimer/Schütze Int. Rechtsverkehr Art. 23 Rn. 32 ff.; vermittelnd Dutta/Weber/Schmidt Rn. 144 ff. und Thorn/Lasthaus IPRax 2019, 24 (27 f.); näher zum Streitstand Gubenko, Die Abgrenzung des Erbstatuts vom Sachstatut in der EuErbVO, 2021, 159 ff.; vgl. auch OGH Wien ZEV 2019, 353 Rn. 17: „Erfasst sind von dieser Ausnahme aus österreichischer Sicht das formelle und materielle Grundbuchsrecht, also auch das immobilienbezogene Sachenrecht"; zur Behandlung deutsch-österreichischer Erbfälle Thorn/Lasthaus IPRax 2019, 24 (28 ff.)). So dürfen zB die unmittelbaren dinglichen Wirkungen, die ein Vindikationslegat nach dem gem. Art. 20 ff. anwendbaren Recht an einem Grundstück entfaltet, in Deutschland nicht deshalb ignoriert werden, weil das deutsche materielle Recht für den dinglichen Erwerb des Vermächtnisnehmers zusätzlich einen einzutragenden Erwerbsakt – nämlich die Übereignung vom Erben an den Vermächtnisnehmer nach §§ 873, 925 BGB – verlangt (vgl. EuGH NJW 2017, 3767 Rn. 52 ff. – Kubicka).

**39** Auch soweit lit. l die **„Wirkungen"** der **Eintragung** von der Verordnung ausnimmt, bezieht sich das nicht auf den Rechtserwerb selbst (str.). Freilich soll nach Erwägungsgrund 19 S. 3 das Recht des registerführenden Mitgliedstaats auch dafür maßgebend sein, ob die Eintragung „deklaratorische oder konstitutive Wirkung" hat. „Konstitutive Wirkung" kann hier nur bedeuten, dass die Eintragung für den Rechtserwerb erforderlich ist. Das widerspricht aber der vom EuGH vertretenen Auffassung, dass lit. l nicht die Voraussetzungen des Rechtserwerbs erfasst (EuGH NJW 2017, 3767 Rn. 54 ff. – Kubicka). Außerdem bliebe das genaue Zusammenspiel von Erbstatut und Sachenrechtsstatut beim Rechtsübergang unklar und problematisch (etwa wenn nach Dorth ZEV 2018, 11 (12) der betroffene Vermächtnisnehmer nach dem berufenen Erbstatut zwar mit dem Erbfall Eigentümer des Grundstücks wird, sich aber bei nach dem Registerrecht des Belegenheitsstaates konstitutiver Eintragung vor Eintragung gegenüber Dritten nicht auf seine Eigentümerstellung berufen könne; ähnlich Grüneberg/Thorn Rn. 16). Von der Verordnung ausgenommen sind jedoch weitergehende materiellrechtliche „Wirkungen" der (fehlenden) Eintragung, etwa eine Vermutung (zB § 891 BGB) oder die Möglichkeit eines gutgläubigen Erwerbs (zB gem. § 892 BGB). Denn diese Wirkungen betreffen nicht die „Rechtsnachfolge von Todes wegen" (Art. 1 Abs. 1 S. 1). Insofern bleibt das Recht des registerführenden Mitgliedstaats maßgeblich.

## Art. 2 Zuständigkeit in Erbsachen innerhalb der Mitgliedstaaten

**Diese Verordnung berührt nicht die innerstaatlichen Zuständigkeiten der Behörden der Mitgliedstaaten in Erbsachen.**

*Französische Fassung:*

**Article 2 Compétences en matière de successions dans les États membres**

**Le présent règlement ne porte pas atteinte aux compétences des autorités des États membres en matière de règlement des successions.**

*Englische Fassung:*

**Article 2 Competence in matters of succession within the Member States**

**This Regulation shall not affect the competence of the authorities of the Member States to deal with matters of succession.**

## Überblick

Die Vorschrift stellt klar, dass die EuErbVO grundsätzlich nicht die Verteilung der Zuständigkeiten innerhalb der Mitgliedstaaten regelt.

Der Begriff **„Behörde"** in Art. 2 umfasst auch Gerichte (vgl. Art. 3 Abs. 2 UAbs. 1: „Gericht und alle sonstigen Behörden"). Grundsätzlich regelt die EuErbVO nur die internationale Zuständigkeit in Erbsachen, jedoch nicht die sachliche, örtliche und funktionelle Zuständigkeit innerhalb der Mitgliedstaaten (MüKoBGB/Dutta Rn. 1). Letzteres stellt Art. 2 noch einmal ausdrücklich, in allgemeiner Weise und an prominenter Stelle klar (zu den Motiven näher BeckOGK/J. Schmidt Rn. 2). Freilich macht Art. 45 Abs. 2 hiervon eine **Ausnahme,** weil er auch die örtliche Zuständigkeit regelt. Letzteres wird auch für die Gerichtsstandsvereinbarung gem. Art. 5 vertreten (Dutta/Weber/Lein Art. 5 Rn. 23; HK-ZPO/Siebert Rn. 2; Geimer/Garber in Geimer/Schütze EuZivVerfR Rn. 1; aA MüKoBGB/Dutta Art. 5 Rn. 11). Die Zuständigkeit in Deutschland richtet sich iÜ bei Anwendbarkeit der EuErbVO insbes. nach §§ 2, 31, 34, 47 **IntErbRVG.** 1

## Art. 3 Begriffsbestimmungen

**(1) Für die Zwecke dieser Verordnung bezeichnet der Ausdruck**

**a) „Rechtsnachfolge von Todes wegen" jede Form des Übergangs von Vermögenswerten, Rechten und Pflichten von Todes wegen, sei es im Wege der gewillkürten Erbfolge durch eine Verfügung von Todes wegen oder im Wege der gesetzlichen Erbfolge;**

**b) „Erbvertrag" eine Vereinbarung, einschließlich einer Vereinbarung aufgrund gegenseitiger Testamente, die mit oder ohne Gegenleistung Rechte am künftigen Nachlass oder künftigen Nachlässen einer oder mehrerer an dieser Vereinbarung beteiligter Personen begründet, ändert oder entzieht;**

**c) „gemeinschaftliches Testament" ein von zwei oder mehr Personen in einer einzigen Urkunde errichtetes Testament;**

**d) „Verfügung von Todes wegen" ein Testament, ein gemeinschaftliches Testament oder einen Erbvertrag;**

**e) „Ursprungsmitgliedstaat" den Mitgliedstaat, in dem die Entscheidung ergangen, der gerichtliche Vergleich gebilligt oder geschlossen, die öffentliche Urkunde errichtet oder das Europäische Nachlasszeugnis ausgestellt worden ist;**

**f) „Vollstreckungsmitgliedstaat" den Mitgliedstaat, in dem die Vollstreckbarerklärung oder Vollstreckung der Entscheidung, des gerichtlichen Vergleichs oder der öffentlichen Urkunde betrieben wird;**

**g) „Entscheidung" jede von einem Gericht eines Mitgliedstaats in einer Erbsache erlassene Entscheidung ungeachtet ihrer Bezeichnung einschließlich des Kostenfestsetzungsbeschlusses eines Gerichtsbediensteten;**

**h) „gerichtlicher Vergleich" einen von einem Gericht gebilligten oder vor einem Gericht im Laufe eines Verfahrens geschlossenen Vergleich in einer Erbsache;**

**i) „öffentliche Urkunde" ein Schriftstück in Erbsachen, das als öffentliche Urkunde in einem Mitgliedstaat förmlich errichtet oder eingetragen worden ist und dessen Beweiskraft**

**i) sich auf die Unterschrift und den Inhalt der öffentlichen Urkunde bezieht und**

**ii) durch eine Behörde oder eine andere vom Ursprungsmitgliedstaat hierzu ermächtigte Stelle festgestellt worden ist.**

**(2) Im Sinne dieser Verordnung bezeichnet der Begriff „Gericht" jedes Gericht und alle sonstigen Behörden und Angehörigen von Rechtsberufen mit Zuständigkeiten in Erbsachen, die gerichtliche Funktionen ausüben oder in Ausübung einer Befugnisübertragung durch ein Gericht oder unter der Aufsicht eines Gerichts handeln, sofern diese anderen Behörden und Angehörigen von Rechtsberufen ihre Unparteilichkeit und das**

**Recht der Parteien auf rechtliches Gehör gewährleisten und ihre Entscheidungen nach dem Recht des Mitgliedstaats, in dem sie tätig sind,**
**a) vor einem Gericht angefochten oder von einem Gericht nachgeprüft werden können und**
**b) vergleichbare Rechtskraft und Rechtswirkung haben wie eine Entscheidung eines Gerichts in der gleichen Sache.**
**Die Mitgliedstaaten teilen der Kommission nach Artikel 79 die in Unterabsatz 1 genannten sonstigen Behörden und Angehörigen von Rechtsberufen mit.**

*Französische Fassung:*

**Article 3 Définitions**

**1. Aux fins du présent règlement, on entend par:**
**a) «succession», la succession à cause de mort, ce terme recouvrant toute forme de transfert de biens, de droits et d'obligations à cause de mort, qu'il s'agisse d'un acte volontaire de transfert en vertu d'une disposition à cause de mort ou d'un transfert dans le cadre d'une succession ab intestat;**
**b) «pacte successoral», un accord, y compris un accord résultant de testaments mutuels, qui confère, modifie ou retire, avec ou sans contre-prestation, des droits dans la succession future d'une ou de plusieurs personnes parties au pacte;**
**c) «testament conjonctif», un testament établi par deux ou plusieurs personnes dans le même acte;**
**d) «disposition à cause de mort», un testament, un testament conjonctif ou un pacte successoral;**
**e) «État membre d'origine», l'État membre dans lequel, selon le cas, la décision a été rendue, la transaction judiciaire approuvée ou conclue, l'acte authentique établi ou le certificat successoral européen délivré;**
**f) «État membre d'exécution», l'État membre dans lequel est demandée la déclaration constatant la force exécutoire ou l'exécution de la décision, de la transaction judiciaire ou de l'acte authentique;**
**g) «décision», toute décision en matière de successions rendue par une juridiction d'un État membre, quelle que soit la dénomination qui lui est donnée, y compris une décision concernant la fixation par le greffier du montant des frais du procès;**
**h) «transaction judiciaire», une transaction en matière de successions approuvée par une juridiction ou conclue devant une juridiction au cours d'une procédure;**
**i) «acte authentique», un acte en matière de succession dressé ou enregistré formellement en tant qu'acte authentique dans un État membre et dont l'authenticité:**
**i) porte sur la signature et le contenu de l'acte authentique; et**
**ii) a été établie par une autorité publique ou toute autre autorité habilitée à le faire par l'État membre d'origine.**

**2. Aux fins du présent règlement, le terme «juridiction» désigne toute autorité judiciaire, ainsi que toute autre autorité et tout professionnel du droit compétents en matière de successions qui exercent des fonctions juridictionnelles ou agissent en vertu d'une délégation de pouvoirs d'une autorité judiciaire ou sous le contrôle d'une autorité judiciaire, pour autant que ces autres autorités et professionnels du droit offrent des garanties en ce qui concerne leur impartialité et le droit de toutes les parties à être entendues, et que les décisions qu'ils rendent en vertu du droit de l'État membre dans lequel ils exercent leurs fonctions:**
**a) puissent faire l'objet d'un recours devant une autorité judiciaire ou d'un contrôle par une telle autorité; et**
**b) aient une force et un effet équivalents à une décision rendue par une autorité judiciaire dans la même matière.**
**Les États membres notifient à la Commission les autres autorités et professionnels du droit visés au premier alinéa conformément à l'article 79.**

*Englische Fassung:*

**Article 3 Definitions**

**1. For the purposes of this Regulation:**
**(a) 'succession' means succession to the estate of a deceased person and covers all forms of transfer of assets, rights and obligations by reason of death, whether by way of a voluntary transfer under a disposition of property upon death or a transfer through intestate succession;**

**(b) 'agreement as to succession' means an agreement, including an agreement resulting from mutual wills, which, with or without consideration, creates, modifies or terminates rights to the future estate or estates of one or more persons party to the agreement;**
**(c) 'joint will' means a will drawn up in one instrument by two or more persons;**
**(d) 'disposition of property upon death' means a will, a joint will or an agreement as to succession;**
**(e) 'Member State of origin' means the Member State in which the decision has been given, the court settlement approved or concluded, the authentic instrument established or the European Certificate of Succession issued;**
**(f) 'Member State of enforcement' means the Member State in which the declaration of enforceability or the enforcement of the decision, court settlement or authentic instrument is sought;**
**(g) 'decision' means any decision in a matter of succession given by a court of a Member State, whatever the decision may be called, including a decision on the determination of costs or expenses by an officer of the court;**
**(h) 'court settlement' means a settlement in a matter of succession which has been approved by a court or concluded before a court in the course of proceedings;**
**(i) 'authentic instrument' means a document in a matter of succession which has been formally drawn up or registered as an authentic instrument in a Member State and the authenticity of which:**
**(i) relates to the signature and the content of the authentic instrument; and**
**(ii) has been established by a public authority or other authority empowered for that purpose by the Member State of origin.**

**2. For the purposes of this Regulation, the term 'court' means any judicial authority and all other authorities and legal professionals with competence in matters of succession which exercise judicial functions or act pursuant to a delegation of power by a judicial authority or act under the control of a judicial authority, provided that such other authorities and legal professionals offer guarantees with regard to impartiality and the right of all parties to be heard and provided that their decisions under the law of the Member State in which they operate:**
**(a) (a) may be made the subject of an appeal to or review by a judicial authority; and**
**(b) (b) have a similar force and effect as a decision of a judicial authority on the same matter.**

**The Member States shall notify the Commission of the other authorities and legal professionals referred to in the first subparagraph in accordance with Article 79.**

## Überblick

Die Vorschrift definiert einige in der EuErbVO enthaltene Begriffe.

## I. Allgemeines

Art. 3 definiert verbindlich einige wichtige Begriffe der Verordnung (zu den Definitionsarten → Rn. 1.1). Die Möglichkeiten solcher Definitionsnormen sind im Bereich neugeschaffenen Unionsrechts freilich eingeschränkt, weil die für die Definitionen verwendeten Begriffe selbst wiederum einer (autonomen) Auslegung bedürfen. Das führt etwa dazu, dass in Abs. 1 lit. b der „Erbvertrag" definiert wird und dieser Begriff in Abs. 1 lit. d wiederum zur Definition der „Verfügung von Todes wegen" herangezogen wird. Der mehrmals zur Definition verwendete Begriff „Testament" (lit. b, c, d) wird selbst überhaupt nicht definiert. Dadurch wird das Auslegungsproblem teilweise nur verschoben. Trotzdem kann durch diese Technik zumindest in mancher Hinsicht Klarheit geschaffen werden. Im Folgenden werden nur die für das hier kommentierte Kollisionsrecht bedeutsamen Begriffe besprochen. 1

Art. 3 enthält intensionale und extensionale Definitionen. Intensionale Definitionen bestimmen die (unmittelbare) Bedeutung eines Begriffs, etwa in Abs. 1 lit a durch Umschreibung der „Rechtsnachfolge von Todes wegen" als „jede Form des Übergangs von Vermögenswerten, Rechten und Pflichten von Todes wegen". Extensionale Definitionen nennen Fälle (oder Unterbegriffe), die der Begriff erfasst, zB in Abs. 1 lit. d. 1.1

## II. Einzelne Definitionen

2 **1. Rechtsnachfolge von Todes wegen (lit. a).** Der unter Abs. 1 lit. a definierte Begriff der „Rechtsnachfolge von Todes wegen" ist deshalb von zentraler Bedeutung, weil er den Gegenstand (sachlichen Anwendungsbereich) der gesamten Verordnung bestimmt (Art. 1 Abs. 1 S. 1 und zahlreiche andere Vorschriften). Abs. 1 lit. a enthält zunächst eine intensionale Definition (→ Rn. 1.1), indem er „**Rechtsnachfolge** von Todes wegen" als „jede Form des Übergangs von Vermögenswerten, Rechten und Pflichten von Todes wegen" umschreibt. **„Übergang"** ist der Wechsel in der Inhaberschaft, also der Übergang von einem Rechtssubjekt auf ein anderes. Die Nennung von **„Vermögenswerten"** neben **„Rechten und Pflichten"** ist eigentlich tautologisch, weil die (rechtliche) Inhaberschaft an einem Vermögenswert ohne ein Recht nicht denkbar ist. Eine eigenständige Bedeutung kommt dieser Formulierung aber dann zu, wenn sie ausdrücken soll, dass neben Vermögensrechten auch immaterielle Rechte erfasst sind (hiergegen jurisPK-BGB/Eichel Rn. 2, der als Negativbeispiel das postmortale Persönlichkeitsrecht nennt, bei dem es aber gerade nicht um eine Rechtsnachfolge geht). **„Jede Form"** verdeutlicht, dass keine Beschränkung auf bestimmte Arten des Rechtsübergangs besteht. Neben der Gesamtrechtsnachfolge (zB § 1922 BGB) ist also auch die Einzelrechtsnachfolge erfasst (MüKoBGB/Dutta Rn. 2; NK-BGB/Looschelders Rn. 4). Außerdem stellt lit. a ausdrücklich klar, dass der Rechtsübergang auf einer gewillkürten Erbfolge durch eine Verfügung von Todes wegen oder einer gesetzlichen Erbfolge beruhen kann, wobei im Folgenden nur die „Verfügung von Todes wegen" definiert wird (lit. d), aber nicht die gesetzliche Erbfolge.

3 **2. Erbvertrag (lit. b).** Die Definition des „Erbvertrags" in Abs. 1 lit. b umfasst auch die Erbverträge nach deutschem Recht (§§ 1941, 2274 ff. BGB), geht aber darüber hinaus. Die **„Vereinbarung"**, die auch durch gegenseitige Testamente möglich ist, muss am künftigen Nachlass zumindest einer Vertragspartei Rechte einer anderen Person begründen, ändern oder entziehen. Diese andere Person muss nicht Vertragspartei sein (MüKoBGB/Dutta Rn. 8; Nordmeier ZEV 2013, 117 (119)). Nicht erfasst sind also Verträge über den Nachlass eines nicht am Vertrag beteiligten Dritten, zB gem. § 311b Abs. 4 und 5 BGB oder in Form einer Erbauseinandersetzung (MüKoBGB/Dutta Rn. 12; BeckOGK/J. Schmidt Rn. 6; Döbereiner DNotZ 2014, 323 (330)). Von der Definition ist auch die **Schenkung von Todes wegen** umfasst, soweit die Zuwendung erst nach dem Tode vollzogen werden soll (→ Art. 1 Rn. 29; EuGH ZEV 2021, 717 Rn. 32 – UM; Dutta/Weber/Schmidt Rn. 6; Nordmeier ZEV 2013, 117 (121 f.)). Da die Definition auch die Änderung und Entziehung von Rechten am Nachlass nennt, können – anders als nach deutschem Recht – auch **Erb-, Pflichtteils-** und **Zuwendungsverzichte** Inhalt eines Erbvertrags iSd EuErbVO sein (MüKoBGB/Dutta Rn. 10; Nordmeier ZEV 2013, 117 (120 f.); näher hierzu de Barros Fritz ZEV 2020, 199; 2020, 596).

4 Auch das **gemeinschaftliche Testament** nach §§ 2265 ff. BGB kann ein Erbvertrag iSd EuErbVO sein (BGH BeckRS 2021, 3848 Rn. 10; OLG München BeckRS 2020, 21529 Rn. 14; OLG München FGPrax 2020, 283 (285); Burandt/Rojahn/Burandt/Schmuck Rn. 4; Dutta/Weber/Bauer/Weber Art. 25 Rn. 7 ff.; MüKoBGB/Dutta Rn. 11; Heinig RNotZ 2014, 197 (200 f.); NK-NachfolgeR/Köhler Art. 25 Rn. 5; NK-BGB/Looschelders Rn. 12 ff.; BeckOGK/J. Schmidt Rn. 9 f.; Frank in Geimer/Schütze Int. Rechtsverkehr Art. 24 Rn. 6 ff.; Grüneberg/Thorn Art. 25 Rn. 3; Dutta ZfPW 2020, 20 (35); aA jurisPK-BGB/Nordmeier Art. 24 Rn. 14 ff.; Nordmeier ZEV 2013, 117 (120); Hilbig-Lugani IPRax 2014, 480 (485 f.)). Dass dem nicht die formale Einordnung als Testament entgegensteht, zeigt schon die ausdrückliche Einbeziehung „gegenseitiger Testamente" in Abs. 1 lit. b. Auch aus der eigenständigen Definition des „gemeinschaftlichen Testaments" in Abs. 1 lit. c lässt sich nichts anderes schießen, weil jene nur eine ganz eingeschränkte Funktion hat (→ Rn. 7) und insbes. nicht die Abgrenzung vom Erbvertrag bezweckt. Vor allem erfüllen wechselbezügliche Verfügungen gem. § 2270 BGB sachlich das Erfordernis einer „Vereinbarung" (BGH BeckRS 2021, 3848 Rn. 10; OLG München BeckRS 2020, 21529 Rn. 14; OLG München FGPrax 2020, 283 (285); Dutta/Weber/Bauer/Weber Art. 25 Rn. 9; Frank in Geimer/Schütze Int. Rechtsverkehr Art. 24 Rn. 9; BeckOGK/J. Schmidt Rn. 10; weitergehend Leipold ZEV 2014, 139 (143 f.) und NK-BGB/Looschelders Rn. 16: gegenseitige Erbeinsetzung ohne Wechselbezüglichkeit genüge; enger wohl MüKoBGB/Dutta Rn. 11: zusätzlich Bindung an das Testament wegen des Todes eines Ehegatten gem. § 2271 Abs. 2 BGB erforderlich; vgl. auch Burandt/Rojahn/Burandt/Schmuck Rn. 4).

5 Überwiegend wird eine **Bindungswirkung** der Vereinbarung für den künftigen Erblasser verlangt (Döbereiner DNotZ 2014, 323 (329); Dutta/Weber/Bauer/Weber Art. 25 Rn. 3; MüKoBGB/Dutta Rn. 8; aA Burandt/Rojahn/Burandt/Schmuck Rn. 3, vgl. aber auch Burandt/

Rojahn/Burandt/Schmuck Rn. 4; Lehmann ZErb 2013, 25 (28)). Das lässt sich aus den Begriffen „Erbvertrag" und „Vereinbarung" ableiten; denn es ist die ureigene Funktion eines Vertrags, rechtliche Bindungen zu erzeugen. Ohne die Bindungswirkung hätte der Erbvertrag als eigenständige erbrechtliche Form neben dem Testament keine Funktion und keine Existenzberechtigung (vgl. auch Döbereiner DNotZ 2014, 323 (329)). Die Bindungswirkung ist auch als sachliche Rechtfertigung für die besondere Regelung des Art. 25 plausibel. Ob eine Bindungswirkung besteht, richtet sich nach dem gem. Art. 25 für die materielle Wirksamkeit maßgeblichen Recht (→ Art. 25 Rn. 3). Nicht überzeugend ist es, wenn manche Autoren eine ausreichende Bindung schon dann bejahen, wenn (wie nach § 2271 Abs. 1 S. 1 BGB, § 2296 Abs. 2 BGB) der Widerruf des Erblassers der anderen Partei zugehen muss (so aber Döbereiner DNotZ 2014, 323 (329)).

Unklar und umstritten ist, ob die Definition auch **„Testierverträge"** umfasst, bei denen 6 sich der Erblasser nur zu einer bestimmten Verfügung von Todes wegen verpflichtet (dafür etwa Döbereiner in Geimer/Schütze Int. Rechtsverkehr Art. 25 Rn. 32; MüKoBGB/Dutta Rn. 10; NK-BGB/Looschelders Rn. 8; aA Nordmeier ZEV 2013, 117 (123 f.)). Der Wortlaut der Vorschrift spricht eher dagegen („Rechte am künftigen Nachlass (…) begründet, ändert oder entzieht"). Andererseits handelt es sich bei jenen Verträgen nur um eine Konstruktionsvariante, die funktional und im praktischen Ergebnis einer unmittelbaren Begründung oder Änderung von Rechten am Nachlass gleichkommt. Diese sachliche Vergleichbarkeit drängt insbes. im Hinblick auf die besonderen Vorschriften der Art. 25 ff. zu einer Gleichbehandlung.

**3. Gemeinschaftliches Testament (lit. c).** Der in Abs. 1 lit. c definierte Begriff des 7 „gemeinschaftlichen Testaments" hat nur Bedeutung für Art. 75 Abs. 1 UAbs. 2, der klarstellt, dass der Vorrang des HTestformÜ auch für gemeinschaftliche Testamente gilt (MüKoBGB/Dutta Rn. 7; vgl. auch Grüneberg/Thorn Art. 25 Rn. 3). Deshalb entspricht die Definition in Abs. 1 lit. c der Begriffsbestimmung in Art. 4 HTestformÜ. **„Urkunde"** in diesem Sinne ist jedes (auch elektronische) Dokument (BeckOGK/J. Schmidt Rn. 11).

**4. Verfügung von Todes wegen (lit. d).** Den wichtigen Begriff der „Verfügung von Todes 8 wegen" definiert Abs. 1 lit. d als **„Testament,** ein **gemeinschaftliches Testament** oder einen **Erbvertrag**". Das ist deshalb schief, weil auf diese Weise ein Inhalt durch seine Formen definiert wird (jurisPK-BGB/Eichel Rn. 6). Die Begriffe „gemeinschaftliches Testament" und „Erbvertrag" werden wiederum in Abs. 1 lit. b und c definiert.

Eine Definition des zentralen erbrechtlichen Begriffs des **„Testaments"** fehlt jedoch in der 9 EuErbVO. Insofern kann zunächst auf die gemeinsame europäische Rechtstradition abgestellte werden, die auf das römische Recht zurückgeht. Problematisch für die Auslegung ist hingegen die Systematik von Art. 3. Die Nebeneinandernennung von „Testament", „gemeinschaftliches Testament" und „Erbvertrag" verleitet zu einer abgrenzenden Definition. Aus Abs. 1 lit. b ergibt sich aber, dass ein Erbvertrag auch durch „gegenseitige Testamente" geschlossen werden kann. Die Begriffe „Erbvertrag" und „Testament" schließen sich nach der EuErbVO also nicht gegenseitig aus. Ferner ist auch ein „gemeinschaftliches Testament" nach Abs. 1 lit. c ein „Testament". Insofern kann man das „Testament" in Abs. 1 lit. d als eine Art Mindesttatbestand des Testaments verstehen, der aber nicht abschließend ist. Diesem Mindesttatbestand kommt die Auffangfunktion zu, alle „Verfügungen von Todes wegen" zu erfassen, die kein „Erbvertrag" und kein „gemeinschaftliches Testament" iSd Verordnung sind; denn die Aufzählung der Begriffe in lit. d soll offenbar abschließend sein. Auch deshalb kann nicht entscheidend sein, ob die letztwillige Verfügung in der nationalen Rechtsordnung als „Testament" bezeichnet wird (vgl. auch MüKoBGB/Dutta Rn. 4). Zweckmäßig ist vielmehr die weite Umschreibung als einseitige Willenserklärung, die Einfluss auf die Rechtsnachfolge von Todes wegen nimmt (MüKoBGB/Dutta Rn. 4; HK-ZPO/Siebert Rn. 5).

## Kapitel II. Zuständigkeit (nicht abgedruckt)

## Kapitel III. Anzuwendendes Recht

### Art. 20 Universelle Anwendung

**Das nach dieser Verordnung bezeichnete Recht ist auch dann anzuwenden, wenn es nicht das Recht eines Mitgliedstaats ist.**

*Französische Fassung:*

**Article 20 Application universelle**

**Toute loi désignée par le présent règlement s'applique même si cette loi n'est pas celle d'un État membre.**

*Englische Fassung:*

**Article 20 Universal application**

**Any law specified by this Regulation shall be applied whether or not it is the law of a Member State.**

## Überblick

Aus der Vorschrift ergibt sich die universelle Anwendbarkeit der Kollisionsnormen der EuErbVO.

1 Das Kapitel III enthält Kollisionsnormen, die über das auf den Erbfall anwendbare (nationale) Recht bestimmen. Der **Sinn** von Art. 20 ist nur in Verbindung mit den Art. 21 ff. verständlich. So ordnet Art. 21 für den Regelfall an, dass die gesamte Rechtsnachfolge von Todes wegen dem Recht des Staates unterliegt, in dem der Erblasser im Zeitpunkt seines Todes seinen gewöhnlichen Aufenthalt hatte. Art. 21 enthält hierfür keine geographische Beschränkung auf das Gebiet der EU. Schon aus dieser Norm ergibt sich also, dass im Falle eines gewöhnlichen Aufenthalts außerhalb der Mitgliedstaaten drittstaatliches Recht auf den Erbfall anwendbar ist. Vergleichbares gilt auch für die anderen Kollisionsnormen in Kapitel III, etwa die Rechtswahl nach Art. 22, die an die Staatsangehörigkeit des Erblassers anknüpft, ohne hierbei eine Beschränkung auf Mitgliedstaaten vorzusehen. Art. 20 ist insofern nur eine **ergänzende Klarstellung.** Umgekehrt ergibt sich aus der Anwendbarkeit drittstaatlichen Rechts gem. Art. 20 iVm der Anknüpfung an den gewöhnlichen Aufenthalt in Art. 21 oder die Staatsangehörigkeit in Art. 22, dass der **räumliche Anwendungsbereich** der EuErbVO (→ Art. 1 Rn. 15) nicht auf die Mitgliedstaaten beschränkt ist. Im Ergebnis bedeutet das, dass jede Rechtsnachfolge von Todes wegen iSv Art. 1 in den Mitgliedstaaten kollisionsrechtlich nach der EuErbVO beurteilt wird (Ausnahmen: Art. 75), und zwar unabhängig davon, wo auf der Welt sich der Sachverhalt abgespielt hat. Damit ist das für Erbfälle geltende Kollisionsrecht innerhalb der Mitgliedstaaten vollständig vereinheitlicht, sodass im sachlichen Anwendungsbereich der EuErbVO kein Raum mehr für die Anwendung nationalen Kollisionsrechts bleibt (Dutta/Weber/Bauer/Fornasier Rn. 2, 4; MüKoBGB/Dutta Rn. 1).

## Art. 21 Allgemeine Kollisionsnorm

**(1) Sofern in dieser Verordnung nichts anderes vorgesehen ist, unterliegt die gesamte Rechtsnachfolge von Todes wegen dem Recht des Staates, in dem der Erblasser im Zeitpunkt seines Todes seinen gewöhnlichen Aufenthalt hatte.**

**(2) Ergibt sich ausnahmsweise aus der Gesamtheit der Umstände, dass der Erblasser im Zeitpunkt seines Todes eine offensichtlich engere Verbindung zu einem anderen als dem Staat hatte, dessen Recht nach Absatz 1 anzuwenden wäre, so ist auf die Rechtsnachfolge von Todes wegen das Recht dieses anderen Staates anzuwenden.**

*Französische Fassung:*

**Article 21 Règle générale**

**1. Sauf disposition contraire du présent règlement, la loi applicable à l'ensemble d'une succession est celle de l'État dans lequel le défunt avait sa résidence habituelle au moment de son décès.**

**2. Lorsque, à titre exceptionnel, il résulte de l'ensemble des circonstances de la cause que, au moment de son décès, le défunt présentait des liens manifestement plus étroits avec un État autre que celui dont la loi serait applicable en vertu du paragraphe 1, la loi applicable à la succession est celle de cet autre État.**

*Englische Fassung:*

**Article 21 General rule**

**1. Unless otherwise provided for in this Regulation, the law applicable to the succession as a whole shall be the law of the State in which the deceased had his habitual residence at the time of death.**

**2. Where, by way of exception, it is clear from all the circumstances of the case that, at the time of death, the deceased was manifestly more closely connected with a State**

**other than the State whose law would be applicable under paragraph 1, the law applicable to the succession shall be the law of that other State.**

## Überblick

Die Vorschrift ordnet die grundsätzliche Anwendung des Rechts des letzten gewöhnlichen Aufenthalts des Erblassers an, enthält in Abs. 2 aber auch eine Ausnahme für den Fall, dass der Erblasser eine engere Verbindung zu einem anderen Staat hatte.

## Übersicht



## I. Zweck und Systematik

Zweck der EuErbVO ist ua eine einheitliche Bestimmung des auf die Rechtsnachfolge von Todes wegen (Art. 1 Abs. 1 S. 1, definiert in Art. 3 Abs. 1 lit. a; → Art. 3 Rn. 2) anwendbaren Rechts innerhalb der Mitgliedstaaten. Das sichert Entscheidungseinklang, schafft Rechtssicherheit und erleichtert die Durchsetzung von Rechten aus dem Erbfall (Erwägungsgründe 7, 8, 37). Diese Aufgabe erfüllt als **allgemeine objektive Kollisionsnorm** Art. 21 für den Fall, dass weder eine Rechtswahl gem. Art. 22 noch eine besondere Anknüpfung nach den Art. 24 ff. gegeben ist. 1

Wie sich erst aus Abs. 2 ergibt, soll im Grundsatz das Recht des Staats angewendet werden, zu dem der Erblasser im Zeitpunkt seines Todes (→ Art. 1 Rn. 10) die „engste Verbindung" hatte (Erwägungsgründe 23 S. 3, 25 S. 1, 37 S. 3). Als **Regelfall** knüpft die EuErbVO in **Abs. 1** aber nicht unmittelbar an die „engste Verbindung" an, sondern an den Ort des **„gewöhnlichen Aufenthalt(s)"** zum Zeitpunkt des Todes. Der Verordnungsgeber machte also nicht den Sachgrund selbst („engste Verbindung") zum Tatbestandsmerkmal, sondern einen Fall („gewöhnlichen Aufenthalt"), in dem nach seiner Auffassung typischerweise der Sachgrund gegeben ist (Erwägungsgrund 23), worin eine die Rechtsanwendung einengende Vorentscheidung liegt. Diese Anknüpfung an den gewöhnlichen Aufenthaltsort findet sich auch in anderen europäischen IPR-Vorschriften, etwa in Art. 4 Rom I-VO, Art. 4 Abs. 2 Rom II-VO, Art. 8 Rom III-VO. Sie weicht von der früher in vielen Mitgliedsstaaten geltenden Anknüpfung an die Staatsangehörigkeit ab (etwa in Art. 25 Abs. 1 EGBGB aF), was zu Kritik und Bedenken führte (näher hierzu BeckOGK/J. Schmidt Art. 4 Rn. 15 ff.). Macht man sich aber bewusst, dass das europäische Recht gerade die Personenmobilität innerhalb der EU fördern soll (Erwägungsgründe 1, 7), ist die Regelung in Art. 21 Abs. 1 konsequent. Denn je stärker diese Mobilität ausgeprägt ist, desto weniger taugt die Staatsangehörigkeit als Indiz für eine enge Verbindung zu einem Staat (Erwägungsgrund 31). 2

Nur dann, wenn **„ausnahmsweise"** der Staat des gewöhnlichen Aufenthalts „offensichtlich" nicht der Staat ist, zu dem der Erblasser im Zeitpunkt seines Todes die **engste Verbindung** hatte, ermöglicht **Abs. 2** eine Ausnahme von Abs. 1 (ebenso Art. 4 Abs. 3 Rom I-VO). Maßgeblich ist dann das Recht des Staats, zu dem eine engere Verbindung bestand. Das ist teleologisch konsequent, da der entscheidende Sachgrund für die Anknüpfung die „engste Verbindung" ist (→ Rn. 2). Freilich werden dadurch schwierige Fragen zum Verhältnis der beiden Absätze und zum jeweiligen Prüfungsmaßstab aufgeworfen (→ Rn. 25). 3

Dass für die Anknüpfung jedenfalls auf die **Umstände** in der **Person** des **Erblassers** abgestellt wird, entspricht dem Zweck der Verordnung, dem Erblasser die vorweggenommene Regelung seines Nachlasses zu ermöglichen (Erwägungsgrund 7). Dies setzt nämlich voraus, dass der Erblasser das später anzuwendende Rechte antizipieren kann (vgl. Erwägungsgrund 37), was praktisch nur möglich ist, wenn es an seine (für ihn erkennbaren) Umstände anknüpft (vgl. auch Art. 83 Abs. 2–4; → Art. 1 Rn. 11). 4

## II. Regelanknüpfung an den letzten gewöhnlichen Aufenthalt (Abs. 1)

5 Nach Abs. 1 ist auf die gesamte Rechtsnachfolge von Todes wegen (definiert in Art. 3 Abs. 1 lit. a → Art. 3 Rn. 2) das Recht des Staats anzuwenden, „in dem der Erblasser im Zeitpunkt seines Todes seinen gewöhnlichen Aufenthalt hatte".

6 **1. Todeszeitpunkt.** Zum autonom zu bestimmenden (str.) Begriff des Todeszeitpunkts → Art. 1 Rn. 10.

7 **2. Gewöhnlicher Aufenthalt. a) Systematik.** Der Begriff des „gewöhnlichen Aufenthalts" entspricht dem gleichnamigen Begriff in **Art. 4,** ist also grds. auf die gleiche Weise zu bestimmen wie dieser (Erwägungsgrund 23 S. 1; Dutta/Weber/Bauer/Fornasier Rn. 3). Auch soweit in **anderen EU-Rechtsakten** auf den „gewöhnlichen Aufenthalt" abgestellt wird (→ Rn. 2), kann grds. auf die zu diesen Vorschriften gewonnenen Auslegungserkenntnisse zurückgegriffen werden, soweit sie nicht auf Besonderheiten der anderen Regelung beruhen, die bei der EuErbVO keine Entsprechung haben (Dutta/Weber/Bauer/Fornasier Rn. 4; MüKoBGB/Dutta Art. 4 Rn. 4; PWW/Martiny Rn. 3; so ohne Weiteres auch KG NJW-RR 2016, 1100 Rn. 7; für eine strikte identische Deutung Grüneberg/Thorn Rn. 5, der erbrechtliche Besonderheiten über Abs. 2 berücksichtigen möchte).

8 **b) Normtext. „Aufenthalt"** meint eine äußere Tatsache, nämlich dass eine Person sich an einem bestimmten Ort befindet. Damit sind alle Staaten ausgeschlossen, in denen der Erblasser zu Lebzeiten nie gewesen ist (ebenso zur Brüssel IIa-VO EuGH NJW 2019, 415 Rn. 70; Junker FS Roth, 2021, 747 (748)). Das Recht dieser Staaten kann allenfalls nach Abs. 2 zur Anwendung kommen, dessen Voraussetzungen dann aber kaum gegeben sein dürften. Im Übrigen hat das Merkmal „Aufenthalt" allein wenig Gewicht. Dreh- und Angelpunkt ist vielmehr dessen stark normatives und wertungsoffenes Attribut **„gewöhnlich",** welches hier iSv „gewohnt" und „üblich" gemeint ist (vgl. auch EuGH BeckRS 2011, 80085 Rn. 44 zur Brüssel IIa-VO: „gewisse Beständigkeit oder Regelmäßigkeit"). Es steht im Zusammenhang mit dem tieferen Sachgrund der Regelung, nämlich der „engen Verbindung" zu dem jeweiligen Staat (→ Rn. 2), und ist der dogmatische Träger für die mannigfaltigen Wertungsfragen, die sich bei der Bestimmung des richtigen Sachrechts stellen.

9 **c) Normzweck.** Wie sich aus Art. 21 Abs. 2 und den Erwägungsgründen 23 S. 3, 25 S. 1 sowie 37 S. 3 ergibt, dient der Begriff des „gewöhnlichen Aufenthalts" dazu, den Staat (bzw. das Recht) festzustellen, zu dem der Erblasser die **„engste Verbindung"** hatte. Zwar ist dieser Begriff als solcher noch unbestimmter als der „gewöhnliche Aufenthalt" (er enthält zB keine geographische Einschränkung), trotzdem ist er für die Auslegung wichtig, weil er verdeutlicht, dass der „Aufenthalt" als zunächst nur äußere Tatsache Ausdruck einer inneren „Verbindung" zum Aufenthaltsstaat sein muss (deutlich Erwägungsgrund 23 S. 3). Gerade die Feststellung dieser inneren „Verbindung" setzt aber **weitreichende Wertungen** des Rechtsanwenders voraus, die wiederum von mannigfaltigen äußeren Umständen abhängig sind. Im Normtext spiegelt sich das im normativen Tatbestandsmerkmal „gewöhnlich" wider. Der Zweck verdeutlicht also insbes., dass man sich bei der Feststellung des „gewöhnlichen Aufenthalts" nicht vorschnell mit Äußerlichkeiten zufriedengeben darf.

10 **d) Gesamtbeurteilung der Lebensumstände des Erblassers.** Nach **Erwägungsgrund 23 S. 2** soll bei der Bestimmung des gewöhnlichen Aufenthalts „die mit der Erbsache befasste Behörde eine Gesamtbeurteilung der Lebensumstände des Erblassers in den Jahren vor seinem Tod und im Zeitpunkt seines Todes vornehmen und dabei alle relevanten Tatsachen berücksichtigen". Auch die Verordnung selbst verweist in **Abs. 2** auf die „Gesamtheit der Umstände".

11 Die Aufforderung zur Gesamtbeurteilung und zur Berücksichtigung aller Tatsachen ist zunächst nur eine **methodische** und keine inhaltliche **Vorgabe.** Sie verdeutlicht rhetorisch die Komplexität der Wertung und die potentielle Mannigfaltigkeit der für die Entscheidung bedeutsamen Umstände, die wiederum mit dem Zweck der Regelung zusammenhängen (→ Rn. 9). Vor allem ergibt sich daraus, dass nicht schematisch geprüft und beurteilt werden darf, sondern die Besonderheiten des **Einzelfalls** umfassend gewürdigt werden müssen (vgl. auch Junker FS Roth, 2021, 747 (756)). Letzteres bedeutet auch, dass der Rechtsanwender in der Praxis einen erheblichen **Wertungsspielraum** hat.

12 **e) Maßgeblicher Zeitpunkt.** Entscheidend ist, wo der Erblasser im **„Zeitpunkt seines Todes"** seinen gewöhnlichen Aufenthalt hatte. Das muss nicht der Ort sein, an dem der Erblasser verstorben ist. Denn maßgeblich ist nicht der bloße „Aufenthalt", sondern der „gewöhnliche

Aufenthalt", der durch wertende Kriterien bestimmt wird. Man denke nur an den Fall, dass der Erblasser auf einer Urlaubsreise stirbt. Abgesehen von derart eindeutigen Fällen ist aus praktischer Sicht aber der Ort des Todes der erste Ausgangspunkt für die Bestimmung des „gewöhnlichen Aufenthalts"; denn in vielen Fällen werden beide Orte übereinstimmen. Nur dann, wenn es Anhaltspunkte für einen anderen „gewöhnlichen Aufenthalt" gibt (etwa eine andere Staatsangehörigkeit des Erblassers), besteht in der Praxis Veranlassung zu weiteren Nachforschungen.

**f) Einheitlicher gewöhnlicher Aufenthalt.** Der „gewöhnliche Aufenthalt" dient zur Bestimmung der gerichtlichen Zuständigkeit (Art. 4) und des anwendbaren Rechts (Art. 21). Deshalb kann es nur einen einzigen „gewöhnlichen Aufenthalt" iSd Verordnung geben (EuGH NJW 2020, 2947 Rn. 41 – E.E.; vgl. auch Dörner ZEV 2012, 505 (510); Odersky in Geimer/Schütze Int. Rechtsverkehr Rn. 5; jurisPK-BGB/Sonnentag Rn. 25 ff.). 13

**g) Einzelne Kriterien. aa) Familiärer und sozialer Lebensmittelpunkt.** Nach **Erwägungsgrund 24** ist es „entspr. den jeweiligen Umständen" möglich, dass der Erblasser sich zwar aus beruflichen oder wirtschaftlichen Gründen – uU auch für längere Zeit – in einen anderen Staat begibt, er aber dennoch in seinem **Herkunftsstaat** weiterhin seinen „gewöhnlichen Aufenthalt" hat, weil dort sein familiärer und sozialer Lebensmittelpunkt liegt. Der Erwägungsgrund gibt in der Tendenz also den familiären und sozialen Banden ein größeres Gewicht als den wirtschaftlichen und beruflichen Gründen eines Aufenthalts (Burandt/Rojahn/Burandt/Schmuck Rn. 6). Das ist auch sachgerecht, weil die Rechtsnachfolge von Todes wegen sich vor allem im familiären und sozialen Bereich des Erblassers abspielt (Wall in Geimer/Schütze Int. Rechtsverkehr Art. 4 Rn. 74). Auch **„Grenzpendler"** haben deshalb regelmäßig ihren „gewöhnlichen Aufenthalt" an ihrem Wohnort und nicht an ihrem Arbeitsort (vgl. KG NJW-RR 2016, 1100 Rn. 8; jurisPK-BGB/Eichel Art. 4 Rn. 52; BeckOGK/J. Schmidt Art. 4 Rn. 33.3; jurisPK-BGB/Sonnentag Rn. 22; Wall in Geimer/Schütze Int. Rechtsverkehr Art. 4 Rn. 73 f.). Diese Erwägungen lassen sich auch auf den Fall übertragen, dass ein (untergeordneter) Teil der Ausbildung im Ausland absolviert wird, etwa im Rahmen eines **„Auslandssemesters"** während des Studiums (vgl. auch Burandt/Rojahn/Burandt/Schmuck Rn. 4; BeckOGK/J. Schmidt Art. 4 Rn. 33.4; jurisPK-BGB/Sonnentag Rn. 17, der auf die Rückkehrabsicht abstellt; zu weiteren vergleichbaren Fällen Wall in Geimer/Schütze Int. Rechtsverkehr Art. 4 Rn. 75 ff.). Bei **Rentnern** und **Pensionären,** die ihren Lebensabend im Ausland verbringen wollen, ist eine typische Zuordnung hingegen nicht möglich (näher hierzu Steinmetz ZEV 2018, 317). 14

Es ist aber auch umgekehrt möglich, dass der Erblasser seinen familiären und sozialen Lebensmittelpunkt von seinem Herkunftsstaat in einen anderen Staat verlegt hat (zu geschäftsunfähigen Erblassern → Rn. 19). Ist der Erblasser etwa mit seiner (Kern-)**Familie** in einen anderen Staat gezogen oder hat er dort eine Familie gegründet, so kann dieser Staat nun sein familiärer und sozialer Lebensmittelpunkt sein (anders bei Rückkehrwillen MüKoBGB/Dutta Art. 4 Rn. 6; hierzu auch → Rn. 17). Hat der Erblasser keine eigene Familie, so ist maßgeblich, wo er die meisten (bzw. wichtigsten) **sozialen Kontakte** (Freundschaften, Bekanntschaften, Vereinigungen etc) hatte. Fehlende **Sprachkenntnisse** können ein Indiz für die fehlende soziale Integration in einen Staat sein (KG NJW-RR 2016, 1100 Rn. 8; BeckOGK/J. Schmidt Art. 4 Rn. 27; HK-ZPO/Siebert Art. 4 Rn. 8), aber nur ein sehr schwaches (generell skeptisch jurisPK-BGB/Eichel Art. 4 Rn. 46; vgl. auch OLG Hamm ZEV 2021, 694 Rn. 17); denn gerade familiäre und soziale Kontakte können häufig (etwa in Städten mit hohem Migrantenanteil) auch vollständig in ausländischer Sprache vollzogen werden. 15

**bb) Dauer und Regelmäßigkeit des Aufenthalts.** Erwägungsgrund 23 S. 2 nennt beispielhaft und nicht abschließend („insbes.") Umstände, die für die Bestimmung des „gewöhnlichen Aufenthalts" von Bedeutung sein können, nämlich die **„Dauer"** und die **„Regelmäßigkeit"** des Aufenthalts sowie die „damit zusammenhängenden Umstände und Gründe". Schon das Wort „gewöhnlich" deutet auf eine Beständigkeit des Aufenthalts hin. Ein nur kurzer und vorübergehender Aufenthalt (etwa während eines Urlaubs oder eines Messebesuchs) begründet keinen „gewöhnlichen „Aufenthalt" (OLG Hamburg FGPrax 2017, 129 (130); BeckOGK/J. Schmidt Art. 4 Rn. 21). Umgekehrt ist die lange Dauer des Aufenthalts ein starkes Indiz für einen „gewöhnlichen Aufenthalt" (Wall in Geimer/Schütze Int. Rechtsverkehr Art. 4 Rn. 65). Die bloße Dauer des Aufenthalts genügt allein als Kriterium aber nicht (vgl. auch EuGH BeckRS 2011, 80085 Rn. 51 zur Brüssel IIa-VO: nur Indiz; OLG Düsseldorf BeckRS 2020, 33812 Rn. 23; eingehend gegen eine formale „Mindestdauer" Wall in Geimer/Schütze Int. Rechtsverkehr Art. 4 Rn. 60 ff.; vgl. zu § 343 Abs. 1 FamFG auch OLG Celle FGPrax 2019, 271 (272)). So kann auch bei relativ kurzer Dauer schon ein „gewöhnlicher Aufenthalt" begründet sein, etwa wenn der Erblasser sich 16 dauerhaft in dem Staat niederlassen wollte und dieser auch schon zu seinem (neuen) Lebensmittelpunkt geworden ist (→ Rn. 15) (OLG Frankfurt BeckRS 2020, 27072 Rn. 26: „Aufenthalt von wenigen Wochen"; ebenso für § 343 Abs. 1 FamFG OLG Celle FGPrax 2019, 271 (272): „einige Wochen" nach Einzug in ein Pflegeheim; OLG Celle BeckRS 2017, 158737: zwei Wochen nach Einzug in ein Hospiz; weitergehend Grüneberg/Thorn Rn. 6). Auf der anderen Seite kann selbst bei einer längeren (etwa berufsbedingten) Abwesenheit der Herkunftsstaat weiterhin der familiäre und soziale Lebensmittelpunkt und damit der „gewöhnliche Aufenthalt" sein (→ Rn. 14).

**17** **cc) Wille des Erblassers.** Trotz der normativen Elemente, die im Attribut „gewöhnlich" enthalten sind, setzt ein „Aufenthalt" schon sprachlich zwingend die **körperliche Anwesenheit** an einem geographischen Ort voraus (vgl. iErg auch jurisPK-BGB/Sonnentag Rn. 15). Der bloße Wille des Erblassers, an einem Ort seinen Aufenthalt künftig zu begründen, genügt deshalb noch nicht (BeckOGK/J. Schmidt Art. 4 Rn. 22; jurisPK-BGB/Sonnentag Rn. 15; vgl. auch OLG Frankfurt BeckRS 2020, 27072 Rn. 26 und OLG Düsseldorf BeckRS 2020, 33812 Rn. 24). Auch bloße **Vorkehrungen** für einen künftigen Aufenthalt, die noch nicht mit einer Anwesenheit vor Ort verbunden sind, genügen nicht (zweifelhaft deshalb EuGH BeckRS 2017, 117861 Rn. 46 zu Art. 8 Abs. 1 Brüssel IIa-VO, vgl. aber auch dort Rn. 47 ff.; sehr weitgehend auch Grüneberg/Thorn Rn. 6). Dass der Erblasser nicht allein durch seinen Willen einen „gewöhnlichen Aufenthalt" begründen und damit das Recht eines Orts gem. Art. 21 zur Anwendung bringen kann, ergibt sich auch systematisch aus der **Abgrenzung** zur **Rechtswahl** nach Art. 22, deren Voraussetzungen nicht umgangen werden dürfen (Zimmer/Oppermann ZEV 2016, 126 (128); vgl. auch Junker FS Roth, 2021, 747 (760)). Deshalb kann zB bei einem Migranten, der seinen familiären und sozialen Lebensmittelpunkt in einen anderen Staat verlegte, der bloße Rückkehrwille nicht ausschlagebend sein (OLG Frankfurt BeckRS 2020, 27072 Rn. 26 f., 34, 39, 43; jurisPK-BGB/Sonnentag Rn. 21; Grüneberg/Thorn Rn. 6; aA Junker FS Roth, 2021, 747 (758); wohl auch MüKoBGB/Dutta Art. 4 Rn. 6; jurisPK-BGB/Eichel Art. 4 Rn. 52; zu „Mallorca-Rentnern" Steinmetz ZEV 2018, 317 (319)).

**18** Dass der Wille des Erblassers nicht allein maßgeblich ist, bedeutet aber nicht seine Bedeutungslosigkeit (vgl. nur OLG Hamm ZEV 2020, 636 Rn. 21: „Aufenthalts- bzw. Bleibewille"; jurisPK-BGB/Sonnentag Rn. 13 ff.; Wall in Geimer/Schütze Int. Rechtsverkehr Art. 4 Rn. 66 ff.; anders in der Tendenz HK-ZPO/Siebert Art. 4 Rn. 8, der nur subsidiär auf subjektive Umstände abstellt). So beruhen die für die Bestimmung des „gewöhnlichen Aufenthalts" maßgeblichen objektiven Umstände (etwa soziale Kontakte) auch stets auf dem Willen des Erblassers. Außerdem sind die **Motive** des Erblassers wichtig für die wertende Einordnung seines Aufenthalts (s. Erwägungsgrund 23 S. 2: „Umstände und Gründe"). So kann die objektive Kürze eines Aufenthalts dadurch ausgeglichen werden, dass der Erblasser sich dauerhaft niederlassen wollte. Umgekehrt kann ein Aufenthalt nur anhand der Motive des Erblassers als „vorübergehend" ausgeschieden werden (etwa bei einem Urlaubsaufenthalt; vgl. auch OLG Hamm NJW 2018, 2061 Rn. 8). Nach dem **EuGH** kommt es deshalb bei der Brüssel IIa-VO für die Verlagerung des gewöhnlichen Aufenthalts in den Aufnahmestaat sogar maßgeblich auf den Willen des Betreffenden an, dort den ständigen oder gewöhnlichen Mittelpunkt seiner Interessen zu begründen und ihm Beständigkeit zu verleihen (EuGH BeckRS 2011, 80085 Rn. 51; ähnlich zur EuErbVO OLG München ZEV 2017, 333 Rn. 5 und OLG Hamm NJW 2018, 2061 Rn. 7: neben dem objektiven Moment des tatsächlichen Aufenthalts sei auch ein subjektives Element erforderlich, nämlich ein Aufenthalts- bzw. Bleibewille). Diese subjektiven Merkmale des Aufenthalts sind jedoch vom reinen Rechtsfolgewillen (in einem Staat solle der gewöhnliche Aufenthalt sein; → Rn. 17) und von der subjektiven Bewertung der Umstände seitens des Erblassers (in einem Staat bestehe ein gewöhnlicher Aufenthalt) abzugrenzen, da diese unerheblich sind.

**19** Besonderheiten gelten in Fällen, in denen die kognitiven Fähigkeiten des Erblassers eingeschränkt sind, er etwa **geschäftsunfähig** ist. Bei einem **Säugling** stellte der EuGH für die Brüssel IIa-VO zutreffend darauf ab, dass jener das soziale und familiäre Umfeld der betreuenden Personen teilt, sein „gewöhnlicher Aufenthalt" also dem der Betreuer folgt (EuGH BeckRS 2011, 80085 Rn. 55; 2017, 117861 Rn. 45; 2018, 13329 Rn. 44 f.; ebenso für Kleinkinder PWW/Martiny Rn. 5). Anders ist es nach dem EuGH aber dann, wenn eine Schwangere vorübergehend in ein anderes Land reist und dort ihr Kind zur Welt bringt, ohne dass sie in diesem Staat einen neuen gewöhnlichen Aufenthalt begründet (EuGH NJW 2019, 415 Rn. 70 zur Brüssel IIa-VO). Hier könne das Kind nicht denselben gewöhnlichen Aufenthalt wie die Mutter haben, solange es nie in diesem Aufenthaltsstaat der Mutter körperlich anwesend war.

**20** Umstritten sind die Fälle, in denen **Demenzkranke** oder andere **Pflegebedürftige** von den betreuenden Personen in einen anderen Staat verbracht werden (zB in ein Pflegeheim). Manche gehen auch hier davon aus, dass der „gewöhnliche Aufenthalt" des Pflegebedürftigen dem der betreuenden Bezugsperson folge (MüKoBGB/Dutta Art. 4 Rn. 10; Wall in Geimer/Schütze Int. Rechtsverkehr Art. 4 Rn. 85 f.). Nach anderer Auffassung wird in diesen Fällen nach Eintritt der Geschäftsunfähigkeit der pflegebedürftigen Person kein neuer „gewöhnlicher Aufenthalt" iSd EuErbVO mehr begründet, weil der Erblasser dann gegen oder ohne seinen Willen an den neuen Ort verbracht worden sei (OLG München ZEV 2017, 333 Rn. 5; Zimmer/Oppermann ZEV 2016, 126 (128 ff.); ähnlich jurisPK-BGB/Sonnentag Rn. 18, der aber nicht auf die Geschäftsfähigkeit, sondern den natürlichen Willen abstellt; aA zu § 343 Abs. 1 FamFG OLG Celle FGPrax 2019, 271 (272)). Der Unterschied zu Säuglingen (→ Rn. 19) und kleinen Kindern liegt hier darin, dass der Erblasser zunächst eigenverantwortlich einen „gewöhnlichen Aufenthalt" begründete. Außerdem kann die kognitive Einschränkung tatsächlich einer sozialen Integration am neuen Ort entgegenstehen. Das muss aber stets als solches festgestellt werden. Umgekehrt spielt der Umstand, dass der Ortswechsel ohne oder gegen den Willen des Erblassers erfolgte, keine Rolle mehr, wenn später dennoch eine Integration am neuen Ort geschieht (jurisPK-BGB/Eichel Art. 4 Rn. 50; HK-ZPO/Siebert Art. 4 Rn. 12). Außerdem ist zu beachten, dass das Kriterium der Geschäftsfähigkeit auf Rechtsgeschäfte zugeschnitten ist und deshalb für den „gewöhnlichen Aufenthalt" nicht ohne weiteres passt (gegen die Maßgeblichkeit der Geschäftsfähigkeit jurisPK-BGB/Sonnentag Rn. 18).

**dd) Staatsangehörigkeit und Belegenheit von Vermögen.** Schwierig zu bestimmen ist der „gewöhnliche Aufenthalt" in dem Fall, dass der Erblasser abwechselnd in mehreren Staaten lebte oder auch von Staat zu Staat reiste, ohne sich in einem Staat für längere Zeit niederzulassen. Für diese Konstellation nennt **Erwägungsgrund 24** S. 5 als mögliche Kriterien auch die Staatsangehörigkeit und die Belegenheit von Vermögen („hatte er alle seine wesentlichen Vermögensgegenstände in einem dieser Staaten"). **21**

Der Rückgriff auf die **Staatsangehörigkeit** sollte entspr. Erwägungsgrund 24 auf die Problemfälle beschränkt bleiben, in denen die Umstände der Aufenthalte allein kein Urteil erlauben. Denn die Entscheidung des Verordnungsgebers für das **Aufenthaltsprinzip** bei der Bestimmung des anwendbaren Erbrechts war zugleich eine bewusste Entscheidung gegen das früher herrschende Staatsangehörigkeitsprinzip (jurisPK-BGB/Eichel Art. 4 Rn. 46). **22**

Die **Belegenheit** von **Vermögen** lässt sich hingegen in die Umstände des „Aufenthalts" in einem Staat einreihen. Freilich können die Motive für Vermögenserwerb in einem Staat sehr unterschiedlich sein. Erwarb der Erblasser etwa allein zum Zwecke der Kapitalanlage Immobilien in einem Staat, wird dieser Staat dadurch nicht zum familiären und sozialen Lebensmittelpunkt. Zwar mag es generell die Rechtsanwendung erleichtern, wenn sich die gerichtliche Zuständigkeit (Art. 4) und das anwendbare Recht (Art. 21) nach der Belegenheit des betroffenen Vermögens richten, doch hat das nichts mehr mit dem Begriff des „gewöhnlichen Aufenthalts" zu tun. Anders kann es sein, wenn der Erblasser oder seine Familie eine Immobilie selbst nutzte. **23**

## III. Ausweichklausel (Abs. 2)

**1. Grundlagen. a) Funktion.** Abs. 2 statuiert eine Ausnahme von Abs. 1. Er setzt voraus, dass der Staat, in dem der Erblasser seinen letzten „gewöhnlichen Aufenthalt" hatte, nicht zwangsläufig der Staat ist, zu dem der Erblasser im Zeitpunkt des Todes die „engste Verbindung" hatte. Diese „engste Verbindung" ist aber der tiefere Sachgrund für die Bestimmung des auf den Erbfall anwendbaren Rechts (→ Rn. 2, → Rn. 9). Der „gewöhnliche Aufenthalt" ist insofern nur eine die praktische Rechtsanwendung leitende (kasuistische) Formalisierung, weil der Verordnungsgeber davon ausgeht, dass idR zu dem Staat des letzten „gewöhnlichen Aufenthalts" auch die „engste Verbindung" bestand. Gesteht man aber zu, dass dies nicht immer der Fall ist, so drängt sich aus teleologischer Sicht eine Korrektur auf, weil man sonst im Einzelfall zu unzweckmäßigen Ergebnissen kommt. Genau diese Korrekturfunktion kommt Abs. 2 zu. **24**

**b) Inhaltliche Abgrenzung von Abs. 1.** Abs. 2 setzt **formal-abstrakt** voraus, dass es einen Unterschied zwischen dem „gewöhnlichen Aufenthalt" und der „engsten Verbindung" zu einem Staat geben kann. Es fragt sich jedoch, worin der **inhaltliche Unterschied** liegt, was also die konkreten Umstände sind, die zwar eine „engste Verbindung", jedoch nicht zugleich einen „gewöhnlichen Aufenthalt" begründen (vgl. hierzu auch BeckOGK/J. Schmidt Art. 4 Rn. 15 ff.). Gerade der in **Erwägungsgrund 25** S. 1 genannte mögliche Anwendungsfall des Abs. 2, dass der Erblasser erst kurz vor seinem Tod in den Staat seines „gewöhnlichen Aufenthalts" umgezogen ist, lässt sich häufig ohne Weiteres nach den zu Abs. 1 entwickelten Kriterien lösen, indem **25**

man hier wegen des kurzen Aufenthalts den Wechsel des „gewöhnlichen Aufenthalts" verneint (MüKoBGB/Dutta Rn. 6; Odersky in Geimer/Schütze Int. Rechtsverkehr Rn. 14; vgl. auch jurisPK-BGB/Sonnentag Rn. 34; aA NK-BGB/Looschelders Rn. 11). Generell kann man dann, wenn der Erblasser in allen für die Bestimmung des anwendbaren Rechts in Betracht kommenden Staaten schon einmal irgendeinen „Aufenthalt" hatte, wohl stets über das normative und wertungsoffene Tatbestandsmerkmal „gewöhnlich" in Abs. 1 zu angemessenen Ergebnissen kommen (iErg ebenso Dörner ZEV 2012, 505 (510); MüKoBGB/Dutta Rn. 6). Das AG Hamburg-Wandsbek (FamRZ 2018, 1274 (1275)) sprach sich jedoch für eine Anwendung des Abs. 2 in dem Fall aus, dass in den USA wohnhafte deutsche Eheleute in ihrem (im Errichtungszeitpunkt inhaltlich nach deutschem Erbrecht zu beurteilenden) gemeinschaftlichen Testament außer den noch nicht geborenen Kindern nur Verwandte in Deutschland bedachten, ließ die Frage aber iErg offen.

**26** Als (zumindest theoretisch) plausibler Anwendungsbereich des Abs. 2 bleibt jedoch der Fall, dass der Erblasser eine enge Verbindung zu einem Staat hatte, in dem er **keinen „Aufenthalt"** begründete oder jedenfalls nur einen derart untergeordneten, dass man ihn beim besten Willen nicht mehr als „gewöhnlich" bezeichnen kann. (Bsp.: Der Erblasser wurde kurz nach seiner Geburt in einen anderen Staat gebracht und ist nie wieder in seinen Geburtsstaat zurückgekehrt.) Das Problem bei diesen Fallkonstellationen ist jedoch, dass **Wertungswidersprüche** innerhalb der Verordnung drohen. Denn die Wahl des Merkmals des „gewöhnlichen Aufenthalts" beruht auf der **grundlegenden Entscheidung** des Verordnungsgebers für eine an der ökonomisch-sozialen Lebenswirklichkeit orientierte („materialistische") Anknüpfung in Abgrenzung zu formal-ideellen Kriterien wie etwa die Staatsangehörigkeit. Dem widerspräche es insbes., wenn man die „engste Verbindung" zu einem Staat allein mit der Staatsangehörigkeit begründete (vgl. auch Grüneberg/Thorn Rn. 2). Außerdem stellte sich dann die Frage, warum in manchen Fällen die Staatsangehörigkeit den Ausschlag geben soll und in anderen nicht. Kein Wertungswiderspruch entsteht aber dann, wenn die auch für Abs. 1 maßgeblichen materiellen Kriterien für die Anknüpfung ausnahmsweise unabhängig von einem tatsächlichen Aufenthalt erfüllt sind. Denkbar ist das zB bei **sozialen** und **familiären Kontakten** (→ Rn. 14), die mit Hilfe von modernen Kommunikationsmitteln auch unabhängig vom tatsächlichen Aufenthaltsort gepflegt werden können. Ferner ist die Belegenheit von **Vermögen** ein Umstand, der unabhängig vom Aufenthaltsort des Inhabers eine ökonomisch-soziale Verbindung zu einem Staat begründet kann. Es ist aber äußerst fraglich, ob man hier in der **Praxis** überhaupt einen sinnvollen Anwendungsbereich für Abs. 2 findet.

**27** Manche sehen die Ausnahme in Abs. 2 als Möglichkeit, um im Einzelfall bei der Bestimmung der gerichtlichen **Zuständigkeit** nach **Art. 4** (die ebenfalls an den „gewöhnlichen Aufenthalt" anknüpft) und des anwendbaren Rechts nach Art. 21 zu unterschiedlichen Ergebnissen zu kommen (Dörner ZEV 2012, 505 (511); MüKoBGB/Dutta Rn. 6; NK-BGB/Looschelders Rn. 2). Auch hier stellt sich aber die Frage, in welchen Konstellationen man zwar die „engste Verbindung" zu einem Staat, jedoch nicht auch zugleich den „gewöhnlichen Aufenthalt" dort bejahen kann (→ Rn. 25). Andere erachten die Fälle des **Art. 10** als möglichen Anwendungsbereich von Abs. 2 (BeckOGK/J. Schmidt Rn. 19.2), wogegen jedoch spricht, dass Art. 10 einen spezifisch zuständigkeitsrechtlichen Zweck hat, der sich gerade nicht auf das Kollisionsrecht übertragen lässt. Bedenklich erscheint es ferner, über Abs. 2 einer nach Art. 22 **unwirksamen Rechtswahl** mittelbar doch Geltung zu verschaffen (in diese Richtung MüKoBGB/Dutta Rn. 6), weil auf diese Weise eine Umgehung der Regelungen zur Rechtswahl droht (Odersky in Geimer/Schütze Int. Rechtsverkehr Rn. 16). Das AG Hamburg-Wandsbek (FamRZ 2018, 1274 (1275)) erwog, ob mit Hilfe des Abs. 2 im Rahmen von Art. 24 eine Änderung des für die Auslegung der letztwilligen Verfügung maßgeblichen Rechts verhindert werden kann (zu Recht abl. Ludwig FamRZ 2018, 1275 (1276)), ließ die Frage aber letztlich offen.

**28** **c) Enge Auslegung.** Die vorgenannten systematischen Ungereimtheiten und potentiellen Wertungswidersprüche, die in der formalen Gegenüberstellung von Abs. 1 und 2 angelegt sind, werden deutlich entschärft, wenn man berücksichtigt, dass Abs. 2 wohl vor allem eine **politische Funktion** im Rahmen des Gesetzgebungsverfahrens hatte. Der Wechsel vom traditionell herrschenden Staatsangehörigkeitsprinzip zum Aufenthaltsprinzip war für viele Mitgliedstaaten einschneidend und deshalb mit Bedenken verbunden (näher hierzu BeckOGK/J. Schmidt Rn. 4; BeckOGK/J. Schmidt Art. 4 Rn. 15 ff.). Die abstrakte Sorge, die Anknüpfung an den „gewöhnlichen Aufenthalt" könne möglicherweise im Einzelfall zu unangemessenen Ergebnissen führen, soll durch die Ausnahmemöglichkeit nach Abs. 2 zerstreut werden. Diese Funktion als „politische Beruhigungspille" spricht dafür, dass man Abs. 2 bei der Dogmen- und Systembildung im Rahmen der EuErbVO keine größere Bedeutung beimisst und allenfalls in ganz ungewöhnlichen und unvorhergesehenen Konstellationen anwendet, in denen das Aufenthaltsprinzip ausnahmsweise zu grob sachwidrigen Ergebnissen führt (vgl. auch Burandt FuR 2013, 377 (382); gegen einen „better law approach" jedoch BeckOGK/J. Schmidt Rn. 15). Der **enge Ausnahmecharakter** der Vorschrift ist auch schon im Normtext selbst verdeutlicht („ausnahmsweise", „offensichtlich"; vgl. ferner Erwägungsgrund 25 S. 1; aus der Lit. nur MüKoBGB/Dutta Rn. 7; NK-BGB/Looschelders Rn. 12; BeckOGK/J. Schmidt Rn. 12).

**d) Praktisches Bedürfnis?.** Die vorstehenden Erwägungen zeigen, dass ein konkretes praktisches Bedürfnis nach Abs. 2 nicht ersichtlich ist (vgl. auch Burandt/Rojahn/Burandt/Schmuck Rn. 8; Volmer Rpfleger 2013, 421 (423)). Deshalb ist es nicht überraschend, dass er in der bisherigen (deutschen) **Praxis** – soweit ersichtlich – noch nicht zur Anwendung kam (iErg offengelassen von AG Hamburg-Wandsbek FamRZ 2018, 1274 (1275) m. krit. Anm. Ludwig FamRZ 2018, 1275 (1276)). Selbst in Fällen, in denen die Bestimmung des anwendbaren Rechts schwierig war (zB OLG München ZEV 2017, 333; OLG Hamm NJW 2018, 2061), haben die Gerichte Abs. 2 nicht in Erwägung gezogen. Es wäre auch überhaupt kein Problem, wenn sich Abs. 2 künftig als völlig überflüssig herausstellen sollte. Denn es war gerade der Wille des Verordnungsgebers, dass das anwendbare Recht möglichst nach Abs. 1 bestimmt wird. 29

**2. Voraussetzungen im Einzelnen. a) Feststellung des gewöhnlichen Aufenthalts.** Da Abs. 2 voraussetzt, dass der Staat des letzten „gewöhnlichen Aufenthalts" nicht der Staat ist, zu dem der Erblasser die „engste Verbindung" hatte, kann er nur angewendet werden, wenn zuvor der **„gewöhnliche Aufenthalt" festgestellt** wurde (MüKoBGB/Dutta Rn. 7; jurisPK-BGB/Sonnentag Rn. 33). Erwägungsgrund 25 S. 2 stellt ausdrücklich klar, dass Abs. 2 keine Auffangregelung ist, wenn sich die Feststellung des gewöhnlichen Aufenthaltsorts des Erblassers im Zeitpunkt seines Todes als schwierig erweist. Fraglich ist hingegen, ob Fälle denkbar sind, in denen kein „gewöhnlicher Aufenthalt" des Erblassers bestand oder festgestellt werden kann. Jedenfalls darf dies nicht vorschnell bejaht werden. Tritt ein solcher Fall jedoch auf, kann das anzuwendende Recht nach Abs. 2 bestimmt werden (in der Sache ebenso NK-BGB/Looschelders Rn. 16). 30

**b) Offensichtlichkeit.** Ferner muss eine **„offensichtlich** engere Verbindung zu einem anderen Staat" bestanden haben (vgl. auch Erwägungsgrund 25). Diese „Offensichtlichkeit" ist hier mehrdeutig. Man kann sie als Eigenschaft der Verbindung selbst verstehen, sodass also der Unterschied zwischen den Verbindungen zu den jeweiligen Staaten besonders gravierend sein muss (idS NK-BGB/Looschelders Rn. 12). „Offensichtlich" lässt sich aber auch prozessual verstehen, und zwar in dem Sinne, dass der Richter nur dann eine Anwendung von Abs. 2 in Betracht ziehen soll, wenn die Umstände, aus denen sich die engere Verbindung zu dem anderen Staat ergibt, für ihn „offensichtlich" sind. In der praktischen Anwendung können sich beide Aspekte überschneiden. 31

**c) Inhaltliche Kriterien.** Geht man mit der hier vertretenen Auffassung davon aus, dass Abs. 2 nur ein Notbehelf für völlig ungewöhnliche und unvorhergesehene Konstellationen ist (→ Rn. 28), ist es weder möglich noch sinnvoll, konkrete inhaltliche Kriterien oder Anwendungsfälle für Abs. 2 zu benennen. Sonst besteht auch die Gefahr, dass der Rechtsanwender vorschnell und ohne Not von Abs. 1 (und damit vom Willen des Verordnungsgebers) abweicht. Auf allgemeiner Ebene sei nur darauf hingewiesen, dass die grundlegende Entscheidung des Verordnungsgebers für eine an der ökonomisch-sozialen Lebenswirklichkeit orientierte Anknüpfung (→ Rn. 26) auch im Rahmen von Abs. 2 maßgeblich sein sollte. 32

## IV. Nachlasseinheit

Gem. Abs. 1 unterliegt die „**gesamte Rechtsnachfolge** von Todes wegen" dem nach Abs. 1 bestimmten Recht. Das dient der Rechtssicherheit und verhindert eine „Nachlassspaltung", bei der auf unterschiedliche Gegenstände verschiedenes Recht angewendet wird (Erwägungsgrund 37 S. 4; OLG Köln FGPrax 2020, 38 (39); BeckOGK/J. Schmidt Rn. 8). In Abs. 2 fehlt zwar das Adjektiv „gesamte" vor „Rechtsnachfolge von Todes wegen", doch ist nicht ersichtlich, dass Abs. 2 insofern von Abs. 1 abweichen soll (wohl unstr., s. nur MüKoBGB/Dutta Rn. 9; NK-BGB/Looschelders Rn. 15). Dafür gäbe es auch keinen Sachgrund. Es ist also einheitlich auf **alle Gegenstände** des **Nachlasses** das gleiche Recht anzuwenden, und zwar unabhängig davon, wo der Gegenstand belegen ist und ob es sich um bewegliches oder unbewegliches Vermögen handelt (Erwägungsgrund 37 S. 4; OLG Köln FGPrax 2020, 38 (39); BeckOGK/J. Schmidt Rn. 8). Zu einer **„Nachlassspaltung"** kann es im Einzelfall aber dann kommen, wenn das nach der EuErbVO anwendbare Recht eines Drittstaats nur für einen Teil der Rechtsnachfolge von Todes wegen auf ein anderes Recht verweist und dieser Verweis nach **Art. 34** beachtlich ist (OLG 33

Hamm ZEV 2021, 694 Rn. 18; näher hierzu MüKoBGB/Dutta Vor Art. 20 Rn. 7 ff.; MüKoBGB/Dutta Art. 34 Rn. 9; BeckOGK/J. Schmidt Rn. 9; BeckOGK/J. Schmidt Art. 34 Rn. 15; zu Fällen mit Bezug zu den USA Büdding/Tolani ZEV 2019, 613 (618)).

## V. Ergänzende Regelungen

**34** Art. 21 wird ergänzt durch Art. 34 (Rück- und Weiterverweisung), Art. 35 (ordre public), Art. 36 (Mehrrechtsstaaten) und Art. 37 (personale Rechtspaltung).

## VI. Bestimmung des auf Vorfragen anwendbaren Rechts

**35** Die EuErbVO bestimmt nur das auf die Rechtsnachfolge von Todes wegen (Art. 1 Abs. 1 S. 1) anwendbare Recht. Einzelne Aspekte, die nicht zum Anwendungsbereich der EuErbVO gehören, können als Vorfrage für die Rechtsnachfolge von Todes wegen relevant sein. So kann etwa die Abstammung vom Erblasser oder eine mit diesem bestehende Ehe nach dem gem. Art. 21 ff. anwendbaren Recht für eine Erbberechtigung von Bedeutung sein (zB für das gesetzliche Erbrecht nach den §§ 1924 ff. BGB). Fraglich ist dann, nach welchem Recht die Vorfrage zu beurteilen ist, etwa die Wirksamkeit einer Ehe mit dem Erblasser. Die EuErbVO enthält hierzu keine Regelung. Besonders deutlich ist das bei den Bereichen, die in Art. 1 Abs. 2 ausdrücklich von der Anwendung der EuErbVO ausgeschlossen sind (NK-BGB/Looschelders Art. 1 Rn. 23; Odersky in Geimer/Schütze Int. Rechtsverkehr Art. 23 Rn. 6). So hat etwa die Klarstellung in Art. 1 Abs. 2 lit. a nur dann einen Sinn, wenn die dort genannten Statusverhältnisse im Zusammenhang mit einem Erbfall von Bedeutung sind, weil in anderen Fällen überhaupt kein Abgrenzungsproblem besteht. Diese bewusste und ausdrückliche Entscheidung gegen eine europäische Regelung darf auch nicht durch die Annahme von ungeschriebenem Unionsrecht umgangen werden (so aber etwa Dörner ZEV 2012, 505 (513)). Es handelt sich hier also nicht um eine Frage des europäischen Rechts, die innerhalb der EU einheitlich beantwortet werden muss, sondern um den Regelungsbereich des nationalen Rechts. Das spricht dafür, dass das **IPR** der **lex fori** maßgeblich ist (ebenso NK-BGB/Looschelders Art. 1 Rn. 23; Odersky in Geimer/Schütze Int. Rechtsverkehr Art. 23 Rn. 6; Buschbaum/Simon Rpfleger 2015, 444 (447); Hellner in Dutta/Herrler, Die Europäische Erbrechtsverordnung, 2014, 107 Rn. 10; Nordmeier ZEV 2012, 513 (515)). Nach der **Gegenauffassung** ist hingegen eine **„unselbständige Anknüpfung"** vorzunehmen, sodass das von Art. 21 ff. zur Anwendung berufene Recht auch über die Beurteilung der Vorfrage entscheidet (so Dörner ZEV 2012, 505 (513); MüKoBGB/Dutta Vor Art. 20 Rn. 51; Grüneberg/Thorn Art. 1 Rn. 5; Weber DNotZ 2016, 424 (436 f.)). Freilich wird die Kontroverse dadurch entschärft, dass nach der EuErbVO regelmäßig der Staat international zuständig ist, dessen Recht auch anwendbar ist (vgl. zu diesem Ziel auch Erwägungsgrund 27 S. 1), weshalb die verschiedenen Auffassungen häufig zum gleichen Ergebnis kommen.

## Art. 22 Rechtswahl

**(1) Eine Person kann für die Rechtsnachfolge von Todes wegen das Recht des Staates wählen, dem sie im Zeitpunkt der Rechtswahl oder im Zeitpunkt ihres Todes angehört.**

***(2)* Eine Person, die mehrere Staatsangehörigkeiten besitzt, kann das Recht eines der Staaten wählen, denen sie im Zeitpunkt der Rechtswahl oder im Zeitpunkt ihres Todes angehört.**

**(2) Die Rechtswahl muss ausdrücklich in einer Erklärung in Form einer Verfügung von Todes wegen erfolgen oder sich aus den Bestimmungen einer solchen Verfügung ergeben.**

**(3) Die materielle Wirksamkeit der Rechtshandlung, durch die die Rechtswahl vorgenommen wird, unterliegt dem gewählten Recht.**

**(4) Die Änderung oder der Widerruf der Rechtswahl muss den Formvorschriften für die Änderung oder den Widerruf einer Verfügung von Todes wegen entsprechen.**

***Französische Fassung:***

**Article 22 Choix de loi**

**1. Une personne peut choisir comme loi régissant l'ensemble de sa succession la loi de l'État dont elle possède la nationalité au moment où elle fait ce choix ou au moment de son décès.**

**Une personne ayant plusieurs nationalités peut choisir la loi de tout État dont elle possède la nationalité au moment où elle fait ce choix ou au moment de son décès.**
**2. Le choix est formulé de manière expresse dans une déclaration revêtant la forme d'une disposition à cause de mort ou résulte des termes d'une telle disposition.**
**3. La validité au fond de l'acte en vertu duquel le choix de loi est effectué est régie par la loi choisie.**
**4. La modification ou la révocation du choix de loi satisfait aux exigences de forme applicables à la modification ou à la révocation d'une disposition à cause de mort.**
*Englische Fassung:*
**Article 22 Choice of law**
**1. A person may choose as the law to govern his succession as a whole the law of the State whose nationality he possesses at the time of making the choice or at the time of death.**
**A person possessing multiple nationalities may choose the law of any of the States whose nationality he possesses at the time of making the choice or at the time of death.**
**2. The choice shall be made expressly in a declaration in the form of a disposition of property upon death or shall be demonstrated by the terms of such a disposition.**
**3. The substantive validity of the act whereby the choice of law was made shall be governed by the chosen law.**
**4. Any modification or revocation of the choice of law shall meet the requirements as to form for the modification or revocation of a disposition of property upon death.**

## Überblick

Die Vorschrift regelt die rechtsgeschäftliche Wahl des auf die Rechtnachfolge von Todes wegen anzuwendenden Rechts durch den Erblasser. **Abs. 1** erlaubt abstrakt die Wahl und bestimmt das wählbare Recht (→ Rn. 2 ff.). **Abs. 2** regelt die Form, in der die Rechtswahl erfolgen muss. Die „materielle Wirksamkeit" der Wahl richtet sich gem. **Abs. 3** nach dem gewählten Recht. **Abs. 4** betrifft die Formgültigkeit einer Änderung oder eines Widerrufs der Rechtswahl.

## I. Normzweck

1 Ein wesentlicher Zweck der EuErbVO ist es, dem Erblasser die **vorweggenommene Regelung** seiner Rechtsnachfolge von Todes wegen zu ermöglichen (Erwägungsgründe 7 S. 2, 38 S. 1, 80 S. 1). Das setzt aber voraus, dass der Erblasser weiß, welches Recht auf die künftige Rechtsnachfolge von Todes wegen angewendet werden wird (Erwägungsgründe 37 S. 1, 48 S. 1). Dazu dient zum einen die allgemeine objektive Kollisionsnorm in Art. 21. Deren Nachteil liegt aber darin, dass der regelmäßige Anknüpfungspunkt des „gewöhnlichen Aufenthalts" dynamisch und für den Erblasser nicht immer leicht festzustellen ist. Diesen Mangel kann der Erblasser durch eine Rechtswahl beseitigen, die ihm **größtmögliche Klarheit** und **Stabilität** beim anzuwendenden Recht verschafft (Dutta/Weber/Bauer/Fornasier Rn. 2; MüKoBGB/Dutta Rn. 1; Kanzleiter DNotZ 2020, 902 (903 ff.)). Darüber hinaus ist es in der Sache konsequent, die von der EuErbVO geförderte **privatautonome Gestaltung** der Rechtsnachfolge von Todes wegen schon auf die Wahl des anzuwendenden Rechts auszudehnen (vgl. auch Erwägungsgrund 38 S. 1). Auch der Gedanke, dass der Erblasser selbst wohl am besten einschätzen kann, zu welchem Staat er die „engste Verbindung" hat (vgl. Art. 21 Abs. 2), mag hier eine Rolle spielen (MüKoBGB/Dutta Rn. 1). Freilich werden die beiden zuletzt genannten Aspekte allenfalls sehr eingeschränkt berücksichtigt, da Art. 22 die Wahl auf das Staatsangehörigkeitsrecht beschränkt (→ Rn. 3).

## II. Zulässigkeit der Wahl

2 Die abstrakte Zulässigkeit der Rechtswahl durch den Erblasser ergibt sich direkt aus **Abs. 1,** also aus europäischem Recht. Unerheblich ist deshalb, ob das Recht, das der Erblasser wählt, eine Rechtswahl anerkennt (Erwägungsgrund 40 S. 1).

## III. Wählbares Recht

3 **1. Allgemeines.** Der Erblasser kann nach Abs. 1 für die Rechtsnachfolge von Todes wegen (definiert in Art. 3 Abs. 1 lit. a; → Art. 3 Rn. 2) nur das Recht eines Staats wählen, dem er zum

Zeitpunkt der Rechtswahl oder seines Todes angehört (krit. im Hinblick auf die Personenfreizügigkeit MüKoBGB/Dutta Rn. 2; zur uU abweichenden Übergangsregelung → Art. 1 Rn. 12). Diese Beschränkung sichert, dass der Erblasser eine **Verbindung** zu dem gewählten Recht hat und nicht ein Recht nur mit der Absicht wählt, die berechtigten **Erwartungen** der **Pflichtteilsberechtigten** zu vereiteln (Erwägungsgrund 38 S. 2; zum Verstoß der Rechtswahl gegen die öffentliche Ordnung gem. Art. 35 wegen fehlender Pflichtteilsrechte im gewählten Recht OGH Wien ZEV 2021, 722 (verneint); OLG Köln ErbR 2021, 883 (bejaht)). Die Zugehörigkeit zu einem Staat bestimmt sich grds. nach dem Recht des jeweiligen Staats (OGH Wien ZEV 2021, 72 Rn. 17). Unerheblich ist, ob es sich bei dem Staat um einen **Mitglied-** oder **Drittstaat** handelt (bei Drittstaaten ist Art. 34 Abs. 2 zu beachten). Eine **inhaltliche Beschränkung** der Wahl, etwa auf einzelne Regelungen oder für bestimmte Nachlassgegenstände, ist nicht möglich (BeckOGK/J. Schmidt Rn. 35; Heinig RNotZ 2014, 197 (206); Erman/Hohloch Rn. 7).

4 **2. Mehrere Staatsangehörigkeiten.** Gehörte der Erblasser zum Zeitpunkt der Rechtswahl und zum Zeitpunkt des Todes jeweils einem **unterschiedlichen Staat** an, so kann er das Recht eines dieser beiden Staaten wählen (Abs. 1 UAbs. 1). Das Recht eines Staates, dem der Erblasser zwar temporär angehörte, jedoch nicht zum Zeitpunkt der Rechtswahl oder des Todes, kann er nicht wählen (MüKoBGB/Dutta Rn. 3). Gehörte der Erblasser zum Zeitpunkt der Rechtswahl oder des Todes jeweils **mehreren Staaten** an, so kann er nach Abs. 1 UAbs. 2 das Recht eines dieser Staaten wählen.

5 **3. Staaten mit Teilrechtsordnungen.** Hat der Staat, dessen Recht der Erblasser nach Abs. 1 wählen darf, mehrere Gebietseinheiten, in denen jeweils eigene Rechtsvorschriften für die Rechtsnachfolge von Todes wegen gelten, ist ergänzend **Art. 36** heranzuziehen. Für Staaten mit personaler Rechtsspaltung gilt **Art. 37.** In diesen Fällen kann der Erblasser pauschal das Recht des jeweiligen Staats wählen. Die Bestimmung der anwendbaren Teilrechtsordnung richtet sich dann primär nach der objektiven Anknüpfung des internen Kollisionsrechts (Art. 36 Abs. 1, 37 S. 1) und – bei dessen Fehlen – nach der „engsten Verbindung“ (Art. 36 Abs. 2 lit. b, Art. 37 S. 2) (NK-NachfolgeR/Köhler Rn. 4; jurisPK-BGB/Sonnentag Rn. 10; vgl. auch Burandt/Rojahn/Burandt/Schmuck Rn. 8). Denkbar ist aber auch, dass der Erblasser unmittelbar eine Teilrechtsordnung wählt (Burandt/Rojahn/Burandt/Schmuck Rn. 8; MüKoBGB/Dutta Rn. 6; Büdding/Tolani ZEV 2019, 613 (619); aA NK-NachfolgeR/Köhler Rn. 4 und jurisPK-BGB/Sonnentag Rn. 11, die dies als Wahl der Gesamtrechtsordnung auslegen). Wirksam ist diese Wahl, wenn entweder das nach Art. 36 Abs. 1 und Art. 37 S. 1 maßgebliche interne Kollisionsrecht die Wahl anerkennt oder beim Fehlen eines internen Kollisionsrechts die Wahl mit der objektiven Anknüpfung an die „engste Verbindung“ gem. Art. 36 Abs. 2 lit. b, Art. 37 S. 2 übereinstimmt (MüKoBGB/Dutta Rn. 6; näher zu Spanien Steinmetz/Löber/García Alcázar ZEV 2013, 535 (537)).

6 **4. Staatenlose, Asylberechtigte und Flüchtlinge.** Eine Rechtswahl durch Staatenlose (etwa die Wahl des Rechts ihres gewöhnlichen Aufenthalts zum Zeitpunkt der Rechtswahl) kann nicht auf die EuErbVO gestützt werden (vgl. auch Burandt/Rojahn/Burandt/Schmuck Rn. 9; Dutta/Weber/Bauer/Fornasier Rn. 8; Erman/Hohloch Rn. 10; Leitzen ZEV 2013, 128; aA MüKoBGB/Dutta Rn. 5; NK-NachfolgeR/Köhler Rn. 6). Gleiches gilt für die Wahl des Aufenthaltsrechts durch Asylberechtigte und Flüchtlinge (Dutta/Weber/Bauer/Fornasier Rn. 8; aA MüKoBGB/Dutta Rn. 5; NK-NachfolgeR/Köhler Rn. 6; Grüneberg/Thorn Rn. 4).

7 **5. Bestimmung der Staatsangehörigkeit des Erblassers.** Die EuErbVO regelt nicht, wie die **Staatsangehörigkeit** des Erblassers zu **bestimmen** ist (Erwägungsgrund 41 S. 2). Manche schlagen jedoch für die Anwendung der EuErbVO eine (ungeschriebene) einheitliche unionsrechtliche Anknüpfung vor, weil sonst die gleichmäßige Anwendung der Verordnung gefährdet sei (MüKoBGB/Dutta Rn. 4). In der Sache ist das überzeugend, nur fehlt die für eine entsprechende Rechtsfortbildung erforderliche planwidrige Regelungslücke, da der Verordnungsgeber bewusst von einer Regelung absah (Erwägungsgrund 41 S. 2). Auch dürfte es in den Mitgliedstaaten sowieso nicht zu einer unterschiedlichen Bestimmung der Staatsangehörigkeit kommen, da regelmäßig auf das Recht des Staats abgestellt wird, dessen Staatsangehörigkeit in Frage steht (ohne Weiteres idS Erman/Hohloch Rn. 8; jurisPK-BGB/Sonnentag Rn. 6). Vgl. zu diesem völkerrechtlichen Grundsatz → EGBGB Art. 5 Rn. 2.

## IV. Erklärung der Rechtswahl

**1. Rechtsnatur und Inhalt.** Die Rechtswahl geschieht durch eine **Willenserklärung** (MüKoBGB/Dutta Rn. 10). Sie kann **bedingt** oder **befristet** sein (MüKoBGB/Dutta Rn. 12, 19, 26, der dies als Fall des Abs. 3 ansieht; Leitzen ZEV 2013, 128 (129); näher Ludwig DNotZ 2014, 12 (14 f.)). Die Wahl ist nur wirksam, wenn der Erblasser eines der von **Abs. 1** bestimmten Rechte wählt. Für die Wahl genügt es, dass anhand der allgemeinen Auslegungsmethoden **bestimmbar** ist, ob und welches Recht der Erblasser wählen wollte. Die abstrakte Wahl des Rechts der „Staatsangehörigkeit" genügt jedenfalls dann, wenn der Erblasser stets nur eine Staatsangehörigkeit hatte (MüKoBGB/Dutta Rn. 11). Bei mehreren Staatsangehörigkeiten muss durch Auslegung geklärt werden, welchen Staat der Erblasser konkret meinte (→ Rn. 9). Eine Erklärung, die auch nach der Auslegung mehrdeutig bleibt (also mehrere Staaten erfasst), ist unwirksam. 8

Das Grundproblem bei der **abstrakten Wahl** des Rechts „der **Staatsangehörigkeit**" liegt darin, dass sie aus Sicht des Erblassers einen unterschiedlichen Zweck haben kann. So kann der Erblasser, der zum Zeitpunkt der Rechtswahl nur eine Staatsangehörigkeit hatte, mit ihr die konkrete Wahl des Rechts dieses Staats bezwecken (vgl. auch Frank in Geimer/Schütze Int. Rechtsverkehr Rn. 17). Diese Fälle sind so zu behandeln, als hätte der Erblasser das konkrete Recht (oder den konkreten Staat) bei seiner Wahl ausdrücklich benannt. Ein späterer Wechsel der Staatsangehörigkeit hat keine Auswirkungen mehr auf die getroffene Wahl. Der Verweis auf die „Staatsangehörigkeit" kann aber auch dynamisch als Anknüpfung an die zum Zeitpunkt des Todes bestehende Staatsangehörigkeit gemeint sein. Auch eine derartige Wahl ist zulässig (MüKoBGB/Dutta Rn. 11; NK-NachfolgeR/Köhler Rn. 5; jurisPK-BGB/Sonnentag Rn. 8; aA Janzen DNotZ 2012, 484 (486); Dörner ZEV 2012, 505 (511) m. Fn. 37; Leitzen ZEV 2013, 128; Erman/Hohloch Rn. 6; PWW/Martiny Rn. 8; Grüneberg/Thorn Rn. 3; Puig Stoltenberg, Die Parteiautonomie im europäischen Erbrecht, 2019, 139), da das gewählte Recht im Erbfall klar bestimmt ist (zu der Gefahr, dass diese Wahl mangels Wechsel der Staatsangehörigkeit „ins Leere" geht, Erman/Hohloch Rn. 4). 9

**2. Konkludente Rechtswahl (Abs. 2).** Nach Abs. 2 muss die Rechtswahl „ausdrücklich in einer Erklärung in Form einer Verfügung von Todes wegen erfolgen oder sich aus den Bestimmungen einer solchen Verfügung ergeben". Letzteres ist als unionsrechtliche Zulassung einer konkludenten Rechtswahl zu verstehen (vgl. nur Erman/Hohloch Rn. 12), wobei diese sich aus der Verfügung selbst ergeben muss (Magnus IPRax 2019, 8 (10)). Abs. 2 bestimmt auch unionsrechtlich die **Anforderungen** an eine konkludente Erklärung, weshalb insofern nicht auf das nationale Recht abgestellt werden kann (BGH BeckRS 2021, 3848 Rn. 18 ff.; OLG München BeckRS 2020, 21529 Rn. 35; MüKoBGB/Dutta Rn. 14; Erman/Hohloch Rn. 12; Grüneberg/Thorn Rn. 6; aA – maßgeblich sei nach Abs. 3 das gewählte Recht – Leitzen ZEV 2013, 128 (129); Dörner ZEV 2012, 505 (511); NK-NachfolgeR/Köhler Rn. 10; jurisPK-BGB/Sonnentag Rn. 20). 10

Auch bei der konkludenten Rechtswahl muss ein **Wille des Erblassers** zur Rechtswahl festgestellt werden. Zweifelhaft ist dieser Wille vor allem dann, wenn sich für den Erblasser die Frage nach einer Rechtswahl zum Zeitpunkt der letztwilligen Verfügung überhaupt nicht stellte, etwa weil er damals seinen gewöhnlichen Aufenthalt in dem Staat hatte, dem er angehört(e). Für den **Zweck** des Art. 22 kommt es aber nicht entscheidend darauf an, dass sich der Erblasser der Wahl als solcher bewusst war. Die Rechtswahl soll dem Erblasser vor allem die vorweggenommene Regelung der Rechtsnachfolge von Todes wegen ermöglichen, indem sie ihm Klarheit über das anzuwendende Recht verschafft (→ Rn. 1). Deshalb genügt es für die konkludente Rechtswahl, dass der Erblasser bei seiner letztwilligen Verfügung erkennbar von der Anwendung des Rechts seiner Staatsangehörigkeit ausgegangen ist (vgl. auch OLG Köln ZEV 2019, 633; Erman/Hohloch Rn. 12). Andernfalls besteht die dem Normzweck widersprechende Gefahr, dass die vom Erblasser im Hinblick auf das Recht seiner Staatsangehörigkeit vorgenommene Verfügung deshalb unwirksam ist, weil das durch Art. 21 objektiv bestimmte Recht die Verfügung nicht anerkennt (vgl. auch MüKoBGB/Dutta Rn. 14). Ein Indiz für eine konkludente Rechtswahl ist es zB, wenn der Erblasser auf bestimmte Regelungen eines Rechts verweist (Erwägungsgrund 39 S. 1; Dörner ZEV 2012, 505 (511); MüKoBGB/Dutta Rn. 14) oder die Verfügung spezifische Begriffe und Konstruktionen eines bestimmten Erbrechts enthält (BGH BeckRS 2021, 3848 Rn. 24; OLG München BeckRS 2020, 21529 Rn. 36: Schluss von der Verwendung des Begriffs „Schlusserben" auf die Wahl des deutschen Rechts; eher zurückhaltend hingegen Magnus IPRax 2019, 8 (9 f.)). 11

**3. Form (Abs. 2).** Nach Abs. 2 muss die Rechtswahl in der Form einer **„Verfügung von Todes wegen"** erfolgen. Näher bestimmt wird dieser unionsrechtliche Begriff durch Art. 3 Abs. 1 12 lit. d (→ Art. 3 Rn. 8). Danach kann die Rechtswahl also in einem Testament (→ Art. 3 Rn. 9), einem gemeinschaftlichen Testament (Art. 3 Abs. 1 lit. c; → Art. 3 Rn. 7) oder in einem Erbvertrag (Art. 3 Abs. 1 lit. b; → Art. 3 Rn. 3) vorgenommen werden.

**13** Die Anforderungen an die Wirksamkeit einer Verfügung von Todes wegen regelt die EuErbVO nicht selbst. Die **Formgültigkeit** einer schriftlichen Verfügung richtet sich nach dem von **Art. 27** bestimmten Recht, soweit nicht gem. Art. 75 Abs. 1 eine vorrangige staatsvertragliche Regelung besteht (insbes. – etwa für Deutschland – durch das HTestformÜ). Da die Formgültigkeit mündlicher Verfügungen von Todes wegen von der EuErbVO ausgenommen ist (Art. 1 Abs. 2 lit. f; → Art. 1 Rn. 27), entscheidet hier das Kollisionsrecht des Forumsstaats über die Zulässigkeit und Formgültigkeit (BeckOGK/J. Schmidt Rn. 15; in Deutschland das HTestformÜ).

**14** Da Abs. 2 nur verlangt, dass die Rechtswahlerklärung in der „Form" einer Verfügung von Todes wegen erfolgt, ist auch eine **isolierte** (ausdrückliche) **Rechtswahl** ohne eine sachliche Verfügung möglich (MüKoBGB/Dutta Rn. 16; Erman/Hohloch Rn. 11; NK-BGB/Looschelders Rn. 25; BeckOGK/J. Schmidt Rn. 13; aA Kunz GPR 2012, 208).

**15** **4. Materielle Wirksamkeit (Abs. 3).** Die „materielle Wirksamkeit" der Rechtswahl richtet sich gem. Abs. 3 nach dem **gewählten Recht.** Dieser Anwendungsbereich des gewählten Rechts wird dadurch begrenzt, dass die abstrakte Zulässigkeit der Rechtswahl (→ Rn. 2) und die erforderliche Form (→ Rn. 12) durch die EuErbVO selbst in Abs. 1 und 2 angeordnet werden. Auch die Formgültigkeit richtet sich nicht nach Abs. 3, sondern nach dem Formstatut (→ Rn. 13). Als Anwendungsbereich des Abs. 3 nennt Erwägungsgrund 40 S. 2 beispielhaft die Frage, ob „die Person, die die Rechtswahl trifft, verstanden hat, was dies bedeutet, und dem zustimmt". Es geht also um Fragen der **Rechtsgeschäftslehre,** zB die **Geschäftsfähigkeit** und die Auswirkungen von **Willensmängeln** etc. (zur konkludenten Rechtswahl → Rn. 10). Systematisch bestätigt und konkretisiert wird dies durch die von Art. 26 Abs. 1 zur „materiellen Wirksamkeit" einer Verfügung von Todes wegen gezählten Aspekte wie die „Testierfähigkeit" (lit. a), die „Zulässigkeit der Stellvertretung" (lit. c), die „Auslegung" (lit. d) sowie die „Willensmängel" (lit. e). Wählt der Erblasser etwa in der Form eines Testaments deutsches Recht, so ist für die Wirksamkeit der Wahl die Testierfähigkeit gem. § 2229 BGB erforderlich und nach § 2064 BGB eine Stellvertretung ausgeschlossen (eingehend zu dem Fall, dass nach Abs. 3 deutsches Recht gilt, MüKoBGB/Dutta Rn. 21 ff.).

## V. Änderung oder Widerruf der Rechtswahl

**16** Nach Abs. 4 muss die Änderung oder der Widerruf der Rechtswahl „den Formvorschriften für die Änderung oder den Widerruf einer Verfügung von Todes wegen entsprechen" (s. Art. 27 Abs. 2; → Art. 27 Rn. 14). Unklar und umstr. ist, ob sich die **Zulässigkeit** des Widerrufs oder der Änderung aus der EuErbVO selbst ergibt (Erman/Hohloch Rn. 14; Volmer Rpfleger 2013, 421 (423); wohl auch Heinig RNotZ 2014, 197 (212)) oder dafür nach Abs. 3 das gewählte Recht maßgeblich ist (so die wohl hM, etwa Döbereiner DNotZ 2014, 323 (332); MüKoBGB/Dutta Rn. 31). Der Wortlaut des Abs. 4 hilft bei dieser Frage kaum weiter, da man ihn einerseits so verstehen kann, dass er die Möglichkeit des Widerrufs oder der Änderung schlicht voraussetzt, er andererseits aber gerade nur eine Regelung zur erforderlichen Form dieser Vorgänge trifft. Für die Anwendung des Abs. 3 spricht, dass die Bindungswirkung der Rechtswahl eine sachliche und dogmatische Verwandtschaft mit den zweifellos unter Abs. 3 fallenden Aspekten (→ Rn. 15) hat. Soweit das nach Abs. 3 anzuwendende Recht keine Regelungen zur Bindung an eine Rechtswahl enthält, sind die Vorschriften zur Bindungswirkung derjenigen Verfügung von Todes wegen anzuwenden, in der die Wahl getroffen wurde (Dutta/Weber/Bauer/Fornasier Rn. 29; MüKoBGB/Dutta Rn. 31; Profehsner, Disposition im Internationalen Erbrecht, 2019, 209). Denn die Gründe, die nach dem Sachrecht für eine Bindungswirkung der Verfügung von Todes wegen streiten, sprechen wohl regelmäßig auch für eine Bindung an die Rechtswahl. So geht es etwa bei der Bindung an Verfügungen in einem Erbvertrag darum, dass sich andere auf den Fortbestand der Verfügung verlassen dürfen. Da die Wirkung der Verfügung aber auch vom anwendbaren Recht abhängt, bezieht sich der Vertrauensschutz grds. auch auf dieses (§ 2270 Abs. 3 BGB, § 2278 Abs. 2 BGB) (vgl. auch jurisPK-BGB/Sonnentag Rn. 27; für die freie Widerruflichkeit einer in einem gemeinschaftlichen Testament vor dem 17.8.2015 getroffenen Rechtswahl iSd Art. 83 Abs. 2 OLG München FGPrax 2020, 283 (284)).

**17** Die **materielle Wirksamkeit** des Widerrufs oder der Änderung richtet sich – wie schon bei der Wahl selbst – jedenfalls nach Abs. 3 (MüKoBGB/Dutta Rn. 32; Erman/Hohloch Rn. 14; jurisPK-BGB/Sonnentag Rn. 26). Die Bestimmung des Rechts iSv **Abs. 3** ist bei Widerruf und Änderung iE aber problematisch. Vertreten werden im Falle eines **Widerrufs** die Anwendung des ursprünglich gewählten Rechts (Burandt/Rojahn/Burandt/Schmuck Rn. 11; Dutta/Weber/Bauer/Fornasier Rn. 33; NK-NachfolgeR/Köhler Rn. 13; jurisPK-BGB/Sonnentag Rn. 28), des nach dem Widerruf anwendbaren (Aufenthalts-)Rechts (MüKoBGB/Dutta Rn. 32) sowie eine kumulative Anwendung beider Rechte (Leitzen ZEV 2013, 128 (129)). Bei der **Änderung** der Wahl wird überwiegend auf das neu gewählte Recht abgestellt (Burandt/Rojahn/Burandt/Schmuck Rn. 11; Döbereiner DNotZ 2014, 323 (326); MüKoBGB/Dutta Rn. 32; NK-NachfolgeR/Köhler Rn. 13; jurisPK-BGB/Sonnentag Rn. 29).

## VI. Rechtsfolgen der Wahl

Die nach Abs. 1 zulässige, gem. Abs. 2 (iVm dem Formstatut) formgerechte und nach Abs. 3 materiell wirksame Wahl eines Rechts hat die Folge, dass dem gewählten Recht gem. Art. 23 Abs. 1 die „**gesamte Rechtsnachfolge** von Todes wegen“ unterliegt, wobei dies durch Art. 23 Abs. 2 weiter konkretisiert wird. Hat der Erblasser das Recht eines Drittstaats gewählt, sind Rück- und Weiterverweisungen durch dessen Kollisionsrecht gem. Art. 34 Abs. 2 nicht zu beachten. Bei einer unwirksamen Wahl bestimmt sich das anwendbare Recht nach Art. 21. **18**

## VII. Übergangsrecht (Art. 83 Abs. 2 und 4)

Die Zulässigkeit und Wirksamkeit einer Rechtswahl, die der Erblasser vor dem 17.8.2015 traf, kann sich gem. **Art. 83 Abs. 2** nicht nur aus Art. 22 ergeben, sondern alternativ auch aus dem IPR des Aufenthalts- oder Heimatstaats (→ Art. 1 Rn. 12). Insbesondere ist denkbar, dass diese Rechte auch die Wahl eines anderen Rechts als das der Staatsangehörigkeit erlauben (MüKoBGB/Dutta Art. 83 Rn. 10). **19**

Hatte der Erblasser vor dem 17.8.2015 eine Verfügung von Todes wegen nach einem Recht errichtet, das er nach Art. 22 hätte wählen können, fingiert **Art. 83 Abs. 4** die Wahl dieses Rechts (→ Art. 1 Rn. 14). **20**

## Art. 23 Reichweite des anzuwendenden Rechts

**(1) Dem nach Artikel 21 oder Artikel 22 bezeichneten Recht unterliegt die gesamte Rechtsnachfolge von Todes wegen.**

**(2) Diesem Recht unterliegen insbesondere:**
**a) die Gründe für den Eintritt des Erbfalls sowie dessen Zeitpunkt und Ort;**
**b) die Berufung der Berechtigten, die Bestimmung ihrer jeweiligen Anteile und etwaiger ihnen vom Erblasser auferlegter Pflichten sowie die Bestimmung sonstiger Rechte an dem Nachlass, einschließlich der Nachlassansprüche des überlebenden Ehegatten oder Lebenspartners;**
**c) die Erbfähigkeit;**
**d) die Enterbung und die Erbunwürdigkeit;**
**e) der Übergang der zum Nachlass gehörenden Vermögenswerte, Rechte und Pflichten auf die Erben und gegebenenfalls die Vermächtnisnehmer, einschließlich der Bedingungen für die Annahme oder die Ausschlagung der Erbschaft oder eines Vermächtnisses und deren Wirkungen;**
**f) die Rechte der Erben, Testamentsvollstrecker und anderer Nachlassverwalter, insbesondere im Hinblick auf die Veräußerung von Vermögen und die Befriedigung der Gläubiger, unbeschadet der Befugnisse nach Artikel 29 Absätze 2 und 3;**
**g) die Haftung für die Nachlassverbindlichkeiten;**
**h) der verfügbare Teil des Nachlasses, die Pflichtteile und andere Beschränkungen der Testierfreiheit sowie etwaige Ansprüche von Personen, die dem Erblasser nahe stehen, gegen den Nachlass oder gegen den Erben;**
**i) die Ausgleichung und Anrechnung unentgeltlicher Zuwendungen bei der Bestimmung der Anteile der einzelnen Berechtigten und**
**j) die Teilung des Nachlasses.**

***Französische Fassung:***

**Article 23 Portée de la loi applicable**

**1. La loi désignée en vertu de l'article 21 ou 22 régit l'ensemble d'une succession.**

**2. Cette loi régit notamment:**
**a) les causes, le moment et le lieu d'ouverture de la succession;**

**b) la vocation successorale des bénéficiaires, la détermination de leurs parts respectives et des charges qui peuvent leur être imposées par le défunt, ainsi que la détermination d'autres droits sur la succession, y compris les droits successoraux du conjoint ou du partenaire survivant;**
**c) la capacité de succéder;**
**d) l'exhérédation et l'indignité successorale;**
**e) le transfert des biens, des droits et des obligations composant la succession aux héritiers et, selon le cas, aux légataires, y compris les conditions et les effets de l'acceptation de la succession ou du legs ou de la renonciation à ceux-ci;**
**f) les pouvoirs des héritiers, des exécuteurs testamentaires et autres administrateurs de la succession, notamment en ce qui concerne la vente des biens et le paiement des créanciers, sans préjudice des pouvoirs visés à l'article 29, paragraphes 2 et 3;**
**g) la responsabilité à l'égard des dettes de la succession;**
**h) la quotité disponible, les réserves héréditaires et les autres restrictions à la liberté de disposer à cause de mort ainsi que les droits que les personnes proches du défunt peuvent faire valoir à l'égard de la succession ou des héritiers;**
**i) le rapport et la réduction des libéralités lors du calcul des parts des différents bénéficiaires;**
**j) le partage successoral.**

*Englische Fassung:*

**Article 23 The scope of the applicable law**

**1. The law determined pursuant to Article 21 or Article 22 shall govern the succession as a whole.**

**2. That law shall govern in particular:**
**(a) the causes, time and place of the opening of the succession;**
**(b) the determination of the beneficiaries, of their respective shares and of the obligations which may be imposed on them by the deceased, and the determination of other succession rights, including the succession rights of the surviving spouse or partner;**
**(c) the capacity to inherit;**
**(d) disinheritance and disqualification by conduct;**
**(e) the transfer to the heirs and, as the case may be, to the legatees of the assets, rights and obligations forming part of the estate, including the conditions and effects of the acceptance or waiver of the succession or of a legacy;**
**(f) the powers of the heirs, the executors of the wills and other administrators of the estate, in particular as regards the sale of property and the payment of creditors, without prejudice to the powers referred to in Article 29 (2) and (3);**
**(g) liability for the debts under the succession;**
**(h) the disposable part of the estate, the reserved shares and other restrictions on the disposal of property upon death as well as claims which persons close to the deceased may have against the estate or the heirs;**
**(i) any obligation to restore or account for gifts, advancements or legacies when determining the shares of the different beneficiaries; and**
**(j) the sharing-out of the estate.**

## Überblick

Abs. 1 benennt abstrakt den sachlichen Anwendungsbereich des von Art. 21 f. bestimmten nationalen Rechts. Abs. 2 konkretisiert dies durch die nicht abschließende („insbesondere") Aufzählung bestimmter Bereiche.

## Übersicht

## I. Abstrakte Bestimmung des Anwendungsbereichs (Abs. 1)

Abs. 1 benennt in abstrakter Weise die **„gesamte Rechtsnachfolge von Todes wegen"** als den sachlichen Anwendungsbereich des nach Art. 21 f. bestimmten nationalen Rechts (Erwägungsgrund 42). Im Hinblick auf die objektive Anknüpfung in Art. 21 ist das nur eine überflüssige Wiederholung, weil schon in dieser Vorschrift ausdrücklich die „gesamte Rechtsnachfolge von Todes wegen" als Anwendungsbereich genannt wird. In Art. 22, der die Rechtswahl regelt, ist hingegen nur von der „Rechtsnachfolge von Todes wegen" die Rede (ohne das Adjektiv „gesamte"), sodass Art. 23 insofern zumindest eine Klarstellung enthält. 1

Der Begriff der **„Rechtsnachfolge von Todes wegen"** wird in Art. 3 Abs. 1 lit. a definiert (→ Art. 3 Rn. 2). Beschränkt wird der Anwendungsbereich des von Art. 21 f. bestimmten Rechts durch die allgemeinen Ausschlusstatbestände in Art. 1 Abs. 2 (→ Art. 1 Rn. 20 ff.). 2

## II. Aufzählung konkreter Anwendungsfälle (Abs. 2)

Abs. 2 enthält eine nicht abschließende („insbes.") Aufzählung von konkreten Bereichen, die von dem nach Art. 21 f. bestimmten Recht erfasst werden. 3

**1. Gründe, Zeitpunkt und Ort des Erbfalls (lit. a).** Die **„Gründe"** des Erbfalls sind diejenigen Tatbestände, die nach dem zur Anwendung berufenen Recht eine Rechtsnachfolge von Todes wegen zur Folge haben. Dazu gehört insbes. der **Tod** (auch die an die Verschollenheit anknüpfende Todesvermutung; Erman/Hohloch Rn. 2), aber potentiell auch ein anderer Anknüpfungspunkt (vgl. BeckOGK/J. Schmidt Rn. 8 f.) wie etwa ein **Nacherbfall** (MüKoBGB/Dutta Rn. 6; Erman/Hohloch Rn. 2). Dem nach der EuErbVO anwendbaren Recht unterliegt aber nur die Frage, welche Tatbestände eine Rechtsnachfolge von Todes wegen zur Folge haben, jedoch nicht, ob ein derartiger Tatbestand gegeben ist, also etwa der Tod einer Person eingetreten ist (Erman/Hohloch Rn. 2; NK-BGB/Looschelders Rn. 3; aA für den Tod MüKoBGB/Dutta Rn. 6). Für die Verschollenheit, die „Abwesenheit einer natürlichen Person" und die „Todesvermutung" ergibt sich das aus dem ausdrücklichen Ausschluss dieser Tatbestände aus dem Anwendungsbereich der EuErbVO in Art. 1 Abs. 2 lit. c. Maßgeblich ist hier das von der lex fori zur Anwendung berufene Recht (NK-BGB/Looschelders Rn. 3; jurisPK-BGB/Sonnentag Rn. 4). 4

Der **„Zeitpunkt"** des Erbfalls ist der Moment, in dem die Rechtsnachfolge von Todes wegen eintritt. Regelmäßig ist das der Zeitpunkt, zu dem die Tatbestände eingetreten sind, an die das nach der Verordnung anwendbare Recht die Rechtsnachfolge von Todes wegen knüpft, also etwa der „Todeszeitpunkt". Auch hier regelt das nach der EuErbVO anwendbare Recht aber nur den Zeitpunkt, zu dem die Rechtsnachfolge von Todes wegen eintritt, jedoch nicht den Zeitpunkt des Grundes für den Erbfall. Insofern ist wiederum das Kollisionsrecht der lex fori maßgeblich. Der **„Ort"** des Erbfalls spielt zB nach dem deutschen Recht keine Rolle. 5

**2. Berufung der Berechtigten (lit. b).** Abs. 2 lit. b stellt klar, dass auch der absolute Kernbereich des Erbrechts, nämlich die Bestimmung der aus der Rechtsnachfolge von Todes wegen **berechtigten Personen,** dem nach Art. 21 f. zur Anwendung berufenen Recht unterliegt (Erwägungsgrund 47 S. 1). Hierzu gehören insbes. die Regelungen zur **gesetzlichen Erbfolge** (zB §§ 1924 ff. BGB; vgl. Erwägungsgrund 47 S. 2). Soweit diese an bestimmte Statusverhältnisse anknüpft (etwa die Abstammung, eine Ehe oder Lebenspartnerschaft), richtet sich deren Existenz nicht nach dem von Art. 21 f. bestimmten Recht, sondern als Vorfrage nach dem IPR der lex fori (Odersky in Geimer/Schütze Int. Rechtsverkehr Rn. 11; sehr str.). Allgemein zu Vorfragen → Art. 21 Rn. 35. Das auf diesem Wege bestimmte Statusverhältnis muss mit dem vom anwendbaren Erbrecht für die Berechtigung vorausgesetzten Statusverhältnis gerade im Hinblick auf eine mögliche erbrechtliche Berechtigung vergleichbar sein (näher zu dieser Substitution MüKoBGB/Dutta Rn. 11); zur Lösung von Widersprüchen → Rn. 11. Ein **staatliches Erbrecht** (etwa an einem verwaisten Nachlass) fällt dann unter das nach Art. 21 f. bestimmte Recht, wenn es – wie zB in § 1936 BGB – privatrechtlich ausgestaltet ist (MüKoBGB/Dutta Rn. 10; NK-BGB/Looschelders Rn. 8); vgl. auch Art. 33; → Art. 1 Rn. 19. 6

Das nach Art. 21 f. anwendbare Recht bestimmt auch über die Existenz und den Inhalt einer durch **Verfügung von Todes** wegen begründeten Berechtigung, etwa eine gewillkürte Erbfolge 7 oder ein Vermächtnis. Die Zulässigkeit und Wirksamkeit der Verfügung selbst (also insbes. die Art der Verfügung) richtet sich jedoch nach den Art. 24 ff. (näher zur Abgrenzung MüKoBGB/Dutta Rn. 13 f.).

8 Lit. b nennt auch die „Bestimmung" der „jeweiligen Anteile" der Berechtigten als Gegenstand des nach Art. 21 f. anwendbaren Rechts. Damit sind zunächst die Beteiligungsquoten am Nachlass umfasst, die im Falle mehrerer Berechtigter bestehen können. Darüber hinaus richtet sich ganz allgemein der **Inhalt** der **Berechtigung** nach dem von Art. 21 f. bestimmten Recht, wozu auch die Entstehung und Ausgestaltung einer Erbengemeinschaft bei mehreren Berechtigten gehört (MüKoBGB/Dutta Rn. 12; Erman/Hohloch Rn. 3). Besonderheiten gelten wegen Art. 1 Abs. 2 lit. k und l jedoch für den Fall, dass das Erbrecht eine dingliche Berechtigung anordnet, welche das Recht des Staats, in dem der betreffende Gegenstand belegen ist, nicht kennt (→ Art. 1 Rn. 35), und für die Eintragung von Rechten in Register (→ Art. 1 Rn. 36).

9 Nach lit. b fällt auch die Bestimmung „vom Erblasser auferlegter **Pflichten**" unter das nach Art. 21 f. anwendbare Recht. Dazu gehören etwa Auflagen (zB § 1940 BGB) und Teilungsanordnungen (Erman/Hohloch Rn. 3).

10 Etwas unglücklich (da potentiell missverständlich) ist die Nennung **„sonstiger Rechte an dem Nachlass"**; denn sie suggeriert, dass damit etwas anderes gemeint sei als mit der Bestimmung der (erbrechtlich) „Berechtigten". Es geht hier aber wohl nur darum, die Einbeziehung der im Anschluss genannten „Nachlassansprüche des überlebenden Ehegatten oder Lebenspartners" klarzustellen. Auch diese Ansprüche müssen jedoch auf einer Rechtsnachfolge von Todes wegen beruhen, weshalb insbes. güterrechtliche Ansprüche nicht erfasst sind (s. auch Art. 1 Abs. 2 lit. d; → Art. 1 Rn. 24) (vgl. ferner BeckOGK/J. Schmidt Rn. 21).

11 Da der **Status** einer Person (etwa als Ehegatte des Erblassers) nach einem anderen Recht bestimmt wird als ihre erbrechtliche Berechtigung, kann es passieren, dass zwar nach dem für den Status maßgeblichen Recht eine Erbberechtigung bestünde, jedoch nicht nach dem gem. Art. 21 f. hierfür maßgeblichen Recht. Als Lösung wird eine Anpassung zugunsten des Statuts des jeweiligen Statusverhältnisses vorgeschlagen (MüKoBGB/Dutta Rn. 11). Für eine derartige Rechtsfortbildung gibt die EuErbVO aber keine Anhaltspunkte. Möglich bleibt allenfalls eine Korrektur anhand des ordre public gem. Art. 35 (Odersky in Geimer/Schütze Int. Rechtsverkehr Rn. 14; Coester ZEV 2013, 115 (117); M. Stürner GPR 2014, 317 (323 f.); Grüneberg/Thorn Art. 35 Rn. 2).

12 **3. Erbfähigkeit (lit. c).** Lit. c unterstellt ausdrücklich die **„Erbfähigkeit"** dem nach Art. 21 f. anwendbaren Recht. Gemeint ist damit – anders als der Begriffsname suggeriert – nicht nur die Fähigkeit, gesetzlicher oder gewillkürter Erbe zu sein, sondern allgemein die abstrakte Fähigkeit einer Person, im Rahmen einer Rechtsnachfolge von Todes wegen berechtigt zu werden, und zwar unabhängig von der Form der Berechtigung (MüKoBGB/Dutta Rn. 18; Odersky in Geimer/Schütze Int. Rechtsverkehr Rn. 18; BeckOGK/J. Schmidt Rn. 23). Insofern besteht auch eine sachliche und dogmatische Überschneidung mit der Bestimmung der „Berechtigten" in lit. b.

13 Da Art. 1 Abs. 2 lit. b iÜ die **Rechtsfähigkeit** natürlicher Personen von der EuErbVO ausnimmt, sind nur solche Regelungen des nach Art. 21 f. anwendbaren Rechts von Bedeutung, die spezifisch die Erbfähigkeit regeln. Knüpft etwa das anwendbare Recht die Erbfähigkeit pauschal an die Rechtsfähigkeit, so bestimmt sich nur diese Anknüpfung nach dem Erbstatut, aber nicht die Rechtsfähigkeit, die sich als ausdrücklich von der EuErbVO ausgenommene Vorfrage vielmehr nach dem IPR der lex fori richtet (NK-NachfolgeR/Köhler Rn. 4; NK-BGB/Looschelders Rn. 12; Odersky in Geimer/Schütze Int. Rechtsverkehr Rn. 18a; jurisPK-BGB/Sonnentag Rn. 9; str.). Allgemein zu Vorfragen → Art. 21 Rn. 35.

14 **4. Enterbung und Erbunwürdigkeit (lit. d).** Das nach Art. 21 f. anwendbare Recht regelt auch die Möglichkeit und die Voraussetzungen einer Enterbung oder Erbunwürdigkeit. **„Enterbung"** umfasst jeden Entzug einer sonst bestehenden erbrechtlichen Berechtigung (vgl. Odersky in Geimer/Schütze Int. Rechtsverkehr Rn. 19; BeckOGK/J. Schmidt Rn. 27). Soweit die Enterbung durch eine Verfügung von Todes wegen geschieht, richtet sich deren Wirksamkeit nach den Art. 24 ff. **„Erbunwürdigkeit"** meint alle Fälle, in denen einem normalerweise Berechtigten aufgrund besonderer Umstände die erbrechtliche Berechtigung nicht zusteht (vgl. Odersky in Geimer/Schütze Int. Rechtsverkehr Rn. 20; zB § 2339 BGB).

15 **5. Übergang der Rechte und Pflichten, Annahme und Ausschlagung (lit. e). a) Übergang der Rechte und Pflichten.** Nach lit. e regelt das gem. Art. 21 f. anzuwendende Recht auch den „**Übergang** der zum Nachlass gehörenden Vermögenswerte, Rechte und Pflichten auf die Erben und ggf. die Vermächtnisnehmer", also die eigentliche Rechtsnachfolge von Todes wegen. Dazu gehört etwa die Frage, **welche Rechte** und **Pflichten** von der Rechtsnachfolge

von Todes wegen erfasst werden (Erman/Hohloch Rn. 6; BeckOGK/J. Schmidt Rn. 31). Ob ein Recht oder eine Pflicht überhaupt auf eine andere Person übergehen kann und deshalb auch **„vererblich“** ist, regelt hingegen das auf die jeweiligen Rechte und Pflichten anwendbare Recht (Dutta/Weber/Schmidt Rn. 55; Odersky in Geimer/Schütze Int. Rechtsverkehr Rn. 25); s. etwa Art. 15 lit. e Rom II-VO; zu Gesellschaftsanteilen → Art. 1 Rn. 32.

Das nach Art. 21 f. anzuwendende Recht bestimmt ferner, auf **welchem Weg** die Rechte und Pflichten übergehen, ob etwa der Berechtigte unmittelbar einen Gegenstand erwirbt (zB der Erbe gem. § 1922 BGB) oder nur einen Anspruch auf den Gegenstand (so der Vermächtnisanspruch gem. § 2174 BGB; vgl. auch Erwägungsgrund 47; s. den internationalen Überblick bei Dutta/Weber/Schmidt Rn. 56 ff. und BeckOGK/J. Schmidt Rn. 32; näher zur öst. „Einantwortung“ NK-BGB/Looschelders Rn. 16; zur „Einweisung“ oder „Einantwortung“ in einen Nachlass durch deutsche Gerichte Dutta/Weber/Schmidt Rn. 61; zur Einsetzung eines möglicherweise nach dem Erbstatut erforderlichen Nachlassverwalters MüKoBGB/Dutta Rn. 20). Auch die Entscheidung darüber, ob eine **Teilungsanordnung** des Erblassers die Berechtigten nur schuldrechtlich verpflichtet (zB § 2048 BGB) oder zu einer dinglichen Zuordnung von Vermögensgegenständen führt, richtet sich nach dem von Art. 21 f. bestimmten Recht (MüKoBGB/Dutta Rn. 21; Odersky in Geimer/Schütze Int. Rechtsverkehr Rn. 23). **16**

Abzugrenzen ist der „Übergang“ der Rechte von der nach Art. 1 Abs. 2 lit. k von der EuErbVO ausgenommenen **„Art der dinglichen Rechte“** (→ Art. 1 Rn. 35). Entscheidend ist dabei, ob es noch um eine Modalität des Rechtsübergangs geht oder schon die Art und Struktur des Rechts an sich betroffen ist (zum „Vindikationslegat“ → Rn. 17.1). Auch der Erwerb von **eintragungsbedürftigen** Vermögensgegenständen vollzieht sich nach dem gem. Art. 21 f. anzuwendenden Recht, da Art. 1 Abs. 2 lit. l nur die registerrechtlichen Voraussetzungen für die Eintragung von der EuErbVO ausnimmt (EuGH NJW 2017, 3767 Rn. 54 ff. – Kubicka; NK-BGB/Looschelders Rn. 17; aA zB noch Odersky in Geimer/Schütze Int. Rechtsverkehr Rn. 32 ff.; → Art. 1 Rn. 38). **17**

So ist etwa das **„Vindikationslegat“**, bei dem der Vermächtnisnehmer unmittelbar am vermachten Gegenstand dinglich berechtigt wird, nach Auffassung des **EuGH** nur eine Modalität für den Übergang der Berechtigung an einem Vermögensgegenstand und fällt deshalb nicht unter die Ausnahme in Art. 1 Abs. 2 lit. k (EuGH NJW 2017, 3767 Rn. 49 ff. – Kubicka), sondern richtet sich nach dem von Art. 21 f. bestimmten Recht (→ Art. 1 Rn. 34.1). **17.1**

Manchmal ergibt sich aus dem Erbrecht das Erfordernis eines (rechtsgeschäftlichen) **Vollzugsaktes,** etwa beim deutschen Vermächtnis, das nur einen schuldrechtlichen Anspruch des Vermächtnisnehmers begründet (§ 2174 BGB), der durch eine (dingliche) Übertragung des betreffenden Vermögensgegenstands durch den Erben zu erfüllen ist. Soweit hier das Erbrecht den Vollzugsakt nicht spezifisch regelt, sondern (unausgesprochen) auf das allgemeine Vermögensrecht verweist, richtet sich der Vollzug nicht nach dem gem. Art. 21 f. anzuwendenden Recht, sondern nach dem für diese Vorgänge vom IPR des Belegenheitsstaats vorgesehenen Recht (vgl. MüKoBGB/Dutta Rn. 22; NK-BGB/Looschelders Rn. 28; Odersky in Geimer/Schütze Int. Rechtsverkehr Rn. 58; nach Döbereiner ZEV 2015, 559 (561) unterliegt der Erwerb registerpflichtiger Gegenstände wegen Art. 1 Abs. 2 lit. l allein dem Immobilienstatut). **18**

**b) Annahme und Ausschlagung.** Die Möglichkeit, das Erfordernis, die Modalitäten (s. die Aufzählung bei BeckOGK/J. Schmidt Rn. 37), der Widerruf und die Wirkungen einer Annahme oder Ausschlagung der mit der Rechtsnachfolge von Todes wegen verbundenen Berechtigung fallen ebenfalls unter das nach Art. 21 f. anzuwendende Recht (zum Widerruf einer Ausschlagung nach rumänischem Recht OLG Köln ZEV 2019, 633 f.). Die **Form** dieser Vorgänge richtet sich jedoch nach Art. 28 (zum Widerruf einer Ausschlagung nach rumänischem Recht in Deutschland OLG Köln ZEV 2019, 633). Aus Art. 13 ergibt sich hierfür eine besondere **Zuständigkeit** (näher Looschelders IPRax 2019, 510). Ob für die Vertretung eines Minderjährigen bei der Annahme oder Ausschlagung eine behördliche oder gerichtliche Genehmigung erforderlich ist, unterfällt dem Statut der elterlichen Sorge (OLG Koblenz BeckRS 2018, 39508 Rn. 14 = FamRZ 2019, 367; Looschelders IPRax 2019, 510 (512)). Zwar nennt lit. e nur die Annahme oder Ausschlagung „der Erbschaft oder eines Vermächtnisses“, doch ist das nur eine beispielhafte Aufzählung, sodass die sachlich vergleichbare Annahme oder Ausschlagung anderer erbrechtlicher Berechtigungen ebenfalls unter das von Art. 21 f. bestimmte Recht fällt (Odersky in Geimer/Schütze Int. Rechtsverkehr Rn. 24; iE ebenso MüKoBGB/Dutta Rn. 24; für den Pflichtteil auch BeckOGK/J. Schmidt Rn. 36 und NK-BGB/Looschelders Rn. 18). **19**

**6. Rechte der Erben, Testamentsvollstrecker und anderer Nachlassverwalter (lit. f).** **20**
Lit. f unterstellt die Rechte der Erben (s. lit. b und e; → Rn. 6 ff.; → Rn. 15 ff.) sowie die

Einsetzung, die Rechte und die Pflichten der Testamentsvollstrecker und anderer Nachlassverwalter dem nach Art. 21 f. anzuwendenden Recht (Erwägungsgrund 42 S. 2; vgl. OLG Bremen ZEV 2020, 643 Rn. 23: keine Befugnisse eines in England bestellten „administrator", wenn auf den Erbfall deutsches Recht anzuwenden ist; zur Nachlasspflegschaft → Rn. 20.1). Der Begriff des **Nachlassverwalters** ist in einem weiten funktionalen Sinne zu verstehen (NK-BGB/Looschelders Rn. 19; Dutta/Weber/Schmidt Rn. 87). Vorbehalten bleiben die Befugnis aus Art. 29 Abs. 1 zur Bestellung eines Verwalters nach der lex fori sowie dessen Rechte und Pflichten aus Art. 29 Abs. 2 und 3. Ausdrücklich klargestellt wird die Maßgeblichkeit des Erbstatuts für das Handeln der genannten Personen im Hinblick auf die „Veräußerung von Vermögen und die Befriedigung der Gläubiger". Unklar ist hingegen, nach welchem Recht sich eine **Prozessführungsbefugnis** des Verwalters bestimmt (vgl. auch MüKoBGB/Dutta Rn. 29). Jedenfalls dann, wenn die lex fori die Prozessführungsbefugnis nicht explizit regelt, sondern (wie die deutsche ZPO) einfach an die materiellrechtliche Verwaltungs- und Verfügungsmacht anknüpft, ist auch insofern das nach Art. 21 f. anzuwendende Recht maßgeblich. Unter die **„Rechte der Erben"** fallen insbes. spezifische erbrechtliche Herausgabe- und Auskunftsansprüche gegen Dritte (zB §§ 2018 ff. BGB; MüKoBGB/Dutta Rn. 28; Erman/Hohloch Rn. 7; NK-BGB/Looschelders Rn. 20).

**20.1** Maßnahmen der Nachlasssicherung wie die Anordnung einer Nachlasspflegschaft gem. §§ 1960, 1961 BGB sind nach dem OLG Köln als verfahrensrechtliche Befugnisse zu qualifizieren, die auch im Falle eines ausländischen Erbstatuts bestünden und durch ein deutsches Gericht als Teil der lex fori ausgeübt werden dürften (OLG Köln BeckRS 2020, 36982 Rn. 14; ebenso MüKoBGB/Dutta Art. 19 Rn. 3).

**21** **7. Nachlassverbindlichkeiten (lit. g).** Auch die Haftung für Nachlassverbindlichkeiten richtet sich nach dem von Art. 21 f. bestimmten Recht (vgl. lit. e; → Rn. 15 ff.; Erwägungsgrund 42 S. 2 und 3). Neben der Festlegung der Nachlassverbindlichkeiten, der haftenden Personen und Vermögensmassen sowie einer möglichen Rangfolge der Gläubiger (Erwägungsgrund 42 S. 3; Dutta/Weber/Schmidt Rn. 95 ff.) gehören dazu auch Mechanismen einer Haftungsbeschränkung, zB §§ 1975 ff. BGB (NK-BGB/Looschelders Rn. 22; BeckOGK/J. Schmidt Rn. 47; zur gerichtlichen Zuständigkeit für die Entgegennahme von Erklärungen zur Begrenzung der Haftung s. Art. 13, zur Form derartiger Erklärungen Art. 28). Insofern ist aber auch gem. Art. 76 ein möglicher Vorrang der EuInsVO zu beachten. Die Existenz und die Durchsetzbarkeit der einzelnen Verpflichtungen richtet sich nach dem für die jeweilige Pflicht maßgeblichen Recht (MüKoBGB/Dutta Rn. 31). Gleiches gilt für die Frage, ob eine Verpflichtung überhaupt auf die Erben übergeht oder mit dem Tod des Schuldners erlischt (Dutta/Weber/Schmidt Rn. 94).

**22** **8. Pflichtteile und andere Beschränkungen der Testierfreiheit (lit. h).** Nach lit. h fallen auch **„Pflichtteile"** unter das nach Art. 21 f. anzuwendende Recht. Dazu gehören alle gesetzlich vorgeschriebenen und grds. vom Erblasser nicht (einseitig) entziehbaren Beteiligungen am Nachlass (s. die Beispiele bei BeckOGK/J. Schmidt Rn. 50.1). Das anwendbare Erbrecht bestimmt also etwa über die Personen, denen ein Pflichtteil zusteht, dessen Höhe, die Art der Beteiligung sowie mögliche Pflichtteilsergänzungsansprüche (NK-BGB/Looschelders Rn. 23; vgl. aber auch lit. i; → Rn. 24; zu den prozessualen Fragen Dutta/Weber/Schmidt Rn. 110 f.).

**23** Der systematische Zusammenhang spricht dafür, dass die – in ihrem Wortlaut stark überschießende – Formulierung **„andere Beschränkungen der Testierfreiheit"** den Pflichtteilen funktional vergleichbare zwingende Beteiligungen von (nahestehenden) Personen am Nachlass meint (MüKoBGB/Dutta Rn. 36; Odersky in Geimer/Schütze Int. Rechtsverkehr Rn. 50; Dutta/Weber/Schmidt Rn. 115; anders aber Erman/Hohloch Rn. 9, der auch die Bindungswirkung von Testierverträgen und Testamenten hierunter fasst). Gleiches gilt für die ebenfalls wenig klare Formulierung **„verfügbare(r) Nachlass"**, womit augenscheinlich der Fall gemeint ist, dass der Pflichtteil oder die vergleichbare Berechtigung eine unmittelbare dingliche Beteiligung am Nachlass begründet, also in diesem Umfang die Testierfreiheit des Erblassers direkt einschränkt (NK-BGB/Looschelders Rn. 23). Mit den „**Ansprüche(n) von Personen, die dem Erblasser nahe stehen,** gegen den Nachlass oder gegen den Erben" ist vor allem die „family provision" des common law gemeint, deren klarstellende Einbeziehung wegen ihrer Nähe zum Unterhaltsrecht zweckmäßig ist (MüKoBGB/Dutta Rn. 34; BeckOGK/J. Schmidt Rn. 52; NK-BGB/Looschelders Rn. 24).

**24** **9. Ausgleichung und Anrechnung unentgeltlicher Zuwendungen (lit. i).** Zwar nimmt Art. 1 Abs. 2 lit. g Zuwendungen unter Lebenden von der EuErbVO aus, doch ist damit nichts über die erbrechtlichen Folgen derartiger Zuwendungen gesagt. Vielmehr bestimmt lit. i (auf den schon Art. 1 Abs. 2 lit. g verweist), dass die „Ausgleichung und Anrechnung unentgeltlicher

Zuwendungen bei der Bestimmung der Anteile der einzelnen Berechtigten" am Nachlass von dem nach Art. 21 f. anzuwendenden Recht geregelt wird (Erwägungsgrund 14 S. 2; zu Zweck und Entstehungsgeschichte BeckOGK/J. Schmidt Rn. 53 f.). **„Berechtigte"** in diesem Sinne sind alle Personen, die eine unter die EuErbVO fallende Berechtigung am Nachlass haben (vgl. lit. b und h), also insbes. Erben, Vermächtnisnehmer und Pflichtteilsberechtigte. Unter **„Ausgleichung"** fallen auch Rückforderungsansprüche gegen Dritte, zB § 2329 BGB (MüKoBGB/Dutta Rn. 37; BeckOGK/J. Schmidt Rn. 55; NK-BGB/Looschelders Rn. 25; Odersky in Geimer/Schütze Int. Rechtsverkehr Rn. 53 f.; deutlich idS die englische Fassung: „any obligation to restore or account for gifts, advancements or legacies"; aA Lorenz in Dutta/Herrler, EuErbVO, 2014, 113 Rn. 9 f.).

**10. Teilung des Nachlasses (lit. j).** Teilungen des Nachlasses können bei einer Mehrheit von Berechtigten (insbes. Erben) erforderlich werde (vgl. §§ 2042 ff. BGB). Sie richten sich gem. lit. j nach dem von Art. 21 f. zur Anwendung berufenen Recht. Davon erfasst sind auch Teilungsverträge zwischen den Berechtigten (MüKoBGB/Dutta Rn. 38; NK-BGB/Looschelders Rn. 27; BeckOGK/J. Schmidt Rn. 57). Zum Vollzug der Teilung → Rn. 18 (hierzu auch NK-BGB/Looschelders Rn. 28 f.). 25

## Art. 24 Verfügungen von Todes wegen außer Erbverträgen

**(1) Die Zulässigkeit und die materielle Wirksamkeit einer Verfügung von Todes wegen mit Ausnahme eines Erbvertrags unterliegen dem Recht, das nach dieser Verordnung auf die Rechtsnachfolge von Todes wegen anzuwenden wäre, wenn die Person, die die Verfügung errichtet hat, zu diesem Zeitpunkt verstorben wäre.**

**(2) Ungeachtet des Absatzes 1 kann eine Person für die Zulässigkeit und die materielle Wirksamkeit ihrer Verfügung von Todes wegen das Recht wählen, das sie nach Artikel 22 unter den darin genannten Bedingungen hätte wählen können.**

**(3) [1]Absatz 1 gilt für die Änderung oder den Widerruf einer Verfügung von Todes wegen mit Ausnahme eines Erbvertrags entsprechend. [2]Bei Rechtswahl nach Absatz 2 unterliegt die Änderung oder der Widerruf dem gewählten Recht.**

*Französische Fassung:*

**Article 24 Dispositions à cause de mort autres que les pactes successoraux**

**1. La recevabilité et la validité au fond d'une disposition à cause de mort autre qu'un pacte successoral sont régies par la loi qui, en vertu du présent règlement, aurait été applicable à la succession de la personne ayant pris la disposition si elle était décédée le jour de l'établissement de la disposition.**

**2. Nonobstant le paragraphe 1, une personne peut choisir comme loi régissant sa disposition à cause de mort, quant à sa recevabilité et à sa validité au fond, la loi que cette personne aurait pu choisir en vertu de l'article 22, selon les conditions qui y sont fixées.**

**3. [1]Le paragraphe 1 s'applique, selon le cas, à la modification ou à la révocation d'une disposition à cause de mort autre qu'un pacte successoral. [2]En cas de choix de loi effectué conformément au paragraphe 2, la modification ou la révocation est régie par la loi choisie.**

*Englische Fassung:*

**Article 24 Dispositions of property upon death other than agreements as to succession**

**1. A disposition of property upon death other than an agreement as to succession shall be governed, as regards its admissibility and substantive validity, by the law which, under this Regulation, would have been applicable to the succession of the person who made the disposition if he had died on the day on which the disposition was made.**

**2. Notwithstanding paragraph 1, a person may choose as the law to govern his disposition of property upon death, as regards its admissibility and substantive validity, the law which that person could have chosen in accordance with Article 22 on the conditions set out therein.**

**3. [1]Paragraph 1 shall apply, as appropriate, to the modification or revocation of a disposition of property upon death other than an agreement as to succession. [2]In the event of a choice of law in accordance with paragraph 2, the modification or revocation shall be governed by the chosen law.**

## Überblick

Abweichend von Art. 21 f. bestimmt die Vorschrift das für die Zulässigkeit und die materielle Wirksamkeit maßgebliche Recht für solche Verfügungen von Todes wegen, die kein Erbvertrag sind. Nach **Abs. 1** gilt insofern grundsätzlich das Recht, das beim (hypothetischen) Tod des Erblassers im Errichtungszeitpunkt gem. Art. 21 f. anzuwenden gewesen wäre. **Abs. 2** erlaubt alternativ eine Teilrechtswahl. **Abs. 3** bestimmt das für die Änderung oder den Widerruf der letztwilligen Verfügung maßgebliche Recht.

## Übersicht



## I. Normzweck

1 Die EuErbVO soll den Bürgern die vorweggenommene Regelung der Rechtsnachfolge von Todes wegen ermöglichen (Erwägungsgründe 7 S. 2, 38 S. 1, 80 S. 1). Dazu muss der Erblasser wissen, welches Recht auf seinen Erbfall angewendet werden wird (Erwägungsgründe 37 S. 1, 48 S. 1). Hierbei hilft zunächst die in den Mitgliedstaaten einheitliche objektive Anknüpfung nach Art. 21 sowie – alternativ – die Rechtswahl gem. Art. 22. Regelt der Erblasser die Rechtsnachfolge durch eine Verfügung von Todes wegen, besteht aber das besondere Problem, dass sich nach der Errichtung dieser Verfügung das gem. Art. 21 f. anzuwendende Recht ändern kann, etwa wenn der Erblasser nach der Verfügung seinen gewöhnlichen Aufenthalt iSv Art. 21 Abs. 1 wechselt. Wäre dann das nach Art. 21 f. anzuwendende Recht auch für die Zulässigkeit und Wirksamkeit der letztwilligen Verfügung maßgeblich, bestünde die Gefahr, dass die aus Sicht des Errichtungszeitpunkts zulässige und wirksame Verfügung später unzulässig oder unwirksam wird. Das verhindert Art. 24, indem er das für die Zulässigkeit und die materielle Wirksamkeit einer Verfügung von Todes wegen maßgebliche Recht mit Blick auf den Errichtungszeitpunkt bestimmt und fixiert.

## II. Systematik

2 **Art. 24** regelt die „Zulässigkeit" und die „materielle Wirksamkeit" der Verfügungen von Todes wegen, die keine Erbverträge sind. Für Erbverträge gilt insofern **Art. 25.** Was zur „materiellen Wirksamkeit" gehört, ist in **Art. 26** näher bestimmt. Die „formelle Wirksamkeit" der letztwilligen Verfügungen richtet sich nach **Art. 27** oder – über die Ausnahme in Art. 75 Abs. 1 UAbs. 2 – nach dem **HTestformÜ.**

## III. Sachlicher Anwendungsbereich

3 **1. Verfügungen von Todes wegen ohne Erbverträge.** Art. 24 gilt für Verfügungen von Todes wegen (definiert in Art. 3 Abs. 1 lit. d → Art. 3 Rn. 8) mit Ausnahme des in Art. 25 gesondert geregelten Erbvertrags (definiert in Art. 3 Abs. 1 lit. b → Art. 3 Rn. 3). Das gemeinschaftliche Testament ist immer dann Erbvertrag iSd Art. 3 Abs. 1 lit. b und unterfällt somit Art. 25, wenn es wechselbezügliche Verfügungen enthält (→ Art. 3 Rn. 4; str.).

4 **2. Zulässigkeit der Verfügung.** Die **„Zulässigkeit"** einer letztwilligen Verfügung betrifft die Frage, ob diese nach ihrer Art abstrakt als rechtlich möglich anerkannt wird (vgl. auch Erman/Hohloch Rn. 3; BeckOGK/J. Schmidt Rn. 7). Erfasst sind damit zB auch Verfügungsverbote (MüKoBGB/Dutta Rn. 3). Bei der hiervon abzugrenzenden **„formellen Wirksamkeit"** iSv Art. 27 (→ Art. 27 Rn. 4) geht es hingegen darum, ob eine ihrer Art nach zulässige Verfügung in einer bestimmte Form erfolgen muss.

5 Freilich kann im Einzelfall die Abgrenzung zwischen der „Art" der Verfügung und deren „Form" schwierig sein. So ist etwa umstr., ob die Zulassung oder das Verbot eines **gemeinschaft-**

**lichen Testaments** ein Fall des Art. 24 oder der „formellen Wirksamkeit" (vgl. Art. 27) ist. Manche machen die Zuordnung davon abhängig, ob die Regelung auf inhaltlichen oder formellen Gründen beruht (NK-NachfolgeR/Köhler Art. 26 Rn. 3; NK-NachfolgeR/Köhler Art. 27 Rn. 11; NK-BGB/Looschelders Rn. 9; jurisPK-BGB/Nordmeier Rn. 23; Grüneberg/Thorn Art. 25 Rn. 4). Die Entstehungsgeschichte der EuErbVO spricht jedoch dafür, dass der Verordnungsgeber die Möglichkeit eines gemeinschaftlichen Testaments generell als Problem der „Zulässigkeit" und „materiellen Wirksamkeit" iSd Art. 24 auffasste (vgl. Ratsdokumente 10767/11, 10; 11870/11, 23; 16500/11, 7; näher hierzu BeckOGK/J. Schmidt Rn. 8; ebenso Dutta/Weber/Bauer/Weber Rn. 4; MüKoBGB/Dutta Rn. 3; Frank in Geimer/Schütze Int. Rechtsverkehr Art. 27 Rn. 3; ebenso zum Erbvertrag und Art. 25 Döbereiner in Geimer/Schütze Int. Rechtsverkehr Art. 25 Rn. 38; aA jurisPK-BGB/Nordmeier Rn. 23).

Über Art. 24 kann jedoch keine Berechtigung am Nachlass begründet werden, die ihrer Art nach dem gem. Art. 21 f. anzuwendenden Recht generell (also nicht nur als Folge einer letztwilligen Verfügung) unbekannt ist. Nicht mehr zur „Zulässigkeit" und „materiellen Wirksamkeit" gehören die konkreten Rechtsfolgen einer Verfügung von Todes wegen, welche vielmehr durch das nach Art. 21 f. bestimmte Recht geregelt werden (s. iE Art. 23 Abs. 2; MüKoBGB/Dutta Rn. 3; MüKoBGB/Dutta Art. 23 Rn. 13). Auch hier können Abgrenzungsschwierigkeiten auftreten, etwa wenn es darum geht, welche Berechtigungen überhaupt am Nachlass bestehen können (näher hierzu MüKoBGB/Dutta Art. 23 Rn. 13 f.). Aus systematischer und teleologischer Sicht fällt unter Art. 24 zumindest die Frage, ob eine – auch von dem nach Art. 21 f. bestimmten Recht anerkannte – Art der Berechtigung gerade durch eine Verfügung von Todes wegen begründet werden kann (aA wohl MüKoBGB/Dutta Art. 23 Rn. 13). 6

**3. Materielle Wirksamkeit der Verfügung.** Auch die „materielle Wirksamkeit" der Verfügung ist von der „Formgültigkeit" (→ Art. 27 Rn. 4) abzugrenzen. Sie ist außerdem von den Wirkungen der Verfügung zu unterscheiden, für die das von Art. 21 f. zur Anwendung berufene Recht gilt (vgl. Art. 23 Abs. 2). Was zur „materiellen Wirksamkeit" gehört, bestimmt **Art. 26** näher (→ Art. 26 Rn. 3 ff.). 7

## IV. Anzuwendendes Recht

**1. Regelanknüpfung (Abs. 1).** Nach Abs. 1 richten sich die „Zulässigkeit" und die „materielle Wirksamkeit" der Verfügung von Todes wegen nach dem Recht, das gem. **Art. 21 f.** auf die Rechtsnachfolge von Todes wegen anzuwenden wäre, wenn der Erblasser zum Zeitpunkt der Errichtung der Verfügung gestorben wäre. Art. 24 verlangt also eine hypothetische Bestimmung des Erbstatuts, bei der wieder eine objektive Anknüpfung nach Art. 21 und – vorrangig – eine Rechtswahl gem. Art. 22 möglich ist. 8

Schon die Frage, ob eine Verfügung von Todes wegen errichtet wurde, gehört zur „materiellen Wirksamkeit" und kann nur von dem hierfür gem. Abs. 1 maßgeblichen Recht beurteilt werden. Deshalb kann auch der **Zeitpunkt** der **Errichtung** der Verfügung nur nach diesem Recht bestimmt werden (BeckOGK/J. Schmidt Art. 27 Rn. 46 f.; iE ebenso MüKoBGB/Dutta Rn. 10). Dass dadurch das zu bestimmende Recht über seine eigene Bestimmung mitentscheidet, mag zwar eigenartig erscheinen, ist dogmatisch aber kein Problem. 9

**a) Anknüpfung nach Art. 21.** Hatte der Erblasser im Errichtungszeitpunkt keine wirksame Rechtswahl getroffen, bestimmt sich das gem. Art. 24 Abs. 1 maßgebliche hypothetische Erbstatut nach Art. 21. Es ist also entspr. Art. 21 Abs. 1 das Recht des Staats anzuwenden, in dem der Erblasser zum Zeitpunkt der Errichtung der letztwilligen Verfügung seinen „gewöhnlichen Aufenthalt" hatte (Erwägungsgrund 51; → Art. 21 Rn. 7 ff.). Handelt es sich dabei um das Recht eines Drittstaats, ist nach Art. 34 Abs. 1 eine Rück- oder Weiterverweisung möglich. Nur wenn ausnahmsweise der Erblasser im Zeitpunkt der Errichtung der Verfügung eine offensichtlich engere Verbindung zu einem anderen Staat hatte, ist dessen Recht entspr. Art. 21 Abs. 2 maßgeblich (→ Art. 21 Rn. 24 ff.) (Erman/Hohloch Rn. 7; NK-BGB/Looschelders Rn. 10; BeckOGK/J. Schmidt Rn. 13; gegen eine Anwendung von Art. 21 Abs. 2 jedoch Heinig RNotZ 2014, 197 (199)). 10

Bei einem **gemeinschaftlichen Testament,** das kein Erbvertrag iSv Art. 3 Abs. 1 lit. b und Art. 25 ist, wird das anzuwendende Recht für die Verfügungen der einzelnen Erblasser gesondert bestimmt, sodass jeweils unterschiedliche Errichtungsstatute bestehen können (MüKoBGB/Dutta Rn. 15; aA Erman/Hohloch Rn. 8: kumulative Anwendung aller Errichtungsstatute; jurisPK-BGB/Nordmeier Rn. 40: bei der „Zulässigkeit" kumulative Anwendung aller Errichtungsstatute und bei der „materiellen Wirksamkeit" die engste Verbindung zu einem der Rechte). 11

12 **b) Anknüpfung nach Art. 22.** Hatte der Erblasser vor oder bei Errichtung der Verfügung von Todes wegen ein auf den Erbfall anzuwendendes Recht gewählt, das im Falle seines Todes zum Errichtungszeitpunkt nach Art. 22 auf die Rechtsnachfolge von Todes wegen anzuwenden gewesen wäre, ist dieses Recht gem. Art. 24 Abs. 1 für die „Zulässigkeit" und „materielle Wirksamkeit" der Verfügung maßgeblich. Gem. Art. 22 Abs. 1 UAbs. 1 iVm Art. 24 Abs. 1 muss der Erblasser also das Recht eines Staates gewählt haben, dem er entweder zum Zeitpunkt der Rechtswahl oder zum Zeitpunkt der Errichtung der Verfügung angehörte (MüKoBGB/Dutta Rn. 8; jurisPK-BGB/Nordmeier Rn. 36; vgl. auch Erwägungsgrund 51, der aber nur den zweiten Fall nennt; aA – nur Zeitpunkt der Errichtung – Dutta/Weber/Bauer/Weber Rn. 8; NK-BGB/Looschelders Rn. 11). Da Art. 24 Abs. 1 darauf abstellt, welches Recht anzuwenden gewesen wäre, wenn der Erblasser im Errichtungszeitpunkt gestorben wäre, sind in diesem Zusammenhang nachträgliche Änderungen oder ein späterer Widerruf der Rechtswahl unerheblich (Dutta/Weber/Bauer/Weber Rn. 9; MüKoBGB/Dutta Rn. 8; BeckOGK/J. Schmidt Rn. 12; aA Bonomi/Öztürk in Dutta/Herrler, EuErbVO, 2014, 47 Rn. 30).

13 **2. Teilrechtswahl (Abs. 2). a) Gegenstand und Zeitpunkt.** Abs. 2 ermöglicht dem Erblasser eine Teilrechtswahl für die Regelung der **„Zulässigkeit"** und **„materiellen Wirksamkeit"** seiner Verfügung von Todes wegen, wobei die Wahl für diese Punkte nur einheitlich erfolgen kann (NK-BGB/Looschelders Rn. 12). Der Erblasser hat also die Wahl zwischen einer derart beschränkten Teilrechtswahl und einer umfassenden Rechtswahl nach Art. 22, welche die gesamte (vgl. Art. 23) Rechtsnachfolge von Todes wegen bestimmt. Die Teilrechtswahl kann **vor** (als selbständige Rechtswahl ohne sachliche Verfügung; → Art. 22 Rn. 14), **bei** und auch noch **nach** der **Errichtung** der **Verfügung** von Todes wegen erfolgen (MüKoBGB/Dutta Rn. 12; Erman/Hohloch Rn. 1c, 10).

14 **b) Voraussetzungen.** Für die Voraussetzungen der Teilrechtswahl verweist Abs. 2 auf **Art. 22.**

15 **aa) Form und materielle Wirksamkeit.** Nach Abs. 2 iVm Art. 22 Abs. 2 muss die Teilrechtswahl in der **Form** einer Verfügung von Todes wegen erfolgen oder sich konkludent aus einer derartigen Verfügung ergeben (→ Art. 22 Rn. 10) (jurisPK-BGB/Nordmeier Rn. 44; BeckOGK/J. Schmidt Rn. 17, 19). Die **„materielle Wirksamkeit"** der Teilrechtswahl bestimmt sich gem. Abs. 2 iVm Art. 22 Abs. 3 nach dem gewählten Recht (→ Art. 22 Rn. 15) (nur in der Begr. abw. BeckOGK/J. Schmidt Rn. 20). Da die Teilrechtswahl in der Form einer letztwilligen Verfügung erfolgt, richtet sich ihre **formelle Wirksamkeit** (→ Art. 27 Rn. 4) nach Art. 27 oder – über die Ausnahme in Art. 75 Abs. 1 UAbs. 2 – nach dem HTestformÜ.

16 **bb) Wählbares Recht.** Im Hinblick auf das wählbare Recht ist der Verweis in Abs. 2 auf Art. 22 nach dem Wortlaut teilweise unklar. Gem. Art. 22 Abs. 1 UAbs. 1 kann nämlich der Erblasser das Recht des Staats wählen, dem er zum Zeitpunkt der Rechtswahl oder zum Zeitpunkt seines Todes angehört. Der Erblasser kann also im Rahmen der Teilrechtswahl gem. Abs. 2 das Recht eines **Staats** wählen, dem er zum **Zeitpunkt** dieser **Teilrechtswahl** angehörte (MüKoBGB/Dutta Rn. 13; nur auf den – freilich regelmäßig mit der Wahl zusammentreffenden – Zeitpunkt der Errichtung der Verfügung abstellend Frank in Geimer/Schütze Int. Rechtsverkehr Rn. 29; BeckOGK/J. Schmidt Rn. 16; NK-BGB/Looschelders Rn. 12; Heinig RNotZ 2014, 197 (209)).

16.1 Nach Nordmeier können beim **gemeinschaftlichen Testament** die Heimatrechte aller Erblasser gewählt werden (jurisPK-BGB/Nordmeier Rn. 46). Unabhängig von der Frage, inwiefern Art. 24 überhaupt auf gemeinschaftliche Testamente anwendbar ist (→ Rn. 3), spricht gegen diese Lösung, dass Art. 24 Abs. 2 nur die Wahl des Rechts der eigenen Staatsangehörigkeit zulässt.

17 Fraglich ist jedoch, ob es für die andere Variante des Art. 22 Abs. 1 UAbs. 1 auf den tatsächlichen Todeszeitpunkt ankommt (so MüKoBGB/Dutta Rn. 13) oder – wie bei Art. 24 Abs. 1 iVm Art. 22 (→ Rn. 12) – auf den hypothetischen Tod zum Zeitpunkt (→ Rn. 9) der Errichtung der Verfügung. Für die zuletzt genannte Deutung spricht der Zweck des Art. 24, das für die Zulässigkeit und die materielle Wirksamkeit einer Verfügung von Todes wegen maßgebliche Recht mit Blick auf den Errichtungszeitpunkt zu bestimmen und zu fixieren (→ Rn. 1; Frank in Geimer/Schütze Int. Rechtsverkehr Rn. 29). Auch ist nicht einzusehen, warum insofern für die subjektive Anknüpfung nach Art. 24 Abs. 1 iVm Art. 22 etwas anders gelten soll als für die Teilrechtswahl nach Art. 24 Abs. 2 iVm Art. 22. Der Unterschied zwischen beiden Varianten liegt nur im Umfang der Rechtswahl. Im Übrigen haben beide dieselbe Funktion. Der Erblasser kann bei der Teilrechtswahl nach Abs. 2 also auch das Recht eines **Staats** wählen, dem er zum **Zeitpunkt** der **Errichtung** der **Verfügung** von Todes wegen angehörte (iE ebenso Frank in Geimer/

Schütze Int. Rechtsverkehr Rn. 29; BeckOGK/J. Schmidt Rn. 16; NK-BGB/Looschelders Rn. 12, Art. 25 Rn. 17).

Obwohl Art. 24 Abs. 2 nicht in Art. 34 Abs. 2 genannt ist, ist auch bei der Wahl eines drittstaatlichen Rechts nach Art. 24 Abs. 2 (ebenso wie bei der Wahl des Erbstatuts nach Art. 22) eine **Weiter-** oder **Rückverweisung** unbeachtlich (MüKoBGB/Dutta Rn. 13, Art. 34 Rn. 11; Erman/Hohloch Rn. 13; jurisPK-BGB/Nordmeier Rn. 42). 18

**c) Änderung oder Widerruf der Teilrechtswahl.** Die Teilrechtswahl kann nachträglich geändert oder widerrufen werden (Dutta/Weber/Bauer/Weber Rn. 16; MüKoBGB/Dutta Rn. 13; jurisPK-BGB/Nordmeier Rn. 44; aA Döbereiner DNotZ 2014, 323 (335); NK-NachfolgeR/Köhler Rn. 5). 19

**d) Abgrenzung und Verhältnis zwischen Gesamt- und Teilrechtswahl.** In der Praxis kann die Abgrenzung zwischen einer generellen Rechtswahl nach Art. 22 und einer Teilrechtswahl gem. Art. 24 Abs. 2 schwierig sein. Das gilt insbes. für eine konkludente Rechtswahl. Fehlt eine ausdrückliche Erklärung, ist häufig schon sehr zweifelhaft, ob überhaupt eine Rechtswahl getroffen wurde (→ Art. 22 Rn. 11). Für eine weitere Differenzierung zwischen genereller und Teilrechtswahl werden dann erst recht kaum mehr Anhaltspunkte vorhanden sein. Deshalb schlagen manche eine Auslegungsregel vor, nach der im Zweifel eine Gesamtrechtswahl iSv Art. 22 anzunehmen ist (Dutta/Weber/Bauer/Weber Rn. 21; MüKoBGB/Dutta Rn. 14; Döbereiner DNotZ 2014, 323 (327); krit. BeckOGK/J. Schmidt Rn. 26 und Frank in Geimer/Schütze Int. Rechtsverkehr Rn. 26). Dafür spricht zum einen, dass derjenige, der nur eine spezifische Teilrechtswahl gem. Art. 24 Abs. 2 möchte, diesen besonderen Regelungswunsch tendenziell explizit äußern wird. Ferner dürfte eine Gesamtrechtswahl deutlich häufiger gewollt sein als eine bloße Teilrechtswahl. 20

Der Erblasser kann auch eine Gesamtrechtswahl nach Art. 22 und **daneben** eine inhaltlich **abweichende** Teilrechtswahl nach Art. 24 Abs. 2 treffen (Frank in Geimer/Schütze Int. Rechtsverkehr Rn. 33; Erman/Hohloch Rn. 10; vgl. auch BeckOGK/J. Schmidt Rn. 22 ff.). Vom Gesetz nicht vorgesehen ist eine Gesamtrechtswahl, welche die „Zulässigkeit" und „materielle Wirksamkeit" der Verfügung von Todes wegen ausnimmt, ohne dass insofern eine positive Teilrechtswahl gem. Abs. 2 getroffen wird (aA MüKoBGB/Dutta Rn. 14; Dutta/Weber/Bauer/Weber Rn. 8a; Profehsner, Disposition im Internationalen Erbrecht, 2019, 193 mwN). 21

**3. Änderung oder Widerruf der Verfügung von Todes wegen.** Hat der Erblasser für die betroffene Verfügung von Todes wegen eine Teilrechtswahl nach Abs. 2 vorgenommen, richtet sich gem. **Abs. 3 S. 2** die Zulässigkeit und materielle Wirksamkeit der Änderung oder des Widerrufs dieser Verfügung nach dem gewählten Recht. Fehlt eine Teilrechtswahl, ist nach **Abs. 3 S. 1** hingegen Abs. 1 entspr. anzuwenden. Dabei bleibt jedoch offen, ob es auf das hypothetische Erbstatut im Zeitpunkt der Errichtung der Verfügung oder im Zeitpunkt der Änderung oder des Widerrufs ankommt. Für die zweite Variante sprechen Erwägungsgrund 51 und die Regelung in Art. 26 Abs. 2 (BeckOGK/J. Schmidt Rn. 31; iE ebenso Erman/Hohloch Rn. 14; NK-BGB/Looschelders Rn. 14). 22

Manche wollen zusätzlich zwischen der Zulässigkeit und der materiellen Wirksamkeit von Änderung und Widerruf **differenzieren,** wobei jene durch das hypothetische Erbstatut zum Zeitpunkt der Errichtung bestimmt werde und diese durch das hypothetische Erbstatut zum Zeitpunkt von Änderung oder Widerruf (MüKoBGB/Dutta Rn. 16 f.; Erman/Hohloch Rn. 14; NK-BGB/Looschelders Rn. 14; jurisPK-BGB/Nordmeier Rn. 28, 49). Dagegen spricht jedoch, dass Abs. 3 für die Änderung und den Widerruf letztwilliger Verfügungen ohne Einschränkung auf Abs. 1 verweist, der gleichermaßen „Zulässigkeit" und „materielle Wirksamkeit" regelt (BeckOGK/J. Schmidt Rn. 30). 23

## V. Übergangsrecht (Art. 83 Abs. 3)

Für eine Verfügung von Todes wegen, die vor dem in Art. 83 Abs. 1 genannten Stichtag (17.8.2015) erfolgte, gilt die Übergangsregelung in Art. 83 Abs. 3 (→ Art. 1 Rn. 13). 24

### Art. 25 Erbverträge

**(1) Die Zulässigkeit, die materielle Wirksamkeit und die Bindungswirkungen eines Erbvertrags, der den Nachlass einer einzigen Person betrifft, einschließlich der Voraussetzungen für seine Auflösung, unterliegen dem Recht, das nach dieser Verordnung auf**

**die Rechtsnachfolge von Todes wegen anzuwenden wäre, wenn diese Person zu dem Zeitpunkt verstorben wäre, in dem der Erbvertrag geschlossen wurde.**

**(2) *(1)* Ein Erbvertrag, der den Nachlass mehrerer Personen betrifft, ist nur zulässig, wenn er nach jedem der Rechte zulässig ist, die nach dieser Verordnung auf die Rechtsnachfolge der einzelnen beteiligten Personen anzuwenden wären, wenn sie zu dem Zeitpunkt verstorben wären, in dem der Erbvertrag geschlossen wurde.**

***(2)* Die materielle Wirksamkeit und die Bindungswirkungen eines Erbvertrags, der nach Unterabsatz 1 zulässig ist, einschließlich der Voraussetzungen für seine Auflösung, unterliegen demjenigen unter den in Unterabsatz 1 genannten Rechten, zu dem er die engste Verbindung hat.**

**(3) Ungeachtet der Absätze 1 und 2 können die Parteien für die Zulässigkeit, die materielle Wirksamkeit und die Bindungswirkungen ihres Erbvertrags, einschließlich der Voraussetzungen für seine Auflösung, das Recht wählen, das die Person oder eine der Personen, deren Nachlass betroffen ist, nach Artikel 22 unter den darin genannten Bedingungen hätte wählen können.**

***Französische Fassung:***

**Article 25 Pacte successoral**

**1. Un pacte successoral qui concerne la succession d'une seule personne est régi, quant à sa recevabilité, sa validité au fond et ses effets contraignants entre les parties, y compris en ce qui concerne les conditions de sa dissolution, par la loi qui, en vertu du présent règlement, aurait été applicable à la succession de cette personne si elle était décédée le jour où le pacte a été conclu.**

**2. Un pacte successoral qui concerne la succession de plusieurs personnes n'est recevable que s'il l'est en vertu de chacune des lois qui, conformément au présent règlement, aurait régi la succession de chacune des personnes concernées si elles étaient décédées le jour où le pacte a été conclu.**

**Un pacte successoral qui est recevable en vertu du premier alinéa est régi, quant à sa validité au fond et à ses effets contraignants entre les parties, y compris en ce qui concerne les conditions de sa dissolution, par celle des lois visées au premier alinéa avec laquelle il présente les liens les plus étroits.**

**3. Nonobstant les paragraphes 1 et 2, les parties peuvent choisir comme loi régissant leur pacte successoral, quant à sa recevabilité, sa validité au fond et ses effets contraignants entre les parties, y compris en ce qui concerne les conditions de sa dissolution, la loi que la personne ou l'une des personnes dont la succession est concernée aurait pu choisir en vertu de l'article 22, selon les conditions qui y sont fixées.**

***Englische Fassung:***

**Article 25 Agreements as to succession**

**1. An agreement as to succession regarding the succession of one person shall be governed, as regards its admissibility, its substantive validity and its binding effects between the parties, including the conditions for its dissolution, by the law which, under this Regulation, would have been applicable to the succession of that person if he had died on the day on which the agreement was concluded.**

**2. An agreement as to succession regarding the succession of several persons shall be admissible only if it is admissible under all the laws which, under this Regulation, would have governed the succession of all the persons involved if they had died on the day on which the agreement was concluded.**

**An agreement as to succession which is admissible pursuant to the first subparagraph shall be governed, as regards its substantive validity and its binding effects between the parties, including the conditions for its dissolution, by the law, from among those referred to in the first subparagraph, with which it has the closest connection.**

**3. Notwithstanding paragraphs 1 and 2, the parties may choose as the law to govern their agreement as to succession, as regards its admissibility, its substantive validity and its binding effects between the parties, including the conditions for its dissolution, the law which the person or one of the persons whose estate is involved could have chosen in accordance with Article 22 on the conditions set out therein.**

## Überblick

Die Vorschrift bestimmt das Recht, welches die Zulässigkeit, die materielle Wirksamkeit und die Bindungswirkung von Erbverträgen iSv Art. 3 Abs. 1 lit. b regelt. Sie differenziert danach, ob der Erbvertrag den Nachlass einer einzelnen Person **(Abs. 1)** oder mehrerer Personen **(Abs. 2)** regelt. **Abs. 3** ermöglicht den Vertragsparteien eine Teilrechtswahl.

## I. Normzweck

1 Ebenso wie Art. 24 (der für andere Verfügungen von Todes wegen gilt) erleichtert Art. 25 die vorweggenommene Regelung der Rechtsnachfolge von Todes wegen, indem er das für die Zulässigkeit, die materielle Wirksamkeit und die Bindungswirkung eines Erbvertrags maßgebliche Recht mit Blick auf den Errichtungszeitpunkt bestimmt und fixiert (→ Art. 24 Rn. 1). Für den Erbvertrag ist deshalb neben Art. 24 eine eigenständige Regelung erforderlich, weil die für den Erbvertrag nach der EuErbVO begriffsbildende Bindungswirkung (→ Art. 3 Rn. 5) sowie die Beteiligung mehrerer Personen (vgl. Abs. 2) besondere Regelungsfragen aufwerfen. Außerdem erleichtert die einheitliche Bestimmung des für den Erbvertrag maßgeblichen Rechts die Durchsetzung von Rechten aus dem Erbvertrag (Erwägungsgrund 49 S. 2).

## II. Systematik

2 Zur Gesamtsystematik der Regelungen der Zulässigkeit und Wirksamkeit von letztwilligen Verfügungen in der EuErbVO → Art. 24 Rn. 2.

## III. Sachlicher Anwendungsbereich

3 **1. Erbverträge.** Art. 25 gilt nur für **Erbverträge** gem. Art. 3 Abs. 1 lit. b (→ Art. 3 Rn. 3 ff.; zur umstr. Einordnung gemeinschaftlicher Testamente → Art. 3 Rn. 4). Da die Bindungswirkung der Vereinbarung ein entscheidendes Merkmal für einen Erbvertrag iSd EuErbVO ist (→ Art. 3 Rn. 5), bestimmt das nach Art. 25 für die Bindungswirkung maßgebliche Recht schon darüber, ob überhaupt ein Erbvertrag gegeben ist (Dutta/Weber/Bauer/Weber Rn. 8; MüKoBGB/Dutta Rn. 8; aA jurisPK-BGB/Nordmeier Art. 24 Rn. 17). Für andere Verfügungen von Todes wegen gilt Art. 24. Enthält ein Erbvertrag auch Regelungen, die nicht zum Anwendungsbereich der EuErbVO gehören, gilt für sie Art. 25 nicht (MüKoBGB/Dutta Rn. 2; jurisPK-BGB/Nordmeier Rn. 6; ebenso für eine vereinbarte Gegenleistung unter Lebenden NK-BGB/Looschelders Rn. 4; aA Grüneberg/Thorn Rn. 2: Zuordnung nach dem Vertragsschwerpunkt).

4 **2. Zulässigkeit, materielle Wirksamkeit und Bindungswirkung.** Art. 25 bestimmt nur das Recht, das die „Zulässigkeit", die „materielle Wirksamkeit" und die „Bindungswirkung" des Erbvertrags regelt. Bei der **„Zulässigkeit"** des Erbvertrags geht es darum, ob das jeweilige Recht überhaupt den Erbvertrag als mögliche Form einer Verfügung von Todes wegen anerkennt (→ Art. 24 Rn. 4) (Döbereiner in Geimer/Schütze Int. Rechtsverkehr Rn. 42; Erman/Hohloch Rn. 5). Zur Frage, ob ein Verbot von Erbverträgen unter Art. 25 oder Art. 27 fällt, → Art. 24 Rn. 5. Was zur **„materiellen Wirksamkeit"** gehört, konkretisiert Art. 26 (→ Art. 26 Rn. 3 ff.). Mit **„Bindungswirkungen"** sind alle Rechtsfolgen des Erbvertrags gemeint, welche einer späteren abweichenden Verfügung (von Todes wegen oder unter Lebenden) seitens des am Erbvertrag beteiligten Erblassers entgegenstehen (Erman/Hohloch Rn. 5).

5 Die ferner genannten **„Voraussetzungen für seine Auflösung"** gehören sachlich zu den „Bindungswirkungen". Es geht hier um Tatbestände, welche die Wirkungen des Erbvertrags und damit dessen Bindungswirkung beseitigen, zB Widerruf, Anfechtung, Rücktritt, gemeinsame Aufhebung (Erman/Hohloch Rn. 5; BeckOGK/J. Schmidt Rn. 10). Umstritten ist jedoch, ob auch der Akt der Aufhebung oder Änderung unter Art. 25 fällt oder sein eigenes Errichtungsstatut hat. Manche sehen in Art. 25 eine umfassende Regelung für die Zulässigkeit und die sonstigen Voraussetzungen einer nachträglichen Aufhebung oder Änderung des Erbvertrags (Dutta/Weber/Bauer/Weber Rn. 33; BeckOGK/J. Schmidt Rn. 11; NK-BGB/Looschelders Rn. 21). Andere ordnen hingegen nur die Abänderbarkeit oder Widerruflichkeit als solche Art. 25 zu und bestimmen das für die Zulässigkeit und die materielle Wirksamkeit der ändernden oder widerrufenden Verfügung maßgebliche Recht eigenständig (MüKoBGB/Dutta Rn. 12: Art. 24 Abs. 3 analog; jurisPK-BGB/Nordmeier Rn. 13). Gegen ein eigenständiges Errichtungsstatut für den Aufhebungs- oder Änderungsakt spricht jedoch, dass für den Erbvertrag eine Regelung wie in Art. 24 Abs. 3 gerade fehlt. Dass dies auf einem Versehen beruht, ist wenig plausibel (BeckOGK/J. Schmidt Rn. 11 mit weiteren Argumenten).

6 Die nicht von Art. 25 geregelte **Form** des Erbvertrags richtet sich nach Art. 27. Für gemeinschaftliche Testamente gilt jedoch über die Ausnahme in Art. 75 Abs. 1 UAbs. 2 das HTestformÜ (NK-BGB/Looschelders Rn. 6).

## IV. Erbverträge mit nur einem Erblasser (Abs. 1)

7 Regelt der Erbvertrag nur die Rechtsnachfolge von Todes wegen eines einzigen Erblassers, richten sich die Zulässigkeit, die materielle Wirksamkeit und die Bindungswirkungen des Erbvertrags nach dem Recht, das gem. Art. 21 f. auf die Rechtsnachfolge des betreffenden Erblassers anzuwenden wäre, wenn dieser zum Zeitpunkt des Vertragsschlusses gestorben wäre (→ Art. 24 Rn. 8 ff.). Der Zeitpunkt des Vertragsschlusses bestimmt sich nach dem gem. Abs. 2 für die materielle Wirksamkeit im jeweiligen Zeitpunkt maßgeblichen Recht (→ Art. 24 Rn. 9) (MüKoBGB/Dutta Art. 24 Rn. 10; BeckOGK/J. Schmidt Rn. 29).

## V. Erbverträge mit mehreren Erblassern (Abs. 2)

8 **1. Zulässigkeit (Abs. 2 UAbs. 1).** Ein Erbvertrag, der die Rechtsnachfolge von Todes wegen mehrerer am Vertrag beteiligter Personen regelt, ist nur dann zulässig, wenn er kumulativ nach den Rechten zulässig ist, die gem. Art. 21 f. auf die Rechtsnachfolge von Todes wegen der als Erblasser beteiligten Parteien anzuwenden wären, wenn diese zum Zeitpunkt des Vertragsschlusses (→ Rn. 7) gestorben wären (→ Art. 24 Rn. 8 ff.). Wäre für alle am Vertrag beteiligten Erblasser nach Art. 21 f. dasselbe Erbrecht anzuwenden (etwa weil sie gem. Art. 21 Abs. 1 denselben letzten gewöhnlichen Aufenthalt hatten), entscheidet dieses Recht (vgl. OLG München BeckRS 2020, 21529 Rn. 16). Ansonsten bestimmt der kleinste gemeinsame Nenner der hypothetischen Erbstatute aller als Erblasser beteiligten Parteien über die Zulässigkeit, womit sich letztlich das strengste Recht durchsetzt (Erman/Hohloch Rn. 8; zur Entstehungsgeschichte und zum rechtspolitischen Hintergrund BeckOGK/J. Schmidt Rn. 2, 19 f.).

9 **2. Materielle Wirksamkeit und Bindungswirkung (Abs. 2 UAbs. 2).** Für die materielle Wirksamkeit und die Bindungswirkung des Erbvertrags, der den Nachlass mehrerer am Vertrag beteiligter Erblasser regelt, verweist Abs. 2 UAbs. 2 auf das für die Zulässigkeit gem. Abs. 2 UAbs. 1 maßgebliche Recht mit einer Konkurrenzregel für den Fall, dass sich die Zulässigkeit nach mehreren Rechten bestimmt. Ist hingegen nach Abs. 2 UAbs. 1 nur ein Recht für die Zulässigkeit maßgeblich, etwa weil alle am Vertrag beteiligten Erblasser gem. Art. 21 Abs. 1 denselben letzten gewöhnlichen Aufenthalt hatten, gilt dieses Recht ohne Weiteres auch für die materielle Wirksamkeit und Bindungswirkung des Vertrags (Erman/Hohloch Rn. 9). Sind jedoch gem. Abs. 2 UAbs. 1 verschiedene Rechte für die Zulässigkeit maßgeblich, so richtet sich die materielle Wirksamkeit und Bindungswirkung des Erbvertrags nach dem Recht, zu dem der Vertrag die „engste Verbindung" hat.

10 Der Begriff der **„engsten Verbindung"** ist im Ausgangspunkt sehr vage. Man sollte ihn teleologisch konkretisieren. In Art. 25 geht es darum, den Erwartungen der Beteiligten an das auf die Errichtung des Erbvertrags anwendbare Recht und dessen Konstanz gerecht zu werden (→ Rn. 1). Die „engste Verbindung" des Erbvertrags besteht deshalb zu dem Recht, das die Parteien beim Vertragsschluss (vorrangig) im Blick hatten. Das bezieht sich auf den Inhalt des Vertrags. So kann sich die „engste Verbindung" insbes. daraus ergeben, dass der Vertrag selbst inhaltliche Bezüge zu einem Recht enthält, etwa Verweise auf Vorschriften (NK-BGB/Looschelders Rn. 16; BeckOGK/J. Schmidt Rn. 28.3). Im Übrigen können auch äußere Umstände Hinweise auf die Perspektive der Parteien geben, etwa eine gemeinsame Staatsangehörigkeit aller oder mehrerer beteiligter Erblasser. Derartige Äußerlichkeiten können aber auch ohne jeden Bezug zum Vertragsinhalt bleiben, etwa wenn eine Vertragssprache oder der Ort des Vertragsschlusses allein deshalb gewählt wurde, um den Vertragsschluss möglichst effizient zu gestalten. Anders ist es aber zB dann, wenn beim Vertragsschluss erkennbar die Vorschriften des Vertragsorts beachtet wurden (NK-BGB/Looschelders Rn. 15 für den Fall der notariellen Beurkundung).

## VI. Teilrechtswahl

11 **1. Allgemeines.** Abs. 4 gibt den Vertragsparteien die Möglichkeit, das für die Zulässigkeit, die materielle Wirksamkeit, die Bindungswirkung und die Auflösungsvoraussetzungen des Erbvertrags maßgebliche Recht zu wählen. Die Wahl muss für alle diese Punkte einheitlich erfolgen (Döbereiner DNotZ 2014, 323 (325); BeckOGK/J. Schmidt Rn. 35). Nach Abs. 3 können die „Parteien" wählen. Es müssen also **alle Vertragsparteien** der Wahl zustimmen, nicht nur diejenigen, die als Erblasser am Vertrag beteiligt sind (MüKoBGB/Dutta Rn. 6; NK-BGB/Looschelders Rn. 18). Das ist schon deshalb geboten, weil die Wahl unmittelbare Auswirkungen auf die Wirksamkeit des Vertrags haben kann.

**2. Wählbares Recht.** Wählen können die Vertragsparteien das Recht, das ein am Vertrag beteiligter Erblasser gem. Art. 22 für seine Rechtsnachfolge von Todes wegen wählen kann. Regelt der Erbvertrag nur die Rechtsnachfolge von Todes wegen einer Vertragspartei, so kann also das Recht gewählt werden, das dieser Erblasser nach Art. 22 wählen kann. Sind hingegen mehrere der Vertragsparteien als Erblasser am Erbvertrag beteiligt, so kann das Recht gewählt werden, das zumindest einer dieser Erblasser gem. Art. 22 für seine Rechtsnachfolge von Todes wegen wählen kann (vgl. OLG München BeckRS 2020, 21529 Rn. 37). Im Übrigen gilt das zu Art. 24 Abs. 2 Ausgeführte (→ Art. 24 Rn. 13 ff.). **12**

**3. Bindung.** Im Einzelnen unklar und umstritten ist die Bindungswirkung der Rechtswahl nach Abs. 3. Das ist letztlich eine Frage nach dem anwendbaren Recht. Da die Rechtswahl gem. Abs. 3 ein Teil des Erbvertrags ist, liegt es nahe, dass sich auch die Bindung an eine getroffene Wahl nach dem Recht bestimmt, das gem. Abs. 2 für die Bindungswirkung des Erbvertrags maßgeblich ist, es also auf das gewählte Recht ankommt (BeckOGK/J. Schmidt Rn. 12; im Ausgangspunkt auch MüKoBGB/Dutta Rn. 6). Andere stellen hingegen auf die autonome Erwägung ab, dass eine gemeinsame vertragliche Rechtswahl auch wieder nur gemeinsam aufgehoben werden könne (MüKoBGB/Dutta Rn. 6; Heinig RNotZ 2014, 197 (212); NK-BGB/Looschelders Rn. 21; Soutier ZEV 2015, 515 (517); gegen jede nachträgliche Aufhebung der Wahl Döbereiner DNotZ 2014, 323 (325); NK-NachfolgeR/Köhler Rn. 10). **13**

**4. Form.** Auch für die „Bedingungen" der Rechtswahl verweist Abs. 3 auf Art. 22. Die Wahl muss also gem. Art. 22 Abs. 2 in der Form einer Verfügung von Todes wegen erfolgen (Erman/Hohloch Rn. 7; vgl. auch BGH NJW 2019, 3449 Rn. 14). Schon aus Gründen der Zweckmäßigkeit wird die gemeinsame Wahl durch die Parteien in der Praxis in dem betreffenden Erbvertrag selbst enthalten sein, der gem. Art. 3 Abs. 1 lit. d eine Verfügung von Todes wegen iSd EuErbVO ist. Entsprechend Art. 22 Abs. 2 ist auch eine konkludente Rechtswahl möglich (→ Art. 22 Rn. 10) (Erman/Hohloch Rn. 7; BeckOGK/J. Schmidt Rn. 34). **14**

**5. Abgrenzung und Verhältnis zwischen Teil- und Gesamtrechtswahl.** Eine Teilrechtswahl nach Abs. 3 und eine Gesamtrechtswahl nach Art. 22 sind voneinander unabhängig und können einen unterschiedlichen Inhalt haben (→ Art. 24 Rn. 21) (BeckOGK/J. Schmidt Rn. 39 ff.). Im Einzelfall kann sich die Abgrenzungsfrage stellen, ob nur eine Teilrechtswahl nach Abs. 3 oder eine Gesamtrechtswahl gem. Art. 22 gewollt ist (→ Art. 24 Rn. 20). Anders als bei der einseitigen Teilrechtswahl nach Art. 24 Abs. 2 wird man bei der gemeinsamen Teilrechtswahl gem. Abs. 3 nicht von der Regel ausgehen können, dass im Zweifel eine Gesamtrechtswahl gewollt ist. Denn im Falle von Abs. 3 ist die Teilrechtswahl möglicherweise nur ein punktuelles Zugeständnis an die Vertragspartner, um die Wirksamkeit des Vertrags zu sichern und ihre spätere Prüfung zu erleichtern. **15**

## VII. Übergangsrecht (Art. 83 Abs. 3)

Für einen Erbvertrag, der vor dem in Art. 83 Abs. 1 genannten Stichtag (17.8.2015) geschlossen wurde, gilt die Übergangsregelung in Art. 83 Abs. 3 (→ Art. 1 Rn. 13), die jedoch nicht die Bindungswirkung des Vertrags umfasst (OLG München FGPrax 2020, 283 (286); aA BeckOGK/J. Schmidt Art. 83 Rn. 18). **16**

## Art. 26 Materielle Wirksamkeit einer Verfügung von Todes wegen

**(1) Zur materiellen Wirksamkeit im Sinne der Artikel 24 und 25 gehören:**

**a) die Testierfähigkeit der Person, die die Verfügung von Todes wegen errichtet;**

**b) die besonderen Gründe, aufgrund deren die Person, die die Verfügung errichtet, nicht zugunsten bestimmter Personen verfügen darf oder aufgrund deren eine Person kein Nachlassvermögen vom Erblasser erhalten darf;**

**c) die Zulässigkeit der Stellvertretung bei der Errichtung einer Verfügung von Todes wegen;**

**d) die Auslegung der Verfügung;**

**e) Täuschung, Nötigung, Irrtum und alle sonstigen Fragen in Bezug auf Willensmängel oder Testierwillen der Person, die die Verfügung errichtet.**

**(2) Hat eine Person nach dem nach Artikel 24 oder 25 anzuwendenden Recht die Testierfähigkeit erlangt, so beeinträchtigt ein späterer Wechsel des anzuwendenden Rechts nicht ihre Fähigkeit zur Änderung oder zum Widerruf der Verfügung.**

*Französische Fassung:*

**Article 26 Validité au fond des dispositions à cause de mort**

**1. Aux fins des articles 24 et 25, les éléments ci-après relèvent de la validité au fond:**

**a) la capacité de la personne qui dispose à cause de mort de prendre une telle disposition;**

**b) les causes particulières qui empêchent la personne qui prend la disposition de disposer en faveur de certaines personnes ou qui empêchent une personne de recevoir des biens successoraux de la personne qui dispose;**

**c) l'admissibilité de la représentation aux fins de l'établissement d'une disposition à cause de mort;**

**d) l'interprétation de la disposition;**

**e) la fraude, la contrainte, l'erreur ou toute autre question relative au consentement ou à l'intention de la personne qui dispose.**

**2. Lorsqu'une personne a la capacité de disposer à cause de mort en vertu de la loi applicable conformément à l'article 24 ou 25, une modification ultérieure de la loi applicable n'affecte pas sa capacité de modifier ou de révoquer une telle disposition.**

*Englische Fassung:*

**Article 26 Substantive validity of dispositions of property upon death**

**1. For the purposes of Articles 24 and 25 the following elements shall pertain to substantive validity:**

**(a) the capacity of the person making the disposition of property upon death to make such a disposition;**

**(b) the particular causes which bar the person making the disposition from disposing in favour of certain persons or which bar a person from receiving succession property from the person making the disposition;**

**(c) the admissibility of representation for the purposes of making a disposition of property upon death;**

**(d) the interpretation of the disposition;**

**(e) fraud, duress, mistake and any other questions relating to the consent or intention of the person making the disposition.**

**2. Where a person has the capacity to make a disposition of property upon death under the law applicable pursuant to Article 24 or Article 25, a subsequent change of the law applicable shall not affect his capacity to modify or revoke such a disposition.**

## Überblick

Die Vorschrift konkretisiert in **Abs. 1** den von Art. 24 f. verwendeten Begriff der „materiellen Wirksamkeit". **Abs. 2** ordnet an, dass ein nach Errichtung der Verfügung von Todes wegen durch Wechsel des anzuwendenden Rechts eingetretener Verlust der Testierfähigkeit nicht die Fähigkeit zur Änderung oder zum Widerruf der Verfügung beeinträchtigt.

## I. Konkretisierung der „materiellen Wirksamkeit" (Abs. 1)

1 **1. Allgemeines.** Abs. 1 konkretisiert den in Art. 24 f. verwendeten Begriff der „materiellen Wirksamkeit" durch eine Aufzählung von unter diesen Begriff fallenden Punkten (extensionale Definition; → Art. 3 Rn. 1.1). Sein **Zweck** ist es, eine einheitliche Anwendung der Art. 24 f. zu gewährleisten (Erwägungsgrund 48 S. 2).

2 **Umstr.** ist, ob die Aufzählung in Abs. 1 **abschließend** ist (so BeckOGK/J. Schmidt Rn. 4) oder auch dort nicht genannte Aspekte unter den Begriff der „materiellen Wirksamkeit" gefasst werden können (so MüKoBGB/Dutta Rn. 2; Frank in Geimer/Schütze Int. Rechtsverkehr Rn. 1; Erman/Hohloch Art. 27 Rn. 7; NK-NachfolgeR/Köhler Rn. 1; jurisPK-BGB/Nordmeier Rn. 1, 7; NK-BGB/Looschelders Rn. 1). Anhand der isolierten Betrachtung des Wortlauts lässt sich die Frage nicht beantworten (NK-BGB/Looschelders Rn. 1; aA jurisPK-BGB/Nordmeier Rn. 7). Allenfalls in Verbindung mit der systematischen Erwägung, dass in strukturell vergleichbaren Vorschriften der EuErbVO der nicht abschließende Gehalt der Aufzählung sprachlich durch das Wort „insbes." klargestellt wird (so in Art. 23 Abs. 2, Art. 63 Abs. 2 und Art. 67 Abs. 1 UAbs. 2), ist das Fehlen einer entsprechenden Formulierung in Art. 26 ein Hinweis auf die Abgeschlossenheit des Katalogs (vgl. BeckOGK/J. Schmidt Rn. 4; krit. unter Verweis auf den abweichenden Art. 1 Abs. 2 MüKoBGB/Dutta Rn. 2 Fn. 2). Auch das ist aber nur ein Indiz, weil eine entsprechende

systematische Folgerichtigkeit seitens des Gesetzgebers nach aller Erfahrung nicht einfach vorausgesetzt werden darf. Gegen den abschließenden Charakter der Aufzählung in Abs. 1 spricht letztlich, dass extensionale Definitionen, die einen Begriff durch die Nennung von Anwendungsfällen definieren, erfahrungsgemäß lückenhaft sind, weil es für einen Gesetzgeber praktisch unmöglich ist, alle zweckmäßigen Anwendungsfälle von vornherein zu erfassen. Im Übrigen wird dem Zweck der Vorschrift, eine einheitliche Rechtsanwendung zu gewährleisten, auch dadurch genügt, dass die Zuordnung weiterer Punkte zur „materiellen Wirksamkeit" allenfalls autonom auf der Ebene des europäischen Rechts – also einheitlich – erfolgen darf.

Zur **„materiellen Wirksamkeit"** gehören ganz **allgemein** die Voraussetzungen und Hindernisse des Zustandekommens der letztwilligen Verfügung (MüKoBGB/Dutta Rn. 14; jurisPK-BGB/Nordmeier Rn. 8), soweit sie nicht die Zulässigkeit der Verfügung an sich (→ Art. 24 Rn. 4) sowie die Form (→ Art. 27 Rn. 4) – also den äußeren Errichtungsvorgang – betreffen. Hierzu gehören etwa der objektive Tatbestand der Willenserklärung (der subjektive ist ausdrücklich von lit. e erfasst), Zugangserfordernisse sowie die Nichtigkeit einer Verfügung wegen Gesetzes- oder Sittenwidrigkeit (MüKoBGB/Dutta Rn. 14 mit weiteren Beispielen; jurisPK-BGB/Nordmeier Rn. 8). 3

**2. Testierfähigkeit (lit. a).** Nach lit. a gehört die Testierfähigkeit der Person, die die Verfügung von Todes wegen errichtet, zur „materiellen Wirksamkeit" der Verfügung (zur Entstehungsgeschichte BeckOGK/J. Schmidt Rn. 6). **„Testierfähigkeit"** ist die abstrakte Fähigkeit eines Rechtssubjekts, überhaupt wirksam Verfügungen von Todes wegen (definiert in Art. 3 Abs. 1 lit. d; → Art. 3 Rn. 8) vorzunehmen, zu ändern oder zu widerrufen (vgl. NK-BGB/Looschelders Rn. 5; BeckOGK/J. Schmidt Rn. 7 mit Bsp. zu nationalen Rechtsordnungen in Rn. 8 ff.). Gemeint ist damit auch die Fähigkeit, als Erblasser einen **Erbvertrag** abzuschließen (Frank in Geimer/Schütze Int. Rechtsverkehr Rn. 5). Unklar ist, ob auch bei den Personen, die nicht als Erblasser am Erbvertrag beteiligt sind, die Fähigkeit zum Abschluss des Erbvertrags unter den Begriff „Testierfähigkeit" fällt (dafür etwa MüKoBGB/Dutta Rn. 4; wohl auch jurisPK-BGB/Nordmeier Rn. 10). Selbst wenn man das verneint, kommt man durch eine sonstige Zuordnung dieses Punkts zur „materiellen Wirksamkeit" (→ Rn. 2 f.) zum gleichen Ergebnis (so möglicherweise auch Erman/Hohloch Art. 27 Rn. 2). Soweit das nach Art. 24 f. für die „materielle Wirksamkeit" der Verfügung maßgebliche Recht für die Testierfähigkeit nur pauschal an die **Geschäftsfähigkeit** der Person anknüpft, handelt es sich bei dieser um eine gem. Art. 1 Abs. 2 lit. b von der EuErbVO ausgenommene Vorfrage, die nach dem IPR der lex fori zu beantworten ist (→ Art. 21 Rn. 35; → Art. 23 Rn. 13) (jurisPK-BGB/Nordmeier Rn. 9; NK-BGB/Looschelders Rn. 6; aA MüKoBGB/Dutta Rn. 4; MüKoBGB/Dutta Vor Art. 20 Rn. 50 ff.). Von der allgemeinen Testierfähigkeit der Person zu unterscheiden ist die **Zulässigkeit** einer konkreten Art der Verfügung (→ Art. 24 Rn. 4). 4

**3. Persönliche Zuwendungsbeschränkungen (lit. b).** Zur „materiellen Wirksamkeit" gehören nach lit. b auch alle Regelungen, die ausschließen, dass eine bestimmte Person oder Personengruppe im Wege der Rechtsnachfolge von Todes wegen begünstigt wird (Bsp. bei BeckOGK/J. Schmidt Rn. 14). Beispiele aus dem deutschen Recht sind §§ 7, 27 BeurkG (BeckOGK/J. Schmidt Rn. 14 Fn. 17; Erman/Hohloch Art. 27 Rn. 3; aA jurisPK-BGB/Nordmeier Rn. 12: Formvorschrift). Erfasst sind jedoch nur erbrechtliche Vorschriften (zur Ausnahme öffentlich-rechtlicher Normen s. Art. 1 Abs. 1 S. 2; → Art. 1 Rn. 17), wobei diese Zuordnung etwa für den früheren § 14 HeimG und die jetzigen Landesregelungen (zB § 16 WTPG) umstritten ist (gegen eine erbrechtliche Einordnung Erman/Hohloch Art. 27 Rn. 3; NK-NachfolgeR/Köhler Rn. 2; NK-BGB/Looschelders Rn. 9; aA Dutta/Weber/Bauer/Schmidt Rn. 5; jurisPK-BGB/Nordmeier Rn. 12; Grüneberg/Thorn Rn. 1; zweifelnd Frank in Geimer/Schütze Int. Rechtsverkehr Rn. 14; allg. zum Abgrenzungsproblem MüKoBGB/Dutta Rn. 7). Nicht zu lit. b gehört die Erbunwürdigkeit, die gem. Art. 23 Abs. 2 lit. d unter das auf die Rechtsnachfolge von Todes wegen anzuwendende Recht fällt (→ Art. 23 Rn. 14). 5

**4. Zulässigkeit der Stellvertretung (lit. c).** Zur **„Stellvertretung"** iSv lit. c gehören alle Vorgänge, bei denen der Erblasser nicht selbst den Inhalt der Verfügung von Todes wegen (vollständig) bestimmt (vgl. BeckOGK/J. Schmidt Rn. 17 f.). Davon zu trennen ist die Beteiligung anderer Personen zum Zwecke der **Übermittlung** (vgl. MüKoBGB/Dutta Rn. 9) oder Einhaltung einer bestimmten **Form** (zB eine notarielle Beurkundung; weitere Beispiele bei BeckOGK/J. Schmidt Rn. 19.1; vgl. auch Art. 27 Abs. 3 S. 2). Umstr. ist, ob auch Regelungen, welche die **inhaltliche Ausfüllung** einer letztwilligen Verfügung durch Dritte erlauben oder verbieten (zB § 2065 BGB), unter den Begriff der „Stellvertretung" gem. lit. c fallen (bejahend Erman/Hohloch Rn. 4; zwei- 6 felnd jurisPK-BGB/Nordmeier Rn. 14; verneinend Dutta/Weber/Bauer/Schmidt Rn. 6; MüKoBGB/Dutta Rn. 9, 14). Dafür spricht die funktionelle Vergleichbarkeit der Vorgänge. Jedenfalls drängt sich hier eine allgemeine Zuordnung (→ Rn. 3) zur „materiellen Wirksamkeit" auf (MüKoBGB/Dutta Rn. 14).

7 **5. Auslegung (lit. d).** Unter **„Auslegung"** gem. lit. d fallen alle (geschriebenen und ungeschriebenen) Regelungen zur Bestimmung des Inhalts einer Erklärung. Formelle Auslegungsschranken, etwa die deutsche „Andeutungstheorie", gehören jedoch zur formellen Wirksamkeit (MüKoBGB/Dutta Rn. 11; NK-BGB/Looschelders Rn. 15).

8 Nach **Art. 83 Abs. 3** können bei vor dem 17.8.2015 errichteten Verfügungen von Todes wegen verschiedene Rechte für die „materielle Wirksamkeit" maßgeblich sein (→ Art. 1 Rn. 13). Soweit sich diese Rechte bei der Auslegung der Verfügung widersprechen, bedarf es einer Auflösung dieser Konkurrenz. Manche wollen hierfür die Auslegung von Art. 83 Abs. 3 ausnehmen und Art. 24 f. unterstellen (Ludwig FamRZ 2018, 1275 (1276)). Andere stellen für die Auslegung auf das Recht ab, vor „dessen Hintergrund" die Verfügung errichtet wurde (jurisPK-BGB/Nordmeier Rn. 17).

9 **6. Testierwille und Willensmängel (lit. e).** Lit. e erfasst die Voraussetzungen an den Willen des Verfügenden sowie alle Fehler bei der Willensbildung und deren Auswirkungen auf die Wirksamkeit und den Fortbestand (etwa Anfechtbarkeit) der Verfügung von Todes wegen (vgl. MüKoBGB/Dutta Rn. 13). Manche ordnen hier auch den Konsens beim Erbvertrag sowie dessen Abschlusszeitpunkt ein (so BeckOGK/J. Schmidt Rn. 29), was aber systematisch nicht in diesen Zusammenhang passt.

## II. Bewahrung der ausgeübten Testierfähigkeit (Abs. 2)

10 Hat der Erblasser nach dem zum Zeitpunkt der Errichtung der Verfügung von Todes wegen für die Errichtung gem. Art. 24 f. maßgeblichen Recht wirksam eine Verfügung errichtet, so kann er nach Abs. 2 auch dann noch diese Verfügung später ändern oder widerrufen, wenn nun nach Art. 24 f. ein anderes Recht auf die Änderung oder den Widerruf anzuwenden ist (zB wegen eines Wechsels des gewöhnlichen Aufenthalts), welches die Testierfähigkeit des Erblassers verneint. Abs. 2 sorgt also dafür, dass ein zwischenzeitlicher **Wechsel** des nach Art. 24 f. für die Errichtung der Verfügung **maßgeblichen Rechts** den Erblasser nicht an der Änderung oder am Widerruf einer Verfügung hindert.

11 Bedeutung hat Abs. 2 aber **nur** für letztwillige Verfügungen nach **Art. 24** (→ Art. 24 Rn. 3; vgl. Art. 24 Abs. 3), jedoch nicht für Erbverträge gem. Art. 25 (NK-BGB/Looschelders Rn. 18; BeckOGK/J. Schmidt Rn. 34; aA MüKoBGB/Dutta Rn. 18). Denn beim Erbvertrag bestimmt gem. Art. 25 das für den Abschluss maßgebliche Recht auch über die „Bindungswirkung" und die „Voraussetzungen für seine Auflösung", also über die materielle Wirksamkeit einer nachträglichen Aufhebung oder Änderung des Vertrags (→ Art. 25 Rn. 5).

12 Erfasst ist von Abs. 2 nur der Fall, dass die Testierfähigkeit lediglich wegen des Wechsels des anzuwendenden Rechts entfällt. Sind hingegen die **tatsächlichen Voraussetzungen** der Testierfähigkeit nach dem ursprünglich auf die Errichtung der Verfügung anwendbaren Recht entfallen, erhält Abs. 2 nicht die ursprüngliche Testierfähigkeit (MüKoBGB/Dutta Rn. 18; jurisPK-BGB/Nordmeier Rn. 23; BeckOGK/J. Schmidt Rn. 33). Diese richtet sich dann allein nach dem nun im Zeitpunkt des Widerrufs oder der Änderung anwendbaren Rechts.

### Art. 27 Formgültigkeit einer schriftlichen Verfügung von Todes wegen

**(1) [1]Eine schriftliche Verfügung von Todes wegen ist hinsichtlich ihrer Form wirksam, wenn diese:**

**a) dem Recht des Staates entspricht, in dem die Verfügung errichtet oder der Erbvertrag geschlossen wurde,**

**b) dem Recht eines Staates entspricht, dem der Erblasser oder mindestens eine der Personen, deren Rechtsnachfolge von Todes wegen durch einen Erbvertrag betroffen ist, entweder im Zeitpunkt der Errichtung der Verfügung bzw. des Abschlusses des Erbvertrags oder im Zeitpunkt des Todes angehörte,**

**c) dem Recht eines Staates entspricht, in dem der Erblasser oder mindestens eine der Personen, deren Rechtsnachfolge von Todes wegen durch einen Erbvertrag betroffen**

**ist, entweder im Zeitpunkt der Errichtung der Verfügung oder des Abschlusses des Erbvertrags oder im Zeitpunkt des Todes den Wohnsitz hatte,**

**d) dem Recht des Staates entspricht, in dem der Erblasser oder mindestens eine der Personen, deren Rechtsnachfolge von Todes wegen durch einen Erbvertrag betroffen ist, entweder im Zeitpunkt der Errichtung der Verfügung oder des Abschlusses des Erbvertrags oder im Zeitpunkt des Todes seinen/ihren gewöhnlichen Aufenthalt hatte, oder**

**e) dem Recht des Staates entspricht, in dem sich unbewegliches Vermögen befindet, soweit es sich um dieses handelt.**

**[2]Ob der Erblasser oder eine der Personen, deren Rechtsnachfolge von Todes wegen durch einen Erbvertrag betroffen ist, in einem bestimmten Staat ihren Wohnsitz hatte, regelt das in diesem Staat geltende Recht.**

**(2) [1]Absatz 1 ist auch auf Verfügungen von Todes wegen anzuwenden, durch die eine frühere Verfügung geändert oder widerrufen wird. [2]Die Änderung oder der Widerruf ist hinsichtlich ihrer Form auch dann gültig, wenn sie den Formerfordernissen einer der Rechtsordnungen entsprechen, nach denen die geänderte oder widerrufene Verfügung von Todes wegen nach Absatz 1 gültig war.**

**(3) [1]Für die Zwecke dieses Artikels werden Rechtsvorschriften, welche die für Verfügungen von Todes wegen zugelassenen Formen mit Beziehung auf das Alter, die Staatsangehörigkeit oder andere persönliche Eigenschaften des Erblassers oder der Personen, deren Rechtsnachfolge von Todes wegen durch einen Erbvertrag betroffen ist, beschränken, als zur Form gehörend angesehen. [2]Das Gleiche gilt für Eigenschaften, welche die für die Gültigkeit einer Verfügung von Todes wegen erforderlichen Zeugen besitzen müssen.**

***Französische Fassung:***

**Article 27 Validité quant à la forme des dispositions à cause de mort établies par écrit**

**1. Une disposition à cause de mort établie par écrit est valable quant à la forme si celle-ci est conforme à la loi:**

**a) de l'État dans lequel la disposition a été prise ou le pacte successoral a été conclu;**

**b) d'un État dont le testateur ou au moins une des personnes dont la succession est concernée par un pacte successoral possédait la nationalité, soit au moment où la disposition a été prise ou le pacte conclu, soit au moment de son décès;**

**c) d'un État dans lequel le testateur ou au moins une des personnes dont la succession est concernée par un pacte successoral avait son domicile, soit au moment où la disposition a été prise ou le pacte conclu, soit au moment de son décès;**

**d) de l'État dans lequel le testateur ou au moins une des personnes dont la succession est concernée par un pacte successoral avait sa résidence habituelle, soit au moment de l'établissement de la disposition ou de la conclusion du pacte, soit au moment de son décès; ou**

**e) pour les biens immobiliers, de l'État dans lequel les biens immobiliers sont situés.**

**Pour déterminer si le testateur ou toute personne dont la succession est concernée par un pacte successoral avait son domicile dans un État particulier, c'est la loi de cet État qui s'applique.**

**2. 1Le paragraphe 1 s'applique également aux dispositions à cause de mort modifiant ou révoquant une disposition antérieure. 2La modification ou la révocation est également valable quant à la forme si elle est conforme à l'une des lois en vertu desquelles, conformément au paragraphe 1, la disposition à cause de mort modifiée ou révoquée était valable.**

**3. 1Aux fins du présent article, toute disposition légale qui limite les formes admises pour les dispositions à cause de mort en faisant référence à l'âge, à la nationalité ou à d'autres qualités personnelles du testateur ou des personnes dont la succession est concernée par un pacte successoral, est considérée comme relevant du domaine de la forme. 2Il en est de même des qualités que doit posséder tout témoin requis pour la validité d'une disposition à cause de mort.**

***Englische Fassung:***

**Article 27 Formal validity of dispositions of property upon death made in writing**

**1. A disposition of property upon death made in writing shall be valid as regards form if its form complies with the law:**

**(a) of the State in which the disposition was made or the agreement as to succession concluded;**

**(b) of a State whose nationality the testator or at least one of the persons whose succession is concerned by an agreement as to succession possessed, either at the time when the disposition was made or the agreement concluded, or at the time of death;**
**(c) of a State in which the testator or at least one of the persons whose succession is concerned by an agreement as to succession had his domicile, either at the time when the disposition was made or the agreement concluded, or at the time of death;**
**(d) of the State in which the testator or at least one of the persons whose succession is concerned by an agreement as to succession had his habitual residence, either at the time when the disposition was made or the agreement concluded, or at the time of death; or**
**(e) in so far as immovable property is concerned, of the State in which that property is located.**

**The determination of the question whether or not the testator or any person whose succession is concerned by the agreement as to succession had his domicile in a particular State shall be governed by the law of that State.**

**2. 1Paragraph 1 shall also apply to dispositions of property upon death modifying or revoking an earlier disposition. 2The modification or revocation shall also be valid as regards form if it complies with any one of the laws according to the terms of which, under paragraph 1, the disposition of property upon death which has been modified or revoked was valid.**

**3. 1For the purposes of this Article, any provision of law which limits the permitted forms of dispositions of property upon death by reference to the age, nationality or other personal conditions of the testator or of the persons whose succession is concerned by an agreement as to succession shall be deemed to pertain to matters of form. 2The same rule shall apply to the qualifications to be possessed by any witnesses required for the validity of a disposition of property upon death.**

### Überblick

Die Vorschrift bestimmt das für die **formelle Wirksamkeit** (Formgültigkeit) schriftlicher Verfügungen von Todes wegen maßgebliche Recht, hat wegen des Vorrangs des HTestformÜ gem. Art. 75 Abs. 1 UAbs. 2 aber nur einen eingeschränkten Anwendungsbereich. **Abs. 1** nennt die verschiedenen Rechte, aus denen sich die formelle Wirksamkeit der Verfügung ergeben kann. **Abs. 2** ordnet an, dass die Rechte nach Abs. 1 auch für die formelle Wirksamkeit eines Widerrufs oder einer Änderung der letztwilligen Verfügung maßgeblich sind. **Abs. 3** stellt für bestimmte Regelungen die Zuordnung zur formellen Wirksamkeit klar.

## I. Normzweck

1 Ein wichtiger Zweck der EuErbVO ist es, auch dann eine effektive vorweggenommene Regelung der Rechtsnachfolge von Todes wegen zu ermöglichen, wenn der Erbfall internationale Bezüge hat. Indem Art. 27 es genügen lässt, dass sich die Formgültigkeit der Verfügung aus zumindest einem von mehreren Rechten mit Bezug zu dem Erbfall ergibt, verhindert er eine (für den Erblasser möglicherweise überraschende) formelle Unwirksamkeit der Verfügung (vgl. nur MüKoBGB/Dutta Rn. 1; zur Entstehungsgeschichte BeckOGK/J. Schmidt Rn. 2 ff.).

## II. Anwendungsbereich

2 **1. Schriftliche Verfügungen von Todes wegen.** Art. 27 gilt nur für **schriftliche Verfügungen** von Todes wegen (definiert in Art. 3 Abs. 1 lit. d; → Art. 3 Rn. 8; zur Formgültigkeit von anderen erbrechtlichen Erklärungen MüKoBGB/Dutta Rn. 12). Schriftlich ist eine Verfügung, wenn sie dauerhaft in Schriftzeichen verkörpert ist (jurisPK-BGB/Nordmeier Rn. 10), wobei eine elektronische Form der Speicherung und Wiedergabe genügt (vgl. auch BeckOGK/J. Schmidt Rn. 10). Die Formgültigkeit **mündlicher Verfügungen** von Todes wegen ist hingegen nach Art. 1 Abs. 2 lit. f von der EuErbVO ausgenommen (zu deren Behandlung BeckOGK/J. Schmidt Rn. 82 ff.; zu digitalen Testamenten von Oertzen/Blasweile ErbR 2020, 696). In Deutschland bestimmt sich das auf die Formgültigkeit von mündlichen Testamenten anwendbare Recht nach dem HTestformÜ sowie – ergänzend (über Art. 3 HTestformÜ) – nach Art. 26 Abs. 1 S. 1 EGBGB. Für mündliche Erbverträge gilt nach Art. 26 Abs. 2 EGBGB der Art. 27 EuErbVO entspr.

**2. Vorrang des HTestformÜ.** Art. 27 wird ferner über die Ausnahme in Art. 75 Abs. 1 UAbs. 2 bei **Testamenten** von dem HTestformÜ verdrängt, soweit dieses in dem jeweiligen Mitgliedstaat gilt (→ Rn. 3.1; Erwägungsgrund 73 S. 2; ausf. Vergleich beider Regelungen bei MüKoBGB/Dutta Rn. 3 ff.). Das gilt auch für gemeinschaftliche Testamente, selbst wenn diese zugleich unter den weiten Erbvertragsbegriff in Art. 3 Abs. 1 lit. b fallen (NK-BGB/Looschelders Rn. 1). Somit ist Art. 27 häufig – etwa in Deutschland – nur auf schriftliche **Erbverträge** anzuwenden (vgl. MüKoBGB/Dutta Rn. 1; zur Anwendung auf ein in zwei Urkunden errichtetes gemeinschaftliches Testament OLG München BeckRS 2020, 21529 Rn. 20). Umstr. ist, ob der Vorrang des HTestformÜ auch für die von Art. 3 HTestformÜ anerkannten weiteren nationalen Formstatute gilt (dafür zB jurisPK-BGB/Nordmeier Rn. 6; BeckOGK/J. Schmidt Rn. 14; dagegen etwa MüKoBGB/Dutta Art. 75 Rn. 3; NK-NachfolgeR/Köhler Rn. 14; NK-BGB/Looschelders Rn. 7). In Deutschland betrifft das Art. 26 Abs. 1 S. 1 EGBGB. 3

Mitgliedstaaten, in denen das HTestformÜ gilt, sind: Belgien, Deutschland, Estland, Finnland, Frankreich, Griechenland, Italien, Kroatien, Luxemburg, Niederlande, Österreich, Polen, Portugal, Schweden, Slowenien und Spanien. 3.1

**3. Formgültigkeit. a) Allgemeines.** Art. 27 gilt nur für die „Formgültigkeit" der Verfügung von Todes wegen, was von der in Art. 24–26 geregelten „Zulässigkeit" und „materiellen Wirksamkeit" der Verfügung abzugrenzen ist. Zur **„Formgültigkeit"** gehören allgemein alle Wirksamkeitsanforderungen an den äußeren Vorgang der Errichtung einer Verfügung von Todes wegen (NK-NachfolgeR/Köhler Rn. 11; jurisPK-BGB/Nordmeier Rn. 13; vgl. unter Rückgriff auf den zur Rom I-VO entwickelten Formbegriff auch BeckOGK/J. Schmidt Rn. 24 sowie – die Zwecke der Form betonend – NK-BGB/Looschelders Rn. 20). Typische Fälle sind Schriftform-, Unterschriften- und Beurkundungserfordernisse sowie die Beteiligung von Zeugen. Ferner ist eine negative Abgrenzung anhand von Art. 26 Abs. 1 möglich, der den Begriff der „materiellen Wirksamkeit" konkretisiert. 4

**b) Teilkonkretisierung in Abs. 3. Abs. 3** ordnet bestimmte Regelungen ausdrücklich der „Formgültigkeit" zu (Erwägungsgrund 53). Nach Abs. 3 **S. 1** gehören hierzu Vorschriften, welche die für letztwillige Verfügungen zulässigen Formen im Hinblick auf das Alter, die **Staatsangehörigkeit** oder andere persönliche Eigenschaften des Erblassers beschränken. Ein Beispiel für eine an das **Alter** anknüpfende Beschränkung der Form einer letztwilligen Verfügung ist der Ausschluss eigenhändiger Testamente von Minderjährigen in § 2247 Abs. 4 Var. 1 BGB (vgl. auch § 2233 Abs. 1 BGB). Eine Vorschrift, die an **„andere persönliche Eigenschaften"** eine Beschränkung der Form letztwilliger Verfügungen knüpft, ist zB § 2247 Abs. 4 Var. 2 BGB, der ein eigenhändiges Testament von Personen ausschließt, die nicht lesen können. Nicht zur Formgültigkeit gehört jedoch die Testierfähigkeit, die von Art. 26 Abs. 1 lit. a ausdrücklich der „materiellen Wirksamkeit" iSv Art. 24 f. zugeordnet wird (vgl. auch Erwägungsgrund 53 S. 2). Zur Formgültigkeit gehören nach Abs. 3 **S. 2** auch solche Regelungen, die vorschreiben, dass die für die Gültigkeit einer Verfügung erforderlichen **Zeugen** bestimmte persönliche Eigenschaften haben müssen (zB § 2250 Abs. 3 S. 2 BGB iVm §§ 6 Abs. 1 Nr. 1–3, 26 Abs. 2 Nr. 2–5 BeurkG). 5

## III. Systematik

Zur Gesamtsystematik der Regelungen der Zulässigkeit und Wirksamkeit von letztwilligen Verfügungen in der EuErbVO → Art. 24 Rn. 2. 6

## IV. Anwendbares Recht

**1. Errichtung einer Verfügung (Abs. 1).** Abs. 1 S. 1 nennt in lit. a–e **fünf** verschiedene **Anknüpfungspunkte** für die Bestimmung des für die Formgültigkeit der letztwilligen Verfügung maßgeblichen Rechts. Es genügt, wenn sich die Formgültigkeit der Verfügung nur aus einem der genannten Rechte ergibt. Ist das Recht eines Drittstaats anwendbar, sind dessen **Rück-** und **Weiterverweisungen** nach Art. 34 Abs. 2 unbeachtlich. Bei **Mehrrechtsstaaten** sind ergänzend die Art. 36 f. zu berücksichtigen. 7

**a) Ort der Verfügung (lit. a).** Nach Abs. 1 S. 1 lit. a genügt es für die Formgültigkeit der Verfügung, wenn diese den Vorschriften des Staats entspricht, in dem die Verfügung errichtet oder der Erbvertrag geschlossen wurde (zu Testamenten auf Schiffen Krätzschel ZEV 2020, 268 (272)). Maßgeblich ist, wo der **Tatbestand** der **Verfügung** vom Erblasser erfüllt wurde. Der 8

Grund für den Aufenthalt am jeweiligen Ort sowie dessen Dauer spielen grds. keine Rolle (vgl. NK-BGB/Looschelders Rn. 11; BeckOGK/J. Schmidt Rn. 42). Die Frage, was alles zum Tatbestand der Verfügung gehört, kann nur anhand des nach **Art. 24 f.** für die materielle Wirksamkeit maßgeblichen Rechts bewertet werden (vgl. auch BeckOGK/J. Schmidt Rn. 40 f.). Kommt es etwa – wie beim deutschen Testament – auf die Abgabe einer einseitigen Willenserklärung an, ist der Errichtungsort der Ort, an dem diese Erklärung abgegeben wurde.

9 Unerheblich für die Bestimmung des Errichtungs- oder Abschlussorts sind bloße **Vorbereitungshandlungen,** etwa eine Rechtsberatung oder Vertragsverhandlungen. Dazu gehört auch die Niederschrift einer Verfügung (etwa eines Testaments), solange noch nicht alle Voraussetzungen für deren Wirksamkeit erfüllt sind. So kommt es beim deutschen Testament allein darauf an, wo sich der Erblasser befand, als er die im Testament enthaltene Willenserklärung abgab, was regelmäßig mit der Unterschrift zusammenfallen wird. Allgemein ist bei einer **sukzessiven Errichtung** darauf abzustellen, wo die letzte Wirksamkeitsvoraussetzung erfüllt wurde (NK-NachfolgeR/Köhler Rn. 4; jurisPK-BGB/Nordmeier Rn. 22).

10 Nach **Erwägungsgrund 52** S. 2 „sollte die zuständige Behörde ein betrügerisch geschaffenes grenzüberschreitendes Element, mit dem die Vorschriften über die Formgültigkeit umgangen werden sollen, nicht berücksichtigen". Der Sinn dieser Erwägung ist nicht recht verständlich. Denn die Hürden für die Formgültigkeit sind durch die alternativen Anknüpfungspunkte in Abs. 1 S. 1 vom Verordnungsgeber bewusst niedrig gehalten worden. Vor allem stellt sich bei einer derartigen **„Missbrauchskontrolle"** immer die Frage, nach welchen Maßstäben die „Missbräuchlichkeit" eines Verhaltens zu bestimmen ist (gleiches gilt für die Einordnung als „Gesetzesumgehung"). In der Regel geht es hier um eine teleologische Frage, nämlich darum, dass zwar äußerlich der Tatbestand der Regelung erfüllt ist, jedoch ihr Zweck verfehlt wird (vgl. allgemein Loyal, Ungeschriebene Korrekturinstrumente im Zivilprozeßrecht, 2018, 180 ff.). Die Alternativität der (sachlich völlig unterschiedlich orientierten) Anknüpfungspunkte in Abs. 1 S. 2 zeigt aber, dass es dem Verordnungsgeber – anders als etwa in Art. 21 – gerade nicht auf eine bestimmte Anknüpfung ankam (vgl. auch BeckOGK/J. Schmidt Rn. 78). Die Regelung ist bei der Bestimmung des anzuwendenden Rechts vielmehr derart indifferent, dass praktisch kaum Platz für einen „Rechtsmissbrauch" ist.

11 Besondere Schwierigkeiten bereitet die Bestimmung des Abschlussorts eines **Erbvertrags,** wenn die Vertragsparteien ihre jeweiligen Erklärungen in **unterschiedlichen Staaten** abgegeben haben, was etwa beim Abschluss des Vertrags mit Hilfe von Fernkommunikationsmitteln denkbar ist. Dem Zweck des Art. 27 (→ Rn. 1) entspricht es, wenn man hier die Formgültigkeit nach dem Recht eines der Staaten genügen lässt, in denen zumindest eine der Vertragserklärungen abgegeben wurde (NK-NachfolgeR/Köhler Rn. 5). Andere stellen hingegen auf die überwiegend zum HTestformÜ vertretene Lösung ab, nach der es auf den Ort ankommt, an dem die Verfügung „komplettiert" wurde (NK-BGB/Looschelders Rn. 12). Eine differenzierende Auffassung stellt bei Verträgen mit nur einem Erblasser auf dessen Aufenthaltsort und bei Verträgen mit mehreren Erblassern kumulativ auf deren Aufenthaltsorte ab (Frank in Geimer/Schütze Int. Rechtsverkehr Rn. 12). Haben hingegen alle Vertragsparteien ihre Erklärung im **gleichen Staat** abgegeben, dann ist für lit. a selbstverständlich auf das Recht dieses Staats abzustellen.

12 **b) Staatsangehörigkeit, Wohnsitz oder gewöhnlicher Aufenthalt eines Erblassers (lit. b–d).** Lit. b–d knüpfen alternativ an die Staatsangehörigkeit (lit. b), den Wohnsitz (lit. c) oder den gewöhnlichen Aufenthalt (lit. d) des verfügenden Erblassers oder – beim Erbvertrag – zumindest eines der als Erblasser am Vertrag Beteiligten an. Der **Zeitpunkt** der **Errichtung** der Verfügung oder des Abschlusses des Erbvertrags richtet sich nach dem gem. Art. 24 f. für die „materielle Wirksamkeit" maßgeblichen Recht (→ Art. 24 Rn. 9; → Art. 25 Rn. 7). Der **„gewöhnliche Aufenthalt"** ist genauso zu bestimmten wie bei Art. 21 (→ Art. 21 Rn. 7 ff.). Ob ein **Wohnsitz** in einem Staat besteht, richtet sich gem. Abs. 1 S. 2 nach dem Recht dieses Staates. Zum **Todeszeitpunkt** → Art. 1 Rn. 10; zur Bestimmung der **Staatsangehörigkeit** → Art. 22 Rn. 7. Sind mehrere Personen als Erblasser an einem Erbvertrag beteiligt, wollen manche lit. b insofern einschränken, als eine Formunwirksamkeit zum Zeitpunkt des Todes des erstverstorbenen Erblassers nicht durch einen späteren Wechsel der Anknüpfungstatsachen in der Person eines anderen am Vertrag beteiligten Erblassers geheilt werden könne (jurisPK-BGB/Nordmeier Rn. 28; in diese Richtung auch Dutta/Weber/Süß Rn. 51; aA wohl MüKoBGB/Dutta Rn. 6).

13 **c) Belegenheitsort von unbeweglichem Vermögen (lit. e).** Soweit die Verfügung von Todes wegen unbewegliches Vermögen betrifft, kann sich ihre Formgültigkeit auch aus dem Recht des Staats ergeben, in dem dieses Vermögen belegen ist. Diese Formgültigkeit beschränkt sich aber auf das unbewegliche Vermögen (Erman/Hohloch Rn. 8; NK-BGB/Looschelders Rn. 17;

BeckOGK/J. Schmidt Rn. 69). Soweit die Verfügung auch andere Vermögensgegenstände erfasst, muss sich die Formgültigkeit aus einem anderen Anknüpfungspunkt in Abs. 1 S. 1 ergeben. Umstritten ist, ob sich die Einordnung als „unbewegliches Vermögen" nach der EuErbVO (so zB BeckOGK/J. Schmidt Rn. 64; Dutta/Weber/Süß Rn. 73) oder nach dem Recht des Belegenheitsorts richtet (so etwa Frank in Geimer/Schütze Int. Rechtsverkehr Rn. 22; NK-NachfolgeR/Köhler Rn. 8; jurisPK-BGB/Nordmeier Rn. 31). Für Grundstücke als wichtigste potentielle Anwendungsfälle dürfte die Einordnung als „unbewegliches Vermögen" aber iErg unstr. sein.

**2. Widerruf oder Änderung einer Verfügung (Abs. 2).** Nach Abs. 2 **S. 1** kann sich die Formgültigkeit einer Verfügung von Todes wegen, durch die eine frühere Verfügung geändert oder widerrufen wird, alternativ aus einem der in Abs. 1 S. 1 lit. a–e genannten Rechten ergeben. Soweit nach diesen Anknüpfungspunkten auf den Zeitpunkt der Errichtung der Verfügung oder des Abschlusses des Erbvertrags abgestellt wird, kommt es im Rahmen des Abs. 2 S. 1 auf den Zeitpunkt der Änderung oder des Widerrufs an (jurisPK-BGB/Nordmeier Rn. 18; BeckOGK/J. Schmidt Rn. 75). Für die Formgültigkeit der Änderung oder des Widerrufs genügt es nach Abs. 2 **S. 2** ferner, wenn Änderung oder Widerruf den Formerfordernissen eines Rechts entsprechen, aus dem sich gem. Abs. 1 die Formgültigkeit der zu widerrufenden oder ändernden Verfügung ergeben hat (vgl. Art. 26 Abs. 2). 14

Jede Änderung einer Verfügung von Todes wegen enthält zugleich eine **neue Verfügung.** Deshalb kann die Formgültigkeit der Änderung nicht von der Formgültigkeit der durch die Änderung neu geschaffenen Verfügung getrennt werden, sodass Abs. 2 auch für diese gilt. Werden mit dem Widerruf oder der Änderung einer bisherigen Verfügung jedoch gänzlich neue Verfügungen verbunden, richtet sich deren Formgültigkeit allein nach Abs. 1. 15

## V. Übergangsrecht (Art. 83 Abs. 3)

Für eine Verfügung von Todes wegen, die vor dem in Art. 83 Abs. 1 genannten Stichtag (17.8.2015) getroffen wurde, gilt die Übergangsregelung in Art. 83 Abs. 3 (→ Art. 1 Rn. 13).

# b) Art. 25, 26 EGBGB

### Art. 25 Rechtsnachfolge von Todes wegen

**Soweit die Rechtsnachfolge von Todes wegen nicht in den Anwendungsbereich der Verordnung (EU) Nr. 650/2012 fällt, gelten die Vorschriften des Kapitels III dieser Verordnung entsprechend.**

## I. Normzweck

Art. 25 betrifft wie Art. 26 das **Internationale Erbrecht.** Die in der Regelung genannte VO (EU) 650/2012 (EuErbVO) ist nach Art. 20 EuErbVO universell anwendbar, dh ihre Anwendung hängt nicht davon ab, ob das Recht eines EU-Mitgliedstaats Anwendung findet (sog. loi uniforme; → EuErbVO Art. 20 Rn. 1). Daher ist der Anwendungsbereich von Art. 25 äußerst gering. Die Regelung will Erbfälle kollisionsrechtlich „auffangen", die nicht in den Anwendungsbereich staatsvertraglicher Regelungen oder der EuErbVO fallen, indem kraft autonomer Verweisung darauf ebenfalls die kollisionsrechtlichen Regelungen der Art. 20–38 EuErbVO entsprechende Anwendung finden. Das dient dem „Gleichlauf" des erbrechtlichen Kollisionsrechts (Begr. RegE IntErbRVG, BR-Drs. 644/14, 78; Lehmann ZEV 2015, 138 (140); BeckOGK/J. Schmidt Rn. 2). 1

## II. Zeitlicher Anwendungsbereich

Die Vorschrift wurde im Zusammenhang mit der flankierenden Gesetzgebung zum Inkrafttreten der EuErbVO durch das Gesetz zum Internationalen Erbrecht und zur Änderung der Vorschriften zum Erbschein sowie zur Änderung sonstiger Vorschriften vom 29.6.2015 (BGBl. 2015 I 1042) neu gefasst. Bis zu diesem Zeitpunkt enthielten Art. 25, 26 aF das autonome Erbkollisionsrecht. Sie gilt – wie auch die EuErbVO – für Erbfälle, die seit dem 17.8.2015 eintreten oder eingetreten sind (Art. 22 Abs. 1 IntErbRVG). Vorher eingetretene Erbfälle unterliegen trotz Fehlens einer ausdrücklichen Regelung intertemporal Art. 25 aF, welcher dem Staatsangehörigkeitsprinzip folgt. 2

## III. Vorrangige staatsvertragliche Regelungen

3 Auch Art. 25 EGBGB steht unter dem Vorbehalt des Vorrangs staatsvertraglicher Regelungen (Art. 3 EGBGB), soweit diese nach Art. 75 EuErbVO den Regelungen der EuErbVO vorgehen. Damit kommt die Regelung nur zur Anwendung, wenn weder unmittelbar die EuErbVO noch geltende multilaterales oder bilaterale staatsvertragliche Regelungen des Erbstatuts anwendbar sind.

4 **1. Multilaterale Staatsverträge.** Das Haager Übereinkommen über das auf die Rechtsnachfolge von Todes wegen anwendbare Recht vom 1.8.1989 ist nicht in Kraft getreten.

5 **2. Bilaterale Staatsverträge.** Es bestehen zahlreiche bilaterale Übereinkommen (zu deren Weiteranwendung nach Geltung der EuErbVO vgl. Art. 75 EuErbVO). Die praktisch bedeutsamsten sind:

6 **a) Deutsch-türkisches Nachlassabkommen.** Das deutsch-türkische Nachlassabkommen (Dt.-Türk. NachlAbk) (vgl. insbes. Majer ZEV 2012, 182; Bauer FamRZ 2007, 1252; Krüger FS Ansay, 2006, 131 ff.; Dörner ZEV 1996, 90; Kremer IPRax 1981, 205; zu den verfahrensrechtlichen Aspekten s. Damar IPRax 2012, 278; zum materiellen türkischen Erbrecht vgl. Serozan ZEV 1997, 473; Kesen ZEV 2003, 152, zugleich zum Erbschaftsteuerrecht; zur Aufhebung von erbrechtlichen Beschränkungen ehemaliger türkischer Staatsangehöriger vgl. Boduroglu ZEV 1997, 477; eine deutsche Übersetzung des türkischen IPR-Gesetzes von Krüger findet sich in IPRax 1982, 254 sowie bei Riering, IPR-Gesetze in Europa, Nr. 11, 338) (Anlage zu Art. 20 Dt.-Türk. NachlAbk –(Konsularvertrag zwischen dem Deutschen Reich und der Türkischen Republik vom 28.5.1929, RGBl. 1930 II 748; Wortlaut → Rn. 7.1)) unterstellt die Erbfolge in **bewegliches** Vermögen dem Recht des Staates, dem der Erblasser zum Zeitpunkt seines Todes angehörte, während die Vererbung **unbeweglichen** Nachlasses dem Recht des Belegenheitsortes (lex rei sitae) unterliegt (§ 14 Abs. 1, 2 Dt.-Türk. NachlAbk) (aus der Rspr. zuletzt BGH ZEV 2012, 590 und dazu Dutta FamRZ 2013, 452; OLG Köln ZEV 2012, 205). Über die Frage der Qualifikation beweglich/unbeweglich entscheidet dabei das Recht des jeweiligen Belegenheitsortes (§ 13 Abs. 3 Dt.-Türk. NachlAbk). Das Abkommen findet – ungeachtet des Erblasserwohnsitzes – nach §§ 14, 18 Dt.-Türk. NachlAbk immer dann Anwendung, wenn sich innerhalb eines Vertragsstaates Vermögenswerte befinden, die zum Nachlass eines Angehörigen des jeweils anderen Vertragsstaates gehören (zutr. Dörner ZEV 1996, 90). Es ist also auch dann anwendbar, wenn ein **deutscher Erblasser** Vermögen in der Türkei hinterlässt (Dörner ZEV 1996, 90; Serozan ZEV 1997, 473; NK-BGB/Kroiß Rn. 5; AG Bad Homburg IPRspr. 1977 Nr. 103) oder ein **türkischer Erblasser** mit letztem Wohnsitz in der Türkei Vermögen in Deutschland hinterlässt. Bei **Mehrstaatern** ist mangels besonderer Regelung im Dt.-Türk. NachlAbk de lege lata lückenfüllend auf Art. 5 Abs. 1 zurückzugreifen (für Unanwendbarkeit des Nachlassabkommens Krüger FS Ansay, 2006, 131 ff. (151); Bauer FamRZ 2007, 1252 (1255); Majer ZEV 2012, 182 (183 f.); MüKoBGB/Dutta EuErbVO Art. 75 Rn. 20). Unabhängig von der Frage der Effektivität der jeweiligen Staatsangehörigkeit ist damit das Dt.-Türk. NachlAbk bezüglich beweglichen Nachlasses **deutsch-türkischer Doppelstaater** nicht anwendbar, wohl aber hinsichtlich in der Türkei belegenen unbeweglichen Nachlasses (Dörner ZEV 1996, 90 (92 f.); Süß/Haas/Haas § 1 Rn. 13; aus der Rspr. vgl. AG Bad Homburg IPRspr. 1977 Nr. 103; für gänzliche Unanwendbarkeit des NachlAbk auf deutsch-türkische Doppelstaater hingegen MüKoBGB/Dutta EuErbVO Art. 75 Rn. 20; Majer ZEV 2012, 182 (183)).

7 § 15 Dt.-Türk. NachlAbk begründet für Klagen auf Feststellung des Erbrechts, Erbschaftsansprüche, Ansprüche aus Vermächtnissen und Pflichtteilsansprüche die **ausschließliche** gerichtliche Zuständigkeit des Heimatstaates für beweglichen Nachlass sowie der Gerichte des Belegenheitsstaates für unbeweglichen Nachlass (für eine restriktive Auslegung dieser Regelung – keine ausschließliche Zuständigkeit des Heimatstaates bei gemeinsamem gewöhnlichen Aufenthalt der Prozessparteien im anderen Vertragsstaat – zutr. Dörner ZEV 1996, 95 (96); Krüger FS Ansay, 2006, 131 (147); aA LG München I FamRZ 2007, 1250 (1251 f.) m. zust. Anm. Bauer FamRZ 2007, 1252 (1254 ff.); s. dazu auch Damar IPRax 2012, 278 (280); OLG Karlsruhe ZEV 2014, 158). Entscheidungen sind im jeweils anderen Vertragsstaat anzuerkennen. Erbrechts- sowie Testamentsvollstreckerzeugnisse des Heimatstaates sind bezüglich beweglichen Nachlasses anzuerkennen (§ 17 Dt.-Türk. NachlAbk) (s. dazu sowie zur Anerkennung von Erbscheinen Damar IPRax 2012, 278).

Wortlaut des Nachlassabkommens: **7.1**

**§ 1 Dt.-Türk. NachlAbk**

(1) [1]Stirbt ein Angehöriger eines Vertragsstaates im Gebiete des anderen Vertragsstaates, so hat die zuständige Ortsbehörde dem zuständigen Konsul des Staates, dem der Verstorbene angehörte, unverzüglich von dem Tode Kenntnis zu geben und ihm mitzuteilen, was ihr über die Erben und deren Aufenthalt, den Wert und die Zusammensetzung des Nachlasses sowie für das etwaige Vorhandensein einer Verfügung von Todes wegen bekannt ist. [2]Erhält zuerst der Konsul (des Staates, dem der Verstorbene angehörte), von dem Todesfalle Kenntnis, so hat er seinerseits die Ortsbehörde (in gleicher Weise) zu benachrichtigen.

(2) Gehört der Sterbeort zu einem Konsulatsbezirk, so ist die Mitteilung an den diplomatischen Vertreter des Staates, dem der Verstorbene angehörte, zu richten.

(3) Die der Ortsbehörde und dem Konsul alsdann obliegenden Verrichtungen bestimmen sich hinsichtlich des beweglichen Nachlasses nach §§ 2–11 und hinsichtlich des unbeweglichen Nachlasses nach § 12.

**§ 2 Dt.-Türk. NachlAbk**

(1) [1]Für die Sicherung des Nachlasses hat in erster Linie die zuständige Ortsbehörde zu sorgen. [2]Sie hat sich auf Maßnahmen zu beschränken, die erforderlich sind, um die Substanz des Nachlasses unversehrt zu erhalten, wie Siegelung und Aufnahme eines Nachlaßverzeichnisses. [3]Auf Ersuchen des Konsuls hat sie in jedem Falle die von ihm gewünschten Sicherungsmaßregeln zu treffen.

(2) Der Konsul kann gemeinsam mit der Ortsbehörde, oder soweit sie noch nicht eingegriffen hat, allein gem. den Vorschriften des von ihm vertretenen Staates entweder persönlich oder durch einen von ihm ernannten, mit seiner Vollmacht versehenen Vertreter den beweglichen Nachlaß siegeln und ein Nachlaßverzeichnis aufnehmen, wobei er die Hilfe der Ortsbehörden in Anspruch nehmen darf.

(3) [1]Ortsbehörden und Konsul haben einander, sofern nicht besondere Umstände entgegenstehen, Gelegenheit zur Mitwirkung bei den Sicherungsmaßnahmen zu geben. [2]Die Behörde, die hierbei nicht hat mitwirken können, ist befugt, im Falle einer Siegelung den angelegten Siegeln nachträglich ihr Siegel beizufügen. [3]Hat die andere Behörde nicht mitwirken können, so ist ihr sobald als möglich beglaubigte Abschrift des Nachlaßverzeichnisses und des Verhandlungsprotokolls zu übersenden.

(4) [1]Dieselben Bestimmungen gelten für die gemeinschaftlich vorzunehmende Aufhebung der Sicherungsmaßregeln und insbes. die Abnahme der Siegel. [2]Jedoch kann sowohl die Ortsbehörde wie der Konsul allein zur Abnahme schreiten, falls die andere Behörde ihre Einwilligung dazu erteilt oder auf eine mindestens 48 Stunden vorher an sie ergangene Einladung sich nicht rechtzeitig eingefunden hat.

**§ 3 Dt.-Türk. NachlAbk**

Die Ortsbehörde soll die in dem Lande gebräuchlichen oder durch dessen Gesetze vorgeschriebenen Bekanntmachungen über die Eröffnung des Nachlasses und den Aufruf der Erben oder Gläubiger erlassen und die Bekanntmachungen dem Konsul mitteilen; dieser kann auch seinerseits entsprechende Bekanntmachungen erlassen.

**§ 4 Dt.-Türk. NachlAbk**

[1]Der Konsul kann die Nachlaßregelung übernehmen. [2]In diesem Falle gelten die Bestimmungen der §§ 5–10 des Abkommens.

**§ 5 Dt.-Türk. NachlAbk**

(1) [1]Der Konsul ist berechtigt, sich alle Nachlaßsachen, mit Einschluß der Papiere des Verstorbenen, die sich im Gewahrsam von Privatpersonen, Notaren, Banken, Versicherungsgesellschaften, öffentlichen Kassen und dergleichen oder der Ortsbehörden befinden, unter denselben Voraussetzungen aushändigen zu lassen, und unter denselben Voraussetzungen zum Nachlaß gehörige Forderungen einzuziehen, unter denen der Verstorbene selbst dazu befugt gewesen wäre. [2]Wenn der Nachlaß ganz oder zum Teil beschlagnahmt ist oder sich unter Zwangsverwaltung befindet, kann der Konsul davon erst Besitz nehmen, nachdem die Beschlagnahme oder Zwangsverwaltung aufgehoben ist.

(2) [1]Der Konsul ist ebenfalls berechtigt, die Herausgabe der von dem Verstorbenen errichteten Verfügungen von Todes wegen zu verlangen, und zwar auch dann, wenn sie von den Landesbehörden in amtliche Verwahrung genommen worden sind, die das Recht haben, die Verfügungen vor der Herausgabe zu eröffnen. [2]Der Konsul hat eine beglaubigte Abschrift jeder in seinen Besitz gelangten und eröffneten Verfügungen der Ortsbehörde mitzuteilen.

**§ 6 Dt.-Türk. NachlAbk**

[1]Der Konsul hat das Recht und die Pflicht, alle Maßnahmen zu treffen, die er zur Erhaltung des Nachlasses als im Interesse der Erben liegend erachtet, oder die zur Erfüllung öffentlich-rechtlicher Verpflichtungen des Erblassers oder der Erben erforderlich sind. [2]Insbesondere ist er gegenüber den zuständigen Behörden zur Erteilung von Auskunft über den Wert des Nachlasses verpflichtet. [3]Er kann den Nachlaß

entweder persönlich verwalten oder durch einen von ihm gewählten und in seinem Namen handelnden Vertreter, dessen Geschäftsführung er überwacht, verwalten lassen. [4]Der Konsul ist berechtigt, die Hilfe der Ortsbehörden in Anspruch zu nehmen.

**§ 7 Dt.-Türk. NachlAbk**

(1) Der Konsul hat den Nachlaß, sobald er ihn in Besitz genommen hat, innerhalb des Landes seines Amtssitzes aufzubewahren.

(2) Der Konsul ist befugt, selbständig im Wege der Versteigerung und gem. den Gesetzen und Gebräuchen des Landes seines Amtssitzes die Bestandteile des Nachlasses, die dem Verderben ausgesetzt sind und deren Aufbewahrung schwierig und kostspielig sein würde, zu veräußern.

(3) Er ist ferner berechtigt, die Kosten der letzten Krankheit und die Beerdigung des Verstorbenen, den Lohn von Hausbediensteten, Angestellten und Arbeitern, Mietzins und andere Kosten, deren Aufwendung zur Verwaltung des Nachlasses erforderlich ist, sowie im Notfalle den für die Familie des Verstorbenen erforderlichen Unterhalt, ferner Gerichtskosten, Konsulatsgebühren und Gebühren der Ortsbehörden sofort aus dem Bestande des Nachlasses zu entnehmen.

**§ 8 Dt.-Türk. NachlAbk**

Streitigkeiten infolge von Ansprüchen gegen den Nachlaß sind bei den zuständigen Behörden des Landes, in dem dieser sich befindet, anhängig zu machen und von diesen zu entscheiden.

**§ 9 Dt.-Türk. NachlAbk**

(1) [1]Die Zwangsvollstreckung in die Nachlaßgegenstände ist zulässig, auch wenn diese sich in der Verwahrung des Konsuls befinden. [2]Dieser hat sie der zuständigen Behörde auf Ersuchen herauszugeben.

(2) [1]Falls die zuständige Behörde ein Konkursverfahren über den im Lande befindlichen Nachlaß eröffnet, hat der Konsul auf Erfordern alle Nachlaßgegenstände, soweit sie zur Konkursmasse gehören, der Ortsbehörde oder dem Konkursverwalter auszuliefern. [2]Der Konsul ist befugt, die Interessen seiner Staatsangehörigen in dem Verfahren wahrzunehmen.

**§ 10 Dt.-Türk. NachlAbk**

[1]Nach Ablauf von drei Monaten seit der letzten Bekanntmachung über die Eröffnung des Nachlasses oder, wenn eine solche Bekanntmachung nicht stattgefunden hat, nach Ablauf von vier Monaten seit dem Tode des Erblassers kann der Konsul die Nachlaßsachen an die Erben, die ihr Recht nachgewiesen haben, oder sofern der Nachweis nicht geführt werden konnte, an die zuständigen Behörden seines Landes herausgeben. [2]Er darf aber die Herausgabe nicht vornehmen, bevor alle die geschuldeten öffentlich-rechtlichen Abgaben des Erblassers und die staatlichen Abgaben sowie die zugehörigen den Nachlaß belastenden Kosten und Rechnungen entrichtet oder sichergestellt sind, und bevor die bei ihm angemeldeten Forderungen an den Nachlaß von Angehörigen oder Bewohnern des Staates, in dessen Gebiet sich der Nachlaß befindet, befriedigt oder ordnungsgemäß sichergestellt sind. [3]Diese Verpflichtung des Konsuls gegenüber den angemeldeten Forderungen erlischt, wenn er nicht binnen weiteren sechs Monaten davon in Kenntnis gesetzt wird, daß die Forderungen anerkannt oder bei dem zuständigen Gericht eingeklagt worden sind.

**§ 11 Dt.-Türk. NachlAbk**

(1) Falls der Konsul die Herausgabe nicht verlangt hat, ist die Ortsbehörde verpflichtet, die in ihrem Gewahrsam befindlichen Nachlaßgegenstände den Erben unter denselben Bedingungen herauszugeben, unter denen der Konsul nach § 10 dazu verpflichtet ist.

(2) [1]Führen die Interessenten nicht binnen sechs Monaten seit dem Todestage des Erblassers den Nachweis ihres Erbrechts, so hat die Ortsbehörde den Nachlaß unter Mitteilung der darauf bezüglichen Akten an den Konsul abzuliefern, vorbehaltlich der in § 10 vorgesehenen Bedingungen. [2]Der Konsul hat damit nach Maßgabe des § 10 zu verfahren.

**§ 12 Dt.-Türk. NachlAbk**

(1) [1]In Ansehung des unbeweglichen Nachlasses sind ausschließlich die zuständigen Behörden des Staates, in dessen Gebiet sich dieser Nachlaß befindet, berechtigt und verpflichtet, alle Verrichtungen nach Maßgabe der Landesgesetze und in derselben Weise vorzunehmen wie bei Nachlässen von Angehörigen ihres eigenen Staates. [2]Beglaubigte Abschrift des über den unbeweglichen Nachlaß aufgenommenen Verzeichnisses ist sobald als möglich dem zuständigen Konsul zu übersenden.

(2) Hat der Konsul eine Verfügung von Todes wegen in Besitz genommen, worin Bestimmungen über den unbeweglichen Nachlaß enthalten sind, so hat er der Ortsbehörde auf ihr Ersuchen die Urschrift dieser Verfügung auszuhändigen.

(3) Das Recht des Staates, in dem sich der Nachlaß befindet, entscheidet darüber, was zum beweglichen und unbeweglichen Nachlaß gehört.

**§ 13 Dt.-Türk. NachlAbk**

[1]In allen Angelegenheiten, zu denen die Eröffnung, Verwaltung und Regelung der beweglichen und unbeweglichen Nachlässe von Angehörigen des einen Staates im Gebiet des anderen Staates Anlaß geben, soll der Konsul ermächtigt sein, die Erben, die seinem Staate angehören und keinen Bevollmächtigten in dem anderen Staate bestellt haben, zu vertreten, ohne daß er gehalten ist, seine Vertretungsbefugnis durch eine besondere Urkunde nachzuweisen. [2]Die Vertretungsbefugnis des Konsuls fällt weg, wenn alle Berechtigten anwesend oder vertreten sind.

**§ 14 Dt.-Türk. NachlAbk**

(1) Die erbrechtlichen Verhältnisse bestimmen sich in Ansehung des beweglichen Nachlasses nach den Gesetzen des Landes, dem der Erblasser zurzeit seines Todes angehörte.

(2) Die erbrechtlichen Verhältnisse in Ansehung des unbeweglichen Nachlasses bestimmen sich nach den Gesetzen des Landes, in dem dieser Nachlaß liegt, und zwar in der gleichen Weise, wie wenn der Erblasser zurzeit seines Todes Angehöriger dieses Landes gewesen wäre.

**§ 15 Dt.-Türk. NachlAbk**

[1]Klagen, welche die Feststellung des Erbrechts, Erbschaftsansprüche, Ansprüche aus Vermächtnissen sowie Pflichtteilsansprüche zum Gegenstand haben, sind, soweit es sich um beweglichen Nachlaß handelt, bei den Gerichten des Staates anhängig zu machen, dem der Erblasser zurzeit seines Todes angehörte, soweit es sich um unbeweglichen Nachlaß handelt, bei den Gerichten des Staates, in dessen Gebiet sich der unbewegliche Nachlaß befindet. [2]Ihre Entscheidungen sind von dem anderen Staat anzuerkennen.

**§ 16 Dt.-Türk. NachlAbk**

(1) Verfügungen von Todes wegen sind, was ihre Form anlangt, gültig, wenn die Gesetze des Landes beachtet sind, wo die Verfügungen errichtet sind, oder die Gesetze des Staates, dem der Erblasser zurzeit der Errichtung angehörte.

(2) Das gleiche gilt für den Widerruf solcher Verfügungen von Todes wegen.

**§ 17 Dt.-Türk. NachlAbk**

[1]Ein Zeugnis über ein erbrechtliches Verhältnis, insbes. über das Recht des Erben oder eines Testamentsvollstreckers, das von der zuständigen Behörde des Staates, dem der Erblasser angehörte, nach dessen Gesetzen ausgestellt ist, genügt, soweit es sich um beweglichen Nachlaß handelt, zum Nachweis dieser Rechtsverhältnisse auch für das Gebiet des anderen Staates. [2]Zum Beweise der Echtheit genügt die Beglaubigung durch einen Konsul oder einen diplomatischen Vertreter des Staates, dem der Erblasser angehörte.

**§ 18 Dt.-Türk. NachlAbk**

Die Bestimmungen der §§ 1 bis 17 finden entsprechende Anwendung auf bewegliches oder unbewegliches Vermögen, das sich im Gebiet des einen Teils befindet und zu dem Nachlaß eines außerhalb dieses Gebietes verstorbenen Angehörigen des anderen Teils gehört.

**§ 19 Dt.-Türk. NachlAbk**

(1) Wenn eine Person, die zur Besatzung eines Schiffes eines der beiden Staaten gehört, im Gebiet des anderen Staates stirbt und nicht diesem angehört, so sollen ihre Heuerguthaben und ihre Habseligkeiten dem Konsul des zuständigen Staates übergeben werden.

(2) Wenn ein Angehöriger des einen der beiden Staaten auf der Reise im Gebiet des anderen stirbt, ohne dort seinen Wohnsitz oder gewöhnlichen Aufenthalt gehabt zu haben, so sollen die von ihm mitgeführten Gegenstände dem Konsul seines Landes übergeben werden.

(3) Der Konsul, dem die in Abs. 1 und 2 erwähnten Nachlaßsachen übergeben sind, wird damit nach den Vorschriften seines Landes verfahren, nach dem er die von dem Verstorbenen während des Aufenthaltes in dem Lande gemachten Schulden geregelt hat.

**b) Deutsch-iranisches Niederlassungsabkommen.** Art. 8 Abs. 3 Dt.-Iran. NlassAbK (Niederlassungsabkommen zwischen dem Deutschen Reich und dem Kaiserreich Persien vom 17.2.1929, RGBl. 1931 II 9; Bestätigung der Weitergeltung vom 4.11.1954, BGBl. 1955 II 829; Wortlaut → Rn. 8.1; vgl. hierzu auch Schotten/Wittkowski FamRZ 1995, 264; zu den Rechten der iranischen diplomatischen Vertretungen vgl. Birmanns IPRax 1996, 320) sieht in Bezug auf das Erbrecht unabhängig von Art und Belegenheit des Nachlasses die Anwendung des **Heimatrechts** vor (str. ist die Anwendbarkeit in Bezug auf in Drittstaaten belegenes unbewegliches Vermögen. Richtigerweise kann dem Abkommen diesbezüglich keine Einschränkung entnommen werden). Sachlich werden im Bereich des Erbrechts „testamentarische und gesetzliche Erbfolge, Nachlassabwicklungen und Erbauseinandersetzungen“ erfasst (so eine gemeinsame Erklärung zum 8

Geltungsbereich von Art. 8 Abs. 3 Dt.-Iran. NlassAbK, die nach dem Schlussprotokoll „einen Teil des Abkommens selbst bildet“, RGBl. 1930 II 1012). Rück- und Weiterverweisung sind ausgeschlossen. Das Abkommen ist nach seinem Sinn und Zweck nicht auf **deutsch-iranische Doppelstaater** anwendbar (OLG München ZEV 2010, 255; MüKoBGB/Dutta EuErbVO Art. 75 Rn. 10). Bei nicht-deutschen Mehrstaatern ist auf den Rechtsgedanken des Art. 5 Abs. 1 zurückzugreifen und auf die effektive Staatsangehörigkeit abzustellen. Es ist ebenfalls nicht auf Flüchtlinge oder Asylberechtigte anzuwenden. Art. 8 Abs. 3 S. 2 Dt.-Iran. NlassAbK, wonach die Anwendung des Heimatrechts „nur ausnahmsweise und nur insoweit ausgeschlossen werden (kann), als ein solcher Ausschluss allgemein gegenüber jedem anderen fremden Staat erfolgt“, wird allgemein als Vorbehalt zu Gunsten des jeweiligen nationalen ordre public verstanden. Das Abkommen lässt damit der Anwendung von Art. 6 Raum (ganz hM, vgl. BGH NJW-RR 2005, 1449; BGHZ 120, 29 (35); BGH NJW-RR 1993, 962; OLG Oldenburg FamRZ 1995, 1590; OLG Hamm FamRZ 1993, 111 (113) = IPRax 1994, 49 (52); Schotten/Wittkowski FamRZ 1995, 264 (266); Krüger FamRZ 1973, 6 (8 f.); IPG 1983 Nr. 32, S. 293; Dörner IPRax 1994, 33 (35); Staudinger/Dörner, 2007, Vor Art. 25 f. Rn. 159; MüKoBGB/Dutta EuErbVO Art. 75 Rn. 14 sowie → Art. 6 Rn. 8) oder stellt – was iErg unerheblich ist – eine eigenständigen ordre public-Vorbehalt dar (so Rauscher/Pabst NJW 2009, 3614 unter Hinweis auf BGH NJW-R 2005, 1449).

**8.1** Wortlaut der Regelung:

**Art. 8 Abs. 3 Dt.-Iran. NlassAbK**

[1]In Bezug auf das Personen-, Familien- und Erbrecht bleiben die Angehörigen jedes der vertragschließenden Staaten im Gebiet des anderen Staates jedoch den Vorschriften ihrer heimischen Gesetze unterworfen. [2]Die Anwendung dieser Gesetze kann von dem anderen vertragschließenden Staat nur ausnahmsweise und nur insoweit ausgeschlossen werden, als ein solcher Ausschluß allgemein gegenüber jedem anderen fremden Staat erfolgt.

**9** **c) Deutsch-sowjetischer Konsularvertrag.** Nach Art. 28 Abs. 3 Konsularvertrag (vom 25.4.1958, BGBl. 1959 II 233; nach der Auflösung der Sowjetunion ist die Weitergeltung deutsch-sowjetischer Verträge vereinbart worden mit der Russischen Föderation, Bek. vom 14.8.1992, BGBl. 1992 II 1016; Kirgisistan, BGBl. 1992 II 1015; Kasachstan, BGBl. 1992 II 1120; Georgien, BGBl. 1992 II 1128; Armenien, BGBl. 1993 II 169; Ukraine, BGBl. 1993 II 1189; Usbekistan, BGBl. 1993 II 2038; Weißrußland, BGBl. 1994 II 2533; Tadschikistan, BGBl. 1995 II 255; Aserbeidschan, BGBl. 1996 II 2471; Moldawien, BGBl. 1996 II 768. Die Weitergeltung in Bezug auf die übrigen Nachfolgestaaten der Sowjetunion ist völkerrechtlich str., vgl. MüKoBGB/Dutta EuErbVO Art. 75 Rn. 33) unterliegt die Erbfolge in „unbewegliche Nachlassgegenstände“ dem Recht des Belegenheitsortes. Dieser entscheidet auch die Frage, ob ein Gegenstand als beweglich oder unbeweglich zu qualifizieren ist (MüKoBGB/Dutta Art. 75 EuErbVO Rn. 37; Staudinger/Dörner, 2007, Vor Art. 25 f. Rn. 197). Insoweit ist eine Rück- oder Weiterverweisung ausgeschlossen. Bezüglich des wo auch immer belegenen unbeweglichen Nachlasses bleibt es aus deutscher Sicht bei der Anwendung der EuErbVO. Im Verhältnis zu den betr. Nachfolgestaaten der Sowjetunion kann es also zur kollisionsrechtlichen **Nachlassspaltung** kommen. Die Form letztwilliger Verfügungen unterliegt dem Haager Testamentsformübereinkommen.

**9.1** Wortlaut der Regelung:

**Art. 28 Abs. 3 Deutsch-sowjetischer Konsularvertrag**

Hinsichtlich der unbeweglichen Nachlassgegenstände finden die Rechtsvorschriften des Staates Anwendung, in dessen Gebiet diese Gegenstände belegen sind.

## IV. Rechtsfolge und verbleibender Anwendungsbereich

**10** Als Rechtsfolge ordnet Art. 25 die entsprechende Anwendung nur der kollisionsrechtlichen Regelungen der Art. 20–38 EuErbVO an. Die verfahrensrechtlichen Regelungen der EuErbVO über Zuständigkeit und Anerkennung sowie die Regelungen über das Europäische Nachlasszeugnis sind von der Verweisung nicht erfasst (in Bezug auf das Nachlasszeugnis aA MüKoBGB/Dutta Rn. 6). Bei den Inhalt der EuErbVO betreffenden Auslegungsfragen besteht zwar keine Vorlagepflicht an den EuGH gem. Art. 267 Abs. 3 AEUV, wohl aber die Möglichkeit einer Vorlage an den EuGH gem. Art. 267 Abs. 2 AEUV. Dieser bejaht nämlich seine Zuständigkeit auch dann, wenn Regelungen des Unionsrechts allein durch einen Verweis durch das mitgliedstaatliche Recht zur Anwendung kommen (EuGH BeckRS 2016, 81033 Rn. 24 ff. – Sahyouni; MüKoBGB/Dutta Rn. 6).

Praktisch verbleibt für Art. 25 ein verschwindend geringer Anwendungsbereich. Die Regelung wurde von Dutta treffend als „Staubsaugernorm" beschrieben, „welche – bildlich gesprochen – die neben der EuErbVO verbleibenden Krümel aufsaugt und der Verordnung zuordnet" (MüKoBGB/Dutta Rn. 1). Nicht vom sachlichen Anwendungsbereich der EuErbVO erfasste Fragen, welche aus der Sicht des deutschen Kollisionsrechts aber dennoch erbrechtlich zu qualifizieren sind, unterliegen dann kraft der Verweisung des Art. 25 den kollisionsrechtlichen Regelungen der EuErbVO, die damit in diesem engen Bereich in das autonome Kollisionsrecht überführt werden. Praktische Anwendungsfälle haben sich bislang noch nicht ergeben. Insbesondere ist fraglich, ob der vom Anwendungsbereich der EuErbVO ausgenommene trust des anglo-amerikanischen Rechts (s. dazu Art. 1 Abs. 2 lit. j EuErbVO) erbrechtlich zu qualifizieren ist und in den Anwendungsbereich der Vorschrift fällt (zweifelnd auch MüKoBGB/Dutta Rn. 4 mwN). 11

## Art. 26 Form von Verfügungen von Todes wegen

**(1) [1]In Ausführung des Artikels 3 des Haager Übereinkommens vom 5. Oktober 1961 über das auf die Form letztwilliger Verfügungen anzuwendende Recht (BGBl. 1965 II S. 1144, 1145) ist eine letztwillige Verfügung, auch wenn sie von mehreren Personen in derselben Urkunde errichtet wird oder durch sie eine frühere letztwillige Verfügung widerrufen wird, hinsichtlich ihrer Form gültig, wenn sie den Formerfordernissen des Rechts entspricht, das auf die Rechtsnachfolge von Todes wegen anzuwenden ist oder im Zeitpunkt der Verfügung anzuwenden wäre. [2]Die weiteren Vorschriften des Haager Übereinkommens bleiben unberührt.**

**(2) Für die Form anderer Verfügungen von Todes wegen ist Artikel 27 der Verordnung (EU) Nr. 650/2012 maßgeblich.**

### I. Ergänzung des HTestFormÜ (Abs. 1)

Das auf die Form von Verfügungen von Todes wegen anwendbare Recht ist in Art. 27 EuErbVO geregelt. Allerdings bleibt das in Deutschland (und vielen anderen Mitgliedstaaten der EU) geltende Haager Testamentsformübereinkommen vom 5.10.1961 **(HTestformÜ)** gem. Art. 75 Abs. 1, 2 EuErbVO von dessen Bestimmungen unberührt. Dieses regelt das auf die Form letztwilliger Verfügungen anwendbare Recht. Letztwillige Verfügungen iSd HTestformÜ sind dabei ausschließlich **Testamente** und **gemeinschaftliche Testamente,** nicht aber Erbverträge. Vor deutschen Gerichten bestimmt sich damit das auf die Testamentsform anwendbare Recht allein nach dem HTestformÜ. Da dieses gem. Art. 6 HTestformÜ universell, dh auch gegenüber Nichtvertragsstaaten anwendbar ist, verbleibt danach im in Bezug auf Testamente kein Raum für die Anwendung von Art. 27 EuErbVO (zu Erbverträgen → Rn. 4 f.). Sachlich bestehen freilich geringe Unterschiede zwischen beiden Rechtsquellen. 1

Art. 3 HTestformÜ ermächtigt die teilnehmenden Vertragsstaaten, die Formgültigkeit letztwilliger Verfügungen über das Übereinkommen hinaus durch weitere alternative Anknüpfungen des auf die Form anwendbaren Rechts zu begünstigen. Das bewirkt – in Fortführung der früheren Regelung in Art. 26 Abs. 1 Nr. 5 aF. – Abs. 1 S. 1, nach welchem neben den Bestimmungen des HTestformÜ eine letztwillige Verfügung auch dann formwirksam ist, wenn sie den Formvorschriften entweder des (nach den Regelungen der EuErbVO) auf die Erbfolge tatsächlich anwendbaren Rechts **(tatsächliches Erbstatut)** oder des Rechts, das anwendbar gewesen wäre, wenn der Erblasser im Zeitpunkt der Testamentserrichtung gestorben wäre **(hypothetisches Erbstatut)** entspricht. Die Verweisungen sind als Sachnormverweisungen zu verstehen (MüKoBGB/Dutta Rn. 3). Die praktische Bedeutung der Regelung dürfte gering sein, weil das danach anwendbare Recht sich in aller Regel mit den Anknüpfungsergebnissen aus Art. 1 HTestformÜ decken wird (so auch BeckOGK/J. Schmidt Rn. 14). 2

Die Vorschrift ist unionsrechtlich nicht unbedenklich: Art. 75 EuErbVO gewährt zwar bestehenden Staatsverträgen einen Anwendungsvorrang. Bei Abs. 1 S. 1 handelt es sich jedoch um innerstaatliches Recht, welches den Anwendungsbereich des HTestformÜ erweitert. Durch die Öffnungsklausel in Art. 3 HTestformÜ steht die Regelung nur mittelbar in Zusammenhang mit einem bestehenden Staatsvertrag. Folgt man dieser Ansicht, ist die Regelung im sachlichen Anwendungsbereich der EuErbVO von dieser verdrängt und lediglich auf **mündliche Testamente** anwendbar, weil diese gem. Art. 1 Abs. 2 lit. f EuErbVO von dieser sachlich nicht erfasst werden (vgl. dazu MüKoBGB/Dutta Rn. 1). 2.1

3 Abs. 1 S. 2 stellt (deklaratorisch) klar, dass die Regelungen des HTestformÜ iÜ unangetastet bleiben.

### II. Erweiterung des Anwendungsbereichs von Art. 27 EuErbVO (Abs. 2)

4 Das HTestformÜ erfasst sachlich ausschließlich das auf die Form letztwilliger Verfügungen anwendbare Recht. Es gilt damit ausschließlich für (auch gemeinschaftliche) **Testamente,** nicht aber für das auf die Form anderer Verfügungen von Todes wegen anwendbare Recht (MüKoBGB/Dutta HTestformÜ Art. 1 Rn. 2). Das gilt insbesondere für die Form von **schriftlichen Erbverträgen.** Da diese aber von Art. 27 EuErbVO erfasst werden, ist insoweit auch vor deutschen Gerichten Art. 27 EuErbVO maßgeblich (→ EuErbVO Art. 27 Rn. 3).

5 Ähnlich wie Art. 25 erstreckt Abs. 2 die Anwendbarkeit von Art. 27 EuErbVO auf „andere" Verfügungen von Todes wegen. Damit sind solche gemeint, die weder in den sachlichen Anwendungsbereich des HTestformÜ noch in denjenigen von Art. 27 EuErbVO fallen (MüKoBGB/Dutta Rn. 5). Der praktische Anwendungsbereich ist deshalb gering, weil das HTestformÜ – anders als Art. 27 EuErbVO (s. auch Art. 1 Abs. 2 lit. f EuErbVO) – sachlich auch mündliche oder mündliche gemeinschaftliche Testamente erfasst. Zwar ermöglicht Art. 10 HTestformÜ den Vertragsstaaten einen entsprechenden Vorbehalt, jedoch hat Deutschland davon nicht Gebrauch gemacht. Ein denkbarer, wenngleich seltener Anwendungsbereich von Abs. 2 wären damit **mündliche Erbverträge** (MüKoBGB/Dutta Rn. 5; BeckOGK/J. Schmidt Rn. 12).

6 Das auf die Form anderer erbrechtlicher Rechtsgeschäfte anwendbare Recht wird von Abs. 2 nicht erfasst. Da dieses auch nicht durch das HTestformÜ geregelt wird, gilt insoweit ausschließlich die EuErbVO. Diese enthält in Art. 28 EuErbVO eine Sonderregelung für die Form von Annahme- und Ausschlagungserklärungen.

### III. Zeitlicher Anwendungsbereich

7 Der zeitliche Anwendungsbereich deckt sich mit Art. 25 (→ Art. 25 Rn. 2).

## 5. Vertragliche Schuldverhältnisse

# a) Rom I-VO

# Verordnung (EG) Nr. 593/2008 des Europäischen Parlaments und des Rates vom 17. Juni 2008 über das auf vertragliche Schuldverhältnisse anzuwendende Recht (Rom I)

(ABl. EU L 177 S. 6, berichtigt ABl. EU 2009 L 309 S. 87)

DAS EUROPÄISCHE PARLAMENT UND DER RAT DER EUROPÄISCHEN UNION –

gestützt auf den Vertrag zur Gründung der Europäischen Gemeinschaft, insbesondere auf Artikel 61 Buchstabe c und Artikel 67 Absatz 5, zweiter Gedankenstrich,

auf Vorschlag der Kommission,

nach Stellungnahme des Europäischen Wirtschafts- und Sozialausschusses (ABl. C 318 vom 23.12.2006, S. 56),

gemäß dem Verfahren des Artikels 251 des Vertrags (Stellungnahme des Europäischen Parlaments vom 29. November 2007 (noch nicht im Amtsblatt veröffentlicht) und Beschluss des Rates vom 5. Juni 2008),

in Erwägung nachstehender Gründe:

(1) Die Gemeinschaft hat sich zum Ziel gesetzt, einen Raum der Freiheit, der Sicherheit und des Rechts zu erhalten und weiterzuentwickeln. Zur schrittweisen Schaffung dieses Raums muss

die Gemeinschaft im Bereich der justiziellen Zusammenarbeit in Zivilsachen, die einen grenzüberschreitenden Bezug aufweisen, Maßnahmen erlassen, soweit sie für das reibungslose Funktionieren des Binnenmarkts erforderlich sind.

(2) Nach Artikel 65 Buchstabe b des Vertrags schließen diese Maßnahmen solche ein, die die Vereinbarkeit der in den Mitgliedstaaten geltenden Kollisionsnormen und Vorschriften zur Vermeidung von Kompetenzkonflikten fördern.

(3) Auf seiner Tagung vom 15. und 16. Oktober 1999 in Tampere hat der Europäische Rat den Grundsatz der gegenseitigen Anerkennung von Urteilen und anderen Entscheidungen von Justizbehörden als Eckstein der justiziellen Zusammenarbeit in Zivilsachen unterstützt und den Rat und die Kommission ersucht, ein Maßnahmenprogramm zur Umsetzung dieses Grundsatzes anzunehmen.

(4) Der Rat hat am 30. November 2000 ein gemeinsames Maßnahmenprogramm der Kommission und des Rates zur Umsetzung des Grundsatzes der gegenseitigen Anerkennung gerichtlicher Entscheidungen in Zivil- und Handelssachen verabschiedet (ABl. C 12 vom 15.1.2001, S. 1). Nach dem Programm können Maßnahmen zur Harmonisierung der Kollisionsnormen dazu beitragen, die gegenseitige Anerkennung gerichtlicher Entscheidungen zu vereinfachen.

(5) In dem vom Europäischen Rat am 5. November 2004 angenommenen Haager Programm (ABl. C 53 vom 3.3.2005, S. 1) wurde dazu aufgerufen, die Beratungen über die Regelung der Kollisionsnormen für vertragliche Schuldverhältnisse („Rom I") energisch voranzutreiben.

(6) Um den Ausgang von Rechtsstreitigkeiten vorhersehbarer zu machen und die Sicherheit in Bezug auf das anzuwendende Recht sowie den freien Verkehr gerichtlicher Entscheidungen zu fördern, müssen die in den Mitgliedstaaten geltenden Kollisionsnormen im Interesse eines reibungslos funktionierenden Binnenmarkts unabhängig von dem Staat, in dem sich das Gericht befindet, bei dem der Anspruch geltend gemacht wird, dasselbe Recht bestimmen.

(7) Der materielle Anwendungsbereich und die Bestimmungen dieser Verordnung sollten mit der Verordnung (EG) Nr. 44/2001 des Rates vom 22. Dezember 2000 über die gerichtliche Zuständigkeit und die Anerkennung und Vollstreckung von Entscheidungen in Zivil- und Handelssachen („Brüssel I") (ABl. L 12 vom 16.1.2001, S. 1. Zuletzt geändert durch die Verordnung (EG) Nr. 1791/2006 (ABl. L 363 vom 20.12.2006, S. 1)) und der Verordnung (EG) Nr. 864/2007 des Europäischen Parlaments und des Rates vom 11. Juli 2007 über das auf außervertragliche Schuldverhältnisse anzuwendende Recht („Rom II") (ABl. L 199 vom 31.7.2007, S. 40) im Einklang stehen.

(8) Familienverhältnisse sollten die Verwandtschaft in gerader Linie, die Ehe, die Schwägerschaft und die Verwandtschaft in der Seitenlinie umfassen. Die Bezugnahme in Artikel 1 Absatz 2 auf Verhältnisse, die mit der Ehe oder anderen Familienverhältnissen vergleichbare Wirkungen entfalten, sollte nach dem Recht des Mitgliedstaats, in dem sich das angerufene Gericht befindet, ausgelegt werden.

(9) Unter Schuldverhältnisse aus Wechseln, Schecks, Eigenwechseln und anderen handelbaren Wertpapieren sollten auch Konnossemente fallen, soweit die Schuldverhältnisse aus dem Konnossement aus dessen Handelbarkeit entstehen.

(10) Schuldverhältnisse, die aus Verhandlungen vor Abschluss eines Vertrags entstehen, fallen unter Artikel 12 der Verordnung (EG) Nr. 864/2007. Sie sollten daher vom Anwendungsbereich dieser Verordnung ausgenommen werden.

(11) Die freie Rechtswahl der Parteien sollte einer der Ecksteine des Systems der Kollisionsnormen im Bereich der vertraglichen Schuldverhältnisse sein.

(12) Eine Vereinbarung zwischen den Parteien, dass ausschließlich ein Gericht oder mehrere Gerichte eines Mitgliedstaats für Streitigkeiten aus einem Vertrag zuständig sein sollen, sollte bei der Feststellung, ob eine Rechtswahl eindeutig getroffen wurde, einer der zu berücksichtigenden Faktoren sein.

(13) Diese Verordnung hindert die Parteien nicht daran, in ihrem Vertrag auf ein nichtstaatliches Regelwerk oder ein internationales Übereinkommen Bezug zu nehmen.

(14) Sollte die Gemeinschaft in einem geeigneten Rechtsakt Regeln des materiellen Vertragsrechts, einschließlich vertragsrechtlicher Standardbestimmungen, festlegen, so kann in einem solchen Rechtsakt vorgesehen werden, dass die Parteien entscheiden können, diese Regeln anzuwenden.

(15) Wurde eine Rechtswahl getroffen und sind alle anderen Elemente des Sachverhalts in einem anderen als demjenigen Staat belegen, dessen Recht gewählt wurde, so sollte die Rechtswahl nicht die Anwendung derjenigen Bestimmungen des Rechts dieses anderen Staates berühren, von denen nicht durch Vereinbarung abgewichen werden kann. Diese Regel sollte unabhängig davon angewandt werden, ob die Rechtswahl zusammen mit einer Gerichtsstandsvereinbarung getroffen

wurde oder nicht. Obwohl keine inhaltliche Änderung gegenüber Artikel 3 Absatz 3 des Übereinkommens von 1980 über das auf vertragliche Schuldverhältnisse anzuwendende Recht (ABl. C 334 vom 30.12.2005, S. 1) („Übereinkommen von Rom") beabsichtigt ist, ist der Wortlaut der vorliegenden Verordnung so weit wie möglich an Artikel 14 der Verordnung (EG) Nr. 864/2007 angeglichen.

(16) Die Kollisionsnormen sollten ein hohes Maß an Berechenbarkeit aufweisen, um zum allgemeinen Ziel dieser Verordnung, nämlich zur Rechtssicherheit im europäischen Rechtsraum, beizutragen. Dennoch sollten die Gerichte über ein gewisses Ermessen verfügen, um das Recht bestimmen zu können, das zu dem Sachverhalt die engste Verbindung aufweist.

(17) Soweit es das mangels einer Rechtswahl anzuwendende Recht betrifft, sollten die Begriffe „Erbringung von Dienstleistungen" und „Verkauf beweglicher Sachen" so ausgelegt werden wie bei der Anwendung von Artikel 5 der Verordnung (EG) Nr. 44/2001, soweit der Verkauf beweglicher Sachen und die Erbringung von Dienstleistungen unter jene Verordnung fallen. Franchiseverträge und Vertriebsverträge sind zwar Dienstleistungsverträge, unterliegen jedoch besonderen Regeln.

(18) Hinsichtlich des mangels einer Rechtswahl anzuwendenden Rechts sollten unter multilateralen Systemen solche Systeme verstanden werden, in denen Handel betrieben wird, wie die geregelten Märkte und multilateralen Handelssysteme im Sinne des Artikels 4 der Richtlinie 2004/39/EG des Europäischen Parlaments und des Rates vom 21. April 2004 über Märkte für Finanzinstrumente (ABl. L 145 vom 30.4.2004, S. 1. Zuletzt geändert durch die Richtlinie 2008/10/EG (ABl. L 76 vom 19.3.2008, S. 33)), und zwar ungeachtet dessen, ob sie sich auf eine zentrale Gegenpartei stützen oder nicht.

(19) Wurde keine Rechtswahl getroffen, so sollte das anzuwendende Recht nach der für die Vertragsart spezifizierten Regel bestimmt werden. Kann der Vertrag nicht einer der spezifizierten Vertragsarten zugeordnet werden oder sind die Bestandteile des Vertrags durch mehr als eine der spezifizierten Vertragsarten abgedeckt, so sollte der Vertrag dem Recht des Staates unterliegen, in dem die Partei, welche die für den Vertrag charakteristische Leistung zu erbringen hat, ihren gewöhnlichen Aufenthalt hat. Besteht ein Vertrag aus einem Bündel von Rechten und Verpflichtungen, die mehr als einer der spezifizierten Vertragsarten zugeordnet werden können, so sollte die charakteristische Leistung des Vertrags nach ihrem Schwerpunkt bestimmt werden.

(20) Weist ein Vertrag eine offensichtlich engere Verbindung zu einem anderen als dem in Artikel 4 Absätze 1 und 2 genannten Staat auf, so sollte eine Ausweichklausel vorsehen, dass das Recht dieses anderen Staats anzuwenden ist. Zur Bestimmung dieses Staates sollte unter anderem berücksichtigt werden, ob der betreffende Vertrag in einer sehr engen Verbindung zu einem oder mehreren anderen Verträgen steht.

(21) Kann das bei Fehlen einer Rechtswahl anzuwendende Recht weder aufgrund der Zuordnung des Vertrags zu einer der spezifizierten Vertragsarten noch als das Recht des Staates bestimmt werden, in dem die Partei, die die für den Vertrag charakteristische Leistung zu erbringen hat, ihren gewöhnlichen Aufenthalt hat, so sollte der Vertrag dem Recht des Staates unterliegen, zu dem er die engste Verbindung aufweist. Bei der Bestimmung dieses Staates sollte unter anderem berücksichtigt werden, ob der betreffende Vertrag in einer sehr engen Verbindung zu einem oder mehreren anderen Verträgen steht.

(22) In Bezug auf die Auslegung von „Güterbeförderungsverträgen" ist keine inhaltliche Abweichung von Artikel 4 Absatz 4 Satz 3 des Übereinkommens von Rom beabsichtigt. Folglich sollten als Güterbeförderungsverträge auch Charterverträge für eine einzige Reise und andere Verträge gelten, die in der Hauptsache der Güterbeförderung dienen. Für die Zwecke dieser Verordnung sollten der Begriff „Absender" eine Person bezeichnen, die mit dem Beförderer einen Beförderungsvertrag abschließt, und der Begriff „Beförderer" die Vertragspartei, die sich zur Beförderung der Güter verpflichtet, unabhängig davon, ob sie die Beförderung selbst durchführt.

(23) Bei Verträgen, bei denen die eine Partei als schwächer angesehen wird, sollte die schwächere Partei durch Kollisionsnormen geschützt werden, die für sie günstiger sind als die allgemeinen Regeln.

(24) Insbesondere bei Verbraucherverträgen sollte die Kollisionsnorm es ermöglichen, die Kosten für die Beilegung von Rechtsstreitigkeiten zu senken, die häufig einen geringen Streitwert haben, und der Entwicklung des Fernabsatzes Rechnung zu tragen. Um die Übereinstimmung mit der Verordnung (EG) Nr. 44/2001 zu wahren, ist zum einen als Voraussetzung für die Anwendung der Verbraucherschutznorm auf das Kriterium der ausgerichteten Tätigkeit zu verweisen und zum anderen auf die Notwendigkeit, dass dieses Kriterium in der Verordnung (EG) Nr. 44/2001 und der vorliegenden Verordnung einheitlich ausgelegt wird, wobei zu beachten ist, dass eine gemeinsame Erklärung des Rates und der Kommission zu Artikel 15 der Verordnung (EG)

Nr. 44/2001 ausführt, „dass es für die Anwendung von Artikel 15 Absatz 1 Buchstabe c nicht ausreicht, dass ein Unternehmen seine Tätigkeiten auf den Mitgliedstaat, in dem der Verbraucher seinen Wohnsitz hat, oder auf mehrere Staaten – einschließlich des betreffenden Mitgliedstaats –, ausrichtet, sondern dass im Rahmen dieser Tätigkeiten auch ein Vertrag geschlossen worden sein muss." Des Weiteren heißt es in dieser Erklärung, „dass die Zugänglichkeit einer Website allein nicht ausreicht, um die Anwendbarkeit von Artikel 15 zu begründen; vielmehr ist erforderlich, dass diese Website auch den Vertragsabschluss im Fernabsatz anbietet und dass tatsächlich ein Vertragsabschluss im Fernabsatz erfolgt ist, mit welchem Mittel auch immer. Dabei sind auf einer Website die benutzte Sprache oder die Währung nicht von Bedeutung."

(25) Die Verbraucher sollten dann durch Regelungen des Staates ihres gewöhnlichen Aufenthalts geschützt werden, von denen nicht durch Vereinbarung abgewichen werden kann, wenn der Vertragsschluss darauf zurückzuführen ist, dass der Unternehmer in diesem bestimmten Staat eine berufliche oder gewerbliche Tätigkeit ausübt. Der gleiche Schutz sollte gewährleistet sein, wenn ein Unternehmer zwar keine beruflichen oder gewerblichen Tätigkeiten in dem Staat, in dem der Verbraucher seinen gewöhnlichen Aufenthalt hat, ausübt, seine Tätigkeiten aber – unabhängig von der Art und Weise, in der dies geschieht – auf diesen Staat oder auf mehrere Staaten, einschließlich dieses Staates, ausrichtet und der Vertragsschluss auf solche Tätigkeiten zurückzuführen ist.

(26) Für die Zwecke dieser Verordnung sollten Finanzdienstleistungen wie Wertpapierdienstleistungen und Anlagetätigkeiten und Nebendienstleistungen nach Anhang I Abschnitt A und Abschnitt B der Richtlinie 2004/39/EG, die ein Unternehmer für einen Verbraucher erbringt, sowie Verträge über den Verkauf von Anteilen an Organismen für gemeinsame Anlagen in Wertpapieren, selbst wenn sie nicht unter die Richtlinie 85/611/EWG des Rates vom 20. Dezember 1985 zur Koordinierung der Rechts- und Verwaltungsvorschriften betreffend bestimmte Organismen für gemeinsame Anlagen in Wertpapieren (OGAW) (ABl. L 375 vom 31.12.1985, S. 3. Zuletzt geändert durch die Richtlinie 2008/18/EG des Europäischen Parlaments und des Rates (ABl. L 76 vom 19.3.2008, S. 42)) fallen, Artikel 6 der vorliegenden Verordnung unterliegen. Daher sollten, wenn die Bedingungen für die Ausgabe oder das öffentliche Angebot bezüglich übertragbarer Wertpapiere oder die Zeichnung oder der Rückkauf von Anteilen an Organismen für gemeinsame Anlagen in Wertpapieren erwähnt werden, darunter alle Aspekte fallen, durch die sich der Emittent bzw. Anbieter gegenüber dem Verbraucher verpflichtet, nicht aber diejenigen Aspekte, die mit der Erbringung von Finanzdienstleistungen im Zusammenhang stehen.

(27) Es sollten verschiedene Ausnahmen von der allgemeinen Kollisionsnorm für Verbraucherverträge vorgesehen werden. Eine solche Ausnahme, bei der die allgemeinen Regeln nicht gelten, sollten Verträge sein, die ein dingliches Recht an unbeweglichen Sachen oder die Miete oder Pacht unbeweglicher Sachen zum Gegenstand haben, mit Ausnahme von Verträgen über Teilzeitnutzungsrechte an Immobilien im Sinne der Richtlinie 94/47/EG des Europäischen Parlaments und des Rates vom 26. Oktober 1994 zum Schutz der Erwerber im Hinblick auf bestimmte Aspekte von Verträgen über den Erwerb von Teilzeitnutzungsrechten an Immobilien (ABl. L 280 vom 29.10.1994, S. 83).

(28) Es muss sichergestellt werden, dass Rechte und Verpflichtungen, die ein Finanzinstrument begründen, nicht der allgemeinen Regel für Verbraucherverträge unterliegen, da dies dazu führen könnte, dass für jedes der ausgegebenen Instrumente ein anderes Recht anzuwenden wäre, wodurch ihr Wesen verändert würde und ihr fungibler Handel und ihr fungibles Angebot verhindert würden. Entsprechend sollte auf das Vertragsverhältnis zwischen dem Emittenten bzw. dem Anbieter und dem Verbraucher bei Ausgabe oder Angebot solcher Instrumente nicht notwendigerweise die Anwendung des Rechts des Staates des gewöhnlichen Aufenthalts des Verbrauchers zwingend vorgeschrieben sein, da die Einheitlichkeit der Bedingungen einer Ausgabe oder eines Angebots sichergestellt werden muss. Gleiches sollte bei den multilateralen Systemen, die von Artikel 4 Absatz 1 Buchstabe h erfasst werden, gelten, in Bezug auf die gewährleistet sein sollte, dass das Recht des Staates des gewöhnlichen Aufenthalts des Verbrauchers nicht die Regeln berührt, die auf innerhalb solcher Systeme oder mit dem Betreiber solcher Systeme geschlossene Verträge anzuwenden sind.

(29) Werden für die Zwecke dieser Verordnung Rechte und Verpflichtungen, durch die die Bedingungen für die Ausgabe, das öffentliche Angebot oder das öffentliche Übernahmeangebot bezüglich übertragbarer Wertpapiere festgelegt werden, oder die Zeichnung oder der Rückkauf von Anteilen an Organismen für gemeinsame Anlagen in Wertpapieren genannt, so sollten darunter auch die Bedingungen für die Zuteilung von Wertpapieren oder Anteilen, für die Rechte im Falle einer Überzeichnung, für Ziehungsrechte und ähnliche Fälle im Zusammenhang mit dem Angebot sowie die in den Artikeln 10, 11, 12 und 13 geregelten Fälle fallen, so dass sichergestellt ist, dass

alle relevanten Vertragsaspekte eines Angebots, durch das sich der Emittent bzw. Anbieter gegenüber dem Verbraucher verpflichtet, einem einzigen Recht unterliegen.

(30) Für die Zwecke dieser Verordnung bezeichnen die Begriffe „Finanzinstrumente" und „übertragbare Wertpapiere" diejenigen Instrumente, die in Artikel 4 der Richtlinie 2004/39/EG genannt sind.

(31) Die Abwicklung einer förmlichen Vereinbarung, die als ein System im Sinne von Artikel 2 Buchstabe a der Richtlinie 98/26/EG des Europäischen Parlaments und des Rates vom 19. Mai 1998 über die Wirksamkeit von Abrechnungen in Zahlungs- sowie Wertpapierliefer- und -abrechnungssystemen (ABl. L 166 vom 11.6.1998, S. 45) ausgestaltet ist, sollte von dieser Verordnung unberührt bleiben.

(32) Wegen der Besonderheit von Beförderungsverträgen und Versicherungsverträgen sollten besondere Vorschriften ein angemessenes Schutzniveau für zu befördernde Personen und Versicherungsnehmer gewährleisten. Deshalb sollte Artikel 6 nicht im Zusammenhang mit diesen besonderen Verträgen gelten.

(33) Deckt ein Versicherungsvertrag, der kein Großrisiko deckt, mehr als ein Risiko, von denen mindestens eines in einem Mitgliedstaat und mindestens eines in einem dritten Staat belegen ist, so sollten die besonderen Regelungen für Versicherungsverträge in dieser Verordnung nur für die Risiken gelten, die in dem betreffenden Mitgliedstaat bzw. den betreffenden Mitgliedstaaten belegen sind.

(34) Die Kollisionsnorm für Individualarbeitsverträge sollte die Anwendung von Eingriffsnormen des Staates, in den der Arbeitnehmer im Einklang mit der Richtlinie 96/71/EG des Europäischen Parlaments und des Rates vom 16. Dezember 1996 über die Entsendung von Arbeitnehmern im Rahmen der Erbringung von Dienstleistungen (ABl. L 18 vom 21.1.1997, S. 1) entsandt wird, unberührt lassen.

(35) Den Arbeitnehmern sollte nicht der Schutz entzogen werden, der ihnen durch Bestimmungen gewährt wird, von denen nicht oder nur zu ihrem Vorteil durch Vereinbarung abgewichen werden darf.

(36) Bezogen auf Individualarbeitsverträge sollte die Erbringung der Arbeitsleistung in einem anderen Staat als vorübergehend gelten, wenn von dem Arbeitnehmer erwartet wird, dass er nach seinem Arbeitseinsatz im Ausland seine Arbeit im Herkunftsstaat wieder aufnimmt. Der Abschluss eines neuen Arbeitsvertrags mit dem ursprünglichen Arbeitgeber oder einem Arbeitgeber, der zur selben Unternehmensgruppe gehört wie der ursprüngliche Arbeitgeber, sollte nicht ausschließen, dass der Arbeitnehmer als seine Arbeit vorübergehend in einem anderen Staat verrichtend gilt.

(37) Gründe des öffentlichen Interesses rechtfertigen es, dass die Gerichte der Mitgliedstaaten unter außergewöhnlichen Umständen die Vorbehaltsklausel („ordre public") und Eingriffsnormen anwenden können. Der Begriff „Eingriffsnormen" sollte von dem Begriff „Bestimmungen, von denen nicht durch Vereinbarung abgewichen werden kann", unterschieden und enger ausgelegt werden.

(38) Im Zusammenhang mit der Übertragung der Forderung sollte mit dem Begriff „Verhältnis" klargestellt werden, dass Artikel 14 Absatz 1 auch auf die dinglichen Aspekte des Vertrags zwischen Zedent und Zessionar anwendbar ist, wenn eine Rechtsordnung dingliche und schuldrechtliche Aspekte trennt. Allerdings sollte mit dem Begriff „Verhältnis" nicht jedes beliebige möglicherweise zwischen dem Zedenten und dem Zessionar bestehende Verhältnis gemeint sein. Insbesondere sollte sich der Begriff nicht auf die der Übertragung einer Forderung vorgelagerten Fragen erstrecken. Vielmehr sollte er sich ausschließlich auf die Aspekte beschränken, die für die betreffende Übertragung einer Forderung unmittelbar von Bedeutung sind.

(39) Aus Gründen der Rechtssicherheit sollte der Begriff „gewöhnlicher Aufenthalt", insbesondere im Hinblick auf Gesellschaften, Vereine und juristische Personen, eindeutig definiert werden. Im Unterschied zu Artikel 60 Absatz 1 der Verordnung (EG) Nr. 44/2001, der drei Kriterien zur Wahl stellt, sollte sich die Kollisionsnorm auf ein einziges Kriterium beschränken, da es für die Parteien andernfalls nicht möglich wäre, vorherzusehen, welches Recht auf ihren Fall anwendbar ist.

(40) Die Aufteilung der Kollisionsnormen auf zahlreiche Rechtsakte sowie Unterschiede zwischen diesen Normen sollten vermieden werden. Diese Verordnung sollte jedoch die Möglichkeit der Aufnahme von Kollisionsnormen für vertragliche Schuldverhältnisse in Vorschriften des Gemeinschaftsrechts über besondere Gegenstände nicht ausschließen.

Diese Verordnung sollte die Anwendung anderer Rechtsakte nicht ausschließen, die Bestimmungen enthalten, die zum reibungslosen Funktionieren des Binnenmarkts beitragen sollen, soweit sie nicht in Verbindung mit dem Recht angewendet werden können, auf das die Regeln dieser Verordnung verweisen. Die Anwendung der Vorschriften im anzuwendenden Recht, die durch die Bestimmungen dieser Verordnung berufen wurden, sollte nicht die Freiheit des Waren- und Dienstleistungsverkehrs, wie sie in den Rechtsinstrumenten der Gemeinschaft wie der Richtlinie 2000/31/EG des Europäischen Parlaments und des Rates vom 8. Juni 2000 über bestimmte rechtliche Aspekte der Dienste der Informationsgesellschaft, insbesondere des elektronischen Geschäftsverkehrs, im Binnenmarkt („Richtlinie über den elektronischen Geschäftsverkehr") (ABl. L 178 vom 17.7.2000, S. 1) ausgestaltet ist, beschränken.

(41) Um die internationalen Verpflichtungen, die die Mitgliedstaaten eingegangen sind, zu wahren, darf sich die Verordnung nicht auf internationale Übereinkommen auswirken, denen ein oder mehrere Mitgliedstaaten zum Zeitpunkt der Annahme dieser Verordnung angehören. Um den Zugang zu den Rechtsakten zu erleichtern, sollte die Kommission anhand der Angaben der Mitgliedstaaten ein Verzeichnis der betreffenden Übereinkommen *im Amtsblatt der Europäischen Union* veröffentlichen.

(42) Die Kommission wird dem Europäischen Parlament und dem Rat einen Vorschlag unterbreiten, nach welchen Verfahren und unter welchen Bedingungen die Mitgliedstaaten in Einzel- und Ausnahmefällen in eigenem Namen Übereinkünfte mit Drittländern über sektorspezifische Fragen aushandeln und abschließen dürfen, die Bestimmungen über das auf vertragliche Schuldverhältnisse anzuwendende Recht enthalten.

(43) Da das Ziel dieser Verordnung auf Ebene der Mitgliedstaaten nicht ausreichend verwirklicht werden kann und daher wegen des Umfangs und der Wirkungen der Verordnung besser auf Gemeinschaftsebene zu verwirklichen ist, kann die Gemeinschaft im Einklang mit dem in Artikel 5 des Vertrags niedergelegten Subsidiaritätsprinzip tätig werden. Entsprechend dem ebenfalls in diesem Artikel festgelegten Grundsatz der Verhältnismäßigkeit geht diese Verordnung nicht über das zur Erreichung ihres Ziels erforderliche Maß hinaus.

(44) Gemäß Artikel 3 des Protokolls über die Position des Vereinigten Königreichs und Irlands im Anhang zum Vertrag über die Europäische Union und im Anhang zum Vertrag zur Gründung der Europäischen Gemeinschaft beteiligt sich Irland an der Annahme und Anwendung dieser Verordnung.

(45) Gemäß den Artikeln 1 und 2 und unbeschadet des Artikels 4 des Protokolls über die Position des Vereinigten Königreichs und Irlands im Anhang zum Vertrag über die Europäische Union und zum Vertrag zur Gründung der Europäischen Gemeinschaft beteiligt sich das Vereinigte Königreich nicht an der Annahme dieser Verordnung, die für das Vereinigte Königreich nicht bindend oder anwendbar ist.

(46) Gemäß den Artikeln 1 und 2 des Protokolls über die Position Dänemarks im Anhang zum Vertrag über die Europäische Union und dem Vertrag zur Gründung der Europäischen Gemeinschaft beteiligt sich Dänemark nicht an der Annahme dieser Verordnung, die für Dänemark nicht bindend oder anwendbar ist –

HABEN FOLGENDE VERORDNUNG ERLASSEN:

## Kapitel I. Anwendungsbereich

### Art. 1 Anwendungsbereich

**(1) Diese Verordnung gilt für vertragliche Schuldverhältnisse in Zivil- und Handelssachen, die eine Verbindung zum Recht verschiedener Staaten aufweisen.**

**Sie gilt insbesondere nicht für Steuer- und Zollsachen sowie verwaltungsrechtliche Angelegenheiten.**

**(2) Vom Anwendungsbereich dieser Verordnung ausgenommen sind:**

**a) der Personenstand sowie die Rechts-, Geschäfts- und Handlungsfähigkeit von natürlichen Personen, unbeschadet des Artikels 13;**

**b) Schuldverhältnisse aus einem Familienverhältnis oder aus Verhältnissen, die nach dem auf diese Verhältnisse anzuwendenden Recht vergleichbare Wirkungen entfalten, einschließlich der Unterhaltspflichten;**

**c) Schuldverhältnisse aus ehelichen Güterständen, aus Güterständen aufgrund von Verhältnissen, die nach dem auf diese Verhältnisse anzuwendenden Recht mit der Ehe vergleichbare Wirkungen entfalten, und aus Testamenten und Erbrecht;**

**d) Verpflichtungen aus Wechseln, Schecks, Eigenwechseln und anderen handelbaren Wertpapieren, soweit die Verpflichtungen aus diesen anderen Wertpapieren aus deren Handelbarkeit entstehen;**

**e) Schieds- und Gerichtsstandsvereinbarungen;**

**f) Fragen betreffend das Gesellschaftsrecht, das Vereinsrecht und das Recht der juristischen Personen, wie die Errichtung durch Eintragung oder auf andere Weise, die Rechts- und Handlungsfähigkeit, die innere Verfassung und die Auflösung von Gesellschaften, Vereinen und juristischen Personen sowie die persönliche Haftung der Gesellschafter und der Organe für die Verbindlichkeiten einer Gesellschaft, eines Vereins oder einer juristischen Person;**

**g) die Frage, ob ein Vertreter die Person, für deren Rechnung er zu handeln vorgibt, Dritten gegenüber verpflichten kann, oder ob ein Organ einer Gesellschaft, eines Vereins oder einer anderen juristischen Person diese Gesellschaft, diesen Verein oder diese juristische Person gegenüber Dritten verpflichten kann;**

**h) die Gründung von „Trusts" sowie die dadurch geschaffenen Rechtsbeziehungen zwischen den Verfügenden, den Treuhändern und den Begünstigten;**

**i) Schuldverhältnisse aus Verhandlungen vor Abschluss eines Vertrags;**

**j) Versicherungsverträge aus von anderen Einrichtungen als den in Artikel 2 der Richtlinie 2002/83/EG des Europäischen Parlaments und des Rates vom 5. November 2002 über Lebensversicherungen (ABl. L 345 vom 19.12.2002, S. 1. Zuletzt geändert durch die Richtlinie 2008/19/EG (ABl. L 76 vom 19.3.2008, S. 44) genannten Unternehmen durchgeführten Geschäften, deren Zweck darin besteht, den unselbstständig oder selbstständig tätigen Arbeitskräften eines Unternehmens oder einer Unternehmensgruppe oder den Angehörigen eines Berufes oder einer Berufsgruppe im Todes- oder Erlebensfall oder bei Arbeitseinstellung oder bei Minderung der Erwerbstätigkeit oder bei arbeitsbedingter Krankheit oder Arbeitsunfällen Leistungen zu gewähren.**

**(3) Diese Verordnung gilt unbeschadet des Artikels 18 nicht für den Beweis und das Verfahren.**

**(4) [1]Im Sinne dieser Verordnung bezeichnet der Begriff „Mitgliedstaat" die Mitgliedstaaten, auf die diese Verordnung anwendbar ist. [2]In Artikel 3 Absatz 4 und Artikel 7 bezeichnet der Begriff jedoch alle Mitgliedstaaten.**

**Schrifttum:** Althammer, Der Begriff der Familie als Anknüpfungspunkt im Europäischen Kollisions- und Verfahrensrecht, NZFam 2016, 629; Bayer/Schmidt, Gläubigerschutz bei (grenzüberschreitenden) Verschmelzungen, ZIP 2016, 841; Brödermann, Paradigmenwechsel im Internationalen Schuldrecht, NJW 2010, 807; Colberg, Schadensersatz wegen Verletzung einer Gerichtsstandsvereinbarung, IPRax 2020, 459; Czernich, Österreich: Das auf die Schiedsvereinbarung anwendbare Recht, SchiedsVZ 2015, 181; Emde, Internationale vertriebsrechtliche Schiedsverfahren, RIW 2016, 104; Grimm, Applicability oft he Rome I and II Regulations to International Arbitration, SchiedsVZ 2012, 189; Junker, Die einheitliche Auslegung nach dem EG-Schuldvertragsübereinkommen, RabelsZ 55 (1991), 674; Kindler, Einführung in das neue IPR des Wirtschaftsverkehrs, 2009; König, Zur Bestimmung des Schiedsvertragsstatuts bei fehlender Gesetzesgrundlage nach Inkrafttreten der Rom I-Verordnung, SchiedsVZ 2012, 129; Kranz, IPR-Fragen bei der Verpfändung von Mitgliedschaftsrechten, IPRax 2021, 139; Leible/Lehmann, Die VO über das auf vertragliche Schuldverhältnisse anzuwendende Recht („Rom I"), RIW 2008, 528; Leithold, Die kollisionsrechtliche Qualifikation des zur Nachlassplanung verwendeten inter vivo trust, FamRZ 2015, 709; Magnus, Die Rom I-Verordnung, IPRax 2010, 27; Magnus/Mankowski, ECPIL – Rome I Regulation, 2017; R. Magnus, Der grenzüberschreitende Bezug als Anwendungsvoraussetzung im europäischen Zuständigkeits- und Kollisionsrecht, ZEuP 2018, 507; Mankowski, Der Vorschlag für ein Gemeinsames Europäisches Kaufrecht und das Internationale Privatrecht, RIW 2012, 97; Martiny, Neues deutsches Internationales Vertragsrecht, RIW 2009, 737; Martiny, Neuanfang im Europäischen Internationalen Vertragsrecht mit der Rom I-VO, ZEuP 2010, 747; Meyer-Sparenberg, Staatsvertragliche Kollisionsnormen, 1990; Nueber, Nochmals: Schiedsgerichtsbarkeit ist vom Anwendungsbereich der Rom I-VO nicht erfasst, SchiedsVZ 2014, 186; Pirrung, Zur Auslegung der Anknüpfungsnormen für Schuldverhältnisse, FS W. Lorenz, 2001, 399; Renner/Hesselbarth, Unternehmensverträge und die Rom I-VO, IPRax 2014, 117; Schäuble, Internationales Schuldvertragsrecht in der notariellen Praxis, BWNotZ 2015, 2; Schilf, Römische IPR-Verordnungen – kein Korsett für internationale Schiedsgerichte, RIW 2013, 678; Schlosser, Rechtswahlvereinbarungen für den Hauptvertrag auch gültig für die Schiedsvereinbarung?, IPRax 2020, 222; Schütze, Kollisionsrechtliche Probleme der Schiedsvereinbarung, insbesondere der Erstreckung ihrer Bindungswirkung auf Dritte, SchiedsVZ 2014, 174; Solomon, Die Rom I-VO in der deutschen ordentlichen Gerichtsbarkeit, ZVglRWiss 2016, 586; Spickhoff, Zur Qualifikation der nichtehelichen Lebensgemeinschaft, Liber Amicorum Klaus Schurig, 2012, 285; M. Stürner/Wendelstein, Das Schiedsvereinbarungsstatut bei vertraglichen Streitigkeiten, IPRax 2014, 473; Valdini, Gesetzesreform durch die Hintertür? Die Abwahl zwingenden Rechts durch Schiedsabreden bei Inlandssachverhalten, ZIP 2017, 7; Wedemann, Gesellschaftervereinbarungen im IPR, NZG 2021, 1443; Wilhelm, Die Anknüpfung von Treuhandverträgen im Internationalen Privatrecht unter besonderer Berücksichtigung der Rom I-VO, IPRax 2012, 392.

## Übersicht



## I. Vorbemerkung

**1. Rechtsquellen.** Das Auffinden der einschlägigen Rechtsquellen des Internationalen Vertragsrechts ist weniger einfach, als es zunächst den Anschein hat. Das **Kernstück des geltenden Rechts** findet sich zwar in der **Rom I-VO.** Sie ist gem. Art. 28 auf Verträge anzuwenden, die „nach" (zu lesen als: „ab") dem 17.12.2009 geschlossen worden sind. Für **Altfälle** ist auf die **Art. 27–37 EGBGB aF** und vor deren Inkrafttreten gem. Art. 220 Abs. 1 EGBGB auf das bis zum 1.9.1986 geltende Richter- und Gewohnheitsrecht zurückzugreifen. Sachverhalte, die eine Berührung zur früheren **DDR** aufweisen, sind möglicherweise noch nach den Kollisionsregeln des Rechtsanwendungsgesetzes der DDR zu beurteilen. Überdies sind vorrangige Staatsverträge zu beachten. 1

**a) Art. 27–37 EGBGB aF.** Art. 27–37 EGBGB aF (→ 2. Aufl.) beruhen auf dem durch die Rom I-VO nunmehr ersetzten (Art. 24) **Römischen EWG-Übereinkommen** vom 19.6.1980 über das auf vertragliche Schuldverhältnisse anzuwendende Recht (EVÜ). Durch Gesetz vom 25.7.1986 hatte der Bundestag diesem Abkommen zugleich mit der Verabschiedung des IPRG zugestimmt (BGBl. 1986 II 809 (810) mit Denkschrift zum Übereinkommen und Bericht von Giuliano/Lagarde BT-Drs. 10/503, 21 f.; zu den Auswirkungen vgl. Martiny ZEuP 1995, 67). Das Übereinkommen war für Deutschland am 1.4.1991 völkerrechtlich in Kraft getreten (Bek. vom 12.7.1991, BGBl. II 871 (872); dazu Jayme/Kohler IPRax 1991, 361 f.). Es enthielt allseitige Kollisionsregeln für das auf Schuldverträge anwendbare Recht inklusive Fragen der Form (Art. 9), der Rechts-, Geschäfts- und Handlungsfähigkeit (Art. 11), der Abtretung (Art. 12 und Art. 13) sowie Fragen des Allgemeinen Teils des IPR (insbes. Art. 15 – Ausschluss der Rück- und Weiterverweisung, Art. 16 – öffentliche Ordnung, und Art. 19 – Mehrrechtsordnungen). Im Interesse der Rechtsklarheit wurden für die Bundesrepublik Deutschland die Artikel des EVÜ nicht in innerstaatlich maßgebendes Recht transformiert, sodass sie als deutsches Kollisionsrecht nicht unmittelbar anwendbar (gewesen) sind (Art. 1 Abs. 2 Zustimmungsgesetz). Daher haben die Vorschriften des EVÜ auch nicht gem. Art. 3 Nr. 2 EGBGB Vorrang vor dem autonomen deutschen IPR besessen. Stattdessen hatte der deutsche Gesetzgeber (entgegen einer Empfehlung der Kommission vom 15.1.1985) (ABl. 1985 L 44, 12 = IPRax 1985, 178 (180)) die Kollisionsregeln des EVÜ in das EGBGB, insbes. in Art. 27–37 EGBGB aF, ferner in Art. 6, 11 und 12 EGBGB aF eingestellt (krit. insoweit auch Stellungnahme MPI RabelsZ 47 (1983), 595 (665 ff.); v. Hoffmann IPRax 1984, 10; Beitzke RabelsZ 48 (1984), 623 (637); Nolte IPRax 1985, 71; vgl. auch Sandrock RIW 1986, 841 (842); v. Bar/Pirrung, Europäisches Gemeinschaftsrecht und IPR, 1991, 21 ff.). Ein **unmittelbarer Rückgriff auf das EVÜ** war deshalb **ausgeschlossen.** Dem Ursprung des deutschen Internationalen Schuldvertragsrechts war durch Art. 36 EGBGB aF und dem dort statuierten Gebot der einheitlichen Auslegung des Inhalts des EVÜ Rechnung zu tragen. Insoweit unterschied sich das im EGBGB geregelte Internationale Schuldvertragsrecht in seinem Verhältnis zum EVÜ von Art. 18 im Verhältnis zum Haager Unterhaltsabkommen von 1973 und von Art. 26 im Verhältnis zum Haager Testamentsformabkommen von 1961. 2

3 Der **EuGH** hatte in Bezug auf die (umgesetzten) Regeln des EVÜ die Auslegungskompetenz seit dem Inkrafttreten der beiden Protokolle betreffend die Auslegung des EVÜ am 1.8.2004 (Bek. vom 11.1.2005, BGBl. II 147). Vorgesehen war allerdings nur eine Vorlagemöglichkeit, keine Vorlagepflicht (Dutta/Volders EuZW 2004, 556; vgl. hierzu auch Martiny ZEuP 1999, 247 (269 f.)). Vorlageberechtigt waren bzw. sind in Altfällen gem. Art. 2a Erstes Auslegungsprotokoll die obersten Gerichtshöfe des Bundes und nach Art. 2b Erstes Auslegungsprotokoll die Rechtsmittelinstanzen (also ggf. OLG, LG, LAG, OVG, LSG als Berufungs-Rechtsmittelinstanzen), soweit sich Fragen zum im EGBGB umgesetzten EVÜ stellen. Die Vorlagemöglichkeit unterliegt als verfahrensrechtliche Option des Gerichts nicht der intertemporalrechtlichen Norm des Art. 220 Abs. 1 EGBGB analog, sondern sie besteht allgemeinen Grundsätzen folgend als Teil des zurzeit der Entscheidung geltenden Verfahrensrechts sogleich ab dem Zeitpunkt ihres Inkrafttretens (BVerfGE 39, 156 (167); BGHZ 114, 1 (3 f.) mwN = NJW 1991, 1686). Die Vorlagemöglichkeit bestand bzw. besteht damit auch für Rechtsstreitigkeiten, die schon vor Inkrafttreten der Auslegungsprotokolle anhängig geworden sind. Das EVÜ als Grundlage des (zumindest funktional) europäischen internationalen Vertragsrechts sollte seit längerer Zeit **überarbeitet und durch eine europäische Verordnung ersetzt** werden. Einem Vorschlag vom 15.12.2005 (KOM (2005), 650 endg., abgedruckt in der → 2. Aufl.), war das Grünbuch über die Umwandlung des Übereinkommens von Rom aus dem Jahre 1980 in ein Gemeinschaftsinstrument sowie über seine Aktualisierung vom 14.1.2003 (KOM (2002), 654 endg.) vorausgegangen (zur Diskussion Basedow/Scherpe FS Heldrich, 2005, 511; Bitterich RIW 2006, 262; Calliess ZEuP 2006, 742; Ferrari/Leible, Ein neues Internationales Vertragsrecht für Europa, 2007; Fricke VersR 2006, 745; Fricke VersR 2005, 726; Heiss östJBl 2006, 750; VersR 2006, 185; Hübner EuZW 2006, 449; Junker RIW 2006, 401; Knöfel RdA 2006, 269; Leible IPRax 2006, 365; Mankowski IPRax 2006, 101; ZVglRWiss 105 (2006), 120; Martiny ZEuP 2006, 60; Mauer RIW 2007, 92; MPI, Working Group of Rome I, RabelsZ 68 (2004), 1 und RabelsZ 71 (2007), 225; W.-H. Roth FS Sonnenberger, 2004, 591). Er ist mit signifikanten Änderungen nun in die endgültige Fassung der Rom I-VO gemündet.

4 **b) Internationales Vertragsrecht bis 1986.** Bis zum September 1986 war das Internationale Vertragsrecht in der Bundesrepublik Deutschland nicht kodifiziert. Maßgeblich waren deswegen diejenigen Grundsätze, die sich **richter- und gewohnheitsrechtlich** herausgebildet hatten. Schon vor Inkrafttreten des EVÜ bzw. der Rom I-VO wurde vorrangig an das von den Parteien ausdrücklich oder stillschweigend gewählte Recht, also an den realen Parteiwillen, angeknüpft (BGHZ 52, 239 (241) = NJW 1969, 1760; BGHZ 53, 189 (191); BGH NJW 1971, 320; 1976, 1582). Hilfsweise war der hypothetische Parteiwille maßgeblich (BGHZ 7, 231 (235) = NJW 1953, 339; BGHZ 61, 221 (223) = NJW 1973, 2151; BGHZ 164, 361 (365) = BKR 2006, 25). Den hypothetischen Parteiwillen ermittelte die Rspr. zuletzt durch eine „vernünftige Interessenabwägung nach objektiven Grundsätzen" (BGHZ 44, 183 (186); ähnlich BGHZ 61, 221 (223); BGHZ 164, 361 (365) = BKR 2006, 25). Das RG und Teile im Schrifttum waren demgegenüber der sog. subjektiven Theorie gefolgt, wonach maßgeblich war, welche Vereinbarung die Parteien vernünftigerweise getroffen hätten, wenn sich ihnen das Problem des anwendbaren Rechts gestellt hätte (RGZ 68, 203 (205); 161, 296 (298); Gamillscheg AcP 157 (1958/59), 303 (324 ff.); Mann JZ 1962, 6 (10 ff.)). Das Problem der subjektiven Lehre lag darin, dass sie auf die Unterstellung eines wirklichen Willens hinauslief. Methodisch ehrlicher war es deshalb, von vornherein nach dem objektiven Schwerpunkt des Vertragsverhältnisses anstatt nach einem besonders schwachen stillschweigenden Willen zu suchen (vgl. Gamillscheg AcP 157 (1958/59), 303 (325)). Letzthilfsweise hielt die deutsche Rspr. den Erfüllungsort für entscheidend (BGH BB 1955, 462; BGHZ 25, 127 = NJW 1957, 1435; BGH NJW 1958, 750; 1960, 1720 (1721); BGHZ 57, 72 (75)). Maßgeblich für die Ermittlung des Erfüllungsortes war die lex fori, für einen deutschen Richter also deutsches materielles Recht (insbes. §§ 269, 270 BGB) (RGZ 108, 241 (243); 109, 295 (298); BGH BB 1955, 462 (463)). Die missliche Konsequenz dieser – sehr bestrittenen (zB Raape IPR, 5. Aufl. 1961, 484 f.) – Anknüpfung an den Erfüllungsort war eine Aufspaltung des anwendbaren Rechts: Folgten aus einem (insbes. gegenseitigen) Vertrag mehrere Verpflichtungen, so unterlag jede einzelne dem Recht ihres Erfüllungsortes (näher zur Rechtslage vor Inkrafttreten der Art. 27 ff. EGBGB aF zB Reithmann/Martiny IntVertragsR, 3. Aufl. 1980; Grüneberg/Heldrich, 45. Aufl. 1986, EGBGB Vor Art. 12 Rn. 1 ff.; MüKoBGB/Martiny, 1. Aufl. 1983, EGBGB Vor Art. 12 Rn. 1 ff.; Kegel IPR, 5. Aufl. 1985, § 18 I; Soergel/Kegel, 11. Aufl. 1984, EGBGB Vor Art. 7 Rn. 324 ff., jeweils mwN).

5 **c) Rechtsquellen außerhalb der Rom I-VO.** Wie sich aus Art. 1 Abs. 1 S. 2, Abs. 2 ergibt, werden von der Rom I-VO eine Reihe von Verträgen, insbes. die in Art. 1 Abs. 2 aufgeführten,

nicht erfasst. Vorrang gegenüber der Rom I-VO haben gem. Art. 23 sodann die rechtswahlbeschränkenden Kollisionsnormen in verbraucherschützenden Richtlinien (Art. 46b EGBGB). Kollisionsnormen in Staatsverträgen, insbes. auf dem Gebiet der Beförderung von Personen und Waren, sind gleichfalls im Rahmen von Art. 25 vorrangig anzuwenden. Auch im Bereich der Schiedsgerichtsbarkeit (s. zudem Abs. 2 lit. e) sind die einschlägigen vorrangigen Staatsverträge zu beachten. Sodann ist (umgesetztes) Richtlinienrecht mit kollisionsrechtlichem Charakter vorrangig anzuwenden (Art. 23).

In **Altfällen,** die eine Berührung zur früheren DDR aufweisen und im Falle von Dauerschuldverhältnissen noch relevant sein können, kann nach Art. 236 § 1 EGBGB auch das **Rechtsanwendungsgesetz** (RAG) der DDR vom 5.12.1975 noch die einschlägige Rechtsquelle für das Internationale Vertragsrecht liefern. Im Rahmen des RAG ist zu unterscheiden zwischen Internationalen Wirtschaftsverträgen und sonstigen Zivilrechtsverträgen. Die einschlägige Kollisionsnorm für Internationale Wirtschaftsverträge findet sich in § 12 RAG. Internationale Wirtschaftsverträge sind Wirtschaftsverträge mit einem Auslandsbezug, wobei der wirtschaftliche Zweck des Vertrages weit zu verstehen ist. Darunter fallen Verträge über wissenschaftlich-technische Leistungen ebenso wie Leistungsverträge zwischen Einrichtungen des Gesundheits- und Bäderwesens, zwischen kulturellen Einrichtungen oder Tourismus-Organisationen (IPR-Kommentar zum RAG § 12 Anm. 1). Die Bestimmung des anzuwendenden Rechts bei Internationalen Wirtschaftsverträgen erfolgte gem. § 12 RAG anhand folgender Anknüpfungsleiter: Vorrangig maßgeblich war eine ausdrückliche oder stillschweigende Rechtswahlvereinbarung (IPR-Kommentar zum RAG § 12 Anm. 1.4), hilfsweise die Anknüpfung an das Recht am Sitz derjenigen Vertragspartei, die die vertragscharakteristische Leistung erbringt (§ 12 Abs. 1, Abs. 2 S. 1 RAG), letzthilfsweise die Anknüpfung an den Vertragsabschlussort (§ 12 Abs. 2 S. 2 RAG). Aus Verträgen über das Eigentum und andere Rechte an Grundstücken und Gebäuden in der DDR war nach § 12 Abs. 3 RAG ausschließlich das Recht der DDR anzuwenden. Sonstige Zivilrechtsverträge wurden dem Recht des Vertragsabschlussortes unterworfen, wobei eine deutliche Tendenz zur Begünstigung des Rechts der DDR erkennbar war (IPR-Kommentar zum RAG § 12 Anm. 2: bei Alltagsgeschäften in der DDR könne „die kollisionsrechtliche Frage nach dem anzuwendenden Recht vernachlässigt werden; es ist das Zivilrecht der DDR anzuwenden. In allen übrigen Fällen sind zivilrechtliche Verträge mit Auslandsberührung dem Recht des Vertragsabschlussortes zuzuordnen, idR dem Recht der DDR“). 6

Weiter verdrängt **Internationales Einheits(sach)recht** gem. Art. 25 die Rom I-VO, sofern der entspr. Staatsvertrag umgesetzt worden ist. Innerhalb seines gegenständlichen und räumlich-persönlichen Anwendungsbereiches gilt das insbes. für das **UN-Kaufrecht** (Wiener UN-Übereinkommen über Verträge über den internationalen Warenkauf vom 11.4.1980, BGBl. 1989 II 588; berichtigt BGBl. 1990 II 1699). Das Abkommen ist für die Bundesrepublik Deutschland am 1.1.1991 in Kraft getreten (Bek. vom 23.10.1990, BGBl. II 1477), für das Gebiet der ehemaligen DDR bereits am 1.3.1990. Gemäß Art. 11 Einigungsvertrag erstreckte sich vom 3.10.1990 bis zum 31.12.1990 die (noch) Nicht-Geltung des UN-Kaufrechts auch auf die neuen Bundesländer, sodass während dieser Zeit das Abkommen einheitlich nicht gegolten hat (str., wie hier Herber BB-Beilage 37 zu Heft 30/1990, 1; BB-Beilage 14 zu Heft 18/1991, 7; aA und für Weitergeltung wegen Gewohnheitsrecht über Art. 13 Wiener Konvention über die Staatennachfolge in Verträgen Enderlein/Graefrath BB-Beilage 6 zu Heft 6/1991, 7; Kemper WR 1991, 181 (183); Enderlein WR 1991, 236 (240)). 7

Das **Verhältnis von CISG und Internationalem Privatrecht** wird in Art. 1 CISG aufgegriffen. Nach Art. 25 Abs. 1 berührt die Rom I-VO nicht die kollisionsrechtlich relevanten Vorgaben anderer internationaler Übereinkommen, ggf. auch des CISG. Das gilt allerdings nur, soweit das **CISG überhaupt „Kollisionsnormen** für vertragliche Schuldverhältnisse“ enthält und auch iÜ anwendbar ist (zu Spezialfragen dazu Solomon ZVglRWiss 115 (2016), 586 (596 ff.) mwN). Das CISG erfasst nur „Kaufverträge über Waren“ (Art. 1 Abs. 1 CISG), wozu nach Art. 3 CISG allerdings auch Verträge über die Lieferung herzustellender und zu erzeugender Waren gehören, wenn nicht der Besteller einen wesentlichen Teil der für die Herstellung oder Erzeugung notwendigen Stoffe selbst zur Verfügung zu stellen hat oder der überwiegende Teil der Pflichten des Lieferanten in der Ausführung von Arbeiten oder anderen Dienstleistungen besteht. Dafür, dass Art. 1 CISG als Kollisionsnorm iSv Art. 25 Abs. 1 und damit als entsprechende Ausnahmeregel anzusehen ist, die (insoweit) zur Unanwendbarkeit der Rom I-VO führt, spricht, dass Art. 1 CISG bezüglich des Anwendungsbereichs Kollisionsregeln enthält, auch wenn das CISG iÜ sachrechtlichen Charakter hat (dafür Jayme/Nordmeier IPRax 2008, 503 (507 f.)). Denkbar ist ferner, dass Art. 25 nur Übereinkommen erfasst, die „ausschließlich“ kollisionsrechtliche Fragen thematisieren, sodass Staatsverträge mit „auch“ kollisionsrechtlichem Bezug von vornherein nicht in eigentlicher 8

Konkurrenz zur Rom I-VO stehen. Enthielte Art. 1 CISG nicht einmal eine „verdeckte" Kollisionsnorm in Bezug auf das CISG (dafür Jayme/Nordmeier IPRax 2008, 503 (507)), folgt die Anwendbarkeit des CISG jedenfalls aus Art. 3 Nr. 2 EGBGB (Staudinger/Magnus, 2016, Rn. 13; anders wohl Kampf RIW 2009, 297 (299): Vorrang der Rom I-VO). Im Regelfall kann die Frage, woraus letzthin der Vorrang von Art. 1 CISG gegenüber dem autonomen deutschen bzw. europäisierten (Kollisions-) Recht hergeleitet werden kann (Art. 3 EGBGB oder Art. 25 Rom I-VO), zurzeit wohl offengelassen werden; die Ergebnisse sind deckungsgleich. Nur und erst wenn das CISG und dort vor allem sein Art. 1 künftig iSd Erweiterung seines räumlichen Anwendungsbereichs geändert werden würden, gewinnt die Frage Bedeutung: Wertet man die Bestimmung des räumlichen Anwendungsbereichs von Sachrecht als (staatsvertraglich determiniertes) Kollisionsrecht, würde dem Art. 25, der autonom auszulegen ist, entgegenstehen. Bei genauer Betrachtung erfüllt Art. 1 CISG die herkömmliche Definition einer Kollisionsnorm, wie sie sich auch in Art. 3 EGBGB findet, insofern, als die Norm bei Sachverhalten mit Auslandsberührung – jedenfalls ist erforderlich, dass die Vertragsparteien ihre Niederlassung in verschiedenen Staaten haben – (einseitig) zumindest partiell zum CISG führt, nämlich dann, wenn die Niederlassungsstaaten Vertragsstaaten sind. Demgemäß ist die Frage nach der Zulässigkeit eines Rückgriffs auf das CISG gem. Art. 1 CISG eine Frage, die in den Bereich des Art. 25 fällt. Die unionsrechtliche Zulässigkeit insbes. späterer Änderungen wäre demgemäß von Art. 25 ausgehend zu beantworten.

**9** Das wirft freilich die darüber hinaus gehende Frage auf, ob das **CISG** seinen räumlichen Anwendungsbereich ohne Änderung des Wortlauts seines Art. 1 dadurch faktisch auch nach Inkrafttreten der Rom I-VO erweitern kann, dass ihm **weitere Staaten beitreten.** Nicht wenige Staaten haben diesen Schritt nach Inkrafttreten der Rom I-VO nach dem 17.12.2009 (Art. 28) unternommen. Indes wird man nach dem Zweck und Charakter des Art. 25 den bloßen Beitritt weiterer Staaten zum CISG ohne Änderung des Wortlauts von Art. 1 CISG nicht als nachträgliche Änderung von Kollisionsnormen für vertragliche Schuldverhältnisse ansehen können, auch wenn dadurch der Anwendungsbereich der Rom I-VO faktisch dezent reduziert wird; der schlichte Beitritt eines Staates zu einem Staatsvertrag ist keine Kollisionsnorm.

**10** Wendet man sich den **Anwendungsvoraussetzungen des Art. 1 CISG iE** zu, so führt Art. 1 Abs. 1 lit. a CISG zunächst dann zur Anwendbarkeit des UN-Kaufrechts, wenn die Niederlassungsstaaten der Vertragsparteien Vertragsstaaten des CISG sind. Die Niederlassung von Drittbegünstigten oder (offenen) Stellvertretern ist irrelevant. Unausgesprochene, aber selbstverständliche Voraussetzung ist ferner, dass das entscheidende Gericht seinen Sitz in einem Vertragsstaat hat (MüKoBGB/Huber CISG Art. 1 Rn. 42). Der entsprechende Anwendungsbefehl (nur) der Vertragsstaaten an ihre Gerichte liegt in der Natur eines jeden Staatsvertrages begründet. Abgesehen von möglichen Begrenzungen der Anwendung des CISG gem. Art. 92–94 CISG können die Parteien selbst dann die Anwendbarkeit dieses Übereinkommens gem. Art. 6 CISG wieder abbedingen, wenn Art. 1 Abs. 1 lit. a CISG zur Anwendbarkeit des UN-Kaufrechts führt.

**11** Die Anknüpfung nach Art. 1 Abs. 2 CISG steht unter dem Vorbehalt der **Erkennbarkeit der Niederlassung in verschiedenen Staaten.** Der grenzüberschreitende Bezug muss sich aufgrund der Niederlassung in verschiedenen Staaten aus dem Vertrag, aus früheren Geschäftsbeziehungen oder aus Verhandlungen oder Auskünften ergeben, die vor oder bei Vertragsabschluss zwischen den Parteien geführt oder von ihnen erteilt worden sind. Auf die Erkennbarkeit der Vertragsstaateneigenschaft der Niederlassungsstaaten kommt es dagegen nicht an (MüKoBGB/Huber CISG Art. 1 Rn. 33, 41). Nach zutreffender Ansicht folgt die Erkennbarkeit einem objektiven Maßstab. Eine positive Kenntnis ist nicht erforderlich und wäre auch nur schwer zu beweisen (→ CISG Art. 1 Rn. 23). Der Grund für diese Regel liegt letztlich im Verkehrsschutz der Vertragsparteien, die typischerweise davon ausgehen werden, dass (im Zweifel: das an der Niederlassung des Verkäufers geltende) nationale Recht angewendet wird (Karollus, UN-Kaufrecht, 1991, 29). Aus diesem Zweck der Norm folgt auch zumindest eine Teilantwort auf die uneinheitlich beantwortete Frage, ob und inwieweit die in Abs. 2 genannte Liste der Kriterien abschließend ist oder nicht: Beruft sich eine Seite über Art. 1 Abs. 2 CISG auf die Unanwendbarkeit dieses Regelungswerks wegen Nichterkennbarkeit der Niederlassung in verschiedenen Staaten beruft und hat positive Kenntnis von der ausländischen Niederlassung der anderen Partei – und zwar unabhängig davon, aus welcher Quelle (zB reiner Zufall) sich diese Kenntnis speist – erschiene es jedenfalls dann unter dem Aspekt des Vertrauensschutzes nicht erforderlich oder angebracht, das CISG für unanwendbar zu erklären. Die Berufung auf die Unanwendbarkeit des CISG erwiese sich dann als schlicht rechtsmissbräuchlich. Andererseits folgt aus Art. 1 Abs. 2 CISG aber auch keine besondere Nachforschungspflicht. Erforderlich ist lediglich die Erkennbarkeit der Niederlassung im Ausland (MüKoBGB/Huber CISG Art. 1 Rn. 37). Die bloß fahrlässige Unkenntnis sollte auf den in Art. 1 Abs. 2 CISG genannten Kriterien beruhen, die zumindest nach dem Wortlaut der Norm nicht als bloße Regelbeispiele oder Ähnliches formuliert worden sind. Hätte der Vertragspartner die Kenntnis auch aus anderen Umständen erlangen können, hat er sie aber nicht erlangt, begründet dies nach der Wertung von Art. 1 Abs. 2 CISG demgemäß nicht die notwendige Erkennbarkeit im Sinne einer fahrlässigen Unkenntnis. Dieser Ausgangspunkt befreit freilich nicht von weiteren Abgrenzungsfragen iE. So wird etwa darüber diskutiert, ob zur Erkennbarkeit einer Niederlassung im Ausland bereits unterschiedliche Länderkennungen bei E-Mail-Adressen als ausreichend anzusehen sind (dafür Schlechtriem/Schwenzer/Ferrari CISG Art. 1 Rn. 54). Richtigerweise sollte ein entsprechender Zusatz nur dann, wenn er hinreichend aussagekräftig ist (also nicht bloß bei „.com"), als Indiz für einen entsprechenden Auslandsbezug angesehen werden (MüKoBGB/Huber CISG Art. 1 Rn. 36). Eine gewisse Vorsicht ist ohnedies schon deshalb angebracht, weil eine Partei mehr als eine Niederlassung haben kann und sich die verschiedenen Niederlassungen durchaus in verschiedenen Ländern befinden können. Davon geht auch Art. 10 lit. a CISG aus, der dann die Niederlassung mit der engsten Beziehung zu dem Vertrag und zu seiner Erfüllung für maßgebend erklärt.

Haben die Vertragsparteien ihre Niederlassungen in verschiedenen Vertragsstaaten, wird das Internationale Privatrecht der lex fori nicht weiter eingeschaltet (BGH NJW-RR 2003, 1582). Vertragsstaaten sind naturgemäß nur solche Staaten, in denen das CISG nicht nur ratifiziert worden, sondern auch in Kraft getreten (also umgesetzt worden) ist (→ CISG Art. 1 Rn. 15). Zu beachten ist lediglich, dass Art. 92 Abs. 2 CISG und Art. 93 CISG den Vertragsstaaten in gewissen Grenzen die Möglichkeit der teilweisen Ratifikation des CISG vorbehalten haben. In Art. 92 CISG geht es darum, die Teile II oder III für nicht verbindlich zu erklären. Dabei handelt es sich um Fragen des Vertragsschlusses sowie um Regeln über den Warenkauf (Art. 92 Abs. 1 CISG). Ein Staat, der einen entsprechenden Vorbehalt erklärt hat, ist ganz einfach insoweit nicht als Vertragsstaat anzusehen. Das führt nicht nur dann zur Unanwendbarkeit des betreffenden Teils des CISG, wenn beide Parteien ihre **Niederlassung in verschiedenen Vertragsstaaten** haben (Art. 1 Abs. 1 lit. a CISG), sondern auch dann, wenn das internationale Vertragsrecht auf das Recht eines Vorbehaltsstaates (der insoweit eben Nichtvertragsstaat ist) verweist, Art. 1 Abs. 1 lit. b CISG. Anders steht es nur, wenn auf das Recht eines Vertragsstaates verwiesen wird, der keinen Vorbehalt erklärt hat, mag auch eine der Parteien ihre Niederlassung in einem Vorbehaltsstaat haben (MüKoBGB/Huber CISG Art. 92 Rn. 2). Letzteres gilt selbst dann, wenn das Gericht eines Vorbehaltsstaates zu entscheiden hat (MüKoBGB/Huber CISG Art. 92 Rn. 2). Ähnliches gilt im **Falle der interlokalen Rechtsspaltung von Vertragsstaaten.** Auch insoweit ist es möglich und zulässig, einen Vorbehalt des Inhalts zu erklären, dass sich der Anwendungsbereich des CISG nur auf eine Gebietseinheit oder mehrere der betreffenden Gebietseinheiten beschränkt (näher → CISG Art. 1 Rn. 15 mwN). Dann wird jede Gebietseinheit im Hinblick auf die Niederlassung wie ein Vertragsstaat angesehen (Art. 93 Abs. 3 CISG). Hat ein solcher Staat mit mehreren, interlokal gespaltenen Gebietseinheiten keine Erklärung gem. Art. 93 Abs. 1 CISG abgegeben, erstreckt sich das UN-Kaufrecht gem. Art. 93 Abs. 4 CISG auf alle Gebietseinheiten. Hat eine bloße Gebietseinheit, die völkerrechtlich nicht als eigenständiger Staat angesehen wird, einen entsprechenden Vorbehalt erklärt, genügt das den Anforderungen für dessen Wirksamkeit nicht. **12**

Alternativ neben der eben genannten Möglichkeit, in den Anwendungsbereich des CISG zu gelangen, sieht Art. 1 Abs. 1 lit. b CISG vor, dass das UN-Kaufrecht auch dann anzuwenden ist, wenn (wieder nur im Falle von Niederlassungen der Parteien in verschiedenen Staaten) **die Regeln des Internationalen Privatrechts zur Anwendung des Rechts eines Vertragsstaates führen.** Im Allgemeinen werden unter den „Regeln des internationalen Privatrechts" solche wie diejenigen subsumiert und erörtert, die in der Rom I-VO niedergelegt sind. Wenn die Parteien ihre Niederlassung in verschiedenen Staaten haben, können sie also (die Anwendbarkeit der Rom I-VO aus Sicht des Gerichtsstaates unterstellt) insbes. über Art. 3 Rom I-VO das Recht eines Vertragsstaates und damit das CISG prinzipiell wählen. Allgemeinen Grundsätzen entspr. ist dies durch vorherige Rechtswahl ebenso wie durch nachträgliche Rechtswahl möglich (Art. 3 Abs. 2 S. 1 Rom I-VO). Unter die „Regeln des Internationalen Privatrechts" könnte auch das Herkunftslandprinzip der E-Commerce-RL fallen (§ 3 TMG). Dieses wird von einer abweichenden Rechtswahl durch die Parteien allerdings von vornherein verdrängt (§ 3 Abs. 3 Nr. 1 TMG). Fehlt es an einer solchen Rechtswahl, kann das Herkunftslandprinzip aber durchaus generell greifen, etwa wenn Telemedien in Form von Waren als unverkörperte, digitale Produkte verkauft werden, die über das jeweilige Telemedium transferiert, also elektronisch erbracht werden können. Prämisse ist freilich, dass man einen solchen Vorgang mit der wohl herrschenden Auffassung überhaupt als für den Begriff einer „Ware" iSv Art. 1 CISG (auch ohne Verkörperung auf einem Datenträger) ausreichend ansieht (→ CISG Art. 1 Rn. 8) (Piltz NJW 1994, 1101 (1102); MüKoBGB/Huber CISG Art. 1 Rn. 20; diff. Schlechtriem/Butler, UN Law on International Sales, 2009, Rn. 32, **13**

32a, 32b unter Hinweis auf bloße zeitlich befristete Lizenzen; anders Schlechtriem/Schwenzer/Ferrari CISG Art. 1 Rn. 38). Das unterstellt, ist nach der Vorlage des BGH an den EuGH die Praxis in Deutschland allerdings zu dem Ergebnis gelangt, das in § 3 TMG umgesetzte Herkunftslandprinzip enthalte von vornherein keine Kollisionsnorm (BGH NJW 2012, 2197 im Anschluss an EuGH NJW 2012, 137; anders zuvor Mankowski IPRax 2002, 257; Leible/Spickhoff, Die Bedeutung des Internationalen Privatrechts im Zeitalter der neuen Medien, 2003, 89, 117 ff.). Der Grund dafür ist, dass der EuGH die Meinung vertreten hat, dass das Herkunftslandprinzip „keine Umsetzung in Form einer speziellen Kollisionsnorm verlangt". Eine Reihe von Mitgliedstaaten der EU geht – jedenfalls „umsetzungstechnisch" wohl gleichfalls kaum angreifbar – indes nach wie vor davon aus, dass das Herkunftslandprinzip eine Kollisionsnorm ist (so für Österreich OGH ZfRV 2012, 226 m. zust. Anm. Ofner ZfRV 2012, 193). Auch übernimmt Art. 7 Abs. 1 CISG für die Auslegung des UN-Kaufrechts keineswegs zwingend die europäisch-autonome Interpretation einer Norm als kollisions- oder sachrechtlich. Bei alledem sind die nicht unerheblichen Konsequenzen zu bedenken: Im Falle einer kollisionsrechtlichen Qualifikation des Herkunftslandprinzips könnte dieses im Rahmen der dynamischen Verweisung des Art. 1 Abs. 1 lit. b CISG das UN-Kaufrecht im Rahmen seines Anwendungsbereichs – es erfasst immerhin den gesamten Bereich des materiellen Zivilrechts, soweit dieses Pflichten begründet – verdrängen. Eine sachrechtliche Qualifikation des Herkunftslandprinzips würde demgegenüber das CISG als vorrangiges, staatsvertraglich umgesetztes älteres Recht unberührt lassen. Letzteres erscheint als die völkerrechtsfreundlichere Lösung und steht obendrein jedenfalls nicht im Widerspruch zur eben dargelegten Linie des EuGH (sowie in Übereinstimmung mit derjenigen des BGH). Jedenfalls (oder, folgt man der hM in Deutschland: auch) im Rahmen von Art. 1 Abs. 1 lit. b CISG ist damit das Herkunftslandprinzip keine Regel des internationalen Privatrechts iSd Norm. Es stellt daher die Anwendbarkeit des CISG nicht in Frage oder relativiert diese.

**14** Nach Art. 95 CISG kann indes jeder Staat bei der Hinterlegung seiner Ratifikations-, Annahme-, Genehmigungs- oder Beitrittsurkunde erklären, dass Art. 1 Abs. 1 lit. b CISG für ihn nicht verbindlich ist. Das CISG gilt dann eben nur, wenn die Parteien ihre maßgebliche Niederlassung in verschiedenen Vertragsstaaten haben (Art. 1 Abs. 1 lit. a CISG). Die **Bedeutung von Art. 95 CISG** hat eine Kontroverse ausgelöst. Deutschland hat diesen Vorbehalt jedenfalls explizit nicht eingelegt. Im Einzelnen gilt: (1.) Unstreitig ist zunächst, dass Gerichte im Vorbehaltsstaat Art. 1 Abs. 1 lit. b CISG nicht anwenden. Das CISG greift dann unmittelbar nur im eben genannten Fall von Art. 1 Abs. 1 lit. a CISG, sodass erforderlich ist, dass beide Parteien ihre Niederlassung in Vertragsstaaten haben. Ist das nicht der Fall, wenden die Gerichte im Vorbehaltsstaat gleichwohl ihr Kollisionsrecht an. Führt dieses zum eigenen Recht, greift der Vorbehalt und das UN-Kaufrecht ist nicht anwendbar. Ist das Recht eines anderen Vertragsstaates anwendbar, das gleichfalls einen Vorbehalt erklärt hat, gilt nichts anderes. Hat der Vertragsstaat, dessen Recht anzuwenden ist, keinen Vorbehalt erklärt, so ist das UN-Kaufrecht nach dem Grundsatz, fremdes Recht so anzuwenden, wie es aus der Sicht des fremden Staates anzuwenden ist, einschlägig (Vékás IPRax 1987, 345; Siehr RabelsZ 52 (1988), 609 (615)). Ist das Recht eines Nichtvertragsstaates anzuwenden, kommt das UN-Kaufrecht wieder nicht zur Anwendung. (2.) Wird ein Gericht in einem Vertragsstaat tätig, der seinerseits keinen Vorbehalt gem. Art. 95 CISG erklärt hat, und verweisen dessen kollisionsrechtliche Regeln auf das Recht eines anderen Vertragsstaates, der gleichfalls keinen Vorbehalt erklärt hat, ist das UN-Kaufrecht anzuwenden. Weist das Kollisionsrecht indes auf das Recht eines Vorbehaltsstaates hin, ist nach der Ansicht Vieler der Vorbehalt dieses Staates unbeachtlich, weil er nur von dessen Gerichten zu beachten sei (Kindler RIW 1988, 776 (778); Schlechtriem/Schwenzer/Ferrari CISG Art. 1 Rn. 78; Siehr RabelsZ 52 (1988), 587 (601)). Das führt dazu, dass das UN-Kaufrecht in einer derartigen Konstellation vom angerufenen Gericht anzuwenden ist, weil es vom Staat, auf dessen Recht verwiesen wird, ratifiziert und transformiert worden ist. Die herrschende Auffassung befolgt demgegenüber grds. den Vorbehalt des Staates, auf dessen Recht verwiesen worden ist. Das hat dann zur Folge, dass statt des CISG das autonom-nationale Kaufrecht des betreffenden Vorbehaltsstaates anzuwenden ist (→ CISG Art. 1 Rn. 20) (Schlechtriem/Butler, UN Law on International Sales, 2009, Rn. 18). Dafür spricht der Aspekt des Entscheidungseinklangs und nicht zuletzt der Grundsatz, fremdes Recht so anzuwenden, wie dies seiner eigenen Haltung entspricht. **Von inländischen Gerichten** ist die Frage wie folgt zu entscheiden: In Deutschland ist im Gesetz zu dem Übereinkommen der Vereinten Nationen vom 11.4.1980 über Verträge über den internationalen Warenkauf (sog. CISG-VertragsG) in Art. 2 CISG ausgeführt, dass Art. 1 Abs. 1 lit. b CISG außer Betracht bleibt, wenn die Regeln des Internationalen Privatrechts zur Anwendung des Rechts eines Staates führen, der eine Vorbehaltserklärung nach Art. 95 CISG abgegeben hat. Daraus wird vielfach zumindest iErg hergeleitet, dass das CISG in solchen Fällen nicht anzuwenden ist (MüKoBGB/Huber CISG Art. 1 Rn. 54;

Reinhart, UN-Kaufrecht, 1991, CISG Art. 1 Rn. 10; Herber/Czerwenka, Internationales Kaufrecht 1991, CISG Art. 1 Rn. 19). Die Gegenansicht ist demgegenüber zwar der Meinung, Art. 2 CISG-VertragsG sei schlechterdings mit Art. 7 CISG unvereinbar. Danach sind bei der Auslegung dieses Übereinkommens sein internationaler Charakter und die Notwendigkeit zu berücksichtigen, die einheitliche Anwendung des UN-Kaufrechts und die Wahrung des guten Glaubens im internationalen Handel zu fördern. Dennoch seien die deutschen Gerichte an die klare (wenngleich völkerrechtswidrige) Regel des Art. 2 CISG-VertragsG gebunden (Schlechtriem/Schroeter CISG Art. 1 Rn. 44). Zum Teil wird Art. 2 CISG-VertragsG auch als bloße Auslegungshilfe angesehen, der nur solange zu folgen sein soll, wie sie der international herrschenden Auffassung entspricht. Insbesondere soll Art. 2 CISG-VertragsG keinen entsprechenden Teilvorbehalt beinhalten (noch strenger – trotz Art. 2 CISG-VertragsG – und gegen die hM Honsell/Siehr, Kommentar zum UN-Kaufrecht, 1997, CISG Art. 1 Rn. 18). Aktuell werden deutsche Gerichte die Frage in Übereinstimmung mit dem Wortlaut des Art. 2 CISG-VertragsG zu lösen haben. Eine abweichende Linie einer international herrschenden Auffassung iSv Art. 7 Abs. 1 CISG lässt sich nicht feststellen. Daher besteht einstweilen auch keine Notwendigkeit, entgegen dem Wortlaut von Art. 2 CISG-VertragsG zu entscheiden (iErg, wenngleich eher unreflektiert, auch OLG Jena BeckRS 1998, 16288). Insbesondere folgt diese Lösung erneut der Grundregel des Kollisionsrechts, fremdes Recht so anzuwenden, wie es selbst angewendet werden möchte. Ebenso steht es, wenn das „berufene" Recht dasjenige eines Nichtvertragsstaates ist. In derartigen Fällen ist gleichfalls das CISG nicht anwendbar. Von **Gerichten in Nichtvertragsstaaten** ist jedenfalls Art. 1 Abs. 1 lit. b CISG nicht anwendbar. Stattdessen wird eine formale Prüfung des Internationalen Vertragsrechts stattfinden. Führt diese zum Recht eines Vertragsstaates, der kein Vorbehaltsstaat ist, und ist nach Art. 1 Abs. 1 lit. a CISG das UN-Kaufrecht einschlägig, ist es auch anzuwenden. Wird auf das Recht eines Vertragsstaates als Vorbehaltsstaat verwiesen und liegt die Niederlassung beider Beteiligter (Käufer und Verkäufer) in einem Vertragsstaat, greift das UN-Kaufrecht unabhängig von Art. 1 Abs. 1 lit. b CISG schon über Art. 1 Abs. 1 lit. a CISG. Im Übrigen sollten die Grundsätze, die der deutsche Gesetzgeber für deutsche Gerichte in Art. 2 CISG-VertragsG niedergelegt hat, auch insoweit gelten. Dafür spricht zusätzlich, dass ein Nichtvertragsstaat jedenfalls nicht völkerrechtlich verpflichtet sein kann, Art. 1 Abs. 1 lit. b CISG entgegen dem Willen des Staates, auf dessen Recht verwiesen worden ist, anzuwenden (ebenso MüKoBGB/Huber CISG Art. 1 Rn. 55).

Bei Art. 1 Abs. 1 lit. b CISG ist der Weg einer **„Vorschaltlösung"** gewählt worden (→ **15**
CISG Art. 1 Rn. 16) (MüKoBGB/Huber CISG Art. 1 Rn. 44; Karollus, UN-Kaufrecht, 1991, 30; dagegen Hoyer/Posch/Hoyer, Das Einheitliche Wiener Kaufrecht, 1992, 36. Zur Variante der Interpretation als interne Verteilungsnorm Maultzsch FS Schwenzer, 2011, 1217). Unzweifelhaft handelt es sich bei Art. 1 Abs. 1 lit. b CISG nicht um eine selbständige Kollisionsnorm (Siehr RabelsZ 52 (1988), 587 (593)). Zwar genießt das UN-Kaufrecht wie dargelegt gegenüber dem nationalen Kollisionsrecht, in Europa also früher dem EVÜ und nun der Rom I-VO, rechtsquellentheoretisch zunächst einmal Vorrang (Jayme/Kohler IPRax 1989, 337 (345)). Allerdings bleibt ein **besonderes Charakteristikum:** Bei Art. 1 Abs. 1 lit. b CISG handelt es sich um eine dynamische Verweisung, die auch die Regeln des intertemporalen internationalen Vertragsrechts erfasst und auf diese Weise ermöglicht, dass die Vertragsstaaten des CISG ihre Kollisionsregeln zum internationalen Vertragsrecht noch nachträglich ändern oder modifizieren, so wie dies in der EU im Rahmen der Rom I-VO (moderat) geschehen ist. Im Ergebnis führt dies allerdings dazu, dass im Prinzip jeder Staat als Vertragsstaat über eine Änderung seines eigenen Internationalen Vertragsrechts auch nach Ratifikation, Transformation und Inkrafttreten des CISG dessen Anwendungsbereich durch kollisionsrechtliche Mittel ausweiten oder einschränken kann.

Wegen der weiteren Einzelheiten zum UN-Kaufrecht ist namentlich auf die Erläuterungen in **16**
diesem Kommentar verwiesen. Das **Haager Übereinkommen** betreffend das auf Internationale Kaufverträge über bewegliche Sachen anzuwendende Recht vom 15.6.1955 und das neue Haager Übereinkommen betreffend das auf Internationale Kaufverträge über bewegliche Sachen anzuwendende Recht vom 22.12.1986 sind für Deutschland nicht in Kraft getreten (zu beiden Abkommen zB Kegel/Schurig IPR § 4 III 2b). Mit dem Inkrafttreten des UN-Kaufrechts ist auch das zuvor für die Bundesrepublik Deutschland geltende Haager Einheitliche Kaufrecht außer Kraft getreten. Dazu war die Bundesrepublik gem. Art. 99 Abs. 3–6 Wiener UN-Übereinkommen über Verträge über den Internationalen Warenkauf verpflichtet, und dieser Verpflichtung entspr. hat die Bundesrepublik das Haager Übereinkommen vom 1.7.1964 zur Einführung eines Einheitlichen Gesetzes über den Abschluss von Internationalen Kaufverträgen über bewegliche Sachen bzw. zur Einführung eines Einheitlichen Gesetzes über den Internationalen Kauf beweglicher Sachen gekündigt (Bek. vom 30.10.1990, BGBl. II 1482). Beide Abkommen sind mit dem 31.12.1990 aufgehoben

worden (Bek. vom 12.12.1990, BGBl. I 2894 (2895); zum Übergangsrecht s. Art. 5 VertragsG zum UN-Kaufrecht; dazu BGH NJW 1992, 619 (620); Reinhart IPRax 1990, 289 (290); Piltz IPRax 1994, 191 f.).

17 **2. Kriterien der Auslegung.** Die Auslegung der Kollisionsnormen des Internationalen Vertragsrechts der Rom I-VO darf (ebenso wie im Bereich der Rom II-VO, für die Entspr. gilt) nicht allein von internen Maßstäben des Gerichtsstaates bestimmt werden. Deswegen ist eine „Re-Nationalisierung" zu verhindern. Für die Auslegung der Rom I-VO gelten – nicht anders als bisher in Bezug auf das EVÜ – folgende Kriterien der Auslegung und methodologische Besonderheiten (grds. und rechtsvergleichend zur Auslegungsmethode in Europa Vogenauer, Die Auslegung von Gesetzen in England und auf dem Kontinent, Bd. 1 und 2, 2001, zur Auslegung im Recht der EG, Bd. 1, 344 ff.; Vogenauer ZEuP 2005, 234):

18 **a) Vertragsautonome Auslegung.** Ebenso wie im Rahmen der Brüssel Ia-VO erscheint vom Prinzip her eine autonome Auslegung der Regeln der Rom I-VO angezeigt. Die Begriffe, die in den betreffenden Kollisionsnormen verwendet werden, sind gewissermaßen verordnungsautonom aus sich selbst heraus auszulegen und keinesfalls ohne weiteres nach den Maßstäben der internen Rechtsordnung. Über allem anderen stehen daher die Ziele und der Aufbau der Rom I-VO (ggf. im Zusammenspiel mit der Brüssel Ia-VO und der Rom II-VO) zum einen und die sich aus der Gesamtheit der nationalen Rechtssysteme der EU-Mitgliedstaaten ergebenden allgemeinen Grundsätze zum anderen (zum EuGVÜ zB EuGH 22.2.1979 – 133, 78, Slg. 1979, 733 (743); in Bezug auf das EVÜ Junker RabelsZ 55 (1991), 674 (677); Meyer-Sparenberg, Staatsvertragliche Kollisionsnormen, 1990, 119).

19 **b) Grammatikalische Auslegung.** Der **Wortlaut** ist als Auslegungskriterium allgemein anerkannt. Zu beachten ist allerdings, dass in Zweifelsfällen neben dem deutschen Text auch die englische Fassung als diejenige, in welcher der endgültige Text ausgehandelt worden ist (MüKoBGB/Martiny Vor Art. 1 Rn. 25), zu berücksichtigen ist. An sich gilt freilich, dass jede Fassung gleichermaßen verbindlich ist, sodass ggf. in verbleibenden Zweifelsfällen eine „Summe" zu ermitteln ist, deren Wortsinn dann Maß gibt (vgl. Junker RabelsZ 55 (1991), 674 (679); Schulze ZfRV 1997, 183 (190)).

20 **c) Systematische Auslegung.** Der systematische Zusammenhang, in den die Norm eingestellt ist, und die **Vermeidung von Widersprüchen mit anderen Normen** sind gleichfalls als Auslegungskriterien anerkannt (allg. zu Internationalem Einheitsrecht Kropholler, Internationales Einheitsrecht, 1978, 264). Da die Rom I-VO prozessrechtlich von der Brüssel Ia-VO (mit dem Vorläufer EuGVÜ) und kollisionsrechtlich von der Rom II-VO flankiert wird und mit beiden Regelungswerken (auch entstehungsgeschichtlich) eng zusammenhängt, liegt bei parallelen Begriffen eine gleichlaufende Auslegung nahe; „Einklang" zwischen der Brüssel Ia-VO, der Rom I-VO und der Rom II-VO gebietet auch Erwägungsgrund 7, wenngleich nur als „Soll"-Gebot. Für die Brüssel Ia-VO bzw. das frühere EuGVÜ hat der EuGH Manches geklärt (zum Begriff der „Dienstleistung etwa BGHZ 123, 380 (384) = NJW 1994, 262 (263); anders OLG Düsseldorf NJW-RR 1994, 1132).

21 **d) Historische Auslegung.** Die historische Auslegung ist gleichfalls im Rahmen des Europarechts als Kriterium allgemein anerkannt. Dabei kann auch auf den Vorläufer der Rom I-VO, das EVÜ, und den dazu gegebenen **Bericht von Giuliano/Lagarde** (BT-Drs. 10/503, 33) zurückgegriffen werden, wenngleich dieser Bericht für neu auftretende Problemkonstellationen zunehmend nicht mehr hilft. Eher selten wird ferner noch ein Blick auf die Entwicklung vom EVÜ-Entwurf 1972 und seine Änderungen im schließlich zum Staatsvertrag gewordenen EVÜ hilfreich sein (RabelsZ 38 (1974), 211).

22 **e) Teleologische Auslegung.** Das Kriterium der teleologischen Auslegung greift das Postulat auf, die Auslegung am Sinn und Zweck der Norm und des Regelungszusammenhangs, in den sie eingestellt ist, auszurichten. Ebenso wie bei der Brüssel Ia-VO und des sonstigen Unionsrechts ist auch im Rahmen der Rom I-VO die Auslegung am **Ziel der Rechtsvereinheitlichung in Europa** zu messen. Der EuGH hat seit jeher den „effet utile" als Auslegungskriterium idS herangezogen (so schon EuGH 20/59, Slg. 1960, 708). Daraus kann ein Spannungsverhältnis zwischen der integrationsfreundlichen Lösung (dazu Junker RabelsZ 55 (1991), 674 (682 ff.); Reinhart RIW 1994, 450) und der historischen Auslegung folgen. Man wird abwarten müssen, ob sich zum Verhältnis der einzelnen Auslegungskriterien generelle Richtlinien herausbilden. Im Schrifttum wird vielfach die teleologische Auslegung als „letztlich entscheidende" (MüKoBGB/Martiny Vor Art. 1 Rn. 28), „wichtigste" (Soergel/v. Hoffmann EGBGB Art. 36 Rn. 12) angesehen.

**f) Rechtsvergleichende Auslegung.** Bei der Auslegung der Rom I-VO und der Rom II-VO ist zu berücksichtigen, dass sich die in ihr verwendeten **Begriffe und Systemzusammenhänge teilweise an bestimmte nationale Eigenheiten eines Vertragsstaates anlehnen,** die auch im Falle des Fehlens entsprechender Eigenheiten im Gerichtsstaat zu berücksichtigen sind. Für die Auslegung ist iÜ natürlich nicht nur Rspr. und Schrifttum aus Deutschland, sondern ggf. auch insbes. die Rechtspraxis in den Mitgliedstaaten der EU zu berücksichtigen (s. bereits BGHZ 111, 199 (209); Magnus IPRax 1991, 382 (384); Reinhart RIW 1994, 445 (450)). **23**

**g) Extensionen und Restriktionen, Analogien.** Richterliche Rechtsfortbildung über Extensionen, Restriktionen und Einzel- bzw. Rechtsanalogien ist in Übereinstimmung mit dem herkömmlichen Auslegungsinstrumentarium des EuGH auch im Rahmen der Rom I-VO (oder der Rom II-VO) **prinzipiell möglich.** Das europäische Kollisionsrecht verbietet keine Rechtsfortbildung. Dabei sind jedoch die Wertungszusammenhänge und das System der VO sowie der in ihrer Entstehung zum Ausdruck gekommene Wille der Vertragsstaaten in Rechnung zu stellen (vgl. Lüderitz IPRax 1990, 216 (219); Magnus RabelsZ 53 (1989), 124; Mansel IPRax 1990, 344 (345); Junker RabelsZ 55 (1991), 674 (685); zu Art. 29 EGBGB aF im Ausgangspunkt und in der Sache genauso BGH NJW 2006, 762; 1997, 1697; s. weiter Mankowski IPRax 1991, 305 (309)). **24**

**3. Internationale Zuständigkeit. a) Rechtsquellen.** Auch im Bereich der internationalen Zuständigkeit erweist sich der Zugriff auf die zutreffende Rechtsgrundlage nicht immer als ganz einfach. Zu nennen sind als Rechtsquellen insbes. die Brüssel Ia-VO, das LugÜ sowie die §§ 12 ff. ZPO analog. Dabei sollte man auch in dieser Reihenfolge die jeweiligen Rechtsquellen der internationalen Zuständigkeit prüfen. **25**

**b) Brüssel Ia-VO.** Der allgemeine Gerichtsstand der Brüssel Ia-VO liegt gem. Art. 4 Abs. 1, 62, 63 Brüssel Ia-VO am Sitz bzw. Wohnsitz des Beklagten, wobei für natürliche Personen auf §§ 7 ff. BGB zurückzugreifen ist (Art. 62 Abs. 1 Brüssel Ia-VO). Für juristische Personen und Gesellschaften gilt als Wohnsitz der satzungsmäßige Sitz, die Hauptverwaltung oder die Hauptniederlassung (Art. 63 Abs. 1 Brüssel Ia-VO). Dabei ist zu beachten, dass der Anwendungsbereich der Brüssel Ia-VO insofern weit ausgelegt wird. Insbesondere muss der Rechtsstreit **nicht Berührungspunkte zu mehreren Mitgliedstaaten** aufweisen (EuGH Slg. 2005, I-1383, 1455–1457 Rn. 23–36; BGH FuR 2006, 25; Paulus in Geimer/Schütze IRV-HdB, 2017, Brüssel Ia-VO Vor Art. 4 Rn. 17, 18; anders noch BGH FamRZ 2001, 412). Nur wenn der Beklagte keinen Wohnsitz im Hoheitsgebiet eines Mitgliedstaates hat, bestimmt sich die Zuständigkeit nicht nach der Brüssel Ia-VO. Damit ist auf die Brüssel Ia-VO auch dann zurückzugreifen, wenn sich zB ein afrikanischer Beklagter und ein südamerikanischer Kläger vor deutschen Zivilgerichten streiten, vorausgesetzt, der Beklagte wohnt in einem EU-Mitgliedstaat. **26**

Neben der allgemeinen Zuständigkeit und den Zuständigkeitsvorschriften bei Verbrauchersachen (Art. 17–19 Brüssel Ia-VO), welche sowohl die allgemeinen als auch die besonderen Zuständigkeiten verdrängen, kann sich die internationale Zuständigkeit namentlich aus der besonderen Zuständigkeit für vertragliche Ansprüche nach Art. 7 Nr. 1 Brüssel Ia-VO ergeben. Anders als im Rahmen der §§ 12 ff. ZPO **schließen sich der allgemeine Gerichtsstand und die besonderen Zuständigkeiten nach Art. 7 Brüssel Ia-VO** in dem Sinne **gegenseitig aus,** dass die internationale Zuständigkeit deutscher Gerichte nicht zugleich auf Art. 4 Brüssel Ia-VO und Art. 7 Brüssel Ia-VO gestützt werden kann. Denn Art. 7 Brüssel Ia-VO betrifft nach seinem eindeutigen Wortlaut nur den Fall, dass eine Person, die ihren Wohnsitz im Hoheitsgebiet eines Mitgliedstaates hat, in einem „anderen" Mitgliedstaat gem. Art. 7 Brüssel Ia-VO verklagt werden kann. Dabei bestimmt Art. 7 Nr. 1 lit. b Brüssel Ia-VO eine konkretisierende, autonome Auslegung des Begriffs des Erfüllungsortes. Für Kaufverträge kommt es auf den tatsächlichen oder vertragsgemäßen Ort der Auslieferung beweglicher Sachen an. Bei Dienstleistungen gilt dasselbe in Bezug auf den Ort der Erbringung der Dienstleistung. Vertragliche Ansprüche außerhalb dieser Konkretisierung sind ggf. am Erfüllungsort geltend zu machen. Wo der Erfüllungsort dann liegt, das ist nicht nach der lex fori (§§ 269 ff. BGB), sondern nach dem kollisionsrechtlich anwendbaren Vertragsrecht zu bestimmen (zum Erfüllungsort bei Beförderungsverträgen EuGH IPRax 2019, 421; dazu Lobach IPRax 2019, 391). Damit ist für diese Fälle bereits zur Begründung der internationalen Zuständigkeit die Frage nach dem anwendbaren Recht zu beantworten (EuGH IPRax 2000, 399; Stein/Jonas/Wagner Brüssel Ia-VO Art. 5 Rn. 79; Mayer/Czernich, Europäisches Zivilprozessrecht, 2006, Rn. 140; mit Grund – zumindest – de lege ferenda krit. zB Kropholler/v. Hein Brüssel Ia-VO Art. 5 Rn. 29; Linke/Hau IntZivilVerfR Rn. 189; Schack IntZivilVerfR Rn. 300 ff.). Dabei ist hervorzuheben, dass der **Begriff der vertraglichen Ansprüche** seinerseits **autonom** auszufül- **27** len ist. In den vertraglichen Gerichtsstand des Erfüllungsortes fallen auch Klagen aus ungerechtfertigter Bereicherung im Zusammenhang mit der Rückabwicklung eines Vertrages, nicht aber Ansprüche aus vorvertraglichen Schuldverhältnissen, jedenfalls soweit es an einer freiwillig eingegangenen Verpflichtung fehlt (EuGH IPRax 2003, 143; dazu – mit Kritik – Mankowski IPRax 2003, 127); hier kommt der deliktische Gerichtsstand (Art. 7 Nr. 3 Brüssel Ia-VO) in Betracht. Eine Zuständigkeit kraft Sachzusammenhangs ist weder im Rahmen der Brüssel Ia-VO noch im Rahmen des EuGVÜ, des LugÜ oder der ZPO anerkannt (EuGH NJW 1988, 3088; BGH IPRax 2006, 40 (43); 1997, 187; Paulus in Geimer/Schütze IRV-HdB, 2017, Brüssel Ia-VO Art. 7 Rn. 145 ff.). Auch Ansprüche wegen plötzlichen Abbruchs langjähriger Geschäftsbeziehungen sind eine Frage des Vertragsrechts, wenn (was zu prüfen Sache des jeweiligen Gerichts im Erkenntnisverfahren ist) zwischen den Parteien zuvor eine (wenigstens) stillschweigende vertragliche Beziehung bestanden hat (EuGH IPRax 2017, 396; dazu Huber IPRax 2017, 356).

28 **c) Sonstige Rechtsgrundlagen.** Auf den Vorgänger der Brüssel Ia-VO, das EuGVÜ, ist nur abzustellen für die Gebiete der Mitgliedstaaten, für die das Unionsrechts nach Art. 299 EGBGB nicht gilt (Art. 68 Abs. 1 Brüssel Ia-VO; s. auch Erwägungsgrund 23). Das war bislang auch Dänemark. Doch ist durch ein Abkommen der EU mit Dänemark über die gerichtliche Zuständigkeit und die Anerkennung und Vollstreckung von Entscheidungen in Zivil- und Handelssachen vom 19.10.2005 (ABl. L 299, 61 und 62; ratifiziert am 27.4.2006, ABl. L 120, 122) mittlerweile vereinbart worden, dass die Brüssel Ia-VO auch auf die Beziehungen zwischen der EU und Dänemark angewendet werden soll. Die Notifizierung iSd Art. 12 Abs. 2 des Abkommens durch Dänemark ist am 18.1.2007 erfolgt, sodass die Brüssel Ia-VO für Dänemark am 1.7.2007 in Kraft getreten ist. Damit ist das EuGVÜ für deutsche Gerichte im Wesentlichen bedeutungslos. Anders steht es mit dem LugÜ, das zunächst dem EuGVÜ nachgebildet war und nunmehr der Brüssel Ia-VO angepasst worden ist. Dieses gilt im Verhältnis zu den EFTA-Staaten, soweit diese nicht mittlerweile Mitglieder der EU geworden sind. Auf die §§ 12 ff. ZPO analog (sog. Doppelfunktionalität) ist erst letzthilfsweise abzustellen. Neben den allgemeinen Gerichtsständen (§§ 12 ff. ZPO) kommt insbes. ein Rückgriff auf § 29 ZPO in Betracht. Auch hier ist die Frage, wo der Erfüllungsort liegt, nach dem durch das deutsche Kollisionsrecht bestimmten Sachrecht zu ermitteln. Es ist also nicht lege fori, sondern lege causae zu qualifizieren.

## II. Zweck

29 Art. 1 Abs. 1 S. 1 stellt klar, dass es dem Normgeber um die Vereinheitlichung des Kollisionsrechts in Europa geht. Dadurch soll die **Rechtsfindung erleichtert, die Rechtsklarheit vergrößert und die Effizienz der grenzüberschreitenden Rechtsverfolgung erhöht** werden (MüKoBGB/Martiny Rn. 1). Abs. 1 S. 2, Abs. 2 normieren bestimmte Ausschlusstatbestände für Rechtsverhältnisse, die nicht den kollisionsrechtlichen Regelungen der Rom I-VO unterliegen sollen, weil sie **entweder besondere Charakteristika** aufweisen, die eine abweichende Anknüpfung rechtfertigen, oder weil **Besonderheiten im Hinblick auf die Rechtsquellensituation** bestehen. Der Vorläuferkatalog des Art. 1 EVÜ ist erweitert worden.

## III. Positive Umschreibung des Anwendungsbereichs (Abs. 1 S. 1)

30 **1. Vertragliche Schuldverhältnisse (Abs. 2 lit. i).** Der Begriff des vertraglichen Schuldverhältnisses iSv Art. 1 Abs. 1 S. 1 ist **autonom auszufüllen.** Dabei ist die **Rspr. des EuGH** zu Art. 7 Nr. 1 und 3 Brüssel Ia-VO heranzuziehen, wonach das **Kriterium der Freiwilligkeit** maßgeblich ist (EuGH RIW 1983, 871; NJW 1989, 1424; RIW 1999, 57; NJW 2002, 3159; 2005, 811; dazu Leible NJW 2005, 796). Ungeachtet dessen werden auch Verträge, die aufgrund eines Kontrahierungszwangs zustande gekommen sind, vom Anwendungsbereich der Rom I-VO erfasst (Grüneberg/Thorn Rn. 3). Zum Sonderproblem der Gewinnzusagen (§ 661a BGB) → Art. 4 Rn. 63. Zur culpa in contrahendo s. Abs. 2 lit. i und Art. 12 Rom II-VO. Zweifelhaft ist die Qualifikation des Regresses des Letztverkäufers in der Vertragsverletzung gegenüber dem in der Verkaufskette vorhergehenden Verkäufer (in Deutschland s. § 478 BGB). Im Rahmen der Brüssel Ia-VO hat der EuGH trotz der vertragsrechtlichen Konstruktion in Frankreich den deliktischen Gerichtsstand für einschlägig erachtet (EuGH JZ 1959, 90). Das spricht dafür, im Kollisionsrecht parallel zu qualifizieren (Dutta ZHR 171 (2007), 79 (94 ff.)). Anders, auch als der BGH zum internen Recht (BGH VersR 2003, 663 m. krit. Anm. Spickhoff, auch zu wenig sinnvollen weiteren Differenzierungen des BGH), hat die Generalanwältin für den Regress von Kfz-Haftpflichtversicherungen bei gesamtschuldnerischer Haftung aus unerlaubter Handlung untereinander

gemeint, insoweit sei Art. 1 Abs. 1 Rom I-VO passend; die Verpflichtung des Versicherers zur Leistung von Schadensersatz an den Geschädigten im Namen des Versicherungsnehmers sei als vertraglich zu qualifizieren, unabhängig davon, ob der Versicherer den Betrag direkt an den Geschädigten auszahlt oder ein Versicherer einem anderen einen Anteil an diesem Betrag zahlt (Schlussantrag vom 24.9.2015 in EuGH C-359/14, BeckRS 2016, 80140). Insgesamt kann man wohl nicht pauschal davon sprechen, dass die Rom I-VO bzw. das europäische Zivilrecht von einem aus deutscher Perspektive weiten oder engen Vertragsbegriff ausgehen (für die Annahme eines weiten Vertragsbegriffs aber Grüneberg/Thorn Rn. 3). Die Rückabwicklung nichtiger Verträge ist gem. Art. 12 Abs. 1 lit. e vertragsrechtlich zu qualifizieren (s. bisher bereits Art. 32 Abs. 1 Nr. 5 EGBGB aF); nur Leistungskondiktionen aus der Rückabwicklung anderer Schuldverhältnisse als Verträge und Nichtleistungskondiktionen können in den Anwendungsbereich von Art. 10 Rom II-VO fallen.

**2. Zivil- und Handelssachen.** Auch der Begriff der Zivil- und Handelssache ist **autonom zu qualifizieren.** Die Abgrenzung erfolgt im Wesentlichen negativ; iÜ kann auch insoweit auf die **parallelen Begriffe in Art. 1 Brüssel Ia-VO bzw. Art. 1 Rom II-VO** zurückgegriffen werden. Nicht maßgeblich ist die Gerichtsbarkeit (Grüneberg/Thorn Rn. 4). **31**

Relevanz kann das Postulat der autonomen Grenzziehung der Zivil- und Handelssache ua im **Bereich der medizinischen Behandlungsverhältnisse** erlangen. Eine im deutschen Sozialrecht nach wie vor stark vertretene Ansicht (Eberhardt AcP 171 (1971), 289 (296 ff.); Schnapp NJW 1989, 2916 f.; Krause SGb 1982, 425 (429 ff.); wohl auch BSGE 59, 172 (177)) lehnt bekanntlich die Qualifikation des Arzt-Patienten-Verhältnisses als privatrechtlichen Vertrag im Falle der Behandlung von gesetzlich versicherten Patienten ab. Der Vertragsarzt schuldet nach dieser sog. Versorgungskonzeption seine ärztlichen Leistungen nur aufgrund einer sozial- und damit öffentlich-rechtlichen Verpflichtung zur Teilnahme an der kassen- bzw. vertragsärztlichen Versorgung. Die hM, namentlich des BGH (BGHZ 47, 75; 76, 259; 89, 250; Katzenmeier, Arzthaftung, 2002, 94 ff. mwN), hat das freilich seit jeher anders gesehen. Danach kommt zwischen der Behandlungsseite und dem Kassenpatienten ein privater Behandlungsvertrag zustande. Der Pflichtenkatalog zwischen Arzt und Patient soll sich wenigstens nicht grds. danach unterscheiden, ob der Patient Kassen- oder Privatpatient ist. Dem entspricht nun auch eindeutig § 630a Abs. 1 aE BGB (BT-Drs. 17/10488, 18 f.; MedR-Kommentar/Spickhoff BGB § 630a Rn. 20; Wagner VersR 2012, 789 (797)) Damit erhebt sich aber auch die Frage nach dem Anwendungsbereich des europäisierten Internationalen Schuld- und Verfahrensrechts. Überall wird dort nämlich vorausgesetzt, dass es um eine „Zivil- und Handelssache" geht (je Art. 1 Abs. 1 S. 1 Rom I-VO/Rom II-VO, Brüssel Ia-VO und LugÜ). Auch in zahlreichen Kantonen in der Schweiz ist das Verhältnis von Patienten zum öffentlichen Spital ausschließlich öffentlich-rechtlich ausgestaltet (Fellmann/Poledna/Gross, Die Haftung des Arztes und des Spitals, 2003, 35 ff., jeweils mwN). Indes wird die Grenze zwischen öffentlichem und Privatrecht in Europa unterschiedlich gezogen, teilweise (wie in Großbritannien oder Irland) ist sie sogar kaum geläufig (Kropholler/v. Hein Brüssel Ia-VO Art. 1 Rn. 4). Daher fragt der EuGH mit Grund, ob ein Zusammenhang mit der Ausübung genuin hoheitlicher Befugnisse besteht – dann liegt keine Zivilsache vor – oder nicht. Keine Zivilsache wegen des Zusammenhangs mit der Ausübung hoheitlicher Befugnisse liegt etwa vor im Falle der Beitreibung von Gebühren, die eine Privatperson nach einer zwingenden Inanspruchnahme zu zahlen hat, zB Gebühren für Flugsicherungsdienste (EuGH Slg. 1976, 1541) oder für die Beseitigung eines Wracks auf einer öffentlichen Wasserstraße (EuGH Slg. 1980, 3807). Anders stand es mit einer Schadensersatzklage gegen den Lehrer einer Schule Baden-Württembergs. Er sollte auf einem Schulausflug nach Italien durch Verletzung seiner Amtspflichten den Tod eines 16jährigen Schülers beim Skifahren herbeigeführt haben. Der EuGH hat das als Zivilsache angesehen. Mag auch öffentlicher Sozialversicherungsschutz bestanden haben: Zwischen Lehrern von Privatschulen und von öffentlichen Schulen sei insoweit kein Unterschied zu machen (EuGH NJW 1993, 2091 auf Vorlage des BGH IPRspr. 1991, Nr. 206, 434 ff.; zweifelhaft BAG BeckRS 2019, 35057). Jedenfalls wenn und solange ein Patient indes seine Einwilligung nach Aufklärung ganz oder teilweise erteilen und ebenso jederzeit frei widerrufen oder das Krankenhaus verlassen kann, lässt sich zumindest in diesem Bereich der staatlichen Daseinsvorsorge funktional – auch wenn später Gebühren geltend gemacht werden – nicht mehr von einer Ausübung genuin hoheitlicher Befugnisse sprechen. Das gilt aus der genannten europäischen Perspektive heraus genauso, wenn es um die Behandlung von gesetzlich versicherten Patienten in Deutschland geht, und zwar allemal im Rahmen des europäisierten Rechts unabhängig davon, ob auch für Kassenpatienten ein privates Vertragsverhältnis angenommen werden kann, was zT aus § 76 Abs. 4 SGB V hergeleitet wird, wonach die Behandlungsseite „... dem Versicherten gegenüber zur Sorgfalt nach den Vorschriften **32** des bürgerlichen Vertragsrechts" verpflichtet ist (iErg auch BGH NJW 2008, 2344; nachfolgend BGH NJW 2011, 3584 = MedR 2012 mAnm Spickhoff; umfassend dazu Vogeler VersR 2011, 588).

33 In neuerer Zeit hat weiter die Erhebung einer „erhöhten Zusatzgebühr" im Rahmen (ungarischer) **Mautverstöße** die Diskussion darüber ausgelöst, ob insoweit eine Zivilsache iSd Rom I-VO und ein Vertrag angenommen werden kann (gegen letzteres in casu wegen fehlender Bevollmächtigung LG München I DAR 2021, 213 = BeckRS 2021, 1048 mwN; aA Staudinger/Schametzki DAR 2021, 191). Eine Zivilsache ist nach der Judikatur des EuGH anzunehmen ist, wenn die Gebühr von einer Gesellschaft des Privatrechts eingetrieben und internrechtlich als privatrechtlich qualifiziert wird (EuGH BeckRS 2021, 28872). Es liegt hier ähnlich wie im Falle der Arzthaftung oder der Lehrerhaftung, vor allem aber in Bezug auf andere Fälle Gebührenerhebung (s. Rn. 32): Beides ist prinzipiell privatrechtlich denkbar.

34 **3. Verbindung zum Recht verschiedener Staaten.** Aus Abs. 1 S. 1 ergibt sich, dass nur solche Schuldverhältnisse der Rom I-VO unterfallen, die eine Verbindung zum Recht verschiedener Staaten aufweisen. Fehlt es daran, ist die VO nicht anwendbar. Ob eine **relevante Verbindung zum Recht verschiedener Staaten** vorliegt, **ergibt sich** indes **aus den Anknüpfungsmerkmalen der Rom I-VO** (iErg auch OLG München BeckRS 2018, 7953; Rauscher NJW 2017, 3486 (3491); umfassend dazu R. Magnus ZEuP 2018, 507). Anders formuliert: Ohne relevante Auslandsverbindung (die zB allein durch eine Wahl fremden Rechts bei iÜ reinem Inlandssachverhalt hergestellt werden kann, Umkehrschluss aus Art. 3 Abs. 3) führen die Kollisionsnormen der Rom I-VO ohnedies stets zum inländischen Recht. Eine besondere Bedeutung hat das Merkmal der Verbindung zum Recht verschiedener Staaten daher wohl kaum.

## IV. Negative Umschreibung des Anwendungsbereichs: Ausschlusstatbestände (Abs. 1 S. 2, Abs. 2, Abs. 3)

35 **1. Steuer- und Zollsachen; verwaltungsrechtliche Angelegenheiten (Abs. 1 S. 2).** Die VO gilt weder für verwaltungsrechtliche Angelegenheiten noch für Steuer- und Zollsachen. Beide Begriffe sind autonom auszulegen; es gilt also nicht ohne weiteres das aus deutscher Perspektive vorgeprägte Verständnis (MüKoBGB/Martiny Rn. 28). Aus Art. 1 Abs. 1 S. 2 Rom II-VO lässt sich auch für die Rom I-VO ableiten, dass Hoheitsakte („acta iure imperii") nicht erfasst sein sollen; doch ist auch dieser Begriff autonom auszulegen (→ Rn. 19).

36 **2. Personenrecht (Abs. 2 lit. a).** Unter den Ausschlusstatbestand des Personenstands fallen namentlich die Eheschließung und die Scheidung. Art. 7 EGBGB gilt auch im Rahmen der Rom I-VO. Art. 12 EGBGB wird innerhalb des Anwendungsbereichs der Rom I-VO allerdings durch ihren Art. 13 verdrängt.

37 **3. Familienverhältnisse und Unterhaltsrecht (Abs. 2 lit. b).** Das internationale Unterhaltsrecht ist in Erwartung zukünftiger Rechtsakte der EU von vornherein aus dem Anwendungsbereich der Rom I-VO ausgeklammert worden. Erfasst sind vom Ausschlusstatbestand daher auch **vertragliche Vereinbarungen zum Unterhalt.** Im Übrigen wird der Begriff der Familienverhältnisse im Erwägungsgrund 8 näher erläutert. Die Verhältnisse, die den **Familienverhältnissen vergleichbar** sind, können autonom bestimmt werden (Erwägungsgrund 8 S. 2). Folglich ist es insbes. möglich, dass Lebensgemeinschaften aus Anwendungsbereich der Rom I-VO fallen, wenn das interne Recht dies vorsieht. Auch aus verfassungsrechtlichen Gründen als vergleichbar mit „Familienverhältnissen" wird indes die **gleichgeschlechtliche Lebenspartnerschaft** und erst recht die **gleichgeschlechtliche Ehe** anzusehen sein (Leible/Lehmann RIW 2008, 528 (530); MüKoBGB/Martiny Rn. 31), **nicht** aber **die nichteheliche Lebensgemeinschaft** (Spickhoff Liber amicorum Schurig, 2012, 285 (293 f.)) sowie das **Verlöbnis** (Grüneberg/Thorn Rn. 8) im deutschen Verständnis, also nur, solange die nichteheliche Lebensgemeinschaft nicht kraft Gesetzes der Ehe gleichgestellt wird, wie zB in Slowenien oder im Wesentlichen in der Ukraine (zu Slowenien Kroppenberg/Schwab/Henrich/Gottwald/Spickhoff/Novak, Rechtsregeln für nichteheliches Zusammenleben, 2009, 265; zur Ukraine Ishyna, Die nichteheliche Lebensgemeinschaft in der Ukraine und in Deutschland, 2014; diff. auch Henrich FS Kropholler, 2008, 305 (308 ff.)).

38 Ausgenommen vom Anwendungsbereich der Rom I-VO ist wohl auch nicht der französische **Pacte Civil de Solidarité (sog. PACS)** (Staudinger/Magnus, 2016, Rn. 56; dazu zB Kroppenberg/Schwab/Henrich/Gottwald/Spickhoff/Ferrand, Rechtsregeln für nichteheliches Zusammenleben, 2009; Scherpe/Yassari/Ferrand, Die Rechtsstellung nichtehelicher Lebensgemeinschaften, 2005, 211) trotz seines funktional auf der Grenze zum Eheersatz („Ehe light") stehenden

Charakters, insbes. bei gleichgeschlechtlichen Paaren. Denn er begründet einen Vertrag sui generis mit vergleichsweise großer Vertragsfreiheit und soll mit der Ehe nicht gleichgestellt werden dürfen, sodass doch zentrale Nomenkomplexe des Eherechts nicht anwendbar sind. Zudem wird er gerade zur Vermeidung einer Eheschließung auch von heterosexuellen Paaren in Anspruch genommen (dazu zB Kroppenberg/Schwab/Henrich/Gottwald/Spickhoff/Ferrand, Rechtsregeln für nichteheliches Zusammenleben, 2009, 135 ff.; Scherpe/Yassari/Ferrand, Die Rechtsstellung nichtehelicher Lebensgemeinschaften, 2005, 211 ff., je mwN).

**4. Güter- und Erbrecht (Abs. 2 lit. c).** Ausgeschlossen sind ferner güterrechtliche Verträge (s. dazu die ab – im Wesentlichen – dem 29.1.2019 geltenden EuGüVO und die EuPartVO) und erbrechtliche Vereinbarungen (s. dazu die – im Wesentlichen – am 17.8.2015 in Kraft getretene EuErbVO). **39**

**5. Wertpapierrecht (Abs. 2 lit. d).** Die Ausnahmeregelung von lit. d, die nur auf handelbare Wertpapiere zu beziehen ist, beruht auf der Erwägung, dass aufgrund von Übereinkommen auf breiter internationaler Ebene bereits Regelungen für einzelne der in dieser Bestimmung genannten Bereiche vorliegen (s. bereits BT-Drs. 10/504, 84). Es handelt sich hierbei namentlich um die kollisionsrechtlichen Sonderregeln in Art. 91–98 WG und in Art. 60–66 ScheckG, welche auf dem **Genfer Wechsel- und Scheckrecht** aus den Jahren 1930 und 1931 beruhen. Art. 91 Abs. 1 WG bzw. Art. 60 Abs. 1 ScheckG regeln (ausnahmsweise als Gesamtverweisung, s. jeweils S. 2) die Wechsel- bzw. Scheckfähigkeit (Staatsangehörigkeit); iÜ sind im Umkehrschluss Sachnormverweisungen des WG und des ScheckG anzunehmen (Looschelders EGBGB Art. 37 Rn. 8). Regeln zur Form und zum Vertrauensschutz finden sich in Art. 91 Abs. 2 WG, Art. 92 Abs. 2 WG und in Art. 62 Abs. 2 und 3 ScheckG, zu den Wirkungen in Art. 93 WG und in Art. 63 ScheckG. Eine Rechtswahl wird in Bezug auf das Wirkungsstatut anerkannt (BGH NJW 1994, 187 zum WG; BGHZ 108, 353 (356) = NJW 1990, 242 zum ScheckG). Dritten gegenüber gilt die Rechtswahl aber nur, wenn sie auf dem Papier vermerkt ist (BGHZ 104, 145 (148) = NJW 1988, 1979; näher zum Internationalen Wechsel- und Scheckrecht v. Bar FS W. Lorenz, 1991, 273; Schefold IPRax 1987, 150 ff.; Czempel-Kürth NJW 1987, 2118 ff.; Bernstorff RIW 1991, 896 ff.; Straub, Internationales Wechselrecht, 1995; Morawitz, Internationales Wechselrecht, 1991; Eschelbach, Deutsches internationales Scheckrecht, 1990; Schinnerer, Zu den Konventionsentwürfen von UNCITRAL für ein internationales Wechselrecht und internationales Scheckrecht, 1983; MüKoBGB/Martiny Rn. 35 ff.). **40**

Unter lit. d fallen alle schuldrechtlichen Verpflichtungen aus dem Wertpapier, die im Interesse seiner Verkehrsfähigkeit besonders ausgestaltet sind (BGH NJW 1987, 1145; 1994, 187; OLG Hamm NJW-RR 1992, 499). Von der Ausschlussklausel ferner nicht erfasst sind solche Pflichten, die auf Verträgen beruhen, aufgrund derer das Papier ausgestellt oder übertragen wurde (Giuliano/Lagarde BT-Drs. 10/503, 36, 43; aA Basedow IPRax 1987, 340). In Art. 6 EGHGB ist das IPR für Konnossemente geregelt. Eine kollisionsrechtliche Bestimmung über Verfügungen über Wertpapiere enthält § 17a DepotG (Art. 4 Gesetz vom 8.12.1999, BGBl. I 2384 – Umsetzung der sog. Finalitäts-RL (RL 98/26/EG) vom 19.5.1998, ABl. EG L 166, 45; dazu Schefold IPRax 2000, 468; Einsele WM 2001, 7 (14 ff.)). Soweit das IPR der Wertpapiere nicht anderweitig geregelt ist, kann im Prinzip auf Art. 3 ff. analog zurückgegriffen werden (vgl. BGHZ 99, 207 (210)). Eine (prinzipiell zulässige) Rechtswahl (MüKoBGB/Martiny Rn. 42) kann dabei in Anlehnung an die Regelungen im WG und im ScheckG indes im Hinblick auf den Verkehrsschutz in Bezug auf Dritte an Grenzen stoßen, wenn sie sich nicht aus der Wechsel- oder Scheckurkunde ergibt (Staudinger/Magnus, 2016, Anh. I Rn. 19, 30). Werden Ansprüche aus einem formnichtigen Wechsel geltend gemacht, greifen die Regeln der Art. 3 und Art. 4 (OLG München IPRspr. 2012 Nr. 32). **41**

**6. Schieds- und Gerichtsstandsvereinbarungen (Abs. 2 lit. e).** Für Schieds- und Gerichtsstandsvereinbarungen ist zunächst Art. 25 Brüssel Ia-VO zu beachten. Es ist zweifelhaft, ob die Art. 3 ff. analog (so Jayme/Kohler IPRax 1991, 361 (368); früher für eine direkte Anwendung der im EGBGB umgesetzten Normen des EVÜ OLG München IPRax 1991, 46 (48); dazu Geimer IPRax 1991, 31 ff.; offengelassen in BGH NJW 1989, 1431 (1432)) anwendbar sind. Da die Frage nirgendwo ausdrücklich geregelt ist, erscheint zwar eine vorsichtige Analogie der Regeln der Rom I-VO denkbar. Der BGH hat demgemäß zu Recht hervorgehoben, dass eine unmittelbare Anwendung der Rom I-VO insoweit zwar nicht in Betracht kommt, was aber nicht daran hindert, die den Regelungen der Rom I-VO zugrundeliegenden **Rechtsgedanken auf Schiedsvereinbarungen** zu **übertragen** (BGH IPRax 2016, 63; dazu Kröll NJW 2015, 833; Kröll IPRax 2016, 43; Schütze SchiedsVZ 2014, 274). Folgerichtig könnte für Schiedsvereinbarungen **42**

in Ermangelung einer (vorrangigen) Rechtswahl das auf den Hauptvertrag anwendbare Recht prinzipiell als maßgeblich angesehen werden (BGH IPRax 2020, 238 (239); OGH IPRax 2020, 240; Schlosser IPRax 2020, 222 (223)). Der **BGH** (SchiedsVZ 2021, 97, 101 f.) hält mittlerweile indes auch einen Rückgriff auf die Rom I-VO in entsprechender Anwendung für nicht möglich und greift stattdessen auf **Art. 5 Abs. 1 lit. a UNÜ analog** zurück. Nicht vom Anwendungsbereich der Rom I-VO ausgeschlossen sind Schiedsrichterverträge. Noch zu Art. 27 EGBGB hat der BGH (IPRax 2020, 459 (460); dazu Colberg IPRax 2020, 426) dagegen die **Verletzung einer Gerichtsstandsvereinbarung** das Internationale Vertragsrecht als einschlägig angesehen, soweit es um Schadenbsersatzansprüche (in casu: § 280 Abs. 1 BGB) geht.

43 **7. Gesellschaftsrecht (Abs. 2 lit. f).** Auch das Internationale Gesellschaftsrecht ist aus dem Anwendungsbereich der Art. 3 ff. ausgeklammert (näher → EGBGB Art. 12 Rn. 1 ff.). Auch lit. f ist unionsautonom auszulegen, und zwar tendenziell eng. Die Ausnahmeklausel erfasst nur organisatorische Aspekte des Gesellschaftsrechts (EuGH NJW 2019, 2991 Rn. 33). Dass ein Vertrag irgendeine Verbindung zu Fragen des Gesellschaftsrechts hat, genügt nicht. Insbesondere Vereinbarungen und Rechtsfragen, die allein die Interessen der Gesellschafter berühren, sind daher dem Vertragsstatut zu unterstellen (Wedemann NZG 2021, 1443 (1444)). Nicht restlos geklärt ist allerdings, wann das der Fall ist.

44 Nicht gesellschaftsrechtlicher Natur, sondern **vertragsrechtlich zu qualifizieren** (und daher unter die Art. 3 ff. fallend) sind aber folgende Fragen: der Unternehmenskauf, der Gründungsvorvertrag (vgl. bereits zum EVÜ Giuliano/Lagarde BT-Drs. 10/503, 36, 44), die stille Gesellschaft als nur interne Beteiligung an einem Unternehmen, ganz allgemein die Innengesellschaft (BGH NJW 2015, 2581 = FamRZ 2015, 1379 mAnm Christandl = FamRB 2015, 366 mAnm Ludwig: Ehegatteninnengesellschaft, noch zu Art. 37 Nr. 2 EGBGB aF als Vorläufernorm) sowie Außengesellschaften ohne eigene Organisation, insbes. Gelegenheitsgesellschaften, soweit sie nicht anderen Ausschlusstatbeständen (zB lit. c) unterfallen (BGH NJW 2004, 3706; s. auch OLG Hamburg NJW-RR 2001, 1012 (1013) betr. Ehewohnung nach Scheidung), auch die §§ 25–28 HGB, aber nur, soweit sie das Schicksal zivil- und handelsrechtlicher Schuldverhältnisse beeinflussen (näher Freitag ZHR 174 (2010), 429 (435 ff.); Freitag FS Spellenberg, 2010, 169 (175)). Denkbar ist eine Anwendung des Internationalen Vertragsrechts der Art. 3 ff. ferner im Bereich des Kapitalmarktrechts (näher Zimmer, Internationales Gesellschaftsrecht, 1996). Ausschlaggebend ist die Einzelanalyse vor dem Hintergrund der Rspr. des EuGH (s. Rn. 43)

45 So gehören die §§ 71 ff. AktG (Rückerwerb eigener Aktien) zwar grds. zum Gesellschaftsstatut. Als besonderes Verbotsgesetz gilt dies aber nicht für § 71 Abs. 4 AktG (Spickhoff BB 1997, 2594 ff.; Hirte, HdB der Konzernfinanzierung, 1998, § 35 Rn. 28). Lit. f betrifft indes nicht die Forderung auf Zahlung einer Rechtsgemeinschaft, die sich aus einer Entscheidung der Hauptversammlung der Miteigentümer eines Wohngebäudes ergibt und auf die Ausgaben für die Instandhaltung der gemeinschaftlichen Bereiche dieses Gebäudes bezieht, als ein Rechtsstreit über einen Dienstleistungsvertrag im Sinne dieser Bestimmung anzusehen ist (EuGH NZM 2019, 435; krit. Mansel/Thorn/Wagner IPRax 2020, 120). Vertragliche Pflichten, die ihren Ursprung in einem Treuhandvertrag über die Verwaltung einer Beteiligung an einer Kommanditgesellschaft haben, sind nach der Judikatur des EuGH (EuGH NJW NZG 2020, 140 = IPRax 2020, 246; dazu Rieländer IPRax 2020, 224) gleichfalls nicht vom Anwendungsbereich des Übereinkommens und der Verordnung ausgenommen. Im Falle der Verpfändung von Mitgliedschaftsrechten ist differenzierend je nach Rechtsnatur des Pfandgegenstandes, der Mitgliedschaft bzw. eines Wertpapiers das Gesellschaftsstatut oder das Wertpapierrechts- bzw. sachstatut einschlägig (dazu Kranz IPRax 2021, 139).

46 **8. Vertretung (Abs. 2 lit. g).** Ausgenommen vom Anwendungsbereich der Art. 3 ff. ist die Frage, ob ein Vertreter natürliche Personen oder Gesellschaften, Vereine oder juristische Personen vertreten kann, ob also Vertretungsmacht vorliegt. Die damit erfassten Fragen der Vertretungsmacht können daher noch vom nationalen Gesetzgeber geregelt bzw. von nationalen Gerichten im Prinzip autonom (indes europarechtskonform) entschieden werden (Martiny RIW 2009, 737, 738). Das in Deutschland im **neuen Art. 8 EGBGB** geschehen (zur Begr. BT-Drs. 18/10714, 12; zur vorausgehenden Reformdiskussion Spickhoff RabelsZ 80 (2016), 481; Spickhoff ZfRV 2016, 175). Unter den Ausschlusstatbestand fällt die **organschaftliche ebenso wie die rechtsgeschäftliche Vertretung** (Sandrock RIW 1986, 841 (845) Fn. 31). Erfasst sind alle Formen der Vollmacht, auch solche kraft Rechtsscheins (insbes. die Anscheins- und Duldungsvollmacht) (OLG Düsseldorf IPRspr. 2003 Nr. 25; Fischer IPRax 2005, 269 (270); Leible IPRax 1998, 257 ff.), ferner § 174 BGB, der gleichfalls zum Verkehrsschutz zu rechnen ist (anders Ostendorf RIW 2014, 93 ff.: Geschäftsstatut). Für das zugrunde liegende Kausalgeschäft bzw. (in Rechten, die das

Abstraktionsprinzip nicht kennen) für alle diejenigen Bereiche, die funktional nicht die Vertretungsmacht betreffen, gilt demgegenüber der Ausschlusstatbestand nicht. Insbesondere für die vertraglichen Beziehungen zwischen Vertretenem und Vertreter (zB Auftrag) gelten die Art. 3 ff. (BT-Drs. 10/504, 84; MüKoBGB/Martiny Rn. 74). Näher → EGBGB Art. 8 Rn. 1 ff.

**9. Trusts (Abs. 2 lit. h).** Der Ausschluss von Trusts beruht auf deren kollisionsrechtlich differenzierend zu beantwortenden Fragen und Einzelausprägungen (Dörner, Le trust en droit international privé, 2005 (Hrsg. Institut suisse de droit comparé), 73 ff.; aus Schweizer Sicht Mayer recht 2007, 64 (70 ff.)). Treuhandverträge über Gesellschaftsanteile fallen dagegen unter die Rom I-VO (EuGH IPRax 2020, 246; Rieländer IPRax 2020, 224). **Im Einzelfall,** insbes. im Falle einer funktionalen Vergleichbarkeit mit Schuldverträgen, wird man aber das Kollisionsrecht der **Art. 3 ff. analog** anwenden können. 47

**10. Verschulden bei Vertragsschluss (Abs. 2 lit. i).** Aus **Art. 12 Rom II-VO** (und Erwägungsgrund 10) folgt die (freilich nur scheinbar eindeutige) pauschale Qualifikation des Verschuldens bei Vertragsschluss; der Begriff ist wie immer autonom zu konkretisieren. 48

**11. Versicherungsvertragsrecht (Abs. 2 lit. j).** Der (kompliziert formulierte) Ausschlusstatbestand betrifft im Wesentlichen die **betriebliche Altersvorsorge** (Fricke VersR 2008, 443 (444); Leible/Lehmann RIW 2008, 528 (530)). 49

**12. Beweisrecht und Verfahrensrecht (Abs. 3).** Das Beweisrecht ist entgegen dem missverständlich pauschal formulierten Abs. 3 (entspricht Art. 1 Abs. 3 Rom II-VO, zuvor Art. 1 Abs. 2 lit. h EVÜ) nur insoweit nicht den Anknüpfungen der Rom I-VO zu entnehmen, als dies nicht von ihr selbst vorgesehen ist, wie in **Art. 18** (vgl. auch Art. 22 Rom II-VO). **Im Übrigen** gilt für Verfahrensfragen im Allgemeinen die **lex fori.** Aktivklagen des **Insolvenzverwalters** aus Verträgen, die der Schuldner vor der Insolvenz mit Dritten abgeschlossen hat, sind aber nicht insolvenzrechtlich zu qualifizieren und fallen nicht unter die EuInsVO 2000 bzw. 2015 (EuGH NZI 2020, 41 mAnm Mankowski). 50

**13. Rechtsfolge.** Art. 1 Abs. 1 S. 2, Abs. 2 und Abs. 3 sehen als Rechtsfolge die **Nichtanwendbarkeit „dieser Verordnung"** vor. Es sind also andere Kollisionsnormen (staatsvertraglicher oder autonomer Natur) anzuwenden. Art. 1 EVÜ ordnete weitergehend die Nichtanwendbarkeit des gesamten Abkommens an. Wie früher unter der Geltung des EVÜ kommt sogar dann, wenn nach Art. 1 die Rom I-VO nicht anwendbar ist, gleichwohl deren **analoge Anwendung** in Betracht (MüKoBGB/Martiny Rn. 26 ff.; ähnlich – Schließung der Lücke „durch eine Rückkopplung auf die Art. 27 ff." – zum EVÜ auch v. Bar FS W. Lorenz, 1991, 288). Das liegt insbes. dann nahe, wenn geeignete sonstige Kollisionsnormen im deutschen IPR fehlen. So können die Art. 3 ff. (konkret Art. 3 Abs. 5) entspr. auf Orderpapiere angewendet werden (vgl. BGHZ 99, 207 (210) = NJW 1987, 1145; für Art. 27 EGBGB aF entspr. auch BGH NJW 1998, 1321 m. Aufs. Stoll IPRax 1999, 29 ff. für den Sonderfall des spanischen Legalschuldverhältnisses zwischen Miteigentümern einer Ferienwohnanlage trotz dessen sachenrechtlicher Grundlage). Ebenso steht es mit **einseitigen Leistungsversprechen** wie Patronatserklärungen (näher Reuter RIW 2018, 339), der Auslobung (MüKoBGB/Martiny Art. 4 Rn. 290) und der Gewinnmitteilung (vgl. BGH NJW 2003, 3620; 2004, 1652; 2006, 230; S. Lorenz IPRax 2002, 195; Martiny ZEuP 2006, 64; für eine deliktsrechtliche Qualifikation hingegen LG Freiburg IPRspr. 2002, Nr. 137; Leible IPRax 2003, 33; für eine wettbewerbsrechtliche Qualifikation Fetsch RIW 2002, 938). Auch für das Internationale Versicherungsvertragsrecht galten vor Inkrafttreten des EGVVG richtigerweise insgesamt die Art. 27–36 EGBGB aF analog (E. Lorenz FS Kegel, 1987, 338 ff.). Die Regeln der Rom I-VO können damit im deutschen IPR weiterreichend angewendet werden als nach Art. 1 vorgeschrieben. Das ist völker- und europarechtlich solange unbedenklich, als es keine abweichenden europäischen (oder national-autonomen) Vorgaben gibt (s. bereits Giuliano/Lagarde BT-Drs. 10/503, 36, 45 zum EVÜ). 51

## V. Begriff des Mitgliedstaats (Abs. 4)

Da nicht in allen EU-Staaten die Rom I-VO gilt, klammert Abs. 4 S. 1 die entsprechenden Staaten aus. Irland und das Vereinigte Königreich hatten eine sog. opt-in Erklärung abgegeben (ABl. 2009 L 10, 22; dazu Mansel/Thorn/R. Wagner IPRax 2009, 1 (7)). Damit ist die Rom I-VO **nur für Dänemark nicht bindend** (Erwägungsgrund 46, Erwägungsgrund 54 ist mithin überholt), wohl aber aus Sicht inländischer Gerichte gegenüber Dänemark, was aus Art. 2 folgt (BGH BeckRS 2021, 23484 Rn. 12; OLG Koblenz IPRax 2015, 255 m. krit. Aufs. Roth IPRax 2015, 222; zust. Piltz IHR 2014, 68; MüKoBGB/Martiny Rn. 84). In **Art. 3 Abs. 4 sowie** in 52

**Art. 7** wird jedoch der Begriff des Mitgliedstaates **unter Einschluss von Dänemark** verwendet. Das beruht darauf, dass die betreffende Norm europäisches Richtlinienrecht durchsetzen will.

### Art. 2 Universelle Anwendung

**Das nach dieser Verordnung bezeichnete Recht ist auch dann anzuwenden, wenn es nicht das Recht eines Mitgliedstaats ist.**

1 Bei den Anknüpfungen der Rom I-VO handelt es sich um sog. allseitige Kollisionsnormen (loi uniforme). Die Rom I-VO ist von deutschen Gerichten nicht nur innerhalb der EU-Mitgliedstaaten und Dänemark (OLG Koblenz IPRax 2015, 255 m. krit. Aufs. Roth IPRax 2015, 222; zust. Piltz IHR 2014, 68), sondern auch dann anzuwenden, wenn der Auslandsbezug allein zu Nicht-Mitgliedstaaten besteht (OLG München BeckRS 2021, 790: Türkei). Ebenso regelt dies als Parallelnorm Art. 3 Rom II-VO. Einzige Voraussetzung für die Anwendbarkeit der Rom I-VO auf Vertragsbeziehungen zu Drittstaaten ist lediglich, dass der Rechtsstreit vor einem mitgliedstaatlichen Gericht anhängig gemacht wird (LG Landshut BeckRS 2020, 8646: Kanada). Auf diese Weise wird ein uneinheitliches innereuropäisches und außereuropäisches Kollisionsrecht vermieden. Die entsprechende Kompetenz der EU wird anzunehmen sein (MüKoBGB/Martiny Rn. 1).

## Kapitel II. Einheitliche Kollisionsnormen

### Art. 3 Freie Rechtswahl

**(1) [1]Der Vertrag unterliegt dem von den Parteien gewählten Recht. [2]Die Rechtswahl muss ausdrücklich erfolgen oder sich eindeutig aus den Bestimmungen des Vertrags oder aus den Umständen des Falles ergeben. [3]Die Parteien können die Rechtswahl für ihren ganzen Vertrag oder nur für einen Teil desselben treffen.**

**(2) [1]Die Parteien können jederzeit vereinbaren, dass der Vertrag nach einem anderen Recht zu beurteilen ist als dem, das zuvor entweder aufgrund einer früheren Rechtswahl nach diesem Artikel oder aufgrund anderer Vorschriften dieser Verordnung für ihn maßgebend war. [2]Die Formgültigkeit des Vertrags im Sinne des Artikels 11 und Rechte Dritter werden durch eine nach Vertragsschluss erfolgende Änderung der Bestimmung des anzuwendenden Rechts nicht berührt.**

**(3) Sind alle anderen Elemente des Sachverhalts zum Zeitpunkt der Rechtswahl in einem anderen als demjenigen Staat belegen, dessen Recht gewählt wurde, so berührt die Rechtswahl der Parteien nicht die Anwendung derjenigen Bestimmungen des Rechts dieses anderen Staates, von denen nicht durch Vereinbarung abgewichen werden kann.**

**(4) Sind alle anderen Elemente des Sachverhalts zum Zeitpunkt der Rechtswahl in einem oder mehreren Mitgliedstaaten belegen, so berührt die Wahl des Rechts eines Drittstaats durch die Parteien nicht die Anwendung der Bestimmungen des Gemeinschaftsrechts – gegebenenfalls in der von dem Mitgliedstaat des angerufenen Gerichts umgesetzten Form –, von denen nicht durch Vereinbarung abgewichen werden kann.**

**(5) Auf das Zustandekommen und die Wirksamkeit der Einigung der Parteien über das anzuwendende Recht finden die Artikel 10, 11 und 13 Anwendung.**

**Schrifttum:** Andréewitch/Arbesser-Rastburg, Internationale Zuständigkeit und anwendbares Recht bei Cloud-Computing-Verträgen, IT-Recht 2014, 268; Arnold, Lex fori als versteckte Anknüpfung, 2009; Bairlein, Internationales Vertragsrecht für freie Berufe, 2009; Bairlein, Die Rechtswahl bei Masterfranchiseverträgen und mehrstufigen internationalen Liefer- und Vertriebsverträgen, IHR 2014, 1; Basedow, Europäische Vertragsrechtsvereinheitlichung und deutsches Recht, 2000; Basedow, Theorie der Rechtswahl oder Parteiautonomie als Grundlage des internationalen Privatrechts, RabelsZ 75 (2011), 32; Begemann/Nölle, Rechtswahlklauseln in Unternehmenskaufverträgen und ihre kostenrechtliche Relevanz nach dem Gerichts- und Notarkostengesetz, BB 2016, 137; Benecke/Henneberger, Globalisierung der Vertriebswege, Die Vorteile einer deutschen Rechtswahl, ZVertriebsR 2014, 370; Brödermann, in Münchener Anwalts-Handbuch, Internationales Wirtschaftsrecht, 2017 (Teil C: Internationales Privatrecht); Coester-Waltjen, Einige Überlegungen zur konkludenten Rechtswahl im europäischen Vertragsrecht, FS Sonnenberger, 2004, 343; Coester-Waltjen/Coester, Rechtswahlmöglichkeiten im Europäischen Kollisionsrecht, Liber Amicorum Klaus Schurig, 2012, 33; Czernich, Die Rechtswahl im österreichischen internationalen Vertragsrecht, ZfRV 2013, 157; Czernich/Heiss, EVÜ – Das Europäische Schuldvertragsübereinkommen, 2001; Dickinson, Territory in the Rome I and Rome II Regulations, Lloyd's M.C.L.Q. 2013, 86; Diedrich, Rechtswahlfreiheit und Vertragsstatut, RIW 2009, 378; Dutta, Kollidierende Rechtswahlklauseln in allgemeinen Geschäftsbedingungen, ZVglRWiss 104 (2005), 461; Ferrari/Leible, Ein neues Internationales Vertragsrecht für Europa, 2007; Gebauer, Relativität und Drittwirkung von Verträgen im Europäischen Kollisionsrecht am Beispiel der Vertragskette, FS Martiny, 2014, 325; Giuliano/Lagarde, Bericht über das Übereinkommen über das auf vertragliche Schuldverhältnisse anzuwendende Recht, BT-Drs. 10/503, 33; Gisclard, Limitations of Autonomy of the Will in Conventions of Exploitation of Personality Rights, IIC 2014, 18; Güllemann, Internationales Vertragsrecht, 2. Aufl. 2014; Hoffmann/Stegemann, Die Parteiautonomie im internationalen Schuldvertragsrecht, JuS 2013, 207; Junker, Vom Citoyen zum Consommateur – Entwicklungen des internationalen Verbraucherschutzrechts, IPRax 1998, 64; Krasauskaite/Schwarz, Rechtswahlklauseln in Unternehmenskaufverträgen nach Einführung des Gerichts- und Notarkostengesetzes, DZWIR 2014, 51; Kaufhold, Internationale Webshops – anwendbares Vertrags- und AGB-Recht im Verbraucherverkehr, EuZW 2016, 247; Kindler, Einführung in das neue IPR des Wirtschaftsverkehrs, 2009; Klumb, Teilrechtswahl in standardisierten Kreditverträgen, ZBB 2012, 449; Kroll-Ludwigs, Die Rolle der Parteiautonomie im europäischen Kollisionsrecht, 2013; Land, Rechtsfragen des internationalen Unternehmenskaufs, BB 2013, 2697; Leible/Wilke, Funktionale Überlegungen zur kollisionsrechtlichen Wahl nichtstaatlicher Regelungswerke, FS Kronke, 2020, 297; Magnus, Die Rom I-Verordnung, IPRax 2010, 27; Maier-Reimer, Vertragssprache und Sprache des anwendbaren Rechts, NJW 2010, 2545; Mayer, Nebengüterrecht im IPR – Qualifikation der Ansprüche aus einer Ehegatteninnengesellschaft, IPRax 2016, 353; Mankowski, Überlegungen zur sach- und interessengerechten Rechtswahl für Verträge des internationalen Wirtschaftsverkehrs, RIW 2003, 2; Mankowski, Besondere Arten der Rechtswahl im Verträgen, FS Martiny, 2014, 449; Mansel, Parteiautonomie, Rechtsgeschäftslehre der Rechtswahl und Allgemeiner Teil des europäischen Kollisionsrechts, in Leible/Unberath (Hrsg.), Brauchen wir eine Rom 0-Verordnung?, 2013, 241; Martiny, Internationales Vertragsrecht im Schatten des Europäischen Gemeinschaftsrechts, ZEuP 2001, 308; Maultzsch, Rechtswahl und jus cogens im Internationalen Schuldvertragsrecht, RabelsZ 75 (2011), 60; Maultzsch, Parteiautonomie bei reinen Inlandsfällen im Internationalen Privat-, Prozess und Schiedsverfahrensrecht, FS v. Hoffmann, 2011, 304; Maultzsch, Parteiautonomie im Internationalen Privat- und Zivilverfahrensrecht, in v. Hein/Rühl (Hrsg.), Kohärenz im Internationalen Privat- und Verfahrensrecht der Europäischen Union, 2016; Möll, Kollidierende Rechtswahlklauseln in allgemeinen Geschäftsbedingungen im internationalen Vertragsrecht, 2012; Ostendorf, Die Wahl des auf internationale Wirtschaftsverträge anwendbaren Rechtsrahmens im europäischen Kollisionsrecht: Rechtswahl 2.0, IHR 2012, 177; Pfeiffer, Rechtswahlvereinbarung und Transparenzkontrolle, FS E. Lorenz, 2014, 843; Reithmann/Martiny, Internationales Vertragsrecht, 8. Aufl. 2015; Röthel, Lex mercatoria, lex sportiva, lex technica – Private Rechtssetzung jenseits des Nationalstaates?, JZ 2007, 755; Rühl, Rechtswahlfreiheit im europäischen Kollisionsrecht, FS Kropholler, 2008, 187; Schäuble, Internationales Schuldvertragsrecht in der notariellen Praxis, BWNotZ 2015, 2; Schilf, Römische IPR-Verordnungen – kein Korsett für internationale Schiedsgerichte, RIW 2013, 678; Schneider/Korn, Die Auswirkungen des neuen Kostenrechts auf Rechtswahlklauseln in M&A Transaktionen, WM 2015, 62; Schuhmacher, Brexit-Überlegungen in Zusammenhang mit internationalen Kreditverträgen, ZIP 2016, 2050; Solomon, Die Rom I-Verordnung in der deutschen ordentlichen Gerichtsbarkeit, ZVglRWiss 115 (2016), 586; Spickhoff, Internationales Handelsrecht vor Schiedsgerichten und staatlichen Gerichten, RabelsZ 56 (1992), 116; Spickhoff, Nachträgliche Rechtswahl, IPRax 1998, 462; Spickhoff, Zwingendes Recht und Internationales Privatrecht, Jura 2007, 40; Spickhoff, Das europäisierte internationale Schuldrecht und die Europäisierung des Zivilrechts, in H. Roth, Europäisierung des Rechts, 2010, 261; Spickhoff, Die Rechtswahl und ihre Grenzen unter der Rom I-VO, in Kieninger/Remien, Europäische Kollisionsrechtsvereinheitlichung, 2012, 117; Spickhoff, Imperative Elemente im Internationalen Privatrecht (übersetzt von Lezhen), in Boguslawsky/Lisizyna-Swetlanova/Trunk, Modernes Internationales Privatrecht in Russland und in der Europäischen Union, 2013, 492; Spickhoff, Parteiautonomie im Europäischen Internationalen Privatrecht, 2014; Symeonides, Choice of Law in the American Courts in 2002: Sixteenth Annual Survey, AmJCompL 51 (2003), 1; Vidmar, Rechtswahlklauseln und deren Formulierung im internationalen Schuldvertragsrecht, ZfRV 2015, 219; G. Wagner, Prozessverträge, 1998; R. Wagner, Der Grundsatz der Rechtswahl und das mangels Rechtswahl anwendbare Recht (Rom I-VO), IPRax 2008, 377; Wedemann, Die Qualifikation von (Ehegatten-)Innengesellschaften, ehebezogenen Zuwendungen und familienrechtlichen Kooperationsverträgen, IPRax 2016, 252; Wegen/Asbrand, Nichtstaatliches Recht als Gegenstand einer Rechtswahlklausel?, RIW 2016, 557.

## Übersicht

## I. Herkunft, Bedeutung und Normzweck

1 **1. Herkunft und textliche Änderungen.** Art. 3 Abs. 1 hat den international befolgten **Grundsatz der sog. Parteiautonomie** im internationalen Schuldvertragsrecht aufgegriffen und bestätigt. Schon vor Inkrafttreten von Art. 3 und seinem Vorgänger, Art. 3 EVÜ (= Art. 27 EGBGB aF), war die Parteiautonomie richter- und gewohnheitsrechtlich anerkannt.

2 Art. 3 weicht im **Wortlaut** von seinem Vorgänger hier und da ab. Auffällig ist, dass sich nach Art. 3 Abs. 1 S. 1 eine Rechtswahl, die nicht ausdrücklich erfolgt ist, „eindeutig" aus den Bestimmungen des Vertrages oder aus den Umständen des Falles ergeben muss; Art. 27 EGBGB aF ließ dazu lediglich eine „hinreichende Sicherheit" genügen. Missverständlich ist es, wenn in Abs. 2 S. 1 nur von einer früheren Rechtswahl „nach diesem Artikel" spricht; eine Rechtswahl nach Art. 27 EGBGB aF (bzw. Art. 3 EVÜ) oder eine noch frühere genügt im Prinzip gleichfalls. Abs. 3 enthält in Bezug auf die Möglichkeit der Abwahl zwingenden Rechts (ohne sachliche Änderung zur früheren Fassung) nicht mehr den Einschub „auch wenn sie durch die Vereinbarung der Zuständigkeit eines Gerichts eines anderen Staates ergänzt ist". Wie in Art. 3 Abs. 3 EVÜ (entspricht Art. 27 Abs. 3 EGBGB aF) heißt es nicht wie in Art. 27 Abs. 3 EGBGB aF, dass der Sachverhalt im Zeitpunkt der Rechtswahl „nur mit einem Staat verbunden" ist, sondern es wird formuliert, dass von ius cogens nur dann abgewichen werden kann, wenn nicht „alle anderen Teile des Sachverhalts im Zeitpunkt der Rechtswahl in ein und demselben Staat belegen" sind. Als geglückter erschien die Formulierung in Art. 27 Abs. 3 EGBGB aF, da der Begriff der Belegenheit eher für Sachen als für Vertragsverhältnisse passt (Staudinger/Magnus, 2021, Rn. 130). Andere Fassungen sprechen denn auch von einer notwendigen „connection" (MüKoBGB/Martiny Rn. 90).

3 **2. Bedeutung.** Abs. 1 statuiert den Grundsatz der freien Rechtswahl, die ausdrücklich oder stillschweigend erfolgen kann. Im Falle des Fehlens einer Rechtswahl ist auf Art. 4 zurückzugreifen. Die Rechtswahlfreiheit wird im Internationalen Privatrecht Parteiautonomie genannt, die von der sachrechtlichen Privatautonomie, der Vertragsfreiheit, terminologisch zu unterscheiden ist (zur Herkunft der Begriffe Kropholler IPR § 40 I). Der Sache nach ist freilich die Parteiautonomie die international-privatrechtliche **Verwandte der Privatautonomie.**

4 Abs. 2 statuiert die Möglichkeit der nachträglichen Rechtswahl, Abs. 3 enthält eine Bestimmung, die bei reinen Inlandssachverhalten die Umgehung von ius cogens zu vermeiden bezweckt. Im Falle von europäischen Binnenmarktsachverhalten sieht Abs. 4 Ähnliches in Bezug auf europarechtliche Standards vor. Abs. 5 betrifft die Frage, nach welcher Rechtsordnung sich das Zustandekommen und die Wirksamkeit der Rechtswahlvereinbarung richten. **Spezialvorschriften,** die die Möglichkeit der Rechtswahlvereinbarung für bestimmte Vertragstypen besonders regeln, finden sich in Art. 5 (Beförderungsverträge), Art. 6 (Verbraucherverträge), Art. 7 (Versicherungsverträge) sowie in Art. 8 (Arbeitsverträge).

5 Art. 3 gilt grds. für **alle Schuldverträge,** hingegen nicht, zumindest nicht unmittelbar (vgl. aber Art. 4 Abs. 3 S. 2 Rom II-VO), für Ansprüche aus außervertraglichen Schuldverhältnissen (Geschäftsführung ohne Auftrag, Bereicherung, Delikt sowie Verschulden bei Vertragsanbahnung) und für sachenrechtliche Verträge, ebenso wenig für die in Art. 1 ausgeklammerten Verträge. Bei Prozessverträgen, insbes. Schiedsvereinbarungen und Gerichtsstandsvereinbarungen, ist vorrangig das Prozessrecht der lex fori anzuwenden. Art. 3 f. Rom I-VO gelten nur subsidiär bzw. analog (s. auch Art. 1 Abs. 2 lit. e) (eingehend G. Wagner, Prozessverträge, 1998, 346 ff.).

6 **3. Normzweck.** Über den rechtspolitischen Grund des Primats der Parteiautonomie im Internationalen Schuldvertragsrecht besteht Streit: Nicht selten wird die Parteiautonomie als gesetzgeberische Verlegenheitslösung angesehen, weil eine objektive Anknüpfung von Schuldverträgen schwer, ein allgemein einleuchtender Ausgleich der Parteiinteressen, die auf mehrere Rechte hindeuten, nicht möglich sei (BT-Drs. 10/504, 51; Kegel/Schurig IPR § 18 I 1c; Ferid IPR § 6 Rn. 8–11). Reine Praktikabilitätserwägungen würden damit den Grundsatz des Art. 3 Abs. 1 rechtfertigen. In der neueren Lehre verweist man demgegenüber zu Recht auf den **engen Zusammenhang zwischen sachrechtlicher Privatautonomie,** die gerade im Schuldvertragsrecht ihren ureigensten Platz hat, und der kollisionsrechtlichen Parallelerscheinung, der Parteiautonomie. Und in der Tat zeigen sich, obwohl Parteiautonomie und Privatautonomie keineswegs identisch sind, doch deutliche Parallelentwicklungen auf der Ebene des Sachrechts und auf der Ebene des Kollisionsrechts. Denn gerade in Gebieten, in denen das Sachrecht die Privatautonomie zurückdrängt (wie im Bereich des Verbraucherschutzes und des Arbeitsrechts), findet sich auch im Kollisionsrecht eine Reihe von Beschneidungen der Parteiautonomie, insbes. in Art. 6 und 8 sowie in Art. 46b EGBGB. Ebenso wie die materiell-rechtliche Privatautonomie nach dem Grundsatz „in

dubio pro libertate" die Parteien einen Vertrag ihren individuellen Bedürfnissen entspr. ausgestalten lässt (Leible ZVglRWiss 97 (1998), 286 (305)), können die Parteien auch für das konkrete Vertragsverhältnis am besten beurteilen, welche Rechtsordnung dafür die angemessensten Lösungen bereit hält. So verwundert es wenig, dass der fast weltweite Siegeszug der Parteiautonomie im Kollisionsrecht eben nicht nur Ausdruck weltweiter Verlegenheit ist, sondern auf weltweit anerkannten Sachgründen beruht. Zu solchen Sachgründen gehört auch die beste Voraussehbarkeit der anzuwendenden Rechtsordnung für die Parteien nach einer Rechtswahl (näher Kropholler IPR § 40 III 2; Spickhoff, Parteiautonomie im Europäischen Internationalen Privatrecht, 2014, 29 ff., jeweils mwN). Innerhalb der EU mag die Parteiautonomie überdies zum Teil aus den Grundfreiheiten gefolgert werden (näher v. Wilmowsky RabelsZ 62 (1998), 1 (3 ff.)). Schließlich lässt sich die Rechtswahl im internationalen Vertragsrecht auch mit ökonomisch-analytischen Überlegungen legitimieren (näher Mankowski in Magnus/Mankowski Rome I Rn. 23 ff. mwN).

## II. Rechtswahl (Abs. 1)

**1. Gegenstand der Rechtswahl: „Recht".** Gegenstand der Wahl, von der Art. 3 spricht, ist das „Recht". Nach zutreffender und ganz hM ist damit **nur staatliches Recht** gemeint. Aus vielen Vorschriften der Rom I-VO ist erkennbar, dass das kodifizierte Internationale Schuldvertragsrecht wie das IPR überhaupt nur die Anwendung staatlicher Rechtsordnungen im Auge hat (vgl. zB Art. 3 Abs. 3 und 4, Art. 5 Abs. 2 S. 3, Art. 6 Abs. 1 und 2, Art. 7 Abs. 3, Art. 8 Abs. 2, Art. 9, Art. 10 Abs. 2, Art. 11, Art. 13, Art. 21). Wollte man auch die Wahl eines außerstaatlichen Rechts zulassen, so liefe zumindest dem Wortlaut nach insbes. der Einwand des ordre public (Art. 21) ins Leere, weil mit Hilfe dieser Vorbehaltsklausel nur eine Rechtsnorm eines anderen „Staates" nicht anzuwenden wäre (vgl. zum EVÜ Lagarde Rev. crit. dr. int. priv. 1991, 287 (300); Michaels RabelsZ 73 (2009), 866 (869) zu den Unidroit-Prinzipien; diff. Wichard RabelsZ 60 (1996), 269 (282); anders Kappus IPRax 1993, 137 (139 f.); NK-BGB/Leible Rn. 34: ein funktionaler, nicht institutioneller Begriff des Rechts sei jedenfalls für die Rechtswahl maßgeblich). 7

Bei der Wahl der anwendbaren Rechtsordnung sind die Parteien prinzipiell frei. Insbesondere ist **nicht erforderlich,** dass der Sachverhalt mit der vereinbarten Rechtsordnung in einer besonderen Beziehung steht oder auch nur einen **Auslandsbezug** aufweist. Das folgt im Umkehrschluss aus Abs. 3, wonach Einschränkungen nur bei der Abwahl von ius cogens bestehen (hM, MüKoBGB/Martiny Rn. 21, 22; Grüneberg/Thorn Rn. 4; aA Kegel/Schurig IPR § 18 I 1c; W. Lorenz IPRax 1987, 269 (271); Kindler RIW 1987, 660 (661)). Das ist auch der Sache nach berechtigt, denn häufig wählen die Parteien gerade ein „neutrales" Recht (Chinesen und US-Amerikaner wählen schweizerisches Recht). 8

Nicht geklärt ist, ob die Parteien ausländisches Recht **unter Einschluss des ausländischen Kollisionsrechts wählen** können. Anerkannt ist jedenfalls, dass die Parteien im Zweifel ohnedies stets Sachvorschriften wählen. Nach der hier vertretenen (sehr bestrittenen) Ansicht besteht die von Art. 3 gewährte Parteiautonomie lediglich in Bezug auf die Wahl einer Sachrechtsordnung (näher und mwN → Rn. 38; → Rn. 20). 9

Gelegentlich versuchen die Parteien, im Interesse der Rechtssicherheit Rechtsänderungen nach Vertragsschluss durch entsprechende vertragliche Bestimmungen entgegenzutreten. Denn ohne eine solche Vereinbarung sind Rechtsänderungen nach Vertragsschluss in jedem Falle beachtlich, soweit das Intertemporale Privatrecht der nach Art. 3 gewählten Rechtsordnung dies vorsieht (MüKoBGB/Martiny Rn. 24 ff.). Im Übrigen entscheidet über eine Klausel, die den Zustand des gewählten Rechts zu einem bestimmten Zeitpunkt „versteinert" (sog. **Versteinerungsklausel**) oder – bei Verträgen mit staatlichen Partnern – vor späterer einseitiger Rechtsänderung durch den staatlichen Partner schützt (sog. **Stabilisierungsklausel**), jeweils die lex causae (MüKoBGB/Martiny Rn. 26 f.; Mankowski in Magnus/Mankowski Rome I Rn. 79 ff. differenziert zwischen beiden Formen)). Die Wahl einer nicht mehr geltenden Rechtsordnung mit kollisionsrechtlicher Wirkung ist gleichfalls nicht zulässig. 10

Der Grundhaltung des Internationalen Privat- und Vertragsrechts zufolge, wonach nur die Wahl nationaler Rechtsordnungen in Betracht kommt, ist eine Denationalisierung des anwendbaren Vertragsrechts durch international-privatrechtliche Mittel, auch im Rahmen der Parteiautonomie, nicht möglich. Deswegen gibt es **keine rechtsordnungslosen Verträge** in dem Sinne, dass alle Rechtsordnungen abgewählt werden (Halpern v. Halpern C.A. (2007) All E R 478 zum EVÜ; dazu Heidemann ZEuP 2008, 618; Spickhoff RabelsZ 56 (1992), 116 (126); MüKoBGB/Martiny Rn. 41; Wegen/Asbrand RIW 2016, 557; Mankowski in Magnus/Mankowski Rome I Rn. 247 ff.; anders E. Lorenz RIW 1987, 569 (573)). Ebenso wenig ist es möglich, dass ein staatliches Gericht originär die sog. **lex mercatoria** oder **„transnationales Recht"** anwendet (ebenso BG AJP/ 11

PJA 2006, 613; Mankowski RIW 2003, 2 (12 ff.)) oder seiner Beurteilung gar eine „lex sportiva", eine „lex technica" (Röthel JZ 2007, 755 (756)) oder ein „Cyber Law" zugrunde legt (Pfeiffer JuS 2004, 282). Während demgegenüber die Lehre vom transnationalen Recht eine Verweisung auf allgemeine Rechtsgrundsätze bzw. Normen zulässt, die entweder mit dem Recht derjenigen Staaten vereinbar sind, welche an der Regelung des jeweiligen Sachverhaltes ein konkretes Interesse haben (so zB Bonell RabelsZ 42 (1978), 485 (496)), oder die sich aus international gültigen allgemeinen Rechtsgrundsätzen ergeben (Langen, Transnationales Recht, 1980, Rn. 2), geht die Lehre von der lex mercatoria von der Möglichkeit der Verweisung auf eine prinzipiell autonom gesetzte Welthandels-Privatrechtsordnung aus, die weltweit zu Gewohnheitsrecht erstarkt sei. Abgesehen von dem fehlenden nationalen Bezug und abgesehen davon, dass ein derartiges Rechtsgebilde eine unzureichende Dichte aufweist, ist oft kein internationaler Konsens sichtbar. Sodann ist dunkel geblieben, wie „transnationales" Recht oder Weltgewohnheitsrecht von einem nationalen Richter – in Deutschland im Rahmen von § 293 ZPO – ermittelt werden sollte: Gibt das Gericht die zu vergleichenden Rechte vor, und wer zieht die rechtsvergleichende Summe? Auch ist der Aufwand derartiger rechtsvergleichender Arbeit von staatlichen Gerichten nicht zu leisten. Überdies ist unklar, welcher Personenkreis befugt wäre, transnationales Recht oder Welthandelsrecht für anwendbar zu erklären, von der thematischen Begrenzung des Gebietes einmal ganz abgesehen (abl. gegenüber einer Denationalisierung des anwendbaren Vertragsrechts zB Spickhoff RabelsZ 56 (1992), 116 (121 ff.); Grüneberg/Thorn Rn. 4; MüKoBGB/Martiny Rn. 29 ff., jeweils mwN; aA aber E. Lorenz RIW 1987, 569 (573)). Ebenso wenig können die Parteien auf allgemeine Rechtsgrundsätze, die sog. Lando Principles oder die UNIDROIT-Prinzipien sowie auf internationale Handelsverträge, die eine von UNIDROIT geforderte Zusammenfassung von Grundregeln für internationale Verträge beinhalten, verweisen (Kindler, Einführung in das neue IPR des Wirtschaftsverkehrs, 2009, 11; Martiny ZEuP 2010, 747 (755); Michaels RabelsZ 62 (1998), 580 (610); Frick RIW 2001, 416 (420 f.); Mankowski RIW 2003, 2 (11 f.); aA Wichard RabelsZ 60 (1996), 269 (282 f.); Schinkels GPR 2007, 106 (111); Leible/Wilke FS Kronke, 2020, 297). Der dies vorsehende Entwurf des Art. 3 Abs. 2 Rom I-VO ist bewusst zurückgezogen worden. Zu beachten ist aber, dass internationale Handelsbräuche auf sachrechtlicher Ebene in den Grenzen zwingenden (staatlichen) Sachrechts der Entscheidung ggf. zu Grunde zu legen sind. Vor Schiedsgerichten sind überdies Billigkeitsentscheidungen möglich, die zur Konkretisierung auf das, was sich hinter der lex mercatoria verbirgt, zurückgreifen können (vgl. § 1051 Abs. 3 ZPO) (v. Hoffmann FS Kegel, 1987, 215 (227 f.); MüKoBGB/Martiny Rn. 39 ff.; Spickhoff RabelsZ 56 (1992), 116 (134 ff.), auch zur Anerkennung entsprechender Schiedssprüche). Wird „islamisches Recht" oder die „Scharia" als Vertragsstatut gewählt (dazu Bälz IPRax 2005, 44), so ist dies – falls möglich – als Wahl des entsprechenden staatlichen Rechts zu deuten, in dem das islamisch-religiös gefärbte Recht gilt. Für die Bestimmung der Kaufmannseigenschaft gilt (unabhängig von dem auf den Vertrag anwendbaren Recht) das Recht am Geschäftssitz der betreffenden Person (OLG Hamm IPRspr. 2002 Nr. 48).

**12** Das alles gilt auch in Bezug auf die **Möglichkeit der unmittelbaren Wahl des CISG.** Führt Art. 1 CISG zunächst einmal zur Anwendbarkeit des UN-Kaufrechts, ist es zunächst nach Art. 6 CISG den Parteien unbenommen, dessen sachrechtliche Regeln gleichwohl auszuschließen oder (mit geringfügigen Grenzen) von seinen Bestimmungen abzuweichen oder deren Wirkung zu ändern. Daraus könnte man einen „unter dem CISG anerkannten Grundsatz der Parteiautonomie (Art. 6)" sogar im umgekehrten Sinne ableiten: Die Parteien sollen nicht nur das UN-Kaufrecht abwählen, sondern umgekehrt die „Anwendbarkeit des CISG wählen können", und zwar unabhängig von dessen Voraussetzungen für die (räumliche) Anwendung, die sich in Art. 1 Abs. 1 CISG finden, und auch nicht nur mittelbar über eine kollisionsrechtliche Rechtswahl, sondern unmittelbar durch die Wahl des CISG selbst, sogar dann, wenn beide Parteien ihre Niederlassung in ein- und demselben Vertragsstaat haben. Eine Rechtswahl (nunmehr nach Art. 3 Rom I-VO) hänge nicht davon ab, dass Verkäufer und Käufer in verschiedenen Staaten ihre Niederlassung haben. Nun mag es rechtspolitisch gute Gründe geben, die direkte Wahl des CISG selbst dann zuzulassen, wenn die Niederlassungen der Vertragsschließenden im gleichen Staat liegen. Indes übersteigt es deutlich den Wortlaut des Art. 1 CISG, das CISG auch dann als maßgebliches Recht zu wählen, wenn die Parteien ihre Niederlassung nicht in verschiedenen Vertragsstaaten haben. Zu bejahen wäre zudem die eben indes verneinte Frage, ob eine kollisionsrechtliche Rechtswahl nichtstaatlichen Rechts (und um nichts anderes handelt es sich bei einem von den Vertragsstaaten als nicht anwendbar erklärten Staatsvertrag) zulässig ist. Die von den Parteien getroffene Wahl des (eben hier nicht anwendbaren CISG) läuft damit zunächst scheinbar ins Leere. Wenn dem entgegengehalten wird, das CISG sei staatlichen Rechtssystemen vergleichbar (Lohmann, Parteiautonomie und UN-Kaufrecht, 2003, 327 ff.; für kollisionsrechtliche Wählbarkeit des CISG als

„Teilrechtswahl" Honsell/Siehr CISG Art. 6 Rn. 14ff.), so kann dies nicht darüber hinwegtäuschen, dass das CISG im konkreten Falle eben gerade kein staatlich gesetztes Recht ist (MüKoBGB/Huber CISG Art. 6 Rn. 35; unreflektiert anders für Art. 27 EGBGB aF OLG Jena IHR 2000, 25 (28)). Es will gerade von seinen staatlich umgesetzten Anwendungsbefehlen her nicht angewendet werden. Dafür spricht auch, dass das CISG von seiner gesamten Anlage her auf internationale Warenkaufverträge (und nicht für rein interne) ausgerichtet ist, mag man diese Einengung auch rechtspolitisch kritisieren. Allerdings ist dann (nicht anders als im Falle einer Verweisung der Parteien auf eine „lex mercatoria") von staatlichen Gerichten immer noch zu prüfen, ob das anwendbare (staatlich gesetzte) Sachrecht aufgrund dessen Disponibilität durch die sachrechtlichen Normen des CISG ersetzt werden kann. Typischerweise werden dagegen keine Bedenken bestehen. Dann hat man freilich den engeren Bereich der kollisionsrechtlichen Parteiautonomie verlassen und denjenigen der sachrechtlichen Privatautonomie betreten. Die Vereinbarung wird dann wie ein kollisionsrechtlich unabhängiger, eigener Vertrag auf sachrechtlicher Ebene behandelt (zur Opt-out-Lösung übereinstimmend MüKoBGB/Huber CISG Art. 6 Rn. 2, 3). Abgesehen von dieser Option der Parteien, die Regeln des UN-Kaufrechts auf der Ebene des Sachrechts zu effektuieren, besteht noch eine weitere Gestaltungsvariante: Jedenfalls im deutschen Zivilprozess besteht über den Beibringungsgrundsatz (seine Geltung auch im Rahmen des CISG hebt zu Recht hervor MüKoBGB/Huber CISG Art. 1 Rn. 66) die Möglichkeit, durch schlichten Parteivortrag die Anwendbarkeit des CISG herbeizuführen, selbst wenn in Wahrheit die Niederlassungen der Parteien nicht in verschiedenen Staaten zu finden sind. Es muss nur ganz einfach (wenngleich wahrheitswidrig) übereinstimmend entsprechend vorgetragen werden. Zwar würden die Parteien mit einem solchen Vortrag gegen die prozessuale Wahrheitspflicht des § 138 Abs. 1 ZPO verstoßen. Doch ist dies im geltenden Recht hinzunehmen, denn Tatsachen, die nicht ausdrücklich bestritten werden, sind eben als zugestanden anzusehen (§ 138 Abs. 3 ZPO) (Spickhoff, Richterliche Aufklärungspflicht und materielles Recht, 1999, 67). Das zeigt, dass die direkte Wahl des UN-Kaufrechts gewissermaßen an Art. 1 CISG jedenfalls aus deutscher Perspektive nicht einmal praktisch drängend erscheint.

**2. Rechtswahl. a) Rechtsnatur.** Die Rechtswahl ist ihrer Rechtsnatur nach ein Vertrag (sog. **Verweisungsvertrag**). Grds. handelt es sich bei der Rechtswahl um eine sog. **kollisionsrechtliche Verweisung.** Durch sie vereinbaren die Parteien die Anwendung einer bestimmten Rechtsordnung, typischerweise im Ganzen, gelegentlich zT (Abs. 1 S. 3). Möglich ist allerdings auch die sog. materiell-rechtliche Verweisung. Hierbei wird das ohne Rechtswahl anwendbare Recht durch einzelne Sachvorschriften der gewählten Rechtsordnung ergänzt. Ob eine solche materiell-rechtliche Verweisung möglich ist, entscheidet das ius cogens des iÜ anzuwendenden Vertragsstatuts. Eine solche bloß materiell-rechtliche Verweisung ist die Ausnahme, der kollisionsrechtliche Verweisungsvertrag die Regel (MüKoBGB/Martiny Rn. 15ff.; Kegel/Schurig IPR § 18 I 1c). Während die materiell-rechtliche Verweisung integraler Bestandteil des Schuldvertrages ist, ist der kollisionsrechtliche Verweisungsvertrag – auch wenn er häufig nur als eine Klausel der Gesamtvereinbarungen der Parteien erscheint – vom Schuldvertrag zu **abstrahieren.** 13

**b) Zustandekommen und Wirksamkeit (Abs. 5).** Zustandekommen und Wirksamkeit der (kollisionsrechtlichen) Rechtswahlvereinbarung richten sich gem. Abs. 5 iVm Art. 10, 11 und 13 nach dem Recht, das anzuwenden wäre, wenn die Rechtswahl, und zwar auch durch AGB (zB BGH NJW 2021, 3179 Rn. 26; OLG Bamberg ZVertriebsR 2021, 309 Rn. 26; LG Landshut BeckRS 2021, 35099 Rn. 18), wirksam wäre. Die Rom I-VO verbietet keineswegs per se die Verwendung von (auch von einem Arbeitgeber) vorformulierten Standardklauseln. Die Wahlfreiheit im Sinne dieser Bestimmung kann durch die Zustimmung zu einer solchen Klausel ausgeübt werden und wird nicht allein dadurch infrage gestellt, dass diese Wahl auf der Grundlage einer Klausel getroffen wird, die ein marktmächtigerer Kontrahent (wie zB ein Arbeitgeber) abgefasst und in den Vertrag eingefügt hat (EuGH NZA 2021, 1357 (1360) Rn. 40; OLG Karlsruhe RdTW 2021, 309). 14

Die Wirksamkeit der Rechtswahl ist also für die Frage, welcher Prüfungsmaßstab bei der Untersuchung der Wirksamkeit und des Zustandekommens anzulegen ist, zu unterstellen. Der damit im Raume stehende **Zirkelschluss** ist – mag er auch rechtspolitisch zweifelhaft sein (Mincke IPRax 1985, 313 (314); vgl. auch Giuliano/Lagarde BT-Drs. 10/503, 33, 62: „Teufelskreis") – geltendes Recht (BGHZ 123, 380 (383) = NJW 1994, 262; dazu W. Lorenz IPRax 1994, 429 (430 f.); Fischer JZ 1994, 367 (369); OLG Hamburg IPRspr. 2012 Nr. 43; KG MDR 1998, 760; OLG Celle ZIP 2001, 1724 (1725)). Dogmatisch kann man diese Regelung auch so verstehen, dass dasjenige Sachrecht darüber Auskunft gibt, ob das Erklärte für einen Rechtswahlvertrag ausreicht oder nicht, zu dessen Gunsten der Rechtsschein einer Rechtswahl besteht (Staudinger/ 15

Magnus, 2021, Rn. 171; anders und für die lex fori OGH IPRax 1991, 419 (420 f.) (dazu Tiedemann IPRax 1991, 424 ff.) vor Inkrafttreten des EVÜ in Österreich; zT abw. auch Stoll FS Heini, 1995, 429 ff.). Das anscheinend gewählte Recht ist nur insoweit für die Frage des Zustandekommens und der Wirksamkeit der Rechtswahl nicht heranzuziehen, als es um die (kollisionsrechtliche) Zulässigkeit der Rechtswahl sowie um eine aus Indizien zu folgernde stillschweigende Rechtswahl geht (Grüneberg/Thorn Rn. 9. Bei Insolvenzverwalterverträgen diff. aber Eidenmüller ZZP 114 (2001), 3 (30 ff.)).

**16** Die Rechtswahl kann nach Abs. 5 iVm Art. 10 Abs. 2 auch noch nach dem Recht des Staates, in dem eine der am Vertrag beteiligten Parteien ihren gewöhnlichen Aufenthalt hat, unwirksam sein, wenn sich die betreffende Partei mit der Begründung auf das Recht dieses Staates beruft, sie habe dem Vertrag nicht zugestimmt. Das ist insbes. dann denkbar, wenn es darum geht, **Schweigen** (ausnahmsweise) den Erklärungsgehalt einer Zustimmung zuzubilligen, etwa im Falle des Schweigens auf ein kaufmännisches Bestätigungsschreiben (vgl. BGHZ 57, 72 (77) = NJW 1972, 391 (394) mAnm Geimer und Schmidt-Salzer), aber auch bei – nicht prinzipiell unzulässigen – **Rechtswahlvereinbarungen in AGB** (LG Hamburg IPRax 2015, 348; dazu – aus anderen Gründen krit. – Pfeiffer IPRax 2015, 320), die zudem den **Hinweis** auf den durch Art. 6 vermittelten Schutz zu enthalten hat (IPRax 2017, 483; dazu W.-H. Roth IPRax 2017, 439; zum auf die Hinweispflicht anzuwendenden – wohl gewählten – Recht Huber FS Kronke, 2020, 215 (217 ff.)). Im Falle schlicht **kollidierender Rechtswahlklauseln** fehlt es im Prinzip an einer wirksamen Rechtswahl (dazu Dutta ZVglRWiss 104 (2005), 461 (464 ff.)).

**17** Eine besondere **Form** ist für die Rechtswahl in der Rom I-VO nicht vorgeschrieben. Nach Abs. 5 gelten insoweit Art. 10 und – für den besonderen Fall eines Verbrauchervertrages – Art. 11 Abs. 4 S. 2, wonach das Recht am Ort des gewöhnlichen Aufenthalts des Verbrauchers Maß gibt. Auf Grund der Abstraktion von Hauptvertrag und Rechtswahlvereinbarung ist auch die Formfrage für jeden der beiden Verträge gesondert zu beurteilen. Insbesondere bedarf die Rechtswahlvereinbarung nicht notwendig der gleichen Form wie der Hauptvertrag, sodass über eine Rechtswahl auch Verpflichtungsgeschäfte über Grundstücke in Deutschland (anders als die dinglichen Geschäfte!) formlos (oder formschwächer) möglich werden können (Møller-Christensen MDR 1996, 775 zu Dänemark).

**18** Im Interesse des **Verkehrsschutzes** verweist Abs. 5 auch auf Art. 13, der von der eigentlich nach Art. 7 Abs. 1 EGBGB maßgeblichen Anknüpfung an die Staatsangehörigkeit des potentiell Geschäftsunfähigen eine Ausnahme zu Gunsten des Vertragsabschlussortes macht, es sei denn, dass der rechts-, geschäfts- und handlungsfähige Vertragspartner bei Vertragsabschluss die Rechts-, Geschäfts- und Handlungsunfähigkeit des anderen kannte oder kennen musste. **Rechtswahlentscheidungen durch „künstliche Intelligenz"** richten sich nach der entsprechenden Akzeptanz der „Rechtswahlfähigkeit". Ob sie vorliegt, richtet sich nach Art. 7 und 5 Abs. 2 EGBGB (ggf. iVm Art. 13 Rom I-VO), was auf den gewöhnlichen Aufenthalt der Maschine hinausläuft. Fehlt sie, ist auf das Personalstaut dessen zurückzugreifen, für den sie Erklärungen abgibt (näher Arnold IPRax 2022, 13 (18 ff.)).

**19** **c) Ausdrückliche Rechtswahl (Abs. 1 S. 2 Alt. 1).** Eine ausdrückliche Rechtswahl kann erfolgen durch Individualabrede, in AGB (zB OLG Düsseldorf RdTW 2018, 473 Rn. 28; zu Rechtswahlklauseln von Fluggesellschaften OLG Frankfurt IPRax 2019, 241; Mankowski IPRax 2019, 208), auch in Social-Media-Plattformen (OLG Karlsruhe GRUR-RS 2020, 41910: Facebook; OLG München GRUR-RS 2020, 41902, auch zu Art. 6 Abs. 1 lit. b), selbst wenn diese stillschweigend vereinbart wurden (BGHZ 108, 353 (361 f.) = NJW 1990, 242 (244); OLG Saarbrücken BeckRS 2018, 20145 Rn. 12), auch nachträglich, etwa im Prozess (OLG Koblenz IPRax 1989, 175). Ggf. wird damit auch das CISG „erwählt" (OLG Köln IHR 2015, 60), es sei denn, dessen Geltung ist (zulässigerweise, Art. 6 CISG) abbedungen worden (OLG Hamm IHR 2016, 30). Möglich ist auch eine rein negative Rechtswahl, wodurch ein bestimmtes Recht ausdrücklich abgewählt wird. Hilfsweise gilt dann das nach Art. 4 objektiv anwendbare Recht. Haben die Parteien gerade dieses abgewählt, ist das Recht der zweitengsten Verbindung anzuwenden (v. Hoffmann/Thorn IPR § 10 Rn. 28).

**20** Sehr zweifelhaft ist, welches Recht den **Maßstab für die Auslegung** einer ausdrücklichen Rechtswahlvereinbarung liefert (offengelassen von OLG Koblenz RIW 1993, 934 f.). Vertreten wird: Entwicklung autonomer Auslegungsmaßstäbe aus dem EVÜ (Dicey/Morris, Conflict of Laws II, 1218), Anwendung der lex fori und die (möglicherweise) gewählte lex causae. Da Abs. 5 gerade nicht auf Art. 12 Abs. 1 lit. a verweist, andererseits der Charakter der EU-VO das Gebot zur einheitlichen Auslegung und Anwendung des internationalen Vertragsrechts impliziert, erscheint die Entwicklung autonomer Auslegungsmaßstäbe als vorzugswürdig (ebenso Staudinger/

Magnus, 2021, Rn. 66; falls möglich, auch MüKoBGB/Martiny Rn. 45). Misslich für eine (oder beide) Partei(en) könnte es demgegenüber sein, wenn man undifferenziert die lex fori oder die (scheinbare) lex causae als alleinigen Auslegungsmaßstab heranzieht, mag es auch schwierig sein, solche autonomen Auslegungskriterien zu ermitteln.

**d) Stillschweigende Rechtswahl (Abs. 1 S. 2 Alt. 2).** Die stillschweigende Rechtswahl setzt stets voraus, dass ein entsprechender **realer Parteiwille** nicht nur – wie nach Art. 27 Abs. 1 EGBGB aF – mit hinreichender Sicherheit, sondern **„eindeutig"** aus den Bestimmungen des Vertrages oder den Umständen des Falles hergeleitet werden kann (BAG NJW 1996, 741; Denkschrift EVÜ BT-Drs. 10/503, 21, 24). Durch diese schärfer als bisher akzentuierte Formulierung in Abs. 1 S. 2 soll sichergestellt werden, dass der Richter keinesfalls ermächtigt ist, „eine Rechtswahl durch die Parteien zu unterstellen, sofern diese nicht die bestimmte Absicht der Vornahme einer solchen Rechtswahl hatten" (Giuliano/Lagarde BT-Drs. 10/503, 33, 49). Die Frage, ob die Parteien ein bestimmtes Recht (stillschweigend) wählen wollten, ist verordnungsautonom zu beurteilen (vgl. zum EVÜ bereits Coester-Waltjen FS Sonnenberger, 2004, 343 (349 f.); anders OGH JBl 2004, 716 (719)). Lässt sich das nicht feststellen, ist auf die objektiven Anknüpfungen des Art. 4 (oder ggf. auf Art. 5–8) zurückzugreifen. Der Anknüpfung an einen bloß hypothetischen Parteiwillen ist zumindest dogmatisch jedenfalls eine deutliche Absage erteilt (ausdrücklich Denkschrift EVÜ BT-Drs. 10/503, 21, 24 gegen BGHZ 7, 231 (235)). Daraus folgt ferner, dass es zumindest im Rahmen der Rom I-VO zur Feststellung der entsprechenden Willensübereinstimmung in Bezug auf eine Rechtswahl auf **aktuelles Erklärungsbewusstsein** ankommt; bloß potentielles Erklärungsbewusstsein genügt – anders als nach hM im internen deutschen Sachrecht (Bydlinski JZ 1975, 1 ff.; krit. Wolf/Neuner BGB AT § 24 Rn. 8) – nicht (Mansel ZVglRWiss 86 (1987), 1 (12): real vorhandener Wille; Hohloch/Kjelland IPRax 2002, 30 (32); iErg auch Schack NJW 1984, 2736 (2738); BGH NJW 1991, 1292 (1293); OLG Köln RIW 1993, 1023 (1024 f.); Grüneberg/Thorn Rn. 8; sprechen jeweils allg. vom erforderlichen Erklärungsbewusstsein, zumindest nicht ausdrücklich vom „aktuellen" oÄ; genauer Sandrock RIW 1986, 841 (848); vom erforderlichen „Gestaltungswillen" spricht – ungenau, Sandrock JZ 2000, 1119 – BGH JZ 2000, 1115 (1117)). **21**

Eine stillschweigende Rechtswahl kann nach Abs. 2 von vornherein getroffen oder erst nachträglich erfolgt sein. Im Zentrum einer nachträglichen stillschweigenden Rechtswahl steht in erster Linie das Prozessverhalten der Parteien. Ob eine stillschweigende Rechtswahl erfolgt ist oder nicht, kann anhand verschiedener **Indizien** ermittelt werden. Trotz der damit verbundenen Typisierung bleibt die Prüfung prinzipiell einzelfallbezogen. Führen unterschiedliche Indizien, die ungefähr gleichgewichtig erscheinen, zu jeweils anderen Rechtsordnungen, kann von einer stillschweigenden Rechtswahl nicht ausgegangen werden (v. Hoffmann/Thorn IPR § 10 Rn. 36). **22**

Indizielle Wirkung in Bezug auf die lex fori als lex causae können insbes. **Gerichtsstandsvereinbarungen** haben (s. Erwägungsgrund 12). Namentlich die Vereinbarung eines ausschließlichen Gerichtsstandes ist ein besonders starkes Indiz. Ohne entgegenstehende Indizien ist in der Vereinbarung eines solchen ausschließlichen Gerichtsstandes die stillschweigende Wahl des Rechts zu sehen, das am Gerichtsort gilt (BAG IPRax 2015, 342; krit. Mankowski IPRax 2015, 309; BGH WM 1964, 1023 (1024); BGHZ 104, 268 (270) = NJW 1988, 1964; BGH NJW-RR 1990, 183 f.; NJW 1991, 1420; 1996, 2569). Allerdings wird dadurch eine für den Richter bequeme Lösung – Anwendung des eigenen Rechts, sog. „Heimwärtsstreben" – präjudiziert. Doch ist gerade dieser Effekt und damit eine größere Richtigkeitsgewähr im Vergleich zu Entscheidungen, die die Anwendung fremden Rechts verlangen, von den Parteien in Ermangelung gegenläufiger Anhaltspunkte gewollt und jedenfalls kein Gegenargument gegen die indizielle Wirkung. Keine bzw. eine erheblich geringere Indizwirkung entfaltet die Vereinbarung eines nicht ausschließlich zuständigen Gerichts (BGH IPRspr. 1958/49 Nr. 53; vgl. auch BGH IPRax 1986, 292; krit. dazu Schack IPRax 1986, 272), eines Schiedsgerichts (BFH BeckRS 2021, 45231 Rn. 61: Internationales Handelsschiedsgericht in Moskau zuständig aber als „starkes Indiz" gewertet; indes bestanden zusätzliche Anhaltspunkte im Vertrag zugunsten russischen Rechts) und erst recht keine Indizwirkung besteht, wenn die Gerichtsstandsklausel nicht wirksam vereinbart ist (vgl. BGH LM Art. 7 ff. Nr. 33). **23**

Im Prinzip ebenso wie die Vereinbarung eines ausschließlichen Gerichtsstandes (BGH IPRspr. 1966/67 Nr. 41b) stellt auch eine **Schiedsklausel** (OLG Hamm NJW-RR 1993, 1445 (1446); vgl. auch Wenner RIW 1998, 173 (175)) ein deutliches Indiz in Bezug auf eine stillschweigende Vereinbarung des Sachrechts am Sitz des Schiedsgerichtes dar. Vorausgesetzt ist allerdings, dass die Schiedsvereinbarung wirksam ist, dass das Schiedsgericht nicht nur wahlweise zuständig sein soll, dass das Schiedsgericht nicht erst ad hoc gebildet werden muss oder sein Sitz nicht von vornherein **24** feststeht, oder dass das Schiedsgericht nicht grds. das nationale Recht an seinem Sitz anwendet. Deshalb ergibt keinen Hinweis auf das anzuwendende Recht die Vereinbarung der Schiedsgerichtsbarkeit, wenn nach der einschlägigen Schiedsordnung (zB Schiedsgericht der IntHK in Paris) ohne Rechtswahl nach dem für angemessen erachteten **Kollisionsrecht** das anwendbare Recht vom Schiedsgericht zu bestimmen ist (s. bereits OLG Stuttgart AWD 1960, 246; MüKoBGB/Martiny Rn. 52, 53).

**25** Ein zureichend deutliches Indiz im Hinblick auf eine Rechtswahl kann darin liegen, dass **auf ein bestimmtes Recht** in aussagekräftiger Weise **Bezug genommen** wird (eingehend Mankowski in Magnus/Mankowski Rome I Rn. 160 ff.). Als solche, eine indizielle Wirkung auslösende Bezugnahmen kommen in Betracht: reflektierte Hinweise auf bestimmte Vorschriften einer Rechtsordnung (BAG IPRax 2015, 342; dazu Mankowski IPRax 2015, 309; BGH JZ 2000, 1115 (1116); IPRax 2002, 37; NJW-RR 1996, 1034; OLG Köln RIW 1993, 414 (415); OLG Düsseldorf IPRspr. 2003 Nr. 29; FamRZ 2001, 1102 (1103); LAG Nds LAGE § 23 KSchG Nr. 16; AG Hamburg NJW-RR 2000, 352 (353)); Verwendung von auf einer Rechtsordnung aufbauenden Formularen (BGH JZ 1963, 167 mAnm Lüderitz; IPRspr. 1966/67 Nr. 41b) oder die Orientierung maßgeblicher vertraglicher Regelungen ersichtlich an einem bestimmten Vertragsrecht (BAG NZS 2014, 1264; dazu Hoch BB 2015, 1717: Orientierung an deutschem Arbeitsvertragsrecht; BAG NJW 2013, 2461; OLG Brandenburg NJW-RR 2012, 535: Anlehnung an § 320 BGB); Einbeziehung von AGB einer Partei, die ihrerseits auf ein bestimmtes Recht hinweisen oder darauf erkennbar aufbauen (BGH NJW-RR 1999, 813: Anlehnung an VOB/B; vgl. auch LG Waldshut-Tiengen IPRax 1984, 100 mAnm Jayme; anders Wenner BauR 1993, 257 (269); Wenner RIW 1998, 173 (178) in Bezug auf die HOAI); Vereinbarung der VOB/B oder der HOAI (BGH NJW-RR 1999, 813: VOB; EWiR Art. 27 1/01, 625 mAnm Wenner: HOAI). Zum Teil wird sogar vertreten, dass generell das Recht dessen (Personalstatut bzw. Sitzrecht) gelten soll, der die AGB verwendet (BGH RIW 1976, 447 (448); OLG München RIW 1983, 957 f.; OLG Hamburg RIW 1986, 462 (463); OLG Schleswig NJW-RR 1988, 283 (284); OLG München IPRax 1989, 42; OLG Hamburg RIW 1991, 61 (62)). Ohne entsprechende Bezugnahme auf ein bestimmtes Recht erscheint allein dies jedoch nicht ausreichend deutlich für die Annahme einer stillschweigenden Rechtswahl (Meyer-Sparenberg RIW 1989, 347 (348)). In der Vereinbarung der Auslegung des Vertrages nach ausländischem Recht liegt regelmäßig eine (zumindest) stillschweigende Wahl dieser Rechtsordnung; dass sich nur die Auslegung nach einem, der Vertrag iÜ aber nach einem anderen Recht richtet, ist ohne entsprechende deutliche Hinweise nicht zu unterstellen (für ausdrückliche Rechtswahl im Falle der sog. construction clause OLG München IPRax 1989, 42 (44); zust. W. Lorenz IPRax 1989, 22 (24 f.); für stillschweigende Wahl LG München IPRax 1984, 318; insoweit krit. Schröder IPRax 1985, 131 (132); wie hier auf den Einzelfall abstellend Staudinger/Magnus, 2021, Rn. 89).

**26** Haben die Parteien in ihrem Vertragswerk **auf Regeln des CISG Bezug genommen** oder gehen sie ersichtlich von der Geltung der entsprechenden Normen aus (weil sie sie ganz einfach in ihrem vertraglichen Regelungswerk zu Grunde liegen), so liegt es nahe, darin einen eindeutigen Umstand aus den Bestimmungen des Vertrages zu erblicken, der für die Anwendbarkeit eines Sachrechts spricht, in dem das CISG (ggf. vorbehaltlos) gilt, es sei denn, dass die Parteien ausdrücklich eine abweichende Rechtsordnung gewählt haben (Art. 3 Abs. 1 S. 2, 1. Alt.). Unabhängig davon hilft eine solche Indizwirkung dann nicht weiter, wenn die Rechtswahl iÜ undeutlich ist und in mehreren in Betracht kommenden Rechtsordnungen (insbes. in denjenigen der jeweiligen Niederlassungen der Parteien) das UN-Kaufrecht übereinstimmend ratifiziert und transformiert worden ist. Immerhin sollte sich dann nach Möglichkeit die Auswahl aus den in Betracht kommenden Rechtsordnungen auf diese konzentrieren. Gegen die „Wahl des CISG" als deutliches Indiz für eine Rechtswahl der Parteien spricht weder, dass das CISG das Kaufrecht nicht umfassend regelt. Allein die Ratifikation und Transformation des CISG in dem indiziell gewählten Vertragsrecht zeigt nämlich, dass sich seine Regeln wenigstens ganz grds. in die iÜ anwendbaren Regeln des sachlichen Vertragsrechts der betroffenen Staaten einfügen lassen dürften.

**27** Eine zureichend deutliche stillschweigende Rechtswahl kann auch auf eine **frühere Vertragspraxis** der Parteien gestützt werden, sofern diese nicht nachweislich aufgegeben worden ist oder werden sollte. Das Gleiche gilt, wenn der zu prüfende Vertrag auf einen anderen Vertrag mit Rechtswahl Bezug nimmt oder zumindest wirtschaftlich mit ihm zusammenhängt (BGH IPRspr. 1956/57 Nr. 55; IPRspr. 1966/67 Nr. 41b; MüKoBGB/Martiny Rn. 65).

**28** Ohne weitere Umstände **nicht ausreichend** zur Begründung einer stillschweigenden Rechtswahl ist der **Erfüllungsort** (vgl. auch BGH NJW 1985, 560 (561); OLG Düsseldorf OLGR 1997, 314: Urlaubsort bei Reisevertrag; aA – eher unreflektiert – BAG IPRax 2015, 342; dazu zu Recht krit. Mankowski IPRax 2015, 309; LG Hamburg RIW 1993, 144 (145): Bürgschaft;

Wenner RIW 1998, 173 (175)), es sei denn, es wird ein einheitlicher Erfüllungsort vereinbart, der obendrein vom tatsächlichen Leistungsort abweicht (OLG Köln RIW 1994, 970; Grüneberg/Thorn Rn. 7). Ebenso wenig reicht allein die **Vertragssprache** als Indiz aus (BAG BeckRS 2020, 29723; BGHZ 19, 110 (111 f.); LG Hamburg RIW 1993, 144 (145); Maier-Riemer NJW 2010, 2545 (2546); vgl. aber BGH NJW 1998, 1321 (1322), indes unter Hinweis auf Art. 28 Abs. 3 aF wegen des zusätzlichen starken immobiliarsachenrechtlichen Einschlages; vgl. auch BAG IPRax 2015, 342; dazu zu Recht krit. Mankowski IPRax 2015, 309 (311)), und das Gleiche gilt für die isolierten Elemente **Abschlussort** oder **vereinbarte Währung** (BGH DB 1981, 1279; NJW-RR 1990, 183 f.; OLG Brandenburg NJ 2001, 257 (258); s. aber auch OLG Hamm RIW 1993, 940; OLG Köln RIW 1994, 970) sowie für den **gewöhnlichen Aufenthalt bzw. Sitz** oder die **Staatsangehörigkeit** der Parteien (letztere eher letzthilfsweise) (Staudinger/Magnus, 2021, Rn. 97, 98; s. aber auch BGH RIW 2006, 984). Liegen verschiedene der isoliert betrachtet nicht hinreichenden Indizien in Kumulation vor, hängt es vom Einzelfall ab, ob hieraus eine zureichend deutliche stillschweigende Rechtslage abgeleitet werden kann (OLG Saarbrücken BeckRS 2016, 111559). So sind stillschweigende Rechtswahlvereinbarungen angenommen worden, wenn Abschlussort und Sprache übereinstimmen (BGH NJW 1998, 1321; aA LG Hamburg RIW 1993, 144 (145)), wenn Abschluss- und Erfüllungsort, Vertragssprache und Währung auf dasselbe Recht hinweisen (vgl. BGH RIW 1997, 426, dort freilich sogar mit Bezugnahme auf das BGB; NJW 2004, 3706 (3708): Vertragssprache Deutsch, deutscher Gerichtsstand, Verwendung von Begriffen des deutschen Gesellschaftsrechts; Berufung auf deutsches Recht im Prozess; OLG Köln VersR 2002, 1374 (1375); RIW 1994, 970: deutscher Erfüllungsort, deutsche Währung; LG Heidelberg IPRax 2005, 42: deutsche Vertragsparteien mit inländischem Wohnsitz schließen Vertrag in deutscher Sprache, freilich über Grundstück in Spanien), oder wenn zwei Deutsche während eines längeren Auslandsaufenthaltes einen Mietwagen mieten, darin verunfallen, und es um eine stillschweigende Haftungsbeschränkung geht (BGH IPRax 2010, 367; dazu Seibl IPRax 2010, 347; Spickhoff LMK 2009, 280900: deutsches Recht auf zwei Medizinstudentinnen angewendet, die sich gemeinsam zur Fortbildung für drei Monate in Südafrika aufhielten).

Besonders problematisch ist die nach Abs. 2 S. 1 mögliche nachträgliche stillschweigende Rechtswahl durch **Prozessverhalten** oder auch **vorprozessuales Verhalten** (OLG Stuttgart IPRspr. 2013 Nr. 186: vorgerichtliche Korrespondenz). Eindeutig iS einer ausdrücklichen nachträglichen Rechtswahl (wie in LAG Düsseldorf BeckRS 2021, 47778 Rn. 88; 2021, LAG Düsseldorf BeckRS 2021, 47784 Rn. 87; LAG Düsseldorf BeckRS 2021, 47359 Rn. 88 (jeweils Bestätigung nach richterlichem Hinweis); OGH ZfRV 2010, 27) äußern sich die Parteien selten. Im Anschluss an Giuliano/Lagarde (BT-Drs. 10/503, 33, 50) wird vertreten, die Rechtswahl während des Prozesses fiele in den Bereich des nationalen Verfahrensrechts und sei keine Berücksichtigung von Willenserklärungen, sondern lediglich ein Problem der Präklusion, deren Zulässigkeit sich aus den §§ 39, 296 Abs. 2 ZPO ergebe und die nicht auf Angriffs- und Verteidigungsmittel zu beschränken sei (Soergel/v. Hoffmann EGBGB Art. 27 Rn. 52; bezogen auf das Rechtsmittelverfahren ebenso NK-BGB/Leible Rn. 60). Diese Auffassung ist abzulehnen. § 39 ZPO behandelt die Möglichkeit der zuständigkeitsbegründenden rügelosen Einlassung und hat mit der Frage des anwendbaren Rechts nichts zu tun. § 296 ZPO bezieht sich erstens nur auf Tatsachen, nicht aber auf Recht, und obendrein ist der Anwendungsbereich der Norm auf Angriffs- und Verteidigungsmittel beschränkt (Schack NJW 1984, 2736 (2739)). Es ist nicht ersichtlich, warum das (deutsche) Internationale Zivilprozessrecht einer nachträglichen Rechtswahl entgegenstehen oder diese geradezu herbeiführen sollte. Wenn präkludiert werden kann, dann nur der Vortrag zu Tatsachen, die eine Subsumtion unter ausländisches Sachrecht ermöglichen, und auch das lediglich dann, wenn die Parteien sich über die kollisionsrechtlichen Fragen überhaupt im Klaren waren, ggf. darauf auch hingewiesen worden sind (vgl. Spickhoff, Richterliche Aufklärungspflicht und materielles Recht, 1998, 72 f.). Rspr. und hL behandeln das Problem daher zu Recht als eine Frage der stillschweigenden Rechtswahl. Die Rspr. geht dabei häufig unreflektiert davon aus, dass eine stillschweigende nachträgliche Rechtswahl (oder aber die Bestätigung einer bereits früher erfolgten stillschweigenden Rechtswahl) darin zu sehen ist, dass die Parteien übereinstimmend die Sache nach einer bestimmten Rechtsordnung behandeln, sei es eine ausländische (OLG Celle RIW 1990, 320 (322)), sei es die deutsche (BGH NJW 1991, 1292 (1293); RIW 1992, 585 (586); NJW 1992, 909; 1992, 1380; 1994, 187; RIW 1995, 410 (412); OLG Saarbrücken IPRspr. 2002 Nr. 43; OLG Zweibrücken IPRspr. 2002 Nr. 71; OLG Köln RIW 1994, 970 (971); OLG Hamm RIW 1995, 681 (682); OLG Saarbrücken WM 1998, 836; OLG Karlsruhe MDR 1998, 1470 (1471); NZG 2001, 748 (749); OGH Wien ZfRV 2019, 229 (Nr. 43) m. zutr. Anm. Ofner). Dabei akzeptiert zwar auch die Rspr. formal den Satz, dass beide Parteien Erklärungsbewusstsein in Bezug auf eine Rechtswahl haben müssen, sodass die irrtümliche Annahme, deutsches Recht **29** sei anwendbar, prinzipiell nicht ausreicht (OLG Köln NJW 1987, 1151 (1152); OLG München RIW 1996, 329 (330)), doch soll schon die rügelose Hinnahme der Urteilsbegründung im Berufungsverfahren genügen (BGH NJW 1991, 1292 (1293)). Dieser Rspr. ist nur mit großer Vorsicht zu begegnen (s. nun auch BGH RIW 2009, 245 (246)). Soweit sie – wie in der großen Mehrzahl der Fälle – über die Unterstellung einer stillschweigenden nachträglichen Rechtswahl zur Anwendung deutschen Rechts kommt, ist sie lediglich Ausdruck eines vom IPR nicht getragenen Heimwärtsstrebens zu Gunsten des (insoweit sachwidrig bevorzugten) eigenen Rechts. In der Revisionsinstanz vermeidet man dadurch zwar die Peinlichkeit, den Vorinstanzen sowie den bis dahin mit der Sache befassten Anwälten das Übersehen der kollisionsrechtlichen Fragestellung zu quittieren (exemplarisch BGH IPRax 1982, 13; krit. Kreuzer IPRax 1982, 1 (2 f.)), doch wächst das Ansehen der Rspr. nicht dadurch, dass der BGH als Revisionsgericht Fehler zur Weisheit umdeklariert. Das häufige Verkennen der international-privatrechtlichen Fragestellung durch Anwälte ändert nichts am Ausgangspunkt: Nur deswegen, weil die Parteien während eines Rechtsstreits übereinstimmend von der Anwendung einer bestimmten Rechtsordnung ausgehen (jedenfalls der deutschen), darf nicht von einer („eindeutigen"!) stillschweigenden Wahl deutschen Rechts oder von einer Bestätigung einer früheren Wahl deutschen Rechts ohne weitere Anhaltspunkte ausgegangen werden. Anderenfalls würde man potentielles Erklärungsbewusstsein in Bezug auf die Rechtswahl genügend sein lassen, was jedenfalls im Rahmen der Rom I-VO nicht angängig erscheint. Demgemäß verlangt mittlerweile auch der BGH **„beiderseitigen Gestaltungswillen"** (BGH RIW 2009, 245 (246)). Nichts anderes kann auch für Fälle der unreflektierten vorprozessualen Korrespondenz (vom Sachverhalt her zumindest uneindeutig insoweit OLG Stuttgart IPRspr. 2013 Nr. 186) gelten. Ggf. sind deswegen die Parteien oder ihre Bevollmächtigten auf die kollisionsrechtliche Fragestellung hinzuweisen; bleiben sie danach bei ihrem Vortrag nur zu einer bestimmten Rechtsordnung, liegt eine entsprechende Rechtswahl vor (iErg ebenso MüKoBGB/Martiny Rn. 56; Mansel ZVglRWiss 86 (1987), 1 (11 ff.); W. Lorenz IPRax 1987, 269 (273); Steinle ZVglRWiss 93 (1994), 313; zurückhaltend gegenüber einer voreiligen Unterstellung der stillschweigenden Rechtswahl durch Prozessverhalten auch BGH NJW 1993, 1126; Schack IPRax 1986, 272 (273 f.)). Dass eine Rechtswahl im Prozess nur wirksam ist, wenn die auftretenden Anwälte bevollmächtigt sind (Mansel ZVglRWiss 86 (1987), 1 (13); Grüneberg/Thorn Rn. 8; Schack NJW 1984, 2736 (2739)), versteht sich von selbst.

30 **e) Teilrechtswahl (Abs. 1 S. 3).** Abs. 1 S. 3 ermöglicht neben einer materiell-rechtlichen auch eine **kollisionsrechtliche Teilverweisung** (MüKoBGB/Martiny Rn. 67). Nach dem Wortlaut der Norm können die Parteien die Rechtswahl für den ganzen Vertrag oder nur für einen Teil des Vertrages treffen. Soweit keine Teilrechtswahl vorgenommen ist, gilt dann die objektive Anknüpfung (Art. 4 ff.). Nach allgemeiner Auffassung können die Parteien den Vertrag parteiautonom in der Weise aufspalten, dass verschiedene Rechte für verschiedene Bereiche des Vertragsrechts anwendbar sein sollen, auch wenn sie allesamt vom objektiven Vertragsstatut abweichen (OLG Frankfurt IPRax 1992, 314 (316 f.); Grüneberg/Thorn Rn. 10; Kropholler IPR § 52 II 3b). Eine solche Aufspaltung des Vertragsstatuts ist auch durch eine stillschweigende, selbst nachträgliche Rechtswahl denkbar (zum EVÜ bereits Giuliano/Lagarde BT-Drs. 10/503, 33, 49; näher Kondring IPRax 2006, 425), was schon aus der Systematik der Vorschrift folgt. Da eine Aufspaltung des Vertragsstatuts uU zu erheblichen Anpassungsproblemen führen kann, ist sie in stillschweigender Form zurückhaltend, dh nur bei Vorliegen ganz besonders starker Indizien anzunehmen. Viel spricht dafür, von einer tatsächlichen Vermutung gegen eine Teilverweisung auszugehen (Kropholler IPR § 52 II 3b).

31 Die Teilrechtswahl unterliegt bestimmten **Grenzen** (näher Mankowski in Magnus/Mankowski Rome I Rn. 317 ff.). Insbesondere muss die Teilfrage überhaupt abspaltbar sein (MüKoBGB/Martiny Rn. 69). Das bedeutet, dass die Rechtswahl in sich sachgerecht sein muss. Sie hat sich auf Elemente des Vertrages zu beziehen, die verschiedenen Rechten unterworfen werden können, ohne dass dies zu widersprüchlichen Ergebnissen führt. So könnte die Auflösung des Vertrages wegen Nichterfüllung nicht zwei verschiedenen Rechten (einem für den Verkäufer und einem anderen für den Käufer) unterworfen werden (vgl. Giuliano/Lagarde BT-Drs. 10/503, 33, 49). Auch die Beurteilung des materiellen Vertragsschlusses kann nicht auf verschiedene Rechtsordnungen verteilt werden (Staudinger/Magnus, 2021, Rn. 109). Gegebenenfalls ist die entsprechende Vereinbarung als Wahl des betreffenden Rechts insgesamt auszulegen (OLG Düsseldorf IPRspr. 2002, Nr. 49). Möglich ist aber, eine „Indexklausel" einem abweichenden Recht zu unterwerfen (Giuliano/Lagarde BT-Drs. 10/503, 33, 49), das formelle Zustandekommen des Vertrages einerseits und seine materielle Wirksamkeit andererseits verschiedenen Rechten zu unterstellen (OLG Hamm NJW-RR 1996, 1145), die Kündigung eines Arbeitsverhältnisses einer partiellen Rechts-

wahl zuzuführen (BAG AP GVG § 18 Nr. 1 = EzA Art. 30 EGBGB Nr. 4), zwischen Vertragsschluss und Vertragsdurchführung (OLG Frankfurt IPRax 1992, 314 (316 f.)), zwischen Zahlungsgeschäft und schuldrechtlicher Begründung bzw. Existenz der Forderung selbst (BGHZ 164, 361; dazu – krit. – Freitag IPRax 2007, 24 (29 f.)) sowie zwischen Ansprüchen des Verkäufers und Ansprüchen des Käufers zu differenzieren, soweit zwischen den gewählten Rechten keine Widersprüchlichkeiten auftreten (Staudinger/Magnus, 2021, Rn. 109; W. Lorenz IPRax 1987, 269 (272); Grüneberg/Thorn Rn. 10 unter Hinweis auf ein funktionelles Synallagma; aA Jayme FS Kegel, 1987, 253 (263)). Zweifelhaft bleiben trotz dieser Beispiele die theoretischen Grenzen der Abspaltbarkeit. Denn das Risiko, dass die Aufspaltung des Vertrages mit dem Ziel vorgenommen wird, bestimmte zwingende Vorschriften zu umgehen, liegt auf der Hand. Hier mag Art. 9 helfen, doch führt die Norm nur zur Berücksichtigung international zwingender deutscher und teilweise auch ausländischer Vorschriften. Will man nicht die Parteien über kollisionsrechtliche Mittel einen de facto rechtsordnungslosen Vertrag kreieren lassen, darf die Lehre von der Teilrechtswahl jedenfalls nicht dazu führen, dass sich die Parteien das für sie anwendbare Vertragsrecht nach Art einer **„Rosinentheorie"** zusammenstellen (anders, aber nicht überzeugend Klumb ZBB 2012, 449 (455 ff.) zu Kreditverträgen)). Überdies sind die Schranken der Abs. 3 und 4 und des sonstigen nicht disponiblen Kollisionsrechts in jedem Fall zu beachten. Soweit die Teilrechtswahl unwirksam ist, wird objektiv angeknüpft (insbes. über Art. 4) (Kropholler IPR § 52 II 3b). In der **anwaltlichen Beratungspraxis** ist in Bezug auf die Gestaltungsmöglichkeit der autonom gespaltenen Rechtswahl Vorsicht angezeigt. Der Mandant sollte zumindest auf die nicht restlos geklärte Frage nach den Grenzen der Teilrechtswahl hingewiesen werden. Der zumindest kollisionsrechtlich „sicherere Weg" besteht ggf. in der Vermeidung der Teilrechtswahl.

**3. Änderung der Rechtswahl (Abs. 2).** Nach Abs. 2 S. 1 können die Parteien jederzeit eine Änderung des zuvor anwendbaren Rechts vereinbaren, sei es, dass sie eine frühere Rechtswahlvereinbarung abändern, sei es, dass sie das bislang objektiv zu ermittelnde Recht über eine Rechtswahl auswechseln. Das Vertragsstatut ist damit parteiautonom wandelbar. Abs. 3 gilt auch in Bezug auf eine Teilrechtswahl nach Abs. 1 S. 3 sowie für eine nachträgliche stillschweigende Rechtswahl (OLG Düsseldorf IPRspr. 2003 Nr. 29), etwa wie eben (→ Rn. 25) dargelegt im Prozess. Nicht ausreichend insoweit ist, dass ein Vertrag gegen Bestimmungen des bisher anwendbaren Rechts verstößt und dass später alle Beteiligten ihren Wohnort in einen anderen Staat verlegt haben (anders früher KG IPRspr. 1979 Nr. 13a; LG Berlin und KG IPRspr. 1980 Nr. 15). Die Zulässigkeit der parteiautonomen nachträglichen Änderung des Vertragsstatuts ergibt sich ausschließlich aus Abs. 2; eventuell entgegenstehende Bestimmungen des bisher anwendbaren Vertragsstatuts sind unbeachtlich. Nur für die Frage, ob (insoweit) neues Tatsachenvorbringen zulässig ist oder nicht, sind die Vorschriften des nationalen Prozessrechts maßgeblich (MüKoBGB/Martiny Rn. 77; vgl. auch OLG Düsseldorf RIW 1987, 793 zu § 528 Abs. 2 ZPO aF, s. nun § 531 Abs. 2 ZPO). Weitergehende Begrenzungen, auf die Giuliano/Lagarde (BT-Drs. 10/503, 36, 50) zum EVÜ hingewiesen haben, lassen sich jedenfalls dem deutschen Prozessrecht nicht entnehmen. **32**

Die Parteien können selbst bestimmen, ob die Rechtswahl rückwirkend **(ex tunc)** oder ab dem Zeitpunkt der Änderung mit **ex nunc-Wirkung** gilt (Reinhart IPRax 1995, 365 (368)). Haben die Parteien nichts vereinbart, ist streitig, ob eine Vermutung für eine ex nunc-Wirkung (OLG Frankfurt IPRax 1992, 314 (315); W. Lorenz IPRax 1987, 269 (273); offengelassen von BGH NJW 1991, 1292 (1293)) oder eine Vermutung zugunsten einer ex tunc-Wirkung (vgl. BGH IPRax 1998, 479 (481); OLG Hamm RIW 1993, 940 f.; OLG Köln IPRax 1995, 393 (394); LG Heidelberg IPRax 2005, 42 (43); Kropholler IPR § 52 II 4; Lagarde Rev. crit. dr. int. priv. 1991, 287 (304); Reinhart IPRax 1995, 365 (368 ff.)) gilt. Als Begründung der zuletzt genannten hM wird zumeist der Umkehrschluss aus Abs. 2 S. 2 gezogen. Danach werden die Formgültigkeit sowie Rechte Dritter durch eine spätere Änderung des Vertragsstatuts nicht berührt. Diese Norm wird als Ausnahme von der stillschweigend vorausgesetzten Regel der ex tunc-Wirkung verstanden (zB Reinhart IPRax 1995, 365 (369)). Indes ist dieses Argument zweifelhaft. Man kann Abs. 2 S. 2 ebenso gut dahin verstehen, dass jedenfalls die Formwirksamkeit sowie Rechte Dritter durch eine spätere Rechtswahl nicht berührt werden, gleich ob die Rechtswahl nun Rückwirkung entfaltet bzw. entfalten soll oder nicht. Darüber hinaus folgt für die grundsätzliche Frage der ex tunc- oder ex nunc-Wirkung der nachträglichen Rechtswahl aus Abs. 2 S. 2 an sich nichts. Maßgeblich ist deswegen die **Auslegung der Vereinbarung,** und hierbei wird man bei objektiver Betrachtung im Zweifel – also vorbehaltlich besonderer Fall- oder Vertragskonstellationen, die etwas anderes nahe legen – von einer ex tunc-Wirkung ausgehen können (einschr. W. Lorenz IPRax 1987, 269 (273); s. auch LG Essen RIW 2001, 943; zweifelhaft). Sonst würde man unterstellen, die Parteien hätten eine (zeitliche) Aufspaltung, einen Wandel des **33** anwendbaren Vertragsrechts gewollt. Das aber ist mangels entgegenstehender Anhaltspunkte genauso fernliegend wie eine Teilrechtswahl iSv Abs. 1 S. 3 (ebenso Martiny in Reithmann/Martiny IntVertragsR Rn. 2.115; Kropholler IPR § 52 II 4). Ist im Prozess umstritten, ob nur vereinbart worden ist, „es soll das Recht des Staates X gelten" (dann im Zweifel ex tunc-Wirkung), oder ob die nachträgliche Rechtswahlvereinbarung ausdrücklich auf eine ex nunc-Wirkung zugeschnitten war, ist im Falle des non liquet von überhaupt keiner nachträglichen Rechtswahlvereinbarung auszugehen (Spickhoff IPRax 1998, 462 (465)).

**34** Die **Formbedürftigkeit** der nachträglichen Rechtswahl ist nach den durch Abs. 5 iVm Art. 11 Abs. 1 bezeichneten Rechten iSd Günstigkeitsprinzips zu beurteilen, Abs. 2 S. 2, 1. Hs. Neben der Beachtung einer Form für die Rechtswahlvereinbarung nach dem (neu gewählten) Geschäftsrecht reicht jedenfalls auch die Einhaltung des Vornahmeortsrechts (zu eng daher der Ls. in BGH IPRax 1998, 479). Freilich sind Formerfordernisse in Bezug auf eine Rechtswahlvereinbarung selten.

**35** Auch **Rechte Dritter** werden durch eine Änderung der Bestimmung des anzuwendenden Rechts durch Rechtswahl nach Vertragsabschluss nicht berührt (Abs. 2 S. 2 Hs. 2). Würde die spätere Rechtswahl in Bezug auf den Dritten zu einer Verschlechterung von dessen Rechtsstellung im Vergleich zum zuvor anwendbaren Recht führen, so bleibt für sein Verhältnis zu den Vertragsparteien das ursprüngliche Vertragsstatut die Entscheidungsgrundlage. Insoweit kann man also von einer Relativität des Verweisungsvertrags-Verhältnisses sprechen (vgl. Möllenhoff, Nachträgliche Rechtswahl und Rechte Dritter, 1993, 134; iErg ebenso W. Lorenz IPRax 1987, 269 (273); Giuliano/Lagarde BT-Drs. 10/503, 33, 50). In Betracht kommen etwa Begünstigte aus einem echten Vertrag zugunsten Dritter, Bürgen und Pfändungsgläubiger (Lagarde Rev. crit. dr. int. priv. 1991, 304 f.; Grüneberg/Thorn Rn. 11; MüKoBGB/Martiny Rn. 85). Aus dem Schutzzweck der Norm folgt, dass an der Rechtswahlvereinbarung nicht beteiligten Dritten Verbesserungen ihrer Rechtsstellung infolge der späteren Rechtswahl widerfahren können (MüKoBGB/Martiny Rn. 82), vorausgesetzt, die Parteien haben dies gewollt (Soergel/v. Hoffmann EGBGB Art. 27 Rn. 79).

**36** **4. Beziehungslose Rechtswahl und zwingende Bestimmungen (Abs. 3).** Ist ein Sachverhalt von der Rechtswahl abgesehen nur mit einem einzigen Staat verbunden, so kann die Rechtswahl – auch wenn sie mit einer Gerichtsstandsvereinbarung kombiniert wird – **zwingende Bestimmungen** des Staates, zu dem allein relevante Beziehungen bestehen, **nicht umgehen.** Prinzipiell ist aber die Wahl eines „neutralen" Rechts möglich (näher Mankowski in Magnus/Mankowski Rome I Rn. 201 ff.). Unter zwingenden Bestimmungen iSv Abs. 3 ist – anders als in Art. 9 – ius cogens zu verstehen, also alle Bestimmungen des Sachrechts, die nicht dispositiv sind. An sich bleibt die Rechtswahl also wirksam, jedoch werden unter den Voraussetzungen des Abs. 3 die einschlägigen zwingenden Bestimmungen in das gewählte „Einbettungsstatut" gewissermaßen injiziert (Staudinger/Magnus, 2021, Rn. 131). Abs. 3 gilt nicht nur zu Gunsten zwingender Vorschriften des deutschen Sachrechts (Staudinger/Magnus, 2021, Rn. 134). Ist über den allseitigen Abs. 3 ausländisches ius cogens anwendbar, während über Art. 9 Abs. 2 deutsches international zwingendes Recht anzuwenden ist, und widersprechen sich beide Normenbereiche, genießt das über Art. 9 Abs. 2 anzuwendende deutsche Recht Vorrang (Junker IPRax 1989, 69 (73); E. Lorenz RIW 1987, 569 (579)). Im **Schiedsverfahren** ist das Schiedsgericht wohl nicht an Abs. 3 gebunden (Kondring RIW 2010, 184 (189); anders aber R. Wagner IPRax 2008, 1 (3); Staudinger AnwBl 2008, 8 (13)).

**37** Die wesentliche Voraussetzung von Abs. 3 ist der fehlende **Auslandsbezug.** Aus Erwägungsgrund 15 S. 2 ergibt sich, dass als Auslandsbezug weder die Rechtswahl noch eine Gerichtsstandsvereinbarung (und erst recht die Vereinbarung eines ausländischen Schiedsgerichts) (Soergel/v. Hoffmann EGBGB Art. 27 Rn. 86), nicht einmal die mit einer Gerichtsstandsvereinbarung kombinierte Rechtswahlvereinbarung ausreichen. Abs. 3 will Umgehungen von ius cogens entgegenwirken. Doch darf andererseits über Abs. 3 nicht zu weitreichend das zwingende Recht einer bestimmten Rechtsordnung durchgesetzt werden. Keinen relevanten Auslandsbezug stellt es jedenfalls dar, wenn die Parteien ein bloßes Interesse an der Anwendung eines bestimmten ausländischen Rechts haben, etwa weil dieses besonders gut und für sie günstig entwickelt ist (MüKoBGB/Martiny Rn. 91). Elemente, die in den Art. 5–8 genannt sind und die für die objektive Anknüpfung eine Rolle spielen, stellen eine im Rahmen des Abs. 3 zu beachtende Verbindung mit einem weiteren Staat her. So etwa der gewöhnliche Aufenthalt bzw. der Sitz der Hauptverwaltung (OLG Frankfurt ZVertriebsR 2021, 59 Rn. 25), ebenso der Ort der Leistung bzw. eine grenzüberschreitende Bewegung von Leistungen (Soergel/v. Hoffmann EGBGB Art. 27 Rn. 90). Auch der ausländische Vertragsabschlussort – jedenfalls soweit er nicht ganz flüchtig und zufällig erscheint –

genügt, nicht aber das bloße Führen von Vertragsverhandlungen bzw. eine Vertragsanbahnung zur Herstellung eines Auslandsbezuges, da in Art. 29 Abs. 3 Nr. 3 genannt (BGH NJW 1997, 1697 (1699); sehr str., wie hier OLG Celle RIW 1991, 421; OLG Frankfurt IPRax 1990, 236 (238) m. Aufs. Lüderitz IPRax 1990, 216; Kegel/Schurig IPR § 18 I 1c; Mankowski RIW 1993, 453 (454); Taupitz BB 1990, 642 (648); Grüneberg/Thorn Rn. 5; aA Mäsch, Rechtswahlfreiheit und Verbraucherschutz: Eine Untersuchung zu den Art. 29 I, 27 III und 34 EGBGB, 1993, 98; Soergel/v. Hoffmann EGBGB Art. 27 Rn. 88), mag auch der (ausländische) Verkäufer ein Strohmann sein (wie in den sog. Gran-Canaria-Fällen; dazu eingehend Taupitz BB 1990, 642 ff.; wegen des Umgehungscharakters aA Soergel/v. Hoffmann EGBGB Art. 27 Rn. 92: extensive Auslegung des Abs. 3). Weiter ist der ausländische Erfüllungsort ein relevanter Umstand (MüKoBGB/Martiny Rn. 91), ebenso die ausländische Staatsangehörigkeit, sofern andere Umstände (wie ein gewöhnlicher Auslandsaufenthalt oder die Ausländereigenschaft auch des anderen Teils) hinzutreten (E. Lorenz RIW 1987, 569 (575); uneingeschränkt für die Beachtlichkeit der ausländischen Staatsangehörigkeit als relevante Beziehung Sandrock RIW 1986, 841 (846); insgesamt gegen die Beachtlichkeit einer ausländischen Staatsangehörigkeit als relevante Auslandsbeziehung Staudinger/Magnus, 2021, Rn. 140). Für diese differenzierte Gewichtung der Staatsangehörigkeit spricht, dass diese zwar nicht auf den Leistungsaustausch bei Schuldverträgen bezogen ist (das hebt Soergel/v. Hoffmann EGBGB Art. 27 Rn. 95 hervor), andererseits über Art. 7 EGBGB und Art. 13 Rom I-VO zumindest im Rahmen von Vorfragen doch Einfluss auf den Vertrag nehmen kann, abgesehen davon, dass das Internationale Personen-, Familien- und Erbrecht nach wie vor in wesentlichen Teilen vom Staatsangehörigkeitsprinzip beherrscht wird, mag dieses auch rechtspolitisch umstritten sein.

**5. Beziehungslose Rechtswahl und zwingendes Unionsrecht (Abs. 4).** Abs. 4 stellt im Verhältnis zu Abs. 3 eine parallele Regelung in Bezug auf den Fall einer beziehungslosen Rechtswahl und einer damit einhergehenden Abwahl zwingenden Unionsrechts dar. Damit sind nichtdispositive sachrechtliche Normen (ohne Vorschriften des Primärrechts wie die Grundfreiheiten, die ohnedies zwingend gelten) gemeint (MüKoBGB/Martiny Rn. 98). Im Falle derartiger **EU-Binnensachverhalte** setzt sich zwingendes Unionsrecht in der umgesetzten Form des Gerichtsstaates durch. Das gilt dann, wenn Angehörige verschiedener EU-Mitgliedstaaten ein Recht außerhalb der EU ohne Bezug (iSv → Rn. 34) zu diesem Drittstaat gewählt haben. Dänemark gilt nicht als Drittstaat iSv Abs. 4 (Staudinger/Magnus, 2021, Rn. 154; MüKoBGB/Martiny Rn. 96). Da im horizontalen Bereich nach derzeitiger Rspr. des EuGH Richtlinien erst nach entsprechender Umsetzung unmittelbare Wirkung entfalten, tritt die Wirkung des Abs. 4 auch erst nach der Umsetzung im Gerichtstaat ein. Eine sog. überschießende Umsetzung ist indes über Abs. 4 nicht durchzusetzen (Pfeiffer EuZW 2008, 625; Grüneberg/Thorn Rn. 5; MüKoBGB/Martiny Rn. 99). Im Falle verspäteter Umsetzung (wie früher in Spanien in den sog. Gran-Canaria-Fällen) könnte dies zu Staatshaftung des Gerichtsstaates führen. Auf die Umsetzung in anderen Staaten dürfte in derartigen Fällen kaum zurückgegriffen werden, da nicht klar wäre, auf die Umsetzung in welchem Staat es ankommt, jedenfalls dann, wenn und soweit Umsetzungsspielräume verbleiben, weil die RL insoweit nicht ausreichend bestimmt ist (Grüneberg/Thorn Rn. 5). 38

## III. Allgemeine Regeln

**1. Sachnormverweisung.** Art. 3 enthält Sachnormverweisungen (Art. 20). Rück- und Weiterverweisungen sind deshalb prinzipiell unbeachtlich. Das gilt im Rahmen der Rom I-VO auch dann, wenn die Parteien ausnahmsweise **auch ausländisches Kollisionsrecht gewählt** haben (→ Art. 20 Rn. 3). 39

**2. Gesetzesumgehung.** Ob unter dem Aspekt einer Gesetzesumgehung (fraus legis) eine Rechtswahl ganz oder teilweise konterkariert werden kann, ist äußerst zweifelhaft (dafür im Rahmen des EVÜ aber Lando RabelsZ 57 (1993), 155 (165)). Abs. 3 und 4, Art. 5–9 wirken solchen Umgehungsversuchen teilweise entgegen. Im Übrigen erlaubt das positivierte Europäische Internationale Vertragsrecht über die Möglichkeit der Rechtswahl gerade die Umgehung oder Ergehung bestimmter Rechtsordnungen und Rechtssätze. Einer erweiternden Auslegung der genannten Beschränkungen der Rechtswahlmöglichkeit oder einer Ausschaltung der Rechtswahlmöglichkeit allgemein über das Institut der Gesetzesumgehung ist auch im Hinblick auf die einheitliche Auslegung des Internationalen Vertragsrechts daher mit äußerster Zurückhaltung zu begegnen. 40

41 **3. Ordre public, Geltungsbereich und Vorfragen.** Zum Vorbehalt des ordre public s. Art. 21. Welche Gegenstände zum Bereich des Internationalen Vertragsrechts gehören und welche nicht, ist in wesentlichen Teilen in **Art. 1 Abs. 1 S. 1, und 12 (positiv) und in Art. 1 Abs. 1 S. 2, Abs. 2 (negativ)** geregelt. Gemeint sind grds. nur Schuldverträge. Zur **Möglichkeit der analogen Anwendung der Rom I-VO** → Art. 1 Rn. 37. **Selbständig anzuknüpfen** sind insbes. die Geschäftsfähigkeit (Art. 7 EGBGB iVm Art. 13 Rom I-VO) und die Vollmacht (Art. 8 EGBGB).

## Art. 4 Mangels Rechtswahl anzuwendendes Recht

**(1) Soweit die Parteien keine Rechtswahl gemäß Artikel 3 getroffen haben, bestimmt sich das auf den Vertrag anzuwendende Recht unbeschadet der Artikel 5 bis 8 wie folgt:**

**a) Kaufverträge über bewegliche Sachen unterliegen dem Recht des Staates, in dem der Verkäufer seinen gewöhnlichen Aufenthalt hat.**

**b) Dienstleistungsverträge unterliegen dem Recht des Staates, in dem der Dienstleister seinen gewöhnlichen Aufenthalt hat.**

**c) Verträge, die ein dingliches Recht an unbeweglichen Sachen sowie die Miete oder Pacht unbeweglicher Sachen zum Gegenstand haben, unterliegen dem Recht des Staates, in dem die unbewegliche Sache belegen ist.**

**d) Ungeachtet des Buchstabens c unterliegt die Miete oder Pacht unbeweglicher Sachen für höchstens sechs aufeinander folgende Monate zum vorübergehenden privaten Gebrauch dem Recht des Staates, in dem der Vermieter oder Verpächter seinen gewöhnlichen Aufenthalt hat, sofern der Mieter oder Pächter eine natürliche Person ist und seinen gewöhnlichen Aufenthalt in demselben Staat hat.**

**e) Franchiseverträge unterliegen dem Recht des Staates, in dem der Franchisenehmer seinen gewöhnlichen Aufenthalt hat.**

**f) Vertriebsverträge unterliegen dem Recht des Staates, in dem der Vertriebshändler seinen gewöhnlichen Aufenthalt hat.**

**g) Verträge über den Kauf beweglicher Sachen durch Versteigerung unterliegen dem Recht des Staates, in dem die Versteigerung abgehalten wird, sofern der Ort der Versteigerung bestimmt werden kann.**

**h) Verträge, die innerhalb eines multilateralen Systems geschlossen werden, das die Interessen einer Vielzahl Dritter am Kauf und Verkauf von Finanzinstrumenten im Sinne von Artikel 4 Absatz 1 Nummer 17 der Richtlinie 2004/39/EG nach nicht diskretionären Regeln und nach Maßgabe eines einzigen Rechts zusammenführt oder das Zusammenführen fördert, unterliegen diesem Recht.**

**(2) Fällt der Vertrag nicht unter Absatz 1 oder sind die Bestandteile des Vertrags durch mehr als einen der Buchstaben a bis h des Absatzes 1 abgedeckt, so unterliegt der Vertrag dem Recht des Staates, in dem die Partei, welche die für den Vertrag charakteristische Leistung zu erbringen hat, ihren gewöhnlichen Aufenthalt hat.**

**(3) Ergibt sich aus der Gesamtheit der Umstände, dass der Vertrag eine offensichtlich engere Verbindung zu einem anderen als dem nach Absatz 1 oder 2 bestimmten Staat aufweist, so ist das Recht dieses anderen Staates anzuwenden.**

**(4) Kann das anzuwendende Recht nicht nach Absatz 1 oder 2 bestimmt werden, so unterliegt der Vertrag dem Recht des Staates, zu dem er die engste Verbindung aufweist.**

**Schrifttum:** Beyer, Patentlizenzverträge und die Rom I-Verordnung, GRUR 2021, 1008; Bitterich, Vergaberechtswidrig geschlossene Verträge und internationales Vertragsrecht, IPRax 2009, 465; Blaurock, Vermutungen und Ausweichklausel in Art. 4 EVÜ – ein tauglicher Kompromiß zwischen starren Anknüpfungsregeln und einem flexible approach?, FS Stoll, 2001, 463; Cach, Wieder ein neuer Dienstleistungsbegriff?, ZfRV 2012, 222; Czychowski/Winzek, Rechtliche Struktur und Inhalt von Datennutzungsverträgen, ZD 2022, 81; Eidenmüller, Der nationale und der internationale Insolvenzverwaltervertrag, ZZP 114 (2001), 3; Einsele, Auswirkungen der Rom I-VO auf Finanzdientleistungen, WM 2009, 289; Ferrari, From Rome via Brussels: Remarks on the Law Applicable to Contractual Obligations Absent a Choice by the Parties, RabelsZ 73 (2009), 750; Ferrari, Objektive Anknüpfung, in Ferrari/Leible, Ein neues internationales Vertragsrecht für Europa, 2007, 57; Ferrari Hofer, Die Anknüpfung von internationalen Lizenzverträgen, FS Ivo Schwander, 2011, 505; Fischer, Zum Stand des internationalen Arzthaftungsrechts nach den Verordnungen Rom I und Rom II, MedR 2014, 712; Geisler, Die engste Verbindung im Internationalen Privatrecht, 2001 (§§ 15–19); Gläser, Anwendbares Recht auf Plattformverträge, MMR 2015, 699; Göthel, Vertragsgestaltung bei internationalen Joint Ventures, BB 2014, 1475; Günes/Freidinger, Gerichtsstand und anwendbares Recht bei Konsignationslagern, IPRax 2012, 48; Hakenberg, Die Exportforfaitierung und das IPR, FS Gramlich, 2021, 125; Harbarth/Nordmeier, GmbH-Geschäftsführerverträge im IPR, IPRax 2009, 393; Hüßtege, Grenzüberschreitende Wohngeldzahlungen, IPRax 2015, 220; Junker, Klagen aus Aktienoptionsplänen – Gerichtsstand und anzuwendendes Recht, EuZA 2016, 281; Kindler, L'arrêt Optelec – Deutsch-französisches zur objektiven Anknüpfung des Vertragshändlervertrages, FS Sonnenberger, 2004, 433; Krocker, Medizintourismus im Internationalen Privat- und Zivilverfahrensrecht, VuR 2013, 243; Leible, Warenversteigerungen im Internationalen Privat- und Verfahrensrecht, IPRax 2005, 424; R. Magnus, Der Schutz der Vertraulichkeit bei grenzüberschreitender Anwaltstätigkeit, RabelsZ 77 (2013), 111; Mankowski, Das Internet im Internationalen Vertrags- und Deliktsrecht, RabelsZ 63 (1999), 203; Martiny, Spiel und Wette im Internationalen Privat- und Verfahrensrecht, FS W. Lorenz, 2001, 375; Martiny, Anwendbares Recht für internationale Bauverträge, BauR 2008, 241; Martiny, Europäisches Internationales Schuldrecht – Rom I- und Rom II-Verordnungen in der Bewährung, ZEuP 2015, 838; McGuire/Tochtermann, Lizenzverträge im IZVR und IPR, GRURPrax 2016, 427; Müller, Objektive Anknüpfungsmomente für Schuldverhältnisse im europäischen IPR und IZVR, in v. Hein/Rühl (Hrsg.), Kohärenz im Internationalen Privat- und Verfahrensrecht der Europäischen Union, Tübingen 2016; Nordmeier, Der Behandlungsvertrag (§§ 630a–h BGB) im Internationalen Privatrecht, GesR 2013, 513; Reisewitz, Rechtsfragen des Medizintourismus, 2015; Schäuble, Internationales Schuldvertragsrecht in der notariellen Praxis, BWNotZ 2015, 2; Schefold, Zum anwendbaren Recht bei Devisenhandelsgeschäften, FS v. Hoffmann, 2011, 378; Schwartze, Die Bestimmung des auf grenzüberschreitende Gewinnzusagen anwendbaren Rechts nach Rom I und Rom II, FS Koziol, 2010, 407; Selke, Die Anknüpfung der rechtsgeschäftlichen Vertragsübernahme, IPRax 2013, 205; Siehr, Objektive Anknüpfung im Internationalen Vertragsrecht, in Reichelt, Europäisches Gemeinschaftsrecht und IPR, 2007, 69; Solomon, The Private International Law of Contracts in Europe: Advances and Retreats, Tulane Law Review 82 (2008), 1709; Spickhoff, Die Arzthaftung im Europäischen Internationalen Privat- und Prozessrecht, FS Müller, 2009, 287; Spickhoff, Grundfragen des Arzt-Patienten-Verhältnisses im Spiegel des Internationalen Privat- und Zivilprozessrechts, FS v. Hoffmann, 2011, 437; Spickhoff, Verständigungsprobleme zwischen nicht deutschsprechenden Patienten und Ärzten, ZMGR 2016, 21; Vollmöller, Kollisionsrechtliche Behandlung von Geheimnisverletzungen, IPRax 2021, 417; Wilhelm, Die Anknüpfung von Treuhandverträgen im Internationalen Privatrecht unter besonderer Berücksichtigung der Rom I-VO, IPRax 2012, 392; Wilhelmi, Derivate und Internationales Privatrecht, RIW 2016, 253; Winkler v. Mohrenfels, Franchise- und Vertriebsverträge im Internationalen Privatrecht, ZVertriebsR 2014, 281.

## Übersicht



## I. Herkunft, Systematik und Normzweck

**1. Herkunft.** Art. 4 baut auf **Art. 4 EVÜ** (= Art. 28 EGBGB aF) auf. Dabei ist Art. 4 EVÜ 1
im Verhältnis zu Art. 3 EVÜ (= Art. 27 EGBGB aF) freilich wesentlich deutlicher umgestaltet und präzisiert worden. Zugleich wurde die Norm von der Spezialregelung der Güterbeförderungsverträge (bisher Art. 28 Abs. 4 EGBGB, nunmehr Art. 5) entlastet. Der Wortlaut stellt klar, dass die in ihm statuierte objektive Grundsatzanknüpfung (vorbehaltlich speziellerer Regeln in Art. 5–8) im Verhältnis zu einer (wirksamen) Rechtswahl (als sog. subjektive Anknüpfung) subsidiär ist. Da Art. 28 für die intertemporale Anwendbarkeit der Rom I-VO auf den Zeitpunkt des Vertragsschlusses abstellt, bezieht sich Art. 4 Abs. 1 lediglich auf eine **Rechtswahl „nach Art. 3"** (ebenso wie zuvor bei freilich undeutlicherer intertemporaler Rechtslage, s. Art. 220 Abs. 1 EGBGB, Art. 28 Abs. 1 EGBGB aF in Bezug auf Art. 27 EGBGB aF). Sollte – etwa im Falle einer Aufhebung und dem nachfolgenden Neuabschluss eines Vertrages bei fortlaufender Rechtswahlvereinbarung – ausnahmsweise einmal eine Rechtswahl nach Art. 27 EGBGB aF (oder eine noch vor dessen Inkrafttreten am 1.9.1986 vereinbarte) in Rede stehen, geht freilich auch diese der objektiven Anknüpfung des Art. 4 vor.

2 Maßgeblich ist nach wie vor das Prinzip, wonach das Recht des Staates angewendet werden soll, mit dem der Vertrag die engsten Verbindungen aufweist. Während Art. 4 EVÜ (= Art. 28 Abs. 2 EGBGB) nur eine Regelvermutung in dem Sinne aufstellte, dass dies der Staat ist, in dem die Partei ihren gewöhnlichen Aufenthalt bzw. Hauptverwaltungssitz hat, welche die vertragscharakteristische Leistung zu erbringen verpflichtet ist, werden nun im Ausgangspunkt klare Anknüpfungen genannt (Abs. 1 und 2). **Vor dem Inkrafttreten** des nun geltenden Internationalen Schuldvertragsrechts am 1.9.1986 war der **hypothetische Parteiwille** maßgebend, der indes auf objektiver Grundlage ermittelt wurde (BGHZ 7, 231 (235) = NJW 1953, 339 (341) mAnm Harmening). Oft, aber nicht notwendig wurde deswegen von der Rspr. bereits vor 1986 das Recht der Vertragspartei angewandt, die die vertragscharakteristische Leistung zu erbringen hatte (vgl. OLG Köln AWD 1980, 877; KG IPRspr. 1979 Nr. 13 A; Soergel/Kegel, 11. Aufl. 1984, EGBGB Vor Art. 7 Rn. 354; Grüneberg/Heldrich, 45. Aufl. 1986, EGBGB Vor Art. 12 Anm. 2a cc). Hilfsweise kam auch eine Anwendung des Rechts am Erfüllungsort der streitigen Verpflichtung in Betracht. Diese Rspr. kann nun keineswegs mehr unbesehen übernommen werden.

3 **2. Normzweck.** Art. 4 enthält **Regeln über die objektive Bestimmung des Schuldvertragsstatuts** im Falle des Fehlens einer Rechtswahl. Art. 4 ist damit nach der ausdrücklichen gesetzlichen Regelung subsidiär anwendbar gegenüber Art. 3. Vorrangig gegenüber Art. 4 sind auch die objektiven Anknüpfungen in den Art. 5–8. Indem Art. 4 in seinen ersten beiden Absätzen feste Anknüpfungen nennt, ist die deutliche Unsicherheit des Normgebers des EVÜ, das (in Deutschland gem. Art. 28 Abs. 1 EGBGB) von vornherein nur an die engste Verbindung anknüpfte, wenn auch mit nachfolgenden Konkretisierungsvermutungen, überwunden worden. Denn es ist im Grundsatz Aufgabe allen Internationalen Privatrechts, zu bestimmen, zu welcher Rechtsordnung ein bestimmter Sachverhalt die engste Verbindung aufweist (Kegel/Schurig IPR § 6 I 4b; W. Lorenz IPRax 1987, 269 (274)). Grds. gilt gem. der Auffangregel in Abs. 2 das Recht des Staates, in dem die Vertragspartei, die die vertragscharakteristische Leistung erbringen muss, ihren gewöhnlichen Aufenthalt bzw. ihre Hauptverwaltung hat. Anders als nach Art. 3 Abs. 1 S. 3 und anders als noch nach Art. 4 Abs. 1 S. 2 EVÜ = Art. 28 Abs. 1 S. 2 EGBGB aF kann das objektiv zu bestimmende Vertragsstatut **nicht** durch **Abspaltung einzelner Teile des Vertrages auf mehrere Rechtsordnungen** verteilt werden (selbst wenn sich die Vertragsgegenstände als autonom erweisen, was für eine Aufspaltung des Vertragsstatuts nach Art. 4 Abs. 1 S. 2 EVÜ = Art. 28 Abs. 1 S. 2 EGBGB aF genügte) (EuGH IPRax 2010, 236 m. Aufs. Rammeloo IPRax 2010, 215). Art. 4 sieht diese Möglichkeit bewusst nicht mehr vor. Alle Absätze der Norm sprechen vielmehr nur im Singular von dem Recht „des" Staates, zu „dem" der Vertrag die engsten Verbindungen aufweist.

4 **3. Systematik.** Im Gegensatz zur bisherigen Fassung hat sich der Normgeber auf im Ausgangspunkt klare Anknüpfungen in Abs. 1 und 2 festgelegt, die freilich beide unter dem relativierenden Vorbehalt einer offensichtlich engeren Verbindung (Abs. 3) stehen. In Abs. 1 werden konkrete Anknüpfungen für bestimmte Vertragstypen benannt, in Abs. 2 wird – zT in Verlängerung der (insofern an sich überflüssigen, wenngleich vorrangig anzuwendenden) Anknüpfungen in Absatz 1 (s. lit. a – Kaufverträge über Mobilien, lit. b – Dienstleistungsverträge, lit. d – bestimmte Miet- und Pachtverträge, lit. e – Franchiseverträge, lit. f – Vertriebsverträge) eine allgemeine Grundanknüpfung an den gewöhnlichen Aufenthalt dessen genannt, der die vertragscharakteristische Leistung zu erbringen hat (Abs. 1). Nur dann, wenn die Anknüpfungen der ersten beiden Absätze ins Leere gehen (was zB beim Tausch der Fall sein kann), wird durch die nur auf die beiden vorhergehenden Absätze logisch beziehbare komparative Ausweichanknüpfung des Abs. 3 an die noch engere Verbindung die primäre Hauptanknüpfung an die engste Verbindung auf Grund sonstiger signifikanter Umstände verdrängt (Abs. 4). Um die ersten beiden Absätze nicht völlig konturenlos werden zu lassen, ist **Abs. 3 als bloße Ausnahme von den Regelanknüpfungen** der Abs. 1 und 2 zu verstehen. Auf **Abs. 4** ist nur im Falle der Unbestimmbarkeit der vertragscharakteristischen Leistung nach Abs. 1 bzw. 2 zurückzugreifen (übereinstimmend Magnus in Magnus/Mankowski Rome I Rn. 22–25 Kindler, Einführung in das neue IPR des Wirtschaftsverkehrs, 2009, 121 f.). **Art. 5–8** sind im Verhältnis zu Art. 4 vorrangig zu prüfen (BAG BeckRS 2020, 29723).

## II. Anknüpfungsgrundsätze

5 **1. Anwendung staatlichen Rechts.** Im Rahmen des Art. 4 ergibt sich bereits aus dessen sich insoweit stets wiederholendem Wortlaut, wonach das Recht eines Staates anzuwenden ist, dass eine

Anwendung außerstaatlichen Rechts ohne Verankerung im nationalen Recht **ausgeschlossen** ist. Damit kann ein staatliches Gericht die sog. lex mercatoria oÄ im Rahmen des Art. 4 im Vergleich zu Art. 3 erst recht nicht anwenden (vgl. bereits Spickhoff RabelsZ 56 (1992), 116 (133 f.); Wichard RabelsZ 60 (1996), 269 (294)). Zur Problematik auch → Art. 3 Rn. 11.

**2. Benannte Regelanknüpfungen für bestimmte Vertragstypen.** Die in Abs. 1 genannten Vertragstypen sind europäisch-autonom zu qualifizieren (MüKoBGB/Martiny Rn. 5; Grüneberg/Thorn Rn. 4). Im Falle von gemischten Verträgen ist nach Abs. 2 (unter dem Vorbehalt des Abs. 3) anzuknüpfen, sonst nach Abs. 4. Für die Zuordnung zu einem der benannten Vertragstypen (und ebenso für die Subsumtion unter Abs. 2, 3 oder 4) kommt es auf eine Schwerpunktbetrachtung an, insbes. dann, wenn sich eine markante, den Vertrag prägende charakteristische Leistung nicht willkürfrei ermitteln lässt (s. Erwägungsgrund 19 S. 3). Eher unwesentliche Pflichten aus dem vertraglichen Pflichtenkatalog wie im allgemeine Nebenpflichten genügen dazu indes nicht (Grüneberg/Thorn Rn. 4). Denn diese Möglichkeit darf nicht dazu verführen, die im Vergleich zu Art. 4 EVÜ (= Art. 28 EGBGB aF) konturiertere objektive Anknüpfung von Schuldverträgen ohne handfeste Gründe zu verwässern. Ggf. ist auch an den Abschluss verschiedener Verträge zu denken, die jeweils unterschiedlich bzw. über die Möglichkeit einer stillschweigenden Rechtswahl auch über Abs. 3 akzessorisch an den zuerst abgeschlossenen Vertrag angeknüpft werden können, wenn die Anwendung verschiedener Rechtsordnungen auf die vertraglichen Beziehungen im Ganzen offensichtlich unangebracht erscheint. 6

**a) Kauf von Mobilien (lit. a).** Beim Fahrniskauf (einschließlich Werklieferungsvertrag) (MüKoBGB/Martiny Rn. 35) ist das materielle Einheitsrecht des **UN-Übereinkommens über Verträge über den internationalen Warenkauf** vom 11.4.1980 (BGBl. 1989 II 588; berichtigt BGBl. 1990 II 1699), das für die Bundesrepublik Deutschland am 1.3.1991 (BGBl. 1990 II 1477) in Kraft getreten ist, vorrangig anwendbar. Das Abkommen war für die frühere DDR bereits am 1.3.1990 in Kraft getreten (zu den daraus entstandenen Problemen vgl. Herber BB-Beilage 37 zu Heft 30/1990, 1; BB-Beilage 14 zu Heft 18/1991, 7; Enderlein/Graefrath BB-Beilage 6 zu Heft 6/1991, 8; Kemper WR 1991, 181 (183); Enderlein WR 1991, 236 (240)). S. dazu die Kommentierung in diesem Kommentar. Auf vor dem 1.1.1991 geschlossene Kaufverträge findet ggf. das materielle Einheitsrecht der einheitlichen Gesetze über den internationalen Kauf beweglicher Sachen (EKG) und das einheitliche Gesetz zum Abschluss von internationalen Kaufverträgen (EAG) vom 17.7.1973 (BGBl. I 856 (868)) Anwendung. 7

Die Anknüpfung ist nach lit. a vorzunehmen, soweit das UN-Kaufrecht überhaupt nicht anwendbar ist, Lücken aufweist oder die Parteien es nach seinem Art. 6 abbedungen, jedoch keine Rechtswahl nach Art. 3 vorgenommen haben. Nehmen die Parteien in ihren Schriftsätzen Bezug auf Normen des BGB oder des HGB, so kann allein daraus indes noch nicht geschlossen werden, dass sie die Anwendung des UN-Kaufrechts stillschweigend ausschließen wollten (LG Saarbrücken IPRspr. 2002 Nr. 47). Im Zweifel sollte vom Gericht nachgefragt werden (§ 139 ZPO). Lit. a führt regelmäßig zur Rechtsordnung am gewöhnlichen Aufenthalts- bzw. Niederlassungsort des Verkäufers, gleich ob es sich um Kaufpreiszahlungsansprüche, um Lieferungsansprüche oder um Mängelansprüche handelt (ebenso schon bislang BGH NJW 1997, 2322; OLG Jena NJW 2009, 689; OLG Köln IPRax 2006, 51; OLG Frankfurt NJW-RR 2003, 704 (706); OLG Rostock IPRax 2000, 230 (231); OLG Karlsruhe NJW-RR 1993, 567 (568); KG RIW 1994, 683; OLG Düsseldorf RIW 1995, 53 (54)). Zur Begriffsausfüllung kann und soll auf die Konkretisierung des Parallelbegriffs in Art. 7 Nr. 1 Brüssel Ia-VO zurückgegriffen werden (Erwägungsgrund 17). Das alles gilt auch beim Kauf auf Messen, nicht aber beim sog. **Platzkauf,** der an Ort und Stelle abgewickelt wird. Hier ist das Recht des Abschlussortes als das Recht der offensichtlich engeren Verbindung maßgeblich (Abs. 3) (Grüneberg/Thorn Rn. 6). Für Internet-Auktionen gilt lit. a nicht, ebenso wenig lit. g, sondern Abs. 2. 8

**b) Dienstleistungsverträge (lit. b).** Was iE als Dienstleistungsvertrag iSv lit. b anzusehen ist (in autonomer Qualifikation), kann zweifelhaft sein. Ungeachtet dessen fallen die nach speziellen Regeln der Rom I-VO anzuknüpfenden Verträge nicht unter lit. b, namentlich Vertriebsverträge (lit. f.), Verträge über Finanzinstrumente innerhalb multilateraler Systeme (iSv lit. h), Beförderungsverträge (Art. 5) und Individualarbeitsverträge (Art. 8). Zudem wird die im Verhältnis zu Abs. 1 lit. b subsidiäre Anknüpfung nach Abs. 2 im Allgemeinen zu keinen davon abweichenden Ergebnissen führen, weil der Dienstleistungserbringer die charakteristische Leistung erbringt. Die Ausweichklausel des Abs. 3 gilt für die Ausgangsanknüpfungen in Abs. 1 lit. b und Abs. 2 ohnehin gleichermaßen. 9

**10** Im Zusammenhang mit der Dienstleistungsfreiheit nach Art. 57 Abs. 1 AEUV ist ein wohl auch für die Rom I-VO maßgebliches, weites Verständnis des Begriffs prägend, das ferner – wenn auch nicht zwingend deckungsgleich – in der **Dienstleistungs-RL** (RL 2006/123/EG) zum Ausdruck kommt. Nach Art. 3 Abs. 3 Nr. 1 RL 2006/123/EG ist eine „Dienstleistung" jede selbständige Tätigkeit, die idR gegen Entgelt erbracht wird. Die in Art. 1 RL 2006/123/EG genannten Ausnahmen sind für lit. b aufgrund der unterschiedlichen Zwecksetzungen ebenso wenig ohne weiteres maßgeblich wie die Konkretisierung in Art. 2 RL 2006/123/EG (MüKoBGB/Martiny Rn. 41). Wesentlich ist indes die parallele Verwendung des Begriffs in **Art. 7 Nr. 1 lit. b Spiegelstrich 2 Brüssel Ia-VO (Erwägungsgrund 17).** Jedwede vereinbarte Art der Leistungserbringung oder jede vereinbarte, bestimmte Tätigkeit (oder gar Verhalten) gegen Entgelt (vgl. EuGH NJW 2009, 1865) ist nicht schon ein Dienstleistungsvertrag; anderenfalls würde es sich dabei um eine Art Auffangvertragstyp handeln, der (fast) immer eingreift, wenn es spezieller geregelte Vertragstypen nicht gibt. Dann wäre indes Abs. 2 Alt. 1 („Fällt der Vertrag nicht unter Absatz 1 …") überflüssig bzw. liefe ins Leere, zumal die Entgeltlichkeit zwar typisch (die Regel), nicht aber zwingende Voraussetzung für einen Dienstleistungsvertrag ist. Zutreffend ist es daher, wenn der auch der Rom I-VO zugrundeliegende Gedanke, das Recht der engsten Verbindung maßgebend sein zu lassen (s. auch Abs. 3 und 4), bei der Auslegung von lit. b heranzuziehen ist. Die Anknüpfung an das Aufenthaltsrecht des die charakteristische (ggf. Dienst-) Leistung Erbringenden gem. lit. b sollte also (typisiert) den kollisionsrechtlichen Parteiinteressen entsprechen. Demgemäß können auch gemischte Verträge unter lit. b fallen, vorausgesetzt, die Dienstleistung prägt die charakteristische (Haupt-)Leistung, die vertraglich geschuldet ist (ebenso zu Art. 7 Brüssel Ia-VO Kropholler/v. Hein Brüssel I-VO Art. 5 Rn. 44; Rauscher/Leible Brüssel I-VO Art. 5 Rn. 50; abgelehnt beim Timesharing von BGHZ 135, 124 (131); beim Kreditvertrag von BGHZ 165, 248 (253 f.) = NJW 2006, 762).

**11** Unter **lit. b** lassen sich insbes. folgende **Vertragstypen** subsumieren:

**12** Die Anknüpfung des **Anlagenvertrages** als Vertrag auf (auch schlüsselfertige) Errichtung einer Bau-, Industrie- oder sonstigen größeren Anlage (hierzu Hök ZfBR 2008, 741; Dünnweber, Verträge zur Erstellung einer schlüsselfertigen Industrieanlage im internationalen Wirtschaftsverkehr, 1984, 144 f. passim) war bislang umstritten. Vertreten wurde eine Anknüpfung an das Recht am Sitz des Auftraggebers (so früher § 12 Abs. 1 lit. C RAnwG DDR), des Errichtungsortes sowie an das Recht der Niederlassung des beauftragten Unternehmens (Staudinger/Magnus, 2021, Rn. 356). Letztgenannte Auffassung entspricht lit. b (sonst: Abs. 2) und trifft daher im Grundsatz zu.

**13** **Anwaltsvertrag.** Verträge mit Anwälten unterliegen bei fehlender Rechtswahl der Rechtsordnung am Ort der Anwaltsniederlassung (BGH IPRspr. 1991 Nr. 170; OVG Berlin-Brandenburg NJW 2012, 1749; LG Hamburg NJW-RR 2000, 510 (dazu krit. Jayme/Kohler IPRax 2000, 463 f.); Spickhoff IPRax 2005, 125 (126); früher schon BGHZ 44, 183 = NJW 1966, 296; LG Saarbrücken IPRspr. 1977 Nr. 175; LG München I IPRax 1982, 117 Ls. mAnm Jayme; zum Ganzen vgl. auch Mankowski AnwBl. 2001, 249; Commichau IPRax 1989, 12 (13); Henssler JZ 1994, 178 (185); Raiser NJW 1991, 2057; Zuck NJW 1987, 3033; eingehend zum internationalen Anwaltshaftungsrecht Sieg SZIER 2004, 395 (398 ff.)). Dies gilt auch, wenn dieser Ort im Ausland liegt. Ist allerdings der ausländische Anwalt im Inland als Rechtsbeistand zugelassen und unterhält eine deutsche Zweigstelle, findet deutsches Recht Anwendung (KG EWiR Art. 28 1/2000, 333 (Mankowski)). Unter das Vertragsstatut fällt auch das anwaltliche Gebührenrecht, das freilich über Art. 9 oder Art. 21 korrigiert werden kann (BGH IPRax 2005, 150), nicht aber, da gesellschaftsrechtlich zu qualifizieren, das internationale Sozietätsrecht (Knöfel RIW 2006, 87 (89 f.)). Auch **Schieds(organisations)verträge** und schiedsrichterliche Tätigkeiten fallen in den Anwendungsbereich von Art. 4 (Theune SchiedsVZ 2021, 177 (186); Mankowski SchiedsVZ 2021, 310 (314 f: Recht am Schreibtisch des Schiedrichters)).

**14** Zum **Arbeitsvertrag** → Art. 8 Rn. 1 ff. Zum **Arbeitskräfteübermittlungsvertrag** OGH JBl 2009, 788.

**15** Für **Arzt- und Krankenhausverträge** mit Auslandsbezug, die an Bedeutung zunehmen (s. dazu näher Deutsch/Spickhoff Medizinrecht, 7. Aufl. 2014, Rn. 1164; Spickhoff MedR-Komm IPR; Spickhoff, FS Müller, 2009, 287; Spickhoff FS v. Hoffmann, 2011, 437) ist im Allgemeinen das Recht der Arztniederlassung maßgebend (Deutsch MedR 2009, 576; VersR 2009, 1 (2); bereits Deutsch FS Ferid, 1978, 117 (121 ff.); Fischer FS Laufs, 2006, 781 f.; Spoerr/Uwer MedR 2003, 668 (671 f.); Hübner/Linden VersR 1998, 793 (794); Könning-Feil, Das Internationale Arzthaftungsrecht, 1992; Mansel in Institut für ausländisches und internationales Privatrecht Heidelberg, 1985, 33; Kegel/Schurig IPR § 18 I 1d). In Bezug auf das Gebührenrecht ist – von Art. 6 abgesehen – zwar an eine Sonderanknüpfung gem. Art. 9 zu denken. So ist in Bezug auf die GOÄ vertreten worden, diese sei gewissermaßen nicht abdingbar, wenn ärztliche Leistungen in Deutschland erbracht werden (Spoerr/Uwer MedR 2003, 668 (673)). Dem ist in dieser Pauschalität indes nicht zu folgen (Spickhoff NJW 2004, 1710 (1712)). Auch in Bezug auf Anwaltsverträge oder Architektenverträge ist anerkannt, dass solche Verträge durchaus fremdem Recht unterliegen können. Das gilt auch in Bezug auf die Gebührenforderung (Spickhoff IPRax 2005, 125 (126 f.)). Selbst das bislang sonderanzuknüpfende Quota-Litis-Verbot des anwaltlichen Gebührenrechts ist aus verfassungsrechtlichen Gründen gefallen (BVerfG NJW 2007, 979). Auch die GOÄ-Sätze sind keineswegs völlig unverrückbar (Pflüger MedR 2003, 276 ff. zur Zulässigkeit der Unterschreitung des einfachen GOÄ-Satzes im Fall laborärztlicher Leistungen). Das gilt auch bei Beratungsleistungen per Internet (näher Fischer FS Laufs, 2006, 781 ff.), bei Krankenhausverträgen und im Falle der Tätigkeit nichtärztlicher Hilfsberufe wie Hebammen, Heilpraktiker, Psychologen, Psychotherapeuten (NK-BGB/Leible Rn. 105) und bei kosmetischen Dienstleistungen. Kollisionsrechtliche Sonderfragen werfen Verträge zwischen der Pharmaindustrie mit dem Forscher bis zu den Rechtsverhältnissen mit den Probanden sowie das internationale Versicherungsrecht im Bereich der klinischen Forschung auf, namentlich im Kontext internationaler Multicenterstudien. Im Allgemeinen gilt außerhalb einer zulässigen Rechtswahl das Recht am Ort des Forschungsgeschehens (näher Deutsch VersR 2006, 577 (582)).

Beim **Auftrag** erbringt der Beauftragte die charakteristische Leistung, sodass nach lit. b grds. **16**
das Recht am gewöhnlichen Aufenthalts- bzw. Niederlassungsort des Beauftragten maßgebend ist (BGH DtZ 1996, 51; ZIP 2004, 2324 (2325 f.) = RIW 2005, 144 (145 f.) betr. Treuhandvertrag; OLG Hamm NJW-RR 1997, 1007 (1008); IPRax 1996, 33 (37) m. Aufs. Otto 22; v. Bar IPR II Rn. 496).

**Bankverträge.** Nr. 6 Abs. 1 AGB-Banken (mit § 307 BGB vereinbar) führt zur Geltung **17**
deutschen Rechts (näher BGH NJW 1981, 1101 (1102); WM 1987, 530 (531) = NJW 1987, 1825 = IPRax 1987, 372 (373) m. Aufs. Schlechtriem IPRax 1987, 356; OLG Hamburg VersR 1983, 350; RIW 1978, 615; Ungnade WM 1973, 1130 (1131); Schmidt-Dencker, Die Korrespondenzbank im Außenhandel, 1992, 19 ff.; für den Girovertrag LG Köln RIW 1980, 215 (216)). Eine Rechtswahl ist möglich, auch wenn der Bankvertrag über das Internet geschlossen wird (Lehmann/Bachmann, Internet- und Multimediarecht, 1996, 169, 176; Koch/Maurer WM 2002, 2443 (2449 ff.)). Bei fehlender Rechtswahl gilt regelmäßig das Recht am Ort der Haupt- oder Zweigniederlassung der Bank, in deren Rahmen das Geschäft abgeschlossen wurde (vgl. OLG Köln RIW 1993, 1023 (1025); OLG München RIW 1996, 329 (330); OLG Düsseldorf RIW 1996, 155; Giuliano/Lagarde BT-Drs. 10/503, 33, 52 f.; Kaiser EuZW 1991, 83 (84); Berger DZWiR 1997, 426). Beim Verkehr zwischen mehreren Banken gilt das Recht am Sitz der beauftragten Bank bzw. derjenigen Bank, welche die vertragstypische Leistung erbringt (BGH IPRax 2005, 446 m. Aufs. Weller IPRax 2005, 428; BGHZ 108, 362; OLG Hamburg VersR 1983, 350 (351); Kegel GS R. Schmidt, 1966, 215 (225); Ungnade WM 1973, 1130 (1132); Pleyer/Wallach RIW 1988, 172 (174); Schütze WM 1982, 226 (228); Schefold IPRax 1995, 118 (119); Siehr IPR 209). Bei Verbrauchergeschäften ist der im Einzelfall vorrangige Art. 6 zu beachten, da Bankgeschäfte als Verbraucherverträge iS dieser Vorschrift eingestuft werden können (Grüneberg/Thorn Art. 6 Rn. 4). Im Einzelnen gilt (s. auch Derleder/Knops/Bamberger/Freitag, HdB zum deutschen und europäischen Bankrecht, 2004, § 54):

**Einlagen-, Giro- und Diskontgeschäft.** Für das Bankguthaben gilt an sich das Recht der **18**
beauftragten Bank, ebenso für die Banküberweisung (BGH WM 1987, 530 (531); Pleyer/Wallach RIW 1988, 172 (173 f.)), auch im Verhältnis zu einer anderen Bank (BGHZ 25, 127 = WM 1957, 1047 (1048); OLG Köln RIW 1993, 1023 (1024)). Mittlerweile sind für grenzüberschreitende Überweisungen die §§ 676a ff. BGB (dazu Bülow WM 2000, 58; Einsele JZ 2000, 9 ff.; Klamt DB 1999, 943; v. Westphalen BB 2000, 157; Schneider WM 1999, 2189; Hoffmann ZBB 2000, 391) zu beachten. Auch beim Diskontgeschäft erbringt die Bank die vertragscharakteristische Leistung (OLG Frankfurt IPRax 1985, 34 m. Aufs. v. Hoffmann/Pauli IPRax 1985, 13).

**Dokumentenakkreditiv.** In der Praxis finden zumeist die **„Einheitlichen Richtlinien und** **19**
**Gebräuche für Dokumenten-Akkreditive, Revision 2007 (ERA 600)"** (IntHK-Publikation Nr. 600) Anwendung. Sofern Teile nicht bereits als (internationaler) Handelsbrauch anzusehen sind, müssen sie wirksam einbezogen werden und haben insofern AGB-Charakter. Im Übrigen gilt bei fehlender Rechtswahl im Verhältnis zwischen Begünstigtem (Verkäufer) und beauftragter Bank das Recht am Sitz der Bank (OLG Frankfurt RIW 1992, 315 (316); Eschmann RIW 1996, 913 (914); nicht erwähnt in BGH WM 1994, 1063; anders OLG Frankfurt WM 1988, 254 (256); OLG Köln ZIP 1994, 1791 (1792): Recht am Sitz der inländischen Zahlstelle; krit. dazu Schefold IPRax 1990, 20 (21); IPRax 1996, 347 (351); Thorn IPRax 1996, 257 (259)).

20 **Factoring.** Eine Vereinheitlichung bezweckt das **UNIDROIT-Übereinkommen über das Internationale Factoring** vom 28.5.1988, für Deutschland in Kraft seit dem 1.12.1998 (englischer Text: Int. Leg Mat. (1988), 943; vgl. auch Gesetz vom 25.2.1998, BGBl. II 172, dort mit englischem und französischem Text sowie mit deutscher Übersetzung und Bek. vom 31.8.1998, BGBl. II 2375; hierzu Hakenburg RIW 1998, 909; Weller RIW 1999, 161; Frick RIW 2001, 416). Sachlich erfasst dieses sowohl das echte als auch das unechte Factoring (vgl. Art. 1 Abs. 2 UNIDROIT-Übereinkommen über das Internationale Factoring; so auch Basedow ZEuP 1997, 615 (628); Ferrari RIW 1996, 181 (183)). Bei einer Rechtswahl zwischen Factor und Gläubiger der Forderung des Schuldners darf sich die Rechtsstellung des Schuldners ohne seine Zustimmung nicht verschlechtern (vgl. OLG Köln NJW 1987, 1151 = IPRax 1987, 239 (240) mAnm Sonnenberger IPRax 1987, 239 221; Jayme Heidelberger Jb. 29 (1985), 26 f.). Im Übrigen gilt das Recht am Niederlassungsort des Factors (Cour d'appel Grenoble Rev. crit. dr. int. priv. 1996, 666 mAnm Pardoel; Basedow ZEuP 1997, 619 f.; Schwander FG Schluep, 1988, 501 (507 f.); diff. Soergel/ v. Hoffmann Rn. 328).

21 **Forfaitierung.** Der Forfaiteur erbringt die das Vertragsverhältnis prägende Leistung, sodass das Recht an dessen Niederlassungsort Anwendung findet (lit. b) (iErg ebenso Hakenberg, FS Gramlich, 125, 133 ff., aber unter Hinweis auf den Charakter als Rechtskauf). Für die Zession der forfaitierten Forderung gilt Art. 33 (v. Westphalen RIW 1977, 84; Schütze WM 1979, 962 (963); vgl. auch OLG Hamburg ZIP 1983, 46 (47) = IPRspr. 1982 Nr. 24).

22 **Inkassogeschäft.** Das Inkassogeschäft unterliegt in der Praxis zumeist den **„Einheitlichen Richtlinien für Inkassi von Handelspapieren"** (ERI-Revision 1995) in der jeweiligen Fassung (Text: WM 1996, 229; dazu Nielsen, Neue Richtlinien für Dokumenten-Akkreditive, 1994, Rn. 5/754 ff.). Im Übrigen gilt das Recht am Ort der jeweils beauftragten Bankniederlassung (Schmidt-Dencker, Die Korrespondenzbank im Außenhandel, 1982, 37).

23 **Andere Bankgeschäfte.** Beim Auskunftsvertrag ist das Recht am Sitz der Auskunft erteilenden Bank maßgeblich (OLG Hamburg VersR 1983, 350; Dörner WM 1977, 962), ebenso beim Depotvertrag über die Verwahrung von Wertpapieren; für sachenrechtliche Vorgänge gilt das freilich nicht. Bei Zins- und Währungsswaps kommt es – ähnlich dem Tausch – nach Abs. 4 auf die sonstige engste Verbindung an (vgl. Ebenroth FS Keller, 1989, 391 (421 f.); Drobnig FS Zweigert, 1981, 73 (89 f.)). Beim **Anlageberatungsvertrag** greift das am Sitz des Dienstleistungserbringers geltende Recht (OLG München BeckRS 2015, 02430).

24 **Bauvertrag.** Ist die Anwendbarkeit der VOB vereinbart worden, kann daraus auf eine konkludente Rechtswahl nach Art. 3 Abs. 1 S. 2 geschlossen werden (vgl. zum EVÜ Nicklisch IPRax 1987, 286 (287); Thode ZfBR 1989, 43 (45); ohne entsprechende (bewiesene) Vereinbarung gilt dies nicht: OLG Brandenburg EWiR § 198 BGB 1/01, 655 (Schwenker)). Bei fehlender Rechtswahl ist für reine Bau-/Werkverträge das Recht am gewöhnlichen Aufenthalt bzw. Sitz des Bauunternehmers ausschlaggebend, nicht der Ort der Baustelle (bereits BGH NJW 1999, 2442; OLG Köln NJW-RR 2021, 1109; KG IPRax 2000, 405; OGH IPRax 1995, 326 (329); OLG Hamm NJW-RR 1996, 1144; Thode ZfBR 1989, 43 (47); Kartzke ZfBR 1994, 1 (4); Kropholler IPR § 52 III 2c; W. Lorenz IPRax 1995, 331). Hat der Dienstleister seinen gewöhnlichen Aufenthalt in Deutschland, findet also das deutsche materielle Recht Anwendung. Dass die Baustelle im Ausland liegt, ist für sich genommen kein Umstand, der eine engere Verbindung zu diesem Staat iSv Abs. 3 begründet (OLG Köln NJW-RR 2021, 1109).

25 **Beherbergungsvertrag.** Den Charakter dieses Vertrages prägen die mit der Unterbringung in Verbindung stehenden Leistungen, sodass der Betriebssitz des Gastwirtes und damit im Allgemeinen das Recht am Unterbringungsort maßgebend ist (LG Hamburg IPRspr. 1991 Nr. 33; AG Bernkastel-Kues IPRspr. 1993 Nr. 28 = IPRax 1994, 141; OGH ZfRV 1994, 161 (162)). Das deckt sich regelmäßig mit der lex rei sitae. Bei Pauschalreisen kann Art. 6 zur Anwendung kommen, wobei Art. 6 Abs. 4 lit. b den besonderen kollisionsrechtlichen Verbraucherschutz ausschließen kann.

26 **Dienstvertrag.** Beim Dienstvertrag gilt prinzipiell das Recht am Ort des gewöhnlichen Aufenthalts des Dienstverpflichteten (s. bereits BGHZ 128, 41 (48)). Bei freiberuflicher Dienstleistung ist also grds. das Recht der Niederlassung bzw. des gewöhnlichen Aufenthaltes des Dienstleistenden maßgeblich (vgl. BGH IPRspr. 1968–69 Nr. 246; zu Wirtschafts- bzw. Abschlussprüfern Ebke FS Sandrock, 2000, 243 (251 f.)). Denn hier werden die Dienste angeboten und typischerweise erbracht. Lit. b legt der EuGH dahin aus, dass ein Rechtsstreit, der eine Zahlungsverpflichtung betrifft, die sich aus einer Entscheidung der Hauptversammlung der Miteigentümer eines Wohngebäudes ergibt und auf die Ausgaben für die **Instandhaltung** der gemeinschaftlichen Bereiche dieses Gebäudes bezieht, als ein Rechtsstreit über einen Dienstleistungsvertrag im Sinne dieser Bestimmung anzusehen ist (EuGH NZM 2019, 435).

**Geschäftsbesorgung.** Es ist an das am gewöhnlichen Aufenthalts-/Niederlassungsort des Auftragnehmers geltende Recht anzuknüpfen (Abs. 2) (vgl. BGH IPRspr. 1987 Nr. 16; DtZ 1996, 51; OLG Hamm RIW 1994, 513 (515) = IPRax 1996, 33 (36) m. Aufs. Otto IPRax 1996, 22). 27

**Hinterlegung, Lagergeschäft, Verwahrung und Archivierung.** Bei der **Hinterlegung** erbringt der Hinterlegende die vertragscharakteristische Leistung, sodass das Recht der Hinterlegungsstelle gilt (MüKoBGB/Martiny Rn. 87). Das **Lagergeschäft** unterliegt dem Recht am Niederlassungsort des Lagerhalters (LG Aachen RIW 1999, 304), der **Verwahrungsvertrag** dem Aufenthalts- bzw. Sitzrecht des Verwahrers (MüKoBGB/Martiny Rn. 86), der **Archivierungsvertrag** dem Aufenthalts- bzw. Sitzrecht dessen, der das Archiv betreibt (KG ZUM 1986, 550 (552) = IPRspr. 1985 Nr. 30 Ls.). 28

**Internet, Online-Dienste.** S. Art. 23. Art. 6 und Art. 46b EGBGB sind vorrangig zu beachten. Beim Vertragsschluss im Internet begründet der (überaus leicht austauschbare) Server keinen gewöhnlichen Aufenthalt bzw. keine Niederlassung iSv lit. b oder Abs. 2, es sei denn, er ist in eine Betriebsorganisation des Anbieters eingebunden, die neben dem Vertragsabschluss auch die folgende Abwicklung des Vertrages betreut (ebenso bereits Mankowski RabelsZ 63 (1999), 203 (226 ff.)). Im Falle von Verträgen über Online-Dienste kommt es auf den Sitz bzw. den gewöhnlichen Aufenthalt des Dienstleistungserbringers an (lit. b). Allerdings geht insoweit die Anknüpfung an den (kaum lokalisierbaren) Ort der Erfüllungshandlung ins Leere, sodass Art. 12 Abs. 2 nicht anwendbar ist (genauer Mankowski RabelsZ 63 (1999), 203 (228 f.); zu sog. Grids, die je nach Vertragsgegenstand diff. anzuknüpfen sind, Koch CR 2006, 42 (49 f.)). Auf **Providerverträge** ist – ebenso wie bei allen anderen Verträgen mit Dienstleistern im Internet und vorbehaltlich Abs. 4 – über lit. b das Recht am Sitz des Providers bzw. des sonstigen Diensteerbringers anzuwenden (vgl. Pfeiffer in Gounalakis, Rechtshandbuch Electronic Business, 2003, § 12 Rn. 109 ff.). Für **Domainregistrierungsverträge** gilt das Recht am Sitz bzw. Niederlassungsort der Registrierungsstelle, während obligatorische Verträge über die Nutzung oder Übertragung einer Domain dem Recht am Sitz des Übertragenden unterliegen (Staudinger/Magnus, 2021, Rn. 620). 29

**Maklervertrag.** Maklerverträge unterstehen typischerweise dem Recht des Ortes, an dem der Makler seinen Sitz (Niederlassung) bzw. gewöhnlichen Aufenthalt hat. Doch ist Abs. 4 zu beachten. So kann für die Tätigkeit vom Börsenmakler auf das Recht am Börsenort abgestellt werden. Bei übereinstimmender Staatsangehörigkeit oder gemeinsamem gewöhnlichen Aufenthalt der Vertragsparteien kann, wenn nicht schon eine konkludente Wahl des gemeinsamen Heimatrechts vorliegt, dieses als das Recht der wesentlich engeren Verbindung angesehen werden. Schließlich kann im Einzelfall (Seefrachtverträge mit Regelung der Provision, hier evtl. schon konkludente Rechtswahl) akzessorisch an den Hauptvertrag angeknüpft werden (BGH IPRspr. 1956/57 Nr. 55; LG Hamburg IPRspr. 1973 Nr. 9). Die MaBV ist freilich ggf. über Art. 9 sonderanzuknüpfen. 30

**Management- und Consultingvertrag.** Beim Consulting bildet die Beratung durch einen außenstehenden, unabhängigen Dritten bei der Lösung bestimmter technischer und unternehmerischer Fragestellungen die vertragscharakteristische Leistung. Je nach Vertragsgestaltung ist das Recht am Sitz der Zentrale (lit. b) oder am Sitz der Niederlassung am Projektort (über Abs. 3) anwendbar (Schlüter, Management- und Consultingverträge, 1987, 209 (211)). Beim Managementvertrag ist die Geschäftsführungs- und Ausbildungsleistung des Managers charakteristisch. Da sich indes die gesamte Vertragsaktivität auf das Unternehmen des Management-Nehmers konzentriert, sollte – falls lit. b zu einem davon abweichenden Recht führt – über Abs. 4 das Recht am Ort des Management-Nehmers angewendet werden (Schlüter, Management- und Consultingverträge, 1987, 207 f., 211; Weimar/Grote RIW 1998, 267 (273); Zeiger, Der Management-Vertrag als internationales Kooperationsinstrument, 1983, 91 f.). 31

**Miteigentümergemeinschaft.** Der EuGH (NJW 2019, 2991 = IPRax 2020, 40; dazu Thomale IPRax 2020, 18; mit Grund krit. Mansel/Thorn/Wagner IPRax 2020, 120) hält selbst Ansprüche aus einer Miteigentümergemeinschaft noch für solche aus einem Dienstleistungsverhältnis. 32

**Reisevertrag.** Eine gewisse Vereinheitlichung der Standards hat die Pauschalreise-RL herbeigeführt. Die vertragscharakteristische Leistung beim Reisevertrag mit dem Kunden erbringt der Reiseveranstalter als Dienstleister, an dessen Niederlassung mithin anzuknüpfen ist (MüKoBGB/Martiny Rn. 69 ff.; s. weiter Bergmann/Werthebach RRa 2006, 104 (106 ff.), auch zu den Verträgen der Leistungsträger untereinander). Bei Pauschalreisen ist Art. 6 Abs. 4 lit. b zu beachten. Vermittelt und betreut eine Niederlassung des Veranstalters im Ausland den Reisevertrag, gilt das Recht am Ort dieser Niederlassung, vorausgesetzt, diese erscheint als der eigentliche Vertragspartner (vgl. KG IPRspr. 1994 Nr. 21b). §§ 651a–651k BGB sind keine Eingriffsnormen iSv Art. 9, da der Individualschutz der Reisenden im Vordergrund steht, nicht der Schutz öffentlicher Interessen. 33

34 **Treuhandverträge.** Der EuGH (IPRax 2020, 224; dazu Rieländer IPRax 2020, 224) hat entschieden, dass auch Ansprüche aus Treuhandverträgen über Geschäftsanteile aus einem Dienstleistungsverhältnis herrühren.

35 **Werkvertrag.** Die vertragscharakteristische Dienstleistung erbringt der Werkunternehmer, sodass an dessen Niederlassungsort bzw. an seinen gewöhnlichen Aufenthaltsort anzuknüpfen ist (so schon BGH NJW 1999, 2442; OLG Düsseldorf IPRspr. 2003 Nr. 25; OLG Brandenburg NJ 2001, 257 (258); OLG Schleswig IPRax 1993, 95 m. Aufs. Vollkommer IPRax 1993, 79; OLG Nürnberg IPRspr. 1993 Nr. 31; OLG Hamm IPRax 1995, 104 (106); Thode ZfBR 1989, 43 (46–48) mwN; Kropholler IPR § 52 III 3c; Jayme FS Pleyer, 1986, 371 (376); zum Bauvertrag Hök ZfBR 2000, 7; anders – Recht am Sitz des Werkbestellers – OGH ZfRV 2010, 76 Ls.). Das Recht am Niederlassungsort bzw. gewöhnlichen Aufenthaltsort des Werkunternehmers, der die charakteristische Leistung erbringt, gilt auch für Kfz-Reparaturen (OLG München NJOZ 2018, 1390). Bei Verbraucherverträgen ist Art. 6 zu beachten. Für den Subunternehmervertrag ist das Recht am Sitz des Subunternehmers anwendbar (Staudinger/Magnus, 2021, Rn. 347). Eine grundsätzliche akzessorische Anknüpfung an den Hauptvertrag ist wegen der Selbständigkeit der Leistung des Subunternehmers nicht angezeigt (MüKoBGB/Martiny Rn. 61; aA aber Jayme FS Pleyer, 1986, 371 (377)).

36 **Werklieferungsvertrag.** Der Werklieferungsvertrag ist dem Fahrniskauf gleichzustellen: Soweit das UN-Kaufrecht nicht gilt, kommt es auf den Aufenthalt bzw. die Niederlassung des Werklieferanten an (→ Rn. 7).

37 **c) Verträge über dingliche Rechte, Miete oder Pacht von Immobilien (lit. c).** Die in lit. c genannten Verträge waren bislang in Art. 4 Abs. 3 EVÜ (= Art. 28 Abs. 3 EGBGB) genannt. Lit. c findet seine zuständigkeitsrechtliche Entsprechung in Art. 24 Nr. 1 S. 1 Brüssel Ia-VO. Die Anknüpfung an die lex sitae ist – unter dem Vorbehalt von Abs. 3 – übernommen worden. Damit gilt für Verträge, die ein dingliches Recht an einem Grundstück oder ein Recht zur Nutzung eines Grundstücks zum Gegenstand haben, das Recht des Staates, in dem das **Grundstück belegen** ist. Wie immer sind die von lit. c erfassten Verträge sowie die dort genannten Grundstücke und entsprechende Nutzungsrechte im Rahmen der Rom I-VO **autonom zu qualifizieren** (s. bereits EuGH IPRax 1990, 45 f. m. Aufs. Schlosser IPRax 1991, 29 in Bezug auf die Begriffe „dingliches Recht" bzw. „Nutzungsrecht"). Hintergrund der Problematik ist, dass viele Rechtsordnungen nicht zwischen Verpflichtungs- und Verfügungsgeschäft trennen. Zwar unterliegt auch das Verfügungsgeschäft in Bezug auf Immobilien der lex rei sitae (Art. 43 EGBGB), doch handelt es sich bei letzterer im Internationalen Sachenrecht um eine Gesamtverweisung (Art. 4 Abs. 1 S. 1 EGBGB; → Rn. 14). Da unzweifelhaft ist, dass lit. c nur für das Verpflichtungsgeschäft gilt, nicht für das dingliche Geschäft (Grüneberg/Thorn Rn. 16; zum EVÜ Mankowski RIW 1995, 1034 (1036); Staudinger/Magnus, 2021, Rn. 43), die Abstraktion zwischen Verpflichtungs- und Verfügungsgeschäft aber gerade für den deutschen Rechtskreis stiltypisch ist (nicht hingegen für den romanischen und den anglo-amerikanischen), wird eine autonome Qualifikation und eine Qualifikation nach den Maßstäben des deutschen Rechts kaum zu unterschiedlichen Ergebnissen führen. Fehlt (wie in aller Regel) das Abstraktionsprinzip im anwendbaren ausländischen Recht, kann es sein, dass derselbe Schuldvertrag (je nachdem, ob er als Verpflichtungsgeschäft oder als Tatbestandsvoraussetzung einer dinglichen Rechtsänderung gesehen wird) in seiner Eigenschaft als Schuldverhältnis anders beurteilt wird als in seiner Eigenschaft als dingliches Rechtsgeschäft. Ein Vertrag, der mehrere Grundstücke in verschiedenen Ländern zum Gegenstand hat, ist entspr. den Regeln von lit. c nur (und unter dem Vorbehalt von Abs. 3) anzuknüpfen, wenn eines der Grundstücke wirtschaftlich evident dominiert. Sonst gilt Abs. 4. Unter lit. b fällt dagegen nach dem EuGH (NJW 2019, 2991) ein Rechtsstreit, der eine Zahlungsverpflichtung betrifft, die sich aus einer Entscheidung der Hauptversammlung der Miteigentümer eines Wohngebäudes ergibt und auf die **Ausgaben für die Instandhaltung** der gemeinschaftlichen Bereiche **des Gebäudes** bezieht (Rechtsstreit über einen Dienstleistungsvertrag).

38 **Unter lit. c fallen** etwa: Kauf (OLG Frankfurt NJW-RR 1993, 182 (183); ebenso BG SZIER 2003, 268), Tausch, Miete (OLG München ZMR 1997, 411; LG Hamburg IPRspr. 1991 Nr. 40) und Pacht, die Schenkung von Grundstücken, Verträge, welche zur Bestellung von Grundstückssicherheiten verpflichten, der auf ein Sicherungsrecht bezogene Sicherungsvertrag (Geimer IPRax 1999, 152 (153)), Time-Sharing-Verträge über Grundstücke (OLG Frankfurt RIW 1995, 1033; Mankowski RIW 1995, 364 ff.; s. auch Art. 46b Abs. 3 EGBGB), insbes. auch die nicht nur vorübergehende Vermietung von Ferienwohnungen (wobei der Vorrang von Abs. 3 und Art. 6 zu beachten ist) (Lindacher IPRax 1993, 229; s. zum EVÜ BGHZ 109, 29 (36) = NJW 1990, 317 (319); KG IPRspr. 1994 Nr. 21; W. Lorenz IPRax 1990, 294). Unter lit. c fällt auch die

Miete von Park- und Stellplätzen (AG Mannheim IPRspr. 1994 Nr. 36; anders AG Delmenhorst IPRspr. 1994 Nr. 45). Bau- und Haussanierungsverträge fallen grds. nicht unter lit. c, sondern unter lit. b. Eine Anknüpfung nach lit. c kommt nur dann in Betracht, wenn gleichzeitig ein Grundstück miterworben wird, das in seinem wirtschaftlichen Wert die Bebauung überwiegt. Nicht unter lit. c, sondern unter lit. b fällt die Haus- oder Grundstücksverwaltung, denn mit solchen Verträgen korrespondiert kein Recht zur Nutzung des Grundstücks. Unter lit. c fällt auch nicht der Kauf einer Darlehensforderung, selbst wenn sie hypothekarisch gesichert ist. Indes ist dann Abs. 3 zu beachten (BGH IPRax 2005, 342 (344); dazu Unberath IPRax 2005, 308).

In Bezug auf die **Miete unbeweglicher Sachen** gilt – vorbehaltlich Abs. 3 (vgl. BGHZ 109, 36; 119, 157; OLG Düsseldorf NJW-RR 1998, 1159; Geisler, Die engste Verbindung im Internationalen Privatrecht, 2001, 268 ff.) – gem. dem Grundgedanken von lit. c (wobei die Fälle von lit. d auszunehmen sind), dass bei der Miete beweglicher Sachen die Gebrauchsüberlassung charakteristisch ist, sodass grds. das Recht am gewöhnlichen Aufenthalts- bzw. Niederlassungsort des Vermieters Anwendung findet. Möglich ist jedoch eine Gesamtabwägung gem. Abs. 3 zu Gunsten des gemeinsamen Heimat- und Benutzungsortsrechts. **39**

Besonderheiten sind beim **Time-Sharing** zu beachten. Innerhalb der EU hat eine Rechtsangleichung durch die RL 94/47/EG stattgefunden, deren Regelung in Deutschland zunächst in § 8 TzWrG umgesetzt wurde (näher zum Time-Sharing Mäsch DNotZ 1997, 180 f.; Mäsch EuZW 1995, 8 f.; Otte RabelsZ 62 (1998), 405 ff.), der später in Art. 29a EGBGB und nunmehr in Art. 46b EGBGB aufgegangen ist. Eine einheitliche Anknüpfung für Time-Sharing-Verträge, die nicht dem Anwendungsbereich von Art. 46b unterfallen, ist wohl nicht möglich, da Time-Sharing-Verträge in vielen verschiedenen (ua dinglichen, schuldrechtlichen, gesellschaftsrechtlichen oder vereinsrechtlichen) Formen auftreten (Lurger ZfRV 32 (1992) 348 (351 f.); zu den einzelnen Gestaltungen Tönnes RIW 1996, 124 ff.). Für Verträge, die auf den Erwerb dinglicher oder obligatorischer Rechte an einer Ferienwohnung gerichtet sind, gilt im Allgemeinen die Rechtsordnung am Ort der Immobilie (lit. c) (LG Detmold NJW 1994, 3301 m. Aufs. Jayme IPRax 1995, 234 = EWiR Art. 34 EGBGB 1/95, 453 (Mankowski); aA OLG Frankfurt RIW 1995, 1033 m. krit. Anm. Mankowski). Der Erwerb der Mitgliedschaft in einer Time-Sharing-Gesellschaft richtet sich nach dem Gesellschaftsstatut (vgl. Kohlepp RIW 1986, 180; Böhmer S. 262; anders in Bezug auf das schuldrechtliche Geschäft zum Erwerb des Gesellschaftsanteils Staudinger/Magnus, 2021, Rn. 273). Sofern dem Erwerber auch dingliche Rechte (Miteigentum, beschränkt dingliche Rechte) übertragen werden, gilt das Internationale Sachenrecht (Art. 43) (Gralka, Time-Sharing bei Ferienhäusern und Ferienwohnungen, 1986, 137; Staudinger/Magnus, 2021, Rn. 274). **40**

Lit. c ist **unanwendbar** im Falle einer **Rechtswahl** nach Art. 3. Auch nach Inkrafttreten der Rom I-VO liegt die Annahme einer stillschweigenden Rechtswahl des Belegenheitsrechts nahe, sofern keine Anhaltspunkte dagegen sprechen (vgl. OLG München NJW-RR 1989, 663 (665); OLG Brandenburg RIW 1997, 424 (425); OLG Nürnberg NJW-RR 1997, 1484; für Grundstücke in der früheren DDR vgl. OLG Brandenburg OLG-NL 1998, 154 (155)). **41**

**d) Miete oder Pacht von Immobilien über maximal sechs Monate (lit. d).** Im Gegensatz zu lit. c knüpft lit. d die Miete oder Pacht von Immobilien für höchstens sechs aufeinanderfolgende Monate zum vorübergehenden privaten Gebrauch an das Recht dessen an, der die vertragscharakteristische Leistung erbringt, also an das Recht am gewöhnlichen Aufenthalt des Vermieters oder Verpächters. Das entspricht Art. 22 Nr. 1 S. 2 Brüssel Ia-VO. Vorausgesetzt ist, dass es sich bei dem Mieter oder bei dem Pächter um eine natürliche Person handelt, die ihren gewöhnlichen Aufenthalt in demselben Staat hat wie der Vermieter oder Verpächter. Es geht im Wesentlichen um die kurzzeitige Miete von Ferienwohnungen oder Ferienhäusern, nicht aber um die Dauermiete entsprechender Objekte. Die Beziehung zur lex rei sitae prägt hier nicht die vertraglichen Beziehungen wie im Falle der echten, typischerweise auf eine gewisse Dauer angelegten Wohnraummiete, bei welcher insbes. die Mieterschutzvorschriften zu beachten sind. Obendrein kann von der Anknüpfung nach lit. d über Abs. 3 wegen offensichtlich engerer Verbindung zu dem Recht eines anderen Staates abgewichen werden. Haben die Vertragsparteien ihren gewöhnlichen Aufenthalt in unterschiedlichen Staaten, bleibt es bei der Anknüpfung von lit. c (freilich wieder unter dem Vorbehalt von Abs. 3). Zu beachten ist, dass im **Fall des von vornherein befristeten Auslandsaufenthalts** zB von Arbeitnehmern, Studierenden oÄ deren gewöhnlicher Aufenthalt im Herkunftsland bestehen bleibt, solange der ins Auge gefasste Auslandsaufenthalt nicht eine Grenze von ca. zwei Jahren überschreitet. Ein Wechsel des gewöhnlichen Aufenthaltes ist aber anzunehmen, wenn die Dauer des Auslandsaufenthaltes unbestimmt ist (zB bei Doktoranden, bei **42**

denen die Dauer des Promotionsverfahrens nicht feststeht), führt also auch zur Anwendung von lit. c, dh zur Anknüpfung an den Belegenheitsort (→ Art. 19 Rn. 1 ff.).

43 **e) Franchiseverträge (lit. e).** Vertragscharakteristische Leistung bei Franchiseverträgen ist regelmäßig die des Franchisenehmers, denn er hat den Vertrieb der wirtschaftlichen Leistung des Franchisegebers in eigener Regie zu organisieren. Außerhalb einer Rechtswahl gilt daher nach lit. e S. 2 das Recht seines Niederlassungsortes, nicht (auch nicht im Falle des Dienstleistungsfranchising) das Recht des Niederlassungsortes des Franchisegebers, mag dieser auch im Zentrum des gesamten Vertriebssystems stehen (vgl. auch OGH GRUR Int. 1988, 72 = IPRax 1989, 242 mAnm Schlemmer 252: Bei Einräumung von Immaterialgüterrechten soll das Recht des Landes gelten, für welches das Immaterialgüterrecht eingeräumt wurde (Schutzland)); denn es kommt auf den konkreten Vertrag an.

44 **f) Vertriebsverträge (lit. f).** Der autonom auszulegende Begriff des Vertriebsvertrages erfasst bei weitem Begriffsverständnis den Vertragshändler als Eigenhändler wie den Handelsvertreter. Überzeugend wird allerdings nur der Eigenhändler als erfasst angesehen (MüKoBGB/Martiny Rn. 144 mwN; anders Grüneberg/Thorn Rn. 19).

45 Für den **Vertragshändlervertrag** gilt folgendes: Beim Alleinvertriebsvertrag, auf den als Rahmenvertrag das UN-Kaufrecht nicht anwendbar ist (Schlechtriem/Schwenzer Vor Art. 14–24 Rn. 7), ist die charakteristische Leistung die des Alleinvertreibers, den Vertrieb der Vertragswaren durchzuführen. Daher wird mangels Rechtswahl die Rechtsordnung des Staates, in dem sich dessen maßgebliche Niederlassung bzw. sein gewöhnlicher Aufenthalt befinden, berufen (lit. f). Beim Eigenhändlervertrag liegen die charakteristischen Leistungen in Absatz, Lagerhaltung und Marktbearbeitung durch den Händler. Bei objektiver Anknüpfung war daher seit jeher (nun lit. f) das Recht am Ort seiner Niederlassung (und nicht der des Unternehmers) maßgebend (BGH NJW 1993, 2753 (2754); OLG Düsseldorf BeckRS 2013, 13370; OLG Düsseldorf RIW 1996, 958 (959); Kindler FS Sonnenberger, 2004, 433 (441); Sturm FS Wahl, 1973, 207 (232); W. Lorenz FS Lipstein, 1980, 157 (173); Ebenroth RIW 1984, 165 (169); aA LG Dortmund IPRax 1989, 51 mAnm Jayme).

46 In der EU und dem EWR ist das materielle Recht des **Handelsvertretervertrages** weitgehend angeglichen worden (RL 86/653/EWG vom 18.12.1986, ABl. L 382, 13; dazu Ankele DB 1987, 569; DB 1989, 2211; Kindler JbItalR 4 (1991), 25; RIW 1990, 358; s. auch Saenger/Schulze, Der Ausgleichsanspruch des Handelsvertreters, 2000), sodass die Frage der Rechtsanwendung hier insoweit an Relevanz verloren hat. Die charakteristische Leistung besteht in der ständigen Vermittlung von Verträgen für einen oder mehrere Geschäftsherren, sodass die objektive Anknüpfung nicht nach lit. f, sondern über Abs. 2 idR zum Recht am Niederlassungsort des Handelsvertreters führt (so bereits Bericht Giuliano/Lagarde BT-Drs. 10/503, 33, 53; BGH DtZ 1996, 56 (57); IPRax 1994, 115 (116) m. Aufs. Cordes; OLG Düsseldorf RIW 1995, 53 (54) = IPRspr. 1994 Nr. 26; vgl. auch LG Nürnberg-Fürth DB 2003, 2765). Das gilt auch dann, wenn Niederlassung und Tätigkeitsgebiet in unterschiedlichen Staaten liegen (anders früher – Geltung des Rechts des Tätigkeitsortes – Birk ZVglRWiss 79 (1980), 268 (282); vgl. auch OLG Stuttgart IPRax 1999, 103). Indes kann Abs. 3 eingreifen (vgl. auch OLG Koblenz RIW 1996, 151 (152) = EWiR Art. 37 EGBGB 1/96, 305 (Otte); Sura DB 1981, 1271; Kindler RIW 1987, 660 (664); Kränzlin ZVglRWiss 83 (1984), 257 (276 f.)). Überdies lässt sich der in der EU-Handelsvertreter-RL enthaltene Ausgleichsanspruch auch über eine Rechtswahl nicht umgehen, wenn der Handelsvertreter seine Tätigkeit im Binnenmarkt ausübt (EuGH RIW 2001, 133 = NJW 2001, 2007; dazu krit. Freitag/Leible RIW 2001, 287 ff.; Kindler BB 2001, 11; Staudinger NJW 2001, 1974; Michaels/Kamann EWS 2001, 301; Schwarz ZVglRWiss 101 (2002), 45 ff.; zur sachrechtlichen Abdingbarkeit Hagemeister RIW 2006, 498).

47 Die objektive Anknüpfung des **Kommissionsvertrages** wird durch das Recht am Ort der gewerblichen Niederlassung des Kommissionärs bestimmt (Staudinger/Magnus, 2021, Rn. 322).

48 **g) Versteigerung von Mobilien (lit. g).** Im Falle der Versteigerung von Mobilien sollte bisher das Recht am Ort des Sitzes des Verkäufers gelten (so – Regelanknüpfung nach Art. 28 Abs. 2 EGBGB aF – BGH IPRax 2005, 444 und Leible IPRax 2005, 424 (426); im Fall des BGH fielen Versteigerungsort und Aufenthaltsort des Verkäufers freilich zusammen). Indes prägt der Charakter des Platzgeschäftes die engste Verbindung (OLG Düsseldorf BeckRS 2001, 17471), jedenfalls wenn und weil der gewöhnliche Aufenthalt der Person des veräußernden Hintermannes für den Erwerber (anders als beim Vertragsschluss auf Märkten und Messen) nicht erkennbar ist. Das gilt nicht nur im Falle von öffentlichen Versteigerungen, sondern auch sonst. Daher gilt gem. lit. g das am Ort der Versteigerung geltende Recht. Anders steht es – vorbehaltlich Abs. 5 (→

Rn. 24) – bei **Internet-Auktionen.** Dort kann ein Ort der Versteigerung nicht sinnvoll bestimmt werden, sodass hier Abs. 2 regelmäßig zur Rechtsordnung am gewöhnlichen Aufenthalts- bzw. Niederlassungsort des Verkäufers führt. (MüKoBGB/Martiny Rn. 157, 158). Bei übereinstimmender Staatsangehörigkeit beider Parteien und Unanwendbarkeit des UN-Kaufrechts kann nach Abs. 3 die engere Verbindung zum gemeinsamen Heimatrecht führen (zum Auktionskauf vgl. OLG Düsseldorf NJW 1991, 1492). Bei Verbraucherverträgen geht Art. 6 als Sonderregelung vor.

**h) Kauf von Finanzinstrumenten im multilateralen System (lit. h).** Eine besondere Anknüpfung sieht die etwas mühsam zu lesende und zu verstehende lit. h für Verträge vor, die innerhalb eines multilateralen Systems zum Kauf oder Verkauf von Finanzinstrumenten geschlossen werden. Weitere Erläuterungen finden sich namentlich in den Erwägungsgründen 18, 26, 28, 29, 30 und 31. Der Begriff des multilateralen Systems wird in Erwägungsgrund 18 erläutert, der auf Art. 4 RL 2004/39/EG verweist. Dort wird in Nr. 14 der „geregelte Markt" definiert als „ein von einem Marktbetreiber betriebenes und/oder verwaltetes multilaterales System, das die Interessen einer Vielzahl Dritter am Kauf und Verkauf von Finanzinstrumenten innerhalb des Systems und nach seinen nichtdiskretionären Regeln in einer Weise zusammenführt oder das Zusammenführen fördert, die zu einem Vertrag in Bezug auf Finanzinstrumente führt, die gem. den Regeln und/oder den Systemen des Marktes zum Handel zugelassen wurden, sowie eine Zulassung erhalten hat und ordnungsgemäß und gem. den Bestimmungen des Titels III funktioniert." Das „multilaterale Handelssystem (MTF)" wird in Nr. 15 als ein „von einer Wertpapierfirma oder einem Marktbetreiber betriebenes multilaterales System" definiert, „das die Interessen einer Vielzahl Dritter am Kauf und Verkauf von Finanzinstrumenten innerhalb des Systems und nach nichtdiskretionären Regeln in einer Weise zusammenführt, die zu einem Vertrag gem. den Bestimmungen des Titels II führt". Gemeint sind klassische Parkettbörsen, aber auch elektronische Handelssysteme (R. Wagner IPRax 2008, 384; Einsele WM 2009, 291 f.; vgl. zum Ganzen auch Mankowski RIW 2009, 98). 49

**Unberührt** bleiben **von der gesamten Rom I-VO** und damit auch von lit. h soll nach Erwägungsgrund 31 die Abwicklung einer förmlichen Vereinbarung, die als System iSv **Art. 2 lit. a RL 98/26/EG** über die Wirksamkeit von Abrechnungen in Zahlungs- sowie Wertpapierliefer- und -abrechnungssystemen ausgestaltet ist. 50

Art. 2 lit. a RL 98/26/EG lautet: **50.1**

„Im Sinne dieser Richtlinie bezeichnet der Ausdruck

a) „System" eine förmliche Vereinbarung,

- die – ohne Mitrechnung einer etwaigen Verrechnungsstelle, zentralen Vertragspartei oder Clearingstelle oder eines etwaigen indirekten Teilnehmers – zwischen mindestens drei Teilnehmern getroffen wurde und gemeinsame Regeln und vereinheitlichte Vorgaben für die Ausführung von Zahlungs- bzw. Übertragungsaufträgen zwischen den Teilnehmern vorsieht,
- die dem Recht eines von den Teilnehmern gewählten Mitgliedstaats unterliegt; die Teilnehmer können sich jedoch nur für das Recht eines Mitgliedstaats entscheiden, in dem zumindest einer von ihnen seine Hauptverwaltung hat, und
- die unbeschadet anderer, weitergehender einzelstaatlicher Vorschriften von allgemeiner Geltung als System angesehen wird und der Kommission von dem Mitgliedstaat, dessen Recht maßgeblich ist, gemeldet worden ist, nachdem der Mitgliedstaat sich von der Zweckdienlichkeit der Regeln des Systems überzeugt hat.
- Unter den in Unterabsatz 1 genannten Voraussetzungen kann ein Mitgliedstaat ferner eine förmliche Vereinbarung, in deren Rahmen Übertragungsaufträge im Sinne von Buchstabe i) sowie in beschränktem Umfang andere Anlageinstrumente betreffende Aufträge ausgeführt werden, als System ansehen, wenn er dies unter dem Aspekt des Systemrisikos als gerechtfertigt erachtet.
- Ein Mitgliedstaat kann im Einzelfall auch eine förmliche Vereinbarung, die – ohne Mitrechnung einer etwaigen Verrechnungsstelle, zentralen Vertragspartei oder Clearingstelle oder eines etwaigen indirekten Teilnehmers – zwischen nur zwei Teilnehmern getroffen wurde, als System ansehen, wenn er dies unter dem Aspekt des Systemrisikos als gerechtfertigt erachtet."

In Bezug auf den Begriff des Finanzinstrumentes verweist lit. h schließlich auf Art. 4 Abs. 1 Nr. 17 RL 2004/39/EG iVm Anh. I C RL 2004/39/EG. 51

In Anh. I C RL 2004/39/EG werden die erfassten „Finanzinstrumente" folgendermaßen definiert: **51.1**

„1. Übertragbare Wertpapiere

2. Geldmarktinstrumente

3. Anteile an Organismen für gemeinsame Anlagen

4. Optionen, Terminkontrakte, Swaps, Zinsausgleichsvereinbarungen und alle anderen Derivatkontrakte in Bezug auf Wertpapiere, Währungen, Zinssätze oder -erträge, oder andere Derivat-Instrumente, finanzielle Indizes oder Messgrößen, die effektiv geliefert oder bar abgerechnet werden können

5. Optionen, Terminkontrakte, Swaps, Termingeschäfte und alle anderen Derivatkontrakte in Bezug auf Waren, die bar abgerechnet werden müssen oder auf Wunsch einer der Parteien (anders als wegen eines zurechenbaren oder anderen Beendigungsgrunds) bar abgerechnet werden können

6. Optionen, Terminkontrakte, Swaps und alle anderen Derivatkontrakte in Bezug auf Waren, die effektiv geliefert werden können, vorausgesetzt, sie werden an einem geregelten Markt und/oder über ein MTF gehandelt

7. Optionen, Terminkontrakte, Swaps, Termingeschäfte und alle anderen Derivatkontrakte in Bezug auf Waren, die effektiv geliefert werden können, die sonst nicht in Abschnitt C Nummer 6 genannt sind und nicht kommerziellen Zwecken dienen, die die Merkmale anderer derivativer Finanzinstrumente aufweisen, wobei unter anderem berücksichtigt wird, ob Clearing und Abrechnung über anerkannte Clearingstellen erfolgen oder ob eine Margin-Einschussforderung besteht

8. derivative Instrumente für den Transfer von Kreditrisiken

9. Finanzielle Differenzgeschäfte

10. Optionen, Terminkontrakte, Swaps, Termingeschäfte und alle anderen Derivatkontrakte in Bezug auf Klimavariablen, Frachtsätze, Emissionsberechtigungen, Inflationsraten und andere offizielle Wirtschaftsstatistiken, die bar abgerechnet werden müssen oder auf Wunsch einer der Parteien (anders als wegen eines zurechenbaren oder anderen Beendigungsgrunds) bar abgerechnet werden können, sowie alle anderen Derivatkontrakte in Bezug auf Vermögenswerte, Rechte, Obligationen, Indizes und Messwerte, die sonst nicht im vorliegenden Abschnitt C genannt sind und die die Merkmale anderer derivativer Finanzinstrumente aufweisen, wobei unter anderem berücksichtigt wird, ob sie auf einem geregelten Markt oder einem MTF gehandelt werden, ob Clearing und Abrechnung über anerkannte Clearingstellen erfolgen oder ob eine Margin-Einschussforderung besteht."

**52** Auch Sicherungsgeschäfte können als Verträge innerhalb eines solchen Systems angesehen werden. Eine Rechtswahl für den einzelnen Vertrag schließt lit. h nach seiner systematischen Stellung nicht aus; Art. 6 hilft nicht (Art. 6 Abs. 4 lit. e). Allerdings kann der ordre public eingreifen (Art. 19).

**53** Für **Börsen- bzw. Finanztermingeschäfte** gilt außerhalb einer Rechtswahl und außerhalb des Anwendungsbereichs von lit. h das Recht des Börsenplatzes. Das entspricht auch der bisher iErg allgM. Ggf. lässt sich diese Anknüpfung aus Abs. 2 oder aus Abs. 4 bzw. Abs. 3 herleiten (näher MüKoBGB/Martiny Rn. 170). Das alles gilt grds. auch bei Termingeschäften an ausländischen Börsen, was zum Aufenthaltsrecht des Unternehmens führt. S. allgemein die Verhaltensregeln für Wertpapierdienstleistungsunternehmen in § 31 WpHG.

**54** **3. Allgemeine Grundanknüpfung an den gewöhnlichen Aufenthalt dessen, der die vertragscharakteristische Leistung zu erbringen hat (Abs. 2). a) Charakteristische Leistung. aa) Begriff und maßgeblicher Zeitpunkt.** Abs. 2 schließt in konkreterer Form an Art. 28 Abs. 2 EGBGB an. Abs. 2 greift subsidiär gegenüber Abs. 1. Das bedeutet, dass Abs. 2 in folgenden **Konstellationen** einschlägig sein kann: (1.) Abs. 1 lit. a–h erfassen den konkreten Vertrag überhaupt nicht. (2.) Ein gemischter Vertrag ist in (in Anbetracht der kollisionsrechtlichen Parteiinteressen) nennenswerter Weise mehreren Buchstaben zuzuordnen, und – so wird man hinzuzufügen haben – die in Betracht kommenden Litera würden zu unterschiedlichen Rechtsordnungen führen. (3.) Ein gemischter Vertrag ist in kollisionsrechtlich nennenswerter Weise teilweise einem Buchstaben oder mehreren Buchstaben und teilweise keinem Buchstaben zuzuordnen. Benannt werden (unter dem Vorbehalt von Abs. 3) **Regelanknüpfungen,** nicht (mehr) bloße Rechtsvermutungen. Als Beispiel ist aus der Judikatur ein gastronomischer Kooperationsvertrag zu nennen (OLG Hamm IPRspr. 2012 Nr. 190).

**55** Der **Begriff der charakteristischen Leistung** ist einheitlich und insoweit rechtsvergleichend-autonom auszulegen (ebenso bzw. ähnlich, wenn auch mit unterschiedlichen Nuancen, Staudinger/Magnus, 2021, Rn. 111). Charakteristische Leistung ist diejenige, welche dem betreffenden Vertragstyp seine **Eigenschaft** verleiht und seine **Unterscheidung** von anderen Vertragstypen **ermöglicht** (BGHZ 128, 41 = DtZ 1995, 250; BGH NJW 1993, 2753; OLG Düsseldorf RIW 1997, 780; Stadler Jura 1997, 505 (510)). Maßgeblich ist – vom Darlehen abgesehen – im Allgemeinen die Leistung, die nicht auf Geld gerichtet ist (MüKoBGB/Martiny Rn. 177) und die dem Vertrag seinen Namen gibt. Bei unentgeltlichen Verträgen erbringt zumeist nur eine Partei eine (Haupt-)Leistung, ebenso im Falle von einseitig verpflichtenden Verträgen (Staudinger/Magnus, 2021, Rn. 117). Im Übrigen ist die charakteristische Leistung bei Veräußerungsverträgen die Veräußerung (wie die Übergabe und Übereignung der Sache beim Kauf), bei Gebrauchsüberlassungsverträgen die Gebrauchsüberlassung (Miete, Leihe) usw. (BGHZ 128, 41; OLG Hamm NJW-RR 1996, 1271; Stadler Jura 1997, 505 (511)).

Maßgeblich ist der **Zeitpunkt des Vertragsabschlusses.** Das folgt aus Art. 19 Abs. 3. Insoweit **56** ist das Vertragsstatut also unwandelbar (PWW/Remien Rn. 18; früher bereits OLG Hamm IPRax 1996, 33 (36); dazu Otto IPRax 1996, 22; weiter Mansel ZVglRWiss 86 (1987), 1 (8 f.)), es sei denn, die Parteien treffen eine nachträgliche (ändernde) Rechtswahl.

**bb) Räumliche Zuordnung. Abs. 2 differenziert** in Kombination mit Art. 19 bei der **57** räumlichen Zuordnung der vertragscharakteristischen Leistung: Verträge, die in Ausübung einer beruflichen oder gewerblichen Tätigkeit von derjenigen Partei, die die vertragscharakteristische Leistung zu erbringen hat, geschlossen worden sind, werden an das Recht der Hauptniederlassung (Art. 19 Abs. 1 S. 2) dieser Partei angeknüpft bzw. an das Recht einer sonstigen Niederlassung, wenn die Leistung nach dem Vertrag von einer anderen als der Hauptniederlassung zu erbringen ist (Art. 19 Abs. 2). Verträge, die nicht in Ausübung einer beruflichen oder gewerblichen Tätigkeit der Partei, die die vertragscharakteristische Leistung zu erbringen hat, geschlossen worden sind, werden dem Recht am gewöhnlichen Aufenthaltsort (Art. 4 Abs. 2) bzw. – bei Gesellschaften, einem Verein oder einer juristischen Person – dem Recht des Staates unterworfen, in dem die betreffende Person ihre Hauptverwaltung hat (Art. 19 Abs. 1 S. 1).

Die in Abs. 2 genannte Anknüpfung bildet die Regel. In Bezug auf einzelne natürliche Personen **58** kommt es also auf deren gewöhnlichen Aufenthalt an (BGH NJW 1987, 2161). Der Rechtsklarheit wegen ist der **Begriff des gewöhnlichen Aufenthalts** hier wie sonst nicht abweichend vom allgemeinen Verständnis oder differenzierend (etwa nach Vertragstypus) auszulegen (aA Schwind FS Ferid, 1978, 423 (425, 431). Wie hier Soergel/v. Hoffmann EGBGB Art. 28 Rn. 61; allg. auch Spickhoff IPRax 1995, 185 ff.). Der Begriff ist wie stets autonom auszulegen. Zum Ganzen s. Art. 19.

**b) Einzelne Vertragstypen (alphabetisch geordnet, → Rn. 6; → Rn. 51). Anleihe.** Bei **59** der objektiven Anknüpfung (vgl. zur Rechtswahl RGZ 118, 370; 126, 196 (201); RG JW 1936, 2058 = RabelsZ 10 (1936), 385; Stucke, Das Recht der Gläubiger bei DM-Auslandsanleihen, 1988, 10 f.) ist nicht zwischen Emissionen in einem einzigen Land und Emissionen in mehreren Staaten zu differenzieren. Vielmehr wird die Anleihe einheitlich durch die Leistung des Anleiheschuldners charakterisiert. Der Beitrag des Anleihegläubigers tritt dahinter zurück. Anzuknüpfen ist daher an das Recht des Schuldnersitzes (Ebenroth FS Keller, 1989, 391 (406 f.)). Nach der Gegenansicht ist (über Abs. 3) das Recht des Ausgabeortes maßgebend (Kegel GS R. Schmidt, 1966, 215 (225); Soergel/v. Hoffmann EGBGB Art. 28 Rn. 190), was teilweise auf Emissionen in mehreren Staaten beschränkt wird (Böse, Der Einfluss des zwingenden Rechts auf internationale Anleihen, 1963, 60 ff. (Recht des Emissionsortes, der die engste Beziehung zur Gesamtanleihe aufweist)). Auch Staatsanleihen unterliegen wegen ihres privatrechtlichen Charakters diesen Regeln (Soergel/v. Hoffmann EGBGB Art. 28 Rn. 191).

**Anweisung.** Im Deckungsverhältnis zwischen Anweisendem und Angewiesenem ebenso wie **60** im Zuwendungsverhältnis zwischen Angewiesenem und Anweisungsempfänger erbringt der Angewiesene die charakteristische Leistung in Form der Durchführung der Anweisung. Mangels Rechtswahl unterliegen daher beide Verhältnisse nach Abs. 2 dem Recht seines gewöhnlichen Aufenthaltes bzw. seiner Niederlassung (Vischer/v. Planta IPR 181; Staudinger/Magnus, 2021, Rn. 441 ff.). Demgegenüber unterliegt das Valutaverhältnis zwischen Anweisendem und Anweisungsempfänger dem Schuldstatut für ihren Vertrag (MüKoBGB/Martiny Rn. 248).

**Auslobung.** Es ist grds. an das Recht des Staates anzuknüpfen, in dem sich der Auslobende **61** gewöhnlich aufhält, da sich ohnedies nur er zu einer Leistung ggf. verpflichtet (MüKoBGB/Martiny Rn. 290).

**Bürgschaft.** Trotz der Akzessorietät der Bürgschaft im deutschen Sachrecht in Bezug auf die **62** Verpflichtung des Hauptschuldners ist sie kollisionsrechtlich selbständig anzuknüpfen (vgl. bereits OLG Hamburg IPRspr. 1976 Nr. 147; LG Hamburg RIW 1993, 144 (145); v. Bar IPR II Rn. 503; Kropholler IPR § 52 III 3 f.). Der Bürge erbringt die charakteristische Leistung in Form der Einstandspflicht. Bei Fehlen der Rechtswahl gilt nach Abs. 2 das Recht am gewöhnlichen Aufenthaltsort des Bürgen (BGHZ 121, 224 (228) = NJW 1993, 1126 mAnm Cordes 2427 = ZEuP 1994, 493 (494) mAnm Bülow; BGH NJW 1999, 2372 (2373); OLG Frankfurt RIW 1995, 1033 mAnm Mankowski). Allerdings kann die Bürgschaft so weitgehend mit anderen Geschäften verbunden sein, dass nach Abs. 3 das Recht des gewöhnlichen Aufenthaltes zurücktritt (vgl. OLG Karlsruhe BeckRS 2017, 130011; OLG Oldenburg IPRspr. 1975 Nr. 15; ferner OLG Hamburg IPRspr. 1958–59 Nr. 61). Das Bürgschaftsstatut umfasst namentlich, ob, wie lange und in welchem Umfange gehaftet wird (Staudinger/Magnus, 2021, Rn. 417), die Akzessorietät der Bürgenhaftung

(BGH IPRspr. 1976 Nr. 9 = NJW 1977, 1011 mAnm Jochem = RIW 1977, 48 = JZ 1977, 438 mAnm Kühne) und die Einrede der Vorausklage (RGZ 9, 185 (188)). Stellt das anwendbare Sachrecht in diesem Zusammenhang auf die Hauptschuld ab, handelt es sich um eine selbständig anzuknüpfende, dem Statut der Hauptschuld unterliegende Vorfrage (MüKoBGB/Martiny Rn. 232). Das Statut im Innenverhältnis zwischen Bürge und Hauptschuldner ist selbständig anzuknüpfen (vgl. bereits AG Bremen IPRspr. 1950/51 Nr. 17; Severain, Die Bürgschaft im deutschen IPR, 1990, 87 ff.; Letzgus RabelsZ 3 (1929), 837 (853)). Die Möglichkeit eines Rückgriffs des Bürgen gegenüber dem Hauptschuldner unterliegt dem Bürgschaftsstatut, soweit sie auf gesetzlichem Forderungsübergang beruht (Severain, Die Bürgschaft im deutschen IPR, 1990, 91 ff.). Für die Form gilt Art. 11. Interzessionsbeschränkungen bei Ehegatten sind als Vorfrage selbständig nach Art. 14, 15 anzuknüpfen (Staudinger/Magnus, 2021, Rn. 419; aA BGH IPRspr. 1976 Nr. 9 = NJW 1977, 1011 m. abl. Anm. Jochem NJW 1977, 1012 = RIW 1977, 48 = JZ 1977, 438 (439) m. abl. Anm. Kühne 439).

63 **Darlehen.** Die Hingabe der Kreditsumme und nicht die Nutzung des Darlehens charakterisiert den Vertrag. Bei fehlender Rechtswahl ist Darlehensstatut daher das Recht am gewöhnlichen Aufenthalts- bzw. Niederlassungsort des Darlehensgebers (zum EVÜ OGH ZfRV 2009, 28 f.; BayObLG BeckRS 2020, 5680; OLG Düsseldorf FamRZ 2001, 1102 (1103); OLG Celle IPRax 1999, 456 (457); OLG Hamburg IPRspr. 1984 Nr. 24b; OLG München RIW 1996, 329 (330); OLG Düsseldorf NJW-RR 1995, 755 (756) = IPRax 1996, 199 m. Aufs. Baetge 185; OLG Düsseldorf NJW-RR 1998, 1145 (1146); BG SZIER 2003, 271; v. Hoffmann/Thorn IPR § 10 Rn. 46), bei Bankdarlehen nach Abs. 2 das Recht der (Haupt-)Niederlassung der Bank (sofern nicht Art. 6 eingreift) (dazu Rosenau RIW 1992, 879). Beim Realkredit sollte allerdings im Allgemeinen an den Lageort des belasteten Grundstücks angeknüpft werden (vgl. OLG Karlsruhe NJW-RR 1989, 367 = IPRspr. 1987 Nr. 24a; Klotz RIW 1997, 197 (199); diff. Looschelders EGBGB Art. 28 Rn. 46). Überhöhte Kreditzinsen können den ordre public (Art. 21) auslösen. Rechtsfolge ist – anders als im (umstrittenen) Falle der bereicherungsrechtlichen Rückabwicklung von Wucherzins-Darlehen nach deutschem Recht – wegen des Prinzips des geringstmöglichen Eingriffs in die lex causae eine bloße Reduktion des überhöhten Zinssatzes auf das aus deutscher Sicht (unter Berücksichtigung des Auslandsbezugs) noch gerade Erträgliche (→ Art. 6 Rn. 17) (näher Spickhoff, Der ordre public im IPR, 1989, 103 ff.; zT abw. Mühlbert/Bruinier WM 2005, 105 (111 f.)). Der (insoweit offene) Wortlaut des Art. 21 steht einer solchen Präzisierung der Rechtsfolge eines ordre-public-Verstoßes wohl nicht entgegen, wenngleich diese der deutschen Haltung entsprechende Linie in Europa nicht der Mehrheitsmeinung entspricht.

64 **Garantievertrag.** Die charakteristische Leistung erbringt derjenige, der das Garantieversprechen abgibt. Dessen Sitzrecht ist daher im Allgemeinen maßgebend (bereits BGH NJW 1996, 54; BG SZIER 2003, 271; näher MüKoBGB/Martiny Rn. 235 ff.). Indes ist wegen der eventuell angelehnten Natur des Versprechens über Abs. 3 an eine akzessorische Anknüpfung an die garantierte Forderung zu denken. Im Falle einer **Rückgarantie** ist die charakteristische Leistung als die seitens der Erstbank zu erbringende Zahlung an die Zweitbank im Deckungsverhältnis angesehen worden, was wiederum zur Anwendbarkeit des Rechts der Erstbank führt (OLG Frankfurt BeckRS 2018, 19141).

65 **Gewinnzusage.** Ob die Gewinnzusage nach § 661a BGB (autonom) vertragsrechtlich zu qualifizieren ist, ist umstritten. Der BGH hat die Frage einerseits verneint, andererseits aber (inkonsequent, wiewohl iErg zutreffend) Art. 9 (= Art. 34 EGBGB aF) zur Durchsetzung der Norm wegen dessen lauterkeitsrechtlicher und sozialpolitischer Zielsetzung herangezogen (BGH NJW 2006, 230 (232)). Vielfach wurden wegen der Nähe von § 661a BGB zur culpa in contrahendo die Art. 27 ff. EGBGB aF zumindest analog angewendet (OLG Hamm NJW-RR 2003, 717: Art. 29 angewendet; ebenso OLG Hamm IPRspr. 2002 Nr. 155; Wagner/Potsch Jura 2006, 401 (406 ff.); S. Lorenz IPRax 2002, 192 (195); Lorenz/Unberath IPRax 2005, 219 (223); Häcker ZVglRWiss 103 (2004), 464 (492 ff.); Martiny FS Pazdana, 2005, 189 (202 ff.); für eine wettbewerbsrechtliche Qualifikation Fetsch RIW 2002, 936 (938); für eine deliktsrechtliche Qualifikation LG Freiburg IPRspr. 2002 Nr. 137; Leible IPRax 2003, 28 (33); Felke/Jordans IPRax 2004, 409 (411 f.)). Die Argumentation bedarf wegen Art. 1 Abs. 1 lit. i und Art. 12 Rom II-VO zwar nun der erhöhten Begründung. Sie ist aber vom EuGH, der eine vertragliche Streitigkeit iSv Art. 5 Nr. 1 Brüssel Ia-VO angenommen hat, bestärkt worden (EuGH NJW 2005, 811 m. Aufs. Leible NJW 2005, 796 = IPRax 2005, 239 m. Aufs. S. Lorenz/Unberath IPRax 2005, 219 und EuZW 2009, 489). Das führt (wenn nicht Art. 6 eingreift) gem. Abs. 2 zum Aufenthaltsrecht des Versprechenden (Dörner FS Kollhosser II, 2004, 75 (86)).

66 **Immaterialgüterrechtsbezogene Verträge** sind nicht nach dem Schutzlandprinzip (s. Art. 8 Abs. 1 Rom II-VO), sondern als schuldrechtlich verpflichtende Verträge nach der Rom I-VO

anzuknüpfen. Gemäß Abs. 2 sollte grds. (also vorbehaltlich Abs. 3) auf das am gewöhnlichen Aufenthaltsort geltende Recht desjenigen abgestellt werden, der das Recht entgeltlich überträgt oder zur Nutzung überlässt (MüKoBGB/Martiny Rn. 250), es sei denn, die Pflicht zur Verwertung ist dominant. So liegt es, wenn dem Erwerber ein Urheberrecht übertragen wird; hier ist die Verbreitungs- und Vervielfältigungspflicht charakteristisch, sodass mangels Rechtswahl das Recht am Sitz dessen, für den diese Pflicht besteht, zur Anwendung kommt (für Filmauswertungsverträge OLG München ZUM 2001, 439 (440) betr. Zurverfügungstellung charakteristische Leistung; zur dinglichen Seite OLG Karlsruhe GRUR Int 1987, 788 f.). In Bezug auf das Gebot der angemessenen Vergütung und einer weiteren Beteiligung des Urhebers (§§ 32, 32a UrhG) ist auf § 32b UrhG hinzuweisen. Danach finden die genannten sachrechtlichen Vorschriften zwingend Anwendung, wenn mangels einer Rechtswahl (also im Falle objektiver Anknüpfung) deutsches Recht anzuwenden wäre oder soweit Gegenstand des Vertrages maßgebliche Nutzungshandlungen im räumlichen Geltungsbereich des UrhG sind. Die Norm ist kaum allseitig auszulegen; vielmehr handelt es sich um eine Eingriffsnorm iSd Art. 9 (Schack FS Heldrich, 2005, 997 (999 f.)). Filmverträge (einschließlich von Regieverträgen) dürften typischerweise (einheitlich) dem Recht am Sitz des Filmproduzenten zu unterwerfen sein (zum Streitstand MüKoBGB/Martiny Rn. 261 ff.). Sonderfragen werfen **Datennutzungsverträge** auf (dazu Czychowski/Winzek ZD 2022, 81 (83)).

**Kauf.** Für Verträge über den Kauf beweglicher Sachen (Warenkauf) ist das Recht am gewöhnlichen Aufenthalt des Verkäufers geltende Recht anzuwenden (Abs. 1 lit. a). Abs. 1 lit. a gilt indes nicht für den Kauf von Immobilien – hierfür findet Abs. 1 lit. c Anwendung – und von Rechten und Forderungen; insoweit folgt dieses Ergebnis aber aus Abs. 2. Das dürfte nach der gebotenen autonomen Auslegung auch im Falle von **Energielieferungsverträgen** (hierzu Leible JbIntR 52 (2009), 327) gelten. Der **Forderungs- und Rechtskauf** ist gleichfalls weder von Abs. 1 lit. a noch von Abs. 3 erfasst. Daher greift Abs. 2. Das Einheitskaufrecht gilt nicht für den Kauf von Forderungen oder Rechten (Staudinger/Magnus, 2021, Rn. 233). Grds. erbringt der Verkäufer die vertragscharakteristische Leistung; das Recht am Ort seines gewöhnlichen Aufenthalts ist anzuwenden (BGH IPRax 2005, 342 (345)). 67

**Unternehmenskauf.** Es gelten im Prinzip die allgemeinen Regeln des Abs. 2. Beim Anteilskauf, der Gesellschaftsanteile des Rechtsträgers zum Gegenstand hat, findet das UN-Kaufrecht keine Anwendung (keine „Ware"; vgl. Art. 2 lit. d UN-Kaufrecht) (Staudinger/Magnus, 2021, Rn. 220). Auch das Gesellschaftsstatut ist nicht maßgebend, sodass der Ausschlusstatbestand des Art. 1 Abs. 2 lit. f nicht eingreift. Ebenso wenig sind Gesellschaftsanteile Wertpapiere, die von Art. 1 Abs. 2 lit. d erfasst würden (Staudinger/Magnus, 2021, Rn. 220). Der Verkäufer des Unternehmens(teils) erbringt die vertragscharakteristische Leistung; sein Aufenthaltsrecht ist maßgebend (Abs. 2) (MüKoBGB/Martiny Rn. 213; s. für Aktienkauf BGH NJW 1987, 1141 = JR 1987, 198 (199) mAnm Dörner = IPRax 1988, 27 (28) m. Aufs. Kreuzer 16, 17; zur Rechtswahl Picot/Land DB 1998, 1601 ff.). 68

**Know-how-Verträge** (dazu Kreuzer FS v. Caemmerer, 1978, 705; Stumpf, Der Know-how-Vertrag, 3. Aufl. 1977; Hoppe, Lizenz- und Know-how-Verträge im Internationalen Privatrecht, 1994; Deleuze, Le contrat international de licence de know-how, Paris 1988) haben die entgeltliche Vermittlung bestimmten naturwissenschaftlich-technischen und/oder ökonomischen Wissens oder Sachverstands ohne den Schutz eines absolut wirkenden Immaterialgüterrechts zum Gegenstand (vgl. Kreuzer FS v. Caemmerer, 1978, 705 (707); Staudinger/Magnus, 2021, Rn. 565). Daher erbringt im Allgemeinen der Know-how-Geber die charakteristische Leistung. Das Recht seines Niederlassungsortes ist anzuwenden (Kreuzer FS v. Caemmerer, 1978, 705 (722); Staudinger/Magnus, 2021, Rn. 566), es sei denn, der Know-how-Nehmer übernimmt die wesentlichen Pflichten gegenüber dem Know-how-Geber selbst (MüKoBGB/Martiny Rn. 277) oder die maßgeblichen Leistungen des Know-how-Gebers (wie zB Hilfestellungen bei einer Montage, Beratungsleistungen uÄ) sind „vor Ort" zu erbringen; dann kann im Einzelfall über Abs. 3 die wesentlich engere Verbindung am Tätigkeitsort lokalisiert werden (vgl. OLG Köln IPRspr. 2002 Nr. 209). 69

**Leasing.** Das „Übereinkommen von Ottawa vom 28.5.1988 über das internationale Finanzierungsleasing" gilt nicht für die Bundesrepublik Deutschland. Da die Gebrauchsüberlassung die vertragscharakteristische Leistung darstellt, gilt – vorbehaltlich Art. 6 (s. aber Art. 6 Abs. 4 lit. c), der im Wesentlichen auf das Recht am Aufenthaltsort des Leasingnehmers verweist, das Recht am gewöhnlichen Aufenthalts- bzw. Niederlassungsort des Leasinggebers (vgl. Hövel DB 1991, 1029 (1032)). Beim Immobilienleasing gilt zumindest nach Abs. 3 die lex rei sitae (für die – iErg kaum zu unterschiedlichen Ergebnissen führende – Anwendung von Abs. 1 lit. a und c MüKoBGB/Martiny Rn. 55). 70

**71** Für die **Leibrente** ist die Verpflichtung des Schuldners zur regelmäßig wiederkehrenden Rentenzahlung charakteristisch. Mangels Rechtswahl ist daher dessen gewöhnlicher Aufenthalt bzw. dessen Niederlassung maßgebend (MüKoBGB/Martiny Rn. 247; Staudinger/Magnus, 2021, Rn. 581).

**72** **Leihe.** Charakteristische Leistung ist hier die unentgeltliche Gebrauchsgestattung durch den Verleiher, sodass das Recht am gewöhnlichen Aufenthalts- bzw. Niederlassungsort des Verleihers anzuwenden ist (Staudinger/Magnus, 2021, Rn. 261). In Fällen der Grundstücks- und Wohnungsleihe findet nach Abs. 1 lit. c die lex rei sitae Anwendung, sofern der Vertrag nach der Gesamtheit der Umstände keine engere Verbindung mit einem anderen Staat (Abs. 3) aufweist.

**73** **Lizenz.** Die objektive Anknüpfung wird richtigerweise nicht durch das Recht des Schutzlandes bestimmt (dafür aber früher Beier GRUR Int 1981, 299 (305)), sondern im Falle der ausschließlichen wie der nicht ausschließlichen Lizenz, bei welcher der Lizenznehmer im Wesentlichen nur eine Lizenzgebühr zahlt, durch die Nutzungsgestattung des Rechtsinhabers geprägt. Es ist also das Recht am Niederlassungsort des Lizenzgebers anwendbar (Abs. 2) (OLG Düsseldorf BeckRS 2017, 102029; Lejeune ITRB 2003, 247 (248); ebenso BGE 101 II 293, 298 = GRUR Int. 1977, 208 (209); im Ausgangspunkt ebenso, wenngleich diff. MüKoBGB/Martiny Rn. 266 ff.). Das gilt auch im Falle einer globalen, einheitlich gesteuerten Lizenzvergabe in mehrere Schutzländer (für das Recht des Niederlassungsortes des Lizenznehmers generell Henn S. 90). Ist ein auf Software-Überlassung gerichteter Vertrag nicht als Kauf-, sondern als Lizenzvertrag einzuordnen, kommt im Einzelfall eine analoge Anwendung von Art. 29 in Betracht (Klimek ZUM 1998, 902 (907 f.); zur Patentlizenz Beyer GRUR 2021, 1008).

**74** Beim **Lotterie- und Ausspielvertrag** ist das Recht am Niederlassungsort des Lotterie- oder Ausspielunternehmens anzuwenden, und zwar über Abs. 2, nicht schon über Abs. 1 lit. b (für Abs. 1 lit. b MüKoBGB/Martiny Rn. 117). S. auch unter Spiel und Wette.

**75** **Patronatserklärung** (Schrifttum vor Inkrafttreten der Rom I-VO zum EVÜ Hoffmann, Die Patronatserklärung im deutschen und österreichischen Recht, 1989; Wittuhn RIW 1990, 495–496; Jander/Hess RIW 1995, 730–738) (letter of comfort). Die Muttergesellschaft, welche die Erklärung abgibt, erbringt die vertragscharakteristische Leistung; ihr Sitzrecht ist gem. Abs. 1 iVm Art. 19 Abs. 1 maßgebend (Jander/Hess RIW 1995, 730 (735); Wolf IPRax 2000, 477 (482)).

**76** Bei der **Schenkung** beweglicher Sachen gilt das Recht am gewöhnlichen Aufenthalt des Schenkers (Abs. 2) (bereits OLG Köln NJW-RR 1994, 1026 betr. Brautgeld; OLG Frankfurt GRUR 1998, 141 (142)). Im Falle der Schenkung von Grundstücken ist nach Abs. 1 lit. c an die lex rei sitae anzuknüpfen, wobei eine engere Verbindung zum gemeinsamen Heimatrecht möglich ist (Abs. 3). Im Falle der gemischten Schenkung gilt nichts anderes, vorausgesetzt, das Schenkungselement überwiegt (Looschelders EGBGB Art. 28 Rn. 31). Zur Schenkung von Todes wegen s. Art. 25 EGBGB.

**77** Beim **Schuldanerkenntnis** ist akzessorisch über Abs. 3 auf das Statut der zugrunde liegenden Forderung abzustellen (so zum EVÜ OLG Düsseldorf VersR 2003, 1324 (1325); OLG München RIW 1997, 507 (508); zu Art. 4 vgl. auch östOGH ZfRV 2018, 189) (→ Art. 14 Rn. 14), beim abstrakten, konstitutiven **Schuldversprechen** auf den gewöhnlichen Aufenthaltsort des Schuldners. Werden etwa Ansprüche aus einem formnichtigen Wechsel geltend gemacht, der über § 140 BGB in ein abstraktes Schuldversprechen umgedeutet werden kann, greifen idS die Regeln der Art. 3 und 4 (OLG München IPRspr. 2012 Nr. 32; früher bereits OLG Frankfurt IPRax 1988, 99; dazu Schwenzer IPRax 1988, 86).

**78** Die charakteristische Tätigkeit bei **Spiel und Wette** erfolgt grds. (über Abs. 4) am Abschlussort des Spiels (genauer Martiny FS W. Lorenz, 2001, 375 ff.; Looschelders EGBGB Art. 28 Rn. 53). Ist ein Spielcasino Vertragspartner, gilt indes gem. Abs. 2 das Recht am Niederlassungsort des Unternehmens. Diese Rechtsordnung entscheidet zB über den Anspruch auf Gewinnauszahlung (vgl. BGH NJW 1988, 647 = IPRax 1988, 228 mAnm Gottwald IPRax 1988, 210; Staudinger/Magnus, 2021, Rn. 521; Roquette/Nordemann-Schiffel ZVglRWiss 99 (2000), 444 ff.). § 762 BGB kann im Einzelfall über Art. 19 durchgesetzt werden (vgl. IPG 1984 Nr. 21 (Hamburg); aA Soergel/v. Hoffmann EGBGB Art. 28 Rn. 527).

**79** Für den **Verlagsvertrag** ist die Verbreitungsverpflichtung des Verlegers kennzeichnend, sodass gem. Abs. 2 das Recht an seinem Sitz gilt (bereits BGHZ 19, 110 (113). Grds. für die Leistung des Urhebers Mäger, Der Schutz des Urhebers im internationalen Vertragsrecht, 1995, 189 ff. mwN).

**80** Zum **Versicherungsvertrag** s. Art. 7.

**81** **4. Ausweichklausel der offensichtlich engeren Verbindung (Abs. 3).** Ergeben alle Umstände des Einzelfalles, dass der Vertrag engere Verbindungen mit einem anderen Staat als dem nach Abs. 1 und 2 bezeichneten aufweist, so gilt wiederum das sonstige Recht der engsten Verbindung. Diese **Grundregel** soll sich also im Prinzip stets durchsetzen (Geisler, Die engste Verbindung im Internationalen Privatrecht, 2001, 286 f.). Abs. 3 beinhaltet eine spezielle (keine generelle wie Art. 15 schweiz IPRG) Ausweichklausel für die objektive Grundanknüpfung des Internationalen Vertragsrechts. Abs. 3 ist eng auszulegen, schon um die Konturen des Art. 4 nicht im Übermaß aufzulösen (iErg ebenso BGH IPRax 2005, 342 (345); zuvor bereits W. Lorenz IPRax 1995, 329 (332); Mankowski RIW 1995, 1034 (1036)). Zumindest gedanklich ist Abs. 3 gleichwohl stets mit ins Kalkül zu ziehen und zu prüfen (aA Soergel/v. Hoffmann EGBGB Art. 28 Rn. 18). Merkmale, die im Rahmen des Abs. 3 eine Rolle spielen können, sind alle Anknüpfungskriterien, die im Rahmen von Abs. 1 bzw. als Indizien einer stillschweigenden Rechtswahl gem. Art. 3 in Betracht kommen (so zum EVÜ bereits Ferid IPR § 6 Rn. 38; Lüderitz IPR Rn. 280; v. Bar IPR II Rn. 490; Staudinger/Magnus, 2021, Rn. 131). Nicht zu folgen ist deshalb der Auffassung, die Staatsangehörigkeit, Abschlussort und Vertragssprache für Abs. 3 als unwesentlich ansieht, weil diese Merkmale nicht auf den objektiven Leistungsaustausch bezogen seien (so noch Soergel/v. Hoffmann EGBGB Art. 28 Rn. 98); hierdurch würde den Parteiinteressen nicht zureichend Rechnung getragen.

Bislang ist die Handhabung der Ausweichklausel in der Rspr. der EVÜ-Staaten offenbar uneinheitlich erfolgt (Blaurock FS Stoll, 2001, 463 (465 ff.)). Das sollte sich mit Hilfe des EuGH spätestens im Rahmen der Rom I-VO korrigieren lassen. Folgende **generelle Leitlinien** lassen sich bei der Handhabung der Ausweichklausel von Abs. 3 festhalten: (genauer zu den einzelnen Vertragstypen Geisler, Die engste Verbindung im Internationalen Privatrecht, 2001, §§ 16–18, zum Folgenden § 19) Erscheinen die Anknüpfungsmomente von Abs. 1 und 2 isoliert, sind engere Verbindungen zu einem anderen Staat besonders naheliegend. Davon kann etwa ausgegangen werden, wenn mit Ausnahme des Sitzes bzw. des gewöhnlichen Aufenthalts des Verkäufers alle anderen Umstände auf das Käuferrecht hindeuten (vgl. OLG Celle NJW-RR 1992, 1126 (1127)). Bei Grundstückskaufverträgen bleibt es allerdings bei der Anwendung der lex rei sitae, wenn der Schuldvertrag im Belegenheitsstaat notariell beurkundet worden ist (OLG Frankfurt NJW-RR 1993, 182 (183); zu Abs. 5 genauer Geisler, Die engste Verbindung im Internationalen Privatrecht, 2001, 265 ff.). Wird umgekehrt der Verkauf einer hypothekarisch gesicherten Forderung im Ausland beurkundet, entsprechen dem die Vertragssprache, der Vertragsschluss durch Anwälte vor Ort und die Währung, so begründet die Nähe zu Abs. 1 lit. c in Kombination mit den weiteren Momenten ein Abweichen der Anknüpfung des Vertragsstatuts hin zur lex rei sitae gem. Abs. 3 (s. bereits BGH IPRax 2005, 342 (346)). Überhaupt kann im Falle zusammenhängender Verträge im Einzelfall an eine akzessorisch-einheitliche Anknüpfung gedacht werden (dazu iE Kindler, Einführung in das neue IPR des Wirtschaftsverkehrs, 2009, 33). Auch kann die Vertragsabwicklung in einem anderen als in dem durch Abs. 1 und 2 bezeichneten Staat zum Nichteingreifen der entsprechenden Vermutungen führen. Allerdings ist zu beachten, dass grds. die bloße Verbindung (auch) zu einem anderen Land als demjenigen, auf das die Vermutung hinweist, noch nicht ausreicht, um die Ausweichklausel zu aktivieren (vgl. BGH RIW 1999, 456 f.; BGHZ 128, 41; KG IPRax 1998, 280 (283)). So wird etwa ein Feriendarlehen zwischen Urlaubern gleicher Staatsangehörigkeit (vgl. OGH JBl 1980, 600 (601)) auch dann dem gemeinsamen Personalstatut (gewöhnlicher Aufenthalt des Darlehensgebers) zu unterwerfen sein, wenn die Vertragsabwicklung in einem anderen (Urlaubs-)Land erfolgt ist. Selbst schützenswerte Interessen nur einer Vertragspartei können die Ausweichklausel auslösen. So kann es dem Begünstigten einer Bürgschaft oder Garantie erkennbar darauf ankommen, dass diese zusätzliche Absicherung einem anderen Recht unterliegt als der Hauptvertrag, wenn sonst der Vertragszweck nicht sinnvoll erfüllt werden würde (BGH NJW 1996, 2569 (2570)). Auch bei der Erstellung eines literarischen Sammelwerkes werden die mit den verschiedenen Autoren geschlossenen Verträge über Abs. 3 dem Recht des Verlegers unterworfen, weil dieser ein schützenswertes Interesse an der einheitlichen Behandlung aller Einzelverträge hat. **82**

Über Abs. 3 wird man insbes. das Recht am Sitz der **Hauptverwaltung bzw.** am **gewöhnlichen Aufenthalt** des Verkäufers überwinden können, wenn für den Käufer (oder allgemeiner formuliert: für den Vertragspartner) **nicht erkennbar** ist, in welchem Land die Gegenseite sitzt bzw. sich aufhält. Ist ein entsprechender Schein gesetzt worden, gilt zum Schutz des Vertragspartners ggf. das Recht am Ort der bloß scheinbaren Niederlassung, wenn der Vertragspartner sich auf das Recht am Ort der scheinbaren Niederlassung beruft. Denkbar ist das insbes. im Falle von Vertragsschlüssen über das **Internet** (eingehend dazu Mankowski RabelsZ 63 (1999), 203 (222 f.)). Bei schlichter Falschangabe des Aufenthaltsortes des Leistungserbringers sollte über Abs. 3 an den Scheinaufenthalt angeknüpft werden (ebenso Grolimund ZSR 2000, 339 (376) zum schweiz IPRG). Hat die die charakteristische Leistung erbringende Partei ihren Sitz bzw. ihren gewöhnli- **83** chen Aufenthalt (unseriös) überhaupt nicht angegeben und ist er auch sonst nicht erkennbar, ist es nicht sachgerecht, ersatzweise als Sitz bzw. Aufenthaltsrecht das Recht des Staates anzuwenden, in dem die Homepage abgelegt worden ist (ebenso Waldenberger BB 1996, 2365 (2370 f.); Pfeiffer NJW 1997, 1207 (1214); Mehrings CR 1998, 613 (617); iErg anders Borges ZIP 1999, 565 (566 f.)). Denn die Beziehungen zu diesem Ort bzw. diesem Land erscheinen als eher zufällig (zB Kostengründe). An sich ist derjenige, der sich in solchen Fällen überhaupt auf einen Vertragsschluss per Internet einlässt, in Bezug auf das anwendbare Recht nicht schutzwürdig (vgl. auch Mankowski RabelsZ 63 (1999), 203 (225 f.)); Schutz muss dann im Sachrecht gesucht (und ggf. über Art. 9 oder Art. 21 durchgesetzt) werden. Allenfalls im Falle von Verbrauchergeschäften außerhalb des Anwendungsbereichs von Art. 6 kommt daher in Betracht, über Abs. 3 an das Recht des Staates anzuknüpfen, in dem der Käufer seinen gewöhnlichen Aufenthalt bzw. seinen Sitz hat; denn schützenswerte Interessen desjenigen, der die charakteristischen Leistungen zu erbringen hat, werden durch diese Anknüpfung, die diese Partei selbst notwendig gemacht hat, nicht verletzt. Die Anknüpfungsgrundsätze der Rom I-VO werden durch die sog. **E-Commerce-RL** (RL 2000/31/EG, ABl. L 178, 1) bzw. deren Umsetzung in **§ 3 TMG** kaum berührt. Der BGH sieht hierin von vornherein keine Kollisionsnorm (BGH GRUR 2012, 850; BGH IPRax 2018, 509 (512); toleriert von EuGH GRUR 2012, 300); außerhalb einer Rechtswahl (§ 3 Abs. 3 Nr. 1 TMG) und des Verbrauchervertragsrechts (§ 3 Abs. 3 Nr. 3 TMG) sowie anderen näher bezeichneten Bereichen kommt es sowohl über Art. 4 Abs. 1 lit. a bzw. Abs. 2 als auch über das in § 4 Abs. 1 TDG verankerte sog. Herkunftslandprinzip zu einer Anwendung der Normen am Sitz des Diensteanbieters; Abs. 3 sollte daher nicht eingreifen (näher Art. 23) (zur umstr. kollisionsrechtsdogmatischen Einordnung von § 3 TMG und der RL 2000/31/EG weiter Mankowski ZVglRWiss 100 (2001), 137 (153 ff.); Ahrens CR 2000, 835 (837); Spindler IPRax 2001, 400; ZHR 165 (2001), 324 (332 ff.); WM 2001, 1689 (1690 f.); ZRP 2001, 203 (204 ff.); umfassend Leible (Hrsg.), Die Bedeutung des IPR im Zeitalter der neuen Medien, 2003). § 1 Abs. 5 TMG, wonach das TMG insgesamt keine Regelungen im Bereich des Internationalen Privatrechts schafft, beinhaltet eine verfehlte („narrative") Norm (vgl. auch Staudinger/v. Hoffmann, 2007, EGBGB Art. 40 Rn. 299).

84 **5. Allgemeine Auffanganknüpfung an die engste Verbindung (Abs. 4). a) Begriff der engsten Verbindung.** Fehlt es an einer ausdrücklichen oder stillschweigenden Rechtswahl und ermöglichen die Grundanknüpfungen der Abs. 1 und 2 keine Anknüpfung des Schuldvertrages, ist gem. Abs. 4 auf den das gesamte Internationale Privatrecht beherrschenden Grundsatz der engsten Verbindung abzustellen. Für den Begriff der engsten Verbindung gibt es **keine wirkliche Definition.** Immerhin spricht Abs. 4 von der engsten Verbindung des betreffenden Vertrages zu einer bestimmten Rechtsordnung. Damit kann es nur auf solche Anknüpfungspunkte ankommen, die für die vertraglichen Beziehungen relevant sind, also auf die **Vertragsparteien,** den **Vertragsgegenstand** sowie die **vertraglichen Pflichten.** Insgesamt kommt es auf den räumlichen Schwerpunkt des Vertrages an (bereits BGH NJW 1993, 2753; 1996, 2569; OLG Düsseldorf RIW 1997, 780). Er ist **einzelfallbezogen** zu ermitteln. Nach dem Wortlaut von Abs. 4 kann der Schwerpunkt **nicht** – wie noch gem. Art. 28 Abs. 1 S. 2 EGBGB = Art. 4 Abs. 1 S. 2 EVÜ – durch **Abspaltung einzelner Teile des Vertrages auf mehrere Rechtsordnungen** verteilt werden (selbst wenn sich die Vertragsgegenstände als autonom erweisen, was für eine Aufspaltung des Vertragsstatuts nach Art. 4 Abs. 1 S. 2 EVÜ = Art. 28 Abs. 1 S. 2 EGBGB aF noch genügte) (EuGH IPRax 2010, 236 m. Aufs. Rammeloo IPRax 2010, 215); Art. 4 Abs. 4 spricht nur im Singular von dem Recht „des" Staates, zu „dem" der Vertrag die engsten Verbindungen aufweist. Das gilt iÜ für die objektive Anknüpfung des Art. 4 insgesamt.

85 **b) Ermittlung der engsten Verbindung.** Die Kriterien zur Ermittlung der (objektiv) engsten Verbindung sind grds. auch Indizien für eine konkludente Rechtswahl (Art. 3 Abs. 1 S. 2 Alt. 2), was die Abgrenzung der stillschweigenden Rechtswahl von der objektiven Anknüpfung schwierig, bei Ergebnisgleichheit aber auch überflüssig macht (Looschelders EGBGB Art. 28 Rn. 8, wobei im Falle der Rechtswahl eine Aufspaltung des anwendbaren Rechts möglich ist (Abs. 1 S. 3)). Maßgebliche Wertungsgesichtspunkte zur Ermittlung der engsten Verbindung sind: gemeinsame Staatsangehörigkeit der Parteien (BGH WM 1977, 793 zum alten Recht), Ort des gewöhnlichen Aufenthalts von Privatpersonen, Ort des Geschäftssitzes von geschäftlich Tätigen und Ort des Hauptverwaltungssitzes einer Gesellschaft. Maßgebend können sodann sein: die Belegenheit eines Vermögenswertes, der Vertragsgegenstand ist (LG Stuttgart IPRax 1996, 140); im Einzelfall der Abschlussort; die Vertragssprache (Grüneberg/Thorn Rn. 30); schließlich auch der Erfüllungsort, der gegenüber dem Vertragsabschlussort überwiegt (vgl. auch Mankowski RIW 1995, 1034 (1036)). Nur schwache Indizwirkung haben die vertraglich vereinbarte Währung (vgl.

BAG IPRax 1991, 407 (410); dazu Magnus IPRax 1991, 382 ff.; BAG IPRax 1994, 123 (128); dazu Mankowski IPRax 1994, 88 ff.; LG Hamburg RIW 1999, 391), der Beurkundungsort sowie Flagge, Heimathafen und Registrierungsort von Schiffen, Flugzeugen, Kraftfahrzeugen oder sonstigen registrierten Gegenständen (zum internationalen Sachenrecht s. aber Art. 45) (Staudinger/Magnus, 2021, Rn. 160). Nur im Rahmen des Art. 3, nicht aber im Rahmen des Abs. 4 haben Bedeutung: das Prozessverhalten, die Vertragssprache, Gerichtsstands- und Schiedsgerichtsvereinbarungen sowie Bezugnahmen im Vertrag auf eine bestimmte Rechtsordnung (Staudinger/Magnus, 2021, Rn. 162, 163 mN auf die zT abw. Rspr. vor Inkrafttreten des europäisierten IPR; dazu auch Mankowski SchiedsVZ 2021, 310). Bei Verträgen einer Privatperson mit dem Staat oder mit öffentlich-rechtlichen Körperschaften besteht nicht notwendig die engste Verbindung zum Recht des betreffenden Staates (KG IPRax 1998, 280 (283) m. Aufs. Leible IPRax 1998, 257; anders – „im Zweifel" – Kegel/Schurig IPR § 18 I 1d). Maßgebend sind nur sog Rechtsanwendungs- bzw. IPR-Interessen (hierzu nach wie vor grdl. Kegel/Schurig IPR § 2 II), weswegen der Inhalt des jeweiligen Sachrechts nicht entscheidend ist (Grüneberg/Thorn Rn. 30). Als Verträge, die als Anwendungsfälle des Abs. 4 in Betracht kommen, sind zu nennen: Tausch, Kompensationsgeschäfte, Vereinbarungen gegenseitiger Vertriebspflichten, Lizenztausch, Swap-Geschäfte, Kooperationsverträge (joint-ventures), Spiel und Wette, Ausgleichspflicht unter Gesamtgläubigern, mehrere Schuldner der charakteristischen Leistung (Geisler, Die engste Verbindung im Internationalen Privatrecht, 2001, 187 ff.). Weitere denkbare Fälle sind Verträge sui generis sowie Fälle, in denen mehrere Schuldner mit Sitz bzw. gewöhnlichem Aufenthalt in verschiedenen Ländern zu leisten haben (Staudinger/Magnus, 2021, Rn. 145).

Beim **Tausch** lässt sich eine charakteristische Leistung nur einer Partei nicht bezeichnen, Abs. 2 **86** S. 3, vielmehr stehen sich zwei gleichgewichtige Hauptleistungspflichten gegenüber. Daher gilt Abs. 4 (vgl. zu Kompensationsgeschäften Niggemann RIW 1987, 169). Anwendbar kann das Recht am Ort der Beurkundung sein (LG Amberg IPRax 1982, 29 Ls. mAnm Jayme). Das gilt auch im Falle eines grenzüberschreitenden Grundstückstauschs. Abs. 1 lit. c passt dann nicht. Zwar hat der Vertrag ein dingliches Recht an einem Grundstück zum Gegenstand (Eigentum), jedoch heben sich die jeweiligen leges rei sitae gewissermaßen auf (Geisler, Die engste Verbindung im Internationalen Privatrecht, 2001,189).

Für den **Vergleich** (einschließlich der materiell-rechtlichen Wirkungen des Prozessvergleichs) **87** empfiehlt sich prinzipiell über Abs. 4 (Abs. 2 greift nicht) eine akzessorische Anknüpfung an das Statut des ursprünglichen Rechtsverhältnisses, das nicht notwendig ein Vertrag sein muss (OLG Schleswig IPRspr. 1989 Nr. 48; OLG Hamm IPRspr. 1985 Nr. 28). Gibt es ein derartiges einheitliches Ursprungsstatut nicht – wie etwa dann, wenn durch den Vergleich Ansprüche wegen Patentverletzung in verschiedenen Staaten erledigt werden sollen –, gilt nicht das Recht dessen, der teilweise auf Ansprüche (im Rahmen des vergleichsbedingten gegenseitigen Nachgebens) verzichtet, sondern es soll – wenn nur eine Partei positiv zu leisten hat – das Recht am gewöhnlichen Aufenthalt bzw. Sitz des Leistungspflichtigen anzuwenden sein (BGH RIW 2010, 65).

**Vertraulichkeitsabreden** (dazu, auch zur Qualifikation näher Vollmöller IPRax 2021, 417 **88** (419)) unterliegen als vertragliche Nebenabreden dem für den Hauptvertrag geltenden Recht, über Art. 4 Abs. 3 Rom II-VO ggf. auch in Bezug auf deliktsrechtliche Anspruchsgrundlagen. Als isolierte einseitige Vereinbarungen führen sie zu dem Recht des Staates, in dessen Gebiet sich der die Vertraulichkeit Zusagende gewöhnlich aufhält. Sonst verbleibt nur eine Anknüpfung über Abs. 4.

**Zusammenarbeitsverträge; Joint venture.** Für Zusammenarbeits- oder Kooperationsver- **89** träge fehlt es typischerweise an einer charakteristischen Leistung, sodass über Abs. 4 die engste Beziehung zu bestimmen ist (Geisler, Die engste Verbindung im Internationalen Privatrecht, 2001, 196). Regelmäßig wird die Rechtsordnung des Ortes berufen, an dem die Kooperation durchgeführt und der gemeinsame Zweck verfolgt werden soll (Staudinger/Magnus, 2021, Rn. 576). Verpflichten sich die Parteien, ein Gemeinschaftsunternehmen (Joint Venture) zu schaffen oder zu nutzen, um mit diesem ihren gemeinsamen Zweck zu verfolgen, so ist für die Gründung und die internen Rechtsverhältnisse des Gemeinschaftsunternehmens das Internationale Gesellschaftsrecht maßgebend (Zweigert/v. Hoffmann FS Luther, 1976, 203 (207)). Der vorbereitende Grundlagenvertrag ist hingegen schuldrechtlich zu qualifizieren und mangels charakteristischer Leistung einer Partei nach Abs. 4 anzuknüpfen (Staudinger/Magnus, 2021, Rn. 578). Danach ist im Allgemeinen das Recht am Sitz des Gemeinschaftsunternehmens anwendbar (Soergel/v. Hoffmann EGBGB Art. 28 Rn. 283; für eine Kumulation der Rechtsordnungen der beteiligten Partnerunternehmen Zweigert/v. Hoffmann FS Luther, 1976, 203 (208 f.)). Soweit auf Verpflichtungen aus einem Gesellschaftsvertrag die Rom I-VO anwendbar ist und sich ein Gesellschafter einer Stimmbindung oder einer Veräußerungsbeschränkung unterwirft und die Leistung der anderen Gesellschafter sich auf die Zahlung eines Geldbetrags an diesen beschränkt, erbringt der Gesellschafter, der sich der Stimmbindung bzw. der Veräußerungsbeschränkung unterwirft, die charakteristische Leistung iSv Abs. 2 (Wedemann NZG 2021, 1443 (1446 f.).

90 **6. Aufspaltung des objektiven Vertragsstatuts.** Anders als Art. 3 Abs. 1 S. 3 und im Gegensatz zu Art. 4 Abs. 1 S. 2 EVÜ (= Art. 28 Abs. 1 S. 2 EGBGB aF) sieht Art. 4 eine Aufspaltung des anwendbaren Vertragsrechts nach objektiven Kriterien nicht mehr vor. Die Aufspaltung des objektiven Vertragsstatuts, die seit jeher als **Ausnahme** anzusehen war (vgl. auch Giuliano/Lagarde BT-Drs. 10/503, 33, 55), ist nun **nicht mehr zulässig** (MüKoBGB/Martiny Rn. 324). Deutschsprachige Rspr. zur Aufspaltung des Vertragsstatuts fehlt ohnedies; wenn, dann kam eine Aufspaltung allenfalls bei besonders komplexen Vertragsverhältnissen oder Kooperationsverträgen in Betracht (BT-Drs. 10/504, 78; Giuliano/Lagarde BT-Drs. 10/503, 33, 55; s. aber EuGH IPRax 2010, 236: Spaltung nach Art. 4 Abs. 1 S. 2 EVÜ nur möglich, wenn die aufzuspaltenden Teile des Vertrages autonome Gegenstände betreffen). Die fehlende praktische Bedeutung und die Schwierigkeiten, welche ein erforderlicher „Zusammenbau" einer vertraglichen Rechtsordnung aus mehreren nationalen Rechten ausgelöst hätte, haben zur Änderung der Rechtslage geführt.

91 **7. Beurteilungszeitpunkt und Wandelbarkeit des (objektiven) Vertragsstatuts.** Art. 4 bestimmt den maßgeblichen Zeitpunkt für die Beurteilung der engsten Verbindung nicht. Nach dem Bericht von Giuliano/Lagarde (BT-Drs. 10/503, 33, 52) ist es möglich, zur Ermittlung der engsten Verbindung eines Vertrages zu einem Staat auch nach einem Vertragsabschluss eingetretene Umstände zu berücksichtigen. Doch bedeutet das noch nicht mehr, als dass (vorhersehbare) spätere Änderungen im Tatsächlichen für die Beurteilung der engsten Verbindung schon bei Vertragsschluss bei prospektiver Betrachtung eine Rolle spielen können (Dicey/Morris, Conflict of Laws II, 1210, 1233; Staudinger/Magnus, 2021, Rn. 168). Die Möglichkeit eines Statutenwechsels im Rahmen des Art. 4 ist damit noch nicht präjudiziert. Vielmehr zeigen Abs. 2 S. 1 und Abs. 4, die beide auf den Zeitpunkt des Vertragsschlusses abstellen, den entsprechenden allgemeinen Grundgedanken. Abgesehen von intertemporal-rechtlichen Sonderkonstellationen ist das objektiv ermittelte **Vertragsstatut** im Rahmen des Art. 4 daher **unwandelbar** (Ferid IPR § 6 Rn. 74; MüKoBGB/Martiny Rn. 325). Das gilt auch bei Dauerschuldverhältnissen. Die einseitige Änderung von Momenten, die die engste Verbindung begründen, führt also nur dann zum Statutenwechsel, wenn eine nachträgliche Änderung der Rechtswahl, ggf. auch konkludent, festgestellt werden kann (Art. 27 Abs. 2 S. 1, Abs. 1 S. 2).

## III. Allgemeine Regeln

92 **1. Sachnormverweisung.** Nach Art. 20 wird nur das Sachrecht berufen; Rück- oder Weiterverweisungen sind **unbeachtlich.**

93 **2. Interlokales Privatrecht.** Im Falle räumlicher Rechtsspaltung ist nicht das ausländische Interlokale Privatrecht anwendbar (anders Art. 4 Abs. 3 EGBGB), sondern es gilt jede Gebietseinheit (zB jeder amerikanische Bundesstaat) als eigener Staat (Art. 22 Abs. 1). Für die Lösung interlokal-privatrechtlicher Fragen in solchen Staaten ist nicht zwingend auf die Rom I-VO abzustellen; die Regelung solcher Fragen ist vielmehr den betreffenden Staaten (bzw. ggf. Gebietseinheiten wie Bundesstaaten, Teilrepubliken oÄ) freigestellt (Art. 22 Abs. 2).

94 **3. Ordre public.** Wie stets kann auch im Rahmen des Art. 4 der Anwendung ausländischen Rechts die deutsche öffentliche Ordnung entgegenstehen, wenn das Ergebnis der Anwendung ausländischen Rechts mit wesentlichen Grundsätzen des deutschen Rechts offensichtlich unvereinbar ist (Art. 21). Auch können **Eingriffsnormen** eingreifen (Art. 9).

95 **4. Gesetzesumgehung.** Die Gesetzesumgehung ist als eigenständiges Institut im Rahmen des europäisierten Internationalen Vertragsrechts (bisher Art. 28 EGBGB aF) bislang noch nicht eingesetzt worden. Das ist auch schon deshalb nicht erforderlich, weil die für das Eingreifen der Gesetzesumgehung maßgeblichen Wertungskriterien (Umgehen oder Ergehen eines Rechtssatzes sowie – str. – Umgehungsabsicht) im Rahmen der Ermittlung der engsten Verbindung (Abs. 3 und Abs. 4) hinreichend berücksichtigt werden können.

96 **5. Anwendungsbereich und Qualifikation.** Der Anwendungsbereich des Internationalen Vertragsrechts folgt insbes. aus **Art. 1, Art. 12 und Art. 18.** Die in Art. 4 eingestellten Begriffe

sind wie grds. innerhalb der Rom I-VO autonom auszulegen und zu qualifizieren (MüKoBGB/Martiny Rn. 5).

## Art. 5 Beförderungsverträge

**(1) [1]Soweit die Parteien in Bezug auf einen Vertrag über die Beförderung von Gütern keine Rechtswahl nach Artikel 3 getroffen haben, ist das Recht des Staates anzuwenden, in dem der Beförderer seinen gewöhnlichen Aufenthalt hat, sofern sich in diesem Staat auch der Übernahmeort oder der Ablieferungsort oder der gewöhnliche Aufenthalt des Absenders befindet. [2]Sind diese Voraussetzungen nicht erfüllt, so ist das Recht des Staates des von den Parteien vereinbarten Ablieferungsorts anzuwenden.**

**(2) [1]Soweit die Parteien in Bezug auf einen Vertrag über die Beförderung von Personen keine Rechtswahl nach Unterabsatz 2 getroffen haben, ist das anzuwendende Recht das Recht des Staates, in dem die zu befördernde Person ihren gewöhnlichen Aufenthalt hat, sofern sich in diesem Staat auch der Abgangsort oder der Bestimmungsort befindet. [2]Sind diese Voraussetzungen nicht erfüllt, so ist das Recht des Staates anzuwenden, in dem der Beförderer seinen gewöhnlichen Aufenthalt hat.**

**Als auf einen Vertrag über die Beförderung von Personen anzuwendendes Recht können die Parteien im Einklang mit Artikel 3 nur das Recht des Staates wählen,**
**a) in dem die zu befördernde Person ihren gewöhnlichen Aufenthalt hat oder**
**b) in dem der Beförderer seinen gewöhnlichen Aufenthalt hat oder**
**c) in dem der Beförderer seine Hauptverwaltung hat oder**
**d) in dem sich der Abgangsort befindet oder**
**e) in dem sich der Bestimmungsort befindet.**

**(3) Ergibt sich aus der Gesamtheit der Umstände, dass der Vertrag im Falle fehlender Rechtswahl eine offensichtlich engere Verbindung zu einem anderen als dem nach Absatz 1 oder 2 bestimmten Staat aufweist, so ist das Recht dieses anderen Staates anzuwenden.**

**Schrifttum:** Baddack, Allgemeine Grundsätze im internationalen Einheitstransportrecht, 2008; Freise, Das Zusammentreffen von deutschem Multimodalrecht mit internationalem Einheitsrecht bei der Güterbeförderung, TranspR 2014, 1; Hartenstein, Rom I-Entwurf und Rom II-VO – Zur Bedeutung zukünftiger Änderungen im IPR für das Seerecht, TranspR 2008, 143; Lagoni, Die Haftung des Beförderers von Reisenden auf See und im Binnenschiffsverkehr und das Gemeinschaftsrecht, ZEuP 2007, 1079; Mäsch, Schuldrecht AT: Haftung der Fluggesellschaft bei Nichtbeförderung von Reisegepäckstücken wegen deren Entnahme als Gefahrgut, JuS 2016, 1027; Mankowski, Neues aus Europa zum IPR für Transportverträge, TranspR 2008, 339; Mankowski, Rechtswahlklauseln in Luftbeförderungs-AGB auf dem Prüfstand, RRa 2014, 118; Müller-Rostin, Multimodalverkehr und Luftrecht, TranspR 2012, 14; Rammeloo, Chartervertrag cum annexis, IPRax 2010, 215; Rudolf, Erste Vorabentscheidung des EuGH zum EVÜ-Chartervertrag, ZfRV 2010, 18; Schilling, Die Rechte des Passagiers im maritimen Schiffsverkehr, TranspR 2013, 401; Schilling, Das Internationale Privatrecht der Transportverträge, 2016; Tamm, Höhere Gewalt im Pauschalreiserecht: Kostenfolgen und internationale Bezüge, VuR 2013, 363; Vyvers, Änderung der Rechtsprechung durch Art. 5 Abs. 1 der Rom I-Verordnung?, NZV 2013, 224; R. Wagner, Neue kollisionsrechtliche Vorschriften für Beförderungsverträge in der Rom I-VO, TranspR 2008, 221; R. Wagner, Normenkonflikte zwischen den EG-Verordnungen Brüssel I, Rom I und Rom II und transportrechtlichen Rechtsinstrumenten, TranspR 2009, 103; R. Wagner, Die EG-Verordnungen Brüssel I, Rom I und Rom II aus der Sicht des Transportrechts, TranspR 2009, 281; Weller/Rentsch/Thomale, Schmerzensgeld nach Flugzeugunglücken, NJW 2015, 1909; Wesemann, Die Paramount-Klausel im Rahmen der Zeitcharter, TranspR 2012, 327.

### I. Normzweck, Herkunft und Systematik

Art. 5 regelt – weitergehend als bislang Art. 4 Abs. 4 EVÜ (= Art. 28 Abs. 4 EGBGB aF) – Beförderungsverträge im Ganzen im Wege einer Spezialregelung. Bei **Beförderungen** geht es um eine auf **Ortsveränderung von Sachen (Abs. 1) oder Personen (Abs. 2)** gerichtete Leistung des Beförderers als vertraglich Verpflichtetem (der nicht notwendig die Beförderung auch auszuführen hat) durch Beförderungs- bzw. Transportmittel. Der Begriff der Beförderung ist unter Berücksichtigung von Erwägungsgrund 22 europäisch autonom auszulegen (vgl. Staudinger/Magnus, 2021, Rn. 20); es gilt also keinesfalls die engere (Pkw nach dem Wortlaut nicht erfassende) Aufzählung der Beförderungsmittel in Art. 45 EGBGB. Auch unentgeltliche Beförderungsverträge sind erfasst (Ferrari/Staudinger Rn. 46). Die Regeln über Verbraucherverträge des Art. 6 sind gem. Art. 6 Abs. 4 lit. b nicht anzuwenden, es sei denn, es geht um Pauschalreiseverträge mit 1 beförderungsvertraglichen Elementen; sonst verdrängt die Anknüpfung des Art. 5 diejenige des Art. 6 (Staudinger/Magnus, 2021, Rn. 28; zur höheren Gewalt im Pauschalreiserecht Tamm VuR 2013, 363). Vorrangig ist vielfältig vorhandenes staatsvertragliches Einheits- oder Unionsrecht anzuwenden. Das kann an diesem Ort iE nicht dargestellt werden (s. MüKoBGB/Martiny Rn. 41 f., 44 f., 55 f., 89 f., 97 f., 135 f., 142 f.). Die Rechtslage im internationalen Beförderungsrecht ist jedenfalls aufgrund der Konkurrenz diverser Regelungswerke in weiten Teilen außerordentlich unübersichtlich.

2 Die Anknüpfungsregeln des Art. 5 beinhalten – ebenso wie diejenigen des Art. 4 – nicht (mehr) bloße Rechtsvermutungen, sondern **feste Kollisionsregeln,** die freilich weiterhin (und in Übereinstimmung mit Art. 4) unter dem Vorbehalt einer noch engeren Verbindung (Abs. 3) stehen. Entfallen ist Art. 4 Abs. 4 S. 2 EVÜ (= Art. 28 Abs. 4 S. 2 EGBGB aF), wonach als Güterbeförderungsverträge auch **Charterverträge** für eine einzige Reise und andere Verträge anzusehen waren, die in der **Hauptsache der Güterbeförderung** dienen. Nach Erwägungsgrund 22 S. 1 ist damit indes keine Änderung der bisherigen Rechtslage bezweckt. Folglich gelten als Güterbeförderungsverträge auch Charterverträge für eine einzige Reise und andere Verträge, die in der Hauptsache der Güterbeförderung dienen. Art. 5 erfasst auch Zinsforderungen (BGH BeckRS 2021, 30600 Rn. 63).

## II. Güterbeförderungsverträge (Abs. 1)

3 Für Güterbeförderungsverträge, einschließlich Charterverträge (→ Rn. 2), ist vorrangig nach einer parteiautonomen Rechtswahl gem. Art. 3 zu suchen (BGH RdTW 2015, 409; OLG Düsseldorf RdTW 2018, 473). Für deren Zustandekommen greift die allgemeine Regel des Art. 10 (OLG Düsseldorf RdTW 2018, 473; OLG Düsseldorf BeckRS 2015, 17874). Fehlt eine Rechtswahl, ist objektiv an das **Recht des gewöhnlichen Aufenthaltes** bzw. der Hauptniederlassung oder -verwaltung **des Beförderers** (Art. 19) zurzeit des Vertragsschlusses anzuknüpfen, sofern sich in diesem Staat auch der Übernahmeort (nach bisherigem Recht: der Verladeort), der Ablieferungsort oder der gewöhnliche Aufenthalt des Absenders bzw. die Hauptniederlassung bzw. -verwaltung des Absenders (Art. 19) befindet (vgl. dazu OLG München IPRspr. 2013 Nr. 64; dazu Ramming RdTW 2014, 30; dafür im Kontext von Art. 28 EGBGB aF iErg bereits BGH RIW 2008, 397). Der Begriff des **„Beförderers"** ist autonom zu bestimmen (ebenso bereits zum EVÜ Staudinger/Magnus, 2021, Rn. 23). Bezeichnet ist damit die Vertragspartei, die sich zur Beförderung der Güter verpflichtet, unabhängig davon, ob sie die Beförderung selbst durchführt. Beförderer – definiert in Erwägungsgrund 22 S. 3 – ist im Allgemeinen der Verfrachter (Mankowski in Reithmann/Martiny IntVertragsR Rn. 6.1841). Ob überhaupt ein Güterbeförderungsvertrag vorliegt, richtet sich – autonom – danach, ob der Hauptgegenstand des Vertrages auf die Beförderung des betreffenden Gutes abzielt (EuGH IPRax 2015, 559; dazu Schilling IPRax 2015, 522; Mankowski TranspR 2015, 17).

4 Wo der Übernahme- bzw. Anlieferungsort liegt, ergibt sich aus der entsprechenden vertraglichen Festlegung (s. bereits Giuliano/Lagarde BT-Drs. 10/503, 33, 54; Mankowski TranspR 1993, 213 (223)). Beim Übernahmeort geht es um den Ort, an dem die Güter zur Annahme für die Beförderung stehen. Nicht maßgeblich ist der Ort der (ggf. davon abweichenden, gar vertragswidrigen) tatsächlichen Übernahme (Mankowski TranspR 2008, 346; MüKoBGB/Martiny Rn. 21). Der **Ablieferungsort** ist der vertraglich vereinbarte Bestimmungsort (Mankowski TranspR 2008, 346 f.; MüKoBGB/Martiny Rn. 21). Nach Erwägungsgrund 22 S. 3 sind im Rahmen der Rom I-VO als **„Absender"** Personen zu verstehen, die mit dem Beförderer einen Beförderungsvertrag abschließen (idR Befrachter), nicht notwendig der sog. Ablader, sofern er nicht selbst Absender ist oder ihm als dessen Gehilfe zuzurechnen ist (s. bereits Staudinger/Magnus, 2021, Rn. 24).

5 Liegen diese Erfordernisse nicht vor, ist nicht Art. 4 anwendbar, sondern gem. **S. 2** ist dann das Recht anzuwenden, in welchem sich der von den Parteien vereinbarte **Ablieferungsort** befindet. Ob und wo ein Ablieferungsort vereinbart worden ist, ergibt sich wohl nicht nach der in der gewählten, lex causae üblichen Begriffsausfüllung, da es gerade um die Ermittlung der anwendbaren Rechtsordnung geht (MüKoBGB/Martiny Rn. 24). Die Parteivereinbarungen sind daher ggf. autonom auszulegen.

6 **Lässt sich** auch durch Auslegung **keine Vereinbarung des Ablieferungsorts ermitteln,** kommt ein Rückgriff auf die allgemeine objektive Grundanknüpfung des Art. 4 (Abs. 2–4) in Betracht. Insoweit erweist sich Art. 5 als lückenhaft und nicht abschließend. Auch erscheint der Rückgriff auf Art. 4 als eine klarere Anknüpfung als eine analoge Anwendung von Art. 5 Abs. 3 (ebenso im Kontext von Art. 28 EGBGB aF für einen Rückgriff auf Art. 28 Abs. 1 EGBGB EuGH IPRax 2015, 559; dazu Schilling IPRax 2015, 522; Mankowski TranspR 2015, 17; BGH

NJW-RR 2010, 548; für eine analoge Anwendung von Art. 5 Abs. 3 aber Magnus IPRax 2010, 138). Für die Konkretisierung der engsten Verbindung ist auf die allgemeinen Regeln abzustellen, sodass alle Umstände zu berücksichtigen sind, mit denen der betreffende Vertrag in Verbindung steht, einschließlich der Verbindung zu anderen Verträgen, die mit dem betreffenden Vertrag in engem Zusammenhang stehen (EuGH IPRax 2015, 559; dazu Schilling IPRax 2015, 522; Mankowski TranspR 2015, 17).

Abs. 2 erfasst auch **Speditionsverträge** (Grüneberg/Thorn Rn. 6; zu Art. 28 EGBGB aF s. OLG Hamburg IPRspr. 1989 Nr. 62; OLG Düsseldorf RIW 1994, 597), wobei einschränkend hinzugefügt werden muss, dass der Speditionsvertrag nur dann unter Abs. 2 S. 1 an das Recht des Spediteurs angeknüpft werden kann, wenn der Spediteur selbst als Beförderer auftritt (einschr. auf die Fälle des Selbsteintritts nach § 412 HGB, der Fixkostenspedition nach § 413 Abs. 1 HGB und der Sammelladungsspedition gem. § 413 Abs. 2 HGB daher Staudinger/Magnus, 2021, Rn. 23). Dann indes gilt nach Abs. 1 unter den dort genannten weiteren Voraussetzungen im Ausgangspunkt das Recht am gewöhnlichen Aufenthalts- bzw. Niederlassungsort des Spediteurs. Diese Anknüpfung greift auch, wenn der Auftraggeber seinerseits (Haupt-)Spediteur ist (vgl. OLG Hamburg TranspR 1996, 40). Ist der Spediteur selbst kein Beförderer, ist nach Art. 4 Abs. 1 lit. b anzuknüpfen (Staudinger/Magnus, 2021, Rn. 203; früher bereits OLG Bremen VersR 1996, 868; anders Rugullis TranspR 2006, 380). Der Speditionsvertrag kann auch der CMR unterliegen (BGHZ 65, 340 (341) = NJW 1976, 1029; BGHZ 83, 96 (99 f.) = NJW 1982, 1946 = IPRax 1982, 240 (241) mAnm Helm IPRax 1982, 225; BGH NJW 1982, 1944; RIW 1996, 602; Thume TranspR 1992, 355 (356)). Auch die **Multimodalbeförderung** fällt unter Abs. 1 (BGH RIW 2006, 948; OLG Düsseldorf VersR 2004, 1479; LG Hamburg IPRspr. 2002 Nr. 55; Staudinger/Magnus, 2021, Rn. 195). 7

Das Übereinkommen über den Beförderungsvertrag im internationalen Straßengüterverkehr **(CMR)** vom 19.5.1956 (BGBl. 1961 II 1119; für die Bundesrepublik in Kraft seit dem 5.2.1962, BGBl. II 12) geht der Anknüpfung nach Abs. 1 vor, soweit es eingreift (vgl. OLG München RIW 1997, 507 f.; OLG Hamm IPRspr. 1993 Nr. 47; Giuliano/Lagarde BT-Drs. 10/503, 33, 54; Staudinger/Magnus, 2021, Rn. 72 ff.). Nicht unter Abs. 1 fallen Personenbeförderungsverträge, die nach Abs. 2 und 3 zu beurteilen sind. 8

**Binnenschifffahrts-Frachtverträge** werden von Abs. 1 erfasst. Außerhalb von Staatsverträgen (insbes. das CMNI) (dazu MüKoBGB/Martiny Rn. 142) gilt außerhalb einer Rechtswahl, dass das Recht des Staates anzuwenden ist, in dem der Beförderer zum Zeitpunkt des Vertragsschlusses seinen gewöhnlichen Aufenthalt bzw. seine gewerbliche Hauptniederlassung hat und in dem sich der Übernahmeort oder der Entladeort oder der Aufenthalt des Absenders befindet (vgl. auch OLG Nürnberg NJW-RR 1995, 1435 (1437)); sonst ist das über Abs. 1 S. 2 hilfsweise anzuwendende Recht maßgeblich. Aus der Gesamtwürdigung kann sich gem. Abs. 3 eine engere Verbindung mit einem anderen Staat, etwa bei Liegegeldfragen (hierzu bereits BGHZ 9, 221 = IPRspr. 1952/53 Nr. 40; vgl. heute Art. 12 Abs. 2), ergeben. 9

**Eisenbahntransport.** Für die internationale Beförderung sowohl von Personen als auch von Gütern findet das zwischen den meisten europäischen Staaten geltende **Übereinkommen über den internationalen Eisenbahnverkehr (COTIF)** (BGBl. 1985 II 132; dazu de la Motte TranspR 1985, 245; Staudinger/Magnus, 2021, Rn. 136 ff.) vom 9.5.1980 (in der Bundesrepublik Deutschland am 1.5.1985 in Kraft getreten, Bek. vom 24.7.1985, BGBl. II 1001) mit den Anhängen der **Einheitlichen Rechtsvorschriften für den Vertrag über die internationale Eisenbahnbeförderung von Personen und Gepäck (ER-CIV)** und den **Einheitlichen Rechtsvorschriften für den Vertrag über die internationale Eisenbahnbeförderung von Gütern (ER-CIM)** Anwendung. Das Abkommen enthält vereinheitlichtes Sachrecht. Außerhalb seines Anwendungsbereiches gelten die allgemeinen Regeln des Internationalen Vertragsrechts, soweit nicht zwingendes nationales Recht eingreift (vgl. § 1 EVO). Im Falle der Güterbeförderung greift die Anknüpfung des Abs. 1; bei Personenbeförderung die gem. Abs. 2 (vgl. hierzu OLG Braunschweig TranspR 1996, 385 (387)). Regelmäßig gilt das Recht des befördernden Bahnunternehmens. Dabei ist auch die seit dem 3.12.2009 anzuwendende Eisenbahnfahrgastrechte-Verordnung (VO (EG) Nr. 1371/2007, ABl. L 315, 14) zu beachten. 10

**Luftbeförderung.** § 51 LuftVG verweist im Wesentlichen auf die Voraussetzungen einschlägiger Staatsverträge (näher und mwN hierzu MüKoBGB/Martiny Rn. 57 ff.), insbes. auf das **Warschauer Abkommen zur Vereinheitlichung von Regeln über die Beförderung im internationalen Luftverkehr (WA)** vom 12.10.1929 (RGBl. 1933 II 1039) in der derzeit geltenden Fassung, ergänzt durch Zusatzabkommen (dazu Giemulla/Lau/Mölls/Schmid, Warschauer Abkommen; Kadletz VersR 2000, 927; vgl. auch Staudinger/Magnus, 2021, Rn. 151 ff.). Zu beachten ist ferner europäisches Verordnungsrecht. Nur soweit all dies nicht vorrangig anwendbar 11 ist, ist auf Art. 5 zurückzugreifen. Für Personenbeförderung gilt Abs. 2, sodass nur ausnahmsweise das Recht am Ort der Hauptniederlassung des vertraglichen Luftfrachtführers maßgeblich ist (vgl. dazu früher BGH NJW 1976, 1581 (1582); LG München I IPRspr. 1977 Nr. 31a).

12 **Multimodaler (kombinierter) Transport.** Bei Güterbeförderung durch verschiedene Transportmittel von einem Gesamtbeförderer ist – vorbehaltlich einer Rechtswahl, die auch stillschweigend erfolgen kann – im Prinzip Abs. 1 heranzuziehen, wobei für das jeweilige Transportmittel ggf. unterschiedliche Rechte anwendbar sein können. Indes kann zB auch ein einheitlicher Luftbeförderungsvertrag geschlossen werden, wenn ein nicht unwesentlicher Teil des Transports per Lkw erfolgen soll (BGH NJW 2013, 778; vgl. bereits BGH RIW 2006, 948; BGHZ 101, 172 (178 f.) = NJW 1988, 640; BGHZ 123, 303 (306); OLG Düsseldorf RIW 1995, 248; VersR 2004, 1479; LG Hamburg IPRspr. 2002 Nr. 55; vgl. auch Koller VersR 2000, 1187 (1188, 1189, 1193); Herber TransportR 2001, 101; Drews TranspR 2003, 12).

13 Das **Seefrachtvertragsrecht** (näher dazu MüKoBGB/Martiny Rn. 97 ff.) ist weitgehend vereinheitlicht, insbes. durch das über Art. 6 EGHGB anwendbare **Internationale Übereinkommen zur Vereinheitlichung von Regeln über Konnossemente (Haager Regeln)** vom 25.8.1924 (in Kraft für das Deutsche Reich seit 1.1.1940, Bek. vom 22.12.1939, RGBl. II 1049; im Verhältnis zu den früheren Feindstaaten wieder in Kraft seit 1.11.1953, BGBl. II 116; 1954 II 466) und dessen Änderungsprotokoll vom 23.2.1968, den sog. **„Visby-Regeln".**

14 **Straßentransport.** Bei **Güterbeförderung** gilt Abs. 1 (Recht am gewöhnlichen Aufenthaltsort bzw. dem Niederlassungsort des Frachtführers, sofern sich im Staate der Niederlassung des Beförderers auch der Übernahmeort oder der Ablieferungsort oder der gewöhnliche Aufenthaltsort des Absenders befindet), allerdings nur insoweit, als das **Übereinkommen über den Beförderungsvertrag im internationalen Straßengüterverkehr (CMR)** vom 19.5.1956 (BGBl. 1961 II 1119) idF vom 28.12.1980 (BGBl. 1980 II 1443) (dazu näher zB Staudinger/Magnus, 2021, Rn. 72 ff.) hierzu noch Raum lässt. Hilfsweise greift Art. 5 (s. zB OLG Nürnberg RdTW 2021, 313 Rn. 61).

## III. Personenbeförderungsverträge (Abs. 2)

15 **1. Erfasste Regelungsmaterien.** Unter die Anknüpfung der Personenbeförderungsverträge wird man nach dem Zweck der Norm und zur Vermeidung sinnloser Aufspaltungen des anzuwendenden Rechts auch die Beförderung von Reisegepäck oder von Tieren (zB Hund, Reitpferd) zusammen mit den Reisenden als kollisionsrechtlich nicht gesondert anzuknüpfende Nebenleistung subsumieren können (Mankowski in Reithmann/Martiny IntVertragsR Rn. 6.1870). Nicht erfasst ist indes die bloße Reisevermittlung. **Pauschalreiseverträge** werden indes von Art. 6 erfasst (arg. e Art. 6 Abs. 4 lit. b); hinzugetreten ist **Art. 46c EGBGB.** Der Zweck der Reise (beruflich/privat) ist gleichgültig. Zu Fragen der Personenbeförderung → Rn. 8, → Rn. 10 und → Rn. 11.

16 **2. Rechtswahl.** Eine wie stets vorrangig zu beachtende Rechtswahl nach Abs. 2 S. 3 ist weitergehend zugelassen als für Verbraucherverträge. Die dort genannten fünf Möglichkeiten sind zT faktisch (lit. a–c), zT unterliegen sie aber auch der Vereinbarung (lit. d und e) (OLG Karlsruhe RdTW 2021, 309 Rn. 28 spricht sogar von „keinerlei Beschränkungen"). **Abgangsort** ist der Ort der vertragsgemäßen Abreise. Auch für den **Bestimmungsort** kommt es auf die vertragliche Vereinbarung (nicht die ggf. davon abweichende faktische Ankunft) an (MüKoBGB/Martiny Rn. 32). Da das anzuwendende Recht durch die Rechtswahl erst noch bestimmt werden soll, ist der Vertrag insoweit autonom auszulegen, nicht im Rahmen der lex causae. Zweifelhaft ist, ob für eine klauselmäßige Rechtswahl Abs. 2 (OLG Frankfurt IPRax 2019, 241) oder Art. 6 (dafür Mankowski IPRax 2019, 208 (209 ff.)) eingreift. Eine Rechtswahlklausel ist als intransparent und gegen die KlauselRL angesehen worden, wenn sie als der Rechtswahl vorrangig lediglich – neben dem Montrealer Übereinkommen – „einschlägige Gesetze" nennt, ohne dies näher zu präzisieren, und sie soll irreführend sein (und auch insoweit gegen die KlauselRL verstoßen), wenn sie nicht erkennen lässt, dass die Vereinbarung ausländischen (irischen) Rechts keinen Ausschluss der Anwendbarkeit der FluggastrechteVO bedeutet (OLG Köln VuR 2021, 263; vgl. auch LG Landshut BeckRS 2021, 35099 Rn. 21; LG Stuttgart BeckRS 2021, 19268; LG Düsseldorf BeckRS 2022, 5294 Rn. 28 ff.).

17 **3. Objektive Anknüpfung.** Die objektive Anknüpfung folgt aus Abs. 2 S. 1 und 2. Anders als im Rahmen von Güterbeförderungsverträgen nach Abs. 1 wird hier auf den **gewöhnlichen Aufenthaltsort des Reisenden** abgestellt. Das dadurch bezeichnete Recht ist im Rechtsanwen-

dungsinteresse des Beförderers indes nur anzuwenden, wenn sich in diesem Staat **auch der Abgangs- oder der Bestimmungsort** befindet (AG Nürtingen BeckRS 2020, 5371; → → Rn. 16). Aus dem Regelungskontext der Norm ergibt sich, dass es nicht auf den Abgangsort des Beförderungsmittels, sondern auf den des (evtl. später zusteigenden) Reisenden ankommt. Erstaunlicherweise kommt es bei alledem nicht auf den Aufenthalt des Vertragsschließenden an, sondern auf den des Reisenden, selbst wenn dieser nicht Vertragspartei ist (MüKoBGB/Martiny Rn. 34; überholt insoweit LG Frankfurt a. M. TranspR 2015, 404 mAnm Vywers). Bei einer aus mehreren Flügen bestehenden Flugverbindung ohne nennenswerten Aufenthalt auf den Umsteigeflughäfen ist auf den Beginn der Personenbeförderung, also den Abflugort der ersten Teilstrecke, abzustellen (BGH NJW 2013, 378 (380)).

Fehlt es an den kumulierten Voraussetzungen des Abs. 2 S. 1, ist – der Grundregel des Art. 4 Abs. 1 lit. b, Art. 4 Abs. 2 entspr. – das Recht am Ort des gewöhnlichen Aufenthalts bzw. Hauptverwaltungs- bzw. Hauptniederlassungs- oder Zweigniederlassungsorts des Beförderers (Art. 19) anzuwenden. Bei **Personenbeförderung** gilt dann die Rechtsordnung am gewerblichen Niederlassungsort des Transportunternehmers (so früher grds. Lagarde Rev. crit. dr. int. priv. 1991, 287 (309); Staudinger/Magnus, 2021, Rn. 57); das **Übereinkommen über den Vertrag über die internationale Beförderung von Personen und Gepäck auf der Straße (CVR)** ist noch nicht in Kraft getreten. 18

## IV. Offensichtlich engere Verbindung (Abs. 3)

Die Anknüpfungsregeln der Abs. 1 und 2 stehen unter dem Vorbehalt einer offensichtlich engeren Verbindung der dort genannten Umstände zu einem anderen Staat. Diese Ausweichklausel ist im Prinzip ebenso wie Art. 4 Abs. 3 auszufüllen, also als **eng zu interpretierende Ausnahme.** Anderenfalls würden die Regelanknüpfungen der ersten beiden Absätze konturenlos. Daher genügt zur Annahme einer solchen offensichtlich engeren Verbindung die Ausschiffung, Lagerung und Verladung im Ausland nicht (s. bereits OLG Celle IPRspr. 2002 Nr. 55A), ebenso wenig für sich genommen ein abweichender Bestimmungsort (MüKoBGB/Martiny Rn. 38). Aus Art. 6 Abs. 4 lit. b folgt, dass erst recht der Verbraucherschutz als solcher kein Umstand ist, der eine engere Verbindung iSv Abs. 3 begründet (so zu Art. 28 Abs. 5 EGBGB aF bereits BGH NJW 2009, 3371). Als denkbares Anwendungsbeispiel wird hingegen der Fall genannt, dass beide Parteien ihren gewöhnlichen Aufenthalt in unterschiedlichen Staaten haben, wenn Container sukzessive in verschiedenen Häfen entladen werden sollen. Hier kommt eine Anwendung des Rechts am gewöhnlichen Aufenthalt des Beförderers in Betracht (Grüneberg/Thorn Rn. 7). 19

## V. Allgemeine Lehren: Rück- und Weiterverweisung, ordre public

Auch Art. 5 spricht insgesamt Sachnormverweisungen aus, sodass Rück- und Weiterverweisungen durch fremdes Kollisionsrecht unbeachtlich sind (Art. 20). Die Anknüpfungsregeln des Art. 5 stehen ferner wie stets unter dem Vorbehalt der Öffentlichen Ordnung (Art. 21) und einer Sonderanknüpfung von Eingriffsnormen (Art. 9). 20

### Art. 6 Verbraucherverträge

**(1) Unbeschadet der Artikel 5 und 7 unterliegt ein Vertrag, den eine natürliche Person zu einem Zweck, der nicht ihrer beruflichen oder gewerblichen Tätigkeit zugerechnet werden kann („Verbraucher"), mit einer anderen Person geschlossen hat, die in Ausübung ihrer beruflichen oder gewerblichen Tätigkeit handelt („Unternehmer"), dem Recht des Staates, in dem der Verbraucher seinen gewöhnlichen Aufenthalt hat, sofern der Unternehmer**
**a) seine berufliche oder gewerbliche Tätigkeit in dem Staat ausübt, in dem der Verbraucher seinen gewöhnlichen Aufenthalt hat, oder**
**b) eine solche Tätigkeit auf irgendeiner Weise auf diesen Staat oder auf mehrere Staaten, einschließlich dieses Staates, ausrichtet**
**und der Vertrag in den Bereich dieser Tätigkeit fällt.**

**(2) [1]Ungeachtet des Absatzes 1 können die Parteien das auf einen Vertrag, der die Anforderungen des Absatzes 1 erfüllt, anzuwendende Recht nach Artikel 3 wählen. [2]Die Rechtswahl darf jedoch nicht dazu führen, dass dem Verbraucher der Schutz entzogen wird, der ihm durch diejenigen Bestimmungen gewährt wird, von denen nach dem**

**Recht, das nach Absatz 1 mangels einer Rechtswahl anzuwenden wäre, nicht durch Vereinbarung abgewichen werden darf.**

**(3) Sind die Anforderungen des Absatzes 1 Buchstabe a oder b nicht erfüllt, so gelten für die Bestimmung des auf einen Vertrag zwischen einem Verbraucher und einem Unternehmer anzuwendenden Rechts die Artikel 3 und 4.**

**(4) Die Absätze 1 und 2 gelten nicht für:**

**a) Verträge über die Erbringung von Dienstleistungen, wenn die dem Verbraucher geschuldeten Dienstleistungen ausschließlich in einem anderen als dem Staat erbracht werden müssen, in dem der Verbraucher seinen gewöhnlichen Aufenthalt hat;**

**b) Beförderungsverträge mit Ausnahme von Pauschalreiseverträgen im Sinne der Richtlinie 90/314/EWG des Rates vom 13. Juni 1990 über Pauschalreisen (ABl. L 158 vom 23.6.1990, S. 59);**

**c) Verträge, die ein dingliches Recht an unbeweglichen Sachen oder die Miete oder Pacht unbeweglicher Sachen zum Gegenstand haben, mit Ausnahme der Verträge über Teilzeitnutzungsrechte an Immobilien im Sinne der Richtlinie 94/47/EG;**

**d) Rechte und Pflichten im Zusammenhang mit einem Finanzinstrument sowie Rechte und Pflichten, durch die die Bedingungen für die Ausgabe oder das öffentliche Angebot und öffentliche Übernahmeangebote bezüglich übertragbarer Wertpapiere und die Zeichnung oder den Rückkauf von Anteilen an Organismen für gemeinsame Anlagen in Wertpapieren festgelegt werden, sofern es sich dabei nicht um die Erbringung von Finanzdienstleistungen handelt;**

**e) Verträge, die innerhalb der Art von Systemen geschlossen werden, auf die Artikel 4 Absatz 1 Buchstabe h Anwendung findet.**

**Schrifttum:** Alferez, The Rome I Regulation: Exceptions to the Rule on Consumer Contracts and Financial Instruments, JPrivIntL 2009, 85; Arnold, Rechtswahl und Verbraucherschutz im internationalen Vertragsrecht bei Auslandsreisen und „Kundenschleusung", IPRax 2016, 567; Basedow, Verbrauchermobilität und europäisches Konsumentenrecht, ZEuP 2016, 1; Bisping, Mandatorily Protected: The Consumer in the European Conflict of Laws, ERPL, 2014, 513; Böttger, Verbraucherversicherungsverträge – Vergleich der beiden Anknüpfungsregime nach Art. 6 und Art. 7 Rom I-Verordnung und Vorschlag für eine zukünftig einheitliche Anknüpfung, VersR 2012, 156; Brand, Grenzüberschreitender Verbraucherschutz in der EU, IPRax 2013, 126; Duygu, Die Costa Concordia ist auf den Felsen aufgelaufen – auch das Recht auf Haftungsbeschränkung?, VuR 2012, 287; Garcimartín, Consumer Protection from a Conflict-of-Laws Perspective: the Rome I Regulation Approach, Liber Amicorum Alegría Borrás, 2013, 445; Gössl, Verbraucherschlichtung im Handel mit ausländischen Verbrauchern gemäß § 19 VSBG, RIW 2016, 473; Hoffmann, Aufklärungs- und Informationspflichtverletzungen im Europäischen Verbraucher-Kollisionsrecht, FS Dauses, 2014, 153; Kieninger, Der Schutz schwächerer Personen im Schuldrecht, in v. Hein/Rühl, Kohärenz im Internationalen Privat- und Verfahrensrecht der Europäischen Union, 2016, 307; Kremer/Buchalik, Zum anwendbaren Datenschutzrecht im internationalen Geschäftsverkehr, CR 2013, 789; Leible, Binnenmarkt, elektronischer Geschäftsverkehr und Verbraucherschutz, JZ 2010, 272; Leible/Müller, Der blue button für den Internetshop, K&R 2009, 7; Leible/Leitner, Das Kollisionsrecht des Timesharing nach der Richtlinie 2008/122/EG, IPRax 2013, 37; Kieninger, Der grenzüberschreitende Verbrauchervertrag zwischen Richtlinienkollisionsrecht und Rom I-VO, FS Kropholler, 2008, 499; Lund, Rechtswahl nach der ROM I-VO in Verbraucherverträgen: Länderbericht Spanien, ITRB 2016, 110; Mankowski, Verbandsklagen, AGB-Recht und Rechtswahlklauseln in Verbraucherverträgen, NJW 2016, 2705; Mankowski, Zur Analogie im Internationalen Schuldvertragsrecht, IPRax 1991, 305; Mankowski, Finanzverträge und das neue Internationale Verbrauchervertragsrecht des Art. 6 Rom I-VO, RIW 2009, 98; Mankowski, Die Darlegungs- und Beweislast für die Tatbestände des Internationalen Verbraucherprozess- und Verbrauchervertragsrechts, IPRax 2009, 474; Mankowski, Consumer Contracts under Article 6 of the Rome I Regulation, in Cashin-Ritaine/Bonomi, Le nouveau règlement européen „Rome I" relatif à la loi applicable aux obligations contractuelles, 2008, 121; Mankowski, Autoritatives zum „Ausrichten" unternehmerischer Tätigkeit unter Art. 15 Abs. 1 lit. c EuGVVO, IPRax 2012, 144; Maultzsch, Rechtswahl und ius cogens im Internationalen Schuldvertragsrecht, RabelsZ 75 (2011), 61; Micklitz/Reich, Das IPR der Verbraucherverbandsklage gegen missbräuchliche AGB, EWS 2015, 181; Pfeiffer, AGB-Kontrolle von Rechtswahlvereinbarungen und Fehlverständnisse beim Günstigkeitsvergleich, IPRax 2015, 320; Rott, Das IPR der Verbraucherverbandsklage, EuZW 2016, 733; Rühl, Grenzüberschreitender Verbraucherschutz. (Nichts)Neues aus Brüssel und Luxemburg?, FS Coester-Waltjen, 2015, 697; Rühl, Die Richtlinie über alternative Streitbeilegung und die Verordnung über Online-Streitbeilegung, RIW 2013, 737; Rühl, Die rechtsaktübergreifende Auslegung im europäischen Internationalen Privatrecht: Art. 6 der Rom I-VO und die Rechtsprechung des EuGH zu Art. 15 Brüssel I-VO, GPR 2013, 122; Solomon, Verbraucherverträge, in Ferrari/Leible, Ein neues internationales Vertragsrecht für Europa, 2007, 89; Stadler, Die Einheitlichkeit des Verbrauchervertragsbegriffs im Europäischen Zivil- und Zivilverfahrensrecht – Zu den Grenzen rechtsaktübergreifender Auslegung, IPRax 2015, 203; Steinrötter, Kollisionsrechtliche Bewertung der Datenschutzrichtlinien von IT-Dienstleistern, MMR 2013, 691; Steinrötter, Der notorische Problemfall der grenzüberschreitenden Prospekthaftung, RIW 2015, 407; Tamm, Höhere Gewalt im Pauschalreiserecht: Kostenfolgen und internationale Bezüge, VuR 2013, 363; Wiese, Der kollisionsrechtliche Rahmen für die grenzüberschreitende Verbraucherstreitbeilegung, FS Kronke, 2020, 633.

## Übersicht



## I. Normzweck, Herkunft und Systematik

**1. Normzweck und Stellung im System des Internationalen Vertragsrechts.** Art. 6 ist von dem Bestreben geleitet, mit kollisionsrechtlichen Mitteln dem **Verbraucherschutz** zu dienen. Abs. 1 knüpft Verbraucherverträge unter bestimmten Bedingungen in Abweichung vom Grundsatz des Art. 4 Abs. 1 und 2 objektiv an den gewöhnlichen Aufenthaltsort des Verbrauchers an, der zwar wenigstens typischerweise mit dem Marktort zusammenfallen dürfte (MüKoBGB/Martiny Rn. 6); im Vordergrund steht aber das Rechtsanwendungsinteresse der Person des Verbrauchers. Abs. 2 versucht dieses Ziel zudem durch eine Beschränkung der Rechtswahlmöglichkeit des Art. 3 sicherzustellen. 1

Die **Parallelen zu entsprechenden Einschränkungen der Privatautonomie** auf der Ebene des Sachrechts sind deutlich. Es würde zu einem wertungsmäßigen Bruch führen, die sachrechtliche Vertragsfreiheit zu Gunsten der marktschwächeren Partei einzuschränken, es aber zu gestatten, diese Einschränkungen insgesamt „abzuwählen" (vgl. bereits Giuliano/Lagarde BT-Drs. 10/503, 33, 55; Mäsch, Rechtswahlfreiheit und Verbraucherschutz: Eine Untersuchung zu den Art. 29 I, 27 III und 34 EGBGB, 1993, 22 ff.; Sachse, Der Verbrauchervertrag im Internationalen Privat- und Prozessrecht, 2006, 36 ff.; NK-BGB/Leible Rn. 2, 3). 2

Kritik forderte deshalb der **zwischenzeitlich erwogene** prinzipielle Ausschluss der Parteiautonomie in Art. 5 Rom I-VO-**Entwurf** zum Schutz des Schwächeren (Verbrauchers) heraus. Denn dies hätte unnötig zu einer Loslösung von sachrechtlichen Grundsätzen geführt; auch im sachlichen Verbraucherrecht gibt es (wenngleich eingeschränkt) Privatautonomie (zum Zusammenhang zwischen Privat- und Parteiautonomie → Art. 3 Rn. 3, 6; rechtspolitisch wegen der Vereinfachung mit dem Ausschluss der Rechtswahl bei Verbraucherverträgen sympathisierend aber Mankowski ZVglRWiss 105 (2006), 120 (150 ff.); Leible IPRax 2006, 365 (370)). Ähnliches gilt in Bezug auf die Brüssel Ia-VO; auch dort ist in Bezug auf Verbrauchersachen immerhin noch – in Parallelität zum Sachrecht – eine eingeschränkte Möglichkeit von Gerichtsstandsvereinbarungen eröffnet (Art. 19 Brüssel Ia-VO). Wenig überzeugend wäre zudem die Abweichung zur Anknüpfung von Arbeitsverträgen in Art. 6 gewesen (dazu Junker RIW 2006, 401; Knöfel RdA 2006, 269; Mauer RIW 2007, 92); es wäre schwer zu begründen gewesen, nur dort die Parteiautonomie im Ausgangspunkt zu erhalten. 3

Art. 6 steht im **Zusammenhang mit einer Reihe weiterer kollisionsrechtlicher Spezialregelungen** zum Schutze der marktschwächeren Partei, neben Art. 8 vor allem Art. 46b EGBGB. Zum Verhältnis → EGBGB Art. 46b Rn. 6. Im Einzelfall können auch Art. 9 über die dort zugelassene **Sonderanknüpfung von Eingriffsnormen** sowie **Art. 3 Abs. 3 und Abs. 4** (Durchsetzung von nationalem und europäischem ius cogens bei fehlendem Auslandsbezug) hinzutreten. Ob **Art. 9 Abs. 2 neben Art. 6 überhaupt anwendbar** ist oder von Art. 6 in dessen Anwendungsbereich als lex specialis vollständig verdrängt wird, ist allerdings umstritten (für eine Sperrwirkung des Art. 6 bei davon erfassten Verbraucherverträgen gegenüber einem Rückgriff auf Art. 9 Grüneberg/Thorn Rn. 2; tendenziell auch MüKoBGB/Martiny Rn. 68, 69). Eine Sonderanknüpfung über Art. 9 Abs. 2 könnte dann relevant werden, wenn zB über Art. 6 deutsches 4

Recht nicht anwendbar ist, eine international zwingende Vorschrift des deutschen Rechts aber im Wege der Sonderanknüpfung über Art. 9 durchgesetzt werden würde. Darauf wird es wegen des im Vergleich zu Art. 29 EGBGB aF erweiterten Anwendungsbereichs von Art. 6 zwar nur selten ankommen. Sollte sich aber eine entsprechende Konstellation ergeben, kann – ebenso wie dies seit jeher und auch nach geltendem Recht zum internationalen Arbeitsvertragsrecht (Art. 8) (schon zu Art. 30 EGBGB aF im Ausgangspunkt auch BAGE 80, 84 (92); 63, 17 (31 f.); 71, 297 (316 ff.); BAG NZA 2003, 1424) sowie zum internationalen Versicherungsvertragsrecht (Art. 7) (zu Art. 7 MüKoBGB/Martiny Art. 7 Rn. 57 f.) überwiegend anerkannt ist – auch über Art. 9 von dieser Norm erfasstes Eingriffsrecht sonderangeknüpft werden. Es ließe sich systematisch schwer begründen, warum dies – richtigerweise – im Kontext von Art. 7 und insbes. von Art. 8 möglich sein soll, nicht aber bei Verbraucherverträgen iSd Art. 6 (übereinstimmend Staudinger/Magnus, 2021, Rn. 34).

5 Auch das **Verhältnis des Art. 6 zu Art. 3 Abs. 3** ist zweifelhaft. Liegen die Voraussetzungen von Art. 3 Abs. 3 vor, so kann durch eine Rechtswahl einfaches zwingendes Recht nicht abgewählt werden, wenn der Sachverhalt nur mit dem Staat verbunden ist, dessen Recht „abgewählt" werden soll. Liegen daneben auch die Voraussetzungen des Art. 6 vor, und sind die von Art. 6 berufenen zwingenden Vorschriften nicht mit den von Art. 3 Abs. 3 berufenen identisch, dann gilt nach dem Schutzzweck von Art. 6 das Günstigkeitsprinzip (Staudinger/Magnus, 2021, Rn. 25; so zum EGBGB aF bereits E. Lorenz FS G. Kegel, 1987, 303 (337); E. Lorenz RIW 1987, 369 (377)). Daran darf auch nichts ändern, wenn man – rechtspolitisch mit guten Gründen – der Meinung ist, dass das in Art. 6 enthaltene Günstigkeitsprinzip den erforderlichen Verbraucherschutz ohnehin im Übermaß durchsetzt (anders daher NK-BGB/Leible Rn. 11). § 3 Abs. 3 Nr. 2 TMG nimmt die Vorschriften für vertragliche Schuldverhältnisse in Bezug auf Verbraucherverträge vom sog. Herkunftslandprinzip ausdrücklich aus.

6 **2. Herkunft.** Der Vorgänger von Art. 6 ist Art. 29 EGBGB aF. Diese Norm beruhte auf dem **EVÜ.** Art. 29 Abs. 1 und 2 EGBGB aF entsprach Art. 5 Abs. 1–3 EVÜ, Art. 29 Abs. 4 entsprach Art. 5 Abs. 4 und 5 EVÜ, und Art. 29 Abs. 3 entsprach Art. 9 Abs. 5 EVÜ. Eine vergleichbare Regelung gab es vor Inkrafttreten des IPRG 1986 nicht. Abgesehen von Art. 46b EGBGB (zuvor Art. 29a EGBGB aF) konnten früher allein der Vorbehalt des ordre public sowie – theoretisch – das Institut der Gesetzesumgehung helfen, um zwingendes Verbraucherschutzrecht durchzusetzen, das sonst nicht anwendbar war.

7 **3. Inneres System der Norm. Abs. 2** bezieht sich auf den an sich der objektiven Anknüpfung vorrangigen Fall der **Rechtswahl** (Art. 3), die **nicht pauschal** für **unzulässig** erklärt wird (anders als Art. 5 Rom I-VO-Entwurf, → Rn. 3). Unter den dort näher aufgeführten Voraussetzungen ist (einfaches) zwingendes Sachrecht durch eine Rechtswahl nicht entziehbar. Abs. 1 injiziert also in das gewählte Recht bestimmte zwingende Bestimmungen des Rechts des Staates, in dem der Verbraucher seinen gewöhnlichen Aufenthalt hat. **Abs. 1** normiert demgegenüber von **Art. 4** abweichend und diesen in toto **verdrängend** das objektive Vertragsstatut im Falle von Verbraucherverträgen. Was Verbraucherverträge sind, ist für beide Anknüpfungen ebenso einheitlich geregelt (in Abs. 1 und Abs. 4) wie die Umstände, unter denen der Vertrag zustande gekommen sein muss (Abs. 1). Eine **Sonderregelung für die Form** solcher Verträge enthält Art. 6 im Gegensatz zu Art. 29 Abs. 3 EGBGB aF zwar nicht mehr selbst. Wie bisher in Art. 9 Abs. 5 EVÜ findet sich eine Sondervorschrift zu Fragen der Form indes in Art. 11 Abs. 3, wonach (S. 2) für die Form von Verbraucherverträgen das am gewöhnlichen Aufenthaltsort des Verbrauchers geltende Recht anzuwenden ist.

## II. Verbraucherverträge (Abs. 1 und 4)

8 Die für die Ausfüllung des (vom Gesetz so gar nicht verwendeten) Begriffs des Verbrauchervertrages erforderlichen Merkmale sind autonom auszulegen (dazu Reinhart FS Trinkner, 1995, 657; Junker IPRax 1998, 65 (68); Faber ZEuP 1998, 854; Sachse, Der Verbrauchervertrag im Internationalen Privat- und Prozessrecht, 2006, 59 ff.); der **Begriff „Verbrauchervertrag"** erscheint nur in der Überschrift von Art. 6. Der Vertrag muss von einer natürlichen Person abgeschlossen werden und dieser zu einem Zweck dienen, der nicht zur beruflichen oder gewerblichen Tätigkeit des Berechtigten gehört („zugerechnet werden kann"), der also der **„eigenen" Bedürfnisbefriedigung** (so zu Art. 29 EGBGB aF BGH NJW 1996, 930 (932)) dient. Bei dem Vertragspartner muss es sich um einen Unternehmer handeln, der den Vertrag genau umgekehrt gerade in Ausübung seiner beruflichen oder gewerblichen Tätigkeit abschließt. Bei dem Unternehmer kann es sich – anders als beim Verbraucher – durchaus auch um eine juristische Person

handeln; notwendig ist das aber nicht. Abs. 1 nennt – anders als noch Art. 29 EGBGB aF nicht bestimmte Geschäftstypen, die als Verbraucherverträge in Betracht kommen. Für die Begriffe des Verbrauchers bzw. des Unternehmers gelten nicht ohne weiteres die intern-rechtlich gesetzten deutschen Definitionen in §§ 13, 14 BGB.

**1. Sachlich-gegenständlicher Schutzbereich: Erfasste Verträge (Abs. 1).** Anders als in Art. 5 EVÜ (= Art. 29 EGBGB aF) werden von Art. 6 **prinzipiell alle für Verbraucher denkbaren Vertragstypen** erfasst. Es gibt also keinen Katalog von Vertragstypen. Lediglich **negativ** werden in **Abs. 4** bestimmte Vertragstypen bzw. Fallgruppen vom Anwendungsbereich der Norm ausgenommen. Erfasst sind damit insbes. Verträge über die Lieferung beweglicher Sachen durch Kauf, wobei das UN-Kaufrecht nach Art. 2a CISG regelmäßig nicht vorrangig anwendbar ist. Erfasst sind nicht nur Finanzierungsverträge, sondern ebenso der einfache Verbraucherkredit (MüKoBGB/Martiny Rn. 20). Das deckt sich nun mit dem Anwendungsbereich des Art. 17 Brüssel Ia-VO (anders – zu Art. 29 EGBGB aF zu Recht, nun aber überholt – BGHZ 165, 248 = NJW 2006, 762 f.; für eine Analogie zu Art. 29 EGBGB aF und § 12 AGBG aF v. Hoffmann IPRax 1989, 261 (271); mit Grund abgelehnt von BGHZ 165, 248 = NJW 2006, 762 (763)). In Parallelität zu Schiedsvereinbarungen sollten auch Vereinbarungen über die grenzüberschreitende **Verbraucherstreitbeilegung** iErg nach dem gem. Art. 6 maßgebenden Recht unterworfen sein (näher und mwN Wiese FS Kronke, 2020, 633 (637 ff.)). Auch Yacht-Charterverträge (LG München I BeckRS 2021, 35798 Rn. 48), Online-Casinospiele (LG Köln BeckRS 2021, 32804 Rn. 37) oder Anbieter sozialer Netzwerke mit Nutzungsbedingungen (BGH NJW 2021, 3179 Rn. 26) sind erfasst. 9

Zweifelhaft ist, ob **Gewinnzusagen** (vgl. § 661a BGB) von Art. 6 erfasst werden. Zu Art. 29 EGBGB aF hat der BGH dies unter Hinweis auf die Einseitigkeit solcher Zusagen abgelehnt (BGHZ 165, 172 = NJW 2006, 230; insoweit zust. S. Lorenz NJW 2006, 472). Der EuGH hat im Kontext des Europäischen Zivilprozessrechts des früheren EuGVÜ (heute Brüssel Ia-VO) die fehlende vertragliche Vereinbarung mit dem engen Zusammenhang zu einem Warenkauf überspielt (EuGH NJW 2002, 2697; 2005, 811; dazu Leible NJW 2005, 796; ebenso iErg insoweit BGH NJW 2003, 426; dazu Leible NJW 2003, 407); die Gewinnzusage erscheint dann gewissermaßen als Nebenabrede. Bei isolierten Gewinnzusagen lässt sich das nicht ohne weiteres halten (anders aber OLG Nürnberg NJW 2002, 3637; wie hier BGHZ 165, 172; jurisPK-BGB/Limbach Rn. 11), es sei denn, der Unternehmer unterbreitet ein annahmefähiges Angebot mit Rechtsbindungswillen, mag es auch an einer Gegenleistung durch den Verbraucher fehlen (die zur Annahme eines (Verbraucher-) Vertrages nicht wesentlich ist) (Rühl GPR 2013, 122 (126 f.)). 10

Nicht erfasst werden nach dem Wortlaut der Norm aber **Beförderungsverträge iSd Art. 5** und **Versicherungsverträge iSd Art. 7.** Nach Erwägungsgrund 32 sollen diese beiden speziellen Kollisionsnormen aufgrund der Besonderheit von Beförderungsverträgen und Versicherungsverträgen ein angemessenes Schutzniveau für zu befördernde Personen und Versicherungsnehmer gewährleisten. Deshalb soll Art. 6 nicht im Zusammenhang mit diesen besonderen Verträgen gelten. Für Beförderungsverträge entspricht das iErg Art. 29 Abs. 4 S. 1 Nr. 1 EGBGB aF. (BeckOGK/Rühl Rn. 34). Beförderungsverträge idS sind sowohl Güter- als auch Personenbeförderungsverträge (übersehen von LG Korneuburg BeckRS 2021, 20793 Rn. 12; zu Art. 29 EGBGB aF gleichfalls übersehen von AG Frankfurt a. M. NJW-RR 2003, 641 = IPRspr. 2002 Nr. 53). Ebenso werden Umzüge von Art. 5 erfasst (Mankowski IPRax 1995, 230 (233)). Franchiseverträge sind gleichfalls keine Verbraucherverträge. Der Franchisenehmer schließt den Vertrag nicht zu einem Zweck ab, der nicht seiner beruflichen oder gewerblichen Tätigkeit zugerechnet werden könnte. Das gilt auch für Franchisenehmer, die den Vertrag zur Existenzgründung abschließen LG Frankfurt ZVertriebsR 2022, 59 (62) Rn. 24). **Individualarbeitsverträge iSd Art. 8** fallen schon deshalb in aller Regel aus dem Anwendungsbereich des Art. 6 heraus, weil die damit verbundene Tätigkeit typischerweise der beruflichen Tätigkeit der sonst als Verbraucher in Betracht kommenden Person zugerechnet werden kann. Zudem ist Art. 8 für abhängige Beschäftigungen lex specialis (s. aber die Vorlage zum EuGH des BAG BeckRS 2020, 29723 zu der Frage, ob der Begriff der „beruflichen Tätigkeit" die abhängige Tätigkeit in einem Arbeitsverhältnis erfasst und ob ggf. eine Patronatsvereinbarung zur Sicherung von Ansprüchen aus der abhängigen Beschäftigung der beruflichen Tätigkeit zuzurechnen ist). 11

**2. Ausnahmen (Abs. 4).** Abs. 4 nimmt in fünf Fallgruppen bestimmte Verbraucherverträge aus dem Anwendungsbereich des Art. 29 heraus. Stattdessen gelten dann Art. 3 und 4 (sowie ggf. Art. 46b EGBGB). 12

**Lit. a** nimmt zunächst **Verträge über Dienstleistungen** vom Anwendungsbereich von Art. 6 aus, wenn die Dienstleistungen ausschließlich in einem vom Ort des gewöhnlichen Aufenthalts 13 des Verbrauchers abweichenden Staat erbracht werden müssen. Das entspricht dem Ausnahmetatbestand des Art. 29 Abs. 4 Nr. 2 EGBGB aF. Der Begriff der Dienstleistung ist ebenso wie die weiteren in Art. 6 bzw. Art. 4 Abs. 1 lit. b verwendeten Begriffe autonom auszulegen (zu Art. 29 EGBGB bereits BGHZ 123, 380 (385) = NJW 1994, 262 (263)). Dabei ist die Parallele zur Brüssel Ia-VO gewollt (Giuliano/Lagarde BT-Drs. 10/503, 33, 55) und zu beachten. Der Begriff ist in einem weiten Sinne zu verstehen (BGHZ 123, 380 (385); BGH NJW 1997, 1697 (1698)). Erfasst sind (auch unentgeltliche) (Staudinger/Magnus, 2021, Rn. 69) Dienst- und Werkverträge (vgl. BGHZ 123, 380 (385) = NJW 1994, 262 (263)), wie Anwaltsverträge (BGH NJW 2003, 3486 = IPRax 2005, 150; dazu Spickhoff IPRax 2005, 225; Staudinger IPRax 2005, 129; OLG Frankfurt NJW-RR 2000, 1367; v. Bar IPR II Rn. 432), Geschäftsbesorgungsverträge (W. Lorenz IPRax 1994, 429 (430)), der treuhänderische Erwerb von Kommanditanteilen (BGHZ 123, 380 (386)), die Tätigkeit im Zusammenhang mit der Teilnahme an Devisen-, Wertpapier- und Warentermingeschäften an ausländischen Börsen (OLG Düsseldorf RIW 1994, 420 mAnm Mankowski; RIW 1995, 769 (770) = IPRax 1997, 117 (118); RIW 1996, 681 (683); krit. Aden RIW 1997, 723), Gastwirtsleistungen (Soergel/v. Hoffmann EGBGB Art. 29 Rn. 9), Arzt- und Krankenhausverträge (Wendelstein, Kollisionsrechtliche Probleme der Telemedizin, 2012, 206 ff.; Wagner, Einflüsse der Dienstleistungsfreiheit auf das nationale und internationale Arzthaftungsrecht, 2008, 112 ff. noch zu Art. 29 EGBGB aF) sowie alle weiteren Heilbehandlungsverträge (zB mit Hebammen, Heilpraktikern) und Verträge mit Kosmetik- und Schönheitsstudios, Wellnessbehandlungen, ferner Verträge zur Vermögensanlage und Vermögensverwaltung (BGHZ 123, 380 (385 f.) = NJW 1994, 262 (263); s. auch jurisPK-BGB/Limbach Rn. 26). Nicht erfasst sind indes Finanzierungsgeschäfte (Grüneberg/Thorn Rn. 4). Versicherungsverträge sind nach Abs. 1 ohnehin allein über Art. 7 anzuknüpfen. Das Time-Sharing führt im allgemeinen nicht zu einer Dienstleistung als Hauptpflicht, sodass lit. a nicht, ggf. aber lit. c einschlägig ist (s. bereits zu Art. 29 EGBGB aF BGHZ 135, 131 = NJW 1997, 1697 (1698) (dazu Michaels/Kamann JZ 1997, 601); OLG Celle RIW 1996, 963 (964); aA LG Düsseldorf VuR 1994, 262 (264) mAnm Tonner = RIW 1995, 415 m. Aufs. Mankowski RIW 1995, 364 und Beise RIW 1995, 632; Mäsch EuZW 1995, 9 (13); Mäsch DNotZ 1997, 180 (206); Jayme IPRax 1995, 234 (235 f.)). Erfasst sind weiter Beherbergungsverträge mit ausländischen Hotels (AG Bernkastell-Kues IPRspr. 1993 Nr. 74 = IPRax 1994, 141 (Jayme)), als „Paket" in einem Vertrag gebündelte Leistungen zum Besuch eines Sportereignisses (KG BeckRS 2017, 123592: Fußball-WM) sowie Unterrichtsverträge (Auslandssprachkurse, Ski- oder Segelkurse, die im Ausland absolviert werden) (Giuliano/Lagarde BT-Drs. 10/503, 36, 57), ferner Bank- oder Broker-Dienstleistungen, die vollständig am ausländischen Sitz der Bank zu erbringen sind (OLG München IPRspr. 2002 Nr. 36). Unter die Norm fallen ferner Zahlungsdienstleistungen im Kontext von Online-Glücksspielen, wenn sich die Erbringer physisch in diesem Staat aufhalten und dort aktiv am Wirtschaftsleben teilnehmen, etwa Waren vor Ort verkaufen oder Dienstleistungen vor Ort erbringen, die Leistungen inländischen Kunden in Ortssprache anbieten (LG Wuppertal MMR 2021, 440). Lit. a gilt aber nicht, wenn ein ausländischer Terminbroker auch im Inland bzw. in anderen Staaten tätig wird und dies nach dem maßgeblichen Vertragsinhalt auch darf oder geradezu soll (BGH RIW 2005, 463 (464 f.); OLG Düsseldorf RIW 1994, 420 (421)), oder wenn als Erfüllungsort der Staat des gewöhnlichen Aufenthalts des Verbrauchers gewählt ist und dort die Leistungen auch tatsächlich erbracht werden (BGH NJW 2003, 3486 = IPRax 2005, 150; dazu Spickhoff IPRax 2005, 225; Staudinger IPRax 2005, 129). Unter den Ausnahmetatbestand von lit. a fallen Verträge mit **ausländischen gewerblichen Ferienhaus-Anbietern,** die ihre Leistungen ausschließlich im Ausland erbringen (s. bereits Kartzke NJW 1994, 823 (825); Mankowski RIW 1995, 364 (367)). Ist der Reiseveranstalter indes ein inländischer, gilt lit. a nicht, da die Leistungen nicht ausschließlich im Ausland erbracht worden sind (s. zu Art. 29 EGBGB aF BGHZ 109, 29 (36); Lindacher BB 1990, 661); ggf. ist also Art. 6 einschlägig (vgl. BGHZ 119, 152 (158) = NJW 1992, 3158 (3159)). Ein **Treuhandvertrag,** aufgrund dessen die dem Verbraucher geschuldeten Dienstleistungen in dem Staat, in dem er seinen gewöhnlichen Aufenthalt hat, vom Gebiet eines anderen Staates aus, dh aus der Ferne, zu erbringen sind, fällt indes nicht unter den in diesen Bestimmungen vorgesehenen Ausschluss (EuGH NZG 2020, 140). Indes ist eine in einem zwischen einem Unternehmer und einem Verbraucher abgeschlossenen Treuhandvertrag über die Verwaltung einer Kommanditbeteiligung enthaltene Klausel, die nicht iE ausgehandelt wurde und nach der das Recht des Sitzmitgliedstaates der Kommanditgesellschaft anwendbar ist, missbräuchlich, wenn sie den Verbraucher in die Irre führt, indem sie ihm den Eindruck vermittelt, auf den Vertrag sei nur das Recht dieses Mitgliedstaats anzuwenden, ohne ihn darüber zu unterrichten, dass er nach Art. 5 auch den Schutz der zwingenden Bestimmungen des nationalen Rechts genießt, das ohne diese Klausel anzuwenden wäre.

Für die **ausschließlich im Ausland zu erbringende Dienstleistung** kommt es nicht auf den faktischen Ort der Erbringung an, sondern nach dem eindeutigen Wortlaut auf den Ort, an dem die Leistung dem Verbraucher „geschuldet" ist. Allerdings sind nachträglich vereinbarte Änderungen des Erfüllungsorts denkbar. Dabei ist der Erfüllungsort nach dem hypothetisch gem. Art. 6 anwendbaren Recht zu bestimmen. Das liegt jedenfalls auf der parallelen Linie des Art. 3 Abs. 5, Art. 10 Abs. 1. Aus Gründen des Verbraucherschutzes wird die Leistung auch dann nicht ausschließlich im Ausland erbracht und hat das Aufenthaltsland des Verbrauchers berührt, wenn sie ausschließlich über das **Internet** oder **Telemedien** (Telefon, SMS) – etwa durch Beratung – erfolgt. Das gilt insbes. dann, wenn der Patient sie von seinem Aufenthaltsland aus dem Netz (oder dem Telefon, an der Webcam) abruft (Bairlein, Internationales Vertragsrecht für freie Berufe, 2009, 133). Das gilt auch, wenn ein Arzt den Verbraucher (= Patienten) nicht nur im Ausland, sondern an seinem gewöhnlichen Aufenthaltsort telefonisch oder über das Internet berät, namentlich im Rahmen der grenzüberschreitenden sog. **Fernbehandlung** (Staudinger/Magnus, 2021, Rn. 73); vgl. in Deutschland dazu die in Zeiten des Ärztemangels in Flächenländern überkommen weit erscheinenden Restriktionen wie das standesrechtliche Verbot in § 7 Abs. 4 MBO-Ärzte, das Werbeverbot in § 9 HWG und das Verbot der Abgabe von Arzneimitteln nach evidenter Fernbehandlung § 48 Abs. 1 S. 2 und 3 AMG. 14

Nach **lit. b** sind **Beförderungsverträge mit Ausnahme von Pauschalreiseverträgen** iSd Pauschalreise-RL 90/314/EWG (s. auch **Art. 46c EGBGB**) gleichfalls ausgenommen (ebenso wie in Art. 17 Abs. 3 Brüssel Ia-VO). Das entspricht in Bezug auf Pauschalreisen Art. 29 Abs. 4 S. 2 EGBGB aF. Vorausgesetzt für eine Pauschalreise ist, dass Beförderungs- und Unterbringungsleistungen in Kumulation Gegenstand der vertraglichen Verpflichtung sind. Allerdings müssen die besonderen Voraussetzungen der vorhergehenden Absätze vorliegen (LG Konstanz IPRax 1994, 448; dazu zust. Thorn IPRax 1994, 426). 15

Ausgenommen vom Anwendungsbereich des Art. 6 sind gem. **lit. c** ferner **Verträge über unbewegliche Sachen** unter Einbeziehung von **Miete und Pacht.** Eine Gegenausnahme davon wird wiederum für das **Time-Sharing** iSd entsprechenden RL gemacht; derartige Verträge über Teilzeitnutzungsrechte an Immobilien iSd RL 94/47/EG vom 26.10.1994 zum Schutz der Erwerber im Hinblick auf bestimmte Aspekte von Verträgen über den Erwerb von Teilzeitnutzungsrechten an Immobilien werden also von Art. 6 (Erwägungsgrund 27) und obendrein von Art. 46b Abs. 4 Nr. 2 EGBGB erfasst. Nicht erfasst von lit. c werden ferner Kaufverträge „**grüner Anlagen**" (die einen Pachtvertrag und einen Vertrag über die Erbringung von Dienstleistungen beinhalten und sich auf Bäume beziehen, die auf ein Grundstück gepflanzt werden, das ausschließlich mit dem Ziel gepachtet wird, diese Bäume zum Zweck der Gewinnerzielung zu ernten) (EuGH EuZW 2022, 267). 16

Der ohnedies voluminös formulierte Ausschlusstatbestand der **lit. d** wird durch gleich drei Erwägungsgründe angereichert. Nach Erwägungsgrund 28 soll sichergestellt werden, dass Rechte und Verpflichtungen, die ein Finanzinstrument begründen, nicht Art. 6 unterliegen. Dies könnte – so die Befürchtung – dazu führen, dass für jedes der ausgegebenen Instrumente ein anderes Recht anzuwenden wäre. Dadurch würde ihr Wesen verändert und ihre Fungibilität bezogen auf Handel und Angebote würden be- oder gar verhindert. Entspr. soll auf das Vertragsverhältnis zwischen dem Emittenten bzw. dem Anbieter und dem Verbraucher bei Ausgabe oder Angebot solcher Instrumente nicht notwendigerweise die Anwendung des Rechts des Staates des gewöhnlichen Aufenthalts des Verbrauchers zwingend vorgeschrieben sein. Vielmehr soll die **Einheitlichkeit der Bedingungen einer Ausgabe oder eines Angebots sichergestellt** sein. Das soll auch bei den multilateralen Systemen, die von Art. 4 Abs. 1 lit. h erfasst werden, gelten. Insoweit soll gewährleistet sein, dass das Recht des Staates des gewöhnlichen Aufenthalts des Verbrauchers nicht die Regeln berührt, die auf innerhalb solcher Systeme oder mit dem Betreiber solcher Systeme geschlossene Verträge anzuwenden sind. Erwägungsgrund 29 bezieht sich auf öffentliche Angebote oder Übernahmeangebote. Werden Rechte und Pflichten, durch welche die Bedingungen für die Ausgabe bezüglich übertragbarer Wertpapiere festgelegt werden, oder werden Rechte und Pflichten für die Zeichnung oder den Rückkauf von Anteilen an Organismen für gemeinsame Anlagen in Wertpapieren genannt, so sollen darunter auch die Bedingungen für die Zuteilung von Wertpapieren oder Anteilen, für die Rechte im Falle einer Überzeichnung, für Ziehungsrechte und Ähnliches im Zusammenhang mit dem Angebot sowie die in den Art. 10, 11, 12 und 13 geregelten Konstellationen fallen. Die Rechte und Pflichten idS beziehen sich in erster Linie auf die Ausgabe, öffentliche Angebote, die Zeichnung und den Rückkauf von Publikumsfondsanteilen (Clausnitzer/Woopen BB 2008, 1802; Mankowski RIW 2009, 98 (102)). Auf diese Weise soll sichergestellt sein, dass alle relevanten Vertragsaspekte eines Angebots, durch das sich der Emittent bzw. Anbieter gegenüber dem Verbraucher verpflichtet, einem einheitlichen Recht unterliegen. Nach Erwä- 17 gungsgrund 30 decken sich die Begriffe „Finanzinstrumente“ und „übertragbare Wertpapiere“ mit denjenigen der in Art. 4 RL 2004/39/EG genannten.

18 Die **Erbringung von Finanzdienstleistungen** wird nach der **Gegenausnahme** von lit. d indes wieder von Art. 6 erfasst. Gemeint sind etwa die Anlageberatung, die Portfolioverwaltung, die Depotverwahrung oder der Verkauf von Fondsanteilen (Martiny in Reithmann/Martiny Int-VertragsR Rn. 6.2308 mwN). Die Gegenausnahme erfasst nach ihrer systematischen Stellung alle Fälle, die lit. d zunächst einmal vom Anwendungsbereich des Art. 6 ausnimmt (enger – die Gegenausnahme beziehe sich nur auf Var. 1 von lit. d – unter Hinweis auf die Entstehungsgeschichte Mankowski RIW 2009, 98 (104 f.)).

19 **Lit. e** nimmt Bezug auf die Anknüpfung entsprechender Verträge in **Art. 4 Abs. 1 lit. h.** In der Tat hätte eine Sonderanknüpfung über Art. 6 daneben wohl wenig Sinn gemacht. Demgemäß soll nach Erwägungsgrund 31 die Abwicklung einer förmlichen Vereinbarung, die als ein System iSv Art. 2 lit. a RL 98/26/EG vom 19.5.1998 über die Wirksamkeit von Abrechnungen in Zahlungs- sowie Wertpapierliefer- und -abrechnungssystemen ausgestaltet ist, von der Rom I-VO unberührt bleiben.

20 **3. Persönlicher Schutzbereich: Vertrag zwischen Verbraucher und Unternehmer.** Der Begriff „Verbrauchervertrag“ ist Art. 17 EuGVÜ entlehnt und autonom auszulegen (Giuliano/Lagarde BT-Drs. 10/503, 33, 55). Der **Vertragszweck** darf **nicht der beruflichen oder gewerblichen Tätigkeit des Berechtigten zuzurechnen sein.** Als gewerblich ist im Rahmen der gebotenen autonomen Auslegung jede selbständige geschäftliche Tätigkeit anzusehen; ein Gewerbe iSd Gewerbeordnung braucht nicht vorzuliegen. Berufliche Tätigkeit ist jedenfalls auch die Ausübung von freien Berufen, wie diejenige von Rechtsanwälten und Ärzten (OLG Düsseldorf RIW 1995, 769 betr. Börsentermingeschäfte eines Arztes; E. Lorenz RIW 1987, 569 (576)). Der Zweck des Geschäfts ist aus der Sicht des Leistenden zurzeit des Vertragsabschlusses (PWW/Remien Rn. 5) zu bestimmen, was jedoch dadurch relativiert wird, dass es auf die objektive Erkennbarkeit ankommt (BT-Drs. 10/503, 26; vgl. auch Giuliano/Lagarde BT-Drs. 10/503, 33, 55). Jedenfalls genügt nicht die unerkennbare subjektive Absicht einer Partei. Bei **gemischter Nutzung** – wie uU im Falle des Kaufs eines Pkw – kommt es darauf an, ob die Nutzung im Wesentlichen außerhalb des Rahmens der beruflichen oder gewerblichen Tätigkeit liegen soll (so zum EVÜ bereits Giuliano/Lagarde BT-Drs. 10/503, 33, 55; vgl. auch Lüderitz FS Riesenfeld, 1983, 147 (156)). Der EuGH hat das zum – insoweit an sich parallel auszulegenden – Art. 17 Brüssel Ia-VO einengend dahingehend präzisiert, dass (nur) ein nicht ganz untergeordneter gewerblicher Anteil im Falle von „gemischten“ Verträgen der Anwendbarkeit von Art. 6 entgegensteht (EuGH NJW 2005, 653 (654) = IPRax 2005, 537; ebenso BGH IPRax 2017, 617; eingehend zum Diskussionsstand und für eine Schwerpunktbetrachtung Mankowski IPRax 2005, 503 ff.). Ist eine natürliche Person mit einer Gesellschaft beruflich oder gewerblich bzw. unternehmerisch eng verbunden (zB als Geschäftsführer oder Mehrheitsbeteiligte) und schließt wirtschaftlich zu deren Gunsten einen Vertrag (zB Übernahme einer Wechselbürgschaft), liegt kein Verbrauchergeschäft vor (EuGH RIW 2013, 292). Die Verbrauchereigenschaft eines nicht am Prozess beteiligten Mitverpflichteten kann einem Unternehmen nicht zugerechnet werden (so zu Art. 17 ff. Brüssel Ia-VO BGH IPRax 2017, 617; Köhler IPRax 2017, 570 (574)). Um dem Schutzzweck des Art. 6 in besonderem Maße Rechnung zu tragen, sollte demgegenüber jedenfalls kollisionsrechtlich ein Verbrauchervertrag im Falle überwiegend privater Nutzungszweckrichtung angenommen werden (Staudinger/Magnus, 2021, Rn. 47; NK-BGB/Leible Rn. 24; jurisPK-BGB/Limbach Rn. 18: Wahlrecht; aA Bairlein, Das IPR der freien Berufe, 2009, 129 f.; HK-BGB/Staudinger Rn. 5). Das hat der EuGH (EuGH EuZW 2015, 767; dazu Schürnbrand GPR 2016, 19) auch im Falle eines Rechtsanwaltes angenommen, der einen Kredit für private Zwecke aufnahm. Auf dieser Linie liegt es, einen unternehmerischen Charakter seitens des potentiellen Verbrauchers, der zum Ausschluss der Schutzmechanismen des Art. 6 führt, von der Unternehmerseite darlegen und beweisen zu lassen (vgl. Mankowski IPRax 2009, 474 (478 f.)). Der Verbraucherbegriff des § 13 BGB gilt zwar ebenso wenig notwendig wie der Unternehmerbegriff des § 14 BGB. Wohl aber ist der persönliche Anwendungsbereich im Hinblick auf die Verbraucherseite nach dem eindeutigen Wortlaut des Art. 6 auf natürliche Personen beschränkt (ebenso schon für die Klauselrichtlinie EuGH NJW 2002, 205; im Anschluss daran auch für Art. 5 EVÜ/Art. 29 EGBGB aF die hL, statt aller jurisPK-BGB/Limbach Rn. 17; Looschelders EGBGB Art. 29 Rn. 18). Auch wenn rein ideellen Zielen verpflichtete Einrichtungen wie etwa Tierheime oÄ (ausnahmsweise) nicht berufliche oder gewerbliche Zwecke ieS verfolgen mögen, kommt Art. 6 bei Verträgen von Unternehmern mit solchen Einrichtungen mithin nicht in Betracht, es sei denn, bei deren Trägern handelt es sich ausnahmsweise um natürliche Personen (s. zur früheren Rechtslage Lüderitz IPR

Rn. 274). Die Träger von Alten- oder Pflegeheimen sowie Krankenhäusern sind aber gewiss im Allgemeinen als Unternehmer anzusehen. Jedenfalls liegt nicht die für Art. 6 und das Verbraucherschutzrecht im Ganzen typische Ungleichgewichtslage vor, wenn auch der Verpflichtete mit dem Vertragsabschluss rein private Zwecke verfolgt (Pkw-Kauf von privat zu privat) (Looschelders EGBGB Art. 29 Rn. 21; Soergel/v. Hoffmann Art EGBGB Rn. 14; E. Lorenz RIW 1987, 569 (576); W. Lorenz IPRax 1994, 429). Hingegen sollte Art. 6 durchaus (und in Übereinstimmung mit seinem Wortlaut) auch dann greifen, wenn der Verbraucher die vertragscharakteristische Leistung (Warenlieferung, etwa Verkauf an Antiquitätenhändler, Altwarenhändler, Verkauf des Pkw an Kfz-Händler usw. oder Dienstleistung) an einen Unternehmer erbringt. Denn „berechtigt" iSd Norm können alle Vertragsparteien sein (PWW/Remien Rn. 2; anders – obiter – offenbar KGR 2005, 470). Insgesamt kommt es auf (aus der Sicht des Unternehmers) **objektiv erkennbare Umstände,** nicht auf einen bloß behaupteten inneren Willen des Verbrauchers an (ebenso zum europäischen Verbrauchergerichtsstand EuGH NJW 2005, 653), es sei denn, der Unternehmer kennt den inneren Willen des Verbrauchers (Prinzip der falsa demonstratio non nocet). Die Geschäfte im Kontext der Verwaltung eigenen Privatvermögens lassen den Verwaltenden nicht zum Unternehmer werden, es sei denn, dazu ist schon – wie im Falle großer Vermögen – eine unternehmerische Organisation erforderlich (jurisPK-BGB/Limbach Rn. 15; vgl. auch EuGH EuZW 2015, 767).

**4. Modaler Schutzbereich: Art und Weise des Vertragsschlusses. a) Allgemeines.** 21
Art. 6 nennt ausdrücklich zwei verschiedene Modalitäten des Vertragsschlusses. Wie der Wortlaut von Abs. 1 ergibt (lit. a aE: „oder"), müssen diese **Modalitäten nicht kumulativ** vorliegen, sondern es genügt, dass eine der Ziffern erfüllt ist. Im Unterschied zu Art. 5 EVÜ (bzw. Art. 29 EGBGB aF) sind die beiden Fallgruppen aufgrund zahlreicher Zweifelsfragen und Lücken der bisherigen Kollisionsnorm für Verbraucherverträge wesentlich flexibler formuliert worden. Aus **Abs. 3** folgt nunmehr wohl unzweideutig, dass eine **analoge Anwendung von Abs. 1 lit. a und b,** die zu Art. 29 Abs. 1 Nr. 1–3 EGBGB aF vielfach vertreten (wenngleich von der hM ganz mehrheitlich zu Recht abgelehnt wurde (BGHZ 165, 248 = NJW 2006, 762 (763)) näher und mwN 2. Aufl. EGBGB Art. 29 Rn. 15) wurde, nicht angezeigt ist. Dazu besteht auch kaum noch ein rechtspolitisches Bedürfnis, da zudem der Anwendungsbereich der erfassten Vertragstypen wesentlich verbreitert worden ist (jurisPK-BGB/Limbach Rn. 68). Im Unterschied zur bisherigen Rechtslage fällt etwa nun auch der (isolierte) Kreditvertrag unter Art. 6 (zur alten Rechtslage BGHZ 165, 248 = NJW 2006, 762 (763) m. Aufs. Weller NJW 2006, 1247). Verfehlt war und ist nach der bisherigen Judikatur des EuGH sodann die Annahme einer unmittelbaren, horizontalen **Direktwirkung einer EG-RL** (übersehen von OLG Celle RIW 1991, 421 (423); LG Hildesheim IPRax 1993, 173 m. Aufs. Langenfeld IPRax 1993, 155; AG Bremerhafen NJW-RR 1990, 1083 (1084); LG Wiesbaden MDR 1991, 156 gegen EuGH NJW 1994, 2473 f.; 1986, 2178 (2180); Jayme IPRax 1990, 220; v. Bar/Ebke, Europäisches Gemeinschaftsrecht und IPR, 1991, 77, 98, 100). Auch die Heranziehung der **Grundsätze der Gesetzesumgehung** (hierfür Kohte EuZW 1990, 150 (151); v. Bar/Ebke, Europäisches Gemeinschaftsrecht und IPR, 1991, 77, 97; Coester-Waltjen FS W. Lorenz, 1991, 297 (315)) würden in der Sache zu nichts anderem führen als zu einer analogen Anwendung von Art. 6 und sind daher abzulehnen. Das gilt ebenso für die **Sonderanknüpfung von Eingriffsnormen gem. Art. 9** (zu Art. 34 EGBGB aF ebenso OLG Naumburg OLGR 1999, 172; Mankowski RIW 1998, 287 (289); Ebke IPRax 1998, 263 (268 f.)). **Im Einzelfall** (besondere Schutzbedürftigkeit des Käufers wie etwa im Falle von geschäftsunerfahrenen Rentnern, besonders hoher Kaufpreis und besonders starke Inlandsbeziehung), wenngleich nur noch sehr selten mag **Art. 21 (ordre public)** eingreifen (vgl. LG Bamberg NJW-RR 1990, 694; AG Lichtenfels IPRax 1990, 235 m. Aufs. Lüderitz IPRax 1990, 216; iErg abl. OLG Hamm NJW-RR 1989, 496 (497)). Außerdem kam es nach der Rspr. des EuGH in Betracht, Richtlinien auch **ohne explizite kollisionsrechtliche Vorgaben** schutzzweckorientiert bei starkem Binnenmarktbezug **sonderanzuknüpfen** (EuGH NJW 2001, 2007 zur Handelsvertreter-RL; für die Erstreckung solcher Grundsätze auch auf Verbraucherschutz-RL Staudinger NJW 2001, 1975 (1977)), was indes nach Inkrafttreten der Rom I-VO methodisch nicht mehr haltbar sein dürfte.

**b) Absatztätigkeit im Aufenthaltsstaat des Verbrauchers (lit. a).** In der ersten Variante 22
ist vorausgesetzt, dass der Unternehmer seine berufliche oder gewerbliche Tätigkeit in dem Staat ausübt, in welchem der Verbraucher seinen gewöhnlichen Aufenthalt hat. Unter der **„Ausübung"** ist jedes finale (auch) unternehmerische Tätigwerden zu verstehen. Ist das Tätigwerden zugleich beruflich/gewerblich als auch privat zu deuten, kommt es entspr. dem unter → Rn. 20 Ausgeführten auf die objektive Erkennbarkeit (unter dem Vorbehalt des vom Verbraucher positiv erkannten abweichenden Willens des Unternehmers) an. Im Falle undeutlicher, zweideutiger Tätigkeit ist nach dem Schutzzweck der Norm **im Zweifel ein unternehmerisches Tätigwerden** anzuneh-

men. Gegenteiliges hat der Unternehmer darzulegen und zu beweisen (vgl. Mankowski IPRax 2009, 474 (479)).

**23** Unter lit. a fallen generell der **Verkauf von Waren und Dienstleistungen,** etwa ein Vertrag über den Erwerb von Konzertkarten durch in Deutschland Lebende bei einem holländischen Tickethändler (dann ist deutsches Recht anwendbar, AG Dortmund NJW-RR 2018, 1208), nicht hingegen die bloße Produktion oder Lagerung (evtl für einen anderen Markt) (MüKoBGB/Martiny Rn. 38). Keineswegs nur, jedenfalls aber auch fallen unter lit. a die alten Tatbestände des Art. 29 Abs. 1 Nr. 1 und 2 EGBGB aF. Die Ausübung einer unternehmerischen Tätigkeit liegt also etwa vor, wenn dem Vertragsabschluss ein ausdrückliches Angebot oder eine Werbung im Aufenthaltsstaat des Verbrauchers vorausgegangen ist und wenn der Verbraucher in diesem Staat die zum Abschluss des Vertrages erforderlichen Rechtshandlungen vorgenommen hat, oder wenn der Unternehmer oder sein Vertreter die Bestellung des Verbrauchers im Aufenthaltsstaat des Verbrauchers entgegengenommen hat. Ein Angebot iSd Dogmatik des deutschen bürgerlichen Rechts ist zu alledem nicht erforderlich. Früher war streitig, ob die bloße invitatio ad offerendum, etwa in Gestalt einer Zusendung von Katalogen, Zeitungsanzeigen, Werbung im Fernsehen oder Tele-Shopping (hierzu Wagner WM 1995, 1129 ff.) bzw. Werbung im Internet (etwa über eine Website oder Werbe-E-Mails) schon unter Art. 29 Abs. 1 Nr. 1 EGBGB aF fiel (BGHZ 123, 380 (389); Mankowski RIW 1993, 453 (458); Mankowski RIW 1997, 990 (992); dagegen früher Looschelders EGBGB Art. 29 Rn. 45). Heute greift insoweit jedenfalls lit. b.

**24** Der Anwendungsbereich von lit. a ist weiter zB eröffnet, wenn eine **Bestellung** vom Unternehmer entgegengenommen worden ist. Das umfasst sowohl den Erhalt als auch den Zugang der Bestellung (bereits BGHZ 135, 124 (132) = NJW 1997, 1697 (1698)). Ein Vertragsschluss selbst ist nicht erforderlich, die Annahme allein im Aufenthaltsstaat des Verbrauchers genügt. An einer Ausübung gem. lit. a dürfte es bei Internet-Verträgen mit einem im Ausland ansässigen Verkäufer fehlen, doch kommt erneut lit. b in Betracht. Erfasst sind jedenfalls etwa Geschäfte auf Märkten und Messen. Auch die Einschaltung eines Vertreters genügt, sofern der Vertreter im Namen des Unternehmers handelt (bereits BGHZ 123, 380 (390) = NJW 1994, 262 (263); aA OLG Frankfurt NJW-RR 1989, 1018 (1019): Auftrag erforderlich). Allerdings sollte eine Zurechenbarkeit (zumindest kraft pflichtwidrig gesetzten oder tolerierten Rechtsscheins, etwa in Gestalt der Anscheinsvollmacht) verlangt werden.

**25** **c) Ausrichtung der unternehmerischen Tätigkeit (auch) auf den Aufenthaltsstaat des Verbrauchers (lit. b).** Lit. b ist **an Art. 17 Abs. 1 lit. c Brüssel Ia-VO angelehnt.** Demgemäß heißt es in **Erwägungsgrund 24 S. 2,** um die Übereinstimmung mit der Brüssel Ia-VO zu wahren, ist zum einen als Voraussetzung für die Anwendung der Verbraucherschutznorm auf das Kriterium der ausgerichteten Tätigkeit zu verweisen und zum anderen auf die Notwendigkeit, dass dieses Kriterium in der Brüssel Ia-VO und in der Rom I-VO einheitlich ausgelegt wird. Zu beachten ist sodann, dass eine gemeinsame Erklärung des Rates und der Kommission zu Art. 17 Brüssel Ia-VO (= Art. 15 Brüssel I-VO) ausführt, es reiche für die Anwendung von Art. 17 Abs. 1 lit. c Brüssel Ia-VO nicht aus, dass ein Unternehmen seine Tätigkeiten auf den Mitgliedstaat, in dem der Verbraucher seinen Wohnsitz hat, oder auf mehrere Staaten – einschließlich des betreffenden Mitgliedstaats –, ausrichtet, sondern dass im Rahmen dieser Tätigkeiten auch ein Vertrag geschlossen worden ist. Des Weiteren heißt es in dieser Erklärung, dass die Zugänglichkeit einer Website allein nicht ausreiche, um die Anwendbarkeit von Art. 17 Brüssel Ia-VO zu begründen. Vielmehr sei erforderlich, dass diese Website auch den Vertragsabschluss im Fernabsatz anbietet und dass tatsächlich ein Vertragsabschluss im Fernabsatz erfolgt ist. Dabei seien auf einer Website die benutzte Sprache oder die Währung nicht von Bedeutung.

**26** Als **Tätigkeiten** iSd lit. b sind im umfassenden Sinne alle absatzfördernden Verhaltensweisen anzusehen (Werbung, Anrufe, E-Mails, Teleshopping usw) (MüKoBGB/Martiny Rn. 40). Und (jedenfalls) unter diese Alternative fallen auch konkludente Angebote, die auf den Abschluss eines Verbrauchervertrages gerichtet sind. Ein **Ausrichten** setzt ein willentliches Verhalten voraus. Das kann, muss aber keineswegs per **Internet** geschehen (EuGH NJW 2012, 3225 zu Art. 17 Brüssel Ia-VO). Allerdings genügt lediglich eine passive Website zur Annahme der Voraussetzung des „Ausrichtens" nicht ohne weiteres, wohl aber jedenfalls die Bereitstellung einer **interaktiven Website** (str., wie hier BGH NJW 2009, 298; auch eine passive Website lässt genügen Grüneberg/Thorn Rn. 6; Einsele WM 2009, 292). Im Falle einer passiven Website stellt der EuGH zu Art. 17 Brüssel Ia-VO – wohl auch um den Abgrenzungsschwierigkeiten von einer aktiven zu einer passiven Website zu entrinnen – auf den freilich seinerseits Unsicherheiten in der Feststellung unterliegenden subjektiven **Ausrichtungswillen** ab (EuGH NJW 2011, 505; näher MüKoBGB/Martiny Rn. 36). Diesen Willen wird man letztlich doch über objektive Kriterien (Indizien) feststellen oder ablehnen müssen. Zumindest eine Werbung ist in derartigen Fällen anzunehmen. Zu beachten ist, dass das Herkunftslandprinzip nach § 3 Abs. 3 Nr. 2 TMG im Internet geschlosseneVerbraucherverträge nicht erfasst (näher zum Internet Mankowski RabelsZ 63 (1999), 203 (234 ff.) mwN; weiter Hanika MedR 2000, 205 (210 f.); Gruber DB 1999, 1437; Sandrock ZVglRWiss 98 (1999), 227 (238); Taupitz/Kritter JuS 1999, 839 (844); Junker RIW 1999, 809 (815); enger Mehrings CR 1998, 613 (619); Borges ZIP 1999, 565 (659); Borges WM 2001, 1542; Boele-Waelki BerGesVR 39 (2001), 331).

Eine **Kausalität zwischen Werbemaßnahme und Vertragsabschluss** ist zwar typisch, aber **nicht erforderlich** oder nachzuweisen; ein solches Erfordernis ergibt sich auch nicht aus Erwägungsgrund 24 S. 3 Hs. 2 (EuGH NJW 2013, 3504 zu Art. 17 Brüssel Ia-VO mAnm Staudinger/Steinröter; dazu – krit. – auch Klöpfer/Wendelstein JZ 2014, 298; ebenso bereits Schlosser FS Steindorff, 1990, 1379 (1386); Kronke RIW 1996, 985 (986); aA aber für Art. 6 Mankowski EWiR zu Art. 15 Brüssel Ia-VO 2/13, 717). Das damit verbundene Rechtsanwendungsrisiko kann dem Anbieter bzw. dem Werbenden als Konsequenz seiner Nutzung des betreffenden Mediums zugemutet werden; die weite Verbreitung ist zumeist erwünscht und wird jedenfalls in Kauf genommen. Erforderlich ist lediglich, dass die Werbung (auch) auf den Aufenthaltsstaat des Verbrauchers gerichtet ist. Deshalb genügt es nicht, wenn man eine Zeitung im Ausland kauft und daraufhin im Inland einen Vertrag abschließt (Giuliano/Lagarde BT-Drs. 10/503, 33, 56). Erfasst ist naturgemäß der Versandhandel. 27

Zweifelhaft kann neben der Problematik des „dual use" auch sein, wie es im Falle des **Abschlusses mehrerer verschiedener Verträge** steht, wenn eine Vertragsstreitigkeit in Bezug auf einen Vertrag im Raume steht, auf die bei formaler Betrachtung die geschäftliche Tätigkeit (Werbung) des Unternehmers zunächst einmal gar nicht ausgerichtet war. Der EuGH (NJW 2016, 697 mAnm Mankowski) hat in Bezug auf Art. 17 Abs. 1 lit. c Brüssel Ia-VO im Falle eines beworbenen Maklervertrages und eines später zusätzlich abgeschlossenen Geschäftsbesorgungsvertrages (in Bezug auf die Fertigstellung des gekauften Objektes) auch für Art. 6 brauchbar eine zweck- und funktionsbezogene Betrachtungsweise an den Tag gelegt. Der Verbrauchergerichtsstand und demgemäß auch die auf Verbraucherverträge bezogene Kollisionsnorm kann dann auf solche – formal – nicht beworbenen Verträge Anwendung finden, wenn diese eine enge Verbindung zu dem von Art. 6 erfassten Vertrag aufweist, zumal dann, wenn dieser zuvor zwischen denselben Parteien im Bereich einer solchen Tätigkeit geschlossen wurde. Dazu ist zu prüfen, ob die eine solche Verbindung begründenden Umstände, insbes. die rechtliche oder tatsächliche Identität der Parteien der beiden Verträge, die Identität des wirtschaftlichen Erfolgs, der mit den Verträgen angestrebt wird, die denselben konkreten Gegenstand betreffen, und der ergänzende Charakter des zweiten Vertrags im Verhältnis zu dem ersten Vertrag, da er der Verwirklichung des mit dem ersten Vertrag angestrebten wirtschaftlichen Erfolgs dienen soll, gegeben sind. 28

Auch die (zurechenbare) **Einschaltung eines Vertreters oder Boten** steht der Anwendbarkeit von lit. b nicht entgegen (Grüneberg/Thorn Rn. 6 aE; ebenso früher bereits Giuliano/Lagarde BT-Drs. 10/503, 33, 56). Unter lit. b fällt überhaupt jede Werbung mit Hilfe der modernen Telekommunikation, sofern sie im Aufenthaltsland des Verbrauchers verbreitet wird und werden soll. Ergibt sich indes aus der Gestaltung der Werbemaßnahme, etwa über die Sprache, die Währung oder die ausschließliche Angabe örtlicher Telefonnummern, aus der Sicht des Verbrauchers **eindeutig erkennbar** eine entsprechende **territoriale Begrenzung** der Zielrichtung, fehlt es (trotz des dieser Auffassung mE nicht entgegenstehenden Passus in Erwägungsgrund 24, letzter Satz) ggf. an einer Ausrichtung der geschäftlichen Aktivität (in Form der Werbung) auf diesen (eben davon abweichenden) Staat (s. bereits Kronke RIW 1996, 985 (988); Pfeiffer NJW 1997, 1207 (1214); Looschelders EGBGB Art. 29 Rn. 49). Die Verwendung der englischen Sprache grenzt die Ausrichtung freilich kaum ein; auch sind Ausländerkollektive zu bedenken, an denen die Werbung (auch im Internet) ausgerichtet sein kann (in Deutschland zB russisch oder türkisch Sprechende). Der Anwendung von lit. b steht auch nicht entgegen, wenn der Verbraucher aktiv im Internet „surft" (Mankowski MMR-Beilage 2000, 22 (24 f.)). Begibt sich der Verbraucher aufgrund der Werbung in das Land des Anbieters im Wege der Individualanreise, kann lit. b eingreifen. Im Falle eines Vertragsschlusses durch einen Vertreter gilt Art. 11 Abs. 3 EGBGB (entspricht Art. 11 Abs. 3 Rom I-VO, die indes nicht greift, Art. 1 Abs. 2 lit. g) entspr. (Soergel/v. Hoffmann EGBGB Art. 29 Rn. 19). 29

Im Falle des Warenkaufs, typischerweise bei grenzüberschreitenden „Kaffeefahrten", die mit dem Ziel herbeigeführt werden, an **Werbe-Verkaufsveranstaltungen** teilzunehmen, ist der Anwendungsbereich des Art. 6 gleichfalls eröffnet. Wesentlich ist, dass der Verkäufer die (ggf. auch unentgeltlich durchgeführte) Reise organisiert oder veranlasst und auf diese Weise seine geschäftlichen Aktivitäten auf das Land ausrichtet, in welchem die Reise ihren Ausgangspunkt hat 30 (dazu BGH NJW 1991, 1054; LG Tübingen NJW 2005, 1513; LG Limburg/Lahn NJW 1990, 2206; Giuliano/Lagarde BT-Drs. 10/503, 33, 56). Ein Indiz dafür liegt etwa in Gewinnabsprachen, in feststehenden engen geschäftlichen Verflechtungen und Geschäftsbeziehungen, auch darin, dass ein besonders niedriger Preis der Pauschalreise nur über „Drittzuschüsse" nachvollziehbar ist. In derartigen Fällen genügt jedenfalls kein pauschales Bestreiten solcher Anhaltspunkte mit Nichtwissen; vielmehr ist dann ein substantiiertes Bestreiten erforderlich (so mit Recht LG Tübingen NJW 2005, 1513 (1514) = RIW 2005, 781 (783) = IPRax 2006, 477 (478) m. Aufs. Mankowski IPRax 2006, 454). Nutzt indes der Verkäufer im Rahmen einer Auslandsreise (und erst recht einer Pauschalreise) nur übliche Freizeiten (ohne faktischen Zwang oder Druck in Richtung auf die Teilnahme) aus, um Verkaufsveranstaltungen durchzuführen oder dafür zu werben, ist der Tatbestand von lit. b nicht erfüllt (früher zu Art. 29 EGBGB ebenso LG Hamburg RIW 1999, 392; LG Düsseldorf NJW 1991, 2220; LG Tübingen NJW 2005, 1513 f., jeweils Teppichkauf in der Türkei; weitergehend LG Limburg/Lahn NJW 1990, 2206). Lit. b ist auch dann unanwendbar, wenn eine Reise aus Drittstaaten zu Verkaufszwecken durchgeführt wird (ebenso zu Art. 29 EGBGB OLG Düsseldorf NJW-RR 1995, 1396).

## III. Rechtswahl (Abs. 2)

31 **1. Allgemeines. Abs. 2 S. 1** schließt die Möglichkeit einer Rechtswahl nach Art. 3 explizit nicht grds. aus. Die Rechtswahl ist vielmehr wie stets grds. vorrangig zu beachten (zB LG Heidelberg MMR 2018, 773: Anspruch auf Löschung einer „Hassrede" in sozialem Netzwerk gegenüber dem Betreiber einer Online-Plattform). **Abs. 2 S. 2 entzieht der Parteiautonomie** unter den dort näher bezeichneten Voraussetzungen lediglich **die Abwahl von zwingenden Bestimmungen** des Aufenthaltsstaates des Verbrauchers. Über Art. 3 Abs. 5, Art. 10 Abs. 1 gilt für das Zustandekommen und die materielle Wirksamkeit des Rechtswahlvertrages (ebenso wie des Hauptvertrages) das Vertragsstatut; für die **Form** gilt gem. **Art. 11 Abs. 4 S. 2** das Aufenthaltsrecht des Verbrauchers. Nicht einschlägig ist Art. 10 Abs. 2, der sich im Wesentlichen nur auf die Frage bezieht, ob einem Verhalten der Charakter einer Willenserklärung zukommt (insbes. Schweigen) (so zu Art. 31 EGBGB aF bereits BGH NJW 1997, 1697 (1700); Taupitz BB 1990, 642 (643 f.); Mäsch, Rechtswahlfreiheit und Verbraucherschutz,1993, 118 f.; Mankowski RIW 1996, 382 (384); Soergel/v. Hoffmann EGBGB Art. 29 Rn. 28; abw. OLG Frankfurt NJW-RR 1989, 1018; LG Hamburg NJW-RR 1990, 695 (696); LG Stuttgart NJW-RR 1990, 1394; RIW 1996, 424 (425); LG Aachen NJW 1991, 2221; OLG Düsseldorf RIW 1994, 420; LG Giessen NJW 1995, 406; LG Koblenz NJW-RR 1995, 1335; LG Rottweil NJW-RR 1996, 1401).

32 **2. Zwingende Bestimmungen.** Der Begriff der „zwingenden Bestimmungen" in Art. 6 Abs. 2 S. 2 ist derselbe wie in Art. 3 Abs. 3 (vgl. Bülow EuZW 1993, 435). Darunter kann auch „zwingendes Richterrecht" fallen (BGH RIW 2005, 463 (464) = ZIP 2005, 478 (480) m. insoweit krit. Aufs. Mörsdorf-Schulte JR 2006, 309; Giuliano/Lagarde BT-Drs. 10/503, 33, 59; Junker RabelsZ 55 (1991), 674 (680)), so etwa die in der Rspr. entwickelten und entspr. verfestigten Grundsätze über Aufklärungs-, Hinweis- und Warnpflichten gegenüber Kapitalgesellschaften. Eine wie auch immer konkretisierte Einschränkung auf Normen des Verbraucherschutzrechts im engeren Sinne ist nicht geboten (bereits Mäsch, Rechtswahlfreiheit und Verbraucherschutz, 1993, 43 f.; Staudinger/Magnus, 2021, Rn. 140), wegen der sonst drohenden Unklarheit der Abgrenzung auch nicht auf solche Normen, die in gleicher Weise wie spezifische Verbraucherschutzregelungen den schwächeren Vertragsteil vor Übervorteilung schützen. Erfasst ist also jede Art von **ius cogens,** etwa die Regeln zu Haustürwiderrufsgeschäften (§§ 312, 312a BGB) (BGHZ 123, 380 = NJW 1994, 262 (264); LG Limburg/Lahn NJW 1990, 2206; Knaul, Auswirkungen des europäischen Binnenmarktes der Banken auf das internationale Bankvertragsrecht unter besonderer Berücksichtigung des Verbraucherschutzes, 1995, 285), zum Verbraucherkredit (§§ 491 ff. BGB), die Bestimmungen über den Reisevertrag (§§ 651a ff. BGB) (AG Waldshut/Tiengen NJW-RR 1988, 953; Kartzke NJW 1994, 823 (825)), aber auch §§ 134, 138 BGB. Zum Teil werden von den zwingenden Normen iSd Art. 6 aber Eingriffsnormen iSv Art. 9 Abs. 1 aber ausgenommen; Art. 9 wird insofern als ausreichend angesehen. Soweit die Eingriffsnormen als Normen des Privatrechts noch von der Anknüpfung der Rom I-VO erfasst werden, dürfte diese Auslegung des Begriffs der zwingenden Bestimmungen Art. 6 zu weit zurückdrängen (ebenso Staudinger/Magnus, 2021, Rn. 140 → Rn. 4).

33 Sonderfragen werfen **AGB** über Art. 46b EGBGB hinaus auf. Zunächst sind Regeln wie die der §§ 305 ff. BGB von dem ggf. über Art. 6 für anwendbar erklärten jus cogens erfasst. Indes werden schon ABG-mäßige Rechtswahlklauseln selbst im Einzelfall als überraschend, irreführend

oder unangemessen iSv § 307 BGB angesehen, etwa wenn von einer ausländischen Versandapotheke fälschlich (nach dem Prinzip der verwenderfeindlichen Auslegung) der Eindruck erweckt wird, deutsches Recht sei in keiner Hinsicht anwendbar (BGH IPRax 2013, 557; dazu W.-H. Roth IPRax 2013, 515; LG Oldenburg WRP 2014, 1504; ferner LG Berlin NJW 2013, 2605 mAnm Steinrötter; LG Hamburg IPRax 2015, 348; dazu Pfeiffer IPRax 2015, 320). Allerdings kennt der Grundsatz der verwenderfeindlichen Auslegung von AGB auch Grenzen. So ist es für einen „inländischen Referenzverbraucher" nicht als überraschend anzusehen, dass dann, wenn erkennbar ein Anbieter mit Sitz im Ausland (zB eine Fluggesellschaft), der nicht nur im Inland Leistungen (innerdeutsche Flüge) anbietet, dieser Anbieter versucht, eine prinzipiell zulässige Wahl seines Sitzrechts zu vereinbaren (KG IPRspr 2013 Nr. 32: irische Fluggesellschaft). Maßstab für die Wirksamkeit einer solchen Klausel ist das nach Art. 6 Abs. 2, Art. 3 Abs. 5, Art. 10 anzuwendende Recht, nicht etwa eine davon losgelöste Prüfung der Missbräuchlichkeit der Rechtswahlklausel selbst. Auf der Basis eines so anwendbaren Rechts, das die Klausel-RL (RL 93/13/EWG) umgesetzt hat, ist dann freilich eine Klausel, die in der Sache über den Inhalt von Art. 6 Abs. 2 in die Irre führt, missbräuchlich und daher ggf. unwirksam (iErg auch EuGH NZG 2020, 140; IPRax 2017, 483; näher W.-H. Roth IPRax 2017, 449).

**3. Günstigkeitsvergleich.** Da es grds. mit dem von den Parteien gewählten Recht sein **34** Bewenden hat, bleibt ein vereinbartes verbraucherfreundlicheres ausländisches Recht anwendbar, selbst wenn die Voraussetzungen der Art. 6 Abs. 2 vorliegen und deshalb ius cogens eines anderen Landes anwendbar sein könnte. Beim durchzuführenden Günstigkeitsvergleich ist das **konkrete Begehren des Verbrauchers** entscheidend (E. Lorenz RIW 1987, 569 (576 f.); Schurig RabelsZ 54 (1990), 217 (225); W. Lorenz IPRax 1994, 429 (430); Leible JbJZivRWiss 1995, 245 (257); Mäsch, Rechtswahlfreiheit und Verbraucherschutz, 1993, 37). Der Günstigkeitsvergleich zwischen gewähltem Recht und ius cogens des Aufenthaltsrechts des Verbrauchers ist von Amts wegen durchzuführen (Mäsch, Rechtswahlfreiheit und Verbraucherschutz, 1993, 72). Die konkret streitige Rechtsfrage ist also für jede Rechtsordnung jeweils anhand sämtlicher relevanter, betroffener Normen zu beantworten. Insgesamt führt der Günstigkeitsvergleich im Rahmen von Abs. 1 dazu, dass dem Zweck dieser Norm besonders effektiv Rechnung getragen wird: Der durch ius cogens gewährte Schutz des Aufenthaltsstaates soll nicht entzogen werden können. Eventuell weitergehender Schutz durch ein vom Aufenthaltsrecht abweichendes vereinbartes Recht wird dadurch nicht berührt.

## IV. Objektive Anknüpfung (Abs. 1)

Im Falle einer fehlenden (oder auch unwirksamen) Rechtswahl unterliegen Verbraucherver- **35** träge, die unter den in Abs. 1 konkretisierten Umständen zu Stande gekommen sind, dem **Aufenthaltsrecht des Verbrauchers.** Art. 4 wird insgesamt verdrängt, nicht nur in Bezug auf abweichendes ius cogens. Der Verbraucher soll im Prinzip genauso behandelt werden wie im Falle eines Inlandsgeschäfts. Anders als im Falle des Abs. 2 kann der Verbraucherschutz durch vom Aufenthaltsrecht abweichende verbraucherrechtliche Normen nicht größer, aber auch nicht kleiner werden als bei Inlandsgeschäften (MüKoBGB/Martiny Rn. 55). Der Vertragspartner des Verbrauchers hat sich hierauf einzustellen (s. bereits BT-Drs. 10/503, 27).

## V. Form

Ist ein Verbrauchervertrag unter den von Art. 6 bezeichneten Umständen geschlossen worden, **36** darf auf die allgemeine Vorschrift zur Anknüpfung von Formfragen in Art. 11 Abs. 1–3 nicht abgestellt werden. Stattdessen gilt für die Frage der Form (ohne Günstigkeitsvergleich) **ausschließlich** das **Aufenthaltsrecht des Verbrauchers (Art. 11 Abs. 4 S. 2).** Der Grund dafür liegt wohl auch in der Vorhersehbarkeit der Formanforderungen für den Verbraucher. Daher gilt die ausschließliche Anknüpfung an das Aufenthaltsrecht des Verbrauchers auch dann, wenn die Parteien strengere Formvorschriften wählen wollten bzw. parteiautonom gewählt haben (Staudinger/Magnus, 2021, Rn. 150). Ob die sonst eintretende Rechtsfolge einer möglichen Unwirksamkeit iErg den Verbraucher stärker schützen würde, lässt sich pauschal kaum beantworten. Art. 11 Abs. 4 ist lex specialis im Verhältnis zu Art. 11 Abs. 1–3. Art. 11 Abs. 4 gilt nicht nur für den materiellen Verbrauchervertrag, sondern auch für eine Rechtswahlvereinbarung in Verbraucherverträgen (Art. 3 Abs. 5).

## VI. Allgemeine Regeln

37 **1. Sachnormverweisung.** Art. 6 spricht ebenso wie das Internationale Vertragsrecht insgesamt **Sachnormverweisungen** aus. Rück- und Weiterverweisungen nach ausländischem Internationalen Privatrecht sind nicht zu beachten (Art. 20). Im Falle von Verweisungen auf Mehrrechtsstaaten gilt Art. 22, nicht Art. 4 Abs. 3 EGBGB.

38 **2. Ordre public.** Der Vorbehalt der öffentlichen Ordnung (Art. 21) wird im Anwendungsbereich des Art. 6 **nur selten** eingreifen (MüKoBGB/Martiny Rn. 77). Immerhin kann im Rahmen des Günstigkeitsvergleichs nach Abs. 2 S. 2 uU ein gewähltes ausländisches Recht (nur) durch ein davon abweichendes ausländisches Aufenthaltsrecht korrigiert werden. Bleibt auch dieses hinter den deutschen Mindeststandards zurück und liegt, was nur schwer vorstellbar ist, die erforderliche Inlandsbeziehung vor, kann Art. 21 eingreifen. Denn prinzipiell liegt der Einsatz des ordre public zum Schutz des Schwächeren nahe (vgl. Spickhoff, Der ordre public im IPR, 1989, 174 ff.; auf den geringer gewordenen Anwendungsbereich von Art. 6 EGBGB im Zusammenhang mit Art. 29 EGBGB aF wiesen bereits Mankowski RIW 1995, 364 (370) sowie Leible JbJZivRWiss 1995, 245 (265 f.), hin). Im Einzelfall kommt der Einsatz des ordre public etwa zur Durchsetzung eines Widerrufsrechts in Betracht (aA OLG Hamm NJW-RR 1989, 496 (497); OLG Düsseldorf NJW-RR 1995, 1396).

## VII. Internationale Zuständigkeit

39 Der Verbraucherschutz findet sich im Recht der Internationalen Zuständigkeit an verschiedener Stelle. Im **autonomen Recht** ist insbes. auf **§ 29c ZPO** hinzuweisen, wonach für Klagen aus Haustürgeschäften iSd § 312 BGB das Gericht zuständig ist, in dessen Bezirk der Verbraucher zurzeit der Klageerhebung seinen Wohnsitz, in Ermangelung eines solchen seinen gewöhnlichen Aufenthalt hat. Für Klagen gegen den Verbraucher ist dieses Gericht ausschließlich zuständig. Davon abweichende Vereinbarungen sind nur zulässig, wenn der Verbraucher nach Vertragsschluss seinen Wohnsitz oder gewöhnlichen Aufenthalt aus dem Geltungsbereich dieses Gesetzes verlegt oder sein Wohnsitz oder gewöhnlicher Aufenthalt zum Zeitpunkt der Klageerhebung nicht bekannt ist (§ 29c Abs. 3 ZPO). Die Vorschrift begründet nicht nur eine örtliche Zuständigkeit, sondern sie indiziert iSd Doppelfunktionalität zugleich die internationale Zuständigkeit. Zu beachten ist, dass Internet-Shopping nicht unter diese Norm fällt, weil es am Merkmal der mündlichen Verhandlung iSd § 312 Abs. 1 S. 1 Nr. 1 BGB fehlt (Junker RIW 1999, 809 (812)). Das Gegenteil (Gerichtsstand gegeben) gilt indes ggf. im Rahmen des Art. 15 Abs. 1c Brüssel Ia-VO.

40 Der **Anwendungsbereich von § 29c ZPO** ist freilich **gering.** Die Norm kommt zur Begründung der internationalen Zuständigkeit nur dann zur Anwendung, wenn der Beklagte keinen Wohnsitz im Hoheitsgebiet eines Mitgliedstaates hat; dann geht die **Brüssel Ia-VO (Art. 17 Abs. 1, 4 Abs. 1 Brüssel Ia-VO)** vor. Dabei verdrängen die Art. 17–19 Brüssel Ia-VO das (mittlerweile wieder parallel zur Brüssel Ia-VO formulierte) LugÜ, soweit der Anwendungsbereich der Brüssel Ia-VO reicht. Die dort geregelten Gerichtsstände bei Verbrauchersachen sind nur begrenzt dispositiv (Art. 19 Brüssel Ia-VO). Für **Klagen gegen den Unternehmer** gilt Art. 18 Abs. 1 Brüssel Ia-VO. Danach kann der „andere Vertragspartner" mit Wohnsitz in einem der Vertragsstaaten entweder vor den Gerichten des Staates, in dem der Unternehmer seinen Wohnsitz hat, oder vor dem Gericht des Ortes, an dem der Verbraucher seinen Wohnsitz hat, verklagt werden. Im ersten Falle ist nur die internationale, im zweiten Falle auch die örtliche Zuständigkeit geregelt (BayObLG NJW-RR 2006, 206; Paulus in Geimer/Schütze IRV-HdB, 2017, Brüssel Ia-VO Art. 18 Rn. 3 m. Fn. 6). Für **Klagen gegen den Verbraucher** gilt Art. 18 Abs. 2 Brüssel Ia-VO. Danach kann der „andere Vertragspartner" den Verbraucher nur vor den Gerichten des Staates verklagen, in dem der Verbraucher seinen Wohnsitz hat. Durch diese Regelung ist nur die internationale, nicht die örtliche Zuständigkeit geregelt; für letztere ist auf die Regeln der §§ 12 ff. ZPO zurückzugreifen (näher R. Wagner WM 2003, 116).

41 Es ist zu beachten, dass die dargestellten Regeln der Brüssel Ia-VO/LugÜ nur für **Streitigkeiten aus Verträgen** gilt, nicht für konkurrierende deliktische Anspruchsgrundlagen. Ansprüche, die zu einem Vertrag „eine so enge Verbindung aufweisen, dass sie von diesem nicht getrennt werden können", können indes noch im Verbrauchergerichtsstand geltend gemacht werden. Das hat der EuGH angenommen für eine Gewinnzusage im Zusammenhang mit einer Warenbestellung (EuGH NJW 2002, 2607 = IPRax 2003, 50 m. Aufs. Leible IPRax 2003, 28; näher Stein/Jonas/Wagner, 22. Aufl. 2011, Brüssel I-VO Art. 15 Rn. 5). Nicht erfasst sein sollen im Wesentlichen auch Ansprüche wegen Verschuldens bei Vertragsschluss (arg. e Art. 12 Rom II-VO). Vertragliche

Rückabwicklungsansprüche sind indes erfasst (Rauscher/Staudinger Brüssel I-VO Vor Art. 15–17 Rn. 3 mwN). Ist ein Vertrag teils privaten, teils beruflich-gewerblichen Zwecken zuzurechnen **(„gemischte Verträge")**, greifen die besonderen Vorschriften der Brüssel Ia-VO bzw. des LugÜ dann nicht, wenn der gewerbliche Anteil nicht derart nebensächlich erscheint, dass er im Gesamtzusammenhang des betreffenden Geschäfts nur eine ganz untergeordnete Rolle spielt (EuGH NJW 2005, 653; dazu Mankowski IPRax 2005, 503). Zu beachten ist, dass Art. 13 LugÜ aF ebenso wie Art. 13 EuGVÜ aF enger als Art. 17 Brüssel Ia-VO und Art. 15 LugÜ nF gefasst waren. Insbesondere zählten **Kreditverträge,** die nicht unter Art. 13 LugÜ aF fallen sollten, sehr wohl unter den Auffangtatbestand des Art. 17 Abs. 1 lit. c Brüssel Ia-VO bzw. LugÜ (Kropholler/v. Hein Brüssel Ia-VO Art. 15 Rn. 20; Paulus in Geimer/Schütze IRV-HdB, 2017, Brüssel Ia-VO Art. 17 Rn. 50).

## Art. 7 Versicherungsverträge

**(1) [1]Dieser Artikel gilt für Verträge nach Absatz 2, unabhängig davon, ob das gedeckte Risiko in einem Mitgliedstaat belegen ist, und für alle anderen Versicherungsverträge, durch die Risiken gedeckt werden, die im Gebiet der Mitgliedstaaten belegen sind. [2]Er gilt nicht für Rückversicherungsverträge.**

**(2) Versicherungsverträge, die Großrisiken im Sinne von Artikel 5 Buchstabe d der Ersten Richtlinie 73/239/EWG des Rates vom 24. Juli 1973 zur Koordinierung der Rechts- und Verwaltungsvorschriften betreffend die Aufnahme und Ausübung der Tätigkeit der Direktversicherung (mit Ausnahme der Lebensversicherung) (ABl. L 228 vom 16.8.1973, S. 3. Zuletzt geändert durch die Richtlinie 2005/68/EG des Europäischen Parlaments und des Rates (ABl. L 323 vom 9.12.2006, S. 1)) decken, unterliegen dem von den Parteien nach Artikel 3 der vorliegenden Verordnung gewählten Recht.**

**[1]Soweit die Parteien keine Rechtswahl getroffen haben, unterliegt der Versicherungsvertrag dem Recht des Staats, in dem der Versicherer seinen gewöhnlichen Aufenthalt hat. [2]Ergibt sich aus der Gesamtheit der Umstände, dass der Vertrag eine offensichtlich engere Verbindung zu einem anderen Staat aufweist, ist das Recht dieses anderen Staates anzuwenden.**

**(3) Für Versicherungsverträge, die nicht unter Absatz 2 fallen, dürfen die Parteien nur die folgenden Rechte im Einklang mit Artikel 3 wählen:**

**a) das Recht eines jeden Mitgliedstaats, in dem zum Zeitpunkt des Vertragsschlusses das Risiko belegen ist;**

**b) das Recht des Staates, in dem der Versicherungsnehmer seinen gewöhnlichen Aufenthalt hat;**

**c) bei Lebensversicherungen das Recht des Mitgliedstaats, dessen Staatsangehörigkeit der Versicherungsnehmer besitzt;**

**d) für Versicherungsverträge, bei denen sich die gedeckten Risiken auf Schadensfälle beschränken, die in einem anderen Mitgliedstaat als dem Mitgliedstaat, in dem das Risiko belegen ist, eintreten können, das Recht jenes Mitgliedstaats;**

**e) wenn der Versicherungsnehmer eines Vertrags im Sinne dieses Absatzes eine gewerbliche oder industrielle Tätigkeit ausübt oder freiberuflich tätig ist und der Versicherungsvertrag zwei oder mehr Risiken abdeckt, die mit dieser Tätigkeit in Zusammenhang stehen und in unterschiedlichen Mitgliedstaaten belegen sind, das Recht eines betroffenen Mitgliedstaats oder das Recht des Staates des gewöhnlichen Aufenthalts des Versicherungsnehmers.**

**Räumen in den Fällen nach den Buchstaben a, b oder e die betreffenden Mitgliedstaaten eine größere Wahlfreiheit bezüglich des auf den Versicherungsvertrag anwendbaren Rechts ein, so können die Parteien hiervon Gebrauch machen.**

**Soweit die Parteien keine Rechtswahl gemäß diesem Absatz getroffen haben unterliegt der Vertrag dem Recht des Mitgliedstaats, in dem zum Zeitpunkt des Vertragsschlusses das Risiko belegen ist.**

**(4) Die folgenden zusätzlichen Regelungen gelten für Versicherungsverträge über Risiken, für die ein Mitgliedstaat eine Versicherungspflicht vorschreibt:**

**a) Der Versicherungsvertrag genügt der Versicherungspflicht nur, wenn er den von dem die Versicherungspflicht auferlegenden Mitgliedstaat vorgeschriebenen besonderen Bestimmungen für diese Versicherung entspricht. Widerspricht sich das Recht des**

**Mitgliedstaats, in dem das Risiko belegen ist, und dasjenige des Mitgliedstaats, der die Versicherungspflicht vorschreibt, so hat das letztere Vorrang.**
**b) Ein Mitgliedstaat kann abweichend von den Absätzen 2 und 3 vorschreiben, dass auf den Versicherungsvertrag das Recht des Mitgliedstaats anzuwenden ist, der die Versicherungspflicht vorschreibt.**

**(5) Deckt der Vertrag in mehr als einem Mitgliedstaat belegene Risiken, so ist für die Zwecke von Absatz 3 Unterabsatz 3 und Absatz 4 der Vertrag als aus mehreren Verträgen bestehend anzusehen, von denen sich jeder auf jeweils nur einen Mitgliedstaat bezieht.**

**(6) Für die Zwecke dieses Artikels bestimmt sich der Staat, in dem das Risiko belegen ist, nach Artikel 2 Buchstabe d der Zweiten Richtlinie 88/357/EWG des Rates vom 22. Juni 1988 zur Koordinierung der Rechts- und Verwaltungsvorschriften für die Direktversicherung (mit Ausnahme der Lebensversicherung) und zur Erleichterung der tatsächlichen Ausübung des freien Dienstleistungsverkehrs (ABl. L 172 vom 4.7.1988, S. 1. Zuletzt geändert durch die Richtlinie 2005/14/EG des Europäischen Parlaments und des Rates (ABl. L 149 vom 11.6.2005, S. 14)), und bei Lebensversicherungen ist der Staat, in dem das Risiko belegen ist, der Staat der Verpflichtung im Sinne von Artikel 1 Absatz 1 Buchstabe g der Richtlinie 2002/83/EG.**

**Schrifttum:** Armbrüster, Das IPR der Versicherungsverträge in der Rom I-Verordnung, FS v. Hoffmann, 2011, 23; Böttger, Verbraucherversicherungsverträge – Vergleich der beiden Anknüpfungsregime nach Art. 6 und Art. 7 Rom I-Verordnung und Vorschlag für eine zukünftig einheitliche Anknüpfung, VersR 2012, 156; Ehling, Die Versicherung internationaler klinischer Prüfungen von Arzneimitteln, RPG 2010, 31; Fricke, Das IPR der Versicherungsverträge nach Inkrafttreten der Rom I-VO, VersR 2008, 443; Heiss, Insurance Contracts in Rome I, YbPIL 10 (2008), 261; Heiss, Versicherungsverträge in „Rom I": Neuerliches Versagen des europäischen Gesetzgebers, FS Kropholler, 2008, 459; Heiss, Reform des internationalen Versicherungsvertragsrechts, ZVersWiss 2007, 503; Koch, Kollisions- und versicherungsvertragsrechtliche Probleme bei internationalen D&O-Haftungsfällen, VersR 2009, 141; Looschelders/Smarowos, Das internationale Versicherungsvertragsrecht nach Inkrafttreten der Rom I-VO, VersR 2009, 1; Looschelders, Grundfragen des deutschen und internationalen Rückversicherungsvertragsrechts, VersR 2012, 1; Perner, Das internationale Versicherungsvertragsrecht nach Rom I, IPRax 2009, 218; W.-H. Roth, IZPR und IPR – terra incognita, IPRax 2014, 499; Spickhoff, Das Verbot der Versicherung von punitive damages im internationalen Versicherungsvertragsrecht, FS E. Lorenz, 2014, 487; Wedemann, Die D&O-Versicherung im Spiegel des internationalen Zivilverfahrens- und Kollisionsrechts, ZIP 2014, 2469; Zwickel, Die Novelle der Anhängerhaftung und der internationale Gespannregress: Ist der Königsweg gefunden?, NZV 2021, 31.

## Übersicht



## I. Zweck und Herkunft

1 Der Zweck von Art. 7 besteht zuvörderst in dem Versuch einer gewissen **Vereinheitlichung des internationalen Versicherungsvertragsrechts in Europa.** Dieser Zweck erschließt sich aus der **Vorgeschichte der Norm.** Bis zum Inkrafttreten der Rom I-VO war das internationale Versicherungsvertragsrecht in Europa (und demgemäß auch im deutschen Kollisionsrecht) auf mehrfache und eigentümliche Weise gespalten. Art. 37 S. 1 Nr. 4 EGBGB aF, der auf Art. 1 EVÜ zurückzuführen war, nahm vom Anwendungsbereich der Art. 27 ff. EGBGB Versicherungsverträge aus, indes nur solche, die im Geltungsbereich des EWGV oder des EWR-Abkommens belegene Risiken deckten. Insoweit galten die durch diverse Richtlinien geprägten Art. 7–15 EGVVG. Deren Vorrangstellung gegenüber der Rom I-VO ist durch **Art. 23** ausdrücklich aufgehoben. Für Rückversicherungsverträge sowie für alle anderen Versicherungsverträge galten demgegenüber die Art. 27 ff. EGBGB aF. Damit war das deutsche internationale Versicherungsvertragsrecht in rechtspolitisch überaus zweifelhafter Weise gespalten (näher hierzu BeckOGK/Lüttringhaus Rn. 8–16; Heiss in Magnus/Mankowski Rome I Rn. 1 ff.). Ebenso kennzeichnend

wie zutreffend war die beißende rechtspolitische Kritik von Kegel, wonach das internationale Versicherungsvertragsrecht „unnötig verwickelt" erschien: „Man möchte sagen: Dem Storch, der euch gebracht hat, sollte man die Lizenz entziehen" (Kegel/Schurig IPR § 18 I 1 f. dd, 690). Die aus dem EVÜ in das EGBGB übernommenen Regeln galten im Rahmen des EGVVG nur subsidiär. Insbesondere blieb Art. 34 EGBGB aF anwendbar (näher Armbrüster VersR 2006, 1), ebenso Art. 6 EGBGB aF (Soergel/v. Hoffmann EGBGB Art. 37 Rn. 133).

Im Übrigen nennt Erwägungsgrund 32 den materiellen Zweck der Gewährleistung eines ange- 2
messenen Schutzniveaus für Versicherungsnehmer, woraus sich die Differenzierung zwischen der Versicherung von Großrisiken (Abs. 2) und sonstigen Risiken (sog. Massenrisiken, Abs. 3) ergibt.

## II. Anknüpfungsgrundsätze

**1. System, Anwendungsbereich und Auslegungsmaximen.** Art. 7 **Abs. 1** differenziert 3
zunächst zwischen Versicherungen von Großrisiken (insoweit gilt Art. 7 in toto) und sonstigen Risiken, ferner zwischen Versicherungen von Risiken, die in einem Mitgliedstaat belegen sind (dann gilt Art. 7 wiederum in toto), und solchen, bei denen das nicht der Fall ist. Zudem werden Rückversicherungsverträge von seinem Anwendungsbereich ausgenommen (Abs. 1 S. 2). Die Regel ist durch diese Differenzierungen im Übermaß – ersichtlich von den beteiligten Interessengruppen beeinflusst – damit bedauerlicherweise weiterhin nicht das, was man als rechtspolitischen Glücksfall einer gelungenen Kollisionsnorm bezeichnen könnte (s. auch Heiss YbPIL 10 (2008), 261; Heiss FS Kropholler, 2008, 459 ff.). Nicht erfasst von Art. 7 wird das internationale Sozialversicherungsrecht (Art. 1 Abs. 1 S. 2; → Art. 1 Rn. 23) (BeckOGK/Lüttringhaus Rn. 23, 24; Fricke VersR 2008, 443 (444)), ebenso wenig sind Versicherungsverträge gem. Art. 1 Abs. 2 lit. j (im Wesentlichen die betriebliche Altersversorgung) erfasst (→ Art. 1 Rn. 35), wohl aber – was aus Abs. 4 folgt, „freiwillig" geschlossen oder nicht – im Prinzip **Pflichtversicherungen** wie die (private) Krankenversicherung (MüKoBGB/Martiny Rn. 6). Auch Fälle des Verschuldens bei Vertragsverhandlungen (mögen sie auch auf das „positive Interesse" gerichtet sein) (wie zB im Fall BGH IPRax 1990, 180; dazu Spickhoff IPRax 1990, 164) sind gem. Art. 1 Abs. 2 lit. i iVm Art. 12 Rom II-VO nicht erfasst (BeckOGK/Lüttringhaus Rn. 26–29). Greift Art. 7 nicht, ist aber die Rom I-VO anzuwenden, gelten die allgemeinen Anknüpfungsregeln (Rechtswahl nach Art. 3, objektive Anknüpfung nach Art. 4). Greift Art. 7 (im Anwendungsbereich der Rom I-VO) nicht, kann zudem auch der gegenüber Art. 3 und 4 seinerseits vorrangig anzuwendende Art. 6 (Verbrauchervertrag) eingreifen (W.-H. Roth IPRax 2014, 499 (501 f.)).

Ungeachtet dessen sollte man das internationale Versicherungsvertragsrecht tunlichst in dem 4
Sinne **auslegen, dass eine Spaltung des Versicherungsstatuts vermieden wird,** wenn dies methodologisch möglich ist. Gegenüber der objektiven Anknüpfung steht daher auch im internationalen Versicherungsvertragsrecht die **Möglichkeit der parteiautonomen Rechtswahl** im Vordergrund. Wiederholt ist im Schrifttum darauf hingewiesen worden, dass sich gerade im Hinblick auf eine drohende Anknüpfungsspaltung die Rechtswahl sowohl für den Versicherer als auch für den Versicherungsnehmer als Ausweg anbietet (s. zB Gruber, Internationales Versicherungsvertragsrecht, 1999, 111 f.). Allerdings ist diese Möglichkeit in Abs. 3 bei der Versicherung von Massenrisiken eingeschränkt worden. Denkbar wäre sogar, dass die Parteien auch das anwendbare Kollisionsrecht selbst bestimmen. Diese Frage war im Rahmen des internationalen Vertragsrechts der Art. 27–37 EGBGB aF, worauf Art. 15 EGVVG verwies, sehr umstritten (2. Aufl. EGBGB Art. 35 Rn. 3). Art. 20 dürfte diese Möglichkeit endgültig ausschließen (Althammer JA 2008, 774; Rühl FS Kropholler, 2008, 195). Jedenfalls könnten die Parteien selbst dann, wenn sie das anwendbare Kollisionsrecht wählen könnten, nur zwischen den internationalen Privatrechten verschiedener Staaten im Ganzen wählen, nicht aber innerhalb des deutschen internationalen Privatrechts zwischen den Kollisionsnormen der Art. 3–6 und Art. 7.

Ein Sonderproblem bildet der (namentlich Haftpflicht-) **Regress von Versicherungen unter-** 5
**einander.** In bestimmten Beziehungen hat der EuGH (EuGH NJW 2016, 1005) gleichwohl die Kollisionsnorm des Art. 7 – gewissermaßen im Rahmen einer sog. **Vorfrage** – für einschlägig in Bezug auf dieses sonst ungeregelte Problem (BGH NZV 2021, 310 (311) Rn. 17) angesehen. Da sich die Verpflichtung des Versicherers zur Deckung der zivilrechtlichen Haftung des Versicherten gegenüber dem Geschädigten aus dem mit dem Versicherten geschlossenen Versicherungsvertrag ergibt, folgen die Voraussetzungen, unter denen der Versicherer die Ansprüche des Unfallgeschädigten gegen die für den Unfall Verantwortlichen geltend machen kann, aus dem auf den Versicherungsvertrag anzuwendenden nationalen Recht gem. Art. 7. Dagegen sollen – je nach Sachlage – nach Art. 19 Rom IIVO die Art. 4 ff. Rom II-VO maßgebend für das Recht sein, das auf die Bestimmung der Personen, die haftbar gemacht werden können, anwendbar ist. Das gilt auch in

Bezug auf eine mögliche Teilung der Haftung zwischen den Haftpflichtigen und ihren jeweiligen Versicherern. Im Rahmen von Art. 7 ist zu prüfen, ob das auf den Versicherungsvertrag anzuwendende Recht einen Eintritt des Versicherers in die Rechte des Geschädigten vorsieht. Es ist also (1.) zu prüfen, wie der den Geschädigten zu leistende Schadensersatz gem. dem nach der Rom IIVO anzuwendenden nationalen Recht unter den Haftpflichtigen aufzuteilen ist. Sodann ist (2.) nach Art. 7 das auf die Versicherungsverträge zwischen den Versicherern und ihrem jeweiligen Versicherten anzuwendende Recht festzustellen, wonach sich richtet, ob und in welchem Umfang die Versicherer aus abgeleitetem Recht die Ansprüche des Geschädigten gegen den Versicherer des Anhängers geltend machen können.

**6** Demgemäß richtet sich nach einem **Gespannunfall** in Deutschland durch eine bei einem deutschen Haftpflichtversicherer eingedeckte Zugmaschine und einem bei einem tschechischen Versicherer versicherten Anhänger der Innenausgleich zwischen den Versicherern nach deutschem Recht (BGH NZV 2021, 310 (311 f) Rn. 17 ff. mAnm Staudinger; BGH BeckRS 2021, 23484; OLG Karlsruhe BeckRS 2021, 23249 Rn. 31 ff.; OLG Stuttgart BeckRS 2021, 41769 Rn. 32 ff.; OLG Saarbrücken BeckRS 2021, 4987; ferner OLG Köln BeckRS 2021, 9150, alle zum Anhängergespannregress; dazu auch Zwickel NZV 2021, 31). Zu beachten ist zudem, dass nach Art. 46d EGBGB, der auf Abs. 4 lit. b beruht, ein über eine Pflichtversicherung abgeschlossener Vertrag stets deutschem Recht unterliegt, wenn die gesetzliche Verpflichtung zu seinem Abschluss auf deutschem Recht beruht (BGH BeckRS 2021, 23484).

**7** **2. Risikobelegenheit.** Die Risikobelegenheit, auf die es bei der Versicherung von Großrisiken gem. Abs. 1 nicht ankommt, ist nach **Abs. 6 zu konkretisieren.** Es handelt sich durchaus um eine mannigfaltige Aspekte erfassende Wertentscheidung (Kegel/Schurig IPR § 18 I 1f cc; MüKoBGB/Martiny Rn. 48; s. iE BeckOGK/Lüttringhaus Rn. 47 ff.). Bei Gebäudeversicherungen (Sachversicherung, Haftpflicht oder Rechtsschutz) kommt es danach auf die Belegenheit des Gebäudes an (zu Haushaltsgegenständen Looschelders/Smarowos VersR 2010, 1 (3)), bei der Kfz-Versicherung (Haftpflicht-, Kasko- und Unfallversicherung) auf den Ort der Zulassung, bei der Reise- und Ferienversicherung (Reiserücktritts-, -gepäck-, -verkehrsservice-, -haftpflicht-, -kranken- und -unfallversicherung) zumeist auf den Ort des Vertragsschlusses (näher Looschelders/Smarowos VersR 2010, 1 (3)), sonst (bei allgemeinen Haftpflicht-, Unfall- und Krankenversicherungen) auf den gewöhnlichen Aufenthaltsort des Versicherungsnehmers bzw. den Niederlassungsort bei juristischen Personen, bei der Lebensversicherung und Rentenversicherung unter Einbeziehung von darauf bezogenen „Kostenausgleichsvereinbarungen" bei Stornierung oder Widerruf der Rentenversicherung auf den Staat, in dem sich der Versicherungsnehmer gewöhnlich aufhält (W.-H. Roth IPRax 2014, 499 (502); Art. 7, wie überhaupt die Rom I-VO, leider übersehen von OLG Karlsruhe VersR 2014, 45 mAnm Schwintowski).

**8** Sind die Risiken in der EU und andernorts belegen (sog. **Mehrfachbelegenheit**), kann es zu einer Aufspaltung des anwendbaren Rechts kommen. Das ist zB im Falle der Industriehaftpflichtversicherung von großen Konzernen denkbar. Ggf. soll der Versicherungsvertrag mehrere Risiken, die in verschiedenen Staaten belegen sind, versichern und abdecken (vgl. Gruber, Internationales Versicherungsvertragsrecht, 1999, 103 110 ff.). Insbesondere kann die Bestimmung der Risikobelegenheit nicht einfach anhand des Hauptsitzes des Unternehmens oder gar des Konzerns, sondern anhand einer kleineren Einheit erfolgen. Daher ist seit jeher anerkannt, dass eine Spaltung des Vertragsstatuts nicht immer vermieden werden kann (MüKoBGB/Martiny Rn. 1).

**9** Zweifelhaft ist bei alledem, wie der **Begriff des Mitgliedstaates** zu konkretisieren ist. Gemäß Art. 1 Abs. 4 S. 2 gehört dazu auch Dänemark. Gegenüber den allgemeinen EWR-Staaten (Island, Liechtenstein, Norwegen) ist wohl nicht Art. 7, sondern Art. 3 ff. anzuwenden. Das ist (zumindest) rechtspolitisch verfehlt. Ob die lex lata entspr. korrigiert werden kann, weil ein gesetzgeberisch ungewollter Fehler vorliegt, ist noch ungeklärt, aber mE zu bejahen (dafür Heiss FS Kropholler, 2008, 462 (478); Looschelders/Smarowos VersR 2010, 1 (2); Armbrüster, Privatversicherungsrecht, 2013, Rn. 2043; dagegen MüKoBGB/Martiny Rn. 18; Grüneberg/Thorn Rn. 1).

**10** **3. Rückversicherungsverträge (Abs. 1 S. 2).** Auf Grund der angelehnten Natur des Rückversicherungsvertrages an die Erstversicherung ist der Rückversicherungsvertrag in Ermangelung einer Rechtswahl (Art. 3) objektiv über Art. 4 Abs. 1 lit. b (Dienstleistungsvertrag) und wohl nicht über Abs. 2 anzuknüpfen. Indes ist eine abweichende Anknüpfung aufgrund einer offensichtlich engeren Verbindung gem. Art. 4 Abs. 3 zu befürworten. Es sollte das Recht des Staates angewendet werden, in dem der Erstversicherer seine Niederlassung hat (iErg ebenso Schnyder/Grolimund in Reithmann/Martiny IntVertragsR Rn. 6.2761; MüKoBGB/Martiny Rn. 21; Fricke VersR 2008, 443 (446). Für das Recht am Niederlassungsort des Rückversicherers dagegen, wenngleich zweifelnd, Looschelders/Smarowos VersR 2010, 1 (9 f.); Looschelders VersR 2012, 1 (8); BeckOGK/Lüttringhaus Rn. 161; für den Betriebssitz des Rückversicherers Mankowski VersR 2002, 1187).

**4. Versicherung von Großrisiken (Abs. 2).** Bei der Versicherung von Großrisiken können die Parteien zunächst gem. Art. 3 das anwendbare **Recht** parteiautonom **wählen (Abs. 2 S. 1);** für eine für das Unternehmer-Verbraucher-Beziehungen typische Ungleichgewichtslage gibt es hier keine generelle Vermutung (so bereits zu Art. 10 EGVVG aF Kegel/Schurig IPR § 18 I 1 f. dd, 689: „völlig frei"). **11**

Im Übrigen gilt **(objektiv) das Recht am gewöhnlichen Aufenthalt des Versicherers** als der Vertragspartei, die die vertragscharakteristische Leistung erbringt **(Abs. 2 S. 2).** Dies entspricht der Grundintention des Art. 4 Abs. 1 lit. b und Art. 4 Abs. 2. **12**

Auch die **Ausweichanknüpfung an eine offensichtlich noch engere Verbindung (Abs. 2 S. 3)** schließt an Art. 4 Abs. 3 an. Für letztere genügt der gewöhnliche Aufenthalt des Versicherungsnehmers in Kumulation mit der Belegenheit des Risikos am gleichen Ort noch nicht notwendig (näher Looschelders/Smarowos VersR 2010, 1 (4) gegen Fricke VersR 2008, 443 (447)). Jedenfalls sollte eine Aufspaltung des Versicherungsvertragsstatuts über die Ausweichklausel nicht herbeigeführt werden (zutr. Fricke VersR 2008, 443 (447)), wenngleich denkbar (früher explizit erwähnt in Art. 11 Abs. 1 S. 2 EGVVG aF). Von dieser Möglichkeit Gebrauch zu machen könnte indes allenfalls opportun sein, wenn ein Risiko betroffen ist, das Gegenstand eines eigenständigen Versicherungsvertrages sein könnte. **13**

Der **Begriff des Großrisikos** wird gem. Art. 13 Nr. 27 RL 2009/138/EG (früher Art. 5 lit. d RL 73/239/EWG) in **§ 210 Abs. 2 VVG** definiert. **14**

**5. Versicherung von anderen Risiken (Abs. 3).** Aufgrund einer vermuteten oder typischen Marktungleichgewichtslage sieht Abs. 3 für andere Versicherungsverträge – im Schrifttum ist von der Versicherung von Massenrisiken die Rede – eine nur **eingeschränkte Rechtswahlmöglichkeit** vor (dazu Perner IPRax 2009, 218 (220); Looschelders/Smarowos VersR 2010, 1 (5 ff.); Fricke VersR 2008, 443 (448 f.)). Diese Möglichkeit besteht ausdrücklich, „eindeutig" (iSv Art. 3 Abs. 1) konkludent, aber auch nachträglich (zB im Prozess); Abs. 3 verweist insoweit („im Einklang mit Art. 3") auf das volle Spektrum der allgemeinen Rechtswahlmöglichkeit (zur Möglichkeit der nachträglichen Rechtswahl im Rahmen von Art. 10 Abs. 5 EGVVG aF OLG Düsseldorf IPRax 2005, 37; dazu Dörner IPRax 2005, 26). **15**

Möglich ist – abschließend (so auch OGH, 24.2.2021, 7 Ob 19/21a = ZfRV 2021, 189) – iE die Wahl von: **16**

- dem am Ort der Risikobelegenheit geltenden Recht **(lit. a). Erwägungsgrund 33** spricht dazu Versicherungsverträge an, die kein Großrisiko decken, aber **mehr als ein Risiko,** von denen mindestens eines in einem Mitgliedstaat und mindestens eines in einem dritten Staat belegen ist (Mehrfachbelegenheit von Risiken). Dann sollen die besonderen Regelungen für Versicherungsverträge in der Rom I-VO nur für die Risiken gelten, die in dem betreffenden Mitgliedstaat bzw. den betreffenden Mitgliedstaaten belegen sind. Die damit angelegte Spaltung des Versicherungsvertragsstatuts wird im Interesse des Verbraucherschutzes (und daher anders als in lit. e) in Kauf genommen.
- dem am Ort des gewöhnlichen Aufenthalts oder Sitzes des Versicherungsnehmers geltenden Recht **(lit. b);** wo das ist, ergibt sich ggf. aus Art. 19;
- dem Recht der Staatsangehörigkeit des Lebensversicherungsnehmers **(lit. c),** aber nur, sofern es sich um einem Mitgliedstaat handelt; so soll das europäische Schutzniveau aufrechterhalten und keiner Umgehung zugänglich gemacht werden;
- dem Recht des von der Risikobelegenheit abweichenden Schadenseintrittsorts **(lit. d),** aber – wie in lit. c – nur, sofern der potentielle Schadenseintrittsort (in deutscher Terminologie außerhalb von reinen Vermögensschäden: Verletzungserfolgsortes) in einem Mitgliedstaat liegt; das führt wenigstens typischerweise zum Gleichlauf von Delikts- und Versicherungsvertragsstatut (Looschelders/Smarowos VersR 2010, 1 (6));
- dem Recht am Ort der Belegenheit des versicherten Risikos oder dem am Ort des gewöhnlichen Aufenthalts oder Sitzes des Versicherungsnehmers geltenden Recht bei der Versicherung mehrerer Risiken mit unterschiedlicher Risikobelegenheit im Falle eines Versicherungsnehmers in seiner Eigenschaft als (beruflich-gewerblich tätiger) Unternehmer **(lit. e);** zur Problematik der gemischten Zwecksetzung (im Zweifel ist nach EuGH NJW 2005, 653 nicht von einem Verbraucher auszugehen) → Art. 6 Rn. 20;

Schließlich bleibt gem. **Abs. 3 S. 2** eine weitergehende Rechtswahlmöglichkeit als nach lit. a, b oder e gewährt erhalten, wenn dies das Kollisionsrecht des an sich berufenen Staates vorsieht – **17** eine eigentümliche, „renvoiähnliche" Regelung (Schnyder/Grolimund in Reithmann/Martiny IntVertragsR Rn. 6.2752).

18 **Objektiv** – also in Ermangelung einer gem. Abs. 3 S. 1 und 2 wirksamen Rechtswahl – gilt gem. Abs. 3 S. 3 das **Recht am Ort der Belegenheit des Risikos;** zur Frage einer mehrfachen Risikobelegenheit s. Erwägungsgrund 33 und → Rn. 11. Konsequent ergänzt **Abs. 5,** der ggf. zu einer wiederum eher misslichen Aufspaltung des Versicherungsvertragsstatuts führt. Anders als sonst stellt das Gesetz hier **keine Ausweichklausel** bereit (MüKoBGB/Martiny Rn. 40).

19 **6. Pflichtversicherungen (Abs. 4).** Abs. 4 gilt für alle Pflichtversicherungsverträge (einschließlich der Versicherung von Großrisiken) (Perner IPRax 2009, 218 (221)). Die Norm ergänzt die Anknüpfungen der Abs. 2 und 3 (Looschelders/Smarowos VersR 2010, 1 (7)). Genau genommen handelt es sich um die Sonderanknüpfung von zumindest Eingriffsnormen ähnlichen Normen, die den hinter der Anordnung der Versicherungspflicht stehenden Allgemeininteressen dienen. **Abs. 4 lit. b** sieht demgemäß vor, dass ein Mitgliedstaat für diesen Bereich eine autonome Sonderanknüpfung schafft. Deutschland hat davon in **Art. 46d EGBGB** Gebrauch gemacht. S. die Erläuterung dazu in diesem Kommentar.

20 Im Konfliktfall setzt sich – dem Charakter der Sonderanknüpfung entspr. – auch das die Versicherungspflicht vorschreibende mitgliedstaatliche Recht durch (**Abs. 4 lit. a** S. 2). Die Norm eröffnet den Mitgliedstaaten im Hinblick auf Versicherungsverträge über Risiken, für die ein Mitgliedstaat eine Versicherungspflicht vorschreibt, die Möglichkeit zu bestimmen, dass auf den Versicherungsvertrag das Recht dieses Mitgliedstaats anzuwenden ist (BGH BeckRS 2021, 5499; OLG Saarbrücken BeckRS 2021, 4987; zu lit. b OLG Köln BeckRS 2021, 9150). Nach Abs. 4 lit. a S. 1 kommt es nicht darauf an, ob das Risiko in einem Mitgliedstaat belegen ist. Die Belegenheit in einem Drittstaat genügt vielmehr, vorausgesetzt, die Versicherungspflicht wird von einem Mitgliedstaat (nicht ausreichend: von einem Drittstaat) statuiert (Looschelders/Smarowos VersR 2010, 1 (7)). Indes wird zu verlangen sein, dass auch der Mitgliedstaat die Versicherungspflicht trotz Geltung fremden Rechts nach der Rom I-VO nicht sachwidrig (also ohne jeden Inlandsbezug) anordnet. Das gilt auch für den **Innenregress zweier Haftpflichtversicherer.** Dieser ist auch dann möglich, wenn ein ausländischer Versicherer mit seinem Versicherungsnehmer eine nach ausländischem Recht wirksame Subsidiaritätsklausel vereinbart hat. Es bleibt ggf. beim Vorrang der Versicherungspflicht gem. Abs. 4 lit. a. Ein im EU-Ausland geführtes Fahrzeug erhält damit den am Nutzungsort gesetzlich erforderlichen, ggf. erweiterten vertraglichen Versicherungsschutz (OLG Schleswig BeckRS 2020, 11616 und oben Rn. 6 zum Gespannunfall sowie BGH BeckRS 2021, 23484)).

21 Für **Pflichtversicherungsverträge, deren versicherte Risiken sich außerhalb der EU befinden,** gilt gem. seinem Abs. 1 weder Art. 7 noch Art. 46d EGBGB. Solche Versicherungsverträge werden demgemäß nach Art. 3, 4 und 6 angeknüpft. Dabei kann einerseits die Möglichkeit in Betracht gezogen werden, über die Anknüpfung an eine offensichtlich engere Verbindung zu einer Versicherungspflicht zu gelangen (Fricke VersR 2008, 443 (450)). Andererseits kann dann auch Art. 9 Abs. 3 Rom I-VO zu einer im öffentlichen Interesse liegenden Versicherungspflicht führen. Es ginge wohl zu weit, zu vertreten, eine entsprechende Sonderanknüpfung käme nicht in Betracht, weil es „dem EU-Gesetzgeber letztlich egal" sei, ob die gesetzlichen Vorgaben des Nicht-EU-Staates eingehalten werden, der die Versicherungspflicht vorgeschrieben hat (so die rechtspolitische Kritik von Fricke VersR 2008, 443 (450)).

22 Auf der **Ebene des Sachrechts** ist darauf hinzuweisen, dass der BGH wiederholt entschieden hat, dass im Bereich der Kfz-Haftpflichtversicherung bei erkennbaren Zweifelsfällen eine **Pflicht zum Hinweis auf den** (ggf. unzureichenden, weil begrenzten) **örtlichen Geltungsbereich des Versicherungsschutzes** besteht, etwa in Bezug auf die Aufspaltung der Türkei bzw. Zypern in einen im System der „Grünen Karte" versicherten europäischen und einen nicht versicherten asiatischen Teil (BGH MDR 2005, 1108; IPRax 1990, 180; dazu Spickhoff IPRax 1990, 164; OLG Hamburg OLGR 2005, 129).

## III. Allgemeine Regeln

23 **1. Sachnormverweisung.** Art. 7 spricht ebenso wie das internationale Vertragsrecht insgesamt **Sachnormverweisungen** aus. Rück- und Weiterverweisungen nach ausländischem internationalen Privatrecht sind nicht zu beachten (Art. 20). Im Falle von Verweisungen auf Mehrrechtsstaaten gilt Art. 22, nicht Art. 4 Abs. 3 EGBGB.

24 **2. Ordre public und Sonderanknüpfung von Eingriffsnormen.** Der Vorbehalt der öffentlichen Ordnung (Art. 21) und ebenso die Möglichkeiten einer Sonderanknüpfung von sog.

Eingriffsnormen (Art. 9) sind im Anwendungsbereich des Art. 7 ggf. zu beachten. Für eine pauschale Sonderanknüpfung deutschen Versicherungsaufsichtsrechts über Art. 9 besteht kein Anlass (näher Schnyder/Grolimund in Reithmann/Martiny IntVertragsR Rn. 2.2772), und die sonstigen zwingenden Normen des Versicherungsvertragsrechts dienen selten öffentlichen Interessen iSv Art. 9 Abs. 1 (wohl großzügiger Schnyder/Grolimund in Reithmann/Martiny IntVertragsR Rn. 2.2774). Probleme kann aber das **Verbot einzelner US-amerikanischer Bundesstaaten** aufwerfen, **punitive damages zu versichern.** Selbst wenn unter der prinzipiellen Geltung deutschen Versicherungsvertragsrechts eine Sonderanknüpfung derartiger drittstaatlicher Normen in Betracht kommt (im Rahmen von Art. 9 Abs. 3), setzt dies voraus, dass sich die entsprechenden Verbote in die Wertungen des deutschen Rechts einfügen lassen (Wertungskonformität). Indes liegt der Zweck der entsprechenden Verbote gerade in der Effektivierung des Straf- und Generalpräventivzwecks der punitive damages, die der Schädiger gewissermaßen höchstpersönlich tragen und nicht über eine Versicherung auf diese abwälzen können soll. Damit sollen die betreffenden Verbote die von der deutschen Rechtsordnung kollisionsrechtlich und anerkennungsrechtlich als ordre public-widrig bewerteten punitive damages (BGHZ 118, 312 = NJW 1992, 3096) geradezu besonders schonungslos durchsetzen. Das deckt sich evident nicht mit bzw. widerspricht deutlich den Grundwertungen des deutschen Haftungsrechts. Daher sind die entsprechenden US-bundesstaatlichen Verbote weder sonderanzuknüpfen und ebenso wenig über § 138 Abs. 1 BGB auf der Ebene des Sachrechts durchzusetzen (näher Spickhoff FS Lorenz, 2014, 487).

## IV. Internationale Zuständigkeit

In Bezug auf die internationale Zuständigkeit (näher zum internationalen Versicherungsprozessrecht BeckOGK/Lüttringhaus Rn. 205 ff.) sind die **Sondervorschriften der Art. 10–16 Brüssel Ia-VO** (und die Parallelnormen des LugÜ) zu beachten, jeweils indes vorbehaltlich der Zuständigkeit für Verbrauchersachen. Art. 8 Nr. 1 Brüssel Ia-VO greift (zB im Falle einer Direktklage gegen den Kfz-Haftpflichversicherer) – leider – nicht, da Art. 10 Brüssel Ia-VO dies nicht vorsieht. Grds. gilt die Brüssel Ia-VO nur, wenn der Beklagte seinen Sitz in der EU hat (Art. 10 und 6 Brüssel Ia-VO). Sachlich erfasst sind nur Privatversicherungen, nicht öffentlich-rechtliche bzw. Sozialversicherungen, ebenso wenig Rückversicherungsverträge bzw. der Regress (Mayr/Czernich, Europäisches Zivilprozessrecht, 2006, Rn. 175). Zumeist greift relativ problemlos bei Klagen gegen einen Versicherer ggf. die Wohnsitzzuständigkeit des Art. 11 Abs. 1a Brüssel Ia-VO (mit der Erweiterung des Art. 11 Abs. 2 Brüssel Ia-VO). Nach Art. 63 Abs. 1 Brüssel Ia-VO liegt der Wohnsitz bei Gesellschaften und juristischen Personen an dem Ort, an dem sich ihr satzungsmäßiger Sitz, ihre Hauptverwaltung oder ihre Hauptniederlassung befindet. Im Falle deutscher Versicherer sind demgemäß deutsche Gerichte international zuständig. Ergänzend treten die Art. 12, 13 Brüssel Ia-VO (Klagen gegen Haftpflichtversicherer) hinzu. 25

Im Hinblick auf die **Zuständigkeitsvereinbarung nach den AHB** ist in Bezug auf die internationale Zuständigkeit darauf hinzuweisen, dass Art. 15 Brüssel Ia-VO die Zulässigkeit von Gerichtsstandsvereinbarungen für Versicherungssachen recht weitgehend gegenüber der allgemeinen Norm des Art. 25 Brüssel Ia-VO einschränkt; weiterreichende Gerichtsstandsvereinbarungen sind unwirksam (Art. 23 Abs. 5 Brüssel Ia-VO). Immerhin kommt ihre Zulässigkeit nach Art. 23 Nr. 3 Brüssel Ia-VO in Betracht, wenn und weil Versicherungsnehmer und Versicherer in demselben Staat ihren Sitz bzw. ihre Hauptverwaltung (Art. 60 Abs. 1 Brüssel Ia-VO) haben, und die Gerichte dieses Staates auch dann zuständig sein sollen, wenn das schädigende Ereignis im Ausland eintritt. Doch setzt diese Derogation des forum delicti commissi voraus, dass eine solche Vereinbarung auch nach dem Recht dieses Staates zulässig ist. Hinzu tritt die Möglichkeit, dass im Falle der allgemeinen Haftpflichtversicherung von Großrisiken (dazu näher Kropholler/v. Hein Brüssel Ia-VO Art. 13 Rn. 13 ff.) nach Art. 15 Nr. 5 Brüssel Ia-VO, Art. 16 Nr. 5 Brüssel Ia-VO eine Gerichtsstandsvereinbarung generell zulässig ist. 26

Greifen die Brüssel Ia-VO bzw. das LugÜ nicht, ist im **autonomen Recht** auf den (derogationsfesten) **§ 48 VVG (Sitz des Versicherungsagenten)** hinzuweisen. Im Übrigen gelten die allgemeinen Regeln der internationalen Zuständigkeit **(§§ 12 ff. ZPO analog),** wobei die Niederlassung eines Versicherers dann als Wohnsitz gilt (BGH NJW 1979, 1785; Fricke VersR 1997, 405). 27

### Art. 8 Individualarbeitsverträge

**(1) [1]Individualarbeitsverträge unterliegen dem von den Parteien nach Artikel 3 gewählten Recht. [2]Die Rechtswahl der Parteien darf jedoch nicht dazu führen, dass dem**

**Arbeitnehmer der Schutz entzogen wird, der ihm durch Bestimmungen gewährt wird, von denen nach dem Recht, das nach den Absätzen 2, 3 und 4 des vorliegenden Artikels mangels einer Rechtswahl anzuwenden wäre, nicht durch Vereinbarung abgewichen werden darf.**

**(2) [1]Soweit das auf den Arbeitsvertrag anzuwendende Recht nicht durch Rechtswahl bestimmt ist, unterliegt der Arbeitsvertrag dem Recht des Staates, in dem oder andernfalls von dem aus der Arbeitnehmer in Erfüllung des Vertrags gewöhnlich seine Arbeit verrichtet. [2]Der Staat, in dem die Arbeit gewöhnlich verrichtet wird, wechselt nicht, wenn der Arbeitnehmer seine Arbeit vorübergehend in einem anderen Staat verrichtet.**

**(3) Kann das anzuwendende Recht nicht nach Absatz 2 bestimmt werden, so unterliegt der Vertrag dem Recht des Staates, in dem sich die Niederlassung befindet, die den Arbeitnehmer eingestellt hat.**

**(4) Ergibt sich aus der Gesamtheit der Umstände, dass der Vertrag eine engere Verbindung zu einem anderen als dem in Absatz 2 oder 3 bezeichneten Staat aufweist, ist das Recht dieses anderen Staates anzuwenden.**

**Schrifttum:** Barnreiter, Der EuGH zur Frage nach der Auslegung der Ausweichklausel in Art. 6 Abs. 2 EVÜ, ZfRV 2014, 118; Block, Die Anknüpfung von Individualarbeitsverträgen des maritimen Personals auf Offshore-Anlagen, EuZA 2013, 20; Broers/Bönig, Rechtliche Rahmenbedingungen für 24-Stunden-Pflegekräfte aus Polen in Deutschland, NZA 2015, 846; Callsen, Eingriffsnormen und Ordre public-Vorbehalt im Internationalen Arbeitsrecht – ein deutsch-französischer Vergleich, 2015; Callsen, Kündigungsschutz behinderter Menschen bei grenzüberschreitenden Sachverhalten, ZESAR 2016, 21; Corneloup, Zur Unterscheidung zwischen Bestimmungen, von denen nicht durch Vereinbarung abgewichen werden darf, und dem ordre public-Vorbehalt bei internationalen Arbeitsverträgen, IPRax 2012, 569; Deinert, Neues Internationales Arbeitsvertragsrecht, RdA 2009, 144; Deinert, Internationales Arbeitsrecht, 2013; Deinert, Eingriffsnormen, Entsenderecht und Grundfreiheiten, FS Martiny, 2014, 277; Deinert, Konzerninterne Entsendung ins Inland, ZESAR 2016, 107; Deinert, Betriebsverfassungsrechtliche Fragen bei konzerninterner Entsendung von Arbeitnehmern in Inlandsbetriebe, DB 2016, 349; Franzen, Internationales Arbeitsrecht, in Oehmann/Dietrich, AR-Blattei SD Nr. 920, 1993; Gamillscheg, Ein Gesetz über das internationale Arbeitsrecht, ZfA 14 (1983), 307; Geisler, Die engste Verbindung im IPR, 2001; Junker, Zwingendes ausländisches Recht und deutscher Tarifvertrag, IPRax 1994, 21; Junker, Arbeitnehmerentsendung aus deutscher und aus europäischer Sicht, JZ 2005, 481; Junker, Gewöhnlicher Arbeitsort und vorübergehende Entsendung im IPR, FS Heldrich, 2005, 719; Junker, Der sog. räumliche Geltungsbereich des KSchG, FS Konzen, 2006, 367; Junker, Internationales Arbeitsrecht in der geplanten Rom I-Verordnung, RIW 2006, 401; Junker, Neues zum Internationalen Seearbeitsrecht – Der Fall des Leitenden Ingenieurs, EuZA 2016, 409; Pfeiffer, Das IPR des Betriebsübergangs, FS v. Hoyningen-Huene, 2014, 351; Rüve, Internationales Arbeitnehmererfindungsprivatrecht, 2009; Schlachter, Die Rom I-VO in der deutschen Arbeitsgerichtsbarkeit, ZVglRWiss 2016, 610; Winkler v. Mohrenfels, Zur objektiven Anknüpfung des Arbeitsvertragsstatuts im internationalen Seearbeitsrecht: gewöhnlicher Aufenthalt, Flagge und einstellende Niederlassung, EuZA 2012, 368; Winkler v. Mohrenfels/Block, Abschluss des Arbeitsvertrages und anwendbares Recht, in Oetker/Preis, EAS Kz B 3000; Winzer/Kramer, Geltung des Kündigungsschutzgesetzes für im Ausland tätige Mitarbeiter?, FS v. Hoyningen-Huene, 2014, 595.

## Übersicht

## I. Normzweck, Herkunft und europäische Rechtsangleichung

**1. Normzweck.** Art. 8 beinhaltet ähnlich wie Art. 6 eine kollisionsrechtliche **Norm zum Schutz des** – zumindest typischerweise – marktschwächeren **Arbeitnehmers,** dem nach **Erwägungsgrund 35** nicht zu seinem Nachteil der Schutz zwingender Bestimmungen durch kollisionsrechtliche Mittel entzogen werden können soll (zu Art. 30 EGBGB aF bereits BT-Drs. 10/504, 81; Giuliano/Lagarde BT-Drs. 10/503, 33, 57; BAG IPRax 2015, 342; dazu Mankowski IPRax 2015, 309). Insbesondere die **Rechtswahl** wird **eingeschränkt,** weil die Parteiautonomie auf kollisionsrechtlicher Ebene ebenso wenig wie die Privatautonomie auf sachrechtlicher Ebene im Bereich des individuellen Arbeitsrechts auf Grund der typischerweise gegebenen sozialen Ungleichgewichtslage zu einem angemessenen Interessenausgleich für die Regelung individueller Arbeitsrechtsbeziehungen führt. Art. 8 Rom I-VO greift allgemeinen Grundsätzen folgend nicht nur auch gegenüber Nicht-Mitgliedstaaten (Art. 2), sondern auch unabhängig von der Staatsangehörigkeit der Vertragsparteien (LAG Köln NZA-RR 2014, 214). 1

**2. Herkunft und früheres Kollisionsrecht.** Art. 8 fußt auf seinem Vorläufer, **Art. 6 EVÜ,** der seinerseits in ähnlicher Form auf Art. 2 Abs. 3 und Art. 5 EVÜ-Entwurf 1972 (vgl. Lando RabelsZ 38 (1974), 20 (22 f.)) zurückgeht. Art. 8 hat Art. 6 EVÜ nur geringfügig verändert (Abs. 2 in der Variante 2 „oder anderenfalls von dem aus") und systematisch klarer formuliert (Grüneberg/Thorn Rn. 1). 2

Auch **vor Inkrafttreten des europäisierten Internationalen Arbeitsvertragsrechts** war hier eine **Rechtswahl prinzipiell zulässig** (stRspr, BAGE 2, 18 (19) = AP BGB § 242 Nr. 4 Ruhegehalt; BAGE 13, 121 (124) = AP IPR (ArbR) Nr. 6; BAG NJW 1977, 2039 (2040); AP IPR (ArbR) Nr. 4; AP IPR (ArbR) Nr. 9; AP IPR (ArbR) Nr. 12; vgl. auch BeckOGK/Knöfel Rn. 8 ff.). Bei fehlender oder unwirksamer Rechtswahl wurde an den hypothetischen Parteiwillen angeknüpft, der zum Schwerpunkt des Arbeitsverhältnisses und damit zum Arbeitsort als maßgeblichen Anknüpfungspunkt führte (BAGE 7, 357 (362) = AP IPR (ArbR) Nr. 3; BAGE 16, 215 (222) = AP IPR (ArbR) Nr. 9; Gamillscheg, Internationales Arbeitsrecht, 1959, 103, 127, 140). Sehr streitig war, inwieweit zwingende Bestimmungen des ohne Rechtswahl anwendbaren Sachrechts durch eine Rechtswahl derogiert werden konnten (zum früheren Streitstand vgl. MüKoBGB/Martiny, 4. Aufl. 2005, EGBGB Art. 30 Rn. 3). 3

Wichtig insbes. im Internationalen Arbeitsvertragsrecht ist nach wie vor die **Übergangsregel von Art. 220 Abs. 1 EGBGB,** soweit es um die Anwendbarkeit des auf dem EVÜ beruhenden EGBGB aF geht. Maßgebliches Kriterium ist dort das Merkmal des abgeschlossenen Vorgangs. Nach der Rspr. des BAG war im Falle eines Dauerschuldverhältnisses, insbes. eines Dienst- oder Arbeitsvertrags, der Vorgang – anders als in Bezug auf die Anwendbarkeit der Rom I-VO (Art. 28) (BAG AP BGB § 130 Nr. 26) – nicht bereits mit dem Vertragsschluss abgeschlossen (BAG AP EGBGB Art. 27 Nr. 6 = BB 2004, 1393; BAGE 71, 297 (307 f.) = AP IPR (ArbR) Nr. 31; aA etwa Junker SAE 1994, 37 ff.). Mit dem Inkrafttreten des bisher geltenden EGBGB aF konnte also ein Statutenwechsel eingetreten sein. Im innerdeutschen Kollisionsrecht galt Art. 30 EGBGB aF bzw. zuvor die richterrechtlichen Grundsätze des internationalen Arbeitsvertragsrechts analog (Soergel/v. Hoffmann EGBGB Art. 30 Rn. 1c). 4

**3. Europäische Rechtsangleichung und Arbeitnehmerentsendung.** Im Bereich der EU existieren eine Reihe von Richtlinien, von denen die RL 96/71/EG über die Entsendung von Arbeitnehmern ins EU-Ausland (ABl. 1997 L 18, 1) kollisionsrechtlich von besonderem Interesse ist. Danach hat der aufnehmende Staat dafür zu sorgen, dass dem Arbeitnehmer nicht die Arbeitsbedingungen versagt werden, die an dem Ort, an dem die Arbeitsleistung vorübergehend erbracht wird, für Tätigkeiten der gleichen Art gelten. Die Umsetzung der RL 96/71/EG in das deutsche **AEntG** ist mit Gesetz vom 19.12.1998 (BGBl. I 3843) erfolgt (dazu Däubler RIW 1998, 255 (257); Lunk/Nehl DB 2001, 1934; Wank/Börgmann NZA 2001, 177 (179); vgl. auch EuGH ZEuP 2001, 358 mAnm Krebber; BAG AP Nr. 4 zu § 611 Ruhen des Arbeitsverhältnisses; DB 2003, 2287; NZA 2006, 379, jeweils zum sog. Urlaubskassenverfahren). Überdies bestimmt das AEntG, dass tarifvertragliche, für allgemeinverbindlich erklärte Regelungen des Baugewerbes über Entgelt und Urlaub auch auf das Arbeitsverhältnis zwischen einem Arbeitgeber mit Sitz im Ausland und seinem im räumlichen Geltungsbereich des Tarifvertrages beschäftigten Arbeitnehmer zwingend anwendbar sind (§ 1 Abs. 1 AEntG) (zur Europarechtswidrigkeit des AÜG s. EuGH NJW 2001, 3767; zu „Green-Card"-Arbeitnehmern s. Möll/Reichel RdA 2001, 308). Das AEntG korrigiert (im Wege der Sonderanknüpfung kraft Eingriffsnorm) also die Anknüpfungen des Art. 8 teilweise (s. Art. 23), soweit letztere (wie regelmäßig) zum Recht des Herkunftslandes des Arbeitnehmers führen (Junker JZ 2005, 481 (485); Schlachter NZA 2002, 1242 ff.; vgl. auch BAG NZA 5

2006, 379 (380); RdA 2004, 175 (177) mAnm Schlachter = BB 2004, 1337 (1339 f.) zu §§ 1, 3 AEntG aF). Es ist gewollt, dass Art. 8 die RL 96/71/EG unberührt lässt (Art. 23 und Erwägungsgrund 34). Die nationale Regelung eines Mitgliedstaates, nach der die Übertragung von Forderungen aus Arbeitsverhältnissen verboten ist, ist je nach Sachlage mit der RL 96/71/EG unvereinbar, wenn das Unternehmen, das Arbeitnehmer in einen anderen Mitgliedstaat entsandt hat, von einer Gewerkschaft dadurch bei einem Gericht des anderen Mitgliedstaats, in dem die Arbeitsleistung erbracht wird, nicht erfolgreich Klage erheben kann, um für die entsandten Arbeitnehmer abgetretene Lohnforderungen einzuklagen. Vorausgesetzt ist, dass es sich um den Mindestlohn iSd RL 96/71/EG handelt, und dass die Übertragung im Einklang mit dem im anderen Mitgliedstaat geltenden Recht steht (so EuGH NZA 2015, 345; dazu Bayreuther EuZA 2015, 346).

6 **4. Systematik der Norm.** Strukturell ähnelt Art. 8 dem Art. 30 EGBGB aF. Abs. 1 betrifft den Fall der (zulässigen) Rechtswahl, die nicht dazu führen darf, dass dem Arbeitgeber der Schutz entzogen wird, der ihm durch die zwingenden Bestimmungen des Rechts gewährt wird, das objektiv anwendbar wäre. Welches Recht objektiv anwendbar ist, folgt aus Abs. 2–4. Abs. 4 kehrt am Ende wieder zum Prinzip der engsten Verbindung (ähnlich wie in Art. 4 Abs. 3) zurück. Das EGBGB in der Bek. vom 21.9.1994 (BGBl. I 2494) enthielt einen Druckfehler insoweit, als die Ausnahmeklausel in Art. 30 Abs. 2 EGBGB aF ohne Absatz an Abs. 2 Nr. 2 angeschlossen worden war; dieser Fehler war später berichtigt worden (Bek. vom 5.5.1997, BGBl. I 1061). Die aktuelle Ausweich- bzw. Ausnahmeklausel des Art. 8 Abs. 4 bezieht sich dagegen von vornherein eindeutig auf die beiden vorhergehenden Absätze zum objektiven Vertragsstatut (vgl. auch Deinert IntArbR § 9 Rn. 1).

7 **5. Analogiefähigkeit.** Wie im Falle von Art. 6 stellt sich auch für Art. 8 im Prinzip die Frage nach dessen Analogiefähigkeit. Sie ist ebenso zu beantworten und damit im Prinzip zu verneinen wie für Art. 6. Die Herkunft von Art. 6 unterscheidet sich prinzipiell von autonomen Normen des nationalen Rechts, etwa solchen des BGB. Demgemäß ist auch Art. 6 nicht analog auf andere Fallgestaltungen anzuwenden, insbes. nicht auf Vertragsverhältnisse, die nach der eben autonom durchzuführenden Auslegung des Art. 6 nicht unter diese Norm fallen. Anderenfalls würde man den Anwendungsbereich der Grundanknüpfungen der Art. 3 und Art. 4 (oder Art. 6) systemwidrig zurückdrängen. Daher ist Art. 6 prinzipiell nicht analog auf **Verträge mit Geschäftsführern** einer GmbH anwendbar, es sei denn, diese fallen nach der autonomen Definition des Arbeitsvertrages (ausnahmsweise) unter Art. 6, wie etwa im Falle von Scheinselbständigen (vgl. – zur Zuständigkeit – EuGH EuZW 2015, 922; dazu Lüttringhaus EuZW 2015, 904; ferner Mankowski BB 1997, 465 (469 ff.) zu Art. 30 EGBGB aF) oder (im Einzelfall) auch Gesellschaftsgeschäftsführern im Hinblick auf deren Verhältnis zum Arbeitgeber, vorausgesetzt, Weisungsgebundenheit liegt vor. Ob das der Fall ist, richtet sich nach dem Gesellschaftsstatut (Harbarth/Nordmeier IPRax 2009, 393 (394, 398); Mankowski RIW 2004, 167; zumindest methodisch verfehlt daher OLG Düsseldorf RIW 2004, 230).

## II. Individualarbeitsverträge

8 Der für den Anwendungsbereich des Art. 8 zentrale Begriff des „Individualarbeitsvertrags" (in Art. 30 EGBGB aF war noch von „Arbeitsverträgen und Arbeitsverhältnissen" die Rede) ist wie stets im Rahmen der Rom I-VO **autonom auszulegen** (Deinert IntArbR § 4 Rn. 9, 13; Mankowski BB 1997, 465, 466; Weber IPRax 1988, 82; Schlachter NZA 2000, 57 (58); Staudinger/Magnus, 2021, Rn. 20). Soweit es eine einheitliche europäische Definition noch nicht gibt, gilt hilfsweise nicht die Qualifikation nach der lex causae (so aber Soergel/v. Hoffmann EGBGB Art. 30 Rn. 4; weitergehend für die Qualifikation nach der lex causae Dicey/Morris, Conflict of Laws II, 1304), sondern die Begriffe sind rechtsvergleichend-funktional (wenngleich wohl praktisch aus dem Blickwinkel der lex fori) zu qualifizieren (Deinert IntArbR § 4 Rn. 13; eher für lex fori noch Gamillscheg ZfA 14 (1983), 307 (365); Däubler RIW 1987, 249 (250)).

9 **1. Arbeitsverträge.** Im Wesentlichen besteht Einigkeit über die Anforderungen an Arbeitsverträge iSd Art. 8. Es handelt sich hierbei um **Dienstverträge,** die zu einer **weisungsgebundenen, abhängigen, fremdbestimmten und entgeltlichen Tätigkeit** verpflichten (eingehend Deinert IntArbR § 4 Rn. 14–47; BeckOGK/Knöfel Rn. 14 ff.; Mankowski BB 1997, 465 (469); Staudinger/Magnus, 2021, Rn. 36). In welcher Sparte gearbeitet wird, ist ebenso gleichgültig wie die Frage, ob die Arbeit allein oder in Gruppen geschieht (Gamillscheg ZfA 14 (1983), 307 (333)). Arbeitsverträge liegen vor im Falle von Teilzeitarbeit (Mankowski BB 1997, 465 (468)), Ausbildungsverhältnissen, Heim- oder Telearbeit (Staudinger/Magnus, 2021, Rn. 41), Leiharbeitsver-

hältnissen (LAG Hessen AR-Blattei ES Nr. 920, IntArbR Rn. 4 mAnm Mankowski), Arbeitsverhältnissen zwischen Familienmitgliedern, privatrechtlichen Arbeitsverträgen der Beschäftigten des Öffentlichen Dienstes (Staudinger/Magnus, 2021, Rn. 47; aA noch Soergel/v. Hoffmann EGBGB Art. 30 Rn. 7 aE), bei Arbeitsverträgen der Beschäftigten internationaler Organisationen (jedoch nur, wenn nicht kraft Völkergewohnheitsrechts eigenständiges Dienstrecht der jeweiligen Organisation anzuwenden ist) (vgl. BAG IPRax 2015, 342; dazu Mankowski IPRax 2015, 309; näher MüKoBGB/Martiny Rn. 24 ff.), im Einzelfall auch bei Scheinselbständigen (→ Rn. 7) und arbeitnehmerähnlichen Personen (zB Reinigungspersonal). Handelsvertreterverträge sind nur dann Arbeitsverträge, wenn sie zu einer Weisungsabhängigkeit des als Handelsvertreter Bezeichneten führen (dazu Klima RIW 1987, 796). Das Gleiche gilt für freie Mitarbeiter.

**2. Nichtige Arbeitsverträge, „faktische Arbeitsverhältnisse".** In Art. 30 EGBGB aF (= Art. 6 EVÜ) wurden anders als in Art. 8 auch bloße „Arbeitsverhältnisse" explizit erwähnt. Das beruhte darauf, dass unter Art. 30 EGBGB aF **auch nichtige Verträge sowie bloß faktische Arbeitsverhältnisse,** sofern sie nur in Vollzug gesetzt sind, subsumiert werden sollten. Das ergab und ergibt sich indes unabhängig von dieser Formulierung schon aus **Art. 12 Abs. 1 lit. e,** zuvor: Art. 32 Abs. 1 Nr. 5 EGBGB aF (Deinert IntArbR § 4 Rn. 35; Gamillscheg ZfA 14 (1983), 307 (332 f.)). Auf diese Weise können vor allem solche Konstellationen erfasst werden, in denen vom Gesetz zum Schutz der Arbeitnehmer vorgeschriebene vertragliche Bestimmungen nicht eingehalten worden sind (s. bereits Giuliano/Lagarde BT-Drs. 10/503, 33, 58). 10

**3. Umfang der Verweisung.** Art. 8 unterwirft (wirksame wie nicht wirksame, faktische) Arbeitsverträge dem Recht eines näher bezeichneten Staates. Abgesehen von den Fällen der Sonderanknüpfung zwingender Bestimmungen nach Abs. 1 und Art. 9 folgt der Umfang der Verweisung des Art. 9 aus **Art. 10 und 12,** so dass prinzipiell **alle mit Begründung, Inhalt, Einwendungen, Verjährung, Beendigung (Kündigung) eines Arbeitsvertrages zusammenhängenden Fragen** erfasst sind. Für die Frage der Geschäftsfähigkeit gelten demgegenüber die Art. 7 EGBGB und Art. 13 Rom I-VO, für die Frage der Form (für welche anders als für Art. 6 eine besondere Regelung wie in Art. 11 Abs. 4 fehlt) gilt Art. 11 (hierzu Junker IPRax 1993, 1 (5)). Unter den Anwendungsbereich des Art. 8 fallen insbesondere Befristungen (so bereits Gamillscheg, Internationales Arbeitsrecht, 1959, 232 f.). Unter diese Kollisionsnorm (und nicht etwa unter Art. 43 EGBGB analog oder das Territorialitätsprinzip) ist auch der Betriebsübergang nach § 613a BGB zu subsumieren; im Falle des § 613a BGB kann sich außerhalb der Fälle einer Rechtswahl – vorbehaltlich der Anknüpfung an eine noch engere Verbindung – dann auch das Arbeitsvertragsstatut ändern (BAG NZA 2011, 1143; dazu Forst SAE 2012, 18; ferner Cohnen FS 25 Jahre Arbeitsgemeinschaft Arbeitsrecht im Deutschen Anwaltverein, 2006, 595 (598 ff.); Kegel/Schurig IPR § 18 I 1 f. cc; zum Recht des Betriebsortes Junker, Internationales Arbeitsrecht im Konzern, 1992, 236 ff.; für Art. 9 zB Jayme/Kohler IPRax 1993, 369 f.; – insoweit aA BAG IPRax 1994, 123 (128); Mankowski IPRax 1994, 88 (94); LAG Köln RIW 1992, 933). Arbeitnehmer- und Arbeitgeberpflichten, die aus dem Arbeitsvertrag folgen, sind gleichfalls nach den Grundsätzen des Art. 8 anzuknüpfen. Dazu gehören die Lohnzahlungspflicht (Deinert RdA 1996, 339 (343); Gamillscheg ZfA 14 (1983), 307 (360); Weth/Korwer RdA 1998, 233 (237)) und Provisionszahlungspflicht (vgl. BAG NJW 1985, 2910; Birk RabelsZ 40 (1982), 387 (400)). Lohnfortzahlung im Krankheitsfalle ist demgegenüber wohl ein Bestandteil des Internationalen Sozialversicherungsrechts (Eichenhofer, Internationales Sozialrecht und Internationales Privatrecht, 1987, 94 ff.; Weth/Kreuzer RdA 1998, 233 (238)). Zum Anwendungsbereich des Art. 8 gehören weiter die Erstattung von Umzugskosten (BAG NJW 1996, 741 zu Art. 27), Urlaubsansprüche (Gamillscheg ZfA 14 (1983), 307 (360); Magnus IPRax 1990, 141 (145)), private Pensionsansprüche (BAG AP BGB § 242 Nr. 159 Ruhegehalt mAnm Grunsky; AP IPR (ArbR) Nr. 4 mAnm Gamillscheg; Junker IPRax 1993, 1 (6)) sowie die Haftung des Arbeitnehmers aus Vertrag. Sodann fallen grds. die im Zusammenhang mit einer **Arbeitnehmererfindung** stehenden Fragen unter diese Norm (Gamillscheg ZfA 14 (1983), 307 (362); Birk FS Hubmann, 1985, 5 f.). Das anwendbare Recht wird für Fragen der Zuordnung einer Arbeitnehmererfindung zum Arbeitnehmer oder zum Arbeitgeber demgemäß nach dem Arbeitsstatut und nicht nach dem Schutzlandprinzip bestimmt. Das Recht an der Diensterfindung folgt insbesondere den Anknüpfungen des Abs. 1. Die nach § 22 ArbnErfG zwingenden Regelungen des deutschen Arbeitnehmererfinderrechts sind dabei Schutzvorschriften iSd Abs. 2. Danach gilt das Recht des gewöhnlichen Arbeitsorts des Arbeitnehmers. Für das Recht auf das aus einer Diensterfindung abgeleitete europäische Patent gilt aufgrund Art. 60 Abs. 1 S. 2 EPÜ entsprechendes (OLG Karlsruhe GRUR 2018, 1030). Es steht hier nicht anders als in Bezug auf das Urhebervertragsrecht angestellter Urheber (Pütz IPRax 2005, 13 (14)). Auch die Kündigung unterliegt Art. 8, wobei in untragbaren Fällen Art. 21 11 eingreifen kann (BAGE 63, 17 (29 f.) = AP IPR (ArbR) Nr. 30; LAG München IPRax 1992, 97 m. Aufs. Däubler IPRax 1992, 82; näher Winzer/Kramer FS Hoyningen-Huene, 2014, 595), soweit der privatrechtliche Kündigungsschutz nicht durch öffentlich-rechtliche Vorschriften überlagert ist (BAG NJW 1987, 2766 (2767)); prinzipiell fällt aber auch der Kündigungsschutz und das KSchG unter Art. 8 (LAG Düsseldorf IPRspr. 2003 Nr. 49; Junker FS Konzen, 2006, 367 (368); Reiter NZA 2004, 1246 (1248)). Bei alledem ist es nicht als verfassungswidrig angesehen worden, wenn der Anwendungsbereich des KSchG auf Betriebe beschränkt wird, die in Deutschland liegen (BVerfG EWiR 2009, 585 (Mückl)). Auch auf einen Aufhebungsvertrag zwischen Arbeitnehmer und Arbeitgeber ist das Recht des aufzuhebenden Vertrages anzuwenden (Deinert IntArbR § 13 Rn. 17; MHdB ArbR/Oetker § 11 Rn. 108; ErfK/Schlachter Rn. 25; anders – selbständige Anknüpfung über Art. 3 und 4 – mit beachtlichen Gründen Knöfel ZfA 37 (2006), 397 (402 ff.); BeckOGK/Knöfel Rn. 24; Gamillscheg ZfA 14 (1983), 307 (362)). Dafür spricht, dass der Aufhebungsvertrag nicht selten eine Kündigung funktional substituiert, so dass die Schutzwürdigkeit des Arbeitnehmers dann hier wie dort gleichermaßen gegeben ist. Pflichten und die Folgen von Verletzungen arbeitsvertraglich vereinbarter Wettbewerbsverbote sind gleichfalls unter Art. 8 zu subsumieren (näher, auch zu besonderen Fallkonstellationen, Thomas/Weidmann DB 2004, 2694 ff.).

12 Für das **kollektive Arbeitsrecht** gilt demgegenüber Art. 8 nicht, insbes. nicht für die Betriebsverfassung und das Tarifrecht. Das **Internationale Betriebsverfassungsrecht** wird vom **Territorialitätsprinzip** geleitet (BAG NJW 1987, 2766 (2767); DB 1990, 992; NZA 1997, 493; Schlachter NZA 2000, 57 (63 f.); MüKoBGB/Martiny Rn. 145 ff.; diff. Deinert IntArbR § 17 Rn. 10 ff.; E. Lorenz FS W. Lorenz, 1991, 441 ff.; zum BetrVG Junker RdA 1990, 212 ff.; Junker RIW 2001, 94 (105 f.)). Betriebe unterliegen also dem deutschen BetrVG, wenn sie ihren Sitz im Inland haben, unabhängig vom Vertragsstatut der dort beschäftigten Arbeitnehmer. Ob es auch im Ausland tätige Arbeitnehmer deutscher Betriebe erfasst, insbes. bei bloß vorübergehender Entsendung eines Beschäftigten ins Ausland, ist eine Frage seines persönlichen Geltungsbereichs. Erfasst werden nur solche Mitarbeiter, bei deren Tätigkeit es sich um eine „Ausstrahlung" des Inlandsbetriebs handelt. Erforderlich ist eine Beziehung zum Inlandsbetrieb, die es rechtfertigt, die Auslandstätigkeit der im Inland entfalteten Betriebstätigkeit zuzurechnen. Dies ist bei einer ständigen Beschäftigung im Ausland regelmäßig nicht der Fall (BAG NZA 2018, 1396).

13 Es entspricht weiter herrschender Ansicht, dass für **Tarifverträge** Art. 8 nicht gilt (Giuliano/Lagarde BT-Drs. 10/503, 33, 57; Gamillscheg ZfA 14 (1983), 307 (332 f.); Schlachter NZA 2000, 57 (64); Junker RIW 2001, 94 (107 f.)). Da Art. 1 Abs. 2 Tarifverträge nicht aus dem Anwendungsbereich der Rom I-VO ausnimmt, gilt zwar nicht Art. 8, wohl aber gelten die anderen Vorschriften des Internationalen Schuldvertragsrechts der Art. 3 ff. (BAG IPRax 1994, 44 (45); dazu Junker IPRax 1994, 21 (22 f.)), und zwar nicht nur in Bezug auf den schuldrechtlichen (Deinert IntArbR § 15 Rn. 19 ff.), sondern auch für den normativen Teil des Tarifvertrages (BAG AP BGB Befristeter Arbeitsvertrag Nr. 245; Deinert IntArbR § 15 Rn. 38; Franzen AR-Blattei SD Nr. 920, Int Arbeitsrecht, Rn. 201; Hergenröder AR-Blattei SD Nr. 1550.15, Int Tarifvertragsrecht, Rn. 27; ErfK/Schlachter Rn. 30). Demgemäß können Tarifverträge parteiautonom „abgewählt" werden. Das löst auch keineswegs per se (etwa als Umgehung, die ohnehin nicht mit diesem Mittel methodisch zu bekämpfen wäre) den ordre public aus. Für bestimmte Bereiche sollen die Entsende-RL und das Arbeitnehmerentsendegesetz dafür sorgen, dass inländische allgemein verbindliche Tarifverträge nur für vorübergehend im Inland tätige Arbeitnehmer gelten, mögen auch ihre Arbeitsverträge ausländischem Recht unterstehen und sie sich gewöhnlich im Ausland aufhalten (näher ErfK/Schlachter AEntG § 1 Rn. 3 ff.; Birk ZIAS 1995, 481; Hickl NZA 1997, 513; Borgmann IPRax 1996, 315; Webers DB 1996, 574; Franzen DZWiR 1996, 89).

## III. Rechtswahl (Abs. 1)

14 **1. Allgemeines.** Art. 8 Abs. 1 S. 1 knüpft vorrangig an eine **Rechtswahl der Parteien im Internationalen Arbeitsvertragsrecht** an und setzt diese voraus. Damit können die Parteien das anzuwendende Recht in Übereinstimmung mit den zu Art. 3 entwickelten Grundsätzen ausdrücklich (vgl. BAG NZA 1998, 995; vgl. auch Junker RIW 2001, 95 ff.; ErfK/Schlachter Rn. 4) oder konkludent, auch nachträglich im Prozess (BAG NJW-RR 1988, 482 (483); näher Riesenhuber DB 2005, 1571; früher bereits BAGE 16, 215 = AP IRR (ArbR) Nr. 9) (indes unter der Voraussetzung von Erklärungsbewusstsein) (östOGH IPRax 2016, 174; dazu Temming IPRax 2016, 181; BeckOGK/Knöfel Rn. 34) wählen. Das ist durch Tarifvertrag möglich (LAG IPRspr. 1981 Nr. 44 noch zum alten Recht; ErfK/Schlachter Rn. 6; Thüsing NZA 2003, 1303 (1304)) und ebenso durch eine maßgebliche Orientierung an Sachnormen einer bestimmten Rechtsord-

nung (BAG NZA 2017, 502; BAG NZA 2015, 1264; dazu Hoch BB 2015, 1717; näher Riesenhuber DB 2005, 1571 ff.). Neben Art. 3 Abs. 3 und 4 (vgl. BAG IPRax 1999, 174 (176) betr. Kündigungsschutzrecht; krit. Krebber IPRax 1999, 160 (165 f.)) und Art. 9 (hierzu Junker IPRax 1989, 69 (72); gegen die Anwendung von Art. 3 Abs. 3 früher Schmidt-Hermesdorf RIW 1988, 938 (939)) schränkt Art. 8 Abs. 1 S. 2 die Rechtswahl allerdings in Bezug auf zwingende Bestimmungen ein.

Abgesehen davon bleiben aber alle **allgemeinen Bestimmungen zum Internationalen Vertragsrecht anwendbar.** Das gilt auch in Bezug auf die Möglichkeit der Teilrechtswahl gem. Art. 3 Abs. 1 S. 3 (so für die Altersversorgung BAG IPRax 2006, 254 m. Aufs. Franzen 222; für den Kündigungsschutz BAG AP KSchG 1969 § 23 Nr. 19 m. krit. Aufs. Krebber IPRax 1999, 164; AP GVG § 18 Nr. 1). Der Umkehrschluss, dass die Nichterwähnung dieser Möglichkeit in Art. 8 zur Unzulässigkeit der Teilrechtswahl führt (idS zu Art. 30 EGBGB aF Gamillscheg ZfA 14 (1983), 307 (328)), ist hier ebenso wenig angebracht wie zB im Falle der Art. 6 oder Art. 42 EGBGB; Art. 8 Abs. 1 S. 1 verweist vielmehr im Ganzen auf Art. 3 mit allen seinen Optionen (ErfK/Schlachter Rn. 4). Zu beachten ist aber – aus rechtsberatender Sicht – die grundsätzliche Problematik von kollisionsrechtlichen „patchwork-Verträgen" im Hinblick auf die Voraussehbarkeit der Ergebnisse und vor allem die prinzipiellen Grenzen der Zulässigkeit einer Teilrechtswahl (Art. 3 Rn. 27, 28) (zutr. Junker FS 50 Jahre BAG, 2004, 1197 (1201); Krebber IPRax 1999, 164 f.). Überdies folgt aus Art. 3 Abs. 3 im Umkehrschluss, dass – ebenso wie im Rahmen des Art. 3 insgesamt – die Parteien jede beliebige Rechtsordnung wählen können. Eine besondere Auslandsberührung ist prinzipiell nicht erforderlich (MüKoBGB/Martiny Rn. 28; Staudinger/Magnus, 2021, Rn. 52; anders Art. 121 schweiz IPRG). Im Übrigen wird man freilich Art. 3 Abs. 3, dem in einem reinen Inlandsfall neben Art. 6 ohnedies geringe praktische Bedeutung zukäme (Grüneberg/Thorn Rn. 4; Staudinger/Magnus, 2021, Rn. 56), insgesamt von Art. 8 (als lex specialis) verdrängt ansehen müssen. Das führt dazu, dass das Günstigkeitsprinzip des Abs. 1 auch im Anwendungsbereich des Art. 3 Abs. 3 greifen kann (Junker IPRax 1989, 69 (72); ErfK/Schlachter Rn. 18; anders aber E. Lorenz RIW 1987, 569 (574); MüKoBGB/Martiny Rn. 44: an sich Vorrang von Art. 3 Abs. 3). Die Frage, ob eine Rechtswahl wirksam zustande gekommen ist, richtet sich nach dem über Art. 3 Abs. 5 und Art. 10 anzuwendenden Recht (im Ausgangspunkt also dem Vertragsstatut). Eher unreflektiert hat das BAG dabei auch das Sprachrisiko dem Arbeitnehmer aufgebürdet (BAGE 147, 342 = NZA 2014, 1076 = AP BGB § 130 Nr. 26 m. weiterführender Anm. Mankowski; Temming GPR 2016, 38). 15

Im Falle einer **Rechtswahl durch AGB** wird vertreten, dass eine gesonderte Klauselkontrolle für vorformulierte Rechtswahlklauseln nicht angezeigt sei, weil schon über Art. 8 Abs. 1 ein spezifisch kollisionsrechtlicher Schutz vor den Folgen einer Rechtswahl verwirklicht werde (LAG Düsseldorf BeckRS 2021, 47784 Rn. 86; LAG Düsseldorf BeckRS 2021, 47359 Rn. 87; LAG Düsseldorf BeckRS 2021, 47778 Rn. 88). Der EuGH hat nur entschieden, dass eine **Rechtswahl** nach Abs. 1 **frei** erfolgt sein muss. Daran würde es zB fehlen, wenn eine nationale Vorschrift die Parteien dazu verpflichtet, das nationale Recht als das auf den Vertrag anzuwendende Recht zu wählen. Grundsätzlich auch dann frei ist eine Rechtswahl auch dann, wenn die Vertragsklausel über diese Wahl vom Arbeitgeber abgefasst wird und sich der Arbeitnehmer darauf beschränkt, sie zu akzeptieren (EuGH NZA 2021, 1357). Ungeachtet dessen gelten aber auch im Rahmen von Abs. 1 insoweit die über Art. 10 maßgeblichen Grundsätze in Bezug auf klauselmäßige Rechtswahlvereinbarungen. 16

**2. Zwingende Bestimmungen.** Zwingende Bestimmungen iSv Abs. 1 entstammen – ebenso wie in Art. 3 Abs. 3 und in Art. 6 Abs. 2 – dem **internen ius cogens** (BAGE 71, 297 (309) = AP IPR (ArbR) Nr. 31; Staudinger/Magnus, 2021, Rn. 72). In Übereinstimmung mit dem Wortlaut von Abs. 1 muss es sich überdies um zwingende Vorschriften zum Schutz des Arbeitnehmers handeln (zu Art. 30 EGBGB ebenso bereits Giuliano/Lagarde BT-Drs. 10/503, 33, 57). Insofern ist der Kreis der zwingenden Bestimmungen in Art. 8 Abs. 1 enger als derjenige in Art. 3 Abs. 3 (Looschelders EGBGB Art. 30 Rn. 15). International zwingende Bestimmungen iSv Art. 9 Abs. 1 sind aber nicht erforderlich, um die kollisionsrechtliche Schutzwirkung des Art. 8 Abs. 1 auszulösen. Ist eine Norm gleichzeitig zwingende Schutzvorschrift iSv Art. 8 Abs. 1 und international zwingende Schutznorm iSv Art. 9 (zB Mutterschutzvorschriften, die auch im Interesse der Allgemeinheit erlassen worden sind), so ist nach dem telos des Art. 8 nach dem Günstigkeitsprinzip zu verfahren. Jedenfalls schließen sich Art. 8 Abs. 1 und Art. 9 nicht gegenseitig aus (ebenso Staudinger/Magnus, 2021, Rn. 74 gegen Mankowski, Seerechtliche Vertragsverhältnisse im Internationalen Privatrecht, 1994, 508 f.). Wesentlich ist überdies, dass international zwingende Eingriffsnormen iSd Art. 9 Abs. 1 nur solche sind, die (und soweit sie) öffentliche Gemeinwohlbelange 17 schützen; die entsprechende Auslegung des Art. 34 EGBGB aF durch das BAG, der sich mittlerweile auch der BGH voll inhaltlich angeschlossen hat und die nun in Art. 9 Abs. 1 positives Gesetz geworden ist, gehört in der Tat zu den „Glanzstücken der international-privatrechtlichen Praxis des BAG" (Junker FS 50 Jahre BAG, 2004, 1197 (1211); ungenau daher Wiedenfels IPRax 2003, 317 (318 f.), der Art. 9 für die Begründung eines Urlaubsanspruchs heranziehen will).

18 Schutzvorschriften sind **sämtliche Normen, die die Rechtsstellung des** schwächeren Vertragsteils, genauer: des **Arbeitnehmers verbessern.** Nicht nur um Abgrenzungsschwierigkeiten zu vermeiden, sondern auch um den Schutzcharakter des Art. 8 besonders zu effektivieren, sind Schutzvorschriften iS dieser Vorschrift nicht nur Normen des Individualarbeitsvertragsrechts, sondern auch zwingende allgemeine vertragsrechtliche Normen (Hohloch FS Heierman, 1995, 143 (147); Junker IPRax 1989, 69 (73); MüKoBGB/Martiny Rn. 36). Für eine einschränkende Auslegung gibt auch der Wortlaut von Art. 8 nichts her. Zwingende Normen iSv Art. 8 Abs. 1 können öffentlich-rechtlicher Natur oder auch Bestandteile von für allgemein verbindlich erklärten Tarifverträgen sein (vgl. Giuliano/Lagarde BT-Drs. 10/503, 33, 57; Hohloch RIW 1987, 353 (357 f.); Kronke DB 1984, 404 (405)). Erfasst sind etwa Normen des Kündigungsschutzrechts (BAG IPRax 2015, 342; dazu Mankowski IPRax 2015, 309; BAG NJW 2008, 2665; BAGE 63, 17 = AP IPR (ArbR) Nr. 20; BAG MDR 1998, 543; Reiserer NZA 1994, 673 (674); zu den englischen selbstbeschränkenden sog scope rules Knöfel IPRax 2007, 146; für Art. 9 bei Kündigungsschutz von Müttern Deinert RdA 1996, 339 (343)), § 613a BGB (BAGE 71, 297 = AP IPR (ArbR) Nr. 31), der Gleichbehandlungsgrundsatz (aA Bittner NZA 1993, 161 (166)), Vorschriften über Arbeitnehmererfindungen (Sack FS Steindorff, 1990, 1333 (1343)) sowie Jugend-, Mutter- und Schwerbehindertenschutz, ferner das nicht dispositive Recht der AGB.

19 **3. Günstigkeitsvergleich.** Die Rechtswahl der Parteien darf nicht dazu führen, dass dem Arbeitnehmer der Schutz entzogen wird, der ihm durch die zwingenden Bestimmungen des Rechts gewährt wird, das nach Abs. 2–4 ohne Rechtswahl anwendbar wäre. Demzufolge kommt es auf einen Günstigkeitsvergleich an, bei dem die Ergebnisse verglichen werden müssen, die aus den nach Abs. 1 und Abs. 2–4 bezeichneten Rechtsordnungen folgen. Erweist sich die Anwendung zwingender Bestimmungen, die nach Abs. 2–4 an sich objektiv anwendbar wären, für den Arbeitnehmer als vorteilhafter, wird insoweit die **Rechtswahl nach Abs. 1 überlagert.** Die zwingenden Bestimmungen des objektiven Vertragsstatus (Abs. 2–4) werden in das subjektiv bestimmte Vertragsstatut gewissermaßen injiziert. Das als Vergleichsmaßstab herangezogene Recht, das über Abs. 2–4 bestimmt ist, ist unter Zugrundelegung nicht nur der Regelanknüpfungen von Abs. 2 und 3, sondern auch unter Berücksichtigung der Ausweichklausel des Abs. 4 zu bestimmen (so zu Art. 30 EGBGB aF bereits BAGE 63, 17 (25) = AP IPR (ArbR) Nr. 30). Das ergibt sich eindeutig aus dem Wortlaut von Art. 8 Abs. 1 S. 2.

20 Der Vergleich ist unstreitig nicht iS eines abstrakten Gesamtvergleiches der Rechtsordnungen durchzuführen. Insbesondere sind nicht pauschale Werturteile abzugeben. Str. ist allerdings, ob auf die ganz konkrete Einzelfrage, auf einen „Vorschriftenvergleich" (E. Lorenz RIW 1987, 569 (577); Schurig RabelsZ 54 (1990), 217 (220)), abzustellen ist, oder ob dann, wenn die Einzelfrage im unmittelbaren Zusammenhang mit weiteren Rechtsfragen steht, ganze Normenkomplexe (zB für die Mehrarbeitsvergütung) im Sinne eines **„Sachgruppenvergleichs"** im Sinne eines Vergleichs der in einem inneren, sachlichen Zusammenhang stehenden Teilkomplexe der fraglichen Rechtsordnungen zu vergleichen sind (so die hM, BAG IPRax 2015, 342; dazu Mankowski IPRax 2015, 309; Schlachter NZA 2000, 57 (61); MüKoBGB/Martiny Rn. 42; Staudinger/Magnus, 2021, Rn. 84, 85; BeckOGK/Knöfel Rn. 44; ähnlich – „konkreter Gesamtvergleich" – Junker IPRax 1989, 69 (72)). Gegen einen isolierten Vorschriftenvergleich spricht, dass eine solche Vergleichsmethode nach Art der Rosinentheorie zu einer ungerechtfertigten Kumulation von Vorteilen führen kann, insbes. wenn verschiedene Ansprüche zu prüfen sind, die zwar formal getrennt werden können, funktional aber doch zusammenhängen (dafür gleichwohl tendenziell Deinert IntArbR § 9 Rn. 58). Auch **iS eines beschränkten Gruppenvergleichs** kann ein Arbeitsverhältnis uU einem Mosaik zwingender Schutzvorschriften verschiedener staatlicher Herkunft unterliegen (Grüneberg/Thorn Rn. 8). Die daraus resultierenden Komplikationen sind vom Gesetzgeber aber in Kauf genommen worden. Zu beachten ist jedoch, dass es bei der Anwendung des subjektiv gewählten Rechtes nach Abs. 1 verbleibt, wenn dieses Recht mit seinen zwingenden Vorschriften den Arbeitnehmer mindestens genauso schützt wie das objektiv nach Abs. 2 anwendbare Recht (Gamillscheg ZfA 14 (1983), 307 (335); Grüneberg/Thorn Rn. 8; MüKoBGB/Martiny Rn. 41).

## IV. Objektive Anknüpfung (Abs. 2)

Auf Grund der objektiven Anknüpfung des Abs. 2 ist ein Arbeitsvertrag bzw. ein Arbeitsverhältnis dann anzuknüpfen, wenn es an einer Rechtswahl fehlt, sei es, dass diese überhaupt nicht vorliegt, sei es, dass sie unwirksam ist. Abgesehen davon kommt es auf die Anknüpfung des Abs. 2 auch im Rahmen eines erforderlichen Günstigkeitsvergleichs nach Abs. 1 an. Wegen der damit zusammenhängenden Komplikationen im Rahmen des Vergleichs führt eine Rechtswahl im Internationalen Arbeitsvertragsrecht uU zu größerer Rechtsunsicherheit als im Falle der objektiven Anknüpfung. Das sollte bedacht werden, wenn eine parteiautonome Rechtswahl im Internationalen Arbeitsvertragsrecht erwogen wird. **21**

**1. Normstruktur.** Abs. 2 und Abs. 3 sehen drei Regelanknüpfungen vor, die indes jeweils unter dem Vorbehalt einer noch engeren Verbindung zu einem anderen Staat stehen (Abs. 4). Das Verhältnis zwischen den Regelanknüpfungen, das zu Art. 30 Abs. 2 Nr. 1 und 2 EGBGB sowie zur dortigen Ausweichklausel umstritten war (2. Aufl. Rn. 20 mwN), kann nun als geklärt angesehen werden. Die Regelanknüpfungen in Abs. 2 und 3 enthalten ein **geschlossenes Regelungssystem.** Stets ist zunächst die maßgebliche Regelanknüpfung zu ermitteln. Auch der EuGH ist zu Art. 30 EGBGB aF = Art. 6 EVÜ zu der Erkenntnis gelangt, dass der Gesetzgeber hier eine **Rangordnung** unter den Kriterien aufstellen wollte, die für die Bestimmung des auf den Arbeitsvertrag oder das Arbeitsverhältnis anzuwendenden Rechts zu berücksichtigen sind (EuGH NZA 2012, 227 = IPRax 2014, 159; dazu Knöfel IPRax 2014, 130; Junker EuZW 2012, 41; Martiny ZEuP 2013, 838; Winkler von Mohrenfels EuZA 2012, 368). Aus der Gesetzgebungsgeschichte folgt außerdem, dass die objektiven Regelanknüpfungen auch Arbeiten im staatsfreien Gebiet erfassen sollen, etwa Arbeiten auf einer Hochseebohrinsel (Giuliano/Lagarde BT-Drs. 10/503, 33, 58); hier ist Abs. 3 einschlägig (zu Offshore-Anlagen Block EuZW 2013, 20). Das Gleiche kann angenommen werden, wenn ein Arbeitnehmer seine Tätigkeit an einem Ort verrichtet, der von mehreren Staaten gleichzeitig beansprucht wird (Mankowski, Seerechtliche Vertragsverhältnisse im Internationalen Privatrecht, 1994, 462). Im Ergebnis dient die **Ausweichklausel** in Abs. 4 demnach nur der (ausnahmsweisen) Korrektur der Regelanknüpfungen, ist aber **kein originärer Anknüpfungsansatz.** **22**

**2. Arbeitsort (Abs. 2). a) Lex Loci Laboris (Abs. 2 S. 1 Alt. 1).** Abs. 2 S. 1 knüpft in seiner ersten Alternative an das Recht des Staates an, in dem sich gewöhnlich der Arbeitsort befindet (lex loci laboris), selbst wenn der Arbeitnehmer vorübergehend in einen davon abweichenden Staat entsandt ist, vorausgesetzt, es gibt keine noch engere Verbindung zu einem anderen Staat. Der **Begriff des gewöhnlichen Arbeitsortes** ist – nicht zuletzt aus Gründen des Vertrauensschutzes des Arbeitnehmers im Blick auf das anzuwendende Recht **– weit auszulegen** (EuGH NZA 2012, 227 = IPRax 2014, 159; dazu Knöfel IPRax 2014, 130; Junker EuZW 2012, 41; Martiny ZEuP 2013, 838; Winkler von Mohrenfels EuZA 2012, 368; ebenso BAGE 147, 342 = NZA 2014, 1076). Er kann dort angenommen werden, **wo der Arbeitnehmer fest in einen Betrieb eingegliedert ist,** in dem er seine Arbeitsleistung erbringt (Junker, Internationales Arbeitsrecht im Konzern, 1992, 183; Ganzert, Das internationale Arbeitsverhältnis im deutschen und französischen Kollisionsrecht, 1992, 85; vgl. auch EuGH IPRax 1999, 365 zu Art. 5 Nr. 1 EuGVÜ; krit. Mankowski IPRax 1999, 332). Ohne entsprechende Eingliederung ist das **zeitliche und inhaltliche Schwergewicht der Arbeitnehmertätigkeit** entscheidend (BAG AP IPR (ArbR) Nr. 31; BeckOGK/Knöfel Rn. 53: Schwerpunkt). So haben im Inland beschäftigte ausländische Arbeitnehmer eines deutschen Arbeitgebers im Inland ihren gewöhnlichen Arbeitsort (ArbG Wesel IPRspr. 1995, Nr. 58); das gilt auch bei sog. Grenzpendlern oder Grenzgängern (Weth/Kerwer RdA 1998, 233 (236)). Bei fliegendem Personal ist zwar gleichfalls an sich der Ort maßgeblich, in dem die Arbeitsleistung überwiegend erbracht wird (BAG AP IPR (ArbR) Nr. 31). Im internationalen Flugverkehr lässt sich das indes im Allgemeinen nicht feststellen, wenn und weil das fliegende Personal seine überwiegenden Arbeitsleistungen während des Flugs ohne Bezug zu einem bestimmten Staat erfüllt (BAG NZA 2008, 751). Indes bietet sich für solche Fälle nun ein Rückgriff auf Abs. 2 S. 1 Alt. 2 („von dem aus") an (→ Rn. 22) (Martiny in Reithmann/Martiny IntVertragsR Rn. 6.2914). Im Falle von Heimarbeit ist der Arbeitsort nicht identisch mit dem Sitz des Betriebes (Staudinger/Magnus, 2021, Rn. 104); hier ist der Ort der tatsächlichen Arbeitsleistung maßgeblich, auch im Falle der Heimarbeit am Computer/im Internet (Looschelders EGBGB Art. 30 Rn. 31; ebenso EuGH EuZW 1997, 143 (144) zu Art. 5 Nr. 1 EuGVÜ; zum Internet Mankowski DB 1999, 1854 (1856)). Das gilt auch im Falle einer Abweichung von vereinbartem und tatsächlichem Arbeitsort. Möglich ist auch, dass innerhalb eines Staates der Arbeitsort (zwischen verschiedenen politischen Gemeinden) wechselt. Für Art. 8 allein relevant **23**

ist, dass innerhalb eines Staates gearbeitet wird; das Staatsgebiet ist also maßgeblich (BAG RdA 2004, 175 (177) mAnm Schlachter = BB 2004, 1337 (1339)). Befindet sich der Arbeitsort auf hoheitsfreiem Gebiet, aber noch auf dem Festlandsockel (zB im Falle einer Bohrinsel), so gilt noch die lex loci laboris des Staates, dem der Sockel zuzurechnen ist (Winkler v. Mohrenfels/Block EAS B 3000 Rn. 102; zu Offshore-Anlagen Block EuZW 2013, 20).

24 **b) Ort der Operations- oder Einsatzbasis (Abs. 2 S. 1 Alt. 2).** Subsidiär, also für den Fall, dass es einen solchen Ort nicht gibt, ist ggf. gem. der zweiten Alternative das Recht anzuwenden, von dem aus der Arbeitnehmer in Erfüllung des Vertrages gewöhnlich seine Arbeit verrichtet. Diese Erweiterung folgt der Rspr. des EuGH zur Brüssel Ia-VO (EuGH NZA 1997, 225 = IPRax 1999, 365 m. Aufs. Mankowski IPRax 1999, 332). Es geht gewissermaßen um die Operations- oder Einsatzbasis (base rule). In Betracht kommt diese Anknüpfung für Flugpersonal, Reiseführer, Wartungsingenieure (Grüneberg/Thorn Rn. 10; näher BeckOGK/Knöfel Rn. 57 ff.). Ebenso können Arbeitnehmer, die ihr Büro an ihrem Wohnort haben, aber (auch durch physische Präsenz) genauso Märkte in anderen Staaten bedienen, erfasst werden (Junker RIW 2006, 401 (406)). Oft, aber keineswegs notwendig wird sich das mit dem (nachrangig relevanten) Ort der Einstellungsniederlassung decken.

25 **c) Vorübergehende Entsendung (Abs. 2 S. 2).** Eine vorübergehende Entsendung des Arbeitnehmers in einen anderen Staat ändert nichts an der grundsätzlichen Maßgeblichkeit des Arbeitsortes iSd beiden Alternativen des Abs. 2 S. 1 **(Abs. 2 S. 2)** (EuArbR/Krebber Rn. 51). Vorübergehend ist nach **Erwägungsgrund 36 S. 1** nur eine nicht endgültige Entsendung (E. Lorenz RdA 1989, 220 (223); Grüneberg/Thorn Rn. 11); es muss erwartet werden können, dass der Arbeitnehmer nach seinem Arbeitseinsatz im Ausland seine Tätigkeit im Herkunftsstaat wieder aufnimmt. Zum Zwecke der Vermeidung von Umgehungen schließt auch der Abschluss eines neuen Arbeitsvertrags mit dem ursprünglichen Arbeitgeber oder einem Arbeitgeber, der zur selben Unternehmensgruppe gehört wie der ursprüngliche Arbeitgeber, nicht aus, dass der Arbeitnehmer seine Arbeit nur vorübergehend in einem anderen Staat verrichtet hat **(Erwägungsgrund 36 S. 2).** Ebenso wie bei der Ausfüllung des Begriffs des gewöhnlichen Aufenthalts sollte eine von vornherein vorübergehende Entsendung ins Ausland den Arbeitsort im Ausland erst dann zum gewöhnlichen Arbeitsort umschlagen lassen, wenn eine **Frist von im Allgemeinen** (also vorbehaltlich von einzelfallbezogenen Besonderheiten) **mehr als drei Jahren Arbeit im Ausland** vorgesehen ist (Gamillscheg ZfA 14 (1983), 307 (333); Kraushaar BB 1989, 2121 (2124), Franzen AR-Blattei SD Nr. 920, IntArbR, Rn. 76: zwei bis drei Jahre; Heilmann, Das Arbeitsvertragsstatut, 1991, 144; Soergel/v. Hoffmann EGBGB Art. 30 Rn. 39 und v. Hoffmann/Thorn IPR § 10 Rn. 81: ein, höchstens zwei Jahre; ganz gegen Fristen und für eine Einzelfallbetrachtung Gerauer BB 1999, 2083 (2084); Staudinger/Magnus, 2021, Rn. 111; Looschelders EGBGB Art. 30 Rn. 34; ebenso – vor Inkrafttreten von Art. 30 EGBGB aF – BAG AP IPR (ArbR) Nr. 16 aE; zwei Jahre lässt noch nicht genügen LAG Hamburg BeckRS 2021, 44046 Rn. 72; LAG Hamburg BeckRS 2021, 43675; LAG Hamburg BeckRS 2021, 34387; LAG Hamburg BeckRS 2021, 43355). Wenn belastbar zu ermitteln, kann als einzelfallbezogene Besonderheit namentlich auf den Parteiwillen, konkretisiert als (kumulativ erforderlichen) Willen oder gemeinsamen Plan von Arbeitgeber und Arbeitnehmer, abgestellt werden (vorrangig für die Berücksichtigung des Parteiwillens BeckOGK/Knöfel Rn. 66, 66.1). Ohne zeitliche Begrenzung der „vorübergehenden" Entsendung in einen anderen Staat kann nur die Ausweichklausel gegenüber der Anwendbarkeit des Rechts des Arbeitsortes helfen (Geisler, Die engste Verbindung im IPR, 2001, § 20 I 1 aE). Wird ein Arbeitnehmer in einen anderen Staat dauerhaft entsendet, gilt das betreffende ausländische Arbeitsvertragsrecht des Staates, in den man (dauerhaft) entsendet worden ist (Schlachter NZA 2000, 57 (60)). Findet iSd vorstehenden Ausführungen ein Wechsel des gewöhnlichen Arbeitsortes statt, führt dies keineswegs zu einem rückwirkenden Statutenwechsel. Vielmehr folgt das anwendbare Recht (vorbehaltlich der Ausweichklausel) ggf. den jeweiligen gewöhnlichen Arbeitsorten in den entsprechenden Zeitabschnitten (Mankowski IPRax 2003, 21 (25 f.)). Das Arbeitsvertragsstatut ist also durchaus im Prinzip **„wandelbar"** (vgl. auch BAG NZA 2011, 1143). Es gibt aber nicht gleichzeitig mehrere für Abs. 2 relevante „gewöhnliche" Arbeitsorte (BAG AP EGBGB Art. 27 Nr. 6 = BB 2004, 1393), schon weil die Anknüpfung sonst insgesamt ins Leere liefe und es an einer Art. 4 Abs. 4 vergleichbaren letzthilfsweise Grundanknüpfung an das Recht der engsten Verbindung in Art. 8 fehlt; die Norm geht also von einer prinzipiellen Lückenlosigkeit im System ihrer Grundanknüpfungen in Abs. 1–3 aus.

26 **3. Einstellende Niederlassung (Abs. 3).** Arbeitet der Arbeitnehmer nicht gewöhnlich in ein und demselben Staat und gibt es auch keine operative „Ausgangsbasis", gehen also die objektiven

Anknüpfungen von Abs. 2 ins Leere, so gilt in deutlicher **Subsidiarität** das Recht der einstellenden Niederlassung. Die Voraussetzung, dass der Arbeitnehmer seine Arbeit **gewöhnlich nicht in ein und demselben Staat verrichtet,** ist insbes. in Fällen (ohne operative Ausgangsbasis, sonst greift Abs. 2 S. 1 Alt. 2) erfüllt, in denen Monteure und ähnlich Beschäftigte (zB Reisebegleiter) einen ständig wechselnden Einsatzort haben (LAG Hamm NZA-RR 2000, 402; näher ErfK/Schlachter Rn. 14). Zu nennen sind auch der Schlafwagenschaffner (Geisler, Die engste Verbindung im IPR, 2001, § 20 I 2; W. Lorenz IPRax 1987, 269 (276); Eser RIW 1992, 1 (5)) sowie Angehörige des fliegenden Personals von Luftfahrtunternehmen (LAG Hessen IPRax 2001, 461; dazu Benecke IPRax 2001, 449) und Seeleute (s. Junker EuZA 2016, 409). Im Falle von Leiharbeitnehmern kommt eine Anwendung von Abs. 3 in Betracht, wenn der Einsatzort des Arbeitnehmers zwischen mehreren Staatsgebieten wechselt (Staudinger/Magnus, 2021, Rn. 170; vgl. auch Broers/Bönig NZA 2015, 846). Beim Flugpersonal sowie im Falle von Seeleuten sind allerdings die folgenden Besonderheiten zu beachten.

Beim **Flugpersonal** wurde gelegentlich nicht über Abs. 2 S. 1 Alt. 2 oder Abs. 3 angeknüpft, **27**
sondern an den Ort des Staates, in dem das Flugzeug registriert ist (Franzen AR-Blattei SD Nr. 920, IntArbR Rn. 103; Junker, Internationales Arbeitsrecht im Konzern, 1992, 188; Mankowski, Seerechtliche Vertragsverhältnisse im Internationalen Privatrecht, 1994, 491 f.; aus der Rspr: Todd vs British Midland Ltd (1978) ICR 959 (C.A.); Cass Rev crit dr int priv 75 (1986), 501; vor Inkrafttreten von Art. 30 EGBGB aF auch BAG AP IPR (ArbR) Nr. 12 mAnm Beitzke). Dagegen spricht indes schon, dass fliegendes Personal typischerweise auf wechselnden Flugzeugen eingesetzt wird, die unterschiedlichen Registrierungsorten und daher auch Rechten zugeordnet sein können. Daher kann die Anwendung von **Abs. 3** als **sachgerecht** erscheinen (ebenso BAG AP Nr. 10 Art. 30 EGBGB mAnm Schlachter und Junker SAE 2002, 258 sowie Franzen IPRax 2003, 239; ErfK/Schlachter Rn. 14; Staudinger/Magnus, 2021, Rn. 163; Geisler, Die engste Verbindung im IPR, 2001, § 20 I 3a; Grüneberg/Thorn Rn. 12; Ganzert, Das internationale Arbeitsverhältnis im deutschen und französischen Kollisionsrecht, 1992, 97; Gamillscheg ZfA 14 (1983), 307 (334); Däubler RIW 1987, 249 (251); Kraushaar BB 1989, 2121 (2123); Sack FS Steindorff, 1990, 1333 (1341); Lagarde Rev. crit. dr. int. priv. 1991, 319; (nur) für solche „Wechseldienste" ebenso Junker FS Heldrich, 2005, 719 (731 f.)). Übt der Arbeitnehmer seine Tätigkeit in mehreren Vertragsstaaten aus, ist allerdings gewöhnlicher Arbeitsort der Ort, an dem oder von dem aus er seine berufliche Tätigkeit tatsächlich ausübt, und – in Ermangelung eines Mittelpunkts der Tätigkeit – der Ort, an dem er den **größten Teil seiner Arbeit verrichtet.** Hinsichtlich des Ortes, „an dem" Flugpersonal gewöhnlich seine Arbeit verrichtet, geht das BAG von einer indiziengestützten Methode auszugehen, mit der in Zweifelsfällen der Ort, „von dem aus" der Arbeitnehmer den wesentlichen Teil seiner Verpflichtungen gegenüber seinem Arbeitgeber tatsächlich erfüllt, zu bestimmen ist. Dabei ist die **„Heimatbasis"** ein herausgehobenes **Indiz.** Erst wenn auch danach ein gewöhnlicher Arbeitsort in einem Staat nicht feststellbar ist, darf auf die „einstellende Niederlassung" zurückgegriffen werden. Hinsichtlich des Ortes, „an dem" Flugpersonal gewöhnlich seine Arbeit verrichtet, ist von einer indiziengestützten Methode auszugehen, mit der in Zweifelsfällen der Ort, „von dem aus" der Arbeitnehmer den wesentlichen Teil seiner Verpflichtungen gegenüber seinem Arbeitgeber tatsächlich erfüllt, zu bestimmen ist (BAG AP EGBGB Art. 30 Nr. 11 = BeckRS 2020, 16354).

Auch die **Anknüpfung an die Flagge des Schiffes** erscheint schon auf Grund der Problematik **28**
von Billigflaggen nicht als taugliches Anknüpfungskriterium. Im Rahmen von Art. 6, der auch das Seearbeitsrecht erfasst (zu Art. 30 EGBGB aF auch Giuliano/Lagarde BT-Drs. 10/503, 33, 58; vgl. auch BAGE 63, 17 = AP IPR (ArbR) Nr. 30), gilt damit vorrangig nicht Abs. 2 (so aber Basedow BerDGesVR 31 (1990), 83; E. Lorenz RdA 1989, 220 (224); Mankowski, Seerechtliche Vertragsverhältnisse im Internationalen Privatrecht, 1994, 481 ff., 494), sondern Abs. 3 (Deinert IntArbR § 9 Rn. 165; Grüneberg/Thorn Rn. 12; Heilmann, Das Arbeitsvertragsstatut, 1991, 187; offen gelassen in BAG AP IPR (ArbR) Nr. 30; AP IPR (ArbR) Nr. 32). Dafür spricht schon, dass ein Seemann nicht in ein und demselben Staat arbeitet. Denn ein Schiff ist ein Ort, kein Staat (BAG AP IPR (ArbR) Nr. 32). Die Auffassung, die unmittelbar unter die Ausweichklausel subsumieren will (so BAG SAE 1997, 29 (33); dazu Puttfarken, Seehandelsrecht, 1997, 10 f. und Drobnig/Puttfarken, Arbeitskampf auf Schiffen fremder Flagge, 1989, 15; vgl. auch BVerfGE 92, 26 (39)), ist aus systematischen Überlegungen heraus abzulehnen (→ Rn. 23). Für Seearbeitsverhältnisse von Personen, die im Inland keinen Wohnsitz oder ständigen Aufenthalt haben, konkretisiert **§ 21 Abs. 4 FlRG** den Art. 8. Nur die Tatsache, dass ein Schiff im Zweitregister eingetragen ist und die Bundesflagge führt, begründet nicht die Anwendung deutschen Rechts; das wäre mit Art. 8 auch nicht vereinbar. Möglich ist insbes. der Abschluss von Tarifverträgen für Seeleute mit ausländischem Wohnsitz nach deren Heimatrecht. Die Geltung des deutschen Sozialversicherungs-

rechts bleibt aber unberührt. Diese Regel ist verfassungsmäßig (BVerfGE 92, 26; dazu Lagoni JZ 1995, 499 ff.; Kühl TranspR 1989, 89 ff.; Puttfarken RIW 1995, 617 (618); Tomuschat IPRax 1996, 83 (85)). Ebenso wenig verstößt § 21 Abs. 4 FlRG gegen Unionsrecht (EuGH IPRax 1994, 199; dazu Magnus IPRax 1994, 178). Die Vorschrift ist – nachrangige – Interpretationsvorschrift zu Art. 8 (BVerfGE 92, 26 (39, 50); BAG SAE 1997, 29 (33)). Ist danach ausländisches Recht anwendbar, kommt eine Sonderanknüpfung deutscher Eingriffsnormen über Art. 9 in Betracht (dazu Lagoni JZ 1995, 499 (503); Wimmer IPRax 1995, 207 (210); Mankowski IPRax 1996, 408). Letzthilfsweise verbleibt der Einwand der öffentlichen Ordnung (Art. 21) (BVerfGE 92, 26 (41); Lagoni JZ 1995, 499 (503); Puttfarken RIW 1995, 617 (625); Mankowski IPRax 1996, 405 (409)).

**29** Problematisch ist schließlich der Begriff der **Niederlassung,** der im Gesetz nicht näher definiert ist. Für eine Niederlassung genügt jede Organisationseinheit des Arbeitgebers mit eigenen Entscheidungskompetenzen (Mankowski, Seerechtliche Vertragsverhältnisse im Internationalen Privatrecht, 1994, 498; für eine Gleichsetzung von Niederlassung und Betrieb Gamillscheg ZfA 14 (1983), 307 (334); Hauschka/Henssler NZA 1988, 597 (599)). Str. ist, ob die Einstellung selbst dann zum Vertragsabschlussort führt, wenn das Arbeitsverhältnis zur einstellenden Niederlassung keinen weiteren Bezug hat (so LAG Hessen NZA-RR 2000, 401 (403); Franzen AR-Blattei SD Nr. 920, IntArbR Rn. 79; ErfK/Schlachter Rn. 14; Heilmann, Das Arbeitsvertragsstatut, 1991, 60; MHdB ArbR/Oetker § 11 Rn. 32). Auf diese Weise könnte man Umgehungen Vorschub leisten. Die hL stellte deswegen bislang dann auf das Recht des Staates ab, in dem die andere Niederlassung des Arbeitgebers das Arbeitsverhältnis betreut und durchführt (Einsatzniederlassung) (so Gamillscheg ZfA 14 (1983), 307 (334); Junker FS 50 Jahre BAG, 2004, 1197 (1204); Ganzert, Das internationale Arbeitsverhältnis im deutschen und französischen Kollisionsrecht, 1992, 90; Mankowski, Seerechtliche Vertragsverhältnisse im Internationalen Privatrecht, 1994, 499). Die Gegenansicht muss mit der Ausweichklausel helfen (vgl. Geisler, Die engste Verbindung im IPR, 2001, § 20 I 2). Das BAG hat sich noch nicht festgelegt (vgl. auch Spickhoff SR 2018, 224 (230)), sympathisiert aber wohl mit der letztgenannten Ansicht (BAG NZA 2008, 761). Der **EuGH** hat sich ihr (noch zum EVÜ) gleichfalls in der Sache angeschlossen (EuGH NZA 2012, 227 = IPRax 2014, 159; dazu Knöfel IPRax 2014, 130; Junker EuZW 2012, 41; Martiny ZEuP 2013, 838; Winkler v. Mohrenfels EuZA 2012, 368). Er versteht unter dem Begriff der Niederlassung zunächst einmal ausschließlich diejenige, die den Arbeitnehmer eingestellt hat („Unterschriftstheorie"), also nicht die Niederlassung, bei der er tatsächlich beschäftigt ist (mit Grund krit. BeckOGK/Knöfel Rn. 71; aA bereits Gamillscheg ZfA 1983, 307 (334)). Auf die Rechtsfähigkeit oä kommt es nicht an (übereinstimmend BAGE 147, 342 = NZA 2014, 1076; EuGH NZA 2012, 227 und BAG sprechen von der „eigenen Rechtspersönlichkeit"); eine solche Anforderung müsse eine Niederlassung des Arbeitgebers im Sinne dieser Bestimmung nicht erfüllen. Ausnahmsweise könne aber die Niederlassung eines anderen Unternehmens als desjenigen, das formal als Arbeitgeber auftritt und zu dem anderen Unternehmen Beziehungen unterhält, als Niederlassung eingestuft werden, wenn sich anhand objektiver Umstände belegen lässt, dass die tatsächliche Lage nicht mit der sich aus dem Vertragstext ergebenden Lage übereinstimmt, und zwar auch dann, wenn die Weisungsbefugnis diesem anderen Unternehmen nicht formal übertragen worden ist. Zur Vermeidung unsachgemäßer Ergebnisse wird man nun je nach Sachlage die Anknüpfung des Art. 8 Abs. 2 S. 1mögkichst großzügig auslegen (müssen) (BeckOGK/Knöfel Rn. 71).

**30** **4. Engere Verbindung (Abs. 4).** Da Abs. 2 und 3 nur Regelanknüpfungen begründen, ist stets die **Ausnahmeklausel** in Abs. 4 zu prüfen. Aus der Gesamtheit der Umstände kann sich ergeben, dass der Arbeitsvertrag oder das Arbeitsverhältnis engere – und nicht: „offensichtlich" engere wie in Art. 4 Abs. 3 – Verbindungen zu einem anderen Staat aufweist. Der signifikante Unterschied kann kaum auf einem bloßen Redaktionsversehen beruhen. Im Rahmen von Art. 8 besteht daher eine größere Flexibilität als im Rahmen von Art. 4 (Deinert IntArbR § 9 Rn. 128; Barnreiter ZfRV 2014, 118). Greift die Ausweichklausel, gelten die Normen dieses anderen Staates. Die Ausweichklausel des Art. 8 Abs. 4 kann also – trotz ihres Ausnahmecharakters – eher eingreifen als die Parallelnorm in Art. 4 Abs. 3. Sie sollte dennoch nicht zur Dekonturierung der Grundanknüpfungen des Art. 8 Abs. 2 und 3 im Übermaß missbraucht werden. Das **BAG** hat zu Art. 30 EGBGB aF zutreffend zwischen Umständen von besonders starkem Gewicht **(sog. primäre Anknüpfungs- bzw. Abwägungskriterien)** und **sekundären Abwägungskriterien** mit bloßer Indizfunktion differenziert (hierzu BAG AP IPR (ArbR) Nr. 30; AP IPR (ArbR) Nr. 31; vgl. auch BAG AP IPR (ArbR) Nr. 32; Franzen EzA Art. 30 EGBGB Nr. 3 S. 15; Mankowski IPRax 1994, 88 (94)). Zu den **primären Abwägungskriterien** sind zu rechnen: der Arbeitsort, der Sitz des Arbeitgebers, die Staatsangehörigkeit beider Vertragsparteien und der Wohnsitz des Arbeitnehmers, also die räumliche Dimension des Arbeitsverhältnisses (BAG BB 2004, 1393 (1395); RdA 2004, 175 (177) mAnm Schlachter), ferner die einstellende Niederlassung sowie der Hauptsitz des Arbeitgebers, aber auch ein gemeinsamer gewöhnlicher Aufenthalt von Arbeitgeber und Arbeitnehmer (vgl. auch BAG AP IPR (ArbR) Nr. 31; Junker, Internationales Arbeitsrecht im Konzern, 1992, 194; Mankowski IPRax 1996, 405 (407); Franzen EzA Art. 30 EGBGB Nr. 3 S. 15). Als **sekundäre Abwägungskriterien** treten ergänzend die Vertragssprache und Währung, in der die Vergütung gezahlt wird, hinzu, ggf. aber auch weitere vertragswesentliche Gesichtspunkte, die in ihrer Gesamtheit hinreichendes Gewicht haben, um die Bedeutung der Regelanknüpfung zu überwinden, wie etwa der Vertragsabschlussort sowie der Wohnsitz des Arbeitnehmers (vgl. auch BVerfGE 92, 26 (39)), ferner die Tätigkeit eines Agenten oder Beauftragten, das Recht, nach dem der Arbeitnehmer sozial abgesichert ist, der Ort, von dem aus das Arbeitsverhältnis faktisch dirigiert wird, bei Schiffen oder uU Flugzeugen die gewöhnliche Route, oder auch die Einbindung in ein Urlaubskassenverfahren (BAG RdA 2004, 175 (177) mAnm Schlachter) oder in sonstige Sozialsysteme (sog Vertragsdimension) (BAG BB 2004, 1393 (1395)). Materiellrechtliche Kriterien sind ebenso unbeachtlich (Gamillscheg ZfA 14 (1983), 307 (340); Junker, Internationales Arbeitsrecht im Konzern, 1992, 190; ErfK/Schlachter Rn. 15) wie rein subjektive Parteiinteressen, die sich nicht objektivieren lassen (Gamillscheg ZfA 14 (1983), 307 (332), der aber im Rahmen des Art. 30 für eine mittlerweile wohl überholte Anknüpfung an den hypothetischen Parteiwillen plädiert; dagegen mit Grund Junker FS 50 Jahre BAG, 2004, 1197 (1204 f.), auch in Bezug auf die stillschweigende Rechtswahl). Nicht relevant soll auch sein, wo der Arbeitgeber eine Zweigniederlassung eintragen lassen hat (BAG RdA 2004, 175 (177) mAnm Schlachter). Nur eine Mehrzahl von Umständen kann eine engere Verbindung zu einer anderen Rechtsordnung abweichend von der Regelanknüpfung begründen. Das folgt daraus, dass die Ausweichklausel von einer „Gesamtheit der Umstände" spricht (BAG AP IPR (ArbR) Nr. 30; AP IPR (ArbR) Nr. 31; ArbG Wesel IPRspr. 1995 Nr. 58). Im Übrigen entscheidet jeweils der Einzelfall (näher zu Einzelfällen – Flugpersonal, Schiffsbesatzungen, Ortskräfte, entsandte Mitarbeiter mit und ohne doppeltem Arbeitsverhältnis – Geisler, Die engste Verbindung im IPR, 2001, § 20 II 2). Das von der Regelanknüpfung berufene Recht wird insgesamt nur verdrängt, wenn die Gesamtheit wichtiger und nicht nur nebensächlicher Anknüpfungsmerkmale zu einem anderen Ergebnis führt. Dabei hat der gewöhnliche Arbeitsort ein stärkeres Gewicht als die einstellende Niederlassung. Die ausdrückliche und stillschweigende Rechtswahl als solche kann nicht herangezogen werden, da es gerade auf das ohne eine Rechtswahl maßgebliche Recht ankommt (BAG BB 2004, 1393 (1395)). Auch der **EuGH** hat – noch zu Art. 30 EGBGB aF = Art. 6 EVÜ – entschieden, die Norm dahingehend auszulegen, dass auch dann, wenn ein Arbeitnehmer die Arbeit in Erfüllung des Arbeitsvertrags gewöhnlich, dauerhaft und ununterbrochen in ein- und demselben Staat verrichtet, geprüft werden kann (mE genauer: zu prüfen ist), ob sich aus der Gesamtheit der Umstände eine engere Verbindung zwischen diesem Vertrag und einem anderen Land ergibt (EuGH NZA 2013, 1163; dazu Mankowski EWiR 3013, 743; Fornasier IPRax 2015, 517; Lüttringhaus EuZW 2013, 821; Knöfel EuZA 2014, 375). Dabei sind sämtliche Gesichtspunkte zu berücksichtigen, die das Arbeitsverhältnis kennzeichnen, und die maßgeblichsten wertend zu bestimmen. Allerdings verbieten sich gewissermaßen automatische Schlussfolgerungen, welche die Grundanknüpfung verdrängen. Letztere ist jedenfalls nicht schon allein deshalb auszuschließen, weil abgesehen vom tatsächlichen Arbeitsort die anderen relevanten Umstände aufgrund ihrer großen Zahl auf ein anderes Land hindeuten. Im Übrigen deutet auch der EuGH die Differenzierung zwischen primären (= wichtigen) und sekundären (weniger gewichtigen) Anknüpfungskriterien an. Unter den **„wichtigen Anknüpfungspunkten"** seien das Land, in dem der Arbeitnehmer Steuern und Abgaben auf die Einkünfte aus seiner Tätigkeit entrichtet, und das Land, in dem er der Sozialversicherung und den diversen Renten-, Gesundheits- und Erwerbsunfähigkeitsregelungen angeschlossen ist, zu berücksichtigen. Im Übrigen seien die gesamten Umstände des Falles wie die Parameter, die mit der Bestimmung des Gehalts und der Arbeitsbedingungen zusammenhängen, zu berücksichtigen. Interessant ist, dass das BAG den **Tatsacheninstanzen** einen (begrenzten) **Spielraum bei der Gewichtung der für Abs. 4 relevanten Anknüpfungsmomente** eingeräumt hat. Es muss (nur) alle Gesichtspunkte berücksichtigen, die das Arbeitsverhältnis kennzeichnen, und den- oder diejenigen würdigen, der bzw. die seiner Ansicht nach „am maßgeblichsten" ist bzw. sind (so zu Art. 30 EGBGB aF BAG BeckRS 2019, 35075: Lehrer an griechischer Schule in Deutschland tätig; die Ausführungen zur Staatenimmunität sind für die Rom I/II-VOen und die Brüssel Ia-VO nicht zwingend; vgl. EuGH IPRspr 1991, Nr. 206).

## V. Allgemeine Regeln

31 **1. Sachnormverweisung.** Rück- und Weiterverweisungen sind nach Art. 20 Abs. 1 nicht zu beachten. Das Internationale Arbeitsvertragsrecht spricht Sachnormverweisungen aus. Im Falle der Verweisung auf Mehrrechtsstaaten (zB USA) greift Art. 22.

32 **2. Form.** Die Frage der **Form des Arbeitsvertrags** richtet sich nach Art. 11 Abs. 1. Die **Form einer Kündigung** ist nach den gem. Art. 11 Abs. 3 maßgebenden Rechtsordnungen (Arbeitsvertragsstatut, Vornahmeortsrecht oder gewöhnlicher Aufenthaltsort des Kündigenden) zu prüfen. Der normale Gebrauch dieser Optionen ist nicht per se rechtsmissbräuchlich, sondern durch die Rom I-VO verbindlich vorgegeben. Eine Einschränkung – trotz gewisser Bedenken gegen das Übermaß an Optionen im Einzelfall – lässt sich daher auf kollisionsrechtlicher Ebene (etwa unter dem Aspekt der Gesetzeserschleichung) kaum begründen (dafür Staudinger/Magnus, 2021, Rn. 186; dagegen auf dem Boden der lex lata überzeugend BeckOGK/Knöfel Rn. 81). Dieses kollisionsrechtlich gewollte Ergebnis auf sachrechtlicher Ebene (etwa mit § 242 BGB, vorausgesetzt, deutsches Arbeitsvertragsrecht ist anwendbar) zu unterlaufen dürfte beim EuGH gleichfalls nicht ohne weiteres auf Gegenliebe stoßen und könnte nur mit (nicht kollisionsrechtlich, sondern sachrechtlich) planwidrigen Extremkonstellationen (etwa Missbrauch zum Nachteil des Arbeitnehmers) begründet werden (zurückhaltend – „allenfalls" – auch BeckOGK/Knöfel Rn. 81).

33 **3. Eingriffsnormen.** Nicht selten erhebt sich im Internationalen Arbeitsvertragsrecht die Frage nach der Sonderanknüpfung von Eingriffsnormen (→ **Art. 9** Rn. → Art. 9 Rn. 1 ff.). Das **BAG** hat zur Aus- und Fortbildung dieses Problembereichs Maßstäbliches, auch als Basis für das Verständnis des aktuellen Art. 9, geleistet (eingehend dazu Deinert IntArbR § 10 Rn. 11 ff.). Obwohl aus intertemporalen Gründen noch zu Art. 34 EGBGB aF gedenkt das BAG seine dazu entwickelten Grundsätze richtigerweise auf Art. 9 zu erstrecken (BAG NZA 2013, 1152). Bei „Eingriffsnormen" im Sinne dieser Norm handelt es sich um zwingende Vorschriften, deren Einhaltung von einem Staat als so entscheidend für die Wahrung seines öffentlichen Interesses, insbes. seiner politischen, sozialen oder wirtschaftlichen Organisation, angesehen wird, dass sie auf alle in Betracht kommenden Sachverhalte angewendet werden müssen (BAG AP GG Art. 25 Nr. 5; BAGE 100, 130 = NZA 2002, 734). Inländische Gesetze sind nur dann Eingriffsnormen (iSv Art. 9 Abs. 1 und 2), wenn sie entweder ausdrücklich oder nach ihrem Sinn und Zweck ohne Rücksicht auf das nach den deutschen Kollisionsnormen anwendbare Recht gelten sollen. Erforderlich ist also ein aus dem Schutzzweck der Norm zu destillierender Inlandsbezug. Er fehlt zB, wenn ein die Elternzeit beanspruchende Arbeitnehmer seinen gewöhnlichen Arbeitsort nicht im Inland hat (BAG AP EGBGB Art. 30 Nr. 11 = BeckRS 2020, 16354 zu § 18 BEEG). Es reicht nicht aus, dass die betreffende Norm als Arbeitnehmerschutznorm einseitig zwingend und günstiger als die nach dem an sich anwendbaren ausländischen Recht einschlägige Vorschrift ist. Erforderlich ist vielmehr, dass die Vorschrift nicht nur auf den Schutz von Individualinteressen der Arbeitnehmer abzielt, sondern mit ihr **zumindest auch öffentliche Gemeinwohlinteressen** verfolgt werden (BAG AP EGBGB Art. 30 Nr. 11 = BeckRS 2020, 16354; NZA 2013, 1152; BAGE 125, 24, 42; 80, 84, 92 f.; 71, 297; 63, 17, 30 ff.). Bei der Bestimmung einer innerstaatlichen Norm als international zwingende Eingriffsnorm ist Zurückhaltung geboten, wie sich auch aus Erwägungsgrund 37 zur Rom-I-VO ergibt, nach der der Begriff „Eingriffsnormen" eng ausgelegt werden soll (Ferrari/Staudinger Art. 9 Rn. 6). Demgemäß hat das BAG etwa § 2 Abs. 1 EFZG (Pflicht des Arbeitgebers zur Entgeltfortzahlung an gesetzlichen Feiertagen) im Ganzen nicht als Eingriffsnorm qualifiziert. § 3 EFZG sichert dem Arbeitnehmer, der nach allgemeinen Regeln bei Arbeitsunfähigkeit zur Arbeitsleistung nicht verpflichtet ist, jedoch nach § 326 Abs. 1 BGB keinen Anspruch auf die Gegenleistung hätte, einen Vergütungsanspruch. Insofern dient die Vorschrift dem Ausgleich der Interessen der Parteien eines privatrechtlichen Vertrags. Dennoch hat – recht weitgehend – das BAG § 3 EFZG als Eingriffsnorm qualifiziert, weil die Pflicht des Arbeitgebers ganz wesentlich der Entlastung der gesetzlichen Krankenkassen und damit mittelbar aller Beitragszahler diene, deren Entlastung im gesamtgesellschaftlichen Interesse liege (BAGE 100, 130 = NZA 2002, 734). Ob dieser reflexhafte Schutz ausreicht, sei dahingestellt. Jedenfalls greift dieser Aspekt nicht, wenn die Arbeitnehmer ohnehin nicht dem deutschen Sozialversicherungsrecht unterliegen; dann kann auch nicht sonderangeknüpft werden (BAG NZA 2013, 1152). Keine Eingriffsnorm, die vorrangig öffentliche Interessen schützt, ist auch § 8 TzBfG (BAG RIW 2008, 644; dazu Junker EuZA 2009, 88). Als Eingriffsnormen im Arbeitsrecht anerkannt worden sind § 1 AEntG (BAG NZA 2006, 379; DB 2003, 2287) sowie bestimmte Normen eines Tarifvertrages, die § 1 AEntG zu Eingriffsnormen erklärt (vgl. Junker RdA 1998, 42 (45)). Nicht akzep-

tiert, weil individualschützend wurden – zumindest tendenziell – die Schutznormen zugunsten der Arbeitnehmer des Individualarbeitsrechts einschließlich des arbeitsrechtlichen Gleichbehandlungsgrundsatzes (Junker IPRax 1994, 21 (26); aA Bittner NZA 1993, 16, (165); hier hilft Art. 6 S. 2), § 613a BGB (BAG IPRax 1994, 123 (128) mAnm Mankowski IPRax 1994, 88 (94); Franzen AR-Blattei 920 Nr. 12 3 IntArbR; LAG Köln RIW 1992, 935), § 1 SeemannsG (BAG NZA 1995, 1191, 1193), das deutsche Mitbestimmungsrecht (Grüneberg/Thorn Rn. 9; aA Großfeld/Erlinghagen JZ 1993, 217 (222); Großfeld/Johannemannn IPRax 1994, 271 (272)). Auch tarifliche Zahlungspflichten in eine Zusatzversorgungskasse begründen keine Eingriffsnormen (BAG BB 2004, 1337).

**4. Ordre public.** Wie stets kann auch im Internationalen Arbeitsvertragsrecht Art. 21 die **34**
Anwendung ausländischen Rechts im Einzelfall begrenzen oder ausschließen. Auf Grund des erforderlichen Günstigkeitsvergleichs nach Abs. 1, aber auch deshalb, weil Art. 9 Abs. 2 international zwingendes Inlandsrecht ohnedies gegenüber eigentlich anwendbarem ausländischen Vertragsrecht durchsetzt (dazu Franzen AR-Blattei SD Nr. 920, Int Arbeitsrecht, Rn. 130; Junker, Internationales Arbeitsrecht im Konzern, 1992, 315 ff.; Heilmann, Das Arbeitsvertragsstatut, 1991, 141), ist der **Anwendungsbereich der Vorbehaltsklausel** hier **besonders begrenzt.** In Betracht kommt der Einsatz von Art. 21 allgemein im Falle von Verstößen gegen das Diskriminierungsverbot des Art. 3 Abs. 2 GG (Deinert RdA 1996, 339 (343 f.); MüKoBGB/Martiny Rn. 180; keinen ordre public-Verstoß im Falle eines Frauenbeschäftigungsverbotes, das gerade umgangen werden sollte, nahm zu Recht LAG Köln IPRspr. 1932 Nr. 40 an). Soweit Handelsvertreter überhaupt unter Art. 8 fallen, ist jedenfalls das Fehlen eines Ausgleichsanspruchs des Handelsvertreters nicht als ordre public-widrig angesehen worden (BAG AP IPR (ArbR) Nr. 23 mAnm Beitzke; BGH IPR (ArbR) AP Nr. 20; NJW 1961, 1061 (1062); LG Frankfurt a. M. IPRax 1981, 134 (135)). Auch das Fehlen einer Vorschrift zum Betriebsübergang wie § 613a BGB wurde nicht als ordre public-widrig angesehen (BAG IPRax 1994, 123 (128 f.); AP IPR (ArbR) Nr. 31; dazu Pfeiffer FS v. Hoyningen-Huene, 2014, 351). Das Fehlen von Kündigungsschutzvorschriften, die nicht ausnahmslos unter Art. 9 (→ Rn. 30) fallen (vgl. – vor Inkrafttreten von Art. 34 – BAG AP IPR Ende AP Linker (ArbR) Nr. 10; Gamillscheg ZfA 14 (1983), 307 (344); näher ErfK/Schlachter Rn. 21), kann im Einzelfall die Vorbehaltsklausel auslösen. So, wenn vertraglich von vornherein auf jedweden Kündigungsschutz zu Gunsten des Arbeitnehmers verzichtet werden kann (BAG NJW 1979, 1119 (1120) obiter; vgl. auch Beitzke Anm. zu BAG AP IPR (ArbR) Nr. 12). Das bloße Zurückbleiben ausländischen Kündigungsschutzrechts hinter dem deutschen führt aber nur in besonders krassen Fällen zur ordre public-Widrigkeit. Bisher ist ein Verstoß regelmäßig verneint worden (BAGE 63, 17 (30) = AP IPR (ArbR) Nr. 30: kein Kündigungsschutz am Anfang eines Beschäftigungsverhältnisses; BAG AP IPR (ArbR) Nr. 10 mAnm Gamillscheg; AP IPR (ArbR) Nr. 12 mAnm Beitzke; vgl. ferner LAG München IPRax 1992, 97). Im Falle der Unkündbarkeit ist demgegenüber ein ordre public-Verstoß angenommen worden (LAG Berlin IPRspr. 1932 Nr. 37), was beim Staat als Arbeitgeber kaum zutreffen dürfte (Gamillscheg IntArbR Nr. 74; Spickhoff, Der ordre public im IPR, 1989, 186 f.).

## VI. Internationale Zuständigkeit

**Art. 20–23 Brüssel Ia-VO** (und parallel das LugÜ) enthalten eine eigenständige Regelung **35**
der Internationalen Zuständigkeit bei Streitigkeiten aus individuellen Arbeitsverträgen, vergleichbar den Regelungen für Verbraucherstreitigkeiten (Art. 17–19 Brüssel Ia-VO). Der **Arbeitgeber** kann **vom Arbeitnehmer** im Wesentlichen an seinem Wohnsitz bzw. Sitz (iSd Art. 62, 63 Brüssel Ia-VO) oder am gewöhnlichen Arbeitsort verklagt werden (Art. 21 Brüssel Ia-VO). Zum **Arbeitnehmerbegriff** hat der EuGH einen speziellen Fall der Abgrenzung des Arbeitnehmerbegriffs iSd Art. 17–19 Brüssel Ia-VO entschieden (EuGH EuZW 2015, 922; dazu Lüttringhaus EuZW 2015, 904). Es ging um die Haftung eines als Direktors und Geschäftsführers Tätigen wegen Fehler, die er in Wahrnehmung seiner Aufgaben begangen haben soll, durch die betreffende Gesellschaft. Die Anwendung der allgemeinen Regeln über die „besonderen“ Gerichtsstände der Art. 7 Nr. 1 und Nr. 3 Brüssel Ia-VO sei durch die Art. 17–19 Brüssel Ia-VO verdrängt, sofern der Inanspruchgenommene nur nach Weisung der Gesellschaft Leistungen erbrachte und dafür als Gegenleistung eine Vergütung erhielt; in derartigen Fällen der „Schein-Arbeitgebereigenschaft“ (jedenfalls aus europäisch-autonomer Sichtweise) greifen (auch) die prozessualen Schutzwirkungen der Sonderregelungen der Art. 17–19 Brüssel Ia-VO. International-prozessuale Schwierigkeiten hat die **Bestimmung des gewöhnlichen Arbeitsortes** im Falle „doppelter Arbeitsverhältnisse“ gemacht. Der EuGH hat dazu entschieden, dass dann, wenn ein Arbeitnehmer an zwei verschiedene Arbeitsorte gebunden ist, der erste Arbeitgeber nur dann am gewöhnlichen Arbeitsort ver-

klagt werden könne, wenn er zum Zeitpunkt des (zweiten) Vertragsschlusses selbst ein Interesse an der Erfüllung der Leistung (für den zweiten Arbeitgeber) gehabt habe (EuGH RIW 2003, 619; dazu Mankowski RIW 2004, 133). Die Art. 20–23 Brüssel Ia-VO sind nur sehr begrenzt (nach Entstehen der Streitigkeit oder nicht zum Nachteil des Arbeitnehmers) abdingbar (Art. 23 Brüssel Ia-VO). Im Falle von in einen anderen EU-Staat entsandten Arbeitnehmern kommt **§ 8 AEntG** (der Art. 6 Arbeitnehmerentsende-RL umsetzt) hinzu; die Norm ermöglicht zulässigerweise und über die Brüssel Ia-VO hinausgehend (Art. 67 Brüssel Ia-VO) eine Klage des nach Deutschland Entsandten (auch) in Deutschland. Der **Arbeitgeber** kann **den Arbeitnehmer** (von der Möglichkeit der Widerklage abgesehen) demgegenüber nur vor den Gerichten seines Wohnsitzes verklagen (Art. 22 Brüssel Ia-VO).

**36** Für das **autonome deutsche Recht,** das letzthilfsweise eingreift, gelten wie immer die §§ 12 ff. ZPO analog. Auch hier ist im Rahmen des § 29 ZPO analog der Erfüllungsort nach den Regeln des Sachrechts zu bestimmen, das über das internationale Arbeitsrecht anzuwenden ist, sog. lex causae (BAG IPRax 2006, 254 m. Aufs. Franzen IPRax 2006, 221).

## Art. 9 Eingriffsnormen

**(1) Eine Eingriffsnorm ist eine zwingende Vorschrift, deren Einhaltung von einem Staat als so entscheidend für die Wahrung seines öffentlichen Interesses, insbesondere seiner politischen, sozialen oder wirtschaftlichen Organisation, angesehen wird, dass sie ungeachtet des nach Maßgabe dieser Verordnung auf den Vertrag anzuwendenden Rechts auf alle Sachverhalte anzuwenden ist, die in ihren Anwendungsbereich fallen.**

**(2) Diese Verordnung berührt nicht die Anwendung der Eingriffsnormen des Rechts des angerufenen Gerichts.**

**(3) [1]Den Eingriffsnormen des Staates, in dem die durch den Vertrag begründeten Verpflichtungen erfüllt werden sollen oder erfüllt worden sind, kann Wirkung verliehen werden, soweit diese Eingriffsnormen die Erfüllung des Vertrags unrechtmäßig werden lassen. [2]Bei der Entscheidung, ob diesen Eingriffsnormen Wirkung zu verleihen ist, werden Art und Zweck dieser Normen sowie die Folgen berücksichtigt, die sich aus ihrer Anwendung oder Nichtanwendung ergeben würden.**

**Schrifttum:** Czernich, Die Rom I-VO als Grundlage für die Anwendung von Eingriffsnormen durch Schiedsgerichte, RIW 2016, 701; G. Fischer, Das Kollisionsrecht der Verbraucherverträge jenseits von Art. 5 EVÜ, FS Großfeld, 1999, 277; Freitag, Die kollisionsrechtliche Behandlung ausländischer Eingriffsnormen nach Art. 9 Abs. 3 Rom I-VO, IPRax 2009, 109; Freitag, Art. 9 Rom I-VO, Art. 16 Rom II-VO als Superkollisionsnorm des Internationalen Schuldrechts?, IPRax 2016, 418; Freitag, Ausländische Eingriffsnormen vor deutschen Gerichten, NJW 2018, 430; Junker, Vom Citoyen zum Consommateur – Entwicklungen des internationalen Verbraucherschutzrechts, IPRax 1998, 65; Junker, Empfiehlt es sich, Art. 7 EVÜ zu revidieren oder aufgrund der bisherigen Erfahrungen zu präzisieren?, IPRax 2000, 65; Kegel, Die Rolle des öffentlichen Rechts im Internationalen Privatrechts, FS Seidl-Hohenveldern, 1988, 243; Leible, Außenhandel und Rechtssicherheit, ZVglRWiss 98 (1998), 286; Lehmann/Ungerer, Applying or Taking Account for Foreign Overriding Mandatory Privisions, YPIL 2017/18, 53; Lüttringhaus, Eingriffsnormen im internationalen Unionsprivat- und Prozessrecht: Von Ingmar zu Unamar, IPRax 2014, 146; Mankowski, Keine Sonderanknüpfung deutschen Verbraucherschutzrechts über Art. 34, DZWiR 1996, 273; Mankowski, Art. 34 EGBGB erfaßt § 138 BGB nicht!, RIW 1996, 8; Mankowski, Strukturfragen des Internationalen Verbrauchervertrages, RIW 1998, 287; Mankowski/Peter, Drittstaatliche Embargonormen, Außenpolitik im IPR, Berücksichtigung von Fakten statt Normen: Art. 9 Abs. 3 Rom I-VO im praktischen Fall, IPRax 2016, 485; Mankowski, Deutscher Versicherer und das US-Embargo gegen den Iran – Ein kleines Lehrstück zu ausländischen Eingriffsnormen, RIW 2015, 405; Maultzsch, Forumsfremde Eingriffsnormen im Schuldvertragsrecht zwischen Macht- und Wertedenken, FS Kronke, 2020, 363; Remien, Außenwirtschaftsrecht in kollisionsrechtlicher Sicht, RabelsZ 54 (1990), 431; Renner, Ordre public und Eingriffsnormen: Konvergenzen und Differenzen zwischen IPR und IZRV, in v. Hein/Rühl, Kohärenz im Internationalen Privat- und Verfahrensrecht der Europäischen Union, 2016, 359; W.-H. Roth, Sayigny, Eingriffsnormen und die Rom I-VO, FS Kühne, 2010, 859; W.-H. Roth, Eingriffsnormen im Internationalen Versicherungsrecht nach Unamar, FS Egon Lorenz, 2014, 421; W.-H. Roth, Sayigny, Eingriffsnormen und die Rom I-VO, FS Kühne, 2010, 859; Schacherreiter, Der missglückte Legal Transplant des Art. 9 Abs. 3 Rom I-VO – Eine Kritik an der Regelung fremder Eingriffsnormen im europäischen Internationalen Vertragsrecht, ZEuP 2015, 497; Schurig, Zwingendes Recht, „Eingriffsnormen" und neues IPR, RabelsZ 54 (1990), 217; Sonnenberger, Eingriffsrecht – Das trojanische Pferd im IPR oder notwendige Ergänzung?, IPRax 2003, 104; Spickhoff, Eheschließung, Ehescheidung und ordre public, JZ 1991, 323; Spickhoff, Der ordre public im internationalen Privatrecht, 1989; Spickhoff, Das Verbot der Versicherung von punitive damages im internationalen Versicherungsvertragsrecht, FS Egon Lorenz, 2014, 487; Wengler, Die Anknüpfung des zwingenden Schuldrechts im internationalen Privatrecht, ZVglRWiss 54 (1941), 168; Zweigert, Nichterfüllung auf Grund ausländischer Leistungsverbote, RabelsZ 14 (1942), 283.

## Übersicht



## I. Normzweck, Entstehungsgeschichte und Stellung der Norm

**1. Normzweck.** Art. 9 regelt die Berücksichtigung zwingender Normen, die anwendbar sein können, auch wenn der Schuldvertrag einem von der lex causae abweichenden Sachrecht unterliegt. Die Norm beinhaltet ebenso wenig wir Art. 16 Rom II-VO eine Art „Superkollisionsnorm", etwa für ungeregelte Materien (Freitag IPRax 2016, 418). Welche Normen das iE sind, definiert **Abs. 1.** Notwendig (indes nicht a priori genügend) ist der Charakter der Norm als ius cogens (→ Rn. 9). **Abs. 2** ermöglicht eine – gemessen an den vorherigen Kollisionsnormen des Internationalen Vertragsrechts regelwidrige – **Anwendung zwingender deutscher Normen, ohne** dabei **selbst Kollisionsnormen auszusprechen oder zu beinhalten** (Gamillscheg ZfA 1983, 307 (344); Looschelders EGBGB Art. 34 Rn. 2). Das führt zunächst einmal zu einem erheblichen Maß an tatbestandlicher Offenheit, die es auszufüllen gilt. Dabei ist zu beachten, dass abgesehen von Art. 3 Abs. 3 und 4, Art. 6 (mit Art. 46b EGBGB) und Art. 8 Abs. 1 sowie Art. 21 die Norm des Art. 9 Abs. 2 eine zusätzliche Möglichkeit bietet, zwingendes eigenes Recht durchzusetzen. Im Rahmen des anwendbaren ausländischen Schuldvertragsrechts (dass ausländisches Schuldvertragsrecht anwendbar ist, ist Prämisse für das Eingreifen von Abs. 2) sind daneben auch die dort vorzufindenden zwingenden Vorschriften anwendbar; davon abweichende und über Art. 9 anwendbare inländische international zwingende Normen haben aber Vorrang gegenüber der lex causae, auch gegenüber Eingriffsnormen der lex causae (Grüneberg/Thorn Rn. 6; Staudinger/Magnus, 2021, Rn. 142). Geht es um die **Berücksichtigung zwingender Vorschriften, die weder zum deutschen Recht noch zur** (ggf. davon abweichenden) **lex causae gehören,** so kann diese mit **Abs. 3** legitimiert werden. 1

**2. Entstehungsgeschichte.** Der Regelung der sog. Eingriffsnormen im Internationalen Privatrecht ist eine lange Diskussion vorausgegangen. Vor Inkrafttreten des auf dem EVÜ beruhenden Internationalen Privatrechts waren die Meinungen zur Behandlung von international zwingenden Normen, insbes. vom sog. Staatseingriffsrecht, geteilt. Während das RG ursprünglich auf den ordre public abstellte (RGZ 126, 196 (204); RG JW 1924, 672 (673); 1923, 287), vertrat der BGH (zB BGHZ 31, 367 (370 f.)) eine Lehre der Sonderanknüpfung öffentlichen Staatseingriffsrechts, die von dem Grundsatz der Nichtanwendung ausländischen öffentlichen Rechts unter Zugrundelegung des sog. Territorialitätsgrundsatzes ausging. Damit musste der ordre public zur Abwehr ausländischen öffentlichen Rechts praktisch nicht herangezogen werden, während eigenes Eingriffsrecht infolge einer entsprechenden Verweisung unmittelbar anzuwenden war. In der Lit. hatte namentlich Wengler für eine Sonderanknüpfung von Staatseingriffsrecht, allerdings unter Einbeziehung ausländischen Staatseingriffsrechts, plädiert (Wengler ZVglRWiss 54 (1941), 168 (181 ff.); weiter Zweigert RabelsZ 14 (1942), 283 ff.). Vor dem Hintergrund dieser Diskussion, die nicht nur in Deutschland geführt wurde, war auch Art. 34 zu verstehen. Die Vorschrift basierte auf **Art. 7 Abs. 2 EVÜ.** Art. 7 Abs. 1 EVÜ wurde im Laufe des Gesetzgebungsverfahrens auf Grund eines nach Art. 22 Abs. 1 lit. a EVÜ möglichen Vorbehalts nicht übernommen, und gerade Art. 7 Abs. 1 EVÜ hätte die Berücksichtigung ausländischer Eingriffsnormen ermöglicht. Die 2

Rechtsunsicherheit infolge des dort eingeräumten erheblichen richterlichen Ermessens (genauer: Beurteilungsspielraums), die Schwierigkeiten bei der Prüfung aller in Betracht kommenden Staatseingriffsrechte sowie das Unbehagen, einen „ausländischen ordre public" berücksichtigen zu müssen, waren die wesentlichen Motive für diese Entscheidung (Stellungnahme BR, BT-Drs. 10/504, 100; BT-Drs. 10/5632, 45; zur Reform Junker IPRax 2000, 65). Nunmehr werden **Eingriffsnormen** – anders als zuvor – **genauer definiert (Abs. 1).** Vor allem aber wird nicht nur die **Durchsetzung eigenen Eingriffsrechts** der lex fori ermöglicht **(Abs. 2),** sondern ebenso – in den **Grenzen des Abs. 3** – auch die **Berücksichtigung drittstaatlichen Eingriffsrechts** (zu den Unterschieden Lehmann/Ungerer YPIL 2017/18, 53 (56 ff.)).

3 **3. Verhältnis zu Art. 6.** Im Schrifttum hat man früher zwischen Art. 9 Abs. 2 und dem allgemeinen Vorbehalt des ordre public (Art. 21) keinen wesentlichen Unterschied erblickt (Lüderitz IPR Rn. 215). Daran ist richtig, dass sich die Sonderanknüpfungen iSd Art. 9 Abs. 2 aus der Generalklausel des ordre public entwickelt haben (statt aller Kegel/Schurig IPR § 2 IV 2). Indes gibt es keine positive Ausprägung der Funktion des ordre public in dem Sinne, dass bestimmte inländische Sachnormen eo ipso zur Anwendung gelangen. Art. 21 begnügt sich zunächst mit der Abwehr, der Nichtanwendung unannehmbaren ausländischen Rechts. Insoweit dominiert also die **sog. negative Funktion des ordre public.** Im Hinblick auf diejenigen inländischen Sachnormen, die von Art. 9 Abs. 1 und 2 erfasst sind, kann Art. 21 mithin keine Bedeutung mehr gewinnen. In diesen Fällen gelangen ohnehin die entsprechenden inländischen Sachnormen ohne Abstriche zur Anwendung (bereits Jayme, Methoden der Konkretisierung des ordre public im internationalen Privatrecht, 1989, 29; Ferid IPR Rn. 6-81; Spickhoff, Der ordre public im IPR, 1989, 130 ff.; Staudinger/Magnus, 2021, Rn. 31).

4 **4. Verhältnis zu Art. 3 Abs. 3 und 4, Art. 6, Art. 8 Abs. 1 und Art. 46b EGBGB.** Zumindest Art. 9 Abs. 2 scheint davon auszugehen, dass unabhängig von dem für einen Schuldvertrag nach Art. 3 ff. geltenden Vertragsstatut in jedem Fall die zwingenden Bestimmungen des deutschen Rechts anzuwenden sind, die den Sachverhalt ohne Rücksicht auf das auf den Vertrag anzuwendende Recht regeln. Indes **bedarf es keines Rückgriffs auf Art. 9,** wenn schon aus den **Art. 3–8 oder aus Art. 46b EGBGB,** insbes. aus Art. 3 Abs. 3, Art. 6 Abs. 1, Art. 8 Abs. 1 und aus Art. 46b EGBGB (Staudinger/Magnus, 2021, Rn. 33), die Anwendbarkeit der einschlägigen zwingenden Vorschriften folgt. Letzten Endes ist es in derartigen Konstellationen müßig, danach zu fragen, ob die entsprechenden Vorschriften schon über diese Kollisionsnormen oder (erst) über Art. 9 anzuwenden sind. Demgegenüber kommt es auf Art. 9 Abs. 2 dann an, wenn ausländisches Recht anwendbar ist, und auf Abs. 3, wenn zunächst einmal von der lex causae abweichendes drittstaatliches Recht anzuwenden ist. International zwingende Vorschriften iSv Art. 9 werden dann in das grds. anwendbare ausländische Vertragsrecht injiziert und verdrängen entgegenstehende Normen der lex causae. Das gilt auch, soweit es um die Anknüpfung nach Art. 6 und Art. 8 geht (übereinstimmend Staudinger/Magnus, 2021, Rn. 24, 25; zu pauschal früher deshalb BT-Drs. 10/504, 83: Art. 34 EGBGB aF werde im Anwendungsbereich der Art. 29 und 30 EGBGB aF, die insoweit leges speciales gegenüber Art. 34 EGBGB aF seien, verdrängt). Nach dem Sinn und Zweck der Art. 6 und Art. 8 könnte freilich an sich das berufene (ausländische) Vertragsrecht trotz entgegenstehenden deutschen Eingriffsrechts anwendbar sein, wenn das Vertragsstatut für den Verbraucher bzw. Arbeitnehmer günstiger ist als das deutsche Eingriffsrecht. Doch muss es auch dann iSe Vorrangs des (ggf. deutschen) Eingriffsrechts anders liegen, wenn öffentliche Interessen, die (typischerweise) die Existenz von Eingriffsnormen tragen, der Durchführung des Günstigkeitsprinzips zuwiderlaufen. Die günstigere ausländische Rechtsordnung könnte sich gegenüber Art. 9 also allenfalls dann durchsetzen, wenn und soweit es um individualschützende Vorschriften geht. Gerade hierfür ist Art. 9 indes nach der eindeutigen Definition in Abs. 1 kaum einschlägig.

5 **5. Eingriffsnormen außerhalb des Internationalen Vertragsrechts.** Art. 9 gilt nach seinem Wortlaut nur für den Anwendungsbereich der Rom I-VO und damit für das **Internationale Vertragsrecht.** Hinzugetreten ist für den Bereich des Internationalen Privatrechts der **außervertraglichen Schuldverhältnisse Art. 16 Rom II-VO,** der dort freilich bislang eine eher geringe Bedeutung erkennen lassen hat. In weiteren EU-Verordnungen zum Kollisionsrecht finden sich Regelungen zu Eingriffsnormen freilich nicht.

6 Ungeachtet der Entstehungsgeschichte von Art. 9 Rom I-VO und Art. 16 Rom II-VO, die eher von einer gewissen Zufälligkeit geprägt sein dürfte, hat jedenfalls der **autonome Gesetzgeber** die Frage der Möglichkeit einer Sonderanknüpfung für sonstige Gebiete des Internationalen Privatrechts überhaupt nicht geregelt. Sachgründe dafür, zumindest eigenem Eingriffsrecht außerhalb

von Schuldverträgen von vornherein die **Möglichkeit einer Sonderanknüpfung** zu verstellen, sind nicht ersichtlich. Ggf. sollte von ihr daher **auch in anderen Bereichen des Besonderen Teils des Internationalen Privatrechts** Gebrauch gemacht werden, soweit es um noch autonom geregelte Bereiche geht (bereits Spickhoff, Der ordre public im IPR, 1989, 131; Schwind, HdB des österreichischen IPR, 78). So wird im Bereich der Eheschließung etwa § 1306 BGB (Verbot der Mehrehe) auf Grund öffentlicher Interessen (Art. 6 Abs. 1 GG) von deutschen Standesbeamten immer durchgesetzt, auch wenn über Art. 13 an sich ausländisches Recht anwendbar sein würde (Spickhoff JZ 1991, 323 (326 f.); zur Hinauszögerung der Vornamensgebung und einer faktischen Sonderanknüpfung von §§ 21 Abs. 1 Nr. 4, 22 Abs. 1 S. 1 PStG vgl. LG Köln StAZ 1976, 82; dazu Spickhoff, Der ordre public im IPR, 1989, 159 f.).

**6. Verhältnis zu § 328 Abs. 1 Nr. 4 ZPO, Art. 45 Abs. 1 lit. a Brüssel Ia-VO.** Zu weitreichend wäre es, den Vorbehalt der öffentlichen Ordnung in § 328 Abs. 1 Nr. 4 ZPO bzw. Art. 45 Abs. 1 lit. a Brüssel Ia-VO in Bezug auf den sog. materiellen ordre public nur greifen zu lassen, wenn ausländische Gerichte deutsche Eingriffsnormen unbeachtet gelassen hätten, die nach deutscher Ansicht anwendbar gewesen wären. Der anerkennungsrechtliche ordre public würde einerseits zu sehr eingeschränkt oder andererseits der Anwendungsbereich von Art. 9 Abs. 2 überdehnt, wenn man diese Parallelität herstellen wollte. Richtig ist aber, dass die **Nichtbeachtung inländischen Eingriffsrechts im anzuerkennenden ausländischen Urteil** das **Eingreifen des verfahrensrechtlichen ordre public nach § 328 Abs. 1 Nr. 4 ZPO bzw. Art. 45 Abs. 1 lit. a Brüssel Ia-VO indiziert.** So kommt im Falle eines Devisenverstoßes ein Eingreifen von § 328 Abs. 1 Nr. 4 ZPO bzw. Art. 45 Abs. 1 lit. a Brüssel Ia-VO in Betracht. Wird aber eine etwa erforderliche Genehmigung später mit Rückwirkung erteilt oder wird der Genehmigungszwang auch für frühere Geschäfte aufgehoben, kann die Entscheidung anerkannt werden (LG München NJW 1964, 985; Soergel/v. Hoffmann EGBGB Art. 34 Rn. 14; zu Schiedsgerichten Czernich RIW 2016, 701). 7

## II. International zwingende Eingriffsnormen (Abs. 1)

Art. 9 betrifft als Regelungsgegenstand unmittelbar die Anwendung zwingender Bestimmungen, die den Sachverhalt ohne Rücksicht auf das auf den Vertrag anzuwendende Recht regeln. Nähere Anforderungen an solche Normen umschreibt Abs. 1, während die konkrete Sonderanknüpfungsregel aus der Eingriffsnorm selbst zu entnehmen bzw. zu entwickeln ist; Letzteres obliegt daher dem Rechtsanwender. Schon um den Anwendungsbereich der Grundanknüpfungen der Art. 3 ff. nicht im Übermaß aufzuweichen, ist der Begriff der Eingriffsnorm zu begrenzen (Freitag in Reithmann/Martiny IntVertragsR Rn. 5.16). Das Gebot der restriktiven Auslegung folgt auch aus Erwägungsgrund 37 S. 2. 8

**1. Anforderungen international zwingender Normen. a) Ius cogens.** Nicht nur Art. 9 Abs. 1, sondern auch Art. 3 Abs. 3, Art. 6 Abs. 1 und Art. 8 Abs. 1 greifen den Begriff der „zwingenden Bestimmungen" auf. Während es in Art. 3 Abs. 3, 6 Abs. 1 und 8 Abs. 1 anerkannt ist, dass zwingende Bestimmungen dort identisch mit sachrechtlichem ius cogens sind, ist im Rahmen des Art. 9 Abs. 1 der **Charakter von ius cogens zwar notwendig, nicht aber ausreichend** für das Eingreifen einer Sonderanknüpfung im Rahmen dieser Norm (zu Art. 34 EGBGB ebenso BAGE 63, 17 (30 f.) = AP IPR (ArbR) Nr. 30; BeckOGK/Maultzsch Rn. 18; Freitag in Reithmann/Martiny IntVertragsR Rn. 5.17; Becker RabelsZ 60 (1990), 691 (694); Gamillscheg ZfA 14 (1983), 307 (345); E. Lorenz RIW 1987, 569 (578 f.)). Das folgt aus dem Wortlaut von Abs. 1 („zwingende Vorschrift"). Zusätzlich ist erforderlich, dass die betreffende Norm auf alle in ihren Anwendungsbereich fallenden Sachverhalte „ungeachtet des nach Maßgabe dieser (der Rom I) Verordnung auf den Vertrag anzuwendenden Rechts" anzuwenden sein soll. Erforderlich ist damit ein international zwingender Geltungsanspruch der betreffenden Norm des deutschen Rechts (bereits BAGE 63, 17, 31 = AP IPR (ArbR) Nr. 30; MüKoBGB/Martiny Rn. 9). Der Begriff der Eingriffsnorm darf also keineswegs mit dem in Art. 3 Abs. 3 verwendeten (und ebenso in Art. 6 Abs. 2 und Art. 8 Abs. 1 zugrundegelegten) Begriff der „Bestimmungen, von denen nicht durch Vereinbarung abgewichen werden kann", gleichgeschaltet werden. Er ist vielmehr davon zu unterscheiden und über zusätzliche Anforderungen enger auszulegen **(Erwägungsgrund 37 S. 2).** 9

**b) International zwingende Normen.** Die erste Zusatzanforderung besteht darin, dass eine nicht Norm nicht nur national, sondern international zwingend Anwendung erheischt. International zwingende Normen liegen zunächst dann vor, sofern die Norm ihre international zwingende 10

Geltung selbst anordnet. Beispiele sind § 1 AEntG (vgl. hierzu auch Junker IPRax 1998, 65 ff. mit rechtspolitischer Kritik) und § 32b UrhG (dazu und zu anderen Normen des Urheberrechts Schack FS Heldrich, 2005, 997 (998 ff.); Thorn IPRax 2002, 349 (359)), nicht aber zwingende Schutzvorschriften gegen „Eintrittsgebühren" beim Eintritt als Franchisenehmer (OLG Frankfurt ZVertriebsR 2022, 59 (62) Rn. 26: französisches Recht (Abs. 3)). Auf der Hand liegt der internationale Geltungsanspruch ferner, wenn es um Normen geht, die unmittelbar die Ein- oder Ausfuhr betreffen, weiter im Falle von Devisen- und auf den Umtausch bezogene Währungsvorschriften (Freitag in Reithmann/Martiny IntVertragsR Rn. 5.76 ff.; aus der früheren Rspr. vgl. BGH RIW 1981, 194; RG IPRspr. 1926/27 Nr. 12, S. 18 = LZ 20 (1926), 1265, 1266). Die eigentlichen Schwierigkeiten ergeben sich dort, wo es – wie überaus häufig – an ausdrücklichen, nach Art der alten Statutentheorie gefassten einseitigen Anknüpfungen eigenen Rechts fehlt. Dann ist **nach dem Sinn und Zweck des Gesetzes festzustellen,** ob auch Verträge mit Auslandsberührung vom Anwendungsbereich der Norm erfasst werden sollen, obwohl an sich ausländisches Schuldvertragsrecht gilt (grdl. Wengler ZVglRWiss 54 (1941), 168 (176 ff.); Staudinger/Magnus, 2021, Rn. 46). Zur Handelsvertreterrichtlinie hat der EuGH nach einer ersten Entscheidung (EuGH NJW 2001, 2007) – noch im Rahmen des EVÜ (in Deutschland zu Art. 34 EGBGB aF) – entschieden, dass die RL 86/653/EWG es verbietet, ohne weiteres eine Rechtwahl zugunsten eines anderen Mitgliedstaates durch die Anwendung der lex fori zu verdrängen. Das sei vielmehr nur dann akzeptabel, wenn das angerufene Gericht substantiiert feststellt, dass der Gesetzgeber des Staates dieses Gerichts es im Rahmen der Umsetzung dieser Richtlinie für unerlässlich erachtet hat, dem Handelsvertreter in der betreffenden Rechtsordnung einen Schutz zu gewähren, der über den in der genannten Richtlinie vorgesehenen hinausgeht, und dabei die Natur und den Gegenstand dieser zwingenden Vorschriften berücksichtigt. Dazu müsse der Wortlaut dieser Vorschriften, die allgemeine Systematik sowie sämtliche Umstände, unter denen diese Vorschriften erlassen wurden, berücksichtigt werden. Es müsse ein als wesentlich angesehenes Interesse geschützt werden. Ein solcher Fall könne vorliegen, wenn die Umsetzung der Richtlinie im Staat des angerufenen Gerichts durch eine Ausweitung ihres Anwendungsbereichs oder durch die Entscheidung für eine erweiterte Nutzung des in der Richtlinie vorgesehenen Ermessensspielraums aufgrund der besonderen Bedeutung, die der Mitgliedstaat den Handelsvertretern beimisst, einen stärkeren Schutz dieser Kategorie von Staatsangehörigen bietet (EuGH EuZW 2013, 956 = IPRax 2014, 174; dazu Lüttringhaus IPRax 2014, 146; Mankowski EWiR 2014, 11; Schilling ZEuP 2014, 845; Remien FS Kronke, 2020, 459). Das alles zeigt (trotz verbleibender Spielräume nationaler Gerichte etwas undeutlichen Ausmaßes), dass **jedenfalls im Bereich unionsrechtlich geregelter Materien Art. 9 eng auszulegen** ist (FG Baden-Württemberg BeckRS 2018, 20191; Kohler FS Kronke, 2020, 253 (256); Mankowski EWiR 2014, 11).

11 **c) Schutz öffentlicher Interessen.** Im Unterschied zu Art. 7 EVÜ und Art. 34 EGBGB aF benennt Abs. 1 weitere Kriterien, die Normen erfüllen müssen, um als Eingriffsrecht qualifiziert werden zu können. Die Einhaltung (Befolgung) der betreffenden Vorschrift muss als so entscheidend für die Wahrung seines „öffentlichen Interesses, insbes. seiner politischen, sozialen oder wirtschaftlichen Organisation" angesehen werden, dass sie ungeachtet der Grundregeln des Internationalen Vertragsrechts nach der Rom I-VO, also ungeachtet der Anknüpfungen der Art. 3 bis 8, anzuwenden ist, soweit der Sachverhalt in ihren Anwendungsbereich fällt. Damit ist eine seit jeher allgemein anerkannte Normengruppe angesprochen, für die eine Sonderanknüpfung im Rahmen von Art. 9 in Betracht kommt. Schützen Normen Allgemeinwohlbelange, also öffentliche Interessen, so können solche Normen im Wege der Sonderanknüpfung durchgesetzt werden. Bei den in → Rn. 10 genannten Fällen von Ein- und Ausfuhrverboten, Devisen- und Währungsschutzbestimmungen liegt diese Schutzrichtung auf der Hand. In der Rspr, namentlich derjenigen des (insoweit richtungsweisenden) BAG und mittlerweile auch des BGH, sowie im Schrifttum wurde schon unter der Geltung des vom EVÜ geprägten EGBGB überhaupt als notwendige Voraussetzung für die Annahme einer international zwingenden sog. Eingriffsnorm iSv Art. 34 EGBGB aF vorausgesetzt, dass eine **Norm öffentliche Interessen schützt** (BAG SAE 1997, 31 (34); BAGE 63, 17 (31 f.) = AP IPR (ArbR) Nr. 30; BAGE 71, 297 (317); BAG NZA 2006, 379; DB 2003, 2287; BB 2004, 1337; BGH NJW 2006, 762; LAG Hessen IPRax 2001, 461 (467): § 14 Abs. 1 MuSchG, § 3 Abs. 1 EFZG, Sonnenberger IPRax 2003, 104 (106); Mankowski IPRax 1996, 405 (409); Kegel/Schurig IPR § 18 I 2; offen gelassen noch von BGHZ 123, 380 (391) = NJW 1997, 1697 (1699); zu Corona-Regeln Gössl, ZVglRWiss 120 (2021), 23). So hat das BAG § 2 Abs. 1 EFZG nicht als Eingriffsnorm qualifiziert. Auch § 3 EFZG sichert zunächst einmal nur dem Arbeitnehmer individuell einen Vergütungsanspruch. Indes hat das BAG (BAGE 100, 130 = AP EntgeltFG § 2 Nr. 14 mAnm Franzen) § 3 EFZG als Eingriffsnorm dann qualifi-

ziert, wenn und weil die Pflicht des Arbeitgebers ganz wesentlich der Entlastung der gesetzlichen Krankenkassen und damit mittelbar aller Beitragszahler dient. Daran fehlt es, wenn die Arbeitnehmer ohnehin nicht dem deutschen Sozialversicherungsrecht unterliegen; dann kann auch nicht im Rahmen von Art. 9 sonderangeknüpft werden (BAG NZA 2013, 1152). Nach Deutschland in einen Privathaushalt entsandte ausländische Betreuungskräfte haben, soweit nicht der Anwendungsbereich der Verordnung über zwingende Arbeitsbedingungen für die Pflegebranche eröffnet ist, Anspruch auf den gesetzlichen Mindestlohn gem. dem MiLoG nicht nur für Vollarbeit, sondern auch für Bereitschaftsdienst. Denn durch die Normierung eines angemessenen Verhältnisses von Arbeitsleistung und Arbeitsentgelt sollen nicht nur die Existenzsicherung durch Arbeitseinkommen als Ausdruck der Menschenwürde (Art. 1 Abs. 1 GG) für alle im Inland tätigen Arbeitnehmerinnen und Arbeitnehmer gewährleistet, sondern damit zugleich auch die sozialen Sicherungssysteme entlastet werden (BAG NJW 2022, 415 (417); ErfK/Franzen § 20 MiLoG Rn. 1; MünchHdbArbR/Krause, § 61 Rn. 10; nur zu Art. 8 (und nicht zu Art. 9) verhält sich EuGH NZA 2021, 1357).

**d) Interindividueller Interessenausgleich.** Hoch umstritten war demgegenüber, ob auch **individualschützende Vorschriften,** vornehmlich solche **zum Schutz des Marktschwächeren,** über Art. 34 EGBGB aF im Wege einer Sonderanknüpfung gegenüber ausländischem Vertragsrecht durchgesetzt werden können. Der BGH, der die Frage zunächst nicht eindeutig beantwortet hatte (BGHZ 123, 380 (391) = NJW 1997, 1697 (1699)), hat für das deutsche Verbraucherkreditrecht eindeutig Stellung bezogen: Verbraucherprivatrecht ist kein Eingriffsrecht (BGH NJW 2006, 762). Die Meinungen im Schrifttum waren geteilt. Sie reichen auch heute noch (näher und mwN zum Diskussionsstand BeckOGK/Maultzsch Rn. 127 ff.) von der Anerkennung zwingender Vorschriften des Sonderprivatrechts als Eingriffsnormen (Grüneberg/Thorn Rn. 5 und 8; v. Hoffmann/Thorn IPR § 10 Rn. 95, 96) über eine fallweise Konkretisierung, für die neben dem Gerechtigkeitsgehalt der betreffenden Vorschrift auch der Inlandsbezug des zu entscheidenden Falles eine Rolle spielen soll, der umso stärker sein muss, je schwächer das Gewicht der durch die Eingriffsnorm geschützten öffentlichen Interessen ist (Kohte EuZW 1990, 153 f.; krit. gegenüber der Differenzierung zwischen Normen mit ordnungspolitischer und individualbezogener Ausrichtung ferner Pfeiffer FS Geimer, 2002, 821 (836); W.-H. Roth FS Immenga, 2004, 331 (341); zurückhaltend auch Gruber NVersZ 2001, 442 (444 ff.)) bis hin zum generellen Einschluss des Verbraucherschutzrechts im Hinblick auf das Sozialstaatsprinzip (Reich NJW 1994, 2128 ff.). Dafür lässt sich nun der Hinweis auf die Wahrung der „sozialen Organisation" anführen. Im Hinblick auf den zuletzt genannten verfassungsrechtlichen Aspekt erscheint eine Sonderanknüpfung im Rahmen von Art. 9 indes schon deshalb als weniger angezeigt, weil Art. 6 S. 2 EGBGB den Grundrechtsverstoß, in dem (spätestens im Rahmen von Art. 2 Abs. 1 GG) der Verstoß gegen das Sozialstaatsprinzip enthalten ist, bereits aufgegriffen hat (Spickhoff, Der ordre public im IPR, 1989, 127); nicht anders hat man im Rahmen von Art. 21 zu entscheiden. Abgesehen davon lässt sich aus der Verfassung auch kein internationaler Geltungswille jeder Verbraucherschutzvorschrift herleiten. Vielmehr besteht schon im Rahmen des internen Rechts ein breiter gesetzgeberischer Spielraum (Mankowski DZWiR 1996, 276 (279); Staudinger/Magnus, 2021, Rn. 66). Ebenso wenig lässt sich der international zwingende Geltungsanspruch einer Norm über einen besonders stark ausgeprägten Inlandsbezug begründen. Auch der stärkste Inlandsbezug kompensiert nicht das Fehlen des internationalen Geltungswillens. Im Übrigen werden durch derartig komparativ-abwägende Aspekte die Konturen der Sonderanknüpfung im Rahmen von Art. 9 übermäßig aufgeweicht. Derartige Abwägungen haben vielmehr ihren Platz im Rahmen des Art. 21; dort kommen sie her (sog. Relativität des ordre public), und dort gehören sie hin (Mankowski DZWiR 1996, 276 (279); Kropholler IPR § 52 IX 1). **12**

Es bleibt damit die Frage, ob Sonderprivatrecht zum Schutz des Schwächeren über sonstige Kriterien im Rahmen von Art. 9 durchzusetzen ist. Dabei ist nach Zweck und System der Rom I-VO sowie des Richtlinien-Verbraucherschutz-Kollisionsrechts davon auszugehen, dass die Art. 6 und 8 sowie Art. 46b EGBGB in Bezug auf die Anknüpfung zwingender Vorschriften zum Schutz Einzelner Spezialregelungen enthalten; insoweit ist Art. 9 nicht mehr anwendbar (Freitag in Reithmann/Martiny IntVertragsR Rn. 5.21; zu Art. 34 EGBGB BT-Drs. 10/504, 83; BGH NJW 2006, 762; undeutlicher Giuliano/Lagarde BT-Drs. 10/503, 33, 55 f., die ganz allgemein Normen des Verbraucherschutzrechtes nannten, ohne auf das Verhältnis zu Art. 5 und 6 EVÜ einzugehen; vgl. auch BGHZ 123, 380 (391); 135, 124 (135) = NJW 1997, 1697 (1699); OLG Koblenz NJW-RR 2001, 490 (491)). Übrig bleiben zwingende Normen, die auf Verträge oder Vertragstypen anzuwenden sind, welche nicht unter Art. 6, 8 und Art. 46b EGBGB fallen, wie etwa Miete oder Immobilienkauf. Dort, **wo der Gesetzgeber die entsprechenden Normen ausdrücklich** **13**

**sonderangeknüpft hat, erübrigt sich ein Rückgriff auf Art. 9.** Es verbleiben diejenigen Fälle, in denen eine Sonderanknüpfung fehlt (zB das zwingende Wohnraummietrecht). Da der Gesetzgeber das Wohnraummietrecht als Anwendungsfall schon zu Art. 34 EGBGB aF ausdrücklich genannt hat (BT-Drs. 10/504, 83 betr. Mieterschutzvorschriften, allerdings mit dem Zusatz „zB"), wird man hier von einem internationalen Geltungswillen der entsprechenden Vorschriften ausgehen können (zur Bedeutung von Aussagen im Kontext der Gesetzgebung für die Qualifikation als Eingriffsnorm Sonnenberger IPRax 2003, 104 (109 f.)). Doch lässt sich dieser internationale Geltungswille nicht nur aus den Bundestagsdrucksachen, sondern außerdem aus Art. 4 Abs. 1 lit. c, aus den deutlichen Bezügen des Wohnraummietrechts zum öffentlichen Recht sowie aus der ausschließlichen internationalen Zuständigkeit der Gerichte des Belegenheitsstaates nach Art. 22 Nr. 1 Brüssel Ia-VO bzw. LugÜ herleiten. Ähnliches wird man für Immobiliengeschäfte vertreten können (Hallwachs/Lane NJW 1996, 3243 (3247)). Abgesehen davon stellt sich die Frage, ob die zunehmende Tendenz, auf europäischer Ebene im Rahmen entsprechender Richtlinien Sonderanknüpfungen zu schaffen, gewissermaßen in vorauseilendem Gehorsam schon über Art. 9 vorweggenommen werden sollte (G. Fischer FS Großfeld, 1999, 277 (280 f.); Hoffmann/Primaczenko IPRax 2007, 173 (178 f.)). Obwohl sich insofern das Normenumfeld geändert hat, besteht – auch aus europäischer Perspektive – kein zureichender Anlass, einen internationalen Geltungswillen einzelner zwingender Vorschriften zum Schutze Marktschwächerer zu unterstellen, ohne im geltenden (Europa-) Recht hierfür konkrete Anhaltspunkte zu finden. Eine bloß allgemeine Tendenz genügt hierfür nicht. Vielmehr muss es bei dem Grundsatz bleiben, dass der Schwerpunkt eines Vertragsverhältnisses für das anwendbare Recht Maß gibt. Es ist gerade der Verdienst des modernen Kollisionsrechts, seit Savigny (Savigny System VIII 108 passim; s. auch Kühne FS Heldrich, 2005, 15; W.-H. Roth FS Kühne, 2010, 859) prinzipiell nicht statutentheoretisch sonderanzuknüpfen, sondern ein Lebens- bzw. Rechtsverhältnis der Rechtsordnung zu unterwerfen, in dem dieses Verhältnis seinen Sitz oder seinen Schwerpunkt hat. Hiervon geht im Prinzip auch das geltende Internationale Europäische Vertragsrecht aus (Junker IPRax 1998, 65 (66)). Im Übrigen bleibt im Einzelfall die Möglichkeit eines Rückgriffs auf Art. 21.

14 Insgesamt ist Art. 9 nunmehr eindeutig in seinem Anwendungsbereich **auf Normen beschränkt,** die **schwerpunktmäßig dem Schutz von Gemeinwohlbelangen, also öffentlichen Interessen** iSv Ulpian (Dig I 1.1, 2) **dienen** (im Grundsatz ebenso BAG SAE 1997, 31 (34); BAGE 63, 17 (31 f.) = AP IPR (ArbR) Nr. 30; BAGE 71, 297 (316 ff.) = AP IPR (ArbR) Nr. 31; BAG NZA 2006, 379; DB 2003, 2287; BB 2004, 1337; BGH NJW 2006, 762; MüKoBGB/Martiny Rn. 13 f.; Kropholler IPR § 52 IX 1; Mankowski IPRax 1996, 405, 409). In diesem Rahmen ist für das Eingreifen der betreffenden Sachnorm kraft einseitiger, ungeschriebener Kollisionsnorm eine umso geringere Inlandsbeziehung zu fordern, je gewichtiger das betroffene Interesse ist. Auch verfassungsrechtliche Wertungen sind hier zu berücksichtigen (vgl. auch E. Lorenz RIW 1987, 569 (580); Spickhoff, Der ordre public im IPR, 1989, 283).

15 **e) Kumulierter Schutz öffentlicher und privater Interessen.** Aufgrund der im Rahmen des Art. 9 beachtlichen Differenzierung zwischen der individuellen und öffentlichen Schutzrichtung einer Norm kann sich das Folgeproblem ergeben, wie es steht, wenn eine Norm zugleich Individualschutz und den Schutz von Allgemeinwohlbelangen bezweckt. Das BAG (BeckRS 2020, 16354 = AP EGBGB Art. 30 Nr. 11 (noch zu Art. 30 EGBGB aF)) spricht zutreffend davon, „dass die Vorschrift nicht nur auf den Schutz von Individualinteressen der Arbeitnehmer gerichtet ist, sondern mit ihr zumindest auch öffentliche Gemeinwohlinteressen verfolgt werden". Dabei ist aus anderen Zusammenhängen bekannt, dass der bloß reflexhafte Schutz zB von Individualinteressen neben dem im Vordergrund stehenden Schutz öffentlicher Interessen außer Betracht bleiben kann (zu § 823 Abs. 2 BGB statt aller RGRK-BGB/Steffen BGB § 823 Rn. 542; krit. BeckOGK/Maultzsch Rn. 43 ff.). Das Problem stellt sich aber schon dann, wenn die Gewährung von Individualschutz (bzw. des Schutzes von Allgemeinwohlbelangen) eines der gesetzgeberischen Anliegen der Norm ist, selbst wenn auf die Allgemeinheit (bzw. den Individualschutz) gerichtete Zwecke ganz im Vordergrund stehen (vgl. zu § 823 Abs. 2 BGB nur BGHZ 12, 146 (148); RGRK-BGB/Steffen BGB § 823 Rn. 541; Spickhoff, Gesetzesverstoß und Haftung, 1998, 110 ff.). In solchen Fällen ist differenzierend **anzuknüpfen:** Soweit es um den Schutz öffentlicher Interessen geht, ist ggf. eine einseitige Sonderanknüpfung im Rahmen von Art. 9 vorzunehmen. Auf dieser Linie liegt es, dass der EuGH die **Handelsvertreter-RL** zum Schutz der Niederlassungs- und Wettbewerbsfreiheit marktbezogen an den Ort der Tätigkeit eines Handelsvertreters sonderangeknüpft hat, nicht aber an den Sitz bzw. gewöhnlichen Aufenthalt des Handelsvertreters als geschütztes Individuum (EuGH NJW 2001, 2007; dazu MüKoBGB/Martiny Rn. 14; Staudinger NJW 2001, 1975 mit weitergehenden Konsequenzen; Kindler BB 2001, 11; Freitag/Leible RIW 2001, 287;

Schwarz ZVglRWiss 101 (2002), 45 (53 ff.)). Eine darüber hinausgehende Notwendigkeit, etwa in dem Sinne, in jede verbraucherschützende RL nach Art von (oder analog) Art. 46b EGBGB ungeschriebene Kollisionsregeln iSv Sonderanknüpfungen zu implantieren, besteht nicht. Soweit es um den Schutz von Individualinteressen geht, ist einzelfallbezogen ggf. Art. 21 berufen. Eines von vielen denkbaren Beispielen ist das deutsche Verbot von quota litis-Honoraren für Rechtsanwälte, das sowohl den Schutz der Rechtspflege als auch den Schutz der anwaltlich vertretenen Partei verfolgt (→ Rn. 20).

**2. Sonderanknüpfung und Inlandsbeziehung.** Nach zutreffender Ansicht setzt die aus der positiven Funktion des ordre public hervorgegangene Möglichkeit der Sonderanknüpfung eigenen, mE auch fremden (drittstaatlichen) Rechts nach Art. 9 Abs. 1 und 2/3 (unionsrechtskonform), eine **hinreichende Inlandsbeziehung** voraus (ebenso MüKoBGB/Martiny Rn. 124: Grundsatz „jeder" Sonderanknüpfung; BeckOGK/Maultzsch Rn. 76 ff.; Freitag in Reithmann/Martiny IntVertragsR Rn. 5.58). Anders als im Rahmen von Art. 21 gibt es aber im Rahmen von Art. 9 **keine Relativität** (zur Relativität des ordre public → Art. 6 Rn. 1 ff. ff.) in dem Sinne, dass eine intern einfach-zwingende Norm auch international umso eher zwingend ist, je stärker der Inlandsbezug konkret (in casu) vorliegt (und umgekehrt) (anders Kohte EZW 1990, 150 (153 f.)). Denn das Erfordernis einer Inlandsbeziehung ändert nichts an den Erfordernissen einer Eingriffsnorm generell. Insbesondere lässt eine besonders starke Inlandsbeziehung eine Norm, deren Zweck nicht auf die Wahrung öffentlicher Interessen gerichtet ist, nicht zu einer Eingriffsnorm werden (Kropholler IPR § 52 IX 1; Mankowski RIW 1998, 287 (290); Staudinger/Magnus, 2007, EGBGB Art. 34 Rn. 79). 16

Legt die jeweilige international zwingende Vorschrift ihren räumlichen Anwendungsbereich nicht im Wege einer ausdrücklichen Sonderanknüpfung fest, so ist **Leitlinie für die abstrakte Formulierung der Sonderanknüpfung,** dass für das Eingreifen der betreffenden Sachnorm eine umso geringere Inlandsbeziehung gefordert werden kann, je gewichtiger das betroffene Interesse ist. Auch verfassungsrechtliche Wertungen können hier berücksichtigt werden. Rein einzelfallbezogene Sonderanknüpfungen scheiden demgegenüber aus; diese Vorgehensweise ermöglicht allein Art. 6 (Spickhoff, Der ordre public im IPR, 1989, 282 f.). Die Kriterien der Ermittlung ungeschriebener Sonderanknüpfungsregeln sind iÜ durchaus zweifelhaft. Allein auf Handlungen im Gebiet des eingreifenden Staates abzustellen, der die betreffende Handlung dort verbieten will (so Lehmann, Zwingendes Recht dritter Staaten im internationalen Vertragsrecht, 1986, 223 f.), erscheint zwar bei der Verletzung von Ein- und Ausfuhrverboten plausibel, passt jedoch nicht für alle Konstellationen, insbes. wenn der Ort der Handlung nicht ohne weiteres lokalisiert werden kann (MüKoBGB/Martiny Rn. 125). Daher kann man nur allgemein auf die jeweilige Norm und den durch sie geregelten Rechts- und Lebensbereich abstellen (ebenso MüKoBGB/Martiny Rn. 125; Staudinger/Magnus, 2021, Rn. 69, 85). Im Wesentlichen kommt es auf den Sitz des durch die Eingriffsnorm geschützten (öffentlichen) Interesses an (Spickhoff JZ 1993, 210 (212)). Unter diesem Vorbehalt kann maßgeblich sein zB die Belegenheit für Vorschriften des Grundstücksverkehrs (Ferid IPR Rn. 6-78; MüKoBGB/Martiny Rn. 127, 128; Freitag in Reithmann/Martiny IntVertragsR Rn. 5.60,61), der Ort der Geschäfts-, Gewerbe- oder Berufsausübung (Ferid IPR Rn. 6-78; MüKoBGB/Martiny Rn. 130, 131), die Einwirkung auf den Marktort im Hinblick auf Markt- und Gewerberegulierungsvorschriften (Staudinger/Magnus, 2021, Rn. 85) oder der Umstand, dass ein die Elternzeit beanspruchende Arbeitnehmer seinen gewöhnlichen Arbeitsort nicht im Inland hat (BAG AP EGBGB Art. 30 Nr. 11 = BeckRS 2020, 16354 zu § 18 BEEG). 17

## III. Anwendungsfälle deutscher Eingriffsnormen (Abs. 2)

Nach den dargelegten Kriterien sind die in Rspr. und Lit. bisher diskutierten Einzelfragen potentieller Eingriffsnormen des deutschen Rechts (als lex fori) gem. Abs. 2 zu lösen. Die **Voraussetzungen von Abs. 1,** insbes. die (abstrakt für jede Norm zu bestimmende) **Inlandsbeziehung** (→ Rn. 16 f.), sind dabei stets zu prüfen und festzustellen. 18

**1. Normen, die öffentlichen Interessen dienen.** Klassische Anwendungsgebiete für Sonderanknüpfungen iSv Art. 9 sind Normen, die eindeutig öffentlichen Interessen dienen. Dazu gehören Ein- und Ausfuhrbestimmungen, das AWG (BGH RIW 1981, 194; BeckOGK/Maultzsch Rn. 243 ff.; Remien RabelsZ 54 (1990), 431 (463); NK-BGB/Doehner Rn. 23), Embargobestimmungen (Oeter IPRax 1996, 73 (77); zu außenwirtschaftlichen Beschränkungen beim Beteiligungserwerb an Rüstungsunternehmen Widder RIW 2005, 260), das Washingtoner Artenschutzübereinkommen (BGBl. 1975 II 773, in Kraft getreten am 20.6.1976, BGBl. II 1237), entsprechende Beschränkungen auf der Grundlage des europäischen Rechts (Soergel/v. Hoffmann 19

EGBGB Art. 34 Rn. 21, 22) und sonstige Vorschriften für Handelsbeschränkungen (MüKoBGB/Martiny Rn. 61 ff.; zu §§ 103, 112, 119 InsO v. Frentz/Marrder ZUM 2001, 761 (763 ff.)). Gleichfalls sind Gesetze, die abgesehen von § 31 AWG die Unwirksamkeit eines ohne Genehmigung geschlossenen Vertrages anordnen, potentielle Eingriffsnormen. Dazu gehören §§ 17, 18 KWKG, §§ 3 ff. AtomG, §§ 8, 14 GenTG, §§ 72 ff. AMG sowie § 3 BtMG ebenso wie § 47 Abs. 1 LMBG und § 1 Abs. 4 des Gesetzes zum Schutz deutschen Kulturgutes gegen Abwanderung (zum Kulturgüterschutz MüKoBGB/Martiny Rn. 100 ff.; Freitag in Reithmann/Martiny IntVertragsR Rn. 5.78 f.; BeckOGK/Maultzsch Rn. 265 ff.; Dulzer/Jayme/Mußgnug, Rechtsfragen des internationalen Kulturgüterschutzes, 1994; Schmeick, International-privatrechtliche Aspekte des Kulturgüterschutzes, 1994; Schwadorf-Ruckdeschel, Rechtsfragen des grenzüberschreitenden rechtsgeschäftlichen Erwerbs von Kulturgütern, 1995), § 1 AEntG (BAG NZA 2006, 379; DB 2003, 2287) sowie bestimmte Normen eines Tarifvertrages, die § 1 AEntG zu Eingriffsnormen erklärt (vgl. Junker RdA 1998, 42 (45)). Denkbare Eingriffsnormen folgen sodann aus dem Devisenbewirtschaftungsrecht (BGH NJW 1995, 320; zum Währungs- und Devisenrecht näher Thode in Reithmann/Martiny IntVertragsR Rn. 671 ff.; MüKoBGB/Martiny Anh. I und Anh. II; Soergel/v. Hoffmann EGBGB Art. 34 Rn. 105 ff.; Berger ZVglRWiss 96 (1997), 2). Als Eingriffsnormen kommen weiterhin in Betracht Normen des deutschen Kartellrechts, die über § 130 Abs. 2 GWB, der eine eigene Kollisionsnorm für das Internationale Kartellrecht enthält (BGH NJW 1973, 1609; BGHZ 74, 322 (324) = NJW 1979, 2613 (2614); BGH IPRax 1982, 20 (21); KG WM 1984, 1195 (1200)), hinaus durchzusetzen sind (Staudinger/Magnus, 2021, Rn. 182). Die ArzneimittelpreisVO ist als Eingriffsrecht angesehen worden (OLG Hamburg WRP 2010, 796 – Doc Morris). Auch Gewinnzusagen nach § 661a BGB lassen sich über Art. 9 wegen der lauterkeitsrechtlichen und sozialpolitischen Zielsetzung dieser Norm durchsetzen (BGH NJW 2006, 230 (232)). Als Eingriffsnormen kommen sodann berufsrechtliche Vorschriften (zB § 3 RDG), insbes. Standesrecht in Betracht, soweit es öffentlichen Interessen dient (MüKoBGB/Martiny Rn. 95 ff.; Soergel/v. Hoffmann EGBGB Art. 34 Rn. 41 ff.; zum RBerG Mankowski AnwBl. 2001, 73 ff.). Maßgeblich ist bei der Überprüfung von Standesrecht eine Einzelanalyse in Bezug auf die geschützten Interessen. Zweifelhaft, aber keineswegs ohne weiteres allein öffentlichen Interessen dienen die **Regeln des Datenschutzes** (vgl. KG CR 2014, 319; LG Berlin WRP 2012, 613; anders Piltz CR 2012, 274).

20 **2. Berufs- und Gebührenrecht.** Besonders diskutiert wird seit jeher die Frage der **Abwehr ausländischer Erfolgshonorarvereinbarungen,** insbes. in Gestalt eines Anteils am Erstrittenen (sog. quota litis-Honorar). Die deutsche Rspr. hat regelmäßig auf den allgemeinen ordre public abgestellt (BGHZ 51, 290 (292) = NJW 1966, 296; BGHZ 44, 183 (189); 22, 162 (167), alle vor Inkrafttreten von Art. 34; aus neuerer Zeit BGH IPRax 2005, 150: § 138 BGB unter Anwendung von Art. 29; Kilian AnwBl. 2003, 452; VersR 2006, 751; Mankowski NJW 2005, 2346; Mankowski AnwBl. 2005, 705; Martiny FS Heldrich, 2005, 907 (920 ff.); Spickhoff IPRax 2005, 125; Staudinger IPRax 2005, 129; zur Praxis in Deutschland vgl. auch die Umfrage des Soldan-Instituts AnwBl. 2006, 50). Nach **§ 49b Abs. 2 S. 1 BRAO iVm § 4a Abs. 1 S. 1 RVG** darf ein Erfolgshonorar nur für den Einzelfall und nur dann vereinbart werden, wenn der Auftraggeber aufgrund seiner wirtschaftlichen Verhältnisse bei verständiger Betrachtung ohne die Vereinbarung eines Erfolgshonorars von der Rechtsverfolgung abgehalten würde. Diese undeutliche und de facto zu Umgehungen des Verbots von Erfolgshonoraren einladende Regelung beruht darauf, dass das **BVerfG** das ausnahmslose Verbot von anwaltlichen Erfolgshonoraren wegen Verstoßes gegen Art. 12 Abs. 1 GG beanstandet hat (BVerfG NJW 2007, 979). Im Falle der zureichend klaren und unmissverständlichen Erfüllung entsprechender Hinweis- und Aufklärungspflichten des Anwalts über die Höhe der ggf. zu erwartenden anwaltlichen Forderung gegenüber seinem Mandanten können nun auch keine ordre public-Vestöße angenommen werden, namentlich wenn die im Heimatrecht des Auftraggebers normalen Prozentsätze vereinbart worden sind und anderenfalls die wirtschaftliche Lage des Mandanten diesem vernünftigerweise nicht erlauben würde, ein Prozessrisiko einzugehen. Im Übrigen sind die Normen aber über Art. 9 Abs. 2 durchzusetzen. Dabei ist nach der Systematik des geltenden IPR zu differenzieren. Soweit das Gebührenrecht Erfolgshonorarvereinbarungen noch untersagt, bezweckt es den Schutz des öffentlichen Interesses an der Rechtspflege, als deren Organe Rechtsanwälte in Deutschland angesehen werden und weswegen ihnen von der Allgemeinheit besonderes Vertrauen entgegengebracht werden soll. Insoweit geht es also um den Schutz öffentlicher Interessen (Art. 9). Daneben kann das Verbot der quota litis-Vereinbarungen (sofern noch existent) auch dem Interesse der anwaltlich beratenen und vertretenen Partei dienen. Haben die Ansprüche insbes. unterhaltssichernden Charakter oder verfolgen sie einen darüber hinaus gehenden moralischen Anspruch (wie etwa auch im Falle der

Entschädigung für Zwangsarbeiter), so könnten diese gesetzgeberischen Anliegen vereitelt werden, wenn ein übermäßig hoher Anteil der zugesprochenen Ansprüche dem eigentlich Berechtigten infolge eines honorarbedingten prozentual hohen Abzugs genommen würde (BGHZ 44, 183 (188 f.) = NJW 1966, 296; Gamillscheg FS Nipperdey, Bd. I, 1965, 323 (350)). Daraus folgt: Da es um den Schutz der öffentlichen Interessen geht, ist es geboten, im Inland tätig werdenden und deshalb mit der deutschen Justiz in Berührung kommenden Anwälten die Anerkennung von Erfolgshonoraren, die § 49b Abs. 2 S. 1 BRAO iVm § 4a Abs. 1 S. 1 RVG auch nach der Neuordnung des anwaltlichen Gebührenrechts im RVG für unzulässig erklärt, zu verweigern. Dafür spricht auch eine gewisse gebührenrechtliche Gleichbehandlung aller vor deutschen Gerichten auftretenden Anwälte. Die Beschränkung in dieser Regel auf Tätigkeiten im Inland ergibt sich daraus, dass der Allgemeininteressen schützende Zweck des Verbots von Erfolgshonorarvereinbarungen nur auf den Schutz der staatlichen Interessen in Gestalt der Rechtspflege im Inland zielt. Insoweit liegt eine Sonderanknüpfung zwingenden Staatseingriffsrechtes iSd Art. 9 nahe. Im Übrigen, soweit es also um Individualschutz geht, kann darüber hinaus bei der Vereinbarung unzulässiger Erfolgshonorare Art. 21 eingreifen (näher Mankowski/Knöfel in Reithmann/Martiny IntVertragsR Rn. 6.715 ff.; Spickhoff, Der ordre public im IPR, 1989, 194 ff.; abw. Bungert ZIP 1993, 815 (823); weitergehend für Art. 34 OLG Frankfurt RIW 2001, 374 (376); Heß NJW 1999, 2485 (2486); zur Inkassotätigkeit Armbrüster RIW 2000, 583).

Während das Erfolgshonorar geradezu als klassisches Problem des Internationalen Privatrechts **21**
angesehen werden kann, war es zunächst rund um die sonstigen **Fragen der Gebührenordnungen** (HOAI, GOÄ, GOZ, StBVV, RVG) im Bereich des Internationalen Privatrechts stiller. Das hat sich seit einiger Zeit geändert: Der VII. ZS des BGH hat zur HOAI entschieden, dass die Mindestsatzregelung auf einen grenzüberschreitenden Architekten- und Ingenieurvertrag anwendbar ist, wenn die vereinbarte Architekten- oder Ingenieurleistung für ein im Inland gelegenes Bauwerk erbracht werden soll, und zwar über Art. 34 (BGHZ 154, 110 = NJW 2003, 2020; dazu Kilian/Müller IPRax 2003, 436; zu Recht aA Staudinger/Magnus, 2021, Rn. 166; Martiny FS Heldrich, 2005, 907 (918 ff.); anders Wenner RIW 1998, 173 (176 ff.)). Die Begründung dieser Entscheidung greift freilich wesentlich weiter: Da die Honorarordnung für Architekten und Ingenieure als öffentlich-rechtliche Verordnung kein Vertragsrecht regele, sondern zwingendes Preisrecht sei, erfasse die Wahl des deutschen materiellen Schuldvertragsrechts im Rahmen von Art. 3 die Regelungen der Honorarordnung für Architekten und Ingenieure von vornherein nicht (BGHZ 154, 110 (115) = NJW 2003, 2020 (2021) zu Art. 27 EGBGB aF). Genau dasselbe wird im Schrifttum auch für die GOÄ vertreten: Diese sei gewissermaßen nicht abdingbar (auch nicht über eine Rechtswahl im Internationalen Privatrecht), wenn ärztliche Leistungen in Deutschland erbracht werden (Spoerr/Uwe MedR 2003, 668 (673); krit. dazu Spickhoff NJW 2004, 1710 (1712)). Nun sind alle diese Gebührenregelungen in wesentlichen Teilbereichen in der Tat zwingend. Doch spricht das keineswegs für den öffentlich-rechtlichen Charakter der betreffenden Regelungswerke. Denn es finden sich in ihnen jeweils durchaus Möglichkeiten für abweichende Parteivereinbarungen, weswegen man nur noch von sog. Dispositivtaxen (im Gegensatz zu sog. Zwangstaxen) spricht. Wesentlicher ist deshalb die Zweckrichtung der betreffenden Taxen und zwingenden gebührenrechtlichen Regelungen. Insoweit ist zwar zu konstatieren, dass alle der genannten Gebührenordnungen auch, aber eben eingeschränkt ordnungspolitische Ziele verfolgen, insbes. einen ruinösen Preiswettbewerb verhindern sollen. Diesen Funktionen werden die genannten Regelungswerke aber auch ohne weiteres dann gerecht, wenn man sie zunächst einmal als zwingendes Vertragsrecht charakterisiert. Die Einordnung als genuin öffentliches Recht geht demgegenüber fehl (zu Recht krit. auch Kilian/Müller IPRax 2003, 436 f.). Nach der wohl mehrheitlich vertretenen (modifizierten) Subjektstheorie wäre dazu erforderlich, dass einer der Normadressaten notwendigerweise der Staat oder einer seiner Funktionsträger ist. Unmittelbare Normadressaten der jeweiligen Gebührenordnungen sind demgegenüber neben den Angehörigen der betreffenden sog. freien Berufe deren Vertragspartner (Mandanten, Patienten, Auftraggeber usw). Auch besteht jedenfalls zwischen den Vertragspartnern kein Über- oder Unterordnungsverhältnis iSd Subordinationstheorie. Demgemäß werden Gebührenstreitigkeiten ausnahmslos vor ordentlichen (Zivil-) Gerichten ausgetragen, und daher sind die genannten Gebührenordnungen durchgehend als taxmäßige Vergütungen iSd § 612 Abs. 2 BGB, § 632 Abs. 2 BGB anerkannt. In Bezug auf die HOAI wird sogar deren Charakter als Taxe bezweifelt und von einer bloß „üblichen Vergütung" gesprochen (Jauernig/Mansel BGB § 632 Rn. 11). Es ist es daher ebenso erfreulich wie zutreffend, dass sich der IX. ZS von der Linie des VII. ZS des BGH abhebt und ohne viel Federlesens zwingendes Gebührenrecht privat-(vertrags-)rechtlich qualifiziert (BGH IPRax 2005, 150; dazu Spickhoff IPRax 2005, 125 und Staudinger IPRax 2005, 129; undeutlich OLG Frankfurt IPRax 2002, 399).

22 Es sind auch **keineswegs alle Normen jedweder Gebührenordnung oder Gebührenregelung Eingriffsnormen** iSd Art. 9 (ebenso Kilian/Müller IPRax 2003, 436 ff.). Vielmehr wird die nach wie vor geltendem Recht entsprechende, grundsätzliche Berechnung der Gebühren nach dem **Gegenstandswert** (§ 2 Abs. 1 RVG) im Ausland als durchaus überraschend empfunden. In Frankreich ist sogar ein Verstoß dieser Form der Gebührenberechnung bei hohem Gegenstandwert, aber eher geringem Aufwand gegen den französischen ordre public erwogen (wenn auch iErg abgelehnt) worden (einen ordre public-Verstoß nahm an Cour d'appel de Douai Gaz Pal Jur 1983, 309 N. Mauro, aufgehoben vom französischen Kassationshof, s. IPRax 1985, 56 und Rev crit dr int pr 1985, 131 N. Mezger). Gerade dort, wo und soweit die entsprechenden Gebührenregelungen nicht einmal überhaupt zwingend sind, besteht erst recht kein Anlass zu einer pauschalen Sonderanknüpfung iSv Art. 9. Unabhängig davon sollte man sich – zumal innerhalb der EU – gegenüber einer territorial exzessiven Ausdehnung von Spezialitäten des deutschen Gebührenrechts der Angehörigen der freien Berufe auch aus europarechtlichen Gründen (Dienstleistungsfreiheit) vorsichtiger kollisionsrechtlicher Zurückhaltung befleißigen (s. – in Bezug auf die sog. Mindestsatzfiktion der HOAI – auch BGHZ 154, 110 (118 f.) = NJW 2003, 2020).

22.1 Auch § 4 Abs. 4 RVG aF (aufgehoben durch Gesetz vom. 12.6.2008, BGBl. I 1000), wonach eine vereinbarte Vergütung im Rechtsstreit auf den angemessenen Betrag bis zur Höhe der gesetzlichen Vergütung herabgesetzt werden konnte, wenn sie unter Berücksichtigung aller Umstände als unangemessen hoch anzusehen ist, sollte nicht sonderangeknüpft werden. Vielmehr kann einem entsprechenden Bedürfnis im Einzelfall über Art. 21 entsprochen werden. Gerade im Bereich der anwaltlichen Gebühren ist die Möglichkeit einer entsprechenden, gewissermaßen ordre public-konformen Reduktion der (ausländischen) lex causae auf ein für uns erträgliches Ausmaß nach dem Prinzip des geringstmöglichen Eingriffs anerkannt (BGHZ 54, 183 (190) = NJW 1970, 2023).

23 Auch im Bereich der Einzelanalyse zwingender Vorschriften der **GOÄ** (wie im Falle von § 2 Abs. 1 S. 2 GOÄ iVm § 5a GOÄ, § 2 Abs. 1 S. 3 GOÄ und § 2 Abs. 3 GOÄ) kann der Charakter einer international zwingenden Eingriffsnorm nicht angenommen werden (Bairlein, Internationales Vertragsrecht für freie Berufe, 2009, 206 ff.; Spickhoff MedRKomm IPR Rn. 25; MedR-Komm/Spickhoff GOA § 1 Rn. 9; Spickhoff IPRax 2005, 125 (127)). Einer „Abwahl" deutschen Rechts durch in Deutschland tätige Ärzte steht allerdings Art. 6 Abs. 2 S. 2, Abs. 1 entgegen, sofern Patienten mit gewöhnlichem Aufenthalt in Deutschland behandelt werden. Lassen sich in Deutschland hingegen Patienten mit gewöhnlichem Aufenthalt im Ausland behandeln, so gilt die spezielle Kollisionsnorm über Verbraucherverträge nicht (Art. 6 Abs. 4 lit. a), wenn und weil die medizinischen Leistungen ausschließlich in Deutschland und damit in einem anderen als dem Staat erbracht werden müssen, in dem der Patient seinen gewöhnlichen Aufenthalt hat. Sonst ist nach Art. 4 Abs. 1 lit. b das Recht am gewöhnlichen Aufenthaltsort des behandelnden Arztes bzw. des Krankenhauses anzuwenden. Indes steht es nach Art. 3 den Parteien prinzipiell frei, das Recht eines anderen Staates zu wählen (zu vereinbaren). Zwingende Gebührenregeln der GOÄ können trotz Art. 3 Abs. 3 ohne weiteres „abgewählt" werden, weil der Sachverhalt in Folge der Behandlung eines nicht aus Deutschland stammenden Patienten Auslandselemente aufweist. Entgegen mancher Stimmen im Schrifttum (etwa Hoffmann/Kleinken Kommentar zu GOÄ Rn. 8 aE, indes ohne Berücksichtigung des – zudem mittlerweile genuin europarechtlich vorgegebenen – Internationalen Vertragsrechts) ist es also nach entsprechender Rechtswahl durchaus möglich, gegenüber einem sozial besonders gut gestellten ausländischen Patienten für ärztliche Bemühungen eine Honorarnote außerhalb der Bestimmungen der GOÄ zu vereinbaren, vorausgesetzt, das gewählte (ausländische) materielle Recht lässt dies zu.

24 **3. Boden- und Grundstücksverkehrsrecht.** Öffentlichen Interessen dienen Normen des Boden- und Grundstückverkehrsrechts, zB § 2 GrdstVG (E. Lorenz RIW 1987, 569 (580); Kreuzer, Ausländisches Wirtschaftsrecht vor deutschen Gerichten, 1986, 49). Das Gleiche gilt für Vorschriften des **zwingenden Mietsonderrechts,** insbes. für zwingende Mieterschutzbestimmungen, obwohl diese vorrangig Individualschutz des Mieters bezwecken (s. bereits BT-Drs. 10/504, 83; v. Bar IPR II Rn. 452 f.; zur Begr. näher → Rn. 13). Keine Sonderanknüpfung kommt schließlich in Betracht für § 311b Abs. 1 BGB; dabei handelt es sich nicht um eine international zwingende Formvorschrift des deutschen Rechts (die es überhaupt nicht gibt) (Staudinger/Magnus, 2021, Rn. 153 und Rn. 29 zum Verhältnis von Art. 9 zu Art. 11 Abs. 5).

25 **4. Individualschützende Norm Marktschwächerer.** Abgesehen von ausdrücklichen Sonderanknüpfungen sollten **alle übrigen Normen** des Individualschutzes des Marktschwächeren nicht über Art. 9 sonderangeknüpft, sondern im Einzelfall vorsichtig über **Art. 21** zur Geltung gebracht werden. Dazu gehört der Käuferschutz gegenüber Bauunternehmen nach § 2 MaBV

iVm § 34c GewO (vgl. OLG Hamm NJW 1977, 1594 (dazu Ahrens RIW 1977, 782 (783 f.); Dörner NJW 1977, 2032 f.); Spickhoff, Der ordre public im IPR, 1989, 176 ff.; Martiny FS Heldrich, 2005, 907 (922 f.); Staudinger/Magnus, 2021, Rn. 168; aA früher Reithmann FS Ferid, 1998, 363 (369)), §§ 305, 305a BGB (s. dazu aber Art. 46b EGBGB) (LG Kleve IPRspr. 2013 Nr. 60), §§ 312 ff. BGB (OLG Hamm NJW-RR 1999, 496; LG Stade IPRspr. 1989 Nr. 39; OLG Koblenz IPRspr. 1989 Nr. 43; LG Bielefeld NJW-RR 1999, 1282; LG Hamburg NJW-RR 1990, 695 (696); OLG Celle RIW 1991, 421 (422); LG Düsseldorf RIW 1995, 415 (416); Taupitz BB 1990, 646 (649); Lüderitz IPRax 1990, 216 (218); Coester-Waltjen FS W. Lorenz, 1991, 297 (313); Mankowski RIW 1998, 287 (290); aA LG Berlin NJW-RR 1995, 754 (755); OLG Celle RIW 1996, 963 (964); v. Hoffmann IPRax 1989, 261 (268); Jayme IPRax 1990, 220 (222); Mäsch IPRax 1995, 371 (374); Kohte EuZW 1990, 150 (154); Langenfeld IPRax 1993, 155 (156); Klingsporn WM 1994, 1093 (1098 f.), alle zum HaustürWG), §§ 651a ff. BGB (iErg ebenso Soergel/v. Hoffmann EGBGB Art. 34 Rn. 60), § 31 Abs. 5 UrhG (BGH NJW 2015, 1690; dazu Katzenberger GRUR Int 2015, 381), das Individualarbeitsrecht – einschließlich des arbeitsrechtlichen Gleichbehandlungsgrundsatzes (Junker IPRax 1994, 21 (26); aA Bittner NZA 1993, 161 (165); hier hilft Art. 6 S. 2), des § 613a BGB (BAG IPRax 1994, 123 (128) (dazu Mankowski IPRax 1994, 88 (94); Franzen AR-Blattei 920 Nr. 12 3 Int ArbR); LAG Köln RIW 1992, 935) und des § 1 SeeArbG (BAG NZA 1995, 1191 (1193) noch zu § 1 SeemG), das deutsche Mitbestimmungsrecht (Grüneberg/Thorn Rn. 9; aA Großfeld/Erlinghagen JZ 1993, 217 (222); Großfeld/Johannemannn IPRax 1994, 271 (272)) oder § 8 TzBfG (BAG RIW 2008, 644; dazu Junker EuZA 2009, 88). Auch tarifliche Zahlungspflichten in eine Zusatzversorgungskasse begründen keine Eingriffsnormen (BAG BB 2004, 1337).

**5. Sonstige Fallgruppen. § 1 Abs. 2 WpHG** erstreckt seinen Anwendungsbereich in Bezug auf die Marktmissbrauchsüberwachung sowie die §§ 84, 85 WpHG (früher §§ 34b, 34c WpHG aF) (Anlagestrategieempfehlungen, Anlageempfehlungen und Anzeigepflichten) auf Handlungen und Unterlassungen, die im Ausland vorgenommen werden, sofern sie Finanzinstrumente betreffen, die an einem inländischen organisierten Markt, einem inländischen multilateralen Handelssystem oder dem Freiverkehr gehandelt werden. Dabei handelt es sich um entsprechende Eingriffsnormen (vgl. auch Staudinger/Magnus, 2021, Rn. 176). Keine, jedenfalls keine pauschale Sonderanknüpfung kommt schließlich für die **zivilrechtlichen Generalklauseln der §§ 134, 138, 242 BGB** (BGH RIW 1997, 875 (879); Mankowski RIW 1996, 8 ff.; Baumert RIW 1997, 805 (806); MüKoBGB/Martiny Rn. 60, auch zu § 343 BGB; Kropholler IPR § 52 IX 1; Looschelders EGBGB Art. 34 Rn. 24; aA LG Detmold NJW 1994, 3301; LG Berlin NJW-RR 1995, 754 (755); diff. PWW/Remien EGBGB Art. 34 aF Rn. 8, soweit richterrechtlich verfestigte Regeln vorliegen) oder § 313 BGB in Betracht (OLG Köln RIW 1993, 414 (415); Staudinger/Magnus, 2007, EGBGB Art. 34 Rn. 87), soweit nicht hierüber die in Rn. → Rn. 11– → Rn. 15 genannten, für Art. 9 relevanten Interessen geschützt werden (zu § 134 BGB Soergel/v. Hoffmann EGBGB Art. 34 Rn. 3). Daher lassen sich Straftatbestände, die nach den **Regeln des Internationalen Strafrechts (§§ 3–7 StGB)** anwendbar sind (zB das ESchG) iVm § 134 BGB über Art. 9 Abs. 2 durchsetzen, selbst wenn an sich deutsches Vertragsrecht nicht anwendbar ist (Spickhoff FS Schreiber, 2003, 881 (887 ff.)). Sowohl öffentliche als auch private Interessen (Diskriminierung) werden verletzt, wenn ein ausländisches Gesetz Verträge mit bestimmten Staatsangehörigen verbietet wie das kuwaitisches Einheitsgesetz zum Israel-Boykott (OLG München BeckRS 2020, 15428). Das Bedürfnis für eine **Sonderanknüpfung des Verbraucherkreditrechts** (§§ 489, 491 ff. BGB) (dagegen zu Recht auch BeckOGK/Maultzsch Rn. 281; zu Art. 34 EGBGB aF BGH NJW 2006, 762; Felke RIW 2001, 30 (32 ff.); aA Bülow EuZW 1993, 435 (437) noch zum VerbrKrG; zu § 489 BGB Soergel/v. Hoffmann Rn. 61; v. Hoffmann IPRax 1989, 261 (271)) hat sich – von den hiergegen ohnehin bestehenden Bedenken abgesehen: das Verbraucherkreditrecht wirkt vorrangig und im Gegensatz zur Definition von Abs. 1 individualschützend – spätestens mit Inkrafttreten von Art. 46b Abs. 4 Nr. 6 EGBGB verflüchtigt. 26

## IV. Ausländische international zwingende Bestimmungen (Abs. 3)

**1. Allgemeines.** Art. 9 Abs. 3 greift erstmals das seit langer Zeit streitige Problem einer potentiellen Sonderanknüpfung international zwingender ausländischer (auch von der lex causae) abweichender Eingriffsnormen auf. Nach dessen S. 1 „kann" (nicht: „muss") den Eingriffsnormen des Staates, in dem die durch den Vertrag begründeten Verpflichtungen erfüllt werden sollen oder erfüllt worden sind, vom Gericht des Forums Wirkung verliehen werden, soweit diese Eingriffsnormen die Erfüllung des Vertrags unrechtmäßig werden lassen. Bei der Entscheidung, ob diesen 27

Eingriffsnormen Wirkung zu verleihen ist, werden gem. S. 2 Art und Zweck dieser Normen sowie die Folgen „berücksichtigt", die sich aus ihrer Anwendung oder Nichtanwendung ergeben würden. Es fällt auf, dass **weder S. 1 noch S. 2** zumindest terminologisch **einen unmissverständlichen Rechtsanwendungsbefehl** wie etwa Art. 3 Abs. 1, Art. 6 Abs. 1, Art. 7 Abs. 2, Art. 8 Abs. 1 („unterliegen"), Art. 4 Abs. 1 („bestimmt sich das … Recht") oder Art. 5 Abs. 1 („ist das Recht … anzuwenden") **enthalten.** S. 1 begründet vielmehr terminologisch ein echtes diskretionäres richterliches Ermessen (Kindler, Einführung in das neue IPR des Wirtschaftsverkehrs, 2009, 69), und S. 2 lässt die Art und Weise, also den methodischen Weg, wie drittstaatliche Eingriffsnormen zu „berücksichtigen" sind, gleichfalls offen. Auch die Erwägungsgründe schweigen zu Abs. 3. Nur „ob" eine Eingriffsnorm vorliegt, unterliegt nicht einem richterlichen Ermessen (Freitag in Reithmann/Martiny IntVertragsR Rn. 5.115; Freitag IPRax 2009, 109 (111 f.)). Angesichts der auch internationalen Umstrittenheit der Materie ist offensichtlich, dass der Gesetzgeber die weitere Entwicklung zu einem erheblichen Teil in die Hände der Rspr. (in letzter Konsequenz: des EuGH) gelegt hat. Im Interesse einer von vornherein einheitlichen Auslegung der Norm hat der **EuGH** eine zurückhaltende Handhabung von Abs. 3, die bewusst gewählt worden ist und auf eine Intervention des Vereinigten Königreichs zurückgeht (Freitag IPRax 2009, 109 (110); Grüneberg/Thorn Rn. 12), vorgegeben. Abs. 3 hat er (auf der Linie dieser Kommentierung von Beginn an liegend und entgegen anderer Ansichten) dahin ausgelegt, dass er es dem angerufenen Gericht nicht erlaubt, andere Eingriffsnormen als die des Staates des angerufenen Gerichts oder des Staates, in dem die durch den Vertrag begründeten Verpflichtungen erfüllt werden sollen oder erfüllt worden sind, als Rechtsvorschriften anzuwenden. Möglich bleibt nur, solche anderen Eingriffsnormen als tatsächliche Umstände zu berücksichtigen, soweit das nach den Bestimmungen dieser Verordnung auf den Vertrag anwendbare nationale Recht dies vorsieht (EuGH NJW 2017, 141).

28 **2. Vorgeschichte.** Zum Verständnis der Norm ist ein Blick auf die bisherige Diskussion (die sich in der Offenheit von Abs. 3 widerspiegelt) unerlässlich, zumal das Gesetz in die Diskussion nur partiell eingegriffen hat. Inwieweit und auf welche Weise ausländische international zwingende Normen, insbes. Staatseingriffsnormen, anzuwenden sind, ist seit langem Gegenstand einer lebhaften Diskussion. **Art. 7 Abs. 1 EVÜ** als Vorläufer zu Art. 9 Abs. 3 hatte eine Sonderanknüpfung ausländischer international zwingender Bestimmungen ermöglicht. Jedoch ist diese Vorschrift **in Deutschland nicht übernommen** worden (→ Rn. 2). Unstreitig sind jedenfalls alle ausländischen Normen, die kraft des Internationalen Schuldvertragsrechts der Art. 3 ff. berufen und von der Rom I-VO erfasst werden (nach Art. 1), auch anzuwenden, seien es nun Staatseingriffsnormen oder nicht. Allerdings setzen sie sich gegenüber deutschem international zwingendem Recht iSv Art. 9 Abs. 2 bzw. gegenüber Art. 21 EGBGB ggf. nicht durch (zB Freitag in Reithmann/Martiny IntVertragsR Rn. 5.141a; Staudinger/Magnus, 2021, Rn. 142; BeckOGK/Maultzsch Rn. 172).

29 **3. Unrechtmäßigkeit der Erfüllung.** Abs. 3 schränkt den Anwendungsbereich einer im Ermessen der jeweiligen Gerichte stehenden „Wirkungsverleihung" drittstaatlicher Eingriffsnormen noch weiter ein. Die Eingriffsnormen müssen „die Erfüllung des Vertrags unrechtmäßig werden lassen". **Unrechtmäßigkeit** liegt jedenfalls vor, wenn die Eingriffsnorm die Unwirksamkeit des Vertrages oder auch schlicht ein Verbot der Erfüllung (zB Feindhandelsverbot, Embargo) anordnet (näher Freitag IPRax 2009, 109 (112)). Man wird nicht fehlgehen, wenn man ähnliche Kriterien zugrunde legt wie die, die ein Verbotsgesetz iSv § 134 BGB auslösen; interindividuell den Marktschwächeren schützende Normen sind dabei ohnedies nicht von Art. 9 erfasst. Es geht darum, Eingriffsnormen zu berücksichtigen, die eine Erfüllung des Vertrages faktisch vereiteln. Der **Begriff der Erfüllung** (an einer Erfüllung im Ausland fehlte es in LAG Nürnberg 25.9.2013 – 2 Sa 172/12, nv: Entgeltabsenkung in Griechenland zur Vermeidung des Staatsbankrotts; s. dazu auch die Vorlage des BAG NZA 2015, 542 an den EuGH) ist ebenso **autonom auszulegen** wie derjenige der Unrechtmäßigkeit. Der in Art. 5 Abs. 1 Brüssel Ia-VO verwendete Begriff dient offensichtlich anderen Zwecken als der in Abs. 3 verwendete. Der **Erfüllungsort nach dem Vertragsstatut** der Art. 3 ff. ist offenbar in **Abs. 3 S. 1 Alt. 1** gemeint (Staat, in dem die Verpflichtungen „erfüllt werden sollen") (Freitag IPRax 2009, 109 (113 f.)), auch wenn das Bedenken weckt, weil dadurch die Anwendbarkeit von drittstaatlichen Eingriffsnormen zur Disposition der Parteien (im Rahmen der Privatautonomie bei der Vereinbarung eines Erfüllungsorts) gestellt wird (MüKoBGB/Martiny Rn. 117). Bei alledem kommen (zB gem. § 269 BGB) je nach Leistungspflicht auch mehrere Erfüllungsorte in Betracht, sodass ggf. Eingriffsnormen verschiedener Drittstaaten zur Wirkung verholfen werden kann. Zusätzlich (und alternativ) kann nach **Abs. 3 S. 1 Alt. 2** auch auf den **Erfüllungsort** abgestellt werden, **an dem faktisch erfüllt worden ist.** Das Verhältnis beider Alternativen in der Norm selbst ist unklar. Da es indes um die Berücksichtigung

rein faktischer Macht geht (Grüneberg/Thorn Rn. 12; Freitag in Reithmann/Martiny IntVertragsR Rn. 5.122: Abs. 3 folge damit der „Machttheorie"; dazu → Rn. 34), könnte an sich dem privatautonom wirksam vereinbarten Erfüllungsort allgemeinen Grundsätzen folgend gegenüber dem faktischen Erfüllungsort der Vorrang eingeräumt werden (so noch → 3. Aufl. 2012, Rn. 29), wenn und weil den Parteien die Macht zugestanden wird, den Erfüllungsort zu verlegen. Das gilt jedenfalls, soweit die Parteien den Vertrag noch nicht erfüllt haben. Ist im Konsens abweichend vom ursprünglich vereinbarten Erfüllungsort geleistet worden, liegt die Annahme einer nachträglichen Vereinbarung des faktischen Erfüllungsortes nahe. Wird ohne Konsens am falschen Ort geleistet, fehlt es im Zweifel an der Erfüllung. Immerhin wird dann aber je nach Sachlage auf Eingriffsnormen des „faktischen Erfüllungsortes" zurückzugreifen sein. Praktisch führen beide Ansätze freilich nur selten zu voneinander abweichenden Ergebnissen (zutr. BeckOGK/Maultzsch Rn. 115 mit Differenzierungen; s. dazu auch Staudinger/Magnus, 2021, Rn. 104, 105; für den Ort der tatsächlichen Erfüllung Freitag in Reithmann/Martiny IntVertragsR Rn. 5.119 ff.; Freitag IPRax 2009, 109 (113 f.); Grüneberg/Thorn Rn. 12; Schacherreiter ZEuP 2015, 497 (510); BeckOGK/Maultzsch Rn. 115–116.1, auch zur „erfüllungsortsvereinbarungsfreundlichen" Haltung englischer Gerichte).

**4. Sperrwirkung.** Abs. 3 führt zunächst dazu, ausländisches Eingriffsrecht nur im Rahmen dieser Norm mit „Wirkung" zu versehen. Insofern gibt es also außerhalb der (engen) Fälle des Abs. 3 keine Möglichkeit der Sonderanknüpfung drittstaatlichen Eingriffsrechts im Rahmen der Rom I-VO. Vielmehr ist insoweit von einer „Sperrwirkung" von Abs. 3 auszugehen (MüKoBGB/Martiny Rn. 113). Ungeachtet dessen verbleibt aber die Möglichkeit, auf der **Ebene des Sachrechts** (zB im Rahmen von § 138 Abs. 1 BGB) Wertungen ausländischer Eingriffsnormen zur Wirkung zu verhelfen (MüKoBGB/Martiny Rn. 114; Grüneberg/Thorn Rn. 13; krit. Freitag IPRax 2009, 109 (115)). § 138 BGB seinerseits ist nicht (zumindest nicht pauschal, soweit nicht auch öffentliche Interessen betroffen sind) Eingriffsnorm (LG Frankfurt BeckRS 2021, 41079 Rn. 49; ebenso bereits klar Mankowski RIW 1996, 8). 30

**5. Wege zur Ermessenausübung.** Auf welche Weise das in Abs. 3 mehrfach eingeräumte richterliche Ermessen auszufüllen ist, ist offen geblieben. Man wird zunächst auf den Zweck der betreffenden Eingriffsnorm und die im Endergebnis gefundenen Rechtsfolgen abzustellen haben (MüKoBGB/Martiny Rn. 120, 121). Wird das gefundene Endergebnis dem Zweck der Eingriffsnorm und der mit ihr intendierten Rechtsfolge – gleich auf welchem methodischem Wege iE – gerecht, wird man von einer verordnungskonformen Rechtsanwendung ausgehen können (vgl. auch Freitag IPRax 2009, 109 (112)). Dieser Ausgangspunkt ist auch die Messlatte für die Bewertung der in Bezug auf eine „Wirkungsverleihung" (Abs. 3 S. 1) bzw. „Berücksichtigung" drittstaatlichen Eingriffsrechts denkbaren methodischen Wege. Bei alledem ist zu bedenken, dass die entsprechenden Wege, die nicht nur in Deutschland, sondern auch in europäisch-kollisionsrechtsvergleichender Betrachtung beschritten worden sind, überaus disparat verlaufen (näher und mwN Freitag in Reithmann/Martiny IntVertragsR Rn. 5.129, 130). Das vorweggeschickt, kommen in Betracht: 31

**a) Sonderanknüpfung.** In der Lehre wird vielfach vertreten, dass ausländische Eingriffsnormen kollisionsrechtlich sonderanzuknüpfen sind. Dieser Weg ist auch im Rahmen von Abs. 3 eröffnet, wenngleich seine Beschreitung wohl nur selten zwingend ist, um verordnungskonforme Ergebnisse zu erzielen. Wie ggf. iE die Sonderanknüpfung formuliert werden muss, ist durchaus zweifelhaft. Genannt worden ist neben dem internationalen Geltungswillen der Eingriffsnorm eine enge Verbindung des Sachverhalts mit dem Eingriffsrecht sowie eine wertende Schranke in der Weise, dass die fremde Eingriffsnorm aus der Sicht des eigenen Rechts und aus internationaler Sicht als legitim erscheint (zB BeckOGK/Maultzsch Rn. 152; iSd Sonderanknüpfungslehre zB Kropholler IPR § 52 X 3; Leible ZVglRWiss 97 (1998), 286 (299); Göthel IPRax 2001, 411 (416 ff.); alle im Anschluss an Wengler ZVglRWiss 54 (1941), 168 (185 ff.); Zweigert RabelsZ 14 (1942), 283 (295)). Diese – im Schrifttum seit jeher als hL zu bezeichnende – Auffassung ist verschiedenen **Bedenken** ausgesetzt: Die mit ihr verbundene Sonderanknüpfung birgt erhebliche Rechtsunsicherheit (Looschelders EGBGB Art. 34 Rn. 38; exemplarisch Art. 19 Abs. 1 schweiz IPRG; dazu zB HandelsG Zürich IPRax 2006, 490 (491 f.) betr. FIFA-Transferbestimmungen und Art. 81 EGV). Im Rahmen von Abs. 2 (Sonderanknüpfung eigenen Eingriffsrechts) kann das eher hingenommen werden, da hinter Abs. 2 die allgemeine Vorbehaltsklausel des Art. 21 steht. Ein ausländischer ordre public ist demgegenüber außerhalb des von unseren Kollisionsnormen berufenen ausländischen Sachrechts an sich nicht zu berücksichtigen (bereits BT-Drs. 10/504, 100; BT-Drs. 10/5632, 45 zu Art. 7 EVÜ). Auch in der Sache hat der Forumstaat grds. an sich 32 wenig Anlass, Gemeininteressen eines fremden Staates wahrzunehmen (Sonnenberger IPRax 2003, 104 (113)). Vor allem aber **kann es an einer geeigneten Wirknorm fehlen.** Wird etwa ein ausländisches Handelsverbot (zB Kulturgüterschutz) sonderangeknüpft, so ist damit die gewünschte zivilrechtliche Rechtsfolge (zB Nichtigkeit des Vertrages) noch keineswegs sichergestellt. Es sei daran erinnert, dass die entsprechende „Wirknorm" im deutschen Sachrecht in § 134 BGB zu finden wäre, der nun aber nach hM im Sachrecht gerade keine fremden Verbotsgesetze erfassen soll (statt aller BGHZ 59, 85 = NJW 1972, 1575; Grüneberg/Ellenberger BGB § 134 Rn. 2). Eine Norm des ausländischen Sachrechts parallel zu § 134 BGB müsste uU dann zusätzlich sonderangeknüpft werden. Indes muss es sich dabei keineswegs notwendig um eine Eingriffsnorm iSv Art. 9 Abs. 1 handeln, sodass dieser Lösungsweg weniger einfach durchzuführen ist, als dies oft suggeriert wird. Der EuGH hat ihn abgelehnt (EuGH NJW 2017, 141).

33 **b) Territorialitätsprinzip.** De facto von einer Sonderanknüpfung geht auch das Territorialitätsprinzip aus, welches das internationale öffentliche Recht beherrscht. Öffentliches Recht bzw. hier Normen, die öffentlichen Interessen dienen, würde grds. angewandt, jedoch nur, wenn das **Staatsgebiet des Erlassstaates betroffen** ist. Indes handelt es sich bei Eingriffsnormen nicht notwendig um Normen des öffentlichen Rechts iSd Subjektstheorie, auch wenn die betreffenden Normen dem Gemeinwohl bzw. öffentlichen Interessen dienen. Solche Normen werden gem. **Art. 1 Abs. 1 S. 2** auch gar nicht vom **Anwendungsbereich der Rom I-VO** erfasst, sofern man nicht davon ausgeht, dass Art. 9 diesen Anwendungsbereich stillschweigend und systemwidrig wieder erweitert. Außerdem kann auf Grund des Territorialitätsprinzips zwar kein Staat gezwungen werden, ausländisches öffentliches Recht anzuwenden; gehindert ist er daran aber nicht. Das Territorialitätsprinzip (vgl. Bydlinski JBl 1959, 526 (529 f.); Schulze, Das öffentliche Recht im IPR, 1972, 206; zum RBerG s. BGH RIW 2007, 134 (135 f.)) ist deshalb zur Bewältigung der hier in Rede stehenden Probleme nicht geeignet (Soergel/v. Hoffmann EGBGB Art. 34 Rn. 84).

34 **c) Schuldstatutstheorie und verwandte Lehren.** Nach der älteren und heute zum Teil als unmodern empfundenen Schuldstatutstheorie (Grüneberg/Heldrich, 66. Aufl. 2008, EGBGB Art. 34 Rn. 4–6; Looschelders EGBGB Art. 34 Rn. 38, 39; F.A. Mann FS Wahl, 1973, 139 (147 ff.); Stoll FS Kegel, 1987, 623 (628); Spickhoff FS Lorenz, 2014, 487; vgl. OLG Hamburg NJW 1992, 635 (636); wohl auch OLG Stuttgart IPRspr. 1960/61 Nr. 213: Rechtsberatungsverbot; OLG Karlsruhe NZI 2012, 526 zu Regeln des französischen Insolvenzrechts; OLG Frankfurt BeckRS 2016, 16995 zum argentinischen Zahlungsmoratorium; vgl. auch LG München I GWR 2015, 406 zu Stundungsanordnungen nach österr. Sanierungsrecht der Banken) sind **über das Vertragsstatut auch dessen** (vom Rechtscharakter her: privatrechtliche, vertragsbezogene) **Eingriffsnormen** berufen, vorausgesetzt, deutsche Eingriffsnormen oder der deutsche ordre public stehen dem nicht entgegen (→ Rn. 28). Nicht überzeugend ist, dass Eingriffsnormen vom Anwendungsbereich der Art. 3 ff. überhaupt nicht erfasst würden (so aber zB Grüneberg/Thorn Rn. 15). Dafür bieten – zumindest in dieser Pauschalität – Art. 1, 3 ff. Rom I-VO keine Anhaltspunkte. Zwingende drittstaatliche Eingriffsnormen sind dann zunächst auf kollisionsrechtliche Weise nicht zu beachten; es bleibt eine Berücksichtigung auf der Ebene des anwendbaren Sachrechts. Das BAG spricht zutreffend von einer „mittelbaren Berücksichtigung" sachrechtlicher ausländischer Eingriffsnormen auf der Ebene des Sachrechts (BAG NZA 2015, 542; vgl. auch BAG BeckRS 2017, 119890; 2017, 124435). Ähnlich beachtet die sog. **Datumstheorie** im Rahmen des maßgebenden Vertragsstatuts ausländisches Eingriffsrecht als Faktor oder Datum (ähnlich EuGH NJW 2017, 141 Ls. 2; bereits früher Jayme GS Ehrenzweig, 1976, 35 ff.; Jayme BerGesVR 25 (1984), 90 ff.; krit. Siehr RabelsZ 52 (1988), 40 (80 f.)). Nach Kokott/Rosch (FS Kronke, 2020, 265 (272) mwN) legt der EuGH großzügige Maßstäbe im Kontext dieser tatsächlichen Beachtung forumfremder Eingriffsnormen an. Auch die sog. **Machttheorie** (Kegel/Schurig IPR § 23 I 1; Soergel/Kegel, 11. Aufl. 1984, EGBGB Vor Art. 7 Rn. 396; vgl. auch Soergel/v. Hoffmann EGBGB Art. 34 Rn. 85), der Abs. 3 in gewisser Weise folgt (→ Rn. 29), geht im Prinzip von der Schuldstatutstheorie aus, ebenso ausländische europäische Kollisionsrechtsordnungen. Auf der Ebene des Sachrechts sind ausländische Eingriffsnormen grds. und nur dann anzuwenden, wenn der ausländische Staat, der sie erlassen hat, die Macht besitzt, sie durchzusetzen. Das ist insbes. dann der Fall, wenn sich die umstrittene Sache auf dem Gebiet des Eingriffsstaates befindet und Rechtsverhältnisse dort zu erfüllen sind. Das Machtkriterium ist in der Tat ein tragender und viele, vielleicht die meisten Fälle erfassender Gesichtspunkt, auf dem die Schuldstatutstheorie beruht. Allerdings ist das alleinige Abstellen auf die Durchsetzung der Macht zu unbestimmt und wohl auch zu eng, weil manche Eingriffsnormen de facto nicht durchsetzbar sind oder durchgesetzt werden können, wie etwa im Falle des Schmuggelns (krit. insoweit zu Recht Staudinger/Magnus, 2021, Rn. 140; Soergel/v. Hoffmann EGBGB Art. 34 Rn. 85).

**d) Praktische Folgerungen.** Insgesamt ist zunächst eine weitgehende Ergebnisidentität der hauptsächlich vertretenen Auffassungen zu konstatieren (ebenso schon Looschelders EGBGB Art. 34 Rn. 37). Schon jetzt wird deshalb prognostiziert, dass die deutschen, englischen, französischen und belgischen Gerichte daher – vom EuGH (EuGH NJW 2017, 141) im Wesentlichen bestätigt – bei ihrer bisherigen Linie restriktiven Linie im Kontext der Berücksichtigung fremder Eingriffsnormen auch unter der Geltung der Rom I-VO bleiben werden (Freitag IPRax 2009, 109 (116); Freitag NJW 2018, 430, 432). So ist hervorgehoben worden, das Forum könne fremdem Eingriffsrecht zwar die Anwendung versagen, die durch das Recht geschaffenen Fakten könne es aber nicht ignorieren, selbst wenn das ausländische Gesetz zu missbilligen ist (OLG München BeckRS 2020, 15428). Teils werden die Theorien auch kumulativ angewendet (Maultzsch FS Kronke, 2020, 363 (377): sowohl Sonderanknüpfung als auch materiellrechtliche Berücksichtigung). Im Übrigen erscheint die **Schuldstatutstheorie** auch aus Praktikabilitätsgründen **vorzugswürdig.** Sie führt allerdings dazu, ausländische Eingriffsnormen und inländische Eingriffsnormen kollisionsrechtlich ungleich zu behandeln. Die einzig als Alternative ernsthaft in Betracht kommende Sonderanknüpfung (auch) ausländischer Eingriffsnormen unterliegt nicht zuletzt den genannten Bedenken. So kann zB die Unmöglichkeit der Erfüllung im Ausland (zB wegen eines entsprechenden Betätigungsverbotes) auf sachrechtlicher Ebene (des Schuldstatuts) angenommen werden. Nur wenn nach den hier vorgeschlagenen Grundsätzen der Unrechtmäßigkeit der Erfüllung eines Vertrages aufgrund einschlägiger, mit inländischen Vorstellungen, dh mit dem inländischen ordre public vereinbarer drittstaatlicher Eingriffsnormen nicht zur Wirkung verholfen werden kann, sollte **zuletzt** zur Herstellung einer verordnungskonformen Lösung der unsichere **Weg über eine Sonderanknüpfung** der entsprechenden Eingriffsnorm beschritten werden. Das wird in erster Linie in Betracht kommen, wenn ausländisches Recht Vertragsstatut ist und es dort an einer geeigneten „Wirknorm" (wie zB § 138 BGB) fehlen sollte. Man wird dann die Wirknorm des Drittstaates, dessen Eingriffsnorm sonderangeknüpft wird, nach dem Zweck von Art. 9 Abs. 3 als mit von der Sonderanknüpfung erfasst anzusehen haben. Damit wird den Vorgaben von Art. 9 Abs. 3 zureichend Rechnung getragen. Diese besondere, wohl extrem selten anzutreffende Konstellation mag trotz der (im Ausgangspunkt begrüßenswert) engen Linie des EuGH (NJW 2017, 141) auch unionsrechtlich noch tolerabel erscheinen. 35

**e) Deutsches Recht als Vertragsstatut.** Wenn und soweit deutsches Recht Vertragsstatut ist, so kommt die Anwendung **zwingender Vorschriften des ausländischen Rechts** nur über Art. 3 Abs. 3, 6 Abs. 1 und 8 Abs. 1, zudem nach Art. 46b EGBGB in Betracht. Abgesehen von staatsvertraglichen Sonderkollisionsnormen (Art VIII des Abkommens von Bretton Woods) kommt eine Berücksichtigung ausländischen zwingenden Eingriffsrechts sodann auf der **Ebene des Sachrechts** in Betracht. Ausländische Eingriffsnormen sind dabei nach ständiger Rspr. keine Verbotsgesetze iSd § 134 BGB (RGZ 108, 241 (243); BGHZ 59, 82 (85) = NJW 1972, 1575; BGHZ 69, 295 (296) = NJW 1977, 2356; BGHZ 128, 44 (53); OLG Düsseldorf WM 1977, 546 (547); OLG Hamburg RIW 1994, 686 (687); aA Schurig RabelsZ 54 (1990), 235 (240)). Das kann damit begründet werden, dass es sich bei § 134 BGB um eine sog. dynamische Verweisung handelt, innerhalb derer auch aus verfassungsrechtlichen Gründen der (Bundes-) Gesetzgeber die Normenmasse, auf die verwiesen wird, nicht völlig (und das hieße im Rahmen des § 134 BGB: selbst ohne Vorbehalt des ordre public) aus der Hand geben darf (Karpen, Die Verweisung als Mittel der Gesetzgebungstechnik, 1970, 29 f., 42 f.). Möglich ist aber die Berücksichtigung ausländischer Eingriffsnormen bzw. deren Wertungen im Rahmen von **§ 138 BGB,** insbes. von dessen Abs. 1. Dabei ist der **Auslandsbezug bei der Ausfüllung des Begriffs der guten Sitten zu berücksichtigen,** wenn auch der Maßstab der inländische bleibt. Die ausländische Eingriffsnorm muss im Wesentlichen (unter Beachtung des Auslandsbezugs) deutschen Wertvorstellungen entsprechen oder vergleichbar sein (vgl. BGHZ 59, 85 = NJW 1972, 1575; BGHZ 69, 295 = NJW 1977, 2356; BGHZ 128, 44, 53; BGHZ 94, 268 = NJW 1985, 2405; BGH NJW 1991, 634). Auch eine Anwendung von § 826 BGB kommt in Betracht (BGH NJW 1991, 634; 1993, 195; dazu Junker JZ 1991, 699 ff.). Ferner können solche Normen im Hinblick auf die Macht des ausländischen Staates die Unmöglichkeit einer Leistung begründen (RGZ 91, 260; 93, 182), einen Rechtsmangel nach inländischem Recht (vgl. OLG Köln IPRax 2017, 410 mAnm Jayme: Restitutionsanspruch von in der NS-Zeit enteigneter jüdischer Alteigentümer) oder einen Wegfall der Geschäftsgrundlage auslösen (vgl. BGH NJW 1984, 1746 f.; vgl. auch Zimmer IPRax 1993, 65 (66)). So ist einem gesetzlichen Israel-Boykott in Kuwait als Eingriffsnorm nach Abs. 3 keine Wirkung zu verleihen, wenn deutsches Recht Schuldvertragsstatut ist. Die faktische Existenz dieser Verbotsnorm und ihre Auswirkungen bilden jedoch bei der Flugbeförderung eines israelischen Staatsbürgers ein tatsächlich entgegenstehendes Leistungshindernis, ebenso wie das das Fehlen der 36 vom kuwaitischen Staat vorgeschriebenen Reisedokumente (OLG Frankfurt NJW 2018, 3591: Zwischenstopp auf kuwaitischem Staatsgebiet; zum „Vertragsbruch durch Hoheitsakt" Geimer IPRax 2017, 344 mwN).

37 **f) Ausländisches Recht als Vertragsstatut.** Ist ausländisches Recht Vertragsstatut, so sind – ebenso wie im Falle deutschen Rechts als Vertragsstatut – die Normen der Art. 3 Abs. 3 (und Abs. 4), Art. 6 Abs. 1, Art. 8 Abs. 1 Rom I-VO und Art. 46b EGBGB zu beachten, die uU zwingendes Recht eines vom Vertragsstatut abweichenden Staates für anwendbar erklären. Außerhalb solcher ausdrücklichen Sonderanknüpfungen sind deutsche Eingriffsnormen über Art. 9 Abs. 2 sonderanzuknüpfen. Im Übrigen **entscheidet** wiederum zunächst **das ausländische Sachrecht,** in welchem Rahmen es aus seiner Sicht fremdes Eingriffsrecht im Kontext der Unrechtmäßigkeit der Vertragserfüllung zur Wirkung verhilft (zB bei der Ausfüllung des Begriffs der sachrechtlichen public policy oder der Widerrechtlichkeit iSv Art. 21 schweiz OR). Ggf. sind in diesem Rahmen auch drittstaatliche Eingriffsnormen zu berücksichtigen (ebenso zu Art. 34 EGBGB aF Palandt/Heldrich, 66. Aufl. 2008, EGBGB Art. 34 Rn. 6). Ist das nicht möglich, ist gem. → Rn. 35 die drittstaatliche Eingriffsnorm (unter Einbeziehung der geeigneten Wirknorm des Drittstaates) sonderanzuknüpfen.

## Art. 10 Einigung und materielle Wirksamkeit

**(1) Das Zustandekommen und die Wirksamkeit des Vertrags oder einer seiner Bestimmungen beurteilen sich nach dem Recht, das nach dieser Verordnung anzuwenden wäre, wenn der Vertrag oder die Bestimmung wirksam wäre.**

**(2) Ergibt sich jedoch aus den Umständen, dass es nicht gerechtfertigt wäre, die Wirkung des Verhaltens einer Partei nach dem in Absatz 1 bezeichneten Recht zu bestimmen, so kann sich diese Partei für die Behauptung, sie habe dem Vertrag nicht zugestimmt, auf das Recht des Staates ihres gewöhnlichen Aufenthalts berufen.**

**Schrifttum:** Fischer, Verkehrsschutz im Internationalen Vertragsrecht, 1990; Heiss, Inhaltskontrolle von Rechtswahlklauseln in AGB nach europäischem IPR, RabelsZ 65 (2001), 634; Kost, Konsensprobleme im internationalen Schuldvertragsrecht, 1995; Mankowski, Widerrufsrecht und Art. 31 Abs. 2 EGBGB, RIW 1996, 382; Mäsch, Gran Canaria und kein Ende – Zur Sonderanknüpfung vorkonsensualer Elemente im internationalen Vertragsrecht nach Art. 31 Abs. 2 EGBGB, IPRax 1995, 371; Weller, Stillschweigende Einbeziehung der AGB-Banken im internationalen Geschäftsverkehr?, IPRax 2005, 428.

### I. Normzweck und Herkunft

1 Art. 10 ist wortgleich mit seinem europäischen Vorläufer, **Art. 8 EVÜ (= Art. 31 EGBGB aF).** Die Vorschrift regelt das Kollisionsrecht in Bezug auf die Einigung und ihre materielle Wirksamkeit, und zwar sowohl für den sachlichen Schuldvertrag und seine Bestimmungen (einschließlich AGB) als auch für die in Bezug auf den Hauptvertrag geschlossene Rechtswahlvereinbarung (Art. 3 Abs. 5) einschließlich einer diese ändernden (nachträglichen) Rechtswahlvereinbarung (LAG Düsseldorf BeckRS 2021, 47778 Rn. 88; LAG Düsseldorf BeckRS 2021, 47784 Rn. 86; LAG Düsseldorf BeckRS 2021, 47359 Rn. 87). Nicht nach Art. 10 anzuknüpfen ist allerdings die Rechts- und insbes. die Geschäftsfähigkeit einer Person; für sie gelten die Art. 7 und 13 EGBGB. Gleichfalls vorrangige Sonderregelungen gelten für die Form des Vertrages und des Rechtswahlvertrages (Art. 11 und ggf. Art. 3 Abs. 5).

2 Abgesehen von diesen Sonderanknüpfungen ist aber für ein besonderes Abschluss- oder Vornahmestatut kein Platz. Das Gesetz bekennt sich vielmehr zum **Einheitsstatut im Internationalen Vertragsrecht** (MüKoBGB/Spellenberg Rn. 9; früher bereits ebenso BGHZ 57, 337 (338)). Grund dafür ist das Ordnungsinteresse an einer homogenen Anknüpfung eines zusammenhängenden Lebenssachverhaltes (Weller IPRax 2005, 428 (429)). **Abs. 2** ergänzt diesen Satz insoweit, als es im Einzelfall aus **Billigkeitsgründen** zu einer **Mitberücksichtigung des Aufenthaltsstatuts** kommen kann. Zugeschnitten ist Abs. 2 insbes. auf den Fall des Schweigens auf ein kaufmännisches Bestätigungsschreiben, das im Ausland nicht oder wesentlich zurückhaltender als im deutschen Recht als Zustimmung gewertet wird. Auch der BGH hatte judiziert (BGHZ 57, 72 = NJW 1972, 391), dass in solchen Fällen das Aufenthaltsrecht des Schweigenden zur rechtlichen Würdigung des Schweigens mit herangezogen werden muss. Abs. 2 beinhaltet also eine kollisionsrechtliche Zumutbarkeitsregel, mit der ein ausnahmsweise berechtigtes Vertrauen auf die Freiheit von Bindung geschützt wird (Fischer, Verkehrsschutz im Internationalen Vertragsrecht, 1990, 332 ff.). Es

handelt sich um eine kollisionsrechtliche Billigkeitsnorm, welche die Anwendung einer bestimmten Rechtsordnung sichert; eigene Sachvorschriften enthält Abs. 2 nicht.

## II. Grundregel für Zustandekommen und Wirksamkeit: Vertragsstatut (Abs. 1)

**1. Zustandekommen.** Die Differenzierung zwischen Zustandekommen und Wirksamkeit des Vertrages, von der Abs. 1 ausgeht, wird in Abs. 2 aufgegriffen, wenn dort von Zustimmung die Rede ist. Daraus folgt, dass Abs. 2 nur Fragen des Zustandekommens betrifft, nicht solche der Wirksamkeit (BGH NJW 1997, 1697 (1699 f.); Giuliano/Lagarde BT-Drs. 10/503, 36, 60). Die Abgrenzung wird man verordnungskonform und in autonomer Auslegung in der Weise vornehmen können, dass zum Zustandekommen die **Fragen der vertraglichen Einigung** und zur Wirksamkeit die übrigen Voraussetzungen vertraglicher Bindung gehören, jeweils unter Vorbehalt von Sonderregelungen, namentlich in Art. 11 und Art. 7, 12 (Soergel/v. Hoffmann EGBGB Art. 31 Rn. 14; Mankowski RIW 1996, 382; Mäsch IPRax 1995, 371 (372)). 3

**Im Einzelnen** gehören zum Zustandekommen des Vertrages: Voraussetzungen und Umfang der vertraglichen Einigung, insbes. Angebot, Annahme und die Rechtsfolgen eines Einigungsmangels, Fragen eines Dissenses, Abgabe und Zugang einer Willenserklärung (OLG München RIW 2001, 864; zur englischen mailbox-theory W. Lorenz AcP 159 (1960/61), 193 (206)), die Abgrenzung von Angebot und bloßer invitatio ad offerendum, wohl auch die Wirkungen von Bedingung und Befristung (ebenso Soergel/v. Hoffmann EGBGB Art. 31 Rn. 16; aA Meyer-Sparenberg RIW 1989, 347 (349); Mankowski RIW 1996, 382, 387: Wirksamkeit), auch die Offenkundigkeit dem iÜ in Art. 8 EGBGB (anwendbar gem. Art. 1 Abs. 2 lit. g) kodifizierten Kollisionsrecht der Stellvertretung (OLG Köln NJW-RR 2021, 1109 Rn. 21; Spickhoff RabelsZ 80 (2016), 481 (525 f.)). Dazu gehört ferner das Erfordernis einer consideration im anglo-amerikanischen Rechtskreis (PWW/Brödermann/Wegen Rn. 7; Looschelders Art. 31 EGBGB Rn. 6; Mankowski RIW 1996, 382 (383)), das nicht nur als Frage der Form (iS eines bloßen Seriositätsindizes) qualifiziert und also nicht unter Art. 11 subsumiert werden sollte (nur für das amerikanische und nicht für das klassische englische Common Law Kropholler IPR § 41 III 3a, 308). Die Anforderungen an die Ausdrücklichkeit bzw. Konkludenz eines Verhaltens im Zusammenhang mit der Rechtswahl (Art. 3 Abs. 1 S. 2) sind demgegenüber im Prinzip EVÜ-autonom zu bestimmen; hierfür gelten nicht Art. 3 Abs. 5, 10 und die lex causae. 4

**2. Wirksamkeit.** Zur Wirksamkeit gehören konsequenterweise nur solche **Fragen,** die **nicht schon zum Zustandekommen des Vertrages** (**und** zu seiner **Form,** insbes. Art. 11) gehören. Die Frage der Wirksamkeit des Vertrages ist betroffen, wenn es um Willensmängel geht, insbes. um Irrtum, Täuschung und Drohung (AG Wuppertal VuR 1993, 55 = IPRspr. 1992 Nr. 36), ferner in Fällen der Mentalreservation, bei Scherzerklärungen und Scheingeschäften, auch im Falle eines Widerrufs iSd §§ 355 ff. BGB wegen der Nähe der Widerrufsmöglichkeiten nach den betreffenden EU-Richtlinien zur Anfechtung wegen Motivirrtums (so zum früheren HaustürWG BGHZ 135, 125 (138) = NJW 1997, 1697; Soergel/v. Hoffmann Rn. 19; aA etwa LG Aachen NJW-RR 1991, 885; LG Gießen NJW 1995, 406). Das Vertragsstatut entscheidet auch über die Rechtsfolgen von Willensmängeln (Staudinger/Hausmann, 2021, Rn. 24). Zur Frage der Wirksamkeit gehören sodann die §§ 134, 138 BGB bzw. entsprechende Normen des ausländischen Rechts (Grüneberg/Thorn Rn. 3). Im Schrifttum wird demgegenüber häufig zwischen Fällen der Sittenwidrigkeit und des Gesetzesverstoßes differenziert: Fälle der Sittenwidrigkeit sollen unter Art. 10 fallen, Fälle des Gesetzesverstoßes hingegen nicht, wenn das gesetzliche Verbot staats- oder wirtschaftspolitische Zwecke verfolgt (dann Sonderanknüpfung nach Art. 34) (so Soergel/v. Hoffmann EGBGB Art. 31 Rn. 21–24; Staudinger/Hausmann, 2021, Rn. 26 ff.). Doch ergibt sich diese Abgrenzung nicht aus Art. 10. Zu beachten ist allerdings, dass bestimmte inländische zwingende Normen unter den Voraussetzungen des Art. 9 auch dann anwendbar sind, wenn an sich deutsches Recht nicht gilt. Die Rspr. berücksichtigt Verstöße gegen ausländische gesetzliche Verbote nicht im Rahmen des § 134 BGB (auch sofern § 134 BGB über das Internationale Vertragsrecht anwendbar ist), sondern über § 138 BGB (BGH BeckRS 2018, 15308 Rn. 32; BGHZ 34, 169 (176) = NJW 1961, 822; BGH NJW 1962, 1436 (1437); BGHZ 59, 82 (85) = NJW 1972, 1575 (1576)). Die Folgen der Nichtigkeit unterliegen nach Art. 12 Abs. 1 lit. e ebenfalls dem Vertragsstatut. Das gilt auch für die Folgen einer Teilnichtigkeit (OLG Hamm RIW 1995, 681 (682)). Zu Art. 10 gehört wohl auch noch die Feststellung der Willensübereinstimmung durch Auslegung oder ggf. Umdeutung. Dass hierfür das Vertragsstatut gilt, folgt auch aus Art. 12 Abs. 1 lit. a (für die Anwendung von Art. 10 Grüneberg/Thorn Rn. 3, zur Auslegung s. aber auch Grüneberg/Thorn Rn. 53). Im Allgemeinen spielt hier die Abgrenzung aber keine Rolle. 5

### III. Insbesondere AGB

6 Im Falle der Einbeziehung von AGB ist zu **differenzieren.** Zum Zustandekommen des Vertrages gehört die Frage der wirksamen Einbeziehung von AGB (OLG Hamburg IHR 2014, 12, 14 mAnm Gaber; Staudinger/Hausmann, 2021, Rn. 22; Soergel/v. Hoffmann EGBGB Art. 31 Rn. 17; Schwenzer IPRax 1988, 86 (87); zum Vertragsschluss im Internet Langer Europ LF 2000, 117 (118); vgl. auch – inzident – BGH IPRax 2005, 446 m. Aufs. Weller IPRax 2005, 428), während die Inhaltskontrolle die Wirksamkeit des Vertrages oder einer seiner Bestimmungen betrifft (Heiss RabelsZ 65 (2001), 634 (636 ff.); Staudinger/Hausmann, 2021, Rn. 22), und zwar bis hin zur Auslegung von AGB und den Rechtsfolgen unwirksamer Klauseln (Looschelders EGBGB Art. 31 Rn. 9). Nicht vereinbar mit den Vorgaben von Art. 3 Abs. 5, Art. 10 oder Art. 46b EGBGB ist es, methodisch die Prüfung von § 307 BGB etwa wegen Unklarheit der anwendbaren Rechtsordnung bei Spaltung des anwendbaren Rechts in zwingendes Recht und parteiautonom wählbares Recht (zB gem. Art. 6) den Regeln der Rom I-VO gewissermaßen vorzuschalten (so offenbar BGH GRUR 2013, 421; zutr. dagegen Pfeiffer MK 2013, 343552).

7 Bei der Bestimmung des anwendbaren Rechts sind ggf. Art. 6 EGBGB und Art. 46a EGBGB zu beachten und die §§ 305 ff. BGB ggf. anzuwenden (und nicht, wie vor Inkrafttreten des Gesetzes zur Änderung des AGBG vom 19.7.1996 (BGBl. I 1013) in § 12 AGBG aF, nur „zu berücksichtigen“). Problematisch ist die Konstellation einander widersprechender Rechtswahlklauseln in AGB. Im Rahmen des Anwendungsbereichs des UN-Kaufrechts (dazu s. auch Schmidt-Kessel ZEuP 2008, 605) ist dessen Art. 19 einschlägig (Soergel/v. Hoffmann EGBGB Art. 31 Rn. 9). Abgesehen davon wird man in einem solchen Fall eine Einigung über das anzuwendende Recht in Gestalt einer Sachnorm des IPR zu verneinen haben, sodass objektiv (Art. 4, 6 Abs. 1, oder 8 Abs. 2 sowie Art. 46a EGBGB) anzuknüpfen ist (ebenso Soergel/v. Hoffmann EGBGB Art. 31 Rn. 10), nicht aber über Art. 3 Abs. 5, 10 Abs. 1 (dafür aber Meyer-Sparenberg RIW 1989, 347 (349); Tiedemann IPRax 1991, 424 (426); Looschelders EGBGB Art. 31 Rn. 11). Die letztgenannte Ansicht würde dazu führen, dass nach beiden (widersprüchlich von jeder Vertragspartei für sich gewählten) Rechtsordnungen die Wirksamkeit der Klausel zu prüfen wäre. Führen dann beide Rechtsordnungen zur Geltung der jeweiligen (widersprüchlichen) Klausel, muss es doch zur objektiven Anknüpfung kommen. Geht hingegen nur eine der (widersprüchlich) gewählten Rechtsordnungen von der wirksamen Einbeziehung einer Klausel aus, soll dieses Recht (unter dem Vorbehalt von Abs. 2) gewählt sein. Doch das beschwört Zufallsergebnisse herauf und begünstigt ggf. geringere Schutzstandards in Bezug auf AGB.

8 Im deutschen AGB-Recht setzt die Einbeziehung von AGB nicht voraus, dass der Kunde die **Sprache** versteht, in der die AGB abgefasst sind (BGH NJW 1995, 190; aA OLG Koblenz RIW 1992, 1019 (1021)). Insbesondere ist keine Übersetzung erforderlich (BGHZ 87, 112 (114)), es sei denn, die AGB sind in einer Sprache abgefasst, die von derjenigen abweicht, in der die vorherigen Vertragsverhandlungen geführt worden sind (OLG Stuttgart IPRax 1988, 293 (294); vgl. auch BGH NJW 1996, 1819; AG Kehl NJW-RR 1996, 565 (566); zum Vertragsschluss im Internet Rott ZVglRWiss 98 (1999), 383 (396); Mankowski RabelsZ 63 (1999), 203).

### IV. Sonderanknüpfung: Aufenthaltsstatut (Abs. 2)

9 Grds bestimmt sich das Zustandekommen und die Wirksamkeit des Vertrages zwar nach dem Statut des Hauptvertrages (Abs. 1). Aus Billigkeitsgründen lässt Abs. 2 jedoch neben dem Statut des Hauptvertrages kumulativ (MüKoBGB/Spellenberg Rn. 220) das Aufenthaltsstatut einer Partei über das Zustandekommen des Vertrages entscheiden, wenn diese Partei sich darauf beruft, sie habe dem Vertrag nicht zugestimmt. Das gilt auch, soweit es um die Einbeziehung von AGB geht (zB LG Landshut BeckRS 2021, 35099 Rn. 19; nicht aber in Bezug auf die Wirksamkeit zB gem. §§ 307 ff. BGB: LG Düsseldorf BeckRS 2022, 5294 Rn. 29). Diese **kumulative Anknüpfung an das Aufenthaltsstatut** hat folgende Voraussetzungen:

10 **1. Geschäftsstatut ungleich Aufenthaltsstatut.** Erste Voraussetzung ist, dass das von Art. 3 bis 8 bestimmte Geschäftsstatut, also das auf den Vertrag prinzipiell anwendbare Recht, ein anderes Recht ist als das Recht des Staates, in dem die Partei ihren gewöhnlichen Aufenthalt hat, die sich darauf beruft, sie habe dem Vertrag nicht zugestimmt. Der Begriff des gewöhnlichen Aufenthalts ist allgemeinen Grundsätzen entspr. auszufüllen (s. Art. 19). Im Rahmen von Art. 10 Abs. 1 ist demgemäß ggf. das Vertragsstatut inzident zu prüfen (zB LG Mannheim GRURPrax 2015, 464 – Kreuzlizenzvertrag; LG Kiel IPRspr 2013 Nr. 34 – Haftungsübernahme).

11 **2. Wirksamkeit des Vertragsschlusses nach dem Geschäftsstatut.** Abs. 2 greift nur dann ein, wenn der Vertrag nach den prinzipiell anwendbaren Vorschriften des Internationalen Vertrags-

rechts (Art. 3 bis 8) wirksam zustande gekommen ist. Soweit das Verhalten der Partei, die sich auf das nicht wirksame Zustandekommen des Vertrages beruft, schon nach dem Vertragsstatut keine Wirkungen entfaltet, bedarf es keiner Sonderanknüpfung.

**3. Interessenabwägung.** Aus den Umständen muss sich ergeben, dass es nicht gerechtfertigt wäre, die Wirkung des Verhaltens einer Partei nach dem Vertragsstatut zu bestimmen. An dieser Stelle wird die Anknüpfung an **Billigkeitserwägungen** deutlich (vgl. OLG Köln RIW 1996, 778; Maxl IPRax 1989, 398 (399); Grüneberg/Thorn Rn. 4). Erforderlich ist eine **umfassende Interessenabwägung,** die zur kumulativen Anwendung des Aufenthaltsrechts führt (Mankowski RIW 1996, 382 (383 f.)). Für das Eingreifen der Sonderanknüpfung reicht nicht, dass der potentiell zu Schützende den Erklärungsgehalt seines Verhaltens nicht positiv kennt. Umgekehrt schließt die Anwendung von Abs. 2 nicht von vornherein aus, dass die betreffende Partei weiß, dass an sich ausländisches Recht für die Vertragsbeziehungen maßgeblich ist (Soergel/v. Hoffmann EGBGB Art. 31 Rn. 36; Staudinger/Hausmann, 2021, Rn. 64). Für die Konkretisierung der Interessenabwägung lassen sich folgende **Anhaltspunkte** nennen: Abs. 2 wird insbes. im Falle von Distanzgeschäften relevant. Erhält man ein Angebot aus dem Ausland, muss die Reaktion im Allgemeinen nicht am ausländischen Vertragsrecht ausgerichtet werden (Soergel/v. Hoffmann EGBGB Art. 31 Rn. 38). Umgekehrt liegt es, wenn eine schriftliche Erklärung in das Ausland abgesendet wird. Hier hat man mit der Anwendung ausländischen Rechts zu rechnen, kann sich also zB nicht darauf berufen, nur eine invitatio ad offerendum abgegeben zu haben (W. Lorenz IPRax 1987, 269 (274) bei Fn. 52; Staudinger/Hausmann, 2021, Rn. 71). Im Falle laufender Geschäftsbeziehungen schließt es die Anwendung von Abs. 2 aus, wenn die Parteien ihre Verträge bislang immer dem gleichen Recht unterstellt haben (Lagarde Rev. crit. dr. int. pr. 1991, 287 (327)), was erst recht gilt, wenn auf die Folgen eines etwaigen Schweigens hingewiesen worden ist (Lüderitz IPR Rn. 287). Das Gleiche (keine Anwendung von Abs. 2) gilt, wenn man auf Grund früherer Kontakte mit den Erklärungsgepflogenheiten des Vertragsstatuts vertraut ist oder sonstige enge Beziehungen zum Vertragsstatut bestehen (OLG Hamburg IHR 2014, 12, 15 mAnm Gaber). Offenkundige Gepflogenheiten des internationalen Handelsverkehrs können eine Anwendung von Abs. 2 ausschließen (OLG Hamburg RIW 1997, 70; Soergel/v. Hoffmann EGBGB Art. 31 Rn. 43–46). Allgemein verlangt Abs. 2 auch die Prüfung, ob das Vertrauen der Partei auf ihr Recht schützenswert ist (Fischer, Verkehrsschutz im Internationalen Vertragsrecht, 1990, 335 ff., 337). Deshalb spielt eine Rolle, ob die betreffende Partei damit rechnen musste, dass ihr Verhalten als Willenserklärung qualifiziert werden würde (BGHZ 57, 72, 77; vgl. auch OLG Hamm IHR 2015, 30 auch zum UN-Kaufrecht; dazu Ostendorf GWR 2015, 321). Es ist aber zu beachten, dass die bloße Erkennbarkeit der Geltung fremden Rechts zwar notwendige, nicht aber hinreichende Bedingung für das Eingreifen von Abs. 2 ist (näher MüKoBGB/Spellenberg Rn. 235 ff.). Im Übrigen gilt in Bezug auf die Erkennbarkeit kein subjektiver, sondern ein objektivierter Maßstab im Rahmen der Abwägung von Abs. 2, da anderenfalls schützenswerte Interessen des Vertragspartners vernachlässigt werden würden. **12**

**4. Berufung auf das Aufenthaltsrecht.** Die potentiell geschützte Partei muss sich darauf berufen, sie habe dem Vertrag nicht zugestimmt. Abs. 2 hat damit den Charakter einer **Einrede** (MüKoBGB/Spellenberg Rn. 243; Kost, Konsensprobleme im internationalen Schuldvertragsrecht, 1995, 147 f.). Diese kann auch konkludent geltend gemacht werden, indem zB eine Partei (vor allem in rechtlicher Hinsicht) bestreitet, dass ihr Verhalten als Zustimmung gewertet werden könne, und sich dabei auf Rechtsgrundsätze ihres Aufenthaltsrechts beruft. Umgekehrt bleibt Abs. 2 unanwendbar, wenn sich eine Partei auf das Nichtzustandekommen des Vertrages nicht beruft. **13**

**5. Fehlende Zustimmung.** Indem nach Abs. 2 eine Partei behaupten muss, sie habe dem Vertrag nicht zugestimmt, wird der Anwendungsbereich der Norm angesprochen. Denn aus der (fehlenden) Zustimmung als Tatbestandsmerkmal folgt, dass Abs. 2 **nur für das Zustandekommen** der vertraglichen Einigung, nicht für die Wirksamkeit des Vertrages gilt (BGHZ 135, 124 (137) = NJW 1997, 1697; Giuliano/Lagarde BT-Drs. 10/503, 36, 60; Baumert RIW 1997, 805 (807)). Abs. 2 schützt vor dem Fehlen des Erklärungsbewusstseins (BGH NJW 1997, 1697 (1700); Hohloch JuS 1997, 943 (945); Mankowski IPRax 1991, 305 (312)). Namentlich ist der Fall erfasst, in dem Schweigen als Erklärungstatbestand angesehen wird (früher grdl. BGHZ 57, 72 (77) = NJW 1972, 391 mAnm Geimer und Schmidt-Salzer; s. nunmehr OLG Karlsruhe RIW 1994, 1046 (1047); OLG Schleswig IPRspr. 1989 Nr. 48; Sandrock RIW 1986, 841 (849)). Insbesondere ist Abs. 2 anwendbar, wenn – bei grundsätzlicher Anwendbarkeit deutschen Schuldvertragsrechts – ein deutscher Verkäufer seinem ausländischen Kunden eine Auftragsbestätigung zusendet, in der **14**

auf die Geltung der beigefügten AGB hingewiesen wird. Die AGB werden in diesem Falle nicht Vertragsinhalt, vorausgesetzt, der ausländische Empfänger war nach seinem Aufenthaltsrecht nicht verpflichtet, der Geltung der Bedingungen zu widersprechen (OLG München IPRax 1991, 46 (49) mAnm Geimer IPRax 1991, 31 (34); OLG Karlsruhe NJW-RR 1993, 567; OLG Karlsruhe RIW 1994, 1046; Fischer, Verkehrsschutz im Internationalen Vertragsrecht, 1990, 337 ff.). Auch die Geltung überraschender Klauseln (in Deutschland: § 305c Abs. 1 BGB) sollte nach dem Schutzzweck des Abs. 2 unter diese Norm zu subsumieren sein (Mankowski RIW 1996, 1001; Thorn IPRax 1997, 98 (104); anders aber Soergel/v. Hoffmann EGBGB Art. 31 Rn. 47). Abs. 2 ist überdies anwendbar, wenn aus aktivem Verhalten auf eine Zustimmung geschlossen wird. Insbesondere dann, wenn eine konkludente Zustimmung nach dem Vertragsstatut angenommen werden kann, nach dem Aufenthaltsstatut hingegen nicht, wird der Empfänger geschützt. Deshalb gilt Abs. 2 auch in Fällen unverlangt zugesandter Waren (OLG Köln RIW 1996, 778 f.; Giuliano/Lagarde BT-Drs. 10/503, 36, 60; Fischer, Verkehrsschutz im Internationalen Vertragsrecht, 1990, 336 f.). Nicht anwendbar ist Abs. 2 im Falle des Widerrufs, des Rücktritts (jeweils auch im Bereich des Verbraucherschutzes) (BGHZ 135, 124 (136 ff.); Looschelders EGBGB Art. 31 Rn. 21), der Kündigung oder der Durchsetzung von Willensmängeln. Denn sämtliche der genannten Gestaltungsmöglichkeiten setzen bereits eine wirksame Willenserklärung voraus und betreffen daher nur die Wirksamkeit, nicht aber das Zustandekommen des Vertrages (Baumert RIW 1997, 805 (808); Mankowski VuR 1996, 392 (395); Siehr IPR 120). Weder direkt (Art. 1 Abs. 2 lit. g) noch analog ist Abs. 2 in Bezug auf die Vertretungsmacht (etwa im Falle einer in Betracht kommenden Rechtsscheinsvollmacht wie einer Duldungs- oder Anscheinsvollmacht) anzuwenden (OLG Düsseldorf IPRspr. 2003 Nr. 25).

## V. Allgemeine Regeln

15 **1. Sachnormverweisung.** Wie allgemein im Internationalen Vertragsrecht sind **Rück- und Weiterverweisungen** im Rahmen von Art. 10 nach Art. 20 **nicht zu beachten.** Das gilt auch für Abs. 2 (Staudinger/Hausmann, 2021, Rn. 9), nicht aber für die gesondert (Art. 7 EGBGB) anzuknüpfende Geschäftsfähigkeit (MüKoBGB/Spellenberg Rn. 6).

16 **2. Ordre public.** Ein Eingreifen der Vorbehaltsklausel des Art. 21 kommt nur **selten** und dann in Betracht, wenn Art. 3 Abs. 3 und Abs. 4, Art. 6 Abs. 1, Art. 8 Abs. 1, Art. 10 Abs. 2, Art. 9 Abs. 2 und Art. 46a EGBGB nicht eingreifen. Abgelehnt wurde der Einsatz des ordre public in Bezug auf das Selbstkontrahierungsverbot (§ 181 BGB) (RG JW 1928, 2013 (2014)), bejaht demgegenüber dann, wenn Täuschung oder Drohung nicht zur Anfechtung vom Vertrag berechtigen (RG IPRspr. 1928 Nr. 10; LAG Düsseldorf RIW 1987, 61 (62)). Allerdings ginge es zu weit, die §§ 123, 124 BGB gewissermaßen „exklusiv" zur Anwendung zu bringen. Die Willensfreiheit muss keineswegs durch ein Rechtsinstitut gewährleistet werden, das exakt der deutschen Anfechtung entspricht; vielmehr genügen andere Gestaltungsformen, die in Schutzrichtung und Wirkung der Anfechtung nahekommen (Spickhoff, Der ordre public im IPR, 1989, 161). Auch einzelne ausländische AGB können über Art. 6 abgewehrt werden. Zwar sind AGB keine Rechtsnormen iSd Art. 21, abgewehrt werden können jedoch diejenigen ausländischen Rechtsnormen, die (aus deutscher Sicht) anstößige AGB tolerieren.

### Art. 11 Form

**(1) Ein Vertrag, der zwischen Personen geschlossen wird, die oder deren Vertreter sich zum Zeitpunkt des Vertragsschlusses in demselben Staat befinden, ist formgültig, wenn er die Formerfordernisse des auf ihn nach dieser Verordnung anzuwendenden materiellen Rechts oder die Formerfordernisse des Rechts des Staates, in dem er geschlossen wird, erfüllt.**

**(2) Ein Vertrag, der zwischen Personen geschlossen wird, die oder deren Vertreter sich zum Zeitpunkt des Vertragsschlusses in verschiedenen Staaten befinden, ist formgültig, wenn er die Formerfordernisse des auf ihn nach dieser Verordnung anzuwendenden materiellen Rechts oder die Formerfordernisse des Rechts eines der Staaten, in denen sich eine der Vertragsparteien oder ihr Vertreter zum Zeitpunkt des Vertragsschlusses befindet, oder die Formerfordernisse des Rechts des Staates, in dem eine der Vertragsparteien zu diesem Zeitpunkt ihren gewöhnlichen Aufenthalt hatte, erfüllt.**

**(3) Ein einseitiges Rechtsgeschäft, das sich auf einen geschlossenen oder zu schließenden Vertrag bezieht, ist formgültig, wenn es die Formerfordernisse des materiellen Rechts, das nach dieser Verordnung auf den Vertrag anzuwenden ist oder anzuwenden wäre, oder die Formerfordernisse des Rechts des Staates erfüllt, in dem dieses Rechtsgeschäft vorgenommen worden ist oder in dem die Person, die das Rechtsgeschäft vorgenommen hat, zu diesem Zeitpunkt ihren gewöhnlichen Aufenthalt hatte.**

**(4) [1]Die Absätze 1, 2 und 3 des vorliegenden Artikels gelten nicht für Verträge, die in den Anwendungsbereich von Artikel 6 fallen. [2]Für die Form dieser Verträge ist das Recht des Staates maßgebend, in dem der Verbraucher seinen gewöhnlichen Aufenthalt hat.**

**(5) Abweichend von den Absätzen 1 bis 4 unterliegen Verträge, die ein dingliches Recht an einer unbeweglichen Sache oder die Miete oder Pacht einer unbeweglichen Sache zum Gegenstand haben, den Formvorschriften des Staates, in dem die unbewegliche Sache belegen ist, sofern diese Vorschriften nach dem Recht dieses Staates**
**a) unabhängig davon gelten, in welchem Staat der Vertrag geschlossen wird oder welchem Recht dieser Vertrag unterliegt, und**
**b) von ihnen nicht durch Vereinbarung abgewichen werden darf.**

## Überblick

Für die Form von Schuldverträgen, die am oder nach dem 17.12.2009 geschlossen wurden, ist statt Art. 11 EGBGB **Art. 11 Rom I-VO** maßgeblich. Deshalb wurde durch Gesetz vom 25.6.2009 (BGBl. I 1574) Art. 11 Abs. 4 EGBGB aF mWv 17.12.2009 aufgehoben und der bisherige Abs. 5 zu Abs. 4. Weil sich durch den Übergang zur Rom I-VO für Schuldverträge nur marginale Abweichungen zu Art. 11 EGBGB aF ergeben, erfolgt die Kommentierung des Art. 11 EGBGB bei Art. 11 Rom I-VO. Um Verwechslungen zwischen Art. 11 Rom I-VO und Art. 11 EGBGB zu vermeiden, wird im Folgenden – ausnahmsweise – auch bei Art. 11 Rom I-VO die Gesetzesangabe mit aufgeführt. Kommentarnachweise ohne Artikelbezeichnung beziehen sich auf Art. 11 Rom I-VO.

**Schrifttum:** Benecke, Auslandsbeurkundung im GmbH-Recht, RIW 2002, 280; Fetsch, Zur Beurkundungsbedürftigkeit von Kaufverträgen über eine englische Private Limited Company, GmbHR 2008, 133; Goette, Auslandsbeurkundungen im Kapitalgesellschaftsrecht, FS Boujong, 1996, 131; Götze/Mörtel, Zur Beurkundung von GmbH-Anteilsübertragungen in der Schweiz, NZG 2011, 727; Kindler, Keine Geltung des Ortsstatuts für Geschäftsanteilsabtretungen im Ausland, BB 2010, 74; Kröll, Beurkundung gesellschaftsrechtlicher Vorgänge durch einen ausländischen Notar, ZGR 2000, 111; Mankowski, Änderungen bei der Auslandsbeurkundung von Anteilsübertragungen durch das MoMiG oder durch die Rom I-VO?, NZG 2010, 201; Müller, Auslandsbeurkundung von Abtretungen deutscher GmbH-Geschäftsanteile in der Schweiz, NJW 2014, 1994; Reithmann, Substitution bei Anwendung der Formvorschriften des GmbH-Gesetzes, NJW 2003, 385; Reithmann/Wolfratshausen, Gleichwertigkeit ausländischer Beurkundung, FS Spiegelberger, 2009, 1452; Saenger/Scheuch, Auslandsbeurkundung bei der GmbH – Konsequenzen aus MoMiG und Reform des Schweizer Obligationenrechts, BB 2008, 65; Ulrich/Böhle, Die Auslandsbeurkundung im M&A-Geschäft, GmbHR 2007, 566.

## Übersicht

## I. Normzweck, Grundsatz

1 Die Existenz des Art. 11 Rom I-VO stellt zunächst klar, dass für die **Teilfrage** (zum Begriff → EGBGB EinlIPR Rn. 69; zu Unrecht als „Vorfrage" bezeichnet etwa von Grüneberg/Thorn EGBGB Art. 19 Rn. 7; MüKoBGB/Helms EGBGB Art. 19 Rn. 60, jeweils zur Form des Vaterschaftsanerkenntnisses) **der Formwirksamkeit** eines Rechtsgeschäfts nicht automatisch die Normen des Rechts gelten, die für den Inhalt des Geschäfts und seine materielle Wirksamkeit maßgebend sind (Vertragsstatut, Geschäftsstatut, s. Art. 12). Art. 11 Abs. 1 Rom I-VO eröffnet vielmehr eine **Alternative:** Ein Vertrag ist als formwirksam anzusehen, wenn es entweder den Formvorschriften des Geschäftsstatuts oder den für die Parteien oft einfacher zu ermittelnden und einzuhaltenden Regeln am Abschlussort genügt. Damit wird iSd **favor negotii** die Formgültigkeit des Geschäfts begünstigt, während umgekehrt eventuelle hinter materieller Formenstrenge stehende rechtspolitische Wertungen internationalprivatrechtlich abgewertet werden. Das gilt insbes. für den Schutz der (schwächeren) Partei vor unüberlegtem Handeln (krit. insoweit auch MüKoBGB/Spellenberg EGBGB Art. 11 Rn. 2 f.), weshalb es nur konsequent ist, dass für **Verbraucherverträge Abweichendes** gilt (→ Rn. 61).

## II. Anwendungsbereich

2 **1. Allgemeines.** Art. 11 Rom I-VO geht im Wesentlichen auf die staatsvertragliche Kollisionsnorm des Art. 9 EVÜ (Römisches Vertragsrechtsübereinkommen vom 19.6.1980, BGBl. 1986 II 810) zurück. In Deutschland konnte die Norm bei der IPR-Reform 1986 in Art. 11 EGBGB inkorporiert werden. Das war möglich, weil die auf Schuldverträge beschränkten Anknüpfungsregeln des Art. 9 EVÜ von dem darüber hinausgehenden Art. 11 EGBGB nicht abweichen. Lediglich Art. 9 Abs. 5 EVÜ bildete eine Ausnahme; diese Sonderbestimmung für Verbraucherverträge wurde wegen des Sachzusammenhangs als Art. 29 Abs. 3 EGBGB aF (jetzt Art. 11 Abs. 4 Rom I-VO) in das deutsche Recht übernommen (→ Rn. 61). Jüngst unterlief dem BGH ein Lapsus gleich in doppelter Hinsicht, als er für die Formwirksamkeit einer im Jahr 2014 vorgenommenen Auflassung eines in Deutschland belegenen Grundstücks durch einen Schweizer Notar (Amtssitz Basel) auf Art. 9 EVÜ verwies (BGH NJW 2020, 1670; krit. dazu Mäsch JuS 2020, 1215). Nicht nur erfasst das EVÜ allein vertragliche *Schuld*verhältnisse (für die Form des Verfügungsgeschäfts ist Art. 11 Abs. 4 EGBGB maßgebend, → Rn. 66), es ist ohnehin durch die Rom I-VO verdrängt worden (Art. 24 Abs. 1, Art. 28), welche von deutschen Gerichten auch im Verhältnis zur Schweiz anzuwenden ist (loi uniform, Art. 2).

3 **2. Verhältnis zu Art. 11 EGBGB.** Die **Rom I-VO** enthält in Art. 11 Anknüpfungsregeln für Formfragen bei **Schuldverträgen,** die von denen des EVÜ (und damit des EGBGB), die sie ersetzen sollen, nur leicht abweichen. Die wesentlichen Unterschiede sind: (1) Art. 11 Rom I-VO kennt im Gegensatz zu Art. 11 EGBGB neben dem schlichten Aufenthalt auch den gewöhnlichen Aufenthalt als Anknüpfungsmoment: Bei Distanzverträgen (→ Rn. 54 ff.) reicht es nach Art. 11 Abs. 2 Rom I-VO aus, dass die Formerfordernisse, die am gewöhnlichen Aufenthalt einer der Vertragsparteien gelten, bei Vertragsschluss eingehalten wurden. Ebenso lässt Art. 11 Abs. 3 Rom I-VO bei einseitigen Rechtsgeschäften die Einhaltung der Formerfordernisse am gewöhnlichen Aufenthalt des Erklärenden genügen. (2) Für die Vorschrift des Art. 11 Abs. 4 EGBGB, der das Formstatut für dingliche Verfügungen bestimmt, enthält Rom I-VO keine Entsprechung (→ Rn. 62).

4 Außerhalb des Anwendungsbereichs der Rom I-VO, ist auf die EGBGB-Vorschrift zurückzugreifen, sofern keine Spezialvorschriften eingreifen (→ Rn. 5 ff.). So ist etwa wegen des Ausschlusses in Art. 1 Abs. 2 lit. g für die Form einer rechtsgeschäftlichen Vollmacht Art. 11 EGBGB maßgeblich. Auch die Form von Güterstandsvereinbarungen ist bis zum Inkrafttreten der Güter-

standsverordnungen (→ Rn. 6) nach den von Art. 11 EGBGB berufenen Rechten zu beurteilen (OLG Köln FamRZ 2018, 334). Zur Form von gesellschaftsrechtlichen Vorgängen → Rn. 73 ff. Zur Frage, welche Schuldverträge und auf diese bezogenen einseitigen Rechtsgeschäfte unter die Rom I-VO fallen, → Rn. 21.

## III. Spezialregeln

**1. Eheschließung im Inland.** Wie sich aus Art. 1 Abs. 2 lit. b ergibt, sind Schuldverhältnisse aus einem familienrechtlichen Verhältnis nicht vom Anwendungsbereich der Verordnung umfasst. Das gilt folglich auch für die Form der Eheschließung (vgl. Erwägungsgrund 8 der Rom I-VO), sodass auf das nationale Kollisionsrecht zurückzugreifen ist. Demnach gilt für die Form der Eheschließung im Inland allein Art. 13 Abs. 4 (ehemals Abs. 3) EGBGB: Sie unterliegt deutschem Recht. Bei der Alternativanknüpfung des Art. 11 Abs. 1 EGBGB verbleibt es hingegen für die **Trauung im Ausland** (allgM): Sie ist formgültig, wenn sie den Anforderungen des Eheschließungsstatuts (Art. 13 Abs. 1 EGBGB) oder denen am Eheschließungsort genügt (vgl. zB OLG Düsseldorf BeckRS 2019, 26711 = FamRZ 2020, 167; LSG Baden-Württemberg NZFam 2017, 329 mAnm Schmidt zur „Las-Vegas-Ehe"; KG FamRZ 1999, 1130; Mörsdorf-Schulte NJW 2007, 1331 (1332 f.)). 5

**2. Güterrechtliche Vereinbarungen.** Die **Europäische Güterrechtsverordnungen** (EuGüVO – VO (EU) 2016/1103 vom 24.6.2016, ABl. EU L 183, 1, für Ehegatten, sowie EuPartVO – VO (EU) 2016/1104 vom 24.6.2016, ABl. EU L 183, 30, für eingetragene Partner (näher Döbereiner MittBayNot 2018, 405) regeln in Art. 25 EuGüVO und Art. 25 EuPartVO jeweils die Formwirksamkeit von güterrechtlichen Vereinbarungen. Das gilt auch für das Brautgabeversprechen im islamischen Recht (vgl. Döbereiner MittBayNot 2018, 405 (407); s. aber BGH NJW 2020, 2025: Formwirksamkeit einer 2006 geschlossenen Vereinbarung richtet sich nach Art. 11 Abs. 1 EGBGB). Die sachrechtliche Vorschrift gilt für Ehegatten und Partner, die nach dem 29.1.2019 heiraten bzw. ihre Partnerschaft haben eintragen lassen oder eine Rechtswahl treffen (Art. 69 Abs. 3 EuGüVO und Art. 69 Abs. 3 EuPartVO). 6

**3. Verfügungen von Todes wegen.** Die Form von Verfügungen von Todes wegen beurteilt sich nach dem Haager Testamentsformübereinkommen (vgl. Art. 75 Abs. 1 UAbs. 2 EuErbVO mit Art. 26 Abs. 1 EGBGB; näher → EGBGB Art. 26 Rn. 2 ff.). Erbverträge werden dagegen von dem Übereinkommen nicht erfasst. Ihre Formgültigkeit richtet sich seit dem 17.8.2015 (Art. 84 EuErbVO) nach Art. 27 EuErbVO (vgl. Art. 26 Abs. 2 EGBGB; → EGBGB Art. 26 Rn. 4) (näher Nordmeier ZEV 2013, 117). Das Gleiche dürfte für den „Patto di famiglia" (Familienvertrag) nach italienischem Recht gelten, einem Instrument der vorweggenommenen Erbfolge in einem Unternehmen (vgl. nur Rauscher/Hertel EuErbVO Art. 3 Rn. 6 mwN; die maßgebliche Anknüpfung für vor dem 17.8.2015 errichtete patti di famiglia, die wegen Art. 83 Abs. 3 EuErbVO auch heute noch Bedeutung erlangen kann, ist iE str.; vgl. einerseits Dörner/Ferrante ZEV 2008, 53 (58): Art. 11 Abs. 1, Orts- und Geschäftsrecht; andererseits Kindler FamRZ 2007, 954 (960): Art. 11 Abs. 1, aber nur Geschäftsrecht, dh italienisches Recht, da die Ortsformanknüpfung ins Leere ginge). 7

**4. Vorsorgevollmachten.** Die Form von Vorsorgevollmachten beurteilt sich nicht nach Art. 11 Rom I-VO (vgl. Art. 1 Abs. 2 lit. g), sondern nach dem von Art. 15 ESÜ (näher → EGBGB Art. 8 Rn. 3) berufenen Recht (Wedemann FamRZ 2010, 785 (787); Staudinger/v. Hein, 2014, EGBGB Vor Art. 24 Rn. 12). 8

**5. Vaterschaftsanerkenntnis.** Art. 11 EGBGB gilt auch für die Form der Vaterschaftsanerkennung (BGH NJW 1975, 1069), nicht aber soweit das Römisches **CIEC-Übereinkommen** vom 14.9.1961 (BGBl. 1965 II 19) anwendbar ist (BeckOK/Heiderhoff EGBGB Art. 19 Rn. 7). Die Bundesrepublik bleibt trotz ihres Austritts aus der Internationalen Zivilstandskommission (CIEC) weiterhin an das Abkommen gebunden (vgl. Kohler/Pintens FamRZ 2015, 1537 (1545)). Art. 4 CIEC-Übereinkommen vom 14.9.1961 beruft das Ortsrecht (BGH NJW-RR 2017, 1089 (1090) – Anerkennung der Vaterschaft in Spanien; näher zum Abkommen Staudinger/Henrich, 2014, EGBGB Vor 19 Rn. 2 ff.). 9

**6. Time-Sharing-, Fernabsatz- und Verbraucherkreditverträge.** Die **besonderen** Formerfordernisse für Time-Sharing-Verträge und im Zusammenhang mit Fernabsatzverträgen, die **vor dem 17.12.2009** geschlossen wurden, sind, wenn die Voraussetzungen des **Art. 29a EGBGB aF** vorliegen, **ohne Alternativanknüpfung ausschließlich § 484 BGB und § 312c** 10

**Abs. 1 BGB** zu entnehmen, weil Art. 29a EGBGB aF die unbedingte Anwendung dieser Normen mit europarechtlichem „Hintergrund" forderte (näher 2. Aufl. 2006, EGBGB Art. 11 Rn. 6). Für Time-Sharing-, Fernabsatz- oder Verbraucherkreditverträge nach dem genannten Stichtag gelten (1) über Art. 11 Abs. 4 Rom I-VO die Formvorschriften am gewöhnlichen Aufenthaltsort des Verbrauchers, wenn die räumlichen Kriterien des Art. 6 erfüllt sind (→ Rn. 61). Sind (2) stattdessen die Voraussetzungen des Art. 46b EGBGB gegeben (Wahl eines Drittstaatenrechts und enger Zusammenhang mit dem Gebiet eines Mitgliedstaates), setzen sich die im Gebiet dieses Mitgliedstaates geltenden und richtlinienbasierten Formvorschriften durch. In beiden Fällen kommt es nicht zu einer Alternativanknüpfung.

11 **7. Kartellrechtliche Formvorschriften, Sonstiges.** Ob **kartellrechtliche Formvorschriften** für wettbewerbsbeschränkende Abreden, falls es sie nach Beispiel des aufgehobenen § 34 GWB aF im Ausland noch gibt, zu beachten sind, und welche Folgen ein etwaiger Verstoß hat, beurteilt sich nach dem von Art. 6 Rom II-VO berufenen Recht.

12 Für die Form von **Wechsel- und Scheckerklärungen** sind von Anwendungsbereich der Rom I-VO ausgenommen (Art. 1 Abs. 2 lit. d), unterfallen aber nicht Art. 11 EGBGB, sondern Art. 92 WG und Art. 62 ScheckG als leges speciales. Für den Protest und ähnliche Handlungen gelten Art. 97 WG und Art. 66 ScheckG.

13 Im Rahmen ihres Anwendungsbereichs auch für Formfragen vorrangig sind **CMR** (Genfer Übereinkommen über den Beförderungsvertrag im internationalen Straßengüterverkehr vom 19.5.1956/16.8.1961, BGBl. 1961 II 119; 1962 II 12) und **COTIF** (Übereinkommen vom 9.5.1980 über den internationalen Eisenbahnverkehr, BGBl. 1985 II 130, dessen Bestandteile die Berner Übereinkommen über die internationale Eisenbahnbeförderung von Gütern (CIM) und Personen und Gepäck (CIV) geworden sind), insbes. für die Form des Frachtbriefs, sowie das **Konnossement-Abkommen** von 1924 (Internationales Abkommen zur Vereinheitlichung von Regeln über Konnossemente, RGBl. 1939 II 1049), vgl. Art. 25.

## IV. Keine Abdingbarkeit

14 Art. 11 (Rom I-VO und EGBGB) ist wie jede geschriebene Kollisionsnorm, die der Privatautonomie nicht ausdrücklich einen Platz einräumt, nicht abdingbar. Dies ist wohl unbestritten für die Regelungen in den Abs. 4 und 5 Rom I-VO (= Art. 11 Abs. 4 EGBGB), gilt aber auch für Art. 11 Abs. 1 Rom I-VO mit seinen Hilfsregeln in Abs. 2 und 3. Die gesetzlich angeordnete alternative Geltung von Geschäfts- und Ortsrecht ist dem Parteiwillen nicht unterworfen (Soergel/Kegel EGBGB Art. 11 Rn. 1); die Parteien haben nur indirekten Einfluss, soweit das Geschäftsstatut (etwa nach Art. 3 Abs. 1) gewählt werden kann. Eine isolierte Rechtswahl nur für das Formstatut ist nicht möglich (ebenso Reithmann in Reithmann/Martiny IntVertrR Rn. 5230); insbes. ist die Form kein abtrennbarer „Teil" des Vertrags iSd Art. 3 Abs. 1 S. 3 (so aber MüKoBGB/Spellenberg Rn. 66). Ohne hinreichende Begründung dafür, warum der zwingende Charakter des Kollisionsrechts (Erman/Stürner EGBGB Einl. Art. 3 Rn. 70; deutlich MüKoBGB/v. Hein Einl. IPR Rn. 318 ff.: Ausweitung dispositiver Anknüpfungen bleibt als rechtspolitische Entscheidung dem Gesetzgeber vorbehalten) ausgerechnet (und nur) Art. 11 Abs. 1 EGBGB nicht ergreifen soll, sah das die vom **BGH angeführte hM anders:** Jedenfalls bei **Schuldverträgen** sollten die Parteien sowohl eines der von Art. 11 Abs. 1 EGBGB berufenen Rechte **abwählen,** als auch ein **drittes Recht zum Formstatut** bestimmen können (grdl. BGHZ 57, 337 (339) = NJW 1972, 385 m. abl. Anm. Jayme NJW 1972, 1618; OLG Brandenburg RIW 1997, 424 (425); zust. etwa MüKoBGB/Spellenberg Rn. 66 f.; diff. Staudinger/Winkler v. Mohrenfels, 2016, Rn. 101 ff.: keine direkte Wahl, aber Abwahl des Ortsrechts möglich). Nach dem BGH sollte sogar allein in der **Wahl des (deutschen) Vertragsstatuts** (Geschäftsstatut) zugleich **stillschweigend die Abwahl** des Ortsrechts für die Form liegen (BGH NJW 1972, 385; krit. Jayme NJW 1972, 1618 (1619); BeckOGK/Gebauer Rn. 119). Für die Auslegung des Art. 11 Rom I-VO, der das Formstatut von Schuldverträgen seit dem 17.12.2009 bestimmt, hat der EuGH das Monopol. Es erscheint wenig wahrscheinlich, dass er auf die Linie des BGH einschwenkt, sollte er die Möglichkeit bekommen, sich zur Abdingbarkeit der Vorschrift zu äußern (für eine solche Auslegung des Art. 11 Abs. 1 Rom I-VO aber BeckOGK/Gebauer Rn. 119; Staudinger/Winkler v. Mohrenfels, 2016, Rn. 104; MüKoBGB/Spellenberg Rn. 67).

## V. Probleme des Allgemeinen Teils

15 **1. Verweis auf Staaten mit mehreren Teilrechtsordnungen.** Das Problem der Unteranknüpfung bei der Verweisung auf das Recht eines Staates mit mehreren Teilrechtsordnungen stellt

sich im Rahmen des Art. 11 Rom I-VO nicht, weil sowohl die Anknüpfung an das Geschäftsstatut als auch die an den Vornahmeort die maßgebende Teilrechtsordnung bereits bezeichnet (näher → EGBGB Art. 4 Rn. 22 (für das EGBGB)) (BT-Drs. 10/504, 48; iE auch Staudinger/Winkler v. Mohrenfels, 2013, EGBGB Art. 11 Rn. 172). Weil Art. 22 Abs. 1 – anders als Art. 4 Abs. 3 EGBGB – bei territorialer Rechtsspaltung jede Gebietseinheit als Staat betrachtet, ergeben sich zwischen der autonomen Vorschrift und der europäischen Norm dennoch Unterschiede: Geben die Vertragsparteien ihre Willenserklärung in unterschiedlichen Gebietseinheiten desselben Mehrrechtsstaates ab, so ist Art. 11 Abs. 2 Rom I-VO anwendbar (so auch Staudinger/Winkler v. Mohrenfels, 2016, Rn. 87). Wird ein derartiges Rechtsgeschäft im Anwendungsbereich des autonomen IPR vorgenommen, bleibt es dagegen bei der Anknüpfung nach Art. 11 Abs. 1 EGBGB.

**2. Rück- und Weiterverweisungen.** Rück- oder Weiterverweisungen des aus deutscher Sicht berufenen Rechts sind wegen Art. 20 jedenfalls nicht zu beachten, soweit es um die Form von **Schuldverträgen** und damit um Art. 11 Rom I-VO geht. Mit der Formulierung, dass ein Rechtsgeschäft formgültig ist, wenn es die „Formerfordernisse" des Geschäftsstatuts oder des Vornahmeortes erfüllt, sollte nach dem Willen des Gesetzgebers aber klargestellt werden, dass auch in Art. 11 EGBGB **unmittelbar auf das materielle Recht** verwiesen wird (BT-Drs. 10/504, 48; iE auch Staudinger/Winkler v. Mohrenfels, 2013, EGBGB Art. 11 Rn. 52); einer Rück- oder Weiterverweisung durch das Geschäftsstatut oder das Recht am Vornahmeort kann deshalb hier auch dann nicht gefolgt werden, wenn sie dem Geschäft zur Formwirksamkeit verhelfen würde (hM, v. Bar IPR BT, 1. Aufl. 1991, Rn. 596; Grüneberg/Thorn EGBGB Art. 11 Rn. 3; Erman/Stürner EGBGB Art. 11 Rn. 5; aA Soergel/Kegel EGBGB Art. 11 Rn. 41; MüKoBGB/Spellenberg EGBGB Art. 11 Rn. 17 ff.). Davon zu unterscheiden ist, dass es sich selbstverständlich indirekt auf die Anknüpfung der Form auswirkt, wenn das Geschäftsstatut seinerseits über einen Renvoi gewonnen wurde (allgM, unrichtig OLG Hamm StAZ 1991, 315 (317), das aus dieser unbestrittenen Aussage den falschen Schluss zieht, dass einer Weiterverweisung des Eheschließungsstatuts (Art. 13 Abs. 1) speziell für die Form der Eheschließung zu folgen ist; zust. MüKoBGB/Spellenberg EGBGB Art. 11 Rn. 19; richtig hingegen Staudinger/Winkler v. Mohrenfels, 2013, EGBGB Art. 11 Rn. 51. Nur einem Renvoi hinsichtlich der (materiellen) Eheschließungsvoraussetzungen wäre – für diese – zu folgen, womit sich im Anschluss dann auch die Anknüpfung für die Form ändert). Letzteres gilt auch bei Art. 11 Abs. 4 EGBGB. 16

**3. Ordre public, Gesetzesumgehung.** Konstellationen, in denen die Anwendung ausländischer Formvorschriften durch deutsche Gerichte gegen den **ordre public** (Art. 21 Rom I-VO bzw. Art. 6 EGBGB) verstößt, sind kaum denkbar; insbes. reicht nicht bereits aus, dass ein im Inland zwingenden Formvorschriften unterliegendes Geschäft im Ausland formlos abgeschlossen werden kann (allgM). Deshalb sollten auch keine Bedenken gegen ausländische formlose Eheschließungen bestehen (hM) (Mörsdorf-Schulte NJW 2007, 1331 (1333) mwN; MüKoBGB/Coester EGBGB Art. 13 Rn. 148 f.; aA wohl Staudinger/Firsching, 12. Aufl. 1998, EGBGB Art. 11 Rn. 45). Zur Sonderregel des Art. 11 Abs. 5 Rom I-VO für schuldrechtliche Grundstücksverträge und des Art. 11 Abs. 4 EGBGB für dingliche Rechtsgeschäfte → Rn. 62, → Rn. 66. 17

Fraglich ist, ob unter dem Gesichtspunkt der **Gesetzesumgehung** die Anwendung des **Ortsrechts** abgewehrt werden kann, wenn sich die Parteien bewusst nur deshalb für den Abschluss des Geschäfts ins Ausland begeben haben, um (Notar-)Kosten zu sparen (zum „Run" auf Schweizer Notare zur kostengünstigen Beurkundung der Veräußerung von Geschäftsanteilen vgl. zB Heidenhain NJW 1999, 3073 (3074)) oder allgemein von den am Abschlussort geltenden schwächeren Formvorschriften zu profitieren, ohne dass das Geschäft zu diesem Staat weitere Beziehungen aufweist. Nach hM ist dies zu verneinen. Der Gesetzgeber hat die alternative Anknüpfung an das Ortsrecht gerade deshalb zugelassen, weil die Beachtung des letzteren für die Parteien oft einfacher ist; dann kann es ihnen nicht zum Vorwurf gereichen, wenn sie von der ihnen eröffneten Gestaltungsmöglichkeit Gebrauch machen (Grüneberg/Thorn EGBGB Art. 11 Rn. 16 mwN; Mörsdorf-Schulte NJW 2007, 1331 (1333)). 18

**4. Einfluss des Unionsrechts.** Zur Frage, ob die exklusive Betrauung deutscher Notare mit der Beurkundung der Auflassung deutscher Grundstücke gegen den AEUV verstößt, → Rn. 71. 19

**5. Intertemporale Anwendbarkeit.** Art. 11 Rom I-VO gilt für alle Schuldverträge, die am oder nach dem 17.12.2009 geschlossen bzw. getätigt wurden. Der zeitliche Anwendungsbereich des Art. 11 EGBGB beurteilt sich nach den intertemporalen Regeln für das fragliche Rechtsgeschäft in der Sache; gilt für dieses eine unwandelbare Anknüpfung, deren Tatbestand sich vor dem 1.9.1986 verwirklicht hat, bleibt es auch hinsichtlich der Formanknüpfung beim alten Recht. 20

## VI. Anwendungsbereich

21 **1. Erfasste Geschäfte. a) Grundsatz.** Art. 11 **Rom I-VO** erfasst alle **Schuldverträge** iSv Art. 1 und nach seinem Abs. 3 auf solche bezogene einseitige Rechtsgeschäfte; Art. 11 **EGBGB** gilt vorbehaltlich der oben genannten Sondervorschriften (→ Rn. 5 ff.) für alle sonstigen privaten, ein- oder zweiseitigen **Rechtsgeschäfte** auf der Ebene des **materiellen Rechts** (allgM). Er erfasst damit nicht nur dingliche Verträge (→ Rn. 66), sondern etwa auch die Abtretung, die Kündigung, die Erteilung einer Vollmacht, die Eheschließung (→ Rn. 5), den Ehevertrag (BGH IPRax 2012, 356), den Unterhaltsabfindungsvertrag (OLG Düsseldorf FamRZ 2002, 118) und die Güterstandsvereinbarung (OLG Köln FGPrax 2017, 219), die **Ehenamenswahl** (→ EGBGB Art. 10 Rn. 42 ff.) (AG Berlin-Schöneberg StAZ 2002, 81 (82); Sturm FS Sonnenberger, 2004, 711 (714)), das Vaterschaftsanerkenntnis (BGH NJW-RR 2017, 1089 (1020); dazu aber auch → Rn. 9; MüKoBGB/Helms EGBGB Art. 19 Rn. 60) und ggf. die Zustimmung der Mutter dazu (BGH NJW-RR 2017, 1089 (1020)); die **Einbenennung** eines Kindes etc. Art. 11 EGBGB sollte auch auf **geschäftsähnliche Handlungen** (Erman/Stürner EGBGB Art. 11 Rn. 11a) oder die Einwilligung des Ehemanns in eine heterologe Insemination (ohne Begr. aA zu der Art. 11 EGBGB entspr. Vorschrift des österreichischen IPR (§ 8 IPRG) der öOGH JBl 1996, 717 m. abl. Anm. Bernat), angewandt werden. Die Form einer **Erbschaftsausschlagung** unterlag bis zum 17.8.2015 ebenfalls Art. 11 EGBGB (vgl. OLG Köln NJW-RR 2014, 1037). Dagegen soll die Frage **wem gegenüber** auszuschlagen ist, nicht dem Formstatut unterfallen (OLG Schleswig FamRZ 2015, 1328 (1329); OLG München FamRZ 2020, 51 (52); Staudinger/Dörner, 2007, EGBGB Art. 25 Rn. 116; allg. auch MüKoBGB/Spellenberg EGBGB Art. 11 Rn. 177). Würde dies zutreffen, dürfte man auch Normen wie § 925 BGB, die eine Erklärung vor einer zuständigen Stelle verlangen und unstreitig zum Formstatut zählen (Art. 11 Abs. 4 EGBGB; näher → Rn. 71), nicht als Formvorschrift ansehen. Ein derart restriktives Verständnis ist nicht gerechtfertigt. Selbst wenn nach Ortsform ausnahmsweise Formfreiheit besteht – was freilich voraussetzt, dass das Recht des Vornahmeortes ein vergleichbares Rechtsgeschäft überhaupt kennt (→ Rn. 52) – trifft den Ausschlagenden immer noch die Beweislast dafür, dass er die Ausschlagung rechtzeitig erklärt hat. Auch der **nunmehr anzuwendende Art. 28 EuErbVO** (Margonski ZEV 2015, 141 (145); iE auch Nordmeier IPRax 2016, 439 (446); aA MüKoBGB/Dutta EuErbVO Art. 28 Rn. 5: Frage, wem gegenüber zu erklären ist, unterstehe dem allg. Erbstatut) enthält wie Art. 11 EGBGB eine Alternativanknüpfung (Erbstatut oder Aufenthaltsrecht), um eine Formunwirksamkeit erbrechtlicher Erklärungen nach Möglichkeit zu vermeiden.

22 **b) Gesellschaftsrechtliche Verträge.** Umstritten ist die Anwendbarkeit von Art. 11 Rom I-VO und Art. 11 EGBGB im Rahmen gesellschaftsrechtlicher Vorgänge (ausf. → Rn. 73 ff.).

23 **c) Rechtswahlvertrag.** Die Rechtswahl ist kein materiellrechtlicher, sondern ein kollisionsrechtlicher Vertrag. Die notwendige Form kann sich deshalb **nicht** alternativ nach den von Art. 11 Rom I-VO oder EGBGB berufenen Sachrechten beurteilen, sondern ist auf der kollisionsrechtlichen Ebene selbst festzulegen. Folglich finden und fanden sich im autonomen Kollisionsrecht in **Art. 10 Abs. 2 S. 2, Abs. 3 S. 2 EGBGB, Art. 14 Abs. 1 S. 3 und 4 EGBGB und Art. 15 Abs. 3 EGBGB aF** entsprechende Formvorschriften für die Rechtswahl im Namens- und Eherecht; die Rechtswahl des Art. 14 Rom II-VO ist an keine Form gebunden. Ob am Ort, an dem die Rechtswahl vorgenommen wird, andere oder keine Formvorschriften für die Rechtswahl gelten, ist in diesen Fällen unerheblich. Nur dort, wo der Gesetzgeber für die Rechtswahl ausdrücklich auf Art. 11 Rom I-VO/Art. 11 EGBGB verweist, kommt dessen Alternativanknüpfung ins Spiel. Deshalb ist die von Art. 3 Abs. 1 eröffnete **Rechtswahl in Schuldverträgen** über **Art. 3 Abs. 5** hinsichtlich ihrer Form nach Art. 11 Abs. 1 Rom I-VO **alternativ am gewählten Recht** (vgl. OLG Celle ZIP 2001, 1724 (1725); BGH IPRax 1998, 479 mAnm Spickhoff IPRax 1998, 462 zu einem innerdeutschen Fall) (das – ebenfalls über Art. 3 Abs. 5 – die Rechtswahl hinsichtlich des materiellen Zustandekommens regiert und folglich das Wirkungsstatut stellt) oder am **Recht des Vornahmeortes** zu messen. Maßgeblich sind insoweit aber nicht die Formvorschriften des jeweiligen materiellen Rechts für den Schuldvertrag, mit dem die Rechtswahl verknüpft ist, sondern etwaige kollisionsrechtliche Formvorschriften für den Rechtswahlvertrag selbst. **Das deutsche Kollisionsrecht** enthält für die Rechtswahl in Schuldverträgen **keine Formvorschrift;** diese ist also formfrei möglich (BGH IPRax 1998, 479 (481); allgM), wenn deutsches Recht gewählt oder die Rechtswahl in Deutschland getroffen wird. Deshalb kann eine Rechtswahl auch stillschweigend im Prozess getroffen werden; die vielfache Praxis, für die Wahl des deutschen Rechts eine Bezugnahme der Parteivertreter auf deutsche Normen ausreichen zu lassen (zB OLG

Koblenz IHR 2017, 18), ist aber höchst bedenklich, weil darin allein keine Willenserklärungen gesehen werden können, wie sie für den Abschluss eines Rechtswahlvertrages notwendig sind.

**d) Gerichtsstandsvereinbarung, Schiedsabrede, vollstreckbare Urkunde.** Welche Form für **Gerichtsstandsvereinbarungen** notwendig ist, bestimmt sich nach den einschlägigen prozessrechtlichen Regeln (§ 38 ZPO, Art. 25 Brüssel Ia-VO bzw. LugÜ), allgM. Gleiches gilt für die Form der **Schiedsabrede:** Gemäß § 1025 ZPO ist § 1031 ZPO maßgeblich, wenn der vereinbarte Schiedsort in Deutschland liegt. Geht es um die inländische **Anerkennung und Exequatur** eines **ausländischen** Schiedsspruchs oder um die auf die Vereinbarung eines solchen Schiedsgerichts gestützte **Schiedseinrede** vor einem deutschen Gericht, ist die Form der Schiedsvereinbarung an Art. II **New Yorker UN-Übereinkommen über die Anerkennung und Vollstreckung ausländischer Schiedssprüche** von 1958 (UNÜ) zu messen (bei einem Schiedsort in einem Drittstaat über § 1061 ZPO). Im Rahmen der **Meistbegünstigungsklausel** des UNÜ (Art. VII Abs. 1 Hs. 2 UNÜ) ist § 1025 ZPO allseitig auszubauen und die Form anhand des Rechts am Schiedsort zu beurteilen (vgl. Mäsch LMK 2011, 318032; Epping, Die Schiedsvereinbarung im internationalen privaten Rechtsverkehr nach der Reform des deutschen Schiedsverfahrensrechts, 1999, 122;. Für den Weg über Art. 29 Abs. 3 EGBGB aF bzw. Art. 11 EGBGB aF (in letzterem Fall alternativ zum Recht am Vertragsschlussort und zum über Art. V (1) (a) UNÜ analog zu bestimmenden Geschäftsstatut), wie ihn der BGH in einer Serie von Altfällen propagiert hat (BGH NJW-RR 2012, 49 = WM 2011, 1434; NJW-RR 2011, 1350 = RIW 2012, 81; NZG 2011, 468 = SchiedsVZ 2011, 46; NZG 2010, 1351 = GWR 2010, 582 mAnm P.K. Wagner; BGH SchiedsVZ 2011, 157)), und heute über Art. 11 EGBGB nF propagiert (BGH SchiedsVZ 2021, 97 (101); zust. Hausmann in Reithmann/Martiny IntVertragsR Rn. 7.321; MüKoZPO/Münch ZPO § 1031 Rn. 25), weil nunmehr Art. 1 Abs. 2 lit. e Rom I-VO Schiedsvereinbarungen vom Anwendungsbereich des Art. 11 Rom I-VO ausdrücklich ausnimmt, besteht weder Raum noch Notwendigkeit (näher Mäsch LMK 2011, 318032). Eine **Zwangsvollstreckungsunterwerfung** nach der prozessualen und deshalb nicht dem Spiel des Art. 11 EGBGB unterworfenen Vorschrift des § 794 Abs. 1 Nr. 5 ZPO kann nach ihrem klaren Wortlaut nur ein deutscher Notar beurkunden (und dies auch nur in Deutschland, → Rn. 29). Das schließt allerdings nicht aus, im Ausland einen deutschen Konsularbeamten (→ Rn. 42) hinzuzuziehen oder nach ausländischem Recht eine vollstreckbare Urkunde zu errichten und aus dieser nach den einschlägigen Vorschriften, insbes. der Brüssel Ia-VO (Art. 58 Brüssel Ia-VO) bzw. des LugÜ, die Anerkennung und Vollstreckung zu betreiben (näher Riering IPRax 2000, 16 (17 f.)). 24

**2. Formvorschriften. a) Allgemein.** Für die Klärung, welche Vorschriften als „Formvorschriften" unter Art. 11 Rom I-VO bzw. Art. 11 EGBGB fallen (Qualifikation), ist von den Anschauungen des deutschen Rechts auszugehen. Zwar ist Art. 11 Rom I-VO **autonom** auszulegen; solange aber der EuGH sich nicht abweichend geäußert hat, kann das bisherige deutsche Begriffsverständnis insoweit zumindest als Leitlinie gelten. Eine Formvorschrift ist demnach eine Norm, die die **Art und Weise der Äußerung einer Willenserklärung** regelt (Erman/Stürner EGBGB Art. 11 Rn. 13) (womit selbstverständlich auch die ausdrückliche oder stillschweigende gesetzliche Zulassung formloser Äußerungen erfasst ist), in Abgrenzung zu Regelungen, die **inhaltliche Fragen** des **wirksamen Zustandekommens** eines Rechtsgeschäfts iÜ oder dessen **verfahrensrechtliche Behandlung** vor Gericht oder Behörden betreffen. Neben Vorschriften über die Mündlichkeit, Schriftlichkeit, Beurkundungs- oder Beglaubigungsbedürftigkeit eines Geschäfts **sind von Art. 11 Rom I-VO bzw. Art. 11 EGBGB etwa erfasst:** Die Möglichkeit der religiösen Eheschließung (OLG Düsseldorf FamRZ 2020, 167 (168)) bzw. Vorschriften über die notwendige Mitwirkung eines Standesbeamten; die Notwendigkeit der Vorlage eines Ehefähigkeitszeugnisses oder einer Heiratslizenz (KG FamRZ 1999, 1130); das Aufgebot (Staudinger/Mankowski, 2010, EGBGB Art. 13 Rn. 772 mwN); die Möglichkeit der Eheschließung per Videokonferenz (VG Düsseldorf BeckRS 2022, 1971); das Erfordernis der gleichzeitigen Anwesenheit beider Ehepartner bei der Eheschließung oder umgekehrt die Möglichkeit der Ferntrauung oder der Eheschließung unter Einschaltung eines Boten oder „gebundenen Vertreters" in der Erklärung bei der Eheschließung **(Handschuhehe)** (BGH NZFam 2021, 1049; BGHZ 29, 137 = NJW 1959, 717; BayObLGZ 2000, 335; OLG Zweibrücken NJW-RR 2011, 725; OLG Hamm StAZ 1986, 134; OLG Karlsruhe StAZ 1994, 286; VG Mainz FamRZ 2021, 270 (271); VG Magdeburg FamRZ 2021, 491 (492); VG Münster BeckRS 2018, 2657; zur Handschuhehe allg. Jacobs StAZ 1992, 5 und zur Einschränkung das Gesetz zur Bekämpfung von Zwangsheirat vom 23.6.2011, BGBl. I 1266 und den hierauf zurückgehenden § 237 StGB) – nicht aber die Stellvertretung im Willen bei der Auswahl des Ehepartners, für die Art. 13 Abs. 1 gilt (VG Münster BeckRS 2018, 2657; OLG Zweibrücken NJW-RR 2011, 725; Soergel/Schurig EGBGB Art. 13 25

Rn. 80; Staudinger/Winkler v. Mohrenfels, 2013, EGBGB Art. 11 Rn. 111. Stockmann FamRB 2020, 467 (468) sieht hier einen Verstoß gegen Art. 6); die Notwendigkeit der Hinzuziehung von Zeugen für den Abschluss eines Rechtsgeschäfts, der Hinzufügung eines Siegels („seal") oder der Übergabe bestimmter Dokumente (OLG Stuttgart DB 2000, 1218 (1219): Übergabe verbriefter shares für die Übertragung von Gesellschaftsanteilen); gesetzliche Regelungen über die in einer Vertragsurkunde zu benutzende **Sprache** (str., ausf. Freitag IPRax 1999, 142 (147) zu § 3 TzWrG = § 483 BGB; MüKoBGB/Spellenberg Art. 10 Rn. 69; aA Erman/Stürner EGBGB Art. 11 Rn. 13) – soweit nicht Sonderbestimmungen Art. 11 Rom I-VO bzw. Art. 11 EGBGB vorgehen, vgl. zu § 483 BGB (Time-Sharing) → Rn. 10. Vom letzteren Aspekt abzugrenzen ist das **Sprachrisiko,** das die Frage der Willensübereinstimmung der Parteien trotz sprachlicher Verständigungsschwierigkeiten betrifft und nach den Regeln des Vertragsstatuts gelöst wird (näher MüKoBGB/Spellenberg Art. 10 Rn. 74). Formvorschriften sind auch solche Normen, die elektronisch abgegebene Willenserklärungen unter bestimmten Voraussetzungen **(digitale Signatur)** schriftlichen Erklärungen gleichsetzen.

26 **Keine Formvorschriften** sind: Regelungen über Zugang und Empfang einer Willenserklärung, auch nicht in Form der Amtsempfangsbedürftigkeit; das Erfordernis einer consideration als Indiz für den ernsthaften Bindungswillen der Parteien im englischen Recht (v. Bar IPR BT, 1. Aufl. 1991, Rn. 536; zust. Kropholler IPR § 41 III 3a Fn. 36; Soergel/Kegel EGBGB Art. 11 Rn. 29; aA MüKoBGB/Spellenberg EGBGB Art. 11 Rn. 172) – anders wohl im US-amerikanischen Recht, wobei hier nach den einzelnen Bundesstaaten zu differenzieren ist (Kropholler IPR § 41 III 3a; v. Bar IPR BT, 1. Aufl. 1991, Rn. 536); das Erfordernis der Benachrichtigung des Schuldners bei der Forderungsabtretung oder der vorherigen mündlichen Unterrichtung des Arbeitnehmers von einer beabsichtigten Kündigung (zweifelnd Schlachter NZA 2000, 57 (63)); Auslegungsregeln (vgl. Art. 12 Abs. 1 lit. a: Geschäftsstatut), wegen der Sachnähe zur Auslegung auch nicht Regeln der Art der anglo-amerikanischen parol evidence rule (bei Existenz einer Vertragsurkunde kein Beweis formloser ergänzender oder abweichender Vereinbarungen möglich) (vgl. Coester-Waltjen, Internationales Beweisrecht, 1983, Rn. 521 ff.) oder die widerlegbare Vermutung der Vollständigkeit einer Vertragsurkunde.

27 **b) Einzelne Abgrenzungsfragen. aa) Ausschluss des Zeugenbeweises für bestimmte Verträge.** Die früher umstrittene Frage, ob Normen, die den Zeugenbeweis für Verträge, insbes. solche oberhalb eines bestimmten Gegenstandswertes, ausschließen oder sonst die Nachweismöglichkeiten begrenzen (und damit praktisch zu einer schriftlichen Niederlegung zwingen), als Formvorschriften oder als prozessuale Regelungen anzusehen oder sogar dem Vertragsstatut (so Coester-Waltjen, Internationales Beweisrecht, 1983, Rn. 498 ff.) zu entnehmen sind, ist heute durch **Art. 18 Abs. 2** für Schuldverträge beantwortet. Die Regelung sollte, weil eine abweichende Interessenlage nicht zu erkennen ist, analog auch bei anderen Verträgen herangezogen werden (aA MüKoBGB/Spellenberg EGBGB Art. 11 Rn. 45). Danach sind alle Beweisarten zulässig, die entweder nach deutschem Verfahrensrecht oder nach den von Art. 11 EGBGB berufenen Formstatuten möglich sind. Der Gesetzgeber hat sich also einerseits für eine doppelte Qualifikation als Form- und Verfahrensregelung entschieden, andererseits aber durch die „Potenzierung" der Alternativität dafür gesorgt, dass sich **vor deutschen Gerichten** die großzügigere deutsche lex fori durchsetzt, **Zeugenbeweisverbote fremden Rechts also nicht zu beachten sind.**

28 **bb) Form und besondere Geschäftsfähigkeiten.** Auch Vorschriften, die zum Ausgleich für die Erweiterung der Geschäftsfähigkeit für bestimmte Geschäfte die Einhaltung einer besonderen Form verlangen, fallen unter Art. 11 EGBGB. Für Verfügungen von Todes wegen (vgl. im deutschen Recht §§ 2229, 2233 Abs. 1 BGB) spricht dies Art. 27 Abs. 3 S. 1 EuErbVO (entspricht Art. 26 Abs. 3 S. 1 EGBGB aF) ausdrücklich aus. Diese Qualifikation ist über das Erbrecht hinaus verallgemeinerungsfähig (MüKoBGB/Spellenberg EGBGB Art. 11 Rn. 33).

29 **cc) Form und Verfahren.** Ist zur Wahrung der Form die Mitwirkung einer bestimmten Person (Notar) oder Behörde vorgeschrieben, regelt das Formstatut auch das insoweit zu beachtende Verfahren und die Grenzen ihrer Zuständigkeit und Handlungsbefugnis. Unter Geltung deutschen Formstatuts kann ein deutscher Notar nicht wirksam außerhalb Deutschlands beurkunden (BGH NJW 1998, 2830 = IPRax 2000, 29 m Aufsatz Riering IPRax 2000, 16; zu Recht krit. Spellenberg FS Schütze, 1999, 887 (892)).

30 **dd) Publizitätspflichten.** Ob ein Rechtsgeschäft zu seiner Wirksamkeit der **konstitutiven Eintragung in ein Register** (Handelsregister etc) bedarf oder mit **deklaratorischen Zwecken** eingetragen werden soll oder kann, entscheidet nicht das Form-, sondern das **Geschäftsstatut** (allgM); für dingliche Rechtsgeschäfte würde wegen Art. 11 Abs. 4 EGBGB auch eine Qualifika-

tion als Formfrage iÜ nichts ändern. Das **Eintragungsverfahren** und die in diesem Rahmen zu erfüllenden **Nachweispflichten** (etwa durch öffentliche Urkunden) bestimmt in jedem Fall das Recht am Registerort (allgM); zur **Legalisation** ausländischer Urkunden im Rahmen solcher Verfahren → Rn. 83. Der Umfang positiver oder negativer **Publizitätswirkungen** konstitutiver oder deklaratorischer Eintragungen bzw. fehlender Eintragungen gegenüber Dritten bei Folgegeschäften entscheidet sich ebenfalls nach dem Recht des Registers; hinzukommen muss aber, dass nach dem Recht, dem das fragliche Folgegeschäft unterliegt, es überhaupt auf den guten Glauben des Dritten oder darauf ankommt, ob ihm eine bestimmte Tatsache entgegengehalten werden kann (vgl. MüKoBGB/Spellenberg EGBGB Art. 11 Rn. 65 ff.).

**ee) Nachweisgesetz.** Da das auf einer europäischen RL beruhende arbeitsrechtliche Nachweisgesetz (dazu Grünberger NJW 1995, 2809) und die entsprechenden Vorschriften anderer EU-Mitgliedstaaten keine Form für den Arbeitsvertrag vorschreiben, sondern dem Arbeitnehmer lediglich das Recht geben, innerhalb eines Monats nach Arbeitsaufnahme die Aushändigung der niedergelegten Arbeitsbedingungen zu fordern, haben sie mit Art. 11 Rom I-VO (anders als Formvorschriften für die Kündigung, vgl. § 623 BGB) keine Berührungspunkte. Diese Gesetze sind jeweils als Teil des Arbeitsvertragsstatuts nach Art. 8 anwendbar. 31

**ff) Steuerrechtliche Formvorschriften.** Steuerrechtliche Formvorschriften (etwa die Pflicht zur Anbringung von Steuermarken oder der Verwendung von Stempelpapier) fallen nicht unter den auf das Privatrecht beschränkten Art. 11 Rom I-VO bzw. Art. 11 EGBGB (allgM), sondern unter die Kollisionsnormen des Internationalen Steuerrechts. 32

**3. Folgen von Formfehlern.** Das Formstatut bestimmt über die Folgen (Nichtigkeit, Heilbarkeit, Verlängerung einer Frist für die Gegenseite etc) etwaiger Formmängel (allgM) und somit auch darüber, ob im Einzelfall die Berufung auf einen Formmangel nach Treu und Glauben ausgeschlossen ist. Zur Auflösung des Konflikts zwischen unterschiedlichen Rechtsfolgen eines nach beiden von Art. 11 Rom I-VO bzw. Art. 11 EGBGB alternativ berufenen Rechten bestehenden Formfehlers → Rn. 35. 33

## VII. Regelanknüpfung (Abs. 1–3)

**1. Alternative Geltung von Geschäfts- und Ortsrecht (Abs. 1). a) Günstigkeitsvergleich.** Nach Art. 11 Rom I-VO bzw. Art. 11 EGBGB Abs. 1 genügt es – vorbehaltlich der Sonderregeln in Art. 11 Abs. 4 und 5 Rom I-VO und Art. 11 Abs. 4 EGBGB –, wenn ein Rechtsgeschäft entweder den Formvorschriften des Geschäftsstatuts oder des am Abschlussort geltenden Rechts entspricht. Es setzt sich damit das Recht durch, das der Formwirksamkeit günstiger ist. Der Richter hat diesen Günstigkeitsvergleich **von Amts wegen** vorzunehmen; zum Streit über die Abdingbarkeit der Alternativanknüpfung → Rn. 14. 34

Die Günstigkeit kann sich zum einen daraus ergeben, dass das eine Recht schwächere Anforderungen an die Form eines Geschäfts stellt, also etwa schriftliche Abfassung an Stelle der Beurkundung genügen lässt. Zum anderen kann sie aber auch darin liegen, dass bei gleichen Formanforderungen ein Verstoß mildere Folgen auslöst (etwa Heilbarkeit statt endgültiger Nichtigkeit). Zur Heilung eines nach deutschem Recht formungültigen Grundstückskaufvertrags durch den Eigentumsübergang nach ausländischem Recht → Rn. 44. Zur Konkurrenz mehrerer Geschäftsstatute → Rn. 38, zu mehreren Ortsstatuten → Rn. 54. 35

**b) Geschäftsstatut. aa) Allgemeines.** Das Geschäftsstatut ist das Recht, das über das Rechtsgeschäft in der Sache herrscht, bei der Eheschließung also das Eheschließungsstatut nach Art. 13 Abs. 1 EGBGB, bei dinglichen Rechtsgeschäften das Sachstatut nach Art. 43 EGBGB, bei Schuldverträgen das Vertrags(schließungs-)statut nach Art. 31 Abs. 1 EGBGB aF, Art. 27 EGBGB aF ff. = Art. 10 Abs. 1, 3 ff. Rom I-VO etc. Das Geschäftsstatut kann, soweit durch die jeweiligen Kollisionsnormen gestattet (zB Art. 3 Abs. 1 Rom I-VO), also auch ein von den Parteien gewähltes Recht sein. Wird die **Wahl des Geschäftsstatuts nachträglich** getroffen oder geändert, bestimmt **Art. 3 Abs. 2 S. 2** in Fortführung des den Abs. 1 beherrschenden favor-negotii-Gedankens, dass die nach dem ursprünglichen Statut gegebene **Formwirksamkeit** von etwaigen höheren Hürden des neuen Statuts **nicht berührt** wird; im Umkehrschluss daraus folgt, dass durch schwächere Formvorschriften des neuen Rechts ein ursprünglich **formunwirksames Geschäft (rückwirkend) geheilt** werden kann (allgM, vgl. Spickhoff IPRax 1999, 462 (464)). Art. 3 Abs. 2 S. 2 ist auf Schuldverträge begrenzt, kann aber in anderen Fällen nachträglicher Rechtswahl entspr. herangezogen werden. 36

37 Zur Bedeutung des Renvois im Zusammenhang mit der Ermittlung des Geschäftsstatuts → Rn. 16.

38 Bilden **mehrere Rechtsordnungen das Geschäftsstatut** (etwa bei der Heirat, Art. 13 Abs. 1 EGBGB), so stehen sie in Ermangelung einer der Regelung des Art. 11 Abs. 2 EGBGB für mehrere Ortsrechte entsprechenden Vorschrift zueinander nicht in einem Alternativ-, sondern einem Kumulativverhältnis: Der Form „des Geschäftsstatuts" ist nur dann Genüge getan, wenn die entsprechenden Vorschriften des **strengeren Rechts** eingehalten sind (allgM, vgl. AG Kassel StAZ 1998, 181). Die alternative Geltung des Ortsrechts neben dem Geschäftsstatut wird dadurch nicht berührt. Da es nach der Rom I-VO für **Schuldverträge** nur ein einheitliches Vertragsstatut (= Geschäftsstatut) geben kann, taucht das beschriebene Problem hier nicht auf.

39 **bb) Erfüllung der Formerfordernisse des Geschäftsstatuts bei Auslandsberührung des Sachverhalts. (1) Allgemeines.** Prüft man die Einhaltung der sachrechtlichen Formvorschriften des Geschäftsstatuts, so kann sich die Frage stellen, ob diese Normen wegen der Berührung mit einem anderen Recht in modifizierter Form anzuwenden sind (**Substitution,** Auslandssachverhalt) (speziell zur Substitution bei Anwendung der Formvorschriften des GmbHG Reithmann NJW 2003, 385) oder sogar die konkrete Fallgestaltung gar nicht erfassen. Problematisch sind insbes. die Fälle, in denen (a) die **inländische Form im Ausland** unter Beteiligung einer ausländischen Amtsperson, insbes. eines Notars, gewahrt werden soll (→ Rn. 40 f.) oder (b) der **Vertragsgegenstand ein ausländischer** ist (Verkauf eines ausländischen Grundstücks oder Anteile einer ausländischen Gesellschaft, → Rn. 44 f.). Aus deutscher Sicht sind hierbei vor allem die Fälle relevant, in denen das deutsche Recht das Geschäftsstatut stellt. Insoweit ist zu unterscheiden:

40 **(2) Erfüllung deutscher Formvorschriften im Ausland.** Vom deutschen Recht vorgeschriebene öffentliche **Beglaubigungen** können nach wohl allgM auch von ausländischen Amtspersonen – Notar, US-amerikanischer oder kanadischer notary public (vgl. OLG Naumburg NZG 2001, 853 betr. Belgien; OLG Stuttgart DB 2000, 1218 (1219) betr. Kalifornien; OLG Zweibrücken FGPrax 1999, 86 betr. Ontario) – und Behörden wirksam vorgenommen werden, wenn und soweit sie nach ihrem eigenen Recht zu entsprechenden Handlungen befugt sind und das dafür vorgesehene Verfahren beachten.

41 Ausländische Urkundspersonen können nach BGH hingegen eine sich aus dem deutschen Recht ergebende **Beurkundungspflicht** nur erfüllen, wenn (1) sie nach Vorbildung und Stellung im Rechtsleben eine der Tätigkeit des deutschen Notars entsprechende Funktion ausüben und (2) für die Errichtung der Urkunde ein Verfahrensrecht zu beachten haben, das den tragenden Grundsätzen des deutschen Beurkundungsrechts entspricht **(Gleichwertigkeit von Urkundsperson und Beurkundungsvorgang)** (BGH DNotZ 1981, 451; ZIP 1989, 1052 (1054); WM 2015, 50 (52) – Beurkundung der Hauptversammlung nach (Art. 53 SE-VO iVm) § 130 AktG; vgl. auch Basedow RabelsZ 55 (1991), 428 Reithmann/Wolfratshausen FS Spiegelberger, 2009, 1452). Dass ausländische Notare mangels Kenntnis des deutschen Rechts nicht über dieses belehren können, wie es § 17 BeurkG vorsieht, wird dabei vom BGH nicht als Hindernis angesehen, weil die Parteien auf die Belehrung verzichten können und ein solcher konkludenter Verzicht gerade in der Beauftragung des ausländischen Notars liegt (BGH DNotZ 1981, 451; anders – naturgemäß – viele Stimmen aus den Reihen des deutschen Notariats, die in der fehlenden „materiellen Richtigkeitsgewähr" bei der Beurkundung im Ausland das maßgebliche Hindernis für deren Anerkennung als gleichwertig ansehen, zB Hüren DNotZ 2015, 213 (215); Schervier NJW 1992, 593; soweit Dritte betroffen sind, auch Goette MittRhNotK 1997, 1 (5)). Die von Gegnern dieser Auffassung erhoffte Wende in der Rspr. des BGH (diese Hoffnung wurde beflügelt durch krit. Äußerungen eines Richters des II. ZS des BGH: Goette FS Boujong, 1996, 131; Goette MittRhNotK 1997, 4) und der Oberlandesgerichte ist bislang ausgeblieben und dürfte tatsächlich auch nicht wünschenswert sein: Wer sich zur Wahrung deutscher Beurkundungsvorschriften ins Ausland begibt, tut dies in aller Regel erst auf Grund des Ratschlags versierter deutscher Anwälte und bedarf keiner weiteren Beratung durch den Notar. Da iÜ der deutsche Notar aus deutscher Sicht Geschäftsvorgänge wirksam beurkunden kann, die ausländischem Recht unterliegen, ohne über das ausländische Recht belehren zu müssen (§ 17 Abs. 3 S. 2 BeurkG) (zu den Belehrungspflichten des deutschen Notars s. aber OLG Frankfurt NJW 2011, 392; zum „Dilemma" des deutschen Notars zwischen der Urkundsgewährspflicht aus § 15 Abs. 1 BNotO und § 17 Abs. 3 S. 2 BeurkG und zu den verschiedenen Fallgestaltungen s. Eule FS Spiegelberger, 2009, 1577 (1578 ff.)), würde man mit zweierlei Maß messen, wollte man umgekehrt den ausländischen Notar zur Belehrung über deutsches Recht verpflichten (Soergel/Kegel EGBGB Art. 11 Rn. 35). Die grundsätzliche Gleichwertigkeit von Urkundsperson und Beurkundungsvorgang im Ausland mit der Beurkundung durch deutsche Notare wird auf dieser Grundlage etwa **bejaht** für Notare in

Österreich (LG Kiel RIW 1997, 957; noch offengelassen von BayObLG GmbHR 1978, 39), England (BayObLGZ 1978, 500) und Israel (vgl. Scheftelowitz DNotZ 1978, 145), im Bereich des „lateinischen" Notariats (insbes. Frankreich, Benelux, Italien, Spanien) (vgl. MüKoBGB/Spellenberg EGBGB Art. 11 Rn. 97 mwN; NK-BGB/Bischoff EGBGB Art. 11 Rn. 21; Brück DB 2004, 2409 (2411); Löber RIW 1989, 94 betr. Spanien) und für die Niederlande (Staudinger/Winkler v. Mohrenfels, 2013, EGBGB Art. 11 Rn. 304 f.; Ulrich/Böhle GmbHR 2007, 566 (569)). In der Schweiz, dem wichtigsten Land für den deutschen „Beurkundungstourismus", ist das Beurkundungswesen kantonal unterschiedlich geregelt. Es muss deshalb die Gleichwertigkeit für jeden Kanton gesondert ermittelt werden; als gegeben angesehen hat sie die Rspr. bislang in Basel-Stadt (OLG Düsseldorf DNotZ 2011, 447; OLG Frankfurt GmbHR 2005, 764; OLG München NJW-RR 1998, 758; LG Nürnberg-Fürth NJW 1992, 633; aA Müller NJW 2014, 1994 (1997 f.); Pilger BB 2005, 1285; gegen ihn mit Recht Weller BB 2005, 1807), Bern (KG WM 2018, 809: jedenfalls „wenn die Niederschrift in Gegenwart des Notars den Beteiligten vorgelesen, von ihnen genehmigt und eigenhändig unterschrieben worden ist"; abl. Cziupka EWiR 2018, 137; OLG Hamburg IPRspr. 1979 Nr. 9; aA AG Berlin-Charlottenburg BeckRS 2016, 02475 = GmbHR 2016, 223), Zürich (BGHZ 80, 76 = DNotZ 1981, 451; BGH NJW-RR 1989, 1259; OLG Stuttgart IPRax 1983, 79; aA LG Augsburg MittBayNot 1996, 318; Bredthauer BB 1986, 1864; Heckschen DB 1990, 161; Müller NJW 2014, 1994 (1997 f.); diff. Staudinger/Winkler v. Mohrenfels, 2013, EGBGB Art. 11 Rn. 302: Gleichwertigkeit, wenn der beurkundende Notar ein erfolgreiches rechtswissenschaftliches Studium nachweisen kann; aA Pilger BB 2005, 1285; gegen ihn mit Recht Weller BB 2005, 1807), Zug (LG Stuttgart IPRspr. 1976 Nr. 5A) und Luzern (LG Koblenz IPRspr. 1970 Nr. 144); zu befürworten ist sie – wegen der strukturellen Nähe zum französischen Notariat – auch für die französischsprachigen Kantone der Westschweiz (Genf, Waadtland) (so zu Recht Erman/Stürner EGBGB Art. 11 Rn. 20; für Genf ebenso Staudinger/Winkler v. Mohrenfels, 2013, EGBGB Art. 11 Rn. 301). Speziell zur Frage der Beurkundung der Veräußerung von deutschen Gesellschaftsanteilen im Ausland → Rn. 73 ff. **Abgelehnt** wird die Gleichwertigkeit der Beurkundung durch einen **US-amerikanischen notary public** (allgM; mit Ausnahme der notaries public des Staates Louisiana und von Puerto Rico, deren Stellung dem lateinischen Notariat nahe kommen soll, vgl. MüKoBGB/Spellenberg EGBGB Art. 11 Rn. 97 mwN) und durch dänische Notare (vgl. MüKoBGB/Spellenberg EGBGB Art. 11 Rn. 97 mwN; Ulrich/Böhle GmbHR 2007, 566 (569)).

Von der Mitwirkung ausländischer Urkundspersonen bei der Einhaltung deutscher Formvorschriften im Ausland ist die Tätigkeit **deutscher Konsularbeamter** zu unterscheiden. Nach § 10 Abs. 2 KonsularG stehen die von einem Konsularbeamten im Rahmen seiner Befugnisse aufgenommenen Urkunden den von einem inländischen Notar im Inland aufgenommenen gleich; sie sind folgerichtig – mit geringen Abweichungen – an das BeurkG gebunden (§ 10 Abs. 3 KonsularG) (so auch ohne kollisionsrechtliche Fragestellung zur Form des Vaterschaftsanerkenntnisses OLG Frankfurt FamRZ 2012, 1735). 42

**(3) Erfüllung deutscher Formvorschriften durch ausländische Urkundspersonen im Inland.** Es ist nicht ausgeschlossen, dass von ausländischen Urkundspersonen in Deutschland vorgenommene Akte (etwa: die Beglaubigung durch den notary public eines US-amerikanischen Stützpunktes) deutsche Formvorschriften erfüllen; die Substitution ist nicht per se auf Handlungen im Heimatland der Urkundsperson beschränkt (zu den Voraussetzungen iE Rehm RabelsZ 64 (2000), 104). Konsularverträge können den ausländischen Vertretungen im Inland die Befugnis einräumen, notarielle Akte vorzunehmen (Beispiele bei Rehm RabelsZ 64 (2000), 104 (111 f.)). Anders ist dies bei ausländischen Notaren: Die notarielle Tätigkeit in Deutschland setzt voraus, dass die handelnde Person hier zum Notar bestellt worden ist. Eine ausländische Urkundsperson kann nur im Rahmen des § 11a S. 3 BNotO in Deutschland kollegiale Hilfe leisten. Dies gilt auch, wenn die Urkundsperson im EU-Ausland zum Notar bestellt wurde. Eine Verletzung der Berufsfreiheit (Art. 12 GG) sowie der Grundfreiheiten (Art. 49, 56 AEUV) geht damit nicht einher (BGH DNotZ 2015, 944). 43

**(4) Deutsche Formvorschriften für Verträge über ausländische Grundstücke und Gesellschaftsanteile.** Unterliegt der **Kaufvertrag** über ein ausländisches Grundstück kraft (ausdrücklicher oder stillschweigender) Rechtswahl der Parteien dem deutschen Recht als Geschäftsstatut und sollen dessen Formvorschriften gewahrt werden (zur Auffassung des BGH, dass in der Wahl deutschen Geschäftsrechts zugleich die Abwahl der Ortsform liegt, → Rn. 14), **muss § 311b Abs. 1 BGB beachtet werden** (heute wohl allgM). Die Beurkundungspflicht ist nicht auf in Deutschland belegene Grundstücke beschränkt (so zB BGH NJW 1979, 1173). Erfüllt werden kann sie wie für deutsche Grundstücke unter den oben (→ Rn. 41) dargelegten Bedingungen 44 allerdings auch durch einen ausländischen Notar, sofern bei dessen Einschaltung nicht ohnehin die ausländische Ortsform hilft (**anderes gilt für die Auflassung** eines deutschen Grundstücks, → Rn. 71). Für die **Heilung** eines formnichtigen Grundstückskaufvertrages nach § 311b Abs. 1 S. 2 BGB ist bei einem ausländischen Grundstück auf die Vollendung des sachenrechtlichen Übereignungstatbestandes nach der ausländischen lex rei sitae abzustellen (BGH NJW 1979, 1173; OLG Frankfurt RIW 1995, 1033 (1034); Reithmann NZG 2005, 873 (874)). Wenn die lex rei sitae den dinglichen Rechtsübergang an das schuldrechtliche Geschäft knüpft, ist – für die Frage der Heilung – dessen Wirksamkeit nach dem Recht zu beurteilen, zu dem das Kollisionsrecht des Lageortes führt.

**45** Umstritten ist, ob Entsprechendes gilt, wenn der **Kauf** und die **Übertragung von Anteilen an einer ausländischen Gesellschaft** dem deutschen Recht unterliegen: Zur Einhaltung der Form des deutschen Geschäfts- (oder ggf. Orts-) Statuts bedarf es nach einer Auffassung jedenfalls dann der notariellen Beurkundung nach § 15 Abs. 3, 4 S. 1 GmbHG, wenn die ausländische Gesellschaft im Wesentlichen einer deutschen GmbH entspricht (Soergel/Kegel EGBGB Art. 11 Rn. 17; Staudinger/Winkler v. Mohrenfels, 2013, EGBGB Art. 11 Rn. 283; Dutta RIW 2005, 98 (99); zu pauschal OLG Celle NJW-RR 1992, 1126, das ohne Übereinstimmungsprüfung Beurkundungspflicht für den Kauf von Anteilen an einer „polnischen GmbH" annimmt. Umgekehrt die funktionelle Äquivalenz einer kanadischen „Ltd" ohne hinreichende Begründung verneinend OLG München NJW-RR 1993, 998; dagegen mit Recht Merkt ZIP 1994, 1417 (1421 f.) für die „private limited company"; ebenso Fetsch GmbHR 2008, 133; Bungert DZWiR 1993, 494 (497)). Andere halten diese Norm auch bei Geltung deutschen Formstatuts für sachlich begrenzt auf den Verkauf deutscher GmbH-Anteile und deshalb nicht für anwendbar bei ausländischen Anteilen (OLG München NJW-RR 1993, 998; Götsch/Schultz ZIP 1999, 1909 (1912)); wieder andere wollen die Formerfordernisse für die Anteilsübertragung und die schuldrechtliche Verpflichtung dazu wegen einer vermeintlichen Sonderstellung des Gesellschaftsrechts ohnehin nicht Art. 11 Abs. 1 EGBGB/Rom I-VO unterwerfen, sondern ausschließlich dem jeweiligen Gesellschaftsstatut entnehmen, also den Verkauf ausländischer Geschäftsanteile (auch) in formeller Hinsicht exklusiv am ausländischen Recht messen (MüKoBGB/Kindler IntGesR Rn. 539 ff. mwN). Zu dieser Ansicht neigt ohne abschließende Stellungnahme auch der III. ZS des BGH, der es für erwägenswert hält, trotz der Geltung deutschen Rechts als Orts- und Geschäftsstatut zu prüfen, ob das Statut der ausländischen Gesellschaft, deren Anteile übertragen werden sollen, den formfreien Abschluss des Geschäfts ermöglicht (BGH NZG 2005, 41 (43)). Das ist allerdings keine „erweiternde Auslegung des Art. 11 EGBGB", wie der Senat meint, sondern eine Abkehr von dieser Norm (zur Frage, ob § 15 Abs. 3 GmbHG dem Form- oder Gesellschaftsstatut zuzuordnen ist s. auch Weller ZGR 2014, 865 (871 ff.), der eine Qualifikation als Formfrage befürwortet). Letzteres ist nicht richtig (näher → Rn. 79 f.), und zwischen den anderen Auffassungen gebührt der erstgenannten der Vorzug, weil nicht ersichtlich ist, warum der von § 15 Abs. 4 S. 1 GmbHG (auch) vermittelte Schutz der Anleger vor den Gefahren eines (zu) leichten und spekulativen Handels mit Gesellschaftsanteilen nicht auch bei ausländischen Gesellschaften zu gewähren ist, wenn deutsche Formvorschriften maßgebend sind. Anwendbar ist mit § 15 Abs. 3, 4 S. 1 GmbHG aber auch die in § 15 Abs. 4 S. 2 GmbHG enthaltene Heilungsmöglichkeit (Reithmann NZG 2005, 873 (874)). Der BGH hat nun bestätigt, dass § 15 Abs. 3 GmbHG auch nach Inkrafttreten des MoMiG keine geschlossene Sachnorm darstellt, sondern einer Substitution zugänglich ist und eine Beurkundung bei Vorliegen der oben genannten Kriterien der Gleichwertigkeit von Urkundsperson und Beurkundungsvorgang möglich ist (BGH WM 2014, 266 (269); hierzu Weller ZGR 2014, 865 (876 ff.)).

**46** **(5) Standesamtliche Trauung nach deutschen Formvorschriften im Ausland.** Eine standesamtliche Trauung nach deutschen Vorschriften ist nach hM im Ausland nicht durchführbar, weil eine ausländische Stelle nicht in der Lage ist, den detaillierten deutschen Verfahrensvorschriften insoweit adäquat (gleichwertig) zu genügen (Soergel/Schurig EGBGB Art. 13 Rn. 83; aA Staudinger/Mankowski EGBGB Art. 13 Rn. 772; Spellenberg FS Schütze, 1999, 887 (894)). Da **§ 8 KonsularG aF** und damit die Möglichkeit der Trauung durch einen deutschen Konsularbeamten nach Art. 2 Abs. 7 PStRG seit dem 1.1.2009 entfallen ist, bleibt hier also nur die Einhaltung der **Ortsform.**

**47** **c) Ortsform. aa) Allgemeines.** Nach Art. 11 Abs. 1 Rom I-VO bzw. Art. 11 Abs. 1 EGBGB genügt für die Formgültigkeit die Einhaltung der am Vornahmeort des fraglichen Geschäfts geltenden Formvorschriften, auch – und gerade – wenn das Ortsrecht nicht zugleich das Geschäftsstatut ist und schwächere Formanforderungen als das letztere stellt. Insbesondere ist **keine „Gleichwertigkeitsprüfung"** erforderlich (allgM, wohl nur irrtümlich anders Bühler NJW 2000, 1243

(1245); Haerendel DStR 2001, 1803 (1804)); diese ist beschränkt auf die Fälle, in denen Formvorschriften durch Einschaltung von Urkundspersonen im Ausland gewahrt werden sollen (→ Rn. 41). Allerdings kann dem Erklärenden, der eine nach dem Ortsrecht formwirksame Erklärung abgibt, der **Rechtsbindungswille** fehlen, wenn er von der Geltung der strengeren Formvorschriften des Geschäftsstatuts ausging (etwa: Beurkundungspflicht) und deshalb in einer diesen Formvorschriften nicht genügenden (etwa: schriftlichen) Erklärung nur eine rechtlich unverbindliche Absichtserklärung sah. Zu beurteilen ist der Rechtsbindungswille nach dem Geschäftsstatut (bei Schuldverträgen: Art. 10).

**bb) Bestimmung des Vornahmeortes.** Der Vornahmeort ist der Ort, an dem die Willenser- 48
klärung **abgegeben** wird (allgM), bei einer (nach dem Geschäftsstatut) **nicht empfangsbedürftigen** Willenserklärung also der Ort, wo sie formuliert bzw. zu Papier gebracht oder durch eine sonstige Handlung (etwa in Fällen, wie sie § 151 BGB regelt) offenbart wurde, bei einer **empfangsbedürftigen Erklärung** der Ort, an dem sie der Erklärende dergestalt auf den Weg gebracht hat, dass sie unter normalen Umständen ohne weiteres Zutun seiner selbst zum Empfänger gelangen wird (etwa: Einwurf in Briefkasten, Übergabe an Boten). Bei telefonischen Erklärungen kommt es auf den Ort an, wo sich der Erklärende befindet; bei Zuhilfenahme des **Internets** ist der Standort des vom Erklärenden für die Absendung seiner Äußerung genutzten Endgeräts (Terminal), idR der **Ort „des Mausklicks“** (zust. NK-BGB/Bischoff EGBGB Art. 11 Rn. 37; näher zur Abgabe von digitalen Willenserklärungen über das Internet Härting, Internetrecht, 6. Aufl. 2018, Rn. 655 ff.; aA Staudinger/Winkler v. Mohrenfels, 2016, Rn. 68 ff.: bei E-Mails entscheidet der Standort „des Servers“, gemeint ist wohl der Mailserver des vom Absender genutzten Internet Service Providers. Seine Prämisse, dass (nur) dieser Standort für den Empfänger der E-Mail immer aus den letzten beiden Buchstaben der Absenderadresse ersichtlich ist, ist aber zum einen unzutr. – weder ist die Registrierung eines Mailservers unter einer länderbezogenen Top Level Domain („.de“ etc) zwingend (die generischen Top Level Domains „.com“, „.net“ etc sind nicht länderbezogen), noch sagt sie etwas über den physikalischen Standort des mit dieser Adresse versehenen Servers aus – und zum anderen im Rahmen des Art. 11 EGBGB kein maßgeblicher Umstand: Ob der Erklärungsort für den Erklärungsempfänger erkennbar ist, spielt auch außerhalb elektronischer Erklärungen keine Rolle), maßgeblich. Dieses Recht ist also alternativ etwa bei der Frage heranzuziehen, ob und unter welchen Voraussetzungen eine digitale Signatur der Schriftform gleichzusetzen ist.

Es entscheidet jeweils der **tatsächliche Abgabeort;** die Angabe eines falschen Abgabeorts in 49
einer Vertragsurkunde bindet den Rechtsanwender nicht, kann aber als Indiz für eine stillschweigende Wahl des Geschäftsstatuts (Soergel/Kegel EGBGB Art. 11 Rn. 9) und/oder, wenn man mit dem BGH Art. 11 Abs. 1 EGBGB bzw. Art. 11 Abs. 1 Rom I-VO für abdingbar hält (→ Rn. 14), für eine Abwahl des Ortsrechts gewertet werden. Bei einer auf **hoher See** abgegebenen Willenserklärung stellt das **Recht der Flagge** (Registrierung) des fraglichen Schiffes das Ortsrecht (vgl. für Eheschließungen Soergel/Schurig EGBGB Art. 13 Rn. 81 mwN; ausführlicher Staudinger/Winkler v. Mohrenfels, 2013, EGBGB Art. 11 Rn. 175 ff. mit dem Vorschlag, an die Flagge generell anzuknüpfen, wenn sich das Schiff auf hoher See befindet, bei Willenserklärungen in Küsten- und Eigengewässern alternativ aber das Recht des Küstenstaates zu berufen). Entspr. gilt für eine Willenserklärung durch den Passagier eines sich **im Flug befindlichen Flugzeugs** (Staudinger/Winkler v. Mohrenfels, 2013, EGBGB Art. 11 Rn. 180).

Das Gelände einer **ausländischen diplomatischen Vertretung** (Botschaft, Konsulat) ist für 50
die Bestimmung des Ortsrechts nach Art. 11 Abs. 1 Rom I-VO bzw. Art. 11 Abs. 1 EGBGB als Teil des Landes anzusehen, in dem es belegen ist (allgM). Das Ortsrecht bei einer Eheschließung in einer ausländischen Botschaft ist deshalb das Recht des Empfangs-, nicht des Entsendestaates (vgl. BGHZ 82, 34 (44) = NJW 1982, 517; Beitzke FamRZ 1959, 507).

Der Ort des **Zugangs** oder etwaiger Durchgangsrechte bei der Übermittlung der Willenserklä- 51
rung ist in allen Fällen **ohne Bedeutung.** Zu Distanzverträgen zwischen **Parteien in verschiedenen Staaten** → Rn. 54; zum **Vertragsschluss durch Stellvertreter** → Rn. 58.

**cc) Bestimmung der maßgeblichen Formvorschriften.** Ist das konkrete Geschäft, wie 52
es vom Geschäftsstatut vorgegeben ist, im Recht des Vornahmeortes **nicht bekannt,** sind die Formvorschriften für **ähnliche Geschäfte** maßgeblich; die Ähnlichkeit beurteilt sich danach, ob eine **„Übereinstimmung in den wesentlichen geschäftstypischen Merkmalen“** (Begr. RegE, BT-Drs. 10/504, 49) besteht, welche man in **Funktion,** rechtlichen **Erfolg** und inhaltliche **Ausgestaltung** unterteilen kann (MüKoBGB/Spellenberg EGBGB Art. 11 Rn. 155 ff. mwN und Beispielen). Wenn auch dies nicht weiterhilft, geht die Anknüpfung an das Ortsrecht ins Leere; die Formanforderungen können dann **nur** dem Geschäftsstatut entnommen werden (OLG Bamberg

FamRZ 2002, 1120: dem Ortsrecht unbekannte Vereinbarung über den Versorgungsausgleich; Ulrich/Böhle GmbHR 2007, 566). Unzutreffend wäre es, stattdessen auf eine Formfreiheit nach dem Ortsrecht zu schließen (allgM).

**53** Sorgfältig zu untersuchen ist jeweils, ob besondere Formvorschriften des Ortsrechts das fragliche Geschäft, wenn es einen Auslandsbezug aufweist, überhaupt erfassen wollen (vgl. die in → Rn. 44 wiedergegebene Diskussion über die Anwendbarkeit von § 311b Abs. 1 S. 1 BGB auf Kaufverträge über ausländische Grundstücke).

**54** **2. Distanzverträge (Art. 11 Abs. 2 Rom I-VO/Art. 11 Abs. 2 EGBGB). a) Drei- bis fünffache Wahlmöglichkeit.** Befinden sich die Parteien **eines Vertrages** bei der Abgabe ihrer jeweiligen Willenserklärungen nicht in demselben Staat (zu den Besonderheiten bei Mehrrechtsstaaten → Rn. 15), weitet sich nach Art. 11 Abs. 2 EGBGB die alternative Rechtsanwendung des Art. 11 Abs. 1 EGBGB zu einer dreifachen Wahlmöglichkeit. Neben der Einhaltung der Formvorschriften des Geschäftsstatuts genügt für beide Willenserklärungen, wenn sie nach einem der Ortsrechte formwirksam sind. Es setzt sich für beide Erklärungen das schwächere Ortsrecht durch; es ist nicht erforderlich, dass eine Erklärung jeweils den formellen Anforderungen gerade an dem Ort genügt, an dem sie selbst abgegeben wurde (zu Recht krit. zu dieser weiteren Verringerung des durch Formzwang bezweckten Schutzes MüKoBGB/Spellenberg EGBGB Art. 11 Rn. 147 f.). So muss eine Bürgschaftserklärung in Deutschland nicht die Form des § 766 BGB einhalten, wenn der Bürgschaftsvertrag nach dem Recht des Staates, in dem sich der Erklärungsempfänger (Gläubiger) im Zeitpunkt seiner (Annahme-) Erklärung befindet, auch ohne schriftliche Erklärung des Bürgen formgültig zustande kommt (BGH NJW 1993, 599).

**55** Nach **Art. 11 Abs. 2 Rom I-VO** erweitern sich die Wahlmöglichkeiten für Schuldverträge auf fünf, da bei Vertragsschlüssen zusätzlich die Einhaltung der Formerfordernisse des Rechts des Staates genügt, in dem eine der Vertragsparteien zu dem betreffenden Zeitpunkt ihren **gewöhnlichen Aufenthalt** (→ EGBGB Art. 5 Rn. 1 ff.) (vgl. ferner Mankowski IPRax 2006, 101 (108)) hat (Anwendungsfall bei OLG Hamburg NJW-RR 2017, 1465 (1466)).

**56** **b) Vornahmeort.** Art. 11 Abs. 2 EGBGB beruft das Recht der Orte, an denen sich die Parteien bei Vertragsschluss „befinden". Damit ist trotz des von Art. 11 Abs. 1 EGBGB abweichenden Wortlauts der jeweilige Ort der tatsächlichen Abgabe der Willenserklärung gemeint (Vornahmeort, → Rn. 48), nicht etwa der Wohnsitz oder der gewöhnliche Aufenthaltsort in diesem Zeitpunkt (Erman/Stürner EGBGB Art. 11 Rn. 26; allgM). Letzterer kommt nur bei Schuldverträgen über Art. 11 Abs. 2 Rom I-VO ins Spiel (→ Rn. 55).

**57** **c) Sachlicher Anwendungsbereich.** Streit herrscht darüber, ob Art. 11 Abs. 2 EGBGB auch die Eheschließung unter Abwesenden (vgl. allg. zu deren Einbeziehung → Rn. 21) erfasst (vgl. Soergel/Schurig EGBGB Art. 13 Rn. 79 mwN; MüKoBGB/Coester EGBGB Art. 13 Rn. 150).

**58** **3. Vertragsschluss durch Stellvertreter (Art. 11 Abs. 3 EGBGB/Art. 11 Abs. 2 Rom I-VO).** Art. 11 Abs. 3 EGBGB stellt klar, dass bei einem **Vertragsschluss** durch Vertreter der Vornahmeort iSv Art. 11 Abs. 1 und 2 EGBGB der Ort ist, an dem der Stellvertreter seine Erklärung abgibt. Die Vorschrift ist entspr. anwendbar, wenn ein Vertreter ein **einseitiges Rechtsgeschäft** vornimmt (Grüneberg/Thorn EGBGB Art. 11 Rn. 19; Erman/Stürner EGBGB Art. 11 Rn. 31). Ob der Vertreter seinerseits formgerecht bevollmächtigt wurde, entscheidet sich anhand des für die Vollmachtserteilung maßgeblichen Geschäfts- bzw. Ortsstatuts. Für einen Boten gilt Art. 11 Abs. 3 EGBGB nicht; wird er eingeschaltet, bleibt es hinsichtlich der Ortsform bei dem Recht des Ortes, an dem ihm die Erklärung von der Partei übergeben wurde (allgM).

**59** Nach Art. 11 Abs. 2 Rom I-VO sind bei Schuldverträgen und den auf diese bezogenen einseitigen Rechtsgeschäften zusätzlich die **gewöhnlichen Aufenthaltsorte der Vertreter und der Vertretenen** bzw. des Erklärenden und die dort geltenden Formvorschriften zu berücksichtigen, sodass man hier insgesamt mit den Vornahmeorten und dem Geschäftsstatut auf eine bis zu **siebenfache Wahlmöglichkeit** kommt.

## VIII. Ausschluss der Ortsform

**60** In Ausnahme zu Art. 11 Abs. 1 Rom I-VO bzw. Art. 11 Abs. 1 EGBGB wird in drei Fällen die alternative Geltung von Geschäfts- und Ortsform ausgeschlossen.

**61** **1. Verbraucherverträge (Art. 11 Abs. 4 Rom I-VO).** Die Form von Verbraucherverträgen iSv Art. 6 richtet sich zwingend nach dem Recht am gewöhnlichen Aufenthaltsort des Verbrauchers (Art. 11 Abs. 4 Rom I-VO). Die merkwürdige und uU schwierige Angleichungsprobleme hervorrufende Diskrepanz zum Günstigkeitsprinzip des Art. 6 Abs. 2 erklärt sich wohl nur aus einer mangelnden Koordination der Arbeit am EVÜ (näher Mäsch, Rechtswahlfreiheit und Verbraucherschutz, 1993, 60 ff.), die sich in der Rom I-VO fortsetzt. Eine Sonderregel für **arbeitsrechtliche Willenserklärungen** besteht **nicht,** obwohl die Interessenlage ähnlich derjenigen bei Verbraucherverträgen ist. Arbeitsrechtliche Formvorschriften wie die des § 623 BGB können deshalb bei Abgabe der entsprechenden Willenserklärung im Ausland (auf den Zugang kommt es nicht an, → Rn. 51) ins Leere laufen. Hilfe über eine Analogie zu Art. 11 Abs. 4 Rom I-VO oder über Art. 9 erscheint angesichts der – zu Recht – restriktiven Rspr. zu ähnlichen Versuchen (vgl. BGH IPRax 1994, 449; NJW 1997, 1697 zu Art. 29 und 34 EGBGB; BAG DB 1990, 1668 zu Art. 30 und 34 EGBGB) nicht möglich. Zum Nachweisgesetz → Rn. 31.

**2. Schuldrechtliche Immobiliarverträge (Abs. 5). a) Allgemeines, Anwendungsbereich.** Verträge, die ein dingliches oder Nutzungsrecht an einem Grundstück „zum Gegenstand haben", unterliegen ohne Ausweichmöglichkeit allein den Formvorschriften des Rechts am Belegenheitsort, wenn diese Vorschriften für Geschäfte der fraglichen Art „international zwingend" sind (zur ratio legis vgl. MüKoBGB/Spellenberg Rn. 57). Gibt es solche Vorschriften nicht, bleibt es auch für diese Verträge bei der Alternativanknüpfung des Art. 11 Abs. 1 Rom I-VO. 62

Art. 11 Abs. 5 Rom I-VO erfasst (nur) **obligatorische Verträge** über die Einräumung schuldrechtlicher Nutzungsrechte an Grundstücken oder Grundstücksteilen (Miete, Pacht) und über die Einräumung oder Übertragung dinglicher Rechte an einer Immobilie (Eigentum, Wohnungseigentum, beschränkte dingliche Rechte). **Dingliche Verfügungen** fallen unter **Art. 11 Abs. 4 EGBGB** (→ Rn. 66). 63

**b) Deutsche international zwingende Formvorschriften.** Ob eine Formvorschrift des Rechts am Belegenheitsort international zwingend ist, ist mit Hilfe des Kollisionsrechts des **Belegenheitsstaates** zu beantworten. Maßgeblich ist, ob dieser Staat, wenn aus seiner Sicht inländische Immobilien betroffen sind, inländische Formvorschriften ohne Rücksicht auf den Abschlussort des Vertrages oder sein Geschäftsstatut anwendet. Das **deutsche Recht** ist mit der Durchsetzung seiner Formvorschriften für deutsche Immobilien eher zurückhaltend (vgl. Begr. RegE, BT-Drs. 10/504, 49); § 311b BGB ist nach einhelliger Ansicht international nicht zwingend (v. Bar IPR BT, 1. Aufl. 1991, Rn. 604), sondern unterliegt der „gewöhnlichen" Alternativanknüpfung des Art. 11 Abs. 1 Rom I-VO, weshalb deutsche Grundstücke im Ausland über Art. 11 Abs. 1 Alt. 2 Rom I-VO ggf. nach der Ortsform privatschriftlich verkauft werden können. Anderes wird, ohne dass bislang einschlägige Rspr. vorliegt, für § 566 BGB (v. Hoffmann/Thorn IPR § 10 Rn. 6 m Fn. 12) und für **Formvorschriften zum Schutz des Mieters** (§ 568 Abs. 1 BGB) (v. Bar IPR BT, 1. Aufl. 1991, Rn. 595 noch zu §§ 564a Abs. 1, 536a Abs. 5 BGB aF) vertreten, wohl zu Recht, weil diese Vorschriften ihre volle Wirkung nur entfalten können, wenn sie alle Mietobjekte in Deutschland erfassen und nicht über einen ausländischen Vornahmeort umgangen werden können. Auch die **besonderen Formvorschriften für Time-Sharing-Verträge** (§ 484 BGB; auch → Rn. 10) sind (nicht nur, aber auch) für in Deutschland belegene Objekte international zwingend, was sich aber nicht aus Art. 11 Abs. 5 Rom I-VO, sondern aus dem richtigen Verständnis des Art. 46b Abs. 4 EGBGB ergibt (→ Rn. 10) (näher zum in Art. 46 Abs. 4 über Art. 29a aF aufgegangenen § 8 TzWrG Hildenbrand/Kappus/Mäsch TzWrG § 8 Rn. 58). 64

**c) Ausländische international zwingende Formvorschriften.** Gesicherte Erkenntnisse zur Haltung ausländischer Rechtsordnungen liegen derzeit nur vereinzelt vor. So wird durch Art. 119 Abs. 3 S. 2 schweizerisches IPRG (ua) für Kaufverträge (zu den sonstigen von Art. 119 Abs. 3 IPRG erfassten Verträgen Basler Kommentar/Delphine/Pannatier/Kessler, 4. Aufl. 2021, IPRG Art. 119 Rn. 25) über Grundstücke in der Schweiz die Einhaltung der Formvorschrift des Art. 216 Abs. 1 OR (öffentliche Beurkundung) zur Pflicht gemacht. Diese ausdrückliche Regelung bindet über Art. 11 Abs. 5 Rom I-VO bzw. Art. 11 Abs. 4 EGBGB aF auch den deutschen Rechtsanwender. Im Übrigen hilft im Zweifelsfall nur die Einholung eines Sachverständigengutachtens. 65

**3. Dingliche Verfügungsgeschäfte (Art. 11 Abs. 4 EGBGB). a) Allgemeines, Anwendungsbereich.** Gemäß Art. 11 Abs. 4 EGBGB sind bei dinglichen Geschäften zwingend die **Formvorschriften** des in der Sache regierenden Rechts zu beachten sind. In der Rom I-VO findet sich keine Entsprechung, da diese sachenrechtliche Verfügungen nicht erfasst. Das maßgebliche Geschäftsstatut ist nach Art. 43 Abs. 1 EGBGB idR die **lex rei sitae,** kann aber über die Ausweichklausel des Art. 46 EGBGB auch ein anderes Recht sein. Ein Renvoi ist bei der Ermittlung des Geschäftsstatuts auch im Rahmen von Art. 11 Abs. 4 EGBGB zu beachten (allgM, → Rn. 16). 66

67 Art. 11 Abs. 4 EGBGB betrifft nur die Form dinglicher Rechtsgeschäfte, also **Verfügungen** über Sachen (insbes. Eigentumsübertragungen), nicht diejenige der der Verfügung zugrundeliegenden obligatorischen Rechtsgeschäfte (letztere unterliegen Art. 11 Abs. 1 Rom I-VO, bei Immobilien auch Art. 11 Abs. 5 Rom I-VO). Erfasst sind Verfügungen **sowohl über unbewegliche als auch bewegliche Sachen.** Ob die letzteren insgesamt oder in Teilbereichen von der Regelung des Art. 11 Abs. 4 EGBGB auszunehmen sind, wollte der Reformgesetzgeber von 1986 der damals noch ausstehenden Gesamtneuregelung des Internationalen Sachenrechts überlassen (Begr. RegE, BT-Drs. 10/504, 49); als diese 1999 dann erfolgte, sah man für eine solche Einschränkung jedoch kein Bedürfnis mehr (Begr. RegE, BT-Drs. 14/343 Erl. vor Art. 43). Verfügungen über Vermögenspositionen, die sich nur mittelbar auf Rechte an Sachen auswirken (Erbteilsübertragung, Ehegütervertrag, Übertragung von Gesellschaftsanteilen etc), fallen nicht unter Art. 11 Abs. 4 EGBGB (MüKoBGB/Spellenberg EGBGB Art. 11 Rn. 193).

68 **b) Analoge Anwendung.** Art. 11 Abs. 4 EGBGB ist weder auf gesellschaftsrechtliche Vorgänge (→ Rn. 73 ff.) noch auf die Übertragung eines Erbteils (Grüneberg/Thorn EGBGB Art. 11 Rn. 20; aA Ludwig NJW 1983, 495) oder auf die Verfügung über eine Forderung (Soergel/Kegel EGBGB Art. 11 Rn. 15), ein Mitgliedschaftsrecht (Soergel/Kegel EGBGB Art. 11 Rn. 15) oder ein Immaterialgüterrecht (MüKoBGB/Spellenberg EGBGB Art. 11 Rn. 186) analog anwendbar.

69 **c) Fehlende Trennung zwischen schuldrechtlichem und dinglichem Geschäft im anwendbaren Recht.** Art. 11 Abs. 4 EGBGB ist auch dann anwendbar, wenn die lex rei sitae bzw. das nach Art. 46 EGBGB anwendbare Recht ein vom schuldrechtlichen Geschäft zu trennendes **gesondertes Verfügungsgeschäft gar nicht kennt.** In diesem Fall ist innerhalb ein und desselben Rechtsgeschäfts zu differenzieren: Die Formwirksamkeit der schuldrechtlichen Seite des Vertrages ist an den nach Art. 11 Abs. 1, Abs. 5 Rom I-VO ermittelten Rechten zu messen, sachenrechtliche Wirkungen etwa in Form des Eigentumsübergangs treten aber nur ein, wenn die insoweit nach Art. 11 Abs. 4 EGBGB allein maßgeblichen formellen Voraussetzungen der lex rei sitae erfüllt sind (vgl. Erman/Stürner EGBGB Art. 11 Rn. 35).

70 **d) Vollmacht für Immobiliarverfügungen.** Die Form der Vollmacht zur Verfügung über Grundstücke unterfällt, auch wenn sie unwiderruflich ist, nicht Art. 11 Abs. 4 EGBGB (OLG Stuttgart DNotZ 1981, 746 (747) = MDR 1981, 405; Grüneberg/Thorn EGBGB Rn. 20; aA MüKoBGB/Spellenberg EGBGB Art. 11 Rn. 189; Staudinger/Winkler v. Mohrenfels, 2013, EGBGB Art. 11 Rn. 65; Ludwig NJW 1983, 495); hier bleibt es bei der alternativen Geltung von Wirkungs- (= Vollmachts-, → EGBGB Art. 8 Rn. 1 ff.) und Ortsstatut.

71 **e) Auflassung deutscher Grundstücke vor ausländischem Notar.** Ist nach Art. 11 Abs. 4 EGBGB bei der Auflassung eines deutschen Grundstücks zwingend die deutsche Form des § 925 BGB einzuhalten, fragt sich, ob diese Form jedenfalls dann durch die Auflassung vor einem ausländischen Notar gewahrt wird, wenn dessen Stellung und das von ihm beachtete Verfahren „gleichwertig" sind (→ Rn. 41). Die hM verneint dies: Ein **deutsches Grundstück kann nur vor einem deutschen Notar aufgelassen** werden (BGH NJW 2020, 1670 m. zust. Anm. Einsele LMK 2020, 43029 und m. krit. Anm. Mäsch JuS 2020, 1215; BGH WM 1968, 1170; KG DNotZ 1987, 44; Grüneberg/Thorn EGBGB Art. 11 Rn. 10 mwN; Ulrich/Böhle GmbHR 2007, 566 (571)), weil allein dieser über die Rechtskenntnis verfüge, die erforderlich sei, um den mit dem Formzwang verbundenen Funktionen gerecht zu werden. Diese Begründung ist höchst zweifelhaft, steht im Widerspruch zum freizügigeren Umgang mit § 311b Abs. 1 BGB (→ Rn. 44 ff.) und kann im Bereich der EU wohl kaum das Verdikt einer unzulässigen Behinderung der passiven Dienstleistungsfreiheit verhindern (aA BGH NJW 2020, 1670, (1673 f); krit. dazu Lehmann/Krysa RIW 2020, 464 (466); Mäsch JuS 2020, 1215 (1216); Ransiek jurisPR-IWR 4/2020 Anm. 3; näher MüKoBGB/Spellenberg EGBGB Art. 11 Rn. 118 f. Durch das bilaterale Freizügigkeitsabkommen mit der Schweiz ist die passive Dienstleistungsfreiheit nicht geschützt; BFH BeckRS 2012, 96179 Rn. 27; Mäsch JuS 2020, 1215 (1216)). Nach positiver Gleichwertigkeitsprüfung sollte deshalb auch ein ausländischer Notar die Auflassung nach § 925 BGB beurkunden können (Lehmann/Krysa RIW 2020, 464 (466); Ransiek jurisPR-IWR 4/2020 Anm. 3; Spellenberg FS Schütze, 1999, 887 (897); MüKoBGB/Spellenberg EGBGB Art. 11 Rn. 90; Staudinger/Winkler v, Mohrenfels, 2013, EGBGB Art. 11 Rn. 296).

72 Folgt man der hM, kann ein deutsches Grundstück im Ausland hingegen nur vor einem deutschen Konsularbeamten aufgelassen werden (§ 12 Nr. 1 KonsularG).

## IX. Gesellschaftsrechtliche Vorgänge

**1. Meinungsstand zur Anknüpfung von Formfragen.** Inwieweit **Formfragen, die im Rahmen gesellschaftsrechtlicher Vorgänge** auftauchen, dem oben dargestellten „normalen" Spiel des Art. 11 Abs. 1 EGBGB (bzw. Rom I-VO) unterliegen, ist **grds. und in den Details stark umstritten.** Im Vordergrund der deutschen Diskussion stehen dabei naturgemäß Geschäfte, die **deutsche Gesellschaften** betreffen; zum Verkauf von Anteilen ausländischer Gesellschaften unter deutschem Recht als Orts- oder Geschäftsstatut → Rn. 45 (ausf. zur Bestimmung des Geschäftsstatuts beim schuldrechtlichen Vertrag über ausländische Gesellschaften Merkt ZIP 1994, 1417 (1423 f.)). (1) Eine Auffassung bejaht hier die Anwendbarkeit von Art. 11 Abs. 1 EGBGB (Grüneberg/Thorn EGBGB Art. 11 Rn. 2; MüKoBGB/Spellenberg EGBGB Art. 11 Rn. 202 ff.; Ulrich/Böhle GmbHR 2007, 566 (567); Bauer NZG 2001, 45 (46); OLG Stuttgart NJW 1981, 1176; OLG Düsseldorf NJW 1989, 2200 betr. Kapitalerhöhungsbeschluss; OLG München NJW-RR 1998, 758 betr. Kauf von GmbH-Anteilen; in diese Richtung tendierend, die Frage letztlich aber offen lassend auch OLG Stuttgart DB 2000, 1218 (1219) betr. Anteilsübertragung); danach sind bei deutschen Kapitalgesellschaften Abschluss des Gesellschaftsvertrages, Satzungsänderung, Umwandlung, Verschmelzung, Vermögensübertragung, Abschluss eines Unternehmensvertrages und Verkauf und Übertragung eines GmbH-Anteils im Ausland in der dort üblichen Form möglich; existiert eine Ortsform nicht oder ist sie nicht eingehalten, kann auf das deutsche Wirkungsstatut (Gesellschaftsstatut, → EGBGB Art. 12 Rn. 3 ff.) zurückgegriffen werden und die von diesem vorgeschriebene Beurkundung nach positiver Gleichwertigkeitsprüfung (→ Rn. 41) auch durch einen ausländischen Notar erfolgen. (2) Andere behaupten (Lutter/Hommelhoff/Lutter/Bayer GmbHG § 15 Rn. 27 ff.; Dignas GmbHR 2005, 139 (140); Schervier NJW 1992, 593 (594); Staudinger/Großfeld IntGesR, 1998, Rn. 467, 497 (498); Geimer DNotZ 1981, 406; Ebenroth/Wilken JZ 1991, 1061 (1064 f.)), dass alle gesellschaftsrechtlichen Akte außerhalb des Art. 11 EGBGB stehen und hinsichtlich ihrer Form ausschließlich am Gesellschaftsstatut zu messen seien, dessen Anforderungen bei deutschen Gesellschaften iÜ allein durch einen deutschen Notar erfüllt werden können (zur parallelen Diskussion bei der Auflassung deutscher Grundstücke → Rn. 71; zur Rolle der § 16 Abs. 3 GmbHG, § 40 Abs. 2 GmbHG in diesem Zusammenhang → Rn. 77) (LG Augsburg NJW-RR 1997, 420; Staudinger/Großfeld, 1998, IntGesR Rn. 485 m Rn. 479; Geimer DNotZ 1981, 406 (408); diff. im Rahmen dieses Ansatzes Ebenroth/Wilken JZ 1991, 1061 (1065 f.)). (3) Nach einer vermittelnden – wohl herrschenden – Meinung (vgl. etwa KG NZG 2018, 304; Benecke RIW 2002, 280 (286); Weller BB 2005, 1807 mwN; MüKoBGB/Kindler IntGesR Rn. 538 f.; wohl auch LG Kiel RIW 1997, 957 betr. Verschmelzung zweier deutscher Genossenschaften), sollen zwar Angelegenheiten, die die Gesellschaftsverfassung betreffen (insbes. Feststellung der Satzung und Satzungsänderung, iE → Rn. 79), sowie Unternehmensverträge der Form des Gesellschaftsstatuts vorbehalten bleiben, iÜ aber – insbes. also für die Veräußerung von GmbH-Anteilen – gelte Art. 11 EGBGB mit seiner Alternative von Ortsrecht und Gesellschaftsstatut; inwieweit die Form des Gesellschaftsstatuts (in beiden Varianten) im Ausland erfüllt werden kann, ist innerhalb dieser Auffassung wiederum umstritten (pro LG Kiel RIW 1997, 957; contra Goette MittRhNotK 1997, 1 (5)). Der BGH hat 1981 in einem obiter dictum zur Auslandsbeurkundung einer Satzungsänderung Sympathie für Meinung (1) erkennen lassen (BGHZ 80, 76 (78) = NJW 1981, 1160; offengelassen von BGH NJW-RR 1989, 1259; vgl. auch bereits RGZ 160, 225), bislang aber noch nicht abschließend Stellung nehmen müssen. Spätere Äußerungen eines Mitglieds des zuständigen II. Zivilsenats iSv Meinung (3) – mit Ablehnung der Erfüllbarkeit des deutschen Beurkundungszwangs durch einen ausländischen Notar (Goette FS Boujong, 1996, 131; Goette MittRhNotK 1997, 1 (4); vgl. auch Röhricht, ebenfalls Mitglied dieses Senats, in GroßkommAktG/Röhricht, 4. Aufl. 1997, AktG § 29 Rn. 47 ff.) – haben noch keine anderen Folgen in der BGH-Rspr. gezeitigt als den Hinweis, dass die Anwendung von Art. 11 EGBGB auf eine Treuhandvereinbarung über einen Gesellschaftsanteil „nahe liegt", weil es nicht um „Fragen der inneren Verfassung der Gesellschaft" geht (BGH NZG 2005, 41 (42) = LMK 2005, 64 (Pfeiffer); dazu auch Dutta RIW 2005, 98). Der Referentenentwurf zum Internationalen Gesellschaftsrecht hat sich hingegen deutlich der Meinung (3) angeschlossen (vgl. Rotheimer NZG 2008, 181). 73

Der Meinungsstreit leidet darunter, dass dieser nahezu ausschließlich auf dem Boden des nationalen IPR ausgetragen wird (BeckOGK/Gebauer Rn. 35). Das Inkrafttreten der Rom I-VO bedingt, dass diese Qualifikationsfrage auf die europäische Ebene gehoben werden muss (Vorrang des Unionsrechts). Für die Frage der Form ist daher insbes. entscheidend, ob und inwieweit die Rom I-VO Anwendung findet. Ist sie anwendbar, dann besteht kein Raum für die (geschriebenen und ungeschriebenen) Kollisionsnormen des nationalen Rechts (Gesellschaftsstatut; Art. 11 74

EGBGB). Die Frage ist durchaus relevant, etwa wenn es um die Frage geht, ob eine Norm überhaupt als Formvorschrift einzuordnen ist (etwa § 15 Abs. 3 GmbHG, dazu → Rn. 45; zur autonom europäischen Auslegung → Art. 1 Rn. 1 ff.).

75 **2. Praktische Vorgehensweise.** Für die Praxis dürfte von Folgendem auszugehen sein (vgl. auch Geyrhalter RIW 2002, 386 (391); Ettinger/Wolff GmbHR 2002, 890 zu Gestaltungsmöglichkeiten zur Vermeidung von Formunsicherheiten in grenzüberschreitenden M&A-Transaktionen):

76 **a) Gleichwertigkeitsprüfung.** Trotz einiger Versuche deutscher Notare und einzelner Registergerichte, die Beurkundung „deutscher" gesellschaftsrechtlicher Akte ausschließlich deutschen Notaren vorzubehalten, sind sich die Obergerichte mit dem BGH jedenfalls heute darin einig, dass auch im Gesellschaftsrecht ein ausländischer Notar eine dem deutschen Recht entspringende Beurkundungspflicht erfüllen kann, wenn seine Beurkundung die Gleichwertigkeitsprüfung besteht (BGH NJW 2015, 336 m. abl. Anm. Hüren DNotZ 2015, 213; BGHZ 80, 76 (78) = NJW 1981, 1160; BGH NJW-RR 1989, 1259; KG NZG 2018, 304 (306); OLG Stuttgart NJW 1981, 1176; OLG Düsseldorf NJW 1989, 2200; OLG München NJW-RR 1998, 758; in der Lit. m. ausf. Begr. Kröll ZGR 2000, 111 (129 ff.); aA noch OLG Hamm NJW 1974, 1057 und aktueller OLG Hamburg IPRax 1994, 291 für den Spezialfall der Hauptversammlung einer AG im Ausland (§ 130 AktG, Rn. 70); offen gelassen für § 53 GmbHG; Die „Substitutionsoffenheit" des § 2 Abs. 1 GmbHG mit fadenscheinigen Argumenten abl. Cziupka EWiR 2018, 137 (138)). Dem ist zuzustimmen, denn die von der abweichenden Meinung vermisste „materielle Richtigkeitsgewähr" bei einer Beurkundung durch einen des deutschen Rechts nicht unbedingt kundigen ausländischen Notar ist kein Spezifikum des Gesellschaftsrechts. Ist aber die Belehrung und damit auch die Prüfung durch den Notar in anderen Bereichen verzichtbar, spricht nichts dagegen, dies auch im Gesellschaftsrecht so zu handhaben, zumal möglicherweise betroffene dritte Personen durch die Einschaltung der Registergerichte geschützt werden. Haben die Parteien zur Beurkundung eines eine deutsche Gesellschaft betreffenden Vorgangs also einen **Notar in einem als gleichwertig „anerkannten" ausländischen Staat oder Kanton** (→ Rn. 41) aufgesucht, ist **die Form gewahrt,** ohne dass Stellung dazu bezogen werden müsste, ob man dieses Ergebnis über Art. 11 Abs. 1 Alt. 1 Rom I-VO oder außerhalb dieser Norm über die zwingende Anwendung des Gesellschaftsstatuts auch in Formfragen gewonnen hat (beim obligatorischen Geschäft (Schuldvertrag) im Rahmen der Veräußerung von Anteilen setzt diese Lösung allerdings voraus, dass das deutsche Gesellschaftsstatut zugleich das Wirkungsstatut des Schuldvertrages stellt, was insbes. bei deutschen Parteien nahe liegt, wegen der Rechtswahlmöglichkeit aus Art. 3 Abs. 1 und der objektiven Anknüpfung an den (Wohn-)Sitz des Veräußerers nach Art. 4 Abs. 1 lit. a – vorbehaltlich der Ausweichklausel des Art. 4 Abs. 3 – aber nicht selbstverständlich ist. Fallen Geschäfts- und Gesellschaftsstatut auseinander, muss zu dem in → Rn. 80 dargestellten Streit Stellung genommen werden).

77 Zwar wurde im Anschluss an ein obiter dictum des LG Frankfurt (LG Frankfurt a.M. BB 2009, 2500) für **die Abtretung von GmbH-Geschäftsanteilen nach Inkrafttreten des MoMiG** (zu möglichen Änderungen bei Auslandsbeurkundung von Anteilsübertragungen durch das MoMiG oder die Rom I-VO Mankowski NZG 2010, 201) behauptet, dass nunmehr auch eine als grds. gleichwertig akzeptierte ausländische Beurkundung der Abtretung nicht mehr anerkannt werden könne, da dem ausländischen Notar die erforderlichen Befugnisse fehlen, um der Amtspflicht nach § 40 Abs. 2 GmbHG zur Erstellung und Einreichung der aktualisierten Gesellschafterliste zum Handelsregister nachzukommen (LG München NJW 2010, 683; Braun DNotZ 2009, 585; Kindler BB 2010, 74; Kindler RIW 2011, 257; Bayer DNotZ 2009, 887 (894); nach OLG München DNotZ 2013, 75 mAnm Ries GWR 2013, 19 hat auch derjenige Notar, der bei einer getrennten Beurkundung von Angebot und Annahme der Abtretung nur das Angebot beurkundet hat, das Recht, die Gesellschafterliste einzureichen). Dem ist aber zu widersprechen. Dass es dem deutschen Gesetzgeber nicht möglich ist, einem ausländischen Notar eine amtliche Einreichungspflicht aufzuerlegen, verhindert nicht, dass dieser befugt ist, die neue Gesellschafterliste einzureichen und ggf. dazu aufgrund seiner Vereinbarung mit den Parteien auch verpflichtet ist (OLG Düsseldorf NJW 2011, 1370; krit. zu dieser Entscheidung Kindler RIW 2011, 257; ferner Mayer DNotZ 2008, 403(411); Mankowski NZG 2010, 201 (203); Olk/Nikoleyczik DStR 2010, 1576 (1570 f.); Peters DB 2010, 97 (99 f.)). Das hat der BGH bestätigt (BGH WM 2014, 266 mAnm Mense/Eversheds/Klie GWR 2014, 83 und Seibt EWiR 2014, 171 (172) sowie Obendahl RIW 2014, 189; Götze/Mörtel NZG 2014, 369; Weller ZGR 2014, 865; anders noch die Vorinstanz OLG München NZG 2013, 340 mAnm Ries GWR 2013, 137; abl. Herrler GmbHR 2013, 617; zust. hingegen Hasselmann NZG 2013, 325 (327 f.)). Wenn man dies anders sehen wollte, so hätte hilfsweise die

Einreichung und Unterzeichnung der Liste gem. § 40 Abs. 1 S. 1 GmbHG wegen der grundlegenden Zuständigkeit der Geschäftsführer durch diese zu erfolgen (OLG München NZG 2013, 340; BeckOK GmbHG/Heilmeier § 40 Rn. 150); die Wirksamkeit der ausländischen Beurkundung stünde auch dann nicht in Frage. Die Pflicht des inländischen Notars nach § 40 Abs. 2 S. 1 GmbHG, eine aktuelle Gesellschafterliste an das Handelsregister abzugeben, besteht erstmals dann, wenn er nach Inkrafttreten des MoMiG an der Veränderung der Beteiligungsverhältnisse der Gesellschaft mitgewirkt hat – bei einer Abtretung bzw. Beurkundung vor Inkrafttreten des MoMiG, bleiben die Geschäftsführer verpflichtet (s. KG NZG 2012, 587 sowie zust. Anm. Berninger GWR 2012, 512). Ausweislich des Wortlauts des § 40 Abs. 2 S. 1 GmbHG, der auf das Wirksamwerden der Veränderung abstellt, muss hiervon die Situation unterschieden werden, dass die Abtretung etwa vor Inkrafttreten des MoMiG beurkundet wurde, allerdings die eigentliche Veränderung der Beteiligungsverhältnisse, bspw. wegen Eintritts einer aufschiebenden Bedingung oder Einholung einer offenen Genehmigung, erst nach Inkrafttreten des MoMiG wirksam wird; dann ist der mitwirkende Notar zur Einreichung der Liste verpflichtet (Berninger GWR 2012, 512 mwN).

**b) Ortsform.** Ist die deutsche Form nicht gewahrt, kommt es darauf an, ob alternativ auch die Ortsform zur Verfügung steht. Hier ist zu differenzieren: 78

**aa) Verfassungsakte.** Der europäische Gesetzgeber hat das Kollisionsrecht der juristischen Personen bewusst nicht geregelt, wie es Art. 1 Abs. 2 lit. f, der die Regelung des Art. 9 EVÜ von 1980 wiederholt, im Hinblick auf die Rom I-VO ausdrücklich ausspricht. Deshalb ist es nur folgerichtig, anzunehmen, dass Art. 11 Rom I-VO nicht die Form von Vorgängen regelt, die sich auf die **„Errichtung, die Rechts- und Handlungsfähigkeit, die innere Verfassung und die Auflösung von Gesellschaften"** beziehen (so Giuliano/Lagarde, Bericht v. 31.10.1980, ABl. EU C 282, 12 zum EVÜ). Auch der Gesetzgeber in Deutschland ist bislang, obwohl er Handlungsbedarf gesehen hat, auf Vereinheitlichungsbestrebungen in der Europäischen Union hoffend, untätig geblieben (Begr. RegE, BT-Drs. 10/504, 29). Damit ist weder die Alternativanknüpfung des Art. 11 Abs. 1 Rom I-VO noch diejenige des Art. 11 Abs. 1 EGBGB anwendbar auf Verfassungsakte wie Gründung und Satzungsänderung, Verschmelzung (EuGH RIW 2016, 429 (433)), Spaltung, Vermögensübertragung und formwechselnde Umwandlung sowie den Kapitalerhöhungsbeschluss (aA OLG Düsseldorf NJW 1989, 2200) und die Übernahmeerklärung bei der Kapitalerhöhung einer GmbH (§ 55 Abs. 1 GmbHG) (Goette MittRhNotK 1997, 1 (3 f.); Kröll ZGR 2000, 111 (125); Haerendel DStR 2001, 1802 (1803); Loritz DNotZ 2000, 90 (108); aA etwa Grüneberg/Thorn EGBGB Art. 11 Rn. 2 mwN: die restriktive gesetzgeberische Intention hat im Gesetzestext keinen hinreichenden Ausdruck gefunden; iE ebenso MüKoBGB/Spellenberg EGBGB Art. 11 Rn. 197 ff.). In allen diesen Fällen ist **allein die Form des Gesellschaftsstatuts formwahrend** (zur Beurkundung im Ausland → Rn. 41). Das obiter dictum des BGH, in dem dieser es für möglich hielt, dass die Ortsform für die Niederlegung einer Satzungsänderung genügt (→ Rn. 73), steht dieser Auffassung schon deshalb nicht entgegen, weil die Entscheidung vor dem Inkrafttreten der Rom I-VO und sogar der Neufassung von Art. 11 EGBGB im Jahr 1986 erging. 79

**bb) Sonstiges.** Schwieriger zu beantworten ist die Frage, inwiefern Art. 11 Abs. 1 Rom I-VO und folglich (auch) die **Ortsform für die Form der Abtretung eines Geschäftsanteils, der Eingehung der Verpflichtung** (seit dem 1.1.2008 genügt für die Veräußerung von GmbH-Anteilen in der Schweiz die Schriftform (Art. 785 OR) vgl. Müller-Chen IPRax 2008, 45; dazu und zu den Auswirkungen des MoMiG Saenger/Scheuch BB 2008, 65) **hierzu** (§ 15 Abs. 3, 4 GmbHG) und Treuhandgeschäfte über Gesellschaftsanteile (BGH NZG 2005, 41 (42) hält dies zumindest für „naheliegend") maßgeblich ist. Sofern diese Vorgänge als „gewöhnliche" Rechtsgeschäfte die Verfassung der Gesellschaft nicht berühren (Goette MittRhNotK 1997, 1 (3); Kröll ZGR 2000, 111 (125); OLG München NJW-RR 1998, 758 = RIW 1998, 147), greift der Ausschluss des Art. 1 Abs. 2 lit. f nicht, sodass Art. 11 Rom I-VO Anwendung findet. Das gilt in erster Linie für die Form des **Verpflichtungsgeschäfts,** etwa in Bezug auf die Übertragung von Geschäftsanteilen (vgl. Rauscher/v. Hein Rn. 6; für den Kaufvertrag auch Merkt ZIP 1994, 1417 (1424)), aber auch für die schuldrechtliche Seite entsprechender Treuhandgeschäfte. Die Form des **Verfügungsgeschäfts,** also aus deutscher Sicht der **Abtretung,** unterfällt nicht der auf Schuldverträge beschränkten Rom I-VO, sondern **Art. 11 Abs. 1 EGBGB** (Rauscher/v. Hein Rn. 6), womit iErg auch insoweit die Ortsform zur Verfügung steht. Stimmen, nach denen das Verfügungsgeschäft anders als das Verpflichtungsgeschäft spezifisch gesellschaftsrechtliche Interessen berühre, weshalb allein das Gesellschaftsstatut als Formstatut zuzulassen sei (so Ebenroth/Wilken 80

JZ 1991, 1061 (1065); zust. MüKoBGB/Kindler IntGesR Rn. 538 mwN; Kindler BB 2010, 74; König/Götte/Bormann NZG 2009, 881; Bayer DNotZ 2009, 887; Hermanns RNotZ 2010, 38), überzeugen nicht: Die innere Verfasstheit einer Gesellschaft wird von der Frage, ob A oder B Anteilseigner (geworden) ist, nicht tangiert. Zwar ist richtig, dass hinter Vorschriften wie § 15 (Abs. 3 und) 4 GmbHG wichtige rechtspolitische Weichenstellungen stehen (hier: Erschwerung der Fungibilität der Anteile in Abgrenzung zur AG). De lege lata kommt man aber an der Erkenntnis nicht vorbei, dass sowohl der deutsche als auch der europäische Gesetzgeber überall dort, wo sie Art. 11 Abs. 1 Rom I-VO bzw. Art. 11 EGBGB nicht ausdrücklich (Art. 11 Abs. 4 und 5 Rom I-VO) oder implizit (wie → Rn. 79 für Verfassungsakte) ausgeschlossen haben, die vom Geschäftsstatut aufgestellten Formzwänge ohne Rücksicht auf die dahinter stehende Motivation durch die alternative Zulassung der Ortsform bewusst „entwertet" haben (→ Rn. 1). Das gilt auch angesichts der Reform des GmbHG durch das MoMiG und insbes. dessen neu gefassten § 40 Abs. 2 GmbHG (aA Kindler BB 2010, 74; König/Götte/Bormann NZG 2009, 881; Bayer DNotZ 2009, 887; Hermanns RNotZ 2010, 38; Kindler BB 2010, 74 (75)). Das Recht des Vornahmeortes muss aber eine **vergleichbare Gesellschaftsform** kennen, soll die Verweisung auf die Ortsform nicht ins Leere gehen (allg. → Rn. 52) (vgl. OLG Stuttgart DB 2000, 1218 (1219); OLG Celle NJW-RR 1992, 1127 f.; wohl ebenso Ulrich/Böhle GmbHR 2007, 566 (569)).

81 **3. Gesellschafter-/Hauptversammlung im Ausland.** Ob die Satzung einer Kapitalgesellschaft generell vorsehen kann, dass die Haupt- oder Gesellschafterversammlung im Ausland abgehalten wird oder werden kann, entscheidet – weil keine Formfrage – nach einhM das Gesellschaftsstatut. Umstritten ist hingegen, welche Antwort das deutsche Recht für deutsche Kapitalgesellschaften gibt, weil sich eine ausdrückliche Regelung im GmbHG und AktG nicht findet. Die hM **bejaht die Frage für beide Gesellschaftstypen** (OLG Düsseldorf NJW 1989, 2200; Bungert AG 1995, 26; Biehler NJW 2000, 1243 (1244); wN bei MüKoBGB/Spellenberg EGBGB Art. 11 Rn. 91; aA insbes. OLG Hamburg IPRax 1994, 291; Grüneberg/Thorn EGBGB Art. 11 Rn. 13, beide zur Hauptversammlung einer AG; Lichtenberger DNotZ 1994, 82 mwN) und kann sich dabei wohl auch auf den BGH stützen (BGH NJW 1981, 1160 implizit; WM 1985, 567; NJW 2015, 336 für die SE), zumal ein öffentliches Interesse an der Beschränkung auf einen inländischen Versammlungsort nicht zu erkennen ist (zutr. MüKoBGB/Spellenberg EGBGB Art. 11 Rn. 91; ausf. Bungert AG 1995, 26 (27 ff.)). Die Grenze bildet deshalb nur der Rechtsmissbrauch, etwa bei Wahl eines bewusst schwer erreichbaren Ortes (Bungert AG 1995, 26 (28 f.)). Auch die Gegner dieser Auffassung erkennen an, dass unabhängig von einer entsprechenden Festlegung in der Satzung jedenfalls Universalversammlungen bei Einverständnis aller Gesellschafter bzw. Aktionäre im Ausland stattfinden können (vgl. Lichtenberger DNotZ 1994, 82).

82 Eine andere Frage ist, ob bei (erlaubter) Abhaltung der Gesellschafter-/Hauptversammlung im Ausland (1) die Formvorschriften der § 130 AktG, § 53 GmbHG über die **Verhandlungsniederschrift** bzw. die **Beurkundung satzungsändernder Beschlüsse** als Teil des Gesellschaftsstatuts gegen die Ortsform durchzusetzen sind und (2) unter Mitwirkung eines örtlichen Notars (deutsche Notare können wirksam nur im Inland beurkunden, → Rn. 29) eingehalten werden können. Ersteres ist uneingeschränkt zu bejahen, was sich im Fall des § 53 GmbHG aus den Erwägungen in → Rn. 79 ergibt, und im Falle des § 130 AktG daraus, dass Art. 11 Abs. 1 EGBGB nur die Form von Rechtsgeschäften und nicht die Niederschrift tatsächlicher Vorgänge erfasst (Lichtenberger DNotZ 1994, 82). Letzteres reiht sich ein in die allgemeine Diskussion über die Erfüllung inländischer Formvorschriften im Ausland und ist anhand des Gleichwertigkeitskriteriums (→ Rn. 41) zu beantworten (BGH NJW 2015, 336).

## X. Legalisation

83 Auf einer anderen Ebene als die kollisionsrechtliche Ermittlung der anwendbaren Formvorschriften des materiellen Rechts liegt die Frage, ob und ggf. unter welchen Voraussetzungen **ausländische öffentliche Urkunden,** also Urkunden, die eine ausländische öffentliche Behörde oder eine mit öffentlichem Glauben versehene ausländische Amtsperson aufgenommen hat (vgl. § 415 ZPO), **im gerichtlichen Verfahren** (Zivilprozess und freiwillige Gerichtsbarkeit, insbes. Grundbuch- und Handelsregister-Eintragungsverfahren) **inländischen öffentlichen Urkunden gleichgestellt** werden können. Bedeutung erlangt diese Fragestellung etwa dann, wenn es um die **Beweiskraft einer öffentlichen Urkunde** geht (§ 415 ZPO) oder darum, ob **grundbuchrechtliche Eintragungsvoraussetzungen** nach § 29 GBO durch öffentliche Urkunden nachgewiesen sind (vgl. OLG München NZG 2015, 1437: Die Berechtigung zur Vertretung einer ausländischen juristischen Person, von der eine Löschungsbewilligung abgegeben wird, kann dem

GBA nicht nach § 32 GBO (iVm § 21 BNotO) von einem ausländischen Notar nachgewiesen werden; zur Frage nach dem anwendbaren Recht für den Beweiswert von rechtsgeschäftlichen Urkunden Spellenberg FS Kaissis, 2012, 915). Gemäß § 438 Abs. 2 ZPO, der entspr. auch in der freiwilligen Gerichtsbarkeit gilt (BGH NJW 1957, 1673), ist für den Beweis der Echtheit die **Legalisation** hinreichend (aber nicht zwingend notwendig), dh eine Bestätigung der Echtheit der ausländischen Urkunde durch einen im Errichtungsland tätigen deutschen Konsularbeamten mittels Anbringung eines entsprechenden Vermerks auf der Urkunde (sog. „Überbeglaubigung"). Details zu Zuständigkeit und Verfahren der Legalisation regelt § 13 KonsularG. Weil die Legalisation relativ aufwändig ist, insbes. wegen des nur dünnen Netzes von Botschaften und Konsulaten, wird etwa in Art. 61 Brüssel Ia-VO und in zahlreichen bilateralen Abkommen von der Legalisation ganz abgesehen oder diese durch eine sog. gerichtliche „Zwischenbeglaubigung" des Errichtungsstaates ersetzt (vgl. zu diesen Abkommen Geimer/Schütze Bd. IV D I ff.; eine Kurzbeschreibung des jeweiligen Abkommeninhalts findet sich bei Bauer/Schaub/Schaub K. Int Bezüge Rn. 623; eine Auflistung der Abkommen auch in BayJMBl 1989, 13 und DJ 1994, 110). Zur Urkundenvorlage-VO → Rn. 85.

Das von zahlreichen Staaten ratifizierte **Haager Übereinkommen vom 5.10.1961 zur Befreiung ausländischer öffentlicher Urkunden von der Legalisation** (BGBl. 1965 II 876), das für Deutschland am 13.2.1966 (BGBl. 1966 II 106) in Kraft getreten ist, bringt weitere Erleichterungen (zu den Vertragsstaaten vgl. Jayme/Hausmann Nr. 250 Fn. 1; FNB im BGBl. III, zuletzt ausgegeben am 22.1.1999. Seit diesem Zeitpunkt ist das Abkommen noch für Schweden in Kraft getreten, BGBl. 1999 II 420). Nach Art. 8 HApostilleÜ ersetzt es in einem etwaigen bilateralen Abkommen mit dem Herkunftsstaat der Urkunde vorgesehene Förmlichkeiten, soweit diese strenger sind. An die Stelle der Legalisation tritt für die in Art. 1 Abs. 2 HApostilleÜ genannten Urkunden als einzige Bestätigungsförmlichkeit die **Apostille,** die von der zuständigen Behörde des Errichtungsstaates, also nicht von der konsularischen Vertretung des Empfangsstaates, erteilt wird. Die Apostille erbringt nach Art. 5 Abs. 2 HApostilleÜ ebenso wie die Legalisation den Nachweis der Echtheit der Urkunde. Für Einzelheiten wird auf die einschlägige Spezialliteratur verwiesen (Kierdorf, Die Legalisation von Urkunden, 1975; Geimer/Schütze Bd. IV D II ff.; zu ausländischen öffentlichen Urkunden im Grundbuchverfahren Bauer/Schaub/Schaub AT K Rn. 595 ff.). **84**

Die **VO (EU) 2016/1191** vom 6.7.2016 zur Förderung der Freizügigkeit von Bürgern durch die Vereinfachung der Anforderungen an die Vorlage bestimmter öffentlicher Urkunden **(Urkundenvorlage-VO)** erleichtert, wie ihr Name verrät, für EU-Bürger die Vorlage von öffentlichen Urkunden von mitgliedstaatlichen Behörden innerhalb der EU. Sie ist am 15.8.2016 in Kraft getreten, seit dem 16.2.2019 anwendbar (Art. 27 Urkundenvorlage-VO) und sieht ein System zur **Befreiung von der Legalisation** und einer Reihe von ähnlichen Förmlichkeiten vor (vgl. Art. 1 Urkundenvorlage-VO). Die Frage, welche rechtlichen Wirkungen die Urkunde in einem anderen Mitgliedstaat entfaltet (Anerkennung), wird von der Urkundenvorlage-VO nicht geregelt (vgl. Erwägungsgrund 18 Urkundenvorlage-VO). Die unter die Verordnung fallenden öffentlichen Urkunden und ihre beglaubigten Kopien sind nach Art. 4 Urkundenvorlage-VOvon jeder Art der Legalisation und ähnlichen Förmlichkeiten befreit. Erfasst sind öffentliche Urkunden über Sachverhalte wie Geburt, Name, Familienstand, Abstammung, Adoption, Wohnsitz und Aufenthaltsort sowie Staatsangehörigkeit (iE s. Auflistung in Art. 2 Abs. 1 Urkundenvorlage-VO). In der VO sind verschiedene mehrsprachige Formulare als Übersetzungshilfe vorgesehen (s. Anh. Urkundenvorlage-VO) (zum Ganzen Sieberichs StAZ 2016, 262 ff.). **85**

## Art. 12 Geltungsbereich des anzuwendenden Rechts

**(1) Das nach dieser Verordnung auf einen Vertrag anzuwendende Recht ist insbesondere maßgebend für**

**a) seine Auslegung,**
**b) die Erfüllung der durch ihn begründeten Verpflichtungen,**
**c) die Folgen der vollständigen oder teilweisen Nichterfüllung dieser Verpflichtungen, in den Grenzen der dem angerufenen Gericht durch sein Prozessrecht eingeräumten Befugnisse, einschließlich der Schadensbemessung, soweit diese nach Rechtsnormen erfolgt,**
**d) die verschiedenen Arten des Erlöschens der Verpflichtungen sowie die Verjährung und die Rechtsverluste, die sich aus dem Ablauf einer Frist ergeben,**
**e) die Folgen der Nichtigkeit des Vertrags.**

**(2) In Bezug auf die Art und Weise der Erfüllung und die vom Gläubiger im Falle mangelhafter Erfüllung zu treffenden Maßnahmen ist das Recht des Staates, in dem die Erfüllung erfolgt, zu berücksichtigen.**

**Schrifttum:** Berger, Zinsanspruch im Internationalen Wirtschaftsrecht, RabelsZ 61 (1997), 311; Grothe, Fremdwährungsverbindlichkeiten, 1999; Gruber, Auslegungsprobleme bei fremdsprachigen Verträgen unter deutschem Recht, DZWiR 1997, 353; Gruber, Die kollisionsrechtliche Anknüpfung der Verzugszinsen, MDR 1994, 759; Gruber, Die kollisionsrechtliche Anknüpfung der Prozesszinsen, DZWiR 1996, 169; Grunsky, Anwendbares Recht und gesetzlicher Zinssatz, FS Merz, 1992, 147; Königer, Die Bestimmung der gesetzlichen Zinshöhe nach dem deutschen Internationalen Privatrecht, 1997; Otte, „Verfolgung ohne Ende" – ausländische Verjährungshemmung vor deutschen Gerichten, IPRax 1993, 209; Ostendorf, Die Wahl des auf internationale Wirtschaftsverträge anwendbaren Rechtsrahmens im Europäischen Kollisionsrecht: Rechtswahlklauseln 2.0, IHR 2012, 177; Remien, Die Währung von Schaden und Schadensersatz, RabelsZ 62 (1998), 245; Spickhoff, Gerichtsstand des Sachzusammenhangs und Qualifikation von Anspruchsgrundlagen, ZZP 109 (1996), 493; Spickhoff, Verjährungsunterbrechung durch ausländische Beweissicherungsverfahren, IPRax 2001, 37; Spickhoff, Anspruchskonkurrenzen, Internationale Zuständigkeit und Internationales Privatrecht, IPRax 2009, 128; Taupitz, Unterbrechung der Verjährung durch Auslandsklage aus Sicht des österreichischen und des deutschen Rechts, IPRax 1996, 140; Triebel/Balthasar, Auslegung englischer Vertragstexte unter deutschem Vertragsstatut, NJW 2004, 2189; Thole, Vertrauliche Restrukturierungsverfahren: Internationale Zuständigkeit, anwendbares Recht und Anerkennung, ZIP 2021, 2153.

## Übersicht



## I. Normzweck und Herkunft

1 Art. 12 hat (ebenso wie Art. 10) den Zweck, das **Prinzip der einheitlichen Anknüpfung von Voraussetzungen und Wirkungen eines Schuldvertrages** sicherzustellen (BeckOGK/Weller Rn. 2; Looschelders EGBGB Art. 32 Rn. 2). Es gilt einheitlich das über Art. 3 bis 8 zu ermittelnde Vertragsstatut. Damit sollen Angleichungsschwierigkeiten, die sich aus der Anwendung unterschiedlicher Rechtsordnungen ergeben können, soweit wie möglich vermieden werden. Der Grundsatz der einheitlichen Anknüpfung von Schuldverträgen wird allerdings in verschiedener Hinsicht durchbrochen. Art. 1 Abs. 2 nimmt eine Reihe von Regelungsgegenständen aus dem Anwendungsbereich des Internationalen Schuldvertragsrechts aus. Auch im Falle einer Teilrechtswahl (Art. 3 Abs. 1 S. 3) wird dieser Grundsatz verlassen. Ebenso sind nach Art. 6 Abs. 2, und 8 Abs. 1 sowie Art. 46a EGBGB bei Verbraucher- und Arbeitsverträgen ggf. mehrere Rechtsordnungen zu prüfen und anzuwenden. Weiter kann im Einzelfall der Grundsatz der einheitlichen Anknüpfung des Schuldvertragsstatuts über Art. 9 modifiziert werden. Selbständig anzuknüpfende Vorfragen sind die Rechts-, Geschäfts- und Handlungsfähigkeit (Art. 7 EGBGB und Art. 12), und schließlich sind Fragen der Formwirksamkeit in Art. 11 besonders geregelt.

2 Vorläufer von Art. 12 ist in seinen ersten beiden Absätzen im Wesentlichen Art. 10 EVÜ (bzw. Art. 32 Abs. 1 und 2 EGBGB aF). Dabei sind **sprachliche Modifikationen und Anpassungen** erfolgt. Der frühere Art. 32 Abs. 3 EGBGB ist nunmehr in einer eigenen Norm (Art. 18) aufgegangen.

## II. Anwendungsbereich des Vertragsstatuts

3 Wie sich aus dem Wortlaut von Abs. 1 („insbes.") ergibt, ist die dort enthaltene Aufzählung nicht abschließend, sondern nur beispielhaft (s. bereits Giuliano/Lagarde BT-Drs. 10/503, 33, 64; BT-Drs. 10/504, 20, 82; allgM). Negativ ergibt sich aus dem vorab zu prüfenden Art. 1 Abs. 1 S. 2, Abs. 2 und Abs. 3, welche Bereiche von vornherein schon deshalb nicht (zumindest nicht unmittelbar; ggf. kommt aber eine Analogie in Betracht) unter das Vertragsstatut fallen, weil sie von der Rom I-VO insgesamt ausgenommen sind.

**1. Auslegung (Abs. 1 lit. a).** Nach Abs. 1 lit. a gilt das **Vertragsstatut auch in Bezug auf die Auslegung des Hauptvertrages** (für Schiedsvereinbarungen s. auch OLG München RIW 1990, 585 (586); zu Best Efforts-Klauseln Hornig/Sprado NZG 2014, 688; zu Versicherungsverträgen nach englischem Recht Nordmeier VersR 2012, 143; zum Solvent Scheme of Arrangement Lüke/Scherz ZIP 2012, 1101 (1111); zur Vertragsübernahme Selke IPRax 2013, 205 (211)). Unter den Begriff der Auslegung fällt ggf. auch eine ergänzende Auslegung (MüKoBGB/Spellenberg Rn. 19) sowie die Berücksichtigung von Verkehrssitten, sei dies im Rahmen der Auslegung oder iS zB von § 346 HGB (MüKoBGB/Spellenberg Rn. 21, 22). Bei der Auslegung von Vertragsklauseln sind im Rahmen der jeweiligen lex causae, also des Vertragsstatuts, ggf. sprachliche Herkunft und Bedeutung der Klauseln zu berücksichtigen (vgl. OLG Hamburg GRUR Int 1990, 388 (389); VersR 1996, 229; OLG München IPRspr. 1993 Nr. 48; Gruber DZWiR 1997, 353; zurückhaltend in Bezug auf englische Vertragstexte Triebel/Balthasar NJW 2004, 2189 (2193 ff.)). Auch für einseitige Erklärungen, wie etwa eine Haftungsübernahmeerklärung, gilt das Vertragsstatut (BGH RIW 1981, 194; zur Nachfolgehaftung bei Firmenfortführung Kramme IPRax 2015, 225). Unter welchen Voraussetzungen eine **Rechtswahl** vorliegt, insbes. die Anforderungen an die entsprechende Konkludenz eines Verhaltens oder das Erklärungsbewusstsein, wird indes über Art. 3 und nicht über die lex causae bestimmt (→ Art. 10 Rn. 4) (Looschelders EGBGB Art. 32 Rn. 8). Auch die Auslegung des Verweisungsvertrages iÜ unterliegt nach hM der lex fori (und nicht dem Vertragsstatut), zumindest soweit es um die Frage geht, welches Recht die Parteien anscheinend gewählt haben (E. Lorenz RIW 1992, 697 (698 ff.); Staudinger/Magnus, 2021, Rn. 28). Soweit möglich, sollten indes **verordnungsautonome Maßstäbe** angelegt werden (BeckOGK/Weller Rn. 19). 4

**2. Erfüllung der vertraglichen Verpflichtungen (Abs. 1 lit. b).** Mit dem Hinweis, dass das Vertragsstatut die Erfüllung der durch den Vertrag begründeten Verpflichtungen erfasst, wird deutlich, dass die Art. 3 ff. als selbstverständliches Korrelat zur Erfüllung **auch die vertraglichen Verpflichtungen selbst,** die wiederum durch den Vertragstyp festgelegt werden, zum Gegenstand haben. Damit entscheidet das Vertragsstatut über die Rechtsnatur der vertraglichen Verpflichtungen in ihrer Gesamtheit, insbes., ob diese Verpflichtungen abstrakt oder kausal zu verstehen sind, wann, wo und an wen was zu leisten ist. Es regelt die Leistungs- und Preisgefahr. Die Frage, ob Dritten gegenüber **Schutzpflichten** bestehen, ist aber eher eine Frage des außervertraglichen Kollisionsrechts, ebenso, ob es Verträge mit Schutzwirkungen zugunsten Dritter gibt, es sei denn, die dritten Personen sind bewusst und gewollt in den Schutzbereich des Vertrages einbezogen worden; dann kann noch von einem vertraglichen Schuldverhältnis gesprochen werden (näher Dutta IPRax 2009, 293 f.; Grüneberg/Thorn Rn. 5; vgl. aber OLG Hamburg VersR 1983, 350; Staudinger/Magnus, 2021, Rn. 37 noch zum früheren Rechtszustand). Auch legt das Vertragsstatut (schon seit dem EVÜ) fest, ob an oder durch Dritte geleistet werden darf und ob und in welcher Weise eine Mehrheit von Gläubigern und/oder Schuldnern anzunehmen ist (Guiliano/Lagarde BT-Drs. 10/503, 33, 65). Unter das Vertragsstatut fallen daher Verträge zu Gunsten Dritter (Staudinger/Magnus, 2021, Rn. 37). Im Kontext einer **Pkw-Maut** wird das Nutzungsverhältnis zwar ggf. freiwillig nur durch den Fahrzeugführer begründet. Indes kann auch ein Dritter (zB ein Halter) zur Zahlung verpflichtet werden. Ob solche Dritte in die Position als Schuldner einrücken, folgt gleichfalls aus lit. b) (Staudinger/Schametzki DAR 2021, 191 (192)). Nach dem Vertragsstatut sind die **Leistungszeit** (MüKoBGB/Spellenberg Rn. 64) sowie der **Leistungs-** und **Erfüllungsort** (zum Erfüllungsort in ausländischen Rechten Schack, Der Erfüllungsort im deutschen, ausländischen und internationalen Privat- und Zivilprozessrecht, 1985, Rn. 236 ff.) zu bestimmen. Deswegen gilt es etwa auch für **Fälligkeit** und **Stundung** (vgl. OLG Bamberg RIW 1989, 221 (225)) wie überhaupt für die (richterliche) Möglichkeit der Verlängerung der Leistungszeit (Staudinger/Magnus, 2021, Rn. 35; für eine materiell-rechtliche Qualifikation der Möglichkeit einer Verlängerung der Verjährung auch BGH JZ 1994, 956 (959) m. abl. Anm. Deutsch JZ 1994, 960: interlokales Recht; für Abs. 2 Lagarde Rev. crit. dr. int. priv. 1991, 287 (333)). Unter das Vertragsstatut fällt sodann die Qualifikation einer Schuld als zB **Hol-, Schick- oder Bringschuld** (Soergel/v. Hoffmann EGBGB Art. 32 Rn. 15); **Erfüllungshindernisse** aufgrund von Devisenbeschränkungen werden indes über Art. 9 angeknüpft (Looschelders EGBGB Art. 32 Rn. 12). Weiter fallen unter das Schuldvertragsstatut **Haftungsbeschränkungsvereinbarungen,** und zwar sowohl hinsichtlich ihrer Zulässigkeit als auch ihrer Wirkungen (OLG Karlsruhe RdTW 2021, Rn. 36; MüKoBGB/Spellenberg Rn. 56). Nach dem Schuldvertragsstatut beantwortet sich ferner die Frage nach der **Schuldwährung** und (vorbehaltlich Art. 9) die Zulässigkeit der Vereinbarung einer fremden Währung (Diekmann/Bernauer NZG 2012, 1172 (1176)). Das Vertragsstatut entscheidet darüber, wie allgemeine Rechtsgrundsätze, zB diejenigen aus **Treu und Glauben,** in die 5

Bewertung auf sachrechtlicher Ebene einfließen (MüKoBGB/Spellenberg Rn. 54, 57; Staudinger/Magnus, 2021, Rn. 40). Insoweit sind auch **Handelsbräuche** des Vertragsstatuts zu berücksichtigen. Zu beachten ist allerdings, dass nach hM die Frage der **Kaufmannseigenschaft** gesondert anzuknüpfen ist (OLG Naumburg WM 1994, 906 (908); Ebenroth JZ 1988, 18 (19); Staudinger/Magnus, 2021, Rn. 40; näher und diff. MüKoBGB/Spellenberg Rn. 55). Lit. b erfasst auch Zahlungen auf vertragliche Verpflichtungen durch eine Vertragspartei, wenn diese **im Rahmen eines Insolvenzverfahrens** als Handlung, die die Gesamtheit der Gläubiger benachteiligt (vgl. Art. 13 EuInsVO), angefochten wird (EuGH NJW 2021, 1583 = NZI 2021, 502 mAnm Finkelmeier = EuZW 2021, 512 m. zust. Anm. Mankowski; BGH NZI 2021, 990 mAnm Thole; zum Verhältnis von EuInsVO und Rom I-VO auch Thole ZIP 2021, 2153). Zur Art und Weise der Erfüllung ist **auch Abs. 2 zu beachten,** wonach ggf. zusätzlich zum Vertragsstatut auch noch das Recht des Staates „zu berücksichtigen" ist, in dem die Erfüllung erfolgt (→ Rn. 17, → Rn. 18).

6 **3. Folgen der Nichterfüllung (Abs. 1 lit. c).** Nichterfüllung iSv Abs. 1 lit. c bedeutet das völlige oder teilweise Ausbleiben der Leistung in dem Sinne, dass jede Abweichung der erbrachten Leistung von der vertraglich geschuldeten erfasst ist (MüKoBGB/Spellenberg Rn. 73). Der Wortlaut von lit. c führt insoweit zu Missverständnissen, als **nicht nur die Folgen, sondern** nach einhelliger Ansicht **auch die Voraussetzungen** für Ansprüche aus Vertragsverletzungen dem Vertragsstatut unterliegen (OLG Köln RIW 1993, 414 (415); Staudinger/Magnus, 2021, Rn. 44). Die Einschränkung durch die „Grenzen der dem angerufenen Gericht durch sein Prozessrecht eingeräumten Befugnisse" hat im deutschen Verfahrensrecht vor allen Dingen insoweit Bedeutung, als die Möglichkeit der Schadensschätzung nach § 287 ZPO auch dann gewahrt bleibt, wenn ausländisches Schuldvertragsrecht anwendbar ist (MüKoBGB/Spellenberg Rn. 97 f.; Grüneberg/Thorn Rn. 7). Abgesehen davon ist die Grenze des Verfahrensrechts der lex fori wegen des englischen Rechts eingefügt worden, da dieses nur ausnahmsweise (im Falle der sog. specific performance) Erfüllungsansprüche zuerkennt (Dicey/Morris, Private International Law II, 1263 f.).

7 Unter lit. c fallen **sämtliche Formen der Leistungsstörungen** (Voraussetzungen und Folgen), also Unmöglichkeit, Verzug (inklusive Mahnung und Fristsetzung bis hin zur Verzinsung) (OLG Köln RIW 1993, 414 (415); 1996, 778 (779); OLG Düsseldorf IPRspr. 2003 Nr. 25). Führt die Unmöglichkeit allerdings zu einem Nichtigkeitsgrund, greift lit. e. Alle Formen vertraglicher Pflichtverletzungen sind erfasst (BGHZ 123, 200 (207) = NJW 1993, 2808; LG Stuttgart IPRax 1993, 109 (110) zur alten pVV), ebenso wie das zivilrechtliche Verschulden als Voraussetzung für eine Leistungsstörung, die Haftung für Gehilfen (Staudinger/Magnus, 2021, Rn. 38; Grüneberg/Thorn Rn. 7), Zurückbehaltungsrechte (OLG München IPRax 2019, 314) und Einreden des nichterfüllten Vertrages, gesetzliche Rücktrittsrechte und Schadensersatzpflichten (vgl. BGH VersR 1976, 832; OLG Hamm FamRZ 1994, 1259). Mitverschulden, ob Vertragsstrafen oder Schadenspauschalierungen möglich sind (Berger RIW 1999, 402; MüKoBGB/Spellenberg Rn. 88), ferner sonstige Leistungshindernisse, wie höhere Gewalt, force majeure, frustration oder der Wegfall der Geschäftsgrundlage sind in Voraussetzungen und Rechtsfolgen erfasst (Staudinger/Magnus, 2021, Rn. 54). Auch die Möglichkeit eines Haftungsausschlusses unterliegt dem Vertragsstatut (BGHZ 119, 153 (166 f.) = NJW 1992, 3158; für lit. a beim Haftungsausschluss für indirect and consequential damages Freudenberg ZIP 2015, 2354). Materiell-rechtlich zu qualifizierende Möglichkeiten gerichtlicher Vertragsauflösung können auch von einem deutschen Gericht ausgesprochen werden (OLG Celle RIW 1988, 137, 139; MüKoBGB/Spellenberg Rn. 84).

8 Streitig ist demgegenüber, ob das Vertragsstatut auch über die **Höhe von Verzugszinsen** entscheidet (dafür OLG Rostock IPRax 2000, 231; OLGR 1996, 50; OLG Frankfurt NJW 1994, 1013 (1014); IPRax 1988, 99 (100) m. Aufs. Schwenzer IPRax 1988, 86; OLG Köln RIW 1996, 778 (779); LG Frankfurt a. M. RIW 1994, 778 (780); Grothe IPRax 2002, 119 (120 ff.); Gruber MDR 1994, 759; Gruber DZWiR 1996, 169; Lagarde Rev crit dr int. priv 1991, 287 (334); Grüneberg/Thorn Rn. 7; MüKoBGB/Spellenberg Rn. 90–94; Looschelders EGBGB Art. 32 Rn. 17). Im Schrifttum wird häufig an das Statut der Vertragswährung angeknüpft (Grunsky FS Merz, 1992, 147 (152); Berger RabelsZ 61 (1997), 311 (326)). Dafür scheint in der Tat die Anlehnung an den in einem Staat bestehenden Zusammenhang zwischen dem üblichen Zinssatz und der Inflationsrate zu sprechen. Die unterschiedlichen Verzugszinsregelungen in der EU trotz Einführung des Euro zeigen aber, dass dieses Argument nicht durchgängig trägt. Deshalb überwiegt der enge Zusammenhang zwischen Vertragsansprüchen und ihrer Sicherung durch die Gewährung von bestimmten Verzugszinsen, sodass das Vertragsstatut maßgibt. Das gilt auch im Falle der Zubilligung von Prozesszinsen (Staudinger/Magnus, 2021, Rn. 57; aA LG Frankfurt a. M. RIW 1994, 778 (780)). Gewährt das Vertragsstatut unangemessen niedrige oder hohe Ansprüche auf

Verzugszinsen, greift – ggf. modifizierend bis zur Grenze des Erträglichen – Art. 21 (dazu Königer, Die Bestimmung der gesetzlichen Zinshöhe nach dem deutschen IPR, 1997).

**4. Erlöschen des Schuldverhältnisses (Abs. 1 lit. d Alt. 1).** Abs. 1 lit. d ordnet auch die verschiedenen Arten des **Erlöschens von Verpflichtungen (Alt. 1)** sowie die Verjährung und die Rechtsverluste, die sich aus dem Ablauf einer Frist ergeben (Alt. 2), dem Schuldvertragsstatut zu. Unter Alt. 1 von lit. d fällt insbes. das Erlöschen einer Verpflichtung durch Erfüllung sowie die Möglichkeit einer Leistung an Erfüllungs Statt oder erfüllungshalber (Staudinger/Magnus, 2021, Rn. 59). Zu den Erlöschensgründen zählen sodann die Hinterlegung, Aufhebung, Verzicht und Erlass als (einseitige oder übereinstimmende) Beendigung der Vertragspflichten (OLG Bamberg RIW 1989, 221; OLG Hamm RIW 1999, 622), Kündigung (BGH FamRZ 1997, 547 (548); OLG Hamburg GRUR Int 1998, 431 (432, 436)), Ausübung eines vertraglichen Rücktrittsrechtes (Grüneberg/Thorn Rn. 8). Nicht zu den Erlöschensgründen des Art. 12 gehören **Anfechtungsklagen iSd Art. 4 und 13 EuInsVO,** da die EuInsVO gegenüber der Rom I-VO vorrangige Spezialnormen enthält (EuGH NZI 2015, 478 (480)). 9

Zum Erlöschen einer Verpflichtung gehört auch die **Aufrechnung.** Bei der Aufrechnung ist die Anwendung von Abs. 1 lit. d deswegen zweifelhaft, weil Haupt- und Gegenforderung unterschiedlichen Rechtsordnungen unterliegen können. (Nur) die **Aufrechnung auf Grund Gesetzes** (nicht aber der Aufrechnungsvertrag) ist gesondert in **Art. 17** geregelt worden. Danach gilt das Recht des Staates, dem die Forderung unterliegt, gegen die aufgerechnet wird (näher → EGBGB Art. 17 Rn. 1 ff.). Die Aufrechnung ist über Abs. 1 lit. d auch dann materiell-rechtlich zu qualifizieren, wenn sie das Vertragsstatut prozessrechtlich qualifiziert, was im anglo-amerikanischen Rechtskreis vorkommt (LG München I IPRax 1996, 31 (33) zur richterlichen Aufrechnung in Italien; Grüneberg/Thorn Art. 17 Rn. 1). Aufrechnungsvereinbarungen (hierzu eingehend Berger, Der Aufrechnungsvertrag, 1996, 452 ff.; Gebauer IPRax 1998, 79) können zu einem Erlöschen gem. lit. d führen. 10

**5. Rechtsverlust durch Fristablauf (Abs. 1 lit. d Alt. 2).** Unter Abs. 1 lit. d fallen weiter die Verjährung sowie sonstige Rechtsverluste, die sich aus dem Ablauf einer Frist ergeben. Auch insoweit gilt das Schuldvertragsstatut. Kollisionsrechtlich wird nicht nach der Ausgestaltung zB als Einrede oder Einwendung unterschieden (MüKoBGB/Spellenberg Rn. 106 ff.). Zu beachten ist – nicht zuletzt bei Fragen der Verjährung – der Vorrang von Einheitsrecht, insbes. das UN-Kaufabkommen (Art. 29) sowie das UN-Verjährungsübereinkommen, welches das UN-Kaufabkommen in Art. 3 modifiziert. Insbesondere die Verjährung ist sachrechtlich zu qualifizieren, auch wenn das konkurrierende oder anwendbare Recht die Verjährung prozessrechtlich qualifiziert, wie regelmäßig im anglo-amerikanischen Rechtskreis (BGH NJW 1960, 1720 (1722); Grüneberg/Thorn Rn. 8; MüKoBGB/Spellenberg Rn. 114). Das Gleiche gilt für die Verwirkung (OLG Frankfurt RIW 1982, 914 (915 f.); v. Bar IPR II Rn. 548; Grüneberg/Thorn Rn. 6; MüKoBGB/Spellenberg Rn. 108; für eine Berücksichtigung des Umweltrechts im Einzelfall Will RabelsZ 42 (1978), 211 (219 ff.)). 11

Die **Verjährung** führt auf Grund ihrer Bezüge zum Prozessrecht zu spezifischen Problemen, zumal in ausländischen (anglo-amerikanischen) Rechtsordnungen. Dabei unterliegt auch der Fristablauf einer Verjährung dem Vertragsstatut, einschließlich **Hemmung oder Neubeginn** der Verjährung (OLG Köln RIW 1992, 1021 (1024); OLG Oldenburg RIW 1996, 66 (67); Grüneberg/Thorn Rn. 8; Otte IPRax 1993, 209). Für eine materiell-rechtliche (und nicht prozessuale) Qualifikation der Möglichkeit einer Verlängerung der Verjährung (nach dem ZGB der DDR hat sich in interlokalrechtlicher Hinsicht) der BGH ausgesprochen (BGH JZ 1994, 956 (959) m. abl. Anm. Deutsch JZ 1994, 960). Nach hM haben **ausländische Urteile** – anders als **ausländische Beweissicherungsverfahren,** die regelmäßig zur Unterbrechung der Verjährung führten (§§ 477 Abs. 2, 639 Abs. 1 BGB aF, vgl. jetzt § 204 Abs. 1 Nr. 7 BGB) (Spickhoff IPRax 2001, 37 (38 ff.); zu eng – internationale Zuständigkeit des die Beweisanordnung treffenden Gerichts sei erforderlich – LG Hamburg IPRax 2001, 45) – Hemmungs- (früher: Unterbrechungs-)wirkung im Falle der Anwendbarkeit deutschen Schuldvertragsrechts im Rahmen von § 204 Abs. 1 Nr. 1 BGB nur bei positiver Anerkennungsprognose, wenn also die Voraussetzungen von § 328 ZPO (bzw. diejenigen vorrangiger Anerkennungs- und Vollstreckungsübereinkommen) gegeben sind (RGZ 129, 385 (389); OLG Düsseldorf NJW 1978, 1752; LG Deggendorf IPRax 1983, 125 m. abl. Aufs. Frank IPRax 1983, 108 ff.; LG Duisburg IPRspr. 1985 Nr. 43; Taupitz IPRax 1996, 140 (144 f.); Taupitz ZZP 102 (1982), 288 ff.; krit. C. Wolf IPRax 2007, 180 (181 f.)). Dafür spricht, dass die Frage, ob der Hemmungstatbestand iSv § 204 Abs. 1 BGB erfüllt ist, ein Problem der sog. Substitution darstellt (Taupitz ZZP 102 (1989), 288 (293 ff.)). Daher ist eine Gleichwertigkeit fremder Rechtserscheinungen zu fordern (MüKoBGB/Spellenberg Rn. 152), und davon lässt sich 12 am besten sprechen, wenn ein entsprechendes ausländisches Urteil hier anerkannt werden würde. Die im Schrifttum häufig vertretene Gegenauffassung (Linke FS Nagel, 1987, 209 (221 ff.); Schack RIW 1981, 301) hat zwar dogmatisch den Vorzug, in die zunächst einmal materiell-rechtliche Norm des § 204 Abs. 1 Nr. 1 BGB keine prozessrechtlichen Wertungen, insbes. nicht das rechtspolitisch fragwürdige Erfordernis der Vergeltung des § 328 Abs. 1 Nr. 5 ZPO, einzuschleusen (insoweit zu Recht krit. Soergel/v. Hoffmann EGBGB Art. 32 Rn. 46), ist jedoch iÜ zu zersplittert, um die überkommene hM bisher in der Rechtspraxis ins Wanken gebracht zu haben. Manche begnügen sich mit einer Kontrolle nach Art. 6 EGBGB (Linke FS Nagel, 1987, 209 (223, 225)), andere verlangen die Erfüllung von § 328 Abs. 1 Nr. 2 ZPO (Frank IPRax 1983, 108 (110)), von § 328 Abs. 1 Nr. 1, 2 und 5 ZPO, von § 328 Abs. 1 Nr. 1 ZPO (Geimer IPRax 1984, 83 (84)) oder von § 328 Abs. 1 Nr. 1 und 2 ZPO (Schack RIW 1981, 301 ff.). Da es im Rahmen des § 204 BGB um den interindividuellen Interessenausgleich geht, erscheint es vorzugswürdig, eine positive Anerkennungsprognose nur insoweit zu fordern, als die betreffenden Anerkennungsvoraussetzungen den Schutz von Individualinteressen verfolgen. Jedenfalls § 328 Abs. 1 Nr. 5 ZPO (und im Einzelfall auch andere Anerkennungsvoraussetzungen, etwa § 328 Abs. 1 Nr. 4 ZPO) haben damit (insoweit) nichts zu tun und sollten deshalb im Rahmen der Substitution keine Rolle spielen. Bei denjenigen Prozesshandlungen, die § 204 BGB der Klageerhebung gleichstellt, kommt es auf die Gleichwertigkeit der betreffenden Unterbrechungshandlung im Ausland an (OLG Köln RIW 1980, 877 (878); OLG Düsseldorf RIW 1989, 743; Grüneberg/Thorn Rn. 8; Looschelders IPRax 1998, 286 (300); genauer MüKoBGB/Spellenberg Rn. 128 ff.). Im Falle der Frage, ob eine Streitverkündung im Ausland die Verjährung unterbricht (§ 204 Abs. 1 Nr. 6 BGB) (hierzu eingehend Taupitz ZZP 102 (1989), 288 (293 ff.)), muss eine Streitverkündung zulässig sein, was im Folgeprozess zu prüfen ist (BGHZ 36, 212 (214 f.) = NJW 1962, 387; BGHZ 65, 127 (130) = NJW 1976, 39). Die Streitverkündung hat im Wesentlichen der deutschen zu entsprechen und die Hauptsacheentscheidung anerkennungsfähig zu sein (Taupitz ZZP 102 (1989), 293 (307 ff.)). Im Verhältnis zum Dritten erscheint es jedoch nicht erforderlich, die Anerkennungsvoraussetzung des § 328 Abs. 1 Nr. 1 ZPO (internationale Zuständigkeit) (Taupitz ZZP 102 (1989), 293 (314); Koch ZVglRWiss 85 (1986), 11 (57); Schack IZVR Rn. 923; aA v. Hoffmann IPRax 1982, 217 (221); früher auch RGZ 55, 236 (240)) und die Gegenseitigkeit (§ 328 Abs. 1 Nr. 5 ZPO) (RGZ 61, 390 (393); anders aber Taupitz ZZP 102 (1989), 288 (307 ff., 315 f.)) festzustellen.

13 Der **ordre public** (Art. 21) sollte gegenüber ausländischen Verjährungsfristen, die von deutschen abweichen, nur sehr zurückhaltend eingesetzt werden. Bloße Abweichungen begründen im Allgemeinen kein Auslösen der Vorbehaltsklausel (vgl. BGH IPRspr. 1956/57 Nr. 4; LG Saarbrücken IPRspr. 1960/61 Nr. 38; AG Traunstein IPRspr. 1973 Nr. 13). Eine Grenze ist erst dort zu ziehen, wo ausländische Fristen so kurz sind, dass sie eine effektive Rechtsverfolgung nicht mehr ermöglichen. Umgekehrt ist selbst die Unverjährbarkeit, die das RG noch als ordre public-widrig angesehen hat (RGZ 106, 82 (84 f.); 151, 193 (201)), nicht grds. zu beanstanden. Denn auch das deutsche Recht kennt – wenngleich ausnahmsweise – die Unverjährbarkeit von Ansprüchen (vgl. etwa §§ 194 Abs. 2, 898, 902 BGB) (Spickhoff, Der ordre public im IPR, 1989, 166; ebenso Otte IPRax 1993, 209 (212); MüKoBGB/Spellenberg Rn. 117). Ggf. ist die Frist auf das gerade noch mit deutschen Vorstellungen vereinbare Maß zu verlängern (zB 50 Jahre anstelle der längsten, 30jährigen Frist des § 197 BGB) (Soergel/Kegel EGBGB Art. 6 Rn. 35 mwN, zum alten Verjährungsrecht). In der Situation der Leistungsklage kommt es typischerweise allerdings nur darauf an, ob das konkrete Ergebnis der Rechtsanwendung anstößig erscheint oder nicht; hier bedarf es keiner ordre public-konformen Reduktion der lex causae (S. Lorenz IPRax 1999, 429 (431)).

14 Unter **Abs. 1 lit. d Alt. 2** fallen abgesehen von Verjährung und Verwirkung **sonstige Ausschlussfristen,** deren Ablauf vertragliche Rechte einredeweise oder ohne weiteres entfallen lassen. Auch die einseitige oder übereinstimmende Aufhebung, der Verzicht oder der Erlass sind unter Abs. 1 lit. d zu subsumieren (OLG Bamberg RIW 1989, 221). Das Gleiche gilt für die Kündigung eines Vertrages (v. Hoffmann IPRax 1989, 261 (270)).

15 **6. Folgen der Nichtigkeit (Abs. 1 lit. e).** Abs. 1 lit. e entspricht Art. 10 Abs. 1 lit. e EVÜ. Lit. e weicht von der tradierten Haltung des deutschen Sachrechts insoweit signifikant ab, als hier die Folgen der Nichtigkeit eines Vertrages, insbes. die Leistungskondiktion (§ 812 Abs. 1 S. 1 Alt. 1 BGB), nicht im Vertragsrecht angesiedelt werden. Abgesehen vom Nichtigkeitsgrund muss ein Vertrag vorgelegen haben (Staudinger/Magnus, 2021, Rn. 77); iÜ **kommt es auf den Grund für die Nichtigkeit oder Unwirksamkeit nicht an,** ebenso wenig, ob die Nichtigkeit ex tunc oder ex nunc anzunehmen ist. Erfasst sind namentlich Rückabwicklungsverhältnisse, aber auch Schadensersatzansprüche. Vom Vertragsstatut ergriffen ist für die Rückabwicklung zunächst das Bereicherungsrecht (BGH DtZ 1995, 250 (253); OLG Köln NJW-RR 1994, 1026; OLG Hamm

FamRZ 1994, 1259 (1260); OLG Frankfurt WM 1996, 2107 (2109); LG Bonn IPRspr. 2002 Nr. 40: Leistungskondiktion). Ggf. ist aber auch das Deliktsrecht oder das Recht der Geschäftsführung ohne Auftrag anwendbar (OLG Hamm FamRZ 1994, 1259 (1260); Wandt, Die GoA im IPR, 1989, 224 ff.; Plaßmeier, Ungerechtfertigte Bereicherung im IPR und aus rechtsvergleichender Sicht, 1996, 302 ff.; Busse, Internationales Bereicherungsrecht, 1998, 228, 230), wie ganz allgemein nicht entscheidend ist, ob die Folgen der Nichtigkeit vertraglicher oder außervertraglicher Art sind (BT-Drs. 10/504, 82). In ihrem Anwendungsbereich verdrängt die Rom I-VO also die Rom II-VO (näher Sendmeyer IPRax 2010, 500 (503)).

Nach hM unterliegen die **Folgen fehlender Geschäftsfähigkeit** allerdings dem Heimatrecht 16 des Betroffenen (Art. 7 EGBGB) und nicht dem Vertragsstatut (KG IPRspr. 1929 Nr. 88; Grüneberg/Thorn Rn. 9; Kropholler IPR § 42 I 1; Baetge IPRax 1996, 185 (187); aA aber OLG Düsseldorf NJW-RR 1995, 755 (756)). **Folgen eines Formverstoßes** sind nach Art. 11 zu beurteilen; iErg gilt das der Formwirksamkeit günstigste Recht nach dem Zweck des Art. 11 (MüKoBGB/Spellenberg Rn. 162). Die **Folgen fehlender Vertretungsmacht** unterliegen demgegenüber dem Vertragsstatut (Spickhoff RabelsZ 80 (2016), 481 (523); Hausmann in Reithmann/Martiny IntVertragsR Rn. 7.423 ff.).

**7. Erfüllungsmodalitäten (Abs. 2).** Abs. 2 sieht vor, dass das Recht des Staates, in dem die 17 Erfüllung vorliegt, „zu berücksichtigen" sein soll, wenn es um die Art und Weise der Erfüllung und die vom Gläubiger im Falle mangelhafter Erfüllung zu treffenden Maßnahmen geht. Es kommt auf den **tatsächlichen,** nicht den vereinbarten **Erfüllungsort** an (MüKoBGB/Spellenberg Rn. 170; NK-BGB/Leible Rn. 37; BeckOGK/Weller Rn. 45; Lüderitz IPR Rn. 296). Erfasst von der Art und Weise der Erfüllung sind **Untersuchungs- und Rügepflichten,** die Aufbewahrung nicht angenommener Lieferungen (BT-Drs. 10/504, 82), Regeln über die Geschäftszeit und Feiertage (MüKoBGB/Spellenberg Rn. 173). Nicht erfasst sind demgegenüber Erfüllungshindernisse auf Grund von Preis-, Devisen- oder Bewirtschaftungsvorschriften (BT-Drs. 10/504, 82). Insoweit kann eine Sonderanknüpfung im Rahmen von Art. 9 in Betracht kommen. Auch die Schuldwährung betrifft den Gegenstand der Erfüllung und nicht bloß ihre Art und Weise; letzteres kann wiederum für die Zahlungswährung angenommen werden (Staudinger/Magnus, 2021, Rn. 86).

Abs. 2 verlangt **nicht** die **Anwendung,** sondern **nur** die **Berücksichtigung** des Rechts am 18 tatsächlichen Erfüllungsort. Damit ist dem Richter eine Art Tatbestandsermessen eingeräumt; anderenfalls wäre der von den sonstigen Kollisionsnormen deutlich abweichende Wortlaut in Abs. 2 kaum zu erklären (vgl. Kegel/Schurig IPR § 17 V 1; gegen jedes Ermessen Staudinger/Magnus, 2021, Rn. 93: das im Tatbestandsermessen liegende Unsicherheitselement sei bei Pflichten und Obliegenheiten der Parteien nicht hinnehmbar). Im Ergebnis bleibt es also prinzipiell beim Vertragsstatut. Dieses ist im Wege einer materiell-rechtlichen Angleichung über Abs. 2 insoweit zu modifizieren, als die Berücksichtigung des Erfüllungsortsrechts geboten erscheint (Soergel/v. Hoffmann EGBGB Art. 32 Rn. 69). Zum Teil wird empfohlen, die „Berücksichtigungsklausel" des Art. 12 Abs. 2 parteiautonom auszuschließen, was im Rahmen einer Rechtswahl zulässig sein dürfte (Ostendorf IHR 2012, 177 (179); Staudinger/Magnus, 2021, Rn. 98).

**8. Sonstiges.** Die Umschreibung des Geltungsbereiches des auf den Vertrag anzuwendenden 19 Rechts in Art. 12 ist nicht abschließend. Schon Abs. 1 spricht davon, dass das Schuldvertragsstatut „insbes." maßgebend für die nachfolgenden Bereiche ist.

**a) Culpa in contrahendo.** So lässt sich insbes. die culpa in contrahendo (§ 311 Abs. 2 und 3 20 BGB, § 241 Abs. 2 BGB, § 280 Abs. 1 BGB) zwar kaum unter eines der Regelbeispiele subsumieren. In rein deutscher Betrachtung könnte deren **systematische Einordnung im BGB unter der Überschrift „Schuldverhältnisse aus Verträgen"** aber eine vertragsrechtliche Qualifikation anzeigen. Im Prozessrecht werden demgemäß im Allgemeinen die Fälle der culpa in contrahendo pauschal dem Gerichtsstand des vertraglichen Erfüllungsorts (§ 29 ZPO) – natürlich neben dem allgemeinen Wohnsitzgerichtsstand (§§ 12, 13 ZPO) – zugewiesen, nicht aber dem Gerichtsstand des deliktischen Tatortes (§ 32 ZPO) (BayObLG NZM 2002, 796; VersR 1985, 741 (743); RG JW 1896, 202; OLG München NJW 1980, 1531: § 29 ZPO analog; anders immerhin LG Kiel NJW 1989, 841). Diese Linie ist – selbst bezogen auf die dem EVÜ entnommenen Regeln des EGBGB zum Internationalen Vertragsrecht – von der überwiegenden Ansicht in Deutschland auch auf das Internationale Vertragsrecht übertragen worden. Die Fälle der culpa in contrahendo sind sehr häufig pauschal vertragsrechtlich qualifiziert worden (BGH NJW-RR 2005, 206 (208); LG Düsseldorf WM 2000, 1191 (1194); LG Braunschweig IPRax 2002, 213; früher ebenso BGH NJW 1987, 1141; OLG Frankfurt IPRax 1986, 373 (377); Kegel/Schurig IPR § 18 I 1). Der

**EuGH** hat im Kontext des europäisierten Zuständigkeitsrechts nach der EuGVÜ bzw. nun der Brüssel Ia-VO freilich seit längerem abweichend entschieden. Er akzeptierte eine vertragsrechtliche Qualifikation unter dem Aspekt der Zuständigkeit des vertraglichen Erfüllungsortes nur im Falle freiwillig eingegangener Verpflichtungen (zB EuGH IPRax 2002, 143 (144)). Alles andere subsumiert der EuGH ggf. unter Art. 5 Nr. 3 EuGVÜ bzw. Art. 7 Brüssel Ia-VO und qualifiziert die Fälle der culpa in contrahendo damit weitgehend deliktsrechtlich.

21 Diese Linie spiegelt sich mittlerweile auch im europäischen Schuldrecht der Rom I-VO und Rom II-VO wider: **Art. 1 Abs. 1 lit. i Rom I-VO** nimmt Verpflichtungen aus einem vorvertraglichen Rechtsverhältnis vollständig aus dem Anwendungsbereich der Verordnung über das auf vertragliche Schuldverhältnisse anwendbare Recht aus; einschlägig ist vielmehr **Art. 12 Rom II-VO** und damit das Regelungswerk zum außervertraglichen Schuldrecht. Indes werden dem Deliktsrecht vorvertragliche Schuldverhältnisse nicht pauschal zugeschlagen. Zunächst findet sich Art. 12 Rom II-VO überhaupt in Kapitel III („Ungerechtfertigte Bereicherung, Geschäftsführung ohne Auftrag und Verschulden bei Vertragsverhandlungen") und nicht bereits in Kapitel II („Unerlaubte Handlungen"). Art. 12 Rom II-VO differenziert vielmehr funktional: Ansprüche aus Verschulden bei Vertragsverhandlungen werden dann vertragsakzessorisch angeknüpft, wenn es um Verhandlungen vor Abschluss eines Vertrages geht, unabhängig davon, ob der Vertrag tatsächlich geschlossen wurde oder nicht. Es ist dann das Recht anzuwenden, das auf den Vertrag anzuwenden ist oder anzuwenden gewesen wäre, wenn er geschlossen worden wäre. Gemeint sind hier insbes. Fälle der Verletzung von Aufklärungs- und Beratungspflichten bei der Vertragsanbahnung (zu den notwendigen Differenzierung iE G. Fischer FS Kühne, 2009, 689 (691 ff.)). Dann handelt es sich wohl schon um einen Ausgleich für eine zerschlagene Leistungserwartung, sodass sich die Parteien freiwillig auf dem Boden des Vertragsrechts bewegen (ebenso Staudinger/Magnus, 2021, Rn. 99). Das gilt allemal, wenn später ein Vertrag zustande kommt (NK-BGB/Leible Rn. 25). Geht es dagegen um den Ersatz für die Verletzung des Integritätsinteresses, so ist demgegenüber nach Erwägungsgrund 30 der Rom II-VO nicht etwa ohne weiteres über Art. 12 Abs. 2 Rom II-VO eine dem Deliktsstatut deutlich angenäherte Anknüpfung einschlägig (ähnlich aus der Perspektive des deutschen Sachrechts Canaris FS Larenz, 1983, 27, 109). Vielmehr soll unmittelbar auf die deliktskollisionsrechtliche Grundanknüpfung (namentlich des Art. 4 Rom II-VO) zurückgegriffen werden. Es handelt sich hier um solche Fallgruppen, in denen die deutsche culpa in contrahendo nur von dem erwähnten Bestreben getragen wird, Lücken und Defizite des deutschen sachlichen Deliktsrechts zu kompensieren (auch hier für die Geltung des Vertragsstatuts früher aber Ahrens IPRax 1986, 355 (359 f.); wie hier MüKoBGB/Junker Rom II-VO Art. 12 Rn. 11). Das gilt auch in den Kaufhausfällen (Verletzung während eines Aufenthalts im Kaufhaus) (G. Wagner IPRax 2008, 1, 12 f.). Nicht ohne weiteres vertraglich oder vertragsakzessorisch anzuknüpfen ist ebenso die Haftung des Sachverwalters bzw. des Repräsentanten als „vertragliche Haftung ohne Vertrag" (so bereits Kreuzer IPRax 1988, 16 (21)) unmittelbar anwendbar ist die Rom I-VO aufgrund der entsprechenden Klarstellungen nicht (auch → VO (EG) 864/2007 Art. 12 Rn. 1 ff. ff.).

22 **b) Währung.** Art. 12 regelt zwar nicht ausdrücklich, aber Abs. 1 lit. b die Frage mit, in welcher Währung geschuldet wird (sog. Schuldwährung) und in welcher Währung gezahlt werden kann (sog. Zahlungswährung). Dennoch ist anerkannt, dass das **Vertragsstatut** grds. bestimmt, in welcher Währung geschuldet wird (BGH FamRZ 1987, 370 (372); OLG Hamm FamRZ 1991, 1319 (1321); Remien RabelsZ 53 (1989), 244 (275 ff.); Grüneberg/Thorn Rn. 6; für die Schuldwährung auch Grothe, Fremdwährungsverbindlichkeiten, 1999, 100). Das Vertragsstatut gibt auch Aufschluss darüber, in welcher Währung gezahlt werden darf (Staudinger/Magnus, 2007, EGBGB Art. 32 Rn. 113). Den Parteien steht es frei, im Rahmen des Art. 3 Abs. 1 S. 3 eine auf die Währung bezogene besondere Rechtswahl zu treffen (Grüneberg/Thorn Rn. 6; Grothe, Fremdwährungsverbindlichkeiten, 1999, 100 f.). Auf der Ebene des anwendbaren Sachrechts kann – soweit dort zulässig – vereinbart werden, dass in einer anderen Währung als der des Vertragsstatuts gezahlt wird (Grunsky FS Merz, 1992, 147 (149 f.)). Das Vertragsstatut entscheidet auch, was im Falle einer Währungsumstellung bzw. einer Auf- oder Abwertung geschieht (Pfeiffer NJW 1999, 3674 (3677) zum Euro; Grüneberg/Thorn Rn. 6; aA wohl Schefold WM-Beil. 4 (1996), 15).

23 In Deutschland ist **§ 244 BGB** mit seiner dort angeordneten Ersetzungsbefugnis (Zahlung auch in inländischer Währung möglich) zu beachten. Nach hM handelt es sich hierbei um eine einseitige Kollisionsnorm (LG Braunschweig NJW 1985, 1169; Staudinger/Magnus, 2021, Rn. 117). Die systematische Stellung der Vorschrift spricht indes dafür, § 244 BGB nur dann anzuwenden, wenn ohnedies deutsches Schuldvertragsrecht anwendbar ist. Bei § 244 BGB handelt es sich also um

eine Sachnorm, die allenfalls noch über Art. 12 Abs. 2 zur Anwendung gelangen kann (OLG München IPRax 1988, 291 (292); Grothe, Fremdwährungsverbindlichkeiten, 1999, 134).

Die **Umstellung** auf den **Euro** (hierzu Wisskirchen DB 1998, 809; Clausius NJW 1998, 3148) (oder ggf. vom Euro zurück auf eine nationale Währung) beruhte auf dem Prinzip der währungsrechtlichen Vertragskontinuität (Art. 3 EuroVO I) (VO (EG) Nr. 1103/97 vom 17.6.1997, ABl. L 162, 1), weswegen von einer entsprechenden Vertragsänderung oder gar von einem Wegfall der Geschäftsgrundlage nicht ausgegangen werden kann. Das gilt selbst dann, wenn ausländisches Vertragsrecht anwendbar ist (Staudinger/Magnus, 2021, Rn. 120 f.). 24

**c) Vertrauens- und Rechtsscheintatbestände.** Fälle des Vertrauensschutzes auf Grund der zurechenbaren Setzung eines Rechtsscheintatbestandes sind auch außerhalb kodifizierter Bereiche (Art. 12, Art. 12 und 16 EGBGB, vgl. auch 10 Abs. 2) oder richterrechtlich gefestigter Bereiche (wie im Falle der Anscheins- oder Duldungsvollmacht) (dazu näher Spickhoff RabelsZ 80 (2016), 481 (523 f.); bereits früher BGHZ 43, 21 (27) = NJW 1965, 487; vgl. auch OLG Koblenz IPRax 1989, 232 m. Aufs. Fischer IPRax 1989, 216 zu Art. 31 Abs. 2 EGBGB, heute Art. 10 Abs. 2 Rom I-VO analog) nicht ohne weiteres nach den Regeln der Art. 3 ff., sondern an den Ort anzuknüpfen, an welchem die Mitteilung bestimmungsgemäß empfangen wird (sog. Umweltrecht) (S. Lorenz NJW 2000, 3305 (3307 f.)). Das gilt auch für § 174 BGB, der – verkehrsschützend – in engem Zusammenhang mit § 180 BGB steht (anders zu § 174 BGB aber Ostendorf RIW 2014, 93). In Bezug auf **Gewinnzusagen** (§ 661a BGB) ist deren Qualifikation strittig. Der BGH hat wegen der Einseitigkeit der Erklärung zwar eine vertragsrechtliche Qualifikation einerseits verneint, andererseits aber (inkonsequent, wiewohl iErg zutreffend) Art. 9 zur Durchsetzung der Norm wegen dessen lauterkeitsrechtlicher und sozialpolitischer Zielsetzung herangezogen (BGH NJW 2006, 230 (232)). Richtigerweise sollten im Wege einer übereinkommensautonomen Auslegung die Art. 3 ff. (zumindest analog) angewendet werden (OLG Hamm NJW-RR 2003, 717: Art. 29 EGBGB aF angewendet; ebenso OLG Hamm IPRspr. 2002 Nr. 155; Wagner/Potsch Jura 2006, 401 (406 ff.); S. Lorenz IPRax 2002, 192 (195); S. Lorenz/Unberath IPRax 2005, 219 (223); Häcker ZVglRWiss 103 (2004), 464 (492 ff.); Martiny FS Pazdana, 2005, 189 (202 ff.); für eine wettbewerbsrechtliche Qualifikation Fetsch RIW 2002, 936 (938); für eine deliktsrechtliche Qualifikation LG Freiburg IPRspr. 2002 Nr. 137; Leible IPRax 2003, 28 (33); Felke/Jordans IPRax 2004, 409 (411 f.)). Auch der EuGH, dem nun die Auslegungshoheit über das Europäische Internationale Vertragsrecht zukommt, hat (für Art. 5 Nr. 1 EuGVÜ, heute Art. 7 Nr. 1 Brüssel Ia-VO) eine vertragsrechtliche Qualifikation im Falle freiwillig eingegangener Verpflichtungen (wozu die – wenngleich einseitige – Gewinnzusage gehört) akzeptiert (EuGH IPRax 2003, 143 (144)). Das führt (wenn nicht Art. 6 eingreift) zum Aufenthaltsrecht des Versprechenden (ebenso Dörner FS Kollhosser, Bd. II, 2004, 75 (86)). 25

## III. Allgemeine Regeln: Sachnormverweisung und ordre public

**Rück- und Weiterverweisungen** sind im gesamten Anwendungsbereich des Vertragsstatuts ausgeschlossen (Art. 20). Art. 21 **(ordre public)** kann wie stets eingreifen. Gerade im Internationalen Vertragsrecht ist aber Zurückhaltung geboten, da die Art. 3 Abs. 3 und 4, 6, 8, 9, 10 Abs. 2 und Art. 46a EGBGB vielfach vorrangig zur Anwendung eigenen Rechts führen und die darin zum Ausdruck kommenden Wertungsentscheidungen sowie die Systematik des Internationalen Vertragsrechts nicht vorschnell aus den Angeln gehoben werden dürfen. 26

## Art. 13 Rechts-, Geschäfts- und Handlungsunfähigkeit

**Bei einem zwischen Personen, die sich in demselben Staat befinden, geschlossenen Vertrag kann sich eine natürliche Person, die nach dem Recht dieses Staates rechts-, geschäfts- und handlungsfähig wäre, nur dann auf ihre sich nach dem Recht eines anderen Staates ergebende Rechts-, Geschäfts- und Handlungsunfähigkeit berufen, wenn die andere Vertragspartei bei Vertragsschluss diese Rechts-, Geschäfts- und Handlungsunfähigkeit kannte oder infolge von Fahrlässigkeit nicht kannte.**

**Schrifttum:** Arnold, Künstliche Intelligenz und Parteiautonomie – Rechtsfähigkeit und Rechtswahlfähigkeit im Internationalen Privatrecht, IPRax 2022, 13; Fischer, Verkehrsschutz im internationalen Vertragsrecht, 1990; Kramme, Mehr als ein Qualifikationsproblem: Zum Verhältnis von Verbrauchervertrags- und Geschäftsfähigkeitsstatut, RabelsZ 85 (2021), 775; Lehmann, Verkehrsschutz im internationalen Gesellschaftsrecht, FS G. Fischer, 2010, 237; Lipp, Verkehrsschutz und Geschäftsfähigkeit im IPR, RabelsZ 63 (1999), 107; Schotten, Der Schutz des Rechtsverkehrs im Internationalen Privatrecht, DNotZ 1994, 670.

## Übersicht



## I. Normzweck, Allgemeines

1 **1. Normzweck.** Die Frage des auf die Rechts-, Geschäfts- und Handlungsfähigkeit natürlicher Personen anwendbaren Rechts behandelt die Rom I-VO im Grundsatz nicht (s. Art. 1 Abs. 2 lit. a und lit. f). Diese Materie bleibt den nationalen Kollisionsnormen vorbehalten, im deutschen IPR Art. 7 EGBGB. Art. 7 EGBGB unterstellt die Rechtsfähigkeit dem **Heimatrecht** der fraglichen Person, die Geschäftsfähigkeit (ab dem 1.1.2023) dem Recht an ihrem gewöhnlichen Aufenthaltsort. Das ist nicht zwangsläufig deckungsgleich mit dem Recht, unter dem diese Person am Geschäftsleben teilnimmt (etwa: Vertragsstatut). Zu diesem Recht können inhaltliche Diskrepanzen bestehen, man denke nur an die unterschiedlichen Altersgrenzen zur Erlangung der vollen **Geschäftsfähigkeit.** Diese ist auch der **Hauptanwendungsfall** des Art. 13. Unterschiede bei der Beurteilung der **Rechtsfähigkeit** natürlicher Personen sind gering und werden zudem ggf. über den ordre public eingeebnet (→ EGBGB Art. 7 Rn. 9); der Anwendungsbereich der in Art. 13 zusätzlich genannten, dem internen deutschen Gesetzesrecht unbekannten **„Handlungsfähigkeit"** ist umstritten, jedenfalls aber schmal (→ Rn. 22). Im Hinblick auf die Geschäftsfähigkeit jedoch entsteht für den Geschäftspartner nicht selten das spezifisch kollisionsrechtliche Risiko, dass er die (bis zum 31.12.2022) nach einem ausländischen Heimatrecht oder (ab dem 1.1.2023) nach dem Recht am ausländischen gewöhnlichen Aufenthaltsort bestehende Geschäftsunfähigkeit oder beschränkte Geschäftsfähigkeit seines Gegenübers nicht erkennt und deshalb auf die Gültigkeit des Geschäfts vertraut. Dieses Risiko soll Art. 13 dem gutgläubigen Vertragspartner abnehmen. Kollisionsrechtlich wird der Minderjährigenschutz dem Händlerschutz geopfert (v. Bar IPR BT, 1. Aufl. 1991, Rn. 57), obwohl materiellrechtlich jedenfalls nach deutschem Recht der gute Glaube an die Geschäftsfähigkeit nicht geschützt wird (MüKoBGB/Spickhoff § 105 Rn. 2; BGH ZIP 1988, 831; zur bislang wenig erfolgreichen Suche nach einer überzeugenden ratio des Art. 13 und seiner Vorgängervorschrift Art. 12 EGBGB/Art. 11 EVÜ vgl. v. Bar IPR BT, 1. Aufl. 1991, Rn. 57: „im Innersten ungeklärt"; MüKoBGB/Spellenberg EGBGB Art. 12 Rn. 12: „rechtspolitisch erstaunlich"; Lipp RabelsZ 63 (1999), 107 (125 ff.); Kramme RabelsZ 85 (2021), 775 (784 f.)).

2 **2. Recht des Abschlussortes.** Mit dem Ziel des Schutzes des gutgläubigen Geschäftspartners beruft Art. 13 zusätzlich zum Heimat- oder Aufenthaltsrecht des Rechts- oder Geschäftsunfähigen (zur Regelungstechnik → Rn. 35) das **Recht des Staates, in dem sich die Parteien bei Vertragsschluss befinden.** Zugrunde liegt möglicherweise die Idee, dass die Vertragsparteien am dortigen Rechtsverkehr teilnehmen und sich deshalb auf die dort geltenden Voraussetzungen und Bedingungen für rechtsgeschäftliches Handeln einstellen müssen und verlassen dürfen (vgl. Lipp RabelsZ 63 (1999), 107 (137), der freilich zugleich hervorhebt, dass der Grund für die Geltung (gerade) des Ortsrechts bei den Vorarbeiten zur Vorgängervorschrift des Art. 11 EVÜ nicht ausdrücklich erörtert wurde, RabelsZ 63 (1999), 107 (124)). Das Vertrauen des Vertragspartners wird aber tatsächlich – unabhängig vom uU zufälligen Abschlussort – eher auf die ihm bekannten oder leicht ermittelbaren Regeln des Rechts an seinem gewöhnlichen Aufenthaltsort gerichtet sein, worauf iÜ auch die vergleichbare Vertrauensschutzregelung des Art. 10 Abs. 2

beruht (auf die Diskrepanz zwischen Art. 10 Abs. 2 und Art. 12 weist schon MüKoBGB/Spellenberg Rn. 12 hin). Aufgrund dieser Unschärfe der alles in allem missglückten Regelung des Art. 13 befürworten manche Stimmen eine **restriktive Auslegung** und in einigen Bereichen eine teleologische Reduktion der Vorschrift (zB → Rn. 9).

**3. Herkunft, intertemporale Anwendung.** Art. 13 stellt die inhaltsgleiche Übernahme von Art. 11 EVÜ – Römisches EWG-Übereinkommen über das auf vertragliche Schuldverhältnisse anzuwendende Recht vom 19.6.1980 – dar. Für den Verkehrsschutz bei Schuldverträgen, die **vor dem 17.12.2009 geschlossen wurden,** ist statt Art. 13 der Art. 12 EGBGB maßgeblich. Weil auch diese Vorschrift inhaltsgleich mit Art. 11 EVÜ ist, ergeben sich dadurch in der Sache keine Änderungen. 3

**4. Verwandte Probleme.** Zum Schutz des gutgläubigen Verkehrs bei **eherechtlich motivierten Einschränkungen und Erweiterungen** der rechtsgeschäftlichen „Bewegungsfreiheit" (→ Rn. 41 ff.). Zum Schutz des **guten Glaubens an die Vertretungsmacht** (→ Rn. 32). 4

## II. Probleme des Allgemeinen Teils

**1. Verweisung auf Staaten mit mehreren Teilrechtsordnungen.** Das Problem der Unteranknüpfung bei der Verweisung auf das Recht eines Staates mit mehreren Teilrechtsordnungen stellt sich im Rahmen des Art. 13 nicht, weil die Anknüpfung an den Abschlussort die maßgebende Teilrechtsordnung bereits bezeichnet (→ EGBGB Art. 4 Rn. 22). 5

**2. Rück- und Weiterverweisung.** Zur Frage des Einflusses einer eventuellen Rück- oder Weiterverweisung durch das berufene Recht ist zu unterscheiden: Art. 13 beruft zwar anders als Art. 12 EGBGB nicht ausdrücklich die „Sachvorschriften" des Rechts am Abschlussort, ein **Renvoi** ist aber wegen Art. 20 Rom I-VO dennoch **nicht zu beachten.** Diese Verweisung kommt allerdings nur zum Tragen, wenn die Regeln des Ortsrechts günstiger sind als die ansonsten auf die Rechts-, Geschäfts- oder Handlungsfähigkeit angewandten Vorschriften eines anderen Staates. Damit sind die durch Art. 7 EGBGB berufenen Sachnormen gemeint, die ihrerseits über einen Renvoi gewonnen sein können (→ EGBGB Art. 7 Rn. 6). Ganz allgemein ist zu betonen, dass die sorgfältige Prüfung einer Rück- oder Weiterverweisung bei Art. 7 EGBGB in vielen Fällen den Rückgriff auf Art. 13 überflüssig machen kann, nämlich dann, wenn das qua Renvoi durch Art. 7 EGBGB berufene Recht (etwa das des Wirkungsstatuts oder des gewöhnlichen Aufenthaltsorts der betroffenen Person) zugleich das Recht des Abschlussortes des Vertrages ist. 6

**3. Ordre public.** Art. 21 Rom I-VO wirkt sich bei Art. 13 nicht anders aus als Art. 6 EGBGB bei dem durch Art. 7 EGBGB berufenen Recht. Das Vertrauen auf die Wirksamkeit des Geschäfts nach dem Ortsrecht wird also etwa dann und insoweit nicht geschützt, als sich dieses auf eine unserem ordre public widersprechende zu niedrige Altersstufe für die volle Geschäftsfähigkeit stützt (→ EGBGB Art. 7 Rn. 23). 7

## III. Anwendungsbereich

**1. Persönlicher Anwendungsbereich. a) Natürliche Personen.** Art. 13 eröffnet nur für natürliche Personen die alternative Anknüpfung ihrer Rechts-, Geschäfts- und Handlungsfähigkeit, nicht für juristische Personen oder sonstige Gesellschaften. Für den anderen Geschäftspartner gilt eine entsprechende Einschränkung nicht: Auch Gesellschaften werden in ihrem Vertrauen auf das Ortsrecht geschützt. Zur **analogen Anwendung** im **internationalen Gesellschaftsrecht** (→ EGBGB Art. 12 Rn. 44 f.). Eine analoge Anwendung des Art. 13 wird ebenfalls erwogen für den Fall, dass auf der Basis künftiger materieller Regelungen des Ortsrechts ein schützenswertes **Vertrauen auf die Rechts- und Geschäftsfähigkeit von Systemen Künstlicher Intelligenz** (KI) entsteht (Arnold IPRax 2022, 13 (18 f.)). 8

**b) Vertragspartner gleicher Nationalität.** Art. 13 erfasst mangels einer diesbezüglichen Einschränkung auch Geschäfte zwischen Ausländern gleicher Nationalität (str.). Dies entspricht den Absichten der Verfasser des EVÜ (näher Lipp RabelsZ 63 (1999), 107 (135)), auf die die Norm zurückgeht (→ Rn. 3), weshalb für die von manchen Autoren vorgeschlagene teleologische Reduktion (MüKoBGB/Spellenberg Rn. 26) kein Raum ist. Eine andere Frage ist freilich, inwieweit in einem solchen Fall tatsächlich guter Glaube des Vertragspartners auf die Geschäftsfähigkeit nach dem Abschlussortsrecht vorliegen kann (→ Rn. 32). 9

10 **c) Rechtsstreit mit einem Dritten.** Art. 13 ist auch dann anwendbar, wenn sich die Frage nach der Geschäftsfähigkeit einer Person nicht in einem Rechtsstreit mit ihr selbst, sondern mit einem Dritten stellt (→ Rn. 38).

11 **2. Sachlicher Anwendungsbereich. a) Erfasste Geschäfte.** Art. 13 spricht nur von **„Verträgen"**, was im Kontext der Rom I-VO nur „Schuldverträge" meint; angesichts der Einbeziehung von (einseitigen) Rechtsgeschäften in Art. 11 Abs. 3 sollte aber kein Zweifel daran bestehen, dass auch hier zusätzlich **einseitige Rechtsgeschäfte** erfasst sind, wenn sie einem anderen gegenüber vorzunehmen, dh empfangsbedürftig sind (hM, MüKoBGB/Spellenberg Rn. 27; Fischer, Verkehrsschutz im internationalen Vertragsrecht, 1990, 44; v. Bar IPR BT, 1. Aufl. 1991, Rn. 60; Lichtenberger DNotZ 1994, 670 (671); Grüneberg/Thorn IPR Rn. 3). Gerade bei einseitigen empfangsbedürftigen Rechtsgeschäften besteht ein Bedürfnis der Beteiligten, Unsicherheit über deren Wirksamkeit zu vermeiden (Fischer, Verkehrsschutz im internationalen Vertragsrecht, 1990, 43). Art. 13 wirkt insoweit in zweifache Richtung: Geschützt wird sowohl derjenige, der ein zugangsbedürftiges einseitiges Rechtsgeschäft gegenüber einem nach seinem Heimatrecht nicht (voll) Geschäftsfähigen tätigt, als auch derjenige, der eine Willenserklärung des letzteren empfängt (MüKoBGB/Spellenberg Rn. 25). Auch **Schenkungen** sind in den Verkehrsschutz einbezogen (hM, MüKoBGB/Spellenberg Rn. 28; aA Fischer, Verkehrsschutz im internationalen Vertragsrecht, 1990, 42), weil der Empfänger einer unentgeltlichen Leistung im Vertrauen auf deren Bestand schützenswerte Dispositionen getroffen haben kann.

12 Zur Diskussion über die Ausdehnung des sachlichen Anwendungsbereichs des Art. 13 im Wege der Analogie (→ Rn. 39 ff.).

13 **b) Ausgeschlossene Geschäfte. aa) Familien- und erbrechtliche Geschäfte (Art. 1 Abs. 2 lit. b und lit. c, Art. 12 S. 2 EGBGB).** Wegen Art. 1 Abs. 2 lit. b und lit. c gewährt Art. 13 keinen Verkehrsschutz bei familien- und erbrechtlichen Rechtsgeschäften. Nach seinem S. 2 hilft hier auch Art. 12 EGBGB nicht, weil und soweit es sich bei diesem nicht um **„Verkehrsgeschäfte"** handelt, bei denen allein ein solcher Schutz angebracht ist (BT-Drs. 10/504, 50; Soergel/Kegel EGBGB Art. 12 Rn. 13). Die Berufung auf das Recht am Vornahmeort ist deshalb zum einen ausgeschlossen, wenn Rechts- und Geschäftsfähigkeit bei Testamenten, Erbverträgen, Anfechtungen von Verfügungen von Todes wegen, Erbannahmen und -ausschlagungen und beim Erbverzicht eine Rolle spielen, zum anderen sind etwa Verlöbniseingehung, Eheschließung und Einwilligung dazu, Eheverträge, Vaterschaftsanerkennung, Unterhaltsverträge, Sorgerechts- und Versorgungsausgleichsvereinbarungen sowie Adoptionen nicht erfasst (vgl. Soergel/Kegel EGBGB Art. 12 Rn. 21; Staudinger/Hausmann, 2013, EGBGB Art. 12 Rn. 55 f.). Gleiches gilt bei Erbauseinandersetzungsverträgen, nicht aber für deren dinglichen Vollzug: Art. 12 EGBGB ist anwendbar auf die Auflassung eines im Vertragsabschlussstaat belegenen (→ Rn. 15) Grundstücks in Durchführung einer Erbauseinandersetzung (KG IPRspr. 1934 Nr. 44 zu Art. 7 Abs. 3 S. 2 aF; Staudinger/Hausmann, 2013, EGBGB Art. 12 Rn. 56). Die Norm ist ebenfalls anwendbar auf den **Erbschaftskauf** (str., aA Staudinger/Mankowski, 2019, EGBGB Art. 12 Rn. 56; jurisPK-BGB/Ludwig EGBGB Art. 12 Rn. 16; Erman/Stürner EGBGB Art. 12 Rn. 3; Hausmann in Hausmann/Odersky IPR § 4 Rn. 61), weil es hier um einen (fast) gewöhnlichen Kaufvertrag mit einem Dritten über die Gesamtheit des auf den Erben übergegangenen Nachlassvermögens, nicht etwa um die Übertragung „des Erbrechts" geht.

14 Zu unterscheiden vom Ausschluss familienrechtlicher Geschäfte vom Verkehrsschutz für die Rechts- und Geschäftsfähigkeit ist die Frage, inwieweit Art. 13 auf familienrechtliche Handlungsbeschränkungen analog angewandt werden kann (→ Rn. 39, → Rn. 41).

15 **bb) Verfügungen (Art. 12 EGBGB).** Bei dinglichen Rechtsgeschäften wird Verkehrsschutz zwar nicht über den auf schuldrechtliche Rechtsgeschäfte begrenzten Art. 13, wohl aber über Art. 12 EGBGB gewährt (allgM). Allerdings sind Verfügungen über Grundstücke, die nicht im Staat des Vertragsabschlusses belegen sind, ausgenommen, wohl weil bei einer solchen dinglichen Transaktion die Rechtsordnung dieses Staates nicht berührt ist (Lipp RabelsZ 63 (1999), 107, 124). Folgerichtig ist Art. 12 S. 1 EGBGB bei Verfügungen über im Vornahmeland belegene Grundstücke anwendbar (allgM). Die **schuldrechtliche Seite** von Immobiliargeschäften bei Veräußerung, Miete oder Pacht etc ist immer – unabhängig vom Lageort des Grundstücks – in den Verkehrsschutz von Art. 13 einbezogen (str., aA Staudinger/Hausmann, 2013, EGBGB Art. 12 Rn. 58 für Rechtsgeschäfte über Grundstücke in Ländern, die nicht zwischen der verpflichtenden und verfügenden Wirkung eines Rechtsgeschäfts unterscheiden), so wie Verfügungen über Fahrnis in Art. 12 EGBGB.

**c) Rechtsfähigkeit.** Dass einer ein Rechtsgeschäft tätigenden natürlichen Person nach ihrem Heimatrecht die Rechtsfähigkeit fehlt, ist schon deshalb schwer vorstellbar, weil ggf. der ordre public eingreift (→ EGBGB Art. 7 Rn. 9). Art. 13 hat deshalb insoweit keinen erkennbaren praktischen Anwendungsbereich. Zur analogen Anwendung im internationalen Gesellschaftsrecht bei **partieller Rechtsfähigkeit juristischer Personen** (→ EGBGB Art. 12 Rn. 44). 16

Weil es Art. 13 (nur) um den Schutz bei materiellrechtlichen Rechtsgeschäften geht, hat er für die **Parteifähigkeit** auch dann **keine** Bedeutung, wenn das im konkreten Fall anwendbare Prozessrecht (wie das deutsche) diese aus der Rechtsfähigkeit ableitet (allgM). 17

**d) Geschäftsfähigkeit. aa) Allgemeines.** Wichtig ist die Vorschrift hingegen für die Geschäftsfähigkeit. Der Begriff der Geschäftsfähigkeit ist in Art. 13 unionsrechtsautonom zu bestimmen (str.) (ausf. Kramme RabelsZ 85 (2021), 775 (786); aA Staudinger/Hausmann Rn. 19 (Bestimmung nach der lex fori oder der lex causae); BeckOGK/Thomale Rn. 14 (Bestimmung nach dem Recht des Abschlussortes)), wie dies auch für Art. 7 EGBGB zu geschehen hat (→ EGBGB Art. 7 Rn. 17, → EGBGB Art. 7 Rn. 7). Bis insoweit Vorgaben aus Brüssel oder Luxemburg kommen, können sich deutsche Gerichte an der herkömmlichen deutschen Begrifflichkeit orientieren (iE → EGBGB Art. 7 Rn. 7). Der gute Glaube an das Vorliegen einer der „besonderen Geschäftsfähigkeiten" (→ EGBGB Art. 7 Rn. 32) wird folglich nicht über Art. 13 geschützt, weil diese auch von Art. 7 nicht erfasst werden. Für die Wechsel- und Scheckfähigkeit s. Art. 60 Abs. 2 ScheckG, Art. 91 Abs. 2 WG. 18

Gilt am Abschlussort deutsches Recht, so lässt sich mit Hilfe des Art. 13 insbes. die Regelung des **§ 113 BGB** gegen ein ausländisches Heimatrecht durchsetzen, wenn dieses eine gesetzliche oder an die elterliche Ermächtigung zum Eintritt in ein Arbeitsverhältnis anknüpfende Teilgeschäftsfähigkeit nicht kennt. 19

Der gute Glaube an die **Prozessfähigkeit** ist (ebenso wie der an die Parteifähigkeit, → Rn. 17) nicht Gegenstand des Art. 13; insoweit gilt im deutschen Prozessrecht § 55 ZPO. 20

**bb) Entmündigung.** Über Art. 13 können sich die Regeln des Ortsrechts auch gegen eine nach dem Heimatrecht der betroffenen Person ausgesprochene oder von diesem Recht anerkannte Entmündigung durchsetzen (MüKoBGB/Spellenberg Rn. 34). Notwendig wird der Weg über Art. 13 allerdings erst dann, wenn die fragliche Entmündigung (auch) **in Deutschland anzuerkennen** ist (→ EGBGB Art. 7 Rn. 52 ff.), denn nur dann hat sie hier Rechtswirkungen, die ggf. über den Gutglaubensschutz zu überspielen sind (hM, vgl. MüKoBGB/Spellenberg Rn. 41, 44; Lipp RabelsZ 63 (1999), 107 (137); aA Soergel/Kegel EGBGB Art. 12 Rn. 13: Anerkennung im Vertragsabschlussstaat notwendig). Wenn die Voraussetzungen für einen Schutz nach Art. 13 vorliegen, bleibt die fremde Entmündigung allerdings nicht einfach unbeachtet. Nach dem Schutzzweck der Vorschrift sind vielmehr nur solche Behinderungen auszuschalten, die über die Möglichkeiten des Entmündigungsrechts am Vertragsabschlussort hinausgehen. Folglich wird lediglich der gute Glaube daran geschützt, dass ein Volljähriger nur in dem im Abschlussstaat vorgesehenen **Maß** und unter den dort geltenden **Voraussetzungen** in seiner Geschäftsfähigkeit beschränkt werden kann (Lipp RabelsZ 63 (1999), 107 (137 f.)). Liegt der Abschlussort in Deutschland, heißt das, dass einer ausländischen Entmündigung bei gutem Glauben des Vertragspartners (→ Rn. 33) allenfalls die Wirkungen einer Betreuung in ihrem weitestreichenden Umfang (§ 1903 BGB) zukommen können (Grüneberg/Thorn Rn. 5); darüber hinaus bleibt eine Entmündigung aus einem Grund, der im Abschlussstaat einen Eingriff in die Geschäftsfähigkeit nicht rechtfertigt, unbeachtlich, sofern ein solcher Eingriff im konkreten Fall nach Abschlussortsrecht nicht aus einem anderen Grund hätte erfolgen können (Fischer, Verkehrsschutz im internationalen Vertragsrecht, 1990, 128). Entsprechendes gilt, sollte nach ausländischem Recht eine hier anzuerkennende Betreuung angeordnet worden sein, die über einen Einwilligungsvorbehalt Auswirkungen auf die Geschäftsfähigkeit des Betreuten hat; freilich dürfte bei einem solchen im Vergleich zur Entmündigung schwächeren Eingriff nur selten das nach dem Recht am Abschlussort Mögliche überschritten sein. 21

**e) Handlungsfähigkeit.** Der Begriff der „Handlungsfähigkeit" gibt Rätsel auf, denn er ist dem deutschen materiellen Recht unbekannt. In der Lit. wird er mit durchaus unterschiedlichen Akzentuierungen, im Zivilrecht meist aber als Oberbegriff für die Geschäfts- und Delikts- bzw. Verschuldensfähigkeit natürlicher Personen verwandt (zB Leipold BGB I, 10. Aufl. 2019, § 11 Rn. 10a; Grüneberg/Ellenberger BGB Überbl. v. § 1 Rn. 3). Als solcher taugt er hier nicht, denn erstere ist ohnehin ausdrücklich in Art. 13 erwähnt, letztere als „besondere Geschäftsfähigkeit" nach allgM nicht erfasst. Tatsächlich handelt es sich wohl um eine durch Anlehnung an Art. 1 Abs. 2 Nr. 1 EuGVÜ missglückte Übersetzung des im EVÜ verwandten französischen Begriffs 22 der incapacité (vgl. zur „capacité" als Oberbegriff für die Geschäfts- und Deliktsfähigkeit im schweizerischen Recht Steinauer/Fountoulakis, Droit des personnes physiques et de la protection de l'adulte, 2014, Rn. 167), weshalb man am besten daran tut, den Terminus als im vorliegenden Zusammenhang **inhaltsleer** zu ignorieren (Schotten DNotZ 1994, 670; vgl. zur Entstehungsgeschichte auch Staudinger/Hausmann, 2013, Rn. 2; MüKoBGB/Spellenberg Rn. 39). Manche wollen so weit nicht gehen und den Begriff – da es ihn nun einmal gibt – dadurch mit Leben füllen, dass sie die Grenzen **gesetzlicher Vertretungsmacht** für natürliche Personen als (familienrechtliche) „Handlungsbeschränkungen" deuten (Grüneberg/Thorn Rn. 6; Erman/Stürner Rom I-VO Art. 13 Rn. 3; Erman/Hohloch, 15. Aufl. 2017, EGBGB Art. 12 Rn. 2, 4) oder ihn als Stellvertreter- und Botenfähigkeit verstehen (BeckOGK/Thomale Rn. 17). Damit aber tut man Art. 13 nach Herkunft, Wortlaut und Systematik Gewalt an (ähnlich MüKoBGB/Spellenberg Rn. 39). Zutreffenderweise stellt sich hier die Frage, inwieweit Art. 13 in diesem Bereich **analog** angewendet werden kann und soll (→ Rn. 39).

**23** Die Handlungsfähigkeit **im Gesellschaftsrecht** ist nicht Gegenstand des auf natürliche Personen beschränkten Art. 13 (insoweit → EGBGB Art. 12 Rn. 39).

## IV. Voraussetzungen für den Schutz der anderen Partei

**24** **1. Beiderseitige Anwesenheit im Abschlussstaat. a) Allgemeines.** Die alternative Anknüpfung des Art. 13 setzt voraus, dass sich **beide Parteien zum Zeitpunkt des Vertragsschlusses in demselben Staat** (nicht an demselben Ort) befinden. Eine kurzfristige oder gar **zufällige Anwesenheit** in diesem Land, etwa während eines kurzen Zwischenstopps bei einem Transitflug reicht aus (hM), erst recht etwa eine solche während einer Messe, auch wenn der Rechtsverkehr des Gastgeberlandes in diesen Fällen überhaupt nicht tangiert wird. Man mag dies kritisch sehen und – zu Recht – rechtspolitisch eine Lösung fordern, bei der über die bloße Anwesenheit bei Vertragsschluss hinaus weitere Elemente das Geschäft oder die geschützte Vertragspartei (etwa über ihren gewöhnlichen Aufenthaltsort) mit dem Abschlussstaat verbinden. Es geht aber nicht an, bereits de lege lata den bewussten Verzicht des Gesetzgebers auf die Normierung solcher zusätzlicher Umstände durch eine teleologische Reduktion zu unterlaufen (so aber Fischer, Verkehrsschutz im internationalen Vertragsrecht, 1990, 64 f.: keine Anwendung des Art. 13 bei nur flüchtigem Abschlussort, den er bei Börsen- und Messegeschäften allerdings nicht bejaht; restriktiv auch Lipp RabelsZ 63 (1999), 107 (134 f.): zwar Verträge auf Flughafen erfasst, nicht aber zwischen Mitgliedern einer Reisegruppe und brieflich geschlossenen Verträge, bei denen eine der Parteien zu dieser Zeit völlig unabhängig davon in den Staat reist, in dem sich die andere Partei aufhält; ähnlich Staudinger/Hausmann, 2013, EGBGB Art. 12 Rn. 60; gegen Fischer etwa MüKoBGB/Spellenberg Rn. 58).

**25** Auf die gewählten Kommunikationswege und ihre Einordnung durch das Sachrecht kommt es nicht an, erfasst ist also neben der mündlichen auch jede brieflich, telefonisch, per Telefax oder E-Mail abgegebene Erklärung, unabhängig davon, ob sie als Erklärung unter Ab- oder Anwesenden gilt (hM, Lipp RabelsZ 63 (1999), 107, (135 f.); aA ohne Begr. Kropholler IPR § 42 I 3a: nur Verträge zwischen Anwesenden, nicht auch Distanzverträge erfasst). Eine telefonische Erklärung gilt als im Land des Erklärenden abgegeben (MüKoBGB/Spellenberg Rn. 54), bei einer E-Mail oder sonstigen elektronischen Nachricht entscheidet der jeweilige Standort des Geräts (unabhängig ob Mobiltelefon, Tablet, Laptop oder Desktop), in den der Erklärende seinen Text zur Absendung eingibt (→ Art. 11 Rn. 48).

**26** **b) Vertragsschluss unter Einschaltung von Vertretern und Boten. aa) Vertretung auf Seiten der Geschäftsunfähigen.** Der nicht (voll) Geschäftsfähige muss sich **persönlich** in dem Land aufhalten, in dem sich die Gegenseite bei Abgabe der Erklärungen befindet (str., so MüKoBGB/Spellenberg Rn. 61; Schotten DNotZ 1994, 670 (671)). Die Anwesenheit eines auf seiner Seite auftretenden **Vertreters** reicht richtiger Ansicht nach nicht aus, weil diese nicht das Vertrauen der anderen Seite legitimieren kann, die Geschäftsfähigkeit des sich im Ausland aufhaltenden Vertragspartners messe sich nach den Maßstäben des Abschlussortes **(str.)** (MüKoBGB/Spellenberg Rn. 61; Looschelders IPR, EGBGB Art. 12 Rn. 9; jurisPK-BGB/Ludwig/D. Baetge Rn. 20 – widersprüchlich jurisPK-BGB/Ludwig EGBGB Art. 12 Rn. 21; aA Staudinger/Hausmann, 2013, EGBGB Art. 12 Rn. 63; Erman/Stürner Rn. 5; Grüneberg/Thorn Rn. 3: Art. 11 Abs. 2 und 3 analog; Liessen NJW 1989, 501; Lipp RabelsZ 63 (1999), 107 (136): Art. 11 Abs. 3 analog). Dies gilt bei der **gewillkürten Vertretung** schon deshalb, weil Vertretergeschäft und Vollmachterteilung auseinander gehalten werden müssen. Beim ersteren kommt es nur auf die Geschäftsfähigkeit des Vertreters an (→ Rn. 28) (der bei einem nach seinem Heimatrecht minderjährigen Geschäftsherrn ggf. ohne Vertretungsmacht handelt), und bei der Letzteren spielt Art. 13 im Verhältnis zum Dritten (dem künftigen Vertragspartner) nur eine Rolle, wenn man – wie hier – diese Norm auch auf ein einseitiges Rechtsgeschäft anwenden will und für dieses die tatbestandlichen Voraussetzungen gegeben sind, die Vollmacht also als Außenvollmacht gegenüber dem Dritten bei gleichzeitiger Anwesenheit in einem Staat erteilt wurde (vgl. Fischer, Verkehrsschutz im internationalen Vertragsrecht, 1990, 39 f.; MüKoBGB/Spellenberg Rn. 62). Zu Art. 13 und den Grenzen **gesetzlicher Vertretungsmacht** (→ Rn. 39).

**bb) Vertretung auf der Gegenseite.** Tritt für die Gegenseite ein Vertreter auf, so kommt es hingegen auf dessen Aufenthaltsort an (jurisPK-BGB/Ludwig/D. Baetge Rn. 20). Denn wird er rechtsgeschäftlich tätig, ist entspr. dem Rechtsgedanken des § 166 Abs. 1 BGB maßgeblich, ob er auf die Gültigkeit des Geschäfts vertraut (vgl. Fischer, Verkehrsschutz im internationalen Vertragsrecht, 1990, 40). 27

**cc) Geschäftsfähigkeit des Vertreters.** Von dem soeben erörterten Problem, inwieweit bei der Einschaltung von Hilfspersonen Einschränkungen der Geschäftsfähigkeit einer der vertragsschließenden Parteien nach ihrem Heimatrecht mit Hilfe des Art. 13 überwunden werden können, ist die Frage nach der Geschäftsfähigkeit des Vertreters zu unterscheiden: Insoweit ist Art. 13 „normal" anwendbar, wenn der nach Heimatrecht nicht (voll) geschäftsfähige Vertreter sich bei Vertragsschluss in einem Staat mit (dem Vertreter) der Gegenseite befindet (vgl. MüKoBGB/Spellenberg Rn. 64). Ob und in welcher Form Geschäftsfähigkeit des Vertreters überhaupt notwendig ist, entscheidet demgegenüber das Vollmachtsstatut (→ EGBGB Art. 7 Rn. 21). 28

**dd) Einschaltung eines Boten.** Wird von einer Partei ein Bote eingeschaltet, ist Art. 13 nur anwendbar, wenn der Übermittlungsauftrag jeweils in dem Land **erteilt und ausgeführt** wurde, in dem auch der andere Teil seine Erklärung abgegeben hat (Fischer, Verkehrsschutz im internationalen Vertragsrecht, 1990, 39). 29

**c) Maßgeblicher Zeitpunkt.** In zeitlicher Hinsicht ist die **Abgabe,** nicht der Zugang **beider** Vertragserklärungen bzw. bei einseitigen Rechtsgeschäften (→ Rn. 11) der einen Erklärung maßgeblich (allgM). Ein Ortswechsel zwischen Abgabe und Zugang hat weder positiven noch negativen Einfluss. 30

**d) Irrtümer über den Aufenthaltsort.** Fraglich ist der Einfluss von Irrtümern der geschützten Partei über den Aufenthaltsort seines geschäftsunfähigen Geschäftspartners, etwa bei einem Vertragsschluss per Telefon oder E-Mail. Wohl allgM ist, dass die unzutreffende Annahme, der Partner befinde sich bei Abgabe der Erklärungen im gleichen Land wie man selbst, nicht zur Anwendung des Art. 13 führt. Nach dem Wortlaut der Norm wird die tatsächliche, nicht die angenommene beiderseitige Anwesenheit in einem Land vorausgesetzt (MüKoBGB/Spellenberg Rn. 59). Zweifelhaft ist aber umgekehrt, ob hinzukommen muss, dass der geschützte Teil letztere auch kennt, dh ob ihm die irrige Annahme, der Geschäftspartner befinde sich im Ausland, schadet (so Fischer, Verkehrsschutz im internationalen Vertragsrecht, 1990, 54; MüKoBGB/Spellenberg Rn. 59). Dies dürfte letztlich aber zu verneinen sein, da der Wortlaut der Vorschrift für eine solche Einschränkung nichts hergibt, im Gegenteil: Der Vergleich mit der Formulierung in ihrer ersten Fassung durch den dem EVÜ vorangegangenen Vorentwurf des Europäischen Schuldrechtsübereinkommens von 1972 (abgedruckt in RabelsZ 38 (1974), 211) zeigt deutlich, dass offenbar bewusst davon Abstand genommen wurde, die Kenntnis der die Anwendung des Rechts des Vornahmeortes rechtfertigenden Umstände zu einem notwendigen Tatbestandsmerkmal zu machen. Die von der Gegenmeinung gezogene Parallele zur Rechtsscheinhaftung im materiellen Recht, bei der die Kenntnis des Rechtsscheinstatbestandes vorausgesetzt wird (Fischer, Verkehrsschutz im internationalen Vertragsrecht, 1990, 54), passt schon deshalb nicht, weil es hier nicht um die Sanktion eines vom Geschäftsunfähigen verantwortlich gesetzten Rechtsscheins geht (ebenso NK-BGB/Bischoff EGBGB Art. 12 Rn. 11 m. Fn. 22). 31

**2. Guter Glaube des Geschäftspartners. a) Voraussetzungen der Gutgläubigkeit.** Nur der gutgläubige Geschäftspartner wird mittels der Anwendung des Rechts am Abschlussort geschützt. Maßgeblich ist nach dem Wortlaut der Vorschrift insoweit allein, ob er die Fähigkeitsbeschränkung durch das Heimatrecht der anderen Person **kannte** infolge von Fahrlässigkeit nicht kannte. Auch wenn der Begriff der Fahrlässigkeit in Art. 13 autonom zu bestimmen ist, kann, solange der EuGH keine abweichenden Vorgaben macht, auf das deutsche Begriffsverständnis zurückgegriffen werden. Deshalb schadet mangels einer Einschränkung auf „grobe Fahrlässigkeit" oder ähnliches wie bei § 122 Abs. 2 BGB **auch einfache und leichte Fahrlässigkeit** iSv § 276 BGB (Fischer, Verkehrsschutz im internationalen Vertragsrecht, 1990, 52). Mit der gesetzlichen 32

Formulierung ist zunächst einmal klargestellt, **dass die Unkenntnis des Kollisionsrechts nicht entlastet.** Mit der Verteidigung, er habe nicht gewusst, dass es überhaupt auf das Heimatrecht eines Ausländers zur Bestimmung von dessen Rechts- und Geschäftsfähigkeit ankommt, wird der Geschäftspartner nicht gehört (hM, v. Bar IPR BT, 1. Aufl. 1991, Rn. 59; für den Regelfall über einen strengen Fahrlässigkeitsmaßstab ebenso Fischer, Verkehrsschutz im internationalen Vertragsrecht, 1990, 16 f., 51 f., 243, 356; diff. MüKoBGB/Spellenberg Rn. 71: nur der Irrtum über eigenes Kollisionsrecht ist unbeachtlich; ihm folgend Staudinger/Hausmann, 2013, EGBGB Art. 12 Rn. 75). Ebenso unbeachtlich ist von vornherein der (reine) Irrtum über das Alter des Ausländers, weil dieser Irrtum mit den kollisionsrechtlichen Besonderheiten des Falls mit Auslandsberührung nichts zu tun hat (allgM; anders, wenn er zusammenfällt mit einem Irrtum über die Volljährigkeitsgrenze des ausländischen Rechts). Nach allgM kann hingegen (1) die Unkenntnis der materiellen Regeln des ausländischen Heimatrechts und – im Vorfeld dazu – (2) die fehlende Kenntnis der ausländischen Staatsangehörigkeit des Geschäftspartners (aA insoweit Staudinger/Hausmann, 2013, EGBGB Art. 12 Rn. 77 f.) oder – nach der ab 1.1.2023 wirksamen Neufassung des Art. 7 EGBGB – seines ausländischen gewöhnlichen Aufenthaltsorts die Anwendung des Art. 13 ermöglichen. Entscheidend ist in diesen beiden Fällen allein, ob die Unkenntnis vorwerfbar ist, was sich daran orientiert, welche Erkundigungsobliegenheiten man dem Vertragspartner aufbürden will. Insoweit ist zu unterscheiden: (1) **Weiß** die geschützte Partei (oder der für sie handelnde Vertreter, vgl. im deutschen Recht § 166 BGB), **welche Staatsangehörigkeit** oder (ab dem 1.1.2023) welchen gewöhnlichen Aufenthaltsort ihr Vertragspartner hat, hilft ihr die Unkenntnis der in diesem Staat geltenden materiellen Regeln über die Rechts- und Geschäftsfähigkeit dann nicht, wenn sie selbst ihren **gewöhnlichen Aufenthalt** dort hat – vor der Anwendung der (leicht ermittelbaren) Regeln seines eigenen Umweltrechts muss man nicht geschützt werden. Entsprechendes gilt, wenn die geschützte Partei die **gleiche Staatsangehörigkeit** wie der Geschäftspartner hat (vgl. den Fall des OLG Hamm NJW-RR 1996, 1144; iE ähnlich v. Bar IPR BT, 1. Aufl. 1991, Rn. 59 und die Autoren, die bei gleicher Staatsangehörigkeit der Parteien bereits die Anwendbarkeit von Art. 12 EGBGB verneinen, die aber jeweils nicht deutlich machen, ob der geschützte Vertragspartner von der Übereinstimmung wissen muss). Dass sie hier mit ihr unbekannten oder nicht ermittelbaren Normen konfrontiert wird, wird nicht vorkommen, zumal bei Doppelstaatsangehörigen über Art. 5 Abs. 1 S. 1 EGBGB insoweit auf die effektive Staatsangehörigkeit abzustellen ist; nur deutsch-ausländische Doppelstaater könnten hier wegen Art. 5 Abs. 1 S. 2 EGBGB härter getroffen werden. (2) Kennt die geschützte Partei die ausländische Staatsangehörigkeit des Vertragspartners oder (ab dem 1.1.2023) seinen gewöhnlichen Aufenthaltsort nicht oder kennt sie sie/ihn zwar, aber verbindet sie mit dem dadurch berufenen Recht nicht der eigene gewöhnliche Aufenthalt oder die eigene Staatsangehörigkeit, darf sie dennoch nicht auf die Regeln des Abschlussortes vertrauen, wenn sie (a) im Rahmen ihrer gewerblichen Tätigkeit die **grenzüberschreitende Reise des Vertragspartners an diesen Ort selbst veranlasst** hat. Das tunesische Reiseunternehmen, das (auch) für Kunden aus Algerien (Volljährigkeit mit 19 Jahren) Reisen nach Deutschland organisiert, hat keinen Anlass, bei Rechtsgeschäften auf deutschem Boden einen 18jährigen algerischen Mitfahrer an der deutschen Volljährigkeitsgrenze festzuhalten (iE ebenso Lipp RabelsZ 63 (1999), 107 (141 f.)). (b) Im Übrigen entscheidet die **(wirtschaftliche) Bedeutung des Geschäfts.** Immer (aber auch nur dann), wenn man in einem reinen Binnengeschäft Anlass hätte, sich über die Geschäftsfähigkeit des Vertragspartners besondere Gedanken zu machen und Nachforschungen anzustellen, muss man dies auch dann tun, wenn der Beteiligte (was bekannt ist oder sich erst später herausstellt) ein Ausländer ist. Solche Nachforschungsobliegenheiten bestehen sicher nicht bei den „normalen" Umsatzgeschäften des täglichen Lebens auf einem Markt, in einem Laden, in einem Kaufhaus (v. Bar IPR BT, 1. Aufl. 1991, Rn. 59) oder über das Internet oder auch bei gewöhnlichen, nicht kostenintensiven Dienstleistungen. Umgekehrt ist die Wertung des § 11 BeurkG zu beachten: Wenn der Gesetzgeber dem Notar bei jedem **beurkundungspflichtigen** Geschäft zur Aufgabe macht, Feststellungen über die Geschäftsfähigkeit zu machen, ist es dem Vertragspartner eines solchen Geschäfts verwehrt, die unterlassene Prüfung der Geschäftsfähigkeit des Ausländers nach seinem Heimatrecht mit dem Hinweis auf das abweichende Recht am Vertragsschlussort zu rechtfertigen (wohl allgM). Dazwischen liegt ein weiter Graubereich, bei dem eine Einzelfallbetrachtung notwendig ist und allgemeine Regeln versagen. Zu betonen ist jedoch, dass in keinem Fall allein die Kenntnis von der Ausländereigenschaft des Vertragspartners ohne eines der oben genannten zusätzlichen Kriterien bösgläubig macht (ähnlich Grüneberg/Thorn Rn. 3; Staudinger/Hausmann, 2013, EGBGB Art. 12 Rn. 82).

33 **b) Gutglaubensschutz gegen ausländische Entmündigung.** Für den Verkehrsschutz gegenüber ausländischen Entmündigungen gilt in Bezug auf den notwendigen guten Glauben (zur

Rechtsfolge des Art. 13 in diesem Fall → Rn. 21) nichts Besonderes. Auch hier ist maßgeblich, ob der Geschäftspartner nach den obigen Maßstäben mit der Anwendung des Heimatrechts in dieser Hinsicht an Stelle des Rechts am Abschlussort rechnen musste. Die rein faktische Unkenntnis der Entmündigung als solche hilft ihm – wie der bloße Irrtum über das Alter – nicht (MüKoBGB/Spellenberg Rn. 80), ebenso wenig wirkt ein (kollisionsrechtlicher) Irrtum über die Anerkennungsfähigkeit der Entmündigung in Deutschland (MüKoBGB/Spellenberg Rn. 80) oder im Land des Vertragsschlusses entschuldigend. Zu beachten ist aber, dass ein Rückgriff auf Art. 13 nicht notwendig ist, wenn man mit der – hier abgelehnten – hM der ausländischen Entmündigung eines Deutschen ohnehin nur die Wirkungen einer im Inland angeordneten Betreuung zukommen lassen will (→ EGBGB Art. 7 Rn. 53).

**c) Beweislast.** Die Beweislast dafür, dass der Geschäftspartner die nach dem Heimatrecht gegebene Geschäftsunfähigkeit kannte oder fahrlässig verkannt hat, trägt der in seiner Fähigkeit nach seinem Heimatrecht Beschränkte bzw. derjenige, der an seiner Stelle über Art. 7 EGBGB die Unwirksamkeit des vom ersteren getätigten Geschäfts geltend machen will (MüKoBGB/Spellenberg Rn. 88). Ein 18-jähriger Ägypter, der unter den Umständen des Art. 12 EGBGB einen Vertrag in Deutschland schließt und nachträglich geltend machen will, dass er nach ägyptischem Recht erst mit 21 Jahren geschäftsfähig wird, muss also beweisen, dass sein Vertragspartner dies wusste oder nach den obigen Kriterien hätte wissen müssen. Manche folgern daraus, dass die Geltung des Ortsrechts bei nicht über die Grenze geschlossenen Verträgen der **Normalfall** und der Rückgriff auf das Heimatrecht für die Bestimmung der Rechts- und Geschäftsfähigkeit die Ausnahme ist (Lipp RabelsZ 63 (1999), 107 (124)). 34

## V. Rechtsfolge: Günstigkeitsvergleich

**1. Alternativanknüpfung.** Liegen die tatbestandlichen Voraussetzungen des Art. 13 vor, so gesellen sich zu den durch die allgemeinen Regeln berufenen Normen für die Rechts- oder Geschäftsfähigkeit diejenigen des Rechtes des Abschlussortes hinzu. Es handelt sich also um eine alternative Anknüpfung (so auch v. Bar IPR BT, 1. Aufl. 1991, Rn. 55; allg. zur alternativen Anknüpfung → Einl. IPR Rn. 36; zur vergleichbaren Struktur des Art. 29 Abs. 1 EGBGB aF = Art. 6 Abs. 2 S. 2 Rom I-VO Mäsch, Rechtswahlfreiheit und Verbraucherschutz, 1993, 26 ff.), dh eine gleichzeitige Verweisung auf zwei Rechte (Heimatrecht/Ortsrecht) für eine Fragestellung. Von diesen Rechten wird im Wege eines **Günstigkeitsvergleichs** (allgM) dasjenige ermittelt und iErg angewandt, das den Schutz des Geschäftspartners der fraglichen Person besser gewährleistet, also die Rechts- oder Geschäftsfähigkeit der Letzteren bejaht oder für die Wirksamkeit des Geschäfts unter diesen Gesichtspunkten wenigstens die kleineren Hürden aufstellt, beispielsweise – anders als das deutsche Recht – unter bestimmten Umständen Gutgläubigkeit genügen lässt (knappe rechtsvergleichende Hinweise zum französischen, englischen und Schweizer Recht bei Lipp RabelsZ 63 (1999), 107 (138 f.)). Ist das Rechtsgeschäft sowohl nach dem Ortsrecht als auch nach dem von Art. 7 EGBGB berufenen Recht nicht voll gültig, wirkt sich Art. 13 dergestalt aus, dass sich die Rechtsfolgen des milderen Rechts durchsetzen (MüKoBGB/Spellenberg Rn. 92). Schwebende Unwirksamkeit mit Genehmigungsmöglichkeit hat also Vorrang vor einer endgültig und sofort eintretenden Nichtigkeit, ebenso die längere vor der kürzeren Genehmigungsfrist oder der nur auf Einrede zu beachtende Mangel vor dem von Amts wegen zu berücksichtigenden (statt aller BeckOGK/Thomale, 1.11.2020, Rn. 37). 35

Die leicht missverständliche Gesetzesformulierung, nach der sich der eine Vertragsteil auf seine nach den allgemeinen Regeln bestehende Rechts-, Geschäfts- oder Handlungs**un**fähigkeit nicht „berufen" darf (also die Regeln des Abschlussortsrechts nur vorgehen, wenn sie zur Wirksamkeit des Geschäfts führen), bezeichnet lediglich dieses Kriterium für den Günstigkeitsvergleich und legt **nicht** etwa indirekt fest, dass die genannten „Unfähigkeiten" grds. nur **Einreden** darstellen, auf die sich die vermeintlich unfähige Partei im Prozess ausdrücklich berufen muss (allgM). Letztere Frage bleibt vielmehr zur Beantwortung dem jeweiligen alternativ berufenen materiellen Recht überlassen (MüKoBGB/Spellenberg Rn. 89, 92). Wie oben angedeutet, wäre es denkbar, dass sich die Günstigkeit einer der Rechtsordnungen gerade daraus ergibt, dass sie materiell die Geschäftsunfähigkeit als Einrede einstuft (was tatsächlich wohl nur wenige Rechte tun), die im konkreten Fall nicht erhoben wurde, während das andere Recht von einem von Amts wegen zu prüfenden Umstand ausgeht. 36

**2. Kein Wahlrecht.** Unabhängig davon ist jedenfalls der **Günstigkeitsvergleich selbst** zwischen den alternativ berufenen Rechtsordnungen **von Amts wegen** anzustellen (allgM). Das 37

Gericht hat, ohne dass es eines dahingehenden Antrags der Parteien bedarf, von sich aus zu ermitteln, welche Rechtsordnung für die Aufrechterhaltung des Geschäfts unter dem Gesichtspunkt der Rechts-, Geschäfts- oder Handlungs-(un-)fähigkeit die günstigere ist. Das schließt es zugleich aus, dem Geschäftsgegner des potentiell Unfähigen ein **Wahlrecht** dahingehend einzuräumen, auf seine Begünstigung durch das Recht des Abschlussortes zu verzichten, um es bei der Unwirksamkeit des Geschäfts nach dem ohne Art. 13 anwendbaren Recht zu belassen (str.; für ein Wahlrecht Fischer, Verkehrsschutz im internationalen Vertragsrecht, 1990, 118; Schotten DNotZ 1994, 670 (672); BeckOGK/Thomale, 1.11.2020, Rn. 39; wie hier abl. Soergel/Kegel EGBGB Art. 12 Rn. 3; Staudinger/Hausmann, 2013, EGBGB Art. 12 Rn. 86; NK-BGB/Bischoff EGBGB Art. 12 Rn. 18). Alternativ heißt nicht wahlweise (Soergel/Kegel EGBGB Art. 11 Rn. 1), wie sich nicht zuletzt an Art. 40 Abs. 1 S. 2 EGBGB zeigt, der sich für das Deliktsrecht zugunsten eines Optionsrechts des Opfers ausdrücklich von der früher vertretenen alternativen Anknüpfung verabschiedet hat. Auch rechtspolitisch erscheint ein Wahlrecht bei Art. 13 nicht wünschenswert. Zum einen kann das zu schützende Vertrauen des Vertragspartners legitimerweise nur auf die Wirksamkeit des Geschäfts, nicht aber darauf gerichtet sein, das Geschäft nach seiner Wahl als wirksam oder unwirksam behandeln zu können, und zum anderen würde der vor der Ausübung des Wahlrechts bestehende Schwebezustand Rechtsunsicherheit fördern (dies betont schon Fischer, Verkehrsschutz im internationalen Vertragsrecht, 1990, 116 f., der sich selbst allerdings für ein Wahlrecht ausspricht).

38 **3. Rechtsstreit mit einem Dritten.** Kommt es nach dem oben Gesagten gegen den Gesetzeswortlaut nicht darauf an, dass sich der nach dem Heimatrecht Unfähige auf seine Rechts-, Geschäfts- oder Handlungsunfähigkeit „beruft", so folgt daraus zugleich, dass Art. 13 auch dann anzuwenden ist, wenn sich die Frage nach der Wirksamkeit des von ihm abgeschlossenen Geschäfts in einem Rechtsstreit stellt, an dem er selbst nicht beteiligt ist (etwa: Klage des Geschäftspartners gegen einen Bürgen). Auch in diesem Fall aber kommt es nur auf die Gutgläubigkeit des Vertragspartners, nicht des Dritten, an.

## VI. Analoge Anwendung

39 **1. Beschränkungen der gesetzlichen Vertretungsmacht.** Nach wohl allgM ist die Regelung des Art. 13 wegen der vergleichbaren Interessenlage auch zum Schutz des Verkehrs vor am Vornahmeort unbekannten Beschränkungen der gesetzlichen Vertretungsmacht von **Eltern, Vormündern, Pflegern, Betreuern** und **Ehegatten** anwendbar. Für den Vertrauensschutz im Anwendungsbereich des Haager Erwachsenenschutzabkommens s. Art. 17 ErwSÜ.

40 **2. Bestand und Umfang einer Vollmacht.** Inwieweit der gute Glaube an Bestehen und Umfang einer rechtsgeschäftlichen Vollmacht geschützt wird, ist allein Sache des **hypothetischen Vollmachtsstatuts** (→ EGBGB Art. 8 Rn. 56 ff.). Die Anknüpfungsmerkmale des Art. 8 EGBGB zur Bestimmung des auf die Vollmacht anwendbaren Rechts sind gerade im Hinblick auf ihre Erkennbarkeit für den Drittkontrahenten gewählt (→ EGBGB Art. 8 Rn. 32), sodass sie sich besser als Basis für dessen Vertrauensschutz eignen als die krude Vorschrift des Art. 13 (oder Art. 12 EGBGB) (iErg wohl allgM, statt aller MüKoBGB/Spellenberg Rn. 52 mwN).

41 **3. Eherechtliche Verpflichtungs- und Verfügungsbeschränkungen.** Manche wollten in der Vergangenheit Art. 13/Art. 12 EGBGB auch bei eherechtlich motivierten Verpflichtungs- und Verfügungsbeschränkungen von Ehegatten (im deutschen Recht zB §§ 1365, 1369 BGB, im Schweizer Recht zB Zustimmungserfordernisse des Ehegatten für Abzahlungskäufe oder für Bürgschaften des anderen Ehepartners) einschließlich der sog. **Interzessionsverbote** (dabei handelt es sich um Normen, die es einem Ehegatten zum Schutz vor unbilliger Einflussnahme untersagen, sich für Geschäfte des anderen Ehegatten zu verbürgen oder in sonstiger Weise „Schuldhilfe" (Raape IPR 328) zu leisten, etwa Garantie, Schuldübernahme, Verpfändung; Fountoulakis, Interzession naher Angehöriger, eine rechtsvergleichende Untersuchung im deutschen und angelsächsischen Rechtskreis, 2004, s. auch Staudinger/Mankowski, 2010, EGBGB Art. 14 Rn. 233 ff.) in einigen ausländischen Rechten analog anwenden (so für Art. 12 EGBGB LG Aurich IPRax 1991, 341; Hanisch IPRax 1987, 47 (50); Fischer, Verkehrsschutz im internationalen Vertragsrecht, 1990, 171 ff.; NK-BGB/Bischoff EGBGB Art. 12 Rn. 6; Grüneberg/Thorn Rn. 6; v. Hoffmann/Thorn IPR § 7 Rn. 10). Zutreffend erschien jedoch schon damals insoweit eine Analogie zu der sachnäheren Vorschrift des **Art. 16 Abs. 2 EGBGB** (so auch v. Bar IPR BT, 1. Aufl. 1991, Rn. 26; Staudinger/Mankowski, 2010, EGBGB Art. 14 Rn. 238 ff.; Erman/Hohloch EGBGB Art. 16 Rn. 24; unentschieden Soergel/Schurig EGBGB Art. 14 Rn. 64; Soergel/Schurig EGBGB

Art. 16 Rn. 21; MüKoBGB/Looschelders EGBGB Art. 14 Rn. 73). Heute liefert **Art. 28 EuGüVO** die Lösung, und zwar im Regelfall in direkter Anwendung (näher Staudinger/Mankowski, 2019, Art. 12 EGBGB Rn. 46a); nur in Altfällen nach Art. 229 § 47 Abs. 2 Nr. 2 EGBGB wird weiterhin Art. 16 Abs. 2 EGBGB Anwendung finden.

**4. Gesellschaftsrecht.** Zur analogen Anwendung des Rechtsgedankens des Art. 13 im internationalen Gesellschaftsrecht (→ EGBGB Art. 12 Rn. 44 f.). 42

## Art. 14 Übertragung der Forderung

**(1) Das Verhältnis zwischen Zedent und Zessionar aus der Übertragung einer Forderung gegen eine andere Person („Schuldner") unterliegt dem Recht, das nach dieser Verordnung auf den Vertrag zwischen Zedent und Zessionar anzuwenden ist.**

**(2) Das Recht, dem die übertragene Forderung unterliegt, bestimmt ihre Übertragbarkeit, das Verhältnis zwischen Zessionar und Schuldner, die Voraussetzungen, unter denen die Übertragung dem Schuldner entgegengehalten werden kann, und die befreiende Wirkung einer Leistung durch den Schuldner.**

**(3) Der Begriff „Übertragung" in diesem Artikel umfasst die vollkommene Übertragung von Forderungen, die Übertragung von Forderungen zu Sicherungszwecken sowie von Pfandrechten oder anderen Sicherungsrechten an Forderungen.**

**Schrifttum:** Bauer, Die Forderungsabtretung im IPR, 2008; Einsele, Die Forderungsabtretung nach der Rom I-VO, RabelsZ 74 (2010), 91; Einsele, Die Drittwirkung von Forderungsabtretungen im Kollisionsrecht, IPRax 2019, 477; Flessner, Die internationale Forderungsabtretung nach der Rom I-VO, IPRax 2009, 35; Flessner, Rechtswahlfreiheit auf Probe – Zur Überprüfung von Art. 14 der Rom I-VO, FS Kühne, 2010, 703; Kieninger, Das auf die Forderungsabtretung anzuwendende Recht im Licht der BIICL-Studie, IPRax 2012, 289; Kieninger, Die Forderungsabtretung nach der Rom I-Verordnung, ERA Forum 2015, 181; Leible/Müller, Die Anknüpfung der Drittwirkung von Forderungsabtretungen in der Rom I-Verordnung, IPRax 2012, 491; Mankowski, Zessionsgrundstatut v. Recht des Zedentensitzes – Ergänzende Überlegungen zur Anknüpfung der Drittwirkung von Zessionen, IPRax 2012, 298; Stadler, Der Streit um das Zessionsstatut – eine endlose Geschichte?, IPRax 2000, 104; Stefer, Drittwirkung der Abtretung – Kein Fall für Rom I, IPRax 2021, 155; Stoll, Kollisionsrechtliche Aspekte des Übereinkommens der Vereinten Nationen über Abtretungen im internationalen Handel, FS Sonnenberger, 2004, 695.

### I. Normzweck und Herkunft

**Abs. 1 und 2** regeln die **Forderungsabtretung.** Vorläufer waren Art. 33 Abs. 1 und 2 bzw. Art. 12 EVÜ. Art. 12 EVÜ geht zurück auf Art. 16 EVÜ-Entwurf 1972 (dazu Lando RabelsZ 38 (1974), 47 f.). Das UNCITRAL-Übereinkommen der Vereinten Nationen über Abtretungen im internationalen Handel vom 12.12.2001 ist in Deutschland nicht in Kraft (dazu Bazinas ZEuP 2002, 782; Kieninger FS 600 Jahre Würzburger Juristenfakultät, 2002, 297; Stoll FS Sonnenberger, 2004, 695, auch zu den evtl. kollisionsrechtlichen Aspekten). In Bezug auf die Forderungsabtretung ist Art. 14 um einen **Interessenausgleich zwischen Zedent und Zessionar sowie dem Schuldner** bemüht. Für das Verhältnis, insbes. (aber im Unterschied zur bisherigen Rechtslage nicht mehr allein) für die Verpflichtungen zwischen früherem und neuem Gläubiger, ist das Recht des Staates anwendbar, das für den Kausalvertrag zwischen beiden gilt (Abs. 1). Für zumindest wesentliche Bestandteile des Übertragungsvorgangs (nach deutschem Verständnis dem Verfügungsgeschäft) gilt nach **Abs. 2,** der unverändert geblieben ist, demgegenüber das Recht der übertragenen (abgetretenen) Forderung. Insoweit wird dem **Bestandsinteresse des Schuldners** entsprochen. Der Schuldner soll sich nur auf die für ihn maßgebende Rechtsordnung einzurichten brauchen. Es sollen von ihm Unsicherheiten ferngehalten werden, die durch Anwendung oder Mitberücksichtigung der für die Rechtsbeziehungen zwischen Zedent und Zessionar maßgebenden Rechtsordnung notwendig geschaffen würden (BGH NJW 1991, 1414 = IPRax 1992, 43 mAnm v. Bar IPRax 1992, 20 ff.; Einsele RabelsZ 60 (1996), 407, 431; v. Bar RabelsZ 53 (1989), 461 (468)). Da das **CISG** die Abtretung (insbes. einer Kaufpreisforderung) nicht regelt, ist auf das über Art. 14 zu bestimmende nationale Sachrecht abzustellen (OLG Oldenburg IHR 2013, 63 mAnm Magnus). Art. 14 kann im Kontext von **Schiedsvereinbarungen,** die der Zedent geschlossen hat, über eine (nur) analoge Anwendung (Grund: Art. 1 Abs. 2 lit. e), zu einer Bindung des Zessionar führen (BGH IPRax 2016, 63; dazu Kröll IPRax 2016, 43; bereits zuvor BGH NJW 1998, 371). 1

## II. Forderungsabtretung (Abs. 1 und 2)

2 **1. Verhältnis Alt- und Neugläubiger (Abs. 1).** Im Falle einer rechtsgeschäftlichen Übertragung einer Forderung ist nach Abs. 1 für das „Verhältnis" zwischen Zedent und Zessionar, also jedenfalls für die Verpflichtungen zwischen Alt- und Neugläubiger das auf den zu Grunde liegenden Kausalvertrag gem. Art. 3 ff. anwendbare Recht maßgebend (dazu etwa LG Düsseldorf BeckRS 2022, 5294 Rn. 26; LG Düsseldorf BechRS 2021, 20151 Rn. 12). Aus dem – unter dem Blickwinkel des deutschen Abstraktionsprinzips früher allein auf die „Verpflichtungen" abstellenden und daher anscheinend eindeutigen – Wortlaut von Art. 33 Abs. 1 EGBGB aF folgerte die hM, dass **für das Verfügungsgeschäft bzw. den Übertragungsvorgang** (sofern ausländisches Recht ohne Abstraktionsprinzip anwendbar ist) nicht Abs. 1 anwendbar ist, sondern **Abs. 2.** Insoweit galt also das Recht der übertragenen Forderung insgesamt und damit über den Wortlaut von Abs. 2 hinaus, in dem sich nach dieser Sichtweise nur bestimmte Regelbeispiele finden (BGH NJW 1991, 637 (638); 1991, 1414; IPRax 2000, 128 (129); OLG Düsseldorf VersR 2004, 1479; OLG Köln RIW 2004, 458 (459); ZIP 1994, 1791 (1793); OLG Karlsruhe WM 1993, 893 (894); OLG Düsseldorf RIW 1995, 508 (509); VersR 2000, 460; LG Stuttgart IPRax 1993, 330 (331) (dazu v. Hoffmann/Höpping IPRax 1993, 302 ff.); Stoll IPRax 1991, 223; Kropholler IPR § 52 VIII. 1). Die Gegenauffassung ordnete demgegenüber im Wesentlichen das Innenverhältnis zwischen Zedent und Zessionar insgesamt Abs. 1 zu, während Abs. 2 nur ein Ausnahmetatbestand gegenüber Abs. 1 für die in Abs. 2 aufgeführten speziell genannten Fragen sei (hauptsächlich Fragen des Schutzes des Dritten als Schuldner der Forderung) (Stadler, Gestaltungsfreiheit und Verkehrsschutz durch Abstraktion, 1996, 714 f.; Stadler IPRax 2000, 104 (106); Einsele ZVglRWiss 90 (1991), 1 ff.; Einsele RabelsZ 60 (1996), 430; offen gelassen in LG Hamburg ZIP 1991, 1507, 1509). Dafür sprach, dass eine solche Differenzierung in den anderen Vertragsstaaten des EVÜ überwiegt, und dass deshalb auch Art. 33 EGBGB aF entspr. auszulegen ist. Die hM hatte zumindest eine einheitliche und klare Anknüpfung gewählt (BT-Drs. 10/504, 20, 82 f.; v. Hoffmann/Höpping IPRax 1993, 302 (303 f.); für eine Herausnahme der dinglichen Aspekte der Abtretung aus dem Anwendungsbereich des EVÜ insgesamt früher Kieninger RabelsZ 62 (1998), 676 (702 ff.); Kieninger JZ 1999, 405 (406): Anknüpfung an das Niederlassungsrecht des Zedenten).

3 **Erwägungsgrund 38** hat mit der Änderung des Wortlauts des Abs. 1 die Klarheit der bisherigen hM in Deutschland nun relativiert. Denn im Zusammenhang mit der Übertragung einer Forderung soll mit dem Begriff „Verhältnis" klargestellt werden, dass **Abs. 1 auch auf die dinglichen Aspekte des Vertrags zwischen Zedent und Zessionar anwendbar ist, wenn eine Rechtsordnung dingliche und schuldrechtliche Aspekte trennt** (so folgerichtig auch OLG Düsseldorf BeckRS 2016, 04555 Rn. 28). Allerdings soll mit dem Begriff „Verhältnis" nicht jedes beliebige möglicherweise zwischen dem Zedenten und dem Zessionar bestehende Verhältnis gemeint sein. Insbesondere ist er nicht auf die der Übertragung einer Forderung vorgelagerten Fragen zu erstrecken. Vielmehr hat er sich ausschließlich auf die Aspekte zu beschränken, die für die betreffende Übertragung einer Forderung unmittelbar von Bedeutung sind. Nach **Abs. 3** umfasst der Begriff **„Übertragung"** demgemäß die „vollkommene Übertragung von Forderungen, die Übertragung von Forderungen zu Sicherungszwecken sowie von Pfandrechten oder anderen Sicherungsrechten an Forderungen". Vom System her wird man nun alle Regelungsbereiche, die nicht unter Abs. 2 fallen, als von Abs. 1 erfasst anzusehen haben (sofern sie von Art. 14 überhaupt erfasst sind). Nach Art. 14 Abs. 1 gilt damit zB für eine Factoring-Vereinbarung ebenso wie für die eigentliche Forderungsabtretung (OLG Stuttgart NJW 2019, 2708 f.).

4 Ob von Abs. 1 nicht nur das Kausalgeschäft, sondern auch die Abtretung als dingliches Geschäft selbst (einschließlich einer französischen vertraglichen Subrogation) erfasst ist, ist unklar (MüKoBGB/Martiny Rn. 10, 11); diese Unklarheit erfasst – abgesehen vom Kausalgeschäft – auch eine entsprechende **Sicherungsabrede** im Falle der **Sicherungszession.** ME sind kollisionsrechtlich **Abs. 1** iVm Art. 3 ff. maßgeblich (Flessner IPRax 2009, 35 (37)). Dies gilt auch für die Sicherungszession und ihre verfügende Wirkung selbst (anders zu Art. 33 EGBGB aF BGHZ 111, 376 (381) = NJW 1991, 637). Das deutsche Abstraktionsprinzip hat sich also auf der Ebene des Europäischen Kollisionsrechts zumindest im Bereich der Abtretung nicht halten lassen; vielmehr hat sich hier das in den europäischen Zivilrechten mehrheitlich anzutreffende Konsensprinzip durchgesetzt (zu Belgien und Frankreich zB Forriers/Grégoire in Hadding/Schneider, Die Forderungsabtretung, insbes. zur Kreditsicherung, in ausländischen Rechtsordnungen, 1999, 135 ff.; Blaise/Desgorces in Hadding/Schneider, Die Forderungsabtretung, insbes. zur Kreditsicherung, in ausländischen Rechtsordnungen, 1999, 245 ff.; zu Frankreich, Österreich, Schweiz und USA Stadler, Gestaltungsfreiheit und Verkehrsschutz durch Abstraktion, 1996, 701 ff., zu Common Law, Schweiz und Türkei Hartwieg ZIP 1998, 2137 (2140 f.); zu Common Law und Frankreich

Peltzer RIW 1997, 893 (895 f.); zu den EU-Staaten Bernstorff RIW 1994, 542 ff.). Unklar ist, ob Art. 14 das Verhältnis zu Dritten, genauer: **Drittwirkungen** erfasst, was insbes. im Hinblick auf die Rechtswahlfreiheit des Art. 3 als bedenklich erscheinen würde. Der **EuGH** hat die Frage verneint: Art. 14 sei dahin auszulegen, dass er weder unmittelbar noch durch entsprechende Anwendung bestimmt, welches Recht auf die Drittwirkungen einer Forderungsabtretung bei Mehrfachabtretung einer Forderung durch denselben Gläubiger nacheinander an verschiedene Zessionare anzuwenden ist (EuGH NJW 2019, 3368; dazu Stefer IPRax 2021, 155; bereits zuvor Kieninger ERA-Forum 2015, 181 (189); Leible/Müller IPRax 2012, 491; näher Einsele IPRax 2019, 477). Demgemäß ist die Lücke mit nationalem Kollisionsrecht zu schließen (Leible/Müller IPRax 2012, 491; MüKoBGB/Martiny Rn. 20). Viel spricht für eine zumindest grundsätzliche Anknüpfung an den Zedentensitz (dafür Mankowski IPRax 2012, 298 (304 ff.) mw Differenzierungen; Kieninger ERA-Forum 2015, 181 (191)). Jedenfalls ist die Begrenzung der Möglichkeit, Rechtswahlverträge zu Lasten Dritter zu vereinbaren (Art. 3 Abs. 2 S. 2 Alt. 2), zu beachten (vgl. die iErg positive Analyse von Flessner FS Kühne, 2010, 703 ff.; Flessner IPRax 2009, 35 (38 f.); Stadler RabelsZ 74 (2010), 91 (99 ff.); MüKoBGB/Martiny Rn. 19). Abs. 1 gilt auch für die Abtretungsanzeige, ggf für das Erfordernis einer Registereintragung (ohne Möglichkeit der Sonderanknüpfung gem. Art. 9) (Stadler RabelsZ 74 (2010), 91 (103 ff.)). Lediglich selbständig anzuknüpfende Teilaspekte (Vertretung, Geschäftsfähigkeit uÄ) werden nicht erfasst.

Das **Forderungsstatut entscheidet** im Rahmen der Rom I-VO **weder, ob die Forderungsübertragung** – wie im deutschen Recht – **abstrakt, noch, ob sie kausal ausgestaltet** ist (wie zB in Belgien, Frankreich), oder welche Auswirkungen die Unwirksamkeit des Kausalgeschäfts auf die Abtretung hat, ebenso wenig die Art und Weise der Abtretung und ob diese abstrakt oder kausal ist (anders früher BGH NJW 1991, 1414; OLG Karlsruhe RIW 1993, 505). Setzt die Abtretung nach dem Forderungsstatut ein wirksames Verpflichtungsgeschäft voraus, so ist dies nach **Abs. 1** anzuknüpfen. Abs. 1 erfasst alle Forderungen, unabhängig vom Rechtsgrund (zB vertraglich oder gesetzlich begründete Forderungen) (Grüneberg/Thorn Rn. 3). 5

**2. Das Statut der übertragenen Forderung (Abs. 2). a) Anknüpfung.** Abs. 2 ist im Wortlaut nicht geändert worden. Indes ist der Einfluss der Änderung von Abs. 1 bei der Auslegung von Abs. 2 zu bedenken. Das **Recht der abgetretenen Forderung,** also das **Schuldstatut des Rechtsverhältnisses, dem die abgetretene Forderung entstammt,** kann im Falle einer abgetretenen vertraglichen Forderung das entsprechende Vertragsstatut, im Falle einer aus Delikt resultierenden Forderung das Deliktsstatut sein usw (zu deliktsrechtlichen Ansprüchen zB BGHZ 108, 353 (360, 362) = NJW 1990, 2425; BGH NJW 1988, 3095 (3096); RIW 1990, 670 (671); OLG Köln RIW 2004, 458; OLG Karlsruhe RIW 1993, 505; OLG Hamburg NJW-RR 1993, 40; OLG Hamm RIW 1997, 153 (154); OLG Koblenz RIW 1996, 151 (152); zur Bürgschaft BGH NJW-RR 2001, 307). Denkbar ist auch, dass die Abtretbarkeit im Rahmen von Eingriffsnormen (Art. 9) einem bestimmten Recht unterworfen wird (dafür zur Arbeitnehmerentsende-RL Bayreuther EuZA 2015, 346 (357); Franzen NZA 2015, 338 (340) zu EuGH NZA 2015, 345). Die Möglichkeit einer Rechtswahl besteht, selbst wenn die abgetretene Forderung einem bestimmten Statut kraft Rechtswahl unterworfen worden ist, in Bezug auf die Übertragbarkeit selbst nicht. Alt- und Neugläubiger können also nicht eine unübertragbare Forderung durch Rechtswahl abtretbar machen; diesbezüglich besteht keine Parteiautonomie. Möglich bleibt aber eine nachträgliche Änderung des Forderungsstatuts, falls eine solche Vereinbarung zwischen Zessionar und Schuldner kollisionsrechtlich möglich ist. Dabei ist Art. 3 Abs. 2 S. 2 zu beachten. 6

**b) Anwendungsbereich.** Die **Übertragbarkeit** der Forderung betrifft die Frage, ob dem Schuldner gegenüber überhaupt eine Wirkung eintritt. Die Norm erfasst vertragliche Abtretungsverbote ebenso wie gesetzliche, die dem Schutz des Schuldners dienen (ratio des Abs. 2) (Grüneberg/Thorn Rn. 5), auch Forderungen aus unerlaubter Handlung. Jedenfalls im Wege der analogen Anwendung (so OLG Düsseldorf BeckRS 2018, 26389) gilt das, weil das Forderungsstatut grds. als das auch hinsichtlich der Übertragbarkeit einer Forderung sachnächste Recht angesehen werden kann, die Übertragbarkeit von Forderungen kollisionsrechtlich generell in Abs. 2 geregelt worden sein dürfte und die Rom II-VO ohnedies keine Regelungen zur Forderungsübertragung enthält. Da es sich um eine Schuldnerschutzvorschrift handelt Abs. 2 erwähnte Übertragbarkeit der Forderung indes nicht der Disposition des Zedenten und des Zessionars (OLG Düsseldorf BeckRS 2018, 26389). Unter Abs. 2 fällt dagegen die Abtretbarkeit bedingter oder künftiger Ansprüche, nicht aber Beschränkungen einer Globalabtretung, die ieL andere Gläubiger schützen sollen (Grüneberg/Thorn Rn. 5; früher BGH IPRax 2000, 128 (129); OLG Düsseldorf RIW 1995, 509; LG Stuttgart IPRax 1993, 330 (331); Kieninger JZ 1999, 405 f.; Peltzer RIW 1997, 893 (898)). Eine erforderliche Zustimmung des Schuldners gehört nicht pauschal zu den Voraussetzungen der 7

Abtretbarkeit (so recht allg. OGH IPRax 2012, 364), sondern nur dann, wenn dadurch die Funktion des Schuldnerschutzes verfolgt wird. Das ist zB nicht der Fall, wenn es lediglich um die Schaffung eines bloßen Publizitätsaktes geht (überzeugend Kieninger IPRax 2012, 366).

**8** Für das **Verhältnis zwischen Neugläubiger und Schuldner** gilt das Recht der abgetretenen Forderung. Die Abtretung ändert also den Inhalt der Forderung nicht (LG Hamburg IPRspr. 1991 Nr. 57). Das für das Verhältnis von Neugläubiger und Schuldner maßgebliche Recht der übertragenen Forderung kann zwischen Alt- und Neugläubiger auch nicht über eine Rechtswahl ohne Mitwirkung des Schuldners beeinflusst werden (MüKoBGB/Martiny Rn. 26, 27).

**9** Das Forderungsstatut bestimmt weiter, ob die Abtretung gegenüber dem Schuldner wirkt. Deshalb fallen unter das Forderungsstatut (und nicht unter Art. 11 Abs. 1 als Formfrage) bestimmte **förmliche Benachrichtigungen,** die in Bezug auf die Abtretung dem Schuldner gegenüber erforderlich sind (wie zB die signification nach Art. 1690 franz CC oder eine Registereintragung) (OLG Hamm RIW 1997, 153 (154); OLG Köln IPRax 1996, 270 m. Aufs. Thorn IPRax 1996, 257; MüKoBGB/Martiny Rn. 33; aA Koziol DZWiR 1993, 353 (356)). Sodann fällt unter Abs. 2, wie und an wen der **Schuldner mit befreiender Wirkung leisten** kann (zB nach § 407 BGB).

**10** Abs. 2 gilt (analog) überdies im Falle einer bloßen **Einziehungsermächtigung,** die nichts an der Inhaberschaft der Forderung ändert (und die damit keinen Fall der „Übertragung einer Forderung" betrifft), wobei die Befugnis zur Ermächtigungserteilung einem anderen Recht (zB dem Insolvenzstatut) unterliegen kann (BGHZ 125, 196 = NJW 1994, 2549 m. Aufs. Gottwald IPRax 1995, 157; Looschelders Rn. 10; zur Subrogation – wie Abtretung zu behandeln – Sonnenberger IPRax 1987, 221 (222)). Für die Form der Abtretung gilt Art. 11.

**11** **3. Mehrfachabtretung.** Für Fälle der Mehrfachabtretung mit nach Abs. 1 unterschiedlich anwendbaren Rechtsordnungen (zB im Rahmen einer Rechtswahl) gilt zunächst das auf die zeitlich erste Abtretung anzuwendende Recht. Eine spätere Rechtswahl ist zunächst nur in den Grenzen von Art. 3 Abs. 2 S. 2 zulässig. Im Übrigen ist im Rahmen des Rechts der Zweitabtretung die Erstabtretung zu berücksichtigen; regelmäßig gilt auf sachrechtlicher Ebene dabei das Prioritätsprinzip. Konflikte kann die (freilich in rechtsvergleichender Betrachtung seltene) Möglichkeit eines gutgläubigen Forderungserwerbs auslösen (näher Stadler RabelsZ 74 (2010), 91 (114 ff.)). Sind sie über Abs. 1 nicht auszulösen, sollte angesichts der unklaren Abgrenzung von Abs. 1 und Abs. 2 wie bisher (indes nur hilfsweise) auf das **Forderungsstatut** abgestellt werden (wie bereits früher von BGHZ 111, 376 (381 f.) m. Aufs. Stoll IPRax 1991, 223; OLG Celle IPRspr. 1989 Nr. 58; RIW 1990, 670, für das am Zedentenwohnsitz geltende Recht Kieninger RabelsZ 62 (1998), 678 (703); für das Recht am gewöhnlichen Aufenthalt des Vollrechtsinhabers Bauer, Die Forderungsabtretung im IPR, 2008, 292 f., 301 ff.).

## III. Schuldübernahme und Verwandtes

**12** Die **Schuld-, Vertrags- und Vermögensübernahme,** die schon im BGB unvollständig (und in Bezug auf die Vermögensübernahme seit dem 1.1.1999 nicht mehr) geregelt sind, haben das Schicksal der **Nichtregelung** in der Rom I-VO (ebenso wie zuvor im EVÜ bzw. im EGBGB) erfahren. Sowohl die Verfasser des EVÜ (Giuliano/Lagarde BT-Drs. 10/503, 36, 68) als auch der autonome Gesetzgeber sowie die Verfasser der Rom I-VO haben sich den mit einer Normierung verbundenen Schwierigkeiten im Hinblick auf die in der forensischen Praxis bisher in nur ganz geringem Umfang in Erscheinung getretenen praktischen Relevanz entzogen.

**13** **1. Schuldübernahme.** Grds ändert eine Schuldübernahme das Statut der übernommenen Schuld nicht (RG IPRspr. 1932 Nr. 34; Girsberger ZVglRWiss 88 (1989), 31 (34); Kropholler IPR § 52 VIII 4). Im Falle der Schuldbefreiung (sog. **befreiende oder privative Schuldübernahme**) sind deren Voraussetzungen nach dem für die übernommene Schuld maßgebenden Recht zu beurteilen (LG Hamburg IPRax 1991, 400 m. Aufs. Reinhart IPRax 1991, 376 ff.; v. Bar IPRax 1991, 197 (194 ff.)). Das gilt jedoch nur in Bezug auf die Befreiung des Altschuldners als Verfügung über die Forderung (Soergel/v. Hoffmann EGBGB Art. 33 Rn. 31). Die Kausalvereinbarung zwischen dem Übernehmer und dem Gläubiger oder dem Übernehmer und dem Altschuldner unterliegt dem Vertragsstatut zwischen diesen beiden Parteien nach Art. 3 und Art. 4. Der **Schuldbeitritt** (die **kumulative Schuldübernahme**) berührt die Interessen des Gläubigers nicht, sodass er auch nicht beteiligt zu werden braucht. Daher ist gem. Art. 3 vorrangig das vom Erst- und beitretenden Zweitschuldner gewählte Recht maßgeblich (OLG Köln RIW 1998, 148 (149); v. Bar IPRax 1991, 198 in Fn. 6); hilfsweise gilt über Art. 4 Abs. 2 das Recht am Ort des gewöhnlichen Aufenthaltes bzw. der Niederlassung des Beitretenden (bereits v. Bar IPRax 1991, 197 (198); Girsberger ZVglRWiss 88 (1989), 31 (37 f.)). Den praktisch wichtigsten Fall des gesetzlich angeordneten Schuldbeitritts eines Haftpflichtversicherers, der einen möglichen **Direktanspruch gegen den Haftpflichtversicherer** eröffnet, greift **Art. 18 Rom II-VO** auf.

**2. Schuldanerkenntnis.** Ein Schuldanerkenntnis unterliegt, sofern keine Rechtswahl zwischen Anspruchsteller und Inanspruchgenommenen getroffen worden ist, dem **Statut der Forderung, die anerkannt worden ist** oder anerkannt worden sein soll (OLG München RIW 1997, 507 (508)). 14

**3. Vertragsübernahme.** Im Falle einer rechtsgeschäftlichen Vertragsübernahme können alle beteiligten Parteien das anwendbare Recht wählen. Ohne eine solche übereinstimmende **Rechtswahl** aller Beteiligten unterliegt die Vertragsübernahme dem **auf den übernommenen Vertrag anwendbaren Recht** (Girsberger ZVglRWiss 88 (1989), 31 (41); Looschelders EGBGB Art. 33 Rn. 23; v. Bar IPRax 1991, 200; Zweigert RabelsZ 23 (1958), 650 ff.). Letztere Anknüpfung gibt auch Maß für die gesetzliche Vertragsübernahme (LAG Köln RIW 1992, 933; v. Bar IPRax 1991, 197 (201)). 15

**4. Vermögens- und Unternehmensübernahme. a) Vermögensübernahme.** Bei der Vermögensübernahme ist eine **Rechtswahl nur** dann beachtlich, wenn sie **zwischen dem Gläubiger des ursprünglichen Vermögensinhabers und dem Übernehmer** getroffen worden ist (OLG Koblenz IPRax 1989, 175 mAnm v. Hoffmann). Sonst ist die **Belegenheit des Vermögens** maßgeblich; sie prägt den Sitz des Rechtsverhältnisses und die engste Verbindung zu der betreffenden Rechtsordnung (Grüneberg/Thorn Rn. 7; v. Bar IPRax 1991, 199; für vorrangige Anknüpfung an den Wohnsitz des Schuldners Soergel/v. Hoffmann EGBGB Art. 33 Rn. 50). 16

**b) Unternehmensübernahme.** Auch hier kommt vorrangig eine – auch nachträgliche, zB im Prozess – Anknüpfung an eine **Rechtswahl** zwischen Gläubiger des ursprünglichen Unternehmensträgers und dem Übernehmer in Betracht (v. Bar IPR II Rn. 616; MüKoBGB/Martiny Art. 15 Rn. 31; Busch/Müller ZVglRWiss 94 (1995), 157 (160 f.)). Sonst gilt das **Recht am tatsächlichen Sitz des übernommenen und fortgeführten Unternehmens** (Kramme IPRax 2015, 225 zu BGH IPRax 2015, 257; Schnelle RIW 1997, 281 (285); Reithmann/Martiny/Merkt/Göthel Rn. 6.2556; diff. Ebenroth/Offenloch RIW 1997, 1 (8); Busch/Müller ZVglRWiss 94 (1995), 157 (177 ff.)). 17

## IV. Allgemeine Regeln

Im Rahmen von Art. 14 werden **Sachnormverweisungen** ausgesprochen (Art. 20), sodass Rück- und Weiterverweisungen durch ausländisches Kollisionsrecht nicht zu beachten sind (bereits OLG Celle IPRspr. 1989 Nr. 58; Sonnenberger IPRax 1987, 221 (222) auch zum – möglicherweise gegenläufigen – Rechtszustand vor 1986; MüKoBGB/Martiny Rn. 48). Der Vorbehalt des ordre public (Art. 21) kann zwar prinzipiell auch im Rahmen von Art. 14 sowie gegenüber dem IPR der Schuldübernahme eingreifen, ist jedoch bislang nicht praktisch relevant geworden. 18

## Art. 15 Gesetzlicher Forderungsübergang

**Hat eine Person („Gläubiger“) eine vertragliche Forderung gegen eine andere Person („Schuldner“) und ist ein Dritter verpflichtet, den Gläubiger zu befriedigen, oder hat er den Gläubiger aufgrund dieser Verpflichtung befriedigt, so bestimmt das für die Verpflichtung des Dritten gegenüber dem Gläubiger maßgebende Recht, ob und in welchem Umfang der Dritte die Forderung des Gläubigers gegen den Schuldner nach dem für deren Beziehung maßgebenden Recht geltend zu machen berechtigt ist.**

**Schrifttum:** Stoll, Rechtskollisionen bei Schuldnermehrheit, FS Müller-Freienfels, 1986, 631; Wandt, Zum Rückgriff im Internationalen Privatrecht, ZVglRWiss 86 (1987), 272.

## I. Normzweck und Herkunft

Art. 15 entspricht dem bisherigen Art. 33 Abs. 3 S. 1 EGBGB (aF) und betrifft den gesetzlichen Forderungsübergang. Art. 33 Abs. 3 S. 1 EGBGB (aF) beruhte auf Art. 13 EVÜ, der seinerseits auf Art. 17 EVÜ-Entwurf 1972 zurückzuführen war (zu Art. 16, 17 EVÜ-Entwurf Lando RabelsZ 38 (1974), 47 f.). Im Falle des gesetzlichen Forderungsübergangs kommt es nach der gesetzlichen Wertung auf das Recht an, das die Verpflichtung des Dritten beherrscht, den Gläubiger einer Forderung zu befriedigen (sog. Zessionsgrundstatut). Die IPR-Interessen des Hauptschuldners 1 treten nach der gesetzlichen Wertung dahinter zurück (zum Streitstand vor Inkrafttreten des EVÜ und zur Bewertung von Art. 33 EGBGB Wandt ZVglRWiss 86 (1987), 272 (282 ff.); Soergel/v. Hoffmann EGBGB Art. 33 Rn. 5).

## II. Gesetzlicher Forderungsübergang

2 **1. Allgemeines.** Art. 15 regelt den Eintritt eines gesetzlichen Forderungsübergangs im Falle der Verpflichtung eines Dritten, den Gläubiger einer Forderung zu befriedigen. Gemeint sind sog. **subsidiäre Verpflichtungen des Dritten, den Gläubiger zu befriedigen,** etwa als Bürge (MüKoBGB/Martiny Rn. 5, 6; Grüneberg/Thorn Rn. 2), als Versicherer bei Leistung aus einem Versicherungsvertrag (BeckOGK/Hübner Rn. 5; vgl. auch BGH NJW 1998, 3205; OLG Düsseldorf VersR 2000, 462) oder gem. §§ 115, 116 SGB X (Wandt ZVglRWiss 86 (1987), 272 (278)) bzw. als Dienstherr nach beamtenrechtlichen Grundsätzen (Ferid IPR § 6 Rn. 124). Art. 15 erfasst bewusst (und im Unterschied zu Art. 33 Abs. 3 S. 1 EGBGB aF) **nur vertragliche Forderungen.** Für **Ansprüche aus gesetzlichen Schuldverhältnissen,** insbes. solchen aus Verschulden bei Vertragsanbahnung (Art. 12 Rom II-VO), Geschäftsführung ohne Auftrag, Bereicherung und Delikt greift ggf. **Art. 19 Rom II-VO.** Für den Forderungsübergang enthalten die EuUnthVO ebenso Sonderregelungen wie Art. 85 Abs. 2 VO (EG) Nr. 883/2004 zur Koordinierung der Systeme der sozialen Sicherheit für Arbeitnehmer, Selbstständige und deren Familienangehörige, die innerhalb der EU zu- und abwandern (ABl. 2004 L 166, 1; hierzu MüKoBGB/Martiny Rn. 19–21; BeckOGK/Hübner Rn. 25–27, jeweils mwN).

3 **2. Regress bei subsidiären Verpflichtungen.** Für den Regress in den Fällen von Art. 15 ist das Recht des Staates, auf dem die Verpflichtung des Dritten beruht, dafür maßgeblich, ob er die Forderung des Gläubigers gegen den Schuldner zu begleichen hat oder nicht. Es kommt also zB auf das Versicherungsvertragsstatut oder das Bürgschaftsvertragsstatut an (sog. **Zessionsgrundstatut**) (s. bereits BGH NJW 1998, 3205). Das Zessionsgrundstatut bestimmt die Voraussetzungen für einen gesetzlichen Forderungsübergang (Wandt ZVglRWiss 86 (1987), 272 (281)). In Betracht kommt überdies eine erweiternde Anwendung von Art. 15 im Falle der Anordnung des Vermögensübergangs gem. § 9 Abs. 3 BetrAVG (Eichenhofer IPRax 1992, 74 (77 f.)). Unanwendbar ist Art. 15 allerdings, soweit es um sachenrechtliche Übertragungstatbestände geht, wie etwa den gesetzlichen Eigentumsübergang (Schack IPRax 1995, 159; Grüneberg/Thorn Rn. 1; unzutr. OLG Koblenz IPRax 1995, 171). Das Forderungsstatut entscheidet demgegenüber darüber, welche Ansprüche der Dritte, auf den die Forderung kraft Gesetzes übergegangen ist, gegen den Schuldner geltend machen kann und welches Schicksal diese Ansprüche haben, bis hin zu Einreden, wie etwa derjenigen der Verjährung (Bericht Giuliano/Lagarde BT-Drs. 10/503, 67; Wandt ZVglRWiss 86 (1987), 272 (281)), und ebenso über die Höhe des Forderungsübergangs (Grüneberg/Thorn Rn. 4).

4 **3. Allgemeine Fragen.** Rück- und Weiterverweisungen sind unbeachtlich (Art. 20); im Ausnahmefall kann wie stets der ordre public (Art. 21) gegen das Ergebnis der Anwendung fremden Rechts eingesetzt werden.

## Art. 16 Mehrfache Haftung

**[1]Hat ein Gläubiger eine Forderung gegen mehrere für dieselbe Forderung haftende Schuldner und ist er von einem der Schuldner ganz oder teilweise befriedigt worden, so ist für das Recht dieses Schuldners, von den übrigen Schuldnern Ausgleich zu verlangen, das Recht maßgebend, das auf die Verpflichtung dieses Schuldners gegenüber dem Gläubiger anzuwenden ist. [2]Die übrigen Schuldner sind berechtigt, diesem Schuldner diejenigen Verteidigungsmittel entgegenzuhalten, die ihnen gegenüber dem Gläubiger zugestanden haben, soweit dies gemäß dem auf ihre Verpflichtung gegenüber dem Gläubiger anzuwendenden Recht zulässig wäre.**

**Schrifttum:** Behrens, Gesamtschuldnerausgleich und sonstige Regressansprüche im Europäischen Kollisionsrecht nach der Rom I-, Rom II- und Unterhaltsverordnung, 2013; Kühn, Der gestörte Gesamtschuldnerausgleich im Internationalen Privatrecht, 2014; Magnus, Aufrechnung und Gesamtschuldnerausgleich, in Ferrari/Leible, Ein neues internationales Vertragsrecht für Europa, 2007, 201; Staudinger/Friesen, Regressanspruch des Haftpflichtversicherers in grenzüberschreitenden Sachverhalten, VersR 2016, 768.

## I. Normzweck und Herkunft

Art. 16 hat seinen Vorläufer in Art. 13 Abs. 2 EVÜ (bzw. Art. 33 Abs. 3 S. 2 EGBGB aF). Die Norm betrifft den **Fall mehrerer gleichrangiger Schuldner,** etwa Gesamtschuldner (vgl. BT-Drs. 10/504, 83). Im Europäischen Kollisionsrecht der außervertraglichen Schuldverhältnisse (einschließlich des Verschuldens bei Vertragsanbahnung) entspricht die Norm **Art. 20 Rom II-VO. S. 2** (der in der Rom II-VO fehlt) geht von der Prämisse aus, dass S. 1 zur Anwendung verschiedener Rechte führen kann. Die in Regress Genommenen können dem um Ausgleich Nachsuchenden diejenigen Verteidigungsmittel entgegenhalten, die ihnen zulässigerweise nach dem Recht zugestanden hätten, das auf ihre Verpflichtung gegenüber dem Gläubiger anzuwenden war. 1

## II. Regress bei gleichrangigen Verpflichtungen

**1. Allgemeines.** Auch im Falle gleichrangiger Verpflichtungen der dritten Personen gilt für die Frage des Forderungsübergangs das Zessionsgrundstatut; **Art. 16 S. 1** knüpft also subsidiäre (Art. 15) und gleichrangige Verpflichtungen im Ausgangspunkt zunächst einheitlich an. Dieser Grundsatz lässt sich in dem Moment nicht mehr durchhalten, in dem **unterschiedliche Zessionsgrundstatute der Dritten** konkurrieren; anderenfalls gilt für das Innenverhältnis regelmäßig das gleiche Recht wie für das Außenverhältnis zum Gläubiger. Besteht zwischen den gleichrangig verpflichteten Schuldnern ein besonderes Rechtsverhältnis (zB Auftrag, Dienstvertrag oder Gesellschaft), so ist das hierauf anwendbare Recht sinnvollerweise auch für den Forderungsübergang maßgebend, unabhängig davon, welches Recht im Außenverhältnis gilt. In diesem Fall beinhaltet das **Rechtsverhältnis zwischen Alt- und Neugläubiger** gegenüber dem Außenverhältnis zum Schuldner die speziellere Ausgleichsregelung (Stoll FS Müller-Freienfels, 1986, 631 (643, 660); Soergel/v. Hoffmann EGBGB Art. 33 Rn. 28). 2

Im Übrigen gilt im Kontext des internationalen Vertragsrechts, dass dann, wenn mehrere Personen dieselbe Forderung zu erfüllen haben und der Gläubiger von einer dieser Personen befriedigt worden ist, das für die Verpflichtung des Schuldners, der den Gläubiger befriedigt hat, maßgebende Recht bestimmt, ob er die Forderung des Gläubigers gegen den Schuldner gem. dem für seine Beziehungen maßgebenden Recht ganz oder zu einem Teil geltend zu machen berechtigt ist (zum Regress eines Ehegatten gegenüber dem anderen nach Inanspruchnahme aus Darlehen BGH NJW 2007, 3546). 3

**2. Verteidigungsmittel (S. 2).** Nach S. 2 sind die in Regress Genommenen berechtigt, dem um Ausgleich Beanspruchenden diejenigen Verteidigungsmittel entgegenzuhalten, die ihnen zulässigerweise nach dem Recht zugestanden hätten, dass auf ihre Verpflichtung gegenüber dem Gläubiger anzuwenden war, auch etwa eine Aufrechnung (Martiny in Reithmann/Martiny IntVertragsR Rn. 3.324). Aus dem „Entgegenhalten" von „Verteidigungsmitteln" wird abgeleitet, dass es sich dabei um eine (in deutscher Terminologie) **Einrede** handeln soll (Magnus, Aufrechnung und Gesamtschuldnerausgleich, in Ferrari/Leible, Ein neues Internationales Vertragsrecht, 2007, 201, 221; Martiny in Reithmann/Martiny IntVertragsR Rn. 3.324). Das ist nicht unzweifelhaft. Jedenfalls sollten in europäisch-autonomer Auslegung an das „Entgegenhalten" und den „Verteidigungscharakter" des entsprechenden Vorbringens keine hohen Anforderungen gestellt werden; auch schlüssiges Verhalten genügt. Im Falle entsprechender Andeutungen ist nachzufragen (§ 139 ZPO). Wenig einleuchtend ist, dass der iÜ parallel formulierte Art. 20 Rom II-VO eine Vorschrift wie Art. 16 S. 2 nicht enthält (zur Frage einer möglichen analogen Anwendung der Norm im Rahmen von Art. 20 Rom II-VO näher Kühn, Der gestörte Gesamtschuldnerausgleich im Internationalen Privatrecht, 2014, 203 ff. mwN). Zum **Problem des „gestörten" Gesamtschuldnerausgleichs** → Rom II-VO Art. 20 Rn. 4 f. (dazu eingehend Kühn, Der gestörte Gesamtschuldnerausgleich im Internationalen Privatrecht, 2014, 167 ff.). 4

**3. Allgemeine Fragen.** Rück- und Weiterverweisungen sind unbeachtlich (Art. 20); im Ausnahmefall kann der ordre public (Art. 21) gegen ein anstößiges Ergebnis der Anwendung fremden Rechts eingesetzt werden. 5

### Art. 17 Aufrechnung

**Ist das Recht zur Aufrechnung nicht vertraglich vereinbart, so gilt für die Aufrechnung das Recht, dem die Forderung unterliegt, gegen die aufgerechnet wird.**

**Schrifttum:** Berger, Der Aufrechnungsvertrag, 1996; Busse, Aufrechnung bei internationalen Prozessen vor deutschen Gerichten, MDR 2001, 729; Gäbel, Neuere Probleme zur Aufrechnung im IPR, 1983; Gebauer, Internationale Zuständigkeit und Prozessaufrechnung, IPRax 1998, 79; Jud, Die Aufrechnung im internationalen Privatrecht, IPRax 2005, 104; Kannengießer, Die Aufrechnung im Internationalen Privat- und Verfahrensrecht, 1997; Lieder, Die Aufrechnung im Internationalen Privat- und Verfahrensrecht, RabelsZ 78 (2014), 809; Wagner, Die Aufrechnung im Europäischen Zivilprozess, IPRax 1999, 65; Wendelstein, Die internationale Prozessaufrechnung mit einer dem italienischen Recht unterstehenden Gegenforderung, IPRax 2016, 572.

## I. Normzweck und Entstehung

1 Es war seit jeher unstreitig, dass die Aufrechnung einen Erlöschenstatbestand iSd Art. 12 Abs. 1 lit. d darstellen kann. Jedoch ist die Anwendung von Abs. 1 lit. d zweifelhaft, weil Haupt- und Gegenforderung unterschiedlichen Rechtsordnungen unterliegen können. Diese Problematik greift Art. 17 auf, wobei in der Norm **nur** die **Aufrechnung auf Grund Gesetzes** geregelt worden ist. Danach gilt klarstellend das Recht des Staates, dem die Forderung unterliegt, gegen die aufgerechnet wird.

2 Der **EuGH** hatte im Falle der Aufrechnung einer dem Unionsrecht unterliegenden Forderung mit einer dem Recht eines Mitgliedstaates unterliegenden Forderung überhaupt die kumulative Anwendung beider Rechtsordnungen verlangt. Danach kann die Aufrechnung nur erfolgen, wenn sie – vorausgesetzt, die Forderungen unterliegen zwei verschiedenen Rechtsordnungen – den Voraussetzungen der Aufrechnung beider Rechtsordnungen genügt (EuGH JZ 2004, 87 m. krit. Anm. Metzger; allg. dafür – mit Abmilderungen – Jud IPRax 2005, 104 (107 ff.)). Indes durfte diese Entscheidung ohnedies nicht zu verallgemeinern sein, da sie durch die Besonderheiten des Falles gekennzeichnet war (gegen eine Überbewertung der Entscheidung auch Metzger JZ 2004, 90 (91 f.)). Art. 17 ist jedenfalls einen eindeutig anderen Weg gegangen (zur Aufrechnung im Prozessrecht Lieder RabelsZ 78 (2014), 809).

## II. Einzelheiten der Anknüpfung

3 Unterliegen beide Forderungen dem gleichen Recht, ist in jedem Fall das (dann einheitliche) Schuldvertragsstatut anwendbar (OLG Stuttgart IPRax 1996, 139 (H.K.); OLG Hamm IPRax 1996, 269 m. Aufs. Schlechtriem IPRax 1996, 256; LG München I IPRax 1996, 31 (33); vgl. auch LG Saarbrücken IPRspr. 2002 Nr. 47).

4 Unterstehen beide Forderungen unterschiedlichen Statuten, sollte früher nach teilweise vertretener Meinung (Lagarde Rev. crit. dr. int. priv. 1991, 287 (334 f.); Soergel/v. Hoffmann EGBGB Art. 32 Rn. 49; zum Streitstand näher Berger, Der Aufrechnungsvertrag, 1996, 448 ff.; Jud IPRax 2005, 104 (107 ff.)) das autonome (in Deutschland: nicht geregelte) Kollisionsrecht gelten, was dazu führt, die Art. 3 ff. nicht anzuwenden. Das erschien seit jeher als zu weitgehend, denn lit. d unterstellt das Erlöschen der Verpflichtungen dem Statut des Vertrages, um dessen Wirkungsbeendigung es geht, und das ist der Vertrag der Hauptforderung (Dicey/Morris, Private International Law II, 1267). Deshalb galt schon früher nach hM (BGH NJW 1994, 1416; BSG SozR 3-1200 § 51 SGB I; OLG Koblenz RIW 1992, 59 (61); OLG Koblenz RIW 1993, 934 (937); OLG Düsseldorf RIW 1995, 53 (55); OLG Stuttgart RIW 1995, 943, (944); OLG München RIW 1998, 559 (560); Gruber MDR 1992, 121; Busse MDR 2001, 729 (733); ähnlich, wenngleich diff. Berger, Der Aufrechnungsvertrag, 1996, 452 ff.; früher bereits BGHZ 38, 254 (256) = NJW 1963, 243) und gilt nun eindeutig das Statut der Hauptforderung, gegen die aufgerechnet wird (zu Aufrechnungsverboten vgl. OLG München EWiR Art. 39 CISG 1/98, 549 (Schlechtriem)). **Entsprechendes** ist für ein **Zurückbehaltungsrecht** anzunehmen (vgl. Martiny in Reithmann/Martiny IntVertragsR Rn. 3.181), zumal die Norm analogiefähig ist (Grüneberg/Thorn Rn. 1).

5 Gelten für die Haupt- und Gegenforderung **unterschiedliche Währungen,** und ist deutsches Recht Schuldstatut der Hauptforderung (und sind damit die §§ 387 ff. BGB anwendbar), so fehlt es an der Gleichartigkeit iSv § 387 BGB (KG NJW 1988, 2181; aA OLG Koblenz RIW 1992, 59 (61); v. Hoffmann IPRax 1981, 155 (156): bei frei konvertiblen Währungen), es sei denn, der Schuldner ist nach § 244 BGB ersetzungsbefugt (vgl. auch Gruber MDR 1992, 121; Vorpeil RIW 1993, 529).

6 Die **verfahrensrechtliche Zulässigkeit der Aufrechnung im Prozess** unterliegt in Ansehung der Doppelnatur der entsprechenden Erklärungen der lex fori und damit dem deutschen Verfahrensrecht (BGHZ 38, 254 (258) = NJW 1963, 243; BGHZ 60, 85 (87) = NJW 1973, 421; näher Wagner IPRax 1999, 65; Kannengießer, Die Aufrechnung im Internationalen Privat- und Verfahrensrecht, 1998; BeckOGK/Thole Rn. 39–46). Vorauszusetzen ist für die Zulässigkeit der

Prozessaufrechnung, dass das Prozessgericht auch für die Entscheidung über die Aufrechnungsforderung international zuständig ist (BGH NJW 1993, 2753 (2754); LG Frankfurt a. M. EWiR Art. 39 CISG 1/95, 249 (Mankowski)).

Über die **Aufrechnung in der Insolvenz** entscheidet im Prinzip das Insolvenzstatut (BGHZ 95, 256 (273)), dessen Konkretisierung im Rahmen der Art. 4 und 6 EuInsVO bzw. § 338 InsO freilich umstritten ist (näher und mwN BeckOGK/Thole Rn. 61–66.1). Die zivilrechtlichen Aufrechnungsvoraussetzungen richten sich nach der Judikatur des BGH (NZI 2018, 721 Rn. 24) auch im Insolvenzfall nach dem gewöhnlichen Aufrechnungsstatut. Im Übrigen gilt (zusammenfassend BGH NZI 2018, 721): Die insolvenzrechtlichen Voraussetzungen und Wirkungen einer Aufrechnung sowie die Anfechtbarkeit einer Aufrechnungslage sollen grundsätzlich Gegenstand des allgemeinen Insolvenzstatuts sein und unterliegen dann der lex fori concursus. Eine alternative Anknüpfung für das Aufrechnungsstatut soll nur eröffnet sein, wenn das nach der lex fori concursus anwendbare Insolvenzrecht die materiell-rechtlich bestehende Aufrechnungsmöglichkeit des Insolvenzgläubigers aus einem anderen Grund als dem einer Insolvenzanfechtung einschränkt. In diesem Fall ist maßgeblich, ob der Insolvenzgläubiger nach dem Insolvenzrecht der lex causae zur Aufrechnung berechtigt wäre. Daran fehlt es, wenn die Aufrechnungslage nach dem Insolvenzrecht der lex causae anfechtbar ist. Ist eine Aufrechnungslage nach der lex fori concursus anfechtbar, kann sich der Anfechtungsgegner im Hinblick auf die Anfechtung nur auf die alternative Anknüpfung für das Anfechtungsstatut berufen. Ist eine Rechtshandlung nach der lex fori concursus anfechtbar, hat das Gericht die alternative Anknüpfung für das Anfechtungsstatut nur auf Einrede des Anfechtungsgegners zu prüfen. Bei alledem soll der Anfechtungsgegner die Darlegungs- und Beweislast dafür tragen, dass die angefochtene Rechtshandlung nach dem anwendbaren Recht eines anderen Staats in keiner Weise angreifbar ist. Letzteres widerspricht freilich wohl dem Grundsatz, dass die Beweis- (und Darlegungs-)last der lex causae folgen (vgl. Art. 18 Abs. 1). 7

In Bezug auf das **CISG** ist zunächst festzustellen, dass die Aufrechnung dort jedenfalls nicht ausdrücklich geregelt ist. So ist es in der Rspr. anerkannt, dass das CISG jedenfalls nicht die Aufrechenbarkeit solcher Ansprüche regelt, die sich nicht ausschließlich aus einem ihm unterliegenden Vertragsverhältnis ergeben **(Aufrechnung mit „konventionsfremden Forderungen“)** (BGH NJW 2010, 3452; 2014, 3156; 2015, 867 (871); öOGH IHR 2002, 24 (27); schwBG IHR 2004, 252 (253)). Im Falle der **Aufrechnung mit „konventionsinternen Forderungen“** sind die Meinungen geteilt. Der **BGH** meint mittlerweile, das CISG (und nicht das kollisionsrechtlich zu bestimmende Vertragsstatut) sei einschlägig, freilich nur, soweit es um die Aufrechnung von (Geld-) Forderungen aus demselben Vertragsverhältnis geht (BGH NJW 2015, 867; dazu Wendelstein IPRax 2016, 606). Das UN-Kaufrecht treffe zwar keine ausdrückliche Regelung über die Aufrechnung und sei auch in seinem sachlichen Geltungsbereich eingeschränkt. Jedoch sehe Art. 7 Abs. 2 CISG vor, dass Fragen, die vom UN-Kaufrecht erfasste Gegenstände betreffen, aber nicht ausdrücklich im Übereinkommen geregelt sind, vorrangig nach den dem Übereinkommen zugrunde liegenden allgemeinen Grundsätzen und erst in zweiter Linie nach dem Recht zu beurteilen sind, das nach den Regeln des internationalen Rechts anzuwenden ist. Ein solcher dem UN-Kaufrecht immanenter allgemeiner Grundsatz lasse sich ua aus einer Zusammenschau des den Regelungen in Art. 88 Abs. 3 CISG, Art. 84 Abs. 2 CISG zugrunde liegenden Rechtsgedankens und dem – unter anderem – in Art. 58 Abs. 1 S. 2 CISG, Art. 81 Abs. 2 CISG verankerten Zug-um-Zug-Grundsatz ableiten. Das UN-Kaufrecht verknüpfe das Schicksal gegenseitiger, aus demselben Vertragsverhältnis (Art. 4 S. 1 CISG) stammender Ansprüche eng miteinander und erlaube als Konsequenz dieser Verflechtung eine Verrechnung solcher Ansprüche, sofern sie ausschließlich dem CISG unterliegen und auf Geldzahlung gerichtet sind. All das gelte aber nur für eine Aufrechnung von Ansprüchen innerhalb eines einheitlichen Vertragsverhältnisses. Eine Aufrechnung von Ansprüchen aus unterschiedlichen, sämtlich dem UN-Kaufrecht unterliegenden Verträgen soll dagegen von den Regelungen des UN-Kaufrechts nicht erfasst sein. Grund: Regelungsmaterie des UN-Kaufrechts sei der „jeweilige Kaufvertrag“ (Art. 4 S. 1 CISG); auf allgemeine Konventionsgrundsätze könne nicht zurückgegriffen werden, wenn die zur Aufrechnung gestellte Gegenforderung aus anderen UN-Kaufverträgen resultiert als die geltend gemachte Hauptforderung. Das nötigt zu wenig überzeugenden Differenzierungen (insoweit übereinstimmend Staudinger/Magnus, 2021, Rn. 20 und MüKoBGB/Huber CISG Art. 4 Rn. 39). Deshalb sollte in derartigen Fällen besser generell die Aufrechnung nach den im CISG angelegten Maßstäben beurteilt werden (dafür eingehend Magnus FS Lookofsky, 2015, 253). Allerdings bleibt die Frage nach den Aufrechnungsvoraussetzungen. Der BGH hat insoweit zwar in der Sache die Gegenseitigkeit, die Gleichartigkeit und die Aufrechnungserklärung genannt. Indes bleibt die Problematik der Konkretisierung dieser Voraussetzungen iE. Sie lässt sich kaum aus dem CISG lösen. Besser war und ist es daher, klassisch und einheitlich auf das Kollisionsrecht des Forums abzustellen (OLG 8

Düsseldorf NJW-RR 1997, 822 (823); OLG Koblenz RIW 1993, 934 (937); MüKoBGB/Huber CISG Art. 4 Rn. 39; BeckOGK/Thole Rn. 16).

9 Gelegentlich wird – ähnlich wie im Fall der Verjährung – die Aufrechnung **im inländischen Recht sachrechtlich qualifiziert, im ausländischen** dagegen **prozessrechtlich.** Zu Recht hat der BGH allgemeinen Grundsätzen folgend im Falle eines Prozesses vor deutschen Gerichten die Aufrechnung über Art. 12 Abs. 1 lit. d auch dann materiell-rechtlich qualifiziert, wenn sie das Vertragsstatut prozessrechtlich qualifiziert, was im anglo-amerikanischen Rechtskreis vorkommt (BGH NJW 2014, 3156 (3158); IPRax 2016, 606 mAnm Wendelstein IPRax 2016, 572 zu Art. 1243 ital. Cc; dazu Mankowski JZ 2015, 50; R. Magnus LMK 2014, 361173; Schroeter EWiR 2014, 775; ebenso zuvor OLG Düsseldorf IHR 2004, 203 (208); LG München I IPRax 1996, 31 (33) zur richterlichen Aufrechnung in Italien; Stürner RIW 2006, 338 (343); BeckOGK/Thole Rn. 19; Grüneberg/Thorn Art. 17 Rn. 1).

## III. Aufrechnungsverträge

10 Aufrechnungsvereinbarungen bzw. Aufrechnungsverträge (zum früheren Recht näher Berger, Der Aufrechnungsvertrag, 1996, 452 ff.; Gebauer IPRax 1998, 79) können unter Art. 12 Abs. 1 lit. d fallen, sie werden indes **nicht von der Anknüpfungsregel des Art. 17 erfasst.** Unzweifelhaft ist eine Rechtswahl nach Art. 3 (ggf. unter den Vorbehalten der Art. 6 –8) möglich; auch kann Art. 4 herangezogen werden, um das auf eine Aufrechnungsvereinbarung anwendbare Recht bestimmen zu können (Martiny in Reithmann/Martiny IntVertragsR Rn. 3.240; MüKoBGB/Spellenberg Rn. 12). Alles Weitere ist indes streitig und ungeklärt. Vorgeschlagen wird die Ermittlung des Rechts der engsten Verbindung (Art. 4 Abs. 4), teilweise konkretisiert dadurch, dass das Recht gelten soll, dem die wirtschaftlich dominante Forderung unterliegt, hilfsweise das Recht dessen, der die Aufrechnung initiiert (Gäbel, Neuere Probleme zur Aufrechnung im IPR, 1983, 197 f., 199 f.). ME sollte, wenn sich das Recht der engsten Verbindung über Art. 4 Abs. 4 zwanglos nicht besser ermitteln lässt und auch die objektiven Anknüpfungen der Art. 6–8 nicht weiterführen, auf die Aufrechnungsvereinbarung (als Recht der engsten Verbindung) das Recht der Forderung angewendet werden, gegen die aufgerechnet wird. Das sieht Art. 17 zwar nicht vor, steht diesem Weg (zumal außerhalb einer Rechtswahl) aber auch nicht entgegen.

### Art. 18 Beweis

**(1) Das nach dieser Verordnung für das vertragliche Schuldverhältnis maßgebende Recht ist insoweit anzuwenden, als es für vertragliche Schuldverhältnisse gesetzliche Vermutungen aufstellt oder die Beweislast verteilt.**

**(2) Zum Beweis eines Rechtsgeschäfts sind alle Beweisarten des Rechts des angerufenen Gerichts oder eines der in Artikel 11 bezeichneten Rechte, nach denen das Rechtsgeschäft formgültig ist, zulässig, sofern der Beweis in dieser Art vor dem angerufenen Gericht erbracht werden kann.**

**Schrifttum:** Coester-Waltjen, Internationales Beweisrecht, 1983; Eichel, Die Anwendbarkeit von § 287 ZPO im Geltungsbereich der Rom I- und der Rom II-Verordnung, IPRax 2014, 156; Thole, Anscheinsbeweis und Beweisvereitelung im harmonisierten Europäischen Kollisionsrecht – ein Prüfstein für die Abgrenzung zwischen lex causae und lex fori, IPRax 2010, 285.

## I. Normzweck und Herkunft

1 Art. 18 fand sich bisher – mit lediglich redaktioneller Abweichung – in Art. 32 Abs. 3 EGBGB aF. Dieser war seinerseits im Wesentlichen **Art. 14 EVÜ nachgebildet,** der mithin als eigentlicher europäischer Vorläufer von Art. 18 anzusehen ist. Abs. 1 entspricht Art. 14 Abs. 1 EVÜ, Abs. 2 greift Art. 14 Abs. 2 EVÜ auf. Hinzuzulesen ist **Art. 1 Abs. 3** (zuvor: Art. 1 Abs. 2 lit. h EVÜ), woraus sich ergibt, dass die Rom I-VO (wie zuvor das EVÜ und damit auch die entsprechenden Vorschriften des EGBGB) auf den Beweis und das Verfahren nicht anwendbar sein sollen; insoweit gilt die **lex fori** (vgl. Guiliano/Lagarde BT-Drs. 10/503, 33, 68). Art. 18 dient also der **Abgrenzung der autonom regelbaren Bereiche des Prozessrechts vom nicht mehr autonom geregelten Internationalen Vertragsrecht.**

## II. Gesetzliche Vermutungen und Beweislast (Abs. 1)

Abs. 1 eröffnet den Anwendungsbereich des Vertragsstatuts auch für gesetzliche Vermutungen sowie die Verteilung der Beweislast. Die **lex fori gilt** insoweit also **nicht.** Erfasst werden zunächst nicht nur widerlegliche Vermutungen, sondern auch unwiderlegliche Vermutungen bzw. Fiktionen (MüKoBGB/Spellenberg Rn. 24). Allgemein sind gesetzliche Vermutungen Regeln, die aus bestimmten Tatsachen unmittelbar Folgerungen ziehen, ohne dass es eines weiteren Beweises bedarf (Guiliano/Lagarde BT-Drs. 10/503, 33, 68). Rein prozessuale Vermutungen, wie etwa diejenige, dass nicht bestrittene Tatsachen als Zugeständnisse gelten (vgl. § 138 Abs. 3 ZPO), sind demgegenüber nicht erfasst; **Abs. 1** ergreift **nur materiell-rechtliche Beweisregeln,** die **speziell für vertragliche Schuldverhältnisse** aufgestellt sind (OLG Köln NJW-RR 1997, 182 (184); Kropholler IPR § 52 I 3). Gesetzliche Vermutungen sind iÜ auch richterrechtlich fixierte, was in der deutschen Übersetzung nicht zureichend zum Ausdruck kommt (Staudinger/Magnus, 2021, Rn. 17). 2

Das gilt auch für die Verteilung der Beweislast. Abgesehen von echten Umkehrungen der Beweislast (wie etwa § 280 Abs. 1 S. 2 BGB) ist nach dem Schuldvertragsstatut auch die **Darlegungs- und Behauptungslast** zu beurteilen, was schon aus dem engen Zusammenhang von Darlegungs- und Behauptungslast mit dem materiell-rechtlichen Rechtssatz folgt. Das Gleiche gilt für die Beweisführungslast (Staudinger/Magnus, 2021, Rn. 21). 3

## III. Beweiswürdigung und Anscheinsbeweis

Die Beweiswürdigung, insbes. für den deutschen Richter diejenige im Rahmen der §§ 286, 287 ZPO, untersteht demgegenüber nicht dem Vertragsstatut, sondern der **lex fori** (Coester-Waltjen IntBeweisR Rn. 389 ff., 398). Als Teil der Beweiswürdigung und als allgemeines Institut des Beweisrechts wird auch der Anscheinsbeweis nach herkömmlicher, freilich sehr bestrittener Ansicht an die lex fori angebunden (Thole IPRax 2010, 285; v. Bar IPR II Rn. 552; IPG 1980 bis 1981 Nr. 8 (Göttingen) S. 64 ff.; aA – Schuldvertragsstatut – Looschelders EGBGB Art. 32 Rn. 36; Coester-Waltjen IntBeweisR Rn. 353 f.; Staudinger/Magnus, 2021, Rn. 24, 25). Allerdings dürfte zu differenzieren sein: Wenn damit im Kontext einer bestimmten Materie eine Absenkung des Beweismaßes verbunden ist, liegt die Geltung des Vertragsstatuts näher (idS diff. auch MüKoBGB/Spellenberg Rn. 24–26). Ähnliches gilt für die Qualifikation des Beweismaßes. Für dieses gilt zwar prinzipiell wiederum die lex fori (LG Saarbrücken IPRax 2014, 180; Eichel IPRax 2014, 156; anders LG Hanau BeckRS 2012, 09924), es sei denn, in einer Norm wird das Beweismaß für einen speziellen Bereich besonders geregelt (zB § 252 S. 2 BGB für den Bereich der Schätzung eines Schadens wegen entgangenen Gewinns) (OLG Koblenz RIW 1993, 502 (503); Habscheid FS Baumgärtel, 1990, 105 (119); anders aber Coester-Waltjen IntBeweisR Rn. 362 ff.). 4

## IV. Beweismittel (Abs. 2)

Mögliche Beweismittel bestimmen sich grds. nach der **lex fori** als typische Verfahrensfrage (zum EVÜ BT-Drs. 10/504, 82), wovon Abs. 2 aE ausgeht. Eine Modifikation dieses Grundsatzes bringt diese Norm insoweit, als in Bezug auf Formfragen alternativ die nach Art. 11 maßgeblichen Rechte herangezogen werden können, sofern das Rechtsgeschäft nach einem dieser Rechte formgültig sein würde. Nach Art. 11 Abs. 1 ist damit sowohl das Geschäftsrecht als auch das Recht des Vornahmeortes geeignet, die Formwirksamkeit des Vertrages zu begründen. Ist ein Verbrauchervertrag iSv Art. 6 geschlossen worden, kommt es stattdessen auf das Recht am gewöhnlichen Aufenthaltsort des Verbrauchers an (Art. 11 Abs. 4). 5

**Beweismittel** sind alle zulässigen Wege, den Nachweis für eine bestimmte Tatsache zu führen (Staudinger/Magnus, 2021, Rn. 30). Geht es um einen Nachweis gegenüber Registerbehörden, soll Abs. 2 nicht gelten; stattdessen gilt das Recht am Registerort (so Guiliano/Lagarde BT-Drs. 10/503, 33, 69 zum EVÜ/EGBGB aF). Auch die Frage der Beweiskraft, insbes. von Urkunden, unterliegt nicht Abs. 2, sondern der lex fori (MüKoBGB/Spellenberg Rn. 29). 6

Bedeutung hat Abs. 2 vor allem insoweit, als es in romanischen und angelsächsischen Rechten bestimmte Verbote des Zeugenbeweises für Verträge über einen bestimmten Gegenstandswert gibt (zB Art. 1341 franz. CC). Ob es sich bei solchen Vorschriften trotz ihrer möglichen Stellung im Sachrecht um prozessual zu qualifizierende Normen handelt oder um sachrechtliche (vertragsrechtliche oder die Frage der Form betreffende) (hierzu bereits BGH JZ 1955, 702 (703) mAnm Gamillscheg), ist offen geblieben, weil die Statuten nebeneinander zur Anwendung kommen können. Für deutsche Richter sind solche Beweismittelverbote jedenfalls unbeachtlich (MüKoBGB/Spellenberg Rn. 39). 7

# Kapitel III. Sonstige Vorschriften

## Art. 19 Gewöhnlicher Aufenthalt

**(1) Für die Zwecke dieser Verordnung ist der Ort des gewöhnlichen Aufenthalts von Gesellschaften, Vereinen und juristischen Personen der Ort ihrer Hauptverwaltung.**

**Der gewöhnliche Aufenthalt einer natürlichen Person, die im Rahmen der Ausübung ihrer beruflichen Tätigkeit handelt, ist der Ort ihrer Hauptniederlassung.**

**(2) Wird der Vertrag im Rahmen des Betriebs einer Zweigniederlassung, Agentur oder sonstigen Niederlassung geschlossen oder ist für die Erfüllung gemäß dem Vertrag eine solche Zweigniederlassung, Agentur oder sonstige Niederlassung verantwortlich, so steht der Ort des gewöhnlichen Aufenthalts dem Ort gleich, an dem sich die Zweigniederlassung, Agentur oder sonstige Niederlassung befindet.**

**(3) Für die Bestimmung des gewöhnlichen Aufenthalts ist der Zeitpunkt des Vertragsschlusses maßgebend.**

**Schrifttum:** Hilbig-Lugani, Divergenz und Toleranz: Der Begriff des gewöhnlichen Aufenthalts der privat handelnden natürlichen Person im jüngeren EuIPR und EuZVR, GPR 2014, 8.

## I. Herkunft und Normzweck

1 Art. 19 schließt zum einen an **Art. 4 Abs. 2 EVÜ** (in Deutschland 1986 umgesetzt in Art. 28 Abs. 2 S. 1 und 2 EGBGB aF) an, schreibt die dort geregelten Grundsätze aber fort. Die Norm differenziert zwischen Personenmehrheiten (Abs. 1 S. 1) und natürlichen Personen (Abs. 1 S. 2). Nach **Erwägungsgrund 39** soll der Begriff des gewöhnlichen Aufenthalts aus Gründen der Rechtssicherheit, insbes. im Hinblick auf Gesellschaften, Vereine und juristische Personen, eindeutig definiert werden. Im Unterschied zu Art. 60 Abs. 1 Brüssel Ia-VO, der drei Kriterien zur Wahl stellt, beschränkt sich die Kollisionsnorm auf ein einziges Kriterium. Der Grund dafür liegt darin, dass es für die Parteien andernfalls nicht möglich wäre, vorherzusehen, welches Recht auf ihren Fall anwendbar ist. Die Norm gilt prinzipiell auch im Falle eines **Online-Vertragsschlusses** (LG Frankfurt a. M. TranspR 2015, 404). Es greift – unabhängig vom Abgabe- oder Empfangsort der Erklärungen, unabhängig vom Standort des Servers und unabhängig von der angegebenen Internet-Adresse – der tatsächliche gewöhnliche Aufenthaltsort bzw. die anderen in Art. 19 genannten Anknüpfungsmerkmale (Staudinger/Magnus, 2021, Rn. 9 mwN). Im Rahmen der objektiven Anknüpfung können bei Unerkennbarkeit des maßgeblichen Anknüpfungspunktes, zumal bei planmäßigem Verschleiern, zum Schutz der Gegenseite im Ausnahmefall freilich die Ausweichklauseln (zB Art. 4 Abs. 3, Art. 5 Abs. 3, Art. 7 Abs. 2 S. 3, Art. 8 Abs. 4) aktiviert werden.

## II. Personenmehrheiten

2 Für Personenmehrheiten (Gesellschaften, Vereine, juristische Personen) gilt als „gewöhnlicher Aufenthalt" der **Ort der Hauptverwaltung (Art. 19 Abs. 1 S. 1),** also des faktischen Sitzes der tatsächlichen Hauptverwaltung, der dort liegt, wo die zentralen Leitungsentscheidungen getroffen werden. Nicht maßgeblich ist der bloße Ort der alltäglichen Geschäftstätigkeit oder der Registersitz bzw. der Gründungsort. Der Begriff der Hauptverwaltung ist dabei ebenso autonom auszulegen wie die Begriffe der Gesellschaft, des Vereins und der juristischen Person. Gemeint ist jede Personenvereinigung oder Vermögensmasse, die sich vertraglich verpflichten kann (vgl. Soergel/v. Hoffmann EGBGB Art. 28 Rn. 63). Bei dem Ort der Hauptverwaltung kommt es auf den Ort der tatsächlichen Hauptverwaltung an. Maßgeblich ist, wo die zentralen Leitungsentscheidungen getroffen werden (Soergel/v. Hoffmann EGBGB Art. 28 Rn. 62). Der Ort der alltäglichen Geschäftstätigkeit (dafür aber Dicey/Morris, Conflict of Laws II, 1236) reicht demgegenüber ebenso wenig wie der Registersitz oder der Gründungsort (Staudinger/Magnus, 2021, Rn. 13). Das gilt – anders als im Rahmen von Art. 6 – auch im Falle von nicht beruflichen oder nicht gewerblichen Tätigkeiten von Personenvereinigungen. Eine nicht berufliche oder gewerbliche Tätigkeit von Personenvereinigungen ist insbes. denkbar im Falle von Leistungen durch Idealvereine oder Spenden zu Gunsten von gemeinnützigen Zwecken. Im Übrigen sind die Begriffe in Parallelität zu der international-prozessrechtlichen Norm des Art. 60 Brüssel Ia-VO auszulegen.

3 Wird der Vertrag im Rahmen einer Zweigniederlassung, einer Agentur oder einer sonstigen **Niederlassung** geschlossen oder ist eine solche Einheit für die Erfüllung verantwortlich, liegt am

dadurch bezeichneten Ort der „gewöhnliche Aufenthalt" der betroffenen Personenvereinigung **(Abs. 2).** Auch der Begriff der **Niederlassung** als Oberbegriff von Abs. 2 ist autonom zu bestimmen. Im Anschluss an die Definition des EuGH zum Parallelbegriff in Art. 7 Nr. 5 Brüssel Ia-VO ist eine Niederlassung „ein Mittelpunkt geschäftlicher Tätigkeit", der „auf Dauer als Außenstelle eines Stammhauses hervortritt, eine Geschäftsführung hat und sachlich so ausgestattet ist, dass er in der Weise Geschäfte mit Dritten betreiben kann, dass diese, obgleich sie wissen, dass möglicherweise ein Rechtsverhältnis mit dem im Ausland ansässigen Stammhaus begründet wird, sich nicht unmittelbar an dieses zu wenden brauchen, sondern Geschäfte an dem Mittelpunkt geschäftlicher Tätigkeit abschließen können, der dessen Außenstelle ist" (EuGH RIW 1979, 56 (58)). Eine nur kurzfristige Einrichtung (Messestand) ist keine Niederlassung; vielmehr wird eine geplante Dauer von mehr als einem Jahr erforderlich sein (Soergel/v. Hoffmann EGBGB Art. 28 Rn. 67).

Wenig geklärt ist, **wann auf das Anknüpfungsmerkmal des Abs. 1** (Hauptsitz) und **wann auf das Anknüpfungsmerkmal des Abs. 2** (Zweigniederlassung usw.) abzustellen ist. Jedenfalls kann nicht alternativ – etwa nach dem Günstigkeitsprinzip für die Gegenseite – nach Abs. 1 oder Abs. 2 angeknüpft werden. Das Gesetz stellt auf den Vertragsschluss „im Rahmen" der Verantwortlichkeit der für die vertragsgemäße Erfüllung entsprechenden Stelle ab. Das Gesetz stellt im Wesentlichen auf eine aus diesen Kriterien folgende Erwartungshaltung des Vertragspartners ab, mit wem er es zumindest tatsächlich vorrangig zu tun hat (BeckOGK/Rass-Masson Rn. 29 spricht von einem allgemeine Schutzgedanken). Dem dient das Abstellen auf den Vertragsschluss im Rahmen des Betriebs der Zweigniederlassung usw oder auch nur das Abstellen auf einen entsprechenden äußeren Eindruck der Stellung als Vertragspartner, als Adressat eventueller Reklamationen oder der Erfüllung (Staudinger/Magnus, 2021, Rn. 23, 24). Freilich ist nicht zu verkennen, dass durch diese Merkmale ein Unsicherheitsmoment in die Anknüpfung und damit in die Erkennbarkeit der anwendbaren Rechtsordnung geraten kann. Das hat sich in der Rechtspraxis bereits gezeigt. Wird etwa ein Vertrag über die Beförderung von Reisenden online im Internet geschlossen, soll der Vertragsschluss im Zweifel direkt mit der im Ausland ansässigen Hauptniederlassung des betreffenden Lufttransportunternehmens erfolgen. Die bloß „technische" Verantwortlichkeit der Niederlassung für die Homepage, die im Impressum genannt wird, soll daran nichts ändern (LG Frankfurt a. M. TranspR 2015, 404). 4

## III. Natürliche Personen

Vertragliche Schuldverhältnisse, die im Rahmen der **Ausübung einer beruflichen Tätigkeit** (ggf angeblich) begründet worden sind, werden an das Recht der Hauptniederlassung dieser Partei angeknüpft **(Abs. 1 S. 2),** anders als nach Art. 4 Abs. 2 EVÜ (= Art. 28 Abs. 2 EGBGB aF) nicht an das Recht einer sonstigen Niederlassung, selbst wenn das Schuldverhältnis mit einer anderen Niederlassung als der Hauptniederlassung in Verbindung steht. Das ist insbes. bei mehreren Niederlassungen wesentlich. **Beruflich** ist (iS einer Negativabgrenzung) jede Tätigkeit, die nicht der Privatsphäre zuzurechnen ist (MüKoBGB/Martiny Rn. 9; Grüneberg/Thorn Rn. 5). Ist die Leistung nicht von der Hauptniederlassung zu erbringen, gilt das Recht des Staates, in dem sich die leistende Niederlassung befindet (Abs. 2). Auch sind stets die Ausweichklauseln an eine offensichtlich engere Verbindung zu bedenken (Art. 4 Abs. 3, Art. 5 Abs. 3, Art. 8 Abs. 4). 5

Außerhalb beruflicher Tätigkeiten kommt es auf den gewöhnlichen Aufenthalt der natürlichen Person selbst an. Der **Begriff des gewöhnlichen Aufenthalts** einer natürlichen Person ist zwar anders als der Wohnsitz nach Art. 59 Brüssel Ia-VO autonom zu bestimmen (ebenso für das EVÜ Soergel/v. Hoffmann EGBGB Art. 28 Rn. 61). Indes dürfte das Verständnis des ohnedies staatsvertraglich namentlich in den Haager Übereinkommen vorgeprägten Begriffs, der im Ausgangspunkt auf die **soziale Integration** abstellt (Baetge, Der gewöhnliche Aufenthalt im Internationalen Privatrecht, 1994, 76), mit dem zum deutschen Kollisionsrecht entwickelten identisch sein (zur Begriffsausfüllung → Art. 5 Rn. 13 ff.). Zweifelhaft, da zur Zersplitterung des Begriffs führend und der Rechtsklarheit tendenziell abträglich, ist, ob der Begriff des gewöhnlichen Aufenthalts je nach Rechtsgebiet und Funktionszusammenhang, in dem er eingestellt wird, unterschiedlich ausgefüllt werden kann und soll. Das wird vielfach (und zunehmend) befürwortet. Immerhin ist ein Begriffskern identisch (zB Hilbig-Lugani GPR 2014, 8 (9); zu Differenzierungen Hilbig-Lugani GPR 2014, 8 (10 ff.)). 6

## IV. Maßgeblicher Zeitpunkt

Maßgeblich ist der Zeitpunkt des Vertragsschlusses (Abs. 3), also nicht schon derjenige der Abgabe eines Angebots oder (wie im Bereich der Zuständigkeit) der der Klageerhebung (dazu 7

EuGH BeckRS 2021, 262). Liegen korrespondierend Angebot und Annahme vor, sollte indes von einem Vertragsschluss in autonomer Auslegung ausgegangen werden, selbst wenn der Vertrag zB wegen aufschiebender Bedingung noch nicht wirksam ist. Anderenfalls wäre – jedenfalls außerhalb einer Rechtswahl – das anwendbare Recht für die Parteien nicht vorhersehbar. Zudem hätte es derjenige, der die vertragscharakteristische Leistung erbringt (Art. 4 Abs. 1 und 2), vorbehaltlich einer offensichtlich engeren Verbindung in der Hand, durch spätere Verlegung seiner Hauptverwaltung, des Sitzes seiner Niederlassung oder seines Aufenthaltes das anzuwendende Recht einseitig zu manipulieren. Denn der Zweck von Abs. 3 besteht gerade darin, einen Statutenwechsel durch späteren Aufenthaltswechsel zu verhindern (MüKoBGB/Martiny Rn. 2).

### Art. 20 Ausschluss der Rück- und Weiterverweisung

**Unter dem nach dieser Verordnung anzuwendenden Recht eines Staates sind die in diesem Staat geltenden Rechtsnormen unter Ausschluss derjenigen des Internationalen Privatrechts zu verstehen, soweit in dieser Verordnung nichts anderes bestimmt ist.**

#### I. Normzweck und Herkunft

1 Der Vorläufer von Abs. 1 ist Art. 15 EVÜ (= Art. 35 Abs. 1 EGBGB aF). Eine Rück- und Weiterverweisung ist ausgeschlossen; bei den Regeln des Internationalen Vertragsrechts handelt es sich – wie auch schon nach hM vor 1986 (vgl. Soergel/v. Hoffmann EGBGB Art. 27 Rn. 3 mwN) – um eine sog. **Sachnormverweisung.** Die Bestimmung des anwendbaren Rechts wird im Rahmen von Abs. 1 nicht durch die Überprüfung fremden Kollisionsrechts belastet. Abs. 1 ist **lex specialis** im Verhältnis zu **Art. 4 Abs. 1 und 2 EGBGB.** Bei alledem ist zu konstatieren, dass sich im europäisierten Kollisionsrecht (von Art. 34 EuErbVO abgesehen) der renvoi generell auf dem Rückzug befindet (Henrich FS v. Hoffmann, 2011, 159; Schack IPRax 2013, 315).

#### II. Anwendungsbereich

2 Nach dem Wortlaut von Art. 20 greift die Norm (nur) für das nach der Rom I-VO anzuwendende Recht. Entsprechendes gilt nach Art. 24 Rom II-VO für deren Anwendungsbereich (also nicht zB bei Persönlichkeitsverletzungen).

3 Im Falle einer parteiautonomen Rechtswahl stellt sich die Frage, ob die Parteien nicht nur die Sachvorschriften, sondern auch das IPR eines Staates wählen können. Insoweit wäre dann von einer parteiautonomen Gesamtverweisung auszugehen. Art. 20 lässt eine **parteiautonome Gesamtverweisung** nicht zu (BeckOGK/Prinz von Sachsen Gessaphe Rn. 10; NK-BGB/Leible Rn. 5; Grüneberg/Thorn Rn. 1; s. aber auch Sandrock FS Kühne, 2010, 881; MüKoBGB/Martiny Rn. 5; Mallmann NJW 2008, 2953). Ohnedies wird sie nur ausnahmsweise vereinbart worden sein (Giuliano/Lagarde BT-Drs. 10/503, 36, 69). Im Bereich von **Schiedsverfahren,** in welchen die Frage eine praktisch relevante Rolle spielen kann (daher insgesamt für die Zulässigkeit der parteiautonom vereinbarten Gesamtverweisung auch auf das Kollisionsrecht zB MüKoBGB/Martiny Rn. 6), ist demgegenüber im Wege des Erst-Recht-Schlusses anders zu entscheiden, da die Parteien hier eine Billigkeitsentscheidung vereinbaren und damit (auch) das Kollisionsrecht ausschalten können. Dann sollte ein Schiedsgericht erst recht forumfremdes Kollisionsrecht zugrundelegen dürfen. Im (freilich nur schwer vorstellbaren) Extremfall mag eine Anerkennung des Schiedsspruchs an dem Ergebnis der Anwendung ordre public-widrigem (fremden) Kollisionsrechts scheitern. Im Übrigen besteht für eine parteiautonom vereinbarte Gesamtverweisung (auch) auf das Kollisionsrecht kein Bedürfnis.

4 Abs. 1 gilt auch bei der **objektiven Anknüpfung nach Art. 4–8.** Das war vor Inkrafttreten des umgesetzten EVÜ sehr umstritten (für Gesamtverweisung früher BGH NJW 1958, 750 (751); 1960, 1720 (1722)). Jedoch lässt sich Gegenteiliges mit geltendem Recht nicht vereinbaren (s. bereits zum im EGBGB umgesetzten EVÜ BGH NJW 1996, 54 (55); OLG Düsseldorf RIW 1993, 761 (762); OLG Hamburg RIW 1990, 225; LG Aachen RIW 1990, 491 (492); LG Hamburg NJW-RR 1990, 695 (696); Schröder IPRax 1987, 90 (91 f.); W. Lorenz IPRax 1987, 269 (276)).

### Art. 21 Öffentliche Ordnung im Staat des angerufenen Gerichts

**Die Anwendung einer Vorschrift des nach dieser Verordnung bezeichneten Rechts kann nur versagt werden, wenn ihre Anwendung mit der öffentlichen Ordnung („ordre public") des Staates des angerufenen Gerichts offensichtlich unvereinbar ist.**

## I. Grundsatz

1 Art. 21 enthält die – seit jeher geltendem deutschen (und wohl jedem ausländischen) Kollisionsrecht entsprechende – Möglichkeit der Zurückweisung der Anwendung ausländischen Rechts (auch: vom Recht eines Mitglieds der EU) wegen Verstoßes gegen den **ordre public.** Das Eingreifen der allgemeinen Vorbehaltsklausel setzt zunächst voraus, dass die eigenen Kollisionsnormen auf fremdes Recht verweisen. Sodann ist dessen Inhalt zu ermitteln, bevor auf einer dritten Stufe das fremde Recht im konkreten Einzelfall anzuwenden ist. Erst das Ergebnis dieser Anwendung bildet den Prüfungsgegenstand des ordre public. Das anwendbare ausländische Sachrecht, nicht hingegen eine Rechtswahl (verkannt von LG Berlin NJW-RR 1995, 754 (755)), ist im Einzelfall nicht anzuwenden, wenn seine Anwendung mit wesentlichen Grundsätzen des deutschen Rechts offensichtlich unvereinbar wäre. Bis hin zum **Erfordernis der Inlandsbeziehung** kann der deutsche ordre public (Art. 6 EGBGB) im Internationalen Privatrecht der außervertraglichen Schuldverhältnisse daher wie bisher im Rahmen des Art. 21 konkretisiert werden (→ EGBGB Art. 6 Rn. 1 ff.). Im Internationalen Vertragsrecht ist freilich zu beachten, dass die Möglichkeit der Durchsetzung zwingenden Rechts über Art. 3 Abs. 3 und 4, Art. 6, 8 und 9 sowie über Art. 46b EGBGB den Anwendungsbereich der allgemeinen Vorbehaltsklausel deutlich reduziert.

## II. Europarechtlich bedingte Besonderheiten bei der Handhabung

2 Freilich erhebt sich die **Frage nach einem einheitlichen europäischen Maßstab des ordre public.** Bekanntlich findet sich in der EG bzw. EU ein durchaus eng gewordenes Geflecht an (auch privatrechtsrelevanten) Rechtssätzen. Wenn man eine tatsächliche oder vermeintliche Gleichheit der grundlegenden Rechtsprinzipien der europäischen Staaten unterstellt, liegt es an sich nahe, einen einheitlichen europäischen Maßstab des ordre public anzunehmen. Das ist auch relativ früh vertreten worden (Jaenicke BerDGVR 7 (1967), 77, 125 f.; Neuhaus Grundbegriffe § 49 II 3, 372; ferner Moser ÖJZ 1974, 650 (651 f.)). Freilich ist nach wie vor fraglich, ob sich ein subsumtionsfähiger Maßstab eines einheitlichen ordre public in Europa überhaupt ermitteln lässt (dagegen Leible/Lehmann RIW 2007, 721 (734), die vom „embryonalen Stadium" des europäischen ordre public sprechen; eingehend und mwN MüKoBGB/v. Hein EGBGB Art. 6 Rn. 153 ff.). Jedenfalls sollten Anhaltspunkte dafür, ob ein ordre public-Verstoß vorliegt oder nicht, tunlichst rechtsvergleichend gewonnen werden. Seit jeher werden vergleichbare rechtliche Regelungen oder Grundsätze in den europäischen Nachbarstaaten (das RG und der BGH sprachen von „Kulturstaaten") herangezogen (vgl. BGHZ 22, 162 (163); 35, 329 (337); ferner 50, 370 (376); RGZ 108, 241 (243 f.); Jayme, Methoden der Konkretisierung des ordre public im Internationalen Privatrecht, 1989, 44 ff.). Darüber hinaus wird vertreten, dass in Einzelfällen der nationale ordre public gegenüber dem Recht eines Mitgliedstaates der EU zurückhaltender angewendet werden soll als im Verhältnis zu einem außerhalb der EU stehenden Staat (so bereits v. Brunn NJW 1962, 985 (988)). Zweifelsfrei darf der nationale ordre public keinesfalls zur Erreichung unionswidriger Ziele (zB im Wege eines Verstoßes gegen das Diskriminierungsverbot oder das Funktionieren des Binnenmarktes) eingesetzt werden (dazu MüKoBGB/v. Hein EGBGB Art. 6 Rn. 170 ff.; Martiny FS Sonnenberger, 2004, 523 (533); s. bereits Steindorff EuR 1981, 426 (435 ff., 439 f.)). Die fundamentalen Rechtsnormen und Rechtsgrundsätze der EU sind ohnedies zugleich wesentliche Grundsätze der deutschen öffentlichen Ordnung, soweit sie von entsprechenden Rechtssetzungskompetenzen der EU getragen sind.

3 So kann jedenfalls die Abweichung von einer RL, die eine **volle Harmonisierung** bringt, nicht als ordre public-widrig angesehen werden. Auch dann, wenn Richtlinien der EU die bloße Festsetzung von **Mindeststandards** vorsehen, kann der ordre public nur mit besonderer Zurückhaltung und mit erheblichem Begründungsaufwand gegen ausländisches Recht europäischer Staaten eingesetzt werden, das nur nicht über den Standard von den entsprechenden RL hinausgegangen ist. Durch den Beitritt zur EU wird zum Ausdruck gebracht, dass eine Übereinstimmung mit den Grundvorstellungen der anderen EU-Nationen von dem, was unerlässlicher Bestandteil der eigenen staatlichen Ordnung ist, besteht. Es würde sich mit dem Grundsatz der Gemeinschaftstreue nicht ohne weiteres vertragen, wenn der nationale ordre public zur Abwehr des Rechts eines Mitgliedstaats der EU eingesetzt würde, das den in einer RL vorgesehenen Mindeststandard einhält und die RL korrekt umgesetzt hat. Vielmehr entfällt dann zumeist die Anwendung des nationalen ordre public. Verbleibende Abweichungen vom internen Recht und vom Inhalt der RL können eben kaum Verstöße gegen unverzichtbare eigene Gerechtigkeitsvorstellungen begründen (Spickhoff BB 1987, 2593 (2601 f.); Brödermann/Iversen, Europäisches Gemeinschaftsrecht und Internationales Privatrecht, 1994, Rn. 759 ff. mwN; Sonnenberger ZVglRWiss 95 (1996), 343; Martiny

FS Sonnenberger, 2004, 523 (537)). Demgemäß hat der **EuGH** zur Handelsvertreter-RL 86/653/ EWG entschieden, dass das von den Parteien eines Handelsvertretervertrags gewählte Recht eines Mitgliedstaats der EU, das den durch diese RL vorgeschriebenen Mindestschutz gewährt, von dem angerufenen Gericht eines anderen Mitgliedstaats nur dann zugunsten der lex fori unangewendet gelassen werden kann, weil die Vorschriften über selbständige Handelsvertreter in der Rechtsordnung dieses Mitgliedstaats zwingenden Charakter haben, wenn es „substantiiert feststellt, dass der Gesetzgeber des Staates dieses Gerichts es im Rahmen der Umsetzung dieser Richtlinie für unerlässlich erachtet hat, dem Handelsvertreter in der betreffenden Rechtsordnung einen Schutz zu gewähren, der über den in der genannten Richtlinie vorgesehenen hinausgeht, und dabei die Natur und den Gegenstand dieser zwingenden Vorschriften berücksichtigt" (EuGH EuZW 2013, 956 – Unamar).

## III. Rechtsfolge

4 Ebenso wenig wie Art. 6 EGBGB benennt Art. 21 die Rechtsfolgen eines Verstoßes gegen den ordre public. Der Wortlaut des Art. 21 erschöpft sich vielmehr – durchaus im Gegensatz zu einigen ausländischen ordre public-Klauseln – in der Anordnung, die fremde Rechtsnorm, die zu ordre public-widrigen Konsequenzen führt, nicht anzuwenden. Was anstelle der dadurch entstehenden Lücke gelten soll, bleibt offen. Der BGH wendet nicht ohne weiteres das eigene Recht an, sondern verfährt nach dem Grundsatz des geringstmöglichen Eingriffs. Dieses Anliegen ist auch im Rahmen der Rom I-VO nicht zu beanstanden. Zwar ist auch Art. 21 autonom auszulegen. Indes drängt die deutsche Praxis das Ergebnis der Regelanknüpfungen der Rom I-VO über den ordre public eben nur in möglichst geringem Maße zurück. Das kann kaum als europarechtswidrige Handhabung des ordre public beanstandet werden, mag die deutsche Haltung auch im Ausland nicht konsensfähig sein (Grüneberg/Thorn Rn. 3). Auch im Rahmen von Art. 21 ist mithin eine gewissermaßen **ordre public-konforme Reduktion der lex causae** iS einer „geltungserhaltenden" Reduktion der derogierten Normen der ausländischen Rechtsordnung möglich und angebracht. So hat der BGH ein ordre public-widriges ausländisches Erfolgshonorar (→ Art. 9 Rn. 20) herabgesetzt (BGHZ 44, 183 (190)). Freilich ist das nur dann möglich, wenn es nicht um **„Ja-" oder „Nein-"Entscheidungen** geht (Schwung RabelsZ 49 (1985), 407 (421)). In derartigen Konstellationen – zB bei bestimmten Wirksamkeitshindernissen – kommt nach der Natur der betreffenden ausländischen Sachnorm von vornherein eine Modifikation nicht in Betracht. Hier ist es müßig, danach zu fragen, wie die entsprechende Lücke zu füllen ist. Die ausländischen Vorschriften werden einfach nicht angewandt, und damit hat es sein Bewenden.

## IV. Einzelfälle

5 Im Einzelfall wurde ein **ordre-public-Verstoß bejaht:** wenn ausländisches Recht das Verbot des Rechtsmissbrauchs (OLG Frankfurt IPRax 1981, 165 (167); BG SZIER 2003, 259) oder einer Anfechtung wegen Drohung (RG IPRspr 1928 Nr. 10) nicht einmal funktional (und sei es wenigstens im Gestalt der Unwirksamkeit des Geschäftes per se) kennt; wenn Vertragsstrafen anstößig hoch sind (OLG Hamburg Mugdan/Falkmann 6, 231); wenn Verträge die Grenze der Sittenwidrigkeit übersteigen, wobei die Sittenwidrigkeitsgrenzen, die die Rspr. im Rahmen von § 138 BGB entwickelt hat, je nach Auslandsbezug im Rahmen des ordre public nicht uneingeschränkt gelten, sondern je nach Sachlage deutlich überschritten sein müssen (OLG Saarbrücken SchiedsVZ 2012, 47 = IHR 2013, 19; weitergehend ArbG Bielefeld IPRspr 2008 Nr. 49; Spickhoff, Der ordre public im internationalen Privatrecht, 1989, 172 f.), insbes. im Falle von überhöhten Kreditzinsen (Mühlbert/Bruinier WM 2005, 105 (109 ff.)); wenn das ausländische Recht Strafschadensersatz (punitive damages) als (vertragliche) Haftungsfolge vorsieht (BGHZ 118, 312 (338 ff.) = NJW 1992, 3096 (3103 f.) zur Vollstreckbarerklärung); wenn ein Bürge durch den Staat auf Zahlung in Anspruch genommen wird, nachdem der Staat dem Bürgen dessen Anteile am Hauptschuldner entschädigungslos entzogen hat (BGHZ 104, 240 (243 ff.) = NJW 1988, 2173 (2174 f.); dazu Dörner FS Sandrock, 1995, 205 ff.); bei besonders krassen Abweichungen vom deutschen Verbraucherschutzrecht nur selten, weil zumeist Art. 6, Art. 3 Abs. 3 und 4, Art. 9 und Art. 46b EGBGB schon helfen (zum alten AbzG RG JW 1932, 591; AG Lichtenfels IPRax 1990, 235 (236): Verstoß bejaht; OLG Celle RIW 1993, 587 (588): Verstoß verneint; zum HaustürWG OLG Celle RIW 1991, 421 (423): Verstoß bejaht; OLG Hamm NJW-RR 1989, 496 (497); OLG Düsseldorf NJW-RR 1995, 1396: Verstoß verneint; zum Käuferschutz gegenüber Bauunternehmen vgl. OLG Hamm NJW 1977, 1594 (1595), mE zu weitgehend; Spickhoff, Der ordre public im internationalen Privatrecht, 1989, 176), wobei ggf. entscheidend nicht zuletzt die konkrete

Schutzbedürftigkeit des Käufers (geschäftlich besonders Unerfahrene, Rentner auf Verkaufsveranstaltung) sein sollte. Als ordre public-widrig wird teils (auch unter Hinweis auf die freilich rein nationale Norm des Art. 40 Abs. 3 Nr. 1 und 2 EGBGB) eine erhöhte Zusatzgebühr bei Mautverstößen – eine Zivilsache unterstellt – angesehen, die das 20- bis 25fache der eigentlichen Gebühr beträgt (LG München DAR 2021, 213 (215 zur Rom II-VO); mit guten Gründen anders und (im Rahmen der Rom I-VO) LG Nürnberg-Fürth DAR 2020, 266; Staudinger/Schametzki DAR 2021, 191).

**Keinen ordre public-Verstoß** haben in Deutschland ausgelöst: strengere Voraussetzungen einer Anfechtung eines Rechtsgeschäfts wegen Täuschung (RG IPRspr. 1933 Nr. 16), die Anpassung einer Forderung an die Geldentwertung (BGH NJW 1993, 1801 (1802)) oder pauschalierter Schadensersatz (BGHZ 75, 167 (171 f.) = NJW 1980, 527 (528); BGHZ 118, 312 (331) = NJW 1992, 3096 (3101); LG Heilbronn RIW 1991, 343 (344)); das Fehlen einer im Zweifel zur Gesamtnichtigkeit führenden Regel wie § 139 BGB (OLG Hamm NJW-RR 1998, 1542 = IPRspr 1997 Nr. 66). 6

Zweifelhaft ist geworden, ob besonders hohe **anwaltliche Erfolgshonorare** den ordre public auslösen können (so BGHZ 44, 183 (190) = NJW 1966, 296 (299 f.): höchstens 20% zulässig; BGHZ 51, 290 (293 f.); 22, 162 (165 f.): ordre-public-Verstoß abgelehnt, überdies ist teilweise Art. 9 zu beachten; näher → Art. 9 Rn. 20; Spickhoff, Der ordre public im internationalen Privatrecht, 1989, 192 ff.; vgl. auch BGH NJW 2003, 3486 = IPRax 2005, 150 m. Aufs. Spickhoff IPRax 2005, 125 und Staudinger IPRax 2005, 129: Sittenwidrigkeit bei 17facher Überschreitung der gesetzlichen Gebühren). Nach § 49b Abs. 2 S. 1 BRAO iVm § 4a Abs. 1 S. 1 RVG darf ein Erfolgshonorar nur für den Einzelfall und nur dann vereinbart werden, wenn der Auftraggeber aufgrund seiner wirtschaftlichen Verhältnisse bei verständiger Betrachtung ohne die Vereinbarung eines Erfolgshonorars von der Rechtsverfolgung abgehalten würde. Diese undeutliche und de facto zu Umgehungen des Verbots von Erfolgshonoraren einladende Regelung beruht auf einer Beanstandung des ausnahmslosen Verbots von anwaltlichen Erfolgshonoraren wegen Verstoßes gegen Art. 12 Abs. 1 GG durch das BVerfG (BVerfG NJW 2007, 979). Zumindest soweit sich eine (auch fremdem Recht unterliegende) Erfolgshonorarvereinbarung in diesem Rahmen bewegt, kann der ordre public mithin nicht mehr eingreifen. Auch darüber hinaus wird man die Vorbehaltsklausel des Art. 21 wenn überhaupt, dann nur noch sehr zurückhaltend (in krassen Fällen der Aushöhlung der Individualinteressen des Opfers) eingreifen lassen können. 7

## Art. 22 Staaten ohne einheitliche Rechtsordnung

**(1) Umfasst ein Staat mehrere Gebietseinheiten, von denen jede eigene Rechtsnormen für vertragliche Schuldverhältnisse hat, so gilt für die Bestimmung des nach dieser Verordnung anzuwendenden Rechts jede Gebietseinheit als Staat.**

**(2) Ein Mitgliedstaat, in dem verschiedene Gebietseinheiten ihre eigenen Rechtsnormen für vertragliche Schuldverhältnisse haben, ist nicht verpflichtet, diese Verordnung auf Kollisionen zwischen den Rechtsordnungen dieser Gebietseinheiten anzuwenden.**

### I. Normzweck und Herkunft

Art. 22 hat Mehrrechtsstaaten und damit das **interlokale Privatrecht** zum Gegenstand. Vorläufer der Norm war Art. 35 Abs. 2 EGBGB, der auf Art. 19 Abs. 1 EVÜ beruhte. Hat ein Staat Gebiete, in denen unterschiedliches lokales Recht gilt, so soll prinzipiell über die **Art. 3 ff. direkt** entschieden werden, welche Teilrechtsordnung anzuwenden ist. Ausländisches interlokales Recht ist also prinzipiell nicht anwendbar. **Art. 22** ist **lex specialis gegenüber Art. 4 Abs. 3.** 1

### II. Verweisung auf Gebietseinheiten (Abs. 1)

**1. Mehrere Gebietseinheiten mit eigenen Rechtsvorschriften.** Abs. 1 verweist unmittelbar auf das Recht einer Gebietseinheit, soweit ein Staat mehrere Gebietseinheiten mit eigenen Rechtsvorschriften für vertragliche Schuldverhältnisse hat. Auch unterschiedliches Richter- oder Gewohnheitsrecht reicht aus (Martiny in Reithmann/Martiny IntVertragsR Rn. 2.297; BeckOGK/Prinz von Sachsen Gessaphe Rn. 11). Von Gebietseinheiten kann man sprechen, wenn innerhalb des ausländischen Staates territorial begrenzte Teile vorliegen (MüKoBGB/Martiny Rn. 8). In Betracht kommen etwa Spanien, Kanada, Australien, Mexiko, Großbritannien sowie die USA und (Rest-)Jugoslawien. 2

3 **2. Unklare Rechtswahl.** Im Falle der objektiven Anknüpfung wird sich das anwendbare Teilrecht im Rahmen von Abs. 1 über den gewöhnlichen Aufenthalt oder die Niederlassung vergleichsweise einfach ermitteln lassen. Unproblematisch ist auch die parteiautonome Wahl des Rechts einer bestimmten Gebietseinheit. Zweifelhaft ist demgegenüber, wie anzuknüpfen ist, wenn die Parteien nur das **Recht des ausländischen Gesamtstaates gewählt** haben. Oft geschieht das unreflektiert (zB Recht „der" USA) (zB OLG Frankfurt IPRax 2002, 399 m. Aufs. Krapfl IPRax 2002, 380; dazu später BGH IPRax 2005, 150 m. Aufs. Spickhoff IPRax 2005, 125 und Staudinger IPRax 2005, 129). Vorrangig sollte dann die Erklärung ausgelegt werden, wobei die Bestimmung der gewählten Teilrechtsordnung nach den Vorstellungen der Parteien genügt. Davon wird man namentlich dann ausgehen können, wenn der Sachverhalt Berührungspunkte nur zu einer Gebietseinheit (zB zu einem Bundesstaat der USA) aufweist. So könnte man je nach Sachlage und Anhaltspunkten etwa an das Recht der Teilrechtsordnung anknüpfen, in deren Herkunftsgebiet derjenige, der die vertragscharakteristische Leistung erbringt, eine Zweigniederlassung unterhält, von wo allein die Leistung auch erbracht werden soll. Überhaupt werden die Parteien das Teilrecht gemeint haben, in dem die betreffende Leistung erbracht werden soll (Spickhoff IPRax 2005, 125 (126) für anwaltliche Tätigkeit). Im Übrigen gilt: Haben zwei Personen mit gewöhnlichem Aufenthalt vollständig außerhalb des gewählten Gesamtstaates agiert, so könnte man erwägen, dass die Rechtswahl ins Leere gegangen ist. Dann käme nur noch eine objektive Anknüpfung nach Art. 4–8 in Betracht, die freilich zum Recht eines vom gewählten abweichenden anderen Staates führen könnte (dafür jurisPK/Ringe Rn. 9). Das aber erscheint zu weitgehend und widerspricht dem (keineswegs bloß hypothetischen) Willen der Parteien. Es entspricht am ehesten den Interessen der Parteien, in der gewählten Gesamtrechtsordnung zu verbleiben. Es ist dann – in Anlehnung an Abs. 2 – zunächst das interlokale Privatrecht der gewählten Rechtsordnung anzuwenden (gegen die Berücksichtigung des fremden interlokalen Rechts Staudinger IPRax 2005, 129 f.; BeckOGK/Prinz von Sachsen Gessaphe Rn. 17). Fehlt es an geeigneten interlokalen Rechtsnormen des gewählten Gesamtstaates, so ist – entspr. Art. 4 Abs. 4 – das Recht der Teilrechtsordnung anzuwenden, mit welcher der Sachverhalt sonst am engsten verbunden ist. Innerhalb der Auswahl unter den betreffenden Teilrechten kann dann auf die Wertungen der Art. 4 Abs. 1 und 2, Art. 5 Abs. 1 und 2 S. 1, Abs. 3, Art. 6 Abs. 1, Art. 7 Abs. 2 S. 2, Abs. 3 S. 3 bzw. Art. 8 Abs. 2–4 zurückgegriffen werden (MüKoBGB/Martiny Rn. 6; BeckOGK/Prinz von Sachsen Gessaphe Rn. 17).

## III. Interlokale und innerdeutsche Fälle (Abs. 2)

4 In Abs. 2 findet sich eine Art. 19 Abs. 2 EVÜ entsprechende Vorschrift. Die für Deutschland nach der Wiedervereinigung bedeutungslose Norm ermöglicht es Mehrrechtsstaaten, für interne interlokale Sachverhalte autonome, von der Rom I-VO ggf. abweichende Kollisionsnormen zu erlassen. Art. 19 Abs. 2 EVÜ war ins deutsche EGBGB nicht übernommen worden, weil man die Norm offenbar für überflüssig hielt (und wohl auch auf Grund von Art. 3, der von Sachverhalten mit einer Verbindung zum Recht eines „ausländischen" Staates spricht, sodass das EGBGB nach seiner Systematik ohnedies nicht gegenüber der DDR unmittelbar anzuwenden war) (Jayme/Kohler IPRax 1990, 353 (360); vgl. weiter v. Hoffmann IPRax 1984, 10 (12)). Das rechtfertigte es, Art. 35 Abs. 2 EGBGB aF im interlokalen Privatrecht Deutschlands nicht anzuwenden (allgM, Jayme/Kohler IPRax 1990, 353 (360); Soergel/v. Hoffmann EGBGB Art. 35 Rn. 11, 12). Gleichwohl wurden die Art. 27 ff. EGBGB aF allgemeinen Grundsätzen folgend im innerdeutschen Rechtsverhältnis analog angewendet (Soergel/v. Hoffmann EGBGB Art. 35 Rn. 12).

### Art. 23 Verhältnis zu anderen Gemeinschaftsrechtsakten

**Mit Ausnahme von Artikel 7 berührt diese Verordnung nicht die Anwendung von Vorschriften des Gemeinschaftsrechts, die in besonderen Bereichen Kollisionsnormen für vertragliche Schuldverhältnisse enthalten.**

**Schrifttum:** Piekenbrock, Der deutsche Mindestlohn in der Arbeitgeberinsolvenz am Beispiel Polens, ZVglRWiss 2012, 87; Windisch-Graetz, Grenzüberschreitende Arbeitsverhältnisse im Spannungsfeld von Rom I und Entsenderichtlinie, ZfRV 2015, 192.

## I. Normzweck und Herkunft

1 Nach **Erwägungsgrund 40** sollen die Aufteilung der Kollisionsnormen auf zahlreiche Rechtsakte sowie Unterschiede zwischen diesen Normen tunlichst vermieden werden. Gleichwohl soll

die Rom I-VO die Möglichkeit der Aufnahme von Kollisionsnormen für vertragliche Schuldverhältnisse in Vorschriften des Unionsrechts über besondere Gegenstände nicht ausschließen, insbes. soweit es um Bestimmungen geht, die zum reibungslosen Funktionieren des Binnenmarkts beitragen sollen und die nicht in Verbindung mit dem Recht angewendet werden können, auf das die Regeln der Rom I-VO verweisen. Unter dem Aspekt der Freiheit des Waren- und Dienstleistungsverkehrs benennt Erwägungsgrund 40 dabei als (einziges) Beispiel die E-Commerce-RL. Als **Ausnahme** von diesem Vorrang von vertragsrechtlich relevanten Kollisionsnormen in anderen VO oder RL wird **Art. 7 (Versicherungsverträge)** genannt. Das bisherige (namentlich im EGVVG aF umgesetzte) Richtlinienrecht ist daher (mit Ausnahme von Altfällen) bedeutungslos bzw. in Art. 7 überführt worden (Perner IPRax 2009, 218 (219)). Der **Vorrang von Staatsverträgen** kann aus Art. 25 folgen.

**Vorläufer** von Art. 23 war Art. 20 EVÜ, in Deutschland umgesetzt zunächst in Art. 3 Abs. 2 S. 2 EGBGB aF, nunmehr in Art. 3 Nr. 1 EGBGB. 2

## II. Kollisionsnormen für vertragliche Schuldverhältnisse in besonderen Bereichen

Art. 23 nennt – anders als noch in einem Vorentwurfs-Anhang (dazu MüKoBGB/Martiny Rn. 3) selbst nicht die von dieser Norm gemeinten Richtlinien (in der jeweils umgesetzten Form) bzw. Verordnungen. Notwendig ist, dass sich – wenigstens konkludent, also im Wege der Auslegung – Kollisionsnormen aus dem Regelungswerk entnehmen lassen. Das ist zB bei der **Dienstleistungs-RL 2006/123/EG** vom 12.12.2006 über Dienstleistungen im Binnenmarkt nicht der Fall; sie berührt das Kollisionsrecht gem. Art. 3 Abs. 2 RL 2006/123/EG und Art. 17 Nr. 15 RL 2006/123/EG nicht (näher Leible in Schlachter/Ohler, Europäische Dienstleistungsrichtlinie, 2008, RL 2006/123/EG Art. 3 Rn. 11). 3

**1. Art. 46b EGBGB.** Angesprochen sind zunächst die in Art. 46b Abs. 4 EGBGB aufgeführten Richtlinien, denn Art. 46a EGBGB beruht darauf, dass die Norm der Umsetzung von Richtlinien dient, deren internationaler Anwendungsbereich weder das EVÜ (Staudinger IPRax 1999, 414 (418)) noch die Rom I-VO berühren. 4

**2. EU-Kulturgüter-Rückgabe-RL.** Die RL 2014/60/EU (früher RL 93/7/EWG) würde nur erfasst, soweit der in der Richtlinie vorgesehene Rückgabeanspruch des Staates vertragsrechtlich und nicht rein öffentlich-rechtlich zu qualifizieren ist (MüKoBGB/Martiny Rn. 16). 5

**3. Arbeitnehmerentsende-RL.** Die Arbeitsnehmerentsende-RL 96/71/EG vom 16.12.1996 kann insoweit als (unausgesprochene) Kollisionsnorm angesehen werden, als es sich um eine sonderanzuknüpfende zwingende Eingriffsnorm iSd Art. 9 handelt; freilich ist ein Rückgriff auf Art. 23 insoweit dann überflüssig (MüKoBGB/Martiny Rn. 17; dazu ferner Windisch-Graetz ZfRV 2015, 192; Piekenbrock ZVglRWiss 2012, 87). 6

**4. Insbesondere Herkunftslandprinzip (§ 3 TMG bzw. Art. 3 E-Commerce-RL).** Eine weitere, von ihrer Rechtsnatur her (als Kollisionsrecht, Sachrecht oder eine Rechtsmaterie sui generis) indes streitige Norm findet sich in **§ 3 TMG.** Erwägungsgrund 40 ordnet die E-Commerce-RL mit ihrem sog. Herkunftslandprinzip offenbar den Materien zu, die „besondere Kollisionsnormen" enthalten. 7

§ 3 TMG (früher: § 4 TDG) setzt Art. 3 E-Commerce-RL um und enthält das sog. Herkunftsland- (oder besser: Niederlassungs-) Prinzip. Um die Frage beantworten zu können, wie dieser Grundsatz auf die Art. 3 ff. Rom I-VO einwirkt, ist es erforderlich, sich zunächst seinen **Anwendungsbereich** (und damit auch den der E-Commerce-RL und des TMG überhaupt) zu vergegenwärtigen. Das TMG gilt zunächst einmal prinzipiell für alle elektronischen Informations- und Kommunikationsdienste. Ausgenommen sind Angebote zur Information oder Kommunikation, soweit nicht die bloße redaktionelle Gestaltung von Datendiensten zur Meinungsbildung für die Allgemeinheit, wie bei der Weitergabe von Verkehrs-, Wetter-, Umwelt- oder Börsendaten, im Vordergrund stehen. Auf die Entgeltlichkeit kommt es nicht an. Eine weitere wichtige Einschränkung ergibt sich daraus, dass nur Tätigkeiten erfasst sind, die online vonstattengehen. Damit wird die Auslieferung von Waren oder eine sonstige Erbringung von Offline-Diensten nicht erfasst (Erwägungsgrund Nr. 18 E-Commerce-RL). 8

Das Herkunftslandprinzip gilt von seinem **räumlichen Anwendungsbereich** her von vornherein nur dann, wenn die betreffenden Dienste vom Hoheitsgebiet eines Mitgliedstaates aus geschäftsmäßig angeboten oder erbracht worden sind (Art. 3 Abs. 1 E-Commerce-RL, § 3 Abs. 1 TMG). Im Übrigen bleibt es bei den allgemeinen Grundanknüpfungen des Kollisionsrechts. Das 9

Herkunftslandprinzip schützt oder begünstigt ggf. also nur Diensteanbieter aus der EU. Alle anderen Diensteanbieter können sich nicht darauf einstellen, vor Gerichten innerhalb der EU (und im Rahmen des sachlichen Anwendungsbereichs des Herkunftslandprinzips) nur an den Normen gemessen zu werden, die am Ort ihrer Niederlassung gelten. Die tendenzielle Bevorzugung von Diensteanbietern innerhalb der EU beruht wohl darauf, dass bei diesen immerhin die Einhaltung der europarechtlichen Mindeststandards auch nach ihrem Niederlassungsrecht zu erwarten steht. Dennoch bleibt die aus kollisionsrechtstheoretischer Sicht eher missliche Ungleichbehandlung.

**10** Das Herkunftslandprinzip unterliegt weiteren **wichtigen Einschränkungen** (näher Spindler RIW 2002, 183 f.; vgl. auch Mankowski IPRax 2002, 257 (263 f.)). Es gilt zunächst nur für solche Dienste, die geschäftsmäßig angeboten oder erbracht werden. Darunter soll nach der Gesetzesbegründung jede nachhaltige Tätigkeit, unabhängig von einer Gewinnerzielungsabsicht, gemeint sein. Die private gelegentliche Betätigung soll demgegenüber ausscheiden (BT-Drs. 14/6098, 17). Daraus hat man hergeleitet, der private Homepage-Anbieter könne aufgrund der Nachhaltigkeit vom Herkunftslandprinzip erfasst werden (Spindler RIW 2002, 183). Indes weist das **Merkmal der Geschäftsmäßigkeit** demgegenüber eher auf eine überhaupt geschäftliche und daher eher unternehmerische Tätigkeit hin. Nicht schon jede bloß irgendwie nachhaltige Aktivität im Internet wird man aber schon als geschäftlich oder unternehmerisch ansehen können. Daher sollten rein private Homepage-Anbieter, die ihre Homepage außerhalb einer solchen geschäftlichen Tätigkeit bereitstellen, aus dem Anwendungsbereich des Herkunftslandprinzips ausscheiden. Bedenkt man, dass auch das Internationale Strafrecht und das Internationale Öffentliche Recht vom Herkunftslandprinzip überlagert werden, hätte der Gesetzgeber die Einbeziehung selbst privater Homepage-Anbieter in den Kreis des „geschäftsmäßigen" Diensteerbringens zumindest deutlicher zum Ausdruck bringen müssen. Die bloße Umschreibung von Geschäftsmäßigkeit mit Nachhaltigkeit genügt hierfür jedenfalls nicht, zumal die Anknüpfung an die bloße Nachhaltigkeit über das von der RL geforderte Maß deutlich hinausreicht. Sodann spricht § 3 TMG nur vom „niedergelassenen Diensteanbieter", was von der Anknüpfung (an die Niederlassung, nicht an den gewöhnlichen Aufenthalt) eher auf Unternehmer hindeutet. Daher sollten im Rahmen der deutschen Umsetzung unter dem Aspekt der fehlenden Geschäftsmäßigkeit neben der privaten Homepage auch Angebote von Universitäten, Kirchen oder Museen nicht vom Anwendungsbereich des Herkunftslandprinzips erfasst werden (Spindler RabelsZ 66 (2002), 633 (647 f.)). Es verbleiben dann im Wesentlichen solche Dienste, die von entsprechenden Unternehmen angeboten werden, mag das konkrete Angebot nun entgeltlich oder unentgeltlich, mit oder ohne Gewinnerzielungsabsicht erfolgen. Weiter wird das **Verbrauchervertragsrecht** vom Herkunftslandprinzip nicht erfasst. Dabei sollte man in Übereinstimmung mit der E-Commerce-RL nicht nur einzelne Vorschriften des Verbraucherschutzrechts vom Herkunftslandprinzip ausnehmen, worauf § 3 Abs. 3 Nr. 2 TMG hinzudeuten scheint, wenn dort von „den Vorschriften für vertragliche Schuldverhältnisse in Bezug auf Verbraucherverträge" die Rede ist. Besser, weil erneute Abgrenzungsfragen vermeidend, ist es, mit dem Anh. Spiegelstrich 6 E-Commerce-RL „vertragliche Schuldverhältnisse in Bezug auf Verbraucherverträge" insgesamt vom Herkunftslandprinzip mit seiner Anknüpfung an den Ort der Niederlassung des Unternehmers auszunehmen (Spindler RabelsZ 66 (2002), 633 (686 ff.)). Wie in Art. 6 Rom I-VO wird man von einem solchen Verbrauchervertrag ganz allgemein sprechen können, wenn der Vertrag zu einem Zweck geschlossen wird, der nicht der beruflichen oder gewerblichen Tätigkeit einer Vertragsseite zugerechnet werden kann. Das entspricht auch der Begriffsbildung in Art. 15 Abs. 1 Brüssel Ia-VO. Damit betrifft das Herkunftslandprinzip die von Art. 6 Rom I-VO und auch von Art. 46b EGBGB erfassten Verträge ebenso wenig wie den gesamten Bereich der Telemedizin, jedenfalls soweit es um vertragliche Ansprüche von Patienten geht.

**11** Nach Art. 3 Abs. 3 Nr. 1 TMG und Anh. Spiegelstrich 5 E-Commerce-RL findet das Herkunftslandprinzip weiter keine Anwendung auf die „Freiheit der **Rechtswahl**". Der Grund für die Verdrängung des Herkunftslandprinzips infolge einer parteiautonomen Rechtswahl liegt auf der Hand: In diesem Fall begibt sich der durch das Herkunftslandprinzip begünstigte Diensteanbieter seines Schutzes; er verzichtet darauf oder ist jedenfalls mit der Anwendung der vereinbarten Rechtsordnung einverstanden. Das ergreift auch die **Möglichkeit der vertragsakzessorischen Anknüpfung im internationalen Deliktsrecht,** die Art. 4 Abs. 3 S. 2 Rom II-VO vorsieht. Im Bereich des internationalen Vertragsrechts reicht eine Rechtswahl weiter als Art. 14 Rom II-VO, als sie typischerweise vor Eintritt des schädigenden Ereignisses erfolgt ist. Eine Rechtswahl, soweit sie im internationalen Deliktsrecht nur unter dem Aspekt der vertragsakzessorischen Anknüpfung relevant wird, ist auch für die Absteckung des Anwendungsbereichs des Herkunftslandprinzips nicht unbeachtlich, obwohl der Anhang, 5. Spiegelstrich E-Commerce-RL nur von der „Freiheit der Rechtswahl für Vertragsparteien" spricht. Das folgt aus dem Telos des Vorrangs der Parteiautonomie gegenüber dem Herkunftslandprinzip. Wenn es richtig ist, dass eine Ausnahme vom Herkunftslandprinzip aufgrund einer Rechtswahl durch die Parteien sich nur darauf gründet, dass der Diensteanbieter mit der Abwahl des Rechtes seines Herkunftslandes einverstanden ist, so gibt es keinen vernünftigen Grund, hierbei zwischen vertragsrechtlichen und deliktsrechtlichen Ansprüchen zu unterscheiden. Daher sollte man nicht nur die Parteiautonomie im Deliktskollisionsrecht, sondern auch die Fernwirkungen vertragsrechtlicher Parteiautonomie im Rahmen einer vertragsakzessorischen Anknüpfung deliktsrechtlicher Ansprüche vom Herkunftslandprinzip ausnehmen. Dass auf diese Weise ein kollisionsrechtlich unerfreuliches Aufspalten der anwendbaren Rechtsordnung nach vertraglichen und deliktischen Ansprüchen vermieden wird, erhöht zumindest von den Wertungen des Internationalen Privatrechts her das Gewicht der Gründe, die für eine solche Lösung sprechen. Hinzu kommt, dass die Abgrenzung und Qualifikation von vertraglichen und deliktischen Ansprüchen obendrein alles andere als stets eindeutig ist; man denke nur an die verschiedenen Fälle des Verschuldens bei Vertragsschluss oder der Auskunftshaftung.

Jedenfalls wenn ein Schuldvertrag in Ermangelung einer Rechtswahl objektiv anzuknüpfen ist 12
(Art. 4), erhebt sich die Frage, ob das internationale Schuldvertragsrecht insgesamt von einer möglichen Einwirkung durch das Herkunftslandprinzip unter dem Aspekt des Respekts vor dem Europäischen Vertragsrechtsübereinkommen auszunehmen ist (dafür Mankowski IPRax 2002, 257 (264)). Zwar wird regelmäßig über Art. 4 Abs. 1 und 2 objektiv im internationalen Vertragsrecht ohnedies der Sitz des Diensteanbieters für die Bestimmung des anwendbaren Rechts maßgeblich sein. Doch sind Ausnahmen über Art. 4 Abs. 3 unter dem Aspekt einer offensichtlich engeren Verbindung denkbar. Indes kann man umgekehrt auch fragen, ob man nicht von einer Anwendung der Ausweichklausel des europäischen internationalen Schuldvertragsrechts im Hinblick auf den Respekt vor dem Herkunftslandprinzip absehen sollte. Dafür spricht nun Art. 23. Beließe man es bei der Grundanknüpfung von Art. 4 Abs. 1 und 2, liefen eine Anknüpfung nach der Rom I-VO und nach dem Herkunftsland im Wesentlichen parallel, gleich, ob das Herkunftslandprinzip nun überhaupt ins internationale Vertragsrecht unmittelbar hineingreift oder nicht. Im Allgemeinen wird man daher die Frage nach der **kollisions- oder sachrechtlichen Rechtsnatur des Herkunftslandprinzips** – gegen die Einordnung als Kollisionsrecht spricht § 1 Abs. 5 TMG, dafür (im Umkehrschluss) indes § 3 Abs. 3 Nr. 1 TMG und Erwägungsgrund 40 – im europäisierten Internationalen Vertragsrecht dahingestellt sein lassen können.

Aufgrund der Vorlage durch den BGH (BGH NJW 2010, 1232) hat der **EuGH** die Frage in 13
dem Sinne (nicht) geklärt, als er es den Mitgliedstaaten freigestellt hat, das Herkunftslandprinzip sachrechtlich oder kollisionsrechtlich einzuordnen (EuGH NJW 2012, 137). Das Herkunftslandprinzip sei lediglich dahingehend auszulegen, dass es keine Umsetzung in Form einer speziellen Kollisionsregel verlange. Die Mitgliedstaaten müssten nur vorbehaltlich der durch die E-Commerce-RL gestatteten Ausnahmen im koordinierten Bereich sicherstellen, dass der Anbieter eines Dienstes des elektronischen Geschäftsverkehrs keinen strengeren Anforderungen unterliegt, als sie das im Sitzmitgliedstaat dieses Anbieters geltende Sachrecht vorsieht, wie – kollisions- oder sachrechtlich –, ist offenbar egal. Diese Freiheit hat der **BGH** zu der dogmatischen Festlegung genutzt, dass **§ 3 TMG nicht** als **Kollisionsnorm,** sondern als ein **sachrechtliches Beschränkungsverbot** angesehen wird (BGH NJW 2012, 2197; BGH IPRax 2018, 509 Rn. 37).

## Art. 24 Beziehung zum Übereinkommen von Rom

**(1) Diese Verordnung tritt in den Mitgliedstaaten an die Stelle des Übereinkommens von Rom, außer hinsichtlich der Hoheitsgebiete der Mitgliedstaaten, die in den territorialen Anwendungsbereich dieses Übereinkommens fallen und für die aufgrund der Anwendung von Artikel 299 des Vertrags diese Verordnung nicht gilt.**

**(2) Soweit diese Verordnung die Bestimmungen des Übereinkommens von Rom ersetzt, gelten Bezugnahmen auf dieses Übereinkommen als Bezugnahmen auf diese Verordnung.**

**Schrifttum:** v. Hein, Konflikte zwischen völkerrechtlichen Übereinkommen und europäischem Sekundärrecht auf dem Gebiet des Internationalen Privatrechts, FS M. Schröder, 2012, 29; W.-H. Roth, Maßgebliche Kollisionsnormen im deutsch-dänischen Rechtsverkehr, IPRax 2015, 222.

## I. Normzweck

1 Art. 24 befasst sich mit dem **Verhältnis der Rom I-VO zum EVÜ von 1980,** in Deutschland seinerzeit umgesetzt vor allem (aber nicht nur) in Art. 27–37 EGBGB aF. Die Rom I-VO ersetzt für die Mitgliedstaaten im Wesentlichen das EVÜ bzw. die dessen Umsetzung dienenden Regeln. Demgemäß sind Art. 27–37 EGBGB aF in Deutschland aufgehoben worden.

## II. Verdrängung des EVÜ (Abs. 1)

2 Im Prinzip verdrängt die Rom I-VO das EVÜ, indes mit gewissen Ausnahmen. Die Verdrängung gilt zunächst nur für Mitgliedstaaten iSd Art. 1 Abs. 4, also alle EU-Staaten ohne **Dänemark** (s. auch Erwägungsgrund 46). (Nur) Von dänischen Gerichten ist also das EVÜ weiterhin anzuwenden, während deutsche Gerichte (und die Gerichte aller anderen Mitgliedstaaten) die Rom I-VO auch im Verhältnis zu Dänemark anzuwenden haben (Art. 2) (MüKoBGB/Martiny Rn. 4; v. Hein FS Schröder, 2012, 29, 38 ff.; NK-BGB/Leible Rn. 4; Grüneberg/Thorn Rn. 2; anders OLG Koblenz IPRax 2015, 255; W.-H. Roth IPRax 2015, 222 (224); PWW/Brödermann Art. 3 Rn. 3 f.; Staudinger AnwBl. 2008, 9). Zwar könnte argumentiert werden, dass in Ermangelung einer Kündigung des EVÜ gegenüber Dänemark über Art. 25 das EVÜ auch von Gerichten der EU-Mitgliedstaaten weiterhin anzuwenden ist (so W.-H. Roth IPRax 2015, 222 (224)). Doch regelt Art. 20 EVÜ seinerseits den Vorrang des Gemeinschaftsrechts. Danach berührt das EVÜ seit jeher nicht die Anwendung der Kollisionsnormen für vertragliche Schuldverhältnisse auf besonderen Gebieten, die in Rechtsakten der Organe der Europäischen Gemeinschaften oder in dem in Ausführung dieser Akte harmonisierten innerstaatlichen Recht enthalten sind oder enthalten sein werden. Hinzu kommt gem. Art. 26 EVÜ die Möglichkeit einer offenbar formfreien Revision, die hier in Gestalt der Rom I-VO erfolgt ist. Das spricht gegen eine gem. Art. 25 ggf. bindende völkervertragliche Pflicht zur Anwendung des EVÜ durch die restlichen EU-Mitgliedstaaten gegenüber Dänemark (Staudinger/Magnus, 2021, Rn. 6).

3 Sofern Art. 349, 355 AEUV dies vorsehen, gilt die Rom I-VO in bestimmten **Hoheitsgebieten der Mitgliedstaaten** nicht (zB französische überseeische Departments, die niederländischen Antillen und Aruba, die Isle of Man und die gleichfalls zum Vereinigten Königreich gehörenden Kanalinseln) (MüKoBGB/Martiny Rn. 4; Grüneberg/Thorn Rn. 2). Sie ist von dort sitzenden Gerichten also nicht als kollisionsrechtlicher Ausgangspunkt anzuwenden, während umgekehrt deutsche Gerichte sehr wohl die Rom I-VO auch bei Auslandsbezug zu den betreffenden Gebieten anzuwenden haben (Art. 2).

4 **Nichtmitgliedstaaten** bindet die Rom I-VO naturgemäß nicht.

## III. Bisherige Bezugnahmen auf das EVÜ (Abs. 2)

5 Frühere Inbezugnahmen auf das EVÜ bzw. die entspr. Umsetzungsnormen (in Deutschland im Wesentlichen Art. 27–37 EGBGB aF), die nicht angepasst worden sind, sind gem. Abs. 2 nunmehr als Bezugnahmen auf die Rom I-VO bzw. die dortigen Parallelvorschriften zu verstehen.

### Art. 25 Verhältnis zu bestehenden internationalen Übereinkommen

**(1) Diese Verordnung berührt nicht die Anwendung der internationalen Übereinkommen, denen ein oder mehrere Mitgliedstaaten zum Zeitpunkt der Annahme dieser Verordnung angehören und die Kollisionsnormen für vertragliche Schuldverhältnisse enthalten.**

**(2) Diese Verordnung hat jedoch in den Beziehungen zwischen den Mitgliedstaaten Vorrang vor den ausschließlich zwischen zwei oder mehreren Mitgliedstaaten geschlossenen Übereinkommen, soweit diese Bereiche betreffen, die in dieser Verordnung geregelt sind.**

**Schrifttum:** Schilling, Das Verhältnis der Rom I-Verordnung zu internationalen Sachrechtsakten, EuZW 2011, 776.

## I. Normzweck

1 Art. 25 verfolgt den Zweck der **Vermeidung völkerrechtswidrigen Verhaltens** durch Vertragsbruch wegen Nichtanwendung ratifizierter und transformierter Staatsverträge (Grüneberg/

Thorn Rn. 2; vgl. auch MüKoBGB/Martiny Rn. 2: Kontinuität). Demgemäß heißt es in **Erwägungsgrund 41,** um die internationalen Verpflichtungen, die die Mitgliedstaaten eingegangen sind, zu wahren, dürfe sich die Verordnung nicht auf internationale Übereinkommen auswirken, denen ein oder mehrere Mitgliedstaaten zum Zeitpunkt der Annahme dieser Verordnung angehören. Um den Zugang zu entsprechenden Rechtsakten zu erleichtern, soll die Kommission anhand der Angaben der Mitgliedstaaten ein Verzeichnis der betreffenden Übereinkommen im Amtsblatt der EU veröffentlichen. **Näheres** dazu ist in **Art. 26** geregelt.

## II. Internationale Übereinkommen mit vertragsrechtlichen Kollisionsnormen (Abs. 1)

Erfasst ist unter anderem das Haager Kaufrechtsübereinkommen von 1955 oder das Haager Stellvertretungsübereinkommen von 1978, vor allem aber auch das UN-Kaufrecht mit seinem Art. 1 (dazu Kampf RIW 2009, 297; Grüneberg/Thorn Rn. 2), ferner das CMR (dazu OLG Nürnberg RdTW 2021, 313 Rn. 60 f.). Um eine künftige nationalstaatliche Umgehung und Aushöhlung der Rom I-VO durch die Mitgliedstaaten zu verhindern, gilt der Vorrang von staatsvertraglichem Internationalem Vertragsrecht gegenüber der Rom I-VO indes nur für zum Zeitpunkt der Annahme der Rom I-VO **schon bestehende,** bindende **Staatsverträge,** nicht für später geschlossene. Letztere Möglichkeit soll den Mitgliedstaaten vielmehr prinzipiell untersagt sein (MüKoBGB/Martiny Rn. 6; Staudinger/Magnus, 2021, Rn. 3). Mit der **„Annahme“** ist das Datum in der offiziellen Bezeichnung der Rom I-VO gemeint (17.6.2008), da ab diesem Zeitpunkt für jeden Mitgliedstaat die Bindung an den Inhalt der Rom I-VO feststand (Wagner TranspR 2009, 106). Zudem greift der Vorrang der staatsvertraglichen Regelung nur, soweit diese keine abschließende Regelungen; iÜ greifen die Regeln der Rom I-VO (OLG Nürnberg RdTW 2021, 313 Rn. 61 zum CMR). 2

Bei den künftig durch die Rom I-VO verdrängten Übereinkommen genügt es, wenn diese nicht vorrangig, sondern auch – und seien es sog. verdeckte – Kollisionsregeln enthalten (Staudinger/Magnus, 2021, Rn. 12; krit. Schilling EuZW 2011, 776 (778 ff.)). Ungeachtet dessen bleibt den Mitgliedstaaten auch für die **Zukunft** ein indes **eng reglementierter Rahmen** für den Abschluss von Staatsverträgen mit international-vertragsrechtlichem Inhalt. Denn nach **Erwägungsgrund 42** hat die Kommission dem Europäischen Parlament und dem Rat einen Vorschlag zu unterbreiten, nach welchen Verfahren und unter welchen Bedingungen die Mitgliedstaaten in Einzel- und Ausnahmefällen in eigenem Namen Übereinkünfte mit Drittländern über sektorspezifische Fragen zum Internationalen Vertragsrecht aushandeln und abschließen dürfen. 3

Sonderfragen wirft das **CISG** auf. Es ist keineswegs zweifelsfrei, ob Art. 1 CISG überhaupt als Kollisionsnorm iSv Art. 25 Abs. 1 und damit als entsprechende Ausnahmeregel anzusehen ist, die (insoweit) zur Unanwendbarkeit der Rom I-VO führt. Vielfach wird zwar davon ausgegangen, weil Art. 1 CISG bezüglich ihres Anwendungsbereichs Kollisionsregeln enthält, auch wenn das CISG iÜ sachrechtlichen Charakter hat (dafür Jayme/Nordmeier IPRax 2008, 503 (507 f.); Grüneberg/Thorn Rn. 2; HK-BGB/Staudinger Rn. 1). Doch wird weiter vertreten, Art. 25 erfasse – enger – nur vorrangige Übereinkommen, die „ausschließlich“ kollisionsrechtliche Fragen thematisieren (sodass Staatsverträge mit „auch“ kollisionsrechtlichem Bezug von vornherein nicht in eigentlicher Konkurrenz zur Rom I-VO stehen). Kommt man (auch das ist vorgeschlagen worden) zu dem Ergebnis, dass Art. 1 CISG nicht einmal eine „verdeckte“ Kollisionsnorm in Bezug auf das CISG enthält (Jayme/Nordmeier IPRax 2008, 503 (507)), so folgt die Anwendbarkeit des CISG (nur) aus Art. 3 Nr. 2 EGBGB (so iErg MüKoBGB/Martiny Rn. 4; Staudinger/Magnus, 2021, Rn. 13; anders Kampf RIW 2009, 297 (299): Vorrang der Rom I-VO), was Art. 25 dann nicht ausschließt. Im Endergebnis kann die Frage, woraus letzthin der Vorrang von Art. 1 CISG gegenüber dem autonomen deutschen bzw. europäisierten (Kollisions-) Recht hergeleitet werden kann (Art. 3 EGBGB oder Art. 25), zurzeit wohl offengelassen werden; die Ergebnisse sind deckungsgleich. Nur und erst wenn das CISG und dort vor allem sein Art. 1 künftig iSd Erweiterung seines räumlichen Anwendungsbereichs geändert werden würde, käme es zum Schwur: Wertet man die Bestimmung des räumlichen Anwendungsbereichs von Sachrecht als (staatsvertraglich determiniertes) Kollisionsrecht, würde dem Art. 25, der autonom auszulegen ist, entgegenstehen. Bei genauer Betrachtung erfüllt Art. 1 CISG die herkömmliche Definition einer Kollisionsnorm, wie sie sich (auch) in Art. 3 EGBGB findet, insofern, als die Norm bei Sachverhalten mit Auslandsberührung – jedenfalls ist erforderlich, dass die Vertragsparteien ihre Niederlassung in verschiedenen Staaten haben – (einseitig) zumindest partiell zum CISG führt, nämlich dann, wenn die Niederlassungsstaaten Vertragsstaaten sind. Demgemäß ist die Frage nach der Zulässigkeit eines Rückgriffs auf das CISG bzw. dessen Art. 1 eine Frage, die in den von Art. 25 erfassten Bereich 4 fällt. Die unionsrechtliche Zulässigkeit insbes. späterer Änderungen wäre demgemäß von Art. 25 ausgehend zu beantworten. Das wirft freilich die weitere Frage auf, ob das CISG seinen räumlichen Anwendungsbereich ohne Änderung des Wortlauts seines Art. 1 dadurch faktisch auch nach Inkrafttreten der Rom I-VO erweitern kann, dass ihm weitere Staaten beitreten. Nicht wenige Staaten haben diesen Schritt nach Inkrafttreten der Rom I-VO nach dem 17.12.2009 (Art. 28) unternommen. Indes wird man nach dem Zweck und Charakter des Art. 25 den bloßen Beitritt weiterer Staaten zum CISG ohne Änderung des Wortlauts von Art. 1 CISG nicht als nachträgliche Änderung von Kollisionsnormen für vertragliche Schuldverhältnisse ansehen können, auch wenn dadurch der Anwendungsbereich der Rom I-VO faktisch dezent reduziert wird. Dadurch würde mittelbar ein europäisiertes Kaufrecht zurückgedrängt; aktuell geplant ist nach dem Scheitern des Gemeinsamen Europäischen Kaufrechts (dazu Lorenz AcP 212 (2012), 702; Looschelders AcP 212 (2012), 581) nun ein europäisiertes Online-Kaufrecht. Der schlichte Beitritt eines Staates zu einem Staatsvertrag ist jedenfalls keine Kollisionsnorm.

## III. Ausschließlich zwischen Mitgliedstaaten geschlossene Übereinkommen (Abs. 2)

5 Für ausschließlich zwischen Mitgliedstaaten geschlossene Übereinkommen (an denen also keine weiteren Drittstaaten beteiligt sind, wie im Falle der Haager Konventionen) hat im Unterschied zum Grundsatz des Abs. 1 die Rom I-VO Vorrang. Insoweit soll die Rom I-VO nicht durchlöchert werden können, auch nicht über bereits zuvor bestehende Regelungswerke. Eine analoge Anwendung von Abs. 2 ist dann, wenn an einem Übereinkommen Drittstaaten zwar beteiligt, deren Interessen konkret aber nicht betroffen sind, nach Genese der Norm und aus Gründen der Rechtssicherheit nicht geboten (Staudinger FS Kropholler, 2008, 691 (709); anders Sonnenberger FS Kropholler, 2008, 227 (233 f.), jeweils zu Art. 28 Rom II-VO).

### Art. 26 Verzeichnis der Übereinkommen

**(1) [1]Die Mitgliedstaaten übermitteln der Kommission bis spätestens 17. Juni 2009 die Übereinkommen nach Artikel 25 Absatz 1. [2]Kündigen die Mitgliedstaaten nach diesem Stichtag eines dieser Übereinkommen, so setzen sie die Kommission davon in Kenntnis.**

**(2) Die Kommission veröffentlicht im *Amtsblatt der Europäischen Union* innerhalb von sechs Monaten nach Erhalt der in Absatz 1 genannten Übermittlung**

**a) ein Verzeichnis der in Absatz 1 genannten Übereinkommen;**

**b) die in Absatz 1 genannten Kündigungen.**

## I. Normzweck

1 Um den Zugang Rechtsakten iSv Art. 25 zu erleichtern, soll die Kommission anhand der Angaben der Mitgliedstaaten ein Verzeichnis der betreffenden Übereinkommen im Amtsblatt der EU veröffentlichen. Das ist in **Art. 26** geregelt. Diese Norm gilt gem. **Art. 29 S. 2** schon ab dem 17.6.2009 und nicht – wie die Rom I-VO sonst – erst ab dem 17.12.2009.

## II. Verzeichnis

2 Das Verzeichnis, von dem in Abs. 2 die Rede ist, wurde (leider deutlich verspätet) im Amtsblatt vom 17.12.2010 veröffentlicht (ABl. C 343, 3, Informationsnummer 2010/C 343/04; nachzulesen auch bei BeckOGK/Schulze Rn. 4.1).

### Art. 27 Überprüfungsklausel

**(1) [1]Die Kommission legt dem Europäischen Parlament, dem Rat und dem Europäischen Wirtschafts- und Sozialausschuss bis spätestens 17. Juni 2013 einen Bericht über die Anwendung dieser Verordnung vor. [2]Diesem Bericht werden gegebenenfalls Vorschläge zur Änderung der Verordnung beigefügt. [3]Der Bericht umfasst:**

**a) eine Untersuchung über das auf Versicherungsverträge anzuwendende Recht und eine Abschätzung der Folgen etwaiger einzuführender Bestimmungen und**

**b) eine Bewertung der Anwendung von Artikel 6, insbesondere hinsichtlich der Kohärenz des Gemeinschaftsrechts im Bereich des Verbraucherschutzes.**

**(2) [1]Die Kommission legt dem Europäischen Parlament, dem Rat und dem Europäischen Wirtschafts- und Sozialausschuss bis 17. Juni 2010 einen Bericht über die Frage vor, ob die Übertragung einer Forderung Dritten entgegengehalten werden kann, und über den Rang dieser Forderung gegenüber einem Recht einer anderen Person. [2]Dem Bericht wird gegebenenfalls ein Vorschlag zur Änderung dieser Verordnung sowie eine Folgenabschätzung der einzuführenden Bestimmungen beigefügt.**

**Schrifttum:** Rühl, Bessere und intelligente Rechtsetzung: Die Evaluation der Verordnungen zum Internationalen Privat- und Verfahrensrecht, ZVglRWiss 2016, 499.

## I. Normzweck

Die Norm dient der Sicherung und Überprüfung der Funktionsfähigkeit der Kollisionsregeln, die in ihr benannt sind. Im Einzelnen geht es um das internationale Versicherungsvertrags- und Verbrauchervertragsrecht sowie über den Drittschutz im Kontext der Abtretung (de lege ferenda zu Letzterem Leible/Müller IPRax 2012, 491 (494 ff.)). Eine parallele Klausel findet sich in Art. 30 Rom II-VO. 1

Es versteht sich von selbst, dass auch unabhängig von den in Art. 27 aufgeführten Materien jederzeit (durch die Kommission oder andere) Vorschläge über Änderungen und Fortschreibungen der Rom I-VO möglich sind. Nur verpflichtet Art. 27 die Kommission dazu nicht. Dennoch kann die Union selbstredend die Rom I-VO jederzeit auf dem gebotenen Verfahrenswege ändern (Ferrari/Kieninger Rn. 2; MüKoBGB/Martiny Rn. 3; näher zum Ganzen Rühl ZVglRWiss 2016, 499). 2

## II. Berichte

Indes hat auch die Pflicht der Kommission zur Vorlage der genannten Berichte nichts daran ändern können, dass weder der in Abs. 1 noch der in Abs. 2 geforderter Bericht bislang vorliegt. 3

### Art. 28 Zeitliche Anwendbarkeit

**Diese Verordnung wird auf Verträge angewandt, die ab dem 17. Dezember 2009 geschlossen werden.**

## I. Überblick

**Art. 28** betrifft den intertemporalen Anwendungsbereich der Rom I-VO. Vorgänger von Art. 28 war Art. 17 EVÜ, wonach das EVÜ in einem Vertragsstaat nur auf solche Verträge anzuwenden war, die geschlossen worden sind, nachdem das Abkommen für diesen Staat in Kraft getreten ist (zB LG Bielefeld BeckRS 2018, 559). Die Norm ist indes nicht in das EGBGB inkorporiert worden; stattdessen galt Art. 220 Abs. 1 EGBGB (→ Rn. 3 ff.). Für Verträge, die vorher geschlossen worden sind, verbleibt es bei der Anwendung der Art. 27–37 EGBGB, und für Verträge, die vor dem 1.9.1986 als „abgeschlossene Vorgänge" anzusehen sind, ist das damalige, in der Bundesrepublik Deutschland im Wesentlichen richter- und gewohnheitsrechtlich geprägte vertragliche Kollisionsrecht anzuwenden. 1

## II. Zeitpunkt des Vertragsschlusses

Wann der Vertrag als „geschlossen" anzusehen ist, lässt die Rom I-VO offen. In Betracht kommt der Rückgriff auf die lex fori, eine autonome Bestimmung des Zeitpunkts (dafür Brödermann/Thorn Rn. 2; PWW/Brödermann/Wegen Rn. 2), eine Bestimmung nach dem durch das Sachrecht der Rom I-VO bezeichneten Recht (dafür Pfeiffer EuZW 2008, 622) oder eine Bestimmung nach dem bisher geltenden IPR (Art. 27–37 EGBGB, EVÜ) (so MüKoBGB/Martiny Rn. 3). Eine Rom I-VO-autonome Bestimmung des Zeitpunkts des Vertragsschlusses, die indes auch Vertrauensschutzgesichtspunkte berücksichtigt, erscheint als vorzugswürdig. Demgemäß sollte auf den **Zeitpunkt der Annahmeerklärung** abgestellt werden. Das gilt auch im Falle von bedingt abgeschlossenen Verträgen oder Verträgen, die unter einem Genehmigungsvorbehalt stehen (→ Art. 19 Rn. 7) (Brödermann/Thorn Rn. 2). 2

### III. Intertemporales und Interlokales Privatrecht für Altverträge, insbesondere Dauerschuldverhältnisse (Art. 220 Abs. 1 EGBGB)

3 Für Verträge, die vor dem 1.9.1986 als „abgeschlossene Vorgänge" anzusehen sind, bestimmt Art. 220 Abs. 1 EGBGB, dass auf vor dem 1.9.1986 abgeschlossene Vorgänge das bisherige IPR anwendbar bleibt. Im Verhältnis zur früheren DDR regelt Art. 236 § 1 EGBGB parallel, dass auf vor dem Wirksamwerden des Beitritts abgeschlossene Vorgänge gleichfalls das bisherige Internationale Privatrecht anwendbar bleibt. Das **Interlokale Schuldvertragsrecht** wird ausdrücklich von Art. 236 § 1 EGBGB nicht erfasst. Aus Sicht der früheren DDR handelte es sich im Verhältnis der beiden deutschen Staaten um international-privatrechtliche Fragen, aus Sicht der früheren Bundesrepublik um interlokal-rechtliche. Nach mittlerweile hM ist Art. 236 EGBGB auf interlokal-privatrechtliche Altfälle weder unmittelbar noch analog anzuwenden. Stattdessen ist allein nach den Regeln des Interlokalen Privatrechts der Bundesrepublik Deutschland zu bestimmen, ob das Recht der früheren DDR oder der Bundesrepublik Deutschland anzuwenden ist (BGHZ 124, 57 = NJW 1994, 382; BGHZ 124, 270 = NJW 1994, 582; BGH NJW 1995, 1345; Soergel/Schurig EGBGB Art. 236 Rn. 4 ff. mwN).

4 Der Begriff des abgeschlossenen Vorgangs, der in Art. 220 Abs. 1 EGBGB und – diesem insoweit nachgebildet – Art. 236 § 1 EGBGB verwendet wird, ist einheitlich zu interpretieren (Soergel/Schurig EGBGB Art. 236 § 1 Rn. 18 mwN). Grds ist für die **Abgeschlossenheit des Vorgangs** bei Schuldverträgen der Zeitpunkt des Vertragsschlusses maßgeblich (BGH NJW-RR 1990, 249; NJW 1992, 619; 1996, 2569). Ob das auch bei Dauerschuldverhältnissen gilt, ist streitig. Namentlich das BAG hat früher einen Statutenwechsel für möglich gehalten (BAGE 71, 297 = AP IPR Nr. 31 = IPRax 1994, 123 m. krit. Anm. Mankowski IPRax 1994, 88 f.; LAG Hamburg IPRspr. 1988 Nr. 52b; LAG Köln RIW 1992, 933; Sonnenberger FS Ferid, 1988, 447 (457); Däubler RIW 1987, 249 (256); offengelassen von BGH NJW 1993, 2754; diff. Soergel/Schurig EGBGB Art. 220 Rn. 14). Das ist nicht nur unter Vertrauensschutzgesichtspunkten zweifelhaft, sondern widersprach auch Art. 17 EVÜ, wonach dieses Übereinkommen in einem Vertragsstaat nur auf solche Verträge anzuwenden war, die „geschlossen" worden sind, nachdem das Abkommen für diesen Staat in Kraft getreten ist. Zwar galt das EVÜ nicht unmittelbar, jedoch war auch im Rahmen der Art. 220 Abs. 1 EGBGB, Art. 236 § 1 EGBGB allgemeinen Grundsätzen entspr das Gebot der einheitlichen Auslegung der Vorschriften des EVÜ zu beachten, was Art. 36 EGBGB aF in Anlehnung an Art. 18 EVÜ für die Vorschriften des Internationalen Schuldvertragsrechts ausdrücklich hervorhob. Auch bei Dauerschuldverhältnissen ist daher im Ausgangspunkt richtigerweise auf den Zeitpunkt des Vertragsschlusses abzustellen (BAG BeckRS 2019, 35057; ebenso bereits BAG NZA 2014, 280; zuvor BAG IPRax 2000, 540 (542), indes eher unreflektiert; LAG Hamm BeckRS 2014, 68510; OLG Koblenz RIW 1993, 934 (935); Junker SAE 1994, 37 (39); Junker RIW 2001, 94, 38; zum Diskussionsstand auch Junker IPRax 1990, 303 (305); vgl. auch Franzen IPRax 2000, 506 (508)). Das **BAG** hat die Frage dem **EuGH** vorgelegt (BAG NZA 2015, 542; dazu Schacherreiter ZfRV 2015, 172). Dieser hat entschieden, dass Art. 28 dahin auszulegen ist, dass ein vor dem 17.12.2009 begründetes vertragliches Arbeitsverhältnis nur (und das heißt: ausnahmsweise) dann in den Anwendungsbereich dieser Verordnung fällt, wenn es durch gegenseitiges Einvernehmen der Vertragsparteien, das sich ab diesem Zeitpunkt manifestiert hat, in einem solchen Umfang geändert wurde, dass davon auszugehen ist, dass ab diesem Zeitpunkt ein neuer Arbeitsvertrag geschlossen wurde. Eine solche Ausnahmekonstellation bzw. eine entsprechende übereinstimmende Willensrichtung der Parteien muss ggf. positiv festgestellt werden (EuGH NJW 2017, 141). Ohne weitere Anhaltspunkte ist davon nicht auszugehen. Es besteht also prinzipiell eine Art Bestandsschutz. Das alles gilt nicht nur für Arbeitsverträge. Für die Anwendbarkeit von altem Kollisionsrecht kommt mithin darauf an, ob der (zB Arbeits-)Vertrag der Parteien vor dem 17.12.2009 geschlossen wurde und es in der Folgezeit keine umfangreiche Vertragsänderung gab, die der Sache nach zu einer Ersetzung des bisherigen Vertrags geführt hätte (BAG AP EGBGB Art. 30 Nr. 11 = BeckRS 2020, 16354).

## Kapitel IV. Schlussbestimmungen

### Art. 29 Inkrafttreten und Anwendbarkeit

**Diese Verordnung tritt am zwanzigsten Tag nach ihrer Veröffentlichung im *Amtsblatt der Europäischen Union* in Kraft.**

**Sie gilt ab 17. Dezember 2009, mit Ausnahme des Artikels 26, der ab dem 17. Juni 2009 gilt.**

**Art. 29** regelt das Inkrafttreten der Rom I-VO. Die Parallelnorm der Rom II-VO findet sich in Art. 32 Rom II-VO. Die Rom I-VO ist am 4.7.2008 im ABl. L 177, 6 veröffentlicht worden und folglich gem. S. 1 am 24.7.2008 in Kraft getreten; ab dann ist sie für die Mitgliedstaaten verbindlich. Sie „gilt" indes nach S. 2 ab dem 17.12.2009 (Art. 26 ab dem 17.6.2009); dieser Termin ist für den Rechtsverkehr in Übereinstimmung mit Art. 28 maßgebend (Staudinger/Magnus, 2021, Rn. 4). Die unmittelbare Geltung der Rom I-VO folgt aus Art. 288 UAbs. 2 AEUV. Das ist in Art. 3 Nr. 1 lit. b EGBGB klargestellt. Wer Mitgliedstaat ist, definiert Art. 1 Abs. 4. 1

## b) CISG

# Übereinkommen der Vereinigten Nationen über Verträge über den internationalen Warenkauf

vom 11. April 1980 (BGBl. 1989 II S. 586, berichtigt 1990 II S. 1699)

### Präambel

**Die Vertragsstaaten dieses Übereinkommens –**

**im Hinblick auf die allgemeinen Ziele der Entschließungen, die von der Sechsten Außerordentlichen Tagung der Generalversammlung der Vereinten Nationen über die Errichtung einer neuen Weltwirtschaftsordnung angenommen worden sind,**

**in der Erwägung, daß die Entwicklung des internationalen Handels auf der Grundlage der Gleichberechtigung und des gegenseitigen Nutzens ein wichtiges Element zur Förderung freundschaftlicher Beziehungen zwischen den Staaten ist,**

**in der Meinung, daß die Annahme einheitlicher Bestimmungen, die auf Verträge über den internationalen Warenkauf Anwendung finden und die verschiedenen Gesellschafts-, Wirtschafts- und Rechtsordnungen berücksichtigen, dazu beitragen würde, die rechtlichen Hindernisse im internationalen Handel zu beseitigen und seine Entwicklung zu fördern –**

**haben folgendes vereinbart:**

**Schrifttum:** Aus dem zahlreichen Schrifttum zum CISG sind hervorzuheben:

**Materialien:** Commentary on the Draft Convention on Contracts for the International Sale of Goods. Prepared by the Secretariat (A/CONF 97/5), OR, 14; Denkschrift der deutschen Bundesregierung zum Übereinkommen der Vereinten Nationen vom 11. April 1980 über Verträge über den Internationalen Warenkauf; BT-Drs. 11/3076, 38; Honnold, Documentary History of the Uniform Law for International Sales, 1989.

**Kommentare und Gesamtdarstellungen:** Achilles, Kommentar zum UN-Kaufrechtsübereinkommen (CISG), 2. Aufl. 2019; Al-Deb'i, Bach, Buchwitz, Fountoulakis, Hachem, Hartmann, Lindemann, Schmidt-Ahrendts, Thomale, Wagner in Ball (Hrsg.), BeckOGK CISG; Benicke, Ferrari, Mankowski und Wertenbruch in Drescher/Fleischer/K. Schmidt (Hrsg.), MüKoHGB, Bd. 5, 5. Aufl. 2021; Bianca/Bonell, Commentary on the International Sales Law, 1987; Brunner, UN-Kaufrecht – CISG, 2. Aufl. 2014; Brunner/Gottlieb, Commentary on the UN Sales Law, 2019; Brunner/Butler/Dornis/Mankowski/Omlor/Schifferli/Spagnolo/Torsello in Mankowski (Hrsg.), Commercial Law, Article-by-Article Commentary, 2019; Budzikiewicz, Kreße, Lutzi und Willems in Huck (Hrsg.), Soergel, BGB, Band 11, Schuldrecht 9: Übereinkommen der Vereinten Nationalen über Verträge über den internationalen Warenkauf (CISG), 14. Aufl. 2021; CISG Advisory Council, Opinions (s. am Ende dieser Zusammenstellung unter „Datenbanken im Internet" und Art. 7 Rn. 3); Corvaglia, Das einheitliche UN-Kaufrecht, 1998; Dölle (Hrsg.), Kommentar zum Einheitlichen Kaufrecht, 1976; DiMatteo/Janssen/Magnus/Schulze, International Sales Law, 2016; Enderlein/Maskow/Strohbach, Internationales Kaufrecht, 1991; Ferrari/Gillette, International Sales Law, 2017; Ferrari/Mankowski/Saenger in Ferrari/Kieninger/Mankowski/Otte/Saenger/Schulze/Staudinger, Internationales Vertragsrecht, 3. Aufl. 2018; Gruber und P. Huber in MüKoBGB, Bd. 4, 8. Aufl. 2019; Güllemann, Internationales Vertragsrecht – Kollisionsrecht, UN-Kaufrecht und Internationales Zivilverfahrensrecht, 2. Aufl. 2014; Herber/Czerwenka, Internationales Kaufrecht, 1991; Honnold, Uniform Law for International Sales under the 1980 United Nations Convention, 4. Aufl. 2009; Honsell (Hrsg.), Kommentar zum UN-Kaufrecht, 2. Aufl. 2010; Karollus, UN-Kaufrecht, 1991; Koller in Canaris/Schilling/Ulmer (Hrsg.), Großkommentar zum HGB, 4. Aufl., 5. Lieferung 1985, Vor § 373 Rn. 621 ff.; Kröll/Mistelis/Perales Viscasillas (Hrsg.), UN Convention on Contracts for the International Sale of Goods (CISG), 2. Aufl. 2018; Loewe, Internationales Kaufrecht, 1989; Magnus in Staudinger, BGB, Wiener UN-Kaufrecht (CISG), Neubearbeitung 2018; Mankowski (Hrsg.), Commercial Law, 2019; Mertens/Rehbinder, Internationales Kaufrecht: Kommentar zu den Einheitlichen Kaufgesetzen, 1975; Neumayer/Ming, Convention de Vienne sur les contrats de vente internationale de marchandises. Commentaire, 1993; Ostendorf/Sauthoff in Ostendorf/Kluth, Internationale Wirtschaftsverträge, 2. Aufl. 2017, § 18 Lieferverträge; Piltz in Piltz (Hrsg.), Münchener Anwaltshandbuch Internationales Wirtschaftsrecht, 2017; Piltz, Internationales Kaufrecht. Das UN-Kaufrecht in praxisorientierter Darstellung, 2. Aufl. 2008; Piltz, UN-Kaufrecht. Gestaltung von Export- und Importverträgen. Wegweiser für die Praxis, 3. Aufl. 2001; Reinhart, UN-Kaufrecht, 1991; Rothermel, Internationales Kauf-, Liefer- und Vertriebsrecht, 2016; Rudolph, Kaufrecht der Export- und Importverträge: Kommentierung des UN-Übereinkommens über internationale Warenkaufverträge mit Hinweisen für die Vertragspraxis, 1996; Schlechtriem/Schwenzer/Schroeter (Hrsg.), Kommentar zum UN-Kaufrecht – CISG, 7. Aufl. 2019; Schlechtriem/Schwenzer (Hrsg.), Commentary on the UN Convention on the International Sale of Goods (CISG), 4. Aufl. 2016; Schlechtriem/Schroeter, Internationales UN-Kaufrecht, 6. Aufl. 2016; Schlechtriem/Butler, UN Law on International Sales – The UN Convention on the International Sale of Goods, 2009; Schwenzer, The CISG Advisory Council Opinions, 2017; Schwenzer/Fountoulakis/Dimsey, International Sales Law, 3. Aufl. 2019; Witz/Salger/Lorenz, International Einheitliches Kaufrecht, 2. Aufl. 2016.

**Monographien:** Antweiler, Beweislastverteilung im UN-Kaufrecht, 1995; Aue, Mängelgewährleistung im UN-Kaufrecht unter besonderer Berücksichtigung stillschweigender Zusicherungen, 1989; Blaurock/Maultzsch, Einheitliches Kaufrecht und Vereinheitlichung der Rechtsanwendung, 2017; Bucher (Hrsg.), Wiener Kaufrecht – Der schweizerische Aussenhandel unter dem UN-Übereinkommen über den internationalen Warenkauf, 1991; Choi, Rechtsvergleichende Untersuchung der Gefahrtragungsregeln im anglo-amerikanischen und im UN-Kaufrecht, 1991; Czerwenka, Rechtsanwendungsprobleme im internationalen Kaufrecht, 1988; Dechow, Die Anwendbarkeit des UN-Kaufrechts im Internationalen Kunsthandel, 2000; Doralt (Hrsg.), Das UNCITRAL-Kaufrecht im Vergleich zum österreichischen Recht, 1985; Ferrari (Hrsg.), The 1980 Uniform Sales Law. Old Issues Revisited in the Light of Recent Experiences. Verona Conference 2003, 2003; Freiburg, Das Recht auf Vertragsaufhebung im UN-Kaufrecht, 2001; Frense, Grenzen der formularmäßigen Freizeichnung im einheitlichen Kaufrecht, 1993; Gade, Allgemeine Geschäftsbedingungen im internationalen und europäischen Privatrecht. Ein Vergleich anlässlich des Vorschlags für ein Gemeinsames Europäisches Kaufrecht, 2014; Goessler, Internationales Kaufrecht – Gewährleistung, 1994; Hackenberg, Der Erfüllungsort von Leistungspflichten unter Berücksichtigung des Wirkungsortes von Erklärungen im UN-Kaufrecht und der Gerichtsstand des Erfüllungsortes im deutschen und europäischen Zivilprozeßrecht, 2000; Häuslschmid/Ullrich, Internationale Verträge nach UN-Kaufrecht, 1997; Heilmann, Mängelgewährleistung im UN-Kaufrecht – Voraussetzungen und Rechtsfolgen im Vergleich zum deutschen internen Kaufrecht und zu den Haager Einheitlichen Kaufgesetzen, 1994; Henninger, Die Frage der Beweislast im Rahmen des UN-Kaufrechts, 1995; Hoyer/Posch (Hrsg.), Das Einheitliche Wiener Kaufrecht, 1992; U. Huber, Die Haftung des Verkäufers nach dem Kaufrechtsübereinkommen der Vereinten Nationen und nach deutschem Recht, 1991; Imberg, Die Verteilung der Beweislast beim Gefahrübergang nach UN-Kaufrecht, 1998; Janssen, Die Untersuchungs- und Rügepflichten im deutschen, niederländischen und internationalen Kaufrecht, 2001;

Jung, Die Beweislastverteilung im UN-Kaufrecht, insbesondere bei Vertragsabschluß, bei Vertragsverletzungen des Käufers, bei allgemeinen Bestimmungen sowie bei gemeinsamen Bestimmungen über Verkäufer- und Käuferpflichten, 1996; Jungemeyer, Kaufvertragliche Durchgriffsrechte in grenzüberschreitenden Lieferketten und ihr Verhältnis zum Einheitlichen UN-Kaufrecht, 2008; Keinath, Der gute Glauben im UN-Kaufrecht, 1997; Kock, Nebenpflichten im UN-Kaufrecht, 1995; Krebs, Die Rückabwicklung im UN-Kaufrecht, 2000; Linnerz, Die Untersuchungs- und Rügefrist des Käufers nach dem UN-Kaufrecht, Diss. Saarbrücken 2000; Lookofsky, Understanding the CISG, 4th (Worldwide) ed. 2012 (zuvor Bernstein/Lookofsky, Understanding the CISG in Europe, 2. Aufl. 2003, und Lookofsky, Understanding the CISG in the USA, 2004); Mankowski/Wurmnest (Hrsg.), Mankowski (Hrsg.), FS Ulrich Magnus, 2014; T.M. Müller, Ausgewählte Fragen der Beweislastverteilung im UN-Kaufrecht im Lichte der aktuellen Rechtsprechung, 2005; Najork, Treu und Glauben im CISG, Diss. Bonn 2000; Pace International Law Review (Hrsg.), Review of the Convention on Contracts for the International Sale of Goods (CISG) 2000–2001, 2002; Reimers-Zocher, Beweislastfragen im Haager und Wiener Kaufrecht, 1995; Renck, Der Einfluß der Incoterms 1990 auf das UN-Kaufrecht, 1995; Rener, Rechtsmängelhaftung in internationalen Warenkaufverträgen. Eine rechtsvergleichende Untersuchung der Regelungen im deutschen Recht, im UN-Kaufrecht sowie im Verordnungsvorschlag über ein Gemeinsames Europäisches Kaufrecht, 2019; Šarcevic/Volken (Hrsg.), International Sale of Goods: Dubrovnik Lectures, 1986; Schlechtriem (Hrsg.), Einheitliches Kaufrecht und nationales Obligationenrecht, 1987; Schluchter, Die Gültigkeit von Kaufverträgen unter dem UN-Kaufrecht, 1996; P. Schmid, Der Schuldnerverzug: Voraussetzungen und Rechtsfolgen nach BGB und UN-Kaufrecht, 1996; Schwenzer/Hager (Hrsg.), FS Peter Schlechtriem, 2003; Sistermann, Die Anwendung des AGB-Gesetzes bei Geltung des Kaufrechtsübereinkommens der Vereinten Nationen vom 11. April 1980 am Beispiel formularmäßiger Schadensersatzfreizeichnungen, 1995; Stadler, Internationale Einkaufsverträge, 1998; Vogel, Die Untersuchungs- und Rügepflicht im UN-Kaufrecht, Diss. Bonn 2000; Wartenberg, CISG und deutsches Verbraucherschutzrecht, 1998; Ziegler, Leistungsstörungsrecht nach dem UN-Kaufrecht, 1995.

**Aufsätze:** Bach/Stieber, Die Unmöglichkeit der Leistung im CISG, IHR 2006, 59; Bach/Stieber, Die beiderseitig verursachte Unmöglichkeit im CISG, IHR 2006, 97; Blaurock, Übernationales Recht des internationalen Handels, ZEuP 1993, 247; Boele-Woelki, Die Anwendung der UNIDROIT-Principles auf internationale Handelsverträge, IPRax 1997, 161; Bonell, UN-Kaufrecht und das Kaufrecht des Uniform Commercial Code im Vergleich, RabelsZ 58 (1994), 20; Conrads, Rügeobliegenheit und Beweislast in Einkaufsbedingungen, IHR 2022, 1; Daun, Öffentlichrechtliche „Vorgaben" im Käuferland und Vertragsmäßigkeit der Ware nach UN-Kaufrecht, NJW 1996, 29; Daun, Grundzüge des UN-Kaufrechts, JuS 1997, 811 und 998; Droese, B2B Kaufverträge und das GEK: Das Ende des CISG?, IHR 2013, 50; Eckardt, Das UN-Kaufrecht und die zur Verfügung über die Ware berechtigenden Beförderungsdokumente, TranspR 2019, 491; Ferrari, Das Verhältnis zwischen den UNIDROIT-Grundsätzen und den allgemeinen Grundsätzen internationaler Einheitsprivatrechtskonventionen, JZ 1998, 9; Ferrari, Internationales Kaufrecht einheitlich ausgelegt, IHR 2001, 56; Ferrari, What sources of law for contracts for the international sale of goods? – Why one has to look beyond the CISG, IHR 2006, 1; Ferrari, PIL and CISG: Friends or Foes?, IHR 2012, 89; Ferrari, The CISG's Interpretative Goal, Its Interpretative Method and Its General Principles in Case Law, IHR 2013, 137 und 181; Fogt, Vertragsschluss, antizipierte Vertragsverletzung und Deckungsgeschäft nach CISG und dänischem Recht, ZVglRWiss 2016, 200; Gebauer, Neuer Klägergerichtsstand durch Abtretung einer dem UN-Kaufrecht unterliegenden Zahlungsforderung?, IPRax 1999, 432; Gildeggen/Willburger, Art. 39 Abs. 2 CISG als Problem bei internationalen Einkaufsverträgen, IHR 2016, 1; Goecke, Der internationale Warenkauf, MDR 2000, 63; Göttig, Estnisches und deutsches Leistungsstörungsrecht im Vergleich zum UN-Kaufrecht und den Grundregeln des Europäischen Vertragsrechts, ZfRV 2006, 138; Grundmann, Verbraucherrecht, Unternehmensrecht, Privatrecht – warum sind sich UN-Kaufrecht und EU-Kaufrechts-Richtlinie so ähnlich?, AcP 202 (2002), 40; Hachem, Verjährungs- und Verwirkungsfragen bei CISG-Verträgen, IHR 2017, 1; Hellwege, Die Geltungsbereiche des UN-Kaufrechts und des Gemeinsamen Europäischen Kaufrechts im Vergleich, IHR 2012, 180; Hellwege, UN-Kaufrecht oder Gemeinsames Europäisches Kaufrecht?, IHR 2012, 221; Herber, CLOUT, UNILEX und andere Veröffentlichungen zum internationalen Kaufrecht, RIW 1995, 502; Herber, Das Verhältnis des CISG zu anderen Übereinkommen und Rechtsnormen, insbesondere zum Gemeinschaftsrecht der EU, IHR 2004, 89; Holl/Keßler, „Selbstgeschaffenes Recht der Wirtschaft" und Einheitsrecht – Die Stellung der Handelsbräuche und Gepflogenheiten im Wiener UN-Kaufrecht, RIW 1995, 457; P. Huber, Internationales Deliktsrecht und Einheitskaufrecht, IPRax 1996, 91; P. Huber, Some introductory remarks on the CISG, IHR 2006, 228; Janssen/Feuerriegel, Grundzüge und Systematik des UN-Kaufrechts, AW-Prax 1999, 181, 223, 260; Kampf/Marenkov, Ausschluss und Einbeziehung des UN-Kaufrechts. Analyse einer Kurzumfrage zur Verwendung von UN-Kaufrecht in der internationalen Vertragspraxis, IHR 2021, 2; Kappus, „Conflict avoidance" durch „lex mercatoria" und UN-Kaufrecht, RIW 1990, 788; Kappus, Vertragsaufhebung nach UN-Kaufrecht in der Praxis, NJW 1994, 984; Karollus, Der Anwendungsbereich des UN-Kaufrechts im Überblick, JuS 1993, 378; Karollus, Zur Falschlieferung und den Rechtsfolgen im internationalen Kaufrecht, JZ 1997, 38; Kern, Ein einheitliches Zurückbehaltungsrecht im UN-Kaufrecht?, ZEuP 2000, 837; Raphael Koch, Wesentliche Vertragsverletzung und Parteiverhalten im UN-Kaufrecht, IHR 2016, 45; Raphael Koch, CISG or German Law? Pros and Cons, IHR 2015, 52; Raphael Koch, Der Vorrang des Speziellen: Ein Beispiel für die Systematik des UN-Kaufrechts – Zugleich Anmerkung zum BGH-Urteil vom 26.9.2012 – VIII ZR 100/11, IHR 2013, 13; Robert Koch, Der besondere Gerichtsstand des Klägers/Verkäufers im Anwendungsbereich des UN-Kaufrechts, RIW 1996, 379; Robert Koch, Wider den formularmäßigen Ausschluss des UN-Kaufrechts, NJW 2000, 910; Leser, Vertragsaufhebung und Rückabwicklung unter dem UN-Kaufrecht, in Schlechtriem, Einheitliches Kaufrecht und nationales Obligationenrecht, 1987, 225; Lohs/Nolting, Regelung der Vertragsverletzung im UN-Kaufrechtsübereinkommen, ZVglRWiss 1998, 4; Lurger, Überblick über die Judikaturentwicklung zu ausgewählten Fragen des CISG, IHR 2005, 177, 221; Magnus, UN-Kaufrecht – CISG as CISG can, ZEuP 2020, 645 (s. auch den Verweis auf die vorangegangenen regelmäßigen Berichte des Verf. zur Entwicklung des UN-Kaufrechts, dort Rn. 4); Magnus, Das UN-Kaufrecht und die Erfüllungsortzuständigkeit in der neuen EuGVO, IHR 2002, 45; Magnus, Unbestimmter Preis und UN-Kaufrecht, IPRax 1996, 145; Magnus, Die allgemeinen Grundsätze im UN-Kaufrecht, RabelsZ 59 (1995), 469; Magnus, Zum räumlichen internationalen Anwendungsbereich des UN-Kaufrechts und zur Mängelrüge, IPRax 1993, 390; Mahnken, Anlagenverträge und UN-Kaufrecht, IHR 2020, 237; O. Meyer, UN-Kaufrecht, Das Recht der internationalen Warenkaufverträge, AL 2019, 289; H.-F. Müller, Europäische Vertragsrechtkodifikation und UN-Kaufrecht, GPR 2006, 168; Müller, Die Beweislastverteilung im UN-Kaufrecht im Spiegel der aktuellen weltweiten Rechtsprechung, RIW 2007, 673; Omlor, Inflationsbewältigung im UN-Kaufrecht, JZ 2013, 967; Omlor/Beckhaus, Vermeintliche und tatsächliche Lücken im UN-Kaufrecht – Zugleich Besprechung von BGH, Urteil vom 26.9.2012 – VIII ZR 100/11, IHR 2013, 237; Otte, UN-Kaufrecht: Käuferrechte bei Weiterverarbeitung der Kaufsache bzw. unterlassener Untersuchung und Mängelanzeige, IPRax 1999, 352; Perera, Nichterfüllung, Pflichtverletzung und Schlechterfüllung im Vertragsrecht, ZEuP 2006, 552; Piltz, Export Contract (Exportvertrag – Maschine), in Schütze/Weipert/Rieder, Münchener Vertragshandbuch, Bd. 4, 8. Aufl. 2018; Piltz, Gestaltung von Exportverträgen, RIW 1999, 897; Piltz, Gestaltung von Exportverträgen nach der Schuldrechtsreform, IHR 2002, 2; Piltz, Gerichtsstand des Erfüllungsortes in UN-Kaufverträgen, IHR 2006, 53; Piltz, Praktische Handreichung für die Gestaltung internationaler Kaufverträge – Vorteile des UN-Kaufrechts gegenüber nationalem Recht, NJW 2012, 3061; Piltz, Neue Entwicklungen im UN-Kaufrecht, NJW 2021, 3636; 2019, 2516; 2017, 2449;

2015, 2548; 2013, 2567; Posch/Terlitza, Entscheidungen des österreichischen Obersten Gerichtshofs zur UN-Kaufrechtskonvention (CISG), IHR 2001, 47; Ranker, UN-Kaufrecht: Identität des Vertragspartners und Beweiskraft privatschriftlicher Urkunden, IPRax 1995, 236; Regula/Kannowski, Nochmals: UN-Kaufrecht oder BGB? Erwägungen zur Rechtswahl aufgrund einer vergleichenden Betrachtung, IHR 2004, 45; Roth/Kunz, Zur Bestimmbarkeit des Preises im UN-Kaufrecht, RIW 1997, 17; Scheuch, Daten als Gegenstand von Leistung und Gegenleistung im UN-Kaufrecht, ZVglRWiss 118 (2019), 375; Scheuch, „Mozartbitter" – Klausur zum UN-Kaufrecht, JA 2019, 900; Schillo, UN-Kaufrecht oder BGB? – die Qual der Wahl beim internationalen Warenkaufvertrag – Vergleichende Hinweise zur Rechtswahl beim Abschluss von Verträgen, IHR 2003, 257; Schlechtriem, Vertragsmäßigkeit der Ware als Frage der Beschaffenheitsvereinbarung, IPRax 1996, 12; Schlechtriem, Aufrechnung durch den Käufer wegen Nachbesserungsaufwand – deutsches Vertragsstatut und UN-Kaufrecht, IPRax 1996, 256; Schlechtriem, Vertragsmäßigkeit der Ware und öffentlich-rechtliche Vorgaben, IPRax 1999, 388; Schlechtriem, 10 Jahre CISG – Der Einfluß des UN-Kaufrechts auf die Entwicklung des deutschen und des internationalen Schuldrechts, IHR 2001, 12; C. Schmid, Das Verhältnis von Einheitlichem Kaufrecht und nationalem Deliktsrecht am Beispiel des Ersatzes von Mangelfolgeschäden, RIW 1996, 904; Schmitt, „Intangible Goods" in Online-Kaufverträgen und der Anwendungsbereich des CISG, CR 2001, 145; Schroeter, Defining the borders of Uniform International Contract Law: The CISG and remedies for innocent, negligent, or fraudulent misrepresentation, 58 Villanova Law Review, 553 (2013); Schroeter, Bedingte Parteierklärungen und Vertragsbindungen unter dem UN-Kaufrecht (CISG), FS Magnus, 2014, 301; Schroeter, Grenzfragen des Anwendungsbereichs und international einheitliche Auslegung des UN-Kaufrechts (CISG), IHR 2019, 133; Schumacher, Kaufoptionsvertrag und Verwendungsrisiko im UN-Kaufrecht, IHR 2005, 147; Schwenzer/Jaeger, Das CISG im Schiedsverfahren, IWRZ 2016, 99; Sein/Kull, Die Bedeutung des UN-Kaufrechts im estnischen Recht, IHR 2005, 138; Sieg, Allgemeine Geschäftsbedingungen im grenzüberschreitenden Geschäftsverkehr, RIW 1997, 811; Stoll, Regelungslücken im Einheitlichen Kaufrecht und IPR, IPRax 1993, 75; Siehr, Convention on the International Sale of Goods – Summary, RabelsZ 68 (2004), 528; Stadie/Nietzer, CISG – Das UN-Kaufrecht in der Anwaltspraxis, MDR 2002, 428; Stoffel, 20 Jahre Wiener Kaufrecht, EuZ 2002, 2; Stoll, Regelungslücken im Einheitlichen Kaufrecht und IPR, IPRax 1993, 75; Taschner, Die Darlegung von Mängeln und der richtige Mängeladressat, IHR 2001, 69; Vahle, Der Erfüllungsanspruch des Käufers nach UN-Kaufrecht im Vergleich mit dem deutschen Kaufrecht, ZVglRWiss 1999, 54; H.P. Westermann, Zum Anwendungsbereich des UN-Kaufrechts bei internationalen Kaufverträgen, DZWiR 1995, 1; v. Westphalen, Zwingende Regeln des Vertragsstatuts und der Vorbehalt von Art. 4 Buchst. a CISG. Überlegungen zu Beschaffenheits- und Haltbarkeitsgarantien sowie zum Lieferregress beim Verbrauchsgüterkauf bei Vereinbarung des UN-Kaufrechts, EuZW 2022, 149; v. Westphalen, AGB-rechtliche Auslegung, überraschende Klauseln, Vorrang des Individualvertrags und Transparenzgebot im Licht des UN-Kaufrechts, ZIP 2019, 2281.

**Datenbanken im Internet** (abgerufen 19.4.2022):

- Datenbank der Universität Basel: https://cisg-online.org/home (zitiert: CISG-online);
- Datenbank (vormals der Universität Saarbrücken) mit Nachweis französischer Rechtsprechung: http://www.cisg.fr;
- Datenbank der Universität Madrid mit vorwiegend spanischsprachigen Entscheidungen: http://www.cisgspanish.com;
- Datenbank der Victoria University, Australien: http://www.business.vu.edu.au/cisg;
- Homepage der Kommission für internationales Handelsrecht der Vereinten Nationen (UNCITRAL) http://www.uncitral.org mit aktuellem Ratifikationsstand und Einsicht in CLOUT (Case LAW on UNCITRAL Texts, http://www.uncitral.org/clout/index.jspx, → Art. 7 Rn. 3); eine pdf-Version der Entscheidungssammlung „UNCITRAL Digest of Case Law on the United Nations Convention on Contracts for the International Sale of Goods" (Edition 2016) ist unter https://uncitral.un.org/sites/uncitral.un.org/files/media-documents/uncitral/en/cisg_digest_2016.pdf verfügbar;
- Materialien, Kommentierungen sowie Literatur- und Rechtsprechungshinweise sind auch verzeichnet unter https://iicl.law.pace.edu/cisg/cisg;
- Zu Literatur- und Rechtsprechungshinweisen s. auch UNILEX: http://www.unilex.info.
- Hinzuweisen ist weiterhin auf die von Friehe/Huck zusammengestellten Texte des UN-Kaufrechts (Synopse 10 ausgewählter Texte sowie Textsammlung in 39 Sprachen), die unter http://cisg7.institut-e-business.de/index2.php?lang=1 verfügbar sind.
- Gutachten (Opinions) des CISG Advisory Council, http://www.cisgac.com, → Art. 7 Rn. 3.

1 Das Übereinkommen der Vereinten Nationen über Verträge über den internationalen Warenkauf (United Nations **C**onvention on Contracts for the **I**nternational **S**ale of **G**oods – **CISG**) ist in Deutschland am 1.1.1991 in Kraft getreten (vgl. dazu das **CISG-Vertragsgesetz** – Gesetz zu dem Übereinkommen der Vereinten Nationen vom 11.4.1980 über Verträge über den internationalen Warenkauf sowie zur Änderung des Gesetzes zu dem Übereinkommen vom 19.5.1956 über den Beförderungsvertrag im internationalen Straßengüterverkehr, CMR – CISG-Vertragsgesetz – vom 5.7.1989, BGBl. 1989 II 586, geändert durch das SchuldRModG). Die von der als ständiger Ausschuss der Vereinten Nationen eingesetzten Kommission für internationales Handelsrecht (UNCITRAL) vorbereiteten Regelungen (zur Entstehung des einheitlichen Kaufrechts, dessen Grundsätze Ernst Rabel bereits 1929 in dem „Blauen Bericht", Rapport sur le droit comparé en matière de vente par l'Institut für ausländisches und internationales Privatrecht de Berlin, 1929,

abgedruckt in Rabel, Gesammelte Aufsätze, hrsg. von Leser, Band 3, 1967, 381 ff. skizzierte, s. im Überblick Schlechtriem/Schwenzer/Schroeter/Schwenzer Einl. I), welche die Haager Kaufgesetze EKG (Einheitliches Gesetz über den internationalen Kauf beweglicher Sachen vom 17.7.1973, BGBl. I 856) und EAG (Einheitliches Gesetz über den Abschluss von internationalen Kaufverträgen über bewegliche Sachen vom 17.7.1973, BGBl. I 868) ersetzen, finden auf den grenzüberschreitenden Warenverkehr von 87 der inzwischen 93 **Vertragsstaaten** Anwendung (Art. 1), soweit es sich nicht um einen Verbraucherkauf handelt (Art. 2).

In Kraft getreten – soweit einzelne der inzwischen 94 Vertragsstaaten Vorbehalte gegen die Anwendbarkeit von Bestimmungen erklärt haben, ist dies bei der entsprechenden Vorschrift erwähnt (eine Zusammenstellung der Vorbehalte findet sich bei Piltz IHR 2019, 130 und auf der unten genannten Internetseite von Uncitral; auf Änderungen im Bereich der nordischen Länder weisen Paanila/Saarve IHR 2013, 135 hin) – ist das CISG bislang für Ägypten, Albanien, Argentinien, Armenien, Aserbaidschan, Australien, Bahrain, Belgien, Benin, Bosnien-Herzegowina, Brasilien, Bulgarien, Burundi, Chile, China, Costa Rica, Dänemark, Demokratische Volksrepublik Korea (Nordkorea), Deutschland, Dominikanische Republik, Ecuador, Ehemalige jugoslawische Republik Mazedonien, El Salvador, Estland, Fidschi, Finnland, Frankreich, Gabun, Georgien, Griechenland, Guatemala, Guinea, Guyana, Honduras, Irak, Island, Israel, Italien, Japan, Kamerun, Kanada, Kirgisistan, Kolumbien, Kongo, Kroatien, Kuba, Laos, Lesotho, Lettland, Libanon, Liberia, Liechtenstein, Litauen, Luxemburg, Madagaskar, Mauretanien, Mexiko, Mongolei, Montenegro, Neuseeland, Niederlande, Norwegen, Österreich, Palästinensische Gebiete, Paraguay, Peru, Polen, Portugal, Republik Korea (Südkorea), Republik Moldau, Rumänien, Russische Föderation, Sambia, San Marino, St. Vincent und die Grenadinen, Schweden, Schweiz, Serbien, Singapur, Slowakische Republik, Slowenien, Spanien, Syrien, Tschechische Republik, Türkei, Uganda, Ukraine, Ungarn, Uruguay, USA, Usbekistan, Vietnam, Weißrussland und Zypern. Ghana und Venezuela haben das Übereinkommen zwar unterzeichnet (bereits am 11.4.1980 bzw. 28.9.1981), aber bislang nicht in Kraft gesetzt. Zum Stand der Ratifizierung sowie zur Umsetzung in nationales Recht und zum Zeitpunkt des Inkrafttretens vgl. https://uncitral.un.org/en/texts/salegoods/conventions/sale_of_goods/cisg/status (abgerufen 19.4.2022) (s. auch Piltz IHR 2021, 175 und Schlechtriem/Schwenzer/Schroeter/Schwenzer Anh. I; Honsell Anh.; Brunner Anh. A, allerdings weniger aktuell als die Website von Uncitral). Die Wirkungserstreckung auf Hongkong und Macau ist umstritten (dafür sprechen sich Buschbaum IPRax 2004, 546; Schroeter IHR 2004, 7 und Schlechtriem/Schroeter Rn. 30 aus; gegen eine Wirkungserstreckung der Geltung des Übereinkommens auf Hongkong aber OLG Koblenz CISG-online Nr. 2911. 2

Es handelt sich damit um die bedeutendste Konvention auf dem Gebiet der Vereinheitlichung des Privatrechts. Gerade für den Außenhandel der Bundesrepublik Deutschland hat das CISG einen überragenden Stellenwert – auch wenn wichtige Länder wie Großbritannien, Indien und Südafrika der Konvention (bislang) nicht beigetreten sind. Soweit keine anderweitige Rechtswahl getroffen wird, unterfallen dem Gesetz gleichwohl **alle Exportgeschäfte** und annähernd **drei Viertel aller Importgeschäfte** (Staudinger/Magnus, 2018, Einl. CISG Rn. 4). 3

Der **Regelungsbereich** des CISG umfasst Vorschriften über den Anwendungsbereich und allgemeine Bestimmungen (Teil I), den Vertragsschluss (Teil II), das materielle Kaufrecht, also insbes. die Regelung der Pflichten von Verkäufer und Käufer bzw. die Behelfe bei Vertragsverletzung (Teil III) sowie völkerrechtliche Schlussbestimmungen (Teil IV). Die Bestimmungen vereinigen vor allem Institute des anglo-amerikanischen Rechts mit denen der kontinental-europäischen Rechte. Von besonderer Bedeutung ist im Rahmen der allgemeinen Bestimmungen Art. 7 über die **Auslegung** des Übereinkommens und die **Lückenfüllung.** Das CISG strebt dabei eine **übereinkommensautonome** Lösung an, was in der Praxis nicht selten ignoriert wird. Die Regelungen über den Vertragsschluss weisen keine gravierenden Abweichungen zum deutschen Recht auf. Ebenso geht das CISG im materiellen Kaufrecht von einem **einheitlichen Tatbestand des Vertragsbruchs** aus, der die Fälle der Unmöglichkeit, des Verzugs und der Schlechtleistung weitgehend zusammenfasst. 4

# Teil I. Anwendungsbereich und allgemeine Bestimmungen

## Kapitel I. Anwendungsbereich

### Art. 1 (Anwendungsbereich)

**(1) Dieses Übereinkommen ist auf Kaufverträge über Waren zwischen Parteien anzuwenden, die ihre Niederlassung in verschiedenen Staaten haben,**
**a) wenn diese Staaten Vertragsstaaten sind oder**
**b) wenn die Regeln des internationalen Privatrechts zur Anwendung des Rechts eines Vertragsstaats führen.**

**(2) Die Tatsache, daß die Parteien ihre Niederlassung in verschiedenen Staaten haben, wird nicht berücksichtigt, wenn sie sich nicht aus dem Vertrag, aus früheren Geschäftsbeziehungen oder aus Verhandlungen oder Auskünften ergibt, die vor oder bei Vertragsabschluß zwischen den Parteien geführt oder von ihnen erteilt worden sind.**

**(3) Bei Anwendung dieses Übereinkommens wird weder berücksichtigt, welche Staatsangehörigkeit die Parteien haben, noch ob sie Kaufleute oder Nichtkaufleute sind oder ob der Vertrag handelsrechtlicher oder bürgerlich-rechtlicher Art ist.**

**Schrifttum:** Brauner, Die Anwendungsbereiche von CISG und PR CESL im Vergleich, 2019; Diedrich, Anwendung der „Vorschaltlösung" im Internationalen Kaufrecht, RIW 1993, 758; Diedrich, Anwendbarkeit des Wiener Kaufrechts auf Softwareüberlassungsverträge – Zugleich ein Beitrag zur Methode autonomer Auslegung von Internationalem Einheitsrecht, RIW 1993, 441; Diedrich, Autonome Auslegung von internationalem Einheitsrecht: Computersoftware im Wiener Kaufrecht, 1994; Eggen, Digitale Inhalte unter dem CISG, IHR 2017, 229; Endler/Daub, Internationale Softwareüberlassung und UN-Kaufrecht, CR 1993, 601; Ferrari, Der Vertriebsvertrag als vom UN-Kaufrechtsübereinkommen (nicht) erfaßter Vertragstyp, EuLF 2000/01, 7; Ferrari, Einige kurze Anmerkungen zur Anwendbarkeit des UN-Kaufrechts beim Vertragsschluss über das Internet, EuLF 2000/01, 301; Ferrari, CISG and private international law, in Ferrari (Hrsg.), The 1980 Uniform Sales Law. Old Issues Revisited in the Light of Recent Experiences. Verona Conference 2003, 2003, 19; Ferrari, Der Begriff des „internationalen Privatrechts" nach Art. 1 Abs. 1 lit. b des UN-Kaufrechts, ZEuP 1998, 162; Fogt, Gerichtsstand des Erfüllungsortes bei streitiger Existenz des Vertrages, Anwendbarkeit des CISG und alternative Vertragsschlussformen, IPRax 2001, 358; Gramsch, International-einheitsrechtliche Abgrenzungsnormen, 2021; Gruber, Das neue deutsche Zwischenhändler-Schutzrecht – eine Benachteiligung inländischer Hersteller und Großhändler?, NJW 2002, 1180; Hellwege, UN-Kaufrecht oder Gemeinsames Europäisches Kaufrecht?, IHR 2012, 221; Herber, Anwendungsvoraussetzungen und Anwendungsbereich des Einheitlichen Kaufrechts, in Schlechtriem (Hrsg.), Einheitliches Kaufrecht und nationales Obligationenrecht, 1987, 97; Herber, Das Verhältnis des CISG zu anderen Übereinkommen und Rechtsnormen, insbesondere zum Gemeinschaftsrecht der EU, IHR 2004, 89; Herrmann, Anwendungsbereich des Wiener Kaufrechts – Kollisionsrechtliche Probleme, in Bucher (Hrsg.), Wiener Kaufrecht, 1991, 83; Hoyer, Der Anwendungsbereich des Einheitlichen Wiener Kaufrechts, in Hoyer/Posch (Hrsg.), Das Einheitliche Wiener Kaufrecht, 1992, 31; Janssen/Wahnschaffe, Von Impfstoffen und Einheitsrecht: Zur verkannten Rolle des UN-Kaufrechts im Rechtsstreit der Europäischen Union mit AstraZeneca, EuZW 2021, 877; Karollus, Der Anwendungsbereich des UN-Kaufrechts im Überblick, JuS 1993, 378; Karollus, UN-KR: Anwendungsbereich, Holzhandelsusancen, Mängelrüge, JBl 1999, 318; Karollus, Unsicherheitseinrede nach UNKR/Anwendbarkeit des UNKR bei Rechtswahl, JBl 1999, 54; Kindler, Die Anwendungsvoraussetzungen des Wiener Kaufrechtsübereinkommens der Vereinten Nationen im deutsch-italienischen Rechtsverkehr, RIW 1988, 776; Kölmel, Das Regressrecht bei internationalen Lieferketten – Unter besonderer Berücksichtigung des UN-Kaufrechts sowie der Richtlinie über den Verbrauchsgüterkauf, 2008; Kren Kostkiewicz/Schwander, Zum Anwendungsbereich des UN-Kaufrechtsübereinkommens, in Emptio – Venditio Inter Nationes, Festgabe Neumayer, 1997, 33; Lejeune, Anwendungsbereich des UN-Kaufrechts bei internationalen IT-Verträgen, ITRB 2011, 20; Magnus, Zum räumlich-internationalen Anwendungsbereich des UN-Kaufrechts und zur Mängelrüge (zu OLG Düsseldorf, 8.1.1993), IPRax 1993, 390; Maultzsch, Die Rechtsnatur des Art. 1 Abs. 1 lit. b CISG zwischen internationaler Abgrenzungsnorm und interner Verteilungsnorm, FS Schwenzer, 2011, 1213; Merkt, Internationaler Unternehmenskauf und Einheitskaufrecht, ZVglRWiss 1994, 353; Mittmann, Einheitliches UN-Kaufrecht und europäische Verbrauchsgüterkauf-Richtlinie, 2004; Navas Navarro, UN-Kaufrecht: Anwendungsbereich und Vertragsschluss in der spanischen Rechtsprechung, IHR 2006, 74; Piltz, Anwendbares Recht in grenzüberschreitenden Kaufverträgen, IPRax 1994, 191; Pünder, Das Einheitliche UN-Kaufrecht – Anwendung kraft kollisionsrechtlicher Verweisung nach Art. 1 Abs. 1 lit. b UN-Kaufrecht, RIW 1990, 869; Schlechtriem, Anwendungsvoraussetzungen und Anwendungsbereich des UN-Übereinkommens über Verträge über den internationalen Warenkauf (CISG), AJP 1992, 339; Schmitt, »Intangible Goods« in Online-Kaufverträgen und der Anwendungsbereich des CISG, CR 2001, 145; Vida, Keine Anwendung des UN-

Kaufrechtsübereinkommens bei Übertragung des Geschäftsanteils einer GmbH, IPRax 1995, 52; Volken, Das Wiener Übereinkommen über den internationalen Warenkauf; Anwendungsvoraussetzungen und Anwendungsbereich, in Schlechtriem (Hrsg.), Einheitliches Kaufrecht und nationales Obligationenrecht, 1987, 81; Westermann, Zum Anwendungsbereich des UN-Kaufrechts bei internationalen Kaufverträgen, DZWiR 1995, 1; v. Westphalen, Grenzüberschreitendes Finanzierungsleasing – Einige Anmerkungen zu Schnittstellen zwischen Unidroit-Convention on International Financial-Leasing (1988), UN-Kaufrecht, EG-Schuldvertragsübereinkommen und dem deutschen Recht, RIW 1992, 257.

## Überblick

Art. 1 regelt den sachlichen (→ Rn. 3 ff.), räumlichen und persönlichen Anwendungsbereich des CISG (→ Rn. 9 ff.), der in den folgenden Vorschriften (Art. 2–5) noch näher bestimmt wird.

## Übersicht



## I. Vorbemerkung

In Teil I werden dem CISG grundsätzliche Bestimmungen vorangestellt. In Kapitel I ist der **räumliche, persönliche und sachliche Anwendungsbereich** des Übereinkommens definiert (Art. 1–6). Kapitel II (Art. 7–13) enthält allgemeine Bestimmungen über die vorrangig übereinkommensautonome **Auslegung** des CISG selbst, aber auch der Parteierklärungen. Dabei sind Handelsbräuche und Gepflogenheiten von besonderer Bedeutung. Schließlich ist in diesem Teil auch der Grundsatz der weitestgehenden Formfreiheit niedergelegt. 1

## II. Erläuterung zu Art. 1

**1. Normzweck.** Art. 1 stellt die wichtigste Vorschrift für die Frage nach der Anwendbarkeit des CISG dar. Es werden die wesentlichen Anwendungsvoraussetzungen genannt, welche in den folgenden Artikeln des Kapitels I (Art. 1–6) präzisiert und ergänzt werden. Danach wird durch Art. 1 Abs. 1 überwiegend der **räumliche** und durch Art. 1 Abs. 2 und 3 der **persönliche Anwendungsbereich** bestimmt. Einzelne Tatbestandsmerkmale werden teilweise erst in weiteren Vorschriften erläutert, wie die Bestimmung der Niederlassung (Art. 10) und der Begriff des Vertragsstaates (Art. 92 Abs. 2, Art. 93 Abs. 3). Die **sachlichen Anwendungsvoraussetzungen** werden über Art. 1 Abs. 1 Hs. 1 hinaus, der die Anwendbarkeit für Kaufverträge über Waren bestimmt, in Art. 2–5 genauer erläutert. Entspr. wird in Art. 2 der Begriff des „Kaufvertrages über Waren" eingegrenzt, indem bestimmte Vertragstypen ausgeschlossen werden, und in Art. 3 durch die Einbeziehung von Werklieferungsverträgen und anderen gemischten Verträgen ausgeweitet. Art. 4 nimmt eine Eingrenzung der Rechtsgebiete vor, auf die sich der sachliche Regelungsbereich des CISG erstreckt, indem Gültigkeitsfragen und Eigentumsübergang nicht erfasst werden. Durch Art. 5 wird die Produkthaftung für Personenschäden ausgeschlossen. Der **zeitliche Geltungsbereich** des CISG wird durch Art. 100 bestimmt. Schließlich kann das CISG gem. Art. 6 auch auf Grund ausdrücklicher Parteivereinbarung zur Anwendung gelangen, aber auch ausgeschlossen werden. 2

**2. Einzelerläuterungen. a) Sachlicher Anwendungsbereich.** Gemäß Art. 1 Abs. 1 Hs. 1 findet das CISG Anwendung auf **„Kaufverträge über Waren"**. Die Begriffe Kaufvertrag und Waren sind nicht ausdrücklich im Übereinkommen selbst definiert (Rudolph Rn. 3). Sie müssen vertragsautonom nach Sinn und Zweck des CISG (Art. 7 Abs. 1) aus den Bestimmungen des Übereinkommens erschlossen werden (Staudinger/Magnus, 2018, Rn. 4; Reinhart UN-KaufR Rn. 1). 3

**aa) Kaufvertrag.** Art. 30 und 53 enthalten Bestimmungen über die Verpflichtungen der Kaufvertragsparteien. Der Verkäufer ist gem. Art. 30 zur Lieferung einer Sache und Übergabe entspr. Urkunden sowie zur Verschaffung des Eigentums an der Sache verpflichtet, der Käufer gem. Art. 53 zur Zahlung des Kaufpreises und zur Abnahme der Ware (vgl. zu dieser Definition UNCITRAL Digest Anm. 3). Dies bedeutet zunächst, dass **alle** auch im deutschen Recht bekann- 4 ten **Gestaltungsmöglichkeiten** und Unterformen des Kaufvertrages von diesem Begriff erfasst werden. Insbesondere zählen dazu der Versendungskauf (BGH WM 1998, 2077 (2079); Achilles Rn. 2; Herber/Czerwenka Rn. 4; Schlechtriem/Schwenzer/Schroeter/Ferrari Rn. 18), der Sukzessivlieferungsvertrag (UNCITRAL Digest Anm. 4; Achilles Rn. 2; Herber/Czerwenka Rn. 4; Schlechtriem/Schwenzer/Schroeter/Ferrari Rn. 15; Staudinger/Magnus, 2018, Rn. 15), der Spezifikationskauf (Schlechtriem/Schwenzer/Schroeter/Ferrari Rn. 17; Staudinger/Magnus, 2018, Rn. 16), der Kauf auf Probe (Schlechtriem/Schwenzer/Schroeter/Ferrari Rn. 23; Staudinger/Magnus, 2018, Rn. 21), der Kauf nach Muster (Staudinger/Magnus, 2018, Rn. 17), das Streckengeschäft (UNCITRAL Digest Anm. 4; Achilles Rn. 2; Herber/Czerwenka Rn. 4; Schlechtriem/Schwenzer/Schroeter/Ferrari Rn. 18) sowie die Vereinbarung von Vorkaufsrechten, Rückkaufsrechten und -verpflichtungen (BGH IHR 2014, 184 (185); Schroeter IHR 2014, 173) sowie Wiederkaufoptionen (Cour de Cassation 30.6.2004 – Y 01-15.964, unilex (Kaufoptionsverträge) m. zust. Anm. Schumacher IHR 2005, 147 (148 f.); Achilles Rn. 2; Schlechtriem/Schwenzer/Schroeter/Ferrari Rn. 21; Staudinger/Magnus, 2018, Rn. 22). Entsprechendes kann auch für ein Advanced Purchase Agreement (APA) gelten (Janssen/Wahnschaffe, EuZW 2021, 877 (878 ff.)).

**5** Dagegen sind andere Vertragstypen, wie **Tauschverträge** (Achilles Rn. 3; Herber/Czerwenka Rn. 5; Honsell/Siehr Rn. 4; Reinhart UN-KaufR Rn. 2; Rudolph Rn. 3; Schlechtriem/Schwenzer/Schroeter/Ferrari Rn. 30; Staudinger/Magnus, 2018, Rn. 29; MüKoBGB/P. Huber Rn. 9; Piltz IntKaufR Rn. 2-22; Karollus UN-KaufR S. 25; Czerwenka, Rechtsanwendungsprobleme im internationalen Kaufrecht, 1988, 141; aA Schwenzer/Kee IHR 2009, 229 (231 ff.), die eine Anwendbarkeit des CISG aufgrund der praktischen Bedeutung der Tauschverträge für notwendig erachten), **Kompensationsgeschäfte** (Schlechtriem/Schwenzer/Schroeter/Ferrari Rn. 30; Staudinger/Magnus, 2018, Rn. 30; Czerwenka, Rechtsanwendungsprobleme im internationalen Kaufrecht, 1988, 141), **Schenkungen** (dazu MüKoHGB/Mankowski Rn. 16; Staudinger/Magnus, 2018, Rn. 32), **Kommissionsgeschäfte** (zur Abgrenzung von Kauf und Kommission OLG Köln IHR 2002, 21 = CISG-online 681; Handelsgericht Kanton Aargau CISG-online Nr. 1739), **Lizenzverträge** (MüKoBGB/H. P. Westermann, 6. Aufl. 2012, Vor Art. 1 Rn. 4 mwN), **Vermarktungs- bzw. Geschäftsbesorgungsverträge** (OLG Düsseldorf IHR 2003, 121 = CISG-online 849; bestätigend BGH IHR 2003, 170 (171 f.) = NJW-RR 2003, 1582 = CISG-online 790) und **Mietverträge** nicht als Kaufverträge iSd CISG zu qualifizieren. Die Hauptleistungspflichten dieser Vertragstypen stimmen nicht mit den in Art. 30 und 53 normierten Pflichten überein. Nur **Kompensationsgeschäfte** können ausnahmsweise erfasst werden, wenn auf Grund der Auslegung einer Vertragsvereinbarung davon auszugehen ist, dass nicht ein einheitliches (Kompensations-) Geschäft, sondern in Wirklichkeit mehrere wechselseitige Kaufverträge geschlossen worden sind (Enderlein/Maskow/Strohbach Anm. 1; Herber/Czerwenka Rn. 5; Honsell/Siehr Art. 2 Rn. 5; Rudolph Rn. 3; Staudinger/Magnus, 2018, Rn. 30; Karollus UN-KaufR S. 25; Piltz IntKaufR Rn. 2-22 ff.; aA Czerwenka, Rechtsanwendungsprobleme im internationalen Kaufrecht, 1988, 141). Ausnahmsweise kann auch ein **Mietkauf,** der vom Grundsatz her nicht vom CISG erfasst wird (Achilles Rn. 3; Herber/Czerwenka Rn. 4; vgl. auch Schlechtriem/Schwenzer/Schroeter/Ferrari Rn. 27 und Enderlein/Maskow/Strohbach Anm. 1, die jedoch Mietkäufe immer vom Anwendungsbereich des CISG ausschließen; aA Staudinger/Magnus, 2018, Rn. 33, der Mietkäufe nur vom Grundsatz her dem CISG zurechnet; hingegen wollen Honsell/Siehr Rn. Art. 2 Rn. 6 Mietkäufe stets dem CISG zuordnen), in den Anwendungsbereich fallen, wenn eine Auslegung im konkreten Fall ergibt, dass nicht das Interesse der Parteien an der Gebrauchsüberlassung überwiegt, sondern der Schwerpunkt auf der endgültigen entgeltlichen Überlassung der Sache liegt (Herber/Czerwenka Rn. 4; iErg so auch Staudinger/Magnus, 2018, Rn. 33, jedoch mit umgekehrtem Grundsatz-Ausnahme-Prinzip; ähnlich Fogt IPRax 2003, 364 (368 f.): in dubio pro conventione; iErg auch Achilles Rn. 3). Gleiches gilt für **Leasingverträge** (OLG Celle, IWRZ 2021, 133 (134) mit Anmerkung Heuer-James/Chibanguza IWRZ 2921, 135; Achilles Rn. 3; Rudolph Rn. 3; Staudinger/Magnus, 2018, Rn. 34 f.; aA Enderlein/Maskow/Strohbach Anm. 1; Schlechtriem/Schwenzer/Schroeter/Ferrari Rn. 28; v. Westphalen RIW 1992, 257 (258); Schlechtriem/Schroeter IntUN-KaufR Rn. 64). Mit der Ausübung einer etwaigen Kaufoption aus dem Leasingvertrag kommt aber ein Kaufvertrag zustande, der dem Übereinkommen unterliegen kann (Honsell/Siehr Art. 2 Rn. 7; MüKoHGB/Mankowski Rn. 18; Staudinger/Magnus, 2018, Rn. 35; Soergel/Kreße Art. 3 Rn. 6). Das CISG kann bei Leasingverträgen ferner relevant werden, wenn der Vertrag zwischen dem Lieferanten und dem Leasinggeber dem Übereinkommen unterliegt und die Gewährleistungsrechte daraus an den Leasingnehmer abgetreten werden (MüKoHGB/Mankowski Rn. 19; Staudinger/Magnus, 2018, Rn. 35). **Garantieverträge** zwischen dem Verkäufer und Abnehmern des Käufers fallen nicht unter das CISG (Krebs EuLF 2000/01, 16, 18 Anm. zu Cour de cassation 1re civ. 5.1.1999).

Weiterhin findet das Übereinkommen nicht auf **Vertriebsverträge** (vgl. auch US District Court for the Eastern District of Pennsylvania IHR 2002, 28 = CISG-online 675; US District Court for the Eastern District of Pennsylvania 29.3.2004 – Civ. A. 00-2638; Mistelis in Kröll/Mistelis/Perales Viscasillas CISG Rn. 33; Magnus ZEuP 2002, 523 (528); Ferrari EuLF 2000/01, 7 (9 f.) mwN; einschr. Schlechtriem/Schroeter IntUN-KaufR Rn. 62), Vertragshändlerverträge und Agenturverträge Anwendung, da diese lediglich Rahmenvereinbarungen darstellen, aber noch keine konkreten Lieferverpflichtungen begründen (OLG Koblenz RIW 1993, 934; OLG Düsseldorf NJW-RR 1997, 822 (823); OLG Hamm 5.11.1997 – 11 U 41/97, CISG-online 381; Enderlein/Maskow/Strohbach Anm. 1; Honsell/Siehr Art. 2 Rn. 8; Schlechtriem/Schwenzer/Schroeter/Ferrari Rn. 31; Staudinger/Magnus, 2018, Rn. 37; Piltz IntKaufR Rn. 2-41; aA OLG München RIW 1996, 1035 f., das eine Lieferpflicht iSd CISG bereits aus dem Handelsvertretervertrag herleitet). Anderes gilt für die in Ausführung dieser Rahmenverträge geschlossenen einzelnen Kaufverträge, die dem CISG unterfallen können (UNCITRAL Digest Anm. 6; OLG Koblenz RIW 1993, 934 (936); OLG Hamm 5.11.1997 – 11 U 41/97, CISG-online 381; OLG Köln IHR 2002, 21 (23) = CISG-online 681; Honsell/Siehr Art. 2 Rn. 8; Rudolph Rn. 3; Staudinger/Magnus, 2018, Rn. 37; Piltz, NJW 2019, 2516 (2517); Piltz IntKaufR Rn. 2-41; zum Begriff des Rahmenliefervertrages s. OLG München IWRZ 2018, 227 = IHR 2019, 11 (15 f.)). Dieselben Grundsätze gelten schließlich auch für **Franchiseverträge** (Schlechtriem/Schwenzer/Schroeter/Ferrari Rn. 32; Staudinger/Magnus, 2018, Rn. 39; Mistelis in Kröll/Mistelis/Perales Viscasillas CISG Rn. 34. Vgl. UNCITRAL Digest Anm. 7). 6

**bb) Waren.** Unter Waren sind **körperliche Sachen** zu verstehen, die zum Zeitpunkt der Lieferung **beweglich** sind (Ausnahme aber in Art. 2) (UNCITRAL Digest Anm. 9; Achilles Rn. 4; Brunner/Meier/Stacher Art. 2 Rn. 2; Enderlein/Maskow/Strohbach Anm. 2; Herber/Czerwenka Rn. 7; Rudolph Rn. 4; Schlechtriem/Schwenzer/Schroeter/Ferrari Rn. 34; Piltz IntKaufR Rn. 2-48; Czerwenka, Rechtsanwendungsprobleme im internationalen Kaufrecht, 1988, 147. Vgl. auch OLG Koblenz 27.9.1991 – 2 U 1899/89, CISG-online 30 – Marmorplatten). Dieser autonome Warenbegriff umfasst auch Tiere (OLG Schleswig IHR 2003, 67 (68); UNCITRAL Digest Anm. 9; MüKoHGB/Mankowski Rn. 25; Staudinger/Magnus, 2018, Rn. 48; Piltz NJW 2005, 2126 (2127)). Zum Teil werden entgegen der genannten Definition auch bestimmte unkörperliche Gegenstände als Waren angesehen, zB Standardsoftware (→ Rn. 8) (vgl. Staudinger/Magnus, 2018, Rn. 42 ff.; für die Einbeziehung auch unkörperlicher, abgrenzbarer, beweglicher Gegenstände, „intangible goods", in den Warenbegriff zB Schmitt CR 2001, 151 (155)). Erfasst werden auch Sachgesamtheiten (Achilles Rn. 4; Schlechtriem/Schwenzer/Schroeter/Ferrari Rn. 34; Staudinger/Magnus, 2018, Rn. 51). Bei Vertragsschluss brauchen die Sachen noch nicht zu existieren oder können auch noch „unbeweglich", also fest mit dem Boden (zB Ernte auf dem Halm) oder mit einer Immobilie (zB vom Grundstück abzubauende Lagerhalle) verbunden sein, wenn sie zur Lieferung ausgebaut oder getrennt werden, was auch durch den Käufer selbst erfolgen kann (BGH IHR 2014, 183 (185); Achilles Rn. 4; Herber/Czerwenka Rn. 7; Staudinger/Magnus, 2018, Rn. 50, 53). **Immobilienkäufe** werden jedoch **nicht** mehr von der Definition erfasst und unterliegen somit nicht dem CISG (Enderlein/Maskow/Strohbach Anm. 2; Honsell/Siehr Art. 2 Rn. 10; Reinhart UN-KaufR Rn. 3; Rudolph Rn. 4; Schlechtriem/Schwenzer/Schroeter/Ferrari Rn. 35; Prinz von Sachsen Gessaphe, Internationales Privatrecht und UN-Kaufrecht, 2. Aufl. 2007, 93; Karollus JuS 1993, 378 (380)). Gleiches gilt für **Unternehmenskäufe,** weil auch dabei regelmäßig Immobilien und immaterielle Werte Vertragsgegenstand sind (Achilles Rn. 4; Herber/Czerwenka Rn. 7; Schlechtriem/Schwenzer/Schroeter/Ferrari Rn. 36; Staudinger/Magnus, 2018, Rn. 51; diff. nach asset deal und share deal sowie nach den einzelnen verkauften Gegenständen Witz/Salger/Lorenz/Lorenz Rn. 8). 7

Problematisch ist die Einordnung als Ware iSd CISG bei sog. Immaterialgütern wie wissenschaftlich-technischen Ergebnissen, sog. Know-how, Computerprogrammen und Schutzrechten, da diese an sich keine körperlichen Gegenstände darstellen (zur Wareneigenschaft von Daten allg Schlechtriem/Schwenzer/Schroeter/Hachem Anh. Art. 1 Rn. 10 ff.; ausf. Scheuch ZVglRWiss 118 (2019), 375 (379 ff.); Gramsch, International-einheitsrechtliche Abgrenzungsnormen, 2021; Eggen, Digitale Inhalte unter dem CISG, IHR 2017, 229). Insoweit ist zu differenzieren. **Wissenschaftlich-technische Ergebnisse** (zB Konstruktionsunterlagen, Forschungsprojekte) sind dann Waren iSd CISG (Enderlein/Maskow/Strohbach Anm. 2), wenn sie schriftlich fixiert sind (Staudinger/Magnus, 2018, Rn. 46), was auch auf Datenträgern (Disketten, CD-ROM etc) geschehen kann. Werden jedoch erst im Auftrag des Käufers Ergebnisse zusammengetragen und ein Gutachten erstellt, scheidet die Anwendung des CISG auf Grund Art. 3 Abs. 2 aus, da die Arbeitsleistung wesentlich überwiegt (OLG Köln RIW 1994, 970 (971)). Dasselbe gilt auch für das **Know-how** 8

(Achilles Rn. 4; Schlechtriem/Schwenzer/Schroeter/Ferrari Rn. 38; Staudinger/Magnus, 2018, Rn. 46; Piltz IntKaufR Rn. 2-48), sofern es endgültig und nicht zur vorübergehenden Nutzung übertragen wurde (Staudinger/Magnus, 2018, Rn. 46). **Computerprogramme** (Software) werden nach allgemeiner Ansicht dann als Waren iSd CISG angesehen, wenn sie über einen Datenträger nutzbar und dadurch verkörpert sind (OGH IHR 2005, 195 (196) zu Standardsoftware; Achilles Rn. 4; Herber/Czerwenka Rn. 7; Honsell/Siehr Art. 2 Rn. 4; Rudolph Rn. 4; Schlechtriem/Schwenzer/Schroeter/Ferrari Rn. 38; Soergel/Kreße Rn. 21; Staudinger/Magnus, 2018, Rn. 44; Karollus UN-KaufR S. 21; Czerwenka, Rechtsanwendungsprobleme im internationalen Kaufrecht, 1988, 148; Diedrich RIW 1993, 441 (451 f.); Endler/Daub CR 1993, 601 (603 f.); Brandi-Dohrn CR 1991, 705 (708); vgl. auch OLG Koblenz RIW 1993, 934, das mit demselben Argument einen „Chip" als Ware iSd CISG ansieht; allg. auch Handelsgericht des Kantons Zürich 17.2.2000 – HG 980472, CISG-online Nr. 637). Aber auch wenn die Software nicht auf Datenträgern, sondern zB über das Internet online verkauft und vom Käufer heruntergeladen oder durch Verkabelung zweier Computer auf den Rechner des Käufers überspielt wird, ändert dies nichts an der Einordnung als Ware (Rechtbank Midden-Nederland 25.3.2015 – C/16/364668/ HA ZA 14-217, CR 2015, 128; Staudinger/Magnus, 2018, Rn. 44; Schmitt CR 2001, 145 (147 ff.); Piltz NJW 1994, 1101 (1102); Piltz IHR 2005, 197 (198); Diedrich RIW 1993, 441 (452)). Denn bei wirtschaftlicher Betrachtung liegt ein identischer Vertragsgegenstand vor und läuft es dem Ziel der Rechtsvereinheitlichung zuwider, wenn nur der Überlassungsvorgang ausschlaggebend für die Einordnung als Ware ist (Endler/Daub CR 1993, 601 (605)). Allerdings entfällt die Anwendbarkeit des CISG bei Individualsoftware, also eigens für den Käufer hergestellten Computerprogrammen, idR wiederum wegen Art. 3 Abs. 2 (BeckOGK/Wagner Rn. 7; Schlechtriem/Schwenzer/Schroeter/Ferrari Rn. 38; Czerwenka, Rechtsanwendungsprobleme im internationalen Kaufrecht, 1988, 128; Endler/Daub CR 1993, 601 (606); Ferrari EuLF 2000/01, 301 (303); aA Brandi-Dohrn CR 1991, 705 (708); Lejeune ITRB 2011, 20 (22): diff. danach, ob die Erstellungsleistung oder die Lieferung das vertragswesentliche Element darstellt), wenn die vom Verkäufer zu erbringenden Leistungen nicht nur in dem „Fine-tunen" eines Programms liegen (Piltz IHR 2005, 197 (198); Bierekoven ITRB 2008, 19 (20)). Im Ergebnis ist das CISG somit regelmäßig nur für Standardsoftware anwendbar (aA Schlechtriem/Schroeter IntUN-KaufR Rn. 85 ff.; Brunner/Meier/Stacher Art. 2 Rn. 4). Das CISG gilt auch für den gemeinsamen Verkauf von Hard- und Software (Handelsgericht des Kantons Zürich 17.2.2000 – HG 980472, CISG-online Nr. 637). Da der **Rechtskauf** vom CISG nicht geregelt wird (Stadie/Nietzer MDR 2002, 428 (429); Schlechtriem/Schwenzer/Schroeter/Ferrari Rn. 36; Schlechtriem/Schroeter IntUN-KaufR Rn. 79), fallen schließlich **gewerbliche Schutzrechte nicht** unter den Warenbegriff (Enderlein/Maskow/Strohbach Anm. 2; Rudolph Rn. 4; Reinhart UN-KaufR Rn. 3).

9 **b) Räumlich-persönlicher Anwendungsbereich.** Liegt ein Kaufvertrag über Waren iSv **Abs. 1** Hs. 1 vor, ist das CISG anzuwenden, wenn die Vertragspartner ihre **Niederlassung in verschiedenen Vertragsstaaten** haben (Abs. 1 lit. a) oder wenn auf den Kaufvertrag nach den Regeln des internationalen Privatrechts das **Recht eines Vertragsstaates** anzuwenden ist (Abs. 1 lit. b) und dieser Vertragsstaat keine Erklärung gem. Art. 95 zum Ausschluss der Anwendung von Abs. 1 lit. b abgegeben hat. Zu beachten ist in diesem Zusammenhang, dass Deutschland zwar keinen Vorbehalt nach Art. 95 ausgesprochen hat, der Vorbehalt aber gem. Art. 2 CISG-VertragsG (Vertragsgesetz vom 5.7.1989, BGBl. II 586 idF des SchuldRModG 26.11.2001, BGBl. I 3138) dennoch indirekt eingreifen kann, wenn kollisionsrechtlich das Recht eines Vorbehaltsvertragsstaates berufen wird. Sind diese Voraussetzungen objektiv gegeben, muss nach **Abs. 2** für die Vertragsparteien weiterhin subjektiv **erkennbar** sein, dass sich ihre Niederlassungen in verschiedenen Staaten befinden. Aufgrund **Abs. 3** sind Staatsangehörigkeit und Kaufmannseigenschaft der Parteien unbeachtlich.

10 **aa) Persönliches Kriterium der Niederlassung.** Das CISG soll der Vereinheitlichung des internationalen Warenkaufs dienen (Staudinger/Magnus, 2018, Rn. 58). Einziges Kriterium zur Feststellung dieses internationalen Charakters ist, dass sich die Niederlassungen der Vertragsparteien **in verschiedenen Staaten** befinden (Bianca/Bonell/Jayme Anm. 2.1; Schlechtriem/Schwenzer/Schroeter/Ferrari Rn. 8; Staudinger/Magnus, 2018, Rn. 58). Ein darüber hinausgehender Auslandsbezug, wie eine zwischenstaatliche Warenbeförderung oder ein grenzüberschreitender Vertragsabschluss, ist nicht erforderlich (Herber/Czerwenka Rn. 9; Reinhart UN-KaufR Rn. 5; Rudolph Rn. 2; Schlechtriem/Schwenzer/Schroeter/Ferrari Rn. 8). Zur Bestimmung der Niederlassung ist grds. auf die **Vertragsparteien** abzustellen. Wer Vertragspartei ist, regelt das CISG nicht. Dies muss vielmehr durch das vom Kollisionsrecht bestimmte unvereinheitlichte nationale Recht ermittelt werden (UNCITRAL Digest Anm. 15; Honsell/Siehr Rn. 8). Auch das für die

Anwendbarkeit maßgebliche Anknüpfungsmerkmal der Niederlassung wird im CISG nicht definiert (Honsell/Siehr Rn. 12; Rudolph Rn. 5). Zwar enthält Art. 10 konkretisierende Bestimmungen dafür, welche Niederlassung bei mehreren Niederlassungen einer Vertragspartei maßgebend ist (Art. 10 lit. a), und dass bei einer Partei ohne Niederlassung, was namentlich für **natürliche Personen** gilt, ihr gewöhnlicher **Aufenthalt** den Ausschlag gibt (Art. 10 lit. b). Sind in einem Vertragsverhältnis zwei Parteien mit Niederlassung im selben Staat und auch auf der einen Seite eine dritte Partei mit Niederlassung in einem andren Staat beteiligt (sog. Mehrparteienvertrag) (dazu Schlechtriem/Schwenzer/Schroeter/Schroeter Vor Art. 14 ff. Rn. 96), ist auch im Verhältnis zwischen den Parteien mit Niederlassung im selben Staat das CISG anzuwenden; denn nur so ist eine einheitliche Lösung zu erreichen, wenn die grenzüberschreitende Natur des Kaufvertrages nur in der Person einer der Käuferinnen oder Verkäuferinnen erfüllt ist (Schweiz. BG IHR 2019, 236 (238); Schroeter IHR 2019, 231 (232)).

**bb) Begriff.** Weder Art. 10 noch andere Vorschriften des CISG bestimmen jedoch das Merkmal der Niederlassung an sich. Die Begriffsbestimmung muss deshalb durch autonome Auslegung iSd Art. 7 erfolgen. Es besteht weitgehend Einigkeit darüber, dass der Begriff der Niederlassung als der Ort zu definieren ist, von dem aus eine nach außen gerichtete Teilnahme am Wirtschaftsverkehr von gewisser **Dauer** und mit gewisser **Selbstständigkeit** erfolgt (OLG Stuttgart IHR 2001, 65 (66) = CISG-online 583; Kantonsgericht Wallis 19.8.2003 – C1 03 100, CISG-online Nr. 895; UNCITRAL Digest Anm. 13; Honsell/Siehr Rn. 12; Schlechtriem/Schwenzer/Schroeter/Ferrari Rn. 46; Staudinger/Magnus, 2018, Rn. 63 f.; Honnold Rn. 43; Karollus UN-KaufR S. 29; Piltz IntKaufR Rn. 2-76 ff.). Darüber hinaus wird teilweise verlangt, dass sich an diesem Ort auch der Mittelpunkt der geschäftlichen Tätigkeit befinden muss (Honsell/Siehr Rn. 12; Staudinger/Magnus, 2018, Rn. 63. Vgl. zum EKG auch BGH NJW 1982, 2730 (2731)). Dies muss jedoch abgelehnt werden, da es dem Grundgedanken des CISG, eine weltweit einheitliche Rechtsordnung zu schaffen, widerspricht, wenn bereits der Anwendungsbereich durch eine enge Auslegung eingeschränkt wird (Czerwenka, Rechtsanwendungsprobleme im internationalen Kaufrecht, 1988, 132 f.). Mit Blick auf Art. 10 lit. a muss vielmehr davon ausgegangen werden, dass eine Partei mehrere Niederlassungen haben kann, also auch solche Orte in Betracht kommen können, die lediglich **Zweigniederlassungen** beherbergen, welche nicht den Mittelpunkt der geschäftlichen Tätigkeit darstellen (Herber/Czerwenka Rn. 14; Schlechtriem/Schwenzer/Schroeter/Ferrari Art. 10 Rn. 5; vgl. auch MüKoHGB/Mankowski Rn. 34). Abzustellen ist deshalb lediglich auf die Dauerhaftigkeit der Einrichtung und die dortige selbstständige Handlungsmöglichkeit. Nicht dem Erfordernis der Dauerhaftigkeit entsprechen etwa Messestände oder Messevertretungen (Kantonsgericht Wallis 19.8.2003 – C1 03 100, CISG-online Nr. 895; Honsell/Siehr Rn. 12; Staudinger/Magnus, 2018, Rn. 64; Piltz IntKaufR Rn. 2-81) sowie eigens für die betreffenden Vertragsverhandlungen und den entsprechenden Vertragsabschluss angemietete Räumlichkeiten am Verhandlungsort (Honnold Rn. 43; Staudinger/Magnus, 2018, Rn. 64). Weisungsgebundene Auslieferungslager, sog. Liaison-Offices, die überwiegend werbend auftreten und Bestellungen lediglich weiterleiten, sowie Einrichtungen ohne Vertretungsmacht (OLG Stuttgart IHR 2001, 65 (66) = CISG-online 583. Für die Notwendigkeit des Abschlusses von Kaufverträgen durch die Niederlassung MüKoBGB/H. P. Westermann, 6. Aufl. 2012, Rn. 9) besitzen nicht die erforderliche juristische Selbstständigkeit und sind aus diesem Grund ebenfalls keine Niederlassungen (Honsell/Siehr Rn. 12; Piltz IntKaufR Rn. 2-80; Ferrari in Ferrari/Flechtner/Brand Draft Digest 21, 27 f.). Mangels selbstständiger Handlungsmöglichkeit begründet auch das bloße Einrichten eines Servers keine Niederlassung (Lejeune ITRB 2011, 20 (22); Schmitt CR 2001, 145 (147); Schlechtriem/Schroeter IntUN-KaufR Rn. 26). Vertriebshändler und Handelsvertreter begründen regelmäßig keine Niederlassung (OLG Karlsruhe IHR 2004, 246 (249); Piltz NJW 2005, 2126 (2127)). 11

Eine Niederlassung wird demgegenüber am Sitz von **Tochtergesellschaften** mit eigener Rechtspersönlichkeit angenommen werden müssen, wenn diese in eigenem Namen kontrahieren, da sie dann selbst Partei des von ihnen geschlossenen Kaufvertrages werden und es zur Bestimmung der Niederlassung einzig auf sie ankommt, weshalb auch ein Rückgriff auf Art. 10 entbehrlich ist (Herber/Czerwenka Rn. 15; Honnold Rn. 42; Honsell/Siehr Rn. 14; Schlechtriem/Schwenzer/Schroeter/Ferrari Rn. 47; Staudinger/Magnus, 2018, Rn. 66). Anders wäre dies lediglich zu beurteilen, wenn eine Tochtergesellschaft im Namen der Muttergesellschaft tätig wird, also als deren Vertreterin (Honsell/Siehr Rn. 14). 12

In Fällen der **offenen Stellvertretung** ist die Niederlassung nach dem Vertretenen zu bestimmen, da er selbst und nicht etwa der Vertreter Vertragspartei wird (Honsell/Siehr Rn. 8; Staudinger/Magnus, 2018, Rn. 68; Rudolph Rn. 5). Das Vorliegen der Voraussetzungen einer wirksamen Stellvertretung richtet sich wiederum nach dem anwendbaren nationalen Recht (OLG Schleswig 13

IHR 2009, 243; Staudinger/Magnus, 2018, Rn. 68). Bei mittelbarer Stellvertretung, wie etwa bei **Kommissionsgeschäften,** wird nach deutschem Recht sowie dem Recht vieler anderer kontinental-europäischer Rechtsordnungen der Kaufvertrag direkt mit dem mittelbaren Stellvertreter (Kommissionär) geschlossen (Herber/Czerwenka Rn. 13; Rudolph Rn. 5). Dieser wird Vertragspartei, sodass es auf seine Niederlassung ankommt und nicht auf die des Kommittenten. Zu einem anderen Ergebnis gelangt man jedoch, wenn auf Grund der IPR-Verweisung eine Common Law Rechtsordnung berufen ist. Hier wird bei mittelbarer Stellvertretung nach dem law of agency nicht der im eigenen Namen handelnde Vertreter (agent), sondern der verdeckt Vertretene (master) Vertragspartei, weshalb auf dessen Niederlassung abzustellen ist (Honsell/Siehr Rn. 9; Rudolph Rn. 5). Allerdings dürfte in diesen Fällen die Anwendung des CISG häufig gem. Abs. 2 ausgeschlossen sein (Herber/Czerwenka Rn. 13; Honsell/Siehr Rn. 10).

14 Maßgeblich ist stets, wo sich die Niederlassungen der Parteien zum **Zeitpunkt des Vertragsschlusses** befanden (Herber/Czerwenka Rn. 12; Honsell/Siehr Rn. 11; Rudolph Rn. 5; Staudinger/Magnus, 2018, Rn. 69).

15 **cc) Autonome Anwendung bei Niederlassungen in verschiedenen Vertragsstaaten (Abs. 1 lit. a).** Gemäß Abs. 1 lit. a ist das CISG unmittelbar, dh auf Grund seiner autonomen Anwendungsvoraussetzungen anwendbar, wenn sich die **Niederlassungen beider Parteien in verschiedenen Vertragsstaaten** befinden. In diesem Fall bedarf es einer Vorschaltung des IPR nicht (UNCITRAL Digest Anm. 17; BGH IHR 2003, 170 (171) = NJW-RR 2003, 1582 = CISG-online 790; MüKoHGB/Mankowski Rn. 3, 44; Brunner/Manner/Schmitt Rn. 8); das CISG ist vielmehr als Teil der internen nationalen materiellen Rechtsordnung der jeweiligen Vertragsstaaten anzusehen. Durch die Rom I-VO wurde erneut die Frage des Verhältnisses von CISG und Kollisionsrecht aufgeworfen, denn bei Einschlägigkeit beider kann es zu einem Konflikt kommen (näher dazu Kampf RIW 2009, 297 ff.; Schmidt-Kessel ZEuP 2008, 605 ff.; Lerche, Konkurrenz von Einheitsrecht und nationalem Privatrecht – Perspektiven für ein Europäisches Zivilgesetzbuch, 2007. Zum europäischen Letztverkäuferregress s. Dutta ZHR 171 (2007), 79 ff. Zur Normhierarchie zwischen nationalen Durchgriffsrechten und dem UN-Kaufrecht vgl. Jungemeyer, Kaufvertragliche Durchgriffsrechte in grenzüberschreitenden Lieferketten und ihr Verhältnis zum Einheitlichen UN-Kaufrecht, 2009, 159 ff.) Jedoch ist das CISG als am weitesten entwickelte Sachrechtsvereinheitlichung „das Maß aller Dinge" (Kampf RIW 2009, 297 (301)) und damit vorrangig anwendbar (OLG Köln BeckRS 2017, 131528; AG Basel-Stadt IHR 2019, 101 (104)). Vertragsstaaten sind alle Staaten, die das CISG nicht nur ratifiziert haben oder ihm beigetreten sind (so aber Schlechtriem/Herber, 2. Aufl. 1995, Rn. 32; MüKoBGB/H. P. Westermann, 6. Aufl. 2012, Rn. 10), sondern in denen es auch in Kraft getreten ist (Schlechtriem/Schwenzer/Schroeter/Ferrari Rn. 64; Schlechtriem/Schroeter IntUN-KaufR Rn. 29; Brunner/Manner/Schmitt Rn. 9. Zur Übersicht über die Vertragsstaaten vgl. Einf. CISG; zum aktuellen Stand nebst Vorbehalten und Ausschlüssen einzelner Länder vgl. https://uncitral.un.org/en/texts/salegoods/conventions/sale_of_goods/cisg/status, abgerufen 19.4.2022). Zu beachten sind lediglich die **Sonderfälle** der Art. 92 Abs. 2 und Art. 93 Abs. 3. Darin wird den Vertragsstaaten die Möglichkeit eingeräumt, Einschränkungen hinsichtlich der Geltung einzelner Teile des CISG (Art. 92 Abs. 1) oder hinsichtlich der Geltung des CISG innerhalb einzelner Gebietseinheiten des betreffenden Staates (Art. 93 Abs. 1) vorzunehmen. Macht ein Vertragsstaat hiervon Gebrauch, gilt der Vertragsstaat-Status für den betreffenden Teil des CISG (Art. 92 Abs. 2) bzw. für die betreffende Gebietseinheit des Staates (Art. 93 Abs. 3) nicht. Streitig ist auf Grund des von Art. 92 Abs. 2 und Art. 93 Abs. 3 abweichenden Wortlauts, ob auch durch den Vorbehalt nach Art. 94 (bei Rechtseinheit oder Rechtsannäherung) die Vertragsstaateneigenschaft aufgehoben wird (so MüKoHGB/Mankowski Rn. 46; Staudinger/Magnus, 2018, Rn. 89; iErg auch Honnold Rn. 46.1; aA Schlechtriem/Schwenzer/Schroeter/Ferrari Rn. 67). Zumindest kann die Anwendbarkeit des CISG zwischen Vertragsstaaten durch einen Vorbehalt nach Art. 94 ausgeschlossen werden.

16 **dd) Anwendbarkeit auf Grund von kollisionsrechtlicher Verweisung auf das Recht eines Vertragsstaates (Abs. 1 lit. b).** Scheidet eine Anwendung des CISG nach Abs. 1 lit. a aus, da **nicht** beide Parteien ihre Niederlassung **in Vertragsstaaten** haben, kann es gem. Abs. 1 lit. b dennoch zu einer Anwendung des CISG kommen, wenn die Vorschriften des **internationalen Privatrechts** zur Anwendung des Rechts eines Vertragsstaates führen (vgl. dazu Tribunale di Pavia EuLF 2000/01, 244 = CISG-online 678; LG Saarbrücken IHR 2003, 70 f. = CISG-online 718). Voraussetzung ist auch für diese Alternative, dass die Parteien ihre Niederlassungen in verschiedenen Staaten haben. Weiterhin darf keiner dieser Staaten einen Vorbehalt gem. Art. 95 ausgesprochen haben. Auch dürfen die Parteien die Geltung des CISG nicht ausdrücklich ausgeschlossen haben (Art. 6). Im Gegensatz zu lit. a wird das CISG in lit. b jedoch nicht unmittelbar (autonom)

herangezogen, sondern das Gericht gelangt dazu über die vorherige Anwendung der Regeln des IPR, die zum Vertragsstaatenrecht führen müssen, sog. **Vorschaltlösung** (Schlechtriem/Schwenzer/Schroeter/Ferrari Rn. 71; Karollus UN-KaufR S. 30; MüKoHGB/Mankowski Rn. 3; Reinhart UN-KaufR Rn. 6). Abs. 1 lit. b richtet sich zwar nur an die Gerichte der Vertragsstaaten und ist daher nur von diesen zwingend zu beachten (Staudinger/Magnus, 2018, Rn. 95; Schlechtriem/Schwenzer/Schroeter/Ferrari Rn. 69); häufig wenden aber auch Gerichte in Nichtvertragsstaaten das CISG bei Verweis des IPR auf das Recht eines Vertragsstaates an (UNCITRAL Digest Anm. 24). Bedeutung kann Abs. 1 lit. b iÜ auch für die Geltung des zweiten Teils des CISG in den Fällen erlangen, in denen ein Staat einen Vorbehalt nach Art. 92 gegen die Verbindlichkeit von Teil II des CISG erklärt hat (Honsell/Siehr Rn. 23 f.; Fogt IPRax 2003, 364 (366); Fogt IPRax 2001, 358 (360); Fogt EuLF 2003, 61 (63); MüKoHGB/Mankowski Rn. 48; UNCITRAL Digest Anm. 19; zur Vorbehaltsrücknahme Magnus ZEuP 2015, 159 (162 f.)).

**(1) Verweis auf Vertragsstaat ohne Vorbehalt.** Unter die IPR-Regeln fallen alle kollisionsrechtlichen Normen des jeweiligen Forumstaates, vor dessen Gerichten der betreffende Fall zu entscheiden ist (in Deutschland Art. 3, 4 Rom I-VO). Unerheblich ist, ob der Forumstaat Vertragsstaat ist oder nicht, → Rn. 16 (vgl. Schlechtriem/Schwenzer/Schroeter/Ferrari Rn. 69). Ein deutsches Gericht wird dementsprechend Art. 3, 4 Rom I-VO anwenden und idR nach Art. 4 Rom I-VO das Recht der Niederlassung des Verkäufers für maßgeblich erachten. **17**

In diesem Zusammenhang ist jedoch der kollisionsrechtliche **Grundsatz der Parteiautonomie,** der in nahezu allen Rechtsordnungen anerkannt ist, zu beachten. Danach können die Parteien eine von der objektiven Anknüpfung abweichende Vereinbarung treffen. Verweist das IPR des Forumstaates auf das Recht eines Nichtvertragsstaates (ein praktisch relevantes Beispiel hierfür ist Großbritannien), kommt das CISG nicht zur Anwendung, es sei denn, die Parteien haben seine Anwendung ausdrücklich vereinbart. Bei Vorliegen einer wirksamen Parteivereinbarung zur Anwendung des CISG geht diese der objektiven Anknüpfung, nach der das CISG nicht berufen wäre, mit der Folge vor, dass das CISG dennoch anzuwenden ist (Schlechtriem/Schwenzer/Schroeter/Ferrari Rn. 72; Staudinger/Magnus, 2018, Rn. 101; Czerwenka, Rechtsanwendungsprobleme im internationalen Kaufrecht, 1988, 160 f.). Umgekehrt können die Parteien die Geltung des CISG auf Grund von Art. 6 auch ausschließen. Dies gilt selbst dann, wenn bei objektiver Anknüpfung das Recht eines Vertragsstaates und damit unmittelbar das CISG berufen wäre. **18**

**(2) Verweis auf Vorbehaltsstaat.** Weiterhin ist der Vorbehalt gem. **Art. 95** zu beachten. Danach kann ein Vertragsstaat die Geltung des Art. 1 Abs. 1 lit. b für sich ausschließen. Zu den Vertragsstaaten, die den Vorbehalt gem. Art. 95 erklärt haben, → Rn. 21; → Art. 95 Rn. 1. Damit ist der Vorbehaltsstaat zu einer Anwendung des CISG auf Grund kollisionsrechtlicher Verweisung nicht verpflichtet (Piltz IntKaufR Rn. 2-104). Das CISG bleibt daher unberücksichtigt, wenn aus der Sicht des Vorbehaltsstaates auf Grund des IPR das eigene Recht (Karollus UN-KaufR S. 32; MüKoHGB/Mankowski Rn. 54; Schlechtriem/Schroeter IntUN-KaufR Rn. 34 ff.; Schlechtriem/Schwenzer/Schroeter/Ferrari Rn. 80) oder das Recht eines anderen Vertragsstaates (Staudinger/Magnus, 2018, Rn. 108; aA Karollus UN-KaufR S. 32 mwN; Schlechtriem/Schwenzer/Schroeter/Ferrari Rn. 80: Anwendbarkeit des CISG im Vorbehaltsstaat bei kollisionsrechtlichem Verweis auf einen anderen Vertragsstaat als Bestandteil dieser Rechtsordnung; MüKoHGB/Mankowski Rn. 55; Honnold Rn. 47.5) anzuwenden ist. Die Gerichte in Vorbehaltsstaaten wenden das CISG also nur im Fall von Abs. 1 lit. a an (US District Court for the Southern District of Florida 22.11.2002 – 01-7541-CIV-Zloch unter II. A.1, CISG-online 783; MüKoBGB/P. Huber Art. 95 Rn. 1; Piltz IntKaufR Rn. 2-104; Staudinger/Magnus, 2018, Rn. 108; so wohl auch UNCITRAL Digest Anm. 23; aA Karollus UN-KaufR S. 32; Schlechtriem/Schwenzer/Schroeter/Ferrari Rn. 80). **19**

In diesem Zusammenhang ist umstritten, ob nur der den Vorbehalt erklärende Forumstaat an diesen gebunden ist oder ob auch andere Vertragsstaaten als Forum, wenn ihr IPR auf das Recht eines Vorbehaltsstaates verweist, diesen Vorbehalt beachten müssen und das CISG auf Grund dessen nicht anwenden dürfen (Eine Übersicht über den Streitstand geben Maultzsch S. 1213 ff.; Schlechtriem/Schwenzer/Schroeter/Ferrari Rn. 77 ff. und Pünder RIW 1990, 869 ff.). Teilweise wird eine **Bindungswirkung des Vorbehalts** für Vertragsstaaten, die diesen nicht selbst erklärt haben, abgelehnt (so iErg auch Honsell/Siehr Rn. 21; Schlechtriem/Schwenzer/Schroeter/Ferrari Rn. 78 f.; Karollus UN-KaufR S. 31, 34; Piltz IntKaufR Rn. 2-104; Czerwenka, Rechtsanwendungsprobleme im internationalen Kaufrecht, 1988, 159; Stoffel SJZ 1990, 173). Dies wird im Wesentlichen mit dem Ziel und der Systematik des CISG sowie der bereits zum EKG herrschenden Praxis begründet, dass ein Vorbehalt nicht im Gegenseitigkeitsverhältnis zur Unanwendbarkeit des Übereinkommens führt, sondern dass ein Vertragsstaat ohne erklärten Vorbehalt vielmehr vollstän- **20** dig seine eingegangenen Verpflichtungen erfüllen muss (Czerwenka, Rechtsanwendungsprobleme im internationalen Kaufrecht, 1988, 159). Überwiegend wird heute jedoch angenommen, dass ein Vorbehalt gem. Art. 95 **auch von Gerichten in Vertragsstaaten beachtet** werden muss, **die den Vorbehalt selbst nicht erklärt haben,** wenn nach ihrem IPR das Recht eines Vorbehaltsstaates berufen ist (Staudinger/Magnus, 2018, Rn. 110; MüKoBGB/H.P. Westermann, 6. Aufl. 2012, Rn. 15; Schlechtriem/Schroeter IntUN-KaufR Rn. 43 f.; Vékás IPRax 1987, 342 (345 f.); Honnold Rn. 47.6). Dieser Lösungsansatz erscheint iErg vorzugswürdig, denn nur so können „hinkende Entscheidungen" – Forum wendet CISG an, obwohl Gerichte der berufenen Rechtsordnung dies nicht tun würden – vermieden (Staudinger/Magnus, 2018, Rn. 110; aA Schlechtriem/Schwenzer/Schroeter/Schlechtriem CISG VertragsG Art. 2 Rn. 3) und somit ein internationaler Entscheidungseinklang gewährleistet werden (MüKoBGB/H.P. Westermann, 6. Aufl. 2012, Rn. 19; Honnold Rn. 47.6; Vékás IPRax 1987, 342n (345 f.)). Im Übrigen entspricht dieses Ergebnis dem Schutzzweck des Vorbehalts, die Parteien im Vorbehaltsstaat nach nationalem unvereinheitlichtem Recht zu behandeln (Honnold Rn. 47.6).

21 Von dem Vorbehalt des Art. 95 haben Armenien, China, Sankt Vincent und die Grenadinen, Singapur, die Slowakei, die Tschechische Republik und die USA Gebrauch gemacht. Deutschland hat in Art. 2 CISG-Vertragsgesetz, welches die Grundlage für die Umsetzung des CISG in deutsches nationales Recht bildet, den Vorbehalt des Ausschlusses der Anwendung nach Art. 1 Abs. 1 lit. b für den Fall gemacht, dass die Regeln des IPR zur Anwendung des Rechts eines Vertragsstaates führen, der einen Vorbehalt nach Art. 95 erklärt hat. Auf diese Weise erhält man immer ein eindeutiges und für deutsche Gerichte bindendes Ergebnis (Herber/Czerwenka Rn. 19; Schlechtriem/Schwenzer/Schroeter/Ferrari Rn. 79; Pünder RIW 1990, 869 (872)). Denn bei einer Verweisung des deutschen IPR auf das Recht eines Vorbehaltsstaates findet nicht das CISG, sondern das unvereinheitlichte Recht dieses Vorbehaltsstaates Anwendung. Ansonsten findet Art. 1 Abs. 1 lit. b in Deutschland Anwendung.

22 **ee) Anwendungsausschluss bei Nichterkennbarkeit des internationalen Elements der ausländischen Niederlassung (Abs. 2).** Durch Abs. 1 werden die Anknüpfungsmerkmale objektiv weit gefasst. Deshalb wird in Abs. 2 (subjektiv) zwecks Vertrauensschutzes (Witz/Salger/Lorenz/Lorenz Rn. 14; MüKoHGB/Mankowski Rn. 37; Brunner/Manner/Schmitt Rn. 6) eine Einschränkung vorgenommen, wenn der Kaufvertrag äußerlich als reines Inlandsgeschäft erscheint. In diesem Fall ist das anwendbare Recht nach dem IPR des Forumstaates zu ermitteln (zur Anwendbarkeit von Abs. 1 lit. b in diesem Fall MüKoHGB/Mankowski Rn. 43).

23 Nach Abs. 2 muss für beide Parteien **erkennbar** sein, dass sich die Niederlassung einer Partei im Ausland befindet, ansonsten wird der Auslandsbezug nicht berücksichtigt. Die Nichterkennbarkeit der fremden Niederlassung ist anhand **objektiver Kriterien** zu ermitteln (Staudinger/Magnus, 2018, Rn. 74). Demzufolge ist positive Kenntnis nicht unbedingt erforderlich, es reicht objektive Erkennbarkeit. Ebenso wenig ist es erforderlich, dass die erkennbaren Niederlassungsstaaten auch Vertragsstaaten des CISG sind und dass gerade die Anwendbarkeit des CISG den Parteien bewusst oder erkennbar war (Honsell/Siehr Rn. 29). Geschützt wird die Vorstellung, es läge ein Inlandsfall vor, nicht die Erwartung der Anwendbarkeit eines bestimmten nationalen Rechts (MüKoHGB/Mankowski Rn. 39; Karollus UN-KaufR S. 29; UNCITRAL Digest Anm. 16).

24 Abs. 2 beinhaltet eine Aufzählung von Umständen, aus denen die **Internationalität** des Kaufvertrages geschlossen werden muss, nämlich der Vertrag selbst, Verhandlungen der Parteien vor Vertragsschluss (etwa Mitteilung eines ausländischen Firmensitzes, Lieferung ins Ausland/aus dem Ausland, Verwendung einer fremden Sprache), sonstige Auskünfte einer Partei, die sowohl ausdrücklich als auch konkludent auf die ausländische Niederlassung hinweisen können (wie zB Werbeanzeigen), sowie frühere Geschäftsbeziehungen (Staudinger/Magnus, 2018, Rn. 76 ff.). Streitig ist, ob diese Aufzählung der möglichen Anhaltspunkte für Niederlassungen in verschiedenen Staaten abschließend ist (so Herber/Czerwenka Rn. 20; Karollus UN-KaufR S. 29; aA MüKoHGB/Mankowski Rn. 39. Zwischen positiver Kenntnis und bloßer Erkennbarkeit auf Grund nicht genannter Umstände diff. Staudinger/Magnus, 2018, Rn. 76. Vgl. auch Soergel/Kreße Rn. 7).

25 Praktische Relevanz dürfte die Vorschrift vorwiegend bei Kommissionsgeschäften in einer Common Law Rechtsordnung haben (vgl. auch Brunner, 1. Aufl. 2004, Rn. 5: „praktisch unbedeutend"). Hier kann (im Gegensatz zum deutschen Stellvertretungsrecht) ein verdeckter Hintermann mit ausländischer Niederlassung Vertragspartner werden, was der anderen Partei nicht unbedingt erkennbar ist (→ Rn. 13). Zudem kann die Vorschrift auch bei im Wege elektronischer Kommunikationsmittel geschlossenen Verträgen Bedeutung erlangen. Dies gilt etwa auch für Onlineauktionen, bei denen Auslandsberührung für die Parteien nicht erkennbar ist (OLG Bran-

denburg IHR 2017, 19 (20)). Unklarheiten lassen sich jedoch durch die eindeutige Bestimmung der Niederlassung vermeiden (ausf. Ferrari EuLF 2000/01, 301 ff.).

**ff) Unbeachtlichkeit von Staatsangehörigkeit, Kaufmanneigenschaft und interner rechtlicher Qualifizierung des Warenkaufvertrages in den Vertragsstaaten (Abs. 3).** Für die Frage nach der Anwendbarkeit des CISG sind gem. Abs. 3 weder die **Staatsangehörigkeit** der Parteien noch ihre **Kaufmannseigenschaft** beachtlich. Ob die Parteien Kaufleute sind und welches Recht darüber zu entscheiden hat, braucht deshalb nicht festgestellt zu werden. Dasselbe gilt für die rechtliche Einordnung des Vertrages als **Handelskauf** oder allgemeiner bürgerlich-rechtlicher Kauf (Brunner/Manner/Schmitt Rn. 12, die gleichwohl darauf hinweisen, dass das CISG für den internationalen Handel geschaffen wurde). Das CISG erfasst somit grds. auch Kaufverträge von Nichtkaufleuten, zB Privaten – vorbehaltlich des Ausschlusses des sog Verbraucherkaufs nach Art. 2 lit. a (→ Art. 2 Rn. 2 ff.) – und Freiberuflern. 26

## III. Beweislastregeln

Die Tatsache, dass die Parteien ihre Niederlassung in verschiedenen Staaten haben, hat bei Streit über die Anwendung des CISG die Partei zu beweisen, welche dies behauptet (Müller in Baumgärtel/Laumen/Prütting Beweislast-HdB II UNKR Rn. 2; Schlechtriem/Schwenzer/Schroeter/Ferrari Rn. 42; aA wohl Staudinger/Magnus, 2018, Rn. 128, nach dem die Anwendungsvoraussetzungen des Art. 1 von Amts wegen zu prüfen sind). Beruft sich eine Partei auf die Nichterkennbarkeit der ausländischen Niederlassung des Vertragspartners (Abs. 2), trägt sie hierfür nach dem Regel-Ausnahme-Verhältnis die Beweislast (UNCITRAL Digest Anm. 16; Tribunale di Vigevano IHR 2001, 72 (77) = CISG-online 493; Schlechtriem/Schwenzer/Schroeter/Ferrari Rn. 48; Staudinger/Magnus, 2018, Rn. 128, 82; Witz/Salger/Lorenz/Lorenz Rn. 15; auch Rn. 22). 27

## Art. 2 (Anwendungsausschlüsse)

**Dieses Übereinkommen findet keine Anwendung auf den Kauf**

**a) von Ware für den persönlichen Gebrauch oder den Gebrauch in der Familie oder im Haushalt, es sei denn, daß der Verkäufer vor oder bei Vertragsabschluß weder wußte noch wissen mußte, daß die Ware für einen solchen Gebrauch gekauft wurde,**

**b) bei Versteigerungen,**

**c) aufgrund von Zwangsvollstreckungs- oder anderen gerichtlichen Maßnahmen,**

**d) von Wertpapieren oder Zahlungsmitteln,**

**e) von Seeschiffen, Binnenschiffen, Luftkissenfahrzeugen oder Luftfahrzeugen,**

**f) von elektrischer Energie.**

**Schrifttum:** Brauner, Die Anwendungsbereiche von CISG und PR CESL im Vergleich, 2019; Hoyer, Der Anwendungsbereich des Einheitlichen Wiener Kaufrechts, in Hoyer/Posch (Hrsg.), Das Einheitliche Wiener Kaufrecht, 1992, 31; Janssen, Kollision des einheitlichen UN-Kaufrechts mit dem Verbraucherschutzrecht am Beispiel der Richtlinie über den Verbrauchsgüterkauf und -garantien, VuR 1999, 324; Schlechtriem, Anwendungsvoraussetzungen und Anwendungsbereich des UN-Übereinkommens über Verträge über den internationalen Warenkauf (CISG), AJP 1992, 339; Schroeter, Die Anwendbarkeit des UN-Kaufrechts auf grenzüberschreitende Versteigerungen und Internet-Auktionen, ZEuP 2004, 20; Volken, Das Wiener Übereinkommen über den internationalen Warenkauf; Anwendungsvoraussetzungen und Anwendungsbereich, in Schlechtriem (Hrsg.), Einheitliches Kaufrecht und nationales Obligationenrecht, 1987, 81.

## Überblick

Art. 2 schränkt den sachlichen Anwendungsbereich des Übereinkommens durch eine abschließende Aufzählung bestimmter Arten von Kaufverträgen ein, auf die es nicht anzuwenden ist (→ Rn. 1). Insbesondere bei Verbraucherverträgen scheidet die Anwendung aus (→ Rn. 2 ff.).

## I. Normzweck

Die Vorschrift schränkt den sachlichen Anwendungsbereich des Übereinkommens ein, indem einzelne Arten von Kaufverträgen ausdrücklich aus dem Anwendungsbereich ausgenommen werden. Es handelt sich um eine **Ausnahmevorschrift,** die dem Grundgedanken der Rechtsvereinheitlichung folgend abschließend und nicht analogiefähig ist (BG IHR 2019, 236 (238); Staudin- 1 ger/Magnus, 2018, Rn. 7; Schroeter IHR 2019, 231 (232)). Während in lit. a der Ausschluss an den **Verwendungszweck** der Ware (Verbrauchergeschäfte) angeknüpft wird, stellen lit. b und lit. c auf eine bestimmte Art des **Zustandekommens** des Kaufvertrages (Versteigerung, Zwangsvollstreckung oder andere gerichtliche Maßnahme) ab. In lit. d, lit. e und lit. f. ist der Ausschluss von der **Art des Kaufgegenstandes** (Wertpapiere, Zahlungsmittel, Schiffe, Flugzeuge und elektrische Energie) abhängig.

## II. Einzelerläuterungen: Ausgenommene Verträge

2 **1. Konsumentenkauf (lit. a).** Durch lit. a werden Verbraucherverträge bzw. Konsumentenkäufe aus dem Anwendungsbereich des Übereinkommens herausgenommen. Denn die nationalen Verbraucherschutzvorschriften sollen in ihrer Wirksamkeit nicht eingeschränkt werden. Demzufolge wird die Ausnahme auch mit dem Erfordernis einer höheren Schutzbedürftigkeit der nicht dem Handelsrecht unterliegenden Partei begründet (MüKoBGB/H. P. Westermann, 6. Aufl. 2012, Art. 1 Rn. 22). Aufgrund dieser Ausnahme findet das Übereinkommen trotz der Unerheblichkeit der Kaufmannseigenschaft im CISG nach Art. 1 Abs. 3 vor allem auf Handelskäufe Anwendung.

3 Entscheidend ist, ob solche Ware den Vertragsgegenstand bildet, die im Zeitpunkt des Vertragsschlusses **ausschließlich** (Schlechtriem/Schwenzer/Schroeter/Ferrari Rn. 12; Staudinger/Magnus, 2018, Rn. 17; Honsell/Siehr Rn. 13. Nach MüKoBGB/H. P. Westermann, 6. Aufl. 2012, Rn. 4 soll der Kauf eines Pkw oder Telekommunikationsgerätes daher häufig zur Geltung des CISG führen) für den persönlichen Gebrauch oder den Gebrauch in Haushalt und Familie des Käufers vorgesehen ist. Insbesondere wenn der Käufer Händler ist, greift also die Ausnahme auch beim Kauf von Konsumgütern, Sammelobjekten etc nicht (Schlechtriem/Schwenzer/Schroeter/Ferrari Rn. 11; Staudinger/Magnus, 2018, Rn. 18 f.). Eine spätere Änderung der Verwendungsabsicht oder andere tatsächliche Verwendung der Ware ist unerheblich (UNCITRAL Digest Anm. 2; Brunner/Meier/Stacher Rn. 10; Herber/Czerwenka Rn. 5; Piltz IntKaufR Rn. 2-65). Mit dem Gebrauch ist auch der Verbrauch gemeint. Ein **privater Verwendungszweck** ist zu bejahen, wenn die Ware zur persönlichen Lebenshaltung bestimmt ist, also den täglichen Bedarf an Kleidung und Lebensmitteln decken soll (s. auch Schlechtriem/Schwenzer/Schroeter/Ferrari Rn. 11; Staudinger/Magnus, 2018, Rn. 14). Aber auch sonstige persönliche Anschaffungen wie Autos, Möbel, Sammelobjekte, Hobby- und Freizeitgegenstände sowie Geschenke zu privaten Zwecken (Staudinger/Magnus, 2018, Rn. 14; Schlechtriem/Schwenzer/Schroeter/Ferrari Rn. 10) fallen darunter (Achilles Rn. 2; Herber/Czerwenka Rn. 4; vgl. auch Staudinger/Magnus, 2018, Rn. 14 mit besonderen Hinweisen für den Kunstkauf in Rn. 19 und hierzu ebenfalls Dechow, Die Anwendbarkeit des UN-Kaufrechts im Internationalen Kunsthandel, 2000). Der Begriff der **Familie** ist weit auszulegen. Auch entferntere Verwandte und nichteheliche Lebenspartner werden davon erfasst (Staudinger/Magnus, 2018, Rn. 16; iErg ebenfalls für eine weite Auslegung Schlechtriem/Schwenzer/Schroeter/Ferrari Rn. 13; Czerwenka, Rechtsanwendungsprobleme im IntKaufR, 152). Im Übrigen kann unter die Ausnahme nur der Kauf durch natürliche, nicht aber durch juristische Personen fallen (MüKoHGB/Mankowski Rn. 3; Staudinger/Magnus, 2018, Rn. 12).

4 Im Gegensatz zum persönlichen Gebrauch ist das CISG anwendbar, wenn die Waren vom Käufer zu **beruflichen Zwecken** gekauft werden. Darunter fallen sowohl der Kauf von Waren zu gewerblichen Zwecken, als auch Anschaffungen, die der Käufer für eine freiberufliche Tätigkeit vornimmt (Herber/Czerwenka Rn. 4; Soergel/Kreße Rn. 2; Rudolph Rn. 2. Vgl. UNCITRAL Digest Anm. 3; vgl. dazu auch die insoweit entspr. Regelung des § 13 BGB und dazu Erman/Saenger BGB § 13 Rn. 15 f.).

5 In lit. a Hs. 2 erfährt der Ausschluss von Verbraucherverträgen eine Einschränkung. Danach muss der Wille des Kaufs zur privaten Nutzung dem Verkäufer **vor oder bei Vertragsschluss bekannt** oder für diesen zumindest **erkennbar** gewesen sein (OLG Hamm IHR 2012, 241 (242); 2010, 59 (61)). Ist dies nicht der Fall, bleibt das CISG auch auf Verbraucherverträge anwendbar. Durch Mitteilung des privaten Kaufzwecks kann der Käufer daher die Anwendung des Übereinkommens ausschließen (Staudinger/Magnus, 2018, Rn. 21). Anhaltspunkte für die Erkennbarkeit bieten die Art der Waren, der Umfang der Bestellung, Umstände wie die Verwendung der Privatadresse, des privaten Briefkopfs und der Vertragsschluss in den Privaträumen eines Geschäftsmanns (Achilles Rn. 3; Staudinger/Magnus, 2018, Rn. 23).

6 Auch wenn den Verkäufer keine Erkundigungspflicht trifft, geht doch **jede fahrlässige Unkenntnis** zu seinen Lasten (Achilles Rn. 3; MüKoHGB/Mankowski Rn. 13 f.; Schlechtriem/Schwenzer/Schroeter/Ferrari Rn. 20; Staudinger/Magnus, 2018, Rn. 25, 22; aA Herber/Czerwenka Rn. 6, die grobe Fahrlässigkeit verlangen). Deswegen sollte der Verkäufer bei Vertragsschluss im Zweifel nach dem Verwendungszweck fragen (Staudinger/Magnus, 2018, Rn. 25; Schlech-

triem/Schwenzer/Schroeter/Ferrari Rn. 20). In den Fällen der Stellvertretung richtet sich die Zurechnung von Wissen oder Wissenmüssen des Vertreters nach dem vom IPR berufenen materiellen Recht (Staudinger/Magnus, 2018, Rn. 27, auch zur Zurechnung von Hilfspersonen, und Art. 4 Rn. 60; dazu auch Schlechtriem/Schwenzer/Schroeter/Ferrari Rn. 21). Bei einer Verwendung zu beruflichen Zwecken (uU entgegen dem Anschein) kommt es auf die Erkennbarkeit nicht an, da objektiv kein Verbraucherkauf vorliegt (Staudinger/Magnus, 2018, Rn. 22 mwN; zust. Schlechtriem/Schwenzer/Schroeter/Ferrari Rn. 17).

Obwohl durch lit. a Überschneidungen mit **nationalen Verbraucherschutzvorschriften** 7 vermieden werden sollen, kann es dennoch zu Konkurrenzen kommen. Die Verbrauchereigenschaft iSd § 13 BGB erfordert nämlich im Gegensatz zum CISG nicht, dass der Verkäufer den Bestimmungszweck kannte oder kennen musste (BGHZ 149, 113 = IHR 2002, 14 (16), CISG-online 617; MüKoHGB/Mankowski Rn. 15; vgl. auch Erman/Saenger BGB § 13 Rn. 13 ff.). In diesen Fällen sind nationale Verbraucherschutzvorschriften nur anwendbar, soweit die Gültigkeit des Vertrages betroffen ist. Denn diese Frage unterliegt nach Art. 4 lit. a nicht dem CISG. Demzufolge sind beispielsweise §§ 308, 309 BGB zu berücksichtigen, ebenso Widerrufsrechte (MüKoHGB/Mankowski Rn. 15; MüKoBGB/H. P. Westermann, 6. Aufl. 2012, Rn. 3; Schlechtriem/Schwenzer/Schroeter/Ferrari Rn. 25). Da das CISG nur die in Art. 2 lit. a genannten Verbraucherkäufe ausschließt, ansonsten aber Geltung beansprucht (Staudinger/Magnus, 2018, Rn. 30), werden iÜ nationale Verbraucherschutzvorschriften vom CISG verdrängt (mit unterschiedlicher Begr. Enderlein/Maskow/Strohbach Anm. 2; Herber/Czerwenka Rn. 8; MüKoHGB/Mankowski Rn. 15: CISG als lex specialis; Schlechtriem/Schwenzer/Schroeter/Ferrari Rn. 25 f.; Staudinger/Magnus, 2018, Rn. 30: Gedanke des Art. 3 Abs. 2 EGBGB als Auslegungshilfe; Herber IHR 2004, 89 (91 ff.): CISG als lex specialis; Piltz IHR 2002, 2 (4); diff. nach den einzelnen Verbraucherschutzvorschriften Schlechtriem/Schroeter IntUN-KaufR Rn. 83, 173 ff. Spohnheimer in Kröll/Mistelis/Perales Viscasillas CISG Rn. 23 nimmt einen Vorrang derjenigen nationalen Vorschriften an, die die Verbrauchsgüterkaufrichtlinie (RL 1999/44/EG) umsetzen. Für die Anwendbarkeit verbraucherrechtlicher Formvorschriften und Rechtsbehelfe, zB Widerrufsrecht, MüKoBGB/H. P. Westermann, 6. Aufl. 2012, Rn. 3, Art. 4 Rn. 4 mit der Begr., dass die Ausnahme in Art. 2 einen Vorbehalt zugunsten der Verbraucherschutzgesetzgebung darstelle). Sie können allerdings Bedeutung in Bezug auf die Zulässigkeit von vertraglich vereinbarten, vom CISG abweichenden Regelungen erlangen (Staudinger/Magnus, 2018, Rn. 31).

**2. Versteigerungen (lit. b).** Das CISG findet auch keine Anwendung, wenn der Vertrags- 8 schluss im Rahmen einer Versteigerung zustande kommt (vgl. BGH NJW-RR 2003, 192 = IHR 2003, 28 = CISG-online 700). Der autonome Begriff der Versteigerung meint den öffentlichen und bekannt gemachten Verkauf durch Zuschlag an den Meistbietenden (Staudinger/Magnus, 2018, Rn. 33; zust. Schlechtriem/Schwenzer/Schroeter/Ferrari Rn. 28; krit. Schroeter ZEuP 2004, 20 (24 ff.): Art. 2 lit. b erfasse nach dem Zweck der Vorschrift nur Versteigerungen, bei denen der Charakter eines Platzgeschäftes erkennbar sei). Darunter werden teilweise auch Online-Auktionen gefasst (OLG Brandenburg IHR 2017, 19 (20); Schweiz. BG IHR 2017, 72 (73); Schmitt CR 2001, 145 (146); Staudinger/Magnus, 2018, Rn. 33 sofern ein Überbieten möglich ist; diff. Schroeter ZEuP 2004, 20 (30 ff.)). Gerichtliche Versteigerungen unterfallen dagegen lit. c (Staudinger/Magnus, 2018, Rn. 33; aA wohl UNCITRAL Digest Anm. 5). Die Ausnahme des Art. 2 lit. b erklärt sich zum einen daraus, dass in diesem Bereich national unterschiedliche Bräuche und Rechtstraditionen gelten (so schon der Sekretariatskommentar O. R. Anm. 5; Staudinger/Magnus, 2018, Rn. 32; krit. Schmitt CR 2001, 145 (146); Schlechtriem/Schwenzer/Schroeter/Ferrari Rn. 30). Der Gedanke der internationalen Rechtsvereinheitlichung erweist sich hier aber auch deshalb nicht als sachgerecht, weil der Verkäufer erst mit dem Zuschlag erfahren würde, wer der Käufer ist und ob der Vertrag dem CISG unterliegt (Achilles Rn. 5; Honnold Rn. 51; Staudinger/Magnus, 2018, Rn. 2, 32). Verkäufe an **Warenbörsen** fallen allerdings **nicht** unter diesen Ausschlusstatbestand und unterliegen deshalb dem CISG (Herber/Czerwenka Rn. 9; Rudolph Rn. 3. Für eine analoge Anwendung von lit. b bei Börsengeschäften wegen vergleichbarer Unsicherheit über die Anwendbarkeit des CISG MüKoHGB/Mankowski Rn. 19). Auch Verkäufe auf Grund von öffentlichen Ausschreibungen sind keine Verkäufe bei einer Versteigerung (Schweizerisches BG IHR 2019, 236 (238); Achilles Rn. 6; Staudinger/Magnus, 2018, Rn. 34; Schroeter IHR 2019, 231 (232)).

**3. Zwangsvollstreckungs- und andere gerichtliche Maßnahmen (lit. c).** Lit. c schließt 9 aus dem Anwendungsbereich solche Käufe aus, die im Rahmen der Zwangsvollstreckung erfolgen. Der Begriff der Zwangsvollstreckungs- und der anderen gerichtlichen Maßnahmen ist autonom zu bestimmen (Honsell/Siehr Rn. 16; Schlechtriem/Schwenzer/Schroeter/Ferrari Rn. 31). Teilweise wird für maßgeblich gehalten, ob die Veräußerung durch eine Amtsperson unabhängig vom Willen des Verkäufers erfolgt (Honsell/Siehr Rn. 16; etwas anders Staudinger/Magnus, 2018, Rn. 36). Zu den erfassten Maßnahmen zählen jedenfalls sowohl die **Einzelvollstreckung** als auch Verwertungsmaßnahmen im **Insolvenzverfahren** (Achilles Rn. 7; Herber/Czerwenka Rn. 10; Rudolph Rn. 4). Darüber hinaus fällt darunter auch der freihändige Verkauf (im deutschen Recht nach §§ 817a Abs. 3, 821, 825 ZPO; s auch Achilles Rn. 7), weil auch dieser auf Grund einer gerichtlichen Maßnahme erfolgt (Herber/Czerwenka Rn. 10). Geschäfte des Insolvenzverwalters in Fortführung des Betriebes sind dagegen nicht vom Anwendungsbereich des CISG ausgeschlossen (Staudinger/Magnus, 2018, Rn. 37; MüKoHGB/Mankowski Rn. 22). Auch der privatrechtliche Pfandverkauf wird nicht von lit. c erfasst (Karollus UN-KaufR S. 27; Schlechtriem/Schwenzer/Schroeter/Ferrari Rn. 33 mwN; nach Staudinger/Magnus, 2018, Rn. 38 fällt jedoch die öffentliche Versteigerung der Pfandsache unter lit. b).

10 **4. Kauf von Wertpapieren und Zahlungsmitteln (lit. d).** Durch den Ausnahmetatbestand lit. d soll aus dem Anwendungsbereich der Kauf von Wertpapieren ausgeschlossen werden, die einen Anspruch verbriefen und selbstständig erworben werden können (Schlechtriem/Schwenzer/Schroeter/Ferrari Rn. 35). Dazu gehören Aktien, Inhaberschuldverschreibungen, Wechsel und Schecks (Achilles Rn. 8; Herber/Czerwenka Rn. 11; Rudolph Rn. 5; Schlechtriem/Schwenzer/Schroeter/Ferrari Rn. 35). **Nicht** unter den Wertpapierbegriff des CISG fallen dagegen Traditionspapiere des Handelsrechts (Konnossement, Ladeschein, Orderlagerschein), bei denen letztlich die Ware und nicht das Papier gehandelt wird (Achilles Rn. 8; Brunner/Meier/Stacher Rn. 13; Herber/Czerwenka Rn. 11; Staudinger/Magnus, 2018, Rn. 41), sowie Namens- und Rektapapiere (Sparbuch, Anweisung, Hypotheken- und Grundschuldbrief) (Achilles Rn. 8; Schlechtriem/Schwenzer/Schroeter/Ferrari Rn. 36; Staudinger/Magnus, 2018, Rn. 42), weil diese nicht gesondert erworben werden können (vgl. § 952 Abs. 2 BGB). Vom Anwendungsbereich ist auch der Kauf von **Zahlungsmitteln** ausgeschlossen, wobei hiervon alle geltenden in- und ausländischen gesetzlichen Münzen und Noten erfasst werden (Herber/Czerwenka Rn. 12). Auf den Kauf historischer Sammlermünzen kann das CISG hingegen Anwendung finden (Rudolph Rn. 5; Schlechtriem/Schwenzer/Schroeter/Ferrari Rn. 37; Staudinger/Magnus, 2018, Rn. 43).

11 **5. Kauf von Seeschiffen, Binnenschiffen, Luftkissenfahrzeugen und Luftfahrzeugen (lit. e).** Lit. e schließt den Kauf von Schiffen und Flugzeugen aus dem Anwendungsbereich des CISG aus. Grund dafür sind vor allem die besonderen nationalen Registrierungspflichten (Rudolph Rn. 6; Staudinger/Magnus, 2018, Rn. 44; Sekretariatskommentar O.R. Anm. 9). Der Ausschluss umfasst alle Arten von See- und Binnenschiffen sowie Luftkissenfahrzeuge unabhängig von ihrer Größe. Es ist jedoch erforderlich, dass die Schiffe zur dauernden Fortbewegung bestimmt sind (Schlechtriem/Schwenzer/Schroeter/Ferrari Rn. 39; Staudinger/Magnus, 2018, Rn. 47). Dies trifft für Hotelschiffe, Bohrinseln und Schwimmdocks nicht zu (Achilles Rn. 10; Rudolph Rn. 6; Schlechtriem/Schwenzer/Schroeter/Ferrari Rn. 39). Außerdem ist diese Ausnahmevorschrift dahin einzugrenzen, dass Wasserfahrzeuge, die von ihrer Funktion her nur als Sportgeräte dienen, nach Sinn und Zweck des Übereinkommens ebenfalls nicht vom Ausschluss umfasst werden (Schlechtriem/Schwenzer/Schroeter/Ferrari Rn. 41; iErg so wohl auch Honnold Rn. 54; anders MüKoHGB/Mankowski Rn. 28: Abgrenzung danach, ob nationale Sonderregeln in Frage kommen). Das CISG bleibt also zB hinsichtlich Schlauch- und Ruderbooten anwendbar (Schlechtriem/Schwenzer/Schroeter/Ferrari Rn. 41; zum selben Ergebnis, wenn auch mit etwas anderer Begr., gelangen auch Herber/Czerwenka Rn. 13; Staudinger/Magnus, 2018, Rn. 46; Czerwenka Rechtsanwendungsprobleme im IntKaufR S. 154). Dieselben Grundsätze gelten für Flugzeuge. Auch diese unterstehen dem Übereinkommen nicht, wenn sie zum dauernden Lufttransport bestimmt sind (Schlechtriem/Schwenzer/Schroeter/Ferrari Rn. 42). Dazu zählen aber weder Weltraumgeräte noch Modellflugzeuge (Schlechtriem/Schwenzer/Schroeter/Ferrari Rn. 42; Staudinger/Magnus, 2018, Rn. 48). Da auch diese Ausnahmevorschrift eng auszulegen ist, können von lit. e nur **komplette** Wasser- und Luftfahrzeuge, nicht jedoch der Verkauf ihrer Einzelteile erfasst werden (UNCITRAL Digest Anm. 8; Schlechtriem/Schwenzer/Schroeter/Ferrari Rn. 45).

12 **6. Kauf von elektrischer Energie (lit. f).** Der Ausschluss elektrischer Energie aus dem Anwendungsbereich des CISG beruht darauf, dass Stromlieferungsverträge Besonderheiten mit sich bringen (Achilles Rn. 12; Staudinger/Magnus, 2018, Rn. 50), für die im nationalen wie im internationalen Handel Sonderregeln bestehen (Rudolph Rn. 7). Dessen ungeachtet ist es aber auch zweifelhaft, ob elektrische Energie überhaupt unter den Warenbegriff des CISG subsumiert werden kann (Dies abl. Schlechtriem/Schwenzer/Schroeter/Ferrari Rn. 46). Allerdings darf die

Ausschlussvorschrift **nicht** durch Analogie auf andere Energieträgerverträge – wie Erdöl und Gas – **ausgeweitet** werden (Honsell/Siehr Rn. 20; Schlechtriem/Schwenzer/Schroeter/Ferrari Rn. 46; Soergel/Kreße Rn. 10; Staudinger/Magnus, 2018, Rn. 50; Rudolph Rn. 7; krit. zur Begrenzung der Ausnahme MüKoBGB/H. P. Westermann, 6. Aufl. 2012, Rn. 9), auch wenn für Kaufverträge über diese Energieträger ebenfalls Sonderregelungen bestehen können.

## III. Beweislastregeln

Die Anwendungsausschlüsse des Art. 2 sind grds. von der Partei zu beweisen, welche die Anwendbarkeit des CISG bestreitet (Achilles Rn. 13; Müller in Baumgärtel/Laumen/Prütting Beweislast-HdB II UNKR Rn. 1; MüKoHGB/Mankowski Rn. 41). Danach trägt im Rahmen von lit. a die Partei, welche die Anwendbarkeit des CISG bestreitet, die Beweislast für das Vorliegen eines Konsumentenkaufs. Die Beweislast für die Unkenntnis bzw. Nichterkennbarkeit der persönlichen Zweckbestimmung trägt auf Grund der die Beweislast umkehrenden Formulierung „es sei denn" dagegen die Partei, die die Anwendbarkeit des CISG geltend macht (ebenso Müller in Baumgärtel/Laumen/Prütting Beweislast-HdB II UNKR Rn. 5; MüKoHGB/Mankowski Rn. 42. Achilles Rn. 13 nennt nur den Fall, dass der Verkäufer sich auf die Nichterkennbarkeit der persönlichen Zweckbestimmung beruft; insoweit soll der Verkäufer die Beweislast tragen. Vgl. auch MüKoBGB/H. P. Westermann, 6. Aufl. 2012, Rn. 6; Staudinger/Magnus, 2018, Rn. 28). Teilweise wird zu lit. a aber auch die Meinung vertreten, der Käufer habe die Absicht privater Nutzung der Ware nachzuweisen, der Verkäufer dagegen die fehlende Kenntnis bzw. die mangelnde Erkennbarkeit des privaten Verwendungszwecks (Karollus UN-KaufR S. 26; vgl. die Nachweise bei Staudinger/Magnus, 2018, Rn. 28, der selbst eine modifizierte Auffassung vertritt; einschr. auch Schlechtriem/Schwenzer/Schroeter/Ferrari Rn. 22 f.; ferner Schlechtriem/Schroeter IntUN-KaufR Rn. 83). In dem wohl als Normalfall anzusehenden Fall, dass sich der Käufer auf einen Konsumentenkauf und die Unanwendbarkeit des CISG beruft, der Verkäufer hingegen auf die Anwendbarkeit, kommen die Ansichten zum selben Ergebnis. 13

## Art. 3 (Verträge über herzustellende Waren oder Dienstleistungen)

**(1) Den Kaufverträgen stehen Verträge über die Lieferung herzustellender oder zu erzeugender Ware gleich, es sei denn, daß der Besteller einen wesentlichen Teil der für die Herstellung oder Erzeugung notwendigen Stoffe selbst zur Verfügung zu stellen hat.**

**(2) Dieses Übereinkommen ist auf Verträge nicht anzuwenden, bei denen der überwiegende Teil der Pflichten der Partei, welche die Ware liefert, in der Ausführung von Arbeiten oder anderen Dienstleistungen besteht.**

**Schrifttum:** Fogt, Einheitlicher Vertrag oder Aufspaltung gemäß Art. 3 Abs. 2 CISG bei einem Mietkauf (zum dänischen Østre Landsret, 4.12.2000), IPRax 2003, 364; Gauch, Werkvertrag und „Wiener Kaufrecht" (WKR), Droit de la construction 1993, 23; Herber, Anwendungsvoraussetzungen und Anwendungsbereich des Einheitlichen Kaufrechts, in Schlechtriem (Hrsg.), Einheitliches Kaufrecht und nationales Obligationenrecht, 1987, 97; Hoyer, Der Anwendungsbereich des Einheitlichen Wiener Kaufrechts, in Hoyer/Posch (Hrsg.), Das Einheitliche Wiener Kaufrecht, 1992, 31; Lejeune, Anwendungsbereich des UN-Kaufrechts bei internationalen IT-Verträgen, ITRB 2011, 20; Schäfer, Zur Anwendbarkeit des UN-Kaufrechts auf Werklieferungsverträge, IHR 2003, 118; Schlechtriem, Anwendungsvoraussetzungen und Anwendungsbereich des UN-Übereinkommens über Verträge über den internationalen Warenkauf (CISG), AJP 1992, 339; Volken, Das Wiener Übereinkommen über den internationalen Warenkauf, Anwendungsvoraussetzungen und Anwendungsbereich, in Schlechtriem (Hrsg.), Einheitliches Kaufrecht und nationales Obligationenrecht, 1987, 81.

### Überblick

Art. 3 erweitert den sachlichen Anwendungsbereich des Übereinkommens auf gemischte Verträge mit Elementen anderer Vertragstypen wie grundsätzlich auf Werklieferungsverträge (→ Rn. 2 ff.). Aus dem Anwendungsbereich nimmt die Vorschrift hingegen solche Verträge heraus, bei denen die kaufrechtlichen Pflichten nicht überwiegen, wie etwa Arbeits- und Dienstverträge (→ Rn. 6 ff.).

## I. Normzweck

Ebenso wie die vorangegangene Norm dient auch Art. 3 der weiteren Konkretisierung des sachlichen Anwendungsbereiches. Hierdurch wird der **Geltungsbereich** des Übereinkommens 1 dahingehend **erweitert,** dass über den reinen Kaufvertrag hinaus auch gemischte Verträge mit Elementen anderer Vertragstypen in den Anwendungsbereich des CISG aufgenommen werden. Ausdrücklich werden in Abs. 1 **Werklieferungsverträge** grds. einbezogen. Hingegen werden **gemischte Verträge,** bei denen die arbeits- und dienstvertraglichen Verpflichtungen überwiegen, nach Abs. 2 aus dem Anwendungsbereich des CISG ausgenommen. Für das Verhältnis der beiden Absätze zueinander gilt, dass Werklieferungsverträge ausschließlich unter Abs. 1 fallen. Auf die für die Herstellung erforderlichen Arbeiten und anderen Dienstleistungen ist Abs. 2 also nicht anzuwenden (Brunner/Feit Rn. 6; Schlechtriem/Schroeter IntUN-KaufR Rn. 71; Schäfer IHR 2003, 118 (120 f.) mwN; str.). Sowohl bei Werklieferungsverträgen als auch bei gemischten Verträgen muss zunächst festgestellt werden, ob ein **einheitlicher Vertrag** oder mehrere selbstständige Verträge vorliegen. Dies ist entgegen anderer Auffassung (Honnold Rn. 60.2; Fogt IPRax 2003, 364 (368) mit dem Argument, dass das CISG weder ausdrückliche noch allgemeine Grundsätze über die Teilbarkeit gemischter Verträge enthält) nicht nach nationalem Recht, sondern vielmehr autonom iSd Art. 7 zu beurteilen (Herber/Czerwenka Rn. 4; Schlechtriem/Schwenzer/Schroeter/Ferrari Rn. 12; Czerwenka Rechtsanwendungsprobleme im IntKaufR S. 146). Dabei ist aber stets auch der Wille der Parteien zu beachten (OLG Dresden IHR 2008, 162 (165) = CISG-online Nr. 1720; Schlechtriem/Schwenzer/Schroeter/Ferrari Rn. 12; Staudinger/Magnus, 2018, Rn. 10; Fogt IPRax 2003, 364 (367)). Ausdrückliche Parteivereinbarungen haben gem. Art. 6 Vorrang vor Art. 3. Eine vertragliche Regelung der Frage, ob das CISG für den gesamten Vertrag oder nur für den kaufrechtlichen Vertragsteil gelten soll, ist angesichts des Beurteilungsspielraums bei der Anwendung des Art. 3 sogar zu empfehlen (Staudinger/Magnus, 2018, Rn. 12 mwN; MüKoBGB/H. P. Westermann, 6. Aufl. 2012, Rn. 1).

## II. Einzelerläuterungen

2 **1. Werklieferungsverträge (Abs. 1).** Durch Abs. 1 werden Verträge über die Lieferung noch **herzustellender** oder noch **zu erzeugender Waren** grds. in den Anwendungsbereich des CISG einbezogen (OLG Saarbrücken IHR 2001, 64 = CISG-online 610; OLG Oldenburg IHR 2008, 113 (117) = CISG-online Nr. 1644). Erfasst werden sowohl die Herstellung industrieller Produkte als auch die Erzeugung von Rohstoffen und landwirtschaftlichen Produkten. Das CISG differenziert nicht danach, ob die Ware vertretbar ist oder nicht (CISG-AC Opinion no 4 vom 24.10.2004, Opinion on Art. 3 (1) Anm. 6, IHR 2005, 124). Damit entspricht Art. 3 Abs. 1 dem Grundsatz des § 650 S. 1 BGB. Unterschiede ergeben sich aber insoweit, als die Sonderregel des § 650 S. 3 BGB bei nicht vertretbaren Sachen bestimmte werkvertragliche Bestimmungen neben den kaufrechtlichen für anwendbar erklärt (HK-BGB/Scheuch § 650 Rn. 4; MüKoBGB/Busche § 650 Rn. 6). Entsprechende Regelungen (zB über Kündigungsmöglichkeiten) fehlen im CISG, weshalb eine Lückenfüllung erforderlich wird (Schlechtriem/Schroeter IntUN-KaufR Rn. 67).

3 Der zunächst recht weite Anwendungsbereich wird in Abs. 1 Hs. 2 **eingeschränkt.** Danach findet das CISG keine Anwendung, wenn der Besteller einen wesentlichen Teil der für die Herstellung oder Erzeugung notwendigen Stoffe selbst zur Verfügung zu stellen hat. Dabei legt der Wortlaut („zur Verfügung zu stellen hat“) nahe, dass eine vertragliche Verpflichtung des Käufers zu diesem Eigenanteil bestehen muss (so Staudinger/Magnus, 2018, Rn. 17). Die Bestimmung des **wesentlichen Teils** wird durch Ermittlung der Wertverhältnisse der Materialien vorgenommen, die vom Käufer einerseits und vom Hersteller andererseits beizusteuern sind (Achilles Rn. 5; Brunner/Feit Rn. 3; MüKoBGB/P. Huber Rn. 7; Rudolph Rn. 3; Staudinger/Magnus, 2018, Rn. 14; s. auch CISG-AC Opinion no 4 vom 24.10.2004, Opinion on Art. 3 (1) Anm. 2, IHR 2005, 124). Verpackungs- und Transportmaterial bleiben dabei außer Betracht (Achilles Rn. 2; Staudinger/Magnus, 2018, Rn. 20). Verschiedentlich wird daneben auch auf die Funktion der zur Verfügung zu stellenden Stoffe für die Ware (OLG München IHR 2001, 25 Ls. 1, 26 = CISG-online Nr. 585; MüKoBGB/H. P. Westermann, 6. Aufl. 2012, Rn. 3), auf ihre Notwendigkeit für die Herstellung (MüKoHGB/Mankowski Rn. 9) oder auf die Natur der Stoffe (Schlechtriem/Schwenzer/Schroeter/Ferrari Rn. 8) abgestellt. Der Wortlaut des Art. 3 Abs. 1, der keine Kriterien für die Wesentlichkeit des Stoffes für die Ware aufstellt (s. auch UNCITRAL Digest Anm. 2), erlaubt eine solche Auslegung zumindest. Weitere Pflichten des Käufers, wie die Einbringung von Know-how oder Planungs- und Arbeitsleistungen, sind nicht hinzuzurechnen (Achilles Rn. 5; Brunner/Feit Rn. 4; Enderlein/Maskow/Strohbach Anm. 3; Schlechtriem/Schwenzer/Schroeter/Ferrari Rn. 10; Staudinger/Magnus, 2018, Rn. 14; insbe. zu Plänen Schlechtriem/Schroeter IntUN-KaufR Rn. 66; s. dazu UNCITRAL Digest Anm. 3). Die gegenteilige Ansicht (für eine Einbeziehung solcher immaterieller Leistungen des Käufers in die Wertberechnung Karollus UN-KaufR S. 23; s. auch Cour d'appel Chambéry 25.5.1993 – 93-648, CISG-online Nr. 223) ver-

kennt, dass bereits nach dem Wortlaut von Abs. 1 nur eingebrachte Materialwerte in die Berechnung einbezogen werden und die Bewertung von Arbeits- und Dienstleistungen dagegen allein im Rahmen des Abs. 2 erfolgen soll (Achilles Rn. 5). Auch andere Beiträge, wie etwa die Verarbeitung, werden neben dem Wert des gestellten Materials nicht berücksichtigt (MüKoHGB/Mankowski Rn. 6; aA Karollus UN-KaufR S. 23). Letztlich lässt sich der Vergleich der reinen Materialwerte in der Praxis auch einfacher handhaben.

Ab welchem Umfang ein wesentlicher Teil vorliegt, ist grds. anhand des Einzelfalls zu beurteilen 4 (s. auch CISG-AC Opinion no. 4 vom 24.10.2004, Opinion on Art. 3 (1) Anm. 3, IHR 2005, 124). Die **Wesentlichkeitsgrenze** dürfte in der Nähe von 50% einzuordnen sein, wobei auch Beträge noch ausreichend sein können, die nicht erheblich unter der Hälfte liegen (Achilles Rn. 4; Enderlein/Maskow/Strohbach Anm. 3; Staudinger/Magnus, 2018, Rn. 16. Demgegenüber lässt Honnold Rn. 59 bereits 15% als „wesentlichen Teil" ausreichen. Nach Honsell/Siehr Rn. 3 f. ist der Teil des Bestellers wesentlich, wenn dieser wertmäßig mehr zu liefern hat als der Unternehmer). Hierfür spricht auch, dass für den „wesentlichen Teil" nach Abs. 1 nach allgemeinem Sprachverständnis ein geringerer Anteil erforderlich ist als für den „überwiegenden Teil" nach Abs. 2 (Honnold Rn. 59; Schlechtriem/Schwenzer/Schroeter/Ferrari Rn. 6). Bei Zulieferungen des Käufers von weniger als 20% liegt ein wesentlicher Teil jedenfalls nicht vor (Schiedsgericht der ungarischen Handelskammer NJW-RR 1996, 1145). Für die Beurteilung ist immer der Zeitpunkt des Vertragsschlusses maßgebend, auch wenn sich die Wertverhältnisse nachträglich ändern (Achilles Rn. 3; MüKoHGB/Mankowski Rn. 10; Staudinger/Magnus, 2018, Rn. 18). In der Regel fallen Lohnveredelungsverträge, Generalüberholungsverträge, Wartungsverträge, Rekonstruktionsverträge und Reparaturverträge daher aus dem Anwendungsbereich heraus (Rudolph Rn. 3; Schlechtriem/Schwenzer/Schroeter/Ferrari Rn. 9; Staudinger/Magnus, 2018, Rn. 15; s. auch OGH Wien ZfRV 1995, 159 zu Reparatur- und Lohnveredelungsverträgen).

Die **Beweislast** für die Überschreitung der Wesentlichkeitsgrenze trägt nach dem Regel-Aus- 5 nahme-Prinzip die Partei, die sich auf die Nichtanwendbarkeit des CISG wegen Einbringung eines wesentlichen Materialteils durch den Käufer beruft (Achilles Rn. 13; Herber/Czerwenka Rn. 7; Schlechtriem/Schwenzer/Schroeter/Ferrari Rn. 11).

**2. Warenkaufverträge mit arbeits- und dienstvertraglichen Verpflichtungen (Abs. 2).** 6 Aufgrund Abs. 2 wird der Anwendungsbereich des CISG auf weitere Arten von gemischten Verträgen, nämlich Warenkaufverträge mit Vertragspflichten des Verkäufers aus dem Bereich der Arbeits- und Dienstverträge, ausgeweitet. Ferner gilt Abs. 2 für Kaufverträge mit anderen Zusatzpflichten, etwa miet- oder gesellschaftsrechtlicher Art, entspr. (Herber/Czerwenka Rn. 6; Schlechtriem/Schwenzer/Schroeter/Ferrari Rn. 19; Staudinger/Magnus, 2018, Art. 3 Rn. 4, 30; Staudinger/Magnus, 2018, Art. 1 Rn. 27). Solche Mischverträge sollen nur dann **nicht** dem CISG unterliegen, wenn die kaufvertragsfremden Pflichten den **überwiegenden Teil** ausmachen. Um dies zu ermitteln, ist wiederum auf das Verhältnis zwischen dem Wert der zu liefernden Waren einerseits und dem Wert der vom Lieferanten vertraglich geschuldeten Arbeiten und Dienste andererseits abzustellen (UNCITRAL Digest Anm. 4; Achilles Rn. 7; Schlechtriem/Schwenzer/Schroeter/Ferrari Rn. 13; Staudinger/Magnus, 2018, Rn. 21; Honnold Rn. 60.1; Karollus UN-KaufR S. 24; s. auch CISG-AC Opinion no. 4 vom 24.10.2004, Opinion on Art. 3 (2) Anm. 9, IHR 2005, 124). Im Gegensatz zu Abs. 1 („wesentlicher Teil") müssen die kauffremden Pflichten in Abs. 2 („überwiegender Teil") jedoch regelmäßig insgesamt mehr als 50% ausmachen (Rudolph Rn. 6; Staudinger/Magnus, 2018, Rn. 22; Schlechtriem/Schwenzer/Schroeter/Ferrari Rn. 15. Nach Staudinger/Magnus, 2018, Rn. 23 sind als kauffremde Pflichten nur die Arbeits- und Dienstleistungen in die Wertberechnung einzubeziehen, nicht dagegen andere Leistungen wie zB Knowhow und Wettbewerbsabreden. Vgl. auch UNCITRAL Digest Anm. 4). Teilweise wird sogar gefordert, dass die Dienstleistungen „ganz erheblich" überwiegen, um Schätzungsunsicherheiten entgegenzuwirken (Kantonsgericht des Kantons Zug 25.2.1999 – A3 1993 153, SZIER 2000, 114 (deutsche Zusammenfassung) = IHR 2001, 45 (englische Zusammenfassung) = CISG-online Nr. 490; Soergel/Kreße Rn. 4; vgl. dazu Schlechtriem/Schwenzer/Schroeter/Ferrari Rn. 15, 6 ff.). Gleichwohl soll neben der rein rechnerischen Bewertung auch das Interesse der Parteien an den einzelnen Leistungspflichten in die Bewertung einfließen. Dies kann in Ausnahmefällen dazu führen, dass die rechnerische 50%-Grenze nicht erreicht zu werden braucht. Der BGH stellt für das Überwiegen kauffremder Pflichten nicht allein darauf ab, ob der Wert von Arbeiten und anderer Dienstleistungen den Wert der Ware übersteigt (BGHZ 217, 103 = IHR 2018, 65 (69) = CISG-online Nr. 2961). Vielmehr ist entscheidend, ob nach dem Vertragsinhalt kauffremde Elemente im Mittelpunkt stehen und die Beschaffung von Material zur Verwirklichung dieses Hauptzwecks nur nebenbei geschuldet ist (BGH ZIP 2018, 130 (133) = IHR 2018, 65 (69) =

CISG-online Nr. 2961; s. auch OLG München IHR 2001, 25 Ls. 2, 26 = CISG-online Nr. 585: „vertragscharakteristische Leistung"; LG Mainz IHR 2001, 203 (204) = CISG-online Nr. 563; Staudinger/Magnus, 2018, Rn. 21 mit Hinweis auf die Entstehungsgeschichte; Rudolph Rn. 6; Czerwenka, Rechtsanwendungsprobleme im IntKaufR, 1988, 144; Karollus UN-KaufR S. 24; Schlechtriem/Schroeter IntUN-KaufR Rn. 70; Schlechtriem/Schwenzer/Schroeter/Ferrari Rn. 14; vgl. überdies UNCITRAL Digest Anm. 5). Jedenfalls führt allein die lange Dauer einer neben der Herstellung einer aufwendigen Anlage geschuldeten Montageleistung nicht schon dazu, dass die Dienstleistungskomponente überwiegt (OLG Jena BeckRS 2015, 125232 Rn. 61). Für die Beurteilung ist der **Zeitpunkt** des Vertragsschlusses maßgeblich. Nachträgliche Änderungen des Wertverhältnisses sind unbeachtlich (Achilles Rn. 12; Staudinger/Magnus, 2018, Rn. 25; Schlechtriem/Schwenzer/Schroeter/Ferrari Rn. 13).

**7** Fällt ein einheitlicher gemischter Vertrag nach dieser Bewertung in den Anwendungsbereich des Übereinkommens, ist das CISG auf den **gesamten Vertrag** einschließlich der kauffremden Pflichten anwendbar (Achilles Rn. 10; Enderlein/Maskow/Strohbach Anm. 7; Schlechtriem/Schwenzer/Schroeter/Ferrari Rn. 16; Staudinger/Magnus, 2018, Rn. 29; Honnold Rn. 60.1). Nur wenn das CISG für diese kauffremden Pflichten auch nach versuchter Anpassung keine sachgerechten Lösungen bereithält, darf auf unvereinheitlichtes nationales Recht zurückgegriffen werden, soweit dadurch kein Widerspruch zum Einheitsrecht entsteht (Enderlein/Maskow/Strohbach Anm. 7; Staudinger/Magnus, 2018, Rn. 29; anders Schlechtriem/Schwenzer/Schroeter/Ferrari Rn. 16: Ferrari will bei spezifisch arbeits- und dienstvertraglichen Fragen ohne den Versuch der Anpassung des CISG direkt auf nationales Recht zurückgreifen). Handelt es sich dagegen um zwei **getrennte Verträge,** findet auf den Kaufvertrag das CISG und auf den Arbeits- oder Dienstleistungsvertrag nationales Recht Anwendung (MüKoHGB/Mankowski Rn. 16; Schlechtriem/Schwenzer/Schroeter/Ferrari Rn. 12 mwN).

**8** In der Regel fallen daher Lieferverträge mit Montage-, Inbetriebnahme-, Wartungs- und Schulungspflichten in den Anwendungsbereich des CISG, da bei diesen Verträgen das kaufvertragliche Element wertmäßig überwiegen wird (Honsell/Siehr Rn. 5; Schlechtriem/Schwenzer/Schroeter/Ferrari Rn. 17; Staudinger/Magnus, 2018, Rn. 26; Schweiz. BG IHR 2014, 99 (100) zu Montagepflichten; s. auch Handelsgericht des Kantons Zürich 17.2.2000 – HG 980472, CISG-online Nr. 637 zu Standardsoftware; s. aber auch Hof van Beroep, Gent 24.11.2004 – 1998/AR/2613, CISG-online Nr. 966, zitiert von Piltz NJW 2005, 2126 (2127)). Dies gilt indes nicht für reine Montage- oder Wartungsverträge, Beratungsverträge und Kundendienstverträge (Rudolph Rn. 6). Dem CISG unterfallen regelmäßig auch keine Anlagenlieferverträge, da bei diesen die Installationsverpflichtung wertmäßig überwiegen wird (BGH IHR 2018, 65 (69 f.) mAnm P. Huber; Honsell/Siehr Rn. 7; Rudolph Rn. 7; Schlechtriem/Schwenzer/Schroeter/Ferrari Rn. 18; Soergel/Kreße Rn. 4; Staudinger/Magnus, 2018, Rn. 27; Piltz IntKaufR Rn. 2-38; Handelsgericht des Kantons Zürich IHR 2003, 188 (189) = CISG-online Nr. 726). Gleiches gilt für Bauverträge, bei denen die Bauleistung überwiegt (Honsell/Siehr Rn. 7; Staudinger/Magnus, 2018, Rn. 28). Gleichwohl bedarf es stets einer Einzelfallprüfung.

**9** Die **Beweislast** trägt auch im Rahmen von Art. 3 diejenige Partei, welche sich auf die Nichtanwendbarkeit des CISG beruft (Achilles Rn. 13; Herber/Czerwenka Rn. 7; Schlechtriem/Schwenzer/Schroeter/Ferrari Rn. 20; Staudinger/Magnus, 2018, Rn. 32; Mistelis/Raymond in Kröll/Mistelis/Perales Viscasillas CISG Rn. 26; vgl. OGH IHR 2006, 87 (90)). Auch hier gilt das Regel-Ausnahme-Prinzip. Dies ergibt sich zwar nicht unmittelbar aus der Formulierung des Abs. 2, entspricht aber dem Grundgedanken der Art. 1–6, wonach das Übereinkommen idR anzuwenden ist und nur bei Vorliegen von Ausnahmetatbeständen ausgeschlossen wird (Staudinger/Magnus, 2018, Rn. 32). Somit obliegt demjenigen die Beweislast, der geltend macht, dass bei einem gemischten Vertrag iSv Abs. 2 die nicht in der Lieferung einer Ware bestehenden kaufvertragsfremden Pflichten überwiegen.

## III. Beweislastregeln

**10** Bei Art. 3 handelt es sich – trotz der unterschiedlichen Formulierungen in Abs. 1 und 2 – um Ausschlusstatbestände, deren Voraussetzungen der zu beweisen hat, der sich hierauf beruft (Staudinger/Magnus, 2018, Rn. 32; Schlechtriem/Schwenzer/Schroeter/Ferrari Rn. 11, 20). Im Einzelnen gilt hinsichtlich der Beweislast bei Abs. 1 und 2 das unter → Rn. 5 und → Rn. 9 Gesagte.

## Art. 4 (Sachlicher Geltungsbereich)

**[1]Dieses Übereinkommen regelt ausschließlich den Abschluß des Kaufvertrages und die aus ihm erwachsenden Rechte und Pflichten des Verkäufers und des Käufers. [2]Soweit in diesem Übereinkommen nicht ausdrücklich etwas anderes bestimmt ist, betrifft es insbesondere nicht**

**a) die Gültigkeit des Vertrages oder einzelner Vertragsbestimmungen oder die Gültigkeit von Gebräuchen,**

**b) die Wirkungen, die der Vertrag auf das Eigentum an der verkauften Ware haben kann.**

**Schrifttum:** Antweiler, Beweislastverteilung im UN-Kaufrecht, 1995; Asam, Rechtsfragen der Verjährung kaufvertraglicher Ansprüche im deutsch-italienischen Rechtsverkehr, JbItR 1992, 5; Bonell, Vertragsverhandlungen und culpa in contrahendo nach dem Wiener Kaufrechtsübereinkommen, RIW 1990, 693; CISG Advisory Council Opinion No. 4, Contracts for the Sale of Goods to Be Manufactured or Produced and Mixed Contracts (Article 3 CISG), http://www.cisgac.com/cisgac-opinion-no4/ (abgerufen 19.4.2022; auch abgedruckt IHR 2008, 122; zum CISG Advisory Council Art. 7 Rn. 3); Dawwas, Die Gültigkeit des Vertrages und das UN-Kaufrecht, 1998; Ferrari, Burden of proof under the CISG, in Review of the Convention on Contracts for the International Sale of Goods (CISG), 2000–2001, 2002, 1; Frense, Grenzen der formularmäßigen Freizeichnung im Einheitlichen Kaufrecht, 1993; Gstoehl, Das Verhältnis von Gewährleistung nach UN-Kaufrecht und Irrtumsanfechtung nach nationalem Recht, ZfRV 1998, 1; Henninger, Die Frage der Beweislast im Rahmen des UN-Kaufrechts – zugleich eine rechtsvergleichende Grundlagenstudie zur Beweislast, 1995; Herber, UN-Kaufrechtsübereinkommen: Produkthaftung – Verjährung, MDR 1993, 105; Herber, Zum Verhältnis von UN-Kaufrechtsübereinkommen und deliktischer Haftung, FS Schlechtriem, 2003, 207; Holl/Keßler, „Selbstgeschaffenes Recht der Wirtschaft" und Einheitsrecht – Die Stellung der Handelsbräuche und Gepflogenheiten im Wiener UN-Kaufrecht, RIW 1995, 457; P. Huber, UN-Kaufrecht und Irrtumsanfechtung. Die Anwendung nationalen Rechts bei einem Eigenschaftsirrtum des Käufers, ZEuP 1994, 585; Imberg, Die Verteilung der Beweislast beim Gefahrübergang nach UN-Kaufrecht, 1998; Koller, Die Verjährung von Ansprüchen des Käufers aus der Lieferung nicht vertragskonformer Ware im Spannungsfeld zwischen UN-Kaufrecht (CISG) und nationalem Partikularrecht, recht 2003, 41; Kröll, Schiedsklauseln in internationalen Kaufverträgen: Fragen des anwendbaren Rechts, IHR 2021, 177; Lessiak, UNCITRAL-Kaufrechtsübereinkommen und Irrtumsanfechtung, JBl 1989, 487; Magnus, UN-Kaufrecht und neues Verjährungsrecht des BGB – Wechselwirkungen und Praxisfolgen, RIW 2002, 577; Mittmann, Zur Einbeziehung von Allgemeinen Geschäftsbedingungen in einem dem CISG unterliegenden Vertrag – Anmerkung zum Urteil des LG Neubrandenburg vom 3.8.2005, IHR 2006, 103; Nemeczek, Die Vertragsübernahme als Regelungsgegenstand des UN-Kaufrechts, IHR 2011, 49; Petz, Vollmacht zum Vertragsschluss im Anwendungsbereich des UNWaVtrÜbk (Anm.), ZfRV 2003, 29; Reimers-Zocher, Beweislastfragen im Haager und Wiener Kaufrecht, 1995; Ryffel, Die Schadenersatzhaftung des Verkäufers nach dem Wiener Übereinkommen über internationale Warenkaufverträge vom 11. April 1980, 1992; Sabbagh-Farshi, Die vorvertragliche Haftung im UN-Kaufrecht und in den Unidroit- und Lando-Prinzipien unter Einbeziehung des deutschen und englischen Rechts, 2008; Saenger/Sauthoff, Die Aufrechnung im Anwendungsbereich des CISG, IHR 2005, 189; Schlechtriem, Aufrechnung durch den Käufer wegen Nachbesserungsaufwand – deutsches Vertragsstatut und UN-Kaufrecht, IPRax 1996, 256; Schmidt-Kessel, Einbeziehung von AGB unter UN-Kaufrecht, NJW 2002, 3444; Schneider, UN-Kaufrecht und Produkthaftpflicht. Zur Auslegung von Art. 4 Satz 1 und Art. 5 CISG und zur Abgrenzung vertraglicher und außervertraglicher Haftung aus der Sicht des CISG, 1995; Schroeter, The Validity of International Sales Contracts, in Schwenzer/Spagnolo (Hrsg.), Boundaries and Intersections, 2015, 95; Schwenzer/Jaeger, Das CISG im Schiedsverfahren, IWRZ 2016, 99; Schwenzer/Tebel, Das Wort ist nicht genug – Schieds-, Gerichtsstands- und Rechtswahlklauseln unter dem CISG, FS Magnus, 2014, 319; Schütz, UN-Kaufrecht und Culpa in contrahendo, 1996; Spiro, Befristung und Verjährung der Ansprüche aus dem Wiener Kaufrechtsübereinkommen, in Hoyer/Posch (Hrsg.), Das Einheitliche Wiener Kaufrecht, 1992, 195; Stürner, Mängeleinrede und Aufrechnung bei verjährtem Gewährleistungsanspruch nach italienischem Kaufrecht im Verhältnis zum UN-Kaufrecht, RIW 2006, 338.

### Überblick

Art. 4 konkretisiert den sachlichen Anwendungsbereich, indem festgelegt wird, welche Rechtsfragen ausschließlich durch das Übereinkommen geregelt (→ Rn. 2) und welche nicht erfasst werden (→ Rn. 3 ff.). Die Aufzählung ist jedoch nicht abschließend (→ Rn. 1). Sofern Fragen weder geregelt noch ausdrücklich ausgenommen werden, ist jeweils zu bestimmen, ob diese vom Übereinkommen erfasst sind (→ Rn. 10 ff.) oder nicht (→ Rn. 20 ff.).

Übersicht



## I. Normzweck

1 Art. 4 enthält die wichtigsten Bestimmungen über den sachlichen Anwendungsbereich des Übereinkommens. Das CISG regelt grds. nicht sämtliche im Zusammenhang mit einem internationalen Kaufvertrag entstehenden Rechtsfragen. In **S. 1** wird positiv festgestellt, welche Rechtsfragen **ausschließlich** durch das CISG geregelt werden, nämlich der Abschluss des Kaufvertrages und die aus ihm erwachsenden Rechte und Pflichten von Käufer und Verkäufer. **S. 2** zählt negativ auf, welche Rechtsfragen durch das CISG **nicht geregelt** sind, nämlich die Gültigkeit des Vertrages und die von Gebräuchen (lit. a) sowie der Eigentumsübergang (lit. b). Diese Aufzählung ist jedoch keineswegs abschließend. Vielmehr muss hinsichtlich jeder konkreten Rechtsfrage einzeln entschieden werden, ob die betreffende Rechtsmaterie vom CISG umfasst ist (→ Rn. 9 bis → Rn. 32). Das nationale Recht wird verdrängt, soweit das CISG den fraglichen Sachverhalt bei funktionaler Betrachtung erfasst (Staudinger/Magnus, 2018, Rn. 12, 35; Witz/Salger/Lorenz/Lorenz Rn. 4, 6). Rechtsfragen, die vom sachlichen Anwendungsbereich des CISG nicht erfasst werden, sind nach unvereinheitlichtem nationalem Recht des Landes zu entscheiden, dessen Rechtsordnung durch das maßgebliche IPR berufen ist.

## II. Einzelerläuterungen

2 **1. Ausdrücklich geregelte Fragen (S. 1).** Nach S. 1 regelt das CISG ausdrücklich nur den **Abschluss** des Kaufvertrages und die daraus resultierenden **Rechte und Pflichten** der Vertragsparteien. Demnach erfolgt der Vertragsschluss nach Art. 14–24 durch Angebot und Annahme. Dabei ist aber zu berücksichtigen, dass ein Vertragsstaat die Anwendbarkeit von Teil II des Übereinkommens (Abschluss des Vertrages, Art. 14–24) nach Art. 92, 101 für sich ausschließen kann. In Bezug auf das Zustandekommen des Kaufvertrages wird lediglich das formale, äußere Vertragsabschlussgeschehen, also der sog. „äußere Konsens", erfasst (Staudinger/Magnus, 2018, Rn. 13; Brunner/Murmann/Stucki Rn. 1). Denn Art. 4 S. 2 lit. a grenzt materielle Gültigkeitsfragen gerade aus dem CISG aus. Wie sich aus Art. 29 Abs. 1 ergibt, erfasst das CISG auch die Aufhebung und die Änderung eines dem Übereinkommen unterliegenden Kaufvertrages (OLG Düsseldorf IHR 2004, 203 (209) mwN = CISG-online 850; MüKoBGB/H. P. Westermann, 6. Aufl. 2012, Rn. 4). Die Rechte Dritter werden vom CISG nicht geregelt (US District Court, ND Illinois, Eastern Division IHR 2003, 237 (239); US District Court, SD New York IHR 2007, 243 (244); UNCITRAL Digest Anm. 13; Schlechtriem/Schwenzer/Schroeter/Ferrari Rn. 10; Staudinger/Magnus, 2018, Rn. 14). Allerdings kann die Einbeziehung Dritter in den Vertragsschutz vereinbart werden.

3 **2. Ausdrücklich vom Anwendungsbereich ausgeschlossene Fragen (S. 2).** S. 2 schließt Fragen der **Gültigkeit** des Vertrages und von Gebräuchen sowie **Eigentumsfragen** ausdrücklich aus dem Regelungsbereich aus. Diese Materien wurden nicht einbezogen, um den Abschluss des CISG nicht unangemessen zu verzögern (UNCITRAL-YB 1978, 65 f. Nr. 48 ff.; 93 Nr. 27; Herber/Czerwenka Rn. 3). Sie sollen in gesonderten Übereinkommen – die allerdings noch nicht absehbar sind – geregelt werden. Namentlich sind dies das Haager Übereinkommen vom 15.4.1958 über das auf den Eigentumserwerb bei internationalen Käufen beweglicher Sachen anwendbare Recht (abgedruckt in RabelsZ 24 (1959), 154) sowie der UNIDROIT-Entwurf eines Einheitlichen Gesetzes über die Gültigkeit internationaler Kaufverträge (abgedruckt in UNCITRAL-YB 1978, 105; Herber/Czerwenka Rn. 3).

4 **a) Gültigkeit des Vertrages (S. 2 lit. a Alt. 1).** Fragen der Gültigkeit des Vertrages werden vom CISG nicht erfasst. Als Gültigkeitsvorschriften anzusehen sind zumindest solche Regelungen, die die Wirksamkeit des Geschäftes berühren (s. dazu Schlechtriem/Schwenzer/Schroeter/Ferrari Rn. 16, 19; Staudinger/Magnus, 2018, Rn. 22 f. Nach Piltz IHR 2002, 2 (5), sind nur solche Normen Gültigkeitsvorschriften, die bestimmte Regelungsinhalte gerade auch in internationalen

Verträgen missbilligen und wegen Gesetzes- oder Sittenverstoßes für schlechthin nichtig erklären). Ob die Ungültigkeit ipso iure oder erst auf Grund rechtsgeschäftlicher Gestaltung eintritt, ist jedenfalls nicht entscheidend (Schlechtriem/Schwenzer/Schroeter/Ferrari Rn. 16). Hierunter fallen die Fragen der Rechts- und Geschäftsfähigkeit, der Sittenwidrigkeit und des Gesetzesverstoßes, der Gültigkeit von AGB sowie der Anfechtbarkeit wegen Willensmängeln (→ Rn. 24 ff.) (MüKoHGB/Mankowski Rn. 5; Staudinger/Magnus, 2018, Rn. 20; Schlechtriem/Schwenzer/Schroeter/Ferrari Rn. 17, 18, 20, 22; Schlechtriem/Schroeter IntUN-KaufR Rn. 160 ff.). Auch Widerrufs- und Rückgaberechte für Verbraucher nach nationalem Recht (zB §§ 355, 356 BGB) werden teilweise als Gültigkeitsnormen eingeordnet (→ Art. 2 Rn. 7) (dazu Schlechtriem/Schroeter IntUN-KaufR Rn. 173 ff.; MüKoHGB/Mankowski Rn. 9; Staudinger/Magnus, 2018, Rn. 21). Auch bei einer unselbständigen Beschaffenheitsgarantie kann dementsprechend über S. 2 lit. a unvereinheitlichtes Recht zur Anwendung kommen und § 444 BGB zwingend vorschreiben, dass eine verschuldensunabhängige Risiko- und Haftungsübernahme weder durch Individualvertrag noch durch AGB begrenzt werden darf (dazu von Westphalen EuZW 2022, 149 (153 ff.)). Dagegen führt ein Verstoß gegen Informationspflichten, zB bei Fernabsatzverträgen oder im elektronischen Geschäftsverkehr gem. § 312c BGB bzw. § 312e BGB, nicht zur Nichtigkeit des Geschäftes, sodass S. 2 lit. a Alt. 1 nicht eingreift (Schlechtriem/Schroeter IntUN-KaufR Rn. 151; dazu auch Schlechtriem/Schwenzer/Schroeter/Schmidt-Kessel Art. 11 Rn. 14b). Gültigkeitsvorschriften iS dieser Vorschrift können zB auch Normen des Devisenrechts sein. Eine wichtige **Ausnahme** zu der Regel, dass Fragen der Gültigkeit des Vertrages durch das CISG nicht geregelt sind, stellt die in Art. 11 enthaltene Formvorschrift dar. Diese legt fest, dass ein internationaler Kaufvertrag **formfrei** geschlossen werden kann. Art. 11 verdrängt etwaige nationale Vorschriften über eine Formungültigkeit (Czerwenka, Rechtsanwendungsprobleme im internationalen Kaufrecht, 1988, 189). Gemäß Art. 96 hat ein Vertragsstaat jedoch die Möglichkeit, die Anwendbarkeit von Art. 11 durch einen Vorbehalt auszuschließen. An einen solchen Ausschluss sind die Parteien gem. Art. 12 S. 2 gebunden und können diesen auch nicht durch Parteivereinbarung nach Art. 6 abbedingen.

**b) Gültigkeit von Gebräuchen (S. 2 lit. a Alt. 2).** Weiterhin wird auch die Beurteilung der Gültigkeit von Gebräuchen ausdrücklich aus dem Anwendungsbereich des CISG ausgeschlossen; hierfür ist wiederum das jeweilige kollisionsrechtlich berufene unvereinheitlichte nationale Recht maßgeblich. Danach sind Gebräuche im Wesentlichen ungültig, wenn sie gegen zwingende Normen des kollisionsrechtlich berufenen nationalen Rechts verstoßen (Enderlein/Maskow/Strohbach Anm. 7; Schlechtriem/Schwenzer/Schroeter/Ferrari Rn. 27; Staudinger/Magnus, 2018, Rn. 29; Piltz IntKaufR Rn. 2-154). Ausnahmsweise **unbeachtlich** ist der Verstoß von Gebräuchen gegen nationale **Formvorschriften.** Das in Art. 11 festgelegte Prinzip der Formfreiheit geht auch Gebräuchen vor, soweit kein Formvorbehalt gem. Art. 96 erklärt wurde (Staudinger/Magnus, 2018, Rn. 29; Czerwenka, Rechtsanwendungsprobleme im IntKaufR, 1988, 180). 5

Auch wenn sich die Gültigkeit von Gebräuchen nicht nach dem CISG beurteilt, enthält das Übereinkommen in Art. 9 gleichwohl eine Vorschrift über die Voraussetzungen, unter denen Gebräuche für die Parteien in seinem Geltungsbereich verbindlich, also anwendbar sind (Staudinger/Magnus, 2018, Art. 9 Rn. 1; Staudinger/Magnus, 2018, Art. 4 Rn. 30; OGH 15.10.1998 – 2 Ob 191/98x, JBl 1999, 318 (319) = CISG-online 380). Sind Gebräuche danach verbindlich, haben diese Vorrang vor kollidierenden Vorschriften des CISG (Rudolph Rn. 17; Piltz IntKaufR Rn. 2-194), soweit sie nicht nach anwendbarem nationalen Recht ungültig sind. 6

**c) Eigentumsfragen (S. 2 lit. b).** Schließlich wird die Anwendbarkeit des CISG auf Wirkungen, die der Vertrag auf das Eigentum an der verkauften Sache haben kann, von S. 2 lit. b ausdrücklich ausgeschlossen. Mit der Regelung dieser Frage sollte sich eine gesonderte Konvention, das Haager Übereinkommen über das auf den Eigentumserwerb bei internationalen Käufen beweglicher Sachen anwendbare Recht vom 15.4.1958, befassen. Diese ist aber bis heute nicht in Kraft getreten (Herber/Czerwenka Rn. 16), was auf den großen Unterschieden innerhalb der einzelnen nationalen Rechtsordnungen der Mitgliedstaaten hinsichtlich der Regelung des Eigentumsübergangs beruht. 7

Der Ausschluss umfasst auch sonstige dingliche Wirkungen wie die eines Eigentumsvorbehalts und sonstiger Sicherungsrechte, zB Sicherungseigentum oder floating charge des englischen Rechts (Staudinger/Magnus, 2018, Rn. 32; dazu auch Federal Court of Australia, Adelaide 28.4.1995, CISG-online 218 = CLOUT Nr. 308). Auch Fragen des gutgläubigen Erwerbs vom Nichtberechtigten regelt das Übereinkommen nicht (Honnold Rn. 70; Rudolph Rn. 20). Demzufolge sind Eigentumsfragen nach dem Recht des Staates zu beurteilen, auf welches das IPR des Forumstaates verweist (UNCITRAL Digest Anm. 11; s. auch OLG Koblenz IPRax 1994, 46 (47)). Ebenso wie nach zahlreichen anderen Rechtsordnungen ist dabei auch nach deutschem Recht die **lex rei** 8

**sitae** maßgeblich, also das Recht des Ortes, an dem sich die Sache zum Zeitpunkt der Übereignung befindet (OLG Köln BeckRS 2017, 131528; Rudolph Rn. 19; vgl. Art. 43, 45 EGBGB).

9 **3. Nicht ausdrücklich geregelte Fragen.** Schließlich stellt sich hinsichtlich solcher Materien, die in Art. 4 nicht ausdrücklich zugeordnet sind, die Frage, inwieweit diese vom Geltungsbereich des CISG erfasst werden. Dies ist deshalb von Bedeutung, weil mitgeregelte Fragen auf Grund Art. 7 Abs. 2 nach den allgemeinen, dem Übereinkommen zugrunde liegenden Grundsätzen auszulegen sind, während sich andere Rechtsfragen ausschließlich nach unvereinheitlichtem nationalen Recht beurteilen (Rudolph Rn. 4; Brunner/Murmann/Stucki Rn. 3 f.).

10 **a) Vom CISG mitgeregelte Rechtsfragen.** Im Einzelnen sind folgende Rechtsfragen dem CISG zuzuordnen und damit nach dessen Grundsätzen zu beurteilen:

11 **aa) Beweislast.** Obwohl die Beweislast im CISG nicht ausdrücklich angesprochen wird, ist sie auf Grund ihres engen Zusammenhangs mit dem materiellen Einheitsrecht gleichwohl aus der Konvention heraus zu bestimmen (UNCITRAL Digest Anm. 4; Schweiz. BG IHR 2004, 215 (218) = CISG-online 840; Kantonsgericht Nidwalden IHR 2005, 253 (254); BeckOGK/Wagner Rn. 27; Herber/Czerwenka Rn. 8; Honsell/Siehr Rn. 14; Schlechtriem/Schwenzer/Schroeter/Ferrari Rn. 49 ff.; Djordjevic in Kröll/Mistelis/Perales Viscasillas CISG Rn. 36; Soergel/Kreße Rn. 11; Staudinger/Magnus, 2018, Rn. 63 ff.; aA Bianca/Bonell/Khoo Art. 2 Anm. 3.2; Ryffel, Die Schadensersatzhaftung des Verkäufers nach dem Wiener Übereinkommen über internationale Warenkaufverträge vom 11. April 1980, 1992, 59 f.; beide mit Hinweis auf die Entstehungsgeschichte). Somit ist die Beweislastverteilung unter Berücksichtigung der einzelnen Vorschriften aus dem auch in Art. 79 Abs. 1 angedeuteten Regel-Ausnahmeverhältnis des CISG zu entwickeln (Herber/Czerwenka Rn. 8; Schlechtriem/Schwenzer/Schroeter/Ferrari Rn. 49; Witz/Salger/Lorenz/Lorenz Rn. 12; vgl. dazu auch BGHZ 132, 290 (298 f.); BGH NJW 2002, 1651 = IHR 2002, 16 (19) = CISG-online 651; BGH IHR 2004, 201 (202) = CISG-online 847). Der Grundsatz der Beweislastverteilung lautet dabei, dass jede Partei beweispflichtig für die tatsächlichen Voraussetzungen der für sie günstigen Norm ist (OLG Köln IHR 2009, 62 = CISG-online Nr. 1730; Schweiz. BG IHR 2004, 215 (218) = CISG-online 840; Kantonsgericht Nidwalden IHR 2005, 253 (254); Müller in Baumgärtel/Laumen/Prütting Beweislast-HdB II UNKR Vor Art. 1 Rn. 18; Staudinger/Magnus, 2018, Rn. 67 f.; Schlechtriem/Schroeter IntUN-KaufR Rn. 211; Schlechtriem/Schwenzer/Schroeter/Ferrari Rn. 50; ähnlich Tribunale di Vigevano IHR 2001, 72 (77) = CISG-online Nr. 493). Im Einzelfall können jedoch Ausnahmen von diesem Grundsatz zugelassen werden, wenn dies aus Gründen der Beweisnähe geboten ist bzw. unzumutbare Beweisschwierigkeiten entstünden (BGH IHR 2004, 201 (202) = CISG-online 847; dazu näher Müller in Baumgärtel/Laumen/Prütting Beweislast-HdB II UNKR Vor Art. 1 Rn. 32 ff.; ähnlich – zu Tatsachen aus dem Zuständigkeitsbereich einer Partei – Staudinger/Magnus, 2018, Rn. 69; zust. Schlechtriem/Schwenzer/Schroeter/Ferrari Rn. 51 und Schweiz. BG IHR 2004, 215 (218) = CISG-online 840). Der BGH hat festgestellt, dass die Beweislastregeln des CISG aber nicht weiter reichen als der sich aus Art. 4 S. 1 ergebende materielle Geltungsbereich. Danach sind zB die beweisrechtlichen Folgen eines tatsächlichen Anerkenntnisses nicht geregelt (BGH NJW 2002, 1651 = IHR 2002, 16, 19 = CISG-online 651). Die Verfahrensfrage, wann der Beweis konkret als geführt anzusehen ist, wird nicht vom CISG geregelt, sondern bestimmt sich nach der lex fori (Kantonsgericht Nidwalden IHR 2005, 253 (254); Schweiz. BG IHR 2014, 99 (100); Staudinger/Magnus, 2018, Rn. 70; Schlechtriem/Schwenzer/Schroeter/Ferrari Rn. 53; aA Djordjevic in Kröll/Mistelis/Perales Viscasillas CISG Rn. 37).

12 **bb) Erlass, Stundung und Vergleich.** Der Erlass begründet eine Vertragsänderung iSv Art. 29, welche ausschließlich nach dem CISG zu beurteilen ist (Staudinger/Magnus, 2018, Rn. 55). Gleiches gilt für das Anerkenntnis (vgl. OLG Hamm RIW 1999, 785 (786)). Die Stundung unterliegt als vertragliche Änderung des Erfüllungszeitpunktes ebenfalls allein dem CISG (Schlechtriem/Schwenzer/Schroeter/Ferrari Rn. 45; Staudinger/Magnus, 2018, Rn. 56). Auch Vergleiche über dem CISG unterfallende Kaufverträge richten sich nach dem Übereinkommen (Honsell/Siehr Rn. 18; Staudinger/Magnus, 2018, Rn. 62: ausgenommen Prozessvergleiche; Schlechtriem/Schwenzer/Schroeter/Ferrari Rn. 45). Dies gilt allerdings nicht für die Frage der materiellen Gültigkeit des Vergleichs (LG Aachen RIW 1993, 760 = CISG-online 86; Schlechtriem/Schwenzer/Schroeter/Ferrari Rn. 45; Staudinger/Magnus, 2018, Rn. 62).

13 **cc) Haftung für Hilfspersonen.** Art. 79 Abs. 2 iVm Abs. 1 regelt ausdrücklich die Haftung für Hilfspersonen, sodass unvereinheitlichtes nationales Recht daneben nicht zur Anwendung

kommt (Herber/Czerwenka Rn. 9; Schlechtriem/Schwenzer/Schroeter/Ferrari Rn. 43; Soergel/Kreße Rn. 11; Staudinger/Magnus, 2018, Rn. 60).

**dd) Anfängliche objektive Unmöglichkeit.** Da Art. 79 Abs. 1 eine Regelung enthält, die sich auf eine anfänglich unmögliche Leistung bezieht, scheidet diesbezüglich ein Rückgriff auf unvereinheitlichtes nationales Recht aus (Enderlein/Maskow/Strohbach Art. 79 Anm. 5.2; Herber/Czerwenka Rn. 13, Art. 68 Rn. 8, Art. 79 Rn. 23 f.; Honsell/Siehr Rn. 5, 19; Schlechtriem/Stoll, 2. Aufl. 1995, Art. 79 Rn. 21; Schlechtriem/Schwenzer/Schroeter/Ferrari Art. 4 Rn. 24; Staudinger/Magnus, 2018, Rn. 44; MüKoBGB/H.P. Westermann, 6. Aufl. 2012, Rn. 12; Karollus UN-KaufR S. 43; Schlechtriem/Schroeter IntUN-KaufR Rn. 154 f.; Ryffel, Die Schadensersatzhaftung des Verkäufers nach dem Wiener Übereinkommen über internationale Warenkaufverträge vom 11. April 1980, 1992, 131). 14

**ee) Positive Vertragsverletzung.** Aus der Vertragsverletzung einer Partei entstehende Ansprüche sind in Teil III (Art. 25–88) abschließend geregelt, sodass ein Rückgriff auf nationale Rechtsbehelfe (wie etwa nach deutschem Recht früher die positive Vertragsverletzung und heute § 280 Abs. 1 BGB, § 324 BGB iVm § 241 Abs. 2 BGB) ausscheidet (Honsell/Siehr Rn. 11, 21; Staudinger/Magnus, 2018, Rn. 41; Schlechtriem/Schwenzer/Schroeter/Ferrari Rn. 46; Schlechtriem/Schwenzer/Schroeter/Müller-Chen Art. 45 Rn. 32 Fn. 80; Schlechtriem/U. Huber, 3. Aufl. 2000, Art. 45 Rn. 50, 57; Schlechtriem/Schwenzer/Schroeter/Schwenzer Art. 74 Rn. 7 ff.; aA Karollus UN-KaufR S. 45: die positive Vertragsverletzung sei nicht im CISG geregelt). Zu beachten ist aber Art. 5. 15

**ff) Culpa in contrahendo.** Das CISG regelt das vorvertragliche Verhältnis der Parteien nur teilweise (zB in Art. 8 Abs. 3 und in Art. 15 Abs. 2). Daher ist iE zweifelhaft, welche vorvertraglichen Pflichten bestehen. Kommt trotz Verletzung vorvertraglicher Pflichten ein Vertrag zustande, soll sich die Haftung nach Art. 45 ff. und Art. 61 ff. richten (Staudinger/Magnus, 2018, Rn. 42; Honsell/Siehr Rn. 12 f.; Brunner/Murmann/Stucki Rn. 48). Insoweit wird teilweise von einem Ausschluss des Rückgriffs auf nationales Recht (im deutschen Recht § 311 Abs. 2, 3 BGB) ausgegangen (AG Basel-Stadt IHR 2019, 101 (114); Staudinger/Magnus, 2018, Rn. 43; Schlechtriem/Schwenzer/Schroeter/Ferrari Rn. 46; Honsell/Siehr Rn. 12; auch Schlechtriem/Schroeter IntUN-KaufR Rn. 155, der für den Ausschluss nationaler Rechtsbehelfe nur nach der Art der Pflichtverletzung differenziert). Auch wenn kein Vertrag zustande kommt, wird ein Schadensersatzanspruch nach dem CISG für möglich gehalten (Staudinger/Magnus, 2018, Rn. 42 f.; Honsell/Siehr Rn. 13; auch Brunner/Murmann/Stucki Rn. 48). In diesen Fällen ist das Verhältnis zu dem vom IPR berufenen nationalen Recht ebenfalls fraglich (diff. nach der Art der Pflichtverletzung Schlechtriem/Schwenzer/Schroeter/Ferrari Rn. 46; Honsell/Siehr Rn. 13; Staudinger/Magnus, 2018, Rn. 43: nach funktionaler Betrachtung sollen sich deliktsähnliche Sachverhalte nach dem anwendbaren nationalen Recht richten). Zum Teil werden vorvertragliche Pflichten auch – abgesehen von den in dem Übereinkommen geregelten Sonderfällen – aus dem sachlichen Anwendungsbereich des CISG ausgeschlossen, sodass insoweit das vom Kollisionsrecht bestimmte nationale Recht Anwendung finden soll (MüKoBGB/H. P. Westermann, 6. Aufl. 2012, Rn. 13; MüKoBGB/Gruber Art. 30 Rn. 9; MüKoBGB/Gruber Vor Art. 14 Rn. 12 f.). 16

**gg) Verwirkung.** Die Voraussetzungen einer Verwirkung von Ansprüchen, die dem Übereinkommen unterliegen, sind unter Berücksichtigung von Art. 7 zu beurteilen. Deshalb unterliegt auch diese Frage ausschließlich dem CISG (Honsell/Siehr Rn. 30; Schlechtriem/Schwenzer/Schroeter/Ferrari Rn. 42; Staudinger/Magnus, 2018, Rn. 53; vgl. zum Rechtsmissbrauch bei Unzumutbarkeit der Erfüllung Schlechtriem/U. Huber, 3. Aufl. 2000, Art. 46 Rn. 18). 17

**hh) Störung der Geschäftsgrundlage.** Auch die Anwendung der Grundsätze über die Störung der Geschäftsgrundlage (§ 313 BGB) kommt neben den Bestimmungen des CISG nicht in Betracht (OLG Brandenburg IHR 2009, 105 (114) = CISG-online Nr. 1734; LG Aachen RIW 1993, 760 (761) = CISG-online Nr. 86; Brunner/Murmann/Stucki Rn. 49; Honsell/Siehr Rn. 20; Staudinger/Magnus, 2018, Rn. 59; Herber/Czerwenka Rn. 13; Soergel/Kreße Rn. 11). Das CISG enthält insoweit in Art. 79 (vgl. auch Art. 71–73) eine abschließende Regelung. Allerdings kann über Art. 7 Abs. 1 eine Vertragsanpassung in Betracht kommen (Staudinger/Magnus, 2018, Art. 79 Rn. 24b). 18

**ii) Schiedsvereinbarungen.** Schiedsvereinbarungen unterliegen dem Anwendungsbereich des CISG, wenn diese Teil eines Vertrages sind, für den das UN-Kaufrecht zur Anwendung kommt (BGH NJW-RR 2021, 376 (379) mAnm Masser SchiedsVZ 2021, 103, wonach Art. 14–24 jedenfalls dann (nur) auf die materielle Einigung Anwendung finden, wenn mangels Einhaltung 19 der Schriftform von Art. II Abs. 2 UNÜ über den Meistbegünstigungsgrundsatz des Art. VII Abs. I UNÜ auf das nationale Sach- oder Kollisionsrecht zurückgegriffen werden kann; die Formgültigkeit richtet sich iÜ aber auch hier nach den einschlägigen Spezialvorschriften des UNÜ oder § 1031 ZPO und nicht nach Art. 11, → Art. 11 Rn. 6; s. dazu auch Kröll NJW 2021, 832 (833); OLG München IHR 2018, 12 (14); OLG Düsseldorf IHR 2015, 18 (21); Schlechtriem/Schwenzer/Schroeter/Schroeter Vor Art. 14–24 Rn. 10; Piltz IntKaufR Rn. 2-128; aA aber BGH NJW 2015, 2584 (2589) für Gerichtsstandsklauseln; OLG Frankfurt IHR 2021, 155 (158) entgegen OLG Frankfurt IHR 2007, 42 (44) = CISG-online Nr. 1385; allgemein zu Schiedsklauseln in internationalen Kaufverträgen Kröll IHR 2021, 177). Art. 19 Abs. 3 nennt eine im Wege des Gegenangebots unterbreitete Schiedsvereinbarung als Hinderungsgrund für das Zustandekommen des Vertrages. Im Umkehrschluss muss eine einvernehmlich geschlossene Regelung Vertragsbestandsteil werden, weil Art. 6 im Rahmen der Abschlussfreiheit eine Modifikation der Regelungen des CISG zulässt (Schlechtriem/Schwenzer/Schroeter/Schroeter Vor Art. 14–24 Rn. 10; Piltz IntKaufR Rn. 2-119). Nach aA unterfallen diese Regelungen dem über das IPR des Forumstaates anwendbaren Recht (MüKoHGB/Ferrari Art. 11 Rn. 4; Staudinger/Magnus, 2018, Art. 14 Rn. 41c). Allerdings würden die Regelungen des einheitlichen Vertrages damit unterschiedlichen Gerichten zugewiesen, was zu weitreichenden Problemen führen kann (Piltz IntKaufR Rn. 2-128). Zudem sind Schiedsklauseln auch in Art. 81 Abs. 1 genannt, was zeigt, dass diese gerade nicht außerhalb des Anwendungsbereichs des CISG stehen (Schlechtriem/Schwenzer/Schroeter/Schroeter Vor Art. 14–24 Rn. 10).

20 **b) Rechtsfragen außerhalb des Anwendungsbereichs des CISG.** Folgende Materien, welche in Art. 4 nicht genannt sind, beurteilen sich nicht nach dem Übereinkommen:

21 **aa) Aufrechnung.** Umstritten ist, inwieweit die Aufrechnung von dem Übereinkommen erfasst wird. Ganz überwiegend anerkannt ist inzwischen, dass jedenfalls eine („konventionsinterne") Aufrechnung von Geldansprüchen aus demselben und dem CISG unterliegenden Vertragsverhältnis zulässig und nach dessen Grundsätzen zu beurteilen ist (BGH IHR 2015, 8 (15 f.) m. abl. Anm. Förster NJW 2015, 830 (832); OLG Hamm IHR 2020, 49 (53); Staudinger/Magnus, 2018, Rn. 47 und MüKoBGB/H. P. Westermann, 6. Aufl. 2012, Rn. 12 unter Hinweis auf Art. 84 Abs. 2, die dies darüber hinaus auch auf andere, dem CISG unterfallende Vertragsverhältnisse erstrecken; Magnus in Leible, Das Grünbuch zum Internationalen Vertragsrecht, 2004, 209, 221 ff.; Magnus ZEuP 1995, 202 (207 f.); ebenso Honsell/Siehr Rn. 24; Achilles Rn. 20; Brunner/Murmann/Stucki Rn. 52; aA noch OLG Düsseldorf NJW-RR 1997, 822 (823)). Darüber hinaus unterfällt die Aufrechnung mangels einer entspr. Regelung aber grds. nicht dem CISG und beurteilen sich deren Zulässigkeit und Voraussetzungen nach der **nationalen Rechtsordnung** (BGH IHR 2014, 136 (138); OLG Oldenburg IHR 2013, 63 (65) mAnm Magnus; OLG Düsseldorf IHR 2005, 29 (30); 2004, 203 (207); OGH IHR 2002, 24 (27) = CISG-online 614; MüKoBGB/P. Huber Art. 84 Rn. 10; MüKoHGB/Mankowski Art. 4 Rn. 21; Schlechtriem/Schwenzer/Schroeter/Ferrari Art. 4 Rn. 39; Witz/Salger/Lorenz/Lorenz Art. 4 Rn. 32; Piltz IntKaufR Rn. 2-164; Schlechtriem/Schroeter IntUN-KaufR Rn. 199; Piltz NJW 2005, 2126 (2128); Saenger/Sauthoff IHR 2005, 189 ff.), die auf Grund IPR für die Hauptforderung gilt, gegen welche die Aufrechnung erklärt wird, vgl. auch Art. 12 Abs. 1 lit. d, 4 Rom I-VO (Art. 32 Abs. 1 Nr. 4, 28 EGBGB aF) (BGHZ 38, 254 (256); Grüneberg/Thorn Rom I-VO Art. 12 Rn. 8; Erman/Hohloch Rom I-VO Art. 17 Rn. 3; MüKoBGB/Spellenberg Rom I-VO Art. 17 Rn. 14 ff.; Metzger JZ 2004, 90 (91 f.)). Ist danach – etwa wegen einer wirksamen Gerichtsstandsvereinbarung – die Aufrechnung unzulässig, gilt dies aber nicht zwingend auch für die gegenüber der Kaufpreisforderung erhobenen Gegenrechte wie die Einrede des nichterfüllten Vertrages oder die Minderung (BGH NJW 2015, 1118 f. entgegen der Vorinstanz OLG Schleswig IHR 2014, 226 (227)).

22 **bb) Zurückbehaltungsrechte.** Auch für die Geltendmachung eines Zurückbehaltungsrechts wird teilweise danach differenziert, ob Leistungen betroffen sind, die nach dem CISG geschuldet werden (vgl. insgesamt Hartmann, Ungeschriebene Zurückbehaltungsrechte im UN-Kaufrecht, IHR 2006, 181). Bei konventionsinternen Ansprüchen soll das CISG allein über das Bestehen eines Zurückbehaltungsrechts entscheiden und ansonsten das über IPR berufene unvereinheitlichte nationale Recht gelten (Staudinger/Magnus, 2018, Rn. 47a; Honsell/Siehr Rn. 25). Nach einer ähnlichen Ansicht ist, soweit Zurückbehaltungsrechte nicht vom CISG geregelt werden, auf nationales Recht zurückzugreifen, zB hinsichtlich dinglicher Sicherungswirkungen (Schlechtriem/Schroeter IntUN-KaufR Rn. 198; Schlechtriem/Schwenzer/Schroeter/Ferrari Rn. 45a). Die Lösung dieser Frage hängt letztlich davon ab, inwieweit man Zurückbehaltungsrechte als im CISG

geregelt ansieht, insbes. ob man einzelnen Regelungen (vgl. Art. 58 Abs. 1, Art. 71 Abs. 1, Art. 85 S. 2, Art. 86 Abs. 1 S. 2) einen allgemeinen Grundsatz (so OGH IHR 2006, 87; Schlechtriem/Schwenzer/Schroeter/Ferrari Rn. 45a) entnimmt (Schlechtriem/Schroeter IntUN-KaufR Rn. 198, 250 f.; Staudinger/Magnus, 2018, Rn. 47a).

**cc) Abtretung.** Die Abtretung richtet sich ausschließlich nach dem kollisionsrechtlich berufenen unvereinheitlichten nationalen Recht (BGH TranspR 1999, 125 (127); OLG Hamm NJW-RR 1996, 1271 = RIW 1997, 153; OGH 25.6.1998 – 8 Ob 364/97f, CISG-online Nr. 352; Handelsgericht des Kantons Zürich 17.2.2000 – HG 980472, CISG-online Nr. 637; Herber/Czerwenka Rn. 21; Staudinger/Magnus, 2018, Rn. 57). 23

**dd) AGB.** Die **Einbeziehung** von AGB ist eine Frage des äußeren Konsenses und daher von den Vorschriften des CISG zum Vertragsabschluss in Art. 14–24 erfasst (BGHZ 149, 113 = IHR 2002, 14 (15) = CISG-online 617; OLG Düsseldorf IHR 2005, 24 (26); OLG Hamm GWR 2015, 321; OGH IHR 2004, 148 (153); MüKoHGB/Mankowski Rn. 7; Schlechtriem/Schwenzer/Schroeter/Ferrari Rn. 20 f.; Soergel/Kreße Art. 14 Rn. 10; Staudinger/Magnus, 2018, Rn. 25; aA Hof van Beroep, Gent 4.10.2004 – 2003/AR/2763, CISG-online Nr. 985, zitiert von Piltz NJW 2005, 2126 (2127); → Art. 8 Rn. 6; → Art. 14 Rn. 7). Nationale Regelungen zur Einbeziehung sind daneben nicht anwendbar (BGHZ 149, 113 = IHR 2002, 14 (15) mwN = CISG-online 617). Das CISG bestimmt jedoch nicht, inwieweit einzelne Vertragsklauseln **unwirksam** sind. Diese Frage ist nach den Regeln der durch IPR berufenen Rechtsordnung zu beurteilen (UNCITRAL Digest Anm. 9; Herber/Czerwenka Rn. 12; Honsell/Siehr Rn. 6; Rudolph Rn. 16; Schlechtriem/Schwenzer/Schroeter/Ferrari Rn. 20; Staudinger/Magnus, 2018, Rn. 24; Schlechtriem/Schroeter IntUN-KaufR Rn. 166). Ist deutsches Recht berufen, gelten §§ 305 ff. BGB, einschließlich § 305c BGB (Staudinger/Magnus, 2018, Rn. 25; MüKoHGB/Mankowski Rn. 6 f.; MüKoBGB/P. Huber Rn. 33). Im Rahmen der Inhaltskontrolle des § 307 BGB sind die Wertungen des CISG zu berücksichtigen (Schlechtriem/Schroeter IntUN-KaufR Rn. 166; Herber/Czerwenka Rn. 12; Staudinger/Magnus, 2018, Rn. 24 ff.; Schillo IHR 2003, 257 (261); vgl. OGH IHR 2001, 42 (43) = CISG-online 642). 24

**ee) Anfechtung.** Auch die Anfechtung, die aus anderen Gründen als wegen Irrtums über Eigenschaften der Kaufsache erfolgt, richtet sich nach dem kollisionsrechtlich berufenen nationalen Recht (Schweiz. BG IHR 2019, 236 (243); OLG Hamburg TranspR-IHR 1999, 37 (39); Schroeter IHR 2019, 231 (233)). So ist eine Anfechtung wegen arglistiger Täuschung oder Drohung nach nationalem Recht möglich (Schlechtriem/Schwenzer/Schroeter/Ferrari Rn. 25 unter Hinweis auf die Entstehungsgeschichte; Staudinger/Magnus, 2018, Rn. 52 auf Grund der Deliktsähnlichkeit; Karollus UN-KaufR S. 41; zT str.), ebenso eine solche wegen Erklärungsirrtums (Karollus UN-KaufR S. 41; Bianca/Bonell/Farnsworth Art. 8 Anm. 3.4; beide mit dem Argument, das CISG betreffe gem. Art. 4 lit. a nicht die Gültigkeit des Vertrages). Eine Anfechtung wegen eines Irrtums über Eigenschaften des Kaufgegenstandes (UNCITRAL Digest Anm. 3; diff. Gstoehl ZfRV 1998, 1 ff.) sowie die Bonität des Vertragspartners ist dagegen durch das CISG ausgeschlossen, da diese Rechtsfragen von der Konvention abschließend geregelt werden (Art. 45, 71 Abs. 1) (Schweiz. BG IHR 2019, 236 (242); LG Aachen RIW 1993, 760 (761) = CISG-online 86; Herber/Czerwenka Rn. 13, 22; Honsell/Siehr Rn. 7; Reinhart Art. 45 Rn. 10; Schlechtriem/Schwenzer/Schroeter/Ferrari Rn. 24; Staudinger/Magnus, 2018, Rn. 48; Schlechtriem/Schroeter IntUN-KaufR Rn. 171 f.; Honnold Rn. 240; Ryffel, Die Schadensersatzhaftung des Verkäufers nach dem Wiener Übereinkommen über internationale Warenkaufverträge vom 11. April 1980, 1992, 129; Schroeter IHR 2019, 231 (233); Piltz IHR 2002, 2 (4). Dies ist jedoch nicht unumstritten; eine Übersicht über den Streitstand bietet Staudinger/Magnus, 2018, Rn. 48–50). Nach aA soll auch insoweit die Anfechtung neben dem CISG möglich sein, weil das Übereinkommen nach Art. 4 S. 2 lit. a Fragen der Gültigkeit des Vertrages nicht regele und eine dem Art. 34 EKG entsprechende Verdrängungsregel nicht aufgenommen wurde (Karollus UN-KaufR S. 41 f. mwN auch zur sich dann stellenden Frage der Beschränkung des Anfechtungsrechts durch die Rügelast). Auch die Anfechtung auf Grund eines Übermittlungsirrtums nach nationalen Vorschriften ist wegen der Sonderregelung des CISG für die falsche Übermittlung einer Erklärung in Art. 27 ausgeschlossen (Schlechtriem/Schroeter IntUN-KaufR Rn. 170; Schlechtriem/Schwenzer/Schroeter/Ferrari Rn. 24; Staudinger/Magnus, 2018, Rn. 51). 25

**ff) Gesetzes- und Sittenverstoß.** Verstöße gegen gesetzliche Verbote und die guten Sitten, welche auch Verstöße gegen das Kartellrecht sowie gegen Waren- und Devisenbeschränkungen umfassen, unterliegen ebenfalls nicht dem CISG (BGH NJW 1997, 3309 (3310); Schweiz. BG 26

IHR 2014, 99 (101); Achilles Rn. 12, 8; zur Nichtigkeit des Kaufvertrages bei verbotswidriger Einfuhr von Arzneimitteln vgl. OLG Karlsruhe NJW-RR 2002, 1206).

27 **gg) Geschäftsfähigkeit und Rechtsfähigkeit.** Die Frage nach der Wirksamkeit des Vertrages bei mangelnder Geschäftsfähigkeit eines Vertragspartners ist ausschließlich nach unvereinheitlichtem nationalen Recht zu beurteilen (Honsell/Siehr Rn. 4; Schlechtriem/Schwenzer/Schroeter/Ferrari Rn. 17; Staudinger/Magnus, 2018, Rn. 36; Honnold Rn. 66; Karollus UN-KaufR S. 41). Nach deutschem IPR erfolgt für natürliche Personen gem. Art. 7 Abs. 1 S. 1 EGBGB eine Anknüpfung an das Heimatrecht (Honsell/Siehr Rn. 4; Schlechtriem/Schwenzer/Schroeter/Ferrari Rn. 17). Auch die Rechtsfähigkeit ist nicht im Übereinkommen geregelt (Staudinger/Magnus, 2018, Rn. 20; Honsell/Siehr Rn. 4; Schlechtriem/Schwenzer/Schroeter/Ferrari Rn. 17).

28 **hh) Stellvertretung.** Auch die Fragen im Zusammenhang mit der Wirksamkeit einer Stellvertretung unterfallen nicht dem CISG, sondern sind anhand des kollisionsrechtlich berufenen nationalen Rechts zu beurteilen (UNCITRAL Digest Anm. 9 mwN. Zur Vollmacht s. OGH ZfRV 2003, 22 (27) = CISG-online Nr. 613). Nach deutschem IPR ist das Recht des Staates berufen, in dem von einer Vollmacht Gebrauch gemacht wird (BGHZ 64, 168 = NJW 1982, 2733; LG Landshut IHR 2008, 184 (186) = CISG-online Nr. 1703; Honsell/Siehr Rn. 11; Staudinger/Magnus, 2018, Rn. 37; dazu auch OGH Wien ZfRV 1997, 204), im Fall gesetzlicher Vertretung gilt deren jeweiliges Statut (Schlechtriem/Schwenzer/Schroeter/Ferrari Rn. 34; Honsell/Siehr Rn. 11). Dagegen kann die Frage, ob eine Willenserklärung im eigenen oder im fremden Namen abgegeben wurde, nach Art. 8 des Übereinkommens zu beurteilen sein.

29 **ii) Schuldübernahme, Vertragsübernahme und Schuldbeitritt.** Die Schuldübernahme ist nach nationalem Recht zu beurteilen (OGH 24.4.1997 – 2 Ob 109/97m, CISG-online Nr. 291; Herber/Czerwenka Rn. 21; Staudinger/Magnus, 2018, Rn. 57; OLG Koblenz RIW 1992, 491; Vida IPRax 2002, 146 (147); Lurger IHR 2005, 177 (180)). Gleiches gilt für die Vertragsübernahme (Staudinger/Magnus, 2018, Rn. 57; Lurger IHR 2005, 177 (180)) und den Schuldbeitritt (BGH WM 2014, 74 (76) = IHR 2014, 25 (26); Staudinger/Magnus, 2018, Rn. 57).

30 **jj) Schuldanerkenntnis.** Die Schuldanerkennung richtet sich ebenfalls nach nationalem Recht (Schweiz. BG 17.10.2000 – 4C.422/1999/rnd, http://www.unilex.info/cisg/case/795, abgerufen 19.4.2022; Lurger IHR 2005, 177 (180)).

31 **kk) Produkthaftung.** Hinsichtlich der umstrittenen Frage einer Produkthaftung nach nationalem Recht neben dem CISG wird auf die Ausführungen zu Art. 5 verwiesen (→ Art. 5 Rn. 5 ff.).

32 **ll) Verjährung.** Schließlich findet auch die Verjährung (→ Art. 45 Rn. 1 ff..) im CISG keine Regelung (BGH IHR 2014, 25), da sie Gegenstand eines gesonderten UN-Verjährungsübereinkommens ist (UN-Übereinkommen vom 14.6.1974 über die Verjährung beim internationalen Warenkauf, abgedruckt bei Schlechtriem/Schwenzer/Schroeter/Müller-Chen S. 1026 ff.; Enderlein/Maskow/Strohbach S. 303 f.; RabelsZ 39 (1975), 342 ff.). Die Ratifizierung dieses Übereinkommens durch Deutschland ist jedoch nicht erfolgt und auch nicht absehbar. Das für die Verjährung anwendbare Recht ist somit anhand des IPR des Forums zu ermitteln (OLG Köln OLGR 2006, 538 = IHR 2006, 145. Zum Verhältnis des CISG zu nationalen Verjährungsvorschriften und zur Frage der Verjährung bei Anwendbarkeit des schweiz. Rechts Koller recht 2003, 41 ff.). Nach deutschem IPR gilt gem. Art. 12 Abs. 1 lit. d Rom I-VO das Vertragsstatut (Grüneberg/Thorn Rom I-VO Art. 12 Rn. 8). Ist deutsches materielles Recht berufen, muss zusätzlich **Art. 3 CISGG** (CISG-Vertragsgesetz vom 5.7.1989, BGBl. II 586 idF vom 26.11.2001, BGBl. I 3138) beachtet werden. Diese Vorschrift ordnet für die Ansprüche des Käufers nach Art. 45 wegen Vertragswidrigkeit der Ware an, dass § 438 Abs. 3 BGB auch anzuwenden ist, wenn die Vertragswidrigkeit auf Tatsachen beruht, die der Verkäufer kannte oder über die er nicht in Unkenntnis sein konnte und die er dem Käufer nicht offenbart hat (Koller recht 2003, 41, 51 f.). Daraus ist zu folgern, dass die Vorschrift des § 438 BGB grds. Anwendung finden soll (zur Verjährung ausf. → Art. 45 Rn. 1 ff..) (Magnus RIW 2002, 577 (580); Schlechtriem/Schroeter IntUN-KaufR Rn. 202; Begr. zur ursprünglichen Fassung des GE, BT-Drs. 14/6040, 284).

## Art. 5 (Ausschluss der Haftung für Tod oder Körperverletzung)

**Dieses Übereinkommen findet keine Anwendung auf die Haftung des Verkäufers für den durch die Ware verursachten Tod oder die Körperverletzung einer Person.**

**Schrifttum:** CISG Advisory Council Opinion No. 12, Liability of the seller for damages arising out of personal injuries and property damage caused by goods and services under the CISG, http://www.cisgac.com/cisgac-opinion-no12/ (abgerufen 19.4.2022; zum CISG Advisory Council Art. 7 Rn. 3); Ernst, Das Wiener Übereinkommen von 1980 über Verträge über den internationalen Warenkauf (UN-Kaufrecht) im Recht der Produkthaftung: Abgrenzungsprobleme gegenüber dem „ansonsten anwendbaren" Recht, 2002; Herber, Mangelfolgeschäden nach dem CISG und nationales Deliktsrecht, IHR 2001, 187; Herber, UN-Kaufrechtsübereinkommen: Produkthaftung – Verjährung, MDR 1993, 105; Herber, Zum Verhältnis von UN-Kaufrechtsübereinkommen und deliktischer Haftung, FS Schlechtriem, 2003, 207; Köhler, Die Haftung nach UN-Kaufrecht im Spannungsverhältnis zwischen Vertrag und Delikt, 2003; Koller, Das Regressrecht des CISG-Importeurs gegen den CISG-Verkäufer bei Produkthaftungsfällen mit Körperschäden, FS Wiegand, 2005, 421; Kuhlen, Produkthaftung im internationalen Kaufrecht. Entstehungsgeschichte, Anwendungsbereich und Sperrwirkung des Art. 5 des Wiener UN-Kaufrechts (CISG), 1997; Magnus, Wesentliche Fragen des UN-Kaufrechts, ZEuP 1999, 642, 645; Otto, Produkthaftung nach dem UN-Kaufrecht, MDR 1992, 533; Otto, Nochmals: UN-Kaufrecht und EG-Produkthaftungsrichtlinie, MDR 1993, 306; Ryffel, Die Schadensersatzhaftung des Verkäufers nach dem Wiener Übereinkommen über internationale Warenkaufverträge vom 11. April 1980, 1992; Schmid, Das Zusammenspiel von Einheitlichem UN-Kaufrecht und nationalem Recht: Lückenfüllung und Normenkonkurrenz, 1996; Schneider, UN-Kaufrecht und Produkthaftpflicht. Zur Auslegung von Art. 4 Satz 1 und Art. 5 CISG und zur Abgrenzung vertraglicher und außervertraglicher Haftung aus der Sicht des CISG, 1995.

## Überblick

Art. 5 grenzt den sachlichen Anwendungsbereich des CISG ein, indem es die Produkthaftung für sämtliche Personenschäden aus diesem herausnimmt (→ Rn. 2 f.). Neben einem dem CISG unterworfenen Produkthaftungsanspruch kommt auch eine Produkthaftung nach nationalem Deliktsrecht in Betracht (→ Rn. 5 ff.).

## I. Normzweck

Art. 5 stellt eine weitere Vorschrift dar, die den sachlichen Anwendungsbereich des Übereinkommens regelt. Hierdurch wird die Produkthaftung teilweise, nämlich in Bezug auf Personenschäden, ausdrücklich aus dem Anwendungsbereich des CISG ausgegrenzt. Dies wird mit der rechtspolitischen Erwägung begründet, bereits vorhandene ausgeprägte nationale Produkthaftungsregeln nicht auszuhebeln und Raum für spezielle, nur diesen komplexen Bereich regelnde Vereinheitlichungsprojekte zu lassen (Staudinger/Magnus, 2018, Rn. 2). Bei Staaten, in denen die Produkthaftung auf vertraglicher Grundlage geregelt ist, wird durch Art. 5 die Geltung der nationalen Produkthaftung nicht berührt (Schlechtriem/Schroeter IntUN-KaufR Rn. 183; zust. Witz/Salger/Lorenz/Lorenz Art. 4 Rn. 31; MüKoBGB/P. Huber Rn. 1; Staudinger/Magnus, 2018, Rn. 2). Gleichzeitig ergibt sich hieraus, dass eine Produkthaftung für Sachschäden durchaus nach den Vorschriften des CISG zu beurteilen ist. 1

## II. Einzelerläuterungen

**1. Nichtanwendbarkeit bei Haftung wegen Personenschäden.** Gemäß Art. 5 richtet sich die Haftung des Verkäufers für den Tod oder die Körperverletzung einer Person, die durch die Ware verursacht wurde, nicht nach den Vorschriften des Übereinkommens. Ob und in welchem Umfang Schadensersatz zu gewähren ist, beurteilt sich damit ausschließlich nach dem durch die IPR-Regeln des Forumstaates zu ermittelnden anwendbaren nationalen Recht (Bianca/Bonell/Khoo Anm. 2.3; Honsell/Siehr Rn. 2; Reinhart UN-KaufR Rn. 5; Schlechtriem/Schwenzer/Schroeter/Ferrari Rn. 3; Rudolph Rn. 4; Staudinger/Magnus, 2018, Rn. 4; Schneider, UN-Kaufrecht und Produkthaftpflicht, 1995, 230 f.; Otto MDR 1992, 533 (537); Herber MDR 1993, 105). Dies gilt sowohl für die vertragliche wie die deliktsrechtliche Haftung. Nach in Deutschland anwendbarem Recht entscheidet dabei das Vertragsstatut gem. Art. 3, 4 Rom I-VO über das anwendbare Recht für vertragliche Schadensersatzansprüche (Rudolph Rn. 5; Staudinger/Magnus, 2018, Rn. 15). Hinsichtlich deliktischer Schadensersatzansprüche ist an Art. 4 bis 9 Rom II-VO anzuknüpfen, wonach grds. das Recht des Erfolgsortes berufen ist (Grüneberg/Thorn Rom II-VO Art. 4 Rn. 1). Aber auch deliktsrechtliche Ansprüche können dem Vertragsstatut unterstellt werden, wenn in der deliktischen Handlung zugleich eine Vertragsverletzung liegt (so MüKoBGB/H. P. Westermann, 6. Aufl. 2012, Rn. 2; Schlechtriem/Schwenzer/Schroeter/Ferrari Rn. 3). 2

Der Ausschluss der Haftung nach dem CISG bezieht sich auf **sämtliche Personenschäden,** also auch auf Tod oder Körperverletzung anderer Personen als des Käufers (zB seiner Mitarbeiter 3 oder seiner Abnehmer), durch die der Käufer sich Regressansprüchen ausgesetzt sieht, ihm also Vermögensschäden erwachsen, die er wiederum vom Verkäufer ersetzt verlangen kann (Achilles Rn. 2; Enderlein/Maskow/Strohbach Anm. 1.1; Herber/Czerwenka Rn. 3; MüKoHGB/Mankowski Rn. 3; Schlechtriem/Schwenzer/Schroeter/Ferrari Rn. 6; Reinhart UN-KaufR Rn. 3; Rudolph Rn. 3; Staudinger/Magnus, 2018, Rn. 7; Kuhlen, Produkthaftung im internationalen Kaufrecht, 1997, 61; anders OLG Düsseldorf RIW 1993, 845, CISG-online 74; Koller FS Wiegand, 2005, 421 (432 ff.)). Auch Schmerzensgeldansprüche und der Ersatz sonstiger immaterieller Schäden (wie zB durch Schlechtlieferung verursachte Unannehmlichkeiten) sind von der Haftung nach dem CISG ausgeschlossen (Achilles Rn. 2; Schlechtriem/Schwenzer/Schroeter/Ferrari Rn. 5; Staudinger/Magnus, 2018, Rn. 5). Schließlich müssen die Personenschäden **durch die Ware verursacht** worden sein. Dieser Verursachungszusammenhang ist restriktiv zu bewerten, sodass Personenschäden, die bei Anlieferung und Montage der Ware entstanden sind, nicht vom Anwendungsausschluss des Art. 5 umfasst werden und nach den Vorschriften des CISG zu beurteilen sind (Achilles Rn. 3; Schlechtriem/Schwenzer/Schroeter/Ferrari Rn. 7; Staudinger/Magnus, 2018, Rn. 6; ebenso generell für die Verletzung von Nebenpflichten Brunner/Meier/Stacher Rn. 1; Witz/Salger/Lorenz/Lorenz Rn. 3; aA MüKoHGB/Mankowski Rn. 7 f.).

4 **2. Vertragliche Produkthaftung für Sachschäden.** Die vertragliche Haftung für Sachschäden aus einem Vertragsverhältnis, das nach Art. 1 vom Regelungsbereich des CISG erfasst ist, richtet sich im Gegensatz zur Haftung für Personenschäden ausschließlich nach den Schadensersatzvorschriften des Übereinkommens (Honnold Rn. 73; Rudolph Rn. 11; Schlechtriem/Schwenzer/Schroeter/Ferrari Rn. 10; Staudinger/Magnus, 2018, Rn. 10; Ryffel, Die Schadensersatzhaftung des Verkäufers nach dem Wiener Übereinkommen über internationale Warenkaufverträge vom 11. April 1980, 1992, 134. Weiterhin plädieren für eine Anwendung des CISG Karollus UN-KaufR S. 44 und Piltz IntKaufR Rn. 2-156, ohne jedoch ausdrücklich zu verlangen, dass ausschließlich das CISG anzuwenden ist). Ein Rückgriff auf vertragliche Ansprüche des nationalen Produkthaftungsrechts ist ausgeschlossen (Ryffel, Die Schadensersatzhaftung des Verkäufers nach dem Wiener Übereinkommen über internationale Warenkaufverträge vom 11. April 1980, 1992, 134; Staudinger/Magnus, 2018, Rn. 10; Honnold Rn. 73; Schlechtriem/Schroeter IntUN-KaufR Rn. 187). Der Begriff des Sachschadens ist umfassend zu verstehen. Darunter sind sowohl Mangelschäden – also Schäden, die durch einen Fehler an der verkauften Sache selbst entstehen – als auch Mangelfolgeschäden – die durch die fehlerhafte Kaufsache an anderen Sachen verursacht werden – zu fassen. Hinsichtlich der Mangelfolgeschäden ist aber zu beachten, dass gem. Art. 74 lediglich vorhersehbare Schäden ersetzt werden (Honsell/Siehr Rn. 6 f.; Rudolph Rn. 11; Otto MDR 1992, 533 (535 f.); Herber MDR 1993, 105. Für die grds. Ersatzfähigkeit von Mangelfolgeschäden im Rahmen des EKG bereits Schmid RIW 1996, 904 (905 f.); P. Huber IPRax 1996, 91 (94); P. Huber IPRax 1997, 22).

5 **3. Verhältnis zur Produkthaftung nach nationalem Recht.** Schließlich stellt sich die Frage, ob neben dem abschließenden vertraglichen Haftungssystem des CISG auch eine Produkthaftung nach nationalem Deliktsrecht in Betracht kommt, wenn eine kollisionsrechtlich berufene Rechtsordnung ihre Produkthaftung auf das Deliktsrecht stützt. Dies ist vor allem dann praktisch relevant, wenn eine Haftung nach dem CISG entfällt, etwa weil die Rüge nach Art. 39 verspätet erfolgte oder der Schaden nicht vorhersehbar iSd Art. 74 war, der Schaden nach nationalem Deliktsrecht jedoch gleichwohl zu ersetzen wäre (vgl. auch Rudolph Rn. 11; Schlechtriem/Schwenzer/Schroeter/Ferrari Rn. 11; Staudinger/Magnus, 2018, Rn. 11; Herber IHR 2001, 187). Die Konkurrenz zu deliktischen Ansprüchen ist im Übereinkommen nicht ausdrücklich geregelt. Die Beantwortung dieser Frage ist **umstritten.**

6 Teilweise wird die Ansicht vertreten, neben einem dem CISG unterworfenen Produkthaftungsanspruch sei jeder Rückgriff auf konkurrierende **deliktische Ansprüche ausgeschlossen** (Bianca/Bonell/Khoo Anm. 3.3.5; Enderlein/Maskow/Strohbach Anm. 1.2 und Art. 4 Anm. 4.2; Herber/Czerwenka Rn. 5; Honnold Rn. 73; Piltz IntKaufR Rn. 2-139 ff.; Mistelis/Ribeiro in Kröll/Mistelis/Perales Viscasillas CISG Rn. 25 ff.; Ryffel, Die Schadensersatzhaftung des Verkäufers nach dem Wiener Übereinkommen über internationale Warenkaufverträge vom 11. April 1980, 1992, 136; Kuhlen, Produkthaftung im internationalen Kaufrecht, 1997, 115 f.; Daun JuS 1997, 811 (814); Herber MDR 1993, 105 f.; Otto MDR 1992, 533 (537); Herber FS Schlechtriem, 2003, 207 (215), macht eine Ausnahme für nicht in der bloßen Vertragsverletzung begründete Deliktsansprüche, zB wegen Betruges oder bei Schädigungsvorsatz). Dies wird vor allem mit dem durch das Einheitskaufrecht verfolgten Ziel der Rechtsvereinheitlichung begründet, dem eine konkurrierende Anwendbarkeit nationalen Deliktsrechts zuwiderlaufe (Enderlein/Maskow/Strohbach Anm. 1.2; Honnold Rn. 73; Ryffel, Die Schadensersatzhaftung des Verkäufers nach

dem Wiener Übereinkommen über internationale Warenkaufverträge vom 11. April 1980, 1992, 136; Kuhlen, Produkthaftung im internationalen Kaufrecht, 1997, 117; Otto MDR 1992, 533 (537)). Außerdem sei in anderen Staaten eine entsprechende Praxis festzustellen, auf die gem. Art. 7 Abs. 1 hinsichtlich einer einheitlichen Anwendung Rücksicht zu nehmen sei (Herber IHR 2001, 187 (189); Herber FS Schlechtriem, 2003, 207 (215 f.)). Andernfalls würde auch das ausgleichende Verhältnis des CISG außer Kraft gesetzt bzw. umgangen, welches sich in der Rügepflicht und dem Erfordernis der Vorhersehbarkeit des Schadens äußere (Herber IHR 2001, 187 (188 ff.)), zumal der vertragliche Schadensersatzanspruch des CISG auch Schäden an Sachen des Käufers erfasse. Eine Ausnahme wird teilweise nur im Hinblick auf die EU-Produkthaftungsrichtlinie und die sie umsetzenden nationalen Regelungen (in Deutschland das Produkthaftungsgesetz) gemacht, da die RL gem. Art. 90 Vorrang vor dem CISG habe (Herber/Czerwenka Rn. 7, Art. 90 Rn. 4; Herber IHR 2001, 187 (189 und 191); Herber FS Schlechtriem, 2003, 207 (222); Herber MDR 1996, 105 f.; Ryffel, Die Schadensersatzhaftung des Verkäufers nach dem Wiener Übereinkommen über internationale Warenkaufverträge vom 11. April 1980, 1992, 137; Kuhlen, Produkthaftung im internationalen Kaufrecht, 1997, 123 f.; anders jetzt Herber IHR 2004, 89 (94): kein Vorrang der Produkthaftungsrichtlinie vor dem CISG, sondern Erforderlichkeit einer Vorbehaltserklärung nach Art. 94). Ob EU-Richtlinien tatsächlich von Art. 90 erfasst werden, ist aber umstritten (→ Art. 90 Rn. 1).

Nach aA wird die **deliktsrechtliche Produzentenhaftung** vom Einheitskaufrecht grds. nicht **7** verdrängt, sondern bleibt **daneben anwendbar** (BGH IPRax 1996, 124; OLG München RIW 1996, 955 (956); Honsell/Siehr Rn. 6; Schlechtriem/Schwenzer/Schroeter/Ferrari Rn. 12 f.; Staudinger/Magnus, 2018, Rn. 13 f.; Soergel/Kreße Rn. 4; Reinhart UN-KaufR Rn. 5; Sendmeyer, Direct Producers' Liability and Sellers' Right of Redress in Private International Law, in Ebers/Janssen/Meyer, European Perspectives on Producers' Liability – Direct Producers' Liability for Non-conformity and the Sellers' Right of Redress, 2009, 151, 164; Magnus ZEuP 1993, 79 (95 f.); vgl. MüKoHGB/Mankowski Rn. 11: Anwendbarkeit nationaler Regelungen für die Verletzung allgemeiner Verhaltenspflichten; sowie bereits zum EKG Schmid RIW 1996, 908 f.; P. Huber IPRax 1996, 91 (93 f.); P. Huber IPRax 1997, 23; diff. aber Schlechtriem/Schroeter IntUN-KaufR Rn. 187 ff.). Dabei richte sich der Ausschluss deliktischer Ansprüche nach den Konkurrenzregeln des anwendbaren nationalen Rechts, das Ansprüche aus außervertraglicher Haftung vorsieht (Witz/Salger/Lorenz/Lorenz Art. 4 Rn. 31; Staudinger/Magnus, 2018, Rn. 14). Teilweise wird dabei die Einschränkung gemacht, durch deliktische Ansprüche sei jedenfalls nur der durch das „Weiterfressen" entstandene Schaden zu ersetzen. Das CISG habe aber Vorrang, soweit es möglich sei, mit deliktischen Ansprüchen das Erfüllungsinteresse geltend zu machen (Schlechtriem/Schroeter IntUN-KaufR Rn. 188; Staudinger/Magnus, 2018, Rn. 14; Brunner/Meier/Stacher Rn. 2; auch MüKoBGB/H. P. Westermann, 6. Aufl. 2012, Rn. 5. Ähnlich und für einen Ausschluss deliktischer Ansprüche für Schäden an der Kaufsache selbst Witz/Salger/Lorenz/Lorenz Art. 4 Rn. 31).

Der Ansicht, wonach die deliktsrechtliche Produzentenhaftung neben dem CISG Anwendung **8** findet, ist zu folgen. Das Gegenargument, hierdurch würde Vereinheitlichungsbestrebungen widersprochen, vermag schon deshalb nicht zu überzeugen, weil das CISG die Rechtsvereinheitlichung gerade auf die darin normierten (vertragsrechtlichen) Bereiche beschränken und andere Rechtsgebiete (Deliktsrecht) unberührt lassen soll (Honsell/Siehr Rn. 6; Soergel/Kreße Rn. 4). Darüber hinaus liegen beiden Rechtsgebieten unterschiedliche Wertungen zugrunde, die zu unterschiedlichen Ergebnissen führen (Staudinger/Magnus, 2018, Rn. 14, der besonders hervorhebt, dass die Deliktshaftung idR nicht abdingbar ist; s. auch Magnus ZEuP 1996, 79 (96)), weshalb es geboten ist, diese nebeneinander bestehen zu lassen. Das Deliktsrecht regelt die Folgen des Verhaltensunrechts, das in der Verletzung für jedermann geltender Verhaltensregeln liegt, und steht in keinem Zusammenhang mit der durch den rechtgeschäftlichen Willen begründeten Verpflichtung zur Lieferung vertragsgemäßer Sachen (Witz/Salger/Lorenz/Lorenz Art. 4 Rn. 31; krit. Herber FS Schlechtriem, 2003, 207 (213), nach dem die speziellen Verhaltensregeln der Sonderbeziehung die allgemeinen ersetzen). Schließlich würde der Geschädigte bei einem nach Art. 6 durch Parteivereinbarung möglichen Haftungsausschluss gänzlich schutzlos bleiben, wenn daneben keine deliktische Haftung möglich wäre (Honsell/Siehr Rn. 4; Schlechtriem/Schwenzer/Schroeter/Ferrari Rn. 13; Staudinger/Magnus, 2018, Rn. 14; dagegen Herber FS Schlechtriem, 2003, 207 (211, 213): Deliktsrecht sei idR dispositiv).

### Art. 6 (Ausschluß, Abweichung oder Änderung durch Parteiabrede)

**Die Parteien können die Anwendung dieses Übereinkommens ausschließen oder, vorbehaltlich des Artikels 12, von seinen Bestimmungen abweichen oder deren Wirkung ändern.**

**Schrifttum:** Chiomenti, Does the choice of a-national rules entail an implicit exclusion of the CISG?, EuLF 2005, I-141; CISG Advisory Council Opinion No. 16, Exclusion of the CISG under Article 6, http://cisgac.com/cisgac-opinion-no16/ (abgerufen 19.4.2022; zum CISG Advisory Council Art. 7 Rn. 3); Czernich, UN-Kaufrecht: Gestaltungsmöglichkeiten in der Vertragspraxis durch nachträgliche Rechtswahl, WiBl 1997, 230; Ferrari, Ausschluss des UN-Kaufrechts, Rügefrist und Beweislast in einem italienischen Urteil zum deutsch-italienischen Rechtsverkehr (zu Trib Vigevano, 12.7.2000), IPRax 2001, 354; Fischer, Vor- und Nachteile des Ausschlusses des UN-Kaufrechts aus Sicht des deutschen Exporteurs – Rechtsvergleichende Betrachtung der Verkäuferrisiken nach BGB und CISG unter Berücksichtigung jeweiliger Haftungsausschluss- und Haftungsbegrenzungsmöglichkeiten, 2008; Hellwege, UN-Kaufrecht oder Gemeinsames Europäisches Kaufrecht?, IHR 2012, 221; Herber, Möglichkeiten der Vertragsgestaltung nach dem UN-Kaufübereinkommen, in Bucher (Hrsg.), Wiener Kaufrecht, 1991, 215; Herber, Anwendungsvoraussetzungen und Anwendungsbereich des Einheitlichen Kaufrechts, in Schlechtriem (Hrsg.), Einheitliches Kaufrecht und nationales Obligationenrecht, 1987, 97; Holthausen, Vertraglicher Ausschluß des UN-Übereinkommens über internationale Warenkaufverträge, RIW 1989, 513; Janssen, UN-Kaufrecht: Ausschluss als „Haftungsfalle“, AW-Prax 2003, 347; Juhasz, Stillschweigender Ausschluss des UN-Kaufrechts im Prozess, IHR 2021, 89; Kampf/Marenkov, Ausschluss und Einbeziehung des UN-Kaufrechts. Analyse einer Kurzumfrage zur Verwendung von UN-Kaufrecht in der internationalen Vertragspraxis, IHR 2021, 2; Karollus UN-KaufR, UN-Kaufrecht: Hinweise für die Vertragspraxis, JBl 1993, 23; Karollus UN-KaufR, Unsicherheitseinrede nach UNKR/Anwendbarkeit des UNKR bei Rechtswahl, JBl 1999, 54; Raphael Koch, CISG or German Law? Pros and Cons, IHR 2015, 52; Robert Koch, Wider den formularmäßigen Ausschluß des UN-Kaufrechts, NJW 2000, 910; Köhler, Das UN-Kaufrecht (CISG) und sein Anwendungsausschluss, 2007; Lehnert/Schäfer, Die Rechtswahl bei internationalen Kaufverträgen – ein empirischer Befund aus 2020, IHR 2021, 145; Lindbach, Rechtswahl im Einheitsrecht am Beispiel des Wiener UN-Kaufrechts, 1996; Mankowski, Artikel 6 CISG und Abbedingung der CISG, FS Magnus, 2014, 255; Mankowski, Überlegungen zur sach- und interessengerechten Rechtswahl für Verträge des internationalen Wirtschaftsverkehrs, RIW 2003, 2; Regula/Kannowski, Nochmals: UN-Kaufrecht oder BGB? Erwägungen zur Rechtswahl aufgrund einer vergleichenden Betrachtung, IHR 2004, 45; Reifner, Stillschweigender Ausschluss des UN-Kaufrechts im Prozess?, IHR 2002, 52; Schillo, UN-Kaufrecht oder BGB? – die Qual der Wahl beim internationalen Warenkaufvertrag – Vergleichende Hinweise zur Rechtswahl beim Abschluss von Verträgen, IHR 2003, 257.

## Überblick

Art. 6 ermöglicht es den Parteien, die Anwendung des Übereinkommens oder einzelner Vorschriften ausdrücklich oder stillschweigend auszuschließen (→ Rn. 2 ff.). Zudem kann die Geltung vereinbart werden, obwohl der Anwendungsbereich des CISG nicht eröffnet ist (→ Rn. 7).

## I. Normzweck

1 Die Vorschriften des CISG sind grds. **dispositiv.** Die Anwendung kann ausdrücklich oder stillschweigend ausgeschlossen oder aber – bei Fehlen der räumlichen Anwendungsvoraussetzungen (Schlechtriem/Schwenzer/Schroeter/Ferrari Rn. 39; Enderlein/Maskow/Strohbach Anm. 3.2) – auch vereinbart werden (opting-in) (Honsell/Siehr Rn. 9 f.; Schlechtriem/Schroeter IntUN-KaufR Rn. 58 ff.). Die Möglichkeit des Ausschlusses (opting-out) – der sowohl kollisionsrechtlich als auch materiellrechtlich möglich ist (Staudinger/Magnus, 2018, Rn. 9; Schlechtriem/Schroeter IntUN-KaufR Rn. 45 ff.) – wird in Art. 6 und ebenso in den zentralen Bestimmungen über die Verkäufer- und Käuferpflichten der Art. 30 und 53 hervorgehoben. Damit statuiert Art. 6 den Vorrang der Privatautonomie (LG Stendal IHR 2001, 30 (32) = CISG-online 592; MüKoHGB/Mankowski Rn. 1; vgl. UNCITRAL Digest Anm. 2; Schlechtriem/Schroeter IntUN-KaufR Rn. 45). Abdingbar sind insbes. auch die Bestimmungen über die übereinkommensautonome Auslegung (Art. 7) (Schlechtriem/Schwenzer/Schroeter/Ferrari Rn. 10; Staudinger/Magnus, 2018, Rn. 55; aA Bianca/Bonell/Bonell Anm. 2) und den sachlichen Geltungsbereich (Art. 4) (Schlechtriem/Schwenzer/Schroeter/Ferrari Rn. 11; Staudinger/Magnus, 2018, Rn. 54; aA Bianca/Bonell/Bonell Anm. 3.4; aufgrund des Fehlens anwendbarer Regelungen im CISG ist ein Ausschluss von Art. 4 aber praktisch kaum vorstellbar). Die dispositive Natur des CISG findet ihre Grenze in der Bestimmung des Art. 12, die verhindern soll, dass zwingende Formvorschriften eines Vorbehaltsstaates (→ Art. 11 Rn. 3) mit Hilfe von Art. 6 abbedungen werden (Schlechtriem/Schwenzer/Schroeter/Ferrari Rn. 8; Staudinger/Magnus, 2018, Rn. 52). Unabdingbar sind auch die Schlussbestimmungen der Art. 89–101 (UNCITRAL Digest Anm. 4; MüKoBGB/P. Huber

Rn. 28). Die Möglichkeit des Ausschlusses bzw. einer Vereinbarung der Geltung des CISG wirft die Frage nach der für die jeweilige Vertragspartei interessengerechtesten Regelung und nach Gestaltungsempfehlungen auf (Mankowski RIW 2003, 2 ff.; Schillo IHR 2003, 257 ff.; Regula/Kannowski IHR 2004, 45 ff.; zu Empfehlungen zur Vertragsgestaltung https://iicl.law.pace.edu/cisg/cisg unter „Applying the CISG", abgerufen 19.4.2022). Überwiegend wird das CISG für den Verkäufer im Gesamtvergleich attraktiver als das deutsche Kaufrecht angesehen (so nach Abwägung der Vor- und Nachteile Piltz IHR 2002, 2 (6 ff.); Piltz NJW 2005, 2126; Regula/Kannowski IHR 2004, 45 (53 f.) ebenfalls für den Käufer; Kampf/Marenkov IHR 2021, 2 (3 f.); aA Schillo IHR 2003, 257 (265, 268) unter Hinweis auf den Nachteil der verschuldensunabhängigen Haftung und die Unsicherheiten bezüglich des Umfangs der Anwendung des CISG. Zum Vergleich des CISG mit §§ 478, 479 BGB und der Besserstellung des Regressgläubigers nach BGB Sendmeyer, Der Unternehmerregress nach Maßgabe der §§ 478, 479 – Unter besonderer Berücksichtigung intertemporaler und internationalrechtlicher Probleme, 2008, 287 ff. Aus Verkäufersicht des (deutschen) Exporteurs daher zur Wahl des CISG ratend Piltz EuZW 2011, 636; zum zwingenden Charakter der Regressregel des § 478 II BGB aber von Westphalen EuZW 2022, 149 (155)). Jedenfalls dürften die Gründe, die bislang in der Praxis zum häufigen Ausschluss des CISG (dazu Koch NJW 2000, 910; Stadie/Nietzer MDR 2002, 428 (431); P. Huber/Kröll IPRax 2003, 309) geführt haben, mit der Neuregelung des Kaufrechts im Rahmen der Schuldrechtsmodernisierung weggefallen sein. Deshalb gelangt eine empirische Studie aus dem Jahr 2020 auch zu dem Ergebnis, dass die Vorzüge des Einheitskaufrechts zunehmend wahrgenommen werden und die noch vorhandene Skepsis schwindet (Lehnert/Schäfer IHR 2021, 145).

## II. Einzelerläuterungen

**1. Ausschluss der Anwendung des CISG (opt-out). a) Vereinbarung.** Der Ausschluss der Anwendung des CISG oder einzelner Normen hieraus setzt eine Vereinbarung der Parteien voraus. Diese kann formlos erfolgen. Eine einseitige Erklärung alleine reicht hierfür jedoch nicht aus (Honsell/Siehr Rn. 2). Die Vereinbarung, die auch nach Vertragsschluss und sogar noch im Prozess (→ Rn. 4) möglich ist (Honsell/Siehr Rn. 3), kann **ausdrücklich oder stillschweigend** erfolgen. Die Frage, ob sich die Parteien über einen vollständigen Ausschluss des CISG geeinigt haben, beurteilt sich **nach den Regeln** von Teil II **des CISG** über den Abschluss des Vertrages (MüKoHGB/Mankowski Rn. 2; Schlechtriem/Schwenzer/Schroeter/Ferrari Rn. 13; Staudinger/Magnus, 2018, Rn. 8 ff.) und nicht nach dem von den Parteien bestimmten oder auf Grund IPR berufenen Rechts (so Honsell/Siehr Rn. 4; früher ebenso Piltz, Int. Kaufrecht, 1. Aufl. 1993, § 2 Rn. 109, der sich aber inzwischen (IHR 2002, 2 (6, 8)) ebenso wie Verf. (aA noch in der 1. Aufl. 2003, Rn. 2) der hM angeschlossen hat). Auf diese Weise beurteilt sich auch die wirksame Vereinbarung eines Ausschlusses des CISG auf Grund **AGB,** sodass insoweit die – gegenüber dem deutschen Recht – strengeren Regeln des UN-Kaufrechts gelten (BGHZ 149, 113 = IHR 2002, 14 = CISG-online 617; Staudinger/Magnus, 2018, Rn. 8, 11 ff., Art. 14 Rn. 41; Schlechtriem/Schwenzer/Schroeter/Ferrari Rn. 13 f.; Piltz IHR 2002, 2 (6); zur Rechtswahl als überraschende Klausel OLG Düsseldorf NJW-RR 1994, 1132). 2

**b) Ausdrücklicher Ausschluss.** Ein ausdrücklicher Ausschluss setzt nicht voraus, dass die Parteien eine anderweitige Rechtswahl treffen. In diesem Fall bestimmt sich das anwendbare Recht nach IPR (Schlechtriem/Schwenzer/Schroeter/Ferrari Rn. 15; Ferrari ZEuP 2002, 737 (740); Karollus UN-KaufR S. 38). Es können auch einzelne Vorschriften oder Teile des CISG abbedungen werden. Fehlt eine nähere Regelung der Parteien, stellt sich die Frage, ob die Lücken nach den allgemeinen Grundsätzen des CISG oder nach dem anwendbaren nationalen Recht zu füllen sind (für die Anwendung des vom Kollisionsrecht bestimmten nationalen Rechts Schlechtriem/Schwenzer/Schroeter/Ferrari Rn. 35; MüKoHGB/Mankowski Rn. 23; gegen den Rückgriff auf nationales Recht MüKoBGB/H. P. Westermann, 6. Aufl. 2012, Rn. 8; vgl. auch Karollus UN-KaufR S. 38). 3

**c) Stillschweigender Ausschluss.** Die Anwendbarkeit des CISG oder einzelner seiner Bestimmungen kann auch stillschweigend ausgeschlossen werden (Enderlein/Maskow/Strohbach Anm. 1.2; Schlechtriem/Schwenzer/Schroeter/Ferrari Rn. 18; Staudinger/Magnus, 2018, Rn. 20), soweit nur ein entspr. übereinstimmender Parteiwille hinreichend deutlich und sicher erkennbar ist (Schweiz. BG IHR 2019, 236 (240 f.): „hohe Standards", „hinreichend konkrete Anhaltspunkte", nicht ohne weiteres ausreichend ist die Verwendung von dem CISG unbekannter Rechtsbegriffe; Staudinger/Magnus, 2018, Rn. 9, 20; Schlechtriem/Schwenzer/Schroeter/Ferrari 4

Rn. 18; Brunner/Manner/Schmitt Rn. 1; Schroeter IHR 2019, 231 (234); Sekretariatskommentar O.R. Art. 5 Anm. 2. Der französische Cour de Cassation CISG-online Nr. 1098 hat für einen Ausschluss dagegen ausreichen lassen, dass sich die Parteien in ihren Schriftsätzen ausschließlich auf den französischen Code civil berufen haben). Dagegen reicht der hypothetische Wille nicht aus (vgl. KG RIW 1994, 683; Herber/Czerwenka Rn. 10; MüKoBGB/P. Huber Rn. 10; Schlechtriem/Schwenzer/Schroeter/Ferrari Rn. 18). Ein stillschweigender Ausschluss kann durch **Wahl des Rechts eines Nichtvertragsstaates** erfolgen (UNCITRAL Digest Anm. 7; OLG Düsseldorf RIW 1993, 845 = CISG-online 74; Enderlein/Maskow/Strohbach Anm. 1.3; Honsell/Siehr Rn. 6; Schlechtriem/Schwenzer/Schroeter/Ferrari Rn. 20). Die **Wahl des Rechts eines Vertragsstaates** führt bei Bezugnahme auf dessen unvereinheitlichtes Recht („es gilt das BGB") zum Ausschluss des CISG (BGHZ 96, 313 (323) zum EKG; Handelsgericht des Kantons Zürich IHR 2003, 188 (189) = CISG-online Nr. 726; Tribunale di Padova 11.1.2005, EuLF 2005, II-124 (127) = CISG-online Nr. 967; Schlechtriem/Schwenzer/Schroeter/Ferrari Rn. 21; Ferrari ZEuP 2002, 737 (743); Staudinger/Magnus, 2018, Rn. 30; Honsell/Siehr Rn. 5; Sendmeyer, Der Unternehmerregress nach Maßgabe der §§ 478, 479 – Unter besonderer Berücksichtigung intertemporaler und internationalrechtlicher Probleme, 2008, 289). Ein Verweis auf das unvereinheitlichte Recht („es gilt deutsches Recht") führt dagegen nicht ohne weiteres zum Ausschluss des CISG (BGH IHR 2018, 56 (68); 2010, 216 (217); NJW 1999, 1259 (1260); OLG Köln IHR 2013, 155 (157); Schlechtriem/Schwenzer/Schroeter/Ferrari Rn. 22; Soergel/Kresse Rn. 3 mwN; Schlechtriem/Schroeter IntUN-KaufR Rn. 51. Bei Abfassung des Übereinkommens wurden die Anträge von Kanada und Belgien abgelehnt, die Wahl eines nationalen Rechts auch bei Vertragsstaaten als Ausschluss des CISG anzusehen, O.R. 86), da so auch auf das CISG als Bestandteil dieses Rechts verwiesen wird (UNCITRAL Digest Anm. 8; OGH IHR 2002, 24 (26) = CISG-online Nr. 614; JBl 1999, 54 (55); Staudinger/Magnus, 2018, Rn. 24; US Court of Appeals (5th Cir), IHR 2003, 189 (191); ebenso für die deutsche Rechtsordnung BGH NJW 1999, 1259 (1260); 1997, 3309 (3310); OLG Hamburg IHR 2001, 109 = CISG-online 509. Das Handelsgericht des Kantons Zürich IHR 2003, 188 f. = CISG-online 726 begründet die Erfassung des CISG durch die Wahl eines bestimmten Rechts damit, dass eine Rechtswahlvereinbarung idR eine Sachnormverweisung sei und das CISG Sachnormen enthalte). Vielmehr bedarf es für die Annahme des Ausschlusses zusätzlicher, über den bloßen Text der Rechtswahlklausel hinausgehender Anhaltspunkte (OLG Karlsruhe RIW 1998, 235; OGH IHR 2002, 24 (26) = CISG-online Nr. 614; Schlechtriem/Schroeter IntUN-KaufR Rn. 51; Piltz NJW 2000, 553 (556)). Die Wahl des Rechts eines Vertragsstaates ist aber auch dann nicht überflüssig, wenn das CISG ohnehin anwendbar wäre (Enderlein/Maskow/Strohbach Anm. 1.3; Staudinger/Magnus, 2018, Rn. 24; Witz/Salger/Lorenz/Lorenz Rn. 9; vgl. UNCITRAL Digest Anm. 8). Denn die Rechtswahl bestimmt das ergänzend zum CISG anzuwendende nationale Recht. Eine entspr. Vereinbarung ist den Parteien sogar aus Gründen der Rechtssicherheit zu empfehlen (Enderlein/Maskow/Strohbach Anm. 1.3; Witz/Salger/Lorenz/Witz Art. 7 Rn. 35). Die Vereinbarung von Incoterms deutet ebenfalls nicht zwingend auf eine Abbedingung des UN-Kaufrechts, da diese nur einzelne Aspekte des Kaufvertrages regeln und deshalb nicht die Anwendung eines bestimmten, vom CISG abweichenden Kaufrechts als Basis voraussetzen (OGH IHR 2002, 24 (26) mwN = CISG-online Nr. 614; Schlechtriem/Schwenzer/Schroeter/Ferrari Rn. 29; MüKoBGB/P. Huber Rn. 18; auch Staudinger/Magnus, 2018, Rn. 46. Zu den Voraussetzungen einer Abbedingung durch Verweis auf Regelungswerke wie die Unidroit Principles und lex mercatoria s. Tribunale di Padova 11.1.2005, EuLF 2005, II-124 (127) = CISG-online Nr. 967 m. zust. Anm. Chiomenti EuLF 2005, I-141 (144 ff.)). Des Weiteren kann aus der Festlegung eines Gerichtstands in Deutschland in AGB nicht geschlossen werden, dass das CISG nicht anwendbar sein soll. Dies kann allenfalls als Indiz gewertet werden, weil das CISG Teil des deutschen Rechts ist (OLG Stuttgart IHR 2008, 102 (104) = CISG-online Nr. 1658 diff. Köhler, Das UN-Kaufrecht (CISG) und sein Anwendungsausschluss, 2007, 256 ff.). Soweit ein **Gerichtsstand** in einem Nichtvertragsstaat vereinbart wird, kann hieraus indes im Regelfall die Wahl des Rechts dieses Staates und somit der Ausschluss des CISG abgeleitet werden (Staudinger/Magnus, 2018, Rn. 36; Honsell/Siehr Rn. 6; aA Schlechtriem/Schwenzer/Schroeter/Ferrari Rn. 31, Ferrari hält zwar einen stillschweigenden Ausschluss durch Gerichtsstandvereinbarung für möglich, sieht diesen aber nicht als Regelfall an; anders auch Brunner/Manner/Schmitt Rn. 5).

**5** Ebenso wird teilweise bei **Schiedsvereinbarungen** aus dem Schiedsort auf das anwendbare Recht geschlossen (Staudinger/Magnus, 2018, Rn. 37; aA Schlechtriem/Schwenzer/Schroeter/Ferrari Rn. 32. Gegen einen zwingenden Schluss auf das Ortsrecht MüKoBGB/P. Huber Rn. 20. Nach Chiomenti EuLF 2005, I-141 (144) muss auf Grund besonderer Umstände durch die Wahl des Schiedsgerichts auf das Ortsrecht geschlossen werden können). Wird ein inländischer Schiedsgerichtsstand gewählt, hat dies sowohl die Anwendbarkeit des deutschen Prozessrechts als auch – mangels sonstiger Abrede – des materiellen deutschen Rechts zur Folge; hierdurch kann auch das UN-Kaufrecht berufen sein (Schiedsgericht der Hamburger freundschaftlichen Arbitrage IHR 2001, 35 (36) mwN = CISG-online 638).

Das bloße Verhandeln im Prozess auf der Grundlage des nationalen unvereinheitlichten Rechts, wie etwa des BGB, lässt allein noch nicht den Rückschluss auf die (nachträgliche) Rechtswahl zu. Denn die Parteien müssen sich einer solchen auch bewusst sein (Schweiz. BG IHR 2019, 236 (241); OLG Hamm RIW 1996, 689; OLG Zweibrücken Teilurt. v. 2.2.2004 – 7 U 4/03, CISG-online Nr. 877; LG Saarbrücken IHR 2003, 27 = CISG-online Nr. 713; Tribunale di Vigevano IHR 2001, 72 (73 f.) = CISG-online Nr. 493; OLG Hamm NJW-RR 1999, 364 = CISG-online Nr. 474: unmissverständliche Erklärung erforderlich; OLG Stuttgart IHR 2008, 102 (104) = CISG-online Nr. 1658; Schlechtriem/Schwenzer/Schroeter/Ferrari Rn. 25 f.; Staudinger/Magnus, 2018, Rn. 51; Honsell/Siehr Rn. 3; Schroeter IHR 2019, 231 (234); Piltz NJW 2005, 2126 (2127); Reifner IHR 2002, 52 (57); krit. Lurger IHR 2005, 177 (179); anders zum EKG BGH NJW 1981, 1156 f.; s. auch OGH 21.4.2004 – 7 Ob 32/04p, CISG-online Nr. 1048, welches das CISG anwendete, um die Rechtsstellung Dritter nicht zu beeinträchtigen). Äußern sich die Parteien in Unkenntnis der Anwendbarkeit des CISG auf Grundlage von BGB und HGB, ist der Richter an das fehlerhafte Vorbringen nicht gebunden (iura novit curia) (Schlechtriem/Schroeter IntUN-KaufR Rn. 56; ebenso Schlechtriem/Schwenzer/Schroeter/Ferrari Rn. 25; Ferrari ZEuP 2002, 737 (745). Vgl. dazu UNCITRAL Digest Anm. 10). Bewusstes Abweichen der Parteien kann demgegenüber als konkludenter Ausschluss des UN-Kaufrechts auch noch im Prozessstadium gewertet werden (Schlechtriem/Schroeter IntUN-KaufR Rn. 56), etwa (in Kenntnis der Existenz des CISG) durch stillschweigende übereinstimmende Erklärung in Form einer ausdrücklichen Bezugnahme auf das Kaufrecht des BGB/HGB bzw. auf inländisches Gewährleistungsrecht (OLG Koblenz IHR 2017, 18). 6

**2. Vereinbarung des CISG (opt-in).** Die Geltung des CISG kann **materiellrechtlich** vereinbart werden (Schlechtriem/Schwenzer/Schroeter/Ferrari Rn. 41; Schlechtriem/Schroeter IntUN-KaufR Rn. 58 ff.; vgl. zum Opting-in UNCITRAL Digest Anm. 12). Die Vorschriften werden damit Bestandteile des Vertrages (Schlechtriem/Schwenzer/Schroeter/Ferrari Rn. 41; Staudinger/Magnus, 2018, Rn. 64 „wie AGB"; ebenso MüKoHGB/Mankowski Rn. 19). Gleichwohl besteht ein Vorrang zwingender Vorschriften des nationalen Rechts. Zweifelhaft ist, ob das Übereinkommen auch **kollisionsrechtlich** vereinbart werden kann (für die Zulässigkeit Honsell/Siehr Rn. 15 f.; Karollus UN-KaufR S. 39 f.; Piltz NJW 1989, 615 (617); nach MüKoHGB/Mankowski Rn. 19 richtet sich die Zulässigkeit nach dem IPR des forums; nach Grüneberg/Thorn Rom I-VO Art. 3 Rn. 4 führt die Wahl des CISG lediglich zu einer materiellrechtlichen Verweisung; aA Mankowski RIW 2003, 2 (10 f.)), insbes. da es sich nicht um das Recht eines Staates handelt. Insoweit sind die Grenzen des IPR für die Wahlfreiheit der Parteien zu beachten (Honsell/Siehr Rn. 15 f.; Schlechtriem/Schwenzer/Schroeter/Ferrari Rn. 42 f.). 7

**3. Ergänzende Vereinbarungen.** Entspr. dem Grundsatz der Vertragsfreiheit können die Parteien auch über die Bestimmungen des CISG hinausgehende vertragliche Regelungen treffen. Da die Gültigkeit eines Vertrages nach Art. 4 S. 2 lit. a nicht dem Übereinkommen unterfällt, beurteilt sich die Wirksamkeit solcher Vereinbarungen nach dem auf Grund IPR berufenen nationalen Recht (→ Art. 4 Rn. 4). Sollen ergänzende Vereinbarungen in AGB getroffen werden, beurteilt sich deren Wirksamkeit bei Maßgeblichkeit des deutschen Rechts nach §§ 305 ff. BGB (→ Art. 4 Rn. 22). Hinsichtlich der nach § 307 Abs. 2 Nr. 1 BGB zu beachtenden „wesentlichen Grundgedanken der gesetzlichen Regelung" ist dabei auf die des CISG abzustellen (Schlechtriem/Schwenzer/Schroeter/Ferrari Rn. 37; Staudinger/Magnus, 2018, Art. 4 Rn. 26; Schlechtriem/Schroeter IntUN-KaufR Rn. 166). 8

## III. Beweislastregeln

Der Ausschluss der Anwendung des CISG stellt den Ausnahmefall dar. Deshalb sind die tatsächlichen Voraussetzungen für einen wirksamen Ausschluss aller oder einzelner Bestimmungen des Übereinkommens oder für deren Änderung von der Partei zu beweisen, die sich hierauf beruft (Müller in Baumgärtel/Laumen/Prütting Beweislast-HdB II UNKR Rn. 1; Brunner Rn. 9; Schlechtriem/Schwenzer/Schroeter/Ferrari Rn. 38; Tribunale di Vigevano IHR 2001, 72 (77) = CISG-online Nr. 493; Schlechtriem/Schroeter IntUN-KaufR Rn. 55). 9

# Kapitel II. Allgemeine Bestimmungen

## Art. 7 (Auslegung des Übereinkommens und Lückenfüllung)

**(1) Bei der Auslegung dieses Übereinkommens sind sein internationaler Charakter und die Notwendigkeit zu berücksichtigen, seine einheitliche Anwendung und die Wahrung des guten Glaubens im internationalen Handel zu fördern.**

**(2) Fragen, die in diesem Übereinkommen geregelte Gegenstände betreffen, aber in diesem Übereinkommen nicht ausdrücklich entschieden werden, sind nach den allgemeinen Grundsätzen, die diesem Übereinkommen zugrunde liegen, oder mangels solcher Grundsätze nach dem Recht zu entscheiden, das nach den Regeln des internationalen Privatrechts anzuwenden ist.**

**Schrifttum:** Burkart, Interpretatives Zusammenwirken von CISG und UNIDROIT Principles, 2000; Diedrich, Anwendbarkeit des Wiener Kaufrechts auf Softwareüberlassungsverträge, Zugleich ein Beitrag zur Methode autonomer Auslegung von Internationalem Einheitsrecht, RIW 1993, 441; Diedrich, Lückenfüllung im internationalen Einheitsrecht, RIW 1995, 353; Diedrich, Autonome Auslegung von internationalem Einheitsrecht: Computersoftware im Wiener Kaufrecht, 1994; Flechtner, Uniformity and Politics: Interpreting and Filling Gaps in the CISG, FS Magnus, 2014, 193; Fountoulakis, Zurückbehaltungsrecht bei nicht ausgestellter Quittung im UN-Kaufrecht, IHR 2005, 244; Frigge, Externe Lücken und internationales Privatrecht im UN-Kaufrecht (Art. 7 Abs. 2), 1994; Happ, Anwendbarkeit völkerrechtlicher Auslegungsmethoden auf das UN-Kaufrecht, RIW 1997, 376; Hartmann, Ungeschriebene Zurückbehaltungsrechte im UN-Kaufrecht, IHR 2006, 181; Hilberg, Die autonome Anwendbarkeit des UN-Kaufrechts auf moderne Geschäftsfelder – Methodik und Weiterentwicklung nach Art. 7 Abs. 1 CISG, 2007; Himmen, Die Lückenfüllung anhand allgemeiner Grundsätze im UN-Kaufrecht (Art. 7 Abs. 2 CISG), 2007; Honnold, Uniform Words and Uniform Application. The 1980 Sales Convention and International Juridical Practice, in Schlechtriem (Hrsg.), Einheitliches Kaufrecht und nationales Obligationenrecht, 1987, 115; Kramer, Uniforme Interpretation von Einheitsprivatrecht – mit besonderer Berücksichtigung von Art. 7 UNKR, JBl 1996, 137; Liguori, „Unilex“: A Means to Promote Uniformity in the Application of CISG, ZEuP 1996, 600; Lukowicz, Divergenzen in der Rechtsprechung zum CISG: Auf dem Weg zu einer einheitlichen Auslegung und Anwendung?, 2001; Magnus, Die allgemeinen Grundsätze im UN-Kaufrecht, RabelsZ 1995, 469; Müller/Togo, Die Berücksichtigung der Überzeugungskraft ausländischer Präzedenzfälle bei der Auslegung des CISG, IHR 2005, 102; Najork, Treu und Glauben im CISG, 2000; Paal, Methoden der Lückenfüllung: UN-Kaufrecht und BGB im Vergleich, ZVglRWiss 110 (2011), 64; Schmid, Das Zusammenspiel von Einheitlichem UN-Kaufrecht und nationalem Recht: Lückenfüllung und Normenkonkurrenz, 1996; Schwenzer, The Application of the CISG in Light of National Law, IHR 2010, 45; Stoll, Regelungslücken im Einheitlichen Kaufrecht und IPR, IPRax 1993, 75; Sundermann, Probleme der autonomen Auslegung des UN-Kaufrechts – Auslegungsmethoden nach Art. 7 CISG anhand der Rechtsprechung der USA und Deutschlands, 2010; Teichert, Lückenfüllung im CISG mittels UNIDROIT-Prinzipien – Zugleich ein Beitrag zur Wählbarkeit nichtstaatlichen Rechts, 2007; Thum, Lückenfüllung im CISG, RIW 2014, 487; Vida, Differenzierte Rechtsanwendung beim Internationalen Kaufvertrag (zu Hauptstadtgericht Budapest, AZ 12 G 75 546/1998), IPRax 2002, 146; v. Westphalen, AGB-rechtliche Auslegung, überraschende Klauseln, Vorrang des Individualvertrags und Transparenzgebot im Licht des UN-Kaufrechts, ZIP 2019, 2281.

### Überblick

Art. 7 enthält Auslegungsgrundsätze für das Übereinkommen. Im Rahmen der autonomen Auslegung des CISG (→ Rn. 2) ist dessen internationaler Charakter zu berücksichtigen (→ Rn. 4). Neben der Förderung der international einheitlichen Anwendung (→ Rn. 5) stellt auch die Wahrung des guten Glaubens im internationalen Handel (→ Rn. 6) ein Auslegungsziel dar. Zur Lückenfüllung wird vorrangig auf die allgemeinen Grundsätze des CISG (→ Rn. 7), sonst auf das nach IPR berufene nationale Recht (→ Rn. 8) verwiesen.

### I. Normzweck

1 Das internationale Einheitsrecht erfordert einheitliche Grundsätze für seine Auslegung und Anwendung. Diese ergeben sich aus Art. 7. In der Praxis kommt jedoch der **Auslegung von Parteivereinbarungen** eine noch größere Bedeutung zu als der reinen **Norminterpretation.** Deshalb findet die Vorschrift – insbes. das Gutglaubensgebot des Abs. 1 – auch auf Parteivereinbarungen Anwendung (Enderlein/Maskow/Strohbach Anm. 2.1; Bianca/Bonell/Bonell Anm. 2.4.1. Krit. zur Anwendung des Art. 7 Abs. 1 auf die Interpretation von Parteierklärungen Schlechtriem/Schroeter IntUN-KaufR Rn. 100. Vgl. auch Schlechtriem/Schwenzer/Schroeter/Ferrari Rn. 26

und MüKoHGB/Ferrari Rn. 27, der die Auswirkungen des Grundsatzes des guten Glaubens auf die Parteibeziehungen auf den Bereich des Art. 7 Abs. 2 beschränkt). Die Vorschrift enthält zwei Regeln: **Abs. 1** benennt die **Auslegungsgrundsätze.** Dies sind der internationale Charakter des CISG, die internationale Einheitlichkeit seiner Anwendung und die Wahrung des guten Glaubens. **Abs. 2** bestimmt das Vorgehen bei gesetzlichen **Lücken** innerhalb der Konvention. Soweit eine Materie dem CISG unterfällt, gelten vorrangig die allgemeinen Grundsätze, die der Konvention zugrunde liegen. Bestehen solche Grundsätze nicht, ist auf das nach IPR berufene nationale Recht abzustellen.

## II. Einzelerläuterungen

**1. Grundsätzliches.** Sowohl die einheitlichen Auslegungsziele in Abs. 1 als auch die Ausle- 2
gungsreihenfolge in Abs. 2 sollen die Anwendung nationaler Rechtsordnungen und den Rückgriff auf nationale Methoden weitgehend ausschließen, um auf diese Weise Rechtsvereinheitlichung und Rechtssicherheit zu gewährleisten (BGH NJW 1996, 2364 (2365) = CISG-online Nr. 135). Geboten ist eine **autonome Auslegung** des CISG, wobei Einzelheiten nach wie vor umstritten sind (eingehend Diedrich, Autonome Auslegung von internationalem Einheitsrecht: Computersoftware im Wiener Kaufrecht, 1994, 38; vgl. auch Honsell/Melis Rn. 10; Schlechtriem/Schwenzer/Schroeter/Ferrari Rn. 12 f.; Piltz IntKaufR Rn. 2-185; zu der Tendenz der Gerichte, das CISG am Heimatrecht orientiert auszulegen Ferrari IHR 2009, 8). Die Frage, anhand welcher **Methoden** das CISG ausgelegt werden soll, wird in Art. 7 nicht beantwortet (Honsell/Melis Rn. 10; MüKoBGB/Gruber Rn. 6; Schlechtriem/Schwenzer/Schroeter/Ferrari Rn. 8; Happ RIW 1997, 376). In Betracht kommen vor allem die Auslegung nach dem Wortlaut der Vorschrift, insbes. in der englischen und französischen Fassung (Schweiz. BG IHR 2004, 215 (217) = CISG-online Nr. 840; Achilles Rn. 4; MüKoBGB/Gruber Rn. 15; Witz/Salger/Lorenz/Witz Rn. 20), nach ihrer systematischen Stellung und nach ihrer Entstehungsgeschichte (Schlechtriem/Schwenzer/Schroeter/Ferrari Rn. 28 ff.; Honsell/Melis Rn. 10 f.; Staudinger/Magnus, 2018, Rn. 31 ff., 36 nennt weiterhin die teleologische Auslegung, bei der jedoch die Gefahr der Beeinflussung durch national geprägte Zweckvorstellungen groß sei. Vgl. zu den Auslegungsmethoden auch Karollus UN-KaufR S. 13 ff.; Brunner/Wagner Rn. 5). Es fehlt an einer supranationalen Rechtsprechungsinstanz, an der sich nationale Gerichte zu orientieren hätten. Demzufolge ist kein nationales Gericht bei der Prüfung einer Sachfrage an die Entscheidung eines anderen Gerichts gebunden (UNCITRAL Digest Anm. 4; Tribunale di Vigevano IHR 2001, 72 (73), CISG-online Nr. 493; Ferrari IPRax 2001, 354 (355); Staudinger/Magnus, 2018, Rn. 21; aA Bianca/Bonell/Bonell Anm. 3.1.3 (soweit ein „body of international case law" existiert)). Gleichwohl verlangt Abs. 1, dass ein Gericht eines Vertragsstaates Entscheidungen anderer Vertragsstaaten berücksichtigt, um eine **einheitliche Auslegung** zu fördern. Inwieweit ausländische Gerichte bei der Anwendung des CISG ihrerseits nationalen Einflüssen ausgesetzt sind, ist mitunter nur schwer prüfbar. Ohnehin ist bei der Berücksichtigung ausländischer Entscheidungen Vorsicht geboten, denn Rechtsvergleichung ist nicht Ziel des Übereinkommens. Die Gerichte müssen sich bei der Auslegung zunächst an dem **Gesetzestext** (in den Originalsprachen) und den **Materialien** (Official Records, UNCITRAL-Yearbooks) orientieren, um die Begriffe des CISG einheitlich zu prägen (Honsell/Melis Rn. 10 f.; Schlechtriem/Schwenzer/Schroeter/Ferrari Rn. 30 ff.; MüKoBGB/H. P. Westermann, 6. Aufl. 2012, Rn. 7).

In der Praxis werden die Hürden kontinuierlich abgebaut, die sich beim Zugriff auf die Ent- 3
scheidungen anderer Vertragsstaaten ergeben. UNCITRAL hat von Beginn an darauf hingewirkt, durch die Einführung eines **Informationssystems** über (nationale) Gerichtsentscheidungen und Schiedssprüche eine einheitliche Rspr. zu gewährleisten. In dem System CLOUT (**C**ase **L**AW on **U**NCITRAL Texts, http://www.uncitral.org/clout/index.jspx, abgerufen 19.4.2022) werden sämtliche nationale Entscheidungen zum CISG erfasst und in die Arbeitssprachen der Vereinten Nationen übersetzt. Eine pdf-Version der internationalen Entscheidungssammlung „UNCITRAL Digest of Case Law on the United Nations Convention on Contracts for the International Sale of Goods" (Edition 2016) ist unter https://uncitral.un.org/sites/uncitral.un.org/files/media-documents/uncitral/en/cisg_digest_2016.pdf verfügbar (abgerufen 19.4.2022). Nationale Gerichte haben hierauf zunächst nur in geringem Umfang zurückgegriffen. Gleichwohl lässt sich feststellen, dass gleich gelagerte Fälle in den Vertragsstaaten unabhängig voneinander kongruent entschieden wurden (Magnus ZEuP 1995, 202 (204 ff.)). Einen wesentlichen Beitrag zur Vereinheitlichung leistet das **Internet,** welches die Möglichkeit des raschen Zugriffs auf ausländische Entscheidungen bietet (zu Internet-Adressen vgl. Online-Überblick zum CISG im Quellenverzeichnis vor → Praeambel Rn. 1 ff.). Die Bemühungen um eine einheitliche Anwendung des CISG zeigen sich

auch in der Einrichtung eines **CISG Advisory Council** (http://www.cisgac.com, abgerufen 19.4.2022; dazu Herber IHR 2003, 201 f.). Das Verdienst des 2001 ins Leben gerufenen international besetzten und privat organisierten inoffiziellen Expertengremiums ist es, entspr. einer Kommentierung (s. DiMatteo in DiMatteo/Janssen/Magnus/Schulze, International Sales Law, 2nd ed. 2021, Chapter 22 recital 51) praxisorientierte und wissenschaftlich fundierte Interpretationen zur einheitlichen Anwendung des CISG bereitzustellen. Die bislang in englischer Sprache veröffentlichten 21 Gutachten (Opinions) und zwei Declarations sind unter http://www.cisgac.com/opinions/ abrufbar und stehen dort teilweise auch auf Deutsch zur Verfügung (http://www.cisgac.com/opinions/#german, abgerufen 19.4.2022). Die Opinions No. 1 bis 17 sowie die beiden Declarations nebst Anlagen sind herausgegeben von Schwenzer, The CISG Advisory Council Opinions, 2017 (dazu Piltz IHR 2017, 226), in englischer Originalfassung auch gedruckt verfügbar. Zuletzt veröffentlicht wurde die CISG Advisory Council Opinion No. 21, Delivery of Substitute Goods and Repair Under the CISG, von 2020 (zur Dokumentation abgedruckt auch in IHR 2021, 81; 2021, 123).

4 **2. Auslegung (Abs. 1). a) Internationaler Charakter.** Zunächst muss bei der Auslegung der internationale Charakter des Gesetzes berücksichtigt werden. Aufgrund der Vielzahl der Vertragsstaaten sind die Bestimmungen des CISG letztlich nur im Wege des Kompromisses zustande gekommen und haben ihre Wurzeln in unterschiedlichen Rechtskreisen. Gerade deshalb sind die verwendeten Begriffe stets **autonom** auszulegen. Damit ist gemeint, dass die Begriffe des CISG aus dem Übereinkommen heraus zu interpretieren sind (BGH NJW-RR 2005, 1218 = CISG-online Nr. 999; Schweiz. BG IHR 2019, 236 (237); Ferrari EuLF 2000/01, 7 mwN; Schlechtriem/Schwenzer/Schroeter/Ferrari Rn. 9). Nationale Entsprechungen können wegen einer anderen Herkunft der Regelungen im CISG eine andere Bedeutung haben (BGH TranspR 1989, 141 (143)). Bei der Anwendung der Auslegungsmethoden darf regelmäßig nicht von nationalen Systemen und Begriffen ausgegangen werden. Interpretationserklärungen oder Vorschriften einzelner Vertragsstaaten können aber berücksichtigt werden, solange dies mit dem internationalen Verständnis des Gesetzes in Einklang steht (BGH NJW-RR 2005, 1218 = CISG-online Nr. 999, nach dem die Heranziehung von nationalem Recht nur in Betracht kommt, soweit davon ausgegangen werden kann, dass nationale Regeln auch international anerkannt sind. Dabei sei allerdings Zurückhaltung geboten). Der Grundsatz der autonomen Auslegung wird eingeschränkt, soweit das CISG Rechtsinstitute aus einer Rechtsordnung aufgenommen hat oder Begriffe ausnahmsweise nach nationalem Recht zu bestimmen sind, zB IPR in Art. 1 Abs. 1 lit. b (Schlechtriem/Schwenzer/Schroeter/Ferrari Rn. 10, 13; Staudinger/Magnus, 2018, Rn. 13 f.).

5 **b) International einheitliche Anwendung.** Die Notwendigkeit der Förderung einer international einheitlichen Anwendung des CISG folgt aus dem Gesetzeszweck der Rechtsvereinheitlichung. Zum einen soll der Rechtsanwender bei der Auslegung internationalisierungsfähige Lösungen suchen, denen voraussichtlich auch in anderen Staaten gefolgt werden wird, und zum anderen soll auch die Rspr. der Gerichte anderer Staaten zum CISG Berücksichtigung finden (Staudinger/Magnus, 2018, Rn. 20 f.; Ferrari EuLF 2000/01, 7 (8); MüKoHGB/Ferrari Rn. 15 f.; Schlechtriem/Schwenzer/Schroeter/Ferrari Rn. 16 f.; ausf. Müller/Togo IHR 2005, 102 ff.). Diese Auslegungsmaxime soll jedem Gericht verdeutlichen, dass international ein Entscheidungseinklang angestrebt wird. Auf diese Weise soll das Bewusstsein für die Notwendigkeit gemeinsamer Interpretationen geschärft werden, zumal die Gerichte jedes Vertragsstaates an Entscheidungen anderer Staaten nicht gebunden sind. Die Informationssysteme der UNCITRAL bieten dafür die praktische Hilfestellung. Hierzu gehört nunmehr auch der UNCITRAL Digest (→ Rn. 3).

6 **c) Wahrung des guten Glaubens.** Im Gegensatz zu den beiden anderen Zielen stellt die Wahrung des guten Glaubens im internationalen Handel inhaltliche Anforderungen an die Auslegung. Die Berücksichtigung dieses Grundsatzes, der auch zahlreichen Einzelregelungen des CISG zugrunde liegt (UNCITRAL Digest Anm. 5), soll ein Verhalten fördern und wahren, welches den guten kaufmännischen Sitten entspricht (OLG Celle 24.5.1995 – 20 U 76/94, CISG-online Nr. 152, CLOUT Nr. 136). Aus dem Grundsatz von Treu und Glauben folgt die Pflicht zur Wahrung der Interessen des Vertragspartners. In Verbindung mit Art. 8 Abs. 2 und 3 kann die Pflicht aufgrund des Inhalts des Vertrages oder sonstiger Umstände näher bestimmt werden (OLG Köln BeckRS 2008, 580 = CISG-online Nr. 1811). Die Aufnahme des guten Glaubens in die Vorschrift trägt dem Umstand Rechnung, dass in sämtlichen nationalen Rechtsordnungen für den kaufmännischen Geschäftsverkehr Grundsätze von Treu und Glauben und den guten Sitten anerkannt sind, die zumindest Ähnlichkeiten aufweisen und sich vielfach sogar weitgehend decken. Gleichwohl wird es immer nationale Unterschiede geben, weshalb auch der Begriff des guten

Glaubens **autonom** (→ Rn. 2) zu interpretieren ist (Ensthaler/Achilles Rn. 3. Gegen den Grundsatz der autonomen Auslegung verstößt das OLG München IHR 2005, 70 (71), indem es die Berücksichtigung von hergebrachten und gefestigten Grundsätzen der nationalen Rechtsordnungen der Mitgliedstaaten, die als Konkretisierung des Gebots von Treu und Glauben geschaffen wurden, als zulässig ansieht; dazu Anm. Sauthoff IHR 2005, 151 (153)). Maßgeblich ist dabei, dass aus dem Gutglaubensgebot nur international anerkannte Grundsätze kaufmännisch ehrbaren Verhaltens, wie etwa das Verbot des Rechtsmissbrauchs, abgeleitet werden dürfen (dazu Schlechtriem/Schwenzer/Schroeter/Ferrari Rn. 25–27). Die allgemeine Formulierung des Gebots lässt allerdings verschiedene Schlussfolgerungen darüber zu, welche weiteren Prinzipien zu beachten sind (Herber/Czerwenka Rn. 6: Verbot des widersprüchlichen Verhaltens; ferner Reinhart UN-KaufR Rn. 5: Verpflichtung, die allgemeinen Standards ordentlicher Kaufleute zu beachten; Schlechtriem/Schroeter IntUN-KaufR Rn. 102: Verwirkung). Für den deutschen Rechtsanwender des CISG ergeben sich indes kaum praktische Probleme, denn das Gutglaubensgebot stimmt im Wesentlichen mit **§ 242 BGB** überein; indes darf das Gebot von Treu und Glauben nicht zu einer Generalklausel wie § 242 BGB werden, da sich nach dem Wortlaut des Art. 7 Abs. 1 die Wahrung von Treu und Glauben nur auf die Auslegung des CISG bezieht (OLG Jena IHR 2016, 194 (197); Schlechtriem/Schwenzer/Schroeter/Ferrari Rn. 49; Soergel/Kreße Rn. 8). Dies gilt etwa für das Verbot widersprüchlichen Verhaltens, welches in Art. 8 Abs. 3, Art. 16 Abs. 2 lit. b zum Ausdruck kommt und daher für das CISG verallgemeinerungsfähig ist. Das ebenfalls aus dem Gutglaubensgebot ableitbare Verbot missbräuchlicher Rechtsausübung liegt der Regelung des Art. 29 Abs. 2 S. 2 zugrunde. Das Gutglaubensgebot ist iÜ als allgemeiner Grundsatz des Übereinkommens im Rahmen der Lückenfüllung des Abs. 2 (→ Rn. 7) beachtlich (UNCITRAL Digest Anm. 8; Schlechtriem/Schwenzer/Schroeter/Ferrari Rn. 26; Bianca/Bonell/Bonell Anm. 2.4.1; Honnold Rn. 95).

**3. Lückenfüllung (Abs. 2). a) Vorrang der allgemeinen Grundsätze des CISG.** Lücken innerhalb des CISG sind nach Abs. 2 vorrangig durch dessen allgemeine Grundsätze zu schließen. Dabei verbietet es Abs. 2 aber nicht, Lücken bereits durch Analogie zu einzelnen Vorschriften des CISG auszufüllen (MüKoHGB/Ferrari Rn. 48; Schlechtriem/Schwenzer/Schroeter/Ferrari Rn. 47; Schlechtriem/Schroeter IntUN-KaufR Rn. 139; Soergel/Kreße Rn. 10). Eine Regelungslücke liegt vor, wenn der betreffende Gegenstand als solcher zwar geregelt ist, eine Bestimmung für eine konkrete Einzelfrage aber fehlt, sog. interne Lücke (Karollus UN-KaufR S. 16; Schlechtriem/Schwenzer/Schroeter/Ferrari Rn. 43; Brunner/Wagner Rn. 7; krit. zum Begriff Schlechtriem/Schroeter IntUN-KaufR Rn. 133). In diesem Fall sind die allgemeinen Grundsätze maßgeblich, welche dem Übereinkommen zugrunde liegen. Teilweise wird für bewusste Lücken (zB die Zinshöhe in Art. 78) aber eine Lückenfüllung nach den Prinzipien des CISG abgelehnt (Karollus UN-KaufR S. 18; offengelassen von Schlechtriem/Schroeter IntUN-KaufR Rn. 139). Zu den Grundsätzen des CISG gehören die Beachtung des **Gutglaubensgebotes** des Abs. 1 (→ Rn. 4 ff.) mit den daraus abzuleitenden Ge- und Verboten (Schlechtriem/Schwenzer/Schroeter/Ferrari Rn. 26; Bianca/Bonell/Bonell Anm. 2.4.1) sowie **weitere** verallgemeinerungsfähige **Prinzipien,** die im Gesetz zum Ausdruck kommen. Hierzu zählen der Vorrang der Parteiautonomie, Art. 6 (UNCITRAL Digest Anm. 7; Schlechtriem/Schroeter IntUN-KaufR Rn. 143; Schlechtriem/Schwenzer/Schroeter/Ferrari Rn. 48), das Verbot unangemessener Benachteiligung (OLG Karlsruhe EWiR 1997, 785 (786) mAnm Schlechtriem), der Maßstab des Vernünftigen, zB Art. 8, 16 Abs. 2, Art. 25 (Enderlein/Maskow/Strohbach Anm. 9.1; Bianca/Bonell/Bonell Anm. 2.3.2.2; Schlechtriem/Schwenzer/Schroeter/Ferrari Rn. 53), internationale Handelsbräuche (Art. 9), der Grundsatz der Formfreiheit (Art. 11, 12, 29 Abs. 1), die Aufhebung des Vertrages als ultima ratio, der Eintritt der Fälligkeit der Zahlungsansprüche ohne Mahnung, vgl. Art. 59 (Staudinger/Magnus, 2018, Rn. 52; Honsell/Melis Rn. 13), der Sitz bzw. der Gerichtsstand des Gläubigers als Erfüllungsort für Zahlungsansprüche (OLG Düsseldorf RIW 1993, 845 = CISG-online Nr. 74; aA Schlechtriem/Schwenzer/Schroeter/Ferrari Rn. 55. Eingehend dazu UNCITRAL Digest Anm. 11) und die Pflicht zum kooperativen Handeln (Art. 32 Abs. 2, Art. 34, 37, 48, 77) (Enderlein/Maskow/Strohbach Anm. 9.1; zu weiteren, zT umstr. Grundsätzen vgl. UNCITRAL Digest Anm. 6 ff.; Honsell/Melis Rn. 13; Staudinger/Magnus, 2018, Rn. 41 ff.; Schlechtriem/Schwenzer/Schroeter/Ferrari Rn. 48 ff.). Indes entsprechen die allgemeinen Grundsätze des Abs. 2 nicht durchgehend den in der Rspr. zum EKG entwickelten Prinzipien, weshalb diese nur bedingt berücksichtigt werden können. Aus Gründen der Rechtsvereinheitlichung wird vereinzelt gefordert, auch allgemeine Grundsätze des internationalen Handelsrechts heranzuziehen, zB UNIDROIT Principles of International Commercial Contracts (Felemegas, The United Nations Convention on Contracts for the International Sale of Goods: Article 7 and Uniform Interpretation, 7 in Review of the Convention on Contracts for the International Sale of Goods (CISG) 2000–2001, 115, 120; dazu Brunner/Wagner Rn. 10; Staudinger/Magnus, 2018, Rn. 14). Dem steht aber entgegen, dass sich Abs. 2 (nur) auf die Grundsätze des Übereinkommens bezieht (Paal ZVglRWiss 110 (2011), 64 (83); Schlechtriem/Schroeter IntUN-KaufR Rn. 140; Schlechtriem/Schwenzer/Schroeter/Ferrari Rn. 62, 64). Eine Weiterentwicklung des CISG wird durch Abs. 2 weder angeordnet noch ermöglicht (MüKoBGB/H. P. Westermann, 6. Aufl. 2012, Rn. 10).

8 **b) Subsidiarität des nationalen Rechts.** Lassen sich allgemeine Grundsätze nicht feststellen, bedarf es des Rückgriffs auf das nach IPR berufene nationale Recht. Soweit deutsches IPR gilt, ist insbes. Art. 4 Abs. 1 lit. a Rom I-VO zu berücksichtigen. Abs. 2 findet **keine Anwendung,** wenn der betreffende Gegenstand überhaupt nicht im CISG geregelt ist oder dieses nach Art. 1–6 nicht anwendbar ist (Honsell/Melis Rn. 12; Karollus UN-KaufR S. 16; Schlechtriem/Schwenzer/Schroeter/Ferrari Rn. 43). In solchen Fällen externer Lücken beurteilt sich die Rechtslage nach dem vom IPR berufenen nationalen Recht.

## Art. 8 (Auslegung von Erklärungen und Verhalten)

**(1) Für die Zwecke dieses Übereinkommens sind Erklärungen und das sonstige Verhalten einer Partei nach deren Willen auszulegen, wenn die andere Partei diesen Willen kannte oder darüber nicht in Unkenntnis sein konnte.**

**(2) Ist Absatz 1 nicht anwendbar, so sind Erklärungen und das sonstige Verhalten einer Partei so auszulegen, wie eine vernünftige Person der gleichen Art wie die andere Partei sie unter den gleichen Umständen aufgefaßt hätte.**

**(3) Um den Willen einer Partei oder die Auffassung festzustellen, die eine vernünftige Person gehabt hätte, sind alle erheblichen Umstände zu berücksichtigen, insbesondere die Verhandlungen zwischen den Parteien, die zwischen ihnen entstandenen Gepflogenheiten, die Gebräuche und das spätere Verhalten der Parteien.**

**Schrifttum:** Ferrari, Auslegung von Parteierklärungen und -verhalten nach UN-Kaufrecht, IHR 2003, 10.

### Überblick

Art. 8 regelt die Auslegung von Erklärungen und sonstigem rechtserheblichen Verhalten der Parteien (→ Rn. 1). Die Auslegung richtet sich zunächst nach dem Willen der Partei (→ Rn. 2) und subsidiär nach der Auffassung einer vernünftigen Person in der Position der Partei (→ Rn. 3). Darüber hinaus werden beispielhaft Umstände genannt, die bei der Auslegung zu berücksichtigen sind (→ Rn. 4 f.). Ob AGB Bestandteil des Angebots geworden sind, richtet sich nach dem für den Empfänger erkennbaren Willen (→ Rn. 6).

### I. Normzweck

1 Die Vorschrift bestimmt, wie Erklärungen und sonstiges rechtserhebliches Verhalten einer Partei auszulegen sind. Über den Wortlaut hinaus sollen die Auslegungsregeln nicht nur für Willenserklärungen, sondern für alle rechtlich relevanten Handlungen, zB Mitteilungen und Anzeigen (UNCITRAL Digest Anm. 1; Ferrari IHR 2003, 10; Witz/Salger/Lorenz/Witz Rn. 3) und Unterlassungen von der Anbahnung des Vertrages bis zu seiner Abwicklung gelten (Reinhart UN-KaufR Rn. 2; Schlechtriem/Schwenzer/Schroeter/Schmidt-Kessel Rn. 2; Bianca/Bonell/Farnsworth Anm. 2.1). Erfasst wird auch die Frage, ob überhaupt eine rechtlich relevante Willenserklärung vorliegt. Die Vorschrift gilt ebenfalls für die Auslegung von Verträgen, die nicht aus Angebot und Annahme, sondern einem einzigen Dokument bestehen (Sekretariatskommentar O. R. Art. 7 Anm. 2; UNCITRAL Digest Anm. 3; Enderlein/Maskow/Strohbach Anm. 2.3; ohne diese Einschränkung Staudinger/Magnus, 2018, Rn. 7; Ferrari IHR 2003, 10 (11)). In Abs. 1 und 2 werden **Auslegungskriterien** festgelegt. Abs. 3 präzisiert, welche vertraglichen Umstände bei der Auslegung zu berücksichtigen sind. Die inhaltlich weitgehend §§ 133, 157 BGB entsprechende Vorschrift (Schlechtriem/Junge, Kommentar zum einheitlichen UN-Kaufrecht, 3. Aufl. 2000, Rn. 3) kann durch die Parteien modifiziert werden (ebenso MüKoHGB/Ferrari Rn. 1; Witz/Salger/Lorenz/Witz Rn. 1) – so kann etwa in Abweichung von Abs. 3 im Rahmen einer merger clause der Vertragsinhalt auf das in der Urkunde Niedergelegte beschränkt werden. Zu berücksichtigen ist, dass die Auslegung fremdsprachlicher Vertragsbindungen im Prozess aus-

schließlich dem Gericht obliegt; dieses kann sich über die allein am Wortlaut orientierte Übersetzung eines Dolmetschers hinwegsetzen, wenn das die teleologische Auslegung gebietet und diese mit dem fremdsprachlichen Text (noch) vereinbar ist (OLG Stuttgart OLGR 2006, 685).

## II. Einzelerläuterungen

**1. Auslegung nach dem Parteiwillen (Abs. 1).** Nach Abs. 1 ist bei der Auslegung einer Erklärung zunächst der wirkliche Parteiwille maßgeblich, sofern die andere Partei diesen kannte oder erkennen konnte. Die Feststellung des subjektiven Parteiwillens orientiert sich am Empfängerhorizont (BGHZ 134, 201 = NJW 1997, 870 (871) = CISG-online Nr. 225; Herber/Czerwenka Rn. 5; Schlechtriem/Junge, Kommentar zum einheitlichen UN-Kaufrecht, 3. Aufl. 2000, Rn. 4; einschr. MüKoBGB/H. P. Westermann, 6. Aufl. 2012, Rn. 2; Schlechtriem/Schwenzer/Schroeter/Schmidt-Kessel Rn. 10, 16. Zur Unklarheit des Verhältnisses von Abs. 1 und Abs. 2 Müller in Baumgärtel/Laumen/Prütting Beweislast-HdB II UNKR Rn. 1 ff.). Der Wille muss deshalb, ebenso wie im deutschen Recht (vgl. MüKoBGB/Busche BGB § 133 Rn. 9), nach außen bekundet worden sein. Bei der Frage, ob der Empfänger über den wirklichen Willen der anderen Partei nicht in Unkenntnis sein konnte, ist der Maßstab der groben Fahrlässigkeit anzulegen (Herber/Czerwenka Rn. 3; Honsell/Melis Rn. 6; MüKoHGB/Ferrari Rn. 6). Daher muss beispielsweise derjenige, der sich mit Vertragsverhandlungen oder einem Angebot in einer Fremdsprache (zu den Rechtsfragen, die sich hinsichtlich der verwendeten Sprache stellen, s. Enderlein/Maskow/Strohbach Anm. 3.2; Ferrari IHR 2003, 10 (13)) einverstanden erklärt, deren Bedeutung in dieser Sprache gegen sich gelten lassen (Schlechtriem/Schwenzer/Schroeter/Schmidt-Kessel Rn. 41; Staudinger/Magnus, 2018, Rn. 13). Die Erforschung des Parteiwillens wird bei undeutlicher oder gar falscher Bezeichnung oder Erklärung erforderlich. Der Grundsatz der falsa demonstratio non nocet findet Anwendung (Soergel/Kreße Rn. 4). Der wahre Wille des Erklärenden geht vor, auch wenn der Wortlaut der Erklärung noch so eindeutig gewesen sein mag, wobei die andere Partei den wahren Willen erkannt haben muss bzw. diesen hätte erkennen können (BGH IHR 2008, 49 (51); dazu Schroeter EWiR 2008, 303). In der Praxis wird dem Grundsatz des Abs. 1 indes geringe Bedeutung beigemessen, weil der dem Empfänger bekannte oder erkennbare Wille im Regelfall auch objektiv in der Erklärung zum Ausdruck kommt (Herber/Czerwenka Rn. 5; MüKoBGB/H. P. Westermann, 5. Aufl. 2008, Rn. 3). 2

**2. Auslegung nach dem Maßstab einer vernünftigen Person (Abs. 2).** Soweit die subjektive Auslegung keinen Schluss auf einen übereinstimmenden Willen der Parteien erlaubt, bedarf es nach Abs. 2 einer objektiven Auslegung, die sich ebenfalls am Empfängerhorizont orientiert (vgl. Schweiz. BG IHR 2005, 204 (205) = CISG-online Nr. 1012; OLG Köln IHR 2002, 66, CISG-online Nr. 609). Maßgeblich ist, wie eine vernünftige Person unter den gleichen Umständen wie die andere Partei die Erklärung verstanden hätte (Schweiz. BG IHR 2005, 204 (205) = CISG-online Nr. 1012; MüKoHGB/Ferrari Rn. 9; Staudinger/Magnus, 2018, Rn. 17; Piltz IntKaufR Rn. 2-189; vgl. dazu BGH NJW 1999, 1259 (1261) = CISG-online Nr. 353. Nach Enderlein/Maskow/Strohbach Anm. 5 stellt der Maßstab einer Person der gleichen Art ein subjektives Element dar; ebenso Reinhart UN-KaufR Rn. 3). Dieser objektive Empfänger ist der Verkehrsauffassung gleichzustellen (Honsell/Melis Rn. 9; Schlechtriem/Junge, Kommentar zum einheitlichen UN-Kaufrecht, 3. Aufl. 2000, Rn. 7). Damit sind bei der Auslegung auch der Grundsatz von Treu und Glauben und die Verkehrssitte zu beachten. Da der Maßstab einer vernünftigen Person der gleichen Art wie der Empfänger und unter den gleichen Umständen anzulegen ist, sind zB die Besonderheiten des Handelszweigs, die Fachsprache und der technische Ablauf des Geschäftes zu berücksichtigen (Ferrari IHR 2003, 10 (13); Schlechtriem/Junge, Kommentar zum einheitlichen UN-Kaufrecht, 3. Aufl. 2000, Rn. 7: „Fachmann"; Schlechtriem/Schwenzer/Schroeter/Schmidt-Kessel Rn. 20; Witz/Salger/Lorenz/Witz Rn. 7). Unklarheiten gehen zu Lasten des Erklärenden („contra proferentem"-Regel), insbes. der Verwender von Formularverträgen (BGH IHR 2014, 184 (186); Schroeter IHR 2014, 173 (176 ff.)). 3

**3. Auslegungsmaterial (Abs. 3).** Die Umstände, welche bei der Auslegung nach Abs. 1 oder Abs. 2 zu berücksichtigen sind, werden in Abs. 3 beispielhaft genannt. Hierzu zählen **Vertragsverhandlungen, Gepflogenheiten und Gebräuche** sowie das **spätere Verhalten** der Parteien. Da alle erheblichen Umstände zu berücksichtigen sind, gibt es weder bei der Ermittlung des subjektiven Willens noch bei der des objektiven Erklärungsgehaltes Einschränkungen. Insbesondere gilt die „parol evidence rule" anglo-amerikanischer Rechtsordnungen nicht, die unter bestimmten Voraussetzungen eine Auslegung gegen den eindeutigen Wortlaut und anhand nicht in den schrift- 4 lichen Vertrag aufgenommener Umstände verbietet (vgl. Honnold Rn. 110; UNCITRAL Digest Anm. 18 f.; zur Unanwendbarkeit im Rahmen des CISG US District Court, SD, Michigan 17.12.2001 – 1:01-CV-691, unter IIIA, CISG-online Nr. 773; US Court of Appeals (11th Cir) 29.6.1998 – 97-4250, CISG-online 342; Schlechtriem/Schwenzer/Schroeter/Schmidt-Kessel Rn. 32; Zuppi in Kröll/Mistelis/Perales Viscasillas CISG Rn. 26; Brunner/Hurni Rn. 2, 16; Soergel/Kreße Rn. 8). Die Auslegungskriterien sind grds. gleichwertig (ebenso MüKoBGB/H. P. Westermann, 6. Aufl. 2012, Rn. 5; aA Witz/Salger/Lorenz/Witz Rn. 12, der die Reihenfolge der Aufzählung quasi als Rangfolge ansieht; vgl. MüKoHGB/Ferrari Rn. 13). Teilweise wird jedoch ein Vorrang der Gepflogenheiten vor den Gebräuchen angenommen, da Gepflogenheiten den Parteiwillen unmittelbarer zum Ausdruck bringen sollen (Schlechtriem/Junge, Kommentar zum einheitlichen UN-Kaufrecht, 3. Aufl. 2000, Rn. 2, 6; aA wohl Schlechtriem/Schwenzer/Schroeter/Schmidt-Kessel Rn. 12, 44 ff.; diff. Holl/Keßler RIW 1995, 457, 458; Soergel/Kreße Rn. 8).

5 **Gepflogenheiten** können nur bei länger andauernden Vertragsbeziehungen entstehen. **Gebräuche** sind solche iSd Art. 9 und bestehen auch unabhängig von dem konkreten Vertragsverhältnis (Honsell/Melis Rn. 13). Werden diese Umstände bei der Auslegung berücksichtigt, kann dies dazu führen, dass auch das **Schweigen** einer Partei als zustimmende Erklärung zu deuten ist (MüKoHGB/Ferrari Rn. 17; MüKoBGB/H. P. Westermann, 6. Aufl. 2012, Rn. 6; Staudinger/Magnus, 2018, Rn. 27; Magnus ZEuP 1993, 87 mN zur Rspr.). Die Vorschrift des Art. 18 Abs. 1 S. 2 steht dem nicht entgegen, denn diese kann abbedungen werden und regelt auch nur die Annahme eines Angebots (Schlechtriem/Junge, Kommentar zum einheitlichen UN-Kaufrecht, 3. Aufl. 2000, Rn. 10; ebenso MüKoHGB/Ferrari Rn. 17). Anders als nach Art. 9 Abs. 2 können wegen der Maßgeblichkeit aller Einzelumstände hier auch nationale, regionale und lokale Gebräuche in die Auslegung einbezogen werden (MüKoBGB/H. P. Westermann, 6. Aufl. 2012, Rn. 5; Schlechtriem/Schroeter IntUN-KaufR Rn. 218; zust. Enderlein/Maskow/Strohbach Anm. 10; einschr. Staudinger/Magnus, 2018, Rn. 24; aA Witz/Salger/Lorenz/Witz Rn. 12). Mit dem **späteren Verhalten** der Parteien kann nur ein Verhalten gemeint sein, das zum Verständnis der Umstände bei Abgabe der Erklärung und somit zur Ermittlung des wahren Parteiwillens oder der objektiven Bedeutung der Erklärung beiträgt. Denn die Bedeutung einer Erklärung muss bei ihrem Wirksamwerden sicher sein (Schlechtriem/Schroeter IntUN-KaufR Rn. 219; zust. Ferrari IHR 2003, 10, 14; UNCITRAL Digest Anm. 20). Zum Teil wird der Hinweis auf das spätere Verhalten aber auch als Ausdruck des Verbotes des venire contra factum proprium eingeordnet (Hepting/Müller in Baumgärtel/Laumen/Prütting Beweislast-HdB Rn. 16; Enderlein/Maskow/Strohbach Anm. 11; Staudinger/Magnus, 2018, Rn. 26; für einen Vorrang des späteren Verhaltens Ferrari IHR 2003, 10 (15)). Übereinstimmendes späteres Verhalten beider Parteien, das im Widerspruch zum früheren gemeinsamen Willen steht, stellt eine zulässige Vertragsänderung gem. Art. 29 dar.

6 **4. Einbeziehung von AGB.** Die Einbeziehung von AGB bestimmt sich bei den dem Übereinkommen unterliegenden Kaufverträgen nach dem CISG und hängt davon ab, ob die Auslegung des Angebotes (Art. 14) ergibt, dass die AGB nach dem für den Empfänger erkennbaren Willen Bestandteil des Angebotes geworden sind (→ Art. 14 Rn. 7) (BGHZ 149, 113 = IHR 2002, 14 (16) = CISG-online Nr. 617; OGH IHR 2004, 148 (153) = CISG-online Nr. 828 mit der zusätzlichen Voraussetzung der Zumutbarkeit der Einbeziehung. Zur Einbeziehung von AGB s. auch Piltz IHR 2004, 133 ff.; OLG Düsseldorf IHR 2005, 24 (26 ff.) = CISG-online Nr. 915; krit. v. Westphalen ZIP 2019, 2281). Dies kann durch einen entsprechenden deutlichen Hinweis, aber auch stillschweigend sowie aufgrund von Gepflogenheiten zwischen den Parteien oder Gebräuchen der Fall sein (OGH IHR 2004, 148 (153) = CISG-online Nr. 828; Schmidt-Kessel/Meyer IHR 2008, 177 (180)). Es muss jedenfalls die Möglichkeit bestehen, in zumutbarer Weise Kenntnis von den AGB zu nehmen (BGHZ 149, 113 = IHR 2002, 14 (16) mwN = CISG-online Nr. 617; OGH IHR 2004, 148 (153) = CISG-online Nr. 828; OLG Hamm IHR 2020, 49 (52); Schlechtriem/Schwenzer/Schroeter/Schmidt-Kessel Rn. 53. Nach Schmidt-Kessel/Meyer IHR 2008, 177 (178) soll der Empfänger lediglich nicht eigenständig nach den AGB suchen müssen). Stimmt ein Vertragspartner für ihn fremdsprachigen AGB trotz fehlender Sprachkenntnisse uneingeschränkt zu, werden die AGB Vertragsbestandteil, wenn auf sie zuvor in der Verhandlungs- und Vertragssprache hingewiesen worden ist (OGH IHR 2017, 70 (71); OLG Hamm IHR 2016, 30; aA LG Aachen IHR 2011, 82 (85) und Scheuch JA 2019, 900 (904), wonach AGB in einer dem Vertragspartner verständlichen Sprache zu übersenden sind; LG Berlin IHR 2019, 57 (58): fremdsprachige AGB werden selbst bei Sprachunkenntnis Vertragsbestandteil, soweit die Vertragsverhandlungen in dieser Sprache geführt worden sind). Vgl. auch → Art. 14 Rn. 7.

Der BGH fordert darüber hinaus, dass der Verwender von AGB deren Text übersendet oder anderweitig zugänglich macht (BGHZ 149, 113 = IHR 2002, 14 (16) mwN = CISG-online Nr. 617; ebenso OLG Hamm IHR 2020, 49 (53); OLG München IHR 2009, 201; OLG Celle RIW 2010, 164 mAnm Jungemeyer; OLG Jena IHR 2011, 79 (80); Magnus ZEuP 2008, 318 (326); Janssen IHR 2004, 194 (199 f.); Piltz IHR 2007, 121; Staudinger/Magnus, 2018, Art. 14 Rn. 41 ff. mwN). Eine Ausnahme ist lediglich bei andauernder Geschäftsbeziehung zu machen; waren die AGB einmal wirksam einbezogen, genügt ein Hinweis (KG IHR 2018, 195 (196) = BeckRS 2016, 115227; Piltz IHR 2007, 117 (122)). Teilweise wird angenommen, die Übersendung der AGB sei jedenfalls dann ausnahmsweise nicht erforderlich, wenn sich die Parteien ausdrücklich auf die Geltung der AGB einer der Parteien geeinigt hätten (OLG Stuttgart IHR 2016, 236 (237)), was aber letztlich der Willkür Tür und Tor öffnet. Nach anderer Ansicht hängt es dagegen von den Umständen des Einzelfalls ab, ob der Verwender zur Übersendung der AGB verpflichtet ist (dazu näher Schlechtriem/Schwenzer/Schroeter/Schmidt-Kessel Rn. 53. Nach LG Coburg IHR 2007, 117 ist es ausreichend, wenn auf die Geltung der AGB hingewiesen wird, ohne dass diese dem Vertragspartner ausgehändigt werden müssen). Problematisch ist die mit dieser gegen das aus Art. 7 Abs. 1 folgende Gebot der einheitlichen Auslegung verstoßende Rspr. verbundene Rechtsunsicherheit. Die Einbeziehung der AGB ist danach davon abhängig, welches Gericht angerufen wird (Schmidt-Kessel/Meyer IHR 2008, 177 (178)). 7

Die AGB mehrerer Verwender werden allerdings nur insoweit Vertragsbestandteil, als sie sich nicht widersprechen (OLG Hamm IHR 2020, 49 (52)). Auch werden AGB nur einbezogen, wenn sie bei Vertragsschluss vorlagen. Den Vertragspartner trifft dabei keine Erkundigungspflicht hinsichtlich der nicht übersandten Klauseln, denn diese Überbürdung der Risiken und Nachteile, die sich aus der Unkenntnis der AGB der anderen Partei ergäben, stünde dem Grundsatz des guten Glaubens im internationalen Handel und der allgemeinen Informationspflicht der Parteien entgegen (BGH NJW-RR 2021, 376 (380); OLG Celle RIW 2010, 164 (166)). Eine nachträgliche Einbeziehung kommt nur im Wege einer Vertragsänderung iSv Art. 29 in Betracht. Dafür ist allerdings nicht die bloße Bezahlung der Rechnung ausreichend (Ontario Superior Court of Justice CISG-online Nr. 1139, Nr. 29; Mittmann IHR 2006, 103, 105; Piltz NJW 2009, 2258 (2261)), sondern es müssen weitere Anhaltspunkte gegeben sein, wie zum Beispiel die Beachtung einer in den AGB befindlichen Regelung (Schmidt-Kessel/Meyer IHR 2008, 177 (178)). 8

## III. Beweislastregeln

Derjenige, der sich auf seinen wirklichen Willen beruft, muss nachweisen, dass die andere Partei Kenntnis dieses Willens hatte oder sich auf Grund grober Fahrlässigkeit darüber in Unkenntnis befand (UNCITRAL Digest Anm. 5; Hepting/Müller in Baumgärtel/Laumen/Prütting Beweislast-HdB Rn. 17 ff.; Staudinger/Magnus, 2018, Rn. 31; Ferrari IHR 2003, 10 (15); Enderlein/Maskow/Strohbach Anm. 3.1). Da die Kenntnis als rein subjektive Tatsache nicht objektiv feststellbar ist, ist das äußere Verhalten des Empfängers zu beweisen. Aus diesem muss auf die Kenntnis geschlossen werden. Damit besteht insoweit lediglich ein gradueller Unterschied zwischen Kenntnis und Kennenmüssen (Hepting/Müller in Baumgärtel/Laumen/Prütting Beweislast-HdB Rn. 18, 25 ff.). Des Weiteren muss die Partei, die eine bestimmte Auslegung einer Erklärung oder eines Verhaltens behauptet, die tatsächlichen Umstände beweisen, die für diese Auslegung sprechen. 9

## Art. 9 (Handelsbräuche und Gepflogenheiten)

**(1) Die Parteien sind an die Gebräuche, mit denen sie sich einverstanden erklärt haben, und an die Gepflogenheiten gebunden, die zwischen ihnen entstanden sind.**

**(2) Haben die Parteien nichts anderes vereinbart, so wird angenommen, daß sie sich in ihrem Vertrag oder bei seinem Abschluß stillschweigend auf Gebräuche bezogen haben, die sie kannten oder kennen mußten und die im internationalen Handel den Parteien von Verträgen dieser Art in dem betreffenden Geschäftszweig weithin bekannt sind und von ihnen regelmäßig beachtet werden.**

**Schrifttum:** Bonell, Die Bedeutung der Handelsbräuche im Wiener Kaufrechtsübereinkommen von 1980, JBl 1985, 385; Ferrari, Zur Bedeutung von Handelsbräuchen und Gepflogenheiten nach UN-Kaufrecht, EuLF 2002, 272; Holl/Keßler, „Selbstgeschaffenes Recht der Wirtschaft" und Einheitsrecht – Die Stellung der Handelsbräuche und Gepflogenheiten im Wiener UN-Kaufrecht, RIW 1995, 457; P. Huber, Vertragswidrigkeit und Handelsbrauch im UN-Kaufrecht, IPRax 2004, 358; Kolter, Zur rechtlichen Einordnung typischer Handelsklauseln unter besonderer Berücksichtigung des EAG, EKG und UN-Kaufrechts, 1991.

## Überblick

Art. 9 ordnet die Bindung an zwischen den Parteien entstandene Gepflogenheiten (→ Rn. 3) und Gebräuche an. Letztere sind nur verbindlich, wenn sich die Parteien mit ihnen einverstanden erklärt haben (→ Rn. 2). Beanspruchen Gebräuche im Handelsverkehr zwischen mindestens zwei Staaten internationale Geltung, können diese auch ohne Vereinbarung bindend sein (→ Rn. 5 f.).

## I. Normzweck

1 Art. 9 legt fest, wann Gebräuche und Gepflogenheiten für die Parteien bindend sind. Über den Wortlaut der Regelung hinaus sollen diese grds. respektiert werden und haben deshalb stets **Vorrang** vor den gem. Art. 6 abdingbaren Bestimmungen des Übereinkommens (Honsell/Melis Rn. 2; Schlechtriem/Schwenzer/Schroeter/Schmidt-Kessel Rn. 1, 10; OGH 15.10.1998 – 2 Ob 191/98x, JBl 1999, 318 (320), CISG-online 380; UNCITRAL Digest Anm. 2). Art. 9 ist dispositiv. Nationale Verbote von Handelsbräuchen berühren die Gültigkeit und sind wegen Art. 4 S. 2 lit. a zu beachten (→ Art. 4 Rn. 5) (Schlechtriem/Schroeter IntUN-KaufR Rn. 222; UNCITRAL Digest Anm. 2).

## II. Einzelerläuterungen

2 **1. Handelsbräuche und Gepflogenheiten (Abs. 1). a) Bräuche.** Nach Abs. 1 sind für die Parteien die Bräuche verbindlich, mit denen sie sich **einverstanden erklärt** haben (Honsell/Melis Rn. 6. Diese Bestimmung war auch Vorbild für die Regelung des Art. 17 Abs. 1 S. 2 lit. c EuGVÜ, nunmehr Art. 25 Abs. 1 S. 3 lit. c Brüssel Ia-VO, der den Begriff des Handelsbrauchs in gleicher Weise verwendet). In Anlehnung an die englische und französische Fassung kommt es eher auf die ausdrückliche oder stillschweigende (Enderlein/Maskow/Strohbach Anm. 2; Schlechtriem/Schwenzer/Schroeter/Schmidt-Kessel Rn. 7) „Vereinbarung" der Parteien an. Was Bräuche im Handelsverkehr sind, definiert das Übereinkommen anders als Art. 13 Abs. 1 EAG („any practice or method of dealing"; „manière de faire") nicht. Der autonom auszulegende Begriff erfasst aber ebenfalls die geschäftlichen Verhaltensweisen, die unter Kaufleuten in einer Branche oder an einem Marktort üblich sind (vgl. nur Schlechtriem/Schwenzer/Schroeter/Schmidt-Kessel Rn. 11; Staudinger/Magnus, 2018, Rn. 7; Ferrari EuLF 2002, 272 (273)). Hierzu zählen etwa die in weiten Bereichen des kaufmännischen Verkehrs **standardisierten Vertragsformeln,** zB die Incoterms (so wohl auch BGHZ 195, 243 = NJW-RR 2013, 309 (311); dazu auch Soergel/Kreße Rn. 5). Da im Unterschied zu Abs. 2 auch nationale Bräuche erfasst werden, können auch die national unterschiedlich ausfallenden trade terms hierunter fallen. Da Parteivereinbarungen grds. Vorrang vor dem CISG haben, ist die Frage, ob ein entsprechender Handelsbrauch besteht, im Rahmen des Abs. 1 im Gegensatz zu Abs. 2 von geringer Bedeutung (Herber/Czerwenka Rn. 4; Staudinger/Magnus, 2018, Rn. 7; wohl krit. dazu Ferrari EuLF 2002, 272 (274)).

3 **b) Gepflogenheiten.** Neben den Handelsbräuchen sind die Parteien nach Abs. 1 auch an die zwischen ihnen entstandenen Gepflogenheiten gebunden. Hiervon werden kaufmännische Übungen und Verhaltensweisen erfasst, welche die Parteien regelmäßig anzuwenden pflegen. Gepflogenheiten entstehen auf der Grundlage von Treu und Glauben und setzen daher längere Geschäftsbeziehungen, dh den Abschluss von mehr als zwei Verträgen voraus (Honsell/Melis Rn. 4; MüKoHGB/Ferrari Rn. 8; Schlechtriem/Junge, Kommentar zum einheitlichen UN-Kaufrecht, 3. Aufl. 2000, Rn. 7; Holl/Keßler RIW 1995, 457. Vgl. Karollus UN-KaufR S. 51; Schlechtriem/Schwenzer/Schroeter/Schmidt-Kessel Rn. 8. Zum Abschluss mehrerer Verträge UNCITRAL Digest Anm. 7 mwN; MüKoBGB/H. P. Westermann, 6. Aufl. 2012, Rn. 3; MüKoHGB/Ferrari Rn. 7). Anders als Bräuche beanspruchen Gepflogenheiten keine allgemeine Geltung, sondern bestehen nur zwischen den Parteien.

4 **c) Konkurrenzverhältnis zwischen Bräuchen und Gepflogenheiten.** Bei Widersprüchen zwischen vereinbarten Gebräuchen und Gepflogenheiten stellt sich die Frage der Rangfolge. Teilweise wird ein genereller Vorrang der ausdrücklich vereinbarten Gebräuche vor den (stillschweigenden) Gepflogenheiten befürwortet (Reinhart UN-KaufR Rn. 2; Piltz IntKaufR Rn. 2-194; Ferrari EuLF 2002, 272 (274); Ferrari R.D.A.I./Int'l Bus L J 2003, 571 (573); MüKoHGB/

Ferrari Rn. 9), teilweise auch ein Vorrang der Gepflogenheiten, die als individueller und spezieller als die vereinbarten Handelsbräuche angesehen werden (Enderlein/Maskow/Strohbach Anm. 3; Schlechtriem/Junge, Kommentar zum einheitlichen UN-Kaufrecht, 3. Aufl. 2000, Rn. 7 f.). Vorzugswürdig erscheint es aber, jeweils den Willen der Parteien nach den Umständen des Einzelfalls zu ermitteln (Staudinger/Magnus, 2018, Rn. 15; zust. Schlechtriem/Schwenzer/Schroeter/Schmidt-Kessel Rn. 10; diff. Holl/Keßler RIW 1995, 457 (458)).

**2. Internationale Handelsbräuche (Abs. 2).** Abs. 2 der Vorschrift erfasst ausschließlich internationale Bräuche. Diese sind dadurch gekennzeichnet, dass sie im Handelsverkehr zwischen mindestens zwei Staaten internationale Geltung beanspruchen (vgl. OLG Frankfurt 5.7.1995 – 9 U 81/94, CISG-online Nr. 258). Notwendige Voraussetzung ist dagegen nicht, dass der betreffende Handelsbrauch in den beiden beteiligten Ländern gilt (so aber OLG Frankfurt 5.7.1995 – 9 U 81/94, CISG-online Nr. 258; Soergel/Kreße Rn. 5 und 8 insbes. zum kaufmännischen Bestätigungsschreiben). Maßgeblich ist lediglich, dass er im internationalen Verkehr den Parteien derartiger Verträge in dem betreffenden Geschäftszweig **mehrheitlich bekannt** ist und **regelmäßig beachtet** wird (OGH JBl 1999, 318 (320), CISG-online Nr. 380; IHR 2001, 40 (41), CISG-online Nr. 641; Schlechtriem/Schwenzer/Schroeter/Schmidt-Kessel Rn. 16; Staudinger/Magnus, 2018, Rn. 22. Für eine qualifizierte Mehrheit Schlechtriem/Junge, Kommentar zum einheitlichen UN-Kaufrecht, 3. Aufl. 2000, Rn. 12). Betätigt sich jemand in einer Branche, in der internationale oder weltweite Bräuche bestehen, ist es deshalb unbeachtlich, wenn er aus einem Land heraus tätig ist, in dem der betroffene Brauch nicht gilt. Wie auch im deutschen Recht setzt ein Handelsbrauch voraus, dass eine tatsächliche Übung, die Zustimmung der beteiligten Verkehrskreise sowie eine gewisse Dauer festzustellen ist (Schlechtriem/Schroeter IntUN-KaufR Rn. 223; dazu auch Brunner/Hurni Rn. 2). 5

Liegt ein internationaler Brauch vor, wird dieser nicht wie nach Abs. 1 erst auf Grund des Willens der Parteien Vertragsbestandteil. Internationale Handelsbräuche sind **auch ohne Vereinbarung** schon dann verbindlich, wenn die Parteien diese zurzeit des Vertragsschlusses **kannten** oder **kennen mussten** (Karollus UN-KaufR S. 52; Ferrari R.D.A.I./Int'l Bus L J 2003, 571 (574)). Damit kommt Abs. 2 dem Verständnis des Handelsbrauchs als willensunabhängigem Vertragsbestandteil näher. Da Vereinbarung und Wille nicht vorliegen müssen, ist jedenfalls das Ergebnis mit der Anordnung einer normativen Geltung der Gebräuche vergleichbar (vgl. Herber/Czerwenka Rn. 7; Holl/Keßler RIW 1995, 457 (459); MüKoBGB/H. P. Westermann, 6. Aufl. 2012, Rn. 5). Dass die Bräuche nach Abs. 2 als stillschweigend vereinbart gelten, spricht allerdings dafür, den Geltungsgrund entspr. der subjektiven Theorie im Willen der Parteien zu sehen (vgl. Schlechtriem/Schroeter IntUN-KaufR Rn. 224; Schlechtriem/Schwenzer/Schroeter/Schmidt-Kessel Rn. 12. Anders MüKoBGB/H. P. Westermann, 6. Aufl. 2012, Rn. 5. Vgl. allg. zum Streit zwischen objektiver und subjektiver Theorie über den Rechtsgrund der Geltung von Handelsbräuchen Schlechtriem/Junge, Kommentar zum einheitlichen UN-Kaufrecht, 3. Aufl. 2000, Rn. 3). Die in gewisser Weise widersprüchlich erscheinende Regelung lässt sich als Kompromisslösung der Streitfrage erklären, ob Handelsbräuche unabhängig vom Parteiwillen gelten. Das Kennenmüssen ist Mindestvoraussetzung für die Einbeziehung. Dies ist ein Zugeständnis, welches zum Schutz von Unerfahrenen – vor allem in den Entwicklungsländern – gemacht wurde (Schlechtriem/Junge, Kommentar zum einheitlichen UN-Kaufrecht, 3. Aufl. 2000, Rn. 9; ähnlich auch Herber/Czerwenka Rn. 10). In vielen Fällen wird ein weithin bekannter Brauch auch den Parteien bekannt sein. Gleichwohl müssen Bräuche grds. nur solchen Parteien geläufig sein, die im Verbreitungsgebiet ansässig oder dort in dem betreffenden Geschäftszweig ständig tätig sind (Staudinger/Magnus, 2018, Rn. 25; zust. OGH JBl 1999, 318 (320), CISG-online Nr. 380; IHR 2001, 40 (41), CISG-online Nr. 641; Ferrari EuLF 2002, 272 (276). Vgl. UNCITRAL Digest Anm. 12). Hierin liegt die **subjektive Schranke** der Vorschrift. Daneben gilt nach dem Wortlaut des Abs. 2 der **Vorrang des Vertrages.** Haben die Parteien ausdrücklich oder stillschweigend Abweichendes vereinbart, kann die Geltung von Handelsbräuchen ausgeschlossen sein. Vereinbarte Gebräuche und Gepflogenheiten gem. Abs. 1 haben Vorrang vor den internationalen Handelsbräuchen des Abs. 2 (Ferrari EuLF 2002, 272 (275); Karollus UN-KaufR S. 52; MüKoBGB/Gruber Rn. 14; ebenso für den Regelfall auch Staudinger/Magnus, 2018, Rn. 19. Für eine Vermutung des Vorrangs der Gepflogenheiten vor den Handelsbräuchen nach Abs. 2 Schlechtriem/Schwenzer/Schroeter/Schmidt-Kessel Rn. 10). Eine **Kollision** mehrerer internationaler Handelsbräuche ist unter den genannten Voraussetzungen ausgeschlossen. Von mehreren konkurrierenden Bräuchen kann nur jeweils einer weithin bekannt sein und regelmäßig beachtet werden (Schlechtriem/Schwenzer/Schroeter/Schmidt-Kessel Rn. 17; Staudinger/Magnus, 2018, Rn. 19; aA Achilles Rn. 11; MüKoHGB/Ferrari Rn. 10; Ferrari EuLF 2002, 272 (275); Perales Viscasillas in Kröll/ 6

Mistelis/Perales Viscasillas CISG Rn. 32 räumt im Kollisionsfall dem Handelsbrauch mit dem engsten Zusammenhang zur Vertragsbeziehung den Vorrang ein). Bei Verwendung von Klauseln ohne Hinweis auf die Incoterms werden diese teilweise als im internationalen Handel übliche Gebräuche iSv Abs. 2 gewertet (US Court of Appeals (5th Cir) IHR 2003, 189 (191), CISG-online Nr. 730; US District Court, SD, New York 26.3.2002 – 00 Civ. 934 (SHS), unter C, CISG-online Nr. 615; krit. Ferrari R.D.A.I./Int'l Bus L J 2003, 571 (575 f.); Ferrari EuLF 2002, 272 (276 f.); Fogt EuLF 2003, 61 (67); dazu auch Herber/Czerwenka Rn. 16: Einzelfallprüfung erforderlich; Schlechtriem/Schwenzer/Schroeter/Widmer Art. 30 Rn. 3).

## III. Beweislastregeln

7 Die Feststellung von Handelsbräuchen ist Tat- und nicht Rechtsfrage (OGH JBl 1999, 318 (320), CISG-online Nr. 380; IHR 2001, 40 (41), CISG-online Nr. 641; IPRax 2004, 350 (353), CISG-online Nr. 794; P. Huber IPRax 2004, 358). Die Beweislast für das Bestehen eines Handelsbrauchs trägt, wer sich hierauf beruft (OLG Dresden IHR 2001, 18 (19), CISG-online Nr. 559; Müller in Baumgärtel/Laumen/Prütting Beweislast-HdB II UNKR Rn. 1; Honsell/Melis Rn. 9; Ferrari R.D.A.I./Int'l Bus L J 2003, 571 (576). Herber/Czerwenka Rn. 19, Schlechtriem/Junge, Kommentar zum einheitlichen UN-Kaufrecht, 3. Aufl. 2000, Rn. 13, MüKoHGB/Ferrari Rn. 19 und Staudinger/Magnus, 2018, Rn. 33 betonen aber, dass die Behandlung der Gebräuche vom jeweiligen Verfahrensrecht abhängig ist. Vgl. auch UNCITRAL Digest Anm. 13, 8). Dabei können insbes. Auskünfte oder Gutachten der Industrie- und Handelskammern von Bedeutung sein, uU auch die eigene Sachkenntnis des Gerichts oder Schiedsgerichts. Die Art und Weise der Beweisführung bestimmt sich nach dem anwendbaren Prozessrecht (Staudinger/Magnus, 2018, Rn. 33; zust. P. Huber IPRax 2004, 358). Steht der Brauch fest und wird eine davon abweichende Parteivereinbarung behauptet, trägt die Beweislast, wer die Abweichung behauptet. Bei Gepflogenheiten trägt ebenso wie bei Gebräuchen derjenige die Beweislast, der sich darauf beruft (UNCITRAL Digest Anm. 8; Müller in Baumgärtel/Laumen/Prütting Beweislast-HdB II UNKR Rn. 1; Schlechtriem/Schwenzer/Schroeter/Schmidt-Kessel Rn. 8; Staudinger/Magnus, 2018, Rn. 33). Eine Gepflogenheit kann etwa nachgewiesen sein, wenn bei bisherigen Geschäften der Parteien vergleichbare Fälle ohne Beanstandung entspr. behandelt wurden (Holl/Keßler RIW 1995, 457; Schlechtriem/Junge, Kommentar zum einheitlichen UN-Kaufrecht, 3. Aufl. 2000, Rn. 7).

## Art. 10 (Niederlassung)

**Für die Zwecke dieses Übereinkommens ist,**

**a) falls eine Partei mehr als eine Niederlassung hat, die Niederlassung maßgebend, die unter Berücksichtigung der vor oder bei Vertragsabschluß den Parteien bekannten oder von ihnen in Betracht gezogenen Umstände die engste Beziehung zu dem Vertrag und zu seiner Erfüllung hat;**

**b) falls eine Partei keine Niederlassung hat, ihr gewöhnlicher Aufenthalt maßgebend.**

### Überblick

Für den Fall, dass es nach dem CISG auf eine Niederlassung ankommt und die Parteien keine Bestimmung getroffen haben, regelt Art. 10 die Sonderfälle, dass eine Partei entweder mehrere (→ Rn. 2 f.) oder aber keine Niederlassung (→ Rn. 4) hat. Indes beinhaltet die Vorschrift keine Definition des Begriffs der Niederlassung, der autonom zu bestimmen ist (→ Rn. 1 f.).

## I. Normzweck

1 Das Übereinkommen verwendet in zahlreichen Bestimmungen den Begriff der Niederlassung (zB in Art. 1, Art. 12, Art. 20 Abs. 2, Art. 24, Art. 1 lit. c, Art. 42, Art. 57, Art. 69). Dieser ist etwa für den Vertragspartner bedeutsam, der eine Willenserklärung nach Art. 24 an der Niederlassung zustellen lassen muss. Rechtsklarheit muss sich ebenfalls der Verkäufer im Fall des Art. 31 lit. c verschaffen, wenn es ausreicht, dass er Waren am Ort seiner Niederlassung anbietet. Art. 10 enthält jedoch keine Definition der Niederlassung, sondern regelt nur die (Sonder-)Fälle, dass eine Partei mehrere Niederlassungen oder keine Niederlassung hat. Eine vertragliche Vereinbarung der maßgeblichen Niederlassung ist möglich und aus Gründen der Rechtssicherheit empfehlens-

wert (Witz/Salger/Lorenz/Witz Rn. 6; Ferrari in Ferrari/Flechtner/Brand Draft Digest 21, 29; MüKoHGB/Ferrari Rn. 7).

## II. Einzelerläuterungen

**1. Niederlassung (lit. a).** Der Begriff der Niederlassung in lit. a ist nach den in Art. 7 Abs. 1 genannten Kriterien **autonom zu bestimmen.** Danach wird man einen Ort als Niederlassung ansehen können, wenn von diesem tatsächlich und schwerpunktmäßig die geschäftliche Tätigkeit betrieben wird (→ Art. 1 Rn. 11) (Staudinger/Magnus, 2018, Rn. 4; Brunner/Meier/Stacher Rn. 1; OLG Stuttgart IHR 2001, 65 (66), CISG-online Nr. 583; zum EKG BGH NJW 1982, 2730 (2731)). Da lit. a das Vorhandensein mehrerer Niederlassungen berücksichtigt, kann dies auch eine Zweigniederlassung sein. Diese muss allerdings, wie schon nach dem EKG, weitgehend unabhängig, selbstständig und auf eine gewisse Dauer angelegt sein (Honsell/Melis Rn. 3; Schlechtriem/Schwenzer/Schroeter/Ferrari Art. 1 Rn. 46; Honnold Rn. 43; Soergel/Kreße Rn. 1. Vgl. auch OLG Stuttgart IHR 2001, 65 (66); CISG-online Nr. 583, das neben der Dauerhaftigkeit auch die Stabilität der Einrichtung nennt). Dazu auch → Art. 1 Rn. 11. Zum Teil wird aus dem Erfordernis der organisatorischen Verselbstständigung unter Hinweis auf Art. 20 Abs. 2, Art. 24, Art. 31 lit. c, Art. 57 Abs. 1 gefolgert, es müsse jedenfalls ein regelmäßig besetztes und funktionsfähiges Büro bestehen, das eine eigene Anschrift und ausreichende Kompetenzen für das Entgegennehmen von Erklärungen, Zahlungen und Waren habe (Witz/Salger/Lorenz/Witz Rn. 2). 2

Die im EKG nicht geregelte Frage, welche von **mehreren Niederlassungen** einer Partei die maßgebliche ist, hat das CISG entschieden. Es gibt keine allgemeine Vermutung zugunsten einer (Haupt-)Niederlassung (vgl. Sekretariatskommentar O. R. Art. 9 Anm. 6; UNCITRAL Digest Anm. 5). Vielmehr kommt es auf die Niederlassung an, welche die **engste Verbindung** zu dem Vertrag und zu seiner Erfüllung aufweist (UNCITRAL Digest Anm. 2 ff. Vgl. dazu auch US District Court for the Northern District of California, San Jose Division 27.7.2001 – No C 01-20230 JW, CISG-online Nr. 616, der auf die Niederlassung abstellt, von der die technischen Beschreibungen des dort hergestellten Produktes zugesandt, bei der eine Bestellung direkt aufgegeben und mit der die weitere Korrespondenz geführt worden war, obwohl der Großteil der Bestellungen bei einer anderen Niederlassung aufgegeben wurde). Bei der Deutung dieses unbestimmten Begriffs kommt der Einzelfallentscheidung besonderes Gewicht zu. Entscheidend sind dabei gem. lit. a ausschließlich die den Parteien bekannten oder von ihnen **bei Vertragsschluss** in Betracht gezogenen (krit. MüKoBGB/H. P. Westermann, 6. Aufl. 2012, Rn. 3) Umstände, zB Anschriften, Briefköpfe und Fax-Adressen oder die Benennung einer Empfangsstelle für Mitteilungen (Schlechtriem/Schwenzer/Schroeter/Ferrari Rn. 7; Staudinger/Magnus, 2018, Rn. 5; Witz/Salger/Lorenz/Witz Rn. 3; s. auch Superior Court of Massachusetts 28.2.2005 – 034305BLS, CISG-online Nr. 1005, der neben dem Ort der Anstellung der maßgeblichen Kontaktpersonen auch die Absenderadresse einer E-Mail berücksichtigt hat). Eine Änderung der Niederlassung nach Vertragsschluss ist unbeachtlich (Ferrari in Ferrari/Flechtner/Brand Draft Digest 21, 30; Sekretariatskommentar O. R. Art. 9 Anm. 7). Das Kennenmüssen bestimmter Umstände ist nicht ausreichend (MüKoBGB/H. P. Westermann, 5. Aufl. 2008, Rn. 3). Problematisch kann die Bestimmung der Niederlassung sein, wenn die vertragsschließende Niederlassung sich von der für die Erfüllung maßgeblichen Niederlassung unterscheidet. Denn lit. a stellt für die engste Verbindung gleichermaßen auf den Vertrag und auf dessen Erfüllung ab. Im Zweifel wird man annehmen müssen, dass die den Vertrag schließende Niederlassung entscheidend ist, weil die Parteien dem Ort des Vertragsschlusses größere Bedeutung beimessen dürften als dem Ort seiner tatsächlichen Durchführung (Enderlein/Maskow/Strohbach Anm. 4; iErg ebenso Herber/Czerwenka Rn. 4; Witz/Salger/Lorenz/Witz Rn. 3 mit dem Argument, der Vertragsabschluss weise auf die Zuständigkeit dieser Niederlassung hin; diff. dagegen Ferrari in Ferrari/Flechtner/Brand Draft Digest 21, 30; Honsell/Melis Rn. 4; Schlechtriem/Schwenzer/Schroeter/Ferrari Rn. 8. Auf die Niederlassung, bei der das Schwergewicht des Vertragsabschlusses und der Vertragserfüllung liegen, stellt OLG Stuttgart IHR 2001, 65 (67) = CISG-online Nr. 583, ab). 3

**2. Gewöhnlicher Aufenthalt (lit. b).** Auf den gewöhnlichen Aufenthalt einer Partei nach lit. b wird es nur selten und ausschließlich bei **natürlichen Personen** ankommen, weil das Übereinkommen den Privatkauf allenfalls unter den Voraussetzungen des Art. 2 lit. a erfasst. Der Begriff wird in verschiedenen Bereichen des IPR, wie etwa in Art. 4 Abs. 1 lit. a Rom I-VO, verwendet und hat die gleiche Bedeutung wie schon im EKG. Voraussetzung für den gewöhnlichen Aufenthalt ist der **tatsächliche Aufenthalt,** der unabhängig von einem darauf gerichteten Willen **von gewisser Dauer** sein muss (Herber/Czerwenka Rn. 5; Honsell/Melis Rn. 6; Schlechtriem/ 4

Schwenzer/Schroeter/Ferrari Rn. 10; Staudinger/Magnus, 2018, Rn. 8. Vgl. MüKoBGB/Gruber Rn. 7: „Lebensmittelpunkt“).

## III. Beweislastregeln

5 Behauptet eine Partei, dass Umstände, welche für eine bestimmte Niederlassung sprechen, der anderen Partei bekannt waren oder von dieser in Betracht gezogen wurden, ist sie hierfür beweispflichtig (Staudinger/Magnus, 2018, Rn. 9; zur Beweislast ausf. Müller in Baumgärtel/Laumen/Prütting Beweislast-HdB II UNKR Rn. 1 ff.: diejenige Partei muss das Bestehen einer Niederlassung nachweisen, die daraus Rechtsfolgen herleiten will). Da lit. b eine Ausnahmevorschrift darstellt, hat die Partei, die sich auf die Maßgeblichkeit des gewöhnlichen Aufenthaltes stützt, die Voraussetzungen von lit. b zu beweisen.

## Art. 11 (Formfreiheit)

**[1]Der Kaufvertrag braucht nicht schriftlich geschlossen oder nachgewiesen zu werden und unterliegt auch sonst keinen Formvorschriften. [2]Er kann auf jede Weise bewiesen werden, auch durch Zeugen.**

### Überblick

Art. 11 betrifft den allgemeinen Grundsatz der Formfreiheit (→ Rn. 4) der dem Übereinkommen unterfallenden Kaufverträge, der jedoch ausgeschlossen werden kann (→ Rn. 1). Die Formfreiheit gilt im Übrigen nicht grenzenlos (→ Rn. 5 f.).

### I. Normzweck

1 Die Vorschrift bestimmt in **S. 1,** dass die dem Übereinkommen unterliegenden Kaufverträge formlos abgeschlossen werden können, auch wenn das CISG grds. nicht Fragen der Gültigkeit des Vertrages regelt, vgl. Art. 4 S. 2 lit. a; auch → Art. 4 Rn. 4 (ebenso Ferrari IHR 2004, 1 (2); EuLF 2000/01, 301 (304); MüKoBGB/H. P. Westermann, 6. Aufl. 2012, Rn. 2. Dagegen soll Art. 4 S. 2 lit. a nach Herber/Czerwenka Rn. 4 nur für Vorschriften gelten, die sich auf den materiellen Gehalt einer Erklärung beziehen). Obwohl in verschiedenen nationalen Rechtsordnungen abw. Regelungen bestehen (eine Übersicht über die Rechtsordnungen, in denen der Grundsatz der Formfreiheit – wenn auch mit Einschränkungen – gilt, findet sich bei Dölle/Reinhart EKG Art. 15 Rn. 10–25), hat man sich im Übereinkommen für den **Grundsatz der Formfreiheit** entschieden. In Vertragsstaaten, deren Rechtsordnung ein Formerfordernis vorsieht, kann dieser Grundsatz nach Art. 12, 96 ausgeschlossen werden. Davon Gebrauch gemacht haben bislang Argentinien, Armenien, Chile, Paraguay, Russische Föderation, Ukraine, Weißrussland. Zu den Grenzen der Formfreiheit → Rn. 5. Durch die Regelung des Grundsatzes der Formfreiheit in Teil I des Übereinkommens gilt dieser auch für die Staaten, die durch Erklärung eines Vorbehaltes nach Art. 92 die Anwendung der Vorschriften über den Vertragsabschluss in Teil II des Übereinkommens ausgeschlossen haben (Herber/Czerwenka Rn. 2; MüKoHGB/Ferrari Rn. 1; Staudinger/Magnus, 2018, Rn. 6; Ferrari IHR 2004, 1 (2)).

2 Die formlose Vertragsgestaltung hat für den grenzüberschreitenden Warenverkehr große **Bedeutung.** Zunehmende Globalisierung und Vielfältigkeit des Handelsverkehrs machen nicht nur die Rechtsvereinheitlichung, sondern auch eine Rechtsvereinfachung erforderlich. Obwohl die herkömmlichen Kommunikationsmittel wie Fernschreiben, Telegramm oder Telefax rasch und – wie Art. 13 zeigt – formwahrend eingesetzt werden können, lassen sich Verträge im internationalen Bereich am schnellsten umsetzen, wenn die Parteien von der Ermittlung möglicher Formvorschriften befreit sind. Neben der mündlichen Vereinbarung sind hierbei vor allem neuere Kommunikationsmöglichkeiten, wie die Textversendung mittels E-Mail zu nennen (s. hierzu auch CISG Advisory Council Opinion No. 1, Electronic Communications Under the CISG, http://www.cisgac.com/cisgac-opinion-no1/, abgerufen 19.4.2022; zum CISG Advisory Council Art. 7 Rn. 3).

3 Die Formfreiheit ist auch für das **Verfahrensrecht** bedeutsam. Ein dem Übereinkommen unterliegender Kaufvertrag kann nach S. **2** auf jede Weise bewiesen werden. Diese aus deutscher Sicht selbstverständliche Regelung überlagert etwa spanisches und italienisches Recht, wonach bei Verträgen über Waren ab einem bestimmten Streitwert der Zeugenbeweis unzulässig ist

(Art. 2721 ital. Codice civile, Art. 51 span. Código de Comercio – Zeugenbeweis allein reicht nicht aus –, vgl. auch Section 2-201 UCC).

## II. Einzelerläuterungen

**1. Grundsatz der Formfreiheit (S. 1). a) Anwendungsbereich.** Die Formfreiheit eines Vertrages gilt nach dem Wortlaut unmittelbar nur für die Erklärungen, die den **Vertragsschluss** zwischen den Parteien herbeiführen. Art. 29 Abs. 1 erweitert darüber hinaus den Anwendungsbereich der Bestimmung auf die **Änderung,** die **Ergänzung** oder die **Aufhebung** von Verträgen (hM, vgl. nur Herber/Czerwenka Rn. 3; Honsell/Melis Rn. 4; Schlechtriem/Schwenzer/Schroeter/Schmidt-Kessel Rn. 8). Die Vorschrift gilt aber auch bei anderen im CISG vorgesehenen Erklärungen, wie etwa nach Art. 15 Abs. 2, Art. 16, Art. 19 Abs. 2 S. 1, Art. 21, Art. 22. Dies ergibt sich daraus, dass die Formfreiheit ein **allgemeiner Grundsatz** des Übereinkommens iSv Art. 7 Abs. 2 ist und deshalb über Art. 11 hinaus angewendet werden kann (Ferrari in Ferrari/Flechtner/Brand Draft Digest 206, 207 f.; Schlechtriem/Schwenzer/Schroeter/Schmidt-Kessel Rn. 9; iErg ebenso Staudinger/Magnus, 2018, Rn. 7; Enderlein/Maskow/Strohbach Anm. 1.3. Vgl. UNCITRAL Digest Anm. 2). 4

**b) Grenzen.** Die Formfreiheit gilt indes nicht grenzenlos. Abgesehen von der Vorbehaltsmöglichkeit nach Art. 96 können die beteiligten Parteien auch selbst ein **Formerfordernis** für den Vertrag **vereinbaren** (zB Art. 29 Abs. 2). Nach Art. 6 geht eine ausdrückliche oder konkludente Vereinbarung dem Übereinkommen stets vor. Ebenso sind nach Art. 9 **Handelsbräuche** und **Gepflogenheiten** zu berücksichtigen, aus denen sich Formzwänge ergeben (Soergel/Kreße Rn. 3). Werden etwa die deutschen Regeln zum **kaufmännischen Bestätigungsschreiben** als verbindlicher Handelsbrauch gewertet, muss ein Bestätigungsschreiben vorliegen. Eine fernmündliche Bestätigung reicht dann nicht (Schlechtriem/Schwenzer/Schroeter/Schmidt-Kessel Rn. 6, 16). 5

Die Vorschrift gilt nur für den kaufrechtlichen Teil des Vertrages (Schlechtriem/Schwenzer/Schroeter/Schmidt-Kessel Rn. 7; aA Piltz IntKaufR Rn. 3-131; Staudinger/Magnus, 2018, Rn. 7). Auf damit in Zusammenhang stehende **kauffremde Teile,** wie etwa Sicherungsgeschäfte, Grundstücksgeschäfte, Wettbewerbsabreden oder Schieds- und Gerichtsstandsklauseln, findet Art. 11 dagegen keine Anwendung (BGH NJW-RR 2021, 376 (379) mAnm Masser SchiedsVZ 2021, 103 zur Formgültigkeit einer Schiedsklausel, die sich zB nach UNÜ oder § 1031 ZPO richtet; zur materiellen Einigung dagegen → Art. 4 Rn. 6; BGH NJW 2015, 2584 (2589); s. aber Kantonsgericht des Kantons Zug IHR 2005, 119 (120) zu Gerichtsstandsvereinbarungen; Herber/Czerwenka Rn. 5; Schlechtriem/Schwenzer/Schroeter/Schmidt-Kessel Rn. 7; Staudinger/Magnus, 2018, Rn. 7; für die Anwendung von Art. 11 auf Schiedsklauseln aber Perales Viscasillas in Kröll/Mistelis/Perales Viscasillas CISG Rn. 13 f.). Entsprechendes gilt bei **gemischten Verträgen** (→ Art. 3 Rn. 1 ff.) (ebenso wohl Schlechtriem/Schwenzer/Schroeter/Schmidt-Kessel Rn. 7; aA MüKoHGB/Ferrari Rn. 2, der den Grundsatz der Formfreiheit auf alle dem CISG unterliegenden Verträge anwenden will; vgl. auch MüKoBGB/H. P. Westermann, 6. Aufl. 2012, Art. 11 Rn. 4, Art. 1 Rn. 7). Auf diese Weise können Teile eines Vertrages eine rechtlich unterschiedliche Bewertung erfahren. Art. 3, 4 stellen jedoch klar, dass das Übereinkommen nicht alle Rechtsfragen regeln will, welche sich im Zusammenhang mit einem internationalen Kaufvertrag ergeben können. Bei nicht dem Übereinkommen unterliegenden Erklärungen finden die vom IPR bestimmten nationalen Formvorschriften Anwendung (Schlechtriem/Schwenzer/Schroeter/Schmidt-Kessel Rn. 10; Ferrari in Ferrari/Flechtner/Brand Draft Digest 206, 208; Ferrari IHR 2004, 1 (2 f.)). 6

**c) Verhältnis zum nationalen Recht.** Dem Verhältnis von Art. 11 zu nationalen Formvorschriften und der Frage, ob mit dem Grundsatz der Formfreiheit sämtliche nationalen Bestimmungen verdrängt werden, kommt insbes. bei **verbraucherschützenden Formvorschriften** und formähnlichen Bestimmungen wie §§ 312c, 312e BGB (hierzu Schlechtriem/Schwenzer/Schroeter/Schmidt-Kessel Rn. 14b) Bedeutung zu. Nach überwiegender Auffassung soll Art. 11 stets Vorrang haben (Herber/Czerwenka Art. 14 Rn. 4; Schlechtriem/Schwenzer/Schroeter/Schmidt-Kessel Rn. 14; Staudinger/Magnus, 2018, Rn. 14). Dafür spricht, dass das Übereinkommen den Vertragsstaaten in Art. 96 die Möglichkeit des Formvorbehaltes einräumt. Da dem CISG nach Art. 2 im Wesentlichen nur Handelsgeschäfte unterfallen, ist es bei Beteiligung von Verbrauchern meist ohnehin nicht anwendbar. 7

8 **2. Beweisfragen (S. 2).** Art. 11 lässt jegliches **Beweismittel** und insbes. den Zeugenbeweis zu. Auf diese Weise erfolgt eine prozessrechtliche Absicherung des materiellen Grundsatzes der Formfreiheit (Staudinger/Magnus, 2018, Rn. 5; Ferrari IHR 2004, 1 (4)). Verdrängt werden Verfahrensvorschriften, die bestimmte Beweismittel endgültig ausschließen (Herber/Czerwenka Rn. 6; Staudinger/Magnus, 2018, Rn. 11; Witz/Salger/Lorenz/Witz Art. 11–12 Rn. 9; vgl. Brunner/Balogh Rn. 3). Nationale Bestimmungen, wie etwa die parol evidence rule des Common Law, die bei Vorlage schriftlicher Urkunden andere Beweismittel nahezu gänzlich ausschließt, finden daher keine Anwendung (Staudinger/Magnus, 2018, Rn. 16). Hiervon werden aber nicht die nationalen Verfahrensvorschriften über Beweismittel und deren Beschränkung zB in bestimmten Verfahrensabschnitten oder Verfahrensarten erfasst, weshalb etwa die Bestimmungen über den Urkundenprozess oder die Parteivernehmung nach der ZPO anwendbar sind (Herber/Czerwenka Rn. 6; Schlechtriem/Schwenzer/Schroeter/Schmidt-Kessel Rn. 12; Staudinger/Magnus, 2018, Rn. 17; vgl. MüKoHGB/Ferrari Rn. 9). Für die **Beweiswürdigung** sind die Verfahrensregeln des Forums und die Einschätzung des Richters maßgeblich (UNCITRAL Digest Anm. 5; Brunner/Balogh Rn. 3; Ferrari IHR 2004, 1 (4)). Daher kann einer Urkunde im Rahmen der Beweiswürdigung möglicherweise eine höhere Beweiskraft beigemessen werden als einer Zeugenaussage (UNCITRAL Digest Anm. 5; Ferrari IHR 2004, 1 (4); MüKoHGB/Ferrari Rn. 10).

## III. Beweislastregeln

9 Die Beweislast trägt derjenige, der das Bestehen des Kaufvertrages oder einer anderen Erklärung, auf die Art. 11 Anwendung findet, behauptet. Die Beweislast für eine entgegen dem Grundsatz des Art. 11 vereinbarte Formbedürftigkeit hat die Partei zu tragen, die eine solche Vereinbarung geltend macht (Achilles Art. 13 Rn. 1; Müller in Baumgärtel/Laumen/Prütting Beweislast-HdB II UNKR Rn. 1; Ferrari in Ferrari/Flechtner/Brand Draft Digest 206, 214 f.).

## Art. 12 (Wirkungen eines Vorbehaltes hinsichtlich der Formfreiheit)

**[1]Die Bestimmungen der Artikel 11 und 29 oder des Teils II dieses Übereinkommens, die für den Abschluß eines Kaufvertrages, seine Änderung oder Aufhebung durch Vereinbarung oder für ein Angebot, eine Annahme oder eine sonstige Willenserklärung eine andere als die schriftliche Form gestatten, gelten nicht, wenn eine Partei ihre Niederlassung in einem Vertragsstaat hat, der eine Erklärung nach Artikel 96 abgegeben hat. [2]Die Parteien dürfen von dem vorliegenden Artikel weder abweichen noch seine Wirkung ändern.**

### Überblick

Haben die Parteien ihre Niederlassung in einem Vertragsstaat, der einen Vorbehalt nach Art. 96 erklärt hat, so bestimmt Art. 12, dass die formbefreienden Bestimmungen des Übereinkommens nicht anwendbar sind (→ Rn. 1). Dies gilt jedoch nicht für die Vorschriften von Teil III (→ Rn. 2).

1 Art. 96 eröffnet den Vertragsstaaten die Möglichkeit, für Verträge im internationalen Warenverkehr **zwingend** die **Schriftform zu verlangen.** Nach dem Wortlaut von Art. 96 ist hierfür aber erforderlich, dass nach dem Recht des betreffenden Staates (alle) Kaufverträge schriftlich zu schließen oder nachzuweisen sind (ebenso MüKoHGB/Ferrari Rn. 2 mwN). Art. 12 bestimmt, dass in diesen Fällen die formbefreienden Bestimmungen des Übereinkommens nicht anwendbar sind und – wie schon in Art. 6 ausdrücklich angeordnet – von den Parteien auch nicht für anwendbar erklärt werden können (Herber/Czerwenka Rn. 6; Staudinger/Magnus, 2018, Rn. 12; allerdings kann das CISG insgesamt und damit auch Art. 12 abbedungen werden). Diese Rechtsfolge ergibt sich bereits aus Art. 96. Hier wie dort ist in **persönlicher** Hinsicht Voraussetzung, dass eine Partei ihre Niederlassung in einem Vertragsstaat hat, welcher den Formvorbehalt nach Art. 96 erklärt hat. In **sachlicher** Hinsicht können nur Erklärungen der Form unterworfen werden, die gem. Art. 11, 29 für den Vertragsschluss sowie die vereinbarte Änderung oder Aufhebung maßgeblich sind und sonst vom II. Teil des Übereinkommens erfasst werden.

2 **Nicht** dem Formvorbehalt unterstehen die Vorschriften aus dem III. Teil, insbes. die Regelungen zum **Vertragsaufhebungsrecht** in Art. 49, 64 und die **Mängelanzeige** gem. Art. 39 (Jametti Greiner in Hoyer/Posch WienerKaufR 43, 47; MüKoHGB/Ferrari Rn. 3; Sekretariatskommentar

O. R. Art. 11 Anm. 2). Unklar ist das Verhältnis von Art. 12 und 13 zu **weitergehenden Formvorschriften** wie notarieller Beurkundung oder Anbringung von Stempelmarken (Schlechtriem/Schwenzer/Schroeter/Schmidt-Kessel Rn. 5: gegen die Anwendbarkeit weitergehender Formvorschriften; vgl. auch Honsell/Melis Art. 13 Rn. 3). Die Formulierung in Art. 12, wonach die Gestattung einer anderen Form als der Schriftform durch die genannten Bestimmungen bei Bestehen eines Vorbehaltes nicht gelten soll, deutet darauf hin, dass nur für die Schriftform eine Ausnahmemöglichkeit vom Grundsatz der Formfreiheit besteht und der Verstoß gegen weitergehende Formvorschriften nicht der Wirksamkeit der Vereinbarung entgegensteht.

Über die **Reichweite** eines Formvorbehaltes schweigt das Übereinkommen. Aufgrund des 3 Wortlauts, wonach Art. 11 und 29 bei Einlegung eines Vorbehalts nicht gelten, ist davon auszugehen, dass im Hinblick auf die Form der Zustand hergestellt wird, der ohne das Übereinkommen bestünde (Honsell/Melis Rn. 4; Staudinger/Magnus, 2018, Rn. 1). Es gelten daher die Formvorschriften des vom IPR berufenen nationalen Rechts (Ferrari IHR 2004, 1, 5; Herber/Czerwenka Rn. 4; Greiner in Hoyer/Posch WienerKaufR 43, 47; Karollus UN-KaufR S. 80; MüKoHGB/Ferrari Rn. 4; MüKoBGB/Gruber Rn. 6; Staudinger/Magnus, 2018, Rn. 8 f.; Perales Viscasillas in Kröll/Mistelis/Perales Viscasillas CISG Rn. 8; Soergel/Kreße Rn. 2; UNCITRAL Digest Art. 11 Anm. 7, Art. 12 Anm. 4; aA Rehbinder in Schlechtriem, Einheitliches Kaufrecht und nationales Obligationenrecht, 1987, 149, 155 f.; Reinhart UN-KaufR Rn. 2 f. mit Hinweis auf die Entstehungsgeschichte). Die Prüfung des maßgeblichen IPR kann deshalb ergeben, dass bei einem internationalen Kaufvertrag nicht das Recht des Vertragsstaates, der den Formvorbehalt erklärt hat, sondern das Recht des Staates der anderen Vertragspartei anzuwenden ist, welches gerade Formfreiheit gewährt (Honsell/Melis Rn. 4; Schlechtriem/Schwenzer/Schroeter/Schmidt-Kessel Rn. 3: bei Anwendbarkeit des Rechts eines Nicht-Vorbehaltsstaates soll Art. 11 gelten; Staudinger/Magnus, 2018, Rn. 9, 11: Geltung der internen Formvorschriften, nicht des Art. 11; aA Soergel/Lüderitz/Fenge Rn. 3; Reinhart UN-KaufR Rn. 2 f.). Dies kann aber dazu führen, dass auf Grund des **ordre public** einem in diesem Vertragsstaat erwirkten Titel die Anerkennung versagt wird, was eine Vollstreckung unmöglich macht (Beispiele bei Rudolph Rn. 3).

Kritisiert wird, dass auf Grund der Maßgeblichkeit des vom IPR berufenen nationalen Rechts 4 Formvorschriften eines Nicht-Vorbehaltsstaates gelten können, die erst durch den Vorbehalt zur Anwendung kommen, während ohne den Vorbehalt der Grundsatz der Formfreiheit nach Art. 11 gegolten hätte (Schlechtriem/Schwenzer/Schroeter/Schmidt-Kessel Rn. 3; MüKoBGB/H. P. Westermann, 6. Aufl. 2012, Rn. 2). Daher soll bei Verweis auf das Recht eines Nicht-Vorbehaltsstaates Art. 11 als Formstatut anzuwenden sein und der Grundsatz der Formfreiheit gelten (Ferrari IHR 2004, 1 (6); MüKoHGB/Ferrari Art. 11 Rn. 11, Art. 12 Rn. 5 mN zur Rspr.; Schlechtriem/Schwenzer/Schroeter/Schmidt-Kessel Rn. 3; Schlechtriem/Schroeter IntUN-KaufR Rn. 230 f.; UNCITRAL Digest Art. 11 Anm. 7, Art. 12 Anm. 4). Dies sei für den Vorbehaltsstaat zumutbar, da über das IPR auch nationale Regeln, die Formfreiheit vorsehen, gelten könnten (Schlechtriem/Schwenzer/Schroeter/Schmidt-Kessel Rn. 3; zust. Ferrari IHR 2004, 1 (6); MüKoHGB/Ferrari Rn. 5). Vereinzelt wird demgegenüber auch vertreten, dass bei Niederlassung einer Vertragspartei in einem Vorbehaltsstaat immer dessen Formvorschriften gelten. Dagegen spricht jedoch, dass der Vorschlag, bei Bestehen eines Vorbehaltes immer die Formvorschriften des Vorbehaltsstaates anzuwenden, gerade (→ Rn. 1) abgelehnt wurde (Bianca/Bonell/Rajski Art. 96 Anm. 1.2; MüKoHGB/Ferrari Art. 11 Rn. 11, Art. 12 Rn. 4. S. UNCITRAL Yearbook Volume IX (1978), 45).

S. 2 schließt neben der Abbedingung des Art. 12 zudem aus, dass die Parteien bei Bestehen 5 eines Vorbehalts nach Art. 96 ein bestimmtes Recht nur für die Beurteilung der Formgültigkeit des Vertrages vereinbaren (Herber/Czerwenka Rn. 6; Rehbinder in Schlechtriem, Einheitliches Kaufrecht und nationales Obligationenrecht, 1987, 149, 155; Staudinger/Magnus, 2018, Rn. 12).

## Art. 13 (Schriftlichkeit)

**Für die Zwecke dieses Übereinkommens umfaßt der Ausdruck „schriftlich" auch Mitteilungen durch Telegramm oder Fernschreiben.**

### Überblick

Art. 13 konkretisiert den Begriff der Schriftform für den Fall, dass diese entgegen dem Grundsatz der Formfreiheit (Art. 11) vereinbart worden ist oder aufgrund von Gebräuchen oder Gepflogenheiten Anwendung findet (→ Rn. 1). Der Begriff ist autonom auszulegen (→ Rn. 2) und findet auch bei einem Vorbehalt gemäß Art. 96 Anwendung (→ Rn. 3).

## I. Vereinbarung der Schriftform

1 Das Übereinkommen verlangt gem. Art. 11 grds. keine Form. Die Vorschrift gilt daher zunächst für die vereinbarte Schriftform sowie für die sich aus Bräuchen oder Gepflogenheiten ergebende Schriftform (MüKoHGB/Ferrari Rn. 5) und definiert bzw. erläutert diesen Begriff. Gleichwohl ergibt sich aus Art. 6, dass die Parteien auch inhaltlich abweichend davon ein Schriftformerfordernis bestimmen können. So kann vertraglich etwa die eigenhändige Unterschrift von Erklärungen verlangt werden oder die Übermittlung per Telegramm, Fax oder Fernschreiben ausgeschlossen sein. Die Vorschrift des Art. 13 ist also dispositiv (Achilles Rn. 1; MüKoHGB/Ferrari Rn. 1; Schlechtriem/Schwenzer/Schroeter/Schmidt-Kessel Rn. 2; Witz/Salger/Lorenz/Witz Rn. 1; Ferrari IHR 2004, 1 (3)) und gilt nur, wenn die Parteien die Schriftform ohne ergänzende Erläuterung vereinbart haben.

2 Der **Begriff der Schriftform** in Art. 13 ist autonom auszulegen und erfordert nach einer Ansicht, dass die Mitteilung in einem Schriftstück verkörpert ist und ihren Urheber erkennen lässt (Honsell/Melis Rn. 3; MüKoBGB/H. P. Westermann, 6. Aufl. 2012, Rn. 2; Staudinger/Magnus, 2018, Rn. 4; aA Herber/Czerwenka Rn. 3). Die Notwendigkeit einer eigenhändigen Unterschrift wird überwiegend abgelehnt, zT unter Hinweis auf die Formulierung „Telegramm oder Fernschreiben" (Karollus UN-KaufR S. 81; MüKoHGB/Ferrari Rn. 2, 3; Staudinger/Magnus, 2018, Rn. 4; Achilles Rn. 1; aA Herber/Czerwenka Rn. 3). Insbesondere die englische und französische Originalfassung zeigen, dass Telegramm und Fernschreiben keine abschließende Aufzählung darstellen. Daher kann Art. 13 auch auf weitere schriftliche Kommunikationsformen, zB **Telefax,** erstreckt werden (Staudinger/Magnus, 2018, Rn. 5; MüKoBGB/H. P. Westermann, 6. Aufl. 2012, Rn. 3; Schlechtriem/Schwenzer/Schroeter/Schmidt-Kessel Rn. 6; Schlechtriem/Schroeter IntUN-KaufR Rn. 23). Unklar ist, ob auch **E-Mails** dem Schriftformerfordernis genügen (bejahend Staudinger/Magnus, 2018, Rn. 5; Ferrari in Ferrari/Flechtner/Brand Draft Digest 206, 209; MüKoHGB/Ferrari Rn. 3; Witz/Salger/Lorenz/Witz Rn. 2; Soergel/Kreße Rn. 1; einschr. Schlechtriem/Schwenzer/Schroeter/Schmidt-Kessel Rn. 7). Die Parteien können aber jedenfalls festlegen, dass für die Einhaltung der Schriftform E-Mails genügen sollen (ebenso MüKoBGB/H.P. Westermann, 6. Aufl. 2012, Rn. 3). Nach der Entstehungsgeschichte der Norm soll mit dem Grundsatz der Formfreiheit der Verwendung moderner Kommunikationsmittel bei internationalen Warenkäufen Rechnung getragen werden (Sekretariatskommentar O. R. Art. 11 Anm. 2). Dies spricht dafür, die Schriftlichkeit gem. Art. 13 so auszulegen, dass Offenheit für neue technische Entwicklungen besteht (Schlechtriem/Schroeter IntUN-KaufR Rn. 238; s. auch CISG-AC Opinion no 1, Art. 13, IHR 2003, 244 ff., https://www.cisgac.com/file/repository/German_opinion1.pdf, abgerufen 19.4.2022).

## II. Vorbehalt gemäß Art. 96

3 Art. 13 gilt auch, wenn es um die Auslegung einer **Schriftform** geht, die sich ein Vertragsstaat gem. Art. 96 vorbehalten hat (Brunner/Balogh Rn. 1; MüKoBGB/Gruber Rn. 4; MüKoHGB/Ferrari Art. 11 Rn. 11, MüKoHGB/Ferrari Art. 13 Rn. 1, 6; Schlechtriem/Schwenzer/Schroeter/Schmidt-Kessel Rn. 4; Rudolph Rn. 2; Witz/Salger/Lorenz/Witz Rn. 1; aA Soergel/Kreße Rn. 2; vgl. dazu auch Ferrari EuLF 2000/01, 301 (305)). Damit ist das Schriftformerfordernis des Formstatutes auch dann erfüllt, wenn eine Erklärung nur der Schriftform nach Art. 13 genügt (wie bei Fernschreiben und Telegramm), nicht aber der des berufenen Rechts (Achilles Rn. 2; Herber/Czerwenka Rn. 2; MüKoHGB/Ferrari Art. 12 Rn. 4; Reinhart UN-KaufR Rn. 1, 3; Staudinger/Magnus, 2018, Rn. 8 mwN; Witz/Salger/Lorenz/Witz Rn. 1. Vgl. UNCITRAL Digest Anm. 1; aA Schlechtriem/Schroeter IntUN-KaufR Rn. 237). Die Anwendung des Art. 13 ist in diesen Fällen für die Rechtssicherheit unter den Parteien unerlässlich. Andernfalls wäre eine Partei häufig gezwungen, unbekannte nationale Regeln mühsam zu ermitteln. Die hiermit verbundene „nationale Einmischung" des CISG wird dadurch gerechtfertigt, dass der Gesetzgeber Art. 13 ausdrücklich von der Vorbehaltserklärung in Art. 12, 96 ausgenommen hat (näher Schlechtriem/Schwenzer/Schroeter/Schmidt-Kessel Rn. 4; Achilles Rn. 2; MüKoHGB/Ferrari Rn. 6). Von der Definition der Schriftform in Art. 13 kann der Vorbehaltsstaat also nicht abweichen (Herber/Czerwenka Art. 11 Rn. 8, Herber/Czerwenka Art. 12 Rn. 2; Witz/Salger/Lorenz/Witz Rn. 1). Nach aA kann Art. 13 nach dem Formstatut notwendige Formerfordernisse dagegen nicht ersetzen (Soergel/Kreße Rn. 2; Bianca/Bonell/Rajski Anm. 3.1; Enderlein/Mas-

kow/Strohbach Anm. 1; MüKoBGB/H. P. Westermann, 6. Aufl. 2012, Rn. 1; Staudinger/Magnus, 2018, Rn. 9: bloße Interpretationshilfe für das Formstatut). Für den Begriff der Schriftlichkeit sei die lex causae maßgeblich. Sonst läge eine „Einmischung" in das innere Recht vor, mit der nicht gerechnet werden müsse (Soergel/Kreße Rn. 2).

# Teil II. Abschluß des Vertrages

## Art. 14 (Begriff des Angebots)

**(1) [1]Der an eine oder mehrere bestimmte Personen gerichtete Vorschlag zum Abschluß eines Vertrages stellt ein Angebot dar, wenn er bestimmt genug ist und den Willen des Anbietenden zum Ausdruck bringt, im Falle der Annahme gebunden zu sein. [2]Ein Vorschlag ist bestimmt genug, wenn er die Ware bezeichnet und ausdrücklich oder stillschweigend die Menge und den Preis festsetzt oder deren Festsetzung ermöglicht.**

**(2) Ein Vorschlag, der nicht an eine oder mehrere bestimmte Personen gerichtet ist, gilt nur als Aufforderung, ein Angebot abzugeben, wenn nicht die Person, die den Vorschlag macht, das Gegenteil deutlich zum Ausdruck bringt.**

**Schrifttum:** Bomsdorf/Finkelmeier, Allgemeine Geschäftsbedingungen im internationalen Handel, Gerichtsstand, Rechtswahl und Einbeziehung von (kollidierenden) AGB, RIW 2021, 350; CISG Advisory Council Opinion No. 13, Inclusion of standard terms under the CISG, http://www.cisgac.com/cisgac-opinion-no13/ (abgerufen 19.4.2022; zum CISG Advisory Council Art. 7 Rn. 3); Kindler, Ob Walzfräsmaschine oder Schreibtischsessel: Keine Obliegenheit zur AGB-Übersendung beim Vertragsschluss nach CISG!, FS Heldrich, 2005, 225; H. Schmidt, Einbeziehung von AGB im unternehmerischen Geschäftsverkehr, NJW 2011, 3329.

### Überblick

Art. 14–24 enthalten Bestimmungen über das Zustandekommen des Vertrages beim einheitlichen Warenkauf durch Angebot und Annahme. Das Haager Kaufrecht regelte dies noch in dem gesonderten Einheitlichen Gesetz über den Abschluss von internationalen Kaufverträgen über bewegliche Sachen vom 17.7.1973 (BGBl. I S. 868). Die Bedeutung der Vorschriften ergibt sich aus Unterschieden hinsichtlich der Widerruflichkeit von Willenserklärungen vor allem im Vergleich zum anglo-amerikanischen Recht. Art. 14 definiert das **Angebot** und grenzt es von der bloßen invitatio ab. Art. 15 klärt die Frage seines Wirksamwerdens und die Möglichkeit der Rücknahme (bis zum Zugang), Art. 16 hingegen regelt den Widerruf des Angebots (nach Zugang). Art. 17 betrifft schließlich das Erlöschen des Angebots. Die **Annahme** ist in Art. 18 definiert. Aus Art. 19 ergeben sich die Rechtsfolgen einer abweichenden Annahme. Regelungen über die Annahmefrist enthält Art. 20, über die verspätete Annahme Art. 21. Die Möglichkeit der Rücknahme der Annahme ist in Art. 22 geregelt. Art. 23 betrifft den **Zeitpunkt** des Vertragsschlusses und Art. 24 definiert den Zugang. Art. 14–24 liegt ein Vertragsschlussmodell zugrunde, wonach die Annahme zeitlich dem Angebot folgt. In Abweichung hiervon kann ein Vertrag auch anders, insbesondere durch Kreuzofferten oder Schweigen auf ein kaufmännisches Bestätigungsschreiben, zustande kommen (→ Art. 18 Rn. 2). Die Vorschriften werden durch die allgemeinen Bestimmungen des Teils I insbesondere über die Auslegung (Art. 8) und die Formfreiheit (Art. 11) ergänzt.

Zu berücksichtigen ist, dass Art. 92 Abs. 1 den Vertragsstaaten den **Vorbehalt** erlaubt, das CISG ohne die Vorschriften über den Vertragsschluss anzuwenden. Hiervon hatten Dänemark, Finnland, Norwegen und Schweden Gebrauch gemacht, die Vorbehalte aber später zurückgenommen. Bei Beteiligung eines Vorbehaltsstaates beurteilt sich das Zustandekommen des Vertrages nach dem auf Grund IPR berufenen Recht. Gleichwohl kann auch in diesen Fällen das CISG anwendbar sein, wenn es sich hierbei um das nach Art. 1 Abs. 1 lit. b anwendbare nationale Recht handelt.

**Art. 14** regelt Mindestanforderungen des Angebots. Erforderlich ist eine formfreie, empfangsbedürftige Willenserklärung (→ Rn. 2), die bereits die wesentlichen Vertragsbestandteile enthält (→ Rn. 4) und den subjektiven Bindungswillen des Antragenden erkennen lässt (→ Rn. 6). Auch die Einbeziehung vorformulierter Vertragsbedingungen richtet sich nach Art. 14 ff. (→ Rn. 7).

## I. Normzweck

1 Art. 14 bestimmt die **Mindestanforderungen,** die im internationalen Warenkauf an ein Angebot zum Vertragsschluss gestellt werden. Es handelt sich hierbei nach Abs. 1 S. 1 um eine empfangsbedürftige Willenserklärung, die hinreichend bestimmt sein und den Bindungswillen des Erklärenden erkennen lassen muss. Abs. 1 S. 2 konkretisiert das Bestimmtheitserfordernis. Abs. 2 grenzt das Angebot von der Publikumsofferte ab.

## II. Inhalt des Angebots

2 **1. Vorschlag zum Abschluss eines Vertrages.** Für das Angebot als formfreie (vgl. Art. 11) (MüKoHGB/Ferrari Rn. 4; Staudinger/Magnus, 2018, Rn. 11; BeckOGK/Buchwitz Rn. 41), **empfangsbedürftige Willenserklärung** gelten die nach IPR maßgeblichen nationalen Vorschriften über Geschäftsfähigkeit, Willensmängel und Vertretungsmacht (MüKoBGB/Gruber Rn. 4; Honsell/Dornis Rn. 4). Zu berücksichtigen sind ggf. auch die nach nationalem Recht bestehenden Vorschriften des Verbraucherschutzes. Die Auslegung der Erklärung richtet sich nach Art. 8 (vgl. zB Schweiz. BG IHR 2004, 28, 30 f.).

3 Eine Erklärung, die sich nicht an einen bestimmten Adressaten richtet, ist kein Angebot, sondern lediglich eine **Publikumsofferte** (invitatio ad offerendum). Nur soweit sich aus den Umständen ergibt, dass der Erklärende ungeachtet der Person des Erklärungsempfängers zum Vertragsschluss bereit ist, ist eine solche Erklärung nach Abs. 2 als Angebot anzusehen.

4 **2. Bestimmtheitserfordernis.** Ein wirksamer Kaufvertrag setzt die Einigung über die essentialia voraus. Das Gesetz verlangt als Mindestinhalt des Angebots, dass **Ware, Menge** und Preis bestimmt oder aber zumindest bestimmbar sind. Darüber hinaus können im Einzelfall aber auch weitere Regelungen, etwa über Leistungsort und -zeit, zu den Mindestinhalten zählen (Staudinger/Magnus, 2018, Rn. 16; Schlechtriem/Schwenzer/Schroeter/Schroeter Rn. 3; Honsell/Dornis Rn. 13). Eine ausdrückliche Vereinbarung ist nicht zwingend erforderlich. Ausreichend ist, dass eine Festsetzung möglich ist, ggf. durch Auslegung, wobei auch die Gepflogenheiten maßgeblich sein können (Schlechtriem/Schwenzer/Schroeter/Schroeter Rn. 9; Rudolph Rn. 4; Staudinger/Magnus, 2018, Rn. 16; landwirtschaftliche Erzeugnisse können mengenmäßig auch über die Anbaufläche hinreichend bestimmt werden, vgl. OLG Brandenburg IHR 2014, 228 (230)). Dem Bestimmbarkeitserfordernis ist jedenfalls bei der Verweisung auf ein Angebot Genüge getan. Gleiches gilt, wenn die konkrete Bestimmung durch einen Dritten erfolgen soll (Herber/Czerwenka Rn. 5; Schlechtriem/Schwenzer/Schroeter/Schroeter Rn. 13).

5 Das Angebot muss insbes. den **Preis,** also Betrag und Währung (Honsell/Dornis Rn. 22; MüKoHGB/Ferrari Rn. 28 ff.; aA Staudinger/Magnus, 2018, Rn. 25, der bei fehlender Währungsangabe die Währung am Verkäufersitz für maßgebend hält; → Art. 54 Rn. 3 f.) bestimmen (Honsell/Dornis Rn. 22; Schlechtriem/Schwenzer/Schroeter/Schroeter Rn. 3). Der bloßen Vereinbarung von Tagespreisklauseln kann im Einzelfall § 307 BGB entgegenstehen (Schlechtriem/Schwenzer/Schroeter/Schroeter Rn. 15; Soergel/Kreße Rn. 4; wohl auch Staudinger/Magnus, 2018, Rn. 24). Umstritten ist das Verhältnis von Art. 14 Abs. 1 zu der Auslegungsvorschrift des Art. 55 über die Preisbestimmung (s. auch Staudinger/Magnus, 2018, Rn. 27–35; Schlechtriem/Schwenzer/Schroeter/Schroeter Rn. 16 ff.; Honsell/Dornis Rn. 23). Diese kann zwar bei der Beurteilung einer stillschweigend getroffenen Vereinbarung über den Preis herangezogen werden. Ist aber der Preis überhaupt nicht bestimmt, liegt gar kein Angebot vor und findet Art. 55 deshalb keine Anwendung. Anwendbar ist diese Vorschrift in einem solchen Fall nur bei Beurteilung eines Vertrages, auf den Teil II des CISG keine Anwendung findet und welcher nach dem berufenen nationalen Recht auch ohne Preisbestimmung wirksam geschlossen werden konnte bzw. wenn das Preisbestimmtheitserfordernis nach Art. 6 oder Art. 9 abbedungen wurde (→ Art. 55 Rn. 2).

6 **3. Bindungswille.** Das Gesetz verlangt, dass der subjektive Bindungswille des Erklärenden nach außen hin erkennbar wird. Maßgeblich ist dabei nach Art. 8 der Empfängerhorizont. Der Anbietende hat die Möglichkeit, eine Bindung auszuschließen. Dies setzt aber voraus, dass sein Angebot ausdrücklich unverbindlich ist („freibleibend") oder sich dies aus den Umständen ergibt. Letzteres ist idR bei Werbung, etwa durch Zusenden von Katalogen, bei Zeitungsinseraten und im Rundfunk der Fall (MüKoBGB/Gruber Rn. 11 f.; Staudinger/Magnus, 2018, Rn. 13 f.). Zweifelhaft kann der Bindungswille insbes. bei Erklärungen sein, die einen späteren Vertragsschluss vorbereiten, etwa beim „letter of intent", „agreement in principle", „head of agreement" etc. Hier kann einerseits lediglich die Fixierung eines Zwischenergebnisses vorliegen, das den Parteien die freie Entscheidung lässt, überhaupt einen Vertrag zu schließen (sog. Punktuation). Andererseits

kann bereits ein – inhaltlich auf das Wesentliche beschränkter – Vertrag zu bejahen sein und seine anschließende Fixierung lediglich unwesentliche Nebenpunkte betreffen (mit zahlreichen Beispielen Piltz NJW 2003, 2056, 2060).

**4. AGB.** Die **Einbeziehung** vorformulierter Vertragsbedingungen, also eine Frage des äußeren Konsenses, richtet sich nach Art. 14 ff.; eines Rückgriffs auf das durch IPR berufene nationale Recht bedarf es nicht (BGHZ 149, 113 (116 f.) = NJW 2002, 370; BGH NJW 2002, 370 (371); OLG Frankfurt IHR 2007, 42 (44); MüKoHGB/Ferrari Rn. 38; MüKoBGB/Gruber Rn. 27; Staudinger/Magnus, 2018, Rn. 40). Mangels besonderer Vorschriften ist durch Auslegung gem. Art. 8 zu ermitteln, ob und mit welchem Inhalt (vgl. MüKoHGB/Ferrari Rn. 40) die AGB Bestandteil des Angebots sind (zum Problem einander widersprechender AGB → Art. 19 Rn. 3). Dabei ist auf den objektiven Empfängerhorizont abzustellen (Art. 8 Abs. 2); iÜ sind Gepflogenheiten und Gebräuche zu beachten (Art. 8 Abs. 3, Art. 9) (BGHZ 149, 113 (117 f.) = NJW 2002, 370 (371); OLG Jena IHR 2011, 79 (80); OLG Köln IHR 2013, 155 (157); Staudinger/Magnus, 2018, Rn. 41; Schlechtriem/Schwenzer/Schroeter/Schroeter Rn. 36; Soergel/Kreße Rn. 10). Zusätzliche – dogmatisch aus Art. 7 abgeleitete – Voraussetzung ist, dass dem Empfänger der Text der AGB übersandt oder anderweitig so zugänglich gemacht wird, dass er von ihm in zumutbarer Weise Kenntnis nehmen kann (BGHZ 149, 113 (118) = NJW 2002, 370; OLG Düsseldorf IHR 2012, 237 (239); OLG Naumburg IHR 2013, 158 (160); MüKoHGB/Ferrari Rn. 39; MüKoBGB/Gruber Rn. 29; Piltz IHR 2007, 117 (122); Piltz NJW 2009, 2258 (2261); aA Kindler FS Heldrich, 2005, 225 ff., der für eine wirksame Einbeziehung ausreichen lässt, dass sich der Angebotsempfänger durch Anforderung der AGB beim Verwender von diesen Kenntnis verschaffen kann. Vgl. auch OGH IHR 2004, 148: „Kenntnis- und damit Verständnismöglichkeit"). Dies setzt ua voraus, dass der Empfänger die Sprache beherrscht, in der auf die AGB verwiesen wird und in der sie abgefasst sind (OLG Düsseldorf IHR 2005, 24 (28); hierzu Sauthoff IHR 2005, 21 (22 f.); OGH IHR 2004, 148 (153 f.); Scheuch JA 2019, 900 (904)); Soergel/Kreße Rn. 10; nach Ansicht des LG Berlin IHR 2019, 57 (58) werden fremdsprachige AGB selbst bei Sprachunkenntnis Vertragsbestandteil, wenn die Vertragsverhandlungen in dieser Sprache geführt worden sind; vgl. auch → Art. 8 Rn. 6). Das bloße Bereithalten der AGB auf einer Homepage begründet idR keine hinreichende Möglichkeit der Kenntnisnahme, weil andernfalls die vom Verwender zu tragenden Risiken (Auffinden der aktuellen Version, der eigenen Sprachfassung etc) in unbilliger Weise auf den Empfänger verschoben würden (Staudinger/Magnus, 2018, Rn. 41a). Nach dem Grundsatz des guten Glaubens aus Art. 7 trifft den Empfänger auch keine Erkundigungsobliegenheit hinsichtlich nicht übersandter AGB (OLG Naumburg IHR 2013, 158 (160)). Andere halten hingegen die Kenntnisnahme über eine Homepage bereits allgemein für zumutbar, wenn zumindest der Hinweis auf die AGB hinreichend genau die Fundstelle kennzeichnet und die AGB auf der Homepage iÜ nicht „versteckt" sind (H. Schmidt NJW 2011, 3329 (3334)). Jedenfalls dürfte bei Korrespondenz per E-Mail ein entspr. gekennzeichneter Hyperlink auf die AGB ausreichen (Scheuch JA 2019, 900 (903); Soergel/Kreße Rn. 10). Auf einem Schriftstück enthaltene AGB werden dann nicht wirksam einbezogen, wenn sie nur auf der Rückseite einer Bestellung abgedruckt sind, ohne dass auch auf der Vorderseite auf sie hingewiesen wird (LG Hannover IHR 2012, 59 (61)). Hingegen richtet sich die **inhaltliche Kontrolle** der AGB als Gültigkeitsfrage (vgl. Art. 4 S. 2 lit. a) nach dem anwendbaren nationalen Recht. Soweit deutsches Recht anwendbar ist, sind die AGB hinsichtlich des Transparenzgebots (§ 307 Abs. 1 S. 2 BGB) und des Verbots überraschender Klauseln (§ 305c Abs. 1 BGB) zu prüfen, wobei bei Wertungen auf die Maßstäbe des CISG abzustellen ist (MüKoHGB/Ferrari Rn. 41; Staudinger/Magnus, 2018, Rn. 42; Honsell/Dornis Vor Art. 14 f. Rn. 6 f.; Schlechtriem/Schwenzer/Schroeter/Schroeter Rn. 33 ff.; aA MüKoBGB/Gruber Rn. 34 f., der die Prüfungsmaßstäbe konventionsautonom aus Art. 8 iVm dem Grundsatz von Treu und Glauben entwickelt; ebenso LG Landshut IHR 2008, 184 (187)). 7

## III. Beweislast

Die Voraussetzungen des Vorliegens eines wirksamen Angebots hat die Partei zu beweisen, die sich hierauf beruft (Müller in Baumgärtel/Laumen/Prütting Beweislast-HdB II UNKR Rn. 1; Honsell/Dornis Rn. 38). 8

### Art. 15 (Wirksamwerden des Angebots; Rücknahme)

**(1) Ein Angebot wird wirksam, sobald es dem Empfänger zugeht.**

**(2) Ein Angebot kann, selbst wenn es unwiderruflich ist, zurückgenommen werden, wenn die Rücknahmeerklärung dem Empfänger vor oder gleichzeitig mit dem Angebot zugeht.**

#### Überblick

Nach Art. 15 kann das Angebot, das mit seinem Zugang wirksam wird (→ Rn. 2) bis zu diesem Zeitpunkt stets zurückgenommen werden (→ Rn. 3), vgl. aber noch weitergehend Art. 16.

## I. Normzweck

1 Die Regelung über das Wirksamwerden der Willenserklärung bildet das Gegenstück zu § 130 Abs. 1 BGB. Jedoch unterscheidet das CISG zwischen der **Rücknahme** bis zum Zugang (Art. 15) und dem **Widerruf** nach Zugang (Art. 16).

## II. Einzelerläuterungen

2 **1. Wirksamwerden des Angebots (Abs. 1).** Für die Wirksamkeit des Angebots ist der **Zeitpunkt des Zugangs** maßgeblich, der sich nach Art. 24 beurteilt (Honsell/Dornis Rn. 2; MüKoHGB/Ferrari Rn. 1 f.). Zuvor entfaltet das Angebot keine Wirkungen. Erfolgt die Annahmeerklärung noch vor Zugang des Angebots, hindert dies den Vertragsschluss nicht, wenn letztlich übereinstimmende Willenserklärungen vorliegen. Anders als § 130 Abs. 2 BGB regelt Art. 15 die Folgen von **Tod, Insolvenz, Geschäftsunfähigkeit** des Erklärenden oder – bei einer Gesellschaft – **Auflösung** nicht. Diese Fragen beurteilen sich deshalb gem. Art. 7 Abs. 2 nach dem auf Grund IPR berufenen nationalen Rechts (ebenso MüKoBGB/Gruber Rn. 17; MüKoHGB/Ferrari Rn. 17; Schlechtriem/Schwenzer/Schroeter/Schroeter Rn. 8; Ferrari in Kröll/Mistelis/Perales Viscasillas CISG Rn. 16; aA Bianca/Bonell/Eörsi Art. 16 Anm. 1.2.1; Staudinger/Magnus, 2018, Rn. 14 f.; Herber/Czerwenka Rn. 6, die die Regelungen der Gründe für das Erlöschen einer Willenserklärung im CISG für abschließend halten und daher vertreten, dass diese Ereignisse auf die Wirksamkeit ohne Einfluss bleiben, da es nach dem Wortlaut allein auf den Zugang ankomme).

3 **2. Rücknahme des Angebots (Abs. 2). Bis zum Zugang** kann – ebenso wie nach § 130 Abs. 1 BGB – stets die Rücknahme des Angebots erklärt werden. Hierzu reicht es aus, wenn die Rücknahmeerklärung dem Empfänger noch zugleich mit dem Angebot zugeht. Auf die Art der Übermittlung der Erklärung kommt es nicht an. Praktisch ausgeschlossen ist aber die Rücknahme eines elektronisch übermittelten Angebots; auch die Ansicht, es sei ausreichend, wenn Angebot und Rücknahme nur gleichzeitig wahrgenommen würden (so Schwenzer/Mohs IHR 2006, 239 (242)), vermag nicht zu überzeugen (ebenso Soergel/Kreße Rn. 4). Für die empfangsbedürftige Rücknahmeerklärung gelten die nach IPR maßgeblichen nationalen Vorschriften über Geschäftsfähigkeit, Willensmängel und Vertretungsmacht.

## III. Beweislastregeln

4 Zugang bzw. Rücknahme des Angebots sind von der Partei zu beweisen, die sich auf das Zustandekommen bzw. Nichtzustandekommen des Vertrages beruft (vgl. statt aller Müller in Baumgärtel/Laumen/Prütting Beweislast-HdB II UNKR Rn. 1 f.; MüKoBGB/Gruber Rn. 19; Honsell/Dornis Rn. 21).

### Art. 16 (Widerruf des Angebots)

**(1) Bis zum Abschluß des Vertrages kann ein Angebot widerrufen werden, wenn der Widerruf dem Empfänger zugeht, bevor dieser eine Annahmeerklärung abgesandt hat.**

**(2) Ein Angebot kann jedoch nicht widerrufen werden,**

**a) wenn es durch Bestimmung einer festen Frist zur Annahme oder auf andere Weise zum Ausdruck bringt, daß es unwiderruflich ist, oder**

**b) wenn der Empfänger vernünftigerweise darauf vertrauen konnte, daß das Angebot unwiderruflich ist, und er im Vertrauen auf das Angebot gehandelt hat.**

## Überblick

Nach Art. 16 ist ein Angebot grundsätzlich widerruflich (→ Rn. 2), soweit nicht eine Bindungswirkung aufgrund der Erklärung des Antragenden (→ Rn. 3) oder berechtigten Vertrauens des Empfängers (→ Rn. 4) besteht.

## I. Normzweck

Im Hinblick auf die Bindung an das Angebot unterscheidet das CISG zwischen der Rücknahme vor Zugang (Art. 15) und dem Widerruf **nach Zugang** (Art. 16). Es gilt der Grundsatz der Widerruflichkeit der Offerte bis zur Absendung der Annahmeerklärung (Abs. 1). Das Widerrufsrecht kann aber eingeschränkt werden (Abs. 2). Die Norm ist ein Kompromiss zwischen der vor allem in den Common-Law-Staaten geltenden Widerruflichkeit und der in anderen Rechtsordnungen, insbes. im deutschen Rechtskreis, geltenden Unwiderruflichkeit des Angebots (Bianca/Bonell/Eörsi Anm. 2.1.1; MüKoHGB/Ferrari Rn. 1; Staudinger/Magnus, 2018, Rn. 1; Soergel/Kreße Rn. 1). Dabei ist infolge des Regel-Ausnahme-Verhältnisses zwischen Abs. 1 und 2 im Zweifel von der Widerruflichkeit auszugehen. 1

## II. Einzelerläuterungen

**1. Widerrufsmöglichkeit (Abs. 1).** Der Widerruf erfolgt durch zugangsbedürftige (Art. 24) Willenserklärung. Die Widerrufsmöglichkeit endet nicht erst, wenn der Vertrag infolge Zugangs der Annahmeerklärung nach Art. 18 Abs. 2 zustande kommt. Denn nach Art. 16 Abs. 1 ist die Ausübung des Widerrufs nur **bis zur Absendung der Annahmeerklärung** möglich. Ein danach erklärter Widerruf ist wirkungslos. Den Zeitpunkt des Zugangs des Widerrufs hat der Anbietende zu beweisen. Der Annehmende trägt die Beweislast für die Absendung der Annahmeerklärung vor Zugang des Widerrufs (MüKoBGB/Gruber Rn. 21; Schlechtriem/Schwenzer/Schroeter/Schroeter Rn. 7). 2

**2. Bindung an das Angebot (Abs. 2). a) Vereinbarte Bindungswirkung (Abs. 2 lit. a).** Abs. 2 regelt den Ausschluss der Widerrufsmöglichkeit. **Unwiderruflichkeit** und damit Bindungswille des Anbietenden kann entweder ausdrücklich („festes Angebot") vereinbart werden oder sich aus den Umständen ergeben, wobei die Auslegungsregel des Art. 8 heranzuziehen ist. Der Bindungswille und die Unwiderruflichkeit können sich insbes. aus der Bestimmung einer festen Annahmefrist (Art. 20) ergeben, die insoweit eine widerlegliche Vermutung darstellt (dazu iE MüKoBGB/Gruber Rn. 11 ff.; Staudinger/Magnus, 2018, Rn. 12; Schlechtriem/Schwenzer/Schroeter/Schroeter Rn. 9; Herber/Czerwenka Rn. 9; Soergel/Kreße Rn. 5 f.). 3

**b) Bindungswirkung kraft Vertrauens (Abs. 2 lit. b).** Darüber hinaus kommt eine Bindungswirkung auch wegen des Verbots widersprüchlichen Verhaltens in Betracht. Das Vertrauen des Empfängers wird geschützt, wenn er in berechtigter Weise („vernünftigerweise") von der Bindung ausgehen durfte und auch im Vertrauen darauf gehandelt hat (MüKoBGB/Gruber Rn. 15 ff.; Honsell/Dornis Rn. 20 f.). Das für die Bindungswirkung notwendige Handeln kann im positiven Tun (zB Erwerb von Materialien) oder im Unterlassen (etwa Verzicht auf die sonst nachweisbar erfolgte Einholung weiterer Angebote) liegen (Schlechtriem/Schwenzer/Schroeter/Schroeter Rn. 11). 4

**3. Rechtsfolgen.** Das CISG regelt den Vertragsschluss abschließend. Ein wirksamer, nicht nach Abs. 2 ausgeschlossener Widerruf führt zum Erlöschen des Angebots. Ein unberechtigter Widerruf lässt das Angebot dagegen unberührt, sodass es weiterhin angenommen werden kann. Für einen Rückgriff auf nationale Rechtsbehelfe (insbes. culpa in contrahendo, Schadensersatz wegen Abbruchs von Vertragsverhandlungen) ist kein Raum (MüKoHGB/Ferrari Rn. 25; Staudinger/Magnus, 2018, Rn. 14 f.; Schlechtriem/Schwenzer/Schroeter/Schroeter Rn. 13; Ferrari in Kröll/Mistelis/Perales Viscasillas CISG Rn. 24). Hingegen sind deliktsrechtliche Ansprüche wegen arglistiger Schädigung nach anwendbarem nationalem Recht zuzulassen, da sie nicht vom Geltungsbereich des CISG erfasst werden (MüKoHGB/Ferrari Rn. 26; Staudinger/Magnus, 2018, Rn. 15; Ferrari in Kröll/Mistelis/Perales Viscasillas CISG Rn. 25; aA insoweit MüKoBGB/Gruber Rn. 19, der eine konventionsinterne Lösung für hinreichend hält). 5

### III. Beweislastregeln

6 Die Voraussetzungen des Widerrufs sind vom Anbietenden zu beweisen. Dagegen hat der Annehmende das Zustandekommen des Vertrages vor Widerruf bzw. die Unwiderruflichkeit des Angebots zu beweisen (Müller in Baumgärtel/Laumen/Prütting Beweislast-HdB II UNKR Rn. 2 f.; Honsell/Dornis Rn. 29).

## Art. 17 (Erlöschen des Angebots)

**Ein Angebot erlischt, selbst wenn es unwiderruflich ist, sobald dem Anbietenden eine Ablehnung zugeht.**

### I. Normzweck

1 Die Norm ermöglicht es dem Anbietenden, über die Ware frei zu disponieren, sobald ihm eine Ablehnung zugeht, ungeachtet des Umstands, dass er sich möglicherweise für einen längeren Zeitpunkt an sein Angebot gebunden hat (vgl. Art. 16 Abs. 2) (Staudinger/Magnus, 2018, Rn. 1).

### II. Erlöschen des Angebots

2 Das Angebot erlischt mit Zugang der ausdrücklich oder konkludent erklärten **Ablehnung** (Art. 17) oder mit **Fristablauf** (Art. 18 Abs. 2 S. 2). Eine Ablehnung ist auch in der modifizierten Annahme nach Art. 19 Abs. 1 zu sehen. Ggf. ist durch Auslegung zu ermitteln, ob eine Äußerung lediglich eine Nachfrage, die das Angebot bestehen lässt, oder eine Ablehnung darstellt (Staudinger/Magnus, 2018, Rn. 7 f.; Honsell/Dornis Rn. 3). Andere Erlöschensgründe (Tod, Verlust der Geschäfts- oder Rechtsfähigkeit, Eröffnung des Insolvenzverfahrens) beurteilen sich nach nationalem Recht (MüKoHGB/Ferrari Rn. 4; Schlechtriem/Schwenzer/Schroeter/Schroeter Rn. 6; Soergel/Kreße Rn. 3; teilweise aA Herber/Czerwenka Art. 15 Rn. 6).

3 Die **Beweislast** einer wirksamen Ablehnung trifft denjenigen, der sich hierauf beruft (Müller in Baumgärtel/Laumen/Prütting Beweislast-HdB II UNKR Rn. 1).

## Art. 18 (Begriff der Annahme)

**(1)[1]Eine Erklärung oder ein sonstiges Verhalten des Empfängers, das eine Zustimmung zum Angebot ausdrückt, stellt eine Annahme dar. [2]Schweigen oder Untätigkeit allein stellen keine Annahme dar.**

**(2)[1]Die Annahme eines Angebots wird wirksam, sobald die Äußerung der Zustimmung dem Anbietenden zugeht. [2]Sie wird nicht wirksam, wenn die Äußerung der Zustimmung dem Anbietenden nicht innerhalb der von ihm gesetzten Frist oder, bei Fehlen einer solchen Frist, innerhalb einer angemessenen Frist zugeht; dabei sind die Umstände des Geschäfts einschließlich der Schnelligkeit der vom Anbietenden gewählten Übermittlungsart zu berücksichtigen. [3]Ein mündliches Angebot muß sofort angenommen werden, wenn sich aus den Umständen nichts anderes ergibt.**

**(3) Äußert jedoch der Empfänger aufgrund des Angebots, der zwischen den Parteien entstandenen Gepflogenheiten oder der Gebräuche seine Zustimmung dadurch, daß er eine Handlung vornimmt, die sich zum Beispiel auf die Absendung der Ware oder die Zahlung des Preises bezieht, ohne den Anbietenden davon zu unterrichten, so ist die Annahme zum Zeitpunkt der Handlung wirksam, sofern diese innerhalb der in Absatz 2 vorgeschriebenen Frist vorgenommen wird.**

### Überblick

Art. 18 bestimmt den Begriff der Annahme, die sowohl ausdrücklich als auch durch konkludentes Verhalten erfolgen kann (→ Rn. 2). Ihre Wirksamkeit ist grundsätzlich vom Zugang abhängig (→ Rn. 3), wenn nicht ein Fall des Abs. 3 vorliegt (→ Rn. 4).

## I. Normzweck

Die Bestimmung regelt die Annahme des Vertrages (Abs. 1). Art. 18 stellt klar, dass diese auch konkludent erklärt werden kann (Abs. 1 und 3). Ferner wird die zeitliche Geltung des Angebots geregelt. Der Vertrag kommt zustande, wenn die Annahme rechtzeitig erfolgt (Abs. 2). 1

## II. Einzelerläuterungen

**1. Begriff der Annahme (Abs. 1).** Die mit dem Angebot korrespondierende Annahme ist Grundlage für das Zustandekommen des Vertrages und kann durch eine **ausdrückliche Erklärung** erfolgen, deren Wirksamkeit sich nach nationalem Recht beurteilt. Vorbehaltlich anderweitiger Vereinbarung oder Gebräuchen und Gepflogenheiten kann der Annehmende frei wählen, auf welche Weise er seine Erklärung übermittelt. Der Anbietende kann aber auch einseitig die Anforderungen an die Form verschärfen, indem er erklärt, nur eine bestimmte Form der Erklärung als Annahme zu betrachten (MüKoBGB/Gruber Rn. 6; Schlechtriem/Schwenzer/Schroeter/Schroeter Rn. 5; BeckOGK/Buchwitz Rn. 8). Verwendet der Annehmende eine andere als die vom Anbietenden verwandte Sprache und ist diese dem Anbietenden unverständlich, muss letzterer die Annahme nicht gegen sich gelten lassen (MüKoHGB/Ferrari Rn. 4; Staudinger/Magnus, 2018, Rn. 9). Er kann sie jedoch gelten lassen, da dann tatsächlicher Konsens besteht (Staudinger/Magnus, 2018, Rn. 9). Für die Annahmeerklärung reicht auch ein sonstiges, also **konkludentes Verhalten** aus (OGH IHR 2013, 114 (116); Vornahme oder Nichtvornahme einer bestimmten Handlung, welche das Einverständnis und den Bindungswillen des Annehmenden ernsthaft und zweifelsfrei zum Ausdruck bringt; vgl. auch Honsell/Dornis Rn. 8), wie zB die Absendung der Ware. Dies ergibt sich zum einen aus Abs. 1 und wird auch im Zusammenhang mit den zwischen den Parteien bestehenden Gepflogenheiten und Gebräuchen in Abs. 3 anerkannt. Ungeachtet der Regelung des Abs. 3 kann auch entgegen einer Übung in einer laufenden Geschäftsbeziehung, dass Vereinbarungen schriftlich bestätigt werden, ein Vertrag durch konkludentes Handeln geschlossen werden (Schweiz. BG IHR 2005, 204). Eine wirksame Annahme liegt aber nur vor, wenn sich hieraus die Zustimmung zum Angebot **deutlich** ergibt, was bei bloßem Schweigen oder Untätigkeit nicht der Fall ist (Abs. 1 S. 2). Auch eine Kreuzofferte kann die Wirkung einer Annahme haben. Voraussetzung hierfür ist, dass die sich kreuzenden Vertragsschlusserklärungen tatsächlich inhaltlich übereinstimmen und jeweils bindend sein sollen, was insbes. bei zufälligen, dh ohne vorherige Parteibeziehungen abgegebenen Kreuzofferten nicht der Fall ist (Schlechtriem/Schwenzer/Schroeter/Schroeter Rn. 10). 2

**2. Annahme bei Zugang (Abs. 2).** Eine wirksame Annahmeerklärung setzt regelmäßig deren Zugang (Art. 24) beim Anbietenden voraus. Ein **mündliches** Angebot, welches nicht befristet ist, kann grds. nur sofort angenommen werden. Ebenso wie im deutschen Recht (§ 147 Abs. 1 S. 2 BGB) gilt dies auch für die telefonische Erklärung, nicht aber für mittels Fax, Internet oder E-Mail gemachte Erklärungen, bei denen wegen der technischen Besonderheiten nicht zwingend die gleichzeitige Anwesenheit der Parteien angenommen werden kann. Bei Erklärungen unter **Abwesenden** muss der Zugang der Annahme eines befristeten Angebots innerhalb der Frist erfolgen. Aber auch bei einem unbefristeten Angebot ist die wirksame Annahme davon abhängig, dass die Erklärung innerhalb angemessener Frist zugeht. Diese Frist setzt sich aus einer von den Besonderheiten des Geschäfts abhängigen Überlegungsfrist und der Übermittlungszeit zusammen (vgl. MüKoHGB/Ferrari Rn. 27 ff., der allerdings zusätzlich die Frist für das Zugehen des Angebots mit einrechnet. Dies ist dogmatisch ungenau, weil die Frist für die Annahme, dh Zustimmung zum Angebot, erst mit Wirksamkeit des Angebots zu laufen beginnen kann). Einen Anhaltspunkt für die Angemessenheit der Übermittlungszeit stellen die vom Anbietenden gewählte Übermittlungsart (krit. insoweit aber Soergel/Kreße Rn. 7) sowie sonstige Besonderheiten des Geschäfts dar (vgl. Staudinger/Magnus, 2018, Rn. 18; MüKoBGB/Gruber Rn. 18 f.; Schlechtriem/Schwenzer/Schroeter/Schroeter Rn. 15). Die Rücknahme der Annahmeerklärung ist bis zu deren Zugang möglich (Art. 22). 3

**3. Annahme ohne Zugang (Abs. 3).** Abs. 3 konkretisiert nicht nur die Fälle der Annahme durch schlüssiges Verhalten bei Bestehen von Gepflogenheiten und Bräuchen zwischen den Parteien, sondern befreit auch vom Erfordernis des Zugangs. Als Beispiele für **konkludente Handlungen** werden die Absendung der Ware und die Kaufpreiszahlung genannt. Auch wenn das Gesetz ausdrücklich von „Handlungen" spricht, wird man – wie im deutschen Recht in den Fällen des § 151 BGB – auch verbale Erklärungen als nicht zugangsbedürftige Annahmeäußerungen werten können. Im Unterschied zur Annahme des Angebots nach Abs. 1 durch „sonstiges 4

Verhalten" wird in den Fällen des Abs. 3 die Annahme und damit der Vertrag bereits **mit** der **Vornahme** der Handlung **wirksam.** Eine Pflicht zur nachträglichen Unterrichtung des Anbietenden über die Handlung besteht nicht (MüKoHGB/Ferrari Rn. 17; Staudinger/Magnus, 2018, Rn. 29; hingegen hält Soergel/Kreße Rn. 11 eine Mitteilungspflicht als Nebenpflicht für denkbar). Voraussetzung ist aber in jedem Fall, dass die Handlung rechtzeitig (Abs. 2) vorgenommen wird (OGH IHR 2013, 114 (116)).

## III. Beweislastregeln

5 Den Zugang der Annahme hat derjenige zu beweisen, der sich hierauf beruft (Müller in Baumgärtel/Laumen/Prütting Beweislast-HdB II UNKR Rn. 1). Im Fall der Annahme ohne Zugang (Abs. 3) trifft den Anbietenden hinsichtlich entsprechender konkludenter Handlungen des Annehmenden lediglich eine Darlegungslast und ist es Sache des Annehmenden, den sich daraus ergebenden Rückschluss auf ein Zustandekommen des Vertrages zu entkräften (Honsell/Dornis Rn. 62; Staudinger/Magnus, 2018, Rn. 30; aA aber wohl Müller in Baumgärtel/Laumen/Prütting Beweislast-HdB II UNKR Rn. 17).

## Art. 19 (Ergänzungen, Einschränkungen und sonstige Änderungen zum Angebot)

**(1) Eine Antwort auf ein Angebot, die eine Annahme darstellen soll, aber Ergänzungen, Einschränkungen oder sonstige Änderungen enthält, ist eine Ablehnung des Angebots und stellt ein Gegenangebot dar.**

**(2) [1]Eine Antwort auf ein Angebot, die eine Annahme darstellen soll, aber Ergänzungen oder Abweichungen enthält, welche die Bedingungen des Angebots nicht wesentlich ändern, stellt jedoch eine Annahme dar, wenn der Anbietende das Fehlen der Übereinstimmung nicht unverzüglich mündlich beanstandet oder eine entsprechende Mitteilung absendet. [2]Unterläßt er dies, so bilden die Bedingungen des Angebots mit den in der Annahme enthaltenen Änderungen den Vertragsinhalt.**

**(3) Ergänzungen oder Abweichungen, die sich insbesondere auf Preis, Bezahlung, Qualität und Menge der Ware, auf Ort und Zeit der Lieferung, auf den Umfang der Haftung der einen Partei gegenüber der anderen oder auf die Beilegung von Streitigkeiten beziehen, werden so angesehen, als änderten sie die Bedingungen des Angebots wesentlich.**

### Überblick

Nach Art. 19 stellt eine Annahmeerklärung unter wesentlichen (→ Rn. 5) Änderungen ein neues Angebot dar (→ Rn. 2). Soll der Vertrag nicht zu den geänderten Bedingungen geschlossen werden, obliegt bei unwesentlichen Änderungen dem Anbietenden die Rüge des Gegenangebotes (→ Rn. 4). Wird auf sich einander widersprechende AGB Bezug genommen, werden diese nicht Vertragsbestandteil (→ Rn. 3).

## I. Normzweck

1 Die Vorschrift legt fest, wie eine **Annahme unter Änderungen** zu bewerten ist. Dabei entspricht die Regelung des Abs. 1 im Grundsatz der deutschen Bestimmung des § 150 Abs. 2 BGB, wonach eine Annahme unter Änderungen ein mit einer Ablehnung verbundenes neues Angebot darstellt, auf das wiederum die Art. 14–17 Anwendung finden. Es wird aber weiterhin zwischen wesentlichen (Abs. 3) und unwesentlichen Änderungen (Abs. 2) unterschieden, wobei der Grundsatz des Abs. 1 für Letztere nur gilt, wenn der Anbietende die Abweichung rechtzeitig rügt.

## II. Einzelerläuterungen

2 **1. Änderungen (Abs. 1).** Dem Oberbegriff „Änderungen" unterfallen nicht nur Vertragsinhalte, die in dem Angebot vorgesehen sind, sondern darüber hinaus auch Ergänzungen. Bevor aber zwischen unwesentlichen und wesentlichen Änderungen des Angebots unterschieden werden kann, bedarf es der Feststellung, ob die Annahme überhaupt eine **Abweichung** enthält. Denn

auch wenn einzelne in der Annahme enthaltenen Punkte im Angebot nicht ausdrücklich geregelt sind, können sie dennoch nach Art. 8 Abs. 3 und Art. 9 darin einbezogen sein oder lediglich den Inhalt des Gesetzes wiedergeben (MüKoHGB/Ferrari Rn. 7 f.; Staudinger/Magnus, 2018, Rn. 9; Schlechtriem/Schwenzer/Schroeter/Schroeter Rn. 6). So stellt etwa ein Eigentumsvorbehalt in der Annahmeerklärung des Verkäufers keine Abweichung dar, wenn dies den Gepflogenheiten entspricht. Ein unter Ablehnung eines Angebots unterbreitetes Gegenangebot ist, wenn es nur einzelne Änderungen enthält, im Zweifel dahingehend auszulegen, dass der Erklärende alle Bedingungen des ursprünglichen Angebots, zu denen er selbst keine abweichenden Vorschläge macht, in sein Gegenangebot aufgenommen hat (für den Fall einer im ursprünglichen Angebot enthaltenen Gerichtsstandsklausel BGH NJW 2015, 2584 (2589) unter Aufgabe der Rspr. BGH IHR 2011, 179 Rn. 6 ff.).

Ein Sonderproblem stellt in diesem Zusammenhang auch die Bezugnahme auf einander **widersprechende AGB** dar (vgl. OLG Linz IHR 2007, 123; Janssen wbl 16 (2002), 453; Ventsch/Kluth IHR 2003, 61; Schmidt-Kessel IHR 2008, 177 (179)). Unterscheiden sich die Geschäftsbedingungen wesentlich, würde bei wortlautgetreuer Auslegung des Art. 19 ein Vertragsschluss mangels Einigung scheitern oder es würden, wenn ein Vertragsschluss in der Vertragsdurchführung liegt, die zuletzt übersandten AGB gelten, Theorie des letzten Wortes (Bianca/Bonell/Farnsworth Anm. 2.5; Herber/Czerwenka Rn. 18; Ferrari in Kröll/Mistelis/Perales Viscasillas CISG Rn. 15; zum Meinungsstand und zu den Bedenken gegen die Anwendung dieser Theorie Schlechtriem/Schwenzer/Schroeter/Schroeter Rn. 22 Fn. 122 f. mwN). Diese Lösung ist indes missbrauchsanfällig und führt zu zufälligen Ergebnissen. Daher geht die hM (BGH IHR 2002, 16 (18 f.); OLG Schleswig ZVertriebsR 2021, 163 (166); Achilles Rn. 6; Staudinger/Magnus, 2018, Rn. 24 f.; Schlechtriem/Schwenzer/Schroeter/Schroeter Rn. 23, 25; Soergel/Kreße Rn. 6; mAnm zu der BGHE Ferrante Uniform Law Review 2003, 975 ff., der die Entscheidung allerdings im Gebot von Treu und Glauben begründet sieht und sie nicht als Stellungnahme für die Restgültigkeitstheorie versteht; vgl. auch Staudinger/Magnus, 2018, Rn. 24) zu Recht davon aus, dass die Geschäftsbedingungen, soweit sie sich widersprechen, nicht Vertragsbestandteil werden, sondern insoweit die gesetzlichen Regeln gelten (sog. Restgültigkeitslösung). Dogmatisch lässt sich dies damit begründen, dass die Parteien von Art. 19 abweichen, indem sie einer modifizierten Annahmeerklärung die Wirkung einer gültigen Annahme beimessen und auf die Geltung sich widersprechender Bedingungen verzichten. Eine solche Vereinbarung steht den Parteien entspr. ihrer Privatautonomie (Art. 6) frei; sie ist auch stillschweigend (Art. 8) oder durch Handelsbräuche oder Gepflogenheiten (Art. 9) möglich und manifestiert sich in der Durchführung des Vertrags. 3

**2. Unwesentliche Änderungen (Abs. 2).** Den Bedürfnissen des Handelsverkehrs entspr. wird in Abs. 2 eine **Rügeobliegenheit** des Anbietenden für den Fall begründet, dass die Annahme nur unwesentliche Ergänzungen oder Abweichungen enthält. Ähnlich wie nach den Regeln über das kaufmännische Bestätigungsschreiben kommt der Vertrag zu den geänderten Bedingungen zustande, wenn der Anbietende die fehlende Übereinstimmung nicht unverzüglich, also ohne schuldhaftes Zögern, beanstandet (so iErg Herber/Czerwenka Rn. 14; Schlechtriem/Schwenzer/Schroeter/Schroeter Rn. 16; Staudinger/Magnus, 2018, Rn. 13; Soergel/Kreße Rn. 5; aA Honsell/Dornis Rn. 28, die eine Überlegungsfrist einräumen). Unverzüglich muss nicht nur die mündliche Beanstandung, sondern auch – wie sich insbes. aus der englischen und französischen Originalfassung ergibt (Schlechtriem/Schwenzer/Schroeter/Schroeter Rn. 17; Staudinger/Magnus, 2018, Rn. 13; vgl. mit Kritik zu der deutschen Übersetzung auch MüKoHGB/Ferrari Rn. 23) – das Absenden der Beanstandungsmitteilung erfolgen. Letztere ist nicht zugangsbedürftig, weil insoweit der (unter einer unwesentlichen Änderung) Annehmende das Risiko zu tragen hat (Enderlein/Maskow/Strohbach Anm. 6; Honsell/Dornis Rn. 29; Schlechtriem/Schwenzer/Schroeter/Schroeter Rn. 16; Staudinger/Magnus, 2018, Rn. 13). Abstrakte Kriterien für die Abgrenzung von unwesentlichen und wesentlichen Abweichungen lassen sich nicht aufstellen. Beispiele für wesentliche Änderungen sind in Abs. 3 genannt. Hingegen ist der Begriff der **unwesentlichen Änderungen** nicht näher bestimmt. Hiervon ist vor allem bei Abweichungen in Bezug auf Nebenpflichten auszugehen, etwa hinsichtlich Verpackung oder Modalitäten der Versendung. 4

**3. Wesentliche Änderungen (Abs. 3).** Die abweichende Annahme stellt nur dann ein mit einer Ablehnung verbundenes neues Angebot dar, wenn der Anbietende die fehlende Übereinstimmung rechtzeitig rügt oder die Änderungen wesentlich sind. **Beispiele** hierfür werden in der Auslegungsregel des Abs. 3 genannt, die eine widerlegbare Vermutung begründet (Honsell/Dornis Rn. 11; Schlechtriem/Schwenzer/Schroeter/Schroeter Rn. 8b; Staudinger/Magnus, 2018, Rn. 16; BeckOGK/Buchwitz Rn. 14; aA MüKoBGB/Gruber Rn. 7; Herber/Czerwenka Rn. 11; Reinhart UN-KaufR Rn. 6: unwiderlegbare Vermutung). Wesentlich sind danach idR solche 5

Änderungen, die den **Preis,** die **Bezahlung,** die **Qualität** und **Menge** der Ware, den Ort und die Zeit der **Lieferung** sowie den Umfang der **Haftung** betreffen. Gleiches gilt für Schieds- und Gerichtsstandsklauseln – wobei sich letztere hinsichtlich ihres wirksamen Zustandekommens gem. Art. 4 S. 2 nach dem Recht des Forumstaates beurteilen (BGH NJW 2015, 2584 (2589)). Diese Aufzählung ist indes nicht abschließend. Es kommt stets auf die Umstände des Einzelfalls an (Soergel/Kreße Rn. 4). Beispiele für weitere wesentliche Abweichungen sind Vertragsstrafenklauseln, Rechtswahlklauseln (die zur Anwendung eines sonst nicht anwendbaren Rechts führen), Rücktritts-, Widerrufs- oder Kündigungsvorbehalte, wenn diese Rechtsbehelfe dem Annehmenden sonst nicht zustünden (mit weiteren Beispielen MüKoHGB/Ferrari Rn. 11 ff.; Staudinger/Magnus, 2018, Rn. 19). Hingegen sind Änderungen, die den Anbietenden begünstigen, als nicht wesentlich anzusehen (Schlechtriem/Schwenzer/Schroeter/Schroeter Rn. 8b; Staudinger/Magnus, 2018, Rn. 19; Neumayer/Ming Anm. 3; aA Herber/Czerwenka Rn. 11).

## III. Beweislastregeln

6 Beweislastfragen ergeben sich vor allem im Hinblick auf die Regelung des Abs. 2. Wer die Unwesentlichkeit einer Änderung behauptet, hat diese zu beweisen. Im Übrigen hat der Anbietende die rechtzeitige Absendung der Beanstandung einer Abweichung nachzuweisen (Müller in Baumgärtel/Laumen/Prütting Beweislast-HdB II UNKR Rn. 6, 10; Honsell/Dornis Rn. 45).

### Art. 20 (Annahmefrist)

**(1)[1]Eine vom Anbietenden in einem Telegramm oder einem Brief gesetzte Annahmefrist beginnt mit Aufgabe des Telegramms oder mit dem im Brief angegebenen Datum oder, wenn kein Datum angegeben ist, mit dem auf dem Umschlag angegebenen Datum zu laufen. [2]Eine vom Anbietenden telefonisch, durch Fernschreiben oder eine andere sofortige Übermittlungsart gesetzte Annahmefrist beginnt zu laufen, sobald das Angebot dem Empfänger zugeht.**

**(2)[1]Gesetzliche Feiertage oder arbeitsfreie Tage, die in die Laufzeit der Annahmefrist fallen, werden bei der Fristberechnung mitgezählt. [2]Kann jedoch die Mitteilung der Annahme am letzten Tag der Frist nicht an die Anschrift des Anbietenden zugestellt werden, weil dieser Tag am Ort der Niederlassung des Anbietenden auf einen gesetzlichen Feiertag oder arbeitsfreien Tag fällt, so verlängert sich die Frist bis zum ersten darauf folgenden Arbeitstag.**

### Überblick

Art. 20 enthält Auslegungsregeln für den Beginn von Annahmefristen (→ Rn. 2 ff.) und deren Berechnung (→ Rn. 5).

## I. Normzweck

1 Bei Abgabe des Angebots kann eine Frist für dessen Annahme bestimmt werden. Die Vorschrift hält eine **Auslegungsregel** bereit, wenn eine Vereinbarung über Beginn und Berechnung der Annahmefrist nicht getroffen ist.

## II. Einzelerläuterungen

2 **1. Fristbeginn (Abs. 1).** Abs. 1 findet Anwendung, wenn die Länge, nicht aber der Beginn einer Frist vereinbart wurden, dh wenn die Frist nicht kalendermäßig fixiert wurde, zB „binnen einer Woche" (Staudinger/Magnus, 2018, Rn. 4; Schlechtriem/Schwenzer/Schroeter/Schroeter Rn. 1).

3 **a) Abs. 1 S. 1.** Bei einem telegrafischen Angebot ist für den Fristbeginn der Zeitpunkt der Telegrammaufgabe maßgeblich. Wird das Angebot hingegen brieflich abgegeben, beginnt die Frist mit dem im Schreiben angegebenen Datum, also mit der Abfassung. Nur wenn im Brief kein Datum angegeben ist, wird auf das Datum des Poststempels abgestellt. Soweit sich ein Datum nicht feststellen lässt, ist entspr. den Grundgedanken der Art. 20 Abs. 1 S. 2 und Art. 24 auf den Zugang abzustellen, nicht aber auf die tatsächliche Absendung (Enderlein/Maskow/Strohbach

Anm. 2; MüKoHGB/Ferrari Rn. 5; Honsell/Dornis Rn. 6; Staudinger/Magnus, 2018, Rn. 8; aA Soergel/Kreße Rn. 4).

**b) Abs. 1 S. 2.** Bei telefonischer, fernschriftlicher oder anderer **sofortiger** Übermittlung, zB Fax, E-Mail (MüKoHGB/Ferrari Rn. 6; MüKoBGB/Gruber Rn. 4; Piltz IntKaufR Rn. 3-73; aA Schlechtriem/Schwenzer/Schroeter/Schroeter Rn. 3a, der allerdings verkennt, dass auch bei E-Mails der Zugang mit der Abgabe (nahezu) zeitlich zusammenfällt, weil es insoweit auf die Möglichkeit der Kenntnisnahme, hier also die Abrufbarkeit der E-Mail, ankommt, → Art. 24 Rn. 4; vgl. auch Schlechtriem/Schwenzer/Schroeter/Schroeter Art. 24 Rn. 24) oder sonstiger Internet-Kommunikation, bei welchem die Zeitpunkte von Abgabe und Zugang nahezu identisch sind (Herber/Czerwenka Rn. 5; Honsell/Dornis Rn. 11; MüKoHGB/Ferrari Rn. 6; Staudinger/Magnus, 2018, Rn. 10), beginnt der Lauf der Annahmefrist, sobald das Angebot dem Empfänger zugeht. Gleiches gilt bei mündlicher Abgabe eines befristeten Angebots (Schlechtriem/Schwenzer/Schroeter/Schroeter Rn. 3). 4

**2. Fristberechnung (Abs. 2).** Bei der Fristberechnung werden, vorbehaltlich einer anderweitigen Vereinbarung, gesetzliche Feiertage und arbeitsfreie Tage mitgezählt (Abs. 2 S. 1). Fällt jedoch das Ende der Annahmefrist am Ort der Niederlassung des Anbietenden auf einen solchen Tag und kann ihm die Annahmeerklärung deshalb nicht zugestellt werden, verlängert sich die Frist bis zum folgenden Arbeitstag (Abs. 2 S. 2). 5

## III. Beweislastregeln

Besonderheiten bei der Fristberechnung sind von dem zu beweisen, der sich hierauf beruft (MüKoBGB/Gruber Rn. 15; Honsell/Dornis Rn. 30). 6

# Art. 21 (Verspätete Annahme)

**(1) Eine verspätete Annahme ist dennoch als Annahme wirksam, wenn der Anbietende unverzüglich den Annehmenden in diesem Sinne mündlich unterrichtet oder eine entsprechende schriftliche Mitteilung absendet.**

**(2) Ergibt sich aus dem eine verspätete Annahme enthaltenden Brief oder anderen Schriftstück, daß die Mitteilung nach den Umständen, unter denen sie abgesandt worden ist, bei normaler Beförderung dem Anbietenden rechtzeitig zugegangen wäre, so ist die verspätete Annahme als Annahme wirksam, wenn der Anbietende nicht unverzüglich den Annehmenden mündlich davon unterrichtet, daß er sein Angebot als erloschen betrachtet, oder eine entsprechende schriftliche Mitteilung absendet.**

## Überblick

Eine verspätete Annahme ist wirksam, wenn der Anbietende diese billigt und das darin liegende neue Angebot annimmt (→ Rn. 2). Ist lediglich der Zugang der Annahme verspätet, ist diese wirksam, wenn der Anbietende hierüber nicht unverzüglich informiert (→ Rn. 4).

## I. Normzweck

Die Vorschrift regelt die Behandlung der verspäteten (Abs. 1) sowie der verspätet zugegangenen (Abs. 2) Annahme. Die Ursache und Umfang der Verspätung sind dabei grds. unbeachtlich. 1

## II. Einzelerläuterungen

**1. Verspätete Annahme (Abs. 1).** Bei verspäteter Annahme kommt ein Vertrag nicht zustande (Art. 18 Abs. 2 S. 2). Eine verspätete Annahme kann der Anbietende aber billigen, indem er das darin liegende neue Angebot annimmt. Indes handelt es sich bei der **Billigung,** trotz der ähnlichen Regelung, nicht um eine zugangsbedürftige Annahmeerklärung wie bei § 150 Abs. 1 BGB. Anders als eine Gegenannahme muss die Billigung nämlich unverzüglich, also ohne schuldhaftes Zögern, auf schriftlichem oder mündlichem bzw. fernmündlichem Wege erfolgen und ist lediglich absendebedürftig (Bianca/Bonell/Farnsworth Anm. 2.2; Schlechtriem/Schwenzer/Schroeter/Schroeter Rn. 7). Der Vertrag gilt dann als mit dem Zugang der verspäteten Annahme- 2 erklärung zustande gekommen (BGH IHR 2014, 56 (57); MüKoHGB/Ferrari Rn. 9; Herber/Czerwenka Rn. 4; Staudinger/Magnus, 2018, Rn. 12). Deshalb kann die Billigungserklärung auch nicht mehr zurückgenommen werden (Honsell/Dornis Rn. 17; aA MüKoBGB/Gruber Rn. 11; Schlechtriem/Schwenzer/Schroeter/Schroeter Rn. 12; Neumayer/Ming Anm. 4).

3 Problematisch ist das **Verhältnis von Art. 21 Abs. 1 zu Art. 19.** Weicht die nach Abs. 1 verspätete Annahme wesentlich vom Angebot ab, stellt sie nach allgM (MüKoBGB/Gruber Rn. 12; vgl. Schlechtriem/Schwenzer/Schroeter/Schroeter Rn. 14; Staudinger/Magnus, 2018, Rn. 8) ein Gegenangebot iSd Art. 19 Abs. 1 dar. Weist die verspätete Annahme lediglich eine iSd Art. 19 Abs. 2 unwesentliche inhaltliche Abweichung auf, kann ein Vertrag durch eine Bestätigungserklärung nach Art. 21 Abs. 1 geschlossen werden. Eine nach Art. 21 Abs. 1 verspätete Annahme ist jedoch nicht zugleich – allein auf Grund der Verspätung – als Gegenangebot iSd Art. 19 Abs. 1 zu behandeln. Denn das hätte zur Folge, dass diese Annahme innerhalb angemessener Frist iSd Art. 18 Abs. 2 S. 2 Hs. 1 Alt. 2, die länger als die Frist iSd Art. 21 Abs. 1 ist, angenommen werden könnte, wodurch das dem Schutz des Annehmenden dienende Unverzüglichkeitskriterium seine praktische Bedeutung verlöre. Der Annehmende soll nach der ratio des Art. 21 Abs. 1 nur kurz an seine verspätete Annahmeerklärung gebunden sein, um so vor Spekulationsmöglichkeiten des Anbietenden infolge von Marktschwankungen geschützt zu werden (MüKoBGB/Gruber Rn. 13 f. mwN; gleicher Ansicht wohl auch Piltz IntKaufR Rn. 3-115). Der von der Gegenansicht (Staudinger/Magnus, 2018, Rn. 8) hierin gesehene Widerspruch zur Behandlung einer nicht nur verspäteten, sondern auch wesentlich abweichenden Annahme als Gegenangebot besteht nicht, weil der Annehmende in diesem Fall auf Grund der wesentlichen Abweichung weiß oder wissen muss, dass ein Vertragsschluss noch der Annahme des ursprünglich Anbietenden bedarf (MüKoBGB/Gruber Rn. 15). Daher bedarf er, anders als bei einer verspäteten und nicht wesentlich abweichenden Annahme, nicht des Schutzes des Art. 21 Abs. 1.

4 **2. Verspätet zugegangene Annahme (Abs. 2).** Handelt es sich lediglich um eine verspätet zugegangene Annahme, war die Erklärung also rechtzeitig abgesandt worden und ist dem Anbietenden auch erkennbar, dass es lediglich zu einer **Transportverzögerung** gekommen ist, kommt der Vertrag – ebenso wie nach § 149 BGB – zustande, wenn der Annehmende nicht unverzüglich vom Anbietenden über den verspäteten Zugang unterrichtet wird.

## III. Beweislastregeln

5 Die Beweislast für die unverzügliche Absendung der Billigung nach Abs. 1 und die Unterrichtung des Annehmenden vom verspäteten Zugang nach Abs. 2 trägt der Anbietende (Honsell/Dornis Rn. 42; Schlechtriem/Schwenzer/Schroeter/Schroeter Rn. 24). Der Annehmende hat demgegenüber die Erkennbarkeit der transportbedingten Verspätung zu beweisen (Müller in Baumgärtel/Laumen/Prütting Beweislast-HdB II UNKR Rn. 4; MüKoHGB/Ferrari Rn. 22; Staudinger/Magnus, 2018, Rn. 20).

## Art. 22 (Rücknahme der Annahme)

**Eine Annahme kann zurückgenommen werden, wenn die Rücknahmeerklärung dem Anbietenden vor oder in dem Zeitpunkt zugeht, in dem die Annahme wirksam geworden wäre.**

1 Ebenso wie Art. 15 Abs. 2 für das Angebot regelt Art. 22 die Rücknahme der Annahme. **Bis zum Zugang** (Art. 18) kann die Rücknahme der Annahme erklärt werden, was § 130 Abs. 1 BGB entspricht. Damit setzt Art. 22 eine Situation voraus, in der zwischen Abgabe und Zugang der Erklärung eine Zeitspanne liegt. Mithin hat die Norm insbes. bei brieflichem Vertragsschluss Bedeutung. Bei einer mündlichen Annahmeerklärung unter Anwesenden oder am Telefon, die mit Vernehmung wirksam wird, ist eine Rücknahme allenfalls bis zum vollständigen Abschluss der Annahmeerklärung möglich. Bei Annahme durch eine konkludente Handlung iSd Art. 18 Abs. 3 scheidet eine Rücknahme nach Art. 22 aus (Staudinger/Magnus, 2018, Rn. 9–11; Schlechtriem/Schwenzer/Schroeter/Schroeter Rn. 3). Für die empfangsbedürftige Willenserklärung der Rücknahme gelten die nach IPR maßgeblichen nationalen Wirksamkeitsvorschriften über Geschäftsfähigkeit, Willensmängel und Vertretungsmacht.

2 Die **Beweislast** für den rechtzeitigen Zugang der Rücknahme trägt, wer sich auf das Nichtzustandekommen des Vertrages beruft (Achilles Rn. 2; MüKoBGB/Gruber Rn. 10).

### Art. 23 (Zeitpunkt des Vertragsschlusses)

**Ein Vertrag ist in dem Zeitpunkt geschlossen, in dem die Annahme eines Angebots nach diesem Übereinkommen wirksam wird.**

Die Bestimmung regelt den Zeitpunkt des Zustandekommens des Vertrages. Maßgeblich ist das Wirksamwerden der Annahmeerklärung. Dieses beurteilt sich nach **Art. 18,** weshalb Art. 23 keine eigenständige Bedeutung zukommt (MüKoBGB/Gruber Rn. 1; Honsell/Dornis Rn. 1). 1

### Art. 24 (Begriff des Zugangs)

**Für die Zwecke dieses Teils des Übereinkommens „geht" ein Angebot, eine Annahmeerklärung oder sonstige Willenserklärung dem Empfänger „zu", wenn sie ihm mündlich gemacht wird oder wenn sie auf anderem Weg ihm persönlich, an seiner Niederlassung oder Postanschrift oder, wenn diese fehlen, an seinem gewöhnlichen Aufenthaltsort zugestellt wird.**

#### Überblick

Art. 24 definiert den Begriff des Zugangs. Mündliche Erklärungen gehen sofort zu (→ Rn. 2), während bei sonstigen Erklärungen die persönliche Zustellung und damit die Übergabe der verkörperten Erklärung an den Empfänger erforderlich ist (→ Rn. 3).

## I. Anwendungsbereich

Die in der Vorschrift enthaltene Definition für den Begriff des Zugangs gilt zunächst für die in Teil II (Art. 14–24) geregelten zugangsbedürftigen Erklärungen (mit Ausnahme der in Art. 19 Abs. 2 und Art. 21 Abs. 1 und Abs. 2 genannten Erklärungen). Nach allgM wird Art. 24 auf Grund Art. 7 Abs. 2 aber auch auf die als zugangsbedürftig geregelten Erklärungen in Teil III angewandt, Art. 47 Abs. 2, Art. 48 Abs. 4, Art. 63 Abs. 2, Art. 65 Abs. 1 und 2, Art. 79 Abs. 4 (vgl. Bianca/Bonell/Farnsworth Anm. 3.1; Honsell/Dornis Rn. 3; Schlechtriem/Schwenzer/Schroeter/Schroeter Rn. 3; Soergel/Kreße Rn. 2). 1

## II. Einzelerläuterungen

**1. Mündliche Erklärungen.** Das Gesetz unterscheidet zwischen mündlichen und auf anderem Weg gemachten Erklärungen. Als mündlich ist eine unter Anwesenden oder über Telefon, auch bei Einschaltung von Vertretern und Empfangsboten (Bianca/Bonell/Fansworth Anm. 2.2; Staudinger/Magnus, 2018, Rn. 12) gemachte Erklärung anzusehen. Anders zu behandeln sind hingegen Erklärungen, die auf einen Anrufbeantworter gesprochen werden (Honsell/Dornis Rn. 5; Ferrari in Kröll/Mistelis/Perales Viscasillas CISG Rn. 3; Neumayer/Ming Anm. 3; Piltz IntKaufR Rn. 3-37; aA Schlechtriem/Schwenzer/Schroeter/Schroeter Rn. 13 f.) oder mittels Fax, Internet und insbes. E-Mail abgegeben werden. Auch wenn diese Erklärungen ebenfalls sofort übertragen werden, besteht doch ein Unterschied zur eigentlichen „mündlichen" Übermittlung, bei welcher der Empfänger zwingend im selben Moment zugegen ist und daher die Erklärung unmittelbar vernehmen und auf sie unmittelbar reagieren kann, was allein den sofortigen Zugang rechtfertigt. Aus diesem Grund stellt auch die Online-Kommunikation keine mündliche Erklärung dar (Staudinger/Magnus, 2018, Rn. 11; aA CISG-AC IHR 2003, 244 (249), Opinion zu Art. 24, wonach „electronically transmitted sound and other communications in real time" als mündliche Erklärungen angesehen werden. Freilich ist zu beachten, dass es sich hierbei um eine in erster Linie dogmatische, nicht ergebnisrelevante, Kontroverse handelt, weil die bei Online-Kommunikation für den Zugang maßgebliche Möglichkeit der Kenntnisnahme idR ebenfalls sofort besteht, Rn. 4). Eine mündliche Erklärung geht **sofort** zu. Hierfür ist allerdings erforderlich, dass der Erklärende nach den konkreten Umständen davon ausgehen durfte, dass der Empfänger die Erklärung vernommen und inhaltlich verstanden hat (Staudinger/Magnus, 2018, Rn. 13; vgl. MüKoHGB/Ferrari Rn. 6; Soergel/Kreße Rn. 4). 2

**2. Andere Erklärungen.** Jede andere als eine mündliche Erklärung muss dem Empfänger persönlich zugestellt werden. Die **Zustellung,** also die Übergabe der verkörperten Erklärung, 3 hat am Ort der Niederlassung oder an der Postanschrift zu erfolgen. Sind mehrere Niederlassungen oder Anschriften vorhanden, ist Art. 10 lit. a anzuwenden (Herber/Czerwenka Rn. 3; Schlechtriem/Schwenzer/Schroeter/Schroeter Rn. 15). Nur wenn eine solche nicht besteht, hat die Zustellung am gewöhnlichen Aufenthaltsort zu erfolgen.

4 Weitere Zugangsvoraussetzungen sind nicht geregelt. Art. 24 ist nach Art. 7 Abs. 1 dahin auszulegen, dass der Zugang anzunehmen ist, sobald die Erklärung derart **in den Machtbereich** des Empfängers gelangt, dass er sich von ihrem Inhalt unter gewöhnlichen Verhältnissen Kenntnis verschaffen kann und nach den Gepflogenheiten des Verkehrs von ihm auch erwartet werden kann, dass er sich diese tatsächlich verschafft (Bianca/Bonell/Farnsworth Anm. 2.4; MüKoHGB/Ferrari Rn. 8; Honsell/Dornis Rn. 14 f.; Schlechtriem/Schwenzer/Schroeter/Schroeter Rn. 21; Staudinger/Magnus, 2018, Rn. 15). Somit entspricht die Auslegung im Hinblick auf das Erfordernis der **Möglichkeit der Kenntnisnahme** der zu § 130 Abs. 1 S. 1 BGB entwickelten Formel, weicht von ihr aber hinsichtlich des genauen Zeitpunkts des Zugangs insoweit ab, als nach § 130 Abs. 1 S. 1 BGB erst die Möglichkeit der Kenntnisnahme, nach Art. 24 hingegen bereits das Gelangen in den Machtbereich maßgeblich ist. Letzteres ergibt sich aus dem Zweck des Art. 24, den Zugang an äußerlichen, leicht beweisbaren Tatbestandsmerkmalen festzumachen, und wird durch einen Umkehrschluss aus der als Ausnahme konzipierten Vorschrift des Art. 20 Abs. 2 S. 2 bestätigt (Schlechtriem/Schwenzer/Schroeter/Schroeter Rn. 32; vgl. MüKoBGB/Gruber Rn. 15). Demzufolge genügt nach allgemeiner Ansicht der Einwurf in einen Briefkasten oder das Postfach des Empfängers, ohne dass es auf die Kenntnisnahme durch den Empfänger ankommt, und ebenso die Übergabe an eine hierzu autorisierte Person (Enderlein/Maskow/Strohbach Anm. 4; Schlechtriem/Schwenzer/Schroeter/Schroeter Rn. 19; vgl. auch Staudinger/Magnus, 2018, Rn. 23). Allerdings wird der Zugang nicht bereits mit der Benachrichtigung über eine bei der Post lagernde Sendung bewirkt (Schlechtriem/Schwenzer/Schroeter/Schroeter Rn. 20; aA MüKoHGB/Ferrari Rn. 11). Ebenso wenig ist Zugang anzunehmen, wenn Erklärungen dem Empfänger unverständlich sind, etwa weil er die verwendete Sprache nicht versteht und sich auch nicht bei den Vertragsverhandlungen hierauf eingelassen hat oder sich eine Übersetzung ohne weiteres beschaffen kann (Schlechtriem/Schwenzer/Schroeter/Schroeter Rn. 38; Soergel/Kreße Rn. 7.; Staudinger/Magnus, 2018, Rn. 20). Bei einer per E-Mail verschickten Erklärung ist Zugang zu bejahen, sobald sie beim Provider unter der E-Mail-Adresse des Empfängers gespeichert wird und von diesem heruntergeladen werden kann (Staudinger/Magnus, 2018, Rn. 16; wohl auch Schlechtriem/Schwenzer/Schroeter/Schroeter Rn. 24). Auch bei Zustellung außerhalb der Geschäftszeit ist Zugang zu bejahen (Achilles Rn. 5; MüKoHGB/Ferrari Rn. 13; Schlechtriem/Schwenzer/Schroeter/Schroeter Rn. 32; Staudinger/Magnus, 2018, Rn. 18). Dies ist aber nicht unumstritten. So wird zutr. darauf hingewiesen, dass eine durch den Anbietenden gesetzte Frist nach Art. 8 dahin auszulegen sein kann, dass die Annahmeerklärung während der Geschäftszeiten des letzten Tages der Frist eingehen muss, sodass eine an diesem Tag nach Ende der Geschäftszeit eingehende Annahme – ungeachtet des sofortigen Zugangs – gleichwohl verspätet wäre (so MüKoBGB/Gruber Rn. 16). Nach aA soll der Zugang, soweit nicht tatsächlich früher Kenntnis genommen wird, erst zu der Zeit erfolgen, zu der im normalen Geschäftsgang die Kenntnisnahme erwartet werden kann (so Soergel/Kreße Rn. 6).

5 Nicht geregelt ist der Fall einer rechtsmissbräuchlichen **Zugangsverhinderung.** Bei einer Auslegung nach Art. 7 kann ein arglistig verhinderter oder verzögerter Zugang aber als in dem Zeitpunkt als erfolgt gelten, in dem er ohne das verhindernde Verhalten des Erklärungsempfängers geschehen wäre (Herber/Czerwenka Rn. 5; Honsell/Dornis Rn. 41; Schlechtriem/Schwenzer/Schroeter/Schroeter Rn. 42; Ferrari in Kröll/Mistelis/Perales Viscasillas CISG Rn. 15; Staudinger/Magnus, 2018, Rn. 25; Neumayer/Ming Anm. 4).

## III. Beweislastregeln

6 Wer sich auf den Zugang einer Willenserklärung beruft, trägt hierfür die Beweislast. Zugangshindernisse aus der Sphäre des Empfängers hat hingegen dieser zu beweisen (Herber/Czerwenka Rn. 7; Honsell/Dornis Rn. 44; Schlechtriem/Schwenzer/Schroeter/Schroeter Rn. 43).

# Teil III. Warenkauf

## Kapitel I. Allgemeine Bestimmungen

### Art. 25 (Wesentliche Vertragsverletzung)

**Eine von einer Partei begangene Vertragsverletzung ist wesentlich, wenn sie für die andere Partei solchen Nachteil zur Folge hat, daß ihr im wesentlichen entgeht, was sie nach dem Vertrag hätte erwarten dürfen, es sei denn, daß die vertragsbrüchige Partei diese Folge nicht vorausgesehen hat und eine vernünftige Person der gleichen Art diese Folge unter den gleichen Umständen auch nicht vorausgesehen hätte.**

**Schrifttum:** Butler, Caveat Emptor: Remedy-Oriented Approach Restricts Buyer's Right to Avoidance Under Article 49 (I) (a) of the United Nations Convention on Contracts for the International Sale of Goods, IHR 2003, 208; v. Caemmerer, Die wesentliche Vertragsverletzung im international einheitlichen Kaufrecht, FS Coing, Bd. II, 1982, 33; Ferrari, Wesentliche Vertragsverletzung nach UN-Kaufrecht – 25 Jahre Artikel 25 CISG, IHR 2005, 1; Freiburg, Das Recht auf Vertragsaufhebung im UN-Kaufrecht, 2001; Graffi, Divergences in the Interpretation of the CISG: The Concept of „Fundamental Breach", in Ferrari (Hrsg.), The 1980 Uniform Sales Law, 2003, 305; Raphael Koch, Wesentliche Vertragsverletzung und Parteiverhalten im UN-Kaufrecht, IHR 2016, 45; Robert Koch, The Concept of Fundamental Breach of Contract under the United Nations Convention on Contracts for the International Sale of Goods (CISG), in Review of the Convention on Contracts for the International Sale of Goods (CISG) 1998, 1999, 177; Koller, Ist die Pflicht des Verkäufers zur fristgerechten Andienung korrekter Dokumente beim Akkreditivgeschäft eine wesentliche Vertragspflicht gemäß Art. 25 CISG?, IHR 2016, 89; Holthausen, Die wesentliche Vertragsverletzung nach Art. 25 UN-Kaufrecht, RIW 1990, 101; Holthausen, Zur Bestimmung des Begriffs der wesentlichen Vertragsverletzung im UN-Kaufrecht im Fall der Lieferung nicht vertragsgemäßer Ware, RIW 1995, 98; Trommler, Die Auslegung des Begriffs wesentliche Vertragsverletzung in Art. 25 CISG, 2001.

#### Überblick

Sozusagen als Kernstück des CISG umfasst Teil III die Regeln des materiellen Kaufrechts. Vorangestellt werden in Kapitel I (Art. 25–29) zunächst **allgemeine Bestimmungen,** vor allem die Definition des für alle Leistungsstörungen einheitlichen und damit zentralen Begriffs der wesentlichen Vertragsverletzung (Art. 25). Die **Verkäuferpflichten** sind in Kapitel II (Art. 30–52) geregelt. Im Anschluss an eine grundsätzliche Bestimmung (Art. 30) werden hier zunächst die Lieferung der Ware und die Übergabe der Dokumente abgehandelt (Art. 31–34). Es folgen die Regelungen über die Vertragswidrigkeit der Ware und Rechte Dritter (Art. 35–44). Im Mittelpunkt stehen die Rechtsbehelfe des Käufers für den Fall der Vertragsverletzung des Verkäufers (Art. 45–52). In entsprechender Weise sind die **Käuferpflichten** in Kapitel III niedergelegt (Art. 53–65). Auch hier ist eine grundsätzliche Bestimmung vorangestellt (Art. 53). Es folgen Regelungen für die Zahlung des Kaufpreises (Art. 54–59), die Abnahme (Art. 60) und wiederum die Behelfe im Fall der Vertragsverletzung, hier der durch den Käufer (Art. 61–65). In dem gesonderten Kapitel IV ist der **Gefahrübergang** geregelt (Art. 66–70). Kapitel V enthält schließlich **gemeinsame Bestimmungen** über die Pflichten von Verkäufer und Käufer (Art. 71–88). Diese betreffen ua den Schadensersatz (Art. 74–77) und die Wirkungen der Vertragsaufhebung (Art. 81–84).

Art. 25 definiert die wesentliche Vertragsverletzung. Die Nichteinhaltung jeglicher Pflicht (→ Rn. 2) kann so ungünstige Folgen (Nachteil, → Rn. 3) haben, dass das Interesse der vertragstreuen Partei an der Vertragsdurchführung entfällt (→ Rn. 4 ff.). Ein Entlastungsgrund kann vorliegen, wenn die vertragsbrüchige Partei die Vertragsverletzung nicht vorhergesehen hat und dies vernünftigerweise auch nicht konnte (→ Rn. 11 ff.). Bei Arglist findet neben dem CISG auch nationales Recht Anwendung (→ Rn. 15).

#### I. Normzweck

Die Vorschrift enthält die **Legaldefinition** der wesentlichen Vertragsverletzung. Diese ist für das CISG von grundlegender Bedeutung. Sie ist Voraussetzung für die **Aufhebung** des Vertrages **ohne Nachfristsetzung** (Art. 49 Abs. 1 lit. a, Art. 51 Abs. 2, Art. 64 Abs. 1 lit. a, Art. 72, Art. 73 Abs. 1 und 2) und damit für die schwerste Sanktion, die eine Vertragspartei an die Pflichtverletzung 1 der anderen knüpfen kann. Daneben ist die wesentliche Vertragsverletzung für den Anspruch auf Ersatzlieferung (Art. 46 Abs. 2) und für die Aufrechterhaltung der Rechtsbehelfe des Käufers trotz Gefahrübergangs (Art. 70) maßgeblich. Mit dem Begriff der wesentlichen Vertragsverletzung ist bezweckt, besonders gravierende Rechtsfolgen auf solche Störungen des Vertragsverhältnisses zu beschränken, deren Gewicht dies rechtfertigt. So soll vor allem die Vertragsaufhebung wegen der damit gerade bei internationalen Verträgen regelmäßig verbundenen hohen Zusatzkosten für Rücktransport und Lagerung der Ware zugunsten anderer Rechtsbehelfe, wie Minderung (Art. 50) oder Schadensersatz (Art. 45 Abs. 1 lit. b, Art. 61 Abs. 1 lit. b), zurückgedrängt werden (Benicke IPRax 1997, 326 (329); Karollus JZ 1997, 38). Diese Grundentscheidung bedingt eine **restriktive Auslegung** des Begriffs (BGHZ 132, 290 (298) = NJW 1996, 2364 (2366)).

## II. Einzelerläuterungen

2 **1. Vertragsverletzung.** Art. 25 setzt die Vertragsverletzung einer Partei voraus, regelt aber nicht deren Voraussetzungen. Das Vorliegen einer Vertragsverletzung beurteilt sich nach dem Vertrag auf der Grundlage der Regelungen des CISG. Dabei erfasst dieser Begriff **alle Arten von Pflichtverletzungen,** ohne dass eine Differenzierung nach ihrer Ursache (Nichtlieferung, nicht rechtzeitige Lieferung, mangelhafte Lieferung oder sonstige Pflichtverletzungen) vorgenommen wird (Botzenhardt, Die Auslegung des Begriffs der wesentlichen Vertragsverletzung im UN-Kaufrecht, 1998, 184). Auch der Verstoß gegen untergeordnete Nebenpflichten kann eine wesentliche Vertragsverletzung begründen (eingehend Schlechtriem/Schwenzer/Schroeter/Schroeter Rn. 14 ff.; zum Bruch einer Exklusivitätsabrede OLG Frankfurt NJW 1992, 633 (634 f.)). Für die Vertragsverletzung genügt bereits der objektive Tatbestand der Schlecht- oder Nichterfüllung einer Vertragspflicht, ohne dass es auf ein Verschulden ankommt (Rudolph Rn. 6).

3 **2. Wesentlichkeit der Verletzung. a) Nachteil.** Eine Vertragsverletzung ist wesentlich, wenn sie für die andere Partei einen solchen Nachteil zur Folge hat, dass ihr im Wesentlichen entgeht, was sie nach dem Vertrag erwarten durfte. Nachteil iSv Art. 25 ist nicht gleichbedeutend mit einem konkreten Schaden iSd Art. 74 (Staudinger/Magnus, 2018, Rn. 11). Der Begriff ist vielmehr weit auszulegen und umfasst **alle ungünstigen Folgen** jeder nur möglichen Vertragsverletzung (Bianca/Bonell/Will Anm. 2.1.1.2; Botzenhardt, Die Auslegung des Begriffs der wesentlichen Vertragsverletzung im UN-Kaufrecht, 1998, 191; Schlechtriem/Schwenzer/Schroeter/Schroeter Rn. 21 ff.), zB auch die Schädigung des Rufes der vertragstreuen Partei. Selbst bei Eintritt eines Schadens ist der Geschädigte nicht verpflichtet, diesen iE darzulegen und dazu die interne Kalkulation preiszugeben. Trotz des weit gefassten Begriffs bleibt jedoch der **Schaden** ein wichtiges **Indiz** für eine wesentliche Vertragsverletzung (vgl. MüKoHGB/Benicke Rn. 12 ff.; Staudinger/Magnus, 2018, Rn. 11). So ist beispielsweise die Lieferung von Kleidungsstücken, die beim ersten Waschen um bis zu zwei Größen einlaufen, als wesentlicher Vertragsbruch zu werten, wenn dem Käufer erheblicher Schaden dadurch droht, dass Endkunden die fehlerhafte Ware reklamieren und infolge des entstandenen Vertrauensverlusts (Soergel/Budzikiewicz Rn. 4) künftig keine weiteren Waren mehr kaufen (LG Landshut 5.4.1995 – 54 O 644/94, CISG-online 193).

4 **b) Wesentlichkeit.** Eine wesentliche Vertragsverletzung liegt nur vor, wenn die Erwartungen der vertragstreuen Partei derart enttäuscht werden, dass ihr **Interesse** an der Durchführung des Vertrages **entfällt** (OLG Frankfurt NJW 1992, 633 (634); Staudinger/Magnus, 2018, Rn. 13; Soergel/Budzikiewicz Rn. 4; Björklund in Kröll/Mistelis/Perales Viscasillas CISG Rn. 12; Benicke IPRax 1997, 326 (329); Holthausen RIW 1990, 101 (102)). Hierzu bedarf es einer Auslegung des Vertrages. Nach den Grundsätzen des Art. 8 Abs. 1 und 2 ist dabei nicht allein die subjektive Interessenbewertung der vertragstreuen Partei entscheidend, sondern kommt es darauf an, welche Erwartungen aus dem Vertrag und den Gesamtumständen (Art. 8 Abs. 3) objektiv gerechtfertigt sind. Entscheidend ist also, was die vertragstreue Partei erwarten darf (eingehend Honsell/Gsell Rn. 12 ff.).

5 **aa) Vereinbarung.** Die Auslegung bereitet keine Probleme, wenn im Vertrag ausdrücklich vereinbart ist, welche Vertragsverletzung oder welches Ausmaß als wesentlich gelten soll. Hierzu sind die Parteien auf Grund des in Art. 6 verankerten Vorrangs der Parteiautonomie ausdrücklich ermächtigt (vgl. auch BGHZ 132, 290 (298) = NJW 1996, 2364 (2366); Schlechtriem/Schwenzer/Schroeter/Schroeter Rn. 21). Ein **Rückgriff auf Art. 25** ist in diesem Fall **ausgeschlossen** (Botzenhardt, Die Auslegung des Begriffs der wesentlichen Vertragsverletzung im UN-Kaufrecht, 1998, 167 f.). Die Parteien können zB die Einhaltung eines bestimmten Liefertermins als wesentliche Pflicht festlegen, sodass die Nichteinhaltung einen wesentlichen Vertragsbruch begründet

(Benicke IPRax 1997, 326 (329). Fälschlich will aber OLG Hamburg EWiR 1997, 791 mAnm Mankowski bereits bei Verwendung des Incoterms CIF von einem Fixgeschäft ausgehen).

**bb) AGB.** Grundsätzlich kann der Gläubiger auch in seinen Geschäftsbedingungen eine Schuldnerpflicht zu einer wesentlichen iSd Art. 25 „hochstufen". Derartige Klauseln müssen allerdings, **soweit** nach IPR **deutsches Recht** zur Anwendung kommt, einer **Inhaltskontrolle** nach Art. 4 S. 2 lit. a iVm § 307 BGB (bzw. außerhalb unternehmerischer Betätigung §§ 308, 309 BGB) standhalten (Soergel/Budzikiewicz Rn. 4); als Maßstab gilt freilich nicht das nationale Recht, sondern das Einheitskaufrecht (Schlechtriem/Schwenzer/Schroeter/Schroeter Rn. 25). Deshalb wird etwa eine pauschale Aufwertung sämtlicher Vertragspflichten im Wesentlichen nach § 307 Abs. 2 Nr. 1 BGB regelmäßig unzulässig sein. Denn dies würde dem Grundgedanken des CISG widersprechen, das eine Vertragsauflösung oder ein Nachlieferungsverlangen nur bei schweren Leistungsstörungen zulässt. Für den nichtkaufmännischen Bereich folgt dies aus § 308 Nr. 3 BGB (zu den Grenzen einer formularmäßigen Festlegung wesentlicher Vertragspflichten s. Schlechtriem/Schwenzer/Schroeter/Schroeter Rn. 25; Botzenhardt, Die Auslegung des Begriffs der wesentlichen Vertragsverletzung im UN-Kaufrecht, 1998, 169 ff.). Auch im umgekehrten Fall, dh wenn der Verkäufer in seinen Lieferbedingungen ausschließt, gravierende Pflichtverstöße als wesentliche Vertragsverletzungen einzuordnen, liegt ein Verstoß gegen § 307 Abs. 2 Nr. 1 BGB vor, weil hiermit gewichtige Rechtsbehelfe der von einer Vertragsverletzung betroffenen Partei abbedungen und ihr gesetzlicher Schutz wesentlich reduziert wird (so auch Rudolph Rn. 17). Darüber hinaus kann eine solche Klausel aber auch wegen ihres überraschenden Charakters nach § 305c BGB nicht Vertragsbestandteil werden. 6

**cc) Fehlen einer vertraglichen Festlegung.** Wann bei Fehlen einer ausdrücklichen oder stillschweigenden Vereinbarung eine Vertragsverletzung das Erfüllungsinteresse der vertragstreuen Partei im Wesentlichen entfallen lässt, ist nach den Umständen des Einzelfalles und unter Berücksichtigung der nach dem Übereinkommen gewollten zurückhaltenden Anwendung des Art. 25 zu entscheiden (BGHZ 132, 290 (298 f.) = NJW 1996, 2364 (2366); MüKoBGB/Gruber Rn. 7; Staudinger/Magnus, 2018, Rn. 13; Benicke IPRax 1997, 326 (329)). Dabei kann jede Art der Pflichtverletzung eine wesentliche Vertragsverletzung begründen (Trommler, Die Auslegung des Begriffs wesentliche Vertragsverletzung in Art. 25 CISG, 2001, 66); auch → Art. 45 Rn. 2. Allerdings lassen sich für bestimmte Pflichtverletzungen Kriterien herausarbeiten, welche die Bildung von **Fallgruppen** wesentlicher Vertragsverletzungen ermöglichen (zu den einzelnen Fallgruppen vgl. auch MüKoHGB/Benicke Rn. 28 ff.; MüKoBGB/Gruber Rn. 19 ff.; Staudinger/Magnus, 2018, Rn. 20 ff.; Schlechtriem/Schwenzer/Schroeter/Schroeter Rn. 37 ff.). 7

**(1) Nichterfüllung.** So wird bei Nichtlieferung der verkauften Ware das für jeden Kaufvertrag grundlegende Leistungsaustauschinteresse gestört, sodass von der Beeinträchtigung eines wesentlichen Vertragsinteresses auszugehen ist (ausf. Botzenhardt, Die Auslegung des Begriffs der wesentlichen Vertragsverletzung im UN-Kaufrecht, 1998, 198; Schlechtriem/Schwenzer/Schroeter/Schroeter Rn. 37). Bei **Verzug** der Lieferung ist eine wesentliche Vertragsverletzung nur in Betracht zu ziehen, wenn erkennbar ist, dass die genaue Einhaltung des Liefertermins für den Käufer von besonderem Interesse ist (OLG Hamm OLGR 2002, 185 (188); LG Halle 27.3.1998 – 14 O 458/97, CISG-online Nr. 521; MüKoBGB/Gruber Rn. 21; Staudinger/Magnus, 2018, Rn. 22; Herber IHR 2003, 177). Dies ist jedenfalls bei ausdrücklicher Vereinbarung eines Fixgeschäfts (OLG Düsseldorf IHR 2005, 24 (25); OLG Hamm OLGR 2002, 185 (188); UNCITRAL Digest Anm. 9; Björklund in Kröll/Mistelis/Perales Viscasillas CISG Rn. 33; MüKoBGB/Gruber Rn. 21; Ferrari IHR 2005, 1 (7); Herber IHR 2003, 177) und bei Saisonware der Fall (UNCITRAL Digest Art. 49 Anm. 9; Björklund in Kröll/Mistelis/Perales Viscasillas CISG Rn. 34; MüKoBGB/Gruber Rn. 21; Schlechtriem/Schwenzer/Schroeter/Müller-Chen Art. 49 Rn. 5; Graffi in Ferrari, The 1980 Uniform Sales Law, 2003, 305, 313; Ferrari IHR 2005, 1 (8); Lurger IHR 2001, 91 (94). Vgl. aber auch LG Oldenburg 27.3.1996 – 12 O 2541/95, CISG-online Nr. 188, wonach die Lieferung von Sommerkleidung mit der Verspätung von einem Tag nicht als wesentliche Vertragsverletzung anzusehen ist). Das besondere Interesse des Käufers an der genauen Einhaltung des Liefertermins kann sich aber auch aus den Umständen ergeben (UNCITRAL Digest Anm. 9; MüKoBGB/P. Huber Art. 49 Rn. 34; Schlechtriem/Schwenzer/Schroeter/Schroeter Rn. 39; Graffi in Ferrari, The 1980 Uniform Sales Law, 2003, 305, 313, welcher als Beispiel den Fall nennt, dass der Käufer dem Verkäufer den Termin nennt, an dem er selbst an seine Kunden liefern muss), zB bei Geschäften über Waren mit sehr stark und schnell fluktuierenden Preisen auf volatilen Märkten, wenn die Waren erkennbar zur Weiterveräußerung bestimmt sind (Staudinger/Magnus, 2018, Art. 49 Rn. 10) oder wenn für frische Ware bei infolge verspäteter 8

Lieferung verkürzter Mindesthaltbarkeit keine wirtschaftlich sinnvolle Verwendungsmöglichkeit mehr besteht (OLG Stuttgart, RdTW 2020, 423 (426)).

Auch eine **Erfüllungsverweigerung** kann eine wesentliche Vertragsverletzung begründen (OLG Hamm IHR 2020, 49 (54); Schiedsgericht der Hamburger freundschaftlichen Arbitrage IHR 2001, 35 (37); Schiedsgericht der Handelskammer Hamburg NJW 1996, 3229 (3231) = CISG-online Nr. 187; MüKoBGB/Gruber Rn. 20; MüKoHGB/Benicke Rn. 54; Schlechtriem/Schwenzer/Schroeter/Schroeter Rn. 37; Soergel/Willems Art. 49 Rn. 4; Staudinger/Magnus, 2018, Rn. 20; Ferrari IHR 2005, 1 (6)). Dem steht es gleich, wenn der Verkäufer die Lieferung von mit der vertraglichen Vereinbarung in Widerspruch stehenden zusätzlichen Voraussetzungen abhängig macht (Schiedsgericht der Hamburger freundschaftlichen Arbitrage IHR 2001, 35 (37); Schiedsgericht der Handelskammer Hamburg NJW 1996, 3229 (3231) = CISG-online Nr. 187; MüKoHGB/Benicke Art. 49 Rn. 12; vgl. auch Schlechtriem/Schwenzer/Schroeter/Schroeter Rn. 37). Ebenso kann die objektive wie subjektive dauernde **Unmöglichkeit** eine wesentliche Vertragsverletzung darstellen (MüKoHGB/Benicke Rn. 57; MüKoBGB/Gruber Rn. 20; Staudinger/Magnus, 2018, Rn. 21). Vorübergehende Unmöglichkeit oder Unvermögen nur des Verkäufers berechtigen dagegen nur im Einzelfall zur Vertragsaufhebung (vgl. MüKoBGB/Gruber Rn. 20).

9 **(2) Mangelhafte Lieferung.** Die **Lieferung vertragswidriger Ware,** die nach dem Übereinkommen sowohl die mangelhafte als auch die Falsch- bzw. aliud-Lieferung umfasst, wird nur dann als wesentliche Vertragsverletzung angesehen, wenn die Abweichung ein solches Gewicht erreicht, dass es dem Käufer nicht zuzumuten ist, sich mit Schadensersatz oder Minderung zu begnügen (BGHZ 132, 290 (298 f.) = NJW 1996, 2364 (2366); Benicke IPRax 1997, 326 (329); Staudinger/Magnus, 2018, Rn. 27). Da es stets auf die Gesamtschau der Umstände des Einzelfalls ankommt und zeitliche Erfordernisse auf Seiten des Käufers ebenso zu berücksichtigen sind wie das Verhalten des Verkäufers, führt auch die Unmöglichkeit einer Nachbesserung nicht zwangsläufig zur Einstufung als wesentliche Vertragsverletzung (BGHZ 132, 290 (299) = NJW 1996, 2364 (2366)). Ist ein objektiv schwerwiegender Mangel **leicht behebbar** (zB im Fall unproblematischer Mangelbeseitigung zu Kosten von ca. 6,5 % des Kaufpreises, LG Stade IHR 2017, 20) und der Verkäufer auch hierzu bereit, ohne dass dem Käufer dadurch unzumutbare Verzögerungen oder Belastungen entstehen, ist eine wesentliche Vertragsverletzung zu verneinen (BGHZ 202, 258 = IHR 2015, 8 (11); OLG Koblenz IHR 2003, 172 (175); OLG Köln IHR 2003, 15 (16 f.), wonach sich die Käuferin aber angesichts der Vielzahl der Mängel nicht auf die Bereitschaft der Verkäuferin zur Nachbesserung einlassen musste, die sich zudem auch nur auf einen Teil der Ware bezog und für die kein konkreter Zeitpunkt genannt worden war; OGH IHR 2016, 58 (60) = CISG-online Nr. 2663; Handelsgericht des Kantons Aargau IHR 2003, 178 (180); Achilles Rn. 9; Achilles Art. 48 Rn. 5; Honnold Rn. 184, 296; MüKoHGB/Benicke Rn. 43; MüKoHGB/Benicke Art. 48 Rn. 10 f.; Schlechtriem/Schwenzer/Schroeter/Schroeter Rn. 48; Schlechtriem/Schwenzer/Schroeter/Müller-Chen Art. 49 Rn. 8 f.; Soergel/Budzikiewicz Rn. 4; Piltz IntKaufR Rn. 5-196; Schlechtriem FS Trinkner, 1995, 321 (327); Ferrari IHR 2005, 1 (7); Fountoulakis IHR 2003, 160 (168); Lurger IHR 2001, 91 (98 f.); aA Freiburg S. 105; Graffi in Ferrari, The 1980 Uniform Sales Law, 2003, 305, 319 f.; Koch in Review of the Convention on Contracts for the International Sale of Goods (CISG) 1998, 1999, 177, 323 f.). Eine wesentliche Vertragsverletzung ist bei Lieferung mangelhafter Ware auch zu verneinen, soweit dem Käufer eine **anderweitige Verarbeitung** oder der Absatz der Ware im gewöhnlichen Geschäftsverkehr, wenn auch mit einem Preisabschlag, ohne unverhältnismäßigen Aufwand möglich und zumutbar ist (BGHZ 132, 290 (298) = NJW 1996, 2364 (2366); OLG Frankfurt NJW 1994, 1013 (1014); OLG Stuttgart OLGR 2002, 148; OLG Köln IHR 2003, 15 (16 f.); Achilles Rn. 8; MüKoHGB/Benicke Rn. 38; Schlechtriem/Schwenzer/Schroeter/Schroeter Rn. 52; Staudinger/Magnus, 2018, Art. 46 Rn. 39; Soergel/Budzikiewicz Rn. 4; Ferrari IHR 2005, 1 (7). Auf diesbezügliche Unstimmigkeiten zwischen deutscher und französischer Rspr. weist Graffi in Ferrari, The 1980 Uniform Sales Law, 2003, 305, 317 ff., hin. Nach LG München IHR 2003, 233 (235) = CISG-online Nr. 654, liegt keine wesentliche Vertragsverletzung vor, wenn der Käufer Verwendung für die mangelhafte Ware hat. Krit. hierzu Butler IHR 2003, 208 (210 ff.)). Dies gilt auch, wenn der Käufer die Kaufsache zwar eingeschränkt aber dennoch dauerhaft nutzen kann, solange nicht sein nach der Parteivereinbarung zu bestimmende Erfüllungsinteresse des Käufers entfallen ist (BGHZ 202, 258 = IHR 2015, 8 (11) m. zust. Anm. Förster NJW 2015, 830 (831); dazu auch Raphael Koch IHR 2016, 45 (48 f.)). Die ihm dadurch entstehenden Verluste und Kosten kann er gegenüber dem Verkäufer als Schadensersatz geltend machen, sog. remedy-oriented approach (Butler IHR 2003, 208 ff.; MüKoBGB/P. Huber, 6. Aufl. 2012, Art. 49 Rn. 39). Ob dem Käufer eine

anderweitige Verwertung der Ware möglich und zumutbar ist, richtet sich in erster Linie nach ihrem Verwendungszweck, aber auch nach dem Maß der Qualitätsabweichung sowie Art und Größe des Unternehmens des Käufers (Koch in Review of the Convention on Contracts for the International Sale of Goods (CISG) 1998, 1999, 177, 221 f.; s. auch Schlechtriem/Schwenzer/Schroeter/Müller-Chen Art. 46 Rn. 24). Dem Käufer kann die Verwendung der Ware trotz ihrer vertragswidrigen Beschaffenheit idR nicht zugemutet werden, wenn diese zum Eigengebrauch, zur Verarbeitung oder zum Einsatz in der Produktion in seinem Betrieb bestimmt war (Schlechtriem/Schwenzer/Schroeter/Müller-Chen Art. 46 Rn. 25; vgl. auch US Court of Appeal, 2nd Circuit 6.12.1995 – 95-7182, 95-7186, Delchi Carrier SpA vs. Rotorex Corporation, CLOUT Nr. 138; s. aber LG München IHR 2003, 233 (235) = CISG-online Nr. 654). Die Zumutbarkeit einer anderweitigen Verwendung ist ferner zu verneinen, wenn eine Weiterveräußerung für den Käufer die Gefahr der Rufschädigung nach sich zöge (MüKoHGB/Benicke Rn. 40; MüKoBGB/Gruber Rn. 22). Bei zum Weiterverkauf bestimmter Ware ist einem Großhändler die Weiterveräußerung der Ware trotz vertragswidriger Beschaffenheit eher möglich und zumutbar als einem Einzelhändler (Schlechtriem/Schwenzer/Schroeter/Müller-Chen Art. 46 Rn. 25; MüKoHGB/Benicke Rn. 40). Eine wesentliche Vertragsverletzung liegt vor, wenn die Ware entgegen der **Garantie** des Verkäufers internationalen Standards nicht entspricht. Durch die Vereinbarung einer solchen Garantie wird nämlich deutlich, welch essentielle Bedeutung die Parteien der Qualität der Ware beimessen (Hof's-Gravenhage, Niederlande IHR 2004, 119). Die vorstehenden Grundsätze gelten in entsprechender Weise für Rechtsmängel (Ferrari IHR 2005, 1 (7); Staudinger/Magnus, 2018, Rn. 28).

**(3) Sonstige Vertragsverletzungen.** Ein **arglistiges Unterschieben vertragswidriger Ware** erschüttert die Vertrauensgrundlage zwischen den Parteien und kann eine wesentliche Vertragsverletzung begründen, wenn deren Bestehen für die Vertragsbeziehung noch von Bedeutung ist, zB die pflichtverletzende Partei noch nicht vollständig erfüllt hat (offengelassen von BGHZ 132, 290 (303) = NJW 1996, 2364 (2367); wie hier Benicke IPRax 1997, 326 (330); Karollus JZ 1997, 38 (39)). Auch die vertragliche Verpflichtung zur **Lieferung von Dokumenten** (zB die Zurverfügungstellung von Ursprungszeugnissen) kann so grundlegend sein, dass deren Verletzung einen wesentlichen Vertragsbruch begründet, soweit sich nicht der Verkäufer ein entsprechendes Dokument ohne Schwierigkeiten selbst beschaffen kann, etwa bei der örtlichen Handelskammer (BGHZ 132, 290 (301 f.) = NJW 1996, 2364 (2366)). Ein **Zahlungsverzug** des Käufers begründet hingegen regelmäßig erst dann eine wesentliche Vertragsverletzung, wenn er mit einer endgültigen Zahlungsweigerung einhergeht (Staudinger/Magnus, 2018, Rn. 24; Schlechtriem/Schwenzer/Schroeter/Schroeter Rn. 66). Verletzungen von **Nebenpflichten** begründen eine wesentliche Vertragsverletzung, wenn sie von solcher Tragweite sind, dass sie die Grundlage des Vertrags erschüttern. Beispiele sind etwa die Verletzung einer Ausschließlichkeitsabrede (OLG Koblenz IHR 2003, 172 (174)) und die Nichtachtung des exklusiven Markenrechts der Bestellerin (OLG Frankfurt NJW 1992, 633 (634 f.) = CISG-online Nr. 28; vgl. auch Staudinger/Magnus, 2018, Rn. 29). 10

**3. Vorhersehbarkeit.** Ausnahmsweise stellt ein Vertragsbruch, der die Gläubigerinteressen wesentlich beeinträchtigt, keine wesentliche Vertragsverletzung dar, wenn die vertragsbrüchige Partei diese Folge weder vorausgesehen hat noch voraussehen musste. Die Funktion der „Vorhersehbarkeit" ist umstritten. Überwiegend wird fehlende Vorhersehbarkeit und Kenntnis iS eines besonderen **Entlastungsgrundes** für die vertragsbrüchige Partei interpretiert. Die Erkennbarkeit bzw. Kenntnis der Gläubigererwartung bilden indes bereits Auslegungselemente für die vorrangige Beurteilung, ob die verletzte Pflicht für den Gläubiger eine wesentliche war. Aus diesem Grund erlangt das Kriterium der Voraussehbarkeit nur selten eigenständige Bedeutung. Dies ist etwa bei der Frage der Fall, ob eine objektive Interessenlage, sofern diese nicht Gegenstand des Vertrages war, für die vertragsbrüchige Partei im maßgeblichen Zeitpunkt (→ Rn. 13) erkennbar war (MüKoBGB/Gruber Rn. 18; vgl. auch Honsell/Gsell Rn. 18 ff.; Schlechtriem/Schwenzer/Schroeter/Schroeter Rn. 26 ff.; ähnlich Staudinger/Magnus, 2018, Rn. 14, der zwischen der Vertragsverletzung selbst und ihrem Effekt bzw. ihrer Wirkung unterscheidet und das Kriterium der Voraussehbarkeit lediglich auf Letzteres bezieht). 11

**a) Maßstab.** Den Maßstab für die Beurteilung, was für die vertragsbrüchige Partei vorhersehbar war, bildet die **Fähigkeit einer vernünftigen Person der gleichen Art.** Die persönliche Unfähigkeit (mangelnde Sachkenntnis, Nachlässigkeit) der vertragsbrüchigen Partei, die Folgen ihrer Vertragsverletzung vorauszusehen, genügt daher zur Entlastung nicht (Staudinger/Magnus, 2018, Rn. 14; Rudolph Rn. 9; Soergel/Budziekiewicz Rn. 6). Für die Entlastung des Schuldners durch 12

Berufung auf mangelnde Vorhersehbarkeit bleibt kein Raum, wenn die Parteien die von ihnen für wesentlich gehaltenen Pflichten im Vertrag ausdrücklich festgelegt und somit die Vorhersehbarkeitsregel in Art. 25 abbedungen haben (Schlechtriem/Schwenzer/Schroeter/Schroeter Rn. 28; ausf. dazu Botzenhardt, Die Auslegung des Begriffs der wesentlichen Vertragsverletzung im UN-Kaufrecht, 1998, 168 f.). Der Ausschluss bzw. die Modifikation des Art. 25 kann auch stillschweigend erfolgen, wenn ein dahingehender Wille der Parteien existiert und sich mit hinreichender Sicherheit aus den Umständen ergibt (näher Botzenhardt, Die Auslegung des Begriffs der wesentlichen Vertragsverletzung im UN-Kaufrecht, 1998, 168). Fehlt eine ausdrückliche Festlegung und lässt sich auch aus den Gesamtumständen des Vertragsschlusses nicht zweifelsfrei eine diesbezügliche Übereinstimmung zwischen den Parteien feststellen, kommt es darauf an, ob der Schuldner die Umstände kannte, die der streitigen Pflicht eine herausragende Bedeutung verleihen (Schlechtriem/Schwenzer/Schroeter/Schroeter Rn. 31). Dies kann etwa darauf beruhen, dass der Schuldner über eigene besondere Kenntnisse verfügt.

**13** **b) Zeitpunkt.** Anders als das EKG enthält das CISG keine Bestimmung über den für die Beurteilung der Vorhersehbarkeit maßgeblichen Zeitpunkt. Überwiegend wird in Anlehnung an das EKG auf den Zeitpunkt des Vertragsschlusses abgestellt (Schlechtriem/Schwenzer/Schroeter/Schroeter Rn. 32 f.; Björklund in Kröll/Mistelis/Perales Viscasillas CISG Rn. 26). Demgegenüber wird teilweise auch die **nachträgliche Kenntnis** des Schuldners für maßgeblich gehalten (Honsell/Gsell Rn. 24; Soergel/Budzikiewicz Rn. 6). Eine vermittelnde Ansicht will schließlich die nach Vertragsschluss gegebenen Informationen nur **ausnahmsweise** berücksichtigen (Bianca/Bonell/Will Anm. 2.2.2.5). Dem ist mit der Maßgabe zuzustimmen, dass der Gläubiger durch nachträgliche Informationen, zB über einen neuen Verwendungszweck der Ware, jedenfalls nicht die Aufhebbarkeit des Vertrages herbeiführen kann, die sonst am Erfordernis einer wesentlichen Vertragsverletzung scheitern würde (Schlechtriem/Schwenzer/Schroeter/Schroeter Rn. 33; Staudinger/Magnus, 2018, Rn. 19; nach MüKoHGB/Benicke Rn. 24 soll es hingegen bei einer das Äquivalenzinteresse betreffenden Pflichtverletzung auf den Zeitpunkt des Vertragsschlusses, iÜ auf den Zeitpunkt der Pflichtverletzung ankommen). Denn die ausdrücklich Vertragsinhalt gewordene Festlegung wesentlicher Pflichten kann durch einseitige nachträgliche Mitteilungen des Gläubigers nicht erweitert werden. Nichts anderes kann gelten, wenn die Erkennbarkeit bzw. Kenntnis der Gläubigererwartung an die Stelle der vertraglichen Vereinbarung tritt. Auch hier muss der Zeitpunkt des Vertragsschlusses entscheiden (Schlechtriem/Schwenzer/Schroeter/Schroeter Rn. 33). Dies hindert jedoch nicht eine Berücksichtigung nachträglicher Mitteilungen nach Treu und Glauben (Art. 7 Abs. 1), wenn etwa der Schuldner die nachträgliche Gläubigerforderung ohne nennenswerte Schwierigkeiten erfüllen kann, dem Gläubiger aber bei deren Nichterfüllung unverhältnismäßige Einbußen drohen (so iErg auch Staudinger/Magnus, 2018, Rn. 19). Zudem können spätere Forderungen des Gläubigers auch zu einer Ergänzung des geschlossenen Vertrages führen, soweit der Schuldner hiermit einverstanden ist.

## III. Beweislastregeln

**14** Die **verletzte Partei** hat darzulegen und zu beweisen, dass die Vertragsverletzung so **wesentlich** ist, dass damit ihr Interesse an der Durchführung des Vertrages entfällt (Müller in Baumgärtel/Laumen/Prütting Beweislast-HdB II UNKR Rn. 5; Honsell/Gsell Rn. 26; Staudinger/Magnus, 2018, Rn. 31; Rudolph Rn. 11). Hierbei ist ein strenger Maßstab anzulegen (MüKoBGB/Gruber Rn. 46). So muss der Käufer bei der Lieferung vertragswidriger Ware nachweisen, dass er diese nicht in zumutbarer Weise anderweitig verwerten kann (BGHZ 132, 290 (300) = NJW 1996, 2364 (2366)). Schwieriger ist die Frage nach der Beweislastverteilung in Bezug auf die **Vorhersehbarkeit** durch die verletzende Partei zu beantworten. Der Wortlaut der Vorschrift („es sei denn") legt eine Deutung iS einer gesetzlichen Vermutung der Vorhersehbarkeit nahe, welche die vertragsbrüchige Partei widerlegen müsste (ausdrücklich Staudinger/Magnus, 2018, Rn. 31; MüKoHGB/Benicke Rn. 60; vgl. auch MüKoBGB/Gruber Rn. 47; Soergel/Budzukiewicz Rn. 7). Eine ausdrückliche Regelung der Beweislast wurde jedoch im Zuge der Verhandlungen zu Art. 25 abgelehnt (Nachweise bei Schlechtriem/Schwenzer/Schroeter/Schroeter Rn. 36). Versteht man die Kenntnis bzw. das Kennenmüssen des Schuldners als Element der Vertragsauslegung im Hinblick auf die geschützten Gläubigererwartungen, dh als Beurteilungskriterium für die vorrangige Frage nach der wesentlichen Vertragsverletzung, erscheint es zunächst konsequent, dem Gläubiger auch hierfür die Beweislast aufzuerlegen. Allerdings befindet sich die **vertragsbrüchige Partei** regelmäßig in der besseren Position für den Nachweis, was sie vorhergesehen hat bzw. vorhersehen konnte und trägt deshalb in den Fällen, in denen das Kriterium der Vorhersehbarkeit eigenständige Bedeutung erlangt (→ Rn. 11) (vgl. auch Trommler, Die Auslegung des Begriffs wesentliche

Vertragsverletzung in Art. 25 CISG, 2001, 170 f.) nach allgemeinen Grundsätzen der Beweislastverteilung (vgl. für das deutsche Recht die Beweislastverteilung nach § 280 Abs. 1 S. 2 BGB, § 286 Abs. 4 BGB) auch die Beweislast hierfür (wie hier und mit Berücksichtigung der Entstehungsgeschichte Müller in Baumgärtel/Laumen/Prütting Beweislast-HdB II UNKR Rn. 7 f.; Bianca/Bonell/Will Anm. 2.2.1; Honnold Rn. 183 Fn. 11; iErg gleich Staudinger/Magnus, 2018, Rn. 31; MüKoHGB/Benicke Rn. 60; MüKoBGB/Gruber Rn. 47).

## IV. Verhältnis zum nationalen Recht

Im Hinblick auf das Vereinheitlichungsziel des Übereinkommens ist das Verhältnis zwischen der Vertragsaufhebung nach CISG und den nach IPR anwendbaren nationalen Behelfen, die dem Käufer bei Arglist oder Betrug des Verkäufers zustehen und iErg einer Vertragsaufhebung entsprechen, nicht unproblematisch (offengelassen von BGHZ 132, 290 (304) = NJW 1996, 2364 (2367); ausf. Karollus JZ 1997, 38 (39); Koch RIW 1996, 687 (688)). Angesprochen sind damit im deutschen Recht auf Vertragsaufhebung gerichtete Schadensersatzansprüche aus § 823 Abs. 2 BGB iVm § 263 StGB, § 826 BGB und culpa in contrahendo (§ 241 Abs. 2 BGB, § 311 Abs. 2 BGB) sowie die Möglichkeit der Anfechtung nach § 123 BGB. Begründet die Arglist des Verkäufers nicht bereits eine wesentliche Vertragsverletzung iSd CISG, ist der Rückgriff auf nationale Vorschriften jedenfalls mit der Erwägung zuzulassen, dass der arglistig handelnde Verkäufer nicht schutzwürdig ist und daher alle Folgen seines Verhaltens tragen muss (Karollus JZ 1997, 38 (39)). Das CISG stellt insoweit **keine Sperre für deliktische Ansprüche** aus arglistigem Verkäuferverhalten auf. 15

## Art. 26 (Aufhebungserklärung)

**Eine Erklärung, daß der Vertrag aufgehoben wird, ist nur wirksam, wenn sie der anderen Partei mitgeteilt wird.**

**Schrifttum:** Leser, Vertragsaufhebung und Rückabwicklung unter dem UN-Kaufrecht, in Schlechtriem (Hrsg.), Einheitliches Kaufrecht und nationales Obligationenrecht, 1987, 225.

### Überblick

Die Vertragsaufhebung setzt nach Art. 26 eine (formfreie) Willenserklärung (→ Rn. 2) voraus. Auch wenn sie durch schlüssiges Verhalten erfolgen kann, sind an die Bestimmtheit der Erklärung hohe Anforderungen zu stellen (→ Rn. 3). Die Erklärung ist grundsätzlich bedingungsfeindlich (→ Rn. 6) und lediglich in den gesetzlich geregelten Fällen an eine Frist gebunden (→ Rn. 7). Mit Zugang der Erklärung (→ Rn. 5) wird der Vertrag in ein Rückabwicklungsverhältnis umgewandelt (→ Rn. 8).

### I. Normzweck

Die Bestimmung stellt klar, dass die Vertragsaufhebung stets eine Willenserklärung erfordert. Hierdurch soll insbes. für den vertragsbrüchigen Teil Rechtssicherheit erreicht werden (Schlechtriem/Schwenzer/Schroeter/Fountoulakis Rn. 2). Es soll vermieden werden, dass die vertragsverletzende Partei in Unkenntnis der Vertragsaufhebung ihre Pflicht noch erfüllt (Honnold Rn. 187.1). Durch diese einseitige **Gestaltungserklärung** (Honsell/Gsell Rn. 6; Staudinger/Magnus, 2018, Rn. 6) wird der Vertrag in ein Rückabwicklungsverhältnis umgewandelt (Schlechtriem/Schwenzer/Schroeter/Fountoulakis Rn. 4). Die Vorschrift gilt für alle Fälle, in denen das CISG einer Vertragspartei ein Aufhebungsrecht gewährt. Für den Verkäufer ist dieser Rechtsbehelf in Art. 49 und Art. 51, für den Käufer in Art. 64 und für beide Parteien in Art. 72 und Art. 73 vorgesehen. Die Vorschrift gilt unbeschadet einer abweichenden Vereinbarung auch für vertraglich vereinbarte Aufhebungsrechte (Honsell/Gsell Rn. 5; Reinhart Rn. 3). 1

### II. Einzelerläuterungen

**1. Anforderungen an die Aufhebungserklärung. a) Form.** Die Aufhebungserklärung ist an keine Form gebunden, es sei denn, der Formvorbehalt nach Art. 96 iVm Art. 12 oder Art. 29 Abs. 2 greift ein (Honnold Rn. 187.2; Staudinger/Magnus, 2018, Rn. 6; ohne nähere Begründung 2 gegen eine Anwendbarkeit der Art. 96, 12 auf die Aufhebungserklärung Honsell/Gsell Rn. 10; Herber/Czerwenka Art. 12 Rn. 3). Die Vertragsaufhebung kann demnach mündlich und schriftlich, also etwa auch mittels Telex, Telefax oder E-Mail erklärt werden (vgl. Honsell/Gsell Rn. 10).

3 **b) Bestimmtheit.** Der gestaltende Charakter der Aufhebungserklärung verlangt ein Höchstmaß an inhaltlicher Bestimmtheit. Die aufhebungsberechtigte Partei muss hinreichend deutlich zum Ausdruck bringen, dass sie sich von dem Vertrag lösen will. Deshalb wird zum Teil eine **ausdrückliche Aufhebungserklärung** verlangt und ein schlüssiges Verhalten für unzureichend gehalten (Herber/Czerwenka Rn. 3; Reinhart Rn. 2). Indes lässt die hM (MüKoBGB/Gruber Rn. 4 f.; Schlechtriem/Schwenzer/Schroeter/Fountoulakis Rn. 7; Honsell/Gsell Rn. 11; Soergel/Buzikiwicz Rn. 2; Piltz NJW 2003, 2056 (2063); Achilles Rn. 2; LG Frankfurt a. M. RIW 1991, 952 (953)) zu Recht auch schlüssiges Verhalten genügen, an dessen Klarheit allerdings hohe Anforderungen zu stellen sind. So ist entspr. des mit Art. 26 verfolgten Zwecks, Rechtsunsicherheit über den Fortbestand des Vertrages zu vermeiden, ein Verhalten zu fordern, das keinen vernünftigen Zweifel am Willen zur Vertragsbeendigung zulässt. Deshalb genügt die bloße Mängelrüge des Käufers nach Art. 39 nicht, weil er in diesem Fall die Ware unter Aufrechterhaltung des Vertrages auch behalten und Minderung (Art. 50) bzw. Schadensersatz (Art. 45 Abs. 1 lit. b) geltend machen kann (ausf. Honnold Rn. 187.2). Auch allein das Zurückschicken der Ware, die Geltendmachung von Ersatzansprüchen, die Androhung künftiger Vertragsaufhebung oder die Durchführung eines Deckungskaufs (OLG Bamberg Transp-IHR 2000, 17) reichen nicht aus, da diese Verhaltensweisen mehrdeutig sein können (eingehend und mit weiteren Beispielen Honsell/Gsell Rn. 13; vgl. auch Björklund in Kröll/Mistelis/Perales Viscasillas CISG Rn. 9; Staudinger/Magnus, 2018, Rn. 7).

4 **c) Transportrisiko.** Die Aufhebungserklärung ist an die andere Partei zu richten. Anders als die auf den Abschluss des Vertrages gerichteten Erklärungen (vgl. Art. 15 Abs. 1, Art. 18 Abs. 2, Art. 24) bedarf sie nicht des Zugangs (Herber/Czerwenka Rn. 3; Staudinger/Magnus, 2018, Rn. 8; Soergel/Budzikiewicz Rn. 3). Wie für alle Erklärungen in Teil III des CISG gilt zumindest im Hinblick auf das Übermittlungsrisiko allein der in Art. 27 verankerte **Absendegrundsatz** (vgl. Schlechtriem/Schwenzer/Schroeter/Fountoulakis Rn. 11). Das Risiko des Transports einschließlich des Risikos der einwandfreien Übermittlung trägt danach der Aufhebungsgegner, der auch insoweit für alle Folgen seines Vertragsbruchs einstehen soll (ausf. Leser in Schlechtriem, Einheitliches Kaufrecht und nationales Obligationenrecht, 1987, 225, 237; Honnold Rn. 187.2). Voraussetzung ist aber, dass die Vertragsaufhebung mit den nach den Umständen geeigneten Mitteln erklärt wird (Art. 27) (MüKoBGB/Gruber Rn. 7).

5 **d) Eintritt der Wirkungen.** Aus dem Zweck des Art. 26, Rechtsunsicherheit über den Fortbestand des Vertrages zu vermeiden, folgt, dass für die Aufhebungswirkung grds. der Zeitpunkt der Benachrichtigung des Gegners maßgeblich ist, die Wirkungen der Aufhebung also mit **Zugang** der Erklärung eintreten (Leser in Schlechtriem, Einheitliches Kaufrecht und nationales Obligationenrecht, 1987, 225, 238; Karollus UN-KaufR S. 152; aA MüKoHGB/Benicke Rn. 15; Staudinger/Magnus, 2018, Rn. 10; Schlechtriem/Schwenzer/Schroeter/Fountoulakis Rn. 11). Bleibt der Zugang beim Gegner aus, ist nach Art. 27 (zur Anwendbarkeit des Art. 27 MüKoBGB/Gruber Rn. 7; Schlechtriem/Schwenzer/Schroeter/Fountoulakis Rn. 11; Staudinger/Magnus, 2018, Rn. 8) der Zeitpunkt des **hypothetischen** Zugangs maßgeblich (Leser in Schlechtriem, Einheitliches Kaufrecht und nationales Obligationenrecht, 1987, 225, 237 f.). Darüber hinaus tritt auch eine Bindung des Erklärenden, dh eine Unwiderruflichkeit der Aufhebungsmitteilung, erst mit deren (hypothetischem) Zugang ein (Schlechtriem/Schwenzer/Schroeter/Fountoulakis Rn. 11 f.; Staudinger/Magnus, 2018, Rn. 8).

6 **e) Bedingungen und Befristungen.** Bedingungen, Befristungen und auch die Möglichkeit des Widerrufs sind mit dem Zweck der Aufhebungserklärung, endgültig Klarheit über den Fortbestand des Vertrages herzustellen, unvereinbar und daher **unwirksam** (Leser in Schlechtriem, Einheitliches Kaufrecht und nationales Obligationenrecht, 1987, 225, 232; Herber/Czerwenka Rn. 3; Honsell/Gsell Rn. 17; Soergel/Budzikiewicz Rn. 4). Zulässig ist allerdings eine **antizipierte Aufhebungserklärung** in der Weise, dass die vertragstreue Partei der vertragsbrüchigen eine Nachfrist für die Erfüllung setzt und zugleich bindend die Aufhebung für den Fall erklärt, dass innerhalb der Nachfrist nicht erfüllt wird, sog. Potestativbedingungen (MüKoHGB/Benicke Rn. 9; Enderlein/Maskow/Strohbach Anm. 1.1; Honsell/Gsell Rn. 17). In diesem Fall ist der Bestand des Vertrages von dem Verhalten der vertragsbrüchigen Partei abhängig, sodass sich keine Ungewissheit ergibt.

**f) Fristen.** Fristen für die Aufhebungserklärung sieht das CISG nur in Art. 49 Abs. 2 und Art. 64 Abs. 2 vor. Es handelt sich dabei um Ausschlussfristen (vgl. Leser in Schlechtriem, Einheitliches Kaufrecht und nationales Obligationenrecht, 1987, 225, 234; Schlechtriem/Schwenzer/Schroeter/Fountoulakis Rn. 15). Diesen Fällen ist gemeinsam, dass die Aufhebung im Interesse einer schnellen Klärung der Rechtslage innerhalb **angemessener Frist** erklärt werden muss, sobald die Aufhebungsvoraussetzungen feststehen (Leser in Schlechtriem, Einheitliches Kaufrecht und nationales Obligationenrecht, 1987, 225, 235). Deshalb ist eine erst mehrere Monate nach Bekanntwerden einer Pflichtverletzung erklärte Vertragsaufhebung regelmäßig als nicht fristgemäß iSd Art. 49 Abs. 2 lit. b anzusehen (BGH NJW 1995, 2101 (2102); OLG Frankfurt RIW 1994, 593 (595)). Für die Einhaltung dieser besonderen Aufhebungsfristen genügt die rechtzeitige Absendung der Aufhebungserklärung (Art. 27) (Staudinger/Magnus, 2018, Rn. 12). Über diese Fälle hinaus ist die Aufhebungserklärung an **keine Frist** gebunden (Herber/Czerwenka Art. 49 Rn. 14; Staudinger/Magnus, 2018, Rn. 11; MüKoBGB/Gruber Rn. 9; aA Schlechtriem/Schwenzer/Schroeter/Fountoulakis Rn. 16 und Leser in Schlechtriem, Einheitliches Kaufrecht und nationales Obligationenrecht, 1987, 225, 235 f., die insoweit von einer Lücke gem. Art. 7 Abs. 2 ausgehen, die im Wege einer Rechtsanalogie zu den geregelten Fällen zu schließen sei). 7

**2. Rechtsfolgen der Aufhebungserklärung.** Durch die Aufhebung wird der Vertrag in ein **Rückabwicklungsverhältnis** umgestaltet (Einzelheiten s. Art. 81–84). Die noch nicht erfüllten Leistungspflichten erlöschen, dh sie fallen mit der Aufhebung weg (Art. 81 Abs. 1). Die bewirkten Leistungen sind zurückzugewähren (Art. 81 Abs. 2). 8

## III. Beweislastregeln

Die Beweislast für die Abgabe einer Aufhebungserklärung und das Vorliegen der allgemeinen Voraussetzungen des Art. 26 sowie derjenigen des besonderen Aufhebungsgrundes trägt die Partei, welche die Vertragsaufhebung geltend macht (Müller in Baumgärtel/Laumen/Prütting Beweislast-HdB II UNKR Rn. 1; Honsell/Gsell Rn. 24). 9

## Art. 27 (Absendetheorie)

**Soweit in diesem Teil des Übereinkommens nicht ausdrücklich etwas anderes bestimmt wird, nimmt bei einer Anzeige, Aufforderung oder sonstigen Mitteilung, die eine Partei gemäß diesem Teil mit den nach den Umständen geeigneten Mitteln macht, eine Verzögerung oder ein Irrtum bei der Übermittlung der Mitteilung oder deren Nichteintreffen dieser Partei nicht das Recht, sich auf die Mitteilung zu berufen.**

**Schrifttum:** Noussias, Die Zugangsbedürftigkeit von Mitteilungen nach den Einheitlichen Haager Kaufgesetzen und nach dem UN-Kaufgesetz, 1982; Stern, Erklärungen im UNCITRAL-Kaufrecht, 1990.

### Überblick

Im Grundsatz weist Art. 27 das Transportrisiko für Erklärungen, die nach diesem Teil des Abkommens abgegeben werden, dem Empfänger zu (Absendegrundsatz, → Rn. 1), was jedoch nicht zwingend ist (→ Rn. 3). Wurde eine ordnungsgemäße Mitteilung (→ Rn. 5) mit geeigneten Mitteln (→ Rn. 6) zugangsfähig abgesendet (→ Rn. 8), sind Verlust und Verspätung unschädlich (→ Rn. 9). Bei ungestörter Übermittlung treten die Erklärungswirkungen jedenfalls mit dem Zugang ein (→ Rn. 10).

## I. Normzweck

Die Vorschrift weist das **Transportrisiko** für die nach Teil III des CISG abgegebenen Erklärungen dem **Empfänger** zu (Honsell/Gsell Rn. 1; Staudinger/Magnus, 2018, Rn. 1). Dieser trägt das Risiko der Verzögerung, des Verlusts oder eines Übermittlungsfehlers, sofern der Erklärende eine ordnungsgemäße Erklärung mit den nach den Umständen geeigneten Mitteln abgegeben hat **(Absendegrundsatz)** (Bianca/Bonell/Date-Bah Anm. 2.2; Herber/Czerwenka Rn. 2). Ob Erklärungen nach Teil III ebenfalls bereits mit der Absendung wirksam und unwiderruflich werden, ist dagegen str. (→ Rn. 10). Im Gegensatz hierzu gilt für die in Teil II des CISG geregelten Vertragsabschlusserklärungen grds. das Zugangsprinzip (vgl. etwa Art. 15 Abs. 1, Art. 18 Abs. 2 S. 1, Art. 24). Rechtspolitisch wird das Absendeprinzip damit begründet, dass die von Art. 27 1 erfassten Erklärungen idR durch Vertragsverletzungen der anderen Partei veranlasst sind, welcher deshalb das Übermittlungsrisiko aufzuerlegen sei (Honsell/Gsell Rn. 1; Leser in Schlechtriem, Einheitliches Kaufrecht und nationales Obligationenrecht, 1987, 225, 237; Schlechtriem/Schwenzer/Schroeter/Schroeter Rn. 1; Staudinger/Magnus, 2018, Rn. 3). Auch wenn dies nicht für alle Erklärungen zutrifft, so stellt zB die Spezifikationsanzeige des Käufers nach Art. 65 keine Reaktion auf ein Versäumnis des Verkäufers dar (vgl. MüKoBGB/Gruber Rn. 2; Herber/Czerwenka Rn. 2; Schlechtriem/Schwenzer/Schroeter/Schroeter Rn. 1), ist eine teleologische Reduktion (Diese befürworten etwa MüKoBGB/Gruber Rn. 5; Noussias, Die Zugangsbedürftigkeit von Mitteilungen nach den Einheitlichen Haager Kaufgesetzen und nach dem UN-Kaufgesetz, 1982, 126 ff. für solche Fälle, für die die ratio des Art. 27 nicht passe; wohl auch Staudinger/Magnus, 2018, Rn. 8) abzulehnen, weil Art. 27 im Interesse der Rechtssicherheit nur „ausdrückliche" Ausnahmen zulässt (MüKoHGB/Benicke Rn. 2; Herber/Czerwenka Rn. 2; Honsell/Gsell Rn. 1; Staudinger/Magnus, 2018, Rn. 11).

## II. Einzelerläuterungen

2 **1. Anwendungsbereich. a) Mitteilungen.** Der Absendegrundsatz gilt für alle Mitteilungen, die in Teil III des CISG vorgesehen sind, zB für die Mängelrüge (Art. 39 Abs. 1 und Art. 43 Abs. 1), die Vertragsaufhebungserklärung (Art. 49, Art. 64) und die Nachfristsetzung, Art. 47 Abs. 1 und Art. 63 Abs. 1 (eine vollständige Aufzählung der in Teil III des CISG vorgesehenen Erklärungen findet sich bei Noussias, Die Zugangsbedürftigkeit von Mitteilungen nach den Einheitlichen Haager Kaufgesetzen und nach dem UN-Kaufgesetz, 1982, 21 ff.). Als **allgemeiner Grundsatz** erfasst er darüber hinaus auch von den Parteien zusätzlich im Vertrag vereinbarte Mitteilungen, wie eine Versandbereitschaftserklärung oder eine Versandmitteilung, sofern vertraglich nichts anderes bestimmt ist (Enderlein/Maskow/Strohbach Anm. 4.1; Honsell/Gsell Rn. 3; Staudinger/Magnus, 2018, Rn. 12).

3 **b) Ausnahmen.** Von diesem Grundsatz bestehen jedoch **gesetzliche** Ausnahmen. So schreiben Art. 47 Abs. 1, Art. 48 Abs. 4 iVm Art. 48 Abs. 2 und 3, Art. 63 Abs. 2, Art. 65 Abs. 1, 2 und Art. 79 Abs. 4 die Zugangsbedürftigkeit bestimmter Erklärungen vor. Die Verteilung des Transportrisikos und der Zeitpunkt der Wirksamkeit bestimmen sich dann nach Art. 24 (Honsell/Gsell Rn. 4). Darüber hinaus können die Parteien Art. 27 vertraglich ganz oder nur hinsichtlich bestimmter Erklärungen abbedingen bzw. besondere Zugangserfordernisse vereinbaren; Art. 27 ist also **dispositiv** (MüKoHGB/Benicke Rn. 6; Schlechtriem/Schwenzer/Schroeter/Schroeter Rn. 2; Staudinger/Magnus, 2018, Rn. 9). Erfolgt eine solche Umverteilung des Transportrisikos in **AGB,** sind – soweit nach IPR deutsches Recht zur Anwendung kommt – §§ 305 ff. BGB zu beachten (vgl. auch Schlechtriem/Schwenzer/Schroeter/Schroeter Rn. 6). Die die Wirksamkeit einzelner Klauseln betreffenden Vorschriften des deutschen AGB-Rechts sind nach Art. 4 S. 2 lit. a auch im Geltungsbereich des CISG anzuwenden. So können formularmäßig angeordnete qualifizierte Zugangserfordernisse als überraschende Klauseln nach § 305c BGB nicht Bestandteil des Vertrages werden und auch mit den wesentlichen Grundgedanken des Art. 27 unvereinbar und deshalb nach § 307 BGB (bzw. § 309 Nr. 13 BGB) unwirksam sein (Schlechtriem/Schwenzer/Schroeter/Schroeter Rn. 6; aA MüKoBGB/Gruber Rn. 9, Staudinger/Magnus, 2018, Rn. 9; diff. MüKoHGB/Benicke Rn. 6).

4 **c) Mündliche Erklärungen.** Ob neben verkörperten auch mündliche Erklärungen Art. 27 unterliegen, ist umstritten (dafür Herber/Czerwenka Rn. 5; Honsell/Gsell Rn. 7; Björklund in Kröll/Mistelis/Perales Viscasillas CISG Rn. 20; anders aber die hM, vgl. Schlechtriem/Schwenzer/Schroeter/Schroeter Rn. 5). Dies wird allenfalls bei unterlassener oder falscher Übermittlung durch einen Boten sowie bei inhaltlicher Entstellung einer Erklärung infolge schlechter telefonischer Verbindung relevant (Herber/Czerwenka Rn. 5; Soergel/Budzikiewicz Rn. 4). Zumindest in letzterem Fall ist eine Belastung des Empfängers mit dem Transportrisiko gem. Art. 27 nicht gerechtfertigt (Staudinger/Magnus, 2018, Rn. 13; vgl. MüKoBGB/Gruber Rn. 7). Die direkte Kommunikation erlaubt es dem Erklärenden, die Vernehmbarkeit seiner Äußerungen zu kontrollieren. Deshalb entspricht es einer angemessenen Risikoverteilung, ihn mit der Gefahr der Verstümmelung der Erklärung zu belasten (eingehend Schlechtriem/Schwenzer/Schroeter/Schroeter Rn. 5). Art. 27 will dem Erklärenden aber auch nicht die Einstandspflicht für die eigenen Leute abnehmen (Staudinger/Magnus, 2018, Rn. 18; Soergel/Budzikiewicz Rn. 4). Daher trägt der Empfänger das Übermittlungsrisiko nur, wenn der Erklärende eine geeignete Person aus der Sphäre des Empfängers (Empfangsbote) ausgewählt hat (aA wohl MüKoBGB/Gruber Rn. 7, der

unspezifisch von einem Boten spricht). Zu dem Fall, dass ein Erklärungsbote eingesetzt wird, → Rn. 8.

5 **2. Voraussetzungen. a) Ordnungsgemäße Mitteilung.** Art. 27 stellt zunächst klar, dass die Erklärung inhaltlich den in Teil III festgelegten **Voraussetzungen des** jeweiligen **Erklärungstatbestands** entsprechen muss. So muss etwa eine Mängelrüge des Käufers nach Art. 39 Abs. 1 innerhalb der vorgesehenen Frist und unter genauer Bezeichnung des Mangels erfolgen. Genügt sie diesen Anforderungen nicht, kann sich der Käufer im Fall des Verlusts bzw. der Verzögerung nicht nach Art. 27 auf ihre Wirkungen berufen, weil sie auch bei ordnungsgemäßem Zugang nicht wirksam geworden wäre (Bianca/Bonell/Date-Bah Anm. 2.3; Honsell/Gsell Rn. 9; Staudinger/Magnus, 2018, Rn. 16).

6 **b) Geeignete Mittel.** Der Übergang der Transportgefahr auf den Empfänger setzt weiter voraus, dass die Erklärung mit den nach den Umständen geeigneten Mitteln abgegeben wurde. Diese Eignung bestimmt sich nach den Umständen des Einzelfalls (Schlechtriem/Schwenzer/Schroeter/Schroeter Rn. 7). Entscheidend ist, ob ein **verständiger Absender** mit der sicheren Ankunft seiner Erklärung beim Empfänger innerhalb der nach den Umständen gebotenen Zeit rechnen darf (MüKoBGB/Gruber Rn. 11; Staudinger/Magnus, 2018, Rn. 17; Soergel/Budzikiewicz Rn. 5). Er hat dabei die Sicherheit und Schnelligkeit des Transportmittels zu berücksichtigen (Schlechtriem/Schwenzer/Schroeter/Schroeter Rn. 7). Für die Übermittlung kommt grds. jedes Kommunikationsmittel in Betracht. Unter mehreren geeigneten kann der Erklärende frei wählen und muss sich nicht für das Beste entscheiden (Honsell/Gsell Rn. 8). Die Zumutbarkeit für den Absender setzt der Wahl des Transportmediums allerdings eine Grenze (Schlechtriem/Schwenzer/Schroeter/Schroeter Rn. 7; Karollus UN-KaufR S. 100). Unzumutbare Kosten muss er nicht auf sich nehmen (Staudinger/Magnus, 2018, Rn. 17). Vorhersehbare Unsicherheiten bei der Übermittlung können die Doppelung einer Mitteilung erfordern, zB die Absicherung einer wegen Streiks gefährdeten Briefübermittlung durch E-Mail oder Fax (Enderlein/Maskow/Strohbach Anm. 5; MüKoBGB/Gruber Rn. 12; Schlechtriem/Schwenzer/Schroeter/Schroeter Rn. 7). Wird eine nach diesen Kriterien ungeeignete Übermittlungsart gewählt, verbleibt das Transportrisiko bis zum Zugang der Erklärung beim Erklärenden (Honsell/Gsell Rn. 8).

7 **c) Sprache.** Die Wahl einer für den Empfänger unverständlichen Sprache ist nicht als ungeeignetes Mittel iSv Art. 27 zu qualifizieren. Denn die verwendete Sprache betrifft die Wirksamkeit der Erklärung (→ Art. 18 Rn. 2; → Art. 24 Rn. 4) (Honsell/Gsell Rn. 10; Piltz IntKaufR Rn. 3-16; Staudinger/Magnus, 2018, Rn. 14) und ist für das Transportrisiko idR ohne Bedeutung (eingehend Schlechtriem/Schwenzer/Schroeter/Schroeter Rn. 8; ähnlich MüKoHGB/Benicke Rn. 8, der auf das Risiko der Erhöhung des Risikos einer inhaltlich fehlerhaften Übermittlung hinweist). Auf welche Sprache sich die Parteien dabei verständigt haben, ist im Wege der Vertragsauslegung (Art. 8) zu ermitteln (Bianca/Bonell/Date-Bah Anm. 3.2). Die gewählte Sprache kann nur ausnahmsweise eine Übermittlungsstörung verursachen und das Transportrisiko berühren (Honsell/Gsell Rn. 11), etwa bei Verwendung von Schriftzeichen, die ein Empfangsgerät nicht umsetzen kann (Schlechtriem/Schwenzer/Schroeter/Schroeter Rn. 8). In einem solchen Fall verbleibt das Transportrisiko beim Erklärenden (Honsell/Gsell Rn. 11).

8 **d) Absendung.** Die von Art. 27 erfassten Erklärungen bedürfen zwar nicht des Zugangs, müssen jedoch ordnungsgemäß, also zugangsfähig (MüKoHGB/Benicke Rn. 9) abgesendet werden. Dies setzt voraus, dass der Erklärende alles seinerseits Erforderliche getan hat, um die Erklärung auf den Weg zu bringen (Schlechtriem/Schwenzer/Schroeter/Schroeter Rn. 9 mit Beispielen). Dabei muss die Erklärung die Sphäre des Absenders verlassen. Es reicht nicht schon aus, wenn der Erklärende einen eigenen Angestellten als (Erklärungs-)Boten einsetzt (Honsell/Gsell Rn. 13; Staudinger/Magnus, 2018, Rn. 18). In einem solchen Fall ist Art. 27 nicht anwendbar und verbleibt das Transportrisiko beim Absender (Honsell/Gsell Rn. 13; Staudinger/Magnus, 2018, Rn. 18).

9 **3. Rechtsfolgen.** Kommt es zum **Verlust** einer ordnungsgemäß abgesandten Erklärung, kann sich der Absender gleichwohl darauf berufen (MüKoBGB/Gruber Rn. 14; MüKoHGB/Benicke Rn. 11; Staudinger/Magnus, 2018, Rn. 20; Soergel/Budzikiewicz Rn. 11; aA Stern, Erklärungen im UNCITRAL-Kaufrecht, 1990, Rn. 454, Zusammenfassung, was jedoch wegen des Widerspruchs zu dem klaren Wortlaut des Art. 27, „Nichteintreffen", nicht zu überzeugen vermag). Bei rechtzeitiger Absendung kann sich der Absender hierauf auch berufen, wenn die Erklärung den Empfänger **verspätet** erreicht. Dies ist von Bedeutung, wenn das Gesetz Fristen vorsieht, etwa die angemessene Frist des Art. 39 für die Mängelrüge. Rechtzeitig abgesandt ist eine Erklärung,

wenn sie den Adressaten noch innerhalb der Frist erreichen kann (MüKoBGB/Gruber Rn. 16; Schlechtriem/Schwenzer/Schroeter/Schroeter Rn. 11; Staudinger/Magnus, 2018, Rn. 20). Kommt es zu einem **Irrtum bei der Übermittlung** und erreicht die Erklärung den Empfänger deshalb in inhaltlich entstellter Form, kann sich der Absender auf den richtigen Inhalt berufen, ohne die Erklärung anfechten zu müssen (Herber/Czerwenka Rn. 8; Schlechtriem/Schwenzer/Schroeter/Schroeter Rn. 12). Nach Art. 4 S. 2 lit. a anwendbare nationale Anfechtungsregeln, wie § 120 BGB, werden durch die abschließende Sonderregelung des Art. 27 verdrängt (Schlechtriem/Schwenzer/Schroeter/Schroeter Rn. 12).

10 Der **Zeitpunkt,** in dem die durch Art. 27 erfassten Erklärungen wirksam werden, ist umstritten. Vereinzelt wird Art. 27 nur als Gefahrtragungsregel verstanden und für das Wirksamwerden stets der Zugang verlangt (Stern, Erklärungen im UNCITRAL-Kaufrecht, 1990, Rn. 452, 454, Zusammenfassung). Im Verlustfall würde eine Erklärung danach niemals wirksam. Dem steht aber der Wortlaut des Art. 27 entgegen, nach dem der Erklärende von dem Verlustrisiko gerade befreit ist (Honsell/Gsell Rn. 18; Staudinger/Magnus, 2018, Rn. 23). Nach aA wird die Erklärung bereits mit der Absendung wirksam (MüKoHGB/Benicke Rn. 14 f.; Bianca/Bonell/Date-Bah Anm. 2.1; Schlechtriem/Schwenzer/Schroeter/Schroeter Rn. 13; Soergel/Budzikiewicz Rn. 12; vgl. aber auch Schlechtriem/Schwenzer/Schroeter/Fountoulakis Art. 26 Rn. 11; Staudinger/Magnus, 2018, Rn. 24). Die strikte Einhaltung des Absendeprinzips hätte aber zur Folge, dass die Erklärungswirkungen den Empfänger bereits zu einem Zeitpunkt träfen, in dem er nicht einmal die abstrakte Möglichkeit der Kenntnisnahme besitzt (vgl. Karollus UN-KaufR S. 100; Honsell/Gsell Rn. 18). Deshalb verdient die Auffassung den Vorzug, nach der die Erklärungswirkungen jedenfalls bei ungestörter Übermittlung mit dem Zugang eintreten (MüKoBGB/Gruber Rn. 17; Honsell/Gsell Rn. 18). Bei transportbedingten Verzögerungen oder Verlust der Erklärung ist der hypothetische Zugangszeitpunkt entscheidend, in dem die Erklärung bei störungsfreier Übermittlung angekommen wäre (MüKoBGB/Gruber Rn. 17; Karollus UN-KaufR S. 100; aA hingegen Soergel/Budzikiewicz Rn. 12, weil sich dieser Zeitpunkt angesichts unterschiedlicher Kommunikationsmittel und verschiedener Entfernung häufig nicht eindeutig festlegen lasse). Nach diesen Kriterien ist auch der Eintritt der **Bindung** des Erklärenden zu bestimmen (ausf. Honsell/Gsell Rn. 20; Schlechtriem/Schwenzer/Schroeter/Schroeter Rn. 14 befürwortet zT noch längere Widerrufsmöglichkeiten). Mit der Absendung allein entsteht noch kein schutzwürdiges Vertrauen des Empfängers auf den Bestand der Erklärung, welches eine Bindung des Erklärenden rechtfertigen könnte (Schlechtriem/Schwenzer/Schroeter/Schroeter Rn. 14; vgl. auch MüKoBGB/Gruber Rn. 18).

## III. Beweislastregeln

11 Für die rechtzeitige und ordnungsgemäße Absendung, den Inhalt der ursprünglichen Erklärung sowie für die Geeignetheit der gewählten Übermittlungsart trägt der **Erklärende** die Beweislast (Müller in Baumgärtel/Laumen/Prütting Beweislast-HdB II UNKR Rn. 2; MüKoHGB/Benicke Rn. 21; MüKoBGB/Gruber Rn. 19; Honsell/Gsell Rn. 23). Den Zugang braucht er hingegen nicht zu beweisen (OLG Naumburg Transp-IHR 2000, 22 (23)). Diesbezüglich trägt der **Empfänger** die Beweislast, wenn er sich auf die Erklärung und ihre Bindung beruft (MüKoHGB/Benicke Rn. 22).

## Art. 28 (Erfüllungsanspruch)

**Ist eine Partei nach diesem Übereinkommen berechtigt, von der anderen Partei die Erfüllung einer Verpflichtung zu verlangen, so braucht ein Gericht eine Entscheidung auf Erfüllung in Natur nur zu fällen, wenn es dies auch nach seinem eigenen Recht bei gleichartigen Kaufverträgen täte, die nicht unter dieses Übereinkommen fallen.**

**Schrifttum:** Kappus, „Specific performance" – Ein englisches Lehrstück zur Auflockerung des Erfüllungsdogmas im deutschen Recht, Jura 1990, 126; Schulz, Neuere Ansichten zur „Specific Performance" im amerikanischen Recht, JA 1991, 264.

### Überblick

Der nicht abdingbare (→ Rn. 12) Art. 28 beschränkt die klageweise Durchsetzung (→ Rn. 1) von Erfüllungsansprüchen, etwa auf Lieferung oder Abnahme der Ware (→ Rn. 2 ff.). Das Gericht kann den Anspruch auf Erfüllung in Natur versagen, wenn es diesen auch bei gleichartigen

Verträgen nach nationalem Recht versagen würde (→ Rn. 5 ff.). Ungeachtet der Ermessensentscheidung des Gerichts (→ Rn. 10), bleibt der Anspruch aber bestehen (→ Rn. 11).

## I. Normzweck

1 Art. 28 **beschränkt** die **klageweise Durchsetzbarkeit von Erfüllungsansprüchen** (Honsell/Gsell Rn. 1 f.; Schlechtriem/Schroeter IntUN-KaufR Rn. 338). Die Vorschrift stellt einen Kompromiss (Schlechtriem/Schwenzer/Schroeter/Müller-Chen Rn. 1; Rudolph Rn. 1) zwischen den grundverschiedenen Konzepten der kontinental-europäischen Rechtsordnungen einerseits, die dem Gläubiger idR einen einklagbaren Erfüllungsanspruch gewähren (Staudinger/Magnus, 2018, Rn. 1; Schulz JA 1991, 264 (268)) und dem anglo-amerikanischen Recht dar, das eine klageweise Durchsetzung des Anspruchs auf Erfüllung in Natur (specific performance) nur ausnahmsweise zulässt (eingehend Schulz JA 1991, 264 ff.; Kappus Jura 1990, 126 ff.; Walt Tex Int. L J 26 (1991), 211 (224); vgl. zB US District Court of Illinois – 1999 US Dist LEXIS 19386), weshalb sich der Gläubiger regelmäßig mit einem Schadensersatzanspruch begnügen muss (MüKoHGB/Benicke Rn. 2; Reinhart UN-KaufR Rn. 2). So kann der Käufer zB nach dem amerikanischen Uniform Commercial Code Erfüllung nur verlangen, wenn die Ware für ihn „unique", dh unersetzbar ist oder alternativ nach Ermessen des Gerichts, UCC sec 2–716 (Honnold Rn. 198; Walt Tex Int L J 26 (1991), 211 (224 f.)). Eine ähnliche Regelung findet sich im englischen Sale of Goods Act, SGA 1979 sec 52 (Bianca/Bonell/Lando Anm. 1.3.4). Der Erfüllungsanspruch des Verkäufers, dh der Anspruch auf Abnahme der Ware und Zahlung des Kaufpreises, ist gerichtlich durchsetzbar nach Gefahrübergang oder wenn der Käufer die Ware bereits erhalten hat. Vor diesem Zeitpunkt kann der Verkäufer auf Erfüllung grds. nur bestehen, wenn ihm ein Deckungsverkauf nicht zumutbar ist, UCC sec 2–709 (1) (b) (Schlechtriem/Schwenzer/Schroeter/Müller-Chen Rn. 2; Honnold Rn. 198). Eine vollständige Harmonisierung dieser unterschiedlichen Systeme erschien nicht möglich (zur Entstehungsgeschichte s. Bianca/Bonell/Lando Anm. 1.1 ff.; Honsell/Gsell Rn. 1; Staudinger/Magnus, 2018, Rn. 3–5). Die **Kompromisslösung** des Art. 28 belässt daher dem Gläubiger materiell den Erfüllungsanspruch (Art. 46 und Art. 62). Ein Gericht muss der Klage aber nur stattgeben, wenn es dies auch nach dem eigenen Recht täte (Herber/Czerwenka Rn. 2; MüKoBGB/Gruber Rn. 1; Honsell/Gsell Rn. 1). Primärer Zweck des Art. 28 ist also die Rücksichtnahme auf die Staaten des anglo-amerikanischen Rechtskreises, die das Prinzip des gerichtlich durchsetzbaren Erfüllungsanspruchs nicht kennen (Bianca/Bonell/Lando Anm. 2.1 f.; Honsell/Gsell Rn. 1). Insgesamt ist die praktische Bedeutung des Art. 28 eher gering, da die regelmäßig mit Verzögerungen verbundene Erfüllungsklage im internationalen Handelsverkehr die Ausnahme darstellt (Schlechtriem/Schwenzer/Schroeter/Müller-Chen Rn. 4; Staudinger/Magnus, 2018, Rn. 2; Reinhart UN-KaufR Rn. 6; Rudolph Rn. 9).

## II. Einzelerläuterungen

2 **1. Versagung der Erfüllungsklage. a) Erfüllungsanspruch.** Das Recht des Gerichts zur Versagung der Erfüllungsklage kommt in Betracht, wenn die nach dem CISG bestehenden Voraussetzungen eines Erfüllungsanspruchs vorliegen (Honsell/Gsell Rn. 8; Staudinger/Magnus, 2018, Rn. 14). Nicht auf Vertragserfüllung gerichtete Ansprüche, wie Schadensersatz- bzw. Rückgewähransprüche nach Vertragsaufhebung, werden von der Vorschrift dagegen nicht erfasst (Schlechtriem/Schwenzer/Schroeter/Müller-Chen Rn. 6; Staudinger/Magnus, 2018, Rn. 17).

3 Erfüllungsansprüche des **Käufers,** die der Einschränkung des Art. 28 unterliegen können, sind die sich aus Art. 30 iVm Art. 46 Abs. 1 ergebenden Ansprüche auf **Lieferung** der Ware, Übergabe der Dokumente und Übertragung des Eigentums sowie die Ansprüche auf Ersatzlieferung oder Nachbesserung aus Art. 46 Abs. 2 und 3 (Herber/Czerwenka Rn. 3; Schlechtriem/Müller-Chen Rn. 6; MüKoBGB/Gruber Rn. 3; Staudinger/Magnus, 2018, Rn. 14). Ebenso werden vertraglich vereinbarte Leistungspflichten von Art. 28 erfasst (MüKoBGB/Gruber Rn. 3; Honsell/Gsell Rn. 7; Schlechtriem/Schwenzer/Schroeter/Müller-Chen Rn. 6; Staudinger/Magnus, 2018, Rn. 16). Nicht erfasst werden hingegen Schadensersatzansprüche (Schlechtriem/Schwenzer/Schroeter/Müller-Chen Rn. 6; Staudinger/Magnus, 2018, Rn. 17).

4 Unstreitig gilt die Vorschrift auch für den Anspruch des **Verkäufers** auf **Abnahme** der Kaufsache, Art. 53, 62 (MüKoBGB/Gruber Rn. 4; Herber/Czerwenka Rn. 3; Schlechtriem/Schwenzer/Schroeter/Müller-Chen Rn. 6; Staudinger/Magnus, 2018, Rn. 14). Umstritten ist aber, ob der Anspruch auf **Kaufpreiszahlung** aus Art. 53 iVm Art. 62 der Beschränkung unterfällt. Dies wird teilweise unter Hinweis auf den in der englischen Fassung verwendeten Begriff der „specific

performance" abgelehnt (vgl. Herber/Czerwenka Rn. 3; Reinhart UN-KaufR Rn. 4), der im anglo-amerikanischen Recht nur die Erfüllung des Vertrages durch den Verkäufer (Honnold Art. 62 Rn. 348), nicht aber dessen Erfüllungsansprüche erfasst (iErg ebenso Reinhart UN-KaufR Rn. 4; Soergel/Budzikiewicz Rn. 3). Diese enge Auffassung wird aber überwiegend abgelehnt (MüKoHGB/Benicke Rn. 7; Honsell/Gsell Rn. 7; Honnold Art. 62 Rn. 348; Schlechtriem/Schwenzer/Schroeter/Müller-Chen Rn. 6; Staudinger/Magnus, 2018, Rn. 14; Soergel/Budzikiewicz Rn. 3), weil eine Geltungsbeschränkung auf Erfüllungsansprüche des Käufers weder dem Wortlaut („Partei") noch der systematischen Stellung des Art. 28 in den für Käufer und Verkäufer gleichermaßen geltenden allgemeinen Bestimmungen zu entnehmen ist (ebenso mit ausf. Begr. Schlechtriem/Schwenzer/Schroeter/Mohs Art. 62 Rn. 13 ff.; MüKoBGB/Gruber Rn. 4). Der Zahlungsanspruch unterliegt demnach ebenfalls der Klagbarkeitsbeschränkung des Art. 28. Indes vermag der Verkäufer, wenn er sein Klagebegehren ggf. auf Schadensersatz umstellt, nach beiden Ansichten die Verurteilung zur Zahlung einer Geldsumme zu erreichen, sodass der Meinungsunterschied allenfalls von Bedeutung ist, wenn der Verkäufer die Ware noch nicht geliefert hat (ähnlich Staudinger/Magnus, 2018, Rn. 15; Schlechtriem/Schwenzer/Hager/Maultzsch, 5. Aufl. 2008, Art. 62 Rn. 8).

5 **b) Eigene Rechtsordnung des Gerichts.** Art. 28 eröffnet dem Gericht die Möglichkeit, einen Anspruch auf Erfüllung in Natur zu versagen, wenn es diesen auch nach nationalem Recht versagen würde.

6 **aa) Gericht.** Die Vorschrift richtet sich zunächst an **staatliche Gerichte.** Auch wenn – anders als in Art. 45 Abs. 3 und 61 Abs. 3 – **Schiedsgerichte** nicht ausdrücklich erwähnt werden, ist Art. 28 bei Vereinbarung des Einheitskaufrechts auf diese gleichwohl anwendbar. Zu dem von einem Schiedsgericht anzuwendenden Recht vgl. § 1051 ZPO, soweit deren eigenes Recht den Anspruch auf Erfüllung in Natur beschränkt (Enderlein/Maskow/Strohbach Anm. 4; MüKoBGB/Gruber Rn. 6; Honsell/Gsell Rn. 9; Schlechtriem/Schwenzer/Schroeter/Müller-Chen Rn. 8; Staudinger/Magnus, 2018, Rn. 6).

7 **bb) Sachrecht.** Art. 28 verweist auf das „eigene" Recht des Gerichts. Ziel dieser Verweisung ist ausweislich des Wortlauts, des Zwecks und der Entstehungsgeschichte der Vorschrift das Sachrecht **des Gerichtsstaates** und nicht – wie ein systematischer Vergleich mit Art. 1 Abs. 1 lit. b und Art. 7 Abs. 2 nahe legen könnte – das nach dem IPR des Forumstaates anwendbare Sachrecht (so die ganz hM, vgl. nur Enderlein/Maskow/Strohbach Anm. 5; MüKoBGB/Gruber Rn. 8; Rudolph Rn. 11; Schlechtriem/Schwenzer/Schroeter/Müller-Chen Rn. 9; Björklund in Kröll/Mistelis/Perales Viscasillas CISG Rn. 16; BeckOGK/Thomale/Lindemann Rn. 12). Die Vorschrift lässt sich insoweit als Kollisionsnorm verstehen (Enderlein/Maskow/Strohbach Anm. 5; Rudolph Rn. 11). Das Recht des Gerichtsorts ist auch maßgebend, wenn auf den Kaufvertrag nach IPR ein anderes Recht anwendbar wäre (vgl. Beispiel bei Schlechtriem/Schwenzer/Schroeter/Müller-Chen Rn. 9; s. auch Enderlein/Maskow/Strohbach Anm. 5; Honsell/Gsell Rn. 11). Über eventuelle Einschränkungen des Erfüllungsanspruchs entscheidet das angerufene Gericht somit stets nach seinem **Forumsrecht.** Bei Erhebung der Erfüllungsklage vor einem Schiedsgericht ist entspr. diesen Grundsätzen unter dem eigenen Recht das Sachrecht des Schiedsorts zu verstehen, dh das Recht des Staates, in dem das Schiedsgericht zusammentritt und verhandelt (MüKoHGB/Benicke Rn. 7; MüKoBGB/Gruber Rn. 9; Schlechtriem/Schwenzer/Schroeter/Müller-Chen Rn. 9; aA Honsell/Gsell Rn. 12: „Recht, nach dem das Schiedsverfahren durchgeführt wird").

8 **cc) Umfang der Verweisung.** Umstritten ist die Frage nach dem Umfang der Verweisung auf das Recht des Gerichtsstaates. Teilweises wird unter Hinweis auf den weit gefassten Wortlaut eine extensive Auslegung des Begriffs „Recht" vertreten. Danach sollen alle materiell-rechtlichen Beschränkungen zu beachten sein, die das Forumsrecht für den Erfüllungsanspruch vorsieht (Bianca/Bonell/Lando Anm. 2.2; Enderlein/Maskow/Strohbach Anm. 1; Honnold Rn. 199). Auch kontinental-europäische Gerichte könnten dann unter Berufung auf Art. 28 spezielle Befreiungstatbestände des nationalen Rechts (zB § 275 BGB, Rechtsmissbrauch oder Störung der Geschäftsgrundlage, § 313 BGB) auf der Ebene des vereinheitlichten Kaufrechts durchsetzen (vgl. Nachweise bei Staudinger/Magnus, 2018, Rn. 8 f.; Bianca/Bonell/Lando Anm. 2.2; Herber/Czerwenka Rn. 5). Dies würde indes die einheitliche Anwendung des CISG erheblich beeinträchtigen (MüKoHGB/Benicke Rn. 12). Ferner würde eine derart extensive Auslegung die Entstehungsgeschichte der Norm nicht hinreichend berücksichtigen, die alleine der eingeschränkten Erzwingbarkeit von Erfüllungsansprüchen in den Common-Law-Staaten Rechnung tragen (→ Rn. 1) (Staudinger/Magnus, 2018, Rn. 10), nicht aber eine kumulative Anwendung von unverein-

heitlichtem nationalem Leistungsstörungsrecht einerseits und dem CISG anderseits ermöglichen sollte (MüKoBGB/Gruber Rn. 10). Daher ist Art. 28 mit der hM (Honsell/Gsell Rn. 13 f.; Staudinger/Magnus, 2018, Rn. 11) **einschränkend** auszulegen. So sind im Rahmen der Norm lediglich die grds. nur in den Common-Law-Staaten bestehenden prozessualen Bedenken gegen die Gewährung eines Erfüllungsanspruchs zu berücksichtigen, nicht aber nationale materiell-rechtliche Beschränkungen (Honsell/Gsell Rn. 14; Staudinger/Magnus, 2018, Rn. 11; auch MüKoHGB/Benicke Rn. 11 f. und MüKoBGB/Gruber Rn. 10, nach denen Art. 28 nur eingreift, wenn das nationale Recht den Erfüllungsanspruch „generell" bzw. „abstrakt" versagt. Anders Schlechtriem/Schwenzer/Schroeter/Müller-Chen Rn. 10, die darauf abstellen, „ob der Erfüllungsanspruch im nationalen Recht verweigert wird, weil Bedenken gerade gegen den Erfüllungszwang (im Gegensatz zu Schadensersatz) als angemessener Rechtsbehelf (remedy) bestehen"; vgl. auch Schlechtriem/Schroeter IntUN-KaufR Rn. 338, wonach Art. 28 „theoretisch" auch auf § 275 Abs. 1 BGB Anwendung finden könne). In Fällen, in denen sich die Durchsetzung des Erfüllungsanspruchs – zB wegen Rechtsmissbrauchs oder Wegfalls der Geschäftsgrundlage – als unbillig darstellt, ist eine angemessene Lösung aus den Grundsätzen der Konvention, insbes. aus Art. 7 Abs. 1 zu entwickeln (MüKoHGB/Benicke Rn. 13; Karollus UN-KaufR S. 141; dazu auch MüKoHGB/Benicke Rn. 13). So ergibt sich zB bei objektiver Unmöglichkeit bereits aus der Natur der Sache, dass die Durchsetzung des Erfüllungsanspruchs sinnlos und daher nach dem Gebot von Treu und Glauben (Art. 7 Abs. 1) nicht zuzulassen ist. Ein Rückgriff auf § 275 BGB ist weder erforderlich noch zulässig (MüKoBGB/Gruber Rn. 11; Karollus UN-KaufR S. 141; Staudinger/Magnus, 2018, Rn. 12; iErg ebenso Schlechtriem/Schwenzer/Schroeter/Müller-Chen Rn. 10).

**c) Gleichartiger Kaufvertrag.** Das angerufene Gericht muss prüfen, ob bei gleichartigen Kaufverträgen, die nicht unter das Übereinkommen fallen (etwa zwischen Inländern), die Erfüllungsklage ebenfalls zu versagen wäre. Gleichartig sind Kaufverträge, welche den gleichen **Gegenstand** betreffen, die gleichen **Pflichten** begründen und unter vergleichbaren **Bedingungen** geschlossen werden (Honsell/Gsell Rn. 21; Schlechtriem/Schwenzer/Schroeter/Müller-Chen Rn. 19; Walt Tex Int. L J 26 (1991), 211 (220)). Zu berücksichtigen sind dabei alle für die Zulässigkeit der Erfüllungsklage nach dem Forumsrecht entscheidenden Umstände (Honsell/Gsell Rn. 21). In den Ländern des Common Law kommt es etwa für die Erfüllungsklage des Verkäufers darauf an, dass der Kaufgegenstand nicht durch andere Produkte substituierbar und eine anderweitige Ersatzbeschaffung nicht möglich ist (ausf. Walt Tex Int. L J 26 (1991), 211 (223)). 9

**d) Ermessen des Gerichts.** Sind die Voraussetzungen des Art. 28 gegeben, kann das Gericht die Klage abweisen, obwohl diese nach Art. 46 bzw. Art. 62 begründet wäre (Honsell/Gsell Rn. 23; vgl. zB US District Court of Illinois – 1999 US Dist LEXIS 19386). Aus dem Wortlaut der Vorschrift („braucht", „not bound to", „n'est tenu de") lässt sich ein Ermessensspielraum des Gerichts ableiten, das den Erfüllungsanspruch selbst dann zusprechen kann, wenn es nach eigenem Recht eine derartige Entscheidung nicht treffen könnte (MüKoHGB/Benicke Rn. 13; Bianca/Bonell/Lando Anm. 2.1; Enderlein/Maskow/Strohbach Anm. 3; MüKoBGB/Gruber Rn. 14; Honsell/Gsell Rn. 24; Rudolph Rn. 11). Art. 28 will ein Gericht lediglich davor schützen, eine den fundamentalen Prinzipien seines Rechts widersprechende Entscheidung treffen zu müssen, dieses aber nicht zwingen, die Naturalerfüllung stets zu versagen (Honsell/Gsell Rn. 24; Staudinger/Magnus, 2018, Rn. 13). 10

**2. Rechtsfolgen.** Obwohl ein Gericht unter den Voraussetzungen des Art. 28 die Erfüllungsklage abweisen kann, **bleibt** der **Erfüllungsanspruch** als solcher **bestehen** (Schlechtriem/Schwenzer/Schroeter/Müller-Chen Rn. 21). Er ist nur nicht im Wege der Klage durchsetzbar (Honsell/Gsell Rn. 25). Die sonstigen Rechtsbehelfe des Schuldners, zB Vertragsaufhebung und Schadensersatz, werden dadurch nicht modifiziert (Schlechtriem/Schwenzer/Schroeter/Müller-Chen Rn. 21). Will der Käufer im Fall der Nichtlieferung der Ware die Aufhebung des Vertrages herbeiführen, muss er dem Verkäufer auch bei mangelnder Klagbarkeit des Lieferungsanspruchs eine Nachfrist nach Art. 49 Abs. 1 lit. b iVm Art. 47 Abs. 1 setzen (Honsell/Gsell Rn. 25; Schlechtriem/Schwenzer/Schroeter/Müller-Chen Rn. 21). Art. 28 trifft iÜ **keine Regelung über die Vollstreckung.** Die Vollstreckung ausländischer Titel kann daher nicht unter Berufung hierauf verweigert werden, sondern richtet sich allein nach nationalem Vollstreckungsrecht bzw. internationalen Übereinkommen wie der Brüssel Ia-VO (Herber/Czerwenka Rn. 4; Honsell/Gsell Rn. 26). 11

**3. Abweichende Parteivereinbarungen.** Die Regelung des Art. 28 ist, obwohl sie nicht in Art. 6 genannt wird, **nicht disponibel** (MüKoHGB/Benicke Rn. 14; MüKoBGB/Gruber Rn. 13; Herber/Czerwenka Rn. 4; Schlechtriem/Schwenzer/Schroeter/Müller-Chen Rn. 24; 12

Staudinger/Magnus, 2018, Rn. 20; Björklund in Kröll/Mistelis/Perales Viscasillas CISG Rn. 22; aA Bianca/Bonell/Lando Anm. 3.1; ähnlich Reinhart UN-KaufR Rn. 3). Eine Vereinbarung, mit welcher die Parteien abweichend von Art. 28 das Prinzip des klagbaren Erfüllungsanspruchs als zwingend vereinbaren, ist jedoch als Ausschluss der entsprechenden forums-staatlichen Regelung wirksam, wenn das Recht des Gerichtsstaates sie anerkennt (MüKoHGB/Benicke Rn. 14; MüKoBGB/Gruber Rn. 13; Honsell/Gsell Rn. 27; Schlechtriem/Schwenzer/Schroeter/Müller-Chen Rn. 24). Ein Indiz hierfür ist etwa darin zu sehen, dass entsprechende Regelungen in Kaufverträgen, die nicht unter die Konvention fallen, ohne weiteres anerkannt werden.

## Art. 29 (Vertragsänderung oder -aufhebung)

**(1) Ein Vertrag kann durch bloße Vereinbarung der Parteien geändert oder aufgehoben werden.**

**(2)[1]Enthält ein schriftlicher Vertrag eine Bestimmung, wonach jede Änderung oder Aufhebung durch Vereinbarung schriftlich zu erfolgen hat, so darf er nicht auf andere Weise geändert oder aufgehoben werden. [2]Eine Partei kann jedoch aufgrund ihres Verhaltens davon ausgeschlossen sein, sich auf eine solche Bestimmung zu berufen, soweit die andere Partei sich auf dieses Verhalten verlassen hat.**

**Schrifttum:** Ferrari, Form und UN-Kaufrecht, IHR 2004, 1; Hillman, Article 29 (2) of the United Nations Convention on Contracts for the International Sale of Goods: A New Effort at Clarifying the Legal Effect of „No Oral Modification" Clauses, 21 Cornell Int. L. J. (1988), 449.

### Überblick

Der Grundsatz der Formfreiheit gilt auch für die Änderung, Ergänzung und Aufhebung eines Vertrages (→ Rn. 2). Haben die Parteien Schriftform vereinbart (→ Rn. 3), kann es einer Partei verwehrt sein, sich hierauf zu berufen, wenn sie berechtigtes Vertrauen in die Formfreiheit hervorgerufen hat (→ Rn. 4).

### I. Normzweck

1 Art. 29 **Abs. 1** erweitert den nach Art. 11 zunächst nur für Erklärungen beim Vertragsschluss geltenden **Grundsatz der Formfreiheit** ausdrücklich auf die Änderung, Ergänzung und Aufhebung von Verträgen (Ferrari IHR 2004, 1 (2)). Diese für das deutsche Recht vom Grundsatz der Privatautonomie her selbstverständliche Regelung verdrängt entgegenstehende nationale Formvorschriften (Honsell/Gsell Rn. 1). Von Bedeutung ist dies vor allem für die Consideration-Doktrin der Common-Law-Staaten (vgl. Honnold Rn. 201, 204.1 ff.; Rudolph Rn. 1). Hiernach ist eine vertragliche Vereinbarung unwirksam, wenn sie nur einseitige Verpflichtungen oder Vorteile für eine Partei begründet (etwa eine Minderung des Preises oder der zu liefernden Menge) und nicht in besonderer Form („deed") getroffen wird (Herber/Czerwenka Rn. 2; MüKoBGB/Gruber Rn. 2; Honnold Rn. 201; Rudolph Rn. 1; Staudinger/Magnus, 2018, Rn. 7). Art. 29 Abs. 1 schließt diesen sonst über Art. 4 S. 2 lit. a geltenden anglo-amerikanischen Grundsatz aus und harmonisiert damit in diesem Bereich das kontinental-europäische Recht und das Common Law (Bianca/Bonell/Date-Bah Anm. 2.1; Enderlein/Maskow/Strohbach Anm. 1.1; Herber/Czerwenka Rn. 2). Den Parteien ist es jedoch unbenommen, für Änderungen bzw. die Aufhebung ihres Vertrages **Schriftformklauseln** („No Oral Modification-Clauses") zu vereinbaren. Die Bindungswirkung derartiger Klauseln, die in den nationalen Rechtsordnungen ganz unterschiedlich bewertet wird, regelt **Abs. 2.**

### II. Einzelerläuterungen

2 **1. (Form-)Freie Änderbarkeit und Aufhebung (Abs. 1).** Der Grundsatz der formfreien Änderung, Ergänzung und Aufhebung von Verträgen erfasst **alle** diesbezüglichen **Vereinbarungen.** Hierbei kann es sich etwa um Stundungsvereinbarungen (OLG Karlsruhe IHR 2004, 62 (64)), den nachträglichen Verweis auf AGB in der Rechnung, soweit ein beiderseitiger Einbeziehungswille besteht (Schmidt-Kessel IHR 2008, 177 (179)), Abreden über die Herabsetzung des Kaufpreises oder die Änderung sonstiger Zahlungs- bzw. Lieferungsmodalitäten handeln (Honsell/Gsell Rn. 3; Schlechtriem/Schwenzer/Schroeter/Schroeter Rn. 6 f.; Staudinger/Magnus, 2018,

Rn. 8). Die Vorschrift gilt auch für Vergleichsvereinbarungen, soweit sie eine neue Basis für den umstrittenen Kaufvertrag schaffen (Honsell/Gsell Rn. 5; Schlechtriem/Schwenzer/Schroeter/Schroeter Rn. 6; Staudinger/Magnus, 2018, Rn. 8; abw. LG Aachen RIW 1993, 760 (761)). Das Zustandekommen der Änderungs- bzw. Aufhebungsvereinbarung beurteilt sich nach den entspr. anzuwendenden Regeln über den Vertragsschluss (Art. 14–24), soweit die Geltung dieser Vorschriften nicht auf Grund eines Vorbehalts nach Art. 92 ausgeschlossen ist (Enderlein/Maskow/Strohbach Anm. 1.2; Herber/Czerwenka Rn. 3; Honsell/Gsell Rn. 10; Rudolph Rn. 3) und das dann anwendbare IPR ein unvereinheitlichtes nationales Recht für maßgeblich erklärt (eingehend MüKoBGB/Gruber Rn. 4; Rudolph Rn. 3; aA Reinhart UN-KaufR Rn. 3, der in solchen Fällen Art. 14–24 als allgemeine Grundsätze iSv Art. 7 Abs. 2 anwenden will). Vertragsänderungen nach Art. 29 sind an keine Form gebunden. Auch ein schriftlicher Vertrag kann daher grds. mündlich, auch fernmündlich oder konkludent (OGH Wien Transp-IHR 1999, 48 (49)) jederzeit geändert oder aufgehoben werden (Herber/Czerwenka Rn. 4; Honsell/Gsell Rn. 15; Schlechtriem/Schwenzer/Schroeter/Schroeter Rn. 4; Staudinger/Magnus, 2018, Rn. 9). Maßgeblich für eine gültige Vereinbarung ist allein der übereinstimmende Wille der Parteien (AG Sursee IHR 2009, 63 (64)). Die materielle Gültigkeit von Vertragsänderungen untersteht dagegen nicht mehr dem CISG, sondern dem anwendbaren nationalen Recht (Art. 4 S. 2 lit. a) (MüKoBGB/Gruber Rn. 4; Staudinger/Magnus, 2018, Rn. 10; Soergel/Budzikiewicz Rn. 8).

**2. Schriftformvereinbarung (Abs. 2). a) Bindungswirkung (Abs. 2 S. 1).** Anderes gilt, 3
wenn die Parteien entweder bereits im Kaufvertrag oder in einer späteren selbstständigen Abrede für Änderungen oder die Aufhebung des Vertrages die Einhaltung einer Schriftform **vereinbaren.** Dabei kann der Formvorbehalt für alle nur denkbaren Modifikationen vorgesehen oder sein Anwendungsbereich auch nur auf bestimmte Vereinbarungen begrenzt werden (Honsell/Gsell Rn. 16 f.; vgl. auch Schlechtriem/Schwenzer/Schroeter/Schroeter Rn. 16). Bei vereinbartem Formvorbehalt, ist die spätere Vertragsänderung oder -aufhebung nur bei Einhaltung der Schriftform wirksam (OLG Hamm IHR 2012, 186 (197); Achilles Rn. 4; MüKoBGB/Gruber Rn. 8 f.; Staudinger/Magnus, 2018, Rn. 14. Sollen zB nur mündliche Nebenabreden unwirksam sein, wäre eine mündliche Aufhebungsvereinbarung hiervon unberührt und wirksam; aA wohl MüKoHGB/Benicke Rn. 9), sofern die Form nicht lediglich Beweiszwecken dienen sollte (dies ist durch Auslegung zu ermitteln, s. auch OLG Hamm BeckRS 2011, 5896; Honsell/Gsell Rn. 18; MüKoBGB/Gruber Rn. 9). Dies entspricht zwar der in § 125 S. 2 BGB vorgesehenen Regelung. Nach stRspr des BGH können aber Schriftformklauseln durch mündliche Abreden abbedungen und Vertragsänderungen gleichwohl formlos vereinbart werden (BGHZ 66, 378 (380) = NJW 1976, 1395 (1395) mwN; Grüneberg/Ellenberger BGB § 125 Rn. 19). Auch vor Gerichten der USA werden Schriftformklauseln kaum durchgesetzt (ausf. insgesamt Hillman 21 Cornell Int L J (1988), 449 (450 ff.); vgl. auch Enderlein/Maskow/Strohbach Anm. 3.1). Im Gegensatz hierzu ordnet Abs. 2 S. 1 zunächst eine **strikte Bindung** an die Schriftformklausel an. Hierfür bedarf diese Klausel allerdings selbst der Schriftform, die sich vorbehaltlich einer abweichenden Parteiabrede nach Art. 13 bestimmt (Honsell/Gsell Rn. 17; Enderlein/Maskow/Strohbach Anm. 2; Schlechtriem/Schwenzer/Schroeter/Schroeter Rn. 19; Soergel/Budzikiewicz Rn. 9). Insbesondere ist eine Unterschrift nicht erforderlich und zB eine E-Mail ausreichend (Staudinger/Magnus, 2018, Rn. 13; vgl. auch MüKoHGB/Benicke Rn. 13; Ferrari IHR 2004, 1 (2); MüKoBGB/Gruber Rn. 12). Mündliche Schriftformklauseln sind zwar gültig (vgl. Art. 6), jedoch ohne Einhaltung einer Form wieder aufhebbar (Honsell/Gsell Rn. 17; Schlechtriem/Schwenzer/Schroeter/Schroeter Rn. 21).

**b) Missbrauch der Schriftformklausel (Abs. 2 S. 2).** Die in Abs. 2 S. 1 angeordnete strenge 4
Bindung an die Schriftformklausel wird durch den Missbrauchseinwand des Abs. 2 S. 2 relativiert. Danach kann sich eine Partei auf die Bindungswirkung nicht berufen, wenn auf Grund ihres Verhaltens die andere Partei **auf Formfreiheit vertrauen durfte.** Die Vorschrift beinhaltet eine spezielle Ausprägung des Verbotes des venire contra factum proprium (Enderlein/Maskow/Strohbach Anm. 5.1; MüKoBGB/Gruber Rn. 13; Rudolph Rn. 8) und ist in dogmatischer Hinsicht durch das Konzept des „waiver" und „estoppel" beeinflusst (MüKoHGB/Benicke Rn. 17; Schlechtriem/Schwenzer/Schroeter/Schroeter Rn. 23). Sie ist von Amts wegen zu berücksichtigen (Schlechtriem/Schwenzer/Schroeter/Schroeter Rn. 31; Staudinger/Magnus, 2018, Rn. 20). Schwierigkeiten bei der Auslegung des Abs. 2 S. 2 ergeben sich aus der fehlenden Präzisierung seiner Voraussetzungen, was den Gerichten einen erheblichen Ermessensspielraum eröffnet (Bianca/Bonell/Date-Bah Anm. 3.1; Hillman 21 Cornell Int L J (1988), 449 (455 ff.)). Erforderlich ist ein Vertrauen verursachendes **Verhalten,** das bereits in der formlosen einvernehmlichen Änderung bzw. Aufhebung des Vertrages liegen kann (MüKoBGB/Gruber Rn. 13; Honsell/Gsell

Rn. 24; Schlechtriem/Schwenzer/Schroeter/Schroeter Rn. 25; Honnold Rn. 204. Höhere Anforderungen iS zusätzlicher Aktivitäten stellen Enderlein/Maskow/Strohbach Anm. 4; Reinhart UN-KaufR Rn. 5). Weiterhin ist erforderlich, dass die andere Partei das in ihr hervorgerufene Vertrauen durch eine **Maßnahme,** beispielsweise durch Vornahme eines Deckungsgeschäfts oder Umstellung der Produktion im Falle einer veränderten Spezifikation (iErg ebenso und mit weiteren Beispielen Honsell/Gsell Rn. 26; Schlechtriem/Schwenzer/Schroeter/Schroeter Rn. 27), bestätigt hat (MüKoBGB/Gruber Rn. 14; Staudinger/Magnus, 2018, Rn. 18). Soweit eine Partei sich noch nicht durch konkrete Dispositionen auf die Vertragsänderung eingestellt hat, ist sie hingegen nicht schutzwürdig. Eine Berufung auf die Schriftformklausel scheidet jedenfalls aus, wenn beide Parteien den Vertrag widerspruchslos und entspr. der mündlichen Änderung vollständig erfüllt haben (Rudolph Rn. 9; Reinhart UN-KaufR Rn. 5). Abs. 2 S. 2 will nur die missbräuchliche Berufung auf Formverstöße verhindern. Sonstige Wirksamkeitsmängel der Änderungsvereinbarung vermag die Vorschrift nicht zu heilen (MüKoHGB/Benicke Rn. 20; Honsell/Gsell Rn. 25; aA Schlechtriem/Schwenzer/Schroeter/Schroeter Rn. 26, der die Norm auch beim Fehlen einer – bis auf das Schriftformerfordernis – gültigen Vereinbarung iSd Abs. 2 S. 1 als eine flexible Regelung des Missbrauchseinwands ansieht).

5 **3. Vorbehalt nach Art. 12 iVm Art. 96.** Art. 29 findet keine Anwendung, wenn eine der Parteien ihre Niederlassung in einem Vertragsstaat hat, der diese Vorschrift durch einen Vorbehalt nach Art. 12 iVm Art. 96 ausgeschlossen hat (→ Art. 12 Rn. 1 f.; → Art. 96 Rn. 1). In diesem Fall gelten die Formvorschriften des nach IPR zu bestimmenden nationalen unvereinheitlichten Rechts (MüKoHGB/Benicke Rn. 21; MüKoBGB/Gruber Rn. 6; Reinhart UN-KaufR Rn. 6; Staudinger/Magnus, 2018, Rn. 16).

6 **4. Abweichende Vereinbarungen.** Die Parteien können die Änderung und die Aufhebung ihres Vertrages auch einer eigenständigen Regelung unterstellen (Art. 6). So können sie etwa ein Schriftformerfordernis verabreden, dabei aber die strenge Bindungswirkung des Art. 29 Abs. 2 S. 1 ausschließen und der Schriftform nur deklaratorische Bedeutung zu Beweiszwecken beimessen (Honsell/Gsell Rn. 32). Allerdings sind an die Ausdrücklichkeit und Ernsthaftigkeit derartiger Derogation des Art. 29 Abs. 2 S. 1, da sie dem Regelungszweck der Norm widerspricht, hohe Anforderdung zu stellen (Schlechtriem/Schwenzer/Schroeter/Schroeter Rn. 20). Grds. können sie darüber hinaus auch die vereinbarte Schriftformklausel durch den Ausschluss des Vertrauensschutzes nach Art. 29 Abs. 2 S. 2 verstärken (Schlechtriem/Schwenzer/Schroeter/Schroeter Rn. 29; Enderlein/Maskow/Strohbach Anm. 6.3; aA Staudinger/Magnus, 2018, Rn. 21; Hillman 21 Cornell Int L J (1988), 449, 462 und wohl auch Honnold Rn. 204). Angesichts der grundlegenden Bedeutung des Vertrauensschutzes für eine gerechte Vertragsdurchführung, welche das CISG über das in Art. 7 Abs. 1 einbezogene Prinzip von Treu und Glauben anerkennt, ist jedoch ein solcher Ausschluss in AGB unwirksam (Honsell/Gsell Rn. 32; iErg ebenso Schlechtriem/Schwenzer/Schroeter/Schroeter Rn. 29; Honnold Rn. 204).

### III. Beweislastregeln

7 Die einvernehmliche Änderung bzw. Aufhebung eines Vertrages sowie die Vereinbarung einer bestimmten Form hat die Partei zu beweisen, die hieraus Rechte für sich ableitet (AG Sursee IHR 2009, 63 (64); Müller in Baumgärtel/Laumen/Prütting Beweislast-HdB II UNKR Rn. 1; Honsell/Gsell Rn. 33; Staudinger/Magnus, 2018, Rn. 23). Eine Schriftformvereinbarung hat diejenige Partei zu beweisen, die eine vereinbarte Vertragsänderung oder -aufhebung nicht gelten lassen will. Die andere Partei trägt dann die Beweislast für die Einhaltung der Schriftform (MüKoHGB/Benicke Rn. 22; MüKoBGB/Gruber Rn. 19; Schlechtriem/Schwenzer/Schroeter/Schroeter Rn. 33). Macht eine Partei den Missbrauch der Schriftformklausel nach Art. 29 Abs. 2 S. 2 geltend, trägt sie die Beweislast für das vertrauenserzeugende Verhalten der anderen Partei und die eigenen Vertrauensinvestitionen (Achilles Rn. 9; Müller in Baumgärtel/Laumen/Prütting Beweislast-HdB II UNKR Rn. 4; Staudinger/Magnus, 2018, Rn. 24).

## Kapitel II. Pflichten des Verkäufers

### Art. 30 (Pflichten des Verkäufers)

**Der Verkäufer ist nach Maßgabe des Vertrages und dieses Übereinkommens verpflichtet, die Ware zu liefern, die sie betreffenden Dokumente zu übergeben und das Eigentum an der Ware zu übertragen.**

## Überblick

Art. 30 fasst die wesentlichen Verkäuferpflichten zusammen, die in Art. 31 ff. näher erläutert werden (→ Rn. 1). Der Verkäufer hat die Ware zu liefern, Dokumente zu übergeben sowie das Eigentum zu übertragen (→ Rn. 2 ff.). Daneben können sich weitere Pflichten aus Übereinkommen, Vertrag, Handelsbräuchen oder Treu und Glauben ergeben (→ Rn. 6).

## I. Normzweck

Art. 30 fasst **grundlegende Pflichten des Verkäufers** zusammen, die sodann in den Abschnitten Lieferung der Ware und Übergabe der Dokumente (Art. 31 ff.), Vertragsmäßigkeit der Ware sowie Rechte und Ansprüche Dritter (Art. 35 ff.) sowie Rechtsbehelfe des Käufers wegen Vertragsverletzung durch den Verkäufer (Art. 45 ff.) weiter präzisiert werden. Im Wortlaut des Art. 30 kommt besonders deutlich der **Vorrang vertraglicher Vereinbarungen** vor den dispositiven Regeln des CISG zum Ausdruck (vgl. Art. 6) (Brunner/Dimsey Rn. 2; Enderlein/Maskow/Strohbach Anm. 1; Honsell/Ernst/Lauko Rn. 5; Soergel/Willems Rn. 3). Die Parteien können dabei nicht nur die in Art. 30 geregelten Verkäuferpflichten modifizieren, sondern auch zusätzliche Pflichten vereinbaren (→ Rn. 6). Allerdings ist die Verpflichtung zur Übertragung des Eigentums derart kennzeichnend für diesen Vertragstyp, dass bei ihrer Abbedingung ein Kaufvertrag nicht mehr vorliegt (Honsell/Ernst/Lauko Rn. 5; Rudolph Rn. 1). Die Pflicht zur Übergabe der Warendokumente ist dagegen nicht vergleichbar prägend (Piltz IntKaufR Rn. 4-9). 1

## II. Einzelerläuterungen

**1. Lieferung der Ware.** Die Lieferpflicht des Verkäufers nach Art. 30 ist hinsichtlich ihres Inhalts sowie des Orts und der Zeit der Lieferung in Art. 31 und Art. 33 näher ausgestaltet. Mit Lieferung iSv Art. 30 ist die Besitzverschaffung gemeint (Schlechtriem/Schwenzer/Schroeter/Widmer Lüchinger Rn. 2). Ist der Käufer bereits im Besitz der Ware, genügt die vertragliche Vereinbarung, dass der Käufer diese als eigene besitzen soll (Achilles Rn. 2; Schlechtriem/Schwenzer/Schroeter/Widmer Lüchinger Rn. 5). Nach Art. 31 erfolgt die Lieferung entweder durch **Versendung** der Ware an den Käufer oder dadurch, dass der Verkäufer dem Käufer die Ware **zur Verfügung stellt** (vgl. Schlechtriem/Schwenzer/Schroeter/Widmer Lüchinger Rn. 2; zu den Einzelheiten → Art. 31 Rn. 1 ff.). Zur Konkretisierung der Lieferpflicht vereinbaren die Parteien in der Praxis häufig Lieferklauseln, vor allem die „Incoterms®" (zu diesen von der Internationalen Handelskammer ICC aufgestellten International Commercial Terms ausf. Schlechtriem/Schwenzer/Schroeter/Widmer Lüchinger Rn. 5 f. und zur Neufassung der Incoterms 2020 Piltz IHR 2019, 177; Oertel RIW 2019, 701; zu umsatzsteuerlichen Folgen aus der Verwendung von Incoterms-Klauseln Wagenblast/Rudisile IHR 2022, 46). Die Lieferung durch Dritte führt zur Erfüllung, wenn aus Sicht des Käufers diese Lieferung nur als Erfüllung der Verpflichtung aus dem Kaufvertrag verstanden werden kann (OLG Hamburg IHR 2001, 109, CISG-online Nr. 509). Zu beachten ist schließlich, dass das CISG streng zwischen der **Lieferung** (Art. 31–34) und der **Mangelfreiheit** (Art. 35–44) der Ware unterscheidet (eingehend Karollus UN-KaufR S. 104 f.). Hat der Verkäufer daher die Ware entspr. Art. 31 ff. geliefert, hat er seine Lieferpflicht auch erfüllt, wenn die Ware mit einem Sach- oder Rechtsmangel behaftet ist (Herber/Czerwenka Rn. 3; Karollus UN-KaufR S. 104; Schlechtriem/Schroeter IntUN-KaufR Rn. 343; Staudinger/Magnus, 2018, Rn. 5). 2

**2. Übergabe von Dokumenten.** Art. 34 regelt detailliert die Pflicht zur Übergabe von Warendokumenten. Ob und welche Dokumente zu übergeben sind, kann sich aus dem **Vertrag,** insbes. auf Grund der Verwendung von Incoterms, ausnahmsweise aber auch aus **Treu und Glauben** (Art. 7 Abs. 1) ergeben (Honsell/Ernst/Lauko Rn. 11; Staudinger/Magnus, 2018, Rn. 7). In der Praxis betrifft die Pflicht zur Übergabe von Warendokumenten vor allem Transportdokumente und Lagerpapiere, dh Dokumente, die erforderlich sind, um in den Besitz der Ware zu gelangen (vgl. Schlechtriem/Schwenzer/Schroeter/Widmer Lüchinger Rn. 6). Der Eigentumserwerb an den Dokumenten bestimmt sich nach denjenigen nationalen Regeln des Wertpapier- und Sachenrechts, die vom IPR des Forums bestimmt werden (Schlechtriem/Schroeter IntUN-KaufR Rn. 342; Brunner/Dimsey Rn. 19). 3

**3. Übertragung des Eigentums.** Die Verpflichtung zur Übertragung des Eigentums auf den Käufer stellt die **zentrale Verkäuferpflicht** dar. Der **sachenrechtliche** Vollzug dieser Pflicht ist im CISG allerdings ausdrücklich nicht geregelt (vgl. Art. 4 S. 2 lit. b). Die Übertragung des 4

Eigentums bestimmt sich vielmehr nach dem nach dem IPR des angerufenen Gerichts maßgeblichen Recht und damit idR nach der **lex rei sitae** (Piltz UN-Kaufrecht Rn. 189; Herber/Czerwenka Rn. 7; Honsell/Ernst/Lauko Rn. 13; Schlechtriem/Schwenzer/Schroeter/Widmer Lüchinger Rn. 7; Schlechtriem/Schroeter IntUN-KaufR Rn. 341; eingehend MüKoBGB/Gruber Art. 30 Rn. 6, Art. 31 Rn. 26 ff.; UNCITRAL Digest Anm. 4). Art. 30 verpflichtet den Verkäufer, alle Handlungen vorzunehmen, die danach zur Eigentumsübertragung erforderlich sind, wie zB eine gesonderte Einigung über den Eigentumsübergang oder die Übergabe der Ware (Honsell/Ernst/Lauko Rn. 12; Staudinger/Magnus, 2018, Rn. 10; Piltz IntKaufR Rn. 4-83. Ein Überblick über die verschiedenen Übertragungssysteme findet sich bei Piltz IntKaufR Rn. 4-86).

5 Das CISG regelt auch nicht den praktisch wichtigen **Eigentumsvorbehalt,** dessen Wirksamkeit sich daher ebenfalls nach dem maßgeblichen **nationalen Recht** beurteilt (Staudinger/Magnus, 2018, Rn. 12; Rudolph Rn. 4; UNCITRAL Digest Anm. 4; Soergel/Willems Rn. 5). Dies bedeutet für die Vereinbarung des Eigentumsvorbehaltes in Exportverträgen, dass dieser nur relevant ist, wenn er auch im Zielland anerkannt wird (Piltz UN-Kaufrecht Rn. 189). Ob ein Eigentumsvorbehalt vereinbart wurde, richtet sich dagegen nach dem Übereinkommen (Gerichtshof Arnhem-Leeuwarden IHR 2020, 202 (204); UNCITRAL Digest Anm. 4; Federal Court of Australia, South Australian District, Adelaide 28.4.1995, CISG-online Nr. 218 = CLOUT Nr. 308). Ein **einseitiger Eigentumsvorbehalt** begründet jedenfalls dann keine Verletzung der Übereignungspflicht aus Art. 30, wenn der Verkäufer entspr. der Grundregel der Konvention (vgl. Art. 58 Abs. 1 S. 2) nur zur Übereignung **Zug-um-Zug** gegen Zahlung des Kaufpreises verpflichtet ist (Staudinger/Magnus, 2018, Rn. 12; MüKoHGB/Benicke Rn. 4; Piltz in Kröll/Mistelis/Perales Viscasillas CISG Rn. 17; wohl auch Honsell/Ernst/Lauko Rn. 15; Schlechtriem/Schwenzer/Schroeter/Widmer Lüchinger Rn. 8). Bei Bestehen einer Vorleistungspflicht des Verkäufers wird teilweise angenommen, der einseitige Eigentumsvorbehalt stelle eine Vertragsverletzung dar (Achilles Rn. 4; Staudinger/Magnus, 2018, Rn. 12; diff. MüKoBGB/Gruber Art. 31 Rn. 29). Dem wird aber entgegengehalten, die Vorleistungspflicht beziehe sich im Zweifel nur auf die Übergabe der Ware, nicht aber auf ihre Übereignung (Schlechtriem/Schwenzer/Schroeter/Widmer Lüchinger Rn. 8).

6 **4. Sonstige Pflichten.** Weitere Pflichten können dem Verkäufer aus der **Konvention** selbst (zB Anzeige der Versendung nach Art. 32 Abs. 1), aus dem **Vertrag** (ausdrücklich oder aus den Umständen), aus **Handelsbräuchen** (Art. 9) und ausnahmsweise auch aus dem Prinzip von **Treu und Glauben** (Art. 7 Abs. 1) erwachsen (eingehend Herber/Czerwenka Rn. 9; Schlechtriem/Schwenzer/Schroeter/Widmer Lüchinger Rn. 9; Piltz IntKaufR Rn. 4-89). Denkbar sind insbes. Pflichten zur Montage, Instruktion, Geheimhaltung, Kooperation und Auskunft (vgl. Honsell/Ernst/Lauko Rn. 17; Rudolph Rn. 5; für eine allgemeine Kooperations- und Informationspflicht beider Parteien BGHZ 149, 113 (118) = IHR 2002, 14 (16), CISG-online Nr. 617; Brunner/Dimsey Rn. 21). Auch wird dem CISG eine allgemeine Pflicht des Verkäufers entnommen, den Vertrag so durchzuführen, dass Rechtsgüter des Käufers nicht verletzt werden (Staudinger/Magnus, 2018, Rn. 17; MüKoBGB/Gruber Rn. 8). Indes unterscheidet das CISG weder terminologisch noch in den Rechtsfolgen zwischen diesen Nebenpflichten und den in Art. 30 geregelten Hauptpflichten des Verkäufers (Herber/Czerwenka Rn. 9; Staudinger/Magnus, 2018, Rn. 20; dazu Soergel/Lüderitz/Willems Rn. 2).

## Abschnitt I. Lieferung der Ware und Übergabe der Dokumente

### Art. 31 (Inhalt der Lieferpflicht und Ort der Lieferung)

**Hat der Verkäufer die Ware nicht an einem anderen bestimmten Ort zu liefern, so besteht seine Lieferpflicht in folgendem:**

**a) Erfordert der Kaufvertrag eine Beförderung der Ware, so hat sie der Verkäufer dem ersten Beförderer zur Übermittlung an den Käufer zu übergeben;**

**b) bezieht sich der Vertrag in Fällen, die nicht unter Buchstabe a fallen, auf bestimmte Ware oder auf gattungsmäßig bezeichnete Ware, die aus einem bestimmten Bestand zu entnehmen ist, oder auf herzustellende oder zu erzeugende Ware und wußten die Parteien bei Vertragsabschluß, daß die Ware sich an einem bestimmten Ort befand oder dort herzustellen oder zu erzeugen war, so hat der Verkäufer die Ware dem Käufer an diesem Ort zur Verfügung zu stellen;**

**c) in den anderen Fällen hat der Verkäufer die Ware dem Käufer an dem Ort zur Verfügung zu stellen, an dem der Verkäufer bei Vertragsabschluß seine Niederlassung hatte.**

**Schrifttum:** v. Bernstorff, Lieferung durch Übergabe der Ware an den Beförderer. Praxisfragen zur Lieferung und zum Gefahrübergang im Versendungskauf, aw-prax 2021, 118; Fogt, Die Vereinbarung und Auslegung von FRANCO-Lieferklauseln beim CISG-Kauf – Zugleich Vorüberlegungen zur Reform des Teil II des CISG und zur begrenzten Rücknahme nordischer Vorbehalte zum CISG, EuLF 2003, 61; Junker, Vom Brüsseler Übereinkommen zur Brüsseler Verordnung – Wandlungen des Internationalen Zivilprozeßrechts, RIW 2002, 569; Magnus, Das UN-Kaufrecht und die Erfüllungsortzuständigkeit in der neuen EuGVO, IHR 2002, 45; Piltz, Vom EuGVÜ zur Brüssel I-Verordnung, NJW 2002, 789.

## Überblick

Art. 31 bestimmt die Lieferpflicht des Verkäufers unter Betonung des Vorrangs von Parteiabreden (→ Rn. 2). Ist Beförderung durch den Verkäufer vereinbart, erfolgt die Lieferung durch Übergabe der Ware an den ersten Beförderer (→ Rn. 3 ff.). Bei der Holschuld erfolgt die Lieferung durch Zurverfügungstellung an einem besonderen Abholort oder der Niederlassung des Verkäufers (→ Rn. 12 ff.). Auch wenn die Bringschuld nicht ausdrücklich erwähnt wird, kann diese vereinbart werden (→ Rn. 19). Kommt es auf den Gerichtsstand des Erfüllungsorts an, kann der aus Art. 31 folgende Lieferort zugleich einen Gerichtsstand begründen, obwohl Gerichtsstandsregelungen grds. nicht vom CISG erfasst werden (→ Rn. 21).

### Übersicht



## I. Normzweck

Die Vorschrift bestimmt, in welcher **Weise** und an welchem **Ort** die Lieferung der Ware zu erfolgen hat. Die beiden Gegenstände sind insofern eng miteinander verknüpft, als der Inhalt der Lieferpflicht davon abhängt, an welchem Ort zu liefern ist. Liegt ein **Versendungskauf** iSd Art. 31 lit. a (vgl. im unvereinheitlichten deutschen Recht § 447 BGB) vor und soll damit die Lieferung am Versendungsort stattfinden, erfüllt der Verkäufer seine Lieferpflicht durch **Übergabe** der Ware an den ersten Beförderer (ausf. → Rn. 6 ff.). Ist dagegen eine **Holschuld** gem. Art. 31 lit. b bzw. lit. c vereinbart (vgl. im unvereinheitlichten deutschen Recht § 269 BGB) und Lieferort daher ein näher zu bestimmender Abholort, erfolgt die Lieferung durch **Zurverfügungstellung** der Ware an diesem Abholort (ausf. → Rn. 12 ff.). Teilweise wird lit. a als Regelfall angesehen (Achilles Rn. 3; Piltz NJW 1994, 1101 (1104); Piltz NJW 2003, 2056 (2061). Zur Vermutung eines Versendungskaufs beim Distanzkauf Schlechtriem/Schwenzer/Schroeter/Widmer Lüchinger Rn. 18. Vgl. UNCITRAL Digest Anm. 5), zT auch lit. c (OLG Wien 1.6.2004 – 3R68/04y, CISG-online Nr. 954; LG Aachen RIW 1993, 760 (761) = CISG-online Nr. 86; MüKoBGB/Gruber Rn. 2; Staudinger/Magnus, 2018, Rn. 8. Vgl. auch UNCITRAL Digest Anm. 1; OLG Köln IHR 2002, 66 (67) = CISG-online Nr. 609). In der Praxis wird eine Beförderung aber regelmäßig erforderlich und daher lit. a anzuwenden sein (→ Rn. 5) (Honsell/Ernst/Lauko Rn. 5; Soergel/Willems Rn. 2; Witz/Salger/Lorenz/Witz Rn. 2). Seine Leistungshandlung muss der Verkäufer termingerecht (Art. 33) an dem vertraglich oder gesetzlich vorgesehenen **Lieferort** vornehmen (Herber/Czerwenka Rn. 2; Rudolph Rn. 4; Piltz IntKaufR Rn. 4-14). Damit hat er seine Lieferpflicht erfüllt. Anders als nach der Vorgängerregelung des Art. 19 Abs. 1 EKG ist der Vollzug der **Lieferpflicht** nicht von der Vertragsmäßigkeit der Ware abhängig (Bianca/Bonell/Lando Anm. 1.3; Herber/Czerwenka Rn. 2; Schlechtriem/Schwenzer/Schroeter/Widmer Lüchinger Rn. 33; Ziegler, Leistungsstörungsrecht nach dem UN-Kaufrecht, 1995, 48. Nach dem CISG steht dabei die Lieferung eines aliud der Schlechtlieferung gleich), was den Verkäufer aber nicht von der Pflicht nach Art. 35 entbindet, vertragsgemäße Ware zu liefern (eingehend Schlechtriem/Schwenzer/Schroeter/Widmer Lüchinger Rn. 33; Piltz IntKaufR Rn. 4-34; Ziegler, Leistungs- 1 störungsrecht nach dem UN-Kaufrecht, 1995, 48 f.). In den Fällen der Lieferung fehlerhafter Ware ist der Erfüllungsort für die Verpflichtung zur Ersatzleistung der Ort der Lieferung (Handelsgericht Montargis IHR 2001, 205 (red. Ls.) = CISG-online Nr. 577; zust. MüKoBGB/Gruber Rn. 2). Die Lieferung führt ferner nicht automatisch zum **Gefahrübergang** (Bianca/Bonell/Lando Anm. 1.3; Schlechtriem/U. Huber, 3. Aufl. 2000, Rn. 13; Ziegler, Leistungsstörungsrecht nach dem UN-Kaufrecht, 1995, 49), Art. 66 ff., auch wenn der Ort des Gefahrübergangs weitgehend mit dem Lieferort übereinstimmt (Staudinger/Magnus, 2018, Rn. 2; Ziegler, Leistungsstörungsrecht nach dem UN-Kaufrecht, 1995, 50). Für die Rückgabe der Ware durch den Käufer nach Aufhebung des Vertrages soll der Grundsatz des Art. 31 spiegelbildlich gelten und Lieferort idR die Niederlassung des Käufers sein (→ Art. 81 Rn. 5) (UNCITRAL Digest Anm. 4; OGH TranspR-IHR 1999, 48 = CISG-online Nr. 483; iErg ebenso Herber/Czerwenka Art. 81 Rn. 12).

2 Art. 31 bekräftigt den allgemeinen Grundsatz des **Vorrangs vertraglicher Vereinbarungen** (Art. 6) (vgl. OLG München IHR 2001, 25, 26 = CISG-online Nr. 585, zum Vorrang der konkreten vertraglichen Vereinbarung im Rahmen des Art. 31). In der Praxis legen die Parteien ihr Pflichtprogramm häufig detailliert in **Lieferklauseln,** wie den **Incoterms** fest (Brunner/Dimsey Rn. 2; Herber/Czerwenka Rn. 8 f.; Honsell/Ernst/Lauko Rn. 3; Reinhart UN-KaufR Rn. 3; MüKoHGB/Benicke Rn. 2). In diesem Fall sind zur Ermittlung des Bestimmungsortes grds. auch die Anwendungshinweise der Internationalen Handelskammer (ICC) zu beachten (BGH IHR 2013, 14). Entsprechen die Klauseln inhaltlich Art. 31 – was für „FOB/FCA“ (OLG Hamm OLGR 2002, 185 (186)) bzw. „ex factory“ (Audiencia Provincial de Murcia 18.6.2001 – 313/2001, https://www.cisgspanish.com/seccion/jurisprudencia/espana/?anio=2001, abgerufen 19.4.2022) in Bezug auf Art. 31 lit. a gilt – bleibt die Vorschrift anwendbar und wird durch die vereinbarte Klausel lediglich ergänzt (Schlechtriem/Schwenzer/Schroeter/Widmer Lüchinger Rn. 72). Auslegungsschwierigkeiten können sich ergeben, wenn Klauseln in einer nationalen Rechtsordnung eine andere Bedeutung zukommt als in den Incoterms; so kann es sich statt der Festlegung des Lieferorts auch um bloße Kostentragungsregeln handeln (vgl. Fogt EuLF 2003, 61 (67 f.); Staudinger/Magnus, 2018, Rn. 31 ff.). Aufgrund der Verwendung von Klauseln ist die praktische Bedeutung von Art. 31 indes eher gering (Bianca/Bonell/Lando Anm. 2.2; Staudinger/Magnus, 2018, Rn. 3; Reinhart UN-KaufR Rn. 3). Der Regelung kommt vor allem die Funktion zu, verbleibende Lücken in den vertraglichen Abreden zu schließen (Honsell/Ernst/Lauko Rn. 3).

## II. Einzelerläuterungen

3 **1. Lieferung durch Übergabe an den Beförderer (lit. a).** Lit. a kommt nur zur Anwendung, wenn nach dem Kaufvertrag eine **Beförderung** der Ware erforderlich ist (vgl. zu Art. 31 lit. a Cour d'Appel d'Orléans 29.3.2001 – 00/02909, CISG-online Nr. 611; Højesteret EuLF 2003, 70 = CISG-online Nr. 601). Das Beförderungserfordernis bildet das **Unterscheidungskriterium** zwischen der in lit. a geregelten Schickschuld und der Holschuld nach lit. b und c (Honsell/Ernst/Lauko Rn. 7; Schlechtriem/Schwenzer/Schroeter/Widmer Lüchinger Rn. 13). Eine Beförderung der Ware ist zwar auch bei der **Bringschuld** erforderlich. Während jedoch bei der Schickschuld nach lit. a zur Erfüllung der Lieferpflicht die Übergabe der Ware an den Beförderer ausreicht, muss bei der von Art. 31 nicht erfassten Bringschuld die Ware an ihrem Bestimmungsort abgeliefert werden (Honsell/Ernst/Lauko Rn. 15; Piltz IntKaufR Rn. 4-19).

4 **a) Beförderung.** Beförderung ist der **Transport,** den der Verkäufer veranlassen muss, **um die Ware zum Käufer zu bringen** (Honsell/Ernst/Lauko Rn. 12; Schlechtriem/Schwenzer/Schroeter/Widmer Lüchinger Rn. 13). Daraus folgt, dass lit. a nicht schon für den Transport der Ware vom Vorlieferanten zu dem Verkäufer eingreift, sondern erst für den Weiterversand an den Käufer (Schlechtriem/Schwenzer/Schroeter/Widmer Lüchinger Rn. 14; Staudinger/Magnus, 2018, Rn. 13). Eine Beförderung liegt aber im Fall eines **Streckengeschäfts** vor, bei dem der Lieferant die Ware auf Weisung des Verkäufers direkt an den Käufer leitet (Honsell/Ernst/Lauko Rn. 14; Soergel/Willems Rn. 4; einschr. Schlechtriem/Schwenzer/Schroeter/Widmer Lüchinger Fn. 14, Rn. 24: nur wenn der Vorlieferant nicht selbst oder durch eigene Angestellte transportiert). Ebenfalls nicht unter lit. a fällt der Transport, den der Käufer besorgen muss, um die von ihm abzuholende Ware zu ihrem Bestimmungsort zu bringen (Honsell/Ernst/Lauko Rn. 13; Schlechtriem/Schwenzer/Schroeter/Widmer Lüchinger Rn. 15). Unanwendbar ist lit. a auch, wenn auf dem Transport befindliche **reisende Ware** verkauft wird (Bianca/Bonell/Lando Anm. 2.6.2; Schlechtriem/Schwenzer/Schroeter/Widmer Lüchinger Rn. 16). Die vor Vertragsschluss beendete Übergabe an den Beförderer kann nicht in eine Lieferung an den Käufer umgedeutet werden (Honsell/Ernst/Lauko Rn. 13). Wer die **Beförderungskosten** trägt und den **Beförderungsver-**

**trag** abschließt, ist im Rahmen von lit. a **unbeachtlich** (Herber/Czerwenka Rn. 4; Honsell/Ernst/Lauko Rn. 12; Staudinger/Magnus, 2018, Rn. 17).

**b) Erfordernis der Beförderung nach dem Vertrag.** Das Erfordernis der Beförderung durch einen unabhängigen Dritten (Kantonsgericht Wallis 19.8.2003 – C1 03 100, CISG-online Nr. 895; Soergel/Willems Rn. 5; Staudinger/Magnus, 2018, Rn. 13; Enderlein/Maskow/Strohbach Anm. 3. Vgl. auch Schlechtriem/Schwenzer/Schroeter/Widmer Lüchinger Rn. 13 ff.: der vom Verkäufer zu veranlassende Transport der Ware) muss sich aus dem Vertrag ergeben. Andernfalls greifen lit. b oder lit. c ein. Das CISG begründet selbst keine Pflicht des Verkäufers, für die Beförderung zu sorgen (Schlechtriem/Schwenzer/Schroeter/Widmer Lüchinger Rn. 17; Staudinger/Magnus, 2018, Rn. 8; Piltz IntKaufR Rn. 4-17). In den meisten Fällen wird sich allerdings aus dem **Vertrag,** insbes. aus **handelsüblichen Lieferklauseln,** zB CPT, CIP (MüKoHGB/Benicke Rn. 4) bzw. aus zwischen den Parteien üblichen **Gepflogenheiten** oder aus **Handelsbräuchen** (Art. 9) ergeben, ob eine Beförderung der Ware iSv lit. a erforderlich ist (Honsell/Ernst/Lauko Rn. 6; Schlechtriem/Schwenzer/Schroeter/Widmer Lüchinger Rn. 18). So soll es beispielsweise für die Anwendung von Art. 31 lit. a sprechen, wenn der Käufer angibt, dass und mit welchen Gesellschaften der Lufttransport zu erfolgen hat (OLG Hamm OLGR 2002, 185 (186)). Wie die Spitzenstellung der lit. a ausdrückt, geht das CISG davon aus, dass bei internationalen Käufen der Versendungskauf die Regel, die Holschuld hingegen die Ausnahme darstellt (→ Rn. 1) (Schlechtriem/Schwenzer/Schroeter/Widmer Lüchinger Rn. 17. Vgl. Honnold Rn. 209; MüKoHGB/Benicke Rn. 3; UNCITRAL Digest Anm. 5). Im Zweifel ist daher bei **Distanzkäufen,** die eine Beförderung der Ware erfordern, von einer Schickschuld auszugehen (Honsell/Ernst/Lauko Rn. 6, 11; MüKoHGB/Benicke Rn. 4; Schlechtriem/Schwenzer/Schroeter/Widmer Lüchinger Rn. 18; OG Kanton Zug IHR 2014, 149 (150); LG Bamberg IHR 2007, 113 (116); aA LG Aachen RIW 1993, 760 (761) = CISG-online Nr. 86; Staudinger/Magnus, 2018, Rn. 8: im Zweifel Holschuld). Ob der Verkäufer oder der Käufer die Kosten des Transports trägt (→ Rn. 4), ist dabei ohne Bedeutung (MüKoHGB/Benicke Rn. 4; LG Bamberg IHR 2007, 113 (116)). 5

**c) Erster Beförderer.** Der Verkäufer hat die Ware nach lit. a dem ersten Beförderer zu übergeben. Das ist jedes **selbstständige** Transportunternehmen, welches den Transport der Ware zum Käufer übernimmt, wie zB der Frachtführer, die Post, Eisenbahnunternehmen und Paketdienste (Brunner/Dimsey Rn. 7; Enderlein/Maskow/Strohbach Anm. 4; Staudinger/Magnus, 2018, Rn. 18). Umstritten ist die Rechtslage im Fall der Übergabe der Ware an einen **Spediteur,** der nach dem gesetzlichen Leitbild (vgl. etwa für das deutsche Recht §§ 453, 454 HGB) die Beförderung an sich nur **organisiert** (eingehend Schlechtriem/Schwenzer/Schroeter/Widmer Lüchinger Rn. 25 ff.). Führt dieser ausnahmsweise den Transport der Ware im Wege des **Selbsteintritts** (etwa nach deutschem Recht auf Grund § 458 Abs. 1 HGB) durch, wird er ganz überwiegend einem Transportunternehmer iSd lit. a gleichgestellt (Staudinger/Magnus, 2018, Rn. 18; GK-HGB/Achilles Rn. 4; Enderlein/Maskow/Strohbach Anm. 3; Honsell/Ernst/Lauko Rn. 26 f.; Neumayer/Ming Art. 67 Rn. 3; Schlechtriem/Schwenzer/Schroeter/Widmer Lüchinger Rn. 27; Piltz in Kröll/Mistelis/Perales Viscasillas CISG Rn. 23; Rudolph Rn. 14; Soergel/Willems Rn. 5). Aber auch wenn der Spediteur die Beförderung nicht selbst besorgt, sondern die vom Verkäufer angelieferte Ware nur kurzfristig bei sich **einlagert,** bevor er einen Frachtführer mit dem Transport beauftragt, ist seine Gleichstellung mit den übrigen Transportunternehmen zu befürworten. Den Ausschlag gibt dabei, dass der Verkäufer in allen Fällen die **Verfügungsmacht** über die Ware auf einen selbstständigen Unternehmer überträgt, der den Weitertransport veranlassen oder übernehmen soll. Es würde daher eine ungerechtfertigte Ungleichbehandlung darstellen, wenn man den Spediteur – anders als den Beförderer im engen Sinne – dem Verkäuferlager zurechnete. Die Übergabe an einen Spediteur ist somit stets der **Übergabe an** einen **Frachtführer gleichzustellen** (Brunner/Dimsey Rn. 7; Honsell/Ernst/Lauko Rn. 25; Schlechtriem/Schwenzer/Schroeter/Widmer Lüchinger Rn. 28; Schlechtriem/Schwenzer/Schroeter/Hachem Art. 67 Rn. 15; MüKoHGB/Benicke Rn. 15; s. auch Art. 67 Rn. 2; aA aber Enderlein/Maskow/Strohbach Anm. 4; Herber/Czerwenka Rn. 6; Honsell/Schönle/Th. Koller Art. 67 Rn. 17; Staudinger/Magnus, 2018, Rn. 18, die den Spediteur nur ausnahmsweise einem Transportunternehmer gleichstellen, wenn er den Transport im Wege des Selbsteintritts durchführt). 6

Für den Fall, dass **mehrere Beförderer** auf verschiedenen Teilstrecken eingesetzt werden, stellt lit. a klar, dass die Übergabe der Ware an den ersten Beförderer zur Erfüllung der Lieferpflicht genügt (ausf. Schlechtriem/Schwenzer/Schroeter/Widmer Lüchinger Rn. 20). 7

Lit. a ist nur auf den Transport durch **selbstständige Beförderer,** also Unternehmen, die zu dem Verkäufer nicht in einem Anstellungsverhältnis stehen, anwendbar (vgl. Schlechtriem/ 8

Schwenzer/Schroeter/Widmer Lüchinger Rn. 22 f.; Soergel/Willems Rn. 5). Darin kommt eine Risiko- und Haftungsverteilung zum Ausdruck, nach welcher der Verkäufer nur für Risiken aus dem seiner Verfügungsmacht unterstehenden Bereich einstehen soll (Honsell/Ernst/Lauko Rn. 26 f.; Schlechtriem/Schwenzer/Schroeter/Widmer Lüchinger Rn. 22). Der Verkäufer kann zwar ohne weiteres die Ware selbst bzw. durch eigene Leute zum Käufer befördern, wenn vertragliche Vereinbarungen dem nicht entgegenstehen. Er handelt dann aber nach einhelliger Auffassung nicht als Beförderer iSd lit. a und erfüllt damit noch nicht seine Lieferpflicht (Bianca/Bonell/Lando Anm. 2.4; Honsell/Ernst/Lauko Rn. 26 f.; Schlechtriem/Schwenzer/Schroeter/Widmer Lüchinger Rn. 21; Soergel/Willems Rn. 5). Führt der Verkäufer nur einen Teil des Transports durch, liefert er erst, wenn er die Ware am Ziel der Teilstrecke einem selbstständigen Beförderer übergibt und sich dadurch seiner Verfügungsmacht hierüber entledigt (Rudolph Rn. 14; Schlechtriem/Schwenzer/Schroeter/Widmer Lüchinger Rn. 21).

9 **d) Übergabe.** Die Lieferhandlung besteht in den Fällen der lit. a in der Übergabe der Ware zum Zweck der Übermittlung an den Käufer (Honsell/Ernst/Lauko Rn. 21; MüKoHGB/Benicke Rn. 17; Staudinger/Magnus, 2018, Rn. 22). Der Beförderer muss danach die Ware tatsächlich **übernehmen** (Honsell/Ernst/Lauko Rn. 19; Rudolph Rn. 2; UNCITRAL Digest Anm. 7). Dazu muss der Beförderer unmittelbaren Besitz an der Ware erlangen und der Verkäufer die hierfür erforderlichen Handlungen vornehmen (MüKoHGB/Benicke Rn. 11; auch Soergel/Willems Rn. 6: Gewahrsam des Käufers). Das reine Bereitstellen der Ware wie in lit. b und c genügt zur Erfüllung der Lieferpflicht nicht (Schlechtriem/Schwenzer/Schroeter/Widmer Lüchinger Rn. 29; Staudinger/Magnus, 2018, Rn. 21; MüKoHGB/Benicke Rn. 11). Auch die Übergabe der Dokumente reicht mangels anderweitiger Vereinbarung nicht für die Übergabe der Ware aus (UNCITRAL Digest Anm. 7; Sekretariatskommentar O. R. Art. 29 Anm. 9). Oft wird sich aus Lieferklauseln – vor allem den Incoterms – ergeben, welche Lieferhandlungen (zB das Beladen des Transportmittels) der Verkäufer iE schuldet. Bei einem **Streckengeschäft** (→ Rn. 4) erfüllt der Verkäufer seine Lieferpflicht, indem der Vorlieferant auf seine Weisung hin die Ware einem unabhängigen Beförderer (MüKoHGB/Benicke Rn. 19; Soergel/Willems Rn. 4; aA wohl Honsell/Ernst/Lauko Rn. 14) zum direkten Transport an den Käufer übergibt (vgl. Schlechtriem/Schwenzer/Schroeter/Widmer Lüchinger Rn. 24). Für dabei dem Vorlieferanten unterlaufende Fehler haftet der Verkäufer wie für eigene Fehler (Art. 79 Abs. 2) (Schlechtriem/Schwenzer/Schroeter/Widmer Lüchinger Rn. 35 ausdrücklich nur für Fehler bei Verpackung und Verladung; verallgemeinernd MüKoHGB/Benicke Rn. 19). Für ein Fehlverhalten des Beförderers haftet er dagegen nicht (Kantonsgericht Wallis 19.8.2003 – C1 03 100, CISG-online Nr. 895). Greift der Verkäufer nach Absendung in den Transport ein, indem er die Ware zurückruft, anhält oder ihre Zielbestimmung ändert, entfällt die mit der Übergabe verbundene Erfüllungswirkung (Staudinger/Magnus, 2018, Rn. 23; Soergel/Willems Rn. 7; MüKoHGB/Benicke Rn. 16; Schlechtriem/Schwenzer/Schroeter/Widmer Lüchinger Rn. 41 f.).

10 **e) Übergabeort.** Lit. a legt den Übergabeort nicht fest, sodass der Verkäufer in den Grenzen von Treu und Glauben (Art. 7 Abs. 1) **von jedem Ort versenden** kann, um seine Lieferpflicht zu erfüllen (Honsell/Ernst/Lauko Rn. 18; Schlechtriem/Schwenzer/Schroeter/Widmer Lüchinger Rn. 31; Schlechtriem/Schroeter IntUN-KaufR Rn. 344; MüKoHGB/Benicke Rn. 17). Auch der Sitz des Vorlieferanten kann bei einem Streckengeschäft Übergabeort sein (Honsell/Ernst/Lauko Rn. 14; MüKoHGB/Benicke Rn. 19). In der internationalen Vertragspraxis ergibt sich der Lieferort häufig aus den Incoterms, aber auch aus Gepflogenheiten und Handelsbräuchen, Art. 9 (vgl. Rudolph Rn. 3 ff.; Reinhart UN-KaufR Rn. 2; Piltz IntKaufR Rn. 4-39). Die FAS-Klausel bestimmt zB als Lieferort die Längsseite des benannten Schiffs im benannten Verschiffungshafen. Von lit. a wird auch der Fall erfasst, dass der Verkäufer die Ware dem selbstständigen Beförderer vereinbarungsgemäß an einem anderen Ort als seiner Niederlassung übergibt, vgl. dazu auch Art. 67 Abs. 1 S. 2 (Brunner/Dimsey Rn. 8; MüKoHGB/Benicke Rn. 10, 14; Soergel/Willems Rn. 2). Dann ist der Schickschuld eine Bringschuld bis zum Ort des Weitertransportes durch den Beförderer vorgelagert.

11 **f) Rechtsfolgen.** Mit der Übergabe der Ware an den Beförderer am Lieferort hat der Verkäufer seine Lieferpflicht erfüllt. Daraus folgt, dass ihn für Beschädigung, Zerstörung oder Verlust der Ware während des Transports und auch für die Verzögerung der Beförderung bzw. die Fehlleitung **keine Haftung** trifft (Kantonsgericht Wallis 19.8.2003 – C1 03 100, CISG-online Nr. 895; Handelsgericht des Kantons Zürich IHR 2001, 44 f. = CISG-online Nr. 488, CLOUT Nr. 331; UNCITRAL Digest Anm. 12; Rudolph Rn. 5; Schlechtriem/Schwenzer/Schroeter/Widmer Lüchinger Rn. 32). Insbesondere wird der Beförderer nicht mehr im Pflichtenkreis des Verkäufers

und damit nicht als sein Erfüllungsgehilfe (Art. 79 Abs. 2) tätig (Rudolph Rn. 5; Schlechtriem/Schwenzer/Schroeter/Widmer Lüchinger Rn. 32; Handelsgericht des Kantons Zürich IHR 2001, 44 f. = CISG-online Nr. 488 = CLOUT Nr. 331). Ob die Erfüllung rechtzeitig erfolgt ist, beurteilt sich dementsprechend nach der Rechtzeitigkeit der Absendung (Kantonsgericht Wallis 19.8.2003 – C1 03 100, CISG-online Nr. 895; Handelsgericht des Kantons Zürich IHR 2001, 44 f. = CISG-online Nr. 488 = CLOUT Nr. 331; Schlechtriem/Schwenzer/Schroeter/Widmer Lüchinger Rn. 10). Anders als noch nach Art. 97 EKG führt die Lieferung nicht automatisch zum **Gefahrübergang** (eingehend Ziegler, Leistungsstörungsrecht nach dem UN-Kaufrecht, 1995, 49 f.). Dieser ist vielmehr eigenständig in Art. 66 ff. geregelt. In den Fällen der lit. a richtet sich der Gefahrübergang jedoch nach Art. 67, der ebenfalls auf die Übergabe an den ersten Beförderer abstellt.

**2. Lieferung durch Zurverfügungstellen der Ware (lit. b und c).** Ist nach dem Kaufvertrag eine Beförderung der Ware nicht erforderlich und auch kein anderer Lieferort vereinbart, ist zunächst lit. b und subsidiär lit. c anwendbar. In beiden Fällen handelt es sich um eine **Holschuld,** die der Verkäufer durch ein **Bereitstellen** der Ware an dem jeweils bestimmten Abholort erfüllt. 12

**a) Zurverfügungstellen.** Die Leistungshandlung in den von lit. b und c erfassten Sachverhalten besteht in einem Zurverfügungstellen der Ware. Hierfür muss der Verkäufer alles seinerseits Erforderliche veranlassen, um dem Käufer die Abholung der Ware zu ermöglichen (UNCITRAL Digest Anm. 9; OLG Hamm RIW 1999, 785 (787) = CISG-online Nr. 434; Honsell/Ernst/Lauko Rn. 39; Soergel/Willems Rn. 8; Schillo IHR 2003, 257 (262). Vgl. Sekretariatskommentar O.R. Art. 29 Anm. 16). Die Ware muss daher so bereitgestellt werden, dass der Käufer lediglich noch Besitz ergreifen muss (OGH IHR 2019, 20 (21); UNCITRAL Digest Anm. 9; Schlechtriem/Schroeter IntUN-KaufR Rn. 348; Sekretariatskommentar O.R. Art. 29 Anm. 16). Ob dagegen der Käufer die von seiner Seite für die Übergabe erforderliche Handlung vornimmt, ist für die Erfüllung der Lieferpflicht irrelevant (Bianca/Bonell/Lando Anm. 2.7; Reinhart UN-KaufR Rn. 6). 13

Eine **Aussonderung** und **Kennzeichnung** der für den Käufer bestimmten Ware aus einem Bestand ist nicht erforderlich, wenn sie bei dessen Eintreffen ohne weiteres durchgeführt werden kann (Honsell/Ernst/Lauko Rn. 39; MüKoBGB/Gruber Rn. 8; Schlechtriem/Schwenzer/Schroeter/Widmer Lüchinger Rn. 50; Schlechtriem/Schroeter IntUN-KaufR Rn. 348; Piltz in Kröll/Mistelis/Perales Viscasillas CISG Rn. 26; aA Bianca/Bonell/Lando Anm. 2.7; aA für den Regelfall auch Sekretariatskommentar O.R. Art. 29 Anm. 16). Von der Bereitstellung der Ware hat der Verkäufer den Käufer zu **benachrichtigen,** wenn kein fester Abholtermin vereinbart wurde und der Käufer auch keine Kenntnis von der Bereitstellung hat (Bianca/Bonell/Lando Anm. 2.7; Schlechtriem/Schwenzer/Schroeter/Widmer Lüchinger Rn. 51 f.; Sekretariatskommentar O.R. Art. 29 Anm. 16). Zur Erfüllung der Lieferpflicht genügt in diesem Fall die **Absendung** der Bereitstellungsanzeige (Art. 27) (Honsell/Ernst/Lauko Rn. 39; Schlechtriem/Schwenzer/Schroeter/Widmer Lüchinger Rn. 51; MüKoBGB/Gruber Rn. 8). Die **Beladung** des vom Käufer gestellten Transportmittels leitet bereits die Übernahmehandlung ein und ist daher vom Verkäufer im Rahmen von lit. b und c nicht geschuldet (Schlechtriem/Schwenzer/Schroeter/Widmer Lüchinger Rn. 54; Piltz IntKaufR Rn. 4-28; OLG Karlsruhe IHR 2003, 125 (127) = CISG-online Nr. 817). Auch bei der vertraglichen Vereinbarung einer Verladepflicht handelt es sich nicht um einen Teil der Lieferpflicht, sondern um eine zusätzliche Pflicht (Honsell/Ernst/Lauko Rn. 40; Schlechtriem/Schwenzer/Schroeter/Widmer Lüchinger Rn. 54). Der Verpackung der Ware durch den Verkäufer bedarf es, wenn die Ware nur in verpacktem Zustand transportfähig ist (OLG Karlsruhe IHR 2003, 125 (127) = CISG-online Nr. 817; Sekretariatskommentar O.R. Art. 29 Anm. 16; Achilles Rn. 12; Schlechtriem/Schwenzer/Schroeter/Widmer Lüchinger Rn. 35, 53; Staudinger/Magnus, 2018, Rn. 10; wohl ebenso Honsell/Ernst/Lauko Rn. 22; MüKoHGB/Benicke Rn. 20). Befindet sich die Ware im Gewahrsam eines **Dritten,** muss der Verkäufer diesen verbindlich **anweisen,** den Besitz nunmehr für den Käufer auszuüben (Piltz IntKaufR Rn. 4-30; Sekretariatskommentar O.R. Anm. 17). Er kann seine Lieferpflicht auch dadurch erfüllen, dass er dem Käufer seinen **Herausgabeanspruch** gegen den Dritten, etwa aus einem Lagervertrag, **abtritt** (Honsell/Ernst/Lauko Rn. 41; Schlechtriem/Schwenzer/Schroeter/Widmer Lüchinger Rn. 58). Wird bereits **auf dem Transport befindliche Ware** verkauft, muss der Verkäufer dem Käufer am Bestimmungsort die Übernahme der Ware ermöglichen (Honsell/Ernst/Lauko Rn. 42; Piltz IntKaufR Rn. 4-30). Dies kann durch eine entsprechende Anweisung an den Beförderer bzw. durch die Übergabe der zur Herausgabe legitimierenden Papiere an den Käufer geschehen (Sekretariatskommentar O.R. Art. 29 Anm. 17; Piltz IntKaufR Rn. 4-30; MüKoHGB/Benicke Rn. 27). Bei frei zugänglicher Ware (zB Holz im Wald) genügt für das 14

Zurverfügungstellen das Einverständnis des Verkäufers, dass der Käufer die Ware an sich nimmt (Schlechtriem/Schwenzer/Schroeter/Widmer Lüchinger Rn. 57). Der Verkäufer erfüllt seine Lieferpflicht nicht, wenn er die Bereitstellung der Ware Vorbehalten unterwirft (Schlechtriem/Schwenzer/Schroeter/Widmer Lüchinger Rn. 55; dazu auch MüKoHGB/Benicke Rn. 31). Das berührt jedoch nicht sein Recht nach dem CISG, seine Lieferung mit der Zahlung des Kaufpreises durch den Käufer zu verknüpfen (Leistung Zug-um-Zug nach Art. 58).

15 **b) Besonderer Abholort (lit. b).** Erfordert der Vertrag keine Beförderung der Ware, richtet sich der Lieferort primär nach lit. b. Das ist der **Ort, an dem sich die Sache** bereits **befindet** oder noch zu produzieren ist, wenn der Vertrag Speziesschulden, Vorratsschulden oder herzustellende oder zu erzeugende Ware zum Gegenstand hat (Staudinger/Magnus, 2018, Rn. 26). Darüber hinaus setzt lit. b voraus, dass die Vertragsparteien **bei Vertragsschluss wissen,** dass sich die Ware an jenem Ort befindet bzw. befinden wird. Eine fahrlässige Unkenntnis des Abholorts steht der positiven Kenntnis dabei nicht gleich (Honsell/Ernst/Lauko Rn. 32; Sekretariatskommentar O.R. Anm. 13). Fehlt einer Partei die erforderliche Kenntnis, ist daher der Auffangtatbestand lit. c anwendbar (Schlechtriem/Schwenzer/Schroeter/Widmer Lüchinger Rn. 48; Staudinger/Magnus, 2018, Rn. 26).

16 Bei der **Speziesschuld** bildet der den Parteien bei Vertragsschluss bekannte Aufenthaltsort der Ware den Abholort. Bei der **Vorratsschuld** ist der Abholort identisch mit dem Lageort des Bestands. Eine Besonderheit ist bei **herzustellenden** oder zu **erzeugenden** Waren zu beachten, die nach lit. b am Herstellungs- bzw. Erzeugungsort zu liefern sind. Erfolgt die Produktion durch einen **dritten Unternehmer,** kann dem Käufer nicht ohne weiteres die Bereitschaft unterstellt werden, die Ware an jedem noch so entfernten Produktionsort abzuholen (Honsell/Ernst/Lauko Rn. 36). Enthält der Vertrag in derartigen Fällen keine deutlichen Hinweise zugunsten einer Holschuld, wird eine Schickschuld iSd lit. a zu vermuten sein (→ Rn. 5). Auch der Verkauf **reisender** Ware ist nach lit. b zu beurteilen (Herber/Czerwenka Rn. 7; Piltz IntKaufR Rn. 4-44; Staudinger/Magnus, 2018, Rn. 28; Sekretariatskommentar O.R. Anm. 12; aA Schlechtriem/Schwenzer/Schroeter/Widmer Lüchinger Rn. 47, 79; GK-HGB/Achilles Rn. 12). Lieferort ist insoweit das jeweilige Transportmittel (Honsell/Ernst/Lauko Rn. 37; Piltz IntKaufR Rn. 4-44). Jedoch muss der Käufer die Ware nicht an einem zufälligen und möglicherweise schwer erreichbaren Lieferort abholen, sondern kann sie an ihrem Bestimmungsort übernehmen (→ Rn. 14).

17 **c) Niederlassung des Verkäufers (lit. c).** Liegt weder ein Fall der lit. a noch der lit. b vor, greift als **Auffangtatbestand** lit. c ein. Abhol- und damit Lieferort ist danach die Niederlassung des Verkäufers zum Zeitpunkt des Vertragsschlusses (Honsell/Ernst/Lauko Rn. 45; Staudinger/Magnus, 2018, Rn. 29). Hatte der Verkäufer bei Vertragsschluss **mehrere** Niederlassungen, muss er nach den Grundsätzen des Art. 10 lit. a an derjenigen liefern, die die engste Beziehung zu dem Vertrag aufweist (Honsell/Ernst/Lauko Rn. 47; Schlechtriem/Schwenzer/Schroeter/Widmer Lüchinger Rn. 49; Schlechtriem/Schroeter IntUN-KaufR Rn. 348). Verlegt der Verkäufer nach Vertragsschluss seine Niederlassung, ist er – allerdings nur in den Grenzen von Treu und Glauben (Art. 7) – verpflichtet, die Ware an der alten Niederlassung bereitzustellen (Enderlein/Maskow/Strohbach Anm. 10; Honsell/Ernst/Lauko Rn. 46). Lit. c ist entspr. anwendbar, wenn der Rücktransport der Kaufsache zur Nachbesserung geschuldet ist und bereits für die Lieferpflicht lit. c galt (OLG Karlsruhe IHR 2003, 125 (126 f.) = CISG-online Nr. 817).

18 **d) Rechtsfolgen.** Mit Bereitstellung der Ware am richtigen Lieferort und – falls erforderlich – Absendung der entsprechenden Anzeige an den Käufer hat der Verkäufer seine Lieferpflicht erfüllt. Damit entfallen die auf Nichterfüllung gestützten Rechtsbehelfe des Käufers aus Art. 45 Abs. 1 und insbes. aus Art. 46 Abs. 1 (Schlechtriem/U. Huber, 3. Aufl. 2000, Rn. 63). Der Gefahrübergang richtet sich nach Art. 69 Abs. 1, wenn der Abholort mit der Verkäuferniederlassung übereinstimmt und nach Art. 69 Abs. 2 bei Vereinbarung eines anderen Abholorts. Bei reisender Ware erfolgt der Gefahrübergang nach Art. 68.

19 **3. Bringschuld.** Eine reine Bringschuld ist zwar in Art. 31 nicht geregelt (→ Rn. 3). Diese kann von den Parteien aber vereinbart werden, etwa durch Verwendung der Klausel „frei Haus" (Schlechtriem/Schwenzer/Schroeter/Widmer Lüchinger Rn. 76; ebenso für die Incoterm-Klausel „geliefert unverzollt", DDP; MüKoBGB/Gruber Rn. 22; Brunner/Dimsey Rn. 3. Zu den Ankunftsklauseln als Vereinbarung einer Bringschuld MüKoHGB/Benicke Rn. 34). Der Klausel „frei … Bestimmungsort" kommt allerdings im Handelsverkehr kein eindeutiger Erklärungswert zu (BGHZ 134, 201 = NJW 1997, 870 (872) mwN = CISG-online Nr. 225; OLG Köln IHR 2002, 66 = CISG-online Nr. 609 für die Klausel „frei Haus"; s. auch Kantonsgericht Zug IHR 2005, 119 (121)). Dabei kann es sich auch lediglich um eine Kostenregelung handeln (BGHZ

134, 201 = NJW 1997, 870 (871) = CISG-online Nr. 225 für die Klausel „Lieferung: frei Haus". Zur Klausel „frei Baustelle" als Kostentragungsregel vgl. OLG Koblenz IHR 2003, 66 (67) = CISG-online Nr. 716; OLG München IHR 2009, 201 (204).), was verschiedentlich sogar als Regelfall angesehen wird (Piltz NJW 2003, 2056 (2061); Magnus IHR 2002, 45 (48). Vgl. OLG Köln IHR 2002, 66 f. = CISG-online Nr. 609. In einem anderen Fall hat das OLG Köln in der Klausel Lieferung „frei Haus" dagegen die Vereinbarung einer Bringschuld gesehen: OLG Köln 8.1.1997 – 27 U 58/95, https://www.justiz.nrw.de/nrwe/olgs/koeln/j1997/27_U_58_96urteil19970108.html, abgerufen 19.4.2022). Jedoch bedarf es jeweils einer Auslegung im Einzelfall (OLG Koblenz IHR 2003, 66 (67) = CISG-online Nr. 716; OLG Köln IHR 2002, 66 = CISG-online Nr. 609 für Lieferung „frei Haus"; BGHZ 134, 201 = NJW 1997, 870 (871) = CISG-online Nr. 225). Die Klausel „Preisstellung ab Werk" soll der Annahme des Käufersitzes als Erfüllungsort nicht entgegenstehen, wenn etwa eine Montage- und Inbetriebnahmepflicht des Verkäufers besteht (OLG München IHR 2001, 25 (26) = RIW 2000, 712 = CISG-online Nr. 585; zust. Magnus ZEuP 2002, 523 (534)). Soweit bei Bestehen einer Montagepflicht generell eine Bringschuld angenommen wird (Honsell/Ernst/Lauko Rn. 50; MüKoBGB/Gruber Rn. 23; s. auch OLG Wien 1.6.2004 – 3 R 68/04y, CISG-online Nr. 954), wird dem entgegengehalten, dass Liefer- und Montagepflicht hinsichtlich des Leistungsorts selbstständig behandelt werden müssten (MüKoBGB/Gruber Rn. 3) und unterschiedliche Erfüllungsorte haben könnten (Schlechtriem/Schwenzer/Schroeter/Widmer Lüchinger Rn. 82; zust. MüKoHGB/Benicke Rn. 33). Kennzeichnend für die Bringschuld ist, dass der Transport noch zum Pflichtenkreis des Verkäufers gehört, sodass die Beförderer als seine Erfüllungsgehilfen (Art. 79 Abs. 2) handeln und der Transport auf seine Gefahr erfolgt (Honsell/Ernst/Lauko Rn. 50). Ob der Verkäufer die Ware am Bestimmungsort dem Käufer zu **übergeben** oder nur **zur Verfügung zu stellen** hat, bestimmt sich primär nach dem Vertrag; im Zweifel ist nur Letzteres geschuldet (Honsell/Ernst/Lauko Rn. 51; zust. MüKoHGB/Benicke Rn. 34; Schlechtriem/Schwenzer/Schroeter/Widmer Lüchinger Rn. 76). Weigert sich der Käufer, die Ware anzunehmen, hat der Verkäufer im Rahmen des Art. 85 die geeigneten Erhaltungsmaßnahmen zu treffen (Schlechtriem/Schwenzer/Schroeter/Widmer Lüchinger Rn. 76).

**4. Transportkosten und Genehmigungen.** Das CISG regelt nicht, welche Partei die **Transportkosten** zu zahlen und die behördlichen **Genehmigungen** (zB Einfuhr- und Ausfuhrlizenzen) einzuholen hat. Gewöhnlich werden diese Fragen im Vertrag – auch durch Vereinbarung von Incoterms – detailliert geregelt. Bei Fehlen einer vertraglichen Regelung können international anerkannte Regeln eine Orientierung bieten: Die Kosten **bis zur Lieferung,** etwa die Kosten der Übergabe an den Beförderer und der erforderlichen Verpackung (Honsell/Ernst/Lauko Rn. 53; Schlechtriem/Schwenzer/Schroeter/Widmer Lüchinger Rn. 83) trägt **der Verkäufer,** während der Käufer die danach entstehenden Kosten, also die Frachtkosten zu begleichen hat (Honsell/Ernst/Lauko Rn. 53; Schlechtriem/Schwenzer/Schroeter/Widmer Lüchinger Rn. 83; Soergel/Willems Rn. 1; Staudinger/Magnus, 2018, Rn. 30; Piltz in Kröll/Mistelis/Perales Viscasillas CISG Rn. 51. Vgl. MüKoHGB/Benicke Rn. 36 für einen allgemeinen Grundsatz des CISG, dass jede Partei die Kosten ihrer eigenen Leistung zu tragen habe). Dieses Verteilungsmuster gilt auch für die übrigen Lasten. Der Verkäufer trägt danach die Lasten, die bis zum Erreichen des Lieferorts anfallen, zB für Genehmigungen und Zölle. Der Käufer trägt dagegen die ab dem Lieferort entstehenden Lasten (Honsell/Ernst/Lauko Rn. 54; Schlechtriem/Schwenzer/Schroeter/Widmer Lüchinger Rn. 84 ff.; Staudinger/Magnus, 2018, Rn. 30; Piltz IntKaufR Rn. 4-113; vgl. auch MüKoHGB/Benicke Rn. 37). 20

**5. Gerichtsstand.** Prozessuale Materien wie Gerichtsstandsregelungen sind zwar nicht Gegenstand des CISG. Greifen jedoch Vorschriften ein, die einen Gerichtsstand des Erfüllungsorts vorsehen – etwa § 29 ZPO im Hinblick auf die **internationale** und **örtliche Zuständigkeit** (und ebenso Art. 7 Nr. 1 Brüssel Ia-VO, → Rn. 22) –, kann der aus Art. 31 folgende Lieferort zugleich einen Gerichtsstand begründen (BGHZ 134, 201 (205 ff.) = NJW 1997, 870 (871 f.); Herber/Czerwenka Rn. 2; Honsell/Ernst/Lauko Rn. 57; MüKoBGB/Gruber Rn. 4, 34 f. zu § 29 ZPO. Zur Gerichtszuständigkeit bei Geltung des revidierten LugÜ Schlechtriem/Schwenzer/Schroeter/Widmer Lüchinger Rn. 90). Probleme können sich in den Fällen der **lit. a** ergeben, wonach es dem Verkäufer prinzipiell erlaubt ist, die Ware von jedem beliebigen Ort zu versenden, womit ein eigener Gerichtsstand des Erfüllungsortes an sich ausscheidet (→ Rn. 10). Um bei der Bestimmung des Gerichtsstands unerwünschte zufällige Ergebnisse zu vermeiden, war bei Versendungskäufen daher zunächst grds. auf die **Verkäuferniederlassung** abzustellen (ebenso Honsell/Ernst/Lauko Rn. 57; Schlechtriem/Schwenzer/Schroeter/Widmer, 5. Aufl. 2008, Rn. 90 zum LugÜ; Schlechtriem/U. Huber, 3. Aufl. 2000, Rn. 32a; aA MüKoHGB/Benicke Rn. 41; Staudinger/ 21

Magnus, 2018, Rn. 24: Übergabeort als Erfüllungsort; zur Situation unter Geltung der Brüssel Ia-VO → Rn. 22). In den Fällen der **lit. b** und **lit. c** kann dagegen der besondere Gerichtsstand des **Erfüllungsortes** begründet werden (BGHZ 134, 201 (205 ff.) = NJW 1997, 870 (871 f.); Schlechtriem/U. Huber, 3. Aufl.2000, Rn. 50 f.; Soergel/Willems Rn. 12; krit. zu der Möglichkeit entlegener Erfüllungsorte bei lit. b MüKoBGB/Gruber Rn. 36 und Schlechtriem/Schwenzer/Schroeter/Widmer Lüchinger Rn. 97. Vgl. zur Holschuld auch MüKoHGB/Benicke Rn. 40). Treffen die Parteien Abreden über den Lieferort, ist genau zu prüfen, ob sie damit auch den Gerichtsstand festlegen wollten (Schlechtriem/Schwenzer/Schroeter/Widmer Lüchinger Rn. 98), um überraschende Zuständigkeiten abzuwehren.

22 Im europäischen Bereich ist es mit der Brüssel Ia-VO (nF der ursprünglichen VO (EG) Nr. 44/2001. Im Folgenden wird auf die Vorschriften der Neufassung Bezug genommen, auch wenn sich die Literaturangaben in Teilen auf die Brüssel Ia-VO aus dem Jahre 2000 beziehen. Eine Entsprechenstabelle der Artikel der jeweiligen Fassung der Brüssel Ia-VO findet sich bei Thomas/Putzo/Hüßtege Brüssel Ia-VO Vorbem. Rn. 26. Zu alternativen Abkürzungen s. Mankowski RIW 2004, 481 (492); Magnus IHR 2002, 45; MüKoBGB/Gruber Rn. 4, 30 Fn. 60) zu einer Vereinheitlichung gekommen. Auf nach dem 10.1.2015 erhobene Klagen (Art. 66 Abs. 1 Brüssel Ia-VO, Art. 81 Brüssel Ia-VO) findet die **Brüssel Ia-VO** idF von 2012 Anwendung. Der Zeitpunkt der Klageerhebung richtet sich nach dem Recht des angerufenen Gerichts, weshalb nach deutschem Recht gem. § 253 Abs. 1 ZPO die Zustellung der Klage maßgebend ist (ausf. OLG Düsseldorf IHR 2004, 108 (109) = CISG-online Nr. 821; HK-ZPO/Dörner Brüssel Ia-VO Art. 66 Rn. 2; Magnus IHR 2002, 45 (52); für eine entsprechende Anwendung des Art. 32 Brüssel Ia-VO Thomas/Putzo/Hüßtege Brüssel Ia-VO Art. 66 Rn. 2). Der besondere Gerichtsstand des Erfüllungsortes gem. Art. 7 Nr. 1 Brüssel Ia-VO tritt neben die allgemeine Wohnsitzzuständigkeit nach Art. 4 Abs. 1 Brüssel Ia-VO (Kropholler/v. Hein Brüssel I-VO Art. 5 Rn. 1; MüKoBGB/Gruber Rn. 30; Magnus IHR 2002, 45 (48); Piltz NJW 2002, 789 (792)). Art. 7 Nr. 1 lit. b Brüssel Ia-VO (zu den Anwendungsvoraussetzungen des Art. 5 Brüssel I-VO aF iE s. Magnus IHR 2002, 45 (49 f.)) sieht in Abweichung von dem früheren EuGVÜ eine **eigenständige Regelung des Erfüllungsortes** vor (dazu EuGH IHR 2010, 170 (175) – Car Trim; OLG Düsseldorf IHR 2004, 108 (110) = CISG-online Nr. 821; Thomas/Putzo/Hüßtege Brüssel Ia-VO Art. 7 Rn. 6; Schlechtriem/Schwenzer/Schroeter/Widmer Lüchinger Rn. 89; P. Huber/Kröll IPRax 2003, 309 (312); Junker RIW 2002, 569 (572); Mankowski RIW 2004, 481 (493)). Dieser Gerichtsstand umfasst einheitlich alle Ansprüche aus dem Kaufvertrag (BGH IHR 2010, 217 (220); OGH JBl 2004, 186 (187); Thomas/Putzo/Hüßtege Brüssel Ia-VO Art. 7 Rn. 14; Schlechtriem/Schwenzer/Schroeter/Widmer Lüchinger Rn. 89; Magnus IHR 2002, 45 (47); Magnus ZEuP 2002, 523 (541); Mankowski RIW 2004, 481 (493); Junker RIW 2002, 569 (572); Hager/Bentele IPRax 2004, 73. Vgl. OLG Düsseldorf IHR 2004, 108 (110) = CISG-online Nr. 821). Es ist also nicht mehr wie unter Geltung des EuGVÜ auf den Erfüllungsort der jeweils streitigen Verpflichtung nach der lex causae abzustellen (Schlechtriem/Schroeter IntUN-KaufR Rn. 351; Hager/Bentele IPRax 2004, 73; Junker RIW 2002, 569 (572); Magnus IHR 2002, 45 (46); Magnus ZEuP 2002, 523 (541); Piltz NJW 2002, 789 (793)).

## III. Beweislastregeln

23 Ist die Beförderung der Ware notwendig (→ Rn. 5), wird ein Versendungskauf iSv lit. a vermutet (Herber/Czerwenka Rn. 10; ähnlich Honsell/Ernst/Lauko Rn. 60: Vermutung der Erforderlichkeit der Beförderung; MüKoHGB/Benicke Rn. 42: Vermutung einer Schickschuld; Witz/Salger/Lorenz/Witz Rn. 12). Beruft sich eine Partei dagegen auf die Vereinbarung eines besonderen oder des allgemeinen Abholorts, trägt sie hierfür die Beweislast (Herber/Czerwenka Rn. 10; Honsell/Ernst/Lauko Rn. 60; Soergel/Willems Rn. 14). Nach aA ist dagegen derjenige beweispflichtig, der einen vom Auffangtatbestand der Holschuld nach lit. c abweichenden Lieferort behauptet (MüKoBGB/Gruber Rn. 37 f.; vgl. auch Müller in Baumgärtel/Laumen/Prütting Beweislast-HdB II UNKR Rn. 1, wonach immer derjenige beweispflichtig ist, der sich auf eine entspr. Verkäuferpflicht beruft. Im Regelfall sei dies der Käufer. Allerdings wird auch dort angenommen, dass nach lit. b und c eine Holschuld gelte, wenn nicht bewiesen werden kann, dass eine Beförderung erforderlich ist, → Rn. 5). Unstr. ist, dass einer Partei, die sich auf die Vereinbarung einer Bringschuld oder eines anderen von Art. 31 abweichenden Erfüllungsortes beruft, hierfür die Beweislast obliegt (AG Duisburg IHR 2001, 114 (116) = CISG-online Nr. 659 = CLOUT Nr. 360; zust. Piltz NJW 2003, 2056 (2061); ebenso UNCITRAL Digest Anm. 13; Staudinger/Magnus, 2018, Rn. 34; Müller in Baumgärtel/Laumen/Prütting Beweislast-HdB II UNKR Rn. 2; Herber/Czerwenka Rn. 10; MüKoBGB/Gruber Rn. 39). Die Erfüllung seiner

Lieferpflicht hat der Verkäufer zu beweisen (OLG Brandenburg IHR 2014, 228 (230); Honsell/Ernst/Lauko Rn. 60; Müller in Baumgärtel/Laumen/Prütting Beweislast-HdB II UNKR Rn. 9 ff.).

## Art. 32 (Beförderung der Ware)

**(1) Übergibt der Verkäufer nach dem Vertrag oder diesem Übereinkommen die Ware einem Beförderer und ist die Ware nicht deutlich durch daran angebrachte Kennzeichen oder durch Beförderungsdokumente oder auf andere Weise dem Vertrag zugeordnet, so hat der Verkäufer dem Käufer die Versendung anzuzeigen und dabei die Ware im einzelnen zu bezeichnen.**

**(2) Hat der Verkäufer für die Beförderung der Ware zu sorgen, so hat er die Verträge zu schließen, die zur Beförderung an den festgesetzten Ort mit den nach den Umständen angemessenen Beförderungsmitteln und zu den für solche Beförderungen üblichen Bedingungen erforderlich sind.**

**(3) Ist der Verkäufer nicht zum Abschluß einer Transportversicherung verpflichtet, so hat er dem Käufer auf dessen Verlangen alle ihm verfügbaren, zum Abschluß einer solchen Versicherung erforderlichen Auskünfte zu erteilen.**

### Überblick

Art. 32 konkretisiert die zusätzlichen Verkäuferpflichten, wenn die Beförderung der Ware vereinbart ist. Der Verkäufer kann die Versendung der Ware mit der Folge anzuzeigen haben, dass bereits mit Absendung der Anzeige die Transportgefahr auf den Käufer übergeht (→ Rn. 2 ff.). Die Lieferpflicht umfasst zudem die Verpflichtung, bei Versendungskäufen alle für den Transport erforderlichen Verträge zu schließen (→ Rn. 8 ff.). Besteht für den Verkäufer keine Verpflichtung zum Abschluss einer Transportversicherung, ist er dennoch auf die Aufforderung des Käufers hin verpflichtet, diesem alle hierfür erforderlichen Informationen zur Verfügung zu stellen (→ Rn. 12).

### I. Normzweck

Die Bestimmung begründet **zusätzliche Pflichten** des Verkäufers bei Verträgen, die eine Beförderung der Ware erfordern (vgl. auch Sekretariatskommentar O.R. Anm. 1). Damit wird insbes. die in Art. 31 lit. a geregelte Lieferpflicht des Verkäufers in den Fällen des **Versendungskaufs** ergänzt (→ Art. 31 Rn. 3 ff.). **Abs. 1** ordnet für den Verkäufer die Pflicht an, dem Käufer die **Versendung** der Ware **anzuzeigen,** falls sich deren Zuordnung zu dem Kaufvertrag ausnahmsweise weder aus einer Kennzeichnung noch aus den Transportdokumenten ergibt. Damit soll eine Spekulation mit der Ware verhindert werden, etwa dadurch, dass der Verkäufer sie noch nach ihrer Beschädigung oder Zerstörung auf dem Transport dem Vertrag zuordnet und so das Schadens- und Verlustrisiko auf den Käufer verlagert (Honsell/Ernst/Lauko Rn. 5; Schlechtriem/Schwenzer/Schroeter/Widmer Lüchinger Rn. 1; Brunner/Lauterburg Rn. 2). **Abs. 2** begründet die Pflicht des Verkäufers, den **Beförderungsvertrag** mit Rücksicht auf die Belange des Käufers **abzuschließen** (Staudinger/Magnus, 2018, Rn. 16). Nach **Abs. 3** hat der Verkäufer dem Käufer die zum Abschluss einer **Transportversicherung** erforderlichen Auskünfte zu erteilen. 1

### II. Einzelerläuterungen

**1. Versendungsanzeige (Abs. 1).** Eine Pflicht des Verkäufers zur Anzeige der Versendung besteht nach dem CISG nicht generell, sondern nur unter bestimmten Bedingungen. 2

**a) Lieferung durch Übergabe an den Beförderer.** Abs. 1 regelt nur die Fälle, in denen der Verkäufer seine Lieferpflicht durch Übergabe der Ware an den Beförderer erfüllt (→ Art. 31 Rn. 3 ff.). Die Vorschrift betrifft damit einmal die in Art. 31 lit. a geregelten einfachen **Versendungskäufe** und zum anderen Versendungskäufe, bei denen ein **besonderer Versendungsort** vereinbart ist (Honsell/Ernst/Lauko Rn. 4; Schlechtriem/Schwenzer/Schroeter/Widmer Lüchinger Rn. 2; Staudinger/Magnus, 2018, Rn. 8). Zu den besonderen Übergabeorten → Art. 31 Rn. 10. Nicht erfasst werden dagegen **Holschulden,** die der Verkäufer durch das Zurverfügung- 3 stellen der Ware am Abholort erfüllt (BeckOGK/Al-Debi Rn. 3; Honsell/Ernst/Lauko Rn. 4; Schlechtriem/Schwenzer/Schroeter/Widmer Lüchinger Rn. 2; Soergel/Willems Rn. 2). Bei diesen gehört allerdings die Benachrichtigung des Käufers zum Tatbestand des Zurverfügungstellens, wenn weder ein fester Abholtermin vereinbart ist noch der Käufer sonst Kenntnis von der Bereitstellung der Ware hat (→ Art. 31 Rn. 13 f.). Nicht anwendbar ist Abs. 1 auch in Fällen, in denen eine Bringschuld vereinbart wurde (MüKoBGB/Gruber Rn. 3; Piltz in Kröll/Mistelis/Perales Viscasillas CISG Rn. 9).

4 **b) Zuordnung der Ware zum Vertrag.** Eine Anzeigepflicht setzt weiter voraus, dass die Ware nicht schon mit der Übergabe an den Beförderer dem Vertrag zugeordnet wird. Der Verkäufer muss durch eine solche Zuordnung deutlich machen, dass er gerade mit der beförderten Ware die Lieferpflicht gegenüber dem Käufer erfüllen will (Honsell/Ernst/Lauko Rn. 5; Staudinger/Magnus, 2018, Rn. 9). Es genügt die objektive Erkennbarkeit (Herber/Czerwenka Rn. 2; MüKoHGB/Benicke Rn. 2). Art. 32 Abs. 1 nennt insoweit das Anbringen von **Kennzeichen** an der Ware, zB der Käuferadresse, und die Zuordnung durch **Transportdokumente** (Schlechtriem/Schwenzer/Schroeter/Widmer Lüchinger Rn. 3; Staudinger/Magnus, 2018, Rn. 9). Diese kann erfolgen, indem der Käufer in einem **Frachtbrief** als Empfänger der Ware oder im Fall des Seetransports in einem vom Verfrachter erteilten **Konnossement** als Berechtigter eingetragen wird (Herber/Czerwenka Rn. 3; Honsell/Ernst/Lauko Rn. 6; Schlechtriem/Schwenzer/Schroeter/Widmer Lüchinger Rn. 3 f.).

5 **c) Anzeigepflicht.** Liegt eine ausreichende Zuordnung der Ware zum Vertrag nicht vor, muss sie nach Art. 32 Abs. 1 durch eine **Versendungsanzeige** hergestellt werden. Die Erfüllung der Anzeigepflicht ist dann Voraussetzung für die Erfüllung der Lieferpflicht (MüKoHGB/Benicke Rn. 2; Staudinger/Magnus, 2018, Rn. 7). Diese Anzeigepflicht kann der Verkäufer durch direkte, **formlose** Mitteilung an den Käufer oder durch die Übermittlung der Beförderungsdokumente erfüllen (Rudolph Rn. 5; Schlechtriem/Schwenzer/Schroeter/Widmer Lüchinger Rn. 5). Nach Abs. 1 hat er dabei die Ware iE so zu bezeichnen, dass der Käufer die für ihn bestimmten Gegenstände **identifizieren** kann (vgl. die Beispiele bei Schlechtriem/Schwenzer/Schroeter/Widmer Lüchinger Rn. 5; s. auch Reinhart UN-KaufR Rn. 2; Rudolph Rn. 6). Bei Sammelladungen sind in der Anzeige die Menge und das Beförderungsmittel der Ware anzugeben (MüKoHGB/Benicke Rn. 5; Schlechtriem/Schwenzer/Schroeter/Widmer Lüchinger Rn. 5; Staudinger/Magnus, 2018, Rn. 13; Soergel/Willems Rn. 3). Einen festen **Zeitpunkt** für die Anzeige der Versendung sieht Art. 32 Abs. 1 zwar nicht vor. Als allgemeiner Grundsatz (Art. 7 Abs. 2) gilt aber, dass die Versendung innerhalb angemessener Frist anzuzeigen ist (Bianca/Bonell/Lando Anm. 2.2.2; Honsell/Ernst/Lauko Rn. 11; weitergehend MüKoBGB/Gruber Rn. 6; diff. MüKoHGB/Benicke Rn. 7). Verwendet der Verkäufer dabei nach den Umständen geeignete Kommunikationsmittel, trägt nach Art. 27 der Käufer das Risiko des Verlusts, der Verzögerung und der Entstellung der Anzeige auf dem Transportweg (Honsell/Ernst/Lauko Rn. 11; Schlechtriem/Schwenzer/Schroeter/Widmer Lüchinger Rn. 7; Piltz IntKaufR Rn. 4-102).

6 **d) Rechtsfolgen.** Fehlt bei Übergabe der Ware an den Beförderer noch die Zuordnung zum Vertrag, geht nach Art. 67 Abs. 2 mit **Absendung der Anzeige** die Transportgefahr ex nunc auf den Käufer über (Honsell/Ernst/Lauko Rn. 12; Staudinger/Magnus, 2018, Rn. 14). Eine Bindung des Verkäufers an die mit der Versendungsanzeige getroffene Zuordnung tritt spätestens mit dem Zugang der Anzeige beim Käufer ein (so auch Staudinger/Magnus, 2018, Rn. 12; im Grundsatz ebenso Schlechtriem/Schwenzer/Schroeter/Widmer Lüchinger Rn. 9; aA Honsell/Ernst/Lauko Rn. 13: Bindung an die einmal getroffene Zuordnung; ähnlich MüKoBGB/Gruber Rn. 8: Bindungswirkung ab Absendung. Krit. zur Bindungswirkung Soergel/Willems Rn. 7). **Versäumt** es der Verkäufer dagegen, dem Käufer die Versendung mitzuteilen, erfolgt der Gefahrübergang nicht (Art. 67 Abs. 2) (Schlechtriem/Schroeter IntUN-KaufR Rn. 354). Darüber hinaus haftet der Verkäufer gem. Art. 45 Abs. 1 lit. b auf **Schadensersatz,** wenn dem Käufer auf Grund der verspäteten oder ausbleibenden Anzeige rechtzeitige Vorkehrungen für die Übernahme der Ware unmöglich werden (Bianca/Bonell/Lando Anm. 2.2.2; Schlechtriem/Schwenzer/Schroeter/Widmer Lüchinger Rn. 11; Rudolph Rn. 7; Schlechtriem/Schroeter IntUN-KaufR Rn. 354). Ausnahmsweise stellt die Unterlassung einer Anzeige eine **wesentliche,** den Käufer zur Vertragsaufhebung (Art. 49 Abs. 1 lit. a) berechtigende **Vertragsverletzung** dar, wenn dieser auf Grund der Umstände befürchten muss, eine Lieferung werde überhaupt nicht mehr erfolgen (Honsell/Ernst/Lauko Rn. 14; Schlechtriem/Schwenzer/Schroeter/Widmer Lüchinger Rn. 12; auch Soergel/Willems Rn. 6).

**e) Weitergehende Anzeigepflichten.** Über Art. 32 hinaus ordnen in der Praxis häufig Lieferklauseln, insbes. Incoterms, eine Anzeigepflicht des Verkäufers auch dann an, wenn die Ware – zB durch Adressierung oder Transportdokumente – dem Vertrag bereits zugeordnet ist (Herber/Czerwenka Rn. 6; Schlechtriem/Schwenzer/Schroeter/Widmer Lüchinger Rn. 13). Mit der Information über die Versendung soll der Käufer eine Grundlage für weitere Dispositionen erhalten (Honsell/Ernst/Lauko Rn. 8). Die Rechtsfolgen der Verletzung einer **vertraglichen Anzeigepflicht** entsprechen mit einer Ausnahme denen der Verletzung einer Pflicht aus Art. 32 Abs. 1 (→ Rn. 6): Der Gefahrübergang hängt von der Erfüllung der vertraglichen Anzeigepflicht nicht ab, wenn eine eindeutige Zuordnung der Ware zum Vertrag bereits zuvor hergestellt worden ist, Art. 67 Abs. 2 (Honsell/Ernst/Lauko Rn. 15; Schlechtriem/Schwenzer/Schroeter/Widmer Lüchinger Rn. 14). 7

**2. Abschluss des Beförderungsvertrags (Abs. 2).** Abs. 2 stellt klar, dass die Lieferpflicht des Verkäufers in den Fällen, in denen er für die Beförderung der Ware zu sorgen hat, auch den Abschluss der dafür erforderlichen Verträge umfasst (Bianca/Bonell/Lando Anm. 2.3.1; Schlechtriem/U. Huber, 3. Aufl. 2000, Rn. 16). 8

**a) Anwendungsbereich.** Die Vorschrift ist nur anwendbar, wenn der Verkäufer für den Transport zu sorgen hat. Darin liegt ein Verweis auf **Versendungskäufe,** nicht jedoch auf **Bringschulden** (Brunner/Lauterburg Rn. 3 f.; Honsell/Ernst/Lauko Rn. 16; Schlechtriem/Schwenzer/Schroeter/Widmer Lüchinger Rn. 15 f.). Bei Letzteren gehört die Beförderung der Ware noch zum Pflichtenkreis des Verkäufers, sodass der Abschluss eines ordnungsmäßigen Beförderungsvertrages in seinem eigenen Interesse liegt und daher nicht gesondert angeordnet werden muss (Schlechtriem/Schwenzer/Schroeter/Widmer Lüchinger Rn. 16). Die Parteien können nach allgemeinen Grundsätzen des CISG (Art. 6) die Abschlusspflicht abweichend auch dem Käufer zuweisen, zB indem sie die Incoterms FCA oder FOB vereinbaren (Honsell/Ernst/Lauko Rn. 17). 9

**b) Inhalt des Beförderungsvertrags.** Der Transportvertrag muss gewährleisten, dass die Ware mit angemessenen Beförderungsmitteln zu den üblichen Bedingungen zum festgelegten Bestimmungsort befördert wird. Die **Wahl des angemessenen Transportmittels** richtet sich nach den Umständen des Einzelfalls. Der Verkäufer hat insbes. auf die Sicherheit des Transportmittels, die Eigenschaften der Ware (zB Verderblichkeit), die Kosten des Transports und die Zuverlässigkeit des Beförderers zu achten (Enderlein/Maskow/Strohbach Anm. 6 f.; Staudinger/Magnus, 2018, Rn. 17; MüKoHGB/Benicke Art. 31 Rn. 14; MüKoHGB/Benicke Art. 32 Rn. 11; nach Piltz in Kröll/Mistelis/Perales Viscasillas CISG haftet der Verkäufer allein für Auswahl und Unterweisung des Beförderers). Bestehen mehrere angemessene Transportmittel, kann der Verkäufer eines davon auswählen, sofern keine anderweitige Vereinbarung getroffen wurde (Bezirksgericht der Saane 20.2.1997 – T 171/95, unter 4.3.d und 5.1, CISG-online Nr. 426; zust. MüKoHGB/Benicke Rn. 11). Die Transportroute ist so auszuwählen, dass Umladungen möglichst vermieden werden (Bianca/Bonell/Lando Anm. 2.3.2; Enderlein/Maskow/Strohbach Anm. 7). Den **Beförderungsvertrag** hat der Verkäufer **zu den üblichen Bedingungen,** vor allem im Hinblick auf Beförderungsentgelt und Haftungsregelungen, abzuschließen (Honsell/Ernst/Lauko Rn. 20; Staudinger/Magnus, 2018, Rn. 18). Ungewöhnliche Haftungsfreizeichnungen darf er nicht akzeptieren (Bianca/Bonell/Lando Anm. 2.3.1; Herber/Czerwenka Rn. 7). Beauftragt der Verkäufer einen **Spediteur** oder seinen **Vorlieferanten** mit dem Vertragsabschluss, treten diese als seine Erfüllungsgehilfen (Art. 79 Abs. 2) auf (Honsell/Ernst/Lauko Rn. 23; Herber/Czerwenka Rn. 7). Ausnahmsweise genügt der Verkäufer aber schon durch den Abschluss des **Speditionsvertrags** seinen Pflichten aus Art. 32 Abs. 2, wenn er durch Übergabe der Ware an den Spediteur zum Zwecke der Beförderung an den Käufer seine Lieferpflicht nach Art. 31 lit. a erfüllt (dazu eingehend Schlechtriem/Schwenzer/Schroeter/Widmer Lüchinger Rn. 22). 10

**c) Rechtsfolgen der Verletzung der Abschlusspflicht.** Verletzt der Verkäufer seine Abschlusspflicht, etwa indem er einen unzuverlässigen Beförderer beauftragt, und kommt es deshalb zur Beschädigung oder Zerstörung der Ware auf dem Transport, wird der Käufer trotz des Gefahrübergangs nach Art. 67 von seiner Zahlungspflicht frei (vgl. Art. 66 Hs. 2) (Honsell/Ernst/Lauko Art. 31 Rn. 8 f.). Ferner stehen dem Käufer die Rechtsbehelfe aus Art. 45 Abs. 1 zu (Staudinger/Magnus, 2018, Rn. 19; Rudolph Rn. 10). Erreicht ihn die Ware wegen der Pflichtverletzung überhaupt nicht, kann er weiterhin die Erfüllung der Lieferpflicht verlangen (Art. 46 Abs. 1) (Honsell/Ernst/Lauko Art. 31 Rn. 8 f.; Schlechtriem/Schwenzer/Schroeter/Widmer Lüchinger Rn. 30). Für Transportschäden hat der Verkäufer nach Art. 36 Abs. 2 Alt. 1 einzustehen (Honsell/Ernst/Lauko Art. 31 Rn. 8 f.). Bei überhöhten Transportkosten kann der Käufer Schadensersatz gem. Art. 45 Abs. 1 lit. b vom Verkäufer verlangen (MüKoHGB/Benicke Rn. 12; Witz/Salger/ 11

Lorenz/Witz Rn. 14; Soergel/Willems Rn. 9), ebenso hinsichtlich des Schadens, der auf einer durch eine Pflichtverletzung des Verkäufers verursachten Verspätung beruht (MüKoBGB/Gruber Rn. 13).

12 **3. Auskünfte für die Transportversicherung (Abs. 3).** Das CISG verpflichtet den Verkäufer unbeschadet abweichender Vereinbarungen, Gepflogenheiten und Handelsbräuche (Art. 9 Abs. 1) auch dann nicht, die Ware für den Transport zu versichern, wenn er für die Beförderung zu sorgen hat (Bianca/Bonell/Lando Anm. 2.4; Staudinger/Magnus, 2018, Rn. 22). Auch aus der Übernahme der Transportkosten durch den Verkäufer ergibt sich nicht, dass der Verkäufer die Kosten einer Versicherung zu tragen hat (MüKoHGB/Benicke Rn. 13; Piltz in Kröll/Mistelis/Perales Viscasillas CISG Rn. 25; aA Schlechtriem/Schwenzer/Schroeter/Widmer Lüchinger Rn. 26; Honsell/Ernst/Lauko Rn. 22). Eine Pflicht zum Abschluss einer Transportversicherung kann sich für den Verkäufer aber insbes. aus der Vereinbarung einer CIF- oder CIP-Klausel ergeben, s. jeweils Punkt A.3.b Incoterms (ebenso Honsell/Ernst/Lauko Rn. 21; Piltz IntKaufR Rn. 4-104 für die Incoterms 1990; vgl. auch Schlechtriem/Schwenzer/Schroeter/Widmer Lüchinger Rn. 27; Soergel/Willems Rn. 10). Abs. 3 gilt stets, wenn den Verkäufer **keine Pflicht zum Abschluss einer Transportversicherung** trifft, also auch bei Holschulden (Honsell/Ernst/Lauko Rn. 24). Die Bestimmung verpflichtet den Verkäufer, auf Verlangen des Käufers, dh nicht von sich aus, alle zum Abschluss einer Transportversicherung nötigen Informationen nach Möglichkeit unverzüglich zu erteilen (Schlechtriem/Schwenzer/Schroeter/Widmer Lüchinger Rn. 31; MüKoHGB/Benicke Rn. 14). Das können Auskünfte über das Beförderungsmittel, den Transportweg oder den Abfahrts- und Ankunftstermin sein (Honsell/Ernst/Lauko Rn. 26). Auf die Auskunftserteilung ist Art. 27 (Absendegrundsatz) anzuwenden (Herber/Czerwenka Art. 27 Rn. 4; Honsell/Gsell Art. 27 Rn. 3 ff.; Staudinger/Magnus, 2018, Art. 27 Rn. 10; aA MüKoBGB/Gruber Rn. 16; Schlechtriem/Schwenzer/Schroeter/Schroeter Art. 27 Rn. 4). Der Verkäufer haftet für die Verletzung der Auskunftspflicht nach Art. 45 ff. (Staudinger/Magnus, 2018, Rn. 23; MüKoBGB/Gruber Rn. 15). Die Nichterteilung der Auskünfte kann eine wesentliche Vertragsverletzung darstellen, wenn dem Käufer die Gefahrtragung nicht zugemutet werden kann (Honsell/Ernst/Lauko Rn. 28; Piltz IntKaufR Rn. 4-106; Schlechtriem/Schwenzer/Schroeter/Widmer Lüchinger Rn. 31).

## III. Beweislastregeln

13 Für die Entstehung der Verkäuferpflichten aus Abs. 1–3 trägt der **Käufer** die Beweislast (Staudinger/Magnus, 2018, Rn. 25). Deren ordnungsgemäße Erfüllung hat dagegen der **Verkäufer** zu beweisen (Müller in Baumgärtel/Laumen/Prütting Beweislast-HdB II UNKR Rn. 1). Teilweise wird hinsichtlich der Anzeigepflicht nach Abs. 1 angenommen, der Verkäufer müsse entweder den Grundsatz der Zuordnung der Ware oder die Ausnahme der Anzeige der Versendung nachweisen (Müller in Baumgärtel/Laumen/Prütting Beweislast-HdB II UNKR Rn. 2; MüKoBGB/Gruber Rn. 18). Erhält in den Fällen des Abs. 1 der Käufer beschädigte Ware und ist nicht feststellbar, ob der Schaden vor oder nach Absendung der Anzeige, also vor oder nach Gefahrübergang, entstanden ist, trifft den Verkäufer die Beweispflicht (Schlechtriem/Schwenzer/Schroeter/Widmer Lüchinger Rn. 8).

## Art. 33 (Zeit der Lieferung)

**Der Verkäufer hat die Ware zu liefern,**

**a) wenn ein Zeitpunkt im Vertrag bestimmt ist oder aufgrund des Vertrages bestimmt werden kann, zu diesem Zeitpunkt,**

**b) wenn ein Zeitraum im Vertrag bestimmt ist oder aufgrund des Vertrages bestimmt werden kann, jederzeit innerhalb dieses Zeitraums, sofern sich nicht aus den Umständen ergibt, daß der Käufer den Zeitpunkt zu wählen hat, oder**

**c) in allen anderen Fällen innerhalb einer angemessenen Frist nach Vertragsabschluß.**

### Überblick

Art. 33 konkretisiert die Pflicht zur Lieferung in zeitlicher Hinsicht. Die Parteien können einen Zeitpunkt bestimmen oder dieser kann nach dem Vertrag bestimmbar sein (lit. a; → Rn. 3). Auch kann eine Zeitspanne mit feststehendem Ende festgelegt sein, in der der Verkäufer den

Lieferzeitpunkt frei bestimmen kann (lit. b; → Rn. 4). In allen übrigen Fällen hat die Lieferung nach lit. c innerhalb einer nach den Umständen des Einzelfalls angemessenen Frist zu erfolgen (→ Rn. 6). Nimmt der Verkäufer die erforderliche Lieferhandlung nicht rechtzeitig vor und hält die Lieferzeit nicht ein, stehen dem Käufer die Rechtsbehelfe der Art. 45 ff. offen (→ Rn. 7).

## I. Normzweck

Art. 33 bestimmt den Zeitpunkt, zu dem der Verkäufer die Lieferung zu bewirken hat. **Vertragliche Festlegungen** des **Lieferzeitpunkts** (lit. a) bzw. des **Lieferzeitraums** (lit. b) sind nach der Vorschrift entspr. dem das CISG beherrschenden Grundsatz der Vertragsfreiheit (Art. 6) vorrangig zu beachten. Ergänzend gilt nach lit. b die **Auslegungsregel,** dass bei Vereinbarung eines Lieferzeitraums grds. dem Verkäufer das Recht zusteht, innerhalb dieser Frist den genauen Liefertermin zu bestimmen. Bei **Fehlen einer Abrede** über die Lieferzeit ordnet der Auffangtatbestand der lit. c an, dass der Verkäufer innerhalb einer **angemessenen Frist** zu liefern hat. Welche Handlung der Verkäufer zur Lieferzeit genau vorzunehmen hat, folgt allerdings nicht aus Art. 33, sondern aus Art. 31 f. (Staudinger/Magnus, 2018, Rn. 2). Jedoch legt Art. 33 den Zeitpunkt fest, ab dem der Käufer bei Nichterhalt der Ware die Rechtsbehelfe nach Art. 45 ff. geltend machen kann (Schlechtriem/Schwenzer/Schroeter/Widmer Lüchinger Rn. 2; Staudinger/Magnus, 2018, Rn. 2). Art. 33 betrifft mit der Festlegung der Lieferzeit sowohl die Fälligkeit als auch die Erfüllbarkeit der Lieferpflicht (Soergel/Willems Rn. 1; MüKoHGB/Benicke Rn. 1). 1

Von der Lieferfrist iSd Art. 33 ist die Frist für die **Abnahme** der Ware durch den Käufer zu unterscheiden (Art. 60) (Herber/Czerwenka Rn. 8; Schlechtriem/Schwenzer/Schroeter/Widmer Lüchinger Rn. 5). Erfordert die Abnahme Mitwirkungshandlungen des Käufers, zB die Abholung der Ware in den Fällen der Holschuld (Art. 31 lit. b und c), ist ihm hierfür eine angemessene Frist einzuräumen (Bianca/Bonell/Lando Anm. 2.1.2; Schlechtriem/Schwenzer/Schroeter/Widmer Lüchinger Rn. 5: aus lit. c abgeleiteter allg. Grundsatz; MüKoBGB/Gruber Rn. 13: Analogie zu lit. c). Im Übrigen ist der Käufer zur sofortigen Abnahme verpflichtet (so wohl Bianca/Bonell/Lando Anm. 2.1.2; generell für die Pflicht zur sofortigen Abnahme Staudinger/Magnus, 2018, Rn. 29). 2

## II. Einzelerläuterungen

**1. Lieferzeitpunkt (lit. a).** Der Lieferzeitpunkt ist im Vertrag **bestimmt,** wenn er kalendermäßig fest steht („Lieferung am 19.7.") (Herber/Czerwenka Rn. 3; Schlechtriem/Schwenzer/Schroeter/Widmer Lüchinger Rn. 7). Lit. a gilt aber auch bei **Bestimmbarkeit** des Liefertermins durch Bezugnahme auf ein sicher eintretendes Ereignis („vier Wochen vor Weihnachten", „zwei Wochen vor den Parlamentswahlen", „beim ersten offenen Wasser") (Bianca/Bonell/Lando Anm. 2.2; Staudinger/Magnus, 2018, Rn. 9; Piltz in Kröll/Mistelis/Perales Viscasillas CISG Rn. 16; Soergel/Willems Rn. 2). Verweist der Vertrag dagegen auf ein nicht bestimmt eintretendes Ereignis („Lieferung nach Boykottende") und ist verbunden mit dem Eintritt dieses Ereignisses kein Zeitpunkt festgelegt („vierzehn Tage nach Boykottende") (Staudinger/Magnus, 2018, Rn. 9, 14; Soergel/Willems Rn. 2), muss dem Verkäufer ab Eintritt des Ereignisses entspr. Art. 33 lit. c eine angemessene Lieferfrist eingeräumt werden (Herber/Czerwenka Rn. 3; für Zweifelsfälle ebenso Staudinger/Magnus, 2018, Rn. 14). Ist ein Zeitpunkt iSd lit. a bestimmt, Datum und eventuell Uhrzeit (MüKoBGB/Gruber Rn. 3; Schlechtriem/Schwenzer/Schroeter/Widmer Lüchinger Rn. 7), hat der Verkäufer seine Lieferhandlung genau zu diesem Termin vorzunehmen (Schlechtriem/Schwenzer/Schroeter/Widmer Lüchinger Rn. 6). Lit. a erfasst sowohl das Fixgeschäft als auch das sog. einfache bzw. gewöhnliche Zeitgeschäft (Staudinger/Magnus, 2018, Rn. 10; MüKoHGB/Benicke Rn. 2), weshalb für die Annahme eines Fixgeschäftes nicht allein die Vereinbarung einer festen Lieferzeit genügt. 3

**2. Lieferzeitraum (lit. b).** Lit. b betrifft die Fälle, in denen die Parteien einen Lieferzeitraum vereinbart haben. Dies ist eine Zeitspanne, die zumindest mehrere Tage umfasst und deren **Endpunkt feststeht** (Brunner/Lauterburg Rn. 1, 3; Staudinger/Magnus, 2018, Rn. 13; Piltz in Kröll/Mistelis/Perales Viscasillas CISG Rn. 19; Schlechtriem/Schwenzer/Schroeter/Widmer Lüchinger Rn. 8). Auch der Lieferzeitraum kann entweder durch Bezugnahme auf den Kalender („Lieferung bis Ende Mai") oder durch Verweis auf ein bestimmt eintretendes Ereignis („Lieferung spätestens einen Monat nach Vertragsschluss") festgelegt werden (Honsell/Ernst/Lauko Rn. 7; Schlechtriem/Schwenzer/Schroeter/Widmer Lüchinger Rn. 8). Vereinbaren die Parteien als Beginn des Lieferzeitraums ein Ereignis, dessen Eintritt nicht sicher ist („Lieferung innerhalb von drei Wochen 4 nach Kriegsende"), gilt ab dem Eintritt des Ereignisses die vereinbarte Frist (Staudinger/Magnus, 2018, Rn. 14; iErg ebenso Schlechtriem/Schwenzer/Schroeter/Widmer Lüchinger Rn. 19). Bestimmen die Parteien nur den Anfangstermin der Lieferfrist („Lieferung nicht vor Anfang Juni"), beginnt dagegen ab diesem Zeitpunkt die angemessene Frist nach lit. c (Staudinger/Magnus, 2018, Rn. 16; Piltz in Kröll/Mistelis/Perales Viscasillas CISG Rn. 19). Für die Fristberechnung kann auf die Regelung der Annahmefrist in Art. 20 Abs. 2 zurückgegriffen werden (Honsell/Ernst/Lauko Rn. 16; Staudinger/Magnus, 2018, Rn. 24, 25; MüKoBGB/Gruber Rn. 14 f.: analoge Anwendung). Durch die Formulierung „spätestens" wird ein Fixgeschäft vereinbart (Piltz NJW 2003, 2056 (2061)), dagegen genügt die Formulierung „schnellstmöglich" nicht für die Annahme eines Fixgeschäftes (OLG Hamm OLGR 2002, 185 (188)).

5 Haben die Parteien einen Lieferzeitraum iSd lit. b verabredet, kann der **Verkäufer** innerhalb dieser Frist den Liefertermin frei **bestimmen,** soweit nicht nach dem Vertrag, internationalen Bräuchen oder sonstigen Umständen des Falles dieses Recht dem Käufer zusteht. Ein **vertragliches Bestimmungsrecht** des **Käufers** ergibt sich insbes. aus der Vereinbarung einer Lieferung „auf Abruf" (Herber/Czerwenka Rn. 5; Schlechtriem/Schwenzer/Schroeter/Widmer Lüchinger Rn. 11). Der Verkäufer ist dann zur Lieferung innerhalb der vereinbarten Frist bzw. innerhalb – kurz zu bemessender – angemessener Frist nach Abruf verpflichtet (MüKoHGB/Benicke Rn. 5; Honsell/Ernst/Lauko Rn. 12: sofortige Lieferung; Staudinger/Magnus, 2018, Rn. 19: Lieferung unmittelbar nach Abruf; Soergel/Willems Rn. 5: Lieferung nach zur Vorbereitung notwendigen Zeit nach Abruf). Nach den Umständen des Einzelfalls steht dem Käufer die Lieferzeitbestimmung vor allem zu, wenn er für das Transportmittel zu sorgen hat, zB bei Geltung der Incoterms FOB und FAS (eingehend Honsell/Ernst/Lauko Rn. 11; Schlechtriem/Schwenzer/Schroeter/Widmer Lüchinger Rn. 10; s. auch Brunner/Lauterburg Rn. 3). Unterlässt der Käufer innerhalb des Lieferzeitraums die Terminwahl, verletzt er dadurch seine Abnahmepflicht aus Art. 60 lit. a (Honsell/Ernst/Lauko Rn. 12; Herber/Czerwenka Rn. 5). Der Verkäufer kann insbes. bei Holschulden und Ankunftsvereinbarungen verpflichtet sein, dem Käufer die **Lieferung anzukündigen,** damit dieser die nötigen Vorbereitungen treffen kann (Honsell/Ernst/Lauko Rn. 10; MüKoHGB/Benicke Rn. 3, 6; Staudinger/Magnus, 2018, Rn. 20; Soergel/Willems Rn. 4).

6 **3. Angemessene Lieferfrist (lit. c).** In den von lit. a und lit. b nicht erfassten Fällen greift als Auffangtatbestand lit. c ein, wonach der Verkäufer innerhalb einer angemessenen Frist nach Vertragsschluss zu liefern hat. Daher kann der Verkäufer auch sofort liefern (Reinhart UN-KaufR Rn. 4; Staudinger/Magnus, 2018, Rn. 21; Soergel/Willems Rn. 7; aA Piltz IntKaufR Rn. 4-56). Im Fall der unverbindlichen Vereinbarung eines Liefertermins, in dem lit. c ebenfalls anwendbar ist (Achilles Rn. 5; Staudinger/Magnus, 2018, Rn. 16; MüKoBGB/Gruber Rn. 6, 11), ist auf eine angemessene Frist nach dem unverbindlichen Termin abzustellen (Staudinger/Magnus, 2018, Rn. 16; MüKoBGB/Gruber Rn. 11). Welche Frist angemessen ist, bestimmt sich nach den Umständen des Einzelfalls (vgl. Rechtbank van Koophandel, Kortrijk Urteil vom 3.10.2001 – A.R. 3669/2000, CISG-online Nr. 757). Bei der erforderlichen Abwägung sind die bei Vertragsschluss erkennbaren Interessen beider Parteien zu berücksichtigen (OLG Naumburg TranspR-IHR 2000, 22; Brunner/Lauterburg Rn. 5; Schlechtriem/Schwenzer/Schroeter/Widmer Lüchinger Rn. 16; eingehend Soergel/Willems Rn. 8). Von Bedeutung kann auch eine Frist sein, die der Verkäufer dem Käufer im Vorfeld des Vertragsabschlusses während der Vertragsverhandlungen in Aussicht gestellt hatte (OLG Wien 1.6.2004 – 3R68/04y, CISG-online Nr. 954). Bei herzustellenden Waren ist grds. die durchschnittliche Herstellungsfrist maßgebend (Soergel/Willems Rn. 8). Bei vorrätiger Ware ist dagegen die Zeit zu berücksichtigen, die erforderlich ist, um die Sache versandfertig zu machen (Schlechtriem/Schwenzer/Schroeter/Widmer Lüchinger Rn. 17). Zudem steht die Lieferzeit in Zusammenhang mit dem Transportmittel (Bezirksgericht der Saane 20.2.1997 – T 171/95, unter 4.4 und 5.1, CISG-online Nr. 426). Das Recht zur Bestimmung des Liefertermins steht **im Zweifel** – wie nach lit. b – dem **Verkäufer** zu (Honsell/Ernst/Lauko Rn. 16; Piltz in Kröll/Mistelis/Perales Viscasillas CISG Rn. 26; Schlechtriem/Schwenzer/Schroeter/Widmer Lüchinger Rn. 18). Es kann ebenfalls eine Ankündigung der Lieferung durch den Verkäufer erforderlich sein (Honsell/Ernst/Lauko Rn. 10, 16; Staudinger/Magnus, 2018, Rn. 23; MüKoHGB/Benicke Rn. 8. Vgl. Reinhart UN-KaufR Rn. 4).

7 **4. Nichteinhaltung der Lieferzeit.** Bei **Überschreitung** der Lieferzeit stehen dem Käufer ohne Mahnung oder Nachfristsetzung und auch unabhängig von einem Verschulden des Verkäufers die Rechtsbehelfe aus Art. 45 ff. zu (Herber/Czerwenka Rn. 7; Schlechtriem/Schwenzer/Schroeter/Widmer Lüchinger Rn. 2; Piltz IntKaufR Rn. 4-59. Vgl. auch OLG Düsseldorf IHR 2004, 203 (213) = CISG-online Nr. 850. Vgl. zum deutschen Recht §§ 280, 281, 286, 287, 323 BGB). Er kann also nach Art. 46 Abs. 1 Erfüllung verlangen, dem Verkäufer eine Nachfrist als

Vorstufe zur Vertragsaufhebung (Art. 49 Abs. 1 lit. b) setzen, direkt die Vertragsaufhebung erklären, wenn die Überschreitung der Lieferzeit eine wesentliche Vertragsverletzung darstellt (Art. 49 Abs. 1 lit. a) und Ersatz des Verzugsschadens (Art. 45 Abs. 1 lit. b, Art. 74) verlangen (Schlechtriem/Schwenzer/Schroeter/Widmer Lüchinger Rn. 2; Staudinger/Magnus, 2018, Rn. 27; MüKoBGB/Gruber Rn. 16). Dazu, wann die Überschreitung der Lieferzeit eine wesentliche Vertragsverletzung darstellt, ausf. → Art. 25 Rn. 8, → Art. 49 Rn. 4. Auf eine Lieferverzögerung kann sich der Käufer nach Treu und Glauben nicht berufen, wenn er sich hierauf zuvor durch die vom Verkäufer verlangte vorherige Erbringung eines Zahlungsnachweises eingelassen hat (OLG Hamm OLGR 2002, 185 (187)). Für die **Einhaltung** der Lieferfrist genügt, dass der Verkäufer bis zu ihrem Ablauf lediglich die ihm obliegende Leistungshandlung vornimmt, etwa nach Art. 31 lit. a die rechtzeitige Absendung erfolgt (Handelsgericht des Kantons Zürich IHR 2001, 44 f. (Zusammenfassung) = CISG-online Nr. 488). Ein **Besitzerwerb** des Käufers innerhalb dieser Frist ist dagegen **nicht erforderlich** (Schlechtriem/Schwenzer/Schroeter/Widmer Lüchinger Rn. 13).

Liefert der Verkäufer **vorzeitig,** kann der Käufer nach Art. 52 Abs. 1 die Ware annehmen oder die Annahme verweigern. Nimmt er die vorzeitige Lieferung an, kann der Verkäufer bis zum festgesetzten Lieferzeitpunkt Vertragswidrigkeiten der Ware beheben (Art. 37). 8

## III. Beweislastregeln

Wer sich auf einen bestimmten Lieferzeitpunkt bzw. -zeitraum beruft, hat eine entsprechende Vereinbarung zu beweisen (Honsell/Ernst/Lauko Rn. 26). Gelingt dies nicht, findet lit. c Anwendung (MüKoHGB/Benicke Rn. 11; Schlechtriem/Schwenzer/Schroeter/Widmer Lüchinger Rn. 20). Die Unverbindlichkeit eines Lieferzeitpunkts bzw. -zeitraums muss der Verkäufer beweisen (MüKoHGB/Benicke Rn. 11). Die Beweislast für die Einhaltung der Lieferzeit trägt als Schuldner der Verkäufer (Müller in Baumgärtel/Laumen/Prütting Beweislast-HdB II UNKR Rn. 10). Bei Bestreiten des Verkäufers muss dagegen der Käufer beweisen, dass entgegen dem gesetzlichen Regelfall des Art. 33 lit. b ausnahmsweise ihm das Recht zusteht, die Leistungszeit zu bestimmen (Müller in Baumgärtel/Laumen/Prütting Beweislast-HdB II UNKR Rn. 4; Staudinger/Magnus, 2018, Rn. 30). Käufer und Verkäufer haben jeweils die tatsächlichen Umstände zu beweisen, die für die von ihnen behauptete Bemessung der angemessenen Frist sprechen (vgl. MüKoHGB/Benicke Rn. 11; Müller in Baumgärtel/Laumen/Prütting Beweislast-HdB II UNKR Art. 33 Rn. 8, Vor Art. 1 Rn. 34 ff.). 9

## Art. 34 (Übergabe von Dokumenten)

**[1]Hat der Verkäufer Dokumente zu übergeben, die sich auf die Ware beziehen, so hat er sie zu dem Zeitpunkt, an dem Ort und in der Form zu übergeben, die im Vertrag vorgesehen sind. [2]Hat der Verkäufer die Dokumente bereits vorher übergeben, so kann er bis zu dem für die Übergabe vorgesehenen Zeitpunkt jede Vertragswidrigkeit der Dokumente beheben, wenn die Ausübung dieses Rechts dem Käufer nicht unzumutbare Unannehmlichkeiten oder unverhältnismäßige Kosten verursacht. [3]Der Käufer behält jedoch das Recht, Schadenersatz nach diesem Übereinkommen zu verlangen.**

## Überblick

Art. 34 konkretisiert die Verkäuferpflicht zur Übergabe warenbezogener Dokumente. Umfang und Modalitäten richten sich nach den Parteivereinbarungen (→ Rn. 2 ff.). Verletzt der Verkäufer die Pflicht zur Übergabe, stehen dem Käufer die Behelfe der Art. 45 ff. zu (→ Rn. 5). Bei vorzeitiger Übergabe besteht ein Recht zur zweiten Andienung und kann bis zum vereinbarten Übergabezeitpunkt die Vertragswidrigkeit der Dokumente beseitigt werden (→ Rn. 6).

## I. Normzweck

Art. 34 konkretisiert die in Art. 30 geregelte Pflicht des Verkäufers, dem Käufer die Ware betreffende Dokumente zu übergeben (vgl. Audiencia Provincial de Barcelona 12.2.2002 – JUR 2002/114334, http://www.unilex.info/cisg/case/881, abgerufen 19.4.2022). Ohne eigenen normativen Gehalt (Honnold Rn. 219; Honsell/Ernst/Lauko Rn. 1; vgl. auch Schlechtriem/Schroeter IntUN-KaufR Rn. 359) verweist **S. 1** der Vorschrift für die Modalitäten der Dokumentenübergabe – Zeit, Ort und Form – auf die **vertragliche Regelung. S. 2** und **3** gewähren 1 dem Verkäufer für den Fall der vorzeitigen Übergabe ein **Recht zur zweiten Andienung** der Dokumente und stellen klar, dass das Recht auf Schadensersatz unberührt bleibt. Damit ergeben sich Parallelen zu Art. 37, der nur die Lieferung der Ware betrifft und dem Verkäufer unter den gleichen Voraussetzungen die zweite Andienung vertragsgemäßer Ware erlaubt. Gerade diese Möglichkeit der zweiten Andienung verwirklicht die Grundentscheidung des CISG, der Vertragsdurchführung Vorrang vor der im internationalen Handel prinzipiell unerwünschten Vertragsaufhebung einzuräumen (→ Art. 25 Rn. 1) (Bianca/Bonell/Lando Anm. 2.3; Staudinger/Magnus, 2018, Rn. 3).

## II. Einzelerläuterungen

2 **1. Inhalt der Übergabepflicht (S. 1).** Welche **Dokumente** zu übergeben sind, richtet sich nach den Vereinbarungen, insbes. den Incoterms, subsidiär auch nach den Gepflogenheiten und Gebräuchen (Art. 9 Abs. 1). Dasselbe gilt für die **Modalitäten** der Dokumentenübergabe (s auch Bernstorff AW-Prax 2021, 483 und 606).

3 **a) Dokumente.** Das Erfordernis des **Warenbezugs** der Dokumente ist wegen des reinen Verweisungscharakters von S. 1 weit auszulegen (Honsell/Ernst/Lauko Rn. 4; Schlechtriem/Schwenzer/Schroeter/Widmer Lüchinger Rn. 1). Warenbezogen sind deshalb alle für die Übernahme der Ware erforderlichen Urkunden, zB Transportpapiere (Konnossement, Ladeschein), Lagerpapiere, Versicherungspolicen und Einfuhrdokumente (Export-, Importgenehmigungen) (Honsell/Ernst/Lauko Rn. 4; Reinhart UN-KaufR Rn. 2; Schlechtriem/Schwenzer/Schroeter/Widmer Lüchinger Rn. 1; Soergel/Willems Rn. 3; Sekretariatskommentar O. R. Art. 32 Anm. 2). Zubehör, wie etwa Gebrauchsanweisungen und technische Dokumentationen, sind dagegen als Bestandteil der zu liefernden Ware anzusehen und fallen daher nicht unter Art. 34 (ebenso Honsell/Ernst/Lauko Rn. 5; MüKoBGB/Gruber Art. 30 Rn. 4; Staudinger/Magnus, 2018, Rn. 7; Soergel/Willems, Rn. 2; Brunner/Lauterburg Rn. 3; Piltz in Kröll/Mistelis/Perales Viscasillas CISG Rn. 11; GK-HGB/Achilles Rn. 1; MüKoHGB/Benicke Rn. 3: für die Verwendung der Ware notwendige Dokumente; aA Reinhart UN-KaufR Rn. 2).

4 **b) Übergabemodalitäten.** Fehlen vertragliche oder ergänzende Regelungen über **Zeit, Ort** und **Form** der Übergabe, hat der Verkäufer die Dokumente so frist- und formgerecht zu liefern, dass der Käufer die Ware nach ihrer Ankunft am Bestimmungsort in Empfang nehmen, die Zollabfertigung durchführen und ggf. Klage gegen den Beförderer oder Versicherer erheben kann (Bianca/Bonell/Lando Anm. 2.2; Staudinger/Magnus, 2018, Rn. 8; Piltz IntKaufR Rn. 4-78; Sekretariatskommentar O.R. Art. 32 Anm. 3). Bei Vereinbarung der Zahlungsabwicklung über Dokumente ist die benannte Zahlstelle der Übergabeort der Dokumente (Achilles Rn. 3; MüKoHGB/Benicke Rn. 4; Witz/Salger/Lorenz/Witz Rn. 6; MüKoBGB/Gruber Rn. 6: idR Niederlassung des Käufers). Im Zweifel ist der Verkäufer verpflichtet, dem Käufer die Dokumente auf eigene Kosten und Gefahr zuzusenden (Brunner/Lauterburg Rn. 4; Honsell/Ernst/Lauko Rn. 9; Schlechtriem/Schwenzer/Schroeter/Widmer Lüchinger Rn. 3; auch Achilles Rn. 3 und MüKoHGB/Benicke Rn. 4: Bringschuld). Nach aA soll dagegen der Lieferort der Ware bei Fehlen anderweitiger Vereinbarungen und Umstände auch für die Übergabe der Dokumente maßgebend sein (MüKoBGB/Gruber Rn. 6; Piltz IntKaufR Rn. 4-79; Staudinger/Magnus, 2018, Rn. 8; Witz/Salger/Lorenz/Witz Rn. 6; aA Soergel/Willems Rn. 2; MüKoHGB/Benicke Rn. 4). Bei Holschulden (Art. 31 lit. b und c) genügt es jedenfalls, wenn der Verkäufer die Dokumente am Abholort zur Verfügung stellt (Honsell/Ernst/Lauko Rn. 10; Rudolph Rn. 6; Schlechtriem/Schwenzer/Schroeter/Widmer Lüchinger Rn. 3). Handelt es sich um Wertpapiere, gilt für die Art und Weise der Übergabe das jeweils anwendbare Wertpapierrecht (Schlechtriem/Schwenzer/Schroeter/Widmer Lüchinger Rn. 4).

5 **c) Rechtsfolgen der Verletzung der Übergabepflicht.** Bei Verletzung der Pflicht zur Dokumentenübergabe stehen dem Käufer die einheitlich bei allen Pflichtverletzungen des Verkäufers anzuwendenden Rechtsbehelfe nach Art. 45 ff. zu, also der Anspruch auf Übergabe der geschuldeten Dokumente (Art. 46 Abs. 1) und Schadensersatz (Art. 45 Abs. 1 lit. b) (Schlechtriem/Schwenzer/Schroeter/Widmer Lüchinger Rn. 5; Staudinger/Magnus, 2018, Rn. 9). Die Vertragsaufhebung (Art. 49 Abs. 1 lit. a) kann der Käufer nur im Fall einer wesentlichen Vertragsverletzung erklären. Diese scheidet aus, wenn er den Mangel unschwer selbst beheben kann, indem er sich ein entsprechendes Dokument, wie etwa ein Ursprungszertifikat, beschafft (→ Art. 25 Rn. 9) (BGHZ 132, 290 (301) = NJW 1996, 2364 (2366); Staudinger/Magnus, 2018, Rn. 9). Gleiches gilt, wenn der Verkäufer zur ordnungsgemäßen Verschaffung der Dokumente

bereit und imstande ist (MüKoHGB/Benicke Rn. 7). Die Ausübung dieser Rechtsbehelfe ist an die vorherige Untersuchung und Rüge der Vertragswidrigkeit der Dokumente analog Art. 38, 39 nicht gebunden (Honsell/Ernst/Lauko Rn. 14; MüKoBGB/Gruber Rn. 7: Fehlen einer Regelungslücke; Witz/Salger/Lorenz/Witz Rn. 10; so grds. auch Schlechtriem/U. Huber, 3. Aufl. 2000, Rn. 5; GK-HGB/Achilles Rn. 7; aA Staudinger/Magnus, 2018, Rn. 9; Herber/Czerwenka Rn. 7; Soergel/WillemsRn. 4; Schlechtriem/Schwenzer/Schroeter/Widmer Lüchinger Rn. 5).

**2. Vorzeitige Übergabe der Dokumente (S. 2 und S. 3).** Nach **S. 2** kann der Verkäufer, 6
der die Dokumente vorzeitig übergeben hat, deren Vertragswidrigkeit bis zum vereinbarten Übergabezeitpunkt beseitigen **(zweite Andienung).** Die Andienung vertragswidriger Dokumente kann der Käufer jedoch zurückweisen (Schlechtriem/Schwenzer/Schroeter/Widmer Lüchinger Rn. 9; Staudinger/Magnus, 2018, Rn. 16). Das Recht zur Zurückweisung steht dem Käufer auch bei bloßer vorzeitiger Andienung vertragsgemäßer Dokumente entspr. Art. 52 Abs. 1 zu (→ Art. 52 Rn. 2) (UNCITRAL Digest Art. 52 Anm. 4; Brunner/Lauterburg Rn. 7; so wohl auch Staudinger/Magnus, 2018, Rn. 16; aA MüKoBGB/Gruber Rn. 9). Wird zB im Vertrag aber die Zahlungspflicht bei Übergabe der Dokumente vereinbart (vgl. Sekretariatskommentar O.R. Art. 48 Anm. 2), kann der Käufer ein schützenswertes Interesse an der Zurückweisung der vorzeitig angedienten Dokumente haben. Ist der Übergabezeitpunkt **verstrichen,** kann der Verkäufer Mängel der Dokumente nur noch unter den strengeren Voraussetzungen des **Art. 48** beheben (Honsell/Ernst/Lauko Rn. 16; Rudolph Rn. 8; Enderlein/Maskow/Strohbach Anm. 5). S. 2 erfasst jede Vertragswidrigkeit, zB den Fall eines **„unreinen"** und Hinweise auf Warenmängel enthaltenden **Konnossements,** die Unvollständigkeit oder das Fehlen vereinbarter Dokumente (Schlechtriem/Schwenzer/Schroeter/Widmer Lüchinger Rn. 8 mw Beispielen). Die Vertragswidrigkeit kann nach Wahl des Verkäufers durch Nachlieferung fehlender, die Berichtigung fehlerhafter oder die Übergabe neuer, vertragsgemäßer Dokumente beseitigt werden (Enderlein/Maskow/Strohbach Anm. 6; Honsell/Ernst/Lauko Rn. 15). Die zweite Andienung steht unter dem Vorbehalt der **Zumutbarkeit** für den Käufer. Diese Grenze wird allerdings nur selten praktisch relevant werden (vgl. Schlechtriem/Schwenzer/Schroeter/Widmer Lüchinger Rn. 11; MüKoBGB/Gruber Rn. 8): So darf die zweite Andienung dem Käufer keine unverhältnismäßigen Kosten verursachen. Dies bezieht sich auf das Risiko der Kostenrückerstattung, weil der Käufer vom Verkäufer stets Ersatz der Kosten der zweiten Andienung verlangen kann (Enderlein/Maskow/Strohbach Anm. 8). Auf die Entstehung von Kosten kann sich der Käufer nicht berufen, wenn der Verkäufer die Kosten der Nachbesserung unmittelbar übernimmt (Soergel/Willems Rn. 6). Den ihm durch die erste Übergabe entstandenen und auch durch die zweite Andienung nicht behebbaren **Schaden,** beispielsweise die Kosten für die Prüfung und Rücksendung der fehlerhaften Dokumente, kann der Käufer – wie **S. 3** klarstellt – nach Art. 45 Abs. 1 lit. b ersetzt verlangen (Honsell/Ernst/Lauko Rn. 19; Rudolph Rn. 11).

### III. Beweislastregeln

Für die Entstehung der Pflicht zur Übergabe bestimmter Dokumente trägt der Käufer die 7
Beweislast, wohingegen ihre ordnungsgemäße – insbes. rechtzeitige – Erfüllung vom Verkäufer zu beweisen ist (vgl. Müller in Baumgärtel/Laumen/Prütting Beweislast-HdB II UNKR Rn. 2; MüKoBGB/Gruber Rn. 11). Die geltenden Übergabemodalitäten sind von der Partei zu beweisen, die sich hierauf beruft (Honsell/Ernst/Lauko Rn. 21). Beruft sich der Verkäufer auf ein Recht zur zweiten Andienung der Dokumente, muss er dessen Voraussetzungen beweisen, vor allem die vorzeitige Übergabe. Für den Ausnahmefall der Unzumutbarkeit einer zweiten Andienung ist der Käufer beweispflichtig (Staudinger/Magnus, 2018, Rn. 19; Müller in Baumgärtel/Laumen/Prütting Beweislast-HdB II UNKR Rn. 3 und Art. 37 Rn. 3). Dieser hat auch zu beweisen, dass trotz Beseitigung der Vertragswidrigkeit der Dokumente ein Schaden eingetreten ist (MüKoBGB/Gruber Rn. 11).

## Abschnitt II. Vertragsmäßigkeit der Ware sowie Rechte oder Ansprüche Dritter

### Art. 35 (Vertragsmäßigkeit der Ware)

**(1) Der Verkäufer hat Ware zu liefern, die in Menge, Qualität und Art sowie hinsichtlich Verpackung oder Behältnis den Anforderungen des Vertrages entspricht.**

**(2) Haben die Parteien nichts anderes vereinbart, so entspricht die Ware dem Vertrag nur,**

**a) wenn sie sich für die Zwecke eignet, für die Ware der gleichen Art gewöhnlich gebraucht wird;**

**b) wenn sie sich für einen bestimmten Zweck eignet, der dem Verkäufer bei Vertragsabschluß ausdrücklich oder auf andere Weise zur Kenntnis gebracht wurde, sofern sich nicht aus den Umständen ergibt, daß der Käufer auf die Sachkenntnis und das Urteilsvermögen des Verkäufers nicht vertraute oder vernünftigerweise nicht vertrauen konnte;**

**c) wenn sie die Eigenschaften einer Ware besitzt, die der Verkäufer dem Käufer als Probe oder Muster vorgelegt hat;**

**d) wenn sie in der für Ware dieser Art üblichen Weise oder, falls es eine solche Weise nicht gibt, in einer für die Erhaltung und den Schutz der Ware angemessenen Weise verpackt ist.**

**(3) Der Verkäufer haftet nach Absatz 2 Buchstaben a bis d nicht für eine Vertragswidrigkeit der Ware, wenn der Käufer bei Vertragsabschluß diese Vertragswidrigkeit kannte oder darüber nicht in Unkenntnis sein konnte.**

**Schrifttum:** CISG Advisory Council Opinion No. 19, Standards and Conformity of the Goods under Article 35 CISG, https://www.cisgac.com/Opinion-no19-standards-and-conformity/ (abgerufen 19.4.2022; zum CISG Advisory Council Art. 7 Rn. 3); Raphael Koch, Der Vorrang des Speziellen: Ein Beispiel für die Systematik des UN-Kaufrechts – Zugleich Anmerkung zum BGH-Urteil vom 26.9.2012 – VIII ZR 100/11, IHR 2013, 13; Krätzschmar, Öffentlichrechtliche Beschaffenheitsvorgaben und Vertragsmäßigkeit der Ware im UN-Kaufrecht (CISG), 2008; Omlor/Beckhaus, Vermeintliche und tatsächliche Lücken im UN-Kaufrecht – Zugleich Besprechung von BGH, Urteil vom 26.9.2012 – VIII ZR 100/11, IHR 2013, 237.

## Überblick

Art. 35 konkretisiert die Lieferpflicht des Verkäufers hinsichtlich möglicher Sachmängel (→ Rn. 2). Ob Ware vertragsgemäß ist, richtet sich vorrangig nach der auch stillschweigend möglichen Vereinbarung (Abs. 1; → Rn. 3). Mangels Vereinbarung gelangt subsidiär Abs. 2 zur Anwendung, der Mindestanforderungen an die Vertragsmäßigkeit stellt (→ Rn. 4 ff.). Nach Abs. 3 haftet der Verkäufer aber nicht für Mängel, die der Käufer bei Vertragsschluss kannte oder kennen musste (→ Rn. 12 f.).

## I. Normzweck

1 Die Vorschrift konkretisiert die allgemeine Lieferpflicht des Verkäufers aus Art. 30 im Hinblick auf die Eigenschaften der Ware, die in erster Linie den **vertraglichen Vereinbarungen (Abs. 1)** und **subsidiär** den **gesetzlichen Anforderungen (Abs. 2)** entsprechen müssen. Damit geht Art. 35 vom subjektiven Fehlerbegriff aus und ergänzt ihn durch objektive Kriterien, was der Regelungstechnik des § 434 Abs. 1 BGB entspricht (MüKoBGB/Gruber Rn. 9; Soergel/Willems Rn. 4). Ebenso wie inzwischen auch das deutsche Recht gestaltet das CISG die Sachmängelhaftung parallel zu der allgemeinen Haftung für Vertragsverletzungen aus (Schlechtriem/Schwenzer/Schroeter/Schwenzer Rn. 4; Honsell/Magnus Rn. 1. Zum deutschen Recht nach der Schuldrechtsmodernisierung vgl. nur HK-BGB/Saenger BGB Vor § 433 Rn. 2 f.). Verstößt also der Verkäufer gegen seine Pflicht zur Lieferung vertragsgemäßer Ware aus Art. 35, stehen dem Käufer die **Rechtsbehelfe aus Art. 45 ff.** ebenso zu, wie bei Verzug oder Nichterfüllung (dazu und zu den einzelnen Rechtsbehelfen des Käufers bei Lieferung vertragswidriger Ware eingehend Schlechtriem/Schwenzer/Schroeter/Schwenzer Rn. 43 ff.; Kircher, Die Voraussetzungen der Sachmängelhaftung beim Warenkauf, 1998, 57 ff.). Hingegen begründet die Vertragswidrigkeit der Ware nicht automatisch eine Verletzung der Lieferpflicht als solcher (hierzu und zur Unterscheidung zwischen dem Begriff der Lieferung und dem der Vertragsmäßigkeit der Ware vgl. Bianca/Bonell/Bianca Anm. 1.2 f.; MüKoBGB/Gruber Rn. 3; Herber/Czerwenka Rn. 2; Schlechtriem/Schwenzer/Schroeter/Schwenzer Rn. 2; Staudinger/Magnus, 2018, Rn. 6). Ein **Haftungsausschluss** ist schließlich bei Kenntnis des Käufers von der Vertragswidrigkeit vorgesehen **(Abs. 3).**

## II. Einzelerläuterungen

**1. Anwendungsbereich.** Wie die meisten nationalen Rechtsordnungen (zB §§ 434 und 435 BGB) unterscheidet das CISG zwischen Sach- und Rechtsmängeln. Art. 35 erfasst **nur Sachmängel,** während die Rechtsmängel mit geringfügig abweichenden Haftungsvoraussetzungen in Art. 41–43 geregelt sind (MüKoBGB/Gruber Rn. 1 f.; Honsell/Magnus Vor Art. 35–44 Rn. 2; Schlechtriem/Schwenzer/Schroeter/Schwenzer Rn. 5). Die Abgrenzung zwischen den beiden Kategorien kann im Einzelfall schwierig sein. Sie ist etwa im Hinblick auf den Haftungsausschluss bei Kenntnis des Käufers bedeutsam (vgl. Abs. 3; → Rn. 12 f.; → Art. 41 Rn. 9) (Schlechtriem/Schwenzer/Schroeter/Schwenzer Rn. 5). Die Sachmängelhaftung greift jedenfalls immer ein, wenn **körperliche Eigenschaften** der Ware oder ihre **Verpackung** auf dem Prüfstand stehen (MüKoHGB/Benicke Rn. 2; Kröll in Kröll/Mistelis/Perales Viscasillas CISG Rn. 12; ähnlich Piltz IntKaufR Rn. 5-17; Staudinger/Magnus, 2018, Rn. 7). Das CISG geht von einem **einheitlichen Begriff der Vertragswidrigkeit** aus, der die Schlechtlieferung und die Mengenabweichung einschließlich Teillieferungen (Schlechtriem/Schwenzer/Schroeter/Schwenzer Rn. 8; Staudinger/Magnus, 2018, Rn. 9) ebenso wie die Falschlieferung umfasst (vgl. Achilles Rn. 2; Kröll in Kröll/Mistelis/Perales Viscasillas CISG Rn. 29; Schlechtriem/Schwenzer/Schroeter/Schwenzer Rn. 4; Kircher, Die Voraussetzungen der Sachmängelhaftung beim Warenkauf, 1998, 49). Die Differenzierung des früheren deutschen unvereinheitlichten Rechts zwischen Mangel, Zusicherung und aliud ist daher auch beim CISG irrelevant (BGHZ 132, 290 (296) = NJW 1996, 2364 (2365); Achilles Rn. 1; Schlechtriem/Schwenzer/Schroeter/Schwenzer Rn. 4). Nach einer abweichenden Ansicht soll jedoch zumindest eine besonders **gravierende Falschlieferung** der Nichtlieferung gleichgestellt werden und damit die Rügeobliegenheit des Käufers gem. Art. 39 entbehrlich machen (Sekretariatskommentar O.R. Art. 29 Nr. 3; Bianca/Bonell/Bianca Anm. 2.4). Dagegen sprechen jedoch die unlösbaren Abgrenzungsschwierigkeiten zwischen einer für die Erfüllung der Lieferpflicht noch annehmbaren und einer nicht mehr akzeptablen Falschlieferung (Enderlein/Maskow/Strohbach Anm. 5; Honsell/Magnus Rn. 6; Schlechtriem/Schwenzer/Schroeter/Schwenzer Rn. 10; Staudinger/Magnus, 2018, Rn. 9; Kircher, Die Voraussetzungen der Sachmängelhaftung beim Warenkauf, 1998, 50 f.; vgl. MüKoHGB/Benicke Rn. 7, der jedoch für das Identitätsaliud bei einer Stückschuld einen Fall von Nichtlieferung annimmt). Zudem überzeugt ein Verzicht auf die Rügeobliegenheit auch wertungsmäßig nicht. Denn in den meisten Fällen gravierender Falschlieferung wird der Verkäufer bösgläubig sein und sich deshalb nicht auf ein Unterlassen der Rüge berufen können; bei ausnahmsweiser Gutgläubigkeit ist der Verkäufer auch schutzwürdig und die Rügeobliegenheit des Käufers sinnvoll (MüKoBGB/Gruber Rn. 4; Schlechtriem/Schwenzer/Schroeter/Schwenzer Rn. 10; Soergel/Willems Rn. 5). Art. 35 erfasst darüber hinaus auch **geringfügige Mängel,** sofern diese nicht nach einem Handelsbrauch oder den Gepflogenheiten der Parteien zu tolerieren sind (MüKoBGB/Gruber Rn. 8; Kircher, Die Voraussetzungen der Sachmängelhaftung beim Warenkauf, 1998, 51). Allerdings stellen geringfügige Mängel keine wesentliche Vertragsverletzung dar, sodass die Rechtsbehelfe der Vertragsaufhebung und Ersatzlieferung ausscheiden (MüKoHGB/Benicke Rn. 9; Staudinger/Magnus, 2018, Rn. 11; Soergel/Willems Rn. 7). 2

**2. Vertragliche Festlegung der Vertragsmäßigkeit (Abs. 1).** Die Vertragsmäßigkeit der Ware bestimmt sich gem. Abs. 1 primär nach den **Vereinbarungen** der Parteien (OLG Naumburg NJW 2020, 476 (478)). Diese können ausdrücklich oder konkludent Menge, Qualität, Art sowie Verpackung und Behältnis der Ware festlegen (Staudinger/Magnus, 2018, Rn. 15 mwN). **Ausdrückliche Abreden** können in Form individuell ausgehandelter Verträge und durch Einbeziehung von AGB des Käufers bzw. des Verkäufers erfolgen (Achilles Rn. 3; Schlechtriem/Schwenzer/Schroeter/Schwenzer Rn. 7). Eine **stillschweigende Vereinbarung** bestimmter Wareneigenschaften setzt voraus, dass ein entsprechender Parteiwille hinreichend deutlich zum Ausdruck kommt (Staudinger/Magnus, 2018, Rn. 13). Insbesondere kann nicht ohne weiteres angenommen werden, die Parteien hätten stillschweigend die für die **Verkehrsfähigkeit** der Ware im Importland erforderlichen Eigenschaften vereinbart (BGHZ 129, 75 (80) = NJW 1995, 2099 (2100); Achilles Rn. 3; Bianca/Bonell/Bianca Anm. 2.5.1). Ebenso stellt der Umstand, dass vorangegangene Lieferungen in gleicher (nicht üblicher und nicht angemessener) Art und Weise verpackt gewesen sind, keine (dem Verkäufer günstige) konkludente Vereinbarung einer derartigen Verpackung dar (OLG Saarbrücken IHR 2008, 55 (58)). 3

**3. Gesetzliche Festlegung der Vertragsmäßigkeit (Abs. 2).** Ist die Beschaffenheit der Ware nicht vertraglich festgelegt, greift subsidiär Abs. 2 ein, der den zu erwartenden Mindeststan- 4 dard festlegt (MüKoHGB/Benicke Rn. 10; Enderlein/Maskow/Strohbach Anm. 2; Honsell/Magnus Rn. 12).

5 **a) Eignung für gewöhnlichen Gebrauch (lit. a).** Auch ohne entsprechende Vereinbarung muss sich die Ware für alle mit ihr gewöhnlich verfolgten Zwecke eignen (BGH NJW 2013, 304 (305) = IHR 2012, 231 mAnm Raphael Koch IHR 2013, 13; Omlor/Beckhaus IHR 2013, 237; Schroeter EWiR 2013, 47 und v. Bodungen BB 2013, 340; MüKoBGB/Gruber Rn. 16; Staudinger/Magnus, 2018, Rn. 20). Ob das der Fall ist, bestimmt sich nach der Verkehrsanschauung des gewöhnlichen Nutzerkreises (BGH NJW 2013, 304 (305) = IHR 2012, 23; Achilles Rn. 4; Schlechtriem/Schwenzer/Schroeter/Schwenzer Rn. 14; Staudinger/Magnus, 2018, Rn. 18 ff.), wobei der Maßstab des Verkäuferlandes maßgeblich ist (OLG Hamm IHR 2012, 186 (189)). Diese kann von öffentlichen Werbeaussagen des Verkäufers oder Herstellers ebenso beeinflusst sein wie von Handelsbräuchen (OGH IHR 2004, 25; vgl. Staudinger/Magnus, 2018, Rn. 21). Bei Verträgen über **Gattungsware** ist strittig, ob deren Tauglichkeit zum gewöhnlichen Gebrauch eine Beschaffenheit von mittlerer Art und Güte voraussetzt (dazu eingehend Bianca/Bonell/Bianca Anm. 3.1). Ganz überwiegend wird dies entspr. der Rechtslage in den meisten kontinental-europäischen Rechtsordnungen bejaht (Achilles Rn. 6; Herber/Czerwenka Rn. 4; Piltz IntKaufR Rn. 5-46; Staudinger/Magnus, 2018, Rn. 19; Rudolph Rn. 14; aA Kröll in Kröll/Mistelis/Perales Viscasillas CISG Rn. 79; Enderlein/Maskow/Strohbach Anm. 8; Soergel/Willems Rn. 11. Für das unvereinheitlichte deutsche Recht s. § 243 Abs. 1 BGB, § 360 HGB). Nach dem englischen SGA 1979 (Sale of Goods Act) war der Verkäufer dagegen verpflichtet, „merchantable goods" zu liefern, die auch von unterdurchschnittlicher Qualität sein konnten, wenn sie sich nur weiterverkaufen ließen (vgl. dazu ausf. Bianca/Bonell/Bianca Anm. 3.1; Schlechtriem/Schwenzer/Schroeter/Schwenzer Rn. 15). Der amerikanische Uniform Commercial Code setzt dagegen in § 2-314 (2) (b) Uniform Commercial Code merchantable goods mit goods of fair average quality gleich, sodass sich im Vergleich zum kontinental-europäischen Recht keine größeren Unterschiede ergeben. Durch den SGA 1994 wurde jedoch der Begriff der „merchantable" durch den der „satisfactory quality" ersetzt (sec 14 (2) SGA 1994), sodass eine Annäherung der Positionen zu erwarten ist (so auch MüKoBGB/Gruber Rn. 17; Schlechtriem/Schwenzer/Schroeter/Schwenzer Rn. 15).

6 Die Ware ist dagegen nicht ohne weiteres für gewöhnliche Zwecke ungeeignet, wenn sie **öffentlich-rechtlichen Produktsicherheitsvorschriften des Importlandes** nicht genügt (BGHZ 129, 75 (81 ff.) = NJW 1995, 2099 (2100 f.); BGH RIW 2005, 547 (548); OGH IHR 2001, 117; ausf. MüKoBGB/Gruber Rn. 18–26; Achilles Rn. 7; Herber/Czerwenka Rn. 4; Kröll in Kröll/Mistelis/Perales Viscasillas CISG Rn. 85; Honsell/Magnus Rn. 14; Soergel/Willems Rn. 14; ausf. Krätzschmar, Öffentlichrechtliche Beschaffenheitsvorgaben und Vertragsmäßigkeit der Ware im UN-Kaufrecht (CISG), 2008, 69). Im EU-Binnenhandel sind allerdings die vielfältigen Harmonisierungsbemühungen auf dem Gebiet der Produktsicherheit zu beachten. Dem Verkäufer, der möglicherweise Ware in mehrere Länder exportiert, ist zwar nicht zuzumuten, sich über alle Sicherheitsstandards des jeweiligen Importlandes zu informieren (Bianca/Bonell/Bianca Anm. 3.2; Kröll in Kröll/Mistelis/Perales Viscasillas CISG Rn. 89; krit. Schlechtriem IPR 1996, 12 ff.; Schlechtriem/Schwenzer/Schroeter/Schwenzer Rn. 17 mwN). Ausnahmsweise muss er die Standards des Einfuhrstaates aber einhalten, wenn er diese auf Grund einer ständigen Geschäftsbeziehung oder eines besonderen Hinweises des Käufers kennt bzw. kennen muss (BGHZ 129, 75 (82 f.) = NJW 1995, 2099 (2100 f.); BGH RIW 2005, 547 (548); OLG Koblenz IHR 2015, 152 (155); High Court of New Zealand IHR 2011, 123 (127); Achilles Rn. 7; Schlechtriem/Schwenzer/Schroeter/Schwenzer Rn. 17a) oder sich dies im Einzelfall aus dem Gesamtgeschehen ergibt. Letzteres ist etwa der Fall, wenn im Exportland gleiche Vorschriften bestehen (Staudinger/Magnus, 2018, Rn. 22) oder die Initiative für die Vermarktung im Importland vom Verkäufer ausging (MüKoHGB/Benicke Rn. 20; wohl auch Achilles Rn. 7). Die **Vorgaben des Verkäuferlandes** sind dagegen grds. zu beachten (BGHZ 129, 75 (82 f.) = NJW 1995, 2099 (2100 f.); Achilles Rn. 7; Honsell/Magnus Rn. 14; aA Schlechtriem/Schwenzer/Schroeter/Schwenzer Rn. 17a; Koch IHR 2009, 233 (234 f.) mit Überblick über den Streitstand).

7 Schwierigkeiten bereitet die Frage, ob der **bloße Mangelverdacht,** insbes. einer gesundheitsgefährdenden Beschaffenheit von Lebensmitteln, die Vertragswidrigkeit begründet. Diese ist jedenfalls nicht bereits deshalb zu bejahen, weil der Käufer einen hinreichend schweren Verdacht äußert, da er dann jede Ware als vertragswidrig ablehnen könnte (Staudinger/Magnus, 2018, Rn. 25). Andererseits kommt es für die Wiederverkäuflichkeit (Handelbarkeit) der Kaufsache, die zur Eignung zum gewöhnlichen Gebrauch zählt (→ Rn. 5), auf ihre **Verkehrsfähigkeit** an. Letztere wird jedenfalls dann ausgeschlossen, wenn der Verdacht zu öffentlich-rechtlichen Maßnahmen (zB

Unterbindung des Handelns mit Fleisch wegen des Verdachts auf Dioxinverseuchung, vgl. OLG Frankfurt NJOZ 2004, 2851 = IHR 2005, 158 mAnm Piltz = EuLF 2005, I-148 mAnm Sauthoff = CISG-online Nr. 999) geführt hat (BGH RIW 2005, 547 (549), der zugleich ausdrücklich offen lässt, ob der Verdacht einer gesundheitsgefährdenden Beschaffenheit stets eine Vertragswidrigkeit von Lebensmitteln begründet; Kröll in Kröll/Mistelis/Perales Viscasillas CISG Rn. 99 bejaht dies für Fälle, in denen aufgrund der Verderblichkeit der Lebensmittel keine Zeit bleibt, den Mangelverdacht zu widerlegen). Ob ein Mangelverdacht auch iÜ die Verkehrsfähigkeit der Ware aufhebt, also wenn (noch) keine öffentlich-rechtlichen Maßnahmen getroffen wurden, lässt sich nicht generell beantworten, sondern ist unter Berücksichtigung der konkreten Umstände des Einzelfalls zu entscheiden (Sauthoff EulF 2005, I-148 (152) – Anm. zu BGH).

**b) Eignung für speziellen Zweck (lit. b).** Die Ware muss nach lit. b für einen besonderen Zweck geeignet sein, wenn dieser dem Verkäufer zur Kenntnis gebracht worden ist und der Käufer auf dessen Fachkompetenz vertrauen durfte. Daneben muss die Ware grds. auch für den üblichen Verwendungszweck nach lit. a geeignet sein, es sei denn, dass sich aus dem besonderen Zweckanliegen des Käufers etwas anderes ergibt (Staudinger/Magnus, 2018, Rn. 26). Als besonderer Zweck iSd lit. b kommt zB der Einsatz einer Maschine in speziellen Produktionsverfahren oder bei extremen Temperaturverhältnissen in Betracht (MüKoHGB/Benicke Rn. 11: extrem niedrige Temperaturen; MüKoBGB/Gruber Rn. 11: Lkw als Wüstenfahrzeug). Eine vertragliche Einigung ist hierfür nicht erforderlich (Honsell/Magnus Rn. 18; Schlechtriem/Schwenzer/Schroeter/Schwenzer Rn. 20). Ware, die einem vereinbarten besonderen Zweck nicht genügt, ist bereits nach Abs. 1 vertragswidrig (Honsell/Magnus Rn. 18). Der besondere Zweck muss dem Verkäufer bei Vertragsschluss ausdrücklich oder konkludent zur Kenntnis gebracht werden (LG Regensburg TranspR-IHR 2000, 30; Schlechtriem/Schwenzer/Schroeter/Schwenzer Rn. 21; Staudinger/Magnus, 2018, Rn. 27, 30). Der Wortlaut von lit. b, der auf den „Vorgang" der Kenntnisverschaffung abstellt und ebenso die Schwierigkeit, dem Verkäufer die tatsächliche Kenntnis des besonderen Zwecks nachzuweisen, sprechen dafür, auf das Erfordernis seiner positiven Kenntnis zu verzichten (Enderlein/Maskow/Strohbach Anm. 11; Honsell/Karollus Rn. 19; Kröll in Kröll/Mistelis/Perales Viscasillas CISG Rn. 111; Schlechtriem/Schwenzer/Schroeter/Schwenzer Rn. 21; Staudinger/Magnus, 2018, Rn. 28; Soergel/Willems Rn. 16; aA Kircher, Die Voraussetzungen der Sachmängelhaftung beim Warenkauf, 1998, 53; Reinhart UN-KaufR Rn. 6). Es reicht daher aus, dass ihm der spezielle Zweck so zur Kenntnis gebracht wird, dass er **Kenntnis nehmen „kann"** (MüKoHGB/Benicke Rn. 11; MüKoBGB/Gruber Rn. 11; Schlechtriem/Schwenzer/Schroeter/Schwenzer Rn. 21; Staudinger/Magnus, 2018, Rn. 28). Allein durch die Mitteilung des Ortes, an den die Ware zu verschicken ist, wird aber noch nicht zur Kenntnis gebracht, dass die Ware den dort geltenden Produktsicherungsvorschriften genügen soll (Achilles Rn. 9; Bianca/Bonell/Bianca Anm. 3.2; Honsell/Magnus Rn. 20). Zu den Ausnahmefällen, in denen der Verkäufer für eine Übereinstimmung der Ware mit den Standards des Importlandes zu sorgen hat, → Rn. 6. 8

Lit. b setzt weiter voraus, dass der Käufer **auf die Fachkompetenz** des Verkäufers **vertraut** hat. Das fehlende Vertrauen bzw. Vertrauendürfen des Käufers ist in lit. b als Ausnahme formuliert, sodass der Käufer im Zweifel auf die Sachkunde des Verkäufers vertrauen darf (Bianca/Bonell/Bianca Anm. 2.5.3; Staudinger/Magnus, 2018, Rn. 31; vgl. auch MüKoBGB/Gruber Rn. 13). Ein Vertrauensschutz des Käufers scheidet aber aus, wenn dieser über eine größere oder die gleiche Sachkunde wie der Verkäufer verfügt oder wenn dieser als Zwischenhändler ohne Spezialkenntnisse über die Ware auftritt (MüKoBGB/Gruber Rn. 14; Schlechtriem/Schwenzer/Schroeter/Schwenzer Rn. 23; Staudinger/Magnus, 2018, Rn. 32 f.; LG Coburg IHR 2007, 117 = CISG-online Nr. 1447; High Court of New Zealand IHR 2011, 123 (128); bestätigt durch Court of Appeal IHR 2012, 117: Die Haftung des Verkäufers kann auch entfallen, wenn er dem Käufer zur Einschaltung eines Dritten geraten hat, um die Regelkonformität zu überwachen bzw. ggf. herbeizuführen). 9

**c) Übereinstimmung mit Probe oder Muster (lit. c).** Nach lit. c ist eine Ware vertragswidrig, wenn ihr die Eigenschaften einer Probe oder eines Musters fehlen. Deren Eigenschaften werden entgegen dem Wortlaut von lit. c nicht schon durch die bloße Vorlage maßgeblich, sondern erst, wenn die Parteien zusätzlich eine Übereinstimmung von Ware und Probe **vereinbaren** (Achilles Rn. 11; MüKoBGB/Gruber Rn. 28; Herber/Czerwenka Rn. 6; Staudinger/Magnus, 2018, Rn. 36; aA LG Aschaffenburg IHR 2007, 109 (111); MüKoHGB/Benicke Rn. 21; Kröll in Kröll/Mistelis/Perales Viscasillas CISG Rn. 129). Eine Haftung des Verkäufers scheidet aus, wenn er Probe oder Muster nur unverbindlich zur Ansicht vorgelegt hat. Dies gilt ebenso, wenn nur der Käufer eine sog. Bestellprobe vorgelegt hat (Achilles Rn. 11; MüKoBGB/Gruber Rn. 29; Schlechtriem/Schwenzer/Schroeter/Schwenzer Rn. 27; vgl. MüKoHGB/Benicke Rn. 23). 10

Widersprechen sich die nach Abs. 1 vereinbarten Eigenschaften und die einer Probe bzw. eines Musters, bestimmt sich der Vorrang nach dem Parteiwillen (MüKoBGB/Gruber Rn. 28; Staudinger/Magnus, 2018, Rn. 39). Besteht zwischen Vereinbarung und Probe kein Widerspruch, müssen alle Eigenschaften kumulativ vorhanden sein (Achilles Rn. 12; Herber/Czerwenka Rn. 6). Aufgrund der Funktion von Probe bzw. Muster, dem Käufer eine Untersuchung der Tauglichkeit der Ware für seine Zwecke zu ermöglichen, **verdrängt lit. c** grds. die Kriterien von lit. **a und b** (Bianca/Bonell/Bianca Anm. 2.6.1; Enderlein/Maskow/Strohbach Anm. 16; vgl. auch MüKoBGB/Gruber Rn. 28).

11 **d) Übliche oder angemessene Verpackung (lit. d).** Zu der Vertragsmäßigkeit der Ware gehört nach lit. d eine **übliche** oder für ihre Erhaltung und ihren Schutz **angemessene** Verpackung. Als Vorbild für diese Vorschrift diente § 2-314 (2) (e) UCC. Die Üblichkeit bestimmt sich nach den Bräuchen in der betreffenden Transportbranche (ausf. Schlechtriem/Schwenzer/Schroeter/Schwenzer Rn. 29). Fehlen solche Bräuche, ist die Ware so angemessen zu verpacken, dass Transportschäden auf dem voraussehbaren Weg bis zu dem Verwendungsort vermieden werden (Honsell/Magnus Rn. 25; OLG Saarbrücken IHR 2008, 55 (58)). Neben diesen auf den Transport abstellenden Kriterien kann auch ein eventueller Weiterverkauf die Verpackungspflicht beeinflussen, so kann zB eine „Originalverpackung" erforderlich sein (MüKoHGB/Benicke Rn. 25; MüKoBGB/Gruber Rn. 31). Die Verpackungspflicht besteht sowohl bei Schick- als auch bei Holschulden (Bianca/Bonell/Bianca Anm. 2.7.1; Staudinger/Magnus, 2018, Rn. 42).

12 **4. Ausschluss der Haftung des Verkäufers. a) Kenntnis des Käufers (Abs. 3).** Eine Mängelhaftung des Verkäufers scheidet nach Abs. 3 aus, wenn der Käufer bei Vertragsschluss die **Vertragswidrigkeit kannte** oder darüber **nicht in Unkenntnis sein konnte** (zum Erfordernis des Kennenmüssens ausf. Troiano in Ferrari, The 1980 Uniform Sales Law, 2003, 147, 155 f.). Positive Kenntnis des Käufers setzt voraus, dass er die Vertragswidrigkeit tatsächlich erkannt hat. Kenntnisnahmeklauseln („gekauft wie besichtigt") befreien den Verkäufer daher nur von der Haftung für **offene Mängel** (Honsell/Magnus Rn. 29). Daneben schließt auch die grob fahrlässige Unkenntnis (aA Schlechtriem/Schwenzer/Schroeter/Schwenzer Rn. 34: „mehr als grobe Fahrlässigkeit") des Käufers die Haftung aus, etwa wenn die Mängel offen oder bei einer Untersuchung der Ware zu Tage treten, zu welcher der Käufer vor Vertragsschluss jedoch nicht verpflichtet ist (vgl. MüKoHGB/Benicke Rn. 30; Enderlein/Maskow/Strohbach Anm. 20; Herber/Czerwenka Rn. 10; Reinhart UN-KaufR Rn. 9; Schlechtriem/Schwenzer/Schroeter/Schwenzer Rn. 35; Staudinger/Magnus, 2018, Rn. 48). Handelt der Verkäufer **arglistig,** kann er sich **nur bei positiver Kenntnis** des Käufers vom Mangel auf Abs. 3 berufen (Achilles Rn. 19; Kröll in Kröll/Mistelis/Perales Viscasillas CISG Rn. 162; Schlechtriem/Schwenzer/Schroeter/Schwenzer Rn. 37; Kircher, Die Voraussetzungen der Sachmängelhaftung beim Warenkauf, 1998, 54 f.; aA Soergel/Willems Rn. 24, wonach Abs. 3 bei Arglist des Verkäufers mangels Schutzwürdigkeit keine Anwendung findet). Der nur grob fahrlässige Käufer ist nämlich schutzwürdiger als der arglistige Verkäufer, sodass Abs. 3 in diesem Fall teleologisch zu reduzieren ist (MüKoHGB/Benicke Rn. 32; Staudinger/Magnus, 2018, Rn. 52; Kircher, Die Voraussetzungen der Sachmängelhaftung beim Warenkauf, 1998, 54).

13 Der Haftungsausschluss des Abs. 3 **beschränkt sich** seinem Wortlaut und seiner Entstehungsgeschichte nach nur auf die Fälle des **Abs. 2** (Achilles Rn. 20; BeckOGK/Hachem Rn. 52; MüKoHGB/Benicke Rn. 31; MüKoBGB/Gruber Rn. 35; Schlechtriem/Schwenzer/Schroeter/Schwenzer Rn. 38; Kircher, Die Voraussetzungen der Sachmängelhaftung beim Warenkauf, 1998, 55 f.; für eine teilweise Ausdehnung des Abs. 3 auf die Fälle des Abs. 1 Enderlein/Maskow/Strohbach Anm. 19; Herber/Czerwenka Rn. 11; Staudinger/Magnus, 2018, Rn. 49 ff.). Ist dem Käufer jedoch von vornherein bekannt, dass die Ware bis zur Lieferung nicht mit der Vereinbarung nach Abs. 1 in Einklang zu bringen ist, würde ein Beharren auf deren Einhaltung treuwidrig sein (venire contra factum proprium, Art. 7 Abs. 1), weshalb die Haftung des Verkäufers in einem solchen Fall ebenfalls ausgeschlossen ist (Achilles Rn. 20; ähnlich Kircher, Die Voraussetzungen der Sachmängelhaftung beim Warenkauf, 1998, 55; Schlechtriem/Schwenzer/Schroeter/Schwenzer Rn. 38).

14 **b) Haftungsfreizeichnung.** Nach **Art. 6** kann die Verkäuferhaftung aus Art. 35 **modifiziert** oder **abbedungen** werden. Über die Gültigkeit von Freizeichnungsklauseln ist gem. Art. 4 lit. a nach dem nach IPR berufenen nationalen Recht – bei Verweis auf das deutsche Recht also nach §§ 305 ff. BGB – zu entscheiden (eingehend dazu Schlechtriem/Schwenzer/Schroeter/Schwenzer Rn. 42; s. auch Staudinger/Magnus, 2018, Rn. 53).

## III. Beweislastregeln

Der Verkäufer trägt die Beweislast für die **Vertragsmäßigkeit** der Ware bei Gefahrübergang bis zur rügelosen Annahme durch den Käufer (→ Art. 36 Rn. 6) (BGH NJW 1997, 3311; Müller in Baumgärtel/Laumen/Prütting Beweislast-HdB II UNKR Rn. 1; Schlechtriem/Schwenzer/Schroeter/Schwenzer Rn. 52). Hat der Käufer die Ware abgenommen, ohne Mängel zu rügen, ist er beweispflichtig dafür, dass die Ware vertragswidrig ist (BGH IHR 2002, 16 (19)). In den Fällen von Abs. 2 lit. b hat der Käufer zu beweisen, dass dem Verkäufer der **besondere Verwendungszweck** zur Kenntnis gebracht worden ist (MüKoBGB/Gruber Rn. 42; Staudinger/Magnus, 2018, Rn. 56). Der Verkäufer hat dagegen darzutun, dass ein Vertrauen des Käufers auf seine Fachkompetenz nicht schutzwürdig ist (Müller in Baumgärtel/Laumen/Prütting Beweislast-HdB II UNKR Rn. 6 f.; Staudinger/Magnus, 2018, Rn. 56). Die Beweislast für das Eingreifen des **Haftungsausschlusses** gem. Abs. 3 liegt bei dem Verkäufer (Honsell/Magnus Rn. 33; Müller in Baumgärtel/Laumen/Prütting Beweislast-HdB II UNKR Rn. 9; Schlechtriem/Schwenzer/Schroeter/Schwenzer Rn. 54; Soergel/Willems Rn. 25). 15

## Art. 36 (Maßgeblicher Zeitpunkt für die Vertragsmäßigkeit)

**(1) Der Verkäufer haftet nach dem Vertrag und diesem Übereinkommen für eine Vertragswidrigkeit, die im Zeitpunkt des Übergangs der Gefahr auf den Käufer besteht, auch wenn die Vertragswidrigkeit erst nach diesem Zeitpunkt offenbar wird.**

**(2) Der Verkäufer haftet auch für eine Vertragswidrigkeit, die nach dem in Absatz 1 angegebenen Zeitpunkt eintritt und auf die Verletzung einer seiner Pflichten zurückzuführen ist, einschließlich der Verletzung einer Garantie dafür, daß die Ware für eine bestimmte Zeit für den üblichen Zweck oder für einen bestimmten Zweck geeignet bleiben oder besondere Eigenschaften oder Merkmale behalten wird.**

### Überblick

Maßgeblicher Zeitpunkt für die Beurteilung der Vertragsmäßigkeit der Ware ist nach Art. 36 der Gefahrübergang.

## I. Normzweck

Art. 36 legt den maßgeblichen Zeitpunkt für die Beurteilung der Vertragsmäßigkeit der Ware fest. Nach **Abs. 1** haftet der Verkäufer ohne weiteres für Vertragswidrigkeiten, die im **Zeitpunkt des Gefahrübergangs** bestehen (→ Rn. 2; vgl. im deutschen Recht § 434 Abs. 1 S. 1 BGB). Tritt eine Vertragswidrigkeit erst danach ein, haftet der Verkäufer gem. Abs. **2** nur, wenn er diese durch eine **Pflichtverletzung** verursacht oder eine **Eignungsgarantie** für einen bestimmten Zeitraum abgegeben hat (→ Rn. 4 f.). 1

## II. Einzelerläuterungen

**1. Vertragswidrigkeit im Zeitpunkt des Gefahrübergangs (Abs. 1).** Die in Art. 36 vorausgesetzte und vom Verkäufer zu vertretende Vertragswidrigkeit der Ware bestimmt sich nach **Art. 35.** Die Vorschrift ist also für Qualitäts-, Quantitäts- und Verpackungsmängel sowie für Falschlieferungen von Bedeutung (zum umfassenden Begriff der Vertragswidrigkeit iSd → Art. 35 Rn. 2). Rechtsmängel (vgl. Art. 41–43) werden dagegen nicht erfasst (Honsell/Magnus Rn. 3). 2

Den **Zeitpunkt** des Gefahrübergangs bestimmen in erster Linie die Parteien, etwa indem sie auf bestimmte Incoterms Bezug nehmen (so auch MüKoBGB/Gruber Rn. 3). Sind zB die Incoterms FOB oder CFR vereinbart, geht die Gefahr in dem Zeitpunkt auf den Käufer über, in dem die Ware die Schiffsreling im Verschiffungshafen überschritten hat. Fehlt eine vertragliche Festlegung, richtet sich der Gefahrübergang nach Art. 67–69 (vgl. Schlechtriem/Schwenzer/Schroeter/Schwenzer Rn. 3; Staudinger/Magnus, 2018, Rn. 8; Soergel/Willems Rn. 2). Für die Vertragswidrigkeit der Ware in dem so ermittelten Zeitpunkt haftet der Verkäufer auch dann, wenn sich der Mangel erst nach Gefahrübergang offenbart, also ein sog. **versteckter Mangel** vorliegt (BGH RIW 2005, 547: auf Grund Herkunft und Zeitpunkts der Schlachtung entstand beim gelieferten Fleisch der Verdacht einer Dioxinbelastung, weswegen das Fleisch unverkäuflich 3 und damit mangelhaft wurde (→ Art. 35 Rn. 7); dass der Verdacht selbst im Zeitpunkt des Gefahrübergangs noch nicht bestand, ist irrelevant. Vgl. auch MüKoHGB/Benicke Rn. 2; Kröll in Kröll/Mistelis/Perales Viscasillas CISG Rn. 7 f.; Schlechtriem/Schwenzer/Schroeter/Schlechtriem Rn. 4; Staudinger/Magnus, 2018, Rn. 9; Soergel/Willems Rn. 4). Der Verkäufer haftet gleichfalls, wenn die Ware nach Gefahrübergang auf dem Transport beschädigt wird, weil er dies durch **eine unzureichende Verpackung** (Art. 35 Abs. 2 lit. d) verursacht hat (Achilles Rn. 3; MüKoBGB/Gruber Rn. 7; Schlechtriem/Schwenzer/Schroeter/Schwenzer Rn. 4; Kröll in Kröll/Mistelis/Perales Viscasillas CISG Rn. 9).

4 **2. Eintritt der Vertragswidrigkeit nach Gefahrübergang (Abs. 2).** Für eine erst nach Gefahrübergang eintretende Vertragswidrigkeit ist der Verkäufer verantwortlich, wenn er diese durch eine **Pflichtverletzung** verursacht hat, etwa durch Wahl eines ungeeigneten Beförderers, Transportmittels oder -weges (Bianca/Bonell/Bianca Anm. 2.3; Soergel/Willems Rn. 5; weitere Beispiele bei Staudinger/Magnus, 2018, Rn. 11). Dabei gilt der allgemeine Kausalitätsbegriff, dh der Mangel müsste bei pflichtgemäßem Verhalten mit Wahrscheinlichkeit vermieden worden sein (MüKoBGB/Gruber Rn. 13; Staudinger/Magnus, 2018, Rn. 12). Sowohl vor als auch nach Gefahrübergang begangene Pflichtverletzungen können die Haftung nach Abs. 2 auslösen (MüKoBGB/Gruber Rn. 10 f.; Kröll in Kröll/Mistelis/Perales Viscasillas CISG Rn. 14; Schlechtriem/Schwenzer/Schroeter/Schwenzer Rn. 5), Letztere allerdings nur, wenn sie noch in einem zeitlichen Zusammenhang mit der Vertragserfüllung stehen. Andernfalls greift das anwendbare Deliktsrecht ein (Achilles Rn. 4; Staudinger/Magnus, 2018, Rn. 11; für eine Einbeziehung sämtlicher nach Gefahrübergang begangener Pflichtverletzungen in den Anwendungsbereich des Abs. 2 jedoch MüKoBGB/Gruber Rn. 12; Schlechtriem/Schwenzer/Schroeter/Schwenzer Rn. 5). Ein Verschulden setzt die Pflichtverletzung nicht voraus, jedoch kann sich der Verkäufer unter den Voraussetzungen des Art. 79 entlasten (Herber/Czerwenka Rn. 3; Honsell/Magnus Rn. 10).

5 Der Verkäufer hat für eine nachträgliche Vertragswidrigkeit auch dann einzustehen, wenn diese einer **Garantie** widerspricht, welche er dafür abgegeben hat, dass die Ware für eine bestimmte Zeit für den üblichen oder einen bestimmten Zweck geeignet bleibt oder besondere Eigenschaften behalten wird. Die Garantie kann ausdrücklich oder stillschweigend erklärt werden, setzt aber stets voraus, dass der Verkäufer sich über seine gesetzlichen Einstandspflichten hinaus verpflichten wollte (Achilles Rn. 5; Staudinger/Magnus, 2018, Rn. 16; vgl. auch MüKoHGB/Benicke Rn. 5 ff.). **Inhalt** und **Dauer** der Garantie sind im Wege der Auslegung (Art. 8) zu ermitteln (Honsell/Magnus Rn. 13; Staudinger/Magnus, 2018, Rn. 16). Dabei ist entgegen dem Wortlaut der deutschen („für eine bestimmte Zeit"), aber entspr. der für die Rechtsanwendung maßgeblichen (Art. 101) englischen („for a period of time") bzw. französischen („pendant une certaine période"; nicht: „une période certaine") Fassung die vertragliche Fixierung einer bestimmten Garantiefrist nicht erforderlich (MüKoHGB/Benicke Rn. 6; MüKoBGB/Gruber Rn. 23; Honsell/Magnus Rn. 12; Staudinger/Magnus, 2018, Rn. 17; offenlassend Schlechtriem/Schwenzer/Schroeter/Schwenzer Rn. 9). Inhaltlich wird sich die Garantie auf Mängel aus der Sphäre des Verkäufers beschränken und solche, die durch den Käufer oder höhere Gewalt verursacht sind, dagegen ausschließen (Schlechtriem/Schwenzer/Schroeter/Schwenzer Rn. 7; Staudinger/Magnus, 2018, Rn. 16).

## III. Beweislastregeln

6 Bis zur rügelosen Entgegennahme der Ware durch den Käufer trägt der **Verkäufer** die Beweislast dafür, dass behauptete Mängel nicht vorhanden sind. Ab diesem Zeitpunkt kehrt sich die Beweislast um, sodass nunmehr der **Käufer** die Vertragswidrigkeit der Ware im Zeitpunkt des Gefahrübergangs zu beweisen hat (BGH NJW 2002, 1651; 1997, 3311; BGHZ 129, 75 (81) = NJW 1995, 2099 (2100); OLG Frankfurt NJW 1991, 3102; Achilles Rn. 6; MüKoBGB/Gruber Rn. 26; Schlechtriem/Schwenzer/Schroeter/Schwenzer Art. 35 Rn. 52; Kröll in Kröll/Mistelis/Perales Viscasillas CISG Rn. 21; aA Müller in Baumgärtel/Laumen/Prütting Beweislast-HdB II UNKR Rn. 12 ff., 21: Beweislastumkehr erst nach Ablauf der Rügefrist des Art. 39; ebenfalls aA Soergel/Willems Rn. 8: bei rechtzeitiger Untersuchung und Rüge habe der Verkäufer die Vertragsgemäßheit der Ware bei Gefahrübergang zu beweisen; teilweise abw. auch MüKoHGB/Benicke Rn. 8 ff.; Staudinger/Magnus, 2018, Rn. 25 f.).

7 In den Fällen des **Abs. 2** obliegt es dem Käufer, die Pflichtverletzung bzw. Abgabe, Inhalt und Dauer einer Garantiezusage des Verkäufers zu beweisen (Achilles Rn. 6; Müller in Baumgärtel/Laumen/Prütting Beweislast-HdB II UNKR Rn. 22). Gelingt ihm dies, muss der Verkäufer den Gegenbeweis dafür führen, dass die Vertragswidrigkeit auf Umstände außerhalb seines Risikobe-

reichs, zB auf ein Fehlverhalten des Käufers zurückzuführen ist (MüKoBGB/Gruber Rn. 27; Schlechtriem/Schwenzer/Schroeter/Schwenzer Rn. 13).

## Art. 37 (Nacherfüllung bei vorzeitiger Lieferung)

**[1]Bei vorzeitiger Lieferung der Ware behält der Verkäufer bis zu dem für die Lieferung festgesetzten Zeitpunkt das Recht, fehlende Teile nachzuliefern, eine fehlende Menge auszugleichen, für nicht vertragsgemäße Ware Ersatz zu liefern oder die Vertragswidrigkeit der gelieferten Ware zu beheben, wenn die Ausübung dieses Rechts dem Käufer nicht unzumutbare Unannehmlichkeiten oder unverhältnismäßige Kosten verursacht. [2]Der Käufer behält jedoch das Recht, Schadenersatz nach diesem Übereinkommen zu verlangen.**

### Überblick

Bei vorzeitiger Lieferung behält der Verkäufer das „Recht der zweiten Andienung". Art. 37 S. 1 kann er nach seinem Ermessen die Vertragsmäßigkeit der Ware bis zum Ablauf der Lieferfrist herstellen, wenn dies dem Käufer zumutbar sind (S. 1; → Rn. 3 f.). Bis dahin kann der Käufer die Rechtsbehelfe der Art. 45 ff. nicht geltend machen (→ Rn. 5), aber wegen des ersten Erfüllungsversuchs nach S. 2 Schadensersatz verlangen (→ Rn. 6).

### I. Normzweck

1 Art. 37 S. **1** ermöglicht dem Verkäufer bei **vorzeitiger Erfüllung** eine Vertragswidrigkeit der Ware noch bis zum Ablauf der Lieferfrist zu beheben **(„Recht der zweiten Andienung").** Die Vorschrift ist jedoch nur anwendbar, wenn der Käufer die vorzeitige Lieferung akzeptiert und nicht zurückgewiesen hat, wozu er nach Art. 52 Abs. 1 berechtigt ist. Ein **Schadensersatzanspruch** des Käufers wegen des ersten Erfüllungsversuchs bleibt nach S. **2** unberührt. Art. 34 S. 2 und 3 enthält eine entsprechende Regelung für die vorzeitige Lieferung von Dokumenten. **Nach dem Liefertermin** kann der Verkäufer eine Vertragswidrigkeit nur noch unter den engeren Voraussetzungen für die Nacherfüllung gem. **Art. 48** beseitigen.

### II. Einzelerläuterungen

2 **1. Vorzeitige Lieferung.** Die Lieferung ist **vorzeitig,** wenn der Verkäufer vor dem vertraglich oder gesetzlich festgelegten Liefertermin geliefert hat. Zur Lieferzeit → Art. 33 Rn. 2 ff. Bei Vereinbarung eines **Lieferzeitpunkts** (Art. 33 lit. a) ist jede Lieferung vor diesem Termin vorzeitig (Herber/Czerwenka Rn. 3; Schlechtriem/Schwenzer/Schroeter/Schwenzer Rn. 5). Soll die Lieferung dagegen innerhalb eines bestimmten (Art. 33 lit. b) bzw. angemessenen (Art. 33 lit. c) **Zeitraums** erfolgen, ist jede vor Ablauf dieser Frist durchgeführte Lieferung vorzeitig (Achilles Rn. 2; MüKoBGB/Gruber Rn. 5–7; Schlechtriem/Schwenzer/Schroeter/Schwenzer Rn. 5; Staudinger/Magnus, 2018, Rn. 9 f.; Soergel/Willems Rn. 5). Der Verkäufer kann daher bis zum spätesten zulässigen Termin die Beseitigung eines eventuellen Mangels vornehmen, auch wenn dieser eine wesentliche, nach Art. 49 Abs. 1 lit. a zur Vertragsaufhebung berechtigende Vertragsverletzung darstellt. Die Gegenansicht (Herber/Czerwenka Rn. 3, der darauf verweist, dass der Käufer bei Lieferung innerhalb eines feststehenden Zeitraums die Ware nicht gem. Art. 52 Abs. 1 zurückweisen darf. Dabei wird indes außer Acht gelassen, dass sich der Verkäufer selbst auf den Verlust des Ablehnungsrechts eingelassen hat, MüKoBGB/Gruber Rn. 7), die dem Verkäufer während des Lieferzeitraums nur ein Mangelbeseitigungsrecht in den Grenzen des Art. 48 gewährt, berücksichtigt nicht hinreichend die Zielsetzung des CISG, die Stabilität und Durchführung von Verträgen zu gewährleisten (vgl. Schlechtriem/Schwenzer/Schroeter/Schwenzer Rn. 5; Staudinger/Magnus, 2018, Rn. 10; vgl. auch MüKoBGB/Gruber Rn. 6).

3 **2. Recht zur Mangelbeseitigung (S. 1). a) Maßnahmen.** Die in Art. 37 aufgezählten Maßnahmen sollen alle Formen der Vertragswidrigkeit und der Mangelbeseitigung erfassen. Welche Art der Mangelbeseitigung der Verkäufer wählt, steht grds. in seinem **Ermessen** (MüKoBGB/Gruber Rn. 11; Schlechtriem/Schwenzer/Schroeter/Schwenzer Rn. 7; Staudinger/Magnus, 2018, Rn. 12; Achilles Rn. 4; Herber/Czerwenka Rn. 4). Art. 37 ist über den Wortlaut hinaus nicht nur auf **Sachmängel,** sondern auch auf die in Art. 41 ff. geregelten **Rechtsmängel** (entspr.)

anwendbar. Insoweit ist kein sachlicher Grund ersichtlich, diese Mängel unterschiedlich zu behandeln (MüKoHGB/Benicke Rn. 5; MüKoBGB/Gruber Rn. 10; Kröll in Kröll/Mistelis/Perales Viscasillas CISG Rn. 9; Schlechtriem/Schwenzer/Schroeter/Schwenzer Rn. 6; Staudinger/Magnus, 2018, Rn. 13).

4 **b) Zumutbarkeit. Unzumutbare Unannehmlichkeiten** bzw. **unverhältnismäßige Kosten** für den Käufer begrenzen das Mangelbeseitigungsrecht des Verkäufers. Diese Grenze ist erreicht, wenn der Verkäufer **vernünftige Gründe** hat, die Mangelbeseitigung abzulehnen. Das ist, wie sich aus der englischen und französischen Fassung („unreasonable", „déraisonnable") ergibt, nicht erst bei einer völlig unerträglichen Störung der Fall (MüKoHGB/Benicke Rn. 6; MüKoBGB/Gruber Rn. 13; Staudinger/Magnus, 2018, Rn. 16; Soergel/Willems Rn. 7). Die Mangelbeseitigung durch den Verkäufer oder einen von diesem beauftragten Dritten kann wegen unzumutbarer Unannehmlichkeiten bereits ausgeschlossen sein, wenn diese den reibungslosen Geschäftsablauf des Käufers gravierend stört (MüKoBGB/Gruber Rn. 14; Schlechtriem/Schwenzer/Schroeter/Schwenzer Rn. 13; Staudinger/Magnus, 2018, Rn. 16). Schlägt ein **erster Versuch** der Mängelbeseitigung fehl, kann der Verkäufer bis zum Ablauf der Lieferfrist weitere Versuche zur Behebung des Mangels unternehmen (MüKoBGB/Gruber Rn. 12; Schlechtriem/Schwenzer/Schroeter/Schwenzer Rn. 11; Honnold Rn. 247). Mit jedem Fehlschlag wird jedoch eine weitere Andienung für den Käufer weniger zumutbar (Achilles Rn. 4; MüKoBGB/Gruber Rn. 12; Schlechtriem/Schwenzer/Schroeter/Schwenzer Rn. 11; Honnold Rn. 247). Die **Kosten** der Nacherfüllung trägt der Verkäufer (Bianca/Bonell/Bianca Anm. 2.5; Herber/Czerwenka Rn. 9; Honsell/Magnus Rn. 11; Staudinger/Magnus, 2018, Rn. 17). Kosten, die dem Käufer infolge der Nacherfüllung entstehen, kann er vom Verkäufer im Wege des Schadensersatzes ersetzt verlangen (→ Rn. 6) (Schlechtriem/Schwenzer/Schroeter/Schwenzer Rn. 14). Insoweit ist die gesetzliche Formulierung unpräzise (MüKoBGB/Gruber Rn. 15). Müsste der Käufer die Kosten vorstrecken oder sonstige Kostenrisiken übernehmen, zB wenn der Käufer bereits bezahlte Ware ohne Sicherheit zur Reparatur zurückgeben soll (MüKoHGB/Benicke Rn. 8; Staudinger/Magnus, 2018, Rn. 17), kann er einen weiteren Erfüllungsversuch ablehnen (MüKoBGB/Gruber Rn. 15; Enderlein/Maskow/Strohbach Anm. 6; Honsell/Magnus Rn. 11; Staudinger/Magnus, 2018, Rn. 17).

5 **3. Rechtsfolgen. a) Ausschluss der Rechtsbehelfe aus Art. 45 ff..** Solange das Mangelbeseitigungsrecht des Verkäufers nach S. 1 besteht, sind die Rechtsbehelfe des Käufers aus Art. 45 ff. gesperrt (Achilles Rn. 5; MüKoHGB/Benicke Rn. 9; Schlechtriem/Schwenzer/Schroeter/Schwenzer Rn. 15). Wird aber bereits vor Ablauf der Lieferfrist deutlich, dass der Verkäufer eine wesentliche Vertragsverletzung nicht beheben wird, kann der Käufer nach Art. 72 den Vertrag aufheben (MüKoBGB/Gruber Rn. 16; Kröll in Kröll/Mistelis/Perales Viscasillas CISG Rn. 21; Schlechtriem/Schwenzer/Schroeter/Schwenzer Rn. 15; Staudinger/Magnus, 2018, Rn. 20). Verweigert der Käufer (endgültig) eine zumutbare Mangelbeseitigung, verliert er seine Rechte aus der Vertragswidrigkeit der Ware, weil er selbst dem Verkäufer eine ordnungsgemäße Erfüllung unmöglich gemacht hat (ebenso unter Berufung auf den Rechtsgedanken des Art. 80 – Mitverursachung durch den Gläubiger – Schlechtriem/Schwenzer/Schroeter/Schwenzer Rn. 17; vgl. auch Bianca/Bonell/Bianca Anm. 3.2; Herber/Czerwenka Rn. 8; Staudinger/Magnus, 2018, Rn. 22; Soergel/Willems Rn. 8).

6 **b) Schadensersatz (S. 2).** Wie in Art. 37 ausdrücklich klargestellt wird, kann der Käufer den durch den ersten Erfüllungsversuch entstandenen Schaden ersetzt verlangen, wenn dieser durch die vertragsgemäße Nacherfüllung nicht beseitigt worden ist (MüKoHGB/Benicke Rn. 11; Herber/Czerwenka Rn. 10; Honsell/Magnus Rn. 16). Der Käufer kann danach etwa Ersatz von Nutzungsausfallschäden verlangen, soweit er die ihm gelieferte Produktionsmaschine während der Reparaturzeit stillegen musste (Herber/Czerwenka Rn. 10; Schlechtriem/Schwenzer/Schroeter/Schwenzer Rn. 16).

## III. Beweislastregeln

7 Das Recht zur Mangelbeseitigung begünstigt den **Verkäufer.** Dieser hat deshalb die positiven Voraussetzungen des Rechts nach S. 1 zu beweisen (Müller in Baumgärtel/Laumen/Prütting Beweislast-HdB II UNKR Rn. 2; MüKoBGB/Gruber Rn. 20). Die Beweislast für die Unzumutbarkeit der Nacherfüllung sowie für die Voraussetzungen des Schadensersatzes nach S. 2 trägt dagegen der **Käufer** (Müller in Baumgärtel/Laumen/Prütting Beweislast-HdB II UNKR Rn. 3 f.; MüKoHGB/Benicke Rn. 12; MüKoBGB/Gruber Rn. 20; Honsell/Magnus Rn. 17).

**Art. 38 (Untersuchung der Ware)**

**(1) Der Käufer hat die Ware innerhalb einer so kurzen Frist zu untersuchen oder untersuchen zu lassen, wie es die Umstände erlauben.**

**(2) Erfordert der Vertrag eine Beförderung der Ware, so kann die Untersuchung bis nach dem Eintreffen der Ware am Bestimmungsort aufgeschoben werden.**

**(3) Wird die Ware vom Käufer umgeleitet oder von ihm weiterversandt, ohne daß er ausreichend Gelegenheit hatte, sie zu untersuchen, und kannte der Verkäufer bei Vertragsabschluß die Möglichkeit einer solchen Umleitung oder Weiterversendung oder mußte er sie kennen, so kann die Untersuchung bis nach dem Eintreffen der Ware an ihrem neuen Bestimmungsort aufgeschoben werden.**

**Schrifttum:** CISG Advisory Council Opinion No. 2, Examination of the Goods and Notice of Non-Conformity Articles 38 and 39, http://www.cisgac.com/cisgac-opinion-no-2/ (abgerufen 19.4.2022; zum CISG Advisory Council Art. 7 Rn. 3); Magnus, Die Rügeobliegenheit des Käufers im UN-Kaufrecht, TranspR-IHR 1999, 29.

## Überblick

Art. 38 begründet die Untersuchungsobliegenheit des Käufers hinsichtlich der Vertragswidrigkeit iSv Art. 35 (→ Rn. 2). Maßgeblich sind die Vereinbarungen der Parteien (Art. 6) sowie Gebräuche, Gepflogenheiten (Art. 9) und sonstige Umstände des Einzelfalls (→ Rn. 3 f.). Letztere bestimmen auch die Dauer der mit Lieferung beginnenden Untersuchungsfrist (→ Rn. 5 f.). Beim Versendungskauf kann die Frist bis zum Eintreffen der Ware am Bestimmungsort (Abs. 2; → Rn. 7), bei Umleitung oder Weiterversendung der Ware bis zum Eintreffen am veränderten Bestimmungsort (Abs. 3; → Rn. 8 ff.) aufgeschoben werden.

## I. Normzweck

1 Die Untersuchung der Ware durch den Käufer hat nach **Abs. 1** innerhalb einer so **kurzen Frist** zu erfolgen, wie es die Umstände erlauben. Eine **Aufschiebung** der Untersuchungsfrist ordnet **Abs. 2** für Versendungskäufe und **Abs. 3** für den Fall der Umleitung oder Weiterversendung der Ware an. Die Untersuchung soll klären, ob eine **Mängelanzeige** zur Wahrung der Gewährleistungsrechte nach Art. 39 Abs. 1 notwendig ist (MüKoHGB/Benicke Vor Art. 38, 39 Rn. 1; Schlechtriem/Schwenzer/Schroeter/Schwenzer Rn. 3; Witz/Salger/Lorenz/Salger Rn. 1). Versäumt der Käufer daher die Untersuchung und damit auch eine fristgerechte Mängelrüge, macht er sich dem Verkäufer gegenüber nicht schadensersatzpflichtig, sondern verliert möglicherweise seine Rechtsbehelfe wegen der Vertragswidrigkeit der Ware. Art. 38 begründet insofern keine Rechtspflicht zur Untersuchung der Ware, sondern nur eine Obliegenheit (vgl. MüKoBGB/Gruber Rn. 3; Schlechtriem/Schwenzer/Schroeter/Schwenzer Rn. 5; Herber/Czerwenka Rn. 2; Soergel/Willems Rn. 1). Dies gilt jedoch nur, wenn die Vertragswidrigkeit bei ordnungsgemäßer Untersuchung der Ware aufgedeckt worden wäre (Staudinger/Magnus, 2018, Rn. 14; Witz/Salger/Lorenz/Salger Rn. 1). Gibt der Käufer dagegen trotz Unterlassens der Untersuchung eine ordnungsgemäße Mängelanzeige ab, reicht dies zum Erhalt seiner Rechtsbehelfe aus (Herber/Czerwenka Rn. 2; Staudinger/Magnus, 2018, Rn. 13).

## II. Einzelerläuterungen

2 **1. Anwendungsbereich.** Die Untersuchungsobliegenheit nach Art. 38 gilt für alle **Vertragswidrigkeiten** iSd **Art. 35,** also nicht nur für Sachmängel, sondern auch für Quantitätsabweichungen (OLG Rostock IHR 2003, 19), aliud-Lieferungen (OGH IHR 2001, 40 (41); MüKoHGB/Benicke, 3. Aufl. 2013, Vor Art. 38, 39 Rn. 5) und Verpackungsfehler (Schlechtriem/Schwenzer/Schroeter/Schwenzer Rn. 7). Sie erfasst neben der ursprünglichen Lieferung auch **Ersatz-** und **Nachlieferungen** sowie **Nachbesserungen** (OLG Koblenz IHR 2014, 60 (62); Achilles Rn. 3; Schlechtriem/Schwenzer/Schroeter/Schwenzer Rn. 9; Staudinger/Magnus, 2018, Rn. 9). Anders als nach der deutschen Regelung des § 377 HGB trifft die Untersuchungsobliegenheit nach dem CISG **auch Nichtkaufleute,** sofern das Übereinkommen nach Art. 2 lit. a ausnahmsweise Anwendung findet (Herber/Czerwenka Rn. 6; Rudolph Rn. 4; Schlechtriem/Schwenzer/Schroeter/Schwenzer Rn. 8). Für **Rechtsmängel** (Art. 41) und die Belastung der Ware mit Schutzrechten Dritter (Art. 42) ist in Art. 43 zwar eine Rügeobliegenheit, jedoch mangels äußerli-

cher Erkennbarkeit dieser Fehler keine Untersuchungsobliegenheit vorgesehen (→ Art. 43 Rn. 5) (MüKoBGB/Gruber Rn. 12; Schlechtriem/Schwenzer/Schroeter/Schwenzer Rn. 7; Staudinger/Magnus, 2018, Rn. 10).

3 **2. Modalitäten der Untersuchung.** Über die Art und Weise der Untersuchung besagt Art. 38 nichts. Nach allgemeinen Grundsätzen richtet sich diese daher primär nach den **Vereinbarungen** (Art. 6) sowie **Gebräuchen** und **Gepflogenheiten** (Art. 9) zwischen den Parteien (Bianca/Bonell/Bianca Anm. 2.2; Kröll in Kröll/Mistelis/Perales Viscasillas CISG Rn. 24; Magnus TranspR-IHR 1999, 29 (30); vgl. auch MüKoHGB/Benicke Vor Art. 38, 39 Rn. 3, 6; MüKoBGB/Gruber Rn. 21). Fehlt eine derartige Konkretisierung, bestimmen sich die Anforderungen an die Untersuchung nach den Umständen des Einzelfalles, insbes. nach Art, Menge, Verpackung und Verwendungszweck der Ware (Schlechtriem/Schwenzer/Schroeter/Schwenzer Rn. 13; Kröll in Kröll/Mistelis/Perales Viscasillas CISG Rn. 37; Achilles Rn. 4). Dabei müssen Kosten und Aufwand der Untersuchung in einem vernünftigen Verhältnis zu dem zu erwartenden Ertrag der Untersuchung stehen (OLG Köln IHR 2007, 200 (205)). Maßgebend ist dabei das Ziel der Untersuchung, dem Käufer mit zumutbaren Mitteln rasch einen Überblick über den Zustand der gelieferten Ware zu verschaffen (Achilles Rn. 4; Staudinger/Magnus, 2018, Rn. 28). Neben diesen objektiven Kriterien können ergänzend auch subjektive Elemente, zB das dem Verkäufer bekannte Fehlen von Sachkunde beim Käufer, zu berücksichtigen sein (MüKoBGB/Gruber Rn. 23 f.; Schlechtriem/Schwenzer/Schroeter/Schwenzer Rn. 13). Die Pflicht zur Untersuchung besteht für jede Lieferung gesondert und auch dann, wenn zuvor mangelfreie Ware geliefert worden ist (OLG Köln VersR 1998, 1513; Piltz NJW 2000, 553 (558)). Anderes kann gelten, wenn der Verkäufer das Vertrauen in eine bestimmte Warenbeschaffenheit geweckt und der Käufer deshalb keine Veranlassung hat, den Fortbestand der bislang als selbstverständlich angesehenen Beschaffenheitsmerkmale laufend zu überprüfen, oder wenn der Käufer davon ausgehen kann, dass die Ware bereits eine zuverlässige Qualitätskontrolle durchlaufen hat (OGH IHR 2013, 25 (26) unter Verweis auf Achilles Rn. 5). Droht ein hoher Mangelfolgeschaden, muss der Käufer die Ware gründlicher untersuchen (LG Aschaffenburg IHR 2007, 109 (112)). Der Käufer kann die Ware selbst untersuchen oder sie durch **Dritte** untersuchen lassen (eingehend MüKoBGB/Gruber Rn. 17–19; Schlechtriem/Schwenzer/Schroeter/Schwenzer Rn. 10). Letzteres ist erforderlich, wenn nur der Dritte über die für die Untersuchung erforderliche Sachkunde verfügt (Honsell/Magnus Rn. 17; Kröll in Kröll/Mistelis/Perales Viscasillas CISG Rn. 68; Witz/Salger/Lorenz/Salger Rn. 8). Einer Untersuchung bedarf es insbes., wenn bereits eine Vorlieferung einen Mangel aufgewiesen hat und der Verdacht nahe liegt, dass es sich um einen Serien-/Produktionsfehler und nicht nur um einzelne Ausreißer handelt (OLG München BeckRS 2017, 100087).

4 Auch wenn die Untersuchung fachmännisch erfolgen muss, braucht sie sich nicht auf **verbotene Manipulationen** der Ware zu erstrecken, wie etwa einen Wasserzusatz bei Wein (LG Trier NJW-RR 1996, 564 (565); Magnus TranspR-IHR 1999, 29 (30)). Übliche und vereinbarte **Verwendungsarten** der Ware hat der Käufer dagegen angemessen zu prüfen. Bei Kleiderstoffen muss er zB einige Wasch- und Bügelproben durchführen, um das Einlaufverhalten und die Farbechtheit zu überprüfen (AG Kehl RIW 1996, 957; LG Berlin IHR 2003, 228; Kröll in Kröll/Mistelis/Perales Viscasillas CISG Rn. 55; vgl. mwN Piltz NJW 2005, 2126 (2129); Piltz NJW 2003, 2056 (2062); Schlechtriem/Schwenzer/Schroeter/Schwenzer Rn. 14; Staudinger/Magnus, 2018, Rn. 31), bei technischem Gerät einen Probe- oder Testlauf durchführen (OLG Oldenburg IHR 2001, 112). Zur Untersuchung einer bestellten Klebefolie gehört eine Probeverarbeitung in Form von Klebeversuchen (OLG Karlsruhe BB 1998, 393 (394); AG Kehl RIW 1996, 957; Schlechtriem/Schwenzer/Schroeter/Schwenzer Rn. 14). Bei Lieferung großer Mengen kann sich der Käufer auf repräsentative **Stichproben** beschränken (LG Lübeck IHR 2012, 61 (62); OLG Köln IHR 2007, 71; Bianca/Bonell/Bianca Anm. 2.3; Witz/Salger/Lorenz/Salger Rn. 10). Stichproben hat der Käufer selbst dann zu überprüfen, wenn die untersuchte Ware dadurch **unbrauchbar** oder **unverkäuflich** wird, weil sie zB nur in ihrer Originalverpackung weiterverkauft werden kann, zB steril verpackte Einwegspritzen (OLG Köln IHR 2007, 200 (205); Magnus TranspR-IHR 1999, 29 (30); weitere Fallgruppen bei Schlechtriem/Schwenzer/Schroeter/Schwenzer Rn. 14; Staudinger/Magnus, 2018, Rn. 30). Selbst eine Probeverarbeitung kann geboten sein, wenn sich ein Mangel nur bei Verarbeitung der Ware erkennen lässt (OLG Karlsruhe RIW 1998, 235; Piltz NJW 2000, 553 (558)).

5 **3. Untersuchungsfrist. a) Dauer.** Die Dauer der Untersuchungsfrist bestimmt sich nach den Umständen des **Einzelfalls** (OLG Oldenburg DB 2001, 1088; Enderlein/Maskow/Strohbach Anm. 2; Schlechtriem/Schwenzer/Schroeter/Schwenzer Rn. 15; Soergel/Willems Rn. 4). Hierzu

gehören die Art der Ware, ihr Aufenthaltsort sowie die Untersuchungsmöglichkeiten des Käufers (Schlechtriem/Schwenzer/Schroeter/Schwenzer Rn. 17 f.; Magnus TranspR-IHR 1999, 29 (31)). Bei **verderblicher** (Lebensmittel, Blumen) und saisongebundener (Adventskränze) **Ware** ist stets eine **sofortige Untersuchung** geboten (LG Kleve NJ 2018, 22, 23; Staudinger/Magnus, 2018, Rn. 40). Im internationalen Blumenhandel muss die Mängelanzeige am Tag der Empfangnahme erfolgen (OLG Saarbrücken NJW-RR 1999, 780). Bei Lieferung von lebendem Vieh ist dessen Zustand am Tag der Auslieferung, spätestens am Folgetag zu überprüfen (OLG Schleswig IHR 2003, 20). Bei **dauerhaften Gütern** ist eine sofortige Untersuchung zumindest im Hinblick auf die Zugehörigkeit der Ware zu der vereinbarten Gattung zu erwarten (Schlechtriem/Schwenzer/Schroeter/Schwenzer Rn. 17). Je komplexer aber die gelieferte Ware ist, desto großzügiger muss die Frist zur Überprüfung etwa ihrer Qualität und Funktionsfähigkeit bemessen werden (Enderlein/Maskow/Strohbach Anm. 2; Witz/Salger/Lorenz/Salger Rn. 7). Indes darf der Käufer nicht erst auf eine Reklamation seines Kunden warten (OLG Naumburg NJW 2020, 476 (478)). Für die kurze Untersuchungsfrist hat die deutsche Rspr. als Mittelwert etwa drei bis vier Arbeitstage bzw. eine Woche herausgearbeitet (vgl. zB OLG Karlsruhe RIW 1998, 235; dazu auch Piltz NJW 2000, 553 (558)), was aber allenfalls als ein grober Anhaltspunkt dienen kann (so ordnet LG Lübeck IHR 2012, 61 (62) einen Zeitraum von zwei Wochen nach Lieferung noch als kurze Untersuchungsfrist ein). Ist bereits bei erster Sichtung erkennbar, dass mindestens 70% der Ware mängelbehaftet sind, soll die Untersuchungs- und Anzeigefrist insgesamt nicht mehr als zwei Wochen betragen (OLG Brandenburg IHR 2014, 228 (230); OLG Naumburg NJW 2020, 476 (480): grober Richtwert von ein bis zwei Wochen).

**b) Beginn (Abs. 1).** Die allgemeine Untersuchungsfrist nach Abs. 1 beginnt **mit der Lieferung,** also mit der tatsächlichen Zurverfügungstellung der Ware am geschuldeten Lieferort (OLG Brandenburg IHR 2014, 228 (231); Soergel/Willems Rn. 5), unabhängig davon, ob hierfür ein Zeitpunkt (Art. 33 lit. a) oder ein Zeitraum (Art. 33 lit. b) vereinbart worden ist (Herber/Czerwenka Rn. 8; Witz/Salger/Lorenz/Salger Rn. 7). Bei Waren, die vor Benutzung durch den Verkäufer installiert werden müssen, beginnt die Untersuchungsfrist, sobald die Installation abgeschlossen ist (OG Zug IHR 2007, 129 (130)). Im Fall **vorzeitiger Lieferung** iSd Art. 37 setzt die Untersuchungsobliegenheit erst mit dem Liefertermin bzw. Beginn des Lieferzeitraums ein, weil die vorzeitige Lieferung eine Vertragsverletzung darstellt, die nach Treu und Glauben (Art. 7 Abs. 1) nicht zu Lasten des Käufers gehen darf (vgl. MüKoBGB/Gruber Rn. 55; MüKoHGB/Benicke Rn. 14; Schlechtriem/Schwenzer/Schroeter/Schwenzer Rn. 20; Staudinger/Magnus, 2018, Rn. 37; aA Achilles Rn. 9). 6

**c) Untersuchung bei Versendungskauf (Abs. 2).** Ist nach dem Vertrag eine Beförderung der Ware erforderlich, insbes. also im Falle des praktisch wichtigen Versendungskaufs (zu dieser Voraussetzung → Art. 3 Rn. 3 ff.), wird der **Beginn** der Untersuchungsfrist nach Abs. 2 auf den Zeitpunkt hinausgeschoben, in dem die Ware an ihrem **Bestimmungsort,** also dem Ort, an den sie versandt wird, **eintrifft** (OLG Hamburg, IHR 2021, 8 (9) mit nur iErg zust. Anm Piltz IHR 2021, 9 (10); MüKoBGB/Gruber Rn. 40; Herber/Czerwenka Rn. 9; Staudinger/Magnus, 2018, Rn. 51; Soergel/Willems Rn. 7). Dieser Aufschub wird damit gerechtfertigt, dass beim Versendungskauf eine Untersuchung der Ware bei Lieferung, dh im Zeitpunkt ihrer Übergabe an den ersten Beförderer (zur Lieferung in den Fällen des Versendungskaufs → Art. 31 Rn. 6 ff.), dem eventuell weit entfernt ansässigen Käufer oft nicht möglich, jedenfalls aber nicht zumutbar ist (Achilles Rn. 15; MüKoHGB/Benicke Rn. 15; Schlechtriem/Schwenzer/Schroeter/Schwenzer Rn. 21). Vermerkt der Beförderer nach Prüfung der äußeren Beschaffenheit der Ware, zu der ihn der Transportvertrag regelmäßig verpflichtet, auf den Transportdokumenten Mängel, muss sich der Käufer mit Aushändigung der Dokumente deren Kenntnis zurechnen lassen (Herber/Czerwenka Rn. 9; Schlechtriem/Schwenzer/Schroeter/Schwenzer Rn. 21). Den Beginn der Rügefrist gem. Art. 39 Abs. 1 setzen solche Vermerke aber noch nicht in Gang, weil erst eine genauere Untersuchung am Bestimmungsort die Formulierung einer spezifizierten Mängelanzeige erlaubt (MüKoBGB/Gruber Rn. 43; Herber/Czerwenka Rn. 9; Staudinger/Magnus, 2018, Rn. 54; aA Schlechtriem/Schwenzer/Schroeter/Schwenzer Rn. 21). 7

**d) Untersuchung bei Umleitung und Weiterversendung (Abs. 3).** Nach Abs. 3 beginnt die Untersuchungsfrist im Falle der Umleitung oder Weiterversendung der Ware erst bei der **Ankunft am neuen Bestimmungsort,** also noch später als in dem nach Abs. 2 maßgeblichen Zeitpunkt (vgl. Herber/Czerwenka Rn. 10). Eine **Umleitung** liegt vor, wenn die Ware auf dem Transport vor dem Erreichen des ersten Bestimmungsorts an einen anderen Ort umdirigiert wird (MüKoBGB/Gruber Rn. 45; Schlechtriem/Schwenzer/Schroeter/Schwenzer Rn. 23). Bei der 8

**Weiterversendung** gelangt die Ware zwar zum ursprünglichen Bestimmungsort, wird aber danach auf einen neuen Transport verbracht, unabhängig davon, ob zuvor eine Umladung stattfindet oder nicht (Achilles Rn. 17; Witz/Salger/Lorenz/Salger Rn. 12). Der bloße Weiterverkauf der Ware ohne erneuten Transport reicht dagegen für die Annahme einer Weiterversendung nicht aus (BeckOGK/Hachem Rn. 28; MüKoBGB/Gruber Rn. 46; Schlechtriem/Schwenzer/Schroeter/Schwenzer Rn. 23; Staudinger/Magnus, 2018, Rn. 58). Wer die Umleitung oder Weiterversendung veranlasst – der Käufer oder eine andere von ihm hierzu ermächtigte Person – ist unerheblich (Achilles Rn. 17; Herber/Czerwenka Rn. 11; Schlechtriem/Schwenzer/Schroeter/Schwenzer Rn. 23).

9 Die Untersuchungsfrist wird nach Abs. 3 nur dann hinausgeschoben, wenn der Käufer keine **ausreichende Gelegenheit** zur **Untersuchung** hatte. Dies ist bei der Umleitung der Ware regelmäßig anzunehmen, bei der Weiterversendung aber nur, wenn die Ware nach ihrer Ankunft am Bestimmungsort sofort weitertransportiert wird (MüKoHGB/Benicke Rn. 16; Bianca/Bonell/Bianca Anm. 2.8; Staudinger/Magnus, 2018, Rn. 60; Soergel/Willems Rn. 8: kein Berufen auf Abs. 3, wenn der Käufer die Ware bei sich einlagert.). Neben dem **zeitlichen Aspekt** spielt für die Beurteilung der ausreichenden Untersuchungsgelegenheit auch die Art der Verpackung eine Rolle. So müssen zB Behälter und Verpackungen, die die Ware auf dem Weitertransport schützen sollen, nicht geöffnet werden (Achilles Rn. 17; Enderlein/Maskow/Strohbach Anm. 9; vgl. auch MüKoBGB/Gruber Rn. 51 f.). Stellt erst der Endkunde, an den der Käufer die Ware sofort weiter geliefert hat, die Mängel fest, beträgt die Prüfungsfrist zwei Wochen (OG Appenzell Ausserrhoden IHR 2009, 251).

10 Abs. 3 setzt schließlich voraus, dass der Verkäufer die Möglichkeit der Umleitung oder Weiterversendung bei Vertragsschluss **kannte** oder **kennen musste.** Dies wird insbes. angenommen, wenn er weiß, dass der Käufer ein **Zwischenhändler** ist (vgl. MüKoBGB/Gruber Rn. 48 f.; Schlechtriem/Schwenzer/Schroeter/Schwenzer Rn. 24; Staudinger/Magnus, 2018, Rn. 62).

11 **4. Abweichende Vereinbarungen, Kosten.** Nach Art. 6 können die Parteien selbst bestimmte Modalitäten und Fristen für die Untersuchung festlegen oder Art. 38 auch ganz abbedingen (OLG Linz IHR 2015, 104 (107); MüKoBGB/Gruber Rn. 67; Schlechtriem/Schwenzer/Schroeter/Schwenzer Rn. 28). Insbesondere in Verträgen über **just-in-time-Lieferungen** zeichnet sich der Käufer üblicherweise von jeder Untersuchungs- und Rügeobliegenheit frei (eingehend dazu MüKoBGB/Gruber Rn. 68 ff.; Schlechtriem/Schwenzer/Schroeter/Schwenzer Rn. 29; Staudinger/Magnus, 2018, Rn. 16).

12 Die **Kosten** der Untersuchung trägt der **Käufer,** der jedoch im Wege des Schadensersatzes eine Kompensation verlangen kann, wenn der Vertrag wegen der Vertragswidrigkeit der Ware aufgehoben wird (Achilles Rn. 19; Kröll in Kröll/Mistelis/Perales Viscasillas CISG Rn. 138; MüKoBGB/Gruber Rn. 66; Schlechtriem/Schwenzer/Schroeter/Schwenzer Rn. 27; Staudinger/Magnus, 2018, Rn. 27; Soergel/Willems Rn. 2).

## III. Beweislastregeln

13 Der **Käufer** hat die Ordnungsmäßigkeit der **Mängelrüge** nach Art. 39 zu beweisen, die von einer tatsächlichen Untersuchung der Ware aber nicht abhängt (→ Rn. 1) (Achilles Rn. 21). Die Untersuchung als solche muss er daher nicht beweisen (MüKoBGB/Gruber Rn. 73; Staudinger/Magnus, 2018, Rn. 65). Für die Lieferung, die nach **Abs. 1** die Untersuchungsfrist in Gang setzt, ist der **Verkäufer** beweispflichtig (Müller in Baumgärtel/Laumen/Prütting Beweislast-HdB II UNKR Rn. 4). Der **Käufer** trägt dagegen die Beweislast für die Umstände, die den ihm günstigen Aufschub der Untersuchungsfrist nach den **Abs. 2 und 3** begründen (Müller in Baumgärtel/Laumen/Prütting Beweislast-HdB II UNKR Rn. 7, 9).

### Art. 39 (Mängelrüge)

**(1) Der Käufer verliert das Recht, sich auf eine Vertragswidrigkeit der Ware zu berufen, wenn er sie dem Verkäufer nicht innerhalb einer angemessenen Frist nach dem Zeitpunkt, in dem er sie festgestellt hat oder hätte feststellen müssen, anzeigt und dabei die Art der Vertragswidrigkeit genau bezeichnet.**

**(2) Der Käufer verliert in jedem Fall das Recht, sich auf die Vertragswidrigkeit der Ware zu berufen, wenn er sie nicht spätestens innerhalb von zwei Jahren, nachdem ihm die Ware tatsächlich übergeben worden ist, dem Verkäufer anzeigt, es sei denn, daß diese Frist mit einer vertraglichen Garantiefrist unvereinbar ist.**

**Schrifttum:** CISG Advisory Council Opinion No. 2, Examination of the Goods and Notice of Non-Conformity Articles 38 and 39, http://www.cisgac.com/cisgac-opinion-no-2/ (abgerufen 19.4.2022; zum CISG Advisory Council Art. 7 Rn. 3); Magnus, Die Rügeobliegenheit des Käufers im UN-Kaufrecht, TranspR-IHR 1999, 29.

## Überblick

Voraussetzung für die Geltendmachung der Rechte aus Art. 35 Abs. 1 ist nach Art. 39 die substantiierte Mangelrüge des Käufers (→ Rn. 5). Sie ist formlos möglich (→ Rn. 6) und muss innerhalb angemessener Frist erfolgen (→ Rn. 7 ff.). Abs. 2 enthält eine von Amts wegen zu beachtende Ausschlussfrist von zwei Jahren, die mit der tatsächlichen Übergabe der Ware beginnt (→ Rn. 10 f.). Verzichtet der Verkäufer nicht auf die Mängelrüge, verliert der Käufer grds. bei nicht ordnungsgemäßer Rüge die Rechtsbehelfe nach Art. 45 ff. (→ Rn. 13). Art. 39 ist abdingbar und auch durch Garantien modifizierbar (→ Rn. 14).

## I. Normzweck

Nach Art. 39 muss der Käufer die Vertragswidrigkeit der erhaltenen Ware rügen, wenn er hieraus Rechte gegen den Verkäufer geltend machen will. **Abs. 1** umschreibt einzelne **Modalitäten** der Mängelanzeige. Eine **Ausschlussfrist** für die Mängelanzeige, mit deren Ablauf der Käufer seine Rechtsbehelfe auf Grund der Vertragswidrigkeit der Ware in jedem Fall verliert, enthält **Abs. 2.** 1

Der **bösgläubige** Verkäufer kann sich allerdings nach **Art. 40** auf die Präklusion der Rechtsbehelfe des Käufers nicht berufen. **Ausnahmen** von dieser Präklusion regelt auch **Art. 44.** 2

Art. 39, der zu den praktisch wichtigsten Vorschriften des CISG gehört (vgl. zu der praktischen Bedeutung des Art. 39 nur Staudinger/Magnus, 2018, Rn. 1), schützt in erster Linie die **Kalkulations- und Beweisinteressen** des **Verkäufers** (Herber/Czerwenka Rn. 2; Staudinger/Magnus, 2018, Rn. 3; Witz/Salger/Lorenz/Salger Rn. 1; Soergel/Willems Rn. 2). Die Anforderungen an die Mängelanzeige dürfen aber nicht dazu führen, dass der Käufer nach kurzer Zeit berechtigte Ansprüche verliert (vgl. Bianca/Bonell/Sono Anm. 1.3 ff.; MüKoHGB/Benicke Vor Art. 38, 39 Rn. 2; Staudinger/Magnus, 2018, Rn. 4). Auch die von der deutschen Rspr. für die Rügeobliegenheit nach **§ 377 HGB** aufgestellten Kriterien lassen sich nicht unbesehen auf Art. 39 übertragen (BGH NJW-RR 1997, 690; MüKoBGB/Gruber Rn. 8; Schlechtriem/Schwenzer/Schroeter/Schwenzer Rn. 6; Staudinger/Magnus, 2018, Rn. 5; s. auch Conrads IHR 2022, 3 f., der auf die Käuferfreundlichkeit von Art. 38 f. hinweist). 3

## II. Einzelerläuterungen

**1. Mängelanzeige (Abs. 1).** Die Rügeobliegenheit des Art. 39 gilt für alle **Vertragswidrigkeiten** der Ware iSd **Art. 35,** jedoch nicht für andere Vertragsverletzungen wie etwa verspätete Lieferung oder Lieferung am falschen Ort. Zum Anwendungsbereich die insoweit übertragbaren Ausführungen → Art. 38 Rn. 2 (s. auch Achilles Rn. 2; Staudinger/Magnus, 2018, Rn. 10). **Rechtsmängel** sind dagegen nicht nach § 39, sondern gem. **Art. 43** zu rügen. 4

**a) Inhalt.** Der Käufer muss die Vertragswidrigkeit nach Abs. 1 genau bezeichnen. Der Sinn des **Substantiierungserfordernisses** besteht einmal darin, den Verkäufer hinreichend deutlich über die Art des Mangels zu informieren, damit er angemessen darauf reagieren kann (BGH NJW-RR 2000, 1361; 1997, 690; OLG Koblenz Beschl. v. 5.2.2014 – 2 U 108/13, CISG-online Nr. 2754; OLG Karlsruhe OLGR 2006, 304 = IHR 2006, 106; LG Stuttgart IHR 2010, 207; MüKoHGB/Benicke Rn. 3; Piltz NJW 2000, 553 (559)). Zum anderen soll hierdurch verhindert werden, dass der Käufer zu spät entdeckte Mängel noch nachschiebt (Magnus TranspR-IHR 1999, 29 (31)). **Allgemeine Beschwerden** bzw. Äußerungen der Unzufriedenheit genügen daher dem Substantiierungsgebot **nicht** (OLG München IHR 2017, 148 (149); MüKoHGB/Benicke Rn. 5; Staudinger/Magnus, 2018, Rn. 21; Kröll in Kröll/Mistelis/Perales Viscasillas CISG Rn. 33; Witz/Salger/Lorenz/Salger Rn. 8; Magnus TranspR-IHR 1999, 29 (31); Soergel/Willems Rn. 8). Zu pauschal ist etwa die Rüge „schlechter Verarbeitung und Passform" bei modischer Kleidung (LG München IPRax 1990, 316 (317)), der „Miserabilität" und „uneinheitlichen Sortierung" von gelieferten Pflanzen (OLG Saarbrücken NJW-RR 1999, 780) oder die Rüge, die Ware sei „zweiter Wahl" (OLG Oldenburg IHR 2001, 159. Zu weiteren Beispielen für eine zu unsubstantiierte Rüge vgl. MüKoBGB/Gruber Rn. 12; Staudinger/Magnus, 2018, Rn. 21; Witz/Salger/Lorenz/ 5

Salger Rn. 8). In der Anzeige muss der Mangel vielmehr so **präzise** wie möglich beschrieben werden. Dies kann zB durch Angabe der fehlerhaften Anzahl der gelieferten Ware sowie ihrer Artikelnummer und der Art der Qualitätsabweichung geschehen (MüKoHGB/Benicke Rn. 3 f.; Schlechtriem/Schwenzer/Schroeter/Schwenzer Rn. 8; Achilles Rn. 5 f.). Einem Fachmann kann man dabei genauere Angaben abverlangen als einem Laien (vgl. Schlechtriem/Schwenzer/Schroeter/Schwenzer Rn. 7; OG Zug IHR 2007, 129 (130)). Bei Lieferung technischer Geräte braucht dieser zB nicht die Mängelursache anzugeben, sondern darf sich auf die Darstellung der Symptome beschränken (vgl. BGH ZIP 2000, 234 (236) = NJW-RR 2000, 1361; Kröll in Kröll/Mistelis/Perales Viscasillas CISG Rn. 35; MüKoBGB/Gruber Rn. 14; Witz/Salger/Lorenz/Salger Rn. 8). Bei einer **Warengesamtheit** oder zusammengesetzter Ware ist jeder Mangel für sich zu rügen (OLG Koblenz IHR 2014, 60 (63) zu Teillieferungen innerhalb von Sukzessivlieferverträgen; LG München RIW 1996, 688; MüKoHGB/Benicke Rn. 7; Herber/Czerwenka Rn. 8; Witz/Salger/Lorenz/Salger Rn. 8). Der Käufer einer Computeranlage mit den Komponenten Drucker, Monitor, Rechner und Software darf zB nicht nur die fehlende Dokumentation des Druckers monieren, wenn die Dokumentation für das gesamte System fehlt (BGH NJW-RR 1997, 690 (691); Magnus TranspR-IHR 1999, 29 (31)). Dagegen reicht beim Kauf gleichartiger Güter eine Rüge, die erkennen lässt, dass alle Exemplare einer Art einen Mangel aufweisen, aus und ist es nicht erforderlich, jedes Exemplar einzeln zu rügen (LG Bamberg IHR 2007, 113).

6 **b) Form.** Die Mängelrüge kann grds. **formlos** und damit auch mündlich erfolgen, wenn nicht etwa in AGB die Schriftform bestimmt ist (OLG Hamm ZVertriebsR 2015, 235). Will der Käufer sich allerdings von dem Übermittlungsrisiko befreien, muss er die Rüge nach **Art. 27** (→ Art. 27 Rn. 6) mit den nach den Umständen geeigneten Mitteln befördern (MüKoHGB/Benicke Rn. 18; MüKoBGB/Gruber Rn. 18; Schlechtriem/Schwenzer/Schroeter/Schwenzer Rn. 11). Dazu gehört auch, dass er sie an den **richtigen Adressaten,** also an den Verkäufer oder einen empfangszuständigen Dritten richtet (Staudinger/Magnus, 2018, Rn. 53. Vgl. zB LG Kassel NJW-RR 1996, 1146, wonach zur Entgegennahme der Rüge nicht befugte Personen allenfalls als Boten des Käufers fungieren können). Die Empfangszuständigkeit des Dritten bestimmt sich dabei nach dem nach IPR anwendbaren nationalen Recht (Achilles Rn. 8; eingehend dazu MüKoBGB/Gruber Rn. 19 f.; Schlechtriem/Schwenzer/Schroeter/Schwenzer Rn. 14).

7 **c) Angemessene Rügefrist.** Nach Abs. 1 hat der Käufer die Vertragswidrigkeit innerhalb angemessener Frist anzuzeigen, nachdem er sie festgestellt hat oder hätte feststellen müssen. Für den Regelfall ist also zwischen der **Untersuchungsfrist** bis zur Feststellung der Vertragswidrigkeit und der daran anschließenden **Rügefrist** zu unterscheiden, die zusammen die **Gesamtrügefrist** bilden (MüKoBGB/Gruber Rn. 2; Schlechtriem/Schwenzer/Schroeter/Schwenzer Rn. 15; Magnus TranspR-IHR 1999, 29 (32)). Zu Beginn und Dauer der Untersuchungsfrist → Art. 38 Rn. 5 f. Entscheidend ist, ob die Mängelrüge innerhalb der Gesamtrügefrist erfolgt. Mithin kann eine zu lange Untersuchung durch eine beschleunigte Rüge kompensiert werden (MüKoBGB/Gruber Rn. 2; Staudinger/Magnus, 2018, Rn. 30; Piltz IntKaufR Rn. 5-76).

8 **aa) Dauer.** Die Länge der „angemessenen" Rügefrist ist nach den Umständen des Einzelfalls zu berechnen, wobei insbes. die Art der Ware und des Fehlers sowie Handelsbräuche und Gepflogenheiten zwischen den Parteien zu berücksichtigen sind (LG München IHR 2010, 150 (151); Schlechtriem/Schwenzer/Schroeter/Schwenzer Rn. 16; Staudinger/Magnus, 2018, Rn. 42 f.). Mängel an **verderblicher Ware** (Lebensmittel, Blumen) oder an **Saisonware** sind hiernach rascher zu rügen als solche an dauerhafter und saisonunabhängiger Ware (Achilles Rn. 13; Kröll in Kröll/Mistelis/Perales Viscasillas CISG Rn. 77; MüKoBGB/Gruber Rn. 35; Magnus TranspR-IHR 1999, 29 (32); Soergel/Willems Rn. 4; zB LG München IHR 2010, 150 (151): bei verderblicher Ware nur Stunden oder allenfalls wenige Tage; OLG Saarbrücken NJW-RR 1999, 780: im internationalen Blumenhandel ein Tag). Auch der auf den Mangel gestützte **Rechtsbehelf** des Käufers kann für die Länge der Rügefrist von Bedeutung sein (vgl. Achilles Rn. 13; Schlechtriem/Schwenzer/Schroeter/Schwenzer Rn. 16; Staudinger/Magnus, 2018, Rn. 48). Beansprucht der Käufer Nachlieferung oder Vertragsaufhebung, muss er Mängel schneller rügen, als wenn er die Ware behält und nur Minderung oder Schadensersatz verlangt, weil der Verkäufer im ersten Fall Vorkehrungen für den Rücktransport der Ware zu treffen hat (Bianca/Bonell/Sono Anm. 1.5; Staudinger/Magnus, 2018, Rn. 48). Für den **Kaufmann** gilt eine kürzere Rügefrist als für den Nichtkaufmann (Achilles Rn. 13; Staudinger/Magnus, 2018, Rn. 47; vgl. auch MüKoBGB/Gruber Rn. 37). Aber auch insoweit gelten im Einzelfall Besonderheiten. Wird etwa die Ware vom Käufer direkt an den Endkunden weiter geliefert (im entschiedenen Fall Kleider) und stellt erst dieser den Mangel fest, kann die Prüfungsfrist zwei Wochen und die Rügefrist einen Monat

betragen (OG Appenzell Ausserrhoden IHR 2009, 251). Fehlen indes besondere Umstände, die für eine Verkürzung bzw. Verlängerung sprechen, wird als **Kompromiss** zwischen den überaus kurzen Rügefristen innerhalb des deutschen Rechtskreises und der insoweit deutlich großzügigeren Praxis im anglo-amerikanischen, aber auch französischen Recht überwiegend eine Rügefrist von **etwa einem Monat** befürwortet (BGH ZIP 2000, 234 (236) = NJW-RR 2000, 1361 (1362); BGHZ 129, 75 (85 f.) = NJW 1995, 2099 (2101); OLG Düsseldorf IHR 2016, 141 (143); OLG Brandenburg IHR 2014, 228 (231); OLG Hamburg IHR 2008, 98 (99): 14 Tage bis längstens einen Monat; OLG Saarbrücken IHR 2001, 64; OLG Oldenburg DB 2001, 1088: mehr als ein Monat nicht angemessen; OLG Hamm IHR 2010, 59 (63); Kantonsgericht Glarus IHR 2010, 152 (153); MüKoBGB/Gruber Rn. 34; MüKoHGB/Benicke Rn. 13; Schlechtriem/Schwenzer/Schroeter/Schwenzer Rn. 17 mit einem Überblick über die unterschiedlichen nationalen Regelungen; Witz/Salger/Lorenz/Salger Rn. 6; aA Staudinger/Magnus, 2018, Rn. 49: Gesamtfrist für Untersuchung und Mängelanzeige ca. 14 Tage bis zu einem Monat; vgl. auch die Nachweise zu der – teilweise voneinander abw. – Rspr. in den unterschiedlichen Vertragsstaaten Piltz NJW 2013, 2567 (2570); 2011, 2261 (2264); 2005, 2126 (2129 f.); 2003, 2056 (2062)). Auch wenn das CISG (im Unterschied zu § 377 I HGB) eine kurze Untersuchungs- (Art. 38) von einer angemessenen Anzeigepflicht (Art. 39 I) unterscheidet, bedeutet dies jedenfalls nicht, dass aus beiden Fristen regelmäßig eine Gesamtrügefrist zu bilden ist (so Piltz, IHR 2022, 12 (13); so aber zu pauschal LG Trier, IHR 2022, 10 (12)).

**bb) Beginn.** Die Anzeigefrist beginnt in dem Zeitpunkt zu laufen, in dem der Käufer den Mangel festgestellt hat oder hätte feststellen müssen. Bei im Rahmen einer ordnungsgemäßen Untersuchung **erkennbaren Mängeln** tritt der Zeitpunkt, in dem der Käufer den Mangel hätte feststellen müssen, mit dem Ablauf der Untersuchungsfrist gem. Art. 38 ein (Enderlein/Maskow/Strohbach Anm. 4; Schlechtriem/Schwenzer/Schroeter/Schwenzer Rn. 20). Hat er den Mangel bereits vor Ablauf dieser Frist oder infolge einer überobligatorisch intensiven Untersuchung (MüKoBGB/Gruber Rn. 26) entdeckt, wird die Rügefrist ab diesem früheren Zeitpunkt, allerdings nicht vor dem maßgeblichen Liefertermin (Piltz IntKaufR Rn. 5-70; Schlechtriem/Schwenzer/Schroeter/Schwenzer Rn. 21; Staudinger/Magnus, 2018, Rn. 33; aA insoweit MüKoHGB/Benicke Rn. 9; wohl auch MüKoBGB/Gruber Rn. 26) in Gang gesetzt (Enderlein/Maskow/Strohbach Anm. 4; Schlechtriem/Schwenzer/Schroeter/Schwenzer Rn. 19). Dass die Frist nicht vor diesem Zeitpunkt zu laufen beginnt, erklärt sich daraus, dass eine vorzeitige Lieferung eine Pflichtverletzung darstellt (→ Art. 38 Rn. 6). Ist ein Mangel dagegen auch bei sachgemäßer Untersuchung **nicht erkennbar,** beginnt die Rügefrist unabhängig von einer Untersuchungsfrist erst, wenn der Käufer die Vertragswidrigkeit tatsächlich feststellt (Herber/Czerwenka Rn. 9; Staudinger/Magnus, 2018, Rn. 31). Allerdings trifft den Käufer nach dem Grundsatz von Treu und Glauben die Pflicht, einem ernsthaften **Verdacht** nachzugehen. Eine fachmännische Untersuchung ist spätestens nach Eingang der ersten Kundenreklamation zu veranlassen (OLG München IHR 2017, 148 (149)). Unterlässt er dies, beginnt die Rügefrist zu laufen, wenn er den Mangel hätte erkennen können (ausdrücklich offengelassen von BGH TranspR-IHR 2000, 1 (2) mAnm Taschner). Dies gilt auch, wenn die Untersuchungspflicht des Art. 38 bereits abgelaufen ist (aA MüKoBGB/Gruber Rn. 31). An die Ernsthaftigkeit des Verdachts sind freilich besonders hohe Anforderungen zu stellen, weil der Käufer nicht zur fortlaufenden Untersuchung der Ware verpflichtet ist (Schlechtriem/Schwenzer/Schroeter/Schwenzer Rn. 20 „ins Auge springende Mängel"; Staudinger/Magnus, 2018, Rn. 32). 9

**2. Ausschlussfrist (Abs. 2).** Nach Abs. 2 verliert der Käufer in jedem Fall das Recht, sich auf Mängel der Ware zu berufen, wenn er diese nicht binnen einer Frist von **zwei Jahren** nach Übergabe der Ware rügt. Nach diesem Zeitpunkt gibt die Vorschrift dem Interesse des Verkäufers, das Geschäft endgültig in seine Kalkulation einstellen zu können, den Vorzug. Denn der Nachweis, ob Mängel aus seiner Sphäre oder derjenigen des Käufers stammen, wird mit zunehmendem zeitlichem Abstand zu der Übergabe der Ware immer schwieriger (Staudinger/Magnus, 2018, Rn. 63). Die Frist des Abs. 2 ist eine von Amts wegen zu beachtende **Ausschlussfrist** und keine Verjährungsfrist, sodass der Fristablauf weder unterbrochen noch durch Klageerhebung oder Beweissicherungsverfahren gehemmt werden kann (MüKoBGB/Gruber Rn. 40; Kröll in Kröll/Mistelis/Perales Viscasillas CISG Rn. 94; Achilles Rn. 18; Enderlein/Maskow/Strohbach Anm. 6; Reinhart Rn. 8). Sie gilt gleichermaßen für **erkennbare** und **verborgene Mängel** (MüKoBGB/Gruber Rn. 40; Herber/Czerwenka Rn. 10; Witz/Salger/Lorenz/Salger Rn. 14; OLG Linz IHR 2008, 28 (30)); aA aber Gildeggen/Willburger IHR 2019, 45 (51), die eine Interpretation vorschlagen, wonach die Ausschlussfrist nur in Fällen anwendbar ist, in denen die Vertragswidrigkeit innerhalb der Frist erkennbar wird und Rechtsbehelfe innerhalb dieses Zeitraums ausgeübt bzw. 10

eingeklagt werden können). Selbst wenn der Rügemangel nach **Art. 44** entschuldigt ist, verliert der Käufer nach Ablauf der Zweijahresfrist seine aus der Mangelhaftigkeit der Ware resultierenden Rechtsbehelfe (Herber/Czerwenka Rn. 10; Honsell/Magnus Rn. 31; Schlechtriem/Schwenzer/Schroeter/Schwenzer Rn. 32; OLG Linz IHR 2008, 28 (30)). Die Ausschlussfrist kann aber nur ausgeschöpft werden, wenn der Käufer die Ware nicht früher untersuchen konnte oder trotz Untersuchung die Vertragswidrigkeit nicht früher feststellen oder anzeigen konnte (OGH IHR 2008, 106 (108); Soergel/Willems Rn. 7).

11 **a) Beginn.** Die Ausschlussfrist beginnt, sobald die Ware dem Käufer **tatsächlich übergeben** worden ist. Dies setzt voraus, dass er oder eine von ihm ermächtigte Geheißperson Gewahrsam an der Ware erlangt (Achilles Rn. 18; MüKoBGB/Gruber Rn. 39; Schlechtriem/Schwenzer/Schroeter/Schwenzer Rn. 24).

12 **b) Verjährung.** Die Rügefristen des Art. 39 beinhalten keine Verjährungsregelung (ausf. Hachem IHR 2017, 1; s auch Achilles Rn. 22; Reinhart Rn. 11). Wann die Rechtsbehelfe, die dem Käufer auf Grund einer ordnungsgemäßen Mängelrüge erhalten bleiben, wegen Verjährung ausgeschlossen werden, ist im CISG **nicht geregelt** (MüKoBGB/Gruber Rn. 43; Schlechtriem/Schwenzer/Schroeter/Schwenzer Rn. 28; Soergel/Willems Rn. 14). Nach Art. 3 CISGG gilt bei Anwendbarkeit unvereinheitlichten deutschen Rechts idR die zweijährige Verjährungsfrist des § 438 Abs. 1 Nr. 3 BGB, die gem. § 438 Abs. 2 BGB mit der Ablieferung der Sache zu laufen beginnt (ausführlich → Art. 45 Rn. 11 ff.). Ist das – von Deutschland nicht ratifizierte – UN-Verjährungsübereinkommen anwendbar (dies kann, ohne dass beide Parteien ihre Niederlassung in Vertragsstaaten haben müssen, bereits der Fall sein, wenn nach IPR das Recht nur eines Vertragsstaats auf den Kaufvertrag anzuwenden ist, Art. 3 Abs. 1 lit. b UN-Verjährungsübereinkommen und dazu OHG IHR 2017, 147), beträgt die nicht abdingbare Verjährungsfrist nach Art. 8 UN-Verjährungsübereinkommen vier Jahre ab der tatsächlichen Übergabe der Ware an den Käufer (→ Art. 45 Rn. 10) (Staudinger/Magnus, 2018, Rn. 71).

13 **3. Rechtsfolgen von Rügemängeln.** Rügt der Käufer nicht ordnungsgemäß, **verliert** er – vorbehaltlich der Ausnahmen nach Art. 40 und Art. 44 – die ihm wegen der Vertragswidrigkeit der Ware zustehenden **Rechtsbehelfe nach Art. 45 ff.** (AG Geldern IHR 2012, 190 (191)). Zu Auswirkungen des Art. 39 Abs. 2 auf deliktische Ansprüche → Art. 5 Rn. 5 ff. (MüKoBGB/Gruber Rn. 52–54; Herber FS Schlechtriem, 2003, 207 ff.). Die Ware gilt insofern als genehmigt (Herber/Czerwenka Rn. 14; Schlechtriem/Schwenzer/Schroeter/Schwenzer Rn. 30). Deshalb besteht die Verpflichtung aus Art. 54 zur ungeminderten Kaufpreiszahlung auch, wenn die Sache für den Käufer nicht verwendbar ist (OGH IHR 2019, 137). Der Verlust erfasst auch das Recht, die Gewährleistungsansprüche einredeweise geltend zu machen bzw. mit ihnen aufzurechnen (Witz/Salger/Lorenz/Salger Rn. 11). Liefert der Verkäufer eine größere als die vereinbarte Menge, hat der Käufer gem. Art. 52 Abs. 2 den erhöhten Kaufpreis zu zahlen (MüKoBGB/Gruber Rn. 51; Herber/Czerwenka Rn. 15; Schlechtriem/Schwenzer/Schroeter/Schwenzer Rn. 30). Der **Verkäufer kann** jedoch auf den Einwand der fehlerhaften Mängelrüge durch den Käufer **verzichten,** was vor allem dann anzunehmen ist, wenn er die Ware ohne Vorbehalt zurücknimmt, die Nachbesserung zusagt oder den beanstandeten Fehler sachlich prüft (Schlechtriem/Schwenzer/Schroeter/Schwenzer Rn. 33; vgl. auch MüKoHGB/Benicke Rn. 20; MüKoHGB/Benicke Vor Art. 38, 39 Rn. 7). Dabei ist aber zu berücksichtigen, dass eine einvernehmliche Prüfung der Ware oder die Aufnahme von Verhandlungen nicht ohne weiteres zur Folge hat, dass der Verkäufer nun mit dem Einwand der unzureichenden Rüge nicht mehr gehört wird (OLG Düsseldorf IHR 2016, 141 (144) mAnm Piltz IHR 2016, 146; OLG Oldenburg IHR 2001, 112; OLG München TranspR-IHR 1999, 20; OLG Karlsruhe RIW 1998, 235; s. auch Piltz NJW 2000, 553 (559); Piltz NJW 2003, 2056 (2062); auch → Rn. 14). Ebenso ist nicht allein in der bloßen Aufnahme von Verhandlungen über einen behaupteten Mangel ohne weiteres ein Verzicht auf die rechtszeitige Anzeige der Vertragswidrigkeit zu sehen (Schweiz. BG IHR 2021, 95 (98)), sondern bedarf es für einen konkludenten Verzicht eindeutiger Anhaltspunkte (Kantonsgericht des Kantons Wallis, IHR 2021, 254 (256)). Anderes gilt aber, wenn der Verkäufer erklärt, für die Vertragswidrigkeit „geradezustehen“ und den Vertrag „ordentlich abwickeln“ zu wollen (BGH NJW 1997, 3311; vgl. zu einem ähnlichen Fall mit dem Angebot der Erstattung von Gutachterkosten und der Schadensersatzzahlung BGH NJW 1999, 1259; s. dazu auch Piltz NJW 2000, 553 (559)).

14 **4. Abweichende Vereinbarungen, Garantie.** Die Parteien können die Anforderungen des Art. 39 Abs. 1 an die Mängelanzeige nach allgemeinen Grundsätzen (Art. 6) **konkretisieren** oder die Rügeobliegenheit auch ganz **abbedingen** (MüKoHGB/Benicke Rn. 26, Vor Art. 38, 39 Rn. 3; Schlechtriem/Schwenzer/Schroeter/Schwenzer Rn. 34; Staudinger/Magnus, 2018,

Rn. 66; Soergel/Willems Rn. 11). Die Wirksamkeit derartiger Modifikationen richtet sich auf Grund Art. 4 lit. a nach dem nach IPR berufenen nationalen Recht, für das deutsche Recht nach §§ 307, 309 Nr. 8 lit. b ee, Nr. 13 BGB, wobei allerdings die Leitlinien des CISG zu berücksichtigen sind (MüKoHGB/Benicke Vor Art. 38, 39 Rn. 5; Schlechtriem/Schwenzer/Schroeter/Schwenzer Rn. 35). Abs. 2 stellt daneben ausdrücklich klar, dass die Parteien die Ausschlussfrist durch vertragliche Garantien verlängern oder verkürzen können (vgl. Schlechtriem/Schwenzer/Schroeter/Schwenzer Rn. 26). Wird die Ausschlussfrist vertraglich verlängert, bedeutet dies im Zweifel nicht, dass zugleich die Anforderungen an die auch nach Ablauf der Zweijahresfrist zulässige Mängelrüge herabgesetzt werden. Auch in diesen Fällen hat der Käufer die Mängel grds. form- und fristgerecht iSd Art. 39 Abs. 1 zu rügen (Enderlein/Maskow/Strohbach Anm. 8; Staudinger/Magnus, 2018, Rn. 70). Schließlich kann der Verkäufer auch auf die Verspätungsrüge **verzichten** (→ Rn. 13) (MüKoHGB/Benicke Rn. 20; MüKoHGB/Benicke Vor Art. 38, 39 Rn. 7), was auch stillschweigend geschehen kann (vgl. BGH NJW 1999, 1259 (1261): vorbehaltlose Verhandlungen über 15 Monate nach Überprüfung des gerügten Mangels durch den Verkäufer; s. auch Escher RIW 1999, 495; Kröll in Kröll/Mistelis/Perales Viscasillas CISG Rn. 107). Freilich kommt es auf die Umstände des Einzelfalls an und liegt jedenfalls nicht allein in der Aufnahme von Verhandlungen über zu spät angezeigte Vertragswidrigkeiten schon ein Verzicht auf das Recht, sich auf eine versäumte Rügefrist zu berufen (OLG Düsseldorf IHR 2016, 141 (144) mAnm Piltz IHR 2016, 146; MüKoBGB/Gruber Rn. 46; Staudinger/Magnus, 2018, Rn. 18).

## III. Beweislastregeln

Die Beweislast für eine ordnungsgemäße und fristgerechte Absendung der Mängelrüge trägt der **Käufer** (eingehend dazu Müller in Baumgärtel/Laumen/Prütting Beweislast-HdB II UNKR Rn. 2 ff.; s. auch MüKoHGB/Benicke Rn. 27 ff.). Da Art. 27 ihn von dem Risiko des Verlusts der Anzeige befreit, braucht er deren Zugang beim Verkäufer nicht zu beweisen (MüKoBGB/Gruber Rn. 57; Schlechtriem/Schwenzer/Schroeter/Schwenzer Rn. 37). Auch für die Verlängerung der Rügefrist durch eine vertragliche Garantie ist der Käufer beweispflichtig (Müller in Baumgärtel/Laumen/Prütting Beweislast-HdB II UNKR Rn. 18; MüKoBGB/Gruber Rn. 60). 15

### Art. 40 (Bösgläubigkeit des Verkäufers)

**Der Verkäufer kann sich auf die Artikel 38 und 39 nicht berufen, wenn die Vertragswidrigkeit auf Tatsachen beruht, die er kannte oder über die er nicht in Unkenntnis sein konnte und die er dem Käufer nicht offenbart hat.**

## Überblick

Eine unterbliebene oder unzureichende Mängelrüge schließt bei Kenntnis des Verkäufers von der Vertragswidrigkeit die Rechtsbehelfe nach Art. 45 ff. nicht aus (→ Rn. 5). Dies gilt ebenso bei grob fahrlässiger Unkenntnis des Verkäufers (→ Rn. 2). Maßgeblicher Zeitpunkt ist dabei der Ablauf der Anzeigefrist (→ Rn. 3).

## I. Normzweck

Die Vorschrift enthält eine **Ausnahmeregelung** zu der Untersuchungs- und Rügeobliegenheit nach Art. 38 und 39. Danach bleiben dem Käufer die **Gewährleistungsrechte** trotz des Verstoßes gegen die Untersuchungs- und Rügeobliegenheit erhalten. Für Rechtsmängel sieht Art. 43 Abs. 2 einen ähnlichen Ausnahmetatbestand vor (→ Art. 43 Rn. 8). 1

## II. Einzelerläuterungen

**1. Ausnahmen von der Rügeobliegenheit. a) Kenntnis.** Art. 40 setzt voraus, dass der Verkäufer die Vertragswidrigkeit **kannte** oder darüber nicht in Unkenntnis sein konnte. Letztere Wendung wird ganz überwiegend mit **grob fahrlässiger Unkenntnis** gleichgesetzt (OLG Celle IHR 2004, 106; MüKoBGB/Gruber Rn. 3; Herber/Czerwenka Rn. 2; Staudinger/Magnus, 2018, Rn. 5; Kröll in Kröll/Mistelis/Perales Viscasillas CISG Rn. 13; Witz/Salger/Lorenz/Salger Rn. 3; Soergel/Willems Rn. 3; aA Schlechtriem/Schwenzer/Schroeter/Schwenzer Rn. 4: „mehr als grobe Fahrlässigkeit"). Sie führt iErg zu einer Beweiserleichterung für die nur schwer zu 2 beweisende Kenntnis des Verkäufers (OLG Karlsruhe BB 1998, 393 (395); Schlechtriem/Schwenzer/Schroeter/Schwenzer Rn. 4; restriktiv aber der Französische Kassationshof IHR 2015, 212 (213), wonach auch zu Lasten professioneller Verkäufer keine Vermutung der Kenntnis von der Vertragswidrigkeit in Betracht kommt). Die Vorschrift ist damit insgesamt **käuferfreundlicher** als der vergleichbare § 377 Abs. 5 HGB, der den Käufer von seiner Untersuchungs- und Rügeobliegenheit erst befreit, wenn der Verkäufer den Mangel arglistig verschwiegen hat (vgl. Achilles Rn. 1; Enderlein/Maskow/Strohbach Anm. 1; Staudinger/Magnus, 2018, Rn. 5a). Der Verkäufer handelt grob fahrlässig, wenn er offensichtliche und schwere Mängel der Ware übersieht, die bei Anwendung einfachster Sorgfalt ohne weiteres erkennbar waren (OLG Jena IHR 2020, 60 (65)); Staudinger/Magnus, 2018, Rn. 5a; ähnlich MüKoBGB/Gruber Rn. 4). Dies ist etwa bei Lieferung **unbrauchbarer** oder **unverkäuflicher Ware** sowie bei offensichtlichen **aliud-Lieferungen** anzunehmen (Schlechtriem/Schwenzer/Schroeter/Schwenzer Rn. 5; Staudinger/Magnus, 2018, Rn. 5b, 6; Scheuch JA 2019, 900 (904)). Entsprechendes gilt bei Anbringung eines CE-Kennzeichens. ohne dass die technischen Voraussetzungen erfüllt sind (OLG Jena IHR 2020, 60 (65)). Grobe Fahrlässigkeit ist auch beim ständigen Einbau für das Bestimmungsland ungeeigneter Motoren in Elektrogeräte (BGH NJW 1989, 3097) bejaht worden, ebenso bei Lieferung einer anderen als der ausdrücklich vereinbarten Marke, wobei eine bloße Verwechslung ausgeschlossen war (OLG Zweibrücken CISG-online Nr. 877 = BeckRS 2009, 14256; zu weiteren Beispielen vgl. MüKoBGB/Gruber Rn. 4 f.; Staudinger/Magnus, 2018, Rn. 5c). Erforderlichenfalls hat der Verkäufer durch geeignete Organisations- und Kontrollmaßnahmen sicherzustellen, dass bei Ausführung des Auftrags etwaige Fehler der Mitarbeiter nicht unerkannt bleiben (LG Wuppertal BeckRS 2020, 9809 Rn. 41). Im Übrigen ist vom Hersteller ist zu erwarten, dass er Mängel der Ware eher erkennen kann als ein Zwischenhändler, der die Ware nach oberflächlicher Kontrolle nur weiterveräußert (Achilles Rn. 2; Schlechtriem/Schwenzer/Schroeter/Schwenzer Rn. 5; Kröll in Kröll/Mistelis/Perales Viscasillas CISG Rn. 16). So begründet es zB keine grobe Fahrlässigkeit, wenn der Verkäufer die von einem Zulieferer angelieferte Ware ohne eigene Untersuchung weiterliefert (OLG Oldenburg IHR 2001, 159), weil die Rügeobliegenheit andernfalls praktisch leer liefe (Staudinger/Magnus, 2018, Rn. 5a).

3 Vom Sinn und Zweck der Rügeobliegenheit (→ Art. 39 Rn. 1) ausgehend ist für die Kenntnis oder das Kennenmüssen der **Zeitpunkt** maßgebend, in dem die Untersuchungs- und Rügeobliegenheit nach Art. 38, 39 abgelaufen wäre (so die im Vordringen befindliche Ansicht, Kröll in Kröll/Mistelis/Perales Viscasillas CISG Rn. 23; MüKoHGB/Benicke Rn. 4; MüKoBGB/Gruber Rn. 8; Schlechtriem/Schwenzer/Schroeter/Schwenzer Rn. 8; Staudinger/Magnus, 2018, Rn. 8; Soergel/Willems Rn. 2; aA Achilles Rn. 3; Enderlein/Maskow/Strohbach Anm. 8). Das Wissen von **Hilfspersonen,** die er selbst in seinem Risikobereich einsetzt, muss sich der Verkäufer zurechnen lassen, nicht jedoch die Kenntnis bloßer Zulieferer (MüKoHGB/Benicke Rn. 4; MüKoBGB/Gruber Rn. 7; Schlechtriem/Schwenzer/Schroeter/Schwenzer Rn. 6; Staudinger/Magnus, 2018, Rn. 9).

4 **b) Fehlende Offenbarung.** Art. 40 verlangt weiter, dass der Verkäufer dem Käufer die Vertragswidrigkeit nicht offenbart hat. Ganz überwiegend wird hieraus **keine Offenbarungspflicht** des Verkäufers abgeleitet (Herber/Czerwenka Rn. 3; Schlechtriem/Schwenzer/Schroeter/Schwenzer Rn. 7; Staudinger/Magnus, 2018, Rn. 10; Witz/Salger/Lorenz/Salger Rn. 6; aA Enderlein/Maskow/Strohbach Anm. 1). Der Käufer wird aber von der Rügeobliegenheit aus Art. 39 nicht gem. Art. 40 befreit, wenn der Verkäufer ihn über Mängel spätestens bei Übergabe der Ware informiert (Herber/Czerwenka Rn. 3; Staudinger/Magnus, 2018, Rn. 10; OGH IHR 2007, 74. Offenbart der Verkäufer die Mängel schon bei Vertragsschluss, entfällt seine Haftung bereits nach Art. 35 Abs. 3; vgl. auch MüKoHGB/Benicke Rn. 6 und MüKoBGB/Gruber Rn. 9, der auf die relativ geringe Bedeutung des Fortbestehens der Rügeobliegenheit in diesem Fall hinweist).

5 **2. Rechtsfolgen.** Nach Art. 40 bleiben dem Käufer selbst nach Ablauf der Zweijahresfrist des Art. 39 Abs. 2 die **Rechtsbehelfe aus Art. 45 ff.** erhalten, obwohl er die Vertragswidrigkeit der Ware nicht bzw. nicht ordnungsgemäß gerügt hat (MüKoHGB/Benicke Rn. 5; MüKoBGB/Gruber Rn. 11; Schlechtriem/Schwenzer/Schroeter/Schwenzer Rn. 9; Kröll in Kröll/Mistelis/Perales Viscasillas CISG Rn. 27;Witz/Salger/Lorenz/Salger Rn. 2). Die **Verjährung** richtet sich nach dem nach IPR anwendbaren nationalen Recht. Ist unvereinheitlichtes deutsches Recht anwendbar, stellt **Art. 3 CISGG** bezüglich **§ 438 Abs. 3 BGB** klar, dass die darin angeordnete regelmäßige Verjährung des **§ 195 BGB** bereits dann gilt, wenn der Verkäufer die Vertragswidrigkeit kannte oder über sie nicht in Unkenntnis sein konnte (→ Art. 39 Rn. 12; → Art. 45 Rn. 13) (Staudinger/Magnus, 2018, Rn. 11).

## III. Beweislastregeln

Art. 40 begünstigt den **Käufer,** der von Untersuchungs- und Rügeobliegenheiten nach Art. 38, 39 befreit wird. Daher hat dieser grds. die Bösgläubigkeit des Verkäufers iSd Vorschrift zu beweisen (BGH IHR 2004, 201; OGH IHR 2012, 193 (196 f.); Müller in Baumgärtel/Laumen/Prütting Beweislast-HdB II UNKR Rn. 1; MüKoBGB/Gruber Rn. 12; Schlechtriem/Schwenzer/Schroeter/Schwenzer Rn. 12; Soergel/Willems Rn. 6; aA Herber/Czerwenka Rn. 7; Staudinger/Magnus, 2018, Rn. 13). Ausnahmsweise kann im Einzelfall unter dem Gesichtspunkt der Beweisnähe die Beweislast des Käufers zur Vermeidung unzumutbarer Beweisschwierigkeiten einzuschränken sein (BGH IHR 2004, 201 (202); weitergehend Herber/Czerwenka Rn. 7; Staudinger/Magnus, 2018, Rn. 13, der dem Käufer lediglich die Beweislast dafür auferlegt, dass eine nicht zu übersehende Vertragswidrigkeit vorlag; hingegen obliege dem Verkäufer die Beweislast dafür, dass er die Tatsachen, auf denen die Vertragswidrigkeit beruht, weder kannte noch kennen musste). Dagegen trägt der **Verkäufer** die Beweislast dafür, dass er dem Käufer die Vertragswidrigkeit der Ware offenbart hat, da der Käufer andernfalls den kaum möglichen Beweis der negativen Tatsache führen müsste, dass der Verkäufer ihn zu keinem Zeitpunkt über den Mangel informiert hat (Müller in Baumgärtel/Laumen/Prütting Beweislast-HdB II UNKR Rn. 5 f.; MüKoBGB/Gruber Rn. 12; Schlechtriem/Schwenzer/Schroeter/Schwenzer Rn. 12; Staudinger/Magnus, 2018, Rn. 13). 6

### Art. 41 (Rechtsmängel)

**[1]Der Verkäufer hat Ware zu liefern, die frei von Rechten oder Ansprüchen Dritter ist, es sei denn, daß der Käufer eingewilligt hat, die mit einem solchen Recht oder Anspruch behaftete Ware zu nehmen. [2]Beruhen jedoch solche Rechte oder Ansprüche auf gewerblichem oder anderem geistigen Eigentum, so regelt Artikel 42 die Verpflichtung des Verkäufers.**

**Schrifttum:** Rener, Rechtsmängelhaftung in internationalen Warenkaufverträgen. Eine rechtsvergleichende Untersuchung der Regelungen im deutschen Recht, im UN-Kaufrecht sowie im Verordnungsvorschlag über ein Gemeinsames Europäisches Kaufrecht, 2019; Zhang, Die Rechtsmängelhaftung des Verkäufers nach UN-Kaufrecht im Vergleich mit deutschem, englischem, US-amerikanischem und Haager Einheitlichem Kaufrecht, 1994.

## Überblick

Art. 41 betrifft die Rechtsmängelfreiheit der Ware. Erfasst werden dingliche und obligatorische Rechte Dritter ebenso wie öffentlich-rechtliche Belastungen (→ Rn. 3 f.). Die Ware muss frei von Ansprüchen Dritter sein, weshalb auch keine lediglich behaupteten Rechte bestehen dürfen (→ Rn. 5). Rechte oder Ansprüche des Verkäufers werden ebenfalls erfasst (→ Rn. 6). Für auf geistigem Eigentum beruhende Rechtsmängel trifft Art. 42 eine Sonderregelung (S. 2; → Rn. 8).

Entscheidender Zeitpunkt für die Beurteilung der Rechtsmängelfreiheit ist grds. die Lieferung der Ware (→ Rn. 7). Die Haftung des Verkäufers ist bei einer auch nur konkludent ausgedrückten Einwilligung des Käufers zur Annahme der belasteten Ware ausgeschlossen (S. 2; → Rn. 9 ff.). Die Haftung für Rechtsmängel richtet sich mit vereinzelten Einschränkungen nach den Art. 45 ff. (→ Rn. 13 f.).

## I. Normzweck

Während Art. 35–40 Sachmängel betreffen, sind in Art. 41–43 Rechtsmängel geregelt, wobei die Abgrenzung im Einzelfall schwierig sein kann (→ Art. 35 Rn. 2) (vgl. Schlechtriem/Schwenzer/Schroeter/Schwenzer Rn. 5). Art. 41 konkretisiert die Pflicht des Verkäufers aus Art. 30 zur Verschaffung des Eigentums an der Ware. Die Eigentumsverschaffung selbst regelt das Abkommen nicht (Art. 4 S. 2 lit. b; → Art. 4 Rn. 7). Fragen bezüglich des Eigentums und damit auch Rechten Dritter bestimmen sich nach dem vom IPR berufenen nationalen Recht, das sich in aller Regel aus der lex rei sitae ergibt (MüKoBGB/Gruber Rn. 4; Staudinger/Magnus, 2018, Rn. 9; teilweise anders MüKoHGB/Benicke Rn. 3, vgl. aber MüKoHGB/Mankowsi Art. 4 Rn. 14). Art. 41 S. 1 findet auf **allgemeine Rechtsmängel** Anwendung, während auf geistigem Eigentum beruhende Rechtsmängel nach S. 2 der Spezialvorschrift des Art. 42 unterstellt werden (→ Art. 42 Rn. 1). S. 1 enthält anders als Art. 42 keine räumliche Beschränkung. Der Käufer soll vielmehr davon 1 ausgehen dürfen, dass die weitere Verfügung über die Ware unbeschränkt in seiner Hand liegt (MüKoBGB/Gruber Rn. 5; Schlechtriem/Schwenzer/Schroeter/Schwenzer Rn. 16a).

## II. Einzelerläuterungen

2 **1. Haftungsvoraussetzungen (S. 1).** Eine Haftung des Verkäufers nach S. 1 kommt in Betracht, wenn die Ware mit einem Rechtsmangel behaftet ist, der **nicht auf geistigem Eigentum** beruht – in diesem Fall findet nach S. 2 die enger gefasste Vorschrift des Art. 42 Anwendung (→ Art. 42 Rn. 1) – und **kein Haftungsausschluss** eingreift. Auf ein Verschulden des Verkäufers kommt es nicht an (Staudinger/Magnus, 2018, Rn. 7; vgl. MüKoHGB/Benicke Rn. 11 f.; Soergel/Willems Rn. 9). Rechtsmängel iSv S. 1 sind Rechte oder Ansprüche Dritter, wobei unter Rechten alle **tatsächlich** an der Ware bestehenden Rechtspositionen zu verstehen sind, während Ansprüche lediglich **behauptete** Rechte darstellen (Schlechtriem/Schwenzer/Schroeter/Schwenzer Rn. 9; Staudinger/Magnus, 2018, Rn. 9). Der Verkäufer schuldet damit nicht nur die Übereignung, sondern auch den störungsfreien Besitz der Ware (MüKoBGB/Gruber Rn. 6; Herber/Czerwenka Rn. 5; Staudinger/Magnus, 2018, Rn. 7).

3 **a) Rechte Dritter.** Als Rechte Dritter kommen alle **dinglichen** oder **obligatorischen** (die Ausgestaltung der einzelnen Rechte als dinglich oder obligatorisch bestimmt sich nach der jeweiligen nationalen Rechtsordnung; diese ist für die Frage der Haftung nach dem Abkommen ohne Bedeutung, vgl. Honsell/Magnus Rn. 6) Rechtspositionen in Betracht, auf Grund derer ein Dritter auf die Ware einwirken oder den Käufer in sonstiger Weise in deren Benutzung, Verwertung oder Verfügung beschränken kann (MüKoHGB/Benicke Rn. 2; Enderlein/Maskow/Strohbach Anm. 2; MüKoBGB/Gruber Rn. 4; Herber/Czerwenka Rn. 3; Honsell/Magnus Rn. 6; Schlechtriem/Schwenzer/Schroeter/Schwenzer Rn. 4; Staudinger/Magnus, 2018, Rn. 10; Kröll in Kröll/Mistelis/Perales Viscasillas CISG Rn. 10). Steht die verkaufte Ware im **Eigentum** eines Dritten, haftet der Verkäufer, weil er zur Eigentumsverschaffung nicht in der Lage ist. Soweit nach dem anzuwendenden nationalen Recht ein **gutgläubiger Erwerb** erfolgt ist, haftet der Verkäufer wegen Ansprüchen des Dritten gegen den Käufer. Praktische Bedeutung kommt den **Kreditsicherungsrechten** von Gläubigern des Verkäufers, Lagerhaltern sowie Frachtführern, aber auch anderen **Besitzrechten** zu. Verpflichtungen des Verkäufers im Zusammenhang mit der Ware, etwa auf Grund eines zeitlich früheren Verkaufs an den Dritten, führen nur dann zu einer Haftung aus S. 1, wenn der Dritte hieraus **Ansprüche** gegen den Käufer herleitet (vgl. MüKoHGB/Benicke Rn. 2; Schlechtriem/Schwenzer/Schroeter/Schwenzer Rn. 9–12).

4 Auch **öffentlich-rechtliche Belastungen** können die allgemeine Rechtsmängelhaftung auslösen, etwa wenn die Ware im Hinblick auf das (bestehende oder bloß behauptete; → Art. 42 Rn. 12) Recht eines Dritten beschlagnahmt wird (Enderlein/Maskow/Strohbach Anm. 2; Schlechtriem/Schwenzer/Schroeter/Schwenzer Rn. 5 f.; Kröll in Kröll/Mistelis/Perales Viscasillas CISG Rn. 26; Soergel/Willems Rn. 5; offenlassend OLG Frankfurt RIW 1994, 593; aA Achilles Rn. 2; Herber/Czerwenka Rn. 4; Honsell/Magnus Rn. 9; Staudinger/Magnus, 2018, Rn. 13; Piltz IntKaufR Rn. 5-119). Beschränkungen öffentlich-rechtlicher Art, die in Bezug zu Eigenschaften der Ware stehen, wie zB fehlende Übereinstimmung mit Normen des Verbraucher-, Arbeitnehmer- oder Umweltschutzes, stellen dagegen keinen Rechtsmangel dar, können aber die Sachmängelhaftung nach Art. 35 auslösen (MüKoHGB/Benicke Rn. 4; MüKoBGB/Gruber Rn. 13; Schlechtriem/Schwenzer/Schroeter/Schwenzer Rn. 6; Staudinger/Magnus, 2018, Rn. 13; Soergel/Willems Rn. 5). Im Übrigen ist nach Sphären zu differenzieren, sodass das Risiko von auf wirtschaftslenkenden Maßnahmen beruhenden Exportverboten regelmäßig der Verkäufer, das von Importverboten regelmäßig der Käufer zu tragen hat (Schlechtriem/Schwenzer/Schroeter/Schwenzer Rn. 6; Detzer/Thamm BB 1992, 2369 (2372); vgl. auch MüKoBGB/Gruber Rn. 14).

5 **b) Ansprüche Dritter.** S. 1 verpflichtet den Verkäufer ebenfalls, die Ware frei von Ansprüchen Dritter zu übereignen, den Käufer also auch von nur **behaupteten Rechten** freizuhalten, um ihm die Auseinandersetzung mit Dritten zu ersparen (MüKoHGB/Benicke Rn. 8; Enderlein/Maskow/Strohbach Anm. 4; MüKoBGB/Gruber Rn. 6; Herber/Czerwenka Rn. 5; Honsell/Magnus Rn. 10; Schlechtriem/Schwenzer/Schroeter/Schwenzer Rn. 10; Staudinger/Magnus, 2018, Rn. 15). Dies gilt selbst für leichtfertig erhobene Ansprüche (MüKoBGB/Gruber Rn. 8; Honsell/Magnus Rn. 10; Schlechtriem/Schwenzer/Schroeter/Schwenzer Rn. 10; Staudinger/Magnus, 2018, Rn. 17; aA Herber/Czerwenka Rn. 6; Soergel/Willems Rn. 7). Diese so vom Übereinkommen bezweckte Risikoverteilung erscheint sachgerecht, weil sich Ansprüche Dritter zunächst aus dem Recht des Verkäuferstaates im Zusammenspiel mit der Herkunft der Ware

ergeben werden und deshalb die Klärung und Regelung dieser Fragen dem Verkäufer zuzumuten ist (Schlechtriem/Schwenzer/Schroeter/Schwenzer Rn. 9; Maier-Lohmann RIW 2021, 81 (82 f.)). Dies verkennt das OLG Celle, das einen Rechtsmangel fälschlich verneint, wenn die Beschlagnahme erfolgt, weil Dritte ein nicht bestehendes Recht geltend machen (OLG Celle IHR 2021, 190 (192) = BeckRS 2019, 41256 m. zu Recht abl. Anm. Maier-Lohmann RIW 2021, 81 ff.). Es kommt gerade nicht darauf an, ob ein von einem Dritten geltend gemachtes Recht tatsächlich besteht und eine Beschlagnahme deshalb rechtmäßig oder zu Unrecht ergangen ist (ebenso Maier-Lohmann RIW 2021, 81 (82)). Denn eine Unterscheidung zwischen einem offensichtlich unbegründeten und einem ernst zu nehmenden Anspruch würde zu erheblichen praktischen Schwierigkeiten führen (so aber Achilles Rn. 3; Herber/Czerwenka Rn. 6). Soweit es sich hingegen um Ansprüche nach dem Recht des Verwendungsstaates handelt, können sich aber auch für den Käufer Nachforschungspflichten ergeben (→ Art. 42 Rn. 12 f.). Für die Haftung nach S. 1 reicht es aus, dass der Dritte das Bestehen eines Anspruchs behauptet, ohne dass es bereits einer gerichtlichen Geltendmachung bedarf.

**c) Eigene Rechte oder Ansprüche des Verkäufers.** Über den Wortlaut der Vorschrift hinaus kommt eine Haftung auch in Betracht, wenn die Ware mit Rechten oder Ansprüchen des Verkäufers selbst belastet ist (MüKoBGB/Gruber Rn. 10; Honsell/Magnus Rn. 5; Schlechtriem/Schwenzer/Schroeter/Schwenzer Rn. 14; Heilmann S. 660; Zhang, Die Rechtsmängelhaftung des Verkäufers nach UN-Kaufrecht im Vergleich mit deutschem, englischem, US-amerikanischem und Haager Einheitlichem Kaufrecht, 1994, 79). Da das CISG grds. von einer Pflicht zur unbedingten Übereignung ausgeht, kann sich der Vorbehalt des Eigentums (→ Art. 4 Rn. 7) oder eines Sicherungsrechts als vertragswidrig erweisen (MüKoBGB/Gruber Rn. 11; Schlechtriem/Schwenzer/Schroeter/Schwenzer Rn. 14). Soweit es sich um Rechte allein zur Sicherung der Kaufpreisforderung handelt, wird eine wesentliche Vertragsverletzung regelmäßig nicht anzunehmen sein. Denn mit der Zahlung des Kaufpreises dürfte in solchen Fällen der Sicherungszweck entfallen und der „Rechtsmangel" entweder erlöschen oder zumindest aus sicherungsrechtlichen Gesichtspunkten durch den Verkäufer zu beheben sein. 6

**d) Zeitpunkt.** Die Rechtsmängelfreiheit der Ware ist grds. im Zeitpunkt der **Lieferung** zu beurteilen (MüKoHGB/Benicke Rn. 13; Honsell/Magnus Rn. 11; Schlechtriem/Schwenzer/Schroeter/Schwenzer Rn. 15; Staudinger/Magnus, 2018, Rn. 19; Kröll in Kröll/Mistelis/Perales Viscasillas CISG Rn. 29; Soergel/Willems Rn. 8). Auf den Zeitpunkt des Vertragsschlusses kommt es dagegen nicht an, denn der Verkäufer hat einerseits auch für nach Vertragsschluss begründete Rechte einzustehen und kann andererseits bei Vertragsschluss bestehende Rechte bis zur Lieferung ablösen (Schlechtriem/Schwenzer/Schroeter/Schwenzer Rn. 16). Auf den Lieferzeitpunkt allein ist jedoch nicht abzustellen, wenn der Normzweck hierdurch unterlaufen würde. Praktisch bedeutsam sind dabei die Fälle des Zugriffs auf die Ware durch Gläubiger des Verkäufers nach Übergabe an den ersten Beförderer. Auch wenn bei einem solchen Versendungskauf die Lieferung bereits mit der Übergabe erfolgt ist, haftet der Verkäufer dennoch nach S. 1, wenn die Ware zugunsten seiner Gläubiger auf dem Transportweg beschlagnahmt oder gepfändet wird (MüKoHGB/Benicke Rn. 13; MüKoBGB/Gruber Rn. 16; Schlechtriem/Schwenzer/Schroeter/Schwenzer Rn. 15; Achilles Rn. 5). Gleiches gilt, wenn der Verkäufer abredewidrig die Transportkosten nicht bezahlt und die beim Käufer eintreffende Ware deshalb mit dem Sicherungsrecht des Frachtführers belastet ist (zum Versendungskauf vgl. Schlechtriem/Schwenzer/Schroeter/Widmer Lüchinger Art. 31 Rn. 21 ff.). Auch die Geltendmachung von Ansprüchen durch Dritte wird regelmäßig erst nach Lieferung erfolgen. In solchen Fällen ist deshalb nicht auf den Lieferzeitpunkt selbst, sondern darauf abzustellen, ob die Umstände, auf denen der Anspruch beruht, vor oder nach der Lieferung liegen, der Anspruchssachverhalt also bei Lieferung bereits angelegt war (Achilles Rn. 5; MüKoHGB/Benicke Rn. 13; Schlechtriem/Schwenzer/Schroeter/Schwenzer Rn. 15). 7

**2. Keine Anwendbarkeit bei Bestehen gewerblicher Schutzrechte Dritter (S. 2).** Die Haftung des Verkäufers für die Freiheit der gelieferten Ware von gewerblichen Schutzrechten Dritter stellt einen Unterfall der Rechtsmängelhaftung dar. Dieser ist jedoch aus dem Anwendungsbereich der allgemeinen Vorschrift nach S. 2 **ausgenommen.** Maßgeblich sind allein die engeren Voraussetzungen des Art. 42, die zu einer abgeschwächten Rechtsmängelgewährleistung führen. 8

**3. Haftungsausschluss.** Eine Haftung des Verkäufers scheidet aus, wenn der Käufer seine Einwilligung zur Annahme der mit Rechten oder Ansprüchen Dritter belasteten Ware erklärt hat. Dies kann ausdrücklich oder durch schlüssiges Verhalten erfolgen, wofür jedoch allein die **Kenntnis oder grob fahrlässige Unkenntnis** vom Rechtsmangel bei der vorbehaltlosen Annahme 9

**nicht** ausreichen. Dies gilt im Unterschied zur Sachmängelhaftung, für deren Ausschluss nach Art. 35 Abs. 3 Kenntnis oder grob fahrlässige Unkenntnis ausreichen (vgl. Achilles Rn. 6; MüKoHGB/Benicke Rn. 14; MüKoBGB/Gruber Rn. 20; Schlechtriem/Schwenzer/Schroeter/Schwenzer Rn. 17; Staudinger/Magnus, 2018, Rn. 22). Der Käufer muss zumindest konkludent zum Ausdruck bringen, dass er die Ware trotz der vorhandenen Rechtsmängel annehmen will (Achilles Rn. 6; MüKoBGB/Gruber Rn. 19; Honsell/Magnus Rn. 15; Schlechtriem/Schwenzer/Schroeter/Schwenzer Rn. 18; Staudinger/Magnus, 2018, Rn. 22; Kröll in Kröll/Mistelis/Perales Viscasillas CISG Rn. 33; aA Enderlein/Maskow/Strohbach Anm. 3; Neumayer/Ming Anm. 7; Reinhart UN-KaufR Rn. 6). Eine solche Einwilligung kann schon bei Vertragsschluss erklärt werden (Schlechtriem/Schwenzer/Schroeter/Schwenzer Rn. 18). Im Hinblick auf die erforderliche Kenntnis von den „gebilligten" Rechtsmängeln kommt dabei der Reichweite der Erklärung des Käufers besondere Bedeutung zu.

**10** Unproblematisch dürfte von einer Einwilligung auszugehen sein, wenn der Käufer die Ware vorbehaltlos annimmt, obwohl der Verkäufer auf den Rechtsmangel **hingewiesen** und dessen Beseitigung angeboten hat (Achilles Rn. 6). Soweit es um die praktisch bedeutsamen Fälle von Pfand- oder anderweitigen Sicherungsrechten der Lagerhalter oder Frachtführer geht, ist zu differenzieren. Die allgemeine Kenntnis von rechtlichen oder tatsächlichen Umständen, die das Bestehen eines Sicherungsrechtes nahe legen, ist nicht ausreichend, etwa die Information, dass nach der Rechtsordnung des Verkäuferlandes Pfand- oder andere Sicherungsrechte des Lagerhalters oder Frachtführers bestehen können (vgl. Schlechtriem/Schwenzer/Schroeter/Schwenzer Rn. 18). Informiert der Verkäufer den Käufer jedoch vom Bestehen des Rechts und weist ihn an, den Kaufpreis direkt an den Dritten zu leisten, kann bei vorbehaltloser Annahme der Ware von einer Einwilligung des Käufers ausgegangen werden (MüKoHGB/Benicke Rn. 14; Schlechtriem/Schwenzer/Schroeter/Schwenzer Rn. 18; wohl ebenso Staudinger/Magnus, 2018, Rn. 22; aA insoweit MüKoBGB/Gruber Rn. 20). Gleiches gilt, wenn dem Käufer unter Anrechnung auf den Kaufpreis die noch offenen Lagerkosten vertraglich aufgebürdet werden (Schlechtriem/Schwenzer/Schroeter/Schwenzer Rn. 18).

**11** Die Wirksamkeit von **Klauseln,** die eine Haftung des Verkäufers für Rechtsmängel der Ware ausschließen, beurteilt sich wegen Art. 4 S. 2 lit. a nach dem auf Grund IPR anwendbaren nationalen Recht (→ Art. 4 Rn. 24) (vgl. MüKoHGB/Benicke Rn. 15; MüKoBGB/Gruber Rn. 18; Schlechtriem/Schwenzer/Schroeter/Schlechtriem Rn. 19a). Bei Anwendbarkeit deutschen Rechts ist zu prüfen, ob die Freizeichnungsklausel den Käufer nicht unangemessen benachteiligt (§ 307 BGB), insbes. ob sie mit den wesentlichen Gedanken des CISG vereinbar ist. Von der Unwirksamkeit derartiger Klauseln ist jedenfalls dann auszugehen, wenn der Rechtsmangel eine wesentliche Vertragsverletzung darstellt oder der Verkäufer grob fahrlässig gehandelt hat (Schlechtriem/Schwenzer/Schroeter/Schwenzer Rn. 19a, der für den Fall der Beurteilung nach deutschem Recht eine unangemessene Benachteiligung iSv § 307 Abs. 2 Nr. 2 BGB annimmt).

**12** Auch wenn eine wirksame Einwilligung des Käufers zur Annahme einer mit Rechten oder Ansprüchen Dritter belasteten Ware nicht vorliegt, kann die Haftung des Verkäufers entfallen, wenn der Käufer eine **Rügeobliegenheitsverletzung** nach Art. 43 begeht.

**13** **4. Rechtsfolgen.** Mit Ausnahme derjenigen Rechtsbehelfe des nationalen Rechts, die dem Käufer bei Arglist oder Betrug zustehen (vgl. Kröll in Kröll/Mistelis/Perales Viscasillas CISG Rn. 45; Staudinger/Magnus, 2018, Rn. 27), richten sich die Haftungsfolgen allein nach dem CISG. In Betracht kommen daher die Ansprüche der Art. 45 ff. Die **Aufhebung** des Vertrages kann der Käufer nur verlangen, wenn der Rechtsmangel eine wesentliche Vertragsverletzung darstellt. Zum Begriff der wesentlichen Vertragsverletzung → Art. 25 Rn. 1 ff. Eine wesentliche Vertragsverletzung liegt vor, wenn das Recht des Dritten an der Ware diesem ermöglicht, die sofortige Herausgabe zu verlangen oder die Verwendung durch den Käufer zu unterbinden, ohne dass eine Ablösung des Rechts möglich und dem Käufer zumutbar wäre (MüKoBGB/Gruber Rn. 24; Honsell/Magnus Rn. 18; Schlechtriem/Schwenzer/Schroeter/Schwenzer Rn. 21; Staudinger/Magnus, 2018, Rn. 24; Piltz IntKaufR Rn. 5-286).

**14** Liegt ein Rechtsmangel vor, der keine wesentliche Vertragsverletzung darstellt, kann der Käufer **Erfüllung** verlangen, wobei Art. 46 Abs. 1 ohne die Einschränkungen von Abs. 2 und 3 gilt. Dies ergibt sich daraus, dass das CISG, wie aus der Überschrift des Abschnitts III deutlich wird, zwischen „Vertragsgemäßheit" der Ware sowie „Rechten und Ansprüchen Dritter" differenziert (MüKoBGB/P. Huber Art. 46 Rn. 9) und Art. 46 Abs. 2 und 3 nur an den erst genannten Begriff anknüpft. Aus diesem Grund findet auch Art. 50 (→ Art. 50 Rn. 2; → Art. 42 Rn. 15) bei einem Rechtsmangel keine Anwendung (MüKoHGB/Benicke Rn. 1; MüKoBGB/Gruber Rn. 21, 23; Honsell/Magnus Rn. 17; Staudinger/Magnus, 2018, Art. 46 Rn. 15 ff.; Schlechtriem/Schwenzer/

Schroeter/Schwenzer Rn. 20; aA Enderlein/Maskow/Strohbach Anm. 3). Die Befreiung vom Recht des Dritten kann durch Ablösung des Rechts, durch Herbeiführung seiner verbindlichen Erklärung, den Käufer nicht in Anspruch nehmen zu wollen (so bereits zum EKG Mertens/Rehbinder, Internationales Kaufrecht: Kommentar zu den Einheitlichen Kaufgesetzen, 1975, Art. 52 Rn. 17), oder bei Gattungsware durch Nachlieferung rechtsmangelfreier Ersatzware erfolgen (MüKoBGB/Gruber Rn. 21; s. auch Achilles Rn. 7). In jedem Fall steht dem Käufer daneben gem. Art. 45 Abs. 1 lit. b ein Anspruch auf Schadensersatz zu, der nicht nur eigene Aufwendungen zur Rechtsverteidigung (dies hat Bedeutung in Ländern, in denen die Kosten der Rechtsverteidigung nicht automatisch den unterliegenden Teil treffen, vgl. Herber/Czerwenka Rn. 6; Schlechtriem/Schwenzer/Schroeter/Schwenzer Rn. 21) oder zur Ablösung des Rechts, sondern auch einen Ausgleich für Nutzungsbeeinträchtigungen bzw. einen sonstigen Minderwert der Ware umfasst (MüKoBGB/Gruber Rn. 22; Honsell/Magnus Rn. 19; Schlechtriem/Schwenzer/Schroeter/Schwenzer Rn. 21). Ist der Kaufpreis noch nicht bezahlt, kann der Rechtsmangel nach Art. 58 auch einredeweise geltend gemacht werden (Achilles Rn. 7; Schlechtriem/Schwenzer/Schroeter/Schwenzer Rn. 21).

## III. Beweislastregeln

Für die Behauptung von Rechten Dritter an der Ware trägt der Käufer, für die Erklärung der Einwilligung oder der Tatsache, dass der Rechtsmangel behoben wurde, hingegen der Verkäufer die Beweislast (Müller in Baumgärtel/Laumen/Prütting Beweislast-HdB II UNKR Rn. 2; MüKoBGB/Gruber Rn. 26; Honsell/Magnus Rn. 23; Schlechtriem/Schwenzer/Schroeter/Schwenzer Rn. 25; Zhang, Die Rechtsmängelhaftung des Verkäufers nach UN-Kaufrecht im Vergleich mit deutschem, englischem, US-amerikanischem und Haager Einheitlichem Kaufrecht, 1994, 83). Macht der Käufer auf Grund eines Rechtsmangels Schadensersatzansprüche geltend, hat er den eingetretenen Schaden zu beweisen. **15**

## Art. 42 (Belastung mit Schutzrechten Dritter)

**(1) Der Verkäufer hat Ware zu liefern, die frei von Rechten oder Ansprüchen Dritter ist, die auf gewerblichem oder anderem geistigen Eigentum beruhen und die der Verkäufer bei Vertragsabschluß kannte oder über die er nicht in Unkenntnis sein konnte, vorausgesetzt, das Recht oder der Anspruch beruht auf gewerblichem oder anderem geistigen Eigentum**

**a) nach dem Recht des Staates, in dem die Ware weiterverkauft oder in dem sie in anderer Weise verwendet wird, wenn die Parteien bei Vertragsabschluß in Betracht gezogen haben, daß die Ware dort weiterverkauft oder verwendet wird, oder**

**b) in jedem anderen Falle nach dem Recht des Staates, in dem der Käufer seine Niederlassung hat.**

**(2) Die Verpflichtung des Verkäufers nach Absatz 1 erstreckt sich nicht auf Fälle,**

**a) in denen der Käufer im Zeitpunkt des Vertragsabschlusses das Recht oder den Anspruch kannte oder darüber nicht in Unkenntnis sein konnte, oder**

**b) in denen das Recht oder der Anspruch sich daraus ergibt, daß der Verkäufer sich nach technischen Zeichnungen, Entwürfen, Formeln oder sonstigen Angaben gerichtet hat, die der Käufer zur Verfügung gestellt hat.**

**Schrifttum:** Langenecker, UN-Einheitskaufrecht und Immaterialgüterrechte. Die Rechtsmängelhaftung bei internationalen Kaufverträgen nach dem UN-Kaufrechtsübereinkommen unter besonderer Berücksichtigung von Immaterialgüterrechten, 1993.

### Überblick

Art. 42 trifft als Unterfall der Rechtsmängelhaftung eine Sonderregelung für die Verkäuferhaftung bei Belastung der Ware mit Immaterialgüterrechten Dritter. Gewährleistung nach Art. 45 ff. (→ Rn. 15) kann der Käufer nach Abs. 1 auch verlangen, wenn Rechte oder Ansprüche Dritter bestehen, die auf gewerblichem oder anderem geistigen Eigentum beruhen (→ Rn. 4). Zudem erfasst werden Persönlichkeits- und Namensrechte, soweit hierdurch Verwendung der Ware behindert wird (→ Rn. 5). Nicht entscheidend ist, ob das behauptete Recht tatsächlich besteht (→ Rn. 6). Allerdings muss das Schutzrecht nach der Rechtsordnung des oder der voraussichtlichen

Verwendungsländer (lit. a) bzw. des Staates, in dem sich die Niederlassung des Käufers befindet (lit. b), bestehen (→ Rn. 7 ff.). Voraussetzung für die Haftung des Verkäufers ist dessen Kenntnis oder vorwerfbare Unkenntnis bei Vertragsschluss (→ Rn. 12). Bei Kenntnis oder vorwerfbarer Unkenntnis des Käufers ist nach Abs. 2 lit. a die Haftung ebenso ausgeschlossen wie bei Handeln des Verkäufers nach Vorgaben des Käufers (lit. b; → Rn. 13 f.).

## I. Normzweck

1 Art. 42 regelt die Haftung des Verkäufers für die Freiheit der gelieferten Ware von gewerblichen Schutzrechten Dritter. Die Verpflichtung des Verkäufers, Ware frei von derartigen Immaterialgüterrechten Dritter zu liefern, stellt einen **Unterfall der Rechtsmängelhaftung** dar. Dieser ist jedoch aus dem Anwendungsbereich der allgemeinen Vorschrift wegen Art. 41 S. 2 ausgenommen. Maßgeblich sind allein die engeren Voraussetzungen des Art. 42, die zu einer abgeschwächten Rechtsmängelgewährleistung führen. Danach hat der Verkäufer für die Schutzrechtsfreiheit nur in einem **begrenzten Territorium** einzustehen und auch nur bei **Bösgläubigkeit.** Dies folgt daraus, dass gewerbliche Schutzrechte regelmäßig einen räumlich begrenzten Geltungsbereich haben und sich nur bei öffentlicher Registrierung feststellen lassen (Honsell/Magnus Rn. 1; Schlechtriem/Schwenzer/Schroeter/Schwenzer Rn. 3). Auch wäre eine weltweite Haftung wegen der Vielzahl möglicher Schutzrechte für den Verkäufer unzumutbar (MüKoHGB/Benicke Rn. 1; MüKoBGB/Gruber Rn. 10).

2 Der Verkäufer hat nach Art. 42 für die Freiheit der Ware von Schutzrechten Dritter einzustehen, die eine weitere Verwendung, etwa den Weiterverkauf hindern. Dabei erfasst Art. 42 nicht nur den Fall, dass einem Dritten ein Schutzrecht **tatsächlich** zusteht, sondern ebenso bereits die bloße **Behauptung** eines solchen Schutzrechtes (Kröll in Kröll/Mistelis/Perales Viscasillas CISG Rn. 9; Honsell/Magnus Rn. 3). Die Konsequenzen der Haftung betreffen allein das Verhältnis der Parteien des Kaufvertrages. Die Frage von Ansprüchen der Schutzrechtsinhaber bleibt unberührt. Sie beurteilt sich idR nach dem auf Grund IPR berufenen Recht des Schutzlandes. Die Unabhängigkeit dieser beiden Rechtsfragen voneinander hat zur Folge, dass ein Käufer, der sich Ansprüchen seitens der Inhaber von Immaterialgüterrechten ausgesetzt sieht, nur unter den Voraussetzungen des Art. 42 Abs. 1 gegen den Verkäufer vorgehen kann. Fehlt eine der Voraussetzungen oder liegt ein Fall des Haftungsausschlusses nach Abs. 2 vor, erhält er für seinen Schaden keinen Ausgleich (Staudinger/Magnus, 2018, Rn. 7).

## II. Einzelerläuterungen

3 **1. Haftungsvoraussetzungen (Abs. 1).** Eine Haftung des Verkäufers kommt in Betracht, wenn an der gelieferten Ware Rechte Dritter auf Grund gewerblichen oder anderen geistigen Eigentums im voraussichtlichen Verwendungsgebiet bzw. Käuferstaat geltend gemacht werden und kein Haftungsausschluss nach Abs. 2 eingreift.

4 **a) Rechte Dritter auf Grund geistigen Eigentums.** Der Begriff des geistigen Eigentums ist autonom und damit unabhängig von den Schutzanforderungen einzelner Rechtsordnungen oder der Art des gewährten Schutzes zu verstehen. Er umfasst alle Rechte, die sich aus der geistigen Tätigkeit auf gewerblichem, wissenschaftlichem, literarischem oder künstlerischem Gebiet ergeben (so die Umschreibung des Begriffs durch das Übereinkommen zur Errichtung der Weltorganisation für geistiges Eigentum vom 14.7.1967, BGBl. 1970 II 295; s. auch Honsell/Magnus Rn. 5; Schlechtriem/Schwenzer/Schroeter/Schwenzer Rn. 4). Der gesonderten Nennung von Rechten auf Grund gewerblichen Eigentums in Abs. 1 kommt lediglich klarstellende Bedeutung zu. Rechte auf Grund geistigen Eigentums sind insbes. Patente (auch Verfahrenspatente), Urheber-, Lizenz-, Marken-, Gebrauchs- und Geschmacksmusterrechte, geschützte Herkunfts- oder Ursprungsangaben, Ansprüche auf Grund wettbewerbswidriger Nutzung fremder geistiger Leistung, künstlerische Leistungen, Erfindungen und wissenschaftliche Entdeckungen (MüKoHGB/Benicke Rn. 2; Enderlein/Maskow/Strohbach Anm. 3; MüKoBGB/Gruber Rn. 5; Herber/Czerwenka Rn. 2; Langenecker, UN-Einheitskaufrecht und Immaterialgüterrechte. Die Rechtsmängelhaftung bei internationalen Kaufverträgen nach dem UN-Kaufrechtsübereinkommen unter besonderer Berücksichtigung von Immaterialgüterrechten, 1993, 72 ff.; Honsell/Magnus Rn. 6; Schlechtriem/Schwenzer/Schroeter/Schwenzer Rn. 4; Soergel/Willems Rn. 2).

5 Auch **Persönlichkeits- und Namensrechte** fallen unter Abs. 1, soweit durch diese die Verwendung der Ware behindert wird. Dies gilt nicht nur im Hinblick auf Handelsnamen, sondern – jedenfalls im Wege einer Analogie – auch für allgemeine Schutzrechte in Form von Unterlassungs-

ansprüchen, zB aus § 12 BGB (Weitere Beispiele bei Schlechtriem/Schwenzer/Schroeter/Schwenzer Rn. 5), auf Grund Verletzungen des Persönlichkeitsrechts (für eine direkte Anwendung des Art. 42 Honsell SJZ 1992, 345 (352); Kröll in Kröll/Mistelis/Perales Viscasillas CISG Rn. 11; Langenecker, UN-Einheitskaufrecht und Immaterialgüterrechte. Die Rechtsmängelhaftung bei internationalen Kaufverträgen nach dem UN-Kaufrechtsübereinkommen unter besonderer Berücksichtigung von Immaterialgüterrechten, 1993, 83 f.; Staudinger/Magnus, 2018, Rn. 12). Gerechtfertigt wird dies mit der funktionalen Vergleichbarkeit von Persönlichkeits- und Namensrechten einerseits und dem geistigen Eigentum iÜ andererseits; insbes. variieren die erstgenannten Rechte je nach Rechtsordnung und sind ähnlich territorial beschränkt; zu diesem Schutzzweck → Rn. 1 (für eine Analogie MüKoHGB/Benicke Rn. 3; MüKoBGB/Gruber Rn. 7; Schlechtriem/Schwenzer/Schroeter/Schwenzer Rn. 5).

Ein **Rechtsmangel** iSd Abs. 1 liegt vor, wenn das Recht eines Dritten auf Grund geistigen Eigentums an der Ware besteht. Gleiches gilt aber auch, wenn ein Anspruch eines Dritten nur geltend gemacht wird, wobei es auf das tatsächliche Bestehen des behaupteten Schutzrechtes nicht ankommt. Für die Haftung reicht es aus, wenn dem Käufer die uneingeschränkte Nutzung der Ware streitig gemacht wird (MüKoHGB/Benicke Rn. 4; Enderlein/Maskow/Strohbach Anm. 2; MüKoBGB/Gruber Rn. 8; Honsell/Magnus Rn. 7; Staudinger/Magnus, 2018, Rn. 13; OGH IHR 2007, 39 (42)). Ist dem Verkäufer die Behauptung eines nichtbestehenden Rechtes durch einen Dritten bekannt, steht es ihm frei, den Käufer zu informieren und so den Haftungsausschluss nach Abs. 2 herbeizuführen (Schlechtriem/Schwenzer/Schroeter/Schwenzer Rn. 6). 6

**b) Schutzgebiet.** Im Unterschied zu der allgemeinen Rechtsmängelhaftung nach Art. 41 schränkt Art. 42 die Pflicht des Verkäufers zur Freihaltung der Ware von Rechten Dritter auf solche Rechte ein, die nach der Rechtsordnung des oder der voraussichtlichen Verwendungsländer bestehen. Nur dort, wo die Ware nach den vertraglichen Prämissen weiterverkauft oder sonst verwendet werden soll (lit. a), ansonsten in dem Land, in dem der Käufer seine Niederlassung hat (lit. b), braucht der Verkäufer die Freiheit von Schutzrechten Dritter zu gewährleisten (Ensthaler/Achilles Rn. 4 f.). 7

**aa) Abs. 1 lit. a.** Umstritten ist, ob der Verweis der lit. a auch das IPR des Verwendungslandes erfasst (sog. Kollisionsnormverweisung). Ausgehend vom Interesse des Käufers, die Sache im Verwendungsland ungestört weiterzuverkaufen oder sonst zu verwenden, sollte das im Fall eines Rechtsstreits von Gerichten angewandte Recht maßgeblich sein, diese Frage also bejaht werden (MüKoBGB/Gruber Rn. 12; aA Staudinger/Magnus, 2018, Rn. 15; Soergel/Willems Rn. 3). 8

Welche Länder die Vertragsparteien als **Verwendungsländer** in Betracht gezogen haben, ist im Zweifel durch Auslegung zu ermitteln, wobei ausschließlich auf den Zeitpunkt des Vertragsschlusses abzustellen ist. Dabei ist unerheblich, an welchem Ort die Lieferung erfolgen soll. Diese kann daher auch in einem Nicht-Verwendungsland geschuldet sein. Um Unwägbarkeiten einer solchen Auslegung vorzubeugen, empfiehlt sich eine ausdrückliche Regelung. Eine solche ist indes nicht zwingend erforderlich. Vielmehr reicht die Erkennbarkeit des Verwendungsstaates aus der Sicht des Verkäufers aus. 9

**bb) Abs. 1 lit. b.** Nur wenn die Parteien keinen Verwendungsstaat in Betracht gezogen haben, greift lit. b ein und ist für das Schutzgebiet die **Niederlassung des Käufers** im Zeitpunkt des Vertragsschlusses maßgeblich. Für den Fall mehrerer oder einer fehlenden Niederlassung gilt Art. 10 (MüKoHGB/Benicke Rn. 11; MüKoBGB/Gruber Rn. 16). 10

**c) Zeitpunkt der Schutzrechtsfreiheit.** Während für die Bestimmung des Verwendungslandes auf den Zeitpunkt des Vertragsschlusses abzustellen ist, kommt es für die Beurteilung des Bestehens von Schutzrechten auf den Lieferzeitpunkt an (→ Art. 41 Rn. 7) (Herber/Czerwenka Rn. 4; Honsell/Magnus Rn. 9; Schlechtriem/Schwenzer/Schroeter/Schwenzer Rn. 8; Staudinger/Magnus, 2018, Rn. 25; teilweise anders MüKoBGB/Gruber Rn. 17: auch nach Lieferung erhobene Ansprüche). Gelingt dem Verkäufer bis zur Lieferung die Beseitigung eines bei Vertragsschluss bestehenden oder behaupteten Schutzrechtes (etwa durch Lizenzerwerb bzw. Durchführung eines Nichtigkeits- oder Nichtbenutzungsverfahrens), kommt eine Haftung nicht in Betracht. 11

**d) Kenntnis des Verkäufers.** Die Haftung des Verkäufers nach Abs. 1 setzt dessen Kenntnis oder vorwerfbare Unkenntnis über Schutzrechte zum Zeitpunkt des Vertragsschlusses (MüKoHGB/Benicke Rn. 22; Enderlein/Maskow/Strohbach Anm. 5; Honsell/Magnus Rn. 13; Schlechtriem/Schwenzer/Schroeter/Schwenzer Rn. 15; Soergel/Willems Rn. 4) voraus. Spätere Kenntniserlangung löst keine Haftung aus, kann den Verkäufer aber dazu verpflichten, seinen Vertragspartner zu informieren (MüKoBGB/Gruber Rn. 21; Schlechtriem/Schwenzer/ 12

Schroeter/Schwenzer Rn. 15). **Vorwerfbare Unkenntnis** liegt vor, wenn das in Rede stehende Schutzrecht im Verwendungsstaat dem Verkäufer wegen grober Fahrlässigkeit unbekannt geblieben ist (Herber/Czerwenka Rn. 5; Honsell/Magnus Rn. 12; Staudinger/Magnus, 2018, Rn. 22). Hiervon ist auszugehen, wenn ein Schutzrecht in einem zugänglichen Register eingetragen ist (Enderlein/Maskow/Strohbach Anm. 2; Honsell/Magnus Rn. 12). Insoweit trifft den Verkäufer eine Nachforschungspflicht. Bei nicht registrierten, jedoch publizierten Schutzrechten ist grobe Fahrlässigkeit anzunehmen, wenn der Verkäufer das Verwendungsland ständig und gezielt beliefert, ferner wenn er an der Herstellung der Ware unmittelbar beteiligt oder bereits wegen einer entsprechenden Verletzung abgemahnt worden ist (MüKoBGB/Gruber Rn. 19; Staudinger/Magnus, 2018, Rn. 22; vgl. Achilles Rn. 9). Eine Verpflichtung des Verkäufers, auch nicht registrierte Schutzrechte zu ermitteln, kann allenfalls unter Berücksichtigung des Einzelfalls angenommen werden, wenn die Rechte leicht feststellbar sind oder der Verkäufer nähere Beziehungen zu dem Verwendungsstaat unterhält (MüKoBGB/Gruber Rn. 19; Staudinger/Magnus, 2018, Rn. 22; Soergel/Willems Rn. 4; vgl. auch mw Differenzierungen MüKoHGB/Benicke Rn. 18-21; aA Sekretariatskommentar O.R. Art. 40 Anm. 6, der schon die Publikation des Schutzrechtes im Verwendungsland ausreichen lassen will). Eine weitergehende Entlastung des Verkäufers kann durch Freizeichnung von der Erkundigungspflicht erzielt werden (vgl. Schlechtriem/Schwenzer/Schroeter/Schwenzer Rn. 14).

13 **2. Haftungsausschluss (Abs. 2). a) Abs. 2 lit. a. Kenntnis oder grob fahrlässige Unkenntnis** (MüKoBGB/Gruber Rn. 22; Honsell/Magnus Rn. 16; Staudinger/Magnus, 2018, Rn. 26; Soergel/Willems Rn. 6) **des Käufers** vom Bestehen der Schutzrechte oder Ansprüche (lit. a) schließt die Haftung des Verkäufers nach Abs. 1 aus. Dies entspricht der Regelung des Art. 35 Abs. 3 für Sachmängel. Entscheidend ist wiederum der Zeitpunkt des Vertragsschlusses (Schlechtriem/Schwenzer/Schroeter/Schwenzer Rn. 18; Staudinger/Magnus, 2018, Rn. 27). Später erlangte Kenntnis des Käufers kann die Frist nach Art. 43 Abs. 1 in Gang setzen (→ Art. 43 Rn. 5). Hat der Käufer keine Erkundigungspflicht – diese trifft regelmäßig, in dem in → Rn. 12 erläuterten Umfang, den Verkäufer – übernommen, kommt grob fahrlässige Unkenntnis nur im Hinblick auf allgemein bekannte, internationale Marken oder Schutzrechte in Betracht (Enderlein/Maskow/Strohbach Anm. 9; MüKoBGB/Gruber Rn. 22; Kröll in Kröll/Mistelis/Perales Viscasillas CISG Rn. 39; Honsell/Magnus Rn. 16; Schlechtriem/Schwenzer/Schroeter/Schwenzer Rn. 17; Langenecker, UN-Einheitskaufrecht und Immaterialgüterrechte. Die Rechtsmängelhaftung bei internationalen Kaufverträgen nach dem UN-Kaufrechtsübereinkommen unter besonderer Berücksichtigung von Immaterialgüterrechten, 1993, 212). Dabei kann von einem gewerblichen Käufer eher Kenntnis erwartet werden (vgl. Cour de Cassation 19.3.2002, CISG-online Nr. 662, 526 F-P; zust. Staudinger/Magnus, 2018, Rn. 26).

14 **b) Abs. 2 lit. b.** Ergibt sich die Schutzrechtsverletzung aus der Befolgung von (technischen) **Vorgaben des Käufers,** schließt dies die Haftung des Verkäufers aus (lit. b). Die Vorgaben des Käufers müssen jedoch so präzise sein, dass sie dem Verkäufer keinen Raum für die Lieferung schutzrechtsfreier Ware lassen. Sonstige Angaben sind daher nur solche Vorgaben, die technischen Zeichnungen, Formeln oder Entwürfen an Genauigkeit gleichstehen (die offene deutsche Fassung täuscht, wie die englische und französische Textversion belegen; Schlechtriem/Schwenzer/Schroeter/Schwenzer Rn. 20). Auf die Kenntnis des Käufers über die Folgen seiner Vorgaben kommt es dabei nicht an (MüKoBGB/Gruber Rn. 23; Staudinger/Magnus, 2018, Rn. 31). Erkennt der Verkäufer aber, dass die Vorgaben des Käufers zu einer Schutzrechtsverletzung führen, kann er sich auf die Haftungsbefreiung nach Abs. 2 lit. b nicht berufen, wenn er nach Treu und Glauben verpflichtet war, den Käufer hierüber zu informieren (BeckOGK/Hachem Rn. 27; MüKoHGB/Benicke Rn. 27; Schlechtriem/Schwenzer/Schroeter/Schwenzer Rn. 21; Staudinger/Magnus, 2018, Rn. 31).

15 **3. Rechtsfolgen.** Liegen die Voraussetzungen der Haftung des Verkäufers vor, kann der Käufer die **Rechte wegen Vertragsverletzung** durch den Verkäufer nach Art. 45 ff. geltend machen. Dabei gilt für den Erfüllungsanspruch Art. 46 Abs. 1 ohne die Einschränkungen der Abs. 2 und 3. Befreiung von den Rechten Dritter oder Lieferung einer rechtsmangelfreien Sache kann der Käufer deshalb ohne die darin vorgesehenen zusätzlichen Voraussetzungen verlangen (MüKoBGB/Gruber Rn. 27; Honsell/Magnus Art. 41 Rn. 17; Schlechtriem/Schwenzer/Schroeter/Schwenzer Rn. 25 f.; aA Kröll in Kröll/Mistelis/Perales Viscasillas CISG Rn. 51; Enderlein/Maskow/Strohbach Art. 46 Anm. 3; Herber/Czerwenka Art. 46 Rn. 6). Ein Rückgriff auf nationales Recht scheidet im Hinblick auf die durch Art. 42 bezweckte Beschränkung der Verkäuferhaftung aus.

Nicht ausgeschlossen sind dagegen Rechtsbehelfe für Fälle der Arglist bzw. des Betruges (vgl. Schlechtriem/Schwenzer/Schroeter/Schwenzer Art. 41 Rn. 24).

## III. Beweislastregeln

Der **Käufer** hat das Bestehen eines Schutzrechtes oder die Geltendmachung eines Anspruchs durch einen Dritten sowie die Kenntnis bzw. grob fahrlässige Unkenntnis des Verkäufers im Zeitpunkt des Vertragsschlusses sowie das Vorliegen eines in Betracht gezogenen Verwendungsstaates (Abs. 1 lit. a) zu beweisen (MüKoHGB/Benicke Rn. 28; MüKoBGB/Gruber Rn. 28; Schlechtriem/Schwenzer/Schroeter/Schwenzer Rn. 29; missverständlich Honsell/Magnus Rn. 20). Der **Verkäufer** ist für das Vorliegen der Kenntnis oder grob fahrlässigen Unkenntnis des Käufers (Abs. 2 lit. a) bzw. dafür beweispflichtig, dass sich der Verstoß gegen Schutzrechte aus der Befolgung der Vorgaben des Käufers ergibt (Abs. 2 lit. b) (MüKoHGB/Benicke Rn. 28; MüKoBGB/Gruber Rn. 28; Herber/Czerwenka Rn. 7; Honsell/Magnus Rn. 21; Schlechtriem/Schwenzer/Schroeter/Schwenzer Rn. 29). 16

## Art. 43 (Rügepflicht)

**(1) Der Käufer kann sich auf Artikel 41 oder 42 nicht berufen, wenn er dem Verkäufer das Recht oder den Anspruch des Dritten nicht innerhalb einer angemessenen Frist nach dem Zeitpunkt, in dem er davon Kenntnis erlangt hat oder hätte erlangen müssen, anzeigt und dabei genau bezeichnet, welcher Art das Recht oder der Anspruch des Dritten ist.**

**(2) Der Verkäufer kann sich nicht auf Absatz 1 berufen, wenn er das Recht oder den Anspruch des Dritten und seine Art kannte.**

### Überblick

Art. 43 Abs. 1 begründet eine Rügeobliegenheit des Käufers für die Geltendmachung von Rechtsmängeln und Belastungen der Ware mit Schutzrechten Dritter. Die grds. formlose (→ Rn. 4) Mängelanzeige muss eine genaue Bezeichnung des Rechts oder des Anspruchs enthalten (→ Rn. 3). Die Angemessenheit der Anzeigefrist bestimmt sich nach den Umständen des Einzelfalls (→ Rn. 5). Abs. 2 ist eine Ausnahmeregelung für den Fall positiver Kenntnis des Käufers von Rechten oder Ansprüchen Dritter (→ Rn. 8).

## I. Normzweck

Ebenso wie Art. 39 bei Sachmängeln begründet Art. 43 eine Rügeobliegenheit als Voraussetzung für die Geltendmachung von Rechtsmängeln (Art. 41) und die Belastung der Ware mit Schutzrechten Dritter (Art. 42), ohne allerdings eine Ausschlussfrist vorzusehen (Abs. 1). Eine Ausnahme von der Rügeobliegenheit gilt ähnlich wie nach Art. 40 für Sachmängel bei Kenntnis des Verkäufers von den Rechtsmängeln (Abs. 2). 1

## II. Einzelerläuterungen

**1. Anzeigepflicht (Abs. 1).** Die Rügeobliegenheit des Abs. 1 gilt für alle Rechtsmängel und Belastungen der Ware mit Schutzrechten Dritter. 2

**a) Inhalt.** Ebenso wie im Rahmen des Art. 39 (→ Art. 39 Rn. 5) trifft den Käufer eine Substantiierungsobliegenheit. Die allgemeine Anzeige, dass die Ware mit dem Recht eines Dritten belastet ist, reicht nicht aus. Vielmehr muss der Käufer die **Art** des Rechts oder des Anspruchs so **genau bezeichnen,** dass der Verkäufer in die Lage versetzt wird, diese abzuwehren. Die Anzeige erfordert damit zumindest die Angabe der Person des Dritten, der Art des geltend gemachten Drittrechts und – sofern dem Käufer bekannt – der bereits vom Dritten unternommenen Schritte (Enderlein/Maskow/Strohbach Anm. 4; MüKoBGB/Gruber Rn. 5 f.; Herber/Czerwenka Rn. 2; Honsell/Magnus Rn. 5; Schlechtriem/Schwenzer/Schroeter/Schwenzer Rn. 2; Staudinger/Magnus, 2018, Rn. 12). Bei eingetragenen Rechten hat der Käufer die ihm bekannten Einzelheiten (zB Aktenzeichen) anzugeben. Andererseits sind Ungenauigkeiten oder rechtliche Fehlbeurteilungen, zumal wenn der Käufer ein rechtlicher Laie ist, unschädlich, solange der Ver- 3 käufer in die Lage versetzt wurde, angemessen zu reagieren (MüKoBGB/Gruber Rn. 6; Staudinger/Magnus, 2018, Rn. 12; weitergehend MüKoHGB/Benicke Rn. 7: keine hohen Anforderungen an die Anzeige, da dem Verkäufer Rückfragen zuzumuten sind).

4 **b) Form.** Die Rüge gegenüber dem Verkäufer kann grds. **formlos** (MüKoBGB/Gruber Rn. 8; Honsell/Magnus Rn. 13), also auch mündlich erfolgen, auch wenn aus Gründen des Beweises die Schriftform zu empfehlen ist. Das **Übermittlungsrisiko** trägt dabei nach Art. 27 der Verkäufer (Honsell/Magnus Rn. 11; Staudinger/Magnus, 2018, Rn. 22).

5 **c) Angemessene Rügefrist.** Nach Abs. 1 hat der Käufer die Belastung innerhalb angemessener Frist anzuzeigen, nachdem er davon Kenntnis erlangt hat oder hätte erlangen müssen. Für die Frist, die frühestens mit dem Liefertermin beginnt (Honsell/Magnus Rn. 9; Staudinger/Magnus, 2018, Rn. 15; Piltz IntKaufR Rn. 5-143; aA MüKoHGB/Benicke Rn. 5: ggf. bereits vor Lieferung; vermittelnd MüKoBGB/Gruber Rn. 10 und Kröll in Kröll/Mistelis/Perales Viscasillas CISG Rn. 17: grds. erst mit Lieferung, ausnahmsweise nach Treu und Glauben auch vorher), sind dabei die Umstände des Einzelfalls maßgeblich, wobei insbes. der **Art der Belastung** und den vom Dritten **bereits eingeleiteten Maßnahmen** Bedeutung zukommt (BGH NJW 2006, 1343 = IHR 2006, 82 mAnm Benicke LMK 2006 I 118: ein Monat bei Diebstahlverdacht im Zusammenhang mit Gebrauchtwagenkauf; MüKoBGB/Gruber Rn. 11 f.; Schlechtriem/Schwenzer/Schroeter/Schwenzer Rn. 3; Staudinger/Magnus, 2018, Rn. 21; Metzger RabelsZ 73 (2009), 842 (847 f.)). Das tatsächliche Bestehen des Rechts oder des Anspruchs des Dritten ist dabei unerheblich (Honsell/Magnus Rn. 7; Staudinger/Magnus, 2018, Rn. 15; Piltz IntKaufR Rn. 5-143). Den Käufer trifft eine besonders rasche Rügeobliegenheit, wenn der Verkäufer seine Rechte an der Ware zu verlieren droht (Honsell/Magnus Rn. 10; Schlechtriem/Schwenzer/Schroeter/Schwenzer Rn. 3). Jedoch besteht eine Erkundigungs- oder Untersuchungspflicht des Käufers nicht. Denn eine dem für Sachmängel geltenden Art. 38 entsprechende Regelung besteht für Rechtsmängel nicht (Enderlein/Maskow/Strohbach Anm. 3; Herber/Czerwenka Rn. 3; Honsell/Magnus Rn. 8; Schlechtriem/Schwenzer/Schroeter/Schwenzer Rn. 4). Fahrlässige Unkenntnis liegt vor, wenn der Käufer grob fahrlässig konkrete Anhaltspunkte für das Bestehen des Rechts eines Dritten unbeachtet lässt, aus denen ein durchschnittlich sorgfältiger Käufer auf Drittrechte geschlossen hätte (MüKoBGB/Gruber Rn. 9; Honsell/Magnus Rn. 8; Staudinger/Magnus, 2018, Rn. 18; Schlechtriem/Schwenzer/Schroeter/Schwenzer Rn. 4: „sorglos").

6 Auch wenn – anders als in Art. 39 Abs. 2 – keine Ausschlussfrist für die Mängelrüge vorgesehen ist, muss doch berücksichtigt werden, dass die dem Käufer bei ordnungsgemäßer Rüge zustehenden Rechtsbehelfe wegen **Verjährung** ausgeschlossen sein können (MüKoBGB/Gruber Rn. 16). Die Verjährung ist im CISG jedoch nicht geregelt und beurteilt sich deshalb nach dem – von Deutschland nicht ratifizierten – UN-Verjährungsabkommen oder dem auf Grund IPR berufenen nationalen Recht. Bei Anwendbarkeit deutschen Rechts gilt die 30jährige Verjährungsfrist des § 438 Abs. 1 Nr. 1 lit. a BGB, wenn der Mangel in einem zum Besitz berechtigenden dinglichen Recht eines Dritten besteht, iÜ nach § 438 Abs. 1 Nr. 3 BGB eine zweijährige Frist (ausf. → Art. 35 Rn. 14 f.) (Schlechtriem/Schwenzer/Schroeter/Schwenzer Rn. 7).

7 **d) Rechtsfolgen von Rügemängeln.** Rügt der Käufer nicht ordnungsgemäß, **verliert** er – vorbehaltlich der Ausnahmen nach Art. 43 Abs. 2 und Art. 44 – **sämtliche** ihm zustehenden **Rechtsbehelfe** nach Art. 45 ff. (→ Art. 39 Rn. 12).

8 **2. Ausnahmen von der Rügeobliegenheit (Abs. 2).** Abs. 2 enthält in Anlehnung an Art. 40 eine Ausnahmeregelung zu der Rügeobliegenheit des Art. 43. Danach bleiben dem Käufer seine Rechte trotz des Verstoßes gegen die Rügeobliegenheit erhalten, wenn der Verkäufer das Recht oder den Anspruch des Dritten und seine Art kennt. Voraussetzung ist also – anders als nach Art. 40 – allein **positive Kenntnis** des Verkäufers insbes. **auch von der Art** des betreffenden Rechts (Herber/Czerwenka Rn. 4; Honsell/Magnus Rn. 18; Schlechtriem/Schwenzer/Schroeter/Schwenzer Rn. 9; Soergel/Willems Rn. 7). Der Verkäufer muss zumindest die Kenntnis haben, die er durch eine hinreichend genaue Anzeige (→ Rn. 3) erlangen würde (MüKoHGB/Benicke Rn. 9; MüKoBGB/Gruber Rn. 18). Diese Kenntnis kann der Verkäufer auch noch jederzeit nach Vertragsschluss erlangen (Schlechtriem/Schwenzer/Schroeter/Schwenzer Rn. 11). Hingegen wird man bei Kenntnis des Verkäufers von dem Rechtsmangel für die Ausnahme von der Rügeobliegenheit nicht verlangen können, dass dieser auch Kenntnis von den konkreten Maßnahmen hat, welche der Dritte bereits gegen den Käufer ergriffen hat (Honsell/Magnus Rn. 18; Staudinger/Magnus, 2018, Rn. 31; Schlechtriem/Schwenzer/Schroeter/Schwenzer Rn. 10; iErg gleich MüKoHGB/Benicke Rn. 10).

### III. Beweislastregeln

Die Beweislast für eine ordnungsgemäße und fristgerechte Absendung der Mängelrüge (Abs. 1) trägt der **Käufer** (Müller in Baumgärtel/Laumen/Prütting Beweislast-HdB II UNKR Rn. 1; MüKoHGB/Benicke Rn. 11; Honsell/Magnus Rn. 20; Schlechtriem/Schwenzer/Schroeter/Schwenzer Rn. 12; Staudinger/Magnus, 2018, Rn. 35). Da Art. 27 ihn von dem Risiko des Verlustes der Anzeige befreit, braucht er deren Zugang beim Verkäufer nicht zu beweisen (Schlechtriem/Schwenzer/Schroeter/Schwenzer Rn. 5; Staudinger/Magnus, 2018, Rn. 22). Die Ausnahmeregelung des Abs. 2 begünstigt den Käufer. Daher hat dieser die Kenntnis des Verkäufers vom Rechtsmangel zu beweisen (Müller in Baumgärtel/Laumen/Prütting Beweislast-HdB II UNKR Rn. 7 f.; MüKoHGB/Benicke Rn. 11; MüKoBGB/Gruber Rn. 23; Schlechtriem/Schwenzer/Schroeter/Schwenzer Rn. 12; Soergel/Willems Rn. 9; aA aber Honsell/Magnus Rn. 21; Staudinger/Magnus, 2018, Rn. 36). 9

## Art. 44 (Entschuldigung für unterlassene Anzeige)

**Ungeachtet des Artikels 39 Absatz 1 und des Artikels 43 Absatz 1 kann der Käufer den Preis nach Artikel 50 herabsetzen oder Schadenersatz, außer für entgangenen Gewinn, verlangen, wenn er eine vernünftige Entschuldigung dafür hat, daß er die erforderliche Anzeige unterlassen hat.**

### Überblick

Bei vernünftiger Entschuldigung können dem Käufer trotz unterbliebener oder unzureichender Mängelanzeige (→ Rn. 3) Ansprüche zustehen. In Betracht kommen Minderung des Kaufpreises oder beschränkter Schadensersatz, sofern die weiteren Voraussetzungen vorliegen (→ Rn. 4). Die Beurteilung der vernünftigen Entschuldigung erfolgt im Rahmen einer Billigkeitsprüfung, bei der die Umstände des Einzelfalls zu berücksichtigen sind (→ Rn. 2). Während der Verkäufer ein Mitverschulden des Käufers geltend machen kann, kommt eine Aufrechnung mit einem entsprechenden eigenen Schadensersatzanspruch grds. nicht in Betracht (→ Rn. 5 f.).

### I. Normzweck

Rügemängel nach Art. 39 Abs. 1 und Art. 43 Abs. 1 führen idR zu einem vollständigen Ausschluss der Gewährleistungsrechte des Käufers (→ Art. 39 Rn. 13; → Art. 43 Rn. 7). Art. 44 mildert diese gravierende Rechtsfolge insoweit ab, als dem Käufer das Recht zur **Minderung** und auf **Schadensersatz** – außer für entgangenen Gewinn – ausnahmsweise erhalten bleibt, wenn er eine **vernünftige Entschuldigung** für die Unterlassung der Mängelrüge hat. Indes vermag der Käufer nach Ablauf der Ausschlussfrist des Art. 39 Abs. 2 einen solchen Entschuldigungsgrund nicht mehr geltend zu machen (Achilles Rn. 1; MüKoBGB/Gruber Rn. 1; Staudinger/Magnus, 2018, Rn. 1, 7; OLG Linz IHR 2008, 28 (30)). Art. 44 beruht auf einem Kompromiss, der die Sorge der Entwicklungsländer berücksichtigt, dass die von den Industriestaaten geforderten strengen Rügeanforderungen nach Art. 38, 39 und 43 vor allem unerfahrene Käufer in diesen Ländern unangemessen hart treffen würden (MüKoHGB/Benicke Rn. 1; MüKoBGB/Gruber Rn. 2; Witz/Salger/Lorenz/Salger Rn. 1. Zur Entstehungsgeschichte eingehend Staudinger/Magnus, 2018, Rn. 2 ff.; Herber/Czerwenka Rn. 1). Ob die Vorschrift **praktische Bedeutung** erlangt, hängt davon ab, inwieweit die Gerichte bereits im Rahmen der „angemessenen" Rügefrist nach Art. 39 Abs. 1 bzw. Art. 43 Abs. 1 die Umstände des Einzelfalles berücksichtigen und so einen unbilligen Verlust des Rechtsbehelfs des Käufers verhindern (vgl. Schlechtriem/Schwenzer/Schroeter/Schwenzer Rn. 3; s. auch MüKoHGB/Benicke Rn. 1). 1

### II. Einzelerläuterungen

**1. Vernünftige Entschuldigung. a) Begriff.** Eine vernünftige Entschuldigung iSd Art. 44 ist nicht gleichzusetzen mit mangelndem Verschulden. Es handelt sich dabei vielmehr um einen **unbestimmten Rechtsbegriff,** der die Berücksichtigung aller Umstände des Einzelfalles erfordert (MüKoHGB/Benicke Rn. 5; Schlechtriem/Schwenzer/Schroeter/Schwenzer Rn. 4 f.; Witz/Salger/Lorenz/Salger Rn. 3; anders MüKoBGB/Gruber Rn. 5 ff., der das Verschulden für ein eigenständiges Merkmal im Rahmen des Art. 44 hält). Voraussetzung ist, dass die Unterlassung der 2

Mängelanzeige einem durchschnittlichen Käufer im redlichen Geschäftsverkehr noch nachgesehen werden kann und die schwere Folge eines vollständigen Gewährleistungsausschlusses deshalb unbillig wäre (BGH NJW 2006, 1343 = IHR 2006, 82; Honsell/Magnus Rn. 5; Staudinger/Magnus, 2018, Rn. 10; Witz/Salger/Lorenz/Salger Rn. 4). Im Rahmen der Billigkeit sind insbes. die schutzwürdigen Interessen beider Parteien (dh die Härte, mit der ein Haftungsausschluss den Verkäufer treffen würde, einerseits und die den Verkäufer infolge des Ausbleibens der Rüge treffenden Nachteile andererseits), der Grad des Obliegenheitsverstoßes des Käufers sowie Art der Ware und des Mangels zu berücksichtigen (Honsell/Magnus Rn. 7; Schlechtriem/Schwenzer/Schroeter/Schwenzer Rn. 5 ff.; vgl. auch Staudinger/Magnus, 2018, Rn. 11; Soergel/Willems Rn. 3 OLG Saarbrücken IHR 2008, 55 (59)). Als Entschuldigungsgründe werden vor allem **subjektive** Umstände wie **Rechtsunkenntnis** (MüKoHGB/Benicke Rn. 7; Herber/Czerwenka Rn. 2; Staudinger/Magnus, 2018, Rn. 14) des Käufers aus einem Land, dessen Rechtsordnung Rügeobliegenheiten nicht vorsieht (Das Erfordernis einer Mängelrüge zum Erhalt der Gewährleistungsrechte fehlt nicht nur im Recht vieler sog. Entwicklungsländer, sondern auch im Common Law, vgl. Rudolph Rn. 1; Staudinger/Magnus, 2018, Rn. 3), geringere **technische Kenntnisse** des Käufers in einem Entwicklungsland, in dem eine Fachberatung nur schwer zugänglich ist, sowie **Krankheit** und **Organisationsschwierigkeiten** bei Privatpersonen anerkannt (Honsell/Magnus Rn. 8; Schlechtriem/Schwenzer/Schroeter/Schwenzer Rn. 9; Kröll in Kröll/Mistelis/Perales Viscasillas CISG Rn. 22; Staudinger/Magnus, 2018, Rn. 13). Voraussetzung ist dabei stets, dass der Käufer mit der ihm subjektiv zumutbaren Sorgfalt gehandelt hat (Staudinger/Magnus, 2018, Rn. 12; vgl. Herber/Czerwenka Rn. 2; großzügiger MüKoHGB/Benicke Rn. 5). Ist der Entschuldigungsgrund nur **vorübergehender** Art, hat der Käufer die Mängelrüge innerhalb der Frist des Art. 39 Abs. 1 bzw. Art. 43 Abs. 1 nachzuholen, sobald dieser wieder wegfällt (Herber/Czerwenka Rn. 3; Honsell/Magnus Rn. 10; Staudinger/Magnus, 2018, Rn. 15). Art. 44 ist als Ausnahmevorschrift **eng** auszulegen (BGH IHR 2006, 82; LG Saarbrücken IHR 2008, 59; Kröll in Kröll/Mistelis/Perales Viscasillas CISG Rn. 6). So kann eine vernünftige Entschuldigung zB dann nicht angenommen werden, wenn der Käufer einen Klebetest unterlassen hat und nach Ablauf der Rügefrist die mangelhafte Klebewirkung geltend macht (OLG Karlsruhe BB 1998, 393). Besteht ein Mangel darin, dass die zwecks Zertifizierung von Gerste als „bio" bereits beim Transport mitzuführenden Begleitpapiere fehlen, kann das Fehlen einer Rüge nicht damit entschuldigt werden, dass die Zertifizierung in der Vergangenheit auch nachträglich (unter Verstoß gegen Kontrollvorschriften) erfolgte (OLG München NJW-RR 2003, 849 (850)).

3 **b) Art des Rügefehlers.** Art. 44 entschuldigt seinem Wortlaut nach die **Unterlassung der Anzeige** von Sachmängeln ebenso wie von Rechtsmängeln, die Vorschrift muss aber erst recht gelten, wenn der Käufer den Mangel zwar anzeigt, die Rüge jedoch **zu spät** oder **zu unspezifiziert** absendet (Honsell/Magnus Rn. 3; Soergel/Willems Rn. 2; Staudinger/Magnus, 2018, Rn. 6; ebenso MüKoHGB/Benicke Rn. 2). Auch wenn der Käufer die fristgerechte **Untersuchung** und deshalb die rechtzeitige Anzeige versäumt hat, ist Art. 44 anwendbar, weil die Vorschrift nicht nach dem Grund für die Unterlassung einer Mängelrüge differenziert (MüKoHGB/Benicke Rn. 2; Staudinger/Magnus, 2018, Rn. 5; Schlechtriem/Schwenzer/Schroeter/Schwenzer Rn. 5a; Ensthaler/Achilles Rn. 2; Witz/Salger/Lorenz/Salger Rn. 4; aA OLG Karlsruhe BB 1998, 393 (395)).

4 **2. Rechtsfolgen.** Art. 44 überwindet den Anspruchsausschluss infolge des Rügeversäumnisses, lässt die Anspruchsvoraussetzungen iÜ aber unberührt (vgl. Staudinger/Magnus, 2018, Rn. 17). Die inhaltlichen Voraussetzungen der fortbestehenden Ansprüche auf Minderung und beschränkten Schadensersatz richten sich somit nach den für sie geltenden Bestimmungen (Art. 50, Art. 45 Abs. 1 lit. b iVm Art. 74 ff.). Kann sich der Käufer mit Erfolg auf eine vernünftige Entschuldigung berufen, bleibt ihm bei einem Sachmangel der Anspruch auf **Minderung** erhalten; hingegen kommt eine Minderung bei Rechtsmängeln, die von Art. 35 nicht erfasst werden, nicht in Betracht, → Art. 50 Rn. 2 (MüKoHGB/Benicke Rn. 11; MüKoBGB/Gruber Rn. 14; Schlechtriem/Schwenzer/Schroeter/Schwenzer Rn. 14; aA Herber/Czerwenka Rn. 4, Art. 50 Rn. 3; Staudinger/Magnus, 2018, Rn. 17, Art. 50 Rn. 10). Zudem kann der Käufer **Schadensersatz** – ohne den Ausgleich für entgangenen Gewinn – verlangen. Der Schadensersatz umfasst somit den **Minderwert** der Ware und etwaige **Mangelfolgeschäden** wie etwa Reparaturkosten, durch vertragswidrige Ware an anderen Rechtsgütern verursachte Schäden sowie sonstige fehlgeschlagene Aufwendungen (Achilles Rn. 4; MüKoHGB/Benicke Rn. 9; MüKoBGB/Gruber Rn. 16–18; Schlechtriem/Schwenzer/Schroeter/Schwenzer Rn. 10; Staudinger/Magnus, 2018, Rn. 17). Der Verkäufer kann diese Rechtsbehelfe nach allgemeinen Grundsätzen durch Ausübung seines Nacherfüllungsrechts iSd Art. 48 abwenden (MüKoBGB/Gruber Rn. 23; Schlechtriem/Schwenzer/

Schroeter/Schwenzer Rn. 15; Staudinger/Magnus, 2018, Rn. 26). Die Ansprüche des Käufers auf Ersatzlieferung (Art. 46 Abs. 2), Nachbesserung (Art. 46 Abs. 3) und Vertragsaufhebung (Art. 49 Abs. 1) bleiben dagegen nach Art. 39 Abs. 1 und Art. 43 Abs. 1 ausgeschlossen (Staudinger/Magnus, 2018, Rn. 25; Witz/Salger/Lorenz/Salger Rn. 9).

**a) Mitverschulden.** Grds. kommt die Möglichkeit des Verkäufers in Betracht, sich gegen seine Inanspruchnahme auf ein Mitverschulden des Käufers gem. **Art. 77** zu berufen. Zwar scheidet ein Mitverschuldenseinwand aus, wenn der Käufer Minderung des Kaufpreises geltend macht. Denn der Minderungsbetrag errechnet sich auf Grund Art. 50 nach vom Verhalten des Käufers unabhängigen Kriterien (vgl. Schlechtriem/Schwenzer/Schroeter/Schwenzer Rn. 14; Staudinger/Magnus, 2018, Rn. 19). In den übrigen Fällen wird dem Verkäufer dagegen ganz überwiegend das Recht zugesprochen, nach Art. 77 die Zahlung des durch das Mitverschulden des Käufers erhöhten Schadens zu verweigern. Dies setzt allerdings voraus, dass im Verhalten des Käufers ein eigenständiges – über das Rügeversäumnis hinausgehendes – Verschulden liegt. Hingegen darf das entschuldigte Verhalten nicht als Mitverschulden angesehen werden (MüKoBGB/Gruber Rn. 20 f.; Honsell/Magnus Rn. 15; Staudinger/Magnus, 2018, Rn. 20; Schlechtriem/Schwenzer/Schroeter/Schwenzer Rn. 13; Witz/Salger/Lorenz/Salger Rn. 11; zu weitgehend daher Ensthaler/Achilles Rn. 4; MüKoHGB/Benicke Rn. 9; Herber/Czerwenka Rn. 4). Ein zu berücksichtigendes Mitverschulden des Käufers ist zB anzunehmen, wenn dieser trotz Kenntnis oder vorwerfbarer Unkenntnis die Ware weiterbenutzt und hierdurch den Schaden vergrößert. 5

**b) Aufrechnung.** Dem Verkäufer steht iÜ kein eigener und gegen die Gewährleistungsansprüche des Käufers aufrechenbarer **Schadensersatzanspruch** zu, wenn er auf Grund der verspäteten oder unterlassenen Anzeige selbst keinen Regress mehr bei seinem Zulieferer nehmen kann. Die Entwurfsfassung des Art. 44 sah zwar eine solche Aufrechnungsmöglichkeit des Verkäufers vor, die aber nicht übernommen wurde (vgl. Herber/Czerwenka Rn. 1; Witz/Salger/Lorenz/Salger Rn. 12). Gegen einen aufrechenbaren Schadensersatzanspruch des Verkäufers wegen unzureichender Mängelrüge des Käufers spricht nämlich vor allem, dass diesen nach Art. 39 Abs. 1, Art. 43 Abs. 1 lediglich eine Rüge**obliegenheit** trifft, deren mangelhafte Erfüllung einen Rechtsverlust, jedoch keine schadensersatzbegründende Pflichtverletzung zu bewirken vermag (Achilles Rn. 5; MüKoHGB/Benicke Rn. 10; Bianca/Bonell/Sono Anm. 3.1; MüKoBGB/Gruber Rn. 22; Schlechtriem/Schwenzer/Schroeter/Schwenzer Rn. 16; Witz/Salger/Lorenz/Salger Rn. 12; Staudinger/Magnus, 2018, Rn. 21). Etwas anderes gilt ausnahmsweise, wenn die Parteien die Untersuchung der Ware und die Mängelanzeige vertraglich als eine eigenständige Pflicht vereinbaren (MüKoHGB/Benicke Rn. 10; MüKoBGB/Gruber Rn. 22). 6

### III. Beweislastregeln

Die Ausnahmevorschrift des Art. 44 begünstigt regelmäßig den **Käufer,** weshalb dieser die Beweislast für das Vorliegen ihrer Voraussetzungen trägt (Müller in Baumgärtel/Laumen/Prütting Beweislast-HdB II UNKR Rn. 2; MüKoHGB/Benicke Rn. 13; MüKoBGB/Gruber Rn. 26; Honsell/Magnus Rn. 20; Witz/Salger/Lorenz/Salger Rn. 13). 7

## Abschnitt III. Rechtsbehelfe des Käufers wegen Vertragsverletzung durch den Verkäufer

### Art. 45 (Rechtsbehelfe des Käufers; keine zusätzliche Frist)

**(1) Erfüllt der Verkäufer eine seiner Pflichten nach dem Vertrag oder diesem Übereinkommen nicht, so kann der Käufer**

**a) die in Artikel 46 bis 52 vorgesehenen Rechte ausüben;**

**b) Schadenersatz nach Artikel 74 bis 77 verlangen.**

**(2) Der Käufer verliert das Recht, Schadenersatz zu verlangen, nicht dadurch, daß er andere Rechtsbehelfe ausübt.**

**(3) Übt der Käufer einen Rechtsbehelf wegen Vertragsverletzung aus, so darf ein Gericht oder Schiedsgericht dem Verkäufer keine zusätzliche Frist gewähren.**

**Schrifttum:** Bach/Sieber, Die Unmöglichkeit der Leistung im CISG, IHR 2006, 59; Bach/Sieber, Die beiderseitig verursachte Unmöglichkeit im CISG, IHR 2006, 97; Bachmann, Die elektive Konkurrenz – Eine systematische Untersuchung der Gläubigerrechte bei Leistungsstörungen im BGB, CISG, in den PECL und im DCFR, 2010; Enderlein, Die Verpflichtung des Verkäufers zur Einhaltung des Lieferzeitraums und die Rechte des Käufers bei dessen Nichteinhaltung nach dem UN-Übereinkommen über den internationalen Warenkauf, IPRax 1991, 313; Fountoulakis, Zurückbehaltungsrecht bei nicht ausgestellter Quittung im UN-Kaufrecht, IHR 2005, 244; Hartmann, Ungeschriebene Zurückbehaltungsrechte im UN-Kaufrecht, IHR 2006, 181; Herber, Zum Verhältnis von UN-Kaufrechtsübereinkommen und deliktischer Haftung, FS Schlechtriem, 2003, 207; Herber, UN-Kaufrechtsübereinkommen: Produkthaftung – Verjährung, MDR 1993, 105; U. Huber, Die Rechtsbehelfe der Parteien, insbesondere der Erfüllungsanspruch, die Vertragsaufhebung und ihre Folgen nach UN-Kaufrecht im Vergleich zu EKG und BGB, in Schlechtriem (Hrsg.), Einheitliches Kaufrecht und nationales Obligationenrecht, 1987, 199; Huwiler, Die «Vertragsmäßigkeit der Ware»; Romanistische Gedanken zu Art. 35 und 45 ff. des Wiener Kaufrechts, in Bucher (Hrsg.), Wiener Kaufrecht, 1991, 249; Kappus, Rechtsvergleichende Aspekte zur Vertragsaufhebung wegen Sachmangels nach UN-Kaufrecht, RIW 1992, 528; Koller, Die Verjährung von Ansprüchen des Käufers aus der Lieferung nicht vertragskonformer Ware im Spannungsfeld zwischen UN-Kaufrecht (CISG) und nationalem Partikularrecht, recht 2003, 41; Leser, Vertragsaufhebung und Rückabwicklung unter dem UN-Kaufrecht, in Schlechtriem (Hrsg.), Einheitliches Kaufrecht und nationales Obligationenrecht, 1987, 225; Magnus, UN-Kaufrecht und neues Verjährungsrecht des BGB – Wechselwirkungen und Praxisfolgen, RIW 2002, 577; Magnus, Der Stand der internationalen Überlegungen: Die Verbrauchsgüterkaufrichtlinie und das UN-Kaufrecht, in Grundmann/Medicus/Rolland (Hrsg.), Europäisches Kaufgewährleistungsrecht, 2000, § 6, 79; Maier-Lohmann, Neuausrichtung der Selbstvornahme und des Art. 48 Abs. 1 CISG, IHR 2018, 225; Regula/Kannowski, Nochmals: UN-Kaufrecht oder BGB?, IHR 2004, 45; Sauthoff, Die Annäherung der Schadenersatzhaftung für Lieferung mangelhafter Ware an das UN-Kaufrecht, 2007; Schillo, UN-Kaufrecht oder BGB? – Die Qual der Wahl beim internationalen Warenkaufvertrag, IHR 2003, 257; Schlechtriem, Die Pflichten des Verkäufers und die Folgen ihrer Verletzung, insbesondere bezüglich der Beschaffenheit der Ware, in Bucher (Hrsg.), Wiener Kaufrecht, 1991, 103; Schlechtriem, International Einheitliches Kaufrecht und neues Schuldrecht, in Dauner-Lieb/Konzen/K. Schmidt (Hrsg.), Das neue Schuldrecht in der Praxis, 2003, 71; Schönknecht, Die Selbstvornahme im Kaufrecht – Eine Untersuchung der voreiligen Mängelbeseitigung durch den Käufer unter Berücksichtigung der Parallelproblematik im UN-Kaufrecht, 2007; Stoll, Inhalt und Grenzen der Schadenersatzpflicht sowie Befreiung von der Haftung im UN-Kaufrecht im Vergleich zu EKG und BGB, in Schlechtriem (Hrsg.), Einheitliches Kaufrecht und nationales Obligationenrecht, 1987, 257; Thum, Lückenfüllung im CISG, RIW 2014, 487; Weber, Schadenersatz, Rückabwicklung, vertragliche Gestaltungsmöglichkeiten, in Bucher (Hrsg.), Wiener Kaufrecht, 1991, 165; Wolf, Die Rechtsmängelhaftung nach dem Uniform Commercial Code und dem UN-Kaufrecht, 1990.

## Überblick

Bei Nichterfüllung stehen dem Käufer die Rechtsbehelfe des Art. 45 Abs. 1 offen (→ Rn. 2 ff.). Eine Kombination ist möglich (Abs. 2; → Rn. 8). Die Verjährung bestimmt sich nach dem nach IPR berufenen nationalen Recht (→ Rn. 10 ff.).

## I. Normzweck

1 Die Rechte des Käufers wegen Vertragsverletzung durch den Verkäufer sind in Art. 45–52 geregelt. Als grundlegende Norm zeigt Art. 45 zunächst im Überblick die Möglichkeit des Käufers auf, die ihm bei einer Vertragsverletzung des Verkäufers zustehenden **Behelfe** miteinander zu **kombinieren.** Die Norm bildet damit das Gegenstück zu Art. 61 über die Rechte des Verkäufers bei einer Vertragsverletzung des Käufers. Art. 45 nennt die Behelfe des Käufers für den Fall der Nichterfüllung, nämlich die Rechte aus Art. 46–52 (Abs. 1 lit. a) und Schadensersatz nach Art. 74–77 (Abs. 1 lit. b). Dem Käufer stehen damit der **Erfüllungsanspruch** (Art. 46) sowie das Recht zur **Vertragsaufhebung** (Art. 49) und zur **Minderung** (Art. 50) sowie schließlich der **Schadensersatzanspruch** (Art. 45 Abs. 1 lit. b) zu. Dabei können diese Behelfe miteinander kombiniert werden (Abs. 2). Schließlich ist ausdrücklich geregelt, dass bei der Ausübung eines Behelfs nach dem Übereinkommen eine richterliche Fristverlängerung nicht in Betracht kommt (Abs. 3). Die in Art. 45 Abs. 1 genannten Rechtsbehelfe sind abschließend, sodass Ansprüche nach Bestimmungen des nationalen Vertrags- oder Sachmängelrechts ausgeschlossen sind (MüKoBGB/P. Huber Rn. 18; MüKoHGB/Benicke Rn. 3; Schlechtriem/Schwenzer/Schroeter/Müller-Chen Rn. 30 ff.). Sie sind aber nach Art. 6 disponibel (LG Darmstadt IHR 2001, 27 (28); Schlechtriem/Schwenzer/Schroeter/Müller-Chen Rn. 36; Staudinger/Magnus, 2018, Rn. 45; aber auch → Art. 49 Rn. 1). Eine Gültigkeitskontrolle erfolgt gem. Art. 4 S. 2 lit. a nach Maßgabe des nach den Vorschriften des IPR anwendbaren nationalen Rechts (OGH IHR 2001, 42 (43) zum Ausschluss des Zurückbehaltungsrechts; MüKoBGB/P. Huber Rn. 20; Staudinger/Magnus, 2018,

Rn. 45). Nationale Vorschriften können dabei nur dann als unzulässig angesehen werden, wenn sie den Grundwertungen des UN-Kaufrechts widersprechen. Eine solche Grundwertung ist etwa das der vertragstreuen Partei als ultima ratio zustehende Recht der Vertragsaufhebung (OGH IHR 2001, 42 (43); Staudinger/Magnus, 2018, Rn. 46 f.).

## II. Einzelerläuterungen

**1. Behelfe bei Vertragsverletzung des Verkäufers (Abs. 1). a) Pflichtverletzung.** Voraussetzung für die Geltendmachung von Rechtsbehelfen des Käufers ist eine Vertragsverletzung des Verkäufers oder eine Verletzung seiner Pflichten aus dem Übereinkommen. Dabei kommt **jede Form der Nichterfüllung** in Betracht, ohne dass zwischen Haupt- und Nebenpflichten zu unterscheiden ist. Zu denken ist zunächst an die Verletzung der Pflicht zur Lieferung vertragsgemäßer Ware, zur Übergabe der Dokumente und zur Übertragung des Eigentums (Art. 30). Eine Unterscheidung zwischen Qualitäts- und Quantitätsmängeln erfolgt nicht. Auch Rechtsmängel sind eine Form der Nichterfüllung, für die das CISG zwar im Wesentlichen dieselben Rechtsbehelfe wie für Sachmängel vorsieht, aber diesen nicht völlig gleichstellt (zB → Art. 50 Rn. 2 für die Minderung) (Schlechtriem in Bucher, Wiener Kaufrecht, 1991, 103, 132). Darüber hinaus ist die Verletzung sämtlicher Schutz-, Aufklärungs- und Warnpflichten erfasst (OLG Koblenz IHR 2012, 148 (154); Honsell/Schnyder/Straub Rn. 18; Schlechtriem/Schwenzer/Schroeter/Müller-Chen Rn. 3) bis hin zu den Pflichten des Verkäufers im Zusammenhang mit der Erhaltung der Ware bei Annahmeverzug des Käufers (Art. 85, 88). Als Nichterfüllung kommt damit sämtliches Verhalten des Verkäufers in Betracht, das nicht dem Vertragsprogramm entspricht, ohne dass es auf ein Verschulden des Verkäufers ankommt. 2

**b) Rechte aus Art. 46–52 (Abs. 1 lit. a).** Bei einer Vertragsverletzung des Verkäufers ist der Käufer zum einen zur Ausübung der Rechte aus Art. 46–52 berechtigt. Es handelt sich dabei um die Ansprüche auf Erfüllung, Vertragsaufhebung und Minderung, wobei dem Käufer grds. ein **Wahlrecht** zusteht. 3

**aa) Erfüllungsanspruch.** Der Erfüllungsanspruch ist in **Art. 46** geregelt und umfasst auch den Anspruch auf **Ersatzlieferung** und **Nachbesserung.** Flankiert wird dieser durch das Recht zur Nachfristsetzung aus **Art. 47** mit der Folge, dass während des Laufs der Frist keine Rechtsbehelfe wegen Vertragsverletzung ausgeübt werden können. **Art. 48** räumt dem Verkäufer ein Recht zur Nacherfüllung, also zur Behebung von Mängeln ein. 4

**bb) Vertragsaufhebung.** Anders als der Erfüllungsanspruch, welchen der Käufer stets geltend machen kann, besteht das Recht zur Vertragsaufhebung nach **Art. 49** nur unter besonderen Voraussetzungen. Es ist entweder bei wesentlicher Vertragsverletzung iSv Art. 25 (Art. 49 Abs. 1 lit. a) oder nach fruchtlosem Ablauf einer Nachfrist (Art. 49 Abs. 1 lit. b) gegeben, wobei der Käufer unter bestimmten Voraussetzungen sein Recht zur Vertragsaufhebung verliert (Art. 49 Abs. 2). 5

**cc) Minderung.** Bei Lieferung nicht vertragsgemäßer Ware besteht schließlich das Recht zur Minderung **(Art. 50).** 6

**dd) Sonstige Rechte.** Weiterhin trifft das Übereinkommen Bestimmungen über die teilweise Nichterfüllung **(Art. 51)** sowie über die vorzeitige Lieferung und die Zuviellieferung **(Art. 52).** Wird keine vertragsgemäße Ware zur Verfügung gestellt, besteht daneben regelmäßig auch die Möglichkeit zur Geltendmachung der Einrede des nichterfüllten Vertrages. Denn in diesem Fall ist die vom Käufer mangels besonderer Vereinbarung über die Fälligkeit Zug-um-Zug gegen Lieferung der Ware zu erfüllende Kaufpreiszahlungspflicht nach Art. 58 nicht fällig (Honsell/Schnyder/Straub Rn. 51; Schlechtriem/Schwenzer/Schroeter/Müller-Chen Rn. 22; Schlechtriem in Bucher, Wiener Kaufrecht, 1991, 103, 109). Hinzuweisen ist ferner auf die Rechte des Käufers aus **Art. 71–73** wegen künftiger Vertragsverletzungen bzw. beim Sukzessivlieferungsvertrag, den Zinsanspruch des **Art. 78** sowie die Ansprüche aus **Art. 86–88** im Zusammenhang mit der Erhaltung der Ware. 7

**c) Schadensersatzanspruch (Abs. 1 lit. b, Abs. 2).** Daneben besteht bei jeder Vertragsverletzung (MüKoHGB/Mankowski Art. 74 Rn. 5; Stoll in Schlechtriem, Einheitliches Kaufrecht und nationales Obligationenrecht, 1987, 257) die Möglichkeit zur Geltendmachung von Schadensersatz. Anders als nach § 281 BGB kann dieser nach CISG sofort verlangt und muss dem Verkäufer nicht erst die Möglichkeit zur Nacherfüllung geben werden (BGHZ 202, 258 = NJW 2015, 8

867 = IHR 2015, 8 Rn. 45). Für die Erfüllung seiner Vertragspflichten trifft den Verkäufer nach dem Übereinkommen eine vom Verschulden unabhängige **Garantiehaftung** (BGH RIW 1999, 617; Honsell/Schnyder/Straub Rn. 23; MüKoBGB/P. Huber Rn. 14; Schlechtriem/Schwenzer/Schroeter/Müller-Chen Rn. 23; Staudinger/Magnus, 2018, Rn. 18), soweit sich nicht Befreiungen aus Art. 79 und 80 ergeben. Grundlegende Bestimmungen über die Bemessung des Schadensersatzes treffen Art. 74–77. Der Käufer ist dabei etwa auch berechtigt, die Kosten für eine von ihm selbst veranlasste Beseitigung von Mängeln der Ware geltend zu machen (Schönknecht, Die Selbstvornahme im Kaufrecht – Eine Untersuchung der voreiligen Mängelbeseitigung durch den Käufer unter Berücksichtigung der Parallelproblematik im UN-Kaufrecht, 2007, 118 ff.). Dass die Ausübung anderer Rechtsbehelfe nicht das Recht auf Schadensersatz ausschließt, wird in **Abs. 2** ausdrücklich bestimmt. Nach dem Übereinkommen ist also eine **Kombination** aller Behelfe mit dem Schadensersatzanspruch möglich (Schlechtriem/Schwenzer/Schroeter/Müller-Chen Rn. 25; vgl. zur Konkurrenz des Schadensersatzanspruchs auch Honsell/Schnyder/Straub Rn. 78–85; Soergel/Willems Rn. 7). Neben Schadensersatz können Erfüllung und Minderung ebenso geltend gemacht werden wie die Vertragsaufhebung. Der Umfang des Schadensersatzanspruchs hängt dann von dem jeweils daneben geltend gemachten Rechtsbehelf ab (OLG Schleswig IHR 2003, 20 (21); UNCITRAL Digest Anm. 10). Schadensersatzansprüche nach nationalem Recht werden von Art. 45 Abs. 1 lit. b ausgeschlossen, soweit keine gegenteilige Vereinbarung besteht (OGH IHR 2001, 39 (40)).

9 **2. Bestimmtheit der Fristen (Abs. 3).** Abs. 3 unterstreicht, dass die Fristen im CISG abschließend geregelt sind. Daneben kommt **keine richterliche Fristgewährung** in Betracht.

10 **3. Verjährung.** Das **CISG** enthält **keine Regelung** über die Verjährung. Das UN-Übereinkommen von 1974 über die Verjährung beim internationalen Warenkauf (Übereinkommen vom 14.6.1974, abgedruckt und kommentiert bei Schlechtriem/Schwenzer/Schroeter/Müller-Chen S. 1221 ff.) hat Deutschland nicht ratifiziert; das von der ehemaligen DDR ratifizierte Übereinkommen ist mit Wirkung zum 3.10.1990 in den neuen Bundesländern außer Kraft getreten (vgl. auch Schlechtriem/Schwenzer/Schroeter/Schroeter CISGG Art. 3 Rn. 1). Die Verjährung bestimmt sich also nach dem auf Grund IPR berufenen nationalen Recht (Thum RIW 2014, 487 (488)); nach deutschem Recht sind §§ 194 ff., 438 BGB sowie § 445b BGB (MüKoBGB/P. Huber CISGG Art. 3 Rn. 3; Schlechtriem/Schwenzer/Schroeter/Schroeter CISGG Art. 3 Rn. 3; Soergel/Willems Rn. 10; Magnus RIW 2002, 577 (583)) maßgeblich.

11 Eine Sonderregelung für Ansprüche des Käufers wegen Vertragswidrigkeit der Ware trifft der durch das SchuldRModG geänderte Art. 3 **CISGG** (Art. 3 Gesetzes zu dem Übereinkommen der Vereinten Nationen vom 11.4.1980 über Verträge über den internationalen Warenkauf sowie zur Änderung des Gesetzes zu dem Übereinkommen vom 19.5.1956 über den Beförderungsvertrag im internationalen Straßengüterverkehr (CMR) – CISGG – vom 5.7.1989, BGBl. II 586, lautet auf Grund der Änderung durch das SchuldRModG v. 26.11.2001, BGBl. I 3138 (3186) nun wie folgt: „Auf die Verjährung der dem Käufer nach Artikel 45 des Übereinkommens von 1980 zustehenden Ansprüche wegen Vertragswidrigkeit der Ware ist § 438 Abs. 3 des Bürgerlichen Gesetzbuchs auch anzuwenden, wenn die Vertragswidrigkeit auf Tatsachen beruht, die der Verkäufer kannte oder über die er nicht in Unkenntnis sein konnte und die er dem Käufer nicht offenbart hat."), welches die Grundlage für die Umsetzung des CISG in deutsches nationales Recht bildet. Art. 3 CISGG findet auf einen Kaufvertrag Anwendung, soweit dieser dem CISG unterliegt und das IPR (Art. 3, 4 Rom I-VO) bezüglich der Verjährung auf deutsches Recht verweist.

12 Art. 3 CISGG betrifft die Verjährung der Ansprüche des Käufers wegen Vertragswidrigkeit der Ware, die sich im deutschen Recht nach **§ 438 Abs. 1 Nr. 1, 2 lit. b, 3 oder Abs. 3 BGB iVm §§ 195, 199 BGB** beurteilt (→ Art. 4 Rn. 32) (Schlechtriem/Schwenzer/Schroeter/Schroeter CISGG Art. 3 Rn. 4; Schlechtriem/Schroeter IntUN-KaufR Rn. 202; Magnus RIW 2002, 577 (580); Stadie/Nietzers MDR 2002, 428 (431, 433)). Die Geltung dieser Vorschriften setzt Art. 3 CISGG voraus (Schlechtriem/Schwenzer/Schroeter/Schroeter CISGG Art. 3 Rn. 4). In der Regel gilt die Verjährungsfrist von **zwei Jahren** nach § 438 Abs. 1 Nr. 3 BGB (Schlechtriem/Schroeter IntUN-KaufR Rn. 202; Magnus RIW 2002, 577 (580)). Bezüglich **§ 438 Abs. 3 BGB** stellt Art. 3 CISGG klar, dass die Regelung **nicht nur bei Arglist** des Verkäufers, sondern auch dann Anwendung findet, wenn die Vertragswidrigkeit auf Tatsachen beruht, die der Verkäufer kannte oder über die er nicht in Unkenntnis sein konnte und die er dem Käufer nicht angezeigt hat (Stadie/Nietzer MDR 2002, 428 (433)). Nach überwM ist mit der Formulierung „über die er nicht in Unkenntnis sein konnte" grobe Fahrlässigkeit gemeint (MüKoBGB/P. Huber CISGG Art. 3 Rn. 5). Für die Ausübung der Gestaltungsrechte **Vertragsaufhebung** und **Minderung** gilt die Zweijahresfrist über § 438 Abs. 4 S. 1 und Abs. 5 BGB iVm § 218 BGB (MüKoBGB/P.

Huber CISGG Art. 3 Rn. 4; Magnus RIW 2002, 577 (580)). Die Verjährung beginnt gem. § 438 Abs. 2 BGB mit der Ablieferung der Sache. Zu beachten sind die Übergangsregelungen des Art. 229 §§ 5 und 6 EGBGB (OLG Zweibrücken IHR 2002, 67 (69); MüKoBGB/P. Huber CISGG Art. 3 Rn. 7; P. Huber/Kröll IPRax 2003, 309 (316)).

Art. 3 CISGG setzt die Vertragswidrigkeit der Ware voraus und findet deshalb keine Anwendung auf Ansprüche wegen **Rechtsmängeln** (MüKoBGB/P. Huber CISGG Art. 3 Rn. 5; Magnus RIW 2002, 577 (580); aA Schlechtriem/Schwenzer/Schroeter/Schroeter CISGG Art. 3 Rn. 6). Dafür spricht zum einen, dass Art. 3 CISGG mit dem Begriff der Vertragswidrigkeit die Terminologie des CISG übernimmt (aA Schlechtriem/Schwenzer/Schroeter/Schroeter CISGG Art. 3 Rn. 6). Auch wird in Art. 3 CISGG, der den Arglistbegriff des BGB in Einklang mit dem CISG bringen soll (MüKoBGB/P. Huber CISGG Art. 3 Rn. 1; Magnus RIW 2002, 577 (581)), die Formulierung des Art. 40 verwendet, der nur auf Sachmängel anwendbar ist (MüKoBGB/P. Huber CISGG Art. 3 Rn. 5). Ansprüche wegen Rechtsmängeln verjähren folglich nach § 438 BGB, ohne dass § 438 Abs. 3 BGB durch Art. 3 CISGG modifiziert wird. Nimmt man allerdings wie hier an, dass der Arglistbegriff des BGB in Gleichklang mit dem CISG gebracht werden soll, muss konsequenterweise die regelmäßige Verjährung nach § 438 Abs. 3 BGB bei Ansprüchen wegen Rechtmängeln mit Blick auf Art. 43 Abs. 2 bereits dann gelten, wenn der Verkäufer den Rechtsmangel kannte (Magnus RIW 2002, 577 (582); aA MüKoBGB/P. Huber CISGG Art. 3 Rn. 5; Schlechtriem/Schwenzer/Schroeter/Schroeter CISGG Art. 3 Rn. 6 Fn. 17). **13**

Gemäß § 438 Abs. 1 Nr. 1 lit. a BGB verjähren Ansprüche wegen Mängeln in dreißig Jahren, wenn der Mangel in einem **dinglichen Recht eines Dritten** besteht, auf Grund dessen die Herausgabe der Kaufsache erlangt werden kann. Da durch diese Vorschrift ein Gleichlauf mit § 197 Abs. 1 Nr. 1 BGB geschaffen werden sollte (BT-Drs. 14/6040, 227; Lorenz/Riehm SchuldR Rn. 571), wird für den Fall, dass der dingliche Herausgabeanspruch nach ausländischem Recht innerhalb einer kürzeren Frist verjährt, eine teleologische Reduktion des § 438 Abs. 1 Nr. 1 lit. a BGB vorgeschlagen (Magnus RIW 2002, 577 (582)). Dagegen lässt sich jedoch einwenden, dass auch im deutschen Recht – weil die Verjährungsfristen des § 197 Abs. 1 Nr. 1 BGB und des § 438 Abs. 1 Nr. 1 lit. a BGB zu unterschiedlichen Zeitpunkten beginnen (vgl. § 200 BGB und § 438 Abs. 2 BGB) – ein Gleichlauf der Fristen nicht gewährleistet ist und die Frist nach § 197 Abs. 1 Nr. 1 BGB vor der des § 438 Abs. 1 Nr. 1 lit. a BGB ablaufen kann (→ BGB § 438 Rn. 12). Bei einer teleologischen Reduktion des § 438 Abs. 1 Nr. 1 lit. a BGB besteht zudem die Gefahr einer Regressfalle für den Käufer, wenn dieser die Sache kurz vor Ablauf der Verjährungsfrist an den Käufer herausgibt (→ BGB § 438 Rn. 12) (Schlechtriem/Schwenzer/Schroeter/Schroeter CISGG Art. 3 Rn. 6 Fn. 18). § 438 Abs. 1 Nr. 1 lit. a BGB findet allerdings auf Grund seines Wortlauts und seines Zwecks keine Anwendung, wenn der dingliche Herausgabeanspruch schon im Zeitpunkt der Ablieferung der Sache verjährt ist, zum deutschen Recht → BGB § 438 Rn. 13 (mit ähnlicher Tendenz Schlechtriem/Schwenzer/Schroeter/Schroeter CISGG Art. 3 Rn. 6 Fn. 18). Auch gilt § 438 Abs. 1 Nr. 1 lit. a BGB nur für bestehende dingliche Herausgabeansprüche, nicht aber für bloß behauptete (Schlechtriem/Schwenzer/Schroeter/Schroeter CISGG Art. 3 Rn. 6; aA Magnus RIW 2002, 577, 582). **14**

## III. Beweislastregeln

In Bezug auf den Anspruch auf Schadensersatz nach Art. 45 Abs. 1 lit. b hat der Käufer sowohl die Vertragsverletzung des Verkäufers als auch den ihm dadurch entstandenen Schaden zu beweisen (→ Art. 74 Rn. 18). Liegen für den Verkäufer entlastende Umstände nach Art. 79 oder Art. 80 vor, sind diese vom Verkäufer zu beweisen, auch → Art. 79 Rn. 17; → Art. 80 Rn. 5 (UNCITRAL Digest Anm. 14). **15**

## Art. 46 (Recht des Käufers auf Erfüllung oder Nacherfüllung)

**(1) Der Käufer kann vom Verkäufer Erfüllung seiner Pflichten verlangen, es sei denn, daß der Käufer einen Rechtsbehelf ausgeübt hat, der mit diesem Verlangen unvereinbar ist.**

**(2) Ist die Ware nicht vertragsgemäß, so kann der Käufer Ersatzlieferung nur verlangen, wenn die Vertragswidrigkeit eine wesentliche Vertragsverletzung darstellt und die Ersatzlieferung entweder zusammen mit einer Anzeige nach Artikel 39 oder innerhalb einer angemessenen Frist danach verlangt wird.**

**(3)[1]Ist die Ware nicht vertragsgemäß, so kann der Käufer den Verkäufer auffordern, die Vertragswidrigkeit durch Nachbesserung zu beheben, es sei denn, daß dies unter Berücksichtigung aller Umstände unzumutbar ist. [2]Nachbesserung muß entweder zusammen mit einer Anzeige nach Artikel 39 oder innerhalb einer angemessenen Frist danach verlangt werden.**

**Schrifttum:** Graffi, Divergences in the Interpretation of the CISG: The Concept of "Fundamental Breach", in Ferrari (Hrsg.), The 1980 Uniform Sales Law. Old Issues Revisited in the Light of Recent Experiences. Verona Conference 2003, 2003, 305; Holthausen, Die wesentliche Vertragsverletzung nach Art. 25 UN-Kaufrecht, RIW 1990, 101; Karollus, UN-Kaufrecht: Vertragsaufhebung und Nacherfüllungsrecht bei Lieferung mangelhafter Ware, ZIP 1993, 490; Krebs, Die Rückabwicklung im UN-Kaufrecht, 2000, Lurger, Die wesentliche Vertragsverletzung nach Art. 25 CISG, IHR 2001, 91; Petrikic, Das Nacherfüllungsrecht im UN-Kaufrecht: Grundprobleme der Leistungsstörungen, 1999; Piltz, Wesentliche Vertragsverletzung im UN-Kaufrecht, Anwaltspraxis 1997, 425; Schlechtriem, International Einheitliches Kaufrecht und neues Schuldrecht, in Dauner-Lieb/Konzen/K. Schmidt (Hrsg.), Das neue Schuldrecht in der Praxis, 2003, 71; Schulz, Der Ersatzlieferungs- und Nachbesserungsanspruch des Käufers im internen deutschen Recht, im UCC und im CISG. Eine rechtsvergleichende Untersuchung der Schuldrechtskommission, der EG-Richtlinie 1999/44/EG und des Diskussionsentwurfs eines Schuldrechtsmodernisierungsgesetzes, 2002; Vahle, Der Erfüllungsanspruch des Käufers nach UN-Kaufrecht im Vergleich mit dem deutschen Kaufrecht, ZVglRWiss 1999, 54. Vgl. auch Angaben bei Art. 45.

## Überblick

Art. 46 konkretisiert die Ansprüche des Käufers auf Erfüllung oder Nacherfüllung. Grundsätzlich hat er einen Anspruch auf vertragsgemäße Erfüllung (Abs. 1; → Rn. 2). Dies gilt aber nicht, wenn der Käufer bereits einen Rechtsbehelf geltend gemacht hat, der mit dem Erfüllungsverlangen nicht vereinbar ist, zB die Erklärung der Vertragsaufhebung (→ Rn. 3).

Erfolgt die Lieferung, ist diese aber mangelhaft, kann der Käufer zum einen Ersatzlieferung verlangen, sofern dies fristgemäß geltend gemacht wird und eine wesentliche Vertragsverletzung vorliegt (Abs. 2; → Rn. 4 ff.). Zum anderen hat er bei nicht vertragsgemäßer Lieferung einen Anspruch auf Nachbesserung (Abs. 3). Dies setzt wiederum fristgemäße Geltendmachung des Nacherfüllungsbegehrens und deren Zumutbarkeit voraus (→ Rn. 11 ff.).

## I. Normzweck

1 Grds. steht dem Käufer auch neben anderen Behelfen der **Erfüllungsanspruch** zu (Abs. 1). Dieser umfasst bei der Lieferung nicht vertragsgemäßer Ware den Anspruch auf **Ersatzlieferung** beim Gattungskauf (Abs. 2) (Brunner/Akikol/Bürki Rn. 20; MüKoBGB/P. Huber Rn. 38; MüKoHGB/Benicke Rn. 17; Staudinger/Magnus, 2018, Rn. 33 f. – Schlechtriem/Schwenzer/Schroeter/Müller-Chen Rn. 18 lassen den Anspruch auf Ersatzlieferung in Anlehnung an das deutsche Recht auch beim Spezieskauf zu, wenn es sich um eine Sache handelt, die einer vertretbaren Sache wirtschaftlich entspricht und das Leistungsinteresse des Käufers zufrieden stellt) und auch den Anspruch auf **Nachbesserung** (Abs. 3). Die Ansprüche auf Ersatzlieferung und Nachbesserung sind abdingbar, soweit dem Käufer für den Fall der wesentlichen Vertragsverletzung das Recht zur Vertragsaufhebung bleibt (MüKoBGB/P. Huber Rn. 69; Schlechtriem/Schwenzer/Schroeter/Müller-Chen Rn. 48).

## II. Einzelerläuterungen

2 **1. Erfüllung (Abs. 1). a) Vorrang des Erfüllungsanspruchs.** Abs. 1 stellt klar, dass der Anspruch des Käufers vorrangig auf Erfüllung **in natura** gerichtet ist (Honsell/Schnyder/Straub Rn. 1). Kommt der Verkäufer seinen Pflichten nicht nach, kann der Käufer vorbehaltlich Art. 28 in eindeutiger Weise (UNCITRAL Digest Anm. 6) die vertragsgemäße Erfüllung einfordern. Dies gilt für die Einhaltung von Haupt- und Nebenpflichten gleichermaßen. Der Verkäufer ist insbes. zur rechtzeitigen Lieferung vertragsgemäßer Ware, zur Übergabe der Dokumente und zur Übertragung des Eigentums verpflichtet (Art. 30–34). Der Erfüllungsanspruch besteht auch im Fall der unvollständigen Lieferung, Art. 51 (Honsell/Schnyder/Straub Rn. 15–17; Schlechtriem/U. Huber, 3. Aufl. 2000, Rn. 9). Bei entgegenstehenden Rechten oder Ansprüchen Dritter ist der Erfüllungsanspruch auf deren Beseitigung (→ Rn. 5) bzw. beim Gattungskauf auf Ersatzlieferung rechtsmangelfreier Ware gerichtet (MüKoBGB/P. Huber Rn. 21).

**b) Unvereinbarer Behelf.** Die Geltendmachung des Erfüllungsanspruchs steht allein unter der Einschränkung, dass der Käufer keinen hiermit unvereinbaren Rechtsbehelf ausgeübt hat. Der Erfüllungsanspruch ist deshalb nach Art. 81 Abs. 1 ausgeschlossen, soweit der Käufer zu Recht (Honsell/Schnyder/Straub Rn. 25a; MüKoBGB/P. Huber Rn. 14; Staudinger/Magnus, 2018, Rn. 20) die **Vertragsaufhebung** erklärt hat oder der Verkäufer nach Art. 79 wegen eines außerhalb seines Einflussbereichs liegenden Hinderungsgrundes von seiner Verpflichtung befreit ist (Schlechtriem/Schwenzer/Schroeter/Müller-Chen Rn. 9–13; Staudinger/Magnus, 2018, Rn. 25; Neumayer RIW 1994, 99 (107); aA Herber/Czerwenka Rn. 4, Art. 79 Rn. 23; Honsell/Schnyder/Straub Rn. 27; MüKoHGB/Benicke Rn. 12. Für eine mittelbare Anwendung des Art. 79 MüKoBGB/P. Huber Rn. 17; s. auch Brunner/Akikol/Bürki Rn. 14). Dies gilt auch unabhängig von der Entlastungsmöglichkeit des Art. 79 in den Fällen dauernder objektiver Unmöglichkeit (so, wenn auch mit unterschiedlicher Begr., UNCITRAL Digest Anm. 8; Brunner/Akikol/Bürki Rn. 14: Anwendung des Art. 7.2.2 UNIDROIT Prinzipien; Herber/Czerwenka Rn. 4: Anwendung nationalen Rechts über Art. 28; Honsell/Schnyder/Straub Rn. 30; MüKoBGB/P. Huber Rn. 18: mittelbare Anwendung des Art. 79; MüKoHGB/Benicke Rn. 9; Staudinger/Magnus, 2018, Rn. 26; Karollus UN-KaufR S. 141. MüKoBGB/P. Huber Rn. 19; Schlechtriem/Schwenzer/Schroeter/Müller-Chen Rn. 12 bejahen dies auch für vorübergehende Unmöglichkeit für die Dauer ihres Vorliegens; s. dazu auch Honsell/Schnyder/Straub Rn. 30), nicht aber in den Fällen subjektiver Unmöglichkeit (Schlechtriem/Schwenzer/Schroeter/Müller-Chen Rn. 12; Staudinger/Magnus, 2018, Rn. 27; iErg ebenso Brunner/Akikol/Bürki Rn. 14; diff. Honsell/Schnyder/Straub Rn. 31. Auch nach MüKoHGB/Benicke Rn. 10 bleibt der Erfüllungsanspruch bei subjektiver Unmöglichkeit grds. bestehen, es sei denn, dass seine Geltendmachung rechtsmissbräuchlich ist; ähnlich Honsell/Schnyder/Straub Rn. 31; Karollus UN-KaufR S. 141; aA Herber/Czerwenka Rn. 4: Anwendung nationalen Rechts über Art. 28; MüKoHGB/Mankowski Art. 79 Rn. 10). Die zu Recht erklärte **Minderung** (Sekretariatskommentar O. R. Anm. 7; UNCITRAL Digest Anm. 9; Brunner/Akikol/Bürki Rn. 10; Honsell/Schnyder/Straub Rn. 26; MüKoBGB/P. Huber Rn. 13; MüKoHGB/Benicke Rn. 5; Schlechtriem/Schwenzer/Schroeter/Müller-Chen Rn. 7; Staudinger/Magnus, 2018, Rn. 19. Nach Schlechtriem/U. Huber, 3. Aufl. 2000, Rn. 10 hat allerdings die einseitige Minderungserklärung des Käufers noch keine bindende, den Erfüllungsanspruch endgültig ausschließende Wirkung. Der Käufer ist aber an die einmal erklärte Minderung gebunden. Auch → Art. 50 Rn. 3) und das Verlangen nach **Schadensersatz wegen Nichterfüllung** (Brunner/Akikol/Bürki Rn. 10; Honsell/Schnyder/Straub Rn. 26; MüKoBGB/P. Huber Rn. 13; MüKoHGB/Benicke Rn. 6; Schlechtriem/Schwenzer/Schroeter/Müller-Chen Rn. 7; Staudinger/Magnus, 2018, Rn. 19; Witz/Salger/Lorenz/Salger Rn. 4; aA Schlechtriem/U. Huber, 3. Aufl. 2000, Rn. 10, die dem bloßen einseitigen Verlangen des Käufers nach Schadensersatz wegen Nichterfüllung noch keine den Erfüllungsanspruch ausschließende Bindungswirkung zumessen, sondern auf ein Einverständnis des Verkäufers abstellen) sind ebenfalls mit der Geltendmachung des Erfüllungsanspruchs unvereinbare Rechtsbehelfe. 3

**2. Ersatzlieferung (Abs. 2).** Bei **Lieferung vertragswidriger Ware,** also nach der Übernahme des Käufers gem. Art. 60 lit. b (Honsell/Schnyder/Straub Rn. 54; → Art. 60 Rn. 2 f.) unterliegt der Erfüllungsanspruch nach Abs. 2 Einschränkungen. Der Käufer kann Erfüllung in Form der Ersatzlieferung auf Kosten des Verkäufers (die Verpflichtung des Verkäufers zur Kostentragung lässt sich Art. 48 Abs. 1 entnehmen, vgl. Schlechtriem/U. Huber, 3. Aufl. 2000, Rn. 54) nur bei Vorliegen einer **wesentlichen Vertragsverletzung** und auch nur binnen **angemessener Frist** verlangen. Dieses Verlangen kann auch wiederholt werden, wenn sich die Ersatzlieferung ihrerseits als fehlerhaft erweist, eine wesentliche Vertragsverletzung begründet und der Käufer ordnungsgemäß gerügt hat (Schlechtriem/Schwenzer/Schroeter/Müller-Chen Rn. 37; Schlechtriem/Schroeter IntUN-KaufR Rn. 458). Hierdurch werden die Rechte des Käufers nicht beeinträchtigt, weil diesem im Fall der wesentlichen Vertragsverletzung das Wahlrecht zusteht, statt des Verlangens der Ersatzlieferung die Aufhebung des Vertrages zu erklären (→ Rn. 6). 4

**a) Nichtvertragsgemäße Ware.** Ein Anspruch auf Ersatzlieferung kommt nur in Betracht, wenn die gelieferte Ware nicht den nach Art. 35 an die Vertragsmäßigkeit zu stellenden Anforderungen entspricht. Sie muss sich also entweder nicht für den gewöhnlichen Gebrauch (Art. 35 Abs. 2 lit. a) oder die nach dem Vertrag vorausgesetzten Zwecke (Art. 35 Abs. 2 lit. b) eignen bzw. nicht mit einer Probe oder einem Muster übereinstimmen (Art. 35 Abs. 2 lit. c). Da in Art. 35 Abs. 1 auch die „Art" der Ware als Kriterium für die Vertragsmäßigkeit genannt ist, unterscheidet das Übereinkommen nicht zwischen der Schlecht- und der Falschlieferung, sodass **auch** die **aliud-Lieferung** einen Anspruch auf Ersatzlieferung begründen kann (Bianca/Bonell/Will Anm. 2.1.1.1; Enderlein/Maskow/Strohbach Anm. 3; Honsell/Schnyder/Straub Rn. 18; MüKoBGB/ 5

P. Huber Rn. 7; Schlechtriem/Schwenzer/Schroeter/Müller-Chen Rn. 18, 20; Schlechtriem/Schroeter IntUN-KaufR Rn. 366; Staudinger/Magnus, 2018, Rn. 14; aA MüKoHGB/Benicke Rn. 17). Hingegen gilt für die Zuwenigleferung die Sonderregelung des Art. 51 (Bianca/Bonell/Will Anm. 2.1.1.1; Enderlein/Maskow/Strohbach Anm. 1; MüKoBGB/P. Huber Rn. 8; Schlechtriem/Schwenzer/Schroeter/Müller-Chen Rn. 21; Staudinger/Magnus, 2018, Rn. 10; aA Honsell/Schnyder/Straub Rn. 19, die eine Anwendung von Art. 46 Abs. 2 und 3 befürworten), für die Zuviellieferung Art. 52 Abs. 2 (Schlechtriem/Schwenzer/Schroeter/Müller-Chen Rn. 21). Auch Rechtsmängel iSv Art. 41 und 42, welche die Systematik des Übereinkommens von der Vertragswidrigkeit nach Art. 35 abgrenzt (dies wird bereits aus der Überschrift zu Kapitel II Abschnitt II ersichtlich, wonach die „Vertragsmäßigkeit der Ware und Rechte oder Ansprüche Dritter" unterschieden werden), begründen keinen Ersatzlieferungsanspruch unter den einschränkenden Voraussetzungen des Abs. 2, sondern werden allein vom Erfüllungsanspruch des Abs. 1 erfasst (Honsell/Schnyder/Straub Art. 45 Rn. 54; MüKoBGB/P. Huber Rn. 9; MüKoHGB/Benicke Rn. 31; Schlechtriem/Schwenzer/Schroeter/Müller-Chen Rn. 22; Staudinger/Magnus, 2018, Rn. 15, 17; Piltz 5-182; aA Schlechtriem/Schroeter IntUN-KaufR Rn. 430; Bianca/Bonell/Will Anm. 3.1; Enderlein/Maskow/Strohbach Anm. 3; Herber/Czerwenka Rn. 6; Neumayer/Ming Anm. 8; → Rn. 2).

6 **b) Wesentliche Vertragsverletzung.** Weitere Voraussetzung für den Anspruch auf Ersatzlieferung ist das Vorliegen einer wesentlichen Vertragsverletzung iSv **Art. 25** (→ Art. 25 Rn. 2 ff.; → Art. 49 Rn. 3). Da diese ebenfalls Voraussetzung der Vertragsaufhebung nach Art. 49 Abs. 1 lit. a ist, steht dem Käufer zwischen den Behelfen des Verlangens der Ersatzlieferung und der Vertragsaufhebung ein Wahlrecht zu (Schlechtriem/U. Huber, 3. Aufl. 2000, Rn. 29). Eine wesentliche Vertragsverletzung ist bei mangelhafter Ware zu verneinen, solange dem Käufer eine anderweitige Verarbeitung oder der Absatz der Ware im gewöhnlichen Geschäftsverkehr, wenn auch mit einem Preisabschlag, ohne unverhältnismäßigen Aufwand möglich und zumutbar ist (BGHZ 202, 258 = NJW 2015, 867 (869); BGHZ 132, 290 (298) = NJW 1996, 2364 (2366); OLG Frankfurt NJW 1994, 1013 (1014); OLG Stuttgart OLGR 2002, 148; OLG Köln IHR 2003, 15 (16 f.); Schweiz. BG 28.10.1998 – 4 C 197/1998/odi, CLOUT Nr. 248 zu Art. 49 Abs. 1 lit. a; UNCITRAL Digest Anm. 13; Schlechtriem/Schwenzer/Schroeter/Müller-Chen Rn. 24 f.; weitergehend Schlechtriem/Schroeter IntUN-KaufR Rn. 331 ff., 458. Dazu → Art. 25 Rn. 9; → Art. 49 Rn. 6). Auch wird eine wesentliche Vertragsverletzung immer dann abzulehnen sein, wenn sich die Vertragswidrigkeit in zumutbarer Weise durch Nachbesserung iSv Abs. 3 beheben lässt und der Verkäufer hierzu bereit ist, → Art. 49 Rn. 5 (BGHZ 202, 258 = NJW 2015, 867 (869); UNCITRAL Digest Anm. 14; Brunner/Akikol/Bürki Rn. 21; Honsell/Schnyder/Straub Rn. 59; MüKoBGB/P. Huber Rn. 33; Schlechtriem/Schwenzer/Schroeter/Müller-Chen Rn. 26, 32; Schlechtriem/Schroeter IntUN-KaufR Rn. 330). Gleiches gilt bei Behebbarkeit des Mangels durch Ersatzlieferung (→ Art. 49 Rn. 5), was nur auf den ersten Blick widersprüchlich erscheint. Der Widerspruch löst sich auf, wenn man nicht nur auf die Behebbarkeit des Mangels durch Ersatzlieferung, sondern auch auf die Bereitschaft des Verkäufers abstellt, innerhalb angemessener Frist nachzuliefern (auch → Art. 49 Rn. 5) (MüKoHGB/Benicke Art. 48 Rn. 13; Krebs, Die Rückabwicklung im UN-Kaufrecht, 2000, 40. Ähnlich Schlechtriem/Schwenzer/Schroeter/Müller-Chen Rn. 29. Anders dagegen MüKoBGB/P. Huber Rn. 32; Karollus ZIP 1993, 490 (496): rechtsfolgenorientierte Auslegung). Ist der Verkäufer hierzu nämlich bereit, bedarf es des Rechtsbehelfs der Ersatzlieferung nicht mehr (→ Art. 48 Rn. 5).

7 **c) Rechtzeitiges Verlangen der Ersatzlieferung.** Der Käufer muss die Ersatzlieferung schließlich auch rechtzeitig verlangen. Aus der Erklärung, für deren Übermittlung Art. 27 gilt, muss sich eindeutig das Begehren einer erneuten und ordnungsgemäßen Lieferung der Ware ergeben (Honsell/Schnyder/Straub Rn. 65, 67). Der Anspruch muss entweder zugleich mit der fristgerechten Anzeige der Vertragswidrigkeit – also der Mängelrüge nach Art. 39 – erhoben (→ Art. 39 Rn. 4 ff.) oder aber innerhalb **angemessener Zeit** nach ordnungsgemäßer Anzeige des Mangels erklärt werden, wobei die Umstände des Einzelfalles maßgeblich sind (MüKoBGB/P. Huber Rn. 34; Schlechtriem/Schwenzer/Schroeter/Müller-Chen Rn. 33; Soergel/Willems Rn. 10; aA MüKoHGB/Benicke Rn. 13: Regelfrist von zwei Wochen; ähnlich Staudinger/Magnus, 2018, Rn. 43). Ist eine Mängelrüge ausnahmsweise auf Grund Art. 40 oder Parteivereinbarung nicht erforderlich, beginnt der Lauf der Frist mit Entdeckung des Mangels (Honsell/Schnyder/Straub Rn. 66b; MüKoBGB/P. Huber Rn. 34; Schlechtriem/Schwenzer/Schroeter/Müller-Chen Rn. 33; Staudinger/Magnus, 2018, Rn. 45; aA Herber/Czerwenka Rn. 8). Bei der Beurteilung sind entspr. Maßstäbe anzulegen wie bei der angemessenen Frist für die Erklärung der Vertragsauf-

hebung nach Art. 49 Abs. 2 lit. a (aA MüKoBGB/P. Huber Rn. 34 in Anlehnung an Art. 49 Abs. 2 lit. b).

**d) Rückgabe der vertragswidrigen Sache.** Als negative Voraussetzung bestimmt Art. 82 Abs. 1 darüber hinaus, dass der Käufer Ersatzlieferung nur verlangen kann, soweit er **zur Rückgabe** der gelieferten vertragwidrigen Ware **in der Lage** ist (→ Art. 82 Rn. 2) oder aber einer der Ausnahmefälle des Art. 82 Abs. 2 vorliegt (→ Art. 82 Rn. 2 ff.). Eine Verpflichtung zur Rückgabe besteht nach dem Grundsatz von Treu und Glauben des Art. 7 Abs. 1 ferner auch dann nicht, wenn die gelieferte Ware völlig wertlos ist (Schlechtriem/Schwenzer/Schroeter/Müller-Chen Rn. 34). Ein Zurückbehaltungsrecht gegenüber der Rückgewährpflicht steht dem Käufer auf Grund seines Ersatzlieferungsanspruchs nicht zu (Honsell/Schnyder/Straub Rn. 62; MüKoBGB/P. Huber Rn. 43; Staudinger/Magnus, 2018, Rn. 49; aA Herber/Czerwenka Rn. 7: Art. 81 Abs. 2 S. 2 entspr. Brunner/Akikol/Bürki Rn. 25 halten es für sachgerecht, dass der Käufer zwar kein Zurückbehaltungsrecht an der mangelhaften Ware bis zur Lieferung der Ersatzware hat, er aber sofortige Rückzahlung des Kaufpreises und wiederum Zug-um-Zug-Zahlung bei Erhalt der Ersatzlieferung verlangen kann). 8

**e) Kein Recht zur Nacherfüllung.** Teilweise wird die Auffassung vertreten, der Verkäufer könne den Anspruch des Käufers auf Ersatzlieferung unter den Voraussetzungen des Art. 48 Abs. 1 abwenden, soweit sich der Mangel statt durch Ersatzlieferung auch im Wege der Nachbesserung beheben lässt (→ Art. 48 Rn. 5) (so etwa Neumayer/Ming Anm. 4; Schlechtriem/Schwenzer/Schroeter/Müller-Chen Rn. 35). Ein solches Wahlrecht kann dem Verkäufer jedoch nicht zugebilligt werden. Denn soweit sich ein Mangel nachträglich beheben lässt, fehlt es regelmäßig bereits an einer wesentlichen Vertragsverletzung (Handelsgericht des Kantons Aargau IHR 2003, 178 (179 f.) zu Art. 49; UNCITRAL Digest Anm. 14; im Grundsatz auch MüKoBGB/P. Huber Rn. 44, 62. So wohl auch Schlechtriem/Schwenzer/Schroeter/Müller-Chen Rn. 32, 35; MüKoHGB/Benicke Rn. 32, die aber dem Verkäufer gleichwohl ein Wahlrecht zubilligen. S. auch Schlechtriem/Schroeter IntUN-KaufR Rn. 330) und kommt das Verlangen der Ersatzlieferung schon deshalb nicht in Betracht (→ Rn. 6) (Staudinger/Magnus, 2018, Rn. 40). 9

**f) Rechtsfolgen.** Die gelieferte vertragswidrige Ware ist innerhalb angemessener Frist auf Kosten des Verkäufers (Brunner/Akikol/Bürki Rn. 37; Honsell/Schnyder/Straub Rn. 41 f., 77; MüKoBGB/P. Huber Rn. 40; Schlechtriem/Schwenzer/Schroeter/Müller-Chen Rn. 36; Staudinger/Magnus, 2018, Rn. 50) gegen vertragsgemäße Ware auszutauschen. Die Ersatzlieferung ist am Erfüllungsort für die ursprüngliche Lieferung gem. Art. 31 zu erbringen (MüKoBGB/P. Huber Rn. 41; Witz/Salger/Lorenz/Salger Rn. 11; aA Brunner/Akikol/Bürki Rn. 38; Honsell/Schnyder/Straub Rn. 71; Staudinger/Magnus, 2018, Rn. 50: Bestimmungsort für die ursprünglich geschuldete Lieferung). Ist sie wiederum vertragswidrig, muss der Käufer erneut rügen, um bezüglich der Ersatzlieferung Rechtsbehelfe geltend machen zu können (→ Rn. 4) (Brunner/Akikol/Bürki Rn. 39; MüKoBGB/P. Huber Rn. 47 f. mit Ausnahme der Vertragsaufhebung; Schlechtriem/Schwenzer/Schroeter/Müller-Chen Rn. 37; Soergel/Willems Rn. 11). 10

**3. Nachbesserung (Abs. 3).** Ebenso wie der Anspruch auf Ersatzlieferung setzt der Nachbesserungsanspruch voraus, dass die gelieferte Sache nicht vertragsgemäß ist und der Käufer rechtzeitig die Nachbesserung verlangt. Hingegen ist das Vorliegen einer **wesentlichen** Vertragsverletzung **nicht** Voraussetzung des Nachbesserungsanspruchs. 11

**a) Nichtvertragsgemäße Ware.** Auch die Nachbesserung setzt voraus, dass die verkaufte Sache nicht den nach Art. 35 an die Vertragsmäßigkeit zu stellenden Anforderungen entspricht (→ Rn. 5). 12

**b) Zumutbarkeit.** Eine Nachbesserung ist dem Verkäufer nicht zumutbar, soweit diese mit unverhältnismäßig hohen **Kosten** verbunden ist und insbes. die Kosten der Ersatzbeschaffung übersteigt (Bianca/Bonell/Will Anm. 2.2.2.2; Herber/Czerwenka Rn. 10; Honsell/Schnyder/Straub Rn. 97; Schlechtriem/Schwenzer/Schroeter/Müller-Chen Rn. 40; Staudinger/Magnus, 2018, Rn. 61. S. auch MüKoBGB/P. Huber Rn. 55: erheblich übersteigt). Soweit eine Ersatzbeschaffung – etwa wegen der besonderen Fertigkeiten des Verkäufers – nicht ohne weiteres möglich ist, kann dem Käufer aber das Recht zur Nachbesserung auch ungeachtet der dem Verkäufer dabei entstehenden Kosten zustehen. Dem Verkäufer ist die Nachbesserung idR unzumutbar, wenn er Händler und kein Hersteller ist und es ihm – zB mangels Verfügbarkeit einer Vertragswerkstatt – Schwierigkeiten bereitet, Dritte mit der Reparatur zu betrauen (Schlechtriem/Schwenzer/Schroeter/Müller-Chen Rn. 40; Staudinger/Magnus, 2018, Rn. 62; noch weitgehender Witz/Salger/Lorenz/Salger Rn. 8; strenger dagegen Herber/Czerwenka Rn. 10; auch nach 13

MüKoHGB/Benicke Rn. 24 hat der Verkäufer sich grds. eines Dritten zu bedienen, wenn er zur Reparatur nicht in der Lage ist). Kann der Käufer den Mangel ohne große Mühe selbst beheben, kann auch dies zu einer Unzumutbarkeit der Nachbesserung für den Verkäufer führen (UNCITRAL Digest Anm. 18; MüKoBGB/P. Huber Rn. 55; MüKoHGB/Benicke Rn. 26; Staudinger/Magnus, 2018, Rn. 63). Dies gilt jedenfalls dann, wenn der Verkäufer zur Reparatur eine größere Distanz zu überwinden und dementsprechend einen größeren Kostenaufwand hätte (Herber/Czerwenka Rn. 10; Schlechtriem/Schwenzer/Schroeter/Müller-Chen Rn. 40). In jedem Fall beurteilt sich die Unzumutbarkeit der Nachbesserung unter Berücksichtigung der Interessen der Parteien nach einem objektiven Maßstab (Enderlein/Maskow/Strohbach Anm. 8; Honsell/Schnyder/Straub Rn. 94; MüKoBGB/P. Huber Rn. 55; Staudinger/Magnus, 2018, Rn. 60). Bezüglich der Verpflichtung zur Lieferung von zur Nachbesserung erforderlicher Ersatzteile ist ebenfalls Art. 46 Abs. 3 und somit das Kriterium der Unzumutbarkeit maßgeblich (Brunner/Akikol/Bürki Rn. 35; Schlechtriem/Schroeter IntUN-KaufR Rn. 461; MüKoBGB/P. Huber Rn. 58; MüKoHGB/Benicke Rn. 16 ff.).

14 **c) Rechtzeitige Geltendmachung.** Die Geltendmachung des Anspruchs auf Nachbesserung unterliegt den gleichen zeitlichen Beschränkungen, die für den Anspruch auf Ersatzlieferung gelten (→ Rn. 7).

15 **d) Rechtsfolgen.** Bei Vorliegen dieser Voraussetzungen ist der Verkäufer zur Nachbesserung auf seine Kosten (OLG Hamm CLOUT Nr. 125 = NJW-RR 1996, 179 (180); Brunner/Akikol/Bürki Rn. 37; MüKoBGB/P. Huber Rn. 59; Schlechtriem/Schwenzer/Schroeter/Müller-Chen Rn. 45; Schlechtriem/Schroeter IntUN-KaufR Rn. 463) am Bestimmungsort verpflichtet (Brunner/Akikol/Bürki Rn. 38; Honsell/Schnyder/Straub Rn. 104 f.; Schlechtriem/Schwenzer/Schroeter/Müller-Chen Rn. 45; anders MüKoBGB/P. Huber Rn. 59; MüKoHGB/Benicke Rn. 29: Ort der Sache; Witz/Salger/Lorenz/Salger Rn. 11: Erfüllungsort; Stathouli, Die Haftung des Verkäufers für Sachmängel und Falschlieferung nach dem Wiener Übereinkommen über den internationalen Warenkauf unter Berücksichtigung des deutschen und griechischen Rechts, 2006, S. 150: Erfüllungsort). Auch soweit der Käufer ausdrücklich die Nachbesserung verlangt, ist der Verkäufer berechtigt, stattdessen eine Ersatzlieferung zu bewirken (Honsell/Schnyder/Straub Rn. 108; MüKoBGB/P. Huber Rn. 45, 61; MüKoHGB/Benicke Rn. 27; Schlechtriem/Schwenzer/Schroeter/Müller-Chen Rn. 44; ähnlich auch Witz/Salger/Lorenz/Salger Rn. 8). Wird die Nachbesserung nicht innerhalb angemessener Frist (MüKoBGB/P. Huber Rn. 60) vorgenommen oder schlägt diese fehl, steht es dem Käufer frei, den Mangel selbst oder durch Hinzuziehung Dritter zu beheben und die Kosten als Schadensersatz nach Art. 45 Abs. 1 lit. b geltend zu machen (OLG Hamm CLOUT Nr. 125 = NJW-RR 1996, 179 (180); Brunner/Akikol/Bürki Rn. 40; Honsell/Schnyder/Straub Rn. 109; MüKoBGB/P. Huber Rn. 64; Schlechtriem/Schwenzer/Schroeter/Müller-Chen Rn. 46). Ist die Ware auch nach Nachbesserung durch den Verkäufer nicht vertragsgemäß, muss der Käufer erneut rügen, um seine Rechte zu erhalten (LG Oldenburg CISG-online Nr. 114 = NJW-RR 1995, 438; Brunner/Akikol/Bürki Rn. 39; Schlechtriem/Schroeter IntUN-KaufR Rn. 463; Soergel/Willems Rn. 11; aA MüKoBGB/P. Huber Rn. 66).

## III. Beweislastregeln

16 Bestand und Inhalt des **Erfüllungsanspruchs** (Abs. 1) sind vom **Käufer** zu beweisen (Müller in Baumgärtel/Laumen/Prütting Beweislast-HdB II UNKR Rn. 7; MüKoBGB/P. Huber Rn. 67). Dem Verkäufer obliegt der Beweis dafür, dass der Käufer einen mit dem Erfüllungsanspruch unvereinbaren Rechtsbehelf geltend gemacht hat (MüKoBGB/P. Huber Rn. 67). Hinsichtlich des Anspruchs auf **Ersatzlieferung** (Abs. 2) hat der Käufer das Vorliegen der wesentlichen Vertragsverletzung sowie die Rechtzeitigkeit der Mängelrüge und des Ersatzlieferungsverlangens zu beweisen (Müller in Baumgärtel/Laumen/Prütting Beweislast-HdB II UNKR Rn. 16 f.; MüKoBGB/P. Huber Rn. 68). Gleiches gilt im Hinblick auf den **Nachbesserungsanspruch** (Abs. 3). Hingegen trifft die Beweislast für die **Unzumutbarkeit** der Nachbesserung den Verkäufer (Müller in Baumgärtel/Laumen/Prütting Beweislast-HdB II UNKR Rn. 25; MüKoBGB/P. Huber Rn. 54; Schlechtriem/Schwenzer/Schroeter/Müller-Chen Rn. 40).

### Art. 47 (Nachfrist)

**(1) Der Käufer kann dem Verkäufer eine angemessene Nachfrist zur Erfüllung seiner Pflichten setzen.**

**(2)[1]Der Käufer kann vor Ablauf dieser Frist keinen Rechtsbehelf wegen Vertragsverletzung ausüben, außer wenn er vom Verkäufer die Anzeige erhalten hat, daß dieser seine Pflichten nicht innerhalb der so gesetzten Frist erfüllen wird. [2]Der Käufer behält jedoch das Recht, Schadenersatz wegen verspäteter Erfüllung zu verlangen.**

**Schrifttum:** Friehe, Die Setzung einer unangemessen kurzen Nachfrist im CISG mit einem Ausblick auf das BGB, IHR 2010, 230; 2011, 16; 2011, 57. Vgl. bei Art. 45.

## Überblick

Art. 47 betrifft die Nachfristsetzung durch den Käufer, die insbesondere für die Vertragsaufhebung bedeutsam ist (→ Rn. 1 f.). Es bedarf einer eindeutigen Aufforderung des Verkäufers zur Leistung innerhalb angemessener Frist, deren Dauer sich nach den Umständen des Einzelfalls bemisst (→ Rn. 4 ff.). Hat der Käufer eine Nachfrist gesetzt, kann er vor deren Ablauf keinerlei Rechtsbehelfe geltend machen (Abs. 2 S. 1; → Rn. 7). Während der Nachfrist entstandene Schäden sind auszugleichen, da die Erfüllungsansprüche auch in dieser Zeit bestehen bleiben (Abs. 2 S. 2; → Rn. 8).

## I. Normzweck

1 Die Vorschrift ist das Gegenstück zu Art. 63 über die Nachfristsetzung durch den Verkäufer (UNCITRAL Digest Anm. 4; Schlechtriem/Schroeter IntUN-KaufR Rn. 452; Schroeter FS Trinkner, 1995, 321 (326)). Die Möglichkeit der Nachfristsetzung, die auch unabhängig von dieser ausdrücklichen Regelung besteht, gibt dem Käufer ein gewisses Druckmittel, um den Verkäufer zur Erfüllung aller (Enderlein/Maskow/Strohbach Anm. 3; Honsell/Schnyder/Straub Rn. 8; Schlechtriem/Schwenzer/Schroeter/Müller-Chen Rn. 1) vertraglichen Pflichten anzuhalten, ohne sogleich den Rechtsweg zu beschreiten (Honsell/Schnyder/Straub Rn. 2). Indes entsteht durch die Nachfristsetzung gem. Abs. 2 eine Bindung des Käufers. Besondere Bedeutung kommt der Nachfristsetzung im Zusammenhang mit dem Behelf der **Vertragsaufhebung** zu.

2 Soweit es sich um **keine wesentliche Vertragsverletzung** handelt, hat die Aufhebung wegen Nichtlieferung nämlich regelmäßig den Ablauf einer zuvor gesetzten Nachfrist zur Voraussetzung (Art. 49 Abs. 1 lit. b). Darüber hinaus kann eine Nachfristsetzung aber auch allein deshalb empfehlenswert sein, weil sich in der Praxis die schwierige Frage, ob tatsächlich eine nach Art. 49 Abs. 1 lit. a zur Aufhebung ohne vorherige Nachfristsetzung berechtigende **wesentliche Vertragsverletzung** vorliegt, häufig nicht mit Sicherheit beantworten lässt. Schließlich kann durch die Nachfristsetzung ein Käufer, der die Vertragsaufhebung wegen wesentlicher Vertragsverletzung des Verkäufers – nach Art. 49 Abs. 1 lit. a – nicht rechtzeitig erklärt hat, das Recht zur Vertragsaufhebung – nach Art. 49 Abs. 1 lit. b – wieder zurückgewinnen, weil sich der Beginn der angemessenen Frist für die Aufhebungserklärung dann auf den Ablauf der Nachfrist verschiebt (→ Art. 49 Rn. 22; Art. 49 Abs. 2 lit. b Ziff. ii) (Schlechtriem/Schwenzer/Schroeter/Müller-Chen Rn. 1; aA aber Honsell/Schnyder/Straub Art. 49 Rn. 86).

3 Für die weiteren Behelfe, wie Erfüllung, Minderung und Schadensersatz, ist die Nachfristsetzung dagegen **ohne Bedeutung** (Schlechtriem FS Trinkner, 1995, 321 (326 ff.)). Es handelt sich dabei aber um **dispositives Recht.** Deshalb kann das Erfordernis der Nachfristsetzung nach Art. 6 auch abbedungen oder modifiziert werden.

## II. Einzelerläuterungen

4 **1. Nachfristsetzung (Abs. 1). a) Leistungsaufforderung.** Die Nachfristsetzung ist eine zugangsbedürftige Willenserklärung, auf die Art. 27 Anwendung findet (Herber/Czerwenka Rn. 3; Neumayer/Ming Anm. 1; Schlechtriem/Schwenzer/Schroeter/Müller-Chen Rn. 12; Staudinger/Magnus, 2018, Rn. 15). Bei einer Verletzung jeglicher Pflichten des Verkäufers (→ Art. 45 Rn. 2) kann die deutlich gefasste (UNCITRAL Digest Anm. 6. Gabriel in Ferrari/Flechtner/Brand, The Draft UNCITRAL Digest and Beyond, 2004, 336, 355, spricht sich für das Erfordernis einer ausdrücklichen Leistungsaufforderung aus), ausreichend bestimmte (OGH IHR 2020, 14 (15)) oder auch nur konkludente (s. OLG Hamburg 28.2.1997 – 1 U 167/95, CISG-online Nr. 261; Audiencia Provincial de Barcelona 3.11.1997, CLOUT Nr. 246) Leistungsaufforderung an den Verkäufer erst **nach Ablauf der Leistungszeit** (Art. 33) erfolgen (Herber/Czerwenka Rn. 5; Honsell/Schnyder/Straub Rn. 14; MüKoBGB/P. Huber Rn. 6; Schlechtriem/Schwenzer/Schroeter/Müller-Chen Rn. 11; Kimbel 18 J. L. & Com 301, 326 Fn. 107 (1999);

aA Piltz IntKaufR 5-266; MüKoHGB/Benicke Rn. 6; Staudinger/Magnus, 2018, Rn. 18) und muss jedenfalls eine kalendermäßig bestimmte (Soergel/Willems Rn. 4) oder aber zumindest bestimmbare **Frist** beinhalten (OGH IHR 2020, 14 (15); OLG Düsseldorf 24.4.1997 – 6 U 87/96, CLOUT Nr. 275). Diesem Erfordernis genügen Formulierungen wie „sofort" oder „so schnell wie möglich" nicht (Sekretariatskommentar O. R. Anm. 7; Bianca/Bonell/Will Anm. 2.1.3.1; Honsell/Schnyder/Straub Rn. 20; MüKoBGB/P. Huber Rn. 9; Schlechtriem/Schwenzer/Schroeter/Müller-Chen Rn. 4; Staudinger/Magnus, 2018, Rn. 17).

5 **b) Angemessenheit der Frist.** Die Dauer der Nachfrist ist angemessen, wenn sie sowohl den berechtigten Interessen des Verkäufers wie des Käufers Rechnung trägt. Vor dem Hintergrund der konkreten Umstände des Einzelfalls (MüKoBGB/P. Huber Rn. 11) sind insbes. die für den Verkäufer erkennbare **Dringlichkeit des Interesses des Käufers** und ebenfalls auch **mögliche Leistungshindernisse des Verkäufers** zu berücksichtigen. Zugunsten des Verkäufers fallen auch die Vereinbarung einer besonders langen Lieferzeit, die Besonderheiten nicht marktgängiger oder besonders komplexer Waren sowie eine lange Transportdauer ins Gewicht (Honsell/Schnyder/Straub Rn. 23a; MüKoBGB/P. Huber Rn. 11; Schlechtriem/Schwenzer/Schroeter/Müller-Chen Rn. 6; Staudinger/Magnus, 2018, Rn. 19). Zu berücksichtigen ist schließlich auch, dass die Nachfrist den Verkäufer lediglich in die Lage versetzen soll, die bereits begonnenen Leistungshandlungen zu Ende zu führen. Deshalb muss die Nachfrist **nicht** auch die Zeit für **Vorbereitungshandlungen** umfassen (Honsell/Schnyder/Straub Rn. 23; MüKoBGB/P. Huber Rn. 12; Schlechtriem/Schwenzer/Schroeter/Müller-Chen Rn. 6).

6 Eine **zu kurz bemessene Frist** setzt nach hM – wie im deutschen Recht – eine angemessene Frist in Gang (OLG Naumburg 27.4.1999 – 9 U 146/98, CISG-online Nr. 512; OLG Celle 24.5.1995 – 20 U 76/94, CISG-online Nr. 152; LG Ellwangen 21.8.1995 – 1 KfH O 32/95, CISG-online Nr. 279; MüKoHGB/Benicke Rn. 10; Schlechtriem/Schwenzer/Schroeter/Müller-Chen Rn. 8; Staudinger/Magnus, 2018, Rn. 20; Enderlein/Maskow/Strohbach Anm. 2; Herber/Czerwenka Rn. 4; Lurger IHR 2001, 91 (94); Soergel/Willems Rn. 3; wohl auch Ensthaler/Achilles Rn. 4 und iErg ebenso MüKoBGB/Huber Rn. 13). Nach aA soll eine zu kurze Frist im Geltungsbereich des CISG hingegen ohne Wirkung bleiben, sodass eine neue, angemessene Frist gesetzt werden muss, bevor der Kaufvertrag aufgehoben werden kann (so nunmehr Schlechtriem/Schroeter IntUN-KaufR Rn. 471; jurisPK-BGB/Rosch, 7. Aufl. 2014, Art. 63 Rn. 5; bereits zuvor Honsell/Schnyder/Straub Rn. 24a; Gabriel in Ferrari/Flechtner/Brand, The Draft UNCITRAL Digest and Beyond, 2004, 336, 355 und mit ausf. Begründung Friehe IHR 2010, 230; 2011, 16 (57, insbes. 78 f.)). Erklärt der Käufer jedoch vor Ablauf der angemessenen Frist die Vertragsaufhebung, begeht er seinerseits eine Vertragsverletzung, die den Verkäufer zur Geltendmachung seiner Rechte aus Art. 72 Abs. 1 und Abs. 3 berechtigen kann (Schlechtriem/Schwenzer/Schroeter/Müller-Chen Rn. 9; Piltz IntKaufR 1. Aufl. § 5 Rn. 234). Im Übrigen ist es im Zusammenhang mit der Nachfristsetzung nicht erforderlich, Konsequenzen für den Fall des Verstreichens der Frist anzudrohen, und es bedarf insbes. keiner Ablehnungsandrohung (Herber/Czerwenka Rn. 3; Neumayer/Ming Anm. 1; Honsell/Schnyder/Straub Rn. 19; Schlechtriem/Schwenzer/Schroeter/Müller-Chen Rn. 5 und wohl auch Staudinger/Magnus, 2018, Rn. 18; aA aber Bianca/Bonell/Will Anm. 2.1.3.1; Enderlein/Maskow/Strohbach Anm. 4).

7 **2. Bindungswirkung (Abs. 2 S. 1).** Vor Ablauf der Nachfrist vermag der Käufer keinerlei Behelfe geltend zu machen. Die Nachfristsetzung entfaltet Bindungswirkung auch bei Vorliegen einer wesentlichen Vertragsverletzung, die den Käufer nach Art. 49 Abs. 1 lit. a grds. auch unabhängig hiervon zur Vertragsaufhebung berechtigen würde. Hingegen entfällt die Bindungswirkung, wenn dem Käufer die Anzeige des Verkäufers zugeht, dass dieser seine Pflichten nicht innerhalb der Frist erfüllen wird. Der Käufer bleibt selbst dann an seine Erklärung gebunden, wenn er zu seinen Ungunsten eine unangemessen lange Frist bestimmt hat (MüKoBGB/P. Huber Rn. 14; MüKoHGB/Benicke Rn. 11; Schlechtriem/Schwenzer/Schroeter/Müller-Chen Rn. 10; Staudinger/Magnus, 2018, Rn. 20; aA Honsell/Schnyder/Straub Rn. 25). Ist die Frist zu kurz bemessen und setzt diese deshalb eine angemessene Frist in Lauf (→ Rn. 2), ist die **angemessene Frist** auch für die Bindungswirkung maßgeblich (Soergel/Willems Rn. 5). Die aA (MüKoBGB/P. Huber Rn. 13; MüKoHGB/Benicke Rn. 10; Schlechtriem/U. Huber, 3. Aufl. 2000, Rn. 11) verkennt, dass eine Bindung nur für die Dauer der vom Käufer genannten und möglicherweise absichtlich besonders kurz bemessenen Frist den auf die Erfüllung hinwirkenden Verkäufer der Willkür des Käufers aussetzen und ihn deshalb unangemessen benachteiligen kann. Ungeachtet der Bindungswirkung ist der Käufer aber berechtigt, bei einer Verweigerung der Erfüllung (Honsell/Schnyder/Straub Rn. 30 f.) und auch bei einer zur Vertragsaufhebung berechtigenden **erneuten Vertragsverletzung** des Verkäufers vor Ablauf der gesetzten Nachfrist wegen dieser zweiten

Pflichtverletzung die Aufhebung zu erklären (Enderlein/Maskow/Strohbach Anm. 5; Honsell/ Schnyder/Straub Rn. 32; MüKoBGB/P. Huber Rn. 20; Schlechtriem/Schwenzer/Schroeter/ Müller-Chen Rn. 15; Leser S. 225, 236 Fn. 51).

**3. Schadensersatz wegen verspäteter Erfüllung (Abs. 2 S. 2).** Während der Nachfristsetzung bleiben die Erfüllungsansprüche bestehen und sind auch nicht gestundet. Ihre gerichtliche Durchsetzung kann jedoch erst nach fruchtlosem Ablauf der Nachfrist erfolgen (MüKoBGB/P. Huber Rn. 16; MüKoHGB/Benicke Rn. 13; Staudinger/Magnus, 2018, Rn. 24). **Verzugsschäden** sind auf Grund des Bestehenbleibens der Erfüllungsansprüche auch für diesen Zeitraum auszugleichen. Ebenfalls verliert der Käufer nicht die Ansprüche auf Ersatz derjenigen weiteren Schäden, die auf Grund des ursprünglichen Erfüllungsmangels eingetreten sind und durch eine ordnungsgemäße Erfüllung nicht mehr kompensiert werden können (Honsell/Schnyder/Straub Rn. 29; MüKoBGB/P. Huber Rn. 24; Schlechtriem/Schwenzer/Schroeter/Müller-Chen Rn. 19). 8

## III. Beweislastregeln

Im Fall der Vertragsaufhebung trifft den **Käufer** die Beweislast dafür, dass dem Verkäufer eine angemessene Nachfrist gem. Art. 27 gesetzt wurde. Der Käufer hat aber nicht den Zugang der Nachfristsetzung zu beweisen, sondern lediglich, dass er diese in geeigneter Weise abgesandt hat. Hingegen hat der **Verkäufer,** der sich auf die Bindungswirkung des Abs. 2 beruft, zu beweisen, dass sich der Käufer nicht an die Nachfrist gehalten hat (Müller in Baumgärtel/Laumen/Prütting Beweislast-HdB II UNKR Rn. 5; Schlechtriem/Schwenzer/Schroeter/Müller-Chen Rn. 13). Dem **Käufer** obliegt der Beweis einer Erfüllungsverweigerung des Verkäufers, die zum Wegfall der Bindungswirkung führt (MüKoBGB/P. Huber Rn. 30). 9

### Art. 48 (Recht des Verkäufers zur Nacherfüllung)

**(1) [1]Vorbehaltlich des Artikels 49 kann der Verkäufer einen Mangel in der Erfüllung seiner Pflichten auch nach dem Liefertermin auf eigene Kosten beheben, wenn dies keine unzumutbare Verzögerung nach sich zieht und dem Käufer weder unzumutbare Unannehmlichkeiten noch Ungewißheit über die Erstattung seiner Auslagen durch den Verkäufer verursacht. [2]Der Käufer behält jedoch das Recht, Schadenersatz nach diesem Übereinkommen zu verlangen.**

**(2) [1]Fordert der Verkäufer den Käufer auf, ihm mitzuteilen, ob er die Erfüllung annehmen will, und entspricht der Käufer der Aufforderung nicht innerhalb einer angemessenen Frist, so kann der Verkäufer innerhalb der in seiner Aufforderung angegebenen Frist erfüllen. [2]Der Käufer kann vor Ablauf dieser Frist keinen Rechtsbehelf ausüben, der mit der Erfüllung durch den Verkäufer unvereinbar ist.**

**(3) Zeigt der Verkäufer dem Käufer an, daß er innerhalb einer bestimmten Frist erfüllen wird, so wird vermutet, daß die Anzeige eine Aufforderung an den Käufer nach Absatz 2 enthält, seine Entscheidung mitzuteilen.**

**(4) Eine Aufforderung oder Anzeige des Verkäufers nach Absatz 2 oder 3 ist nur wirksam, wenn der Käufer sie erhalten hat.**

**Schrifttum:** Aicher, Leistungsstörungen aus der Verkäufersphäre – Ein Beitrag zur wesentlichen Vertragsverletzung und zur aliud-Lieferung im UN-Kaufrechtsübereinkommen, in Hoyer/Posch (Hrsg.), Das Einheitliche Wiener Kaufrecht, 1992, 111; Fountoulakis, Das Verhältnis von Nacherfüllungsrecht des Verkäufers und Vertragsaufhebungsrecht des Käufers im UN-Kaufrecht. Unter besonderer Berücksichtigung der Rechtsprechung der Schweizer Gerichte, IHR 2003, 160; Graffi, Divergences in the Interpretation of the CISG: The Concept of "Fundamental Breach", in Ferrari (Hrsg.), The 1980 Uniform Sales Law. Old Issues Revisited in the Light of Recent Experiences. Verona Conference 2003, 2003, 305; Gutknecht, Das Nacherfüllungsrecht des Verkäufers bei Kauf- und Werklieferungsverträgen. Rechtsvergleichende Untersuchung, 1996; Karollus, UN-Kaufrecht: Vertragsaufhebung und Nacherfüllungsrecht bei Lieferung mangelhafter Ware, ZIP 1993, 490; Lehmkuhl, Das Nacherfüllungsrecht des Verkäufers im UN-Kaufrecht, 2002; Lehmkuhl, Das Nacherfüllungsrecht des Verkäufers im UN-Kaufrecht bei Lieferung fehlerhafter Ware, IHR 2003, 115; Lurger, Die wesentliche Vertragsverletzung nach Art. 25 CISG, IHR 2001, 91; Magnus, Aufhebungsrecht des Käufers und Nacherfüllungsrecht des Verkäufers im UN-Kaufrecht, FS Schlechtriem, 2003, 599; Maier-Lohmann, Neuausrichtung der Selbstvornahme und des Art. 48 Abs. 1 CISG, IHR 2018, 225; Neumayer, Offene Fragen zur Anwendung des Abkommens der Vereinten Nationen über den internationalen Warenkauf, RIW 1994,

99; Petrikic, Das Nacherfüllungsrecht im UN-Kaufrecht, 1999; Zeller, Article 48 CISG – confusion or sound drafting, IHR 2022, 7. Vgl. auch Angaben bei Art. 45.

## Überblick

Art. 48 regelt die Nacherfüllung durch den Verkäufer auf dessen Kosten auch nach dem Liefertermin (Abs. 1; → Rn. 3 ff., → Rn. 15 f.). Der Verkäufer kann den Käufer zu einer fristgebundenen Erklärung über seine Annahmebereitschaft auffordern (Abs. 2 S. 1; → Rn. 8), oder seine Bereitschaft zur Leistung innerhalb einer bestimmten Frist anzeigen, mit der Folge, dass die Aufforderung an den Käufer nach Abs. 2 fingiert wird (Abs. 3; → Rn. 9). Widerspricht der Käufer nicht innerhalb angemessenen Frist, ist mit Zugang der Aufforderung bzw. der Anzeige der Verkäufer zur Erfüllung innerhalb des angegebenen Zeitraums berechtigt (Abs. 4; → Rn. 10 ff.). Nur nach erfolgter Aufforderung oder Anzeige des Verkäufers kann der Käufer keine weiteren Rechtsbehelfe wegen Vertragsverletzung geltend machen (→ Rn. 13 f.).

## I. Normzweck

1 Dem Verkäufer steht das Recht zur **Ersatzlieferung** oder **Nachbesserung** der Ware auch noch nach dem Liefertermin zu. Eine Nacherfüllung kommt aber nur in Betracht, wenn der Mangel der Erfüllung nicht bereits zur Vertragsaufhebung durch den Käufer wegen wesentlicher Vertragsverletzung geführt hat. Auch muss die Nacherfüllung dem Käufer **zumutbar** sein. Dies wird der Verkäufer häufig nicht ohne weiteres beurteilen können. Deshalb sieht das Gesetz in Abs. 2–4 vor, dass er sich durch eine entspr. Mitteilung über seine Absicht zur Nacherfüllung, welcher der Käufer unverzüglich widersprechen muss, Gewissheit über seine Berechtigung hierzu verschaffen kann. Abweichende Vereinbarungen sind gem. Art. 6 zulässig (vgl. aber Schlechtriem/Schwenzer/Schroeter/Müller-Chen Rn. 31, Art. 49 Rn. 50, wonach ein Ausschluss, der den Käufer insbes. im Fall mangelhafter Lieferung zur sofortigen Vertragsaufhebung berechtigt, als problematisch anzusehen ist. Dagegen bejahen Witz/Salger/Lorenz/Salger Rn. 8 die Möglichkeit der Abbedingung zu Lasten des Verkäufers).

## II. Einzelerläuterungen

2 **1. Voraussetzungen (Abs. 1).** Das Recht des Verkäufers zur Nachbesserung ist an vier Voraussetzungen geknüpft. Einerseits muss der Verkäufer seine Pflichten nicht erfüllt haben, obwohl der Liefertermin verstrichen ist. Zum anderen dürfen der Nacherfüllung nicht die Rechte des Käufers aus Art. 49 entgegenstehen und muss eine solche dem Käufer auch zumutbar sein.

3 **a) Mangel in der Erfüllung.** Ein Erfüllungsmangel liegt bei Nichterfüllung der Pflichten des Verkäufers vor. Dabei ist es unerheblich, ob die Ware nicht vertragsgemäß (Art. 35) bzw. mit fremden Rechten belastet ist oder aber nicht zum vereinbarten Termin geliefert wird (Schlechtriem/Schwenzer/Schroeter/Müller-Chen Rn. 3). Voraussetzung für die Nacherfüllung ist aber, dass der **Mangel** überhaupt noch **zu beheben** ist (Honsell/Schnyder/Straub Rn. 8; Schlechtriem/Schwenzer/Schroeter/Müller-Chen Rn. 5), wobei dem Verkäufer ein Wahlrecht zwischen mehreren Möglichkeiten der Mangelbeseitigung zusteht (ebenso LG Stade IHR 2018, 238 (240); MüKoBGB/P. Huber Rn. 13; MüKoHGB/Benicke Rn. 4; Schlechtriem/Schwenzer/Schroeter/Müller-Chen Rn. 6; Bianca/Bonell/Will Anm. 3.1.1 f.; Honsell/Schnyder/Straub Rn. 10). Andere tendieren zum Vorrang der Entscheidung des Käufers (Staudinger/Magnus, 2018, Rn. 32; Herber/Czerwenka Rn. 2, 11), wobei auch hervorgehoben wird, dass den Verkäuferinteressen im Rahmen der Schadensminderungsobliegenheit nach Art. 77 Rechnung getragen werde (Maier-Lohmann IHR 2018, 225 (228 ff.)).

4 **b) Verstreichen des Liefertermins.** Das Recht zur Nacherfüllung nach Art. 48 besteht nur **nach** Verstreichen des Liefertermins. Wird **vor** dem vertraglich vorgesehenen Liefertermin eine nicht vertragsgemäße Ware geliefert, bestimmen sich die Rechte des Verkäufers zur Nacherfüllung dagegen nach Art. 37 (Honsell/Schnyder/Straub Rn. 13; Soergel/Willems Rn. 1), im Fall von Dokumenten nach Art. 34 S. 2. Im Unterschied dazu setzt die Nacherfüllung gem. Art. 48 zusätzlich voraus, dass es hierdurch zu **keiner unzumutbaren Verzögerung** kommen darf.

5 **c) Vorbehalt des Art. 49.** Im Fall der wesentlichen Vertragsverletzung ist der Käufer ohne weiteres nach Art. 49 Abs. 1 lit. a zur Vertragsaufhebung berechtigt. Dieses Recht darf dem Käufer durch das Ansinnen einer Nachlieferung nicht wieder genommen werden. Die Nacherfüllung ist

deshalb **ausgeschlossen,** soweit eine wesentliche Vertragsverletzung vorliegt und der Käufer deshalb die **Vertragsaufhebung erklärt** (so auch Enderlein/Maskow/Strohbach Anm. 4; Honsell/Schnyder/Straub Rn. 36. Hingegen soll nach aA die Nacherfüllung bereits bei Bestehen einer bloßen Aufhebungslage, also schon, wenn nur die Voraussetzungen zur Vertragsaufhebung vorliegen, ausgeschlossen sein. S. dazu Bianca/Bonell/Will Anm. 3.2; Neumayer/Ming Anm. 4; Schlechtriem/Schwenzer/Schroeter/Müller-Chen Rn. 17 und Soergel/Willems Rn. 5). Das Aufhebungsrecht des Käufers geht also dem Nacherfüllungsrecht des Verkäufers grds. vor (Schlechtriem/Schwenzer/Schroeter/Müller-Chen Rn. 14; Karollus UN-KaufR S. 142). Nach überwM liegt allerdings keine wesentliche Vertragsverletzung vor, wenn ein an sich objektiv schwerwiegender Mangel leicht behebbar und der Verkäufer auch hierzu bereit ist, ohne dass dem Käufer unzumutbare Verzögerungen oder Belastungen entstehen (OLG Koblenz IHR 2003, 172 (175); OLG Köln IHR 2003, 15 (16); Handelsgericht des Kantons Aargau IHR 2003, 178 (180); Achilles Rn. 7; Brunner/Akikol/Bürki Rn. 9; MüKoHGB/Benicke Rn. 10 f.; Schlechtriem/Schwenzer/Schroeter/Müller-Chen Rn. 15; Witz/Salger/Lorenz/Salger Rn. 2; Schlechtriem/Schroeter IntUN-KaufR Rn. 330, 458; Fountoulakis IHR 2003, 160 (168); Lurger IHR 2001, 91 (98 f.); aA Karollus UN-KaufR S. 143, der aber in ZIP 1993, 490 den Vorrang des Nacherfüllungsrechts des Verkäufers gegenüber der Vertragsaufhebung bejaht und eine rechtsfolgenorientierte Auslegung des Begriffs der wesentlichen Vertragsverletzung vorschlägt; Neumayer RIW 1994, 99 (106). Zu einer Zurückdrängung des Vertragsaufhebungsrechts des Käufers zu Gunsten des Nacherfüllungsrechts des Verkäufers führt auch die Ansicht von Magnus FS Schlechtriem, 2003, 599 (612): Suspendierung des Vertragsaufhebungsrechts; ebenso Bianca/Bonell/Will Art. 48 Anm. 3.2.2; Bitter/Bitter BB 1993, 2315 (2323). Auch → Art. 25 Rn. 9, → Art. 46 Rn. 6, → Art. 46 Rn. 9 und → Art. 49 Rn. 5). Dies entspricht dem im CISG verankerten Prinzip des Vorrangs der Vertragserhaltung (so auch Gabriel in Ferrari/Flechtner/Brand Draft Digest 336, 357). Das bedeutet aber nicht, dass dem Verkäufer in jedem Fall die Möglichkeit der Nacherfüllung angeboten werden muss (UNCITRAL Digest Anm. 2; s. auch Staudinger/Magnus, 2018, Rn. 30). Ein Ausgleich der Parteiinteressen kann im Rahmen der in Art. 48 Abs. 2–4 und Art. 47 vorgesehenen Kommunikationsmechanismen, insbes. durch das Erfüllungserbieten des Verkäufers nach erfolgter Rüge vertragswidriger Beschaffenheit erfolgen (Schlechtriem/Schwenzer/Schroeter/Müller-Chen Rn. 16; Staudinger/Magnus, 2018, Rn. 30a; Magnus FS Schlechtriem, 2003, 599 (608 ff.); Magnus in Ferrari/Flechtner/Brand Draft Digest 323, 333; Fountoulakis IHR 2003, 160 (167); s. dazu auch Brunner/Akikol/Bürki Rn. 8). Auch sind besondere Interessen des Käufers – wie verlorenes Vertrauen in den Verkäufer oder die Vereinbarung eines Fixgeschäfts – zu berücksichtigen, die eine sofortige Vertragsaufhebung rechtfertigen können (Brunner/Akikol/Bürki Rn. 9; MüKoBGB/P. Huber Rn. 10; Schlechtriem/Schwenzer/Schroeter/Müller-Chen Rn. 15; Staudinger/Magnus, 2018, Rn. 30; Magnus FS Schlechtriem, 2003, 599 (612); Magnus in Ferrari/Flechtner/Brand Draft Digest 323, 333; Aicher in Hoyer/Posch, Das Einheitliche Wiener Kaufrecht, 1992, 111, 141 f.; P. Huber/Kröll IPRax 2003, 309 (314); Karollus ZIP 1993, 490 (493, 497); ähnlich MüKoHGB/Benicke Rn. 12; Krebs, Die Rückabwicklung im UN-Kaufrecht, 2000, 40).

**d) Zumutbarkeit.** Die Berechtigung zur Nacherfüllung besteht nur, wenn der Käufer diese nicht wegen Unzumutbarkeit zurückweist. Für die Beurteilung der Unzumutbarkeit, für die auf die objektivierte Käufersicht abzustellen ist (LG Stade IHR 2018, 238; MüKoBGB/P. Huber Rn. 5; Schlechtriem/Schwenzer/Schroeter/Müller-Chen Rn. 9), werden drei Kriterien aufgestellt. Zum einen darf die Nacherfüllung **keine** dem Käufer **unzumutbare Verzögerung** zur Folge haben. Als Maßstab ist dabei die angemessene Nachfrist des Art. 47 (→ Art. 47 Rn. 5) zugrunde zu legen (MüKoBGB/P. Huber Rn. 6; Schlechtriem/Schwenzer/Schroeter/Müller-Chen Rn. 10; Soergel/Willems Rn. 7; Staudinger/Magnus, 2018, Rn. 14; diff. Honsell/Schnyder/Straub Rn. 24). Weiterhin dürfen dem Käufer durch die Nacherfüllung **keine unzumutbaren Unannehmlichkeiten** entstehen, wobei die gleichen Grundsätze wie bei der entspr. Voraussetzung des Art. 37 gelten (→ Art. 37 Rn. 4). Solche Unannehmlichkeiten können sich etwa aus dem Erfordernis mehrerer Nachbesserungsversuche (Herber/Czerwenka Rn. 3; Honsell/Schnyder/Straub Rn. 25; Schlechtriem/Schwenzer/Schroeter/Müller-Chen Rn. 11, aber auch → Rn. 6), wobei insbes. auf die dazu benötigte Frist abzustellen ist (Schlechtriem/Schwenzer/Schroeter/Müller-Chen Rn. 11), oder aus dem Verlangen einer Kostenübernahme durch den Käufer (MüKoBGB/P. Huber Rn. 8, 16) ergeben. Schließlich darf sich **keine Ungewissheit über die Erstattung der Auslagen** des Käufers durch den Verkäufer ergeben (→ Rn. 13), weshalb im Zweifel eine Sicherheitsleistung des Verkäufers verlangt werden kann (Herber/Czer- 6 wenka Rn. 3; Honsell/Schnyder/Straub Rn. 26; Schlechtriem/Schwenzer/Schroeter/Müller-Chen Rn. 12; Staudinger/Magnus, 2018, Rn. 16; Soergel/Willems Rn. 8).

7 **2. Aufforderung zur Erklärung der Annahmebereitschaft (Abs. 2–4).** Der Verkäufer, der seine Berechtigung zur Nacherfüllung sicherstellen will, muss dem Käufer seine Erfüllungsbereitschaft mitteilen. Teilweise wird angenommen, dass sogar eine Obliegenheit des Verkäufers bestehe, unverzüglich nach Kenntnis von der Mangelhaftigkeit seiner Leistung den Käufer über seine Absicht und Bereitschaft zur Behebung des Mangels in Kenntnis zu setzen. Dies folge aus dem Grundsatz von Treu und Glauben (Art. 7 Abs. 1), weil der Käufer sonst bis zum Ablauf des nach Art. 48 als angemessen angesehenen Zeitraums warten müsse, bevor er über sein weiteres Vorgehen entscheiden könne (MüKoBGB/P. Huber Rn. 8a).

8 **a) Aufforderung unter Nennung einer Frist für die Bewirkung der Erfüllung (Abs. 2 S. 1).** Einerseits besteht für den Verkäufer die Möglichkeit, den Käufer ausdrücklich aufzufordern, ihm mitzuteilen, ob er die Erfüllung annehmen will. Dabei hat er nach Abs. 2 S. 1 zugleich eine Frist für die Bewirkung der Nacherfüllung zu nennen. Die Angemessenheit dieser Frist ist hingegen unbeachtlich, weil der Käufer die Möglichkeit hat, das Anerbieten zurückzuweisen (MüKoBGB/P. Huber Rn. 24; Schlechtriem/Schwenzer/Schroeter/Müller-Chen Rn. 25; Staudinger/Magnus, 2018, Rn. 39; wohl auch MüKoHGB/Benicke Rn. 20; aA Honsell/Schnyder/Straub Rn. 42b; Schlechtriem FS Trinkner, 1995, 321 (332 f.)). Jedoch muss die Frist zumindest so bemessen sein, dass der Käufer überhaupt noch Gelegenheit zur Antwort hat, bevor die Nacherfüllung bewirkt ist (MüKoBGB/P. Huber Rn. 24; MüKoHGB/Benicke Rn. 20; Schlechtriem/Schwenzer/Schroeter/Müller-Chen Rn. 25).

9 **b) Bloße Anzeige einer Frist für die Bewirkung der Erfüllung (Abs. 3).** Die Möglichkeit, den Käufer zur Erklärung der Annahmebereitschaft aufzufordern, wird für den Verkäufer in Abs. 3 weiter erleichtert. Danach bedarf es nämlich keiner ausdrücklichen Aufforderung. Vielmehr reicht es aus, wenn der Verkäufer dem Käufer anzeigt, innerhalb einer bestimmten Frist zu erfüllen. In diesem Fall wird vermutet, dass die Anzeige zugleich die Aufforderung an den Käufer beinhaltet, sich über seine Annahmebereitschaft zu erklären. Dabei handelt es sich um eine Fiktion (vgl. Honsell/Schnyder/Straub Rn. 44; MüKoBGB/P. Huber Rn. 25; Schlechtriem/Schwenzer/Schroeter/Müller-Chen Rn. 28; Soergel/Willems Rn. 10).

10 **c) Wirkungen der Aufforderung.** Die Aufforderung nach Abs. 2 und die Anzeige nach Abs. 3 begründen für den Fall ihres Zugangs (Abs. 4) und soweit der Käufer nicht innerhalb angemessener Frist widerspricht, die **Berechtigung** des Verkäufers **zur Erfüllung** innerhalb des von ihm genannten Zeitraums.

11 **aa) Widerspruchsfrist des Käufers.** Die eher knapp zu bemessende (MüKoBGB/P. Huber Rn. 26; Staudinger/Magnus, 2018, Rn. 42) Dauer der **angemessenen Frist** für die Erklärung der Annahmebereitschaft des Käufers beurteilt sich nach den konkreten Gegebenheiten unter Berücksichtigung objektiver Kriterien (Honsell/Schnyder/Straub Rn. 47). Eine Verpflichtung des Käufers zum unverzüglichen Widerspruch besteht nicht (so aber Schlechtriem/U. Huber, 3. Aufl. 2000, Rn. 33). Nach Art. 27 ist die rechtzeitige Absendung durch den Käufer ausschlaggebend und hat der Verkäufer das Risiko einer Verzögerung oder des Verlusts der Erklärung zu tragen (Sekretariatskommentar O.R. Anm. 15; Schlechtriem/Schwenzer/Schroeter/Müller-Chen Rn. 26). Der Widerspruch bedarf keiner Begründung (MüKoHGB/Benicke Rn. 22. Nach Herber/Czerwenka Rn. 7 kann dem Käufer bei der Nichtangabe von Gründen aber die spätere Berufung auf Unzumutbarkeit gem. Art. 7 Abs. 1 verwehrt sein).

12 **bb) Ausbleiben des Widerspruchs.** Widerspricht der Käufer nicht, kann er während des Laufs der vom Verkäufer genannten Frist für die Erfüllung keine Behelfe ausüben, die mit der Erfüllung unvereinbar sind (Abs. 2 S. 2). Indes entfaltet das Schweigen oder der nicht rechtzeitige Widerspruch des Käufers diese Wirkungen nur für den Fall, dass die in Abs. 1 genannten Voraussetzungen für das Recht zur Nacherfüllung auch vorliegen (Honsell/Schnyder/Straub Rn. 39; aA aber Bianca/Bonell/Will Anm. 2.2; MüKoBGB/P. Huber Rn. 27; MüKoHGB/Benicke Rn. 18; Schlechtriem/Schwenzer/Schroeter/Müller-Chen Rn. 27, der ein Recht zur Nacherfüllung bei Schweigen des Käufers auch unabhängig vom Vorliegen der Voraussetzungen des Abs. 1 annehmen will).

13 **3. Rechtsfolgen. a) Nacherfüllung ohne vorherige Aufforderung zur Erklärung der Annahmebereitschaft.** Soweit die Voraussetzungen des Abs. 1 vorliegen, ist der Verkäufer zur Nacherfüllung berechtigt. Bestehen mehrere Möglichkeiten der Mangelbeseitigung, steht dem

Verkäufer ein Wahlrecht zu (→ Rn. 3). Indes kann sich der Verkäufer **nicht sicher sein,** ob der Käufer zwischenzeitlich Rechte wegen Vertragsverletzung geltend macht. Deshalb empfiehlt es sich für den Verkäufer regelmäßig, den Käufer vor Beginn der Nacherfüllung zur Erklärung über seine Annahmebereitschaft aufzufordern.

**b) Nacherfüllung nach vorheriger Aufforderung zur Erklärung der Annahmebereitschaft.** Liegen die Voraussetzungen des Abs. 1 vor (hierauf soll es nach Ansicht von Schlechtriem/Schwenzer/Schroeter/Müller-Chen Rn. 27 nicht ankommen) und hat der Käufer auch eine Aufforderung des Verkäufers nach Abs. 2 und 3 erhalten, sich über seine Annahmebereitschaft zu erklären, welche er unwidersprochen hingenommen hat, vermag er innerhalb der vom Verkäufer bestimmten Frist für die Nacherfüllung **keine Rechte** wegen Vertragsverletzung **geltend zu machen.** Der Verkäufer hat damit Gewissheit, innerhalb der Frist die Nacherfüllung bewirken zu können. Schlägt die Nacherfüllung durch den Verkäufer fehl, stehen dem Käufer wiederum die vorübergehend suspendierten Rechtsbehelfe des Art. 45 Abs. 1 zu (Schlechtriem/Schwenzer/Schroeter/Müller-Chen Rn. 27). 14

**c) Kosten.** Die Kosten einer Nacherfüllung trägt stets der Verkäufer (Abs. 1 S. 1) (OLG Hamm NJW-RR 1996, 179 (180)). Weil die nachträgliche Erfüllung an dem für die Erfüllung der ursprünglichen Verpflichtung maßgeblichen Ort zu erfolgen hat (Honsell/Schnyder/Straub Rn. 11; MüKoBGB/P. Huber Rn. 15; Schlechtriem/Schwenzer/Schroeter/Müller-Chen Rn. 7), sind dem Käufer insbes. auch die im Zusammenhang mit einer Rücksendung der Ware verbundenen Kosten vom Verkäufer zu erstatten (Honsell/Schnyder/Straub Rn. 17; MüKoBGB/P. Huber Rn. 16; Schlechtriem/Schwenzer/Schroeter/Müller-Chen Rn. 8). Allerdings hat die Nachbesserung am Bestimmungsort der Ware nach dem Kaufvertrag zu erfolgen (→ Art. 46 Rn. 15). 15

**d) Schadensersatz.** Nach Abs. 1 S. 2 hindert das Recht zur Nacherfüllung den Käufer nicht, Ersatzansprüche wegen Schäden geltend zu machen, die durch die Vertragsverletzung entstanden sind und auch nicht beseitigt werden können. 16

## III. Beweislastregeln

Der Käufer, welcher der Nacherfüllung widerspricht, hat deren Unzumutbarkeit (Abs. 1) zu beweisen (Müller in Baumgärtel/Laumen/Prütting Beweislast-HdB II UNKR Rn. 5 ff.; Schlechtriem/Schwenzer/Schroeter/Müller-Chen Rn. 13; Fountoulakis IHR 2003, 160 (166); Honsell/Schnyder/Straub Rn. 64; aA Staudinger/Magnus, 2018, Rn. 46). Die Tauglichkeit der beabsichtigten Nacherfüllung ist dagegen vom Verkäufer zu beweisen (Schlechtriem/Schwenzer/Schroeter/Müller-Chen Rn. 13). Die Beweislast für die Absendung der Aufforderung an den Käufer zur Erklärung seiner Annahmebereitschaft trägt der Verkäufer ebenso wie für ihren Zugang (Abs. 4) (Hepting/Müller in Müller in Baumgärtel/Laumen/Prütting Beweislast-HdB II UNKR Rn. 21 ff.; Schlechtriem/Schwenzer/Schroeter/Müller-Chen Rn. 29). Hingegen hat der Käufer zu beweisen, dass er den Widerspruch rechtzeitig abgesandt hat (Müller in Baumgärtel/Laumen/Prütting Beweislast-HdB II UNKR Rn. 25; Schlechtriem/Schwenzer/Schroeter/Müller-Chen Rn. 26). 17

## Art. 49 (Vertragsaufhebung)

**(1) Der Käufer kann die Aufhebung des Vertrages erklären,**

**a) wenn die Nichterfüllung einer dem Verkäufer nach dem Vertrag oder diesem Übereinkommen obliegenden Pflicht eine wesentliche Vertragsverletzung darstellt oder**

**b) wenn im Falle der Nichtlieferung der Verkäufer die Ware nicht innerhalb der vom Käufer nach Artikel 47 Absatz 1 gesetzten Nachfrist liefert oder wenn er erklärt, daß er nicht innerhalb der so gesetzten Frist liefern wird.**

**(2) Hat der Verkäufer die Ware geliefert, so verliert jedoch der Käufer sein Recht, die Aufhebung des Vertrages zu erklären, wenn er**

**a) im Falle der verspäteten Lieferung die Aufhebung nicht innerhalb einer angemessenen Frist erklärt, nachdem er erfahren hat, daß die Lieferung erfolgt ist, oder**

**b) im Falle einer anderen Vertragsverletzung als verspäteter Lieferung die Aufhebung nicht innerhalb einer angemessenen Frist erklärt,**

**i) nachdem er die Vertragsverletzung kannte oder kennen mußte,**
**ii) nachdem eine vom Käufer nach Artikel 47 Absatz 1 gesetzte Nachfrist abgelaufen ist oder nachdem der Verkäufer erklärt hat, daß er seine Pflichten nicht innerhalb der Nachfrist erfüllen wird, oder**
**iii) nachdem eine vom Verkäufer nach Artikel 48 Absatz 2 gesetzte Frist abgelaufen ist oder nachdem der Käufer erklärt hat, daß er die Erfüllung nicht annehmen wird.**

**Schrifttum:** Aicher, Leistungsstörungen aus der Verkäufersphäre – Ein Beitrag zur wesentlichen Vertragsverletzung und zur aliud-Lieferung im UN-Kaufrechtsübereinkommen, in Hoyer/Posch (Hrsg.), Das Einheitliche Wiener Kaufrecht, 1992, 111; Benicke, Zur Vertragsaufhebung nach UN-Kaufrecht bei Lieferung mangelhafter Ware, IPRax 1997, 326; Butler, Caveat emptor: Remedy-oriented Approach Restricts Buyer's Right to Avoidance Under Article 49(1)(a) of the United Nations Convention on Contracts for the International Sale of Goods, IHR 2003, 208; CISG Advisory Council Opinion No. 5, The buyer's right to avoid the contract in case of non-conforming goods or documents, http://www.cisgac.com/cisgac-opinion-no-5/ (abgerufen 19.4.2022; zum CISG Advisory Council Art. 7 Rn. 3)Coen, Vertragsscheitern und Rückabwicklung – Eine rechtsvergleichende Untersuchung zum englischen und deutschen Recht, zum UN-Kaufrecht sowie zu den Unidroit Principles und den Principles of European Contract Law, 2003; Diedrich, Voraussetzungen einer Vertragsaufhebung wegen Sachmängeln nach dem Wiener Kaufrecht, RIW 1995, 11; Enderlein, Vertragsaufhebung und Pflicht zu Kaufpreiszahlung nach UN-Kaufrecht, IPRax 1996, 182; Flessner, Ultima ratio …, ZEuP 2001, 797; Fogt, Anmerkung zu: Rechtzeitige Rüge und Vertragsaufhebung bei Waren mit raschem Wertverlust nach UN-Kaufrecht, Dänisches Vestre Landsret 10.11.1999, 9. Abteilung, Az B 2919-98, unveröffentlicht, ZEuP 2002, 581; Fountoulakis, Das Verhältnis von Nacherfüllungsrecht des Verkäufers und Vertragsaufhebungsrecht des Käufers im UN-Kaufrecht. Unter besonderer Berücksichtigung der Rechtsprechung der Schweizer Gerichte, IHR 2003, 160; Freiburg, Das Recht auf Vertragsaufhebung im UN-Kaufrecht, 2001; Graffi, Divergences in the Interpretation of the CISG: The Concept of "Fundamental Breach", in Ferrari (Hrsg.), The 1980 Uniform Sales Law. Old Issues Revisited in the Light of Recent Experiences. Verona Conference 2003, 2003, 305; U. Huber, Die Rechtsbehelfe der Parteien, insbesondere der Erfüllungsanspruch, die Vertragsaufhebung und ihre Folgen nach UN-Kaufrecht im Vergleich zu EKG und BGB, in Schlechtriem (Hrsg.), Einheitliches Kaufrecht und nationales Obligationenrecht, 1987, 199; Jan, Die Erfüllungverweigerung im deutschen und im UN-Kaufrecht, 1992; Kappus, Rechtsvergleichende Aspekte zur Vertragsaufhebung wegen Sachmangels nach UN-Kaufrecht, RIW 1992, 528; Kappus, Vertragsaufhebung nach UN-Kaufrecht in der Praxis, NJW 1994, 984; Karollus, UN-Kaufrecht: Vertragsaufhebung und Nacherfüllungsrecht bei Lieferung mangelhafter Ware, ZIP 1993, 490; Krebs, Die Rückabwicklung im UN-Kaufrecht, 2000; Leser, Vertragsaufhebung und Rückabwicklung unter dem UN-Kaufrecht, in Schlechtriem (Hrsg.), Einheitliches Kaufrecht und nationales Obligationenrecht, 1987, 225; Leser, Strukturen von Schadensersatz und Vertragsaufhebung im deutschen und UN-Kaufrecht, FS Kitagawa, 1992, 455; Lurger, Die wesentliche Vertragsverletzung nach Art. 25 CISG, IHR 2001, 91; Lurger, Überblick über die Judikaturentwicklung zu ausgewählten Fragen des CISG – Teil II, IHR 2005, 221; Magnus, Aufhebungsrecht des Käufers und Nacherfüllungsrecht des Verkäufers im UN-Kaufrecht, FS Schlechtriem, 2003, 599; Magnus, Probleme der Vertragsaufhebung nach dem UN-Kaufrecht (CISG) – OLG Düsseldorf, NJW-RR 1994, 506, JuS 1995, 870; Magnus/Lüsing, CISG und INCOTERMS, Leistungsverzug und Fixgeschäft, IHR 2007, 1; Neumayer, Offene Fragen zur Anwendung des Abkommens der Vereinten Nationen über den internationalen Warenkauf, RIW 1994, 99; Ostendorf, Noch einmal: Führt die Vereinbarung einer CIF-Klausel zum Fixgeschäft?, IHR 2009, 100; Piltz, Wesentliche Vertragsverletzung im UN-Kaufrecht, Anwaltspraxis 1997, 425; Piltz, Gestaltung von Exportverträgen nach der Schuldrechtsreform, IHR 2002, 2; Sauthoff, Lieferverzug als wesentliche Vertragsverletzung bei Vereinbarung sofortiger Lieferung und wirksame Einbeziehung fremdsprachiger AGB, IHR 2005, 21; Schlechtriem, Zur Geltung des CISG auf grenzüberschreitend geschlossene Werklieferungsverträge sowie zu den Voraussetzungen einer Vertragsaufhebung wegen einer wesentlichen Vertragsverletzung nach CISG Art. 49 Abs. 1a, 25, EWiR 1991, 1081; Schmidt-Kessel, Vertragsaufhebung nach UN-Kaufrecht, RIW 1996, 60.

## Überblick

Vertragsaufhebung gem. Art. 49 kommt bei Nichterfüllung der Verkäuferpflichten als ultima ratio in Betracht (→ Rn. 1). Abs. 1 lit. a nennt als Voraussetzung die wesentliche Vertragsverletzung, nach Art. 25 aufgrund jeglicher Pflichtverletzung (→ Rn. 3 ff.). Der Käufer kann die Vertragsaufhebung auch erklären, wenn eine von ihm zur Nacherfüllung gesetzte Frist fruchtlos verstrichen ist oder der Verkäufer die Erfüllung innerhalb der Frist verweigert (lit. b; → Rn. 9 ff.). Abs. 2 regelt Ausschlussgründe. Bei verspätet erfolgter Lieferung kann die Aufhebung nur innerhalb angemessener Frist nach sicherer Kenntnis von der Lieferung erklärt werden (lit. a; → Rn. 14 f.). Bei anderen Arten der Vertragsverletzung muss nach lit. b die Lieferung bereits erfolgt sein (→ Rn. 16 ff.).

## Übersicht



## I. Normzweck

Neben Nachbesserung, Minderung und Schadensersatz steht dem Käufer nach Art. 49 bei Nichterfüllung der Verkäuferpflichten als ultima ratio – ebenso wie dem Verkäufer nach Art. 64 – der Behelf der Vertragsaufhebung zu (BGHZ 132, 290 (298) = NJW 1996, 2364 (2366); UNCITRAL Digest Anm. 2; Honsell/Schnyder/Straub Rn. 2). Gemäß Art. 45 Abs. 2 kann der Rücktritt mit Schadensersatz kombiniert werden. Die Möglichkeit der Vertragsaufhebung als ultima ratio zählt zu den Grundwertungen des CISG und kann durch die Parteien nicht ohne weiteres vollständig abgedungen werden (→ Art. 45 Rn. 9) (MüKoBGB/P. Huber Rn. 88; Witz/Salger/Lorenz/Salger Rn. 10; s. auch OGH IHR 2001, 42 (43)). Aufgrund des Rücktritts erlöschen die beiderseitigen Leistungspflichten und sind die bereits erbrachten Leistungen zurückzugewähren (Art. 81). Insbesondere muss der Käufer grds. auch zur Rückgabe der gelieferten Ware in der Lage sein (Art. 82). Demzufolge steht die Vertragsaufhebung auch nicht der Geltendmachung vertraglicher (Sekundär-)Ansprüche entgegen, was Art. 83 ausdrücklich klarstellt. **Abs. 1** bestimmt zunächst die positiven **Voraussetzungen** des Rechts auf Vertragsaufhebung. Dieses ist entweder die **wesentliche Vertragsverletzung** (lit. a) oder der **fruchtlose Ablauf einer Nachfrist** bei Nichtlieferung (lit. b). **Abs. 2** enthält negative Voraussetzungen, also **Ausschlussgründe,** die zum Verlust des Vertragsaufhebungsrechts führen. Dabei ist zwischen dem Fall der verspäteten Lieferung (lit. a) und anderen Vertragsverletzungen (lit. b) zu unterscheiden. Der Käufer verliert das Recht zur Vertragsaufhebung, wenn er diese nicht rechtzeitig nach Kenntnis von der verspäteten Lieferung erklärt. Bei anderen Vertragsverletzungen kommt es zum Verlust des Rechts, wenn der Käufer die Aufhebung nicht rechtzeitig erklärt, entweder nachdem die Vertragsverletzung erkennbar war (lit. b Ziff. i) oder eine vom Käufer gesetzte Nachfrist nach Art. 47 Abs. 1 (lit. b Ziff. ii) bzw. eine vom Verkäufer nach Art. 48 Abs. 2 zur Nacherfüllung gesetzte Frist (lit. b Ziff. iii) abgelaufen ist. Im Fall eines Sukzessivlieferungsvertrags richtet sich die Vertragsaufhebung nach Art. 73. 1

## II. Einzelerläuterungen

**1. Recht zur Vertragsaufhebung (Abs. 1).** Der Käufer hat die Vertragsaufhebung nach Art. 26 hinreichend deutlich (Staudinger/Magnus, 2018, Rn. 25; Krebs, Die Rückabwicklung im UN-Kaufrecht, 2000, 25 f.; Fogt ZEuP 2002, 581 (593)) zu erklären, sodass sich sein Wille, nicht mehr am Vertrag festhalten zu wollen, zweifelsfrei ergibt (OLG Koblenz IHR 2003, 172 (174); OLG Köln IHR 2003, 15 (17); OGH IHR 2001, 206 (208); UNCITRAL Digest Anm. 3; Honsell/Schnyder/Straub Rn. 34; MüKoBGB/P. Huber Rn. 12). Dem kann im Einzelfall auch ein schlüssiges Verhalten genügen (OLG Düsseldorf CISG-online Nr. 916 = IHR 2005, 29 (31); Brunner/Bodenheimer Art. 26 Rn. 3; MüKoBGB/P. Huber Rn. 11; Schlechtriem/Schwenzer/Schroeter/Müller-Chen Rn. 24 und Piltz NJW 2009, 2258 (2263) mit Beispielen; Staudinger/Magnus, 2018, Rn. 25, Art. 26 Rn. 6; Fogt ZEuP 2002, 581 (593); Weber in Bucher, Wiener Kaufrecht, 1990, 165, 179; Lurger IHR 2005, 221; nach dem OGH IHR 2002, 73 (74), kann die Erklärung grds. schlüssig erfolgen; weitere Beispiele für eine schlüssige Aufhebungserklärung s. bei Lurger IHR 2001, 91 (93); Honsell/Schnyder/Straub Rn. 34d; aA Butler IHR 2003, 208 (209)). Das Recht des Käufers, die Vertragsaufhebung zu erklären, besteht zum einen bei einer **wesentlichen Vertragsverletzung.** Deren Voraussetzungen lassen sich in der Praxis aber nur schwer beurteilen. Der Käufer kann erst nach einem Richterspruch Gewissheit haben, dass er den Behelf zu Recht ausgeübt hat. Bei Nichtlieferung der Ware ist deshalb die zweite Voraussetzung, unter der das Recht zur Vertragsaufhebung geltend gemacht werden kann, von größerer **praktischer** Bedeutung. Lässt nämlich der Verkäufer eine vom Käufer gesetzte **Nachfrist** fruchtlos verstreichen oder erklärt er, seine Verpflichtung auch innerhalb dieser Frist nicht zu erfüllen, kann der Käufer sicher sein, dass er auch zur Aufhebung berechtigt ist. 2

**a) Wesentliche Vertragsverletzung (lit. a).** Ob eine wesentliche Vertragsverletzung vorliegt, beurteilt sich nach Art. 25, der die Legaldefinition dieses Begriffes enthält. Danach kommt es 3 darauf an, ob eine Vertragsverletzung für die andere Partei einen solchen Nachteil zur Folge hat, dass ihr im Wesentlichen entgeht, was sie nach dem Vertrag hätte erwarten dürfen, und diese Folge für die vertragsbrüchige Partei auch voraussehbar war. Entscheidend ist letztlich, ob die Erwartungen des Käufers auf Grund einer schwerwiegenden Verletzung der Verkäuferpflichten derart enttäuscht werden, dass sein **Interesse** an der Vertragsdurchführung **entfällt** (iE → Art. 25 Rn. 3 ff., insbes. → Art. 25 Rn. 7 ff.).

4 **aa) Nichterfüllung.** Jede Art der Pflichtverletzung (→ Art. 45 Rn. 2) kann eine wesentliche Vertragsverletzung begründen. Bei **Verzug** der Lieferung ist eine wesentliche Vertragsverletzung nur in Betracht zu ziehen, wenn erkennbar ist, dass die genaue Einhaltung des Liefertermins für den Käufer von besonderem Interesse ist (BGH IHR 2015, 8 (13); OLG Hamm OLGR 2002, 185 (188); MüKoBGB/Gruber Art. 25 Rn. 21; Herber IHR 2003, 177). Dies ist jedenfalls bei ausdrücklicher Vereinbarung eines Fixgeschäfts (OLG Düsseldorf IHR 2005, 24 (25); OLG Hamm OLGR 2002, 185 (188); Handelsgericht des Kantons Zürich IHR 2008, 31 (33); UNCITRAL Digest Anm. 9; Honsell/Schnyder/Straub Rn. 26c; MüKoBGB/Gruber Art. 25 Rn. 21; Staudinger/Magnus, 2018, Rn. 10; Ferrari IHR 2005, 1 (7); Herber IHR 2003, 177; Soergel/Willems Rn. 5; zum Fixgeschäft bei Vereinbarung einer CIF-Klausel (INCOTERMS) Magnus/Lüsing IHR 2007, 1; Ostendorf IHR 2009, 100) und bei Saisonware (UNCITRAL Digest Anm. 9; Brunner/Leisinger Art. 25 Rn. 13; MüKoBGB/Gruber Art. 25 Rn. 21; Schlechtriem/Schwenzer/Schroeter/Müller-Chen Rn. 5; Ferrari IHR 2005, 1 (8); Lurger IHR 2001, 91 (94). Vgl. aber auch OLG Oldenburg 27.3.1996 – 12 O 2541/95, CISG-online Nr. 188) der Fall (→ Art. 25 Rn. 8). In der Regel kommt eine Vertragsaufhebung bei Verzug aber nur nach einer vorherigen Nachfristsetzung nach Abs. 1 lit. b in Betracht, soweit die Nichterfüllung nicht schon allein wegen ihrer langen Dauer in eine wesentliche Vertragsverletzung umschlägt (OLG Düsseldorf IHR 2005, 24 (25); Neumayer/Ming Anm. 3; Schlechtriem/Schwenzer/Schroeter/Müller-Chen Rn. 5; Ferrari IHR 2005, 1 (8), und wohl auch Staudinger/Magnus, 2018, Rn. 11 f. für den Fall der deutlichen Überschreitung des Liefertermins). Dies kann insbes. bei Vereinbarung „schnellstmöglicher" oder „sofortiger" Lieferung der Fall sein. Indes führt eine solche Vereinbarung allein nicht dazu, dass eine wesentliche Vertragsverletzung begründet ist, sobald Lieferverzug vorliegt (so aber OLG Düsseldorf IHR 2005, 24 (25 f.) m. krit. Anm. Sauthoff IHR 2005, 21 (23)). Auch eine **Erfüllungsverweigerung** (Schiedsgericht der Hamburger freundschaftlichen Arbitrage IHR 2001, 35 (37); Schiedsgericht der Handelskammer Hamburg NJW 1996, 3229 (3231) = CISG-online Nr. 187; MüKoBGB/Gruber Art. 25 Rn. 20; Soergel/Willems Rn. 4; Schlechtriem/Schwenzer/Schroeter/Müller-Chen Rn. 6; Staudinger/Magnus, 2018, Rn. 13; Ferrari IHR 2005, 1 (6)) kann eine wesentliche Vertragsverletzung begründen (→ Art. 25 Rn. 8). Dies kann auch gelten, wenn der Verkäufer erklärt, nur gegen eine zusätzliche Gegenleistung bzw. bei einer Preiserhöhung lieferbereit zu sein (OLG Hamm IHR 2020, 49 (54)). Ebenso kann die objektive dauernde **Unmöglichkeit** (MüKoBGB/Gruber Art. 25 Rn. 20; Schlechtriem/Schwenzer/Schroeter/Müller-Chen Rn. 6) eine wesentliche Vertragsverletzung begründen. Vorübergehende Unmöglichkeit oder Unvermögen nur des Verkäufers (aA Schlechtriem/Schwenzer/Schroeter/Müller-Chen Rn. 6) berechtigen dagegen nur im Einzelfall zur Vertragsaufhebung.

5 **bb) Mangelhafte Lieferung.** Auf die Besonderheiten des Einzelfalls kommt es auch bei der **Lieferung vertragswidriger Ware** an, die zu einem objektiv schwerwiegenden Mangel führt (BGHZ 202, 258 = NJW 2015, 867 (869); Honsell/Schnyder/Straub Rn. 23; Neumayer/Ming Anm. 4). Zwar wird teilweise die Auffassung vertreten, der Käufer sei auch bei einem objektiv schwerwiegenden Mangel nicht zur Vertragsaufhebung berechtigt, wenn dieser noch durch Nachbesserung oder Ersatzlieferung zu beheben sei (Schlechtriem/U. Huber, 3. Aufl. 2000, Rn. 12, Art. 46 Rn. 32 ff.; R. Koch RIW 1995, 98 (99 f.)). Die Frage der Behebbarkeit eines Mangels wird auch im Zusammenhang mit dem Nacherfüllungsrecht des Verkäufers problematisiert (→ Art. 48 Rn. 5; → Art. 46 Rn. 9). Indes ist nicht allein die Behebbarkeit des Mangels maßgeblich, sondern ist auf Grund einer Gesamtschau aller Umstände zu ermitteln, ob das Interesse des Käufers an der Vertragserfüllung entfällt (BGHZ 202, 258 = NJW 2015, 867 (869); OGH IHR 2012, 114 (117); Honsell/Schnyder/Straub Rn. 23a). Dabei sind zeitliche Erfordernisse auf Seiten des Käufers ebenso zu berücksichtigen wie das Verhalten des Verkäufers.

6 Mit der überwiegenden Ansicht ist daher eine wesentliche Vertragsverletzung idR zu verneinen, wenn ein an sich objektiv schwerwiegender Mangel **leicht behebbar** ist und der Verkäufer bereit ist, diesen zu beheben, ohne dass dem Käufer dadurch unzumutbare Verzögerungen oder Belastungen entstehen (→ Art. 25 Rn. 9; → Art. 48 Rn. 5) (BGHZ 202, 258 = NJW 2015, 867 (869); OLG Koblenz IHR 2003, 172 (175); OLG Köln IHR 2003, 15 (16 f.); Handelsgericht des Kantons Zürich 26.4.1995 – HG 920670, CISG-online Nr. 248 (obiter dictum); Handelsge-

richt des Kantons Aargau IHR 2003, 178 (180); Cour d'appel de Grenoble 26.4.1995 – 93/4879, CISG-online Nr. 154; Achilles Art. 25 Rn. 9, Art. 48 Rn. 5; Brunner/Leisinger Art. 25 Rn. 15; MüKoBGB/P. Huber Rn. 28; MüKoHGB/Benicke Art. 25 Rn. 43; MüKoHGB/Benicke Art. 48 Rn. 10 f.; Schlechtriem/Schwenzer/Schroeter/Müller-Chen Rn. 8, 9; Schlechtriem/Schwenzer/Schroeter/Schroeter Art. 25 Rn. 47 f.; Witz/Salger/Lorenz/Salger Art. 48 Rn. 2; Piltz IntKaufR Rn. 5-196; Schlechtriem/Schroeter IntUN-KaufR Rn. 330; Schlechtriem FS Trinkner, 1995, 321 (327); Ferrari IHR 2005, 1 (7); Fountoulakis IHR 2003, 160 (168); Lurger IHR 2001, 91 (98 f.); dies IHR 2005, 221 (224); einschr. Tröger ZVglRWiss 107 (2008), 383 (391 f.); aA Freiburg S. 105; Karollus UN-KaufR S. 143; Holthausen RIW 1990, 101 (106); Neumayer RIW 1994, 99 (106)). Eine wesentliche Vertragsverletzung kann in diesem Fall aber dennoch auf Grund besonderer Interessen des Käufers – etwa auf Grund verlorenen Vertrauens in den Verkäufer oder auf Grund eines Fixgeschäfts (MüKoBGB/Gruber Art. 25 Rn. 26; Schlechtriem/Schwenzer/Schroeter/Müller-Chen Rn. 9; Lurger IHR 2001, 91 (98)) – vorliegen (MüKoBGB/P. Huber Rn. 28; Schlechtriem/Schwenzer/Schroeter/Müller-Chen Rn. 9; Magnus FS Schlechtriem, 2003, 599 (612); Schlechtriem in Ferrari/Flechtner/Brand, The Draft UNCITRAL Digest and Beyond, 2004, 323, 333; Aicher in Hoyer/Posch, Das Einheitliche Wiener Kaufrecht, 1992, 111, 141 f.; P. Huber/Kröll IPRax 2003, 309 (314); Karollus ZIP 1993, 490 (493, 497); Soergel/Willems Rn. 7; ähnlich MüKoHGB/Benicke Art. 48 Rn. 12). Eine solche scheidet aber wiederum selbst bei **unbehebbaren** Mängeln aus, wenn der Käufer die Sache trotz Vertragswidrigkeit für den vorgesehenen Zweck auf Dauer verwendet (BGHZ 202, 258 = NJW 2015, 867 (869); Schlechtriem/Schroeter IntUN-KaufR Rn. 331 ff.).

Eine wesentliche Vertragsverletzung ist bei Lieferung mangelhafter Ware auch zu verneinen, soweit dem Käufer eine **anderweitige Verarbeitung** oder der Absatz der Ware im gewöhnlichen Geschäftsverkehr, wenn auch mit einem Preisabschlag, ohne unverhältnismäßigen Aufwand möglich und zumutbar ist (BGH IHR 2015, 8 (11); BGHZ 132, 290 (298) = NJW 1996, 2364 (2366); OLG Frankfurt NJW 1994, 1013 (1014); OLG Stuttgart OLGR 2002, 148; OLG Köln IHR 2003, 15 (16 f.); Schweiz. BG 28.10.1998 – 4 C. 197/1998/odi, CLOUT Nr. 248; Achilles Art. 25 Rn. 8; Brunner/Leisinger Art. 25 Rn. 17; MüKoBGB/Gruber Art. 25 Rn. 22; MüKoHGB/Benicke Art. 25 Rn. 38; Schlechtriem/Schwenzer/Schroeter/Müller-Chen Art. 46 Rn. 24; Schlechtriem/Schwenzer/Schroeter/Schroeter Art. 25 Rn. 52; Staudinger/Magnus, 2018, Art. 46 Rn. 39; Witz/Salger/Lorenz/Salger Art. 25 Rn. 8; Ferrari IHR 2005, 1 (7); Piltz NJW 2009, 2258 (2263). Ähnlich LG München IHR 2003, 233 (235) = CISG-online Nr. 654; Soergel/Willems Rn. 7: Unzumutbarkeit, wenn Käufer seinerseits um seinen guten Ruf bei seinen Kunden fürchten muss.). Die ihm dadurch entstehende Verluste und Kosten kann er gegenüber dem Verkäufer als Schadensersatz geltend machen (MüKoBGB/P. Huber, 6. Aufl. 2012, Rn. 39; Kappus NJW 1994, 984). Ob dem Käufer eine anderweitige Verwertung der Ware möglich und zumutbar ist, richtet sich in erster Linie nach ihrem Verwendungszweck, aber auch nach dem Maß der Qualitätsabweichung sowie Art und Größe des Unternehmens des Käufers (ausf. → Art. 25 Rn. 9) (R. Koch in Review of the Convention on Contracts for the International Sale of Goods (CISG) 1998, 1999, 177, 221 f.; s. auch Schlechtriem/Schwenzer/Schroeter/Müller-Chen Art. 46 Rn. 24). Die genannten Grundsätze gelten auch für aliud-Lieferungen und Rechtsmängel (Ferrari IHR 2005, 1 (7)). 7

**cc) Sonstige Vertragsverletzungen.** Eine wesentliche Vertragsverletzung können auch **Rechtsmängel** (Art. 41, 42) sowie fehlende oder fehlerhafte **Dokumente** (BGHZ 132, 290 (301) = NJW 1996, 2364 (2366); MüKoBGB/Gruber Art. 25 Rn. 29; Honsell/Schnyder/Straub Rn. 27; Schlechtriem/U. Huber, 3. Aufl. 2000, Rn. 16; Staudinger/Magnus, 2018, Rn. 17; Ferrari IHR 2005, 1 (7)) und schließlich auch die Verletzung von **Nebenpflichten** (MüKoBGB/Gruber Art. 25 Rn. 30; Schlechtriem/Schwenzer/Schroeter/Müller-Chen Rn. 12 nennen als Beispiele die nicht rechtzeitige Stellung einer Bankgarantie oder die Nichterfüllung einer zusätzlich übernommenen Montagepflicht) begründen, die von solcher Tragweite sind, dass sie die Grundlage des Vertrages erschüttern. Kann der Käufer sich im Fall der Übergabe eines fehlerhaften Dokuments unschwer ein zutreffendes Dokument beschaffen und die Ware dann ohne weiteres veräußern, entfällt das wesentliche Vertragsinteresse des Käufers nicht (BGHZ 132, 290 (301) = NJW 1996, 2364 (2366)). 8

**b) Ablauf einer Nachfrist (lit. b).** Das Recht zur Vertragsaufhebung lässt sich für den Fall der **Nichtlieferung** der Ware zweifelsfrei feststellen, wenn eine vom Käufer nach Art. 47 Abs. 1 gesetzte Nachfrist fruchtlos verstrichen ist. Art. 49 Abs. 1 lit. b bildet insoweit einen eigenständigen und von lit. a unabhängigen Aufhebungstatbestand (OLG Celle, IWRZ 2021, 133 (135) mit Anmerkung Heuer-James/Chibanguza IWRZ 2921, 135; Piltz, NJW 2021, 3636 (3641)). Der 9

Nichtlieferung steht es gleich, wenn der Verkäufer die Lieferung innerhalb der Frist zwar anbietet, diese jedoch von der Erfüllung unberechtigter Forderungen abhängig macht (Schweiz. BG 20.12.2006 – 4C.314/2006/len, zur Forderung der vollen Kaufpreiszahlung trotz teilweiser Aufrechnung durch den Käufer). Als Nichtlieferung ist beim Verkauf eingelagerter oder auf dem Transport befindlicher Ware auch die nicht rechtzeitige Übergabe der Dokumente anzusehen (Herber/Czerwenka Rn. 9; Honsell/Schnyder/Straub Rn. 100; Staudinger/Magnus, 2018, Rn. 17, 22; diff. Schlechtriem/Schwenzer/Schroeter/Müller-Chen Rn. 18, 19; Soergel/Willems Rn. 8. Nach Schlechtriem/Schroeter IntUN-KaufR Rn. 468 ist die Nichterfüllung der Übergabepflicht hinsichtlich solcher Warendokumente, die dem Besitz an der Ware entsprechen (Traditionspapiere), schon eine wesentliche Vertragsverletzung). Dies gilt aber auch beim **Versendungskauf,** bei dem die Lieferung eigentlich in der Übergabe an den Beförderer besteht, soweit der Käufer der Ware Dokumente mit Wertpapiercharakter benötigt, um die Ware in Empfang nehmen zu können (Honsell/Schnyder/Straub Rn. 100; Schlechtriem/U. Huber, 3. Aufl. 2000, Rn. 26; aA Herber/Czerwenka Rn. 9. Nach Schlechtriem/Schwenzer/Schroeter/Müller-Chen Rn. 18 gilt dies unabhängig davon, ob der Käufer das Dokument benötigt, um die Ware am Bestimmungsort in Empfang zu nehmen oder nicht).

10 Hingegen ist die Möglichkeit der Nachfristsetzung **nicht** auf den Fall der **Vertragswidrigkeit** der gelieferten Ware zu erstrecken (BGHZ 132, 290 (296 f.) = NJW 1996, 2364 (2365); MüKoBGB/P. Huber Rn. 48; MüKoHGB/Benicke Rn. 7; Schlechtriem/Schwenzer/Schroeter/Müller-Chen Rn. 15; aA aber OLG Düsseldorf NJW-RR 1994, 506), da das CISG nach Art. 35 Abs. 1 bei nicht vertragsgemäßer Ware nicht zwischen Schlechtlieferung und Falschlieferung differenziert. Beides begründet in gleicher Weise eine Vertragswidrigkeit, weshalb eine **Vertragsaufhebung** in diesen Fällen **nur bei** einer **wesentlichen Vertragsverletzung** nach Abs. 1 lit. a in Betracht kommt.

11 Zu berücksichtigen ist, dass der Verkäufer nach Art. 48 Abs. 2 eine **Frist zur Nacherfüllung** bestimmen kann. Deshalb muss der Käufer, der eine solche längere Gegenfrist nicht gelten lassen will, dieser nach Art. 48 Abs. 2 innerhalb angemessener Frist widersprechen, um zu verhindern, dass sich die Frist entspr. verlängert (Schlechtriem/Schwenzer/Schroeter/Müller-Chen Rn. 21). Im Übrigen kann der Käufer die Nachfristsetzung bereits mit einer **bedingten** Erklärung der **Vertragsaufhebung** verbinden, wie dies bereits für das EKG anerkannt war (BGHZ 74, 193 (203 f.) = NJW 1979, 1779 (1781) zum EKG; Herber/Czerwenka Rn. 11; Schlechtriem/Schwenzer/Schroeter/Müller-Chen Rn. 22, 23; Staudinger/Magnus, 2018, Rn. 26).

12 Schließlich begründet auch die **Erfüllungsverweigerung** des Verkäufers vor Fristablauf das Recht des Käufers zur sofortigen Vertragsaufhebung.

13 **2. Ausschlussgründe (Abs. 2).** Abs. 2 bestimmt die Voraussetzungen, die zum Verlust des Rechts auf Vertragsaufhebung führen, das an die **Einhaltung angemessener Erklärungsfristen** gebunden ist. So soll der Gefahr entgegengewirkt werden, dass mit der Wahl des Zeitpunkts für die Vertragsaufhebung spekulative Zwecke verfolgt werden. Das Übereinkommen unterscheidet dabei zwischen dem Verlust des Vertragsaufhebungsrechts bei verspäteter Lieferung (lit. a) und bei anderen Vertragsverletzungen (lit. b). Das Fristversäumnis ist von Amts wegen zu beachten (MüKoBGB/P. Huber Rn. 82; MüKoHGB/Benicke Rn. 17; Schlechtriem/Schwenzer/Schroeter/Müller-Chen Rn. 28).

14 **a) Verspätete Lieferung (lit. a).** Wird die Ware nicht rechtzeitig (Art. 33) geliefert, kann der Käufer nach Abs. 1 zur Vertragsaufhebung berechtigt sein. Dabei wird nur unter engen Voraussetzungen eine wesentliche Vertragsverletzung iSv Abs. 1 lit. a anzunehmen (→ Rn. 4) und regelmäßig eine Nachfristsetzung gem. Abs. 1 lit. b erforderlich sein. Erfolgt **keine Lieferung,** kann der Käufer die Vertragsaufhebung auch nach Verstreichen des Liefertermins zu jedem beliebigen Zeitpunkt erklären (Herber/Czerwenka Rn. 14; Honsell/Schnyder/Straub Rn. 39; Neumayer/Ming Anm. 7; Schlechtriem/Schwenzer/Schroeter/Müller-Chen Rn. 27; Staudinger/Magnus, 2018, Rn. 30; aA aber Schlechtriem/Schwenzer/Schroeter/Fountoulakis Art. 26 Rn. 16, die zur Vermeidung der Gefahr von Spekulationen in jedem Fall die Einhaltung einer angemessenen Frist befürworten). Ist die **Lieferung** durch den Verkäufer oder einen für diesen handelnden Dritten (MüKoBGB/P. Huber Rn. 60; Schlechtriem/U. Huber, 3. Aufl. 2000, Rn. 40a) aber **erfolgt,** kann der Käufer nur innerhalb angemessener Frist, nachdem er hiervon erfahren hat, die Aufhebung erklären. Kenntnis von der Lieferung hat der Käufer nicht nur bei Eintreffen der Ware. Diese kann sich auch schon aus dem Erhalt einer Versendungsanzeige oder von Transportdokumenten ergeben. Erforderlich ist aber **sichere Kenntnis** (Schlechtriem/Schwenzer/Schroeter/Müller-Chen Rn. 28; Staudinger/Magnus, 2018, Rn. 35). Hingegen reicht es für den Beginn des

Fristlaufs nicht schon aus, dass dem Käufer Umstände bekannt werden, wonach mit der Auslieferung der Ware begonnen wurde (so aber Honsell/Schnyder/Straub Rn. 42).

Die Angemessenheit der Frist für die Erklärung beurteilt sich nach den Umständen des Einzelfalles. Im Regelfall ist die Vertragsaufhebung **unverzüglich,** also ohne schuldhaftes Zögern, nach Kenntnis von der Lieferung zu erklären (Enderlein/Maskow/Strohbach Anm. 7; Schlechtriem/U. Huber, 3. Aufl. 2000, Rn. 38; zurückhaltender dagegen Brunner/Leisinger Rn. 11; Schlechtriem/Schwenzer/Schroeter/Müller-Chen Rn. 29: knappe Frist; MüKoBGB/P. Huber Rn. 62). Andere wollen dem Käufer grds. eine Frist von zwei bis drei Tagen zur Abgabe der Erklärung einräumen (Honsell/Schnyder/Straub Rn. 43; Staudinger/Magnus, 2018, Rn. 36: knappe Frist). Für die Wahrung der Frist ist nach Art. 27 die Absendung der Erklärung maßgeblich. 15

**b) Andere Vertragsverletzung (lit. b).** Bei anderen Vertragsverletzungen als der verspäteten Lieferung der Ware (→ Rn. 4 ff.) und insbes. bei der Lieferung vertragswidriger Ware beurteilt sich die angemessene Frist für die Erklärung der Vertragsaufhebung nach lit. b. Voraussetzung ist dabei stets, dass die Lieferung – gleich in welchem Zustand – bereits erfolgt ist (Schlechtriem/U. Huber, 3. Aufl. 2000, Rn. 41, die zu Recht auf den Wortlaut von Abs. 2 Hs. 1 hinweisen). 16

**aa) Kenntnis von der Vertragsverletzung (Ziff. i).** Unbeschadet der dem Käufer nach Art. 45 Abs. 1 zustehenden übrigen Behelfe (Schlechtriem/Schwenzer/Schroeter/Müller-Chen Rn. 33) besteht das Recht zur Vertragsaufhebung nur, wenn der Käufer die Aufhebung innerhalb angemessener Frist erklärt, nachdem er die Vertragsverletzung kannte oder kennen musste. Von der Vertragsverletzung muss der Käufer also **positive Kenntnis** haben oder diese muss ihm auf Grund **fahrlässigen** Verhaltens **unbekannt** sein (Honsell/Schnyder/Straub Rn. 53 f.). Hinsichtlich der Vertragsmäßigkeit der Ware ist dabei bedeutsam, ob der Käufer die Mangelhaftigkeit bei gehöriger **Untersuchung** nach Art. 38 hätte erkennen müssen (Honsell/Schnyder/Straub Rn. 55; MüKoBGB/P. Huber Rn. 68; Schlechtriem/Schwenzer/Schroeter/Müller-Chen Rn. 34; Staudinger/Magnus, 2018, Rn. 37). Nur soweit sich der Verkäufer infolge eigener Kenntnis gem. Art. 40 nicht auf die Untersuchungspflicht des Käufers nach Art. 38 berufen kann, kommt es für die rechtzeitige Vertragsaufhebung wegen Mangelhaftigkeit der Ware allein auf die Kenntnis des Käufers vom Mangel an (Schlechtriem/Schwenzer/Schroeter/Müller-Chen Rn. 34 Fn. 130; Staudinger/Magnus, 2018, Rn. 39). Das Erfordernis der Kenntnis erstreckt sich bei der nicht vertragsgemäßen Leistung auch auf die Wesentlichkeit der Vertragsverletzung, da erst diese den Käufer zur Vertragsaufhebung nach Abs. 1 lit. a berechtigt (OLG Koblenz OLGR 2008, 493 = BeckRS 2008, 19974). Hierbei ist aber allein auf die Kenntnis der Umstände, welche die Wesentlichkeit begründen, und nicht auf deren rechtliche Bewertung durch den Käufer abzustellen. 17

Auch wenn sich die **Angemessenheit** der Frist bei Abs. 2 lit. b Ziff. i ebenfalls nach den Umständen des Einzelfalls beurteilt, kann nicht stets eine unverzügliche Aufhebungserklärung erwartet werden. Verhandlungen über eine gütliche Einigung können eine Fristverlängerung rechtfertigen, sofern sich nicht der Verkäufer von vornherein jeder Einigung unter Fortbestand des Vertrages versperrt (OLG Stuttgart IHR 2008, 102 (105)). Mit Blick auf das Interesse des Verkäufers an einer anderweitigen Verwendung des Kaufgegenstands kann eine eher kurze Fristbemessung geboten sein. Das gilt insbes. dann, wenn ein Wertverlust zu befürchten ist (OLG Stuttgart IHR 2008, 102 (104) zum Kraftfahrzeugkauf). Anders als bei der Vertragsverletzung allein infolge verspäteter Lieferung (Abs. 2 lit. a) kann dem Käufer bei anderen Vertragsverletzungen (Abs. 2 lit. b), deren Tragweite er nicht sogleich abzuschätzen vermag, eine **Überlegungsfrist** einzuräumen sein (Herber/Czerwenka Rn. 13; Honsell/Schnyder/Straub Rn. 48; Schlechtriem/Schwenzer/Schroeter/Müller-Chen Rn. 32; Piltz IntKaufR Rn. 5-314; aA Enderlein/Maskow/Strohbach Anm. 7. In der Entscheidung des OLG Hamburg IHR 2001, 19 (21) wird die Zeit, die zur Überprüfung der gelieferten Ware notwendig war, als angemessen angesehen). Nur wenn bei Lieferung vertragswidriger Ware ein Fixgeschäft vorliegt oder der Käufer sonst ein besonderes Interesse an der Einhaltung des Liefertermins hat, sodass die mangelhafte Lieferung schon als solche eine wesentliche Vertragsverletzung darstellt, ist dem Käufer keine Überlegungsfrist einzuräumen. 18

Soweit der Käufer verpflichtet ist, einen Mangel nach Art. 39 innerhalb angemessener Frist zu rügen, braucht die Aufhebung aber nicht zugleich mit der Rüge erklärt zu werden, sondern kann auch noch innerhalb angemessener Frist **nach** Absendung der **Rüge** erfolgen (Brunner/Leisinger Rn. 12: zusätzliche Frist von zwei bis drei Wochen; MüKoBGB/P. Huber Rn. 64; MüKoHGB/Benicke Rn. 31: zusätzliche Frist von zwei Wochen; Schlechtriem/Schwenzer/Schroeter/Müller-Chen Rn. 32; Witz/Salger/Lorenz/Salger Rn. 7; Fogt ZEuP 2002, 580 (594)). Bei Lieferung vertragswidriger Ware gilt damit letztlich dieselbe Frist wie für die Geltendmachung des Anspruchs auf Ersatzlieferung nach Art. 46 Abs. 2 (Honsell/Schnyder/Straub Rn. 77, 81; Schlechtriem/ 19

Schwenzer/Schroeter/Müller-Chen Rn. 32, 33; Staudinger/Magnus, 2018, Rn. 38; Piltz IntKaufR Rn. 5-314).

20 **bb) Ablauf einer vom Käufer nach Art. 47 Abs. 1 gesetzten Nachfrist (Ziff. ii).** Der Käufer verliert das Recht zur Vertragsaufhebung auch, wenn er diese nicht innerhalb angemessener Frist erklärt, nachdem eine von ihm dem Verkäufer nach Art. 47 Abs. 1 zur Erfüllung gesetzte **Nachfrist abgelaufen** ist bzw. nachdem der Verkäufer die **Erfüllungsverweigerung** erklärt hat. Die Möglichkeit der Nachfristsetzung nach Art. 47 Abs. 1 besteht nicht nur in solchen Fällen, die nicht als wesentliche Vertragsverletzung zu qualifizieren sind. Denn auch bei einer wesentlichen Vertragsverletzung, deren Vorliegen sich häufig nicht sogleich abschließend feststellen lässt, kann eine Nachfristsetzung geboten und sogar angeraten sein (→ Art. 47 Rn. 2).

21 Umstritten ist aber, ob der Käufer, der im Fall einer wesentlichen Vertragsverletzung die Frist für die Vertragsaufhebung nach Art. 49 Abs. 2 lit. b Ziff. i hat verstreichen lassen, im Wege der Nachfristsetzung nach Art. 47 Abs. 1 das **Recht zur Vertragsaufhebung** nach Art. 49 Abs. 1 lit. b **wiedergewinnen** kann (dies verneinen Honsell/Schnyder/Straub Rn. 86; MüKoHGB/Benicke Rn. 36; Staudinger/Magnus, 2018, Rn. 42). Mit der überwiegenden Ansicht in der Lit. ist dem Käufer diese Möglichkeit aber zuzugestehen. Anderenfalls wäre der Käufer bei einer anzunehmenden wesentlichen Vertragsverletzung gezwungen, sogleich die Vertragsaufhebung zu erklären, um dieses Recht nicht nach Art. 49 Abs. 2 lit. b Ziff. i zu verlieren. Er könnte dann dem Verkäufer nicht die Möglichkeit eröffnen, den Mangel noch nachträglich zu beseitigen (Bianca/Bonell/Will Anm. 2.2.1.2; Enderlein/Maskow/Strohbach Anm. 10; MüKoBGB/P. Huber Rn. 76; Schlechtriem/Schwenzer/Schroeter/Müller-Chen Rn. 36; Piltz IntKaufR Rn. 5-313). Demzufolge steht es im Belieben des Käufers, ob und wann er eine **Nachfrist** setzt. Hingegen wird man dem Käufer **nicht** die Möglichkeit einer **wiederholten** Nachfristsetzung einräumen können (so aber MüKoBGB/P. Huber Rn. 78; Schlechtriem/Schwenzer/Schroeter/Müller-Chen Rn. 40; Piltz IntKaufR Rn. 5-313), weil dann der Ausschlussgrund des Abs. 2 lit. b Ziff. ii keine praktische Bedeutung hätte (Gegen eine wiederholte Nachfristsetzung sprechen sich auch Honsell/Schnyder/Straub Rn. 87 aus).

22 Die Aufhebungserklärung muss auch im Fall des Abs. 2 lit. b Ziff. ii innerhalb **angemessener Frist** erfolgen. Maßgeblich für den Fristbeginn ist der Ablauf der dem Verkäufer nach Art. 47 Abs. 1 gesetzten Nachfrist. Bei vorheriger Erfüllungsverweigerung ist der Zugang dieser Erklärung des Verkäufers maßgeblich (Honsell/Schnyder/Straub Rn. 62; Schlechtriem/Schwenzer/Schroeter/Müller-Chen Rn. 39). Auch wenn für die Frage der Rechtzeitigkeit der Aufhebungserklärung die Umstände des Einzelfalls zu berücksichtigen sind, wird man dem Käufer eine besondere Überlegungsfrist nicht zubilligen können, wenn der Ablauf der Frist feststeht oder die endgültige Erfüllungsverweigerung erklärt ist. Es ist dann angemessen, die Vertragsaufhebung ohne schuldhaftes Zögern zu erklären (in diese Richtung tendieren wohl auch Honsell/Schnyder/Straub Rn. 50; MüKoHGB/Benicke Rn. 26; aA Witz/Salger/Lorenz/Salger Rn. 8: Einräumung einer Überlegungsfrist).

23 **cc) Ablauf einer vom Verkäufer für die Nacherfüllung gesetzten Nachfrist nach Art. 48 Abs. 2 (Ziff. iii).** Schließlich verliert der Käufer das Recht zur Vertragsaufhebung auch, wenn er diese nicht innerhalb angemessener Frist erklärt, nachdem eine vom Verkäufer nach Art. 48 Abs. 2 gesetzte Frist zur Nacherfüllung abgelaufen ist, welcher der Käufer nicht widersprochen hat. Die Angemessenheit der Frist beurteilt sich ebenso wie bei lit. b Ziff. ii (unklar hingegen Honsell/Schnyder/Straub Rn. 49 und MüKoHGB/Benicke Rn. 35, die auf das Vertrauen des Käufers in die Erklärung des Verkäufers abstellen, das nach Fristablauf aber nicht mehr bestehen dürfte. Witz/Salger/Lorenz/Salger Rn. 9 verlangen eine großzügige Bemessung der Frist aus Billigkeitsgründen). Hat der Käufer entspr. Art. 48 Abs. 2 rechtzeitig der Nachfüllung durch den Verkäufer widersprochen, beinhaltet dies regelmäßig auch bereits die Aufhebungserklärung (Enderlein/Maskow/Strohbach Anm. 14; Schlechtriem/Schwenzer/Schroeter/Müller-Chen Rn. 42; zurückhaltender MüKoBGB/P. Huber Rn. 80).

## III. Beweislastregeln

24 Der **Käufer** trägt die Beweislast für die Voraussetzungen des Rechts zur Vertragsaufhebung nach Abs. 1, also insbes. für das Vorliegen einer wesentlichen Vertragsverletzung (BGHZ 132, 290 (298) = NJW 1996, 2364 (2366); Müller in Baumgärtel/Laumen/Prütting Beweislast-HdB II UNKR Rn. 2 f.). Jedoch hat, soweit bereits die Nichterfüllung und nicht erst die Frage ihrer Wesentlichkeit umstritten ist, der Verkäufer die Vertragserfüllung zu beweisen (MüKoBGB/P. Huber Rn. 86; MüKoHGB/Benicke Rn. 42; Schlechtriem/U. Huber, 3. Aufl. 2000, Rn. 17a).

Der Käufer trägt die Beweislast dafür, dass er eine Nachfrist gesetzt hat und diese abgelaufen ist. Die Beweislast für die Vertragserfüllung während der Nachfrist obliegt wiederum dem Verkäufer (MüKoBGB/P. Huber Rn. 86; MüKoHGB/Benicke Rn. 43; Schlechtriem/Schwenzer/Schroeter/Müller-Chen Rn. 20). Der **Verkäufer** ist hinsichtlich der Ausschlussgründe nach Abs. 2 beweispflichtig und muss nachweisen, dass der Käufer die Vertragsaufhebung nicht rechtzeitig erklärt hat (diff. Müller in Baumgärtel/Laumen/Prütting Beweislast-HdB II UNKR Rn. 9 ff.). Dabei hat er insbes. zu beweisen, dass der Käufer Kenntnis von der erfolgten Lieferung hatte (Abs. 2 lit. a) bzw. ihm die Vertragsverletzung bekannt war oder hätte bekannt sein müssen (Abs. 2 lit. b Ziff. i). Ebenso hat er den Ablauf der in Abs. 2 lit. b Ziff. ii und lit. b Ziff. iii genannten Fristen nachzuweisen. Für die Rechtzeitigkeit der Aufhebungserklärung des Käufers kommt es nach Art. 27 auf deren Absendung an, welche der **Käufer** zu beweisen hat.

## Art. 50 (Minderung)

**[1]Ist die Ware nicht vertragsgemäß, so kann der Käufer unabhängig davon, ob der Kaufpreis bereits gezahlt worden ist oder nicht, den Preis in dem Verhältnis herabsetzen, in dem der Wert, den die tatsächlich gelieferte Ware im Zeitpunkt der Lieferung hatte, zu dem Wert steht, den vertragsgemäße Ware zu diesem Zeitpunkt gehabt hätte. [2]Behebt jedoch der Verkäufer nach Artikel 37 oder 48 einen Mangel in der Erfüllung seiner Pflichten oder weigert sich der Käufer, Erfüllung durch den Verkäufer nach den genannten Artikeln anzunehmen, so kann der Käufer den Preis nicht herabsetzen.**

**Schrifttum:** Krebs, Die Rückabwicklung im UN-Kaufrecht, 2000; vgl. die Angaben bei Art. 45.

### Überblick

Bei Lieferung mangelhafter Ware kann der Käufer den Kaufpreis gemäß Art. 50 S. 1 durch ernsthafte und eindeutige Erklärung mindern (→ Rn. 2 f.), indem der Kaufpreis verhältnismäßig herabgesetzt wird (→ Rn. 4). Für die Wertermittlung sind die Verhältnisse zum Zeitpunkt der tatsächlichen Lieferung maßgeblich (→ Rn. 5). Als Folge verringert sich der von Käufer zu zahlende Kaufpreis und steht ihm ggf. ein Rückzahlungsanspruch wegen des übersteigenden und bereits gezahlten Betrags zu (→ Rn. 6). Die Minderung ist ausgeschlossen, wenn der Verkäufer zur Nacherfüllung berechtigt ist (S. 2; → Rn. 7).

### I. Normzweck

Neben Erfüllung, Schadensersatz und Vertragsaufhebung kann der Käufer bei Lieferung man- 1
gelhafter Ware auch die Minderung geltend machen. Dabei können Schadensersatz und Minderung auch miteinander kombiniert werden (Art. 45 Abs. 2), wobei nur derjenige Schaden zu ersetzen ist, der nicht schon durch die Minderung ausgeglichen wird (Schweiz. BG 28.10.1998 – 4 C 197/1998/odi, CLOUT Nr. 248; Honsell/Schnyder/Straub Art. 45 Rn. 81; MüKoBGB/P. Huber Rn. 32; s. dazu auch OLG Schleswig IHR 2003, 20 (21)). Obgleich vor allem in den kontinental-europäischen Rechtsordnungen von diesem Behelf Gebrauch gemacht wird, ist seine Bedeutung doch eher gering. Denn ebenso wie das anglo-amerikanische Recht gewährt auch das CISG eine verschuldensunabhängige Schadensersatzhaftung, die den Minderwert regelmäßig mit umfasst. Nur soweit sich der Verkäufer nach Art. 79 entlasten kann, der Marktpreis der Ware nach Vertragsschluss gesunken ist oder sich ein konkreter Schaden nicht nachweisen lässt, kommt der Minderung eigenständige Bedeutung zu (Honsell/Schnyder/Straub Rn. 5; MüKoBGB/P. Huber Rn. 31; Schlechtriem/Schwenzer/Schroeter/Müller-Chen Rn. 18; Gabriel in Ferrari/Flechtner/Brand Draft Digest 336, 358 f.; Soergel/Willems Rn. 1; s. dazu auch Sondhal VJ 255 (2003), 266).

### II. Einzelerläuterungen

**1. Voraussetzungen der Minderung (S. 1). a) Lieferung vertragswidriger Ware.** Das 2
Recht auf Minderung des Kaufpreises setzt die Lieferung **mangelhafter** Ware voraus. Ob die Ware vertragswidrig ist, beurteilt sich nach Art. 35. Danach umfasst die Vertragswidrigkeit auch die **Falschlieferung.** Bei **teilweiser Nichterfüllung** erklärt Art. 51 Abs. 1 die Vorschrift des Art. 50 ebenfalls für anwendbar (Enderlein/Maskow/Strohbach Art. 51 Anm. 3; Honsell/Schny-

der/Straub Rn. 10; Neumayer/Ming Art. 51 Anm. 1; Staudinger/Magnus, 2018, Rn. 8; aA nur für den Fall der Teillieferung MüKoBGB/P. Huber Rn. 7; Bach in Kröll/Mistelis/Perales Viscasillas CISG Rn. 17 ff., Art. 51 Rn. 51; Schlechtriem/Schwenzer/Schroeter/Müller-Chen Rn. 2, welche die Auffassung vertreten, der Quantitätsmangel sei in Art. 51 besonders geregelt. Auch → Art. 51 Rn. 3). Hingegen kommt bei **Rechtsmängeln,** die von Art. 35 nicht erfasst werden, **keine Minderung** in Betracht (Bach in Kröll/Mistelis/Perales Viscasillas CISG Rn. 15 f.; Enderlein/Maskow/Strohbach Anm. 1; Honsell/Schnyder/Straub Rn. 11; MüKoBGB/P. Huber Rn. 8; MüKoHGB/Benicke Rn. 2; Schlechtriem/Schwenzer/Schroeter/Müller-Chen Rn. 2; Piltz IntKaufR Rn. 5-345; Schlechtriem/Schroeter IntUN-KaufR Rn. 494; aA aber Brunner/Altenkirch Rn. 3; Herber/Czerwenka Rn. 3; Soergel/Willems Rn. 2: entsprechende Anwendung wegen paralleler Interessenlage; Neumayer/Ming Anm. 2; Staudinger/Magnus, 2018, Rn. 9 f.; Loewe, Internationales Kaufrecht, 1989, 72; Niggemann in Hoyer/Posch, Das Einheitliche Wiener Kaufrecht, 1992, 77 (106). Für eine solche extensive Auslegung des Art. 50 besteht aber schon wegen des auch bei Rechtsmängeln regelmäßig bestehenden Schadensersatzanspruchs nach Art. 45 Abs. 1 lit. b kein Bedürfnis). Auf Verschulden oder die Wesentlichkeit der Vertragsverletzung kommt es ebenso wenig an wie darauf, ob der Kaufpreis bereits gezahlt ist (Schlechtriem/Schroeter IntUN-KaufR Rn. 497). Jedoch kann der Käufer die Minderung nur bei rechtzeitiger **Rüge** der Vertragswidrigkeit nach Art. 39 geltend machen, soweit dem Verkäufer der Mangel nicht bekannt war (Art. 40) oder der Käufer keine vernünftige Entschuldigung dafür hat, dass er die erforderliche Anzeige unterlassen hat (Art. 44) (Honsell/Schnyder/Straub Rn. 18a; Schlechtriem/Schwenzer/Schroeter/Müller-Chen Rn. 3).

3 **b) Geltendmachung der Minderung.** Die Minderung steht dem Verkäufer als einer von mehreren Behelfen nach Art. 45 Abs. 1 lit. a zu. Deren Geltendmachung setzt deshalb eine entsprechende ernsthafte und eindeutige **Erklärung** voraus (Bach in Kröll/Mistelis/Perales Viscasillas CISG Rn. 29; Enderlein/Maskow/Strohbach Anm. 2; Herber/Czerwenka Rn. 4; Honsell/Schnyder/Straub Rn. 25; MüKoBGB/P. Huber Rn. 14; Schlechtriem/Schwenzer/Schroeter/Müller-Chen Rn. 4; Staudinger/Magnus, 2018, Rn. 15 f.; aA Schlechtriem/U. Huber, 3. Aufl. 2000, Rn. 17; Piltz NJW 2009, 2258 (2264), so wohl auch Audiencia Provincial de Barcelona 24.3.2009 – 403/2008, CISG-online Nr. 2042), die auch konkludent erfolgen kann. Das vorläufige Zurückbehalten eines Teils des Kaufpreises lässt aber allein noch nicht den Rückschluss auf die Wahl der Minderung zu (Schlechtriem/Schwenzer/Schroeter/Müller-Chen Rn. 4; aA wohl Staudinger/Magnus, 2018, Rn. 15). Für die Minderungserklärung gilt Art. 27, weshalb diese bereits mit ihrer Abgabe wirksam wird (Herber/Czerwenka Rn. 4; Honsell/Schnyder/Straub Rn. 29; Staudinger/Magnus, 2018, Rn. 15; Schlechtriem/Schroeter IntUN-KaufR Rn. 502). Der Käufer ist an die einmal erklärte Minderung **gebunden** (Bach in Kröll/Mistelis/Perales Viscasillas CISG Rn. 32; Brunner/Altenkirch Rn. 12; Neumayer/Ming Anm. 1; Honsell/Schnyder/Straub Rn. 30; MüKoBGB/P. Huber Rn. 14; Schlechtriem/Schwenzer/Schroeter/Müller-Chen Rn. 5; Staudinger/Magnus, 2018, Rn. 15: ab Zugang; aA MüKoHGB/Benicke Rn. 8; Schlechtriem/U. Huber, 3. Aufl. 2000, Rn. 17).

4 **c) Berechnung.** Die Minderung erfolgt in der Weise, dass der Kaufpreis in dem Verhältnis herabgesetzt wird, in dem der Wert, den die tatsächlich gelieferte Ware im Zeitpunkt der Lieferung hatte, zu dem Wert steht, den vertragsgemäße Ware zu diesem Zeitpunkt gehabt hätte. Damit gilt für die Berechnung des geminderten Kaufpreises die Formel:

$$\text{geminderter Kaufpreis} = \frac{\text{vereinbarter Preis} \times \text{gelieferten (mangelhaften) Ware}}{\text{hypothetischer Wert vertragsgemäßer Ware}}$$

Bei völlig wertloser Ware besteht wegen der Minderung auf Null überhaupt kein Kaufpreisanspruch (OGH IHR 2005, 165 (166 f.); MüKoBGB/P. Huber Rn. 24; Schlechtriem/Schwenzer/Schroeter/Müller-Chen Rn. 13; Staudinger/Magnus, 2018, Rn. 23; Honsell/Schnyder/Straub Rn. 46; Soergel/Willems Rn. 11).

5 Maßgeblich für die Bemessung des Wertes der gelieferten Ware und des hypothetischen Wertes vertragsgemäßer Ware sind die **Verhältnisse zum Zeitpunkt der tatsächlichen Lieferung** (Brunner/Altenkirch Rn. 8; Herber/Czerwenka Rn. 7; Honsell/Schnyder/Straub Rn. 38; Schlechtriem/Schwenzer/Schroeter/Müller-Chen Rn. 11, der allerdings den tatsächlichen Lieferzeitpunkt als denjenigen Zeitpunkt versteht, in dem der Käufer die Ware übernommen hat bzw. übernehmen musste; Staudinger/Magnus, 2018, Rn. 21; Sondhal VJ 255 (2003), 262) am Ort der Lieferung (OLG Graz 9.11.1995 – 6 R 194/95, CLOUT Nr. 175; UNCITRAL Digest Anm. 8; Brunner/Altenkirch Rn. 8; Schlechtriem/Schwenzer/Schroeter/Müller-Chen Rn. 12), Ort der tatsächlichen Übernahme durch den Käufer, und nicht – wie im deutschen Recht nach § 441

Abs. 3 S. 1 BGB – die bei Vertragsschluss (MüKoBGB/H. P. Westermann BGB § 441 Rn. 13). Zeit und Ort der Lieferung ergeben sich aus der vertraglichen Vereinbarung und iÜ aus Art. 31. Bei der **Holschuld** ist damit auf den Zeitpunkt der Bereitstellung am Ort des Verkäufers abzustellen, bei der **Bringschuld** auf Zeit und Ort der Übergabe (Enderlein/Maskow/Strohbach Anm. 4; Herber/Czerwenka Rn. 7; Schlechtriem/U. Huber, 3. Aufl. 2000, Rn. 12; Staudinger/Magnus, 2018, Rn. 22. Hingegen wollen Honsell/Schnyder/Straub Rn. 41 und MüKoHGB/Benicke Rn. 15 stets – auch für die Holschuld – auf den Transportendpunkt abstellen). Beim **Versendungskauf** und beim Verkauf reisender Ware ist der Wert nach Eintreffen am Bestimmungsort maßgeblich (Schlechtriem/U. Huber, 3. Aufl. 2000, Rn. 11; Piltz IntKaufR Rn. 5-355; hinsichtlich des Zeitpunkts nicht mit dieser Deutlichkeit Enderlein/Maskow/Strohbach Anm. 4; Herber/Czerwenka Rn. 7; Neumayer/Ming Anm. 1; Staudinger/Magnus, 2018, Rn. 22, die aber sämtlich auf die Verhältnisse am Bestimmungsort abstellen. Hingegen wollen Honsell/Schnyder/Straub Rn. 39, 42 auf den Zeitpunkt der zur Erbringung der Lieferpflicht erforderlichen Handlung abstellen und sehen den Transportendpunkt als maßgeblichen Ort an. Schlechtriem/Schwenzer/Schroeter/Müller-Chen Rn. 11, 12 stellt nicht auf den Zeitpunkt ab, an dem die Ware dort dem Käufer zur Verfügung steht). Einigen sich die Parteien auf einen Weiterverkauf der mangelhaften Ware zum bestmöglichen Preis, kann der Kaufpreis entspr. des Mindererlöses gekürzt werden und die Zahlungspflicht für unverkäufliche Teile vollständig entfallen (OLG Köln IHR 2007, 68).

**d) Rechtsfolgen.** Liegen die Voraussetzungen der Minderung vor, ist der Käufer berechtigt, 6
nur den entspr. geringeren Kaufpreis zu zahlen und einem Zahlungsverlangen des Verkäufers die Minderung als Einrede entgegenzuhalten (MüKoBGB/P. Huber Rn. 25; MüKoHGB/Benicke Rn. 16; Schlechtriem/Schwenzer/Schroeter/Müller-Chen Rn. 16). Soweit die Zahlung schon erfolgt ist, besteht ein Anspruch des Käufers gegen den Verkäufer auf Rückzahlung des zu viel gezahlten Betrages auf der Grundlage des Art. 50 (Bach in Kröll/Mistelis/Perales Viscasillas CISG Rn. 35; Brunner/Altenkirch Rn. 11; Honsell/Schnyder/Straub Rn. 50; Schlechtriem/Schwenzer/Schroeter/Müller-Chen Rn. 16; Staudinger/Magnus, 2018, Rn. 25; Soergel/Willems Rn. 5; aA Herber/Czerwenka Rn. 8 sowie Schlechtriem/Schroeter IntUN-KaufR Rn. 502 und wohl auch Krebs, Die Rückabwicklung im UN-Kaufrecht, 2000, 43). Der Rückzahlungsbetrag ist ab dem Zeitpunkt der Kaufpreiszahlung – und nicht erst ab Abgabe einer bezifferten Minderungserklärung (so aber Honsell/Schnyder/Straub Rn. 52) – nach Art. 78 (→ Art. 78 Rn. 2) zu verzinsen (MüKoBGB/P. Huber Rn. 28; Schlechtriem/Schwenzer/Schroeter/Müller-Chen Rn. 16. Nach Brunner/Altenkirch Rn. 11; Staudinger/Magnus, 2018, Rn. 26 und Schlechtriem/Schroeter IntUN-KaufR Rn. 502, der den Rückzahlungsanspruch auf Art. 81 Abs. 2 stützen will, ist entspr. Art. 84 Abs. 1 zu verzinsen). Eine nicht rechtzeitige Rückzahlung des zu viel gezahlten Betrages kann wiederum eine zum Schadensersatz verpflichtende Vertragsverletzung darstellen (Schlechtriem/Schwenzer/Schroeter/Müller-Chen Rn. 16; Staudinger/Magnus, 2018, Rn. 26).

**2. Ausschlussgründe (S. 2).** Das Recht des Käufers zur Minderung besteht nicht, wenn der 7
Verkäufer zur **Nacherfüllung** berechtigt ist. Ein solches Nacherfüllungsrecht des Verkäufers im Wege der Nachbesserung oder Ersatzlieferung besteht bei vorzeitiger Lieferung der Ware nach Art. 37 und iÜ nach Art. 48. Die Minderung scheidet aus, soweit der Verkäufer den **Mangel** vollständig **behebt** oder aber der Käufer die **Mangelbeseitigung** nach Art. 37 oder 48 unberechtigterweise **verweigert.** Hat der Käufer die Minderung sogleich erklärt, ohne dem Verkäufer die Möglichkeit zu geben, innerhalb eines zumutbaren Zeitraums die Nacherfüllung nach Art. 48 anzubieten, steht die Erklärung der Minderung unter der auflösenden Bedingung der Nacherfüllung (Honsell/Schnyder/Straub Rn. 22; Schlechtriem/Schwenzer/Schroeter/Müller-Chen Rn. 7; aA Schlechtriem/U. Huber, 3. Aufl. 2000, Rn. 6, welche die Unwirksamkeit des Minderungsverlangens annehmen).

## III. Beweislastregeln

Der sich auf die Minderung berufende **Käufer** hat alle Voraussetzungen der Minderung und 8
insbes. die für die Berechnung des Minderungsbetrages maßgeblichen Werte zu beweisen (Müller in Baumgärtel/Laumen/Prütting Beweislast-HdB II UNKR Rn. 5; Honsell/Schnyder/Straub Rn. 58). Soweit kein Markt- oder Börsenpreis besteht, ist regelmäßig davon auszugehen, dass der vereinbarte Preis mit dem Wert vertragsgemäßer Ware übereinstimmt (Müller in Baumgärtel/Laumen/Prütting Beweislast-HdB II UNKR Rn. 7; Schlechtriem/Schwenzer/Schroeter/Müller-Chen Rn. 15; Staudinger/Magnus, 2018, Rn. 34). Dem Verkäufer obliegt die Beweislast für das Vorliegen einer Ausnahme iSv Art. 50 S. 2 (MüKoBGB/P. Huber Rn. 35).

### Art. 51 (Teilweise Nichterfüllung)

**(1) Liefert der Verkäufer nur einen Teil der Ware oder ist nur ein Teil der gelieferten Ware vertragsgemäß, so gelten für den Teil, der fehlt oder der nicht vertragsgemäß ist, die Artikel 46 bis 50.**

**(2) Der Käufer kann nur dann die Aufhebung des gesamten Vertrages erklären, wenn die unvollständige oder nicht vertragsgemäße Lieferung eine wesentliche Vertragsverletzung darstellt.**

**Schrifttum:** vgl. bei Art. 45.

### Überblick

Die Vorschrift regelt die teilweise Nichterfüllung durch den Verkäufer im Falle der Teilbarkeit der Lieferung (→ Rn. 2). Der Käufer ist auf die Rechtsbehelfe wegen Vertragswidrigkeit (Art. 46–50) verwiesen, wenn die Lieferung unvollständig oder nicht vertragsgemäß ist (Abs. 1). Die Behelfe sind auf den nicht vertragsgemäßen Teil der Lieferung beschränkt, weshalb keine Zurückweisung der Teillieferung in Betracht kommt (→ Rn. 6 ff.). Nur wenn die nicht vereinbarungsgemäße Lieferung zu einer wesentlichen Vertragsverletzung führt, kann der Käufer den gesamten Vertrag aufheben (Abs. 2; → Rn. 6).

## I. Normzweck

1 Art. 46–50 gelten auch bei teilweiser Nichterfüllung. **Abs. 1** stellt klar, dass die Behelfe bei der Teilerfüllung oder der teilweisen vertragswidrigen Erfüllung auf den gestörten Leistungsteil beschränkt sind. Aufhebung des gesamten Vertrages kann der Käufer nach **Abs. 2** deswegen nur verlangen, wenn die teilweise Nichterfüllung eine wesentliche Vertragsverletzung begründet.

## II. Einzelerläuterungen

2 **1. Teilbarkeit der Lieferung.** Eine teilweise Nichterfüllung iSv Art. 51 kommt nur bei Teilbarkeit der Ware in Betracht. Der einheitliche Kaufvertrag muss also **mehrere selbstständige Gegenstände** umfassen (Sachmehrheit) (OGH IHR 2005, 195 (196 f.)). Dies ist nicht der Fall, wenn eine aus mehreren Bestandteilen zusammengesetzte einheitliche Sache verkauft ist. Fehlen in einem solchen Fall einzelne Bestandteile oder weisen diese Fehler auf, sind wegen dieser Vertragswidrigkeit der gesamten Ware Art. 46–50 unmittelbar anwendbar (Herber/Czerwenka Rn. 3; Honsell/Schnyder/Straub Rn. 10; Schlechtriem/Schwenzer/Schroeter/Müller-Chen Rn. 2; Staudinger/Magnus, 2018, Rn. 4). Teilbarkeit ist auch zu verneinen, wenn nach der Verkehrsanschauung auf Grund der funktionellen Zusammengehörigkeit einzelner Sachen eine Sachgesamtheit vorliegt (Schlechtriem/Schwenzer/Schroeter/Müller-Chen Rn. 2; Schweiz. BG IHR 2014, 99 (102) zu funktionsnotwendigen Bestandteilen einer einheitlichen Produktionsanlage). Sieht der Vertrag von vornherein die aufeinander folgende Lieferung der Ware in Teillieferungen vor und handelt es sich deshalb um einen **Sukzessivlieferungsvertrag,** geht die speziellere Regelung des Art. 73 vor (Brunner/Altenkirch Rn. 2; Honsell/Schnyder/Straub Rn. 20; MüKoBGB/P. Huber Rn. 5; Schlechtriem/Schwenzer/Schroeter/Müller-Chen Rn. 3; Staudinger/Magnus, 2018, Rn. 6). Dabei kann es aber auch zu Überschneidungen im Anwendungsbereich von Art. 51 und Art. 73 kommen (→ Art. 73 Rn. 16). Neben Art. 73 ist Art. 51 anwendbar, wenn eine Teillieferung im Rahmen des Sukzessivlieferungsvertrags wiederum teilbar ist und teilweise nicht oder nicht vertragsgemäß geliefert wird (Brunner/Altenkirch Rn. 2; MüKoBGB/P. Huber Rn. 5; aber auch → Art. 73 Rn. 3; MüKoHGB/Benicke Rn. 3; Schlechtriem/Schwenzer/Schroeter/Müller-Chen Rn. 3).

3 **2. Beschränkung der Behelfe auf den gestörten Leistungsteil (Abs. 1). a) Teillieferung.** Fehlt bei der Lieferung ein Teil der Ware (→ Rn. 6), kann der Käufer die Teillieferung – anders als nach § 266 BGB – nicht zurückweisen (Honsell/Schnyder/Straub Rn. 30; MüKoBGB/P. Huber Rn. 14; Schlechtriem/Schwenzer/Schroeter/Müller-Chen Rn. 4; Staudinger/Magnus, 2018, Rn. 11). Vielmehr ist er auf die Geltendmachung der Behelfe wegen Vertragswidrigkeit der Ware beschränkt. Voraussetzung ist aber, dass der Käufer der ihm auch wegen der Vertragswidrigkeit in Form eines Quantitätsmangels (Art. 35) obliegenden **Rügepflicht** nach Art. 39 nachkommt (Honsell/Schnyder/Straub Rn. 28; MüKoBGB/P. Huber Rn. 8; Schlechtriem/Schwenzer/

Schroeter/Müller-Chen Rn. 8; Staudinger/Magnus, 2018, Rn. 7, 12; Soergel/Willems Rn. 3). Der Käufer kann gem. Art. 46 Abs. 1 **Erfüllung** verlangen, hierzu nach Art. 47 eine **Nachfrist** setzen und gem. Art. 49 Abs. 1 lit. b bei fruchtlosem Ablauf der Nachfrist die **Vertragsaufhebung** wegen des fehlenden Teils erklären (Enderlein/Maskow/Strohbach Anm. 3; Honsell/Schnyder/Straub Rn. 37, 40; MüKoBGB/P. Huber Rn. 10 f.; MüKoHGB/Benicke Rn. 5; Schlechtriem/Schwenzer/Schroeter/Müller-Chen Rn. 6; Staudinger/Magnus, 2018, Rn. 12). Daneben wird man dem Käufer aber auch die Möglichkeit der **Minderung** zubilligen müssen (Enderlein/Maskow/Strohbach Anm. 3; MüKoHGB/Benicke Rn. 6; Neumayer/Ming Anm. 1; Schlechtriem/Schwenzer/Schroeter/Müller-Chen Rn. 6; Staudinger/Magnus, 2018, Rn. 14, Art. 50 Rn. 8; Witz/Salger/Lorenz/Salger Rn. 2; aA Bach in Kröll/Mistelis/Perales Viscasillas CISG Rn. 51; MüKoBGB/P. Huber Rn. 12; Honsell/Schnyder/Straub Rn. 39; Honsell/Schnyder/Straub Art. 50 Rn. 10), soweit der Verkäufer nicht gem. Art. 48 die Nacherfüllung bewirkt. Begründet bereits das Fehlen eines Teiles der Ware eine wesentliche Vertragsverletzung, kann der Käufer deswegen nach Art. 49 Abs. 1 lit. a sogleich zur teilweisen Aufhebung des Kaufvertrages berechtigt sein. Eine solche **teilweise Vertragsaufhebung** hat zur Folge, dass hinsichtlich des bestehen bleibenden Teils die Vertragsbedingungen an die veränderten Verhältnisse anzupassen sind und sich insbes. der Kaufpreis entspr. verringert.

Ob tatsächlich eine relevante Quantitätsabweichung vorliegt, kann zweifelhaft sein, wenn die verkaufte **Menge** der Ware **nur ungefähr festgelegt** ist. So sind etwa Rahmen- („von … bis …") und circa-Klauseln gebräuchlich. Der Verkäufer muss dann lediglich eine mengenmäßige Toleranz einhalten. Diese bestimmt sich gem. Art. 9 nach dem Handelsbrauch und den Gepflogenheiten. Soweit diese Grundsätze beachtet sind, ist der Käufer zur Abnahme und Bezahlung der tatsächlich gelieferten Menge verpflichtet (Honsell/Schnyder/Straub Rn. 18; Schlechtriem/Schwenzer/Schroeter/Müller-Chen Rn. 5). 4

**b) Teilweise vertragswidrige Lieferung.** Der Käufer ist grds. zur Zurückweisung einer teilweise nicht vertragsgemäßen Lieferung nicht berechtigt, da sich seine Rechtsbehelfe nur auf den nicht vertragsgemäßen Teil beschränken (OGH IHR 2005, 195 (196)). Bei Lieferung teilweise vertragswidriger Ware setzt die Geltendmachung der Behelfe der Art. 46–50 ebenfalls voraus, dass der Käufer die ihm nach Art. 39 obliegende **Rügepflicht** beachtet. Handelt es sich um eine **wesentliche** Vertragsverletzung, kann das Verlangen der **Ersatzlieferung** nach Art. 46 Abs. 2 oder die **Vertragsaufhebung** nach Art. 49 Abs. 1 lit. a im Hinblick auf den fehlerhaften Vertragsteil erklärt werden. Auch **unabhängig von der Wesentlichkeit** der Vertragsverletzung kann der Käufer nach Art. 45 Abs. 1 lit. b **Schadensersatz** verlangen oder gem. Art. 50 den Kaufpreis **mindern** (Schlechtriem/Schwenzer/Schroeter/Müller-Chen Rn. 7; s. auch Achilles Rn. 4; Staudinger/Magnus, 2018, Rn. 7, 15; Witz/Salger/Lorenz/Salger Rn. 2). 5

**3. Aufhebung des gesamten Vertrages (Abs. 2).** Eine Aufhebung des gesamten Vertrages kommt nur in Betracht, wenn die unvollständige (→ Rn. 3) oder nicht vertragsgemäße Lieferung (→ Rn. 5) eine wesentliche Verletzung des **gesamten** Vertrages darstellt (Honsell/Schnyder/Straub Rn. 49; Schlechtriem/Schwenzer/Schroeter/Müller-Chen Rn. 1, 9). Die Nichtlieferung eines Teils der Ware bzw. die Vertragswidrigkeit eines Teils der gelieferten Ware muss das Interesse des Käufers an der gesamten Lieferung entfallen lassen, zB weil die Sachen nur zusammen sinnvoll verwendet oder veräußert werden können (Brunner/Altenkirch Rn. 8; MüKoBGB/P. Huber Rn. 18; MüKoHGB/Benicke Rn. 11 f.; Staudinger/Magnus, 2018, Rn. 18; Soergel/Willems Rn. 4) und ansonsten faktisch nicht brauchbar sind (OGH IHR 2005, 195 (197)). Steht zum Zeitpunkt einer Teillieferung bereits fest, dass das Fehlen des anderen Teils der Ware eine wesentliche Vertragsverletzung des gesamten Vertrages begründet, ist der Käufer berechtigt, eine Teillieferung zurückzuweisen und sogleich die Vertragsaufhebung zu erklären (Honsell/Schnyder/Straub Rn. 40; Schlechtriem/Schwenzer/Schroeter/Müller-Chen Rn. 4; Staudinger/Magnus, 2018, Rn. 11). Zeigen sich Mängel erst nach dem teilweisen Weiterverkauf der Ware, so kann eine wesentliche Vertragsverletzung vorliegen, wenn zu befürchten ist, dass die noch nicht verkauften Bestände unter demselben Mangel leiden (OLG Koblenz BeckRS 2008, 19974: „latenter Mangel"; aA Piltz NJW 2009, 2258 (2263)). 6

## III. Beweislastregeln

Die Beweislast für die teilweise Nichterfüllung trägt der Käufer. Hingegen hat die Teilbarkeit der Lieferung der Vertragsteil zu beweisen, dem diese günstig ist, also idR der Verkäufer (Müller in Baumgärtel/Laumen/Prütting Beweislast-HdB II UNKR Rn. 1; Honsell/Schnyder/Straub Rn. 53 f.). 7

## Art. 52 (Vorzeitige Lieferung und Zuviellieferung)

**(1) Liefert der Verkäufer die Ware vor dem festgesetzten Zeitpunkt, so steht es dem Käufer frei, sie abzunehmen oder die Abnahme zu verweigern.**

**(2) [1]Liefert der Verkäufer eine größere als die vereinbarte Menge, so kann der Käufer die zuviel gelieferte Menge abnehmen oder ihre Abnahme verweigern. [2]Nimmt der Käufer die zuviel gelieferte Menge ganz oder teilweise ab, so hat er sie entsprechend dem vertraglichen Preis zu bezahlen.**

**Schrifttum:** Lehmkuhl, Das Nacherfüllungsrecht des Verkäufers im UN-Kaufrecht bei Lieferung fehlerhafter Ware, IHR 2003, 115. Vgl. auch die Angaben bei Art. 45.

### Überblick

Art. 52 betrifft vorzeitige (Abs. 1) und Zuviellieferung (Abs. 2). Bei vorzeitiger Lieferung kann der Käufer die Ware zurückweisen und muss der Verkäufer diese bei Fälligkeit erneut anbieten (→ Rn. 3). Der Käufer kann die Ware aber auch mit Erfüllungswirkung abnehmen (→ Rn. 4). Die Abnahme zu viel gelieferten Menge kann er ablehnen (Abs. 2 S. 1; → Rn. 7). Nimmt er sie aber ab, erhöht sich der vertragliche Kaufpreis entsprechend, (Abs. 2 S. 2; → Rn. 8).

### I. Normzweck

1 In der letzten Vorschrift über die Behelfe des Käufers wegen Vertragsverletzung durch den Verkäufer werden die nicht miteinander in Zusammenhang stehenden Fälle der vorzeitigen Lieferung und der Zuviellieferung geregelt und wird dem Käufer neben den allgemeinen Behelfen der Art. 45–51 für diese Formen der Vertragsverletzung zusätzlich ein Zurückweisungsrecht eingeräumt (Honsell/Schnyder/Straub Rn. 4 f.). Dieses kann der Käufer durch die **Verweigerung der Entgegennahme** geltend machen. Aber auch, wenn der Käufer die Ware lediglich auf Grund der ihm nach Art. 86 obliegenden Erhaltungspflicht in Besitz nimmt und dem Verkäufer gegenüber innerhalb der Rügefrist des Art. 39 die **Zurückweisung erklärt,** kommt es nicht zur Abnahme (Bianca/Bonell/Will Anm. 2.1.4; Enderlein/Maskow/Strohbach Anm. 2; Honsell/Schnyder/Straub Rn. 15, wobei letztere nicht auf die Rügefrist abstellen, sondern eine unverzügliche Erklärung verlangen).

### II. Einzelerläuterungen

2 **1. Vorzeitige Lieferung (Abs. 1).** Abs. 1 begründet ein **Zurückweisungsrecht** des Käufers bei vorzeitiger Lieferung. Dieses besteht auch im Fall der vorzeitigen Aushändigung von Dokumenten, (→ Art. 34 Rn. 6) (UNCITRAL Digest Anm. 4). Weil der Verkäufer bei fehlender Vereinbarung regelmäßig zur sofortigen Lieferung berechtigt ist, kann die Vorschrift nur Anwendung finden, wenn ein Zeitpunkt für die Lieferung vertraglich vereinbart ist (Herber/Czerwenka Rn. 2; Schlechtriem/Schwenzer/Schroeter/Müller-Chen Rn. 1; Staudinger/Magnus, 2018, Rn. 7) bzw. sich aus Handelsbräuchen oder Gepflogenheiten (Art. 9) ergibt (Honsell/Schnyder/Straub Rn. 8). In diesem Fall ist der Verkäufer zur vorzeitigen Lieferung nicht berechtigt. Der Käufer kann deshalb frei darüber entscheiden, ob er die Ware abnimmt (→ Art. 60 Rn. 2). Ist vereinbart, dass die Lieferung erst nach Stellung eines Akkreditivs erfolgen soll, besteht regelmäßig keine Pflicht des Verkäufers, die Lieferung bis dahin zurückzuhalten. Erfüllt der Verkäufer vor Beibringung des Akkreditivs, liegt keine vorzeitige Leistung vor (China International Economic & Trade Arbitration Commission (CIETAC) = CISG-online Nr. 1685).

3 **a) Zurückweisung der Lieferung.** Verweigert der Käufer die Abnahme, ergeben sich für ihn hieraus keine Konsequenzen. Vielmehr hat der Verkäufer dann die Lieferung bei Fälligkeit **noch einmal** zu bewirken (Herber/Czerwenka Rn. 2; Schlechtriem/Schwenzer/Schroeter/Müller-Chen Rn. 3; Staudinger/Magnus, 2018, Rn. 10; Soergel/Willems Rn. 4). Auch wenn der Käufer die Ausübung des Zurückweisungsrechts nicht zu begründen braucht, steht dieses doch unter dem Vorbehalt von Treu und Glauben nach Art. 7 Abs. 1 und darf deshalb nicht schikanös ausgeübt werden (Bianca/Bonell/Will Anm. 2.1.3; Enderlein/Maskow/Strohbach Anm. 2; Honsell/Schnyder/Straub Rn. 16, 16a; MüKoBGB/P. Huber Rn. 8; MüKoHGB/Benicke Rn. 4; Schlechtriem/Schwenzer/Schroeter/Müller-Chen Rn. 3; Staudinger/Magnus, 2018, Rn. 10 f.; Soergel/Willems Rn. 4; aA Reinhart UN-KaufR Rn. 2). Zu beachten ist, dass den Käufer bei Verweigerung der Abnahme eine Erhaltungspflicht nach Art. 86 treffen kann.

**b) Abnahme der Lieferung.** Macht der Käufer von dem Zurückweisungsrecht dagegen keinen Gebrauch, kann allein in der Entgegennahme der Ware **keine stillschweigende Vertragsänderung** im Hinblick auf den Lieferzeitpunkt gesehen werden (Bach in Kröll/Mistelis/Perales Viscasillas CISG Rn. 13; Enderlein/Maskow/Strohbach Anm. 2; Herber/Czerwenka Rn. 4; Honsell/Schnyder/Straub Rn. 26; Schlechtriem/Schwenzer/Schroeter/Müller-Chen Rn. 5; Staudinger/Magnus, 2018, Rn. 9, 14; aA MüKoHGB/Benicke Rn. 6). Zwar gilt die vorzeitige Lieferung bei Abnahme als Erfüllung und geht die Gefahr auf den Käufer über (Schlechtriem/Schwenzer/Schroeter/Hachem Art. 70 Rn. 12). Auch treffen den Käufer sogleich die Verpflichtungen zur Untersuchung der Ware, zur Mängelrüge und zur Zahlung des Kaufpreises (Herber/Czerwenka Rn. 4. Hingegen gehen MüKoBGB/P. Huber Rn. 11; Schlechtriem/Schwenzer/Schroeter/Müller-Chen Rn. 4; Staudinger/Magnus, 2018, Rn. 14 und Piltz IntKaufR Rn. 5–68 davon aus, dass den Käufer vor dem Zeitpunkt des vereinbarten Liefertermins keine Verpflichtungen treffen; diff. Honsell/Schnyder/Straub Rn. 21–24). Der Käufer kann aber die ihm durch die vorzeitige Lieferung etwa entstandenen Mehrkosten im Wege des Schadensersatzes nach Art. 45 Abs. 1 lit. b ersetzt verlangen (Herber/Czerwenka Rn. 3 f.; Honsell/Schnyder/Straub Rn. 28; Schlechtriem/Schwenzer/Schroeter/Müller-Chen Rn. 4; Staudinger/Magnus, 2018, Rn. 15; Gabriel in Ferrari/Flechtner/Brand, The Draft UNCITRAL Digest and Beyond, 2004, 336, 361; Soergel/Willems Rn. 3). 4

**2. Zuviellieferung (Abs. 2).** Abs. 2 regelt die Folgen einer Zuviellieferung. Diese liegt vor, wenn eine **größere** als die vereinbarte **Menge** geliefert wird. Hiervon zu unterscheiden ist der Fall, dass die verkaufte Warenmenge nur ungefähr festgelegt ist. Eine Zuviellieferung ist dann nur anzunehmen, wenn die handelsübliche Toleranz (→ Art. 51 Rn. 4 überschritten ist (Ontario Superior Court of Justice, Kanada 31.8.1999 – 98-CV-142493CM, CLOUT Nr. 341 = IHR 2001, 46). Eine Zuviellieferung liegt ebenfalls nicht bei Lieferung einer höherwertigeren Ware als vertraglich vereinbart vor. Art. 52 Abs. 2 ist auf diesen Fall auch nicht analog anwendbar (Bach in Kröll/Mistelis/Perales Viscasillas CISG Rn. 29 ff.; Honsell/Schnyder/Straub Rn. 42; MüKoBGB/P. Huber Rn. 26; Schlechtriem/U. Huber, 3. Aufl. 2000, Rn. 11; Lehmkuhl IHR 2003, 115 (116), der das Problem der Lieferung höherwertiger Ware über das Nacherfüllungsrecht des Verkäufers (Art. 48) lösen will; aA Brunner/Altenkirch Rn. 9; Schlechtriem/Schwenzer/Schroeter/Müller-Chen Rn. 11: Art. 52 Abs. 2 S. 2 analog; diff. Staudinger/Magnus, 2018, Rn. 29. Vgl. auch MüKoHGB/Benicke Rn. 20 ff.; in der Tendenz auch Soergel/Willems Rn. 9). 5

**a) Zurückweisung der Lieferung (Abs. 2 S. 1).** Zu unterscheiden sind die offene und die verdeckte Zuviellieferung. In beiden Fällen setzt das Zurückweisungsrecht des Käufers voraus, dass dieser die Zuviellieferung nach Art. 39 gerügt hat (MüKoBGB/P. Huber Rn. 17; Schlechtriem/Schwenzer/Schroeter/Müller-Chen Rn. 7; Staudinger/Magnus, 2018, Rn. 21; krit. Honsell/Schnyder/Straub Rn. 47–49; Soergel/Willems Rn. 5–6). In der Rüge der Zuviellieferung liegt regelmäßig zugleich deren Zurückweisung (MüKoBGB/P. Huber Rn. 8). Die **offene** Zuviellieferung ist im Lieferschein oder anderen Dokumenten umfangmäßig als solche ausgewiesen. Weil der Verkäufer dabei den Quantitätsmangel gerade offenbart, ist die Rüge des Käufers nach Art. 40 auch dann erforderlich, wenn dieser dem Verkäufer bekannt ist (OLG Rostock IHR 2003, 19 (20); Schlechtriem/Schwenzer/Schroeter/Müller-Chen Rn. 7; Staudinger/Magnus, 2018, Rn. 21). Hingegen kann der Käufer eine **verdeckte** Zuviellieferung bei Kenntnis des Verkäufers auch nach Ablauf der Frist des Art. 39 rügen und die Abnahme verweigern (Schlechtriem/U. Huber, 3. Aufl. 2000, Rn. 8). 6

Das Verweigerungsrecht des Käufers **beschränkt** sich idR **auf die zu viel gelieferte Menge.** Gleichwohl ist er berechtigt, die ganze Lieferung zurückzuweisen, wenn eine teilweise Zurückweisung, wie häufig bei der Übergabe von Dokumenten, nicht möglich ist (Enderlein/Maskow/Strohbach Anm. 4; Herber/Czerwenka Rn. 7; Honsell/Schnyder/Straub Rn. 54–56; MüKoBGB/P. Huber Rn. 20; Schlechtriem/Schwenzer/Schroeter/Müller-Chen Rn. 8; Staudinger/Magnus, 2018, Rn. 22). Weist der Käufer die Zuviellieferung zurück, kann er zur Vornahme von **Erhaltungsmaßnahmen** nach Art. 86 verpflichtet und ggf. auch zum Selbsthilfeverkauf nach Art. 88 berechtigt sein (Honsell/Schnyder/Straub Rn. 15; Schlechtriem/Schwenzer/Schroeter/Müller-Chen Rn. 9). Die Kosten für die Erhaltungsmaßnahmen hat der Verkäufer gem. Art. 86 Abs. 1 S. 2, Art. 87 zu erstatten. 7

**b) Abnahme der Lieferung (Abs. 2 S. 2).** Erklärt der Käufer nicht innerhalb der Rügefrist die Zurückweisung, nimmt der Käufer also die zu viel gelieferte Ware ab, ist er nach Abs. 2 S. 2 verpflichtet, diese auch zu bezahlen. In diesem Fall erhöht sich der vertragliche Kaufpreis entspr. Sieht der Käufer sich aus besonderen Gründen gezwungen, die zu viel gelieferte Ware anzuneh- 8 men, zB weil eine teilweise Zurückweisung auf Grund der einheitlichen Dokumente nicht möglich ist, kann er den daraus entstandenen Schaden ersetzt verlangen (Sekretariatskommentar O.R. Anm. 9). Ansonsten sind nach Abnahme Schadensersatzansprüche wegen der Zuviellieferung ausgeschlossen (MüKoBGB/P. Huber Rn. 25).

### III. Beweislastregeln

9 Dem Käufer obliegt die Beweislast für die Vorzeitigkeit der Lieferung (Abs. 1) und die Lieferung einer Übermenge (Abs. 2) (Müller in Baumgärtel/Laumen/Prütting Beweislast-HdB II UNKR Rn. 35, 69).

## Kapitel III. Pflichten des Käufers

### Art. 53 (Zahlung des Kaufpreises; Abnahme der Ware)

**Der Käufer ist nach Maßgabe des Vertrages und dieses Übereinkommens verpflichtet, den Kaufpreis zu zahlen und die Ware abzunehmen.**

1 Vorab werden – spiegelbildlich zu den Verkäuferpflichten in Art. 30 – in allgemeiner Form die für den Kaufvertrag **wesentlichen Pflichten** des Käufers zur Zahlung des Kaufpreises (Art. 54–59) und zur Abnahme der Ware (Art. 60) festgelegt. Art. 53 ist damit die zentrale Anspruchsgrundlage für Ansprüche des Verkäufers (MüKoBGB/P. Huber Rn. 7; Staudinger/Magnus, 2018, Rn. 1, 4). Zu den Pflichten des Käufers gehören überdies die zur Spezifizierung (Art. 65) und zur Erhaltung der Ware (Art. 86) (Staudinger/Magnus, 2018, Rn. 33; Soergel/Budzikiewicz Rn. 1).

2 Daneben können **sonstige Pflichten** des Käufers (zB Vertriebsbindung, Wettbewerbsabreden) bestehen, die in Art. 62 auch ausdrücklich angesprochen werden. Die Wirksamkeit dieser sonstigen Pflichten, etwa allgemein zur Mitteilung und Information, die auf vertraglicher Vereinbarung oder Handelsbräuchen (Art. 9 Abs. 1) beruhen können, beurteilt sich indes wegen Art. 4 S. 2 lit. a nach dem durch IPR berufenen nationalen Recht. Soweit sie danach wirksamer Bestandteil des Kaufvertrages geworden sind, finden hierauf – da das CISG nicht zwischen Haupt- und Nebenpflichten unterscheidet – Art. 61, 63 und Art. 64 Anwendung.

3 Von den Pflichten zu **unterscheiden** sind die **Obliegenheiten,** deren Verletzung keinen Schadensersatzanspruch begründet, aber zu Rechtsnachteilen des Käufers führt. Dazu zählen neben der Untersuchungs- und Rügeobliegenheit (Art. 38, 39) die zur Information des Verkäufers über die Geltendmachung eines Aussetzungsrechts (Art. 71 Abs. 3) und über einen Hinderungsgrund (Art. 79 Abs. 4) (MüKoBGB/P. Huber Rn. 5; Schlechtriem/Schwenzer/Schroeter/Mohs Rn. 1; Staudinger/Magnus, 2018, Rn. 34).

4 Die **Beweislast** für die Kaufpreisvereinbarung trägt nach allgemeinen Grundsätzen der Verkäufer. Tatsachen, die den ursprünglich vereinbarten Kaufpreis zu Gunsten des Käufers beeinflussen, hat dieser zu beweisen (OLG Saarbrücken IHR 2010, 202 (205): Berücksichtigung eines von der Größe der Bestellung abhängigen Mengenrabatts).

## Abschnitt I. Zahlung des Kaufpreises

### Art. 54 (Kaufpreiszahlung)

**Zur Pflicht des Käufers, den Kaufpreis zu zahlen, gehört es auch, die Maßnahmen zu treffen und die Förmlichkeiten zu erfüllen, die der Vertrag oder Rechtsvorschriften erfordern, damit Zahlung geleistet werden kann.**

#### Überblick

Der Käufer hat die Voraussetzungen für die Zahlung des Kaufpreises zu schaffen (→ Rn. 2). Wenn sich dies weder aus Parteivereinbarung (Art. 6) noch Gebräuchen und Gepflogenheiten

(Art. 9) ergibt (→ Rn. 3 ff.), stellt sich die Frage, in welcher Währung diese zu erfolgen hat. Eine Ersetzungsbefugnis des Käufers oder ein Wahlrecht des Verkäufers kommen dabei grds. nicht in Betracht (→ Rn. 5 f.). Die Zahlung hat regelmäßig in bar bzw. im internationalen Handelsverkehr durch Überweisung zu erfolgen (→ Rn. 7).

## I. Normzweck

Die Regelung stellt klar, dass die Pflicht zur Kaufpreiszahlung alle Handlungen umfasst, die mit der Durchführung der Zahlung in Zusammenhang stehen. 1

## II. Einzelerläuterungen

**1. Inhalt der Kaufpreiszahlungspflicht.** Es ist **Sache des Käufers,** die Voraussetzungen zu schaffen, welche die **Kaufpreiszahlung möglich** machen. Auch alle damit zusammenhängenden Vorbereitungsmaßnahmen sind bereits Teil der Kaufpreiszahlungspflicht, sodass ein Versäumnis nicht bloß einen antizipierten Vertragsbruch, sondern eine Verletzung der Pflicht selbst darstellt (MüKoHGB/Wertenbruch Rn. 5; Schlechtriem/Schwenzer/Schroeter/Mohs Rn. 8; Staudinger/Magnus, 2018, Rn. 7). Da die Norm die Sicherung der tatsächlichen Kaufpreiszahlung bezweckt, ist der Verweis auf Rechtsvorschriften nicht auf die nach dem Kollisionsrecht anwendbaren zu beschränken; vielmehr bezieht dieser sich auf alle Regelungen, die faktisch beachtet werden müssen, damit die Zahlung durchgeführt werden kann, zB devisenrechtliche Vorschriften in Drittstaaten (MüKoBGB/P. Huber Rn. 3; Schlechtriem/Schwenzer/Schroeter/Mohs Rn. 3; Enderlein/Maskow/Strohbach Anm. 7; Bianca/Bonell/Maskow Anm. 2.7). Das Gesetz unterscheidet auch nicht zwischen kommerziellen (zB zur Erbringung von Sicherheiten) und devisenrechtlichen (zB Transfer- oder Clearingverfahren) Pflichten. Eine solche Unterscheidung wird aber teilweise in der Lit. getroffen. Weil der Käufer devisenrechtliche Bestimmungen nicht beherrschen könne, schulde er insoweit nur die Vornahme der gebotenen Handlungen. Deshalb treffe ihn nur hinsichtlich der kommerziellen Pflichten eine Erfolgshaftung (Bianca/Bonell/Maskow Anm. 2.3; Enderlein/Maskow/Strohbach Anm. 3, 4). Indes bedarf es dieser Differenzierung schon deshalb nicht, weil Hinderungsgründe, die außerhalb des Einflussbereichs des Schuldners liegen, ohnehin der Entlastungsregel des Art. 79 unterfallen (Schlechtriem/Schwenzer/Hager/Maultzsch, 5. Aufl. 2008, Rn. 6; Staudinger/Magnus, 2018, Rn. 9; vgl. MüKoBGB/P. Huber Rn. 4). Im Übrigen darf der Käufer die von ihm geschuldete Umsatzsteuer nicht vom vereinbarten (Brutto-)Preis abziehen, wenn es sich für den Verkäufer um eine innergemeinschaftliche Lieferung handelt, weshalb Brutto- und Nettopreis identisch sind und er nicht Umsatzsteuerschuldner ist (AG Geldern IHR 2012, 190 (191)). 2

**2. Währung.** Das CISG bestimmt nicht, in welcher Währung der Kaufpreis zu zahlen ist. Maßgeblich sind insoweit die **Parteivereinbarung** (Art. 6) und in zweiter Linie **Gebräuche und Gepflogenheiten** (Art. 9). Soweit sich auch danach die Währung nicht ermitteln lässt, ist ihre Bestimmung umstritten. Ausgehend vom Vereinheitlichungszweck des CISG befürwortet die wohl hM, die Währung nach den allgemeinen Grundsätzen des Übereinkommens (Art. 7 Abs. 2) zu bestimmen (einheitsrechtlicher Ansatz) (MüKoHGB/Wertenbruch Rn. 7; MüKoBGB/P. Huber Art. 53 Rn. 19; Staudinger/Magnus, 2018, Art. 53 Rn. 22; Soergel/Budzikiewicz Art. 53 Rn. 3). Allerdings ist innerhalb dieser Auffassung weiter umstritten, ob auf die am Zahlungsort (KG RIW 1994, 683 = CISG-online Nr. 130; MüKoHGB/Wertenbruch Rn. 7; Piltz IntKaufR Rn. 4-127; Soergel/Budzikiewicz Art. 53 Rn. 3) oder am Sitz des Verkäufers geltende Währung (MüKoBGB/P. Gruber Art. 53 Rn. 19; Staudinger/Magnus, 2018, Art. 53 Rn. 22; BeckOGK/Fountoulakis Art. 53 Rn. 17) abzustellen ist. Nach der Gegenansicht lassen sich hingegen dem CISG keine Grundsätze zur Bestimmung der Währung entnehmen, sodass das anwendbare nationale Recht maßgeblich ist (kollisionsrechtlicher Ansatz) (Bianca/Bonell/Maskow Anm. 3.1; Herber/Czerwenka Art. 53 Rn. 5; Schlechtriem/Schwenzer/Hager/Maultzsch, 5. Aufl. 2008, Rn. 8 ff.). Dabei ist nach deutschem IPR das Schuldstatut maßgeblich (Bianca/Bonell/Maskow Anm. 3.1; Herber/Czerwenka Art. 53 Rn. 5), sodass bei fehlender Rechtswahl iSv Art. 3 Rom I-VO nach Art. 4 Abs. 1 lit. a Rom I-VO auf das Verkäuferrecht abzustellen ist (Herber/Czerwenka Art. 53 Rn. 7). Abweichend hiervon wird teilweise (Schlechtriem/Schwenzer/Hager/Maultzsch, 5. Aufl. 2008, Rn. 9a) im Wege einer Sonderanknüpfung unter Hinweis auf die Verknüpfung zwischen dem Recht des Zahlungsortes und der Währung sowie auf Art. 12 Abs. 2 Rom I-VO (Art. 32 Abs. 2 EGBGB aF) auf das Recht des Zahlungsortes abgestellt. 3

4 Festzuhalten ist zunächst, dass die beiden Auffassungen innerhalb der hM als auch – bei Einschlägigkeit des deutschen IPR – die Gegenauffassung wegen Art. 57 Abs. 1 lit. a regelmäßig zur Geltung der Währung am **Verkäufersitz** gelangen. Bedarf der Streit ausnahmsweise eines Entscheids, ist der kollisionsrechtliche Ansatz vorzugswürdig. Dass die von der hM angeführten einheitsrechtlichen Grundsätze zur Bestimmung der Währung tatsächlich nicht existieren, wird schon dadurch belegt, dass die Vorstellungen über diese Grundsätze innerhalb des einheitsrechtlichen Ansatzes divergieren. Nicht zu folgen ist jedoch der im Rahmen des kollisionsrechtlichen Ansatzes angenommenen Sonderanknüpfung an den Zahlungsort. Denn die Gründe dafür, dass der Zahlungsort nicht mit dem Verkäufersitz übereinstimmt (nur dann kommt es auf die Sonderverbindung an), können Praktikabilitätsgründen geschuldet sein, die von der Frage der Währung unabhängig sind (vgl. MüKoBGB/P. Huber Art. 53 Rn. 19).

5 Eine **Ersetzungsbefugnis des Käufers,** also die Möglichkeit in einer anderen als der vereinbarten Währung zu zahlen, ist angesichts der Bedeutung privatautonomer Gestaltung abzulehnen (OGH IHR 2002, 24 (27 f.); MüKoHGB/Wertenbruch Rn. 8; MüKoBGB/P. Huber Art. 53 Rn. 20; Schlechtriem/Schwenzer/Schroeter/Mohs Rn. 8; Staudinger/Magnus, 2018, Rn. 26, 28; Soergel/Budzikiewicz Art. 53 Rn. 4; aA Herber/Czerwenka Rn. 5, der auch insoweit einen kollisionsrechtlichen Ansatz vertritt). Freilich kann sich Anderes aus dem Vertrag selbst, aus Gebräuchen oder Gepflogenheiten und ausnahmsweise auch aus Treu und Glauben ergeben, etwa wenn der Käufer auf Grund devisenrechtlicher Vorschriften nicht in der geschuldeten Währung zu zahlen vermag (MüKoBGB/P. Huber Art. 53 Rn. 20; Schlechtriem/Schwenzer/Hager/Maultzsch, 5. Aufl. 2008, Rn. 10; Staudinger/Magnus, 2018, Rn. 26, 28).

6 Schließlich ist auch ein **Wahlrecht des Verkäufers** hinsichtlich der Währung abzulehnen (MüKoHGB/Wertenbruch Rn. 9; MüKoBGB/P. Huber Art. 53 Rn. 21; Schlechtriem/Schwenzer/Schroeter/Mohs Rn. 9; Staudinger/Magnus, 2018, Rn. 30; Soergel/Budzikiewicz Art. 53 Rn. 5; ebenso HG Kanton Zürich, IHR 2021, 251 (253) mit Anmerkung Mohs/Chevalley, IHR 2021, 244). Ist dem Käufer allerdings eine Zahlung in der geschuldeten Währung nicht möglich und ist er auch nicht deswegen schadensersatzpflichtig (Art. 79), muss er nach Treu und Glauben einem Verlangen des Verkäufers, in der Währung des Käuferlandes zu zahlen, Folge leisten (MüKoHGB/Wertenbruch Rn. 9; MüKoBGB/P. Huber Art. 53 Rn. 21; Schlechtriem/Schwenzer/Schroeter/Mohs Rn. 9).

7 **3. Art und Weise der Zahlung.** Soweit sich nicht aus Vertrag (Art. 6) oder Brauch (Art. 9) etwas anderes ergibt, hat grds. **Barzahlung** zu erfolgen. Dieser steht im internationalen Handelsverkehr die bargeldlose Zahlung durch **Überweisung** gleich (Achilles Art. 53 Rn. 2; MüKoHGB/Wertenbruch Rn. 2; Honsell/Schnyder/Straub Rn. 13; MüKoBGB/P. Huber Art. 53 Rn. 13; Schlechtriem/Schwenzer/Schroeter/Mohs Rn. 10). Kommt auf Grund einer Vereinbarung bzw. Gepflogenheiten oder Gebräuchen eine Scheckzahlung in Betracht, erfolgt diese lediglich erfüllungshalber und führt erst bei Einlösung zur Erfüllung (MüKoHGB/Wertenbruch Rn. 2; Honsell/Schnyder/Straub Rn. 14; Herber/Czerwenka Art. 53 Rn. 3; Schlechtriem/Schwenzer/Schroeter/Mohs Rn. 14; Staudinger/Magnus, 2018, Rn. 8; Soergel/Budzikiewicz Art. 53 Rn. 2). Für die Einhaltung der Zahlungsfrist ist aber der Zeitpunkt der Annahme des später eingelösten Schecks maßgeblich (Anders insoweit 1. Aufl.; MüKoHGB/Wertenbruch Rn. 2; Herber/Czerwenka Art. 53 Rn. 3; Schlechtriem/Schwenzer/Hager/Maultzsch, 5. Aufl. 2008, Art. 57 Rn. 9; Staudinger/Magnus, 2018, Art. 53 Rn. 8).

## III. Beweislastregeln

8 Der **Verkäufer,** der den Kaufpreis geltend macht, hat die Voraussetzungen dieses Anspruchs und insbes. die Vereinbarung einer bestimmten Währung zu beweisen (Müller in Baumgärtel/Laumen/Prütting Beweislast-HdB II UNKR Rn. 2; MüKoBGB/P. Huber Rn. 9; Soergel/Budzikiewicz Rn. 7). Beruft sich der **Käufer** darauf, er habe durch die Zahlung in einer bestimmten Währung ordnungsgemäß erfüllt, trifft ihn die Beweislast (Müller in Baumgärtel/Laumen/Prütting Beweislast-HdB II UNKR Rn. 3; MüKoBGB/P. Huber Rn. 9; Soergel/Budzikiewicz Rn. 7). Die Vereinbarung einer vom Grundsatz der Barzahlung abweichenden anderen Zahlungsart ist ebenfalls vom Käufer zu beweisen.

### Art. 55 (Bestimmung des Preises)

**Ist ein Vertrag gültig geschlossen worden, ohne daß er den Kaufpreis ausdrücklich oder stillschweigend festsetzt oder dessen Festsetzung ermöglicht, so wird mangels**

**gegenteiliger Anhaltspunkte vermutet, daß die Parteien sich stillschweigend auf den Kaufpreis bezogen haben, der bei Vertragsabschluß allgemein für derartige Ware berechnet wurde, die in dem betreffenden Geschäftszweig unter vergleichbaren Umständen verkauft wurde.**

## Überblick

Fehlt eine Kaufpreisvereinbarung, wird grds. der Betrag als von den Parteien stillschweigend vereinbart angesehen, der für derartige Ware allgemein bei einem vergleichbaren Veräußerungsgeschäft berechnet wird (→ Rn. 3).

## I. Normzweck

Regelungslücken sind nach dem CISG übereinkommensautonom zu schließen (Art. 7). Demzufolge ist auch der Betrag (zur Währung → Rn. 3; → Art. 54 Rn. 3) des vertraglich vereinbarten Kaufpreises im Zweifel nach **objektiven Kriterien** zu bestimmen. Voraussetzung hierfür ist aber, dass ein Kaufvertrag bereits wirksam geschlossen ist (Honsell/Schnyder/Straub Rn. 6; MüKoBGB/P. Huber Rn. 1, 4; Staudinger/Magnus, 2018, Rn. 1). 1

## II. Einzelerläuterungen

**1. Anwendungsbereich.** Klärungsbedürftig ist das **Verhältnis des Art. 55 zu Art. 14.** Einerseits setzt Art. 55 neben dem Bestehen eines wirksamen Vertrages voraus, dass sich der Kaufpreis in keiner Weise aus der Parteivereinbarung entnehmen lässt, dh dass er weder ausdrücklich oder stillschweigend bestimmt noch anhand vertraglich festgelegter Kriterien bestimmbar ist (MüKoBGB/P. Huber Rn. 2; Staudinger/Magnus, 2018, Rn. 8). Andererseits setzt aber ein wirksamer Vertragsschluss gem. Art. 14 Abs. 1 S. 2 grds. zumindest die Bestimmbarkeit des Preises voraus (→ Art. 14 Rn. 5). Hieraus ergibt sich die **Subsidiarität des Art. 55** gegenüber Art. 14 (Herber/Czerwenka Rn. 4; Honsell/Schnyder/Straub Rn. 3, 5; MüKoHGB/Wertenbruch Rn. 2 ff.; Schlechtriem/Schwenzer/Hager/Maultzsch, 5. Aufl. 2008, Rn. 5; mN zur aA zum Verhältnis des Art. 55 zu Art. 14 MüKoBGB/P. Huber Rn. 4–6). Art. 55 ist unmittelbar nur anwendbar, wenn ein **Vertragsschluss ausnahmsweise trotz offenen Preises wirksam** zustande kommt. Das ist etwa der Fall, wenn die Parteien den Preis bewusst offen lassen und damit Art. 14 privatautonom abbedingen (Art. 6), ferner wenn Art. 14 auf Grund von Handelsbräuchen oder Gepflogenheiten ausgeschlossen ist (Art. 9) oder auf Grund eines Vorbehalts nach Art. 92 Abs. 1 keine Anwendung findet und der Vertrag nach dem auf Grund IPR berufenen nationalen Recht auch ohne Preisbestimmung wirksam geschlossen werden konnte (MüKoHGB/Wertenbruch Rn. 3; Schlechtriem/Schwenzer/Hager/Maultzsch, 5. Aufl. 2008, Rn. 6; Staudinger/Magnus, 2018, Rn. 5; Soergel/Budzikiewicz Rn. 5). Im Übrigen kann **Art. 55** als **Auslegungshilfe** für einen gem. Art. 14 Abs. 1 S. 2 stillschweigend vereinbarten Kaufpreis Bedeutung erlangen (MüKoBGB/P. Huber Rn. 2; Staudinger/Magnus, 2018, Rn. 1). Hierbei wird vermutet, dass sich die Parteien stillschweigend auf den Kaufpreis bezogen haben, der bei Vertragsschluss allgemein für derartige Ware berechnet wurde (OLG Rostock IHR 2003, 17 (19) = CISG-online Nr. 671). Bei der Entscheidung, ob eine stillschweigend vereinbarte Kaufpreisvereinbarung vorliegt, ist ein großzügiger Maßstab anzulegen (Schlechtriem/Schwenzer/Hager/Maultzsch, 5. Aufl. 2008, Rn. 7; dazu auch Schlechtriem/Schwenzer/Schroeter/Schroeter Art. 14 Rn. 8 ff.). Selbst die stillschweigende Bezugnahme auf Preislisten kann hierfür ausreichen (Staudinger/Magnus, 2018, Art. 14 Rn. 23). 2

**2. Bemessung des Kaufpreises.** Die Vorschrift begründet die Vermutung, dass als Kaufpreis der Preis vereinbart wurde, der bei Vertragsabschluss **allgemein** für derartige Ware berechnet wurde, die in dem betreffenden Geschäftszweig unter vergleichbaren Umständen verkauft wurde. Dieser objektive Maßstab findet nach hM aber lediglich zur Beurteilung des **Betrages** des Kaufpreises Anwendung, und nicht auch im Hinblick auf die Währung, in der dieser zu entrichten ist (zur Bestimmung der Währung → Art. 54 Rn. 3 ff.). Maßgeblich ist der allgemein übliche Preis, wie zB ein Börsen- oder Marktpreis. Ist ein solcher nicht zu ermitteln, sollte – wie sich aus dem Verweis auf den Geschäftszweig ergibt – auf den Preis an dem Teilmarkt des Sitzstaates des Käufers abgestellt werden (Staudinger/Magnus, 2018, Rn. 9; MüKoHGB/Wertenbruch Rn. 8, der aA ist, wenn die Initiative vom Käufer ausgeht; ebenfalls diff. Soergel/Budzikiewicz Rn. 8). Ein (Teil-)Marktpreis idS setzt keinen absolut einheitlichen Preis voraus. Vielmehr ist ein begrenztes 3

Preisspektrum ausreichend, aus dem sich ein Durchschnittspreis ableiten lässt (MüKoBGB/P. Huber Rn. 11). Schließlich können als „vergleichbare Umstände" ergänzende Vertragsabreden, wie zB Abnahmemengen und mit diesen zusammenhängende Preisnachlässe, Übernahme von Transportkosten etc bei der Preisermittlung herangezogen werden. Lässt sich ein Preis anhand der vorgenannten Kriterien gleichwohl nicht festlegen, ist der Vertrag gescheitert (BGH NJW 1990, 3077 zu Art. 57 EKG; Schlechtriem/Schwenzer/Hager/Maultzsch, 5. Aufl. 2008, Rn. 8; vgl. auch Honsell/Schnyder/Straub Rn. 23; MüKoBGB/P. Huber Rn. 12, die zunächst unter Hinweis auf Art. 7 Abs. 2 Rückgriff auf nationale Preisbestimmungsmechanismen nehmen wollen). Für die Bemessung des Kaufpreises ist der Zeitpunkt des Vertragsschlusses entscheidend, sodass sich spätere Preiserhöhungen oder -senkungen nicht auswirken (MüKoHGB/Wertenbruch Rn. 10; Schlechtriem/Schwenzer/Schroeter/Mohs Rn. 16; Staudinger/Magnus, 2018, Rn. 10).

## III. Beweislastregeln

4 Die Beweislast dafür, dass der Vertrag trotz fehlender Preisbestimmung wirksam zustande gekommen ist, trägt die Partei, die sich auf die Wirksamkeit des Vertrags beruft (MüKoHGB/Wertenbruch Rn. 12; MüKoBGB/P. Huber Rn. 13). Die Partei, die sich auf einen bestimmten Preis beruft, hat zu beweisen, dass dies der allgemein übliche ist (Müller in Baumgärtel/Laumen/Prütting Beweislast-HdB II UNKR Rn. 9; MüKoHGB/Wertenbruch Rn. 12; aA Staudinger/Magnus, 2018, Rn. 11). Die Vermutung, welche Art. 55 begründet, ist von demjenigen zu widerlegen, der ihr widerspricht (Müller in Baumgärtel/Laumen/Prütting Beweislast-HdB II UNKR Rn. 10; MüKoBGB/P. Huber Rn. 13).

### Art. 56 (Kaufpreis nach Gewicht)

**Ist der Kaufpreis nach dem Gewicht der Ware festgesetzt, so bestimmt er sich im Zweifel nach dem Nettogewicht.**

1 Soweit keine andere Vereinbarung (zB „brutto für netto", dh Gewicht einschließlich Verpackung) besteht, ist ähnlich wie nach § 380 HGB für einen **nach Gewicht zu bemessenden Kaufpreis** im Zweifel das **Nettogewicht,** also das Gesamtgewicht (brutto) abzüglich des Gewichts der Verpackung (tara), zum Zeitpunkt des Gefahrübergangs (MüKoHGB/Wertenbruch Rn. 2 f.; Honsell/Schnyder/Straub Rn. 8; wohl auch MüKoBGB/P. Huber Rn. 3; BeckOGK/Fountoulakis Rn. 8; diff. Schlechtriem/Schwenzer/Schroeter/Mohs Rn. 4; Soergel/Budzikiewicz Rn. 1. Hingegen stellen Enderlein/Maskow/Strohbach Anm. 4; Staudinger/Magnus, 2018, Rn. 3 auf das Eintreffen der Ware am Leistungsort ab, woraus sich aber häufig keine Unterschiede ergeben werden) maßgeblich.

2 Nicht anwendbar ist Art. 56 hingegen, wenn der Preis nach Stückzahlen bemessen ist, für die lediglich zur Spezifizierung auch das Gewicht angegeben ist. Abweichungen von der Auslegungsregel des Art. 56 sind von demjenigen zu **beweisen,** der sie geltend macht (Müller in Baumgärtel/Laumen/Prütting Beweislast-HdB II UNKR Rn. 1; BeckOGK/Fountoulakis Rn. 9; Staudinger/Magnus, 2018, Rn. 7).

### Art. 57 (Zahlungsort)

**(1) Ist der Käufer nicht verpflichtet, den Kaufpreis an einem anderen bestimmten Ort zu zahlen, so hat er ihn dem Verkäufer wie folgt zu zahlen:**
**a) am Ort der Niederlassung des Verkäufers oder,**
**b) wenn die Zahlung gegen Übergabe der Ware oder von Dokumenten zu leisten ist, an dem Ort, an dem die Übergabe stattfindet.**

**(2) Der Verkäufer hat alle mit der Zahlung zusammenhängenden Mehrkosten zu tragen, die durch einen Wechsel seiner Niederlassung nach Vertragsabschluß entstehen.**

## Überblick

Art. 57 betrifft den Ort der Kaufpreiszahlung. Mangels Vereinbarung ist bei Vorleistungspflicht des Käufers am Ort der Niederlassung des Verkäufers zu zahlen (Abs. 1 lit. a; → Rn. 2). Sind die Leistungen Zug-um-Zug zu erfüllen, ist der Kaufpreis am Übergabeort zu entrichten, (Abs. 1 lit.

b; → Rn. 4). Der Zahlungsort nach Art. 57 kann als Erfüllungsort für die internationale Zuständigkeit maßgeblich sein (→ Rn. 5). Für Rückgewähr und Schadensersatz ist der Ort der Zahlung hingegen im Wege übereinkommensautonomer Lückenfüllung zu bestimmen (Art. 7 Abs. 2; → Rn. 6).

## I. Normzweck und Anwendungsbereich

Die Vorschrift bestimmt den Zahlungsort für den Kaufpreis. Dieser richtet sich in erster Linie nach der Parteivereinbarung (Art. 57 Abs. 1 iVm Art. 6), die auch in entsprechenden Zahlungsklauseln enthalten sein kann. So ist der Kaufpreis am Sitz der Schuldnerbank zu zahlen, wenn die Parteien vereinbart haben, dass die Zahlung im Abbuchungsauftragsverfahren erfolgen soll (LG Trier IHR 2001, 35, CISG-online Nr. 595). Die Klauseln COD (cash on delivery) und CBD (cash before delivery) belassen den Zahlungsort am Niederlassungsort des Verkäufers, die Klausel D/P (documents against payment) begründet grds. den Zahlungsort am Ort der Übergabe der Dokumente, während bei Zahlung durch ein Dokumentenakkreditiv (documents against letter of credit) der Zahlungsort idR der Sitz der die Dokumente aufnehmenden Bank ist (ausf. zu Zahlungsklauseln Staudinger/Magnus, 2018, Rn. 6–8; s. auch MüKoBGB/P. Huber Rn. 4). **Fehlt eine Vereinbarung,** kommt **Art. 57** zur Anwendung. Danach ist auf den Ort der Niederlassung des Verkäufers (Art. 57 Abs. 1 lit. a) oder bei Zug-um-Zug-Leistung auf den Übergabeort (Art. 57 Abs. 1 lit. b) abzustellen. Der Zahlungsort bestimmt materiellrechtlich den Erfüllungsort. Prozessual kommt der Norm Bedeutung zu, wenn der Gerichtsstand aus dem materiellrechtlichen Erfüllungsort abgeleitet wird (ausf. zum Gerichtsstand Soergel/Budzikiewicz Rn. 11). 1

## II. Einzelerläuterungen

**1. Zahlung am Ort des Verkäufers (Abs. 1 lit. a, Abs. 2).** Soweit nichts anderes vereinbart ist, gilt das Prinzip der Zug-um-Zug-Leistung (Art. 58 Abs. 1). Nur wenn der Käufer **vorleistungspflichtig** ist oder vorleistet, kommt als Zahlungsort der Ort der Niederlassung des Verkäufers in Betracht **(Abs. 1 lit. a)** (vgl. MüKoHGB/Wertenbruch Rn. 2; MüKoBGB/P. Huber Rn. 16; BeckOGK/Fountoulakis Rn. 26; Soergel/Budzikiewicz Rn. 6). Dies ist insbes. bei der Vereinbarung „Netto Kasse" oder bei Zusendung der Ware mit offener Rechnung anzunehmen (vgl. mw Beispielen Schlechtriem/Schwenzer/Hager/Maultzsch, 5. Aufl. 2008, Rn. 3; MüKoHGB/Wertenbruch Rn. 8). In diesem Fall ist die Kaufpreiszahlungspflicht eine **Bringschuld.** Der Käufer trägt damit das Verlust- und Verzögerungsrisiko (Enderlein/Maskow/Strohbach Anm. 1.2; MüKoBGB/P. Huber Rn. 17; Schlechtriem/Schwenzer/Hager/Maultzsch, 5. Aufl. 2008, Rn. 4; Staudinger/Magnus, 2018, Rn. 14; Mues, Ergänzungen und Modifikationen des deutschen Kaufrechts zum Modell des UN-Kaufrechts, 2009, 423; Soergel/Budzikiewicz Rn. 7). Weil der Ort der Niederlassung des Verkäufers zum Zeitpunkt der Zahlung maßgeblich ist, trägt der Käufer anders als nach § 270 Abs. 3 BGB das Übermittlungsrisiko auch, wenn der Verkäufer nach Vertragsschluss seine Niederlassung wechselt (Schlechtriem/Schwenzer/Hager/Maultzsch, 5. Aufl. 2008, Rn. 7; Reinhart UN-KaufR Rn. 7). Die Gegenansicht (MüKoHGB/Wertenbruch Rn. 12; Herber/Czerwenka Rn. 9; Honsell/Schnyder/Straub Rn. 23; Staudinger/Magnus, 2018, Rn. 17; BeckOGK/Fountoulakis Rn. 32), wonach der Verkäufer das (zusätzliche) Risiko trage, das gerade aus der Verlegung der Niederlassung resultiere, führt zu praktisch kaum lösbaren Schwierigkeiten, ein solches Zusatzrisiko von dem üblichen Risiko abzugrenzen. **Abs. 2** führt somit lediglich dazu, dass der Verkäufer die dem Käufer aus der Änderung der Niederlassung entstehenden **Mehrkosten** zu tragen hat. Informiert er den Käufer nicht rechtzeitig über einen solchen Wechsel, muss der Verkäufer nach Art. 80 auch eine Zahlung am ursprünglichen Ort gegen sich gelten lassen (Honsell/Schnyder/Straub Rn. 23; MüKoBGB/P. Huber Rn. 21; Schlechtriem/Schwenzer/Schroeter/Mohs Rn. 17; Enderlein/Maskow/Strohbach Anm. 5.2; Soergel/Budzikiwicz Rn. 15). 2

**2. Zahlung am Ort der Übergabe (Abs. 1 lit. b).** Bei einer **Zug-um-Zug-Leistung** ist Zahlungsort der Übergabeort. Eine Zug-um-Zug-Leistung, die mangels abweichender Vereinbarung nach Art. 58 Abs. 1 den Regelfall darstellt, setzt voraus, dass sich die Parteien an einem Ort treffen, um ihre Leistungen auszutauschen (MüKoBGB/P. Huber Rn. 6; Schlechtriem/Schwenzer/Schroeter/Mohs Rn. 9). Sie kommt in erster Linie beim Platz- und beim Fernkauf in Betracht, also wenn der Verkäufer die Ware bei sich zur Verfügung zu stellen oder aber an einen anderen Ort zu liefern hat (Art. 31) (Schlechtriem/Schwenzer/Hager/Maultzsch, 5. Aufl. 2008, Rn. 13; Soergel/Budzikiewicz Rn. 8). Beim Verkauf eingelagerter Ware ist Zug-um-Zug-Abwicklung allenfalls denkbar, wenn der Lagerhalter die Ware nur gegen Zahlung herausgeben soll 3

(MüKoBGB/P. Huber Rn. 14). Ebenso kommt beim Versendungskauf die Anwendung von Abs. 1 lit. b nur in Betracht, wenn Aushändigung der Ware nur gegen Zahlung vereinbart ist oder der Verkäufer vom Zurückbehaltungsrecht nach Art. 58 Abs. 2 Gebrauch macht (Butler/Harindranath in Kröll/Mistelis/Perales Viscasillas CISG Rn. 23; MüKoBGB/P. Huber Rn. 10–13; Herber/Czerwenka Rn. 5; Schlechtriem/Schwenzer/Schroeter/Mohs Rn. 12; Staudinger/Magnus, 2018, Rn. 12; aA aber BGHZ 74, 136 (142 f.) zu Art. 59 EKG, der die Bestimmung des Erfüllungs- bzw. Zahlungsortes nicht vom einseitigen Anordnungsrecht des Verkäufers abhängig machen will). Gleiches gilt entspr. für den Verkauf reisender Ware (MüKoBGB/P. Huber Rn. 14). Soweit die Zahlung gegen Übergabe von Dokumenten (zu den in Betracht kommenden Dokumenten → Art. 58 Rn. 2) zu erfolgen hat, ergibt sich der Ort der Übergabe aus der Vereinbarung nach Art. 34.

4 **3. Wirkungen des Zahlungsortes.** Der Käufer trägt die **Gefahr** und die **Kosten,** dass der Kaufpreis rechtzeitig am Zahlungsort eingeht (MüKoHGB/Wertenbruch Rn. 9; MüKoBGB/P. Huber Rn. 24; Soergel/Budzikiewicz Rn. 10). Hierfür muss er die erforderlichen Handlungen vornehmen. Zur Art und Weise der Kaufpreiszahlung → Art. 54 Rn. 7. Eine Befreiung von möglichen Schadensersatzansprüchen kommt nur nach Art. 79, 80 in Betracht (MüKoBGB/P. Huber Rn. 24; Staudinger/Magnus, 2018, Rn. 19).

5 Der gem. Art. 57 ermittelte Zahlungsort begründet als Erfüllungsort die **internationale Zuständigkeit** gem. Art. 7 Nr. 1 Brüssel Ia-VO (zuvor Art. 5 Nr. 1 Brüssel I-VO), Art. 5 Nr. 1 LugÜ sowie nach § 29 ZPO (MüKoBGB/P. Huber Rn. 26 f., 29; Staudinger/Magnus, 2018, Rn. 20; anders LG Krefeld IHR 2007, 161: Maßgeblichkeit von Art. 57 Abs. 1a, m. krit. Anm. Mäsch IHR 2008, 48). Gemäß Art. 7 Nr. 1 lit. a Brüssel Ia-VO hat der Erfüllungsort zwar ebenfalls zuständigkeitsbegründende Wirkung, allerdings wird er in lit. b autonom (HK-ZPO/Dörner Brüssel Ia-VO Art. 7 Rn. 3), dh ohne Rückgriff auf den materiell-rechtlichen Erfüllungsort, als der Ort in einem Mitgliedstaat festgelegt, an den nach dem Vertrag die Sachen geliefert worden sind oder hätten geliefert werden müssen. Insoweit wirkt sich Art. 57 nicht aus (OLG Hamm OLGR 2006, 327 = IHR 2006, 84; OLG Köln IHR 2006, 86). Auf einen Rückgriff auf die lex causae und damit auf Art. 57 zwecks Bestimmung des Erfüllungsortes kommt es im Rahmen des Art. 7 Nr. 1 lit. a Brüssel Ia-VO nur an, wenn der nach Art. 7 Nr. 1 lit. b Brüssel Ia-VO ermittelte Erfüllungsort nicht in einem Mitgliedstaat liegt oder wenn sich ein Erfüllungsort idS nicht ermitteln lässt (vgl. MüKoBGB/P. Huber Rn. 28; Staudinger/Magnus, 2018, Rn. 21; zu den sich bei Art. 7 Brüssel Ia-VO stellenden Zweifelsfragen vgl. Magnus IHR 2002, 45 ff.; HK-ZPO/Dörner Brüssel Ia-VO Art. 7 Rn. 11 ff.).

6 **4. Rückzahlungen und Zahlung von Schadensersatz.** Nicht geregelt ist, an welchem Ort **Rückzahlungen** zu leisten sind. Insoweit bedarf es einer übereinkommensautonomen Lückenfüllung (Art. 7 Abs. 2). Schon wegen der Ausgestaltung der Geldschuld als Bringschuld in Abs. 1 lit. a muss man dabei den Sitz des Gläubigers als Zahlungsort ansehen (Schlechtriem/Schwenzer/Hager/Maultzsch, 5. Aufl. 2008, Rn. 25; Staudinger/Magnus, 2018, Rn. 23; Soergel/Budzikiewicz Rn. 12; vgl. MüKoBGB/P. Huber Rn. 30–32 mwN zu aA). Ebenfalls nicht geregelt ist der Zahlungsort für **Schadensersatzansprüche.** Insoweit wird als Erfüllungsort teilweise der Ort angesehen, an dem die verletzte Pflicht zu erfüllen war (LG Braunschweig TranspR-IHR 2000, 4; LG Aachen RIW 1993, 760 (761); Honsell/Schnyder/Straub Rn. 29, 32; Staudinger/Magnus, 2018, Rn. 22). Dies ist aber insbes. dann wenig sinnvoll, wenn wegen Verletzung einer Abnahmepflicht Schadensersatz an einem zufälligen Abnahmeort zu leisten wäre, der auch nicht mit dem Sitz des Käufers übereinstimmt. Deshalb verdient die Auffassung den Vorzug, die unter Hinweis auf den Charakter einer Bringschuld für den Erfüllungsort auf den Sitz des Geschädigten abstellt (Herber/Czerwenka Rn. 14; Schlechtriem/Schwenzer/Hager/Maultzsch, 5. Aufl. 2008, Rn. 25; Soergel/Budzikiewicz Rn. 12; wohl auch MüKoHGB/Wertenbruch Rn. 13).

## III. Beweislastregeln

7 Der **Anspruchsteller** hat die Voraussetzungen zu beweisen, die den Zahlungsort begründen (Müller in Baumgärtel/Laumen/Prütting Beweislast-HdB II UNKR Rn. 1, 7; MüKoBGB/P. Huber Rn. 33).

## Art. 58 Frist zur Zahlung des Kaufpreises

**(1) [1]Ist der Käufer nicht verpflichtet, den Kaufpreis zu einer bestimmten Zeit zu zahlen, so hat er den Preis zu zahlen, sobald ihm der Verkäufer entweder die Ware oder**

**die Dokumente, die zur Verfügung darüber berechtigen, nach dem Vertrag und diesem Übereinkommen zur Verfügung gestellt hat. [2]Der Verkäufer kann die Übergabe der Ware oder der Dokumente von der Zahlung abhängig machen.**

**(2) Erfordert der Vertrag eine Beförderung der Ware, so kann der Verkäufer sie mit der Maßgabe versenden, daß die Ware oder die Dokumente, die zur Verfügung darüber berechtigen, dem Käufer nur gegen Zahlung des Kaufpreises zu übergeben sind.**

**(3) Der Käufer ist nicht verpflichtet, den Kaufpreis zu zahlen, bevor er Gelegenheit gehabt hat, die Ware zu untersuchen, es sei denn, die von den Parteien vereinbarten Lieferungs- oder Zahlungsmodalitäten bieten hierzu keine Gelegenheit.**

## Überblick

**Schrifttum:** CISG Advisory Council Opinion No. 11, Issues Raised by Documents under the CISG Focusing on the Buyer's Payment Duty, http://www.cisgac.com/cisgac-opinion-no11/ (abgerufen 19.4.2022; zum CISG Advisory Council Art. 7 Rn. 3).

Für den Zeitpunkt der Fälligkeit des Kaufpreises (Abs. 1 S. 1) ist vorrangig die Parteivereinbarung maßgeblich (→ Rn. 2). Mangels dessen hat der Käufer den Kaufpreis Zug-um-Zug gegen Zurverfügungstellung der Ware zu zahlen (→ Rn. 3 ff.). Der Verkäufer kann gem. Abs. 1 S. 2 sowie Abs. 2 ein Zurückbehaltungsrecht geltend machen (→ Rn. 6). Nach. Abs. 3 hat der Käufer zunächst ein Untersuchungsrecht, um die Ware vor der Zahlung einer kurzen ersten Inaugenscheinnahme unterziehen zu können (→ Rn. 7).

## I. Normzweck

1 Die Vorschrift regelt den Zeitpunkt der **Fälligkeit** des Kaufpreises (entgegen der hM – vgl. nur MüKoBGB/P. Huber Rn. 1; Schlechtriem/Schwenzer/Schroeter/Mohs Rn. 1; Staudinger/Magnus, 2018, Rn. 9 – unterscheiden Honsell/Schnyder/Straub Rn. 12 zwischen Zahlungs- und Fälligkeitszeitpunkt). Darüber hinaus werden Zurückbehaltungsrechte sowohl für den Verkäufer als auch den Käufer und zugleich dessen Untersuchungsrecht begründet.

## II. Einzelerläuterungen

2 **1. Fälligkeit (Abs. 1 S. 1). a) Vereinbarung.** Der Zeitpunkt der Fälligkeit des Kaufpreises richtet sich **in erster Linie** nach der Vereinbarung der Parteien (Art. 6), wobei auch die ergänzende Vertragsauslegung (Art. 8) sowie Handelsbräuche und Gepflogenheiten (Art. 9) maßgeblich sind (MüKoHGB/Wertenbruch Rn. 2; Honsell/Schnyder/Straub Rn. 17, 40; Herber/Czerwenka Rn. 2).

3 **b) Fehlende Regelung.** Fehlt eine Vereinbarung, gilt nach Abs. 1 S. 1 der **Grundsatz der Zug-um-Zug-Leistung** (hM, OLG München IHR 2020, 97 (99); Bianca/Bonell/Maskow Anm. 2.1; Enderlein/Maskow/Strohbach Anm. 1; Herber/Czerwenka Rn. 2; Staudinger/Magnus, 2018, Rn. 7; aA wohl Honsell/Schnyder/Straub Rn. 58, 62, die wegen des Untersuchungsrechts des Käufers nach Abs. 3 im Zweifel von einer Vorleistungspflicht des Verkäufers ausgehen, auch wenn sie in → Rn. 60 dennoch von der Zug-um-Zug-Zahlung als Regelfall sprechen). Danach ist der Kaufpreis nur gegen **Zurverfügungstellung** der Ware bzw. der verwendeten Dokumente zu zahlen. Demnach muss der Verkäufer die Ware am richtigen Ort zur richtigen Zeit angeboten bzw. die Dokumente vorgelegt, also alles seinerseits Erforderliche getan haben, damit der Käufer die Ware oder die Dokumente übernehmen kann (Herber/Czerwenka Rn. 3; Staudinger/Magnus, 2018, Rn. 10; Soergel/Budzikiewicz Rn. 3). Der Zeitpunkt der Zurverfügungstellung ist nicht – wie der Vergleich mit Abs. 1 S. 2, Abs. 2 zeigt – mit dem Zeitpunkt der Übergabe gleichzusetzen, sondern ist dieser vorgelagert, um zu verhindern, dass der Käufer durch eine Verzögerung der Abnahme die Fälligkeit der Zahlungspflicht hinausschieben kann (MüKoHGB/Wertenbruch Rn. 15; MüKoBGB/P. Huber Rn. 1; Staudinger/Magnus, 2018, Rn. 9; Soergel/Budzikiewicz Rn. 3). Bis zur Zurverfügungstellung steht dem Käufer ein Zurückbehaltungsrecht zu. Nach diesem Zeitpunkt kann der Käufer, falls das Untersuchungsrecht nach Abs. 3 nicht ausgeschlossen ist, die Ware vor Bezahlung noch in Augenschein nehmen, sodass die Fälligkeit um die hierfür erforderliche kurze Frist hinausgeschoben wird (MüKoHGB/Wertenbruch Rn. 14; MüKoBGB/P. Huber Rn. 3, 9; Staudinger/Magnus, 2018, Rn. 12; iErg gleich Schlechtriem/Schwenzer/Hager/Maultzsch, 5. Aufl. 2008, Rn. 4, 5, 7).

4 Die Zurverfügungstellung setzt beim **Platzkauf** (Art. 31 lit. b und lit. c) insbes. voraus, dass die Ware konkretisiert und der Käufer darüber informiert wird (MüKoBGB/P. Huber Rn. 16; Schlechtriem/Schwenzer/Hager/Maultzsch, 5. Aufl. 2008, Rn. 4; Staudinger/Magnus, 2018, Rn. 12). Beim **Fernkauf** ist das Anbieten der Ware am betreffenden Ort erforderlich. Wird eingelagerte Ware verkauft, reicht die Aushändigung des Lagerscheins hierfür allein nicht aus. Vielmehr muss der Lagerhalter auch veranlasst werden, das Besitzrecht des Käufers anzuerkennen (Honsell/Schnyder/Straub Rn. 25 f.; Schlechtriem/Schwenzer/Hager/Maultzsch, 5. Aufl. 2008, Rn. 6; Soergel/Budzikiewicz Rn. 5), damit dieser überhaupt die nach Abs. 3 erforderliche Möglichkeit zur Untersuchung der Ware hat (Schlechtriem/Schwenzer/Hager/Maultzsch, 5. Aufl. 2008, Rn. 5; Staudinger/Magnus, 2018, Rn. 12; Karollus UN-KaufR S. 169). Beim **Versendungskauf** und beim Verkauf reisender Ware bedarf es schließlich des Anbietens durch den Beförderer am Bestimmungsort (Schlechtriem/Schwenzer/Hager/Maultzsch, 5. Aufl. 2008, Rn. 7; MüKoBGB/P. Huber Rn. 18; Soergel/Budzikiewicz Rn. 7). Dem Käufer muss also stets die Gelegenheit des tatsächlichen Zugriffs auf die Ware gegeben werden und er muss auch Kenntnis von dieser Möglichkeit haben (Honsell/Schnyder/Straub Rn. 21, 30 ff.).

5 Entsprechendes gilt bei Verwendung von **Dokumenten** (ausf. Eckardt TranspR 2019, 491). Hierzu zählen nicht nur Traditionspapiere (etwa Konnossemente, Lager- und Ladescheine), sondern alle Papiere, mit deren Hilfe der Verkäufer seine Lieferpflicht entspr. Art. 30 und Art. 34 erfüllt. Dabei kommen sämtliche Papiere in Betracht, die es dem Käufer ermöglichen, unabhängig vom Verkäufer auf die Ware zuzugreifen. Hierzu zählen etwa Frachtbriefe, nicht jedoch bloße Beweisdokumente wie der Lieferschein (Honsell/Schnyder/Straub Rn. 34 ff.; Schlechtriem/Schwenzer/Schroeter/Mohs Rn. 16; Staudinger/Magnus, 2018, Rn. 18; Soergel/Budzikiewicz Rn. 10; teilweise abw. Herber/Czerwenka Rn. 9; MüKoHGB/Wertenbruch Rn. 12).

6 **2. Zurückbehaltungsrecht des Verkäufers (Abs. 1 S. 2, Abs. 2).** Abs. 1 S. 2 stellt zunächst klar, dass eine **Vorleistungspflicht** des Käufers vereinbart werden kann. Darüber hinaus begründet die Vorschrift aber auch ein Zurückbehaltungsrecht des Verkäufers bis zur Übergabe der Ware oder der Dokumente für den Fall des Platz- und Fernkaufs (MüKoBGB/P. Huber Rn. 22 f.; Schlechtriem/Schwenzer/Schroeter/Mohs Rn. 23 f.; Staudinger/Magnus, 2018, Rn. 22; Soergel/Budzikiewicz Rn. 14). Gleiches gilt nach Abs. 2 für den Versendungskauf und den Kauf reisender Ware. Art. 58 statuiert ausdrücklich nur Zurückbehaltungsrechte für Lieferung und Zahlung. Die Norm ist jedoch bei anderen nicht unwesentlichen Zusatzpflichten entspr. anwendbar (Achilles Rn. 7; Butler/Harindranath in Kröll/Mistelis/Perales Viscasillas CISG Rn. 32; Herber/Czerwenka Rn. 7; MüKoBGB/P. Huber Rn. 24; Schlechtriem/Schwenzer/Schroeter/Mohs Rn. 27 ff.; aA Honsell/Schnyder/Straub Rn. 66 ff.).

7 **3. Untersuchungsrecht des Käufers (Abs. 3).** Die ebenfalls dispositive Bestimmung des Abs. 3 begründet ein Untersuchung- und Zurückbehaltungsrecht des Käufers. Damit ist aber nicht die mit der Rügepflicht des Art. 39 in Zusammenhang stehende Untersuchung nach Art. 38 gemeint (MüKoHGB/Wertenbruch Rn. 13; MüKoBGB/P. Huber Rn. 4). Vielmehr soll der Käufer nach Abs. 3 vor der Zahlung Gelegenheit zur **kurzen ersten Inaugenscheinnahme** der Ware haben (Herber/Czerwenka Rn. 8; Honsell/Schnyder/Straub Rn. 72; Schlechtriem/Schwenzer/Schroeter/Mohs Rn. 3; Soergel/Budzikiewicz Rn. 11), wobei etwaige Kosten hierfür von ihm zu tragen sind (MüKoBGB/P. Huber Rn. 5; Honsell/Schnyder/Straub Rn. 77; Staudinger/Magnus, 2018, Rn. 27). Deshalb hat auch der Verkäufer, der beim Versendungskauf von seinem Zurückbehaltungsrecht nach Abs. 2 Gebrauch macht, dem Käufer zunächst eine Untersuchungsmöglichkeit einräumen zu lassen. Anderes gilt, wenn die vereinbarten Bedingungen eine solche Untersuchung nicht zulassen, wie etwa bei Verwendung der Klauseln „Kasse gegen Dokumente" oder COD (cash on delivery) (Honsell/Schnyder/Straub Rn. 80; Staudinger/Magnus, 2018, Rn. 28).

8 **4. Vorzeitige Zahlung.** Die Folgen vorzeitiger Zahlung sind gesetzlich nicht geregelt. Jedoch bestimmt Art. 59, dass der Käufer zum vertraglich festgesetzten oder nach Art. 58 zu bestimmenden Zeitpunkt zu zahlen hat. Maßgeblich ist dann die Zurverfügungstellung der Ware. Zahlt der Käufer zuvor, begründet dies eine Vertragsverletzung (Herber/Czerwenka Rn. 12; Honsell/Schnyder/Straub Rn. 85; MüKoBGB/P. Huber Rn. 28; Soergel/Buzikiewicz Rn. 17). Der Verkäufer kann eine vorzeitige Zahlung deshalb **zurückweisen** (Bianca/Bonell/Maskow Anm. 2.4; Herber/Czerwenka Rn. 12; Schlechtriem/Schwenzer/Hager/Maultzsch, 5. Aufl. 2008, Art. 59 Rn. 3; aA Honsell/Schnyder/Straub Rn. 85) und ggf. auch Ansprüche nach Art. 61 geltend machen, wobei vor allem mögliche Wechselkursverluste im Rahmen des Schadensersatzes ersetzt verlangt werden können (BeckOGK/Fountoulakis Rn. 44; Honsell/Schnyder/Straub Rn. 85; Piltz IntKaufR Rn. 4-146; aA, falls der Käufer die Ware vorbehaltlos annimmt, Butler/Harindra-

nath in Kröll/Mistelis/Perales Viscasillas CISG Rn. 33; MüKoBGB/P. Huber Rn. 28; Staudinger/Magnus, 2018, Rn. 31; Enderlein/Maskow/Strohbach Anm. 1.2).

### III. Beweislastregeln

Die Voraussetzungen der Fälligkeit des Kaufpreises sind grds. vom **Verkäufer** zu beweisen (Müller in Baumgärtel/Laumen/Prütting Beweislast-HdB II UNKR Rn. 2; MüKoBGB/P. Huber Rn. 30). Gleiches gilt auch für den Nachweis, dass er dem Käufer Gelegenheit zur Untersuchung der Ware (Abs. 3) eingeräumt hat. 9

### Art. 59 (Zahlung ohne Aufforderung)

**Der Käufer hat den Kaufpreis zu dem Zeitpunkt, der in dem Vertrag festgesetzt oder nach dem Vertrag und diesem Übereinkommen bestimmbar ist, zu zahlen, ohne daß es einer Aufforderung oder der Einhaltung von Förmlichkeiten seitens des Verkäufers bedarf.**

Der **Zeitpunkt** der Fälligkeit des Kaufpreises beurteilt sich nach der vertraglichen Vereinbarung und bei deren Fehlen nach Art. 58. Einer besonderen Zahlungsaufforderung bedarf es nicht. Mit der Fälligkeit treten zugleich und **ohne** das Erfordernis einer **Mahnung** die Rechtsfolgen der Nichterfüllung (Art. 61) ein. Jeder Zahlungstermin wirkt damit wie ein kalendermäßig bestimmter Termin nach § 286 Abs. 2 Nr. 1 BGB (Schlechtriem/Schwenzer/Hager/Maultzsch, 5. Aufl. 2008, Rn. 2). 1

**Ausnahmen** können sich jedoch ergeben, wenn der Käufer bei Fälligkeit die genaue Höhe des Kaufpreises noch nicht kennt oder den Zeitpunkt der Lieferung nicht kannte. In diesen Fällen verschiebt sich die Fälligkeit um die Zeit, die angemessen und erforderlich ist, damit die Zahlung den Verkäufer erreicht (MüKoBGB/P. Huber Rn. 3; Staudinger/Magnus, 2018, Rn. 5 f.). Dabei sind aber die internationalen Gebräuche (Art. 9) zu berücksichtigen, nach denen der Eintritt der Fälligkeit regelmäßig auch die Rechnungsstellung voraussetzt (Herber/Czerwenka Rn. 3; Schlechtriem/Schwenzer/Schroeter/Mohs Rn. 5; Enderlein/Maskow/Strohbach Anm. 4.1; Honsell/Schnyder/Straub Rn. 10). 2

Die Regel, die nach ihrem Wortlaut nur auf den Kaufpreisanspruch anwendbar ist, kann im Zweifel auch auf **andere Zahlungsansprüche** angewandt werden (Staudinger/Magnus, 2018, Rn. 10; Soergel/Budzikiewicz Rn. 6). 3

## Abschnitt II. Abnahme

### Art. 60 (Begriff der Abnahme)

**Die Pflicht des Käufers zur Abnahme besteht darin,**

**a) alle Handlungen vorzunehmen, die vernünftigerweise von ihm erwartet werden können, damit dem Verkäufer die Lieferung ermöglicht wird, und**

**b) die Ware zu übernehmen.**

### Überblick

Der Käufer hat die Ware zu übernehmen und damit körperlich entgegen zu nehmen (lit. b, → Rn. 2). Zudem beinhaltet seine Abnahmepflicht die Verpflichtung zur Vornahme der Handlungen, die von ihm erwartet werden können, um die Lieferung durch den Verkäufer zu ermöglichen (lit. a, → Rn. 3). Bei Lieferung nicht vertragsgemäßer Ware kann dem Käufer ein Annahmeverweigerungsrecht zustehen (→ Rn. 4).

### I. Normzweck

Art. 60 entspricht der Bestimmung des Art. 54 für die Kaufpreiszahlung und konkretisiert die Abnahmepflicht des Käufers. 1

## II. Einzelerläuterungen

2 **1. Pflicht zur Abnahme. a) Übernahme.** Nach **lit. b** hat der Käufer die Ware zu übernehmen. Es besteht die Verpflichtung zur **körperlichen Entgegennahme.** Diese umfasst mangels anderer Vereinbarung und Gepflogenheiten oder Gebräuche (Art. 9) die Pflicht, die angelieferte Ware ggf. zu entladen (MüKoHGB/Wertenbruch Rn. 8; MüKoBGB/P. Huber Rn. 2; Staudinger/Magnus, 2018, Rn. 5; Soergel/Budzikiewicz Rn. 3). Erforderlich ist dabei auch der Wille zur Inbesitznahme, ohne dass hiermit eine Billigung der Ware verbunden wäre (Honsell/Schnyder/Straub Rn. 13, 15; MüKoBGB/P. Huber Rn. 4; Schlechtriem/Schwenzer/Schroeter/Mohs Rn. 2; Staudinger/Magnus, 2018, Rn. 8, Art. 53 Rn. 32). Beim Verkauf eingelagerter Ware kommt es auf die Entgegennahme der Lagerdokumente an (Schlechtriem/Schwenzer/Schroeter/Mohs Rn. 6; Staudinger/Magnus, 2018, Rn. 5; diff. Honsell/Schnyder/Straub Rn. 19).

3 **b) Mitwirkung.** Darüber hinaus begründet **lit. a** auch die Verpflichtung des Käufers, alle **Handlungen** vorzunehmen, die vernünftigerweise von ihm erwartet werden können, **damit** dem Verkäufer **die Lieferung möglich wird.** Hierzu zählen insbes. Vorbereitungs- und Mitwirkungshandlungen. Gleiches gilt für die Pflicht zur Spezifizierung der Kaufsache (MüKoBGB/P. Huber Rn. 7; Schlechtriem/Schwenzer/Schroeter/Mohs Rn. 8; Staudinger/Magnus, 2018, Art. 65 Rn. 6). Der Käufer hat etwa Vorsorge dafür zu treffen, dass dem lieferbereiten Verkäufer der Zugang zum Betriebsgrundstück eröffnet wird. Zugleich muss er aber auch dafür sorgen, dass die für die Lieferung erforderlichen Dokumente (Einfuhrgenehmigungen, Zolldeklarationen) beigebracht werden (Staudinger/Magnus, 2018, Rn. 10 mwN; dazu ausf. Danov, Die Abnahmepflicht des Käufers im Bereich der internationalen Handelsgeschäfte nach UN-Kaufrecht, 2008, 75 ff.; Soergel/Budzikiewicz Rn. 10). Ebenso können sich Hinweispflichten in Bezug auf im Käuferland bestehende Besonderheiten ergeben (Honsell/Schnyder/Straub Rn. 29; Schlechtriem/Schwenzer/Schroeter/Mohs Rn. 9). Die Mitwirkungshandlungen beurteilen sich iE nach dem Vertrag und können sich auch aus den vereinbarten Klauseln ergeben (mit weiteren Beispielen MüKoBGB/P. Huber Rn. 6; Staudinger/Magnus, 2018, Rn. 10 ff.).

4 **2. Annahmeverweigerung.** Die Abnahmeverpflichtung besteht in erster Linie bei Lieferung **vertragsgemäßer** Ware. Kommt der Käufer dieser Pflicht nicht nach, stehen dem Verkäufer die Rechtsbehelfe der Art. 61 ff. offen. Nicht vertragsgemäße Ware, die eine wesentliche Vertragsverletzung begründet, kann der Käufer zurückweisen, soweit ihm ein Ersatzlieferungsanspruch (Art. 46 Abs. 2) oder das Recht zur Vertragsaufhebung (Art. 49 Abs. 1 lit. a) zusteht (Schlechtriem/Schwenzer/Schroeter/Mohs Rn. 15; Enderlein/Maskow/Strohbach Anm. 2; Soergel/Budzikiewicz Rn. 13). Bei nicht wesentlichen Vertragsverletzungen steht dem Käufer nur ausnahmsweise nach Art. 7 Abs. 1 ein Annahmeverweigerungsrecht zu, etwa wenn er die am Sitz des Verkäufers oder am Lagerort zur Verfügung gestellte Ware sofort zurückweist und gem. Art. 46 Abs. 3 Nachbesserung verlangt (MüKoHGB/Wertenbruch Rn. 15; Schlechtriem/Schwenzer/Hager/Maultzsch, 5. Aufl. 2008, Rn. 3; BeckOGK/Fountoulakis Rn. 19; vgl. auch MüKoBGB/P. Huber Rn. 9; aA Staudinger/Magnus, 2018, Rn. 21). Bei **vorzeitiger** Lieferung oder Zuviellieferung steht dem Käufer die Abnahme frei (Art. 52) (Schlechtriem/Schwenzer/Schroeter/Mohs Rn. 12 f.; Staudinger/Magnus, 2018, Rn. 19). Eine Verpflichtung zur Abnahme besteht dagegen auch bei **verspäteter** Lieferung, soweit der Käufer das Recht zur Vertragsaufhebung nach Art. 49 Abs. 1, Abs. 2 lit. a verloren hat.

# Abschnitt III. Rechtsbehelfe des Verkäufers wegen Vertragsverletzung durch den Käufer

### Art. 61 (Rechtsbehelfe des Verkäufers; keine zusätzliche Frist)

**(1) Erfüllt der Käufer eine seiner Pflichten nach dem Vertrag oder diesem Übereinkommen nicht, so kann der Verkäufer**

**a) die in Artikel 62 bis 65 vorgesehenen Rechte ausüben;**

**b) Schadenersatz nach Artikel 74 bis 77 verlangen.**

**(2) Der Verkäufer verliert das Recht, Schadenersatz zu verlangen, nicht dadurch, daß er andere Rechtsbehelfe ausübt.**

**(3) Übt der Verkäufer einen Rechtsbehelf wegen Vertragsverletzung aus, so darf ein Gericht oder Schiedsgericht dem Käufer keine zusätzliche Frist gewähren.**

## Überblick

Art. 61 gibt einen Überblick über die Rechtsbehelfe des Verkäufers bei Nichterfüllung des Käufers. Er kann die spezifischen Behelfe der Art. 62–65 (Abs. 1 lit. a, → Rn. 2) geltend machen und auch daneben Schadenersatz nach Abs. 1 lit. b verlangen (Abs. 2, → Rn. 3). Abs. 3 betont den Grundsatz der abschließenden Regelung von Fristen im CISG (→ Rn. 4).

## I. Normzweck

Art. 61 zeigt im Überblick die Möglichkeit des Verkäufers auf, die ihm bei einer Vertragsverlet- 1
zung des Käufers zustehenden **Behelfe** miteinander zu **kombinieren.** Die Norm bildet das Gegenstück zu Art. 45 über die Behelfe des Käufers wegen einer Vertragsverletzung durch den Verkäufer. Sie differenziert nicht nach dem Charakter der verletzten Pflicht, sondern ausschließlich danach, ob die Verletzung wesentlich ist oder nicht (MüKoBGB/P. Huber Rn. 3; Staudinger/Magnus, 2018, Rn. 11). Die Rechtsbehelfe bestehen daher bei der Nichterfüllung von Grundpflichten (Zahlung, Abnahme) ebenso wie bei Verletzung sonstiger Pflicht (etwa Aufklärungs- und Warnpflichten); zu den Käuferpflichten vgl. iE Art. 62, insbes. → Art. 62 Rn. 2 ff. Einheitliche Voraussetzung aller Rechtsbehelfe ist eine objektive Pflichtverletzung des Käufers; ein Verschulden ist nicht erforderlich (MüKoHGB/Wertenbruch Rn. 4; MüKoBGB/P. Huber Rn. 4; Staudinger/Magnus, 2018, Rn. 10, 15).

## II. Einzelerläuterungen

**1. Behelfe des Verkäufers (Abs. 1 und Abs. 2). a) Rechte aus Art. 62–65. Abs. 1 lit. a** 2
verweist lediglich auf die Rechte des Käufers nach Art. 62–65. Er ist mithin rein deklaratorisch, während Anspruchsgrundlage für die entsprechenden Rechtsbehelfe die jeweils genannten Normen sind (MüKoHGB/Wertenbruch Rn. 1; MüKoBGB/P. Huber Rn. 2; Staudinger/Magnus, 2018, Rn. 4; Schlechtriem/Schwenzer/Schroeter/Mohs Rn. 6; Soergel/Budzikiewicz Rn. 2). So kann der Verkäufer Vertragserfüllung verlangen (Art. 62), hierzu eine angemessene Frist bestimmen (Art. 63), schließlich die Aufhebung des Vertrages erklären (Art. 64) und, soweit der Käufer einer etwaigen Pflicht zur Spezifizierung der Ware nicht nachkommt, diese selbst vornehmen (Art. 65). Weiterhin kann der Verkäufer Zinszahlungen beanspruchen (Art. 78) und zum Selbsthilfeverkauf berechtigt sein (Art. 88) (Honsell/Schnyder/Straub Art. 62 Rn. 35 f.).

**b) Schadensersatzanspruch. Abs. 1 lit. b** begründet die Möglichkeit zur Geltendmachung 3
von Schadensersatz, und zwar sowohl neben dem Erfüllungsanspruch (Art. 74) als auch bei Vertragsaufhebung (Art. 75, 76). Die Norm ist damit Anspruchsgrundlage (MüKoHGB/Wertenbruch Rn. 1; MüKoBGB/P. Huber Rn. 2; Schlechtriem/Schwenzer/Schroeter/Mohs Rn. 7; Staudinger/Magnus, 2018, Rn. 4), während sich die Höhe des Schadensersatzes nach Art. 74–77 berechnet. Dass die Ausübung anderer Rechtsbehelfe nicht das Recht auf Schadensersatz ausschließt, wird in **Abs. 2** ausdrücklich bestätigt. Um eine Überkompensation zu vermeiden, erfasst der Schadensersatzanspruch dann lediglich den Schaden, der nach Ausübung des anderen Rechtsbehelfs verbleibt (MüKoBGB/P. Huber Rn. 2; Staudinger/Magnus, 2018, Rn. 5, 23). Dies entspricht im deutschen Recht § 325 BGB.

**2. Bestimmtheit der Fristen (Abs. 3).** Abs. 3 unterstreicht, dass die Fristen im CISG 4
**abschließend** geregelt sind. Daneben kommt keine richterliche Fristgewährung in Betracht.

### Art. 62 (Zahlung des Kaufpreises; Abnahme der Ware)

**Der Verkäufer kann vom Käufer verlangen, daß er den Kaufpreis zahlt, die Ware abnimmt sowie seine sonstigen Pflichten erfüllt, es sei denn, daß der Verkäufer einen Rechtsbehelf ausgeübt hat, der mit diesem Verlangen unvereinbar ist.**

## Überblick

Der Verkäufer kann vom Käufer die Erfüllung sämtlicher vertraglichen Pflichten verlangen (→ Rn. 3 f.). Der Erfüllungsanspruch besteht nicht, wenn der Verkäufer einen mit dem Erfüllungsverlangen unvereinbaren Rechtsbehelf wie die Vertragsaufhebung ausgeübt hat (→ Rn. 5). Als weitere Grenzen des Erfüllungsanspruchs kommen Beschränkungen der Durchsetzbarkeit gemäß Art. 28 (→ Rn. 6) sowie das Erlöschen wegen Unmöglichkeit in Betracht (→ Rn. 7).

## I. Normzweck

1 Art. 62 gewährt dem Verkäufer einen **Erfüllungsanspruch** für alle Pflichten des Käufers. Die Vorschrift baut auf der Vorschrift des Art. 53 auf, welche die Grundpflichten des Käufers beschreibt. Zugleich bildet sie das Gegenstück zu der für die Käuferrechte grundlegenden Bestimmung des Art. 46 Abs. 1. Sie dient zum einen der Klarstellung, dass der Verkäufer vom Käufer die Bezahlung des **Kaufpreises,** die **Abnahme** der Ware und die Erfüllung der sonstigen Pflichten verlangen kann und sich nicht etwa auf einen Schadensersatzanspruch verweisen lassen muss. Zugleich wird aber auch zum Ausdruck gebracht, dass eine Vertragsverletzung des Käufers nicht automatisch zum Verlust seiner Erfüllungsansprüche führt. Anders als nach der früheren Regelung des EKG und der dort geltenden Regel der „ipso facto avoidance" kann eine Vertragsverletzung **nicht kraft Gesetzes zur Aufhebung** des Vertrages führen. Die Vertragsaufhebung nach dem CISG ist nämlich stets von der Ausübung eines Rechtsbehelfs, also einer entsprechenden Erklärung der Partei abhängig.

## II. Einzelerläuterungen

2 **1. Pflichten des Käufers.** Voraussetzung des Erfüllungsanspruchs ist, dass der Käufer die Pflicht (noch) nicht erfüllt hat. Das Gesetz unterscheidet nicht zwischen Haupt- und Nebenpflichten. Es besteht ein Erfüllungsanspruch des Verkäufers im Hinblick auf alle vertraglichen Pflichten.

3 **a) Grundpflichten.** Grundlegende Pflichten des Käufers sind die Kaufpreiszahlungspflicht und die Pflicht zur Abnahme der Ware.

4 **b) Sonstige Pflichten.** Daneben können zahlreiche sonstige Pflichten bestehen. Gesetzlich geregelt ist die Pflicht zur Spezifizierung (Art. 65). Zu den sonstigen Pflichten zählen auch Aufklärungs- und Warnpflichten. Diese sind im internationalen Handelsverkehr vor allem im Hinblick auf Transport- und Einfuhrbestimmungen von Bedeutung. Schließlich kann auch eine Pflicht zu Versicherung der Ware bestehen (Honsell/Schnyder/Straub Art. 61 Rn. 19).

5 **2. Grenzen des Erfüllungsanspruchs. a) Unvereinbare Rechtsbehelfe.** Der Anspruch des Verkäufers auf Erfüllung besteht nicht, wenn dieser einen damit unvereinbaren Rechtsbehelf ausgeübt hat. Als solcher kommt die **Aufhebung** des Vertrages nach Art. 64 in Betracht (Herber/Czerwenka Rn. 8; Honsell/Schnyder/Straub Rn. 16; Schlechtriem/Schwenzer/Schroeter/Mohs Rn. 12; Soergel/Budzikiewicz Rn. 7). Hingegen schließt die Geltendmachung eines Schadensersatzanspruchs nach Art. 61 Abs. 1 lit. b, Abs. 2 den Erfüllungsanspruch nicht aus. Die Nachfristsetzung des Art. 63 schließt die Durchsetzbarkeit (nicht den Anspruch selbst, → Art. 63 Rn. 3) von Erfüllungsansprüchen nur für die Dauer der Frist aus, sodass dem Verkäufer nach Fristablauf der Anspruch grds. wieder zusteht (MüKoBGB/P. Huber Rn. 4; Schlechtriem/Schwenzer/Schroeter/Mohs Rn. 12; Staudinger/Magnus, 2018, Rn. 13). Ein Selbsthilfeverkauf ist mit der Geltendmachung des Erfüllungsanspruchs nicht unvereinbar; der erzielte Erlös mindert aber entspr. Art. 88 Abs. 3 den Kaufpreisanspruch (MüKoBGB/P. Huber Rn. 4; Schlechtriem/Schwenzer/Schroeter/Mohs Rn. 12; Staudinger/Magnus, 2018, Rn. 15).

6 **b) Einschränkungen des Erfüllungsanspruchs durch Art. 28.** Die **Durchsetzbarkeit** des Erfüllungsanspruchs kann gem. Art. 28 Beschränkungen unterliegen (→ Art. 28 Rn. 4). Der Vorbehalt des Art. 28 gilt für die Abnahmepflicht sowie für sonstige Pflichten, nach umstrittener, aber zutreffender Ansicht (→ Art. 28 Rn. 4) zudem für den Zahlungsanspruch (MüKoBGB/P. Huber Rn. 5; Soergel/Budzikiewicz Rn. 1; ausf. Schlechtriem/Schwenzer/Hager/Maultzsch, 5. Aufl. 2008, Rn. 6–13).

7 **c) Unmöglichkeit.** Nicht geregelt ist der Fall der Unmöglichkeit der Käuferpflichten. Es gilt deshalb der allgemeine Grundsatz, dass eine Erfüllung nur beansprucht werden kann, wenn diese auch tatsächlich möglich ist. Demzufolge führen anfängliche wie nachträgliche **objektive Unmöglichkeit** zum Erlöschen des Erfüllungsanspruchs (dazu Honsell/Schnyder/Straub Art. 46 Rn. 30 f.). Die objektive Unmöglichkeit sowohl der Pflicht zur Kaufpreiszahlung als auch zur Abnahme der Ware kommt aber praktisch nicht in Betracht (Staudinger/Magnus, 2018, Rn. 18). Bei **subjektiver Unmöglichkeit** bleibt der Anspruch wegen des Leistungsversprechens des Käu-

fers regelmäßig bestehen (MüKoBGB/P. Huber Rn. 7). Der Frage der Unmöglichkeit kommt deshalb allenfalls in Zusammenhang mit **sonstigen Pflichten** des Käufers Bedeutung zu. Eine Befreiung kommt aber nur in Betracht, wenn es sich dabei um eine persönliche Leistungsverpflichtung handelt, die eine objektive Unmöglichkeit begründen kann (Honsell/Schnyder/Straub Rn. 20–22).

## III. Beweislastregeln

Der **Verkäufer** trägt die Beweislast für die Voraussetzungen, die den Erfüllungsanspruch begründen. Hingegen hat der **Käufer** zu beweisen, dass der vom Verkäufer ausgeübte Rechtsbehelf mit dem Erfüllungsverlangen nicht vereinbar ist (Müller in Baumgärtel/Laumen/Prütting Beweislast-HdB II UNKR Rn. 6 f.; MüKoHGB/Wertenbruch Rn. 11; Honsell/Schnyder/Straub Rn. 37 f.; Jung, Die Beweislastverteilung im UN-Kaufrecht, insbes. bei Vertragsabschluß, bei Vertragsverletzungen des Käufers, bei allgemeinen Bestimmungen sowie bei gemeinsamen Bestimmungen über Verkäufer- und Käuferpflichten, 1996, 186 f.). 8

## Art. 63 (Nachfrist)

**(1) Der Verkäufer kann dem Käufer eine angemessene Nachfrist zur Erfüllung seiner Pflichten setzen.**

**(2) [1]Der Verkäufer kann vor Ablauf dieser Frist keinen Rechtsbehelf wegen Vertragsverletzung ausüben, außer wenn er vom Käufer die Anzeige erhalten hat, daß dieser seine Pflichten nicht innerhalb der so gesetzten Frist erfüllen wird. [2]Der Verkäufer verliert dadurch jedoch nicht das Recht, Schadenersatz wegen verspäteter Erfüllung zu verlangen.**

### Überblick

Eine wirksame Nachfristsetzung des Verkäufers setzt voraus, dass dieser den Käufer nach Ablauf der Leistungszeit unter angemessener Fristsetzung eindeutig zur Leistung auffordert (Abs. 1, → Rn. 4). An die gesetzte Nachfrist ist der Verkäufer gebunden (Abs. 2), da er grds. vor Fristablauf keinen Behelf geltend machen kann, der mit der Erfüllung der Pflicht innerhalb der Frist nicht vereinbar ist (→ Rn. 5). Während der Nachfrist bleiben die Erfüllungsansprüche bestehen, sodass der Verkäufer Ersatz für Verzugsschäden für diesen Zeitraum verlangen kann (Abs. 2 S. 2; → Rn. 6).

## I. Normzweck

Die Vorschrift ist das Gegenstück zu Art. 47 über die Nachfristsetzung durch den Käufer. Sie normiert für den Verkäufer das Recht zur Fristsetzung (Abs. 1). Auf der anderen Seite unterwirft Abs. 2 den Verkäufer, der eine Frist gesetzt hat, einer gewissen Bindung. 1

Bedeutung kommt der Nachfrist insbes. bei der Vertragsaufhebung wegen Nichterfüllung der Pflichten zur **Kaufpreiszahlung** und **Abnahme** der Ware zu. Hierzu ist der Verkäufer nämlich nach Art. 64 Abs. 1 lit. b nach fruchtlosem Fristablauf berechtigt, ohne dass die in der Praxis schwierige Frage beantwortet werden muss, ob tatsächlich eine nach Art. 64 Abs. 1 lit. a zur Aufhebung ohne vorherige Nachfristsetzung berechtigende wesentliche Vertragsverletzung vorliegt (MüKoBGB/P. Huber Rn. 2; Schlechtriem/Schwenzer/Schroeter/Mohs Rn. 1). Auch kann durch eine Nachfristsetzung nach Art. 63 ein Verkäufer, der die Vertragsaufhebung wegen wesentlicher Vertragsverletzung des Käufers – nach Art. 64 Abs. 1 lit. a – nicht rechtzeitig erklärt hat, das Recht zur Vertragsaufhebung – nach Art. 64 Abs. 1 lit. b – wieder zurückgewinnen, weil sich der Beginn der angemessenen Frist für die Aufhebungserklärung dann auf den Ablauf der Nachfrist verschiebt (Art. 64 Abs. 2 lit. b Ziff. ii) (Enderlein/Maskow/Strohbach Anm. 2.1; MüKoBGB/P. Huber Rn. 2; Schlechtriem/Schwenzer/Schroeter/Mohs Rn. 2). 2

Der Verkäufer kann eine Nachfrist für die Erfüllung jeder Vertragspflicht setzen und ist dann nach Abs. 2 gebunden. Ein Aufhebungsrecht nach Art. 64 Abs. 1 lit. b wird durch den Fristablauf allerdings nur bei Nichterfüllung der Zahlungs- und Abnahmepflicht begründet, nicht auch bei Nichterfüllung **sonstiger Pflichten** des Käufers. Insoweit besteht ein Aufhebungsrecht nur, wenn die Verletzung der sonstigen Pflichten eine wesentliche Vertragsverletzung iSv Art. 64 Abs. 1 lit. 3

a darstellt. Für sekundäre Ansprüche wie den Schadensersatz ist Art. 63 ohne Bedeutung (Staudinger/Magnus, 2018, Rn. 9).

## II. Einzelerläuterungen

4 **1. Nachfristsetzung (Abs. 1).** Die Nachfristsetzung ist eine zugangsbedürftige Willenserklärung, auf die Art. 27 Anwendung findet. Sie ist nicht an eine bestimmte Form gebunden (MüKoBGB/P. Huber Rn. 7; Staudinger/Magnus, 2018, Rn. 11). Die deutlich gefasste **Leistungsaufforderung** an den Käufer kann erst **nach** Ablauf der Leistungszeit erfolgen (OLG Brandenburg IHR 2009, 105 (111 f.); Herber/Czerwenka Art. 47 Rn. 5; Honsell/Schnyder/Straub Rn. 15; Schlechtriem/Schwenzer/Schroeter/Mohs Rn. 5; Soergel/Budzikiewicz Rn. 4; aA Enderlein/Maskow/Strohbach Anm. 2.3; Praxishandbuch Handels- und GesR/Rothe Kap. 3 Rn. 164; Piltz NJW 2009, 2258 (2264); zur Möglichkeit der gleichzeitigen Fälligstellung und Nachfristsetzung OLG München IHR 2007, 30 (33)) und muss eine kalendermäßig bestimmte oder aber zumindest bestimmbare **Frist** beinhalten (OLG Karlsruhe IHR 2016, 147 (149)). Diesem Erfordernis genügen Formulierungen wie „sofort" oder „so schnell wie möglich" nicht (MüKoBGB/P. Huber Rn. 8; Schlechtriem/Schwenzer/Schroeter/Mohs Rn. 7; vgl. Staudinger/Magnus, 2018, Rn. 13; Soergel/Budzikiewicz Rn. 6). Die Dauer der Frist ist **angemessen,** wenn sie sowohl den berechtigten Interessen des Käufers wie des Verkäufers Rechnung trägt. Vor dem Hintergrund der konkreten Umstände des Einzelfalls sind insbes. die Dringlichkeit des Interesses des Verkäufers und ebenfalls auch mögliche Leistungshindernisse des Käufers zu berücksichtigen (Schlechtriem/Schwenzer/Schroeter/Mohs Rn. 8). So spricht für eine kurze Frist zB das Interesse des Verkäufers an einem schnellen Deckungskauf, wenn die Ware verderblich, sinkenden Preisen ausgesetzt oder eine anderweitige Einlagerung schwierig und kostspielig ist (MüKoHGB/Wertenbruch Rn. 3; Schlechtriem/Schwenzer/Schroeter/Mohs Rn. 8). Es gelten dieselben Grundsätze wie bei Art. 47 (→ Art. 47 Rn. 4 ff.). Umstritten ist, ob eine **zu kurz bemessene Frist** – wie im deutschen Recht – eine angemessene Frist in Gang setzt, was mit der überwiegenden Ansicht anzunehmen ist (OLG Karlsruhe IHR 2008, 53 (55); Bell in Kröll/Mistelis/Perales Viscasillas CISG Rn. 9; Schlechtriem/Schwenzer/Schroeter/Mohs Rn. 9; Staudinger/Magnus, 2018, Rn. 16; Soergel/Budzikiewicz Rn. 10; diff. MüKoBGB/P. Huber Rn. 10, der hinsichtlich einer Vertragsaufhebung nach Art. 64 Abs. 1 lit. b die Ingangsetzung einer angemessenen Frist annimmt, die Bindungswirkung nach Art. 63 Abs. 2 allerdings bereits nach Ablauf der zu kurzen Frist enden lässt; aA aber Honsell/Schnyder/Straub Rn. 20). Im Übrigen ist es nicht erforderlich, Konsequenzen für den Fall des Verstreichens der Frist anzudrohen.

5 **2. Bindungswirkung (Abs. 2 S. 1). Vor** Ablauf der Nachfrist vermag der Verkäufer – bis auf den Schadensersatz wegen verspäteter Erfüllung (Art. 63 Abs. 2 S. 2) – keine Behelfe geltend zu machen, die mit der Erfüllung der Pflicht innerhalb der Frist unvereinbar sind (→ Art. 62 Rn. 5) (MüKoHGB/Wertenbruch Rn. 4; MüKoBGB/P. Huber Rn. 13; Schlechtriem/Schwenzer/Schroeter/Mohs Rn. 12). Ausgeschlossen sind die Vertragsaufhebung (Art. 64), und zwar auch bei Vorliegen einer wesentlichen Vertragsverletzung, die den Verkäufer nach Art. 64 Abs. 1 lit. a grds. auch unabhängig von einer Fristsetzung zur Vertragsaufhebung berechtigen würde, ferner die Selbstspezifikation (Art. 65) sowie etwaige vertragliche Rechte, wie zB ein Kündigungsrecht. Ebenfalls ausgeschlossen ist der Selbsthilfeverkauf nach Art. 88 Abs. 1, nicht jedoch ein Notverkauf nach Art. 88 Abs. 2 (MüKoHGB/Wertenbruch Rn. 4; MüKoBGB/P. Huber Rn. 13; Staudinger/Magnus, 2018, Rn. 17). Die Bindungswirkung entfällt, wenn dem Verkäufer die Anzeige des Käufers zugeht, dass dieser seine Pflichten nicht innerhalb der Frist erfüllen wird. Ist die Frist **zu kurz** bemessen und setzt diese deshalb eine angemessene Frist in Lauf (→ Rn. 4), ist die angemessene Frist auch für die Bindungswirkung maßgeblich. Die gegenteilige Ansicht (MüKoBGB/P. Huber Rn. 10) verkennt, dass eine Bindung nur für die Dauer der vom Verkäufer genannten und möglicherweise absichtlich besonders kurz bemessenen Frist den auf die Erfüllung hinwirkenden Käufer der Willkür des Verkäufers aussetzen und ihn deshalb unangemessen benachteiligen könnte.

6 **3. Schadensersatz wegen verspäteter Erfüllung (Abs. 2 S. 2).** Während der Nachfristsetzung bleiben die **Erfüllungsansprüche** bestehen, obgleich sie nicht gerichtlich durchsetzbar sind, und sie auch nicht gestundet sind (Honsell/Schnyder/Straub Rn. 24). Verzugsschäden sind deshalb auch für diesen Zeitraum auszugleichen. Gleiches gilt für bereits aufgelaufene Zinsen und Aufwendungsersatz (Art. 78, 85, 87) (Schlechtriem/Schwenzer/Schroeter/Mohs Rn. 13; Staudinger/Magnus, 2018, Rn. 17; Soergel/Budzikiewicz Rn. 14).

## III. Beweislastregeln

7 Im Fall der Vertragsaufhebung trifft den **Verkäufer** die Beweislast dafür, dass dem Käufer eine angemessene Nachfrist gem. Art. 27 gesetzt wurde. Der Verkäufer hat aber nicht den Zugang der Nachfristsetzung zu beweisen, sondern lediglich, dass er diese in geeigneter Weise abgesandt hat. Hingegen hat der **Käufer,** der sich auf die Bindungswirkung des Abs. 2 beruft, zu beweisen, dass sich der Verkäufer nicht an die Nachfrist gehalten hat (MüKoBGB/P. Huber Rn. 18; vgl. Müller in Baumgärtel/Laumen/Prütting Beweislast-HdB II UNKR Rn. 1 f. und Jung, Die Beweislastverteilung im UN-Kaufrecht, insbes. bei Vertragsabschluß, bei Vertragsverletzungen des Käufers, bei allgemeinen Bestimmungen sowie bei gemeinsamen Bestimmungen über Verkäufer- und Käuferpflichten, 1996, 187 f., die insoweit auf die Beweislastverteilung in Art. 47 verweisen; auch → Art. 47 Rn. 9).

## Art. 64 (Vertragsaufhebung)

**(1) Der Verkäufer kann die Aufhebung des Vertrages erklären,**

**a) wenn die Nichterfüllung einer dem Käufer nach dem Vertrag oder diesem Übereinkommen obliegenden Pflicht eine wesentliche Vertragsverletzung darstellt oder**

**b) wenn der Käufer nicht innerhalb der vom Verkäufer nach Artikel 63 Absatz 1 gesetzten Nachfrist seine Pflicht zur Zahlung des Kaufpreises oder zur Abnahme der Ware erfüllt oder wenn er erklärt, daß er dies nicht innerhalb der so gesetzten Frist tun wird.**

**(2) Hat der Käufer den Kaufpreis gezahlt, so verliert jedoch der Verkäufer sein Recht, die Aufhebung des Vertrages zu erklären, wenn er**

**a) im Falle verspäteter Erfüllung durch den Käufer die Aufhebung nicht erklärt, bevor er erfahren hat, daß erfüllt worden ist, oder**

**b) im Falle einer anderen Vertragsverletzung als verspäteter Erfüllung durch den Käufer die Aufhebung nicht innerhalb einer angemessenen Zeit erklärt,**

**i) nachdem der Verkäufer die Vertragsverletzung kannte oder kennen mußte oder**

**ii) nachdem eine vom Verkäufer nach Artikel 63 Absatz 1 gesetzte Nachfrist abgelaufen ist oder nachdem der Käufer erklärt hat, daß er seine Pflichten nicht innerhalb der Nachfrist erfüllen wird.**

### Überblick

Ein Recht des Verkäufers zur Vertragsaufhebung besteht nach Art. 64 Abs. 1 lit. a bei einer wesentlichen Vertragsverletzung, die in der Nichterfüllung einer Käuferpflicht besteht und das Interesse an der Vertragsdurchführung entfallen lässt (→ Rn. 2). Es besteht ebenso, wenn der Käufer seiner Zahlungs- oder Abnahmepflicht nicht innerhalb der vom Verkäufer gesetzten Nachfrist nachkommt oder deren Erfüllung verweigert (Abs. 1 lit. b; → Rn. 3). Zum Schutz des Käufers, der den Kaufpreis gezahlt hat, nennt Abs. 2 Ausschlussgründe für das Recht zur Vertragsaufhebung. Eine Vertragsaufhebung kommt nicht in Betracht, wenn der Verkäufer diese nicht rechtzeitig erklärt hat (→ Rn. 5 f.). Erfüllt der Käufer seine Pflichten verspätet, kann der Verkäufer nur vor dem Zeitpunkt die Aufhebung erklären, zu dem er Kenntnis von der Erfüllung erlangt (Abs. 2 lit. a; → Rn. 7). Verletzt der Käufer andere Pflichten, hat der Verkäufer die Vertragsaufhebung innerhalb angemessener Frist nach Kenntniserlangung hiervon oder nach Ablauf der vom Verkäufer gesetzten Nachfrist bzw. der Erfüllungsverweigerung durch den Käufer zu erklären (lit. b; → Rn. 8 ff.).

## I. Normzweck

1 Erfüllt der Käufer die ihm nach dem Vertrag obliegenden Pflichten nicht, steht dem Verkäufer – ebenso wie dem Käufer nach Art. 49 bei einer Pflichtverletzung des Verkäufers – als ultima ratio der Behelf der Vertragsaufhebung zu (vgl. BGHZ 132, 290 (298) = CISG-online Nr. 135; Achilles Rn. 1; Honsell/Schnyder/Straub Rn. 2; MüKoBGB/P. Huber Rn. 1; Schlechtriem/Schroeter IntUN-KaufR Rn. 556). Dabei ist die Aufhebung des Vertrages aber nicht mit dem Rücktritt nach deutschem Recht zu vergleichen (→ Art. 49 Rn. 1). Denn die Erklärung der Vertragsaufhebung zerschneidet nicht das zwischen den Parteien bestehende vertragliche Band und steht deshalb auch nicht der Geltendmachung vertraglicher (Sekundär-)Ansprüche entgegen. **Abs. 1** bestimmt

zunächst die positiven **Voraussetzungen** des Rechts auf Vertragsaufhebung. Dieses ist entweder die **wesentliche Vertragsverletzung** (lit. a) iSd Art. 25 oder der **fruchtlose Ablauf einer Nachfrist** (lit. b). **Abs. 2** enthält negative Voraussetzungen, also **Ausschlussgründe,** die zum Verlust des Vertragsaufhebungsrechts führen. Hiervon ist regelmäßig auszugehen, wenn der Käufer den Kaufpreis bereits gezahlt hat und der Verkäufer die Vertragsaufhebung nicht rechtzeitig erklärt.

## II. Einzelerläuterungen

2 **1. Recht des Verkäufers zur Vertragsaufhebung (Abs. 1).** Das Recht zur Vertragsaufhebung besteht bei einer wesentlichen Vertragsverletzung iSd Art. 25 (lit. a). Deren Voraussetzungen lassen sich in der Praxis aber nur schwer beurteilen. Der Verkäufer kann erst nach einem Richterspruch Gewissheit haben, dass er den Behelf zu Recht ausgeübt hat. Von größerer **praktischer** Bedeutung ist deshalb die zweite Voraussetzung, unter der das Recht zur Vertragsaufhebung geltend gemacht werden kann (lit. b). Lässt der Käufer nämlich eine vom Verkäufer gesetzte **Nachfrist** fruchtlos verstreichen oder erklärt er, seine Verpflichtung auch innerhalb dieser Frist nicht zu erfüllen, kann der Verkäufer sicher sein, dass er zur Aufhebung berechtigt ist.

3 **a) Wesentliche Vertragsverletzung (lit. a).** Ob eine wesentliche Vertragsverletzung vorliegt, beurteilt sich nach Art. 25, der die Legaldefinition dieses Begriffes enthält. Dabei kommt es darauf an, ob die Erwartungen des Verkäufers derart enttäuscht werden, dass sein **Interesse** an der Vertragsdurchführung **entfällt** (→ Art. 25 Rn. 4). Dies ist bei **nicht rechtzeitiger Zahlung** regelmäßig nicht der Fall, weil das Interesse des Verkäufers am Erhalt des Kaufpreises durch die Verzögerung idR nicht erlischt und andernfalls eine Nachfristsetzung und das Aufhebungsrecht gem. Abs. 1 lit. b überflüssig wären (MüKoBGB/P. Huber, 6. Aufl. 2012, Rn. 6; Piltz NJW 2003, 2056 (2063); Piltz NJW 2005, 2126 (2130); Schlechtriem/Schwenzer/Schroeter/Mohs Rn. 7; Staudinger/Magnus, 2018, Rn. 10; Soergel/Buzikiewicz Rn. 4; s. dazu auch OLG Karlsruhe IHR 2016, 147 (149); OLG Frankfurt IHR 2010, 250 (252); OLG Hamm OLGR 1993, 27 Ls. = TranspR-IHR 1999, 24 = CISG-online Nr. 57). Anders kann es sich aber verhalten, wenn die Verpflichtung zur Kaufpreiszahlung – etwa wegen stark schwankender Devisenkurse – als Fixschuld ausgestaltet ist (MüKoBGB/P. Huber, 6. Aufl. 2012, Rn. 7; Schlechtriem/Schwenzer/Schroeter/Mohs Rn. 8; Schlechtriem/Schroeter IntUN-KaufR Rn. 568; Staudinger/Magnus, 2018, Rn. 11 f.; Soergel/Budzikiewicz Rn. 4). Auch die Nichteröffnung eines vom Käufer zu stellenden Akkreditivs begründet nicht ohne Weiteres eine wesentliche Vertragsverletzung (Piltz NJW 2009, 2258 (2264); Staudinger/Magnus, 2018, Rn. 14; vgl. MüKoBGB/P. Huber, 6. Aufl. 2012, Rn. 7; aA China Economic & Trade Arbitration Commission (CIETAC) = CISG-online Nr. 1714; wohl auch Schlechtriem/Schroeter IntUN-KaufR Rn. 568), eine solche liegt aber jedenfalls vor, wenn der Käufer die Erfüllung der eingegangenen vertraglichen Verpflichtung (Zahlung, Akkreditiveröffnung) endgültig verweigert (OLG Karlsruhe IHR 2016, 147 (150); OLG Braunschweig TranspR-IHR 2000, 4 = CISG-online Nr. 510; vgl. Supreme Court of Queensland CISG-online Nr. 955; Staudinger/Magnus, 2018, Rn. 13; Schlechtriem/Schwenzer/Schroeter/Mohs Rn. 6; Schlechtriem/Schroeter IntUN-KaufR Rn. 570). Ähnlich verhält es sich bei verspäteter Abnahme der Ware; auch hier stellt die Verzögerung idR keine wesentliche Vertragsverletzung dar, begründet mithin (noch) kein Aufhebungsrecht (Tribunal de Grande Instance de Strasbourg = CISG-online Nr. 1629, zur Verzögerung der Abnahme um etwas mehr als einen Monat ohne Vertragsregelung zum Abnahmezeitpunkt). Anders ist es jedoch, wenn der Verkäufer ein dringendes Interesse an der fristgerechten Räumung seines Lagers oder aus anderen Gründen ein Interesse an pünktlicher Abnahme hat, zB bei leicht verderblicher Ware, just-in-time-Produktion (Soergel//Budzikiewicz Rn. 9; MüKoBGB/P. Huber, 6. Aufl. 2012, Rn. 9; Schlechtriem/Schwenzer/Schroeter/Mohs Rn. 14), wenn die Nichtabnahme durch den langfristig gebundenen Hauptabnehmer die Wirtschaftlichkeit der Produktionsanlage bedroht (OLG Brandenburg IHR 2009, 105 (114): bei 15 % Fehlmenge), ferner wenn der Käufer die Abnahme endgültig verweigert (Kantonsgericht Zug IHR 2004, 65 = CISG-online Nr. 720; Staudinger/Magnus, 2018, Rn. 17). Beim Sukzessivlieferungsvertrag ist für die Wesentlichkeit einer Nichtabnahme auf den gesamten Vertrag und nicht auf die einzelne Teillieferung abzustellen (OLG Brandenburg IHR 2009, 105 (111)). Auf ein **Verschulden** des Käufers kommt es **nicht** an (Honsell/Schnyder/Straub Rn. 14; Staudinger/Magnus, 2018, Rn. 8). Auch bei Vorliegen einer wesentlichen Vertragsverletzung kommt es nicht kraft Gesetzes zur Vertragsaufhebung, sondern muss diese nach Art. 26 vom Verkäufer erklärt werden (→ Art. 26 Rn. 1). Die Aufhebungserklärung ist formfrei (OGH IHR 2001, 206 = CISG-online Nr. 581: Aufhebungserklärung durch Klageerhebung) und nur in den Fällen des Abs. 2 an Fristen gebunden (MüKoBGB/P. Huber Rn. 11; Staudinger/

Magnus, 2018, Rn. 28). Eine vorherige Nachfristsetzung ist auch bei enger Bindung der Parteien unter dem Gesichtspunkt von Treu und Glauben nicht erforderlich (OLG Brandenburg IHR 2009, 105 (115)).

**b) Ablauf einer Nachfrist (lit. b).** Das Recht zur Vertragsaufhebung lässt sich zweifelsfrei feststellen, wenn eine vom Verkäufer nach Art. 63 Abs. 1 gesetzte Nachfrist fruchtlos verstrichen ist. Aufgrund dessen besteht ein Recht zur Vertragsaufhebung nach Art. 64 Abs. 1 lit. b aber nur bei Verletzung der **Zahlungs-** oder **Abnahmepflicht,** die auch die Pflicht zum Abruf und zur Spezifikation einschließt (Achilles Rn. 4; Bell in Kröll/Mistelis/Perales Viscasillas CISG Rn. 8; Schlechtriem/Schwenzer/Schroeter/Mohs Rn. 20; Staudinger/Magnus, 2018, Rn. 19; Soergel/Budzikiewicz Rn. 14; MüKoHGB/Wertenbruch Rn. 7 f.). Dass der Käufer die Sache bereits im Geschäftsverkehr weiterveräußert hat, steht einer Vertragsaufhebung wegen Verletzung der Zahlungspflicht nicht entgegen (OLG Karlsruhe IHR 2008, 53 (54 f.); aA Vorinstanz LG Koblenz – 5 O 455/06). Die Nichterfüllung **sonstiger Pflichten** des Käufers wird indes hiervon nicht erfasst, weshalb das Recht zur Aufhebung in diesen Fällen nur bei Vorliegen einer wesentlichen Vertragsverletzung in Betracht kommt. Dies birgt für den Verkäufer freilich das Risiko, dass die Pflichtverletzung des Käufers durch ein Gericht später als nur unwesentlich beurteilt wird, weshalb die Vertragsaufhebung durch den Verkäufer ihrerseits eine wesentliche Vertragsverletzung begründet (MüKoHGB/Wertenbruch Rn. 3; Staudinger/Magnus, 2018, Rn. 21). Gleichwohl kann aber auch bei Verletzung sonstiger Pflichten das erfolglose Verstreichen einer Nachfrist ein Indiz für die Wesentlichkeit der Vertragsverletzung darstellen (Schlechtriem/Schwenzer/Schroeter/Mohs Rn. 20). Schließlich begründet auch die **Erfüllungsverweigerung** des Käufers vor Fristablauf das Recht des Verkäufers zur sofortigen Vertragsaufhebung. 4

**2. Ausschlussgründe (Abs. 2).** Abs. 2 bestimmt die Voraussetzungen, die zum Verlust des Rechts auf Vertragsaufhebung führen. Es handelt sich um solche Situationen, in denen der Käufer wegen bereits erfolgter Zahlung des Kaufpreises schutzwürdig ist. Dieser soll Gewissheit haben, ob mit einer Rückabwicklung des Vertrags zu rechnen ist, und davor geschützt werden, dass der Verkäufer auf seine Kosten spekuliert, indem er bei fallenden Preisen den Vertrag bestehen lässt und bei steigenden aufhebt (MüKoHGB/Wertenbruch Rn. 14; Schlechtriem/Schwenzer/Hager/Maultzsch, 5. Aufl. 2008, Rn. 24 ff.; Staudinger/Magnus, 2018, Rn. 36). Demzufolge ist die Vertragsaufhebung ausgeschlossen, wenn der Käufer den **vollen Kaufpreis bezahlt** und der Verkäufer die **Vertragsaufhebung nicht rechtzeitig erklärt** hat. Solange der Kaufpreis nicht vollständig entrichtet ist, bleibt dem Verkäufer dagegen das Recht zur Vertragsaufhebung erhalten (Bianca/Bonell/Knapp Art. 65 Anm. 3.7; MüKoHGB/Wertenbruch Rn. 19 ff.; Enderlein/Maskow/Strohbach Anm. 6; Honsell/Schnyder/Straub Rn. 26; Neumayer/Ming Anm. 6; Schlechtriem/Schwenzer/Schroeter/Mohs Rn. 22; Soergel/Budzikiewicz Rn. 17) und muss die Aufhebung auch nicht innerhalb angemessener Frist erklärt werden (so aber Schlechtriem/Schwenzer/Schroeter/Fountoulakis Art. 26 Rn. 15). 5

Für den Fall **vollständiger Zahlung** des Kaufpreises sind indes die **zeitlichen Grenzen** des Vertragsaufhebungsrechts **recht unübersichtlich** geregelt und werfen Zweifelsfragen bei der Abgrenzung der Anwendungsbereiche von lit. a und lit. b auf (krit. insoweit auch MüKoHGB/Wertenbruch Rn. 15; MüKoBGB/P. Huber Rn. 13; Staudinger/Magnus, 2018, Rn. 40). Nach zutr. hM (MüKoBGB/P. Huber Rn. 16; Schlechtriem/Schwenzer/Schroeter/Mohs Rn. 23–25; Staudinger/Magnus, 2018, Rn. 43; MüKoHGB/Wertenbruch Rn. 17; BeckOGK/Fountoulakis Rn. 24; Soergel/Budzikiewicz Rn. 18) gilt die Regelung in lit. a, wenn der Käufer seiner Kaufpreiszahlungs-, Abnahme- oder sonstige Pflicht zwar nicht mehr zur rechten Zeit nachkommt, diese aber dennoch erfüllt. Unter verspäteter Erfüllung ist somit der Fall zu verstehen, dass der Käufer die betreffende Pflicht zwar zunächst nicht erfüllt und damit – wegen der Wesentlichkeit der darin liegenden Pflichtverletzung (Abs. 1 lit. a) oder wegen des Ablaufs der Nachfrist (Abs. 1 lit. b) – das Aufhebungsrecht des Verkäufers begründet, dann aber die Erfüllung nachholt. Lit. b findet in allen Fällen Anwendung, die sich nicht als verspätete Erfüllung darstellen. Da der Verlust des Vertragsaufhebungsrechts nach Abs. 2 die erfolgte Zahlung des Kaufpreises zur Voraussetzung hat, verbleiben für lit. b nur solche Vertragsverletzungen, die den Bereich der Abnahmepflicht oder aber sonstige Pflichten des Käufers betreffen. Abzulehnen ist die Gegenauffassung (Enderlein/Maskow/Strohbach Anm. 7; Herber/Czerwenka Rn. 9 f.), wonach lit. a alle Fälle erfasst, in denen der Käufer mit der Erfüllung seiner Pflichten in Verzug ist, während lit. b bei anderen Vertragsverletzungen als dem Verzug anwendbar ist. Sie führt zu sachwidrigen Ergebnissen und systematisch wenig überzeugenden Konsequenzen. So verbliebe hiernach für lit. b kaum ein Anwendungsbereich, während für ein Vertragsaufhebungsrecht wegen Nichtabnahme der Ware trotz Zahlung des 6

Kaufpreises keine zeitliche Grenze bestünde, solange die Nichtabnahme andauert (Schlechtriem/Schwenzer/Hager/Maultzsch, 5. Aufl. 2008, Rn. 13).

7 **a) Verspätete Erfüllung (lit. a).** Kommt es zu einer verspäteten Erfüllung einer Pflicht des Käufers, deren Verletzung den Verkäufer zur Vertragsaufhebung berechtigt, so **erlischt** dieses Recht, sobald der Verkäufer **Kenntnis von der (nicht fristgerechten) Erfüllung** der Pflicht erlangt. Die Vorschrift findet auch Anwendung, wenn der Käufer seine Verpflichtung erst auf eine entsprechende Aufforderung zur Leistung hin erbringt (Bell in Kröll/Mistelis/Perales Viscasillas CISG Rn. 18; MüKoBGB/P. Huber Rn. 20; Schlechtriem/Schwenzer/Schroeter/Mohs Rn. 27; Neumayer/Ming Anm. 7; aA Bianca/Bonell/Knapp Anm. 3.11, 16, welche die Erfüllung nach Ablauf einer Nachfrist stets als Fall des Abs. 2 lit. b Ziff. ii ansehen). Kenntnis von der verspäteten Erfüllung setzt positive Kenntnis des Verkäufers voraus, die allerdings zu unterstellen ist, wenn er vom Käufer eine entsprechende Mitteilung erhält (Honsell/Schnyder/Straub Rn. 35; MüKoBGB/P. Huber Rn. 21; Staudinger/Magnus, 2018, Rn. 44).

8 **b) Andere Vertragsverletzung (lit. b).** Besteht die Vertragsverletzung des Käufers, die sich auf seine **Abnahmepflicht** oder eine **sonstige Pflicht** bezieht, nicht in einer verspäteten Erfüllung, muss der Verkäufer die Vertragsaufhebung innerhalb **angemessener Zeit** erklären. Dabei ist wiederum danach zu unterscheiden, ob das Recht zur Vertragsaufhebung wegen einer wesentlichen Vertragsverletzung nach Abs. 1 lit. a besteht (Ziff. i) oder sich diese Berechtigung nach fruchtlosem Ablauf einer Nachfrist aus Abs. 1 lit. b ergibt (Ziff. ii). Die Angemessenheit der Frist ist vor dem Hintergrund der konkreten Verhältnisse zu beurteilen, wobei die Frist nach Ziff. ii tendenziell kürzer zu bemessen ist, als diejenige nach Ziff. i, weil der Verkäufer bereits während der Nachfrist Zeit hat, über sein weiteres Vorgehen nachzudenken (MüKoBGB/P. Huber Rn. 23).

9 **aa) Wesentliche Vertragsverletzung (Ziff. i).** Bei einer wesentlichen Vertragsverletzung verliert der Verkäufer das Recht zur Vertragsaufhebung, wenn er diese nicht **innerhalb** einer **angemessenen Frist** erklärt, nachdem er hiervon Kenntnis hatte oder hätte haben müssen.

10 **bb) Ablauf einer Nachfrist (Ziff. ii).** Wenn der Verkäufer eine Nachfrist setzt, verliert er das Recht zur Vertragsaufhebung erst mit fruchtlosem Ablauf der Frist oder wenn der Käufer erklärt, seine Pflichten nicht innerhalb dieser Frist zu erfüllen. Dies gilt unabhängig davon, ob das Recht zur Vertragsaufhebung erst auf Grund des fruchtlosen Ablaufs einer Nachfrist entsteht oder aber eine wesentliche Vertragsverletzung vorliegt, die ohne weiteres zur Vertragsaufhebung berechtigt (Schlechtriem/Schwenzer/Schroeter/Mohs Rn. 30). Bereits deshalb kann auch in den Fällen wesentlicher Vertragsverletzung eine **Nachfristsetzung vorteilhaft** sein. Durch eine Nachfristsetzung nach Art. 63 kann der Verkäufer, der die Vertragsaufhebung wegen einer wesentlichen Vertragsverletzung des Käufers – nach Abs. 1 lit. a – nicht rechtzeitig erklärt hat, sein **Recht zur Vertragsaufhebung** – nach Abs. 1 lit. b – wieder **zurückgewinnen,** weil sich der Beginn der angemessenen Frist dann auf den Ablauf der Nachfrist verschiebt (Abs. 2 lit. b Ziff. ii; → Art. 49 Rn. 21) (Enderlein/Maskow/Strohbach Art. 63 Anm. 2.1; vgl. Schlechtriem/Schwenzer/Schroeter/Mohs Rn. 30).

## III. Beweislastregeln

11 Die Voraussetzungen des Rechts zur Vertragsaufhebung nach Abs. 1 sind grds. vom **Verkäufer** zu beweisen. Hingegen trägt der **Käufer** die Beweislast hinsichtlich der Ausschlussgründe nach Abs. 2 und muss nachweisen, dass der Verkäufer die Vertragsaufhebung nicht rechtzeitig erklärt hat (Honsell/Schnyder/Straub Rn. 95 f.; Staudinger/Magnus, 2018, Rn. 53; vgl. auch Müller in Baumgärtel/Laumen/Prütting Beweislast-HdB II UNKR Rn. 1; MüKoBGB/P. Huber Rn. 27, die insoweit auf die entsprechende Regelung in Art. 49 verweisen; → Art. 49 Rn. 24).

### Art. 65 (Spezifizierung durch den Verkäufer)

**(1) Hat der Käufer nach dem Vertrag die Form, die Maße oder andere Merkmale der Ware näher zu bestimmen und nimmt er diese Spezifizierung nicht zu dem vereinbarten Zeitpunkt oder innerhalb einer angemessenen Frist nach Eingang einer Aufforderung durch den Verkäufer vor, so kann der Verkäufer unbeschadet aller ihm zustehenden sonstigen Rechte die Spezifizierung nach den Bedürfnissen des Käufers, soweit ihm diese bekannt sind, selbst vornehmen.**

**(2) [1]Nimmt der Verkäufer die Spezifizierung selbst vor, so hat er dem Käufer deren Einzelheiten mitzuteilen und ihm eine angemessene Frist zu setzen, innerhalb deren der Käufer eine abweichende Spezifizierung vornehmen kann. [2]Macht der Käufer nach Eingang einer solchen Mitteilung von dieser Möglichkeit innerhalb der so gesetzten Frist keinen Gebrauch, so ist die vom Verkäufer vorgenommene Spezifizierung verbindlich.**

## Überblick

Ist der Käufer nach dem Vertrag verpflichtet oder berechtigt, Merkmale der Ware näher zu bestimmen und nimmt er die Spezifizierung nicht rechtzeitig vor, hat der Verkäufer ein Recht zur Selbstspezifizierung (Abs. 1; → Rn. 3). Deren Wirksamkeit setzt voraus, dass der Verkäufer die ihm bekannten Bedürfnisse des Käufers berücksichtigt (Abs. 1 letzter Hs.), er den Käufer über die Spezifizierung unterrichtet und ihm eine fruchtlos abgelaufene angemessene letzte Frist zur Spezifizierung gesetzt hat (Abs. 2; → Rn. 4). Neben der Spezifizierung stehen dem Verkäufer die allgemeinen Rechtsbehelfe (Art. 61–64) zu (→ Rn. 5).

## I. Normzweck

Dem Käufer kann vertraglich das Recht zur Spezifizierung der Ware eingeräumt sein. Für diesen Sonderfall bestimmt Art. 65 ebenso wie § 375 HGB, dass der Verkäufer nicht nur die allgemeinen Behelfe (vor allem Vertragsaufhebung bei wesentlicher Vertragsverletzung bzw. Verstreichen einer Nachfrist, Art. 64 Abs. 1) geltend machen, sondern auch selbst die Spezifizierung vornehmen kann. Auf diese Weise soll nicht nur die Durchsetzung des Erfüllungsanspruchs erleichtert werden, sondern zugleich die Bestimmung des Kaufgegenstandes überhaupt erst die Schadensberechnung ermöglichen. Ferner macht die Vorschrift deutlich, dass die Wirksamkeit des Vertrags nicht an der mangelnden Bestimmtheit des Kaufgegenstandes scheitert (MüKoBGB/P. Huber Rn. 1; Schlechtriem/Schwenzer/Schroeter/Mohs Rn. 1). Von der **Selbstspezifizierung (Abs. 1)** hat der Verkäufer den Käufer in Kenntnis zu setzen und es ihm so zu ermöglichen, noch abweichende Spezifizierungen vorzunehmen, bevor die Entscheidung des Verkäufers für den Vertrag **verbindlich** wird **(Abs. 2).** 1

## II. Einzelerläuterungen

**1. Recht zur Selbstspezifizierung.** Die Vorschrift ist anwendbar, wenn der Käufer nach dem Vertrag **verpflichtet oder** auch nur **berechtigt** ist, Merkmale der Ware näher zu bestimmen. Gerade im letztgenannten Fall ist die Selbstvornahme der Spezifikation durch den Verkäufer Voraussetzung der Vertragsdurchführung (Karollus UN-KaufR S. 182; Schlechtriem/Schwenzer/Schroeter/Mohs Rn. 4; MüKoHGB/Wertenbruch Rn. 2; MüKoBGB/P. Huber Rn. 3; vgl. auch Achilles Rn. 2; Staudinger/Magnus, 2018, Rn. 5, die darauf abstellen, dass mit einem Spezifikationsrecht „in der Regel" eine entsprechende Pflicht korrespondiert; aA Herber/Czerwenka Rn. 3; Honsell/Schnyder/Straub Rn. 11). Keine Anwendung findet Art. 65 hingegen, wenn der Vertrag bereits eine Spezifikation enthält und der Käufer nur zur deren einseitigen Abänderung berechtigt ist (MüKoBGB/P. Huber Rn. 3; Schlechtriem/Schwenzer/Schroeter/Mohs Rn. 4). Als zu spezifizierende Merkmale kommen insbes. Form, Größe, Zusammensetzung oder Farbe der Ware in Betracht (Honsell/Schnyder/Straub Rn. 14; vgl. zur analogen Anwendung der Vorschrift, wenn der Käufer andere Leistungsmodalitäten (zB Lieferzeit) bestimmen kann, MüKoBGB/P. Huber Rn. 2). Hingegen kann sich die Spezifizierung nicht auf den Preis oder die Menge der Ware beziehen (MüKoHGB/Wertenbruch Rn. 3 ff.; Staudinger/Magnus, 2018, Rn. 7; Soergel/Budzikiewicz Rn. 2). Das Recht zur Spezifizierung kann unter bestimmten Voraussetzungen auf den Verkäufer übergehen, ohne dass er unter dem Gesichtspunkt der Schadensminderungspflicht des Art. 77 an der Selbstspezifizierung gehindert oder hierzu verpflichtet wäre (MüKoHGB/Wertenbruch Rn. 19; MüKoBGB/P. Huber Rn. 12; Schlechtriem/Schwenzer/Hager/Maultzsch, 5. Aufl. 2008, Rn. 4; aA Herber/Czerwenka Rn. 7). Es handelt sich also um ein **Selbsthilferecht** des Verkäufers. 2

**a) Voraussetzungen.** Der Verkäufer hat ein Recht zur Selbstspezifizierung, wenn auf Grund des bestehenden Kaufvertrages der Käufer zwar zur Spezifizierung verpflichtet oder berechtigt ist, dieser aber die Merkmale der Ware nicht zum **vereinbarten Zeitpunkt** oder innerhalb einer angemessenen Frist nach Eingang einer **Aufforderung** hierzu bestimmt. Dabei ist die Aufforderung zur Spezifizierung des Art. 65 Abs. 1 von der Setzung einer Nachfrist zur Erfüllung iSd 3

Art. 63 Abs. 1 zu unterscheiden und bedarf anders als diese keiner Fristbestimmung. Bereits die Aufforderung zur Spezifizierung setzt mit ihrem Zugang eine angemessene Frist in Lauf (MüKoHGB/Wertenbruch Rn. 6; Enderlein/Maskow/Strohbach Anm. 4; Honsell/Schnyder/Straub Rn. 21; MüKoBGB/P. Huber Rn. 4; Schlechtriem/Schwenzer/Schroeter/Mohs Rn. 7. Hingegen setzen Herber/Czerwenka Rn. 4; Staudinger/Magnus, 2018, Rn. 9 zwar die Setzung einer angemessenen Frist voraus, gehen aber ebenfalls davon aus, dass bei deren Fehlen eine angemessene Frist in Gang gesetzt wird). Aus dem Wortlaut („Eingang") ergibt sich, dass die Aufforderung dem Käufer zugegangen sein muss, der Verkäufer also das Übermittlungsrisiko trägt. Art. 27 gilt insofern nicht (MüKoHGB/Wertenbruch Rn. 6; MüKoBGB/P. Huber Rn. 4; Staudinger/Magnus, 2018, Rn. 8; Soergel/Budzikiewicz Rn. 6). Hingegen gilt das „Absendeprinzip" des Art. 27 für die Spezifikationserklärung des Käufers nach Abs. 1 (MüKoBGB/P. Huber Rn. 4; Schlechtriem/Schwenzer/Schroeter/Mohs Rn. 8; Soergel/Budzikiewicz Rn. 6; vgl. Staudinger/Magnus, 2018, Rn. 10, wonach sich der Verkäufer nach Treu und Glauben ausnahmsweise auf seine – dem Verkäufer nicht zugegangene – Spezifikation nicht berufen kann, sobald der Verkäufer nach Abs. 2 von einer verbindlichen Spezifizierung ausgehen durfte und daraufhin bereits Vorbereitungen getroffen hat; aA Herber/Czerwenka Rn. 6: Zugang erforderlich).

4 **b) Wirksamkeit.** Die vom Verkäufer vorgenommene Spezifizierung wird unter drei Voraussetzungen verbindlich, welche sich aus Abs. 1 und 2 ergeben. Erstens muss der Verkäufer bei der Selbstspezifizierung die **Bedürfnisse des Käufers berücksichtigten,** die ihm bekannt sind oder bekannt sein können (Abs. 1 letzter Hs.) (MüKoHGB/Wertenbruch Rn. 8; Herber/Czerwenka Rn. 5; Schlechtriem/Schwenzer/Schroeter/Mohs Rn. 10). Zweitens hat er den Käufer über die Einzelheiten der Bestimmung der Ware zu **informieren,** wobei auch diese Mitteilung dem Käufer tatsächlich zugehen muss (vgl. Abs. 2 S. 2 „Eingang"), Art. 27 also nicht gilt (MüKoBGB/P. Huber Rn. 8; Schlechtriem/Schwenzer/Schroeter/Mohs Rn. 14; Soergel/Budzikiewicz Rn. 8). Drittens muss eine vom Verkäufer gesetzte angemessene **letzte Frist** zur Spezifizierung fruchtlos **abgelaufen** sein (Abs. 2). Dabei setzt eine zu kurz bemessene Frist eine angemessene Frist in Gang (Enderlein/Maskow/Strohbach Anm. 8.1; MüKoBGB/P. Huber Rn. 8; Schlechtriem/Schwenzer/Hager/Maultzsch, 5. Aufl. 2008, Rn. 6; Staudinger/Magnus, 2018, Rn. 15; BeckOGK/Fountoulakis Rn. 13; Soergel/Budzikiewicz Rn. 8; aA Honsell/Schnyder/Straub Rn. 33 und Bianca/Bonell/Knapp Anm. 2.12, die in der Angemessenheit der Frist eine Wirksamkeitsvoraussetzung sehen). Ist eine dieser Voraussetzungen nicht erfüllt, ist die Spezifikation grds. unverbindlich, wobei hierfür jedoch im Fall einer den Bedürfnissen des Käufers widersprechenden Spezifikation von diesem ein Widerspruch zu erwarten ist (Schlechtriem/Schwenzer/Schroeter/Mohs Rn. 14; vgl. auch Staudinger/Magnus, 2018, Rn. 15; nach MüKoBGB/P. Huber Rn. 8 muss wiederum der Verkäufer deutlich machen, dass er vom Käufer eine Stellungnahme zu der vom ihm vorgenommen Spezifikation erwartet). Da die Spezifizierung durch den Verkäufer erst nach Ablauf dieser weiteren Frist des Abs. 2 verbindlich wird, ist eine **Bestimmung** der Ware **durch den Käufer** auch dann noch möglich, wenn dieser der Aufforderung zur Spezifizierung nach Abs. 1 verspätet, aber **noch vor Ablauf der zweiten Frist** nachkommt (Schlechtriem/Schwenzer/Schroeter/Mohs Rn. 8). Anders als bei der Spezifikation des Käufers nach Abs. 1 ist hier Art. 27 nicht anzuwenden, dh die abweichende Spezifikationserklärung nach Abs. 2 muss dem Verkäufer tatsächlich zugehen. Hierfür spricht die andernfalls zu befürchtende und dem Verkäufer unzumutbare Unsicherheit über den Inhalt seiner Lieferpflicht. Auch überzeugt es wertungsmäßig, das Übermittlungsrisiko dem Käufer aufzubürden, da er eine Vertragsverletzung begangen hat und das Selbstspezifizierungsrecht insgesamt seinen Interessen dient (MüKoHGB/Wertenbruch Rn. 11; MüKoBGB/P. Huber Rn. 10; Staudinger/Magnus, 2018, Rn. 10, 17; aA Schlechtriem/Schwenzer/Hager/Maultzsch, 5. Aufl. 2008, Rn. 7).

5 **2. Verhältnis zu weiteren Rechtsbehelfen.** Wie sich aus dem Wortlaut des Abs. 1 ergibt, stehen dem Verkäufer neben dem Spezifikationsrecht die allgemeinen Rechtsbehelfe (Art. 61–64) zu. So kann dem Verkäufer insbes. ein Aufhebungsrecht zustehen, wenn die Nichtvornahme der Selbstspezifikation eine wesentliche Vertragsverletzung darstellt (Art. 64 Abs. 1 lit. a), oder (da die Spezifikationspflicht Abnahmepflicht ist, → Art. 60 Rn. 3) wenn der Käufer eine ihm gesetzte Nachfrist zur Erfüllung dieser Pflicht verstreichen lässt, Art. 64 Abs. 1 lit. b (MüKoBGB/P. Huber Rn. 11; Schlechtriem/Schwenzer/Schroeter/Mohs Rn. 21; Staudinger/Magnus, 2018, Rn. 18). Allerdings kann der Verkäufer nach der Aufforderung zur Spezifizierung und vor Fristablauf entspr. Art. 63 Abs. 2 nicht nach Abs. 1 die allgemeinen Behelfe geltend machen, wohl aber Schadensersatz wegen verspäteter Erfüllung verlangen (MüKoHGB/Wertenbruch Rn. 18; Herber/Czerwenka Rn. 7; Honsell/Schnyder/Straub Rn. 47; Schlechtriem/Schwenzer/Hager/Maultzsch, 5. Aufl. 2008, Rn. 8). Die umstrittene, allerdings wenig relevante Frage ob ein – klageweise

durchsetzbarer – Anspruch auf Erfüllung der Spezifikation durch den Käufer besteht, ist zu verneinen (Schlechtriem/Schwenzer/Hager/Maultzsch, 5. Aufl. 2008, Rn. 8; vgl. MüKoBGB/P. Huber Rn. 11; aA Dabelow, Der Kauf mit Spezifikationsvorbehalt des Käufers nach HGB und UN-Kaufrecht, 2008, 419 ff.).

### III. Beweislastregeln

Der **Verkäufer** hat zu beweisen, dass ein Spezifikationskauf vorlag und der Käufer – ggf. trotz Aufforderung und Mitteilung (Abs. 2) – nicht spezifiziert hat. Dem **Käufer** obliegt die Beweis dafür, dass er die Spezifikation – ggf. erst nach Abs. 2 – vorgenommen hat und seine Belange vom Verkäufer nicht angemessen berücksichtigt wurden (MüKoBGB/P. Huber Rn. 13; Staudinger/Magnus, 2018, Rn. 21). 6

## Kapitel IV. Übergang der Gefahr

**Art. 66 (Wirkung des Gefahrübergangs)**

**Untergang oder Beschädigung der Ware nach Übergang der Gefahr auf den Käufer befreit diesen nicht von der Pflicht, den Kaufpreis zu zahlen, es sei denn, daß der Untergang oder die Beschädigung auf eine Handlung oder Unterlassung des Verkäufers zurückzuführen ist.**

### I. Normzweck

Der Zeitpunkt des in Kapitel IV geregelten Gefahrübergangs ist in mehrfacher Hinsicht von Bedeutung. Nach Art. 36 Abs. 1 haftet der Verkäufer grds. für eine im Zeitpunkt des Gefahrübergangs bestehende und auf Grund Art. 36 Abs. 2 bei seiner Pflichtverletzung auch für eine danach eingetretene Vertragswidrigkeit der Ware. In **Art. 67–69** wird, soweit keine besondere Parteivereinbarung (insbes. in Incoterms) vorliegt oder Gepflogenheiten oder Gebräuche vorgehen (vgl. Staudinger/Magnus, 2018, Vor Art. 66 ff. Rn. 8, der wegen dieses Vorrangs den Gefahrtragungsregeln „denn auch stärker theoretische als praktische Bedeutung" beimisst, Staudinger/Magnus, 2018, Vor Art. 66 ff. Rn. 1; MüKoBGB/P. Huber Rn. 4; Soergel/Budzikiewicz Rn. 2), der **Zeitpunkt des Gefahrübergangs** in Abhängigkeit von der jeweiligen Art der Beförderung näher definiert. Dabei betrifft Art. 67 den Versendungskauf, Art. 68 den Kauf auf dem Transport befindlicher Ware sowie Art. 69 die sonstigen Fälle. Daran anschließend wird in Art. 70 klargestellt, dass der Gefahrübergang es dem Käufer nicht verwehrt, seine Rechte wegen einer wesentlichen Vertragsverletzung des Verkäufers geltend zu machen. Diesen Regelungen wird in **Art. 66** die Bestimmung über die (wichtigste) **Wirkung des Gefahrübergangs,** nämlich den **Fortbestand der Verpflichtung des Käufers** zur Zahlung des Kaufpreises trotz Untergangs oder Beschädigung der Ware (Hs. 1), vorangestellt. Somit wird die Kaufpreisgefahr bei nicht dem Verkäufer zuzurechnendem (vgl. Hs. 2) Untergang oder Beschädigung der Ware dem Käufer zugewiesen (Hs. 1). Damit wird unter Gefahr im CISG, wie in vielen anderen Rechtsordnungen, das wirtschaftliche Risiko verstanden, dass die Ware nach Vertragsschluss und vor Vertragserfüllung untergeht oder in sonstiger Weise beschädigt wird (MüKoBGB/P. Huber Rn. 3; Staudinger/Magnus, 2018, Vor Art. 66 ff. Rn. 1; vgl. auch MüKoHGB/Wertenbruch Rn. 1; Schlechtriem/Schwenzer/Schroeter/Hachem Vor Art. 66 ff. Rn. 1, der darauf hinweist, dass das wirtschaftliche Risiko oft auf die Versicherung (des Käufers oder Verkäufers) abgewälzt wird). 1

### II. Gefahrtragung

Die Gefahrtragungsregeln erfassen sämtliche versicherbaren Arten der unmittelbaren **Sachbeeinträchtigung,** also nicht nur Untergang infolge Zerstörung und Beschädigung, sondern auch durch Dritte verursachte Schäden sowie alle Transportrisiken, soweit sie nicht in irgendeiner Weise dem Verkäufer zugerechnet werden können (Honsell/Schönle/Th. Koller Rn. 17; Schlechtriem/Schwenzer/Hager/Maultzsch, 5. Aufl. 2008, Rn. 3–4). Nicht von den Gefahrtragungsregeln erfasst sind dagegen hoheitliche Eingriffe, wie Beschlagnahme, Aus- oder Einfuhrverbote uÄ; insoweit kommt es vielmehr auf die vertragliche Gefahrübernahme an (MüKoHGB/Wertenbruch Rn. 4; Schlechtriem/Schwenzer/Hager/Maultzsch, 5. Aufl. 2008, Rn. 4; aA aber Staudinger/ 2

Magnus, 2018, Rn. 6; Schlechtriem/Schwenzer/Schroeter/Hachem Rn. 7; MüKoBGB/P. Huber Rn. 7; Ferrari/Mankowski Int. VertragsR Rn. 5; Soergel/Budzikiewicz Rn. 4). Eine Gefahrtragung des Verkäufers kommt nur in Betracht, wenn der Untergang oder die Beschädigung auf sein pflichtwidriges (zu diesem über den Wortlaut der Vorschrift hinausgehenden Erfordernis – welches in Art. 36 Abs. 2 seine Entsprechung findet – vgl. Enderlein/Maskow/Strohbach Anm. 3; Schlechtriem/Schwenzer/Schroeter/Hachem Rn. 16 ff.; Staudinger/Magnus, 2018, Rn. 13 ff.) Verhalten zurückzuführen sind. Dies korrespondiert grds. mit der Regelung des Art. 36 Abs. 2, wonach der Verkäufer für eine Vertragswidrigkeit haftet, die im Zeitpunkt des Gefahrübergangs besteht oder nach diesem Zeitpunkt als Folge einer Vertragsverletzung eintritt. Allerdings ist, wie sich aus Wortlaut und Entstehungsgeschichte ergibt, Art. 66 Hs. 2 insofern weiter als Art. 36 Abs. 2 gefasst, als ein pflichtwidriges Verhalten genügt, welches möglicherweise keine Vertragsverletzung darstellt, zB wenn die Ware beim Versendungskauf vom Verkäufer beschädigt wird, der im Bestimmungshafen und damit nach Gefahrübergang seine Container zurücknimmt (ausf. Schlechtriem/Schwenzer/Hager/Maultzsch, 5. Aufl. 2008, Rn. 7; Soergel/Budzikiewicz Rn. 8; Staudinger/Magnus, 2018, Rn. 13–17, der auf einen Verstoß gegen „objektiv gebotene Sorgfaltspflicht" abstellt und aus Art. 66 Hs. 2 „in gewissem Umfang eine nachvertragliche Pflicht, das Vertragsziel nicht zu gefährden", ableitet; iErg gleich MüKoBGB/P. Huber Rn. 12 f.).

## III. Beweislastregeln

3 Der **Verkäufer** hat grds. die Voraussetzungen des Gefahrübergangs zu beweisen (Müller in Baumgärtel/Laumen/Prütting Beweislast-HdB II UNKR Rn. 2; MüKoBGB/P. Huber Rn. 16). Beruft sich der **Käufer** gegenüber dem Kaufpreisanspruch des Verkäufers auf einen nach Gefahrübergang erfolgten Untergang oder die Beschädigung der Ware, hat er zu beweisen, dass diese auf ein Verhalten des Verkäufers (Art. 36) zurückzuführen sind (Müller in Baumgärtel/Laumen/Prütting Beweislast-HdB II UNKR Rn. 6 f.; MüKoHGB/Wertenbruch Rn. 11; Honsell/Schönle/Th. Koller Rn. 34 f.; MüKoBGB/P. Huber Rn. 16).

## Art. 67 (Gefahrübergang bei Beförderung der Ware)

**(1) [1]Erfordert der Kaufvertrag eine Beförderung der Ware und ist der Verkäufer nicht verpflichtet, sie an einem bestimmten Ort zu übergeben, so geht die Gefahr auf den Käufer über, sobald die Ware gemäß dem Kaufvertrag dem ersten Beförderer zur Übermittlung an den Käufer übergeben wird. [2]Hat der Verkäufer dem Beförderer die Ware an einem bestimmten Ort zu übergeben, so geht die Gefahr erst auf den Käufer über, wenn die Ware dem Beförderer an diesem Ort übergeben wird. [3]Ist der Verkäufer befugt, die Dokumente, die zur Verfügung über die Ware berechtigen, zurückzubehalten, so hat dies keinen Einfluß auf den Übergang der Gefahr.**

**(2) Die Gefahr geht jedoch erst auf den Käufer über, wenn die Ware eindeutig dem Vertrag zugeordnet ist, sei es durch an der Ware angebrachte Kennzeichen, durch Beförderungsdokumente, durch eine Anzeige an den Käufer oder auf andere Weise.**

### Überblick

Art. 67 regelt den Gefahrübergang beim Versendungskauf, der grds. eintritt, sobald die Ware dem ersten unabhängigen Beförderer zwecks Übermittlung an den Käufer übergeben worden ist und sich in seiner Obhut befindet (Abs. 1 S. 1; → Rn. 2). Bei Vereinbarung eines Übergabeorts erfolgt der Gefahrübergang erst mit Übergabe an den Beförderer an diesem Ort (Abs. 1 S. 2; → Rn. 3). Der Gefahrübergang setzt stets die Individualisierung der Ware voraus (Abs. 2; → Rn. 5).

## I. Normzweck

1 Die Vorschrift regelt den Gefahrübergang beim **Distanzkauf** und findet Anwendung, soweit nicht nach Art. 6 und 9 vorrangige Handelsklauseln wie die Incoterms vereinbart sind (Honsell/Schönle/Th. Koller Rn. 1, 39 ff.; Schlechtriem/Schwenzer/Schroeter/Hachem Rn. 4). Beim Versendungskauf (Art. 31 lit. a), dh wenn die Lieferung durch Übergabe an den Beförderer erfolgt, also weder eine reine Holschuld noch eine reine Bringschuld vorliegt (zum Vorliegen eines Versendungskaufs als Voraussetzung des Art. 67 MüKoHGB/Wertenbruch Rn. 2; MüKoBGB/P. Huber Rn. 5; Schlechtriem/Schwenzer/Schroeter/Hachem Rn. 9), braucht grds. kein bestimmter Ort

für die Übergabe an den Beförderer vereinbart zu werden (Abs. 1 S. 1). Dies kann aber ausdrücklich vorgesehen sein (Abs. 1 S. 2). Demzufolge enthält die Vorschrift zwei unterschiedliche Gefahrtragungsregeln, deren Anwendbarkeit davon abhängt, ob die Ware an einem bestimmten Ort zu übergeben ist oder nicht. Voraussetzung ist aber stets, dass die Ware überhaupt individualisiert ist (Abs. 2).

## II. Einzelerläuterungen

**1. Übergabe an den Beförderer (Abs. 1). a) Fehlende Vereinbarung eines Übergabeortes (Abs. 1 S. 1).** Bei Vereinbarung eines Versendungskaufs ist grds. der **Käufer** mit dem **Transportrisiko** belastet, sobald die Ware dem ersten unabhängigen Beförderer zwecks (zum Erfordernis dieser Zweckbestimmung MüKoBGB/P. Huber Rn. 9; Staudinger/Magnus, 2018, Rn. 16) Übermittlung an den Käufer übergeben worden ist und sich in seiner Obhut befindet. Nimmt also zB der Beförderer die Ware bereits beim Abladen längsseits des Schiffs in seine Obhut, erfolgt die Verladung bereits auf Gefahr des Käufers (MüKoBGB/P. Huber Rn. 9; Schlechtriem/Schwenzer/Hager/Maultzsch, 5. Aufl. 2008, Rn. 3a; vgl. aber auch Staudinger/Magnus, 2018, Rn. 15; Soergel/Budzikiewicz Rn. 7; aA aber LG Bamberg IHR 2007, 113 (116), wonach die Gefahr im Zweifel erst mit Abschluss des Beladevorgangs übergehe, weil erst dann die Übergabe erfolgt sei). Jedenfalls genügt aber nicht schon die Zurverfügungstellung iSd Art. 69, sondern ist die tatsächliche Aushändigung der Ware an den Beförderer erforderlich. Zweifel können sich indes bei der Bestimmung des **Beförderers** ergeben. Als Beförderer kommen mangels Aufgabe der Sachherrschaft jedenfalls eigene Leute des Verkäufers nicht in Betracht (Honsell/Schönle/Th. Koller Rn. 21; Schlechtriem/Schwenzer/Schroeter/Hachem Rn. 13; Staudinger/Magnus, 2018, Rn. 11). Umstritten ist dagegen, ob bereits die Übergabe an einen **Spediteur** den Gefahrübergang herbeizuführen vermag. Dies wird noch verbreitet abgelehnt (Enderlein/Maskow/Strohbach Anm. 3.1 und 3.3; Herber/Czerwenka Art. 31 Rn. 6; Honsell/Schönle/Th. Koller Rn. 21; Soergel/Budzikiewicz Rn. 6; Staudinger/Magnus, 2018, Rn. 11; aber → Art. 31 Rn. 6), soweit nicht der Ausnahmefall vorliegt, dass der Spediteur sein Selbsteintrittsrecht ausübt und damit zugleich als Frachtführer fungiert (Enderlein/Maskow/Strohbach Anm. 3.1 und 3.3; Honsell/Ernst/Lauko Art. 31 Rn. 25; Schlechtriem/Schwenzer/Schroeter/Hachem Rn. 15; Staudinger/Magnus, 2018, Rn. 11; s. auch Neumayer/Ming Anm. 3). Es darf aber nicht übersehen werden, dass auch die Aushändigung an den Spediteur als selbstständigen Unternehmer eine Übertragung der Verfügungsmacht darstellt, die den Gefahrübergang bewirken kann. Deshalb ist der Gefahrübergang regelmäßig – und unabhängig davon, ob und zu welchem Zeitpunkt der Spediteur das Selbsteintrittsrecht ausgeübt hat – auf den Zeitpunkt der Übergabe an den Spediteur zurück zu beziehen (ebenso Honsell/Ernst/Lauko Art. 31 Rn. 18; MüKoBGB/P. Huber Rn. 10; Schlechtriem/Schwenzer/Schroeter/Hachem Rn. 15; Schlechtriem/Schwenzer/Schroeter/Widmer Lüchinger Art. 31 Rn. 28). Die Gefahr geht mit der Übergabe an den **ersten** im vorgenannten Sinne unabhängigen Beförderer über, selbst wenn anschließender Transport durch einen Agenten des Verkäufers erfolgt. Dies ist sinnvoll, um möglichst Streitigkeiten (→ Rn. 6) darüber zu vermeiden, in welcher Phase des Transports ein Transportschaden entstanden ist (MüKoBGB/P. Huber Rn. 11; Staudinger/Magnus, 2018, Rn. 14; Soergel/Budzikiewicz Rn. 7). 2

**b) Vereinbarung eines Übergabeortes (Abs. 1 S. 2).** Ist hingegen ein bestimmter Ort vereinbart, an dem der Verkäufer die Ware dem Beförderer zu übergeben hat, so ist für den Gefahrübergang die Übergabe der Ware an diesem Ort maßgeblich. Hiervon werden etwa Fälle erfasst, in denen der Verkäufer den Landtransport zum Seehafen durch eigene Leute oder durch einen – auch selbstständigen – Beförderer auf seine Gefahr übernimmt (MüKoBGB/P. Huber Rn. 14; Schlechtriem/Schwenzer/Hager/Maultzsch, 5. Aufl. 2008, Rn. 6 f.). Kann der Verkäufer zwischen mehreren Orten wählen, findet der Gefahrübergang an dem tatsächlich gewählten Ort statt (Staudinger/Magnus, 2018, Rn. 19; MüKoBGB/P. Huber Rn. 14). Nicht von Abs. 1 S. 2 erfasst werden dagegen Fälle, in denen der Übergabeort der Bestimmungsort ist, weil dann eine reine Bring- oder Holschuld vorliegt. 3

**c) Zurückbehaltungsrecht an Dokumenten (Abs. 1 S. 3).** Im internationalen Handelsverkehr ist die Verwendung von Dokumenten üblich. Dem Verkäufer kann das Recht zustehen, diese Dokumente bis zum Erhalt der Gegenleistung zurückzubehalten. Abs. 1 S. 3 stellt aber klar, dass die Ausübung eines solchen Zurückbehaltungsrechts für den Gefahrübergang **ohne Bedeutung** ist. 4

5 **2. Zuordnung der Ware (Abs. 2).** Der Gefahrübergang setzt voraus, dass sich die Ware dem konkreten Vertrag eindeutig **zuordnen** lässt, wobei die Art und Weise der Konkretisierung unerheblich sind. Die Aufzählung des Abs. 2 ist lediglich beispielhaft. Die Individualisierung ist bei entsprechender Adressierung unproblematisch. Erfolgt sie dagegen erst durch Versendung einer Verladeanzeige, wie häufig im Überseehandel, hängt der Gefahrübergang nach Abs. 2 von dieser Anzeige ab, wobei nach Art. 27 freilich auf die Absendung der Papiere abzustellen ist (Bianca/Bonell/Nicholas Anm. 2.7; Honsell/Schönle/Th. Koller Rn. 29; Schlechtriem/Schwenzer/Schroeter/Hachem Rn. 30; Soergel/Budzikiewicz Rn. 10). Teilweise wird vertreten, für diese Zuordnung reiche die Versendung einer **Sammelladung** an mehrere Käufer aus, soweit diese vereinbart sei oder Handelsbräuchen entspreche (Enderlein/Maskow/Strohbach Anm. 13.2; Schlechtriem/Schwenzer/Hager/Maultzsch, 5. Aufl. 2008, Rn. 10a; Soergel/Budzikiewicz Rn. 11; vgl. Staudinger/Magnus, 2018, Rn. 31). Diese Auffassung lässt sich, jedenfalls in dieser Allgemeinheit, mit dem Wortlaut der Regelung **nicht** vereinbaren (Honsell/Schönle/Th. Koller Rn. 30 f.; Schlechtriem/Schwenzer/Schroeter/Hachem Rn. 33 f.). Im Übrigen würde aber auch die Abwicklung mehrerer selbstständiger Kaufverträge bei Annahme einer Gefahrengemeinschaft zwischen den Käufern, insbes. wenn ihnen die Gesamtmenge nicht bekannt ist, bei einem teilweisen Verlust der Ware nicht unerhebliche Schwierigkeiten bereiten und dem Verkäufer Manipulationsmöglichkeiten eröffnen, die Abs. 2 gerade verhindern soll. Daher ist ein Gefahrübergang bei einer Anzeige des Verkäufers bei einer Sammelladung, mag diese auch üblich sein, abzulehnen (diff. MüKoHGB/Wertenbruch Rn. 19 f.; wohl auch MüKoBGB/P. Huber Rn. 19, der in diesem Zusammenhang betont, das Erfordernis der Individualisierung stelle einen allgemeinen Grundsatz des CISG dar). Freilich kann im Einzelfall etwas anderes gelten, insbes. wenn die Umstände einen Parteiwillen dahingehend erkennen lassen, dass ein Gefahrübergang bereits bei Versendung der Sammelladung eintreten soll (MüKoHGB/Wertenbruch Rn. 20). Dies wird anzunehmen sein, wenn die Versendung der Sammelladung vom Käufer angeregt wurde oder, für den Käufer erkennbar, die wirtschaftlich einzig sinnvolle Transportart ist und der Käufer die Gesamtmenge und damit seinen prozentualen Anteil daran kennt. Die letztgenannte Voraussetzung wird teilweise auch von der Gegenansicht aufgestellt (vgl. Staudinger/Magnus, 2018, Rn. 31).

## III. Beweislastregeln

6 Beweisschwierigkeiten können sich ergeben, wenn die Gefahr des Transports teils der Verkäufer und teils der Käufer zu tragen hat und sich der Zeitpunkt des Schadenseintritts nicht ermitteln lässt. Letzteres ist häufig beim Containerverkehr der Fall (vgl. Schlechtriem/Schwenzer/Hager/Maultzsch, 5. Aufl. 2008, Rn. 11). Eine solche **Splittung der Gefahrtragung** kommt sowohl in den Fällen des Abs. 1 S. 2 und des Abs. 2 als auch bei der teilweisen Beförderung durch eigene Leute vor Übergabe an einen unabhängigen Beförderer iSd Abs. 1 S. 1 in Betracht. In diesen Fällen gilt mangels besonderer Regelung der allgemeine Grundsatz, dass jede Partei im Prozess die ihr günstigen Tatsachen zu beweisen hat (Müller in Baumgärtel/Laumen/Prütting Beweislast-HdB II UNKR Rn. 17; MüKoBGB/P. Huber Rn. 21). Deshalb trifft den Verkäufer bei der Zahlungsklage die Beweislast für die Vertragsgemäßheit der Ware im Zeitpunkt des Gefahrübergangs. Den Käufer trifft bei der Aufhebungsklage nach Art. 49 Abs. 1 die Beweislast für die Mangelhaftigkeit der Ware (Honsell/Schönle/Th. Koller Rn. 48 f.; Schlechtriem/Schwenzer/Hager/Maultzsch, 5. Aufl. 2008, Rn. 11).

## Art. 68 (Gefahrübergang bei Verkauf der Ware, die sich auf dem Transport befindet)

**[1]Wird Ware, die sich auf dem Transport befindet, verkauft, so geht die Gefahr im Zeitpunkt des Vertragsabschlusses auf den Käufer über. [2]Die Gefahr wird jedoch bereits im Zeitpunkt der Übergabe der Ware an den Beförderer, der die Dokumente über den Beförderungsvertrag ausgestellt hat, von dem Käufer übernommen, falls die Umstände diesen Schluß nahelegen. [3]Wenn dagegen der Verkäufer bei Abschluß des Kaufvertrages wußte oder wissen mußte, daß die Ware untergegangen oder beschädigt war, und er dies dem Käufer nicht offenbart hat, geht der Untergang oder die Beschädigung zu Lasten des Verkäufers.**

### Überblick

Der Gefahrübergang reisender Ware erfolgt nach Art. 68 S. 1 grds. bei Vertragsschluss (→ Rn. 2). Den Regelfall bildet in der Praxis aber der Gefahrübergang bereits bei Übergabe der Ware an den die Dokumente über die Beförderung ausstellenden Beförderer (S. 2). Die Umstände legen dies insbesondere nahe, wenn eine Transportversicherung zugunsten des Käufers besteht (→ Rn. 3). Bei Kenntnis des Verkäufers vom Untergang oder der Beschädigung der Ware ist der Gefahrübergang nach S. 2 ausgeschlossen (S. 3; → Rn. 4).

## I. Normzweck

Art. 68 betrifft den Fall des Spezieskaufs (Honsell/Schönle/Th. Koller Rn. 1; vgl. MüKoBGB/ P. Huber Rn. 5. Für Sammelladungen gelten die Ausführungen zu → Art. 67 Rn. 5 entspr., vgl. auch Schlechtriem/Schwenzer/Schroeter/Hachem Rn. 22) von bereits auf dem Transport befindlicher Ware. Da in diesem Fall nicht ohne weiteres entspr. der Grundregel des Art. 67 auf die Übergabe an den Beförderer abgestellt werden kann, gilt nach **S. 1** der Grundsatz, dass der **Zeitpunkt des Vertragsschlusses** auch für den Gefahrübergang maßgeblich ist. Da es jedoch regelmäßig zu einer mit nur schwer zu überwindenden Beweisschwierigkeiten verbundenen Splittung der Gefahrtragung käme, wenn der Verkäufer das Risiko bis zum Verkauf der Ware und der Käufer es nach diesem Zeitpunkt trüge, sieht der als Ausnahme (vgl. Staudinger/Magnus, 2018, Rn. 10: „dogmatisch schwierige(n) Figur eines vorvertraglichen Gefahrübergangs") zu S. 1 konzipierte – praktische – **Regelfall des S. 2** unter bestimmten Voraussetzungen eine **Rückwirkung** des Gefahrübergangs auf den Käufer vor. S. 3 enthält schließlich eine Ausnahme zu Lasten des bösgläubigen Verkäufers. 1

## II. Einzelerläuterungen

**1. Gefahrtragung bei Vertragsschluss (S. 1).** Der Grundsatz des S. 1 gilt, wenn sich die Ware auf dem Transport befindet, dh sobald sie einem selbstständigen Beförderer übergeben wurde (MüKoHGB/Wertenbruch Rn. 3; Staudinger/Magnus, 2018, Rn. 6). Die Art des Transports ist unerheblich. In Betracht kommt eine Anwendung der Vorschrift auf rollende, schwimmende oder fliegende Ware (MüKoBGB/P. Huber Rn. 3; Staudinger/Magnus, 2018, Rn. 7). Gehen die Parteien lediglich irrig davon aus, dass sich die Ware auf dem Transport befindet, ist Art. 68 S. 1 als allgemeiner Grundsatz anwendbar (Art. 7 Abs. 2), wobei der Gefahrübergang allerdings nicht vor der tatsächlichen Übergabe an den Beförderer anzunehmen ist (MüKoBGB/P. Huber Rn. 4; Staudinger/Magnus, 2018, Rn. 8; Honsell/Schönle/Th. Koller Rn. 3; Soergel/Budzikiewicz Rn. 4). 2

**2. Rückwirkung der Gefahrtragung (S. 2).** Gemäß S. 2 ist der Zeitpunkt der **Übergabe** der Ware **an den** selbstständigen **Beförderer,** der die Dokumente über den Beförderungsvertrag ausgestellt hat, maßgeblich, wenn „die **Umstände** diesen Schluss nahelegen" (Herber/Czerwenka Rn. 4; Schlechtriem/Schwenzer/Schroeter/Hachem Rn. 8). Im Unterschied zu → Art. 58 Rn. 2 kommt es dabei nicht darauf an, dass die Dokumente auch zur Verfügung über die Ware berechtigen. Trotz der sprachlichen Unbestimmtheit dieses Kriteriums besteht breite Übereinstimmung darin, dass dies bei **Bestehen einer Transportversicherung** zugunsten des Käufers der Fall ist (Enderlein/Maskow/Strohbach Anm. 3; Bianca/Bonell/Nicholas Anm. 2.2; Herber/Czerwenka Rn. 3; MüKoBGB/P. Huber Rn. 8; Neumayer/Ming Anm. 2; Schlechtriem/Schwenzer/Schroeter/Hachem Rn. 9; Schlechtriem/Schroeter IntUN-KaufR Rn. 548; Soergel/Lüderitz/Budzikiewicz Rn. 3; Staudinger/Magnus, 2018, Rn. 11). Dies gilt deshalb auch bei Vereinbarung der CIF-Klausel, welche die Verpflichtung des Verkäufers zur Beschaffung einer Transportversicherung umfasst, die den Käufer berechtigt, direkt beim Versicherer Ansprüche geltend zu machen. Denn die Versicherung des Risikos vermag den Unwägbarkeiten einer gesplitteten Gefahrtragung zu begegnen. Keinesfalls lässt sich S. 2 aber der Grundsatz entnehmen, dass der Käufer auch unabhängig vom Bestehen einer Transportversicherung stets die Risiken auf Grund der Ungewissheit über den Zeitpunkt des Schadensereignisses trägt (so aber wohl Honsell/Schönle/Th. Koller Rn. 16). Im Hinblick auf die vom Beförderer auszustellenden Dokumente ist es wegen des Grundgedankens der Vorschrift, eine Rückwirkung der Gefahrtragung an eine Befreiung des Käufers vom Wertrisiko durch ausreichenden Versicherungsschutz zu knüpfen, als ausreichend anzusehen, wenn die Dokumente in elektronischer Form ausgestellt werden (MüKoHGB/Wertenbruch Rn. 8; Staudinger/Magnus, 2018, Rn. 13; aA Herber/Czerwenka Rn. 6; Schlechtriem/Schwenzer/Schroeter/Hachem Rn. 13). 3

**3. Ausschlussgrund (S. 3).** Zum Schutz des Käufers sieht S. 3 vor, dass dieser nicht rückwirkend die Gefahr trägt, wenn der Verkäufer bereits bei Vertragsschluss **Kenntnis** von dem Untergang oder der Beschädigung der Ware hatte oder hätte haben müssen und dies nicht offenbart 4 hat. Umstritten ist insoweit die Behandlung solcher Fälle, bei denen zunächst vor Vertragsschluss ein Schaden eingetreten war, der dem Verkäufer bekannt war oder aber hätte bekannt sein müssen, und sodann **weitere Schäden** entweder noch vor Vertragsschluss, aber für den Verkäufer nicht ersichtlich, oder nach Vertragsschluss eingetreten sind. Insoweit wird unter Hinweis auf die nicht eindeutige Entstehungsgeschichte der Norm teilweise befürwortet, den Verkäufer nur mit dem Schaden zu belasten, der bei Vertragsschluss bereits eingetreten war und den er kannte oder kennen musste (Enderlein/Maskow/Strohbach Anm. 5.2; MüKoBGB/P. Huber Rn. 11; Schlechtriem/Schwenzer/Schroeter/Hachem Rn. 19 f.; Staudinger/Magnus, 2018, Rn. 20; Karollus UN-KaufR S. 200; Soergel/Budzikiewicz Rn. 10). Diese Lösung würde aber gerade dem Zweck der Vorschrift widersprechen, den Schwierigkeiten einer Splittung der Gefahrtragung zu begegnen. Den sich aus einer solchen Unaufklärbarkeit ergebenden Risiken kann man am ehesten dadurch begegnen, dass dem **Verkäufer** das **Risiko auferlegt** wird, das sich ergibt, weil er die für ihn erkennbaren Schäden nicht offenbart hat (so auch MüKoHGB/Wertenbruch Rn. 9 ff.; Bianca/Bonell/Nicholas Art. 68 Anm. 2.3; Reinhart UN-KaufR Rn. 4). Nach zutreffender hM (MüKoHGB/Wertenbruch Rn. 11; Herber/Czerwenka Rn. 7; Staudinger/Magnus, 2018, Rn. 17; aA Honsell/Schönle/Th. Koller Rn. 22 f.) schließt S. 3 lediglich den rückwirkenden Gefahrübergang nach S. 2 aus, bezieht sich aber nicht auf S. 1. War die Ware bereits bei Vertragsschluss beschädigt und der Verkäufer bösgläubig, haftet dieser nach Art. 35 ff. und kann der Käufer den Vertrag aufheben. Mithin geht die Gefahr trotz der Vertragswidrigkeit der Ware auf den Käufer über, wobei dieser sie mittels einer Vertragsaufhebung auf den Verkäufer zurückfallen lassen kann (→ Art. 70 Rn. 1 f.).

## III. Beweislastregeln

5 Die Voraussetzungen für die Rückwirkung der Gefahrtragung durch den Käufer hat der Verkäufer zu beweisen (Müller in Baumgärtel/Laumen/Prütting Beweislast-HdB II UNKR Rn. 2; Honsell/Schönle/Th. Koller Rn. 34; MüKoBGB/P. Huber Rn. 12). Die Beweislast für den Ausschlussgrund des S. 3 trägt der Käufer (Müller in Baumgärtel/Laumen/Prütting Beweislast-HdB II UNKR Rn. 6; Honsell/Schönle/Th. Koller Rn. 36; MüKoBGB/P. Huber Rn. 12; Staudinger/Magnus, 2018, Rn. 26).

# Art. 69 (Gefahrübergang in anderen Fällen)

**(1) In den durch Artikel 67 und 68 nicht geregelten Fällen geht die Gefahr auf den Käufer über, sobald er die Ware übernimmt oder, wenn er sie nicht rechtzeitig übernimmt, in dem Zeitpunkt, in dem ihm die Ware zur Verfügung gestellt wird und er durch Nichtabnahme eine Vertragsverletzung begeht.**

**(2) Hat jedoch der Käufer die Ware an einem anderen Ort als einer Niederlassung des Verkäufers zu übernehmen, so geht die Gefahr über, sobald die Lieferung fällig ist und der Käufer Kenntnis davon hat, daß ihm die Ware an diesem Ort zur Verfügung steht.**

**(3) Betrifft der Vertrag Ware, die noch nicht individualisiert ist, so gilt sie erst dann als dem Käufer zur Verfügung gestellt, wenn sie eindeutig dem Vertrag zugeordnet worden ist.**

## Überblick

Art. 69 ist gegenüber den Gefahrübergangregelungen der Art. 67 und Art. 68 subsidiär (→ Rn. 1). Beim Platzkauf geht die Gefahr auf den Käufer über, sobald dieser die Ware übernimmt und damit in Besitz nimmt (Abs. 1 Alt. 1, → Rn. 2). Erfolgt keine Übernahme, kommt ein Gefahrübergang aufgrund Zurverfügungstellung der Ware in Betracht (Abs. 1 S. 2, Abs. 2). Dies setzt die Individualisierung der Ware voraus (Abs. 3, → Rn. 4). Ist Übergabe an der Niederlassung des Verkäufers vereinbart, hat die Zurverfügungstellung dort den Gefahrübergang zur Folge, soweit die nicht rechtzeitige Abnahme eine Vertragsverletzung des Käufers darstellt (Abs. 1 S. 2, → Rn. 6 f.). In den übrigen Fällen geht die Gefahr auf den Käufer über, wenn dieser Kenntnis vom Zurverfügungstehen hat und die Lieferung fällig ist (Abs. 2, → Rn. 8).

## I. Normzweck

Nachdem in Art. 67 der Gefahrübergang bei Beförderung der Ware und in Art. 68 der bei Verkauf reisender Ware geregelt ist, hält Art. 69 eine **Auffangvorschrift** für die verbleibenden Fälle bereit. Die Bestimmung ist also gegenüber diesen Vorschriften **subsidiär.** Entscheidend ist hierbei die Übernahme der Ware durch den Käufer (Abs. 1 Alt. 1). Bei Nichtabnahme kann aber auch die bloße Zurverfügungstellung genügen (Abs. 1 Alt. 2, Abs. 2). Auch dann setzt der Gefahrübergang aber die Individualisierung der Ware voraus (Abs. 3). Die Norm folgt mithin dem für den Gefahrübergang grundlegenden Prinzip, wonach die Gefahr der tatsächlichen Sachherrschaft folgt (Staudinger/Magnus, 2018, Rn. 7). Darüber hinaus wird Art. 69 Abs. 1 die **allgemeine Regel** entnommen, dass die Gefahr auf den Käufer übergeht, wenn dessen Pflichtverletzung den Verkäufer hindert, den Gefahrübergang anders zu bewirken (Honsell/Schönle/Th. Koller Rn. 29; MüKoBGB/P. Huber Rn. 7; Schlechtriem/Schwenzer/Schroeter/Hachem Rn. 15; Staudinger/Magnus, 2018, Rn. 16; Raymond in Kröll/Mistelis/Perales Viscasillas CISG Rn. 1; MüKoHGB/Wertenbruch Rn. 4). 1

## II. Einzelerläuterungen

**1. Übernahme der Ware (Abs. 1 Alt. 1).** Soweit Art. 67 und Art. 68 nicht eingreifen, kommt es beim **Platzkauf,** wenn die Ware an der Niederlassung des Verkäufers zu übernehmen ist (Art. 31 lit. c), für den Gefahrübergang auf die Übernahme der Ware durch den Käufer an. Übernahme ist anzunehmen, sobald der Käufer bzw. eine durch ihn beauftragte Person (zB der Frachtführer) die Ware in Besitz nimmt; damit trägt der Käufer regelmäßig auch das Verladerisiko (MüKoHGB/Wertenbruch Rn. 2; MüKoBGB/P. Huber Rn. 4; Schlechtriem/Schwenzer/Schroeter/Hachem Rn. 5 f.). 2

**2. Zurverfügungstellung (Abs. 1 Alt. 2, Abs. 2).** Kommt es nicht zur Übernahme durch den Käufer, so kann auch die Zurverfügungstellung der Ware für den Gefahrübergang ausreichen. Der Käufer trägt dann das Verlustrisiko für die sich noch im Herrschaftsbereich des Verkäufers befindliche Ware. 3

**a) Eindeutige Zuordnung zum Vertrag.** Der Gefahrübergang kann nur bewirkt werden, wenn sich die für den Käufer bestimmte Ware feststellen lässt. Hierzu bedarf es der Individualisierung (Abs. 3, der Art. 67 Abs. 2 entspricht). Ist eine Aussonderung der Ware aus dem Gesamtbestand nicht möglich (zB bestimmte Menge Öl aus einem Tank), können eine Zurverfügungstellung iSd Abs. 1 Alt. 2 und eine Individualisierung iSd Abs. 3 angenommen werden, wenn die geschuldete Menge vorhanden, eine Übernahme möglich ist und ferner die Gesamtmenge des Bestandes und damit der prozentuale Anteil des Käufers hieran genau bestimmt sind (aA insoweit Staudinger/Magnus, 2018, Rn. 13; Soergel/Budzikiewicz Rn. 12) (→ Art. 67 Rn. 5) (s. dazu auch MüKoHGB/Wertenbruch Rn. 12). Die Individualisierung kann auf jede Weise erfolgen, wenn die Ware hierdurch nur eindeutig dem Vertrag zugeordnet wird. Art. 32 Abs. 1 nennt insoweit beispielhaft die Anbringung von Kennzeichen und die Zuordnung durch Beförderungsdokumente. 4

**b) Ort der Zurverfügungstellung.** Weiterhin ist danach zu unterscheiden, ob der Käufer die Ware an der Niederlassung des Verkäufers oder an einem anderen Ort zu übernehmen hat. 5

**aa) Übernahme am Ort des Verkäufers (Abs. 1 Alt. 2).** Die bloße Zurverfügungstellung am Ort des Verkäufers hat nach Abs. 1 Alt. 2 den Gefahrübergang zur Folge, soweit die nicht rechtzeitige Abnahme eine **Vertragsverletzung des Käufers** darstellt. Voraussetzung hierfür ist aber, dass der Käufer in die Lage versetzt wird, die Ware abzuholen. Er muss insbes. Kenntnis von der Zurverfügungstellung haben. Wurde der genaue Lieferzeitpunkt im Vertrag offen gelassen, muss der Verkäufer deshalb dem Käufer die **Individualisierung angezeigt** haben (MüKoHGB/Wertenbruch Rn. 11; MüKoBGB/P. Huber Rn. 5; Staudinger/Magnus, 2018, Rn. 14; vgl. Schlechtriem/Schwenzer/Hager/Maultzsch, 5. Aufl. 2008, Rn. 8, der wohl generell von einer Unterrichtungspflicht des Verkäufers ausgeht). 6

Die Nichtabnahme stellt eine **Vertragsverletzung** dar, wenn von vornherein ein konkreter Zeitpunkt für die Übernahme der Ware vereinbart ist. Soweit dies nicht der Fall ist, setzt eine Vertragsverletzung voraus, dass eine angemessene Zeit nach der Mitteilung über die Zurverfügungstellung der Ware verstrichen ist (MüKoBGB/P. Huber Rn. 6; Schlechtriem/Schwenzer/Hager/Maultzsch, 5. Aufl. 2008, Rn. 4; Honsell/Schönle/Th. Koller Rn. 11; Soergel/Budzikiewicz Rn. 5). Eine Pflichtverletzung des Käufers, welche den Gefahrübergang auf ihn zur Folge hat, liegt auch vor, wenn der Käufer zwar zur Abnahme der Ware bereit ist, der Verkäufer diese aber 7 wegen der mangelnden Bereitschaft zur Kaufpreiszahlung zurückhält (MüKoBGB/P. Huber Rn. 6; Schlechtriem/Schwenzer/Hager/Maultzsch, 5. Aufl. 2008, Rn. 4).

8 **bb) Übernahme an einem anderen Ort (Abs. 2).** Hat der Käufer die Ware hingegen an einem anderen Ort als der Niederlassung des Verkäufers zu übernehmen, ist nach Abs. 2 der Gefahrübergang bereits auf den **Zeitpunkt der Fälligkeit der Lieferung** vorauszubeziehen, soweit dem Käufer die Zurverfügungstellung bekannt ist. Anwendung findet diese Regelung zum einen beim Verkauf eingelagerter Ware, ferner beim Fernkauf bzw. einer Bringschuld, also wenn der Verkäufer die Ware an eine Niederlassung des Käufers oder an einen anderen Ort, der keine – von ggf. mehreren (MüKoBGB/P. Huber Rn. 9; Staudinger/Magnus, 2018, Rn. 19) – Niederlassung(en) des Verkäufers ist (MüKoHGB/Wertenbruch Rn. 5; MüKoBGB/P. Huber Rn. 8; Schlechtriem/Schwenzer/Schroeter/Hachem Rn. 18; Staudinger/Magnus, 2018, Rn. 18). Eine Bringschuld soll auch dann vorliegen, wenn eine Lieferung „frei Haus (des Käufers)" vereinbart ist (OLG Karlsruhe NJW-RR 1993, 1316 = CISG-online Nr. 54; anderes gilt aber, wenn lediglich „Preise frei Haus" vereinbart sind, BGH NJW 1997, 870 = CISG-online Nr. 225; vgl. MüKoBGB/P. Huber Rn. 10; Staudinger/Magnus, 2018, Rn. 18).

## III. Beweislastregeln

9 Die Beweislast dafür, dass Untergang oder Beschädigung der Ware nach Gefahrübergang erfolgt sind, trägt der **Verkäufer.** Dieser hat deshalb das Vorliegen sämtlicher Voraussetzungen des Art. 69 und insbes. die Individualisierung der Ware (Abs. 3) und die Anzeige hierüber zu beweisen (Honsell/Schönle/Th. Koller Rn. 28; MüKoBGB/P. Huber Rn. 16; Staudinger/Magnus, 2018, Rn. 25).

## Art. 70 (Wesentliche Vertragsverletzung und Gefahrübergang)

**Hat der Verkäufer eine wesentliche Vertragsverletzung begangen, so berühren die Artikel 67, 68 und 69 nicht die dem Käufer wegen einer solchen Verletzung zustehenden Rechtsbehelfe.**

### Überblick

Art. 70 regelt das Verhältnis von Käuferbehelfen wegen wesentlicher Vertragsverletzung des Verkäufers und Gefahrübergang. Bedeutsam ist dies bei zufälligem Untergang der Ware (→ Rn. 2 f.). Die Geltendmachung sämtlicher dem Käufer zustehenden Rechtsbehelfe wird in diesem Fall durch den Gefahrübergang nicht berührt (→ Rn. 4). Erklärt der Käufer die Vertragsaufhebung, verlangt er Ersatzlieferung oder verstreicht eine wegen Nichtlieferung gesetzte Nachfrist fruchtlos, hat dies ex tunc den Rückfall der Gefahr auf den Verkäufer zur Folge (→ Rn. 5).

## I. Normzweck

1 Die Vorschrift dient der Klarstellung, dass der Gefahrübergang es dem Käufer nicht verwehrt, seine Rechte wegen einer wesentlichen Vertragsverletzung des Verkäufers geltend zu machen. Insofern wiederholt und ergänzt sie die Regelung des Art. 82 Abs. 2 lit. a (MüKoBGB/P. Huber Rn. 3, 6; Staudinger/Magnus, 2018, Rn. 1, 5). Die Geltendmachung dieser Behelfe führt zum **Rückfall der Gefahr** auf den Verkäufer (Schlechtriem/Schwenzer/Schroeter/Hachem Rn. 3; MüKoBGB/P. Huber Rn. 3; aA für den Fall der Vertragsaufhebung wegen Ablaufs der Nachfrist Bianca/Bonell/Nicholas Anm. 2.4).

## II. Gefahrtragung bei Pflichtverletzungen des Verkäufers

2 Das Verhältnis zwischen dem Gefahrübergang und den Rechtsbehelfen des Käufers wegen einer Pflichtverletzung des Verkäufers ist nur von Bedeutung, wenn der Untergang der Ware nicht mit der Vertragsverletzung in Zusammenhang steht und **auf Zufall beruht** (Schlechtriem/Schwenzer/Schroeter/Hachem Rn. 2; MüKoBGB/P. Huber Rn. 4). Denn bei Untergang der Ware infolge einer wesentlichen Vertragsverletzung des Verkäufers stellt sich die Frage der Gefahrtragung nicht. Liegt eine wesentliche Vertragsverletzung des Verkäufers vor, der etwa eine vertragswidrige Ware geliefert oder die Ware verspätet abgesandt hat, und kommt es unabhängig davon zu dem Untergang der Ware, kann der Käufer die Aufhebung des Vertrages erklären (Art. 49

Abs. 1 lit. a) oder Ersatzlieferung verlangen (Art. 46 Abs. 2). Soweit er diese Rechte ausübt, braucht er die untergegangene oder beschädigte Ware ungeachtet des Gefahrübergangs nicht zu bezahlen (Schlechtriem/Schwenzer/Hager/Maultzsch, 5. Aufl. 2008, Rn. 2a).

**1. Art der Pflichtverletzung.** Nach seinem Wortlaut setzt Art. 70 eine **wesentliche Vertragsverletzung** voraus. Hieraus wird von der hM (Achilles Rn. 3; MüKoHGB/Wertenbruch Rn. 7 f.; Honsell/Schönle/Th. Koller Rn. 15; MüKoBGB/P. Huber Rn. 11; Schlechtriem/Schwenzer/Schroeter/Hachem Rn. 8; Staudinger/Magnus, 2018, Rn. 6; Soergel/Budzikiewicz Rn. 4) zu Recht der Schluss gezogen, dass die Norm bei nicht wesentlichen Vertragsverletzung grds. – als Ausnahme lässt sich der Rückfall der Gefahr im Fall des Art. 49 Abs. 1 lit. b verstehen (→ Rn. 5) – keine Anwendung findet. Die durch eine derartige Vertragsverletzung eröffneten Rechtsbehelfe (Nachbesserung, Minderung, Schadensersatz) lassen den Gefahrübergang unberührt und werden ihrerseits von diesem nicht berührt. Liefert der Verkäufer vor Gefahrübergang eine mangelhafte Sache, ohne dass darin eine wesentliche Vertragsverletzung liegt, und geht die Sache anschließend unter oder wird beschädigt, kann der Käufer hinsichtlich der beim Gefahrübergang vorhandenen Mängel Schadensersatz, Minderung und, soweit möglich, Nachbesserung verlangen. Dabei ist zu beachten, dass im Rahmen des Schadensersatzes und der Minderung lediglich diejenigen Einbußen zu berücksichtigen sind, die durch die Vertragsverletzung des Verkäufers verursacht worden sind. So ist zB neben dem Mangelschaden selbst (aA insoweit Herber/Czerwenka Rn. 4, die den Schadensersatzanspruch des Käufers wegen mangelhafter Ware mit dem unzutr. Argument erlöschen lassen, der Schaden könne sich nach Untergang der Sache nicht mehr auswirken; vgl. hierzu mit berechtigter Kritik Staudinger/Magnus, 2018, Rn. 8) ein Verspätungsschaden nur für den Zeitraum bis zum Untergang der Sache zu gewähren (MüKoHGB/Wertenbruch Rn. 8; MüKoBGB/P. Huber Rn. 11). 3

**2. Rechtsbehelfe.** Art. 70 bestimmt, dass dem Käufer alle Rechtsbehelfe, die ihm wegen der wesentlichen Vertragsverletzung des Verkäufers zustehen, unabhängig von dem späteren Gefahrübergang erhalten bleiben. Praktisch relevant dürfte die Vorschrift jedoch nur für die **Vertragsaufhebung** und die **Ersatzlieferung** werden. Denn die anderen Rechtsbehelfe (Nachbesserung, Minderung und Schadensersatz) sind entweder unmöglich oder wirtschaftlich nicht sinnvoll. Letzteres zeigt sich daran, dass der Käufer lediglich die Schäden – sei es durch Nachbesserung, Minderung oder Schadensersatz – kompensieren könnte, die infolge der Vertragsverletzung des Verkäufers eintreten, aber – anders als im Falle einer Vertragsaufhebung und einer Ersatzlieferung – mit den Schäden belastet bliebe, die Folge des zufälligen Untergangs oder der zufälligen Beschädigung sind (vgl. MüKoHGB/Wertenbruch Rn. 3; MüKoBGB/P. Huber Rn. 6 f.; Schlechtriem/Schwenzer/Schroeter/Hachem Rn. 6; Staudinger/Magnus, 2018, Rn. 11). 4

**3. Rückfall der Gefahr.** Die Ausübung der Rechtsbehelfe der Vertragsaufhebung und der Ersatzlieferung bewirkt, dass die Gefahr **ex tunc** auf den Verkäufer zurückfällt (MüKoHGB/Wertenbruch Rn. 3; MüKoBGB/P. Huber Rn. 8; Schlechtriem/Schwenzer/Schroeter/Hachem Rn. 3; Staudinger/Magnus, 2018, Rn. 13). Wählt der Käufer trotz Vorliegens einer wesentlichen Vertragsverletzung zunächst lediglich die Nachbesserung und geht die Sache während der Nachbesserungsfrist unter, fällt die Gefahr iErg ebenfalls auf den Verkäufer zurück, weil der Käufer wegen Scheiterns der Nachbesserung den Vertrag nun aufheben oder Nachlieferung verlangen kann (MüKoBGB/P. Huber Rn. 9; Schlechtriem/Schwenzer/Schroeter/Hachem Rn. 11; Staudinger/Magnus, 2018, Rn. 15; aA Herber/Czerwenka Rn. 6). Zum Rückfall der Gefahr auf den Verkäufer kommt es auch, wenn der Käufer zur Vertragsaufhebung berechtigt ist, weil eine **Nachfrist wegen Nichtlieferung fruchtlos verstrichen** ist (Art. 49 Abs. 1 lit. b) (MüKoHGB/Wertenbruch Rn. 2; MüKoBGB/P. Huber Rn. 12; Schlechtriem/Schwenzer/Schroeter/Hachem Rn. 7; Staudinger/Magnus, 2018, Rn. 14). Denn nach Art. 82 Abs. 2 lit. a trägt der Verkäufer regelmäßig die Gefahr, soweit die Beschädigung oder der Untergang der Ware nicht auf einer Handlung oder Unterlassung des Käufers beruhen. Dabei ist diese Zufallshaftung aber enger als im deutschen Recht, da jedes Handeln oder Unterlassen des Käufers unabhängig von dessen Verschulden den Rückfall der Gefahr auf den Verkäufer ausschließt (Schlechtriem/Schwenzer/Hager/Maultzsch, 5. Aufl. 2008, Rn. 5). 5

## Kapitel V. Gemeinsame Bestimmungen über die Pflichten des Verkäufers und des Käufers

## Abschnitt I. Vorweggenommene Vertragsverletzung und Verträge über aufeinander folgende Lieferungen

### Art. 71 (Verschlechterungseinrede)

**(1) Eine Partei kann die Erfüllung ihrer Pflichten aussetzen, wenn sich nach Vertragsabschluß herausstellt, daß die andere Partei einen wesentlichen Teil ihrer Pflichten nicht erfüllen wird**

**a) wegen eines schwerwiegenden Mangels ihrer Fähigkeit, den Vertrag zu erfüllen, oder ihrer Kreditwürdigkeit oder**

**b) wegen ihres Verhaltens bei der Vorbereitung der Erfüllung oder bei der Erfüllung des Vertrages.**

**(2) [1]Hat der Verkäufer die Ware bereits abgesandt, bevor sich die in Absatz 1 bezeichneten Gründe herausstellen, so kann er sich der Übergabe der Ware an den Käufer widersetzen, selbst wenn der Käufer ein Dokument hat, das ihn berechtigt, die Ware zu erlangen. [2]Der vorliegende Absatz betrifft nur die Rechte auf die Ware im Verhältnis zwischen Käufer und Verkäufer.**

**(3) Setzt eine Partei vor oder nach der Absendung der Ware die Erfüllung aus, so hat sie dies der anderen Partei sofort anzuzeigen; sie hat die Erfüllung fortzusetzen, wenn die andere Partei für die Erfüllung ihrer Pflichten ausreichende Gewähr gibt.**

**Schrifttum:** Fischer, Die Unsicherheitseinrede: Eine rechtsvergleichende Untersuchung über die Rechte eines Vertragspartners bei Vermögensverschlechterung der anderen Partei zum deutschen und US-amerikanischen Recht sowie zu den Einheitlichen Kaufrechten, 1988; Flesch, Der Irrtum über die Kreditwürdigkeit des Vertragspartners und die Verschlechterungseinrede. Anwendbarkeit des BGB neben dem UN-Kaufrecht (CISG), BB 1994, 873; Hammer, Das Zurückhaltungsrecht gemäß Art. 71 CISG im Vergleich zu den Kaufgesetzen der nordischen Staaten unter Einbeziehung transportrechtlicher Aspekte, 1999; Jan, Die Erfüllungsverweigerung im deutschen und im UN-Kaufrecht, 1992; Jayme, Zu den Voraussetzungen eines verkäuferseitigen Anhalterechts nach CISG Art. 71 Abs. 2, IPRax 1991, 345; Reinhart, Zurückbehaltungsrecht und Unsicherheitseinrede nach UN-Kaufrecht im Vergleich zu EKG und BGB, in Schlechtriem (Hrsg.), Einheitliches Kaufrecht und nationales Obligationenrecht, 1987, S. 361; Witz, Zurückbehaltungsrechte im internationalen Kauf – Eine praxisorientierte Analyse zur Durchsetzung des Kaufpreisanspruchs im CISG, FS Schlechtriem, 2003, 291.

### Überblick

Die Verschlechterungseinrede des Art. 71 dient dem Schutz der vertragstreuen Partei bei drohender Nichterfüllung der anderen (→ Rn. 1). Die Einrede setzt eine nach Abschluss des Vertrages drohende Verletzung eines wesentlichen Teils der Pflichten voraus sowie die daraus resultierende Prognose, dass die Erfüllung gefährdet ist (→ Rn. 2 ff.). Die vertragstreue Partei kann dann entweder ein Recht zur Aussetzung aller ihr obliegenden Pflichten ausüben (Abs. 1), mit der Folge, dass nach der Information der Gegenseite (Abs. 3) ein Schwebezustand eintritt (→ Rn. 5 ff.). Zum anderen kann die vertragstreue Partei gem. Abs. 2 ein Anhalterecht ausüben, sofern sich die Ware bereits auf dem Transport befindet (→ Rn. 8). Für die Durchsetzung der Beachtung des Anhalterechts gegenüber Dritten findet § 418 HGB Anwendung (→ Rn. 9).

### I. Normzweck

1 Art. 71–73 treffen für Käufer und Verkäufer gleichermaßen Regelungen für Störungen im Vorfeld der Erfüllung. Dabei wird zwischen der Gefahr einer bloßen Pflichtverletzung (Art. 71), einer wesentlichen Vertragsverletzung (Art. 72) und schließlich Störungen bei der Abwicklung eines Sukzessivlieferungsvertrages (Art. 73) unterschieden. Die **Verschlechterungseinrede** des Art. 71 schützt die vertragstreue Partei davor, die von ihr geschuldete Leistung vollständig erbringen zu müssen, obwohl die Gefahr besteht, dass sich die Gegenseite vertragswidrig verhält. Hierzu

wird ihr ein Recht zur **Aussetzung** der Erfüllung (Abs. 1) und bei bereits auf dem Transport befindlicher Ware ein **Anhalterecht** (Abs. 2) gewährt. Anders als bei der Vertragsaufhebung, durch welche die Leistungspflichten erlöschen (Art. 81), wird ein Schwebezustand begründet (UNCITRAL Digest Anm. 2). Die Ausübung dieser Rechte ist der Gegenseite **anzuzeigen,** der es freisteht, nach entspr. **Sicherheitsleistung** auf Erfüllung zu bestehen (Abs. 3). Auf diese Weise soll den Interessen des vertragstreuen Gläubigers und des sich möglicherweise in Schwierigkeiten befindlichen Schuldners gleichermaßen Rechnung getragen und das Risiko einer sich abzeichnenden Rückabwicklung vermieden werden (Honsell/Brunner/Hurni Rn. 3; Schlechtriem/Schwenzer/Schroeter/Fountoulakis Rn. 3). Damit ist die Vorschrift insbes. bei Vorleistungspflicht des vertragstreuen Teils von Bedeutung (Herber/Czerwenka Rn. 10; Honsell/Brunner/Hurni Rn. 5). Art. 71 schließt alle Rechtsbehelfe des anwendbaren nationalen Rechts für den Fall aus, dass nach Vertragsschluss Tatsachen offenbar werden, die erhebliche Zweifel an der Erfüllungsfähigkeit der verpflichteten Partei begründen. Insbesondere kommen die nationalen Vorschriften über Irrtumsanfechtung (Karollus Anm. zu OGH JBl. 1999, 56 (57)), Willensmängel, Störung der Geschäftsgrundlage oder umfassendere Zurückbehaltungsrechte (OLG Köln IHR 2015, 60 (65); 2008, 181; Brunner/Berchtold Rn. 4; MüKoBGB/P. Huber Rn. 26; MüKoHGB/Mankowski Rn. 31 f.; Schlechtriem/Schwenzer/Schroeter/Fountoulakis Rn. 31; Staudinger/Magnus, 2018, Rn. 40; Schlechtriem/Schroeter IntUN-KaufR Rn. 599; Soergel/Lutzi Vor Art. 71 Rn. 9) nicht zur Anwendung. Anderes gilt nur für die arglistige Täuschung, die als deliktische Handlung nicht der abschließenden Regelung des CISG unterfällt (Schlechtriem/Schroeter IntUN-KaufR Rn. 599). Gemäß Art. 6 ist Art. 71 dispositiv (UNCITRAL Digest Anm. 4; MüKoBGB/P. Huber Rn. 36). Beispielsweise bleibt der Käufer bei Vereinbarung eines unwiderruflichen Dokumentenakkreditivs zur Vorleistung verpflichtet, wenn die Ware zwar voraussichtlich fehlerhaft sein wird, aber die notwendigen Dokumente vorgelegt werden. Denn andernfalls würde bei Anwendung des Art. 71 die vereinbarte strikte Vorleistungspflicht des Käufers ausgehebelt (Sekretariatskommentar O.R. Anm. 7; Brunner/Berchtold Rn. 17; MüKoBGB/P. Huber Rn. 36; MüKoHGB/Mankowski Rn. 24; Staudinger/Magnus, 2018, Rn. 17).

## II. Einzelerläuterungen

**1. Gefährdung der Erfüllung. a) Drohende Pflichtverletzung.** Als Voraussetzung sowohl für das Aussetzungs- wie auch das Anhalterecht muss sich **nach Vertragsschluss** herausstellen, dass die andere Partei einen wesentlichen Teil ihrer Pflichten nicht erfüllen wird. Dabei kommen sämtliche Vertragspflichten in Betracht. Indes braucht eine wesentliche Vertragsverletzung iSv Art. 25 nicht zu befürchten sein (LG Berlin 15.9.1994 – 52 S 247/94, CISG-online Nr. 399; Schlechtriem/Schwenzer/Schroeter/Fountoulakis Rn. 13; Neumayer/Ming Anm. 4; Staudinger/Magnus, 2018, Rn. 15; Soergel/Lutzi Rn. 14; aA Honsell/Brunner/Hurni Rn. 18; Saidov in Kröll/Mistelis/Perales Viscasillas CISG Rn. 4; offengelassen Schlechtriem/Schroeter IntUN-KaufR Rn. 601). Auf ein Verschulden kommt es nicht an (Herber/Czerwenka Rn. 7; Honsell/Brunner/Hurni Rn. 17; Schlechtriem/Schwenzer/Schroeter/Fountoulakis Rn. 14; Staudinger/Magnus, 2018, Rn. 13; Schlechtriem/Schroeter IntUN-KaufR Rn. 592; Soergel/Lutzi Rn. 9). Es besteht für den Schuldner aber auch keine Entlastungsmöglichkeit nach Art. 79 Abs. 4. Ob ein **wesentlicher Teil der Vertragspflichten** gefährdet ist, muss nach den konkreten Gegebenheiten des Einzelfalls und vor allem unter dem Gesichtspunkt beurteilt werden, ob den Parteien die Bedeutung dieser Pflichten ersichtlich war. Dabei ist nach Art. 80 auch das Verhalten des Gläubigers zu berücksichtigen. Jedenfalls reicht eine bloße Verletzung einzelner Nebenpflichten hierfür regelmäßig nicht aus, sondern müssen ganz **zentrale Pflichten** betroffen sein (Enderlein/Maskow/Strohbach Anm. 2; Herber/Czerwenka Rn. 5; Honsell/Brunner/Hurni Rn. 18; Schlechtriem/Schwenzer/Schroeter/Fountoulakis Rn. 13 f.; Soergel/Lutzi Rn. 14). 2

**b) Prognose.** Da der Behelf auch unabhängig von einer bereits erfolgten Pflichtverletzung besteht, bedarf es einer Prognose, ob die **Erfüllung gefährdet** ist. Maßgeblich hierfür sind die beiden in Abs. 1 genannten Kriterien. Die Prognose kann zum einen auf einen schwerwiegenden **Mangel der Fähigkeit** der Partei, den Vertrag zu erfüllen (lit. a) und zum anderen auf ihr **Verhalten** bei der Vorbereitung der Erfüllung oder der Erfüllung selbst (lit. b) gestützt werden. Als Gründe für die Gefährdung iSv lit. a können allgemeine Leistungshindernisse wie Ausfuhrverbote, Streik und höhere Gewalt (Honsell/Brunner/Hurni Rn. 21; Schlechtriem/Schwenzer/Schroeter/Fountoulakis Rn. 15; Staudinger/Magnus, 2018, Rn. 24) ebenso in Betracht kommen wie Mängel im Bereich der Zahlungsfähigkeit (Schlechtriem/Schwenzer/Schroeter/Fountoulakis Rn. 16; s. auch Honsell/Brunner/Hurni Rn. 22). Ein schwerwiegender **Mangel der Kreditwür-** 3

**digkeit** liegt vor, wenn über das Vermögen des Schuldners ein Insolvenzverfahren eröffnet worden ist oder der Schuldner seine Zahlungen oder Lieferungen eingestellt hat (OGH JBl 1999, 54 (55 f.); Brunner/Berchtold Rn. 22; MüKoHGB/Mankowski Rn. 14 f.; Schlechtriem/Schwenzer/Schroeter/Fountoulakis Rn. 16); einzelne verspätete Zahlungen oder eine schleppende Zahlungsweise sind idR nicht hinreichend (OGH JBl. 1999, 54 (55 f.); Brunner/Berchtold Rn. 22; MüKoHGB/Mankowski Rn. 18; Schlechtriem/Schwenzer/Schroeter/Fountoulakis Rn. 16; Staudinger/Magnus, 2018, Rn. 25; Schlechtriem/Schroeter IntUN-KaufR Rn. 592; Karollus JBl. 1999, 56 (57)), aber auch → Rn. 10. Nicht ausreichend ist, dass ein mit dem Schuldner nur verbundenes Unternehmen zahlungsunfähig ist (Magnus ZEuP 2008, 318 (331)). Hingegen stellt es keinen schwerwiegenden Mangel der Kreditwürdigkeit dar, wenn sich der Käufer bei verspäteter Lieferung an einen anderen Zulieferer wenden muss und dem Verkäufer die Inrechnungstellung der hierdurch verursachten Kosten ankündigt (Audiencia Provincial de Cantabria, Spanien 5.2.2004 – 62/2004, https://www.cisgspanish.com/seccion/jurisprudencia/espana/?anio=2004#, abgerufen 19.4.2022). Ein **verhaltensbezogenes Hindernis** iSv lit. b kann **auf Verkäuferseite** etwa vorliegen, wenn erforderliche Vorbereitungsmaßnahmen nicht rechtzeitig ergriffen werden, also Rohstoffe nicht beschafft oder Genehmigungen nicht beantragt werden. Gleiches gilt, wenn ersichtlich ist, dass ungeeignete Materialien oder Hilfsmittel Verwendung finden (MüKoHGB/Mankowski Rn. 20; Schlechtriem/Schwenzer/Schroeter/Fountoulakis Rn. 17). Ein verhaltensbezogenes Hindernis **auf Käuferseite** kann vorliegen, wenn der Käufer den von ihm zu stellenden Lagerraum für die Übernahme der Ware nicht rechtzeitig beschafft oder sich aus seinem Verhalten ergibt, dass er im Lieferzeitpunkt nicht abnehmen wird (Schlechtriem/Schroeter IntUN-KaufR Rn. 596).

4 Entscheidend ist, ob auf Grund dessen künftig Störungen bei der Vertragsabwicklung zu befürchten sind. Als Maßstab ist nach Art. 8 Abs. 2 das objektive Urteil einer vernünftigen Person zugrunde zu legen (Enderlein/Maskow/Strohbach Anm. 2; Honsell/Brunner/Hurni Rn. 24; MüKoBGB/P. Huber Rn. 10; Schlechtriem/Schwenzer/Schroeter/Fountoulakis Rn. 22; Staudinger/Magnus, 2018, Rn. 19). Der erforderliche **Grad der Wahrscheinlichkeit** lässt sich nicht allgemeingültig bestimmen. Zu berücksichtigen ist aber, dass sich aus Art. 71, 72 und Art. 73 Abs. 2 eine Stufung der Behelfe ergibt. Dabei sind in Art. 71 Abs. 1 die **geringsten Anforderungen** an die Wahrscheinlichkeit zu stellen und steigern sich diese über Art. 73 Abs. 2 schließlich zu Art. 72 (MüKoBGB/P. Huber Rn. 10; MüKoHGB/Mankowski Rn. 8; Schlechtriem/Schwenzer/Schroeter/Fountoulakis Rn. 23, Art. 73 Rn. 28; Soergel/Lutzi Rn. 7; aA Honsell/Brunner/Hurni Rn. 19 und Art. 72 Rn. 4, wonach sich der Grad der Wahrscheinlichkeit von Art. 73 Abs. 2 über Art. 71 hin zu Art. 72 steigert. Zum Streitstand vgl. im Überblick Schlechtriem/Schwenzer/Schroeter/Fountoulakis Art. 73 Rn. 21 Fn. 52).

5 **2. Aussetzungsrecht (Abs. 1). a) Voraussetzungen.** Liegen die in Abs. 1 lit. a oder lit. b genannten Voraussetzungen vor und muss deshalb von einer **Gefährdung der Erfüllung** (→ Rn. 2 ff.) ausgegangen werden, ist die vertragstreue Partei jederzeit (Honsell/Brunner/Hurni Rn. 17, 28; Staudinger/Magnus, 2018, Rn. 29; wohl auch MüKoHGB/Mankowski Rn. 25; Soergel/Lutzi Rn. 16) zur Aussetzung aller ihr obliegenden Pflichten berechtigt. Dies begründet selbst im Fall der Vorleistungspflicht keine Vertragsverletzung. Indes stellt es eine wesentliche Vertragsverletzung dar, wenn das Aussetzungsrecht grundlos geltend gemacht wird (Brunner/Berchtold Rn. 29; Reinhart in Schlechtriem, Einheitliches Kaufrecht und nationales Obligationenrecht, 1987, 361, 381), da dies einer Erfüllungsverweigerung gleichkommt (Brunner/Berchtold Rn. 29; MüKoBGB/P. Huber Rn. 28; MüKoHGB/Mankowski Rn. 4). Das Aussetzungsrecht kann zeitlich nur bis zum Zeitpunkt der Fälligkeit der Leistung ausgeübt werden, hinsichtlich welcher eine Pflichtverletzung droht (UNCITRAL Digest Anm. 1; Honsell/Brunner/Hurni Rn. 26; Soergel/Lutzi Rn. 28; s. auch ICC Arbitration Award Nr. 9448, Juli 1999, ICC Court of Arbitration Zürich, Unilex). Seine Ausübung ist an keine Form gebunden (Brunner/Berchtold Rn. 26; MüKoBGB/P. Huber Rn. 13; MüKoHGB/Mankowski Rn. 26; Staudinger/Magnus, 2018, Rn. 29).

6 **b) Anzeige (Abs. 3).** Die Ausübung des Aussetzungsrechts muss der anderen Partei sofort angezeigt werden. Abs. 3 begründet deshalb als weitere Voraussetzung für die berechtigte Aussetzung der eigenen Pflichterfüllung eine **Pflicht zur Information** der Gegenseite (AG Frankfurt/M IPRax 1991, 345; LG Stendal IHR 2001, 30 (34); LG Darmstadt IHR 2001, 160 (161); Arbitral Award 15.10.2002 – Case no 2319, Netherlands Arbitration Institute, Rotterdam, CLOUT Nr. 780; Reinhart UN-KaufR Rn. 12; Schlechtriem/Leser/Hornung, 3. Aufl. 2000, Rn. 21; Saidov in Kröll/Mistelis/Perales Viscasillas CISG Rn. 39; Witz/Salger/Lorenz/Lorenz Rn. 22; Achilles Rn. 11; Soergel/Lutzi Rn. 25. Nach aA soll das Ausbleiben der Information der

Wirksamkeit der Rechte aus Art. 71 nicht entgegenstehen, sondern dem Schuldner nur das Recht geben, vom Gläubiger denjenigen Schaden ersetzt zu verlangen, der auf die unterlassene Anzeige zurückzuführen ist, vgl. Bianca/Bonell/Bennett Anm. 2.5; Brunner/Berchtold Rn. 27; Herber/Czerwenka Rn. 12; Honsell/Brunner/Hurni Rn. 37; MüKoBGB/P. Huber Rn. 19; MüKoHGB/Mankowski Rn. 35; BeckOGK/Schmidt-Ahrendts Rn. 69; Neumayer/Ming Anm. 10; Piltz NJW 2019, 2516 (2520); Piltz IntKaufR Rn. 4–215; Schlechtriem/Schwenzer/Schroeter/Fountoulakis Rn. 35; Staudinger/Magnus, 2018, Rn. 47; Schlechtriem/Schroeter IntUN-KaufR Rn. 607). Indes ersetzt nicht schon die bloße Nichtzahlung eines Kaufpreisteils die für die Ausübung des Aussetzungsrechts erforderliche Anzeige (LG Stendal IHR 2001, 30 (34)), ohne dass dies die Ausübung des Aussetzungsrechts zeitlich blockiert. Zur Erfüllung der Informationspflicht bedarf es gem. Art. 27 lediglich der rechtzeitigen Absendung der Anzeige (LG Stendal IHR 2001, 30 (34); MüKoBGB/P. Huber Rn. 18; MüKoHGB/Mankowski Rn. 34; Schlechtriem/Schroeter IntUN-KaufR Rn. 607; Soergel/Lutzi Rn. 24). Eine bestimmte Form ist für die Anzeige nicht einzuhalten (MüKoHGB/Mankowski Rn. 27; Staudinger/Magnus, 2018, Rn. 45). Damit die Gegenseite reagieren kann, sollte aus der Information aber hervorgehen, auf welchen Sachverhalt die Geltendmachung des Aussetzungsrechts gestützt wird (aber auch → Art. 72 Rn. 12) (Bianca/Bonell/Bennett Anm. 2.10; Staudinger/Magnus, 2018, Rn. 45; Witz/Salger/Lorenz/Lorenz Rn. 21; strenger MüKoHGB/Mankowski Rn. 34). Zugleich wird in Abs. 3 der Gegenseite die **Möglichkeit der Stellung ausreichender Sicherheiten** eingeräumt. Die Sicherheiten müssen die geschuldete Leistung wertmäßig abdecken (nach Sekretariatskommentar Art. 62 Anm. 13; Herber/Czerwenka Rn. 14; Staudinger/Magnus, 2018, Rn. 48 f.; Piltz IntKaufR Rn. 4-216; Honsell/Brunner/Hurni Rn. 30; Saidov in Kröll/Mistelis/Perales Viscasillas CISG Rn. 53 müssen sie auch den Schaden abdecken, der voraussichtlich auf Grund der Nichterfüllung der Schuldnerpflicht entstünde; aA MüKoBGB/P. Huber Rn. 21; Schlechtriem/Schwenzer/Schroeter/Fountoulakis Rn. 45). Dabei kommen nicht nur Kreditsicherheiten, sondern alle Maßnahmen in Betracht, die eine angemessene Absicherung des vertragstreuen Teils bewirken. Dazu zählen auch Lieferungszusagen Dritter (MüKoHGB/Mankowski, 3. Aufl. 2013, Rn. 30; Neumayer/Ming Anm. 11; Schlechtriem/Schwenzer/Schroeter/Fountoulakis Rn. 44) und der konkrete Nachweis von Bezugsmöglichkeiten (Neumayer/Ming Anm. 11; Schlechtriem/Schwenzer/Schroeter/Fountoulakis Rn. 44; Witz/Salger/Lorenz/Lorenz Rn. 23; aA MüKoHGB/Mankowski, 3. Aufl. 2013, Rn. 30).

**c) Wirkungen.** Mit der Ausübung des Aussetzungsrechts tritt ein **Schwebezustand** ein, der 7
die Fälligkeit der Leistung um die Dauer der Unsicherheit hinausschiebt (Bianca/Bonell/Bennett Anm. 2.1; Enderlein/Maskow/Strohbach Anm. 1; Schlechtriem/Schwenzer/Schroeter/Fountoulakis Rn. 10, 29). Bei Wegfall der Gefährdung oder Stellung von Sicherheiten werden die vertraglichen Pflichten zwar zeitlich abgewandelt (MüKoBGB/P. Huber Rn. 22), bestehen aber iÜ so weiter wie zuvor (Honsell/Brunner/Hurni Rn. 28; MüKoHGB/Mankowski Rn. 42; Schlechtriem/Schwenzer/Schroeter/Fountoulakis Rn. 29, 47 ff.). Der Schwebezustand kann nach Art. 72 schließlich auch durch Aufhebung des Vertrages beendet werden, sobald eine wesentliche Vertragsverletzung droht. Das Unterlassen der Stellung von Sicherheiten seitens des Gläubigers kann Indiz einer drohenden wesentlichen Vertragsverletzung sein (Bianca/Bonell/Bennett Anm. 3.7: „frequently"; Brunner/Berchtold Rn. 32; Enderlein/Maskow/Strohbach Anm. 10; Honnold Rn. 394: „may"; MüKoBGB/P. Huber Rn. 23; sehr zurückhaltend MüKoHGB/Mankowski Rn. 43. Dagegen geht Reinhart in Schlechtriem, Einheitliches Kaufrecht und nationales Obligationenrecht, 1987, S. 361, 382, grds. von einem antizipierten Vertragsbruch bei Unterlassung der Stellung von Sicherheiten aus. AA Witz/Salger/Lorenz/Lorenz Rn. 24; Saidov in Kröll/Mistelis/Perales Viscasillas CISG Rn. 55, nach denen die Unterlassung der Stellung von Sicherheiten nur das Bestehenbleiben des Aussetzungsrechts nach sich zieht und allein nach Art. 72 beurteilt werden muss, ob und unter welchen Voraussetzungen eine Vertragsaufhebung möglich ist).

**3. Anhalterecht (Abs. 2). a) Voraussetzungen und Wirkungen.** Das Recht zur Ausset- 8
zung der Erfüllung nach Abs. 1 vermag den Verkäufer im Fall einer **Gefährdung der Erfüllung** (→ Rn. 2 ff.) nicht zu schützen, wenn dieser die ihm nach dem Vertrag obliegenden Pflichten beachtet und die Ware bereits einem Transporteur übergeben und damit **abgesandt** hat, bevor sich die drohende Vertragsverletzung der Gegenseite herausstellt. Deshalb wird dem Verkäufer in Abs. 2 ein Anhalterecht der auf dem Transport befindlichen Ware zugestanden, auf Grund dessen er sich der **Übergabe** der Ware an den Käufer – auch unabhängig von der dinglichen Lage (MüKoHGB/Mankowski Rn. 47; Schlechtriem/Schwenzer/Schroeter/Fountoulakis Rn. 35; Schlechtriem/Schroeter IntUN-KaufR Rn. 605; Soergel/Lutzi Rn. 18) – selbst dann **widersetzen** kann, wenn dieser im Besitz eines Transportdokuments ist, vermöge dessen er die Ware vom

Frachtführer oder dem Lagerhalter herausverlangen kann. Soweit der Verkäufer der ihm nach **Abs. 3** obliegenden Pflicht zur **Information** des Käufers nachkommt und diesem so Gelegenheit zur Sicherheitsleistung gibt (→ Rn. 6), begründet auch das Anhalterecht einen Schwebezustand, und der Verkäufer begeht hierdurch keine Vertragsverletzung (→ Rn. 7). Ein „Anhalterecht" des Käufers hinsichtlich der Zahlung ist im CISG nicht vorgesehen, kann jedoch im Einzelfall nach Treu und Glauben vorliegen, wenn der Verkäufer ganz offensichtlich nicht adäquat leisten wird (Staudinger/Magnus, 2018, Rn. 53; s. auch Brunner/Berchtold Rn. 8).

9 **b) Wirkungen gegenüber Dritten.** Art. 71 begründet lediglich eine schuldrechtliche Berechtigung des Verkäufers gegenüber dem Käufer. Nimmt dieser die Ware dennoch entgegen, verletzt er das Anhalterecht des Verkäufers und kann sich wegen dieser Vertragsverletzung iSd Art. 61 schadensersatzpflichtig machen (Schlechtriem/Schwenzer/Schroeter/Fountoulakis Rn. 37; Staudinger/Magnus, 2018, Rn. 54). Nach dem CISG besteht jedoch **keine** Möglichkeit, die **Beachtung des Anhalterechts** auch **gegenüber Dritten,** wie einem Lagerhalter oder Frachtführer, **durchzusetzen** (Honsell/Brunner/Hurni Rn. 34; MüKoHGB/Mankowski Rn. 46; Schlechtriem/Schwenzer/Schroeter/Fountoulakis Rn. 38; Soergel/Lutzi Rn. 20). Eine solche Verpflichtung beurteilt sich vielmehr nach nationalem Recht. Insoweit räumt die deutsche Vorschrift des **§ 418 HGB** dem Absender nunmehr das Recht ein, dem Transporteur nachträglich entspr. Weisungen zu erteilen. So kann verhindert werden, dass das Risiko einer unberechtigten Ausübung des Anhalterechts auf den Frachtführer abgewälzt wird. Denn dieser kann sich nach § 418 Abs. 1 S. 3 HGB den Weisungen widersetzen oder aber nach § 418 Abs. 1 S. 4 HGB wegen möglicher Schadensersatzansprüche des Käufers vom Verkäufer Freistellung verlangen.

## III. Beweislastregeln

10 Beruft sich eine Partei auf das Aussetzungs- bzw. Anhalterecht, hat diese zu beweisen, dass deren Voraussetzungen vorliegen (Staudinger/Magnus, 2018, Rn. 56; Honsell/Brunner/Hurni Rn. 36).

## Art. 72 (Antizipierter Vertragsbruch)

**(1) Ist schon vor dem für die Vertragserfüllung festgesetzten Zeitpunkt offensichtlich, daß eine Partei eine wesentliche Vertragsverletzung begehen wird, so kann die andere Partei die Aufhebung des Vertrages erklären.**

**(2) Wenn es die Zeit erlaubt und es nach den Umständen vernünftig ist, hat die Partei, welche die Aufhebung des Vertrages erklären will, dies der anderen Partei anzuzeigen, um ihr zu ermöglichen, für die Erfüllung ihrer Pflichten ausreichende Gewähr zu geben.**

**(3) Absatz 2 ist nicht anzuwenden, wenn die andere Partei erklärt hat, daß sie ihre Pflichten nicht erfüllen wird.**

### Überblick

Bereits vor Fälligkeit kann die Vertragsaufhebung erklärt werden, wenn die Wahrscheinlichkeit sehr nahe liegt, dass die andere Partei eine wesentliche Vertragsverletzung iSv Art. 25 begehen wird (→ Rn. 2 ff.). Voraussetzung ist nach Abs. 2 dabei eine vorherige Anzeige der Absicht der vertragstreuen Partei, eine Vertragsaufhebung zu erklären, die dem Schuldner das Stellen eine Sicherheit innerhalb angemessener Frist ermöglichen soll (→ Rn. 5 ff.). Die Anzeige ist jedoch entbehrlich, wenn sie dem vertragstreuen Teil entweder nicht zeitlich zumutbar ist oder nicht angemessen erscheint, (Abs. 2 Hs. 1; → Rn. 9 f.). Zudem ist eine Anzeige nicht erforderlich, wenn die andere Partei die Erfüllung vorzeitig verweigert (Abs. 3; → Rn. 11). Neben der Anzeige der Absicht zur Vertragsaufhebung ist eine Aufhebungserklärung nach Art. 26 erforderlich (→ Rn. 12).

## I. Normzweck

1 Ebenso wie Art. 71 und 73 betrifft auch Art. 72 Störungen im Vorfeld der Vertragserfüllung. Vernachlässigt der Schuldner seine Pflichten in einem solchen Maße, dass sich **mit großer Wahrscheinlichkeit** eine **wesentliche Vertragsverletzung** abzeichnet, steht es der vertragstreuen Partei frei, wegen der künftigen Verletzung bereits **vor Fälligkeit** die **Vertragsaufhebung** zu

erklären und sich so vom Vertrag zu lösen. Die Vorschrift bietet dem vertragstreuen Teil damit präventiven Schutz und ermöglicht es ihm, seine Dispositionsfreiheit wieder zu erlangen (Neumayer/Ming Anm. 1; Reinhart UN-KaufR Rn. 2; Schlechtriem/Schwenzer/Schroeter/Fountoulakis Rn. 4). Art. 73 Abs. 2 enthält eine Sukzessivlieferungsverträge betreffende Sonderregelung (→ Art. 73 Rn. 12) (UNCITRAL Digest Anm. 3; Staudinger/Magnus, 2018, Rn. 1; Schlechtriem/Schroeter IntUN-KaufR Rn. 622 ff. Nach Schlechtriem/Schwenzer/Schroeter/Fountoulakis Art. 73 Rn. 28 und Saidov in Kröll/Mistelis/Perales Viscasillas CISG Rn. 25 besteht für die Sonderregelung des Art. 73 Abs. 2 ein grds. Vorrang, nach Staudinger/Magnus, 2018, Art. 73 Rn. 28 stehen die Vorschriften wegen unterschiedlicher Anwendungsbereiche nicht in Konkurrenz; aA Herber/Czerwenka Art. 73 Rn. 10; Honsell/Brunner/Hurni Art. 73 Rn. 1, nach denen Art. 72 und Art. 73 miteinander konkurrieren).

## II. Einzelerläuterungen

**1. Künftige wesentliche Vertragsverletzung (Abs. 1).** Das Recht zur Vertragsaufhebung besteht für den Käufer nach Art. 49 und für den Verkäufer nach Art. 64 grds. erst nach Eintritt einer wesentlichen Vertragsverletzung. Art. 72 bewirkt eine **zeitliche Vorverlagerung** dieses Behelfs, damit die vertragstreue Partei nicht Gefahr läuft, Leistungen zu erbringen, obwohl sich die Vertragsbrüchigkeit des anderen Teils bereits abzeichnet. Der Behelf ist damit der Lieferung und ihren verschiedenen Störungsformen vorgelagert (BGH NJW 1995, 2101 (2102); Schlechtriem/Schwenzer/Schroeter/Fountoulakis Rn. 4). 2

**a) Gefahr einer wesentlichen Vertragsverletzung.** Wegen der Schwere des Behelfs, dessen Ausübung die unwiderrufliche Beendigung des Vertragsverhältnisses zur Folge hat, kommt die vorzeitige Vertragsaufhebung nur in Betracht, wenn eine wesentliche Vertragsverletzung iSv Art. 25 zu befürchten ist. 3

**b) Prognose.** Darüber hinaus sind an die Prognose hinsichtlich der Wahrscheinlichkeit des Eintritts einer solchen wesentlichen Vertragsverletzung **besonders hohe Anforderungen** zu stellen. Es muss offensichtlich sein, dass der Schuldner eine wesentliche Vertragsverletzung begehen wird. Der erforderliche Grad der Wahrscheinlichkeit lässt sich nicht objektiv definieren. Teilweise wird von sehr hoher Wahrscheinlichkeit gesprochen (Honsell/Brunner/Hurni Rn. 4; MüKoHGB/Mankowski Rn. 5; Staudinger/Magnus, 2018, Rn. 9), ohne dass sich der Begriff damit näher eingrenzen ließe. Übereinstimmung besteht aber darin, dass die Wahrscheinlichkeit sehr nahe liegt und deren Grad besonders hoch sein muss und im Vergleich zu den Behelfen der Art. 71 und Art. 73 Abs. 2 bei Art. 72 die höchsten Anforderungen zu stellen sind (UNCITRAL Digest Anm. 2, 4; Bianca/Bonell/Bennett Anm. 2.2; Enderlein/Maskow/Strohbach Anm. 1; Honsell/Brunner/Hurni Rn. 4, Art. 71 Rn. 19; Reinhart UN-KaufR Rn. 2; Schlechtriem/Schwenzer/Schroeter/Fountoulakis Rn. 15; Staudinger/Magnus, 2018, Rn. 9. Gegen eine Differenzierung zwischen Art. 71 und 72 aber Herber/Czerwenka Rn. 2). 4

**2. Anzeigepflicht (Abs. 2).** Die vorzeitige Vertragsaufhebung soll den Schuldner nicht unvermittelt treffen und setzt deshalb im Regelfall zunächst eine entsprechende **Information** voraus, die von der Aufhebungserklärung nach Art. 26 zu unterscheiden ist (UNCITRAL Digest Anm. 8). Der Gläubiger muss dem Schuldner anzeigen, dass er beabsichtigt, die Vertragsaufhebung zu erklären. Dem Schuldner soll so die Möglichkeit gegeben werden, **Sicherheiten** für die Erfüllung seiner Pflichten zu bieten. Diese Möglichkeit kann er aber nur wahrnehmen, wenn ihm mit der Anzeige der beabsichtigten Vertragsaufhebung zugleich auch der **Anlass** der Aufhebung und die **Ursache** der befürchteten wesentlichen Vertragsverletzung genannt werden (Honsell/Brunner/Hurni Rn. 8; MüKoBGB/P. Huber Rn. 15; MüKoHGB/Mankowski Rn. 14; Schlechtriem/Schwenzer/Schroeter/Fountoulakis Rn. 22; Staudinger/Magnus, 2018, Rn. 24). 5

**a) Anzeige.** Die vorherige Anzeige ist Voraussetzung für die Wirksamkeit des Rechts zur Vertragsaufhebung (Bianca/Bonell/Bennett Anm. 3.2; Neumayer/Ming Anm. 4, 6; Reinhart UN-KaufR Rn. 3; Schlechtriem/Schwenzer/Schroeter/Fountoulakis Rn. 19; Soergel/Lutzi Rn. 8; aA Brunner/Altenkirch Rn. 9; Enderlein/Maskow/Strohbach Anm. 6; Herber/Czerwenka Rn. 4; Honsell/Brunner/Hurni Rn. 9; MüKoBGB/P. Huber Rn. 16; MüKoHGB/Mankowski Rn. 9, 21 f.; Staudinger/Magnus, 2018, Rn. 28; Witz/Salger/Lorenz/Lorenz Rn. 18, die bei fehlender Anzeige lediglich die Möglichkeit des Schadensersatzes in Betracht ziehen). Für die Übermittlung der Anzeige gilt Art. 27 (Neumayer/Ming Anm. 6; Schlechtriem/Schwenzer/Schroeter/Fountoulakis Rn. 21). Eine Frist für die Anzeige ist nicht vorgesehen. Das Recht zur Vertragsaufhebung 6 ist zunächst blockiert, um dem Schuldner die Möglichkeit zur Stellung von Sicherheiten einzuräumen. Hierfür ist eine **angemessene Frist** zu gewähren (MüKoBGB/P. Huber Rn. 17. MüKoHGB/Mankowski Rn. 14; Witz/Salger/Lorenz/Lorenz Rn. 14 raten lediglich zur Setzung einer angemessenen Frist seitens des Gläubigers), die nach den konkreten Umständen des Einzelfalles zu bemessen ist. Diese Frist endet in jedem Fall mit dem vertraglich vorgesehenen Fälligkeitszeitpunkt. Mit dessen Eintritt gelten die allgemeinen Voraussetzungen für die Vertragsaufhebung (Art. 49 und Art. 64).

7 **b) Sicherheit.** Als Sicherheit, die innerhalb angemessener Frist zu stellen ist, kommen alle Maßnahmen in Betracht, die eine angemessene Absicherung des vertragstreuen Teils bewirken. Diese sind nicht nur auf die Kreditsicherheiten beschränkt. Dazu zählen etwa auch Lieferzusagen Dritter und der konkrete Nachweis von Bezugsmöglichkeiten (Enderlein/Maskow/Strohbach Anm. 8; Schlechtriem/Schwenzer/Schroeter/Fountoulakis Rn. 29. MüKoHGB/Mankowski Rn. 17, Art. 71 Rn. 30a sieht den konkreten Nachweis von Bezugsmöglichkeiten nicht als Sicherheit an). Im Insolvenzfall kann als Gewähr für die Zahlung des Kaufpreises aus der Masse auch die Erklärung des Insolvenzverwalters ausreichen, er werde den Vertrag anstelle des Gemeinschuldners erfüllen (Schlechtriem/Schroeter IntUN-KaufR Rn. 617). Stellt der Schuldner eine ausreichende Sicherheit und nimmt der Gläubiger diese an, entfällt das Aufhebungsrecht (MüKoBGB/P. Huber Rn. 5; Schlechtriem/Schwenzer/Schroeter/Fountoulakis Rn. 30; Soergel/Lutzi Rn. 13).

8 **3. Entbehrlichkeit der Anzeige.** Das Recht zur Vertragsaufhebung wegen einer künftigen wesentlichen Vertragsverletzung besteht in zwei Fällen auch ohne vorherige Information des anderen Teils.

9 **a) Besonderheiten des Einzelfalls (Abs. 2 Hs. 1).** Einer vorherigen Anzeige bedarf es nach Abs. 2 Hs. 1 nur, wenn es die Zeit erlaubt und es nach den Umständen vernünftig ist. Zum einen ist der **zeitliche** Aspekt zu berücksichtigten, weshalb zB bei sehr kurzen Lieferfristen oder raschen Preisveränderungen die vorherige Information dem vertragstreuen Teil unzumutbar sein kann (Neumayer/Ming Anm. 5; Schlechtriem/Schwenzer/Schroeter/Fountoulakis Rn. 23). Weiterhin muss die Anzeige auch **angemessen** erscheinen. Nach den Umständen nicht vernünftig ist eine Anzeige vor allem, wenn der Schuldner ohnehin nicht in der Lage ist, noch eine ausreichende Sicherheit zu stellen, weil angesichts der Vertragsverletzung Abhilfe nicht zu bewirken ist oder den drohenden Vertragsbruch nicht auszugleichen vermag (Schlechtriem/Schwenzer/Schroeter/Fountoulakis Rn. 23).

10 Indes ist in der Lit. unter Hinweis auf die französische und englische Fassung des Übereinkommens **umstritten,** welcher **Stellenwert** den in Abs. 1 genannten Kriterien „Zeit" und „vernünftige Umstände" im Hinblick auf die Zumutbarkeit einer vorherigen Anzeige durch den vertragstreuen Teil zukommt. Nach einer Ansicht setzt die Anzeigepflicht voraus, dass beide Voraussetzungen gegeben sind (Herber/Czerwenka Rn. 6; Reinhart UN-KaufR Rn. 3). Andere stellen allein den zeitlichen Aspekt in den Vordergrund und wollen dem Merkmal der vernünftigen Umstände nicht die Voraussetzung einer Zumutbarkeit in sachlicher Hinsicht, wohl aber die der Angemessenheit der Erklärung selbst entnehmen (mit unterschiedlichen Begr. Bianca/Bonell/Bennett Anm. 3.3; Honsell/Brunner/Hurni Rn. 10; MüKoHGB/Mankowski Rn. 15; Staudinger/Magnus, 2018, Rn. 21; Witz/Salger/Lorenz/Lorenz Rn. 13; Soergel/Lutzi Rn. 10). Geht man dagegen wie hier im Grundsatz von der Anzeigepflicht aus und sieht sowohl den zeitlichen Aspekt als auch den der vernünftigen Umstände als Ausschlussgründe an, zeigt sich, dass der **Streit** tatsächlich **„unnötig zugespitzt"** ist (Schlechtriem/Schroeter IntUN-KaufR Rn. 619). Denn nach allen Auffassungen kommt es für das Recht zur Vertragsaufhebung auf eine vorherige Anzeige nicht an, soweit diese unangemessen erscheint. Indes vermögen die unterschiedlichen Auffassungen, die am Wortlaut der Vorschrift anknüpfen, bei der Beantwortung der schwierigen Frage, wann dies der Fall ist, keine Hilfe zu geben. Vielmehr bedarf es jeweils im konkreten Einzelfall einer erneuten Beurteilung unter Anlegung des objektiven Maßstabs einer vernünftigen Person.

11 **b) Vorzeitige Erfüllungsweigerung (Abs. 3).** Erklärt der Schuldner bereits vor Fälligkeit, seine Verpflichtung aus dem Vertrag nicht erfüllen zu wollen, braucht ihm auch keine letzte Möglichkeit für die Erfüllung seiner Pflichten eingeräumt zu werden. Deshalb sieht Abs. 3 im Fall einer Erfüllungsverweigerung von dem Erfordernis der vorherigen Anzeige ab. Die Erklärung des Schuldners muss ernstlich und unzweideutig sein. Indes braucht sie nicht ausdrücklich abgegeben zu werden, sondern kann auch durch konkludentes Verhalten erfolgen (OLG Düsseldorf IHR 2005, 29 (31) = BeckRS 2005, 4425 = CISG-online Nr. 916; Honsell/Brunner/Hurni Rn. 11; MüKoBGB/P. Huber Rn. 14; Neumayer/Ming Anm. 9; Soergel/Lutzi Rn. 12; aA Staudinger/Magnus, 2018, Rn. 27). Voraussetzung ist aber in jedem Fall, dass die Weigerung des Schuldners

eine Pflicht betrifft, deren Nichterfüllung eine wesentliche Vertragsverletzung darstellen würde (Schlechtriem/Schroeter IntUN-KaufR Rn. 618).

**4. Aufhebungserklärung.** Die wirksame Vertragsaufhebung setzt eine Aufhebungserklärung nach Art. 26 voraus, auf die Art. 27 Anwendung findet (MüKoHGB/Mankowski Rn. 9; Soergel/Lutzi Rn. 15). Die Aufhebungserklärung kann im Fall der vorherigen Anzeigepflicht nach Abs. 2 nur nach Ablauf einer angemessenen Frist erfolgen, innerhalb der vom Schuldner keine ausreichende Sicherheit gestellt worden ist. Im Übrigen kann die Aufhebung nach der Systematik der Behelfe des CISG jederzeit bis zur Fälligkeit erklärt werden und ist nicht an eine Frist gebunden (Honsell/Brunner/Hurni Rn. 7; MüKoBGB/P. Huber Rn. 8; MüKoHGB/Mankowski Rn. 10; Staudinger/Magnus, 2018, Rn. 16; Soergel/Lutzi Rn. 15; aA Schlechtriem/Schwenzer/Schroeter/Fountoulakis Rn. 38; Schlechtriem/Schroeter IntUN-KaufR Rn. 620). Die Aufhebungserklärung ist verbindlich und unwiderruflich. Eine zu Unrecht erklärte Vertragsaufhebung begründet ihrerseits eine Vertragsverletzung (Honsell/Brunner/Hurni Rn. 14; MüKoHGB/Mankowski Rn. 11; Staudinger/Magnus, 2018, Rn. 19), soweit sich der andere Vertragsteil nicht damit einverstanden erklärt. 12

## III. Beweislastregeln

Die Voraussetzungen des Rechts auf vorzeitige Vertragsaufhebung hat die vertragstreue Partei zu beweisen. Der Nachweis für den Untergang des Aufhebungsrechts vor Abgabe einer wirksamen Aufhebungserklärung obliegt dagegen dem Schuldner (Müller in Baumgärtel/Laumen/Prütting Beweislast-HdB II UNKR Rn. 10; Honsell/Brunner/Hurni Rn. 15). 13

### Art. 73 (Sukzessivlieferungsvertrag; Aufhebung)

**(1) Sieht ein Vertrag aufeinander folgende Lieferungen von Ware vor und begeht eine Partei durch Nichterfüllung einer eine Teillieferung betreffenden Pflicht eine wesentliche Vertragsverletzung in bezug auf diese Teillieferung, so kann die andere Partei die Aufhebung des Vertrages in bezug auf diese Teillieferung erklären.**

**(2) Gibt die Nichterfüllung einer eine Teillieferung betreffenden Pflicht durch eine der Parteien der anderen Partei triftigen Grund zu der Annahme, daß eine wesentliche Vertragsverletzung in bezug auf künftige Teillieferungen zu erwarten ist, so kann die andere Partei innerhalb angemessener Frist die Aufhebung des Vertrages für die Zukunft erklären.**

**(3) Ein Käufer, der den Vertrag in bezug auf eine Lieferung als aufgehoben erklärt, kann gleichzeitig die Aufhebung des Vertrages in bezug auf bereits erhaltene Lieferungen oder in bezug auf künftige Lieferungen erklären, wenn diese Lieferungen wegen des zwischen ihnen bestehenden Zusammenhangs nicht mehr für den Zweck verwendet werden können, den die Parteien im Zeitpunkt des Vertragsabschlusses in Betracht gezogen haben.**

**Schrifttum:** Enderlein, Die Verpflichtung des Verkäufers zur Einhaltung des Lieferzeitraums und die Rechte des Käufers bei dessen Nichteinhaltung nach dem UN-Übereinkommen über den internationalen Warenkauf, IPRax 1991, 313; v. Scheven, Der Sukzessivlieferungsvertrag – Eine rechtsvergleichende Untersuchung zum deutschen Recht, zum Haager Einheitlichen Kaufrecht und zum UN-Kaufrecht, 1984.

## Überblick

Bei einer wesentlichen Pflichtverletzung in Bezug auf Teillieferungen kann beim Sukzessivlieferungsvertrag die vertragstreue Partei gem. Art. 73 Abs. 1 den fristungebundenen Behelf der Vertragsaufhebung in Bezug auf diese Teillieferung ausüben (→ Rn. 2 ff.). Sofern eine – nicht wesentliche – Pflichtverletzung in Bezug auf eine Teillieferung bereits eingetreten ist und es nahe liegt, dass eine wesentliche Vertragsverletzung hinsichtlich der weiteren Teillieferungen zu erwarten ist, kann eine Partei innerhalb angemessener Frist die Vertragsaufhebung für die Zukunft erklären (Abs. 2; → Rn. 6 ff.).

Der Käufer hat nach Abs. 3 ein erweitertes Aufhebungsrecht, dessen Erklärung zugleich auch bereits erhaltene und/oder künftige Lieferungen umfassen kann, die einen Zusammenhang aufweisen, aber nicht von einer wesentlichen Vertragsverletzung betroffen sein müssen (→ Rn. 13 ff.).

## I. Normzweck

1 Art. 73 betrifft ebenso wie Art. 71 und 72 künftige Vertragsverletzungen. Bei einem **Sukzessivlieferungsvertrag,** bei dem zeitlich aufeinander folgende Lieferungen vereinbart sind, besteht ein besonderes Risiko, dass es bei einer der Teilleistungen zu einer Pflichtverletzung kommt. Begründet dies eine wesentliche Vertragsverletzung, besteht neben weiteren Rechtsbehelfen, zB der Minderung, zunächst das Recht zur **Vertragsaufhebung in Bezug auf diese Teillieferung (Abs. 1)** (Brunner/Boog/Schläpfer Rn. 5; MüKoBGB/P. Huber Rn. 10; MüKoHGB/Mankowski, 3. Aufl. 2013, Rn. 9; Schlechtriem/Schwenzer/Schroeter/Fountoulakis Rn. 16; Staudinger/Magnus, 2018, Rn. 10f.; Karollus UN-KaufR S. 161; Schlechtriem/Schroeter IntUN-KaufR Rn. 622; Soergel/Lutzi Rn. 5; wohl auch Piltz IntKaufR Rn. 5-269, 5-450. Gegen ein Aufhebungsrecht nach Art. 49 Abs. 1 lit. b bzw. 64 Abs. 1 lit. b aber Herber/Czerwenka Rn. 2; → Rn. 4). Lässt eine Pflichtverletzung hingegen Rückschlüsse auf wesentliche Vertragsverletzungen bei künftigen Teillieferungen zu, besteht weiterhin die Möglichkeit der **Aufhebung des Vertrages für die Zukunft (Abs. 2).** Im Unterschied zu diesen beiden Behelfen, die für Verkäufer wie Käufer gleichermaßen gelten, steht der dritte Behelf allein dem Käufer zu, der wegen der Pflichtverletzung bei einer Teillieferung die Vertragsaufhebung erklärt. Soweit die in Teillieferungen geleistete Ware wegen eines Zusammenhangs nicht für den beabsichtigten Zweck verwendet werden kann, besteht ein **erweitertes Aufhebungsrecht,** und es steht dem Käufer frei, die Vertragsaufhebung auch für zurückliegende Lieferungen oder aber künftige Lieferungen zu erklären, ohne dass es insoweit auf eine wesentliche Vertragsverletzung ankäme **(Abs. 3).** Bei Aufhebung des Sukzessivlieferungsvertrags nur für die noch ausstehenden Teillieferungen bezieht sich die Rückabwicklung nach Art. 81–84 lediglich auf das für diese bereits Geleistete (Schiedsgericht der Hamburger freundschaftlichen Arbitrage IHR 2001, 35 (37); Staudinger/Magnus, 2018, Rn. 27). Art. 73 ist dispositiv (Art. 6). Durch die Vereinbarungen einer Kündigungsfrist wird Art. 73 allerdings nicht ohne weiteres ausgeschlossen (Staudinger/Magnus, 2018, Rn. 38).

## II. Einzelerläuterungen

2 **1. Vertragsaufhebung bezüglich Teillieferung (Abs. 1).** Als Grundfall ist zunächst die Pflichtverletzung in Bezug auf eine **einzelne** Teillieferung geregelt.

3 **a) Sukzessivlieferungsvertrag.** Voraussetzung des Aufhebungsrechts aus Abs. 1 ist das Vorliegen eines Sukzessivlieferungsvertrages. Dabei müssen zumindest zwei aufeinander folgende Lieferungen von Ware vertraglich vorgesehen sein. Zum Fall der nicht vertraglich vorgesehenen teilweisen Lieferung → Rn. 15; → Art. 51 Rn. 2. Dabei können auch unterschiedliche Teile einer Sachgesamtheit in Raten geliefert werden (Enderlein/Maskow/Strohbach Anm. 1; Honsell/Brunner/Hurni Rn. 2; Schlechtriem/Schwenzer/Schroeter/Fountoulakis Rn. 8).

4 **b) Nichterfüllung bezüglich Teillieferung.** Soweit es in Bezug auf die Teillieferung eines Sukzessivlieferungsvertrages zu einer wesentlichen Vertragsverletzung (Art. 49, 64 iVm Art. 25) kommt, besteht das Recht, die Aufhebung des Vertrages nur hinsichtlich der betroffenen Teillieferung zu erklären. Eine zunächst nicht wesentliche Vertragsverletzung wird dann zur wesentlichen (→ Rn. 1), wenn die Voraussetzungen von Art. 49 Abs. 1 lit. b oder Art. 64 Abs. 1 lit. b erfüllt sind (Brunner/Boog/Schläpfer Rn. 6; MüKoBGB/P. Huber Rn. 7; MüKoHGB/Mankowski, 3. Aufl. 2013, Rn. 6; Staudinger/Magnus, 2018, Rn. 10f.; Witz/Salger/Lorenz/Lorenz Rn. 10; Karollus UN-KaufR S. 161; Soergel/Lutzi Rn. 6; aA Herber/Czerwenka Rn. 2. Bianca/Bonell/Bennett Anm. 3.2; Enderlein/Maskow/Strohbach Anm. 3 legen zwar Art. 73 Abs. 1 eng aus und lassen eine Vertragsaufhebung nur bei einer von Anfang an vorliegenden wesentlichen Vertragsverletzung zu. Sie gestehen aber dem Gläubiger die Möglichkeit zu, nach Art. 51 Abs. 1 vorzugehen und auf diesem Weg über die Setzung einer Nachfrist zur Vertragsaufhebung zu gelangen). Dies folgt daraus, dass auf die Teillieferung als selbstständigem Vertrag die allgemeinen Vorschriften Anwendung finden und dem Käufer neben der Aufhebung wegen einer wesentlichen Vertragsverletzung auch alle anderen Rechtsbehelfe zur Verfügung stehen (krit. MüKoBGB/P. Huber Rn. 7). Zudem besteht eine Parallelität zu Art. 51 Abs. 1 (→ Rn. 16).

5 **c) Frist für die Aufhebungserklärung.** In den Fällen des Abs. 1 ist die Erklärung über die Vertragsaufhebung (Art. 26) an keine Frist gebunden (Enderlein/Maskow/Strohbach Anm. 6; Honsell/Brunner/Hurni Rn. 12; aA aber MüKoHGB/Mankowski, 3. Aufl. 2013, Rn. 8; Schlechtriem/Schwenzer/Schroeter/Fountoulakis Rn. 13; Staudinger/Magnus, 2018, Rn. 15). Eine zeitliche Beschränkung lässt sich insbes. nicht mit dem allgemeinen Gedanken der Art. 49 Abs. 2 und

Art. 64 Abs. 2 begründen (so aber MüKoBGB/P. Huber Rn. 8; MüKoHGB/Mankowski, 3. Aufl. 2013, Rn. 8; Schlechtriem/Schwenzer/Schroeter/Fountoulakis Rn. 13; Staudinger/Magnus, 2018, Rn. 15), weil Abs. 1 anders als Abs. 2 („innerhalb angemessener Frist") und Abs. 3 („gleichzeitig") eine entsprechende Regelung gerade nicht enthält und damit keine Gesetzeslücke besteht.

**2. Vertragsaufhebung für die Zukunft (Abs. 2).** Darüber hinaus ist es aber auch vorstellbar, dass es zu einer Pflichtverletzung kommt, die als solche noch nicht als wesentliche Vertragsverletzung zu qualifizieren ist, gleichwohl aber die Besorgnis begründet, dass es bei der weiteren Vertragsabwicklung zu einer solchen kommen wird (vgl. zB Schiedsgericht der Hamburger freundschaftlichen Arbitrage NJW-RR 1999, 780). 6

**a) Triftiger Grund für die Annahme einer wesentlichen Vertragsverletzung.** Auch in einem solchen Fall wird bei Vorliegen eines Sukzessivlieferungsvertrages nach Abs. 2 das Recht zur Vertragsaufhebung gewährt, soweit die Nichterfüllung einer eine Teillieferung betreffenden Pflicht der anderen Partei einen triftigen Grund zu der Annahme gibt, dass eine wesentliche Vertragsverletzung (Art. 25) in Bezug auf eine künftige Teillieferung zu erwarten ist (Schlechtriem/Schroeter IntUN-KaufR Rn. 626). 7

**aa) Pflichtverletzung.** Die Vertragsaufhebung für die Zukunft setzt eine bereits eingetretene Pflichtverletzung voraus. Hierbei kann es sich um eine einfache oder aber auch um eine wesentliche Vertragsverletzung handeln (Bianca/Bonell/Bennett Anm. 2.7; Honsell/Brunner/Hurni Rn. 14; Staudinger/Magnus, 2018, Rn. 18; Soergel/Lutzi Rn. 10). Auch die Verletzung einer Nebenpflicht kommt im Einzelfall in Betracht (Cour d'appel de Grenoble 22.2.1995 – 93/3275, CISG-online Nr. 151). Dabei ist es unerheblich, ob hieraus noch Rechte hergeleitet werden können, also ob zB die Pflichtverletzung ordnungsgemäß gerügt worden ist (Honsell/Brunner/Hurni Rn. 14; MüKoBGB/P. Huber Rn. 12; MüKoHGB/Mankowski, 3. Aufl. 2013, Rn. 11; Staudinger/Magnus, 2018, Rn. 18). 8

**bb) Prognose.** Weiterhin muss aus der objektiven Sicht einer vernünftigen Person (Schlechtriem/Schwenzer/Schroeter/Fountoulakis Rn. 19) ein **triftiger Grund** für die Annahme einer künftigen wesentlichen Vertragsverletzung im Hinblick auf eine spätere Teillieferung gegeben sein. Auch hier stellt sich ebenso wie bei Art. 71 (→ Art. 71 Rn. 4) und Art. 72 (→ Art. 72 Rn. 4) die Frage nach dem Grad der Wahrscheinlichkeit. Nach der hier vertretenen Auffassung steigert sich dieser von Art. 71 über Art. 73 Abs. 2 hin zu Art. 72 (MüKoBGB/P. Huber Rn. 13; Schlechtriem/Schwenzer/Schroeter/Fountoulakis Rn. 21; Witz/Salger/Lorenz/Lorenz Rn. 13; Schlechtriem/Schroeter IntUN-KaufR Rn. 626; Soergel/Lutzi Rn. 12). Nach aA ist bei Art. 73 Abs. 2 und Art. 71 etwa derselbe Maßstab anzulegen (Honsell/Brunner/Hurni Rn. 15). Einigkeit besteht aber darin, dass es sich bei dem triftigen Grund des Art. 73 Abs. 2 um einen geringeren Grad der Wahrscheinlichkeit handelt als bei Art. 72. Insoweit werden eine nahe liegende Annahme (Herber/Czerwenka Rn. 4) oder plausible Gründe (MüKoBGB/P. Huber Rn. 13; Staudinger/Magnus, 2018, Rn. 22) verlangt, die auf eine künftige Pflichtverletzung schließen lassen (vgl. aber auch Arbitral Award 15.10.2002, Case no 2319, Netherlands Arbitration Institute, Rotterdam, CLOUT Nr. 780, in dem von „substantial likelihood" gesprochen wird. MüKoHGB/Mankowski, 3. Aufl. 2013, Rn. 12 stellt auf eine „überwiegende Wahrscheinlichkeit" ab). Auf eine künftige wesentliche Vertragsverletzung kann etwa geschlossen werden, wenn sowohl die Erfüllung einer bereits fälligen als auch künftiger Teillieferungen verweigert wird (Schiedsgericht der Hamburger freundschaftlichen Arbitrage IHR 2001, 35 (37). Nach Bianca/Bonell/Bennett Anm. 3.3; Enderlein/Maskow/Strohbach Anm. 7; Witz/Salger/Lorenz/Lorenz Rn. 13 reicht richtigerweise eine Erfüllungsverweigerung nur bezüglich künftiger Teillieferungen mangels Vorliegens einer Pflichtverletzung nicht aus). 9

**b) Aufhebungserklärung.** Die Aufhebung muss nach Art. 26 gegenüber dem anderen Vertragsteil erklärt werden und führt zu einer **Spaltung des Vertrages.** Für die Zukunft entfallen alle Rechte und Pflichten der Vertragsparteien. Soweit bezüglich der bereits erbrachten Teillieferungen keine Aufhebung nach Abs. 1 oder Abs. 3 erklärt wird, bleibt der bereits durchgeführte Vertragsteil unberührt. 10

**c) Frist.** Im Sukzessivlieferungsverhältnis bedarf es der Klarheit darüber, ob die Parteien am Vertrag festhalten und weiterhin Maßnahmen zur Erfüllung der gegenseitigen Verpflichtungen getroffen werden müssen. Deshalb besteht Einigkeit darin, dass die Aufhebungserklärung nach Abs. 2 **innerhalb angemessener Frist** erfolgen muss, die nach den Umständen des Einzelfalles zu bemessen ist. Nach richtiger Ansicht beginnt diese Frist mit der Kenntnis von der Vertragsverletzung in Bezug auf die maßgebliche Teillieferung (Herber/Czerwenka Rn. 5; Honsell/Brunner/ 11

Hurni Rn. 60; MüKoBGB/P. Huber Rn. 16; MüKoHGB/Mankowski, 3. Aufl. 2013, Rn. 16; Reinhart UN-KaufR Rn. 4; Schlechtriem/Schwenzer/Schroeter/Fountoulakis Rn. 25; Staudinger/Magnus, 2018, Rn. 24). Dagegen ist es schon aus praktischen Gründen nicht möglich, auf den Zeitpunkt der möglichen Kenntnisnahme hinsichtlich der künftigen Vertragsverletzung abzustellen.

12 **d) Verhältnis zu Art. 72.** Umstritten ist, in welchem Verhältnis Art. 73 Abs. 2 zu Art. 72 steht. Nach wohl überwM überschneiden sich die Anwendungsbereiche beider Vorschriften (Bianca/Bonell/Bennett Anm. 3.3; Herber/Czerwenka Rn. 10; Witz/Salger/Lorenz/Lorenz Rn. 17). Teilweise wird die Auffassung vertreten, Art. 73 Abs. 2 sei grds. vorrangig (Schlechtriem/Schwenzer/Schroeter/Fountoulakis Rn. 28; so wohl auch MüKoHGB/Mankowski, 3. Aufl. 2013, Rn. 19). Nach einer dritten Meinung soll wegen unterschiedlicher Anwendungsbereiche überhaupt kein Konkurrenzverhältnis zwischen den beiden Vorschriften bestehen (MüKoBGB/P. Huber Rn. 18; Staudinger/Magnus, 2018, Rn. 28). Die beiden letztgenannten Auffassungen, die regelmäßig zu gleichen Ergebnissen führen dürften, tragen den Besonderheiten des Sukzessivlieferungsverhältnisses, bei dem die Möglichkeit bestehen muss, den Vertrag lediglich für die Zukunft aufzuheben, in besonderem Maße Rechnung (aber auch → Art. 72 Rn. 1).

13 **3. Erweitertes Aufhebungsrecht des Käufers (Abs. 3).** Mit Abs. 3 wird dem Käufer ein erweitertes Aufhebungsrecht eingeräumt, welches sich aus den Besonderheiten des Sukzessivlieferungsvertrages erklärt. Häufig besteht zwischen den Lieferungen ein Zusammenhang. Dies kann dazu führen, dass der Käufer bei der Vertragsaufhebung wegen einer Teillieferung **kein Interesse** an der Erfüllung der anderen Vertragsteile hat, weil er die betreffenden Waren nicht mehr für den vertraglich vorgesehenen Zweck verwenden kann.

14 **a) Vertragsaufhebung durch den Käufer.** Deshalb steht dem Käufer, der die Aufhebung in Bezug auf einen Vertragsteil nach Abs. 1 oder Abs. 2 erklärt, das Recht zu, die Vertragsaufhebung **gleichzeitig** auch in Bezug auf bereits erhaltene und/oder künftige Lieferungen zu erklären, ohne dass es bezüglich der erhaltenen oder künftigen Lieferungen auf eine wesentliche Vertragsverletzung bzw. die Befürchtung einer solchen ankommt. Auch muss sich der Käufer nicht entscheiden, ob er die Aufhebung nur für bereits erbrachte oder auch für künftige Lieferungen erklärt. Das erweiterte Aufhebungsrecht erlaubt ihm nämlich, den Vertrag insgesamt aufzulösen (Schlechtriem/Schwenzer/Schroeter/Fountoulakis Rn. 34). Das Recht zur erweiterten Vertragsaufhebung steht dem Käufer aber **nur im Zusammenhang mit der Aufhebung nach Abs. 1 oder Abs. 2** zu. Der Käufer muss also sogleich die Entscheidung treffen, ob er hiervon Gebrauch machen will, und kann die Aufhebung nach Abs. 3 nicht erst im Nachhinein erklären (MüKoHGB/Mankowski, 3. Aufl. 2013, Rn. 27; Schlechtriem/Schwenzer/Schroeter/Fountoulakis Rn. 29, 37).

15 **b) Mangelnde Verwendungsmöglichkeit.** Die erweiterte Vertragsaufhebung nach Abs. 3 kommt nur in Betracht, wenn zwischen den Lieferungen ein Zusammenhang besteht und auf Grund dessen die früheren oder künftigen Lieferungen nicht mehr für den vertraglich vorgesehenen Zweck verwendet werden können. Dieser Zweck muss von den Parteien bei Vertragsschluss in Betracht gezogen worden sein (Honsell/Brunner/Hurni Rn. 25; MüKoBGB/P. Huber Rn. 22; Schlechtriem/Schwenzer/Schroeter/Fountoulakis Rn. 31; Soergel/Lutzi Rn. 16). Dabei reicht es aus, dass der Sachzusammenhang für den Verkäufer subjektiv erkennbar war und er diese Erkenntnis – ausdrücklich oder konkludent – objektiv gegenüber dem Käufer zum Ausdruck gebracht hat (Honsell/Brunner/Hurni Rn. 25; ähnlich Schlechtriem/Schwenzer/Schroeter/Fountoulakis Rn. 33. Sichere Erkenntnis verlangen hingegen Bianca/Bonell/Bennett Anm. 3.5; Enderlein/Maskow/Strohbach Anm. 14).

16 **4. Verhältnis zu Art. 51.** Anders als Art. 73, der für die planmäßige Ausführung des Vertrags in Teillieferungen gilt, erfasst die Vorschrift des Art. 51 über die teilweise Nichterfüllung die Fälle der im Vertrag nicht vorgesehenen Lieferung nur eines Teils oder nur teilweise vertragsgemäßer Ware. Dabei können sich in Grenzfällen durchaus Überschneidungen ergeben. Dies kann dazu führen, dass etwa eine **Vertragsaufhebung für die Zukunft** nicht nach **Art. 73 Abs. 2,** der die schwierige Prognose einer künftigen wesentlichen Vertragsverletzung voraussetzt, sondern nach **Art. 51 Abs. 2** angestrebt wird. Das hat den Vorteil, dass über Art. 49 Abs. 1 lit. b das Recht zur Vertragsaufhebung bezüglich des gesamten Vertrags dann auch nach fruchtlosem Ablauf einer Nachfrist in Betracht kommt. Zur Konkurrenz zwischen Art. 73 Abs. 1 und Art. 51 Abs. 1 auch → Rn. 4.

### III. Beweislastregeln

Die vertragstreue Partei, die sich auf ihre Rechte aus Art. 73 beruft, hat zu beweisen, dass die Voraussetzungen der Vorschrift vorliegen (Honsell/Brunner/Hurni Rn. 27). **17**

## Abschnitt II. Schadenersatz

### Art. 74 (Umfang des Schadenersatzes)

**[1]Als Schadenersatz für die durch eine Partei begangene Vertragsverletzung ist der der anderen Partei infolge der Vertragsverletzung entstandene Verlust, einschließlich des entgangenen Gewinns, zu ersetzen. [2]Dieser Schadenersatz darf jedoch den Verlust nicht übersteigen, den die vertragsbrüchige Partei bei Vertragsabschluß als mögliche Folge der Vertragsverletzung vorausgesehen hat oder unter Berücksichtigung der Umstände, die sie kannte oder kennen mußte, hätte voraussehen müssen.**

**Schrifttum:** Asam/Kindler, Ersatz des Zins- und Geldentwertungsschadens nach dem Wiener Kaufrechtsübereinkommen vom 11.4.1980 bei deutsch-italienischen Kaufverträgen, RIW 1989, 841; Atamer, Die abstrakte Schadensberechnung und ihr Verhältnis zum Anspruch auf den entgangenen Gewinn am Beispiel von Artikel 74 und 76 CISG, FS Magnus, 2014, 145; Berger, Vertragsstrafen und Schadenspauschalierungen im Internationalen Wirtschaftsvertragsrecht, RIW 1999, 401; Brölsch, Schadensersatz und CISG, 2007; Eberl, Der verlorene Kunde: Ersatzfähiger Schaden nach Art. 74 CISG?, FS Elsing, 2015, 787; CISG Advisory Council Opinion No. 6, Calculation of Damages under CISG Articles 74, http://www.cisgac.com/cisgac-opinion-no6/ (abgerufen 19.4.2022; zum CISG Advisory Council Art. 7 Rn. 3; Faust, Die Vorhersehbarkeit des Schadens gemäß Art. 74 Satz 2 UN-Kaufrecht (CISG), 1996; Frense, Grenzen der formularmäßigen Freizeichnung im Einheitlichen Kaufrecht, 1993; Herber, Mangelfolgeschäden nach dem CISG und nationales Deliktsrecht, IHR 2001, 187; Herber, Zum Verhältnis von UN-Kaufrechtsübereinkommen und deliktischer Haftung, FS Schlechtriem, 2003, 207; Hondius, CISG and Immaterial Damages, FS Magnus, 2014, 209; U. Huber, Die Haftung des Verkäufers nach dem Kaufrechtsübereinkommen der Vereinten Nationen und nach deutschem Recht, Berlin, New York 1991; Jud, Schadensersatz bei mangelhafter Leistung, Wien 2003; Kranz, Die Schadensersatzpflicht nach den Haager Einheitlichen Kaufgesetzen und dem Wiener UN-Kaufrecht, 1989; Leser, Strukturen von Schadensersatz und Vertragsaufhebung im deutschen und UN-Kaufrecht, FS Kitagawa, 1992, 455; Lurger, Überblick über die Judikaturentwicklung zu ausgewählten Fragen des CISG – Teil II, IHR 2005, 221; Peter, Ersatz von Inkassokosten im grenzüberschreitenden Rechtsverkehr nach UN-Kaufrecht?, IPRax 1999, 159; Piltz, Anmerkung zur Entscheidung des OLG Hamburg Urteil vom 26.11.1999 – 1 U 31/99, IHR 2001, 22; Piltz., Rechtsverfolgungskosten als ersatzfähiger Schaden, FS Schwenzer, 2011, 1387; Regula/Kannowski, Nochmals: UN-Kaufrecht oder BGB?, IHR 2004, 45; Roßmeier, Schadensersatz und Zinsen nach dem UN-Kaufrecht – Art. 74 bis 78 CISG, RIW 2000, 407; Rummel, Schadenersatz, höhere Gewalt und Fortfall der Geschäftsgrundlage, in Hoyer/Posch (Hrsg.), Das Einheitliche Wiener Kaufrecht, 1992, 177; Schilder, Schadensersatz bei Durchbrechung der Bindung an obligatorische Vertragsofferten: eine vergleichende Untersuchung zum BGB und zum UN-Kaufrecht (CISG), 2003; Schillo, UN-Kaufrecht oder BGB? – Die Qual der Wahl beim internationalen Warenkaufvertrag, IHR 2003, 257; Schlechtriem, Anwaltskosten als Teil des ersatzfähigen Schadens, IPRax 2002, 226; Schlechtriem, Verfahrenskosten als Schaden in Anwendung des UN-Kaufrechts, IHR 2006, 49; Schmidt-Ahrendts, Der Ersatz „frustrierter Aufwendungen" im Fall der Rückabwicklung gescheiterter Verträge im UN-Kaufrecht, IHR 2006, 67; Schmidt-Ahrendts, Das Verhältnis von Erfüllung, Schadenersatz und Vertragsaufhebung im CISG, 2007; Stoll, Inhalt und Grenzen der Schadensersatzpflicht sowie Befreiung von der Haftung im UN-Kaufrecht im Vergleich zu EKG und BGB, in Schlechtriem (Hrsg.), Einheitliches Kaufrecht und nationales Obligationenrecht, 1987, 257; Weber, Vertragsverletzungsfolgen: Schadensersatz, Rückabwicklung, vertragliche Gestaltungsmöglichkeiten, in Bucher (Hrsg.), Wiener Kaufrecht, 1991, 165.

### Überblick

Zentrale Norm für die Bemessung des Schadensersatzes ist Art. 74. Dieser umfasst das Erfüllungs- ebenso wie das Integritätsinteresse (→ Rn. 2). Ein Anspruch kommt bei jeglicher Verletzung einer Vertragspflicht in Betracht (→ Rn. 3). Nach den Grundsätzen von Totalreparation und konkreter Schadensberechnung sind kausale Mangel- und Verzugsschäden sowie ein konkret nachzuweisender entgangener Gewinn ersatzfähig (→ Rn. 5 ff.). S. 2 beschränkt den Schadensersatz auf bei Vertragsschluss voraussehbare Schäden (→ Rn. 9), wie den unmittelbar aus der Nicht- oder Schlechterfüllung folgenden Schaden, entgangene Weiterveräußerungsgewinne (→ Rn. 10 f.) oder Rechtsverfolgungskosten (→ Rn. 15). Differenziert ist die Voraussehbarkeit von

Betriebsausfall- und Mangelfolgeschäden sowie Beeinträchtigungen des geschäftlichen Rufes (→ Rn. 12 ff.) oder frustrierten Aufwendungen zu beurteilen (→ Rn. 16).

## I. Normzweck

1 Besteht ein Schadensersatzanspruch – etwa des Käufers nach Art. 45 Abs. 1 lit. b und des Verkäufers nach Art. 61 Abs. 1 lit. b als eigenständiger Behelf oder aber auch kombiniert mit der Vertragsaufhebung (Schlechtriem/Schwenzer/Schroeter/Fountoulakis Vor Art. 81–84 Rn. 9) – berechnet sich dieser nach Art. 74. Hierbei handelt es sich um die grundlegende Norm für die **Bemessung des Schadensersatzes.** Besondere Regelungen enthalten darüber hinaus Art. 75 (Deckungsgeschäfte) und Art. 76 (Marktpreis) für die Schadensberechnung nach Vertragsaufhebung. Bestimmungen über die Mitwirkung des Gläubigers zum Zwecke der Schadensminderung trifft Art. 77. Die Vorschrift des Art. 74 geht in **S. 1** vom Grundsatz der **Totalreparation des konkreten Schadens** aus. **S. 2 begrenzt den Ersatz auf** den für den Schuldner **vorhersehbaren Schaden.** Eine weitere Einschränkung der Haftung auf Schadensersatz erfolgt durch die in Art. 79 und Art. 80 normierten Befreiungsgründe. Die Vorschriften über die Schadensbemessung (Art. 74–77) sind abschließend, sodass ein Rückgriff auf nationales Recht ausgeschlossen ist (MüKoBGB/P. Huber Rn. 1; MüKoHGB/Mankowski Rn. 1).

## II. Einzelerläuterungen

2 **1. Bemessung des Schadens (S. 1).** Schadensersatz ist nach dem CISG **in Geld** zu leisten und in der vereinbarten oder der am Sitz des Gläubigers geltenden **Währung** (MüKoBGB/P. Huber Rn. 53, der allerdings darauf hinweist, dass bei Vornahme eines Deckungsgeschäfts die Währung des Deckungsgeschäfts maßgeblich ist; Staudinger/Magnus, 2018, Rn. 56; Piltz IntKaufR Rn. 5-564; Roßmeier RIW 2000, 407 (412); aA dagegen OLG Hamburg 28.2.1997 – 1 U 167/95, CISG-online Nr. 261; Schlechtriem/Schwenzer/Schroeter/Schwenzer Rn. 63; Soergel/Lutzi Vor Art. 74 Rn. 15, die auf die Währung an dem Ort abstellt, an dem der Schaden entstanden ist, was aber auf praktische Schwierigkeiten stoßen und deshalb zu Unwägbarkeiten führen kann. MüKoHGB/Mankowski Rn. 19 will dabei aber im Zweifel auf die Währung am Sitz des Gläubigers bzw. der konkret vertragsbetreuenden Niederlassung abstellen. Wittinghofer/Becker, IHR 2010, 225 (229) legen den nachgewiesenen Marktpreis bei Art. 76 zugrunde) am **Ort** der Primärpflicht zu erfüllen (MüKoHGB/Mankowski Rn. 20; Soergel/Lutzi Vor Art. 74 Rn. 16; Schlechtriem/Schwenzer/Schroeter/Schwenzer Rn. 61; Staudinger/Magnus, 2018, Rn. 57; Roßmeier RIW 2000, 407 (412). Nach aA handelt es sich dagegen um eine Bringschuld, OLG Düsseldorf RIW 1993, 845; MüKoBGB/P. Huber Rn. 54; Gotanda in Kröll/Mistelis/Perales Viscasillas CISG, 2011, Rn. 30; Piltz IntKaufR Rn. 5-565). Für die Bemessung ist der Schaden zurzeit der letzten gerichtlichen Entscheidung maßgeblich (Schlechtriem/Schwenzer/Schroeter/Schwenzer Rn. 44; Staudinger/Magnus, 2018, Rn. 55). Der Schaden ist durch Differenzrechnung zu ermitteln (Handelsgericht St. Gallen IHR 2003, 181 (185) = CISG-online Nr. 727; MüKoBGB/P. Huber Rn. 22; Schlechtriem/Schroeter IntUN-KaufR Rn. 696; Weber in Bucher, Wiener Kaufrecht, 1991, 165, 195; Roßmeier RIW 2000, 407 (408)). Der Gläubiger ist so zu stellen, wie er bei ordentlicher Erfüllung des Vertrages stehen würde. Entspr. dem Grundsatz der **Totalreparation** umfasst der Ersatz daher sowohl das Erfüllungs- als auch das allgemeine Integritätsinteresse (OLG Brandenburg IHR 2013, 245 (249)). Dies findet seine **Grenze** in Schäden auf Grund von Körperverletzung und Tod, da nach Art. 5 Personenschäden – und damit auch Schmerzensgeld (Brunner/Schmidt-Ahrendts/Czarnecki Rn. 20; Schlechtriem/Schroeter IntUN-KaufR Rn. 183, 695) – vom Anwendungsbereich des Übereinkommens ausgeschlossen sind (Honsell/Schönle/Th. Koller Rn. 14; Schlechtriem/Schwenzer/Schroeter/Schwenzer Rn. 14; Staudinger/Magnus, 2018, Rn. 8). Schließlich ist auch das Vertrauensinteresse geschützt (OGH IHR 2002, 76 (80); Handelsgericht St. Gallen IHR 2003, 181 (184); Brunner/Schmidt-Ahrendts/Czarnecki Rn. 6; Honsell/Schönle/Th. Koller Rn. 17; MüKoBGB/P. Huber Rn. 18; MüKoHGB/Mankowski Rn. 16; Schlechtriem/Schwenzer/Schroeter/Schwenzer Rn. 10; Staudinger/Magnus, 2018, Rn. 21; Roßmeier RIW 2000, 407 (408); Soergel/Lutzi Vor Art. 74 Rn. 9; aA Rummel in Hoyer/Posch, Das Einheitliche Wiener Kaufrecht, 1992, 177, 179). Dabei sind aber nur solche Aufwendungen erstattungsfähig, die zur Vorbereitung oder Durchführung des Vertrags angemessen waren (OGH IHR 2002, 76 (80); MüKoHGB/Mankowski Rn. 49; Staudinger/Magnus, 2018, Rn. 53. Für eine unbegrenzte Erstattung frustrierter Aufwendungen Honsell/Schönle/Th. Koller Rn. 17; Honsell/Schönle/Th. Koller Art. 75 Rn. 6) und mit denen der Schuldner folglich rechnen musste (Weber in Bucher, Wiener Kaufrecht, 1991, 165, 192). Zu den im Rahmen der Differenzrechnung

berücksichtigungsfähigen Posten gehören auch immaterielle Werte, soweit diese – wie der good will – einen **wirtschaftlichen Wert** haben (UNCITRAL Digest Anm. 18; LG München IHR 2010, 150 (152); Brunner/Schmidt-Ahrendts/Czarnecki Rn. 20; MüKoBGB/P. Huber Rn. 22; MüKoHGB/Mankowski Rn. 16, 23; Gotanda in Kröll/Mistelis/Perales Viscasillas CISG, 2011, Rn. 68; Schlechtriem/Schwenzer/Schroeter/Schwenzer Rn. 39, die als Voraussetzung ansieht, dass der Schaden eine typische Folge der Leistungsstörung ist und der Vertrag den Leistungszweck beinhaltet; Staudinger/Magnus, 2018, Rn. 27; Roßmeier RIW 2000, 407 (409). Nach Schlechtriem/Stoll, 3. Aufl. 2000, Rn. 11 und Weber in Bucher, Wiener Kaufrecht, 1991, 165, 195 sind immaterielle Schäden nur ausnahmsweise zu ersetzen, wenn die vertragsbrüchige Partei mit einem entsprechenden relevanten Schaden rechnen musste. Schlechtriem/Schroeter IntUN-KaufR Rn. 695 sieht den Verlust von good will als materiellen Schaden an; ähnlich Honsell/Schönle/Th. Koller Rn. 7. Zum Ersatz des good will-Verlustes s. auch Handelsgericht des Kantons Zürich 10.2.1999 – HG 970238.1, CLOUT Nr. 331; Audiencia Provincial de Barcelona 20.6.1997 – 755/95-C, https://www.cisgspanish.com/seccion/jurisprudencia/espana/?anio=1997, abgerufen 19.4.2022). Zur Vorhersehbarkeit des good will-Schadens → Rn. 14. Schadensersatzansprüche auf der Grundlage des CISG stehen ausschließlich dem anderen Vertragsteil zu. Der Grundsatz des Vertrages mit Schutzwirkung zugunsten Dritter findet keine Anwendung (Bianca/Bonell/Knapp Anm. 2.1; Schlechtriem/Schwenzer/Schroeter/Schwenzer Rn. 15; Staudinger/Magnus, 2018, Rn. 14). Indes vermag ein Vertragsteil **Schäden** vertragsfremder **Dritter,** deren Interessen er bei Vertragsschluss für den Vertragspartner erkennbar verfolgt hat, als eigenen Schaden geltend zu machen (insoweit haben die Grundsätze des englischen und französischen Rechts, die noch über das deutsche Institut der Drittschadensliquidation hinausgehen, das Übereinkommen beeinflusst, vgl. Honsell/Schönle/Th. Koller Rn. 11; Schlechtriem/Schwenzer/Schroeter/Schwenzer Rn. 16; Soergel/Lutzi Vor Art. 74 Rn. 13).

**a) Vertragsverletzung.** Voraussetzung für den Anspruch auf Schadensersatz ist die Verletzung einer Vertragspflicht (Art. 45 Abs. 1, Art. 61 Abs. 1). Dabei kommt **jede** Form der **Verletzung** vertraglicher Pflichten – nicht aber vorvertraglicher Pflichten bei Vertragsverhandlungen (Honsell/Schönle/Th. Koller Rn. 6; Staudinger/Magnus, 2018, Art. 4 Rn. 42) – in Betracht, ohne dass diese die Qualität einer wesentlichen Vertragsverletzung iSv Art. 25 haben müssten (MüKoHGB/Mankowski Rn. 5; Schlechtriem/Schwenzer/Schroeter/Schwenzer Rn. 11). Als Schaden wegen Verletzung der Hauptleistungspflicht ersatzfähig sind insbes. auch Scheckprotestkosten (OLG München IHR 2001, 23 (24)). Dies gilt auch für Pflichten aus dem Rückabwicklungsverhältnis nach Vertragsaufhebung (Honsell/Schönle/Th. Koller Rn. 21; MüKoBGB/P. Huber Rn. 4; MüKoHGB/Mankowski Rn. 6; Staudinger/Magnus, 2018, Rn. 9). Außer Betracht bleiben die Verletzung nicht selbstständig einklagbarer Obliegenheiten (Enderlein/Maskow/Strohbach Anm. 1.1; Staudinger/Magnus, 2018, Rn. 13) sowie außervertraglicher allgemeiner Verhaltens- oder Verkehrssicherungspflichten zB aus nationalem Deliktsrecht (MüKoBGB/P. Huber Rn. 5; MüKoHGB/Mankowski Rn. 6; Staudinger/Magnus, 2018, Rn. 9; Karollus UN-KaufR S. 206 f.; Soergel/Lutzi Vor Art. 74 Rn. 4; wohl auch Weber in Bucher, Wiener Kaufrecht, 1990, 165, 194. Überblick über den Meinungsstand zum Verhältnis von vertraglichen Ansprüchen und solchen aus Delikt nach nationalem Recht bei Schlechtriem/Schwenzer/Schroeter/Schwenzer Rn. 14). Vom Anwendungsbereich des Übereinkommens ausgenommen sind nach Art. 5 die durch die Ware verursachten Personenschäden, etwa auf Grund von Produktfehlern. 3

**b) Verlust.** Das Übereinkommen gewährt weitestgehenden Schadensausgleich. Ersatzfähig sind in gleicher Weise **Mangel-** wie **Mangelfolgeschäden** (BGH NJW 1999, 1259 (1261); OLG Wien IHR 2018, 241 (244); Honsell/Schönle/Th. Koller Rn. 14). Im Fall der Nicht- oder Schlechterfüllung gilt der Grundsatz der konkreten Schadensberechnung, der lediglich in Art. 76 für den Fall der Vertragsaufhebung durchbrochen wird, soweit die Ware einen Marktpreis hat. Die konkrete Schadensberechnung gestattet auch die **Anrechnung von** dem Gläubiger auf Grund der Vertragsverletzung entstandenen **Vorteilen** (Honsell/Schönle/Th. Koller Rn. 13; Schlechtriem/Schwenzer/Schroeter/Schwenzer Rn. 42; Soergel/Lutzi Vor Art. 74 Rn. 11; dem Grunde nach ebenso Schlechtriem/Schroeter IntUN-KaufR Rn. 696). Außer Betracht bleiben dabei aber solche Vorteile, die auf eine eigene Leistung des Gläubigers zurückgehen, wie zB Versicherungssummen (MüKoHGB/Mankowski Rn. 17; Staudinger/Magnus, 2018, Rn. 22). 4

**aa) Mangelschaden.** Bei Mängeln besteht ein Anspruch auf Ersatz der angemessenen Kosten für die **Mangelbeseitigung,** soweit nicht nach Art. 48 noch das Recht des Schuldners zur Nachbesserung besteht (OLG Hamm IPRax 1996, 296; Bianca/Bonell/Knapp Anm. 3.12; MüKoHGB/Mankowski Rn. 37; Schlechtriem/Schwenzer/Schroeter/Schwenzer Rn. 24). 5

Ersatzfähig sind auch die Kosten vergeblicher Versuche zur Mangelbeseitigung. Trotz des Grundsatzes der konkreten Schadensberechnung wird dem Gläubiger aber auch das Recht zugebilligt, unabhängig von der Mangelbeseitigung Ersatz des **Minderwertes** der mangelhaften Sache zu verlangen (LG Trier NJW-RR 1996, 564; Bianca/Bonell/Knapp Anm. 3.12; MüKoHGB/Mankowski Rn. 37; Schlechtriem/Schwenzer/Schroeter/Schwenzer Rn. 23).

6 **bb) Verzugsschaden.** Hat eine Partei nicht innerhalb der vertraglich festgesetzten oder – bei Fehlen einer vertraglichen Bestimmung – nicht innerhalb angemessener Frist geleistet (Art. 33), kann die andere Partei ab diesem Zeitpunkt gem. Art. 45 Abs. 1 lit. b, 74 Ersatz des Verzugsschadens verlangen, ohne dass es einer vorherigen Mahnung bedarf (→ Art. 33 Rn. 7) (OLG Köln IHR 2015, 60 (65); OLG Düsseldorf IHR 2005, 29 (30) = CISG-online Nr. 916; Schlechtriem/Schwenzer/Schroeter/Widmer Lüchinger Art. 33 Rn. 2; Weber in Bucher, Wiener Kaufrecht, 1990, 165, 193. Nicht zu folgen ist daher dem LG Flensburg IHR 2001, 202 (203), welches davon ausgeht, dass sich die Voraussetzungen des Zahlungsverzugs auf Grund fehlender Regelung im CISG nach nationalem Recht richten, und daher nach deutschem Recht eine Mahnung verlangt). Zu den Verzugsschäden zählt die zur Schadensminderung vorgenommene vorübergehende **Ersatzbeschaffung** bei Verzug des Verkäufers mit der Lieferung (OLG Köln 8.1.1997 – 27 U 58/96, CISG-online Nr. 217; Schlechtriem/Schwenzer/Schroeter/Schwenzer Rn. 25) ebenso wie die tatsächlich erfolgte **Kreditaufnahme** bei Zahlungsverzug des Käufers (OLG Frankfurt NJW 1994, 1013; Schlechtriem/Schwenzer/Schroeter/Schwenzer Rn. 25; Neumayer RIW 1994, 99 (106)). Ersatzfähig sind auch Schäden durch Kursverluste, die dem Gläubiger auf Grund Zahlungsverzugs tatsächlich entstehen (OLG Düsseldorf 14.1.1994 – 17 U 146/93, CISG-online Nr. 119; Weber in Bucher, Wiener Kaufrecht, 1991, 165, 201; Stoll in Schlechtriem, Einheitliches Kaufrecht und nationales Obligationenrecht, 1987, 257, 266 f.; Soergel/Lutzi Rn. 10). Als Verzugsschaden ersatzfähig sind auch **anwaltliche Mahngebühren** (OLG Düsseldorf RIW 1996, 958 (960) = CLOUT Nr. 169; LG Berlin IHR 2003, 228; OLG Düsseldorf IHR 2005, 29 = CISG-online Nr. 916), wenn die Mahnung nach Fälligkeit in einer nach den Umständen gebotenen Form erfolgt (OLG Düsseldorf CLOUT Nr. 169 = RIW 1996, 958 (960)). Zur Ersatzfähigkeit von außerprozessualen Rechtsverfolgungskosten auch → Rn. 9.

7 **cc) Entgangener Gewinn.** Ersatzfähig ist ausdrücklich auch der entgangene Gewinn, soweit die vertragstreue Partei ihrer Anzeigepflicht nach Art. 39 nachgekommen ist (vgl. Art. 44). Dieser muss aber **konkret** nachgewiesen werden (ebenso OLG Koblenz IHR 2010, 255 (257); OLG Frankfurt NJW 1994, 1013; OLG Hamm IPRax 1996, 197; Herber/Czerwenka Rn. 6; Schlechtriem/Stoll, 3. Aufl. 2000, Rn. 21; Staudinger/Magnus, 2018, Rn. 25). Dabei besteht ein bedeutsamer Unterschied zum deutschen Recht insoweit, als die Regelung des § 252 S. 2 BGB über die Vermutung („Gewinn, welcher nach dem gewöhnlichen Lauf der Dinge mit Wahrscheinlichkeit erwartet werden konnte") im Rahmen des Übereinkommens keine Anwendung findet. Es bedarf deshalb **stets** einer **hypothetischen Schadensberechnung** (OLG Schleswig ZVertriebsR 2021, 163, 168), in deren Rahmen die nach der lex fori berufenen nationalen Beweisregeln ausschlaggebend sein können (Schlechtriem/Stoll, 3. Aufl. 2000, Rn. 24; Staudinger/Magnus, 2018, Rn. 61). Im Rahmen der Berechnung des Nichterfüllungsschadens sind fixe Kosten, also allgemeine Geschäftskosten, grds. nicht als ein den Schadensersatz verringernder Abzugsposten zu berücksichtigen (OLG Hamburg IHR 2001, 19 (21 f.); MüKoBGB/P. Huber Rn. 36; MüKoHGB/Mankowski Rn. 36; Schlechtriem/Schwenzer/Schroeter/Schwenzer Rn. 36; Piltz IHR 2001, 22. OLG Brandenburg IHR 2009, 105 (115) macht eine Ausnahme, wenn die vertragsgemäße Leistung zusätzliche Fixkosten nach sich gezogen hätte), vielmehr sind nur die Spezialunkosten abzuziehen (MüKoBGB/P. Huber Rn. 36; Soergel/Lutzi Rn. 14).

8 **c) Kausalität.** Der Schaden muss durch die Vertragsverletzung verursacht worden sein. Die Kausalität beurteilt sich nach der **conditio sine qua non-Formel,** ohne dass diese Einschränkungen unterläge (Honsell/Schönle/Th. Koller Rn. 22; Schlechtriem/Schwenzer/Schroeter/Schwenzer Rn. 40; Staudinger/Magnus, 2018, Rn. 28). Ersatzfähig sind damit auch die angemessenen Aufwendungen zur Feststellung, Abwendung und Minderung eines Schadens (BGH NJW 1997, 3311 (3313); Schlechtriem/Schwenzer/Schroeter/Schwenzer Rn. 27; Staudinger/Magnus, 2018, Rn. 54). Dies gilt auch für die der Schadensabwehr zuzuordnenden Kosten einer **außergerichtlichen Rechtsverfolgung** (OLG Hamm OLGR 2002, 185 (189); LG München IHR 2013, 72 (73); LG Frankfurt a. M. RIW 1991, 952; AG Viechtach Urt. v. 11.4.2002 – C 419/01, CISG-online Nr. 755; LG Krefeld 28.4.1993 – 11 O 210/92, CISG-online Nr. 101: Kosten im Zusammenhang mit der Androhung und der Erklärung der vorzeitigen Vertragsaufhebung; Herber/Czerwenka Rn. 7; MüKoHGB/Mankowski Rn. 42; Schlechtriem/Schwenzer/Schroeter/

Schwenzer Rn. 30; Soergel/Lutzi Rn. 5. Krit. demgegenüber Flechtner Northwestern Journal of International Law & Business 121 (2002), 152 f., https://scholarlycommons.law.northwestern.edu/cgi/viewcontent.cgi?article=1545&context=njilb, abgerufen 19.4.2022), etwa die für ein anwaltliches Mahnschreiben nach Fälligkeit (OLG Düsseldorf RIW 1996, 958 (960) = CLOUT Nr. 169; LG Berlin IHR 2003, 228), nicht aber für die Kosten der Einschaltung eines Inkassobüros, welches zur Rechtsverwirklichung nicht beizutragen vermag (OLG Köln OLGR 2006, 574; OLG Düsseldorf RIW 1995, 53 (55); LG Frankfurt a.M. RIW 1991, 952; AG Tiergarten 13.3.1997 – 2 C 22/97, CLOUT Nr. 296; Honsell/Magnus Art. 77 Rn. 11. Dagegen plädieren Brunner/Schmidt-Ahrendts/Czarnecki Rn. 31; Herber/Czerwenka Rn. 7; MüKoHGB/Mankowski Rn. 43; Schlechtriem/Schwenzer/Schroeter/Schwenzer Rn. 31; Staudinger/Magnus, 2018, Rn. 51; Soergel/Lutzi Rn. 5 und Witz/Salger/Lorenz/Witz Rn. 39 für eine Erstattungsfähigkeit auch der Inkassokosten bei deren Angemessenheit. Die Inkassokosten zugesprochen hat das Kantonsgericht des Kantons Zug 25.2.1999, CLOUT Nr. 327 = SZIER 2000, 114. Das OLG Rostock OLGR 1996, 50 = CISG-online Nr. 209 geht dagegen fälschlich davon aus, dass sich diese Frage nicht nach dem Übereinkommen, sondern nach dem nationalen Recht beurteilt). Die **Erstattung von Prozesskosten** richtet sich grds. nach dem anwendbaren Verfahrensrecht (US Court of Appeals for the 7th Circuit IHR 2003, 128; US District Court for the Northern District of Illinois, Eastern Division 29.1.2003 – No. 01 C 5938, CISG-online Nr. 772; US District Court for the Northern District of Illinois, Eastern Division 21.5.2004, Unilex; Brunner/Schmidt-Ahrendts/Czarnecki Rn. 31; Herber/Czerwenka Rn. 7; MüKoBGB/P. Huber Rn. 43; MüKoHGB/Mankowski Rn. 44; Schlechtriem/Schwenzer/Schroeter/Schwenzer Rn. 29; Staudinger/Magnus, 2018, Rn. 52; Flechtner Northwestern Journal of International Law & Business 121 (2002), 155, https://scholarlycommons.law.northwestern.edu/cgi/viewcontent.cgi?article=1545&context=njilb, abgerufen 19.4.2022. AA US District Court for the Northern District of Illinois, Eastern Division 28.8.2001 – 99 C 4040, CISG-online Nr. 599 (Maßgeblichkeit des nach IPR zu ermittelnden nationalen Rechts: "… „attorneys' fees … are left open to domestic law and the rules governing choice of law in international disputes."); dazu Anm. Lookofsky Vindobona Journal of International Commercial Law and Arbitration 27 ff. (2002), https://iicl.law.pace.edu/sites/default/files/cisg_files/lookofsky5.html, abgerufen 19.4.2022; Flechtner Northwestern Journal of International Law & Business 121 (2002), 156 ff.; Piltz FS Schwenzer, 2011, 1387 (1397); Schlechtriem IPRax 2002, 226). Da Anwaltsgebühren nicht stets als nach Art. 74 ersatzfähig angesehen werden, empfiehlt sich diesbezüglich eine vertragliche Absprache (Piltz NJW 2003, 2056 (2063); Piltz NJW 2005, 2126 (2131); für die Ersatzfähigkeit LG München IHR 2010, 150 (152); aA Mullis RabelsZ 71 (2007), 35 (44); Gotanda in Kröll/Mistelis/Perales Viscasillas CISG, 2011, Rn. 70).

**2. Begrenzung auf vorhersehbare Schäden (S. 2).** Ersatzfähig ist nach S. 2 nur der Schaden, den der Schuldner im Zeitpunkt des **Vertragsschlusses** (Bianca/Bonell/Knapp Anm. 2.13; Enderlein/Maskow/Strohbach Anm. 7; Honsell/Schönle/Th. Koller Rn. 28; Schlechtriem/Schwenzer/Schroeter/Schwenzer Rn. 47; Soergel/Lutzi Rn. 20) als mögliche Folge seiner Vertragsverletzung vorausgesehen hat oder nach den Umständen, die er kannte oder die ihm hätten bekannt sein müssen, voraussehen konnte. Die Vorhersehbarkeit des exakten Kausalverlaufs oder des genauen Schadensbetrags ist nicht erforderlich; ausreichend ist die Vorhersehbarkeit der Möglichkeit des Schadenseintritts in der ungefähren Schadenshöhe (OGH IHR 2002, 76 (80); Handelsgericht St. Gallen IHR 2003, 181 (185) = CISG-online Nr. 727; BeckOGK/Bach Rn. 18; Honsell/Schönle/Th. Koller Rn. 24; MüKoBGB/P. Huber Rn. 28; Mullis RabelsZ 71 (2007), 35 (48); Schlechtriem/Schwenzer/Schroeter/Schwenzer Rn. 50; Staudinger/Magnus, 2018, Rn. 34). Bei der Beurteilung der Vorhersehbarkeit ist auf den objektiven Maßstab einer vernünftigen Person in der gleichen Situation wie die vertragsbrüchige Partei abzustellen (OGH IHR 2002, 76 (80); Honsell/Schönle/Th. Koller Rn. 26; Schlechtriem/Schwenzer/Schroeter/Schwenzer Rn. 49; Staudinger/Magnus, 2018, Rn. 35; Stoll in Schlechtriem, Einheitliches Kaufrecht und nationales Obligationenrecht, 1987, 257, 260 f.; Weber in Bucher, Wiener Kaufrecht, 1991, 165, 198). Anders als im englischen Recht (Contemplation-Rule, grundlegend Hadley vom Baxendale (1854) 9 Ex 341) kommt es allein auf die **Vorhersehbarkeit für den Schuldner,** nicht aber darauf an, ob auch der Gläubiger mit diesem Schadenseintritt rechnen musste. 9

**a) Unmittelbar aus der Nicht- oder Schlechterfüllung folgende Schäden.** Der unmittelbar aus der Nicht- oder Schlechterfüllung folgende Schaden ist als mögliche Konsequenz einer Vertragsverletzung idR voraussehbar (OGH IHR 2002, 76 (80); Brunner/Schmidt-Ahrendts/Czarnecki Rn. 22; Honsell/Schönle/Th. Koller Rn. 30; MüKoHGB/Mankowski Rn. 33, 36; Schlechtriem/Schwenzer/Schroeter/Schwenzer Rn. 52; Staudinger/Magnus, 2018, Rn. 40 f.; 10

Roßmeier RIW 2000, 407 (411); Weber in Bucher, Wiener Kaufrecht, 1991, 165, 199). Vorhersehbar sind damit regelmäßig der reine Verspätungsschaden, der Minderwert der vertragswidrig gelieferten Sache (Honsell/Schönle/Th. Koller Rn. 31; MüKoBGB/P. Huber Rn. 35; Staudinger/Magnus, 2018, Rn. 41; Schlechtriem/Schwenzer/Schroeter/Schwenzer Rn. 52; Roßmeier RIW 2000, 407 (411); Weber in Bucher, Wiener Kaufrecht, 1991, 165, 199) sowie Untersuchungs-, Reparatur- und Rücktransportkosten (MüKoBGB/P. Huber Rn. 35; Staudinger/Magnus, 2018, Rn. 41; Schlechtriem/Schroeter IntUN-KaufR Rn. 696, 701; Roßmeier RIW 2000, 407 (411)). Im Vergleich zum Warenwert unangemessen hohe Reparaturkosten sind jedoch nicht ersatzfähig (MüKoBGB/P. Huber Rn. 35).

11 **b) Entgangene Weiterveräußerungsgewinne.** Weil bei Handelsgeschäften unter Kaufleuten stets mit einer Weiterveräußerung gerechnet werden muss, gelten den Erwerber minderwertiger Ware gegenüber seinen Abnehmern treffende den üblichen Umfang nicht übersteigende Ersatzansprüche (Staudinger/Magnus, 2018, Rn. 45; MüKoBGB/P. Huber Rn. 37 f.) und Schäden auf Grund entgangenen Gewinns im Rahmen der üblichen Gewinnspanne regelmäßig als vorhersehbar (OLG Karlsruhe IHR 2016, 147 (151); OGH IHR 2001, 206 (208); Handelsgericht St. Gallen IHR 2003, 181 (185) = CISG-online Nr. 727; Herber/Czerwenka Rn. 12; Neumayer/Ming Anm. 5; Schlechtriem/Schwenzer/Schroeter/Schwenzer Rn. 55). Ein darüber hinausgehender entgangener Gewinn ist nur ersatzfähig, wenn bei Vertragsschluss ein konkreter Hinweis auf diese Gefahr erfolgt ist (MüKoBGB/P. Huber Rn. 36).

12 **c) Betriebsausfallschäden.** Es ist davon auszugehen, dass ein Unternehmer idR Vorkehrungen für den Fall der Nicht- oder Schlechtlieferung trifft. Deshalb ist ein Betriebsausfallschaden nur zu ersetzen, wenn die vertragsbrüchige Partei bei Vertragsschluss auf ein entsprechendes Risiko hingewiesen worden ist (Brunner/Schmidt-Ahrendts/Czarnecki Rn. 39; Schlechtriem/Schroeter IntUN-KaufR Rn. 704; Roßmeier RIW 2000, 407 (411); Weber in Bucher, Wiener Kaufrecht, 1991, 165, 200) oder ihr das Risiko konkret erkennbar war (Brunner/Schmidt-Ahrendts/Czarnecki Rn. 39; Schlechtriem/Schroeter IntUN-KaufR Rn. 704; aA MüKoBGB/P. Huber Rn. 40, nach dem der Betriebsausfallschaden nach den gleichen Grundsätzen wie der entgangene Gewinn ersatzfähig ist. Nach Staudinger/Magnus, 2018, Rn. 40 ist ein Produktionsausfall infolge einer Nichtlieferung vorhersehbar, wenn die Ware zur Produktion eingesetzt werden sollte. Nach Witz/Salger/Lorenz/Witz Rn. 35 ist zwar ein Betriebsausfallschaden infolge Nicht- oder Schlechtlieferung häufig voraussehbar, hingegen aber nicht der Schadensumfang).

13 **d) Mangelfolgeschäden.** Mangelfolgeschäden an anderen Sachen sind voraussehbar, soweit sie im Rahmen der bestimmungsgemäßen Verwendung der Kaufsache verursacht worden sind (Brunner/Schmidt-Ahrendts/Czarnecki Rn. 46; MüKoBGB/P. Huber Rn. 41; Witz/Salger/Lorenz/Witz Rn. 36; Schlechtriem/Schroeter IntUN-KaufR Rn. 706 f.; Weber in Bucher, Wiener Kaufrecht, 1991, 165, 199 f.; wohl auch Schlechtriem/Schwenzer/Schroeter/Schwenzer Rn. 57. Nach MüKoHGB/Mankowski Rn. 41; Staudinger/Magnus, 2018, Rn. 46 sind Schäden an anderen Gegenständen des Käufers voraussehbar, wenn kein ganz ungewöhnlicher Kausalverlauf zugrunde liegt und sich ein Risiko verwirklicht, das nach der vertraglichen Risikoverteilung der Verkäufer zu tragen hatte. Nach Roßmeier RIW 2000, 407 (411) sind Mangelfolgeschäden vorhersehbar, soweit sie auf dem Fehlen einer zugesicherten Eigenschaft beruhen).

14 **e) Beeinträchtigungen des geschäftlichen Rufes.** Nicht voraussehbar ist idR der Verlust des good will (Witz/Salger/Lorenz/Witz Rn. 35; Weber in Bucher, Wiener Kaufrecht, 1991, 165, 200), soweit die vertragsbrüchige Partei nicht auf diese Gefahr hingewiesen worden ist (MüKoBGB/P. Huber Rn. 39; Staudinger/Magnus, 2018, Rn. 50; Roßmeier RIW 2000, 407 (411); Stoll in Schlechtriem, Einheitliches Kaufrecht und nationales Obligationenrecht, 1987, 257, 263. Ein entsprechendes Hinweiserfordernis abl. MüKoHGB/Mankowski Rn. 57; Schlechtriem/Schroeter IntUN-KaufR Rn. 708 lässt es schon ausreichen, dass der Käufer erkennbar Wiederverkäufer in einem empfindlichen Markt ist. Nach Brunner/Schmidt-Ahrendts/Czarnecki Rn. 21 genügt es allgemein, wenn der Schuldner auf Grund der Umstände mit einem Reputationsschaden rechnen musste). Das schließt indes nicht aus, dass ein solcher Schaden, etwa aufgrund des Verlusts von Kunden, im Einzelfall gleichwohl einmal vorhersehbar war und deshalb erstattungsfähig ist (ebenso Eberl FS Elsing, 2015, 787, 793).

15 **f) Kosten der Rechtsverfolgung.** Die zur angemessenen und berechtigten Rechtsverfolgung aufgewendeten Kosten sind grds. voraussehbar (OLG Karlsruhe IHR 2016, 147 (151); Honsell/Schönle/Th. Koller Rn. 32; MüKoBGB/P. Huber Rn. 42; MüKoHGB/Mankowski Rn. 42; Staudinger/Magnus, 2018, Rn. 51; Soergel/Lutzi Rn. 23. Nach Stoll in Schlechtriem, Einheitli-

ches Kaufrecht und nationales Obligationenrecht, 1987, 257, 267 f., ist in Bezug auf die Erstattung von Rechtsverfolgungskosten nationales Recht anwendbar). Dies gilt zB für Mahnkosten im Bereich der außerprozessualen Rechtsverfolgung (OLG Düsseldorf RIW 1996, 958 (960) = CLOUT Nr. 169; LG Berlin IHR 2003, 228; OLG Düsseldorf BeckRS 2005, 4425 = CISG-online Nr. 916; Herber/Czerwenka Rn. 7; MüKoBGB/P. Huber Rn. 42; MüKoHGB/Mankowski Rn. 42; Staudinger/Magnus, 2018, Rn. 51), auch für vorgerichtliche Rechtsanwaltskosten (LG Potsdam IHR 2009, 205). Zur Ersatzfähigkeit der Kosten für die Einschaltung eines Inkassobüros und der Prozesskosten → Rn. 8.

**g) Frustrierte Aufwendungen.** Aufwendungen, die der Gläubiger im Hinblick auf den Vertrag gemacht hat, sind zu erstatten, wenn diese zur Vorbereitung oder Durchführung des Vertrags angemessen waren und der Schuldner mit ihnen rechnen musste (→ Rn. 2) (Schmidt-Ahrendts IHR 2006, 67). 16

**3. Abweichende Vereinbarungen.** Die Vorschrift über die Schadensbemessung ist gem. Art. 6 grds. **abdingbar.** Mindest- und Höchstbeträge für den Schadensersatz können ebenso vereinbart werden wie Pauschalen oder auch Vertragsstrafen. Die Wirksamkeit solcher Vereinbarungen beurteilt sich in gleicher Weise wie die einer Haftungsfreizeichnung nach dem auf Grund des Kollisionsrechts berufenen **nationalen Recht** (vgl. Art. 4 lit. a) (UNCITRAL Digest Anm. 4 und Chap V, Section II. Anm. 6; Honsell/Schönle/Th. Koller Rn. 42; nach Schlechtriem/Schwenzer/Schroeter/Schwenzer Rn. 58 ff. sind die Maßstäbe des CISG zu berücksichtigen; vgl. auch CISG Advisory Council Opinion No. 10, Agreed Sums Payable upon Breach of an Obligation in CISG Contracts, http://www.cisgac.com/cisgac-opinion-no10/, abgerufen 19.4.2022; abgedruckt auch in IHR 2013, 126; zum CISG Advisory Council Art. 7 Rn. 3). 17

## III. Beweislastregeln

Der **Gläubiger** hat im Prozess sämtliche Voraussetzungen des Schadensersatzanspruchs als ihm günstige Tatsachen zu beweisen. Dies gilt für das Vorliegen einer Vertragsverletzung, die Existenz und den Umfang des Schadens, die Kausalität zwischen Vertragsverletzung und Schaden (OLG Zweibrücken 31.3.1998 – 8 O 1995/95, CISG-online Nr. 481; Tribunale de Vigevano IHR 2001, 72 (77); MüKoBGB/P. Huber Rn. 59; MüKoHGB/Mankowski Rn. 62; Staudinger/Magnus, 2018, Rn. 62) sowie insbes. auch für die Vorhersehbarkeit des Schadens (OLG Bamberg TranspR-IHR 2000, 17; Müller in Baumgärtel/Laumen/Prütting Beweislast-HdB II UNKR Rn. 7 ff.; Honsell/Schönle/Th. Koller Rn. 46 f.; MüKoBGB/P. Huber Rn. 59; aA MüKoHGB/Mankowski Rn. 62; Weber in Bucher, Wiener Kaufrecht, 1991, 165, 204; Soergel/Lutzi Vor Art. 74 Rn. 17). Im Zusammenhang mit der Geltendmachung entgangenen Gewinns kann sich der Gläubiger auf die Vermutung des § 252 S. 2 BGB nicht stützen (→ Rn. 7). Bei der richterlichen Bemessung des Schadensumfangs wirken sich die Beweisregeln der lex fori bzw. der anwendbaren Schiedsordnung aus. Im deutschen Recht ist dies insbes. § 287 ZPO über die Schadensschätzung (LG Hamburg IPRax 1991, 400 (403); Honsell/Schönle/Th. Koller Rn. 49; Schlechtriem/Stoll, 3. Aufl. 2000, Rn. 49; s. zum Erfordernis eines Beweises „mit einem vernünftigen Grad an Sicherheit" OLG Karlsruhe IHR 2016, 147 (151); Staudinger/Magnus, 2018, Rn. 61; Schlechtriem/Schwenzer Rn. 65). 18

## Art. 75 (Schadensberechnung bei Vertragsaufhebung und Deckungsgeschäft)

**Ist der Vertrag aufgehoben und hat der Käufer einen Deckungskauf oder der Verkäufer einen Deckungsverkauf in angemessener Weise und innerhalb eines angemessenen Zeitraums nach der Aufhebung vorgenommen, so kann die Partei, die Schadenersatz verlangt, den Unterschied zwischen dem im Vertrag vereinbarten Preis und dem Preis des Deckungskaufs oder des Deckungsverkaufs sowie jeden weiteren Schadenersatz nach Artikel 74 verlangen.**

**Schrifttum:** Atamer, Die abstrakte Schadensberechnung und ihr Verhältnis zum Anspruch auf den entgangenen Gewinn am Beispiel von Artikel 74 und 76 CISG, FS Magnus, 2014, 145; CISG Advisory Council Opinion No. 8, Calculation of Damages under CISG Articles 75 and 76, http://www.cisgac.com/cisga-opinion-no8/ (abgerufen 19.4.2022; zum CISG Advisory Council Art. 7 Rn. 3); Kranz, Die Schadensersatzpflicht nach den Haager Einheitlichen Kaufgesetzen und dem Wiener UN-Kaufrecht, 1989; Lurger, Überblick über die Judikaturentwicklung zu ausgewählten Fragen des CISG – Teil II, IHR 2005, 221; Roßmeier, Schadensersatz und Zinsen nach dem UN-Kaufrecht – Art. 74 bis 78 CISG, RIW 2000, 407; Rummel,

Schadenersatz, höhere Gewalt und Fortfall der Geschäftsgrundlage, in Hoyer/Posch (Hrsg.), Das Einheitliche Wiener Kaufrecht, 1992, 177; Sauthoff, Auslegung der Art. 75, 76 CISG nach Treu und Glauben? – zugleich Anmerkung zum Urteil des OLG München vom 15.9.2004, IHR 2005, 151; Weber, Vertragsverletzungsfolgen: Schadensersatz, Rückabwicklung, vertragliche Gestaltungsmöglichkeiten, in Bucher (Hrsg.), Wiener Kaufrecht, 1991, 165.

## Überblick

Nimmt eine der Parteien nach der Aufhebung des Vertrages ein Deckungsgeschäft vor, kann nach Art. 75 der Ausgleich der Differenz zwischen dem vereinbarten Kaufpreis und dem Preis des Deckungsgeschäfts verlangt werden. Neben einer wirksamen Vertragsaufhebung setzt dies eine Vereinbarung der Parteien über den konkreten Kaufpreis voraus sowie den Abschluss eines Deckungsgeschäftes zur Befriedigung des Erfüllungsinteresses des Gläubigers und auf dessen eigene Rechnung (→ Rn. 2 ff.). Das Deckungsgeschäft ist in angemessener Weise vorzunehmen, wobei sich der Gläubiger wie ein ordentlicher Geschäftsmann verhalten muss (→ Rn. 5). Die Vornahme des Geschäfts ist zudem innerhalb eines angemessenen Zeitraums nach Absendung der Aufhebungserklärung erforderlich (→ Rn. 6). Der Gläubiger kann darüber hinaus weitergehenden Schaden geltend machen, insbes. in Form entgangenen Gewinns (→ Rn. 7).

## I. Normzweck

1 Entspr. dem Grundsatz der konkreten Schadensberechnung (→ Art. 74 Rn. 4) kann bei **Vornahme eines Deckungsgeschäfts** nach Vertragsaufhebung **Ausgleich der** sich dabei ergebenden **Differenz zum** vertraglich **vereinbarten Preis** verlangt werden. Dies gilt aber nur, soweit das Deckungsgeschäft in angemessener Weise und innerhalb angemessener Zeit nach Vertragsaufhebung erfolgt. Das Deckungsgeschäft gilt dann als Surrogat für den Kaufvertrag (Schlechtriem/Schwenzer/Schroeter/Schwenzer Rn. 2). Daneben bleibt der Ersatz weitergehenden Schadens nach Art. 74 unberührt. Die abstrakte Schadensberechnung auf der Grundlage eines Marktpreises nach Art. 76 ist demgegenüber subsidiär (→ Art. 76 Rn. 3).

## II. Einzelerläuterungen

2 **1. Ausgleich der Preisdifferenz beim Deckungsgeschäft. a) Konkrete Preisvereinbarung.** Die Geltendmachung der Differenz zwischen dem vereinbarten Kaufpreis und dem Preis des Deckungsgeschäfts setzt voraus, dass überhaupt eine konkrete Preisvereinbarung getroffen wurde. Hierfür reicht es nicht aus, dass sich der Kaufpreis nach Art. 55 bestimmen lässt (Schlechtriem/Schwenzer/Schroeter/Schwenzer Art. 76 Rn. 5). Vielmehr müssen sich die Parteien über den konkreten Kaufpreis ausdrücklich oder konkludent **geeinigt** haben.

3 **b) Vertragsaufhebung.** Weiterhin kann die Preisdifferenz erst nach wirksamer (OLG Naumburg NJW 2020, 476 (479); Brunner/Schmidt-Ahrendts/Czarnecki Rn. 3; Herber/Czerwenka Rn. 3; MüKoBGB/P. Huber Rn. 6; MüKoHGB/Mankowski Rn. 3) Vertragsaufhebung geltend gemacht werden. Dies setzt eine entsprechende **Mitteilung** nach Art. 26 an die andere Partei voraus (→ Art. 26 Rn. 2 ff.). Überwiegend wird aber die Ansicht vertreten, eine Mitteilung sei nach dem Grundsatz von Treu und Glauben (Art. 7 Abs. 1) nicht erforderlich, wenn etwa auf Grund einer ernstlichen und endgültigen Leistungsverweigerung feststehe, dass der Schuldner keinesfalls erfüllen werde (OLG München IHR 2005, 70 (71), welches dies jedoch in nicht vertretbarer Weise aus dem nationalen Recht herleitet; MüKoBGB/P. Huber Rn. 4; Staudinger/Magnus, 2018, Rn. 8; Soergel/Lutzi Rn. 3; Weber in Bucher, Wiener Kaufrecht, 1991, 165, 201; ebenfalls OLG Hamburg Urt. v. 28.2.1997 – 1 U 167/95, CISG-online Nr. 261, wobei das Gericht das Deckungsgeschäft fälschlich jedoch als einen Selbsthilfeverkauf iSd Art. 88 ansieht). Dies ist aber nicht mit den Anforderungen vereinbar, die an eine Aufhebungserklärung nach Art. 26 zu stellen sind. Vielmehr ist die Mitteilung insbes. unter dem Gesichtspunkt der Rechtssicherheit erforderlich.

4 **c) Deckungsgeschäft.** Nach der Vertragsaufhebung muss ein Deckungsgeschäft zur Befriedigung des Erfüllungsinteresses des Gläubigers und – anders als der Selbsthilfeverkauf des Art. 88 – auch **auf** dessen **eigene Rechnung** erfolgt sein (Schlechtriem/Schwenzer/Schroeter/Schwenzer Rn. 4; Weber in Bucher, Wiener Kaufrecht, 1991, 165, 201; vgl. auch ICC-Schiedsspruch IHR 2004, 21 (22)), was nicht bei der bloßen Abgabe verdorbener Ware zur Entsorgung der Fall ist (OLG Hamm 22.9.1992 – 19 U 97/91, CISG-online Nr. 57; MüKoBGB/P. Huber Rn. 9). Der

Abschluss des Deckungsgeschäfts ist ausreichend. Auf den bereits erfolgten Leistungsaustausch kommt es dagegen ebenso wenig an (Staudinger/Magnus, 2018, Rn. 13; Weber in Bucher, Wiener Kaufrecht, 1991, 165, 201) wie auf eine besondere Form für das Deckungsgeschäft. Unbeschadet eventueller Handelsbräuche (Art. 9) besteht grds. keine Pflicht zur vorherigen Anzeige eines Deckungsgeschäfts. Gleichwohl kann es sich zur Vermeidung von Beweisschwierigkeiten, insbes. in Fällen, in denen der Gläubiger regelmäßig mit entsprechender Ware handelt, anbieten, dem Schuldner das Deckungsgeschäft zuvor anzuzeigen (Schlechtriem/Schwenzer/Schroeter/Schwenzer Rn. 3). Dem Deckungsgeschäft gleichzustellen ist es, wenn der Verkäufer **bereits vorhandene Ware** verwendet und dem Käufer die höheren Anschaffungskosten in Rechnung stellt (Schlechtriem/Schwenzer/Schroeter/Schwenzer Rn. 2; Staudinger/Magnus, 2018, Rn. 14). Aus Art. 75 folgt indes keine Verpflichtung zur Vornahme eines Deckungsgeschäfts (Brunner/Schmidt-Ahrendts/Czarnecki Rn. 3; MüKoHGB/Mankowski Rn. 11). Zu beachten ist allerdings Art. 77 (→ Art. 77 Rn. 4).

**d) Angemessene Weise.** Mit dem Kriterium der Angemessenheit soll der Schuldner vor Benachteiligungen auf Grund des Deckungsgeschäfts geschützt werden. Deshalb muss sich der Gläubiger bei der Tätigung des Deckungsgeschäfts wie ein **ordentlicher Geschäftsmann** verhalten (Herber/Czerwenka Rn. 4; MüKoHGB/Mankowski Rn. 12; Schlechtriem/Schwenzer/Schroeter/Schwenzer Rn. 6; Staudinger/Magnus, 2018, Rn. 16). Dies bedeutet, dass er als Verkäufer die Ware zum höchstmöglichen Preis veräußern bzw. als Käufer diese zum niedrigsten Preis möglichst am Lieferort erwerben muss (Bianca/Bonell/Knapp Anm. 2.4; Enderlein/Maskow/Strohbach Anm. 2; Schlechtriem/Schwenzer/Schroeter/Schwenzer Rn. 6; Roßmeier RIW 2000, 407 (409)). Maßstab für die Angemessenheit ist immer der Marktpreis (Brunner/Schmidt-Ahrendts/Czarnecki Rn. 5; MüKoHGB/Mankowski Rn. 12; Soergel/Lutzi Rn. 7). Gleichwohl soll der nicht belieferte Käufer nur naheliegende Geschäftschancen wahrnehmen und keine umfangreichen Recherchen über die günstigsten Beschaffungsmöglichkeiten anstellen müssen (OLG Hamm IHR 2020, 49 (56)). Ist die Tätigung eines Deckungskaufs innerhalb kurzer Zeit wegen der Verpflichtung gegenüber einem Kunden zur sofortigen Lieferung notwendig, kann dies einen höheren Kaufpreis rechtfertigen, als wenn dem Käufer ein längerer Zeitraum zum Aushandeln eines Preises zur Verfügung gestanden hätte (ICC Court of Arbitration Basel, Arbitral Award Nr. 8128, 1995, Unilex; vgl. auch MüKoBGB/P. Huber Rn. 13; Witz/Salger/Lorenz/Witz Rn. 7; Soergel/Lutzi Rn. 7). Bei nicht angemessenem Deckungsgeschäft ist der Schaden des Gläubigers nach Art. 74 bzw. Art. 76 so zu bemessen, als wenn kein Deckungsgeschäft getätigt worden wäre (BeckOGK/Bach Rn. 28 f.; Bianca/Bonell/Knapp Anm. 2.6; Brunner/Schmidt-Ahrendts/Czarnecki Rn. 7; MüKoBGB/P. Huber Rn. 15; MüKoHGB/Mankowski Rn. 20; Soergel/Lutzi Rn. 16; Staudinger/Magnus, 2018, Rn. 20; Witz/Salger/Lorenz/Witz Rn. 3 f.; Gotanda in Kröll/Mistelis/Perales Viscasillas CISG, 2011, Rn. 20; aA Honsell/Schönle/Th. Koller Rn. 15; Honsell/Schönle/Th. Koller Art. 76 Rn. 5; Schlechtriem/Schwenzer/Schroeter/Schwenzer Rn. 10; Roßmeier RIW 2000, 407 (409), die den Anspruch aus Art. 75 unter Anwendung des Art. 77 S. 2 auf den Betrag eines angemessenen Deckungsgeschäfts begrenzen wollen, was dem Gläubiger letztlich ermöglichen würde, sich über die Grenze der Angemessenheit bei der Tätigung des Deckungsgeschäfts überhaupt keine Gedanken machen zu müssen, weil ohnehin der höchstmögliche Ersatz beansprucht werden könnte. Zur Schadensminderungspflicht nach Art. 77 im Zusammenhang mit Art. 75 vgl. auch Tribunal Supremo Spanien 28.1.2000, https://www.cisgspanish.com/seccion/jurisprudencia/espana/?anio=2000#, abgerufen 19.4.2022). 5

**e) Angemessener Zeitraum.** Dem Gläubiger steht es nicht frei, das Deckungsgeschäft zu einem beliebigen Zeitpunkt zu tätigen, weil sich hieraus Nachteile für den Schuldner ergeben können. Zwar muss das Deckungsgeschäft nicht sofort vorgenommen werden, wie dies § 376 Abs. 3 HGB vorsieht. Nach Art. 75 haben Deckungskauf oder -verkauf aber innerhalb eines angemessenen Zeitraums nach der Vertragsaufhebung zu erfolgen. Entscheidend für den Beginn des relevanten Zeitraumes ist – unter Berücksichtigung von Art. 27 – der Zeitpunkt der Absendung der Aufhebungserklärung (Witz/Salger/Lorenz/Witz Rn. 9). Ein Zuwarten mit der Vertragsaufhebung zuungunsten der vertragsbrüchigen Partei kann gegen die Schadensminderungspflicht nach Art. 77 verstoßen (Schlechtriem/Schroeter IntUN-KaufR Rn. 740; Roßmeier RIW 2000, 407 (409)). Die Bemessung dieses angemessenen Zeitraums hängt dabei ganz wesentlich von den Besonderheiten des Einzelfalls ab. Maßgeblich ist insbes. auch die Art der Ware und ihre Verfügbarkeit am Markt (OLG Hamburg 28.2.1997 – 1 U 167/95, CISG-online Nr. 261; Staudinger/Magnus, 2018, Rn. 18). Bestehen Markt- oder Börsenpreise, kann die Frist deshalb entspr. kürzer bemessen sein (Schlechtriem/Schwenzer/Schroeter/Schwenzer Rn. 7). Wird das Geschäft nicht innerhalb eines angemessenen Zeitraums getätigt, so ist der Schaden des Gläubigers wie im Fall 6 des unterbliebenen Deckungsgeschäfts nach Art. 74 bzw. Art. 76 zu bemessen. Nach dem Wortlaut kann die Schadensermittlung nicht auf Deckungsgeschäfte gestützt werden, die vor Vertragsaufhebung erfolgt sind (so Kröll/Mistelis/Perales Viscasillas/Gotanda Art. 76 Rn. 14). Gleichwohl ist dies für zulässig zu erachten, soweit bei Vornahme des Geschäfts bereits ein Recht zur Vertragsaufhebung bestand und feststand, dass der Schuldner keinesfalls erfüllen werde (OLG Hamm IHR 2020, 49 (56)), was insbes. bei ernsthafter und engültiger Erfüllungverweigerung der Fall ist (ebenso OLG Frankfurt IHR 2010, 250 (253); Staudinger/Magnus, 2018, Rn. 14; MüKoHGB/Mankowski Rn. 17; MüKoBGB/P. Huber Rn. 12).

7 **2. Weitergehender Schadensersatz.** Dem Gläubiger steht es frei, den Schaden nach Art. 74 oder nach Art. 75 auf der Grundlage der Differenz zwischen Vertragspreis und Preis des Deckungsgeschäfts zu berechnen (Honsell/Schönle/Th. Koller Rn. 4; Schlechtriem/Stoll, 3. Aufl. 2000, Rn. 12; Staudinger/Magnus, 2018, Rn. 23). Entscheidet sich der Gläubiger zur Geltendmachung des Schadensersatzes auf der Grundlage des Art. 75, kann er daneben den weitergehenden Schaden, etwa wegen Verzugs, nach Art. 74 ersetzt verlangen (Herber/Czerwenka Rn. 5; Neumayer/Ming Anm. 3; Schlechtriem/Schwenzer/Schroeter/Schwenzer Rn. 11; Soergel/Lutzi Rn. 13). Ersatzfähig ist insbes. auch der Schaden durch **entgangenen Gewinn.** Zwar soll dem Eintritt eines solchen durch die Tätigung eines Deckungsgeschäfts gerade entgegengewirkt werden. Dennoch kann es zu Einbußen infolge entgangenen Gewinns kommen, wenn dem Gläubiger wegen der Ausführung des Deckungsgeschäfts ein weiteres Geschäft entgeht, das dieser hätte zusätzlich tätigen können (Honnold Rn. 415; MüKoBGB/P. Huber Rn. 20; Staudinger/Magnus, 2018, Rn. 21 unter engen Voraussetzungen; Karollus UN-KaufR S. 220). Im Zusammenhang mit dem Ersatz der weitergehenden Schäden darf dem Verkäufer insbes. auch nicht ein beim Deckungsverkauf erzielter Mehrerlös angerechnet werden, der ihm alleine gebührt (Schlechtriem/Schwenzer/Schroeter/Schwenzer Rn. 9).

### III. Beweislastregeln

8 Grds. sind bei der Vertragsaufhebung die Voraussetzungen eines Schadensersatzanspruchs vom **Gläubiger** zu beweisen. Diesen trifft beim Deckungsgeschäft auch die Beweislast hinsichtlich der Voraussetzungen des Art. 75 (Müller in Baumgärtel/Laumen/Prütting Beweislast-HdB II UNKR Rn. 1, 3; Honsell/Schönle/Th. Koller Rn. 35; vgl. auch LG Braunschweig IHR 2002, 71 (72)). Dass dieser einen Deckungskauf zu geringeren als den abgerechneten Preisen tätigen konnte, hat dagegen der Verkäufer darzulegen und zu beweisen (OLG Hamm IHR 2020, 49 (56)).

## Art. 76 (Schadensberechnung bei Vertragsaufhebung ohne Deckungsgeschäft)

**(1) [1]Ist der Vertrag aufgehoben und hat die Ware einen Marktpreis, so kann die Schadenersatz verlangende Partei, wenn sie keinen Deckungskauf oder Deckungsverkauf nach Artikel 75 vorgenommen hat, den Unterschied zwischen dem im Vertrag vereinbarten Preis und dem Marktpreis zur Zeit der Aufhebung sowie jeden weiteren Schadenersatz nach Artikel 74 verlangen. [2]Hat jedoch die Partei, die Schadenersatz verlangt, den Vertrag aufgehoben, nachdem sie die Ware übernommen hat, so gilt der Marktpreis zur Zeit der Übernahme und nicht der Marktpreis zur Zeit der Aufhebung.**

**(2) Als Marktpreis im Sinne von Absatz 1 ist maßgebend der Marktpreis, der an dem Ort gilt, an dem die Lieferung der Ware hätte erfolgen sollen, oder, wenn dort ein Marktpreis nicht besteht, der an einem angemessenen Ersatzort geltende Marktpreis; dabei sind Unterschiede in den Kosten der Beförderung der Ware zu berücksichtigen.**

**Schrifttum:** vgl. Art. 75.

### Überblick

Soweit der Gläubiger kein Deckungsgeschäft vornimmt, kommt eine abstrakte Schadensberechnung nach Art. 76 Abs. 1 S. 1 auf Grundlage des Marktwertes der Ware in Betracht. Voraussetzung ist, dass sich infolge von Veräußerungsgeschäften gleicher Art unter vergleichbaren Umständen an einem bestimmten Ort ein Durchschnittspreis gebildet hat (Abs. 2; → Rn. 2). Zudem ist für die abstrakte Schadensberechnung nach Abs. 1 eine konkrete Preisvereinbarung der Parteien ebenso erforderlich wie eine wirksam erfolgte Vertragsaufhebung (→ Rn. 3). Nach Abs. 1 S. 1 ist grds.

der Marktpreis zum Zeitpunkt der Aufhebung des Vertrages für die Schadensberechnung maßgeblich (→ Rn. 4).

## I. Normzweck

Ebenso wie Art. 74 und 75 regelt Art. 76 die Schadensbemessung. Die Vorschrift ist subsidiär gegenüber Art. 75 und ermöglicht in **Abs. 1** eine **abstrakte Schadensberechnung** auf der Grundlage des Marktwertes für den Fall, dass kein Deckungsgeschäft getätigt wurde. Bei Vornahme eines Deckungsgeschäfts kommt der konkreten Schadensberechnung nach Art. 75 Vorrang zu. Der Begriff des **Marktpreises** wird in **Abs. 2** näher definiert. 1

## II. Einzelerläuterungen

**1. Marktpreis (Abs. 2).** Die abstrakte Schadensberechnung kommt nur in Betracht, soweit die Ware einen Marktpreis hat (vgl. auch OLG Celle IHR 2001, 107 (108)). Dies setzt zwar keine amtliche Notierung voraus. Erforderlich ist aber, dass sich auf Grund von Geschäftsabschlüssen für **Waren gleicher Art** unter vergleichbaren Umständen an einem bestimmten Handelsplatz ein **laufender Preis** gebildet hat (OLG Celle IHR 2001, 107 (108); UNCITRAL Digest Anm. 8; Enderlein/Maskow/Strohbach Anm. 2; Honsell/Schönle/Th. Koller Rn. 11 f.; MüKoHGB/Mankowski Rn. 4; Soergel/Lutzi Rn. 4; Schlechtriem/Schwenzer/Schroeter/Schwenzer Rn. 4: „regelmäßige" Geschäftsabschlüsse). Für die Schadensbemessung ist der Marktpreis am vertraglich vereinbarten **Lieferort** (Art. 31) maßgeblich (BeckOGK/Bach Rn. 19; Honsell/Schönle/Th. Koller Rn. 22; Schlechtriem/Schwenzer/Schroeter/Schwenzer Rn. 8; Staudinger/Magnus, 2018, Rn. 18). Dies ist beim Versendungskauf der Ort, an der die Ware dem ersten Beförderer zur Übermittlung an den Käufer übergeben wird (OLG Hamm 22.9.1992 – 19 U 97/91, CISG-online Nr. 57). Nur soweit an diesem Ort ein Marktpreis nicht besteht, ist der Marktpreis an einem **angemessenen Ersatzort** zugrunde zu legen. Als solcher gilt ein Ort, an dem sich für Ware gleicher Art zu vergleichbaren Bedingungen ein Markt gebildet hat. Es ist aber zu berücksichtigen, ob sich an diesem Ersatzort im Vergleich zum Lieferort höhere oder niedrigere Transportkosten ergeben. Diese sind bei der Berechnung entspr. zu berücksichtigen. Lässt sich ein angemessener Ersatzort nicht bestimmen, scheidet die abstrakte Schadensberechnung nach Art. 76 aus (Roßmeier RIW 2000, 407 (410)). 2

**2. Abstrakte Schadensberechnung (Abs. 1). a) Voraussetzungen.** Voraussetzung ist ebenso wie bei Art. 75, dass eine konkrete Preisvereinbarung getroffen wurde (→ Art. 75 Rn. 2) und die Vertragsaufhebung wirksam erfolgt ist (→ Art. 75 Rn. 3). Bei Fehlen einer Preisvereinbarung bleibt nur die konkrete Schadensberechnung nach Art. 74 (Roßmeier RIW 2000, 407 (410); Gotanda in Kröll/Mistelis/Perales Viscasillas CISG Rn. 16 f.; aA MüKoHGB/Mankowski Rn. 11: Bestimmung des Vertragspreises nach Art. 55). Weiterhin ist Voraussetzung, dass die Ware einen **Marktpreis** hat (→ Rn. 2). Eine abstrakte Schadensberechnung kann nur erfolgen, wenn **kein Deckungsgeschäft** getätigt wurde. Die Vorschrift ist damit subsidiär gegenüber Art. 75 (OLG Hamm 22.9.1992 – 19 U 97/91, CISG-online Nr. 57; UNCITRAL Digest Anm. 2; Herber/Czerwenka Rn. 4; Honsell/Schönle/Th. Koller Rn. 7; Schlechtriem/Schwenzer/Schroeter/Schwenzer Rn. 2; Staudinger/Magnus, 2018, Rn. 11; Soergel/Lutzi Rn. 6; aA aber Enderlein/Maskow/Strohbach Anm. 1), auch → Rn. 1. Schließt der geschädigte Vertragspartner regelmäßig gleichartige Geschäfte ab, ist die abstrakte Schadensberechnung nach Art. 76 nur ausgeschlossen, wenn er eines davon nach Vertragsaufhebung als konkretes Deckungsgeschäft bestimmt (OGH IHR 2001, 206 (208); Honsell/Schönle/Th. Koller Rn. 8). Ansonsten ist bei regelmäßigem Abschluss gleichartiger Geschäfte die Zuordnung eines Geschäfts als Deckungsgeschäft zum ursprünglichen Vertrag zu verneinen (MüKoBGB/P. Huber Rn. 3; MüKoHGB/Mankowski Rn. 3, Art. 75 Rn. 10; Schlechtriem/Schwenzer/Schroeter/Schwenzer Rn. 2; Staudinger/Magnus, 2018, Rn. 12. Witz/Salger/Lorenz/Witz Art. 75 Rn. 6 will im Zweifel das der Vertragsaufhebung nächstfolgende Geschäft mit den Merkmalen der vertraglichen Leistung als Deckungsgeschäft zugrunde legen). Einem fehlenden Deckungsgeschäft steht ein unangemessenes gleich (→ Art. 75 Rn. 5 f.). Bei Vorliegen dieser Voraussetzungen kann der Gläubiger statt der Geltendmachung eines konkreten Schadens (Art. 74) auch den Differenzbetrag zwischen dem nach Abs. 2 zu ermittelnden Marktpreis und dem vereinbarten Kaufpreis verlangen. Auf die Vorhersehbarkeit dieses abstrakt bemessenen Schadens kommt es dagegen nicht an (Bianca/Bonell/Knapp Anm. 3.5; Enderlein/Maskow/Strohbach Anm. 4; Schlechtriem/Schwenzer/Schroeter/Schwenzer Rn. 6. Die Vorhersehbarkeit wertet hingegen Staudinger/Magnus, 2018, Rn. 6 als Voraussetzung, welche aber regel- 3 mäßig gegeben sei. Dem Streit dürfte aber keine Bedeutung zukommen, da Art. 76 ebenso wie Art. 75 die Anspruchsvoraussetzungen konkret bezeichnet und der Differenzbetrag deshalb stets ersatzfähig ist). In jedem Fall sind **weitergehende Schäden** daneben **nach Art. 74** ersatzfähig (→ Art. 75 Rn. 7), wie Art. 76 Abs. 1 S. 1 ausdrücklich hervorhebt. Dies wird insbes. bedeutsam, wenn der Käufer bei vertragsgemäßer Erfüllung in der Lage gewesen wäre, die Ware über dem Marktpreis weiterzuverkaufen (Bianca/Bonell/Knapp Anm. 2.7 f.; Enderlein/Maskow/Strohbach Anm. 6; Schlechtriem/Schwenzer/Schroeter/Schwenzer Rn. 13; Soergel/Lutzi Rn. 13; aA Staudinger/Magnus, 2018, Rn. 23).

4 **b) Maßgeblicher Zeitpunkt.** Für die Schadensberechnung ist nach Abs. 1 S. 1 grds. der Marktpreis zum **Zeitpunkt der Aufhebung** des Vertrages maßgeblich (Kröll/Mistelis/Perales Viscasillas CISG Rn. 19; aA Honsell/Schönle/Th. Koller Rn. 16, die vorrangig auf den Zeitpunkt der Übernahme der Ware und nur subsidiär auf den Zeitpunkt der Vertragsaufhebung abstellen). Aus Art. 27 kann gefolgert werden, dass es insoweit auf den Zeitpunkt der Abgabe der Aufhebungserklärung ankommt (Kröll/Mistelis/Perales Viscasillas CISGRn. 19; MüKoBGB/P. Huber Rn. 5; MüKoHGB/Mankowski Rn. 5; Witz/Salger/Lorenz/Witz Rn. 10; Schlechtriem/Schwenzer/Schroeter/Schwenzer Rn. 10; aA Piltz IntKaufR Rn. 5-528: Zeitpunkt des Zugangs). Dies begründet zwar die Gefahr des spekulativen Hinausschiebens der Vertragsaufhebung, welcher aber unter dem Gesichtspunkt einer Verletzung der dem Gläubiger nach Art. 77 obliegenden Pflicht zur Schadensminderung wirksam begegnet werden kann (→ Art. 77 Rn. 2 f.) (Honsell/Schönle/Th. Koller Rn. 21; Neumayer/Ming Anm. 2; Schlechtriem/Schwenzer/Schroeter/Schwenzer Rn. 10). Von diesem Grundsatz wird jedoch abgewichen, wenn der Gläubiger die Vertragsaufhebung erklärt, nachdem er die Ware bereits übernommen hat. In diesem Fall ist der Marktpreis zum **Zeitpunkt der Übernahme der Ware** (Abs. 1 S. 2) entscheidend. Diese Ausnahme findet ihrem Wortlaut nach auf beide Vertragsteile Anwendung (Honsell/Schönle/Th. Koller Rn. 17; aA Gotanda in Kröll/Mistelis/Perales Viscasillas CISG Rn. 20; Schlechtriem/Schwenzer/Schroeter/Schwenzer Rn. 11; Witz/Salger/Lorenz/Witz Rn. 10; Karollus UN-KaufR S. 221, die Abs. 1 S. 2 nur bei Aufhebung durch den Käufer anwenden wollen).

## III. Beweislastregeln

5 Der **Gläubiger** hat sämtliche Anspruchsvoraussetzungen und insbes. die Tatsachen zu beweisen, auf denen die Schadensberechnung beruht. Macht er den Anspruch nach Art. 76 auf abstrakten Schadensersatz geltend und behauptet der Schuldner, der Schaden falle geringer aus, weil tatsächlich ein günstigeres Deckungsgeschäft getätigt worden sei, obliegt es dem Schuldner, dies darzutun (OLG Hamm 22.9.1992 – 19 U 97/91, CISG-online Nr. 57; Müller in Baumgärtel/Laumen/Prütting Beweislast-HdB II UNKR Rn. 2 f.; Honsell/Schönle/Th. Koller Rn. 29 f.; Schlechtriem/Schwenzer/Schroeter/Schwenzer Rn. 2; aA Staudinger/Magnus, 2018, Rn. 27).

## Art. 77 (Schadensminderungspflicht des Ersatzberechtigten)

**[1]Die Partei, die sich auf eine Vertragsverletzung beruft, hat alle den Umständen nach angemessenen Maßnahmen zur Verringerung des aus der Vertragsverletzung folgenden Verlusts, einschließlich des entgangenen Gewinns, zu treffen. [2]Versäumt sie dies, so kann die vertragsbrüchige Partei Herabsetzung des Schadenersatzes in Höhe des Betrags verlangen, um den der Verlust hätte verringert werden sollen.**

**Schrifttum:** vgl. Art. 75.

### Überblick

Im Falle einer Vertragsverletzung besteht nach Art. 77 S. 1 für den Ersatzberechtigten die Obliegenheit zur Schadensminderung. Dieser hat Maßnahmen zu treffen, die ein vernünftiger Gläubiger in der gleichen Situation getroffen hätte, um Schäden zu vermeiden oder zu mindern, insbes. um Folgeschäden abzuwehren (→ Rn. 2 ff.). Soweit ein Schaden durch Maßnahmen des Schuldners vermeidbar gewesen wäre, ist der Schadensersatzanspruch nach S. 2 herabzusetzen (→ Rn. 6). Die Prüfung der Versäumung der Obliegenheit zur Schadensminderung erfolgt grds. im Grundurteil (→ Rn. 7).

## I. Normzweck

1 Im Anschluss an die Regelungen über die Schadensbemessung in Art. 74–76 begründet Art. 77 **S. 1** für den Ersatzberechtigten die Obliegenheit zur Schadensminderung. Nach **S. 2** ist diese indes nicht selbstständig einklagbar, sondern hat deren Versäumnis lediglich die Herabsetzung des Anspruchs auf Schadensersatz zur Folge, die von Amts wegen zu berücksichtigen ist (BGHZ 141, 129 (135) = NJW 1999, 2440 (2441); Brunner/Schäfer Rn. 15; MüKoBGB/P. Huber Rn. 15; MüKoHGB/Mankowski Rn. 8; Weber in Bucher, Wiener Kaufrecht, 1991, 165, 206; aA Karollus UN-KaufR S. 225; Schlechtriem/Schroeter IntUN-KaufR Rn. 741). Die Vorschrift greift indes nur ein, wenn der Gläubiger Kenntnis der Umstände hat, aus denen sich der drohende Schadenseintritt ergibt (BGH IHR 2012, 231 (236); R. Koch IHR 2013, 13 (14)) Sie ist daher nicht anwendbar, wenn der Käufer den Mangel fahrlässig nicht erkennt und deshalb bestimmte Schäden verursacht (aA aber P. Huber/Bach FS Magnus, 2014, 217).

## II. Einzelerläuterungen

2 **1. Obliegenheit zur Schadensminderung (S. 1). a) Vertragsverletzung.** Zwar besteht keine eigenständige Pflicht zur Vermeidung und Minderung von Schäden, die der andere Vertragsteil selbstständig geltend machen könnte. Kommt es jedoch zu einer Vertragsverletzung, ist der Ersatz von Schäden ausgeschlossen, soweit diese hätten **verhindert** werden können. Dies gilt auch bereits bei einer drohenden Vertragsverletzung, bei welcher der andere Teil auf die für ihn nicht erkennbaren Folgen hinzuweisen ist, insbes. auf die mögliche Gefahr hoher Schäden (Bianca/Bonell/Knapp Anm. 3.11; Honsell/Magnus Rn. 5; Schlechtriem/Schwenzer/Schroeter/Schwenzer Rn. 3; Staudinger/Magnus, 2018, Rn. 8; Roßmeier RIW 2000, 407 (411); Soergel/Lutzi Rn. 5).

3 **b) Angemessene Maßnahmen.** Angemessen sind solche Maßnahmen, die ein vernünftiger Gläubiger in der gleichen Situation – insbes. unter Berücksichtigung der nach Art. 9 maßgeblichen Handelsbräuche – zur Schadensvermeidung und Schadensminderung ergreifen würde (OLG Koblenz IHR 2012, 148 (156); OGH IHR 2002, 76 (81); Honsell/Magnus Rn. 6; Schlechtriem/Schwenzer/Schroeter/Schwenzer Rn. 7; Staudinger/Magnus, 2018, Rn. 10). Dabei können nach Art. 77 auch Maßnahmen zur Erhaltung der Ware erforderlich sein, obwohl die Voraussetzungen der Art. 85–88 nicht vorliegen (Herber/Czerwenka Rn. 6; MüKoBGB/P. Huber Rn. 6; Schlechtriem/Schwenzer/Schroeter/Schwenzer Rn. 8).

4 Insbesondere kommt die Schadensbeseitigung zur Abwehr von **Folgeschäden** in Betracht (Bianca/Bonell/Knapp Anm. 2.2; Enderlein/Maskow/Strohbach Anm. 2; Herber/Czerwenka Rn. 6). Deshalb kann es auch angemessen sein, ein Deckungsgeschäft zu tätigen, dessen Kosten der Schuldner vor Vertragsaufhebung nach Art. 74 und nach Vertragsaufhebung auf der Grundlage des Art. 75 zu ersetzen hat (OLG Braunschweig TranspR-IHR 2000, 4: jedoch nicht solange der Erfüllungsanspruch des Käufers noch besteht; Handelsgericht St. Gallen IHR 2003, 181 (185); Herber/Czerwenka Rn. 6; Honsell/Magnus Rn. 8; Enderlein/Maskow/Strohbach Anm. 2; Schlechtriem/Schwenzer/Schroeter/Schwenzer Rn. 10; Soergel/Lutzi Rn. 13). Vor allem kommt dies in Betracht, wenn ein konkret angebotenes Deckungsgeschäft weitaus günstiger ist als der Marktpreis (Brunner/Schäfer Rn. 9; MüKoHGB/Mankowski Art. 75 Rn. 11). Allerdings greift der Einwand der Schadensminderung nicht durch, soweit dem Gläubiger bei Durchführung des Deckungsgeschäfts ein anderes, gleichartiges Geschäft mit demselben Gewinn wie das Erstgeschäft entgangen wäre (OGH IHR 2001, 206 (208)). Ist die Vornahme eines Deckungsgeschäfts auf Grund des einmaligen Charakters der Ware nicht möglich, kann die Wiederverwertung der Ware eine angemessene Maßnahme zur Schadensminderung sein (Handelsgericht St. Gallen IHR 2003, 181 (185)). Ebenso mag man vom Gläubiger verlangen können, den Schuldner auf die Gefahr eines besonders hohen Schadens hinzuweisen (Herber/Czerwenka Rn. 6; MüKoHGB/Mankowski Rn. 21; Schlechtriem/Schwenzer/Schroeter/Schwenzer Rn. 9; Staudinger/Magnus, 2018, Rn. 17; Soergel/Lutzi Rn. 9). Auch sind unnötige Aufwendungen zu vermeiden (Handelsgericht St. Gallen IHR 2003, 181 (185); Brunner/Schäfer Rn. 11; MüKoBGB/P. Huber Rn. 6; Staudinger/Magnus, 2018, Rn. 16; Roßmeier RIW 2000, 407 (412)). Die Obliegenheit zur Schadensminderung reicht indes nicht so weit, dass der Gläubiger zum Abschluss einer Betriebsausfallversicherung verpflichtet wäre (Honsell/Magnus Rn. 12; Witz/Salger/Lorenz/Witz Rn. 10. Dagegen bejahen dies – jedenfalls bei Üblichkeit – Brunner/Schäfer Rn. 8; Herber/Czerwenka Rn. 6; MüKoBGB/P. Huber Rn. 6; MüKoHGB/Mankowski Rn. 18; Staudinger/Magnus, 2018, Rn. 14; Roßmeier RIW 2000, 407 (412)). Ebenfalls kann vom Gläubiger auch nicht erwartet

werden, dass dieser den Schuldner durch Aufhebung des Vertrages und Übergang zum Schadensersatz entlastet (OLG Düsseldorf 14.1.1994 – 17 U 146/93, CISG-online Nr. 119; Honsell/Magnus Rn. 8) oder gegenüber einem Dritten, zB gegenüber seinem Abnehmer, vertragsbrüchig wird (LG Braunschweig IHR 2002, 71 (72) = CISG-online Nr. 689, welches über einen Fall zu urteilen hatte, in dem die Mehrkosten für den Deckungskauf höher waren als die Vertragsstrafe, die der nicht belieferte Gläubiger mit seiner Abnehmerin vereinbart hatte).

**5** Das Mitverschulden ist auch im Zusammenhang mit der Frage von Bedeutung, wie sich der Unternehmer bei einem **Werklieferungsvertrag** zu verhalten hat, wenn der Besteller mangels Interesse an dem Werk vom Vertrag Abstand nehmen will. Zwar kennt das Übereinkommen kein gesetzliches Kündigungsrecht. Jedoch wird die Auffassung vertreten, dass sich der Unternehmer nicht auf Kosten des Bestellers bereichern und ein für diesen nutzloses Werk herstellen dürfe. Tatsächlich werden die Rechte des Unternehmers nicht beeinträchtigt, wenn nach dieser Auffassung dem Unternehmer zwar der Vergütungsanspruch erhalten bleibt, sich dieser aber die durch die Nichtausführung des Werkes erlangten Vorteile anrechnen lassen muss (so mit unterschiedlichen Begründungsansätzen Honsell/Magnus Rn. 4; MüKoBGB/P. Huber Rn. 3; Staudinger/Magnus, 2018, Rn. 7. Eine Pflicht des Gläubigers zur Vertragsaufhebung bejahen dagegen Herber/Czerwenka Rn. 7).

**6** **2. Herabsetzung des Schadensersatzes (S. 2).** Soweit ein Schaden durch angemessene Maßnahmen zur Schadensverhinderung oder -minderung **vermeidbar** gewesen wäre, kann der Gläubiger kraft Gesetzes keinen Ersatz verlangen (Enderlein/Maskow/Strohbach Anm. 5; Honsell/Magnus Rn. 13; Schlechtriem/Schwenzer/Schroeter/Schwenzer Rn. 12; Staudinger/Magnus, 2018, Rn. 19). Damit unterscheidet sich die Lösung des Übereinkommens von der in § 254 BGB vorgesehenen Schadensverteilung (aA aber Herber/Czerwenka Rn. 2).

## III. Verfahrensfragen

**7** Eine Versäumung der Obliegenheit zur Schadensminderung kann zum gänzlichen Ausschluss des Ersatzes führen, soweit der Schaden insgesamt hätte vermieden werden können. Die Prüfung ihrer Versäumung muss daher regelmäßig im **Grundurteil** vorgenommen werden und darf dem Betragsverfahren nur dann vorbehalten werden, wenn feststeht, dass die Versäumung der Obliegenheit zur Schadensminderung nicht zum Haftungsausschluss führt (BGHZ 141, 129 (135 f.) = NJW 1999, 2440 (2441)).

## IV. Beweislastregeln

**8** Im Hinblick auf die Beweislast gilt, dass der Schuldner den schwierigen Nachweis eines Versäumnisses angemessener Schadensabwehr zu erbringen hat (OLG Celle IHR 2001, 107 (108); Müller in Baumgärtel/Laumen/Prütting Beweislast-HdB II UNKR Rn. 2 ff.; Honsell/Magnus Rn. 16; Schlechtriem/Schwenzer/Schroeter/Schwenzer Rn. 13; Staudinger/Magnus, 2018, Rn. 22. Vorschläge zur Korrektur der Beweislastverteilung unterbreiten Müller in Baumgärtel/Laumen/Prütting Beweislast-HdB II UNKR Rn. 6 ff.) und insbes. die Höhe der möglichen Verminderung des Verlustes nachweisen muss (MüKoHGB/Mankowski Rn. 23; Weber in Bucher, Wiener Kaufrecht, 1991, 165, 206. Das Handelsgericht St. Gallen IHR 2003, 181 (185 f.) und sich diesem anschließend Brunner/Schäfer Rn. 15; MüKoHGB/Mankowski Rn. 23; Staudinger/Magnus, 2018, Rn. 22 wollen dies jedoch dadurch abmildern, dass den Gläubiger eine Mitwirkungspflicht bei der Beweisführung in Form einer Pflicht zu hinreichender Offenlegung trifft).

# Abschnitt III. Zinsen

### Art. 78 (Zinsen)

**Versäumt eine Partei, den Kaufpreis oder einen anderen fälligen Betrag zu zahlen, so hat die andere Partei für diese Beträge Anspruch auf Zinsen, unbeschadet eines Schadenersatzanspruchs nach Artikel 74.**

**Schrifttum:** CISG Advisory Council Opinion No. 14, Interest Under Article 78 CISG, http://www.cisgac.com/cisgac-opinion-no14/ (abgerufen 19.4.2022; zum CISG Advisory Council Art. 7 Rn. 3); Reinhart, Fälligkeitszinsen und UN-Kaufrecht, IPRax 1991, 376.

## Überblick

Es besteht eine Pflicht zur Verzinsung aller fälligen Geldzahlungsansprüche aus dem Vertrag (→ Rn. 2 f.). Die Zinshöhe ist mangels vertraglicher Vereinbarung oder Handelsbräuchen unter Rückgriff auf die allgemeinen Grundsätze des Übereinkommens zu bemessen (→ Rn. 4 f.).

## I. Normzweck

Die Norm begründet die Verpflichtung zur **Zinszahlung** auch **neben** einem **Schadensersatzanspruch** nach Art. 74. Zu verzinsen ist der Kaufpreis ab Fälligkeit und weiterhin jeder andere vertraglich geschuldete Betrag, also insbes. auch Schadensersatzforderungen. Die Pflicht zur Zinszahlung ist daneben nur noch in Art. 84 Abs. 1 für den Anspruch auf Rückzahlung des Kaufpreises bei Vertragsaufhebung gesondert geregelt. Die Vertragsstaaten konnten sich bei der Abfassung des Übereinkommens jedoch nicht auf eine Vorschrift über die Zinshöhe verständigen (Schlechtriem/Schwenzer/Schroeter/Bacher Rn. 2, 4). Geregelt ist die Pflicht zur Zinszahlung deshalb nur dem Grunde nach. Hieraus resultieren Unsicherheiten bei der Bemessung der Zinshöhe (→ Rn. 3). 1

## II. Voraussetzungen des Zinsanspruchs

**1. Anwendungsbereich.** Die Verpflichtung zur Zinszahlung erfasst **jeden vertraglichen Geldleistungsanspruch,** also die ausdrücklich genannte Kaufpreisverbindlichkeit ebenso wie etwa Aufwendungsersatzansprüche oder solche infolge Minderung. Lediglich der Anspruch auf **Rückzahlung** des Kaufpreises bei Vertragsaufhebung unterfällt der gesonderten Regelung des **Art. 84 Abs. 1.** 2

**2. Fälligkeit.** Voraussetzung der Pflicht zur Zinszahlung ist die Fälligkeit des Anspruchs, die sich beim **Kaufpreis** nach der Vereinbarung und, soweit eine solche nicht getroffen ist, nach Art. 58, 59 richtet. **Andere Ansprüche** werden mit ihrer Entstehung fällig (Herber/Czerwenka Rn. 3; Schlechtriem/Schwenzer/Schroeter/Bacher Rn. 8 f.; Staudinger/Magnus, 2018, Rn. 10) und nicht erst, nachdem sie geltend gemacht worden sind (dies befürworten Enderlein/Maskow/Strohbach Anm. 4.2). Bei der **Minderung** sind Zinsen ab dem Zeitpunkt der Kaufpreiszahlung zu leisten (Enderlein/Maskow/Strohbach Anm. 4.3; Schlechtriem/Schwenzer/Schroeter/Bacher Rn. 13; Gotanda in Kröll/Mistelis/Perales Viscasillas CISG, 2011, Rn. 18 ff.; aA Honsell/Schnyder/Straub Art. 50 Rn. 52: Fälligkeit erst nach Abgabe einer bezifferten Minderungserklärung), beim **Schadensersatz** ab Eintritt des Schadens (Schlechtriem/Schwenzer/Schroeter/Bacher Rn. 14; Soergel/Lutzi Rn. 8). Weiterer formellen Voraussetzungen, wie zB einer Mahnung, bedarf es nicht (District Court of Forlì IHR 2013, 197 (201); Schlechtriem/Schwenzer/Schroeter/Bacher Rn. 17; deutlich Piltz IntKaufR, 1. Aufl. 1993, § 5 Rn. 410; wohl auch Piltz IntKaufR, 2. Aufl. 2008, Rn. 5-491). Die **Zahlungsmodalitäten** richten sich nach der Hauptforderung (Schlechtriem/Schwenzer/Schroeter/Bacher Rn. 25; Piltz IntKaufR Rn. 5-493). 3

## III. Zinshöhe

Das Übereinkommen trifft **keine Regelung** über die Zinshöhe. Vorbehaltlich einer ausdrücklichen vertraglichen Regelung (Cámara Nacional de Apelaciones en lo Comercial – Sala F, Buenos Aires 7.10.2010, CISG-online Nr. 2156) oder bestehender Handelsbräuche (Art. 9) stellt sich deshalb die Frage, ob eine international einheitliche Lösung unter Rückgriff auf die allgemeinen Grundsätze des Übereinkommens zu verwirklichen ist (Neumayer/Ming Anm. 2; Schlechtriem/Schwenzer/Schroeter/Bacher Rn. 32 ff., 36; Schlechtriem/Schwenzer/Schroeter/Fountoulakis Art. 84 Rn. 15; Honnold Rn. 421) oder aber das nach Kollisionsrecht zu ermittelnde nationale Recht maßgeblich sein soll (Enderlein/Maskow/Strohbach Anm. 2.2; Herber/Czerwenka Rn. 6; Honsell/Magnus Rn. 12; Soergel/Lutzi Rn. 10 f.; Staudinger/Magnus, 2018, Rn. 12; s. auch United States District Court New Jersey IHR 2010, 64 f.). Beide Lösungen sind denkbar. 4

Auch wenn die Rspr. zur **Anwendung nationalen Rechts** tendiert (District Court of Forlì IHR 2013, 197 (202); LG München IHR 2013, 72 (73); 2010, 150 (152); Kantonsgericht Glarus IHR 2010, 152 (154); LG Coburg IHR 2007, 117 (120); OLG Köln OLGR 2006, 574; OLG München 11.3.1998 – 7 U 4427/97, CISG-online Nr. 310; OLG Hamm NJW-RR 1996, 1271 = RIW 1997, 153; OLG Koblenz OLGR 1997, 37 = CISG-online Nr. 256; OLG Rostock OLGR 1996, 50 = CISG-online Nr. 209; OLG Düsseldorf NJW-RR 1994, 506; OLG Frankfurt NJW 1994, 1013 (1014) = RIW 1994, 240 (241)), verdient unter dem Gesichtspunkt der Rechtsverein- 5 heitlichung die Auffassung den Vorzug, einheitliche Maßstäbe für die Bemessung der Zinshöhe zugrunde zu legen. Insoweit bietet es sich an, an den Grundgedanken der Vorteilsausgleichung anzuknüpfen und bei Zahlungspflichten allgemein – wie bei der Rückzahlung des Kaufpreises nach Art. 84 Abs. 1 (Schlechtriem/Schwenzer/Schroeter/Fountoulakis Art. 84 Rn. 17) – auf den **Sitz des Schuldners** abzustellen und die Höhe der Zinsen nach den üblichen Zinsen am Ort seiner Niederlassung zu bemessen (Neumayer/Ming Anm. 2; hiergegen aber Schlechtriem/Schwenzer/Schroeter/Bacher Rn. 30). Andere wollen hingegen an das Währungsstatut anknüpfen (Schlechtriem/Schwenzer/Schroeter/Bacher Rn. 30).

## IV. Weitergehende Ansprüche

6 Art. 78 lässt die Möglichkeit unberührt, weitergehende Zinsschäden im Rahmen des Schadensersatzes nach Art. 74–77 ersetzt zu verlangen. Hingegen besteht keine Verpflichtung zur Leistung von Zinseszinsen (Neumayer/Ming Rn. 3; Schlechtriem/Schwenzer/Schroeter/Bacher Rn. 40; Staudinger/Magnus, 2018, Rn. 5). Ebenfalls unberührt bleibt die Möglichkeit, nach nationalem Recht – wie etwa § 291 S. 1 BGB – Prozesszinsen zu verlangen (Honnold Rn. 420; diff. Schlechtriem/Schwenzer/Schroeter/Bacher Rn. 45).

## V. Beweislast

7 Der Gläubiger hat die Voraussetzungen des Zinsanspruchs und insbes. dessen Fälligkeit zu beweisen (Müller in Baumgärtel/Laumen/Prütting Beweislast-HdB II UNKR Rn. 1; Honsell/Magnus Rn. 18). Soweit es auf einen gesetzlichen Zinssatz ankommt, hat das Gericht dessen Höhe von Amts wegen zu ermitteln (Honsell/Magnus Rn. 19).

# Abschnitt IV. Befreiungen

## Art. 79 (Hinderungsgrund außerhalb des Einflußbereichs des Schuldners)

**(1) Eine Partei hat für die Nichterfüllung einer ihrer Pflichten nicht einzustehen, wenn sie beweist, daß die Nichterfüllung auf einem außerhalb ihres Einflußbereichs liegenden Hinderungsgrund beruht und daß von ihr vernünftigerweise nicht erwartet werden konnte, den Hinderungsgrund bei Vertragsabschluß in Betracht zu ziehen oder den Hinderungsgrund oder seine Folgen zu vermeiden oder zu überwinden.**

**(2) Beruht die Nichterfüllung einer Partei auf der Nichterfüllung durch einen Dritten, dessen sie sich zur völligen oder teilweisen Vertragserfüllung bedient, so ist diese Partei von der Haftung nur befreit,**
**a) wenn sie nach Absatz 1 befreit ist und**
**b) wenn der Dritte selbst ebenfalls nach Absatz 1 befreit wäre, sofern Absatz 1 auf ihn Anwendung fände.**

**(3) Die in diesem Artikel vorgesehene Befreiung gilt für die Zeit, während der der Hinderungsgrund besteht.**

**(4) [1]Die Partei, die nicht erfüllt, hat den Hinderungsgrund und seine Auswirkung auf ihre Fähigkeit zu erfüllen der anderen Partei mitzuteilen. [2]Erhält die andere Partei die Mitteilung nicht innerhalb einer angemessenen Frist, nachdem die nicht erfüllende Partei den Hinderungsgrund kannte oder kennen mußte, so haftet diese für den aus dem Nichterhalt entstehenden Schaden.**

**(5) Dieser Artikel hindert die Parteien nicht, ein anderes als das Recht auszuüben, Schadenersatz nach diesem Übereinkommen zu verlangen.**

**Schrifttum:** Berger, Vertragsstrafen und Schadenspauschalierungen im Internationalen Wirtschaftsvertragsrecht, RIW 1999, 401; Beyer/Hoffmann, Delta, Omikron und weiterhin COVID-19 – Still (an) Act of God/Force Majeure/Höhere Gewalt?, NJOZ 2022, 161; Brand, Article 79 and a transactions test analysis of the CISG, in Ferrari/Flechtner/Brand (Hrsg.), The Draft UNCITRAL Digest and Beyond, 2004, 392; Caytas, Der unerfüllbare Vertrag, 1984; DiMatteo, Contractual Excuse Under the CISG: Impediment, Hardship, and the Excuse Doctrines, 27 Pace Int'l L. Rev. 2015, 258; Eckardt/Magnus/Piltz, Art. 79 CISG in der internationalen Rechtsprechung, IHR 2020, 150; Fischer, Die Unmöglichkeit der Leistung im internationalen Kauf- und Vertragsrecht, 2001; CISG Advisory Council Opinion No. 7, Exemption of Liability for Damages Under

Article 79 of the CISG, http://www.cisgac.com/cisgac-opinion-no7/, auch abgedruckt IHR 2008, 122; Opinion No. 20, Hardship under the CISG, http://cisgac.com/opinion-no20-hardship-under-the-cisg/ (beide abgerufen 19.4.2022; zum CISG Advisory Council Art. 7 Rn. 3); Gildeggen/Willburger, Das UN-Kaufrecht und die Corona-Krise, IHR 2021, 45; U. Huber, Die Haftung des Verkäufers nach dem Kaufrechtsübereinkommen der Vereinten Nationen und nach deutschem Recht, 1991; Janser, Die Haftung des Verkäufers für Vorlieferanten, insbesondere bei mangelhafter Ware, nach CISG, OR und BGB, 2002; Janssen/Wahnschaffe, Der internationale Warenkauf in Zeiten der Pandemie, EuZW 2020, 410; Keil, Die Haftungsbefreiung des Schuldners im UN-Kaufrecht, 1993; Krüger, Modifizierte Erfolgshaftung im UN-Kaufrecht, 1999; Lautenbach, Die Haftungsbefreiung im internationalen Warenkauf nach dem UN-Kaufrecht und dem schweizerischen Kaufrecht, 1990; Liebscher/Zeyher/Steinbrück, Recht der Leistungsstörungen im Lichte der COVID-19-Pandemie, ZIP 2020, 852; Lurger, Überblick über die Judikaturentwicklung zu ausgewählten Fragen des CISG – Teil II, IHR 2005, 221; Morscher, Staatliche Rechtssetzungsakte als Leistungshindernisse im internationalen Warenkauf, 1992; Neumayer, Offene Fragen zur Anwendung des Abkommens der Vereinten Nationen über den internationalen Warenkauf, RIW 1994, 99; Piltz, Covid-19 bedingte Lieferstörungen, IHR 2020, 133; Plate, Die Reichweite der Haftungsbefreiung nach Art. 79 UN-Kaufrecht – Ein Beitrag zur Bestimmung des Rechtswahlstatuts, ZVglRWiss 106 (2007), 1; Rathjen, Haftungsentlastung des Verkäufers oder Käufers nach Art. 79, 80 CISG, RIW 1999, 561; Rummel, Schadensersatz, höhere Gewalt und Fortfall der Geschäftsgrundlage, in Hoyer/Posch (Hrsg.), Das Einheitliche Wiener Kaufrecht, 1992, 177; Schlechtriem, Anmerkung zum BGH-Urteil vom 24.3.1999 – VIII ZR 121/98, JZ 1999, 794; Schwenzer/Muñoz, Duty to Re-negotiate and Contract Adaptation in Case of Hardship, IHR 2020, 150; Stoll, Inhalt und Grenzen der Schadensersatzpflicht sowie Befreiung von der Haftung im UN-Kaufrecht im Vergleich zu EKG und BGB, in Schlechtriem (Hrsg.), Einheitliches Kaufrecht und nationales Obligationenrecht, 1987, 257; Vogenauer, Hardship clauses und verwandte Klauseln in internationalen Handelskäufen, IWRZ 2021, 3, 57, 112, 147 und 209; Weaver, Störung der Lieferkette durch Covid-19 – Force Majeure? Es kommt darauf an!, ZVertriebsR 2020, 159; Weber, Vertragsverletzungsfolgen: Schadenersatz, Rückabwicklung, vertragliche Gestaltungsmöglichkeiten, in Bucher (Hrsg.), Wiener Kaufrecht, 1991, 165.

## Überblick

Die grundsätzlich verschuldensunabhängige Schadensersatzhaftung bei Nichterfüllung sämtlicher Vertragspflichten nach Art. 45 Abs. 1 lit. b und Art. 74–77 für den Fall, dass ein nicht beherrschbarer Hinderungsgrund vorliegt, wurde durch Art. 79 Abs. 1 beschränkt (→ Rn. 2). Dieser setzt voraus, dass die Nichterfüllung auf einem Umstand beruht, der außerhalb des Einflussbereiches des Schuldners liegt und zudem unabwendbar ist (→ Rn. 3 ff.). Eine Haftungsbefreiung kann nach Abs. 2 auch bei der Hinzuziehung Dritter, denen sich der Schuldner bei der Erfüllung seiner Pflichten bedient hat, in Betracht kommen (→ Rn. 13).

Ein vorübergehender Hinderungsgrund schließt den Schadensersatzanspruch nicht vollständig aus (Abs. 3, → Rn. 14). Der Hinderungsgrund ist innerhalb einer angemessenen Pflicht anzuzeigen, allerdings führt ein Unterlassen der Anzeige nicht zu einem Ausschluss des Befreiungstatbestandes, sondern lediglich ggf. zu einem Anspruch auf Schadensersatz (Abs. 4, → Rn. 15). Den Parteien verbleiben nach Abs. 5 grds. alle sonstigen Rechtsbehelfe (→ Rn. 16).

## I. Normzweck

Art. 79 sowie Art. 80, die auch nebeneinander anwendbar sein können (Schlechtriem/Schwenzer/Schroeter/Schwenzer Art. 80 Rn. 2), beschränken die in Art. 45 Abs. 1 lit. b und Art. 74–77 geregelte Schadensersatzhaftung (Schlechtriem/Schwenzer/Schroeter/Schwenzer Rn. 3). Das Übereinkommen geht von dem Grundsatz aus, dass der Schuldner für alle Formen der Nichterfüllung unabhängig von seinem Verschulden einzustehen hat. Die Befreiung von Schadensersatzansprüchen stellt die absolute Ausnahme dar und ist an die drei Voraussetzungen der Unbeherrschbarkeit, Unvorhersehbarkeit und Unvermeidbarkeit geknüpft, welche kumulativ erfüllt sein müssen (Schlechtriem/Schwenzer/Schroeter/Schwenzer Rn. 10; Staudinger/Magnus, 2018, Rn. 15; Janssen/Wahnschaffe EuZW 2020, 410 (411)). Ausgenommen von der Einstandspflicht sind nach Art. 79 **Abs. 1** folglich die **nicht beherrschbaren Hinderungsgründe** (Force Majeure- oder Hardship-Ereignisse). Dies gilt nach **Abs. 2** auch, wenn sich der Schuldner zur Erfüllung seiner Vertragspflichten **dritter Personen** bedient. Liegen die in Abs. 1 oder Abs. 2 genannten Voraussetzungen vor, kommt es zur Schuldbefreiung, solange der Hinderungsgrund besteht **(Abs. 3).** Schadensersatzpflichtig ist der Schuldner dann nur, soweit er die in **Abs. 4** normierte Mitteilungspflicht gegenüber dem Gläubiger missachtet. **Abs. 5** regelt schließlich das Verhältnis zu den nicht auf Schadensersatz gerichteten übrigen Behelfen. Die Vorschrift ist gem. Art. 6 dispositiv. Insbesondere kommt die vertragliche Vereinbarung von Force Majeure-Klauseln sowie Hardship-Klauseln in Betracht (zu Gestaltungsmöglichkeiten von Force Majeure-Klauseln Weaver ZVertriebsR 1

2020, 159 (160); zur Einschlägigkeit entspr. Klauseln CIETAC China International Economic & Trade Arbitration Commission, 25.5.2005, CISG-online Nr. 1685; Brunner/Brunner/Sgier Rn. 52; MüKoBGB/P. Huber Rn. 33; MüKoHGB/Mankowski Rn. 66; Schlechtriem/Schwenzer/Schroeter/Schwenzer Rn. 57; Hudson in McKendrick (Hrsg.), Force Majeure and Frustration of Contract, 1991, 175 f.; s. auch Brand in Ferrari/Flechtner/Brand, The Draft UNCITRAL Digest and Beyond, 2004, 392 ff.). Die Wirksamkeit solcher Klauseln richtet sich gem. Art. 4 lit. a nach dem anwendbaren nationalen Recht.

## II. Einzelerläuterungen

2 **1. Befreiungstatbestand (Abs. 1). a) Nichterfüllung von Vertragspflichten.** Eine Entlastung kommt bei Nichterfüllung von Vertragspflichten in Betracht. Nach überwiegender und zutreffender Ansicht erfasst Art. 79 **alle** denkbaren Fälle und Formen einer haftungsbegründenden Nichterfüllung von **Vertragspflichten** und schließt damit auch die Nichterfüllung von Pflichten aus einem Rückgewährschuldverhältnis (MüKoHGB/Mankowski Rn. 20; Schlechtriem/Schwenzer/Schroeter/Schwenzer Rn. 5) sowie die Lieferung einer wegen eines Mangels vertragswidrigen Sache ein (LG Köln 16. 11. 1995 – 5 O 189/94, CISG-online Nr. 265; OLG Zweibrücken 31.3.1998 – 8 O 1995/95, CISG-online Nr. 481; Enderlein/Maskow/Strohbach Anm. 2; Herber/Czerwenka Rn. 8; Honsell/Magnus Rn. 4; MüKoBGB/P. Huber Rn. 3; MüKoHGB/Mankowski Rn. 20; Schlechtriem/Schwenzer/Schroeter/Schwenzer Rn. 6; Atamer in Kröll/Mistelis/Perales Viscasillas CISG Rn. 12; Soergel/Lutzi Vor Art. 79 Rn. 4; Staudinger/Magnus, 2018, Rn. 12; Piltz IntKaufR Rn. 4-227; Schlechtriem/Schroeter IntUN-KaufR Rn. 641; Schlechtriem JZ 1999, 794, (794 f.); Lurger IHR 2005, 221 (229); aA Honnold Rn. 427; Nicholas in Schlechtriem, Einheitliches Kaufrecht und nationales Obligationenrecht, 1987, 283, 287; offengelassen dagegen von BGHZ 141, 129 = NJW 1999, 2440). Nach aA kann sich ein Verkäufer, der fehlerhafte Ware geliefert hat, überhaupt nicht auf Art. 79 berufen (Bianca/Bonell/Tallon Anm. 2.6.1 f.; Honnold Rn. 427; Keil, Die Haftungsbefreiung des Schuldners im UN-Kaufrecht, 1993, 18 f.; Lautenbach, Die Haftungsbefreiung im internationalen Warenkauf nach dem UN-Kaufrecht und dem schweizerischen Kaufrecht, 1990, 33 f.). Eine analoge Anwendung von Art. 79 auf bloße Obliegenheiten kommt nur in Betracht, wenn die Voraussetzungen einer Analogie für die jeweilige Regelung vorliegen (ähnlich Schlechtriem/Schwenzer/Schroeter/Schwenzer Rn. 7. Dagegen bejahen Brunner/Brunner/Sgier Rn. 3; Honsell/Magnus Rn. 5; MüKoHGB/Mankowski Rn. 21; Staudinger/Magnus, 2018, Rn. 14 grds. die analoge Anwendung von Art. 79 auf Obliegenheiten. Zu Recht weist aber MüKoBGB/P. Huber Rn. 4 darauf hin, dass im Fall von Rügeversäumnissen Art. 44 gegen das Vorliegen einer Regelungslücke spricht).

3 **b) Hinderungsgrund.** Die Nichterfüllung muss auf einem Hinderungsgrund beruhen, der außerhalb des Einflussbereichs des Schuldners liegt und gegen dessen Eintritt oder seine Folgen der Schuldner auch keine Vorkehrungen treffen kann. Das Kriterium der **Ursächlichkeit** ist so zu verstehen, dass der Hinderungsgrund die ausschließliche Ursache der Nichterfüllung bildet. Soweit der Schuldner hierfür auch nur mitverantwortlich ist, kommt eine Haftungsbefreiung nach Art. 79 nicht in Betracht (Bianca/Bonell/Tallon Anm. 2.6.6; Schlechtriem/Schwenzer/Schroeter/Schwenzer Rn. 15; Staudinger/Magnus, 2018, Rn. 31; aA Enderlein/Maskow/Strohbach Anm. 3.4). Hingegen ist es unbeachtlich, ob der Hinderungsgrund vor oder nach Vertragsschluss eintritt (Herber/Czerwenka Rn. 11; Honsell/Magnus Rn. 15; Neumayer/Ming Anm. 6; Schlechtriem/Schwenzer/Schroeter/Schwenzer Rn. 12; Staudinger/Magnus, 2018, Rn. 33; Schlechtriem/Schroeter IntUN-KaufR Rn. 649). Deshalb beurteilt sich auch die **anfängliche** objektive **Unmöglichkeit** nicht nach dem anwendbaren Landesrecht, sondern stets nach dem Übereinkommen (Honsell/Magnus Rn. 15; MüKoBGB/P. Huber Rn. 8; Schlechtriem/Schwenzer/Schroeter/Schwenzer Rn. 12).

4 **aa) Außerhalb des Einflussbereichs.** Als Hinderungsgrund kommen alle objektiven Umstände in Betracht, die **nicht** mit der **Person des Schuldners** in Zusammenhang stehen. Zu denken ist an Naturereignisse, Erdbeben, Überflutungen, Stürme, zugefrorene Häfen (US District Court, Northern District, Illinois, Eastern Division 6.7.2004 – No. 03 C 1154, Unilex), gleichfalls Epidemien und Pandemien (→ Rn. 9) ebenso wie an politische Ereignisse, Krieg, terroristische Anschläge, Boykott, Generalstreik und vorsätzliche Sabotageakte, auch wenn diese von Betriebsangehörigen verübt werden (vgl. Brunner/Brunner/Sgier Rn. 13; MüKoBGB/P. Huber Rn. 10, 15; MüKoHGB/Mankowski Rn. 30, 39; Schlechtriem/Schwenzer/Schroeter/Schwenzer Rn. 16; Staudinger/Magnus, 2018, Rn. 27 ff.). Außerhalb des Einflussbereichs des Schuldners liegen grds.

auch staatliche Eingriffe (Einfuhr- und Ausfuhrverbote, Devisenbeschränkungen, Embargo), sofern sie nicht – zB auf Grund der Einführung neuer Standards – ausschließlich die Verwendbarkeit der Ware beeinträchtigen und nicht zu vermeiden bzw. durch Verschaffung einer Einfuhrbewilligung zu überwinden sind (Brunner/Brunner/Sgier Rn. 22; MüKoHGB/Mankowski Rn. 37 f.; Schlechtriem/Schwenzer/Schroeter/Schwenzer Rn. 17).

Dagegen hat es der **Schuldner** grds. **zu vertreten,** wenn sich Risiken aus seinem persönlichen Bereich verwirklichen. Dies gilt für die finanzielle Leistungsfähigkeit (Handelsgericht St. Gallen 3.12.2002 – HG.1999.82-HGK, CISG-online Nr. 727; Schlechtriem/Schroeter IntUN-KaufR Rn. 653; Enderlein/Maskow/Strohbach Anm. 4.1; Honsell/Magnus Rn. 14; Schlechtriem/Schwenzer/Schroeter/Schwenzer Rn. 25; Staudinger/Magnus, 2018, Rn. 18) ebenso wie für Hindernisse im Bereich von Produktion (dafür, dass auch bei einem Entwicklungsfehler ein Entlastungsbeweis weitgehend ausgeschlossen ist, Brunner/Brunner/Sgier Rn. 24; MüKoHGB/Mankowski Rn. 28; Staudinger/Magnus, 2018, Rn. 25; Schlechtriem/Schroeter IntUN-KaufR Rn. 651; Schlechtriem/Schwenzer/Schroeter/Schwenzer Rn. 28; Rummel in Hoyer/Posch, Das Einheitliche Wiener Kaufrecht, 1992, 177, 186; Soergel/Lutzi Rn. 8 f.; mit dieser Tendenz auch U. Huber, Die Haftung des Verkäufers nach dem Kaufrechtsübereinkommen der Vereinten Nationen und nach deutschem Recht, 1991, 23 Fn. 48; Atamer in Kröll/Mistelis/Perales Viscasillas CISG Rn. 47; aA OLG Zweibrücken 31.3.1998 – 8 O 1995/95, CISG-online Nr. 481; Karollus UN-KaufR S. 209; Weber in Bucher, Wiener Kaufrecht, 1991, 165, 171; Rathjen RIW 1999, 561 (562); offengelassen von BGH IHR 2002, 16 (21)) und Organisation (Brunner/Brunner/Sgier Rn. 8; Enderlein/Maskow/Strohbach Anm. 4.1; Herber/Czerwenka Rn. 8; Schlechtriem/Schwenzer/Schroeter/Schwenzer Rn. 18; Staudinger/Magnus, 2018, Rn. 18). Hierzu gehört auch das Personalrisiko für eigene Leute und Erfüllungsgehilfen des Schuldners nach Abs. 1 sowie Dritte nach Abs. 2 (Brunner/Brunner/Sgier Rn. 8 f.; Enderlein/Maskow/Strohbach Anm. 7.2; Neumayer/Ming Anm. 8; Schlechtriem/Schwenzer/Schroeter/Schwenzer Rn. 20, 34 ff.; Staudinger/Magnus, 2018, Rn. 37); zur Abgrenzung → Rn. 13. Erfasst wird vor allem das Beschaffungsrisiko des Verkäufers beim marktbezogenen Gattungskauf (OLG Hamburg 28.2.1997 – 1 U 167/95, IHR 2020, 170 (174); Brunner/Brunner/Sgier Rn. 12; Honsell/Magnus Rn. 14; MüKoBGB/P. Huber Rn. 7, 17; Schlechtriem/Schwenzer/Schroeter/Schwenzer Rn. 26; Gustin RDAI 2001, 379 (396)), woraus sich insbes. die Einstandspflicht für eine Mangelhaftigkeit der Ware ergibt, deren Ursache im Vor- oder Zuliefererbereich liegt (BGHZ 141, 129 (134) = NJW 1999, 2440 (2441); Brunner/Brunner/Sgier Rn. 16; MüKoBGB/P. Huber Rn. 19 f.; MüKoHGB/Mankowski Rn. 49, 51; Schlechtriem/Schroeter IntUN-KaufR Rn. 652, 667 ff.; Schlechtriem/Schwenzer/Schroeter/Schwenzer Rn. 29; Gustin RDAI 2001, 379 (395); Neumayer RIW 1994, 99 (107); Schlechtriem JZ 1999, 794 (796 f.); einschr. BGH IHR 2002, 16 (21); LG Köln 16.11.1995 – 5 O 189/94, CISG-online Nr. 265; Díez-Picaso/Salvador Art. 79 V 3b; MüKoHGB/Mankowski Art. 79 Rn. 28; Keil, Die Haftungsbefreiung des Schuldners im UN-Kaufrecht, 1993, 155; Rathjen RIW 1999, 561 (562 f.), die dem Verkäufer eine Berufung auf Art. 79 erlauben, wenn er die Waren von zuverlässigen Lieferanten bezogen hat und der Mangel auch bei Anwendung vernünftiger und zumutbarer Untersuchungsmethoden generell nicht erkennbar und damit unbeherrschbar war). Dies gilt unabhängig davon, ob dem Verkäufer der Mangel der bezogenen Ware erkennbar war (Schlechtriem/Schroeter IntUN-KaufR Rn. 652). Bei einem Verkauf aus einer bestimmten Produktion oder einem Vorrat beschränkt sich das Beschaffungsrisiko auf diese (OLG Hamburg Urt. v. 28.2.1997 – 1 U 167/95, CISG-online Nr. 261; Brunner/Brunner/Sgier Rn. 12; MüKoHGB/Mankowski Rn. 35; Schlechtriem/Schwenzer/Schroeter/Schwenzer Rn. 27). Im Übrigen wird eine Befreiung des Schuldners beim Gattungskauf nur ausnahmsweise angenommen werden können, wenn die Ware aufgrund unvorhergesehener Ereignisse überhaupt nicht mehr (Brunner/Brunner/Sgier Rn. 12; Gustin RDAI 2001, 379 (396); Rathjen RIW 1999, 561 (562)) oder nur zu ganz unverhältnismäßigen Kosten (OLG Düsseldorf IHR 2020, 175 (176) mAnm Baetge jurisPR-IWR 7/2020 Anm. 6; dazu krit. Huber IHR 2020, 137) auf dem Markt verfügbar ist. Auch ein Irrtum des Schuldners ist unbeachtlich (Schlechtriem/Schwenzer/Schroeter/Schwenzer Rn. 19; Staudinger/Magnus, 2018, Rn. 18). 5

**bb) Unabwendbarkeit.** Außerhalb des Einflussbereichs des Schuldners liegen nicht nur solche Hinderungsgründe, die **von außen** kommen, sondern darüber hinaus auch Gründe, die in seiner Sphäre liegen, welche er aber **nicht zu beherrschen** vermag (Staudinger/Magnus, 2018, Rn. 25; Karollus UN-KaufR S. 209). Voraussetzung der Schuldbefreiung ist, dass der Hinderungsgrund für den Schuldner **unabwendbar** ist. Maßgeblich hierfür ist, ob vom Schuldner bei Anlegung objektiver Maßstäbe nicht erwartet werden konnte, den Hinderungsgrund in Betracht zu ziehen oder aber diesen bzw. dessen Folgen zu vermeiden. Dies setzt zum einen mangelnde Vorhersehbar- 6 keit bei Vertragsschluss (zB verneint vom Cour d'appel de Colmar 12.6.2001, CISG-online Nr. 694, für den Fall eines – wenn auch plötzlichen – Preiseinbruchs acht Jahre nach Vertragsschluss. Bejaht vom US District Court, Northern District, Illinois, Eastern Division 6.7.2004 – no 03 C 1154, Unilex, für den Fall eines ungewöhnlich harten Winters) und zum anderen auch mangelnde Vermeidbarkeit voraus (Honsell/Magnus Rn. 15 f.). Letztere liegt vor, wenn es dem Schuldner nicht zumutbar ist, das Hindernis zu überwinden (Schlechtriem/Schwenzer/Schroeter/Schwenzer Rn. 14). Dies lässt sich nicht allein unter Hinweis auf das Erfordernis finanzieller Aufwendungen annehmen (Schlechtriem/Schwenzer/Schroeter/Schwenzer Rn. 14; Staudinger/Magnus, 2018, Rn. 34; Piltz IntKaufR Rn. 4-244).

7 **cc) Einzelfälle.** Wirtschaftliche Hinderungsgründe, wie etwa die „Unerschwinglichkeit" auf Grund **gestiegener Preise,** bleiben grds. unbeachtlich. Nur in Ausnahmefällen wird dafür plädiert, dass es eine äußerste „Opfergrenze" geben müsse, über die hinaus dem Schuldner die Vertragserfüllung unter Inkaufnahme schwerer wirtschaftlicher Nachteile nicht länger zugemutet werden könne (Brunner/Brunner/Sgier Rn. 26 ff.; Enderlein/Maskow/Strohbach Anm. 6.3; Garro IHR 2008, 122 (129 ff.); Herber/Czerwenka Rn. 8; MüKoHGB/Mankowski Rn. 40; Schlechtriem/Stoll, 3. Aufl. 2000, Rn. 40; Weber in Bucher, Wiener Kaufrecht, 1991, 165, 174; Neumayer RIW 1994, 99 (107); Rathjen RIW 1999, 561 (562). Vgl. auch Schlechtriem/Schwenzer/Schroeter/Schwenzer Rn. 30 ff.; dazu ausf. Plate ZVglRWiss 106 (2007), 1 ff.). Ein solcher Entlastungsgrund dürfte aber wegen des erforderlichen besonders strengen Maßstabes nur geringe praktische Bedeutung haben (vgl. Schlechtriem/Stoll, 3. Aufl. 2000, Rn. 40, der auf die Entscheidung OLG Hamburg 28.2.1997 – 1 U 167/95, CISG-online Nr. 261 hinweist, wonach eine Steigerung des Marktpreises auf 300% in einem Handelssektor mit stark spekulativen Zügen nicht als Entlastungsgrund anerkannt wurde).

8 Umstritten sind ebenfalls die Folgen eines **Streiks.** Auch hier wird im Grundsatz davon auszugehen sein, dass der Arbeitskampf ein vom Schuldner zu tragendes Risiko darstellt, das keinen Entlastungsgrund bildet. Dies gilt insbes. für den innerbetrieblichen Streik (Brunner/Brunner/Sgier Rn. 10; Schlechtriem/Schwenzer/Schroeter/Schwenzer Rn. 22; Rummel in Hoyer/Posch, Das Einheitliche Wiener Kaufrecht, 1992, 177, 190; Weber in Bucher, Wiener Kaufrecht, 1991, 165, 175 Fn. 58). Demgegenüber wird vertreten, dass „allgemeine" Streiks geeignet sein können, den Schuldner zu entlasten (Brunner/Brunner/Sgier Rn. 10; Enderlein/Maskow/Strohbach Anm. 3.6; Herber/Czerwenka Rn. 8; Honsell/Magnus Rn. 12; Schlechtriem/Schwenzer/Schroeter/Schwenzer Rn. 23; Schlechtriem/Schroeter IntUN-KaufR Rn. 666; Rummel in Hoyer/Posch, Das Einheitliche Wiener Kaufrecht, 1992, 177, 190). Dem wird zuzustimmen sein, soweit es sich um **politische** Streiks handelt, die ebenso wie Sabotageakte oder naturbedingte Störungen unbeeinflussbar sind (s. auch Honsell/Magnus Rn. 12; auch MüKoHGB/Mankowski Rn. 32, der allerdings auf die Vorhersehbarkeit im Rahmen des Art. 74 S. 2 abstellt). Hingegen wird ein Arbeitskampf, in den der Betrieb lediglich im Rahmen einer überbetrieblichen Auseinandersetzung verwickelt ist, als Entlastungsgrund nicht in Betracht kommen (dagegen ziehen MüKoBGB/P. Huber Rn. 15; Schlechtriem/Schwenzer/Schroeter/Schwenzer Rn. 23 einen allgemeinen, insbes. politischen Streik als Entlastungsgrund in Betracht; wohl auch MüKoHGB/Mankowski Rn. 32, der aber grds. auf die Vorhersehbarkeit im Rahmen des Art. 74 S. 2 abstellt. Hiergegen aber Neumayer/Ming Anm. 3; Weber in Bucher, Wiener Kaufrecht, 1991, 165, 175 Fn. 58).

9 Auch gravierende Ereignisse im Bereich des Gesundheitswesens wie **Epidemien** oder gar **Pandemien** (wie etwa die COVID-19-Pandemie) kommen als außerhalb des Einflussbereichs des Schuldners liegende Hinderungsgründe in Betracht (Schlechtriem/Schwenzer/Schroeter/Schwenzer Rn. 16; MüKoHGB/Mankowski Rn. 36). Daraus folgt aber noch nicht, dass jede Epidemie oder Pandemie nach dem strengen Maßstab (Schlechtriem/Schwenzer/Schroeter/Schwenzer Rn. 1; Janssen/Wahnschaffe EuZW 2020, 410) der Vorschrift auch als Force Majeure- oder Hardship-Ereignis gilt und einen Haftungsbefreiungstatbestand begründet. Dies ist vielmehr nach dem Wortlaut der Regelung davon abhängig, dass im konkreten Einzelfall vom Schuldner vernünftigerweise nicht erwartet werden konnte, das unbeherrschbare Geschehen bei Vertragsschluss in Betracht zu ziehen oder aber dessen Folgen zu überwinden.

10 Der Nachweis des Vorliegens eines **unbeherrschbaren** Hinderungsgrundes als erster Voraussetzung, dürfte häufig nicht schwer fallen. Man denke nur an den krankheitsbedingten massenhaften Ausfall von Personal oder an staatliches Eingreifen, wie etwa Werks- oder Grenzschließungen, Ein- oder Ausfuhrbeschränkungen (Janssen/Wahnschaffe EuZW 2020, 410 (411); zu typischen Auswirkungen insbes. der COVID-19-Pandemie und deren Bewertung EuZW 2020, 410 (413 f.)). Ungleich schwerer ist aber zu beurteilen, ob zB eine vorsorgliche Werksschließung alternativlos

war oder die Aufrechterhaltung der nicht untersagten Produktion (noch) zumutbar gewesen wäre (Liebscher/Zeyher/Steinbrück ZIP 2020, 852 (861)).

Differenzierter fällt zweitens die Beurteilung der **Unvorhersehbarkeit** aus. Auch wenn man angesichts wiederholten Auftretens in der Vergangenheit (man denke vor allem an seit den Nullerjahren verbreitete Arten der Vogelgrippe bzw. Coronaviren) in Abrede stellen wollte, dass es sich bei Epidemien um außergewöhnliche Ereignisse handelt, sind jedenfalls Ausmaß und Folgen der COVID-19-Pandemie für den globalen Handel so außergewöhnlich, dass diese ein unvorhersehbares Ereignis darstellen kann (Janssen/Wahnschaffe EuZW 2020, 410 (412); zu Force Majeure in diesem Zusammenhang auch Wagner/Holtz/Dötsch BB 2020, 845 f.; v. Bernstorff aw-prax 2021, 84 (85 f.); ausf Gildeggen/Willburger IHR 2021, 45 ff.). Unvorhersehbarkeit ist gleichwohl nur anzunehmen, wenn in dem für die Beurteilung maßgeblichen Zeitpunkt des Vertragsschlusses das Auftreten der Krankheit dem Schuldner entweder unbekannt war oder von ihm vernünftigerweise nicht erwartet werden konnte, deren Verbreitung und die sich daraus ergebenden Folgen in Betracht zu ziehen. Es kommt also nicht allein auf die Ungewöhnlichkeit des Ereignisses an, sondern auch auf eine zeitlich-räumliche Prognose, weshalb COVID-19 zunächst nur bei Verträgen mit Bezug zu Asien relevant und im europäischen Handel erst später bedeutsam gewesen sein mag (Janssen/Wahnschaffe EuZW 2020, 410 (412)). 11

Gleichwohl wird auch in derart extremen Situationen wie der angesprochenen Pandemie die Haftungsbefreiung nicht selten am dritten Kriterium scheitern, nämlich an der **fehlenden Unabwendbarkeit.** Angesprochen ist damit konkret die Zumutbarkeit entsprechender Maßnahmen wie etwa der Ersatzbeschaffung (→ Rn. 6). Als Korrelativ zur verschuldensunabhängigen Garantiehaftung des Art. 45 (vgl. → Art. 45 Rn. 8) erlegt das CISG dem Schuldner nämlich ganz erhebliche Anstrengungen auf, um trotz des Hinderungsgrundes seine Leistungsfähigkeit zu sichern (Piltz IntKaufR Rn. 4-232). Zumutbar sind deshalb grds. auch solche Maßnahmen, die zu Mehrkosten oder gar Verlusten führen können; die äußerste Grenze des wirtschaftlich noch Zumutbaren lässt sich indes nur individuell bestimmen und wird jedenfalls überschritten sein, wenn die zusätzlichen Anstrengungen für den Schuldner existenzgefährdend sind (Schlechtriem/Schwenzer/Schroeter/Schwenzer Rn. 14; Staudinger/Magnus, 2018, Rn. 34; Piltz IntKaufR Rn. 4-244; Janssen/Wahnschaffe EuZW 2020, 410 (412)), was von diesem zudem zu beweisen ist (→ Rn. 17). 12

**2. Befreiung bei Hinzuziehung Dritter (Abs. 2).** Abs. 2 enthält einen eigenständigen Befreiungstatbestand für den Fall der Hinzuziehung Dritter zur Vertragserfüllung. Dies stellt gegenüber Abs. 1 eine **Haftungsverschärfung** insoweit dar, als eine Entlastung nur in Betracht kommt, wenn das Erfüllungshindernis weder für den Schuldner noch für den nach Vertragsschluss hinzugezogenen Dritten beherrschbar ist (BGHZ 141, 129 = NJW 1999, 2440; Brunner/Brunner/Sgier Rn. 14; Honsell/Magnus Rn. 17; Schlechtriem/Schwenzer/Schroeter/Schwenzer Rn. 39; Staudinger/Magnus, 2018, Rn. 39; Honnold Rn. 433; Rathjen RIW 1999, 561 (563); Soergel/Lutzi Rn. 21; aA Enderlein/Maskow/Strohbach Anm. 7.3). Vom Anwendungsbereich des Abs. 2 werden jedoch nur **selbstständige** Dritte erfasst, die **eigenverantwortlich** handeln und nicht in den Organisationsbereich des Schuldners eingegliedert sind (Enderlein/Maskow/Strohbach Anm. 7.3 f.; Honsell/Magnus Rn. 18; MüKoBGB/P. Huber Rn. 13, 23; Schlechtriem/Schwenzer/Schroeter/Schwenzer Rn. 34; Staudinger/Magnus, 2018, Rn. 39; Soergel/Lutzi Rn. 19; aA Herber/Czerwenka Rn. 14, die alle Erfüllungsgehilfen Abs. 2 unterstellen). Hingegen beurteilt sich die Schuldbefreiung bei Hinzuziehung von in den Organisationsbereich des Schuldners eingegliederten und nicht eigenverantwortlich handelnden Erfüllungsgehilfen – selbst wenn diese rechtlich selbstständige Unternehmer sind – nach Abs. 1 (Schlechtriem/Schwenzer/Schroeter/Schwenzer Rn. 34; Karollus UN-KaufR S. 212; aA Herber/Czerwenka Rn. 16 f.). Weil der Verkäufer grds. das Beschaffungsrisiko trägt, fallen auch gewöhnliche Zulieferer nicht unter Abs. 2 (Herber/Czerwenka Rn. 17; Honsell/Magnus Rn. 19; MüKoBGB/P. Huber Rn. 13, 23; Atamer in Kröll/Mistelis/Perales Viscasillas CISG Rn. 65; Neumayer/Ming Anm. 9 f.; Schlechtriem/Schwenzer/Schroeter/Schwenzer Rn. 37; Staudinger/Magnus, 2018, Rn. 40; Soergel/Lutzi Rn. 19; aA Reinhart UN-KaufR Rn. 8; U. Huber, Die Haftung des Verkäufers nach dem Kaufrechtsübereinkommen der Vereinten Nationen und nach deutschem Recht, 1991, 20 f.: analoge Anwendung des Art. 79 Abs. 2 auf Vor- und Zulieferanten des Verkäufers). Erfolgt die Einschaltung eines eigenverantwortlich handelnden Dritten auf Wunsch des Gläubigers, ist es eine Frage der Auslegung, ob das Risiko einer von dem Dritten ausgehenden Vertragsverletzung der Sphäre des Gläubigers zuzuordnen ist (Schlechtriem/Schwenzer/Schroeter/Schwenzer Rn. 36). Art. 79 Abs. 1 und Abs. 2 liegt das allgemeine Prinzip zugrunde, wonach der Schuldner für das Verhalten zum Zwecke der Vertragsdurchführung eingeschalteter Dritter umfassend haftet; auf dieser Grundlage ist dem Schuldner auch das **Wissen** solcher Dritter **zuzurechnen** (MüKoBGB/P. Huber Rn. 5; 13

MüKoHGB/Mankowski Rn. 56; Schlechtriem/Schwenzer/Schroeter/Schwenzer Rn. 40; Soergel/Lutzi Rn. 24).

14 **3. Vorübergehende Hinderungsgründe (Abs. 3).** Ist ein Hinderungsgrund nur von zeitlich begrenzter Dauer, wie etwa ein befristetes Ausfuhrverbot, reicht die Befreiung nicht über diesen Zeitraum hinaus. Kommt es zu einer Verzögerung, besteht kein Schadensersatzanspruch des Gläubigers. Hat dieser hingegen den Vertrag wegen Verzugs zu Recht aufgehoben, ist die Aufhebung wirksam. Schadensersatz kann auch in diesem Fall nicht verlangt werden (Honsell/Magnus Rn. 20; MüKoBGB/P. Huber Rn. 25; MüKoHGB/Mankowski Rn. 57; Schlechtriem/Stoll, 3. Aufl. 2000, Rn. 48 f.; Staudinger/Magnus, 2018, Rn. 44).

15 **4. Mitteilungspflicht (Abs. 4).** Nach Abs. 4 ist der Schuldner verpflichtet, den Gläubiger über Art und Umfang der Hinderung sowie deren zeitliche Dauer zu unterrichten. Die Mitteilung muss dem Gläubiger innerhalb einer **angemessenen Frist** zugegangen sein, nachdem der Schuldner den Hinderungsgrund kannte oder kennen musste. Die Mitteilungspflicht des Schuldners ist indes **keine Voraussetzung** des Befreiungstatbestandes (MüKoHGB/Mankowski Rn. 64). Auf einen Hinderungsgrund kann er sich deshalb auch berufen, wenn er seiner Mitteilungspflicht nicht nachgekommen ist. Der Schuldner ist in diesem Fall aber nach Abs. 4 zum Ersatz aller Schäden verpflichtet, die bei rechtzeitiger Mitteilung vermieden worden wären, soweit er nicht nachzuweisen vermag, nach Art. 79 auch an der rechtzeitigen Mitteilung gehindert gewesen zu sein (Honsell/Magnus Rn. 23; Schlechtriem/Schwenzer/Schroeter/Schwenzer Rn. 47; Soergel/Lutzi Rn. 31). Die Schadensersatzpflicht entfällt auch, wenn der Gläubiger den Hinderungsgrund kannte (MüKoBGB/P. Huber Rn. 31; MüKoHGB/Mankowski Rn. 62; Schlechtriem/Schwenzer/Schroeter/Schwenzer Rn. 46).

16 **5. Wirkungen der Befreiung.** Der Befreiungstatbestand **erfasst** lediglich **Schadensersatzansprüche.** Die Haftung auf Schadensersatz ist allerdings nur in dem Umfang ausgeschlossen, in dem auch das Leistungshindernis vorliegt (MüKoBGB/P. Huber Rn. 26; Schlechtriem/Schwenzer/Schroeter/Schwenzer Rn. 49). Wie **Abs. 5** hervorhebt, verbleiben dem Gläubiger dagegen grds. alle sonstigen Rechtsbehelfe, wie insbes. die Vertragsaufhebung und auch die Minderung. Gleiches gilt für Ansprüche auf Zinsen, die nicht als Schäden anzusehen sind und deshalb der Entlastung nicht unterfallen (Herber/Czerwenka Rn. 22; Honsell/Magnus Rn. 24; Schlechtriem/Schwenzer/Schroeter/Schwenzer Rn. 55 f.; Staudinger/Magnus, 2018, Rn. 61). Der Erfüllungsanspruch bleibt grds. bestehen und erlischt nach Art. 79 nur, soweit der Hinderungsgrund die Erfüllung tatsächlich hindert (Brunner/Brunner/Sgier Rn. 3, 44, 47 ff.; Soergel/Lutzi Rn. 27; aA Rummel in Hoyer/Posch, Das Einheitliche Wiener Kaufrecht, 1992, 177, 185; Stoll in Schlechtriem, Einheitliches Kaufrecht und nationales Obligationenrecht, 1987, 257, 279. Vgl. dazu MüKoHGB/Mankowski Rn. 7; Schlechtriem/Schwenzer/Schroeter/Schwenzer Rn. 52; Staudinger/Magnus, 2018, Rn. 57) (auch → Art. 46 Rn. 3). Er entfällt – auch unabhängig von der Entlastungsmöglichkeit nach Art. 79 – insbes. bei dauerhafter objektiver Unmöglichkeit der Erfüllung (so, wenn auch mit unterschiedlicher Begr. Brunner/Brunner/Sgier Rn. 48; MüKoBGB/P. Huber Rn. 29, Art. 46 Rn. 17 f.: mittelbare Anwendung des Art. 79; Schlechtriem/Schwenzer/Schroeter/Schwenzer Rn. 53; Staudinger/Magnus, 2018, Rn. 58 f.) (auch → Art. 46 Rn. 3). Vor Aufhebung wegen einer nicht vertragsgemäß möglichen Erfüllung hat der Verkäufer dem Käufer jedoch Alternativen zur Erfüllung des Vertrages anzubieten (US District Court, SD New York IHR 2009, 206, CISG-online Nr. 1777). Bei Entfallen des Erfüllungsanspruches erlöschen auf Grund des Synallagmas auch die entsprechenden Gegenleistungsansprüche des Schuldners (MüKoHGB/Mankowski Rn. 16). Die subjektive Unmöglichkeit ist hingegen für den Fortbestand des Erfüllungsanspruchs unbeachtlich (auch → Art. 46 Rn. 3) (Staudinger/Magnus, 2018, Rn. 60). Ob sich die Befreiung nach Art. 79 auch auf Schadenspauschalen und Vertragsstrafen erstreckt, richtet sich in erster Linie nach der vertraglichen Vereinbarung (Bianca/Bonell/Tallon Anm. 2.10.1; Brunner/Brunner/Sgier Rn. 45; Enderlein/Maskow/Strohbach Anm. 13.1; MüKoBGB/P. Huber Rn. 27; MüKoHGB/Mankowski Rn. 15; Staudinger/Magnus, 2018, Rn. 53). Enthält diese keine Regelung möglicher Entlastungsgründe, ist unter Berücksichtigung der Grundwertung des Art. 79 nach dem anwendbaren nationalen Recht zu entscheiden (Sekretariatskommentar O.R. Anm. 9; Brunner/Brunner/Sgier Rn. 45; MüKoHGB/Mankowski Rn. 15; Schlechtriem/Schwenzer/Schroeter/Schwenzer Rn. 51; Berger RIW 1999, 401 (403); Rummel in Hoyer/Posch, Das Einheitliche Wiener Kaufrecht, 1992, 177, 192; Silva-Ruiz in Cranston/Goode, Commercial and Consumer Law, 1993, 54, 59; Weber in Bucher, Wiener Kaufrecht, 1991, 165, 175 f.; dagegen sprechen sich Enderlein/Maskow/Strohbach Anm. 13.1; MüKoBGB/P. Huber Rn. 27 für eine analoge Anwendung des Art. 79 aus. Brunner/Brunner/Sgier Rn. 45;

Herber/Czerwenka Rn. 23 wollen Art. 79 direkt auf Vertragsstrafen anwenden, wenn die geschuldete Konventionalstrafe an die Stelle des Schadensersatzanspruchs tritt. Für eine direkte Anwendung wohl auch Achilles Rn. 14). Dadurch wird eine einheitlich rechtliche Beurteilung solcher Vereinbarungen gewährleistet, weil auch die Beurteilung ihrer Zulässigkeit und Wirkung dem anwendbaren nationalen Recht unterliegt (→ Art. 74 Rn. 17). Hingegen führt Art. 79 aber nicht zu einer Änderung der vertraglichen Risikoverteilung (OLG München IHR 2008, 253 (255) = CISG-online Nr. 1686).

## III. Beweislastregeln

Den Schuldner trifft die Beweislast für alle Voraussetzungen des **Befreiungstatbestandes** (OLG Düsseldorf IHR 2020, 175 (176); Müller in Baumgärtel/Laumen/Prütting Beweislast-HdB II UNKR Rn. 6, 8; Honsell/Magnus Rn. 29; Schlechtriem/Schwenzer/Schroeter/Schwenzer Rn. 59). Für die Voraussetzungen eines **Schadensersatzanspruchs** nach Abs. 4 S. 2 trägt dagegen nach überwM der anspruchstellende Gläubiger die (volle) Beweislast (Honsell/Magnus Rn. 30; MüKoBGB/P. Huber Rn. 33; MüKoHGB/Mankowski Rn. 64; Staudinger/Magnus, 2018, Rn. 66). Nur vereinzelt wird diskutiert, ob der Gläubiger auch den Nichtzugang der Mitteilung des Schuldners vom Hinderungsgrund zu beweisen hat. Dem Wortlaut des Abs. 4 S. 2 nach ist dies zwar zu bejahen (ausdrücklich MüKoBGB/P. Huber Rn. 33). Denn danach zählt zu den vom Gläubiger zu beweisenden anspruchsbegründenden Voraussetzungen auch, dass dieser die Mitteilung des Schuldners über den Hinderungsgrund nicht „erhalten" hat, womit das Zugangsprinzip maßgeblich ist (MüKoBGB/P. Huber Rn. 32; Müller in Baumgärtel/Laumen/Prütting Beweislast-HdB II UNKR Rn. 13). Zu Recht wird aber darauf hingewiesen, dass der Nachweis einer negativen Tatsache regelmäßig schwerfallen und der Schadensersatzanspruch in der Praxis damit gegenstandslos sein dürfte. Deshalb wird vorgeschlagen, dem mitteilungspflichtigen Schuldner wegen „unüberwindlicher Beweisschwierigkeiten" den Beweis des Zugangs aufzubürden (so Müller in Baumgärtel/Laumen/Prütting Beweislast-HdB II UNKR Rn. 13; Schlechtriem/Schwenzer/Schroeter/Schwenzer Rn. 59; Jung, Die Beweislastverteilung im UN-Kaufrecht, insbes. bei Vertragsabschluß, bei Vertragsverletzungen des Käufers, bei allgemeinen Bestimmungen sowie bei gemeinsamen Bestimmungen über Verkäufer- und Käuferpflichten, 1996, 268; nicht eindeutig Achilles Rn. 15). Auch wenn der Hinweis auf die Beweisschwierigkeiten berechtigt ist, bietet das Übereinkommen doch keine Grundlage für eine so weitgehende Beweislast des Schuldners. Den Interessen des Gläubigers ist bereits Genüge getan, wenn der Schuldner jedenfalls für die Absendung der Mitteilung beweispflichtig ist. Die Kritik an einer solchen vermittelnden Lösung (Müller in Baumgärtel/Laumen/Prütting Beweislast-HdB II UNKR Rn. 13) vermag nicht zu überzeugen. Zwar ist nach der Norm nicht lediglich der Absendegrundsatz des Art. 27, sondern das weitergehende Zugangsprinzip maßgeblich. Wenn aber, wie unstrittig, wegen Beweisschwierigkeiten von dieser Beweislastverteilung abgewichen werden muss, ist es interessengerechter und auch naheliegender, auf ein übereinkommensimmanentes Prinzip wie den Absendgrundsatz abzustellen, als die Beweisschwierigen vollständig der anderen Partei aufzubürden. 17

## Art. 80 (Verursachung der Nichterfüllung durch die andere Partei)

**Eine Partei kann sich auf die Nichterfüllung von Pflichten durch die andere Partei nicht berufen, soweit diese Nichterfüllung durch ihre Handlung oder Unterlassung verursacht wurde.**

**Schrifttum:** Caytas, Der unerfüllbare Vertrag, 1984; P. Huber/Bach, Die Schadensmitverursachung im CISG – alles nichts oder?!, FS Magnus, 2014, 217; Leible/Müller, Die Reichweite von Artikel 80 CISG, IHR 2013, 45; Rathjen, Haftungsentlastung des Verkäufers oder Käufers nach Art. 79, 80 CISG, RIW 1999, 561; Rummel, Schadensersatz, höhere Gewalt und Fortfall der Geschäftsgrundlage, in Hoyer/Posch (Hrsg.), Das Einheitliche Wiener Kaufrecht, 1992, 177; Saenger, Herabsetzung des Schadensersatzes und Befreiung von Vertragspflichten bei beiderseitiger Mitverursachung nach CISG, FS Magnus, 2014, 291; Weber, Vertragsverletzungsfolgen: Schadenersatz, Rückabwicklung, vertragliche Gestaltungsmöglichkeiten, in Bucher (Hrsg.), Wiener Kaufrecht, 1991, 165.

### Überblick

Ist das Verhalten einer Partei für die Nichterfüllung einer Vertragspflicht ursächlich, kann sie gem. Art. 80 keine aufgrund dieser Nichterfüllung bestehenden Rechte geltend machen (→ Rn. 2 f.). Der Schuldner ist in diesem Fall von allen Verpflichtungen befreit (→ Rn. 4).

## I. Normzweck

1 Das Gebot von Treu und Glauben beinhaltet den Grundsatz, dass eine Partei, welche die Nichterfüllung der anderen Partei verursacht hat, gegen diese hieraus keine Rechte herleiten kann (Honsell/Magnus Rn. 2; MüKoHGB/Mankowski Rn. 1; Schlechtriem/Schwenzer/Schroeter/Schwenzer Rn. 1). Diese Regel führt Art. 80 ausdrücklich in das Übereinkommen ein.

## II. Einzelerläuterungen

2 **1. Befreiungstatbestand.** Die Vorschrift findet auf **sämtliche Vertragspflichten** Anwendung (Honsell/Magnus Rn. 4). Kommt es zur Nichterfüllung und hat der Gläubiger diese verursacht, kann er sich auf die Nichterfüllung nicht berufen. Voraussetzung ist, dass für die Nichterfüllung eine **Handlung** oder – soweit ein Handeln auf Grund einer Handlungs- oder Mitwirkungspflicht (zB hat der Käufer eine eventuell erforderliche Importgenehmigung zu besorgen, die Lieferanschrift mitzuteilen, bei einem FOB-Geschäft die Ladestelle zu benennen, die Ware zu spezifizieren, die Ware abzunehmen, eine berechtigte Nacherfüllung nicht zu verweigern, vgl. MüKoBGB/P. Huber Rn. 4; MüKoHGB/Mankowski Rn. 4; Schlechtriem/Schwenzer/Schroeter/Schwenzer Rn. 3. Das LG München IHR 2003, 24 (25 f.) = CISG-online Nr. 712 wendete Art. 80 zugunsten der Klägerin auf den Fall an, dass die Beklagte Lieferungen der Klägerin nicht bezahlt hatte und die Klägerin daraufhin nicht weiter lieferte) geboten ist (Schlechtriem/Schwenzer/Schroeter/Schwenzer Rn. 3) – eine **Unterlassung** des Gläubigers ursächlich geworden ist, ohne dass es sich hierbei um eine Vertragsverletzung handeln müsste (Bianca/Bonell/Tallon Anm. 2.3; Honsell/Magnus Rn. 9). Auf ein Verschulden kommt es nicht an (Herber/Czerwenka Rn. 4; Neumayer/Ming Anm. 2; Schlechtriem/Schwenzer/Schroeter/Schwenzer Rn. 3; Soergel/Lutzi Rn. 3). Aufgrund der Vorrangigkeit des Art. 80 vor Art. 79 ist es nicht von Bedeutung, ob der Gläubiger sich für sein Verhalten nach Art. 79 entlasten kann (MüKoBGB/P. Huber Rn. 3; MüKoHGB/Mankowski Rn. 13). Für seine eigenen Leute und zur Erfüllung hinzugezogener **Dritter** hat der Gläubiger wie für eigenes Verhalten einzustehen (Herber/Czerwenka Rn. 5; Honsell/Magnus Rn. 11; Schlechtriem/Schwenzer/Schroeter/Schwenzer Rn. 3; Staudinger/Magnus, 2018, Rn. 11).

3 Schließlich muss das Verhalten des Gläubigers auch nach der conditio-sine-qua-non-Formel **ursächlich** sein, wobei umstritten ist, welche Konsequenzen eine Mitverursachung der Nichterfüllung durch den Schuldner hat. Mittelbare Verursachung reicht aus, sofern durch das Verhalten des Gläubigers ein Risiko geschaffen wurde, welches in den Verantwortungsbereich des Gläubigers fällt, und sich dieses Risiko in der Nichterfüllung verwirklicht hat (vgl. MüKoBGB/P. Huber Rn. 5; Schlechtriem/Schwenzer/Schroeter/Schwenzer Rn. 4). Nach einer Ansicht scheidet eine Befreiung nach Art. 80 bei Mitverursachung gänzlich aus (Schlechtriem/Stoll, 3. Aufl. 2000, Rn. 5 f.; Soergel/Lüderitz/Dettmeier Rn. 3 f.; Piltz IntKaufR Rn. 4-224). Die überwM stellt dagegen auf den Wortlaut ab und hält die Vorschrift wegen der Verwendung des Begriffs „soweit" auch in diesen Fällen für anwendbar. Deshalb kommt es zu einer Verteilung der Haftungsfolgen nach Maßgabe der beiderseitigen Verursachungsbeiträge (BGH NJW 2013, 304 (307) = IHR 2012, 231 Rn. 54 mAnm Raphael Koch IHR 2013, 13; OLG Brandenburg BeckRS 2013, 3287; Bianca/Bonell/Tallon Anm. 2.5; Enderlein/Maskow/Strohbach Anm. 6; Herber/Czerwenka Rn. 7; Honsell/Magnus Rn. 12; Leible/Müller IHR 2013, 45 (49); Neumayer/Ming Anm. 3; Schlechtriem/Schwenzer/Schroeter/Schwenzer Rn. 9; Staudinger/Magnus, 2018, Rn. 14 f.; Weber in Bucher, Wiener Kaufrecht, 1991, 165, 171; Rathjen RIW 1999, 561 (565); Soergel/Lutzi Rn. 7). Bei auf Geld gerichteten Ansprüchen wie Schadensersatzansprüchen, dem Zinsanspruch und dem Minderungsrecht ist der Betrag entspr. der Verursachungsbeiträge zu mindern. Bei Vertragsaufhebung und Erfüllungsanspruch kommt es dagegen darauf an, wessen Verursachungsbeitrag überwiegt. Nur im Fall des Überwiegens des Verursachungsbeitrags des Schuldners ist der Gläubiger zur Ausübung dieser Rechtsbehelfe berechtigt. Durch das Verhalten des Gläubigers verursachte Kosten können bei der Rückabwicklung des Vertrages berücksichtigt werden oder der Schuldner kann sie vom Gläubiger im Wege des Schadensersatzes ersetzt verlangen (Brunner/Boog/Schläpfer Rn. 5; Honsell/Magnus Rn. 12; MüKoBGB/P. Huber Rn. 6; Schlechtriem/Schwenzer/Schroeter/Schwenzer Rn. 10; Staudinger/Magnus, 2018, Rn. 13 ff.; Atamer in Kröll/Mistelis/Perales Viscasillas CISG Rn. 19; Schlechtriem/Schroeter IntUN-KaufR Rn. 693. Teilweise wird vertreten, dass dem Gläubiger nur teilbare Rechtsbehelfe wie Schadensersatz und Minderung verbleiben, vgl. Achilles Rn. 4. Nach Bianca/Bonell/Tallon Anm. 2.5 ist dem Gläubiger statt der Vertragsaufhebung und dem Erfüllungsanspruch Schadensersatz wegen Nichterfüllung entspr. den Verursachungsbeiträgen zu gewähren. Ähnlich Herber/Czerwenka Rn. 8. OLG

Koblenz IHR 2012, 148 (155) und MüKoHGB/Mankowski Rn. 7 f. sprechen sich dafür aus, Art. 80 nur anzuwenden, wenn der Verursachungsbeitrag des Gläubigers jenen des Schuldners deutlich überwiegt).

**2. Wirkungen.** Liegen die Voraussetzungen des Art. 80 vor, ist der Schuldner **von allen Verpflichtungen befreit.** Damit geht der umfassende Rechtsverlust nach Art. 80 noch über Art. 79 hinaus, der Befreiungen lediglich von der Schadensersatzpflicht vorsieht, und umfasst auch das Recht zur Vertragsaufhebung (OLG Hamm IHR 2020, 49 (53); Schlechtriem/Schwenzer/Schroeter/Schwenzer Rn. 8; Soergel/Lutzi Rn. 8). Der Schuldner ist in diesem Fall weder zur Erfüllung noch zur Entrichtung von Fälligkeitszinsen nach Art. 78 verpflichtet (Honsell/Magnus Rn. 14; Schlechtriem/Schwenzer/Schroeter/Schwenzer Rn. 8; aA bezüglich des Erfüllungsanspruchs MüKoHGB/Mankowski, 3. Aufl. 2013, Rn. 11). Die Leistungsansprüche des Schuldners bleiben bestehen. Allerdings muss sich der Schuldner durch den Wegfall seiner Leistungspflicht ersparte **Aufwendungen anrechnen** lassen (Brunner/Boog/Schläpfer Rn. 12; MüKoBGB/P. Huber Rn. 8; MüKoHGB/Mankowski Rn. 12; Schlechtriem/Schwenzer/Schroeter/Schwenzer Rn. 8). Hat der Gläubiger durch sein Verhalten eine Vertragsverletzung begangen, stehen dem Schuldner die sich daraus ergebenden Rechtsbehelfe, insbes. Schadensersatz, zu (MüKoBGB/P. Huber Rn. 9; Schlechtriem/Schwenzer/Schroeter/Schwenzer Rn. 10). 4

### III. Beweislastregeln

Die Voraussetzungen des Befreiungstatbestands hat der Schuldner zu beweisen, der sich hierauf beruft (Müller in Baumgärtel/Laumen/Prütting Beweislast-HdB II UNKR Rn. 1; Honsell/Magnus Rn. 16; Staudinger/Magnus, 2018, Rn. 19). 5

## Abschnitt V. Wirkungen der Aufhebung

### Art. 81 (Erlöschen der Leistungspflichten; Rückgabe des Geleisteten)

**(1) [1]Die Aufhebung des Vertrages befreit beide Parteien von ihren Vertragspflichten, mit Ausnahme etwaiger Schadenersatzpflichten. [2]Die Aufhebung berührt nicht Bestimmungen des Vertrages über die Beilegung von Streitigkeiten oder sonstige Bestimmungen des Vertrages, welche die Rechte und Pflichten der Parteien nach Vertragsaufhebung regeln.**

**(2) [1]Hat eine Partei den Vertrag ganz oder teilweise erfüllt, so kann sie Rückgabe des von ihr Geleisteten von der anderen Partei verlangen. [2]Sind beide Parteien zur Rückgabe verpflichtet, so sind die Leistungen Zug um Zug zurückzugeben.**

Schrifttum: CISG Advisory Council Opinion No. 9, Consequences of Avoidance of the Contract, http://www.cisgac.com/cisgac-opinion-no9/ (abgerufen 19.4.2022; zum CISG Advisory Council Art. 7 Rn. 3); Hackenberg, Der Erfüllungsort von Leistungspflichten unter Berücksichtigung des Wirkungsortes von Erklärungen im UN-Kaufrecht und der Gerichtsstand des Erfüllungsortes im deutschen und europäischen Zivilprozessrecht, Hamburg 2000; Hartmann, Ersatzherausgabe und Gewinnhaftung beim internationalen Warenkauf, IHR 2009, 189; Leser, Vertragsaufhebung und Rückabwicklung unter dem UN-Kaufrecht, in Schlechtriem, Einheitliches Kaufrecht und nationales Obligationenrecht, 1987, 225; Freiburg, Das Recht auf Vertragsaufhebung im UN-Kaufrecht, 2001; Krebs, Die Rückabwicklung im UN-Kaufrecht, 2000; Thiele, Erfüllungsort bei der Rückabwicklung von Vertragspflichten nach Art. 81 UN-Kaufrecht – ein Plädoyer gegen die hM, RIW 2000, 892.

### Überblick

Art. 81 betrifft die Durchführung der Vertragsaufhebung, deren Voraussetzungen Art. 49 bzw. Art. 64 regeln (→ Rn. 1). Es entfallen die vertraglichen Hauptpflichten sowie eine Vielzahl von Nebenpflichten. Etwaige Schadensersatzansprüche (Abs. 1 S. 1) und Vertragsbestimmungen über die Streitbeilegung oder die Rechtsverhältnisse nach der Vertragsaufhebung (Abs. 1 S. 2) bleiben unberührt (→ Rn. 3). Das Vertragsverhältnis wandelt sich in ein Rückabwicklungsverhältnis. Wegen erbrachter Leistungen besteht ein Rückforderungs- und Zurückbehaltungsrecht (Abs. 2). Die konkret geleistete Sache ist in natura zurückzugewähren; für den Leistungsort sind spiegelbildlich die Bestimmungen für die Primäransprüche maßgeblich (→ Rn. 4 f.).

## I. Normzweck

1 Art. 81 bis 84 regeln die **Durchführung der Vertragsaufhebung.** Die Voraussetzungen des Aufhebungsrechts ergeben sich für den Käufer aus Art. 49 Abs. 1 lit. a bei wesentlicher Vertragsverletzung und Art. 49 Abs. 1 lit. b nach Ablauf einer Nachfrist sowie für den Verkäufer aus Art. 64 Abs. 1 lit. a bei wesentlicher Vertragsverletzung und Art. 64 Abs. 1 lit. b nach Ablauf einer Nachfrist. Die Bestimmungen gelten gleichfalls für den Fall der Teilrückabwicklung nach Art. 51. Beiden Parteien kann das Recht zur Vertragsaufhebung auch nach Art. 72 bei vorzeitiger Vertragsverletzung und nach Art. 73 beim Sukzessivlieferungsvertrag zustehen. Auf den in Art. 46 Abs. 2 geregelten Behelf der Ersatzlieferung und die damit einhergehende Rückgabe der ersten Lieferung finden Art. 81 Abs. 2, Art. 82–84 ebenfalls Anwendung, dazu ausdrücklich Art. 82 Abs. 1 (vgl. auch Honsell/Weber Vor Art. 81 Rn. 4–8; MüKoBGB/P. Huber Rn. 17; Schlechtriem/Schwenzer/Schroeter/Fountoulakis Vor Art. 81 Rn. 5). Nach Art. 6 sind die Regelungen schließlich auch auf vertraglich vereinbarte Aufhebungsrechte anwendbar (AG Sursee IHR 2009, 63 (64)).

## II. Einzelerläuterungen

2 **1. Grundsätze.** Es ist für das Übereinkommen charakteristisch, dass die Behelfe der Vertragsaufhebung und des Schadensersatzes miteinander **kombiniert** werden (Honsell/Weber Vor Art. 81 Rn. 9–14; Schlechtriem/Schwenzer/Schroeter/Fountoulakis Vor Art. 81 Rn. 9; Staudinger/Magnus, 2018, Vor Art. 81 Rn. 4). **Art. 81 Abs. 1** bestimmt demzufolge, dass die gegenseitigen Vertragspflichten erlöschen, die Schadensersatzpflichten indes aber fortbestehen. Weiterhin bleibt der Vertrag auch insoweit bestehen, als dieser Regelungen über die Beilegung von Streitigkeiten oder ausdrückliche Bestimmungen über Rechte und Pflichten der Parteien nach der Vertragsaufhebung enthält. Die Vertragsaufhebung führt damit nicht zu einem Wegfall des gesamten Vertragsverhältnisses, sondern lediglich zu einer Veränderung der wesentlichen Vertragspflichten (MüKoBGB/P. Huber Rn. 1; Staudinger/Magnus, 2018, Vor Art. 81 Rn. 2; Staudinger/Magnus, 2018, Rn. 2). Der Vertrag ist nach **Art. 81 Abs. 2** durch Rückgabe des Geleisteten Zug-um-Zug rückabzuwickeln. **Art. 82** knüpft das Recht des Käufers zur Vertragsaufhebung an das Sachschicksal, sodass die unversehrte Rückgabe der Ware grds. Voraussetzung der Vertragsaufhebung ist. Soweit danach die Vertragsaufhebung für den Käufer ausgeschlossen ist, stellt **Art. 83** klar, dass diesem die übrigen Behelfe nach dem Übereinkommen erhalten bleiben. In **Art. 84** ist schließlich der Grundsatz der Vorteilsausgleichung festgelegt. Bei Vertragsaufhebung hat der Verkäufer Zinsen auf den Kaufpreis zu zahlen und der Käufer den Gegenwert aller aus der Ware gezogenen Vorteile zu erstatten. An anderer Stelle, nämlich in **Art. 26 und Art. 27,** sind Form und Modalitäten der Aufhebung geregelt. **Nicht** vom Übereinkommen erfasst werden dagegen die **dinglichen Wirkungen** der Vertragsaufhebung (Schlechtriem/Schwenzer/Schroeter/Fountoulakis Vor Art. 81 Rn. 4).

3 **2. Befreiung von Vertragspflichten (Abs. 1).** Die Aufhebung hat zur Folge, dass sämtliche (noch nicht erfüllten) **vertraglichen Haupt- und** die meisten **Nebenpflichten entfallen** (Bianca/Bonell/Tallon Anm. 2.2; MüKoHGB/Mankowski Rn. 2; Schlechtriem/Schwenzer/Schroeter/Fountoulakis Rn. 5). So entfallen insbes. die Pflicht zur Lieferung und zur Zahlung, ferner die für deren Erfüllung notwendigen Nebenpflichten, zB die Pflicht zur Übergabe von Dokumenten, Art. 34 (MüKoBGB/P. Huber Rn. 3). Das vertragliche Band zwischen den Parteien bleibt aber im Hinblick auf etwaige Schadensersatzansprüche (Abs. 1 S. 1) und Regelungen über die Streitbeilegung und die Rechtsverhältnisse nach der Vertragsaufhebung (Abs. 1 S. 2) bestehen. Angesprochen sind damit vor allem Vereinbarungen, welche die Konfliktvermeidung nach der Vertragsaufhebung bezwecken. Dies sind etwa Schiedsklauseln und Vereinbarungen über Schadenspauschalen oder Vertragsstrafen, die für den Fall der Vertragsaufhebung getroffen sind (MüKoHGB/Mankowski Rn. 10; Honsell/Weber Rn. 12). Die Aufzählung des Abs. 1 S. 2 ist nicht abschließend, sodass auch weitere Nebenpflichten, wie etwa die zur Erhaltung der Ware nach Art. 86 oder zur Geheimhaltung, fortbestehen können (MüKoHGB/Mankowski Rn. 14; MüKoBGB/P. Huber Rn. 4 f.; Schlechtriem/Schwenzer/Schroeter/Fountoulakis Rn. 12; Staudinger/Magnus, 2018, Rn. 6).

4 **3. Rückabwicklung (Abs. 2).** Mit der Aufhebung wird der Vertrag zum Rückabwicklungsverhältnis umgesteuert (Honsell/Weber Rn. 4; Enderlein/Maskow/Strohbach Anm. 1; Schlechtriem/Schwenzer/Schroeter/Fountoulakis Rn. 6 f.; Staudinger/Magnus, 2018, Rn. 2; Soergel/Lutzi Rn. 1). Soweit bereits ein Leistungsaustausch stattgefunden hat, haben beide Parteien ein Rückforderungs- und damit ein Zurückbehaltungsrecht (MüKoHGB/Mankowski Rn. 7; Herber/Czerwenka Rn. 9; Honsell/Weber Rn. 19; MüKoBGB/P. Huber Rn. 12; Staudinger/Magnus,

2018, Rn. 14). Dabei gilt der **Grundsatz der unversehrten Rückgabe** der konkreten Sache, soweit nicht Art. 28 einer Erfüllung in natura entgegensteht (MüKoHGB/Mankowski Rn. 4; Herber/Czerwenka Rn. 8; Piltz IntKaufR Rn. 5-319; Schlechtriem/Schwenzer/Schroeter/Fountoulakis Rn. 17; Staudinger/Magnus, 2018, Rn. 11; Soergel/Lutzi Rn. 7). Die Gegenansicht (Honsell/Weber Rn. 16; MüKoBGB/P. Huber Rn. 8; Schlechtriem/Schwenzer/Schroeter/Müller-Chen Art. 28 Rn. 6), die die Anwendbarkeit des Vorbehalts des Art. 28 im Rahmen des Rückabwicklungsverhältnisses unter Hinweis darauf bestreitet, dass die entsprechende Leistung bereits einmal erbracht wurde und eine Rückgabe in natura deshalb sachgerecht sei, verkennt, dass der Schutzzweck dieser Vorschrift (→ Art. 28 Rn. 1) auch insoweit greift (Schlechtriem/Schwenzer/Schroeter/Fountoulakis Rn. 17). Kommt es zu Veränderungen der geleisteten Sache, bestimmt sich deren Rückgabe nach Art. 82–84. Die Rückgabe hat Zug-um-Zug zu erfolgen (Honsell/Weber Rn. 19; Staudinger/Magnus, 2018, Rn. 14). Der Käufer kann unmittelbar die Rückzahlung des Kaufpreises verlangen, wenn der Verkäufer mit der Rücknahme der Kaufsache in Annahmeverzug gerät (AG Landsberg IHR 2008, 27 (28)).

Art. 81 enthält keine ausdrückliche Regelung über den **Leistungsort.** Insoweit liegt eine ausfüllungsfähige Lücke vor, die nach Art. 7 Abs. 2 ohne Rückgriff auf die über das IPR bestimmbaren nationalen Regelungen auszufüllen ist (MüKoBGB/P. Huber Rn. 15 mwN auch zu weiteren aA; Schlechtriem/Schwenzer/Schroeter/Fountoulakis Rn. 23; aA Cour d'appel Paris 14.1.1998, CISG-online Nr. 347). Anzuknüpfen ist insoweit spiegelbildlich an die Bestimmungen für die Primäransprüche (AG Sursee IHR 2009, 63 (65); MüKoBGB/P. Huber Rn. 15; Schlechtriem/Schwenzer/Schroeter/Fountoulakis Rn. 23; Staudinger/Magnus, 2018, Rn. 19; Soergel/Lutzi Rn. 12; aA – auf den Erfüllungsort der jeweils zugrunde liegenden ursprünglichen Pflicht abstellend – BGHZ 78, 257 (260); 98, 263 (272); Herber/Czerwenka Rn. 12; noch anders Hackenberg, Der Erfüllungsort von Leistungspflichten unter Berücksichtigung des Wirkungsortes von Erklärungen im UN-Kaufrecht und der Gerichtsstand des Erfüllungsortes im deutschen und europäischen Zivilprozessrecht, 2000, 170 ff. und Thiele RIW 2000, 892 (894 f.), nach denen alle Rückabwicklungspflichten nach Art. 81 Abs. 2 am Ort der Niederlassung des vertragstreuen Teils zu erfüllen sind; vgl. auch Krebs, Die Rückabwicklung im UN-Kaufrecht, 2000, 83 ff.; Bridge in Kröll/Mistelis/Perales Viscasillas CISG Rn. 24 stellt auf den Ort ab, an dem sich die Ware im Zeitpunkt der Vertragsaufhebung befindet). Soweit der Käufer den Kaufpreis nach Art. 57 am Ort der Niederlassung des Verkäufers zu zahlen hat, ist Erfüllungsort für die Rückzahlung des Kaufpreises der Ort der Niederlassung des Käufers (OLG Düsseldorf RIW 1993, 845; Honsell/Weber Rn. 21; MüKoBGB/P. Huber Rn. 15; Schlechtriem/Schwenzer/Schroeter/Fountoulakis Rn. 24). Im Hinblick auf die Ware ist Erfüllungsort bei der Holschuld bzw. beim Versendungskauf nach Art. 31 regelmäßig der Ort der Niederlassung des Verkäufers. Deshalb hat die Rückgabe der Ware am Ort des Käufers zu erfolgen (Schlechtriem/Schwenzer/Schroeter/Fountoulakis Rn. 25). 5

Ist eine Rückgabe **nicht möglich,** entfällt nach Art. 82 das Aufhebungsrecht des Käufers, soweit nicht die in Art. 82 Abs. 2 genannten Voraussetzungen vorliegen. Gerät der Verkäufer bei der Rückabwicklung in **Annahmeverzug,** beurteilen sich die Rechtsfolgen mangels entsprechender Regelung des Übereinkommens nach dem durch IPR berufenen nationalen Recht (vgl. LG Landshut 5.4.1995 – 54 O 644/94, CISG-online Nr. 193; aA Schlechtriem/Schwenzer/Schroeter/Fountoulakis Rn. 29). 6

Die **Kosten der Rückabwicklung** kann die rücktrittsberechtigte Partei als Schadensersatz (Abs. 1 S. 1) nach Art. 45 Abs. 1 lit. b bzw. Art. 61 Abs. 1 lit. b iVm Art. 74 verlangen, soweit der Anspruch nicht nach Art. 79 ausgeschlossen ist. Dagegen hat die vertragsbrüchige Partei ihre Kosten selbst zu tragen (MüKoHGB/Mankowski Rn. 17; MüKoBGB/P. Huber Rn. 14; Staudinger/Magnus, 2018, Rn. 17; Soergel/Lutzi Rn. 14). 7

## III. Beweislastregeln

Die Partei, die sich auf die Befreiung von ihrer Vertragsverpflichtung beruft (Abs. 1) oder Rückgewähr erbrachter Leistungen fordert (Art. 2), hat das Vorliegen der tatsächlichen Voraussetzungen ihres Rechts zu beweisen (MüKoBGB/P. Huber Rn. 18; Staudinger/Magnus, 2018, Rn. 22). 8

## Art. 82 (Verlust der Rechte auf Vertragsaufhebung oder Ersatzlieferung wegen Unmöglichkeit der Rückgabe im ursprünglichen Zustand)

**(1) Der Käufer verliert das Recht, die Aufhebung des Vertrages zu erklären oder vom Verkäufer Ersatzlieferung zu verlangen, wenn es ihm unmöglich ist, die Ware im wesentlichen in dem Zustand zurückzugeben, in dem er sie erhalten hat.**

**(2) Absatz 1 findet keine Anwendung,**

**a) wenn die Unmöglichkeit, die Ware zurückzugeben oder sie im wesentlichen in dem Zustand zurückzugeben, in dem der Käufer sie erhalten hat, nicht auf einer Handlung oder Unterlassung des Käufers beruht,**

**b) wenn die Ware ganz oder teilweise infolge der in Artikel 38 vorgesehenen Untersuchung untergegangen oder verschlechtert worden ist oder**

**c) wenn der Käufer die Ware ganz oder teilweise im normalen Geschäftsverkehr verkauft oder der normalen Verwendung entsprechend verbraucht oder verändert hat, bevor er die Vertragswidrigkeit entdeckt hat oder hätte entdecken müssen.**

## Überblick

Ist ihm die unversehrte Rückgabe der Ware unmöglich, kann der Käufer ungeachtet des Grundes weder Vertragsaufhebung noch Ersatzlieferung verlangen (→ Rn. 2). Voraussetzung für diesen Ausschluss ist aber, dass bei Absenden der Aufhebungserklärung oder des Ersatzlieferungsverlangens nicht nur geringfügige Abweichungen vom ursprünglichen Zustand vorliegen (→ Rn. 3 f.). Liegt eine der in Abs. 2 aufgeführten Ausnahmen vor und hat der Käufer damit die unversehrte Rückgabe der Ware nicht zu verantworten, bleiben ihm die Rechte auf Vertragsaufhebung oder Ersatzlieferung erhalten. Dies ist der Fall, wenn die Veränderung oder der Untergang der Ware nicht auf einem Zutun des Käufers beruht (lit. a), sodass der Verkäufer das Risiko des zufälligen Untergangs trägt (→ Rn. 6). Eingeschränkt wird der Grundsatz der unversehrten Rückgabe zudem, wenn die Verschlechterung oder der Untergang auf einer ordnungsgemäßen Untersuchung beruhen (lit. b, → Rn. 7). Gleiches gilt, wenn der Käufer die Ware im normalen Geschäftsverkehr verkauft oder der normalen Verwendung entspr. verbraucht oder verändert hat, lit. c, sowie im Fall der völligen Wertlosigkeit der gelieferten Ware (→ Rn. 8 f.).

## I. Normzweck

1 Art. 82 **Abs. 1** beruht auf dem Grundsatz der **unversehrten Rückgabe** der Ware. Vertragsaufhebung und Ersatzlieferung kann der Käufer grds. nur verlangen, wenn er die Ware noch in dem Zustand zurückzugeben vermag, in dem er diese erhalten hat. Zum Verlust dieser Rechte kommt es jedoch nicht, wenn die in **Abs. 2** genannten **Ausnahmefälle** gegeben sind.

## II. Einzelerläuterungen

2 **1. Grundsatz der unversehrten Rückgabe (Abs. 1).** Die Vorschrift betrifft ausdrücklich nur das Recht des Käufers, die Aufhebung zu erklären oder Ersatzlieferung zu verlangen. Diese Rechte sind ausgeschlossen, soweit der Käufer nicht zur unversehrten Rückgabe der Ware in der Lage ist. Gleiches muss nach dem Rechtsgedanken der Norm gelten, wenn der Käufer zwar die Ware unversehrt zurückgeben, aber zurückzuerstattende Leistungen, zB eine Kaution, nicht leisten kann (Staudinger/Magnus, 2018, Rn. 9; aA Soergel/Lutzi Rn. 5). Eine **Unmöglichkeit** iSd Abs. 1 liegt vor, wenn der Käufer die Ware nicht im gleichen Zustand zurückzugeben vermag, in dem er sie erhalten hat. Dabei ist der Grund hierfür unbeachtlich. Es kommen **sämtliche Hindernisse** in Betracht (Bianca/Bonell/Tallon Anm. 1.1; Schlechtriem/Schwenzer/Schroeter/Fountoulakis Rn. 5), ohne dass die Frage des Verschuldens von Bedeutung ist. So verliert der Käufer das Aufhebungsrecht, wenn er die Ware überhaupt nicht zurückgeben kann, weil er sie vernichtet, weiterveräußert, verarbeitet oder verloren hat. Unmöglichkeit im vorgenannten Sinne ist auch zu bejahen, wenn der Käufer Ersatz aus der Gattung beschaffen und diesen zurückgeben könnte (unter Hinweis auf die sonst drohenden Unklarheiten hinsichtlich Qualität, Rechtsmängel und insbes. Anwendung der Gefahrtragungsregeln in Art. 82 Abs. 2 Schlechtriem/Schwenzer/Schroeter/Fountoulakis Rn. 5; dazu ausf. Boels, Der Rücktritt vom Vertrag trotz Rückgabeunmöglichkeit – Ein Vergleich der Regelungen des BGB mit dem UN-Kaufrecht, den Lando-Prinzipien und den UNIDROIT-Prinzipien, 2009; MüKoHGB/Mankowski Rn. 6; MüKoBGB/P. Huber Rn. 3; Staudinger/Magnus, 2018, Rn. 5; Soergel/Lutzi Rn. 5). Bei teilbaren Leistungen bezieht sich der Rechtsverlust iSd Abs. 1 nur auf den Teil der Lieferung, der nicht im Wesentlichen in dem Zustand zurückgegeben werden kann, in dem er übergeben wurde (OGH IHR 2011, 85 (88)).

3 Dem Käufer ist die Geltendmachung dieser Rechte aber nur verwehrt, wenn er die Ware nicht **im Wesentlichen** in dem Zustand zurückgeben kann, in dem er sie erhalten hat. Deshalb sind

geringfügige Abweichungen unbeachtlich (Enderlein/Maskow/Strohbach Anm. 2.1; Honsell/Weber Rn. 7; Schlechtriem/Schwenzer/Schroeter/Fountoulakis Rn. 6; Soergel/Lutzi Rn. 6). Aufgrund der **Bagatellklausel,** deren Inhalt sich auf Grund Art. 8 Abs. 2 nach dem objektiven Maßstab einer vernünftigen Person beurteilt, lassen sich geringfügige Verschlechterungen allenfalls im Rahmen des Schadensersatzes berücksichtigen (Honsell/Weber Rn. 8). Aus dem objektiven Maßstab folgt auch, dass Veränderungen, die den Warenwert nicht beeinträchtigen oder diesen sogar erhöhen (zB Veredelung), die Rückgabemöglichkeit nicht ausschließen (BGH RIW 1997, 1037; MüKoHGB/Mankowski Rn. 5; MüKoBGB/P. Huber Rn. 4; Staudinger/Magnus, 2018, Rn. 8).

**Maßgeblich** für die Beurteilung der Möglichkeit unversehrter Rückgabe ist der **Zeitpunkt,** 4
in dem der Käufer seine Aufhebungserklärung bzw. sein Ersatzlieferungsverlangen abschickt (MüKoBGB/P. Huber Rn. 6; Staudinger/Magnus, 2018, Rn. 10). Das Aufhebungsrecht lebt auch nicht wieder auf, wenn die zu diesem Zeitpunkt unmögliche Rückgabe später wieder möglich wird (MüKoBGB/P. Huber Rn. 8; Schlechtriem/Schwenzer/Schroeter/Fountoulakis Rn. 9). Umgekehrt verliert der Käufer nicht das Aufhebungsrecht, wenn ihm die Rückgabe nach diesem Zeitpunkt unmöglich wird (MüKoBGB/P. Huber Rn. 9; Staudinger/Magnus, 2018, Rn. 10, 14; Soergel/Lutzi Rn. 8; aA unter Hinweis auf das Synallagma Enderlein/Maskow/Strohbach Anm. 1.3). Da er jedoch gem. Art. 86 zum Erhalt der Ware verpflichtet ist, trifft ihn eine Schadensersatzpflicht, von der er freilich entspr. Art. 82 Abs. 2 oder nach Art. 79 befreit sein kann (Staudinger/Magnus, 2018, Rn. 15; MüKoBGB/P. Huber Rn. 9; vgl. auch MüKoHGB/Mankowski Rn. 12).

**2. Ausnahmen (Abs. 2).** Der in Abs. 1 geregelte Grundsatz der unversehrten Rückgabe 5
unterliegt mehreren weitreichenden (vgl. Schlechtriem/Schwenzer/Schroeter/Fountoulakis Rn. 10: „Grundsatz zur Ausnahme“) Einschränkungen. Die drei Fallgruppen des Abs. 2 stellen einen **abschließenden Katalog** dar. Sie lassen sich auf den Grundsatz zurückführen, dass der Käufer das Aufhebungsrecht und den Nachlieferungsanspruch nur verliert, wenn ihm die unversehrte Rückgabe der Ware aus eigenverantwortlichen Gründen unmöglich ist (MüKoBGB/P. Huber Rn. 10; Staudinger/Magnus, 2018, Rn. 16; vgl. mit feineren Differenzierungen Schlechtriem/Schwenzer/Schroeter/Fountoulakis Rn. 10 f., die zwischen dem Risiko des Zufalls und der höheren Gewalt (lit. a, b) einerseits und dem Risiko der geschäftsüblichen Verwendung (lit. c) andererseits unterscheidet). Soweit eine der Einschränkungen vorliegt, bleiben dem Käufer die **Rechte erhalten,** die Vertragsaufhebung zu erklären oder Ersatzlieferung zu verlangen.

**a) Kein Zutun des Käufers (lit. a).** Dies gilt nach Abs. 2 lit. a zum einen, wenn die Verände- 6
rung oder der Untergang der Ware nicht auf einem Zutun des Käufers beruht. Dabei steht ein Unterlassen der Handlung gleich, wenn der Käufer verpflichtet war, die erforderlichen Maßnahmen zu ergreifen (MüKoBGB/P. Huber Rn. 12; Staudinger/Magnus, 2018, Rn. 20; vgl. OLG Karlsruhe IHR 2003, 125, das das Verladen einer Maschine für den Rücktransport zum Verkäufer zwecks Nachbesserung nicht als Pflicht des Käufers ansah, weswegen eine erhebliche Beeinträchtigung der Maschine infolge mangelhafter Transportsicherung das Aufhebungsrecht des Käufers nicht entfallen ließ). Auf ein Verschulden des Käufers kommt es nicht an (Bianca/Bonell/Tallon Anm. 2.2; Honsell/Weber Rn. 16; Schlechtriem/Schwenzer/Schroeter/Fountoulakis Rn. 10). Demzufolge **trägt** der **Verkäufer** das **Risiko des zufälligen Untergangs.** Von Bedeutung sind insoweit insbes. Schäden durch höhere Gewalt oder infolge von Vertragsverletzungen seitens des Verkäufers, zB Verderb der Ware (vgl. Hof's-Gravenhage IHR 2004, 119: kein Verlust des Vertragsaufhebungsrechts durch eine Qualitätsminderung der gelieferten Ware, die infolge einer lang andauernden Beschlagnahme der Ware eintritt) oder weitere Verschlechterungen durch ihr bereits anhaftende Mängel (Enderlein/Maskow/Strohbach Anm. 5 f.; Honsell/Weber Rn. 17; Neumayer/Ming Anm. 2; Schlechtriem/Schwenzer/Schroeter/Fountoulakis Rn. 13; Staudinger/Magnus, 2018, Rn. 21). Insgesamt bleibt dem Käufer das Recht zur Vertragsaufhebung erhalten, wenn die Störung außerhalb seiner Einflusssphäre liegt und auf unvorhersehbaren oder unvermeidbaren Ereignissen beruht (MüKoHGB/Mankowski Rn. 16; MüKoBGB/P. Huber Rn. 13; Schlechtriem/Schwenzer/Schroeter/Fountoulakis Rn. 14; Soergel/Lutzi Rn. 11). Hierbei sind die Wertungen des Art. 79 zu berücksichtigen. Dementsprechend schließt eine die Ware beeinträchtigende Handlung Dritter das Aufhebungsrecht nur aus, wenn der Käufer nach Art. 79 Abs. 1 für deren Verhalten einzustehen hat (MüKoBGB/P. Huber Rn. 13; Staudinger/Magnus, 2018, Rn. 19).

**b) Untersuchung der Ware (lit. b).** Nach Art. 38 trifft den Käufer die Obliegenheit zur 7
Untersuchung der Ware. Soweit die Verschlechterung oder der Untergang auf einer ordnungsgemäßen (MüKoHGB/Mankowski Rn. 20 f.; Herber/Czerwenka Rn. 8; Staudinger/Magnus, 2018,

Rn. 24; Soergel/Lutzi Rn. 13) Untersuchung beruhen, lässt dies nach Abs. 2 lit. b das Recht des Käufers zur Vertragsaufhebung unberührt (BGH NJW 1997, 3311; Bianca/Bonell/Tallon Anm. 2.3; Enderlein/Maskow/Strohbach Anm. 5; MüKoBGB/P. Huber Rn. 17). Auch insoweit trägt der Verkäufer das Risiko.

8 **c) Geschäftsübliche Verwendung (lit. c).** Schließlich führt die Unmöglichkeit der unversehrten Rückgabe der Ware auch dann nicht zum Wegfall des Aufhebungsrechts des Käufers, wenn sie darauf zurückgeht, dass der Käufer die Ware im normalen Geschäftsverkehr weiterverkauft oder der normalen Verwendung entspr. verbraucht oder verändert hat. Maßstab hierfür ist das Verhalten einer vernünftigen Person in der gleichen Lage (Art. 8 Abs. 2) (MüKoHGB/Mankowski Rn. 23; MüKoBGB/P. Huber Rn. 18; Schlechtriem/Schwenzer/Schroeter/Fountoulakis Rn. 26). Bei normalem Weiterverkauf bei verborgenen Mängeln behält der Käufer das Aufhebungsrecht unabhängig davon, ob der Zweitkäufer gegen ihn Mängelrechte geltend macht oder nicht (mit rechtspolitischer Kritik zu der Regelung des Falls der Weiterveräußerung Schlechtriem/Schwenzer/Schroeter/Fountoulakis Rn. 22; zutr. dagegen MüKoHGB/Mankowski Rn. 25; Staudinger/Magnus, 2018, Rn. 26). Die Aufrechterhaltung des Aufhebungsrechts steht aber unter der zeitlichen Einschränkung, dass der Käufer zum Zeitpunkt des Verkaufs, Verbrauchs oder der Veränderung **keine Kenntnis** von der Vertragswidrigkeit hatte und auch nicht hätte haben müssen (Honsell/Weber Rn. 24; Schlechtriem/Schwenzer/Schroeter/Fountoulakis Rn. 25; Soergel/Lutzi Rn. 17). Lit. c erfasst schließlich auch den normalen Gebrauch der Sache (MüKoHGB/Mankowski Rn. 24; Schlechtriem/Schwenzer/Schroeter/Fountoulakis Rn. 21; Staudinger/Magnus, 2018, Rn. 27). Der Privilegierung des gutgläubig weiterveräußernden Käufers lässt sich keine weitergehende Wertung entnehmen, dass in diesen Fällen das Recht des Verkäufers auf Vertragsaufhebung entfällt (OLG Karlsruhe IHR 2008, 53 (54 f.); aA Vorinstanz LG Koblenz – 5 O 455/06). Zur Frage, ab welchem Grad der Veränderung der Ware Unmöglichkeit iSd Art. 82 Abs. 1 anzunehmen ist, → Rn. 2.

9 **d) Wertlose Ware.** Der Grundsatz von Treu und Glauben (Art. 7 Abs. 1) gebietet es schließlich, dem Käufer die Rechte unabhängig von der Möglichkeit der unversehrten Rückgabe zu erhalten, soweit die vom Verkäufer gelieferte Ware völlig wertlos ist (Schlechtriem/Huber, 3. Aufl., Art. 46 Rn. 53; Staudinger/Magnus, 2018, Rn. 27a).

## III. Beweislastregeln

10 Der **Verkäufer,** der sich auf den Verlust des Rechtes des Käufers zur Vertragsaufhebung nach Abs. 1 beruft, hat zu beweisen, dass sich die Ware nicht mehr im Wesentlichen in dem Zustand befindet, in dem der Käufer sie erhalten hat (MüKoBGB/P. Huber Rn. 21; Staudinger/Magnus, 2018, Rn. 31; Bridge in Kröll/Mistelis/Perales Viscasillas CISG Rn. 17; Soergel/Lutzi Rn. 19; aA Müller in Baumgärtel/Laumen/Prütting Beweislast-HdB II UNKR Rn. 1 ff.). Die Beweislast für das Vorliegen eines Ausnahmefalles nach Abs. 2 trifft dagegen den **Käufer** (Müller in Baumgärtel/Laumen/Prütting Beweislast-HdB II UNKR Rn. 6; MüKoBGB/P. Huber Rn. 21).

## Art. 83 (Fortbestand anderer Rechte des Käufers)

**Der Käufer, der nach Artikel 82 das Recht verloren hat, die Aufhebung des Vertrages zu erklären oder vom Verkäufer Ersatzlieferung zu verlangen, behält alle anderen Rechtsbehelfe, die ihm nach dem Vertrag und diesem Übereinkommen zustehen.**

1 Die Bestimmung stellt klar, dass dem Käufer die übrigen Behelfe nach dem Übereinkommen **auch neben der Aufhebung** erhalten bleiben. Dies entspricht dem Grundsatz der Kombination von Vertragsaufhebung und Schadensersatz.

2 Als dem Käufer erhalten bleibende andere Rechtsbehelfe kommen damit zunächst die **Schadensersatzansprüche** der Art. 74–77 in Betracht. Daneben ist das Recht auf Minderung nach Art. 50 ebenso in Betracht zu ziehen wie ggf. auch der Anspruch auf Nachbesserung gem. Art. 46 Abs. 3 (vgl. MüKoHGB/Mankowski Rn. 3; Honsell/Weber Rn. 2; MüKoBGB/P. Huber Rn. 2; Neumayer/Ming Anm. 1; Schlechtriem/Schwenzer/Schroeter/Fountoulakis Rn. 3 f.; Staudinger/Magnus, 2018, Rn. 4; Soergel/Lutzi Rn. 3).

## Art. 84 (Ausgleich von Vorteilen im Falle der Rückabwicklung)

**(1) Hat der Verkäufer den Kaufpreis zurückzuzahlen, so hat er außerdem vom Tag der Zahlung an auf den Betrag Zinsen zu zahlen.**

**(2) Der Käufer schuldet dem Verkäufer den Gegenwert aller Vorteile, die er aus der Ware oder einem Teil der Ware gezogen hat,**
**a) wenn er die Ware ganz oder teilweise zurückgeben muß oder**
**b) wenn es ihm unmöglich ist, die Ware ganz oder teilweise zurückzugeben oder sie ganz oder teilweise im wesentlichen in dem Zustand zurückzugeben, in dem er sie erhalten hat, er aber dennoch die Aufhebung des Vertrages erklärt oder vom Verkäufer Ersatzlieferung verlangt hat.**

**Schrifttum:** Köhler, Die Vorteils- und Gewinnherausgabe im CISG, 2021.

### Überblick

Art. 84 betrifft die Vorteilsausgleichung im Rahmen der Rückabwicklung des Vertrages (→ Rn. 1). Der Verkäufer hat den Kaufpreis ab dem Tag der Zahlung zu verzinsen (Abs. 1, → Rn. 2). Die Zinshöhe ist einheitsrechtlich unter Rückgriff auf die Grundsätze des Übereinkommens zu bemessen (→ Rn. 3). Abs. 2 regelt die Käuferpflichten. Neben der Rückgewähr der Ware hat er hierdurch erlangte Vorteile auszugleichen (lit. a), wobei aber notwendige Verwendungen zu berücksichtigen sind (→ Rn. 4). Vermag der Käufer die Ware nicht oder nicht im Wesentlichen in dem Zustand zurückzugeben, in dem er sie erhalten hat, tritt an die Stelle des Rückgabeanspruches ein Anspruch auf Vorteilsausgleichung (lit. b; → Rn. 5), der sowohl das commodum ex re als auch das commodum ex negatione umfasst (→ Rn. 6 f.).

### I. Normzweck

In Art. 84 ist der **Grundsatz der Vorteilsausgleichung** festgelegt, der neben oder anstelle des in Art. 81 Abs. 2 vorgesehenen Rückgewähranspruchs zum Zuge kommt. **Abs. 1** betrifft dabei die Ausgleichungspflicht des **Verkäufers,** der den Kaufpreis bei der Rückzahlung zu verzinsen hat. **Abs. 2** regelt den vom **Käufer** zu leistenden Vorteilsausgleich, und zwar nach lit. a begleitend neben der Rückgabe der Ware und nach lit. b als Surrogat für die Ware. Für den Anspruch auf Vorteilsausgleichung ist es gleichgültig, welche Partei zur Vertragsaufhebung berechtigt war (vgl. Schlechtriem/Schwenzer/Schroeter/Fountoulakis Rn. 7; Staudinger/Magnus, 2018, Rn. 6, 14). Der Anspruch ist nicht als Schadensersatz zu begreifen (vgl. aber auch Staudinger/Magnus, 2018, Rn. 23, 27; MüKoBGB/P. Huber Rn. 1; Staudinger/Magnus, 2018, Rn. 2, 6; Schlechtriem/Schwenzer/Schroeter/Fountoulakis Rn. 6). Daher besteht auch keine Entlastungsmöglichkeit iSd Art. 79 (Honsell/Weber Rn. 3; MüKoBGB/P. Huber Rn. 2; Neumayer/Ming Anm. 2; Schlechtriem/Schwenzer/Schroeter/Fountoulakis Rn. 13; vgl. MüKoHGB/Mankowski Rn. 1). 1

### II. Einzelerläuterungen

**1. Verzinsung des Kaufpreises (Abs. 1). a) Zinsanspruch.** Hat der Verkäufer bei der Rückabwicklung den Kaufpreis zurückzuzahlen, so ist dieser vom Tag der Zahlung durch den Käufer an zu verzinsen. Der Zeitpunkt, ab dem die Zinszahlungspflicht besteht, wird also – insoweit abweichend von Art. 78 (hierzu und zum Verhältnis von Art. 78 zu Art. 84 Abs. 1 → Art. 78 Rn. 2 f.) – gegenüber der Fälligkeit der Rückzahlungspflicht vorverlegt. Dies gilt indes nur im Fall der **Vertragsaufhebung.** Entstehen dem Käufer hingegen Zinsschäden im Zusammenhang mit dem Verlangen einer Ersatzlieferung, sind diese im Rahmen des Schadensersatzes zu berücksichtigen (Schlechtriem/Schwenzer/Schroeter/Fountoulakis Rn. 14). Als Tag der Zahlung ist der Tag anzusehen, an dem der Verkäufer über den Kaufpreis verfügen kann; beim Wechsel ist dies die Verfallszeit, beim Scheck dessen Übergabe (MüKoHGB/Mankowski Rn. 6; MüKoBGB/P. Huber Rn. 5; Staudinger/Magnus, 2018, Rn. 8). 2

**b) Zinshöhe.** Ebenso wie in Art. 78 (→ Art. 78 Rn. 5 f.) ist die Pflicht zur Zinszahlung nur dem Grunde nach geregelt. Hieraus resultieren Unsicherheiten bei der Bemessung der Zinshöhe. Umstritten ist vor allem, ob eine international einheitliche Lösung unter Rückgriff auf die allgemeinen Grundsätze des Übereinkommens zu verwirklichen ist (MüKoHGB/Mankowski Rn. 4; Neumayer/Ming Art. 78 Anm. 2; Schlechtriem/Schwenzer/Schroeter/Fountoulakis Rn. 15) oder 3 das nach Kollisionsrecht zu ermittelnde nationale Recht maßgeblich sein soll (Bianca/Bonell/Tallon Anm. 2.1; Enderlein/Maskow/Strohbach Anm. 3; Herber/Czerwenka Rn. 3; MüKoBGB/P. Huber Rn. 6; Reinhart UN-KaufR Rn. 3; Staudinger/Magnus, 2018, Rn. 9; Soergel/Lutzi Rn. 5. Auch die Rspr. tendiert zur Bemessung der Zinshöhe nach dem Vertragsstatut, vgl. Schiedsgericht der Hamburger freundlichen Arbitrage IHR 2001, 35 (38); OLG Celle 24.5.1995 – 20 U 76/94, CISG-online Nr. 152; LG Landshut 5.4.1995 – 54 O 644/94, CISG-online Nr. 193). Entgegen der zuletzt genannten wohl hM verdient auch hier die einheitsrechtliche Lösung aus Gründen der Rechtsvereinheitlichung den Vorzug. Entspr. dem Art. 84 zugrunde liegenden Gedanken der Vorteilsausgleichung ist der mögliche Vorteil des Verkäufers auszukehren. Dieser Vorteil besteht in der ermöglichten Geldnutzung (vgl. Piltz IntKaufR Rn. 5-320; Staudinger/Magnus, 2018, Rn. 11) und ist aus Praktikabilitätsgründen abstrakt zu berechnen. Dementsprechend ist die Höhe der Zinsen des Rückzahlungsanspruchs nach den **üblichen Zinsen am Ort der Niederlassung des Verkäufers** zu bemessen (s. auch Art. 78 → Art. 78 Rn. 5) (Neumayer/Ming Anm. 2; Schlechtriem/Schwenzer/Schroeter/Fountoulakis Rn. 17. Dieser Auffassung schließen sich auch Honsell/Weber Rn. 10 an. Auch Enderlein/Maskow/Strohbach Anm. 3 halten die Lösung für akzeptabel).

4 **2. Vorteilsausgleichung (Abs. 2). a) Begleitende Vorteilsausgleichung (lit. a).** Neben der Rückgabe der Ware nach Art. 81 Abs. 2 hat der Käufer bei der Rückabwicklung des Vertrages – nicht aber im Fall der Ersatzlieferung des Art. 46 Abs. 2 (Achilles Rn. 3; Enderlein/Maskow/Strohbach Anm. 5.2; Honsell/Weber Rn. 12; MüKoBGB/P. Huber Rn. 11; Staudinger/Magnus, 2018, Rn. 20) – nach Abs. 2 lit. a auch alle Vorteile in Geld auszugleichen, unabhängig davon, ob sie im Zeitpunkt der Vertragsaufhebung noch vorhanden sind. Hierzu zählen die **Früchte** der Sache ebenso wie sämtliche **Gebrauchsvorteile** bei eigener Nutzung durch den Käufer, wobei diese nach dem objektiven Gebrauchswert (dh nach den marktüblichen Nutzungsentgelten) der Sache zu bemessen sind (Honsell/Weber Rn. 14; MüKoBGB/P. Huber Rn. 12; Schlechtriem/Schwenzer/Schroeter/Fountoulakis Rn. 25; Staudinger/Magnus, 2018, Rn. 17; Soergel/Lutzi Rn. 8; aA unter Hinweis auf das deutsche Recht, die hierzu ergangene Rspr. und die Gesetzesbegr. zu § 326 Abs. 1 BGB MüKoHGB/Mankowski Rn. 12: „Zu ersetzen ist der Teil des Verkehrswertes, der dem Verhältnis von tatsächlicher zu möglicher Benutzungsdauer entspricht"). Zu berücksichtigen sind aber die vom Käufer getragenen Kosten, sodass nur die **Nettovorteile** auszugleichen sind (Herber/Czerwenka Rn. 8; Honsell/Weber Rn. 16; MüKoBGB/P. Huber Rn. 14; Neumayer/Ming Anm. 4; Schlechtriem/Schwenzer/Schroeter/Fountoulakis Rn. 27; Staudinger/Magnus, 2018, Rn. 17). Zu den berücksichtigungsfähigen Kosten zählen auch **die notwendigen Verwendungen,** also die zum Erhalt der Sache getätigten Aufwendungen (Neumayer/Ming Anm. 4; Honsell/Weber Rn. 17; Schlechtriem/Schwenzer/Schroeter/Fountoulakis Rn. 29; Staudinger/Magnus, 2018, Rn. 17). Hingegen sind nicht wertsteigernde (Luxus-)Verwendungen nicht zu berücksichtigen (ausdrücklich Schlechtriem/Schwenzer/Schroeter/Hornung/Fountoulakis Rn. 30; Staudinger/Magnus, 2018, Rn. 17. Auf diese wird von Herber/Czerwenka Rn. 8 und Honsell/Weber Rn. 17 gar nicht näher eingegangen). Umstritten ist die Berücksichtigungsfähigkeit der sog. nützlichen, also nicht zum Erhalt der Sache notwendigen, aber gleichwohl wertsteigernden Verwendungen. Teilweise soll diese Frage mangels einer Regelung im CISG nach dem über das IPR berufenen nationalen Recht zu beantworten sein (Schlechtriem/Schwenzer/Hornung, 4. Aufl. 2004, Rn. 20c). Vorzugswürdig ist indes die wohl hM, wonach nützliche Aufwendungen außer Betracht bleiben (Herber/Czerwenka Rn. 8; Honsell/Weber Rn. 22; MüKoBGB/P. Huber Rn. 14; Staudinger/Magnus, 2018, Rn. 26). Dies ergibt sich aus dem Gedanken des Einheitsrechts sowie den Wertungen der Art. 85 ff. (MüKoBGB/P. Huber Rn. 14). Allerdings kann dem Käufer, der zur Aufhebung des Vertrags berechtigt ist, das Recht zustehen, seine frustrierten Aufwendungen im Rahmen des Schadensersatzes geltend zu machen (→ Art. 79 Rn. 16) (Herber/Czerwenka Rn. 8; Schlechtriem/Schwenzer/Schroeter/Fountoulakis Rn. 31, 32; Staudinger/Magnus, 2018, Rn. 26; aA wohl MüKoBGB/P. Huber Rn. 14). Da das Übereinkommen keine Pflicht zur Ziehung von Nutzungen vorsieht, sind nicht gezogene Nutzungen ebenfalls nicht ersatzfähig (MüKoHGB/Mankowski Rn. 14; Enderlein/Maskow/Strohbach Anm. 4.1; Neumayer/Ming Anm. 3; Reinhart UN-KaufR Rn. 5; Staudinger/Magnus, 2018, Rn. 19; Soergel/Lutzi Rn. 10; ebenso Schlechtriem/Schwenzer/Schroeter/Fountoulakis Rn. 33, die aber auf die Möglichkeit des Verkäufers hinweist, nicht gezogene Nutzungen und Gebrauchsvorteile im Rahmen eines Schadensersatzanspruchs herauszuverlangen).

5 **b) Vorteilsausgleichung als Surrogat (lit. b).** Soweit der Käufer die Ware **nicht** oder nicht mehr im Wesentlichen in dem Zustand **zurückzugeben vermag,** in dem er sie erhalten hat, und nach Art. 82 Abs. 2 (→ Art. 82 Rn. 2 ff.) gleichwohl Aufhebung bzw. Ersatzlieferung ver-

langt, steht dem Verkäufer ebenfalls ein Anspruch auf Vorteilsausgleichung zu. Dieser tritt als Surrogat an die Stelle des Rückgabeanspruchs (MüKoHGB/Mankowski Rn. 17; MüKoBGB/P. Huber Rn. 15; Staudinger/Magnus, 2018, Rn. 21). Erklärt der **Verkäufer** die Vertragsaufhebung wegen Verletzung der Zahlungspflicht, nachdem der Käufer die Sache weiterveräußert hat, ist ihm ein entsprechender Anspruch zuzubilligen (OLG Karlsruhe IHR 2008, 53 (55)). Diskutiert wird auch eine analoge Anwendung zur Begründung eines Anspruchs des Käufers auf Herausgabe des Surrogats bei Untergang oder Weiterveräußerung der Kaufsache durch den Verkäufer (ausf. Hartmann IHR 2009, 189 mwN).

Der Käufer hat zum einen alle gezogenen Nutzungs- und Gebrauchsvorteile sowie Leistungen 6 (Schadensersatz- oder Versicherungssumme), die er infolge der Zerstörung, Beschädigung oder Verlustes der Sache erhalten hat, als **commodum ex re** herauszugeben. Hat der Käufer die Ansprüche gegen den Dritten noch nicht geltend gemacht, hat er sie an den Verkäufer abzutreten (MüKoBGB/P. Huber Rn. 17; Staudinger/Magnus, 2018, Rn. 23). Dabei ist der Wertersatzanspruch nach objektiven Maßstäben zu bestimmen und orientiert sich am Wert der Sache (Honsell/Weber Rn. 20). Geschuldet wird auch hier der Nettovorteil, sodass der Käufer eigene Aufwendungen abziehen kann.

Bei der Weiterveräußerung der Ware im normalen Geschäftsverkehr vor Kenntnis von der 7 Vertragswidrigkeit ist als **commodum ex negotiatione** der Verkaufserlös einschließlich etwaigen Gewinns herauszugeben, wobei abermals auf den Nettovorteil abzustellen ist, sodass dem Käufer **der Abzug von Kosten und Auslagen** zuzubilligen ist (OLG Karlsruhe IHR 2008, 53 (55); Honsell/Weber Rn. 22; MüKoBGB/P. Huber Rn. 18; Staudinger/Magnus, 2018, Rn. 24; Soergel/Lutzi Rn. 8; insgesamt krit. Schlechtriem/Schwenzer/Schroeter/Fountoulakis Rn. 37, 38). Zweifelhaft ist, ob der Käufer, der einen überdurchschnittlichen Gewinn erzielt, diesen oder lediglich den marktüblichen Gewinn herauszugeben hat. Ersteres wird teilweise unter Hinweis auf Art. 82 Abs. 2 lit. c („normaler Geschäftsverkehr") vertreten, dessen Schutz auch auf den Käufer zu erstrecken sei (MüKoHGB/Mankowski Rn. 20; ähnlich Schlechtriem/Schwenzer/Schroeter/Fountoulakis Rn. 37). Indes erscheint eine Beschränkung des Herausgabeanspruchs auf den marktüblichen Gewinn vor dem Hintergrund des Grundgedankens der Vorteilsausgleichung zweifelhaft. Auch dürfte die Bestimmung eines marktüblichen Gewinns zu nicht unerheblichen praktischen Schwierigkeiten führen. Der Verkaufserlös im vorstehend erläuterten Sinn ist daher auch dann herauszugeben, wenn er überdurchschnittlich ist (MüKoBGB/P. Huber Rn. 19, der zudem auf die geringe Relevanz dieses Streits hinweist, da lit. b voraussetzt, dass der Käufer trotz der Unmöglichkeit der Rückgabe zur Vertragsaufhebung berechtigt ist; in diesen Fällen steht ihm dann aber regelmäßig ein Schadensersatzanspruch zu, den er dem Herausgabeanspruch entgegensetzen kann; vgl. auch Achilles Rn. 4; Herber/Czerwenka Rn. 8; Staudinger/Magnus, 2018, Rn. 24).

### III. Beweislastregeln

Der **Käufer** hat die Voraussetzungen des Zinsanspruchs nach Abs. 1 zu beweisen; macht der 8 **Verkäufer** den Anspruch auf Vorteilsausgleichung nach Abs. 2 geltend, trifft ihn grds. die Beweislast (Müller in Baumgärtel/Laumen/Prütting Beweislast-HdB II UNKR Rn. 2, 6; MüKoBGB/P. Huber Rn. 21). Da er über die „üblichen" Vorteile hinaus nicht zu belegen vermag, welche konkreten Vorteile der Käufer tatsächlich gezogen hat, kommt insoweit aber eine Beweiserleichterung in Betracht; der Verkäufer hat die üblicherweise zu erwartenden Vorteile zu beweisen, der Käufer kann dann nachweisen, dass er tatsächlich weniger erwirtschaftet hat (s. iE Müller in Baumgärtel/Laumen/Prütting Beweislast-HdB II UNKR Rn. 8 f.; MüKoBGB/P. Huber Rn. 21).

## Abschnitt VI. Erhaltung der Ware

### Art. 85 (Pflicht des Verkäufers zur Erhaltung der Ware)

**[1]Nimmt der Käufer die Ware nicht rechtzeitig ab oder versäumt er, falls Zahlung des Kaufpreises und Lieferung der Ware Zug um Zug erfolgen sollen, den Kaufpreis zu zahlen, und hat der Verkäufer die Ware noch in Besitz oder ist er sonst in der Lage, über sie zu verfügen, so hat der Verkäufer die den Umständen angemessenen Maßnahmen zu ihrer Erhaltung zu treffen. [2]Er ist berechtigt, die Ware zurückzubehalten, bis ihm der Käufer seine angemessenen Aufwendungen erstattet hat.**

### Überblick

Bei Nichtabnahme treffen den Verkäufer nach Art. 85 Erhaltungspflichten, wenn er weiter auf die Ware zugreifen kann und der Käufer die Abnahme unberechtigt verweigert, S. 1 (→ Rn. 3 f.). Der Umfang der Maßnahmen richtet sich nach dem Einzelfall (→ Rn. 5 ff.). Bei Verletzung der Erhaltungspflichten steht dem Käufer Schadensersatz nach Art. 45 Abs. 1 lit. b zu (→ Rn. 8). Der Verkäufer hat seinerseits wegen der erforderlichen Kosten einen Aufwendungserstattungsanspruch und insoweit ein Zurückbehaltungsrecht (S. 2; → Rn. 9 f.).

## I. Normzweck

1 Art. 85–88 regeln die Frage, wen die **Erhaltungspflichten** für die Ware treffen, wenn unklar ist, ob Beanstandungen des Käufers berechtigt sind. Dabei gilt aus praktischen Gesichtspunkten der Grundsatz, dass diejenige Partei, welche tatsächlich am einfachsten auf die Ware zugreifen kann, auch für deren Erhaltung zu sorgen hat. Die Erhaltungspflichten stellen vertragliche Nebenpflichten dar (MüKoBGB/P. Huber Rn. 11; MüKoHGB/Mankowski Rn. 8; Schlechtriem/Schwenzer/Schroeter/Bacher Vor Art. 85 Rn. 2; Staudinger/Magnus, 2018, Vor Art. 85 Rn. 1). Sie sind eine Konkretisierung des Grundsatzes von Treu und Glauben und bestehen unabhängig davon, wer Eigentümer der Ware ist und wann der Gefahrübergang erfolgt (MüKoHGB/Mankowski Rn. 1; MüKoBGB/P. Huber Rn. 3, 6; Staudinger/Magnus, 2018, Rn. 2). Dieser allgemeine Gedanke ist über die Abnahmeweigerung hinaus von Bedeutung, sodass eine Erhaltungspflicht etwa auch im Zusammenhang mit der Rückgabepflicht nach Vertragsaufhebung besteht (vgl. Honsell/Weber Rn. 3; MüKoBGB/P. Huber Rn. 3; Schlechtriem/Schwenzer/Schroeter/Fountoulakis Art. 81 Rn. 12).

2 Zunächst werden die Voraussetzungen für die Erhaltungspflichten des **Verkäufers** in **Art. 85** sowie die des **Käufers** und ggf. auch seine Pflicht zur Inbesitznahme der Ware in **Art. 86** geregelt. Die anschließenden Vorschriften betreffen weitere Modalitäten der Erhaltung, nämlich **Art. 87** die **Einlagerung** bei Dritten und **Art. 88** den **Selbsthilfeverkauf.** Die Verletzung der Pflichten aus Art. 85–88 kann zu Schadensersatzansprüchen nach Art. 74 ff. führen, wobei aber regelmäßig eine Mitverursachung der anderen Partei nach Art. 77 zu berücksichtigen ist (Enderlein/Maskow/Strohbach Vor Art. 85 Anm. 3; Herber/Czerwenka Vor Art. 85 Rn. 4; Schlechtriem/Schwenzer/Schroeter/Bacher Vor Art. 85 Rn. 4).

## II. Einzelerläuterungen

3 **1. Voraussetzungen. a) Verfügungsmöglichkeit des Verkäufers.** Art. 85 setzt für das Bestehen der Erhaltungspflicht nach **S. 1** voraus, dass der **Verkäufer,** der seine Pflichten ordnungsgemäß erfüllt, weiterhin **Zugriff** auf die Ware **behält.** Dieser muss selbst oder durch seine eigenen Leute im Besitz der Ware bleiben oder aber in der Lage sein, über die etwa auf dem Transport befindliche Ware zu verfügen (Honsell/Weber Rn. 4; Schlechtriem/Schwenzer/Schroeter/Bacher Rn. 10; Staudinger/Magnus, 2018, Rn. 8). Diese maßgebliche Verfügungsbefugnis über die Ware verliert der Verkäufer etwa, wenn er dem Käufer die Dokumente übergeben hat. Dagegen verliert er die Verfügungsbefugnis regelmäßig nicht bereits dadurch, dass er die Dokumente lediglich dem Frachtführer zur Übergabe an den Käufer ausgehändigt hat, weil er dann noch gegenüber dem Frachtführer Weisungsrechte aus dem Frachtvertrag hat und weder der Käufer noch ein anderer besser legitimiert ist (MüKoBGB/P. Huber Rn. 5; MüKoHGB/Mankowski Rn. 4; Soergel/Lutzi Rn. 7).

4 **b) Abnahmeweigerung.** Auf Seiten des Käufers muss es zu einer Abnahmeweigerung kommen. Dabei ist es gleich, ob der Käufer die Ware nicht rechtzeitig abnimmt oder – über den Wortlaut der Vorschrift hinaus – die Abnahme endgültig verweigert (Honsell/Weber Rn. 6; Schlechtriem/Schwenzer/Schroeter/Bacher Rn. 4). Gleiches gilt, wenn der Käufer bei der Zug-um-Zug-Lieferung und auch – ebenfalls über den Wortlaut hinaus – bei vereinbarter Vorleistungspflicht des Käufers (Herber/Czerwenka Rn. 2; Honsell/Weber Rn. 7; MüKoHGB/Mankowski Rn. 3; MüKoBGB/P. Huber Rn. 4; Schlechtriem/Schwenzer/Schroeter/Bacher Rn. 6; Staudinger/Magnus, 2018, Rn. 6) die Kaufpreiszahlung versäumt. Ist der Käufer zur Verweigerung der Abnahme berechtigt, trägt der Verkäufer weiterhin die Gefahr. In diesem Fall mag er im eigenen Interesse für die Erhaltung der Ware sorgen. Demzufolge betrifft Art. 85 nur den Fall der **unberechtigten Abnahmeweigerung** (Bianca/Bonell/Barrera Graf Anm. 2.2; Schlechtriem/Schwenzer/Schroeter/Bacher Rn. 5; Sono in Kröll/Mistelis/Perales Viscasillas CISG Rn. 10; MüKoHGB/Mankowski Rn. 3: „insbes."; aA MüKoBGB/P. Huber Rn. 6). Verstößt nämlich der

Käufer gegen seine Abnahmepflicht (Art. 53, 60), geht die Gefahr nach Art. 69 auf ihn über und bleibt dem Verkäufer der Kaufpreisanspruch nach Art. 62 auch unabhängig vom Schicksal der Ware grds. erhalten. In dieser Situation begründet Art. 85 zum Schutz des Käufers Erhaltungspflichten für den Verkäufer, der die Ware nicht sich selbst überlassen darf, und erfüllt damit gleichsam iVm Art. 77 den Zweck der Schadensminderung (vgl. Honsell/Weber Vor 85–88 Rn. 2; MüKoHGB/Mankowski Vor Art. 85 Rn. 2; Schlechtriem/Schwenzer/Schroeter/Bacher Rn. 1).

**2. Erhaltungspflicht. a) Erhaltungsmaßnahmen.** Im Fall der unberechtigten Abnahmeweigerung des Käufers hat der Verkäufer für die Erhaltung der Ware zu sorgen. Er hat hierzu die nach den Umständen angemessenen Maßnahmen zu treffen. Welche **Maßnahmen** iE erforderlich sind, lässt sich nicht allgemein bestimmen, sondern beurteilt sich nach den konkreten Gegebenheiten des Einzelfalls. Der Verkäufer ist nicht zu jeder denkbaren Vorsorge verpflichtet, sondern nur zu einer solchen, die ihm zumutbar und auch wirtschaftlich zu rechtfertigen ist (MüKoBGB/P. Huber Rn. 7; MüKoHGB/Mankowski Rn. 7; Staudinger/Magnus, 2018, Rn. 9; Soergel/Lutzi Rn. 9). Dabei sind vor allem die Beschaffenheit der Ware, die Wahrscheinlichkeit und Größe des drohenden Schadens sowie die Kosten möglicher Erhaltungsmaßnahmen von ausschlaggebender Bedeutung. Die erforderlichen Maßnahmen können von der bloßen Einlagerung (vgl. OLG Braunschweig TranspR-IHR 2000, 4 (6): Haltbarmachung von Fleisch durch Einfrieren) bis hin zur aufwändigen Pflege und Überwachung der Ware reichen (Honsell/Weber Rn. 9; Staudinger/Magnus, 2018, Rn. 10) und bei zu befürchtender Verschlechterung auch den Selbsthilfeverkauf nach Art. 88 Abs. 2 einschließen. Können Risiken nicht anders abgedeckt werden, ist der Verkäufer zur Versicherung der Ware verpflichtet (Herber/Czerwenka Rn. 5; Honsell/Weber Rn. 9; MüKoBGB/P. Huber Rn. 8; MüKoHGB/Mankowski Rn. 6; Soergel/Lutzi Rn. 9). 5

Dabei hat der Verkäufer aber nur die **angemessenen** Maßnahmen zu ergreifen. Anders als im Rahmen des Art. 79 kommt es hierfür nicht auf die bloße Möglichkeit der Einflussnahme an. Maßgeblich ist vor allem, ob die möglichen Vorkehrungen zum Erhalt des Wertes und der Substanz der Ware erforderlich sind und angesichts des Aufwands und der damit verbundenen Kosten noch im Verhältnis zum Wert der Ware stehen sowie unter objektiven Gesichtspunkten im Interesse des Käufers liegen, der letztlich die Kosten zu tragen hat (Enderlein/Maskow/Strohbach Anm. 5.2; Honsell/Weber Rn. 8; Staudinger/Magnus, 2018, Rn. 9). 6

Die vom Verkäufer dabei zu beobachtende **Sorgfalt** wird man nicht ohne weiteres auf die in eigenen Angelegenheiten beschränken können, da sich hierfür aus dem Übereinkommen kein Anhaltspunkt ergibt (MüKoHGB/Mankowski Rn. 5; Schlechtriem/Schwenzer/Schroeter/Bacher Rn. 12; Staudinger/Magnus, 2018, Rn. 9; aA aber Honsell/Weber Rn. 10). Das Übereinkommen sieht auch keine **zeitliche Begrenzung** für die Erhaltungspflicht des Verkäufers vor. Diese kann durch die Vertragsaufhebung ebenso enden wie durch die Möglichkeit eines Selbsthilfeverkaufs nach Art. 88 (Honsell/Weber Rn. 11; Schlechtriem/Schwenzer/Schroeter/Bacher Rn. 14). Aufgrund der wirtschaftlichen Absicherung, die das Recht zum Selbsthilfeverkauf nach Art. 88 Abs. 1 dem Verkäufer bietet, ist er zu den Erhaltungsmaßnahmen auch dann verpflichtet, wenn zu besorgen ist, dass der Käufer nicht in der Lage oder willens sein wird, die Kosten der Erhaltung zu tragen (MüKoBGB/P. Huber Rn. 6; Staudinger/Magnus, 2018, Rn. 12). 7

**b) Haftung.** Eine Verletzung der Erhaltungspflicht des Verkäufers begründet einen Schadensersatzanspruch des Käufers nach Art. 45 Abs. 1 lit. b (MüKoBGB/P. Huber Rn. 11; MüKoHGB/Mankowski Rn. 9; Staudinger/Magnus, 2018, Rn. 13), mangels Wesentlichkeit der Pflichtverletzung iSd Art. 25 jedoch nicht das Recht zur Vertragsaufhebung (MüKoBGB/P. Huber Rn. 11; Staudinger/Magnus, 2018, Rn. 15). Von der Verletzung der Erhaltungspflichten durch den Verkäufer bleiben dessen Rechte gegen den Käufer aus Art. 61 wegen Nichtabnahme oder Nichtzahlung unberührt (MüKoBGB/P. Huber Rn. 11; MüKoHGB/Mankowski Rn. 10). 8

**c) Rechte des Verkäufers.** Der Käufer ist verpflichtet, dem Verkäufer die **Kosten** der angemessenen Erhaltungsmaßnahmen **zu ersetzen.** Neben dem Aufwendungsanspruch aus Art. 85 S. 2 steht dem Verkäufer wegen der mit der unberechtigten Abnahmeverweigerung regelmäßig einhergehenden Vertragsverletzung ein Schadensersatzanspruch aus Art. 61 Abs. 1 lit. b zu. Damit die Spezialregelungen der Art. 85 ff. nicht obsolet werden, sind jedoch die hiernach ersatzfähigen Aufwendungen auch als Grenze möglicher Schadensersatzansprüche anzusehen (MüKoHGB/Mankowski Vor Art. 85 Rn. 3; Staudinger/Magnus, 2018, Vor Art. 85 Rn. 3). Ein eigenständiger **Anspruch** auf der Grundlage von **Art. 85 S. 2** ist daneben von Bedeutung, wenn ein Schadensersatzanspruch – etwa bei Vorliegen eines Befreiungsgrundes nach Art. 79 – einmal nicht in Betracht kommt (Enderlein/Maskow/Strohbach Anm. 7; Schlechtriem/Schwenzer/Schroeter/Bacher Rn. 15; ausgehend von der mE abzulehnenden Einschlägigkeit des Art. 85 auch bei berechtigter 9

Abnahmeverweigerung, → Rn. 4; aA MüKoBGB/P. Huber Rn. 13). Zu ersetzen sind alle erforderlichen Kosten, insbes. auch die der Einlagerung. Eigene Aufwendungen darf der Verkäufer zu marktüblichen Preisen für äquivalente Fremdleistungen ansetzen (Herber/Czerwenka Rn. 7; MüKoHGB/Mankowski Rn. 11; Staudinger/Magnus, 2018, Rn. 17). Übersteigen die tatsächlichen Kosten diejenigen, die angemessen gewesen wären, kann der Verkäufer die Erstattung der angemessenen Aufwendungen beanspruchen und hat die Differenz selbst zu tragen. Eines Rückgriffs auf Art. 77 bedarf es insoweit nicht (MüKoHGB/Mankowski Rn. 11; Staudinger/Magnus, 2018, Rn. 17; Soergel/Lutzi Rn. 12). Für den Fall der Fremdeinlagerung ergibt sich darüber hinaus der Anspruch ausdrücklich aus Art. 87.

**10** Soweit sich der Ersatzanspruch nicht verwirklichen lässt, kommt für den Verkäufer auch die Möglichkeit in Betracht, sich wegen seiner Aufwendungen aus dem **Erlös** eines Selbsthilfeverkaufs nach Art. 88 Abs. 3 zu **befriedigen.** Der Aufwendungsersatzanspruch ist nach Art. 78 zu verzinsen (MüKoHGB/Mankowski Rn. 12; Schlechtriem/Schwenzer/Schroeter/Bacher Rn. 16a; Soergel/Lutzi Rn. 12). **Art. 85 S. 2** begründet für den Aufwendungserstattungsanspruch schließlich eigens ein **Zurückbehaltungsrecht** des Verkäufers, welches der Käufer aber durch Stellung einer angemessenen Sicherheit analog Art. 71 Abs. 3 abzuwenden vermag (Bianca/Bonell/Barrera Graf Anm. 3.1; Enderlein/Maskow/Strohbach Anm. 6; Honsell/Weber Rn. 18; MüKoBGB/P. Huber Rn. 15; MüKoHGB/Mankowski Rn. 16; Schlechtriem/Schwenzer/Schroeter/Bacher Rn. 17).

## III. Beweislastregeln

**11** Nimmt der **Käufer** den Verkäufer wegen Verletzung der Erhaltungspflicht in Anspruch, hat er die Voraussetzungen seines Anspruchs zu beweisen. Verlangt hingegen der **Verkäufer** Ersatz der Kosten angemessener Erhaltungsmaßnahmen, trifft ihn insoweit die Beweislast (Müller in Baumgärtel/Laumen/Prütting Beweislast-HdB II UNKR Rn. 7; Staudinger/Magnus, 2018, Rn. 20).

### Art. 86 (Pflicht des Käufers zur Inbesitznahme und Erhaltung der Ware)

**(1) [1]Hat der Käufer die Ware empfangen und beabsichtigt er, ein nach dem Vertrag oder diesem Übereinkommen bestehendes Zurückweisungsrecht auszuüben, so hat er die den Umständen angemessenen Maßnahmen zu ihrer Erhaltung zu treffen. [2]Er ist berechtigt, die Ware zurückzubehalten, bis ihm der Verkäufer seine angemessenen Aufwendungen erstattet hat.**

**(2) [1]Ist die dem Käufer zugesandte Ware ihm am Bestimmungsort zur Verfügung gestellt worden und übt er das Recht aus, sie zurückzuweisen, so hat er sie für Rechnung des Verkäufers in Besitz zu nehmen, sofern dies ohne Zahlung des Kaufpreises und ohne unzumutbare Unannehmlichkeiten oder unverhältnismäßige Kosten möglich ist. [2]Dies gilt nicht, wenn der Verkäufer oder eine Person, die befugt ist, die Ware für Rechnung des Verkäufers in Obhut zu nehmen, am Bestimmungsort anwesend ist. [3]Nimmt der Käufer die Ware nach diesem Absatz in Besitz, so werden seine Rechte und Pflichten durch Absatz 1 geregelt.**

## Überblick

Nach Empfang der Ware ist der Käufer ungeachtet der Absicht, ein Zurückweisungsrecht ausüben zu wollen, zu Erhaltungsmaßnahmen verpflichtet (Abs. 1 S. 1, → Rn. 2 ff.), wegen derer ihm nach dessen Ausübung ein Aufwendungserstattungsanspruch und ein Zurückbehaltungsrecht zustehen (Abs. 1 S. 2, → Rn. 5). Beim Distanzkauf ist auch der Käufer, der das Zurückweisungsrecht ausübt, zur Inbesitznahme der am Bestimmungsort angebotenen Ware verpflichtet (Abs. 2 S. 1, → Rn. 6), wenn ihm dies möglich und zumutbar ist (→ Rn. 8 f.) und die Ware nicht seitens des Verkäufers in Obhut genommen werden kann (Abs. 2 S. 2, → Rn. 10). Auch diese Inbesitznahme begründet die Rechte und Pflichten aus Abs. 1 (Abs. 2 S. 3, → Rn. 11).

## I. Normzweck

**1** Entspr. dem Grundsatz, dass diejenige Partei für die Erhaltung der Ware zu sorgen hat, die tatsächlich am einfachsten darauf zugreifen kann, werden in Art. 86 dem **Käufer** Erhaltungspflichten auferlegt, der die Ware bereits im Besitz hat (Abs. 1) oder aber in Besitz nehmen kann (Abs. 2).

## II. Einzelerläuterungen

**1. Erhaltungspflicht für im Besitz des Käufers befindliche Ware (Abs. 1). a) Voraussetzungen.** Eine Erhaltungspflicht des Käufers nach Abs. 1 S. 1 setzt zunächst voraus, dass er die Ware bereits **empfangen** hat, sie also in seinen Besitz gelangt ist (Honsell/Weber Rn. 3; MüKoBGB/P. Huber Rn. 2; Staudinger/Magnus, 2018, Rn. 8). Weiterhin muss der Käufer die **Ausübung eines Zurückweisungsrechts,** also die Rückgabe der Ware **beabsichtigen.** Bei dem Zurückweisungsrecht handelt es sich nicht um einen eigenständigen Rechtsbehelf. Vielmehr müssen die Tatbestandsvoraussetzungen eines Rechtsbehelfs erfüllt sein, die den Käufer zur Zurückweisung der Ware berechtigen (MüKoBGB/P. Huber Rn. 3; MüKoHGB/Mankowski Rn. 4; Staudinger/Magnus, 2018, Rn. 9; Sono in Kröll/Mistelis/Perales Viscasillas CISG Rn. 8; Soergel/Lutzi Rn. 3; aA Bianca/Bonell/Barrera Graf Anm. 2.4.4). Insoweit kommen vor allem die Vertragsaufhebung (Art. 49, 72, 73) oder die Geltendmachung des Anspruchs auf Ersatzlieferung (Art. 46 Abs. 2) in Betracht. Ein Recht zur Zurückweisung besteht auch bei vorzeitiger Lieferung oder Zuviellieferung gem. Art. 52 (Enderlein/Maskow/Strohbach Anm. 3.1; Honsell/Weber Rn. 4; Schlechtriem/Schwenzer/Schroeter/Bacher Rn. 5). Die Zurückweisung muss nicht bereits bei der Abnahme erfolgen, weil der Käufer die Ware erst nach Inbesitznahme zu untersuchen vermag (Honsell/Weber Rn. 5; Schlechtriem/Schwenzer/Schroeter/Bacher Rn. 7; Staudinger/Magnus, 2018, Rn. 10; Sono in Kröll/Mistelis/Perales Viscasillas CISG Rn. 9; aA aber Bianca/Bonell/Barrera Graf Anm. 2.3). 2

Die **Erhaltungspflicht** entspricht inhaltlich derjenigen des Art. 85. Bei **Rechtsmängeln** kann der Käufer verpflichtet sein, eilige gerichtliche Schritte einzuleiten, um die unberechtigte Geltendmachung unbegründeter Rechte an der Ware durch Dritte zu verhindern (MüKoBGB/P. Huber Rn. 5; MüKoHGB/Mankowski Rn. 11; Staudinger/Magnus, 2018, Rn. 11). Bei einer **Verletzung** der Erhaltungspflicht steht dem Verkäufer grds. ein Schadensersatzanspruch nach Art. 61 Abs. 1 lit. b zu. Allerdings kann der Käufer infolge der Verletzung der Erhaltungspflicht das Recht zur Vertragsaufhebung oder Ersatzlieferung verlieren, wenn er nicht in der Lage ist, die Ware im Wesentlichen unversehrt zurückgeben; in diesem Fall entfällt mangels einer Rückgabepflicht der Schadensersatzanspruch des Verkäufers (MüKoBGB/P. Huber Rn. 6; MüKoHGB/Mankowski Rn. 12; Staudinger/Magnus, 2018, Rn. 12). 3

Schwierigkeiten kann die Bestimmung des **Zeitpunkts** bereiten, ab welchem die **Ausübung** des Zurückweisungsrechts **beabsichtigt** ist. Weil dieses subjektive Kriterium die Gefahr der Manipulation birgt, wird zu Recht gefordert, dass sich die Absicht **nach außen erkennbar** manifestieren muss (Achilles Rn. 2; Schlechtriem/Schwenzer/Schroeter/Bacher Rn. 7). Der Käufer braucht sich zwar nicht endgültig für die Zurückweisung entschieden zu haben. Er muss die Zurückweisung aber zumindest als eine von mehreren Alternativen in Erwägung ziehen (Schlechtriem/Schwenzer/Schroeter/Bacher Rn. 7 unter Bezugnahme auf Honnold Rn. 455; Soergel/Lutzi Rn. 3). Dies dürfte zumindest dann eindeutig sein, wenn der Käufer die Ware von den übrigen zum Gebrauch oder zur Weiterveräußerung bestimmten Gegenständen abgesondert verwahrt. 4

**b) Rechte des Käufers.** Ist der Käufer danach verpflichtet, die zur Erhaltung der Ware angemessenen Maßnahmen zu treffen, sind ihm die nach objektivem Maßstab erforderlichen **Aufwendungen** gem. Abs. 1 S. 2 in gleicher Weise **zu erstatten,** wie dies für die Aufwendungen des Verkäufers nach Art. 85 gilt (→ Art. 85 Rn. 9). Der Aufwendungsanspruch setzt voraus, dass der Käufer sein Zurückweisungsrecht erfolgreich ausgeübt hat. Der Anspruch besteht also nicht, wenn der Käufer die Ware behalten muss, weil die Erhaltungsmaßnahmen dann in seinem eigenen Interesse erfolgen (MüKoHGB/Mankowski Rn. 14; Staudinger/Magnus, 2018, Rn. 13). Darüber hinaus ist in Art. 86 Abs. 1 S. 2 ausdrücklich vorgesehen, dass dem Käufer wegen des – tatsächlich bestehenden (vgl. MüKoBGB/P. Huber Rn. 8; MüKoHGB/Mankowski Rn. 15; Staudinger/Magnus, 2018, Rn. 13, der richtigerweise darauf hinweist, dass das Zurückbehaltungsrecht voraussetzt, dass dem Käufer tatsächlich Aufwendungen entstanden sein müssen) – Aufwendungsanspruchs hinsichtlich der Ware ein **Zurückbehaltungsrecht** bis zur Erstattung seiner Aufwendungen zusteht. 5

**2. Pflicht des Käufers zur Inbesitznahme der Ware (Abs. 2). a) Zusendung der Ware und Ausübung des Zurückweisungsrechts.** Über die bloße Pflicht zur Erhaltung der Ware hinaus kann den Käufer beim Distanzkauf auch die vorgeschaltete Pflicht treffen, die Ware überhaupt erst in seinen Besitz zu nehmen. Die Pflicht zur Inbesitznahme kommt in Betracht, wenn dem Käufer die zugesandte Ware am Bestimmungsort zur Verfügung gestellt, also angeboten worden ist. Voraussetzung ist aber, dass der Käufer das Recht der Zurückweisung bereits **ausgeübt** 6

**hat.** Insoweit besteht ein Unterschied zu Abs. 1, wonach die Erhaltungspflicht schon durch die bloße Absicht begründet wird, das Zurückweisungsrecht auszuüben.

7 Dem Zusenden der Ware steht die Andienung von Dokumenten gleich, die zur Verfügung über die Ware berechtigen (Achilles Rn. 6; Staudinger/Magnus, 2018, Rn. 15). Kann der Käufer allerdings bereits aus den Dokumenten ersehen, dass die Ware nicht vertragsgemäß ist, und übt er deshalb das Zurückweisungsrecht aus, bevor die Ware am Bestimmungsort eintrifft, kann er von der Pflicht zur Inbesitznahme befreit sein. Dies setzt jedoch entspr. dem Grundgedanken des Art. 86, wonach der Erhalt der Ware derjenigen Partei obliegt, die hierzu am ehesten in der Lage ist, eine so rechtzeitige Zurückweisung voraus, dass der Verkäufer die Ware ohne größere Schwierigkeiten in seine Obhut bringen und selbst Erhaltungsmaßnahmen treffen kann (vgl. Schlechtriem/Schwenzer/Schroeter/Bacher Rn. 12; MüKoBGB/P. Huber Rn. 12; MüKoHGB/Mankowski Rn. 20). Im Zweifel, insbes. wenn sich die Ware bereits auf dem Transport befindet, bleibt es bei der Pflicht des Käufers zur Inbesitznahme.

8 **b) Möglichkeit der Inbesitznahme.** Überdies muss für den Käufer aber auch die Möglichkeit zur Inbesitznahme bestehen. Diese muss **ohne vorherige Kaufpreiszahlung** und ohne weiteren Aufwand möglich sein. Dem Käufer dürfen hierdurch keine unzumutbaren Unannehmlichkeiten oder unverhältnismäßigen Kosten entstehen. Das Kriterium der **Zumutbarkeit** beurteilt sich dabei ebenfalls nach den Umständen des konkreten Einzelfalls, wobei vor allem das Verhältnis der erforderlichen Aufwendungen zu dem drohenden Schaden maßgeblich ist, wobei Letzterer wiederum vom Wert der Ware abhängt (Honsell/Weber Rn. 14; Schlechtriem/Schwenzer/Schroeter/Bacher Rn. 14 f.). Als Beispiel für eine Unzumutbarkeit der Inbesitznahme werden unzureichend verpackte Chemikalien genannt, die zu Schäden beim Käufer oder Dritten führen, denen gegenüber jener haften müsste (MüKoBGB/P. Huber Rn. 14; Staudinger/Magnus, 2018, Rn. 18).

9 **c) Keine Ausnahmen vom Zumutbarkeitskriterium.** Besondere Probleme bereitet in diesem Zusammenhang die Frage, unter welchen Voraussetzungen eine Pflicht zur Inbesitznahme besteht, wenn eine **rasche Verschlechterung** der Ware zu befürchten ist. Teilweise wird die Auffassung vertreten, der Käufer habe in diesen Fällen die Ware auch unter Inkaufnahme hoher Kosten, die sich bei einem sofortigen Selbsthilfeverkauf nach Art. 88 Abs. 2 amortisieren würden, in Besitz zu nehmen (Enderlein/Maskow/Strohbach Anm. 10.3; MüKoBGB/P. Huber Rn. 15). Eine so weitgehende Verpflichtung ist der Regelung aber nicht zu entnehmen und dürfte wegen der stets auch mit einem Selbsthilfeverkauf verbundenen Unwägbarkeiten selbst dann unzumutbar sein und sich daher verbieten, wenn ein solcher zunächst problemlos möglich erscheint (Bianca/Bonell/Barrera Graf Anm. 2.9; vgl. auch Schlechtriem/Schwenzer/Schroeter/Bacher Rn. 16, der sich für eine Differenzierung unter Berücksichtigung der mit einem Selbsthilfeverkauf verbundenen Risiken ausspricht).

10 **d) Ausschlussgrund.** Nach Abs. 2 S. 2 besteht die Pflicht zur Inbesitznahme der Ware nur, wenn am Bestimmungsort weder der Verkäufer selbst noch ein Vertreter des Verkäufers anwesend ist und die Ware in seine Obhut nehmen kann. Demzufolge scheidet die Pflicht zur Inbesitznahme stets aus, wenn die Zusendung der Ware nicht durch Dritte, sondern durch die eigenen Leute des Verkäufers erfolgt (Schlechtriem/Schwenzer/Schroeter/Bacher Rn. 9). Dies gilt aber gleichfalls, wenn sich ein anderer autorisierter Repräsentant des Verkäufers, wie etwa ein Handelsvertreter, vor Ort befindet. Eine mit der finanziellen Abwicklung betreute Bank vermittelt noch keine Anwesenheit des Verkäufers iSd Abs. 2 S. 2 (MüKoBGB/P. Huber Rn. 16; MüKoHGB/Mankowski Rn. 17; Schlechtriem/Schwenzer/Schroeter/Bacher Rn. 17; Soergel/Lutzi Rn. 6).

11 **e) Erhaltungspflicht.** Die Inbesitznahme der Ware begründet die Erhaltungspflicht des Käufers und gewährt ihm den durch das Zurückbehaltungsrecht gesicherten Aufwendungsanspruch. Insoweit verweist Abs. 2 S. 3 hinsichtlich aller Rechte und Pflichten des Käufers auf die Regelung des Abs. 1 (→ Rn. 3, → Rn. 5).

## III. Beweislastregeln

12 Den **Verkäufer** trifft die Beweislast hinsichtlich der Ansprüche gegen den Käufer wegen Verletzung seiner Pflicht zur Inbesitznahme und Erhaltung der Ware. Macht hingegen der **Käufer** Ersatz der Kosten angemessener Erhaltungsmaßnahmen geltend, trifft ihn insoweit die Beweislast (Müller in Baumgärtel/Laumen/Prütting Beweislast-HdB II UNKR Rn. 13, 14; Staudinger/Magnus, 2018, Rn. 24).

## Art. 87 (Einlagerung bei Dritten)

**Eine Partei, die Maßnahmen zur Erhaltung der Ware zu treffen hat, kann die Ware auf Kosten der anderen Partei in den Lagerräumen eines Dritten einlagern, sofern daraus keine unverhältnismäßigen Kosten entstehen.**

### Überblick

Die Erhaltungspflichten der Art. 85 und Art. 86 können auch durch Einlagerung der Ware bei einem geeigneten Verwahrer erfüllt werden. Dabei dürfen indes keine unverhältnismäßigen Kosten entstehen, welche zwar das Recht zur Fremdeinlagerung nicht beeinträchtigen, sich aber im Rahmen des Erstattungsanspruchs auswirken (→ Rn. 2).

### I. Normzweck

Art. 85 und 86 begründen die Erhaltungspflichten von Verkäufer und Käufer, wohingegen die Vorschrift des Art. 87 über die **Fremdeinlagerung** eine Möglichkeit beschreibt, dieser Pflicht Genüge zu tun. 1

### II. Recht zur Fremdeinlagerung

Grds. steht es im Ermessen von Verkäufer und Käufer, auf welche Weise sie die ihnen nach Art. 85 bzw. Art. 86 obliegenden Erhaltungspflichten erfüllen. Insbesondere steht es ihnen auch ohne vorherige Information des anderen Vertragsteils frei, einen geeigneten Verwahrer auszuwählen und die Ware bei diesem einzulagern (Honsell/Weber Rn. 4; Schlechtriem/Schwenzer/Schroeter/Bacher Rn. 3). Art. 87 begründet insoweit aber die Einschränkung, dass **hierfür keine unverhältnismäßig hohen Kosten** entstehen dürfen. Indes beeinträchtigen unverhältnismäßige Kosten nicht das Recht zur Fremdeinlagerung, sondern sind allein im Rahmen des Erstattungsanspruchs zu berücksichtigen (Honsell/Weber Rn. 3; MüKoHGB/Mankowski Rn. 3; Schlechtriem/Schwenzer/Schroeter/Bacher Rn. 4; Staudinger/Magnus, 2018, Rn. 3; Sono in Kröll/Mistelis/Perales Viscasillas CISG Rn. 14; aA Herber/Czerwenka Rn. 2; Piltz IntKaufR Rn. 4-265; wohl auch Soergel/Lutzi Rn. 7). 2

Der Einlagernde muss einen geeigneten Lagerverwalter auswählen. Wählt er eine erkennbar ungeeignete Person aus, stellt dies eine Verletzung der Erhaltungspflicht dar und kann durch eine Schadensersatzpflicht (Art. 45 Abs. 1 lit. b bzw. Art. 61 Abs. 1 lit. b iVm Art. 74) sanktioniert werden. Über dieses Auswahlverschulden hinaus muss der Einlagernde nicht für Schäden aus der Einlagerung oder das Verhalten des Verwahrers einstehen (MüKoBGB/P. Huber Rn. 3, 4; MüKoHGB/Mankowski Rn. 4; Staudinger/Magnus, 2018, Rn. 5; Soergel/Lutzi Rn. 5). Ein Erfordernis des Abschlusses einer **Versicherung** besteht grds. nicht, kann sich aber aus den Gepflogenheiten ergeben (Schlechtriem/Schwenzer/Schroeter/Bacher Rn. 6). Auch kann die Versicherung bei Ausschluss jeglicher Haftung durch den Lagerhalter geboten sein (Honsell/Weber Rn. 5; MüKoHGB/Mankowski Rn. 6; MüKoBGB/P. Huber Rn. 3; Staudinger/Magnus, 2018, Rn. 6; Soergel/Lutzi Rn. 5). 3

Die Einlagerung bei einem Dritten hat iÜ **keine** Auswirkungen auf die **Erfüllung** der Verpflichtungen aus dem Kaufvertrag. Nationale Regelungen über die Erfüllungswirkung einer Hinterlegung finden im Geltungsbereich des Übereinkommens keine Anwendung (Honsell/Weber Rn. 7; MüKoBGB/P. Huber Rn. 7; Schlechtriem/Schwenzer/Schroeter/Bacher Rn. 7; Staudinger/Magnus, 2018, Rn. 7; Sono in Kröll/Mistelis/Perales Viscasillas CISG Rn. 8; aA Enderlein/Maskow/Strohbach Anm. 1.2; Neumayer/Ming Anm. 7). Auch entstehen keine vertraglichen Ansprüche zwischen dem vom Erhaltungspflichtigen ausgewählten Dritten und der anderen Partei (Honsell/Weber Rn. 6; Schlechtriem/Schwenzer/Schroeter/Bacher Rn. 8). Die **Kosten** der Einlagerung hat damit zunächst der Erhaltungspflichtige zu tragen, kann dann aber ihre Erstattung im Rahmen des Aufwendungsersatzes nach Art. 85 S. 2 bzw. Art. 86 Abs. 1 S. 2 (ggf. iVm Abs. 2 S. 3) von der anderen Partei verlangen (Honsell/Weber Rn. 5; MüKoHGB/Mankowski Rn. 5; Schlechtriem/Schwenzer/Schroeter/Bacher Rn. 9). 4

### III. Beweislastregeln

Die Partei, welche die Ware bei einem Dritten eingelagert hat und Erstattung ihrer Aufwendungen verlangt, trifft die Beweislast für die entstandenen Kosten. Die andere Partei hat deren Unange- 5 messenheit zu beweisen (Staudinger/Magnus, 2018, Rn. 9; nach aA ist die Angemessenheit hingegen von dem zu beweisen, der Ersatz seiner Einlagerungskosten begehrt, s. MüKoBGB/P. Huber Rn. 8; Achilles Rn. 3).

## Art. 88 (Selbsthilfeverkauf)

**(1) Eine Partei, die nach Artikel 85 oder 86 zur Erhaltung der Ware verpflichtet ist, kann sie auf jede geeignete Weise verkaufen, wenn die andere Partei die Inbesitznahme oder die Rücknahme der Ware oder die Zahlung des Kaufpreises oder der Erhaltungskosten ungebührlich hinauszögert, vorausgesetzt, daß sie der anderen Partei ihre Verkaufsabsicht in vernünftiger Weise angezeigt hat.**

**(2) [1]Ist die Ware einer raschen Verschlechterung ausgesetzt oder würde ihre Erhaltung unverhältnismäßige Kosten verursachen, so hat die Partei, der nach Artikel 85 oder 86 die Erhaltung der Ware obliegt, sich in angemessener Weise um ihren Verkauf zu bemühen. [2]Soweit möglich hat sie der anderen Partei ihre Verkaufsabsicht anzuzeigen.**

**(3) [1]Hat eine Partei die Ware verkauft, so kann sie aus dem Erlös des Verkaufs den Betrag behalten, der den angemessenen Kosten der Erhaltung und des Verkaufs der Ware entspricht. [2]Den Überschuß schuldet sie der anderen Partei.**

**Schrifttum:** Baier, Der Verkauf von im Auftrag hergestellter Waren nach Art. 88 CISG bei bestehenden Immaterialgüterrechten, RIW 2009, 845.

### Überblick

Besteht eine Erhaltungspflicht nach Art. 85 oder Art. 86, ist die erhaltungspflichtige Partei bei ungebührlichem Hinauszögern der Pflichtenerfüllung der anderen Partei zum Selbsthilfeverkauf berechtigt, Abs. 1 (→ Rn. 2 f.). Die Durchführung des Selbsthilfeverkaufs setzt eine vorherige Anzeige der Veräußerungsabsicht an die andere Partei voraus und kann in jeder geeigneten Weise erfolgen (→ Rn. 4 f.). In Ausnahmefällen ist die erhaltungspflichtige Partei zum Notverkauf verpflichtet, der eine vorherige Anzeige nicht zwingend erfordert (Abs. 2; → Rn. 6 ff.). Der Verkäufer kann sich nach Abs. 3 S. 1 aus dem Verkaufserlös wegen der Erhaltungsmaßnahmen sowie der Aufwendungen für den Verkauf vorab befriedigen (→ Rn. 9).

## I. Normzweck

1 Die nach Art. 85 oder Art. 86 erhaltungspflichtige Partei ist nach **Abs. 1** zum **Selbsthilfeverkauf** berechtigt und bei Vorliegen der Voraussetzungen des **Abs. 2** zum **Notverkauf** verpflichtet. Wegen der **Erhaltungskosten** kann sie sich nach **Abs. 3** aus dem Erlös befriedigen.

## II. Einzelerläuterungen

2 **1. Berechtigung zum Selbsthilfeverkauf (Abs. 1). a) Anwendungsfälle.** Der Selbsthilfeverkauf kommt in Betracht, soweit eine Erhaltungspflicht nach Art. 85 oder Art. 86 besteht, weil die andere Partei die Erfüllung ihrer Pflichten **verzögert.** Dabei handelt es sich um die Fälle, in denen der Käufer die Ware nicht in Besitz nimmt oder den Kaufpreis nicht zahlt (Art. 85) bzw. der Verkäufer die Ware nicht zurücknimmt (Art. 86) oder zur Rücknahme bereit ist, aber die Rückzahlung des Kaufpreises verweigert (zur entsprechenden Anwendung auch auf den letztgenannten Fall Enderlein/Maskow/Strohbach Anm. 2.1; MüKoHGB/Mankowski Rn. 3; Schlechtriem/Schwenzer/Schroeter/Bacher Rn. 4). Dies gilt ebenso für den Fall, dass der andere Teil die Erhaltungskosten nicht erstattet (Art. 85, 86, 87).

3 **b) Ungebührliches Hinauszögern.** Ein Recht zum Selbsthilfeverkauf besteht aber nur, wenn die andere Partei die Erfüllung ihrer Pflicht ungebührlich hinauszögert. Ob eine ungebührliche Verzögerung vorliegt, ist auf Grund der konkreten Umstände des Einzelfalls unter objektiven Gesichtspunkten zu beurteilen. Es kommt darauf an, ob einer vernünftigen Person ein weiteres Zuwarten nicht mehr zumutbar ist (allgM, vgl. nur Herber/Czerwenka Rn. 7; Honsell/Weber Rn. 7; MüKoHGB/Mankowski Rn. 4; MüKoBGB/P. Huber Rn. 3). Maßgeblich sind dabei insbes. die durch die Verzögerung entstehenden **Kosten.** Bei der Beurteilung ist nicht nur deren Höhe, sondern auch die Frage ihrer Realisierbarkeit von Bedeutung (MüKoBGB/P. Huber Rn. 3;

Schlechtriem/Schwenzer/Schroeter/Bacher Rn. 5). In diesem Rahmen kann auch die Gefahr eines raschen Wertverfalls der Ware berücksichtigt werden (vgl. MüKoBGB/P. Huber Rn. 3; aA Herber/Czerwenka Rn. 4). Bei endgültiger **Leistungsverweigerung** besteht ohne weiteres die Möglichkeit zum Selbsthilfeverkauf (Honsell/Weber Rn. 7; Schlechtriem/Schwenzer/Schroeter/Bacher Rn. 5; Staudinger/Magnus, 2018, Rn. 7; Soergel/Lutzi Rn. 3), auch wenn diese schon vor Fälligkeit erfolgt (Honsell/Weber Rn. 7; MüKoBGB/P. Huber Rn. 3; MüKoHGB/Mankowski Rn. 4).

**c) Anzeige der Verkaufsabsicht.** Der Selbsthilfeverkauf soll aber erst erfolgen, nachdem der anderen Partei eine letzte Möglichkeit zur Erfüllung ihrer Pflichten eingeräumt worden ist. Als weitere Voraussetzung wird deshalb in Abs. 1 eine vorherige Anzeige an die Gegenseite verlangt, die nach Art. 27 nicht zugangsbedürftig ist (Honsell/Weber Rn. 8). Die Anzeige iSd Abs. 1 hat in vernünftiger Weise zu erfolgen, dh vor allem so rechtzeitig, dass der andere Vertragsteil eine effektive Möglichkeit zu einer Reaktion erhält. Die Verkaufsabsicht kann bereits angezeigt werden, bevor die Verzögerung ungebührlich ist. Allerdings muss, damit die Anzeige ihre Warnfunktion beibehält, die Erhaltungspflicht aus Art. 85 oder Art. 86 bereits entstanden sein (MüKoBGB/P. Huber Rn. 4; Schlechtriem/Schwenzer/Schroeter/Bacher Rn. 7; Soergel/Lutzi Rn. 4; vgl. auch Staudinger/Magnus, 2018, Rn. 8). Eine unterlassene Anzeige hat keine Auswirkungen auf die Wirksamkeit des Selbsthilfeverkaufs (MüKoBGB/P. Huber Rn. 4; Schlechtriem/Schwenzer/Schroeter/Bacher Rn. 8), kann jedoch eine Schadensersatzpflicht des Erhaltungspflichtigen begründen (→ Rn. 5) (Enderlein/Maskow/Strohbach Anm. 3.2; Honsell/Weber Rn. 10; Schlechtriem/Schwenzer/Schroeter/Bacher Rn. 8 und 15 f.; Staudinger/Magnus, 2018, Rn. 9). Die andere Partei ist dann so zu stellen, als ob der Verkauf nicht stattgefunden hätte. Als Schaden kommt somit insbes. der Unterschied zwischen dem tatsächlich erzielten Preis und dem erzielbaren Marktpreis in Betracht (Staudinger/Magnus, 2018, Rn. 9). 4

**d) Durchführung des Selbsthilfeverkaufs.** Der Selbsthilfeverkauf kann in jeder geeigneten Weise erfolgen. Die Frage der Geeignetheit beurteilt sich allein nach den allgemeinen Grundsätzen des Übereinkommens (Enderlein/Maskow/Strohbach Anm. 1.1; Honsell/Weber Rn. 12; Neumayer/Ming Anm. 2). Sie ist zu bejahen, wenn sich mittels des gewählten Verfahrens ein angemessener Erlös (falls ein solcher vorhanden ist, der Markt- oder Börsenpreis) erzielen lässt. Dabei ist auch ein Selbsteintritt des Erhaltungspflichtigen möglich; freilich ist dann die Angemessenheit des Preises besonders sorgfältig zu prüfen (MüKoBGB/P. Huber Rn. 7; MüKoHGB/Mankowski Rn. 8; Schlechtriem/Schwenzer/Schroeter/Bacher Rn. 9; wohl auch Soergel/Lutzi Rn. 5). Nach nationalem Recht vorgesehene Formen – wie etwa die öffentliche Versteigerung – sind im Rahmen des Übereinkommens nicht zu beachten. Im Übrigen beurteilen sich die schuldrechtlichen Wirkungen eines Selbsthilfeverkaufs gegenüber Dritten ebenso wie die sachenrechtlichen Wirkungen nach dem anwendbaren nationalen Recht (Schlechtriem/Schwenzer/Schroeter/Bacher Rn. 15 f.). 5

**2. Verpflichtung zum Notverkauf (Abs. 2). a) Anwendungsfälle.** Unter weitergehenden Voraussetzungen kann der nach Art. 85 oder Art. 86 Erhaltungspflichtige auch zum Notverkauf verpflichtet sein. Ein solcher Notverkauf kommt in zwei Fällen in Betracht, nämlich wenn die Ware entweder einer **raschen Verschlechterung** ausgesetzt ist oder aber die Erhaltung **unverhältnismäßige Kosten** verursachen würde. Eine Verschlechterung kommt insbes. bei leicht verderblicher Ware wie zB Lebensmitteln in Betracht. Hingegen begründet eine rein wirtschaftliche Verschlechterung bei Wertverlust auf Grund sinkender Marktpreise noch keine Pflicht zum Notverkauf (Herber/Czerwenka Rn. 4; Honsell/Weber Rn. 14; MüKoBGB/P. Huber Rn. 10; MüKoHGB/Mankowski Rn. 10; Neumayer/Ming Anm. 3; Schlechtriem/Schwenzer/Schroeter/Bacher Rn. 11; Staudinger/Magnus, 2018, Rn. 15; Soergel/Lutzi Rn. 8; aA Bianca/Bonell/Barrera Graf Anm. 2.8). Ein solcher Wertverlust kann allenfalls dazu beitragen, dass die Erhaltungskosten unverhältnismäßig werden. Wann Letzteres der Fall ist, richtet sich nach den Umständen des Einzelfalls und ist jedenfalls dann zu bejahen, wenn die Erhaltungskosten den Wert der Ware übersteigen würden (MüKoBGB/P. Huber Rn. 11; MüKoHGB/Mankowski Rn. 11; Schlechtriem/Schwenzer/Schroeter/Bacher Rn. 12; Staudinger/Magnus, 2018, Rn. 16; Soergel/Lutzi Rn. 8). 6

**b) Anzeige.** In diesen Fällen ist eine vorherige Anzeige der Verkaufsabsicht nach Abs. 2 S. 2 **nicht zwingende Voraussetzung.** Einer Anzeige bedarf es nur, wenn diese unbeschadet der Gefahr des Verderbs oder des Entstehens unverhältnismäßiger Kosten erfolgen kann. Ist dies der Fall, gilt das hinsichtlich der Anzeige nach Abs. 1 Gesagte, dh die Anzeige bedarf keiner bestimm- 7 ten Form, ist nicht zugangsbedürftig (Art. 27) und ihr Unterlassen kann zu einer Schadensersatzpflicht führen (→ Rn. 4).

8 **c) Durchführung des Notverkaufs.** Für die Durchführung des Notverkaufs gelten die Grundsätze für den Selbsthilfeverkauf entspr. (→ Rn. 5). Wegen der besonderen Gefahren im Hinblick auf die Verschlechterung der Ware und das Kostenrisiko der Erhaltung können aber durchaus auch ungünstigere Bedingungen als beim Selbsthilfeverkauf im Rahmen des Notverkaufs noch angemessen sein (Schlechtriem/Schwenzer/Schroeter/Bacher Rn. 14). Die erhaltungspflichtige Partei ist lediglich zu angemessenen Verkaufsbemühungen verpflichtet, nicht jedoch zur Herbeiführung eines Verkaufserfolgs. Nur bei Unterlassung gebotener und möglicher Verkaufsbemühungen macht sie sich schadensersatzpflichtig (MüKoBGB/P. Huber Rn. 13; Staudinger/Magnus, 2018, Rn. 17; vgl. MüKoHGB/Mankowski Rn. 12).

9 **3. Verkaufserlös (Abs. 3).** Der Erhaltungspflichtige kann im Fall des Selbsthilfe- oder Notverkaufs vom anderen Teil die Erstattung der auf Grund Art. 85 oder Art. 86 sowie ggf. Art. 87 ergriffenen Erhaltungsmaßnahmen und ebenso die Aufwendungen für den Verkauf, einschließlich etwaiger notwendiger Werbe- und Marketingaktionen, beanspruchen. Insoweit gewährt ihm Abs. 3 S. 1 die Möglichkeit, sich **aus dem Verkaufserlös** vorab zu **befriedigen.** Wegen seiner weitergehenden Ansprüche kommt hingegen lediglich eine Aufrechnung auf der Grundlage des nach IPR berufenen nationalen Rechts in Betracht oder ein – ursprünglich für die verkaufte Ware, an deren Stelle nunmehr der Erlös tritt, bestehendes – Zurückbehaltungsrecht nach Art. 58 Abs. 1 S. 2 oder Art. 81 Abs. 1 S. 2 (Enderlein/Maskow/Strohbach Anm. 9; Honsell/Weber Rn. 21; MüKoBGB/P. Huber Rn. 16; Neumayer/Ming Anm. 5; Schlechtriem/Schwenzer/Schroeter/Bacher Rn. 18; Sono in Kröll/Mistelis/Perales Viscasillas CISG Rn. 37; Soergel/Lutzi Rn. 15; aA Herber/Czerwenka Rn. 8; Staudinger/Magnus, 2018, Rn. 25, der der verkaufenden Partei auch wegen weiterer nach dem CISG begründeter Forderungen das Recht zuspricht, den Erlös einzubehalten oder mit ihm aufzurechnen). Ein verbleibender Überschuss ist der anderen Partei nach Abs. 3 S. 2 herauszugeben. Dieser Anspruch wird fällig, sobald der Erlös der verkaufenden Partei effektiv zufließt. Er ist nach Art. 78 zu verzinsen und besteht in der Währung, in welcher der Erlös zugeflossen ist (MüKoBGB/P. Huber Rn. 17; MüKoHGB/Mankowski Rn. 17). **Erfüllungsort** ist insoweit der Erfüllungsort der Primärleistung (Honsell/Weber Rn. 20; Schlechtriem/Schwenzer/Schroeter/Bacher Rn. 20; Staudinger/Magnus, 2018, Rn. 24; Soergel/Lutzi Rn. 14).

## III. Beweislastregeln

10 Werden Schadensersatzansprüche wegen Pflichtverletzungen im Zusammenhang mit einem Selbsthilfeverkauf oder einem erforderlichen Notverkauf geltend gemacht, trifft grds. den Anspruchsteller die Beweislast. Ist die erhaltungspflichtige Partei zur Herausgabe der Ware außer Stande und stützt sie sich zur Rechtfertigung darauf, dass sie zum Selbsthilfeverkauf (Abs. 1) berechtigt war, hat sie zu beweisen, dass die andere Partei die gebotenen Maßnahmen ungebührlich verzögert hat (MüKoBGB/P. Huber Rn. 20; Staudinger/Magnus, 2018, Rn. 27) und sie hat die Anzeige der Verkaufsabsicht zu belegen (Müller in Baumgärtel/Laumen/Prütting Beweislast-HdB II UNKR Rn. 6 f.). Beruft sich die erhaltungspflichtige Partei auf einen Notverkauf (Abs. 2), muss sie die Voraussetzungen der Verkaufspflicht beweisen (Müller in Baumgärtel/Laumen/Prütting Beweislast-HdB II UNKR Rn. 8). Bei Geltendmachung des Anspruchs auf Auskehr des Überschusses aus einem Verkaufserlös (Abs. 3) hat der andere Teil die Höhe der Aufwendungen des Selbsthilfeverkaufs zu belegen, die hiergegen aufgerechnet wurden (Müller in Baumgärtel/Laumen/Prütting Beweislast-HdB II UNKR Rn. 14).

# Teil IV. Schlußbestimmungen

### Art. 89 (Depositar)

**Der Generalsekretär der Vereinten Nationen wird hiermit zum Verwahrer dieses Übereinkommens bestimmt.**

## Überblick

Teil IV enthält völkerrechtliche Schlussbestimmungen, insbes. **diplomatische Schlussklauseln** (Art. 89, 91, 98 und Art. 101), welche die Art und Weise der Annahme durch die Vertragsstaaten, das Inkrafttreten und die Kündigung des CISG regeln.

Das **Verhältnis zu anderen Übereinkommen** regelt Art. 90. Diese Norm hat rein materiellen Charakter und legt fest, dass das CISG hinter bestimmten anderen Übereinkünften zurücktritt. Von besonderer praktischer Bedeutung sind die Vorschriften, welche den Vertragsstaaten die Möglichkeit eröffnen, das Übereinkommen nur unter näher geregelten **Vorbehalten** in Kraft zu setzen. Die Vorbehalte und ihre Wirkungen sind abschließend in Art. 92–96 geregelt.

In Art. 99 und Art. 100 finden sich Bestimmungen zum **zeitlichen Anwendungsbereich,** dem **Inkrafttreten** des CISG und der **Kündigung des Haager Kaufrechtsübereinkommens.** Die Kündigungsverpflichtung wurde den Vertragsstaaten auferlegt, weil das Haager Kaufrechtsübereinkommen mit dem CISG, das sachlich eine Fortentwicklung hierzu darstellt, inhaltlich nicht gänzlich vereinbar ist (MüKoHGB/Ferrari Vor Art. 89 Rn. 12; Schlechtriem/Schwenzer/Schroeter/Ferrari Vor Art. 89 Rn. 12). Deutschland ist dieser Verpflichtung nachgekommen. Dementsprechend sind EKG und EAG mWv 31.12.1990 aufgehoben worden und nur noch für bis zu diesem Zeitpunkt abgeschlossene Verträge maßgebend.

Die Aufgabe des Generalsekretärs als Verwahrer ergibt sich aus der Rechtsnatur des CISG als eines im Rahmen der Vereinten Nationen geschlossenen Übereinkommens. Seine Aufgaben ergeben sich zum einen aus dem CISG selbst. So hat der Verwahrer zB die Pflicht, Ratifikationen (Art. 91 Abs. 4), weitere Erklärungen (Art. 93 Abs. 2, Art. 97 Abs. 2–4) oder Kündigungen (Art. 101 Abs. 1, 2) des CISG entgegenzunehmen und aufzubewahren (Staudinger/Magnus, 2018, Rn. 2). 1

Weitere Pflichten des Verwahrers resultieren aus Art. 77 Abs. 1 Wiener Vertragsrechtskonvention, in der insbes. die Pflicht zur Unterrichtung der Vertragsstaaten über alle das Übereinkommen betreffende Akte und Erklärungen statuiert wird (MüKoHGB/Ferrari Rn. 2; Schlechtriem/Schwenzer/Schroeter/Ferrari Rn. 2; Staudinger/Magnus, 2018, Rn. 2). 2

## Art. 90 (Verhältnis zu anderen völkerrechtlichen Vereinbarungen)

**Dieses Übereinkommen geht bereits geschlossenen oder in Zukunft zu schließenden völkerrechtlichen Übereinkünften, die Bestimmungen über in diesem Übereinkommen geregelte Gegenstände enthalten, nicht vor, sofern die Parteien ihre Niederlassung in Vertragsstaaten einer solchen Übereinkunft haben.**

**Schrifttum:** Herber, Das Verhältnis des CISG zu anderen Übereinkommen und Rechtsnormen, insbesondere zum Gemeinschaftsrecht der EU, IHR 2004, 89.

Das CISG ist nachrangig gegenüber jeder internationalen Vereinbarung, gleich ob multilateral oder bilateral (MüKoBGB/P. Huber Rn. 1, 2; Schlechtriem/Schwenzer/Schroeter/Ferrari Rn. 2; Staudinger/Magnus, 2018, Rn. 3). Anderes gilt für das Verhältnis des Übereinkommens zum europäischen Recht, also Verordnungen und Richtlinien der Union. Hierbei handelt es sich um sekundäres Unionsrecht und nicht um völkerrechtliche Vereinbarungen. Dies zeigt sich – bei Richtlinien besonders deutlich – daran, dass das europäische Recht keine vollständige Übereinstimmung des harmonisierten Rechts, sondern nur dessen Angleichung zum Ziel hat; dieser Aspekt wird aber durch Art. 94 (→ Art. 94 Rn. 1) berücksichtigt (Herber IHR 2004, 89 (92 f.); Staudinger/Magnus, 2018, Rn. 4). Deshalb findet Art. 90 auf Verordnungen und Richtlinien keine Anwendung (Herber IHR 2004, 89 (92); Schlechtriem/Schwenzer/Schroeter/Ferrari Rn. 3; Staudinger/Magnus, 2018, Rn. 10; aA Herber/Czerwenka Rn. 4; Herber IHR 2001, 187; Soergel/Lutzi Rn. 8 f.; vgl. auch MüKoBGB/P. Huber Rn. 2, der (nur) EU-Verordnungen als gem. Art. 90 gegenüber dem CISG vorrangig ansieht). Praktische Bedeutung kommt dem vor allem bei der Berücksichtigung der mit dem ProdHaftG auch in deutsches Recht umgesetzten Produkthaftungs-RL (RL 85/374/EWG des Rates vom 25.7.1985, ABl. EG L 210, 29) zu, welche bei Beteiligung von Parteien mit Niederlassungen in der EU den Bestimmungen des CISG nicht vorgeht (Herber IHR 2004, 89 (93 f.); Müller IHR 2005, 133 (134)). Hiervon zu unterscheiden ist die Frage, ob neben dem vertraglichen Haftungssystem des CISG auch eine Produkthaftung nach nationalem Deliktsrecht und damit nach dem ProdHaftG in Betracht kommt (→ Art. 5 Rn. 5 ff.) (vgl. Staudinger/Magnus, 2018, Rn. 10). 1

2 Art. 90 bezieht sich nur auf **materiellrechtliche,** nicht auch auf kollisionsrechtliche Vereinbarungen wie die Brüssel Ia-VO oder das New Yorker UN-Übereinkommen über die Anerkennung und Vollstreckung ausländischer Schiedssprüche vom 10.6.1958. Denn die darin geregelten Formvorschriften für Gerichtsstands- bzw. Schiedsvereinbarungen werden im CISG nicht angesprochen, sodass es bereits an einer Kollision fehlt. Für die Vereinbarungen solcher Klauseln können freilich die Regeln über den Abschluss eines Vertrags (Art. 14 ff.) herangezogen werden (MüKoBGB/P. Huber Rn. 5; Schlechtriem/Schwenzer/Schroeter/Ferrari Rn. 4; Staudinger/Magnus, 2018, Rn. 11).

### Art. 91 (Unterzeichnung; Ratifikation; Annahme; Genehmigung; Beitritt)

**(1) Dieses Übereinkommen liegt in der Schlußsitzung der Konferenz der Vereinten Nationen über Verträge über den internationalen Warenkauf zur Unterzeichnung auf und liegt dann bis 30. September 1981 am Sitz der Vereinten Nationen in New York für alle Staaten zur Unterzeichnung auf.**

**(2) Dieses Übereinkommen bedarf der Ratifikation, Annahme oder Genehmigung durch die Unterzeichnerstaaten.**

**(3) Dieses Übereinkommen steht allen Staaten, die nicht Unterzeichnerstaaten sind, von dem Tag an zum Beitritt offen, an dem es zur Unterzeichnung aufgelegt wird.**

**(4) Die Ratifikations-, Annahme-, Genehmigungs- und Beitrittsurkunden werden beim Generalsekretär der Vereinten Nationen hinterlegt.**

#### Überblick

Zum Stand der Ratifizierung des CISG und der Umsetzung in nationales Recht → Praeambel Rn. 2 aE.

### Art. 92 (Teilweise Ratifikation, Annahme, Genehmigung oder Beitritt)

**(1) Ein Vertragsstaat kann bei der Unterzeichnung, der Ratifikation, der Annahme, der Genehmigung oder dem Beitritt erklären, daß Teil II dieses Übereinkommens für ihn nicht verbindlich ist oder daß Teil III dieses Übereinkommens für ihn nicht verbindlich ist.**

**(2) Ein Vertragsstaat, der eine Erklärung nach Absatz 1 zu Teil II oder Teil III dieses Übereinkommens abgegeben hat, ist hinsichtlich solcher Gegenstände, die durch den Teil geregelt werden, auf den sich die Erklärung bezieht, nicht als Vertragsstaat im Sinne des Artikels 1 Absatz 1 zu betrachten.**

**Schrifttum:** Lookofsky, The Rise and Fall of CISG Article 92, FS Magnus, 2014, 243.

1 Die Möglichkeit der Vertragsstaaten, durch Erklärung eines Vorbehaltes entweder Teil II oder Teil III für nicht verbindlich zu erklären, ist im Zusammenhang damit zu sehen, dass das Haager Übereinkommen die Bestimmungen über den Vertragsschluss (EAG) einerseits und die aus dem Warenkauf folgenden Rechte und Pflichten (EKG) andererseits noch in zwei verschiedenen Gesetzen regelte. Dementsprechend haben sich Dänemark, Finnland, Norwegen und Schweden durch entsprechende Erklärungen vorbehalten, dass für diese Staaten Teil II über den Vertragsschluss nicht verbindlich ist.

2 Ein Vorbehalt iSd Art. 92 wirkt sich dergestalt aus, dass der Vorbehaltsstaat hinsichtlich des ausgeschlossenen Teils des CISG nicht als Vertragsstaat anzusehen ist. Demzufolge ist, wenn eine Partei ihren Sitz in einem Vorbehaltsstaat hat, der betreffende Teil des CISG nicht über Art. 1 Abs. 1 lit. a anwendbar. Allerdings gelangt das gesamte CISG über Art. 1 Abs. 1 lit. b zur Anwendung, wenn das IPR des Forumstaates auf das Recht eines Vertragsstaates verweist, der den Vorbehalt nicht erklärt hat. Dies gilt auch, wenn ein Gericht des Vorbehaltsstaates entscheidet, es sei denn, dieser Staat hat gem. Art. 95 ebenfalls einen Vorbehalt gegen Art. 1 Abs. 1 lit. b erklärt (Østre Landsret Kobenhavn 23.4.1998 – B-3691-97, CISG-online Nr. 486; MüKoBGB/P. Huber Rn. 2).

3 Die Vorbehalte der einzelnen Mitgliedstaaten sind im Internet verzeichnet unter https://uncitral.un.org/en/texts/salegoods/conventions/sale_of_goods/cisg/status, abgerufen 19.4.2022. Nor-

wegen (zum 1.11.2014), Dänemark (zum 1.2.2013), Finnland (zum 1.6.2012) und Schweden (zum 1.12.2012) haben den Vorbehalt nach Abs. 1 gegen Teil II zurückgenommen, sodass das CISG im Verhältnis zu diesen Staaten ebenfalls auf den Vertragsschluss anzuwenden ist (Magnus ZEuP 2015, 159 (163); Magnus ZEuP 2013, 111 (114)).

## Art. 93 (Föderative Staaten)

**(1) Ein Vertragsstaat, der zwei oder mehr Gebietseinheiten umfaßt, in denen nach seiner Verfassung auf die in diesem Übereinkommen geregelten Gegenstände unterschiedliche Rechtsordnungen angewendet werden, kann bei der Unterzeichnung, der Ratifikation, der Annahme, der Genehmigung oder dem Beitritt erklären, daß dieses Übereinkommen sich auf alle seine Gebietseinheiten oder nur auf eine oder mehrere derselben erstreckt; er kann seine Erklärung jederzeit durch eine neue Erklärung ändern.**

**(2) Die Erklärungen sind dem Verwahrer zu notifizieren und haben ausdrücklich anzugeben, auf welche Gebietseinheiten das Übereinkommen sich erstreckt.**

**(3) Erstreckt sich das Übereinkommen aufgrund einer Erklärung nach diesem Artikel auf eine oder mehrere, jedoch nicht auf alle Gebietseinheiten eines Vertragsstaats und liegt die Niederlassung einer Partei in diesem Staat, so wird diese Niederlassung im Sinne dieses Übereinkommens nur dann als in einem Vertragsstaat gelegen betrachtet, wenn sie in einer Gebietseinheit liegt, auf die sich das Übereinkommen erstreckt.**

**(4) Gibt ein Vertragsstaat keine Erklärung nach Absatz 1 ab, so erstreckt sich das Übereinkommen auf alle Gebietseinheiten dieses Staates.**

Föderative Staaten können auf Grund eines entsprechenden Vorbehalts die Anwendung des CISG auf bestimmte Gebietseinheiten, in denen unterschiedliche Rechtsordnungen gelten, ausschließen. Diese Bestimmung ist wegen des bundeseinheitlichen Kaufrechts für Deutschland ohne Bedeutung. 1

Entsprechende Vorbehalte haben Australien, Dänemark, Neuseeland und zunächst Kanada gemacht. Hingegen haben die USA zu Art. 93 keine Erklärung abgegeben (s. iE Honsell/Siehr Rn. 2–6; MüKoBGB/P. Huber Rn. 1; Witz/Salger/Lorenz/Witz/Lorenz Rn. 1). 2

## Art. 94 (Erklärung über Nichtanwendung der Konvention)

**(1) [1]Zwei oder mehr Vertragsstaaten, welche gleiche oder einander sehr nahekommende Rechtsvorschriften für Gegenstände haben, die in diesem Übereinkommen geregelt werden, können jederzeit erklären, daß das Übereinkommen auf Kaufverträge und ihren Abschluß keine Anwendung findet, wenn die Parteien ihre Niederlassung in diesen Staaten haben. [2]Solche Erklärungen können als gemeinsame oder als aufeinander bezogene einseitige Erklärungen abgegeben werden.**

**(2) Hat ein Vertragsstaat für Gegenstände, die in diesem Übereinkommen geregelt werden, Rechtsvorschriften, die denen eines oder mehrerer Nichtvertragsstaaten gleich sind oder sehr nahekommen, so kann er jederzeit erklären, daß das Übereinkommen auf Kaufverträge oder ihren Abschluß keine Anwendung findet, wenn die Parteien ihre Niederlassung in diesen Staaten haben.**

**(3) Wird ein Staat, auf den sich eine Erklärung nach Absatz 2 bezieht, Vertragsstaat, so hat die Erklärung von dem Tag an, an dem das Übereinkommen für den neuen Vertragsstaat in Kraft tritt, die Wirkung einer nach Absatz 1 abgegebenen Erklärung, vorausgesetzt, daß der neue Vertragsstaat sich einer solchen Erklärung anschließt oder eine darauf bezogene einseitige Erklärung abgibt.**

Vertragsstaaten können auf Grund eines **Vorbehalts** die Anwendung des CISG im Verhältnis untereinander ausschließen. Hiervon haben Dänemark, Finnland, Island, Norwegen und Schweden vor allem wegen der bestehenden Harmonisierung des skandinavischen Kaufrechts jeweils untereinander Gebrauch gemacht. Die Anwendung des Art. 94 käme auch im Bereich eines durch Richtlinien harmonisierten europäischen Kaufrechts in Betracht, zB die RL 1999/44/EG über Verbrauchsgüterkaufverträge (vgl. Herber IHR 2004, 89 (93); Müller IHR 2005, 133 (133 f.)), wenn die Mitgliedstaaten eine Erklärung über die Nichtanwendung des CISG abgeben würden 1

(Staudinger/Magnus, 2018, Rn. 1; Staudinger/Magnus, 2018, Art. 90 Rn. 4; Schlechtriem/Schwenzer/Schroeter/Ferrari Rn. 5; Herber IHR 2004, 89 (93)).

2 Ein Vorbehalt iSd Art. 94 hat zur Folge, dass der entsprechende Teil des CISG von den Vorbehaltsstaaten selbst **nicht anzuwenden** ist. Gleiches gilt für Gerichte anderer Vertragsstaaten, wenn sie über Rechtsstreitigkeiten zwischen Angehörigen von Vorbehaltsstaaten zu entscheiden haben (Herber IHR 2004, 89 (93); Staudinger/Magnus, 2018, Rn. 7; aA MüKoHGB/Ferrari Rn. 3; dies offenlassend MüKoBGB/P. Huber Rn. 1).

## Art. 95 (Erklärung zum Ausschluß der Anwendung des Art. 1 I b))

**Jeder Staat kann bei der Hinterlegung seiner Ratifikations-, Annahme-, Genehmigungs- oder Beitrittsurkunde erklären, daß Artikel 1 Absatz 1 Buchstabe b für ihn nicht verbindlich ist.**

**Schrifttum:** CISG Advisory Council Opinion No. 15, Reservations under Articles 95 and 96 CISG, http://www.cisgac.com/cisgac-opinion-no15/ (abgerufen 19.4.2022; zum CISG Advisory Council Art. 7 Rn. 3); Ferrari, Short notes on the impact of the Article 95 reservation on the occasion of Prime Start Ltd. v. Maher Forest Products Ltd. et al., IHR 2006, 248.

1 Von dem Vorbehalt nach Art. 95, das CISG zwar anzuwenden, wenn die Vertragsparteien ihre Niederlassung oder ihren Aufenthalt in verschiedenen Vertragsstaaten haben, dieses dagegen aber nicht anzuwenden, wenn das IPR lediglich auf das Recht eines Vertragsstaates verweist, haben Armenien, China, Laos, Singapur, die Slowakei, St. Vincent und die Grenadinen sowie die USA Gebrauch gemacht.

2 Befindet sich das berufene Gericht in einem Vorbehaltsstaat, kann das CISG nicht über Art. 1 Abs. 1 lit. b zur Anwendung gelangen. Führt hingegen das IPR eines Vertragsstaates, der den Vorbehalt nicht erklärt hat (zB Deutschland), zur Anwendbarkeit des Rechts eines Vorbehaltsstaates, ist umstritten, ob der Vorbehalt nur die Gerichte des Vorbehaltsstaates bindet (MüKoHGB/Ferrari Rn. 4; Schlechtriem/Schwenzer/Schroeter/Ferrari Art. 1 Rn. 78) oder auch von den Gerichten des berufenen Nicht-Vorbehaltsstaates zu beachten ist (Staudinger/Magnus, 2018, Rn. 6). Nach der erstgenannten Auffassung wäre das CISG anwendbar, nach der letztgenannten hingegen nicht. Deutschland hat diesbezüglich (dh für den Fall, dass die Regeln des IPR zur Anwendung des Rechts eines Vertragsstaates führen, der einen Vorbehalt nach Art. 95 erklärt hat) in Art. 2 CISG-Vertragsgesetz (BGBl. 1989 II 586) eine Interpretationserklärung (Achilles Rn. 2; MüKoBGB/P. Huber Rn. 2; Staudinger/Magnus, 2018, Rn. 5; wohl auch MüKoHGB/Ferrari Rn. 5; aA Soergel/Lüderitz/Fenge Art. 1 Rn. 16: Teilvorbehalt) abgegeben, wonach deutsche Gerichte unvereinheitlichtes Kaufrecht des Vertragsstaates anwenden (→ Art. 1 Rn. 21).

## Art. 96 (Erklärung zur Schriftform)

**Ein Vertragsstaat, nach dessen Rechtsvorschriften Kaufverträge schriftlich zu schließen oder nachzuweisen sind, kann jederzeit eine Erklärung nach Artikel 12 abgeben, daß die Bestimmungen der Artikel 11 und 29 oder des Teils II dieses Übereinkommens, die für den Abschluß eines Kaufvertrages, seine Änderung oder Aufhebung durch Vereinbarung oder für ein Angebot, eine Annahme oder eine sonstige Willenserklärung eine andere als die schriftliche Form gestatten, nicht gelten, wenn eine Partei ihre Niederlassung in diesem Staat hat.**

**Schrifttum:** CISG Advisory Council Opinion No. 15, Reservations under Articles 95 and 96 CISG, http://www.cisgac.com/cisgac-opinion-no15/ (abgerufen 19.4.2022; zum CISG Advisory Council Art. 7 Rn. 3); Schroeter, The Withdrawal of Hungary's Declarations under the CISG – Law and Policy, IHR 2015, 210; Walther/Morawietz, Declaration according to Article 96 CISG – Senseless?, IHR 2006, 252.

1 Nach Art. 11 S. 1 können die dem Übereinkommen unterliegenden Kaufverträge formlos abgeschlossen werden. Aufgrund Art. 29 gilt dies auch für die Änderung, Ergänzung und Aufhebung von Verträgen. Vertragsstaaten, deren Rechtsordnung ein Formerfordernis vorsieht, können den **Grundsatz der Formfreiheit** nach Art. 12, 96 ausschließen. Von diesem Vorbehalt haben bislang Argentinien, Armenien, Chile, Nordkorea, Paraguay, die Russische Föderation, die Ukraine, Vietnam und Weißrussland Gebrauch gemacht. China, Estland, Lettland, Litauen und Ungarn haben ihre zunächst eingelegten Vorbehalte mittlerweile zurückgenommen.

Hat eine Partei ihre Niederlassung in einem dieser Staaten, bestimmt sich die Form nach dem auf Grund IPR zu ermittelnden nationalen Recht (MüKoHGB/Ferrari Rn. 3; MüKoBGB/P. Huber Rn. 1; Staudinger/Magnus, 2018, Rn. 8; Soergel/Lutzi Rn. 3). Ist danach deutsches Recht maßgeblich, gilt indes wiederum der Grundsatz der Formfreiheit. 2

## Art. 97 (Wirksamkeitsvoraussetzungen einer Vorbehaltserklärung)

**(1) Erklärungen, die nach diesem Übereinkommen bei der Unterzeichnung abgegeben werden, bedürfen der Bestätigung bei der Ratifikation, Annahme oder Genehmigung.**

**(2) Erklärungen und Bestätigungen von Erklärungen bedürfen der Schriftform und sind dem Verwahrer zu notifizieren.**

**(3) [1]Eine Erklärung wird gleichzeitig mit dem Inkrafttreten dieses Übereinkommens für den betreffenden Staat wirksam. [2]Eine Erklärung, die dem Verwahrer nach diesem Inkrafttreten notifiziert wird, tritt jedoch am ersten Tag des Monats in Kraft, der auf einen Zeitabschnitt von sechs Monaten nach ihrem Eingang beim Verwahrer folgt. [3]Aufeinander bezogene einseitige Erklärungen nach Artikel 94 werden am ersten Tag des Monats wirksam, der auf einen Zeitabschnitt von sechs Monaten nach Eingang der letzten Erklärung beim Verwahrer folgt.**

**(4) [1]Ein Staat, der eine Erklärung nach diesem Übereinkommen abgibt, kann sie jederzeit durch eine an den Verwahrer gerichtete schriftliche Notifikation zurücknehmen. [2]Eine solche Rücknahme wird am ersten Tag des Monats wirksam, der auf einen Zeitabschnitt von sechs Monaten nach Eingang der Notifikation beim Verwahrer folgt.**

**(5) Die Rücknahme einer nach Artikel 94 abgegebenen Erklärung macht eine von einem anderen Staat nach Artikel 94 abgegebene, darauf bezogene Erklärung von dem Tag an unwirksam, an dem die Rücknahme wirksam wird.**

Die Vorschrift über Vorbehalte, welche nach Art. 92–96 von den Vertragsstaaten erklärt werden können, ist insbes. bei deren Rücknahme von Bedeutung. 1

## Art. 98 (Zulässigkeit von Vorbehalten)

**Vorbehalte sind nur zulässig, soweit sie in diesem Übereinkommen ausdrücklich für zulässig erklärt werden.**

Staatliche Vorbehalte können nur nach Art. 92–96 erklärt werden. Begleitende Interpretationserklärungen (zB → Art. 95 Rn. 1) dürfen iErg nicht zu Vorbehalten führen (Schlechtriem/Schwenzer/Schroeter/Ferrari Rn. 2; Staudinger/Magnus, 2018, Rn. 1). Ihre Wirksamkeit beurteilt sich nach Art. 7 Abs. 1 und allgemeinem Völkerrecht (MüKoHGB/Ferrari Rn. 2). Dessen ungeachtet gilt für die Parteien der Grundsatz der Privatautonomie (Honsell/Siehr Rn. 1). 1

## Art. 99 (Inkrafttreten)

**(1) Vorbehaltlich des Absatzes 6 tritt dieses Übereinkommen am ersten Tag des Monats in Kraft, der auf einen Zeitabschnitt von zwölf Monaten nach Hinterlegung der zehnten Ratifikations-, Annahme-, Genehmigungs- oder Beitrittsurkunde einschließlich einer Urkunde, die eine nach Artikel 92 abgegebene Erklärung enthält, folgt.**

**(2) Wenn ein Staat dieses Übereinkommen nach Hinterlegung der zehnten Ratifikations-, Annahme-, Genehmigungs- oder Beitrittsurkunde ratifiziert, annimmt, genehmigt oder ihm beitritt, tritt dieses Übereinkommen mit Ausnahme des ausgeschlossenen Teils für diesen Staat vorbehaltlich des Absatzes 6 am ersten Tag des Monats in Kraft, der auf einen Zeitabschnitt von zwölf Monaten nach Hinterlegung seiner Ratifikations-, Annahme-, Genehmigungs- oder Beitrittsurkunde folgt.**

**(3) Ein Staat, der dieses Übereinkommen ratifiziert, annimmt, genehmigt oder ihm beitritt und Vertragspartei des Haager Übereinkommens vom 1. Juli 1964 zur Einfüh-**

**rung eines Einheitlichen Gesetzes über den Abschluß von internationalen Kaufverträgen über bewegliche Sachen (Haager Abschlußübereinkommen von 1964) oder des Haager Übereinkommens vom 1. Juli 1964 zur Einführung eines Einheitlichen Gesetzes über den internationalen Kauf beweglicher Sachen (Haager Kaufrechtsübereinkommen von 1964) ist, kündigt gleichzeitig das Haager Kaufrechtsübereinkommen von 1964 oder das Haager Abschlußübereinkommen von 1964 oder gegebenenfalls beide Übereinkommen, indem er der Regierung der Niederlande die Kündigung notifiziert.**

**(4) Eine Vertragspartei des Haager Kaufrechtsübereinkommens von 1964, die das vorliegende Übereinkommen ratifiziert, annimmt, genehmigt oder ihm beitritt und nach Artikel 92 erklärt oder erklärt hat, daß Teil II dieses Übereinkommens für sie nicht verbindlich ist, kündigt bei der Ratifikation, der Annahme, der Genehmigung oder dem Beitritt das Haager Kaufrechtsübereinkommen von 1964, indem sie der Regierung der Niederlande die Kündigung notifiziert.**

**(5) Eine Vertragspartei des Haager Abschlußübereinkommens von 1964, die das vorliegende Übereinkommen ratifiziert, annimmt, genehmigt oder ihm beitritt und nach Artikel 92 erklärt oder erklärt hat, daß Teil III dieses Übereinkommens für sie nicht verbindlich ist, kündigt bei der Ratifikation, der Annahme, der Genehmigung oder dem Beitritt das Haager Abschlußübereinkommen von 1964, indem sie der Regierung der Niederlande die Kündigung notifiziert.**

**(6) [1]Für die Zwecke dieses Artikels werden Ratifikationen, Annahmen, Genehmigungen und Beitritte bezüglich dieses Übereinkommens, die von Vertragsparteien des Haager Abschlußübereinkommens von 1964 oder des Haager Kaufrechtsübereinkommens von 1964 vorgenommen werden, erst wirksam, nachdem die erforderlichen Kündigungen durch diese Staaten bezüglich der genannten Übereinkommen selbst wirksam geworden sind. [2]Der Verwahrer dieses Übereinkommens setzt sich mit der Regierung der Niederlande als Verwahrer der Übereinkommen von 1964 in Verbindung, um die hierfür notwendige Koordinierung sicherzustellen.**

### Überblick

Die Vorschrift enthält Bestimmungen über das Inkrafttreten des Übereinkommens in den Vertragsstaaten (→ Praeambel Rn. 1 ff. ff.).

## Art. 100 (Zeitlicher Geltungsbereich)

**(1) Dieses Übereinkommen findet auf den Abschluß eines Vertrages nur Anwendung, wenn das Angebot zum Vertragsabschluß an oder nach dem Tag gemacht wird, an dem das Übereinkommen für die in Artikel 1 Absatz 1 Buchstabe a genannten Vertragsstaaten oder den in Artikel 1 Absatz 1 Buchstabe b genannten Vertragsstaat in Kraft tritt.**

**(2) Dieses Übereinkommen findet nur auf Verträge Anwendung, die an oder nach dem Tag geschlossen werden, an dem das Übereinkommen für die in Artikel 1 Absatz 1 Buchstabe a genannten Vertragsstaaten oder den in Artikel 1 Absatz 1 Buchstabe b genannten Vertragsstaat in Kraft tritt.**

1 Die Bestimmung regelt Grenzen für das zeitliche Eingreifen des UN-Kaufrechts. Ungeachtet der IPR-rechtlichen Verweisung kommt das CISG in einem Vertragsstaat gleichwohl nicht zur Anwendung, wenn es zu dem maßgeblichen Zeitpunkt für diesen Staat noch nicht **in Kraft** getreten war (BGH NJW-RR 1998, 680; Piltz NJW 2000, 553 (555)).

## Art. 101 (Kündigung des Übereinkommens)

**(1) Ein Vertragsstaat kann dieses Übereinkommen oder dessen Teil II oder Teil III durch eine an den Verwahrer gerichtete schriftliche Notifikation kündigen.**

**(2) [1]Eine Kündigung wird am ersten Tag des Monats wirksam, der auf einen Zeitabschnitt von zwölf Monaten nach Eingang der Notifikation beim Verwahrer folgt. [2]Ist in der Notifikation eine längere Kündigungsfrist angegeben, so wird die Kündigung nach Ablauf dieser längeren Frist nach Eingang der Notifikation beim Verwahrer wirksam.**

**(Unterzeichnungsklausel)**

**Geschehen zu Wien am 11. April 1980 in einer Urschrift in arabischer, chinesischer, englischer, französischer, russischer und spanischer Sprache, wobei jeder Wortlaut gleichermaßen verbindlich ist.**

**Zu Urkund dessen haben die unterzeichneten, hierzu von ihren Regierungen gehörig befugten Bevollmächtigten dieses Übereinkommen unterschrieben.**

Ein Vertragsstaat hat die Möglichkeit, das Übereinkommen insgesamt oder nur für seinen Teil II oder Teil III zu **kündigen.** Eine solche Kündigung, die frühestens nach einem Jahr wirksam wird, ist bislang noch durch keinen Vertragsstaat erfolgt. **1**

Der **Unterzeichnungsklausel** kommt im Hinblick auf die Auslegung des Übereinkommens Bedeutung zu. Dort ist festgelegt, dass die arabische, chinesische, englische, französische, russische und spanische Fassung in gleicher Weise verbindlich sind. **2**

Die **deutsche Übersetzung,** die seinerzeit zwischen der Bundesrepublik, Österreich, der Schweiz und der damals noch bestehenden DDR abgestimmt wurde, ist hingegen **nicht verbindlich.** Deshalb kann dem Wortlaut der deutschen Gesetzesfassung bei der Auslegung keine allein ausschlaggebende Bedeutung zugemessen werden. **3**

## 6. Außervertragliche Schuldverhältnisse

### a) Rom II-VO

### Verordnung (EG) Nr. 864/2008 des Europäischen Parlaments und des Rates vom 11. Juli 2007 über das auf außervertragliche Schuldverhältnisse anzuwendende Recht (Rom II)

(ABl. EU L 199 S. 40, berichtigt ABl. EU 2012 L 310 S. 52)

**Erwägungsgründe**

**DAS EUROPÄISCHE PARLAMENT UND DER RAT DER EUROPÄISCHEN UNION –**

**gestützt auf den Vertrag zur Gründung der Europäischen Gemeinschaft, insbesondere auf Artikel 61 Buchstabe c und Artikel 67,**

**auf Vorschlag der Kommission,**

**nach Stellungnahme des Europäischen Wirtschafts- und Sozialausschusses (ABl. C 241 vom 28.9.2004, S. 1),**

**gemäß dem Verfahren des Artikels 251 des Vertrags, aufgrund des vom Vermittlungsausschuss am 25. Juni 2007 gebilligten gemeinsamen Entwurfs (Stellungnahme des Europäischen Parlaments vom 6. Juli 2005 (ABl. C 157 E vom 6.7.2006, S. 371), Gemeinsamer Standpunkt des Rates vom 25. September 2006 (ABl. C 289 E vom 28.11.2006, S. 68) und Standpunkt des Europäischen Parlaments vom 18. Januar 2007 (noch nicht im Amtsblatt veröffentlicht). Legislative Entschließung des Europäischen Parlaments vom 10. Juli 2007 und Beschluss des Rates vom 28. Juni 2007),**

**in Erwägung nachstehender Gründe:**

**(1) Die Gemeinschaft hat sich zum Ziel gesetzt, einen Raum der Freiheit, der Sicherheit und des Rechts zu erhalten und weiterzuentwickeln. Zur schrittweisen Schaffung eines solchen Raums muss die Gemeinschaft im Bereich der justiziellen Zusammenarbeit in Zivilsachen, die einen grenzüberschreitenden Bezug aufweisen, Maßnahmen erlassen, soweit sie für das reibungslose Funktionieren des Binnenmarkts erforderlich sind.**

(2) Nach Artikel 65 Buchstabe b des Vertrags schließen diese Maßnahmen auch solche ein, die die Vereinbarkeit der in den Mitgliedstaaten geltenden Kollisionsnormen und Vorschriften zur Vermeidung von Kompetenzkonflikten fördern.

(3) Auf seiner Tagung vom 15. und 16. Oktober 1999 in Tampere hat der Europäische Rat den Grundsatz der gegenseitigen Anerkennung von Urteilen und anderen Entscheidungen von Justizbehörden als Eckstein der justiziellen Zusammenarbeit in Zivilsachen unterstützt und den Rat und die Kommission ersucht, ein Maßnahmenprogramm zur Umsetzung dieses Grundsatzes anzunehmen.

(4) Der Rat hat am 30. November 2000 ein gemeinsames Maßnahmenprogramm der Kommission und des Rates zur Umsetzung des Grundsatzes der gegenseitigen Anerkennung gerichtlicher Entscheidungen in Zivil- und Handelssachen (ABl. C 12 vom 15.1.2001, S. 1) angenommen. Nach dem Programm können Maßnahmen zur Harmonisierung der Kollisionsnormen dazu beitragen, die gegenseitige Anerkennung gerichtlicher Entscheidungen zu vereinfachen.

(5) In dem vom Europäischen Rat am 5. November 2004 angenommenen Haager Programm (ABl. C 53 vom 3.3.2005, S. 1) wurde dazu aufgerufen, die Beratungen über die Regelung der Kollisionsnormen für außervertragliche Schuldverhältnisse („Rom II“) energisch voranzutreiben.

(6) Um den Ausgang von Rechtsstreitigkeiten vorhersehbarer zu machen und die Sicherheit in Bezug auf das anzuwendende Recht sowie den freien Verkehr gerichtlicher Entscheidungen zu fördern, müssen die in den Mitgliedstaaten geltenden Kollisionsnormen im Interesse eines reibungslos funktionierenden Binnenmarkts unabhängig von dem Staat, in dem sich das Gericht befindet, bei dem der Anspruch geltend gemacht wird, dieselben Verweisungen zur Bestimmung des anzuwendenden Rechts vorsehen.

(7) Der materielle Anwendungsbereich und die Bestimmungen dieser Verordnung sollten mit der Verordnung (EG) Nr. 44/2001 des Rates vom 22. Dezember 2000 über die gerichtliche Zuständigkeit und die Anerkennung und Vollstreckung von Entscheidungen in Zivil- und Handelssachen (ABl. L 12 vom 16.1.2001, S. 1. Zuletzt geändert durch die Verordnung (EG) Nr. 1791/2006 (ABl. L 363 vom 20.12.2006, S. 1)) (Brüssel I) und den Instrumenten, die das auf vertragliche Schuldverhältnisse anzuwendende Recht zum Gegenstand haben, in Einklang stehen.

(8) Diese Verordnung ist unabhängig von der Art des angerufenen Gerichts anwendbar.

(9) Forderungen aufgrund von „acta iure imperii“ sollten sich auch auf Forderungen gegen im Namen des Staates handelnde Bedienstete und auf die Haftung für Handlungen öffentlicher Stellen erstrecken, einschließlich der Haftung amtlich ernannter öffentlicher Bediensteter. Sie sollten daher vom Anwendungsbereich dieser Verordnung ausgenommen werden.

(10) Familienverhältnisse sollten die Verwandtschaft in gerader Linie, die Ehe, die Schwägerschaft und die Verwandtschaft in der Seitenlinie umfassen. Die Bezugnahme in Artikel 1 Absatz 2 auf Verhältnisse, die mit der Ehe oder anderen Familienverhältnissen vergleichbare Wirkungen entfalten, sollte nach dem Recht des Mitgliedstaats, in dem sich das angerufene Gericht befindet, ausgelegt werden.

(11) Der Begriff des außervertraglichen Schuldverhältnisses ist von Mitgliedstaat zu Mitgliedstaat verschieden definiert. Im Sinne dieser Verordnung sollte der Begriff des außervertraglichen Schuldverhältnisses daher als autonomer Begriff verstanden werden. Die in dieser Verordnung enthaltenen Regeln des Kollisionsrechts sollten auch für außervertragliche Schuldverhältnisse aus Gefährdungshaftung gelten.

(12) Das anzuwendende Recht sollte auch für die Frage gelten, wer für eine unerlaubte Handlung haftbar gemacht werden kann.

(13) Wettbewerbsverzerrungen im Verhältnis zwischen Wettbewerbern aus der Gemeinschaft sind vermeidbar, wenn einheitliche Bestimmungen unabhängig von dem durch sie bezeichneten Recht angewandt werden.

(14) Das Erfordernis der Rechtssicherheit und die Notwendigkeit, in jedem Einzelfall Recht zu sprechen, sind wesentliche Anforderungen an einen Rechtsraum. Diese Verordnung bestimmt die Anknüpfungskriterien, die zur Erreichung dieser Ziele am besten geeignet sind. Deshalb sieht diese Verordnung neben einer allgemeinen Regel Sonderre-

**geln und, in bestimmten Fällen, eine „Ausweichklausel" vor, die ein Abweichen von diesen Regeln erlaubt, wenn sich aus der Gesamtheit der Umstände ergibt, dass die unerlaubte Handlung eine offensichtlich engere Verbindung mit einem anderen Staat aufweist. Diese Gesamtregelung schafft einen flexiblen Rahmen kollisionsrechtlicher Regelungen. Sie ermöglicht es dem angerufenen Gericht gleichfalls, Einzelfälle in einer angemessenen Weise zu behandeln.**

**(15) Zwar wird in nahezu allen Mitgliedstaaten bei außervertraglichen Schuldverhältnissen grundsätzlich von der lex loci delicti commissi ausgegangen, doch wird dieser Grundsatz in der Praxis unterschiedlich angewandt, wenn sich Sachverhaltselemente des Falles über mehrere Staaten erstrecken. Dies führt zu Unsicherheit in Bezug auf das anzuwendende Recht.**

**(16) Einheitliche Bestimmungen sollten die Vorhersehbarkeit gerichtlicher Entscheidungen verbessern und einen angemessenen Interessenausgleich zwischen Personen, deren Haftung geltend gemacht wird, und Geschädigten gewährleisten. Die Anknüpfung an den Staat, in dem der Schaden selbst eingetreten ist (lex loci damni), schafft einen gerechten Ausgleich zwischen den Interessen der Person, deren Haftung geltend gemacht wird, und der Person, die geschädigt wurde, und entspricht der modernen Konzeption der zivilrechtlichen Haftung und der Entwicklung der Gefährdungshaftung.**

**(17) Das anzuwendende Recht sollte das Recht des Staates sein, in dem der Schaden eintritt, und zwar unabhängig von dem Staat oder den Staaten, in dem bzw. denen die indirekten Folgen auftreten könnten. Daher sollte auch bei Personen- oder Sachschäden als Staat, in dem der Schaden eintritt, der Staat gelten, in dem der Personen- oder Sachschaden tatsächlich eingetreten ist.**

**(18) Als allgemeine Regel in dieser Verordnung sollte die „lex loci damni" nach Artikel 4 Absatz 1 gelten. Artikel 4 Absatz 2 sollte als Ausnahme von dieser allgemeinen Regel verstanden werden; durch diese Ausnahme wird eine besondere Anknüpfung für Fälle geschaffen, in denen die Parteien ihren gewöhnlichen Aufenthalt in demselben Staat haben. Artikel 4 Absatz 3 sollte als „Ausweichklausel" zu Artikel 4 Absätze 1 und 2 betrachtet werden, wenn sich aus der Gesamtheit der Umstände ergibt, dass die unerlaubte Handlung eine offensichtlich engere Verbindung mit einem anderen Staat aufweist.**

**(19) Für besondere unerlaubte Handlungen, bei denen die allgemeine Kollisionsnorm nicht zu einem angemessenen Interessenausgleich führt, sollten besondere Bestimmungen vorgesehen werden.**

**(20) Die Kollisionsnorm für die Produkthaftung sollte für eine gerechte Verteilung der Risiken einer modernen, hochtechnisierten Gesellschaft sorgen, die Gesundheit der Verbraucher schützen, Innovationsanreize geben, einen unverfälschten Wettbewerb gewährleisten und den Handel erleichtern. Die Schaffung einer Anknüpfungsleiter stellt, zusammen mit einer Vorhersehbarkeitsklausel, im Hinblick auf diese Ziele eine ausgewogene Lösung dar. Als erstes Element ist das Recht des Staates zu berücksichtigen, in dem die geschädigte Person beim Eintritt des Schadens ihren gewöhnlichen Aufenthalt hatte, sofern das Produkt in diesem Staat in den Verkehr gebracht wurde. Die weiteren Elemente der Anknüpfungsleiter kommen zur Anwendung, wenn das Produkt nicht in diesem Staat in Verkehr gebracht wurde, unbeschadet von Artikel 4 Absatz 2 und der Möglichkeit einer offensichtlich engeren Verbindung mit einem anderen Staat.**

**(21) Die Sonderregel nach Artikel 6 stellt keine Ausnahme von der allgemeinen Regel nach Artikel 4 Absatz 1 dar, sondern vielmehr eine Präzisierung derselben. Im Bereich des unlauteren Wettbewerbs sollte die Kollisionsnorm die Wettbewerber, die Verbraucher und die Öffentlichkeit schützen und das reibungslose Funktionieren der Marktwirtschaft sicherstellen. Durch eine Anknüpfung an das Recht des Staates, in dessen Gebiet die Wettbewerbsbeziehungen oder die kollektiven Interessen der Verbraucher beeinträchtigt worden sind oder beeinträchtigt zu werden drohen, können diese Ziele im Allgemeinen erreicht werden.**

**(22) Außervertragliche Schuldverhältnisse, die aus einem den Wettbewerb einschränkenden Verhalten nach Artikel 6 Absatz 3 entstanden sind, sollten sich auf Verstöße sowohl gegen nationale als auch gegen gemeinschaftliche Wettbewerbsvorschriften erstrecken. Auf solche außervertraglichen Schuldverhältnisse sollte das Recht des Staates anzuwenden sein, in dessen Gebiet sich die Einschränkung auswirkt oder auszuwirken**

**droht. Wird der Markt in mehr als einem Staat beeinträchtigt oder wahrscheinlich beeinträchtigt, so sollte der Geschädigte seinen Anspruch unter bestimmten Umständen auf das Recht des Mitgliedstaats des angerufenen Gerichts stützen können.**

**(23) Für die Zwecke dieser Verordnung sollte der Begriff der Einschränkung des Wettbewerbs Verbote von Vereinbarungen zwischen Unternehmen, Beschlüssen von Unternehmensvereinigungen und abgestimmten Verhaltensweisen, die eine Verhinderung, Einschränkung oder Verfälschung des Wettbewerbs in einem Mitgliedstaat oder innerhalb des Binnenmarktes bezwecken oder bewirken, sowie das Verbot der missbräuchlichen Ausnutzung einer beherrschenden Stellung in einem Mitgliedstaat oder innerhalb des Binnenmarktes erfassen, sofern solche Vereinbarungen, Beschlüsse, abgestimmte Verhaltensweisen oder Missbräuche nach den Artikeln 81 und 82 des Vertrags oder dem Recht eines Mitgliedstaats verboten sind.**

**(24) „Umweltschaden" sollte eine nachteilige Veränderung einer natürlichen Ressource, wie Wasser, Boden oder Luft, eine Beeinträchtigung einer Funktion, die eine natürliche Ressource zum Nutzen einer anderen natürlichen Ressource oder der Öffentlichkeit erfüllt, oder eine Beeinträchtigung der Variabilität unter lebenden Organismen umfassen.**

**(25) Im Falle von Umweltschäden rechtfertigt Artikel 174 des Vertrags, wonach ein hohes Schutzniveau erreicht werden sollte, und der auf den Grundsätzen der Vorsorge und Vorbeugung, auf dem Grundsatz, Umweltbeeinträchtigungen vorrangig an ihrem Ursprung zu bekämpfen, sowie auf dem Verursacherprinzip beruht, in vollem Umfang die Anwendung des Grundsatzes der Begünstigung des Geschädigten. Die Frage, wann der Geschädigte die Wahl des anzuwendenden Rechts zu treffen hat, sollte nach dem Recht des Mitgliedstaats des angerufenen Gerichts entschieden werden.**

**(26) Bei einer Verletzung von Rechten des geistigen Eigentums gilt es, den allgemein anerkannten Grundsatz der lex loci protectionis zu wahren. Im Sinne dieser Verordnung sollte der Ausdruck „Rechte des geistigen Eigentums" dahin interpretiert werden, dass er beispielsweise Urheberrechte, verwandte Schutzrechte, das Schutzrecht sui generis für Datenbanken und gewerbliche Schutzrechte umfasst.**

**(27) Die exakte Definition des Begriffs „Arbeitskampfmaßnahmen", beispielsweise Streikaktionen oder Aussperrung, ist von Mitgliedstaat zu Mitgliedstaat verschieden und unterliegt den innerstaatlichen Vorschriften der einzelnen Mitgliedstaaten. Daher wird in dieser Verordnung grundsätzlich davon ausgegangen, dass das Recht des Staates anzuwenden ist, in dem die Arbeitskampfmaßnahmen ergriffen wurden, mit dem Ziel, die Rechte und Pflichten der Arbeitnehmer und der Arbeitgeber zu schützen.**

**(28) Die Sonderbestimmung für Arbeitskampfmaßnahmen nach Artikel 9 lässt die Bedingungen für die Durchführung solcher Maßnahmen nach nationalem Recht und die im Recht der Mitgliedstaaten vorgesehene Rechtsstellung der Gewerkschaften oder der repräsentativen Arbeitnehmerorganisationen unberührt.**

**(29) Für Schäden, die aufgrund einer anderen Handlung als aus unerlaubter Handlung, wie ungerechtfertigter Bereicherung, Geschäftsführung ohne Auftrag oder Verschulden bei Vertragsverhandlungen, entstanden sind, sollten Sonderbestimmungen vorgesehen werden.**

**(30) Der Begriff des Verschuldens bei Vertragsverhandlungen ist für die Zwecke dieser Verordnung als autonomer Begriff zu verstehen und sollte daher nicht zwangsläufig im Sinne des nationalen Rechts ausgelegt werden. Er sollte die Verletzung der Offenlegungspflicht und den Abbruch von Vertragsverhandlungen einschließen. Artikel 12 gilt nur für außervertragliche Schuldverhältnisse, die in unmittelbarem Zusammenhang mit den Verhandlungen vor Abschluss eines Vertrags stehen. So sollten in den Fällen, in denen einer Person während der Vertragsverhandlungen ein Personenschaden zugefügt wird, Artikel 4 oder andere einschlägige Bestimmungen dieser Verordnung zur Anwendung gelangen.**

**(31) Um den Grundsatz der Parteiautonomie zu achten und die Rechtssicherheit zu verbessern, sollten die Parteien das auf ein außervertragliches Schuldverhältnis anzuwendende Recht wählen können. Die Rechtswahl sollte ausdrücklich erfolgen oder sich mit hinreichender Sicherheit aus den Umständen des Falles ergeben. Bei der Prüfung, ob eine solche Rechtswahl vorliegt, hat das Gericht den Willen der Parteien zu achten.**

**Die Möglichkeit der Rechtswahl sollte zum Schutz der schwächeren Partei mit bestimmten Bedingungen versehen werden.**

**(32) Gründe des öffentlichen Interesses rechtfertigen es, dass die Gerichte der Mitgliedstaaten unter außergewöhnlichen Umständen die Vorbehaltsklausel (ordre public) und Eingriffsnormen anwenden können. Insbesondere kann die Anwendung einer Norm des nach dieser Verordnung bezeichneten Rechts, die zur Folge haben würde, dass ein unangemessener, über den Ausgleich des entstandenen Schadens hinausgehender Schadensersatz mit abschreckender Wirkung oder Strafschadensersatz zugesprochen werden könnte, je nach der Rechtsordnung des Mitgliedstaats des angerufenen Gerichts als mit der öffentlichen Ordnung („ordre public") dieses Staates unvereinbar angesehen werden.**

**(33) Gemäß den geltenden nationalen Bestimmungen über den Schadensersatz für Opfer von Straßenverkehrsunfällen sollte das befasste Gericht bei der Schadensberechnung für Personenschäden in Fällen, in denen sich der Unfall in einem anderem Staat als dem des gewöhnlichen Aufenthalts des Opfers ereignet, alle relevanten tatsächlichen Umstände des jeweiligen Opfers berücksichtigen, insbesondere einschließlich tatsächlicher Verluste und Kosten für Nachsorge und medizinische Versorgung.**

**(34) Zur Wahrung eines angemessenen Interessenausgleichs zwischen den Parteien müssen, soweit dies angemessen ist, die Sicherheits- und Verhaltensregeln des Staates, in dem die schädigende Handlung begangen wurde, selbst dann beachtet werden, wenn auf das außervertragliche Schuldverhältnis das Recht eines anderen Staates anzuwenden ist. Der Begriff „Sicherheits- und Verhaltensregeln" ist in dem Sinne auszulegen, dass er sich auf alle Vorschriften bezieht, die in Zusammenhang mit Sicherheit und Verhalten stehen, einschließlich beispielsweise der Straßenverkehrssicherheit im Falle eines Unfalls.**

**(35) Die Aufteilung der Kollisionsnormen auf zahlreiche Rechtsakte sowie Unterschiede zwischen diesen Normen sollten vermieden werden. Diese Verordnung schließt jedoch die Möglichkeit der Aufnahme von Kollisionsnormen für außervertragliche Schuldverhältnisse in Vorschriften des Gemeinschaftsrechts in Bezug auf besondere Gegenstände nicht aus.**

**Diese Verordnung sollte die Anwendung anderer Rechtsakte nicht ausschließen, die Bestimmungen enthalten, die zum reibungslosen Funktionieren des Binnenmarkts beitragen sollen, soweit sie nicht in Verbindung mit dem Recht angewendet werden können, auf das die Regeln dieser Verordnung verweisen. Die Anwendung der Vorschriften im anzuwendenden Recht, die durch die Bestimmungen dieser Verordnung berufen wurden, sollte nicht die Freiheit des Waren- und Dienstleistungsverkehrs, wie sie in den Rechtsinstrumenten der Gemeinschaft wie der Richtlinie 2000/31/EG des Europäischen Parlaments und des Rates vom 8. Juni 2000 über bestimmte rechtliche Aspekte der Dienste der Informationsgesellschaft, insbesondere des elektronischen Geschäftsverkehrs, im Binnenmarkt („Richtlinie über den elektronischen Geschäftsverkehr") (ABl. L 178 vom 17.7.2000, S. 1) ausgestaltet ist, beschränken.**

**(36) Um die internationalen Verpflichtungen, die die Mitgliedstaaten eingegangen sind, zu wahren, darf sich die Verordnung nicht auf internationale Übereinkommen auswirken, denen ein oder mehrere Mitgliedstaaten zum Zeitpunkt der Annahme dieser Verordnung angehören. Um den Zugang zu den Rechtsakten zu erleichtern, sollte die Kommission anhand der Angaben der Mitgliedstaaten ein Verzeichnis der betreffenden Übereinkommen im Amtsblatt der Europäischen Union veröffentlichen.**

**(37) Die Kommission wird dem Europäischen Parlament und dem Rat einen Vorschlag unterbreiten, nach welchen Verfahren und unter welchen Bedingungen die Mitgliedstaaten in Einzel- und Ausnahmefällen in eigenem Namen Übereinkünfte mit Drittländern über sektorspezifische Fragen aushandeln und abschließen dürfen, die Bestimmungen über das auf außervertragliche Schuldverhältnisse anzuwendende Recht enthalten.**

**(38) Da das Ziel dieser Verordnung auf Ebene der Mitgliedstaaten nicht ausreichend verwirklicht werden kann und daher wegen des Umfangs und der Wirkungen der Verordnung besser auf Gemeinschaftsebene zu verwirklichen ist, kann die Gemeinschaft im Einklang mit dem in Artikel 5 des Vertrags niedergelegten Subsidiaritätsprinzip tätig werden. Entsprechend dem ebenfalls in diesem Artikel festgelegten Grundsatz der Ver-**

**hältnismäßigkeit geht diese Verordnung nicht über das für die Erreichung dieses Ziels erforderliche Maß hinaus.**

**(39) Gemäß Artikel 3 des Protokolls über die Position des Vereinigten Königreichs und Irlands im Anhang zum Vertrag über die Europäische Union und im Anhang zum Vertrag zur Gründung der Europäischen Gemeinschaft beteiligen sich das Vereinigte Königreich und Irland an der Annahme und Anwendung dieser Verordnung.**

**(40) Gemäß den Artikeln 1 und 2 des dem Vertrag über die Europäische Union und dem Vertrag zur Gründung der Europäischen Gemeinschaft beigefügten Protokolls über die Position Dänemarks beteiligt sich Dänemark nicht an der Annahme dieser Verordnung, die für Dänemark nicht bindend oder anwendbar ist –**

**HABEN FOLGENDE VERORDNUNG ERLASSEN:**

## Kapitel I. Anwendungsbereich

### Art. 1 Anwendungsbereich

**(1) [1]Diese Verordnung gilt für außervertragliche Schuldverhältnisse in Zivil- und Handelssachen, die eine Verbindung zum Recht verschiedener Staaten aufweisen. [2]Sie gilt insbesondere nicht für Steuer- und Zollsachen, verwaltungsrechtliche Angelegenheiten oder die Haftung des Staates für Handlungen oder Unterlassungen im Rahmen der Ausübung hoheitlicher Rechte („acta iure imperii").**

**(2) Vom Anwendungsbereich dieser Verordnung ausgenommen sind**

**a) außervertragliche Schuldverhältnisse aus einem Familienverhältnis oder aus Verhältnissen, die nach dem auf diese Verhältnisse anzuwendenden Recht vergleichbare Wirkungen entfalten, einschließlich der Unterhaltspflichten;**

**b) außervertragliche Schuldverhältnisse aus ehelichen Güterständen, aus Güterständen aufgrund von Verhältnissen, die nach dem auf diese Verhältnisse anzuwendenden Recht mit der Ehe vergleichbare Wirkungen entfalten, und aus Testamenten und Erbrecht;**

**c) außervertragliche Schuldverhältnisse aus Wechseln, Schecks, Eigenwechseln und anderen handelbaren Wertpapieren, sofern die Verpflichtungen aus diesen anderen Wertpapieren aus deren Handelbarkeit entstehen;**

**d) außervertragliche Schuldverhältnisse, die sich aus dem Gesellschaftsrecht, dem Vereinsrecht und dem Recht der juristischen Personen ergeben, wie die Errichtung durch Eintragung oder auf andere Weise, die Rechts- und Handlungsfähigkeit, die innere Verfassung und die Auflösung von Gesellschaften, Vereinen und juristischen Personen, die persönliche Haftung der Gesellschafter und der Organe für die Verbindlichkeiten einer Gesellschaft, eines Vereins oder einer juristischen Person sowie die persönliche Haftung der Rechnungsprüfer gegenüber einer Gesellschaft oder ihren Gesellschaftern bei der Pflichtprüfung der Rechnungslegungsunterlagen;**

**e) außervertragliche Schuldverhältnisse aus den Beziehungen zwischen den Verfügenden, den Treuhändern und den Begünstigten eines durch Rechtsgeschäft errichteten „Trusts";**

**f) außervertragliche Schuldverhältnisse, die sich aus Schäden durch Kernenergie ergeben;**

**g) außervertragliche Schuldverhältnisse aus der Verletzung der Privatsphäre oder der Persönlichkeitsrechte, einschließlich der Verleumdung.**

**(3) Diese Verordnung gilt unbeschadet der Artikel 21 und 22 nicht für den Beweis und das Verfahren.**

**(4) Im Sinne dieser Verordnung bezeichnet der Begriff „Mitgliedstaat" jeden Mitgliedstaat mit Ausnahme Dänemarks.**

**Schrifttum:** Ahern/Binchy, The Rome II Regulation on the Law Applicable to Non-Contractual Obligations, 2009; Aubart, Die Behandlung der dépeçage im europäischen Internationalen Privatrecht, 2013; v. Domarus, Internationales Arzthaftungsrecht nach Inkrafttreten der Rom I- und Rom II-Verordnung, 2013; Dutta, Die Haftung amerikanischer Ratingagenturen in Europa – Die Rolle des internationalen Privatrechts, IPRax 2014, 33; Fischer, Zum Stand des Internationalen Arzthaftungsrecht nach den Verordnungen Rom I und Rom II, MedR 2014, 712; Freitag, Internationale Prospekthaftung revisited – Zur Auslegung des europäischen Kollisionsrechts vor dem Hintergrund der „Kolassa"-Entscheidung des EuGH, WM 2015, 1165; v. Hein, Europäisches Internationales Deliktsrecht nach der Rom II-VO, ZEuP 2009, 6; Heiss/Loacker, Die Vergemeinschaftung des Kollisionsrechts der außervertraglichen Schuldverhältnisse durch Rom II, JBl 2007, 615; Hohloch, The Rome II Regulation: An Overview, YPrivIntL 9 (2007), 1; Hohloch, Die „Bereichsausnahmen" der Rom II-VO, IPRax 2012, 110; Junker, Die Rom II-Verordnung: Neues Internationales Deliktsrecht auf europäischer Grundlage, NJW 2007, 3675; Junker, Der Reformbedarf im Internationalen Deliktsrecht der Rom II-VO drei Jahre nach ihrer Verabschiedung, RIW 2010, 257; Kadner Graziano, Das auf außervertragliche Schuldverhältnisse anzuwendende Recht nach Inkrafttreten der Rom II-VO, RabelsZ 73 (2009), 1; Kühne, Das Anknüpfungssystem des neuen europäischen internationalen Deliktsrechts, FS Deutsch, 2009, 817; Leible/Lehmann, Die neue EG-Verordnung über das auf außervertragliche Schuldverhältnisse anzuwendende Recht („Rom II"), RIW 2007, 721; Luckhaupt, Anhängerregress und kein Ende? – zum Innenausgleich der beteiligten Haftpflichtversicherer nach internationalen Gespannunfällen, NZV 2016, 497; R. Magnus, Der grenzüberschreitende Bezug als Anwendungsvoraussetzung im europäischen Zuständigkeits- und Kollisionsrecht, ZEuP 2018, 507; Mankowski, Ausgewählte Einzelfragen zur Rom II-VO: Internationales Umwelthaftungsrecht, internationales Kartellrecht, renvoi, Parteiautonomie, IPRax 2010, 389; Martiny, Europäisches Internationales Schuldrecht – Rom I- und Rom II-Verordnungen in der Bewährung, ZEuP 2015, 838; Martiny, Europäisches Internationales Schuldrecht – Kampf um Kohärenz und Weiterentwicklung, ZEuP 2013, 838; Odendahl, Internationales Deliktsrecht der Rom II-VO und die Haftung für reine Vermögensschäden, 2012; Ofner, Die Rom II-VO – Neues Internationales Privatrecht für außervertragliche Schuldverhältnisse in der Europäischen Union, ZfRV 2009, 13; Pfeiffer, Deliktsrechtliche Ansprüche als Vertragsansprüche im Brüsseler Zuständigkeitsrecht, IPRax 2016, 111; Sonnenberger, Randbemerkungen zum Allgemeinen Teil eines europäisierten IPR, FS Kropholler, 2008, 227; Spickhoff, Das europäisierte Internationale Schuldrecht und die Europäisierung des Zivilrechts, in Roth, Europäisierung des Rechts, 2010, 261; Spickhoff, Grundfragen des Arzt-Patientenverhältnisses im Spiegel des Internationalen Privat- und Zivilprozessrechts, FS v. Hoffmann, 2011, 437; Spickhoff, Vorsorgeverfügungen im Internationalen Privatrecht, FS Coester-Waltjen, 2015, 825; Spickhoff, Der Eingehungsbetrug im System der Gerichtsstände – Zur Qualifikation von Anspruchsgründen und zur Annexzuständigkeit, IPRax 2017, 72; Steinrötter, Der notorische Problemfall der grenzüberschreitenden Prospekthaftung RIW 2015, 407; Steinrötter, Zuständigkeits- und kollisionsrechtliche Implikationen des europäischen Haftungstatbestands für fehlerhaftes Rating, ZIP 2015, 110; G. Wagner, Die neue Rom II-Verordnung, IPRax 2008, 1; R. Wagner, Das Vermittlungsverfahren zur Rom II-VO, FS Kropholler, 2008, 715; Wurmnest, Die Rom II-VO in der deutschen Rechtspraxis – Bestandsaufnahme und Reformüberlegungen, ZVglRWiss 115 (2016), 624.

## I. Vorbemerkungen

1 **1. Entstehung.** Die Verordnung über das auf außervertragliche Schuldverhältnisse anzuwendende Recht („Rom II") vereinheitlicht erstmals im Wesentlichen das Internationale Privatrecht der außervertraglichen Schuldverhältnisse auf europäischer Ebene. Die Vorläuferfassung der bis zum Schluss in ihren Einzelheiten umstrittenen „Rom II-Verordnung" war der **Vorschlag für eine Verordnung des Europäischen Parlaments und des Rates über das auf außervertragliche Schuldverhältnisse anzuwendende Recht („Rom II")** vom 21.2.2006 (KOM (2006), 83 endg.); eine im Dezember 2006 geplante Abstimmung im Europäischen Parlament hatte auf Grund der anhaltenden Diskussionen nicht stattgefunden (zu den früheren Vorschlägen bzw. Entwürfen vgl. Jayme IPRax 1998, 141; Jayme IPRax 1999, 298; Text in IPRax 1999, 286; Kreuzer RabelsZ 65 (2001), 383 (399 f.); R. Wagner EuZW 1999, 709 f.; Staudinger/v. Hoffmann, 2001, Rn. 10–20; Junker NJW 2007, 3675 (3676); Text der Fassung KOM (2003), 427 endg. in IPRax 2005, 174; dazu Benecke RIW 2003, 830; Busse RIW 2003, 406 zum Bereicherungsrecht; Fuchs GPR 2004, 100; v. Hein ZVglRWiss 102 (2003), 528; v. Hein VersR 2007, 440; Spickhoff in Leible, Die Bedeutung des IPR im Zeitalter der neuen Medien, 2003, 89; Huber/Bach IPRax 2005, 73; Kadner Graziano VersR 2004, 1205; Leible/Engel EuZW 2004, 7; Schmittmann AfP 2003, 121; Siems RIW 2004, 662; Koziol/Thiede ZVglRWiss 106 (2007), 235; s. dazu ferner den Entwurf eines Berichts des Europäischen Parlaments von D. Wallis vom 15.3.2004; G. Wagner IPRax 2006, 372; zum Vermittlungsverfahren R. Wagner FS Kropholler, 2008, 715). Die **Geschichte von „Rom II"** geht zurück bis zum Jahre 1972. Damals enthielt der Vorentwurf eines EWG-Übereinkommens über das auf vertragliche und außervertragliche Schuldverhältnisse anwendbare Recht, aus dem später das heute geltende europäische (freilich nicht zum Europarecht ieS gehörende) Vertragsrecht hervorgegangen ist, auch Kollisionsnormen für das Deliktsrecht, die jedoch auf Wunsch Großbritanniens und Irlands wieder eliminiert wurden (Art. 10–12, 14, RabelsZ 38 (1974), 211; näher zur Entstehung MüKoBGB/Junker Vor Art. 1 Rn. 1–24).

2 **2. Zweck der Rom II-VO.** Die Verordnung verfolgt zunächst nach Erwägungsgrund 1 den Zweck, im Hinblick auf das reibungslose Funktionieren des Binnenmarktes zur schrittweisen

Schaffung eines Raumes der Freiheit, der Sicherheit und des Rechts in Zivilsachen mit grenzüberschreitendem Bezug beizutragen. Insbesondere um den Ausgang von Rechtsstreitigkeiten vorhersehbarer zu machen (Erwägungsgrund 6), sollten auch die Regeln des Internationalen Privatrechts der außervertraglichen Schuldverhältnisse vereinheitlicht werden. Trotz des Erfordernisses der Rechtssicherheit arbeitet der Entwurf mit sog Ausweichklauseln, die der Gesamtregelung die notwendige Flexibilität erhalten sollen (Erwägungsgrund 14).

3 **3. Verhältnis zur Brüssel Ia-VO.** Die besonders enge Verbindung zwischen internationalem Privat- und internationalem Prozessrecht ist auch bei der Formulierung von „Rom II" gesehen worden (s. Erwägungsgründe 2 und 7) (dazu auch MüKoBGB/Junker Vor Art. 1 Rn. 26). Ungeachtet dessen bleibt die Frage, ob die Verordnung diesem Anspruch in allen Beziehungen gerecht geworden ist. Jedenfalls ist für die jeweils vom Internationalen Privatrecht der außervertraglichen Schuldverhältnisse, insbes. vom Internationalen Deliktsrecht betroffenen Sachbereiche das **Verhältnis zur Brüssel Ia-VO** in Rechnung zu stellen. Zur **Internationalen Zuständigkeit** → EGBGB Art. 40 Rn. 1 ff.–→ EGBGB Art. 40 Rn. 1 ff..

4 **4. Auslegungsgrundsätze.** Die **Auslegung** der Verordnung hat den allgemein für sekundäres Unionsrecht geltenden Grundsätzen zu folgen. Es gelten also – wenn auch mit anderem rechtsquellentheoretischen Hintergrund – die zu Art. 36 EGBGB dargelegten Auslegungsgrundsätze. Innerhalb der VO ist es freilich so gut wie selbstverständlich, dass eine unionsrechtlich-autonome Auslegung zu erfolgen hat, nicht zuletzt auch in Bezug auf die Frage der Qualifikation (MüKoBGB/Junker Vor Art. 1 Rn. 30). Im Übrigen gelten die auch aus der deutschen Auslegungslehre bekannten Kriterien. Es sind dies der Wortlaut bzw. die **grammatikalische Auslegung,** die **historische Auslegung** bzw. der Blick auf die Entstehungsgeschichte, die **systematische Auslegung** (hierbei ist das System von „Rom II", daneben aber auch die Brüssel Ia-VO zu beachten) sowie schließlich der Rückgriff auf den **Zweck** (teleologische Auslegung); hierbei ist das Prinzip der größtmöglichen Wirksamkeit („effet utile") zu beachten, wodurch die fortschreitende Integration innerhalb der EU gefördert werden soll (→ VO (EG) 593/2008 Art. 1 Rn. 1 ff. ff.) (MüKoBGB/Junker Vor Art. 1 Rn. 31–34).

5 Wie **Vorfragen** anzuknüpfen sind, ist in der Rom II-VO ebenso wenig wie in der Rom II-VO generell geregelt. Die Frage ist in dem Sinne zu entscheiden, dass zunächst nach ausdrücklichen Regelungen in der VO zu suchen ist (insbes. Art. 15 ff.). Im Übrigen ist auf Einzelfallgruppen bezogen je nach Sinn, Zweck und Regelungszusammenhang zu entscheiden (MüKoBGB/Junker Vor Art. 1 Rn. 35–37).

6 **5. Überblick und System.** Im Überblick lässt sich die Anknüpfung folgendermaßen skizzieren: Für das **Internationale Bereicherungsrecht** gilt (außerhalb der Rückabwicklung von Verträgen, Art. 10 Abs. 1 lit. e) die Leiter: (1.) Rechtswahl nach Art. 14 (oft nur nachträglich zulässig), (2.) akzessorische Anknüpfung an ein bestehendes Rechtsverhältnis, Art. 10 Abs. 1, (3.) gemeinsamer gewöhnlicher Aufenthalt von Schuldner und Gläubiger bzw. der „Parteien", Art. 10 Abs. 2, (4.) Bereicherungseintrittsort, Art. 10 Abs. 4; alle Anknüpfungen stehen unter dem Vorbehalt einer offensichtlich noch engeren Verbindung, Art. 10 Abs. 4. Für die **Geschäftsführung ohne Auftrag** gilt Ähnliches gem. Art. 11: (1.) Rechtswahl nach Art. 14 (oft nur nachträglich zulässig), (2.) akzessorische Anknüpfung an ein bestehendes Rechtsverhältnis, Art. 11 Abs. 1, (3.) gemeinsamer gewöhnlicher Aufenthalt von Schuldner und Gläubiger bzw. der „Parteien", Art. 11 Abs. 2, (4.) Ort, an dem die Geschäftsführung erfolgt ist, Art. 11 Abs. 3. Auch hier stehen alle Anknüpfungen unter dem Vorbehalt einer offensichtlich noch engeren Verbindung, Art. 11 Abs. 4.

7 Auch das **Deliktskollisionsrecht** geht – ähnlich dem deutschen Recht, das, da relativ neu, hier und da Vorbildfunktion erhalten haben mag – von einer (wenngleich flexiblen) Anknüpfungsleiter aus. Art. 14 sieht in Abs. 1 den gegenüber allem anderen vorrangigen **Grundsatz der freien Rechtswahl** vor. Weniger eng als Art. 42 EGBGB besteht diese Möglichkeit zT auch bereits vor Eintritt des haftungsbegründenden Ereignisses, wenn alle Parteien einer kommerziellen Tätigkeit nachgehen. In Art. 4–9 finden sich **Sonderanknüpfungen,** nämlich für die Produkthaftung, unlautere bzw. wettbewerbsbeschränkende Geschäftspraktiken, Umweltschäden, für Verletzungen der Rechte am geistigen Eigentum und Arbeitskämpfe. Ähnlich wie Art. 41 Abs. 2 Nr. 1 EGBGB sieht auch Art. 4 Abs. 3 die Möglichkeit der vertragsakzessorischen Anknüpfung unter dem Aspekt einer **wesentlich engeren Verbindung** im Verhältnis zum gemeinsamen gewöhnlichen Aufenthalt des Abs. 2 und der Tatortregel des Abs. 1 vor. Ebenso wie Art. 40 Abs. 2 EGBGB knüpft Art. 4 Abs. 2 (für Gesellschaften und unternehmerische bzw. berufliche Tätigkeiten s. Art. 23) an einen **gemeinsamen gewöhnlichen Aufenthalt von Schädiger und Geschädigtem** (die englische Fassung spricht von „habitual residence") zum Zeitpunkt der Begehung der

unerlaubten Handlung bzw. an eine entsprechende Hauptverwaltung oder Niederlassung an. Auch diese Anknüpfung kann wie bemerkt von einer Rechtswahl und einer vertragsakzessorischen Anknüpfung verdrängt werden. Zwar als Grundsatz an der Spitze der Anknüpfung, normenhierarchisch aber in Wirklichkeit eher an letzter Stelle stehend, weil alle anderen Anknüpfungen die **Tatortregel** verdrängen können, stellt auch Art. 4 Abs. 1 Rom II VO-Entwurf (insoweit in Übereinstimmung mit Art. 40 Abs. 1 EGBGB) auf den Tatort ab. Dieser wird freilich anders als in Art. 40 Abs. 1 EGBGB und Art. 7 Nr. 3 Brüssel Ia-VO konkretisiert. Unabhängig davon, in welchem Stadium das „schadensbegründende Ereignis", wozu auch der Handlungsort gehört, erfolgt, und in welchem Staat oder in welchen Staaten die „indirekten Schadensfolgen" festzustellen sind, soll das Recht des Staates gelten, „in dem der Schaden eintritt". Damit ist das **Recht am Ort des Erfolgseintritts** gemeint (s. bereits v. Hein VersR 2007, 440 (443); Huber/Bach IPRax 2005, 73 (76); Sonnentag ZVglRWiss 105 (2006), 256 (266 f.); G. Wagner IPRax 2006, 372 (376 f.)). Man merkt bei der Anknüpfung an den Schadenseintrittsort deutlich den Einfluss der europäischen Nachbarländer mit deliktsrechtlicher Generalklausel, die anstelle des Verletzungserfolges das Erfordernis eines direkten, ersten Schadens stellen.

## II. Zweck und positive Umschreibung des Anwendungsbereichs

Art. 1 verfolgt von seinem **Zweck** her zunächst einen gewissen **Gleichlauf mit dem Anwendungsbereich von der Brüssel Ia-VO** (→ Rn. 3) und demgemäß auch mit der Rom I-VO (Art. 1 Rom I-VO). Das kommt in **Erwägungsgrund 7** zum Ausdruck. Demgemäß wird in Abs. 1 bestimmt, dass die Rom II-VO nur für außervertragliche Schuldverhältnisse „in Zivil- und Handelssachen" gilt. Was außervertragliche Schuldverhältnisse sind, wird **positiv** in **Art. 2** genannt. 8

Die Anknüpfung an **Zivil- und Handelssachen** findet sich ebenso in Art. 1 Abs. 1 Brüssel Ia-VO/Rom I-VO und ist in dessen Sinne (also im Wege einer europäisch-autonomen Qualifikation) zu verstehen. Was unter a**ußervertraglichen Schuldverhältnissen** zu verstehen ist, ergibt sich – autonom – zunächst aus der Rom II-VO selbst, also insbes. aus deren Art. 2, 4 ff., 10–12 und 15 ff. **Vertragliche Verpflichtung** iSv freiwillig (auch: einseitig) eingegangenen Verpflichtungen einer Partei gegenüber einer anderen (→ VO (EG) 593/2008 Art. 1 Rn. 1 ff.) (s. etwa EuGH IPRax 1984, 85 (dazu Schlosser IPRax 1984, 65); NJW 1989, 1424; IPRax 2000, 210 (dazu Koch IPRax 2000, 186); NJW 2002, 3259) und die Rückabwicklung nichtiger Verträge (Art. 12 Abs. 1 lit. e Rom I-VO) fallen unter die Rom I-VO und daher nicht unter die Rom II-VO. Man wird dazu auf die Abgrenzung zurückgreifen können, wie sie der EuGH zu Art. 7 Nr. 1 und 3 Brüssel Ia-VO vorgenommen hat. Freilich wird man darüber hinaus auch solche Verträge als vom EVÜ erfasst und als von der Rom II-VO nicht erfasst anzusehen haben, die in Folge eines Kontrahierungszwangs zustande gekommen sind. Erfasst sind vom Ausschlusstatbestand der „außer"-vertraglichen Schuldverhältnisse des Art. 1 Abs. 1 Rom II-VO (und demgemäß vom EVÜ) iÜ auch einseitige rechtsgeschäftliche Verpflichtungen (MüKoBGB/Junker Rn. 15) sowie vertragliche Sekundäransprüche (EuGH NJW 1989, 1424), etwa aus § 280 Abs. 1 BGB. Zu **Gewinnzusagen** → Rom I-VO Art. 4 Rn. 63. Wichtig ist, dass die gem. Art. 2 Abs. 1 und Art. 12 vom Anwendungsbereich der Rom II-VO erfasste **culpa in contrahendo** nach Erwägungsgrund 30 autonom zu verstehen ist. Er umfasst die Verletzung der Offenlegungspflicht und den Abbruch von Vertragsverhandlungen, doch greift Art. 12 nur für außervertragliche Schuldverhältnisse, die in unmittelbarem Zusammenhang mit den Verhandlungen vor Abschluss eines Vertrags stehen. In Fällen, in denen einer Person während der Vertragsverhandlungen ein Personenschaden zugefügt wird, soll auf Art. 4 oder andere einschlägige Bestimmungen der Rom II-VO zurückgegriffen werden. Das Verschulden bei Vertragsschluss ist damit jedenfalls nicht vollständig von Art. 12 erfasst. Nicht anders als in Art. 1 Abs. 1 Brüssel Ia-VO/Rom I-VO werden in Abs. 2 S. 2 Steuer- und Zollsachen, darüber hinaus auch verwaltungsrechtliche Angelegenheiten von ihrem Anwendungsbereich ausgenommen. Insoweit ist auf die Kommentierung zu Art. 1 Rom I-VO zu verweisen (→ VO (EG) 593/2008 Art. 1 Rn. 1 ff. f.). Kein Fall eines außervertraglichen Schuldverhältnisses iSd Rom II-VO ist schließlich die Gläubigeranfechtung, in Deutschland § 19 AnfG (EuGH IPRax 1993, 28 m. Aufs. Schlosser 17: kein Delikt; gegen eine bereicherungsrechtliche Qualifikation mit Grund Kubis IPRax 2000, 501 (503)). Die **Vermögensübernahme** und die **Erwerberhaftung bei Firmenfortführung** lässt sich nicht sinnvoll unter eine der Kollisionsnormen der Rom II-VO subsumieren. Allenfalls kommt eine Berücksichtigung als Eingriffsnorm in Betracht (so Lehmann IPRax 2015, 495 zu öOGH IPRax 2015, 541; für die Unanwendbarkeit der Rom I- und Rom II-VO und eine autonome Anknüpfung Kramme IPRax 2015, 225 zu BGH IPRax 2015, 257). 9

10 Weitergehend als in den genannten beiden Regelungswerken wird aber auch die Haftung des Staates bei der Ausübung hoheitlicher Rechte ausgenommen. Nach **Erwägungsgrund 9** sollen sich Forderungen aufgrund von „acta iure imperii" auch auf Forderungen gegen im Namen des Staates handelnde Bedienstete und auf die Haftung für Handlungen öffentlicher Stellen erstrecken, einschließlich der Haftung amtlich ernannter öffentlicher Bediensteter. Der gesamte Bereich des Öffentlichen Rechts ist also einschließlich der **Staatshaftung** vom Anwendungsbereich der Rom II-VO ausgenommen. Das gilt insbes. auch im Hinblick auf das Internationale Amtshaftungsrecht (→ EGBGB Art. 40 Rn. 1 ff.) (Leible/Lehmann RIW 2007, 721 (722)). Was unter Staatshaftung iSv **„acta iure imperii"** zu verstehen ist, das ist indes wiederum **in autonomer Auslegung** zu ermitteln. In Deutschland kommen die Amtshaftung, die öffentlich-rechtliche GoA und sonstige öffentlich-rechtliche Erstattungsansprüche einschließlich enteignender oder enteignungsgleicher Eingriffe unter Einbeziehung der öffentlich-rechtlichen Aufopferung in Betracht. Bei fiskalischer bzw. schlicht hoheitlicher Tätigkeit öffentlicher Stellen greift der Ausschlusstatbestand indes nicht (MüKoBGB/Junker Rn. 12). Dabei ist auch die zur Brüssel I-VO ergangene Judikatur des EuGH zu bedenken, wonach selbst Schadensersatzklagen gegen verbeamtete (deutsche) Lehrer, die auf Klassenfahrten im (italienischen) Ausland ihre Aufsichtspflichten nicht erfüllen, noch unter den Begriff der Zivil- und Handelssache fallen. Zwischen Lehrern von Privatschulen und von öffentlichen Schulen sei insoweit kein Unterschied zu machen (EuGH NJW 1993, 2091 auf Vorlage des BGH IPRspr. 1991, Nr. 206, S. 434 ff.; anders jüngst OGH Wien v. 30.4.2019 – 1 Ob 33/19p m. krit. Anm. Bajons ZfRV 2019, 196; zweifelhaft auch BAG BeckRS 2019, 35057 zur Rom I-VO). Keine Zivilsache und ein zureichender Zusammenhang mit der Ausübung hoheitlicher Befugnisse soll hingegen im Falle der Beseitigung eines Wracks auf einer öffentlichen Wasserstraße vorliegen (EuGH Slg. 1980, 3807).

## III. Verbindung zum Recht verschiedener Staaten

11 Wann eine Verbindung zum Recht verschiedener Staaten vorliegt, ist nicht etwa gewissermaßen „freihändig" zu entscheiden. Ebenso wie im Rahmen von Art. 3 EGBGB (→ EGBGB Art. 3 Rn. 2) und im Rahmen der Rom I-VO (→ VO (EG) 593/2008 Art. 1 Rn. 1 ff.) gilt auch für die Rom II-VO, dass sich die vorhandene oder fehlende Relevanz einer Verbindung zum Recht verschiedener Staaten aus der Subsumtion unter die betreffenden Kollisionsnormen ergibt (näher R. Magnus ZEuP 2018, 507 (515 ff.)).

## IV. Negativkatalog des Abs. 2

12 Abs. 2 enthält einen Negativkatalog von Ausnahmen vom sachlichen Anwendungsbereich, die von der Rom II-VO nicht erfasst werden sollen. Wesentlich ist, dass außervertragliche, also nichtvertragliche Schuldverhältnisse von der Verordnung erfasst werden. Vertragliche Schuldverhältnisse unterstehen demgegenüber den Regeln der Rom I-VO. Im Übrigen entsprechen die Ausnahmetatbestände von Abs. 2 lit. a bis lit. c denjenigen der Art. 1 Abs. 2 lit. b bis lit. d Rom I-VO, Abs. 2 lit. d findet eine Parallele in Art. 1 Abs. 2 lit. f Rom I-VO und Abs. 2 lit. e in Art. 1 Abs. 2 lit. h Rom I-VO.

13 **1. Familienverhältnisse und Vergleichbares.** Ausgenommen sind nach **Abs. 2 lit. a** wegen des einstweilen fehlenden Gemeinschaftskollisionsrechts außervertragliche Schuldverhältnisse aus einem **Familienverhältnis** oder aus Verhältnissen, die nach dem auf diese Verhältnisse anzuwendenden Recht vergleichbare Wirkungen entfalten einschließlich der **Unterhaltspflichten** (für letzteres gilt Art. 18 EGBGB bzw. das Haager Unterhaltsübereinkommen 1973). Das Verlöbnis fällt ebenso wenig ohne weiteres unter Abs. 2 lit. a wie die nichteheliche Lebensgemeinschaft in dem (auch deutschen) Verständnis, dass die nichteheliche Lebensgemeinschaft nicht kraft Gesetzes der Ehe gleichgestellt wird, wie zB nach Ablauf bestimmter Fristen in Slowenien (dazu Novak in Kroppenberg/Schwab/Henrich/Gottwald/Spickhoff, Rechtsregeln für nichteheliches Zusammenleben, 2009, 265), in der Ukraine (dazu Ishyna, Die nichteheliche Lebensgemeinschaft in Deutschland und in der Ukraine, 2014) oder der französische PACS (→ VO (EG) 593/2008 Art. 1 Rn. 1 ff.27), wohl aber die (gleichgeschlechtliche) Lebenspartnerschaften oÄ (MüKoBGB/Junker Rn. 29; Grüneberg/Thorn Rn. 10; diff. auch Henrich FS Kropholler, 2008, 305 (308 ff.)). Bei alledem ist zu bedenken, dass nach **Erwägungsgrund 10 S. 2** die Bezugnahme in Art. 1 Abs. 2 auf Verhältnisse, die mit der Ehe oder anderen Familienverhältnissen vergleichbare Wirkungen entfalten, nach dem Recht des Mitgliedstaats, in dem sich das angerufene Gericht befindet, also (ausnahmsweise und eher regelwidrig) nach der lex fori ausgelegt werden kann. Das gilt auch in Bezug auf den Spezialfall entsprechender **güterrechtlicher Streitigkeiten (Abs. 2 lit. b)**

sowie in Bezug auf **Schuldverhältnisse aus Testamenten** bzw. aus **erbrechtlichen Fragestellungen.** Sehr wohl erfasst wäre aber etwa die (deliktische) Fälschung eines Testaments, weil die daraus folgende Haftung ihren Rechtsgrund nicht in der ausgeschlossenen Materie hat (Hohloch YbPrivIntL 9 (2007), 1 (16); MüKoBGB/Junker Rn. 32; Grüneberg/Thorn Rn. 10).

**2. Wertpapiere.** Wertpapiere werden im Hinblick auf die Genfer Abkommen zum Wechsel- und Scheckrecht aus dem Anwendungsbereich von Rom II ausgeklammert **(Abs. 2 lit. c),** nicht anders als es in Bezug auf Art. 1 Abs. 2 lit. d Rom I-VO steht. Die Prospekthaftung für Anlagen, die nicht in Wertpapieren verbrieft sind, wird von dem Ausnahmetatbestand indes nicht erfasst (MüKoBGB/Junker Rn. 33). 14

**3. Internationales Gesellschaftsrecht und Trust.** Auch das Internationale Gesellschaftsrecht bzw. die Gesellschafterhaftung **(Art. 1 Abs. 2 lit. d)** unterliegen nicht dem europäischen internationalen Deliktsrecht der Rom II-VO; auch hier liegt eine Parallelregelung zu Art. 1 Abs. 2 lit. f Rom I-VO vor. Auch hier werden – wie im Familienrecht – nur solche Anspruchsgründe, die ihren Rechtsgrund im Gesellschaftsrecht haben, ausgeschlossen, nicht aber die allgemeine Deliktshaftung (zB wegen vorsätzlicher sittenwidriger Schädigung, etwa unter dem Aspekt der Existenzvernichtung) oder die Prospekthaftung (G. Wagner IPRax 2008, 1 (2 f.); MüKoBGB/Junker Rn. 38–40; Grüneberg/Thorn Rn. 12; vgl. auch BGH NJW 2007, 1529: deliktsrechtliche Qualifikation der Rechtsscheinshaftung). Der Trust **(Art. 1 Abs. 2 lit. e)** stellt ein besonderes, vielfältig, jedenfalls nicht einheitlich deliktsrechtlich zu qualifizierendes stiltypisches Rechtsinstitut des Common Law dar, das deswegen ausgeklammert wurde. 15

**4. Schäden durch Kernenergie.** Außervertragliche Schuldverhältnisse, die sich aus Schäden durch Kernenergie ergeben **(Abs. 2 lit. f)** sind in vielfacher Weise durch bestehende internationale Übereinkommen auf diesem Gebiet geregelt. Das und wohl auch die entsprechende Lobby waren der Grund für diesen Ausschlusstatbestand, der selbst dann greift, wenn vorrangige kollisionsrechtlich relevante Staatsverträge nicht greifen (→ EGBGB Art. 40 Rn. 1 ff.) (MüKoBGB/Junker Rn. 42). Erfasst von diesem Ausschlusstatbestand sind außervertragliche Schuldverhältnisse, die sich aus Schäden durch Kernenergie ergeben. Das gilt unabhängig von der Anspruchsgrundlage, ist also nicht nur auf Gefährdungshaftungen oder objektive Haftungen beschränkt. 16

**5. Verletzung der Privatsphäre oder von Persönlichkeitsrechten.** Ausgeschlossen sind – im Gegensatz zu den Vorentwürfen – sodann generell Ansprüche wegen der Verletzung der Privatsphäre oder von Persönlichkeitsrechten bis hin zur Verleumdung **(Abs. 2 lit. g).** Im Vorentwurf waren nur Pressedelikte vom Anwendungsbereich ausgenommen. Diese sachwidrige Begrenzung ist nun richtigerweise aufgegeben worden, wenngleich der Totalausschluss von Persönlichkeitsverletzungen aus der Rom II-VO nicht überzeugt (rechtspolitisch krit. auch Leible/Lehmann RIW 2007, 721 (723 f.)). Hintergrund für die Nichtregelung des Internationalen Privatrechts der Persönlichkeitsverletzungen in der Rom II-VO sind die nach wie vor nicht geringen Unterschiede innerhalb Europas, was das (auch private) Presserecht und vor allem die Bedeutung der Pressefreiheit in Relation zum individuellen Persönlichkeitsrecht auch Prominenter angeht (instruktiv Beater, Zivilrechtlicher Schutz vor der Presse als konkretisiertes Verfassungsrecht, 1996; dazu auch Engel ZUM 2021, 843 (845)). Die Fallgruppe der Verleumdung zeigt, dass auch Fälle einer Verletzung des Unternehmenspersönlichkeitsrechts vom Ausschlusstatbestand erfasst sind, was sich funktional mit Fällen eines Eingriffs in den Gewerbebetrieb bzw. des Unternehmens überlappen kann (offen gelassen in BGH GRUR 2020, 435 mwN). Wettbewerbsverstöße und die Verletzung von Immaterialgüterrechten sind aber nach den autonom auszufüllenden Kollisionsnormen der Art. 6 und 8 erfasst. 17

Nach **Art. 1 Nr. 2e Rom II-VO-Entwurf** wurden demgegenüber nur persönlichkeitsbezogene Mediendelikte (als trauriges Beispiel der Pressemacht) aus dem Anwendungsbereich des Rom II VO-Entwurfs ausgeklammert. Diese Sonderbehandlung von Pressedelikten ist nun weggefallen; stattdessen gelten die Anknüpfungen des EGBGB (insbes. Art. 40–42 EGBGB). Die Anknüpfung an das Recht des Erfolgsorts in Art. 5 Abs. 1 Rom II-VO-Entwurf (jetzt Art. 4 Abs. 1) hätte zu einem nur dürftigen Maß an zuständigkeitsrechtlichem Gleichklang mit Art. 7 Nr. 3 Brüssel Ia-VO geführt; man denke an private Persönlichkeitsverletzungen im Internet, etwa durch das Einstellen von unautorisierten Bildern durch Privatpersonen. Denn nach der sog. Shevill-Entscheidung des EuGH (EuGH NJW 1995, 1882 = IPRax 1996, 111) kann der Geschädigte den Ersatz des gesamten Schadens nur am Ort des ursächlichen Geschehens, mit anderen Worten des Handlungsortes gerichtlich geltend machen, und das fällt zwar nicht notwendig, aber zumeist mit dem in Art. 2 Brüssel Ia-VO vorgesehenen allgemeinen (Wohnsitz-)Gerichtsstand zusammen. Am Erfolgsort, also in jedem Staat, in dem die Veröffentlichung verbreitet und das Ansehen des Betroffenen 18 nach dessen Behauptung beeinträchtigt worden ist, soll ein Gericht nur für den Ersatz des Teils des Gesamtschadens zuständig sein, der in dem Staat des angerufenen Gerichts verursacht wurde. Damit ist der deliktische Gerichtsstand am Erfolgsort praktisch entwertet. In der Konsequenz führt das bei Pressedelikten zu einer deutlichen Aufwertung des Gerichtsstands am Handlungsort bzw. am Niederlassungsort. Nur hier (und am – meist identischen – Wohnsitz des Täters) kann der Verletzte seine Ansprüche wegen Persönlichkeitsverletzung insgesamt geltend machen. Fallen freilich Wohnsitz des Delinquenten bzw. sein Handlungsort einerseits und Erfolgsort bzw. gewöhnlicher Aufenthalt des Verletzten andererseits auseinander, führt dies dazu, dass das Gericht mit umfassender Kognitionsbefugnis geradezu notwendigerweise eine Entscheidung nach fremdem Recht zu treffen hat. In der Entscheidung Shevill hätten also (allein!) französische Gerichte den Rechtsstreit umfassend, also unter Inanspruchnahme ihrer vollen Kognitionsbefugnis, entscheiden können, aber nach englischem Common Law. Und nicht anders würde es in den Caroline-von-Monaco-Entscheidungen (zB BGH NJW 1996, 1128) liegen: Zwar wären (nur!) deutsche Gerichte (am Ort der Handlung bzw. des Sitzes des Verlegers) insgesamt zuständig, doch dürften sie nicht nach deutschem Recht entscheiden. Nun zeigt zwar allein die Existenz des Internationalen Privatrechts, dass die Anwendung ausländischen Rechts durch inländische Gerichte heute nichts Besonderes mehr ist oder wenigstens sein sollte. Doch das Zusammenspiel von aktuellem europäischen Zuständigkeitsrecht und geplantem europäischen Kollisionsrecht schien geradezu darauf abzuzielen oder hätte jedenfalls notwendig zur Folge gehabt, dass im – allein relevanten – Fall des Distanzdeliktes bei Persönlichkeitsverletzungen inländische Gerichte ausländisches Recht anzuwenden gehabt hätten, was die Frage nach einem sinnvollen Umgang mit knappen Justizressourcen aufwarf.

19 **6. Beweis und Verfahren.** Nach **Abs. 3** wird der Beweis und das Verfahren (einschließlich einer vorgeschalteten Mediation oder Güteverhandlung) (MüKoBGB/Junker Rn. 44) allgemeinen Grundsätzen entspr. der **lex fori** unterworfen, also verfahrensrechtlich qualifiziert. Das gilt nicht in Bezug auf die Verteilung der Beweislast (Art. 22 Abs. 1); zur Zulässigkeit von Beweismitteln s. Art. 22 Abs. 2, 21. Der lex fori unterliegen damit im Prinzip auch Regeln über das **Beweismaß** (in Deutschland: §§ 286, 287 ZPO).

## V. Sonderstatus Dänemarks

20 **Abs. 4** greift den Sonderstatus Dänemarks auf. Da nach Art. 3 die Rom II-VO allseitig, also auch gegenüber Nicht-Mitgliedstaaten anzuwenden ist, ist sie von deutschen Gerichten auch im Verhältnis zu Dänemark anzuwenden. Dabei ist hervorzuheben, dass nach Art. 24 dänisches internationales Privatrecht der außervertraglichen Schuldverhältnisse im Rahmen des Anwendungsbereichs der VO ohnedies nicht anzuwenden ist (Prinzip der Sachnormverweisung). Zudem ist im Rahmen von Art. 14 Abs. 3 der Begriff des Mitgliedstaates unter Einbeziehung Dänemarks zu verstehen (→ Art. 14 Rn. 9).

# Art. 2 Außervertragliche Schuldverhältnisse

**(1) Im Sinne dieser Verordnung umfasst der Begriff des Schadens sämtliche Folgen einer unerlaubten Handlung, einer ungerechtfertigten Bereicherung, einer Geschäftsführung ohne Auftrag („Negotiorum gestio") oder eines Verschuldens bei Vertragsverhandlungen („Culpa in contrahendo").**

**(2) Diese Verordnung gilt auch für außervertragliche Schuldverhältnisse, deren Entstehen wahrscheinlich ist.**

**(3) Sämtliche Bezugnahmen in dieser Verordnung auf**

**a) ein schadensbegründendes Ereignis gelten auch für schadensbegründende Ereignisse, deren Eintritt wahrscheinlich ist, und**

**b) einen Schaden gelten auch für Schäden, deren Eintritt wahrscheinlich ist.**

## I. Begriff des Schadens

1 **Abs. 1** präzisiert im Wege der Klarstellung als Hilfsnorm mit sprachlicher Entlastungsfunktion (MüKoBGB/Junker Rn. 1, 2) den in der Rom II-VO häufig verwendeten **Begriff des Schadens.** Er soll „sämtliche Folgen" eines der genannten gesetzlichen Schuldverhältnisse (unerlaubte Handlung, ungerechtfertigte Bereicherung, Geschäftsführung ohne Auftrag, aber auch Verschulden bei

Vertragsschluss, das – jedenfalls soweit dieser Begriff autonom iSd VO zu verstehen ist – als außervertraglich qualifiziert wird) erfassen. Auch solche Folgen, die (nicht allein) in deutscher Terminologie nicht als „Schäden" im eigentlichen Sinn anzusehen sind – etwa im Bereicherungsrecht oder im Recht der GoA – sollen erfasst sein. In Art. 10 Abs. 1 schwenkt der Verordnungsgeber freilich terminologisch dann doch wieder (im Unterschied zu Art. 11 Abs. 2) um, ohne dass dies für die Auslegung bedeutsam sein sollte (MüKoBGB/Junker Rn. 6). Gemeint werden zudem insbes. Erscheinungen, die aus der Perspektive des deutschen Deliktsrechts als **Verletzungserfolge iSd § 823 Abs. 1 BGB** bezeichnet werden (also Verletzung des Lebens, des Körpers, der Gesundheit, der Freiheit, des Eigentums oder eines sonstigen Rechts). Erfasst sind ferner **sämtliche Folgen der betreffenden Verletzung,** mit anderen Worten die **Haftungsausfüllung.** Die europäischen Deliktsrechte außerhalb Deutschlands kennen die dem deutschen Juristen geläufige Differenzierung zwischen Haftungsgrund und Haftungsausfüllung bzw. zwischen Verletzungserfolg und Schaden ohnedies kaum. In Ländern mit deliktsrechtlichen Generalklauseln werden diese Unterscheidungen allenfalls funktional beachtet, sind aber nicht strukturell im System des außervertraglichen Haftungsrechts angelegt (statt aller v. Bar, Gemeineuropäisches Deliktsrecht, Bd. I, 1996, Rn. 11 ff.).

## II. Wahrscheinlicher Schadenseintritt

Nach **Abs. 2** gilt die Verordnung – ebenso wie Art. 7 Nr. 3 Brüssel Ia-VO (s. bereits EuGH IPRax 2003, 341) – auch für außervertragliche Schuldverhältnisse, deren Entstehen wahrscheinlich ist. Wahrscheinlich ist ein Schadenseintritt dann, wenn für seine Realisierung hinreichende Anhaltspunkte bestehen (MüKoBGB/Junker Rn. 8), und gemeint ist der Ort, an dem die Interessenbeeinträchtigung einzutreten droht (BGH NJW 2009, 3371 (3372) mAnm Staudinger/Czaplinski). Damit sind nicht nur außervertragliche Schuldverhältnisse gemeint, innerhalb derer zB die Kausalität unsicher ist. Insoweit greifen die bereits erwähnten Regeln des Internationalen Beweisrechts (Art. 1 Abs. 3, Art. 21 und 22). Gemeint sind vielmehr in erster Linie Ansprüche, die auf **Unterlassung** gerichtet sind, zB in Bezug auf Eigentumsverletzungen oder in Bezug auf Eingriffe in das Unternehmen. Das ergibt sich auch aus **Abs. 3.** 2

### Art. 3 Universelle Anwendung

**Das nach dieser Verordnung bezeichnete Recht ist auch dann anzuwenden, wenn es nicht das Recht eines Mitgliedstaats ist.**

Art. 3 gestaltet die Rom II-VO als sog **loi uniforme** („allseitige Anwendung") aus. Demgemäß ist nicht zwischen Binnenmarkt- und Drittstaatensachverhalten zu unterscheiden. Es gilt hier also etwas anderes als im mittlerweile durch die Rspr. des EuGH und des BGH fortentwickelten Internationalen Gesellschaftsrecht (Grüneberg/Thorn EGBGB Anh. Art. 12 Rn. 2–9 mwN). Das ist zu begrüßen (ebenso A. Fuchs GPR 2004, 100 (101); Hamburg Group for Private International Law RabelsZ 67 (2003), 1 (4); v. Hein ZVglRWiss 102 (2003), 528 (542); Leible/Engel EuZW 2004, 7 (9)). 1

# Kapitel II. Unerlaubte Handlungen

### Art. 4 Allgemeine Kollisionsnorm

**(1) Soweit in dieser Verordnung nichts anderes vorgesehen ist, ist auf ein außervertragliches Schuldverhältnis aus unerlaubter Handlung das Recht des Staates anzuwenden, in dem der Schaden eintritt, unabhängig davon, in welchem Staat das schadensbegründende Ereignis oder indirekte Schadensfolgen eingetreten sind.**

**(2) Haben jedoch die Person, deren Haftung geltend gemacht wird, und die Person, die geschädigt wurde, zum Zeitpunkt des Schadenseintritts ihren gewöhnlichen Aufenthalt in demselben Staat, so unterliegt die unerlaubte Handlung dem Recht dieses Staates.**

**(3) [1]Ergibt sich aus der Gesamtheit der Umstände, dass die unerlaubte Handlung eine offensichtlich engere Verbindung mit einem anderen als dem in den Absätzen 1**

**oder 2 bezeichneten Staat aufweist, so ist das Recht dieses anderen Staates anzuwenden. [2]Eine offensichtlich engere Verbindung mit einem anderen Staat könnte sich insbesondere aus einem bereits bestehenden Rechtsverhältnis zwischen den Parteien – wie einem Vertrag – ergeben, das mit der betreffenden unerlaubten Handlung in enger Verbindung steht.**

**Schrifttum:** s. auch Art. 40 EGBGB; v. Hein, Die Ausweichklausel im europäischen Internationalen Deliktsrecht, FS Kropholler, 2008, 553; Mankowski, Deliktische Ausweichklausel, Handlungsort und Gewichtung, RIW 2021, 93; Rentsch, Tatort- und Aufenthaltsanknüpfung im internationalen Deliktsrecht, GPR 2015, 191; Spickhoff, Anspruchskonkurrenzen: Internationale Zuständigkeit und Internationales Privatrecht, IPRax 2009, 128.

## Übersicht



## I. Normzweck

1 Art. 4 Rom II-VO beinhaltet die Grundanknüpfung des Internationalen Deliktsrechts an den Tatort (Abs. 1) sowie eine der sog Auflockerungen des Tatortprinzips, nämlich den gemeinsamen gewöhnlichen Aufenthalt (Abs. 2). All dies kann überlagert werden durch offensichtlich engere Verbindungen (Abs. 3). Letztlich ist die gesamte Norm **Ausdruck des Prinzips der Anknüpfung an die engste Verbindung.** Nach **Erwägungsgrund 16** soll die Vereinheitlichung die Vorhersehbarkeit gerichtlicher Entscheidungen verbessern und einen angemessenen Interessenausgleich zwischen Personen, deren Haftung geltend gemacht wird, und Geschädigten gewährleisten. Die Anknüpfung an den Staat, in dem der Schaden selbst eingetreten ist (lex loci damni), soll einen gerechten Ausgleich zwischen den Interessen der Person, deren Haftung geltend gemacht wird, und der Person, die geschädigt wurde, schaffen. Etwas vollmundig wird diese Anknüpfung zudem als Entsprechung der „modernen Konzeption der zivilrechtlichen Haftung und der Entwicklung der Gefährdungshaftung", also des Sachrechts bzw. der modernen Sachrechte, charakterisiert. Der Grund für die Tatortanknüpfung besteht darin, dass die deliktischen Beziehungen im Allgemeinen aus einer eher zufälligen Interessenberührung der beteiligten Erwachsenen herrühren, für die eine sachnähere Anknüpfung zunächst einmal nicht ersichtlich ist. Daher sind die rechtlichen Beziehungen, in die das deliktische Geschehen die Beteiligten zusammenführt, wie dieses in die am Tatort geltenden Regeln eingebettet. Durch die Zuspitzung der Tatortregel auf den Erfolgsort wird zudem das **Interesse des Opfers** an einer Entschädigung nach der aus seiner Sicht im Allgemeinen zu erwartenden, vorherzusehenden Rechtsordnung bevorzugt berücksichtigt (ebenso MüKoBGB/Junker Rn. 3 und früher bereits BGHZ 87, 95 (97 f.) = NJW 1983, 1972 (1973)). Weiter genannt wird der Aspekt der Rechtssicherheit (zu Abs. 1 BeckOGK/Rühl Rn. 49).

## II. Anknüpfungssystem

2 Wie im Rahmen der Art. 40 ff. EGBGB geht auch innerhalb von Rom II-VO eine Rechtswahl nach Art. 14 (die über diejenige des Art. 42 EGBGB hinausgeht) vor. Sodann sind die besonderen Anknüpfungsregeln der Art. 5–9 zu prüfen. Weiter kommt es auf die Anknüpfung an den gemeinsamen gewöhnlichen Aufenthalt nach Art. 4 Abs. 2 an, die ihrerseits die Tatortregel verdrängen kann. Beidem geht eine offensichtlich noch engere Verbindung iSv Art. 4 Abs. 3 vor (so auch High Court (Q.B.) ZEuP 2018, 670 mAnm Franck). Vom Anknüpfungsvorrang her gesehen ist

Art. 4 demgemäß zwar gewissermaßen verkehrt herum formuliert. Es ist freilich zu beachten, dass die Subsumtion unter eine „engere" Verbindung gem. Abs. 3 einen Vergleich mit den Anknüpfungen an den Tatort bzw. den gemeinsamen gewöhnlichen Aufenthalt (Abs. 1 und 2) voraussetzt, die mithin zuvor zu prüfen sind (zur Systematik und Prüfungsreihenfolge s. auch MüKoBGB/Junker Rn. 7–9).

## III. Anwendungsbereich und Anspruchskonkurrenzen

Der spezielle Anwendungsbereich des Art. 4 erfasst Schuldverhältnisse „aus unerlaubter Handlung". Das deckt sich mit der Überschrift von Kapitel II der Rom II-VO. Auch die Sonderkollisionsnormen der Art. 5–9 sind demgemäß Spezialfälle unerlaubter Handlungen. Wie stets ist der Begriff autonom auszulegen. Zu Art. 7 Nr. 3 Brüssel Ia-VO hat der EuGH entschieden, dass davon Schadenshaftungen erfasst werden, die nicht auf einem Vertrag beruhen (der seinerseits durch das Merkmal der Freiwilligkeit geprägt ist) (zB EuGH NJW 1988, 3088; IPRax 2000, 210; 2003, 143). Nach **Erwägungsgrund 11 S. 3** sind von Art. 4 ff. auch **„Gefährdungshaftungen"** erfasst. Terminologisch passender (wenngleich ebenfalls jeweils ihrer gewohnten Rechtsterminologie folgend) spricht die englische Fassung von **„strict liablity"** und die französische von **„responsabilité objective"**. Gemeint sind damit nicht nur Gefährdungshaftungen im (verengten) Sinne der Dogmatik des deutschen Haftungsrechts, sondern alle verschuldensunabhängigen Formen der Haftung, auch reine Kausal- oder Erfolgshaftungen, die Aufopferungshaftung, die Billigkeitshaftung, alle Formen der Gefährdungshaftungen (dazu näher etwa Deutsch/Ahrens, Deliktsrecht, 6. Aufl. 2014, Rn. 6 ff., 516–518; Koziol, Grundfragen des Schadensersatzrechts, 2010, Rn. 6–1 ff.). Nicht entscheidend ist auch, ob sich die Haftungsgrundlage im BGB oder einer anderen Zivilrechtskodifikation findet (falls überhaupt vorhanden) oder andernorts (wie zB in § 945 ZPO) (Grünewald/Thorn Rn. 3). Einbezogen sind auch die korrespondierenden Präventivansprüche (Art. 2 Abs. 2 und 3) (PWW/Schaub Rn. 3). 3

Zweifelhaft ist, ob und welche Kollisionsnormen für das Problem der **Gesetzes- bzw. Anspruchskonkurrenz** im Internationalen (europäischen) Privatrecht einschlägig sind. Ausdrücklich ist die Frage in der Rom II-VO nicht geregelt. So ist es zB vor dem Ausgangspunkt der französischen Doktrin des sog non cumul-Prinzip denkbar, dass namentlich deliktsrechtliche Ansprüche aufgrund eines verdrängenden Vorranges von vertraglichen Haftungsgründen entfallen. Im bisherigen (autonom geprägten) Internationalen Privatrecht ist vielfach eine Anknüpfung an die lex fori präferiert worden, um die Frage der Konkurrenz vertraglicher und deliktischer Ansprüche zu entscheiden (OLG Koblenz IPRax 2009, 228; Wengler FS Wolff, 1952, 337 (362 ff.); BGH VersR 1971, 518 hat die Problematik kaum erkannt; krit. Stoll FS Georgiades, 2005, 941 (958) Koch VersR 1999, 1453 (1459); P. Huber IPRax 1996, 91 (93); Birk, Schadensersatz und sonstige Restitutionsformen im Internationalen Privatrecht, 1969, 7 ff., nach Fallgruppen diff. 15 ff.). Lässt sich über eine funktionale Ausrichtung der Qualifikation (dafür – ausnahmslos – BeckOGK/Rühl Rn. 25, 26) kein klares Ergebnis herbeiführen, entsteht das Problem der Angleichung. Dann gilt (Spickhoff IPRax 2009, 128): Unterliegen die fraglichen Anspruchsgrundlagen etwa aufgrund einer akzessorischen Anknüpfung (Art. 4 Abs. 3 S. 2) demselben Recht, so entscheidet dieses auch über die Frage der Konkurrenzen. Zudem kann es ohne weiteres hingenommen werden, wenn eine Anspruchsgrundlage aus einem Recht sich selbst für einschlägig ansieht, eine andere aus einer anderen Rechtsordnung aus Konkurrenzgründen hingegen nicht angewendet werden will. In einer entsprechenden Situation besteht dann kein Angleichungsbedarf; ein Normenwiderspruch droht nicht. Schließen sich zwei Anspruchsgrundlagen, die aus unterschiedlichen Sachrechten stammen, unter Hinweis auf den jeweiligen Vorrang der anderen Anspruchsgrundlage ggf. gegenseitig aus, so ist im Rahmen der Auslegung auf der Ebene des jeweiligen Sachrechts zu prüfen, ob der verdrängende Vorrang der jeweils anderen Anspruchsgrundlage funktional auch dann angenommen werden kann, wenn die konkurrierende Anspruchsgrundlage einer anderen Rechtsordnung entnommen wird. Im Zweifel dürfte dies zu verneinen sein. Lässt sich diese Frage nicht beantworten, bleibt wohl nichts anderes, als den drohenden Normenmangel durch Bildung einer Sachnorm im IPR zu beheben. Bei der Bildung einer solchen Sachnorm sind im Rahmen des europäisierten Kollisionsrechts nach Möglichkeit autonome Maßstäbe und nur letzthilfsweise diejenigen der lex fori heranzuziehen. Insbesondere wird man etwa davon ausgehen können, dass vertragliche Ansprüche eher deliktische ausschließen als umgekehrt. Zur **internationalen Zuständigkeit** s. Art. 40 EGBGB (→ EGBGB Art. 40 Rn. 51 ff.). 4

## IV. Die Konkretisierung der Tatortregel (Abs. 1)

**5** Zwar als Grundsatz an der Spitze der Anknüpfung, normenhierarchisch aber in Wirklichkeit eher an letzter Stelle stehend, weil alle anderen Anknüpfungen die **Tatortregel** verdrängen können, stellt auch Art. 4 Abs. 1 (insoweit in Übereinstimmung mit Art. 40 Abs. 1 EGBGB) auf den Tatort ab. Dieser wird freilich anders als in Art. 40 Abs. 1 EGBGB konkretisiert. Unabhängig davon, in welchem Stadium das „schadensbegründende Ereignis", wozu auch der Handlungsort gehört, erfolgt und in welchem Staat oder in welchen Staaten die „indirekten Schadensfolgen" festzustellen sind **(Erwägungsgrund 17),** soll das Recht des Staates gelten, „in dem der Schaden eintritt".

**6** Diese Anknüpfung mag in ihrem Hinweis auf das Recht des Schadenseintrittsorts für deutsche Ohren zunächst einmal ungewöhnlich klingen, weil es hier allgemeiner Ansicht entspricht, dass der bloße Schadenseintrittsort nicht maßgeblich sein soll. Leitbild für diese deutsche Grundaussage des deutschen Deliktskollisionsrechts ist indes § 823 Abs. 1 BGB. Es soll das **Recht am Ort des Erfolgseintritts** gelten, und genau darauf stellt im Prinzip auch Art. 4 Abs. 1 ab (Leible/Lehmann RIW 2007, 721 (724 f.); v. Hein VersR 2007, 440 (443); Huber/Bach IPRax 2005, 73 (76); Sonnentag ZVglRWiss 105 (2006), 256 (266 f.); G. Wagner IPRax 2006, 372 (376 f.); Spickhoff in Leible, Die Bedeutung des IPR im Zeitalter der neuen Medien, 2003, 89, 104 f.; Grünewald/Thorn Rn. 1; MüKoBGB/Junker Rn. 18, 20). Demgemäß heißt es in Erwägungsgrund 17, dass auch bei Personen- oder Sachschäden als Staat, in dem der Schaden eintritt, der Staat gilt, in dem der Personen- oder Sachschaden tatsächlich eingetreten ist. Man merkt bei der Anknüpfung an den Schadenseintrittsort deutlich den Einfluss der europäischen Nachbarländer mit deliktsrechtlicher Generalklausel, die anstelle des Verletzungserfolges mit einem direkten, ersten Schaden arbeiten. So liegt es etwa, wenn es im Bereich der **Arzthaftung** zu einem Distanzdelikt kommt, weil Ort der Aufklärung und Verletzungsort (= zB Ort der Einnahme des verschriebenen Medikamentes) auseinanderfallen; freilich wird hier in aller Regel Abs. 3 greifen (vgl. zum EGBGB dazu BGH NJW 2011, 3548 = MedR 2012, 316 mAnm Spickhoff; umfassend dazu Vogeler VersR 2011, 588).

**7** Im Falle bloßer **Vermögensschäden** ist bislang zumeist (wie auch für das geltende deutsche autonome Deliktskollisionsrecht) der Ort als Erfolgsort maßgebend angesehen worden, an dem die primären Vermögensschäden eingetreten sind, an dem der „erste" Schaden eingetreten ist. Genauer gesagt kommt es auf das **Recht des Staates an, in dem sich das Vermögen** (zB ein Bankguthaben, wenn sich der Schaden dort „unmittelbar" realisiert) **befindet** (zur Brüssel Ia-VO EuGH IPRax 2016, 143; dazu Staudinger/Bauer IPRax 2016, 107; Freitag WM 2015, 1165; v. Hein JZ 2015, 946; vgl. auch OLG München BeckRS 2018, 9078 Rn. 22; zum LugÜ s. BGH RIW 2008, 399: Konto in der Schweiz), an dem – sofern lokalisierbar – die **primären Vermögensinteressen verletzt** worden sind. Hilfsweise kann auf die Belegenheit des Hauptvermögens abgestellt werden (MüKoBGB/Junker Rn. 21 unter Hinweis auf EuGH NJW 2004, 2441), letzthilfsweise auf den gewöhnlichen Aufenthalt des Geschädigten (gewissermaßen als Ort der Vermögenszentrale) (Grünewald/Thorn Rn. 9; vgl. auch Siehr IPRax 2009, 435 (436 ff.); zum Ganzen auch BeckOGK/Rühl Rn. 68 ff.). Aufgrund der Schwierigkeiten, den Erfolgsort bei reinen Vermögensschäden zu lokalisieren, ist freilich auch an Abs. 3 (abweichende Anknüpfung an eine noch engere Verbindung) zu denken (vgl. Gerechtshof Arnhem-Leeuwarden ZEuP 2018, 667 mAnm Franck).

**8** Auch im Rahmen des Art. 7 lit. b Brüssel Ia-VO kam es dann, wenn reine Vermögensschäden geltend gemacht werden, nach früherer Judikatur nicht allein auf den Klägerwohnsitz an, sondern auf die Lage der Vermögensbestandteile zurzeit des Verlustes (EuGH NJW 2004, 2441), etwa des Bankkontos, das später „geplündert" worden ist (→ Rn. 23). Das wurde auch für das LugÜ (vgl. BGH RIW 2008, 399: Konto in der Schweiz) und § 32 ZPO (OLG Köln GesR 2009, 267: Ort der Primärverletzung bei ärztlicher Fehlbehandlung) angenommen. Der **EuGH** hat die Akzente indes – womöglich auch für die Auslegung von Art. 4 I oder III gem. Art. 7 Erwgrd relevant (zu Recht indes zweifelnd Lehmann IPRax 2022, 147, 157 ff., aber mit)– mittlerweile anders gesetzt (EuGH NJW 2015, 2167 (2169) mAnm Müller; wohl nur scheinbar großzügiger noch EuGH NJW 2015, 1581; für die Belegenheit des Girokontos noch BGH NJW-RR 2011, 197 (199)): Im Kontext von **Art. 7 Nr. 2 Brüssel Ia-VO** soll die Existenz eines bloßen Bankkontos zur Vermeidung von zuständigkeitserschleichenden Manipulationen nicht als Erfolgsort genügen, es sei denn, im Falle der Prospekthaftung ist der Schaden bereits unmittelbar mit der betroffenen Anlageentscheidung eingetreten und der Geschädigte hatte nur mit Banken mit Sitz in diesem Mitgliedstaat zu tun (EuGH IPRax 2019, 312; Lutzi IPRax 2019, 290 (293)). Dabei reduziert der EuGH im Falle der Unterlassung gebotener Informationen den Erfolgsort auf den Ort der gebotenen Information, also de facto an die (ggf. mehreren) Handlungsorte unter Berücksichtigung bzw. im Hinblick auf die auch in Art. 4 an sich nicht angelegte Vorhersehbarkeit des Erfolgsortes (EuGH IPRax 2022, 172 Rn. 29, 32-34, freilich zu einer Verbandsklage; als Anknüpfung an den Marktort interpretiert die Rspr des EuGH Lehmann, IPRax 2022, 147150 ff.).

**Verletzungsfolgeschäden,** insbes. Schadenseintrittsorte (Krankenhausbehandlung in den USA nach Verletzung in Deutschland) sind demgegenüber in Übereinstimmung mit der bereits bisher allgemeinen Ansicht für die Anknüpfung **irrelevant** (Kegel/Schurig IPR § 18 IV 1a bb; MüKoBGB/Junker Rn. 28). Nicht maßgebend oder ausreichend ist auch etwa im betrügerischen Kontext eine durch eine vielleicht falsche Information herbeigeführte bloße Vorstellung oder Fehlvorstellung (ein **Irrtum**) **des Opfers.** Die bloße (auch konkrete) Vermögensgefährdung ist noch kein „Schaden", und der Irrtum bzw. die (Fehl-)Information vermögen für sich genommen noch keinen kollisionsrechtlich relevanten Erfolg zu begründen. Das gilt auch für den bloßen Abruf einer Information im Internet, bei dem es nicht einmal zu einer Fehlvorstellung gekommen sein muss (anders insoweit aber Mankowski RabelsZ 63 (1999), 203 (269)). Deswegen sollte nicht vorrangig auf den Ort der vermögensschädigenden Verfügung des Geschädigten (zB Überweisungsauftrag aus Deutschland zur Bank in der Schweiz) abgestellt werden (zu Art. 5 Nr. 3 LugÜ ebenso BGH RIW 2008, 399; anders aber PWW/Schaub Rn. 7; zur Kapitalmarkthaftung Hellgardt/Ringe ZHR 173 (2009), 802; zur Prospekthaftung v. Hein, Beiträge für Hopt, S. 371; Weber WM 2008, 1581; zur Haftung wegen Existenzvernichtung (§ 826 BGB) Kölbl BB 2009, 1194). Nach der Rspr. des **EuGH** sind folgerichtig als **indirekte Schadensfolgen** auch Schäden im Zusammenhang mit dem Tod einer Person bei einem Unfall im Mitgliedstaat des angerufenen Gerichts anzusehen, die in einem anderen Mitgliedstaat wohnhafte nahe Verwandte dieser Person erlitten haben (EuGH NJW 2016, 466 mAnm Staudinger). Dazu dürften – trotz eigener Gesundheitsverletzungen der Angehörigen – auch die sog Schockschäden zählen, nicht nur Personen, die Angehörigenschmerzensgeld bzw. **Hinterbliebenengeld** oder Ersatz des sog Trauerschadens begehren; wer Angehöriger bzw. Hinterbliebener ist, ist als Vorfrage selbständig anzuknüpfen (näher Jayme IPRax 2018, 230 (233)). Ähnlich hat der EuGH den deliktischen Gerichtsstand nach der Brüssel Ia-VO dahin ausgelegt, dass aus dem Ort der Handlung, die einem der mutmaßlichen Verursacher eines Schadens – der nicht Partei des Rechtsstreits ist – angelastet wird, keine gerichtliche Zuständigkeit in Bezug auf einen anderen, nicht im Bezirk des angerufenen Gerichts tätig gewordenen mutmaßlichen Verursacher dieses Schadens hergeleitet werden kann (EuGH NJW 2016, 2099). Diese Linie wird man auf Art. 4 übertragen können. Im **VW-Dieselskandal** hat der EuGH zum (zuständigkeitsbegründenden, Art. 7 Nr. 2 Brüssel Ia-VO) Erfolgsort entschieden, dass sich der Ort der Verwirklichung des Schadenserfolgs in einem Fall, in dem Fahrzeuge von ihrem Hersteller in einem Mitgliedstaat rechtswidrig mit einer Software ausgerüstet worden sind, die die Daten über den Abgasausstoß manipuliert, und danach bei einem Dritten in einem anderen Mitgliedstaat erworben werden, in diesem letztgenannten Mitgliedstaat befindet (EuGH NJW 2020, 2869). Das wird für Abs. 1 nicht anders zu konkretisieren sein. Vorrangige vertragliche Beziehungen sind allerdings als ggf. engere Verbindung im Rahmen von Abs. 3 (S. 2) in Rechnung zu stellen. 9

Zu konstatieren ist freilich, dass **die mit Art. 4 Abs. 1 Rom II VO intendierte Anknüpfung in signifikanter Weise von Art. 7 Nr. 2 Brüssel Ia-VO abweicht** (zur Internationalen Zuständigkeit nach der Brüssel Ia-VO bei Delikten → EGBGB Art. 40 Rn. 51 ff.), wonach sich die internationale Deliktszuständigkeit nach dem Ort bestimmt, „an dem das schädigende Ereignis eingetreten ist oder einzutreten droht". Es entspricht mittlerweile allgemeiner Meinung, dass im Rahmen von Art. 7 Nr. 2 Brüssel Ia-VO eine (internationale) Zuständigkeit an dem Ort, an dem der (erste) Schaden eingetreten ist, besteht, ebenso aber auch an dem Ort des ursächlichen Geschehens, anders („deutsch") formuliert: am Handlungs- und am Erfolgsort (→ EGBGB Art. 40 Rn. 51). Nicht maßgebend ist demgegenüber – insoweit in Übereinstimmung mit Art. 4 Nr. 1 – der Ort des weiteren (sekundären) Schadenseintritts (EuGH BeckRS 2004, 76763). Anders als in Art. 40 Abs. 1 EGBGB und anders auch als in Art. 7 Nr. 2 Brüssel Ia-VO gibt es – sieht man einmal vom Sonderfall einer sonst engeren Verbindung (Art. 4 Abs. 3) ab – kein irgendwie geartetes Ausweichen innerhalb der Tatortregel auf das Handlungsortsrecht. Die Anknüpfung an das so definierte Erfolgsortsrecht liegt auf der Linie einer früheren, starken Literaturströmung in Deutschland, welche die Tatortregel in dieser Weise konkretisieren wollte (zB Beitzke JuS 1966, 139 (142 f.); W. Lorenz in v. Caemmerer, Vorschläge und Gutachten zur Reform des Internationalen Privatrechts der außervertraglichen Schuldverhältnisse und Sachen, 1983, 97, 116, 122; Ausnahme: Immissionen, 117 ff.). Das war – jedenfalls als Grundsatz – freilich nur vor der Kodifikation des Internationalen Privatrechts der außervertraglichen Schuldverhältnisse in Deutschland im Jahr 1999 möglich. Nach geltendem deutschem Internationalen Deliktsrecht kann das **Handlungs-** 10

**ortsrecht** ohne entspr. ausgeübte Option durch den Geschädigten nur noch mit Hilfe der Ausweichklausel des Art. 41 EGBGB überwunden werden. Nach der Rom II-VO bedarf umgekehrt die Anwendung des Handlungsortrechts der besonderen Begründung, dass sie einer offensichtlich engeren Verbindung entspricht (Art. 4 Abs. 3). Doch wird man davon nur höchst selten ausgehen dürfen, handelt es sich bei Art. 4 Abs. 3 doch augenscheinlich um eine Ausnahmeklausel, von der zurückhaltend Gebrauch gemacht werden sollte, will man nicht die vorgesehenen Anknüpfungen über Gebühr relativieren und die Rechtsklarheit der Anknüpfungen vereiteln. Mithin kommt es auf die Konkretisierung des Handlungsortsrechts im Rahmen von Art. 4 Abs. 1 grds. zunächst einmal nicht an. Nur im seltenen Einzelfall mag es angezeigt sein, auf einen besonders charakteristischen Handlungsort auszuweichen. Im Falle des Bruchs einer Gerichtsstandsvereinbarung (oder des Anstiftens dazu) spricht viel dafür, den Erfolgsort am forum prorogatum zu lokalisieren (Berner IPRax 2019, 333 (336)).

**11** Indes sind immerhin **mehrere Erfolgsorte** denkbar (Schädigung von Computer bzw. von Programmen durch „Hacking" im Internet; psychische Schädigung mit sich verstärkenden Gesundheitsverletzungsfolgen in mehreren Ländern). Ist ein Verletzungserfolg vernachlässigenswert, wird man über Abs. 3 ausnahmsweise einen relevanten Erfolgsort ablehnen bzw. auf einen anderen abstellen können (ebenso zu Art. 41 BT-Drs. 14/343, 13; PWW/Schaub Rn. 6). Verbleibt es bei mehreren relevanten Erfolgsorten, so sollten diese und nicht nur der Ort der ersten Verletzung (etwa des ersten Anzeichens einer Erkrankung) maßgeblich sein (dazu näher MüKoBGB/Junker Rn. 30). In solchen Fällen einer zeitlich gesteckten Verletzung wie auch im Falle von sonstigen Streudelikten (die innerhalb des Anwendungsbereichs von Art. 4 freilich höchst selten vorkommen dürften) kann der Geschädigte iSe Mosaikbetrachtung den Schaden geltend machen, der am jeweiligen Erfolgsort eingetreten ist (Grünewald/Thorn Rn. 8; BeckOGK/Rühl Rn. 71, 72). Anderenfalls bleibt nur die (richterliche) Festlegung eines bestimmten Erfolgsortsrechts über eine Schwerpunktbetrachtung (dafür Looschelders EGBGB Art. 40 Rn. 31) oder durch den Weg der Zuständigkeitsbegrenzung (dafür NK-BGB/Wagner EGBGB Art. 40 Rn. 21). Ein klassischer Hauptfall der Streudelikte – Persönlichkeitsverletzungen durch Medien – ist ohnehin vom Anwendungsbereich der Rom II-VO ausgenommen (Art. 1 Abs. 2 lit. g).

**11a** **Auf Delikte, die auf staatsfreiem Gebiet begangen werden,** ist – wie zB bei Bohrinseln – falls möglich das Recht des Staates anzuwenden, auf dessen Festlandsockel sich die Bohrinseln befinden (MüKoBGB/Junker Rn. 34). Offshore-Windkraftanlagen, die sich in Funktionshoheitsgebieten der ausschließlichen Wirtschaftszone und des Festlandsockels befinden, wird man auch deliktskollisionsrechtlich wie im küstennahen Meeresraum befindliche Sachen oder solche, die sich auf einem Festlandsockel befinden, behandeln können; es gilt dann das Deliktsrecht des Staates, in dessen Funktionshoheitsgebiet sich die Anlage befindet, dem also die Ausbeutung der Ressourcen zugewiesen sind (MüKoBGB/Junker Rn. 34; vgl. zum Sachenrecht Wurmnest RabelsZ 72 (2008), 236 (239 ff., 244 ff.); iErg ebenso, aber aus öffentlich-rechtlicher Perspektive Risch, Windenergieanlagen in der Ausschließlichen Wirtschaftszone, 2006, 162 ff.). Vorgänge, die Sachen betreffen, die sich auf **staatsfreiem Gebiet** (selbst in dem letztgenannten begrenzten Sinne) befinden, können über diese Anknüpfung nicht gelöst werden; die Anknüpfung geht dann ins Leere. Daher ist dann in Anlehnung an den Grundgedanken von Art. 4 Abs. 3 (der dem Kollisionsrecht insgesamt innewohnt) nach der sonst **engsten Verbindung** zu suchen. Ggf. sollte an das gem. Art. 14 gewählte Deliktsstatut angeknüpft werden. Ansonsten sollte dem Grundgedanken der vorrangigen Berücksichtigung des Opferinteresses (→ Rn. 1) folgend (unter dem Vorbehalt einer konkret noch engeren Verbindung) an das Recht angeknüpft werden, das am gewöhnlichen Aufenthalt des Geschädigten gilt (vgl. auch → Rn. 21 ff. zu Schiffs- und Flugzeugunfällen). Nicht zu staatsfreiem Gebiet bzw. zum Gebiet eines anderen Staates gehören nach Völkerrecht extraterritoriale Gebiete (Botschaften); kollisionsrechtlich sind sie wie innerstaatliche Delikte zu behandeln (MüKoBGB/Junker Rn. 36; anders für Schiffsunfälle etwa BeckOGK/Rühl Rn. 75.1), freilich unter dem Vorbehalt von Abs. 3.

## V. Gemeinsamer gewöhnlicher Aufenthalt (Abs. 2)

**12** Ebenso wie Art. 40 Abs. 2 EGBGB knüpft Art. 5 Abs. 2 (für Gesellschaften und unternehmerische bzw. berufliche Tätigkeiten s. Art. 23) an einen **gemeinsamen gewöhnlichen Aufenthalt von Schädiger und Geschädigtem** (die englische Fassung spricht von „habitual residence") zum Zeitpunkt der Begehung der unerlaubten Handlung bzw. an eine entsprechende Hauptverwaltung oder Niederlassung an. Auf die Staatsangehörigkeit kommt es nicht an (zumindest ungenau LG Kleve BeckRS 2021, 18673: „ausschließlich deutsche Personen beteiligt"). Relevant wird das namentlich im Bereich von (Verkehrs-)Unfällen (zB OLG Celle NJW-RR 2020, 407 =

BeckRS 2020, 1808: Fahrradunfall Minderjähriger aus Deutschland am Gardasee). Im Falle einer Gruppe von mehreren Tätern und Opfern kommt es auf den jeweiligen Anspruchsteller und Anspruchsgegner an. Abs. 2 greift – trotz des ggf. folgenden Regressproblems – nicht nur, wenn der gewöhnliche Aufenthaltsort aller Schädiger mit demjenigen des Opfers deckungsgleich ist (PWW/Schaub Rn. 8; anders aber Huber/Bach IPRax 2005, 73 (76)). Das kann zu einer uneinheitlichen Beurteilung scheinbar einheitlicher Lebenssachverhalte (Kfz-Massenkarambolage, Schlägerei) führen (MüKoBGB/Junker Rn. 42). Diese Anknüpfung kann von einer Rechtswahl und einer vertragsakzessorischen Anknüpfung (aus der Rspr. zum autonomen IPR OLG Stuttgart NJW 2007, 1367 (1368): Bergwandererunfall in Österreich), nur zurückhaltend über die Annahme einer sonstigen offensichtlich engeren Verbindung (Abs. 3) verdrängt werden (PWW/Schaub Rn. 8) Ist eine Niederlassung beteiligt, ist der Ort maßgeblich, an dem sich diese im relevanten Zeitpunkt befindet (Art. 23 Abs. 1 S. 2) (in Übereinstimmung zum autonomen deutschen Kollisionsrecht, s. BT-Drs. 14/343, 12). Das damit konkretisierte Personalstatut von Gesellschaften, Vereinen und juristischen Personen ist im Wesentlichen in Parallelität mit dem Internationalen Vertragsrecht (Art. 19 Rom I-VO) bestimmt worden. Maßgeblicher **Zeitpunkt** ist das Haftungsereignis, also die Vollendung des Haftungsgrundes, insbes. die Rechtsgutsverletzung (zum nachträglichen Aufenthaltswechsel Rentsch GPR 2015, 191). Eine nachträgliche Verlegung von gewöhnlichem Aufenthalt oder Sitz durch einen der Beteiligten ist unbeachtlich; das Deliktsstatut ist unwandelbar (so seit jeher die deutsche Rspr.; BGHZ 87, 95 (103) = NJW 1983, 1972 (1974); BeckOGK/Rühl Rn. 100). Auf eine **gemeinsame Staatsangehörigkeit der Unfallbeteiligten** kommt es – auch über Abs. 3 – selbst dann, wenn der Unfallort im Staat der gemeinsamen Angehörigkeit liegt, **nicht an** (jurisPK-BGB/Wurmnest Rn. 29; OLG Dresden VersR 2004, 1567 (1568)). Ebenso wenig genügt es für eine Abweichung vom Tatortrecht gem. Abs. 2, wenn die Sachrechte an den unterschiedlichen (gewöhnlichen) Aufenthaltsorten von Schädiger und Geschädigtem zu identischen Ergebnissen führen (v. Hein ZEuP 2009, 6 (17)); in Betracht kommt aber Abs. 3 (v. Hein FS Kropholler, 2008, 553 (565 f.); PWW/Schaub Rn. 8). Jedenfalls liegt die Begründungslast bei dem, der vom Recht des gemeinsamen gewöhnlichen Aufenthalts abweichen will. **Sitz von Hauptverwaltung oder Niederlassung und gewöhnlicher Aufenthalt** (→ Art. 23 Rn. 1 ff.) sind insbes. in Übereinstimmung mit der Rspr. des EuGH zur **Brüssel Ia-VO** auszufüllen.

## VI. Offensichtlich engere Verbindung (Abs. 3)

**1. Zweck.** Abs. 3 will eine abweichende Anknüpfung ermöglichen, wenn der Sachverhalt 13 nach den gesamten Umständen eine offensichtlich stärkere Beziehung zu einer anderen Rechtsordnung als zu derjenigen aufweist, die nach den genannten Kollisionsnormen anzuwenden wäre. Die Norm ermutigt dazu, notwendig erscheinende Korrekturen der Anknüpfung unter teleologischen Aspekten durchzuführen, wenn das Grundprinzip des Internationalen Privatrechts, diejenige Rechtsordnung zur Anwendung zu bringen, mit welcher der Sachverhalt am engsten verbunden ist, sonst nicht gewahrt wäre. Das ist **von Amts wegen** zu prüfen (zu Art. 41 EGBGB ebenso NK-BGB/Wagner Rn. 5). Die Anknüpfung des Abs. 3 an eine „offensichtlich" engere Verbindung unterstreicht den **Ausnahmecharakter** der Vorschrift; sie ist also **eng auszulegen** (näher Mankowski RIW 2021, 93; PWW/Schaub Rn. 9; ebenso zu Art. 41 EGBGB Looschelders EGBGB Art. 41 Rn. 6). Sie darf daher keinesfalls voreilig angewandt werden. Angesprochen sind namentlich Parteiinteressen (Grünewald/Thorn Rn. 10; vgl. auch v. Hein FS Kropholler, 2008, 553 (565 f.)) Eine Möglichkeit, die Ausweichklausel zu einer mit den Regelanknüpfungen gleichwertigen Anknüpfung zu erheben, besteht daher hier ebenso wenig wie in Bezug auf Art. 41 EGBGB (dazu Spickhoff NJW 1999, 2209 (2210)).

**2. Akzessorische Anknüpfung.** Ähnlich wie Art. 41 Abs. 2 Nr. 1 EGBGB sieht auch Art. 4 14 Abs. 3 S. 2 die Möglichkeit der vertragsakzessorischen Anknüpfung unter dem Aspekt einer **wesentlich engeren Verbindung** im Verhältnis zum gemeinsamen gewöhnlichen Aufenthalt des Abs. 2 und der Tatortregel des Abs. 1 vor. Das Vorliegen eines bereits bestehenden Rechtsverhältnisses „könnte … insbes." eine engere Verbindung begründen. Dem Wortlaut nach liegt mithin insoweit nicht einmal ein **Regelbeispiel** vor. Doch soll das Beispiel zur Erleichterung der Rechtsanwendung beitragen. Will man deshalb trotz Vorliegen eines zB „deliktsrelevanten" Vertrages von den Grundanknüpfungen der Abs. 1 und 2 nicht abweichen, erfordert dies einen gewissen Begründungsaufwand.

Im Kontext der vertragsakzessorischen Anknüpfung entfaltet uU auch eine **stillschweigende** 15 **Rechtswahl** im vertragsrechtlichen Kontext Fernwirkungen für deliktsrechtliche Ansprüche.

Daran kann – allgemeinen Grundsätzen folgend – etwa gedacht werden, wenn sich in Allgemeinen Geschäftsbedingungen Bezugnahmen auf Normen aus einer Rechtsordnung finden, die vom Sitzrecht dessen, der die vertragscharakteristische Leistung erbringt, abweichen (BGH IPRax 2002, 37; JZ 2000, 1115 (1116); NJW-RR 1999, 813: Anlehnung an VOB; OLG Düsseldorf FamRZ 2001, 1102 (1103)). Überhaupt sind die Erwartungen der Parteien zu berücksichtigen (so auch früher Art. 5 Abs. 3 S. 3 Rom II VO-Entwurf).

**16** Abs. 3 S. 2 verlangt überdies eine **„enge Verbindung" des bestehenden Rechtsverhältnisses mit der betreffenden unerlaubten Handlung.** Damit ist ein **sachlicher oder innerer Zusammenhang** zu verlangen (PWW/Schaub Rn. 10; Grünewald/Thorn Rn. 11; zu Art. 41 EGBGB ebenso Kropholler IPR § 53 II 4 A, III 4, IV 4; noch enger – auf das verletzte Rechtsgut bezogene Schutzpflicht im Deliktsrecht – W. Lorenz in v. Caemmerer, Vorschläge und Gutachten zur Reform des IPR der außervertraglichen Schuldverhältnisse, 1983, 97, 98, 155 ff.). Irgendein Zusammenhang mit der Sonderbeziehung trägt eine Abweichung von den Grundregeln **nicht,** wie etwa ein Delikt, das sich **nur bei Gelegenheit** einer Vertragserfüllung oder einer sonstigen rechtlichen Sonderbeziehung ereignet (Staudinger DB 1999, 1589 (1593); v. Hoffmann/Thorn IPR § 11 Rn. 40; NK-BGB/Wagner EGBGB Art. 40 Rn. 9). Ein solcher sachlicher Zusammenhang besteht insbes., wenn spezifische Pflichten aus der Rechtsbeziehung verletzt werden, die aus der Sicht des deutschen Kollisionsrechts ihre Wurzel in dem Rechtsverhältnis haben. Dabei kann auch der Gesichtspunkt der Vertrauenshaftung herangezogen werden (vgl. NK-BGB/Wagner EGBGB Art. 40 Rn. 9).

**17** Die rechtliche Sonderverbindung kann eine **vertragliche,** aber **auch** eine **außervertragliche,** insbes. auf einem gesetzlichen Schuldverhältnis beruhende sein. Als vertragliche Sonderbeziehung kommen insbes. Beförderungsverträge, uU auch Gesellschaftsverträge (bei Fahrgemeinschaften) in Betracht (MüKoBGB/Junker Rn. 51, 52). Auch im Fall **Germanwings** ist – ungeachtet der vertraglichen Beziehungen – Abs. 3 herangezogen und vom Tatortrecht abgewichen worden. Eine wertende Gesamtbetrachtung der Umstände des Einzelfalles führt zu einer offensichtlich engeren Verbindung nach Deutschland. Der Unglücksort erscheint zufällig; alle wesentlichen Verbindungen bestehen zum Inland (deutsche Kläger bzw. deren Erben und Angehörige; Beklagte war „Enkelgesellschaft" eines deutschen Luftfahrtunternehmens, die auch den unfallverursachenden deutschen Piloten teilweise ausgebildet hat; die flugmedizinischen Untersuchungen fanden in Deutschland statt, ebenso die Behandlung der psychischen Erkrankung des Piloten; Ziel des Fluges war Deutschland (LG Essen BeckRS 2020, 17643, das dann indes – innerhalb des Deliktsstatuts – unzutreffend vertragliche Ansprüche prüft). Ob Abs. 3 zum Zwecke der Gleichbehandlung aller Unfallopfer in Fällen von (noch nicht eindeutig definierten) sog. Massenschäden herangezogen werden sollte, ist noch nicht abschließend geklärt (abl. LG Ingolstadt BeckRS 2020, 36444, indes bloßer Hinweisbeschluss).

**18** Als **gesetzliche Sonderbeziehungen** kommen insbes. solche des **Familienrechts** in Betracht (OLG Nürnberg IPRax 2020, 234 (237); näher Staudinger/v. Hoffmann, 2001, EGBGB Art. 40 Rn. 20). Vorweg ist dabei indes der Ausschluss durch Art. 1 Abs. 2 lit. a und lit. b zu beachten. Zudem sollte der Bereich der Straßenverkehrsunfälle nicht familienrechtlich sonderangeknüpft werden (ebenso MüKoBGB/Junker Rn. 53; s. BGHZ 119, 137 = NJW 1992, 3091). Denn der Einfluss des Familienrechts, insbes. der familienrechtlichen Haftungsbeschränkungen, auf das Deliktsrecht ist in diesem Bereich von der Rspr. auch im internen Recht stets zurückgedrängt worden (zB BGHZ 53, 352). Das Gleiche wird im Straßenverkehr in Bezug auf andere Sonderverbindungen gelten (vgl. BGHZ 46, 313: Nichtanwendung von § 708 BGB beim Straßenverkehrsunfall). Zumeist hilft freilich Art. 4 Abs. 2 ohnehin weiter. Verfügt etwa ein bereits getrenntlebender Ehegatte unter Missbrauch einer früher erteilten Vollmacht über Bankvermögen des anderen Ehegatten, richtet sich ein hieraus entstehender Anspruch aus unerlaubter Handlung nach deutschem Recht. Das Konto wurde bei einer Bank mit Sitz in Deutschland geführt. Der gewöhnliche Aufenthalt der Gatten lag übereinstimmend zwar in Frankreich, beide waren aber deutsche Staatsangehörige (OLG Nürnberg NZFam 2019, 27 mAnm Mankowski = IPRax 2020, 234; dazu Nordmeier IPRax 2020, 216). Mit Grund stellte das Gericht aufgrund der konkreten Situation (Trennung) nicht allein auf das Ehewirkungsstatut ab. Deliktsrechtliche Ansprüche im Zusammenhang mit einem **Verlöbnis,** etwa wegen Betrugs (auch Heiratsschwindel), wird man trotz einer gewissen Instabilität des Verlöbnisses akzessorisch an das Verlöbnisstatut anknüpfen können (ebenso Grünewald/Thorn Rn. 12; P. Huber JA 2000, 67 (69); Mankowski IPRax 1997, 173 (181); Kropholler IPR § 44 IV 3; anders früher BGHZ 132, 105 = NJW 1996, 1411). Auch kommt eine Akzessorietät im Falle von deliktisch begründeten Sonderbeziehungen in Betracht. Insbesondere sind Aufwendungen des deliktischen Schädigers, die er zur Minderung des eingetretenen Schadens vornimmt, dem Deliktsstatut zu unterstellen (BT-Drs. 14/343, 13 f. zu Art. 41 EGBGB).

**3. Sonstige offensichtlich engere Verbindung.** Unabhängig davon kann – auch ohne vertragliche Beziehungen zwischen den Parteien vor dem deliktischen Zusammentreffen – an eine wesentlich engere Verbindung angeknüpft werden (Art. 4 Abs. 3 S. 1). Auch wenn Abs. 3 S. 2 ausdrücklich nicht an rein tatsächliche Verbindungen anknüpft, ermöglicht doch Abs. 3 S. 1 die Berücksichtigung solcher Konstellationen. „Umstände" sind zudem typischerweise (auch) tatsächlicher, nicht nur rechtlicher Natur. Zudem enthält Abs. 3 S. 2 nur ein Beispiel („insbes.") (ebenso v. Hein ZEuP 2009, 6 (19); v. Hein FS Kropholler, 2008, 553 (560); Heiss/Loacker JBl 2007, 613 (627); anders tendenziell aber Grünewald/Thorn Rn. 13: insoweit „größte Zurückhaltung"; anders auch G. Wagner IPRax 2008, 1 (6); Ofner ZfRV 2008, 13 (17); MüKoBGB/Junker Rn. 54; zur Judikatur in Großbritannien und den Niederlanden Franck ZEuP 2018, 667). 19

Eine solche engere Beziehung kann sich – je nach Sachlage im Einzelfall und generell nur ausnahmsweise – aus Gefälligkeits-, namentlich Mitfahrerverhältnissen, dem einheitlichen Ausgangspunkt einer Gruppenreise (PWW/Schaub Rn. 12) wie überhaupt aus **Gruppenbeziehungen** bis hin zu (gefestigten) nichtehelichen Lebensgemeinschaften (anders G. Wagner IPRax 2008, 1 (6); in der Tendenz auch PWW/Schaub Rn. 12; Grünewald/Thorn Rn. 13) ergeben. Nicht unter Abs. 3 S. 1 wird man im Falle von Kfz-Unfällen allein den **gemeinsamen Zulassungs- und Versicherungsort** fallen lassen können. Entsprechende Tendenzen des Haager Straßenverkehrsübereinkommens sind offenbar bewusst nicht aufgegriffen worden. Denkbar (indes nicht iSe Automatismus) ist etwa eine wesentlich engere Verbindung als zum Recht des gemeinsamen gewöhnlichen Aufenthalts, wenn mehr als zwei Kraftfahrzeuge an einem Unfall beteiligt sind und allesamt in demselben Staat zugelassen und versichert sind (MüKoBGB/Junker Rn. 57; im Einzelfall auch PWW/Schaub Rn. 12; zu Art. 41 EGBGB BT-Drs. 14/343, 12; vgl. auch Looschelders VersR 1999, 1316 (1320 ff.); Staudinger DB 1999, 1589 (1593); Siehr IPR S. 244; skeptisch Grünewald/Thorn Rn. 14). Insbesondere bei Massenkarambolagen im Straßenverkehr könnte die Anknüpfung an den gemeinsamen gewöhnlichen Aufenthalt verdrängt werden (G. Wagner IPRax 2006, 372 (378), freilich mit Kritik an einer akzessorischen Anknüpfung an de-facto-Verhältnissen iÜ). Als zweifelhaftes Heimwärtsstreben erschiene ein Abweichen von den Grundanknüpfungen über Art. 4 Abs. 3, wenn beide am Unfallgeschehen beteiligten Fahrzeuge in einem Staat zugelassen und versichert sind und (allein) der Geschädigte dort auch seinen gewöhnlichen Aufenthalt hat, zumal dann, wenn eines der verunfallten Fahrzeuge bereits mit einem Ausfuhrkennzeichen versehen war (so aber LG Berlin NJW-RR 2002, 1107; Sieghörtner NZV 2003, 105 (117)). 20

Nachdem der Gesetzgeber die Rechtsanwendungsverordnung aufgehoben hat, wird man auch einer **gemeinsamen Staatsangehörigkeit** der Parteien kaum noch Bedeutung beimessen können. Selbst wenn Tatortrecht und Recht der gemeinsamen Staatsangehörigkeit übereinstimmen, genügt das nicht, um über Art. 4 Abs. 3 vom Aufenthaltsrecht (Art. 4 Abs. 2) abzuweichen (PWW/Schaub Rn. 12; Grünewald/Thorn Rn. 14; tendenziell großzügiger NK-BGB/Lehmann Rn. 113; BeckOGK/Rühl Rn. 113). Im Übrigen lassen sich die relevanten Umstände in tat(ort)bezogene, persönliche und – freilich nur objektiv unterlegte – subjektive Umstände (im Sinne einer berechtigten Erwartungshaltung) kategorisieren (so BeckOGK/Rühl Rn. 112-115). Ein „Rangverhältnis" folgt daraus aber nicht. Im Falle der Erwirkung eines Arrestes eines Schiffes durch den deutschen Lieferanten von Schiffsbunkern außerhalb vertraglicher Beziehungen wegen nicht bezahlter Bunkerforderung ist im Falle der (ggf.) rechtsmissbräuchlichen Verletzung geschützter Rechtspositionen des Schiffseigners nach Art. 4 Abs. 1 der Tatort der Ort der Vollstreckung, nicht aber nach Abs. 3 inländisches Recht anwendbar. Auch Art. 45 Abs. 2 S. 1 EGBGB greift nicht (OLG Hamburg BeckRS 2019, 18529). 21

Klagen wegen Verletzung der durch das **Lieferkettengesetz** geschützten Rechtspositionen beruhen in aller Regel auf deliktsrechtlichen Anspruchsgrundlagen. Maßgeblich ist gem. Abs. 1 daher an sich der Erfolgsort. Es wird – wohl zu weitgehend – vertreten, bei Verletzung der besonderen Verkehrspflichten nach dem Lieferkettengesetz gem. Abs. 3 im Interesse des Opferschutzes eine alternative Anknüpfung auch an den Handlungsort zu ermöglichen (Weller/Thomale ZGR 2017, 509 (524)). Auch wird der Rückgriff auf Art. 16 vorgeschlagen, wonach die deutschen Gerichte zwingende Eingriffsnormen des deutschen Rechts anwenden müssen (Mittag, RIW 2020, 397 (399); 529. Das führt zu der alten Frage, ob verbraucherschützende Normen öffentlichen Interessen dienen. Das ist bislang von der Judikatur mit guten Gründen verneint worden (iErg ablehnend auch Habersack/Ehrl AcP 219 (2019), 155 (187); Kieninger ZfPW 2021, 252 (254); Wagner ZIP 2021, 1095 (1104); skeptisch auch Thomale/Murko EuZA 2021, 40 (57)). Auch Art. 17 passt zumindest nicht pauschal (skeptisch auch Wagner ZIP 2021, 1095 (1104); dafür aber Ehmann ZVertriebsR 2021, 141 (151); vorsichtiger Kieninger ZfPW 2021, 252 (255: richterliche Ermessensentscheidung)), ebenso wenig der Vorbehalt des ordre public (Art. 26) (Wagner ZIP 2021, 1095 (1104)). 22

23 In Bezug auf **Vermögensschäden** wird diskutiert, ob die neuere Judikatur des EuGH im Falle unrichtiger Anlageinformationen (Rn. 8; EuGH IPRax 2022, 172 Rn. 29, 32-34, freilich zu einer Verbandsklage; als Anknüpfung an den Marktort interpretiert die Rspr des EuGH Lehmann, IPRax 2022, 147150 ff.). wenn schon nicht im Rahmen von Art. 4 Abs. I, nann zumindest im Rahmen von Abs. 3 im Falle der Unterlassung gebotener Informationen übertragen werden könnte; maßgeblich wäre dann der Ort der gebotenen Information, also de facto die Orte der gebotenen Handlungen unter Berücksichtigung bzw. im Hinblick auf die auch in Art. 4 an sich nicht angelegte Vorhersehbarkeit des Erfolgsortes (mit Grund skeptisch Lehmann IPRax 2022, 147150 ff.).

## VII. Besondere Sachbereiche

24 Anders als im Rahmen der Art. 40–42 EGBGB hat der Gesetzgeber der Rom II-VO in deren Art. 5–9 besondere Anknüpfungen für die dort bezeichneten Sondermaterien (Art. 5 – Produkthaftung, Art. 6 – Unlauterer Wettbewerb und den freien Wettbewerb einschränkendes Verhalten, Art. 7 – Umweltschädigungen, Art. 8 – Verletzung von Rechten des geistigen Eigentums, Art. 9 – Arbeitskampfmaßnahmen) vorgesehen. Zum Anwendungsbereich der Rom II-VO s. die Erläuterungen zu Art. 1, 2 und 15. Die damit angesprochenen Sachbereiche werden im Kontext der betreffenden Sonderkollisionsnormen insgesamt erörtert. Als besondere Sachbereiche verbleiben für Art. 4 damit namentlich:

25 **1. Straßenverkehrsunfälle.** Ausländisches Internationales Deliktsrecht ist aufgrund des Prinzips der Sachnormverweisung (außerhalb von Vorfragen) bei Straßenverkehrsunfällen (dazu allg. Junker JZ 2008, 169; Chr. Huber SVR 2009, 9; Tomson EuZW 2009, 204; Riedmeyer ZfS 2008, 602; Nagy JPrivIntL 6 (2010), 93; Colin ZfS 2009, 242; R. Wagner/Berentelg MDR 2010, 1353; zur Vereinheitlichung des Sachrechts Kadner Graziano/Oertel ZVglRWiss 107 (2008), 113) prinzipiell nicht anzuwenden (Art. 24); insoweit ist es auch für den deutschen Richter nicht relevant. Das Internationale Straßenverkehrsunfallrecht ist **nur in begrenztem Umfang staatsvertraglich geregelt** (zum NATO-Truppenstatut Karczewski VersR 2001, 1204: inländische Unfälle durch ausländische Streitkräfte, die hier stationiert sind; zur 4. Kfz-Haftpflicht-RL Fuchs IPRax 2001, 425; zu deren Umsetzung Riedmeeyer zfs 2006, 132; zur Regulierungspraxis („Grüne Karte") Freyberger MDR 2001, 970; zu Unfällen in Spanien Backu/Naumann VersR 2006, 760). Das Haager Übereinkommen über das auf Straßenverkehrsunfälle anzuwendende Recht vom 4.5.1971 ist nicht in Deutschland, wohl aber in zahlreichen europäischen Staaten in Kraft (Text in RabelsZ 33 (1969), 342; zur Konkurrenz mit der Rom II-VO Staudinger FS Kropholler, 2008, 691). Das kann zum Forum Shopping führen (zum anwendbaren Recht vor Gerichten im Großbritannien nach dem Brexit Wyley/Bouwmann DAR 2021, 541). Ob Abs. 3 dogmatisch dazu geeignet ist, internationalen Entscheidungseinklang herzustellen und entsprechende Anreize zu begrenzen (v. Hein FS Kropholler, 2008, 553 (569)), ist zweifelhaft. Auf der Ebene des Sachrechts ist das CMR in Bezug auf Schäden an beförderten Gütern zu beachten (zu vorrangigen Staatsverträgen näher MüKoBGB/Junker Rn. 86 ff.).

26 Es gilt folgende **Anknüpfungsleiter:** Allem anderen vorrangig ist eine Rechtswahl nach Art. 14, gefolgt von der Anknüpfung an den gemeinsamen gewöhnlichen Aufenthalt von Schädiger und Geschädigtem (Art. 4 Abs. 2) und an den Unfallort, der typischerweise mit dem Erfolgsort identisch ist (Abs. 1). Gemeinsamer gewöhnlicher Aufenthalt und Tatort können allerdings nach Art. 4 Abs. 3 verdrängt werden, namentlich wegen eines bereits vor dem deliktischen Geschehen bestehenden Rechtsverhältnisses zwischen den Beteiligten. Dieses Rechtsverhältnis muss aber mit der geltend gemachten unerlaubten Handlung in enger Verbindung stehen. Anders als in Art. 41 Abs. 2 Nr. 1 EGBGB können tatsächliche Sonderbeziehungen nur im Rahmen der Generalklausel des Art. 4 Abs. 3 S. 1 relevant werden (→ Rn. 16, str.). Hier kommt (iErg nicht anders als im Rahmen des Art. 41 EGBGB) insbes. ein **Mitfahrerverhältnis** bei Gefälligkeitsfahrten, aber auch eine Gruppenbeziehung (etwa im Falle des einheitlichen Ausgangspunkts einer Reise) in Betracht (→ Rn. 16). Im autonomen Recht hat der BGH indes mit Grund vorrangig auf das gemeinsame Aufenthaltsrecht (und nicht auf die Annahme einer gekünstelten Vertragsbeziehung) abgestellt (BGH IPRax 2010, 367; dazu Seibl IPRax 2010, 347; Spickhoff LMK 2009, 280900); im Rahmen von Art. 4 gilt nichts anderes. Rechtliche Sonderbeziehungen könnten an sich auch **familienrechtliche Beziehungen** (Ehegatten, Eltern-Kind-Verhältnis) begründen. Doch fehlt es hier am notwendigen sachlichen Zusammenhang mit dem Unfall (→ Rn. 15). Auch ein übereinstimmender Registrierungsort bei Kraftfahrzeugunfällen (lex communis stabuli) begründet nicht ohne weiteres eine offensichtlich engere Verbindung (→ Rn. 16). Lediglich dann, wenn mehr als zwei an einem Verkehrsunfall beteiligte Kraftfahrzeuge verunglückt sind, die alle in ein und demselben

Staat zugelassen waren, ist eine Anknüpfung an den gemeinsamen Zulassungsort im Rahmen von Art. 4 Abs. 3 angezeigt, sodass die Ansprüche der Beteiligten untereinander nach derselben Sachrechtsordnung beurteilt werden. Da allerdings alle Anknüpfungen jeweils nur im Zweipersonen-Verhältnis gelten (also auch für Ansprüche von Mitfahrern (zum autonomen alten deutschen Kollisionsrecht ebenso BGHZ 90, 294 (298) = NJW 1984, 2032) und von Fußgängern) (AG Köln VersR 1979, 728 (729); anders W. Lorenz DAR 1983, 273 (278)), greift die Ausweichklausel nur dann, wenn alle Unfallbeteiligten ihre Ansprüche in Übereinstimmung mit den vorgenannten Grundsätzen nach einer Rechtsordnung abwickeln können. Zugunsten des deutschen Rechts wäre über Abs. 3 zudem nicht vom Tatort abzuweichen, wenn beide am Unfallgeschehen beteiligten Fahrzeuge in Deutschland zugelassen und versichert sind und (allein) der Geschädigte dort auch seinen gewöhnlichen Aufenthalt hat (so aber für Art. 40 ff. EGBGB LG Berlin NJW-RR 2002, 1107; Sieghörtner NZV 2003, 105 (117); mit Recht krit. MüKoBGB/Junker Rn. 97).

Die **Regeln über die Ordnung des Straßenverkehrs** sind immer dem **Tatortrecht** zu entnehmen (→ Art. 17 Rn. 2). Die Anknüpfung des Direktanspruches gegen den **Versicherer** folgt den Regeln von Art. 18. Die Frage, ob eine Haftung durch Gewährung von Versicherungsschutz ausgeschlossen bzw. ersetzt ist (zB in Neuseeland; hierzu Deutsch RabelsZ 44 (1980), 487 ff.; Deutsch VersR 1994, 381 ff.), beurteilt sich nach dem Deliktsstatut (Großerichter IPRax 1998, 220 (221)). Ist die Haftung durch eine Versicherung ersetzt, die der Geschädigte nicht erhält, kann der ordre public (Art. 26) wegen Fehlens einer für geboten erachteten Norm eingreifen (Grünewald/Thorn Rn. 20; Großerichter IPRax 1998, 220 (222)). Zum Direktanspruch gegen Versicherer s. Art. 18 (dazu auch Fuchs IPRax 2007, 302 (307)). **27**

**2. Schiffsverkehrsunfälle.** Unfälle im Zusammenhang mit dem Schiffsverkehr (näher Basedow RabelsZ 74 (2010), 119), die Auslandsbezug aufweisen, sind durch eine Fülle von Staatsverträgen überlagert, von denen das älteste das Brüsseler Übereinkommen vom 23.9.1910 zur einheitlichen Feststellung von Regeln über den Zusammenstoß von Schiffen (RGBl. 1913, 49 (89)) ist. Für die Einzelheiten und sonstige staatsvertragliche Regelungen, bei denen Schiffszusammenstöße auf hoher See und im Rahmen der Binnenschifffahrt (dazu Czerwenka NJW 2006, 1250), Ansprüche gegen den Beförderer wegen Personen- oder Sachschäden, Fragen der Haftung für Schäden beim Transport gefährlicher Stoffe auf See (namentlich Ölverschmutzung und Beförderung von Kernmaterial) sowie die kollisionsrechtliche und die sachrechtliche Ebene unterschieden werden müssen, ist auf weiterführendes Schrifttum zu verweisen (zB Basedow RabelsZ 74 (2010), 119 (122 ff.); MüKoBGB/Junker Rn. 125 ff., jeweils mwN; zu Haftungsbeschränkungen Dörfelt VersR 2010, 1547). **28**

Außerhalb von besonderen staatsvertraglichen Regelungen gilt: Vorrangig zu beachten ist auch hier eine Rechtswahl gem. Art. 14. Bei Schiffszusammenstößen auf hoher See ist in Anlehnung an den Rechtsgedanken des Art. 4 Abs. 2 sodann auf das **gemeinsame Flaggenrecht der beteiligten Schiffe** abzustellen (vgl. früher auch RGZ 49, 182 (187)). Bei Unfällen innerhalb von Hoheitsgewässern oder oberhalb des Festlandsockels bzw. eines Funktionshoheitsgebiet (zB bei Offshore-Windkraftanlagen) (Hill/Schröder/Dettmer/Visser VersR 2010, 585 (590 f.)) gilt hilfsweise Ortsrecht bzw. das Recht des betreffenden Küstenstaates (Art. 4 Abs. 1 direkt bzw. analog) (Basedow RabelsZ 74 (2010), 119 (133 f.)). Fehlt es an einem gemeinsamen Flaggenrecht, geht die Anknüpfung an den Tatort in hoheitsfreien Gewässern indes ins Leere. In Anlehnung an Art. 4 Abs. 1 wird man wie bisher nach hL nicht an die lex fori (Basedow RabelsZ 74 (2010), 119 (137)), sondern an das Recht des Hoheitszeichens des beschädigten Schiffes, für das Ansprüche erhoben werden, anknüpfen können (Grünewald/Thorn Rn. 22; Spickhoff IPRax 2009, 527 (529)). Die bisher hM in Deutschland ließ demgegenüber von den beiden beteiligten Flaggenrechten das **dem Geschädigten günstigere Recht** zur Anwendung kommen (BT-Drs. 14/343, 11; PWW/Schaub Rn. 19; für das Flaggenrecht des geschädigten Schiffes E. Lorenz in v. Caemmerer, Vorschläge und Gutachten zur Reform des IPR der außervertraglichen Schuldverhältnisse, 1983, 440, 442 f., 452 ff., sofern der Schädiger mit Verletzungen auf dem Schiff dieser Flagge rechnen musste). Im Rahmen von Hoheitsgewässern gilt vorrangig das Recht der gemeinsamen Flagge (vgl. Art. 4 Abs. 2), sonst Ortsrecht (Art. 4 Abs. 1). Die frühere Rspr., wonach in deutschen Hoheitsgewässern deutsches Recht ohne Rücksicht auf die Nationalität der Schiffe anzuwenden ist (BGHZ 3, 321 (324); BGH VersR 1962, 514 (515); IPRax 1981, 99), entbehrt im Rahmen der Rom II-VO der normativen Grundlage. **29**

Im Falle von **Borddelikten,** die Passagiere untereinander auf hoher See begehen, gilt zunächst das Primat einer Rechtswahl gem. Art. 14, hilfsweise Art. 4 Abs. 2 (gemeinsamer gewöhnlicher Aufenthalt). Der zweithilfsweise anwendbare Tatort (Art. 4 Abs. 1) ist durch die **Anknüpfung an die Flagge** zu ersetzen (so schon zum deutschen Recht Kegel/Schurig IPR § 18 IV 1 f.). In **30**

Hoheitsgewässern ist an sich nicht das Flaggenrecht (vgl. aber E. Lorenz in v. Caemmerer, Vorschläge und Gutachten zur Reform des IPR der außervertraglichen Schuldverhältnisse, 1983, 440, 446 f.), sondern gem. Art. 4 Abs. 1 das Tatortrecht maßgeblich, das bei fehlender Erkennbarkeit im Einzelfall allerdings über Art. 4 Abs. 3 durch das Flaggenrecht verdrängt werden kann (ebenso PWW/Schaub Rn. 16). Anders steht es zudem, wenn sich der Bordunfall im Hafen oder beim Ankern unmittelbar vor der Küste ereignet; dann gilt Tatortrecht (näher Spickhoff IPRax 2009, 527 (528 f.); anders – stets Heimatrecht des Schiffes – Grünewald/Thorn Rn. 23). Deliktische Ansprüche gegen den Beförderer wegen Personen- oder Sachschäden sind ggf. vertragsakzessorisch anzuknüpfen (Art. 4 Abs. 3 S. 1).

31 **3. Luftverkehrsunfälle.** Für **Flugzeugzusammenstöße** gibt es bisher weder staatsvertragliche Regelungen noch in der Rom II-VO Sondervorschriften. Es gelten daher die allgemeinen Regeln: Rechtswahl gem. Art. 14, gemeinsames Flaggen- bzw. Hoheitszeichenrecht (entspr. Art. 4 Abs. 2) (ebenso Grünewald/Thorn Rn. 24), bei Kollisionen über staatlichem Hoheitsgebiet: Erfolgsortsrecht (Art. 4 Abs. 1). Bei Flugzeugzusammenstößen im staatsfreien Luftraum gilt – wie bei Schiffszusammenstößen auf hoher See (→ Rn. 20) – das Recht des Hoheitszeichens des beschädigten Flugzeuges, für das Ansprüche erhoben werden.

32 Im Falle von **Bodenschäden** gilt das Erfolgsortsrecht (Art. 4 Abs. 1); für Verletzungen auf hoheitsfreiem Gebiet gilt letzthilfsweise das Aufenthaltsrecht des Opfers (näher → Rn. 9) (MüKoBGB/Junker Rn. 109).

33 **Borddelikte** außerhalb vertraglicher Beziehungen (zwischen Mannschaftsmitgliedern oder Passagieren) unterliegen dem allgemeinen Deliktsstatut. Dabei kann die Tatortanknüpfung (Art. 4 Abs. 1), die durch eine Rechtswahl (Art. 14) und die Anknüpfung an den gemeinsamen gewöhnlichen Aufenthalt (Art. 4 Abs. 2) verdrängt werden kann, bei internationalen Flügen durch das Flaggenrecht (Registrierortsrecht) zu ersetzen sein, vorausgesetzt, die Flugzeuge sind nicht mehr am Boden (Lüderitz IPR Rn. 304; Raape IPR § 55 VIII 1).

34 Für **Ansprüche gegen den Beförderer** wegen Personen- oder Sachschäden kann (auf sachrechtlicher Ebene) das Warschauer Abkommen vom 12.10.1929 zur Vereinheitlichung von Regeln über die Beförderung im internationalen Luftverkehr (RGBl. 1933 II 1039 idF des Haager Prot. vom 28.9.1955, BGBl. 1958 II 291; Zusatzabkommen von Guadalajara, vom 18.9.1961, BGBl. 1963 II 1159; vgl. auch Saenger NJW 2000, 169) oder – häufiger – das Montrealer Übereinkommen vom 28.5.1999 zur Vereinheitlichung bestimmter Vorschriften über die Beförderung im internationalen Luftverkehr (BGBl. 2004 II 458, 1027) (das das Warschauer Abkommen im Verhältnis zu den Vertragsstaaten ersetzt), anzuwenden sein (näher MüKoBGB/Junker Rn. 103 ff.). Da (wenngleich durch die Höchstbeträge der genannten Abkommen begrenzt) daneben auch auf nationales Sachrecht zurückgegriffen werden kann, ist zu dessen Ermittlung (und natürlich außerhalb des Anwendungsbereichs dieser Abkommen) die Rom II-VO einschlägig. Fehlt es an einer Rechtswahlvereinbarung (Art. 14), kann die Tatortregel oder Abs. 2 durch eine vertragsakzessorische Anknüpfung verdrängt werden (Art. 4 Abs. 3 S. 2). Der Tatort (Erfolgsort, Art. 4 Abs. 1) ist bei Schädigungen im hoheitsfreien Gebiet durch das Recht der Flagge zu ersetzen. Wegen der Zufälligkeit des Schädigungsortes und der Schwierigkeiten, ihn zu ermitteln, wird – soweit die (angebliche) Schädigung über Hoheitsgebiet eingetreten ist – der Tatort bzw. der Erfolgsort (Art. 4 Abs. 1) insgesamt durch das Recht des Registrierungszeichens verdrängt (Art. 4 Abs. 3 S. 1) (ebenso PWW/Schaub Rn. 17; für Unfälle im hoheitsfreien Luftraum ebenso MüKoBGB/Junker Rn. 107).

35 **Unfälle im Weltraum oder durch Weltraumgegenstände** sind sachrechtlich durch eine Staats(gefährdungs-)haftung des Staates, von dem aus gestartet wurde (oder zu starten versucht wurde), im Weltraumhaftungsübereinkommen vom 29.3.1972 (BGBl. 1975 II 1209; näher MüKoBGB/Junker Rn. 111–113) geregelt. Das Kollisionsrecht bleibt dadurch unberührt. Indes ist der Anwendungsbereich der Rom II-VO zu prüfen (Art. 1 Abs. 1 S. 2 Alt. 2 – Ausübung hoheitlicher Rechte – oder Abs. 2 lit. f – Atomhaftungsrecht). Ist er eröffnet, wird im Falle von **Unfällen im Weltraum** wie bei Flugzeugen auf den Registrierungsort, trotz des Weltraumhaftungsübereinkommens mit seiner Anbindung an den Startstaat nur höchst hilfsweise auf einen oft eher zufälligen, vielleicht nur aufgrund witterungsbedingter Besonderheiten gewählten auswärtigen Startstaat des Flugobjektes als Tatort (für den Startstaat MüKoBGB/Junker Rn. 115) abzustellen sein. Für **Bodenschäden** gilt Gleiches wie im Falle von Flugzeugunfällen (→ Rn. 25), für **Borddelikte** sollte wiederum das Registrierungsortsrecht (und nicht das am Startort geltende Recht) angewendet werden.

36 **4. Bahnverkehrsunfälle.** Bahnverkehrsunfälle sind in Bezug auf die vertragliche Haftung im Großen und Ganzen staatsvertraglich geregelt (näher MüKoBGB/Junker Rn. 116–122). Soweit

deliktsrechtliche Ansprüche hiervon nicht erfasst sind, gelten für Bahnverkehrsunfälle die allgemeinen Anknüpfungen des Deliktskollisionsrechts (Art. 14, 4). Insbesondere kommt eine vertragsakzessorische Anknüpfung (Art. 4 Abs. 3 S. 2) in Betracht.

**5. Arbeitsunfälle.** Arbeitsunfälle sind, auch soweit es um deliktsrechtliche Anspruchsgrundlagen geht, **dem Recht zu unterstellen, dem der Arbeitsvertrag unterliegt.** Dieses Recht verdrängt ein abweichendes Erfolgsorts- (Abs. 1) oder gemeinsames Aufenthaltsrecht (Abs. 2). Das war bereits bisher in Deutschland hM, wenn auch nicht unbestritten (Deutsch in v. Caemmerer, Vorschläge und Gutachten zur Reform des IPR der außervertraglichen Schuldverhältnisse, 1983, 202, 212; Birk NJW 1978, 1825 (1830); ggf. für den gemeinsamen gewöhnlichen Aufenthalt aber v. Bar IPR II Rn. 688; für den Deliktsort Gamillscheg AcP 155 (1956), 49 (65); Schnorr v. Carolsfeld RdA 1958, 201 (207); Gitter NJW 1965, 1108 (1109)), und wird jetzt durch Abs. 3 S. 2 bestätigt (MüKoBGB/Junker Rn. 167; PWW/Schaub Rn. 18). Der Grund liegt darin, dass der Arbeitsunfall weitgehend aus dem privaten Haftungsrecht ausgeschieden bzw. durch Normen des technischen Arbeitsschutzes und durch das gesetzliche Unfallversicherungsrecht geprägt wird, das an den Arbeitsvertrag anknüpft. Die iErg vorrangige Anknüpfung an ein gemeinsames Arbeitsvertragsstatut sollte auch im Falle von Ansprüchen zwischen Arbeitnehmern desselben Arbeitgebers (Kollegen) gelten (Grünewald/Thorn Rn. 27; MüKoBGB/Junker Rn. 168). Eine sozialversicherungsrechtliche Haftungsbeschränkung wie § 105 SGB VII ist sonderanzuknüpfen (vgl. auch BGH NJW 2009, 916; näher MüKoBGB/Junker Rn. 170 f. mwN). Im Falle eines Schadensersatzanspruchs wegen Diskriminierung greift im Einzelfall Art. 12, sonst Art. 4 (näher Junker NZA-Beilage 2008, 59). Zu deliktsrechtlichen Ansprüchen, die aus **Arbeitskämpfen,** insbes. Streiks resultieren, s. **Art. 9.** 37

**6. Massenunfälle.** Bei Massenunfällen ist anstelle einer Zweipersonenbetrachtung an eine einheitliche Anknüpfung aller potenziellen Ansprüche gem. Art. 4 Abs. 3 zu denken. Anzuknüpfen ist ggf. an eine „typische" Zweipersonenbeziehung oder an das Recht des (hauptsächlichen) Unfallorts (Wagner IPRax 2006, 372 (378); Rudolf ÖJZ 2010, 300 (302); anders Grünewald/Thorn Rn. 14; MüKoBGB/Junker Rn. 59 bezogen auf Abs. 2). 38

**7. Sportunfälle.** Für Sport- und Freizeitunfälle gelten die allgemeinen Regeln. Im Falle von Skikursen oder anderen gegen Entgelt organisierten sportlichen Aktivitäten ist an eine das Tatort- oder Aufenthaltsrecht verdrängende vertragsakzessorische Anknüpfung (Abs. 3 S. 2) zu denken (MüKoBGB/Junker Rn. 165). Bei Skiunfällen sind als ortsgebundene Verhaltensregeln insbes. die FIS-Regeln zu beachten (Art. 17) (zum EGBGB bereits OLG Brandenburg NJW-RR 2006, 1458; OLG Hamm IPRspr. 2001 Nr. 38; OLG Düsseldorf VersR 1990, 111; 1997, 193; dazu Dambeck DAR 2007, 677). Das Ortsrecht entscheidet auch (in den Grenzen des ordre public) über die Frage deren Abdingbarkeit (dazu LG Traunstein IPRspr. 2001 Nr. 36 m. berechtigter Kritik durch v. Hein SpuR 2005, 9). Im Falle von Sportfesten oder Sportgroßveranstaltungen bei Verletzungen von Sportlern untereinander kommt aber eine einheitliche Anknüpfung an das Tatortrecht zum Zwecke der Gleichbehandlung auch entgegen Abs. 2 (dann über Abs. 3) in Betracht, wenn nicht im Einzelfall eine einheitliche vertragsakzessorische Anknüpfung (wie im Falle von Kollegenunfällen im Arbeitsrecht bei vertraglich vereinbarten Auftritten aller Sportler mit dem Veranstalter) gem. Abs. 3 S. 2 greift. Es gibt insbes. keine weltweit geltende haftungsrechtliche „lex sportiva" (näher Pfister FS Spellenberg, 2010, 299). 39

**8. Internet-Delikte.** Zum Herkunftslandprinzip → Art. 27 Rn. 1; → EGBGB Art. 40 Rn. 5. Das sog Internet-Delikt ist dadurch gekennzeichnet, dass es in die anerkannten Sonderfallgruppen ohne weiteres eingreift und sich damit in erheblichem Maß überschneidet. Man kann deshalb durchaus die Frage stellen, ob sich die Fallgruppe „Internet-Delikt" als eigene deliktskollisionsrechtliche Fallgruppe überhaupt anbietet, oder ob es einer solchen Fallgruppe überhaupt an zureichenden kollisionsrechtlichen Charakteristika fehlt, sodass sich die betreffenden Probleme sach- und systemgerechter in den Kontext der jeweiligen tradierten Fallgruppen einfügen lassen (Grünewald/Thorn Rn. 28). Indes gibt es im Bereich der Konkretisierung der Tatortregel durchaus gewissermaßen internet-typische Besonderheiten (eingehend Mankowski RabelsZ 63 (1999), 203 (256 ff.); weiter etwa Spindler ZUM 1996, 533 ff.; Trunk Jahresheft der Internationalen Juristenvereinigung Osnabrück 7 (1997/1998), 58 ff.). Fälle von Persönlichkeitsverletzungen via Internet sind von der Rom II-VO nicht erfasst (Art. 1 Abs. 2g), bei Wettbewerbsverstößen und Fällen der Produkthaftung sind die Sonderanknüpfungsregeln der Art. 5 und 6 zu beachten; hinzu tritt Art. 8 im Falle der Verletzung von Immaterialgüterrechten. Internet-typische Besonderheiten im Bereich der Konkretisierung der Tatortregel sind infolge der Maßgeblichkeit des Erfolgsortsrechts nach Art. 4 Abs. 1 in Bezug auf den Handlungsort hier allenfalls im Rahmen von Art. 4 Abs. 3 S. 1 40 denkbar, sonst aber – im Unterschied zur bisherigen Rechtslage im Rahmen von Art. 40 EGBGB – für Art. 4 nicht relevant. Kein Erfolgsort (sondern Handlungsort) ist der Ort, an dem die betreffende, zum Schaden führende Information, eine Mitteilung oder ein Rat ins Internet eingegeben (bei E-Mails: abgesendet) worden ist. Als **Erfolgsorte** sind Durchleitungs- oder Abruforte bzw. Orte des Zielrechners nur im seltenen Einzelfall anzusehen (vgl. auch LG Düsseldorf NJW-RR 1998, 979; LG München I RIW 2000, 467: Abrufort; diff. Mankowski RabelsZ 63 (1999), 203 (267 f., 269 ff., 281 f.); anders Trunk Jahresheft der Internationalen Juristenvereinigung Osnabrück 7 (1997/1998), 58 (63): Zielrechner als elektronischer Arm des Schädigers und Handlungsort), vorausgesetzt, dass an den betreffenden Orten ein entsprechender Verletzungserfolg (iSe Eingriffs in die körperliche Integrität, also vor allem Körper- oder Gesundheitsverletzung bzw. Tötung und Eigentums- oder Besitzverletzung oder auch ein erster Vermögensschaden) eingetreten ist. Maßgeblich ist – auch bei einer **telemedizinischen Leistung** – nicht das Abrufen einer Information, sondern der Lageort des verletzten Rechtsgutes bzw. Rechtes zurzeit seiner Verletzung, etwa wenn auf den Zielrechner durch Hacking, Einspeisen von Viren oder zeitweise Blockade (sog E-Mail-Bombing) eingewirkt wird. Denn auch ohne Verletzung der Sachsubstanz wird man hier eine Zuordnungsverletzung, die zumindest funktionell einer Eigentums- oder Besitzverletzung gleichgestellt werden sollte, als „Erfolg" in Betracht zu ziehen haben. Einen ersten Schädigungserfolg lässt sich ferner annehmen, wenn eine zerstörte oder beschädigte Datei auf einem Computer gespeichert ist, der nicht im Eigentum oder im berechtigten Besitz dessen steht, der die Datei erstellt hat (zB Mitarbeiter benutzt einen Computer des Unternehmens). Im Bereich von **Spiel und Wette** hat der englische High Court – kaum überzeugend – gemeint, Schadensersatzansprüche von Verlierern, die auf dadurch ausgelöster Spielsucht beruhen, unterliegen dem Recht des Staates, in dem der Anbieter seinen Sitz hat (High Court ZEuP 2012, 361 m. krit. Anm. Halfmeier, der bei Vermögensschäden auf Abs. 3 abstellen möchte).

**41** Der Forderung nach einer **prinzipiellen Einschränkung der relevanten Erfolgsorte beim Internet-Delikt** ist außerhalb der Produkthaftung nur mit **Zurückhaltung** zu begegnen (abl. auch Grünewald/Thorn Rn. 29). Das folgt nicht nur aus einem Umkehrschluss zu Art. 5 Abs. 1 S. 2, sondern auch aus funktionalen Gründen und der Interessenabwägung. Dass bei Verwendung des Internets Erfolgsorte weltweit angesiedelt sein können, kann und sollte (auch über Art. 4 Abs. 3 S. 1) nichts an der grundsätzlichen Maßgeblichkeit des Erfolgsortsrechts ändern, weil sich der Täter die Vorteile des weltweiten Kommunikationsnetzes durchaus bewusst zunutze macht (s. auch Mankowski RabelsZ 63 (1999), 203 (270 f.)). Eine kollisionsrechtliche Dominanz des Handlungs- oder Herkunftsortes würde zur geschickten Wahl eines passenden Ortes mit niedrigem Haftungsniveau verleiten. Umso schwerer wiegen die im Prinzip im Verhältnis zum Täter nicht minder gewichtigen Interessen des Opfers an der Anwendung des Erfolgsortsrechts (Schurig, Kollisionsnorm und Sachrecht, 1981, 207; K. Müller JZ 1986, 212 (213 f.)). Die Interessen des Opfers an der Anwendung des Erfolgsortsrechts überwiegen auch nach der gesetzlichen Wertung in Art. 4 Abs. 1 die Interessen potentieller Schädiger (→ Rn. 1). Im Falle eindeutig adressierter E-Mails oder gezielter Angriffe etwa gegen bestimmte EDV-Anlagen wird ohnehin zumeist nur ein Erfolgsort vorliegen. Allenfalls vernachlässigenswerte Erfolgsorte ohne signifikantes Gewicht mögen über die **Ausweichklausel des Art. 4 Abs. 3** auszuscheiden sein (ebenso Grünewald/ Thorn Rn. 29). Ist die Beschränkung des Gebietes der bestimmungsgemäßen Abrufbarkeit, etwa durch die Verwendung einer bestimmten (vielleicht selten gebräuchlichen oder verstandenen) Sprache, für den Nutzer erkennbar, kann dies deshalb zu einer Verdrängung des betreffenden Erfolgsortsrechts führen. Werden Daten in einer sog Datenwolke (im Falle des sog. **„Cloud-Computing"**) zerstört oder beschädigt, ist die Lokalisation des Erfolgsortes offenbar schwierig, weil verschiedene Server im Rahmen einer gemeinsamen (sog Grid-) Infrastruktur ggf. weltweit Computerressourcen bündeln und vernetzen, teils auch wieder aufgliedern, ohne dass der Ort der Speicherung der jeweiligen Teile erkennbar wäre. Daher ist vorgeschlagen worden, nicht an den Erfolgsort anzuknüpfen, sondern akzessorisch an das Recht, das auf den Vertrag zwischen Cloud-Computing-Anbieter und Geschädigtem anwendbar ist (Nordmeier MMR 2010, 151 f.). Das vernachlässigt indes zu sehr die Systematik der Rom II-VO und von Art. 4, in dessen Abs. 1 es gerade nicht auf die Erkennbarkeit des Erfolgsorts ankommt. Nur wenn der tatsächliche Lageort des Computers, auf dem die gespeicherten Daten zerstört oder beschädigt worden sind, als aus der Sicht von Schädiger und Geschädigten mit diesen ganz unverbunden und zufällig erscheint, kann über Abs. 3 vom Erfolgsortsrecht abgewichen werden. Letzthilfsweise ist dann das Aufenthaltsrecht des Opfers anzuwenden. Es ist ggf. dem allzu leicht zu Lasten potentieller Schädiger vorweg manipulierbaren Vertragsstatut über das Cloud-Computing vorzuziehen.

**42** **9. Grenzüberschreitende Verbandsklagen.** Der **öOGH** hatte zur Frage des anwendbaren Rechts im Kontext von Verbandsklagen gegen die **Verwendung missbräuchlicher Klauseln**

erwogen (und dem EuGH zur Entscheidung die entsprechenden Fragen vorgelegt), das auf einen Unterlassungsanspruch iSd RL 2009/22/EG über Unterlassungsklagen zum Schutz der Verbraucherinteressen anzuwendende Recht nach Art. 4 zu bestimmen, wenn sich die Klage gegen die Verwendung unzulässiger Vertragsklauseln durch ein in einem Mitgliedstaat ansässiges Unternehmen richtet, das im elektronischen Geschäftsverkehr Verträge mit Verbrauchern abschließt, die in anderen Mitgliedstaaten, insbes. im Staat des angerufenen Gerichts, ansässig sind (öOGH GRUR Int 2015, 722). Weiter neigte er dazu, als Staat des Schadenseintritts jeden Staat zu verstehen, auf den die Geschäftstätigkeit des beklagten Unternehmens ausgerichtet ist (vgl. auch EuGH IPRax 2022, 172; dazu Lehmann IPRax 2022, 147 zu Verbandsklagen bei unrichtiger Anlegerinformation). Die beanstandeten Klauseln seien dann nach dem Recht des Gerichtsstaats zu beurteilen, wenn sich die klagebefugte Einrichtung gegen die Verwendung dieser Klauseln im Geschäftsverkehr mit Verbrauchern wendet, die in diesem Staat ansässig sind. Schließlich tendierte das Gericht dazu, eine offensichtlich engere Verbindung gem. Abs. 3 zum Recht des Staats anzunehmen, in dem das beklagte Unternehmen seinen Sitz hat, wenn dessen AGB in einer Rechtswahlklausel vorsehen, dass auf die vom Unternehmen geschlossenen Verträge das Recht dieses Staats anzuwenden ist. Der **EuGH** hat diesem Ansatz eine Absage erteilt und demgegenüber entschieden, dass auf **Unterlassungsansprüche,** die sich **gegen die Verwendung vermeintlich unzulässiger Vertragsklauseln** durch ein in einem Mitgliedstaat ansässiges Unternehmen richten, das im elektronischen Geschäftsverkehr Verträge mit Verbrauchern abschließt, die in anderen Mitgliedstaaten, insbes. im Staat des angerufenen Gerichts, ansässig sind, anzuwendende Recht nach **Art. 6 Abs. 1** zu bestimmen ist (EuGH NJW 2016, 2727; dazu Mankowski NJW 2016, 2705; Rott EuZW 2016, 733). Das erscheint unter funktional-kollisionsrechtlichem Aspekt im Prinzip sachgerecht. Das bei der Beurteilung einer **bestimmten Vertragsklausel** anzuwendende Recht soll sich demgegenüber stets nach der **Rom I-VO** richten, und zwar unabhängig davon, ob diese Beurteilung im Rahmen einer Individualklage oder einer Verbandsklage vorgenommen wird. Damit kommt es auf einen eigentlichen Vertragsschluss insoweit nicht mehr an, was den Anwendungsbereich der Rom I-VO signifikant erweitert. Problematisch bleibt dann, wenn es auf den gewöhnlichen Aufenthalt des „Klauselgegners" ankommt (etwa im Rahmen von Art. 6 Rom I-VO), auf wen im Falle einer Verbandsklage abzustellen ist. An etwas anderes als an den Sitz des Verbandes (Art. 19 Rom I-VO) lässt sich dann wohl kaum anknüpfen.

**10. Schädigungen durch Streitkräfte.** Dienstliche Schädigungen durch NATO-Streitkräfte **43** werden bei inländischem Handlungsort vom NATO-Truppenstatut (BGBl. 1951 II 1190, AusführungsG BGBl. 1961 II 1183, Zusatzabkommen BGBl. 1961 II 1218) erfasst; für außerdienstliche Schadensverursachungen ist die Rom II-VO einschlägig (vgl. zB OLG Hamburg VersR 2001, 996 mAnm Karczweski; LG Heidelberg IPRax 1992, 96 m. Aufs. Furtak IPRax 1992, 78; zu ähnlich geregelten Schädigungen durch Angehörige sonstiger Truppen oÄ MüKoBGB/Junker Rn. 176). Im Falle von Schwarzfahrten, für welche Mitglieder der Streitkräfte verantwortlich sind, greift indes doch noch das Truppenstatut (Art. VIII Abs. 7 NATO-Truppenstatut).

## Art. 5 Produkthaftung

**(1) Unbeschadet des Artikels 4 Absatz 2 ist auf ein außervertragliches Schuldverhältnis im Falle eines Schadens durch ein Produkt folgendes Recht anzuwenden:**

**a) das Recht des Staates, in dem die geschädigte Person beim Eintritt des Schadens ihren gewöhnlichen Aufenthalt hatte, sofern das Produkt in diesem Staat in Verkehr gebracht wurde, oder anderenfalls**

**b) das Recht des Staates, in dem das Produkt erworben wurde, falls das Produkt in diesem Staat in Verkehr gebracht wurde, oder anderenfalls**

**c) das Recht des Staates, in dem der Schaden eingetreten ist, falls das Produkt in diesem Staat in Verkehr gebracht wurde.**

**Jedoch ist das Recht des Staates anzuwenden, in dem die Person, deren Haftung geltend gemacht wird, ihren gewöhnlichen Aufenthalt hat, wenn sie das Inverkehrbringen des Produkts oder eines gleichartigen Produkts in dem Staat, dessen Recht nach den Buchstaben a, b oder c anzuwenden ist, vernünftigerweise nicht voraussehen konnte.**

**(2) [1]Ergibt sich aus der Gesamtheit der Umstände, dass die unerlaubte Handlung eine offensichtlich engere Verbindung mit einem anderen als dem in Absatz 1 bezeichneten Staat aufweist, so ist das Recht dieses anderen Staates anzuwenden. [2]Eine offensichtlich engere Verbindung mit einem anderen Staat könnte sich insbesondere aus einem**

**bereits bestehenden Rechtsverhältnis zwischen den Parteien – wie einem Vertrag – ergeben, das mit der betreffenden unerlaubten Handlung in enger Verbindung steht.**

**Schrifttum:** Heiderhoff, Internationale Produkthaftung 4.0, IPRax 2021, 409; v. Hein, Die Produkthaftung des Zulieferers im Europäischen Internationalen Zivilprozessrecht, IPRax 2010, 330; Huber/Illmer, International Product Liability – A Commentary in Article 5 of the Rome II Regulation, YbPIL 9 (2007), 31; Illmer, The New European Private International Law of Product Liability – Steering Through Troubled Water, RabelsZ 73 (2009), 269; Rudolf, Internationales Produkthaftungsrecht nach der Rom II-VO, (österr) wbl 2009, 525; Sammeck, Die internationale Produkthaftung nach Inkrafttreten der Rom II-VO im Vergleich zu der Rechtslage in den USA, 2017; Siehr, The Rome II-Regulation and Specific Maritime Torts: Product Liability, Environmental Damage, Industrial Action, RabelsZ 74 (2010), 139; Spickhoff, Die Produkthaftung im Europäischen Kollisions- und Zivilverfahrensrecht, FS Kropholler, 2008, 671; Staudinger/Czaplinski, Rückruf- und Kostentragungspflicht des Produzenten bei In- wie Auslandssachverhalten, JA 2008, 401; Steinbrück, Der Vertriebsort als Deliktsgerichtsstand für internationale Produkthaftungsklagen, FS Kaissis, 2012, 965.

## I. Zweck

1 In Art. 5 wird das **Internationale Produkthaftungsrecht** geregelt. Nach Erwägungsgrund 19 sind für „besondere unerlaubte Handlungen, bei denen die allgemeine Kollisionsnorm nicht zu einem angemessenen Interessenausgleich führt", besondere Bestimmungen wie Art. 5 vorgesehen. Dessen Zweck versucht **Erwägungsgrund 20** genauer zu umschreiben. Die Kollisionsnorm für die Produkthaftung soll danach für eine gerechte Verteilung der Risiken einer modernen, hochtechnisierten Gesellschaft sorgen, die Gesundheit der Verbraucher schützen, Innovationsanreize geben, einen unverfälschten Wettbewerb gewährleisten und den Handel erleichtern. Die Schaffung einer Anknüpfungsleiter stelle, zusammen mit einer Vorhersehbarkeitsklausel, im Hinblick auf diese Ziele eine ausgewogene Lösung dar. In signifikantem Gegensatz zum Ziel der Rechtssicherheit (Erwägungsgrund 14 und 20) ist eine reichlich komplizierte, offensichtlich weniger auf den Einfluss von Befürwortern des Verbraucherschutzes als vielmehr auf den Einfluss der Interessen betroffener Produzenten zurückzuführende Anknüpfungsleiter statuiert worden, die nicht zuletzt die **Voraussehbarkeit** und Einschätzbarkeit **des Haftungsrisikos** durch die Hersteller (und deren Versicherer) ins Auge genommen hat und sich damit in signifikanten Gegensatz zur europäisch-sachrechtlichen verbraucherschützenden Linie der Produkthaftungsrichtlinie stellt (s. auch MüKoBGB/Junker Rn. 3, 4; rechtspolitisch mit Grund krit. Hartley IntCompLQ 57 (2008), 899 (903 ff.)).

## II. Konkurrierende Regeln

2 Das Internationale Produkthaftungsrecht ist in Deutschland bislang nicht durch vorrangig anwendbare Staatsverträge überlagert. Das **Haager Übereinkommen über das auf die Produkthaftung anwendbare Recht** vom 2.10.1973 (Text in RabelsZ 37 (1973), 594) ist von der Bundesrepublik nicht gezeichnet worden, sodass seine Anwendbarkeit lediglich im Rahmen einer Rück- oder Weiterverweisung in Betracht kommt. Auf der (sachrechtlichen) Ebene der EG ist die Produkthaftungsrichtlinie bzw. das ProdHaftG zu beachten (zu dessen kollisionsrechtlichen Konsequenzen Sack VersR 1988, 439 (440); Hohloch FS Keller, 1989, 433 ff.; zu den Grundfreiheiten in Bezug auf die Internationale Produkthaftung innerhalb der EU W. H. Roth GS Lüderitz, 2000, 635). Im Bereich der Arzneimittelhaftung knüpft **§ 84 AMG** eine daraus folgende Haftung an die Abgabe des Mittels an den Verbraucher im Inland an. Jedenfalls nach Inkrafttreten der Rom II-VO sollte die Norm schon wegen des Vorrangs der Rom II-VO nicht kollisionsrechtlich qualifiziert werden (Spickhoff, MedR-Komm, 2. Aufl. 2014, AMG § 84 Rn. 9, 10; zum bisherigen Diskussionsstand Wandt Internationale Produkthaftung, 1995, 205 ff.; Wiedemann, Das IPR der Arzneimittelhaftung, 1998, S. 91 ff.). Vom **Herkunftslandprinzip** des TMG wird die Haftung für per Internet bestellte fehlerhafte Sachprodukte wohl nicht mehr erfasst, es sei denn, es handelt sich um produkthaftungsrelevante Pflichten, die online erbracht werden (Spindler RabelsZ 66 (2002), 633 (692); ähnlich Lurger/Vallant RIW 2002, 188 (190)). Soweit es um den Schutz des Verbrauchers im Kontext der Produkthaftung geht, wird das Herkunftslandprinzip durch § 4 Abs. 5 Nr. 4 TMG, Art. 3 Abs. 4a i 4. Spiegelstrich E-Commerce-RL zusätzlich durchbrochen (dazu Lurger/Vallant RIW 2002, 188 (190)). Damit verbleibt ein im Ganzen doch recht schmaler Anwendungsbereich des Herkunftslandprinzips im Bereich der Produkthaftung, vor allem gegenüber gewerblichen Abnehmern von Online-Produkten. In Betracht für eine deliktsrechtliche Einwirkung des Herkunftslandprinzips kommt außerhalb des Verbraucher- und Anlegerschutzes (vgl. Spindler MMR 2000, Beilage 7 S. 4 (19); Mankowski ZVglRWiss 10 (2001), 137 (174))

indes die sog **Prospekthaftung.** Da und soweit – jedenfalls nach deutschem Sachrecht – eine unmittelbare Vertragsbeziehung zwischen Verantwortlichem und Anleger nicht erforderlich ist, spricht viel für deren deliktsrechtliche Qualifikation (Spindler ZHR 165 (2001), 324 (358 f.); Fischer JZ 1991, 168 (174)). **Art. 7** geht im Konkurrenzfall Art. 5 vor (Grüneberg/Thorn Rn. 3; MüKoBGB/Junker Rn. 20). Gleichklang mit konkurrierenden Ansprüchen aus culpa in contrahendo iSv **Art. 12** kann (und sollte) über die Ausweichklauseln der Art. 5 Abs. 2 bzw. Art. 12 Abs. 2 lit. c erzielt werden (ebenso MüKoBGB/Junker Rn. 21; s. Spickhoff FS Kropholler, 2008, 671 (679 f.); vgl. auch Heiss/Loacker JBl 2007, 613 (639 ff.) mwN).

## III. Schaden durch ein Produkt

Als Produkt iSd Sonderanknüpfung des Art. 5 wird man wohl den **Begriff des Produktes** zu verstehen haben, wie er in der Produkthaftungs-RL (Art. 2 bzw. § 2 ProdHaftG) (RL 85/374/EWG vom 25.7.1985, ABl. L 210, 29; in Deutschland § 2 ProdHaftG; ebenso MüKoBGB/Junker Rn. 13; Leible/Lehmann RIW 2007, 721 (727); dazu näher etwa v. Westphalen in Foerste/v.Westphalen, Produkthaftungshandbuch, 3. Aufl. 2012, § 47; BeckOGK/Rebin ProdHaftG § 2) verwendet wird (die – anders als die späteren verbraucherschützenden Richtlinien des Vertragsrechts – ihrerseits keine kollisionsrechtlichen Vorgaben enthält). Es geht also im Wesentlichen (und enger als im Haager Übereinkommen) nur um bewegliche Sachen unter Einbeziehung von Elektrizität unter Ausschluss landwirtschaftlicher Naturprodukte (sodass die Gentechnikhaftung ggf. nicht erfasst ist); iÜ ist auf Art. 4 zurückzugreifen. Ein standardisiertes Massenprodukt (Hartley IntCompLQ 57 (2008), 899 (904)) ist nicht vorauszusetzen (MüKoBGB/Junker Rn. 13). Unter Art. 5 fallen auch Schäden durch Apparate mit „künstlicher Intelligenz" (Heiderhoff IPRax 2021, 409 (412 ff.). 3

Sodann ist nach dem Wortlaut der Norm **Kausalität des Produkts** (wozu ggf. auch eine Bedienungsanleitung gehört) (MüKoBGB/Junker Rn. 15) **für den „Schaden"** erforderlich. Bloß mögliche Kausalität wird genügen; es ist also nicht schon zur Antwort auf die Frage nach dem anzuwendenden Recht im Kollisionsrecht der Kausalbeweis zu führen; dies ist vielmehr auf der Ebene des Sachrechts zu klären. Eine zumindest mögliche Kausalität genügt auch im Falle einer reinen Erfolgshaftung. Nicht zwingend notwendig ist für die Subsumtion unter Art. 5 die auch nur behauptete (oder auf der Ebene des Kollisionsrechts festzustellende) **Fehlerhaftigkeit des Produkts;** auch eine solche Haftungsvoraussetzung ist ggf. (erst) dem Sachrecht zu entnehmen und im Wortlaut der Norm (anders als in der sachrechtlichen Produkthaftungsrichtlinie) auch nicht enthalten (Kadner Graziano RabelsZ 73 (2009), 1 (40); Brière Clunet 135 (2008), 31 (47); anders aber Kozyris AmJCompL 56 (2008), 471 (487 f.); Illmer RabelsZ 73 (2009), 269 (283); v. Hein ZEuP 2009, 6 (26); Rudolf (österr) wbl 2009, 525 (528); MüKoBGB/Junker Rn. 15). Sie fehlt etwa im Falle der französischen Sachwalterhaftung gem. Art. 1384 CC, wobei das französische Sachrecht seine autonome Produkthaftung freilich traditionell vertraglich löst. Der Europäische Gesetzgeber wollte keineswegs nur die an die Fehlerhaftigkeit eines Produkts anknüpfenden Umsetzungen der Produkthaftungsrichtlinie, sondern ggf. auch konkurrierende Ansprüche von der Kollisionsnorm erfassen, für welche die Fehlerhaftigkeit oder Ähnliches gerade nicht typisch sein muss. Entscheidend ist aber die Frage der (autonomen) **Qualifikation** der Haftung als Fall der Produkthaftung, also die Zurechnung der Schädigung durch spezifische Gefahren eines Produkts (in gerade dieser Eigenschaft) zu dem, dessen Haftung geltend gemacht wird und der das Produkt in den Verkehr gebracht hat (was Abs. 1 generell voraussetzt). Dazu kommt es nach der Entstehungsgeschichte der Norm auch nicht zwingend auf die **Passivlegitimation** des Art. 3 Produkthaftungsrichtlinie an; diese folgt aus dem anzuwendenden Sachrecht (MüKoBGB/Junker Rn. 19; Illmer RabelsZ 73 (2009), 269 (284); Rudolf (österr) wbl 525 (528)). Über die Qualifikation können auch Fälle wie die Schusswaffe in der Hand des Straftäters aus dem Anwendungsbereich des Art. 5 ausgeschieden werden (im Anliegen übereinstimmend Kozyris AmJCompL 56 (2008), 471 (487 f.); Illmer RabelsZ 73 (2009), 269 (283); v. Hein ZEuP 2009, 6 (26); Rudolf (österr) wbl 2009, 525 (528); MüKoBGB/Junker Rn. 15), während ggf. die unerlaubte Inverkehrgabe gefährlicher Produkte (zB Medikamente, Spielzeug usw) durch Produzenten durchaus als Fall des Art. 5 angesehen werden kann. Die Abgrenzung ist im Einzelfall also durchaus heikel. 4

Nicht unzweifelhaft ist das Eingreifen von Art. 5 in den **Dieselskandal-Fällen.** Der EuGH (NJW 2020, 2869 Rn. 39 m. krit Anm. Lehmann) hält eher unreflektiert Art. 6 für einschlägig. Das passt zumindest dann nicht, wenn nicht das unlautere Wettbewerbsverhalten, sondern ein Schadensersatzanspruch der Verbraucher aus unerlaubter Handlung gegen den Hersteller in Streit steht (Staudinger DAR 2021, 544 (545); R. Wagner EuZW 2020, 724 (727 f.)). Vielmehr bietet sich insoweit der Rückgriff auf Art. 5 an. Die Konstellation kann trotz (bzw. gerade) massenhaft- 5 systematisierten Vorsatzes durchaus in autonomer Qualifikation als Fall der Produkthaftung eingestuft werden. Sonst würde Art. 4 greifen. Beide Kollisionsnormen laufen nicht notwendig auf dasselbe Ergebnis hinaus, auch wenn zumindest im Kontext der Dieselskandal-Fälle der Erfolgsort des Vermögensschadens gem. Art. 4 Abs. 1 zumeist (aber eben keineswegs notwendig) im Staat des Erwerbsorts lokalisiert werden mag. Art. 5 Abs. 1 lit. a knüpft vorrangig an den gewöhnlichen Aufenthalt der geschädigten Person an, sofern das Produkt in diesem Staat in Verkehr gebracht wurde, solange also Erwerbsort und gewöhnlicher Aufenthalt im gleichen Staat liegen. Beide Kollisionsnormen ermöglichen eine Auflockerung (Art. 4 Abs. 3, Art. 5 Abs. 2), insbes. bei einem bereits bestehenden Rechtsverhältnis wie einem Vertrag. Der Kaufvertrag über das Fahrzeug wird allerdings – vom Direktvertrieb abgesehen – nicht zwischen den betroffenen Parteien, sondern zwischen dem Geschädigten und einem Dritten (zB Händler) geschlossen. Dann entfällt eine vertragsakzessorische Anknüpfung. Eine Abweichung über die Ausweichklauseln zugunsten des Handlungsortsrechts kommt kaum in Betracht, weil sonst die Grundanknüpfungen an den Erfolgsort (zumal im Rahmen von Art. 4 Abs. 1) unterlaufen werden würden (Staudinger DAR 2021, 544 (545)).

## IV. Anknüpfungsleiter

6 Die Anknüpfungsleiter (dazu Fuchs GPR 2004, 100 (102); MüKoBGB/Junker Rn. 6) gilt **sowohl für** (jeden) **Erwerber** (nicht nur Verbraucher) **als auch für sog bystander** (der freilich über die Ausweichklausel gesondert behandelt werden könnte (Leible/Lehmann RIW 2007, 721 (726)).

7 (1) Vorrangig ist eine **Rechtswahl nach Art. 14.** Trifft der Verkäufer als Vertreter des Produzenten mit dem Konsumenten eine entsprechende Vereinbarung und geschieht dies durch AGB, wird es an der erforderlichen Freiheit des Aushandelns fehlen (Heiss/Loacker JBl 2007, 613 (623)). Zudem setzt die Möglichkeit der vorherigen Rechtswahl voraus, dass „alle Parteien einer kommerziellen Tätigkeit nachgehen". Daran wird es im Fall des typischen Kaufs durch Verbraucher fehlen. Im Prinzip wird es darauf ankommen, ob der Erwerber das Produkt für sein Unternehmen oder wenigstens im Zusammenhang mit einer unternehmerischen Tätigkeit erworben hat. Im Kontext der Produzentenhaftung ist in Bezug auf die die Möglichkeit der nachträglichen Rechtswahl die Rspr. des BGH von Interesse, der dann, wenn sich die Parteien im Prozess ausschließlich auf eine bestimmte Rechtsordnung, typischerweise freilich auf die lex fori, berufen, hieraus eine stillschweigende Rechtswahl konstruiert hat (BGH IPRax 1982, 13 (14); krit. Kropholler IPR § 40 IV 4, 300: realer Parteiwille erforderlich; Schack IPRax 1986, 272 (273 f.); zurückhaltender auch BGH NJW 1993, 1126). An dieser Rspr. kann zumindest im Rahmen der Handhabung und Auslegung von europäischem Kollisionsrecht nicht festgehalten werden (vgl. auch Erwägungsgrund 31) (Heiss/Loacker JBl 2007, 613 (623)).

8 (2) Dann kommt es auf die im Verhältnis zu den ausdrücklichen Anknüpfungen von Abs. 1 vorrangige offensichtlich engere Verbindung an (Abs. 2 = Art. 4 Abs. 3). Sie ist zunächst zu untersuchen in Bezug auf das unter den Voraussetzungen des Abs. 1 anzuwendende Recht (3) Hier ist zunächst nach einem gemeinsamen gewöhnlichen Aufenthalt von Schädiger und Geschädigtem zurzeit des Verletzungserfolgs („beim Eintritt des Schadens") zu suchen (Art. 4 Abs. 2) (so – zur Arzneimittelhaftung – auch OLG Koblenz PharmR 2018, 541 (543)). Innerhalb des Abs. 1 gilt iÜ nicht das Günstigkeitsprinzip innerhalb der drei Varianten der lit. a bis lit. c. Angewendet werden soll hier vielmehr (4) vorrangig das Recht des Staates, in dem die Person, die den Schaden unmittelbar erleidet, zurzeit des Schadenseintritts, also des Verletzungserfolgs, ihren gewöhnlichen Aufenthalt (bzw. ihre Hauptniederlassung) hat, vorausgesetzt, das Produkt ist in diesem Staat in Verkehr gebracht worden (Abs. 1 lit. a). Im **Falle zeitlich gestreckter Verletzungserfolge** (zB dauerhafter Kontakt mit einem gesundheitsschädlichen Produkt, etwa Kinderspielzeug) kann eine Verlegung des gewöhnlichen Aufenthaltsortes sogar zu einem Statutenwechsel führen, den der Geschädigte selbst herbeizuführen in der Lage ist. Es gilt dann das durch Art. 5 Abs. 1 lit. a jeweils bezeichnete Recht nur für den Zeitraum, in welchem der Verletzte seinen gewöhnlichen Aufenthalt in dem betreffenden Staat faktisch nimmt. Wegen des Zusatzerfordernisses, dass das Produkt in dem betreffenden Staat in den Verkehr gebracht werden muss, wird es im Allgemeinen nicht angezeigt sein, über die Ausweichklausel (Abs. 2) immer auf den Beginn der Verletzung bzw. – falls davon abweichend – auf den Schwerpunkt der Gesamtverletzung abzustellen. Deshalb besteht auch kaum die Gefahr substantieller Manipulationen und Gesetzesumgehungen bzw. -erschleichungen des Geschädigten zur Erlangung höherer Schadensersatzansprüche (gezielte Verlegung des Aufenthaltsortes zB in die Vereinigten Staaten, um in den Genuss möglicher punitive damages zu gelangen).

Hilfsweise gilt (5) das Recht des Staates, in dem das Produkt erworben (wozu auch eine Schenkung gehört) (MüKoBGB/Junker Rn. 35) wurde, falls es auch in diesem Staat in Verkehr gebracht worden ist (Abs. 1 lit. b). Erfasst werden können von dieser Anknüpfung Erst-, aber auch weitere Erwerber, nicht aber sog innocent bystander (MüKoBGB/Junker Rn. 38). Zweithilfsweise kommt es (6) auf den Verletzungserfolgsort an, falls das Produkt dort in den Verkehr gebracht worden ist (Abs. 1 lit. c). 9

Damit werden die Interessen des Geschädigten kollisionsrechtlich in den Vordergrund gestellt. Sie werden indes verdrängt, wenn das Inverkehrbringen des schädigenden oder – was auch genügt – eines gleichartigen Produktes aus der Perspektive des Schädigers „vernünftigerweise" nicht vorhersehbar war (Abs. 1 S. 2); hier sollen sich die Interessen der Produzenten durchsetzen und (7) deren Heimatrecht anzuwenden sein. Indes wird man an eine solche „abstrakte" (nicht: konkrete) **Nicht-Vorhersehbarkeit** (und ihren Nachweis) im Hinblick auf die genau gegenläufige Grundanknüpfung des Abs. 1 keine geringen Anforderungen stellen dürfen. Erfasst ist insbes. der Fall, dass das Produkt nachweislich ohne Zustimmung des Inanspruchgenommenen in das betreffende Land und dort in den Verkehr gebracht worden ist; dann gilt das Aufenthaltsrecht (bzw. das über Art. 23 maßgebliche Recht) des Inanspruchgenommenen. Als **Ort des Inverkehrbringens** wird man den Ort der Abgabe an den Verbraucher (zB durch Veräußerung oder Schenkung, bei Fernbestellungen: den Ort des Erhalts der Ware) anzusehen haben (MüKoBGB/Junker Rn. 29). 10

Das Eingreifen der **Ausweichklausel (Abs. 2 S. 1)** liegt (von vorherigen Vertragsbeziehungen abgesehen, Abs. 2 S. 2) insbes. für sog **bystander** nahe. Für sie passt das Recht des Erwerbsorts von vornherein nicht (PWW/Schaub Rn. 9; Kropholler IPR § 53 V 3, 539 f.; krit. insoweit auch Heiss/Loacker JBl 2007, 613 (628)). Für sie sollte auf den Erfolgsort abgestellt werden (PWW/Schaub Rn. 9; Grüneberg/Thorn Rn. 13). Die Ausweichklausel ist zudem in **Konstellationen eines gestreckten Schadensverlaufs** in Betracht zu ziehen, wenn mehrere Verletzungserfolgsorte in Betracht kommen (Verzehr von Lebensmitteln desselben Herstellers in verschiedenen Staaten mit in den verschiedenen Staaten eintretenden bzw. sich perpetuierenden Verletzungserfolgen). In solchen Fällen mag das Kriterium der Voraussehbarkeit des Verletzungserfolgsortes für den Produzenten zumindest die Auswahl unter mehreren Erfolgsorten iS einer Schwerpunktbetrachtung und der Auswahl des Rechts der engsten Verbindung prägen. 11

## V. Vom Wortlaut der Anknüpfung nicht erfasste Fälle

Ist das Produkt nicht im Staat des gewöhnlichen Aufenthaltes des Geschädigten (lit. a), des Erwerbsorts (lit. b) oder des Verletzungserfolgsorts (lit. c) in den Verkehr gebracht worden, gilt nicht das Aufenthaltsrecht des Schädigers. Denn Abs. 1 S. 2 greift hier seinem Wortlaut („dessen Recht nach den Buchstaben a, b oder c anzuwenden ist") nach ins Leere. Beispiel: Kauf eines unautorisiert und unvorhersehbar in Polen weiterverkauften Produktes, das in China (und nur für den chinesischen Markt) hergestellt und dort in Verkehr gebracht worden ist; der (deutsche) Käufer wird in Deutschland geschädigt (verletzt). Zur Lückenfüllung werden zwei Wege vertreten. Der erste erscheint aus der Sicht der Bewertung der kollisionsrechtlichen Interessen von Produzent und Geschädigtem als produzentenfreundlich. Er besteht darin, Abs. 1 S. 2 analog anzuwenden. Man knüpft dann an den Sitz bzw. das Recht des gewöhnlichen Aufenthaltes des Herstellers an, wendet also dessen Heimatrecht an. Dafür spricht aus normimmanenter Sicht der Erst-Recht-Schluss: Ist das Heimatrecht des Herstellers schon maßgeblich, wenn das Produkt in einem der in Abs. 1 S. 1 lit. a bis lit. c genannten Staaten in den Verkehr gebracht wurde, dann dies erst recht, wenn noch nicht einmal diese Voraussetzungen erfüllt sind (dafür die hL, v. Hein ZEuP 2009, 6 (28); Huber/Illmer YbPIL 9 (2007), 31 (43 ff.); Leible/Lehmann RIW 2007, 721 (728); G. Wagner IPRax 2008, 1 (7); Rudolf (österr) wbl 2009, 525 (530); MüKoBGB/Junker Rn. 48; Grüneberg/Thorn Rn. 11; BeckOGK/Müller, 1.3.2022, Rn. 103). Die Alternative besteht darin, **auf die Grundregel des Art. 4 zurückzugreifen.** Es wäre dann das Recht am Verletzungserfolgsort (unter dem Vorbehalt einer offensichtlich engeren Verbindung, Art. 4) anzuwenden. Diese Lösung wäre aus kollisionsrechtlicher Perspektive geschädigtenfreundlich, entspricht der in Art. 5 auch sonst immer wieder in Bezug genommenen Grundregel und liegt überdies wenigstens in Bezug auf die ungeregelten Fälle auf der Linie des sonstigen Verbraucherschutzes in Europa. Aus der Perspektive des Art. 5 spricht dafür, dass alle drei Fallgruppen des ersten Absatzes dieser Norm in Wirklichkeit ohnedies nichts anderes als eine Anknüpfung an den Ort des Inverkehrbringens vorsehen, wenn auch nur unter den jeweiligen Zusatzvoraussetzungen. Es bleibt zwar der Einwand eines gewissen Wertungswiderspruchs. Doch hätte es sich der Gesetzgeber einfacher machen können, um eine solch weitreichende Begünstigung des schädigenden Produzenten durch die Anwendung seines Aufenthaltsrechts trotz der daran zu richtenden rechtspolitischen Fragezeichen 12 klarzustellen. Wenn der Gesetzgeber demgegenüber kompromisshaft-dezisionistisch die Anknüpfung zum internationalen Produkthaftungsrecht formuliert, liegt eine Analogie ebenso wenig nahe wie früher im Rahmen von Art. 29 EGBGB aF (BGHZ 165, 248 = NJW 2006, 762; BGHZ 135, 124 (133) = NJW 1997, 1697; näher Spickhoff FS Kropholler, 2008, 671 (686 f.); iErg wie hier PWW/Schaub Rn. 9; Hartley IntCompLQ 57 (2008), 899 (905); v. Bar/Mankowski IPR II § 2 Rn. 243 (gesamtsystematisch vorzugswürdig); für die Anwendung des Rechts im nächstliegenden Verbreitungsgebiet geltenden Rechts Kadner Graziano RabelsZ 73 (2009), 1 (44)).

## VI. Beweislast

13 In beweisrechtlicher Hinsicht wird der Geschädigte die Voraussetzungen von Abs. 1 lit. a bis lit. c darzutun haben, während dem Schädiger die Beweislast für die Ausnahme des Abs. 1 S. 2 obliegt (ebenso MüKoBGB/Junker Rn. 55; Heiss/Loacker JBl 2007, 613 (627 f.); insgesamt für die Beweislast des Inanspruchgenommenen Grüneberg/Thorn Rn. 10; vgl. auch Illmer RabelsZ 73 (2009), 269 (303 f.)).

## VII. Internationale Zuständigkeit

14 Die Tatortzuständigkeit nach (mittlerweile) Art. 7 Nr. 2 Brüssel Ia-VO hat der EuGH in dem Sinne konkretisiert, dass dann, wenn die Haftung eines Herstellers für ein fehlerhaftes Produkt geltend gemacht wird, der Ort des den Schaden verursachenden Ereignisses der Ort ist, an dem das betreffende Produkt hergestellt wurde (EuGH EuZW 2014, 232). Es ging um ein in Deutschland produziertes und in den Verkehr gebrachtes Fahrrad. Der Erwerber, ein Österreicher, verunfallte in seinem Heimatland. Auch insoweit wird der **eigentliche Verletzungserfolgsort** – so gesehen in konsequenter Verlängerung der Wertung des Art. 5, aber unter dem Aspekt des Opferschutzes zweifelhaft – **zurückgedrängt.** Näher zur internationalen Zuständigkeit s. Art. 40 EGBGB (→ EGBGB Art. 40 Rn. 1 ff..).

## Art. 6 Unlauterer Wettbewerb und den freien Wettbewerb einschränkendes Verhalten

**(1) Auf außervertragliche Schuldverhältnisse aus unlauterem Wettbewerbsverhalten ist das Recht des Staates anzuwenden, in dessen Gebiet die Wettbewerbsbeziehungen oder die kollektiven Interessen der Verbraucher beeinträchtigt worden sind oder wahrscheinlich beeinträchtigt werden.**

**(2) Beeinträchtigt ein unlauteres Wettbewerbsverhalten ausschließlich die Interessen eines bestimmten Wettbewerbers, ist Artikel 4 anwendbar.**

**(3)**

**a) Auf außervertragliche Schuldverhältnisse aus einem den Wettbewerb einschränkenden Verhalten ist das Recht des Staates anzuwenden, dessen Markt beeinträchtigt ist oder wahrscheinlich beeinträchtigt wird.**

**b) Wird der Markt in mehr als einem Staat beeinträchtigt oder wahrscheinlich beeinträchtigt, so kann ein Geschädigter, der vor einem Gericht im Mitgliedstaat des Wohnsitzes des Beklagten klagt, seinen Anspruch auf das Recht des Mitgliedstaats des angerufenen Gerichts stützen, sofern der Markt in diesem Mitgliedstaat zu den Märkten gehört, die unmittelbar und wesentlich durch das den Wettbewerb einschränkende Verhalten beeinträchtigt sind, das das außervertragliche Schuldverhältnis begründet, auf welches sich der Anspruch stützt; klagt der Kläger gemäß den geltenden Regeln über die gerichtliche Zuständigkeit vor diesem Gericht gegen mehr als einen Beklagten, so kann er seinen Anspruch nur dann auf das Recht dieses Gerichts stützen, wenn das den Wettbewerb einschränkende Verhalten, auf das sich der Anspruch gegen jeden dieser Beklagten stützt, auch den Markt im Mitgliedstaat dieses Gerichts unmittelbar und wesentlich beeinträchtigt.**

**(4) Von dem nach diesem Artikel anzuwendenden Recht kann nicht durch eine Vereinbarung gemäß Artikel 14 abgewichen werden.**

**Schrifttum:** Baetzgen, Internationales wettbewerbs- und Immaterialgüterrecht im EG-Binnenmarkt, 2008; Grubinger, Die Rom II-VO und die Verletzung von freiem Wettbewerb sowie von Rechten des geistigen Eigentums, in Beig ua, Rom II-VO, Neues Kollisionsrecht für außervertragliche Schuldverhältnisse, 2008, 55; Handig, Neues im Internationalem Wettbewerbsrecht – Auswirkungen der Rom I-VO, GRURInt 2008, 24; Lindacher, Die internationale Dimension lauterkeitsrechtlicher Unterlassungsansprüche: Marktterritorialität versus Universalität, GRURInt 2008, 453; Mäsch, Blondes Have More Fun (Or Have They?), Bleichmittelkartell-Entscheidung des EuGH, WuW 2016, 285; Mankowski, Das neue Internationale Kartellrecht des Art. 6 Abs. 3 der Rom II-VO, RIW 2008, 177; Mankowski, Verbandsklagen, AGB-Recht und Rechtswahlklauseln in Verbraucherverträgen, NJW 2016, 2705; Pfeiffer, Erneut: Marktanknüpfung und Herkunftslandprinzip im E-Commerce, IPRax 2014, 360; W.-H. Roth, Internationales Kartelldeliktsrecht in der Rom II-VO, FS Kropholler, 2008, 623; W.-H. Roth, Rechtswahlklauseln in Verbraucherverträgen – eine schwierige Sache?, IPRax 2013, 515; Rott, Das IPR der Verbraucherverbandsklage, EuZW 2016, 733; Sack, Art. 6 Abs. 2 Rom II-VO und „bilaterales" unlauteres Wettbewerbsverhalten, GRUR Int 2012, 601; Sack, Internationales Lauterkeitsrecht nach der Rom II-VO, WRP 2008, 845; Scholz/Rixen, Die neue europäische Kollisionsnorm für außervertragliche Schuldverhältnisse aus wettbewerbsbeschränkendem Verhalten, EuZW 2008, 327; Wolf, Die internationale Durchsetzung von Schadensersatzansprüchen wegen Verletzung des EU-Wettbewerbsrechts, 2017; Wurmnest, Internationale Zuständigkeit und anwendbares Recht bei grenzüberschreitenden Kartelldelikten, EuZW 2012, 933; Wurmnest, Forum Shopping bei Kartellschadensersatzklagen und die Kartellschadensersatzrichtlinie, NZKart 2017, 2; Wurmnest, Die Konturierung des Lauterkeits- und Markenkollisionsrechts durch „Buddy-Bots", IPRax 2018, 480.

## I. Normzweck

1 Art. 6 regelt das **Internationale Lauterkeitsrecht (Abs. 1 und 2)** sowie das **Kartellprivatrecht (Abs. 3).** Er betrifft seinem **Normzweck** nach Wettbewerber, Verbraucher und die Allgemeinheit. Zudem soll das „reibungslose Funktionieren der Marktwirtschaft" sichergestellt werden (Erwägungsgrund 21). Demgemäß ist die Anknüpfung nach Abs. 1 marktbezogen, die des Abs. 2 betriebsbezogen. Zudem soll die Sonderregel nach Art. 6 keine Ausnahme von der allgemeinen Regel des Art. 4 Abs. 1 begründen, sondern diese nur präzisieren, sodass grundsätzlich auch die Anwendung von Art. 4 ausgeschlossen ist. Der Ort der „Beeinträchtigung" ist demgemäß als Ort des „Schadenseintritts" anzusehen (OLG Düsseldorf BeckRS 2019, 24920). Für kartellrechtlich relevantes Verhalten soll **Abs. 3** gemäß Erwägungsgrund 22 für Verstöße sowohl gegen nationales als auch europäisches Kartellprivatrecht relevant sein. Es gilt das Auswirkungsprinzip. Wird der Markt in mehr als einem Staat beeinträchtigt oder wahrscheinlich beeinträchtigt, so sollte der Geschädigte seinen Anspruch unter bestimmten Umständen auf das Recht des Mitgliedstaats des angerufenen Gerichts stützen können. Das IPR des unlauteren Wettbewerbes und das Internationale Kartellprivatrecht werden in der Rom II-VO iÜ grds. **deliktsrechtlich qualifiziert.** In Bezug auf die Zuständigkeit ist das **Kohärenzgebot** zu beachten (EuGH NZKart 2021, 456 Rn. 32)

## II. Vorrangige Regelungen

2 Die Norm gilt außerhalb (kaum relevanter) vorrangiger Staatsverträge gem. Art. 28. Die E-Commerce-RL (näher → EGBGB Art. 40 Rn. 5) in ihrer Umsetzung in § 3 TMG führt demgegenüber vorrangig zum vom BGH, toleriert durch den EuGH, mittlerweile sachrechtlich gedeuteten **Herkunftslandprinzip** (näher zur dogmatischen Einordnung → EGBGB Art. 40 Rn. 5) (zu Art. 6 BGH IPRax 2018, 509 Rn. 34 ff.; Wurmnest IPRax 2018, 480 (481 f.); MüKoBGB/Drexl Rn. 46 ff.; für eine Anknüpfung an den Herkunftsmarkt Dethloff JZ 2000, 179 (182)) und damit nicht notwendig zum Ort der Auswirkung. Dieses Prinzip ist rechtspolitisch fragwürdig, weil es innerhalb der EU zu Umgehungen einlädt und zu einer kollisionsrechtlichen Trennung von europäischen Sachverhalten (dann Anknüpfung an das Herkunftsland) und außereuropäischen Sachverhalten (dann Anknüpfung an den Ort der Wettbewerbseinwirkungshandlung) führt. Sachlich gilt das Herkunftslandprinzip überdies nur für Online-Werbung. Ein wirklicher Grund für ein derartiges Online-Werbungs-EU-Sonder-Wettbewerbsrecht lässt sich schwerlich ausmachen (Mankowski ZVglRWiss 100 (2001), 137 (157 ff.); vgl. ferner Gierschmann DB 2000, 1315 (1316); Thunken IPRax 2001, 15 (19); Löffler WRP 2001, 379 (381 ff.); gegen die kollisionsrechtliche Relevanz der E-Commerce-RL bereits Fezer/Koos IPRax 2000, 349 (352 f.); Spindler MMR 1999, 199 (206)).

## III. Anwendungsbereich

3 Der autonom abzusteckende Anwendungsbereich von Art. 6 wird für das Internationale Kartellrecht in Erwägungsgrund 23 näher erläutert. Der **unlautere Wettbewerb** meint zB Handlungen, die auf eine Änderung der Nachfrage gerichtet sind, die das Angebot von Wettbewerbern beeinträchtigen sollen, die Vorteile eines Wettbewerbers missbrauchen uÄ (PWW/Schaub Rn. 2; näher Sack WRP 2008, 845 (848)). Der EuGH (NJW 2020, 2869 Rn. 39) hat sogar die Dieselskandal-Fälle unter Abs. 1 subsumiert (krit. Staudinger DAR 2021, 544 (545); s. auch Art. 5 Rn. 5).

Das **Kartellprivatrecht** berührt Normen, die den freien Wettbewerb einschränkendes Verhalten betreffen, etwa durch Verbote von Vereinbarungen zwischen Unternehmen, Beschlüssen von Unternehmensvereinigungen und abgestimmten Verhaltensweisen, die zu einer Verhinderung, Einschränkung oder Verfälschung des Wettbewerbs führen (sollen). Sodann geht es um die missbräuchliche Ausnutzung einer marktbeherrschenden Stellung, die nach Art. 101, 102 AEUV oder nach internen Rechtsnormen eines Mitgliedstaates verboten sind. Die Abgrenzung der Anknüpfungen in Abs. 1 und 2 einerseits und Abs. 3 andererseits ist zweifelhaft, hat aber zutreffender Ansicht nach in der Weise zu erfolgen, dass Abs. 3 alle Normen erfasst, die (wie Art. 101, 102 AEUV) das Ziel verfolgen, den Wettbewerbsprozess, die Offenheit der Märkte und die marktrelevante Handlungsfreiheit des Unternehmers zu schützen (W.-H. Roth FS Kropholler, 2008, 623 (643 f.); ebenso PWW/Schaub Rn. 3). Nicht erfasst von dieser Kollisionsnorm sind behördliche Verfahren (und erst recht nicht straf- und ordnungswidrigkeitsrechtliche Normen) (Mankowski RIW 2008, 177 (180 f.); Grüneberg/Thorn Rn. 7; zum intertemporalen Anwendungsbereich LG München I NZKart 2021, 245). Durch die Erstreckung des Anwendungsbereichs von Abs. 1 auf wahrscheinliche Beeinträchtigungen werden auch **vorbeugende Unterlassungsbegehren** erfasst. Die Verletzung von Immaterialgüterrechten ist vorrangig in Art. 8 geregelt (Grüneberg/Thorn Rn. 4; PWW/Schaub Rn. 2). Der **EuGH** hat gegen den öOGH (öOGH GRUR Int 2015, 722) entschieden, dass auf **Unterlassungsansprüche,** die **gegen die Verwendung vermeintlich unzulässiger Vertragsklauseln** gerichtet sind, das im elektronischen Geschäftsverkehr Verträge mit Verbrauchern abschließt, das anzuwendende Recht nach **Art. 6 Abs. 1** zu bestimmen ist (EuGH NJW 2016, 2727; dazu Mankowski NJW 2016, 2705; Rott EuZW 2016, 733).

4 Die Beurteilung **bestimmter Vertragsklauseln** folgt dem nach der **Rom I-VO** anwendbaren Recht (→ Art. 4 Rn. 36) (vgl. auch BGH GesR 2013, 575 – Internet-Versandapotheken; dazu – mit Grund – krit. W.-H. Roth IPRax 2013, 515), obwohl auch andere Verstöße gegen Verbraucherschutzgesetze als die Verwendung missbräuchlicher Vertragsklauseln durchaus unter den Begriff des unlauteren Wettbewerbs iSd Art. 6 Abs. 1 fallen können. Vorausgesetzt ist nur, dass dadurch die kollektiven Interessen der Verbraucher als Gruppe beeinträchtigt und damit die Wettbewerbsbedingungen auf dem Markt beeinflusst werden können. Nur ist bei der Prüfung, ob das jeweils beanstandete Verhalten die Voraussetzungen zB für einen Unterlassungsanspruch nach § 2 UKlaG erfüllt – ob also die beanstandeten Praktiken bei der Abwicklung der Verbraucherverträge gegen Verbraucherschutzgesetze verstoßen – auf das diese Verträge beherrschende Recht abzustellen, das eigenständig nach der Rom I-VO bestimmt werden muss (OLG München BeckRS 2019, 11873).

## IV. Anknüpfungsgrundsätze

5 **Unlautere Geschäftspraktiken** sind zunächst über Abs. 1 nach der Tatortgrundregel zu beurteilen, konkretisiert bzw. präzisiert (s. Erwägungsgrund 21) durch den Ort der Beeinträchtigung der Wettbewerbsbeziehungen oder der kollektiven (nicht allein individuellen!) Interessen der Verbraucher (zur internationale Zuständigkeit bei Kartellschadensersatzklagen OLG Düsseldorf IPRax 2017, 403; Brand IPRax 2017, 366). Es geht um die Bestimmung des **Orts der wettbewerbsrechtlichen Interessenkollision,** den **Marktort** (GmS-OGB NJW 2013, 1425; BGH IPRax 2018, 509; OLG München MMR 2021, 343: Fernbehandlung aus dem Ausland; OLG Karlsruhe MMR 2021, 61; LG Berlin MMR 2018, 328 (unzureichendes Impressum); MüKoBGB/Drexl Rn. 144; Wurmnest IPRax 2018, 480 (482); Ahrens FS Tillmann, 2003, 739 (752)), konkretisiert durch den **Ort der (ggf. drohenden) Einwirkung.** Eine polnische Internet-Seite, deren Werbung sich allein an polnische Verbraucher richtet, wirkt in Polen auf den Markt ein (und sie wirkt sich dort aus), was zugleich dem Herkunftslandprinzip entspricht (OLG Hamburg GRUR-RS 2021, 39799; vgl. auch OLG Bamberg ZVertriebsR 2021, 309: deutsches Recht angewendet). Bei Auseinanderfallen von Werbemarkt und Absatzmarkt (durch bestimmte Maßnahmen sollen Kunden gewonnen werden) entscheidet der Einwirkungsort. Das ergibt sich wohl im Umkehrschluss darauf, dass der Gesetzgeber (nur) für Kartelldelikte in Abs. 2 auf das Erfolgsortsrecht des Art. 4 verweist (für die Maßgeblichkeit des Einwirkungsorts seit jeher BGHZ 113, 11 (15) = NJW 1991, 1054; LG Berlin GRUR-RS 2020, 5047 Rn. 3; näher MüKoBGB/Drexl Rn. 145 ff.; die Kontinuität der bisherigen Anknüpfungsgrundsätze betonend auch GmS-OGB NJW 2013, 1425; abw. für Multistate-Wettbewerbshandlungen Dethloff JZ 2000, 179 (181 ff.): Herkunftsland). Ob – je nach Konkretisierung – große Unterschiede aus der wohl eher überbetonten Unterscheidung zwischen Ein- und Auswirkungsanknüpfung folgen, ist indes zweifelhaft. Der EuGH hat (zu) pauschal als Ort der Verwirklichung des Schadenserfolgs auf den Ort abgestellt, an dem (hinzuzufügen wäre zumindest: typischerweise) ein Produkt gekauft wird (EuGH NJW 2020,

2869 (2871) m. insoweit zu Recht krit. Anm. Lehmann). Bloße Vorbereitungshandlungen sind allgemeinen Grundsätzen folgend jedenfalls auszuscheiden (Kreuzer in v. Caemmerer, Vorschläge und Gutachten zur Reform des IPR der außervertraglichen Schuldverhältnisse, 1983, 232, 288). Auch auf sonstige Handlungsorte kommt es nicht an. Wird also ein Wettbewerbsverhalten, das auf Abnehmer im Ausland einwirken soll, vom Inland aus gesteuert, ist das Inland kein relevanter Tatort. Denn alles andere würde zu einer abzulehnenden allgemeinen Verpflichtung von inländischen Unternehmen führen, ihren Wettbewerb auf einem ausländischen Markt nach den Regeln des inländischen Wettbewerbsrechts auszurichten (vgl. bereits BGHZ 40, 391 (394) = NJW 1964, 969). Der EU-Gesetzgeber hat sich für multistate-Sachverhalte innerhalb der EU bewusst nicht für das Herkunftslandprinzip entschieden. Für die Lieferungen nach Deutschland gilt im Rahmen von Abs. 1 daher: Liefert ein Wettbewerber – über welche Internetseite auch immer der Kauf veranlasst wurde – ein Produkt nach Deutschland, werden die Wettbewerbsbeziehungen offensichtlich in Deutschland beeinträchtigt. Auch im Hinblick auf eine Ausstellung auf einer Messe sowie einem Internetauftritt werden ggf. die Wettbewerbsbeziehungen in Deutschland beeinträchtigt (OLG Frankfurt BeckRS 2019, 3215). Das OLG Düsseldorf (BeckRS 2019, 24920) hat dies zusammenfassend so formuliert, dass das Recht des Staates anzuwenden ist, in dessen Gebiet sich die Beeinträchtigung der Wettbewerbsbeziehungen oder der kollektiven Verbraucherinteressen ereignet oder ereignen kann. Zu einer Beeinträchtigung kommt es, wenn der Handelnde in unlauterer Weise auf die Mitbewerber oder die Marktgegenseite einwirkt. Maßgebend ist also der Ort, an dem diese Einwirkung stattfindet. Im Falle von Werbemaßnahmen ist entscheidend, auf welchen Markt diese ausgerichtet sind.

Im **Falle mehrerer (drohender) Einwirkungsorte** sollte ggf. im Wege einer Mosaikbetrachtung nach den Rechten der jeweils betroffenen Markteinwirkungsorte entschieden werden (ebenso Leible/Lehmann RIW 2007, 721 (729)). Nebensächliche Einwirkungen iSv minimalen Beeinträchtigungen sollten indes nach dem Prinzip einer offensichtlich unzureichend engen Verbindung (Umkehrschluss aus Art. 4 Abs. 3) ausgeschieden werden, auch wenn es auf eine Spürbarkeit oder Unmittelbarkeit an sich nicht entscheidend ist (übereinstimmend Leible/Lehmann RIW 2007, 721 (729); iErg anders aber Grüneberg/Thorn Rn. 13). 6

Die Anknüpfung an den Wettbewerbsauswirkungsort gilt auch bei **Werbemaßnahmen im Internet.** Hier kommt es auf den Ort der Abrufbarkeit an (Grüneberg/Thorn Rn. 10; früher bereits OLG Frankfurt EWiR § 1 UWG 7/99, 471; zu Online-Auktionen v. Welser ZUM 2000, 472 (475); als Erfolgsort sah den Ort Abrufbarkeit bereits an LG München I RIW 2000, 466 f.). Die Möglichkeiten, die dieses neue Medium bietet, sollten zu keiner rechtlichen Relativierung des Schutzes vor unlauterem Wettbewerb führen. Das Risiko der Einhaltung der entsprechenden rechtlichen Standards ist nicht mehr als die Kehrseite der Medaille, auf deren anderer Seite der erhebliche Nutzen für den Anbieter steht. Dieser kann iÜ durch die verwendete Sprache und entsprechende Eingrenzungen der anvisierten Einwirkungsstaaten über die Ausgestaltung der Werbemaßnahme das anzuwendende Recht selbst mitbestimmen. Liefert ein Wettbewerber – über welche Internetseite auch immer der Kauf veranlasst wurde – ein Produkt nach Deutschland, werden die Wettbewerbsbeziehungen offensichtlich in Deutschland beeinträchtigt. Über einen Internetauftritt können die Wettbewerbsbeziehungen in Deutschland beeinträchtigt werden (OLG Frankfurt GRUR-RR 2020, 74). 7

Für **ausschließlich betriebsbezogene Wettbewerbsverstöße** gilt gem. Abs. **2 iVm Art. 4** ggf. Art. 4 Abs. 2 das gemeinsame Aufenthaltsrecht (Art. 23), hilfsweise das Recht am Ort der Schädigung des Konkurrenten (Art. 4 Abs. 1), vorbehaltlich einer offensichtlich noch engeren Verbindung (Art. 4 Abs. 3). Abs. 2 verweist also auf Art. 4 in allen Ausprägungen (öOGH GRUR Int 2012, 468; vgl. auch LG Stuttgart ZVertriebsR 2021, 252). Dabei zeigen Vertragsbeziehungen zwischen den Kontrahenten für das Eingreifen der Ausweichklausel eine Abweichung besonders deutlich an; ein Vertrag zB zwischen dem vertragsbrüchigen Arbeitnehmer und einem Konkurrenten genügt nicht. Auch eine vertragsakzessorische Anknüpfung (Art. 4 Abs. 3 S. 2) kommt aber nur in Betracht, wenn es ausschließlich um den Schutz der Interessen der beteiligten Parteien geht (Abs. 2), weil das Recht des unlauteren Wettbewerbs auch die Rechtsanwendungsinteressen des Marktstaates und der übrigen Marktbeteiligten im Auge hat. Haben die beiden im Rechtsstreit befindlichen Wettbewerber ihre Hauptverwaltung bzw. beteiligte Niederlassung in einem vom Wettbewerbseinwirkungsort abweichenden Staat, so ist eine Anknüpfung nach dem übereinstimmenden Personalstatut gem. Abs. 2 iVm Art. 4 Abs. 2 unter Berücksichtigung der mit dem Wettbewerbsrecht verfolgten Zwecke (dazu bereits Deutsch, Wettbewerbstatbestände mit Auslandsbeziehung, 1962, 43 ff.; Ahrens JZ 1987, 471 (473)) in der Tat angezeigt. Das gemeinsame deutsche Heimatrecht gilt nur, wenn sich der Wettbewerb auf dem Auslandsmarkt ausschließlich zwischen inländischen Unternehmen abspielt oder die Wettbewerbshandlung gezielt gegen den 8 inländischen Mitbewerber gerichtet ist (BGH IPRax 2018, 509 Rn. 43; OLG Brandenburg BeckRS 2019, 1382; so zum deutschen Recht bereits BGHZ 40, 391 (397) = NJW 1964, 969; grds. zweifelnd im Hinblick auf europarechtliche Vorgaben Schaub RabelsZ 66 (2002), 18 (46 ff.)). Erfasst sind die Abwerbung von Mitarbeitern, Bestechung, Industriespionage, Anleitung zum Vertragsbruch oder den Verrat von Geschäftsgeheimnissen (PWW/Schaub Rn. 5). Es genügt, wenn das Verhalten zwar nicht ausschließlich, aber ua Marktbezug aufweist (Lindacher GRUR 2008, 453 (457)). Insgesamt ist Abs. 2 als Abweichung von der Grundregel der Tatortanknüpfung (wie Art. 4 Abs. 3) eng auszulegen (Wurmnest IPRax 2018, 480 (483)). Nicht unter Art. 6 Abs. 2 zu subsumieren sind betriebsbezogene Wettbewerbshandlungen, die sich unter Beteiligung von Kunden oder Lieferanten gegen den Mitbewerber richten, wie zB Boykottaufforderungen, Anschwärzungen oder sonstige geschäftsschädigende Äußerungen. Bei Vorliegen eines unmittelbaren Einwirkens auf die geschäftlichen Entscheidungen der ausländischen Marktgegenseite ist Abs. 1 maßgeblich. Der Ort der wettbewerblichen Interessenkollision ist in diesen Fällen das Land, in dem auf den Kunden bzw. Lieferanten eingewirkt wird bzw. worden ist (OLG Brandenburg BeckRS 2019, 1382).

**9** Nach **Abs. 3 lit. a** gilt für **Privatkartelldelikte** das Recht am Ort der Wettbewerbsbeeinträchtigung auch im Falle von (wahrscheinlich) wettbewerbsbeschränkendem Verhalten (anders als § 130 Abs. 2 GWB) iSd (allseitigen) **Auswirkungsprinzips** (näher MüKoBGB/Wurmnest Rn. 221 ff.; Mankowski RIW 2008, 177 (184 ff.); W.-H. Roth FS Kropholler, 2008, 623 (637 ff.); Scholz/Rixen EuZW 2008, 327 (330)). Das folgt auch aus Erwägungsgrund 22. Auf eine Spürbarkeit oder Unmittelbarkeit kommt es für Abs. 3 lit. a im Unterschied zu lit. b (dort wird man auf die EuGH-Rspr. (EuGH GRUR Int 1998, 598) zurückgreifen können) nicht an (PWW/Schaub Rn. 7; anders aber Mankowski RIW 2008, 177 (186); s. auch Handig GRUR Int 2008, 24 (28)). Recht eingehend thematisiert **Abs. 3 lit. b** Multi-state-Delikte und eröffnet unter den dort genannten Voraussetzungen einen Rückgriff auf die lex fori anstelle einer Mosaikbetrachtung (Mankowski RIW 2008, 177 (188 ff.); Leible/Lehmann RIW 2007, 721 (730)). Die Norm erfasst auch Beseitigungs- und Unterlassungsansprüche (OLG Düsseldorf NZKart 2020, 545).

**10** Eine **Rechtswahl** nach Art. 14 ist aufgrund der potentiellen Betroffenheit von Drittinteressen **ausgeschlossen (Abs. 4).** Nach dem Telos der Norm, die Dritt- bzw. Allgemeininteressen schützen soll, wird man im Falle rein betriebs- oder individualrechtsbezogenen Wettbewerbsverstößen indes eine Rechtswahl zuzulassen haben. Denn in den damit allein angesprochenen Fällen des Abs. 2 richtet sich das anzuwendende Recht nach Art. 4 und nicht nach Art. 6 (Leible/Lehmann RIW 2007, 721 (730 f.); G. Wagner IPRax 2008, 1 (8); Rühl FS Kropholler, 2008, 187 (202); Grüneberg/Thorn Rn. 19; jurisPK-BGB/Wiegandt, 1.3.2020, Rn. 50; krit. bzw. abl. v. Hein RabelsZ 73 (2009), 461 (500); offengelassen von LG Stuttgart ZVertriebsR 2021, 252).

## Art. 7 Umweltschädigung

**Auf außervertragliche Schuldverhältnisse aus einer Umweltschädigung oder einem aus einer solchen Schädigung herrührenden Personen- oder Sachschaden ist das nach Artikel 4 Absatz 1 geltende Recht anzuwenden, es sei denn, der Geschädigte hat sich dazu entschieden, seinen Anspruch auf das Recht des Staates zu stützen, in dem das schadensbegründende Ereignis eingetreten ist.**

**Schrifttum:** Graf-Schimek, Die grenzüberschreitende Immissionsabwehrklage im europäischen Privat- und Verfahrensrecht, in Beig/Graf-Schimek/Grubinger/Schacherreiter, Rom II-VO, Neues Kollisionsrecht für außervertragliche Schuldverhältnisse, 2008, 95; Junker, Internationale Umwelthaftung der Betreiber von Energieanlagen nach der Rom II-Verordnung, FS Salje, 2013, 243; Junker, Kollisionsnorm und Sachrecht im IPR der unerlaubten Handlung, FS Schurig, 2012, 81; Kieninger, Das internationale Privat- und Verfahrensrecht der Klimahaftung, IPRax 2022, 1; Kindler, Abgasmanipulation als Umweltschädigung, RIW 2021, 345; König/Tezlaff, „Forum shopping“ unter Art. 7 Rom II-VO, RIW 2022, 25; Lehmann/Eichel, Globaler Klimawandel und Internationales Privatrecht, RabelsZ 83 (2019), 77; Mankowski, Ausgewählte Einzelfragen zur Rom II-VO: Internationales Umwelthaftungsrecht, internationales Kartellrecht, renvoi, Parteiautonomie, IPRax 2010, 389; Rüppell, Die Berücksichtigungsfähigkeit ausländischer Anlagengenehmigungen – Eine Analyse im Rahmen der grenzüberschreitenden Umwelthaftung nach der Rom II-Verordnung, 2012; Thorn, Die Haftung für Umweltschäden im Gefüge der Rom II-VO, in Kieninger/Remien (Hrsg.), Europäische Kollisionsrechtsvereinheitlichung, 2012, 139; Weller/Tran, Klimawandelklagen im Rechtsvergleich ZEuP 2021, 573; Zeidler, Klimahaftungsklagen, 2022.

## I. Zweck

1 Grenzüberschreitende Umweltschäden wie Immissionen, Wasserverunreinigungen oder Atomreaktorunfälle (vgl. auch § 40 AtG), die Art. 1 Abs. 2 lit. f vom Anwendungsbereich der Rom II-VO ausnimmt (→ EGBGB Art. 40 Rn. 1 ff.), führen zu Distanzdelikten. Soweit die Anerkennung ausländischer öffentlich-rechtlicher Genehmigungen und das internationale Immissionsschutzrecht nicht durch **Staatsverträge** geregelt sind, wie namentlich durch das Internationale Übereinkommen über die zivilrechtliche Haftung für Ölverschmutzungsschäden (BGBl. 1994 II 1150; BGBl. 1996 II 670) und durch das Internationale Übereinkommen über die zivilrechtliche Haftung für Bunkerölverschmutzungsschäden (BGBl. 2006 II 578; BGBl. 2008 II 786; näher zu vorrangigen Staatsverträgen MüKoBGB/Junker Rn. 17–22; zum Vertrag zwischen Deutschland und Österreich über den Flughafen Salzburg vom 19.12.1967 s. BGBl. 1974 II 13), gilt nun (abgesehen von Schäden durch Kernenergie) die Anknüpfung nach Art. 7. Regelmäßig ist das Erfolgsortsrecht iSv Art. 4 Abs. 1 anzuwenden. Der Geschädigte kann aber – weitergehend als nach der Grundregel des Art. 4 Abs. 1 – (im Rahmen der Grenzen des Art. 46a EGBGB; s. Erwägungsgrund 25 S. 2) die Anwendung des Handlungsortsrechts verlangen. Der Grund für diese tendenzielle Umwelthaftungsverschärfung durch kollisionsrechtliche Mittel (vgl. v. Bar JZ 1985, 961 (966)) liegt gem. **Erwägungsgrund 25** darin, dass innerhalb der EU ein hohes Schutzniveau erreicht werden soll. Daher soll der Umweltschutz, der auf den Grundsätzen der Vorsorge und Vorbeugung, auf dem Grundsatz, Umweltbeeinträchtigungen vorrangig an ihrem Ursprung zu bekämpfen, sowie auf dem Verursacherprinzip beruht, in vollem Umfang die Anwendung des Grundsatzes der Begünstigung des Geschädigten tragen. In Anlehnung von Kegel (Kegel/Schurig IPR § 18 IV 1a aa) könnte man auch formulieren: Die Sympathie des Gesetzgebers ist im Falle von Umweltschädigungen mit den diese Schädigungen tragenden Personen größer als die mit dem Schädiger. Art. 7 ist lex specialis im Verhältnis zu Art. 4.

## II. Anwendungsbereich

2 Zweifelhaft ist zunächst, ob die **Qualifikation eines Anspruchs** als sachenrechtlich diesen aus dem Anwendungsbereich der Rom II-VO und damit von Art. 7 ausschließt. Indes verweist **Art. 44 EGBGB** zur Herstellung des kollisionsrechtlichen Gleichlaufs selbst für **rein sachenrechtlich zu qualifizierende Ansprüche,** die nicht nach autonomer Qualifikation unter die vorrangig anzuwendende Rom II-VO und Art. 7 fallen, gleichfalls auf die Rom II-VO (mit Ausnahme von Art. 10–13). Bei alledem wird man (dem Zweck des Vereinheitlichungsanliegens der Rom II-VO gem.) den Begriff des „schuldrechtlichen" Anspruchs weit fassen müssen. Denn es geht zB beim Schutz des Eigentums im Sachen- wie im Deliktsrecht um Rechtsgüterschutz gegen Einwirkungen. Daher spricht viel dafür, etwa die §§ 904, 906, 1004 BGB unter Art. 7 zu subsumieren. Nicht mehr erfasst ist aber das Anliegerrecht und die Bestimmung des Inhalts von Grundeigentum etwa in Gestalt der Pflichten, einen Notweg, einen Überbau, einen Überhang oder einen Überfall zu dulden oder bestimmte Grenzabstände (Bepflanzungsgrenzen oder Bebauungsgrenzen) einzuhalten (ebenso Grüneberg/Thorn Rn. 3). Erstattungsansprüche des Staates für die Sanierung (oder Vermeidung) von Umweltschäden fallen jedenfalls dann unter Art. 7, wenn es sich um normale Anspruchsgrundlagen des Zivilrechts handelt (zB § 823 Abs. 1 BGB – Verletzung staatlichen Eigentums; § 823 Abs. 2 BGB iVm Schutzgesetzverletzungen). Zweifelhaft ist angesichts der zwitterähnlichen Rechtsnatur der **Umwelthaftungs-RL** 2004/35/EG vom 21.4.2004 (ABl. EU L 143, 56) (Spindler/Härtel UPR 2002, 241; Fischer/Fluck RIW 2002, 814 (816); Soergel/Spickhoff/Riedhammer UmweltHG Vor § 1 Rn. 4 mwN) und der daraus folgenden gewissermaßen „umgekehrten Staatshaftung" (der Staat ist hier aktivlegitimiert), ob es sich dabei noch um eine Zivilsache handelt. Mehr spricht dafür, von der öffentlich-rechtlichen Rechtsnatur dieser Haftung (in der jeweils umgesetzten Form) gegenüber dem Staat auszugehen. Dass die Ausschlussbeispiele des Art. 1 Abs. 1 S. 2 („insbes.") nicht greifen, führt nicht dazu, eine Zivilsache annehmen zu müssen (Grüneberg/Thorn Rn. 4 gegen Kadner Graziano RabelsZ 73 (2009), 1 (55)).

3 Der Begriff der **„Umweltschädigung"** soll laut Erwägungsgrund 24 „eine nachteilige Veränderung einer natürlichen Ressource, wie Wasser, Boden oder Luft, eine Beeinträchtigung einer Funktion, die eine natürliche Ressource zum Nutzen einer anderen natürlichen Ressource oder der Öffentlichkeit erfüllt, oder eine Beeinträchtigung der Variabilität unter lebenden Organismen umfassen." Darunter fällt prinzipiell auch der Individualschaden als Folge eines allgemeinen „Umweltschadens" durch Klimawandel, also in diesem Sinne „mittelbare" Schäden (näher zur Klimahaftung Zeidler, Klimahaftungsklagen, 2022; Kieninger, IPRax 2022, 1; König/Tezlaff RIW

2022, 25; Lehmann/Eichel RabelsZ 83 (2019), 77 (93 ff.) mwN; M.-P. Weller/J.-M. Nasse/L. Nasse FS Kronke, 2020, 601 (615 f.); in Bezug auf den Dieselskandal eingehend Kindler RIW 2021, 345). Zur Konkretisierung wird man auf den identischen Begriff in Art. 2 der Umwelthaftungs-RL 2004/35/EG (→ Rn. 2) zurückgreifen können (Ofner ZfRV 2008, 13 (18); Grüneberg/Thorn Rn. 2; MüKoBGB/Junker Rn. 10). Durch **Lärm** verursachte (drohende) Beeinträchtigungen können vom Anwendungsbereich des Art. 7 nur ausgeklammert werden, wenn sie keine (auch nur mit zureichender Wahrscheinlichkeit drohenden, Art. 2 Abs. 3) Schädigungen iSv Art. 7 auslösen (MüKoBGB/Junker Rn. 14). Lärm kann die Variabilität im Tierreich und bei Menschen durchaus beeinträchtigen. Auch durch entsprechende Umweltschäden vermittelte Vermögens-(Folge-) Schäden, die geltend gemacht werden, sind ggf. vom Anwendungsbereich des Art. 7 erfasst (Grüneberg/Thorn Rn. 2). Erfolgsort ist dann aber der Ort der Auswirkung auf die Umwelt (zB Ort der Wasser-, Boden- oder Luftverschmutzung), nicht aber der Ort der folgenden Vermögensschädigung. Anders liegt es im Falle der weiter genannten Personen- und Sachschäden „aus einer solchen" Umweltschädigung (großzügig insoweit G. Wagner IPRax 2008, 1 (9)); hier ist (wie im Rahmen von Art. 4 Abs. 1) das Recht am Verletzungserfolgsort anwendbar. Auch Tatbestände einer objektiven Haftung oder einer Gefährdungshaftung sind erfasst, nicht indes Schäden durch Kernenergie (Art. 1 Abs. 2 lit. f). Unter Art. 7 fällt auch der grenzüberschreitende Umweltschaden infolge des Dammbruchs in Brasilien, der ggf. durch Managementfehlentscheidungen und Überwachungstätigkeiten mitverursacht worden sein mag (dazu Müller-Hoff/Oehm ZEuP 2022, 142 (148)).

## III. Anknüpfungsgrundsätze

4 Im Falle von **Umweltschäden** gilt über Art. 7 aus Gründen der Prävention und der Stärkung des Umweltschutzes – wenngleich für deutsche Leser (wie auch sonst, etwa bei Art. 4 Abs. 1) erst aus dem Kontext verständlich – das Handlungs- oder das Erfolgsortsrecht (früher bereits Huber/Bach IPRax 2005, 73 (79); rechtspolitisch krit. dazu G. Wagner IPRax 2006, 372 (380)). Das **Erfolgsortsrecht** (= Recht am Ort des schadensbegründenden Ereignisses) kann im Falle mehrere Erfolgsorte iSv Art. 4 Abs. 1 auch zu nebeneinander – bezogen auf die jeweiligen Erfolge – anwendbaren Erfolgsortsrechten führen. Das führt ggf. zu einer Mosaikbetrachtung (Lehmann/Eichel RabelsZ 83 (2019), 77 (97)). Im Falle von **Klimaschäden** führen sowohl die individuelle Verletzung eines Rechtsgutes als auch Ort der Umweltschädigung zu Erfolgsorten (M.-P. Weller/J.-M. Nasse/L. Nasse FS Kronke, 2020, 601 (617)). Auf die Vorhersehbarkeit des Erfolgsortes kommt es – anders als im Rahmen von Art. 5 – im Interesse des Umwelt- und Opferschutzes von vornherein nicht an (Weller/Tran ZEuP 2021, 573 (595); Grüneberg/Thorn Rn. 7; dies erwägend Lehmann/Eichel RabelsZ 83 (2019, 77 (105 ff.)). Der **Handlungsort** ist bei Emissionen der (typischerweise immobile, im Einzelfall auch mobile) Lageort etwa eines emittierenden Betriebs (Lehmann/Eichel RabelsZ 83 (2019), 77 (96); MüKoBGB/Junker Rn. 22). Geht es um ein Unterlassen, ist das entsprechende Recht des Ortes anwendbar, an welchem gehandelt hätte werden müssen. Vorbereitungshandlungen, also solche, die nicht unmittelbar zum Verletzungserfolg führen, sind kollisionsrechtlich irrelevant (Wagner RabelsZ 80 (216), 717 (744)). Will der Geschädigte das Handlungsortsrecht angewendet wissen, muss er sich indes darauf berufen; anderenfalls bleibt es bei der Anknüpfung nach Art. 4 Abs. 1. Art. 4 Abs. 2 ist nach dem eindeutigen Wortlaut von Art. 7 nicht anzuwenden (Leible/Lehmann RIW 2007, 721 (729)).

5 Erwägungsgrund 25 S. 2 lässt die Frage, wann der Geschädigte die Wahl des anzuwendenden Rechts zu treffen hat, von der lex fori entscheiden. Das ist in Deutschland in der unionsrechtlich, verfassungsrechtlich und rechtspolitisch fragwürdigen Norm des **Art. 46a EGBGB** geschehen (dazu Zeidler, Klimahaftungsklagen, 2022, 295 ff.; verfassungsrechtliche Zweifel bei NK-BGB/Plehwe Rn. 3; aM MüKo/Junker Rn. 9: ausgewogener Interessenausgleich). Für die Rechtsnatur des Optionsrechts gilt das dort bzw. zu Art. 40 EGBGB Ausgeführte, wobei in autonomer Auslegung hier eine prozessuale Qualifikation kaum angezeigt ist. Immerhin kann die außerprozessuale Ausübung der Option wieder rückgängig gemacht werden (str.), da (und wenn) man insoweit von einer **elektiven oder alternativen Konkurrenz im Kollisionsrecht** ausgeht. Sie hat zur Folge, dass der Gläubiger die von ihm getroffene Wahlentscheidung bis zu dem in Art. 46a bestimmten Zeitpunkt (in den Grenzen des Rechtsmissbrauchs) wieder ändern kann (eingehend Zeidler, Klimahaftungsklagen, 2022, 285 ff.; → EGBGB Art. 40 Rn. 1 ff. f., → EGBGB Art. 46a Rn. 4 f.). Daneben gelten in Bezug auf eine denkbare Präklusion die Verfahrensvorschriften des deutschen Rechts, von denen aufgrund der drohenden Rechtsschutzverkürzung indes nur mit Vorsicht Gebrauch gemacht werden sollte. §§ 282, 296a ZPO beziehen sich nur auf den Vortrag neuer Tatsachen und nicht auf die Einführung neuer Rechtsnormen und können demgemäß

(bestenfalls) nur begrenzt Präklusionswirkungen auslösen (dafür Leible/Lehmann RIW 2007, 721 (726)). Ein **von Amts wegen zu beachtendes Günstigkeitsprinzip,** das Art. 40 Abs. 4 EGBGB entspricht, kennt sonst – in Bezug auf den **Direktanspruch gegen einen Versicherer** – nur noch Art. 18. Neben Art. 7 besteht – anders als im Rahmen von Art. 6 – auch die Möglichkeit der Rechtswahl gem. Art. 14. Eine Möglichkeit der Auflockerung des Haftungsstatuts wie in Art. 4 Abs. 2 und 3 besteht nicht (MüKoBGB/Junker Rn. 6).

## IV. Ausländische öffentlich-rechtliche Genehmigungen

Problematisch ist, ob und inwieweit **ausländische öffentlich-rechtliche Genehmigungen** 6 berücksichtigt werden können. Die Rspr. hat dies früher unter Hinweis auf das Territorialitätsprinzip des internationalen öffentlichen Rechts abgelehnt (BGH IPRspr. 1978 Nr. 40; OLG Saarbrücken NJW 1958, 752 (754); Küppers ZRP 1976, 260 (263)). Die Rspr. des EuGH erfasst gem. (Art. 1 Abs. 2 lit. f) aufgrund des Bezuges zur Kernenergie nicht die Rom II-VO (EuGH Slg. 2009, I-10265; MüKoBGB/Junker Rn. 35). Art. 17, der freilich eher auf Verkehrsregeln zugeschnitten ist (Mankowski IPRax 2010, 389 (390)), ordnet eine „Berücksichtigung" (nicht: „Anwendung") von ortsbezogenen Verhaltens- und Sicherheitsregeln an. Daher wird oft empfohlen, über diese (flexible) Möglichkeit entsprechende Genehmigungen unter bestimmten Voraussetzungen zu berücksichtigen (Ofner ZfRV 2008, 13 (19); Sonnentag ZVglRWiss 105 (2006), 256 (296); krit. Mankowski IPRax 2010, 389 (390 ff.); M.-P. Weller/J.-M. Nasse/L. Nasse FS Kronke, 2020, 601 (618)). Selbst wenn man nicht auf Art. 17 zurückgreift, besagt das Territorialitätsprinzip ohnedies lediglich, dass kein Staat verpflichtet ist, Hoheitsakte eines anderen Staates im Inland anzuerkennen. Es verbietet aber nicht, Genehmigungen – zumal im Privatrecht – zu berücksichtigen. Daher steht einer prinzipiell möglichen Berücksichtigung ausländischer öffentlich-rechtlicher Genehmigungen kein zwingender Sachgrund entgegen (ebenso Lehmann/Eichel RabelsZ 83 (2019), 77 (98 f.); Siehr RabelsZ 45 (1981), 377 (387); Meessen AöR 110 (1985), 398 (417); G. Hager RabelsZ 53 (1989), 306 ff.; Wandt VersR 1998, 529 (533); Pfeiffer Trierer JbJUTR 2000, 263 (297 ff.)). Die gegenteilige Auffassung könnte ebenso wie diejenige, wonach ausländische Genehmigungen nur dann beachtlich sind, wenn der Geschädigte seinen Anspruch auf ausländisches Recht stützt (MüKoBGB/Junker Rn. 32, 37), dazu führen, dass die gleichen Verschmutzungen als Auslandsemissionen untersagt, als Inlandsemissionen aber geduldet würden. Allerdings sollte ungeachtet dessen die Beachtlichkeit ausländischer öffentlich-rechtlicher Genehmigungen vor deutschen Gerichten an **deutliche Grenzen** gebunden sein: Voraussetzungen und Rechtsfolgen der Genehmigung müssen vergleichbar sein, insbes. muss ein vergleichbarer Standard erreicht werden, und schließlich müssen insbes. die immissionsbetroffenen Bewohner eines Nachbarstaats im Genehmigungsverfahren verfahrens- und materiell-rechtlich die gleichen Rechte haben (beteiligt werden) wie Bewohner des Immissionsstaates. Man kann diese Grundsätze auch als Konkretisierung des ordre public (Art. 26) auffassen (Lehmann/Eichel RabelsZ 83 (2019), 77 (100 ff.); PWW/Schaub Rn. 4; Grüneberg/Thorn Rn. 9; Huber/Fuchs Rn. 40; abl. zur Vergleichbarkeit, aber ggf. für den Rückgriff auf den ordre public Mankowski IPRax 2010, 389 (392); vgl. auch Staudinger/v. Hoffmann, 2001, Rn. 170 f.). Relevant wird die Frage hauptsächlich im Falle von Unterlassungs- und Beseitigungsansprüchen.

## Art. 8 Verletzung von Rechten des geistigen Eigentums

**(1) Auf außervertragliche Schuldverhältnisse aus einer Verletzung von Rechten des geistigen Eigentums ist das Recht des Staates anzuwenden, für den der Schutz beansprucht wird.**

**(2) Bei außervertraglichen Schuldverhältnissen aus einer Verletzung von gemeinschaftsweit einheitlichen Rechten des geistigen Eigentums ist auf Fragen, die nicht unter den einschlägigen Rechtsakt der Gemeinschaft fallen, das Recht des Staates anzuwenden, in dem die Verletzung begangen wurde.**

**(3) Von dem nach diesem Artikel anzuwendenden Recht kann nicht durch eine Vereinbarung nach Artikel 14 abgewichen werden.**

**Schrifttum:** Basedow, Intellectual Property in the Global Area, 2010; Fuchs, Das Internationale Firmenrecht – Privatrecht oder Öffentliches Recht, ZfRV 2009, 261; Grünberger, Das Urheberrechtsstatut nach der Rom II-VO, ZVglRWiss 108 (2009), 134; Klass, Das Urheberkollisionsrecht der ersten Inhaberschaft – Plädoyer für einen universalen Ansatz, GRURInt 2007, 373; Peifer, Internationale Zuständigkeit nach Art. 5 Nr. 3 EuGVVO und anwendbares Recht bei Markenrechtsverletzungen, IPRax 2013, 228; Sack, Das IPR des geistigen Eigentums nach der Rom II-VO, WRP 2008, 845; Schack, Das auf (formlose) Immaterialgüterrechte anwendbare Recht nach Rom II, FS Kropholler, 2008, 651.

## I. Normzweck

1 Nach Erwägungsgrund 26 soll über Art. 8, der durch Art. 13 ergänzt wird, in Fällen der Verletzung von Rechten des geistigen Eigentums einheitlich der Grundsatz der lex loci protectionis gewahrt werden. Zu vollmundig ist indes davon die Rede, dieser Grundsatz sei „allgemein anerkannt"; richtig ist das vielmehr nur in Grenzen, nämlich soweit es um registergebundene gewerbliche Schutzrechte bzw. um den Inhalt und den Umfang von Immaterialgüterrechten geht (Schack FS Kropholler, 2008, 651 (655)). Art. 8 ist lex specialis im Verhältnis zu Art. 4. Auch eine Rechtswahl gem. Art. 14 ist ausgeschlossen (Abs. 3). Das in Art. 8 festgeschriebene Schutzlandprinzip kommt seit langem in zahlreichen staatsvertraglichen und europäischen Regelungswerken zum Ausdruck (dazu näher MüKoBGB/Drexl 10 ff.; s. bereits Sandrock in v. Caemmerer, Vorschläge und Gutachten zur Reform des IPR der außervertraglichen Schuldverhältnisse, 1983, 380), die ggf. vorrangig zu beachten sind (Art. 27, 28). So gilt für Satellitenrundfunk oder Kabelweiterverbreitung das (indes wohl sachrechtlich zu qualifizierende) sog Sendelandprinzip des Art. 1 Abs. 2a der RL über Satellitenrundfunk und Kabelweiterverbreitung 93/83/EWG vom 27.9.1993 (ABl. 248, 15) (näher Ahrens in Gloy/Loschelder/Erdmann, HdB WettbewerbsR, 4. Aufl. 2010, § 68, insbes. Rn. 19 ff.).

## II. Anwendungsbereich

2 Art. 8 erfasst außervertragliche Schuldverhältnisse aus einer Verletzung des geistigen Eigentums. Anhaltspunkte, was mit „Rechten des geistigen Eigentums" (in autonomer Auslegung) gemeint ist, ergeben sich beispielhaft aus Erwägungsgrund 26 S. 2. Danach ist der Ausdruck dahin zu verstehen, dass er beispielsweise Urheberrechte, verwandte Schutzrechte, das Schutzrecht sui generis für Datenbanken und gewerbliche Schutzrechte umfasst. Es geht um Rechtsgüterschutz, also um das Bestehen des Rechts, die Rechtsinhaberschaft des Verletzten, Inhalt und Umfang des Schutzes sowie Tatbestand und die Rechtsfolgen einer Rechtsverletzung (KG MMR 2022, 56 Rn. 45). Der Schutz der Funktionsfähigkeit des Marktes unter Berücksichtigung der Marktauswirkungen ist dagegen dem Internationalen Wettbewerbsrecht (Art. 6 Abs. 1 und 2) und nicht Art. 8 zuzuordnen. Für die Annahme eines Vorrangverhältnisses zwischen Art. 6 und Art. 8 iSe Vorrangs von Art. 6 in Zweifelsfällen (dafür Grüneberg/Thorn Rn. 5) bestehen im Rahmen der Rom II-VO nicht genügend Anhaltspunkte, mag die recht pauschale Anknüpfung nach Art. 8 auch rechtspolitisch Zweifeln ausgesetzt sein. Schwierig ist die Abgrenzung vom Anwendungsbereich der Rom II-VO ausgenommenen Schutz der Persönlichkeitsrechte (Art. 1 Abs. 2 lit. g). Das Urheberpersönlichkeitsrecht fällt unter Art. 8, ebenso das Erfinderpersönlichkeitsrecht (öOGH GRUR Int 2012, 468) und der Handelsname, weiter geschäftliche Bezeichnungen, nicht hingegen alle vermögensrechtlichen Bestandteile des Persönlichkeitsrechts („Right of Publicity" von Berühmten, zB Caroline von Monaco/Hannover). Beim Internet-Domain-Name sollte danach differenziert werden, ob er geschäftlich/gewerblich (dann greift Art. 8) oder privat, insbes. zur Individualisierung einer natürlichen Person (das erfasst die Ausnahmeregel des Art. 1 Abs. 2 lit. g), genutzt wird (Weller LMK 2013, 344766).

3 Vom Anwendungsbereich des Art. 8 erfasst wird der **Schutzumfang,** die **Anspruchsvoraussetzungen** und seine **Ausgestaltung, nicht** aber die **Inhaberschaft** und der **Bestand** des Rechts (Schack FS Kropholler, 2008, 651 (656); Obergfell IPRax 2005, 12; PWW/Schaub Rn. 3; Grüneberg/Thorn Rn. 9; aA Grunberger ZVglRWiss 108 (2009), 134 (158)); Letzteres richtet sich nach hM im nationalen Kollisionsrecht indes auch im Allgemeinen nach dem Recht des Schutzlandes (Grüneberg/Thorn Rn. 9; aA Schack FS Kropholler, 2008, 651 (653)). Von den Eingriffsformen her benennt Art. 8 zwar nur die **„Verletzung",** doch werden von der Anknüpfungsregel des Art. 8 gem. Art. 13 auch alle anderen Formen des Eingriffs in Rechte des geistigen Eigentums erfasst. Das betrifft aus der Perspektive des deutschen Sachrechts insbes. bereicherungsrechtliche Ansprüche, namentlich die **Eingriffskondiktion.**

## III. Anknüpfungsgrundsätze

4 **1. Lex loci protectionis.** In Bezug auf die **Verletzung von Rechten am geistigen Eigentum** gilt – vorbehaltlich internationaler Übereinkommen, die auch gegenüber Art. 8 vorrangig anzuwenden sind (Art. 28) – starr das hergebrachte **Schutzlandprinzip (Abs. 1)** (zB LG Berlin

GRUR-RS 45454). Es bestehen weder die Möglichkeiten einer Rechtswahl nach Art. 14 **(Abs. 3),** noch einer akzessorischen Anknüpfung oder einer Ausweichklausel wie Art. 4 Abs. 3 bzw. Art. 10 Abs. 4, also einer sog Auflockerung des Deliktsstatuts bzw. des Bereicherungskollisionsrechts. Deshalb kommt es zumindest auf der Ebene des Kollisionsrechts nicht auf einen darüber hinaus gehenden wirtschaftlichen Inlandsbezug an (Grüneberg/Thorn Rn. 7). Für den Schutz von **Immaterialgüterrechten** gilt das **Territorialitätsprinzip,** da solche Rechte von einem Staat nur mit Wirkung für sein Gebiet bewilligt werden (vgl. aus der früheren Rspr. BGHZ 171, 151; 129, 66 (75); 118, 394 (398) = NJW 1992, 3096; BGHZ 126, 252 (255); BGH NJW 1998, 1395 (1396); OLG Hamburg IPRax 2004, 125 (127) (dazu Kurtz IPRax 2004, 107); vgl. auch OLG München IPRax 2006, 280; GRUR-RR 2010, 157 und 161; MPI GRUR Int. 1985, 104 (106)). Liefert etwa ein in Deutschland ansässiges Unternehmen ein urheberrechtsverletzendes Produkt an seine im EU-Ausland ansässige Tochtergesellschaft zum dortigen Vertrieb aus, so handelt es sich dabei noch lediglich um einen bloß konzerninternen Vorgang und nicht um eine Verbreitungshandlung nach deutschem Urheberrecht. Der anschließende Vertrieb durch die Tochtergesellschaft in deren Sitzland stellt nach dem Schutzlandprinzip keine Verletzung deutschen Urheberrechts dar. Vielmehr können Schadensersatzansprüche des Urhebers insoweit allein nach dem Recht jenes Landes bestehen (OLG Frankfurt GRUR-RS 2020, 6695). Diese Grundsätze gelten auch im Falle von Rechtsverletzungen im **Internet,** was im Falle der dort geradezu typischen sog Streudelikte zu einer Mosaikbetrachtung nötigt (öOGH GRUR Int 2012, 468; 2013, 668; näher Spindler IPRax 2003, 412; Spindler in Leible, Die Bedeutung des IPR im Zeitalter der neuen Medien, 2003, 155 ff. und Ohly in Leible, Die Bedeutung des IPR im Zeitalter der neuen Medien, 2003, 135, 149 f.). So löst nicht jedes im Inland abrufbare Angebot für Dienstleistungen oder Waren aus dem Ausland im Internet bei Verwechslungsgefahr mit einem inländischen Kennzeichen kennzeichenrechtliche Ansprüche aus. Erforderlich ist, dass das Angebot einen hinreichenden wirtschaftlich relevanten Inlandsbezug aufweist. Das ist durch eine Gesamtabwägung der Umstände festzustellen. Maßgeblich ist im Falle einer Internetseite, ob dadurch gezielt Personen im Inland angesprochen werden sollen, oder ein unvermeidliches Begleitphänomen der Nutzung des Internets vorliegt (AG Köln GRUR-RS 2021, 9276: verneint bei polnischer Homepage in polnischer Sprache). Auch vorherige vertragliche Beziehungen zwischen den Parteien können an dieser Anknüpfung nichts ändern. Vielmehr gilt das Recht des Staates, für dessen Hoheitsgebiet Schutz beansprucht wird.

Schwierig ist die Konkretisierung der lex loci protectionis bei Taten an Bord eines Schiffes 5
oder eines Flugzeuges in oder über internationalen Gewässern, also außerhalb der Territorien bestimmter Staaten (sog. **Borddelikte.** Beispiel: Wiedergabe gegenüber einem Publikum durch Weiterleitung der Sendesignale in die Kabinen bzw. Vorführung im Rahmen des public viewing an Bord vollständig auf einem Schiff oder Flugzeug). Für Borddelikte an Bord eines See- oder Luftfahrzeugs kann auf das Recht des Flaggenstaates, also der Staat, in dem das Schiff oder das Flugzeug registriert ist, in Betracht kommen. Der EuGH (BeckRS 2014, 74722 Rn. 44) hat dies in freilich anderem Zusammenhang (Tatortzuständigkeit beim Arbeitskampf) nur als ein Gesichtspunkt unter anderen angesehen, nämlich wenn der Schaden an Bord eingetreten ist. Das LG Hamburg (GRUR-RR 2021, 520) hat neben der Registrierung daher auch auf die Eigentumsverhältnisse abgestellt und sogar gemeint, mangels Rechtswahl könnte das anwendbare Recht durch das Prozessgericht bestimmt werden. Ein solches Ermessen erscheint im Rahmen der Regelungssystematik der Rom II-VO nicht angebracht. Allenfalls mag man eine entsprechende einvernehmliche Auswahlentscheidung durch die Parteien – und auch das allein unter den in Betracht kommenden Rechten, also nicht im Sinne einer freien Rechtswahl – zu tolerieren.

**2. Unionsweit einheitliche Schutzrechte (Abs. 2).** Für unionsweit geschützte gewerbliche 6
Schutzrechte (wozu auch Rechte von geografischen Herkunftsangaben gehören (OLG Köln GRUR-RR 2019, 251)) ist zunächst auf das Unionsrecht abzustellen (Abs. 2). Nur zur Lückenfüllung (zB in Bezug auf die **Rechtsfolgen einer Verletzung**) ist auf das Recht des Mitgliedstaates zurückzugreifen, in dem die Verletzung begangen wurde (OLG Köln GRUR-RR 2019, 251). Damit ist das **Handlungsortsrecht** gemeint (PWW/Schaub Rn. 5). Ansprüche auf **Auskunftserteilung** fallen gleichfalls unter Art. 8. Sie unterliegen nach Abs. 2 dem Recht des Staats, in dem die Verletzung begangen wurde; Abs. 2 ist dahin auszulegen, dass darunter der Staat zu verstehen ist, in dem das schadensbegründende Ereignis eingetreten ist, also der Staat, in dem die Verletzungshandlung begangen wurde (EuGH GRUR 2017, 1120 mAnm Kur; BGH MMR 2021, 481 Rn. 65; BGH GRUR 2021, 1191). Sowohl **Ansprüche auf Auskunftserteilung** als auch die **Feststellung einer Schadensersatzpflicht** wegen Verletzung einer Unionsmarke beurteilen sich gem. Art. 101 Abs. 2 UMV iVm Abs. 2 nach deutschem Recht, wenn der Ort der Verletzungs-

handlung in Deutschland liegt, weil die markenrechtsverletzenden Waren von einem in Deutschland ansässigen Unternehmen im Internet beworben und angeboten werden (BGH IPRax 2018, 509 Rn. 106 – „Buddy-Bots"; OLG Frankfurt BeckRS 2018, 13797; Wurmnest IPRax 2018, 480 (485)). Der EuGH (GRUR 2017, 1120 mAnm Kur; ebenso OLG Frankfurt BeckRS 2018, 13797) versteht unter dem Begriff des **„Staates …, in dem die Verletzung begangen wurde" iSv Abs. 2** den Staat, in welchem das schadensbegründende Ereignis eingetreten ist. Dabei ist in Fällen, in denen demselben Beklagten in verschiedenen Mitgliedstaaten begangene Verletzungshandlungen vorgeworfen werden, bei der Ermittlung dieses schadensbegründenden Ereignisses nicht auf jede einzelne ihm vorgeworfene Verletzungshandlung abzustellen, sondern vielmehr eine Gesamtwürdigung seines Verhaltens vorzunehmen, um den Ort zu bestimmen, an dem die ursprüngliche Verletzungshandlung (das vorgeworfene Verhalten) zurückgeht, begangen worden ist oder begangen zu werden droht. Für den Fall, dass über eine Website rechtsverletzende Waren in mehrere Mitgliedstaaten vertrieben werden, ist der EuGH dabei davon ausgegangen, dass das schadensbegründende Ereignis in der Veröffentlichung des Angebots auf der Website liegt. Der Ort des schadensbegründenden Ereignisses ist dann der Ort, an dem der Prozess der Veröffentlichung dieses Angebots durch den Verletzer auf seiner Website in Gang gesetzt worden ist. Es geht um die Bestimmung des Ortes, an dem sich die Verletzungshandlung, durch die das vorgeworfene Verhalten in seiner Gesamtheit in Gang gesetzt wurde, erstmalig materialisiert. Für Verletzungen im Internet bedeutet dies, dass das Recht des Landes maßgeblich ist, von dem aus das Verkaufsangebot bzw. die beanstandete Werbung kommuniziert werden. Danach ergibt sich die Anwendbarkeit deutschen Rechts, wenn ein Angebot auf einer deutschsprachigen Internetseite vom Sitz des Täters in Deutschland aus erstellt und damit dort die Verletzungshandlung in Gang gesetzt wurde.

7 Doch wie steht es, wenn die Annahme von **Handlungen in mehreren Mitgliedstaaten** in Betracht kommt (Beispiel: Herstellung eines schutzrechtsverletzenden Erzeugnisses in einem EU-Staat, das in einem anderen EU-Staat vertrieben und europaweit beworben und damit angeboten wird)? (Schack FS Kropholler, 2008, 651 (659)). Ihre Annahme würde wiederum zur Notwendigkeit einer (unpraktikablen) Mosaikbetrachtung führen (dafür Sack WRP 2008, 1405 (1408); PWW/Schaub Rn. 5). Indes kann man als (alleinigen) Handlungs- bzw. Begehungsort in enger Auslegung des Begriffs auch ganz einfach den Sitz des Beklagten ansehen (dafür Schack FS Kropholler, 2008, 651 (659)), jedenfalls wenn Herstellungsort und Ort der Ausgangsentscheidung über Vertrieb und Werbung damit deckungsgleich sind. Die Orte der Auswirkungen der Werbung erscheinen dann als eher erfolgsbezogene und daher für Art. 8 Abs. 2 unmaßgebliche Erfolgsorte. Ähnlich sollte man auch im Falle der Parallelproblematik im interlokalen Privatrecht entscheiden, wenn auf Mehrrechtsstaaten verwiesen wird (Grüneberg/Thorn Rn. 8).

## Art. 9 Arbeitskampfmaßnahmen

**Unbeschadet des Artikels 4 Absatz 2 ist auf außervertragliche Schuldverhältnisse in Bezug auf die Haftung einer Person in ihrer Eigenschaft als Arbeitnehmer oder Arbeitgeber oder der Organisationen, die deren berufliche Interessen vertreten, für Schäden, die aus bevorstehenden oder durchgeführten Arbeitskampfmaßnahmen entstanden sind, das Recht des Staates anzuwenden, in dem die Arbeitskampfmaßnahme erfolgen soll oder erfolgt ist.**

**Schrifttum:** Deinert, Arbeitskampf und anwendbares Recht, ZESAR 2012, 311; Deinert, Internationales Arbeitsrecht, 2013; Heinze, Der internationale Arbeitskampf, RabelsZ 73 (2008), 770; Knöfel, Internationales Arbeitskampfrecht nach der Rom II-VO, EuZA 2008, 228; Zelfel, Der Internationale Arbeitskampf nach Art. 9 Rom II-Verordnung, 2012.

### I. Normzweck

1 (Nur) für deliktsrechtliche Ansprüche, die aus **Arbeitskämpfen,** insbes. **Streiks oder Aussperrung** resultieren (ErfK/Schlachter Rn. 1), enthält Art. 9 eine Sonderanknüpfung, durch die ein Rückgriff auf Art. 4 versperrt ist (s. auch Erwägungsgrund 27; zu sonstigen Arbeitsunfällen → Art. 4 Rn. 1 ff.). Der Grund dafür liegt wohl auch darin, dass es den Arbeitnehmern leicht erkennbar sein muss, welchen sachrechtlichen Regeln eine Arbeitskampfmaßnahme unterliegt (näher BeckOGK/Knöfel Rn. 2 ff.; MüKoBGB/Junker Rn. 2).

## II. Umfang der Verweisung

**1. Allgemeines.** Nicht betroffen sind daher arbeitsvertragliche (insbes. wegen Vertragsverletzung) oder tarifvertragsrechtliche Ansprüche (etwa Verletzung der Friedenspflicht) (ErfK/Schlachter Rn. 2; BeckOGK/Knöfel Rn. 29, 30). Erfasst sind Ansprüche von Arbeitnehmern gegen Arbeitgeber und Arbeitgeberverbände sowie von Arbeitgebern gegen Arbeitnehmer oder Gewerkschaften, aber auch Ansprüche von Gewerkschaften und Arbeitnehmerverbänden gegeneinander. Es versteht sich eigentlich von selbst, dass durch Art. 9 „die Bedingungen" (gemeint: die sachlichen Voraussetzungen) für die Durchführung solcher Maßnahmen nach nationalem Recht und die im nationalen Recht (nicht nur der Mitgliedstaaten, wegen Art. 3 wohl zu eng formuliert in Erwägungsgrund 28) vorgesehene Rechtsstellung der Gewerkschaften oder der repräsentativen Arbeitnehmerorganisation (und ebenso der Arbeitgeberverbände) nicht berührt werden. Insoweit kommt eine Sonderanknüpfung gem. Art. 9 in Betracht (Grüneberg/Thorn Rn. 2; Deinert IntArbR § 16 Rn. 42). 2

Für den **Begriff der „Arbeitskampfmaßnahme"** verweist Erwägungsgrund 27 S. 1 eigentümlicherweise in Abweichung vom sonst geltenden Grundsatz der autonomen Auslegung auf das nationale Recht, was wohl auf die lex fori hinausläuft (keine Qualifikation nach der lex causae) (sehr str.; wie hier BeckOGK/Knöfel Rn. 38; Knöfel EuZW 2008, 228 (241); Winkler von Mohrenfels/Block EAS B 3000 Rn. 206; Grüneberg/Thorn Rn. 2; für eine Qualifikation lege causae MüKoBGB/Junker Rn. 15; für das Recht des Staates, in dem die Maßnahme stattfindet, Heinze RabelsZ 73 (2009), 770 (782); Deinert IntArbR § 16 Rn. 4). Indes sollten deutsche Gerichte gewissermaßen aus eigenem Recht eine funktional-autonome (sog. IPR-Qualifikation) Auslegung des Begriffs vorziehen. Positiv genannt werden immerhin „beispielsweise Streikaktionen oder Aussperrung" (Erwägungsgrund 27 S. 1). Weiter werden dazu gerechnet werden können: Solidaritäts- oder Sympathiestreiks, Boykotte, Bummelstreiks bzw. „Dienst nach Vorschrift", Verweigerung der Erbringung von Überstunden oder bestimmter Arbeiten (näher BeckOGK/Knöfel Rn. 41 ff.; Heinze RabelsZ 73 (2009), 770 (782)). Liegt keine Arbeitskampfmaßnahme vor, ist nach Art. 4 anzuknüpfen. 3

Wichtig ist, dass Art. 9 nur von **Arbeitnehmern** bzw. **Arbeitgebern gerade in dieser Eigenschaft** spricht. Erfasst sind auch Funktionsträger entsprechender beruflicher Interessenorganisationen (Gewerkschaften, Arbeitgeberverbände). Außenstehende Sympathisanten, bereits zuvor endgültig wirksam ausgeschiedene Arbeitnehmer (wegen derer nicht gestreikt wird) oder betroffene Abnehmer sind von Art. 9 nicht gemeint, wohl aber Streikbrecher (Heinze RabelsZ 73 (2009), 770 (784); anders Knöfel EuZW 2008, 228 (239); PWW/Schaub Rn. 2). Delikte, die nur bei Gelegenheit einer Arbeitskampfmaßnahme erfolgen (Prügelei, Diebstahl, versehentliche Schädigungen unter Streikenden) sind nach Art. 4 anzuknüpfen (Heinze RabelsZ 73 (2009), 770 (785)). Dort ist aber je nach Sachlage die Ausweichklausel in Betracht zu ziehen (MüKoBGB/Junker Rn. 25). 4

Aus Art. 9 folgt im systematischen Kontext folgende **Anknüpfungsleiter:** Vorrangig ist zunächst eine Rechtswahl gem. Art. 14 (MüKoBGB/Junker Rn. 7; BeckOGK/Knöfel Rn. 44 ff.). Sodann ist über Art. 4 Abs. 2 das Recht am gemeinsamen gewöhnlichen Aufenthalt von Schädiger und Geschädigtem (zB Arbeitnehmer und Arbeitgeber, Arbeitgeber und Gewerkschaft) maßgeblich. Diese Anknüpfung kann zu misslichen Ungleichbehandlungen führen. Gleichwohl ist der Rückgriff auf Art. 4 Abs. 3 mit seiner Anknüpfung an eine offensichtliche noch engere gemeinsame Verbindung durch Art. 9 (der gerade nicht auf Art. 4 Abs. 3 verweist) offenbar versperrt (Deinert IntArbR § 16 Rn. 18). Eine in Deutschland bisher erwogene akzessorische Anknüpfung an das Arbeitskampfstatut (Gamillscheg IntArbR, 1959, Nr. 342) hätte gleichfalls idR zu dem am Arbeitskampfort geltenden Recht geführt (Birk IPRax 1987, 14 (16); Kegel/Schurig IPR § 23 VII; für das Recht am Arbeitsort zum bisherigen Recht Gitter ZfA 1971, 127 (146)), so wie dies nun in Art. 9 vorgesehen ist. 5

Erwägungsgrund 27 S. 2 formuliert das dahingehend, dass das Recht des Staates anzuwenden ist, „in dem die Arbeitskampfmaßnahmen ergriffen wurden". Es ist also mit anderem Worten das Recht des Staates anzuwenden, in welchem die Arbeitskampfmaßnahme erfolgen soll oder erfolgt ist. Der Ort der bloßen Planung (Vorbereitung) der Maßnahme ist irrelevant (Heinze RabelsZ 73 (2009), 770 (785 f.)). Maßgeblich ist damit das **Handlungsortsrecht,** nicht (wie in Art. 4 Abs. 1) das Erfolgsortsrecht (MüKoBGB/Junker Rn. 18; Deinert IntArbR Rn. 2). Es geht um den Ort der physischen Handlung (im Sinne eines positiven Tuns wie der Blockade) bzw. des Unterlassens, etwa der Arbeit (Deinert IntArbR § 16 Rn. 15; BeckOGK/Knöfel Rn. 7 ff.). Mit dieser Anknüpfung soll (verhaltenssteuernd) (BeckOGK/Knöfel Rn. 10) das Ziel verfolgt werden, die Rechte und Pflichten der Arbeitnehmer und der Arbeitgeber zu schützen (Erwägungsgrund 27 S. 2). 6

Kampfmaßnahmen, die am Durchführungs- bzw. Handlungsort rechtmäßig sind, sollen nicht nach einem abweichenden Erfolgsortsrecht gegenüber der Gegenseite des Arbeitskampfes zur Haftung führen können (ErfK/Schlachter Rn. 2). Im Falle von Kampfmaßnahmen an Bord von Schiffen ist das Recht der Flagge nur maßgeblich, wenn sich das Schiff zur maßgeblichen Zeit außerhalb von Hoheitsgebieten befand (Heinze RabelsZ 73 (2009), 770 (786)).

7 Bei **transnationalen Arbeitskämpfen** ist – mosaikmäßig – an den jeweiligen Handlungsort anzuknüpfen; eine Schwerpunktbetrachtung (die im Rahmen von Art. 4 Abs. 3 ohne weiteres denkbar wäre, ist im Rahmen von Art. 9 ausgeschlossen (ErfK/Schlachter Rn. 2; MüKoBGB/Junker Rn. 29; BeckOGK/Knöfel Rn. 54; Deinert IntArbR § 16 Rn. 17; anders, indes nur de lege ferenda überzeugender, Leible/Lehmann RIW 2007, 721 (731)). Art. 26 (ordre public) und insbes. Art. 9 (Sonderanknüpfung von Eingriffsnormen) können wie stets greifen (ErfK/Schlachter Rn. 2; PWW/Schaub Rn. 5; MüKoBGB/Junker Rn. 37 BeckOGK/Knöfel Rn. 66–71).

# Kapitel III. Ungerechtfertigte Bereicherung, Geschäftsführung ohne Auftrag und Verschulden bei Vertragsverhandlungen

## Art. 10 Ungerechtfertigte Bereicherung

**(1) Knüpft ein außervertragliches Schuldverhältnis aus ungerechtfertigter Bereicherung, einschließlich von Zahlungen auf eine nicht bestehende Schuld, an ein zwischen den Parteien bestehendes Rechtsverhältnis – wie einen Vertrag oder eine unerlaubte Handlung – an, das eine enge Verbindung mit dieser ungerechtfertigten Bereicherung aufweist, so ist das Recht anzuwenden, dem dieses Rechtsverhältnis unterliegt.**

**(2) Kann das anzuwendende Recht nicht nach Absatz 1 bestimmt werden und haben die Parteien zum Zeitpunkt des Eintritts des Ereignisses, das die ungerechtfertigte Bereicherung zur Folge hat, ihren gewöhnlichen Aufenthalt in demselben Staat, so ist das Recht dieses Staates anzuwenden.**

**(3) Kann das anzuwendende Recht nicht nach den Absätzen 1 oder 2 bestimmt werden, so ist das Recht des Staates anzuwenden, in dem die ungerechtfertigte Bereicherung eingetreten ist.**

**(4) Ergibt sich aus der Gesamtheit der Umstände, dass das außervertragliche Schuldverhältnis aus ungerechtfertigter Bereicherung eine offensichtlich engere Verbindung mit einem anderen als dem in den Absätzen 1, 2 und 3 bezeichneten Staat aufweist, so ist das Recht dieses anderen Staates anzuwenden.**

**Schrifttum:** Behrens, Bereicherungsrechtliche Mehrpersonenverhältnisse im Internationalen Privatrecht, 2011; Fischer, Ungerechtfertigte Bereicherung und GoA im europäischen IPR, FS Spellenberg, 2009, 151; Schacherreiter, Bereicherungsrecht und GoA nach Rom II, in Beig/Graf-Schimek/Grubinger/Schacherreiter, Rom II-VO, Neues Kollisionsrecht für außervertragliche Schuldverhältnisse, 2008, 69; Sendmeyer, Die Rückabwicklung nichtiger Verträge im Spannungsfeld zwischen Rom II-Verordnung und Internationalem Vertragsrecht, IPRax 2010, 500.

### I. Normzweck

1 Art. 10 regelt das Internationale Bereicherungsrecht. Der genaue Zweck der Norm bleibt in den Erwägungsgründen dunkel; Erwägungsgrund 29 spricht nur von der Notwendigkeit einer „Sonderbestimmung". Es versteht sich von selbst, dass die Norm – anders als Art. 38 EGBGB – nicht ohne weiteres der Auffächerung der Kondiktionsarten iSd herrschenden Dogmatik des deutschen (sachlichen) Bereicherungsrechts folgt. Ungeachtet dessen kann man in Art. 10 Abs. 1 die deutsche Leistungskondiktion (Abs. 1) verorten. Im Übrigen kommt es – nicht unähnlich Art. 38 Abs. 3 EGBGB – auf den Ort an, in dem die ungerechtfertigte Bereicherung eingetreten ist (Art. 10 Abs. 3). Art. 10 bezweckt iErg jedenfalls, die Rückabwicklung einer Vermögensverschiebung nach Möglichkeit einer einzigen Rechtsordnung zuzuführen und gleichzeitig die **weitestgehende Entsprechung zwischen dem „Hin- und Rückweg" einer Bereicherung** zu gewährleisten (MüKoBGB/Junker Rn. 1; s. bereits Plaßmeier, Ungerechtfertigte Bereicherung im IPR und aus rechtsvergleichender Sicht, 1996, 74 f., insbes. 77; ähnlich Kegel/Schurig IPR § 18 III).

## II. Anknüpfungssystem

Art. 10 beinhaltet die kollisionsrechtlichen Grundanknüpfungen des Internationalen Bereicherungsrechts. Nach Art. 14 kann die Anknüpfung nach Art. 10 durch eine vorrangig zu beachtende Rechtswahl verdrängt werden. Es folgt eine akzessorische Anknüpfung an ein „zwischen den Parteien bestehendes Rechtsverhältnis" (wozu indes auch eine Nichtschuld gehört), Abs. 1 (s. bereits Benecke RIW 2003, 830 (832)). Hilfsweise kommt es auf den gemeinsamen gewöhnlichen Aufenthalt zurzeit des die Bereicherung auslösenden Ereignisses (Abs. 2) und schließlich auf den Ort des Bereicherungseintritts an. Abgesehen von einem nach Art. 14 gewählten Recht kann von diesen Anknüpfungen im Hinblick auf eine offensichtlich engere Verbindung abgewichen werden (Abs. 4). 2

## III. Anwendungsbereich

Der Anwendungsbereich von Art. 10 erfasst solche Normen des in- und ausländischen Rechts, die **funktional im Wesentlichen den Regelungen in den §§ 812 ff. BGB entsprechen.** Dabei ist freilich autonom unter Beachtung des Zwecks der Kollisionsnorm zu qualifizieren. Umfasst sind Voraussetzungen und Rechtsfolgen solcher Ansprüche. Insbesondere entscheidet das betreffende Recht ggf. auch über das Fehlen eines rechtlichen Grundes. Ob ein gültiger Erwerbsakt, etwa eine wirksame sachenrechtliche Verfügung vorliegt, richtet sich demgegenüber nach Art. 43 ff. EGBGB, wie überhaupt ganz allgemein als Vorfrage selbständig anzuknüpfen ist, ob der Person, die sich eines Anspruchs wegen Eingriffskondiktion berühmt, das angeblich verletzte Recht überhaupt zustand (Schlechtriem, Bereicherungsansprüche im internationalen Privatrecht, in v. Caemmerer, Vorschläge und Gutachten zur Reform des deutschen internationalen Privatrechts der außervertraglichen Schuldverhältnisse, 1983, 29, 56). Zu beachten ist aber auch hier der Ausschluss von Eingriffen in das Persönlichkeitsrecht (Art. 1 Abs. 2g). 3

Unklar ist, ob Art. 10, insbes. Abs. 1, auch maßgeblich ist, wenn es um die **bereicherungsrechtliche Haftung** von Minderjährigen oder sonstigen (beschränkt) geschäftsfähigen oder gar **geschäftsunfähigen Personen** geht. Eine in Deutschland früher oft vertretene Ansicht hat nach dem Bereicherungsstatut entschieden (zB W. Lorenz FS Zweigert, 1981, 199 (206)); die Gegenauffassung hatte sich für das über Art. 7 Abs. 1 EGBGB bestimmte Vernichtungsstatut ausgesprochen (OLG Hamm NJW-RR 1996, 1144 zu Art. 32 Abs. 1 Nr. 5 EGBGB aF; diff. MüKoBGB/Lipp Art. 7 EGBGB Rn. 58 ff. mwN), und in diesem Kommentar (→ EGBGB Art. 38 Rn. 7) ist ein Günstigkeitsvergleich zwischen der Anknüpfung nach Art. 38 (insbes. Abs. 1) und dem nach Art. 7, 12 anwendbaren vorgeschlagen worden. Der Zweck des „reibungslosen Funktionierens des Binnenmarktes" (Erwägungsgrund 1) dürfte dafür sprechen, im Rahmen der Rom II-VO **einheitlich das Bereicherungsstatut des Art. 10** auch in Bezug auf die bereicherungsrechtliche Haftung von nicht (voll) Geschäftsfähigen anzuwenden (Grüneberg/Thorn Rn. 2; MüKoBGB/Junker Rn. 13; zur Vorgängerregelung des EVÜ (übernommen in Art. 32 Abs. 1 Nr. 5 EGBGB aF) auch OLG Düsseldorf NJW-RR 1995, 755). 4

## IV. Vertragsakzessorische Anknüpfung

Abs. 1 sieht eine akzessorische Anknüpfung an das Recht vor, welches das Rechtsverhältnis beherrscht oder beherrschen würde, wenn es wirksam oder existent wäre (Grüneberg/Thorn Rn. 7; das ergibt sich freilich nicht eindeutig aus dem Wortlaut; mit Grund krit. Leible/Engel EuZW 2004, 7 (14)). Die Leistungskondiktionen erfasst Abs. 1 bis hin zur Leistung auf eine Nichtschuld, ebenso aber auch Fälle der Zuvielleistung oder der Zweckverfehlung. Auf den Begriff der **„Leistung"** des sachlichen deutschen Bereicherungsrechts kommt es nicht an. Freilich muss die Bereicherungshandlung auf ein Rechtsverhältnis bzw. einen Rechtsgrund hin ausgerichtet sein, um dem Zweck der Anknüpfung des Abs. 1 zu genügen. Kann sich die Leistung auf mehrere, zu unterscheidende Rechtsverhältnisse beziehen und ist zweifelhaft, auf welches sie sich bezieht, sollte nicht anders als im Rahmen von Art. 38 EGBGB über Abs. 3 das Recht am Ort des Eintritts der Bereicherung anzuwenden sein (→ EGBGB Art. 38 Rn. 10). Akzessorisch angeknüpft werden kann auch die Rückabwicklung von Leistungen, die im Hinblick auf einen bloß beabsichtigten Vertragsschluss hin erbracht worden sind (Leible/Lehmann RIW 2007, 721 (732)). 5

Ebenso wie im Verhältnis von Art. 38 EGBGB zu Art. 32 Abs. 1 Nr. 5 EGBGB aF (= Art. 10 Abs. 1e EVÜ) ist **Art. 12 Abs. 1 lit. e Rom I-VO als vorrangiger Spezialfall** anzusehen, der Abs. 1 verdrängt. Im Ergebnis kann freilich im Allgemeinen dahingestellt bleiben, ob auf Abs. 1 oder auf Art. 12 Abs. 1 lit. e Rom I-VO abgestellt wird. Hinsichtlich nichtiger, unwirksamer und 6 fehlerhafter Verträge sind daher Art. 3 ff. Rom-I VO leges speciales zu Art. 10 für die Anknüpfung von Bereicherungsansprüchen. Mangels Rechtswahl der Vertragsparteien greift Art. 4 Rom-I VO (so auch – unter Hinzuziehung von Art. 10 Abs. 1 – OLG Schleswig BeckRS 2021, 26848 Rn. 37; OLG Naumburg BeckRS 2019, 25288; Sendmeyer IPRax 2010, 500; MüKoBGB/Junker Rn. 15, 16; vgl. auch Fischer FS Spellenberg, 2010, 151 (155)). Nur soweit es um Leistungen außerhalb des Anwendungsbereichs der Rom I-VO geht, gilt Abs. 1 unmittelbar, etwa bei unterhalts-, delikts- oder erbrechtlichen Schuldverhältnissen.

## V. Mehrpersonenverhältnisse

7 Im Falle von Mehrpersonenverhältnissen kommt es auf das Leistungsstatut (Abs. 1) an, vorausgesetzt, eine Zuwendung kann einer bereits bestehenden Leistungsbeziehung zugeordnet werden. Im Übrigen gilt außerhalb eines gemeinsamen gewöhnlichen Aufenthalts (Abs. 2) im Allgemeinen das Recht am Ort des Bereicherungseintritts nach Abs. 1, etwa im Fall einer **versehentlichen Überweisung** des mehrfachen Betrages der in Wirklichkeit angewiesenen Summe durch die Bank für den Rückzahlungsanspruch der Bank gegen den Empfänger (so schon zum deutschen IPR BGH NJW 1987, 185). Bei **Zahlung auf eine fremde Schuld** unterliegt der Anspruch des Zahlenden gegen den Schuldner außerhalb von Art. 19 dagegen gem. Abs. 1 dem Statut der getilgten Forderung (Grüneberg/Thorn Rn. 9; für das autonome deutsche IPR NK-BGB/Huber Rn. 41; für das Recht am Ort des Bereicherungseintritts Looschelders Rn. 7). Zahlt ein Dritter auf eine vermeintlich eigene Schuld, so ist der Bereicherungsanspruch gegen den Schuldner nach dem Statut der vermeintlichen Schuld zu beurteilen (Abs. 1) (Grüneberg/Thorn Rn. 9). Begleicht ein Dritter demgegenüber freiwillig und bewusst fremde Schulden, so richten sich auch Bereicherungsansprüche des auf eine fremde Schuld zahlenden Dritten gegen den Gläubiger nach dem Recht, das auf die vermeintlich getilgte Verbindlichkeit anwendbar ist (MüKoBGB/Junker Rn. 22; Einsele JZ 1993, 1025 (1026)). Für Rückgriffsansprüche gegen den Schuldner gilt, wenn zwischen Schuldner und Zahlendem keine causa besteht, über Abs. 1 das Recht, das auf die getilgte Schuld anwendbar ist (iErg ebenso, aber Abs. 4 anwendend Fischer FS Spellenberg, 2010, 151 (157 f.)); s. iÜ auch Art. 19.

8 Im Falle eines **Vertrages zugunsten Dritter** entscheidet das Deckungsverhältnis die Frage, ob der Versprechensempfänger einer Kondiktion des Versprechenden ausgesetzt ist. Das Valutaverhältnis bestimmt, ob der Dritte die faktische Leistung des Versprechenden an den Versprechensempfänger herauszugeben hat. Schließlich gilt für die Direktkondiktion des Versprechenden im Falle der Unwirksamkeit des Deckungsverhältnisses gegen den Dritten als faktischen Leistungsempfänger das Statut des Deckungsverhältnisses (Grüneberg/Thorn Rn. 9; MüKoBGB/JunkerRn. 25; früher bereits Plaßmeier, Ungerechtfertigte Bereicherung im IPR und aus rechtsvergleichender Sicht, 1996, 341 f.; W. Lorenz FS Zweigert, 1981, 214 (218 f.); Schlechtriem 29, 74; Einsele JZ 1993, 1025 (1027)).

## VI. Grundanknüpfung

9 Für Bereicherungsansprüche durch Eingriff in ein geschütztes Interesse (zB Ansprüche wegen Bereicherung durch Nutzung, Verwendung, Verbrauch, auch Ansprüche wegen Verbindung, Vermischung oder Verarbeitung, Ansprüche desjenigen, der durch die Wirksamkeit einer Verfügung eines Nichtberechtigten zu schützen ist (wie etwa durch § 816 Abs. 1), Ansprüche aus Eingriffen in die Forderungszuständigkeit (in Deutschland: § 816 Abs. 2 BGB) sowie für **sonstige Kondiktionsarten** bestimmt Abs. 3 als Grundanknüpfung, dass das Recht des Staates gilt, **in dem die Bereicherung eingetreten ist.** Maßgeblich ist im Allgemeinen, aber nicht notwendig die am Wohnort oder an der Niederlassung des Empfängers geltende Rechtsordnung (MüKoBGB/Junker Rn. 28; Schlechtriem IPRax 1987, 356 (357)). Im Falle von Computerbuchungen liegt der Ort des Bereicherungseintritts in dem Staat, in dem sich das Bankkonto des Empfängers befindet (Jayme FS W. Lorenz, 2001, 315 (316 ff.); Grüneberg/Thorn Rn. 10; Fischer FS Spellenberg, 2010, 151 (155); Fischer IPRax 2002, 1 (7)). Das gilt auch für Fälle der abgeirrten Leistung (s. bereits BGH NJW 1987, 185 (186); Kropholler IPR § 53 II 3; ferner Schlechtriem IPRax 1995, 65 (70)) sowie für Verwendungsersatzansprüche (Kropholler IPR § 53 II 3; v. Hoffmann/Thorn IPR § 11 Rn. 6; W. Lorenz IPRax 1985, 328; Schlechtriem IPRax 1995, 65 (69)), sofern nicht Abs. 1 vorgeht. Insgesamt lässt sich so ein **Gleichklang mit der deliktskollisionsrechtlichen Anknüpfung an den Erfolgsort** herstellen (MüKoBGB/Junker Rn. 30).

## VII. Eingriffe in Immaterialgüterrechte

Nicht erfasst von Art. 10 sind Eingriffe in Immaterialgüterrechte; hier gilt gem. Art. 13 einheitlich das sog Schutzlandprinzip (Art. 8), also das Recht des Staates, für dessen Gebiet Schutz beansprucht wird. **10**

## VIII. Offensichtlich engere Verbindung (Abs. 4)

Abs. 4 enthält (wie Art. 4 Abs. 3 und Art. 11 Abs. 4) eine **Ausweichklausel.** Verdrängt werden können nur die in Abs. 1–3 genannten Anknüpfungen, nicht hingegen eine Rechtswahl nach Art. 14. Zu beachten ist, dass Abs. 4 als **Ausnahmevorschrift** keineswegs voreilig angewandt werden darf. Anderenfalls würde die Klarheit der Anknüpfungen über Gebühr leiden. Zu Recht spricht die Norm vom Erfordernis einer „offensichtlich" engeren Verbindung. Eine Möglichkeit, die Ausweichklausel zu einer mit den Regelanknüpfungen gleichwertigen Anknüpfung zu erheben, besteht daher nicht. **11**

Das Eingreifen der Ausweichklausel wird im Falle der Leistungskondiktion nur sehr selten (etwa zum Schutz Geschäftsunfähiger, wenn man insoweit nicht Art. 7 EGBGB für vorrangig anwendbar hält) in Betracht kommen (vgl. aber Schlechtriem IPRax 1995, 65 (70)). Auch außerhalb des Anwendungsbereichs von Art. 12 Abs. 1 lit. e Rom I-VO erscheint hier die Beziehung zu dem gescheiterten Schuldverhältnis enger (Fischer IPRax 2002, 1 (5 ff.)). Eingreifen könnte die Ausweichklausel, wenn eine besondere Nähe zum Deliktsrecht besteht, deliktischer Erfolgsort und Bereicherungseintrittsort auseinanderfallen und ein sachgerechter Gleichlauf mit dem Deliktsstatut hergestellt werden soll (Grüneberg/Thorn Rn. 11). **12**

## Art. 11 Geschäftsführung ohne Auftrag

**(1) Knüpft ein außervertragliches Schuldverhältnis aus Geschäftsführung ohne Auftrag an ein zwischen den Parteien bestehendes Rechtsverhältnis – wie einen Vertrag oder eine unerlaubte Handlung – an, das eine enge Verbindung mit dieser Geschäftsführung ohne Auftrag aufweist, so ist das Recht anzuwenden, dem dieses Rechtsverhältnis unterliegt.**

**(2) Kann das anzuwendende Recht nicht nach Absatz 1 bestimmt werden und haben die Parteien zum Zeitpunkt des Eintritts des schadensbegründenden Ereignisses ihren gewöhnlichen Aufenthalt in demselben Staat, so ist das Recht dieses Staates anzuwenden.**

**(3) Kann das anzuwendende Recht nicht nach den Absätzen 1 oder 2 bestimmt werden, so ist das Recht des Staates anzuwenden, in dem die Geschäftsführung erfolgt ist.**

**(4) Ergibt sich aus der Gesamtheit der Umstände, dass das außervertragliche Schuldverhältnis aus Geschäftsführung ohne Auftrag eine offensichtlich engere Verbindung mit einem anderen als dem in den Absätzen 1, 2 und 3 bezeichneten Staat aufweist, so ist das Recht dieses anderen Staates anzuwenden.**

**Schrifttum:** Fischer, Ungerechtfertigte Bereicherung und GoA im europäischen IPR, FS Spellenberg, 2009, 151; v. Domarus, Internationales Arzthaftungsrecht nach Inkrafttreten der Rom I- und Rom II Verordnung, 2013; Dornis, Das Kollisionsrecht der auftragslosen Geschäftsführung, Rabels Z 80 (2016), 543; Heindler, Der unbekannte Geschäftsherr – Erbensuche in Österreich, IPRax 2016, 79; Looschelders, Die Rechtsstellung des gewerblichen Erbensuchers im deutsch-österreichischen Rechtsverkehr, IPRax 2014, 406; Nehne, Die Internationale Geschäftsführung ohne Auftrag nach der Rom II-Verordnung – Anknüpfungsgegenstand und Anknüpfungspunkte, IPRax 2012, 136; Schacherreiter, Bereicherungsrecht und GoA nach Rom II, in Beig/Graf-Schimek/Grubinger/Schacherreiter, Rom II-VO, Neues Kollisionsrecht für außervertragliche Schuldverhältnisse, 2008, 69; Wendelstein, Das Statut der Geschäftsführung ohne Auftrag in Nothilfefällen – „Wechselwirkungen" zwischen Kollisionsrecht und Sachrecht, GPR 2014, 46.

## I. Normzweck

Art. 11 regelt das IPR der Geschäftsführung ohne Auftrag. Auch der Zweck dieser Norm wird in den Erwägungsgründen nicht weiter erhellt, da Erwägungsgrund 29 lediglich die Notwendigkeit einer „Sonderbestimmung" erwähnt. Im Vordergrund steht vor allem der Ausgleich der **Interessen des Geschäftsführers und des Geschäftsherrn** (MüKoBGB/Junker Rn. 1; BeckOGK/Schinkels, 1.8.2018, Rn. 3). **1**

## II. Anknüpfungssystem

2 Vorrangig ist eine Rechtswahl nach Art. 14. So kann man zB im Falle einer medizinischen Behandlung von zunächst Bewusstlosen eine nachträgliche Rechtswahl (hilfsweise: eine entsprechende akzessorische Anknüpfung über Abs. 1) durch Geschehenlassen der weiteren Behandlung nach Wiedererlangung des Bewusstseins bzw. der Geschäftsfähigkeit in Betracht ziehen. Sodann ist gem. Abs. 1 an ein „zwischen den Parteien bestehendes Rechtsverhältnis" wie (beispielhaft) Vertrag oder Delikt akzessorisch anzuknüpfen. In der Anknüpfungsleiter folgt der gemeinsame gewöhnliche Aufenthalt zurzeit des die Bereicherung auslösenden Ereignisses (Abs. 2) und schließlich der Ort der Geschäftsführung (Abs. 3). Abgesehen von einem nach Art. 14 gewählten Recht kann von diesen Anknüpfungen im Hinblick auf eine offensichtlich engere Verbindung abgewichen werden (Abs. 4) (BeckOGK/Schinkels, 1.8.2018, Rn. 5, 6). Ähnliches gilt – bei Abweichungen im Detail – nach Art. 39 EGBGB. Zu vorrangigen Regelungswerken → EGBGB Art. 39 Rn. 3. Die Zuordnung der Anknüpfung ist autonom vorzunehmen; eine schlichte Zuordnung von Fallgruppen nach intern-sachrechtlichen Maßstäben genügt nicht ohne weiteres dem Erfordernis der autonomen Auslegung der Rom II-VO (Dornis RabelsZ 80 (2016), 543 ff., der freilich in erster Linie – recht undeutlich – an die beteiligten Interessen anknüpft).

## III. Anwendungsbereich

3 Erfasst sind **Ansprüche des Geschäftsführers ebenso wie Ansprüche des Geschäftsherren** (MüKoBGB/Junker Rn. 10). Unter Art. 11 fallen ferner die **Hilfeleistung** ebenso wie die **Einwirkung** auf fremde Sachen durch Nutzung, Veräußerung oder Verwendung und die auftragslose Tilgung einer fremden Schuld.

## IV. Akzessorische Anknüpfung (Abs. 1)

4 Akzessorische Anknüpfungen kommen nicht nur, aber nach dem Wortlaut beispielhaft bei bestehenden vertraglichen oder deliktischen Beziehungen der Parteien in Betracht. Eine akzessorische Anknüpfung an das Vertragsstatut kommt etwa in Betracht, wenn der Geschäftsführer vertragliche Pflichten übererfüllt bzw. überschreitet (Beispiel: unabgesprochene Operationserweiterung während der Narkose des Patienten) (Fischer FS Spellenberg, 2010, 151 (162); MüKoBGB/Junker Rn. 13; Grüneberg/Thorn Rn. 5; v. Domarus, Internationales Arzthaftungsrecht nach Inkrafttreten der Rom I- und Rom II-Verordnung, 2013, 78). **Deliktsakzessorische Anknüpfungen** werden eher die Ausnahme bilden, da es an einem bereits bestehenden Schuldverhältnis fehlen wird. In Betracht kommen etwa Fälle der unberechtigten Fremdgeschäftsführung oder der angemaßten Geschäftsführung (§ 687 Abs. 2 BGB). Eine GoA-akzessorische Anknüpfung deliktischer Ansprüche kommt selten in Betracht (näher Fischer FS Spellenberg, 2010, 151 (163); s. aber auch Grüneberg/Thorn Rn. 5). Die auftragslose Tilgung einer fremden Schuld wird nicht nach Abs. 1 akzessorisch dem Schuldstatut unterworfen, also dem Recht, das auf die betreffende Verbindlichkeit anzuwenden ist; in Betracht kommt aber Abs. 4 (Fischer FS Spellenberg, 2010, 151 (163); Benecke RIW 2003, 830 (832)). Ist der **Leistende dem Gläubiger zur Leistung verpflichtet,** so ist **Art. 19 zu beachten.** Im Fall der Erbensuche „aus eigenen Stücken" greift die Norm nicht (LG München I IPRax 2014, 438; dazu Looschelders IPRax 2014, 406).

## V. Gemeinsamer gewöhnlicher Aufenthalt (Abs. 2)

5 Art. 11 Abs. 2 führt zum Recht am gemeinsamen gewöhnlichen Aufenthalt von Geschäftsführer und Geschäftsherrn zurzeit des „schadensbegründenden" Ereignisses (zum Begriff s. Art. 2). Maßgebend ist anders als in Art. 10 Abs. 2 nicht der Zeitpunkt des Eintritts des Ereignisses, das die ungerechtfertigte Bereicherung zur Folge hat, sondern der Zeitpunkt des Eintritts des schadensbegründenden Ereignisses, wobei gem. Art. 2 Abs. 1 der Begriff des Schadens sämtliche Folgen einer unerlaubten Handlung meint. Damit kommt es auf den Zeitpunkt der Geschäftsführung an, nicht zB auf den Zeitpunkt, zu dem Aufwendungen getätigt worden sind (Fischer FS Spellenberg, 2010, 151 (164); MüKoBGB/Junker Rn. 15; anders G. Wagner IPRax 2008, 1 (11)). Dafür spricht, dass der Geschäftsführende zurzeit der Geschäftsführung wissen bzw. erkennen können muss, woran er (zumindest rechtlich) ist.

## VI. Vornahmeortsrecht (Abs. 3)

Als letzte Möglichkeit ist auf den **Ort** abzustellen, **an dem die Geschäftsführung erfolgt ist (Abs. 3).** Darüber wird etwa auf inländisches Recht verwiesen, wenn das in Frage stehende Geschäft (etwa ein verabredeter Erwerb von Anteilen einer Gesellschaft mit ausländischem Gesellschaftsstatut) im Inland ausgeführt worden ist. Im Falle von **sukzessiven Handlungen in mehreren Staaten** wird man – nicht anders als im Rahmen von Art. 39 EGBGB – auf das Recht des Staates abzustellen haben, in dem die Hilfeleistung ganz überwiegend erbracht worden ist (BT-Drs. 14/343, 9), nicht auf den (uU für den Helfenden nicht erkennbaren) Ort, an dem das Hilfsbedürfnis aufgetreten ist (so aber Staudinger/v. Hoffmann/Thorn, 2001, EGBGB Art. 39 Rn. 14). Ein **Statutenwechsel** sollte nach Möglichkeit vermieden werden; hilfsweise ist auf den Ort des Tätigkeitsbeginns abzustellen (grds. für den Ort des Tätigkeitsbeginns – ohne vorherigen Versuch der Bestimmung eines Schwerpunkts – LG München I IPRax 2014, 438; MüKoBGB/Junker Rn. 18; Grüneberg/Thorn Rn. 8; krit. unter dem Aspekt der Manipulationsgefahr aber Looschelders IPRax 2014, 409). Fallen ausnahmsweise **Handlungs- und Erfolgsort** auseinander, so kommt eine alternative Anknüpfung wie im Internationalen Deliktsrecht nicht in Betracht, denn es bestehen wechselseitige Ansprüche der Beteiligten gegeneinander. Daher ist (vorbehaltlich Abs. 4) grds. auf den **Erfolgsort** abzustellen. Das vereitelt Manipulationen durch den Geschäftsführer, mag dadurch auch die Bereitschaft zu grenzüberschreitender Hilfe nicht gefördert werden (Fischer FS Spellenberg, 2010, 151 (164 f.); Leible/Lehmann RIW 2007, 721 (732); Grüneberg/Thorn Rn. 8; für den Handlungsort LG München I IPRax 2014, 438; Heiss/Loacker JBl 2007, 638 (643); MüKoBGB/Junker Rn. 17). Dabei sollte der Erfolgsort zweckentsprechend (und manipulationssicher) lokalisiert werden. Bei der „Erbensuche" bietet sich der Lageort des Nachlasses als Erfolgsort an. Bei mehreren Erfolgsorten (zB Nachlass ist auf verschiedene Länder verteilt) bleibt im Rahmen von Abs. 3 nur, eine Schwerpunktbetrachtung durchzuführen (Looschelders IPRax 2014, 409 (410)). 6

## VII. Offensichtlich engere Verbindung (Abs. 4)

Abs. 4 enthält (nicht anders als Art. 10 Abs. 4) eine (eng auszulegende) **Ausweichklausel** (nicht: „Aufweich"-Klausel). Geht es um **Hilfeleistung im staatsfreien Gebiet,** insbes. auf hoher See, ist (in Ermangelung anderer gemeinsamer Anknüpfungspunkte von Gerettetem und Retter wie gemeinsamer Heimathafen oder gemeinsame Flagge) das Personalstatut des Geretteten, also etwa das Heimatrecht des geretteten Schiffes, anwendbar (Fischer FS Spellenberg, 2010, 151 (168); Grüneberg/Thorn Rn. 8; MüKoBGB/Junker Rn. 25; Kropholler IPR § 53 III 2; Kegel/Schurig IPR § 18 II). Methodisch ist dieses Ergebnis freilich nicht über die unmittelbare Anwendung der Ausweichklausel des Abs. 4 zu erzielen, weil eine Grundanknüpfung, von der abzuweichen wäre, hier gar nicht zur Verfügung steht, sondern ins Leere geht. Vielmehr liegt von vornherein eine mittels der Wertung des Abs. 4 und des Grundgedankens (auch) des europäisierten Internationalen Schuldrechts zu schließende Lücke vor. 7

### Art. 12 Verschulden bei Vertragsverhandlungen

**(1) Auf außervertragliche Schuldverhältnisse aus Verhandlungen vor Abschluss eines Vertrags, unabhängig davon, ob der Vertrag tatsächlich geschlossen wurde oder nicht, ist das Recht anzuwenden, das auf den Vertrag anzuwenden ist oder anzuwenden gewesen wäre, wenn er geschlossen worden wäre.**

**(2) Kann das anzuwendende Recht nicht nach Absatz 1 bestimmt werden, so ist das anzuwendende Recht**

**a) das Recht des Staates, in dem der Schaden eingetreten ist, unabhängig davon, in welchem Staat das schadensbegründende Ereignis oder indirekte Schadensfolgen eingetreten sind, oder,**

**b) wenn die Parteien zum Zeitpunkt des Eintritts des schadensbegründenden Ereignisses ihren gewöhnlichen Aufenthalt in demselben Staat haben, das Recht dieses Staates, oder,**

**c) wenn sich aus der Gesamtheit der Umstände ergibt, dass das außervertragliche Schuldverhältnis aus Verhandlungen vor Abschluss eines Vertrags eine offensichtlich engere Verbindung mit einem anderen als dem in den Buchstaben a oder b bezeichneten Staat aufweist, das Recht dieses anderen Staates.**

**Schrifttum:** Beig, Grenze und Zusammenspiel zwischen Vertrag und Delikt, in Beig/Graf-Schimek/Grubinger/Scherreiter, Rom II-VO, Neues Kollisionsrecht für außervertragliche Schuldverhältnisse, 2008, 37; Benedict, Die culpa in contrahendo im IPR und IZPR, in Deinert (Hrsg.), Internationales Recht im Wandel, 2013, 19; Fischer, Culpa in contrahendo im europäischen internationalen Privatrecht, FS Kühne, 2010, 689; v. Hein, Die culpa in contrahendo im europäischen Privatrecht: Wechselwirkungen zwischen IPR und Sachrecht, GPR 2007, 54; Hocke, Der Anknüpfungsgegenstand von Art. 12 Rom II-VO, IPRax 2014, 305; Junker, Vorvertragliche Haftung im deutschen und europäischen Recht, FS Köhler, 2014, 327; Junker, Culpa in contrahendo im Internationalen Privat- und Prozessrecht, FS Stürner, 2013, 1043; Kurt, Culpa in contrahendo im europäischen Kollisionsrecht der vertraglichen und außervertraglichen Schuldverhältnisse, 2009; Lüttringhaus, Das internationale Privatrecht der culpa in contrahendo nach den EG-Verordnungen „Rom I" und „Rom II", RIW 2008, 193; Schinkels, „Dritthaftung" von Gutachtern in Deutschland und England im Lichte der Verordnung Rom II, JZ 2008, 272; Spickhoff, Das europäisierte Internationale Schuldrecht und die Europäisierung des Zivilrechts, in H. Roth (Hrsg.), Europäisierung des Rechts, 2010, 260; Spickhoff, Privatrechtsdogmatik und Deliktsrecht, FS Canaris, 2017, 547.

## I. Normzweck

1 Art. 12 greift die kollisionsrechtliche Behandlung der Culpa in Contrahendo auf. **Hintergrund** für diese Regelung der vor allem (aber nicht allein) im deutschen Sachrecht relevanten Erscheinung, die in §§ 311 Abs. 2 und 3, 241 Abs. 2, 280 Abs. 1 BGB seit 2002 normiert ist (s. auch BeckOGK/Schinkels, 1.8.2018, Rn. 3), ist nicht zuletzt die **Rspr. des EuGH,** der – im Rahmen des EuGVÜ (heute: Brüssel Ia-VO) – eine vertragsrechtliche Qualifikation nur im Falle freiwillig eingegangener Verpflichtungen akzeptiert (grdl. EuGH IPRax 2003, 143 (144)). Prägend für diese Einordnung sind nicht zuletzt französische Rechtsvorstellungen, die Erscheinungen wie die deutsche cic dem Deliktsrecht (das im System einer Generalklausel zumindest a priori reine Vermögensschäden deliktsrechtlich einfacher erfassen kann) zuschlagen (S. Lorenz ZEuP 1994, 220; vgl. auch Mankowski IPRax 2003, 127 (132)). Das Verschulden bei Vertragsschluss verlagert sich daher prozessual und nun auch auf der Ebene des europäischen Kollisionsrechts endgültig zumindest partiell ins Deliktsrecht; **eine „dritte Spur"** (dafür aus der Perspektive des deutschen Sachrechts Canaris FS Larenz, 1983, 27 (45); dazu auch v. Hein GPR 2007, 54; Spickhoff FS Canaris, 2017, 547, 561 ff.; Spickhoff, in Roth, Europäisierung des Rechts, 2010, 261, 269 f.) **wird** zwischen vertraglichen und außervertraglichen Schuldverhältnissen **im Europäischen Zivilprozess- und Kollisionsrecht** zwar **nicht anerkannt** (Lüttringhaus RIW 2008, 193 (196 f.)), wohl aber spiegelt sich die sachrechtliche „Flatterstellung" der cic auch im europäisierten Kollisionsrecht wider. Die zumindest partielle Nähe des Verschuldens bei Vertragsverhandlungen zum Vertrag zeigt sich indes an der in Abs. 1 sogleich wieder angeordneten vertragsakzessorischen Anknüpfung, die Art. 12 mit Art. 10 und Art. 11 freilich teilt.

2 Nach **überkommener deutscher Auffassung** beurteilten sich Ansprüche aus culpa in contrahendo demgegenüber nach dem Vertragsstatut (vgl. BGH NJW 1987, 1141; OLG München AWD 1956, 127; OLG Frankfurt IPRax 1986, 373 (377)). Auch zuständigkeitsrechtlich können Ansprüche wegen Verschuldens bei Vertragsschluss im Gerichtsstand des Erfüllungsortes (§ 29 ZPO) geltend gemacht werden, sofern dieser nicht durch die Brüssel Ia-VO bzw. das LugÜ verdrängt wird (BayObLG VersR 1985, 741 (743); krit. Spickhoff in H. Roth, Europäisierung des Rechts, 2010, 260, 270 ff.). Doch erscheint selbst in diesem Kontext die pauschale vertragsrechtliche Qualifizierung der culpa in contrahendo als zu undifferenziert (LG Kiel NJW 1989, 841: deliktsrechtliche Qualifikation; Spickhoff ZZP 109 (1996), 493 (511 f.)). Richtig war daher von vornherein, auch auf der Ebene des Kollisionsrechts **funktional zu differenzieren.** Eine vertragliche Qualifikation von Fällen der cic, jedenfalls solchen iSv Art. 12, ist indes nunmehr ausgeschlossen (Lüttringhaus RIW 2008, 193 (195 f.)).

## II. Anwendungsbereich

3 Wie stets ist auch der Begriff des Verschuldens bei Vertragsverhandlungen **autonom,** also nicht aus rein deutscher Sicht **auszulegen** (Erwägungsgrund 30 S. 1), wenngleich die Herkunft dieses Rechtsinstituts nicht verleugnet werden sollte. Er soll jedenfalls die Verletzung der Offenlegungspflicht (also die Verletzung von Hinweis- und Informationspflichten) und den Abbruch von Vertragsverhandlungen einschließen (Erwägungsgrund 30 S. 2). Der von Art. 12 erfasste Begriff ist enger zu verstehen als die deutsche cic (Leible/Lehmann RIW 2007, 721 (733)). Die betreffenden Pflichtverletzungen müssen in unmittelbarem Zusammenhang mit den Verhandlungen vor Abschluss eines Vertrages stehen (Erwägungsgrund 30 S. 3). Im Falle von **Personenschäden** (Verletzung des Lebens, des Körpers oder der Gesundheit, hinzuzufügen sein wird auch die **Sachbeschädigung,** also **alle sog. Integritätsverletzungen**) ist unmittelbar namentlich auf die

Art. 4, 5 und 7 abzustellen (Erwägungsgrund 30 S. 4) (ebenso Leible/Lehmann RIW 2007, 721 (733); näher zu den Fallgruppen BeckOGK/Schinkels, 1.8.2018, Rn. 31 ff.).

Geht es um die **Verletzung von Aufklärungs- und Beratungspflichten bei der Vertragsanbahnung,** handelt es sich um einen Ausgleich für eine **zerschlagene Leistungserwartung** (dazu Kurt, Culpa in contrahendo im europäischen Kollisionsrecht der vertraglichen und außervertraglichen Schuldverhältnisse, 2009, 160 ff.). Die Parteien bewegen sich damit schon auf dem Boden des Vertragsrechts, und die entsprechenden Ansprüche sind als vertragsähnliche Fälle der cic zu qualifizieren. Das gilt insbes. im Falle mangelnder Aufklärung über vertragswesentliche Umstände, ferner im Falle mangelnder Aufklärung über Wirksamkeitshindernisse (Fischer FS Kühne, 2010, 689 (692 ff.); Grüneberg/Thorn Rn. 2; ähnlich zur Erfüllungsortszuständgkeit nach EuGVÜ BGH VersR 2016, 342 mAnm Looschelders). Das gilt allemal, wenn hernach ein Vertrag zustande kommt (OLG München BeckRS 2015, 11202). 4

Geht es um den Ersatz für die **Verletzung des Integritätsinteresses,** um die **Einhaltung allgemeiner Obhuts- und Erhaltungspflichten,** so ist demgegenüber das Deliktsstatut (Art. 4) einschlägig (Fischer FS Kühne, 2010, 689 (691); Lüttringhaus RIW 2008, 193 (197 f.); ebenso zum autonomen Recht OLG Frankfurt IPRax 1986, 373 (378); Fischer JZ 1991, 168; Nickl, Die Qualifikation der culpa in contrahendo im internationalen Privatrecht, 1992, 66 ff.; auch hier für die Geltung des Vertragsstatuts früher Ahrens IPRax 1986, 355 (359 f.); Kegel/Schurig IPR § 17 V 1a). Das ist insbes. in den Kaufhausfällen anzunehmen (MüKoBGB/Junker Rn. 34). 5

Auch die **Haftung des Sachwalters bzw. Repräsentanten** als „vertragliche Haftung ohne Vertrag" (Fälle der sog Dritthaftung) kann deshalb nicht dem Vertragsstatut unterworfen werden (Grüneberg/Thorn Rn. 5; Fischer FS Kühne, 2010, 689 (698 ff.); früher bereits OLG Frankfurt IPRax 1986, 373 (378); OLG München WM 1983, 1093 (1097): Eigenhaftung des Vertreters; Kreuzer IPRax 1988, 16 (20 f.); anders aber Schinkels JZ 2008, 272 (278 ff.); Ahrens IPRax 1986, 355 (359 f.); für eine deliktische Qualifizierung im Rahmen der ZPO (§ 32) auch Spickhoff ZZP 109 (1996), 453 (511 f.); MüKoBGB/Junker Rn. 17). Nichts anderes gilt für die **Prospekthaftung** (LG Berlin BeckRS 2020, 32005). Ob der Geschäftsherr selbst für Dritte vertraglich haftet, bestimmt sich dagegen nach dem Vertragsstatut. 6

## III. Anknüpfungssystem

Eine vorrangig zu beachtende **Rechtswahl im Rahmen von Art. 14** ist auch im Anwendungsbereich des Art. 12 möglich. Aufgrund der zumindest formal deliktsrechtlichen Qualifikation des Verschuldens bei Vertragsschluss gilt dies unabhängig von eventuell weitergehenden Beschränkungen der Rechtswahl im Internationalen Vertragsrecht. 7

Im Gegensatz zur überkommenen deutschen Auffassung unterliegen Ansprüche aus culpa in contrahendo auch iÜ nicht ohne weiteres dem Vertragsstatut. Die **(akzessorische) Anknüpfung an ein ggf. bloß hypothetisches Vertragsstatut** (ähnlich wie in Art. 3 Abs. 5, 10 Rom I-VO) gilt nur im Rahmen von **Abs. 1.** Vorausgesetzt sind „Verhandlungen vor Abschluss eines Vertrages". Dann ist akzessorisch an einen später tatsächlich geschlossenen Vertrag oder an einen hypothetisch geschossenen Vertrag anzuknüpfen, ggf. objektiv über Art. 4 ff. Rom I-VO, wobei nach der intendierten oder erwogenen vertragscharakteristischen Leistung zu suchen ist. Das gilt insbes., wenn die Verletzung von Aufklärungs- und Beratungspflichten bei der Vertragsanbahnung, also der Ausgleich für eine zerschlagene Leistungserwartung (unter Einbeziehung der Fallgruppe des Abbruchs von Vertragsverhandlungen) geltend gemacht wird. Geht es um den Ersatz für die Verletzung des Integritätsinteresses, so ist demgegenüber das Deliktsstatut einschlägig (Erwägungsgrund 30 S. 4). Das ist insbes. in den Kaufhausfällen anzunehmen. Auch die Haftung des Sachwalters bzw. Repräsentanten (sog Dritthaftung) kann nicht dem (hypothetischen) Vertragsstatut unterworfen werden; hier sind vielmehr die an das Deliktstatut des Art. 4 angelehnten Anknüpfungen des Abs. 2 einschlägig. Dabei kann indes auch die Ausweichklausel des Abs. 2 lit. c in Betracht kommen (Grüneberg/Thorn Rn. 5; PWW/Schaub Rn. 6). 8

Außerhalb der akzessorischen Anknüpfung an ein ggf. hypothetisches Vertragsstatut nach Abs. 1 (und einer stets allem anderen vorrangigen Rechtswahl gem. Art. 14) gilt die Anknüpfungsleiter des **Abs. 2: gemeinsamer gewöhnlicher Aufenthalt (lit. b),** hilfsweise **Verletzungserfolgs- bzw. „erster" Schadenseintrittsort** (zur Konkretisierung s. näher Art. 4). Diese beiden Anknüpfungen (nicht hingegen: eine Rechtswahl nach Art. 14 und ebenso wenig die Anknüpfung nach Art. 12 Abs. 1) können verdrängt werden durch eine **offensichtlich engere Verbindung (lit. c);** auch insoweit gilt das zu Art. 4 Ausgeführte entspr. Insgesamt sollte Abs. 2 so ausgelegt werden, dass die funktional deliktisch zu qualifizierenden Ansprüche wegen Verschuldens bei Vertragsverhandlungen, die unter diese Norm zu subsumieren sind, in **Parallelität zur Grundre-** 9

**gel des Art. 4 angeknüpft** werden. Das intendiert die Norm erkennbar und macht ggf. die bisweilen heikle Abgrenzung überflüssig, welche Tatbestände „rein" deliktsrechtlich zu verstehen, also von vornherein unter Art. 4 zu subsumieren sind, und welche Tatbestände (noch) unter den Anwendungsbereich des Art. 12 (Abs. 2) fallen.

### Art. 13 Anwendbarkeit des Artikels 8

**Auf außervertragliche Schuldverhältnisse aus einer Verletzung von Rechten des geistigen Eigentums ist für die Zwecke dieses Kapitels Artikel 8 anzuwenden.**

1 Art. 13 schließt im Falle der Verletzung von Rechten des geistigen Eigentums den Rückgriff auf Art. 11 und 12 aus. Kollisionsrechtlich allein maßgeblich ist Art. 8. So wird ein **kollisionsrechtlicher Gleichlauf** bezweckt und erzielt. Damit qualifiziert Art. 13 die Verletzung von Rechten des geistigen Eigentums entweder ausschließlich deliktsrechtlich oder knüpft – was von rein dogmatischem Interesse, indes ohne praktische Konsequenzen ist – die entsprechenden Ansprüche akzessorisch an Art. 8 an (Grüneberg/Thorn Rn. 1). Der insbes. im deutschen, aber auch im englischen Sachrecht (Huber/Illmer Rn. 1) vorgeschlagenen bereicherungsrechtlichen Abwicklung solcher Fälle (insbes. über die Eingriffskondiktion) wird mithin auf der Ebene des europäischen Kollisionsrechts systematisch nicht gefolgt. Ob es (aus deutscher sachrechtlicher Sicht) **bereicherungsrechtliche Ansprüche oder solche aus Geschäftsführung ohne Auftrag** gibt, **entscheidet** also das über **Art. 8** anzuwendende Recht. Damit besteht auch insoweit **keine Rechtswahlmöglichkeit** gem. Art. 14 (zu früheren Entwürfen s. bereits Fuchs GPR 2004, 100 (103); v. Hein ZVglRWiss 102 (2003), 528 (560); G. Wagner IPRax 2006, 372 (381)).

## Kapitel IV. Freie Rechtswahl

### Art. 14 Freie Rechtswahl

**(1) Die Parteien können das Recht wählen, dem das außervertragliche Schuldverhältnis unterliegen soll:**
**a) durch eine Vereinbarung nach Eintritt des schadensbegründenden Ereignisses; oder**
**b) wenn alle Parteien einer kommerziellen Tätigkeit nachgehen, auch durch eine vor Eintritt des schadensbegründenden Ereignisses frei ausgehandelte Vereinbarung.**
**Die Rechtswahl muss ausdrücklich erfolgen oder sich mit hinreichender Sicherheit aus den Umständen des Falles ergeben und lässt Rechte Dritter unberührt.**

**(2) Sind alle Elemente des Sachverhalts zum Zeitpunkt des Eintritts des schadensbegründenden Ereignisses in einem anderen als demjenigen Staat belegen, dessen Recht gewählt wurde, so berührt die Rechtswahl der Parteien nicht die Anwendung derjenigen Bestimmungen des Rechts dieses anderen Staates, von denen nicht durch Vereinbarung abgewichen werden kann.**

**(3) Sind alle Elemente des Sachverhalts zum Zeitpunkt des Eintritts des schadensbegründenden Ereignisses in einem oder mehreren Mitgliedstaaten belegen, so berührt die Wahl des Rechts eines Drittstaats durch die Parteien nicht die Anwendung – gegebenenfalls in der von dem Mitgliedstaat des angerufenen Gerichts umgesetzten Form – der Bestimmungen des Gemeinschaftsrechts, von denen nicht durch Vereinbarung abgewichen werden kann.**

**Schrifttum:** Köthe, Schranken der Parteiautonomie im internationalen Deliktsrecht, 2008; Leible, Die Rechtswahl im IPR der außervertraglichen Schuldverhältnisse nach der Rom II-VO, RIW 2008, 257; Mankowski, Ausgewählte Einzelfragen zur Rom II-VO: Internationales Umwelthaftungsrecht, internationales Kartellrecht, renvoi, Parteiautonomie, IPRax 2010, 389; Rühl, Rechtswahlfreiheit im europäischen Kollisionsrecht, FS Kropholler, 2008, 187; Rühl, Die Kosten der Rechtswahlfreiheit, RabelsZ 71 (2007), 559; Vogeler, Die freie Rechtswahl im Kollisionsrecht der außervertraglichen Schuldverhältnisse, 2013; Vogeler, Die freie Rechtswahl im außervertraglichen Kollisionsrecht, in Spickhoff (Hrsg.), Parteiautonomie im Europäischen Internationalen Privatrecht, 2014, 67; Wandt, Rechtswahlregelung im Europäischen Kollisionsrecht, 2014.

## I. Normzweck und systematische Stellung

1 Die **Parteiautonomie** im Recht der außervertraglichen Schuldverhältnisse entspricht der **Disponibilität** daraus folgender Ansprüche **auf sachrechtlicher Ebene** (→ EGBGB Art. 42 Rn. 1). Die nachträgliche Rechtswahl nach Art. 14 geht allen anderen Anknüpfungen des außervertraglichen Schuldrechts (außer denjenigen nach **Art. 6, 8, 13**) vor, nach dem eindeutigen Wortlaut (indes rechtspolitisch fragwürdig) auch der Anknüpfung gem. Art. 9 (MüKoBGB/Junker Rn. 13; anders de lege lata G. Wagner IPRax 2008, 1 (10); Ofner ZfRV 2008, 13 (20)) und Art. 7 (MüKoBGB/Junker Rn. 13; anders de Boer YbPIL 9 (2007), 19 (25)). Sie dient der Rechtssicherheit zugunsten der Parteien (Erwägungsgrund 31 S. 1) (s. auch Leible/Lehmann RIW 2007, 721 (726); zur theoretischen Fundierung näher BeckOGK/Rühl Rn. 7–11). Neben der öffentlichen Ordnung (Art. 26) und den Eingriffs- und Sicherheits- bzw. Verhaltensnormen (Art. 16, 17) ergeben sich (über Art. 42 EGBGB hinaus) auch Beschränkungen aus Abs. 2 und 3. Weitergehend als in Art. 42 EGBGB besteht die Möglichkeit der Rechtswahl nicht immer erst nach Eintritt des haftungsbegründenden Ereignisses, wenn alle Parteien einer kommerziellen Tätigkeit nachgehen. Im Übrigen ist die Rechtswahl nicht so ausführlich geregelt wie in Art. 3 Rom I-VO für das internationale Vertragsrecht. Wegen des Gebots der einheitlichen Anwendung der Rom I-VO und Rom II-VO (Erwägungsgrund 7) kommt **ergänzend** ein **Rückgriff auf Art. 3 Rom I-VO** in Betracht (MüKoBGB/Junker Rn. 8). Zu beachten ist ungeachtet dessen, dass ein vollständiger wertungsmäßiger Gleichlauf mit der Rom I-VO insoweit nicht erzielt werden kann, als eine vorherige Rechtswahl nebst akzessorischer Anknüpfung bei Verbraucherverträgen (Art. 6 Abs. 2 Rom I-VO iVm Art. 4 Abs. 3 S. 2) in Bezug auf deliktsrechtliche Ansprüche anderen Voraussetzungen unterliegt als eine unmittelbare vorherige Rechtswahl deliktsrechtlicher Ansprüche nach Art. 14 Abs. 1 lit. b. Allenfalls kann insoweit der wertungsoffene Wortlaut des Art. 4 Abs. 3 S. 2 („könnte sich … ergeben", nicht: „ergibt sich") diesen drohenden Wertungswiderspruch vermeiden helfen (v. Hein ZEuP 2009, 6 (21); dagegen aber MüKoBGB/Junker Rn. 10).

## II. Gegenstand der Rechtswahl

2 Gegenstand der Rechtswahl kann **nur staatliches Recht** sein. Ein bestimmter Bezug zu dem gewählten Recht ist prinzipiell nicht erforderlich (Grüneberg/Thorn Rn. 5). Die Möglichkeit einer unmittelbaren Wahl „allgemeiner Rechtsgrundsätze" oÄ außerhalb staatlicher Rechtsordnungen, wie sie für die geplante Rom I-VO diskutiert worden, aber auch nicht umgesetzt ist, findet sich in der Rom II-VO gleichfalls nicht (Rühl FS Kropholler, 2008, 187 (194); PWW/Schaub Rn. 2; MüKoBGB/Junker Rn. 15; Vogeler, Die freie Rechtswahl im Kollisionsrecht der außervertraglichen Schuldverhältnisse, 2013, 320). Denkbar ist die Vereinbarung allgemeiner Rechtsgrundsätze oÄ mithin nur auf sachrechtlicher Ebene (BeckOGK/Rühl Rn. 81). Der Parteiautonomie zugänglich sind diejenigen **Regelungsmaterien, die unter den Anwendungsbereich der Rom II-VO fallen.** Ob das abgewählte Deliktsstatut die Rechtswahl zulässt oder nicht, ist unerheblich. Grenzen findet die Rechtswahl aber in Art. 17 in Bezug auf Verkehrs- und Sicherheitsvorschriften, ebenso in Bezug auf Eingriffsnormen (Art. 16) und den Vorbehalt des ordre public (Art. 26). Die Rechtswahl ist abgesehen von Abs. 2, 3 nicht auf bestimmte Rechtsordnungen beschränkt. Obwohl nicht ausdrücklich hervorgehoben, besteht die Möglichkeit einer **Teilrechtswahl** entspr. Art. 3 Abs. 1 S. 3 Rom I-VO (Grüneberg/Thorn Rn. 4; MüKoBGB/Junker Rn. 37; zweifelnd PWW/Schaub Rn. 2), allerdings mit den gleichen Beschränkungen wie dort (→ VO (EG) 593/2008 Art. 3 Rn. 1 ff. f.). Die Rechtswahl kann sich also nur auf größere Teilbereiche (und nicht etwa nur auf einzelne Normen, die abgewählt oder erwählt werden) beziehen. Auch eine konkludente Teilrechtswahl ist denkbar (vgl. LG Dortmund BeckRS 2019, 388), sollte aber nur zurückhaltend angenommen (und nicht einfach unterstellt) werden.

## III. Zustandekommen und Wirksamkeit

3 Im Rahmen von Art. 14 ist nicht geregelt, nach welchem Recht sich Zustandekommen und Wirksamkeit der Rechtswahlvereinbarung richten. **Entspr. Art. 3 Abs. 5 Rom I-VO, Art. 10 Rom I-VO mit Erwägungsgrund 7 der Rom II-VO** ist dafür grds. das Recht des Staates maßgeblich, das anzuwenden wäre, wenn der Verweisungsvertrag wirksam wäre (ebenso Grüneberg/Thorn Rn. 11; PWW/Schaub Rn. 3; eingehend Vogeler, Die freie Rechtswahl im Kollisionsrecht der außervertraglichen Schuldverhältnisse, 2013, 326 ff.; für den Rückgriff auf die lex fori MüKoBGB/Junker Rn. 26). Für die Form gilt Art. 11 Rom I-VO (sofern die Rechtswahl als Nebenabrede erscheint) (Vogeler, Die freie Rechtswahl im Kollisionsrecht der außervertraglichen

Schuldverhältnisse, 2013, 226), für die Rechts- und Geschäftsfähigkeit Art. 7 EGBGB und Art. 13 Rom I-VO bzw. Art. 12 EGBGB (vgl. Looschelders EGBGB Art. 42 Rn. 16, 17).

## IV. Nachträgliche Rechtswahl (Abs. 1 S. 1 lit. a)

4 Art. 14 Abs. 1 S. 1 lit. a ermöglicht eine formlose Rechtswahl nach Eintritt des schadensbegründenden Ereignisses, durch das ein außervertragliches Schuldverhältnis (Bereicherung, Geschäftsführung ohne Auftrag, Delikt, culpa in contrahendo, vgl. auch Art. 2 Abs. 1) entstanden ist. Dabei wird man auf den Zeitpunkt des haftungsrelevanten Verhaltens abstellen können, nicht erst auf den Zeitpunkt eines Verletzungserfolges (arg. e Art. 2 Abs. 2). Es ist eindeutig, dass Art. 14 Abs. 1 S. 1 lit. a im Unterschied zu lit. b **nur** die Möglichkeit der **nachträglichen Rechtswahl** eröffnet. Von einer Regelungslücke in Bezug auf die Möglichkeit der vorherigen Rechtswahl kann man hier keinesfalls ausgehen (ebenso MüKoBGB/Junker Rn. 16. Zur ratio der Differenzierung näher BeckOGK/Rühl Rn. 46 ff.). Im Falle eines Delikts kommt es auf den **Zeitpunkt des deliktserheblichen Verhaltens** an, was aus den unterschiedlichen Texten der Art. 4 Abs. 1 und Art. 14 Abs. 1 lit. a folgt (MüKoBGB/Junker Rn. 18, 19; Vogeler, Die freie Rechtswahl im Kollisionsrecht der außervertraglichen Schuldverhältnisse, 2013, 239 ff., auch zum Bereicherungsrecht und zur GoA; BeckOGK/Rühl Rn. 56 ff.). Im Falle von **Gefährdungshaftungen** genügt zwar noch nicht das bloße Halten einer gefährlichen Sache für das Auslösen von lit. a. Jedoch sollte eine entsprechende konkrete Gefährdung (zB Explosion einer emittierenden Anlage) genügen (zweifelnd und für die Bestimmung des Handlungsortes nach der – zudem spärlichen – Rspr. des EuGH BeckOGK/Rühl Rn. 59), nicht erst die Rechtsgutsverletzung. Für Ansprüche auf **Unterlassung** (und das Eingreifen von Rechtfertigungsgründen) muss das potenzielle Opfer nicht erst auf die Handlung (gar den Schuss mit der Pistole) oder den Verletzungserfolgseintritt warten, zumal es im Falle von Unterlassungsansprüchen ohnehin auf die Wahrscheinlichkeit des Schadenseintritts oder einer Rechtsgutsverletzung ankommt (Art. 2 Abs. 2 und 3). Bestehen zwischen den Parteien vor der Entstehung des außervertraglichen Schuldverhältnisses rechtliche oder tatsächliche Beziehungen, kommt über Art. 4 Abs. 3 S. 2 immer noch eine akzessorische Anknüpfung, namentlich an ein (ggf. gewähltes) Vertragsstatut in Betracht. Die einmal getroffene **Rechtswahl** kann **nachträglich aufgehoben oder abgeändert** werden; insoweit gilt nichts anderes als im Internationalen Vertragsrecht (Art. 3 Abs. 2 S. 1 Rom I-VO mit Erwägungsgrund 7) (MüKoBGB/Junker Rn. 24; PWW/Schaub Rn. 4). Im Zweifel wirkt eine solche Änderung ex tunc (Grüneberg/Thorn Rn. 11).

## V. Vorherige Rechtswahl (Abs. 1 S. 1 lit. b)

5 Nach Art. 14 Abs. 1 S. 1 lit. b kann eine Rechtswahl unter engen Voraussetzungen auch vor Entstehen des gesetzlichen Schuldverhältnisses wirksam getroffen werden. Die Rechtswahl muss „frei" ausgehandelt sein, und es müssen alle Parteien einer kommerziellen Tätigkeit nachgehen (MüKoBGB/Junker Rn. 23). Dadurch (und auch durch Abs. 2 und 3) soll der **Schutz der schwächeren Partei** gewährleistet werden (Erwägungsgrund 31 S. 4) (rechtspolitisch krit. zu diesen Einschränkungen G. Wagner IPRax 2006, 372 (386 ff.)). Nach dem Telos der Norm wird ein innerer Zusammenhang zwischen dem Delikt und der kommerziellen Tätigkeit angenommen werden müssen. Kommerziell Tätige sind Unternehmer in etwa iSv § 14 BGB bzw. der Verbraucherrichtlinien der EG/EU (G. Wagner IPRax 2009, 1 (13)). Auch wird man – gerade im internationalen Handelsverkehr übliche – Rechtswahlklauseln in AGB zB im rein inner-unternehmerischen Bereich nicht ohne weiteres als „unfrei" ausgehandelt ansehen können. Auf §§ 305 ff. BGB wird man bei der Beurteilung zudem nicht abstellen dürfen (G. Wagner IPRax 2009, 1 (13 f.); Kühne FS Deutsch, Bd. II, 2009, 817 (826); Grüneberg/Thorn Rn. 9; MüKoBGB/Junker Rn. 36; anders Leible RIW 2008, 257 (260); PWW/Schaub Rn. 4).

## VI. Stillschweigende Rechtswahl (Abs. 1 S. 2)

6 Die Rechtswahl nach Art. 14 (sowohl nach S. 1 lit. a und lit. b) kann gem. Abs. 1 S. 2 **ausdrücklich oder stillschweigend** abgeschlossen werden. Auf einen hypothetischen Willen darf nicht abgestellt werden (Grüneberg/Thorn Rn. 6). Welche Anforderungen an ausdrückliche oder stillschweigende Willenserklärungen im Zusammenhang mit einer Rechtswahl zu stellen sind, ist im Wege der autonomen Auslegung zu ermitteln. Auch kommt eine – auch stillschweigende – (nachträgliche) Rechtswahl durch entsprechendes Verhalten im Prozess in Betracht. Indes ist es – mehr noch als im Rahmen des autonomen Rechts (Art. 42 EGBGB) – innerhalb der Rom II-

VO zweifelhaft, eine stillschweigende Wahl deutschen Rechts anzunehmen, weil die Parteien sich nur über deutsches Recht stritten (und sich über die Rechtswahlproblematik gar nicht im Klaren waren) (so aber – beispielhaft zum deutschen autonomen IPR – BGH IPRax 1982, 13 (14); zu Art. 14 OLG Frankfurt GRUR-RR 2020, 74). Das lässt sich wohl nur halten, wenn ein entsprechendes **aktuelles Erklärungsbewusstsein** der Parteien vorliegt, wie Erwägungsgrund 31 S. 3 („hat das Gericht den Willen der Parteien zu achten") deutlich anzeigt (MüKoBGB/Junker Rn. 33; Grüneberg/Thorn Rn. 6; Leible RIW 2008, 257 (261); PWW/Schaub Rn. 5; Vogeler, Die freie Rechtswahl im Kollisionsrecht der außervertraglichen Schuldverhältnisse, 2013, f.; in der Sache auch BeckOGK/Rühl Rn. 102; zu Art. 42 EGBGB → EGBGB Art. 42 Rn. 6). Streiten sich die Parteien über ausländisches Recht, kann man freilich davon ausgehen, dass sie sich über die Frage des anwendbaren Rechts Gedanken gemacht haben. Anders liegt es, wenn unreflektiert von den Parteien deutsches Recht zugrunde gelegt wird. Hier ist ggf. nachzufragen (§ 139 ZPO). Die Vereinbarung eines ausschließlichen Gerichtsstands ist ein gewichtiges Indiz für eine konkludente Rechtswahl (Leible RIW 2008, 257 (261)), indes nur in Fällen von lit. b bei (zulässiger) vorheriger Rechtswahl, während bei nachträglicher Rechtswahl Vorsicht geboten sein kann (MüKoBGB/Junker Rn. 31).

## VII. Rechte Dritter

Ebenso wie Art. 3 Abs. 2 S. 2 Alt. 2 Rom I-VO (zu Art. 42 EGBGB → EGBGB Art. 42 Rn. 5) regelt auch Art. 14 S. 2 aE, dass Rechte Dritter (zB Haftpflichtversicherungen, Regressgläubiger) (A. Fuchs GPR 2004, 100 (104)) durch eine Rechtswahl unberührt bleiben. Das gilt insbes. im Kontext von Art. 18, soweit es um einen Direktanspruch gegen den Versicherer geht (Leible RIW 2008, 257 (261); Grüneberg/Thorn Rn. 12; PWW/Schaub Rn. 7; MüKoBGB/Junker Rn. 49; näher BeckOGK/Rühl Rn. 117 ff.). 7

## VIII. Ius cogens (Abs. 2 und 3)

Art. 14 Abs. 2 und 3 regeln den Schutz von sachrechtlichem ius cogens, insbes. im öffentlichen Interesse der betreffenden Rechtsordnungen, aber auch im Lichte des Verbraucherschutzes (G. Wagner IPRax 2006, 372 (387)). Die Normen greifen (wenngleich unterschiedlich ausgestaltet) bei fehlendem Bezug zu mehr als einem Staat (Abs. 2) bzw. zu Staaten außerhalb der EU – auch solchen des EWR – den Gedanken des Art. 3 Abs. 3 und 4 Rom I-VO auf und entsprechen diesem in der Sache im Wesentlichen. Darunter wird zB eine eventuelle AGB-Rechtswidrigkeit von Haftungsfreizeichnungen fallen. Hinzu tritt der besondere Schutz von Unionsrecht vor der kollisionsrechtlichen Disponibilität, man denke an die Produkthaftungsrichtlinie (Leible/Lehmann RIW 2007, 721 (727)). Als von Abs. 2 und 3 gemeinte **„Elemente"** sind **alle nach der Rom II-VO relevanten Anknüpfungsmomente** zu verstehen, also nicht nur der Tat- oder Verletzungsort bzw. der erste Schadenseintrittsort, sondern auch der gewöhnliche Aufenthalt der Parteien, und die Momente, welche die Ausweichklausel (Art. 4 Abs. 3) auslösen können (→ Rn. 9 ff.). Im Rahmen von Abs. 3 kommt es in Bezug auf Richtlinien (namentlich die Produkthaftungs-RL) auf den Umsetzungsakt am Gerichtsort an (Grüneberg/Thorn Rn. 14; PWW/Schaub Rn. 9). Rechtsfolge ist ggf. eine Mischung von Sachnormen verschiedener Staaten, es sei denn, zB das Deliktsrecht wird im Ganzen als ius cogens angesehen; dann wird die Rechtswahl über Abs. 2 iErg obsolet (G. Wagner IPRax 2008, 1 (14)). Im Verhältnis zu Abs. 2 dürfte dann, wenn Abs. 2 (im seltenen Ausnahmefall) zu einem abweichenden Ergebnis von dem nach Abs. 3 maßgeblichen Recht führt, Abs. 3 als lex specialis anzusehen sein; die Durchsetzung unionsrechtlicher Standards hat Vorrang (v. Hein ZEuP 2009, 6 (22)). 8

Auch **Dänemark** ist – entgegen Art. 1 Abs. 4 (→ Art. 1 Rn. 20) und dem Wortlaut – nach dem Telos der Norm wohl noch vom Begriff des Mitgliedstaats erfasst, weil dort dieselben sachrechtlichen Standards gelten wie sonst (Grüneberg/Thorn Rn. 15; PWW/Schaub Rn. 9; Heiss/Loacker JBl 2007, 613 (623); Leible RIW 2008, 257 (263); BeckOGK/Rühl Rn. 139; für eine streng wortlautbezogene Auslegung dagegen MüKoBGB/Junker Rn. 43). 9

# Kapitel V. Gemeinsame Vorschriften

### Art. 15 Geltungsbereich des anzuwendenden Rechts

**Das nach dieser Verordnung auf außervertragliche Schuldverhältnisse anzuwendende Recht ist insbesondere maßgebend für**

**a) den Grund und den Umfang der Haftung einschließlich der Bestimmung der Personen, die für ihre Handlungen haftbar gemacht werden können;**
**b) die Haftungsausschlussgründe sowie jede Beschränkung oder Teilung der Haftung;**
**c) das Vorliegen, die Art und die Bemessung des Schadens oder der geforderten Wiedergutmachung;**
**d) die Maßnahmen, die ein Gericht innerhalb der Grenzen seiner verfahrensrechtlichen Befugnisse zur Vorbeugung, zur Beendigung oder zum Ersatz des Schadens anordnen kann;**
**e) die Übertragbarkeit, einschließlich der Vererbbarkeit, des Anspruchs auf Schadenersatz oder Wiedergutmachung;**
**f) die Personen, die Anspruch auf Ersatz eines persönlich erlittenen Schadens haben;**
**g) die Haftung für die von einem anderen begangenen Handlungen;**
**h) die Bedingungen für das Erlöschen von Verpflichtungen und die Vorschriften über die Verjährung und die Rechtsverluste, einschließlich der Vorschriften über den Beginn, die Unterbrechung und die Hemmung der Verjährungsfristen und der Fristen für den Rechtsverlust.**

**Schrifttum:** Eichel, Die Anwendbarkeit von § 287 ZPO im Geltungsbereich der Rom I- und der Rom II-Verordnung, IPRax 2014, 156; Zwickel, Der Anscheinsbeweis zwischen lex causae und lex fori im Bereich des französischen Straßenverkehrshaftungsrechts (Loi Badinter), IPRax 2015, 531.

## I. Normzweck

1 Art. 15 hat den Zweck, das **Prinzip der einheitlichen Anknüpfung außervertraglicher Schuldverhältnisse** (nicht allein deliktsrechtlicher) sicherzustellen (ebenso Grüneberg/Thorn Rn. 3; MüKoBGB/Junker Rn. 2). Es gilt an sich einheitlich das nach der Rom II-VO zu ermittelnde Schuldstatut. Damit werden Angleichungsschwierigkeiten, die sich aus der Anwendung unterschiedlicher Rechtsordnungen ergeben können, soweit wie möglich vermieden. Der Grundsatz der einheitlichen Anknüpfung wird allerdings etwa durch Art. 17 durchbrochen. Auch im Falle der Teilrechtswahl (→ Rn. 2) wird er verlassen. Weiter kann im Einzelfall der Grundsatz der einheitlichen Anknüpfung des Schuldvertragsstatuts über Art. 16 und 26 modifiziert werden. Schließlich kommt eine selbständige Anknüpfung von Vorfragen in Betracht (Grüneberg/Thorn Rn. 2).

## II. Anwendungsfälle

2 Art. 15 benennt in den **lit. a–h** nur **besonders wichtige, nicht abschließend zu verstehende Anwendungsfälle** für den Anwendungsbereich der Rom II-VO, wie sich aus der Formulierung dieser Norm („insbes.") ergibt. Der **Begriff des Schadens** erfasst sämtliche Folgen eines außervertraglichen Schuldverhältnisses (Art. 2 Abs. 1); der in Art. 15 verwendete **Begriff der Haftung** meint außerhalb des Haftungsrechts die Verpflichtung (MüKoBGB/Junker Rn. 4).

3 Erfasst sind zunächst alle Normen zu Grund, Umfang und Passivlegitimation **(lit. a),** also **alle außervertraglichen Anspruchsgrundlagen,** sei es dass diese auf rechtswidrigem Verhalten beruhen oder – wie die objektiven Haftungstatbestände (etwa die aus Art. 1384 CC abgeleiteten) oder Gefährdungshaftungen – nicht. Die Rom II-VO betrifft alle Haftungstatbestände, die funktional den im Deliktsrecht geregelten entsprechen, also etwa § 829 BGB und Schadensersatzansprüche wegen entschuldigenden Notstands und Verteidigungs- sowie Angriffsnotstands (§§ 228 S. 2, 904 S. 2 BGB), ferner die zivilrechtliche Aufopferungshaftung. Auch solche deliktsrechtlichen Anspruchsgründe, die im deutschen Recht außerhalb des BGB geregelt sind, unterfallen dem Deliktsstatut. Das gilt bis hin zur Haftung nach § 945 ZPO (zum autonomen IPR OLG Düsseldorf VersR 1961, 1144), nicht hingegen für Ansprüche aus enteignendem oder enteignungsgleichem Eingriff bzw. wegen öffentlich-rechtlicher Aufopferung wie überhaupt für die Staatshaftung (Art. 1 Abs. 1: keine Zivilsache). Bei alledem ist **autonom zu qualifizieren.** Ansprüche aus Verlöbnisbruch, die das deutsche Recht zT familienrechtlich qualifiziert, sind innerhalb der Rom II-VO der romanischen Linie folgend deliktsrechtlich zu qualifizieren; auch die Brüssel Ia-VO ist anwendbar (Lorenz/Unberath IPRax 2005, 516 (517); Gottwald JZ 1997, 92).

4 Innerhalb der jeweiligen Haftungsgründe unterliegen dem Deliktsstatut **alle Fragen des haftungsbegründenden Tatbestandes** (Verletzungserfolg, Verletzungshandlung, etwaige Haltereigenschaft (Kfz-Halter, Tierhalter) uÄ (MüKoBGB/Junker Rn. 9; zum deutschen Recht LG München I IPRax 1984, 101; Mansel VersR 1984, 97 (102 ff.)), Kausalität und objektive Zurechnung, Rechtswidrigkeit und Rechtfertigungsgründe, Verschulden und sonstige Fragen der objektiven

Zurechenbarkeit). Insbesondere sollten zur Vermeidung einer Zersplitterung der Anknüpfung und der Erkennbarkeit der Rechtslage für die Beteiligten die Rechtswidrigkeit, Rechtfertigungsgründe (einschließlich Einwilligungsfähigkeit), das Verschulden und die Verschuldensfähigkeit nicht selbständig angeknüpft werden (für selbständige Anknüpfung der Rechtswidrigkeit dagegen Bernitt, Anknüpfung von Vorfragen, 2010, 163–170; wie hier MüKoBGB/Junker Rn. 8). Das reicht bis hin zur Bedeutung von Patientenverfügungen (str., näher und mwN Spickhoff FS Coester-Waltjen, 2015, 825); die Vorsorgevollmacht unterfällt indes dem vorrangig anzuwendenden Haager Erwachsenenschutzübereinkommen. Auch wer haftet, wer also **passiv legitimiert** ist, wird durch die Rom II-VO (insbes. das Deliktsstatut) nach dem Wortlaut von lit. a und dem dies wiederholenden Erwägungsgrund 12, wonach das anzuwendende Recht auch für die Frage gelten soll, wer für eine unerlaubte Handlung haftbar gemacht werden kann, entschieden. Es bestimmt, wer Täter ist und ob Anstifter, Gehilfen (vgl. insoweit auch § 9 Abs. 2 StGB) oder Mittäter haften (BGH IPRax 1983, 118 (119 f.)). Es gibt Auskunft darüber, ob mehrere Haftpflichtige zusammen den ganzen Schaden tragen müssen, ob jeder der Täter für den ganzen Schaden verantwortlich gemacht werden kann oder ob jeder Einzelne einen Anteil zu tragen hat. **Zinsforderungen** bezüglich eines deliktischen Schadensersatzanspruchs richten sich nach lit a, nicht nach lit. b oder c, unterfallen aber jedenfalls dem Deliktsstatut (OLG Saarbrücken BeckRS 2019, 7852 = IPRax 2021, 166 (170), indes für lit. b; für lit. c OLG Celle NJW-RR 2021, 1253 Rn. 44).

Erfasst sind nach **lit. b** Haftungsausschlüsse oder Haftungsobergrenzen, Mitverschulden, aber 5 auch die Existenz einer Marktanteilshaftung (wie in den USA) oder die Haftung für den Verlust einer (zB Heilungs-)Chance (wie in Frankreich). Eine gewisse Möglichkeit der Überschneidung mit lit. h ist nicht zu verkennen (MüKoBGB/Junker Rn. 12), aber nicht weiter relevant.

**Lit. c** greift näher die **Haftungsausfüllung** auf, die lit. a wiederum ebenfalls anspricht. Das 6 Deliktsstatut bestimmt auch, welche Rechtsfolgen sich an einen verwirklichten Haftungsgrund anschließen. Erfasst ist damit der **gesamte haftungsausfüllende Tatbestand.** Es gibt keine Sonderanknüpfung der Haftungsfolgen (keine solche „folgenorientierte Auflockerung" des Deliktsstatuts). Das Deliktsstatut bestimmt Art und Höhe des Schadensersatzes (LG Karlsruhe NJW-RR 2021, 157), insbes. ob er in Form von Naturalrestitution oder Geldersatz geschuldet und wie der Schaden iE zu berechnen ist (abstrakt oder konkret). Auch der Unterhaltsschaden (in Deutschland etwa nach § 844 BGB) richtet sich nach dem Deliktsstatut. Ob und in welcher Höhe ein insoweit relevanter Unterhaltsanspruch bestanden hätte, das richtet sich als selbständig anzuknüpfende Vorfrage hingegen nach Art. 18 bzw. dem Haager Unterhaltsübereinkommen (OLG Frankfurt zfs 2004, 452 (454)). Zu Ausgleichsansprüchen zwischen den Tatbeteiligten s. Art. 20. Bei alledem sind nach **Erwägungsgrund 33** (zu seiner Vorgeschichte MüKoBGB/Junker Rn. 16–18) gem. den geltenden nationalen Bestimmungen über den Schadensersatz für Opfer von Straßenverkehrsunfällen bei der Schadensberechnung für Personenschäden in Fällen, in denen sich der Unfall in einem anderem Staat als dem des gewöhnlichen Aufenthalts des Opfers ereignet, alle relevanten tatsächlichen Umstände des jeweiligen Opfers zu berücksichtigen, insbes. einschließlich tatsächlicher Verluste und Kosten für Nachsorge und medizinische Versorgung. Erwägungsgrund 33 betrifft also nicht das Kollisionsrecht, sondern eine – soweit möglich – Auslegungsrichtlinie für das anzuwendende Sachrecht. Weicht fremdes Sachrecht von der entsprechenden Vorgabe ab, kann im Einzelfall mit dem Vorbehalt des (dann europäisch auszufüllenden) ordre public geholfen werden (Art. 26). Die Auslegung des deutschen Schadensrechts kommt mit der Vorgabe in Erwägungsgrund 33 kaum in Friktionen. Die Schadensminderungspflicht ist freilich vom Opfer zu beachten, und ein drastisches Ausbrechen von Schmerzensgeldbeträgen nach oben etwa zugunsten US-amerikanischer Geschädigter – von punitive damages ganz abgesehen – erzwingt auch Erwägungsgrund 33 nicht (MüKoBGB/Junker Rn. 18).

Das Deliktsstatut entscheidet gem. **lit. d** weiter darüber, ob es als Rechtsfolge einer unerlaubten 7 Handlung **Ansprüche auf Beseitigung oder Unterlassung** gibt. Auch ein Auskunftsanspruch fällt unter die Rom II-VO (Grüneberg/Thorn Rn. 6; MüKoBGB/Junker Rn. 20; BeckOGK/Schmidt Rn. 36). Die Anknüpfungen der Rom II-VO sind über lit. d ferner an sich ggf. auch im **Adhäsionsverfahren** (§§ 403 ff. StPO) maßgeblich, wobei ein Strafsenat des BGH die Einbeziehung des IPR in das Adhäsionsverfahren als regelmäßig zu schwierig angesehen hat, um von einer Eignung entsprechender Fälle mit Auslandsbezug für das Adhäsionsverfahren auszugehen (BGH IPRax 2005, 256; dazu Wilhelmi IPRax 2005, 236; s. weiter v. Hoffmann FS Henrich, 2000, 283 (288, 295)).

Ob der Anspruch übertragen werden kann und ob er vererblich ist, richtet sich gem. **lit. e** 8 gleichfalls nach den Anknüpfungen der Rom II-VO. Das gilt auch im Falle einer rechtsgeschäftlichen Übertragung (Grüneberg/Thorn Rn. 7; PWW/Schaub Rn. 6; MüKoBGB/Junker Rn. 21; anders Heiss/Loacker JBl 2007, 613 (639)).

9 **Lit. f** regelt, dass die Rom II-VO auch „die Personen" bezeichnet, für die in Frage steht, ob und in welchem Rahmen ihnen Ersatz für „persönlich erlittenen", insbes. immateriellen Schaden geschuldet wird. Das betrifft zB den sog Schockschäden oder das sog Angehörigenschmerzens- bzw. Hinterbliebenengeld gem. § 844 Abs. 3 BGB (EuGH ZEuP 2015, 869 mAnm Wagner ZEuP 2015, 876 ff.). Indes ist zu bedenken, dass jeder Anspruch eigenständig anzuknüpfen ist (Grüneberg/Thorn Rn. 8). Bei der Bemessung der **Höhe des immateriellen Schadens** sind allerdings innerhalb des § 253 Abs. 2 BGB (also auf sachrechtlicher Ebene!) die Standards am gewöhnlichen Aufenthalt des Verletzten (moderat) zu berücksichtigen (OLG Frankfurt zfs 2004, 452 (453); OLG München VersR 1984, 745; Mansel VersR 1984, 746 (747); Staudinger/v. Hoffmann, 2007, EGBGB Vor Art. 40 Rn. 44; unreflektiert anders KG VersR 2002, 1567). Das erfasst namentlich die Vergleichbarkeit von Wirtschafts- und Kaufkraftverhältnissen, weiter, ob im Aufenthaltsstaat des Opfers erschwerte Auswirkungen der haftpflichtig zugefügten Schmerzen zu erwarten sind (OLG Naumburg VersR 2016, 265; OLG Frankfurt zfs 2004, 452 (453); OLG München VersR 1984, 745; Mansel VersR 1984, 746 (747); unreflektiert anders KG VersR 2002, 1567). Damit wird indes nicht die Möglichkeit eröffnet, Strafschadensersatz bzw. schadensrechtszweckfremde Begehren zuzuerkennen, ebenso wenig wie § 253 Abs. 2 BGB in Richtung auf eine völlige Versagung von Schmerzensgeld ausgelegt werden kann, wenn das Heimatland des Opfers kein oder aus deutscher Sicht ein nur ganz unzureichend ausgeprägtes Schmerzensgeld kennt.

10 Nach **lit. g** gilt die Rom II-VO auch in Bezug auf die Haftung für andere (zB Gehilfen). Das für den unmittelbar Handelnden – insbes. den Verrichtungsgehilfen oder den Aufsichtsbedürftigen – maßgebende Deliktsstatut ist als Vorfrage im Rahmen etwa der §§ 831, 832 BGB für die Haftung einer dritten Person wie des Geschäftsherrn oder der Aufsichtsperson bedeutsam. Die Frage, ob eigene Pflichten (Kontrollpflichten oder eine Rechtspflicht zur Aufsicht) bestehen, wird nach dem Deliktsstatut beurteilt, das für den mittelbar potentiell Haftpflichtigen gilt. Das alles gilt auch im Falle der Zurechnung des Verhaltens einer natürlichen Person zu einer juristischen Person oder einer Gesellschaft, es sei denn, spezifisch gesellschaftsrechtliche Pflichten werden verletzt; dann greift Art. 1 Abs. 2 lit. d (MüKoBGB/Junker Rn. 24). Von lit. g wird schließlich auch die Störerhaftung (unter Einbeziehung des Umwelt-, Immaterialgüter- und Wettbewerbsrechts) erfasst (PWW/Schaub Rn. 7).

11 Nach **lit. h** erfasst die Rom II-VO schließlich gegen den Anspruch gerichtete Einwendungen oder Einreden wie die Verjährung (die damit ebenso wie in Art. 12 Abs. 1 lit. d Rom I-VO sachrechtlich qualifiziert wird), Verzicht oder Verwirkung. Da auch ein **Vergleich** im Wege des gegenseitigen Nachgebens zu einem (teilweisen) Erlöschen von außervertraglichen Verpflichtungen bzw. auch zur entsprechenden Anspruchsbegründung (und insoweit zu einem Rechtsverlust, nämlich nicht zahlen zu müssen) führen kann, sollte auch der Vergleich über außervertragliche Schuldverhältnisse aufgrund seiner untrennbaren Sachnähe zu dem betreffenden Schuldverhältnis noch unter Art. 15 (zumindest unter „insbes.") subsumiert werden können. Als aus der Sicht der lex fori unerträglich lang oder kurz bemessene Verjährungsfristen können kaum über Art. 16 als Eingriffsnormen, wohl aber ausnahmsweise über Art. 26 (Vorbehalt des ordre public) abgewehrt werden (näher Kadner Graziano ZEuP 2021, 668).

## Art. 16 Eingriffsnormen

**Diese Verordnung berührt nicht die Anwendung der nach dem Recht des Staates des angerufenen Gerichts geltenden Vorschriften, die ohne Rücksicht auf das für das außervertragliche Schuldverhältnis maßgebende Recht den Sachverhalt zwingend regeln.**

**Schrifttum:** Freitag, Art. 9 Rom I-VO, Art. 16 Rom II-VO als Superkollisionsnormen des Internationalen Schuldrechts?, IPRax 2016, 418; Freitag, Ausländische Eingriffsnormen vor deutschen Gerichten, NJW 2018, 430; Kieninger, Lieferkettengesetz – dem deutschen Papiertiger fehlen die Zähne, ZEuP 2021, 252; Lehmann, Eine Lücke im europäischen Kollisionsrecht der Schuldverhältnisse? Die Haftung wegen Vermögensübernahme und wegen Fortführung eines Handelsgeschäfts, IPRax 2015, 495.

### I. Normzweck

1 Art. 16 entspricht seiner Funktion nach – aus der sog. positiven Funktion des ordre public herausgewachsen (BeckOGK/Maultzsch Rn. 4) – im Wesentlichen **Art. 9 Abs. 1 und 2 Rom I-VO.** Art. 16 betrifft die Berücksichtigung zwingender Normen des deutschen Rechts als lex

fori, die anwendbar sein können, auch wenn das außervertragliche Schuldverhältnis ausländischem Sachrecht unterliegt. Welche Normen das iE sind, lässt Art. 16 offen; notwendig (indes nicht a priori genügend) ist der Charakter der Norm als ius cogens. Art. 16 ermöglicht eine – gemessen an den sonstigen Kollisionsnormen der Rom II-VO an sich regelwidrige – **ausnahmsweise Anwendung zwingender deutscher Normen.** Dabei spricht Art. 16 **nicht selbst Kollisionsnormen aus oder beinhaltet solche,** was zu einem erheblichen Maß an tatbestandlicher Offenheit führt. Es ist zu beachten, dass die Norm neben Art. 26 eine zusätzliche Möglichkeit bietet, zwingendes eigenes Recht durchzusetzen. Art. 17 ermöglicht als Spezialregelung (MüKoBGB/Junker Rn. 31) im Unterschied zu Art. 16 auch die (freilich nur) „Berücksichtigung" fremder Sicherheits- und Verkehrsregeln. Im Rahmen des anwendbaren ausländischen außervertraglichen Schuldrechts (dass ausländisches Schuldvertragsrecht anwendbar ist, ist Prämisse für das Eingreifen von Art. 16) sind daneben auch die dort vorzufindenden zwingenden Vorschriften anwendbar. Davon abweichende und über Art. 16 anwendbare inländische international zwingende Normen haben aber Vorrang gegenüber der lex causae.

## II. Begriff der Eingriffsnorm

Wie neben Erwägungsgrund 7 auch Erwägungsgrund 35 S. 1 nahelegen, ist der Begriff der „Eingriffsnorm" demjenigen des **Art. 9 Abs. 1 Rom I-VO** identisch (→ VO (EG) 593/2008 Art. 9 Rn. 8 ff.) (s. bereits A. Fuchs GPR 2004, 100 (104) unter Hinweis auf EuGH Slg. 1999, I-8498 Rn. 30; v. Hein ZEuP 2009, 6 (24); Heiss/Loacker JBl 2007, 613 (644); MüKoBGB/Junker Rn. 13; BeckOGK/Maultzsch Rn. 15 ff.). Hinzuweisen ist auch auf **Erwägungsgrund 32,** wonach **Gründe des öffentlichen Interesses** es rechtfertigen können, dass die Gerichte der Mitgliedstaaten unter außergewöhnlichen Umständen neben der Vorbehaltsklausel auch Eingriffsnormen anwenden können. Notwendig ist aber auch im Rahmen von Art. 16 ein erkennbarer internationaler Geltungswille. Schon daran fehlt es zB beim deutschen Lieferkettengesetz (Kieninger ZEuP 2021, 252 (254 f.); zurückhaltend auch Stöbener de Mora/Noll NZG 2021, 1285 (1286); tendenziell anders Krebs ZUR 2021, 394 (400 f.). 2

## III. Relevanz

Die Problematik der Sonderanknüpfung von Eingriffsnormen hat sich bislang im Bereich des IPR der außervertraglichen Schuldverhältnisse vor deutschen Gerichten kaum signifikant gestellt und ist insoweit auch **selten genauer erörtert** worden (s. aber v. Hoffmann FS Henrich, 2000, 283 ff.; näher BeckOGK/Maultzsch Rn. 71 ff.). Erfasst werden können **Straftatbestände** im Rahmen haftungsrechtlicher Verweisungen (in Deutschland: § 823 Abs. 2 BGB) (rechtsvergleichend Spickhoff, Gesetzesverstoß und Haftung, 1998, 19 ff.). Hierbei sollten die Regeln des internationalen Strafrechts der §§ 7 ff. StGB, welche insoweit als Anwendungsbefehle zu verstehen sind, herangezogen werden. Das gebietet auch die Vorhersehbarkeit einer Anwendung solcher Normen (ebenso PWW/Remien Rn. 3; anders aber v. Hoffmann FS Henrich, 2000, 283 (285 ff.)). Auch **§ 185 Abs. 2 GWB** (sofern wegen Art. 6 Abs. 3 noch anwendbar) und **§ 84 AMG** sowie weitere Normen des Arzneimittelrechts, insbes. im Kontext von Internet-Versandhandelsapotheken, kommen in Betracht, etwa § 73 AMG (Verbringungsverbot), § 78 AMG (Preisbildung), § 43 Abs. 1 S. 2 AMG (Fernbehandlungsverbot) AMG, bezogen auf in Deutschland tätige Ärzte iVm § 134 BGB, § 823 Abs. 2 BGB auch Normen des ärztlichen Berufsrechts (zB Verbot der pauschalen Fernbehandlung) (vgl. dazu BGH GesR 2013, 575; dazu Pfeiffer LMK 2013, 34552; W.-H. Roth IPRax 2013, 515; GmS-OGB NJW 2013, 1425); im Einzelfall auch sonstige Verbotsgesetze des Berufsrechts, nicht hingegen Schutzgesetze iSv § 823 Abs. 2 BGB (Freitag NJW 2018, 430 (343)). Ferner sind Eingriffsnormen des Devisen- oder Außenwirtschaftsrechts sind als Eingriffsnormen über Art. 16 sonderanzuknüpfen (PWW/Remien Rn. 3; v. Hoffmann FS Henrich, 2000, 283 (289 ff.)) und können somit die Regelanknüpfungen der Rom II-VO befugterweise modifizieren. Schließlich könnten (im deutschen Sachrecht nach hM indes nicht existente) Beschränkungen der Arbeitnehmeraußenhaftung oder (im deutschen Sachrecht ebenso wenig existente) Streiknotdienstpflichten in Betracht kommen (MüKoBGB/Junker Rn. 15, 16). Keine Eingriffsnormen sind §§ 829, 828 Abs. 2 und 393 BGB (Kühne FS Deutsch, 2009, 817 (828 f.)). Keine Eingriffsnormen sind zB dreijährige Verjährungsregeln für Schadensersatzansprüche (EuGH VersR 2019, 822; vgl. auch Kadner Graziano ZEuP 2021, 668 (682 ff.). Im seltenen Einzelfall kann das Eingreifen des Vorbehalts des ordre public in Betracht kommen. 3

### IV. Ausländische Eingriffsnormen

4 Anders als Art. 9 Abs. 3 Rom I-VO und ebenso wie der Art. 7 EVÜ zulässigerweise einschränkende Art. 34 EGBGB aF betrifft Art. 16 nur Eingriffsnormen nach dem Recht des Staates des angerufenen Gerichts, also der (ggf. deutschen) lex fori. Auch wenn (nicht anders als im Rahmen von Art. 34 EGBGB aF) nun auch in Bezug auf Art. 16 vertreten wird, auch ausländische Eingriffsnormen (entgegen den Grundanknüpfungen der Rom II-VO!) durchzusetzen (so bereits A. Fuchs GPR 2004, 100 (104); ferner Leible/Lehmann RIW 2007, 721 (726); PWW/Remien Rn. 5; Grüneberg/Thorn Rn. 3), steht dies – gerade vor dem Hintergrund der entsprechenden Diskussion bei der Schaffung der Rom II-VO – (dazu etwa v. Hein ZVglRWiss 102 (2003), 528 (550 f.); Leible/Engel EuZW 2004, 7 (16)) doch in deutlichem Gegensatz zum durchaus reflektiert gewählten Wortlaut der Norm. Weder der bisherige Art. 7 Abs. 1 EVÜ noch Art. 9 Abs. 3 Rom I-VO können analog angewandt werden (für letzteres MüKoBGB/Junker Rn. 28). Daher gilt hier wie zu Art. 34 EGBGB, dass eine **Sonderanknüpfung von ausländischem Eingriffsrecht innerhalb der Rom II-VO nicht zulässig** ist (Ofner ZfRV 2008, 13 (23); G. Wagner IPRax 2008, 1 (15); Leible/Lehmann RIW 2007, 721 (726); BeckOGK/Maultzsch Rn. 42 f.; Freitag NJW 2018, 430 (432)). Möglich ist aber dann, wenn deutsches Sachrecht anzuwenden ist, im Rahmen von § 826 BGB die Wertungen ausländischer Normen bei entsprechendem Auslandsbezug zu berücksichtigen. Auch ausländische Schutzgesetze können anzuwenden sein (näher Spickhoff, Gesetzesverstoß und Haftung, 1998, 106 ff.). Im Übrigen sind Eingriffsnormen der lex causae von den Grundverweisungen der Rom II-VO mit umfasst (PWW/Remien Rn. 4). Eine Berücksichtigung fremder Eingriffsnormen ist also durchaus auf der Ebene des anwendbaren Sachrechts denkbar (BeckOGK/Maultzsch Rn. 44 ff.).

## Art. 17 Sicherheits- und Verhaltensregeln

**Bei der Beurteilung des Verhaltens der Person, deren Haftung geltend gemacht wird, sind faktisch und soweit angemessen die Sicherheits- und Verhaltensregeln zu berücksichtigen, die an dem Ort und zu dem Zeitpunkt des haftungsbegründenden Ereignisses in Kraft sind.**

### I. Normzweck

1 Nach **Erwägungsgrund 34 S. 1** sollen zur Wahrung eines angemessenen Interessenausgleichs zwischen den Parteien soweit angemessen die Sicherheits- und Verhaltensregeln des Staates, in dem die schädigende Handlung begangen wurde, selbst dann beachtet werden, wenn auf das außervertragliche Schuldverhältnis das Recht eines anderen Staates anzuwenden ist. Art. 17 sieht demgemäß eine **flexible Möglichkeit der kollisionsrechtlichen Sonderbehandlung von ortsbezogenen Sicherheits- und Verhaltens-, insbes. Straßenverkehrsregeln** (am Handlungsort bzw. am Ort des relevanten Unterlassens) vor. Verhaltensnormen oder etwa § 276 Abs. 2 BGB sind also **keineswegs prinzipiell sonderanzuknüpfen;** alles andere würde die Einheit des Deliktsstatuts unnötig auseinander reißen (MüKoBGB/Junker Rn. 16). Im Übrigen enthält Art. 17 in der Tat ein Stück weit der sog. Datumtheorie (näher BeckOGK/Maultzsch Rn. 4).

### II. Stellung im System; Anwendungsbereich

2 Art. 17 ist auch gegenüber **Art. 16** lex specialis (BeckOGK/Maultzsch Rn. 87). Im Rahmen der Produkthaftung ist die Spezialregelung in **Art. 5 Abs. 1 S. 2** zu beachten. Art. 17 kann auch im Kontext von **Art. 10–12** greifen, obwohl Art. 17 nur von „Haftung" und nicht von „Schaden" oder „Schadenszufügung" spricht, was im Hinblick auf Art. 2 konsequenter wäre (zutr. MüKoBGB/Junker Rn. 7, 8).

### III. Begriff

3 Nach **Erwägungsgrund 34 S. 2** ist der Begriff „Sicherheits- und Verhaltensregeln" in dem Sinne auszulegen, dass er sich auf alle Vorschriften bezieht, die in Zusammenhang mit Sicherheit und Verhalten stehen, einschließlich beispielsweise der Straßenverkehrssicherheit im Falle eines Unfalls. Erfasst sind etwa auch Regeln über den Sport- und Freizeitbereich (MüKoBGB/Junker 12; eingehend BeckOGK/Maultzsch Rn. 18 ff.).

## IV. Straßenverkehrsordnung

Namentlich (aber nicht nur) (MüKoBGB/Junker Rn. 15) **verkehrsrechtliche Verhaltensnormen** sind freilich **stets** dem **Recht des Verhaltensorts** zu entnehmen; alles andere wäre absurd (so seit jeher die deutsche Rspr.: BGHZ 57, 265 (267 f.) = NJW 1972, 387; BGHZ 87, 95 (97 f.) = NJW 1983, 1972 (1973); BGHZ 90, 294 (298) = NJW 1984, 2032 (2033); LG Mainz NJW-RR 2000, 31 zum Linksfahrgebot in GB; zu den FIS-Regeln beim Skilaufen OLG Hamm NJW-RR 2001, 1537; OLG Dresden VersR 2004, 1567 (1568); LG Bonn NJW 2005, 1873; Eckert GPR 2015, 303; ebenso iErg Leible/Lehmann RIW 2007, 721 (725)), vorausgesetzt, die entsprechenden Sicherheits- und Verhaltensnormen sind ortsgebunden (krit. dazu BeckOGK/Maultzsch Rn. 30–33) und (auch) auf Außenstehende bezogen. Das gilt insbes. für Regeln zur Ordnung des Straßen-, aber auch des Wasser-, Ski- oder Luftverkehrs (Blutalkoholgrenzen, Telefonatverbote beim Kfz-Führen, Tagfahrlicht, Rechts- oder Linksfahrgebot; Regeln zur Produktsicherheit usw) (Grüneberg/Thorn Rn. 4). Erforderlich ist eine entsprechende Verkehrserwartung. Daher kann, wenn es etwa um die Berücksichtigung von **Mitverschulden** geht, auch im Ausland die deutsche Gurtanschnallpflicht (oder eine Schutzhelmpflicht) gelten, wenn zB Fahrer und Mitfahrer ihren gewöhnlichen Aufenthalt (Art. 4 Abs. 2) in Deutschland hatten (OLG Karlsruhe IPRspr. 1984 Nr. 34; v. Bar JZ 1985, 961 (967); abw. KG VersR 1982, 1199; Ofner ZfRV 2008, 13 (16)). Vom Wortlaut der Norm ist allein das Verhalten „der Person, deren Haftung geltend gemacht wird“ (mit anderem Worten des Schädigers), erfasst. In gesetzesübersteigender Auslegung sollte indes nach dem Telos von Art. 17 und dem Effektivitätsgrundsatz ihr Grundgedanke auch bei eventuellem Mitverschulden greifen (PWW/Schaub Rn. 3; Grüneberg/Thorn Rn. 5; ganz gegen die Anwendung von Art. 17 insoweit Heiss/Loacker JBl 2007, 613 (637)). 4

## V. „Berücksichtigung“

Die Verhaltensnormen sind im Rahmen von Art. 17 auch nur als „local data“, als faktische Gegebenheiten, Tatbestandswirkung bzw. als Tatsachenelement des Handlungsorts(rechts) zu „berücksichtigen“, nicht: „anzuwenden“ (Leible/Lehmann RIW 2007, 721 (725)), und auch das nur „soweit angemessen“; das relativiert die unionsrechtlich „harte“ Bedeutung der Norm (zum Lieferkettengesetz Kieninger ZfPW 2021, 252 (254 f.); für das Eingreifen von Art. 17 insoweit Ehmann ZVertriebsR 2021, 141 (150 f.)). Der abweichende Wortlaut wird ganz bewusst verwendet. Solche Regeln sind insbes. keinesfalls unbesehen etwa im Bereich der Produzentenhaftung anzuwenden (Art. 5 Abs. 1 S. 2). Überhaupt ergeben sich Grenzen der Berücksichtigung, wenn die Geltung von Regeln, die vom Handlungsort abweichen, für den Schädiger oder gar für beide Parteien vorhersehbar war (G. Wagner IPRax 2008, 1 (5); Grüneberg/Thorn Rn. 3; PWW/Schaub Rn. 3). In prozessualer Hinsicht, etwa im Rahmen von § 454 Abs. 1 ZPO, ist die „Berücksichtigung“ von fremden Sicherheits- und Verhaltensregeln indes wie fremdes anzuwendendes Recht zu behandeln (Grüneberg/Thorn Rn. 2). 5

Die **Bewertung der entsprechenden Normwidrigkeit** als rechtswidrig, fahrlässig oder grob fahrlässig erfolgt nach dem durch die Grundanknüpfungen geprägten Recht (Aus der deutschen Rspr. BGH VersR 1978, 541 (542)). Im Rahmen von § 823 Abs. 2 BGB können bei alledem (anders als im Rahmen von § 134 BGB, hM) auch ausländische Schutzgesetze angewendet werden (Spickhoff, Gesetzesverstoß und Haftung, 1998, 106 ff.). 6

## VI. Maßgeblicher Beurteilungszeitpunkt

Die Konkretisierung des maßgeblichen Zeitpunkts im Falle von zeitlich gestreckten Tatbeständen ist schwierig. Es kommt auf die Schaffung einer konkreten Gefahrenlage an. Im Falle der Produkthaftung wird man auf das Inverkehrbringen abzustellen haben (MüKoBGB/Junker Rn. 31). 7

## Art. 18 Direktklage gegen den Versicherer des Haftenden

**Der Geschädigte kann seinen Anspruch direkt gegen den Versicherer des Haftenden geltend machen, wenn dies nach dem auf das außervertragliche Schuldverhältnis oder nach dem auf den Versicherungsvertrag anzuwendenden Recht vorgesehen ist.**

## I. Normzweck

1 Art. 18 regelt den Direktanspruch des Geschädigten gegen den Versicherer des Ersatzpflichtigen. Ob ein solcher Direktanspruch besteht, richtet sich – nicht anders als in Art. 40 Abs. 4 EGBGB – alternativ nach dem Deliktsstatut oder nach dem Versicherungsvertragsstatut, das nach Maßgabe von **Art. 7 Rom I-VO** selbständig als Vorfrage zu bestimmen ist. Im Interesse des Opferschutzes ist von einer **uneingeschränkten Alternativität iSd Günstigkeitsprinzips** auszugehen (EuGH EuZW 2015, 795 mAnm Loacker). Der Geschädigte braucht sich also nicht auf eines der betreffenden Rechte zu berufen, sondern das Gericht hat ggf. von Amts wegen zu ermitteln. Es kann also entweder das maßgebliche Deliktsrecht oder aber das betreffende Versicherungsvertragsrecht auf einen Direktanspruch hin untersuchen bzw. je nachdem, welches Statut einfacher, dh prozessökonomischer festgestellt werden kann, seiner Entscheidung zugrunde legen. Die Anknüpfung an das Versicherungsvertragsstatut greift insbes. nicht nur hilfsweise ein, wenn kein Direktanspruch nach dem Deliktsstatut besteht. Das folgt aus dem insoweit zweifelsfreien Wortlaut. Die Interessen der Versicherungen werden durch eine solche Anknüpfung nicht unangemessen berührt, da sie sich im Zweifel ohnedies auf die Anwendung der Deliktsrechtsordnung einstellen, der auch der Versicherungsvertrag unterliegt (so bereits Hübner VersR 1977, 1069 (1075); Spickhoff IPRax 1990, 164 ff.). Auf diese Weise lässt sich auch der Einsatz des ordre public beim Fehlen eines Direktanspruches (dafür Trenk-Hinterberger NJW 1974, 1048; dagegen Wandt IPRax 1992, 259 (262)) vermeiden. Indes ist die praktische Bedeutung der Norm aufgrund von Art. 18 RL 2009/103/EG innerhalb des EWR eher gering. Danach haben alle Mitgliedstaaten sicherzustellen, dass Geschädigten eines Unfalls, der durch ein versichertes Fahrzeug verursacht wurde, ein Direktanspruch gegen die Haftpflichtversicherung des Unfallverursachers zusteht. Die Schadensabwicklung erleichtert zudem das System der sog. **Grünen Karte** (dazu näher MüKoBGB/Junker Rn. 15–34).

## II. Deliktsstatut

2 Sofern der Direktanspruch nach dem Deliktsstatut geprüft wird, ist nicht nur das nach Art. 4 Abs. 1 berufene Tatortrecht maßgeblich, sondern ggf. auch das diesem vorgehende Recht des gemeinsamen gewöhnlichen Aufenthalts (Art. 4 Abs. 2) (so auch zum autonomen deutschen Kollisionsrecht BGHZ 120, 87 (89 f.) = NJW 1993, 1007 (1008); BGHZ 119, 137 (139) = NJW 1992, 3091: gemeinsamer gewöhnlicher Aufenthalt in Deutschland; Mansel, Direktansprüche gegen Haftpflichtversicherer, 1986, 47) oder der sonst engsten Verbindung (Art. 4 Abs. 3).

3 Zweifelhaft ist, wie es im **Falle einer nachträglichen Wahl des anwendbaren Deliktsrechts** durch Schädiger und Geschädigten (Art. 14) steht. Durch eine solche nachträgliche Rechtswahl sollte ein Direktanspruch gegen den Versicherer nicht zu dessen Nachteil „erwählt" bzw. erschlichen (Gesetzeserschleichung) werden können. Das folgt auch aus Art. 14 Abs. 1 S. 2 (MüKoBGB/Junker Rn. 10; PWW/Schaub Rn. 2).

4 Das nach Art. 18 maßgebliche Recht entscheidet im Wege des Günstigkeitsprinzips zunächst im Opferinteresse über den **Grund und die Voraussetzungen des Direktanspruchs** (OLG Hamm NJW-RR 2021, 898) sowie über den **Höchstbetrag,** bis zu dem der Versicherer haftet und über Einwendungsausschlüsse. Indes haftet der Versicherer nach seinem Leistungsversprechen nur bis zu der Grenze des Höchstbetrages, den er nach dem Versicherungsvertragsstatut schuldet. Gemäß diesem kann er sich ggf. auch (zusätzlich) darauf berufen, von seiner Leistungspflicht frei geworden zu sein (insgesamt für die ausschließliche Anwendbarkeit des Versicherungsvertragsstatus in Bezug auf Einwendungen des Versicherers MüKoBGB/Junker Rn. 10; PWW/Schaub Rn. 2; Grüneberg/Thorn Rn. 1).

## III. Internationale Zuständigkeit

5 Nach **Art. 13 Brüssel Ia-VO iVm Art. 11 Abs. 1 lit. b Brüssel Ia-VO** kann der Geschädigte vor dem Gericht des Ortes in einem Mitgliedstaat, in dem er seinen Wohnsitz hat, eine Direktklage gegen den Versicherer erheben, sofern der Versicherer im Hoheitsgebiet eines Mitgliedstaates ansässig ist. Der Geschädigte ist als „Begünstigter" iSv Art. 11 Abs. 1 lit. b Brüssel Ia-VO anzusehen (EuGH NJW 2008, 819; dazu Staudinger/Czaplinski NJW 2009, 2249; Lüttringhaus VersR 2010, 183). Diese Möglichkeit besteht auch dann, wenn nach dem anwendbaren ausländischen Sachrecht neben der Haftpflichtversicherung zugleich der Schädiger zu verklagen ist (OLG Nürnberg NJW-RR 2012, 1178). Die kollisionsrechtliche Privilegierung des Geschädigten setzt sich folglich auf der Ebene der Zuständigkeit konsequent fort.

### Art. 19 Gesetzlicher Forderungsübergang

**Hat eine Person („der Gläubiger") aufgrund eines außervertraglichen Schuldverhältnisses eine Forderung gegen eine andere Person („den Schuldner") und hat ein Dritter die Verpflichtung, den Gläubiger zu befriedigen, oder befriedigt er den Gläubiger aufgrund dieser Verpflichtung, so bestimmt das für die Verpflichtung des Dritten gegenüber dem Gläubiger maßgebende Recht, ob und in welchem Umfang der Dritte die Forderung des Gläubigers gegen den Schuldner nach dem für deren Beziehungen maßgebenden Recht geltend zu machen berechtigt ist.**

**Schrifttum:** Kühn, Die gestörte Gesamtschuld im Internationalen Privatrecht, 2014; Luckhaupt, Anhängerregress und kein Ende? – zum Innenausgleich der beteiligten Haftpflichtversicherer nach internationalen Gespannunfällen, NZV 2016, 497; Martiny, Zur Einordnung und Anknüpfung der Ansprüche und der Haftung Dritter im Internationalen Schuldrecht, FS Magnus, 2014, 483; Schaub, Schadensregulierung bei Verkehrsunfällen mit Auslandsberührung, IPRax 2017, 521; Schulte, Schädigermehrheit im europäischen internationalen Deliktsrecht, 2020; Staudinger/Friesen, Regressanspruch des Haftpflichtversicherers in grenzüberschreitenden Sachverhalten, VersR 2016, 768.

## I. Normzweck, Anwendungsbereich und Entstehungsgeschichte

Art. 19 ist die **Parallelnorm zu Art. 15 Rom I-VO** (in Fortschreibung von Art. 33 Abs. 3 EGBGB aF = Art. 13 EVÜ). Zur Abgrenzung ist hervorzuheben, dass im Falle von zufälligen, plötzlichen Unfällen zumeist zwischen den Beteiligten und ihren jeweiligen Versicherern keine vertraglichen Schuldverhältnisse iSd Rom I-VO bestehen. Die Schadensersatzpflicht der Unfallbeteiligten beruht auf dem (Verkehrs-) Unfall, einem deliktischen Ereignis, das losgelöst von den Versicherungsverträgen der Parteien zu ihren jeweiligen Versicherten zu betrachten ist. Dann sind die Kollisionsnormen der Art. 19, 29 Rom II-VO maßgeblich (BGH NZV 2021, 310 (312) mAnm Staudinger; OLG Köln BeckRS 2021, 9150, OLG Stuttgart BeckRS 2021, 41769 Rn. 33 f., OLG Karlsruhe BeckRS 2021, 23249 Rn. 27 ff., alle zum Gespannunfall). 1

Im Falle des gesetzlichen Forderungsübergangs kommt es nach der gesetzlichen Wertung auf das Recht an, das die Verpflichtung des Dritten beherrscht, den Gläubiger einer Forderung zu befriedigen (sog. **Zessionsgrundstatut**). Die IPR-Interessen des Hauptschuldners treten nach der gesetzlichen Wertung dahinter zurück. Die Norm regelt den Eintritt eines gesetzlichen Forderungsübergangs im Falle der Verpflichtung eines Dritten, etwa des Versicherers (zu Kfz-Unfällen EuGH IPRax 2017, 400; dazu Martiny IPRax 2017, 360; OGH IPRax 2017, 503 (507); dazu Schaub IPRax 2017, 521), des Arbeitgebers, des Sozialhilfeträgers oder des Dienstherrn), den Gläubiger einer Forderung zu befriedigen. Art. 19 verdrängt Art. 15 Rom I-VO (→ VO (EG) 593/2008 Art. 15 Rn. 2). Art. 85 VO (EG) Nr. 883/2004 zur Koordinierung der Systeme der sozialen Sicherheit, durch den Art. 93 VO (EWG) 1408/71 abgelöst wurde, verdrängt Art. 19 als speziellere Regel (näher MüKoBGB/Junker Rn. 19, 20). Der rechtsgeschäftliche Forderungsübergang ist in Art. 14 Rom I-VO geregelt. 2

## II. Anknüpfung

Im deutschen Recht finden sich Fälle des gesetzlichen Forderungsübergangs etwa in § 86 VVG, in § 6 EFZG, in § 76 BBG oder in §§ 115, 116 SGB X. Art. 19 greift nur in Bezug auf Forderungen, die der Rom II-VO unterliegen, also solche aus außervertraglichen Schuldverhältnissen. Das Recht des Staates, auf dem die Verpflichtung des Dritten beruht, ist dafür maßgeblich, ob der Dritte die Forderung des Gläubigers gegen den Schuldner zu begleichen hat oder nicht. Es kommt also zB auf das Versicherungsvertragsstatut an (sog **Zessionsgrundstatut**) (LG Göttingen NJOZ 2020, 85; MüKoBGB/Junker Rn. 15–18). Es bestimmt die Voraussetzungen für einen gesetzlichen Forderungsübergang. Das Forderungsstatut entscheidet demgegenüber darüber, welche Ansprüche der Dritte, auf den die Forderung kraft Gesetzes übergegangen ist, gegen den Schuldner geltend machen kann und welches Schicksal diese Ansprüche haben, bis hin zu Einreden, wie etwa derjenigen der Verjährung. Zu beachten ist, dass Art. 7 Abs. 4 Rom I-VO den jeweiligen Mitgliedstaaten die Möglichkeit eröffnet, die mit der Pflichtversicherung verfolgten Ziele auch auf Ebene des Kollisionsrechts abzusichern, soweit ein Mitgliedstaat für bestimmte Risiken eine Versicherungspflicht vorschreibt. Demgemäß sichert Art. 7 Abs. 4 lit. a Rom I-VO dem Recht des Mitgliedstaats, der die Versicherungspflicht aufstellt, den Vorrang vor dem Versicherungsvertragsstatut, soweit es um die Frage geht, ob der Versicherungsvertrag der Versicherungspflicht genügt (LG Göttingen NJOZ 2020, 85; BeckOGK/Lüttringhaus Rom I-VO Art. 7 Rn. 136). So ist bei einem Unfall in Deutschland, der durch die Fahrerin eines Kfz verursacht 3 wurde, das im europäischen Ausland versichert ist, die Berechtigung des vom Opfer erhobenen Anspruchs maßgeblich nach dem betreffenden Auslandsrecht zu beurteilen. Soweit sie davon abhängt, ob und in welchem Umfang die Versicherung nach dem insofern gem. Art. 4 Abs. 1 Rom II-VO anwendbaren deutschen Recht gegenüber dem Unfallgegner haftet, ergibt sich die Anwendbarkeit des litauischen Rechts auf das Schuldverhältnis zwischen der Versicherung und des Fahrers aus Art. 46d EGBGB, der in Ausübung der Ermächtigung in Art. 7 Abs. 4 lit. b Rom I-VO erlassen worden ist. Im Hinblick auf das Schuldverhältnis zwischen Fahrer und Versicherung ist der Anwendungsbereich der Rom I-VO, die im Unterschied zur Rom II-VO vertragliche Schuldverhältnisse betrifft, eröffnet (BGH BeckRS 2020, 5998 = VersR 2020, 614; offen gelassen wurde, ob der Anspruch der Versicherung auf einem gesetzlichen Forderungsübergang des Unfallgegners oder auf einer originär eigenen Forderung der Versicherung beruht; iErg ebenso OLG Köln BeckRS 2021, 9150; OLG Schleswig BeckRS 2020, 11616).

4 Der BGH (BGH NZV 2021, 310 (312 f.) mAnm Staudinger) hat im Anschluss an den EuGH (EuGH IPRax 2017, 400; dazu Martiny IPRax 2017, 360) als **Prüfungsschritte** herausgearbeitet: **(1.)** Zunächst ist zu prüfen, wie der an den Geschädigten zu leistende Schadensersatz gemäß dem nach der Rom II-VO zu ermittelnden nationalen Recht zwischen Fahrer und Halter der Zugmaschine einerseits und dem Anhängerhalter andererseits aufzuteilen ist. **(2.)** Sodann ist nach Art. 7 Rom I-VO das auf die Versicherungsverträge der klagenden Versicherer anzuwendende Recht zu bestimmen, um festzustellen, ob und in welchem Umfang diese Versicherer aus abgeleitetem Recht die Ansprüche des Geschädigten gegenüber dem Anhängerversicherer geltend machen könnten. Das erfasse auch den Innenausgleich der beteiligten Versicherer nach den Regeln der Mehrfachversicherung (vgl. § 78 VVG), obwohl die Norm nach dem Wortlaut ihrer Überschrift einen Übergang der Schadensersatzforderung des Geschädigten auf den eintretenden Haftpflichtversicherer voraussetzt. Auch der EuGH stellt darauf ab, ob die nach Art. 4 ff. Rom II-VO anzuwendenden Haftungsnormen eine Aufteilung der Schadensersatzpflicht vorsehen. Zudem bezeichnet Art. 15 lit. b das nach dieser Verordnung zu ermittelnde Recht unter anderem als für „jede" Teilung der Haftung maßgeblich. Zumindest die deutschen Bestimmungen über die Mehrfachversicherung führen zu einer solchen zu einer Aufteilung der Entschädigung (ebenso OGH Litauen BeckRS 2016, 17751 Rn. 40). **(3.)** Schließlich ist zuletzt nach Art. 7 Rom I-VO das auf den Versicherungsvertrag des den Ausgleich Begehrenden anzuwendende Recht für die Frage maßgeblich, ob und in welchem Umfang der klagende Versicherer Ausgleichsansprüche gegen den anderen Versicherer geltend machen kann.

5 Im Falle der **Gesamtschuld** ist Art. 20 hinzuzunehmen. Das Recht, das auf den Übergang der Ansprüche des Geschädigten gegen die anderen gesamtschuldnerischen Schädiger anzuwenden ist, folgt aus Art. 20. Das Recht, das den Übergang der Ansprüche des schädigenden Versicherungsnehmers, dessen Versicherung eingetreten ist, auf die Versicherung bestimmt, folgt dagegen aus Art. 19.

6 Bei gleichrangigen Verpflichtungen greift Art. 20; Art. 19 ist auf **nachrangige (subsidiäre) Verpflichtungen** zugeschnitten (MüKoBGB/Junker Rn. 13). Außerhalb einer „Verpflichtung" zur Befriedigung (also im Falle freiwilliger Leistungen oder bei bloß vermeintlicher Verpflichtung) greift Art. 19 wortlautgemäß nicht.

7 Eine abweichende **Rechtswahl unter den Schädigern** ist möglich (Schulte, Schädigermehrheit im europäischen internationalen Deliktsrecht, 2020, 409 ff.).

## Art. 20 Mehrfache Haftung

**Hat ein Gläubiger eine Forderung gegen mehrere für dieselbe Forderung haftende Schuldner und ist er von einem der Schuldner vollständig oder teilweise befriedigt worden, so bestimmt sich der Anspruch dieses Schuldners auf Ausgleich durch die anderen Schuldner nach dem Recht, das auf die Verpflichtung dieses Schuldners gegenüber dem Gläubiger aus dem außervertraglichen Schuldverhältnis anzuwenden ist.**

### I. Normzweck

1 Art. 20 greift von seinem Regelungsgehalt her Fragen auf, die im internationalen Vertragsrecht in Art. 16 Rom I-VO (zuvor: Art. 33 S. 2 EGBGB = Art. 13 Abs. 2 EVÜ) normiert worden sind und sich auf Sachverhalte des außervertraglichen Schuldrechts erstrecken. Es geht um den Innenausgleich mehrerer Schuldner, im BGB § 426.

## II. Dieselbe Forderung

Nicht anders als Art. 16 Rom I-VO (und zuvor Art. 33 S. 2 EGBGB) spricht auch Art. 20 Rom II-VO davon, dass mehrere Personen für **„dieselbe" Forderung** haften. Art. 20 betrifft ebenso wie Art. 16 Rom I-VO **gleichrangige Verpflichtungen** (zB Mittäter einer unerlaubten Handlung) (MüKoBGB/Junker Rn. 8). 2

Da Art. 20 davon spricht, dass mehrere Personen **„dieselbe" Forderung** zu erfüllen haben, erhebt sich die Frage, ob diese Forderungen dem gleichen Recht unterliegen müssen. Obendrein sollen die auf Grund der Legalzession übergegangenen Ansprüche und ein Ausgleichsanspruch aus eigenem Recht selbständige Ansprüche sein, die auch kollisionsrechtlich zu trennen sind (Wandt ZVglRWiss 86 (1987), 272 (292); Einsele ZVglRWiss 90 (1991), 1 (22) in Fn. 78; Looschelders Rn. 20). Die Grundsätze des Art. 20 sind dann in allen diesen Fällen nicht einschlägig. Die Anknüpfung des Regresses ist dann ungeregelt. Die hM geht demgegenüber auch in diesen Fällen mit Grund von Art. 20 aus (s. bereits Stoll FS Müller-Freienfels, 1986, 631 (660); Soergel/v. Hoffmann EGBGB Art. 33 Rn. 27), freilich mit verschiedenen Modifikationen. Für diese Auffassung spricht, dass nach der gesetzgeberischen Intention Art. 20 an sich eine entsprechende Anknüpfung bereit hält. Wenn es richtig wäre, dass beide Schuldner dem Gläubiger nach Maßgabe derselben Anspruchsgrundlage, obendrein entnommen aus derselben Rechtsordnung, haften müssen, würden bei einer solch engen Betrachtungsweise Deliktstäter, die dem Gläubiger nach einem jeweils anderen Recht haften, oder Deliktstäter, die Nebentäter sind, aus dem Anwendungsbereich des Art. 20 bereits herausfallen, obwohl die Vorschrift gerade für solche Fallgestaltungen benötigt wird und darauf abzielt (ebenso im Ausgangspunkt auch Stoll FS Müller-Freienfels, 1986, 631 (634)). Voraussetzung für die Anwendung von Art. 20 kann daher nur sein, dass erstens der Gläubiger nach beiden Forderungsstatuten nur einmal Befriedigung seines Interesses verlangen kann, und dass es sich hierbei zweitens um im Wesentlichen gleichartige und gleichrangige Ansprüche handelt. 3

## III. Gestörter Gesamtschuldnerausgleich im IPR

Ungeachtet dessen kann es zum Problem des „gestörten Gesamtschuldnerausgleichs im IPR" kommen, etwa dann, wenn Schuldner A nach Recht A (zB nach deutschem Deliktsrecht) für den materiellen Schaden unbegrenzt und auf hohes Schmerzensgeld haftet, während Schuldner B (zB nach dänischem Deliktsrecht) summenmäßig begrenzt für den materiellen Schaden und nur in geringerer Höhe auf Schmerzensgeld haftet (anderes Beispiel in OGH IPRax 2020, 163, dort gelöst nach dem von Deutschland nicht ratifizierten Haager Straßenverkehrsunfallübk; dazu Thorn IPRax 2020, 177 (181 ff.)). Art. 20 (ebenso wie Art. 16 Rom I-VO) geht für den Ausgleichsanspruch von Schuldner A gegen Schuldner B von der Anwendbarkeit von Recht A aus. Die Folge wäre, dass Schuldner B von Schuldner A auf einen höheren Regress in Anspruch genommen werden könnte, als er dem Gläubiger (dem unmittelbar Geschädigten) selbst haften würde. Die Frage ist, ob es damit sein Bewenden hat. Zum Teil wurde zum bisherigen IPR vorgeschlagen, im Falle des Ausgleichs deliktischer Schuldner an das **Tatortrecht** anzuknüpfen (so – im Blick auf den Verkehrsunfall bei mehreren Unfallbeteiligten mit unterschiedlichen „Auflockerungen" der Tatortregel – Staudinger/v. Hoffmann EGBGB Art. 40 Rn. 43; ebenso Looschelders EGBGB Art. 33 Rn. 20; Wandt VersR 1989, 266 (267)). Doch hilft das im Fall des Distanzdeliktes kaum weiter (so bereits Stoll FS Müller-Freienfels, 1986, 631 (648 f.)). Denkbar wäre sodann, dass sich insgesamt das Recht durchsetzt, das dem den Gläubiger befriedigenden Schuldner **die geringsten Rechte** gibt. Doch wäre eine solche Lösung unpraktikabel und ungerecht (ebenso Stoll FS Müller-Freienfels, 1986, 631 (656 ff.)). Zudem lassen sich diese Lösungen schwerlich mit Art. 20 vereinbaren. Eine Ausnahme davon, dass das **Schuldstatut desjenigen** über die Regressforderung entscheidet, dem der Schuldner untersteht, **der bereits geleistet hat** und nun Regressansprüche geltend macht, wird allgemein angenommen, wenn zwischen den beiden Schuldnern eine Sonderrechtsbeziehung, etwa aus Vertrag, besteht. Dann ist auch die Rückgriffsfrage der dadurch bezeichneten Rechtsordnung zu entnehmen (Soergel/v. Hoffmann EGBGB Art. 33 Rn. 28 mwN). Hinzu kommt die Möglichkeit der Rechtswahl (Art. 14). Dem (nach geltendem Recht nur noch rechtspolitischen) Einwand, eine solche Anknüpfung an das Schuldstatut des Schuldners, der zuerst zahlt, würde die Gefahr eines „Wettlaufs der Schuldner" heraufbeschwören (Soergel/v. Hoffmann EGBGB Art. 33 Rn. 27), lässt sich entgegenhalten, dass derjenige, der als erster in Anspruch genommen worden ist, kollisionsrechtlich auch bezüglich des Regresses in der Vorderhand sein sollte (s. bereits v. Bar IPR II Rn. 584). Unterliegen die Verpflichtungen verschiedenen Rechten, ist in Anwendung von Art. 20 demgemäß das **Recht** anwendbar, **dem die zuerst erfüllte** 4

**Forderung unterliegt** (so bereits früher Stoll FS Müller Freienfels, 1986, 631 (659); v. Bar IPR II Rn. 584; gegen die analoge Anwendung von Art. 33 Abs. 3 in solchen Fällen früher Wandt ZVglRWiss 86 (1987), 272 (293)). Auf kollisionsrechtlicher Ebene setzt sich also das sachrechtliche Prioritätsprinzip fort.

5 Um durch den damit relevant werdenden **„Schuldnerwettlauf"** die Position des später in Anspruch Genommenen nicht zu beeinträchtigen, ist diesem indes vor Inkrafttreten der Rom II-VO mit guten Gründen der Einwand zugebilligt worden, dass er nach dem für ihn maßgeblichen Recht nicht oder nicht in dieser Höhe haftet (Stoll FS Müller-Freienfels, 1986, 272, 659 f.; Soergel/v. Hoffmann EGBGB Art. 33 Rn. 27). Unklar blieb, was bei Unvereinbarkeit beider Rechte gilt, etwa wenn der Schuldner, der gezahlt hat, in deutlich größerem Umfang haftet als der in Regress Genommene. Nach Stoll sollte in derartigen Konstellationen nach Billigkeit zu entscheiden sein (Stoll FS Müller-Freienfels, 1986, 631 (669)). Diesem Ausgangspunkt war zwar beizupflichten, er erschien aber zu undeutlich. Genau genommen stellt sich hier die Frage der Angleichung. Insgesamt könnte der Zahlende höchstens den Anteil erhalten, den er nach dem für ihn maßgeblichen Statut vom zweiten Schuldner ausgleichsweise erhalten könnte. Ist das mehr, als der in Regress Genommene nach dem für ihn maßgeblichen Statut dem Geschädigten hätte zahlen müssen, würde der Anspruch durch diesen Betrag limitiert. So ließe sich der Interessenausgleich im Falle der „gestörten Gesamtschuld im IPR" wohl am ehesten verwirklichen. In der **Rom I-VO** lässt sich diese Linie nun in **Art. 16 S. 2 Rom I-VO** festmachen. Im Kontext von Art. 20 hat der Verordnungsgeber eine entsprechende Norm indes bewusst nicht introduziert. Die Frage ist, ob dies den Umkehrschluss nahelegt, was eine analoge Anwendung von Art. 16 S. 2 Rom I-VO im Rahmen von Art. 20 in Ermangelung einer unbewussten Regelungslücke verstellen würde, selbst im Rahmen von Art. 7 (dafür MüKoBGB/Junker Rn. 15, 17; Kühn, Die gestörte Gesamtschuld im Internationalen Privatrecht, 2014, 203 ff.). Im Falle von vertraglich/außervertraglich gemischten Gesamtschulden kann Art. 16 insgesamt einheitlich (und damit auch sein S. 2) angewandt werden. Es ist also nicht so, dass sich (nur) der vertraglich Haftende gem. Art. 16 S. 2 Verteidigungsmittel entgegenhalten lassen muss (PWW/Müller Rn. 3). Doch auch im Falle allein außervertraglich haftender Gesamtschuldner erscheint es konsequent, aus dem Fehlen einer Art. 16 S. 2 entsprechenden Norm ein bloßes Schweigen des Verordnungsgebers zu entnehmen. Daher gelten die bisher genannten Grundsätze auch hier, mag sich auch der „rein" außervertraglich haftende Gesamtschuldner in geringerem Maße auf die Anwendung einer bestimmten Rechtsordnung verlassen haben (aber wer denkt so weit?) (für Art. 16 S. 2 Rom I-VO analog Grüneberg/Thorn Rn. 1; Erman/Hohloch Rn. 4; Thorn IPRax 2020, 177 (184); PWW/Müller Rn. 3; anders – mit beachtlichen Gründen – Kühn, Die gestörte Gesamtschuld im Internationalen Privatrecht, 2014, 209 f.).

## IV. Internationale Zuständigkeit

6 Im Recht der internationalen Zuständigkeit ist der Gesamtschuldnerregress auch unter Zugrundelegung der autonomen Auslegung des Begriffs der unerlaubten Handlung im Rahmen von **Art. 7 Nr. 3 Brüssel Ia-VO** als eine solche qualifiziert worden (OLG Celle VersR 1991, 234 = IPRspr. 1990 Nr. 169 zu Art. 5 Nr. 3 EuGVÜ = Art. 5 Nr. 3 LugÜ; Schlosser, EU-Zivilprozessrecht, 2. Aufl. 2003, Brüssel I-VO Art. 5 Rn. 15). Dafür spricht in der Tat der enge Zusammenhang der unerlaubten Handlung mit den ihr folgenden Regress-Ausgleichsansprüchen. Man kann daher von der einer unerlaubten Handlung „gleichgestellten" Handlung sprechen, wie Art. 7 Nr. 3 Brüssel Ia-VO dies formuliert. In Bezug auf § 32 ZPO sind ebenso nach der Ansicht des BGH Ausgleichsansprüche nach beiden Ansätzen des § 426 BGB im deliktischen Gerichtsstand einklagbar, derjenige nach § 426 Abs. 1 BGB freilich (unnötigerweise) nur unter dem Aspekt des Gerichtsstand des Sachzusammenhangs (so für die örtliche Zuständigkeit BGHZ 153, 173 = VersR 2003, 663 m. krit. Anm. Spickhoff), den es im Rahmen der Brüssel Ia-VO bzw. des LugÜ nach Ansicht des EuGH (EuGH NJW 1988, 3088 (3089)) und für die internationale Zuständigkeit auch nach Ansicht des BGH nicht gibt (BGH IPRax 2006, 40 m. Aufs. Looschelders IPRax 2006, 14; BGHZ 132, 105 (112 f.) = NJW 1996, 1411). Richtigerweise ist über § 840 BGB jedenfalls § 426 BGB im Ganzen (also in Bezug auf beide Absätze) von vornherein deliktisch zu qualifizieren.

### Art. 21 Form

**Eine einseitige Rechtshandlung, die ein außervertragliches Schuldverhältnis betrifft, ist formgültig, wenn sie die Formerfordernisse des für das betreffende außervertragliche**

**Schuldverhältnis maßgebenden Rechts oder des Rechts des Staates, in dem sie vorgenommen wurde, erfüllt.**

Wie Art. 11 Abs. 1 EGBGB (= Art. 9 Abs. 1 EVÜ) und Art. 9 Abs. 4 EVÜ knüpft auch Art. 21 für einseitige Rechtshandlungen, die ein außervertragliches Schuldverhältnis betreffen, **alternativ** an das **Recht der Ortsform** oder der **lex causae** (das auf das Delikt, die Bereicherung oder die auftragslose Geschäftsführung anwendbare Recht) an. In Art. 11 Abs. 3 Rom I-VO findet sich eine Parallelnorm. S. daher auch die Kommentierung von Art. 11 Rom I-VO (→ Rom I-VO Art. 11 Rn. 1 ff.). Auch hier gilt die Linie, dass sich das **der Formwirksamkeit günstigste der** beiden **Rechte** durchsetzt. 1

Erforderlich sind **einseitige Rechtshandlungen,** die ein außervertragliches Schuldverhältnis betreffen, durch die ein außervertragliches Schuldverhältnis namentlich begründet, geändert, übertragen, zum Erlöschen gebracht oder undurchsetzbar gemacht wird. Ein Vergleich ist aufgrund des notwendigen gegenseitigen Nachgebens (jedenfalls iSd deutschen Sachrechts) keine einseitige Rechtshandlung. Nach dem Zweck der Norm könnten im Wege einer autonomen Auslegung von Art. 21 aber auch dann Rechtshandlungen wie ein (nicht nur deklaratorisches) Schuldanerkenntnis (zB nach Unfällen) oder ein Erlass als erfasst anzusehen sein, wenn diese wie im deutschen Recht (§§ 397, 780, 781 BGB) als Vertrag ausgestaltet worden sind (enger MüKoBGB/Junker Rn. 6; HK-BGB/Dörner Rn. 1). Anderenfalls läuft Art. 21 wohl ins Leere (das und die Unreflektiertheit des Zwecks und Anwendungsfelds dieser Norm kritisiert zu Recht MüKoBGB/Junker Rn. 6: „mysteriös"). Letztlich kann die Frage aber dahingestellt bleiben, da anderenfalls Art. 11 Rom I-VO (mit identischem Ergebnis) greift. 2

## Art. 22 Beweis

**(1) Das nach dieser Verordnung für das außervertragliche Schuldverhältnis maßgebende Recht ist insoweit anzuwenden, als es für außervertragliche Schuldverhältnisse gesetzliche Vermutungen aufstellt oder die Beweislast verteilt.**

**(2) Zum Beweis einer Rechtshandlung sind alle Beweisarten des Rechts des angerufenen Gerichts oder eines der in Artikel 21 bezeichneten Rechte, nach denen die Rechtshandlung formgültig ist, zulässig, sofern der Beweis in dieser Art vor dem angerufenen Gericht erbracht werden kann.**

### I. Entstehungsgeschichte

Art. 22 ist die Parallelvorschrift zu Art. 18 Rom I-VO (= Art. 32 Abs. 3 EGBGB aF, dessen S. 1 Art. 14 Abs. 1 EVÜ und dessen S. 2 Art. 14 Abs. 2 EVÜ entsprach). Daher → VO (EG) 593/2008 Art. 18 Rn. 1 ff. Hinzu zu lesen ist Art. 1 Abs. 3, der wiederum Art. 1 Abs. 2h EVÜ entspricht. Daraus ergibt sich, dass auf den **Beweis** und das **Verfahren** die **Rom II-VO außerhalb der von Art. 21, 22 aufgegriffenen Materien** nicht anwendbar ist; insoweit gilt die **lex fori.** 1

### II. Abs. 1

Abs. 1 lässt die Rom II-VO (und nicht ohne weiteres die lex fori) für **gesetzliche** (widerlegliche und unwiderlegliche) **Vermutungen** sowie für die Verteilung der Beweislast greifen. „Gesetzliche" Vermutungen sind auch richterrechtlich fixierte Regeln, was sich im Case-Law-System des Common Law rechtsquellentheoretisch von selbst versteht; aber auch zB die richterrechtlich entwickelten Regeln zur Beweislastverteilung bei der Produzentenhaftung nach §§ 823 ff. BGB sind aus dem Gesetz gewonnene (BGHZ 51, 91; zuletzt dazu vgl. BGH VersR 2006, 931 Rn. 16) und daher „gesetzliche" Regeln zur Verteilung der Beweislast. Neben den echten Umkehrungen der Beweislast (wie etwa in § 830 Abs. 1 S. 2 BGB, § 831 Abs. 1 S. 2 BGB, § 832 Abs. 1 S. 2 BGB, § 833 S. 2 BGB, § 834 S. 2 BGB, § 836 Abs. 1 S. 2 BGB oder nach dem ProdHaftG) ist nach der Rom II-VO auch die **Darlegungs- und Behauptungslast** zu beurteilen (MüKoBGB/Junker Rn. 11). Abs. 1 gilt aber nur für sachrechtliche Beweisregeln für außervertragliche Schuldverhältnisse, sodass rein prozessuale Vermutungen (zB die Geständnisfiktion des § 138 Abs. 3 ZPO) nicht erfasst sind. 2

Auch die **Beweiswürdigung** (§§ 286, 287 ZPO) untersteht der lex fori (zu § 287 ZPO LG Saarbrücken IPRax 2014, 180 (182); Eichel IPRax 2014, 156). Dazu gehört auch der Anscheinsbeweis (LG Saarbrücken NJW 2015, 2823 = IPRax 2015, 567; Thole IPRax 2010, 285 (286 ff.); 3

str., aA – Schuldstatut – etwa Zwickel IPRax 2015, 531; MüKoBGB/Junker Rn. 8; Coester-Waltjen IntBeweisR Rn. 353 f.). Das gilt ebenso prinzipiell für das Beweismaß (LG Karlsruhe NJW-RR 2021, 157), es sei denn, dies ist sachrechtlich eingefärbt (wie zB in § 252 S. 2 BGB).

### III. Abs. 2

4 Die Zulässigkeit möglicher **Beweismittel** bestimmt sich grds. ebenso nach der **lex fori** wie deren Art und Weise der Einführung in den Prozess und ihre prozessuale Verwertbarkeit (bis hin zu ausdrücklichen oder richterrechtlichen bzw. verfassungsrechtlich gebotenen Beweisverwertungsverboten). Nur in Bezug auf Formfragen können alternativ die nach Art. 22 Abs. 1 maßgeblichen Rechte und die danach zulässigen Beweismittel herangezogen werden. Zumindest verfassungsrechtlich begründete Beweisverwertungsverbote (zB in Bezug auf ein Schuldanerkenntnis) unterliegen indes in jedem Falle der lex fori, jedenfalls im Wege einer Sonderanknüpfung von Eingriffsrecht nach Art. 16.

## Kapitel VI. Sonstige Vorschriften

### Art. 23 Gewöhnlicher Aufenthalt

**(1) Für die Zwecke dieser Verordnung ist der Ort des gewöhnlichen Aufenthalts von Gesellschaften, Vereinen und juristischen Personen der Ort ihrer Hauptverwaltung.**

**Wenn jedoch das schadensbegründende Ereignis oder der Schaden aus dem Betrieb einer Zweigniederlassung, einer Agentur oder einer sonstigen Niederlassung herrührt, steht dem Ort des gewöhnlichen Aufenthalts der Ort gleich, an dem sich diese Zweigniederlassung, Agentur oder sonstige Niederlassung befindet.**

**(2) Im Sinne dieser Verordnung ist der gewöhnliche Aufenthalt einer natürlichen Person, die im Rahmen der Ausübung ihrer beruflichen Tätigkeit handelt, der Ort ihrer Hauptniederlassung.**

### I. Entstehungsgeschichte

1 Art. 23 ist die Parallelnorm zu Art. 19 Rom I-VO (Art. 28 Abs. 2 S. 1 und 2 EGBGB aF = Art. 4 Abs. 2 EVÜ), freilich auf außervertragliche Schuldverhältnisse zugeschnitten und schreibt die dort geregelten Grundsätze fort. Die Norm differenziert zwischen Personenmehrheiten (Abs. 1) und natürlichen Personen (Abs. 2). Anders als in Art. 19 Abs. 2 Rom I-VO in Bezug auf einen Vertragsschluss ist als Ersatzort für den gewöhnlichen Aufenthalt für außervertragliche Schuldverhältnisse (insbes. deliktserhebliches Verhalten) in Bezug auf natürliche Personen (anders als für Gesellschaften, Vereine und juristische Personen) nicht der Ort der Niederlassung (bzw. Zweigniederlassung oder Agentur) maßgeblich. Zudem ist Art. 63 Brüssel Ia-VO nicht (auch nicht analog) anwendbar (G. Wagner IPRax 2008, 1 (5); MüKoBGB/Junker Rn. 5).

### II. Personenmehrheiten

2 Für Personenmehrheiten – die Norm spricht zwar nur von Gesellschaften, Vereinen und juristischen Personen, doch ist dies nicht abschließend, sondern in funktionaler Betrachtung zu verstehen (MüKoBGB/Junker Rn. 8) – gilt als „gewöhnlicher Aufenthalt" der **Ort der Hauptverwaltung (Art. 23 Abs. 1 S. 1),** also des faktischen Sitzes, der tatsächlichen Hauptverwaltung, wo die zentralen Leitungsentscheidungen getroffen werden, nicht bloß der Ort der alltäglichen Geschäftstätigkeit oder der Registersitz bzw. der Gründungsort. Der Begriff der Hauptverwaltung ist dabei ebenso autonom auszulegen wie die Begriffe der Gesellschaft, des Vereins und der juristischen Person. Gemeint ist jede Personenvereinigung oder Vermögensmasse, die sich vertraglich verpflichten oder Adressat von (zB deliktischen) Verhaltenspflichten sein kann (PWW/Schaub Rn. 2). Das gilt – anders als im Rahmen von Art. 19 Rom I-VO (und Art. 28 Abs. 2 EGBGB aF = Art. 4 Abs. 2 EVÜ) – auch im Falle von nicht beruflichen oder gewerblichen Tätigkeiten von Personenvereinigungen. Im Übrigen sind die Begriffe in Parallelität zu der international-prozessrechtlichen Norm des Art. 63 Brüssel Ia-VO auszulegen (vgl. **Erwägungsgrund 7**).

3 Rührt das außervertragliche Schuldverhältnis aus dem Betrieb einer Zweigniederlassung, einer Agentur oder einer sonstigen **Niederlassung** her, ist am dadurch bezeichneten Ort der „gewöhnli-

che Aufenthalt" der betroffenen Personenvereinigung **(Art. 23 Abs. 1 S. 2).** Abs. 1 S. 2 verdrängt ggf. Abs. 1 S. 1 (MüKoBGB/Junker Rn. 15). Auch der Begriff der **Niederlassung** als Oberbegriff des Art. 23 Abs. 1 S. 2 ist autonom zu bestimmen. Im Anschluss an die Definition des EuGH zum Parallelbegriff in Art. 7 Nr. 5 Brüssel Ia-VO ist eine Niederlassung „ein Mittelpunkt geschäftlicher Tätigkeit", der „auf Dauer als Außenstelle eines Stammhauses hervortritt, eine Geschäftsführung hat und sachlich so ausgestattet ist, dass er in der Weise Geschäfte mit Dritten betreiben kann, dass diese, obgleich sie wissen, dass möglicherweise ein Rechtsverhältnis mit dem im Ausland ansässigen Stammhaus begründet wird, sich nicht unmittelbar an dieses zu wenden brauchen, sondern Geschäfte an dem Mittelpunkt geschäftlicher Tätigkeit abschließen können, der dessen Außenstelle ist" (EuGH RIW 1979, 56 (58)). Eine nur kurzfristige Einrichtung (Messestand) ist keine Niederlassung; vielmehr wird eine geplante Dauer von mehr als einem Jahr erforderlich sein (Soergel/v. Hoffmann EGBGB Art. 28 Rn. 67). Auch der Rechtsschein einer Niederlassung kann genügen (EuGH RIW 1988, 136; MüKoBGB/Junker Rn. 12). Mit **„Herrühren"** wird das Erfordernis eines Bezugs des zum außervertraglichen Schuldverhältnis führenden tatsächlichen oder rechtlichen Geschehens ausgedrückt.

## III. Natürliche Personen

Außervertragliche Schuldverhältnisse, die im Rahmen der **Ausübung einer beruflichen** 4 **Tätigkeit** (ggf. angeblich) begründet worden sind, werden an das Recht der Hauptniederlassung dieser Partei angeknüpft, anders als nach Art. 19 Abs. 1 S. 1 Rom I-VO und Art. 28 Abs. 2 EGBGB aF (= Art. 4 Abs. 2 EVÜ) nicht an das Recht einer sonstigen Niederlassung, selbst wenn das Schuldverhältnis mit einer anderen Niederlassung als der Hauptniederlassung in Verbindung steht. Beruflich tätig idS sind Freiberufler, Gewerbetreibende, nach dem Zweck der Norm indes nicht unselbständig beruflich Tätige (zB Arbeitnehmer) (MüKoBGB/Junker Rn. 20). Außervertragliche Schuldverhältnisse, die nicht durch „Handeln" im Rahmen der Ausübung einer beruflichen Tätigkeit der Partei begründet worden sind, werden dem am gewöhnlichen Aufenthaltsort der betreffende Person geltenden Recht unterstellt. „Handeln" ist iSv „Verhalten" zu verstehen, sodass Tun oder angeblich pflichtwidriges Unterlassen gleichermaßen in Betracht kommen. Der **Begriff des gewöhnlichen Aufenthalts einer natürlichen Person** ist zwar anders als der Wohnsitz nach Art. 62 Brüssel Ia-VO autonom zu bestimmen (ebenso für das EVÜ Soergel/v. Hoffmann EGBGB Art. 28 Rn. 61). Indes dürfte das Verständnis des ohnedies staatsvertraglich namentlich in den Haager Übereinkommen vorgeprägten Begriffs, der im Ausgangspunkt auf die **soziale Integration** abstellt (Baetge, Der gewöhnliche Aufenthalt im Internationalen Privatrecht, 1994, 76), mit dem zum deutschen Kollisionsrecht entwickelten im Wesentlichen identisch sein (→ EGBGB Art. 40 Rn. 1 ff.; → EGBGB Art. 5 Rn. 16 ff.).

Der EuGH (EuGH C-512/17 = PRax 2019, 248; dazu Gruber IPRax 2019, 217) stellt (im 5 Kontext dem Personenrechts) auf den **Ort des tatsächlichen Lebensmittelpunktes** ab, der (zumindest bei Säuglingen und Kleinkindern) durch folgende maßgebliche bzw. nicht maßgebliche Indizien zu konkretisieren ist: Relevant ist, ob ein Kind ab seiner Geburt bis zur Trennung seiner Eltern im Allgemeinen mit ihnen an einem bestimmten Ort gewohnt hat, ob der Elternteil, der seit der Trennung des Paares faktisch für das Kind Sorge trägt, im Alltag noch immer mit ihm an diesem Ort aufhält und dort seine berufliche Tätigkeit im Rahmen eines unbefristeten Arbeitsverhältnisses ausübt, ob das Kind an diesem Ort regelmäßig Kontakt zu seinem anderen Elternteil hat, der noch immer an diesem Ort wohnt. Nicht relevant soll sein, ob vergangene Aufenthalte des faktisch für das Kind Sorge tragenden Elternteils mit dem Kind im Hoheitsgebiet des Herkunftsmitgliedstaats dieses Elternteils im Rahmen seiner Urlaube oder von Festtagen stattgefunden habe, ebenso wenig die Herkunft des fraglichen Elternteils sowie die sich daraus ableitenden kulturellen Bindungen des Kindes und seine Beziehungen zu seiner Familie und die etwaige Absicht dieses Elternteils, sich künftig in eben diesem Mitgliedstaat mit dem Kind niederzulassen.

## Art. 24 Ausschluss der Rück- und Weiterverweisung

**Unter dem nach dieser Verordnung anzuwendenden Recht eines Staates sind die in diesem Staat geltenden Rechtsnormen unter Ausschluss derjenigen des Internationalen Privatrechts zu verstehen.**

In Bezug auf allgemeine Regeln statuiert Art. 24 (ebenso wie Art. 20 Rom I-VO) das Prinzip 1 der **Sachnormverweisung.** Die Bestimmung des anwendbaren Rechts wird im Rahmen von

Abs. 1 nicht durch die Überprüfung fremden Kollisionsrechts belastet. **Art. 4 Abs. 1 und 2** EGBGB sind nicht anwendbar. Der **Zweck** dieser Regel liegt – nicht anders als sonst häufig auch im Falle kollisionsrechtlicher Staatsverträge – darin, dass der Vereinheitlichungszweck der Rom II-VO nicht durch die Anerkennung von Rück- oder Weiterverweisungen in Frage gestellt werden soll.

2 Obwohl die Rom I-VO und die Rom II-VO das internationale Schuldrecht innerhalb der EU vereinheitlichen, hat Dänemark nach Art. 1 Abs. 4 sein eigenes IPR für (auch außervertragliche) Schuldverhältnisse beibehalten. Zudem ist insoweit kein einheitliches IPR der außervertraglichen Schuldverhältnisse vorhanden, als nach Art. 28 bestehendes staatsvertragliches Kollisionsrecht (insbes. das Haager Straßenverkehrsunfall- und das Produkthaftungs-Übereinkommen) auch sonst nicht berührt wird. Insoweit erlangt das Prinzip der Sachnormverweisung nicht nur gegenüber Drittstaaten (Mankowski IPRax 2010, 398; Schack IPRax 2013, 315 (318)), sondern auch innerhalb der Gemeinschaft **praktische Bedeutung.**

3 Im Falle einer **parteiautonomen Rechtswahl** stellt sich die Frage, ob die Parteien nicht nur die Sachvorschriften, sondern auch das IPR eines Staates wählen können. Insoweit wäre dann von einer parteiautonomen Gesamtverweisung auszugehen. Ebenso wenig wie Art. 4 Abs. 2 EGBGB eine **parteiautonome Gesamtverweisung** zulässt und ebenso wenig wie Art. 20 Rom I-VO oder Art. 35 Abs. 1 EGBGB aF, der auf Art. 15 EVÜ beruht, dies nach richtigem Verständnis erlauben, lässt auch Art. 24 eine solche Gestaltung zu (→ VO (EG) 593/2008 Art. 20 Rn. 3 mwN) (ebenso jurisPK-BGB/Engel, 1.3.2020, Rn. 4; aA MüKoBGB/Junker Rn. 9). Ohnedies wird sie nur ausnahmsweise vereinbart worden sein (insoweit übereinstimmend MüKoBGB/Junker Rn. 9; jurisPK-BGB/Engel, 1.3.2020, Rn. 4).

## Art. 25 Staaten ohne einheitliche Rechtsordnung

**(1) Umfasst ein Staat mehrere Gebietseinheiten, von denen jede für außervertragliche Schuldverhältnisse ihre eigenen Rechtsnormen hat, so gilt für die Bestimmung des nach dieser Verordnung anzuwendenden Rechts jede Gebietseinheit als Staat.**

**(2) Ein Mitgliedstaat, in dem verschiedene Gebietseinheiten ihre eigenen Rechtsnormen für außervertragliche Schuldverhältnisse haben, ist nicht verpflichtet, diese Verordnung auf Kollisionen zwischen den Rechtsordnungen dieser Gebietseinheiten anzuwenden.**

### I. Entstehungsgeschichte

1 Art. 25 entspricht im Wesentlichen Art. 22 Rom I-VO bzw. Art. 19 EVÜ. Hat ein Staat Gebiete, in denen unterschiedliches lokales Recht gilt, so soll prinzipiell über die **Anknüpfungen der Rom II-VO direkt** entschieden werden, welche Teilrechtsordnung anzuwenden ist. Ausländisches interlokales Recht ist also prinzipiell nicht anwendbar. **Art. 25 verdrängt Art. 4 Abs. 3.**

### II. Mehrere Gebietseinheiten mit eigenen Rechtsvorschriften

2 **Abs. 1** verweist unmittelbar (also ohne Beachtung eventuell existierender interlokalrechtlicher Regelungen in dem betreffenden Gesamtstaat) auf das Recht einer Gebietseinheit, soweit ein Staat **mehrere Gebietseinheiten mit eigenen Rechtsvorschriften** für außervertragliche Schuldverhältnisse hat. Auch unterschiedliches Richter- oder Gewohnheitsrecht reicht aus. Von Gebietseinheiten kann man sprechen, wenn innerhalb des ausländischen Staates territorial begrenzte Teile vorliegen (MüKoBGB/Junker Rn. 6). In Betracht kommen etwa Spanien, Kanada, Australien, Mexiko, Großbritannien sowie die USA. Gilt in bestimmten Beziehungen einheitliches Recht in dem betreffenden Staat, ist ggf. dieses von der Verweisung auf das Recht der Gebietseinheit mit umfasst (PWW/Schaub Rn. 1; MüKoBGB/Junker Rn. 6). Nach Art. 14 können entsprechende Gebietsrechtswahlen vorgenommen werden (MüKoBGB/Junker Rn. 9).

### III. Abs. 2

3 Abs. 2 entspricht Art. 19 Abs. 2 EVÜ. Die letztgenannte Norm ist in das EGBGB nicht übernommen worden, weil man die Norm in Deutschland nach der Wiedervereinigung offenbar für überflüssig hielt. So steht es auch mit Abs. 2: Die Norm ist in Bezug auf Deutschland gegenstandslos.

## Art. 26 Öffentliche Ordnung im Staat des angerufenen Gerichts

**Die Anwendung einer Vorschrift des nach dieser Verordnung bezeichneten Rechts kann nur versagt werden, wenn ihre Anwendung mit der öffentlichen Ordnung („ordre public") des Staates des angerufenen Gerichts offensichtlich unvereinbar ist.**

### I. Grundsatz

Art. 26 enthält die – seit jeher geltendem deutschen (und wohl jedem ausländischen) Kollisionsrecht entsprechende – Möglichkeit der Zurückweisung der Anwendung ausländischen Rechts (auch: vom Recht eines Mitgliedstaats der EU) wegen Verstoßes gegen den **ordre public.** Das gilt namentlich bei über den Schadensausgleich hinausgehenden, unverhältnismäßigen Entschädigungsansprüchen (**punitive** oder **exemplary damages**), was in Art. 23 S. 2 Rom II VO-Entwurf ausdrücklich hervorgehoben wurde (insgesamt krit. gegenüber Art. 23 S. 2 Rom II VO-Entwurf Mörsdorf-Schulte ZVglRWiss 104 (2005), 192). In der Sache hat der Wegfall dieses Hinweises keine Änderung ergeben, wie **Erwägungsgrund 32** klarstellt (vgl. dazu auch R. Wagner FS Kropholler, 2008, 715 (727); s. zum Strafschadensersatz als ordre public auslösend ferner Ital Kass ZEuP 2009, 409 mAnm Gebauer). In Italien werden in den USA zugesprochene punitive damages demgegenüber (unter dem eher unklaren Vorbehalt der Legalität und Verhältnismäßigkeit) anerkannt (näher Christandl ZfRV 2018, 123 mwN unter Hinweis auf ital. Cass Responsabilitá civile e previdenza 2017, 1198). Bis hin zum **Erfordernis der Inlandsbeziehung** kann der deutsche ordre public im Internationalen Privatrecht der außervertraglichen Schuldverhältnisse daher wie bisher im Rahmen bei Art. 6 EGBGB nun im Rahmen von Art. 26 konkretisiert (und punitive damages ggf. abgewehrt) (BGHZ 118, 312 = NJW 1992, 3096; Leible/Lehmann RIW 2007, 721 (734 f.)) werden. Im Internationalen Deliktsrecht kann zudem auf Art. 40 Abs. 3 Nr. 1 und 2 EGBGB, nicht aber auf den (ohnedies verunglückten) Art. 40 Abs. 3 Nr. 3 EGBGB zurückgegriffen werden (→ EGBGB Art. 38 Rn. 19; → EGBGB Art. 39 Rn. 7; → EGBGB Art. 40 Rn. 44 ff.; auch zu Art. 40 Abs. 3 Nr. 3 EGBGB) In Art. 21 Rom I-VO findet sich eine Parallelnorm. Art. 26 wird durch die **Sonderanknüpfung eigenen Eingriffsrechts** gem. Art. 16 verdrängt. Art. 26 verdrängt auch Art. 6 EGBGB. 1

### II. Europarechtlich bedingte Besonderheiten bei der Handhabung

Art. 26 kann auch gegenüber dem Ergebnis der Anwendung des Rechts eines EU-Mitgliedstaates greifen. Zudem erhebt sich die **Frage nach einem einheitlichen europäischen Maßstab des ordre public** (→ VO (EG) 593/2008 Art. 21 Rn. 2). Ein subsumtionsfähiger Maßstab eines einheitlichen ordre public lässt sich in Europa im Haftungsrecht vielfach wohl kaum zureichend konkret ermitteln (dagegen auch Leible/Lehmann RIW 2007, 721 (734), die vom „embryonalen Stadium" des europäischen ordre public sprechen). Gerade im Bereich des Haftungsrechts sind weder auf der Tatbestands- noch auf der Rechtsfolgenseite durchgängig einheitliche Linien in der EU erkennbar. Mit dem deutschen materiellen ordre public ist das (maßgebliche) Ergebnis der Anwendung einer fremden Norm nicht schon deshalb unvereinbar, wenn der deutsche Richter, hätte er den Prozess entschieden, aufgrund zwingenden deutschen Rechts zu einem anderen Ergebnis gekommen wäre. Maßgeblich ist vielmehr, ob das Ergebnis der Anwendung des ausländischen Rechts zu den Grundgedanken der deutschen Regelungen und den in ihnen enthaltenen Gerechtigkeitsvorstellungen in so starkem Widerspruch steht, dass es nach inländischer Vorstellung untragbar erscheint (OLG Hamm NJW 2019, 3527, wenngleich in casu unzutreffend auf Art. 6 EGBGB abstellend). 2

### III. Konkretisierung

Im Falle konkreter erheblicher sachrechtlicher Abweichungen (zB dänisches Haftungsrecht mit seinen engen Haftungsobergrenzen) liegt das Eingreifen des ordre public nahe. Der Vorbehalt des ordre public kann auch haftungsbegründend oder haftungserweiternd wirken. Das Fehlen einer Norm wie § 817 S. 2 BGB löst den deutschen ordre public nicht aus (BGH NJW 1966, 730), ebenso wenig eine von deutschen Recht abweichende (pauschalierende) Schadensberechnung, etwa in Bezug auf Behandlungskosten (BGHZ 118, 312 (331) = NJW 1992, 3096; vgl. auch BGHZ 141, 286 (299) = NJW 1999, 3198) oder eine zweijährige Verjährungsfrist im Deliktsrecht (OLG Hamm NJW 2019, 3527 (wenn auch zu Unrecht zu Art. 6 EGBGB); zur Verjährung Kadner Graziano ZEuP 2021, 668 (687 f.)). Denkbar ist aber das Eingreifen des ordre public im Falle bedrückend geringer immaterieller Ansprüche bei schwersten Verletzungen (wie nach 3 dänischem Recht) (vgl. auch LG Heilbronn RIW 1991, 343: ordre public-Verstoß in casu abgelehnt). Ein Verstoß gegen den ordre public ist auch als unzulässiger Strafschadensersatz angenommen worden bei Erhebung einer „erhöhten Zusatzgebühr" im Rahmen (ungarischer) Mautverstöße (LG München I DAR 2021, 213 = BeckRS 2021, 1048; aA Staudinger/Schametzki DAR 2021, 191), die als Zivilsache anzusehen ist, wenn sie von einer Gesellschaft des Privatrechts eingetrieben und internrechtlich als privatrechtlich qualifiziert wird (EuGH BeckRS 2021, 28872).

### IV. Rechtsfolge eines ordre public-Verstoßes

4 Zunächst → VO (EG) 593/2008 Art. 21 Rn. 3. Im Falle von Ja- oder Nein-Entscheidungen (zB bei der Frage nach der Verjährung) wird im Falle eines ordre public-widrigen Ergebnisses die fremde Norm ganz einfach nicht angewendet. Kann es dabei indes nicht bleiben (zB im Falle von zu hohen oder zu niedrigen Schadensersatzansprüchen), ist das Schuldstatut ordre public-konform anhand der Maßstäbe des eigenen Rechts bis zur Grenze des für die lex fori unter Beachtung des konkreten Inlandsbezugs noch Erträglichen zu reduzieren. Den aus der Funktion der Vorbehaltsklausel und dem „Grundsatz der Schonung des fremden Rechts" folgt, dass die Nichtanwendung des fremden Rechts nur so weit geht, wie dies zur Beseitigung des ordre public-widrigen Ergebnisses erforderlich ist (OLG Hamm NJW 2019, 3527 – freilich unzutr. zu Art. 6 EGBGB; v. Hein ZEuP 2009, 6 (24); MüKoBGB/Junker Rn. 26, 27).

## Art. 27 Verhältnis zu anderen Gemeinschaftsrechtsakten

**Diese Verordnung berührt nicht die Anwendung von Vorschriften des Gemeinschaftsrechts, die für besondere Gegenstände Kollisionsnormen für außervertragliche Schuldverhältnisse enthalten.**

1 Art. 27 liegt ebenso wie **Art. 23 Rom I-VO** (näher → Rom I-VO Art. 23 Rn. 1 ff.) die Vorstellung zugrunde, dass Kollisionsnormen für außervertragliche Schuldverhältnisse in Vorschriften des Unionsrechts in Bezug auf besondere Gegenstände zwar vermieden, aber nicht gänzlich ausgeschlossen werden sollen (**Erwägungsgrund 35** S. 1). In diesem Zusammenhang (s. zu weiteren Fällen, insbes. Art. 6 RL 2003/71/EG (Prospekt-RL), MüKoBGB/Junker Rn. 10–12) wird insbes. das in seiner Rechtsnatur europaweit nach wie vor ungeklärte **Herkunftslandprinzip der E-Commerce-RL** (in Deutschland umgesetzt in § 3 TMG, früher: § 4 TDG; genauer → Rom I-VO Art. 23 Rn. 8 ff.; → EGBGB Art. 40 Rn. 1) ff.) angesprochen (Erwägungsgrund 35 S. 4), das sachrechtlich (BGH IPRax 2018, 509 Rn. 37; BGH NJW 2012, 2197 nach Vorlage an den EuGH BGH NJW 2010, 1232; der EuGH ließ die Frage offen: EuGH NJW 2012, 137: eine Umsetzung in Form einer speziellen Kollisionsregel sei nicht „verlangt"), kollisionsrechtlich (so öOGH ZfRV 2012, 226: Sachnormverweisung, m. zust. Anm. Ofner; Ofner ZfRV 2012, 193) oder als Regel sui generis verstanden wird. Es soll offenbar nicht beeinträchtigt werden (Leible/Lehmann RIW 2007, 721 (729)). Selbst wenn man es (mE zutr.) (Spickhoff in Leible, Die Bedeutung des IPR im Zeitalter der neuen Medien, 2003, 89, 117 ff. mwN zum Streitstand) kollisionsrechtlich qualifiziert, was Erwägungsgrund 35 nahelegt, soll es offensichtlich durch die Rom II-VO nicht verdrängt werden; es geht ihr ggf. also vor. Daher kommt es nicht zu dem befürchteten „bisher kaum erforschten Bereich sekundärrechtlicher Normkollisionen" im Spannungsfeld zwischen lex posterior (ggf. Rom II-VO-E) und lex specialis (E-Commerce-RL) (s. auch Hamburg Group for Private International Law RabelsZ 67 (2003), 1 (45 f.); Mankowski ZVglRWiss 100 (2001), 137 (177 f.); Spickhoff in Leible, Die Bedeutung des IPR im Zeitalter der neuen Medien, 2003, 89, 117; zur Prospekthaftung und dem Herkunftslandprinzip im Rahmen von Art. 27 Tschäpe/Kramer/Glück RIW 2008, 657).

2 Der EuGH hat entschieden, dass Art. 28 RL 2009/103/EG vom 16.9.2009 über die **Kraftfahrzeug-Haftpflichtversicherung** und die Kontrolle der entsprechenden Versicherungspflicht in der in innerstaatliches Recht umgesetzten Form keine Vorschrift des Unionsrechts iSv Art. 27 beinhaltet, die Kollisionsnormen für außervertragliche Schuldverhältnisse enthält (EuGH EuZW 2019, 134).

## Art. 28 Verhältnis zu bestehenden internationalen Übereinkommen

**(1) Diese Verordnung berührt nicht die Anwendung der internationalen Übereinkommen, denen ein oder mehrere Mitgliedstaaten zum Zeitpunkt der Annahme dieser Ver-**

**ordnung angehören und die Kollisionsnormen für außervertragliche Schuldverhältnisse enthalten.**

**(2) Diese Verordnung hat jedoch in den Beziehungen zwischen den Mitgliedstaaten Vorrang vor den ausschließlich zwischen zwei oder mehreren Mitgliedstaaten geschlossenen Übereinkommen, soweit diese Bereiche betreffen, die in dieser Verordnung geregelt sind.**

## I. Normzweck

Art. 28 verfolgt wie die **Parallelnorm in Art. 25 Rom I-VO** zunächst den Zweck, keine Verletzungen staatsvertraglicher Pflichten der Mitgliedstaaten dadurch zu bewirken, dass die Rom II-VO in bestehende Staatsverträge hineinwirkt. Daher heißt es in Erwägungsgrund 36, um die internationalen Verpflichtungen, die die Mitgliedstaaten eingegangen sind, zu wahren, dürfe sich die Verordnung nicht auf internationale Übereinkommen auswirken, denen ein oder mehrere Mitgliedstaaten zum Zeitpunkt der Annahme dieser Verordnung angehören. Um den Zugang zu den Rechtsakten zu erleichtern, sollte die Kommission anhand der Angaben der Mitgliedstaaten ein Verzeichnis der betreffenden Übereinkommen im Amtsblatt der EU veröffentlichen. 1

## II. Befugnis zum Abschluss von Staatsverträgen in der Zukunft

Auf dieser Linie liegt auch Erwägungsgrund 37, wonach die Kommission dem Europäischen Parlament und dem Rat einen Vorschlag unterbreiten wird, nach welchen Verfahren und unter welchen Bedingungen die Mitgliedstaaten in Einzel- und Ausnahmefällen in eigenem Namen Übereinkünfte mit Drittländern über sektorspezifische Fragen aushandeln und abschließen dürfen, die Bestimmungen über das auf außervertragliche Schuldverhältnisse anzuwendende Recht enthalten, die also den Anwendungsbereich der Rom II-VO tangieren würden. In diesem Rahmen verlieren die Mitgliedstaaten die Kompetenz zum Anschluss neuer Staatsverträge im Bereich des Kollisionsrechts für außervertragliche Schuldverhältnisse (zum Ganzen Bischoff ZEuP 2010, 321; MüKoBGB/Junker Rn. 30). 2

## III. Vorrang von Staatsverträgen (Abs. 1)

Abs. 1 lässt den völkerrechtlichen Vorrang bestehender Staatsverträge unberührt, sofern ein oder mehrere Mitgliedstaaten beteiligt sind, wie in den Fällen des Haager Straßenverkehrsunfall-Übereinkommens (dazu Thiede/Kellner VersR 2007, 1624), des Haager Produkthaftpflicht-Übereinkommens (→ Rn. 4), mancher Übereinkommen im Immaterialgüterrecht (Ofner ZfRV 2008, 13 (19)) und im Transportrecht (Hartenstein TranspR 2008, 143 (146 ff.); weitere Beispiele – Arrest in Seeschiffe und Bergung auf Hoher See – bei MüKoBGB/Junker Rn. 23, 24). 3

## IV. Bilaterale bzw. „innereuropäische" Staatsverträge

Der grundsätzliche Vorrang bestehender Staatsverträge hat nach **Abs. 2** eine **Grenze.** Denn die Rom II-VO hat Vorrang vor solchen Übereinkommen, die ausschließlich zwischen zwei oder mehreren Mitgliedstaaten geschlossen worden (dh verbindlich) (MüKoBGB/Junker Rn. 26) sind und den Anwendungsbereich der Rom II-VO betreffen. Als Mitgliedstaaten wird den Vertragsparteien wohl keine Pflicht auferlegt, den betreffenden Vertrag zu kündigen; auch wird die Kündigung nicht fingiert; das Abkommen ist ganz einfach zugunsten der Rom II-VO nicht anzuwenden (G. Wagner IPRax 2008, 1 (3); MüKoBGB/Junker Rn. 29). **Nicht betroffen von Abs. 2** sind die zwei praktisch wichtigsten, wenngleich von Deutschland nicht gezeichneten **Haager Übereinkommen** über das auf Straßenverkehrsunfälle anzuwendende Recht vom 4.5.1971 und über das auf die Produkthaftpflicht anzuwendende Recht vom 2.10.1973, weil hier Vertragsparteien jeweils auch Nicht-Mitgliedstaaten sind. Nicht von Abs. 2 betroffen ist ferner der deutsch-schweizerische Vertrag über die Schadensdeckung bei Verkehrsunfällen vom 30.5.1969 (BGBl. 1971 II 91). Eine analoge Anwendung von Abs. 2 dann, wenn an einem Übereinkommen Drittstaaten zwar beteiligt, deren Interessen konkret aber nicht betroffen sind (dafür Sonnenberger FS Kropholler, 2008, 227 (233 f.)), ist nach der Genese der Norm und um der Rechtsklarheit wegen nicht angezeigt (Staudinger FS Kropholler, 2008, 691 (709); PWW/Schaub Rn. 1). 4

# Kapitel VII. Schlussbestimmungen

## Art. 29 Verzeichnis der Übereinkommen

**(1) [1]Die Mitgliedstaaten übermitteln der Kommission spätestens am 11. Juli 2008 die Übereinkommen gemäß Artikel 28 Absatz 1. [2]Kündigen die Mitgliedstaaten nach diesem Stichtag eines dieser Übereinkommen, so setzen sie die Kommission davon in Kenntnis.**

**(2) Die Kommission veröffentlicht im Amtsblatt der Europäischen Union innerhalb von sechs Monaten nach deren Erhalt**
**i) ein Verzeichnis der in Absatz 1 genannten Übereinkommen;**
**ii) die in Absatz 1 genannten Kündigungen.**

1 Art. 29 (Parallelnorm: Art. 26 Rom I-VO) nimmt auf Art. 28 Bezug. Um den Zugang zu den relevanten Rechtsakten zu erleichtern, soll die Kommission anhand der Angaben der Mitgliedstaaten ein Verzeichnis der betreffenden Übereinkommen im Amtsblatt der EU veröffentlichen (Erwägungsgrund 36).

## Art. 30 Überprüfungsklausel

**(1) [1]Die Kommission legt dem Europäischen Parlament, dem Rat und dem Europäischen Wirtschafts- und Sozialausschuss bis spätestens 20. August 2011 einen Bericht über die Anwendung dieser Verordnung vor. [2]Diesem Bericht werden gegebenenfalls Vorschläge zur Anpassung der Verordnung beigefügt. [3]Der Bericht umfasst:**
**i) eine Untersuchung über Auswirkungen der Art und Weise, in der mit ausländischem Recht in den verschiedenen Rechtsordnungen umgegangen wird, und darüber, inwieweit die Gerichte in den Mitgliedstaaten ausländisches Recht aufgrund dieser Verordnung in der Praxis anwenden;**
**ii) eine Untersuchung der Auswirkungen von Artikel 28 der vorliegenden Verordnung im Hinblick auf das Haager Übereinkommen vom 4. Mai 1971 über das auf Verkehrsunfälle anzuwendende Recht.**

**(2) Die Kommission legt dem Europäischen Parlament, dem Rat und dem Europäischen Wirtschafts- und Sozialausschuss bis spätestens 31. Dezember 2008 eine Untersuchung zum Bereich des auf außervertragliche Schuldverhältnisse aus der Verletzung der Privatsphäre oder der Persönlichkeitsrechte anzuwendenden Rechts vor, wobei die Regeln über die Pressefreiheit und die Meinungsfreiheit in den Medien sowie die kollisionsrechtlichen Aspekte im Zusammenhang mit der Richtlinie 95/46/EG des Europäischen Parlaments und des Rates vom 24. Oktober 1995 zum Schutz natürlicher Personen bei der Verarbeitung personenbezogener Daten und zum freien Datenverkehr zu berücksichtigen sind.**

### Überblick

Kommentierung → Art. 32 Rn. 1 ff.

## Art. 31 Zeitliche Anwendbarkeit

**Diese Verordnung wird auf schadensbegründende Ereignisse angewandt, die nach ihrem Inkrafttreten eintreten.**

### Überblick

Kommentierung → Art. 32 Rn. 1 ff.

## Art. 32 Zeitpunkt des Beginns der Anwendung

**Diese Verordnung gilt ab dem 11. Januar 2009, mit Ausnahme des Artikels 29, der ab dem 11. Juli 2008 gilt.**

**Schrifttum:** Bücken, Intertemporaler Anwendungsbereich der Rom II-VO, IPRax 2009, 125; Glöckner, Keine klare Sache: der zeitliche Anwendungsbereich der Rom II-VO, IPRax 2009, 121; Illmer, Luxemburg locuta, causa finita! Zum zeitlichen Anwendungsbereich der Rom II-Verordnung, GPR 2012, 82; Martiny, Europäisches Internationales Schuldrecht – Kampf um Kohärenz und Weiterentwicklung, ZEuP 2013, 838.

### I. Bedeutung

Anders als im Rahmen des Internationalen Privatrechts der außervertraglichen Schuldverhältnisse in Deutschland, für die es eine ausdrückliche intertemporale Überleitungsvorschrift für Altfälle nicht gibt, sodass auf Art. 220 Abs. 1 EGBGB, Art. 236 § 1 EGBGB entspr. abzustellen ist (→ EGBGB Art. 40 Rn. 50) (s. auch OLG Stuttgart OLGR 2005, 1), regeln Art. 31 und 32 den **intertemporalen Anwendungsbereich der Rom II-VO.** Parallelnormen der Rom I-VO, die freilich auf andere Tatbestände zugeschnitten sind, finden sich in Art. 28, 29 Rom I-VO. 1

Die **Überprüfungsklausel des Art. 30** ist als bloßer Programmsatz, dessen Ausfüllung weitestgehend im Ermessen des unionsrechtlichen Gesetzgebers liegt, bislang nicht in juristisch „harter" Form ebenso wenig relevant geworden wie die Parallelnorm des Art. 27 Rom I-VO (vgl. auch Martiny ZEuP 2013, 838). 2

### II. Inkrafttreten

Während Art. 29 Rom I-VO zwischen dem Inkrafttreten (S. 1) und der Geltung der Rom I-VO (S. 2) unterscheidet, fehlt es daran in der Rom II-VO. Dennoch ist davon auszugehen, dass die Rom II-VO am 11.1.2009 nicht nur in Kraft getreten ist, sondern seitdem auch „gilt". Dafür sprechen offensichtliche praktische Erwägungen. Anzunehmen, dass Gerichte auf einen vor dem 11.1.2009 stattgefundenen Unfall vor dem 11.1.2009 das EGBGB und danach die Rom II-VO anzuwenden hätten (dafür Staudinger FS Kropholler, 2008, 691 (692); Glöckner IPRax 2009, 121 (123) mwN in Fn. 11), würde den Zweck der Regelung verfehlen, erschöpfte sich in formalistischer Betrachtung und erschiene sachfremd und willkürlich. Insbesondere ist der Zeitpunkt der Einleitung eines Verfahrens, mit dem zB Schadensersatz begehrt wird, oder der Zeitpunkt der Bestimmung des anwendbaren Rechts durch das angerufene Gericht – fast möchte man sagen: selbstverständlich – unmaßgeblich (EuGH NJW 2012, 441 = EuZW 2012, 35; dazu Lehmann/Duczek JuS 2012, 681 (683); Illmer GPR 2012, 82; Pabst GPR 2013, 171, 173; Sendmeyer ZEuP 2013, 685; R. Wagner NJW 2012, 1333, (1336 f.); seit jeher ganz hM, v. Hein ZEuP 2009, 6 (11); G. Wagner IPRax 2008, 1 (17); Ofner ZfRV 2008, 13 (15); Bücken IPRax 2009, 125 ff.; MüKoBGB/Junker Rn. 4; Heiss/Loacker JBl 2007, 613 (618); Grüneberg/Thorn Rn. 1). 3

### III. Eintritt eines schadensbegründenden Ereignisses

Generell stellt Art. 31 auf den „Eintritt" eines „schadensbegründenden Ereignisses" ab. Aus Art. 4 Abs. 1 folgt, dass damit das relevante Verhalten – sei es deliktisch, sei es relevant für ein Verschulden bei Vertragsanbahnung, für einen bereicherungsrechtlichen Vorgang oder für eine Geschäftsführung ohne Auftrag (Art. 2 Abs. 1) –, nicht (erst) ein uU später eintretender Verletzungserfolg (zB Explosion nach unbeaufsichtigt deponiertem Sprengstoff, **verkehrspflichtwidrig** zugängliche Waffe, die von einem Dritten verletzend genutzt wird) gemeint ist (G. Wagner IPRax 2008, 1 (17); v. Hein ZEuP 2009, 6 (11); PWW/Schaub Rn. 1; MüKoBGB/Junker Rn. 6, 7 gegen Leible/Lehmann RIW 2007, 721 (724)). Ob das betreffende Verhalten willensgesteuert sein muss (dafür Grüneberg/Thorn Rn. 2), ist eher eine sachrechtliche Frage. Richtig ist aber, dass bloße Vorbereitungshandlungen noch nicht genügen (Grüneberg/Thorn Rn. 2). Im Falle von Gefährdungshaftungen kommt es nicht auf zB das Halten eines Tieres oder das Betreiben einer Anlage an, sondern auf die Schaffung einer konkreten Gefahr, etwa dann wenn eine Sache außer Kontrolle gerät (Grüneberg/Thorn Rn. 2). Im Falle eines emittierenden Kraftwerkes, dessen Halter einer Gefährdungshaftung unterliegt, ist also intertemporalrechtlich (anders als kollisionsrechtlich: Art. 7) der Ort maßgeblich, an dem das Kraftwerk gefährlich emittiert, und nicht der Ort der späteren Verletzung (zB der Verschmutzung einen Tag nach der Einleitung von Giftstoffen) (dafür Junker JZ 2008, 169 (170)). Der Eintritt des Verletzungserfolges sollte aber wahrscheinlich sein (in Anlehnung an Art. 2 Abs. 2); ebenso kann es in Fällen der Gewässerverschmutzung stehen. Allerdings ist die Frage gerade im Rahmen von Umweltschäden wegen der Parallelität von Art. 7 4 iVm Art. 46a EGBGB einerseits und Art. 40 Abs. 1 EGBGB andererseits kaum entscheidungserheblich (darauf weist zu Recht MüKoBGB/Junker Rn. 10 hin). War der Verletzungserfolg bzw. der „Schadenseintritt" schon vor Inkrafttreten der Rom II-VO wahrscheinlich, ist diese demgemäß (noch) nicht anzuwenden, es sei denn, die Gefahr ist nicht unerheblich erhöht worden (Heiss/Loacker JBl 2007, 613 (618)).

**5** Geht es um raum-zeitliche **„Punktdelikte"**, kommt es darauf an, ob das Delikt oder das sonstige außervertragliche Schuldverhältnis vor oder ab dem 11.1.2009 begründet worden ist. Im ersten Fall gilt Altrecht, für deutsche Gerichte also das Kollisionsrecht nach dem EGBGB (ggf. Art. 38–42), im zweiten gelten die Anknüpfungsregelungen der Rom II-VO. Das gilt auch in Bezug auf die im Verhältnis zu Art. 42 EGBGB großzügigere Möglichkeit der Rechtswahl nach Art. 14. Bei alledem kommt es indes nicht auf den späteren Schadensverlauf bzw. auf den Eintritt von Folgeschäden nach dem 11.1.2009 an; dadurch wird die intertemporale Anwendbarkeit der Rom II-VO nicht herbeigeführt (Leible/Lehmann RIW 2007, 721 (724)).

**6** **Zeitlich gestreckte Tatbestände,** etwa Immissionsschädigungen, können dazu führen, dass sich das anwendbare Deliktsrecht wandelt (MüKoBGB/Junker Rn. 10; PWW/Schaub Rn. 1, indes – zweifelhaft – nur bei Separierbarkeit der Handlungsfolgen). Auch aus Gründen des Vertrauensschutzes (der sich keineswegs notwendig aufdrängen muss) ist nicht allein auf den zeitlichen Beginn eines dauerdeliktischen Verhaltens anzustellen (aA Grüneberg/Thorn Rn. 1). Geht es um Ansprüche auf **Unterlassung,** etwa im Wettbewerbsrecht oder im Bereich des geistigen Eigentums, die sich im Falle des (wahrscheinlichen, Art. 2 Abs. 2) positiven Tuns (in Form unzulässiger Werbung oder einer Patent- bzw. Markenverletzung usw) rechtsverletzend nach Inkrafttreten der Rom II-VO auswirken würden, sind die Kollisionsnormen der Rom II-VO anzuwenden. Wenn das maßgebliche Vorverhalten, mit dem der Unterlassungsanspruch begründet wird (wie eine frühere Beeinträchtigung, in Deutschland vgl. § 1004 Abs. 1 BGB), vor Geltungsbeginn der Rom II-VO liegt, ist dann irrelevant (öOGH GRURInt 2012, 468).

**7** Das alles gilt auch, wenn die Parteien das anzuwendende Recht gewählt haben. Stets ist der Zeitpunkt des schadensbegründenden Ereignisses iSv Art. 31 maßgeblich, nicht der Zeitpunkt der späteren (ggf. nachträglichen) **Rechtswahl** (OLG München GWR 2015, 301 = EWiR 2015, 703 mAnm Mankowski).

### IV. Beweislast

**8** Dass derjenige, der sich auf die Geltung der Rom II-VO beruft, dafür die **Beweislast** trägt (und dass Altrecht gilt, wenn der beweispflichtige Beweis fällig bleibt oder unsubstantiiert vorträgt) (Leible/Lehmann RIW 2007, 721 (724); Heiss/Loacker JBl 2007, 613 (618); zum bisherigen Kollisionsrecht ebenso OLG Stuttgart OLGR 2005, 1 Nr. 23), ist (nicht nur) in Bezug auf den Anwendungsbereich der Rom II-VO fragwürdig. Da europaweit materiell – nicht anders als im deutschen Sachrecht – die Regel Geltung beansprucht, dass derjenige, der sich eines Anspruchs berühmt, auch die anspruchsbegründenden Tatsachen darzulegen und ggf. zu beweisen hat, gilt: Ist streitig, wann ein Verletzungserfolg oder ein Schaden eingetreten bzw. verursacht worden ist, ist prinzipiell das für den potentiellen Schädiger günstigere Recht anzuwenden. Auf der Ebene der Darlegungs- und Beweislast kommt es mithin wegen deren Nähe zum Verfahren nicht zum alten deutschen Günstigkeitsgrundsatz, der früher zwar das internationale Deliktsrecht, nicht aber das intertemporale Deliktskollisionsrecht beherrscht hat (zust. Grüneberg/Thorn Rn. 2; MüKoBGB/Junker Rn. 13; mit beachtlichen Gründen in vergleichbaren Konstellationen für das wahrscheinlich anwendbare Recht (Absenkung des Beweismaßes) bzw. für Ersatzanknüpfungen Seibl, Die Beweislast bei Kollisionsnormen, 2009, 345).

## b) Art. 27–37 EGBGB (aufgehoben)

## c) Art. 38–42 EGBGB

### Art. 38 Ungerechtfertigte Bereicherung

**(1) Bereicherungsansprüche wegen erbrachter Leistung unterliegen dem Recht, das auf das Rechtsverhältnis anzuwenden ist, das auf die Leistung bezogen ist.**

**(2) Ansprüche wegen Bereicherung durch Eingriff in ein geschütztes Interesse unterliegen dem Recht des Staates, in dem der Eingriff geschehen ist.**

**(3) In sonstigen Fällen unterliegen Ansprüche aus ungerechtfertigter Bereicherung dem Recht des Staates, in dem die Bereicherung eingetreten ist.**

**Schrifttum:** Busse, Internationales Bereicherungsrecht, 1998; Busse, Die geplante Kodifikation des Internationalen Bereicherungsrechts in Deutschland, RIW 1999, 16; Eilinghoff, Das Kollisionsrecht der ungerechtfertigten Bereicherung nach dem IPR-Reformgesetz von 1999, 2004; Fischer, Die Neuregelung des Kollisionsrechts der ungerechtfertigten Bereicherung und der Geschäftsführung ohne Auftrag im IPR-Reformgesetz von 1999, IPRax 2001, 1; Jayme, Grenzüberschreitende Banküberweisungen und Bereicherungsausgleich nach der IPR-Novelle von 1999 – eine Skizze, FS W. Lorenz, 2001, 315; Junker, Die IPR-Reform von 1999: Auswirkungen auf die Unternehmenspraxis, RIW 2000, 241; Kreuzer, Die Vollendung der Kodifikation des deutschen Internationalen Privatrechts durch das Gesetz zum Internationalen Privatrecht der außervertraglichen Schuldverhältnisse und Sachen, RabelsZ 65 (2001), 383; Plaßmeier, Ungerechtfertigte Bereicherung im Internationalen Privatrecht und aus rechtsvergleichender Sicht, 1996; Schlechtriem, Internationales Bereicherungsrecht, IPRax 1995, 65; Schlechtriem, Bereicherungsansprüche im internationalen Privatrecht, in v. Caemmerer, Vorschläge und Gutachten zur Reform des deutschen internationalen Privatrechts der außervertraglichen Schuldverhältnisse, 1983, 29; Spickhoff, Die Restkodifikation des Internationalen Privatrechts: Außervertragliches Schuld- und Sachenrecht, NJW 1999, 2209; Staudinger, Das Gesetz zum Internationalen Privatrecht für außervertragliche Schuldverhältnisse und Sachen vom 21.5.1999, DB 1999, 1589; R. Wagner, Der Regierungsentwurf eines Gesetzes zum Internationalen Privatrecht für außervertragliche Schuldverhältnisse und für Sachen, IPRax 1998, 429.

## Übersicht



## I. Rechtsquellen für das Kollisionsrecht der außervertraglichen Schuldverhältnisse

**1. Das IPR der außervertraglichen Schuldverhältnisse bis zum 1.6.1999.** Bis zum 1.6.1999 waren die **Anknüpfungsregeln** auf dem Gebiet der außervertraglichen Schuldverhältnisse im Wesentlichen **richterrechtlicher Natur.** Es galt lediglich Art. 38 (= Art. 12 idF vom 18.8.1896, RGBl. 604), die VO über die Rechtsanwendung bei Schädigungen deutscher Staatsangehöriger außerhalb des Reichsgebietes (Rechtsanwendungsverordnung) vom 7.12.1942 (RGBl. I 706) sowie § 98 Abs. 2 GWB (nun § 130 Abs. 2 GWB, der wiederum ggf. durch Art. 6 Abs. 3 Rom II-VO verdrängt wird) als gesetzlich kodifiziertes Kollisionsrecht. Seit 1986 war schließlich Art. 32 Abs. 1 Nr. 5 aF (entspricht nun Art. 12 Abs. 1 lit. e Rom I-VO) für die Anknüpfung der Leistungskondiktion zu beachten. Staatsvertraglich geregeltes Kollisionsrecht war und ist weitgehend von geringer Bedeutung und wird im jeweiligen Sachzusammenhang behandelt. Letzteres gilt auch für den Diskussionsstand bis zum 1.6.1999 und die bis dahin einschlägigen richterrechtlichen Entwicklungen in den jeweiligen Sachgebieten. 1

**2. Das Gesetz zum IPR für außervertragliche Schuldverhältnisse und Sachen.** Am 1.6.1999 ist das Gesetz zum Internationalen Privatrecht für außervertragliche Schuldverhältnisse und für Sachen vom 21.5.1999 in Kraft getreten (BGBl. I 1026). Zugleich sind Art. 38 aF sowie die Rechtsanwendungsverordnung aufgehoben worden. Zum ersten Mal in der (west-)deutschen Geschichte ist damit das außervertragliche Schuldrecht kodifiziert. Die **Geschichte dieses Gesetzes** geht zurück bis zum Jahre 1972. Damals enthielt der Vorentwurf eines EWG-Übereinkommens über das auf vertragliche und außervertragliche Schuldverhältnisse anwendbare Recht auch 2

Kollisionsnormen für das Deliktsrecht, die jedoch auf Wunsch Großbritanniens und Irlands wieder eliminiert wurden (Art. 10–12, 14, RabelsZ 38 (1974), 211). Zum Internationalen Privatrecht der außervertraglichen Schuldverhältnisse wurden vom Deutschen Rat für Internationales Privatrecht 1982 vollständig neue Vorschläge erarbeitet (v. Caemmerer (Hrsg.), Vorschläge und Gutachten zur Reform des deutschen IPR der außervertraglichen Schuldverhältnisse, 1983). Dem folgten zwei Referentenentwürfe aus dem Jahre 1984 (Text zB bei Basedow NJW 1986, 2971 (2972)) und 1993 (Text zB in IPRax 1995, 132 f.; beide bei Staudinger/v. Hoffmann/Fuchs, 2007, Vor Art. 38 ff. Rn. 3), die zu einem – noch von der alten Regierung beschlossenen – Regierungsentwurf (BR-Drs. 759/98; dazu R. Wagner IPRax 1998, 429 ff.) führten, der 1999, von einigen Änderungen abgesehen, Gesetz geworden ist.

3 **3. Rom II-VO.** Für den zügigen Abschluss des Gesetzgebungsverfahrens war nicht unerheblich, dass auf der Ebene der EU schon im Kontext der autonomen Neuregelung des Jahres 1999 der Plan für eine Verordnung zur Anknüpfung außervertraglicher Schuldverhältnisse bestanden hatte. Sich entwickelndes Richterrecht und eine europarechtlich überaus zweifelhafte Norm wie Art. 38 aF (vgl. Taupitz ZEuP 1997, 1007; Brödermann MDR 1992, 91; offen gelassen in BGHZ 131, 332 (345 f.)) hätten in der europäischen Diskussion jedenfalls geringes Gewicht gehabt. Nachdem ab dem 11.1.2009 die Rom II-VO anzuwenden ist (Art. 32 Rom II-VO), ist damit das erst 1999 kodifizierte IPR der außervertraglichen Schuldverhältnisse schon wieder obsolet geworden, dies indes nur, soweit der **vorrangige Anwendungsbereich der Rom II-VO** (und in Bezug auf die Rückabwicklung nichtiger Verträge auch der Rom I-VO) reicht (s. Art. 1 Rom II-VO und Art. 3 EGBGB). Das **IPR der außervertraglichen Schuldverhältnisse** ist von der Rechtsquellenlage her damit **gespalten:** Die auf die in autonom-europäisch zu bestimmender Weise der Rom I und Rom II-VO erfassten Bereiche des Schuldrechts werden durch das Europäische Internationale Schuldrecht geregelt, iÜ gilt weiterhin als Ausgangspunkt das autonome (für deutsche Gerichte: deutsche) Internationale Schuldrecht der Art. 38–42.

## II. Intertemporales Recht

4 Anders als im Jahre 1986 anlässlich des Inkrafttretens des IPR-Gesetzes vom 25.7.1986 und im Jahre 1990 anlässlich der deutschen Wiedervereinigung hat der deutsche Gesetzgeber im Jahre 1999 intertemporal-rechtliche Normen, vergleichbar mit denen der Art. 220, 236, nicht aufgenommen. Besondere Übergangsvorschriften seien nicht erforderlich, da die nun geregelten Rechtsbereiche bisher im Wesentlichen durch die Rspr. geprägt worden seien (BT-Drs. 14/343, 7). Dadurch wird freilich nicht entbehrlich, sich Klarheit über die kollisionsrechtlichen Grundlagen zu verschaffen. Man wird analog auf diejenigen **Grundsätze** abzustellen haben, die sich **in Art. 220 Abs. 1, 236 § 1** finden. Nach beiden Normen bleibt das bisherige Internationale Privatrecht anwendbar, soweit es um vor dem Inkrafttreten des neuen Rechts „abgeschlossene Vorgänge" geht. Maßgebender Zeitpunkt für die hier geregelten Teilbereiche ist der 1.6.1999 (ebenso BT-Drs. 14/343, 7). Im Falle zeitlich gestreckter Tatbestände, man denke etwa an Immissionsschäden, ist es durchaus vorstellbar, dass sich das anwendbare Recht am 1.6.1999 gewandelt hat. In Bezug auf die Rom I-VO (relevant für das Internationale Bereicherungsrecht im Kontext der Rückabwicklung nichtiger Schuldverträge, Art. 12 Abs. 1 lit. e Rom I-VO) und die Rom II-VO ist auf deren vorrangig zu prüfende Regelungen des jeweiligen intertemporalen Anwendungsbereichs hinzuweisen **(Art. 28 Rom I-VO; Art. 32 Rom II-VO)** (OLG Hamm IPRax 2012, 351 (354)).

## III. Normzweck und Anknüpfungssystem

5 Das in Art. 38 kodifizierte Internationale Bereicherungsrecht folgt in der Anknüpfung im Wesentlichen der **Aufgliederung der Kondiktionsarten iSd herrschenden Dogmatik** des deutschen (sachlichen) Bereicherungsrechts (Junker RIW 2000, 241 (243); Sonnenberger Rev. crit. dr. int. priv. 88 (1999), 647 (653); NK-BGB/Huber Rn. 2; Kreuzer RabelsZ 65 (2001), 383 (403 f.)). Demgemäß unterscheidet das Gesetz Fälle der Leistungskondiktion (Abs. 1), der Eingriffskondiktion (Abs. 2) sowie sonstige Kondiktionsarten (Abs. 3). Eine einzige Grundregel zur Anknüpfung aller Bereicherungsansprüche, die eine mögliche Rückabwicklung der verschiedenartigsten Vermögensverschiebungen regeln sollen, kommt demgegenüber nicht in Betracht (Busse RIW 1999, 16 (17)). Abgesehen von den Parteiinteressen (hierzu Wandt ZVglRWiss 86 (1987), 272 (298) mwN) legt es auch das (damit nicht im Widerspruch stehende) Gebot der inneren Entscheidungsharmonie nahe, entweder die Rechtsordnung anzuwenden, nach der das Vorliegen eines Rechtsgrundes zu beurteilen ist (Abs. 1), oder diejenige heranzuziehen, die auch für das Deliktsstatut maßgeblich ist (Abs. 2), oder nach der Rechtsordnung vorzugehen, in deren

Staat die Bereicherung eingetreten ist (Abs. 3). Art. 38 bezweckt iErg also, die Rückabwicklung einer Vermögensverschiebung nach Möglichkeit einer einzigen Rechtsordnung zuzuführen und gleichzeitig die **weitestgehende Entsprechung zwischen dem „Hin- und Rückweg" einer Bereicherung** zu gewährleisten (näher Plaßmeier, Ungerechtfertigte Bereicherung im Internationalen Privatrecht und aus rechtsvergleichender Sicht, 1996, 74 f., insbes. 77; ähnlich Kegel/Schurig IPR § 18 III).

Art. 38 beinhaltet zwar die kollisionsrechtlichen Grundanknüpfungen des Internationalen Bereicherungsrechts, steht jedoch in der Normenhierarchie (auch) des autonomen **kollisionsrechtlichen Anknüpfungssystems** dieses Rechtsgebietes an letzter Stelle: Gegenüber allem anderen vorrangig ist eine nachträgliche Rechtswahl der Parteien (Art. 42). Sodann ist nach einer im Verhältnis zu den Anknüpfungen des Art. 38 wesentlich engeren Verbindung zu suchen (Art. 41) (zu beidem, insbes. zum Vorrang eines gemeinsamen gewöhnlichen Aufenthaltes OLG Hamm IPRax 2012, 351 (354 f.); zu letzterem vgl. auch AG Karlsruhe BeckRS 2015, 18707, das offenbar versehentlich Art. 39 zitiert), und erst dann ist über Art. 38 anzuknüpfen. 6

## IV. Anwendungsbereich

Der Anwendungsbereich von Art. 38 ist durch die vorrangig anzuwendenden bereicherungsrechtlich relevanten Kollisionsregeln der Rom I- und der Rom II-VO gekennzeichnet und darüber deutlich reduziert worden. Im **Umkehrschluss** aus Art. 1 Rom I-VO, insbes. aus **Art. 1 Abs. 2 Rom I-VO,** folgt aber, dass es verfehlt wäre, Art. 38 insgesamt als obsolet anzusehen. Denn Rückabwicklungen auf Grund von zu Unrecht Geleistetem unterliegen nicht der Rom I (und damit Art. 38), soweit es zB um die Rückforderung von Unterhaltszahlungen, die Rückabwicklung von Güterauseinandersetzungen nach Scheidung, Hausrat, Versorgungsausgleich, Erbauseinandersetzungen (zB wenn sich später ein vorrangiges, neueres Testament auffindet) geht (Art. 1 Abs. 2 lit. b, c Rom I-VO), aber auch im Kontext der Rückabwicklung etwa von nichtigen Trusts oder Gesellschaftsverträgen (Art. 1 Abs. 2 lit. e und h Rom I-VO). Dem entspricht **Art. 1 Abs. 2 lit. a–e Rom II-VO.** Aus **Art. 1 Abs. 2 lit. g Rom II-VO** folgt zudem, dass im Einzelfall auch die Frage nach dem anwendbaren Recht in Bezug auf bereicherungsrechtliche Ansprüche zB wegen unbefugter Verwendung von Bildern mit persönlichkeitsverletzendem, verleumderischen Inhalt unter Zugrundelegung von Art. 38 zu beantworten ist. Nicht die Regeln des internationalen Insolvenzrechts (ggf. auch nicht diejenigen der EuInsVO, die vorrangig auf ihre Anwendbarkeit zu befragen sind) (so zu Recht Mankowski EWiR 2012, 51), sondern diejenigen des internationalen Bereicherungsrechts sind einschlägig, soweit es um die Durchsetzung eines vermeintlich dem Insolvenzschuldner zustehenden Anspruchs gegen eine am Insolvenzverfahren unbeteiligten dritte Person geht (OLG Hamm IPRax 2012, 351 (354); Mankowski EWiR 2012, 51). 7

In diesem Rahmen sind von Art. 38 solche Normen des in- und ausländischen Rechts erfasst, die **funktional den Regelungen in den §§ 812 ff. BGB entsprechen.** Es ist also unter Beachtung des Zwecks der Kollisionsnorm nach eigenen Vorstellungen des Forums zu qualifizieren (näher → EinlIPR Rn. 59). Umfasst sind Voraussetzungen (wie die von § 816 Abs. 2 BGB) (OLG Hamm IPRax 2012, 351) und Rechtsfolgen solcher Ansprüche (vgl. dazu bereits Schlechtriem IPRax 1995, 65 (70)). Insbesondere entscheidet das betreffende Recht ggf. auch über das Fehlen eines rechtlichen Grundes (früher OLG Karlsruhe IPRspr. 1992 Nr. 52b). Ob ein gültiger Erwerbsakt, etwa eine wirksame sachenrechtliche Verfügung, vorliegt, richtet sich demgegenüber nach Art. 43 ff. (vgl. MüKoBGB/Junker Rn. 33), wie überhaupt ganz allgemein als Vorfrage selbständig anzuknüpfen ist, ob der Person, die sich eines Anspruchs wegen Eingriffskondiktion berühmt, das angeblich verletzte Recht überhaupt zustand (Schlechtriem in v. Caemmerer, Vorschläge und Gutachten zur Reform des deutschen internationalen Privatrechts der außervertraglichen Schuldverhältnisse, 1983, 29, 56); das gilt allerdings nicht für Eingriffe in nichtkörperliche Güter, wie etwa das Persönlichkeitsrecht (vgl. R. Wagner RIW 1994, 195 (197)). 8

Zweifelhaft ist, ob Art. 38, insbes. Abs. 1, auch maßgeblich ist, wenn es um die **bereicherungsrechtliche Haftung** von Minderjährigen oder sonstigen (beschränkt) geschäftsfähigen oder gar **geschäftsunfähigen Personen** geht. Die früher hM hat nach dem Bereicherungsstatut entschieden (zB W. Lorenz FS Zweigert, 1981, 199 (206) mwN); die Gegenauffassung spricht sich für das über Art. 7 Abs. 1 bestimmte Vernichtungsstatut aus (v. Bar IPR II Rn. 735). Der hinter der Anknüpfung der Art. 7, 12 stehende (auch kollisionsrechtliche) Schutz des Minderjährigen bzw. Geschäftsunfähigen gebietet folgende Lösung: Grds. gilt die bereicherungsrechtliche Anknüpfung nach Art. 38, insbes. Abs. 1. Im Sinne eines Günstigkeitsvergleichs kann der Minderjährige sich aber auf das nach Art. 7, 12 anwendbare Recht berufen (ähnlich Staudinger/v. Hoffmann/Fuchs, 2007, Rn. 7). 9

## V. Leistungskondiktion (Abs. 1)

10 Für die Leistungskondiktionen sieht Abs. 1 vor, dass das Recht des Staates maßgebend ist, das auf das Rechtsverhältnis anzuwenden ist, auf das die Leistung bezogen ist.

11 **1. Verhältnis zu Art. 32 Abs. 1 Nr. 5.** Nach Art. 32 Abs. 1 Nr. 5 aF waren ebenso wie nunmehr nach Art. 12 Abs. 1 lit. e Rom I-VO in Bezug auf die Rom II-VO die Regeln über das Internationale Vertragsrecht auch für die Folgen der Nichtigkeit eines Vertrages maßgebend. Nach richtiger, aber nicht selten unreflektiert übersehener Ansicht verdrängen die Anknüpfungen des Internationalen Vertragsrechts daher diejenigen des Internationalen außervertraglichen Bereicherungsrechts (Art. 38 Abs. 1 zur Rückabwicklung unwirksamer vertraglicher Verpflichtungen haben unreflektiert angewendet bzw. Art. 32 Abs. 1 Nr. 5 aF haben übersehen BGH BeckRS 2007, 02870; OLG Saarbrücken IPRspr. 2002 Nr. 43; OLG Hamburg IPRspr. 2003 Nr. 43: „Vereinbarung" eines „zusätzlichen Honorars" des Dreifachen vom vereinbarten Honorar unmittelbar vor einem Konzert mit einem der „Drei Tenöre" nach englischem Recht). Im Schrifttum ist früher zwar vorgetragen worden, Art. 32 Abs. 1 Nr. 5 aF werde von Art. 38 Abs. 1 als vorrangiger Spezialregel verdrängt (Busse RIW 1999, 16 (18)). Das soll trotz der staatsvertraglichen bzw. europarechtlichen Natur der Kollisionsnormen des Internationalen Vertragsrechts gelten und ließe sich zB in Bezug auf die Rückabwicklung eines Vertrages mit persönlichkeitsverletzendem Inhalt (wofür die Rom I-VO nach Art. 1 Abs. 2 lit. g von vornherein nicht anzuwenden sein würde) auch auf die aktuelle Rechtslage übertragen. Einschränkend wird hinzugefügt, dass alle für das Internationale Vertragsrecht geltenden Sonderregeln der EVÜ bzw. nun der Rom-VO auch im Bereich von Art. 38 Abs. 1 anzuwenden wären, insbes. Art. 22 Rom I-VO (anstelle von Art. 4 Abs. 3) (Busse RIW 1999, 16 (17 f.)). Darüber hinaus müsste man aber wohl auch zumindest im Rahmen des Art. 6 Rom I-VO – die bereicherungsrechtliche Rückabwicklung eines Verbrauchervertrages vorausgesetzt – einen Rückgriff auf eine wesentlich engere Verbindung nach Art. 41 ausschließen. Es wäre also, wollte man eine nicht verordnungskonforme Rechtsanwendung vermeiden, erforderlich, einerseits die entsprechenden Regeln der Art. 3 ff. Rom I-VO in Art. 38 Abs. 1 hineinzuziehen, andererseits könnten bestimmte Normen des außervertraglichen Schuldrechts in derartigen Konstellationen gerade nicht angewendet werden. Das erscheint umständlich und von der Systematik her zweifelhaft. Richtig erscheint es vielmehr, **Art. 12 Abs. 1 lit. e Rom I-VO als vorrangigen Spezialfall** anzusehen, der nach schon bisher allgemeiner Ansicht die Leistungskondiktion erfasst (ebenso zur Parallelregelung des EVÜ bereits BT-Drs. 14/343, 8; Junker RIW 2000, 241 (244); Kreuzer RabelsZ 65 (2001), 383 (406); NK-BGB/Huber Rn. 11; Kropholler IPR § 53 II 1; R. Wagner IPRax 1998, 429 (431); Fischer IPRax 2002, 1 (3); Spickhoff NJW 1999, 2209 (2211)), und der daher Art. 38 Abs. 1 sowie die dieser Anknüpfung vorrangigen Regeln des Internationalen Privatrechts der außervertraglichen Schuldverhältnisse (auch in der Rom I-VO) verdrängt. Nur soweit es um Leistungen außerhalb des Anwendungsbereichs der Art. 3 ff. Rom I-VO geht, gilt Art. 38 Abs. 1 unmittelbar (für die Rückabwicklung nichtiger Verträge über Art. 32 Abs. 1 Nr. 5 aF bereits die bisher überwM; BGH DtZ 1995, 250 (253); OLG Köln NJW-RR 1994, 1026; OLG Frankfurt WM 1996, 2107 (2109); OLG München RIW 1998, 559 (560); Wandt ZVglRWiss 86 (1987), 272 (310); MüKoBGB/Junker Rn. 6, 7).

12 **2. Anknüpfung.** Die Grundregel des Art. 38 Abs. 1 sieht eine akzessorische Anknüpfung an das Recht vor, welches das Rechtsverhältnis beherrscht oder beherrschen würde, wenn es wirksam oder existent wäre. Erfasst sind etwa Fälle der Zuvielleistung oder der Zweckverfehlung (OLG Köln NJW-RR 1994, 1026 zum alten Recht; vgl. auch Hahn MDR 2001, 85 Anm. zu BGH MDR 2001, 84). Der **Begriff der „Leistung"**, der im sachlichen deutschen Bereicherungsrecht vorbelastet ist, sollte für die Zwecke des Internationalen Privatrechts autonom iSv (bewusster) Zuwendung oder Wertverschiebung, also **im natürlichen Sinn** verstanden werden (Busse, Internationales Bereicherungsrecht, 1998, 247; Busse RIW 1999, 16 (17); Eilinghoff, Das Kollisionsrecht der ungerechtfertigten Bereicherung nach dem IPR-Reformgesetz von 1999, 2004, 137 ff.; NK-BGB/Huber Rn. 6). Freilich muss die Leistung auf ein Rechtsverhältnis bzw. einen Rechtsgrund hin ausgerichtet sein. Kann sich die Leistung auf mehrere, zu unterscheidende Rechtsverhältnisse beziehen und ist zweifelhaft, auf welches sie sich bezieht, ist streitig, ob Abs. 1 anzuwenden und in Anlehnung an das sachliche deutsche Recht auf den Empfängerhorizont abzustellen ist (dafür Eilinghoff, Das Kollisionsrecht der ungerechtfertigten Bereicherung nach dem IPR-Reformgesetz von 1999, 2004, 170 ff.) oder ob über Abs. 3 das Recht am Ort des Eintritts der Bereicherung anzuwenden ist (dafür NK-BGB/Huber Rn. 9). Letzteres erscheint als konsequente Fortführung des Ansatzes, dass es für den kollisionsrechtlichen Leistungsbegriff nicht notwendig

auf das Erfordernis der subjektiven Zwecksetzung bei entsprechender Unsicherheit ankommen sollte.

**3. Mehrpersonenverhältnisse.** Art. 38 gilt auch im Falle von Mehrpersonenverhältnissen (BT-Drs. 14/343, 8). Kann eine **Zuwendung einer bereits bestehenden Leistungsbeziehung zugeordnet** werden, kommt es auf das **Leistungsstatut (Abs. 1), sonst** auf das **Statut der jeweiligen Nichtleistungskondiktion** an (Plaßmeier, Ungerechtfertigte Bereicherung im Internationalen Privatrecht und aus rechtsvergleichender Sicht, 1996, 356 f.). Im Übrigen lassen sich typologisch folgende Konstellationen unterscheiden: 13

Im Kontext der sog **Anweisungsfälle** ist im Fall einer versehentlichen Überweisung des zehnfachen Betrages des in Wirklichkeit angewiesenen Betrages durch die Bank für den Rückzahlungsanspruch der Bank gegen den Empfänger nach Abs. 3 das Recht des Empfangsstaates maßgeblich (BGH NJW 1987, 185; ebenso W. Lorenz NJW 1990, 607 (609 ff.); MüKoBGB/Junker Rn. 17, 18; NK-BGB/Huber Rn. 35) und nicht das Recht des Deckungsverhältnisses zwischen Anweisendem und Angewiesenem (dafür aber Schlechtriem IPRax IPRax 1987, 356 (357)) oder das Recht, das auf die Beziehung zwischen Anweisendem und Valutaempfänger anwendbar ist (dafür Fischer IPRax 2002, 1 (7); vgl. auch Jayme IPRax 1987, 185 (186)). 14

Bei **Zahlung auf eine fremde Schuld** beurteilt sich der bereicherungsrechtliche Ausgleichsanspruch des Zahlenden gegen den Schuldner gem. Art. 38 Abs. 1 nach dem Statut der getilgten Forderung (NK-BGB/Huber Rn. 41; für Abs. 3 Looschelders Rn. 7). Zahlt ein Dritter auf eine vermeintlich eigene Schuld, so ist der Bereicherungsanspruch gegen den Schuldner nach dem Statut der vermeintlichen Schuld zu beurteilen. Begleicht ein Dritter demgegenüber freiwillig und bewusst fremde Schulden, so richten sich auch Bereicherungsansprüche des auf eine fremde Schuld zahlenden Dritten gegen den Gläubiger nach dem Recht, das auf die vermeintlich getilgte Verbindlichkeit anwendbar ist (NK-BGB/Huber Rn. 42; Schlechtriem in v. Caemmerer, Vorschläge und Gutachten zur Reform des deutschen internationalen Privatrechts der außervertraglichen Schuldverhältnisse, 1983, 29, 77; Einsele JZ 1993, 1025 (1026)). Für Rückgriffsansprüche gegen den Schuldner gilt, wenn zwischen Schuldner und Zahlendem keine causa besteht, über Art. 38 Abs. 1 das Recht, das auf die getilgte Schuld anwendbar ist (NK-BGB/Huber Rn. 40). 15

Im Falle eines **Vertrages zugunsten Dritter,** für den nunmehr freilich im Rahmen des Art. 38 EGBGB nur noch ein geringer Anwendungsbereich im Verhältnis zur Rom I-VO verbleibt, entscheidet das Deckungsverhältnis die Frage, ob der Versprechensempfänger einer Kondiktion des Versprechenden ausgesetzt ist. Das Valutaverhältnis bestimmt, ob der Dritte die faktische Leistung des Versprechenden an den Versprechensempfänger herauszugeben hat. Schließlich gilt für die Direktkondiktion des Versprechenden im Falle der Unwirksamkeit des Deckungsverhältnisses gegen den Dritten als faktischen Leistungsempfänger das Statut des Deckungsverhältnisses (NK-BGB/Huber Rn. 32, 33; früher bereits Plaßmeier, Ungerechtfertigte Bereicherung im Internationalen Privatrecht und aus rechtsvergleichender Sicht, 1996, 341 f.; W. Lorenz FS Zweigert, 1981, 214 (218 f.); Schlechtriem in v. Caemmerer, Vorschläge und Gutachten zur Reform des deutschen internationalen Privatrechts der außervertraglichen Schuldverhältnisse, 1983, 29, 74; Einsele JZ 1993, 1025 (1027)). 16

## VI. Eingriffskondiktion (Abs. 2)

Bereicherungsansprüche durch Eingriff in ein geschütztes Interesse unterliegen dem Recht des Staates, in dem der Eingriff geschehen ist. Früher wurde häufig vertreten, es gebe das Recht Maß, nach welchem die Vermögensverschiebung eingetreten ist (Einsele JZ 1993, 1025 (1030); Junker RIW 2000, 241 (244)). Auf das Recht der belegenen Sache abzustellen passt jedenfalls nicht im Falle von Eingriffen in nicht verkörperte Güter (BT-Drs. 14/343, 8). Durch die Anknüpfung an den Eingriff in ein „geschütztes Interesse", die auf einen Vorschlag von v. Bar zurückgeht (Schlechtriem IPRax 1995, 65 (69)), sollen auch Eingriffe in Persönlichkeitsrechte erfasst werden (BT-Drs. 14/343, 9; früher bereits Wagner RIW 1994, 195 (198)). Zudem soll eine **einheitliche Anknüpfung von Ansprüchen aus ungerechtfertigter Bereicherung, Geschäftsführung ohne Auftrag und insbes. unerlaubter Handlung ermöglicht** werden. Es kann **ubiquitär an den Handlungs- und Erfolgsort** angeknüpft werden, jedenfalls soweit dies Art. 40 Abs. 1 ermöglicht. Vorausgehende Referentenentwürfe knüpften auch im Internationalen Deliktsrecht an den Begriff des geschützten Interesses an (so noch der RefE vom 1.12.1993, IPRax 1995, 132 f.), doch ist man im jetzt geltenden Art. 40 Abs. 1 S. 2 wieder zum Begriff des Erfolges zurückgekehrt. Soweit in Art. 40 Abs. 1 das Ubiquitätsprinzip über das Bestimmungsrecht des Geschädigten im Hinblick auf den Erfolgsort eingeschränkt wird, sollte dies über Art. 41 auch im Rahmen von Art. 38 Abs. 2 geschehen, um den erstrebten Gleichlauf von Ansprüchen aus 17

Eingriffskondiktion und Delikt sicherzustellen (iErg ebenso – Art. 40 Abs. 1 analog – Kreuzer RabelsZ 65 (2001), 383 (407); v. Hoffmann/Thorn IPR § 11 Rn. 5). Daher ist es weder erforderlich noch angebracht, die rechtsdogmatisch wie rechtspolitisch fragwürdige Option des Art. 40 Abs. 1 S. 2 im Rahmen von Abs. 2 analog anzuwenden (offengelassen in OLG Hamm IPRax 2012, 351 (355)).

18 Art. 38 Abs. 2 erfasst neben Ansprüchen wegen Bereicherung durch Nutzung, Verwendung und Verbrauch auch Ansprüche wegen Verbindung, Vermischung oder Verarbeitung. Allerdings sind Ansprüche aus dem Eigentümer-Besitzer-Verhältnis (§§ 987 ff. BGB) nunmehr weitgehend als außervertragliches Schuldverhältnis iSd Rom II-VO zu qualifizieren (→ Art. 43 Rn. 8) (Grüneberg/Thorn Rom II-VO Art. 1 Rn. 5). Das gilt auch für die meisten weiteren Bereiche, die bisher unter Abs. 2 subsumiert werden konnten (zB § 816 BGB) (zu § 816 Abs. 2 BGB OLG Hamm IPRax 2012, 351 (354)).

## VII. Sonstige Kondiktionsarten (Abs. 3)

19 Als **Auffangregel** bestimmt Abs. 3, dass in sonstigen Fällen der ungerechtfertigten Bereicherung Ansprüche daraus nach dem Recht des Staates zu beurteilen sind, in dem die Bereicherung eingetreten ist. Auch auf diese Norm bleibt neben der Rom II-VO nur noch ein schmaler Anwendungsbereich. Maßgeblich ist im allgemeinen die **am Wohnort oder an der Niederlassung des Empfängers geltende Rechtsordnung** (MüKoBGB/Junker Rn. 24; Schlechtriem IPRax 1987, 356 (357); Sonnenberger Rev. crit. dr. int. priv. 88 (1999), 647 (655); früher schon v. Caemmerer FS Rabel, Bd. I, 1954, 333 (388)). Zweifelhaft ist die Konkretisierung des Orts des Bereicherungseintritts allerdings zB im Falle von Computerbuchungen. Richtigerweise wird man in derartigen Fällen auf das Recht des Staates abzustellen haben, in dem sich das Bankkonto des Empfängers befindet (Busse, Internationales Bereicherungsrecht, 1998, 163; Jayme FS W. Lorenz, 2001, 315 (316 ff.); Fischer IPRax 2002, 1 (7)). Von Art. 38 Abs. 3 erfasst werden insbes. Fälle der abgeirrten Leistung (Junker RIW 2000, 241 (243); NK-BGB/Huber Rn. 36; Kropholler IPR § 53 II 3; ferner Schlechtriem IPRax 1995, 65 (70); BGH NJW 1987, 185 (186) zum alten Recht) sowie Verwendungsersatzansprüche (Kropholler IPR § 53 II 3; v. Hoffmann/Thorn IPR § 11 Rn. 6; W. Lorenz IPRax 1985, 328; Schlechtriem IPRax 1995, 65 (69)), sofern nicht die Rom II-VO oder Abs. 1 und 2 vorgehen.

## VIII. Allgemeine Regeln

20 **1. Gesamt- oder Sachnormverweisung.** Die Frage, ob Art. 38 Gesamt- oder Sachnormverweisungen ausspricht, ist nicht geregelt. Maßgeblich ist daher zunächst die allgemeine Vorschrift des Art. 4 Abs. 1 und 2. Für Altfälle ist zu beachten, dass innerhalb des Anwendungsbereichs von Art. 32 Abs. 1 Nr. 5 aF ebenso wie in Bezug auf Art. 12 Abs. 1 lit. e Rom I-VO im Falle von Leistungskondiktionen das Prinzip der Sachnormverweisung gilt **(Art. 35 Abs. 1 aF).** Im Übrigen würde es den Zweck der akzessorischen Anknüpfung des Art. 38 Abs. 1 konterkarieren, würde man Rück- oder Weiterverweisungen beachten, wenn das Schuldverhältnis, das rückabzuwickeln ist, gleichfalls Sachnormverweisungen ausspricht. Nur dann, **wenn das Statut für die zu Grunde liegende Leistungsbeziehung Gesamtverweisungen** ausspricht, **gilt dies auch im Rahmen des Art. 38 Abs. 1** (ebenso Jayme FS W. Lorenz, 2001, 315 (319 f.); Plaßmeier, Ungerechtfertigte Bereicherung im Internationalen Privatrecht und aus rechtsvergleichender Sicht, 1996, 326 f.; Grüneberg/Thorn Rn. 3). Die Anknüpfungen der **Abs. 2 und 3** sprechen demgegenüber insgesamt **Gesamtverweisungen** aus (BT-Drs. 14/343, 8; Grüneberg/Thorn Rn. 3; MüKoBGB/Junker Rn. 37; Fischer IPRax 2002, 1 (9 ff.); diff. Busse, Internationales Bereicherungsrecht, 1998, 211 ff.).

21 **2. Ordre public.** Der Vorbehalt des ordre public (Art. 6) ist im Zusammenhang mit dem autonomen Internationalen Bereicherungsrecht wie stets **zurückhaltend** anzuwenden. Selbst § 817 S. 2 BGB wird den ordre public im Allgemeinen nicht auslösen (BGH NJW 1966, 730), es sei denn, der Sitten- oder Gesetzesverstoß ist von besonderer Schwere und die Inlandsbeziehung besonders stark (Spickhoff, Der ordre public im IPR, 1989, 72 ff.). Art. 40 Abs. 3 gilt (auch im Rahmen von Art. 38 Abs. 2) nicht analog. Exorbitante Ansprüche können im Rahmen von Art. 6 abgewehrt werden (Looschelders Rn. 5; aA Busse RIW 1999, 16 (20)).

22 **3. Intertemporales Recht.** Für das Verhältnis von Art. 38 EGBGB zur Rom I-VO bzw. zur Rom II-VO sind **Art. 28 Rom I-VO; Art. 32 Rom II-VO** maßgeblich; s. die Erläuterungen dazu in diesem Kommentar. Eine eigene intertemporalrechtliche Vorschrift wie in **Art. 220**

**Abs. 1** oder in **Art. 236 § 1,** die namentlich auf die Frage nach der intertemporalen Abgrenzung im Kontext des Inkrafttretens von Art. 38 im Jahre 1999 Antwort geben würde, findet sich im autonomen deutschen IPR in Bezug auf das Internationale Bereicherungsrecht nicht. Der Grundsatz, der in diesen beiden Normen zum Ausdruck kommt, ist aber **entspr. anzuwenden.** Es kommt also auf die Abgeschlossenheit des jeweiligen Vorgangs an (vgl. BT-Drs. 14/343, 7; Busse, Internationales Bereicherungsrecht, 1998, 262 f.; Busse RIW 1999, 16 (21); Spickhoff NJW 1999, 2209 (2210)), bei Zahlungen etwa auf den Zeitpunkt des Zahlungsflusses (vgl. OLG Hamm IPRax 2012, 351 (354)). Im Ausgangspunkt wird man auf die Entstehung des Anspruchsgrundes abzustellen haben. In zeitlich gestreckten Fällen (zB unbefugte Verwendung von Bildern im Internet) kann sich theoretisch das Bereicherungsstatut wandeln. Da jedoch nur der **bisherige Rechtszustand im Wesentlichen kodifiziert** worden ist (vgl. die bisherige Kommentarliteratur. Vielfach wurden die jetzt in Art. 38 Abs. 2 und 3 differenziert geregelten Kondiktionsarten, insbes. auch die Eingriffskondiktion, einheitlich nach dem Recht beurteilt, nach welchem die Vermögensverschiebung eingetreten ist; vgl. Grüneberg/Heldrich, 58. Aufl. 1999, Vor Art. 38 Rn. 3 mwN), dürften solche Problemlagen praktisch kaum auftreten.

## IX. Internationale Zuständigkeit

Für die internationale Zuständigkeit gelten die allgemeinen Regeln. Vorrangige, spezifisch darauf bezogene Staatsverträge bzw. EU-Recht existieren zwar nicht. Zu beachten ist aber, dass der besondere vertragliche Gerichtsstand des Erfüllungsortes nach **Art. 7 Nr. 1 Brüssel Ia-VO** nach (zutr.) hM – im Gegensatz zur (unzutr.) hM zu § 29 ZPO – schon im Hinblick auf die funktionelle Nähe von Rücktritt und Bereicherung auch die **Leistungskondiktion wegen Rückabwicklung unwirksamer Verträge** erfassen soll (zu Art. 7 Brüssel Ia-VO Junker IntZivilProzR § 9 Rn. 9; Kropholler/v. Hein Brüssel Ia-VO Art. 5 Rn. 15; gegen die Anwendung von § 29 ZPO BGH NJW 1962, 739; BayObLG BB 1990, 2442; hiergegen Spickhoff ZZP 109 (1996), 493 (510 f.)). 23

### Art. 39 Geschäftsführung ohne Auftrag

**(1) Gesetzliche Ansprüche aus der Besorgung eines fremden Geschäfts unterliegen dem Recht des Staates, in dem das Geschäft vorgenommen worden ist.**

**(2) Ansprüche aus der Tilgung einer fremden Verbindlichkeit unterliegen dem Recht, das auf die Verbindlichkeit anzuwenden ist.**

**Schrifttum:** Fischer, Die Neuregelung des Kollisionsrechts der ungerechtfertigten Bereicherung und der Geschäftsführung ohne Auftrag im IPR-Gesetz von 1999, IPRax 2001, 1; v. Hoffmann, Das auf die Geschäftsführung ohne Auftrag anzuwendende Recht, in v. Caemmerer, Vorschläge und Gutachten zur Reform des deutschen internationalen Privatrechts der außervertraglichen Schuldverhältnisse, 1983, 80.

## I. Normzweck, Anknüpfungssystem und Rechtsquellen

Die Geschäftsführung ohne Auftrag behandelt sehr unterschiedliche Ausgleichsprobleme. Im Wesentlichen gilt es, die **Interessen des Geschäftsführers und des Geschäftsherrn** an der Geltung des jeweils vertrauten Rechts zum **Ausgleich** zu bringen. Haben daher beide den gleichen gewöhnlichen Aufenthalt oder Betriebssitz, deuten die **Parteiinteressen** in Ermangelung einer abweichenden Vereinbarung (Art. 42) auf das entsprechende Recht hin (Art. 41 Abs. 2 Nr. 2) (zur akzessorischen Anknüpfung bei Fremdgeschäftsführung im Rahmen eines zwischen den Parteien bestehenden Rechtsverhältnisses vgl. BGH NJW 1998, 1321 (1322)). Im Falle einer medizinischen Behandlung Bewusstloser ist zudem an eine nachträgliche Rechtswahl bzw. eine entsprechende akzessorische Anknüpfung durch Geschehenlassen der weiteren Behandlung nach Wiedererlangung des Bewusstseins bzw. der Geschäftsfähigkeit zu denken (PWW/Fehrenbacher Rn. 9). Im Übrigen folgt das Gesetz nicht der persönlichen Verknüpfung mit einem Beteiligten, sondern stellt auf ein neutrales Anknüpfungsmerkmal, nämlich den Ort der Geschäftsführung, ab (Abs. 1) (Sonnenberger Rev. crit. dr. int. priv. 88 (1999), 647 (655); Fischer IPRax 2001, 1 (11); zur Interessenlage vgl. auch Soergel/Lüderitz Anh. I Art. 38 Rn. 2, 3). 1

Im **Anknüpfungssystem** gilt folgende Leiter: Vorrangig ist eine nachträgliche Rechtswahl (Art. 42), gefolgt von der im Verhältnis zur Grundanknüpfung des Art. 39 (die also zuvor oder inzident zu prüfen ist) wesentlich enger erscheinenden Verbindung (Art. 41), wobei hier – wie bemerkt – die Anknüpfung an den gemeinsamen gewöhnlichen Aufenthalt (Art. 41 Abs. 2 Nr. 2) 2 besonders hervorzuheben ist. Erst wenn Anknüpfungen über Art. 42 und über Art. 41 ausscheiden, ist auf Art. 39 abzustellen (Spickhoff NJW 1999, 2209 (2212)).

3 **Vorrangig gegenüber diesen Anknüpfungen,** im Rahmen von Art. 28 Rom II-VO auch gegenüber **Art. 11 Rom II-VO** (der seinerseits gegenüber Art. 39 vorrangig anzuwenden ist, Art. 3 Nr. 1) sind zum einen Art. 14, 15, 16 Rom I-VO sowie Art. 19, 20 Rom II-VO zu beachten (vgl. bereits Soergel/Lüderitz Anh. I Art. 38 Rn. 1). Im Falle der Hilfeleistung auf hoher See greift ggf. das Internationale Übereinkommen über Bergung, das für die Bundesrepublik am 8.10.2002 in Kraft getreten (BGBl. 2001 II 510; 2002 II 1202) und im nationalen Recht in §§ 574 ff. HGB (zuvor §§ 740 ff. HGB aF) umgesetzt ist (s. Oetker/Paschke HGB § 574 Rn. 1). Gemäß **Art. 8 EGHGB** gelten diese Vorschriften vor deutschen Gerichten im Wege einer vorrangigen, einseitigen Kollisionsnorm. Danach sind die §§ 574–580, 582–584, 587 HGB und § 606 Nr. 3 HGB (letzterer iVm § 607 Abs. 7 HGB und §§ 608 und 610 HGB) grds. ohne Rücksicht auf das nach internationalem Privatrecht anzuwendende Recht anzuwenden. Das gilt nach Art. 8 Abs. 2 EGHGB bis hin zum Zinsanspruch des Bergers. Die Aufteilung des Bergelohns oder der Sondervergütung zwischen dem Berger und seinen Bediensteten bestimmt sich jedoch, wenn die Bergung von einem Schiff aus durchgeführt worden ist, nach dem Recht des Staates, dessen Flagge das Schiff führt, sonst nach dem Recht, dem der zwischen dem Berger und seinen Bediensteten geschlossene Vertrag unterliegt. Das Recht der Parteien, eine Rechtswahl zu treffen, bleibt unberührt; unterliegt jedoch das Rechtsverhältnis ausländischem Recht, so sind § 575 Abs. 1 HGB und § 584 Abs. 2 HGB gleichwohl anzuwenden. Bei Bergungsmaßnahmen durch eine Behörde ist für die Verpflichtungen zwischen den Parteien das Recht des Staates maßgebend, in dem sich die Behörde befindet (Art. 8 Abs. 3 EGHGB).

4 Auch **Art. 11 Rom II-VO** ist gegenüber Art. 39 vorrangig anzuwenden, soweit der Anwendungsbereich der Rom II-VO reicht. Insbesondere im Bereich des Familienrechts (zB Übernahme von Unterhaltspflichten eines Verwandten durch einen anderen in Fällen zweifelhafter Rechtslage) dürfte der Ausschlusstatbestand des Art. 1 Abs. 2 lit. a Rom II-VO eingreifen. Ein gewisser, wenngleich schmaler eigener Anwendungsbereich ist Art. 39 daher verblieben (skeptischer Grüneberg/Thorn Rn. 1).

## II. Grundanknüpfung (Abs. 1)

5 Art. 39 Abs. 1 unterstellt Ansprüche aus Geschäftsführung ohne Auftrag grds. dem Recht des Staates, in dem das Geschäft vorgenommen worden ist. So verweist Art. 39 Abs. 1 zB auf inländisches Recht, wenn das in Frage stehende Geschäft (etwa ein verabredeter Erwerb von Anteilen einer Gesellschaft mit ausländischem Gesellschaftsstatut) im Inland ausgeführt worden ist. Die Norm schließt an die bereits bisher hM an (BGH ZIP 2004, 2324; OLG Düsseldorf MDR 1983, 132; OLG Koblenz NJW 1992, 2367; vgl. auch OLG Hamburg VersR 1989, 311). Erfasst sind sowohl **Ansprüche des Geschäftsführers als auch die des Geschäftsherren** (Kropholler IPR § 53 III 1; MüKoBGB/Junker Rn. 23; Soergel/Lüderitz Art. 38 Anh. I Rn. 8). Von Geschäftsführung ohne Auftrag iSd Art. 39 kann nur gesprochen werden, wenn ein **Fremdgeschäftsführungswille** vorliegt. Fälle des § 687 BGB lassen sich demgemäß nicht unter Art. 39 subsumieren (MüKoBGB/Junker Rn. 2).

6 Erfasst sind neben Fällen der **Hilfeleistung** auch sog **Einwirkungsfälle,** also Einwirkungen auf fremde Sachen durch Nutzung, Veräußerung oder Verwendung. Für solche Einwirkungsfälle gilt das Recht am Ort der Einwirkung (MüKoBGB/Junker Rn. 12). Im Falle von sukzessiven Handlungen in mehreren Rechtsgebieten wird man auf das Recht des Staates abzustellen haben, in dem die Hilfeleistung ganz überwiegend erbracht worden ist, nicht auf den (uU für den Helfenden nicht erkennbaren) Ort, an dem das Hilfsbedürfnis aufgetreten ist (so aber Staudinger/v. Hoffmann/Thorn, 2007, Rn. 14; wie hier BT-Drs. 14/343, 9; s. bereits Spickhoff NJW 1999, 2209 (2212)). Ein **Statutenwechsel** sollte nach Möglichkeit vermieden werden; hilfsweise ist auf den Ort des Tätigkeitsbeginns abzustellen (grds. für den Ort des Tätigkeitsbeginns, ohne vorherigen Versuch der Bestimmung eines Schwerpunkts, MüKoBGB/Junker Rn. 6). Fallen ausnahmsweise **Handlungs- und Erfolgsort** auseinander, so kommt eine alternative Anknüpfung wie im Internationalen Deliktsrecht nicht in Betracht, denn es bestehen wechselseitige Ansprüche der Beteiligten gegeneinander. Daher ist (vorbehaltlich Art. 41) grds. auf den Erfolgsort abzustellen (ebenso v. Hoffmann in v. Caemmerer, Vorschläge und Gutachten zur Reform des deutschen internationalen Privatrechts der außervertraglichen Schuldverhältnisse, 1983, 80 ff., 83; v. Hoffmann/Thorn IPR § 11 Rn. 10; Kreuzer RabelsZ 65 (2001), 383 (411); MüKoBGB/Junker Rn. 7; Looschelders Rn. 8; NK-BGB/Huber Rn. 8). Bei mehreren Erfolgsorten bleibt nur, entweder eine Schwerpunktbetrachtung durchzuführen (dafür NK-BGB/Huber Rn. 9; Looschelders Rn. 8)

oder – aus Gründen der Rechtsklarheit vorzugswürdig – auf den Handlungsort abzustellen (eingehend, auch zu vorrangigen Staatsverträgen, Staudinger/v. Hoffmann/Thorn, 2007, Rn. 22–34; im Grundsatz ebenso MüKoBGB/Junker Rn. 8). Geht es um **Hilfeleistung im staatsfreien Gebiet,** insbes. auf hoher See, ist (in Ermangelung anderer gemeinsamer Anknüpfungspunkte von Gerettetem und Retter wie gemeinsamer Heimathafen oder gemeinsame Flagge) das Personalstatut des Geretteten, also etwa das Heimatrecht des geretteten Schiffes, anwendbar (v. Hoffmann in v. Caemmerer, Vorschläge und Gutachten zur Reform des deutschen internationalen Privatrechts der außervertraglichen Schuldverhältnisse, 1983, 80, 91; Kropholler IPR § 53 III 2; Kegel/Schurig IPR § 18 II; Fischer IPRax 2002, 1 (14); v. Bar IPR II Rn. 725; nur iErg ebenso, aber auf das Recht des Erfüllungsortes abstellend, OLG Hamburg VersR 1975, 1143 und BGHZ 67, 368 = NJW 1977, 530). Richtigerweise ist dieses Ergebnis nicht über die Ausweichklausel des Art. 41 Abs. 1 zu erzielen (so aber BT-Drs. 14/343, 9), weil eine Grundanknüpfung, von der abzuweichen wäre, hier gar nicht zur Verfügung steht, sondern ins Leere geht. Vielmehr liegt von vornherein eine zu schließende Lücke vor.

## III. Tilgung einer fremden Verbindlichkeit (Abs. 2)

Die auftragslose Tilgung einer fremden Schuld wird nach Abs. 2 dem Schuldstatut unterworfen, 7 also dem Recht, das auf die betreffende Verbindlichkeit anzuwenden ist. Es handelt sich um eine akzessorische Anknüpfung. Das zwischen dem Leistenden und dem Gläubiger maßgebliche Recht entscheidet über den Forderungsübergang. **Fehlt eine solche Verpflichtung** des Leistenden dem Gläubiger gegenüber, kann an ein entsprechendes Zessionsgrundstatut nicht angeknüpft werden. Maßgeblich ist dann nach Art. 39 Abs. 2 das **Forderungsstatut.** Zahlt ein auftragsloser Geschäftsführer zB eine fremde Kaufpreisschuld, richtet sich sein Ausgleichsanspruch nach dem Kaufvertragsstatut (Kropholler IPR § 53 III 3; Sonnenberger Rev. crit. dr. int. priv. 88 (1999), 647 (656)). Viel spricht dafür, der Tilgung einer fremden Schuld gleichzustellen, wenn jemand auftragslos eine Sicherheit für die Schuld eines anderen bestellt; auch hier sollte das betreffende Schuldstatut gelten (ebenso NK-BGB/Huber Rn. 11; Staudinger/v. Hoffmann/Thorn, 2007, Rn. 42; ebenso bereits zum früheren unkodifizierten Recht Wandt, Die GoA im IPR, 1989, 198 f.). Im Übrigen gilt die akzessorische Anknüpfung des Abs. 2 (NK-BGB/Huber Rn. 50).

## IV. Allgemeine Regeln

**1. Gesamt- oder Sachnormverweisung, ordre public.** In Ermangelung einer Spezialregel 8 gilt **Art. 4 Abs. 1 und 2.** Eine Sachnormverweisung nach Art. 4 Abs. 2 ist im Falle einer nachträglichen Rechtswahl (Art. 42) anzunehmen. Dem Sinn der Verweisung (Art. 4 Abs. 1 S. 1 aE) würde es widersprechen, im Rahmen von Art. 39 Abs. 2 von einer Gesamtverweisung auszugehen, wenn das Schuldstatut Sachnormverweisungen ausspricht (ebenso BT-Drs. 14/343, 8; Spickhoff NJW 1999, 2209 (2212); Looschelders Rn. 4; NK-BGB/Huber Rn. 26; Fischer IPRax 2002, 1 (17); insgesamt für Sachnormverweisungen im Rahmen des Art. 39 Abs. 2 Erman/Stürner Rn. 4). **Art. 6** kann wie stets **ausnahmsweise** eingreifen (vgl. Wandt, Die GoA im IPR, 1989, 268 f.; Erman/Stürner Rn. 3). Art. 40 Abs. 3 ist weder direkt noch analog anzuwenden (vorsichtiger Staudinger/v. Hoffmann/Thorn, 2007, Rn. 65; wie hier NK-BGB/Huber Rn. 27).

**2. Intertemporales Recht.** In Ermangelung einer ausdrücklichen intertemporal-rechtlichen 9 Übergangsregel gelten für Altfälle mit Berührung der Zeit vor dem 1.6.1999 die **Grundsätze der Art. 220 Abs. 1, 236 § 1 entspr.** Maßgebend ist die Abgeschlossenheit des betreffenden Vorgangs vor oder nach dem 1.6.1999. Im Falle einer länger andauernden Geschäftsführung kann es theoretisch zu einem Wandel des anwendbaren Rechts gekommen sein (Spickhoff NJW 1999, 2209 (2210 f.)). Praktisch relevant dürfte das kaum werden, da Art. 39 im Wesentlichen an die bereits bisher hM anschließt. Deswegen kann man die Frage nach der Anwendbarkeit von Art. 39 zwar in der Praxis ggf. dahinstehen lassen; doch im Falle von Abweichungen zwischen altem und neuem Recht ist es nicht zutreffend, aus dem Fehlen einer Übergangsregel die Anwendbarkeit von Art. 39 zu schließen. (so aber offenbar – ohne konkrete Notwendigkeit für eine entsprechende Festlegung – BGH ZIP 2004, 2324; wie hier Staudinger/v. Hoffmann/Thorn, 2007, Rn. 66; Looschelders Rn. 6). Geht es um die **intertemporale Angrenzung des Anwendungsbereichs von Art. 39 zu Art. 11 Rom II-VO,** kommt es gem. Art. 31 Rom II-VO darauf an, ob die Geschäftsführung nach dem 11.1.2009 „eingetreten" ist. Im Falle gestreckter Verhaltensweisen ein Wechsel der einschlägigen Kollisionsnormen und damit (freilich praktisch wohl selten) ein Statutenwechsel eintreten. Bei alledem kommt es auf das anspruchsbegründende Verhalten des

Geschäftsführers, nicht auf ein (hier unpassendes) „schadens-"begründendes Ereignis, und nicht auf seine zeitlich uU späteren Folgen an.

## V. Internationale Zuständigkeit

10 Zur internationalen Zuständigkeit ist der besondere Gerichtsstand des **Art. 7 Abs. 1e Brüsseler Internationalen Übereinkommen zur Vereinheitlichung von Regeln über den Arrest in Seeschiffe** (BGBl. 1972 II 653; in Kraft seit 6.4.1973, BGBl. II 173) in Bezug auf **Berge- und Hilfslohn** und des **Art. 7 Nr. 7 Brüssel Ia-VO** bzw. **Art. 5 Nr. 7 LugÜ** zugunsten einer **Ladung oder Frachtforderung** zu beachten; die internationale Zuständigkeit folgt dann jeweils dem darauf bezogenen (potentiellen) Arrestgerichtsstand. Im autonomen deutschen Prozessrecht bestehen solche Sonderregeln nicht (näher Staudinger/v. Hoffmann/Thorn, 2007, Rn. 67 f.).

### Art. 40 Unerlaubte Handlung

**(1) [1]Ansprüche aus unerlaubter Handlung unterliegen dem Recht des Staates, in dem der Ersatzpflichtige gehandelt hat. [2]Der Verletzte kann verlangen, dass anstelle dieses Rechts das Recht des Staates angewandt wird, in dem der Erfolg eingetreten ist. [3]Das Bestimmungsrecht kann nur im ersten Rechtszug bis zum Ende des frühen ersten Termins oder dem Ende des schriftlichen Vorverfahrens ausgeübt werden.**

**(2) [1]Hatten der Ersatzpflichtige und der Verletzte zur Zeit des Haftungsereignisses ihren gewöhnlichen Aufenthalt in demselben Staat, so ist das Recht dieses Staates anzuwenden. [2]Handelt es sich um Gesellschaften, Vereine oder juristische Personen, so steht dem gewöhnlichen Aufenthalt der Ort gleich, an dem sich die Hauptverwaltung oder, wenn eine Niederlassung beteiligt ist, an dem sich diese befindet.**

**(3) Ansprüche, die dem Recht eines anderen Staates unterliegen, können nicht geltend gemacht werden, soweit sie**

1. **wesentlich weiter gehen als zur angemessenen Entschädigung des Verletzten erforderlich,**
2. **offensichtlich anderen Zwecken als einer angemessenen Entschädigung des Verletzten dienen oder**
3. **haftungsrechtlichen Regelungen eines für die Bundesrepublik Deutschland verbindlichen Übereinkommens widersprechen.**

**(4) Der Verletzte kann seinen Anspruch unmittelbar gegen einen Versicherer des Ersatzpflichtigen geltend machen, wenn das auf die unerlaubte Handlung anzuwendende Recht oder das Recht, dem der Versicherungsvertrag unterliegt, dies vorsieht.**

**Schrifttum:** Ahrens, Vermögensrechtliche Elemente postmortaler Persönlichkeitsrechte im Internationalen Privatrecht, FS Erdmann, 2002, 1; v. Caemmerer (Hrsg.), Vorschläge und Gutachten des deutschen Internationalen Privatrechts der außervertraglichen Schuldverhältnisse, 1983; Dethloff, Schmerzensgeld nach ausländischem Recht vor inländischen Gerichten, FS Stoll, 2001, 481; Dörner, Alte und neue Probleme des Internationalen Deliktsrechts, FS Stoll, 2001, 491; Freitag/Leible, Das Bestimmungsrecht des Art. 40 Abs. 1 EGBGB im Gefüge der Parteiautonomie im Internationalen Deliktsrecht, ZVglRWiss 99 (2000), 101; Gebauer, Persönlichkeitsverletzung durch Suchergänzungsfunktion bei Google, IPRax 2014, 513; Gounalakis, Rechtliche Grenzen der Autocomplete-Funktion von Google, NJW 2013, 2321; Hay, Entschädigung und andere Zwecke, FS Stoll, 2001, 521; v. Hein, Günstigkeitsprinzip oder Rosinentheorie?, NJW 1999, 3174; v. Hein, Rück- und Weiterverweisung im neuen deutschen Internationalen Deliktsrecht, ZVglRWiss 99 (2000), 272; v. Hinden, Persönlichkeitsverletzungen im Internet, 1999; v. Hoffmann, Internationales Haftungsrecht, IPRax 1996, 1; v. Hoffmann, Sonderanknüpfung zwingender Normen im internationalen Deliktsrecht, FS Henrich, 2000, 283; P. Huber, Das internationale Deliktsrecht nach der Reform, JA 2000, 67; Junker, Das Bestimmungsrecht des Verletzten nach Art. 40 I, EGBGB, FS W. Lorenz, 2001, 321; Kropholler/v. Hein, Spezielle Vorbehaltsklauseln im Internationalen Privat- und Verfahrensrecht der unerlaubten Handlungen, FS Stoll, 2001, 554; S. Lorenz, Zivilprozessuale Konsequenzen der Neuregelung des Internationalen Deliktsrechts, NJW 1999, 2215; Luckey, Direktanspruch des Geschädigten gegen Versicherer bei Verkehrsunfall im Ausland, NJW 2016, 1648; Mankowski, Das Internet im Internationalen Vertrags- und Deliktsrecht, RabelsZ 63 (1999), 203; Pfister, Kollisionsrechtliche Probleme bei der Vermarktung von Persönlichkeitsrechten, IPRax 2013, 493; Rademacher, Favor laesi und renvoi: Verweisungsart bei Distanzdelikten, IPRax 2019, 140; W.-H. Roth, Persönlichkeitsschutz im Internet: Internationale Zuständigkeit und anwendbares Recht, IPRax 2013, 215; R. Schaub, Die Neuregelung des Internationalen Deliktsrechts in Deutschland und das europäische Gemeinschaftsrecht, RabelsZ 66 (2002), 18; Schurig, Ein ungünstiges Günstigkeitsprinzip, GS Lüderitz, 2000, 699; Seibl, Kollisionsrechtliche Probleme im Zusammenhang mit einem Mietwagenunfall im Ausland, IPRax 2010, 347; Sonnenberger, Der Persönlichkeitsrechtsschutz nach den Art. 40–42 EGBGB, FS Henrich, 2000, 575; Spickhoff,

Die Tatortregel im neuen Deliktsrecht, IPRax 2000, 1; Spickhoff, Das IPR der sog. Internet-Delikte, in Leible (Hrsg.), Die Bedeutung des IPR im Zeitalter der neuen Medien, 2003, 89; Spindler, Störerhaftung des Host-Providers bei Persönlichkeitsverletzungen, CR 2012, 176; Stoll, Handlungsort und Erfolgsort im internationalen Deliktsrecht, GS Lüderitz, 2000, 733; Vogelsang, Die Neuregelung des Internationalen Deliktsrechts, NZV 1999, 497; R. Wagner, Der Regierungsentwurf eines Gesetzes zum Internationalen Privatrecht für außervertragliche Schuldverhältnisse und für Sachen, IPRax 1998, 429; Wendelstein, Kollisionsrechtliche Probleme der Telemedizin, 2012.

## Übersicht



## I. Normzweck

Art. 40 beinhaltet die Grundanknüpfung des autonomen deutschen Internationalen Deliktsrechts an den Tatort (Abs. 1) sowie eine der sog. Auflockerungen des Tatortgrundsatzes in Gestalt der Anknüpfung an den gemeinsamen gewöhnlichen Aufenthalt (Abs. 2). Der Grund für diese Anknüpfung besteht darin, dass die deliktischen Beziehungen im allgemeinen aus einer eher zufälligen Interessenberührung der Beteiligten erwachsen, für die ein sachnäherer Schwerpunkt für eine kollisionsrechtliche Anknüpfung zunächst einmal fehlt. Dabei sind prinzipiell die rechtlichen Beziehungen, in die das deliktische **Geschehen** die Beteiligten zusammenführt, wie dieses **in die am Tatort geltenden Regeln eingebettet;** deshalb ist die **Tatortregel keine bloße Verlegenheitsregel** (BGHZ 87, 95 (97 f.) = NJW 1983, 1972 (1973); Kegel/Schurig IPR § 18 IV 1a; krit. Kropholler RabelsZ 33 (1969), 601 (609); Rothoeft/Rohe NJW 1993, 974 (975 f.)). Im Falle des sog Distanzdeliktes fallen indes Handlungs- und Erfolgsort auseinander. Vor Inkrafttreten von Art. 40 am 1.6.1999 war herrschend in Rspr. und wohl auch im Schrifttum die sog. Ubiquitätsregel in Kombination mit dem Günstigkeitsprinzip. Es kam zur Anwendung des Rechts, das für den Geschädigten konkret materiell am günstigsten ist (BGH NJW 1964, 2012; 1981, 1606; OLG München RIW 1996, 955; Sonnenberger Rev. crit. dr. int. priv. 88 (1999), 647 (657)). Dieser Ausgangspunkt im Falle des Distanzdeliktes war Gegenstand erheblicher Kritik. Wenn die Rechtsanwendungsinteressen von Schädiger und Geschädigtem gleich viel wiegen (Schurig, Kollisionsnorm und Sachrecht, 1981, 207; genauso K. Müller JZ 1986, 212 (213 f.)), liegt der Einwand auf der Hand: International-privatrechtliche Unentschlossenheit darf kein Sachgrund sein, der – quasi als „Verlegenheitsregel" – eine potentielle Haftungsverschärfung trägt (v. Bar JZ 1985, 961 (966)). Gleichwohl hat der deutsche Gesetzgeber zwar nicht in gleichem Maße wie Kegel (Kegel/Schurig IPR § 18 IV 1a aa) und die bisher hM, aber doch wenigstens etwas mehr Sympathie mit dem Opfer als mit dem Täter. Diese (wenn auch eingeschränkte) Tendenz steht in der Kontinuität einer über 100 Jahre alten Rspr. (v. Hoffmann IPRax 1996, 1 (4)), aber im Gegensatz zur Regelung in der Rom II-VO (mit Ausnahme des Internationalen Umwelthaftungsrecht, Art. 7 Rom II-VO). Daher stellt Abs. 1 S. 1 zum einen auf das Handlungsortsrecht ab, und zum anderen kann der Verletzte im Rahmen des Abs. 1 S. 2 die Anwendung des Erfolgsortsrechts verlangen, freilich nur in engen zeitlichen Grenzen. Damit wird eine **Akzentverschiebung von der Opferbegünstigung zur (vereinfachten) Verhaltenssteuerung** sichtbar. Während man bislang mehrheitlich davon ausging, dass die Rechtsgüterschutzfunktion des materiellen Deliktsrechts zunächst einmal am besten von dem Recht des Staates wahrgenommen werden kann, in dessen Hoheitsbereich sich die zu schützenden Rechte oder Rechtsgüter befinden (statt aller Stoll 1

IPRax 1989, 89 (90); G. Wagner RabelsZ 62 (1998), 243 (260 f.) mwN), liegt nun infolge der prinzipiellen Anwendung des Handlungsortsrechts der Akzent auf der Erleichterung der Verhaltenssteuerung für den potentiellen Täter. Am Recht seines Handlungsortes wird er sein Verhalten am besten ausrichten können, da es für ihn am einfachsten ermittelbar ist (näher Spickhoff IPRax 2000, 1 (3 f.); vgl. auch krit. Looschelders VersR 1999, 1316 (1318)).

2 **Abs. 3** ist der Nachfolger des alten Art. 38 (seit 1986, vor 1986: Art. 12), der Deutsche im Falle einer im Ausland begangenen unerlaubten Handlung vor weitergehenden Ansprüchen als nach deutschem Recht schützte. Die Norm regelt einen Teilausschnitt dessen, was ohnedies über Art. 6 hätte erreicht werden können. Es handelt sich um eine **spezielle Vorbehaltsklausel** gegenüber der Anwendung ausländischen Deliktsrechts. Ein Referentenentwurf aus dem Jahre 1984 (Text zB bei Basedow NJW 1986, 2971 (2972); Spickhoff VersR 1985, 124) sah noch die ersatzlose Streichung des alten Art. 38 vor. Abs. 3 dürfte der Intervention inländischer Wirtschaftskreise zuzuschreiben sein (Staudinger/v. Hoffmann, 2007, Vor Art. 38 Rn. 4).

3 Abs. 4 setzt uneingeschränkt im Interesse des Verletzten das **Günstigkeitsprinzip** durch, soweit es um einen **Direktanspruch gegen den Versicherer des Ersatzpflichtigen** geht. Das entspricht Art. 18 Rom II-VO. Die bisherige Rspr. beurteilte den Direktanspruch gegen die Haftpflichtversicherung ausschließlich nach dem Deliktsstatut (BGHZ 108, 200 (202) = NJW 1989, 3095; BGHZ 119, 137 (139) = NJW 1992, 3091; BGH NJW 1993, 1007; 1993, 1019; s. nun aber BGH NJW 2016, 1648 mAnm Luckey NJW 2016, 1648; zu Art. 18 Rom II-VO EuGH VersR 2016, 535). Doch werden die Interessen der Versicherungen dadurch, dass der Geschädigte nun alternativ einen Direktanspruch auch nach dem Versicherungsvertragsstatut durchsetzen kann, nicht über Gebühr strapaziert, da diese ohnehin damit rechnen müssen, nach dem Recht dieses Staates in Anspruch genommen zu werden. Auch vermeidet man auf diese Weise den Einsatz des ordre public (dafür Trenk-Hinterberger NJW 1974, 1048; dagegen aber Wandt IPRax 1992, 259 (262)). Jedenfalls wird über Abs. 4 auch kollisionsrechtlich die materielle Zielsetzung des Direktanspruchs, einen möglichst umfassenden Geschädigtenschutz zu gewähren, verfolgt.

## II. Konkurrierende Rechtsquellen

4 **1. Staatsvertragliche Regeln.** Regelungen in Rechtsakten der EU, die nach Art. 3 Nr. 1 **vorrangig anzuwenden** sind und die das Internationale Deliktsrecht vereinheitlichen, finden sich namentlich in der **Rom II-VO** (zum Einfluss des Europarechts auf das Deliktskollisionsrecht R. Schaub RabelsZ 66 (2002), 18 ff.). Wie weit der Vorrang reicht, ergibt sich aus dem Anwendungsbereich gem. Art. 1 Rom II-VO (näher BeckOGK/Fornasier, 1.2.2022, Rn. 15–27). Nicht übernommen wurden die Anknüpfungsregeln des Haager Übereinkommens über das auf Straßenverkehrsunfälle anwendbare Recht vom 4.5.1971 (abgedruckt zB bei Jayme/Hausmann Nr. 100) sowie die Haager Konvention über das auf die Produkthaftpflicht anwendbare Recht vom 2.10.1973 (abgedruckt zB in RabelsZ 37 (1973), 594). Beide Übereinkommen können allerdings im Rahmen der Prüfung von Rück- oder Weiterverweisungen Bedeutung erlangen. Soweit Staatsverträge spezielle Teilgebiete abdecken, werden sie im jeweiligen Sachzusammenhang behandelt.

5 **2. Das Herkunftslandprinzip nach TMG und E-Commerce-RL.** Das Herkunftslandprinzip, das in § 3 TMG Art. 3 E-Commerce-RL (dazu Bodewig GRUR Int. 2000, 475; Bender RIW 2000, 260) umsetzt, ist in der Beurteilung seiner **Rechtsnatur hoch umstritten.** Es handelt sich um ein vom europäischen Gesetzgeber offensichtlich unreflektiert introduziertes Prinzip. Das Meinungsspektrum reicht von einer insgesamt kollisionsrechtlichen Qualifikation iSe Hauptanknüpfung, verstanden als Sachnormverweisung (Mankowski IPRax 2002, 257 ff.; Lurger/Vallant RIW 2002, 188 ff.; Spickhoff und Kieninger in Leible, Die Bedeutung des IPR im Zeitalter der neuen Medien, 2003, 89, 117 ff. und 121, 131, jeweils mwN; PWW/Schaub Rn. 23; Thünken IPRax 2001, 15 (19 f.); zur Frage der Qualifikation als Eingriffsnorm Sonnenberger IPRax 2003, 104 (108 f.)), bis zu einem rein sachrechtlichen Verständnis (OLG Hamburg MMR 2010, 185; Sack WRP 2002, 271; Ohly GRUR Int. 2001, 899; vgl. auch Ahrens CR 2000, 835 ff.; Ahrens FS Georgiades, 2006, 789 (797), der indes auch „unbestreitbar kollisionsrechtliche Effekte“ sieht), wobei zwischen in- und ausländischen Anbietern unterschieden wird (Spindler RabelsZ 66 (2002), 633 (655 ff.); Spindler IPRax 2001, 400 (401 ff.)). Es verwundert nicht, dass auch die Umsetzung im Ausland gewissermaßen den deutschen Streitstand widerspiegelt: Dänemark und Niederlande lassen das IPR unberührt (Jayme/Kohler IPRax 2002, 461 (463)); genau umgekehrt behandeln das Herkunftslandprinzip als kollisionsrechtliche Maxime Österreich, Luxemburg und Frankreich (dazu Mankowski IPRax 2002, 257 (262); zur österreichischen Umsetzung als Sachnormverweisung OGH ZfRV 2012, 226 m. zust. Anm. Ofner; Ofner ZfRV 2012, 193; Lurger/Vallant RIW

2002, 188 ff.). Wohl unzweifelhaft ist jedenfalls, dass der Text der RL und demgemäß die etwas hilflose Umsetzung nicht nur in Deutschland (zu ihr aus Sicht der Ministerialbürokratie Bröhl MMR 2001, 67 (70) mit schlichtem Hinweis auf § 2 Abs. 6 TDG, es sei dadurch „insoweit bestehende Rechtsunsicherheit ausgeräumt"; differenzierter Nickels DB 2001, 1919 (1929)) widersprüchlich ist, wenn es in Art. 1 Abs. 4 E-Commerce-RL heißt, dass diese RL keine „zusätzliche(n) Regeln im Bereich des Internationalen Privatrechts" schaffe, während andererseits nach Art. 3 Abs. 3, Anhang zu Art. 3, 5. Spiegelstrich E-Commerce-RL (nur?) die Freiheit der Rechtswahl für Vertragsparteien vom Herkunftslandprinzip ausgenommen wird. Im Ergebnis kommt es über § 3 Abs. 1 TMG zu einer Sonderanknüpfung jedenfalls des deutschen Rechts, wenn der Diensteanbieter hier niedergelassen ist. Ob es zu einer entsprechenden Sonderanknüpfung an den Ort einer ausländischen Niederlassung kommt, wenn der Diensteanbieter im europäischen Ausland niedergelassen ist, das sagt § 3 TMG nicht ebenso deutlich, weil der Wortlaut der RL (Art. 3 Abs. 1 und 2 E-Commerce-RL) dazu an sich nicht zwingt. Indes ist ein entsprechendes Ergebnis nahe liegend, will man einen unerfreulichen Günstigkeitsvergleich vermeiden. Während es im Rahmen von Art. 9 Abs. 2 Rom I-VO bei der Durchsetzung eigener Eingriffsnormen typischerweise um die Durchsetzung besonderer eigener Ge- oder Verbote bis hin zu besonderen Schutzstandards geht, gilt für das Herkunftslandprinzip das genaue Gegenteil: Das Niederlassungsortsrecht bildet einen Höchststandard, dessen Einhaltung durch den Diensteanbieter von einem davon abweichenden strengeren Recht (etwa des Bestimmungsortes) keinesfalls im Standard nach oben (iSe Verschärfung der Anforderungen) überboten werden können soll. Es ergibt sich das erstaunliche Bild, dass die E-Commerce-RL aus sachrechtlicher Perspektive also keine Harmonisierungsrichtlinie und ebenso wenig eine Mindeststandardrichtlinie darstellt, sondern sich gewissermaßen als „Höchststandardrichtlinie", wenn auch ohne eigene sachliche Aussage zum Standard selbst, charakterisieren lässt. Eine Möglichkeit der Deutung wäre, der RL zu unterstellen, sie wolle die aus der Sicht der international-privatrechtlichen Interessenbewertung bevorzugten Interessen des Diensteanbieters an der Anwendung seines eigenen Rechts noch einmal durch die Anwendung einer Günstigkeitsprüfung überbieten. Das könnte etwa in der Weise praktiziert werden, dass vom Herkunftsland abweichendes und vom „normalen" Internationalen Privatrecht berufenes Sachrecht gilt, wenn es sich damit begnügt, dass der Anbieter konkret niedrigere Standards einhält. Hält man das für überspitzt, bleibt nur, im Herkunftslandprinzip insgesamt eine Sonderkollisionsregel für die von ihm erfassten Bereiche zu sehen. Dass in jedem Falle das Herkunftslandprinzip die Neigung des Diensteanbieters verstärken dürfte, in „günstige" Länder mit gering ausgebildetem Standard auszuweichen, lässt sich dadurch freilich nicht ändern. Wie dem auch sei: Es verbleiben erhebliche Zweifel bei der Analyse der Rechtsnatur des Herkunftslandprinzips (Lurger/Vallant RIW 2002, 188 (198) sprechen sogar von der „Unmöglichkeit …, durch Interpretation bzw. Umsetzung den Widerspruch zwischen Art. 1 Abs. 4 E-Commerce-RL und Art. 3 E-Commerce-RL aufzulösen"). Das hat bei der Umsetzung dieser RL in Dänemark (nach Jayme/Kohler IPRax 2002, 461 (463)) und auch im deutschen Schrifttum (Sonnenberger ZVglRWiss 100 (2001), 107 (126 ff.)) zu der Auffassung geführt, die E-Commerce-RL erfasse überhaupt keine privatrechtlichen Materien. Das verträgt sich freilich kaum mit der ausdrücklichen Nennung zB des Verbraucherschutzrechts und der Rechtswahl. Das alles ändert natürlich nichts daran, dass es sich um geltendes Recht handelt. Doch kann und sollte man durchaus unter Beachtung der mit der E-Commerce-RL und ihrem Herkunftslandprinzip verfolgten Zwecksetzungen dessen Anwendungsbereich demgemäß in der gebotenen Weise vorsichtig, und das heißt restriktiv abstecken. Und auf der Linie einer solch vorsichtig-zurückhaltenden Auslegung liegt es, wenn man – freilich auf den ersten Blick überraschend – das Herkunftslandprinzip als **eine auf seine Gegenstände begrenzte besondere Sachnormverweisung** interpretiert (ebenso für Österreich OGH ZfRV 2012, 226 m. zust. Anm. Ofner; Ofner ZfRV 2012, 193). Aufgrund einer Vorlage durch den BGH (BGH NJW 2010, 1232) hat der **EuGH** die Beantwortung der Frage leider nicht eindeutig geklärt, sondern in das (Umsetzungs-) Ermessen der Mitgliedstaaten gestellt (EuGH NJW 2012, 137). Art. 3 E-Commerce-RL „verlange" keine Umsetzung „in Form einer speziellen Kollisionsregel". Der **BGH** hat sich in mittlerweile **ständiger Rspr.** der Auffassung angeschlossen, wonach **§ 3 TMG keine Kollisionsnorm, sondern ein „sachrechtliches Beschränkungsverbot"** enthält (BGH NJW 2020, 1587 (1588); 2012, 2197; 2018, 2324 Rn. 23; GRUR 2020, 435 Rn. 25). Das bedeutet wohl, dass die Rechtsvorschriften des Herkunftsstaates zwar nicht (im Sinne eines kollisionsrechtlichen Anwendungsbefehls) „anzuwenden", wohl aber im Rahmen des gebotenen Günstigkeitsvergleichs zu „berücksichtigen" sind (W.-H. Roth IPRax 2013, 215 (226)). Zu beachten ist, dass (ungeachtet seiner Rechtsnatur) das in Deutschland in § 3 TMG umgesetzte Herkunftslandprinzip gem. **Art. 27 Rom II-VO iVm Erwägungsgrund 35** auch dann den Anknüpfungen der Rom II-VO vorgeht, wenn man darin eine Kollisionsnorm erblickt. Daraus ergibt sich, dass trotz aller Unklarheiten zumindest hier der europäische Gesetzgeber selbst das Herkunftslandprinzip (anders als der EuGH und nun auch der BGH) doch recht eindeutig als Kollisionsnorm für außervertragliche Schuldverhältnisse ansieht.

6 **3. Autonome Regeln.** Mit der Neuregelung des Internationalen Privatrechts für außervertragliche Schuldverhältnisse ist die bis zum 31.5.1999 geltende Verordnung über die Rechtsanwendung bei Schädigungen deutscher Staatsangehöriger außerhalb des Reichsgebiets aufgehoben worden (Art. 4 Gesetz zum IPR für außervertragliche Schuldverhältnisse und Sachen (BGBl. 1999 I 1027). An autonom-innerstaatlichen gesetzlichen Kollisionsnormen verblieben ist damit nur noch **§ 185 Abs. 2 GWB,** wonach das GWB Anwendung auf alle Wettbewerbsbeschränkungen findet, die sich in seinem Geltungsbereich auswirken, auch wenn sie außerhalb seines Geltungsbereiches veranlasst werden. Ob zB ein auf §§ 33a, 33 GWB gestützter Anspruch besteht, ist daher nach der (einseitigen) Kollisionsnorm des § 185 Abs. 2 GWB zu beurteilen und nicht nach Art. 40–42 (Bulst EWS 2004, 403 (407); übersehen und Art. 40 angewendet durch LG Dortmund EWS 2004, 434). Da §§ 33a, 33 GWB indes nur Verstöße gegen das GWB und Art. 101 oder 102 AEUV erfasst, gilt das auch im Falle von Verstößen gegen den AEUV (etwa über § 823 Abs. 2 BGB). Es ist nicht (mehr) auf Art. 40 zurückzugreifen (dafür früher Bulst EWS 2004, 403 (408)). Zudem ist für das Kartellprivatrecht der nunmehr vorrangig anzuwendende **Art. 6 Abs. 3 Rom II-VO** zu beachten.

## III. Anwendungsbereich

7 Was kollisionsrechtlich als unerlaubte Handlung iSv Art. 40 zu qualifizieren ist, welche Reichweite also seine Verweisungen haben, ist grds. nach allgemeinen Regeln zu bestimmen. Dabei ist als Ausgangspunkt zu beachten, dass das **Deliktsstatut grds. umfassend** gilt und damit Haftungsgründe, Haftungsausfüllung sowie die Rechtsfolgen eines Delikts erfasst. Eine Aufspaltung des Deliktstatbestandes in Einzelfragen ist schon im Interesse der Praktikabilität zu vermeiden bzw. bedarf eines besonderen Sachgrundes. Dafür sprechen die Gebote der inneren und äußeren Entscheidungsharmonie sowie die Erwartungen der betroffenen Parteien (BGH VersR 1960, 990 (991); OGH ZfRV 1993, 245 f.; Mansel VersR 1984, 97 (103); zurückhaltender Brandt, Die Sonderanknüpfung im internationalen Deliktsrecht, 1993, 8 f.). Die Abgrenzung zum internationalen Vertragsrecht folgt im Wesentlichen dem Kriterium der Freiwilligkeit im Kontext der Begründung von Rechten und Pflichten (dann Vertragsrecht) bzw. der Unfreiwilligkeit (dann außervertragliches Schuldrecht) (BGH MedR 2012, 316 (319) mAnm Spickhoff). Deswegen sollte ein – wenngleich in tatsächlicher Hinsicht einheitlicher – Vorgang wie die Arzthaftung nicht von vornherein nur vertrags- oder deliktsrechtlich (für letzteres Wendelstein, Kollisionsrechtliche Probleme der Telemedizin, 2012, 134 ff.) qualifiziert und zugleich die differenzierten Anknüpfungsvarianten des Gesetzes (etwa die Möglichkeit der akzessorischen Anknüpfung über Art. 41) unterlaufen werden.

8 **1. Haftungsgründe und ihre Bestandteile.** Unter Art. 40 fallen „Ansprüche aus unerlaubter Handlung". Damit sind zunächst alle **außervertraglichen Anspruchsgrundlagen** angesprochen, die **auf rechtswidrigem Verhalten beruhen.** Obwohl **Gefährdungshaftungen** an sich rechtswidrigkeitslos sind (Deutsch AllgHaftungsR Rn. 644 mwN; aA v. Bar Verkehrspflichten, 1980, 131 f.; wohl nur missverständlich BGHZ 117, 110 f. = NJW 1992, 1389: gemeinsam sei allen unerlaubten Handlungen unter Einschluss derjenigen des § 833 S. 1 BGB die objektive Rechtswidrigkeit), fallen auch sie unter die Kollisionsnorm des Art. 40 (BT-Drs. 14/343, 11 unter Hinweis auf BGHZ 80, 1 (3) = NJW 1981, 1516; LG Trier BeckRS 2013, 05350 – indes Anwendung der Rom II-VO auf den Unfall vom 30.5.2011 in Luxemburg übersehen; Junker IPR 382; zum früheren Streitstand zB Brandt, Die Sonderanknüpfung im internationalen Deliktsrecht, 1993, 11 ff. mwN). Neben den Ansprüchen aus Verschuldens- und Gefährdungshaftung fallen ferner sonstige objektive oder objektivierte Haftungstatbestände unter Art. 40, etwa Art. 1382, 1384 CC. Das Internationale Deliktsrecht gilt sodann an sich im **Adhäsionsverfahren** (§§ 403 ff. StPO), wobei ein Strafsenat des BGH die Einbeziehung des IPR in das Adhäsionsverfahren als regelmäßig zu schwierig angesehen hat, um von einer Eignung entsprechender Fälle mit Auslandsbezug für das Adhäsionsverfahren auszugehen (BGH IPRax 2005, 256; dazu Wilhelmi IPRax 2005, 236; s. weiter v. Hoffmann FS Henrich, 2000, 283 (288, 295); Hohloch, Das Deliktsstatut, 1983, 101). Erfasst sind alle Haftungstatbestände, die funktional den im Deliktsrecht geregelten entsprechen, also etwa § 829 BGB (Billigkeitshaftung) (MüKoBGB/Junker Art. 40 Rn. 10), darüber hinaus aber auch Schadensersatzansprüche wegen entschuldigenden Notstands und Verteidigungs- sowie Angriffsnotstands (§§ 228 S. 2, 904 S. 2 BGB) (MüKoBGB/Junker Rn. 10). Weiter-

hin ist die zivilrechtliche Aufopferungshaftung erfasst (hierzu Deutsch AllgHaftungsR Rn. 716 ff.), nicht hingegen Ansprüche aus enteignendem oder enteignungsgleichem Eingriff bzw. öffentlich-rechtlicher Aufopferung. Auch solche deliktsrechtlichen Anspruchsgründe, die im deutschen Recht außerhalb des BGB geregelt sind, unterfallen dem Deliktsstatut. Das gilt bis hin zur Haftung nach § 945 ZPO (OLG Düsseldorf VersR 1961, 1144). Eine abweichende Qualifikation des vom deutschen IPR berufenen ausländischen Rechts (denkbar etwa im Falle des Verlöbnisbruchs, den das deutsche Recht familienrechtlich qualifiziert) ist unbeachtlich.

Nicht als ziviles Delikt zu qualifizieren sind Fälle der **Staatshaftung.** Art. 1 Abs. 1 S. 2 Rom II-VO nimmt sie in Bezug auf acta iure imperii aus dem Anwendungsbereich der Rom II-VO aus. Nicht zwingend, wenngleich naheliegend ist, die dort entwickelten Kriterien auch für die Anwendung der Kollisionsnorm der Art. 40–42 heranzuziehen. Außerhalb von einzelnen staatsvertraglichen Regelungen und § 7 des Gesetzes über die Haftung des Reichs für seine Beamten (BGBl. 1993 I 1397) gilt in Bezug auf die Amtshaftung das **Recht des Amtsstaates** (BGH NJW 1976, 2074; 1978, 495; WM 1982, 241; LG Köln NJW 1999, 1556; übersehen von OLG Celle VersR 2005, 793, wo von „dem nach Art. 40 Abs. 2 EGBGB anwendbaren Art. 34 GG iVm § 839 BGB" die Rede ist; H. Müller, Das Internationale Amtshaftungsrecht, 1991, 163 f.; Mansel IPRax 1987, 210 (214); BeckOGK/Fornasier, 1.2.2022, Rn. 131). Das gilt auch, wenn es um die persönliche Haftung des Handelnden geht (H. Müller, Das Internationale Amtshaftungsrecht, 1991, 169 f.). Für enteignungsgleiche Eingriffe ist das Recht des begünstigten Staates, hilfsweise das Recht des Staates maßgebend, dessen Funktionen wahrgenommen worden sind (BGH IPRax 1986, 33 (35)). Die Rechtsanwendungsregeln des autonomen Kollisionsrechts und nicht die Verweisungsregeln der Rom II-VO sind anzuwenden, wenn es um acta jure imperii geht (Art. 1 Abs. 1 S. 2 Rom II-VO), insgesamt aber auch zB bei Persönlichkeitsverletzungen durch den Staats bzw. seine Organe (Art. 1 Abs. 2 lit. g Rom II-VO). Allerdings ist in funktionaler Betrachtung danach zu fragen, ob es sich um Fragen der Amts- oder Staatshaftung handelt. Die in der Schweiz regelmäßig öffentlich-rechtlich ausgestaltete Haftung kantonaler Krankenhäuser fällt darunter nicht; es fehlt hier an der für den Ausschluss der normalen Kollisionsregeln des internationalen Privatrechts typischen Unfreiwilligkeit einer Unterwerfung unter (staatlich hoheitlich verfügte) Ge- oder Verbote (BGH MedR 2012, 316 mAnm Spickhoff; eingehend dazu Vogeler VersR 2011, 588). 9

Innerhalb der jeweiligen Haftungsgründe unterliegen dem Deliktsstatut **alle Fragen des haftungsbegründenden Tatbestandes** (Verletzungserfolg, Verletzungshandlung, etwaige Haltereigenschaft (LG München I IPRax 1984, 101; Mansel VersR 1984, 97 (102 ff.); Brandt, Die Sonderanknüpfung im internationalen Deliktsrecht, 1993, 17 ff.), Kausalität und objektive Zurechnung, Rechtswidrigkeit und Rechtfertigungsgründe, Verschulden und sonstige Fragen der objektiven Zurechenbarkeit). Erfasst sind ferner die Verschuldensfähigkeit (näher Brandt, Die Sonderanknüpfung im internationalen Deliktsrecht, 1993, 20 ff. mwN) sowie gegen den Anspruch gerichtete Einreden oder Einwendungen wie Verjährung, Haftungsausschlüsse oder Haftungsobergrenzen, Verzicht oder Verwirkung. 10

Dazu gehört auch der Rechtfertigungsgrund der **Einwilligung** unter Einbeziehung seiner Voraussetzung der Einwilligungsfähigkeit; Art. 7 nimmt hiervon nur die Rechts- und Geschäftsfähigkeit, nicht aber (wie Art. 1 bs. 2 lit. a Rom II-VO) die Handlungsfähigkeit (wozu man die Einwilligungsfähigkeit rechnen könnte) aus. Ebenso sollte eine **Patientenverfügung** (als vorweggenommene Einwilligungen oder Einwilligungsverweigerungsentscheidungen, nach § 1901a BGB (ab 1.1.2023: § 1827 BGB) wirksam auch ohne ärztliche Aufklärung) im Interesse des Verkehrsschutzes und eines einheitlichen Haftungsstatuts als potentieller Rechtfertigungsgrund unter das Deliktsstatut fallen und nicht sonderangeknüpft werden (Spickhoff FS Coester-Waltjen, 2015, 825 (827 f.) Für eine Sonderanknüpfung an das Recht des gewöhnlichen Aufenthaltes des Patienten, dessen Inhalt für Ärzte, ja im Regelfall nicht einmal für Juristen ad hoc nicht erkennbar ist, indes Ofner in Körtner/Kopetzki/Kletecka-Pulker, Das österreichische Patientenverfügungsgesetz, 2007, 185, 191 f.; ausnahmslos für das Recht am Tatort Röthel in Lipp, Handbuch der Vorsorgeverfügungen, 2009, § 20 Rn. 28). Im Falle der Einschaltung eines **Vorsorgebevollmächtigten in Gesundheitsangelegenheiten** ist insoweit – falls, wie regelhaft, anwendbar – das **Haager ErwSÜ** einschlägig, als es in Art. 15 Abs. 1 ErwSÜ eine (wenig praktikable und den Verkehrsschutz vernachlässigende) Grundanknüpfung an das Recht des gewöhnlichen Aufenthalts des (entscheidungs- bzw. einwilligungsunfähigen) Patienten für die Beurteilung des Bestehens und des Umfangs der Vorsorgevollmacht vorsieht; hält sich die Behandlungsseite im Eilfall an das (Behandlungs-) Ortsrecht, ist Inlandsrecht nach den Grundsätzen des ggf. nicht schnell genug ermittelbaren Auslandsrechts anzuwenden. Zumindest fehlt es dann für haftungs- und strafrechtliche Konsequen- 11 zen im Zweifel am Verschulden (näher dazu Spickhoff FS Coester-Waltjen, 2015, 825 (832 ff., 838); Spickhoff RabelsZ 80 (2016), 481 (488 ff.)).

**12** Auch wer haftet, wird durch das Deliktsstatut entschieden. Es bestimmt, wer Täter ist und ob Anstifter, Gehilfen (vgl. insoweit auch § 9 Abs. 2 StGB) oder Mittäter haften (BGH IPRax 1983, 118 (119 f.)). Dabei ist das anzuwendende Deliktsrecht (vorbehaltlich Art. 41 Abs. 1) für jeden Täter oder Teilnehmer selbständig zu bestimmen (OLG Düsseldorf IPRax 2009, 158 (160); dazu S. Huber IPRax 2009, 134 (139 f.); offen gelassen in BGH NZG 2010, 550; anders noch – Statut des Haupttäters – BGH WM 1990, 462 (463)). Es gibt Auskunft darüber, ob mehrere Haftpflichtige zusammen den ganzen Schaden tragen müssen, ob jeder der Täter für den ganzen Schaden verantwortlich gemacht werden kann oder ob jeder Einzelne einen Anteil zu tragen hat. Nach hM entscheidet das für den unmittelbar Handelnden – insbes. den Verrichtungsgehilfen oder den Aufsichtsbedürftigen maßgebende – Deliktsstatut über die Haftung einer dritten Person, wie des Geschäftsherrn oder der Aufsichtsperson. Lediglich die Frage, ob eine Rechtspflicht zur Aufsicht besteht, wird als Vorfrage vom Aufsichtsstatut beurteilt (vgl. Brandt, Die Sonderanknüpfung im internationalen Deliktsrecht, 1993, 67 f.; BAGE 15, 79 = AP IPR ArbR Nr. 8 (Verrichtungsgehilfen)). Endlich bestimmt sich nach dem Deliktsstatut, wer der Anspruchsberechtigte ist (OLG Köln NJW-RR 1988, 30 (31); Brandt, Die Sonderanknüpfung im internationalen Deliktsrecht, 1993, 72 ff.), ob der Anspruch übertragen werden kann (Ferid IPR § 6–185) und ob er vererblich ist (Ferid IPR § 6–185; Brandt, Die Sonderanknüpfung im internationalen Deliktsrecht, 1993, 79 ff.).

**13** **2. Folgen der Haftung.** Das Deliktsstatut bestimmt weiter, welche Rechtsfolgen sich an einen verwirklichten Haftungsgrund anschließen. Erfasst ist damit der **gesamte haftungsausfüllende Tatbestand.** Eine Sonderanknüpfung der Haftungsfolgen (sie erwägt Hohloch IPRax 1984, 14 (17 f.); vgl. auch v. Bar JZ 1985, 961 (965 ff.); E. Wagner, Statutenwechsel und dépecage im Internationalen Deliktsrecht, 1988, 173 f.) könnte zwar die Schadensregulierung vereinfachen. Doch sollte eine solche „folgenorientierte Auflockerung" des Deliktsstatuts zur Vermeidung einseitiger Manipulationsmöglichkeiten eines der Tatbeteiligten in Bezug auf das anwendbare Recht nur zugelassen werden, wenn die Parteien eine im Rahmen von Art. 42 wohl mögliche entsprechende Teilrechtswahl vorgenommen haben. Das Deliktsstatut bestimmt Art und Höhe des Schadensersatzes, insbes. ob er in Form von Naturalrestitution oder Geldersatz geschuldet ist, wie der Schaden iE zu berechnen ist (abstrakt oder konkret), ob und in welchem Rahmen immaterieller Schaden geschuldet wird. Bei der Bemessung der **Höhe des immateriellen Schadens** sind allerdings die Standards am gewöhnlichen Aufenthalt des Verletzten (moderat als einer von mehreren Faktoren) zu berücksichtigen. Insbesondere ist die Vergleichbarkeit von Wirtschafts- und Kaufkraftverhältnissen zu berücksichtigen, aber auch, ob im Aufenthaltsstaat des Opfers erschwerte Auswirkungen der haftpflichtig zugefügten Schmerzen zu erwarten sind (OLG Naumburg VersR 2016, 265; OLG Frankfurt zfs 2004, 452 (453); OLG München VersR 1984, 745; Mansel VersR 1984, 746 (747); MüKoBGB/Junker Rn. 104; unreflektiert anders KG VersR 2002, 1567). Zur Anspruchsgrundlage für Strafschadensersatz bzw. schadensrechtszweckfremde Begehren kann eine Norm wie § 253 Abs. 2 BGB, wenn sie anzuwenden ist, indes nicht umfunktioniert werden. Ebenso wenig darf § 253 Abs. 2 BGB unter dem Eindruck des Auslandsbezugs des Opfers in Richtung auf eine völlige Versagung von Schmerzensgeld ausgelegt werden, wenn das Heimatland des Opfers kein oder aus deutscher Sicht ein nur ganz unzureichend ausgeprägtes Schmerzensgeld kennt. Insgesamt geht es eher um die Realisierung der Zwecke des § 253 BGB (Ausgleichs- und Genugtuungsfunktion) in der Heimat des Opfers.

**14** Das Deliktsstatut entscheidet weiter darüber, ob es als Rechtsfolge einer unerlaubten Handlung **Ansprüche auf Beseitigung, Widerruf oder Unterlassung** gibt (BGHZ 131, 335 = NJW 1996, 1128; BGH NJW 1998, 2142). Das gilt auch und insbes. für Unterlassungsansprüche im Kontext von (unternehmens-) persönlichkeitsverletzenden Autocomplete-Vorschlägen durch ein Online-Suchportal wie Google (BGH NJW 2013, 2348; dazu Gounalakis NJW 2013, 2321; Spickhoff LMK 2013, 348782; BGH NJW 2012, 148 – Hostprovider – blogspot.com; OLG München NJW-RR 2016, 162; OLG Stuttgart NJW-RR 2014, 423). Auch der Gegendarstellungsanspruch ist deliktsrechtlich zu qualifizieren (Heldrich in v. Caemmerer, Vorschläge und Gutachten zur Reform des deutschen IPR der außervertraglichen Schuldverhältnisse, 1983, 361, 371; Hohloch ZUM 1986, 165 (176); Looschelders ZVglRWiss 95 (1996), 48 (80); R. Wagner, Das Deutsche IPR bei Persönlichkeitsverletzungen, 1986, 106 ff.; v. Bar FS Waseda, 1988, 575 (595)). Denn der Anspruch auf Gegendarstellung ist – durchaus dem Widerruf in seiner uneingeschränkten Form verwandt – ein Mittel zum interindividuellen Interessenausgleich in unmittelbarem Sachzusammenhang zum (deliktisch zu qualifizierenden) Recht des Persönlichkeitsschutzes. Ein Auskunftsanspruch ist materiell-deliktsrechtlich, nicht aber prozessrechtlich zu qualifizieren und fällt deshalb unter Art. 40 (Staudinger/v. Hoffmann, 2007, Vor Art. 40 Rn. 37). Auch der Unterhaltsschaden (in Deutschland etwa nach § 844 BGB) richtet sich nach dem Deliktsstatut. Ob und in welcher Höhe ein insoweit relevanter Unterhaltsanspruch bestanden hätte, das richtet sich als selbständig anzuknüpfende Vorfrage hingegen nach Art. 18 bzw. dem HUÜ (OLG Frankfurt zfs 2004, 452 (454)). Die in § 1 **GewSchG** genannten gerichtlichen Maßnahmen zum Schutz vor Gewalttaten und Nachstellungen (Betretungs-, Näherungs- und Kontaktverbote) sind in Bezug auf inländische Wohnungen nach deutschem Sachrecht zu beurteilen (Art. 17a). Die Rom II-VO ist im Rahmen des Vorrangs gem. Art. 1 Abs. 2 lit. a Rom II-VO insoweit nicht einschlägig. Im Falle ausländischer Wohnungen gilt dies nicht entspr, da Art. 17a bewusst einseitig formuliert ist (anders Thorn IPRax 2002, 347 (356)).

**3. Verhaltensnormen und Schutzgesetze.** Verhaltensnormen sind **nicht prinzipiell sonderanzuknüpfen** (Stoll in v. Caemmerer, Vorschläge und Gutachten zur Reform des deutschen IPR der außervertraglichen Schuldverhältnisse, 1983, 160, 172 f.); alles andere würde die Einheit des Deliktsstatuts unnötig auseinanderreißen. Die seit jeher anerkannte **Ausnahme bei verkehrsrechtlichen Verhaltensnormen,** die dem **Recht des Verhaltensorts** zu entnehmen (als sog. local data „zu berücksichtigen") sind (BGHZ 57, 265 (267 f.) = NJW 1972, 387; BGHZ 87, 95 (97 f.) = NJW 1983, 1972 (1973); BGHZ 90, 294 (298) = NJW 1984, 2032 (2033); LG Mainz NJW-RR 2000, 31 zum Linksfahrgebot in GB; zu den FIS-Regeln beim Skilaufen OLG Hamm NJW-RR 2001, 1537; OLG Dresden VersR 2004, 1567 (1568); LG Bonn NJW 2005, 1873; NK-BGB/Wagner Rn. 14), (vorausgesetzt, die entsprechenden Sicherheits- und Verhaltensnormen sind ortsgebunden), findet sich nunmehr in Art. 17 Rom II-VO; ist die Norm anwendbar, ist freilich ohnehin auf die Rom II-VO als vorrangige Regelungsmaterie abzustellen. Daher gilt, wenn es etwa um die Berücksichtigung von Mitverschulden geht, die deutsche Gurtanschnallpflicht, wenn Fahrer und Mitfahrer ihren gewöhnlichen Aufenthalt in Deutschland hatten (OLG Karlsruhe IPRspr. 1984 Nr. 34; v. Bar JZ 1985, 961 (967); abw. KG VersR 1982, 1199). Die Bewertung der entsprechenden Normwidrigkeit als rechtswidrig, fahrlässig oder grob fahrlässig erfolgt jedenfalls nach dem Deliktsstatut (BGH VersR 1978, 541 (542); Stoll in v. Caemmerer, Vorschläge und Gutachten zur Reform des deutschen IPR der außervertraglichen Schuldverhältnisse, 1983, 160, 174; Brandt, Die Sonderanknüpfung im internationalen Deliktsrecht, 1993, 83 f.). 15

Anders als im Rahmen von § 134 BGB kommen dann, wenn deutsches Deliktsrecht anwendbar ist, **für § 823 Abs. 2 BGB** nicht nur inländische (wie zB Normen des KAGB) (BGH NJW 2004, 3706 noch zum früheren AuslInvestmG), sondern **auch ausländische Schutzgesetze in Betracht** (Staudinger/v. Hoffmann, 2007, Vor Art. 40 Rn. 56 ff.; Soergel/Lüderitz Art. 38 Rn. 91, 92: Überschrift in der „Übersicht", vor Rn. 1, „Schutzgesetze"; Stoll in v. Caemmerer, Vorschläge und Gutachten zur Reform des deutschen IPR der außervertraglichen Schuldverhältnisse, 1983, 160, 174). Wenn allerdings im Rahmen von § 823 Abs. 2 BGB ein ausländisches Schutzgesetz anwendbar ist und dieses den Kreis der nach deutschem Deliktsrecht geschützten Rechte oder Rechtsgüter erweitert, dann sind auf der Ebene der Auslegung des § 823 Abs. 2 BGB Eingrenzungen angezeigt. Würde über diesen Weg in das deutsche Deliktsrecht zB Schutz vor fahrlässigen Vermögensschädigungen importiert werden, wären entsprechende ausländische Normen als Schutzgesetze auszuscheiden (näher Spickhoff, Gesetzesverstoß und Haftung, 1998, 106 ff., 155; für eine ausnahmslose Anwendbarkeit des Handlungs- oder Erfolgsortsrechts solcher Schutzgesetze Soergel/Lüderitz Art. 38 Rn. 91; genau umgekehrt – Anwendbarkeit des allgemeinen Deliktsstatuts – Kegel/Schurig IPR § 18 IV 2). 16

**4. Der Direktanspruch gegen den Versicherer (Abs. 4).** Abs. 4, der freilich in der Praxis durch Art. 18 Rom II-VO so gut wie vollständig verdrängt sein dürfte (abgesehen von Altfällen), regelt den Direktanspruch des Geschädigten gegen den Versicherer des Ersatzpflichtigen. Ob ein solcher Direktanspruch besteht, richtet sich alternativ nach dem Deliktsstatut oder nach dem Versicherungsvertragsstatut. Im Interesse des Opferschutzes gilt (wie auch im vorrangigen Art. 18 Rom II-VO) (dazu EuGH VersR 2016, 535; Luckey NJW 2016, 1648) die **uneingeschränkte Alternativität iSd Günstigkeitsprinzips** (ebenso P. Huber JA 2000, 67 (72); MüKoBGB/Junker Rn. 118; Gruber VersR 2001, 16 (19)). Anders als im Rahmen von Abs. 1 braucht sich der Geschädigte nicht auf eines der betreffenden Rechte zu berufen, sondern das Gericht hat ggf. von Amts wegen zu ermitteln. Das Gericht kann also – je nach Leichtigkeit der Ermittelbarkeit – entweder das maßgebliche Deliktsrecht oder aber das betreffende Versicherungsvertragsrecht auf einen Direktanspruch hin untersuchen. Die Anknüpfung an das Versicherungsvertragsstatut greift insbes. nicht nur hilfsweise ein, wenn kein Direktanspruch nach dem Deliktsstatut besteht. Das folgt aus dem insoweit zweifelsfreien Wortlaut, an dem auch die Gesetzesbegründung nichts 17 ändert, in der es heißt, „notfalls" könne auch auf das Recht zurückgegriffen werden, dem der Versicherungsvertrag unterliegt (BT-Drs. 14/343, 13). Die Interessen der Versicherungen werden durch eine solche Anknüpfung nicht unangemessen berührt, da sie sich im Zweifel ohnedies auf die Anwendung der Deliktsrechtsordnung einstellen, der auch der Versicherungsvertrag unterliegt (Hübner VersR 1977, 1069 (1075); Spickhoff IPRax 1990, 164 ff.). Auf diese Weise vermeidet man nicht zuletzt den Einsatz des ordre public beim Fehlen eines Direktanspruches (dafür Trenk-Hinterberger NJW 1974, 1048; dagegen Wandt IPRax 1992, 259 (262)). Sofern der Direktanspruch nach dem Deliktsstatut geprüft wird, ist nicht nur das nach Abs. 1 berufene Tatortrecht maßgeblich, sondern ggf. auch das diesem vorgehende Recht des gemeinsamen gewöhnlichen Aufenthalts (Art. 40 Abs. 2) (BGHZ 120, 87 (89 f.) = NJW 1993, 1007 (1008); BGHZ 119, 137 (139) = NJW 1992, 3091: gemeinsamer gewöhnlicher Aufenthalt in Deutschland; Mansel, Direktansprüche gegen Haftpflichtversicherer, 1986, 47). Anders steht es im Falle einer nachträglichen Wahl des anwendbaren Deliktsrechts durch Schädiger und Geschädigten (Art. 42) oder dann, wenn das Recht einer sonstigen wesentlich engeren Verbindung anwendbar ist (Art. 41). Durch eine solche nachträgliche Rechtswahl kann ein Direktanspruch gegen den Versicherer nicht zu dessen Nachteil „erwählt" werden (Art. 42 S. 2). Im Interesse des Opferschutzes und damit auf der Linie des Zwecks von Art. 40 Abs. 4 liegt es, dass dann, wenn der Direktanspruch nach dem Deliktsstatut besteht, dieses auch über den Höchstbetrag entscheidet, bis zu dem der Versicherer haftet (ebenso Staudinger/v. Hoffmann, 2007, Rn. 448; anders aber früher Hübner VersR 1977, 1069 (1075); obiter auch OLG Hamm VersR 1979, 926), ebenso wie über Einwendungsausschlüsse (ebenso Hübner VersR 1977, 1069 (1074 f.); Mansel, Direktansprüche gegen Haftpflichtversicherer, 1986, 37 f.; nicht eindeutig früher BGHZ 57, 265 = NJW 1972, 387). **Gerichtsstandsvereinbarungen** in Haftpflichtversicherungsverträgen entfalten keine derogierenden Wirkungen gegenüber potenziell geschädigten Direktklägern (EuGH IPRax 2018, 259; Mankowski IPRax 2018, 233).

## IV. Grundanknüpfung: Tatortrecht (Abs. 1)

18 **1. Stellung im Anknüpfungssystem.** Abs. 1 beinhaltet die **Grundanknüpfung des autonomen Internationalen Deliktsrechts.** In der Hierarchie der Anknüpfungen des Internationalen Deliktsrechts ist allem anderen vorrangig eine nachträgliche Rechtswahl (Art. 42). Diese kann auch nicht durch eine sonstige engere Verbindung (Art. 41) verdrängt werden. Liegt auch eine im Verhältnis zu Art. 40 wesentlich engere Verbindung nach Art. 41 nicht vor, kommt es auf den gemeinsamen gewöhnlichen Aufenthalt bzw. – bei Gesellschaften, Vereinen oder juristischen Personen – auf den Ort der Hauptverwaltung oder der Niederlassung an (Abs. 2). In der Anknüpfungshierarchie erst an letzter Stelle kommt es auf das nach Abs. 1 zu bestimmende Tatortrecht an. Allerdings kann über Art. 41 erst von den Anknüpfungen des Art. 40 abgewichen werden, wenn diese zuvor ermittelt worden sind. Anderenfalls wäre die vergleichend-abwägende Prüfung nicht möglich, zu welchem Recht eigentlich eine „engere" Verbindung bestehen könnte (zur Prüfungsfolge, die indes nichts an der Hierarchie der Anknüpfungen ändert, auch Junker RIW 2000, 241 (245); MüKoBGB/Junker Rn. 12 ff.; NK-BGB/Wagner Rn. 6; BeckOGK/Fornasier, 1.2.2022, Rn. 2–4).

19 **2. Platz- und Distanzdelikt.** Abs. 1 knüpft Ansprüche aus unerlaubter Handlung grds. an den Handlungsort an (Abs. 1 S. 1). Das Erfolgsortsrecht ist nur dann maßgeblich, wenn sich der Verletzte darauf beruft (Abs. 1 S. 2 und 3). Auf die Abgrenzung von Handlungs- und Erfolgsort kommt es im Falle sog. Platz- oder Punktdelikte, in denen Handlungs- und Erfolgsort im gleichen Rechtsgebiet liegen, nicht an. Nach Abs. 1 S. 1 ist das Recht am Ort des deliktserheblichen Verhaltens im Rahmen von § 293 ZPO von Amts wegen zu ermitteln und anzuwenden. Wesentlich ist die Abgrenzung von Handlungs- und Erfolgsort demgegenüber im Falle von sog. Distanzdelikten (gestreckten, grenzüberschreitenden oder Streudelikten, die für Presse- oder Internetdelikte typisch sind). Während sich die vor der Kodifikation im Jahre 1999 hM für uneingeschränkte Alternativität ausgesprochen hatte (BGH NJW 1964, 2012; VersR 1978, 231; OLG Saarbrücken NJW 1958, 752 (753); AG Bonn NJW 1988, 1393 (1395); für ein Wahlrecht zuletzt LG Hildesheim VersR 2007, 253; grds. europarechtliche Bedenken äußerte – mE nicht überzeugend – R. Schaub RabelsZ 66 (2002), 18 (37 ff.)) und damit mehr Sympathie mit dem Opfer als mit dem Täter zum Ausdruck brachte (so die klassische Formulierung von Kegel/Schurig IPR § 18 IV 1a aa), ist die **tendenzielle Opferbegünstigung durch die Ubiquitätsregel in Kombination mit dem Günstigkeitsprinzip in Abs. 1 vom Gesetzgeber ganz erheblich reduziert** worden. Denn die Ausübung des Optionsrechts in Bezug auf das Erfolgsortsstatut setzt eine Informa-

tion über den Inhalt der konkurrierenden Rechte voraus, die regelmäßig mit Kosten verbunden sein werden, welche – da vorprozessual entstanden – nicht ersatzfähig sind (v. Hoffmann IPRax 1996, 1 (5); zur prozessualen Möglichkeit einer Teilklage S. Lorenz NJW 1999, 2215 (2217 f.); vgl. auch Sonnenberger Rev. crit. dr. int. priv. 88 (1999), 647 (658)). Auch kommt es auf Grund der Ungleichbehandlung von Handlungs- und Erfolgsort in Abs. 1 im Unterschied zur früheren Rechtspraxis wesentlich entscheidender auf die Abgrenzung von beiden an.

**3. Handlungsort (Abs. 1 S. 1).** Handlungsort ist der **Ort, an dem eine unerlaubte Handlung ganz oder teilweise ausgeführt wird** (Kegel/Schurig IPR § 18 IV 1a bb; MüKoBGB/Junker Rn. 25). Im Falle einer möglichen Haftung für andere kommt es auf deren Handlung an (BGHZ 29, 237 (239 f.) = NJW 1959, 769 (770); BGH WM 1957, 1047 (1049, 1051); zu § 831 im Kontext mit Kapitalanlagebetrug ebenso OLG Köln IPRax 2006, 479 (481) m. Aufs. v. Hein IPRax 2006, 460). Wesentlich für den Handlungsbegriff ist, dass nur **willensabhängiges Verhalten** in Betracht kommt, welches in der Außenwelt als Gefährdung eines Interesses oder Rechts(guts) erscheint (Deutsch AllgHaftungsR Rn. 96; streng gegen jede Anbindung des Handlungsorts und -begriffs an sachrechtliche Kategorien Stoll GS Lüderitz, 2000, 733 (736 ff.)). Ein weiteres, aber wohl zu unbestimmtes Moment aus der Dogmatik des deutschen Haftungsrechts wird in den kollisionsrechtlich relevanten Handlungsbegriff hineingetragen, wenn auf eine „konkrete" Gefährdung eines rechtlich geschützten Interesses abgestellt wird (so Stoll IPRax 1989, 89 (90)). Orte, an denen bloße **Vorbereitungshandlungen** vorgenommen werden, sind **kollisionsrechtlich irrelevant** (BGH MDR 1957, 31 (33)). Ob nur eine Vorbereitungshandlung oder eine bereits tatbestandsmäßige Ausführungshandlung anzunehmen ist, entscheidet das Recht des Ortes, an dem das fragliche Verhalten an den Tag gelegt worden ist (Kegel/Schurig IPR § 18 IV 1a bb; MüKoBGB/Junker Rn. 25). Die jeweils relevanten Handlungsorte werden im Zusammenhang mit den für Art. 40 noch relevanten Deliktstypen diskutiert. 20

Obwohl Abs. 1 S. 1 nur von der „Handlung" spricht, fällt unter die Norm auch die **Unterlassung.** Von Teilen des Schrifttums ist iErg bei der Unterlassung in erster Linie auf das Erfolgsortsrecht abgestellt worden, das jedenfalls für die Bestimmung des Orts der in Rede stehenden Unterlassung heranzuziehen sein soll (vgl. MüKoBGB/Junker Rn. 26: nach dem Erfolgsortsrecht sei ein ggf. abweichender Handlungsort zu bestimmen). Das ist nur schwer darstellbar: Übt der Verletzte kein Bestimmungsrecht aus, und kommt zur Haftungsbegründung nur ein Unterlassen in Betracht, so wäre überhaupt kein Recht maßgeblich. Dass dieses Resultat nicht gemeint sein kann, liegt auf der Hand. Übrig bliebe nur, im Falle der Unterlassung von einer Regelungslücke auszugehen. Doch würde das nur die bisweilen überaus schwierige und zweifelhafte Abgrenzung zwischen Tun und Unterlassen ins Deliktskollisionsrecht hineintragen. Richtigerweise wird man deswegen als Handlungs- (genauer: Verhaltens-)ort bei Unterlassungen den **Ort** anzusehen haben, **an dem** aus der Sicht des deutschen IPR **(möglicherweise) hätte gehandelt werden müssen** (vgl. auch § 9 Abs. 1 StGB) (OLG Zweibrücken ZEuP 2015, 192 mAnm Rott/Glinski = GesR 2014, 163: Haftung des TÜV wegen unzureichender Kontrolle eines französischen Silikon-Brustimplantateherstellers; OLG Hamburg VersR 1955, 621; Hohloch, Das Deliktsstatut, 1983, 110; Grüneberg/Thorn Rn. 4; Kegel/Schurig IPR § 18 IV 1a bb; Spickhoff IPRax 2000, 1 (4)). Bei der Bestimmung des Unterlassungsortes liegt es also nicht anders als bei der Bestimmung des Erfolgsortes und des Ortes eines positiven Tuns; auch diese Orte werden nach eigenen Ordnungsvorstellungen bestimmt, also nach den Ordnungsvorstellungen des deutschen IPR. 21

Zweifelhaft ist die Konkretisierung des Handlungsortsrechts auch im Falle von **objektiven Haftungen,** Kausalhaftungen oder Gefährdungshaftungen, die nicht notwendigerweise durch ein unerlaubtes Verhalten, sondern – so jedenfalls in den Fällen der deutschen Gefährdungshaftung – geradezu durch eine erlaubte Gefährdung bei Abnahme des Schadensrisikos gekennzeichnet sind (Deutsch AllgHaftungsR Rn. 637, 644). Maßgeblicher „Handlungsort" ist hier derjenige **Ort, an dem die gefährliche Sache außer Kontrolle geraten ist** (Kegel/Schurig IPR § 18 IV 1a aa; Mansel VersR 1984, 97 (100 f.); MüKoBGB/Junker Rn. 27), etwa das explodierte Atomkraftwerk; Schäden durch Kernenergie werden nicht von der Rom II-VO erfasst (Art. 1 Abs. 2 lit. f Rom II-VO); zu vorrangigen staatsvertraglichen Regelungen insoweit → Rn. 42. 22

Problematisch ist schließlich, wie im Falle **mehrerer Handlungsorte** anzuknüpfen ist. Die Gesetzesbegründung geht von dieser Möglichkeit selbst aus (BT-Drs. 14/343, 10: Produkthaftung, nun Art. 5 Rom II-VO). Daraus folgt, dass der Wortlaut von Abs. 1 S. 1 auch insoweit ungenau ist. Mehrere Handlungsortsrechte können relevant sein (MüKoBGB/Junker Rn. 28; Kegel/Schurig IPR § 18 IV 1a bb; aA OLG Hamburg NJW-RR 1995, 790 (792)). Allerdings sollten **unerhebliche Handlungsortsrechte** über die Ausweichklausel des **Art. 41 Abs. 1 eliminiert** werden. Abgesehen davon kann die Auswahl unter mehreren relevanten Handlungsorten aber von vornhe- 23 rein nicht von einer notwendigen Bestimmung durch den Geschädigten wie beim Erfolgsort abhängen. Denn würde der Geschädigte sie und die Wahl des Erfolgsortsrechts nicht ausüben, ginge die Anknüpfung ins Leere. Im Übrigen ist innerhalb mehrerer relevanter Handlungsorte von einer **Wahlbefugnis des Geschädigten** auszugehen (Freitag/Leible ZVglRWiss 99 (2000), 101 (138 f.); ebenso die bereits bisher hM, vgl. BGH NJW 1974, 410; 1964, 2012; OLG Saarbrücken NJW 1958, 752; anders – wertende Konkretisierung des Handlungsortes – Kreuzer RabelsZ 65 (2001), 383 (423) mwN; PWW/Schaub Rn. 10; NK-BGB/Wagner Rn. 22: Schwerpunktermittlung; v. Hein NJW 1999, 3174). Abgesehen davon kann das Gericht aus prozessökonomischen Gründen innerhalb von Abs. 1. S. 1 nicht gezwungen werden, alternativ geltendes Auslandsrecht zu prüfen, wenn der erhobene Anspruch schon nach deutschem Recht begründet ist (Kegel IPR, 7. Aufl. 1995, § 18 IV 1a aa). Nur wenn eine solche Wahlbefugnis nicht ausgeübt wird, hat das Gericht von Amts wegen alternativ iSd Günstigkeitsprinzips zu prüfen, ob eines der Handlungsortsrechte den geltend gemachten Anspruch trägt (Spickhoff IPRax 2000, 1 (4 f.)). Denn eine entsprechende alternative Rechtsanwendung ist auch im Falle der Auswahl zwischen mehreren Handlungsortsrechten nicht mehr als eine restriktiv zu handhabende Verlegenheitsregel.

24 **4. Erfolgsort (Abs. 1 S. 2).** Der Erfolgsort wird in Abs. 1 S. 2 dahingehend definiert, dass auf Verlangen des Verletzten das Recht des Staates anzuwenden ist, in dem der Erfolg eingetreten ist. Das Gesetz spricht damit den Verletzungserfolg iSd Vorverständnisses von § 823 Abs. 1 BGB an. Gemeint ist zunächst der Ort, an dem das geschützte Recht oder Rechtsgut (Eigentum, Körper) verletzt worden ist. **Verletzungsfolgeschäden,** insbes. Schadenseintrittsorte (Behandlung wegen psychischer Schäden in einer Krankenanstalt in den USA nach schwerer Persönlichkeitsverletzung in Deutschland) sind demgegenüber in Übereinstimmung mit der bereits bisher allgemeinen Ansicht für die Anknüpfung **irrelevant** (Kegel/Schurig IPR § 18 IV 1a bb; MüKoBGB/Junker Rn. 31).

25 **Vermögensschäden** (zur deliktischen Haftung der Gesellschafter und ihrer Organe, die im Wesentlichen durch das Gesellschaftsstatut geprägt ist, Goette ZIP 2006, 541; Kiethe RIW 2005, 649; Kiethe RIW 2007, 361 (363 f.); Heitsch ZInsO 2007, 961 (963); Krüger ZInsO 2007, 861 (863, 869); s. auch Art. 1 Abs. 2d Rom II-VO) scheinen demgegenüber als erfolgsortsbegründend generell auszuscheiden. Doch wäre das zu kurz gegriffen. Schon in der bisherigen Diskussion wurde zugestanden, dass nicht nur Eingriffe in die Persönlichkeit, sondern auch in das (reine) Vermögen einen Erfolgsort haben, selbst wenn es terminologisch unglücklich ist, insoweit von einem Erfolgsort zu sprechen. Frühere Entwürfe sprachen genauer, aber eher unüblich vom „geschützten Interesse" (zB Art. 40 Abs. 1, S. 2 RefE 1993 im Anschluss an den Vorschlag des Deutschen Rates für IPR, v. Caemmerer, Vorschläge, 1983, 2 (Art. 3), 10 f.; s. genauer W. Lorenz v. Caemmerer, Vorschläge, 1983, 97 ff.). Dieser Begriff – aus der Reformdiskussion zum Deliktskollisionsrecht herrührend, im Gesetzestext aber nicht aufgegriffen – wird in Art. 38 Abs. 2 für die Eingriffskondiktion verwendet. Gleichwohl ist der Begriff des Erfolges auch in Art. 40 Abs. 1 S. 2 und 3 iSe Verletzung des geschützten Interesses zu verstehen (R. Wagner IPRax 1998, 429 (433)). Im Falle des Vermögensschutzes (etwa über eine Norm wie § 826 BGB) kommt es auf das **Recht des Staates an, in dem sich das Vermögen** (zB ein Bankguthaben) **befindet** (v. Bar/Mankowski IPR II § 2 Rn. 148; zu Art. 5 Nr. 3 LugÜ vgl. auch BGH RIW 2008, 399: Konto in der Schweiz), an dem die **primären Vermögensinteressen verletzt** worden sind (MüKo-BGB/Junker Rn. 31; Grüneberg/Thorn Rn. 5). Der BGH stellt dabei auf die konkrete Transaktion ab (BGH NJW 1996, 1411 (1414)). Im zuständigkeitsrechtlichen Kontext hat der **EuGH** das im Kontext von **Art. 7 Nr. 2 Brüssel Ia-VO** allerdings zur Vermeidung von zuständigkeitserschleichenden Manipulationen nicht als genügend angesehen (EuGH NJW 2015, 2167, 2169 mAnm Müller; wohl nur scheinbar großzügiger noch EuGH NJW 2015, 1581; für die Belegenheit des Girokontos noch BGH NJW-RR 2011, 197 (199)). Nicht maßgebend oder ausreichend ist jedenfalls etwa im betrügerischen Kontext eine durch eine vielleicht falsche Information herbeigeführte bloße Vorstellung oder Fehlvorstellung (ein **Irrtum) des Opfers.** Nichts spricht dafür, die aus der deutschen Betrugsrechtsdogmatik bekannte Erscheinung ins internationale Haftungsrecht zu übernehmen, wonach bereits die konkrete Vermögensgefährdung als Schaden anzusehen sein soll und ein vollendetes Delikt angenommen werden kann. Im – nicht nur deutschen – sachrechtlichen und internationalen Deliktsrecht findet ein bloßer Irrtum als Erfolg keine Entsprechung. Daher vermag anders als im Strafrecht der bloße Irrtum bzw. die bloße (Fehl-)Information ebenso wenig einen kollisionsrechtlich relevanten Erfolg zu begründen wie der nach § 9 Abs. 1 Var. 4 StGB mögliche nur vorgestellte Erfolgsort. Erst recht gilt das für den bloßen Abruf einer Information im Internet, bei dem es nicht einmal zu einer Fehlvorstellung gekommen sein muss (anders insoweit aber Mankowski RabelsZ 63 (1999), 203 (269)).

Ebenso wie in Bezug auf den Handlungsort spricht auch Art. 40 Abs. 1 S. 2 und 3 nur von einem Erfolgsortsrecht, und ebenso sind doch **mehrere Erfolgsorte** denkbar (Pressedelikte, Äußerungsdelikte im Internet). Ist ein Verletzungserfolg wie die Verbreitung einer Zeitung innerhalb eines Staates vernachlässigenswert (fünf Exemplare einer Illustrierten in einem Staat), wird man einen relevanten Erfolgsort überhaupt abzulehnen haben. Jedenfalls kann in solchen Fällen die Anzahl auch der denkbaren Erfolgsorte über die Ausweichklausel des **Art. 41 Abs. 1** eingeschränkt werden (BT-Drs. 14/343, 13; PWW/Schaub Rn. 11). Verbleibt es bei mehreren relevanten Erfolgsorten, so kann der **Geschädigte nur eines der Erfolgsortsrechte wählen** und seine (alleinige) Anwendbarkeit bestimmen; eine Festsetzung auf ein bestimmtes Erfolgsortsrecht über eine Schwerpunktbetrachtung (dafür Looschelders Rn. 31) ist nicht angezeigt. Das folgt aus der prozessökonomischen Funktion des entsprechenden Optionsrechts. Damit nichts zu tun hat die namentlich im Falle von Pressedelikten denkbare Konstellation, dass nach Art einer Mosaikbeurteilung das betreffende Erfolgsortsrecht auf den jeweiligen Verletzungserfolgsort begrenzt anwendbar ist (Spickhoff IPRax 2000, 1, 5; vgl. auch Grüneberg/Thorn Rn. 10). 26

**5. Bestimmungsrecht (S. 2 und 3).** Nach S. 2 und 3 kann der Verletzte ein Bestimmungsrecht in Bezug auf das Erfolgsortsrecht bzw. ggf. die Erfolgsortsrechte ausüben, allerdings nur im ersten Rechtszug bis zum Ende des frühen ersten Termins oder dem Ende des schriftlichen Vorverfahrens. 27

**a) Rechtsnatur.** Die Rechtsnatur der Befristung des Optionsrechtes ist vielfach als prozessrechtlich, noch häufiger im Schrifttum indes materiell-rechtlich gedeutet worden (sehr str.; für eine prozessuale Qualifikation des Optionsrechtes LG München I NZKart 2021, 245 (246); S. Lorenz NJW 1999, 2215 (2217); NK-BGB/Wagner Rn. 25; Vogelsang NZV 1999, 497 (502); s. auch Spickhoff IPRax 2000, 1 (5 f.); Spickhoff Trierer Jb. IUTR 2000, 385 (393 f.); BeckOGK/Fornasier, 1.2.2022, Rn. 131; anders – materiell-kollisionsrechtliche Qualifikation – Junker RIW 2000, 241 (247); Junker FS W. Lorenz, 2001, 321 (329 ff.); PWW/Schaub Rn. 12; Looschelders Rn. 33, 34 mit der Möglichkeit auf teleologische Reduktion; Pfeiffer NJW 1999, 3674 (3675 f.); Kropholler IPR § 53 IV 2b; Freitag/Leible ZVglRWiss 99 (2000), 101 (117 ff.); v. Hoffmann/Thorn IPR § 11 Rn. 25; v. Hein ZVglRWiss 99 (2000), 263; v. Hein NJW 1999, 3175). Übt man das Optionsrecht aus, ist man nach einer Klagerücknahme (§ 269 ZPO) im Falle der späteren erneuten Klageerhebung jedenfalls unter der Annahme der prozessrechtlichen Rechtsnatur nicht gebunden (zur Teilklage S. Lorenz NJW 1999, 2215 (2217 f.), auch in Bezug auf prozesstaktische Erwägungen – vom Gericht nach § 293 ZPO zu ermittelnder Inhalt des Erfolgsortsrechts; vgl. auch Schurig GS Lüderitz, 2000, 699 (710)). Allerdings liegt die Hauptwirkung der Ausübung des Bestimmungsrechts, auf die es für die Beurteilung ihrer Rechtsnatur ankommt, auf dem Gebiet des Internationalen Privatrechts. Denn es geht um die Frage des anwendbaren Rechts. Auch von der Systematik her spricht mehr für die kollisionsrechtliche Natur des Optionsrechtes, befindet sich Art. 40 doch zentral im 2. Kapitel des EGBGB mit der Überschrift „Internationales Privatrecht". Andererseits dient die zeitlich enge Begrenzung des Optionsrechtes neben dem Grundsatz der Waffengleichheit vor allem der Prozessökonomie. Es soll soweit wie möglich verhindert werden, dass ein Richter ggf. in mehreren Instanzen dazu gezwungen werden kann, von Amts wegen die Begründetheit der Ansprüche nach mehreren Rechtsordnungen zu prüfen (BT-Drs. 14/343, 11). Schon dieser ganz deutlich zutage tretende Zweck ist auf einen effizienten Einsatz knapper staatlicher Justizressourcen gemünzt. Abs. 1 S. 3 nimmt sodann unmittelbar Bezug auf Normen der ZPO, wenn dort der frühe erste Termin bzw. das schriftliche Vorverfahren angesprochen werden. Für Schiedsgerichte, die nach zutreffender Auffassung auch im Rahmen von § 1051 Abs. 2 ZPO mangels abweichender Disposition der Parteien an sich an das staatliche IPR gebunden sind (BT-Drs. 13/5274, 52 f.), passt daher die Regelung der Ausübung des Optionsrechts in Abs. 1 S. 3, die eben ausschließlich auf das Verfahren vor staatlichen Gerichten zugeschnitten ist, von vornherein ebenso wenig wie für ausländische Gerichte, die mit deutschem Deliktskollisionsrecht (zB im Rahmen der Prüfung von Rück- oder Weiterverweisungen) in Berührung kommen. Wer aufgrund der genannten Zweifel für die materiellrechtliche Qualifikation der Optionsmöglichkeit plädiert, sollte jedenfalls die zum Teil als Prämisse angeführte angebliche pauschale Unwiderruflichkeit der Ausübung von Gestaltungsrechten, die zumindest auf materiellrechtlicher Ebene zu relativieren ist, in Frage stellen. Das zeigt (auf der Ebene des Sachrechts) die Existenz der **sog. elektiven oder alternativen Konkurrenz.** Kennzeichnend für sie ist gerade, dass der „Gläubiger die von ihm getroffene Wahlentscheidung bis zu einem bestimmten … Zeitpunkt ändern kann". Es besteht dann „eine Lage, in der es von der Entscheidung des Gläubigers, die man auch als Verlangen bezeichnen kann, abhängt, ob und welche Leistungspflicht den Schuldner trifft und von ihm zu erfüllen ist" (Weitnauer FS Hefermehl, 1976, 467 (470, 480)). Wenn man das (in 28 dieser Form vorbildlos-neuartige) Optionsrecht des Abs. 1 S. 2 und 3 materiell-rechtlich qualifiziert, sprechen jedenfalls die besseren Gründe dafür, an dieser Stelle von einer elektiven bzw. alternativen Konkurrenz im Internationalen Privatrecht auszugehen (s. auch Spickhoff in Leible, Die Bedeutung des IPR im Zeitalter der neuen Medien, 2003, 89, 95 f.). Im Übrigen spricht gegen eine Bindung der außerprozessualen Ausübung dieser Option, dass der Geschädigte sich in Bezug auf die Frage des anwendbaren Rechts vorprozessual gar nicht äußern muss, selbst wenn er dies – sogar formfrei – kann (OLG München NJW-RR 2016, 162 (163)). Der Anwalt des Schädigers hat dann aber ohnehin (auch) seinerseits zu prüfen, ob sein Mandant alternativ nach Handlungs- oder Erfolgsortsrecht haftet, will er einen zutreffenden Rat darüber erteilen, ob sich der Schädiger auf das Risiko eines Prozesses (je nach Ausübung der Option durch die Gegenseite) einlässt oder den begehrten Schaden ersetzt. Außerhalb eines Prozesses (und vor der Ausübung des Optionsrechts im Prozess) gilt also praktisch die frühere Ubiquitätsregel. Umgekehrt würde der Aspekt der zuschnappenden Anwaltsfalle umso schwerer wiegen, als die (freilich ihrerseits kritikwürdige) Rspr. selbst unreflektiertes Verhalten, etwa die Berufung zB auf das deutsche Recht, als hinreichend zur Annahme einer stillschweigenden Rechtswahlerklärung angesehen hat (→ Art. 42 Rn. 6), jedenfalls wenn man diese Praxis entgegen der hier vertreten Auffassung (→ Rn. 30) auf die außerprozessuale Ausübung des Optionsrechtes übertragen würde. Unabhängig davon, ob es sich bei Abs. 1 S. 2 und 3 um einen Fall materiellrechtlicher elektiver Konkurrenz (mit der Folge der Widerruflichkeit der Optionsausübung) handelt oder um eine auf die rein prozessrechtliche Seite beschränkte Optionsmöglichkeit, sollte die außerprozessuale Äußerung also nicht binden.

**29** Das **Optionsrecht** kann innerhalb eines jeden Haftpflichtprozesses **nicht** ohne weiteres **je nach Streitgegenstand unterschiedlich ausgeübt** werden. Wenn es richtig ist, im Haftpflichtprozess die Streitgegenstände in Heilungskosten, vermehrte Bedürfnisse, Erwerbsausfall, Schmerzensgeld und Sachschaden (E. Schneider MDR 1969, 535 ff.) oder sogar noch in verschiedene Haftungsgründe (wie zB Behandlungsfehler und Aufklärungsfehler im Bereich der Arzthaftung) (dazu – mit Kritik – Spickhoff Liber amicorum Henckel, 2015, 337) zu unterteilen, geht es nicht an, dass der Geschädigte iSd Rosinentheorie je nach Schadensart oder Haftungsgrund von einem Interesse zum anderen oder – erst recht – bei identischem Interesse von einem Haftungsgrund zum anderen überwechselt. Innerhalb desselben Haftungsgrundes, also derselben Anspruchsgrundlage(n), erscheint ein solches Vorgehen (wie schon unter altem Recht (MüKoBGB/Junker Rn. 39; Looschelders Rn. 37)) nicht möglich (Spickhoff IPRax 2000, 1 (6)).

**30** **b) Ausübung.** Die Ausübung des Bestimmungsrechts setzt zunächst das entsprechende (Erklärungs-) **Bewusstsein der Wahlbefugnis** voraus (vgl. Dörner FS Stoll, 2001, 481 (496); Looschelders Rn. 35; MüKoBGB/Junker Rn. 38; s. auch – wenngleich iErg dahingestellt sein lassend – LG Itzehoe GRUR-RS 2020, 14301). An eine konkludente Ausübung des Optionsrechts sind generell strenge Anforderungen zu stellen (so auch OLG Celle BeckRS 2012, 19781 jedenfalls dann, wenn ausländisches Erfolgsortsrecht gewählt werden soll). Im Gesetzestext kommt das deutlich zum Ausdruck („verlangen", „Bestimmungsrecht"). Insofern unterscheidet sich die Ausübung des Bestimmungsrechts nicht von einem Rechtswahlvertrag, der nach richtiger Ansicht gleichfalls Erklärungsbewusstsein voraussetzt (→ Art. 42 Rn. 6). In der Judikatur wird teils – zu großzügig „heimwärtsstrebend" zum eigenen Recht – als ausreichend angesehen, wenn das Opfer bereits in der Klageschrift auf die von ihm eingewandten Rechtsgrundlagen des deutschen (sic!) Rechts bei Persönlichkeitsrechtsverletzungen Bezug genommen und dadurch zum Ausdruck gebracht hat, die beanstandeten Verhaltensweisen nach diesen Rechtsgrundsätzen beurteilen lassen zu wollen (vgl. OLG Saarbrücken NJW-RR 2018, 809; OLG München MMR 2015, 850; OLG Stuttgart NJW-RR 2014, 423). Überhaupt sei dann von einer Ausübung des Wahlrechts auszugehen, wenn sich die Parteien in den wechselseitigen Schriftsätzen ausschließlich auf Normen des deutschen Rechts und hierzu ergangene Gerichtsentscheidungen berufen haben (OLG Stuttgart NJW-RR 2014, 423).

**31** Das Bestimmungsrecht kann **nur in der ersten Instanz ausgeübt** werden. Hat der Richter nach § 275 ZPO einen frühen ersten Termin zur mündlichen Verhandlung bestimmt, kann das Wahlrecht nach diesem Termin nicht mehr ausgeübt werden. Ist kein früher erster Termin bestimmt, kommt es auf das Ende des schriftlichen Vorverfahrens nach § 276 ZPO an. Im Falle eines schriftlichen Verfahrens nach § 128 Abs. 2 und 3 ZPO wird es auf das Ende der Schriftsatzfrist nach § 128 Abs. 2 S. 2 bzw. Abs. 3 S. 2 ZPO ankommen. Verfassungsrechtliche Einwände gegen diese enge zeitliche Begrenzung des Optionsrechtes, die man rechtspolitisch anzweifeln kann (v. Hoffmann IPRax 1996, 1 (5)), bestehen nicht. Denn unzweifelhaft wäre es dem Gesetzgeber möglich, ausschließlich an das Handlungsortsrecht anzuknüpfen. Wenn dem Opfer eine – wenn auch noch so geringe – zusätzliche Begünstigung eingeräumt wird, kann das keinen verfassungsrechtlich zweifelhaften Eingriff in geschützte Positionen des Verletzten begründen.

Von der Normierung einer obligatorischen **richterlichen Hinweispflicht in Bezug auf das Optionsrecht** (dafür mit Grund v. Hoffmann IPRax 1996, 1 (5)) ist bewusst abgesehen worden. 32 Gelten sollen die allgemeinen Regeln des Prozessrechts zu richterlichen Hinweisen (§§ 273 Abs. 1, 139 ZPO). Auf Grund der häufigen Unkenntnis des Internationalen Privat- und Zivilprozessrechts der am Prozessgeschehen Beteiligten ist diese Frage nicht ohne Relevanz. Auf den **Inhalt des Erfolgsortsrechts** ist von vornherein **nicht hinzuweisen** (S. Lorenz NJW 1999, 2215). Fraglich ist allein eine Hinweispflicht in Bezug auf das Optionsrecht. Dabei ist zu unterscheiden (näher Spickhoff IPRax 2000, 1 (7 f.); etwas großzügiger Looschelders Rn. 38, 39): Wird der Streit vom Geschädigten nur auf der Grundlage ausländischen Rechts geführt, besteht kein Anlass für einen richterlichen Hinweis, selbst wenn der Erfolgsort in Deutschland gelegen ist und das Gericht auf diese Weise zur Anwendung des eigenen Rechts kommen möchte. Denn wer sich vor deutschen Gerichten über ausländisches Recht streitet, der hat sich im Zweifel über die Frage des anwendbaren Rechts Gedanken gemacht (BGH NJW-RR 1990, 248 (249); OLG Celle RIW 1990, 320 (322), alle zur stillschweigenden übereinstimmenden Rechtswahl). Wird der Streit umgekehrt vom Geschädigten nur auf der Grundlage des deutschen Rechts geführt und der Erfolgsort liegt in Deutschland, der Handlungsort aber im Ausland, so ist nicht gewährleistet, dass das Bestimmungsrecht bewusst ausgeübt worden ist, was aber erforderlich wäre (klassisches Beispiel nach altem Recht: BGH IPRax 1982, 13; dazu Kreuzer IPRax 1982, 1 ff.: Apfelschorf). Daher ist eine entsprechende richterliche Nachfrage angezeigt. Denn in der Zugrundelegung deutschen Rechts wird man immerhin die Andeutung einer entsprechenden Bestimmung erblicken können, und das rechtfertigt allgemeinen Grundsätzen folgend die Annahme einer richterlichen Fragepflicht (statt aller Musielak/Stadler ZPO § 139 Rn. 9 mwN). Die deutschen Gerichte neigen (iSd zwar verständlichen, aber gleichwohl im Einzelfall voreiligen „Heimwärtsstrebens" zum eigenen Recht) indes dazu, dann ohne weiteres („wer viel fragt, erhält viele dumme Antworten") eine konkludente Wahl im Sinne einer Ausübung des Optionsrechtes zugunsten des deutschen Erfolgsortsrechts anzunehmen (OLG München NJW-RR 2016, 162; OLG Stuttgart NJW-RR 2014, 423; vgl. andererseits OLG Celle BeckRS 2012, 19781: strenge Anforderungen an die Ausübung der Option zugunsten fremden Rechts). Liegt schließlich der Handlungsort in Deutschland, der Erfolgsort im Ausland, und wird der Streit nur über deutsches Handlungsortsrecht geführt, das über Abs. 1 S. 1 ohnedies anwendbar ist, kann es zwar durchaus sein, dass die Parteien und auch der Geschädigte die Rechtswahlfrage bzw. das Optionsrecht übersehen haben. Dennoch ist auf das Optionsrecht nicht hinzuweisen. Ebenso wie der Hinweis auf die nicht angedeutete Einwendung oder Einrede erscheint auch der Hinweis auf ein Optionsrecht, dass zB zur Anwendung der strict liability (anstelle der deutschen Verschuldenshaftung) führt oder führen könnte, als unzulässig. Eine entsprechende einseitige Begünstigung des Geschädigten im Prozess ist mit der richterlichen Neutralität nicht vereinbar. Im Ganzen wird damit auch über die richterliche Hinweispflicht das Erfolgsortsrecht in seiner Bedeutung zurückgedrängt, selbst wenn es zum deutschen Recht führt. Damit geschieht nicht mehr (und nicht weniger) als eine prozessrechtliche Verlängerung der neuen gesetzgeberischen Wertung des Deliktskollisionsrechts.

## V. Gemeinsamer gewöhnlicher Aufenthalt, Ort von Hauptverwaltung oder Niederlassung (Abs. 2)

Nach Abs. 2 geht der Tatortregel ein gemeinsamer gewöhnlicher Aufenthalt in demselben Staat 33 von Ersatzpflichtigen und Verletzten vor (aus der Rspr. OLG Stuttgart NJW 2007, 1367 (1368): Bergwandererunfall in Österreich; LG Trier BeckRS 2013, 05350 – indes Anwendung der Rom II-VO auf den Unfall vom 30.5.2011 in Luxemburg übersehen). Bei Gesellschaften, Vereinen oder juristischen Personen kommt es auf den Sitz der Hauptverwaltung an (so die schon bisher hM; BGH WM 1989, 1047; BGHZ 78, 318 (322) = NJW 1981, 522 (523); BGHZ 35, 329 (331) = NJW 1962, 37 (38)). Ist eine Niederlassung beteiligt, ist der Ort maßgeblich, an dem sich diese im relevanten Zeitpunkt befindet (vgl. auch BT-Drs. 14/343, 12). Das damit konkretisierte Personalstatut von Gesellschaften, Vereinen und juristischen Personen ist im Wesentlichen in Parallelität mit dem Internationalen Vertragsrecht (Art. 19 Rom I-VO) bestimmt worden. Maßgeblicher Zeitpunkt ist das Haftungsereignis, also die Vollendung des Haftungsgrundes, insbes. die Rechtsgutsverletzung. Damit ist klargestellt, dass eine nachträgliche Verlegung von gewöhnlichem Aufenthalt oder Sitz durch einen der Beteiligten unbeachtlich ist; das Deliktsstatut ist unwandelbar (früher anders Hohloch IPRax 1984, 14 (15 f.) gegen BGHZ 87, 95 (103) = NJW 1983, 1972 (1974)). Die Anknüpfung nach Abs. 2 kann verdrängt werden durch Art. 41. Die Aufhebung der Rechtsanwendungsverordnung zeigt, dass für das Eingreifen von Art. 41 eine **gemeinsame Staatsangehörigkeit der Unfallbeteiligten** auch dann, wenn der Unfallort im Staat der gemeinsamen Angehörigkeit liegt, **keine Rolle mehr spielt** (wohl nur ungenau LG Bonn NJW 2005, 1873: „deutsches Recht anwendbar, denn beide Parteien sind deutsche Staatsangehörige"; richtig OLG Dresden VersR 2004, 1567 (1568)). Während dieses Ergebnis früher einen erheblichen Begründungsaufwand erforderte (ebenso wie nun Art. 40 Abs. 2 zuvor bereits OLG Düsseldorf IPRax 1997, 422; Deville IPRax 1997, 409; vgl. auch öOGH JBl 2003, 862), liegt nun die Begründungslast bei dem, der vom Recht des gemeinsamen gewöhnlichen Aufenthalts abweichen will. Der BGH hat Abs. 2 relativ formalistisch auf das konkrete Zwei-Personen-Verhältnis angewendet, etwa im Fall der potenziellen Haftung des TÜV Rheinland wegen unzureichender Überprüfung der (Industriesilikon-) Brustimplantate (BGH NJW 2015, 2737. Die Vorlage an EuGH NJW 2017, 1161 betraf keine kollisionsrechtlichen Fragen). Deutsches Recht als Recht des gemeinsamen gewöhnlichen Aufenthalts von Klägerin und Beklagtem (TÜV) zurzeit des Haftungsereignisses sei ganz einfach anwendbar. Das ergäbe sich „iÜ auch" aus Abs. 1 S. 2 (was der BGH leider nicht näher ausgeführt hat). Eine wesentlich engere Verbindung zu einem ausländischen Recht iSv Art. 41 bestehe konkret nicht. Ebenfalls zutreffend sei das Berufungsgericht davon ausgegangen, dass sich vertragliche Ansprüche, die aus dem zwischen der Beklagten und dem Hersteller geschlossenen Vertrag über das Konformitätsbewertungsverfahren resultieren, kraft ausdrücklicher Rechtswahl nach deutschem Recht beurteilen.

34 **Sitz von Hauptverwaltung oder Niederlassung und gewöhnlicher Aufenthalt** sind **allgemeinen Grundsätzen entspr.** auszufüllen. Es gibt keinen Grund, den Begriff des gewöhnlichen Aufenthaltes innerhalb des Internationalen Privatrechts uneinheitlich zu verwenden (ebenso BeckOGK/Fornasier, 1.1.2022, Rn. 105; Staudinger/v. Hoffmann, 2007, Rn. 132; für Differenzierungen aber zB Kropholler IPR § 39 II 5; umfassend zum Streitstand Baetge, Der gewöhnliche Aufenthalt im IPR, 1994, 86 ff. mwN). Wie wenig erfolgversprechend es ist, einen speziellen Begriff des gewöhnlichen Aufenthaltes nach den Ordnungsaufgaben und Funktionszusammenhängen speziell des Internationalen Deliktsrechts zu kreieren, zeigen die völlig gegenläufigen Versuche hierzu im Schrifttum: Während Schwind (im Gegensatz zu Dauerrechtsverhältnissen) im Falle „punktueller Rechtsakte" – wozu zwanglos auch Unfälle gerechnet werden könnten – von einem gewöhnlichen Aufenthalt schon nach relativ kurzer Dauer sprechen möchte (Schwind IPR Rn. 191), geht Baetge umgekehrt davon aus, dass im Internationalen Deliktsrecht ein strengerer Maßstab bei der Annahme eines gewöhnlichen Aufenthaltes anzulegen sei (Baetge, Der gewöhnliche Aufenthalt im IPR, 1994, 99). Innerhalb des IPR, zumal innerhalb des EGBGB und des dazugehörigen Prozessrechts spricht gegenüber solchen Versuchen wenig dafür, denselben Begriff uneinheitlich zu verwenden. Bisher theoretisch gebliebene Grenzfälle überwiegen die mit einer einheitlichen Handhabung des Begriffs des gewöhnlichen Aufenthalts verbundenen Vorteile an Rechtsklarheit nicht (zum gewöhnlichen Aufenthalt im Internationalen Deliktsrecht vgl. auch OGH IPRax 1995, 177; Spickhoff IPRax 1995, 185 ff.). Eine von vornherein überschaubare Abwesenheit von bis zu zwei Jahren führt noch nicht zu einer Änderung des gewöhnlichen Aufenthaltsortes (BGH NJW 2009, 1482; dazu Spickhoff LMK 2009, 280900; Seibl IPRax 2010, 347; ferner OLG Stuttgart NZV 2008, 406; zu Unfällen im Urlaub BGH NJW 2006, 3268; dazu Spickhoff LMK 2007, 212027).

## VI. Ausgewählte Sachbereiche

35 Nachdem die bisher vom Anwendungsbereich der Art. 40–42 erfassten Fallgruppen nunmehr von der Rom II-VO geregelt werden, ist für Altfälle zunächst auf Bamberger/Roth 2. Aufl. Rn. 32 ff. und für Neufälle auf die Kommentierung der Rom II-VO zu verweisen. Im Folgenden erörtert werden nur noch solche Fallgruppen, für welche Art. 40–42 nach wie vor einschlägig sind.

36 **1. Persönlichkeitsschutz.** Der Persönlichkeitsschutz (einschließlich des postmortalen Persönlichkeitsschutzes) ist im **Zeitalter der sog. neuen Medien** in Gestalt des sog. **Internet-Delikts** ein, wenn nicht das zentrale Anwendungsfeld des Deliktskollisionsrechts. Es unterliegt grds. dem allgemeinen, nach wie vor autonom-national geregelten **Deliktsstatut** (BT-Drs. 14/343, 10; Heldrich in v. Caemmerer, Vorschläge und Gutachten zur Reform des IPR der außervertraglichen Schuldverhältnisse, 1983, 361, 369 ff.; Sonnenberger FS Henrich, 2000, 573, Ahrens FS Erdmann, 2002, 1 (6 ff.); Kropholler/v. Hein FS Heldrich, 2005, 793 (795 f.) gegen die Anknüpfung an das Personalstatut Danckwerts, Persönlichkeitsrechtsverletzungen im deutschen, schweizerischen und US-amerikanischen Privatrecht, 1999; zur Vermarktung von Persönlichkeitsrechten Pfister IPRax 2013, 493). Daran hat sich durch die Rom II-VO auf Grund des (rechtspolitisch indes

fragwürdigen) Ausnahmetatbestandes des Art. 1 Abs. 2 lit. g Rom II-VO nichts geändert (BGH NJW 2018, 2324; OLG Karlsruhe GRUR-RS 2020, 12143; LG Itzehoe GRUR-RS 2020, 14301). Auch das Herkunftslandprinzip (in Deutschland umgesetzt in § 3 II TMG) verdrängt Art. 40 nach der Judikatur nicht (BGH NJW 2012, 2197 nach Vorlage an EuGH NJW 2012, 137; OLG München BeckRS 2018, 29212 Rn. 35; OLG München BeckRS 2018, 29195 Rn. 41). Das kollisionsrechtlich autonom zu bestimmende Deliktsstatut gilt daher weiterhin für den **Namensschutz** (R. Wagner, Das deutsche IPR bei Persönlichkeitsverletzungen, 1986, 59, 62; Sonnenberger FS Henrich, 2000, 573 (580 ff.)) ebenso wie für den **Schutz des eigenen Bildes** (vgl. BGH NJW 1996, 1128), den **Schutz der Ehre** (OLG Hamburg UFITA 60 (1971), 322 (327); RG SeuffA 93 Nr. 90) und den **Schutz des allgemeinen (privaten oder unternehmensbezogenen) Persönlichkeitsrechts** (BGH NJW 2020, 1587 (1588); 2013, 2348; 2012, 148; 1996, 1128; OLG Hamburg NJW-RR 1995, 790 (792); zum Unternehmenspersönlichkeitsrecht offen gelassen in BGH GRUR 2020, 435; im UWG-Kontext zu Recht Rom II-VO angewendet BGH GRUR 2015, 1129). Dazu gehört auch der Persönlichkeitsschutz in seiner Ausprägung des Rechts auf informationelle Selbstbestimmungsfreiheit (einschließlich sich daraus herleitender Unterlassungsansprüche) – (OLG Hamm GRUR-RS 2021, 20244 zum Löschungsanspruch bzgl. einer Internet-Bewertungsplattform). Ob und welchen Namen man hat, ob man Träger des Rechts am Bild ist, und ob der Verletzte ein Recht an der Ehre hat, das wird als **Vorfrage** wohl mehrheitlich nach dem Heimatrecht des Betroffenen (bzw. in Bezug auf das Namensrecht nach Art. 10) beurteilt (Looschelders ZVglRWiss 95 (1996), 48 (67) betr. Namensrecht; Ferid IPR § 7–115, 118 betr. Bild; Binder RabelsZ 20 (1955), 401 (496) betr. Ehre; Sonnenberger FS Henrich, 2000, 573 (582); aA aber mit beachtlichen Gründen Ahrens FS Erdmann, 2002, 1 (12) mwN). Konsequenterweise sollte das Gleiche in Bezug auf die Frage gelten, ob ein **allgemeines Persönlichkeitsrecht** besteht oder nicht (Heldrich in v. Caemmerer, Vorschläge und Gutachten zur Reform des IPR der außervertraglichen Schuldverhältnisse, 1983, 361, 372; Ferid IPR 7–118; Soergel/Kegel Anh. Art. 12 Rn. 10; anders aber OLG Hamburg UFITA 60 (1971), 322 (327); OLG Köln OLGZ 1973, 330 (335); Hohloch ZUM 1986, 165 (176); R. Wagner, Das deutsche IPR bei Persönlichkeitsverletzungen, 1986, 98, alle für das Deliktsstatut). Die deliktskollisionsrechtliche Frage betrifft ferner die Abrufbarkeit der Aufnahme eines Grundstücks auf **Google Earth** oder **Google Maps;** insofern wird die Beeinträchtigung der Privatsphäre als Teil des allgemeinen Persönlichkeitsrechts des Grundstückseigentümers angenommen (LG Itzehoe GRUR-RS 2020, 14301). Das Deliktsstatut ist von der **Rechtsfolge** her nicht nur für Schadenersatzansprüche heranzuziehen, sondern auch für Beseitigungs-, Widerrufs- und Unterlassungsansprüche, soweit sie auf eine Verletzung des Persönlichkeitsrechts gestützt werden (BT-Drs. 14/343, 10).

Den **Gegendarstellungsanspruch** knüpft die hM sowohl interlokal- (BGH NJW 1996, 1128; 37 OLG München AfP 1969, 76; OLG Hamburg AfP 1976, 29) als auch international-privatrechtlich (vgl. auch BGH NJW 1999, 2893 (2894); 1996, 1128) an den Sitz des Erscheinungsortes bzw. des Medieninhabers an, weil er kein Mittel des privatrechtlichen Schadensausgleichs, sondern ein spezifisches Institut des Presserechts und ein Korrelat der Pressefreiheit iS eines funktionellen Äquivalents einer Präventivzensur sei. Dem ist zu widersprechen: Der Gegendarstellungsanspruch ist ein medienprivatrechtlicher Anspruch eigener Art, der mindestens deliktsähnlicher Natur ist und den interindividuellen Interessenausgleich zwischen Geschädigtem und Veröffentlichendem im Auge hat. Deswegen gelten die Regeln des Internationalen Deliktsrechts (im interlokalen Bereich: analog) ebenso wie auch die internationale Zuständigkeit aus dem deliktischen Gerichtsstand (§ 32 ZPO, Art. 7 Nr. 3 Brüssel Ia-VO) gefolgert werden kann. Anderenfalls würde der Gegendarstellungsanspruch vom damit eng zusammenhängenden Widerrufsanspruch sachfremd gespalten (ebenso im Prinzip Heldrich in v. Caemmerer, Vorschläge und Gutachten zur Reform des IPR der außervertraglichen Schuldverhältnisse, 1983, 361, 373; Looschelders ZVglRWiss 95 (1996), 48 (80); Hohloch ZUM 1986, 165 (176); R. Wagner, Das deutsche IPR bei Persönlichkeitsverletzungen, 1986, 106 ff.; Thümmel/Schütze JZ 1977, 786 (787); Stadler JZ 1994, 642 (644 ff.)).

Die nähere **Konkretisierung von Handlungs- und Erfolgsort** war in der bisherigen Diskus- 38 sion von der durch Ubiquitäts- und Günstigkeitsprinzip gekennzeichneten Gleichwertigkeit von Handlungs- und Erfolgsort geprägt. Deswegen war das Hauptaugenmerk darauf gerichtet, sich Klarheit darüber zu verschaffen, was nicht als Handlungs- oder Erfolgsort in Betracht kommt. Die Rspr. stellt in neuerer Zeit eher allgemein, aber auch undeutlich sowohl im Bereich der (internationalen) Zuständigkeit als auch in kollisionsrechtlicher Hinsicht darauf ab, ob die als rechtsverletzend beanstandeten Inhalte objektiv einen deutlichen Bezug zum Inland in dem Sinne aufweisen, dass hier eine Kollision der widerstreitenden Interessen nach den Umständen des konkreten Falles eingetreten ist oder eintreten kann **(Ort der Interessenkollision)** (BGH NJW 2013, 2348; 2012, 2197; OLG Stuttgart NJW-RR 2014, 423; krit. W.-H. Roth IPRax 2013, 215 (221): Vorhersehbarkeit der Ergebnisse „keineswegs in idealer Weise verwirklicht"). Der maßgebliche **Erfolgsort** liegt **im Inland,** wenn hier der soziale Geltungsanspruch der Betroffenen, den sie in ihrem Lebenskreis genießen, gestört bzw. gefährdet wird (OLG Karlsruhe GRUR-RS 2020, 12143; LG Itzehoe GRUR-RS 2020, 14301). Das gilt insbes., wenn es um Unterlassung einer das Persönlichkeitsrecht berührenden Anzeige von Suchergebnissen dem Betreiber eines Internetportals (wie Google) und seinem Interesse an der Gestaltung eines Internetauftritts und an der Ausübung eines Geschäftsmodells geht (BGH NJW 2018, 2324; vgl. auch BGH NJW 2017, 3004; OLG Dresden BeckRS 2019, 327; LG Hamburg BeckRS 2018, 24806). Im Rahmen von Abs. 1 S. 2 und 3 kann allgemeinen Regeln entspr. auf die Anwendung inländischen Erfolgsortsrechts optiert werden (OLG Saarbrücken MMR 2018, 683: Wikipedia; LG Berlin BeckRS 2018, 27235). Indes kommen ebenso **ausländische Erfolgsorte** in Betracht (s. OLG München BeckRS 2018, 29201 und OLG München BeckRS 2018, 29195: Irland). Bloße **(unbeachtliche) Vorbereitungshandlungen** sind das Schreiben eines Briefes, eines Artikels nebst Anfertigung von Fotos (vgl. OLG Oldenburg NJW 1989, 400: Aufnahme einer Deutschen in Spanien, veröffentlicht in Deutschland) und sein Druck (Staudinger/v. Hoffmann, 2007, Rn. 58). **Handlungsort** ist (bei Briefdelikten) der Absendeort, bei Pressedelikten der Verlags- oder Erscheinungsort (BGHZ 131, 332 (335) = NJW 1996, 1128; krit. gegenüber dem Erscheinungsort Kropholler IPR § 53 V 4), bei Delikten durch Rundfunk und Fernsehen jedenfalls der Sitz der betreffenden Anstalt (ebenso NK-BGB/Wagner Rn. 79).

**39** Als **Erfolgsort** hat die Rspr. in Fällen der Persönlichkeitsverletzung außerhalb von Internet-Delikten im Bereich der Presse bislang das Verbreitungsgebiet angesehen; (BGHZ 131, 332 (335) = NJW 1996, 1128; vgl. auch EuGH IPRax 1997, 111 zu Art. 5 Nr. 3 EuGVÜ) bei Internet-Delikten kommt es dann auf den Abruf durch den Nutzer an (LG Düsseldorf NJW-RR 1998, 979; LG Nürnberg-Fürth BeckRS 2009, 24849). Der Erwerbsort ist – anders als bei der Produkthaftung – demgegenüber im Falle von Persönlichkeitsverletzungen durch Presseerzeugnisse irrelevant, weil dieser (Handlungs-) Ort auf den Vertrauensschutz des Produkterwerbers ausgerichtet ist, der mit dem in seiner Persönlichkeit Verletzten hier gerade nicht einmal typischerweise (teil-) identisch ist. Freilich trägt die Verbreitung die Willenssteuerung und damit das wesentliche Element des Handlungsbegriffs in sich (für den Verbreitungsort als Handlungsort auch v. Bar IPR II Rn. 662; Stoll GS Lüderitz, 2000, 733 (743 f.)). Orte, an denen eine Verbreitung nicht mehr willensgetragen ist, kommen demgegenüber nur als Erfolgsorte in Betracht (gegen jeden theoretischen Erfolgsort beim Persönlichkeitsrechtsschutz aber v. Bar IPR II Rn. 664). Eine mangelnde Vorhersehbarkeit der Verbreitung ist auf der sachrechtlichen Ebene zu berücksichtigen (MüKoBGB/Junker Rn. 80). Unter der Voraussetzung eines willensgesteuerten Verhaltens ist auch der Ausstrahlungsort im Falle von Fernseh- oder Rundfunksendungen Handlungsort, ebenso der Ort, an dem eine Zeitschrift ausgeliefert wird (ebenso Soergel/Lüderitz Art. 38 Rn. 6; aA Staudinger/v. Hoffmann, 2007, Rn. 58). Der gewöhnliche Aufenthalt ist demgegenüber nicht Erfolgsort (dafür aber Heldrich in v. Caemmerer, Vorschläge und Gutachten zur Reform des IPR der außervertraglichen Schuldverhältnisse, 1983, 361, 377), auch wenn er oft auf den „Ort der Interessenkollision" hinweist und daher oft auf den Wohnort des Opfers abgehoben wird (BGH NJW 2013, 2348; 2012, 137; OLG Stuttgart NJW-RR 2014, 423). In einer pauschalen Weise (die sich auch in der aktuellen Rspr. zu Recht nicht findet) würde derartige Anknüpfung indes zu einer (abzulehnenden) Vermischung von Bestand des Persönlichkeitsrechts einerseits und seinem Schutz andererseits führen. Wird zB im Staat A durch Massenmedien eine Persönlichkeitsrechtsverletzung begangen, und lebt der Betroffene im Steuerparadies des Staates B, erscheint es nicht als sachangemessen, das Recht des Staates B als Erfolgsortsrecht anzuwenden (krit. auch zB Stoll FS Ferid, 1978, 397 (414 f.): Ort bloßer Schadensfolgen). Vernachlässigenswerte Verbreitungsorte ohne signifikanten Verletzungserfolg sind (spätestens) über die Ausweichklausel des Art. 41 Abs. 1 auszuscheiden (Spickhoff IPRax 2000, 1 (5); vgl. auch BT-Drs. 14/343, 13; v. Bar IPR II Rn. 662). Im Falle von **„Multistate"-Delikten** durch Presse, Rundfunk, Fernsehen oder Internet gilt das jeweilige Recht des Verbreitungsortes nur für die Verletzungshandlung bzw. den Verletzungserfolg in den betreffenden Rechtsgebieten **(„Mosaikbeurteilung")** (W. Lorenz FS Coing II, 1982, 257 (268); Kegel/Schurig IPR § 18 IV 1a bb; Deutsch in v. Caemmerer, Vorschläge und Gutachten zur Reform des IPR der außervertraglichen Schuldverhältnisse, 1983, 19, 29; vgl. auch Mankowski RabelsZ 63 (1999), 256 (274); Rüßmann K&R 1998, 422; und Internet-Delikten Stoll GS Lüderitz, 2000, 733 (748 ff.)). Wird am Verbreitungsort, der vom Ort der Niederlassung des Herausgebers abweicht, geklagt, ist die Kognitionsbefugnis im Rahmen des Brüssel Ia-VO entspr. begrenzt (EuGH IPRax 1997, 111 – Shevill, noch zum EuGVÜ). Vor diesem Hintergrund wird in der Lit. auch insoweit ein kollisionsrechtlicher Gleichlauf mit der Shevill-Doktrin des EuGH befürwortet. Die jeweiligen Erfolgsortsrechte sollen dann nur insoweit berufen sein, als es um den Ersatz des dort entstandenen Schadens geht (so zB Kropholler/v. Hein FS Heldrich, 2005, 793 (802)). Das dürfte indes der sog Mosaikbetrachtung entsprechen, wenn man alle Erfolgsortsrechte gewissermaßen addiert. Wie dem auch sei: Jedenfalls ist auf Grund der geringen Praktikabilität der Mosaikbeurteilung (hierzu G. Wagner RabelsZ 62 (1998), 243 (277 ff.)) die Anknüpfung an die Verbreitungsorte in Bezug auf (materiellen oder immateriellen) Schadensersatz praktisch entwertet. Immerhin kann ein am Ort der Niederlassung des Herausgebers einer Zeitschrift angerufenes deutsches Gericht zur Mosaikbeurteilung gezwungen werden, wenn auf alle Erfolgsortsrechte optiert wird (krit. G. Wagner RabelsZ 62 (1998), 243 (278 f.)). Relevant bleiben die Erfolgsorte indes nach wie vor im Kontext von Unterlassungsansprüchen. Soweit es (noch) um Handlungsortsrechte geht, hat die Mosaikbeurteilung von Amts wegen zu erfolgen, soweit (auch) bloße Erfolgsortsrechte betroffen sind, muss und kann der Verletzte entspr. optieren (Spickhoff IPRax 2000, 1 (5)).

Im **Bereich des Datenschutzes** ist sachrechtlich innerhalb der EU die DSGVO (s. deren Art. 3) anzuwenden. Auch dann, wenn an sich genuin privatrechtliche Ansprüche auf Ersatz materieller und immaterieller Schäden gem. Art. 82 DSGVO oder Löschungsansprüche (also in der Sache Unterlassungs- bzw. Folgenbeseitigungsansprüche) geltend gemacht werden, richtet sich deren Anwendbarkeit allein nach **Art. 3 DSGVO** als einseitige Kollisionsnorm (prozessual ergänzt durch die Zuständigkeitsregel des Art. 79 Abs. 2 DSGVO). Ein Rückgriff auf die Art. 40–42 EGBGB verbietet sich damit (Oster ZEuP 2021, 275 (281); BeckOGK/Fornasier, 1.1.2022, Rn. 98, 99). 40

Der Rückgriff auf die **Regeln des autonomen Rechts** (vorrangig ggf. § 1 BGSG, hilfsweise EGBGB, insbes. Art. 40–42) verbleibt für Anspruchsgrundlagen außerhalb der DSGVO (Lüttringhausen ZVglRWiss 117 (2018), 50 (79); Oster ZEuP 2021, 275 (289 ff.). Eine ungeschriebene Kollisionsnorm des Inhalts, das Datenschutzrecht des Mitgliedstaats sei anwendbar, in dem der für die Datenverarbeitung Verantwortliche seinen Sitz bzw. seine Niederlassung hat, lässt sich kaum begründen (dafür Thon RabelsZ 84 (2020), 24 (47). Die Art. 40–42 greifen etwa in Bezug auf ein Mitverschulden und auf konkurrierende Ansprüche des BGB (BeckOGK/Fornasier, 1.1.2022, Rn. 101). Dann gilt im Interesse eines wirksamen Datenschutzes, dass als Handlungsorte sowohl der Ort, an dem die konkrete Datenverarbeitung stattfindet (ebenso Bergmann, Grenzüberschreitender Datenschutz, 1985, 244 ff.), als auch der Geschäftssitz der verantwortlichen Stelle in Betracht kommen (vgl. MüKoBGB/Junker Rn. 88 zur Datenverarbeitung), nicht hingegen der gewöhnliche Aufenthalt des Betroffenen (dafür Staudinger/v. Hoffmann, 2007, Rn. 69: Erfolgsort). 41

Bei **Internet-Delikten** im Bereich von Persönlichkeitsdelikten (dazu Gebauer IPRax 2014, 513; Mankowski RabelsZ 63 (1999), 256 ff.; v. Hinden, Persönlichkeitsverletzungen im Internet, 1999; Spindler NJW 1999, 3193 (3198); Spindler ZUM 1996, 533 (555 ff.)) gilt gleichfalls die Tatortregel (KG NJW 1997, 3321; LG Düsseldorf NJW-RR 1998, 979), auch für die Störerhaftung (Spindler CR 2012, 176 zur Haftung des Host-Providers). Das sog. Herkunftslandprinzip gilt hier (ungeachtet der Frage, ob darin überhaupt eine Kollisionsnorm zu sehen ist) (dagegen BGH NJW 2012, 2197; zuvor EuGH NJW 2012, 137; näher → Rn. 5) ohnehin im Allgemeinen nicht, da Art. 3 Abs. 4 lit. a Ziff. i Spiegelstrich 1 E-Commerce-RL bei ausländischer Herkunft des Diensteanbieters Verletzungen der Menschenwürde einzelner Personen davon ausnimmt (was in gerichtlichen Verfahren ohne weiteres, insbes. ohne die Einhaltung von Konsultations- und Informationspflichten, zu beachten ist). Da der Begriff der Menschenwürde auf den in der RL verwendeten Begriff zurückzuführen ist, ist die an sich enge Auslegung des Begriffs der Menschenwürde in Art. 1 Abs. 1 GG nicht maßgeblich. Freilich wird wohl auch hier nur eine schwerwiegende Ehrverletzung die Verletzung der Menschenwürde iSd RL auslösen (Ohly GRUR Int 2001, 899 (905); Spindler RabelsZ 66 (2002), 633 (691); anders Tettenborn K&R 2000, 59 (62)). Daraus ergibt sich die unerfreuliche Konsequenz, schon für die Frage, ob das Herkunftslandprinzip überhaupt eingreift oder nicht, das Gewicht einer Persönlichkeitsverletzung bestimmen zu müssen. Die bloße Behauptung einer solch schwerwiegenden Verletzung wird nicht genügen. Abgesehen davon sind aber alle Medien- und Kommunikationsdelikte vom Herkunftslandprinzip der E-Commerce-RL erfasst. 42

Im Bereich der Konkretisierung der Tatortregel bestehen bei Internet-Delikten internet-typische Besonderheiten (eingehend Mankowski RabelsZ 63 (1999), 203 (256 ff.); weiter etwa Spindler ZUM 1996, 533 ff.; Trunk Jahresheft der Internationalen Juristenvereinigung Osnabrück 7 (1997/1998), 58 ff.). Eigene Akzentuierungen liegen vor allem im Bereich der **Konkretisierung des Handlungsortes** nahe. Als ihn wird man hier vor allen Dingen den Ort anzusehen haben, 43 an dem die betreffende, zum Schaden führende Information, eine Mitteilung oder ein Rat ins Internet eingegeben, bei E-Mails: abgesendet worden ist. Für den Autor einer Information ist **Handlungsort** daher der **Absendeort** (vgl. KG NJW 1997, 3321; LG Düsseldorf NJW-RR 1998, 979), es sei denn, es geht um die Haftung des Servers selbst. Der Standort des Servers kann nicht maßgebend sein, da er oft nur aus Kostengründen gewählt worden ist (Staudinger/v. Hoffmann, 2007, Rn. 18; Mankowski RabelsZ 63 (1999), 203 (257 ff.); anders und für den Standort des Servers als Handlungsort LG Düsseldorf NJW-RR 1998, 979). Etwas anderes wird nur dann gelten, wenn es um die deliktische Haftung des Servers oder Providers selbst geht (NK-BGB/Wagner Rn. 51; dazu rechtsvergleichend zu Frankreich, England und den USA Schmoll, Die deliktische Haftung der Internet-Service-Provider, 2001). Auch ein Handlungsort des Netzbetreibers ist der Standort des Servers und des Providers. Eine bloße Konzeption (zB Verfassen einer E-Mail), die nicht notwendig in (nur) einem Staat durchgeführt worden sein muss, sollte schon auf kollisionsrechtlicher Ebene zunächst einmal als unbeachtliche Vorbereitungshandlung qualifiziert werden. Wenn man eine solche Vorbereitungshandlung noch als Tatort ansieht (dafür Mankowski RabelsZ 63 (1999), 203 (262 ff.); Boele-Woelki BerGesVR 39 (2000), 340), spräche viel dafür, diesen Anknüpfungspunkt gegenüber einem feststehenden Eingabe- bzw. Absendeort als nicht zureichend gewichtig über Art. 41 Abs. 1 EGBGB auszuscheiden. Allerdings käme der Ort der Konzeption in Betracht, wenn sich der Absendeort (im Gegensatz zum Ort der Konzeption) einmal nicht feststellen ließe; man denke an Fälle, in denen dem Täter daran gelegen sein wird, seine Spuren zu verschleiern. Lassen sich weder Absendeort noch (hilfsweise) der Ort der Konzeption feststellen, wird man immer noch eher auf den Ort des gewöhnlichen Aufenthalts bzw. des Unternehmenssitzes oder der zuständigen Niederlassung des Inanspruchgenommenen (als nächstwahrscheinlichen Handlungsort) abzustellen haben (vgl. Mankowski RabelsZ 63 (1999), 203 (265 ff., 281 f.)), als auf den Erfolgsort oder gar eigenes, deutsches Recht. Keine Handlungsorte sind schließlich idR Durchleitungs- oder Abruforte bzw. Orte des Zielrechners (Mankowski RabelsZ 63 (1999), 203 (267 f., 281 f.); anders Trunk Jahresheft der Internationalen Juristenvereinigung Osnabrück 7 (1997/1998), 58 (63): Zielrechner als elektronischer Arm des Schädigers).

44 Der Abrufort oder der Lageort des Zielrechners kommen aber als **Erfolgsorte** in Betracht (vgl. LG Düsseldorf NJW-RR 1998, 979; LG München I RIW 2000, 467: Abrufort; MüKoBGB/Junker Rn. 77; PWW/Schaub Rn. 29; zu Recht diff. Mankowski RabelsZ 63 (1999), 203 (269 ff.)). Maßgeblich (wenngleich zumeist damit übereinstimmend) ist nicht das Abrufen einer Information, sondern der Lageort der verletzten Persönlichkeit zurzeit seiner Verletzung. Der Forderung nach einer **prinzipiellen Einschränkung der relevanten Erfolgsorte beim Internet-Delikt** ist nur mit **Zurückhaltung** zu begegnen. Zwar können bei Verwendung des Internets Erfolgsorte weltweit angesiedelt sein. Doch kann dies nichts an der grundsätzlichen Maßgeblichkeit des Erfolgsortsrechts ändern. Denn der Täter „macht sich die Vorteile eines weltweiten Kommunikationsnetzes zunutze … und weiß das auch" (Mankowski RabelsZ 63 (1999), 203 (270 f.); ebenso im (verbraucher-)vertragsrechtlichen Kontext Mankowski MMR-Beilage 2000, 22 ff.). Eine kollisionsrechtliche Dominanz des Handlungs- oder Herkunftsortes würde zur geschickten Wahl eines passenden Ortes mit niedrigem Haftungsniveau verleiten. Umso schwerer wiegen die im Prinzip im Verhältnis zum Täter nicht minder gewichtigen Interessen des Opfers an der Anwendung des Erfolgsortsrechts (Schurig, Kollisionsnorm und Sachrecht, 1981, 207; K. Müller JZ 1986, 212 (213 f.)). Es bleibt immer noch die Möglichkeit, vernachlässigenswerte Verbreitungsorte ohne signifikantes Gewicht über die **Ausweichklausel des Art. 41 Abs. 1** auszuscheiden. Im Falle eindeutig adressierter E-Mails oder gezielter Angriffe wird ohnehin zumeist nur ein Erfolgsort vorliegen. Auch lässt sich durch das Erfordernis einer (für den Nutzer freilich erkennbaren) Beschränkung des Gebietes der bestimmungsgemäßen Abrufbarkeit, etwa durch die Verwendung einer bestimmten (vielleicht selten gebräuchlichen oder verstandenen) Sprache, eine interessengerechte Begrenzung der in Betracht kommenden Erfolgsorte erzielen (idS NK-BGB/Wagner Rn. 52).

45 Im Falle von **Verletzungen des Unternehmerpersönlichkeitsrechts** konkretisiert die Rspr. den Erfolgsort gleichfalls im Ausgangspunkt am Ort des sozialen Geltungsanspruchs. Das entspricht in aller Regel dem **Sitz des Unternehmens.** Dort kollidiert ihr Interesse an einer begehrten Unterlassung der das Ansehen berührende Äußerung (zB eine Anzeige bei Bewertungen) mit dem Interesse des potenziellen Täters an der Gestaltung ihres Internetauftritts sowie an der Ausübung ihres Geschäftsmodells. Soll das Erfolgsortsrecht angewendet werden, ist das Bestimmungsrecht Abs. 1 S. 2 rechtzeitig auszuüben (BGH GRUR 2020, 435).

46 **2. Schäden durch Kernenergie.** Schäden durch Kernenergie (in erster Linie also: durch Radioaktivität) nimmt **Art. 1 Abs. 2 lit. f Rom II-VO** von seinem Anwendungsbereich aus

(näher BeckOGK/Fornasier, 1.1.2022, Rn. 108 ff.). Darunter fallen Transport- oder Lagerungsschäden (MüKoBGB/Junker Rn. 93). Sogar in arztrechtlichen Zusammenhängen (Radiologie) wird der Ausschlusstatbestand genannt (Magnus FS Kropholler, 2008, 595 (598); MüKoBGB/Junker Rn. 92); freilich fehlt es hier dem Sachverhalt typischerweise an der erforderlichen Internationalität. Der Grund für den Ausschlusstatbestand liegt nicht zuletzt darin, dass in diesem Bereich weitreichende staatsvertragliche Regelungen bestehen. Es sind dies (dazu näher BeckOGK/Fornasier, 1.1.2022, Rn. 110–112; Magnus FS Kropholler, 2008, 595 (598 ff.)) das **Pariser Übereinkommen (PÜ)** vom 29.7.1960 über die Haftung gegenüber Dritten auf dem Gebiet der Kernenergie (mit Zusatzprotokoll vom 28.1.1964) (BGBl. 1976 II 308 mit Änderung durch Protokoll vom 16.11.1082, BGBl. 1985 II 690 mit Brüsseler Zusatzübereinkommen vom 31.3.1963 mit Zusatzprotokoll vom 28.1.1965, BGBl. 1976 II 318, in Kraft getreten am 7.10.1988, BGBl. 1989 II 144, bzw. am 1.8.1991, BGBl. 1995 II 657), das **Brüsseler Übereinkommen** über die zivilrechtliche Haftung bei der Beförderung von Kernmaterial auf See (BGBl. 1975 II 957 (1026), in Kraft seit 30.12.1975, BGBl. 1976 II 307) und das **Abkommen zwischen der Bundesrepublik Deutschland und der Schweiz** über die Haftung gegenüber Dritten auf dem Gebiet der Kernenergie vom 22.10.1986 (BGBl. II 598, 955). Im autonomen Recht ist **§ 40 Abs. 1 AtG** zu beachten. Danach bestimmt sich (mit gewissen Ausnahmen nach § 40 Abs. 2 AtG) die Haftung nach den Vorschriften des AtG, wenn nach den Bestimmungen des Pariser Übereinkommens ein Gericht im Geltungsbereich dieses Gesetzes für die Entscheidung über die Schadensersatzklage gegen den Inhaber einer in einem anderen Vertragsstaat des Pariser Übereinkommens gelegenen Kernanlage zuständig ist. In den verbleibenden Fällen ist kollisionsrechtlich auf die allgemeinen Grundsätze der Anknüpfung nach Art. 40–42 zurückzugreifen (Magnus FS Kropholler, 2008, 595 (611)). Grds. gilt das Handlungsortsrecht, dh typischerweise das an der Betriebsstätte, am Lagerungsort oder am Transportunfallort geltende Recht. Der Geschädigte kann aber im Rahmen der engen Grenzen des Abs. 1 die Anwendung eines davon abweichenden Erfolgsortsrechts verlangen. Insbesondere Abs. 3 Nr. 3 ist für umwelthaftungsrechtliche Konstellationen gedacht (näher → Rn. 48 f.). Zur Beachtlichkeit fremder **öffentlich-rechtlicher Genehmigungen** → VO (EG) 864/2007 Art. 7 Rn. 3.

## VII. Allgemeine Regeln

**1. Gesamt- oder Sachnormverweisung.** In Bezug auf die Beachtlichkeit von Rück- und Weiterverweisungen gilt Art. 4 Abs. 1 und 2. Im Gegensatz zu früheren Entwürfen (zB Art. 42 Abs. 2 RefE 1984; Text bei Basedow NJW 1986, 2971 (2972); Spickhoff VersR 1985, 124) spricht das autonome deutsche Internationale Deliktsrecht anders als Art. 24 Rom II-VO bewusst keine prinzipielle Sachnormverweisung aus (BT-Drs. 14/343, 8). Daher wird man grds. im Rahmen von Art. 40 von einer **Gesamtverweisung** auszugehen haben; Rück- und Weiterverweisungen sind also zu beachten (BGH VersR 2005, 1551 (1552) (in freilich unnötiger Hilfsprüfung) mAnm Dumbs; P. Huber JA 2000, 67 (72); Timme NJW 2000, 3258 (3259); Schurig GS Lüderitz, 2000, 699 (709); Dörner FS Stoll, 2001, 481 (499); ebenso zuletzt zum alten Deliktskollisionsrecht OLG Frankfurt NJW 2000, 1202 (1203); aA v. Hoffmann IPRax 1996, 1 (7); v. Hoffmann/Thorn IPR § 11 Rn. 60; diff. v. Hein ZVglRWiss 99 (2000), 251 (260 ff.)). Sie sind auch dann zu beachten, wenn es um ein Distanzdelikt und dort um die Ausübung des Optionsrechtes nach Abs. 1 S. 2 und 3 geht. Das (jetzt vom Gesetzgeber stark zurückgedrängte) Günstigkeitsprinzip, das zwar allgemein nach seinem Sinn gegen die Beachtlichkeit von Rück- oder Weiterverweisungen spricht (statt aller Kropholler IPR § 24 II 2c), ist im Internationalen Deliktsrecht nach wie vor Verlegenheitsregel, die Ausdruck eigener und international-privatrechtlicher Unentschlossenheit ist (→ Rn. 1). Deswegen besteht hier besonders wenig Anlass, von einer rück- oder weiterverweisungsfesten Kollisionsnorm auszugehen (Rademacher IPRax 2019, 140, 143 ff.; anders Grüneberg/Thorn Rn. 2; BeckOGK/Fornasier, 1.2.2022, Rn. 162). Ebenso wenig wie zB im Falle der Verweisung des Art. 14 Abs. 1 Nr. 2 auf das Recht des gemeinsamen gewöhnlichen Aufenthaltes besteht Anlass, nach dem Sinn der Verweisung im Falle des Abs. 2 von einer Sachnormverweisung auszugehen. Eine Sachnormverweisung ist demgegenüber im Falle der Anknüpfung des Direktanspruchs gegen den Versicherer (Abs. 4) anzunehmen, soweit dieser Anspruch versicherungsvertragsakzessorisch angeknüpft wird. Denn über die Annahme einer entsprechenden Rück- oder Weiterverweisung würde der durch die akzessorische Anknüpfung erstrebte Gleichlauf von Direktanspruch und Versicherungsvertrag vereitelt (BT-Drs. 14/343, 8; v. Hoffmann IPRax 1996, 1 (7); Spickhoff NJW 1999, 2209 (2212)). Gleichfalls von einer Sachnormverweisung des Abs. 4 ist auszugehen, wenn das Deliktsstatut (ausnahmsweise) eine Sachnormverweisung ausspricht, wie im Falle einer 47 vertragsakzessorischen Anknüpfung des Deliktsstatuts (Art. 41 Abs. 2 Nr. 1) oder im Falle einer nachträglichen Rechtswahl (Art. 42).

**48** **2. Art. 40 Abs. 3 und ordre public.** Abs. 3 ist der Nachfolger von Art. 38 aF (= Art. 12 EGBGB idF von 1900), der Deutsche im Falle einer im Ausland begangenen unerlaubten Handlung vor weitergehenden Ansprüchen als nach deutschem Recht schützte, und der vor dem Hintergrund des europarechtlichen Diskriminierungsverbotes mit Grund angezweifelt wurde (BGHZ 131, 332 (345 f.) = NJW 1996, 1128; keinen Verstoß von Art. 38 aF gegen ex-Art. 6 und 7 EG-Vertrag sieht dagegen OLG Stuttgart OLGR 2005, 1). Ansprüche nach fremdem Recht dürfen nicht wesentlich weiter gehen als zur angemessenen Entschädigung des Verletzten erforderlich (Nr. 1), und sie dürfen nicht offensichtlich anderen Zwecken als einer angemessenen Entschädigung des Verletzten dienen (Nr. 2). Die Norm ist eine **spezielle ordre public-Klausel** (BT-Drs. 14/343, 12; eingehend hierzu Kropholler/v. Hein FS Stoll, 2001, 553 (555 ff.); krit. Hay FS Stoll, 2001, 521 (527 ff.)). Über die Merkmale der Wesentlichkeit (Nr. 1) bzw. der Offensichtlichkeit (Nr. 2) soll nicht nur sprachlich, sondern auch der Sache nach auf die Voraussetzungen von Art. 6 Bezug genommen werden (BT-Drs. 14/343, 12). Insbesondere sind daher wie bei Art. 6 eine **Inlandsbeziehung** sowie die weiteren Ausprägungen der sog Relativität der Vorbehaltsklausel zu prüfen (Looschelders Rn. 63; vgl. auch v. Hoffmann IPRax 1996, 1 (8); BT-Drs. 14/343, 12; Spickhoff NJW 1999, 2209 (2213); R. Wagner IPRax 1998, 429 (433); Kropholler IPR § 53 IV 6). Abs. 3 setzt sodann stets voraus, dass ein deliktsrechtlicher Anspruch dem Recht eines anderen Staates unterliegt. Dazu sind nach den recht strengen Anforderungen des BGH gem. § **293 ZPO** nicht nur die ausländischen Rechtsquellen, sondern auch die „konkrete Ausgestaltung des Rechts in der ausländischen Rechtspraxis, insbes. die ausländische Rspr." zu berücksichtigen (BGH RIW 2003, 961 zur Verjährung deliktischer Ansprüche in Thailand nach Verkehrsunfall; s. auch BGH NJW 1991, 1418 mit Kritik von Samtleben NJW 1992, 3057). Gegenüber deutschem Recht greift Abs. 3 ebenso wenig wie Art. 6. Geschützt wird nach Nr. 1 und 2 jeweils der Verletzte. Das deckt sich sprachlich mit den weiteren Absätzen von Art. 40. Gemeint ist damit nicht nur der unmittelbar an seinen Rechten oder Rechtsgütern Verletzte, sondern jeder Aktivlegitimierte. Sofern es deliktsrechtliche Ansprüche, insbes. Unterhaltsansprüche von Geschwistern, Stiefkindern oder Lebensgefährten des unmittelbar Verletzten gibt, ist auch insoweit das berufene ausländische (und nicht lediglich deutsches) Recht anwendbar (v. Hoffmann IPRax 1996, 1 (8)). Abs. 3 ist nach seiner ratio prinzipiell auch im Falle der Anknüpfung deliktischer Ansprüche nach Art. 41 und 42 anwendbar. Insbesondere ist die über Abs. 3 geschützte deutsche öffentliche Ordnung nicht parteiautonom disponibel (P. Huber JA 2000, 67 (71 f.); Looschelders Rn. 62; zT, für Art. 40 Abs. 3 Nr. 3, abw. Kropholler/v. Hein FS Stoll, 2001, 553 (664)).

**49** Abs. 3 Nr. 1 soll mehrfachen Schadensersatz, Abs. 3 Nr. 2 Strafschadensersatz abwehren (BT-Drs. 14/343, 12; zu Art. 40 Abs. 3 Nr. 2 zT anders Hay FS Stoll, 2001, 521 (527 ff.) vgl. auch BGHZ 118, 312: Ausschluss von punitive damages, § 328 Abs. 1 Nr. 4 ZPO; Behr ZJS 2010, 202 (293)). Beide Alternativen gehen ineinander über, da ein Anspruch, der wesentlich weiter geht als zur angemessenen Entschädigung des Verletzten erforderlich ist, grds. anderen Zwecken als einer angemessenen Entschädigung des Verletzten dient (v. Hoffmann IPRax 1996, 1 (8)). Deshalb ist eine **genaue Abgrenzung von Nr. 1 und 2 nicht erforderlich,** zumal durch beide Nummern eine wirkliche Verschärfung der deutschen öffentlichen Ordnung im Vergleich zu Art. 6 nicht auszumachen ist (Spickhoff, Der ordre public im IPR, 1989, 198 f.; näher Kropholler/v. Hein FS Stoll, 2001, 553 (565 ff); MüKoBGB/Junker Rn. 113; Looschelders Rn. 66; insgesamt krit., auch gegenüber Art. 23 S. 2 Rom II VO-Entwurf, Mörsdorf-Schulte ZVglRWiss 104 (2005), 192 ff.). Erfasst sein können etwa multiple damages, ein übermäßig hoher immaterieller Schadensersatzanspruch, punitive damages, uU auch hohe Anwaltshonorare, die in die Schadensberechnung einfließen (Dethloff FS Stoll, 2001, 482 zum Schmerzensgeld) oder die Erhebung einer „erhöhten Zusatzgebühr" im Rahmen ungarischer Mautverstöße (LG München DAR 2021, 213, indes außerhalb des Deliktsrechts; dazu Staudinger/Scharnetzki DAR 2021, 191 mwN). Abs. 3 versperrt nicht den Rückgriff auf Art. 6 (näher zur Abgrenzung Kropholler/v. Hein FS Stoll, 2001, 553 (567 ff.)). Abs. 3 regelt in erster Linie die Haftungsausfüllung (Sack WRP 2000, 272 (288); anders Pfeiffer NJW 1999, 3674 (3677): uU auch Ausschluss anstößiger Haftungsgründe); übermäßig scharfe Haftungsgründe oder ein anstößig erscheinendes Fehlen von Haftungsgründen können aber gegen die öffentliche Ordnung (Art. 6) verstoßen (Looschelders Rn. 21). Auf der anderen Seite kann nicht jede großzügigere Haftungsausfüllung nach ausländischem Recht Abs. 3 auslösen (vgl. BGHZ 88, 17 = NJW 1984, 568; BGHZ 118, 312 = NJW 1992, 3096 BGH IPRax 2001, 586 (587); dazu v. Hein IPRax 2001, 567 (572): pauschalierter Schadensersatz).

**Abs. 3 Nr. 3** (näher Spickhoff Trierer Jb. IUTR 2000, 385 (394 ff.)) schließt Ansprüche nach fremden Deliktsrecht aus, soweit sie haftungsrechtlichen Regelungen eines für die Bundesrepublik Deutschland verbindlichen Übereinkommens widersprechen. Schon der Wortlaut ist zweideutig: Soweit solche Staatsverträge über Art. 3 Nr. 2 ohnedies eingreifen, fehlt es schon an der Voraussetzung, dass das Recht eines anderen Staates anwendbar ist. Und ist ausländisches Recht anwendbar (wie Abs. 3 generell verlangt), ist der betreffende, in Deutschland umgesetzte Staatsvertrag insoweit gerade nicht verbindlich. **Gemeint** ist mit Nr. 3 etwas anderes: Der Ersatzpflichtige soll vor ausländischem Recht geschützt sein, das einen multilateralen (das verlangt BT-Drs. 14/343, 12) völkerrechtlichen Vertrag nicht übernommen hat, der für die Bundesrepublik Deutschland in Kraft getreten ist. In solchen Fällen soll der konkret an sich nicht anwendbare, wenn auch in Deutschland umgesetzte Staatsvertrag das ausländische Deliktsstatut, auf das verwiesen worden ist, korrigieren. Dadurch sollen Ungleichbehandlungen aus der Sicht des Ersatzpflichtigen mit ansonsten gleich gelagertem Sachverhalt vermieden werden, die sich in einem Vertragsstaat eines solchen Übereinkommens ereignen. Die Norm soll insbes. einerseits die Durchsetzung von Haftungsobergrenzen, die in Staatsverträgen festgelegt sind, zur Geltung bringen, obwohl die Staatsverträge räumlich nicht anwendbar sind. Andererseits sollen ebenso Haftungskanalisierungen durchgesetzt werden (BT-Drs. 14/343, 13; R. Wagner IPRax 1998, 429 (433 f.)). Als noch relevante Beispiele sind für Altfälle, die noch nicht unter die Rom II-VO fallen, das Pariser Übereinkommen über die Haftung gegenüber Dritten auf dem Gebiet der Kernenergie (→ Rn. 42) und das Übereinkommen über die zivilrechtliche Haftung für Ölverschmutzungsschäden, zu nennen. Beide Abkommen sehen Haftungsbeschränkungen sowie eine Haftungskanalisierung auf den Schiffseigentümer bzw. den Betreiber der Anlage vor. Wenn überhaupt, so kann mit Nr. 3 nur der Anwendungsbereich solcher Staatsverträge ausgedehnt werden, deren Eingreifen allein an ihrer fehlenden Verbindlichkeit im berufenen Deliktsrecht scheitert (vgl. P. Huber JA 2000, 67 (71)). Im Übrigen sind die Anwendungsvoraussetzungen in vollem Umfang festzustellen. Eine berufene ausländische seerechtliche Haftungsnorm wird also nicht durch eine luftrechtliche Haftungsregelung eines für die Bundesrepublik Deutschland verbindlichen Abkommens ersetzt (BT-Drs. 14/343, 12 f.; R. Wagner IPRax 1998, 429 (433 f.)). 50

Würde man dieses in den Materialien zum Ausdruck kommende Verständnis von Abs. 3 Nr. 3 befolgen, ginge die Norm in ihrer Wirkung tendenziell über den allgemeinen Vorbehalt des ordre public (Art. 6) hinaus. Denn nicht jede haftungsrechtliche Regelung in einem für Deutschland geltenden Staatsvertrag beinhaltet per se wesentliche Grundsätze des deutschen Rechts. Dann ist es konsequent, die Norm für abdingbar zu halten (Kropholler/v. Hein FS Stoll, 2001, 553 (565); anders P. Huber JA 2000, 67 (71 f.)). Indes erscheint Abs. 3 Nr. 3 **insgesamt kaum als hinreichend durchdacht:** Die Norm hat weder in der Reformdiskussion noch in der Rspr. Vorläufer. Auch im Rahmen der Rom II-VO hat sie sich genauso wenig halten lassen wie Abs. 3 als Nachhut des verfehlten Art. 38 aF. Unklar ist bereits, welche haftungsrechtliche Regelung sich durchsetzen soll, wenn – selbst bei multilateralen Staatsverträgen zumindest theoretisch vorstellbar – mehrere, sachlich einschlägige Übereinkommen konkurrieren. Empfindliche Haftungslücken drohen, wenn etwa der Inanspruchgenommene, auf den kanalisiert werden würde (Schiffseigentümer, Betreiber einer Anlage), nicht haftet, weil das anwendbare ausländische Recht keinen Haftungsgrund bereithält, und sonstige Personen, die fahrlässig gehandelt haben, durch die Kanalisierungsvorschrift des (eigentlich nicht anwendbaren) Staatsvertrages nicht in Anspruch genommen werden können, obwohl das sonst möglich wäre. Es erscheint zweifelhaft, sämtliche solcher denkbaren Schutzlücken im Wege der Angleichung schließen zu können. Überzeugender ist es deshalb, aus objektiv-teleologischen Gründen vor dem Hintergrund des zweideutigen Wortlautes entgegen der gesetzgeberischen Intention auf Grund der drohenden Wertungswidersprüche auch **Abs. 3 Nr. 3 als Konkretisierung des ordre public (Art. 6)** zu verstehen. Nur solche **haftungsrechtlichen Regelungen in Staatsverträgen, die internationalem Regelungsstandard entsprechen** und daher wesentliche (transformierte) deutsche Rechtsgrundsätze ausmachen (zust. Looschelders Rn. 73; s. auch die rechtspolitische Kritik bei Kropholler/v. Hein FS Stoll, 2001, 553 (558); zur Bedeutung internationaler Regelungsstandards zur Ausfüllung des ordre public statt aller Jayme, Methoden der Konkretisierung des ordre public im IPR, 1989, 44 ff.; Spickhoff, Der ordre public im IPR, 1989, 91 f.), können bei entsprechender Inlandsbeziehung über Abs. 3 Nr. 3 durchgesetzt werden. Auf diese Weise erhält die Norm die notwendige Flexibilität. Und nur dann kann – anders als Art. 38 aF (BGHZ 118, 312 = NJW 1992, 3096 mAnm Koch NJW 1992, 3073; BGHZ 88, 17 (24 ff.) = NJW 1984, 568 (569 f.); gegen Schack VersR 1984, 423, jeweils zu Art. 38 aF) – Abs. 3 auch insgesamt **analog im Internationalen Anerkennungs- und Vollstreckungsrecht** angewendet werden. 51

52 **3. Intertemporales Recht.** Eine Überleitungsvorschrift für Altfälle vor 1999 ist nicht erlassen worden. Es gelten die in **Art. 220 Abs. 1, 236 § 1** statuierten Grundsätze **entspr.** Handlung und Verletzungserfolg iSv § 823 Abs. 1 müssen also (auch im Falle von sog. Weiterfresserschäden) vor dem 1.6.1999 eingetreten sein; sonst gelten – soweit nicht die Rom II-VO vorrangig eingreift (zu deren intertemporalen Anwendungsbereich s. **Art. 31, 32 Rom II-VO**) – Art. 40 ff. (OLG Stuttgart OLGR 2005, 1; ungenau OLG Koblenz IPRax 2003, 536 (537)). All dies gilt auch, wenn Kartellschadensersatz geltend gemacht wird. Ob dann eine freie Schätzung des Schadens nach § 287 ZPO zulässig ist oder nicht, weil mit ihr die nach der Rspr. des BGH erforderliche gesicherte Grundlage für die Feststellung des Preises nicht erreicht werden kann, der ohne Kartell gegolten hätte, wird uneinheitlich beurteilt (dafür LG Dortmund NZKart 2020, 612; dagegen LG München I NZKart 2020, 245, auch zur imtertemporalen Seite vor 1999 und nach Inkrafttreten der Rom II-VO). Dass derjenige, der sich auf die Geltung des EGBGB in der Fassung vor oder nach 1999 bzw. der Rom II-VO beruft, dafür die **Beweislast** trägt (und dass Altrecht gilt, wenn der Beweispflichtige beweisfällig bleibt oder unsubstantiiert vorträgt) (so OLG Stuttgart OLGR 2005, 1 Nr. 23), ist zwar zweifelhaft, entspricht aber immerhin der Rosenberg'schen Normentheorie, solange man nicht von der Geltung des aktuell geltenden Kollisionsrechts als Grundsatz und von der Geltung von Altrecht als Ausnahme ausgeht. Art. 40 Abs. 1 mit seinem Optionsrecht sollte trotz seiner verfahrensrechtlichen Implikationen nicht auf „Altfälle" analog angewendet werden, da es sonst zu einer rückwirkenden Beschneidung der Geltendmachung von Ansprüchen käme. Im Falle von zeitlich gestreckten Tatbeständen, etwa im Falle von Immissionsschäden, kann sich das anwendbare Deliktsrecht (nunmehr sogar mehrfach) gewandelt haben.

## VIII. Internationale Zuständigkeit

53 Die internationale Zuständigkeit richtet sich zunächst nach den allgemeinen Rechtsquellen für internationales Vermögensrecht, also im Wesentlichen nach der Brüssel Ia-VO, dem LugÜ und den §§ 12 ff. ZPO analog. Besondere Hervorhebung verdient der besondere Gerichtsstand für unerlaubte (und diesen gleichzustellende) Handlungen, **Art. 7 Nr. 2 Brüssel Ia-VO, Art. 7 Nr. 3 LugÜ** und **§ 32 ZPO analog.** Im Bereich des autonomen Verfahrensrechts ist im Bereich der Umwelthaftung zudem an **§ 32a ZPO analog** zu denken. Danach ist das Gericht zuständig, in dessen Bezirk sich die emittierende Anlage befindet, sofern es um eine Klage gegen den Inhaber einer im Anhang 1 des UmweltHG genannten Anlage geht, mit welcher der Ersatz eines durch eine Umwelteinwirkung verursachten Schadens geltend gemacht wird; insoweit ist die örtliche Zuständigkeit des § 32a S. 1 ZPO sogar eine ausschließliche. Anwendbar ist die Norm nicht nur bei Schadensersatzansprüchen aus § 1 UmweltHG, sondern auch im Fall von Ansprüchen aus Vertrag oder unerlaubter Handlung (Pfeiffer ZZP 106 (1993), 159).

54 Auch der durch diese Norm begründete Gerichtsstand wird freilich ggf. von Art. 7 Nr. 2 Brüssel Ia-VO bzw. Art. 7 Nr. 3 LugÜ verdrängt. Indes kommt über § 32a S. 2 ZPO der allgemeine deliktische Gerichtsstand des § 32 ZPO zur Anwendung, wenn die Anlage im Ausland belegen ist und der Beklagte keinen allgemeinen Gerichtsstand nach Art. 4 Abs. 1 Brüssel Ia-VO bzw. Art. 2 Abs. 1 LugÜ in einem Mitgliedstaat hat. § 32a S. 1 ZPO greift hingegen, wenn die Anlage in Deutschland belegen ist und der Betreiber seinen allgemeinen Gerichtsstand nicht in einem Mitgliedstaat hat (Art. 4 Abs. 1 Brüssel Ia-VO bzw. Art. 4 Abs. 1 LugÜ). Dass daraus eine ausschließliche internationale Zuständigkeit deutscher Gerichte folgt (dafür die hL, zB Pfeiffer ZZP 106 (1993), 159 (179)), wird mit guten Gründen bezweifelt (Stein/Jonas/Roth ZPO § 32a Rn. 23).

55 Für **Wettbewerbsverstöße** gilt eine Mosaikbetrachtung. Bei Verstößen gegen ein Wiederverkaufsverbot außerhalb eines selektiven Vertriebsnetzes (Vertrieb durch in verschiedenen Mitgliedstaaten betriebene Websites) ist als Schadenseintrittsort der Ort anzusehen, der das betreffende Verkaufsverbot schützt, wenn der Anspruchsteller behauptet, dort einen Schaden erlitten zu haben (EuGH EuZW 2017, 99; dazu Lutzi IPRax 2017, 552). Im Bereich des autonomen Rechts greift **§ 14 UWG analog** (näher zur internationalen Zuständigkeit im Wettbewerbsverfahrensrecht Ahrens, Der Wettbewerbsprozess, 9. Aufl. 2021, Kap. 15).

56 Weiter ist auf den (gleichfalls hinter der Brüssel Ia-VO und dem LugÜ nur subsidiär anwendbaren) besonderen Gerichtsstand von **§ 94a AMG** hinzuweisen. Nach dessen Abs. 1 ist für Klagen, die auf Grund von § 84 AMG erhoben werden, auch das Gericht zuständig, in dessen Bezirk der Kläger zurzeit der Klageerhebung seinen Wohnsitz, in Ermangelung eines solchen seinen gewöhnlichen Aufenthaltsort hat. Nach § 94a Abs. 2 AMG gilt dies lediglich nicht für die Prüfung der internationalen Zuständigkeit von Gerichten eines ausländischen Staates im Rahmen des § 328 Abs. 1 Nr. 1 ZPO, im Umkehrschluss aber sehr wohl für die internationale außerhalb des

Anerkennungs- und Vollstreckungsrechts. Jedenfalls im Bereich der internationalen Zuständigkeit wird man entgegen dem Wortlaut § 84 Abs. 1 AMG unter dem Aspekt der Sachzusammenhangszuständigkeit keine Ansprüche außerhalb des AMG (etwa aus Vertrag oder §§ 823 ff.) als erfasst ansehen können (anders aber Deutsch in Deutsch/Lippert, 3. Aufl. 2010, AMG § 94a Rn. 2 gegen BGHZ 132, 111 und BGH IPRax 2006, 40 (43)).

Im Rahmen der **Brüssel Ia-VO** bzw. des **LugÜ** ist der **Begriff der unerlaubten Handlung** 57 und der einer solchen gleichgestellten Handlung **autonom** auszulegen. Demgemäß hat sich der EuGH für eine deliktsrechtliche Qualifikation bei vorvertraglichen Verletzungen der Gebote aus Treu und Glauben ausgesprochen, wenn bei den Vertragsverhandlungen keine Verpflichtungen eingegangen wurden (EuGH IPRax 2003, 143; krit. Mankowski IPRax 2003, 127 ff.). Diese Rspr. hat Vorbildfunktion für Art. 12 Rom II-VO entfaltet. Überhaupt sollen – sehr weitgehend – alle nicht vertraglichen Schadensersatzansprüche deliktisch zu qualifizieren sein (EuGH EuZW 1999, 59 (60)). Auch der Gesamtschuldnerausgleich unter Deliktstätern fällt unter diesen Gerichtsstand (OLG Celle VersR 1991, 234). Art. 7 Nr. 3 Brüssel Ia-VO erfasst sodann Unterlassungsklagen aus Eigentumsverletzung (BGH NJW 2006, 689). Für die Entscheidung über nicht deliktsrechtlich iSd Brüssel Ia-VO zu qualifizierende, eventuell konkurrierende Ansprüche folgt aus Art. 7 Nr. 3 Brüssel Ia-VO keine Kognitionsbefugnis, auch nicht unter dem Gesichtspunkt eines **Gerichtsstands des Sachzusammenhangs** (BGH MDR 2005, 587 (588); OGH Wien ZfRV 2018, 278; früher bereits EuGH NJW 1988, 3088 mAnm Geimer; krit. Gottwald IPRax 1989, 272).

Als **Ort des Eintritts des schädigenden Ereignisses** sind der (oder die) **Handlungs-** und 58 der (oder die) **Erfolgsort(e)** anzusehen; im Falle eines Distanzdeliktes hat der Kläger die Wahl zwischen beiden. (OGH Wien IPRax 2019, 53 (54) Als Handlungsort kann nicht ohne weiteres der Ort, an dem Dritte (als „verlängerter Arme" potenzieller Täter) tätig werden, angesehen werden (BGH IPRax 2017, 480 (481 – Werbung) unter Hinweis auf EuGH WM 2013, 1257; dazu Maultzsch, IPRax 2017, 442; zum Erfolgsort bei Verleitung zum Bruch einer Gerichtsstandsvereinbarung Berner IPRax 2019, 333). Das führt zu verschiedenen Klägergerichtsständen bei **Auslandsunfällen,** wobei wie auch in rein internen Unfallhaftpflichtprozessen zwischen den verschiedenen Beteiligten (Fahrer, Halter, Kfz-Versicherung, unmittelbar und mittelbar Verletzte, Angehörige, Sozialversicherungsträger, Arbeitgeber usw) zu unterscheiden ist (dazu A. Fuchs FS Kronke, 2020, 109).

Bei **Markenrechtsverletzungen im Internet** begründet das Auslösen des technischen Vor- 59 gangs einen Handlungsort. (OGH Wien IPRax 2019, 53 (54); dazu Eichel IPRax 2019, 16) Voraussetzung ist die Zurechenbarkeit des Verhaltens des betreffenden Dritten (z. B. gem. § 831 BGB) nach dem über das Deliktskollisionsrecht maßgebende sachliche Haftungsrecht. Nur Verletzungserfolgsorte bzw. Orte, an denen sog. **Erstschäden** eingetreten sind, begründen aber die Tatortzuständigkeit, nicht aber weitere Orte, an denen Folgeschäden eintreten (EuGH EuZW 1995, 765 (766); BGHZ 98, 263 = NJW 1987, 592).

Im Falle des **Angehörigenschmerzens- bzw. Hinterbliebenengeldes** (§ 844 Abs. 3 BGB) 60 ist Erfolgsort der Ort, an dem das Erstopfer verletzt worden ist (EuGH NJW 2016, 466 mAnm Staudinger NJW 2016, 466; Friesen r+s 2016, 195; Mankowski JZ 2016, 308; Jayme IPRax 2018, 230 (231 f.)). Ob das im Falle von **Schockschäden** iSd deutschen haftungsrechtlichen Dogmatik etwas anderes iSd Erfolgsorts am Ort der Gesundheitsverletzung durch Schock von Angehörigen (dafür zB Paulus in Geimer/Schütze IRV-HdB, 2017, Brüssel Ia-VO Art. 7 Rn. 200; auch noch Spickhoff IPRax 2009, 527 zu OGH IPRax 2009, 524), ist (aus Gründen eines anzustrebenden Gleichlaufs auch deliktskollisionsrechtlich) zweifelhaft und nach der EuGH-Linie zum Angehörigenschmerzensgeld (oder „Trauerschaden") eher zu verneinen, da die Interessen bei Schock- und Trauergeschädigten parallel liegen und gleich behandelt werden sollten, zumal auf autonom-europäischer Ebene.

Geht es um reine **Vermögensschäden,** kam es nach früherer Judikatur nicht allein auf den 61 Klägerwohnsitz an, sondern auf die Lage der Vermögensbestandteile zurzeit des Verlustes (EuGH NJW 2004, 2441), etwa des Bankkontos, das später „geplündert" worden ist (→ Rn. 23). Das wurde auch für das LugÜ (vgl. BGH RIW 2008, 399: Konto in der Schweiz) und § 32 ZPO (OLG Köln GesR 2009, 267: Ort der Primärverletzung bei ärztlicher Fehlbehandlung) angenommen. Der **EuGH** hat die Akzente indes mittlerweile anders gesetzt (EuGH NJW 2015, 2167 (2169) mAnm Müller; wohl nur scheinbar großzügiger noch EuGH NJW 2015, 1581; für die Belegenheit des Girokontos noch BGH NJW-RR 2011, 197 (199)): Im Kontext von **Art. 7 Nr. 2 Brüssel Ia-VO** soll die Existenz eines bloßen Bankkontos zur Vermeidung von zuständigkeitserschleichenden Manipulationen nicht als Erfolgsort genügen, es sei denn, im Falle der Prospekthaftung ist der Schaden bereits unmittelbar mit der betroffenen Anlageentscheidung eingetreten und der Geschädigte hatte nur mit Banken mit Sitz in diesem Mitgliedstaat zu tun (EuGH IPRax

2019, 312; Lutzi IPRax 2019, 290 (293)). Dabei vermischt der EuGH im Falle der Unterlassung gebotener Informationen den Erfolgsort (der de facto an den Ort der gebotenen Handlung verlegt wird) und die (in der Norm an sich nicht angelegte) Vorhersehbarkeit des zuständigen Gerichts (EuGH IPRax 2022, 172 Rn. 29, 32–34; als Anknüpfung an den Marktort interpretiert die Rspr des EuGH Lehmann IPRax 2022, 147150 ff.). Insgesamt erscheint die Linie des EuGH (auch) insoweit im Hinblick auf die rechtsstaatlich gebotene Vorhersehbarkeit der Gerichtsstände nach wie vor recht undeutlich (zutr. H. Roth FS Kronke, 2020, 471).

**62** Im Falle von **Persönlichkeitsverletzungen,** die ggf. unter Art. 7 Abs. 2 Brüssel Ia-VO fallen (zuletzt BGH NJW 2020, 1587 (1588)), wird (auch) zur Konkretisierung der – so weit wie methodisch zulässig – mit der Tatortregel des Kollisionsrechts in Parallelität konkretisierten Tatortzuständigkeit vom BGH geprüft, ob die inkriminierten Inhalte einen so deutlichen Bezug zum Inland aufweisen, dass dort konkret vom **Ort der** (eingetretenen oder potenziellen) **Interessenkollision** gesprochen werden kann (BGH NJW 2013, 2348; 2012, 2197; OLG Stuttgart NJW-RR 2014, 423; zu Recht wegen der gerade im Zuständigkeitsrecht misslichen Unschärfe dieses Kriteriums mit Grund krit. W.-H. Roth IPRax 2013, 215 (221); Kropholler/v. Hein Brüssel I-VO Art. 5 Rn. 86; auch → Rn. 38 ff.). Allerdings hat der EuGH die Kognitionsbefugnis im Rahmen der Brüssel Ia-VO beim „**Streudelikt** Persönlichkeitsverletzung" begrenzt, wenn am Verbreitungsort geklagt wird und dieser vom Ort der Niederlassung des Herausgebers abweicht. Nur solche Schäden sollen dann am jeweiligen Verbreitungsort geltend gemacht werden können, die in dem Staatsgebiet des angerufenen Gerichts eingetreten sind (EuGH IPRax 1997, 111 – Shevill, noch zum EuGVÜ; dazu krit. Kreuzer/Klötgen IPRax 1997, 90; Rauscher ZZPInt 1996, 145; im Grundsatz zust. Huber ZEuP 1996, 295; G. Wagner RabelsZ 62 (1998), 243). Ob diese Rspr. vor allem dem besonderen, prozedural verlängerten Schutz der Pressefreiheit dienen soll oder unter dem Aspekt der Sicherung der Sachnähe des Gerichts auch auf andere sog. Streudelikte übertragen werden kann (dazu Kropholler/v. Hein Brüssel I-VO Art. 5 Rn. 85), ist noch nicht geklärt. Das Interesse des Opferschutzes spricht nicht a priori für eine entsprechende Entwertung des Erfolgs- oder des (ersten) Schadenseintrittsorts. Sie wird aber auch auf Markenrechtsverletzungen im Internet vertreten. (OGH Wien IPRax 2019, 53 (54)). Der BGH (GRUR 2020, 435) stellt im Falle von Verletzungen des **Unternehmerpersönlichkeitsrechts** zuständigkeitsbegründend auf den (Erfolgs-) Ort des geschäftlichen Ansehens, der seinerseits durch die wesentlichen wirtschaftlichen Tätigkeiten zu bestimmen ist, ab.

**63** Außerhalb von Streudelikten, also im Falle **individueller Kommunikationsdelikte** (zB im Falle von Telefonanrufen oder Kurznachrichten per SMS) gilt die alte, nach wie vor im Ausgangspunkt anerkennte Grundregel, wonach im Falle von Distanzdelikten sowohl am Handlungsort, als auch am Erfolgsort ein deliktischer Gerichtsstand eröffnet ist. Dafür wird auf den konkreten **Aufenthalt des Empfängers** zurzeit des Eingangs des Telefonanrufs oder der Kurznachricht abgestellt, nicht hingegen auf dessen Aufenthaltsort zurzeit der bloßen späteren Kenntnisnahme. Reine Vorbereitungshandlungen sind wie immer auszuscheiden. Eine mangelnde Vorhersehbarkeit des Erfolgsortes ist erst auf sachrechtlicher Ebene zu berücksichtigen. Die Verbreitung von **Behauptungen gegenüber Dritten** durch Briefe, per Funk oder Telefonate ist in Bezug auf den Handlungsort dort zu lokalisieren, wo der Brief iSd sog. Absendetheorie aufgegeben oder wovon aus das Telefongespräch geführt wurde. Der Erfolgsort liegt dann nicht am Ort der Anwesenheit des Empfängers im Zeitpunkt des Eingangs des Telefonanrufs oder der Kurznachricht, ebenso wenig am Ort des tatsächlichen Abrufs der Nachricht durch den Dritten, sondern am Ort des Wohnsitzes des konkreten Empfängers der beanstandeten Nachricht. Dadurch wird zum einen im Unterschied zum Wohnsitz des potentiellen Opfers nicht die Gefahr heraufbeschworen, einen vom Gesetz nicht intendierten Klägergerichtsstand zu begründen. Da es auf den Schutz der Persönlichkeit einer anderen Person als derjenigen des Empfängers ankommt, erscheint es auch einleuchtend, insoweit nicht auf den Ort des Empfängers im Zeitpunkt des bloßen Eingangs der Nachricht abstellen. Denn die Persönlichkeit einer dritten Person kann erst mit der Kenntnisnahme des Empfängers als verletzt angesehen werden. Zum anderen nimmt der Empfänger die inkriminierten Inhalte wohl sehr häufig, wahrscheinlich sogar typischerweise, an seinem Wohnsitz zur Kenntnis (OGH Wien ZfRV 2019, 177 (Nr. 35)).

**64** Im Falle von klimawandelbedingten **Individualumweltschäden** ist zweifelhaft, ob ein Erfolgsort unter dem Aspekt der bloßen Mittelbarkeit nicht am Ort des Individualschadens lokalisiert werden kann. Dafür spricht immerhin die Abwehr einer Erfolgsortszuständigkeit als Klägergerichtsstand im Übermaß (näher Lehmann/Eichel RabelsZ 83 (2019), 77 (90 ff.)).

**65** Viel Unklarheit hat eine Entscheidung des **EuGH** für den **Fall konkurrierender Ansprüche vertraglicher und deliktischer Schadensersatzansprüche** gebracht. Der **BGH** hat im Kontext der Arzthaftung zum LugÜ, das parallel zur Brüssel Ia-VO ausgelegt werden sollte, trotz eines einem öffentlich-rechtlichen Vertrag ähnlichen Rechtsverhältnisses, das zwischen Patient und Krankenhausträger bestand, unter dem Aspekt der Erfolgsortszuständigkeit in Deutschland auf die Tatortzuständigkeit zurückgegriffen (BGHZ 176, 342 = IPRax 2009, 150; BGH MedR 2012, 316 mAnm Spickhoff; zum Problem der Anspruchskonkurrenzen auch Spickhoff IPRax 2009, 128). In der Entscheidung Brogsitter hat der EuGH indes gemeint, allein der Umstand, dass eine Vertragspartei eine Klage wegen zivilrechtlicher Haftung gegen die andere Vertragspartei erhebe, führe noch nicht dazu, dass diese Klage einen Vertrag oder Ansprüche aus einem Vertrag iSd Brüssel Ia-VO betreffe (EuGH NJW 2014, 1633). Davon sei nur dann auszugehen, „wenn das vorgeworfene Verhalten als Verstoß gegen die vertraglichen Verpflichtungen angesehen werden kann, wie sie sich anhand des Vertragsgegenstandes ermitteln lassen. Dies wiederum ist grds. der Fall, wenn eine Auslegung des Vertrages zwischen Beklagtem und dem Kläger unerlässlich erscheint, um zu klären, ob das dem Beklagtem vom Kläger vorgeworfene Verhalten rechtmäßig oder vielmehr widerrechtlich ist“. Dann aber könne auf den Tatortgerichtsstand nicht mehr zurückgegriffen werden. Indes geht es wohl zu weit, die neuere Entscheidung des EuGH in dem Sinne zu deuten, nunmehr sei (zugunsten der Erfüllungsortszuständigkeit) generell eine Konkurrenz von vertraglichen und deliktischen Gerichtsständen ausgeschlossen. Nichts anderes ist gemeint, wenn es heißt, die Klage einer Vertragspartei wegen zivilrechtlicher Haftung gegen die andere Vertragspartei führe nicht pauschal zu einer Klage aus einem Vertrag bzw. aus Ansprüchen aus Vertrag. Richtig ist aber, dass das Gericht seine Tendenz fortgesetzt und vertieft hat, den vertraglichen Gerichtsstand des Erfüllungsortes zulasten des deliktischen Gerichtsstandes aufzuwerten (die „Präferenz“ des EuGH für den Vertragsgerichtsstands konstatiert auch Rauscher/Leible Brüssel Ia-VO Art. 7 Rn. 100, 101). So hat auch der OGH Wien (ZfRV 2018, 278 (279)) Klagen gegen einen Emittenten aus **Prospekthaftung** „aufgrund des Zusammenhangs mit einem Vertrag“ als vertraglichen Anspruch angesehen. In pauschaler Betrachtung würde das dann dazu führen, dass ein geltend gemachter Schaden, der auf einem Verhalten beruht, das zugleich eine Vertragsverletzung begründet, dann auch unter dem Aspekt anderer Anspruchsgrundlagen bis hin zum Delikt nur noch im vertraglichen Gerichtsstand des Erfüllungsortes, nicht aber mehr im deliktischen Tatortgerichtsstand geltend gemacht werden kann, sieht man einmal von der allgemeinen Wohnsitzzuständigkeit ab (so Wendenburg/Schneider NJW 2014, 1633 (1635 f.)).

Diese Entscheidung hat der EuGH (NJW 2021, 144 (146) – Wikingerhof) einerseits im Ausgangspunkt bestätigt, aber auch deutlich begrenzt. Es ist keineswegs so, dass alle konkurrierenden deliktisch zu qualifizierenden Ansprüche im Tatortgerichtsstand nicht mehr geltend gemacht werden können. Zentral ist vielmehr die Rechtswidrigkeit (oder Pflichtwidrigkeit) des Verhaltens. Demgemäß ist sorgfältig (1.) danach zu fragen, ob das vorgeworfene Verhalten als Verstoß gegen die vertraglichen Verpflichtungen angesehen werden kann, wie sie sich anhand des Vertragsgegenstandes ermitteln lassen. Zusätzlich ist (2.) zu prüfen, ob eine Auslegung des Vertrages zwischen den Parteien unerlässlich erscheint, um zu klären, ob das vorgeworfene Verhalten rechtmäßig oder widerrechtlich ist. Demgemäß kommt es nicht darauf an, ob entweder das „Vertragsinteresse“ oder das „Integritätsinteresse“ verletzt worden ist (dafür Hoffmann ZZP (128), 2015, 465 (475 ff.)), weil – wie im Falle der Arzthaftung – das Integritätsinteresse gerade Gegenstand des Vertragsinteresses sein kann. Ebenso wenig wird man auf der Folie dieser Voraussetzungen des EuGH eine deliktserhebliche Pflichtverletzung, die (jedenfalls auch) aus gesetzlichen Verhaltenspflichten folgt, im Tatortgerichtsstand geltend machen können, und zwar selbst dann, wenn es sich um eine vorsätzliche Vertragsverletzung handelt, die zugleich eine sittenwidrige vorsätzliche Schädigung oder einen Betrug begründen mag. Das irritiert freilich in besonderem Maße, da auf diese Weise in der Tat eine flagrante „Rechtsschutzverkürzung für den Geschädigten droht, da er die Erfolgsortzuständigkeit verliert“ (so zu Recht Mansel/Thorn/Wagner IPRax 2015, 1 (16)). Ein vorsätzliches deliktisches Verhalten sollte kaum damit prämiert werden, dem Opfer der Straftat zugunsten des Delinquenten auch noch den deliktischen Gerichtsstand der Tatortzuständigkeit zu nehmen. Zu bedenken ist daher die Besonderheit des vom EuGH vorgefundenen Sachverhaltes, die darin bestand, dass sich in der Tat alles um die Kernfrage drehte und wendete, ob die Parteien eine auf den Vertrieb (in casu: von Uhren) bezogene Ausschließlichkeitsvereinbarung getroffen hatten (die ggf. später verletzt worden ist) oder nicht. Die Verortung sämtlicher konkurrierender (also auch deliktsrechtlicher) Ansprüche im vertraglichen Erfüllungsortgerichtsstand sollte man nur auf derartig eindeutige Fälle begrenzen. Das ist (nur) der Fall, wenn zunächst der Vertragsgegenstand ermittelt werden muss, insbes. wenn der Vertrag ausgelegt oder vertragliche Vereinbarungen festgestellt werden müssen, um überhaupt zu einer auch deliktsrechtlich relevanten Pflichtverletzung gelangen zu können. Greift – wie etwa im Kontext der Arzthaftung – das vertragliche Pflichtenprogramm lediglich die gesetzlichen Pflichten aus dem Deliktsrecht auf und fehlt es an darüber hinausgehenden vertraglichen Vereinbarungen (wie etwa beim medizinischen Behandlungsvertrag 66 die Vereinbarung einer Behandlung, die vom medizinischen Standard abweicht, § 630a Abs. 2 BGB), prägt der Vertrag das Pflichtenprogramm nicht. Das relevante Verhalten kann dann nicht nur oder erst wegen eines Verstoßes gegen die vertraglichen Verpflichtungen, „wie sie sich anhand des Vertragsgegenstandes ermitteln lassen" als rechtmäßig oder rechtswidrig beurteilt werden (und erst recht nicht über eine unerlässliche Auslegung des Vertrages). Im (klassischen) Fall der Manipulation des Kilometerzählers und des Verschweigens von Unfallschäden beim Kraftfahrzeugkauf findet die Täuschung dagegen schon im Vorfeld des Vertrages statt; seiner Auslegung bedarf es nicht. Der (ggf. vermögensgefährdende) Betrug greift ganz unabhängig von einem späteren Vertragsschluss. Daher liegt hier in solchen Fällen klassisches, auch tatortbegründendes Delikt vor (anders zur Tachometermanipulation und zum Verschweigen von Unfallschäden OLG Köln IPRax 2017, 97 und zuvor LG Aachen IPRax 2017, 96; dazu krit. Spickhoff IPRax 2017, 72; s. iSd vorstehenden Ausführungen nun aber auch EuGH NJW 2021, 144 und BGH BeckRS 2021, 2895; zuvor BGH BeckRS 2020, 29049; BGH NJW 2021, 2977 (Endentscheidung); zum Ganzen auch Spickhoff NJW 2020, 3759).

67 Die internationale Zuständigkeit im Kontext von **Schadensersatzansprüchen aufgrund von Virusinfektionen** (einschließlich COVID-19) richtet sich gleichfalls nach den vorstehenden allgemeinen Grundsätzen (näher R. Wagner COVuR 2020, 566).

### Art. 41 Wesentlich engere Verbindung

**(1) Besteht mit dem Recht eines Staates eine wesentlich engere Verbindung als mit dem Recht, das nach den Artikeln 38 bis 40 Abs. 2 maßgebend wäre, so ist jenes Recht anzuwenden.**

**(2) Eine wesentlich engere Verbindung kann sich insbesondere ergeben**

1. **aus einer besonderen rechtlichen oder tatsächlichen Beziehung zwischen den Beteiligten im Zusammenhang mit dem Schuldverhältnis oder**
2. **in den Fällen des Artikels 38 Abs. 2 und 3 und des Artikels 39 aus dem gewöhnlichen Aufenthalt der Beteiligten in demselben Staat im Zeitpunkt des rechtserheblichen Geschehens; Artikel 40 Abs. 2 Satz 2 gilt entsprechend.**

## I. Normzweck und Systematik

1 Art. 41 enthält eine **Ausweichklausel für die Anknüpfungen der ungerechtfertigten Bereicherung (Art. 38), der Geschäftsführung ohne Auftrag (Art. 39) und der unerlaubten Handlungen,** sofern die dortigen Grundanknüpfungen nicht ebenso wie Art. 41 durch die Rom II-VO obsolet geworden sind. Verdrängt werden können nur die in Abs. 1 genannten Anknüpfungen, nicht hingegen eine nachträgliche Rechtswahl (Art. 42). Das folgt unzweideutig aus der Systematik des Gesetzes (ebenso BT-Drs. 14/343, 13). Auch auf Art. 40 Abs. 3 als besondere Vorbehaltsklausel kann sich die Ausweichklausel naturgemäß nicht beziehen. Sie bezieht sich ferner nicht auf die Anknüpfung des Direktanspruchs gegen den Versicherer (Art. 40 Abs. 4). Dieser kann an einem Gebrauch der Ausweichklausel allerdings insoweit partizipieren, als das Deliktsstatut nach Art. 40 Abs. 1 oder 2 über Art. 41 korrigiert wird (Junker RIW 2000, 241 (244); R. Wagner IPRax 1998, 429 (434); PWW/Schaub Rn. 1). Art. 41 will eine abweichende Anknüpfung ermöglichen, wenn der Sachverhalt nach den gesamten Umständen eine wesentlich stärkere Beziehung zu einer anderen Rechtsordnung als zu derjenigen aufweist, die nach den genannten Kollisionsnormen anzuwenden wäre (BT-Drs. 14/343, 13). Insbesondere Art. 41 Abs. 1 ermutigt dazu, notwendig erscheinende Korrekturen der Anknüpfung unter teleologischen Aspekten durchzuführen, wenn das Grundprinzip des Internationalen Privatrechts, diejenige Rechtsordnung zur Anwendung zu bringen, mit welcher der Sachverhalt am engsten verbunden ist, sonst nicht gewahrt wäre. Es geht darum, eine gegenüber bereits bestehenden engeren Verbindungen als zufällig erscheinende deliktsrechtliche Anknüpfung verdrängen zu können (BGH NJW-RR 2010, 1554 Rn. 15; Rauscher IPR Rn. 1273). Methodisch sind die international-privatrechtliche Interessenwertung maßgeblich (grds. Hirse, Die Ausweichklausel im Internationalen Privatrecht, 2007). Das ist **von Amts wegen** zu prüfen (NK-BGB/Wagner Rn. 5). Allerdings ist zu beachten, dass Art. 41 eine **Ausnahmevorschrift** (ebenso Looschelders Rn. 6) ist, die nicht voreilig angewandt werden darf. Zu Recht spricht Art. 41 deswegen – in signifikantem Unterschied zu Art. 8 Abs. 4 Rom I-VO – vom Erfordernis einer „wesentlich" engeren Verbindung. Eine Möglichkeit, die Ausweichklausel zu einer mit den Regelanknüpfungen gleichwertigen Anknüpfung zu erheben, besteht daher nicht (Spickhoff NJW 1999, 2209 (2210)).

Innerhalb von Art. 41 sind in Abs. 2 zwei konkretisierende, beispielhafte Konstellationen aufgeführt, die zur Annahme der dort verlangten wesentlich engeren Verbindung führen können. Das Vorliegen eines der genannten Beispiele „kann" eine wesentlich engere Verbindung begründen. Dem Wortlaut nach sind die Beispiele nicht einmal **Regelbeispiele.** Sie sollen dem aber doch nahe kommen bzw. laufen darauf iErg hinaus (MüKoBGB/Junker Rn. 11 ff.), denn ihre Anführung soll zur Erleichterung der Rechtsanwendung beitragen. Deutlich sollte lediglich werden, dass die Beispielsfälle nicht abschließend gedacht sind (BT-Drs. 14/343, 13). Daher indiziert das Vorliegen eines der Beispiele in Abs. 2 ein Abweichen von den in Abs. 1 genannten Grundanknüpfungen. Will man gleichwohl von den Grundanknüpfungen nicht abweichen, erfordert dies einen erhöhten Begründungsaufwand (Spickhoff NJW 1999, 2209 (2213); Spickhoff IPRax 2000, 1 (2)). Auf diese Weise ergibt sich ein zwar flexibles, aber nicht völlig konturenloses Anknüpfungssystem (zum Ganzen näher Geisler, Die engste Verbindung im IPR, 2001, 92 ff.). 2

## II. Wesentlich engere Verbindung (Abs. 1)

Die General-Ausweichklausel des Abs. 1 erschien dem Gesetzgeber erforderlich, weil nicht allen Fallgestaltungen durch Sonderanknüpfungen Rechnung getragen werden kann. Erforderlich ist eine im Vergleich zu den Grundanknüpfungen wesentlich engere Verbindung des zu beurteilenden Sachverhalts zu einer anderen Rechtsordnung. In dieser muss das betreffende Rechtsverhältnis seinen eigentlichen **„Sitz"** (Savigny System VIII 108), seinen **„Schwerpunkt"** (v. Gierke PrivatR I 217) haben. Bei der Konkretisierung einer wesentlich engeren Verbindung ist auf die **Eigenheiten der jeweiligen Regelungsmaterien** abzustellen. Im Übrigen müssen den Beispielen in Abs. 2 vergleichbar deutliche Umstände vorliegen, um Abs. 1 auszulösen. 3

Das Eingreifen der Ausweichklausel des Abs. 1 kommt im Falle der **Leistungskondiktion** (Art. 38 Abs. 1) nur sehr selten (vgl. aber Schlechtriem IPRax 1995, 65 (70); Fischer IPRax 2002, 1 (3 f.)) in Betracht. Auch außerhalb des Anwendungsbereichs von Art. 12 Abs. 1 lit. e Rom I-VO erscheint die Beziehung zu dem gescheiterten Schuldverhältnis enger (BT-Drs. 14/343, 13; Fischer IPRax 2002, 1 (5 ff.)). 4

Auch bei der **Geschäftsführung ohne Auftrag** und **unerlaubten Handlungen** wird man auf die Ausweichklausel des Abs. 1 nur selten zurückgreifen müssen. Die Konkretisierungen der generellen Ausweichklausel in Abs. 2 sowie Art. 40 Abs. 2 lassen hierfür nur vergleichsweise wenig Raum. So wird man im Falle mehrerer Handlungs- oder Erfolgsorte deren Zahl spätestens über Abs. 1 reduzieren können (ebenso BT-Drs. 14/343, 13), wenn man nicht Handlungs- oder Erfolgsorte ohne nennenswerte Verbindung zum rechtserheblichen Sachverhalt schon im Rahmen von Art. 40 Abs. 1 ausscheidet. Nachdem der deutsche Gesetzgeber 1999 die Rechtsanwendungsverordnung aufgehoben hat, wird man auch einer **gemeinsamen Staatsangehörigkeit** der Parteien kaum noch Bedeutung beimessen können. Selbst wenn Tatortrecht und Recht der gemeinsamen Staatsangehörigkeit übereinstimmen, genügt das nicht, um über Art. 41 Abs. 1 vom Aufenthaltsrecht (Art. 40 Abs. 2) abzuweichen (PWW/Schaub Rn. 4). Genannt werden zum Teil Fälle von Persönlichkeitsverletzungen, für die kollisionsrechtlich nur flüchtig erscheinende Erfolgsorte ausgeschieden werden sollten (Geisler, Die engste Verbindung im Internationalen Privatrecht, 2001, 330). 5

## III. Besondere Fallgruppen (Abs. 2)

Weder zwingend noch abschließend finden sich in Abs. 2 zwei Fallgruppen, die zur Annahme einer wesentlich engeren Verbindung gegenüber den Grundanknüpfungen führen können. 6

**1. Akzessorische Anknüpfung (Abs. 2 Nr. 1).** Das erste Beispiel ist eine besondere rechtliche oder tatsächliche Beziehung zwischen den Beteiligten im Zusammenhang mit dem Schuldverhältnis. Die schuldrechtliche Sonderbeziehung muss bereits vor Entstehen des außervertraglichen Schuldverhältnisses bestanden haben (BGH NJW-RR 2010, 1554 Rn. 15; Kreuzer RabelsZ 65 (2001), 383 (433)). 7

**a) Zusammenhang mit dem Schuldverhältnis.** Eine akzessorische Anknüpfung nach Abs. 2 Nr. 1 setzt zunächst einen Zusammenhang mit dem Schuldverhältnis voraus. Obwohl im Unterschied zum Vorschlag des Deutschen Rates für Internationales Privatrecht (v. Caemmerer, Vorschläge und Gutachten zur Reform des IPR der außervertraglichen Schuldverhältnisse, 1983, Art. 4 Abs. 2, S. 2, 12 f.) das Erfordernis eines „sachlichen" Zusammenhangs nicht ausdrücklich hervorgehoben worden ist, ist ein **sachlicher oder innerer Zusammenhang** zu verlangen (BGH MedR 2012, 316 (318) mAnm Spickhoff; Kropholler IPR § 53 II 4 A, III 4, IV 4). Irgendein 8

Zusammenhang mit der Sonderbeziehung trägt eine Abweichung von den Grundregeln **nicht,** wie etwa ein Delikt oder eine Eingriffskondiktion, welche sich **nur bei Gelegenheit** einer rechtlichen Sonderbeziehung ereignet haben (Staudinger DB 1999, 1589 (1593); v. Hoffmann/Thorn IPR § 11 Rn. 40; NK-BGB/Wagner Rn. 9). Ein solcher sachlicher Zusammenhang besteht insbes., wenn spezifische Pflichten aus der Rechtsbeziehung verletzt werden, die aus der Sicht des deutschen Kollisionsrechts ihre Wurzel in dem Rechtsverhältnis haben. Dabei kann auch der Gesichtspunkt der Vertrauenshaftung herangezogen werden (NK-BGB/Wagner Rn. 16).

9 **b) Rechtliche Sonderverbindung.** Die rechtliche Sonderverbindung kann eine **vertragliche** (zB gesellschaftsvertragliche), aber **auch** eine **außervertragliche** sein. Im Falle der Leistungskondiktion kommt Abs. 2 Nr. 1 ohnedies kaum in Betracht. Als eine solche **Sonderbeziehung** hat der BGH (in autonomer Qualifikation nach EVÜ, heute Rom I-VO) auch ein nicht auf vertraglichen Beziehungen beruhendes, sondern öffentlich-rechtliches Behandlungsverhältnis angesehen, wie es in kantonalen Spitälern in der Schweiz üblicherweise ausgestaltet ist (BGH MedR 2012, 316 (319) mAnm Spickhoff). Damit stand einer (aus deutscher Sicht: quasi-) vertragsakzessorischen Anknüpfung über Art. 41 (die Rom I-VO und die Rom II-VO waren aus intertemporalen Gründen noch nicht anwendbar) nichts im Wege. Ferner kommen als **gesetzliche Sonderbeziehung** insbes. solche des **Familienrechts** in Betracht (MüKoBGB/Junker Rn. 17). Wegen der vorrangigen Anknüpfung an die Staatsangehörigkeit im Internationalen Familienrecht gewinnt insoweit dieses Anknüpfungsmerkmal doch wieder eine gewisse Bedeutung. Deliktsrechtliche Ansprüche im Zusammenhang mit einem Verlöbnis, etwa wegen Betrugs (auch Heiratsschwindel), wird man trotz einer gewissen Instabilität des Verlöbnisses akzessorisch an das Verlöbnisstatut anknüpfen können (anders früher BGHZ 132, 105 = NJW 1996, 1411; wie hier P. Huber JA 2000, 67 (69); früher schon Mankowski IPRax 1997, 173 (181); Kropholler IPR § 44 IV 3).

10 **c) Tatsächliche Sonderverbindung.** Schließlich kann neben einem gemeinsamen gewöhnlichen Aufenthalt der Beteiligten gem. Art. 40 Abs. 2 auch bereits eine tatsächliche Sonderverbindung zu einer akzessorischen Anknüpfung der Ansprüche aus außervertraglichen Schuldverhältnissen führen. Gemeint ist eine Sonderbeziehung zB **aus sozialem Kontakt** (BT-Drs. 14/343, 13). Wie deutlich diese ausgestaltet sein muss, ist freilich zweifelhaft und demgemäß strittig. Als eine solche tatsächliche Sonderbeziehung kommen je nach Sachlage im Einzelfall in Betracht eine familienähnliche, zB nichteheliche Lebensgemeinschaft (vgl. jurisPK-BGB/Wurmnest, 1.3.2020, Rn. 19). Wegen der Gefahr des voreiligen „Heimwärtsstrebens" zum eigenen Recht und der Verwässerung der Grundanknüpfungen sollte dies indes nur im Falle „stabiler" nichtehelicher Lebensgemeinschaften, weiter im Falle eines französischen PACS angenommen werden (krit. und zurückhaltend wegen der Gefahr des „Heimwärtsstrebens" und der Verwässerung der Grundanknüpfungen MüKoBGB/Junker Rn. 19; NK-BGB/Wagner Rn. 8, beide unter Hinweis auf Art. 40 Abs. 2). Hinzu nehmen kann man Fälle von Dreiecksbeziehungen, wenn etwa ein Erfüllungsgehilfe bzw. ein Vertreter eingeschaltet wird. Hier kommt je nach Sachlage in Betracht, Ansprüche des oder gegen den Gehilfen akzessorisch an vertragliche Beziehungen mit dem Geschäftsherrn anzuknüpfen. Für eine solche akzessorische Anknüpfung spricht manches im Falle von einem aus dem Inland entsandten, im Ausland eingesetzten Arbeitnehmer, kaum aber bei einem zufällig hinzugezogenen Dritten.

11 **2. Gemeinsamer gewöhnlicher Aufenthalt (Abs. 2 Nr. 2).** Eine aus einem gemeinsamen gewöhnlichen Aufenthalt resultierende wesentlich engere Verbindung kann **nur** angenommen werden für **Eingriffskondiktionen (Art. 38 Abs. 2) und sonstige Kondiktionen (Art. 38 Abs. 3),** ferner in allen Fällen der **Geschäftsführung ohne Auftrag (Art. 39).** Bei Gesellschaften, Vereinen oder juristischen Personen steht dem gewöhnlichen Aufenthalt der Ort gleich, an dem sich die Hauptverwaltung oder, wenn eine Niederlassung beteiligt ist, an dem sich diese befindet (Abs. 2 Nr. 2 S. 2, Art. 40 Abs. 2). Maßgeblich ist der Zeitpunkt des rechtserheblichen Verhaltens, also der Zeitpunkt, der auch für die Grundanknüpfungen entscheidet. Eine nachträgliche Manipulation durch die Verlegung des gewöhnlichen Aufenthalts durch einen Beteiligten ist danach ausgeschlossen. Der Begriff des gewöhnlichen Aufenthalts entspricht dem im EGBGB allgemein verwendeten (→ Art. 40 Rn. 1 ff.).

## IV. Allgemeine Regeln

12 **1. Gesamt- oder Sachnormverweisung.** Ob und inwieweit Art. 41 Sachnorm- oder Gesamtverweisungen ausspricht, richtet sich nach Art. 4 Abs. 1 (Busse, Internationales Bereiche-

rungsrecht, 1998, 260 f.). Vielfach wird vertreten, Art. 41 sei insgesamt als Sachnormverweisung zu verstehen, weil Rück- bzw. Weiterverweisungen dem Sinn der gesamten Norm widersprechen würden (P. Huber JA 2000, 67 (72 f.); Siehr IPR 242; NK-BGB/Wagner Rn. 4; mit Ausnahme von Abs. 2 Nr. 2 auch PWW/Schaub Rn. 2). Da indes das IPR im Ganzen die Aufgabe hat, die engste Verbindung zu bestimmen, müsste dies konsequent dazu führen, Rück- oder Weiterverweisungen fast nie anzuerkennen. Das stünde jedoch mit der Wertung von Art. 4 Abs. 1 genau im Widerspruch. Hinzu kommt, dass Art. 41 nicht zuletzt Ausdruck kollisionsrechtlicher Unentschlossenheit des Gesetzgebers ist. Es besteht kein Anlass, ausgerechnet diese als rück- und weiterverweisungsfest anzusehen. Art. 41 – namentlich auch Abs. 1 – spricht daher **grds. Gesamtverweisungen** aus (Dörner FS Stoll, 2001, 481 (499 f.); Looschelders Rn. 19; anders aber zB MüKoBGB/Junker Rn. 26). Nur dann, wenn an eine **rechtliche (nicht bloß tatsächliche) Sonderverbindung** akzessorisch angeknüpft wird (Abs. 2 Nr. 1 Alt. 1), würde der Sinn der Verweisung konterkariert, da ansonsten die mit der akzessorischen Anknüpfung bezweckte einheitliche materiell-rechtliche Beurteilung zusammenhängender Rechtsfragen nicht gewährleistet wäre (BGH MedR 2012, 316 (319) mAnm Spickhoff; v. Hoffmann IPRax 1996, 1 (7); anders MüKoBGB/Junker Rn. 30; im Falle von Abs. 2 Nr. 1 insgesamt für Sachnormverweisungen auch Looschelders VersR 1999, 1316 (1324)). Und nur insoweit ist daher von **Sachnormverweisungen** auszugehen, vorausgesetzt, auch die Verweisung spricht Sachnormverweisungen aus, an die akzessorisch angeknüpft wird.

**2. Intertemporales Recht.** Hier wie im gesamten Bereich des außervertraglichen Schuldrechts gilt für die Abgrenzung der Rechtslage vor und nach dem 1.6.1999 **Art. 220 Abs. 1, Art. 236 § 1 analog** (BT-Drs. 14/343, 7; Spickhoff NJW 1999, 2209 (2210 f.)). Es kommt also darauf an, ob der betreffende Vorgang vor oder nach dem 1.6.1999 stattgefunden hat bzw. abgeschlossen worden ist. Für die Abgrenzung des intertemporalen Anwendungsbereichs der ggf. vorrangig anwendbaren Rom II-VO gelten **Art. 31, 32 Rom II-VO.** Im Falle von zeitlich gestreckten Sachverhalten kann sich das anwendbare Recht sogar mehrfach gewandelt haben. 13

## Art. 42 Rechtswahl

**[1]Nach Eintritt des Ereignisses, durch das ein außervertragliches Schuldverhältnis entstanden ist, können die Parteien das Recht wählen, dem es unterliegen soll. [2]Rechte Dritter bleiben unberührt.**

**Schrifttum:** v. Hein, Rechtswahlfreiheit im Internationalen Deliktsrecht, RabelsZ 64 (2000), 595; Rugullis, Die antizipierte Rechtswahl in außervertraglichen Schuldverhältnissen, IPRax 2008, 319; Vogeler, Die freie Rechtswahl im Kollisionsrecht der außervertraglichen Schuldverhältnisse, 2013; Vogeler, Die freie Rechtswahl im außervertraglichen Kollisionsrecht, in Spickhoff (Hrsg.), Parteiautonomie im Europäischen Internationalen Privatrecht, 2014, 67.

### I. Normzweck

Die **Parteiautonomie** im Recht der außervertraglichen Schuldverhältnisse beruht darauf, dass es einem potentiellen Anspruchsinhaber auch auf der Ebene des Sachrechts freisteht, über die materiellen Ansprüche aus außervertraglichen Schuldverhältnissen zu verfügen. Es ist deshalb konsequent, dass er gemeinsam mit dem potentiellen Anspruchsgegner das auf den Anspruch anwendbare Recht parteiautonom bestimmen kann. Auf diese Weise wird zwischen den Parteien Rechtsklarheit hergestellt. Insbesondere kann durch die Wahl der lex fori auch den Interessen an einer schnelleren Durchführung des Verfahrens Rechnung getragen werden, weil das Gericht sein ihm bekanntes eigenes Recht anwenden kann (vgl. MüKoBGB/Junker Rn. 1; Busse, Internationales Bereicherungsrecht, 1998, 73: nur die Interessen der beteiligten Parteien werden berührt; Vogeler, Die freie Rechtswahl im Kollisionsrecht der außervertraglichen Schuldverhältnisse, 2013, 13 f.; Vogeler, Die freie Rechtswahl im außervertraglichen Kollisionsrecht, in Spickhoff, Parteiautonomie im Europäischen Internationalen Privatrecht, 2014, 67). Die nachträgliche Rechtswahl nach Art. 42 geht allen anderen Anknüpfungen des außervertraglichen Schuldrechts (auch Art. 41) vor; lediglich die öffentliche Ordnung (Art. 6 sowie Art. 40 Abs. 3 (P. Huber JA 2000, 67 (71 f.))) muss gewahrt bleiben. Allerdings ist die Rechtswahl nicht so ausführlich geregelt wie in Art. 3 Rom I-VO oder wie in Art. 14 Rom II-VO. Insoweit kann im Einzelfall ergänzend auf Detailregelungen in Art. 14 Rom I-VO oder uU sogar auf Art. 3 Rom I-VO zurückgegriffen werden, jedenfalls soweit sie (wie typischerweise) den Regelungen des EVÜ 1980 (= Art. 27 EGBGB aF) entsprechen. 1

## II. Nachträgliche Rechtswahl

2 Art. 42 ermöglicht eine (formlose (P. Huber JA 2000, 67 (70); Sonnenberger Rev. crit. dr. int. priv. 88 (1999), 647 (661))) parteiautonome Rechtswahl nach Eintritt des Ereignisses, durch das ein außervertragliches Schuldverhältnis (Bereicherung, Geschäftsführung ohne Auftrag, Delikt) entstanden ist.

3 **1. Zeitpunkt der Rechtswahl.** Art. 42 gestattet mithin **nur** eine **nachträgliche Rechtswahl.** Diese Einschränkung, die sich deutlich aus dem Wortlaut von Art. 42 (in Abgrenzung zu Art. 3 Rom I-VO und Art. 14 Abs. 1 lit. b Rom II-VO) ergibt, ist eine bewusste (BGH GRUR 2013, 421; vgl. R. Wagner IPRax 1998, 429 (434); methodisch genauer Rugullis IPRax 2008, 319 ff.). Sie steht im Gegensatz zu einer früher häufig vertretenen Auffassung (zB Busse, Internationales Bereicherungsrecht, 1998, 78 f., 243; Wandt, Die GoA im IPR, 1989, 261 f.; auch im Rahmen von Art. 42 im Einzelfall (Gefälligkeitsfahrt) weiterhin für die Möglichkeit einer vorherigen Rechtswahl Staudinger/v. Hoffmann, 2007, Rn. 4, 5). Die Rspr. vor Inkrafttreten der deutschen Kodifikation des IPR der außervertraglichen Schuldverhältnisse 1999 hat im Allgemeinen lediglich Fälle der nachträglichen Rechtswahl betroffen (anders zum Bereicherungsrecht OLG Karlsruhe IPRspr. 1992 Nr. 52b). Von einer Regelungslücke in Bezug auf die Möglichkeit der vorherigen Rechtswahl wird man nicht ausgehen können; man greift für die Legitimation der Begrenzung der Rechtswahl hier zudem auf den Schutzcharakter außervertraglicher Schuldverhältnisse zurück (BGH GRUR 2013, 421; MüKoBGB/Junker Rn. 19 ff.; Looschelders VersR 1999, 1316 (1322); R. Wagner IPRax 1998, 429 (434); Kreuzer RabelsZ 65 (2001), 383 (400 f.); anders aber Staudinger/v. Hoffmann Art. 38 Rn. 146; unter europarechtlichen Aspekten de lege lata zT für die Zulässigkeit einer vorherigen Rechtswahl v. Hein RabelsZ 64 (2000), 595 (606 ff.); rechtspolitisch krit. auch Busse RIW 1999, 16 (19)). Bestehen zwischen den Parteien vor der Entstehung des außervertraglichen Schuldverhältnisses rechtliche oder tatsächliche Beziehungen, kommt allerdings eine akzessorische Anknüpfung (Art. 41 Abs. 2 Nr. 1, auch Art. 38 Abs. 1) in Betracht (MüKoBGB/Junker Rn. 21; NK-BGB/Wagner Rn. 3), in deren Rahmen, ja mehr noch: zu deren Begründung eine vorherige Rechtswahl herangezogen werden kann. Die zeitliche Beschränkung von Art. 40 Abs. 1 S. 3 gilt für Art. 42 nicht (R. Wagner IPRax 1998, 429 (434); Staudinger DB 1999, 1589 (1593); Looschelders Rn. 12). Auch im zB Berufungsrechtszug kann das anwendbare Recht daher noch gewählt werden (BGH NJW 2020, 1514 = BeckRS 2020, 4194). Eine einmal getroffene Rechtswahl kann nachträglich aufgehoben oder abgeändert werden; (Hohloch NZV 1988, 161 (164); Looschelders Rn. 12) insoweit gilt nichts anderes als im Internationalen Vertragsrecht (Art. 3 Abs. 2 S. 1 Rom I-VO). Im Zweifel wirkt eine solche Änderung ex tunc (MüKoBGB/Junker Rn. 24; NK-BGB/Wagner Rn. 11).

4 **2. Gegenstand der Rechtswahl.** Gegenstand der Rechtswahl kann **nur staatliches Recht** sein. Der Parteiautonomie zugänglich sind diejenigen **Regelungsmaterien, die unter den Anwendungsbereich der Grundanknüpfungen der Art. 38–41 fallen.** Ob das abgewählte Deliktsstatut die Rechtswahl zulässt oder nicht, ist unerheblich (Soergel/Lüderitz Art. 38 Rn. 81; aA früher Deutsch FS Ferid, 1978, 117 (125)). Die Rechtswahl ist nicht auf bestimmte Rechtsordnungen beschränkt (Staudinger/v. Hoffmann, 2007, Rn. 6; MüKoBGB/Junker Rn. 23; Kropholler RabelsZ 33 (1969), 601 (641)). Soweit das Deliktsrecht zwingenden Charakter hat, sprechen gute Gründe dafür, Art. 3 Abs. 3 Rom I-VO (= Art. 27 Abs. 3 EGBGB aF) analog anzuwenden (MüKoBGB/Junker Rn. 26; NK-BGB/Wagner Rn. 8; Staudinger/v. Hoffmann, 2007, Rn. 2). Im Hinblick auf Art. 3 aE („Verbindung zu einem ausländischen Staat") (zu diesem Aspekt, aber iErg zu Recht auf Art. 3 Abs. 3 Rom I-VO abstellend, NK-BGB/Wagner Rn. 8) zu vertreten, dass ohne Auslandsbezug selbst eine nachträgliche „Wegwahl" des inländischen Deliktsrechts bzw. des am Tatort geltenden Deliktsrechts, ginge demgegenüber zu weit. So restriktiv ist auch die Rechtswahlmöglichkeit im internationalen Vertragsrecht mehrheitlich nie gefasst worden. Zwei Nordkoreaner dürfen also im Falle eines Streits über eine dort evtl. begangene Persönlichkeitsverletzung durchaus prinzipiell die Anwendbarkeit zB deutschen Haftungsrechts vereinbaren. Obwohl in Art. 42 nicht ausdrücklich hervorgehoben, besteht die Möglichkeit einer Teilrechtswahl entspr. Art. 3 Abs. 1 S. 3 Rom I-VO (Staudinger DB 1999, 1589 (1590); NK-BGB/Wagner Rn. 10; MüKoBGB/Junker Rn. 14), allerdings mit den gleichen Beschränkungen (und mit ebenso großen Praktikabilitätseinwänden) wie dort (→ VO (EG) 593/2008 Art. 3 Rn. 1 ff. f.). Insbesondere können die Parteien nicht nach Art der Rosinentheorie einzelne Normen aus verschiedenen Deliktsrechten „zusammenwählen". Die Rechtswahl kann sich nur auf größere Teilbereiche beschränken.

**3. Rechte Dritter.** Ebenso wie Art. 3 Abs. 2 S. 2 Alt. 2 Rom I-VO normiert auch Art. 42 S. 2, dass Rechte Dritter durch eine nachträgliche Rechtswahl unberührt bleiben. Das gebietet das Verkehrsinteresse und ist namentlich für **Haftpflicht- und sonstige Versicherungen** (P. Huber JA 2000, 67 (70); NK-BGB/G Wagner Rn. 12), aber auch für Schutzwirkungen von Immaterialgüterrechten (vgl. BGH GRUR 2007, 691), für Wettbewerbsverstöße (BGH GRUR 2013, 421) und für Personen von Bedeutung, die anlässlich eines Schadensereignisses gegenüber dem Geschädigten verpflichtet sind und uU Ausgleichsansprüche gegen den Schädiger haben (v. Caemmerer, Deutscher Rat für IPR, Vorschläge und Gutachten zur Reform des IPR der außervertraglichen Schuldverhältnisse, 1983, 27; R. Wagner IPRax 1998, 429 (434)). 5

**4. Ausdrückliche oder stillschweigende Rechtswahl.** Die Rechtswahl nach Art. 42 setzt – ebenso wie diejenige im Rahmen von Art. 3 Rom I-VO – einen (kollisionsrechtlichen) Verweisungsvertrag voraus. Die frühere Gegenauffassung (Kegel IPR, 7. Aufl. 1995, § 18 IV 2), die nur eine materiell-rechtliche Verweisung unter der Herrschaft eines objektiv vorgegebenen Rechts für möglich hielt, ist im Rahmen von Art. 42 nicht mehr vertretbar (vgl. auch Kegel/Schurig IPR § 18 I 1c zu Art. 27). Der Verweisungsvertrag kann allgemeinen Grundsätzen der Rechtsgeschäftslehre folgend **ausdrücklich** (zB BGH NJW 2020, 1514 Rn. 18) **oder stillschweigend** abgeschlossen werden, auch wenn Art. 42 dies nicht wie Art. 3 Abs. 1 S. 2 Rom I-VO für vertragliche Schuldverhältnisse extra hervorhebt (OLG Hamm IPRax 2012, 351 (354); BT-Drs. 14/303, 14; R. Wagner IPRax 1998, 429 (434); zur ausdrücklichen Rechtswahl im Berufungsrechtszug BGH NJW 2020, 1514 = BeckRS 2020, 4194). Eine stillschweigende (nachträgliche) Rechtswahl kommt insbes. durch entsprechendes Verhalten im Prozess in Betracht. Die Rspr. hat häufig eine stillschweigende Wahl deutschen Rechts angenommen, weil die Parteien sich nur über deutsches Recht stritten (BGH VersR 1963, 241; NJW 1974, 410; IPRax 1982, 13 (14); BGHZ 98, 263 (274) = NJW 1987, 592 (594); BGH NJW-RR 1988, 534 (535); NJW 1994, 1408 (1409); krit. zu dieser Auffassung auch Sonnenberger Rev. crit. dr. int. priv. 88 (1999), 647 (661)). Die Entscheidungen sind – ebenso wie im Falle der nachträglichen Rechtswahl im Prozess bei vertraglichen Schuldverhältnissen – nur zutreffend, sofern ein **aktuelles Erklärungsbewusstsein** der Parteien festgestellt worden ist (MüKoBGB/Junker Rn. 13; Looschelders Rn. 14; jurisPK-BGB/Wurmnest, 1.3.2020, Rn. 12; anders Dörner FS Stoll, 2001, 491 (493); großzügiger auch NK-BGB/Wagner Rn. 6). Daher ist – auch wenn es um die Frage nach einer konkludenten Rechtswahl durch übereinstimmenden Vortrag zu einer Rechtsordnung im Prozess geht – stets die positive Kenntnis der Wahlmöglichkeit durch die Parteien erforderlich (zutr. OLG Hamm IPRax 2012, 351 (354)). Streiten sich die Parteien über ausländisches Recht, kann man davon ausgehen, dass sie sich im Zweifel über die Frage des anwendbaren Rechts Gedanken gemacht haben. Angesichts der bekannten Unkenntnis auch von Anwälten in Bezug auf das Internationale Privat- und Prozessrecht liegt es anders, wenn unreflektiert von den Parteien deutsches Recht zugrunde gelegt wird. Hier ist ggf. nachzufragen (§ 139 ZPO). Unterbleibt eine entsprechende richterliche Nachfrage und stellt sich im Nachhinein heraus, dass kein aktuelles Erklärungsbewusstsein vorgelegen hat, werden die Parteien auch nicht mit (Sach-)Vortrag zum anwendbaren Recht präkludiert. Rechtsnormen sind – von nicht verallgemeinerungsfähigen Ausnahmen abgesehen (zB § 39 ZPO) – ohnedies keiner Präklusion zugänglich (Schack NJW 1984, 2736 (2739); aA aber Staudinger/v. Hoffmann, 2007, Rn. 13). Wenn aber in einem Schriftsatz dargelegt wird, dass und warum deutsches Recht anwendbar sei, kann darin ein konkludentes Angebot auf Abschluss einer Rechtswahlvereinbarung erblickt werden. Es kann in einem gerichtlichen Verfahren entspr. § 147 II BGB bis zu dem Zeitpunkt angenommen werden, in welchem nach dem gewöhnlichen Lauf des Prozesses der Eingang eines Schriftsatzes des Erklärungsempfängers zu erwarten ist (LG Köln BeckRS 2020, 21958: Persönlichkeitsverletzung). 6

**5. Zustandekommen und Wirksamkeit.** Während sich die Zulässigkeit der Rechtswahl in jedem Falle nach der lex fori richtet und das Kollisionsrecht der lex fori auch darüber Auskunft gibt, welche Anforderungen an stillschweigende Willenserklärungen im Zusammenhang mit einer Rechtswahl zu stellen sind (MüKoBGB/Junker Rn. 9; Meyer-Sparenberg RIW 1989, 347), ist im Rahmen von Art. 42 nicht geregelt, nach welchem Recht sich iÜ Zustandekommen und Wirksamkeit der Rechtswahlvereinbarung richten. **Entspr. Art. 3 Abs. 5, 10 Rom I-VO** ist dafür grds. das Recht des Staates maßgeblich, das anzuwenden wäre, wenn der Verweisungsvertrag wirksam wäre (ebenso Looschelders Rn. 15; Busse, Internationales Bereicherungsrecht, 1998, 244, 81 f.; S. Lorenz NJW 1999, 2215 (2217) Fn. 24; Kreuzer RabelsZ 65 (2001), 383 (401); Vogelsang NZV 1999, 497 (500 f.); für die lex fori als Maßstab PWW/Schaub Rn. 2; Junker JZ 2000, 477 (478)). Die Rechtswahl ist formfrei (MüKoBGB/Junker Rn. 10), für die Rechts- und Geschäftsfähigkeit Art. 7 und 12 (Looschelders Rn. 16, 17). 7

### III. Allgemeine Regeln

8 Bei der Rechtswahl nach Art. 42 handelt es sich gem. Art. 4 Abs. 2 um eine **Sachnormverweisung** (v. Hoffmann IPRax 1996, 1 (7)). Auch im Rahmen von Art. 42 gelten die **intertemporalrechtlichen Grundsätze von Art. 220 Abs. 1, 236 § 1 analog** (BT-Drs. 14/343, 7; Spickhoff NJW 1999, 2209 (2210)). Es kommt also darauf an, ob die Rechtswahlvereinbarung vor dem 1.6.1999 abgeschlossen war (dann altes, ungeschriebenes Kollisionsrecht) oder nicht (dann Art. 42). Zur im damaligen Schrifttum vertretenen Möglichkeit einer vorherigen Rechtswahl → Rn. 3 mN. Die intertemporale Anwendbarkeit der Rom II-VO folgt ggf. aus **Art. 31, 32 Rom II-VO.**

## 7. Internationales Sachenrecht: Art. 43–46 EGBGB

### Art. 43 Rechte an einer Sache

**(1) Rechte an einer Sache unterliegen dem Recht des Staates, in dem sich die Sache befindet.**

**(2) Gelangt eine Sache, an der Rechte begründet sind, in einen anderen Staat, so können diese Rechte nicht im Widerspruch zu der Rechtsordnung dieses Staates ausgeübt werden.**

**(3) Ist ein Recht an einer Sache, die in das Inland gelangt, nicht schon vorher erworben worden, so sind für einen solchen Erwerb im Inland Vorgänge in einem anderen Staat wie inländische zu berücksichtigen.**

**Schrifttum:** Diedrich, Warenverkehrsfreiheit, Rechtspraxis und Rechtsvereinheitlichung bei internationalen Mobiliarsicherungsrechten, ZVglRWiss 104 (2005), 116; Engel, Internationales Sachenrecht: Verjährung durch Statutenwechsel?, IPRax 2014, 520; Ernst/Guski, Grenzüberschreitende Mobiliarsicherung in Europa: das deutsch-polnische Beispiel, RIW 2009, 451; Finkelmeier, Qualifikation der Vindikation und des Eigentümer-Besitzer-Verhältnisses, 2016; Flessner, Rechtswahl im internationalen Sachenrecht – neue Anstöße aus Europa, FS Koziol, 2010, 125; Hesse-Schmitz, Res in transitu – Sachen im grenzüberschreitenden Transport, 2012; Junker, Die IPR-Reform von 1999: Auswirkungen auf die Unternehmenspraxis, RIW 2000, 241; Junker, Der Statutenwechsel nach dem deutschen Internationalen Sachenrecht, FS Geimer, 2017, 267; Kieninger, Grenzüberschreitende Kreditsicherung an Mobilien 2019: Pretoria, Wien, Brüssel, FS Kronke, 2020, 967; Körber, Grundfreiheiten und Privatrecht, 2004; Kreuzer, Gutachtliche Stellungnahme zum Referentenentwurf eines Gesetzes zur Ergänzung des Internationalen Privatrechts – Außervertragliche Schuldverhältnisse und Sachen – Sachenrechtliche Bestimmungen, in Henrich (Hrsg.), Vorschläge und Gutachten zur Reform des deutschen internationalen Sachen- und Immaterialgüterrechts, 1991, 37; Nitsch, Mobiliarsicherheiten im österreichischen IPR – gestern und heute, ZfRV 2019, 250; Pfeiffer, Der Stand des Internationalen Sachenrechts nach seiner Kodifikation, IPRax 2000, 270; Rakob, Ausländische Mobiliarsicherungsrechte im Inland, 2001; Röthel, Internationales Sachenrecht im Binnenmarkt, JZ 2003, 1027; Schurig, Statutenwechsel und die neuen Normen des deutschen internationalen Sachenrechts, FS Stoll, 2001, 577; Siehr, Internationales Sachenrecht, ZVglRWiss 104 (2005), 145; Sonnenberger, La loi allemande du 21 mai 1999 sur le droit international privé des obligations non contractuelles et des biens, Rev. crit. dr. int. priv. 88 (1999), 647; Smid, Rechtsstellung des Sachinvestors in der Insolvenz des Anlageunternehmens (Container-Investition), DZWIR 2017, 1; Spickhoff, Die Restkodifikation des Internationalen Privatrechts: Außervertragliches Schuld- und Sachenrecht, NJW 1999, 2209; Spinellis, Das Vertrags- und Sachenrecht des internationalen Kunsthandels, 2000; Staudinger, Das Gesetz zum Internationalen Privatrecht für außervertragliche Schuldverhältnisse und für Sachen vom 21.5.1999, DB 1999, 1589; Stoll, Zur gesetzlichen Regelung des internationalen Sachenrechts in Artt. 43–46 EGBGB, IPRax 2000, 259; Swienty, Der Statutenwechsel im deutschen und englischen internationalen Sachenrecht unter besonderer Betrachtung der Kreditsicherungsrecht, 2011; R. Wagner, Der Regierungsentwurf eines Gesetzes zum Internationalen Privatrecht für außervertragliche Schuldverhältnisse und für Sachen, IPRax 1998, 429; Wurmnest, Windige Geschäfte? – Zur Bestellung von Sicherungsrechten an Offshore-Windkraftanlagen, RabelsZ 72 (2008), 236.

### Übersicht

## I. Entstehungsgeschichte des Internationalen Sachenrechts

1 Das Internationale Sachenrecht war **bis zum 1.6.1999 im EGBGB nicht geregelt.** Gewohnheitsrechtlich galt die **lex rei sitae,** also das Recht des Staates, in dem die Sache, um die gestritten wird, belegen ist, in dem sie sich befindet (BGHZ 39, 173 (174) = NJW 1963, 1200; BGHZ 52, 239 (240) = NJW 1969, 1760; BGHZ 73, 391 (395) = NJW 1979, 1773 (1774); BGHZ 100, 221 (222); BGH NJW 1995, 58 (59); 1996, 2233 (2234); 1997, 461 (462); 1998, 1321; 1998, 3205; zuletzt BGH JZ 2013, 305 (307) mAnm Rauscher; zum bis zum 1.6.1999 geltenden Internationalen Sachenrecht vgl. Soergel/Lüderitz Anh. II Art. 38). Zu Beginn der 70er Jahre legte der Deutsche Rat für Internationales Privatrecht Vorschläge und Gutachten zur Reform des Internationalen Sachenrechts vor (vorgelegt von Lauterbach (Hrsg.), Vorschläge und Gutachten zur Reform des deutschen internationalen Personen- und Sachenrechts, 1972). Anders als Vorschläge zur Kodifikation des Internationalen Sachenrechts vor 1900 (Hartwieg/Korkisch, Die geheimen Materialien zur Kodifikation des deutschen Internationalen Privatrechts 1881–1896, 1973, 87 f., 177 ff., 214, 253 f.; Staudinger/Stoll, 1996, IntSachenR Rn. 6–9), die nie Gesetz geworden sind, wurde dieser Vorschlag vom Deutschen Rat für IPR 1988 und 1991 erneut beraten und modifiziert (Henrich (Hrsg.), Vorschläge und Gutachten zur Reform des Deutschen Internationalen Sachen- und Immaterialgüterrechts, 1991). Zwei Referentenentwürfe aus den Jahren 1984 (abgedruckt zB bei Basedow NJW 1986, 2971 (2972) Fn. 8–12) und 1993 (abgedruckt zB in IPRax 1995, 132 f.) mündeten schließlich in das Gesetz zum Internationalen Privatrecht für außervertragliche Schuldverhältnisse und für Sachen vom 21.5.1999 (BGBl. I 1026), das die jetzt geltenden Art. 43–46 dem Internationalen Sachenrecht gewidmet hat (BT-Drs. 14/343, 654; BR-Drs. 759/98).

## II. Rechtsquellen

2 Vereinheitlichtes Internationales Sachenrecht in **Staatsverträgen** oder Normen europarechtlichen Ursprungs, die den Art. 43–46 vorgehen würden (Art. 3 Nr. 2), findet sich kaum (eingehend Staudinger/Mansel, 2015, Rn. 211–319). Das Einheitliche Kaufrecht regelt den Eigentumsübergang ebenso wenig wie das Internationale Sachenrecht (Art. 4b CISG, Art. 8 S. 2 Haager Übereinkommen zur Einführung eines Einheitlichen Gesetzes über den internationalen Kauf beweglicher Sachen). Das Genfer Abkommen vom 19.6.1948 (BGBl. 1959 II 129) über die internationale Anerkennung von Rechten an Luftfahrzeugen ist in § 103 LuftRG umgesetzt. Die RL 2014/60/EU (davor RL 93/7/EWG) über die Rückgabe von unrechtmäßig aus dem Hoheitsgebiet eines Mitgliedstaats verbrachten Kulturgütern ist im Kulturgutschutzgesetz (davor: Kulturgüterrückgabegesetz) umgesetzt worden (zum Verhältnis beider Regelungswerke VGH München DÖV 2017, 788). Nach § 72 KGSG (früher: §§ 5, 9 Kulturgüterrückgabegesetz aF) unterliegt das Eigentum an solchen Kulturgütern nach deren Rückgabe dem Recht des Herkunftslandes, in das sie zurückkehren (nach wie vor einschlägig: Jayme ZVglRWiss 95 (1996), 158 (167 f.) mwN; Siehr FS Trinkner, 1995, 703 ff.; Siehr IPR 279 f.; Fuchs IPRax 2000, 281; Spinellis, Das Vertrags- und Sachenrecht des internationalen Kunsthandels, 2000, 365 ff.; Pfeiffer IPRax 2000, 270 (278 ff.); zu Verboten des Handels mit irakischen Kulturgütern Weber SZIER 2006, 425). Art. 45, insbes. Art. 45 Abs. 1 Nr. 2, hat § 1 Abs. 2 SchiffRG seit 1999 ersetzt. Hinzuweisen ist schließlich auf § 17a DepotG, der Verfügungen über bestimmte Wertpapiere uÄ betrifft. Das Übereinkommen über internationale Sicherungsrechte an beweglicher Ausrüstung ist von Deutschland (und anderen Ländern) zwar gezeichnet, aber nicht ratifiziert worden (dazu Henrichs IPRax 2003, 210; näher zur internationalen Rechtsvereinheitlichung Staudinger/Mansel, 2015, Rn. 211–319; MüKoBGB/Wendehorst Vor Art. 43 Rn. 2–9).

## III. Normzweck

3 Die Anknüpfung an das Belegenheitsrecht dient in erster Linie dem **Verkehrsinteresse.** Alle Beteiligten können oder müssen sich darauf einstellen, dass für Verfügungsgeschäfte das Recht des Staates gilt, in dem sich die betreffende Sache zurzeit des jeweiligen Vorgangs befindet (Kropholler IPR § 54 I 1; v. Hoffmann/Thorn IPR § 12 Rn. 9). Auch die **Durchsetzbarkeit einer Entschei-**

**dung,** die an die lex rei sitae anknüpft, ist in aller Regel gewährleistet. Gründe des Verkehrsschutzes tragen nicht nur die Grundanknüpfung von Abs. 1, sondern ebenso Abs. 2. Der numerus clausus des Sachenrechts lässt nur und insoweit ausländische Sachenrechte im Inland zu, als sie nicht im Widerspruch zur eigenen Rechtsordnung ausgeübt werden. Und zumindest nicht im Widerspruch zum Ziel des Verkehrsschutzes steht Abs. 3, der raum-zeitlich gestreckte dingliche Tatbestände im Interesse der unmittelbar Beteiligten regelt.

4 Der Gesetzgeber hat das Internationale Sachenrecht mit Gesetz vom 21.5.1999 (BGBl. I 1026) in Art. 43–46 autonom, dh ohne staatsvertraglich hierzu veranlasst zu sein, kodifiziert. Dabei hat er in **Art. 46** selbst für das Internationale Sachenrecht anerkannt, dass es von dieser dem Normalfall entsprechenden Interessenbewertung **Ausnahmen** geben kann, die eine abweichende Beurteilung erfordern. Die Ausweichklausel des Art. 46 ist allerdings auch und gerade im Lichte des Zweckes der Grundanknüpfung an das Belegenheitsrecht, nämlich dem Schutz von Verkehrsinteressen, **eng auszulegen.** Das kommt in Art. 46 dadurch zum Ausdruck, dass die Norm eine „wesentlich" engere Verbindung als die durch Art. 43 bezeichnete verlangt (Spickhoff NJW 1999, 2209 (2210); Staudinger/Mansel, 2015, Art. 46 Rn. 41; Kreuzer in Henrich, Vorschläge und Gutachten zur Reform des deutschen internationalen Sachen- und Immaterialgüterrechts, 1991, 37, 158 ff.). Es wird erwogen, ob sich die Grundanknüpfung an das Belegenheitsrecht ausnahmsweise im Einzelfall als **europarechtswidrig** erweist. In der Tat kann die Anknüpfung an die lex rei sitae in Kombination mit dem numerus clauses der nationalen Sachenrechte zu faktischen Erschwerungen und Behinderungen der Warenverkehrsfreiheit führen, man denke etwa an die (fehlende) Akzeptanz der deutschen (in der Sache publizitätslosen) Sicherungsübereignung (vgl. v. Wilmowsky, Europäisches Kreditsicherungsrecht, 1996, 94 ff.; Röthel JZ 2003, 1027 (1031 f.); insoweit mit Grund aber zweifelnd Diedrich ZVglRWiss 104 (2005), 116 (121 ff.); NK-BGB/v. Plehwe Rn. 6). Indes entspricht sowohl die Anknüpfung an die lex rei sitae als auch die prinzipielle Absage des Internationalen Sachenrechts an die Parteiautonomie (anders Art. 104 schweiz. IPRG; dazu Müller-Chen AJP/PJA 2005, 273 (279); krit. auch Flessner FS Koziol, 2010, 125) und ebenso der numerus clausus der Sachenrechte internationalem und europäischem Standard. Solange es in Europa verschiedene Staaten gibt, wird der Handel mit dadurch bedingten, sachlich begründeten Erschwernissen zu leben haben. Notfalls könnte eine konkret zu beanstandende Europarechtswidrigkeit der Anknüpfung über Art. 46 behoben werden (eingehend Staudinger/Mansel, 2015, Rn. 131 ff.; Körber, Grundfreiheiten und Privatrecht, 2004, 530 ff.).

## IV. Grundsatz: Belegenheitsrecht (Abs. 1)

5 Nach Abs. 1 unterstehen Rechte an einer Sache dem Recht des Belegenheitsstaates.

6 **1. Maßgeblicher Lageort.** Nach Abs. 1 sind alle sachenrechtlichen Fragen nach dem Recht zu beurteilen, das am **physischen Lageort der betroffenen Sache zurzeit des Eintritts der dinglichen Rechtsfolge** gilt (BGHZ 100, 321 (324) = NJW 1987, 3077 (3079); BGH NJW 2009, 2824 (2825); 1995, 58 (59); OLG Frankfurt NJW-RR 2018, 803 (zum Zeitpunkt); OLG Hamburg BeckRS 2014, 20525 Rn. 8 ff.; OLG Bremen DNotZ 2020, 833 (Grundstück); Junker RIW 2000, 241 (251); Grüneberg/Thorn Rn. 1). Eine Rechtswahl durch die betroffenen Parteien ist prinzipiell unbeachtlich (BT-Drs. 14/343, 16; R. Wagner IPRax 1998, 429 (435); Kreuzer in Henrich, Vorschläge und Gutachten zur Reform des deutschen internationalen Sachen- und Immaterialgüterrechts, 1991, 37, 75 ff.; Grüneberg/Thorn Vor Art. 43 Rn. 3; früher schon hM, BGH NJW 1997, 462; vgl. aber auch BGH NJW 1998, 1322). Der Grund für die Lage der betreffenden Sache (zB Diebstahl) ist irrelevant (vgl. BGH IPRax 1987, 374; krit. Mansel IPRax 1988, 268 (271)). Geht es um Verfügungen über Sachen an Bord eines Schiffes oder Luftfahrzeuges, so gilt als Belegenheitsrecht das **Recht der Flagge bzw. des Hoheitszeichens** (bis zum Erreichen des Hafens bzw. zur Landung). Über welchen Staat das Flugzeug gerade fliegt, oder ob die Grenze der Hoheitsgewässer soeben überfahren worden sind, kann aus Gründen des Verkehrsschutzes keine Rolle spielen (vgl. v. Bar IPR II Rn. 548; Staudinger/Mansel, 2015, Rn. 440). Offshore-Windkraftanlagen, die sich in Funktionshoheitsgebieten der ausschließlichen Wirtschaftszone und des Festlandsockels befinden, wird man kollisionsrechtlich wie im küstennahem Meeresraum befindliche Sachen behandeln können; es gilt dann das Belegenheitsrecht des Staates, dem die betreffende Hoheitsmacht zusteht (Wurmnest RabelsZ 72 (2008), 236 (239 ff., 244 ff.); iErg ebenso, aber aus öffentlich-rechtlicher Perspektive Risch, Windenergieanlagen in der Ausschließlichen Wirtschaftszone, 2006, 162 ff.; für einen Rückgriff auf Art. 45 (Transportmittel) Meister/Overkamp EnZW2021, 71). Vorgänge, die Sachen betreffen, die sich auf **staatsfreiem Gebiet** befinden, können über Art. 43 nicht gelöst werden, da die dortige Anknüpfung dann ins Leere geht. Wenngleich Art. 46 als Ausweichklausel nicht unmittelbar eingreifen kann, weil schon

die Grundanknüpfung ausfällt, ist in Anlehnung an den Grundgedanken dieser Norm (der dem Kollisionsrecht insgesamt innewohnt) nach der sonst **engsten Verbindung** zu suchen (im Ausgangspunkt übereinstimmend Staudinger/Mansel, 2015, Rn. 410). Falls vorhanden, sollte an das Schuldstatut angeknüpft werden, auch im Falle der Rechtswahl. Ansonsten gilt – vergleichbar Art. 4 Abs. 4 Rom I-VO – das Recht am gewöhnlichen Aufenthalt desjenigen, der sich eines Rechtes begibt (bei zweiseitigen Verfügungsgeschäften), sonst das Recht des Handelnden (Aneignung einer herrenlosen Sache) (zT – insbes. bei Rechtswahl – anders Staudinger/Mansel, 2015, Rn. 413, 415).

**2. Geltungsbereich: Rechte an Sachen.** Der Geltungsbereich von Art. 43 wird dadurch umschrieben, dass die Norm von Rechten an einer Sache spricht. Von Rechten „auf" eine Sache ist nicht die Rede. Indes ist mit der Formulierung „Rechte an einer Sache" ein **Sammelbegriff** gemeint, der Inhalt ebenso wie Wirkungen der Sachenrechte erfassen und insgesamt die alte Anknüpfung an die lex rei sitae umschreiben soll. Deswegen kommen **auch dingliche Ansprüche** (zB auf Herausgabe, auf Nutzungsersatz, auf Schadensersatz usw) für eine Anknüpfung nach Art. 43 in Betracht (vgl. Kreuzer in Henrich, Vorschläge und Gutachten zur Reform des deutschen internationalen Sachen- und Immaterialgüterrechts, 1991, 37, 53 f. und 4, Begr. des Deutschen Rates; Spickhoff NJW 1999, 2209 (2214)). Schon das zeigt, dass der Terminus „Rechte an Sachen" funktional iSd sog IPR-Qualifikation mit dem – freilich nicht ausreichenden – Ausgangspunkt der lex fori-Qualifikation (→ EinlIPR Rn. 53 ff.) zu deuten ist (s. auch Wendehorst FS Sonnenberger, 2004, 743 (753 ff.)). Im Einzelnen sind folgende Ansprüche bzw. Institute erfasst: 7

**a) Allgemeine Einrichtungen.** Was Sachen sind, wird demgemäß zunächst einmal aus der Perspektive des deutschen Rechts beurteilt. Es bestimmt etwa die Sachqualität von natürlichen Körperteilen, Körpersubstanzen, ab- und ausgegliederten Körperteilen oder dem Leichnam bis hin zur Rechtsqualität von Stammzellen und Embryonen (dazu eingehend und diff. MüKoBGB/Wendehorst Rn. 18–30; Staudinger/Mansel, 2015, Rn. 344–370). Auch Tiere sind kollisionsrechtlich Sachen, wie sich aus § 90a BGB ergibt (Siehr ZVglRWiss 104 (2005), 145 (160 f.)). Das Belegenheitsrecht gibt dann Auskunft darüber, was **Bestandteil** der Sache ist bzw. inwieweit bestimmte Sachen rechtlich selbständig sind. Das Sachstatut regelt weiter die Arten von Sachen und ihre **Verkehrsfähigkeit** sowie die **Arten der dinglichen Rechte** (zB verdinglichtes Mietrecht). Auch über die **Verfügung** selbst und ihre Arten entscheidet das Sachstatut, also insbes. über Entstehung, Änderung, Untergang und Übergang wie überhaupt jede Änderung der Zuordnung dinglicher Rechte (BT-Drs. 14/343, 15) bis hin zur Frage der erforderlichen Bestimmtheit oder Bestimmbarkeit (Trendelenburg MDR 2003, 1329 (1331) zu Asset-Deals). Allein das Sachstatut regelt ferner, ob einem schuldrechtlichen Grundgeschäft dingliche Wirkungen zukommen, ob eine Verfügung also **abstrakt oder kausal** ausgestaltet ist. Weichen Schuldstatut und Sachstatut voneinander ab, gilt aber lediglich das Sachstatut und nicht etwa ein davon abweichendes Schuldstatut, das zB einem Schuldvertrag dingliche Rechtsfolgen beimisst (OLG Schleswig IPRspr. 1989 Nr. 77). Die **Wirksamkeit eines Kausalverhältnisses** ist als **Vorfrage** selbständig anzuknüpfen (BGHZ 52, 239 (240 ff.) = NJW 1969, 1760; hM). Ist fraglich, ob eine im Inland belegene Sache übereignet werden soll, über die ein Schuldvertrag nach ausländischem Recht abgeschlossen wurde, sind die vertraglichen Regelungen zunächst nach dem Schuld-(vertrags-)statut auszulegen. Wurde danach eine Eigentumsübertragung vereinbart, entscheidet die lex rei sitae darüber, ob auch den sachenrechtlichen Übertragungserfordernissen (etwa denen der dinglichen Einigung gem. § 929 S. 1 BGB) genügt ist (BGH JZ 2013, 305 (307) mAnm Rauscher). Das Sachstatut umfasst nicht nur den Inhalt, sondern nach bisher hM auch die Möglichkeiten der Ausübung eines dinglichen Rechts sowie **Schutzmöglichkeiten und Nebenansprüche** sachenrechtlicher Natur. Daher sind Ansprüche wie § 985 BGB und § 1004 BGB erfasst (BGH NJW 1989, 1352; KG NJW 1988, 341 (342); Henrich FS Heini, 1995, 199 (203); MüKoBGB/Wendehorst Rn. 96; zT für die lex fori, falls Schutz außerhalb des Belegenheitsstaates erstrebt wird, Stoll JZ 1995, 786; Stoll IPRax 2000, 259 (261): über Art. 46; dagegen auch Staudinger/Mansel, 2015, Rn. 895). Allerdings kann nunmehr vorrangig der (autonom zu bestimmende) Anwendungsbereich der Rom II-VO greifen **(Art. 2 Abs. 2 und 3 Rom II-VO mit Erwägungsgrund 11 S. 2, Art. 15 lit. d Rom II-VO).** Nur unter diesem Vorbehalt – ggf. ist die Frage dem EuGH vorzulegen (MüKoBGB/Wendehorst Rn. 101) – kann auch das deutsche Eigentümer-Besitzer-Verhältnis der §§ 985, 987 ff. BGB im Ausgangspunkt noch sachenrechtlich qualifiziert werden (dafür bisher BGH NJW 2009, 2824 (2825); 1998, 1321 (1322); BGHZ 108, 353 (355) = NJW 1990, 242 (243); BGH NJW 1970, 40; Kondring IPRax 1993, 372; MüKoBGB/Wendehorst Rn. 100; Staudinger/Mansel, 2015, Rn. 906; so auch noch 2. Aufl. Rn. 8; aA – Deliktsrecht – OLG Frankfurt WM 1995, 50 (52); Stoll JZ 1995, 786; Kronke/Berger IPRax 1991, 316; Grüneberg/ 8

Thorn Rn. 4. Eingehend Finkelmeier, Qualifikation der Vindikation und des Eigentümer-Besitzer-Verhältnisses, 2016). Das führt zu Einschränkungen des bisherigen Anwendungsbereichs der Art. 43 ff. Art. 2 Abs. 1 Rom II-VO konkretisiert den Begriff der außervertraglichen Schuldverhältnisse (Art. 1 S. 1 Rom II-VO) zwar iSv unerlaubten Handlungen (unter Einbeziehung von Gefährdungshaftungstatbeständen, Erwägungsgrund 11 S. 3), ungerechtfertigter Bereicherung, Geschäftsführung ohne Auftrag und Verschuldens bei Vertragsverhandlungen, doch sind diese Begriffe jeweils europäisch autonom auszulegen. Kollisionsrechtlich einebnen möchte die Rom II-VO zudem, dass der Begriff des außervertraglichen Schuldverhältnisses „von Mitgliedstaat zu Mitgliedstaat unterschiedlich definiert" wird (Erwägungsgrund 11 S. 1). Daraus folgt: Im Falle von § 992 BGB überwiegt schon aus autonomer Sicht deutlich die Nähe zum Deliktsrecht. Auch iÜ sprechen die sachrechtlichen Einordnungsschwierigkeiten in Deutschland, die (auch) in den bekannten (sachrechtlichen) Konkurrenzfragen zum Ausdruck kommen, welche das EBV aufgeworfen hat, für eine funktionale Zuordnung zu den Regelungsgegenständen der Rom II-VO. Die Schadensersatzansprüche des EBV (§§ 989–992 BGB) sind funktional damit Unerlaubte (ggf. verschuldensunabhängige) Handlungen (Eingriffe in Eigentum) iSd Kapitels II Rom II-VO (Art. 4 Rom II-VO), Nutzungsersatzansprüche dürften bereicherungsrechtlich iSd Rom II-VO zu qualifizieren sein, ebenso § 993 BGB. Der lex rei sitae unterliegen dagegen **Vermutungen,** insbes. in Bezug auf das Eigentum (§ 1006 BGB) (BGH NJW 1994, 939; S. Lorenz NJW 1995, 176 (178); Armbrüster IPRax 1990, 25 f.). Auch der **Besitz** sowie der damit zusammenhängende **Herausgabeanspruch wegen Besitzentziehung** (§ 861 BGB) fallen unter Abs. 1 (vgl. Kegel/Schurig IPR § 19 II; OLG Braunschweig IPRspr. 1968/69 Nr. 61), während der Beseitigungs- und Unterlassungsanspruch wegen Besitzstörung (§ 862 BGB) Folge einer unerlaubten Handlung (verbotener Eigenmacht) iSd Rom II-VO anzusehen sein wird.

9 **b) Immobilien.** Auch das Immobiliarsachenrecht fällt unter Abs. 1 (OLG Bremen DNotZ 2020, 833: Grundstück). Ein Statutenwechsel kommt hier allerdings nur infolge eines völkerrechtlichen Tatbestandes (Gebietsabtretung) in Frage. In Ermangelung intertemporaler Normen kommt es dann allgemeinen Grundsätzen entspr. auf den Zeitpunkt der Vollendung des sachenrechtlichen Tatbestandes an. Unter Abs. 1 fallen **Voraussetzungen und Wirkungen einer Eintragung** in einem Register, die Möglichkeit der Eintragung einer **Vormerkung** nebst Rechtsfolgen (IPG 1967/68 Nr. 22 (Köln)). Weiter ist erfasst die Möglichkeit, das **Eigentum an Grundstücken** zu erwerben (einschließlich Grundstückserwerbs- bzw. Veräußerungsbeschränkungen) (Staudinger/Mansel, 2015, Rn. 799). Für die **Form** gilt **Art. 11 Abs. 5,** der aber gleichfalls auf das Belegenheitsrecht verweist. Deutsche Grundstücke können also nur vor einem deutschen Notar wirksam aufgelassen werden (Ausnahme: § 1 Nr. 1 KonsG) (BGH WM 1968, 1170 (1171); KG IPRspr. 1986 Nr. 26; anders aber Mann NJW 1955, 1177 ff.). Sachenrechtlich zu qualifizierende Ansprüche wegen Grundstücksimmissionen sind nach Art. 44 sonderanzuknüpfen. Auch **beschränkte Rechte an Grundstücken,** wie etwa Nießbrauch, Dienstbarkeiten, Reallasten oder ein dinglich ausgestaltetes Teilnutzungsrecht fallen in den Anwendungsbereich der Anknüpfung an die lex rei sitae nach Abs. 1 (zum Timesharing Böhmer, Das deutsche IPR des Timesharing, 1993, 20 ff.; Martinek, Moderne Vertragstypen, Bd. III, 1993, 259 ff. zu den verschiedenen Formen; Kohlhepp RIW 1986, 176 ff.; Mankowski RIW 1995, 365 ff.). Das gilt auch für ein ungebuchtes Immobiliarsachenrecht (BGH WM 2008, 2303). Ebenso unterliegen Sicherungsrechte Abs. 1 bzw. – in Bezug auf die Form der Bestellung – Art. 11 Abs. 5 und damit jeweils dem Belegenheitsrecht. Dieses gibt Auskunft über den Umfang der Haftung. Allerdings ist das **Abstraktionsprinzip** zu beachten: Die einem Grundpfandrecht zugrunde liegende Forderung folgt dem Schuldstatut und unterliegt nicht Abs. 1. Auch kollisionsrechtlich ist daher (bis hin zur Möglichkeit einer Abtretung von Forderung und Grundpfandrecht) getrennt anzuknüpfen (BGH NJW 1951, 400; zu Angleichungsfragen beim Auseinanderfallen von Forderungs- und Belegenheitsrecht im Falle von akzessorischen Grundpfandrechten Staudinger/Mansel, 2015, Rn. 631–636).

10 **c) Mobiliarsachenrecht. Inhalt und Wirkungen** von Mobiliarsachenrechten unterliegen Abs. 1 und damit zunächst dem jeweiligen Lageortsrecht. Das gilt für den **Erwerb und Verlust von Fahrniseigentum** kraft Rechtsgeschäfts einschließlich des Erwerbs vom Nichtberechtigten (BGHZ 50, 45 (47) = NJW 1968, 1382; BGHZ 100, 321 (324) = NJW 1987, 3077 (3079); BGH NJW 1991, 1415; 1995, 2097; für § 13 Abs. 7 S. 2 AKB aA Looschelders/Bottek VersR 2001, 401 (Art. 46) unter Hinweis auf OLG Brandenburg VersR 2001, 361). Erfasst sind namentlich die entsprechenden Voraussetzungen (BGH WM 1962, 185; NJW 2009, 2824; OLG Köln VersR 2000, 462 (463): Gutgläubigkeit), Vermutungen und die Bedeutung von Abhandenkommen bzw. Diebstahl (eingehend dazu Benecke ZVglRWiss 101 (2002), 362), ferner der Eigentumserwerb kraft Gesetzes (MüKoBGB/Wendehorst Rn. 86 ff.). Auch ein Lösungsrecht (ein Herausgabe-

anspruch gegen den Erwerber besteht nur gegen Erstattung des Kaufpreises) ist sachenrechtlich zu qualifizieren, nicht prozessrechtlich (BGHZ 100, 321 (324) = NJW 1987, 3077 (3079); Henrich FS Heini, 1995, 199 (205 f.); Kropholler IPR § 54 III 1a; Siehr ZVglRWiss 83 (1984), 100). Ebenso sind **dingliche Sicherungsrechte an beweglichen Sachen** von Art. 43 erfasst, wobei die Frage der Anerkennung solcher Sicherungsrechte in anderen Staaten, in welche die betreffenden beweglichen Sachen gelangt sind, in Abs. 2 eine Regelung gefunden hat (zu Pfandrechten an Flugzeugen Radbruch/Zimmermann/Schartl, NZI 2021, 805). Auch für **Kulturgüter** galt Art. 43, solange die RL 93/7/EWG aF, mittlerweile RL 2014/60/EU, über die Rückgabe von unrechtmäßig aus dem Hoheitsgebiet eines Mitgliedstaats verbrachten Kulturgütern (dazu Jayme ZVglRWiss 95 (1996), 158 (167 f.); Siehr FS Trinkner, 1995, 703 ff.) noch nicht umgesetzt war (vgl. BT-Drs. 14/343, 15; Müller-Katzenburg NJW 1999, 2251 (2554 ff.); Kienle/Weller IPRax 2004, 290). Nunmehr ist das **Kulturgüterschutzgesetz** zu beachten. Gemäß § 72 KGSG bestimmt sich das Eigentum am Kulturgut nach erfolgter Rückgabe nach den Sachvorschriften des ersuchenden Mitgliedstaats. Bei diesen Vorschriften handelt es sich wohl weder um materiell-privatrechtliche Sachnormen, welche frühere Rechtspositionen annullieren (in diese Richtung etwa Weidner, Kulturgüter als res extra commercium im internationalen Sachenrecht, 2001, 279 ff.), noch um rein öffentlich-rechtliche Normen, sondern um (freilich mit Rückwirkung ausgestattete) Kollisionsnormen: Die entsprechenden sachenrechtlichen Vorgänge werden rückwirkend nach dem Recht des ersuchenden Mitgliedstaats beurteilt (Pfeiffer IPRax 2000, 270 (278 ff.); MüKoBGB/Wendehorst Rn. 182–189). Im Falle von **Sachen auf dem Transport** (res in transitu) ist Art. 46 zu beachten (→ Art. 46 Rn. 1 ff.; (näher dazu, auch zu Fragen der AGB-Gestaltung, Hesse-Schmitz, Res in transitu, 2012). Für bloße Transportmittel gilt die vorrangige Kollisionsnorm des Art. 45.

**3. Wertpapiere.** Bei Wertpapieren, die außerhalb von **§ 17a DepotG** (dazu Schefold IPRax 2000, 468; Einsele WM 2001, 7 (14 ff.); Haubold RIW 2005, 656) nicht gesondert geregelt sind, ist zu differenzieren: Das **Recht am Papier** ist nach **Art. 43** zu beurteilen (BGHZ 108, 353 (356) = NJW 1990, 242 (243); BGH NJW 1994, 939 (940); dazu vgl. auch v. Bar FS W. Lorenz, 1991, 284 ff.; Otte IPRax 1996, 327 (328); Kronke/Berger IPRax 1991, 316 (317)), während das verbriefte Recht aus dem Papier dem jeweiligen Forderungsstatut unterliegt (OLG Düsseldorf IPRspr. 2003 Nr. 53). Ob eine Urkunde überhaupt den Charakter eines Wertpapiers besitzt, ist gleichfalls noch der Rechtsordnung zu entnehmen, die für das verbriefte Recht maßgeblich ist (RGZ 119, 215 (216); S. Lorenz NJW 1995, 176 (177); Grüneberg/Thorn Rn. 1). 11

## V. Transposition fremder Sachenrechte (Abs. 2)

Abs. 2 regelt den sog **Statutenwechsel.** Gemeint sind damit Fälle, in denen eine – typischerweise bewegliche – Sache von einem Staat in einen anderen gelangt. Die Norm ist allseitig formuliert und gilt deswegen auch dann, wenn es um die Beurteilung der Verbringung einer Sache aus einem ausländischen Staat in den Geltungsbereich eines anderen ausländischen Staates geht (BT-Drs. 14/343, 16). Im Fall eines Statutenwechsels erhebt sich die Frage nach dem Schicksal dinglicher Rechte, die nach dem alten Belegenheitsrecht begründet worden sind. Abs. 2 liegt die Vorstellung der prinzipiellen Anerkennung solcher Rechte – iS einer Art „Hinnahmetheorie" (Junker FS Geimer, 2017, 267, 273 f.) – zugrunde. Abzulehnen ist daher die Auffassung, wonach ein fremdes dingliches Recht mit Grenzübertritt in ein funktionsäquivalentes inländisches Recht endgültig umgewandelt wird (Kegel/Schurig IPR § 19 III; Ferid IPR Rn. 7–64; mit Grund krit. gegen einen solchen kollisionsrechtlichen „Reinigungseffekt" MüKoBGB/Wendehorst Rn. 147). Wirksam begründete fremde Sachenrechte bestehen demnach grds. (idS Grüneberg/Thorn Rn. 5), indes nicht ausnahmslos fort; sie werden also nicht pauschal transponiert, sondern nur selektiv transponiert bzw. anerkannt oder hingenommen (idS MüKoBGB/Wendehorst Rn. 152 f., auch zur im Ansatz schwankenden deutschen Rspr., Rn. 159; ähnlich Junker FS Geimer, 2017, 267, 273 f.). Sie können nur ausnahmsweise nicht ausgeübt werden, wenn sie im Widerspruch zu der Rechtsordnung des Ankunftsstaates stehen. 12

Ein solcher **Widerspruch zur neuen Rechtsordnung** kann darin begründet sein, dass die Entstehungsvoraussetzungen eines Sachenrechts zur Voraussetzung des Fortbestehens erhoben werden, wie etwa eine Registereintragung (näher, auch zu den grds. theoretischen Ansätzen, MüKoBGB/Wendehorst Rn. 147 ff. mwN). Ab Ankunft im Empfangsstaat sind die fremden Sachenrechte ggf. mit den Wirkungen entsprechender dinglicher Rechte des Empfangsstaates auszustatten. Eine im früheren Schrifttum erwogene Möglichkeit der Rechtswahl (Staudinger/Stoll IntSachenR, 1996, Rn. 282–284, 292) hat der Gesetzgeber verworfen (BT-Drs. 14/343 unter einschr. Hinweis auf Art. 46: Ausweichklausel). Ist das neue Sachenrecht durch den numerus 13 clausus bzw. den Typenzwang gekennzeichnet (wie regelmäßig), so ist erforderlich, dass fremde dingliche Rechte ggf. in der Weise anzupassen sind, dass sie dem funktionell entsprechenden deutschen Sachenrechtstyp gem. auszuüben sind (sog. **Transposition**). Diese bereits bisher hM ist nunmehr Gesetz geworden (Junker RIW 2000, 241 (254); Pfeiffer NJW 1999, 3674 (3677); Kreuzer RabelsZ 65 (2001), 383 (444); Sonnenberger Rev. crit. dr. int. priv. 88 (1999), 647 (664)). Dabei ist zu bedenken, dass insbes. das deutsche Mobiliarsachenrecht namentlich die Publizität durch die Anerkennung der Sicherungsübereignung auf sachrechtlicher Ebene weit zurückgedrängt hat. Deshalb kann ein französisches Registerpfandrecht an Kraftfahrzeugen in Deutschland wie Sicherungseigentum behandelt werden (vgl. BGHZ 39, 173 (174 f.); Hartwieg RabelsZ 57 (1993), 607 (624 f.); Drobnig FS Kegel, 1977, 142 (157)), ebenso eine Autohypothek nach italienischem Recht (BGH NJW 1991, 1415 (1416); dazu Kreuzer IPRax 1993, 157 (159); krit. Stoll IPRax 2000, 262) oder ein polnisches Registerpfandrecht (Ernst/Guski RIW 2009, 451 (456)). Aus einem nur relativ wirkenden Eigentumsvorbehalt nach italienischem Recht wird ein absoluter (vgl. BGHZ 45, 95 (97); Hartwieg RabelsZ 57 (1993), 607 (627); Junker RIW 2000, 241 (254); Lehr RIW 2000, 747). Das Vindikationslegat schwächt sich zum Damnationslegat ab (BGH NJW 1995, 58; näher Süss RabelsZ 65 (2001), 245 ff.). Das Sicherungseigentum an einem Kfz, das in Deutschland begründet worden ist, ist demgegenüber in Österreich lange nicht anerkannt worden, weil eine funktionsentsprechende publizitätslose Form eines Sicherungsrechts an beweglichen Sachen dort nicht existiert (vgl. OGH IPRax 1985, 165). Im Anschluss an deutliche und überzeugende Kritik aus dem österreichischen In- wie Ausland (Schwind FS Kegel, 1987, 599; Rauscher RIW 1985, 265; Martiny IPRax 1985, 168) hat der OGH Wien (IPRax 2019, 548; dazu Lurger IPRax 2019, 560; Nitsch ZfRV 2019, 250; krit. Kieninger FS Kronke, 2020, 967 (972 ff.)) auch im Hinblick auf die unionsrechtlichen Grundfreiheiten der Waren-, Dienstleistungs- bzw. Kapitalverkehrsfreiheit (auf letztere dürfte es in erster Linie ankommen, vgl. Kieninger FS Kronke, 2020, 967 (974 f.)) seinen Widerstand gegen die deutsche Sicherungsübereignung mittlerweile aufgegeben: Deutsches Sicherungseigentum wird ebenso wenig als gegen den österreichischen ordre public verstoßend angesehen wie der Eigentumsvorbehalt. Auch ausländische Schiffshypotheken werden hier anerkannt (BGH NJW 1991, 1418 (1420); zu den Sicherungsrechten der USA nach dem UGG eingehend Rakob, Ausländische Mobiliarsicherungsrechte im Inland, 2001, 18 ff.). Das Lösungsrecht des bisherigen Eigentümers, der seine abhandengekommene Sache nur von einem gutgläubigen Erwerber herausverlangen kann, wenn er dem Erwerber den gezahlten Kaufpreis erstattet (im romanischen Rechtskreis geläufig, zB Art. 2280 franz. CC), kann gleichfalls über Art. 43 Abs. 2 transponiert werden (Benecke ZVglRWiss 101 (2002), 362 (374)).

**14** Eine **Grenze für die Transposition** bildet jedenfalls **Art. 6** (zum Verhältnis von Abs. 2 zu Art. 6 näher Staudinger/Mansel, 2015, Rn. 1245, 1246), wobei nur unverzichtbare Teile der deutschen Sachenrechtsordnung die Vorbehaltsklausel auslösen. Kriterien sind insbes. der Verkehrsschutz und der Gläubigerschutz. Beim Einsatz der Vorbehaltsklausel ist die Rspr. ausgesprochen zurückhaltend, so etwa bei der Anerkennung eines form- und ranglos bestellten venezolanischen Schiffspfandrechts (BGH NJW 1991, 1418 gegen RGZ 80, 129). Die Rangfolge richtet sich indes nach neuem Sachstatut; vgl. auch Art. 45 Abs. 2 S. 2 (Staudinger/Stoll, 1996, IntSachenR Rn. 383).

**15** Gegen diese Handhabung der Frage des Statutenwechsels im Internationalen Sachenrecht lassen sich kaum konkret durchgreifende **unionsrechtliche Bedenken** (unter den Aspekten der Waren-, Dienstleistungs- und Kapitalverkehrsfreiheit) anführen, zumal das deutsche sachrechtliche Kreditsicherungsrecht über die Einrichtung der publizitätslosen Sicherungsübereignung ohnedies außerordentlich liberal in Bezug auf Publizitätsanforderungen ist (MüKoBGB/Wendehorst Rn. 159; Staudinger/Mansel, 2015, Rn. 1219, 1220; s. dazu auch OGH Wien IPRax 2019, 548 und Lurger IPRax 2019, 560 (564 f.); Kieninger FS Kronke, 2020, 967 (973 ff.); Nitsch ZfRV 2019, 250 (254 f.) mwN).

## VI. Raum-zeitlich gestreckte Tatbestände (Abs. 3)

**16** Abs. 3 regelt den Fall räumlich gespaltener und zeitlich gestreckter sachenrechtlicher Vorgänge (Junker FS Geimer, 2017, 267, 275: nicht abgeschlossene, „offene" Tatbeständen). Betroffen sind insbes. **internationale grenzüberschreitende Verkehrsgeschäfte.** Grds. gilt (Abs. 3 Hs. 1): Ist ein Tatbestand nach der bisherigen Belegenheitsrechtsordnung abgeschlossen, ist für die Übernahme in eine neue Rechtsordnung Abs. 2 maßgeblich (Schurig FS Stoll, 2001, 577 (583)). War ein sachenrechtlicher Tatbestand nach dem alten Belegenheitsrecht nicht abgeschlossen oder nicht ausreichend (zB gutgläubiger Erwerb einer abhanden gekommenen, insbes. gestohlenen Sache), so vollendet sich dieser Tatbestand nicht eo ipso durch die Ankunft in einem neuen Belegenheitsstaat.

Vielmehr gilt dann (Abs. 3 Hs. 2), dass im neuen Belegenheitsstaat für den Erwerb eines Sachenrechts Vorgänge im früheren Belegenheitsstaat so zu behandeln sind, als hätten sie sich im Inland ereignet (BGH NJW 2009, 2824; OLG Koblenz IPRspr. 2003 Nr. 52; Junker RIW 2000, 241 (254 f.); Grüneberg/Thorn Rn. 11; Sonnenberger Rev. crit. dr. int. priv. 88 (1999), 647 (665)). Daraus folgt zB für die Ersitzung, dass – sofern der Ersitzungstatbestand nicht schon im alten Belegenheitsrecht abgeschlossen ist – für die Voraussetzungen der Ersitzung das neue Lagerecht maßgeblich ist. Eine teilweise abgelaufene Frist im alten Belegenheitsrecht wird also „angerechnet" (Engel IPRax 2014, 520 (521 f.); Soergel/Lüderitz Anh. II Art. 38 Rn. 73; Raape IPR 604 f.; Henrich, Vorschläge und Gutachten zur Reform des deutschen internationalen Sachen- und Immaterialgüterrechts, 1991, 7; zur Wirkung der Zustimmung iErg ebenso BGH NJW-RR 2000, 1583 (1584), aber uU Sonderanknüpfung). Auch in Bezug auf eine mögliche Verjährung des Vindikationsanspruchs greift Abs. 3 (OLG Hamburg IPRax 2014, 541; Engel IPRax 2014, 520 (521 f.)).

Abs. 3, dessen Einordnung als Kollisionsnorm (dafür BT-Drs. 14/343, 16; Schurig FS Stoll, 2001, 577 (583); Swienty, Der Statutenwechsel im deutschen und englischen internationalen Sachenrecht unter besonderer Betrachtung der Kreditsicherungsrecht, 2011, 75 f.) oder Sachnorm (dafür Staudinger/Mansel, 2015, Rn. 1314) streitig ist, wurde zwar einseitig formuliert (BT-Drs. 14/343, 16; krit. Staudinger DB 1999, 1589 (1594); Schurig FS Stoll, 2001, 577 (585)) und bezieht sich nur auf Vorgänge im Inland. Dass insgesamt **über die Anrechnung von Sachverhaltselementen,** die sich vor der Verbringung der Sache in den jetzigen Belegenheitsstaat ereignet haben, die **neue lex re sitae entscheidet,** ergibt sich aber aus Abs. 1 und Abs. 2 (s. auch Henrich, Vorschläge und Gutachten zur Reform des deutschen internationalen Sachen- und Immaterialgüterrechts, 1991, 7). Daher kann die Norm allseitig ausgebaut werden (MüKoBGB/Wendehorst Rn. 174; iErg auch BGH NJW 2009, 2824 (2825); anders Staudinger/Mansel, 2015, Rn. 1315, 1316). Die Vereinbarung eines **Eigentumsvorbehalts** im Rahmen eines internationalen **Versendungskaufes** fällt ebenfalls unter Abs. 3. Hat der Käufer – insbes. soweit das Recht von Ländern anwendbar ist, in denen das Konsensprinzip gilt – nicht schon mit dem Abschluss des Schuldvertrages Eigentum erworben, geht das Eigentum unter Anrechnung der Vorgänge im Ursprungsland nach den sachenrechtlichen Normen des Bestimmungslandes über. Ist nach dem Recht des Absendestaates ein nur relativ wirkender Eigentumsvorbehalt möglich, nach inländischem Recht hingegen der absolut wirkende, so beurteilen sich nach Abs. 3 Voraussetzungen und dingliche Wirkungen schon vom Grenzübertritt im Bestimmungsland an nach dessen Vorschriften (anders früher BGHZ 45, 95 (100) = NJW 1966, 879: erst konkludent vereinbarte Rückübereignung an den Verkäufer bei Eintreffen der Sache beim Käufer; hiergegen bereits Kegel JuS 1968, 162; Soergel/Lüderitz Anh. II Art. 38 Rn. 76–80; krit. Schurig FS Stoll, 2001, 577 (585 ff.)). Die Wirksamkeit eines verlängerten Eigentumsvorbehalts (sog Verarbeitungsklausel) richtet sich nach dem Vertragsstatut, das für die Rechtsbeziehungen zwischen Vorbehaltsverkäufer und Vorbehaltskäufer gilt (Art. 14 Rom I-VO) (BGHZ 111, 376 = NJW 1991, 637; Basedow ZEuP 1997, 615 (620 f.); aA – Recht am Sitz des Vorbehaltskäufers – Stoll IPRax 1991, 223 (225 ff.)). 17

## VII. Allgemeine Regeln

**1. Vorfragen; Einzel- und Gesamtstatut.** Der Anwendungsbereich von Art. 43 erfasst einerseits bestimmte Teil- und Vorfragen nicht, andererseits wird das Internationale Sachenrecht aber auch durch ein sog Gesamt- oder Vermögensstatut teilweise überlagert. **Gesondert anzuknüpfen** sind die **Rechts- und Geschäftsfähigkeit** (Art. 7), die **Vertretungsmacht** sowie das **schuldrechtliche Grundgeschäft,** aber auch zB ein **Besitzkonstitut** als Voraussetzung mittelbaren Besitzes. Bei der Beurteilung der Gutgläubigkeit sollte dagegen die Zurechnung des Kennens oder Kennenmüssens von Vertretern, Organen oder Hilfspersonen Art. 43 unterliegen (Soergel/Lüderitz Anh. II Art. 38 Rn. 22). 18

In Bezug auf das **Verhältnis von Einzelstatut und Gesamtstatut** hatte Art. 43 Abs. 1 S. 2 RefE vom 15.5.1984 (Text in Basedow NJW 1986, 2971 (2972) Fn. 8–12) vorgesehen, dass die sachenrechtlichen Vorschriften des Belegenheitsstaates auch dann anzuwenden sind, wenn nach einer anderen Verweisungsvorschrift des EGBGB das Recht eines anderen Staates maßgeblich wäre. Diese Klausel, die den Vorrang des Sachstatuts gegenüber dem Gesamtstatut vorsah, ist zwar nicht Gesetz geworden. Der bereits bisher anerkannten Auffassung (BGH NJW 1995, 58 (59); MüKoBGB/Dutta Art. 25 Rn. 99 ff.) soll aber insoweit durch den Gesetzgeber nicht entgegengetreten werden (R. Wagner IPRax 1998, 429 (435)). Die Norm ist vielmehr auf Vorschlag des Deutschen Rates für IPR nicht ins Gesetz übernommen worden, weil sie ohnedies etwas Selbstverständliches besagt hätte (Kreuzer in Henrich, Vorschläge und Gutachten zur Reform des deutschen 19 internationalen Sachen- und Immaterialgüterrechts, 1991, 37, 55 f.; vgl. auch § 32 öst. IPRG). Insbesondere kann der sachenrechtliche numerus clausus als Einzelstatut nicht durch unbekannte sachenrechtliche Typen wie etwa ein Vindikationslegat (BGH NJW 1995, 58 (59); dazu Dörner IPRax 1996, 26) eines Gesamtstatuts (zB Erbstatut oder Ehegüterrechtsstatut) durchbrochen werden. Ähnlich wie im Rahmen von Abs. 2 hat insoweit eine Transposition zu erfolgen, falls möglich (so wurde aus einem Vindikationslegat ein Damnationslegat; vgl. ferner Soergel/Lüderitz Anh. II Art. 38 Rn. 19; näher zum Ganzen Staudinger/Mansel, 2015, Rn. 956 ff.).

20 **2. Gesamtverweisung.** Art. 43 spricht gem. Art. 4 Abs. 1 eine Gesamtverweisung aus. Rück- und Weiterverweisungen sind also zu beachten (Kreuzer in Henrich, Vorschläge und Gutachten zur Reform des deutschen internationalen Sachen- und Immaterialgüterrechts, 1991, 37, 138 f.; Staudinger/Mansel, 2015, Rn. 1146 ff.; vgl. auch BT-Drs. 14/343, 15).

21 **3. Ordre public.** Wie stets ist Art. 6 zu beachten. Jedoch wird der **Einwand der deutschen öffentlichen Ordnung** nur selten eingreifen (vgl. Spickhoff, Der ordre public im internationalen Privatrecht, 1989, 212 ff.; Staudinger/Mansel, 2015, Rn. 1156). Möglich erscheint dies dann, wenn es um nach früherem Sachstatut begründete Rechtsfolgen (zB Eigentumsverlust) geht, insbes. wenn der Verkehrsschutz sowie die Interessen der am konkreten Geschehen Beteiligten unangemessen benachteiligt werden (vgl. BGHZ 39, 173 (176 f.) = NJW 1963, 1200; BGHZ 45, 95 (97) = NJW 1966, 879 (880); BGHZ 100, 321 (324) = NJW 1987, 3077 (3079); BGH NJW 1991, 1418 (1419): jeweils Verstoß gegen den ordre public verneint). Dass gestohlene Sachen gutgläubig erworben werden können, löst den ordre public noch nicht aus; § 935 Abs. 2 BGB zeigt, dass das BGB selbst diesen – international durchaus uneinheitlich gehandhabten – Grundsatz nicht durchhält (v. Caemmerer FS Zepos, 1973, 25 (26)). Die Möglichkeit einer Transposition fremder Sachenrechte in deutsches Recht richtet sich nach Abs. 2, der den Anwendungsbereich von Art. 6 insoweit (bei fehlender Transpositionsmöglichkeit) noch weiter zurückdrängt (Soergel/Lüderitz Anh. II Art. 38 Rn. 93; Staudinger/Mansel, 2015, Rn. 1157). Nicht jede Publizitätsform und das numerus-clausus-Prinzip des Sachenrechts sind wesentliche deutsche Rechtsgrundsätze iSv Art. 6 (BGHZ 39, 173 (176 f.) = NJW 1966, 879). Auch fehlt es an einer ausreichenden Inlandsbeziehung, wenn sich der betreffende Gegenstand nur vorübergehend in Deutschland befindet (Stoll RabelsZ 38 (1974), 450 (464 ff.); Spickhoff, Der ordre public im IPR, 1989, 213 ff.; Staudinger/Mansel, 2015, Rn. 1156; verkannt in RGZ 80, 129 (132 ff.)).

22 **4. Intertemporales Recht.** In Ermangelung einer ausdrücklichen Regelung gelten die Grundsätze der **Art. 220 Abs. 1, 236 § 1 analog** (BT-Drs. 14/343, 7; Pfeiffer IPRax 2000, 272; Spickhoff NJW 1999, 2209 (2210 f.); Staudinger/Mansel, 2015, Rn. 322). Mithin kommt es darauf an, ob der sachenrechtliche Vorgang vor oder nach dem 1.6.1999 abgeschlossen worden ist oder nicht. Da Art. 43 im Vergleich zur früheren Rechtslage kaum Änderungen bringt, ist ein intertemporaler Statutenwechsel so gut wie ausgeschlossen (Staudinger/Mansel, 2015, Rn. 323). Im Falle zeitlich gestreckter Tatbestände kommt eine „Anrechnung" von Vorgängen vor dem 1.6.1999 entspr. Abs. 3 in Betracht (diff. Staudinger/Mansel, 2015, Rn. 325–337).

23 **5. Internationale Zuständigkeit.** Die internationale Zuständigkeit ist im Falle von Streitigkeiten sachenrechtlicher Natur weder in der Brüssel Ia-VO, noch im LugÜ oder in der ZPO prinzipiell gesondert geregelt. Es gelten also zunächst die allgemeinen Regeln der internationalen Zuständigkeit nach Brüssel Ia-VO, LugÜ und §§ 12 ff. ZPO analog. Nur für **Rechtsstreitigkeiten über Grundstücke und Grundstücksrechte** gilt der sich mit der kollisionsrechtlichen Anknüpfung an die lex rei sitae deckende ausschließliche Belegenheitsgerichtsstand des Art. 24 Nr. 1 Brüssel Ia-VO (Art. 22 Nr. 1 LugÜ). Beseitigungs- und Schadensersatzklagen, die auf eine Verletzung des Eigentums an Grundstücken gestützt werden, fallen aber nicht in diesen ausschließlichen Gerichtsstand (BGH NJW 2008, 3502). Klagen aus Miete und Pacht von Immobilien werden freilich ausdrücklich einbezogen. Ähnliches gilt im Rahmen der ZPO für die internationale Zuständigkeit gem. §§ 24–26 ZPO (analog) und für Klagen aus Miete und Pacht gem. § 29a ZPO (analog). In Bezug auf **Mobilien** ist auf den (rechtspolitisch und im Falle einer Notwendigkeit einer späteren Anerkennung und Vollstreckung einer Entscheidung deutscher Gerichte im Ausland auch praktisch problematischen, weil im internationalen Vergleich „exorbitant" weiten) besonderen Gerichtsstand des Vermögens (§ 23 ZPO) hinzuweisen (dazu statt vieler Pfeiffer, Internationale Zuständigkeit und prozessuale Gerechtigkeit, 1995, 523 ff.). Nach hM genügt jeder im Inland belegene Gegenstand unabhängig von seinem ggf. geringen Wert (sog Umbrella-rule) und unabhängig vom Sinn eventueller Vollstreckungsmaßnahmen im Inland für die Begründung des entsprechenden Gerichtsstandes (BGH NJW 990, 992; offengelassen von BGHZ 115, 90 (93) = NJW 1991, 3092 (3093)). Der BGH hat der Kritik an der wortlautgetreu weiten Auslegung des

§ 23 ZPO (analog) dadurch Rechnung getragen, dass er einen hinreichenden Inlandsbezug für sein Eingreifen verlangt (BGHZ 115, 90 = NJW 1991, 3092). Indes sind die Konturen dieses der (ungeschriebenen) Dogmatik des ordre public entlehnten Begriffs (→ Art. 6 Rn. 15) in einer den zuständigkeitsrechtlichen Interessen nach Rechtsklarheit fragwürdigen Weise undeutlich (Stein/Jonas/Roth ZPO § 23 Rn. 10). Auf § 23 ZPO analog kann iÜ nur zurückgegriffen werden, wenn der Beklagte seinen Wohnsitz nicht in einem der Mitgliedstaaten der Brüssel Ia-VO oder des LugÜ hat (Art. 5 Brüssel Ia-VO iVm Anh. I Brüssel Ia-VO; Art. 3 LugÜ). Das gilt auch in Bezug auf die Begründung der rein örtlichen Zuständigkeit (Stein/Jonas/Roth ZPO § 23 Rn. 2). Ausnahmsweise bleibt der Rückgriff auf § 23 ZPO analog indes für Sicherungsverfahren (namentlich den Arrest, Art. 33 Brüssel Ia-VO bzw. Art. 31 LugÜ) möglich, auch innerhalb des Anwendungsbereichs der Brüssel Ia-VO und des LugÜ (OLG Düsseldorf ZIP 1999, 1521; Stadler JZ 1999, 1094 f.; Heß/Vollkommer IPRax 1999, 221; Spellenberg/Leible ZZPInt 1999, 228).

## Art. 44 Von Grundstücken ausgehende Einwirkungen

**Für Ansprüche aus beeinträchtigenden Einwirkungen, die von einem Grundstück ausgehen, gelten die Vorschriften der Verordnung (EG) Nr. 864/2007 mit Ausnahme des Kapitels III entsprechend.**

**Schrifttum:** Buschbaum, Privatrechtsgestaltende Anspruchspräklusionen im internationalen Privatrecht, 2008; Freigang, Grenzüberschreitende Grundstücksimmissionen, 2008; Hager, Zur Berücksichtigung öffentlich-rechtlicher Genehmigungen bei Streitigkeiten wegen grenzüberschreitender Immissionen, RabelsZ 53 (1989), 293; Kreuzer, Umweltstörungen und Umweltschäden im Kollisionsrecht, BerGesVR 32 (1992), 245; Mansel, Kollisionsrechtliche Koordination von dinglichem und deliktischem Rechtsgüterschutz, FS Laufs, 2006, 609; Pfeiffer, Öffentlich-rechtliche Anlagengenehmigung und deutsches Internationales Privatrecht, Trierer Jahrbuch IUTR 2000, 263; Spickhoff, Internationale Umwelthaftungsstandards und das neue Internationale Umwelthaftungsrecht, Trierer Jahrbuch IUTR 2000, 385; Sturm, Immissionen und Grenzdelikte, in v. Caemmerer (Hrsg.), Vorschläge und Gutachten zur Reform des deutschen internationalen Privatrechts der außervertraglichen Schuldverhältnisse, 1983, 338; Wandt, Deliktsstatut und Internationales Umwelthaftungsrecht, VersR 1998, 529; U. Wolf, Deliktsstatut und internationales Umweltrecht, 1995.

### I. Normzweck und Entstehung

Art. 44 befasst sich mit Ansprüchen aus beeinträchtigenden Einwirkungen, die von einem Grundstück ausgehen (Grundstücksimmission). Solche Ansprüche sollen entspr. der Rom II-VO angeknüpft werden. Zumindest im deutschen Privatrecht sind die entsprechenden Ansprüche systematisch teils im Deliktsrecht, teils im Sachenrecht angesiedelt. Da es sich bei allen diesen Anspruchsgrundlagen funktionell um Rechtsgüterschutz gegen Einwirkungen von anderen Grundstücken und damit um Deliktsrecht handelt, das hier die Aufgabe hat, den Freiheits- und Handlungsraum des Störers gegen den Freiheits- und Handlungsraum des Betroffenen abzugrenzen (Kreuzer IPR 37, 146; Staudinger/Mansel, 2015, Rn. 6), soll **einheitlich das Deliktsstatut** gelten (kollisionsrechtlicher Gleichlauf). Art. 44 will also zur Vermeidung von Angleichungsproblemen und zur Sicherstellung des inneren Entscheidungseinklangs weitgehend den kollisionsrechtlichen Gleichlauf von delikts- und sachen- bzw. nachbarrechtlichen Ansprüchen gewährleisten (BT-Drs. 14/343, 16; R. Wagner IPRax 1998, 429 (435); Kreuzer IPR 37, 146 f.). 1

Im **Unterschied zu Art. 44 idF von 1999** verweist der durch Gesetz zur Anpassung der Vorschriften des IPR an die Rom II-VO vom 10.12.2008 (BGBl. I 2401), in Kraft getreten am 11.1.2009, Art. 44 nicht mehr (nur) auf Art. 40 Abs. 1 und damit nur auf einen (wenngleich zentralen) Teilausschnitt des Internationalen Deliktsrechts, sondern auf das europäisierte Deliktskollisionsrecht der Rom II-VO im Ganzen (naturgemäß nicht aber auf das in Kapitel III der Rom II-VO geregelte Internationale Bereicherungsrecht, die GoA im IPR und die cic). Durch diese begrüßenswerte Korrektur anlässlich des Inkrafttretens der Rom II-VO wird der Gleichlauf vollständiger durchgeführt als bisher und sind zahlreiche bisher bestehende Ungereimtheiten im Internationalen Immissionsschutzrecht beseitigt worden. Zum Zweck des Gleichlaufs ist über die Anbindung an neben dem oder den Erfolgsortsrecht(en) stehende optional anwendbare Handlungsortsrecht(e) (Art. 7 Rom II-VO) der **kollisionsrechtliche Opfer- bzw. Umweltschutz und Präventionszweck verstärkt** worden (Staudinger/Mansel, 2015, Rn. 14), da die Regelung zu einer tendenziellen **Haftungsverschärfung durch kollisionsrechtliche Mittel** geführt hat. 2

## II. Ansprüche aus Grundstücksimmissionen

**3** Art. 44 betrifft Ansprüche aus beeinträchtigenden Einwirkungen, die von einem Grundstück (und damit nicht von mobilen Quellen einer Störung) ausgehen. Erfasst ist aber sehr wohl die mit der typischen Nutzung einer Immobilie verbundene Emission, zB Lärm durch Tennisspiel, Autolärm auf einem Parkplatz oder einer Rennstrecke bzw. Zuschauerlärm auf Sportplätzen (MüKoBGB/Wendehorst Rn. 21; Staudinger/Mansel, 2015, Rn. 75; wohl anders Grüneberg/Thorn Rn. 1). Der Einwirkungsbegriff sollte im Interesse der Einheitlichkeit des Immissionsschutzstatuts weit (noch über § 906 BGB hinaus) verstanden werden: Er erfasst alle Emissionen (Mansel FS Laufs, 2006, 609 (615 f.); MüKoBGB/Wendehorst Rn. 14 ff.), also nicht nur die Emission unwägbarer Stoffe (Gas, Dämpfe, Gerüche), sondern auch Grobemissionen oder Flüssigkeiten (NK-BGB/v. Plehwe Rn. 5), Lärm, Entziehung von Licht und Luft (einschließlich Luftverschmutzung), Hitze, Funkenflug, Zufuhr, Ableitung oder Verunreinigung von Wasser, Strahlen, auch Störungen des ästhetischen oder sittlichen Empfindens (Grüneberg/Thorn Rn. 1). Ob der Geschädigte dinglich berechtigt ist oder nicht, ist gleichgültig (BT-Drs. 14/343, 16; R. Wagner IPRax 1998, 429 (435)). Erfasst sind dingliche Beseitigungs- und Unterlassungsansprüche, soweit sie nicht nach dem autonomen Verständnis der Rom II-VO deliktsrechtlich zu qualifizieren sind, aber auch Aufopferungsansprüche zum Ausgleich von duldungspflichtigen und deshalb rechtmäßigen Störungen (in Deutschland vor allem: §§ 862, 1004 BGB, § 14 BImSchG), vorausgesetzt, es handelt sich um privatrechtliche Ansprüche (vgl. Staudinger/Mansel, 2015, Rn. 88).

**4** Zweifelhaft ist, ob auch das **Anliegerrecht** von Art. 44 erfasst wird. Dabei geht es im Wesentlichen um die Bestimmung des Inhalts von Grundeigentum, welcher etwa in Fällen von § 904 BGB oder der Pflicht, einen Notweg, einen Überbau, einen Überhang oder einen Überfall zu dulden oder bestimmte Grenzabstände (Bepflanzungsgrenzen oder Bebauungsgrenzen) einzuhalten, zum Ausdruck kommt. Auf Grund der hierbei besonders stark ausgeprägten Nähe zum Sachenrecht sollten derartige Ansprüche oder Duldungspflichten nicht Art. 40 Abs. 1, sondern Art. 43 Abs. 1 unterworfen werden. Die Anknüpfung nach der Rom II-VO erscheint hier – auch aus deren autonomer Zweckrichtung heraus – nicht angebracht (ebenso MüKoBGB/Wendehorst Rn. 19; Staudinger/Mansel, 2015, Rn. 87; anders zu Art. 44 aF Stoll IPRax 2000, 259 (266) für Art. 44) Bei gemeinschaftlichen Grenzanlagen wird sich das ärgere Recht durchsetzen, also das Recht, das – wenn überhaupt – den schwächeren Anspruch bereit hält (Staudinger/Mansel, 2015, Rn. 87 für das Recht am Ort des potenziell duldungspflichtigen Grundstücks, sonst für die Anknüpfung nach Art. 43 Abs. 1 EGBGB MüKoBGB/Wendehorst Rn. 19).

## III. Anknüpfung

**5** Da Art. 44 nicht mehr allein auf die Grundanknüpfungsregel des Deliktskollisionsrechts (früher: allein auf Art. 40 Abs. 1 und nicht auf das Deliktskollisionsrecht der Art. 40–42 im Ganzen) verweist, sondern auf das Deliktskollisionsrecht nach der Rom II-VO im Ganzen, sind kollisionsrechtlich nun deliktsrechtlich zu qualifizierende ebenso wie sachenrechtlich zu qualifizierende Anspruchsgründe einheitlich zu beurteilen (zu Art. 44 iVm Art. 40 Abs. 1 aF Spickhoff Trierer Jb. IUTR 2000, 385 (387 f.); Mansel FS Laufs, 2006, 609 (614 f.); Looschelders Rn. 5; ferner Stoll IPRax 2000, 265; Kreuzer RabelsZ 65 (2001), 383 (450)). Damit hat die bisweilen schwierige Qualifikationsfrage an Bedeutung verloren. Einschlägig sind – je nach Sachlage – insbes. die Grundanknüpfungen der Art. 4 und 7 Rom II-VO. Art. 4 Rom II-VO ist insbes. einschlägig, wenn weder eine Umweltschädigung gem. Art. 7 Rom II-VO vorliegt noch ein aus einer Umweltschädigung herrührender Personen- oder Sachschaden (in deutscher Terminologie im Wesentlichen: Verletzung der körperlichen Integrität oder Sachbeschädigung) ersichtlich ist (MüKoBGB/Wendehorst Rn. 34; zu reinen Vermögensschäden Rn. 29, 35). Das Optionsrecht, das Art. 7 Rom II-VO eröffnet, ist zumindest innerhalb desselben Streitgegenstandes einheitlich für sachenrechtliche und deliktsrechtliche Anspruchsgrundlagen auszuüben (Pfeiffer IPRax 2000, 274; Grüneberg/Thorn Rn. 2; MüKoBGB/Wendehorst Rn. 32, 33). Auch für die kollisionsrechtliche Behandlung öffentlich-rechtlicher Genehmigungen in Bezug auf Ansprüche wegen Grundstücksimmissionen gelten dieselben Grundsätze wie im Internationalen Deliktsrecht (→ VO (EG) 864/2007 Art. 7 Rn. 5).

## IV. Allgemeine Regeln

**6** Gemäß Art. 44 wird auch auf die allgemeinen Regeln der Rom II-VO in Kapitel VI verwiesen. Dem Zweck des kollisionsrechtlichen Gleichlaufs sachen- und deliktsrechtlicher Ansprüche entspr.

ist der Charakter der Verweisung von Art. 44 daher derselbe wie derjenige der Rom II-VO. Gemäß Art. 24 Rom II-VO ist daher von einer Sachnormverweisung auszugehen (Grüneberg/Thorn Rn. 2). Ebenso kann der Einwand des ordre public gem. Art. 26 Rom II-VO herangezogen werden (nicht: Art. 6 EGBGB). Art. 40 Abs. 3 ist zwar jedenfalls nicht unmittelbar anwendbar, kann jedoch zur Ausfüllung von Art. 26 Rom II-VO herangezogen werden (vgl. Spickhoff Trierer Jb. IUTR 2000, 385 (395 f.)).

## V. Intertemporales Recht.

Eine intertemporalrechtliche Übergangsvorschrift fehlt. In Bezug auf den **Wechsel der Rechtslage am 1.6.1999** gelten daher **Art. 220 Abs. 1, 236 § 1 analog** (BT-Drs. 14/343, 7). Insoweit kommt es auf die Abgeschlossenheit des betreffenden Vorgangs an (Spickhoff NJW 1999, 2209 (2210 f.); Pfeiffer IPRax 2000, 270 (272)). Bei zeitlich gestreckten Tatbeständen kann es am 1.6.1999 zu einem **Wandel des anwendbaren Rechts** gekommen sein: Zwar wurden sachenrechtliche Ansprüche wegen Grundstücksimmissionen auch schon vor Inkrafttreten von Art. 44 deliktsrechtlich qualifiziert (Stoll RabelsZ 37 (1973), 357 (375); Hager RabelsZ 53 (1989), 293 (297 f.); Sturm in v. Caemmerer, Vorschläge und Gutachten zur Reform des IPR der außervertraglichen Schuldverhältnisse, 1983, 338, 359 f.; anders Soergel/Lüderitz Anh. II Art. 38 Rn. 37 f.; v. Bar IPR I 629 Fn. 14). Jedoch galt bis zum 1.6.1999 die Ubiquitätsregel in Kombination mit dem Günstigkeitsprinzip nach hM ohne Einschränkungen. Insbesondere war es nicht erforderlich, dass sich der Geschädigte auf die Anwendung des Erfolgsortsrechts berief. Andererseits ist Art. 38 aF, der auch auf sachenrechtliche Ansprüche wegen Grundstücksimmissionen angewendet wurde (Lüderitz IPR Rn. 327; Soergel/Lüderitz Anh. II Art. 38 Rn. 44), weggefallen. 7

Aufgrund der Verweisung auf die Rom II-VO in der **seit dem 11.1.2009 geltenden Fassung** des Art. 44 kann für den intertemporalen Anwendungsbereich dieser Norm wiederum auf **Art. 31, 32 Rom II-VO** zurückgegriffen werden. 8

### Art. 45 Transportmittel

**(1) [1]Rechte an Luft-, Wasser- und Schienenfahrzeugen unterliegen dem Recht des Herkunftsstaats. [2]Das ist**
**1. bei Luftfahrzeugen der Staat ihrer Staatszugehörigkeit,**
**2. bei Wasserfahrzeugen der Staat der Registereintragung, sonst des Heimathafens oder des Heimatorts,**
**3. bei Schienenfahrzeugen der Staat der Zulassung.**

**(2) [1]Die Entstehung gesetzlicher Sicherungsrechte an diesen Fahrzeugen unterliegt dem Recht, das auf die zu sichernde Forderung anzuwenden ist. [2]Für die Rangfolge mehrerer Sicherungsrechte gilt Artikel 43 Abs. 1.**

## I. Normzweck

Die Anknüpfung an das Belegenheitsrecht iSv Art. 43 Abs. 1 hat sich im Falle von Transportmitteln im Grundsatz als ungeeignet erwiesen. Da Transportmittel rasch und häufig ihre Lage, den Staat und damit das anwendbare Recht wechseln, und sie sich teilweise überhaupt nicht auf staatlichem Gebiet befinden, würden sachenrechtliche Verfügungen über solche Transportmittel außerordentlich erschwert. Ihre **Wirksamkeit** wäre kaum noch **vorhersehbar,** es sei denn, das Transportmittel würde sich zurzeit der Verfügung an einem feststehenden Ort befinden. Eine solche Erschwerung würde den Interessen des Rechts- und Wirtschaftsverkehrs nicht gerecht werden. Deshalb schreibt Art. 45 vor, dass im Falle der dort genannten Transportmittel nicht an die lex rei sitae, sondern an den Herkunftsstaat anzuknüpfen ist (BT-Drs. 14/343, 17; R. Wagner IPRax 1998, 429 (436); Drobnig, Vorschlag einer besonderen sachenrechtlichen Kollisionsnorm für Transportmittel, in Henrich, Vorschläge und Gutachten zur Reform des deutschen internationalen Sachen- und Immaterialgüterrechts, 1991, 13, 14 f. in Übereinstimmung mit der bereits bisher hM). 1

Eine ausschließliche Anknüpfung an das Recht des Herkunftsstaates würde jedoch in bestimmten Fällen eines zwischenzeitlichen Wechsels des Herkunftsstaates zu Anknüpfungsschwierigkeiten, insbes. in Bezug auf die Erkennbarkeit des anwendbaren Rechts für die beteiligten Parteien, führen. Das gilt insbes., wenn es um die **Einräumung eines Sicherungsrechtes an dem betreffenden Transportmittel** geht. Demgegenüber gewährleistet die Anknüpfung an das Recht, das auf die 2 zu sichernde Forderung anzuwenden ist, dass jeder Gläubiger anhand des zugrunde liegenden Schuldverhältnisses vergleichsweise **einfach feststellen** kann, ob für ihn die Möglichkeit der Einräumung eines Sicherungsrechts besteht. Auch passt die materiell-rechtliche Akzessorietät von Sicherungsrechten zu der gesicherten Forderung zu dieser Anknüpfung (BT-Drs. 14/343, 18). Sie kann freilich dazu führen, dass an einem Transportmittel Sicherungsrechte verschiedener Rechtsordnungen bestehen. Die Rangordnung muss demgegenüber von vornherein einheitlich festgelegt werden. Daher verbleibt es insoweit bei der Grundregel des Lageortsrechts (Abs. 2 S. 2) (Kreuzer, Gutachtliche Stellungnahme zum Referentenentwurf des Gesetzes zur Ergänzung des Internationalen Privatrechts, in Henrich, Vorschläge und Gutachten zur Reform des deutschen internationalen Sachen- und Immaterialgüterrechts, 1991, 37, 135). Dem Zweck der Anknüpfung entspr. sollen nur solche Fahrzeuge als von der Norm erfasst angesehen werden, die unter gewöhnlichen Bedingungen (nicht: konkret) dem Personen- oder Güterverkehr im internationalen Verkehr dienen können (MüKoBGB/Wendehorst Rn. 15, 16; PWW/Brinkmann Rn. 2). Daran fehlt es im Falle von umfunktionierten oder ausrangierten Transportmitteln, also etwa Wracks, dem fest installierten Campingwagen, dem auf dem Spielplatz benutzen Eisenbahnwaggon oder einer entsprechenden Lok sowie bei neuen Fahrzeugen, die zum erstmaligen Verkauf anstehen (MüKoBGB/Wendehorst Rn. 27–31). Die Veräußerung gebrauchter Fahrzeuge fällt demgegenüber geradezu typischerweise unter die Norm. Ob das nicht mehr gilt, wenn sie aus dem Verkehr genommen worden sind (zB auf einer Verkaufsfläche stehen), erscheint zweifelhaft (dafür aber MüKoBGB/Wendehorst Rn. 31), denn gerade im Falle eines Erwerbs aus der Ferne mag es an der Erkennbarkeit fehlen.

## II. Grundanknüpfung: Recht des Herkunftsstaats (Abs. 1)

3 **1. Allgemeines.** Abs. 1 knüpft die Rechte an Luft-, Wasser- und Schienenfahrzeugen prinzipiell an das **Recht des Herkunftsstaates** an. Diese Anknüpfung wird sodann konkretisiert in Bezug auf die drei genannten Arten von Transportmitteln (S. 2 Nr. 1–3). Insoweit wird Art. 43 Abs. 1 verdrängt. Zu beachten ist, dass Abs. 1 nur Rechte an den dort näher bezeichneten Transportmitteln regelt. Nicht erfasst sind Sachen an Bord eines Verkehrsmittels. Für Verfügungen hierüber verbleibt es – mit Modifikationen – bei Art. 43 (→ Art. 43 Rn. 6). Ob eine Sache Bestandteil oder Zubehör des Transportmittels ist, richtet sich demgegenüber nach Art. 45 Abs. 1. Zu vorrangigen Staatsverträgen ist auf weiterführendes Schrifttum zu verweisen (näher und mwN MüKoBGB/Wendehorst Rn. 5 ff.; zum Übereinkommen über internationale Sicherungsrechte an beweglicher Ausrüstung vom 16.11.2001 Staudinger/Mansel Anh.).

4 **2. Luftfahrzeuge (Abs. 1 S. 2 Nr. 1).** Abs. 1 S. 2 Nr. 1 knüpft Luftfahrzeuge an die Zugehörigkeit zu dem Staat an, in dem sie **registriert** sind. Das deckt sich mit den auf dem Genfer Abkommen über die internationale Anerkennung von Rechten an Luftfahrzeugen vom 19.6.1948 (BGBl. 1959 II 129, s. Art. II Abs. 2 LuftFzgA) beruhenden §§ 103–106 LuftRG und entspricht der bisher hM (BGH NJW 1992, 362 (363); Soergel/Lüderitz Anh. II Art. 38 Rn. 85; Staudinger/Mansel, 2015, Rn. 27 ff., auch zum Verhältnis des Genfer Abkommens zu den §§ 103–106 LuftRG. Zu Pfandrechten an Luftfahrzeugen Radbruch/Zimmermann/Schartl, NZI 2021, 805). Luftfahrzeuge können sein: Flugzeuge, Hubschrauber, Flugschrauber, Segelflugzeuge, Zeppeline, Heißluftballons, Raumfahrzeuge, Satelliten und Raumstationen, nicht aber Raketen oder ähnliche bloße Geschosse, Fallschirme oder Drachenflieger (näher MüKoBGB/Wendehorst Rn. 17–19).

5 **3. Wasserfahrzeuge (Abs. 1 S. 2 Nr. 2).** In Ermangelung vorrangiger Staatsverträge (hierzu vgl. MüKoBGB/Wendehorst Rn. 5 ff., 47) ist für Wasserfahrzeuge nunmehr eine Anknüpfung an das Recht des Staates der **Registereintragung, hilfsweise des Heimathafens oder des Heimatorts** vorgesehen. § 1 Abs. 2 Gesetz über Rechte an eingetragenen Schiffen und Schiffsbauwerken ist durch Art. 5 Gesetz zum IPR für außervertragliche Schuldverhältnisse und für Sachen aufgehoben worden (BGBl. 1999 I 1027). Ist ein Schiff in zwei Registern eingetragen, kommt es auf das Recht desjenigen Registers an, in dem dingliche Rechte eingetragen werden. Ein bloßes Flaggenregister ist unmaßgeblich (BT-Drs. 14/343, 17). Die Hilfsanknüpfung an den Heimathafen oder den Heimatort entspricht der schon bisher hM (BGH NJW-RR 2000, 1583 (1584); NJW 1995, 2097 (2098) mwN) und kommt vor allen Dingen für Sport- und Vergnügungsboote in Betracht (BT-Drs. 14/343, 17). Auch Luftkissenfahrzeuge wird man nicht unter Nr. 1, sondern unter Nr. 2 zu subsumieren haben (vgl. iErg Staudinger/Stoll, 1996, IntSachenR Rn. 396, auch zum bisherigen Streitstand). Schiffsbauwerke und festliegende Haus- oder Hotelboote fallen demgegenüber ebenso wenig wie Schiffswracks oder Offshore-Windkraftanlagen (dazu Wurmnest

RabelsZ 72 (2008), 236 (243)) unter Art. 45, da es sich hierbei nicht (mehr) um Transportmittel handelt (BT-Drs. 14/343, 17). Das gilt im Prinzip auch für Bohrinseln (hierzu Staudinger/Mansel, 2015, Rn. 119 ff.). Sind sie oder ähnliche Anlagen (Windkraftanlagen) in den Territorialgewässern eines Staates oder auch in staatlichen Funktionshoheitsgebieten der ausschließlichen Wirtschaftszone (näher Wurmnest RabelsZ 72 (2008), 236 (239 ff., 244 ff.); iErg ebenso, aber aus öffentlich-rechtlicher Perspektive Risch, Windenergieanlagen in der Ausschließlichen Wirtschaftszone, 2006, 162 ff.) festgemacht, gilt Art. 43. Befindet sich die Bohrinsel demgegenüber auf hoher See außerhalb solcher Gebiete, so geht die Anknüpfung von Art. 43 ins Leere. Dann kann Abs. 1 S. 2 Nr. 2 entspr. angewandt werden. Abs. 1 S. 2 Nr. 2 gilt auch für U-Boote. Keine Schiffe sind aber Surfbretter, Schlauchboote, Wasserski oÄ, weil hier der Transport offensichtlich nicht im Vordergrund steht, und erst recht nicht Überseekabel oder Pipelines (MüKoBGB/Wendehorst Rn. 21, 22), wohl auch nicht Windkraftanlagen auf offener See (dafür aber Meister/Overkamp EnWZ 2021, 71) oder fest verankerte Ölbohranlagen.

**4. Schienenfahrzeuge (Abs. 1 S. 2 Nr. 3).** Für Schienenfahrzeuge (zu Staatsverträgen MüKoBGB/Wendehorst Rn. 12 f.) knüpft Abs. 1 S. 2 Nr. 3 an das **Recht des Zulassungsstaates** an. Erfasst sind Eisenbahnwagen, Straßenbahnen, (Magnet-)Schwebebahnen und U-Bahnen. Irrelevant ist allerdings eine besondere Zulassung für den Auslandseinsatz, die keine Rückschlüsse auf die Herkunft des Schienenfahrzeugs zulässt (BT-Drs. 14/343, 17). Fehlt es an einer Registrierung, so ist auf den Grundsatz von Abs. 1 S. 2 Nr. 1 zurückzugreifen. Herkunftsstaat ist dann derjenige Staat, in dem der Unternehmer, der die Verantwortung für diesen Einsatz trägt, seinen Sitz hat (Staudinger/Mansel, 2015, Rn. 164; anders Kühl/Simsa WM 2021, 2224). Zumindest über Art. 46 sollte es beim Belegenheitsrecht (Art. 43) verbleiben, wenn es um Rechte an Schienenfahrzeugen in geschlossenen Systemen ohne Möglichkeit des Grenzübertritts geht, sodass sie nicht im grenzüberschreitenden Verkehr einsetzbar sind, wie etwa die Wuppertaler Schwebebahn oder Bergwerksbahnen (vgl. MüKoBGB/Wendehorst Rn. 23). 6

**5. Kraftfahrzeuge.** Der Gesetzgeber hat bewusst Kraftfahrzeuge von einer Sonderanknüpfung **ausgenommen** (BT-Drs. 14/343, 17; Engel IPRax 2014, 520 (521); Sonnenberger Rev crit dr int priv 1999, 647 (666)). Insofern gilt also Art. 43. Das leuchtet im Grundsatz ein, jedoch kommen **Ausnahmen,** insbes. bei im internationalen Speditionsverkehr eingesetzten Lkw, in Betracht (anders aber Kreuzer in Henrich, Vorschläge und Gutachten zur Reform des deutschen internationalen Sachen- und Immaterialgüterrechts, 1991, 37, 125 ff. gegen Drobnig in Henrich, Vorschläge und Gutachten zur Reform des deutschen internationalen Sachen- und Immaterialgüterrechts, 1991, 13, 19 ff.: bei Straßenfahrzeugen insgesamt Recht des Kennzeichen-Staates). Zwar ist es richtig, dass sicherungsübereignete deutsche Lkw zB mit Grenzübertritt nach Österreich dort ihre Sicherungsfunktion verlieren, diese aber (ggf. wieder) auflebt, wenn der Lkw sich wieder in Deutschland befindet (Kreuzer in Henrich, Vorschläge und Gutachten zur Reform des deutschen internationalen Sachen- und Immaterialgüterrechts, 1991, 37, 126 f.; vgl. auch MüKoBGB/Wendehorst Art. 43 Rn. 147). Doch sind entsprechende Probleme auch im Falle der von Art. 45 unmittelbar erfassten Transportmittel denkbar. Auch ist die Unterwerfung entsprechender Lkw unter das jeweilige Belegenheitsrecht sichtbar von der Vorstellung gekennzeichnet, das betreffende Fahrzeug würde typischerweise ins Heimatrecht am Unternehmenssitz zurückkehren. Unterschiedliche Steuern und die Freiheiten innerhalb der EU lassen dies aber zunehmend zweifelhaft erscheinen. Kraftfahrzeuge, die zum internationalen Transport eingesetzt sind (ggf. auch Pkw), sollten deswegen sachenrechtlich einheitlich nach ihrem Zulassungsortsrecht behandelt werden, wobei dieses Ergebnis mit einer analogen Anwendung von Abs. 1 S. 2 Nr. 3 oder über Art. 46 (PWW/Brinkmann Art. 43 Rn. 18; Kegel/Schurig IPR § 19 V, 778; R. Wagner IPRax 1998, 429 (436) bei Fn. 93; Spickhoff NJW 1999, 2209 (2214); v. Hoffmann/Thorn IPR § 12 Rn. 42; im Einzelfall auch Pfeiffer IPRax 2000, 270 (275); noch weitergehender für Heimatrecht für alle Kfz Kegel/Schurig IPR § 19 V, 776; aA hL, Staudinger/Mansel, 2015, Rn. 172; MüKoBGB/Wendehorst Rn. 25; Kreuzer RabelsZ 65 (2001), 383 (452)) erzielt werden kann, was von der Methode her keinen Unterschied macht, da Art. 46 solche teleologischen Korrekturen der Grundanknüpfungen gerade im Auge hat (vgl. Kreuzer in Henrich, Vorschläge und Gutachten zur Reform des deutschen internationalen Sachen- und Immaterialgüterrechts, 1991, 37, 159). 7

## III. Gesetzliche Sicherungsrechte (Abs. 2)

**1. Entstehung (Abs. 2 S. 1).** Die Entstehung gesetzlicher Sicherungsrechte an den von Abs. 1 erfassten Transportmitteln untersteht dem auf die zu sichernde Forderung anwendbaren Recht. 8

Vorrangig anwendbar sind insbes. die §§ 103, 104 LuftRG, die das Genfer Abkommen vom 19.6.1948 über die internationale Anerkennung von Rechten an Luftfahrzeugen umsetzen (BT-Drs. 14/343, 18 verweist auf Art. 3; zu weiteren, zum Teil geplanten Staatsverträgen MüKoBGB/Wendehorst Rn. 11, 12). S. 1 gilt auch im Falle gesetzlicher Sicherungsrechte bei Ortsgeschäften. **Lex causae** des Ortsgeschäftes (zB Reparatur- oder Wartungsarbeiten an einem ausländischen Schiff oder Flugzeug) ist allerdings in Ermangelung sonstiger Vereinbarungen typischerweise das Ortsrecht (Art. 4 Abs. 1 lit. b, Abs. 2 Rom I-VO), sodass sich auch eventuelle Sicherungsrechte danach richten (Junker RIW 2000, 241 (254); Staudinger/Mansel, 2015, Rn. 212). Erfasst von Abs. 2 S. 1 sind insbes. die Schiffsgläubigerrechte für die Sozialversicherungsträger, für die Mannschaft (Heuer) und für Ladungsschäden (BT-Drs. 14/343, 18; Henrich, Vorschläge und Gutachten zur Reform des deutschen internationalen Sachen- und Immaterialgüterrechts, 1991, 9 f.).

9 **2. Rangfolge (Abs. 2 S. 2).** In Bezug auf die Rangfolge mehrerer Sicherungsrechte kehrt Abs. 2 S. 2 wieder zur **Grundregel des Belegenheitsrechts** (Art. 43 Abs. 1) zurück. Vor Inkrafttreten der Art. 43–46 wurde die Rangfolge insbes. von Schiffsgläubigerrechten vor deutschen Gerichten der lex fori unterworfen (BGH NJW 1991, 1418 (1420); LG Bremen RIW 1995, 326 (328)). Weicht das nunmehr nach Abs. 2 S. 1 anwendbare Belegenheitsrecht von der **lex fori** ab, kann diese aber – wie bisher – **im Einzelfall über Art. 46** durchgesetzt werden (BT-Drs. 14/343, 18; Junker RIW 2000, 241 (254); R. Wagner IPRax 1998, 429 (437)). In den Gesetzesmaterialien (BT-Drs. 14/343, 18) wird weiter erwogen, von Abs. 2 S. 2 und dem Belegenheitsrecht abzuweichen, wenn die Rechtsordnungen aller an dem Schiff bestehenden Sicherungsrechte übereinstimmend eine andere Rangfolge festlegen. Grundlage dafür soll Art. 46 sein. Indes würde dies schwierige Nachforschungen verschiedener ausländischer Rechte in Bezug auf eine von der lex rei sitae abweichende Rangfolge erforderlich machen. Auch wäre die entsprechende Übereinstimmung der beteiligten ausländischen Rechte in Bezug auf die Rangfolge eher zufällig, sodass eine entsprechende Aufweichung von Abs. 2 S. 2 weder von Verkehrsschutzgesichtspunkten noch von Praktikabilitätserwägungen getragen wird (ebenso MüKoBGB/Wendehorst Rn. 81 f., jeweils mwN, auch zur Gegenmeinung; Pfeiffer IPRax 2000, 270 (276); anders aber Kreuzer in Henrich, Vorschläge und Gutachten zur Reform des deutschen internationalen Sachen- und Immaterialgüterrechts, 1991, 37, 136; Wagner IPRax 1998, 429 (437)). Nicht in Abs. 2 geregelt sind die materiell-rechtlichen Wirkungen von Vollstreckungsakten. Insoweit gilt die lex fori des Vollstreckungsorgans, insbes. auch für das Erlöschen von Schiffshypotheken oder Schiffsgläubigerrechten nach einer Versteigerung (BGHZ 35, 267 (271); BGH NJW 1991, 1418 (1420); Drobnig in Henrich, Vorschläge und Gutachten zur Reform des deutschen internationalen Sachen- und Immaterialgüterrechts, 1991, 13, 27 f.). Abs. 2 S. 2 schließt zwar an Abs. 1 an, der explizit nur gesetzliche Sicherungsrechte erfasst, wird aber gleichwohl vom Zweck der Anknüpfung her (Vermeidung von schwierigen Angleichungskonstellationen) sachgerecht auch auf vertragliche Sicherungsrechte (zumindest analog) erstreckt werden können (MüKoBGB/Wendehorst Rn. 81; Staudinger/Mansel, 2015, Rn. 217).

## IV. Allgemeine Regeln

10 **1. Gesamt- oder Sachnormverweisung.** Art. 45 spricht insgesamt IPR-Verweisungen aus. **Rück- und Weiterverweisungen** sind also **zu beachten** (Art. 4 Abs. 1) (PWW/Brinkmann Rn. 5; Looschelders Rn. 3; diff. MüKoBGB/Wendehorst Rn. 61, 79, 85; str. allerdings im Bereich der §§ 103–106 LuftRG, die auf dem Genfer LuftFzgA beruhen). Wegen der akzessorischen Anknüpfung an das Forderungsstatut gilt das wohl nicht, soweit es um die Entstehung gesetzlicher Sicherungsrechte an Transportmitteln geht (Abs. 2 S. 1), mag auch die materiell-rechtliche Akzessorietät von Sicherungsrecht und gesicherter Forderung nur einer von mehreren für diese Anknüpfung sprechenden Aspekten (→ Rn. 2) und in den Bundestagsdrucksachen mehrfach auf Art. 46 hingewiesen worden und einschränkend bemerkt worden sein, „eine allseits befriedigende Lösung des Problems der Anknüpfung von Schiffsgläubigerrechten dürfte (sich) nur im Rahmen internationaler Übereinkommen … finden“ (BT-Drs. 14/343, 18; für Sachnormverweisung auch Staudinger/Mansel, 2015, Rn. 213, 229; Grüneberg/Thorn Rn. 1; MüKoBGB/Wendehorst Rn. 79; Stoll IPRax 2000, 259 (267); anders noch 3. Aufl. Rn. 10).

11 **2. Ordre public.** Der Einsatz der Vorbehaltsklausel von Art. 6 kommt auch im Rahmen des Art. 45 in Betracht. Wie stets ist aber **Zurückhaltung** geboten. Der BGH hat selbst ein rang- und formlos bestelltes Schiffspfandrecht nicht als ordre public-widrig angesehen (BGH NJW 1991, 1418 (1419 f.) gegen RGZ 80, 129 (131 ff.)). Die eigenen Publizitätserfordernisse gehören also

nicht, jedenfalls nicht uneingeschränkt zu den wesentlichen Grundsätzen des deutschen Rechts, wobei zusätzlich zu prüfen ist, ob eine hinreichend starke Inlandsbeziehung vorliegt, die das Auslösen der Vorbehaltsklausel voraussetzt.

**3. Intertemporales Recht.** In Ermangelung einer ausdrücklichen intertemporalen Vorschrift gelten **Art. 220 Abs. 1, 236 § 1 analog** (BT-Drs. 14/343, 7; Spickhoff NJW 1999, 2209 (2210)). Es kommt also darauf an, wann der sachenrechtliche Tatbestand abgeschlossen ist. 12

## Art. 46 Wesentlich engere Verbindung

**Besteht mit dem Recht eines Staates eine wesentlich engere Verbindung als mit dem Recht, das nach den Artikeln 43 und 45 maßgebend wäre, so ist jenes Recht anzuwenden.**

### Übersicht



## I. Normzweck

1 Art. 46 beinhaltet auch für den Bereich des internationalen Sachenrechts eine **kollisionsrechtliche Ausweichklausel,** die ein Abweichen von den Grundanknüpfungen des Internationalen Sachenrechts in Art. 43–45 im Falle einer wesentlich engeren Verbindung ermöglicht. Die Aufnahme dieser Klausel, die vom Deutschen Rat für IPR nicht empfohlen wurde (Henrich, Vorschläge und Gutachten zur Reform des deutschen internationalen Sachen- und Immaterialgüterrechts, 1991, 11), geht auf einen Vorschlag von Kreuzer zurück (Kreuzer in Henrich, Vorschläge und Gutachten zur Reform des deutschen internationalen Sachen- und Immaterialgüterrechts, 1991, 37, 156 ff.). Eigentümlicherweise soll es ausgerechnet die grds. Strenge des Sachenrechts erforderlich machen, eine Ausweichklausel vorzusehen (BT-Drs. 14/343, 18 f.). Jedenfalls ist Art. 46 nur ein **Notbehelf.** Er greift im Falle **atypischer Interessenlagen,** auf die die Grundanknüpfungsregeln der Art. 43 und 45 keine Rücksicht genommen haben (näher Mansel FS Heldrich, 2005, 899 (900 ff.)). Methodologisch handelt es sich bei Art. 46 um den ausdrücklichen Hinweis des Gesetzgebers, im Internationalen Sachenrecht die Regelanknüpfungen teleologisch zu korrigieren, insbes. die Anknüpfung an das Belegenheitsrecht (Art. 43 Abs. 1) einzuschränken (Kreuzer IPR 37, 159). Auch und gerade die Ausweichklausel von Art. 46 ist also nicht zuletzt im Hinblick auf den Verkehrsschutz mit besonderer Vorsicht zu handhaben. Sie kann aber etwa im Falle von **Umgehungskonstellationen** greifen, etwa wenn Sachen auf Grund eines in einem anhängigen Rechtsstreit erstinstanzlich erwirkten Vindikationsanspruchs ins Ausland verbracht werden, um dessen Vollstreckung zu vereiteln (BGH NJW-RR 2010, 983 (984)).

## II. Anwendungsbereich

**1. Allgemeines.** Art. 46 bezieht sich bewusst auf sämtliche Anknüpfungen in den Art. 43 und 45, nicht aber mehr auf Art. 44. Das Erfordernis der Wesentlichkeit der engeren Verbindung und der Charakter als Ausnahmeklausel führen dazu, dass Art. 46 nur dann angewandt werden darf, wenn die **Regelverweisung als Anknüpfungsziel eindeutig verfehlt** wird. Die Beziehungen des Sachverhalts müssen zu der vom Gesetz bezeichneten Rechtsordnung offensichtlich erheblich schwächer sein als zu einem bestimmten anderen Recht. Anderenfalls würde Art. 46 zu einer kollisionsrechtlichen Aufweichklausel denaturiert werden, und das Ergebnis wäre Rechtsunsicherheit durch Anknüpfungsunsicherheit im Übermaß. 2

Insbesondere darf Art. 46 **grds. nicht** dazu verwendet werden, eine vom Gesetzgeber im Gesetzgebungsverfahren bewusst abgelehnte Einführung der **Parteiautonomie im internationalen Sachenrecht** durch die Hintertür ganz oder teilweise wieder ins Internationale Sachenrecht einzuführen (Looschelders Rn. 8; Grüneberg/Thorn Rn. 3; Pfeiffer IPRax 2000, 270 (274); 3

Staudinger/Mansel, 2015, Rn. 37; anders aber Stoll IPRax 2000, 264 f.). Das gilt insbes. auch bei internationalen Verkehrsgeschäften, also bei der Verbringung einer beweglichen Sache vom Absende- in das Bestimmungsland (Hauptanwendungsfall: Versendungskauf) (BT-Drs. 14/343, 16; R. Wagner IPRax 1998, 429 (435)). Nur in besonders gelagerten Ausnahmefällen, in denen **Verkehrsinteressen der Parteiautonomie nicht entgegenstehen,** und in denen die engen Voraussetzungen von Art. 46 vorliegen, kommt in Bezug auf die Parteiautonomie ein Eingreifen der Ausweichklausel theoretisch in Betracht (zB → Art. 44 Rn. 3) (BT-Drs. 14/343, 14 f., 19).

4 **Nicht unmittelbar erfasst** von Art. 46 sind diejenigen Fälle, in denen die **Grundanknüpfung** (zB Anknüpfung an das Belegenheitsrecht im staatsfreien Gebiet) **ins Leere geht.** Auch dann muss allerdings – wie stets im IPR – das Recht der engsten Verbindung und der Sitz des Rechtsverhältnisses gesucht werden. Doch wird hier die Anknüpfung an das Recht der engsten Verbindung zur Hauptanknüpfung. Eine Abwägung zwischen der (eben ins Leere gehenden) gesetzlichen Anknüpfung und der Anknüpfung an die engste Verbindung ist in solchen Fällen von vornherein nicht möglich (Looschelders Rn. 11).

5 **2. Abweichungen von Art. 43.** In Bezug auf Rechte an Immobilien wird Art. 46 kaum relevant werden können (BT-Drs. 14/343, 19; vgl. auch Junker RIW 2000, 241 (245); Sonnenberger Rev. crit. dr. int. priv. 88 (1999), 647 (667)). Nicht angebracht ist das Eingreifen von Art. 46 etwa, wenn es um die Berücksichtigung von fremden, nach der (inländischen) lex rei sitae auf Grund von Unvereinbarkeit mit dem numerus clausus nicht übernahmefähigen dinglichen Rechten (zB zur wirtschaftlichen Verwaltung ehemaliger sowjetischer Staatsunternehmen) geht (anders Kopylov RIW 2009, 516 (519 f.) gegen BGH WM 2008, 2302, bestätigt durch BVerfG IPRax 2011, 389). Auch im Bereich des **Kulturgüterschutzes** gilt zumindest für die Regelung privatrechtlicher Beziehungen, insbes. den Eigentümerschutz vor gutgläubigem Erwerb von Kulturgut, die lex rei sitae des Art. 43 Abs. 1 (Staudinger/Mansel, 2015, Rn. 26). Allein die Beziehung eines Kulturgutes zu einem Herkunftsstaat reicht jedenfalls für das Eingreifen der Ausweichklausel noch nicht aus. Eventuelle öffentlich-rechtliche kulturschützende Vorschriften sind uU sonderanzuknüpfen (Siehr ZVglRWiss 104 (2005), 145 (151)). Richtig ist aber, dass Allgemeininteressen den Verkehrsschutz im Bereich des Kulturgüterschutzes weiter als sonst zurücktreten lassen (daher hier großzügiger für das Eingreifen von Art. 46 Staudinger/Mansel, 2015, Rn. 69 ff.). Die RL 2014/60/EU über die Rückgabe von unrechtmäßig aus dem Hoheitsgebiet eines Mitgliedstaates verbrachten Kulturgütern, die in Art. 13 RL 2014/60/EU eine Kollisionsnorm enthält, ist im Kulturgutschutzgesetz umgesetzt (→ Art. 43 Rn. 2).

6 Das Eingreifen von Art. 46 kommt aber in Betracht, soweit es um Verfügungen über Sachen geht, die auf eine **Reise** mitgenommen worden sind. **Gruppeninterne Verfügungen** können hier dem übereinstimmenden Heimatrecht (zB gemeinschaftlicher Ausgangspunkt einer Reise, gemeinsamer gewöhnlicher Aufenthalt) unterstellt werden (iErg auch Kreuzer IPR 37, 159; vgl. früher auch Drobnig FS Kegel, 1997, 141 (145); Müller RIW 1982, 461), weil und wenn Drittinteressen nicht berührt werden können (vgl. MüKoBGB/Wendehorst Rn. 45, 46). Auch eine Eigentumsübertragung eines gestohlenen Pkw mit unbekanntem Lageort seitens des Versicherten an seinen Versicherer nach dem gemeinsamen Heimatrecht kommt als Anwendungsfall von Art. 46 in Betracht (Kreuzer IPR 37, 159 f.; Looschelders/Bottek VersR 2001, 401 (402)), vorausgesetzt, Verkehrsinteressen Dritter (zB gutgläubiger Erwerb) werden nicht berührt.

7 Ebenso ist eine wesentlich engere Verbindung zum deutschen Recht im Falle von Verfügungen von **Bundeswehrsoldaten in Auslandseinsätzen** denkbar. Das gilt insbes., wenn es um die Verfügung über Gegenstände (in casu: ua Playstation) geht, die von Soldaten der Bundeswehr privat angeschafft, von ihnen im deutschen Feldlager genutzt und bei der Auflösung dieses Feldlagers von ihnen dort zurückgelassen worden sind. Gehören sämtliche Personen, die über die weitere Handhabung der Gegenstände bestimmen, ebenfalls der Bundeswehr an, haben ihren gewöhnlichen Aufenthalt in Deutschland und halten sich im Rahmen einer besonderen Auslandsverwendung – der Beteiligung an einem Auslandseinsatz – nur vorübergehend im Ausland auf, haben alle Personen ihren gewöhnlichen Aufenthalt in demselben Staat und verfügen auf einer gemeinsamen Auslandsreise gruppenintern über ins Ausland mitgenommene Sachen. Interessen Dritter vor Ort sind dann offenkundig nicht berührt (BVerwG BeckRS 2019, 28251).

8 Unangemessen ist die Anknüpfung an das Belegenheitsrecht nach schon bisher allgemeiner Ansicht im Falle von **Sachen, die sich im internationalen Transport befinden (res in transitu;** dazu gehören nicht die Transportmittel selber, hierfür gilt ggf. Art. 45). In solchen Konstellationen ist die Lage der Sache zurzeit der Verfügung unklar und jedenfalls zufällig, sofern sich die Sache zurzeit der Verfügung in einem bloßen Durchgangsland befindet. Daher muss das Belegenheitsrecht solcher Durchgangsländer (Art. 43 Abs. 1) wegen einer wesentlich engeren

Verbindung zu einem anderen Staat über Art. 46 verdrängt werden können (OLG München BeckRS 2020, 19545 zu Containern; Pfeiffer IPRax 2000, 270 (275); vgl. auch Grüneberg/Thorn Art. 43 Rn. 9). Wodurch allerdings die wesentlich engere Verbindung bezeichnet wird, ist zweifelhaft. Im Wesentlichen (näher zum Streitstand Markianos RabelsZ 23 (1958), 21 (25 ff.); Staudinger/Mansel, 2015, Rn. 55; MüKoBGB/Wendehorst Rn. 40 ff.) kommen in Betracht: die verfügungsgünstigste Rechtsordnung (Absende-, Durchgangs- und Empfangsland) (Raape IPR § 60 III), eine Rechtswahl (Vertragsstatut, Absendeort oder Bestimmungsland) (Staudinger/Stoll IntSachenR, 1996, Rn. 369) oder das Recht des Bestimmungslandes (bisher hM; RG Recht 1911 Nr. 3475, 3476, 3497; Kegel/Schurig IPR § 19 IV, soweit sich die Sache nach den Parteivorstellungen nicht noch am Absendeort befindet; Kropholler IPR § 54 IV; v. Hoffmann/Thorn IPR § 12 Rn. 39; Siehr IPR S. 272). Eine Anknüpfung an den Absendeort (Rabel/Raiser RabelsZ 3 (1929), 62 (65); früher auch § 10 RAnwG DDR) empfiehlt sich nicht, weil die Verbindung zum Absendestaat schon gelockert ist. Rechte Dritter (zB Pfandrecht des Beförderungsunternehmers, des Spediteurs oder des Lagerhalters) und Vollstreckungsakte im Durchgangsland unterliegen aus Gründen des Verkehrsschutzes allerdings in jedem Falle dem Belegenheitsrecht; Art. 43 Abs. 1 wird insoweit also nicht aufgelockert (Grüneberg/Thorn Art. 43 Rn. 9). Der dingliche Herausgabeanspruch des bestimmungsgemäßen Neueigentümers richtet sich demgegenüber nicht nach dem jeweiligen Belegenheitsrecht von Durchgangsländern (aA Kondring IPRax 1993, 371 (375); wie hier Staudinger/Stoll IntSachenR, 1996, Rn. 365). Anders (Art. 43 Abs. 1) steht es wiederum bei lageortsbezogenen Verfügungen (Staudinger/Mansel, 2015, Rn. 56).

**3. Abweichungen von Art. 45.** Abweichungen von Art. 44 kommen auf Grund der umfassenden Verweisung auf das Internationale Haftungsrecht der Rom II-VO nicht mehr in Betracht (anders zu Art. 44 aF aber zu Recht noch BT-Drs. 14/343, 17, vor allem, soweit es um die Nichteinbeziehung von Art. 42 in der Verweisung des Art. 44 ging). Art. 45 kann hingegen modifiziert werden, etwa zugunsten von Art. 43 Abs. 1, zB wenn im Falle der Verfügung über ein Schiff das Belegenheitsrecht eine wesentlich engere Verbindung darstellt als die Anknüpfung nach Art. 45 Abs. 1 S. 2 Nr. 2 (BT-Drs. 14/343, 17; Stoll IPRax 2000, 259 (266)). Im Rahmen von Art. 45 Abs. 2 S. 2 kann **vom Belegenheitsrecht zugunsten der deutschen lex fori** (in Übereinstimmung mit der bisher hM) abgewichen werden (→ Art. 45 Rn. 9) (BT-Drs. 14/343, 18). Nach der hier vertretenen Auffassung ist ein Eingreifen von Art. 46 allerdings nicht schon dann angezeigt, wenn die Rechtsordnungen aller an einem Schiff bestehenden Sicherungsrechte übereinstimmend eine andere Rangfolge festlegen als die von Art. 45 Abs. 2 S. 2 bezeichnete (→ Art. 45 Rn. 9) (abw. BT-Drs. 14/343, 18). Auch für **Kraftfahrzeuge,** die im internationalen Transport tätig sind, kommt eine Abweichung vom Belegenheitsrecht zugunsten des Rechts des Zulassungs-, hilfsweise des Herkunftsstaates in Betracht (→ Art. 45 Rn. 7) (R. Wagner IPRax 1998, 429 (436) m. Fn. 93). 9

## III. Allgemeine Regeln

Soweit nicht (wenn überhaupt, dann nur ganz ausnahmsweise) im Rahmen von Art. 46 eine Rechtswahlmöglichkeit gewährt wird, beinhaltet Art. 46 ebenso wie Art. 43–45 **Gesamtverweisungen** (Art. 4 Abs. 1). Rück- und Weiterverweisungen durch ausländisches Kollisionsrecht sind daher zu beachten. Daran ändert auch der Hinweis auf die „wesentlich engere Verbindung" des Art. 46 nichts (vgl. auch Kreuzer IPR 37, 139; aA aber die hL, etwa Grüneberg/Thorn Art. 4 Rn. 7; Staudinger/Mansel, 2015, Rn. 43 mwN; Kreuzer RabelsZ 65 (2001), 383 (455); MüKoBGB/Wendehorst Rn. 29). Wie stets kann ausländisches Sachenrecht auch im Rahmen einer Verweisung von Art. 46 gegen die **deutsche öffentliche Ordnung** (Art. 6) verstoßen. Auch in Bezug auf **das intertemporale Überleitungsrecht** gelten Art. 220 Abs. 1, Art. 236 § 1 entspr. Art. 46 ist also anwendbar, wenn der sachenrechtliche Vorgang nicht schon vor dem 1.6.1999 abgeschlossen war (BT-Drs. 14/343, 7; Spickhoff NJW 1999, 2209 (2210 f.)). 10

## IV. Anhang: Internationales Enteignungsrecht

**Schrifttum:** Ambrosch-Keppeler, Die Anerkennung fremdstaatlicher Enteignungen, 1991; Andrae, Staatliche Eingriffe in Eigentumsverhältnisse – insbesondere Enteignungen, 1990; Banz, Völkerrechtlicher Eigentumsschutz durch Investitionsschutzabkommen, 1988; Behrens, Multinationale Unternehmen im internationalen Enteignungsrecht der BRD, 1980; Beitzke, Probleme der Enteignung im Internationalprivatrecht, FS Raape, 1948, 93; Böckstiegel, Enteignungs- oder Nationalisierungsmaßnahmen gegen ausländische Kapitalgesellschaften, BerGesVR 13 (1974), 7; Dolzer, Eigentum, Enteignung und Entschädigung im geltenden Völkerrecht, 1985; Herdegen, Die extraterritoriale Wirkung der Enteignung von Mitgliedschaftsrechten an Gesellschaften in der Bundesrepublik Deutschland, ZGR 1991, 547; Kegel, Probleme des internationalen Enteignungs- und Währungsrechts, 1956; Kegel/Seidl-Hohenveldern, Zum Territorialitätsprinzip im internationalen öffentlichen Recht, FS Ferid, 1978, 233; Koppensteiner, Enteignungs- oder Nationalisierungsmaßnahmen gegen ausländische Kapitalgesellschaften, BerGesVR 13 (1974), 65; Lederer, Die internationale Enteignung von Mitgliedschaftsrechten unter der besonderen Berücksichtigung der französischen Enteignungen 1982, 1989; Mann, Völkerrechtswidrige Enteignungen vor nationalen Gerichten, NJW 1961, 705; Matthias, Rechtsschutz von Unternehmen bei internationalen Enteignungen, FS v. Simson, 1983, 263; Seidl-Hohenveldern, Internationales Konfiskations- und Enteignungsrecht, 1952; Spickhoff, Der ordre public im internationalen Privatrecht, 1989; Stoll, Neuere Entwicklungen im internationalen Enteignungsrecht, in Rechtsfragen des vereinten Deutschland, 1992, 77.

11 **1. Grundanknüpfung: Territorialitätsprinzip.** Das Internationale Enteignungsrecht hat zum **Gegenstand,** ob und inwieweit die privatrechtlichen Folgen von Enteignungen durch andere Staaten im Inland hinzunehmen sind, zB wenn es um die Frage nach einer Verfügungsberechtigung geht. Staatsverträge, die in das Internationale Enteignungsrecht eingreifen, finden sich nur vereinzelt und sind zumeist bilateralen Charakters (Nachweise bei MüKoBGB/Wendehorst Art. 46 Anh. Rn. 7, 8). Völkergewohnheitsrechtliche Vorgaben, die nach Art. 25 GG zu beachten wären, bestehen nicht in Bezug auf etwaige außerterritoriale Wirkungen einer Enteignung. Anerkannt ist lediglich, dass **staatliche Hoheitsakte nicht über das jeweilige Staatsgebiet hinaus wirken** (BGHZ 25, 127 (132); 25, 134 (140) = NJW 1957, 1433; OLG Hamburg OLGR 2005, 448; Kegel/Seidl-Hohenveldern FS Ferid, 1978, 233 (234)). Eine weiterreichende Anerkennung von ausländischen Enteignungen im Inland ist zwar nicht ausgeschlossen. In Deutschland gilt jedoch nach stRspr und hL das Territorialitätsprinzip.

12 **a) Inhalt und Zweck.** Danach können Enteignungen durch ausländische Staaten von vornherein nur solches **Vermögen** ergreifen, **das zum Zeitpunkt der Enteignung im Hoheitsgebiet des enteignenden Staates belegen war** (BVerfG NJW 1991, 1597 (1600); BGH NJW-RR 2006, 1091; BGHZ 25, 134 (140) = NJW 1957, 1433; BGHZ 32, 97 (99); 32, 256 (259); 39, 220 (224); OLG Hamburg OLGR 2005, 448; IPRspr. 1989 Nr. 25; OLG Hamm NJW-RR 1986, 1047 (1048); Grüneberg/Thorn Art. 43 Rn. 12; Einsele RabelsZ 51 (1987), 614; v. Bar/Mankowski IPR I § 4 Rn. 135 ff.; Kegel/Schurig IPR § 23 II 1; Staudinger/Mansel, 2015, Anh. I Art. 43–46 Rn. 1, 5, 6). Enteignende Maßnahmen, die Vermögensgegenstände ergreifen sollen, welche sich außerhalb des Hoheitsgebietes des enteignenden Staates befinden, gehen also von vornherein ins Leere. So erfasst die Enteignung einer Hypothek nicht auch die gesicherte Forderung (BGH NJW-RR 2006, 1091). Solche Maßnahmen sind als Enteignungsakte rechtlich ggf. als Nullum zu bewerten und entfalten für den inländischen Rechtsverkehr prinzipiell keine Rechtswirkung, unabhängig davon, ob die (eben nur versuchte) Enteignung mit oder ohne Entschädigung erfolgen sollte (vgl. MüKoBGB/Wendehorst Anh. Art. 46 Rn. 23, 24). Nur intraterritoriale fremdstaatliche Enteignungen werden – vorbehaltlich des ordre public – nach ihrem Vollzug hingenommen, soweit sie sich auf enteignungsfähige Vermögensgegenstände beziehen und bestimmte Anforderungen in Bezug auf ihre Rechtmäßigkeit erfüllen (näher → Rn. 14 ff.).

13 Der **Grund** für das Territorialitätsprinzip liegt darin, dass Enteignungen nicht – wie im allgemeinen rein privatrechtliche Regelungen – dem interindividuellen Interessenausgleich dienen, sondern dem Gemeinwohl. Die **Durchsetzung solcher staatlichen Interessen** ist dem Internationalen Privatrecht wie dem Privatrecht insgesamt an sich wesensfremd. Enteignungen überhaupt nicht anzuerkennen, würde allerdings den internationalen Handelsverkehr über Gebühr belasten. Daher wandelt man – nicht zuletzt auch im Interesse des Privatrechtsverkehrs – Macht in Recht um und erkennt ausländische Enteignungen an, soweit sie Gegenstände betreffen, über die der enteignende Staat Macht hatte, Hoheitsgewalt ausüben konnte (grdl. Kegel/Schurig IPR § 23 I 1; Kegel/Seidl-Hohenveldern FS Ferid, 1978, 233 ff.; Staudinger/Mansel, 2015, Anh. I Art. 43–46 Rn. 4; Stoll, Rechtsfragen des vereinten Deutschland, S. 77, 79 ff.).

14 **b) Kritik.** An dieser hM wird Kritik geübt. Teilweise soll die Belegenheitsregel (nunmehr Art. 43 Abs. 1) auch im Internationalen Enteignungsrecht angewandt werden (Vogel FS Raape, 1948, 203 (215 ff.)), teilweise wird eine – amerikanischen Lehren folgend – Abwägung widerstreitender policies befürwortet (Fickel AWD 1974, 69 (71 ff., 584 ff.)). Weiter werden auch zum Teil über die hM hinausgehende eigenständige Anerkennungsregeln, insbes. für extraterritorial wirkende Enteignungen, vorgeschlagen (Behrens S. 87 ff.; Rudolf BerGesVR 11 (1973), 7 (40 ff.); Koppensteiner BerGesVR 13 (1974), 65 (81 ff., 95) in Anlehnung an § 328 ZPO). Die Anknüpfung an das gewöhnliche Belegenheitsrecht, aber auch die Anlehnung an § 328 ZPO (hiergegen auch Soergel/v. Hoffmann Art. 38 Anh. III Rn. 6 Fn. 11) berücksichtigt nicht zureichend, dass beide Kollisions- bzw. Anerkennungsregeln dem Ausgleich von Privatinteressen verpflichtet sind,

nicht aber Staatsinteressen zur Durchsetzung bringen wollen. Offene Abwägungen entbehren der hinreichenden Rechtssicherheit. Die Erweiterung der Anerkennung fremdstaatlicher Enteignungen auf extraterritorial belegenes Vermögen unter dem Aspekt der Personalhoheit erweckt überdies in Zeiten zunehmender mehrfacher Staatsangehörigkeit Bedenken und sollte daher der Politik und (ihr ggf. folgenden) Staatsverträgen vorbehalten bleiben, auch in Sachbereichen, in denen die Bestimmung der Belegenheit Schwierigkeiten bereitet (insbes. bei Forderungen, Rechten und im Gesellschaftsrecht).

**2. Voraussetzungen einer Enteignung. a) Kollisionsrechtlicher Enteignungsbegriff: Hoheitsakt.** Das Internationale Enteignungsrecht und damit das Territorialitätsprinzip **erfasst alle Arten von Enteignungen,** gleich ob sie mit oder ohne Entschädigung (dann zum Teil Konfiskation genannt) erfolgen. Auf die völkerrechtliche Anerkennung des Enteignerstaates kommt es nicht an (Kegel/Schurig IPR § 23 II 3; Ferid IPR §§ 7–130). Auch eine Besatzungsmacht kann enteignen (BGHZ 25, 134 (140) = NJW 1957, 1433; Ebenroth/Karuth DB 1993, 1657 (1659)). Ob eine Enteignung durch Gesetz oder durch Einzelakt erfolgt, spielt keine Rolle (v. Bar/Mankowski IPR I § 4 Rn. 132). Insgesamt ist autonom international-privatrechtlich zu qualifizieren. Die Enteignung kann etwa durch Besitzentzug, Entzug der Verfügungsmacht, Belastung einer Sache, durch gerichtliche Entscheidung oder sonstigen Justizakt erfolgen, ebenso durch eine Erdrosselungssteuer (vgl. BGH NJW 1989, 1352: Erdrosselungssteuer verneint gegen KG NJW 1988, 341 (343)). Der Enteignungsbegriff sollte allerdings **nicht** überdehnt werden auf **rein privatrechtliche Rechtshandlungen** wie etwa eine Aufrechnung (vgl. aber BGHZ 104, 240 (244 f.) = NJW 1988, 2173 (2174 f.); krit. Behrens IPRax 1989, 217 (220); Schwung RIW 1989, 482 (483); dem BGH zust. aber Stoll, Rechtsfragen des vereinten Deutschland, S. 77, 82 f.). Umgekehrt erweckt es ebenso Zweifel, eine Übertragung von Mitgliedschaftsrechten kraft Gesetzes zu Lasten der Aktionäre (wenn auch nach dem Börsenkurs entsprechender Entschädigung) nicht unter den international-privatrechtlichen Begriff der Enteignung fallen zu lassen, mag dies auch politisch erwünscht sein (so noch Staudinger/Stoll IntSachenR, 1996, Rn. 213, 214; anders nun Staudinger/Mansel, 2015, Anh. I Art. 43–46 Rn. 43, 44). Zu prüfen ist aber besonders sorgfältig, ob eine extraterritoriale Enteignung vorliegt (vgl. Lederer IPRax 1994, 145 (147)mN). 15

**b) Vollzug der Enteignung.** Nicht schon die Anordnung, sondern erst der Vollzug einer Enteignung kann die Rechtsfolgen des Internationalen Enteignungsrechts auslösen (BGHZ 42, 1 (2); BGH RIW 1977, 779 (780); Staudinger/Mansel, 2015, Anh. I Art. 43–46 Rn. 9; MüKoBGB/Wendehorst Art. 46 Anh. Rn. 37; aA Kegel/Schurig IPR § 23 II 2; diff. Soergel/v. Hoffmann Art. 38 Anh. III Rn. 26). Ein Vollzug der Enteignung ist zB in der Besitzergreifung oder in Grundbucheintragungen (BAG IPRspr. 1958/59 Nr. 29) zu sehen (zu Forderungen BGHZ 23, 333 (336 ff.) = NJW 1957, 628 (629)). Zumindest sollten sichtbar gewordene Tatsachen geschaffen worden sein, auf die der Rechtsverkehr vertrauen kann (näher Staudinger/Mansel, 2015, Anh. I Art. 43–46 Rn. 9–14). 16

**c) Enteignungsfähigkeit und Belegenheit. aa) Sachen.** Sachen können Gegenstände der Enteignung sein. Es kommt auf die **jeweilige Belegenheit zurzeit der Vollendung des Tatbestandes** durch den enteignenden Staat an (BGH WM 1972, 394 (396)). Der Belegenheit der Sache selbst folgt ein beschränktes dingliches Recht (BGH NJW 1952, 420 f.). Auch Ansprüche auf Herausgabe von Sachen sind am Belegenheitsort zu lokalisieren (vgl. BGHZ 23, 333 (336 f.) = NJW 1957, 628 (629)). 17

**bb) Forderungen und Rechte (einschließlich Immaterialgüterrechte).** Die Anwendung des Territorialitätsgrundsatzes auf die Enteignung von Forderungen ist überaus zweifelhaft. Vertreten wird: Wohnsitz des Schuldners (BGHZ 5, 35 (37); 25, 134 (139)), Wohnsitz des Gläubigers (LG Tübingen JZ 1961, 450 (451)) sowie – trotz der Möglichkeit einer mehrfachen Enteignung derselben Forderung wohl zutreffend – die **Lage des Schuldnervermögens.** Nur dann, wenn sich im Enteignungsstaat Schuldnervermögen befindet, kann der neue Gläubiger die ihm zugewiesene Forderung mit Erfolg geltend machen. In allen anderen Staaten bleibt es bei der bisherigen Rechtslage (BGH NJW 1967, 36 (38 f.); WM 1972, 394 (396); Kegel/Schurig IPR § 23 II 4; zweifelnd gegenüber dem Lageortskriterium Staudinger/Mansel, 2015, Anh. I Art. 43–46 Rn. 31, 32). Eine hypothekarisch gesicherte Forderung kann auch am Ort des belasteten Grundstücks belegen sein (BGH LM EGBGB Art. 7 ff. – Enteignung – Nr. 23). Die Enteignung wirkt nur gegen den Schuldner, während die Bürgenhaftung (hierzu BGHZ 31, 168 (170); 32, 97 (100 ff.)) und die Haftung des Mitschuldners (BGH MDR 1958, 88 (89)) unberührt bleiben. Entsteht die Gefahr der doppelten Inanspruchnahme des inländischen Schuldners, wird ihm nach § 242 BGB 18 ein Leistungsverweigerungsrecht zuerkannt (BGHZ 23, 333 (337); 25, 134 (152); BGH NJW 1953, 861 (862)).

19 In Bezug auf **Immaterialgüterrechte** wird das Territorialitätsprinzip durch das **Schutzlandprinzip** konkretisiert. Ebenso wie jedes Land nur für sein Hoheitsgebiet Schutz gewährt, kann es auch nur diesen begrenzten Schutz wieder entziehen bzw. enteignen (vgl. RGZ 69, 1 (6 ff.): Chartreuse; BGHZ 34, 345 (347 f.) = NJW 1961, 1205 (1206): Markenrecht; BGHZ 39, 220 = NJW 1963, 1541 (1542)). So sind Urheber- und Verlagsrechte nach dem Schutzlandprinzip enteignungsfähig (OLG München IPRspr. 1958/59 Nr. 59), nicht aber der bürgerliche Name (BGHZ 39, 220 (234)). Firmenbezeichnungen sind enteignungsfähig, sofern sie nicht personenrechtlich geprägt sind; (BGHZ 17, 209 (214) = NJW 1955, 1151 (1152)) auch hier gilt das Schutzlandprinzip. Zu den Folgen der deutschen Einigung für (teil-)enteignete gewerbliche Schutzrechte findet sich eine Regelung in §§ 1, 4, 5 ErstreckungsG (BGBl. 1992 I 938).

20 **cc) Gesellschaften.** Enteignungen ergreifen auch das im Machtbereich des enteignenden Staates belegene Gesellschaftsvermögen (BGHZ 33, 195 (197)). Die Gesellschaft besteht im Inland hinsichtlich des hier belegenen Vermögens als selbständige juristische Person nach deutschem Recht in Gestalt einer sog **Rest- oder Spaltgesellschaft** fort (BGH NJW-RR 1992, 168; 1990, 166 (167); BGHZ 20, 4 (14 f.); 25, 134 (143 f.); 33, 195 (199); 43, 51 (55); Junker IPR Rn. 604; krit. zB Koppensteiner BerGesVR 13 (1974), 65 ff.; Herdegen ZGR 1991, 547 (550); eingehend hierzu MüKoBGB/Kindler IntGesR Rn. 956 ff.). Vermögenswerte, die intraterritorial vom enteignenden Staat bereits entzogen waren, kann die Spaltgesellschaft nach einer Ankunft solcher Vermögenswerte in der Bundesrepublik nur dann erfolgreich beanspruchen, wenn die entsprechende Enteignung hier nicht anerkannt wird (vgl. LG Hamburg AWD 1974, 410 (411); krit. Meessen AWD 1973, 177 (181)). Rechtsmissbräuchlich kann es sein, wenn der enteignende Staat später Forderungen gegen die Spaltgesellschaft geltend macht, die gegen die enteignete Gesellschaft begründet waren (BGHZ 56, 66 (72 f.)). Folge der Spaltungstheorie ist, dass es nach der Enteignung zwei Gesellschaften gibt, nämlich im Enteignungsstaat und in den übrigen Staaten (zunächst nach dem bis zur Enteignung anwendbaren Gesellschaftsrecht) (vgl. Soergel/v. Hoffmann Art. 38 Anh. III Rn. 57). Ist die Gesellschaft im enteignenden Staat aufgelöst worden, erlischt die dortige Gesellschaft; es verbleibt im Ausland die sog Restgesellschaft (im Gegensatz zur Spaltgesellschaft). Die fortbestehende Gesellschaft im Ausland, die ggf. einen neuen Sitz außerhalb des enteignenden Staates konstitutiv zu begründen hat (BGHZ 29, 320 (328); 33, 195 (204); BGH NJW-RR 1990, 166 (167)), haftet prinzipiell weiterhin sämtlichen Gläubigern (BGHZ 56, 66 (70); BGH WM 1977, 730 (732 f.)).

21 **d) Rechtmäßigkeit der Enteignung.** Offenbar gibt es keinen Satz des Völkergewohnheitsrechts, dass völkerrechtswidrige Enteignungen nichtig sind (Soergel/v. Hoffmann Art. 38 Anh. III Rn. 20–22). Indes kann die Anerkennung einer ausländischen Enteignung trotz bloßer intraterritorialer Wirkungen der **Enteignung** daran scheitern, dass sie **nach dem innerstaatlichen Recht des enteignenden Staates unwirksam** ist. Zu prüfen ist das nur insoweit, als eine innerstaatliche Rechtswidrigkeit des enteignenden Staates auch vor den dortigen Gerichten geltend gemacht werden könnte (Ferid IPR §§ 7–124; Staudinger/Mansel, 2015, Anh. I Art. 43–46 Rn. 49; MüKoBGB/Wendehorst Art. 46 Anh. Rn. 59).

22 **e) Ordre public.** Eine intraterritoriale Enteignung ist insbes. im Hinblick auf Art. 6 zu überprüfen (hierzu Spickhoff S. 218 ff.; Siehr IPR S. 275 f.). Maßstäbe sind hier insbes. die **Völkerrechtswidrigkeit** mit den Kriterien des Allgemeinwohlerfordernisses, der Nichtdiskriminierung, der Entschädigung und des rechtlichen Gehörs (BVerfGE 84, 90 = NJW 1991, 1579; OLG Bremen IPRspr. 1958/59 Nr. 7 A; vgl. auch Doehring IPRax 1998, 465 (467)). Das gilt etwa auch für Enteignungen durch die Russische Förderation im Kontext des Krieges in der Ukraine in Verbindung mit den jeweiligen Wirtschaftssanktionen. Zu beachten sind sodann die einschlägigen **Grundrechte,** insbes. Art. 3, 4, 14, 15, 103 GG (vgl. BGHZ 31, 168 (172): Art. 14 GG; BGHZ 104, 240 (244) = NJW 1988, 2173 (2174): Art. 14 GG; BGH NJW 1989, 1352 (1353): Art. 3 GG; KG NJW 1988, 341 (343 ff.): Rechtsstaatsprinzip, Art. 14 GG; OLG Hamburg VersR 1953, 226 (227): Art. 3 GG). Das folgt aus **Art. 6 S. 2.** Dabei ist dem jeweiligen Charakter des betroffenen Grundrechts Rechnung zu tragen sowie die entsprechende Inlandsbeziehung zu berücksichtigen (BVerfGE 84, 90 (123 ff.) = NJW 1991, 1597 (1600); früher schon BVerfGE 31, 58). So wird Art. 14 GG nicht eingreifen, wenn sich weder das enteignete Vermögen noch die enteignete Person im Inland befunden haben bzw. wenn der Enteignete kein deutscher Staatsangehöriger ist. Dass die enteigneten Sachen später über den Handel ins Inland gelangen, begründet noch keine zureichende Inlandsbeziehung (OLG Hamburg OLGR 2005, 448). Anders liegt es

insbes., wenn die geschützten (enteigneten) Personen über ihre deutsche Staatsangehörigkeit oder ihren gewöhnlichen Aufenthalt in Deutschland eine hinreichende Inlandsbeziehung aufweisen und überdies weitere Grundrechte durch diskriminierende oder rassistisch bzw. religiös motivierte Enteignungen betroffen sind. Dass eine bereits enteignete Sache später ins Inland gelangt, genügt für sich genommen noch nicht, ebenso wenig die internationale Zuständigkeit deutscher Gerichte (LG Bremen AWD 1959, 105 f.).

**3. Innerdeutsches Recht.** Die Regeln des Internationalen Enteignungsrechts galten **vor der Wiedervereinigung auch im innerdeutschen Verhältnis.** Nunmehr ist die Frage der Rechtswirksamkeit von Enteignungsakten der ehemaligen DDR zu beurteilen (s. dazu Art. 41 Einigungsvertrag mit Anlage III; EALG und VermG) (hierzu Schweisfurth VIZ 2000, 505; Märker VIZ 1999, 460. Näher Soergel/v. Hoffmann Art. 38 Anh. III Rn. 89–99 mwN; zur Qualifikation von Ansprüchen aus dem VermG nicht als unbewegliches Vermögen BGH NJW 2000, 2421). 23

# 8. Besondere Vorschriften zur Durchführung und Umsetzung international-privatrechtlicher Regelungen der Europäischen Union: Art. 46a–46e EGBGB

## Erster Unterabschnitt. Durchführung der Verordnung (EG) Nr. 864/2007

### Art. 46a Umweltschädigungen

**Die geschädigte Person kann das ihr nach Artikel 7 der Verordnung (EG) Nr. 864/2007 zustehende Recht, ihren Anspruch auf das Recht des Staates zu stützen, in dem das schadensbegründende Ereignis eingetreten ist, nur im ersten Rechtszug bis zum Ende des frühen ersten Termins oder dem Ende des schriftlichen Vorverfahrens ausüben.**

#### I. Normzweck

Art. 46a enthält im Hinblick auf **Erwägungsgrund 25 S. 2 der Rom II-VO** eine Regelung zu der Frage, wann der Geschädigte die Wahl des anzuwendenden Rechts zu treffen hat. Eine solche Regelung sollte nach dem Recht des Mitgliedstaats des angerufenen Gerichts möglich bleiben und entschieden werden. Die Norm ist am 11.1.2009 in Kraft getreten (Art. 2 IPR-Anpassungsgesetz) und wird – vorbehaltlich einer zu beachtenden Rück- oder Weiterverweisung dann, wenn das IPR von Nicht-EU-Mitgliedstaaten auf das in Deutschland geltende IPR verweist – **nur von deutschen Gerichten angewendet.** Eine Flexibilisierung der strengen Anbindung an die prozessualen Fristen des Art. 46a hat der Gesetzgeber bedauerlicherweise bewusst nicht vorgesehen (MüKoBGB/Junker Rn. 1). Jedenfalls deutet die Möglichkeit der Präklusion der Option nach nationalen Maßstäben der lex fori auf die Nähe der Befristungsmöglichkeit zum Verfahrensrecht hin, das Art. 1 Abs. 3 Rom II-VO (von bestimmten Fragen des Beweisrechts abgesehen) ohnehin in der Hand des national-autonomen Gesetzgebers belässt. Als prozessrechtliche Frage wird die Möglichkeit, die Erwägungsgrund 25 S. 2 Rom II-VO eröffnet, teils in Österreich gesehen (Heiss/Loacker östJBl 2007, 613 (632 f.) mwN). 1

#### II. Anwendungsbereich

Art. 46a bezieht sich ausschließlich auf vom **Anwendungsbereich des Art. 7 Rom II-VO** erfasste Deliktstypen. Sie ist auch zeitlich auf die Anwendung dieser Norm zugeschnitten, also parallel anzuwenden (Art. 31, 32 Rom II-VO). 2

#### III. Parallelregelung zu Art. 40 Abs. 1 S. 3

Art. 46a enthält nur Modalitäten zur zeitlichen Begrenzung des Optionsrechts, nicht aber Regelungen zu der Frage, ob das Optionsrecht überhaupt ausgeübt worden ist und unter welchen 3

Bedingungen dies geschehen kann. Insoweit ist Art. 7 Rom II-VO **in autonomer Auslegung** zu prüfen (für einen Rückgriff auf die lex fori MüKoBGB/Junker Rn. 7). Danach ist neben einer ausdrücklichen **Ausübung des Optionsrechts** auch seine konkludente Ausübung möglich (Heiss/Loacker östJBl 2007, 613 (633)). Die Anforderungen daran sind streng (MüKoBGB/Junker Rn. 4); insbes. ist eine bewusste Entscheidung festzustellen (aktuelles Erklärungsbewusstsein). In Bezug auf die **zeitliche Begrenzung der Ausübung** gelten die zu Art. 40 Abs. 1 S. 3 entwickelten (umstr) Grundsätze, welche Art. 46a übernommen hat (Grüneberg/Thorn Rn. 2; MüKoBGB/ Junker Rn. 2); näher → Art. 40 Rn. 1 ff., auch zu richterlichen Hinweispflichten. Dabei ist die Rechtsnatur des Optionsrechts des Art. 7 Rom II-VO allerdings autonom (und nicht nach dem Kollisionsrecht der lex fori bzw. des Inlands) zu bestimmen. Das spricht im Kontext des Art. 7 Rom II-VO gegen die Annahme einer prozessualen Qualifikation des Optionsrechts, aber auch nicht für die unwiderrufliche Ausübung des Optionsrechts, sondern vielmehr für die Annahme einer **elektiven oder alternativen Konkurrenz.** Sie hat zur Folge, dass der Gläubiger die von ihm getroffene Wahlentscheidung bis zu dem in Art. 46a bestimmten Zeitpunkt (in den Grenzen des Rechtsmissbrauchs) wieder ändern kann (eingehend Zeidler, Klimahaftungsklagen, 2022, 285 ff.). Die Option ist also spätestens im ersten Rechtszug bis zum Ende des frühen ersten Termins oder dem Ende des schriftlichen Vorverfahrens auszuüben; anderenfalls entfällt sie. Außerhalb staatlicher Gerichtsverfahren besteht dagegen keine prinzipielle Bindung des anderenfalls als „Anwaltsfalle" zu charakterisierenden Optionsrechts, und zwar schon deshalb, weil sich anderenfalls die ohnehin bestehenden unionsrechtlichen Bedenken gegen die nationale Entwertung der Limitation des Optionsrechts durch Art. 46a (→ Art. 46a Rn. 5, 6) noch verstärken.

**4** Werden im Umwelthaftpflichtprozess im **Falle konkurrierender internationaler Zuständigkeit** verschiedene Streitgegenstände vor verschiedenen Gerichten von Mitgliedstaaten geltend gemacht, die unterschiedliche zeitliche Begrenzungen der Ausübung des Optionsrechts kennen, gilt für jedes Verfahren ggf. eine unterschiedliche zeitliche Limitierung der Ausübung. Das kann zu einer misslichen Aufspaltung des anwendbaren Umwelthaftungsrechts in Bezug auf verschiedene Streitgegenstände führen, ist aber kaum vermeidbar; die fehlende Vollharmonisierung rächt sich dann. Ist das Optionsrecht ausgeübt worden, sollte dies indes dann in allen Verfahren (und damit einheitlich für alle Streitgegenstände innerhalb desselben Schadensereignisses) gelten, um ein gezieltes Vorgehen nach Art der „Rosinentheorie" zu vermeiden (→ Art. 40 Rn. 1 ff.) (MüKoBGB/Junker Rn. 10).

## IV. Unionsrechtliche Bedenken gegenüber der „Anwaltsfalle" des Art. 46a

**5** Im Kontext von Art. 40 Abs. 1 S. 3 ist mit dem Inkrafttreten jener Norm sogleich (und unabhängig von der – umstrittenen – Rechtsnatur des Optionsrechts) deren potentiell naheliegende Wirkung als **„Anwaltsfalle"** und der **Gefahr der rechtsverkürzenden Überbeschleunigung** bemerkt bzw. kritisiert worden (v. Hoffmann IPRax 1996, 1 (5); Kreuzer RabelsZ 65 (2001), 383 (423 f.); Schurig GS Lüderitz, 2000, 699 (703 ff.); Looschelders VersR 1999, 1316 (1318); MüKoBGB/Junker Art. 40 Rn. 42: der in Art. 40 Abs. 1 S. 3 genannte Zeitpunkt sei „in der Praxis schnell verpasst"). So berechtigt die sich daran anschließende rechtspolitische Kritik an der durch die rigide „Fristenregelung" herbeigeführte Entwertung des Erfolgsorts als Anknüpfungspunkt erscheint, ist die gesetzgeberische Entscheidung im Rahmen der autonom geregelten Bereiche des Art. 40 doch als lex lata hinzunehmen; denn es hätte dem deutschen Gesetzgeber ganz einfach freigestanden, nur auf den Handlungs- (oder den Erfolgsort) abzustellen (→ Art. 40 Rn. 1 ff.). So gesehen erscheint die Einräumung des – wenngleich überaus restriktiv ausgestalteten – Optionsrechts in Art. 40 Abs. 1 als eine nur ganz geringfügige, auf kollisionsrechtliche Unsicherheit des Gesetzgebers hindeutende Verbesserung der Möglichkeiten des Geschädigten. In Art. 46a ist diese Regelungsweise in Bezug auf Art. 7 Rom II-VO übertragen worden.

**6** Fraglich ist indes, ob dem Gesetzgeber dieser unbegrenzte Spielraum der Ausgestaltung bzw. der unbegrenzten Einschränkung des Optionsrechts auch im Rahmen der Konkretisierung von Art. 7 Rom II-VO zusteht. Erwägungsgrund 25 S. 2 der Rom II-VO merkt zwar an, die Frage, wann der Geschädigte die Wahl des anzuwendenden Rechts zu treffen hat, sollte nach dem Recht des Mitgliedstaats des angerufenen Gerichts entschieden werden. Hintergrund für die kollisionsrechtliche Regelung des Art. 7 Rom II-VO ist aber, dass im Falle von Umweltschäden Art. 191 AEUV (in vollem Umfang die Anwendung des Grundsatzes der Begünstigung des Geschädigten rechtfertige, um ein hohes Schutzniveau zu erreichen, indem Umweltbeeinträchtigungen entweder an ihrem Ursprung (also nach dem Recht des Handlungsorts) bekämpft werden können, ebenso aber auch in Anlehnung an das Verursacherprinzip am Ort des kausalen Erfolges (also nach dem Recht des Erfolgsortes). Eine Entwertung dieser Intention des europäischen Gesetzgebers in Art. 7

Rom II-VO über die Einrichtung einer „Anwaltsfalle" durch die Anbindung des Optionsrechts an überaus rigide prozessrechtliche Fristen erscheint als nicht mehr von Erwägungsgrund 25 S. 2 Rom II-VO und vom effet utile des Art. 7 Rom II-VO gedeckt. Es ist zu bedenken, dass die vom deutschen Gesetzgeber etablierte „Anwaltsfalle", in die nicht anwaltlich beratene Parteien erst recht geraten, auch über die Annahme richterlicher Hinweispflichten auf das Optionsrecht unter dem Aspekt einer drohenden Befangenheit nicht zureichend unschädlich gemacht werden kann (genauer → Art. 40 Rn. 1 ff.). Gerade weil die Rom II-VO keine bloße RL ist, die dem nationalen Gesetzgeber geradezu typischerweise Umsetzungsspielräume belässt, sondern eine VO, die – untypisch – den Zeitpunkt der Ausübung des Optionsrechts – wohl auch auf Grund ihrer potenziellen Nähe zum Prozessrecht – in die Hände des nationalen Gesetzgebers legt, ist es dem nationalen Gesetzgeber keineswegs freigestellt, die Effizienz des Optionsrechts selbst durch die Anordnung von entwertenden prozeduralen Fristen beliebig auszuhöhlen bzw. nach eigenen Maßstäben „den Geschädigten nicht zu sehr" iSd Gedankens einer nach autonomen Maßstäben fixierten „Waffengleichheit" zu begünstigen (s. aber R. Wagner IPRax 2008, 314 (318)). So gesehen erscheint **Art. 46a als Überdehnung von Erwägungsgrund 25 S. 2 Rom II-VO** und damit als nicht mehr vom Sinn und Zweck des Art. 7 Rom II-VO getragene Regelung zur zeitlichen Ausübung des Optionsrechts (iErg übereinstimmend Zeidler, Klimahaftungsklagen, 2022, 295 ff.; zur Klimahaftung vgl. auch König/Tezlaff RIW 2022, 25; verfassungsrechtliche Zweifel bei NK-BGB/Plehwe Rn. 3; aA MüKoBGB/Junker Rn. 9: ausgewogener Interessenausgleich).

## Zweiter Unterabschnitt. Umsetzung international-privatrechtlicher Regelungen im Verbraucherschutz

### Art. 46b Verbraucherschutz für besondere Gebiete

**(1) Unterliegt ein Vertrag auf Grund einer Rechtswahl nicht dem Recht eines Mitgliedstaats der Europäischen Union oder eines anderen Vertragsstaats des Abkommens über den Europäischen Wirtschaftsraum, weist der Vertrag jedoch einen engen Zusammenhang mit dem Gebiet eines dieser Staaten auf, so sind die im Gebiet dieses Staates geltenden Bestimmungen zur Umsetzung der Verbraucherschutzrichtlinien gleichwohl anzuwenden.**

**(2) Ein enger Zusammenhang ist insbesondere anzunehmen, wenn der Unternehmer**

**1. in dem Mitgliedstaat der Europäischen Union oder einem anderen Vertragsstaat des Abkommens über den Europäischen Wirtschaftsraum, in dem der Verbraucher seinen gewöhnlichen Aufenthalt hat, eine berufliche oder gewerbliche Tätigkeit ausübt oder**

**2. eine solche Tätigkeit auf irgendeinem Wege auf diesen Mitgliedstaat der Europäischen Union oder einen anderen Vertragsstaat des Abkommens über den Europäischen Wirtschaftsraum oder auf mehrere Staaten, einschließlich dieses Staates, ausrichtet**

**und der Vertrag in den Bereich dieser Tätigkeit fällt.**

**(3) Verbraucherschutzrichtlinien im Sinne dieser Vorschrift sind in ihrer jeweils geltenden Fassung:**

**1. die Richtlinie 93/13/EWG des Rates vom 5. April 1993 über missbräuchliche Klauseln in Verbraucherverträgen (ABl. L 95 vom 21.4.1993, S. 29);**

**2. die Richtlinie 2002/65/EG des Europäischen Parlaments und des Rates vom 23. September 2002 über den Fernabsatz von Finanzdienstleistungen an Verbraucher und zur Änderung der Richtlinie 90/619/EWG des Rates und der Richtlinien 97/7/EG und 98/27/EG (ABl. L 271 vom 9.10.2002, S. 16);**

**3. die Richtlinie 2008/48/EG des Europäischen Parlaments und des Rates vom 23. April 2008 über Verbraucherkreditverträge und zur Aufhebung der Richtlinie 87/102/EWG des Rates (ABl. L 133 vom 22.5.2008, S. 66).**

**(4) Unterliegt ein Teilzeitnutzungsvertrag, ein Vertrag über ein langfristiges Urlaubsprodukt, ein Wiederverkaufsvertrag oder ein Tauschvertrag im Sinne von Artikel 2 Absatz 1 Buchstabe a bis d der Richtlinie 2008/122/EG des Europäischen Parlaments und des Rates vom 14. Januar 2009 über den Schutz der Verbraucher im Hinblick auf**

**bestimmte Aspekte von Teilzeitnutzungsverträgen, Verträgen über langfristige Urlaubsprodukte sowie Wiederverkaufs- und Tauschverträgen (ABl. L 33 vom 3.2.2009, S. 10) nicht dem Recht eines Mitgliedstaats der Europäischen Union oder eines anderen Vertragsstaats des Abkommens über den Europäischen Wirtschaftsraum, so darf Verbrauchern der in Umsetzung dieser Richtlinie gewährte Schutz nicht vorenthalten werden, wenn**
**1. eine der betroffenen Immobilien im Hoheitsgebiet eines Mitgliedstaats der Europäischen Union oder eines anderen Vertragsstaats des Abkommens über den Europäischen Wirtschaftsraum belegen ist oder**
**2. im Falle eines Vertrags, der sich nicht unmittelbar auf eine Immobilie bezieht, der Unternehmer eine gewerbliche oder berufliche Tätigkeit in einem Mitgliedstaat der Europäischen Union oder einem anderen Vertragsstaat des Abkommens über den Europäischen Wirtschaftsraum ausübt oder diese Tätigkeit auf irgendeine Weise auf einen solchen Staat ausrichtet und der Vertrag in den Bereich dieser Tätigkeit fällt.**

**Schrifttum:** Bitterich, Die Neuregelung des Internationalen Verbrauchervertragsrechts in Art. 29a EGBGB, 2003; Franzen, Neue Regeln zum Time-Sharing, NZM 2011, 217; Freitag/Leible, Von den Schwierigkeiten der Umsetzung kollisionsrechtlicher Richtlinienbestimmungen, ZIP 1999, 1296; Freitag/Leible, Ergänzung des kollisionsrechtlichen Verbraucherschutzes durch Art. 29a EGBGB, EWS 2000, 342; Heiss, Die Richtlinie über den Fernabsatz von Finanzdienstleistungen an Verbraucher aus Sicht des IPR und des IZVR, IPRax 2003, 100; Kelp, Time-Sharing-Verträge, 2005; Leible, Brauchen wir noch Art. 46b EGBGB?, FS v. Hoffmann, 2011, 230; Leible/Leitner, Das Kollisionsrecht des Timesharing nach der Richtlinie 2008/122/EG, IPRax 2013, 37; Reisewitz, Rechtsfragen des Medizintourismus, 2015, 197; Rusche, Der „enge Zusammenhang" im Sinne des Art. 29a EGBGB, IPRax 2001, 420; Specovius, Verbraucherschutz bei einer Rechtswahlklausel im E-Commerce, 2011; Staudinger, Art. 29a EGBGB des Referentenentwurfs zum Fernabsatzgesetz, IPRax 1999, 414; Staudinger, Internationales Verbraucherschutzrecht made in Germany, RIW 2000, 416.

Übersicht



## I. Normzweck und Entstehung

1 **1. Normzweck.** Mit Art. 46b wird zunächst vordergründig der rein systematische Versuch unternommen, Kollisionsnormen für besondere Gesetze des Verbraucherschutzes in einer Norm des Internationalen Vertragsrechts zusammenzufassen. Alle diese Normen eint, dass sie auf europarechtlichen Vorgaben basieren. In der Sache geht es – nicht anders als im Falle des **Art. 6 Rom I-VO** – um **europäisierten kollisionsrechtlichen Verbraucherschutz und die Durchsetzung bestimmten entsprechenden EU-Richtlinienrechts.** Insoweit enthält Art. 46b zwar keine, steht aber doch in der Nähe zu einer speziellen ordre-public-Klausel bzw. zu einer Sonderanknüpfung von Verbraucherrecht. Von vornherein wird nicht der nationale, sondern gewissermaßen werden – ähnlich Art. 3 Abs. 4 Rom I-VO – **erste Bestandteile eines europäischen ordre public zum Schutze des europäischen Binnenmarktes** durchgesetzt. Abgewehrt werden soll nicht nur negativ ausländisches Recht außerhalb der EU, sondern positiv sollen eigene Normen durchgesetzt werden. Dies geschieht mittels einer Sonderanknüpfung von ius cogens. Schon die Existenz von Art. 46b (und seiner Vorläufer, zuvor Art. 29a) deutet darauf hin, dass es sich bei den betreffenden sachrechtlichen Normen nicht um sog Eingriffsnormen iSv Art. 9 Rom I-VO handelt (Freitag/Leible ZIP 1999, 1296 (1298 f.); offenlassend R. Wagner IPRax 2000, 249 (251 f.)).

**2. Vorläufer.** Vorläufer von Art. 46b war **Art. 29a** (zu dessen Entstehung – mit vorherigen Referentenentwürfen – R. Wagner IPRax 2000, 249 (253 ff.)), und für Art. 29a aF waren Vorläufer **§ 12 AGBG** (nun Abs. 2 Nr. 1) und **§ 8 TzWrG** (nun Abs. 4). Beide Normen beruhten ihrerseits auf den in ihnen genannten Richtlinien der EU. Hinzugetreten ist in Abs. 2 Nr. 2 die Verbrauchsgüterkauf-RL (Art. 7 Abs. 2 RL 99/44/EG) (zur denkbaren „Rückgriffsfalle" des Unternehmers bei grenzüberschreitenden Sachverhalten Staudinger ZGS 2002, 63), in Abs. 2 Nr. 3 die RL 2002/65/EG über den Fernabsatz von Finanzdienstleistungen an Verbraucher (dazu Heiss IPRax 2003, 100) und in Abs. 2 Nr. 4 die Verbraucherkredit-RL 2008/48/EG. Rechtspolitisch kritikwürdiger Hintergrund ist, dass Richtlinienkollisionsrecht gem. Art. 23 Rom I-VO nicht nur nicht beseitigt worden ist, sondern Vorrang gegenüber der Rom I-VO genießt. Eine Neufassung des Art. 46b, insbes. des Abs. 2, erfolgte zunächst durch das Gesetz zur Anpassung der Vorschriften des Internationalen Privatrechts an die Rom I-VO vom 25.6.2009 (BGBl. I 1574). Durch das **Gesetz zur Umsetzung der Verbraucherrechte-RL und zur Änderung des Gesetzes zur Regelung der Wohnungsvermittlung** vom 20.9.2013 (BGBl. I 3642) hat die voluminöse Norm ihre nun aktuelle Fassung erhalten. Durch Art. 2 **Gesetz zur Regelung des Verkaufs von Sachen mit digitalen Elementen und anderer Aspekte des Kaufvertrags** vom 25.6.2021 (BGBl. I S. 2133, Nr. 37) ist der vorherige **Abs. 3 Nr. 2 aF** mit seiner Verweisung auf die überholte RL 1999/44/EG v 25.5.1999 zu bestimmten Aspekten des Verbrauchsgüterkaufs und der Garantien für Verbrauchsgüter (ABl. L 171 vom 7.7.1999, S. 12) mit Wirkung ab dem 1.1.2022 aufgehoben worden. Ein harmonisiertes europäisches Verbrauchervertrags-Kollisionsrecht, das die Rom I-VO (insbes. Art. 6 Rom I-VO) insoweit vervollständigen würde, fehlt leider. 2

## II. Stellung im Normensystem

**1. Europarechtliche Aspekte. a) Vorlagepflicht.** Da Art. 46b der Umsetzung von Richtlinien der EU gewidmet ist, ist Art. 46b ggf. richtlinienkonform auszulegen. Im Unterschied zu den dem früheren EVÜ nachgebildeten Regeln des Internationalen Schuldvertragsrechts des EGBGB aF, über die der EuGH erst spät die Möglichkeit der vereinheitlichenden Auslegung erhalten hatte, besteht in Bezug auf Art. 46b (und bestand zuvor in Bezug auf Art. 29a aF) seit jeher die Möglichkeit (und ggf. auch die Pflicht) einer **Vorlage an den EuGH.** Daran ist insbes. dann zu denken, wenn es um Zweifelsfragen bei der Auslegung von Art. 46b geht, die auf den Richtlinientext zurückzuführen sind (Freitag/Leible ZIP 1999, 1296 (1298); Staudinger IPRax 1999, 414 (419); Tonner BB 2000, 1413 (1419)). 3

**b) Richtlinienkonformität.** Es ist zweifelhaft, ob Art. 46b die kollisionsrechtlichen Vorgaben der Verbraucherschutzrichtlinien hinreichend beachtet hat. Da Art. 46b ebenso wenig wie Art. 29a aF – zumindest explizit – **einen Günstigkeitsvergleich** im Falle einer Rechtswahl zwischen dem vereinbarten Recht und dem von Art. 46b bezeichneten Recht vorsieht, sondern das Recht eines europäischen Staates für anwendbar erklärt, kann Art. 46b dazu führen, dass dem Verbraucher ein über den Mindestschutz der Richtlinien hinausgehender Schutz des gewählten Rechts entzogen wird. Diesem Ergebnis soll die teleologische Auslegung der entsprechenden Richtlinien entgegenstehen (vgl. Staudinger IPRax 1999, 414 (417 f.); Freitag/Leible ZIP 1999, 1296 (1299 f.); Siehr IPR 159). Auch Art. 12 Abs. 2 RL 2008/122/EG erfordert (nicht anders als Art. 6 Abs. 1 Rom I-VO) einen konkreten Günstigkeitsvergleich (Leible/Leitner IPRax 2013, 37 (43)). Eine richtlinienkonforme Auslegung in dieser Richtung wäre nach dem eindeutigen und bewusst gewählten (R. Wagner IPRax 2000, 249 (254 f., 256 f.)) Wortlaut von Art. 46b in der Tat nicht möglich (zweifelnd MüKoBGB/Martiny Rn. 76: „kann letztlich nur der EuGH entscheiden"; anders aber Staudinger IPRax 1999, 414 (418); R. Wagner IPRax 2000, 255 (257); Staudinger/Magnus, 2021, Rn. 54; Reithmann/Martiny IntVertragsR Rn. 6.2336). Indes ist zweifelhaft, ob europarechtliche Vorgaben wirklich dazu zwingen, Überschreitungen des Mindeststandards außerhalb der EU und des europäischen Wirtschaftsraumes zu tolerieren (mit Grund hiergegen Mankowski BB 1999, 1225 (1227); Rühl RIW 1999, 321). Allerdings wirkt Art. 46b in solchen (freilich voraussichtlich höchst seltenen) Fällen dann nicht verbraucherschutzstärkend, sondern verbraucherschutzschwächend. Doch ist dies nur rechtspolitisch zu kritisieren (insoweit zutr. Freitag/Leible ZIP 1999, 1296 (1298 ff.); Staudinger IPRax 1999, 414 (416 ff., 419 f.)). Zum Verhältnis zur Rom I-VO gem. Art. 23 Rom I-VO → Rn. 2. 4

**2. Art. 46b im System des Internationalen Vertragsrechts.** Da Art. 46b nicht auf dem EVÜ beruht, gelten auch **nicht** die **Ausnahmetatbestände des Art. 1 Abs. 2 Rom I-VO.** Insbesondere gilt nicht der Ausschluss des Internationalen Gesellschaftsrechts, das nach Art. 1 5

Abs. 2 lit. f Rom I-VO aus dem Anwendungsbereich der Regeln des Internationalen Vertragsrechts an sich ausgenommen ist. Indes unterfallen nach § 481 Abs. 2 BGB auch gesellschafts- oder vereinsrechtliche Time-Sharing-Modelle dem Teilzeit-Wohnrechte-Vertragsrecht. Nach der Systematik des Internationalen Vertragsrechts wären solche gesellschaftsrechtlichen Fragen, die unter die Timesharing-RL fallen, daher keiner Sonderanknüpfung zugänglich. Dieses Ergebnis wäre indes nicht mehr richtlinienkonform. Das Gleiche würde auch in Bezug auf die Anwendbarkeit des AGB-Rechts nach der Klauselrichtlinie anzunehmen sein (zur Problematik vgl. auch Staudinger IPRax 1999, 414 (418)). Diese Konsequenzen wurden bislang über Art. 37 S. 2 aF ausdrücklich vermieden, doch hat sich an der Rechtslage nichts geändert (Art. 23 Rom I-VO).

6 Soweit nicht das Recht eines EU-Staates bzw. eines EWR-Staates über Art. 3 bzw. 6 Rom I-VO ohnedies anwendbar ist, ergänzt bzw. korrigiert **Art. 46b – soweit eine Rechtswahl** oder ein Vertrag iSd Abs. 1 iVm Art. 3 Rom I-VO **vorliegt – Art. 6 Rom I-VO** (vgl. Staudinger RIW 2000, 1413 (1419); Tonner BB 2000, 1413 (1419); Staudinger/Magnus, 2021, Rn. 26). Das gilt freilich nur, soweit es um die von Art. 46b Abs. 3 und 4 erfassten Normen geht; iÜ kann allein über Art. 3 ff. Rom I-VO angeknüpft werden. Überdies kommt Art. 46b nach seinem Zweck bzw. Wortlaut (Abs. 1 und Abs. 4) nur zur Anwendung, wenn grds. das Recht eines Staates anzuwenden ist, der nicht der EU oder dem EWR angehört. Das folgt auch aus den Gesetzesmaterialien, die von einer Prüfung von Art. 6 Rom I-VO vor Art. 46b ausgehen (BT-Drs. 14/2658, 50 zu Art. 29; anders aber Kegel/Schurig IPR § 18 I 1 f. bb, S. 677 zu Art. 29a aF). Die Anwendbarkeit von **Art. 9 Rom I-VO scheidet** nach der hier vertretenen Auffassung schon deshalb **aus,** weil die in Art. 46b genannten Gesetze keine Eingriffsnormen iSv Art. 9 Rom I-VO sind (Staudinger/Magnus, 2021, Rn. 27); jedenfalls ist Art. 46b eine Sonderregelung, durch welche ein Rückgriff auf Art. 9 Rom I-VO verdrängt wird (Grüneberg/Thorn Rn. 8). Auch **Art. 21 Rom I-VO** (ordre public) kann zur Durchsetzung der in Art. 46b genannten Gesetze **kaum** noch herangezogen werden. Denn ohne engen Zusammenhang, den Art. 46b stets voraussetzt, fehlt es an der auch für Art. 21 Rom I-VO erforderlichen (wenngleich ungeschriebenen) Inlandsbeziehung (zu diesem Erfordernis → Rom I-VO Art. 21 Rn. 1; Staudinger/Magnus, 2021, Rom I-VO Art. 21 Rn. 19–21). Und der Einsatz des ordre public zur Durchsetzung schärferer Standards zum Schutz von Verbrauchern als in den (umgesetzten) Richtlinien würde nicht weniger bedeuten, als den darin zum Ausdruck gebrachten europäischen Mindeststandard als anstößig niedrig zu qualifizieren, was sich mit einer europarechtsfreundlichen Auslegung des Art. 21 Rom I-VO nicht verträgt (vgl. dazu Spickhoff BB 1997, 2593 (2601 ff.); iErg ebenso Staudinger RIW 2000, 416 (420)). Ebenso wie im Falle von Art. 6 Rom I-VO, vor allem aber in Parallelität zur Diskussion zu Art. 29 aF kommt auch in Bezug auf Art. 46b theoretisch dessen **analoge Anwendung** in Betracht, etwa in Bezug auf das Recht der sog. Haustürgeschäfte. Da hierdurch wiederum europäische Mindeststandards realisiert werden, hätte deren ausdrückliche Einbeziehung mehr als nahegelegen, zumal im Hinblick auf die Diskussion um den internationalen Anwendungsbereich des Rechts der sog Haustürgeschäfte. Daher ist von einer bewussten Nichteinbeziehung solcher Regelungen auszugehen. Auch eine analoge Anwendung von Art. 46b, die überdies wegen des Fehlens des Günstigkeitsvergleichs nicht unproblematisch wäre, scheidet daher aus (ebenso Grüneberg/Thorn Rn. 2; Staudinger/Magnus, 2021, Rn. 55; MüKoBGB/Martiny Rn. 84; iErg früher (zum Altrecht) auch BGHZ 165, 248 = NJW 2006, 762; anders aber Paefgen ZEuP 2003, 266 (291); v. Bar/Mankowski IPR I § 4 Rn. 103 zu Art. 29a aF).

7 **3. Art. 46b und das Herkunftslandprinzip im E-Commerce.** Das Herkunftslandprinzip der E-Commerce-RL, in Deutschland umgesetzt in § 3 TMG, ist zwar prinzipiell zu beachten, wird aber vom BGH (BGH NJW 2012, 219; toleriert von EuGH NJW 2012, 137: die E-Commerce-RL „verlange … keine Umsetzung in Form einer entsprechenden Kollisionsregel") nicht als Kollisionsnorm angesehen und lässt unabhängig davon gem. § 3 Abs. 3 Nr. 2 TMG Vorschriften für vertragliche Schuldverhältnisse in Bezug auf Verbraucherverträge, wozu auch darauf bezogene Kollisionsnormen gehören, mithin also auch Art. 46b, ebenso unberührt (Spickhoff in Leible, Die Bedeutung des Internationalen Privatrechts im Zeitalter der neuen Medien, 2003, 89, 111; zum IPR des E-Commerce Specovius, Verbraucherschutz bei einer Rechtswahlklausel im E-Commerce, 2011, sub 3 und 4) wie Art. 6 Rom I-VO (→ VO (EG) 593/2008 Art. 6 Rn. 1 ff.).

## III. Anknüpfungsgrundsätze

8 **1. Persönlicher und sachlicher Anwendungsbereich der betroffenen Richtlinien.** Der Wortlaut von Art. 46b setzt – anders als die durch ihn ggf. zur Anwendung kommenden (umgesetz-

ten) Richtlinien des Verbraucherrechts – zunächst nicht explizit voraus, dass ein **Verbraucher** eine Vertragspartei ist. In der Lit. ist dies daher zum Teil nicht für erforderlich gehalten worden (Looschelders Art. 29a Rn. 17), während heute mehrheitlich im Hinblick auf den Regelungszweck der Norm die Verbrauchereigenschaft im Wege der teleologisch reduzierenden Auslegung in die Norm hineingelesen wird (MüKoBGB/Martiny Rn. 16; Reithmann/Martiny IntVertragsR Rn. 6.2331; HK-BGB/Staudinger Rn. 8; Staudinger/Magnus, 2021, Rn. 35; jurisPK-BGB/Limbach Rn. 16). Zumeist kommt es iErg indes auf die Antwort auf diese Frage an, weil (auf der Ebene des Sachrechts) eben der Anwendungsbereich der RL nicht eröffnet ist (Grüneberg/Thorn Rn. 3). Anders steht es indes mit dem **Rückgriff des Unternehmers** (in Deutschland §§ 478, 479 BGB) (umfassend dazu Dutta ZHR 171 (2007), 79). Obwohl diese Normen wohl mittelbar dem Verbraucherschutz dienen und im Kontext des Gesamtsystems des Verbraucherkaufs stehen (daher für die Einbeziehung in den Anwendungsbereich der Kollisionsnorm Looschelders Art. 29b Rn. 17), fallen sie nicht unter Art. 46b (Staudinger ZGS 2002, 63). Dafür spricht, dass Abs. 2 immerhin vom „Unternehmer" und „Verbraucher" (Nr. 1) spricht. Auch wenn Art. 46b zunächst einmal alle Verbraucherverträge erfasst (HK-BGB/Staudinger Rn. 9), ist die Frage, ob der sachliche Anwendungsbereich der Richtlinien betroffen ist, dagegen (erst) eine solche der sachrechtlichen Prüfung (vgl. MüKoBGB/Martiny Rn. 21; Staudinger/Magnus, 2021, Rn. 30; enger Looschelders Art. 29a Rn. 18; anders und konsequent auch insoweit für eine teleologische Reduktion schon von Art. 29a Freitag/Leible EWS 2000, 342 (344); Bitterich, Die Neuregelung des Internationalen Verbrauchervertragsrechts in Art. 29a EGBGB, 2003, 335 f.; Staudinger ZGS 2002, 63).

**2. Abwahl national umgesetzten europäischen Rechts.** Abs. 1 setzt zunächst voraus, dass auf Grund einer **Rechtswahl** ein Vertrag nicht dem Recht eines Mitgliedstaats der EU oder einem anderen Vertragsstaat des Abkommens über den Europäischen Wirtschaftsraum unterliegt. Gemeint ist im Wesentlichen eine Rechtswahl iSv Art. 3 Rom I-VO. Sowohl eine ausdrückliche Rechtswahl (unter Einbeziehung einer Rechtswahl durch AGB) als auch eine stillschweigende Rechtswahl kommt in Betracht. Im Falle von AGB ist zu beachten, dass Art. 10 Abs. 1 Rom I-VO auch auf das Zustandekommen einer Rechtswahlklausel anwendbar ist (Meyer-Sparenberg RIW 1989, 350). Die Rechtswahl muss sich nicht auf einen bestimmten Vertragstyp beziehen; nur die Anforderungen der in Bezug genommenen Richtlinien müssen eben erfüllt sein. 9

**3. Enger Zusammenhang.** Im Unterschied zu Art. 6 Abs. 1 Rom I-VO enthält Art. 46b Abs. 1 zunächst in Anlehnung an die einschlägigen Richtlinien, die in den Mitgliedstaaten uneinheitlich umgesetzt und konkretisiert worden sind (Reithmann/Martiny IntVertragsR Rn. 6.2338) eine generalklauselartige Anknüpfung an den „engen Zusammenhang", dem sodann in Abs. 2 zwei Regelbeispiele folgen, die **denjenigen in Art. 6 Rom I-VO nachgebildet** sind. Möglich ist also über die Regelbeispiele hinaus, die genannten Sachnormen auch in weiteren Fällen sonderanzuknüpfen, zumal der Begriff des engen Zusammenhangs autonom auszulegen ist (Reithmann/Martiny IntVertragsR Rn. 6.2340). Erforderlich ist aber, dass **ein den Regelbeispielen vergleichbar enger Zusammenhang** vorliegt. Außerhalb von Abs. 2 kann zur Annahme eines engen Zusammenhanges namentlich auf einen **besonderen Binnenmarktbezug** abgestellt werden (für einen Binnenmarktbezug des Verbrauchers Rusche IPRax 2001, 420 (421)); in Betracht kommt mit dieser Ergänzung wohl auch ein vorsichtiger Rückgriff auf die für Art. 4 Abs. 3 Rom II-VO maßgeblichen Kriterien. Erforderlich ist eine Gesamtschau- und -abwägung aller Umstände des Einzelfalles unter Berücksichtigung des Schutzzwecks der jeweiligen, auf die betreffende RL zurückzuführende Norm(en) (Reithmann/Martiny IntVertragsR Rn. 6.2339). Indizien können abgesehen von den in Abs. 2 genannten sein: Staatsangehörigkeit, Firmensitz bzw. Niederlassung des Verwenders, Abschlussort des Vertrages, Vertragssprache, Erfüllungsort der beiderseitigen Leistungen sowie die Belegenheit des Vertragsgegenstandes. So können etwa die der Klauselrichtlinie (Abs. 4 Nr. 1) entsprechenden Normen des BGB angewendet werden, wenn ein Vertrag zwischen einem deutschen Anbieter mit einem deutschen Verbraucher auf einer Werbeverkaufsveranstaltung außerhalb der EU und des EWR geschlossen wird (s. auch Grüneberg/Thorn Rn. 3). 10

**Abs. 2 Nr. 1** stellt zur Begründung des engen Zusammenhangs zunächst darauf ab, dass der Unternehmer innerhalb der EU oder in einem dem EWR zugehörigen Raum, in welchem der Verbraucher seinen gewöhnlichen Aufenthalt hat, eine berufliche oder gewerbliche Tätigkeit ausübt. **Abs. 2 Nr. 2** verlangt alternativ, dass der Unternehmer seine unternehmerische Tätigkeit (zumindest auch) auf den Aufenthaltsstaat des Verbrauchers ausrichtet. In beiden Konstellationen muss der Vertrag in den Bereich dieser Tätigkeit fallen. Da der Gesetzgeber bewusst auf die von Art. 6 Abs. 1 lit. a und b Rom I-VO zurückgegriffen hat, sollte auch die Auslegung parallel verlaufen (ebenso Grüneberg/Thorn Rn. 3). Daher kann auf die Ausführungen zu Art. 6 Rom I-VO verwiesen werden (→ VO (EG) 593/2008 Art. 6 Rn. 1 ff. ff.). 11

12 Fraglich ist, ob die aus Art. 29a Abs. 2 Nr. 1 und 2 aF bekannten, bislang einen (als Regelbeispiele) auslösenden engen Zusammenhang nun insgesamt von vornherein obsolet geworden sind. ME ist das zu verneinen. Vielmehr können die bisherigen Regelbeispiele zur Konkretisierung typischer (wenngleich im Einzelfall gewiss nicht zwingender) Fälle einer zureichend engen Verbindung iSd Art. 46b Abs. 1 (also neben den nunmehr in Abs. 2 genannten Regelbeispielsfällen) herangezogen werden (so für die früheren „Kaffeefahrten-Konstellationen" auch Staudinger/Magnus, 2021, Rn. 49; MüKoBGB/Martiny Rn. 60).

13 So stellte Art. 29a Abs. 2 Nr. 1 aF zur Begründung des engen Zusammenhangs zunächst darauf ab, dass der Vertrag auf Grund eines öffentlichen Angebots, einer öffentlichen Werbung oder einer ähnlichen geschäftlichen Tätigkeit zustande kommt, vorausgesetzt, sie wird innerhalb der EU oder in einem dem Europäischen Wirtschaftsraum zugehörigen Staat entfaltet. Dazu gehörte auch die Werbung im Internet (vgl. Roth/Schulze RIW 1999, 924 (932); Freitag/Leible EWS 2000, 342 (345)) oder – gleich, ob man unter den Begriff des „öffentlichen Angebots" oder der „Werbung" subsumiert – auch die invitatio ad offerendum (iErg übereinstimmend Looschelders Art. 29a Rn. 27). Allerdings genügt die bloße Zugänglichkeit zu einer Website noch nicht (Staudinger/Magnus, 2021, Rn. 44); eine interaktive Website in der Sprache des beworbenen Landes sollte für ein Ausrichten dagegen genügen (vgl. MüKoBGB/Martiny Rn. 58 mwN), nicht dagegen die bloße Angabe einer E-mail-Adresse ohne konkrete Aufforderung zum Vertragsschluss. Das frühere Merkmal der „Öffentlichkeit" des Angebots, etwa iS eines Angebots ad incertas personas, führte nicht weiter, zumal persönlich gestaltete Angebote erst recht für ein „Ausrichten" genügen müssen (Looschelders Art. 29a Rn. 28). Erfasst werden vom Anwendungsbereich sollten aber Fälle, in denen Dritte (durch Werbung) auf Leistungen aufmerksam gemacht werden, die zuvor mit dem Unternehmer keinen geschäftlichen Kontakt hatten (MüKoBGB/Martiny Rn. 59). (Psychisch vermittelte) Kausalität der Werbung bzw. der geschäftlichen Tätigkeit oder des Ausrichtens der unternehmerischen Tätigkeit (auch) auf den Aufenthaltsstaat des Verbrauchers für den Vertragsschluss ist erforderlich (Staudinger/Magnus, 2021, Rn. 46; Grüneberg/Thorn Rn. 3). Wie stets im Falle psychisch vermittelter Kausalität genügt die Feststellung überwiegend wahrscheinlicher Zurechnung des Vertragsschlusses zur Werbung bzw. deren psychische Förderung. Dieses Beweismaß entspricht auch dem Schutzzweck der Norm (s. auch Looschelders Art. 29a Rn. 30; Staudinger/Magnus, 2021, Rn. 46). Dem vorvertraglichen oder vertragsbegründenden Verhalten gleichgestellt werden kann auch die Vertragsdurchführung, insbes. die Erfüllung (Sonnenberger ZEuP 1996, 382 (388, 394 f.); Staudinger IPRax 1999, 414 Rn. 5). Für **beide Varianten des Abs. 2** (zutr. Staudinger/Magnus, 2021, Rn. 47) ist zusätzlich erforderlich, dass der Verbraucher seinen **gewöhnlichen** (nicht: bloß schlichten) **Aufenthalt** innerhalb der EU oder in einem dem Europäischen Wirtschaftsraum zugehörigen Staat hat. Maßgeblich ist aus Gründen der Rechtsklarheit der Zeitpunkt der Abgabe der auf den Vertragsschluss gerichteten Erklärung des Verbrauchers (Staudinger/Magnus, 2021, Rn. 47; MüKoBGB/Martiny Rn. 64), während der Zeitpunkt der Beeinflussung des Verbrauchers durch die Werbung aus Gründen der Feststellbarkeit des anwendbaren Rechts weniger geeignet erscheint. Der Begriff des gewöhnlichen Aufenthaltes ist – wie nun auch in Art. 46a Abs. 2 in Übereinstimmung mit Art. 19 Rom I-VO – allgemeinen Grundsätzen entspr. zu verstehen (→ Art. 5 Rn. 16 f.). Anders als noch in § 12 AGBG aF (und wie bereits in § 8 TzWrG aF) ist unerheblich, wo der Verbraucher seine Willenserklärung abgegeben hat. Die Abgabe der Erklärung auch außerhalb der EU oder des Europäischen Wirtschaftsraums steht also einer Sonderanknüpfung nach Art. 46b nicht entgegen, wenn etwa Werbung und gewöhnlicher Aufenthalt des Verbrauchers innerhalb der EU zu lokalisieren sind. Nicht erforderlich ist ferner, dass der Ort der Werbung und der gewöhnliche Aufenthalt in demselben Staat liegen. Ausreichend ist bereits, wenn der Verbraucher zB in einem Staat der EU/des EWR seinen gewöhnlichen Aufenthalt (zB Deutschland) hat, und in einem anderen Staat der EU bzw. des EWR geworben wurde (zB im Urlaubsland), vorausgesetzt, der Vertragsschluss beruht auf der Werbung, ist dieser also (psychisch) zuzurechnen.

14 **4. Rechtsfolge. a) Grundsatz: Recht des „engen Zusammenhangs".** Als Rechtsfolge sieht Abs. 1 vor, dass die im Gebiet des Staates, mit dem ein enger Zusammenhang iSd Norm besteht, umgesetzten Verbraucherschutzrichtlinien iSv Abs. 4 gelten („gleichwohl anzuwenden" sind), selbst wenn die Rechtswahl zur prinzipiellen Anwendbarkeit einer anderen Rechtsordnung führt. In Deutschland sind die Verbraucherschutzrichtlinien mittlerweile insbes. in das BGB eingestellt worden (§§ 305 ff., 312b ff., 474 ff., 481 ff., 491 ff. BGB) (zu § 309 Nr. 7a Reisewitz, Rechtsfragen des Medizintourismus, 2015, 200). Nach dem Wortlaut von Art. 46b findet hierbei **kein Günstigkeitsvergleich** zwischen gewähltem Recht und dem Recht des engen Zusammenhanges statt (Grüneberg/Thorn Rn. 5; vgl. auch Staudinger IPRax 1999, 414 (417 f.); ders. RIW

2000, 416 (418); Freitag/Leible ZIP 1999, 1296 (1299 f.)). Die Richtlinien sehen demgegenüber einen Günstigkeitsvergleich offenbar vor oder lassen diesen zumindest zu. Doch lässt sich eine ggf. daraus abzuleitende Richtlinienwidrigkeit der Umsetzung nur schwerlich in richtlinienkonformer Auslegung korrigieren, indem man den Günstigkeitsvergleich in Art. 46b gewissermaßen hineinliest (dafür R. Wagner IPRax 2000, 249 (255); Reithmann/Martiny IntVertragsR Rn. 6.2336; Staudinger/Magnus, 2021, Rn. 54). Dazu sind Wortlaut von Art. 46a (der insoweit leider gegenüber Art. 29a aF nicht geändert worden ist) und gesetzgeberischer Wille wohl zu eindeutig (→ Rn. 4), mögen auch teleologische Aspekte für das Günstigkeitsprinzip sprechen. Bestehen enge Zusammenhänge zu mehreren Mitgliedstaaten der EU oder anderen Vertragsstaaten des Abkommens über den Europäischen Wirtschaftsraum, so sind die Bestimmungen zur Umsetzung der Verbraucherschutzrichtlinien desjenigen Staates anwendbar, zu dem der **engste Zusammenhang** besteht (BT-Drs. 14/2658, 50 zu Art. 29a aF). Insofern wird dem Grundprinzip allen Internationalen Privatrechts Rechnung getragen. Zu den Kriterien bei der Ermittlung der engen bzw. engsten Verbindung → Rn. 10–→ Rn. 13.

**b) „Überschießende Umsetzung" von Richtlinien.** Auch sog überschießende Umsetzungen, die den Verbraucher noch besser schützen, als dies von der RL verlangt wird, sind zu befolgen. Allerdings gilt dies nicht in Bezug auf Personen, die vom Schutzbereich der RL nicht mehr erfasst sein würden, etwa weil es sich nicht um von der RL erfasste Verbraucher handelt; spätestens hier sollte also (insoweit) nicht mehr von einer „Umsetzung" gesprochen werden. Im Übrigen kommt es auf den Normzweckzusammenhang der nationalen Regel mit der RL an (MüKoBGB/Martiny Rn. 70; Staudinger/Magnus, 2021, Rn. 53). **15**

**5. Teilzeit-Wohnrechte (Abs. 4).** Die im systematischen Kontext schwer verständliche und rechtspolitisch angezweifelte, sogar als nicht ohne Grund als richtlinienwidrig angesehene (Kelp, Time-Sharing-Verträge, 2005, 283 ff.) bzw. wegen Verstoßes gegen die Grundfreiheiten des AEUV als europarechtswidrig (v. Wilmowsky ZEuP 1995, 754 f. zum EG-Vertrag; dagegen mit Grund aber Kelp, Time-Sharing-Verträge, 2005, 292 ff.) eingeschätzte Sonderregelung von Teilzeit-Wohnrechte-Verträgen Abs. 3 aF ist durch den neugefassten Abs. 4 ersetzt worden. Funktional ist Abs. 4 als an sich (im Verhältnis zur Rom I-VO) regelwidrige Sonderanknüpfung der §§ 481 ff. BGB nach Art des Art. 9 Abs. 1 und 2 Rom I-VO im Sinne einer einseitigen Kollisionsnorm (Mankowski in Reithmann/Martiny IntVertragsR Rn. 6.2413) ausgestaltet. Da Abs. 4 nicht auf Abs. 2 und 3 verweist, werden die ersten beiden Absätze von Art. 46b durch Abs. 4 – seine Anwendbarkeit vorausgesetzt – verdrängt (als **lex specialis**) (Franzen FS v. Hoffmann, 2011, 115 (123); MüKoBGB/Martiny Rn. 85). Das unterscheidet die Norm von Art. 29a aF (dazu Kelp, Time-Sharing-Verträge, 2005, 262 f.; Looschelders Art. 29a Rn. 46), gilt aber nur in Bezug auf die in Abs. 4 genannte RL 2008/122/EG (HK-BGB/Staudinger Rn. 25). Die praktische Bedeutung von Abs. 4 dürfte sich in deutlichen Grenzen halten (Franzen NZM 2011, 217). **16**

Anders als in Abs. 1 ist nach seinem klaren Wortlaut eine **Rechtswahl** für das Eingreifen von Abs. 3 **nicht erforderlich.** Es genügt, dass subjektiv (durch Rechtswahl) oder objektiv (namentlich über Art. 4 Rom I-VO) der Vertrag nicht dem Recht eines Mitgliedstaates der EU oder des EWR unterliegt. (MüKoBGB/Martiny Rn. 86; HK-BGB/Staudinger Rn. 23). **17**

Weitere Voraussetzungen sind in **Abs. 4 Nr. 1 und Nr. 2** enthalten. Diese Voraussetzungen, durch die ein hinreichend enger Zusammenhang umschrieben wird, sind (im Gegensatz zur Regelungstechnik des Abs. 2) **abschließend** definiert (HK-BGB/Staudinger Rn. 24). Nach **Nr. 1** werden (nur) **„Immobilien", die außerhalb der EU bzw. des EWR belegen sind,** von Abs. 4 nicht erfasst. Alle anderen (auch nicht unmittelbar auf Immobilien bezogenen) Verträge führen in den Anwendungsbereich von Abs. 4, wenn ein Unternehmer (diese Eigenschaft ist nicht erforderlich für Nr. 1!) nach **Nr. 2** eine gewerbliche oder unternehmerische Tätigkeit im Bereich von EU/EWR ausübt oder sie auf dieses Gebiet ausrichtet und der Vertrag zu seinem Geschäftsfeld gehört, wie insbes. im Falle entspr. Vermarktungsaktivitäten. Der **Begriff des Ausrichtens** wird wie zu Art. 6 Rom I-VO ausgefüllt (Franzen FS v. Hoffmann, 2011, 115 (123)); auch die (psychische) Kausalität des Ausrichtens für den Vertragsschluss ist folgerichtig erforderlich (HK-BGB/Staudinger Rn. 24). Abs. 4 greift demgemäß insgesamt nicht ein, wenn das **Recht eines EU- bzw. eines EWR-Staates gewählt** wird, da dann – richtlinienkonforme Umsetzung ist Prämisse – die inhaltlichen Anforderungen der Timesharing-RL erfüllt werden müssen. Ist eine **Immobilie innerhalb der EU bzw. des EWR belegen und wird eine Rechtsordnung außerhalb der EU bzw. des EWR gewählt,** so ist zu unterscheiden: Kommt es gleichwohl zur Anwendung des Rechts eines EU- bzw. eines EWR-Staates, so verbleibt es dabei. **18**

Dabei ist zu bedenken, dass **außerhalb einer** – typischerweise zumindest über AGB vorliegenden – **Rechtswahl** regelmäßig über Art. 4 Abs. 1 lit. c Rom I-VO das Belegenheitsrecht anwend- **19** bar ist. Hervorzuheben ist, dass sich die Rechtslage im Gegensatz zur älteren Rspr. des BGH, wonach Timesharing-Verträge im allgemeinen nicht unter Art. 29 aF subsumiert wurden (BGHZ 135, 124 (131) = NJW 1997, 1697 (1698)), in Bezug auf Art. 6 (Abs. 4 lit. c aE!) Rom I-VO insoweit geändert (s. auch Grüneberg/Thorn Rn. 7; → Rom I-VO Art. 6 Rn. 4). Art. 9 Rom I-VO greift bei individualschützenden Verbraucherregelungen wie der Timesharing-RL bzw. den §§ 481 ff. BGB nicht. Doch führt selbst die Anknüpfung an das Belegenheitsrecht nach Art. 4 Abs. 1 lit. c Rom I-VO zur Anwendung des Rechts eines EU- bzw. EWR-Staates, wenn die Immobilie dort belegen ist. Denkbar ist in diesen Fällen (wenn Art. 6 Rom I-VO nicht zum Heimatrecht des Verbrauchers führt) das Eingreifen von Abs. 4 lediglich dann, wenn über Art. 4 Abs. 3 Rom I-VO ausnahmsweise (zB im Falle eines Erwerbers aus einem Drittstaat) das Recht eines Drittstaates außerhalb der EU bzw. des EWR zur Anwendung kommt. Auch kann eine rein gesellschaftsrechtliche Ausgestaltung des Timesharing-Vertrages, für die die Rom I-VO nicht greift (Art. 1 Abs. 2 lit. f Rom I-VO), zur Anwendung eines solchen, vom Belegenheitsstaat abweichenden drittstaatlichen Rechts führen (Kelp, Time-Sharing-Verträge, 2005, 228 ff.). In solchen Fällen kann Abs. 4 greifen (Looschelders Art. 29a Rn. 48).

20 Die dargelegten Anknüpfungsgrundsätze setzen einen **Teilzeit-Wohnrechte-Vertrag** voraus. Zur Begriffsbestimmung kann in europäisch-autonomer Auslegung auf **Art. 2 Abs. 1 lit. a–d RL 2008/122/EG** zurückgegriffen werden (MüKoBGB/Martiny Rn. 89). Danach ist ein „Teilzeitnutzungsvertrag“ ein Vertrag mit einer Laufzeit von mehr als einem Jahr, mit dem der Verbraucher gegen Entgelt das Recht erwirbt, eine oder mehrere Übernachtungsunterkünfte für mehr als einen Nutzungszeitraum zu nutzen (lit. a), ein „Vertrag über ein langfristiges Urlaubsprodukt“ ein Vertrag mit einer Laufzeit von mehr als einem Jahr, mit dem der Verbraucher gegen Entgelt in erster Linie das Recht auf Preisnachlässe oder sonstige Vergünstigungen in Bezug auf eine Unterkunft erwirbt, und zwar unabhängig davon, ob damit Reise- oder sonstige Leistungen verbunden sind (lit. b), ein „Wiederverkaufsvertrag“ ein Vertrag, mit dem ein Gewerbetreibender gegen Entgelt einen Verbraucher dabei unterstützt, ein Teilzeitnutzungsrecht oder ein langfristiges Urlaubsprodukt zu veräußern oder zu erwerben (lit. c) und ein „Tauschvertrag“ ein Vertrag, mit dem ein Verbraucher gegen Entgelt einem Tauschsystem beitritt, das diesem Verbraucher Zugang zu einer Übernachtungsunterkunft oder anderen Leistungen im Tausch gegen die Gewährung vorübergehenden Zugangs für andere Personen zu den Vergünstigungen aus den Rechten, die sich aus dem Teilzeitnutzungsvertrag des Verbrauchers ergeben, ermöglicht (lit. d). Erfasst werden demgemäß Unterkunftsvarianten in einem weiten Sinne der Teilzeitnutzung. Dazu können gehören Immobilien wie Mobilien in Gestalt von Hausbooten, Yachten, Kreuzfahrtschiffen, Campingwagen und Wohnmobilen, nicht aber Verträge, deren Erfüllung das Teilzeitwohnen nur vorbereitet (Miete von Stell- oder Liegeplätzen) und erst recht nicht die normale Wohnraummiete (Leible/Leitner IPRax 2013, 37 (38); zur Anknüpfung begleitender Verträge weiter Mankowski in Reithmann/Martiny IntVertragsR Rn. 6.2422–2425). Für rein sachenrechtliche Fragen der dinglichen Übertragung gilt hingegen Art. 46b ebenso wenig wie die sonstigen Regeln des internationalen Schuldvertragsrechts (Mankowski in Reithmann/Martiny IntVertragsR Rn. 6.2427). Ein Entgelt kann einmal oder wiederkehrend vereinbart sein (MüKoBGB/Martiny Rn. 89).

21 Die **Rechtsfolge von Abs. 4** besteht, wenn die genannten Voraussetzungen vorliegen, darin, dass die Transformationsnormen der lex fori anzuwenden sind. Von einem deutschen Gericht ist also ggf. deutsches Recht als Umsetzungsrecht anzuwenden, was zu §§ 481 ff. BGB führt (HK-BGB/Staudinger Rn. 26). Das steht freilich unter dem Vorbehalt, dass das an sich anwendbare Recht den Verbraucher nicht konkret (noch) besser stellt. Abs. 4 statuiert nun klar das Erfordernis eines solchen **konkreten Günstigkeitsvergleichs** (Mankowski in Reithmann/Martiny IntVertragsR Rn. 6.2417; MüKoBGB/Martiny Rn. 101; HK-BGB/Staudinger Rn. 27). Abs. 4 ist jedenfalls eindeutig und auch vom Wortlaut her anders ausgestaltet als Abs. 1. Insoweit hat sich eine signifikante Änderung gegenüber dem auch insoweit rechtspolitisch verfehlten Abs. 3 aF ergeben (dazu – kein Günstigkeitsvergleich – Looschelders Rn. 54; Otte RabelsZ 62 (1998), 405 (423 f.); Kelp, Time-Sharing-Verträge, 2005, 291; dennoch für einen Günstigkeitsvergleich schon im Rahmen von Abs. 3 aF Bitterich, Die Neuregelung des Internationalen Verbrauchervertragsrechts in Art. 29a EGBGB, 2003, 410 f.; Kelp, Time-Sharing-Verträge, 2005, 261).

## IV. Allgemeine Regeln

22 **1. Sachnormverweisung.** Art. 46b spricht – was sich schon aus dessen Wortlaut unmittelbar ergibt – Sachnormverweisungen aus (HK-BGB/Staudinger Rn. 26; iErg ebenso Mankowski in Reithmann/Martiny IntVertragsR Rn. 6.2349: Art. 20 Rom I-VO analog).

**2. Art. 9 und 21 Rom I-VO.** Bei Art. 46b handelt es sich um eine einer europäischen ordre-public-Klausel nahestehende Norm, die zugleich Sonderanknüpfungen ausspricht (→ Rn. 1). Zur Durchsetzung der Gerechtigkeitsvorstellungen der (umgesetzten) Verbraucherschutzrichtlinien, die von Art. 46b erfasst sind, ist innerhalb des Anwendungsbereiches von Art. 46b die allgemeine Regel des Art. 9 Rom I-VO verdrängt, während in (freilich kaum vorstellbaren) krassen Fällen ein Rückgriff auf den ordre public-Vorbehalt des Art. 6 EGBGB (oder – ergebnisidentisch – Art. 21 Rom I-VO) möglich bleibt (MüKoBGB/Martiny Rn. 116; Staudinger/Magnus, 2021, Rn. 22; Looschelders Art. 29a Rn. 13, 14: Art. 6 ausnahmslos verdrängt; vgl. auch zu Art. 29a aF Staudinger RIW 2000, 416 (419 f.)). 23

**3. Intertemporales Recht.** In Bezug auf Art. 46b (auch für die letzte Änderung) fehlt eine intertemporal-rechtliche Regel. **Analog Art. 220, 236 § 1** sind die in diesen Normen zum Ausdruck kommenden Grundsätze, insbes. der Zeitpunkt des Vertragsschlusses (auch bei Dauerschuldverhältnissen), maßgeblich (HK-BGB/Staudinger Rn. 21; so bereits zu Art. 29a aF BT-Drs. 14/2658, 50; Staudinger RIW 2000, 416 (420)). 24

## V. Internationale Zuständigkeit

Näher → VO (EG) 593/2008 Art. 6 Rn. 1 ff. ff. Bei Time-Sharing-Verträgen (dazu eingehend Kelp, Time-Sharing-Verträge, 2005, 325 ff.) ist zu differenzieren: In Bezug auf schuldrechtliche Ansprüche auf Nutzung kann **Art. 24 Nr. 1 S. 1 Alt. 2, S. 2 Brüssel Ia-VO** greifen, innerhalb des Anwendungsbereichs des LugÜ Art. 22 Nr. 1 S. 1 Alt. 2, S. 2 LugÜ (Kropholler/v. Hein Brüssel Ia-VO Art. 22 Rn. 17). In Bezug auf dingliche Ansprüche greift ggf. Art. 24 Nr. 1 S. 1 Alt. 1 Brüssel Ia-VO bzw. Art. 22 Nr. 1 S. 1 Alt. 1 LugÜ. Im autonomen Recht ist **§ 29c ZPO** zu beachten. 25

## Art. 46c Pauschalreisen und verbundene Reiseleistungen

**(1) Hat der Reiseveranstalter im Zeitpunkt des Vertragsschlusses seine Niederlassung im Sinne des § 4 Absatz 3 der Gewerbeordnung weder in einem Mitgliedstaat der Europäischen Union noch in einem anderen Vertragsstaat des Abkommens über den Europäischen Wirtschaftsraum und**

1. **schließt der Reiseveranstalter in einem Mitgliedstaat der Europäischen Union oder einem anderen Vertragsstaat des Abkommens über den Europäischen Wirtschaftsraum Pauschalreiseverträge oder bietet er in einem dieser Staaten an, solche Verträge zu schließen, oder**
2. **richtet der Reiseveranstalter seine Tätigkeit im Sinne der Nummer 1 auf einen Mitgliedstaat der Europäischen Union oder einen anderen Vertragsstaat des Abkommens über den Europäischen Wirtschaftsraum aus,**

**so sind die sachrechtlichen Vorschriften anzuwenden, die der in Nummer 1 oder Nummer 2 genannte Staat zur Umsetzung des Artikels 17 der Richtlinie (EU) 2015/2302 des Europäischen Parlaments und des Rates vom 25. November 2015 über Pauschalreisen und verbundene Reiseleistungen, zur Änderung der Verordnung (EG) Nr. 2006/2004 und der Richtlinie 2011/83/EU des Europäischen Parlaments und des Rates sowie zur Aufhebung der Richtlinie 90/314/EWG des Rates (ABl. L 326 vom 11.12.2015, S. 1) erlassen hat, sofern der Vertrag in den Bereich dieser Tätigkeit fällt.**

**(2) Hat der Vermittler verbundener Reiseleistungen im Zeitpunkt des Vertragsschlusses seine Niederlassung im Sinne des § 4 Absatz 3 der Gewerbeordnung weder in einem Mitgliedstaat der Europäischen Union noch einem anderen Vertragsstaat des Abkommens über den Europäischen Wirtschaftsraum und**

1. **vermittelt er verbundene Reiseleistungen in einem Mitgliedstaat der Europäischen Union oder einem anderen Vertragsstaat des Abkommens über den Europäischen Wirtschaftsraum oder bietet er sie dort zur Vermittlung an oder**
2. **richtet er seine Vermittlungstätigkeit auf einen Mitgliedstaat der Europäischen Union oder einen anderen Vertragsstaat des Abkommens über den Europäischen Wirtschaftsraum aus,**

**so sind die sachrechtlichen Vorschriften anzuwenden, die der in Nummer 1 oder Nummer 2 genannte Staat zur Umsetzung des Artikels 19 Absatz 1 in Verbindung mit Artikel 17 und des Artikels 19 Absatz 3 der Richtlinie (EU) 2015/2302 erlassen hat, sofern der Vertrag in den Bereich dieser Tätigkeit fällt.**

**(3) Hat der Vermittler verbundener Reiseleistungen in dem nach Artikel 251 § 1 maßgeblichen Zeitpunkt seine Niederlassung im Sinne des § 4 Absatz 3 der Gewerbeordnung weder in einem Mitgliedstaat der Europäischen Union noch in einem anderen Vertragsstaat des Abkommens über den Europäischen Wirtschaftsraum und richtet er seine Vermittlungstätigkeit auf einen Mitgliedstaat der Europäischen Union oder einen anderen Vertragsstaat des Abkommens über den Europäischen Wirtschaftsraum aus, so sind die sachrechtlichen Vorschriften anzuwenden, die der Staat, auf den die Vermittlungstätigkeit ausgerichtet ist, zur Umsetzung des Artikels 19 Absatz 2 und 3 der Richtlinie (EU) 2015/2302 erlassen hat, sofern der in Aussicht genommene Vertrag in den Bereich dieser Tätigkeit fällt.**

### Überblick

1 Art. 46c wurde eingefügt mWv 1.7.2018 durch das Dritte Gesetz zur Änderung reiserechtlicher Vorschriften vom 17.7.2017, BGBl. I 2394. Bisheriger Art. 46c wurde Art. 46d.

## I. Normzweck

2 Die voluminös geratene Norm bezweckt, dass die Vorgaben der RL (EU) 2015/2302 (ABl. EU 2015 L 326, 1) über Pauschalreisen und verbundene Reiseleistungen, zur Änderung der VO (EG) 2006/2004 und der RL 2011/83/EU sowie zur Aufhebung der RL 90/314/EWG auch für **Unternehmen** gelten, **die nicht in einem Mitgliedstaat der EU bzw. des EWR niedergelassen sind.** Es geht also um das Prinzip der Gleichbehandlung im Wettbewerb, der auf die EU bzw. den EWR ausgerichtet ist, und um die Vermeidung von Umgehungen insbes. des Insolvenzschutzes und von Informationspflichten hinsichtlich verbundener Reiseleistungen. Es handelt sich kollisionsrechtsdogmatisch um eine Art Sonderanknüpfung zwingender Verbraucherschutznormen nach Art der Statutentheorie, freilich mit besonderen Anknüpfungen. Rechtspolitisch erscheint das Anliegen legitim, die Umsetzung führt jedoch zu weiterer Zersplitterung des anwendbaren Sachrechts.

## II. Pauschalreiseverträge (Abs. 1)

3 **Abs. 1** betrifft **Pauschalreisen und verbundene Reiseleistungen.** In Art. 3 RL (EU) 2015/2302 sind die Begriffe der Reiseleistung (Nr. 1), des Reiseveranstalters (Nr. 8), der Pauschalreise (Nr. 2), des Pauschalreisevertrags (Nr. 3) definiert. Sie entsprechen denen von § 651a Abs. 1 BGB. Es kommt auf den Zeitpunkt des Vertragsschlusses, also der verbindlichen, zum Vertragsschluss führenden Annahmeerklärung an. Für die Anwendbarkeit der erfassten Regelungen genügt es, wenn der Reiseveranstalter in einem EU- bzw. EWR-Mitgliedstaat den Vertrag abschließt oder auch nur anbietet (Abs. 1 Nr. 1) oder seine Tätigkeit auf einen EU- bzw. EWR-Mitgliedstaat ausrichtet (Abs. 1 Nr. 2). Der Begriff des Ausrichtens findet sich – parallel auszulegen – in Art. 6 Rom I-VO und Art. 46b (MüKoBGB/Martiny Rn. 5).

## III. Vermittlung (Abs. 2 und 3)

4 **Abs. 2 und Abs. 3** betreffen die Vermittlung verbundener Reiseleistungen. Der Begriff des Reisevermittlers ist in Art. 3 Nr. 9 RL (EU) 2015/2302 definiert, ebenso (in Nr. 5) der verbundenen Reiseleistung.

5 **Abs. 2** betrifft den **Insolvenzschutz bei Nichterfüllung** (Art. 19 Abs. 1 und 3 iVm Art. 17 RL (EU) 2015/2302). Auch hier sind die in Bezug genommenen Normen anwendbar, wenn die erfolgreiche Vermittlung in einem EU- bzw. EWR-Mitgliedstaat geschieht, angeboten wird (Abs. 2 Nr. 1) oder die Vermittlungstätigkeit auf einen EU- bzw. EWR-Mitgliedstaat ausgerichtet wird (Abs. 2 Nr. 2).

6 **Abs. 3** bezieht sich auf die **Informationspflichten des Vermittlers** und ggf. deren Nicht- oder Schlechterfüllung (Art. 19 Abs. 2, 3 RL (EU) 2015/2302). Die in Bezug genommenen Normen sind anwendbar, wenn die Vermittlungstätigkeit auf einen EU- bzw. EWR-Mitgliedstaat ausgerichtet wird, vorausgesetzt, der in Aussicht genommene Vertrag fällt in den Bereich der Pauschalreisen oder der verbundenen Reiseleistungen.

### IV. Sachnormverweisungen

Art. 46c enthält, wie aus dem Wortlaut („sachrechtlichen Vorschriften anzuwenden") folgt, entspr. der Grundhaltung des Internationalen Vertragsrechts **Sachnormverweisungen.** Im Falle der Verweisung auf das Recht eines anderen EU- oder EWR-Staates ist also keinesfalls dessen (ohnedies gleichlaufendes) Kollisionsrecht anzuwenden (zum Begriff vgl. Art. 4 Abs. 1 EGBGB). 7

## Dritter Unterabschnitt. Durchführung der Verordnung (EG) Nr. 593/2008

### Art. 46d Pflichtversicherungsverträge

**(1) Ein Versicherungsvertrag über Risiken, für die ein Mitgliedstaat der Europäischen Union oder ein anderer Vertragsstaat des Abkommens über den Europäischen Wirtschaftsraum eine Versicherungspflicht vorschreibt, unterliegt dem Recht dieses Staates, sofern dieser dessen Anwendung vorschreibt.**

**(2) Ein über eine Pflichtversicherung abgeschlossener Vertrag unterliegt deutschem Recht, wenn die gesetzliche Verpflichtung zu seinem Abschluss auf deutschem Recht beruht.**

### Überblick

Art. 46d wurde eingefügt mWv 1.7.2018 durch das Dritte Gesetz zur Änderung reiserechtlicher Vorschriften vom 17.7.2017, BGBl. I 2394. Bisheriger Art. 46c wurde Art. 46d. 1

**Art. 7 Abs. 4 lit. b Rom I-VO** erlaubt den Mitgliedstaaten, eine autonome Sonderanknüpfung abweichend von den Anknüpfungen der Art. 7 Abs. 2 und 3 Rom I-VO vorzusehen, in der vorgeschrieben werden kann, dass auf einen Pflichtversicherungsvertrag das Recht des Mitgliedstaates anzuwenden ist, welches die Versicherungspflicht vorschreibt. Von dieser Möglichkeit hat der deutsche Gesetzgeber in Abs. 1 für ausländische Mitgliedstaaten und in Abs. 2 für das Inland im Sinne einer Sonderanknüpfung (BGH BeckRS 2020, 5998; MüKoBGB/Martiny Rn. 3) Gebrauch gemacht. Die Regelung entspricht wortgleich dem früheren Art. 12 Abs. 1 und 2 S. 1 EGVVG (PWW/Remien Rn. 3; Looschelders/Samarowos VersR 2010, 1 (7)). 2

Aufgrund der europarechtlichen Vorgabe in Art. 7 Abs. 4 Rom I-VO kann **Abs. 1** nicht – wie früher teilweise zu Art. 12 Abs. 1 EGVVG vertreten wurde (zB Soergel/v. Hoffmann Art. 37 Rn. 128) – **analog auf Drittstaaten** angewendet werden (Looschelders/Samarowos VersR 2010, 1 (7); anders aber hL; MüKoBGB/Martiny Rn. 10). Auch ein Rückgriff auf Art. 9 Abs. 3 Rom I-VO ist durch die vorrangige Spezialregelung des Art. 7 Abs. 4 Rom I-VO im Europäischen Internationalen Versicherungsvertragsrecht versperrt, sofern Art. 7 Rom I-VO wegen Belegenheit des versicherten Risikos in der EU anwendbar ist. 3

Für **Pflichtversicherungsverträge, deren versicherte Risiken sich außerhalb der EU befinden,** gilt weder Art. 7 Abs. 1 Rom I-VO noch greift (auch nach seinem Wortlaut) Art. 46d. Sie werden demgemäß nach Art. 3, 4 und 6 Rom I-VO angeknüpft (→ VO (EG) 593/2008 Art. 7 Rn. 1 ff.) (Looschelders/Pohlmann/Schäfer IntVersR Rn. 114; für eine Analogie zu Art. 7 Abs. 4 lit. a S. 2 Rom I-VO MüKoBGB/Martiny Rn. 8; ferner Fricke VersR 2008, 443 (450)). 4

**Abs. 2** bezieht sich auf **Pflichtversicherungsverträge.** Sie unterliegen im Sinne einer **einseitigen Anknüpfung** (die nicht allseitig ausgedehnt werden kann) deutschem Recht, wenn die gesetzliche Pflicht zu seinem Abschluss auf deutschem Recht beruht. Erfasst sind namentlich entsprechende Haftpflichtversicherungen, aber auch die Krankenversicherung (MüKoBGB/Martiny Rn. 11). Wann eine entsprechende gesetzliche Pflicht beruht, das folgt aus der für die jeweilige Versicherung maßgeblichen Regelungsmaterie. Auch das Standesrecht kann (zB für Ärzte oder Rechtsanwälte) eine auf die Berufshaftpflicht bezogene Versicherungspflicht vorsehen (Staudinger/Armbrüster, 2021, Art. 46d Rn. 11). 5

Sonderfragen wirft die Konstellation auf, in der bei **Gespannen** der Haftpflichtversicherer der Zugmaschine und derjenige eines Anhängers aus unterschiedlichen Staaten beteiligt sind. Der BGH (NZV 2021, 310 m. krit. Anm. Staudinger; krit. auch Pfeiffer LMK 2021, 812039) wendet nach einem Gespannunfall in Deutschland durch eine bei einem deutschen Haftpflichtversicherer 6 eingedeckte Zugmaschine und einem bei einem ausländischen Versicherer versicherten Anhänger auf den Innenausgleich zwischen den Versicherern das (deutsche) Tatortrecht an. Das (deutsches Recht) ist auch im Falle eines Unfalls in Deutschland angenommen worden, selbst wenn beide Haftpflichtversicherer (des Zugfahrzeuges und des Anhängers) aus demselben Ausland kommen (BGH BeckRS 2021, 23483; OLG Stuttgart BeckRS 2021, 41769: beide Versicherer aus Rumänien).

7 Welches Recht auf den **Direktanspruch des Kfz-Unfallopfers** gegen den Haftpflichtversicherer des verursachenden Kfz-Halters anzuwenden ist, folgt aus Art. 18 Rom II-VO (zuvor Art. 40 Abs. 4), nicht aus Art. 46d (Staudinger/Armbrüster, 2021, Art. 46d Rn. 12).

## Vierter Unterabschnitt. Durchführung der Verordnung (EU) Nr. 1259/2010

### Art. 46e Rechtswahl

**(1) Eine Rechtswahlvereinbarung nach Artikel 5 der Verordnung (EU) Nr. 1259/2010 ist notariell zu beurkunden.**

**(2) [1]Die Ehegatten können die Rechtswahl nach Absatz 1 auch noch bis zum Schluss der mündlichen Verhandlung im ersten Rechtszug vornehmen. [2]§ 127a des Bürgerlichen Gesetzbuchs gilt entsprechend.**

### I. Normzweck und Entstehung

1 Art. 5 Abs. 3 Rom III-VO und Art. 7 Abs. 2–4 Rom III-VO erlauben es den Mitgliedstaaten, für die Rechtswahl eigene Formvorschriften vorzusehen, die über die Formvorschriften der Rom III-VO hinausgehen. Davon hat Deutschland Gebrauch gemacht und in Art. 46e (bis zum 30.6.2018 Art. 46d) zwei besondere Formvorschriften eingeführt.

2 Für die außerhalb des Scheidungsverfahrens erfolgende vorsorgliche Rechtswahl gilt danach die notarielle Form. Abs. 2 erlaubt es, dass die Rechtswahl auch im Scheidungsverfahren noch getroffen wird. Dann gilt die Form des § 127a BGB.

3 Die Vorschrift wurde als Art. 46d durch Gesetz zur Anpassung der Vorschriften des Internationalen Privatrechts an die Verordnung Nr. 1259/2010 vom 23.1.2013 (BGBl. I 101) in das EGBGB eingefügt. Die Norm erfasst Rechtswahlvereinbarungen, die ab dem 29.1.2013 getroffen wurden. Aus Art. 46d wurde dann mWv 1.7.2018 durch das Dritte Gesetz zur Änderung reiserechtlicher Vorschriften vom 17.7.2017 (BGBl. I 2394) zu Art. 46e. Eine inhaltliche Änderung erfolgte nicht.

### II. Inhalt

4 Abs. 1 verlangt für die Rechtswahl in Bezug auf die Scheidung die notarielle Form und stellt damit hohe Anforderungen. Es darf nicht übersehen werden, dass die Rechtswahl, wiewohl sie in einem notariellen Vertrag erfolgt sein muss, keiner ausdrücklichen Erklärung bedarf. Vielmehr kann sie sich aus der Auslegung eines Ehevertrags ergeben (OLG Hamm FamRZ 2013, 1486; NK-BGB/Hilbig-Lugani Rom III-VO Art. 5 Rn. 11). Allerdings muss der Wille zur Anwendung einer bestimmten Rechtsordnung eindeutig erkennbar sein (näher → Rom III-VO Art. 5 Rn. 16).

5 Abs. 2 S. 2 erlaubt für die Rechtswahl im laufenden Scheidungsverfahren demgegenüber die Vereinbarung durch **Erklärung zu Protokoll** gem. § 127a BGB. Diese niedrigen Formerfordernisse erscheinen für die Scheidung selbst gut tragbar. Denn beide Parteien befinden sich in der Gerichtsverhandlung und wollen die Scheidung erreichen. Größere Gefahren für eine Partei sind nicht ersichtlich, denn Folgesachen sind von der Vereinbarung nicht unmittelbar betroffen. Ein Problem stellt es aber dar, dass nach Art. 17 Abs. 3 das auf den **Versorgungsausgleich** anwendbare Recht dem auf die Scheidung anwendbaren Recht folgt (näher → Rom III-VO Art. 5 Rn. 19).

### III. Übergangsprobleme

6 Ein Übergangsproblem bei der Anwendung der Rom III-VO steht in enger Verbindung mit dem zeitlichen Anwendungsbereich der Vorschrift. Es betrifft die Vereinbarungen, die bereits vor dem 29.1.2013 getroffen wurden, aber gem. Art. 18 Abs. 1 S. 2 Rom III-VO wirksam sind (näher

→ Rom III-VO Art. 18 Rn. 5 ff.). Da die Vorschrift erst zum 29.1.2013 in Kraft getreten ist, betrifft dies zusätzlich die Rechtswahlvereinbarungen, die zwischen dem 21.6.2012 und dem 29.1.2013 getroffen wurden (BeckOGK/Gössl Rn. 41). Für beide Zeiträume stellt sich die Frage, ob es an solche früheren Rechtswahlvereinbarungen irgendwelche ergänzenden Anforderungen in Hinblick **auf die Form** gibt. Mangels passender Regeln im deutschen Recht ist dies nicht der Fall. Daher konnten Vereinbarungen bis zum 29.1.2013 wirksam in der Form des Art. 7 Rom III-VO erfolgen (wie hier Rauscher/Helms Rom III-VO Art. 7 Rn. 22). Das ist sehr bedauerlich, weil der Schutz eines etwaigen schwächeren Ehegatten unterlaufen wurde, zumal dieser mit Recht darauf vertrauen mochte, dass in Deutschland für riskante Vereinbarungen stets die notarielle Form erforderlich sei. Soweit Druck ausgeübt wurde oder eine Zwangslage bestand, greift aber jedenfalls § 138 BGB.

## 9. Angleichung; Wahl eines in einem anderen Mitgliedstaat der Europäischen Union erworbenen Namens: Art. 47–49 EGBGB

### Art. 47 Vor- und Familiennamen

**(1) [1]Hat eine Person nach einem anwendbaren ausländischen Recht einen Namen erworben und richtet sich ihr Name fortan nach deutschem Recht, so kann sie durch Erklärung gegenüber dem Standesamt**
**1. aus dem Namen Vor- und Familiennamen bestimmen,**
**2. bei Fehlen von Vor- oder Familiennamen einen solchen Namen wählen,**
**3. Bestandteile des Namens ablegen, die das deutsche Recht nicht vorsieht,**
**4. die ursprüngliche Form eines nach dem Geschlecht oder dem Verwandtschaftsverhältnis abgewandelten Namens annehmen,**
**5. eine deutschsprachige Form ihres Vor- oder ihres Familiennamens annehmen; gibt es eine solche Form des Vornamens nicht, so kann sie neue Vornamen annehmen.**
**[2]Ist der Name Ehename oder Lebenspartnerschaftsname, so kann die Erklärung während des Bestehens der Ehe oder Lebenspartnerschaft nur von beiden Ehegatten oder Lebenspartnern abgegeben werden.**

**(2) Absatz 1 gilt entsprechend für die Bildung eines Namens nach deutschem Recht, wenn dieser von einem Namen abgeleitet werden soll, der nach einem anwendbaren ausländischen Recht erworben worden ist.**

**(3) § 1617c des Bürgerlichen Gesetzbuchs gilt entsprechend.**

**(4) Die Erklärungen nach den Absätzen 1 und 2 müssen öffentlich beglaubigt oder beurkundet werden, wenn sie nicht bei der Eheschließung oder bei der Begründung der Lebenspartnerschaft gegenüber einem deutschen Standesamt abgegeben werden.**

**Schrifttum:** Ehlers, Die Behandlung fremdartiger Namen im deutschen Recht, Diss. Münster 2016; Henrich, Die Angleichung im internationalen Namensrecht – Namensführung nach Statutenwechsel, StAZ 2007, 197; Henrich/Wagenitz/Bornhofen, Deutsches Namensrecht, Loseblatt, C V Rn. 255 ff.; Hepting, Die Angleichung in Art. 47 EGBGB, StAZ 2008, 161; Hepting/Dutta, Familie und Personenstand, 3. Aufl. 2019, Rn. II-244 ff.; Mäsch, Art. 47 EGBGB und die neue Freiheit im internationalen Namensrecht – oder Casanovas Heimfahrt, IPRax 2008, 17; v. Sachsen Gessaphe, Transposition oder Fortführung von Vatersnamen nach einem Eingangsstatutenwechsel?, StAZ 2015, 65; Solomon, Objektive Angleichung nach Eingangsstatutenwechseln, StAZ 2018, 265; Wall, Probleme von Angleichungserklärung und Angleichungslage in Art. 47 EGBGB in der Rechtsprechung des BGH, StAZ 2015, 363.

### Übersicht

## I. Normzweck, Allgemeines

1 Art. 47 wurde durch Art. 2 Abs. 15b Personenstandsrechtsreformgesetz (PStRG) vom 19.2.2007 (BGBl. I 122) mWv 24.5.2007 eingeführt (Inkrafttreten geändert durch Siebtes Gesetz zur Änderung des Bundesvertriebenengesetzes vom 16.5.2007, BGBl. I 748). Die Norm, die erst im Laufe des Gesetzgebungsverfahrens auf Anregung des BR (vgl. BT-Drs. 16/1831, 70 f.) diskutiert und in ihrer konkreten Form durch den Innenausschuss des BT (vgl. BT-Drs. 16/3309, 12) in den PStRG-Entwurf der Bundesregierung (BT-Drs. 16/1831, 1 ff.) eingefügt wurde, soll **Probleme namensrechtlicher Angleichung oder Anpassung** (→ EinlIPR Rn. 95) (andere sprechen von „Transposition", etwa v. Sachsen Gessaphe StAZ 2015, 65 (69 f.), ohne dass damit etwas gewonnen wäre, weil der Inhalt aller dieser Begriffe nicht legaldefiniert ist) **bei einem Statutenwechsel** von ausländischem zu deutschem Recht (Abs. 1 S. 1 Nr. 1–4) sowie bei **der Ableitung des Namens eines Kindes mit deutscher Staatsangehörigkeit vom Namen eines ausländischen Elternteils** (Abs. 2) lösen, indem dem Namensträger die Möglichkeit zur Bestimmung seines künftigen Namens eingeräumt wird. Sie gehört damit sachlich zu Art. 10, weshalb es schleierhaft bleibt, warum sie nicht in diesen integriert (so der ursprüngliche Vorschlag des BR, BT-Drs. 16/1831, 70 f.; zu den Hintergründen der Gesetzgebungsgeschichte allg. Hepting/Dutta Rn. II-249 ff.) oder zumindest – etwa als Art. 10a – räumlich in dessen Nähe platziert wurde. Inhaltlich folgt die Norm einem bedenklichen Trend im deutschen IPR, wie ihn der glücklicherweise von der Rom II-VO abgelöste Art. 40 Abs. 1 S. 2 im internationalen Deliktsrecht eingeleitet hat: Wenn die Rechtsanwendung für die Behörden und Gerichte schwierig zu werden droht, wälzt man die zu treffenden Entscheidungen auf den Bürger ab. Ergänzt wird die Norm durch eine **Regelung zur Eindeutschung fremdsprachiger Namen** nach einem Wechsel zum deutschen Namensstatut (Abs. 1 S. 1 Nr. 5).

2 Die zuletzt genannte Nr. 5 hat kein Anpassungs- oder Angleichungsproblem an das deutsche Namensrecht zum Gegenstand (→ Rn. 6 aE, → Rn. 15). Aber auch die von Art. 47 in den anderen von der Norm erfassten Konstellationen ermöglichte privatautonome Entscheidung unterscheidet sich von der „klassischen" Anpassung/Angleichung, die ein von der zuständigen Behörde oder dem zuständigen Gericht von Amts wegen und unabhängig vom Einverständnis der betroffenen Person anzuwendendes Instrument ist (MüKoBGB/Lipp Rn. 3). Aus beiden Gründen dürfte es nicht dem Willen des Gesetzgebers entsprechen, den Anwendungsbereich der Norm teleologisch auf Fallgestaltungen mit einer „objektiven Angleichungslage" zu reduzieren (so aber Hepting/Dutta Rn. II-390, 395 ff.; Hepting StAZ 2008, 161 (176); Wall StAZ 2015, 363 (364); aA auch MüKoBGB/Lipp Rn. 3), zumal die Kriterien für eine solche gar nicht feststehen.

3 Der Wortlaut der Norm (Abs. 1: „so kann sie") stellt klar, dass der Namensträger die von Art. 47 eröffneten Möglichkeiten **nicht nutzen muss.** Gibt er keine Erklärung zu seiner Namensführung ab, muss der Name **von Amts wegen** nach Maßgabe der in → Art. 10 Rn. 17 dargestellten Leitlinien bestimmt **(„zwangsangeglichen")** (Wall StAZ 2015, 363 (365)) werden (allgM, BGH NJW 2014, 1383 Rn. 23 ff.), wenn und soweit andernfalls eine Unverträglichkeit mit dem deutschen Recht droht. Letzteres ist zB dann nicht der Fall, wenn der Namensträger lediglich von seinem Recht zur Eindeutschung seines Namens nach Abs. 1 S. 1 Nr. 5 keinen Gebrauch macht. Eine mangels Erklärung bei Statutenwechsel erfolgte Zwangsangleichung hindert den Namensträger nicht daran, seine Wahlmöglichkeit später zu nutzen (→ Rn. 27).

4 Sowohl aus Abs. 1 als auch aus Abs. 2 ergibt sich, dass die Möglichkeit der Namenswahl nur dann besteht, wenn für den Namen der fraglichen Person deutsches Recht gilt. Die Wahl spielt sich damit auf der Ebene des **deutschen Sachrechts** ab. Art. 47 ist folglich **keine Kollisionsnorm (allgM),** sondern greift nur ein, wenn Art. 10 zum Zeitpunkt der Wahl zum deutschen Namensrecht führt; Art. 47 **Abs. 1** setzt überdies voraus, dass zuvor ausländisches Namensrecht

galt **(Statutenwechsel).** Ein solcher Statutenwechsel liegt auch dann vor, wenn ein ausländischer Ehegatte gem. Art. 10 Abs. 2 das deutsche Recht zum Ehenamensstatut wählt (BGH NJW-RR 2015, 321 Rn. 21; AG Stuttgart StAZ 2021, 374).

Art. 47 verdrängt ebenso wenig wie der als Vorbild dienende § 94 BVFG (→ Rn. 7) in den von ihnen erfassten Fallgestaltungen die öffentlich-rechtliche Namensänderung nach dem NÄG oder dem Minderheiten-Namensänderungsgesetz (MindNamÄndG vom 22.7.1997, BGBl. II 1406), sondern schafft zusätzliche Namensänderungstatbestände (so zu Recht VG Düsseldorf BeckRS 2011, 48503; VG Stade BeckRS 2016, 52614). Auch mit § 45a PStG, der allen Namensträgern mit deutschem Namensstatut erlaubt, die **Reihenfolge ihrer Vornamen neu zu bestimmen,** hat Art. 47 keine Berührungspunkte, weil die Vornamens-Umsortierung im Register keine materielle Namensänderung darstellt (vgl. Kienemund NZFam 2017, 1073). 5

## II. Namenswahl nach Statutenwechsel zum deutschen Recht (Abs. 1)

Bei einem Wechsel des nach Art. 10 für den Namen einer Person maßgeblichen Rechts **(Statutenwechsel),** sei es durch einen Wechsel der Staatsangehörigkeit (vgl. Art. 10 Abs. 1) oder durch die Wahl eines neuen Namensstatuts nach Art. 10 Abs. 2 und 3, untersteht die Namensführung ab diesem Zeitpunkt dem neuen Recht. Ist dieses das deutsche, so gilt der ungeschriebene Grundsatz, dass ausländische Namen in ihrer vom ausländischen Recht geprägten Form unverändert weitergeführt werden **(Grundsatz der Namenskontinuität),** (→ Art. 10 Rn. 16) (Henrich/Wagenitz/Bornhofen/Henrich C V Rn. 256; Hepting/Dutta Rn. II-142, 405 ff.). Dies gilt allerdings nur insoweit, als die konkrete Form eines unter ausländischem Recht erworbenen Namens mit den **Regeln des deutschen Rechts** über Namensführung und -bildung **verträglich** ist. „Unverträglich" können – nicht müssen – Namensformen sein, die nicht dem **deutschen Schema von „Vorname(n) plus (geschlechtsneutraler) Familienname"** (Henrich/Wagenitz/Bornhofen/Henrich C V Rn. 256; vgl. aber BGH NJW 2014, 1383: Vaterszwischenname nach bulgarischem Recht mit deutschem Namensrecht verträglich) entsprechen. Die Herstellung der Verträglichkeit macht ggf. schwierige Anpassungen erforderlich. Für die vier wichtigsten dieser Konstellationen bietet Art. 47 S. 1 Abs. 1 in den Nr. 1–4 eine vermeintlich einfachere Lösung an, indem der betroffenen Person die Möglichkeit gegeben wird, eine **materiellrechtliche Wahl** des nach deutschem Recht künftig zu tragenden Namens zu treffen. Hinzu tritt als fünfte Variante in Art. 47 S. 1 Abs. 1 Nr. 5 die Möglichkeit der **Eindeutschung** eines ausländischen Namens, die mit Angleichungsproblemen im eigentlichen Sinne nichts zu tun hat (näher → Rn. 15). 6

Art. 47 Abs. 1 S. 1 **Nr. 3–5** entsprechen in ihrem Wortlaut bewusst **§ 94 Abs. 1 S. 1 Nr. 1–3 BVFG** (vgl. BT-Drs. 16/1831, 71: Erklärungsrecht des Art. 47 ist dem § 94 BVFG „nachgebildet"), weshalb für Auslegungsfragen die zur letzteren Norm ergangene Rspr. herangezogen werden kann. 7

**1. Eigenname und weiterer Namensbestandteil (Abs. 1 S. 1 Nr. 1).** Hat eine Person nach ihrem früheren Statut einen Namen, der zwei oder mehr Bestandteile hat, ohne dass diese als Vor- und Familiennamen begriffen werden können, wie sie nach deutschem Verständnis alleinige und maßgebliche Bestandteile des Namens sind (→ Rn. 6), so erlaubt Art. 47 Abs. 1 S. 1 Nr. 1 dem Namensträger, nach dem Wechsel zum deutschen Recht eine entsprechende Zuordnung vorzunehmen. Dies betrifft die Konstellation, dass eine Person einen **Eigennamen** (→ Rn. 10) und einen **weiteren Namensteil trägt, der kein Familienname** ist. Beispiele sind die Kombination eines Eigennamens mit einem religiösen Namenszusatz – etwa „Singh" für indische Sikhs (so schon vor Art. 47 BayObLG FGPrax 1999, 23 (25 f.); StAZ 2000, 235 (236)) – oder mit einem (nicht in einem Familiennamen aufgegangenen) Patronym (Vatersname, etwa: Ben Nemsi) oder schlicht mit einem weiteren Eigennamen des Namensträgers (AG Stuttgart StAZ 2021, 374) oder einem seiner Vorfahren (vgl. BayObLG StAZ 1996, 41 (42 f.) = FamRZ 1999, 1661 Ls.: aus dem persönlichen Eigennamen und demjenigen des Vaters zusammengesetzter Name eines sri-lankischen Staatsangehörigen). Da nach deutschem Recht nicht mehrere Eigennamen zum Familiennamen bestimmt werden können (vgl. § 1355 BGB), ist ein mehrgliedriger Familienname im Regelfall ausgeschlossen, wenn nicht bereits eine gewisse „Verfestigung" im Alltag iS eines „echten Doppelnamens" stattgefunden hat (BGH NJW-RR 2015, 321 Rn. 27); dies ist regelmäßig nicht der Fall bei Patronymen (NK-BGB/Mankowski Rn. 22). 8

Nach dem Wortlaut ist der Namensträger in seiner **Entscheidung frei,** welcher Namensteil in Zukunft nach deutschem Recht als Vor- und welcher als Nachname gelten soll. Dass der persönliche Eigenname funktionell dem deutschen Vornamen entspricht, hindert demnach nicht daran, ihn zum Familiennamen zu erklären. Das mag verwundern, entspricht aber der bisherigen Rspr. (BayObLG StAZ 1996, 41 (42 f.): persönlicher (= Eigen-)Name des sri-lankischen Namens- 9 trägers wurde als sein Familienname und der Eigenname des Vaters als Vorname im Heiratsbuch eingetragen; OLG Karlsruhe StAZ 2014, 334) und ist deshalb offenbar auch unter Art. 47 hinzunehmen. Dies gilt zumindest, solange bloß unvernünftige Resultate die Folge sind. Sollte es demgegenüber zu unverträglichen Resultaten kommen, stünde diesem Ergebnis wohl der Telos der Norm entgegen (vgl. Mäsch IPRax 2008, 17 (18); aA Henrich StAZ 2007, 197 (198 f.); Hepting StAZ 2008, 161 (167)). Ein Mittelname US-amerikanischen Rechts etwa ist dem deutschen Recht fremd und nach seiner Funktion dem Vor- und nicht dem Nachnamen zuzuordnen, selbst wenn er nur aus dem Anfangsbuchstaben eines nicht mehr ermittelbaren Namens besteht (KG BeckRS 2017, 123489). Zur Abgrenzung von Nr. 1 zu Nr. 2 → Rn. 11. Eine **Kombination von Nr. 1 und Nr. 3** ist möglich (OLG Frankfurt BeckRS 2021, 25724; NK-BGB/Mankowski Rn. 11; MüKoBGB/Lipp Rn. 37).

10 **2. Fehlen eines Vor- oder Familiennamens (Abs. 1 S. 1 Nr. 2).** Art. 47 Abs. 1 S. 1 Nr. 2 regelt zwei unterschiedliche Fallgruppen: (1) Führt eine Person **keinen Familiennamen,** soll sie berechtigt sein, diesen zu ergänzen. Gemeint ist also offenbar die Konstellation, dass eine Person **ausschließlich einen Individualnamen** trägt, der mit ihrem Tod erlischt und anders als der Familienname nicht an die nächste Generation weitergegeben wird; einen solchen Namen bezeichnet man als **Eigennamen** (→ Art. 10 Rn. 24 mwN; der Begriff „Vorname" setzt voraus, dass dem Eigennamen ein Familienname folgt). Nach dem Wortlaut der Nr. 2 kann in diesem Fall der Namensträger seinen künftig hinzutretenden Familiennamen **frei wählen,** was im deutschen Recht ein bedenkliches und systemsprengendes Novum wäre. Die Gesetzesbegründung meint allerdings, dass die Regelungen des Art. 47 Abs. 1 insgesamt, also auch Nr. 2, „eine für das deutsche Namensrecht passende Namensform" ermöglichen sollen (BT-Drs. 16/3309, 13). Das spricht nicht dafür, dass der Gesetzgeber in Nr. 2 eine gänzlich freie Namenswahl vor Augen hatte. Deshalb wird man in Anlehnung an die Rspr. zu § 3 NamÄndG (vgl. BVerwG NJW 1997, 1594 (1595)) die Ordnungsfunktion des Familiennamens zu berücksichtigen haben und einschränkend fordern müssen, dass der **gewählte Name auf Personen hindeutet, zu denen der Namensträger gewichtige soziale Beziehungen** aufweist (hM, str.) (so OLG Köln StAZ 2015, 275; Mäsch IPRax 2008, 17 (19); jurisPK-BGB/Janal Rn. 6; NK-BGB/Mankowski Rn. 21; Staudinger/Hausmann, 2019, Rn. 34; aA – umfassende Wahlfreiheit – Henrich StAZ 2007, 197 (200); BeckOGK/Kroll-Ludwigs Rn. 29; noch anders Hepting StAZ 2008, 161 (172), der generell nur eine Vornamenswahl zulassen möchte). Auf diese Weise könnte etwa der (bislang nicht einen Teil des Namens bildende) Eigenname eines Elternteils des Namensträgers oder eines anderen nahen Verwandten zu seinem Familiennamen bestimmt werden (näher Mäsch IPRax 2008, 17 (19)). Bei der Namenswahl gibt es allerdings keine Einschränkung dahingehend, dass der Betroffene bei der Wahl nur deutsche oder in Deutschland bekannte Namen zu wählen hat (vgl. AG Hamburg StAZ 2012, 112 zur Namensänderung eines indonesischen Staatsangehörigen nach Namensänderung unter Wahl eines Familiennamens aus dem chinesischen Kulturkreis).

11 Nr. 1 statt Nr. 2 ist anwendbar, wenn die fragliche Person einen **mehrgliedrigen Namen** (ohne Familiennamen) trägt, aus dessen Bestandteilen Vor- und Familiennamen gebildet werden können **(str.)** (so Mäsch IPRax 2008, 17, 19; NK-BGB/Mankowski Rn. 20; Staudinger/Hausmann, 2019, Rn. 36, aber Rn. 53: Ergänzung nach Nr. 2 möglich, wenn der Namensträger nachvollziehbare Einwände gegen ein Vorgehen nach Nr. 1 hat); PWW/Mörsdorf Rn. 9; aA OLG München StAZ 2015, 58; OLG Köln StAZ 2015, 275 (für einen nach irakischem Recht aus einem persönlichen Eigennamen und den Eigennamen des Vaters und des Großvaters väterlicherseits gebildeten Namen ohne Bei- oder Zunamen (laqab)); AG Stuttgart StAZ 2021, 374: Nr. 1 hat keinen Vorrang vor Nr. 2; zust. MüKoBGB/Lipp Rn. 42; jurisPK-BGB/Janal Rn. 6; wohl auch Erman/Stürner Rn. 5; ferner Henrich StAZ 2007, 197 (200), der den Fall „Eigenname plus religiöser Namenszusatz" über Nr. 2 lösen möchte; zur Angleichung religiöser Zusätze Staudinger/Hepting/Hausmann, 2013, Rn. 58 f.).

12 (2) Die zweite in Art. 47 Abs. 1 S. 1 Nr. 2 angesprochene Konstellation, dass eine Person **nur einen Familiennamen** trägt, weshalb Art. 47 Abs. 1 S. 1 Nr. 2 sie ermächtigt, einen Vornamen frei zu wählen, dürfte praktisch nicht vorkommen. Wenn der Name die Funktion hat, ein Individuum in Abgrenzung zu den Personen in seiner Umgebung zu identifizieren, so dürfte es keinen Kulturkreis geben, in dem Personen nur mit einem Familiennamen bezeichnet werden, der diese Abgrenzung gerade im Verhältnis zu den Familienangehörigen nicht gewährleistet.

13 **3. Vom deutschen Recht nicht vorgesehene Namensbestandteile (Abs. 1 S. 1 Nr. 3).** Mit den vom deutschen Recht nicht „vorgesehenen" Namensbestandteilen sind vor allem **Zwischennamen** (so zur gleichlautenden Vorschrift des § 94 Abs. 1 S. 1 Nr. 1 BVFG BGH NJW 1993, 2244; BayObLG NJW-RR 1992, 644) gemeint (oft aus dem Vatersnamen gebildet, zB

Wladimir Iljitsch Uljanow; im anglo-amerikanischen Raum auch aus einem Familiennamen der mütterlichen Linie, zB John Fitzgerald Kennedy); erfasst sein dürften aber auch die in → Rn. 8 erwähnten religiösen Namenszusätze und Patronyme. Wenn die Streichung eines solchen Namensbestandteils dazu führt, dass die betreffende Person nur noch einen Eigennamen führt, muss sie zusätzlich die Möglichkeit der Namensergänzung nach Nr. 2 haben (Staudinger/Hausmann, 2019, Rn. 33). Dass der deutsche Gesetzgeber den Namensträger ermächtigt, dem deutschen Recht fremde Namensbestandteile abzulegen, dürfte sich vor allem aus den **praktischen Schwierigkeiten** erklären, die deutsche Personenstandsregister mit der Eintragung von Namen haben, die nicht dem deutschen Schema aus Vor- und Familienname folgen (→ Art. 10 Rn. 22). In **rechtlicher Hinsicht** steht aber der Weiterführung eines Zwischennamens als solchem (und nicht unter Umwandlung in einen Vor- oder Nachnamen kraft „Zwangsangleichung") (dazu Wall StAZ 2015, 363 (365 f.); Mäsch IPRax 2008, 17 (19); Hepting/Dutta Rn. II-353 ff., II-300 ff.) auch unter deutschem Namensstatut heute nichts mehr im Wege (vgl. BGH NJW 2014, 1383 für deutsch-ausländischen Doppelstaater; diese Möglichkeit zu Recht auch auf deutsche Einfachstaater ausdehnend v. Sachsen Gessaphe StAZ 2015, 65; mit beachtlichen Argumenten aA Wall StAZ 2015, 363 (366)).

**4. Sonderform des Familiennamens für weibliche Namensträger (Abs. 1 S. 1 Nr. 4).** Einige Rechte kennen besondere Formen des Familiennamens für **weibliche** Namensträger (zB Hinzufügung der Endung -ová nach tschechischem Recht). Bei einem **Wechsel** zum deutschen Recht ist der weibliche Name mit dieser Abwandlung grds. beizubehalten (→ Art. 10 Rn. 24). Weil das aber bei der Bestimmung dieses Namens zum Ehenamen und insbes. bei der Weitergabe an männliche Nachkommen Schwierigkeiten schaffen könnte (→ Rn. 23), eröffnet der Gesetzgeber der Namensträgerin die Möglichkeit, unter deutschem Recht zur männlichen Grundform zurückzukehren. So kann etwa eine Griechin mit dem Namen Stathopoulou auf die weibliche Endung „ou" verzichten und sich nach ihrer Einbürgerung Stathopoulos nennen. Für aus Vaters- oder Großvatersnamen gebildete Familiennamen dürfte das nicht gelten, weil die Reduzierung auf die Grundform hier dem Namen seinen Sinngehalt nehmen würde (NK-BGB/Mankowski Rn. 29). 14

**5. Eindeutschung eines fremdsprachigen Namens (Abs. 1 S. 1 Nr. 5). a) Allgemeines.** Die **Unverträglichkeitsgrenze** (→ Rn. 6) ist nach unangefochtener Ansicht noch **nicht** bereits dann **überschritten,** wenn eine Person beim Wechsel zum deutschen Namensstatut einen Vor- oder Familiennamen in einer fremdsprachigen Form trägt. Der Name kann und muss grds. in dieser Form auch unter deutschem Recht getragen werden. Etwaige diakritische Zeichen sind zu übernehmen, Namen nicht-lateinischer Schreibweise sind vorrangig einer Transliteration, hilfsweise einer Transkription zu unterziehen (→ Art. 10 Rn. 22). In Ausnahme hierzu sieht man aber ein spezielles Bedürfnis **deutschstämmiger Spätaussiedler,** nach der Übersiedlung nach Deutschland ihre Volkszugehörigkeit trotz ihrer anderslautenden ausländischen Papiere mit einem Namen in deutscher Form zu dokumentieren. Diesem Bedürfnis wird mit der Sonderregelung des **§ 94 Abs. 1 S. 1 Nr. 3 BVFG** Rechnung getragen. Einem entsprechenden Anliegen von eingebürgerten Angehörigen einer namensrechtlichen Repressalien ausgesetzten volksdeutschen Minderheit im Ausland versucht § 3a NamÄndG zu begegnen (näher → Art. 10 Rn. 33). 15

Ohne jede Erläuterung in den Gesetzesmaterialien, inwieweit ein entsprechendes Bedürfnis über den von § 94 Abs. 1 S. 1 Nr. 3 BVFG und § 3a NamÄndG „versorgten" Personenkreis hinaus besteht und gerechtfertigt ist, wird in Art. 47 Abs. 1 S. 1 Nr. 5 die Regelung des § 94 Abs. 1 S. 1 Nr. 3 BVFG auf **jeden Namensträger** ausgedehnt. Jede Person hat nach einem Wechsel zum deutschen Namensstatut (aber auch nur dann, also nicht bei einem seit der Geburt deutschen Namensstatut), **ohne weitere Voraussetzungen** erfüllen zu müssen, ein zeitlich unbefristetes **Recht auf Annahme einer deutschsprachigen Form sowohl ihres Vor- als auch Familiennamens** (krit. Mäsch IPRax 2008, 17 (21)). 16

Dennoch wird der Anwendungsbereich von Art. 47 Abs. 1 S. 1 Nr. 5 klein bleiben, denn es ist zu beachten, dass die Wahl einer **deutschsprachigen Form** des Namens **nicht gleichzusetzen** ist mit der **Übersetzung** eines fremdsprachigen Namens ins Deutsche (OLG München StAZ 2009, 205; Hepting/Dutta Rn. II-385 ff.; Majer StAZ 2018, 80 (81); ausdrücklich aA Henrich StAZ 2007, 197 (200)). Dies ergibt sich daraus, dass § 94 BVFG, dem die Formulierung des Art. 47 Abs. 1 S. 1 Nr. 5 entnommen ist (→ Rn. 7), in § 94 Abs. 1 S. 1 Nr. 5 BVFG eine spezielle Regelung zur deutschen **Übersetzung** ausländischer Namen enthält, die in Art. 47 kein Äquivalent hat. Art. 47 Abs. 1 S. 1 Nr. 5 eignet sich deshalb nur dafür, **die Schreibweise eines ausländischen Namens geltenden deutschen Gepflogenheiten anzupassen** (so auch LG München I StAZ 2009, 146; OLG München FGPrax 2015, 136; ein Beispiel aus der Rspr. zu § 94 BVFG: 17

OLG Celle FamRZ 1994, 1322 Ls.: Änderung des Vornamens vom polnischen „Filip" zum deutschen „Philipp"). Wenn keine deutschsprachige Form des Familiennamens existiert, ist – da keine Übersetzung erfolgen kann – nur eine **phonetische Angleichung** der Schreibweise möglich (Beispiel: OLG München StAZ 2014, 306: Ersetzung der ersten beiden Buchstaben „Sz" des in Rumänien geführten Namens durch den Buchstaben „S"), jedoch **keine Umstellung der Buchstabenreihenfolge** (OLG München StAZ 2014, 306) und erst recht **nicht die Wahl eines neuen Familiennamens** (allgM), denn der Wortlaut von Art. 47 Abs. 1 Nr. 5 lässt diese Wahl nur beim Vornamen zu (AG München StAZ 2014, 115; AG Köln StAZ 2020, 56 = BeckRS 2019, 37854), was sich mit der gewichtigeren Identifizierungsfunktion des Familiennamens erklärt (Staudinger/Hausmann, 2019, Rn. 81; OLG Hamm StAZ 2015, 17 (18)). Am Ausschluss der Übersetzung wird in aller Regel die **Eindeutschung eines ausländischen Adelsprädikats scheitern** (aA wohl MüKoBGB/Lipp Rn. 49; Grüneberg/Thorn Rn. 6; BeckOGK/Kroll-Ludwigs Rn. 38).

18 **b) Eindeutschung eines Vornamens.** Eine Übersicht fremdsprachiger Vornamen mit ihren jeweiligen deutschen Entsprechungen findet sich in StAZ 1966, 212. Fehlt zu einem ausländischen Vornamen ein deutsches Äquivalent (und das dürfte hier anders als im Rahmen des auf einen begrenzten Personenkreis zugeschnittenen § 94 Abs. 1 S. 1 Nr. 3 BVFG häufig der Fall sein), so können in den Grenzen des deutschen Rechts (Henrich/Wagenitz/Bornhofen/Wagenitz/Bornhofen A III Rn. 36 ff., insbes. 44 ff.; Grünberger AcP 207 (2007), 314; NK-BGB/Mankowski Rn. 34) ein oder mehrere Vornamen **frei gewählt** werden (str.; Beispiel: AG München StAZ 2009, 147: Wechsel vom türkischen „Funda" zu „Elena"; aA AG Marburg StAZ 2010, 210: als erster Vorname muss ein eindeutig dem deutschen Sprachgebrauch zuzuordnender Name gewählt werden; noch anders PWW/Mörsdorf Rn. 15, die einer Vornamensanpassung im Wege der Übersetzung bei – unabhängig von der Phonetik – bestehender inhaltlicher und kultureller Übereinstimmung der Namen gegenüber der Wahl eines neuen Vornamens Vorrang einräumen will. Für diesen – vernünftigen – Vorschlag gibt das Gesetz allerdings nichts her). Die Verwendung des Singulars in Hs. 1 des Art. 47 Abs. 1 S. 1 Nr. 5 deutet darauf hin, dass bei mehreren ausländischen Vornamen die Existenz eines Äquivalents für einen unter ihnen die freie Wahl eines neuen Vornamens als Ersatz für einen der anderen ausschließt. Das AG München schloss aus dem Fehlen des Wortes „zusätzlich" im Hs. 2 messerscharf, dass der oder die **alten Vornamen abgelegt** werden müssen, also kein deutsch-kompatibler Vorname zum bisher getragenen **hinzutreten** kann (AG München StAZ 2010, 334; ähnlich Hepting/Dutta Rn. II-380, der von einem völligen Ersatz spricht). Weil die Norm insgesamt missglückt ist und kein hinreichendes Fundament hat (→ Rn. 1), sollte der insoweit bestenfalls unklare Wortlaut aber kein Hindernis für das billigenswerte Ziel sein, den Namensträger **zugleich** bei der Integration in Deutschland zu unterstützen **und** ihm seine ausländischen Wurzeln zu erhalten (hM; OLG Bamberg NJW-RR 2022, 365 Rn. 16; AG München StAZ 2017, 178 unter Aufgabe seiner vorherigen Rspr.; Grüneberg/Thorn Rn. 6 aE; MüKoBGB/Lipp Rn. 64).

19 **c) Eindeutschung eines Familiennamens.** Ohne die nicht zugelassene Technik der Übersetzung (→ Rn. 17) lässt sich eine deutschsprachige Form eines fremdsprachigen Familiennamens vor allem dann finden, wenn der letztere seinerseits auf einen **ursprünglich deutschen Familiennamen** zurückgeht. Beispiele aus der Rspr. zu § 94 Abs. 1 S. 1 Nr. 3 BVFG sind die „Wiederannahme" des ursprünglich deutschen Namens „Abelhans", dessen Transliteration aus dem Kyrillischen „Ablhanedz" ergeben hatte (BayObLG StAZ 1995, 214), und die Rückführung des nach Transliteration aus dem Kyrillischen „Gelvih" geschriebenen Familiennamens in die deutsche Schreibweise „Hellwich" (OLG Karlsruhe FGPrax 2002, 173). Außerhalb dieser Fallgruppe kann Art. 47 Abs. 1 S. 1 Nr. 5 dafür genutzt werden, **diakritische Zeichen fallen zu lassen** (so auch LG München I StAZ 2009, 146; vgl. ferner BayObLG StAZ 1995, 214: über § 94 Abs. 1 S. 1 Nr. 3 BVFG Änderung des Familiennamens „Erëmenko" in „Eremenko"; Hepting/Dutta Rn. II-384 mw Beispielen) oder **geschlechtsspezifische Endungen** oder dem deutschen Recht unbekannter Namenszusätze wegzulassen (OLG München StAZ 2009, 205; Grüneberg/Thorn Rn. 6). Anders als bei Vornamen (→ Rn. 18) ist die **Wahl eines völlig neuen Namens nicht möglich** (→ Rn. 17). Zur Eindeutschung von Adelstiteln (→ Rn. 17).

20 **6. Änderung eines Ehenamens (Abs. 1 S. 2).** Betrifft eine Änderung nach Maßgabe des Art. 47 Abs. 1 S. 1 Nr. 1–5 (praktisch relevant dürften allein Fälle nach Nr. 5 sein) einen Familiennamen, der als Ehename dient, so müssen beide Ehegatten ihr Einverständnis mit der Änderung erklären. Die gemeinsame Erklärung kann auch abgegeben werden, wenn nur einer der Ehegatten zu dem nach Art. 47 Abs. 1 erklärungsberechtigten Personenkreis (Namensträger mit ehemals

ausländischem, jetzt deutschem Namensstatut) gehört (OLG Karlsruhe FGPrax 2002, 173 zu § 94 BVFG).

### III. Namenswahl bei abgeleitetem Namen (Abs. 2)

Angleichungsprobleme können nicht nur beim Wechsel einer Person von einem ausländischen zum deutschen Namensstatut entstehen, sondern auch dann, wenn ein Kind mit von Beginn an deutscher Staatsangehörigkeit nach §§ 1616 ff. BGB den Familiennamen eines Elternteils erhalten soll, für den ein ausländisches Namensstatut galt oder gilt. Art. 47 Abs. 2 eröffnet durch seinen Verweis auf Art. 47 Abs. 1 auch in dieser Situation die Möglichkeit zum korrigierenden Eingriff durch eine Namenswahlerklärung. Die Situation des Art. 47 Abs. 1 S. 1 **Nr. 3** kann allerdings beim originären Namenserwerb des Kindes unter deutschem Recht nicht eintreten, sodass der Verweis insoweit ins Leere geht. 21

**1. Namensgebender Elternteil ohne Familienname (Abs. 1 S. 1 Nr. 1 und 2).** Trägt der Elternteil, dessen Name nach §§ 1616 ff. BGB weitergegeben werden soll, keinen Familiennamen, weil dieser nach dem (ehemals oder aktuell) für ihn „zuständigen" ausländischen Namensstatut nicht vorgesehen ist (→ Rn. 8 ff.), so kann für das Kind je nach der konkreten Situation eine Wahl entspr. Art. 47 Abs. 1 S. 1 Nr. 1 oder Nr. 2 getroffen werden. Auf den Namen des Elternteils (der selbst keine Wahl nach Art. 47 Abs. 1 getroffen hat), bleibt dies ohne Einfluss. 22

**2. Namensgebende Mutter mit weiblicher Familiennamensform (Abs. 1 S. 1 Nr. 4).** Trägt die namensgebende Mutter eine besondere weibliche Form ihres Familiennamens (→ Rn. 14), so gibt sie, wenn für ihr Kind deutsches Recht gilt, nach hM ungeachtet des Geschlechts des Kindes die männliche Stammform des Namens weiter, weil das deutsche Recht geschlechtsbezogene Besonderheiten des Familiennamens nicht kennt (str., näher → Art. 10 Rn. 24). Die von Art. 47 Abs. 2 iVm Art. 47 Abs. 1 S. 1 Nr. 4 gewährte Möglichkeit, über eine Namenserklärung **dem Kind den Familiennamen in der Grundform** zu geben, kann also auf der Basis der hM nur das bewirken, was kraft Gesetzes ohnehin gilt. Es sei hier dahingestellt, ob in dieser Regelung eine gesetzgeberische Fehlleistung liegt (vgl. Mäsch IPRax 2008, 17 (20)) oder eine indirekte Anerkennung und Billigung der Tatsache, dass nicht alle Behörden und Gerichte in Deutschland der hM folgen (so OLG München NJW-RR 2008, 1680 (1682): Wenn die durch Art. 47 Abs. 2 eingeräumte Option der Angleichung nicht ausgeübt wird, wird der Familienname unverändert, also ohne Angleichung auf den „Stamm" oder die „männliche" Form, erworben, denn sonst bestünde weder Anlass noch Raum für eine Wahl; iErg ebenso Hepting StAZ 2008, 161 (177)). Eine Erklärung der gesetzgeberischen Intention in den Gesetzesmaterialien wäre hilfreich gewesen. Bedenklich an der letzteren Auffassung ist immerhin, dass mit ihr bei Nichtausübung der Option die nächste Generation, bei der eine eigene Optionsmöglichkeit mangels Statutenwechsels idR nicht mehr bestehen wird, auf die Weitergabe des unveränderten, geschlechtsspezifischen Familiennamens festgelegt ist (vgl. Rauscher/Pabst NJW 2009, 3614 (3615)). Es dürfte aber jedenfalls nichts dagegen sprechen, Art. 47 Abs. 2 verfassungskonform dahingehend auszulegen, dass in den Fällen, in denen es keine „neutrale" Form des ausländischen Familiennamens gibt (sondern die männliche Form die Stammform ist), sowohl die männliche als auch die weibliche Namensform gewählt werden kann (OLG München NJW-RR 2008, 1680 (1682) im Anschluss an Hepting StAZ 2008, 161 (173); ebenso Staudinger/Hausmann, 2019, Rn. 97; MüKoBGB/Lipp Rn. 47; NK-BGB/Mankowski Rn. 47). 23

**3. Eingedeutschte Form eines abgeleiteten fremdsprachigen Namens (Abs. 1 S. 1 Nr. 5).** Trägt ein Kind mit deutschem Namensstatut kraft Gesetzes (idR §§ 1616 ff. BGB) einen Familiennamen, der von dem fremdsprachigen Ehenamen seiner Eltern oder dem fremdsprachigen Familiennamen eines Elternteils abgeleitet ist, so kann der Name des Kindes durch Erklärung unter den Voraussetzungen und Einschränkungen des Abs. 1 S. 1 Nr. 5 eine deutsche Form erhalten. Einzige weitere Voraussetzung ist, dass der der Ableitung dienende Name seinerseits „nach einem anwendbaren ausländischen Recht erworben worden ist". Nun dürfte jeder Name, der eine fremdsprachige Form aufweist, seine Wurzeln außerhalb des deutschen Rechts finden und deshalb in der Ahnenkette irgendwann einmal „nach einem anwendbaren ausländischen Recht erworben worden" sein. Es ist aber wenig wahrscheinlich, dass der Gesetzgeber den Angehörigen einer im 17. Jahrhundert nach Deutschland eingewanderten Familie den Weg zu einer eingedeutschten Namensform ebnen wollte. Deshalb wird man annehmen müssen, dass **gerade für den Elternteil,** dessen Familienname weitergegeben werden soll, bei Erwerb des Namens **ein ausländisches Namensstatut** galt (ebenso Staudinger/Hausmann, 2019, Rn. 99; NK-BGB/ 24

Mankowski Rn. 48). Ob es für ihn immer noch maßgeblich ist oder ob er inzwischen deutschem Namensrecht unterworfen ist (und deshalb selbst die Möglichkeit zur Eindeutschung nach Art. 47 Abs. 1 S. 1 Nr. 5 hat), dürfte hingegen unbeachtlich sein. Damit ist auch ohne Bedeutung, ob die Eindeutschung nach Abs. 2 nur mit Wirkung für den Familiennamen des Kindes den nach §§ 1617 ff. BGB angestrebten Gleichlauf des Kindesnamens mit dem Ehenamen der Eltern oder zumindest mit dem Familiennamen eines Elternteils wahrt oder aufhebt (Kissner StAZ 2009, 315 f.; Staudinger/Hausmann, 2019, Rn. 99; MüKoBGB/Lipp Rn. 66; NK-BGB/Mankowski Rn. 44; jurisPK-BGB/Janal Rn. 17).

## IV. Wirksamkeitsvoraussetzungen der Namenswahl

25 **1. Zugang beim Standesamt.** Die Namenswahlerklärung muss nach Art. 47 Abs. 1 gegenüber dem Standesamt abgegeben werden. Die örtliche Zuständigkeit für die Entgegennahme der Erklärung ergibt sich aus § 43 Abs. 2 PStG.

26 **2. Form (Abs. 4).** Nach Art. 47 Abs. 4 sind die Namenswahlerklärungen zur Wahrung der Rechtssicherheit öffentlich zu beglaubigen oder zu beurkunden. Gemäß § 43 Abs. 1 PStG muss dafür kein Notar bemüht werden, sondern kann auch der Standesbeamte tätig werden. Gebühren und Auslagen werden bei der Beglaubigung oder Beurkundung durch den Standesbeamten nicht erhoben (§ 43 Abs. 1 S. 2 PStG).

27 **3. Frist. a) Erklärung nach Abs. 1.** Eine Frist ist für Abgabe der Erklärungen nach Art. 47 Abs. 1 nicht vorgesehen. Die Erklärung kann demnach auch noch Jahrzehnte nach dem Statutenwechsel zum deutschen Recht vorgenommen werden (inzident OLG München StAZ 2015, 58), und damit auch dann noch, wenn der Standesbeamte bereits von Amts wegen eine Anpassung/Angleichung des Namens im Register vorgenommen hat (→ Rn. 3). Eine Verwirkung ist mangels eines Vertrauenstatbestands auf Seiten des Staates ausgeschlossen. Deshalb ist es nicht hinderlich, dass die betreffende Person über viele Jahre nach ihrer Einbürgerung ihre bisherigen Eigennamen tatsächlich in der Art von Vor- und Familiennamen und in diesem Zusammenhang den jetzt als Familiennamen bestimmten Eigennamen quasi als Vornamen geführt hat (OLG Hamm StAZ 2014, 333). Entsprechendes gilt für die nachträgliche Änderung eines bei Eheschließung gewählten Ehenamens.

28 **b) Erklärung nach Abs. 2.** Die Formulierung des Art. 47 Abs. 2, dass ein Name gebildet „werden soll", spricht dafür, dass der Gesetzgeber davon ausging, die Erklärung zum abgeleiteten Namen werde im unmittelbaren Zusammenhang mit der Geburt abgegeben. Dies ist aber zu wenig, um daraus die Geltung etwa einer Monatsfrist entspr. § 1617 Abs. 2 BGB ableiten zu können. Folgerichtig ist davon auszugehen, dass die Erklärung nach Art. 47 Abs. 2 **unbefristet,** und damit auch zur Korrektur eines zunächst ohne Berücksichtigung des Art. 47 Abs. 2 bestimmten Geburtsnamens, abgegeben werden kann (NK-BGB/Mankowski Rn. 52; MüKoBGB/Lipp Rn. 23; PWW/Mörsdorf Rn. 22).

29 **4. Willensmängel.** Da die Erklärungen nach Art. 47 Abs. 1 und 2 solche auf der Basis des materiellen deutschen Rechts sind (→ Rn. 4), sind Fragen nach der Beachtlichkeit etwaiger Willensmängel und sonstiger Defizite in der Erklärung nach deutschem Recht und damit nach dem BGB zu beurteilen. Manche wollen deshalb eine Anfechtung nach §§ 119 ff. BGB ermöglichen (NK-BGB/Mankowski Rn. 55; BeckOGK/Kroll-Ludwigs Rn. 20), während nach herrschender und wohl zutreffender Meinung auch für Art. 47 die Grundregel der **Unanfechtbarkeit von Erklärungen zur Namenswahl** gilt (LG München I StAZ 2006, 168 (170) mit Ausnahme eines ganz offensichtlichen Irrtums; MüKoBGB/Lipp Rn. 26; OLG Hamm BeckRS 2014, 9490; zu diesem Grundsatz etwa BayObLG NJW 1993, 337). Zur davon zu unterscheidenden Frage eines **Widerrufs** → Rn. 31.

30 **5. Vertretung eines minderjährigen Kindes.** Ist die Person, deren Namen von einer Erklärung nach Art. 47 Abs. 1 oder 2 betroffen ist, minderjährig, so wird die Erklärung von dem gesetzlichen Vertreter, regelmäßig also dem Sorgeberechtigten, abgegeben. Zum insoweit anwendbaren Recht → Art. 21 Rn. 12 ff.

## V. Wirkungen der Namenswahl

31 **1. Bindungswirkung.** Mit der Erklärung nach Art. 47 Abs. 1 oder Abs. 2 wird die Namensführung verbindlich und grds. **unwiderruflich** festgelegt (OLG München FGPrax 2007, 26 zu

§ 94 BVFG; NK-BGB/Mankowski Rn. 55; Staudinger/Hausmann, 2019, Rn. 110; MüKoBGB/Lipp Rn. 26). In der Rspr. zu § 94 BVFG ist erwogen worden, dem Erklärenden ein Widerrufsrecht zuzubilligen, wenn er vor Abgabe der Erklärung über die Führung seines Namens nicht ordnungsgemäß aufgeklärt und beraten worden ist (LG Bremen StAZ 1998, 115; vgl. auch LG Bremen StAZ 1997, 237; LG Kassel StAZ 1997, 212, jeweils zu § 94 BVFG: Bei mangelhafter Beratung hinsichtlich der Schreibweise des Namens ist der Namensträger auf Grund eines Folgenbeseitigungsanspruchs berechtigt, eine nochmalige Namenserklärung vor dem Standesbeamten abzugeben; OLG Hamm BeckRS 2012, 18135, die Erklärung ist bei unzureichender Aufklärung „unwirksam"). Dies sollte auch für Art. 47 gelten (MüKoBGB/Lipp Rn. 27; Staudinger/Hausmann, 2019, Rn. 110; jurisPK-BGB/Janal Rn. 20; NK-BGB/Mankowski Rn. 55 f. in Bezug auf die behördliche Beratung zur Schreibweise). Zur Beseitigung der Bindungswirkung durch Anfechtung → Rn. 29.

**2. Wirkung ex nunc.** Die Erklärungen gegenüber dem Standesbeamten nach Art. 47 Abs. 1 oder Abs. 2 wirken nur für die Zukunft, haben also keine rückwirkende Kraft (OLG Hamm NJW-RR 1994, 1220 zu § 94 BVFG; NK-BGB/Mankowski Rn. 54; jurisPK-BGB/Janal Rn. 4; MüKoBGB/Lipp Rn. 26; PWW/Mörsdorf Rn. 22). **32**

**3. Wirkungen der Namenswahl auf den Namen von Abkömmlingen (Abs. 3).** Art. 47 Abs. 3 stellt sicher, dass Namensänderungen der Eltern nach Art. 47 Abs. 1 nur unter den in § 1617c BGB näher beschriebenen Voraussetzungen Wirkung auch für den Familiennamen eines Kindes haben. Eine **automatische Erstreckung** der Namensänderung auf Abkömmlinge findet nur dann statt, wenn diese das fünfte Lebensjahr noch nicht vollendet haben. Auf Abkömmlinge, die das fünfte Lebensjahr vollendet haben, erstreckt sich die Namensänderung dann, wenn sie sich dieser, vertreten durch den oder die Sorgeberechtigten, durch Erklärung gegenüber dem Standesbeamten anschließen. Minderjährige hingegen, die das vierzehnte Lebensjahr vollendet haben, können die Erklärung mit Zustimmung ihres gesetzlichen Vertreters selbst abgeben. Eine Erstreckung der Änderung des Familiennamens auf volljährige Abkömmlinge, ob automatisch oder im Wege der Zustimmungserklärung, ist in § 1617c BGB und damit auch in Art. 47 Abs. 3 nicht vorgesehen, weil diese im Regelfall ein eigenes Namensänderungsrecht haben. **33**

## VI. Intertemporale Anwendung

Da keine Fristen für die Abgabe der Erklärungen nach Art. 47 Abs. 1 oder Abs. 2 gelten, kann unmittelbar nach Inkrafttreten der Norm von den Wahlmöglichkeiten Gebrauch gemacht werden, auch wenn das Letzteres eröffnende Ereignis (Abs. 1: Statutenwechsel; Abs. 2: im Regelfall Geburt) vor dem 24.5.2007 stattfand (vgl. AG München StAZ 2009, 147). **34**

# Art. 48 Wahl eines in einem anderen Mitgliedstaat der Europäischen Union erworbenen Namens

**[1]Unterliegt der Name einer Person deutschem Recht, so kann sie durch Erklärung gegenüber dem Standesamt den während eines gewöhnlichen Aufenthalts in einem anderen Mitgliedstaat der Europäischen Union erworbenen und dort in ein Personenstandsregister eingetragenen Namen wählen, sofern dies nicht mit wesentlichen Grundsätzen des deutschen Rechts offensichtlich unvereinbar ist. [2]Die Namenswahl wirkt zurück auf den Zeitpunkt der Eintragung in das Personenstandsregister des anderen Mitgliedstaats, es sei denn, die Person erklärt ausdrücklich, dass die Namenswahl nur für die Zukunft wirken soll. [3]Die Erklärung muss öffentlich beglaubigt oder beurkundet werden. [4]Artikel 47 Absatz 1 und 3 gilt entsprechend.**

**Schrifttum:** Dutta, Namenstourismus in Europa, FamRZ 2016, 1213; Dutta/Helms/Pintens, Ein Name in ganz Europa – Vorschläge für ein Internationales Namensrecht der Europäischen Union, 2016; Freitag, Die Namenswahl nach Art. 48 EGBGB, StAZ 2013, 69; Hepting/Dutta, Familie und Personenstand, 3. Aufl. 2019, Rn. II-428 ff.; Kroll-Ludwigs, What's in a name? – Der ordre public als Instrument zur Verhinderung privater Namensänderungen, GPR 2019, 191; Kroll-Ludwigs, Vernachlässigung des unionsrechtlichen Anerkennungsprinzips durch den BGH, NJW 2019, 2277; Mankowski, Art. 48 EGBGB – viele Fragen und einige Antworten, StAZ 2014, 97; Wall, Anwendungsprobleme des Art. 48 EGBGB, StAZ 2013, 237; Wall, Unzureichende Umsetzung primärrechtlicher Vorgaben durch Art. 48 EGBGB, StAZ 2014, 294; Wall, Wahl eines früher im Vereinigten Königreich geführten Namens nach Art. 48 EGBGB bei mehrfacher Namens durch „deed poll", StAZ 2020, 59.

## Übersicht



## I. Normzweck

1 Art. 48 wurde durch das Gesetz zur Anpassung der Vorschriften des Internationalen Privatrechts an die VO (EU) 1259/2010 und zur Änderung anderer Vorschriften des Internationalen Privatrechts vom 23.1.2013 (BGBl. I 101) mWv 29.1.2013 in das EGBGB eingefügt und soll die Vorgaben der namensrechtlichen Rspr. des EuGH umsetzen (Begr. RegE, BT-Drs. 17/11049, 12), was sie allerdings nur hinsichtlich der „Grunkin-Paul"-Entscheidung (EuGH NJW 2009, 135 = DNotZ 2009, 449 mAnm Martiny) tatsächlich tut, während die vorangegangene „Garcia Avello"-Entscheidung (EuGH BeckRS 2004, 74436 = IPRax 2004, 339 mAnm Mörsdorf-Schulte IPRax 2004, 315) links liegen gelassen wird (Freitag StAZ 2013, 69 (71, 76); Mankowski StAZ 2014, 97 (108)). In „Grunkin-Paul" meinte der EuGH, dass es die Freizügigkeit nach Art. 21 AEUV zumindest potentiell unzulässig behindert, wenn ein Mitgliedstaat (in casu Deutschland) einen seiner Staatsbürger, der in einem anderen Mitgliedstaat geboren wurde und wohnt (in casu Dänemark), (in Anwendung seiner auf die Staatsangehörigkeit abstellenden Kollisionsnorm und in der Folge in Anwendung seines eigenen materiellen Rechts) verpflichtet, in seinen Ausweispapieren einen anderen Namen als den zu führen, der bereits im Geburts- und Wohnsitzmitgliedstaat erteilt und eingetragen wurde. Die Begründung hierfür – aus hinkenden Namensverhältnissen erwüchsen zwangsläufig Nachteile im täglichen Leben, da viele alltägliche Handlungen im öffentlichen wie im privaten Bereich den Nachweis der Identität erfordern, der idR durch ein Ausweispapier erbracht wird (EuGH NJW 2009, 135 Rn. 24 ff. – Grunkin-Paul) – klingt schlüssig. Sie ist bei näherer Betrachtung aber zweifelhaft, denn sie setzt (empirisch unbelegt) voraus, dass im Wohnsitzstaat der Identitätsnachweis mit dem ausländischen Ausweispapier regelmäßig unter Hinweis auf den anderslautenden Registereintrag angezweifelt wird, was kaum der Realität entsprechen dürfte. Dennoch musste selbstverständlich in Deutschland auf den Richterspruch reagiert werden. Der Gesetzgeber tat dies, indem er Personen mit deutschem Namensstatut ein **Optionsrecht zugunsten des „ausländischen" Namens** einräumte.

2 Es handelt sich bei Art. 48 nicht um eine Kollisionsnorm, sondern um eine Sachnorm, weil ein Name und nicht das auf den Namen anwendbare Recht gewählt werden kann (so auch Freitag StAZ 2013, 69 (75); Wall StAZ 2013, 237 (238); Mankowski StAZ 2014, 97; jurisPK-BGB/Janal Rn. 2; Staudinger/Hausmann, 2019, Rn. 3). Die Stellung der Norm im EGBGB rechtfertigt sich damit, dass das in ihr behandelte Problem maßgeblich von der Staatsangehörigkeitsanknüpfung des Art. 10 ausgelöst wird, eben deshalb wäre sie aber besser in der Nähe von dieser Bestimmung angesiedelt (so auch Freitag StAZ 2013, 69 (75)) oder noch besser in diese integriert worden (was iÜ auch für Art. 47 gilt; → Art. 47 Rn. 1 ff.). Durch seine enge Anlehnung an die „Grunkin-Paul"-Entscheidung des EuGH und seine Konzentration auf Personen mit deutschem Namensstatut lässt Art. 48 viele weitere Konstellationen einer gespaltenen oder hinkenden Namensführung unbeachtet. Nicht nur, aber auch deshalb ist eine unionsweite Vereinheitlichung des Internationalen Namensrechts wünschenswert und längst fällig (vgl. dazu die Vorarbeiten für eine solche VO Dutta/Frank/Freitag/Helms/Krömer/Pintens StAZ 2014, 33 f.; sowie den Nachdruck in Dutta/Helms/Pintens, Ein Name in ganz Europa – Vorschläge für ein Internationales Namensrecht der Europäischen Union, 2016; zur gegenseitigen Anerkennung registrierter Namen vgl. insbes. Helms in Dutta/Helms/Pintens 93 ff. und Maczynski in Dutta/Helms/Pintens 99 ff.).

3 Die **Urkundenvorlageverordnung** (VO (EU) 2016/1191), anwendbar ab dem 16.2.2019, soll durch den Verzicht auf Legalisation oder Apostille zu einer Erleichterung der unionsweiten

Anerkennung der Echtheit von Personenstandsurkunden und ihres Beweiswertes führen (→ VO (EG) 593/2008 Art. 11 Rn. 83). Sie soll aber nach Erwägungsgrund 18 und Art. 2 Abs. 4 VO (EU) 2016/1191 weder das materielle (ua Namens-)Recht der Mitgliedstaaten ändern noch die automatische Anerkennung der rechtlichen Wirkungen des Inhalts öffentlicher Urkunden eines anderen EU-Mitgliedstaates erzwingen. Sie hat damit auf das in Art. 47 geregelte Problem keinen Einfluss.

## II. Voraussetzungen der Namenswahl

**1. Deutsches Namensstatut.** Art. 48 S. 1 setzt ausdrücklich voraus, dass der **Name der Person deutschem Recht unterliegt.** Nach dem Wortlaut der Norm ist unerheblich, auf welchem Wege das deutsche Recht berufen wird, ob also nach Art. 10 Abs. 1 (bei Doppelstaatern mit Art. 5 Abs. 1 S. 2 (Anwendungsfall: BGH BeckRS 2018, 32623) die deutsche Staatsangehörigkeit den Anknüpfungspunkt bietet oder eine Rechtswahl nach Art. 10 Abs. 2 oder 3 erfolgt ist. Haben Eheleute mit deutschem Namensstatut zur Bestimmung ihres Ehenamens nach Art. 10 Abs. 2 ein ausländisches Recht gewählt, ist Art. 48 nicht einschlägig, sondern der Fall allein über Art. 10 Abs. 2 zu lösen (→ Art. 10 Rn. 58) (vgl. den Sachverhalt in KG FGPrax 2020, 49). Dass hingegen die **Wahl** des deutschen Namensstatuts durch einen ausländischen Staatsangehörigen genügt, ist vom Zweck der Norm nicht gedeckt, denn sie soll der Forderung des EuGH Rechnung tragen, die Beseitigung der Diskrepanz zwischen einem im EU-Ausland eingetragenen Namen und demjenigen in den inländischen, sprich deutschen Ausweispapieren zu ermöglichen (→ Rn. 1). Die Erfassung auch von Ausländern ohne deutsche Papiere ist aber, deutet man die Gesetzesbegründung richtig, vom Willen des deutschen Gesetzgebers gedeckt (vgl. Begr. RegE, BT-Drs. 17/11049, 12) und deshalb hinzunehmen. Hinreichend ist folglich auch, wenn bei einer ausländischen Staatsangehörigkeit des Namensträgers deutsches Namensrecht nach Art. 4 Abs. 1 S. 1 kraft einer **Rückverweisung** anzuwenden ist (Mankowski StAZ 2014, 97 (99); v. Sachsen Gessaphe StAZ 2015, 65 (74); Staudinger/Hausmann, 2019, Rn. 9), selbst dann, wenn es sich um einen Drittstaatsangehörigen handelt, der sich, weil er kein Unionsbürger iSd Art. 20 AEUV ist, nicht auf die Personenfreizügigkeit nach Art. 21 AEUV berufen kann, die Hintergrund und Motivation für Art. 48 bildet (→ Rn. 1) (Freitag StAZ 2013, 69 (72); MüKoBGB/Lipp Rn. 9; Staudinger/Hausmann, 2019, Rn. 13; zweifelnd Mankowski StAZ 2014, 97 (104)). 4

Da es genügen soll, dass das deutsche Namensstatut kraft Rechtswahl nach Art. 10 Abs. 2 oder 3 berufen ist (→ Rn. 4), ist die Namenswahl nach Art. 48 auch dann gestattet, wenn **deutsches Recht nur für einen Teil des Namens,** nämlich den Ehe- oder Familiennamen, gilt (jurisPK-BGB/Janal Rn. 3, 7; MüKoBGB/Lipp Rn. 8; Staudinger/Hausmann, 2019, Rn. 9, Art. 10 Rn. 244 ff., 364 ff.). Zum Umfang des Wahlrechts in diesem Fall → Rn. 14. 5

Einem **Unionsbürger mit nichtdeutschem Namensstatut** steht nach dem Wortlaut der Norm das **Wahlrecht nach Art. 48** außerhalb der Konstellationen des Art. 10 Abs. 2 und 3 (→ Rn. 4) **nicht** zu, obwohl auch bei ihm eine Diskrepanz zwischen seinem im Personenstandsregister eines anderen EU-Mitgliedstaats eingetragenen Namen und demjenigen in seinen von einem dritten Mitgliedstaat ausgestellten Ausweispapieren auftreten kann. Zwar ist auch eine solche Person uU in ihrer Freizügigkeit nach Art. 21 AEUV behindert, legt man das Konzept des EuGH zugrunde (→ Rn. 1) (Staudinger/Hausmann, 2019, Rn. 11; Mankowski StAZ 2014, 97 (100)). Aber nach der Logik der „Grunkin-Paul"-Entscheidung, der Art. 48 für Deutschland grds. folgt, ist es Sache der Behörden des Heimatlandes des Namensträgers, die Diskrepanz durch Anerkennung des registrierten Namens **und seine Verwendung in den Ausweispapieren** endgültig und vollständig zu beseitigen. Ein nur deutsche Behörden bindendes Wahlrecht nach Art. 48 kann dieses Ziel nicht erreichen, weshalb eine **analoge Anwendung** in dieser Konstellation **nicht angezeigt** ist (str.; aA Freitag StAZ 2013, 69 (76); Staudinger/Hausmann, 2019, Rn. 11; Wall StAZ 2014, 294 (298); MüKoBGB/Lipp Rn. 35; iErg wie hier Mankowski StAZ 2014, 97 (100); jurisPK-BGB/Janal Rn. 13; Hepting/Dutta Rn. II-462). Eine andere und vom EuGH zu beantwortende Frage ist, ob für diesen Personenkreis eine (deutsche Personenstandsbehörden ebenso wie die Behörden des Heimatstaates treffende) **Anerkennungspflicht unmittelbar aus dem Unionsrecht** (so Mankowski StAZ 2014, 97 (100); jurisPK-BGB/Janal Rn. 14; wohl auch Dutta FamRZ 2016, 1213 (1216)) folgt und im Inland andere Normen des deutschen Rechts, insbes. das NamÄndG, Abhilfe zu schaffen geeignet sind. Dazu und allgemein zur (fehlenden) Analogiefähigkeit des Art. 48 → Rn. 29 f. 6

**2. Registereintrag und Namenserwerb im EU-Staat des gewöhnlichen Aufenthalts (S. 1). a) Namenseintrag in Personenstandsbücher eines anderen Mitgliedstaates der EU.** 7

Der Name, um dessen Wahl es geht, muss im „Personenstandsregister“ eines anderen EU-Mitgliedstaates eingetragen sein. Darunter fallen alle Register eines Mitgliedstaates (sowie Auszüge aus diesen wie Geburtsurkunden), die verbindlich über den Personenstand und den zivilrechtlichen Namen einer Person Auskunft geben und dies auch hauptsächlich bezwecken (BGH BeckRS 2018, 32623; Freitag StAZ 2013, 69 (70); jurisPK-BGB/Janal Rn. 4; MüKoBGB/Lipp Rn. 14; Dutta FamRZ 2016, 1213 (1216)). Die Eintragung in andere Register wie das Handelsregister oder seine Aufnahme in behördliche Dokumente wie Personalausweise, Reisepässe, Führerscheine oder Sozialversicherungsausweise genügt nicht (Freitag StAZ 2013, 69 (70); Hepting/Dutta Rn. II-436; für die Eintragung in ein englisches Fahrerlaubnisregister ebenso AG Memmingen StAZ 2016, 114): die abweichende Meinung von Hausmann (Staudinger/Hausmann, 2019, Rn. 21) verstößt gegen den klaren Wortlaut der Norm. Für eine analoge Anwendung besteht in dieser Hinsicht kein Raum, weil andere Eintragungen als solche in Personenstandsregister nicht im gleichen Maße Gewähr dafür bieten, dass sie den nach seriöser amtlicher Prüfung als richtig angesehenen Namen bezeichnen. Allerdings soll nach Auffassung des BGH zum **Nachweis der Registrierung** die Vorlage eines Passes oder eines vergleichbaren Ausweisdokuments ausreichen, weil diese von der zuständigen Behörde „in der Regel“ aufgrund von Angaben in amtlichen Registern ausgestellt werden (BGH BeckRS 2018, 32623; ebenso schon Wall StAZ 2015, 41 (46); Freitag StAZ 2013, 69 (70)).

**8** Der registerführende Staat muss im Moment der Namenswahl nach Art. 48 Mitglied der EU sein, nicht unbedingt schon im Zeitpunkt der Registrierung in den Personenstandsbüchern, wie sich aus Wortlaut und Telos der Vorschrift ergibt (KG StAZ 2014, 301; ebenso Mankowski StAZ 2014, 97 (105); Wall StAZ 2013, 237 (243); Wall StAZ 2014, 294). Mit Vollzug des Austritts des Vereinigten Königreichs aus der EU wird damit eine Namenswahl zur Übernahme eines dort registrierten Namens in den deutschen Rechtsbereich nicht mehr möglich sein.

**9** **b) Namenserwerb.** Nach dem Wortlaut der Norm muss der zu wählende Name nicht nur in ein EU-ausländisches Register eingetragen, sondern im fraglichen Land auch wirksam „erworben“ worden sein. Richtig betrachtet hat dieses Tatbestandsmerkmal keine eigenständige Bedeutung, denn ernst genommen würde es den deutschen Standesbeamten, der die Wahlerklärung entgegennimmt, zur Prüfung zwingen, welchen Namen die fragliche Person nach dem Kollisionsrecht des Aufenthaltsstaates und dem danach anwendbaren materiellen Recht tatsächlich trägt, und ob der Registereintrag damit übereinstimmt (Staudinger/Hausmann, 2019, Rn. 27). Eine solche „Révision au fond“ ist nicht nur mühsam, sondern unerwünscht (→ Rn. 11). Deshalb ist ein Name im Aufenthaltsstaat „erworben“, wenn er dort **(tatsächlich) geführt und (tatsächlich) als der rechtlich maßgebliche** gilt (Mankowski StAZ 2014, 97 (104); Staudinger/Hausmann, 2019, Rn. 28; aA Hepting/Dutta Rn. II-437, die eine materiellrechtlich rechtmäßige Registrierung fordern), wofür der Registereintrag als Nachweis dient (ähnlich Mankowski StAZ 2014, 97 (104): Registereintrag als „starkes Indiz“ für den Erwerb).

**10** Weil damit der rechtliche Grund unerheblich ist, aus dem heraus der Name im Aufenthaltsstaat tatsächlich als der maßgebliche gilt, ist ohne Belang, ob der Name kraft Gesetzes bei Geburt oder im Zusammenhang mit einem sonstigen familienrechtlichen Vorgang wie Adoption oder Eheschließung, durch (Namenswahl bei) Eingehung einer Ehe oder Lebenspartnerschaft oder schließlich durch eine behördliche, gerichtliche oder privatautonome Namensänderung erlangt wurde (MüKoBGB/Lipp Rn. 13; Wall StAZ 2014, 119 (123) und StAZ 2013, 237 (239); jurisPK-BGB/Janal Rn. 4; Freitag StAZ 2013, 69 (70); zweifelnd, was Namensänderungen angeht, Hepting StAZ 2013, 34 (44)). Folglich kann auch der nach englischem Recht **(„deed poll“)** durch freie Entschließung des Trägers geänderte Name nach Art. 48 gewählt werden (BGH BeckRS 2018, 32623; Wall StAZ 2020, 59 (60); aA OLG Nürnberg FamRZ 2015, 1655 Rn. 14); eine Grenze bildet hier nur der ordre public (→ Rn. 15).

**11** **c) Richtigkeit des erworbenen und eingetragenen Namens?.** Ob der erworbene und eingetragene Name aus der Sicht des Eintragungs- und Aufenthaltsstaates der **richtige** ist, ob er also dessen **Kollisions- und ggf. materiellem Recht entspricht,** ist **gegen den BGH** (BGH NJW 2019, 2313 Rn. 24 ff.) grds. **unerheblich,** weil eine dahingehende Prüfung die Anwendung des Art. 48 durch deutsche Behörden deutlich erschweren und dem Ziel der Norm, einen einfachen und sicheren Weg zur europaweiten Verhinderung einer gespaltenen Namensführung zu ebnen, zuwiderlaufen würde (Kroll-Ludwigs NJW 2019, 2277 (2278 f.); Staudinger/Hausmann, 2019, Rn. 27; Mankowski StAZ 2014, 97 (103); v. Bar/Mankowski IPR BT II § 6 Rn. 237; wie der BGH hingegen KG StAZ 2016, 243 (244); Kienemund NZFam 2019, 508; Kienemund NZFam 2017, 1073 (1077); Freitag StAZ 2013, 69 (70); Wall StAZ 2013, 237 (242): volle Rechtmäßigkeitsprüfung; noch anders Rauscher NJW 2016, 3493: Die Bestandskraft des Namens ist maßgeblich; diff. Hepting/Dutta Rn. II-460 f.: grds. keine Anerkennung rechtswidriger Erstregistrierung, es sei denn aus Gründen des Vertrauensschutzes). Eine Ausnahme dürfte aber bei solchen im Ausland tatsächlich geführten und eingetragenen, aber unrichtigen Namen zu machen sein, bei denen das **Vertrauen des Trägers,** dass dieser Name sein „richtiger" ist, **nicht schützenswert** erscheint (Mankowski StAZ 2014, 97 (103 ff.)). Das ist etwa dann der Fall, wenn seit der Eintragung des objektiv falschen Namens erst ein „unbedeutender Zeitraum" verstrichen (AG Berlin-Schöneberg StAZ 2013, 21 (23 f.)), eine Berichtigung des Namens im Eintragungsstaat zu erwarten (jurisPK-BGB/Janal Rn. 4; enger Staudinger/Hausmann, 2019, Rn. 28: es muss aufgrund eines hoheitlichen Akts des Ursprungsstaates feststehen, dass die Eintragung falsch ist) oder die Unrichtigkeit sowie Korrekturfähigkeit des Namens im Aufenthaltsstaat für eine verständige Person in der Position des Trägers offensichtlich ist. In diese Kategorie der nicht schützenswerten Namen kann der vom BGH entschiedene Fall nicht eingeordnet werden (so aber in einer Hilfsüberlegung BGH NJW 2019, 2313 Rn. 35 ff.; auch noch BeckOK BGB/Mäsch, 51. Ed. 1.8.2019, Rn. 11), denn dort entsprach die Eintragung des in Frankreich geborenen Kindes in ein französisches Register mit einem nach Wahl der Eltern aus ihren Namen gebildeten Doppelnamen dem materiellen französischen Namensrecht (Art. 311–21 I Cc). Zwar dürfte dieses nach französischem Kollisionsrecht bei einem deutschen Kind nicht angewendet werden. Das ändert aber nichts daran, dass beim mit diesen Feinheiten nicht vertrauten Namensträger und seinen sorgeberechtigten Eltern ein schützenswertes Vertrauen darauf entsteht und entstehen darf, dass der eingetragene Name einen Umzug nach Deutschland unbeschadet übersteht (aA Rust ErbR 2019, 562 (563)).

**d) Namenserwerb und -eintrag während eines gewöhnlichen Aufenthalts in einem anderen Mitgliedstaat der EU.** Obwohl der Wortlaut des Art. 48 insoweit unklar ist, wird mehrheitlich vertreten, dass nicht nur der Namenserwerb, sondern auch die Eintragung erfolgt sein müssen, **während der Namensträger seinen gewöhnlichen Aufenthalt** im fraglichen Staat hat (Mankowski StAZ 2014, 97 (102); Hepting/Dutta Rn. II-436; aA Staudinger/Hausmann, 2019, Rn. 14). Dem ist insoweit zuzustimmen, als das Tatbestandsmerkmal des Namenserwerbs keine eigenständige Bedeutung hat (→ Rn. 9) und zudem das Vertrauen auf eine Namenseintragung, die erst nach Verlassen des fraglichen Staates erfolgt, wenig schützenswert erscheint. Ein Wechsel des Aufenthaltsstaates nach Eintragung schadet hingegen nicht (Mankowski StAZ 2014, 97 (102)); auch muss der neue gewöhnliche Aufenthalt nicht in Deutschland begründet werden. In der Entscheidung „Freitag" hat der EuGH nunmehr herausgestellt, dass nicht notwendigerweise ein gewöhnlicher Aufenthalt in dem betreffenden Mitgliedstaat gefordert werden muss, sondern zumindest auch die Staatsangehörigkeit des Mitgliedstaats als hinreichender Bezugspunkt genügt (EuGH FamRZ 2017, 1175). Der Wortlaut des Art. 48 ist vor diesem Hintergrund zu eng. Zum Begriff des gewöhnlichen Aufenthalts → Art. 5 Rn. 16. 12

## III. Reichweite des Wahlrechts

**1. Wählbarer Name und seine Angleichung nach Art. 47.** Über Art. 48 kann der Namensträger seinen **gesamten im Ausland erworbenen Namen** auch für das deutsche Recht für maßgeblich erklären, also nicht nur den Familiennamen, wie er Anlass der „Grunkin-Paul"-Entscheidung war (→ Rn. 1), weil nur so das Ziel der „Einnamigkeit" in der gesamten EU erreicht werden kann. Deshalb gehören zum wählbaren Namen auch Namensbestandteile wie Mittelnamen (BGH FGPrax 2017, 122) und Adelsbezeichnungen (Freitag StAZ 2013, 69 (70)); zur ordre-public-Grenze → Rn. 15. Umgekehrt folgt aus diesem Ziel aber auch, dass dann, wenn das Wahlrecht ausgeübt wird, **immer der gesamte im Ausland erworbene Name** gewählt ist; Rosinenpickerei ist dem Namensträger nicht gestattet. Dieser Grundsatz der zwingenden Wahl des gesamten ausländischen Namens gilt auch dann, wenn nur ein Teil des Namens dem deutschen Recht unterliegt (jurisPK-BGB/Janal Rn. 7), also etwa bei einer Rechtswahl bzgl. des Ehenamens (→ Rn. 1). 13

Art. 48 S. 4 verweist auf **Art. 47 Abs. 1–3,** sodass im Anschluss an die Wahl des ausländischen Namens unter den dort genannten Voraussetzungen eine **Anpassung an deutsche Gepflogenheiten** erfolgen kann. Das macht insbes. im Hinblick auf Art. 47 Abs. 1 S. 1 wenig Sinn, weil auf diese Weise das Ziel der einheitlichen Namensführung der fraglichen Person in der EU wieder verfehlt wird (ebenso jurisPK-BGB/Janal Rn. 6; Stellungname BR, BR-Drs. 468/12, 14; weniger krit. Staudinger/Hausmann, 2019, Rn. 48 f.). Der Gesetzgeber rechtfertigt seine Fehlleistung mit einem vagen Hinweis auf nicht näher erläuterte „praktische Gründe", aus denen die Angleichung für den Betroffenen „möglicherweise" nützlich sein könnte (BT-Drs. 17/11049, 12). 14

15 **2. Ordre-public-Vorbehalt.** Die Anerkennung der Wahl eines nach ausländischem Recht gebildeten Namens im deutschen Rechtsbereich steht wie auch sonst die Anwendung ausländischen Rechts unter dem Vorbehalt des ordre public (Art. 6), was Art. 48 Abs. 1 Hs. 2 überflüssigerweise noch einmal festhält. Zu Recht verweigerte etwa das OLG Nürnberg der Wahl eines nach englischem Recht aufgrund freier Entscheidung des Trägers **(„deed poll")** angenommenen deutschsprachigen scheinadeligen Namens unter Verweis auf den ordre public die Anerkennung (OLG Nürnberg FamRZ 2015, 1655 mAnm Wall FamRZ 2015, 1658; ebenso OVG Saarlouis BeckRS 2018, 30759; angesichts der Abschaffung von Adelsprivilegien und -bezeichnungen durch Art. 109 Abs. 3 WRV mit beachtlichen Gründen zweifelnd an der ordre-public-Widrigkeit von Scheinadelstiteln Dutta FamRZ 2016, 1213 (1218); ebenso OLG Brandenburg FamRZ 2021, 1949); der BGH stützte in seiner Rechtsbeschwerdeentscheidung den Beschluss des OLG Nürnberg (insoweit) mit ausführlicher und zutreffender Begründung (BGH BeckRS 2018, 32623). Zwischenzeitlich hatte der EuGH dieses Vorgehen auf Vorlage des AG Karlsruhe in einem ähnlichen Fall (AG Karlsruhe StAZ 2015, 113; dazu Wall StAZ 2015, 295) in der Entscheidung „Bogendorff von Wolffersdorff" unter dem vom vorlegenden Gericht zu prüfenden Vorbehalt, dass die Nichtanerkennung des im Ausland mit Scheinadelstitel erworbenen Namens zur Verwirklichung des inländischen Gleichheitsgrundsatzes geeignet, erforderlich und verhältnismäßig ist (EuGH NJW 2016, 2093 Rn. 72, 77; dazu Dutta FamRZ 2016, 1213; Otto StAZ 2016, 225), europarechtlich gebilligt. Nachdem in den Folgeentscheidungen sowohl das AG (AG Karlsruhe StAZ 2017, 111) als auch das vom Betroffenen angerufene OLG (OLG Karlsruhe StAZ 2017, 206) die Namensanerkennung ablehnten, nahm auch der BGH einen Verstoß gegen den ordre public durch die nach englischem Recht vorgenommene private Namensänderung an (BGH NJOZ 2019, 361; krit. Kroll-Ludwigs GPR 2019, 191 (194): Verstoß käme nur bei rechtsmissbräuchlicher oder gesetzeswidriger Motivation des Namensträgers in Betracht, die im entschiedenen Fall nicht erkennbar gewesen sei). Um keinen scheinadeligen Namen und damit um keinen Ordre-public-Verstoß handelt es sich, wenn der im EU-Ausland erworbene Adelsname lediglich die Folgen einer möglichen, tatsächlich aber unterbliebenen Einbenennung nach § 1618 BGB nachbildet (OLG Brandenburg FamRZ 2021, 1949). Zur ordre-public-Kontrolle ausländischer Namen iE → Art. 10 Rn. 13.

## IV. Wirksame Ausübung des Wahlrechts

16 **1. Erklärung gegenüber dem Standesamt.** Die Erklärung hat gegenüber dem Standesamt zu erfolgen, welches das Geburten- oder Ehe- oder Lebenspartnerschaftsregister führt, hilfsweise gegenüber dem Standesamt des Wohnsitzes oder gewöhnlichen Aufenthalts, und wiederum hilfsweise beim Standesamt I in Berlin als Auffangstelle (§ 43 PStG; → Art. 47 Rn. 25).

17 Die Erklärung muss gemeinsam durch die Partner oder Ehegatten erfolgen, wenn es sich um den Ehenamen oder Lebenspartnerschaftsnamen handelt (Art. 47 Abs. 1 S. 2) (dazu mit einem Praxisbeispiel Wall StAZ 2014, 119 (122)).

18 Da es sich um eine freiwillige Erklärung handelt, kann es weiterhin hinkende Namensverhältnisse geben, wenn der Namensführer keine Einnamigkeit herstellen möchte und die Erklärung nicht abgibt. Da Art. 48 auf die Freizügigkeit gestützt wird, auf welche der Namensführer verzichten darf, genügt die Vorschrift den Vorgaben des EuGH (Staudinger/Hausmann, 2019, Rn. 30 f.).

19 **2. Form.** Art. 48 S. 3 fordert die Form der öffentlichen Beglaubigung oder öffentlichen Beurkundung. Im Übrigen gilt hier Gleiches wie bei der Erklärung nach Art. 47 (→ Art. 47 Rn. 26).

20 **3. Ausübungsfrist.** Die **Namenswahl** unterliegt **keiner Frist,** wofür neben dem Wortlaut ein Vergleich zu Art. 10 Abs. 2 und 3, zu Art. 47 und den namensrechtlichen Vorschriften im BGB spricht (Freitag StAZ 2013, 69 (73); Staudinger/Hausmann, 2019, Rn. 39). Zur Verwirkung → Art. 47 Rn. 31.

21 **4. Willensmängel.** Willensmängel und sonstige Defizite bei der Erklärung nach Art. 48 sind ebenso zu behandeln wie bei der Erklärung nach Art. 47, sodass sie nach den materiellen Regeln des deutschen Rechts zu beurteilen sind (→ Art. 47 Rn. 29; → Art. 47 Rn. 31) (jurisPK-BGB/Janal Rn. 11). Die Willenserklärung legt die Namensänderung verbindlich fest und ist nur widerrufbar, wenn im Vorhinein eine mangelhafte Aufklärung stattgefunden hat (→ Art. 47 Rn. 31).

## V. Folgen der Namenswahl

**1. Bindungswirkung.** Für die bindende Wirkung der Namenswahl nach Art. 48 gelten die Ausführungen zur Namenswahl nach Art. 47 entspr. (→ Art. 47 Rn. 31). 22

**2. Wirkung ex tunc/ex nunc.** Die Namenswahl wirkt grds. **ex tunc** auf den Zeitpunkt, in dem der Name im Eintragungsstaat erlangt wurde. Art. 48 S. 2 Hs. 1 bezieht sich zwar auf den Registrierungszeitpunkt, sinnvollerweise kann aber nur der Zeitpunkt gemeint sein, in dem das Ereignis stattfand, das zur Namenserlangung führte, wie zum Beispiel der Zeitpunkt der Geburt (Staudinger/Hausmann, 2019, Rn. 42). 23

Auf ausdrücklichen Wunsch des Namensträgers erfolgt die Namensänderung **ex nunc** (vgl. Art. 48 S. 2 Hs. 2), was nach der Gesetzesbegründung praktische Vorteile haben kann (Begr. RegE, BT-Drs. 17/11049, 12, offenlassend welche Vorteile es sein mögen). 24

Verfahrensrechtlich wirkt sich die Ex-tunc-Wirkung als Namensberichtigung und die Ex-nunc-Wirkung als Namensänderung aus, jeweils vorausgesetzt, dass der nach deutschem Recht gebildete Name bereits eingetragen war (Staudinger/Hausmann, 2019, Rn. 43, 45; Wall StAZ 2013, 237 (238)). 25

**3. „Verbrauch" des Namenswahlrechts.** Art. 48 lässt offen, ob das Recht zur Namenswahl mit seiner erstmaligen Ausübung verbraucht ist (so Freitag StAZ 2013, 69 (73); Staudinger/Hausmann, 2019, Rn. 46) oder der Namensträger nachfolgend einen anderen unter den Voraussetzungen des Art. 48 erlangten EU-ausländischen Namen für maßgeblich erklären darf. Unstreitig ist letzteres nicht möglich, wenn die neue Wahl auf einen Namen fällt, der, in einem dritten EU-Land erworben und eingetragen, bereits zum Ziel der ersten Wahl hätte gemacht werden können – die Bindungswirkung der Wahl nach Art. 48 (→ Rn. 22) verhindert ihre simple Korrektur (MüKoBGB/Lipp Rn. 25). Was die Wahl eines erst **nach der ersten Wahl** im EU-Ausland erworbenen und eingetragenen Namens angeht, kann sich die Frage überhaupt nur in den Fällen stellen, dass (1) der zunächst nach Art. 48 gewählte Name im Ursprungsland noch während eines dort bestehenden gewöhnlichen Aufenthalts geändert wird, oder dass (2) der Träger seinen gewöhnlichen Aufenthalt wechselt und nunmehr im neuen Aufenthaltsstaat ein anderer Name als im ehemaligen Aufenthaltsstaat in ein Register eingetragen wird. Während in Konstellation (1) nichts dagegenspricht, die Änderung im Ursprungsland auch für den deutschen Rechtsbereich zu übernehmen, wenn der Namensträger dies wünscht (MüKoBGB/Lipp Rn. 25; jurisPK-BGB/Janal Rn. 11; Mankowski StAZ 2014, 97 (107)), sollte eine erneute Wahl in Konstellation (2) ausgeschlossen sein, denn Art. 48 soll Einnamigkeit herstellen und nicht den deutschen Registerbeamten dazu zwingen, sich bei Mehrnamigkeit im EU-Ausland nach Belieben des Namensträgers auf die eine oder andere Seite zu schlagen. 26

**4. Auswirkung auf den Namen eines Abkömmlings (S. 4).** Der Verweis in S. 4 auf Art. 47 Abs. 3 stellt sicher, dass die Namenswahl der Eltern nach Art. 48 nur, aber auch immer unter den in § 1617c BGB näher beschriebenen Voraussetzungen eine automatische Auswirkung für den Familiennamen eines Kindes hat (vgl. Wall StAZ 2014, 294 (298)). Im Einzelnen → Art. 47 Rn. 33. 27

## VI. Intertemporale Anwendung

Art. 48 ist seit dem 29.1.2013 geltendes Recht und damit auf alle seit diesem Tag abgegebenen Namenswahlerklärungen anwendbar. Dabei kann selbstverständlich auch ein Name gewählt werden, welcher in einem anderen Staat vor Inkrafttreten des Art. 48 erworben und eingetragen wurde (jurisPK-BGB/Janal Rn. 10; Freitag StAZ 2013, 69 (72); Kraus StAZ 2014, 348 (351)). 28

## VII. Analoge Anwendung bei anderen Konstellationen hinkender Namensführung?

Der Gesetzgeber hat Art. 48 ganz bewusst darauf zu beschränken versucht, die vom EuGH in „Grunkin-Paul" aufgedeckte Problematik zu lösen (Begr. RegE BT-Drs. 17/11049, 12). Wenn es demnach **nicht planwidrig** ist, dass andere Konstellationen hinkender Namensführungen in der EU von der Norm nicht erfasst werden, ist diese schon deshalb **einer Analogie nicht zugänglich** (str.; AG Wuppertal StAZ 2016, 86 Rn. 16; Hepting/Dutta Rn. II-462); zu Befürwortern einer Analogiefähigkeit bei einem nichtdeutschen Namensstatut → Rn. 6. Das gilt selbst dann, wenn in einer solchen anderen, vergleichbaren Konstellation ein Verstoß gegen die Freizü- 29 gigkeit des Art. 21 AEUV zu konstatieren ist, denn der EuGH kann nur verlangen, **dass** das nationale Recht darauf zu reagieren hat, nicht aber, **wie** das geschehen muss. Und das deutsche Recht hat etwa in **Art. 10 Abs. 2 und 3** (Art. 10 Abs. 3 hilft etwa in der „Garcia Avello"-Konstellation (→ Rn. 1), dass der Name eines in Deutschland ansässigen Kindes mit doppelter deutsch-ausländischer Staatsangehörigkeit dem Namen angepasst werden soll, den es im Lande seiner ausländischen Staatsangehörigkeit trägt, dazu etwa Hepting/Dutta Rn. II-429; Freitag StAZ 2013, 69 (76); Begr. RegE, BT-Drs. 17/11049, 12; aA Wall StAZ 2014, 294 (296)) und insbes. in der öffentlich-rechtliche **Namensänderung nach dem NamÄndG** (zur abweichenden Namensführung in einem anderen EU-Mitgliedstaat als wichtigen Grund nach § 3 Abs. 1 NamÄndG OLG München StAZ 2012, 181 Rn. 8 = NJW-RR 2012, 454; weiter dazu etwa Hepting/Dutta Rn. II-468; jurisPK-BGB/Janal Art. 10 Rn. 35; Staudinger/Hausmann, 2019, Art. 10 Rn. 532; Rauscher/Pabst NJW 2012, 3490) genug Möglichkeiten, eine freizügigkeitswidrige Mehrnamigkeit zu beseitigen, womit es in den von diesen Normen erfassten Fallgestaltungen auch an der zweiten Voraussetzung für eine Analogie, der Lücke im geschriebenen Recht, fehlt. Das AG Wuppertal hat dem EuGH die Frage vorgelegt, ob der Weg über die Namensänderung nach dem NamÄndG zum Zwecke der Anerkennung einer Namensänderung, die ein deutsch-ausländischen Doppelstaater im EU-ausländischen Heimatstaat ohne einen dortigen gewöhnlichen Aufenthalt erwirkt hat, europarechtskonform ist (AG Wuppertal StAZ 2016, 86); der EuGH hat dies ebenso wie zuvor Generalanwalt Szpunar in seinen Schlussanträgen (Schlussanträge GA Szpunar C-541/15, BeckRS 2016, 82979 insbes. Rn. 76 f. – Mircea Florian Freitag) grds. bejaht (EuGH NJW 2017, 3581 = FamRZ 2017, 1175 insbes. Rn. 39, 45 – Mircea Florian Freitag; abl. Kohler/Pintens FamRZ 2017, 1441 (1442 f.); krit. auch Dutta FamRZ 2017, 1178) und damit die hier vertretene Auffassung gestärkt.

**30** Eine Analogie zu Art. 48 scheidet erst recht in Fällen aus, in denen es nicht um die Übernahme eines im EU-Ausland, sondern eines in einem Drittstaat registrierten Namens geht (OLG München FamRZ 2014, 1551 Rn. 11 – in casu USA), weil es hier am Bezug zum Freizügigkeitsproblem mangelt, der Grundlage des Art. 48 ist.

### Art. 49 (nicht kommentiert)

## III. Verhältnis des Bürgerlichen Gesetzbuch zu den Reichs- (Art. 50–54 EGBGB) und Landesgesetzen (Art. 55–152 EGBGB)

### Art. 50–54 (nicht kommentiert)

### Art. 55–152 (nicht kommentiert)

## IV. Übergangsvorschriften: Art. 153–237 EGBGB

### Art. 153–218 (nicht kommentiert)

### Art. 219–229 (nicht kommentiert)

### Art. 230–237 (nicht kommentiert)

## V. Durchführung des Bürgerlichen Gesetzbuchs, Verordnungsermächtigungen, Länderöffnungsklauseln, Informationspflichten: Art. 238–253 EGBGB

## Artikel 238. Datenverarbeitung und Auskunftspflichten für qualifizierte Mietspiegel

### § 1 Erhebung und Übermittlung von Daten

**(1) Zur Erstellung eines qualifizierten Mietspiegels dürfen die nach Landesrecht zuständigen Behörden bezogen auf das Gebiet, für das der Mietspiegel erstellt werden soll, die bei der Verwaltung der Grundsteuer bekannt gewordenen Namen und Anschriften der Grundstückseigentümer von den für die Verwaltung der Grundsteuer zuständigen Behörden erheben und in sonstiger Weise verarbeiten.**

**(2) [1]Zur Erstellung eines qualifizierten Mietspiegels übermittelt die Meldebehörde der nach Landesrecht zuständigen Behörde bezogen auf das Gebiet, für das der Mietspiegel erstellt werden soll, auf Ersuchen die nachfolgenden Daten aller volljährigen Personen:**
**1. Familienname,**
**2. Vornamen unter Kennzeichnung des gebräuchlichen Vornamens,**
**3. derzeitige Anschriften im Zuständigkeitsbereich der Meldebehörde,**
**4. Einzugsdaten sowie**
**5. Namen und Anschriften der Wohnungsgeber.**
**[2]Das Ersuchen kann nur alle zwei Jahre gestellt werden. [3]Die nach Landesrecht zuständigen Behörden dürfen die in Satz 1 genannten Daten in dem zur Erstellung eines qualifizierten Mietspiegels erforderlichen Umfang erheben und in sonstiger Weise verarbeiten.**

**(3) Die in den Absätzen 1 und 2 Satz 1 genannten Daten dürfen auch von Stellen verarbeitet werden, die von der nach Landesrecht zuständigen Behörde damit beauftragt wurden, wenn die Datenverarbeitung auf der Grundlage einer Vereinbarung nach Artikel 28 Absatz 3 der Verordnung (EU) 2016/679 des Europäischen Parlaments und des Rates vom 27. April 2016 zum Schutz natürlicher Personen bei der Verarbeitung personenbezogener Daten, zum freien Datenverkehr und zur Aufhebung der Richtlinie 95/46/EG (Datenschutz-Grundverordnung) (ABl. L 119 vom 4.5.2016, S. 1; L 314 vom 22.11.2016, S. 72; L 127 vom 23.5.2018, S. 2) erfolgt.**

**(4) [1]Die nach Landesrecht zuständige Behörde und die in Absatz 3 bezeichneten Stellen haben die nach den Absätzen 1 und 2 erhobenen Daten unverzüglich zu löschen, sobald sie für die Erstellung des qualifizierten Mietspiegels nicht mehr erforderlich sind, es sei denn, sie werden für eine Anpassung mittels Stichprobe nach § 558d Absatz 2 Satz 2 des Bürgerlichen Gesetzbuchs benötigt. [2]Die nach den Absätzen 1 und 2 erhobenen Daten sind spätestens drei Jahre nach ihrer Erhebung zu löschen.**

**(5) [1]Zur Erstellung eines qualifizierten Mietspiegels dürfen die Statistikstellen der Gemeinden und der Gemeindeverbände, sofern sie das Statistikgeheimnis gewährleisten, von den Statistischen Ämtern des Bundes und der Länder folgende Daten aus der Gebäude- und Wohnungszählung des Zensus, bezogen auf das Gebiet, für das der Mietspiegel erstellt werden soll, erheben und in sonstiger Weise verarbeiten:**
**1. Erhebungsmerkmale für Gebäude mit Wohnraum und bewohnte Unterkünfte:**
**a) Gemeinde, Postleitzahl und amtlicher Gemeindeschlüssel,**
**b) Art des Gebäudes,**
**c) Eigentumsverhältnisse,**
**d) Gebäudetyp,**
**e) Baujahr,**
**f) Heizungsart und Energieträger,**
**g) Zahl der Wohnungen,**
**2. Erhebungsmerkmale für Wohnungen:**
**a) Art der Nutzung,**

b) Leerstandsdauer,
c) Fläche der Wohnung,
d) Zahl der Räume,
e) Nettokaltmiete,
3. Hilfsmerkmale:
Straße und Hausnummer der Wohnung.

[2]Die Statistikstellen der Gemeinden und Gemeindeverbände haben die nach Satz 1 Nummer 3 erhobenen Hilfsmerkmale zum frühestmöglichen Zeitpunkt, spätestens jedoch zwei Jahre nach Erhebung, zu löschen.

## § 2 Auskunftspflichten

(1) Zur Erstellung eines qualifizierten Mietspiegels und zu seiner Anpassung mittels Stichprobe sind Eigentümer und Mieter von Wohnraum verpflichtet, der nach Landesrecht zuständigen Behörde auf Verlangen Auskunft zu erteilen darüber, ob der Wohnraum vermietet ist, sowie über die Anschrift der Wohnung.

(2) Zur Erstellung eines qualifizierten Mietspiegels und zu seiner Anpassung mittels Stichprobe sind Vermieter und Mieter von Wohnraum verpflichtet, der nach Landesrecht zuständigen Behörde auf Verlangen Auskunft über folgende Merkmale zu erteilen:
1. Erhebungsmerkmale:
   a) Beginn des Mietverhältnisses,
   b) Zeitpunkt und Art der letzten Mieterhöhung mit Ausnahme von Erhöhungen nach § 560 des Bürgerlichen Gesetzbuchs,
   c) Festlegungen der Miethöhe durch Gesetz oder im Zusammenhang mit einer Förderzusage,
   d) Art der Miete und Miethöhe,
   e) Art, Größe, Ausstattung, Beschaffenheit und Lage des vermieteten Wohnraums einschließlich seiner energetischen Ausstattung und Beschaffenheit (§ 558 Absatz 2 Satz 1 des Bürgerlichen Gesetzbuchs),
   f) Vorliegen besonderer Umstände, die zu einer Ermäßigung der Miethöhe geführt haben, insbesondere Verwandtschaft zwischen Vermieter und Mieter, ein zwischen Vermieter und Mieter bestehendes Beschäftigungsverhältnis oder die Übernahme besonderer Pflichten durch den Mieter,
2. Hilfsmerkmale:
   a) Anschrift der Wohnung,
   b) Namen und Anschriften der Mieter und Vermieter.

(3) Die Auskunftspflichten nach den Absätzen 1 und 2 bestehen auch gegenüber Stellen, die von der nach Landesrecht zuständigen Behörde mit der Erstellung oder Anpassung eines qualifizierten Mietspiegels nach § 1 Absatz 3 beauftragt wurden.

## § 3 Datenverarbeitung

(1) [1]Die nach Landesrecht zuständige Behörde darf die in § 2 Absatz 1 und 2 genannten Merkmale in dem zur Erstellung oder Anpassung eines qualifizierten Mietspiegels erforderlichen Umfang erheben und in sonstiger Weise verarbeiten. [2]Doppelerhebungen sind nur dann zulässig, wenn begründete Zweifel an der Richtigkeit einer Erhebung bestehen oder wenn dies zur stichprobenartigen Prüfung der Qualität der Erhebung erforderlich ist.

(2) [1]Die nach Landesrecht zuständige Behörde hat die Hilfsmerkmale des § 2 Absatz 2 Nummer 2 von den weiteren erhobenen Merkmalen zum frühestmöglichen Zeitpunkt zu trennen und gesondert zu verarbeiten. [2]Die Hilfsmerkmale sind zu löschen, sobald die Überprüfung der Erhebungs- und Hilfsmerkmale auf ihre Schlüssigkeit und Vollständigkeit abgeschlossen ist und sie auch für eine Anpassung des Mietspiegels nach § 558d Absatz 2 Satz 2 des Bürgerlichen Gesetzbuchs nicht mehr benötigt werden.

(3) Die Absätze 1 und 2 gelten entsprechend für Stellen, die von der nach Landesrecht zuständigen Behörde mit der Erstellung oder Anpassung eines qualifizierten Mietspiegels nach § 1 Absatz 3 beauftragt worden sind.

**(4) [1]Die nach Landesrecht zuständige Behörde darf die nach Absatz 1 erhobenen Daten zu wissenschaftlichen Forschungszwecken in anonymisierter Form an Hochschulen, an andere Einrichtungen, die wissenschaftliche Forschung betreiben, und an öffentliche Stellen übermitteln. [2]Sie ist befugt, die Daten zu diesem Zweck zu anonymisieren.**

### § 4 Bußgeldvorschriften

**(1) Ordnungswidrig handelt, wer vorsätzlich oder fahrlässig entgegen § 2 Absatz 1 oder 2, jeweils auch in Verbindung mit Absatz 3, eine Auskunft nicht, nicht rechtzeitig, nicht richtig oder nicht vollständig erteilt.**

**(2) Die Ordnungswidrigkeit kann mit einer Geldbuße bis zu fünftausend Euro geahndet werden.**

#### Überblick

Art. 238 §§ 1–4 wurde neu gefasst mWv 1.7.2022 durch Gesetz vom 10.8.2021 (BGBl. I 3515). Zum qualifizierten Mietspiegel näher → BGB § 558d Rn. 6b ff. Die frühere Fassung des Art. 238 wurde aufgehoben mWv 1.7.2018 durch das Gesetz vom 17.7.2017 (BGBl. I 2394). Zu den reiserechtlichen Informationspflichten gem. Art. 250–251 näher → BGB § 651w Rn. 21 ff.

### Art. 239 Länderöffnungsklausel

**Die Länder können durch Gesetz bestimmen, dass der Antrag auf Erteilung eines Erbscheins der notariellen Beurkundung bedarf und die Versicherung an Eides statt nach § 352 Absatz 3 Satz 3 des Gesetzes über das Verfahren in Familiensachen und in den Angelegenheiten der freiwilligen Gerichtsbarkeit und nach § 36 Absatz 2 Satz 1 des Internationalen Erbrechtsverfahrensgesetzes vom 29. Juni 2015 (BGBl. I S. 1042) nur vor einem Notar abzugeben ist.**

#### Überblick

Art. 239 wurde eingefügt mWv 1.9.2013 durch Gesetz vom 26.6.2013 (BGBl. I 1800) und geändert mWv 17.8.2015 durch Gesetz vom 29.6.2015 (BGBl. I 1042).

## Artikel 240. Vertragsrechtliche Regelungen aus Anlass der COVID-19-Pandemie

### § 1 Moratorium

**(1) [1]Ein Verbraucher hat das Recht, Leistungen zur Erfüllung eines Anspruchs, der im Zusammenhang mit einem Verbrauchervertrag steht, der ein Dauerschuldverhältnis ist und vor dem 8. März 2020 geschlossen wurde, bis zum 30. Juni 2020 zu verweigern, wenn dem Verbraucher infolge von Umständen, die auf die Ausbreitung der Infektionen mit dem SARS-CoV-2-Virus (COVID-19-Pandemie) zurückzuführen sind, die Erbringung der Leistung ohne Gefährdung seines angemessenen Lebensunterhalts oder des angemessenen Lebensunterhalts seiner unterhaltsberechtigten Angehörigen nicht möglich wäre. [2]Das Leistungsverweigerungsrecht besteht in Bezug auf alle wesentlichen Dauerschuldverhältnisse. [3]Wesentliche Dauerschuldverhältnisse sind solche, die zur Eindeckung mit Leistungen der angemessenen Daseinsvorsorge erforderlich sind.**

**(2) [1]Ein Kleinstunternehmen im Sinne der Empfehlung 2003/361/EG der Kommission vom 6. Mai 2003 betreffend die Definition der Kleinstunternehmen sowie der kleinen und mittleren Unternehmen (ABl. L 124 vom 20.5.2003, S. 36) hat das Recht, Leistungen zur Erfüllung eines Anspruchs, der im Zusammenhang mit einem Vertrag steht, der ein Dauer-schuldverhältnis ist und vor dem 8. März 2020 geschlossen wurde, bis**

**zum 30. Juni 2020 zu verweigern, wenn infolge von Umständen, die auf die COVID-19-Pandemie zurückzuführen sind,**
**1. das Unternehmen die Leistung nicht erbringen kann oder**
**2. dem Unternehmen die Erbringung der Leistung ohne Gefährdung der wirtschaftlichen Grundlagen seines Erwerbsbetriebs nicht möglich wäre.**

**[2]Das Leistungsverweigerungsrecht besteht in Bezug auf alle wesentlichen Dauerschuldverhältnisse. [3]Wesentliche Dauerschuldverhältnisse sind solche, die zur Eindeckung mit Leistungen zur angemessenen Fortsetzung seines Erwerbsbetriebs erforderlich sind.**

**(3) [1]Absatz 1 gilt nicht, wenn die Ausübung des Leistungsverweigerungsrechts für den Gläubiger seinerseits unzumutbar ist, da die Nichterbringung der Leistung die wirtschaftliche Grundlage seines Erwerbsbetriebs gefährden würde. [2]Absatz 2 gilt nicht, wenn die Ausübung des Leistungsverweigerungsrechts für den Gläubiger unzumutbar ist, da die Nichterbringung der Leistung zu einer Gefährdung seines angemessenen Lebensunterhalts oder des angemessenen Lebensunterhalts seiner unterhaltsberechtigten Angehörigen oder der wirtschaftlichen Grundlagen seines Erwerbsbetriebs führen würde. [3]Wenn das Leistungsverweigerungsrecht nach Satz 1 oder 2 ausgeschlossen ist, steht dem Schuldner das Recht zur Kündigung zu.**

**(4) Die Absätze 1 und 2 gelten ferner nicht**
**1. im Zusammenhang mit Miet-, Pacht- und Darlehensverträgen sowie**
**2. im Zusammenhang mit Arbeitsverträgen.**

**(5) Von den Absätzen 1 und 2 kann nicht zum Nachteil des Schuldners abgewichen werden.**

## Überblick

Art. 240 § 1 soll dazu beitragen, die Folgen der COVID-19-Pandemie und der politischen und gesellschaftlichen Reaktionen hierauf abzumildern. Infolge der pandemiebedingten starken Beeinträchtigungen des öffentlichen Lebens und der wirtschaftlichen Tätigkeit kam es zu erheblichen Einkommenseinbußen breiter Bevölkerungsschichten und von Teilen der Wirtschaft (→ Rn. 1 ff.). Art. 240 § 1 soll verhindern, dass Verbraucher und Kleinstunternehmen, die vom Gesetzgeber als besonders schützenswert angesehen werden, in solchen unverschuldeten finanziellen Notsituationen von Leistungen der existentiellen Grundversorgung (→ Rn. 19 ff.) abgeschnitten werden, weil sie ihren vertraglichen Pflichten nicht mehr nachkommen können oder dies unzumutbare Nachteile für sie mit sich brächte (→ Rn. 33 ff.). Abs. 1 und 2 gewährt ihnen deshalb während der akuten Phase der Pandemie ein besonderes Leistungsverweigerungsrecht, das zugleich den Sachleistungsgläubiger zur vorübergehenden Vorleistung zwingt (→ Rn. 50). Die vertraglichen Pflichten bleiben aber im Übrigen unberührt, sodass die kumulierten Zahlungspflichten nach Ablauf des Moratoriums in vollem Umfang zu erfüllen sind und auch ohne weiteres eingeklagt werden können (→ Rn. 56). Den dann absehbar notwendigen Schutz der Verbraucher und Kleinstunternehmen will der Gesetzgeber nicht mit Mitteln des Privatrechts, sondern durch staatliche Hilfsgelder gewährleisten (→ Rn. 5, → Rn. 56). Art. 240 § 1 ist damit Teil der allgemeinen Strategie im Umgang mit der COVID-19-Pandemie, die unmittelbaren Probleme der Pandemie umzuwandeln und in die Zukunft zu verlagern, wo man sie dann durch größere Ressourcen abzumildern oder sogar in Gänze zu beseitigen erhofft.

Art. 240 §§ 1–7 werden aufgehoben mWv 1.10.2022 durch Gesetz vom 27.3.2020 (BGBl. I 569).

**Schrifttum:** Brändle, Art. 240 § 1 EGBGB: Zahnloser Tiger, Versorgungswirtschaft 2020, 133; Brucker/Baumbach, Energiewirtschaft in der Covid-19-Pandemie, EnWZ 2020, 195; Feiter/Mertens, Vorläufiges Leistungsverweigerungsrecht wegen der COVID-19-Pandemie bei „wesentlichen Dauerschuldverhältnissen" – auch Steuerberatungsverträge erfasst?, Stbg 2020, 233; Fischer, Mit heißer Nadel gestrickt? Vertragsrechtliche Fragen des neuen COVID-19-Gesetzes, VuR 2020, 203; Hogenschurz, Die Verwaltung von Wohnungseigentum in Zeiten der „Corona"-Pandemie, MDR 2020, 534; Horst, „Corona, Adidas & Co.", MietRB 2020, 144; Liebscher/Zeyher/Steinbrück, Recht der Leistungsstörungen im Lichte der COVID-19-Pandemie, ZIP 2020, 852; Markworth/Bangen, Das BGB und der Coronavirus: Kritische Würdigung des Gesetzgebers, AnwBl 2020, 286; Otte-Gräbener, Auswirkungen der COVID-19-Pandemie auf Lieferverträge, GWR 2020, 147; Pape, Außerkraftsetzung des Insolvenzrechts auf Zeit Allheilmittel zur Überwindung der Folgen der COVID-19-Pandemie oder Verlängerung der Krise auf unbestimmte Dauer?, NZI 2020, 393; Rehn, Maßnahmen wider (der heiligen) Corona, DZWIR 2020, 277; Rüfner, Das Corona-Moratorium nach Art. 240 EGBGB, JZ 2020, 443; Schmidt-Kessel/Möllnitz, Coronavertragsrecht – Sonderregeln für Verbraucher und Kleinstunternehmen, NJW 2020, 1103; Scholl, Die vertragsrechtlichen Regelungen in Art. 240 EGBGB aus Anlass der COVID-19-Pandemie, WM 2020, 765; Scholz/Tüngler, Dauerschuldverhältnisse im Energiesektor in der Krise, EnZW 2020, 201; Tribess, Vertragsrechtliche Auswirkungen des COVID-19-Abmilderungsgesetzes, GWR 2020, 152; Wagner/Holtz/Dötsch, Auswirkungen von COVID-19 auf Lieferverträge, BB 2020, 845; Wesche, Corona-Krise: Temporäres Zahlungsmoratorium für Verbraucher und Kleinstunternehmen und Einschränkung des Insolvenzanfechtungsrechtes, EnWZ 2020, 147; Wolf/Eckert/Denz/Gerking/Holze/Künnen/Kurth, Die zivilrechtlichen Auswirkungen des Covid-19-Gesetzes – ein erster Überblick, JA 2020, 401; Zschieschack, Sonderregelungen für Wohnungseigentümergemeinschaften zur Abmilderung der Folgen der COVID19-Pandemie, ZWE 2020, 165.

## Übersicht



## I. Allgemeines

**1. Entstehungsgeschichte.** Am 31.12.2019 informierten chinesische Behörden die Weltgesundheitsorganisation (WHO) erstmals über Fälle schwerer Lungenentzündungen in der Stadt Wuhan, die durch einen bislang unbekannten Erreger verursacht worden waren. Im Laufe des Januars breitete sich dieser, zwischenzeitlich als ein neuartiges **Coronavirus** (SARS-CoV-2) identifizierte Erreger mit stark steigenden Fallzahlen in China aus. Um das exponentielle Wachstum der Infektionszahlen zu stoppen, entschloss die chinesische Zentralregierung sich dazu, rigide Ausgangssperren zu verhängen und das öffentliche Leben weitgehend lahmzulegen. Zwar führten diese Maßnahmen nach offiziellen Angaben bis Ende März 2020 dazu, dass es nur noch vereinzelte Neuinfektionen in China gegeben habe. Die weltweite Ausbreitung des Virus wurde so aber nicht verhindert. In Deutschland trat der erste nachgewiesene Fall von COVID-19, dh der durch SARS-CoV-2 verursachten Krankheit, am 27.1.2020 auf. Nachdem die WHO am 30.1.2020 eine internationale Gesundheitsnotlage ausgerufen hatte, stieg auch in Deutschland die Zahl der Infizierten seit dem späten Februar so stark an, dass die Beurteilung der Risikolage vom Robert-Koch-Institut (RKI) von „mäßig" am 2.3.2020 über „hoch" am 17.3.2020 auf „sehr hoch" für Risikogruppen am 26.3.2020 hochgestuft wurde. Den Empfehlungen der Epidemiologen folgend trafen die Regierungen des Bundes und der Länder im Laufe des März zahlreiche Maßnahmen, durch die das öffentliche Leben in immer stärkerem Maße eingeschränkt wurde, um so die weitere Ausbreitung des Virus (in Abs. 1 S. 1 als **COVID-19-Pandemie** legaldefiniert) zu stoppen und eine Überlastung des Gesundheitssystems zu verhindern. Nachdem zuvor schon in den einzelnen Bundesländern eine Vielzahl unterschiedlich weitgehender Einschränkungen angeordnet worden war, einigten sich die Länder mit dem Bund zunächst am 16.3.2020 auf die praktisch vollständige Schließung aller Freizeiteinrichtungen und des nicht lebensnotwendigen Einzelhandels (https://www.bundesregierung.de/breg-de/aktuelles/pressekonferenz-von-bundeskanzlerin-merkel-zu-massnahmen-der-bundesregierung-im-zusammenhang-mit-dem-coronavirus-1731022, zuletzt abgerufen am 14.5.2020) und vereinbarten am 22.3.2020 dann ein sog. „umfassendes Kontaktverbot" (Beschluss der Bundeskanzlerin und der Regierungschefinnen und Regierungschefs der Länder vom 22.3.2020, https://www.bundesregierung.de/resource/blob/975226/1733246/e6d6ae0e89a7ff.ea1ebf6f32cf472736/2020-03-22-mpk-data.pdf?download=1, zuletzt abgerufen 1 am 14.5.2020). Neben weiteren Maßnahmen ordneten Gesundheitsbehörden zudem vielfach Quarantäne für Personen an, die sich selbst mit SARS-CoV-2 infiziert oder die mit Infizierten Umgang hatten.

2 Um die wirtschaftlichen und sozialen Folgen der COVID-19-Pandemie und der politischen Entscheidungen zu ihrer Bekämpfung sowie der gesellschaftlichen Reaktionen auf diese Pandemie zu mildern, trafen Bund und Länder bereits im März 2020 vielfältige Maßnahmen. Im Eilverfahren wurde am 25.3.2020 durch den Bundestag und am 273.2020 durch den Bundesrat ein Rettungspaket für Wirtschaft und Arbeitnehmer beschlossen, das neben finanziellen Hilfen auch das **Gesetz zur Abmilderung der Folgen der COVID-19-Pandemie im Zivil-, Insolvenz- und Strafverfahrensrecht** (COVFAG, BGBl. 2020 I 569) umfasste. Das Gesetz wurde in außerordentlich kurzer Zeit im Bundesministerium der Justiz und für Verbraucherschutz vorbereitet und die von ihm ausgearbeitete „Formulierungshilfe" unterlag noch bis zuletzt Änderungen (→ Rn. 2.1). In der 154. Sitzung des Bundestags am 25.3.2020 gab es eine Reihe von erfolglosen Änderungs- und Entschließungsanträgen der Opposition. Der Gesetzentwurf der Bundesregierung wurde aufgrund der Beschlussempfehlung des Rechtsausschusses (Bericht RA zum GE der Fraktionen der CDU/CSU und SPD (BT-Drs. 19/18110), BT-Drs. 19/18158; Beschlussempfehlung RA zum GE der Fraktionen der CDU/CSU und SPD (BT-Drs. 19/18110), BT-Drs. 19/18129) vom Bundestag mit nur einer kleinen Änderung gegenüber dem Gesetzentwurf der Bundesregierung betreffend die Mitwirkung des Bundestags beim Erlass bestimmter Rechtsverordnungen (→ Rn. 2.2) angenommen und trat bereits am 28.3.2020 in Kraft. Art. 240 § 1 trat gem. Art. 6 Abs. 5 COVFAG am 1.4.2020 in Kraft und wird gem. Art. 6 Abs. 6 COVFAG am 30.9.2022 außer Kraft treten.

2.1 Unter anderem war in einem Entwurf am 22.3.2020 in Art. 240 § 4 Abs. 3 noch ein Mitwirkungsrecht des Bundestags bei Rechtsverordnungen der Bundesregierung zur Verlängerung der Fristen nach Art. 240 §§ 1–3 vorgesehen (näher → Art. 240 § 4 Rn. 1).

2.2 Art. 240 § 3 Abs. 8 S. 1 wurde durch die Beschlussempfehlung (BT-Drs. 19/18129) neu gefasst und die S. 2–5 dieses Absatzes wurden gestrichen.

3 Der **große Zeitdruck** im Gesetzgebungsprozess hat sich insbes. auf **Abs. 2** und **Abs. 3 S. 2** in den Regelungen zum Schutz der Kleinstunternehmen ausgewirkt. Wie noch aus der insoweit nicht hinreichend überarbeiteten Gesetzesbegründung hervorgeht, sollte Kleinstunternehmen ursprünglich (auch?) geholfen werden, wenn sie Verpflichtungen zur Erbringung ihrer gewerblichen Leistungen pandemiebedingt nicht erfüllen könnten, weil sie beispielsweise nicht in Kontakt mit dem Leistungsempfänger treten könnten, weil ihre Arbeitskräfte nicht zur Arbeit erscheinen könnten oder dürften oder weil ihre Leistungserbringung einstweilen untersagt würde (BT-Drs. 19/18110, 34). Gedacht war hier offenbar an alle Vertragsverhältnisse, in deren Rahmen die Kleinstunternehmen ihre eigenen gewerblichen Sachleistungen anbieten. Art. 240 § 1 enthält aber nunmehr für Kleinstunternehmer bloß noch einen dem der Verbraucher entsprechenden Schutz bei Dauerschuldverhältnissen zur eigenen notwendigen Grundversorgung, bei denen sie als Empfänger der Sachleistung regelmäßig zu Geldleistungen verpflichtet sind (aA Uhlenbruck/Möllnitz/Schmidt-Kessel Art. 240 §§ 1–4 Rn. 34 ff.). Nur in seltenen Ausnahmefällen werden Kleinstunternehmen ihre Grundversorgung in natura durch ihre gewerblichen Leistungen vergüten (→ Rn. 32). **Abs. 2 Nr. 1,** aber vor allem **Abs. 3 S. 2** sind vor diesem Hintergrund zu verstehen und entspr. **teleologisch zu korrigieren** (→ Rn. 53). Die ursprünglich vom Gesetzgeber adressierten Probleme der Kleinstunternehmer bei pandemiebedingten Hindernissen, die der Erbringung ihrer gewerblichen Leistungen entgegenstehen, sind indes nach den Grundsätzen zur **vorübergehenden Unmöglichkeit** zu lösen (→ BGB § 275 Rn. 39 ff.) (vgl. dazu BeckOGK/Riehm BGB § 275 Rn. 160 ff.; MüKoBGB/Ernst BGB § 275 Rn. 149 ff.).

4 **2. Sinn und Zweck.** Durch das COVFAG sollen die Folgen der COVID-19-Pandemie mittels Änderungen im Zivil-, Insolvenz- und Strafverfahrensrecht abgemildert werden. Aufgrund der COVID-19-Pandemie und der durch sie hervorgerufenen Reaktionen von Politik und Gesellschaft wurde das öffentliche Leben in Deutschland seit März 2020 stark beeinträchtigt (→ Rn. 1). Nicht dem lebensnotwendigen Bedarf dienende Einrichtungen wurden ganz überwiegend zumindest für den Publikumsverkehr geschlossen, öffentliche Veranstaltungen konnten nicht stattfinden und auch iÜ mussten zahlreiche Unternehmen ihren Betrieb beschränken oder einstellen, etwa, weil Lieferketten unterbrochen waren, Abnehmer wegfielen oder nicht ersetzbare Fachkräfte der Arbeit pandemiebedingt nicht nachkommen konnten. Infolge dieser Beeinträchtigungen der Wirtschaft kam es zu **erheblichen Einnahmeverlusten** bei Personen, die ihren Lebensunterhalt überwiegend aus dem Betrieb der betroffenen Einrichtungen und Unternehmen oder aus öffentlichen

Veranstaltungen bestritten oder deren Einnahmen davon abhängig waren (BT-Drs. 19/18110, 16). **Art. 5 COVFAG** soll **Schuldnern,** die nicht über ausreichende finanzielle Rücklagen verfügen und die **unverschuldet** aus **pandemiebedingten Gründen** ihre Verpflichtungen nicht mehr vertragsgemäß erfüllen können, bei besonders wichtigen Verträgen **Schutz** bieten, ihnen trotz ihrer Zahlungsschwierigkeiten die vertraglichen Leistungen der Grundversorgung sichern und ihnen zudem die betroffenen Vertragsverhältnisse über die Zeit der akuten Krise hinaus ohne dauerhafte Nachteile erhalten.

Das **Zivilrecht dient** grds. **der ausgleichenden Gerechtigkeit** und kann nur für den Ausgleich von Ungerechtigkeiten zwischen Privaten sorgen, die dem Ausgleichsverpflichteten zugerechnet werden können. Ohne einen hinreichenden Zurechnungsgrund ist die Auferlegung einer Ausgleichspflicht für die betroffene Person nicht zu rechtfertigen, da dann Zufallsschäden unbegründet von einer Person auf eine andere abgewälzt würden. Den Folgen allgemeiner Katastrophen kann deshalb regelmäßig nicht durch privatrechtliche Instrumente begegnet werden (Ausnahme § 313 BGB, dazu → Rn. 61), sondern es bedarf staatlicher **Maßnahmen des öffentlichen Rechts,** um für eine (politisch zu bestimmende) **gerechte Lastenverteilung** zu sorgen. In Art. 5 COVFAG beschränkt der Gesetzgeber sich deshalb auch zurecht prinzipiell auf **temporäre Maßnahmen,** durch die den betroffenen Schuldnern nur vorübergehend Schutz gewährt wird. Das **vertragliche Äquivalenzverhältnis** bleibt aber **weitgehend unangetastet;** insbes. werden die Leistungspflichten der Schuldner grds. nicht herabgesetzt. Die Vorschriften des Art. 5 COVFAG können und sollen daher die Schuldner auch nicht dauerhaft entlasten. Die vorgesehenen vorübergehenden Schutzrechte verhindern nicht, dass sich die Leistungsverpflichtungen akkumulieren und die Schuldner nach Ablauf der Schutzfristen noch höheren Belastungen als ursprünglich ausgesetzt sehen können, die sie noch weniger tragen können (→ Rn. 56) (krit. insofern auch Pape NZI 2020, 393 (394)). Der dann benötigte Schutz kann aber nicht durch das Privatrecht und damit einzelne willkürlich herausgegriffene Private, sondern nur durch staatliche Hilfsmaßnahmen und damit die gesamte Gemeinschaft gewährleistet werden. Eine **verfassungsrechtlich sehr bedenkliche Ausnahme** (→ Rn. 5.1), die jedenfalls nicht analogiefähig ist (→ Rn. 56), sieht insofern nur **Art. 240 § 3 Abs. 5** vor, nach dem Darlehensgeber bei Verbraucherdarlehensverträgen ein Sonderopfer tragen müssen (aA BT-Drs. 19/18110, 40), indem ihre Leistungspflichten ohne Ausgleich um den Zeitraum der gesetzlichen Schutzfristen verlängert werden können (→ Art. 240 § 3 Rn. 9) (iErg auch BeckOGK/Köndgen Art. 240 § 3 Rn. 61 f.; aA Lühmann NJW 2020, 1321; Herresthal ZIP 2020, 989; Klöhn WM 2020, 1141; Rösler/Wimmer WM 2020, 1149 ff.; Schörnig MDR 2020, 697 (701)). Im Übrigen ist freilich ein einheitlicher und möglichst umfassender befristeter Schutz wichtiger Lebensgrundlagen für Verbraucher sowie für Kleinstunternehmer in pandemiebedingten Notsituationen durch die Art. 240 §§ 1–3 intendiert. 5

Zur verfassungswidrigen Möglichkeit einer einjährigen ausgleichslosen Verlängerung der Pflichten des Darlehensgebers → Art. 240 § 4 Rn. 14 f. 5.1

Auch wenn die Auswirkungen der COVID-19-Pandemie noch lange Zeit zu spüren sein werden, hat der Gesetzgeber sich aus Gründen der **Rechtssicherheit** in Art. 5 COVFAG dafür entschieden, die Schutzinstrumente **zeitlich klar zu begrenzen.** Obwohl er dabei an die Dauer der staatlichen Maßnahmen zur Bekämpfung der Pandemie anknüpft, sollen die Art. 240 §§ 1 ff. doch nicht nur vor den Folgen dieser Maßnahmen, sondern vor allen durch die Pandemie verursachten unmittelbaren und mittelbaren negativen Folgen für die Leistungsfähigkeit der Schuldner Schutz bieten (→ Rn. 44). Das Leistungsverweigerungsrecht nach Abs. 1 bzw. 2 besteht daher zunächst nur bis zum 30.6.2020. Es kann ggf. durch Rechtsverordnung gem. Art. 240 § 4 Abs. 1 Nr. 1 bis längstens 30.9.2020 und darüber hinaus nach Art. 240 § 4 Abs. 2 verlängert werden, wenn zu erwarten ist, dass das soziale Leben, die wirtschaftliche Tätigkeit einer Vielzahl von Unternehmen oder die Erwerbstätigkeit einer Vielzahl von Menschen durch die COVID-19-Pandemie über den 30.6.2020 hinaus in erheblichem Maße beeinträchtigt bleiben. Auch wenn Art. 240 § 1 Schutz vor unverschuldeten pandemiebedingten Leistungserschwernissen bieten soll, knüpft der Gesetzgeber hier aus Gründen der Rechtssicherheit nicht an die subjektiven Verhältnisse des jeweiligen Schuldners, sondern an die objektiv-allgemeine Situation an. Ebenfalls aus Gründen der Rechtssicherheit hat der Gesetzgeber auch den **Beginn des Schutzes** nicht von einer schwer feststellbaren Erkennbarkeit der Pandemiegefahr für den jeweiligen individuellen Schuldner abhängig gemacht, sondern mit dem **8.3.2020** ein allgemeingültiges Datum gewählt, ab dem aus Sicht des Gesetzgebers die Gefahr objektiv hinreichend erkennbar war, sodass Vertragsabschlüsse fortan nur noch auf dieser objektiv definierten Geschäftsgrundlage stattfanden (→ Rn. 61). 6

**Art. 240 § 1 soll Verbraucher und Kleinstunternehmen** davor **schützen,** dass sie von **Leistungen der Grundversorgung abgeschnitten** werden, weil sie unverschuldet und pande- 7 miebedingt ihren Zahlungspflichten nicht oder nicht ohne Gefährdung ihres übrigen angemessenen Lebensunterhalts bzw. Erwerbsbetriebs nachkommen können (BT-Drs. 19/18110, 18). Zugleich sollen ihnen diese existentiellen Vertragsverhältnisse über die Dauer der akuten Krise hinaus erhalten bleiben, sodass sie ihr früheres Leben danach möglichst bruchlos fortsetzen können. Der allgemeine zivilrechtliche Schutz greift in diesen Fällen nicht ein. § 275 BGB findet bei Geldschulden keine Anwendung (→ Rn. 60) und § 313 BGB greift ebenfalls regelmäßig nicht ein, weil sich die Pandemie nicht auf das konkrete Vertragsverhältnis auswirkt, sondern bloß auf die finanzielle Lage einer Vertragspartei, die auch in einer Pandemie ihrer Risikosphäre zugewiesen bleibt (→ Rn. 61). Art. 240 § 1 schließt die vom Gesetzgeber erkannte Schutzlücke und gewährt Verbrauchern und Unternehmern in der genannten Situation ein befristetes Leistungsverweigerungsrecht, bis die allgemeinen pandemiebedingten Beeinträchtigungen nach Ansicht des Gesetzgebers entfallen sind. Das Leistungsverweigerungsrecht wird nur dann durch ein außerordentliches Kündigungsrecht ersetzt, wenn das Leistungsverweigerungsrecht für den Gläubiger seinerseits unzumutbar wäre, weil die Nichterbringung der Leistung und die ihn treffende Vorleistungspflicht seine wirtschaftliche Existenz gefährden würde (Abs. 3, → Rn. 53) (zu den wirtschaftlichen Folgen des Art. 240 § 1 für Energieversorgungsbetriebe ausf. Brucker/Baumbach EnWZ 2020, 195 (196); Wesche EnWZ 2020, 147 f.). Nach Ablauf der Frist werden die betroffenen Verbraucher und Kleinstunternehmen die bis dahin akkumulierten Verbindlichkeiten zwar zumeist kaum begleichen können (krit. auch Pape nwb 2020, 1053 (1054)). Art. 240 § 1 bietet ihnen dann jedoch keinen Schutz, sondern der Gesetzgeber geht davon aus, dass staatliche Hilfe bis dahin ihre Leistungsfähigkeit hinreichend gesichert haben wird (→ Rn. 5).

8 **3. Stellung und Struktur.** Der Gesetzgeber hat die besonderen Schutzmaßnahmen für Schuldner bei bestimmten pandemiebedingten Leistungsschwierigkeiten nicht in das BGB aufgenommen, sondern zusammengefasst in Art. 240 EGBGB geregelt, da es sich nur um vorübergehende Maßnahmen mit zeitlich begrenzter Geltung (→ Rn. 2) handelt, die nicht in eine dauerhafte Kodifikation gehören. Wie sich aus Abs. 4 ergibt, stellt **Art. 240 § 1** dabei **die allgemeine Norm** dar, zu der **Art. 240 §§ 2 und 3 Spezialvorschriften** bilden. Art. 240 §§ 1–3 enthalten trotz ihrer Stellung im EGBGB rein materiell-rechtliche Bestimmungen, die der Sache nach im Kontext der sachlich verwandten Normen des BGB zu sehen sind, wie insbes. §§ 275, 313 BGB (→ Rn. 60 ff.). Funktional handelt es sich bei den Art. 240 §§ 1–3 um **besondere Vorschriften zu speziellen Fällen der subjektiven Unmöglichkeit.** Art. 240 § 4 enthält dagegen kein materielles Recht, sondern eine Ermächtigung zur temporalen Erweiterung der Schutzmaßnahmen in Art. 240 §§ 1–3 durch Rechtsverordnung. Für die Auslegung der Art. 240 §§ 1–3 ist Art. 240 § 4 nur insofern bedeutsam, als (auch) hier die Vorstellungen des Gesetzgebers davon deutlich werden, was aus seiner Sicht die durch die COVID-19-Pandemie verursachte Krisensituation ausmacht (→ Rn. 44).

## II. Anwendungsbereich

9 **1. Persönlicher Anwendungsbereich. a) Verbraucher (Abs. 1).** Ein Leistungsverweigerungsrecht nach Abs. 1 besteht nur für **Verbraucher iSd § 13 BGB.** Ein Verbraucher ist damit jede natürliche Person, die ein Rechtsgeschäft zu Zwecken abschließt, die überwiegend weder ihrer gewerblichen noch ihrer selbständigen beruflichen Tätigkeit zugerechnet werden können. Da Art. 240 § 1 keinen europarechtlichen Hintergrund hat, besteht auch **keine europarechtliche Pflicht zu einer etwaigen richtlinienkonformen Auslegung des Verbraucherbegriffs.** Gleichwohl ist davon auszugehen, dass der deutsche Gesetzgeber keine gespaltene Auslegung des § 13 BGB wollte, sondern diesen Begriff einheitlich verstanden wissen will unabhängig davon, ob er in einem der Umsetzung einer Richtlinie dienenden oder einem rein nationalen Regelungskontext genutzt wird. Zu Einzelheiten → BGB § 13 Rn. 16.

10 Ein Leistungsverweigerungsrecht nach Abs. 1 kann auch für **Wohnungseigentümergemeinschaften** (WEG) bestehen, die Verbrauchern iSd § 13 BGB nach zutreffender hM gleichzustellen sind, wenn der WEG wenigstens ein Verbraucher angehört und sie ein Rechtsgeschäft zu einem Zweck abschließt, der weder einer gewerblichen noch einer selbstständigen beruflichen Tätigkeit dient (→ BGB § 13 Rn. 28) (BGH NJW 2015, 3228 Rn. 30; Brändle VersorgW 2020, 133 (134); MüKoBGB/Gaier Rn. 7). Die Pflicht der einzelnen Wohnungseigentümer zur Tragung der gemeinschaftlichen Kosten ergibt sich nicht aus Vertrag, sondern beruht auf § 16 WEG, sodass für sie ein Leistungsverweigerungsrecht gegenüber der WEG nach Abs. 1 nicht in Betracht kommt (→ Rn. 10.1) (Hogenschurz MDR 2020, 534 (536); Zschieschack ZWE 2020, 165 (168); iErg auch MüKoBGB/Gaier Rn. 17). Um den intendierten Schutz der Verbraucher während der

akuten Phase der Pandemie zu gewährleisten, muss Abs. 1 jedoch weit ausgelegt werden, sodass eine WEG die Leistung gegenüber den Versorgern bereits dann verweigern kann, wenn auch nur ein Wohnungseigentümer, der Verbraucher ist, durch seine anteilige Zahlungspflicht wesentlich gefährdet (→ Rn. 33) würde (ähnlich Brändle VersorgW 2020, 133 (134); enger MüKoBGB/Gaier Rn. 17: wirtschaftliche Grundlagen der WEG müssten gefährdet sein).

Etwas anderes kann bei Teileigentümern gelten (dazu ausf. Zschieschack ZWE 2020, 165 (168)). **10.1**

Ein Leistungsverweigerungsrecht des Verbrauchers besteht nach **Abs. 1** nur bei wesentlichen Dauerschuldverhältnissen im Rahmen eines **Verbrauchervertrags.** Auch wenn das Gesetz, anders als bei § 312 Abs. 1 BGB, keinen ausdrücklichen Verweis enthält, gilt hier ebenfalls die Definition des **§ 310 Abs. 3 BGB.** Verbraucherverträge sind damit Verträge zwischen einem Verbraucher (§ 13 BGB) und einem Unternehmer (§ 14 BGB). Da Abs. 1 ohnehin die vertragliche Pflicht eines Verbrauchers voraussetzt, stellt das Erfordernis des Verbrauchervertrags lediglich die zusätzliche Voraussetzung auf, dass der Vertrag mit einem Unternehmer geschlossen wurde. Gemäß **§ 14 Abs. 1 BGB** ist eine natürliche oder juristische Person oder eine rechtsfähige Personengesellschaft Unternehmer, wenn sie bei Abschluss eines Rechtsgeschäfts in Ausübung ihrer gewerblichen oder selbständigen beruflichen Tätigkeit handelt. Es dürfte in der Praxis nur selten vorkommen, dass eine Person die in Abs. 1 S. 3 vorausgesetzten für eine angemessene Daseinsvorsorge erforderlichen Leistungen im Rahmen eines entgeltlichen Vertrags über eine gewisse Dauer nicht im Rahmen ihrer gewerblichen oder selbständigen beruflichen Tätigkeit erbringt. Denkbar sind aber etwa **ehrenamtliche Pflegeleistungen,** bei denen der pflegebedürftige Verbraucher sich vertraglich zur **Aufwandsentschädigung** verpflichtet hat. In einem solchen Fall scheidet ein Leistungsverweigerungsrecht nach Abs. 1 aus. **11**

**b) Kleinstunternehmen (Abs. 2).** Abs. 2 sieht ein Leistungsverweigerungsrecht auch für eigenständige (→ Rn. 12.1) **Kleinstunternehmen** vor und verweist hinsichtlich deren Definition auf die **Empfehlung 2003/361/EG** der Kommission vom 6.5.2003 betreffend die Definition der Kleinstunternehmen sowie der kleinen und mittleren Unternehmen (ABl. 2003 L 124, 36). Dabei finden sich die eigentlichen Definitionen in Titel I Anhang Empf. 2003/361/EG. Dort bestimmt Art. 1 S. 1 Anhang Empf. 2003/361/EG zunächst den Begriff des Unternehmens als jede Einheit, unabhängig von ihrer Rechtsform, die eine wirtschaftliche Tätigkeit (→ Rn. 12.2) ausübt. Wie aus Art. 1 S. 2 Anhang Empf. 2003/361/EG hervorgeht, ist der Begriff der Einheit weit zu verstehen und soll insbes. auch Einpersonen- und Familienbetriebe sowie Personengesellschaften und sonstige Vereinigungen umfassen. Ein Kleinstunternehmen ist nach Art. 2 Abs. 3 Anhang Empf. 2003/361/EG ein Unternehmen iSd Art. 1 S. 1 Anhang Empf. 2003/361/EG, das **weniger als 10 Personen beschäftigt** und dessen **Jahresumsatz bzw. Jahresbilanz 2. Mio. EUR** nicht überschreitet. Eigenständig ist ein Unternehmen gem. Art. 3 Abs. 1 Anhang Empf. 2003/361/EG, wenn es kein Partnerunternehmen nach Art. 3 Abs. 2 Anhang Empf. 2003/361/EG und kein verbundenes Unternehmen nach Art. 3 Abs. 3 Anhang Empf. 2003/361/EG ist. Partnerunternehmen sind dabei Unternehmen, bei denen mindestens 25% des Kapitals oder der Stimmrechte des einen Unternehmens von dem anderen Unternehmen bzw. von mit diesem verbundenen Unternehmen gehalten werden, wobei für bestimmte Gruppen von Investoren Ausnahmen vorgesehen sind. Verbunden sind Unternehmen, wenn ein Unternehmen die Mehrheit Stimmrechte an dem anderen Unternehmen hält oder ausüben kann oder die Mehrheit der Mitglieder des Leitungsgremiums stellen darf oder sonst einen beherrschenden Einfluss ausüben kann (zum weit zu verstehenden Begriff des verbundenen Unternehmens iSd Empfehlung s. auch EuGH NZG 2014, 436 ff.). Für die Mitarbeiterzahl werden alle Personen, die in dem betroffenen Unternehmen oder auf Rechnung dieses Unternehmens während des gesamten Berichtsjahres einer Vollzeitbeschäftigung nachgegangen sind gezählt (Art. 5 Abs. 1 S. 1 Anhang Empf. 2003/361/EG). Personen, die nicht das ganze Jahr gearbeitet haben oder die im Rahmen einer Teilzeitregelung tätig waren, und Saisonarbeit werden mit dem jeweiligen Bruchteil berücksichtigt (Art. 5 Abs. 1 S. 2 Anhang Empf. 2003/361/EG). Auszubildende gehen nicht in die Mitarbeiterzahl ein (Art. 5 Abs. 2 S. 1 Anhang Empf. 2003/361/EG). Für die Berechnung der Mitarbeiterzahl und der finanziellen Schwellenwerte zur Bestimmung der Eigenständigkeit des Unternehmens sind die Daten maßgeblich, die sich aus dem letzten Rechnungsabschluss ergeben; sie werden auf Jahresbasis berechnet (Art. 4 Abs. 1 S. 1 Anhang Empf. 2003/361/EG). **12**

Art. 240 § 1 soll die vom Gesetzgeber als besonders gefährdet und darum als besonders schützenswert angesehenen Kleinstunternehmen schützen, die tatsächlich über eine nur geringe Anzahl von Mitarbeitern und auch nur einen geringen Umsatz verfügen. Keinesfalls sollen faktisch größere Unternehmen von diesem Schutz profitieren können, die rechtlich in hinreichend kleine Einheiten aufgespalten sind. Daher **12.1** muss der Schutz des Art. 240 § 1 auf Kleinstunternehmen beschränkt bleiben, die eigenständig iSd Art. 3 Abs. 1 Anhang Empf. 2003/361/EG sind.

**12.2** Abs. 2 verlangt, dass das Kleinstunternehmen einen Erwerbsbetrieb führt. Das BGB kennt den Begriff des Erwerbsbetriebs sonst nicht. Stattdessen verwendet der Gesetzgeber dort den Begriff des Erwerbsgeschäfts (§§ 112, 723, 855, 1431, 1440, 1456 BGB ua). Es ist allerdings nicht ersichtlich, dass der Gesetzgeber mit den beiden Begriffen unterschiedliches bezeichnen wollte. Auch ein Erwerbsbetrieb iSd Abs. 2 ist damit jede selbständige, erlaubte, berufsmäßig ausgeübte und auf Gewinnerzielung gerichtete Tätigkeit (MüKoBGB/Spickhoff BGB § 112 Rn. 6). Diese Definition dürfte dem Erfordernis einer wirtschaftlichen Tätigkeit iSd Art. 1 S. 1 Anhang Empf. 2003/361/EG weitgehend entsprechen.

**13** **2. Ausnahmen für bestimmte Verträge (Abs. 4).** § 1 gewährt Verbrauchern und Kleinstunternehmen Schutz in grds. allen dauerhaften (→ Rn. 16 ff.) Vertragsverhältnissen, die von wesentlicher Bedeutung für ihre Lebenshaltung bzw. die Fortführung ihres Erwerbsbetriebs sind (→ Rn. 19 ff.). **Ausgenommen sind** nach Abs. 4 Nr. 1 **nur Miet- und Pachtverträge nach § 2** sowie **Darlehensverträge** und nach Abs. 4 Nr. 2 **arbeitsrechtliche Ansprüche.** Die Ausnahme für arbeitsrechtliche Ansprüche ist aus Sicht des Gesetzgebers dadurch gerechtfertigt, dass das Arbeitsrecht bereits differenzierte Regelungen bereithält, mit denen auch den im Zuge der COVID-19-Pandemie auftretenden Problemen angemessen begegnet werden kann (BT-Drs. 19/18110, 35; jurisPK-BGB/Berg Rn. 47; zu den arbeitsrechtlichen Folgen der COVID-19-Pandemie im Überblick Weller/Lieberknecht/Habrich NJW 2020, 1017 (1018 ff.)). Die Ausnahme für Miet- und Pachtverträge nach § 2 sowie für Darlehensverträge begründet der Gesetzgeber mit dem insoweit spezielleren Schutz der Art. 240 §§ 2 und 3 (BT-Drs. 19/18110, 35). Dabei hat der Gesetzgeber allerdings übersehen, dass der Schutz nach Art. 240 § 3 nur bei Verbraucherdarlehen besteht (→ Art. 240 § 3 Rn. 1) und für Kleinstunternehmen wenigstens zunächst kein Schutz bei Darlehensverträgen existiert. Art. 240 § 3 Abs. 8 sieht lediglich vor, dass der Anwendungsbereich der Art. 240 § 3 Abs. 1–7 durch Rechtsverordnung auf Kleinstunternehmen ausgedehnt werden kann. Aus dieser Regelung kann aber nicht der Umkehrschluss gezogen werden, dass Kleinstunternehmen bis zu diesem Zeitpunkt bei Darlehensverträgen von existentieller Bedeutung gänzlich schutzlos gestellt sein sollen. Vielmehr wurde im Gesetzgebungsverfahren zunächst ein sehr viel weiterer personeller Anwendungsbereich des Art. 240 § 3 diskutiert, der erst im Laufe des Verfahrens auf Verbraucher beschränkt wurde. **Abs. 4 Nr. 1 Alt. 2** ist vor diesem Hintergrund **teleologisch zu reduzieren,** sodass **Abs. 2 bei Darlehensverträgen nur dann nicht anwendbar** ist, **wenn eine Rechtsverordnung nach Art. 240 § 3 Abs. 8 ergangen ist,** durch die ein spezieller und weitergehender Schutz für Kleinstunternehmen bei Darlehensverträgen geschaffen wurde (aA Uhlenbruck/Möllnitz/Schmidt-Kessel Art. 240 §§ 1–4 Rn. 41). Solange es an einem solchen spezielleren Schutz fehlt, greift Abs. 2 aber entgegen dem Wortlaut des Abs. 4 Nr. 1 Alt. 2 auch bei Darlehensverträgen ein, soweit die übrigen Voraussetzungen erfüllt sind.

**14** Nach den Vorstellungen des Gesetzgebers soll der **Begriff des Darlehens** nach Abs. 4 Nr. 1 Alt. 2 **auch bei Verbrauchern eng zu verstehen** sein und sich nur auf **Verbraucherdarlehen iSd § 491 BGB** beziehen, bei denen der Schutz des Art. 240 § 3 eingreift (BT-Drs. 19/18110, 38). Bei Sachdarlehen, Finanzierungshilfen oder Teilzahlungsgeschäften iSd § 506 BGB, insbes. einem Finanzierungsleasing nach § 506 Abs. 2 BGB (→ BGB § 506 Rn. 14 ff.) soll dagegen Art. 240 § 1 grds. anwendbar sein (so auch Fischer VuR 2020, 203 (204 f.)), sofern dessen übrige Voraussetzungen erfüllt sind (→ Rn. 14.1). Dies dürfte freilich nur selten der Fall sein. Insbesondere die Sicherung persönlicher Mobilität gerade durch einen Leasingvertrag über ein Kfz zählt nur im Ausnahmefall zur von Art. 240 § 1 geschützten essentiellen Grundversorgung (→ Rn. 19) (aA Uhlenbruck/Möllnitz/Schmidt-Kessel Art. 240 §§ 1–4 Rn. 41).

**14.1** Bei **Privatdarlehen von Verbrauchern** besteht zwar ebenfalls kein Schutz nach Art. 240 § 3. Eine teleologische Reduktion des Abs. 4 Nr. 1 Alt. 2 kommt hier allerdings schon deshalb nicht in Betracht, weil ein Leistungsverweigerungsrecht nach Abs. 1 einen Verbrauchervertrag voraussetzt und ein Leistungsverweigerungsrecht bei Privatdarlehen aufgrund dieser Vorschrift schon deshalb ausscheidet.

**15** Die Ausnahme des Abs. 4 Nr. 1 erfasst **nicht sämtliche Miet- und Pachtverträge,** sondern nur solche, die von Art. 240 § 2 erfasst sind. Sie greift daher jedenfalls nur bei Mietverhältnissen über Grundstücke oder über Räume (LG Zweibrücken COVuR 2020, 693 Rn. 33) und nicht über bewegliche Sachen ein. Aus der Systematik und dem erkennbaren Willen des Gesetzgebers ergibt sich zudem, dass diese Beschränkung auch für Pachtverträge gelten muss (MüKoBGB/Gaier Rn. 10).

## III. Tatbestand

**1. Wesentliches Dauerschuldverhältnis. a) Dauerschuldverhältnis.** Art. 240 § 1 gewährt ein Leistungsverweigerungsrecht nur bei **Dauerschuldverhältnissen.** Der Begriff des Dauerschuldverhältnisses findet sich zwar noch in einer Reihe weiterer Vorschriften (vgl. nur § 308 Nr. 3 BGB, § 309 Nr. 1 und 9 BGB, § 312h BGB, § 313 Abs. 3 BGB, § 314 BGB, § 108 InsO, Art. 229 § 5 EGBGB), aber es fehlt an einer Legaldefinition. Auch in Wissenschaft und Rspr. ist es bislang nicht zu einer allgemein akzeptierten Begriffsbestimmung gekommen (ausf. Doralt, Langzeitverträge, 2018, 25 ff.). Weitgehende Einigkeit besteht indes darüber, dass der **Dauer der Vertragsbeziehung** wesentliche Bedeutung zukommt und dass der Begriff des Dauerschuldverhältnisses in einem gewissen **Gegensatz zu punktuellen Austauschverträgen** verstanden werden muss. Richtigerweise lässt sich der Begriff des Dauerschuldverhältnisses über solche abstrakt-generellen Aussagen hinaus nur teleologisch für die jeweilige Regelung konkretisieren, in welcher der Begriff des Dauerschuldverhältnisses verwendet wird (vgl. ausf. BeckOGK/Martens BGB § 314 Rn. 12 ff.). **16**

Art. 240 § 1 soll Verbraucher und Kleinstunternehmer die Grundlagen ihrer Daseinsvorsorge bzw. ihres Betriebs erhalten, soweit sie diese durch regelmäßige oder fortdauernde Leistungen Dritter aufgrund zivilrechtlicher Verträge sichern. Art. 240 § 1 setzt daher ein zivilrechtliches Vertragsverhältnis voraus (BT-Drs. 19/18110, 34), bei dem die dem Verbraucher oder Kleinstunternehmer geschuldeten Leistungen über einen bestimmten oder unbestimmten Zeitraum zu erbringen sind (→ Rn. 17.2). Nicht erforderlich ist es, dass der Verbraucher oder Kleinstunternehmer seine Leistung regelmäßig oder überhaupt in wiederkehrenden Raten erbringen muss. Denn Art. 240 § 1 soll Verbrauchern und Kleinstunternehmern die für ihr Leben bzw. ihren Betrieb notwendigen Grundlagen während der Zeit der COVID-19-Pandemie erhalten, die sie sich vor Ausbruch dieser Pandemie vertraglich gesichert hatten. Es muss daher unerheblich sein, wie das von ihnen zu leistende Entgelt ausgestaltet ist, sofern nur das ihnen zustehende Leistungsprogramm zumindest für einen gewissen Zeitraum während der COVID-19-Pandemie ihre Versorgung sichert (→ Rn. 17.1). **17**

Die Leistung eines Werkunternehmers kann zwar über einen Zeitraum zu erbringen sein, sodass auch ein Werkvertrag prinzipiell ein Dauerschuldverhältnis begründen kann. Gleichwohl werden Werkverträge kaum in den Anwendungsbereich des Art. 240 § 1 fallen, da sie kaum der essentiellen Grundversorgung dienen können, sodass ein Leistungsverweigerungsrecht der Verbraucher bzw. Kleinstunternehmer als Besteller nicht in Betracht kommt (aA Uhlenbruck/Möllnitz/Schmidt-Kessel Art. 240 §§ 1–4 Rn. 18). Aus demselben Grund scheidet ein Leistungsverweigerungsrecht auch bei Bürgschaften, Maklerverträgen und Verwahrungsverträgen aus (aA Uhlenbruck/Möllnitz/Schmidt-Kessel Art. 240 §§ 1–4 Rn. 16; jurisPK-BGB/Berg Rn. 13). **17.1**

Kein Dauerschuldverhältnis idS liegt vor, wenn eine einzelne Leistung über einen gewissen Zeitraum gestreckt ist, wie etwa bei einem mehrtägigen Seminar (OLG Celle BeckRS 2021, 36407 Rn. 30). **17.2**

Im Hinblick auf den Schutzzweck des Art. 240 § 1 wäre es eigentlich auch unerheblich, ob die existenznotwendigen Leistungen punktuell oder über einen Zeitraum zu erbringen sind. Denn Verbraucher und Kleinstunternehmer können sich auch mit für sie existentiellen einmaligen Leistungen (zB Lieferung von Heizöl) vor der Pandemie durch Verträge versorgt haben, bei denen ihnen die Erfüllung ihrer Entgeltpflichten nun pandemiebedingt vorübergehend nicht zumutbar ist. Bei Nichtzahlung steht einer Inanspruchnahme der Sachleistungsschuldner aber regelmäßig die Einrede des § 320 BGB entgegen. Ein Schutzbedürfnis besteht hier wie bei den in Abs. 1 und 2 erfassten Dauerschuldverhältnissen. Gleichwohl ist eine Analogie mangels planwidriger Regelungslücke nicht möglich, da das Gesetz eben nicht allein an die Voraussetzung der existentiellen Bedeutung anknüpft. Der Gesetzgeber hat hier **aus Gründen der Rechtssicherheit typisiert** und bewusst nur eine bestimmte Gruppe von Verträgen, nämlich Dauerschuldverhältnisse, ausgewählt, die typischerweise eher von existentieller Bedeutung sind als bloß punktuelle Austauschverträge. **18**

**b) Wesentlich. aa) Abs. 1.** Ein Leistungsverweigerungsrecht besteht nach Abs. 1 nur bei vertraglichen Dauerschuldverhältnissen, die für den **Verbraucher** zur Eindeckung mit **Leistungen der angemessenen Daseinsvorsorge erforderlich** sind. Was für eine angemessene Daseinsvorsorge erforderlich ist, muss objektiv bestimmt werden (Uhlenbruck/Möllnitz/Schmidt-Kessel Art. 240 §§ 1–4 Rn. 20). Dabei ist zwischen Inhalt und Maß der angemessenen Daseinsvorsorge zu unterscheiden. Abs. 1 soll Verbrauchern ihre Grundversorgung während der Pandemie und über sie hinaus sichern. Die Gesetzesbegründung nennt beispielhaft für diese Grundversorgung **19**

**Pflichtversicherungen** (→ Rn. 19.1), **Verträge über die Lieferung von Strom und Gas** oder über **Telekommunikationsdienste** und, soweit zivilrechtlich geregelt, auch Verträge über die **Wasserver- und -entsorgung** (→ Rn. 19.2). Dem Gesetz liegt inhaltlich ein **pandemiebedingter Begriff der Daseinsvorsorge** zugrunde, der enger ist als der Begriff der Daseinsvorsorge zu gewöhnlichen Zeiten (iErg ähnlich Rüfner JZ 2020, 443, der an den verwaltungsrechtlichen Begriff der Daseinsvorsorge anknüpfen will). Zur angemessenen Daseinsvorsorge iSd Abs. 1 zählen nur Leistungen von existentieller Bedeutung (Rehn DZWIR 2020, 277 (278)), zu deren näherer Bestimmung grds. auf die Leistungen der kritischen Infrastruktur iSd **Verordnung zur Bestimmung Kritischer Infrastrukturen nach dem BSI-Gesetz** (BSI-KritisV) zurückgegriffen werden kann, soweit ihre Leistungen (auch) unmittelbar gegenüber Verbrauchern erbracht werden (→ Rn. 19.3). Gemeinsam ist den in der Gesetzesbegründung genannten Leistungen, dass ihre Anbieter regelmäßig einem Kontrahierungszwang unterliegen (zB § 36 EnWG; § 84 TKG). Ein solcher Kontrahierungszwang ist nach Art. 240 § 1 zwar nicht Voraussetzung für ein Leistungsverweigerungsrecht, stellt aber ein wesentliches Indiz für das Vorliegen einer Leistung der Daseinsvorsorge dar (Feiter/Mertens Stbg 2020, 233 f.).

**19.1** Die Gesetzesbegründung darf nicht dahingehend missverstanden werden, dass nur Pflichtversicherungen zur von Abs. 1 geschützten Daseinsvorsorge zählten. Erfasst sind zudem jedenfalls die in Anhang 6 BSI-KritisV genannten freiwilligen Schadens-, Unfall- und Lebensversicherungen. Zudem wäre es gerade in Zeiten einer Pandemie und der durch sie verursachten Rechtsunsicherheit unzumutbar, wenn Verbraucher zur Kündigung einer Rechtsschutzversicherung gezwungen wären, weil sie die Prämien aufgrund pandemiebedingter finanzieller Schwierigkeiten vorübergehend nicht mehr zahlen können.

**19.2** Die Wasserentsorgung ist in Deutschland allerdings außer in Bremen nirgends zivilrechtlich geregelt (Brändle VersorgW 2020, 133 (134)).

**19.3** Die in der BSI-KritisV aufgezählten Anlagen und Einrichtungen bilden gemäß § 2 Abs. 10 BSIG die sog. Kritische Infrastruktur und erfüllen zwei Voraussetzungen. Zum einen zählen sie zu den Sektoren Energie, Informationstechnik und Telekommunikation, Transport und Verkehr, Gesundheit, Wasser, Ernährung sowie Finanz- und Versicherungswesen (§ 2 Abs. 10 Nr. 1 BSIG) und zum anderen sind sie von hoher Bedeutung für das Funktionieren des Gemeinwesens, weil durch ihren Ausfall oder ihre Beeinträchtigung erhebliche Versorgungsengpässe oder Gefährdungen für die öffentliche Sicherheit eintreten würden (§ 2 Abs. 10 Nr. 2 BSIG). Betreiber solcher kritischer Infrastruktur treffen besondere Pflichten zur Sicherung ihrer IT-Systeme (§ 8a BSIG) und sie unterliegen besonderer Aufsicht (§ 8b BSIG), um ihre dauerhafte Verfügbarkeit und Funktionsfähigkeit zu sichern. Der Gesetzgeber misst diesen Anlagen und Einrichtungen und ihren Leistungen also existentielle Bedeutung zu, ohne welche die notwendige Grundversorgung nicht gewährleistet werden kann (BT-Drs. 18/4096, 23).

**20** Nicht zur angemessenen Grundversorgung nach Abs. 1 zählen **Kultur- und Freizeitangebote,** wie etwa Fitnessstudioverträge (iErg auch Uhlenbruck/Möllnitz/Schmidt-Kessel Art. 240 §§ 1–4 Rn. 23). Sofern solche Angebote überhaupt im nach Abs. 1 relevanten Zeitraum zur Verfügung stehen, kann der Verbraucher sie nur im Rahmen der allgemeinen Vorschriften nutzen. Gleiches gilt für die **Nutzung privater Medien.** Zwar besteht gerade auch während der COVID-19-Pandemie ein großes Informationsbedürfnis. Es ist dem Verbraucher aber zumutbar, dieses Bedürfnis durch die öffentlich-rechtlichen Medien sowie frei zugängliche private Angebote zu stillen (vorsichtiger Uhlenbruck/Möllnitz/Schmidt-Kessel Art. 240 §§ 1–4 Rn. 22; jurisPK-BGB/Berg Rn. 25). **Betreuungsleistungen der Alten- und Krankenpflege** zählen grds. inhaltlich zur angemessenen Grundversorgung iSd Abs. 1, während eine **Kinderbetreuung** (Tagesmutter, KiTa usw, → Rn. 20.1) zwar zu normalen Zeiten Teil der Grundversorgung ist, während der Pandemie diesbezügliche Versorgungsschwierigkeiten aber weite Teile der Bevölkerung treffen und insofern auch jedem objektiv zumutbar sind (großzügiger Uhlenbruck/Möllnitz/Schmidt-Kessel Art. 240 §§ 1–4 Rn. 21). Auch solche Leistungen können daher nur im Rahmen des allgemeinen Vertragsrechts ohne die Erleichterungen des Abs. 1 in Anspruch genommen werden. Die **persönliche Mobilität** zählt in der Pandemie nur in dem eingeschränkten Maß zur angemessenen Daseinsvorsorge, als eine Fortbewegung im öffentlichen Raum überhaupt gestattet ist. Die Nutzung eines Kfz war danach zwar grds. zulässig. Zur essentiellen Grundversorgung nach Abs. 1 zählt die Nutzungsmöglichkeit eines Kfz gleichwohl nur dann, wenn der Verbraucher nicht zumutbar auf öffentlich Verkehrsmittel ausweichen kann, sodass auch nur in einem solchen Ausnahmefall ein Leistungsverweigerungsrecht bei einem **Kfz-Leasingvertrag** besteht (Fischer VuR 2020, 203 (204 f.); aA Uhlenbruck/Möllnitz/Schmidt-Kessel Art. 240 §§ 1–4 Rn. 41; jurisPK-BGB/Berg Rn. 25; für einen völligen Ausschluss von Leasingverträgen dagegen Rüfner JZ 2020, 443 (444)).

**20.1** Anders sind allerdings vor der Pandemie abgeschlossene **Verträge mit Privatschulträgern** zu beurteilen (zweifelnd indes LG Leipzig BeckRS 2021, 14396 Rn. 34), da die Schulbildung zur elementaren

Grundversorgung gehört. Zwar besteht grundsätzlich die Möglichkeit, das kostenlose staatliche Schulwesen zu nutzen. Ein Schulwechsel während und aus Anlass der Pandemie ist allerdings unzumutbar, selbst wenn er vertraglich möglich sein sollte.

Während für den Inhalt einer angemessenen Daseinsvorsorge auf einen engen pandemiebedingten Begriff abzustellen ist (→ Rn. 19), muss es für die **Angemessenheit des Maßes** nach dem Telos des Abs. 1 **grds.** auf die **Perspektive eines objektiven Dritten in der Person des betroffenen Verbrauchers vor dem 8.3.2020,** dh vor Bekanntwerden der allgemeinen Pandemiegefahr (→ Rn. 26) ankommen. Denn Art. 240 § 1 soll Verbrauchern und Kleinstunternehmen ihre Grundversorgung grds. im Rahmen der von ihnen vor der COVID-19-Pandemie geschlossenen Verträge auch während der Pandemie und darüber hinaus sichern. Der Gesetzgeber strebt an und geht davon aus, dass das öffentliche Leben und die Lebensverhältnisse nach der akuten Krise weitgehend bruchlos an den vorherigen Zustand anknüpfen. Etwaige finanzielle Schwierigkeiten sollen ggf. durch staatliche Hilfsgelder beseitigt oder doch zumindest weitgehend abgemildert werden. Art. 240 § 1 soll verhindern, dass Verbraucher und Kleinstunternehmen in der akuten Krise gezwungen sind, ihre langfristigen Versorgungsverträge zu kündigen, bzw. dass sie aufgrund von vorübergehenden Zahlungsschwierigkeiten andere vertragsrechtliche nachteilige Konsequenzen fürchten müssen. Dieses Telos begrenzt allerdings auch die Bedeutung der Verhältnisse vor dem 8.3.2020 für das Maß der angemessenen Grundversorgung. Denn insbes. bei **Versorgungsverträgen mit verbrauchsabhängigen Kosten** können vorübergehende Einschränkungen für Verbraucher in der akuten Krise zumutbar sein. Umgekehrt kann aber etwa auch der Bedarf an Strom und Wasser in dieser Zeit zunehmen, wenn Verbraucher infolge der allgemeinen Beschränkungen zu längeren Aufenthalten in ihrer Wohnung als gewöhnlich gezwungen sind. Für den **angemessenen Verbrauch** ist insoweit auf die **Perspektive eines verständigen Dritten in der Person des betroffenen Verbrauchers während der akuten Krise** abzustellen. 21

**bb) Abs. 2.** Kleinstunternehmen steht ein Leistungsverweigerungsrecht nach Abs. 2 nur bei vertraglichen Dauerschuldverhältnissen zu, die für sie erforderlich sind, um sich mit **Leistungen zur angemessenen Fortsetzung ihres Erwerbsbetriebs** (→ Rn. 12.2) einzudecken (Abs. 2 S. 3). Der Gesetzgeber dachte hier an den grds. gleichen Kreis von Leistungen der Grundversorgung wie bei Verbrauchern (BT-Drs. 19/18110, 34). Auch hier ist ein objektiver Maßstab zugrunde zu legen, sodass nur Leistungen von existentieller Bedeutung erfasst sind. Zur Konkretisierung kann hier ebenfalls grds. auf die BSI-KritisV zurückgegriffen werden kann, soweit die dort genannten Leistungen (auch) unmittelbar gegenüber Kleinstunternehmen erbracht werden (→ Rn. 19). 22

Der Wortlaut des Abs. 2 S. 3 lässt ein Verständnis zu, nach dem es für die Beurteilung der erfassten wesentlichen Dauerschuldverhältnisse auch inhaltlich auf die konkreten Verhältnisse des jeweiligen Kleinstunternehmens und die Notwendigkeit für einen ungestörten Betrieb auch während der akuten Krise ankommt (so offenbar auch Thole ZIP 2020, 650 (659 f.)). Erfasst würden damit etwa auch **langfristige Verträge mit Zulieferbetrieben,** die dann gesetzlich zur vorübergehenden Stundung ihrer Entgeltansprüche gezwungen wären, vorleistungspflichtig wären und das Insolvenzrisiko des Schuldners tragen müssten (so etwa Otte-Gräbener GWR 2020, 147 (150)). Ein solch weitgehender Eingriff in das Wirtschaftsleben war vom Gesetzgeber aber nicht intendiert (ähnlich Wagner/Holtz/Dötsch BB 2020, 845 (850)). Der Begriff der erforderlichen Leistungen iSd Abs. 2 S. 3 ist daher eng auszulegen und umfasst nur solchen **Leistungen, die allgemein zur dauerhaften Aufrechterhaltung eines Betriebs vergleichbarer Art** auch **über die Zeit der akuten Krise hinaus erforderlich** sind (iErg auch MüKoBGB/Gaier Rn. 32; Rüfner JZ 2020, 443 (445)). Dazu zählen neben den in der Regierungsbegründung genannten Leistungen der Grundversorgung etwa auch Dienstleistungen zur Aufrechterhaltung der Zahlungsinfrastruktur (Kontokorrent, Betriebskredite, EC- und Kreditkartenlesegeräte, vgl. Uhlenbruck/Möllnitz/Schmidt-Kessel Art. 240 §§ 1–4 Rn. 24). Leistungen, die der Unternehmer grds. selbst erbringen muss, aber aus Zweckmäßigkeitserwägungen oder Effizienzgründen ausgelagert hat, wie etwa die Steuerberatung (ausf. Feiter/Mertens Stbg 2020, 233 ff.), sind nicht von Abs. 2 erfasst. Eine zeitweise Einschränkung des Erwerbsbetriebs oder ggf. sogar die vollständige Stilllegung während der Krise aufgrund von Zulieferproblemen ist dagegen zumutbar und als allgemeines Risiko, das sich auch aus anderen pandemiebedingten Gründen verwirklichen könnte, in dieser Zeit hinzunehmen. 23

Wesentlich sind nach Abs. 2 S. 3 nur Dauerschuldverhältnisse, in deren Rahmen das Kleinstunternehmen essentielle **Leistungen bezieht** (jurisPK-BGB/Berg Rn. 36 f.; Rüfner JZ 2020, 443 (446)). Wie aus der Gesetzesbegründung und auch der Systematik der Art. 240 §§ 1–3 hervorgeht, sind mit Ausnahme von Darlehensverträgen grds. **nur Sachleistungen** erfasst. Zwar wurde im Gesetzgebungsverfahren auch eine Erweiterung des Schutzes von Kleinstunternehmen bei Erfül- 24 lungsschwierigkeiten im Rahmen von Verträgen über die Erbringung ihrer gewerblichen Leistungen diskutiert. Solche Verträge wurden aber bewusst nicht in den Anwendungsbereich des Abs. 2 aufgenommen und die entsprechenden Probleme sind nach den allgemeinen Regeln zu behandeln (→ Rn. 3). Ein Kleinstunternehmen kann sich also gegenüber Abnehmern seiner gewerblichen Leistungen nicht auf Abs. 2 berufen und pandemiebedingte Leistungsschwierigkeiten geltend machen, sodass die Abnehmer gleichwohl zur Zahlung des vereinbarten Entgelts verpflichtet wären und sie zur Kreditgewährung und zur Tragung des Insolvenzrisikos verpflichtet wären (aA Uhlenbruck/Möllnitz/Schmidt-Kessel Art. 240 §§ 1–4 Rn. 25; Thole ZIP 2020, 650 (660); MüKoBGB/Gaier Rn. 35). Entsprechende, verfassungsrechtlich bedenkliche Regelungen hat der Gesetzgeber nur speziell durch sog. **„Gutscheinlösungen"** für Verträge über Musik-, Kultur-, Sport- oder sonstige Freizeitveranstaltungen in **Art. 240 § 5** vorgesehen. Auch dort werden die Verbraucher allerdings nicht zur fortgesetzten Entgeltleistung in der Krise gezwungen, sondern müssen nur eine Umwandlung ihres Anspruchs auf Rückzahlung bereits vorausgezahlter Gelder dulden (→ Art. 240 § 5 Rn. 2). Eine teleologische Korrektur des Abs. 2 S. 3 und eine Erstreckung des Leistungsverweigerungsrechts auf Verträge zum Absatz der gewerblichen Leistungen des Kleinstunternehmens scheidet mangels Regelungslücke also aus (→ Rn. 24.1).

**24.1** Es erschiene überdies willkürlich, wenn nur solche Kleinstunternehmen bei pandemiebedingten Leistungsschwierigkeiten geschützt würden, die ihre gewerblichen Leistungen im Rahmen von Dauerschuldverhältnissen absetzen. Insbesondere im von den Maßnahmen zur Bekämpfung der Pandemie stark betroffenen Kultur- und Freizeitbereich käme es zu einer willkürlichen Ungleichbehandlung und einer massiven Wettbewerbsverzerrung. Die Gutscheinlösungen des Art. 240 § 5 EGBGB-E differenzieren insoweit zurecht nicht.

**25** Für das Maß der erforderlichen geschützten Grundversorgung kommt es wie bei Abs. 1 (→ Rn. 21) grds. auf die Perspektive **eines objektiven Dritten in der Person des betroffenen Kleinstunternehmens vor dem 8.3.2020** an, dh vor Bekanntwerden der allgemeinen Pandemiegefahr. Denn auch Abs. 2 soll den Kleinstunternehmen die Vertragsverhältnisse über die Zeit der akuten Phase der Pandemie erhalten, die sie zuvor abgeschlossen hatten, um sich mit Leistungen der Grundversorgung einzudecken. Der Begriff der Grundversorgung ist dabei allerdings nicht auf das Maß der §§ 36 Abs. 1, 3 Nr. 22 EnWG (Scholz/Tüngler EnWZ 2020, 201 (203)) beschränkt. Der Gesetzgeber möchte durch den Schutz des Abs. 2 gewährleisten, dass Kleinstunternehmen nach der akuten Krise ihren Betrieb wiederaufnehmen und möglichst bruchlos an die Zeit zuvor anknüpfen können, sodass es zu einer schnellen allgemeinen wirtschaftlichen Erholung kommt und eine länger andauernde schwere Rezession verhindert werden kann. Dieses Telos begrenzt allerdings auch für Kleinstunternehmer die Bedeutung der Verhältnisse vor dem 8.3.2020 für das Maß der angemessenen Grundversorgung. Denn insbes. bei **Versorgungsverträgen mit verbrauchsabhängigen Kosten** können **vorübergehende Einschränkungen** für Kleinstunternehmen in der akuten Krise **zumutbar** sein. Eine vorübergehende Minderung oder gar Unterbrechung der wirtschaftlichen Aktivität müssen während der akuten Phase der Pandemie viele Unternehmen hinnehmen und das entsprechende Risiko eines zeitweiligen Umsatzrückgangs ist als allgemeines Risiko auch allen grds. zumutbar. Zur Bestimmung des angemessenen Maßes der erforderlichen Grundversorgung ist daher bei verbrauchsabhängigen Kosten auf die langfristigen Folgen einer zeitweisen Beschränkung im Einzelfall abzustellen. Nur wenn durch eine vorübergehende Einschränkung des Verbrauchs dauerhafte Schäden drohen, ist ein Leistungsbezug zur angemessenen Fortsetzung des Erwerbsbetriebs erforderlich iSd Abs. 2.

**26** **2. Vertragsabschluss vor dem 8.3.2020.** Art. 240 § 1 soll Verbraucher und Kleinstunternehmen nur vor pandemiebedingten Leistungsschwierigkeiten schützen, die für sie nicht absehbar waren und die sie deshalb unverschuldet getroffen haben. Der Gesetzgeber hat gleichwohl aus Gründen der Rechtssicherheit nicht auf die individuellen Verhältnisse der Vertragsparteien abgestellt, sondern typisiert und den **8.3.2020** als Stichtag festgelegt, ab dem eine pandemieartige Ausbreitung des SARS-CoV-2-Virus für die breite Öffentlichkeit hinreichend erkennbar gewesen sein soll, sodass ein besonderer Schutz nach Art. 240 § 1 nicht mehr erforderlich ist. Denn bei Verträgen, die nach diesem Zeitpunkt geschlossen wurden, ist davon auszugehen, dass sie in Kenntnis einer möglicherweise bevorstehenden tiefgreifenden Veränderung des Wirtschaftslebens geschlossen worden seien (BT-Drs. 19/18110, 34). Es ist zwar nicht nachvollziehbar, was gerade den 8.3.2020 als Stichtag qualifiziert, da es kein besonders bedeutsames Ereignis mit Bezug zur COVID-19-Pandemie an diesem Tag gab (→ Rn. 26.1). Zudem ist auch fraglich, ob die Schutzwürdigkeit der betroffenen Verbraucher und Kleinstunternehmen wirklich von ihrer Kenntnis um die pandemiebedingten Schwierigkeiten abhängt. Denn zum Abschluss der erfassten Verträge der

Grundversorgung sind sie in vielen Fällen faktisch gezwungen (zB Umzug) (ausf. Rüfner JZ 2020, 443 (444)). Gleichwohl ist die willkürliche Entscheidung des Gesetzgebers hinzunehmen und Art. 240 § 1 insofern nicht teleologisch zu korrigieren (aA teilweise Brändle VersorW 2020, 133 (134), der für bestimmte Ansprüche auf den 12.3.2020 abstellen will).

Am 8.3.2020 empfahl Gesundheitsminister Spahn, Großveranstaltungen mit mehr als 1.000 Teilnehmern abzusagen (https://www.tagesschau.de/inland/coronavirus-spahn-rki-103.html, zuletzt abgerufen am 14.5.2020). Außerdem starb an diesem Tag der erste deutsche Staatsbürger infolge einer Infektion mit dem SARS-CoV-2-Virus (https://www.tagesschau.de/ausland/coronavirus-toter-deutscher-101.html, zuletzt abgerufen am 14.5.2020). Beide Ereignisse ließen allerdings kaum einen Schluss auf die weitere Entwicklung zu. **26.1**

Nach dem Wortlaut der Abs. 1 und 2 muss der Vertrag vor dem 8.3.2020 geschlossen worden sein. Dieses Tatbestandsmerkmal ist teleologisch weit auszulegen. Verbrauchern und Kleinstunternehmen soll der Fortbestand der für sie existentiellen Vertragsverhältnisse in der akuten Phase der Pandemie und darüber hinaus gesichert werden. Es kommt insofern darauf an, dass die **wesentlichen Vertragsbedingungen bereits vor dem 8.3.2020 verbindlich vereinbart** waren (→ Rn. 27.1). Vertragsänderungen oder -ergänzungen nach diesem Datum, die den Kern des jeweiligen Vertrags unberührt lassen, spielen daher im Hinblick auf die Anwendbarkeit des Art. 240 § 1 keine Rolle. Selbst eine Novation (→ BGB § 311 Rn. 38) nach dem 8.3.2020 lässt ein Leistungsverweigerungsrecht der Verbraucher bzw. Kleinstunternehmen nicht entfallen, solange die Substanz des Vertrags unverändert bleibt (Uhlenbruck/Möllnitz/Schmidt-Kessel Art. 240 §§ 1–4 Rn. 29; jurisPK-BGB/Berg Rn. 17). **27**

Insofern muss es zu einem wirksamen Vertragsschluss gekommen sein, dessen Zustandekommen nach den allgemeinen Regeln zu beurteilen ist. Insbesondere ist auch § 151 S. 1 BGB zu beachten (→ BGB § 151 Rn. 3 ff.). **27.1**

**3. Anspruch im Zusammenhang mit wesentlichem Dauerschuldverhältnis.** Abs. 1 und 2 gelten für alle **Ansprüche,** die **im Zusammenhang mit einem wesentlichen Dauerschuldverhältnis** stehen. Wie aus der Gesetzesbegründung hervorgeht, wollte der Gesetzgeber damit nicht nur die vertraglichen Primäransprüche erfassen, sondern auch etwaige Rückgewähransprüche sowie vertragliche Schadensersatzansprüche und Aufwendungsersatzansprüche (BT-Drs. 19/18110, 34). Gleichwohl ist das Erfordernis des Zusammenhangs teleologisch eng auszulegen. Es genügt nicht irgendein Zusammenhang im Sinne eines einheitlichen Lebensverhältnisses, wie er etwa ein Zurückbehaltungsrecht nach § 273 BGB begründen würde (→ BGB § 273 Rn. 18 ff.). Vielmehr soll Art. 240 § 1 Verbraucher und Kleinstunternehmen bei der Durchführung ihrer essentiellen Verträge zur Grundversorgung sichern (→ Rn. 49 ff.), wenn sie selbst pandemiebedingt in Leistungsschwierigkeiten kommen. Ein anerkennenswertes Schutzbedürfnis besteht daher grds. nur bei Ansprüchen, die ihre Grundlage im jeweiligen Vertragsverhältnis haben. Der Schutz des Art. 240 § 1 wäre aber bei Schadensersatzansprüchen unzureichend, wenn ein Leistungsverweigerungsrecht nur bei vertraglichen, nicht aber bei konkurrierenden vertragsähnlichen oder deliktischen Schadensersatzansprüchen bestehen würde. Ein hinreichender Zusammenhang iSd Abs. 1 und 2 ist also bei Schadensersatzansprüchen schon dann anzunehmen, wenn sie sich auf einen Lebenssachverhalt gründen, aus dem sich auch ein vertraglicher Schadensersatzanspruch ergibt (Uhlenbruck/Möllnitz/Schmidt-Kessel Art. 240 §§ 1–4 Rn. 45; aA jurisPK-BGB/Berg Rn. 11; Thole ZIP 2020, 650 (659)). Ausgeschlossen ist ein Leistungsverweigerungsrecht nur bei Ansprüchen aus § 826, da hier der Verbraucher nicht schutzwürdig ist. **28**

**Rückgewähransprüche** sind zwar in der Gesetzesbegründung genannt; ein Leistungsverweigerungsrecht nach Abs. 1 oder 2 kommt insofern allerdings regelmäßig nicht in Betracht (aA Thole ZIP 2020, 650 (659)). Bei den von Abs. 1 oder 2 vorausgesetzten Dauerschuldverhältnissen der existentiellen Grundversorgung scheidet eine Rückgewähr der empfangenen Sachleistungen idR aus und es ist allenfalls Wertersatz zu leisten, sodass auch nur hinsichtlich dieses Ersatzanspruchs ein Leistungsverweigerungsrecht bestehen kann. Sofern Leistungen der Grundversorgung rechtsgrundlos erbracht worden sind, existiert kein hinreichender Zusammenhang mit dem Dauerschuldverhältnis, sodass ein Leistungsverweigerungsrecht nach Abs. 1 oder 2 ausscheidet (aA Uhlenbruck/Möllnitz/Schmidt-Kessel Art. 240 §§ 1–4 Rn. 45). **29**

Nach der Gesetzesbegründung soll ein Leistungsverweigerungsrecht ohne zeitliche Beschränkung bei allen Ansprüchen bestehen können, die in einem hinreichenden Zusammenhang mit einem der tatbestandlichen Dauerschuldverhältnisse stehen. Insbesondere sollen grds. auch Ansprüche erfasst sein, die vor Inkrafttreten des Art. 240 § 1 entstanden sind (BT-Drs. 19/18110, 34). **30**

Tatsächlich enthält das Gesetz dem Wortlaut nach **keine zeitliche Beschränkung** hinsichtlich der relevanten Ansprüche. Nach Ziel und Zweck der Norm sollen Verbraucher und Kleinstunternehmen allerdings nur vor unverschuldeten Leistungsschwierigkeiten geschützt werden, die auf die COVID-19-Pandemie zurückzuführen sind. Dies ist nur dann der Fall, wenn die Schuldner bei Eintritt solcher Leistungsschwierigkeiten noch nicht in Verzug waren, sondern darauf vertrauen durften, den Zeitpunkt ihrer Leistung wie gewöhnlich frei innerhalb des vertraglichen Leistungszeitraums wählen zu können. Ab Verzugseintritt können sie sich aber nach dem Rechtsgedanken des **§ 287 S. 2 BGB** auf die für sie zufällig eingetretenen pandemiebedingten Leistungsschwierigkeiten nicht mehr berufen (iErg ähnlich Brändle VersorgW 2020, 133 (134)).

31 **4. Leistungshindernis. a) Leistungserbringung nicht möglich.** Ist ein Schuldner nicht in der Lage, seine finanziellen Verpflichtungen zu erfüllen, so wirkt sich dies grds. materiellrechtlich nicht auf den Bestand dieser Verpflichtungen aus. Die subjektive Leistungsunfähigkeit wird bei (echten) **Geldschulden** nur im Vollstreckungs- bzw. Insolvenzverfahren berücksichtigt, während nach materiellem Recht abweichend von der allgemeinen Regel des § 275 Abs. 1 Alt. 1 BGB der Grundsatz gilt: „Geld hat man zu haben“ (→ BGB § 275 Rn. 18) (MüKoBGB/Ernst BGB § 275 Rn. 13; iErg auch BeckOGK/Riehm BGB § 275 Rn. 29, 32). **Abs. 2 S. 1 Nr. 1** stellt insofern eine Ausnahme von diesem Grundsatz dar, sodass **Kleinstunternehmen** sich auf ihre finanzielle Leistungsunfähigkeit berufen und deshalb die Leistung vorübergehend verweigern können. Ein solches Recht sieht Abs. 1 für Verbraucher nicht ausdrücklich vor, sondern enthält nur eine Abs. 2 S. 1 Nr. 2 entsprechende Regelung. Ein Leistungsverweigerungsrecht bestünde für Verbraucher daher nur, wenn die Leistungserbringung ihren angemessenen Lebensunterhalt oder den ihrer unterhaltsberechtigten Angehörigen gefährdete (→ Rn. 33 ff.), aber nicht, wenn ihnen die Leistungserbringung pandemiebedingt gar nicht mehr möglich wäre. Die subjektive Leistungsunfähigkeit eines Verbrauchers, seine Geldschulden zu erfüllen, wäre daher auch im Anwendungsbereich des Abs. 1 nur im Rahmen der Zwangsvollstreckung zu berücksichtigen. Diese von der Gesetzessystematik nahegelegte Auslegung widerspräche indes dem Telos des Abs. 1, der einen weiten Schutz der Verbraucher bezweckt. Zudem ist die ausdrückliche Regelung des Abs. 2 S. 1 Nr. 1 überhaupt nur aus der Entstehungsgeschichte heraus zu erklären, da der Gesetzgeber ursprünglich Kleinstunternehmer auch bei einer pandemiebedingten vorübergehenden Unmöglichkeit im Hinblick auf die von ihnen angebotenen gewerblichen Leistungen schützen wollte (→ Rn. 3). Daher ist entweder Abs. 1 teleologisch weit auszulegen, sodass einem Verbraucher erst recht ein Leistungsverweigerungsrecht zusteht, wenn ihm die Zahlung pandemiebedingt unmöglich ist, oder Abs. 2 S. 1 Nr. 1 ist in einem solchen Fall analog anzuwenden.

32 Abs. 2 S. 1 Nr. 1 soll für Kleinstunternehmen nicht nur im Hinblick auf Geldschulden, sondern für **jegliche Leistungspflichten** (BT-Drs. 19/18110, 34) und damit auch in Fällen gelten, in denen der Anspruch nach hM ohnehin nach allgemeinen Regeln jedenfalls vorübergehend suspendiert ist (zu den unterschiedlichen Begründungsansätzen für die Behandlung BeckOGK/Riehm BGB § 275 Rn. 161 ff.) oder bei endgültiger Leistungsunfähigkeit § 275 Abs. 1 Alt. 1 BGB eingreift (zum entstehungsgeschichtlichen Hintergrund → Rn. 3). Es dürfte indes in der Praxis kaum vorkommen, dass ein Kleinstunternehmen die zur Fortsetzung seines Erwerbsbetriebs notwendigen Leistungen (Strom, Wasser usw) im Rahmen eines Dauerschuldverhältnisses anders als durch Geld und in Sachleistungen vergütet. Aber wenn etwa ein Fleischer seinen Strom mit Würstchen für die Hauptversammlung seines Stromlieferanten entgelten soll oder wenn ein Autovermieter als Entgelt für sein Wasser dem Versorger ein Kfz stellen muss (so das Beispiel in BT-Drs. 19/18110, 34), so könnten sie sich bei einer pandemiebedingten subjektiven Leistungsunfähigkeit neben § 275 Abs. 1 Alt. 1 BGB auch auf Abs. 2 S. 1 Nr. 1 berufen (→ Rn. 60) (krit. insofern Rüfner JZ 2020, 443 (446)). Das Leistungsverweigerungsrecht nach Abs. 2 S. 1 Nr. 1 kann für Kleinstunternehmen gegenüber dem allgemeinen § 275 Abs. 1 Alt. 1 BGB auch wichtig sein, um die Entstehung von Sekundäransprüchen zu verhindern, die sich aufgrund der unmöglich gewordenen Leistung ergeben könnten (§ 280 Abs. 1, 3 BGB; § 283 BGB) (MüKoBGB/Gaier Rn. 37).

33 **b) Leistungserbringung ohne wesentliche Gefährdung nicht möglich. aa) Wesentliche Gefährdung bei Verbrauchern (Abs. 1).** Ein Leistungsverweigerungsrecht besteht für Verbraucher und Kleinstunternehmer auch, wenn ihnen die Leistung zwar grds. noch möglich ist, ihnen dies aber unzumutbar wäre, weil sie die **Leistung pandemiebedingt nicht ohne eine wesentliche Gefährdung** erbringen können. Eine solche wesentliche Gefährdung besteht nach **Abs. 1 S. 3** bei **Verbrauchern,** wenn die **Erbringung der Leistung ohne Gefährdung des angemessenen Lebensunterhalts des Verbrauchers oder seiner unterhaltsberechtigten Angehörigen nicht möglich** wäre. Diese Voraussetzung ist nicht mit den entsprechenden

Voraussetzungen der Art. 240 §§ 2 und 3 abgestimmt. Nach Art. 240 § 2 wird ein Mieter oder Pächter schon dann geschützt, wenn seine Nichtleistung auf den Auswirkungen der COVID-19-Pandemie beruht, ohne dass nach dem Wortlaut unbedingt die Schwelle der Unzumutbarkeit erreicht sein müsste. Art. 240 § 3 Abs. 1 knüpft zwar als einzige Norm ausdrücklich an das Kriterium der Unzumutbarkeit an, nennt in Art. 240 § 3 Abs. 1 S. 2 eine wesentliche Gefährdung iSd Art. 240 § 3 Abs. 1 aber nur als Regelbeispiel. Es ist indes nicht ersichtlich, warum der Schutz der Verbraucher in den Art. 240 §§ 1–3 von unterschiedlichen Voraussetzungen abhängig gemacht werden sollte. **Art. 240 §§ 2 und 3** sind daher **vor dem Hintergrund der lex generalis des Art. 240 § 1** so **auszulegen,** dass der jeweilige Schutz von der notwendigen, aber auch hinreichenden Bedingung abhängt, dass die Erbringung der jeweiligen Leistung für den Verbraucher zu einer wesentlichen Gefährdung iSd Art. 240 § 1 führen würde, da nur so der vom Gesetz intendierte einheitliche Schuldnerschutz (→ Rn. 5) gewährleistet ist.

An eine **Gefährdung des angemessenen Unterhalts** knüpft das BGB in §§ 519, 528, 1581, 1603 und 1608 BGB an. Nach hM setzt sich der **Begriff des Lebensunterhalts** in diesen Normen aus zwei Komponenten zusammen (BeckOGK/Haidl BGB § 1603 Rn. 184): Erfasst sind zum einen die **allgemeinen Lebenshaltungskosten** für Kleidung, Nahrung, Drogeriebedarf usw aber auch Kultur und Freizeit sowie angemessene Versicherungen (private Haftpflicht, Hausrat, ggf. Rechtsschutz). Zum anderen zählen zum angemessenen Unterhalt auch die **Wohnkosten** einschließlich Nebenkosten und Heizkosten (Warmmiete). Zum angemessenen Lebensunterhalt zählen daher insbes. regelmäßig die in Art. 240 § 1 geschützten Dauerschuldverhältnisse zur Grundversorgung sowie das in Art. 240 § 2 geschützte Wohnungsmietverhältnis des Verbrauchers. **34**

Für das **Maß des angemessenen Unterhalts** können die in der Praxis entwickelten Werte zu den §§ 519, 528, 1581, 1603 BGB und § 1608 BGB nicht herangezogen werden (aA Uhlenbruck/Möllnitz/Schmidt-Kessel Art. 240 §§ 1–4 Rn. 49 ff.; MüKoBGB/Gaier Rn. 20; Rüfner JZ 2020, 443 (444 f.)), da diese Werte bereits eine, von den Gerichten allgemein als angemessen angesehene Summe für die Grundversorgung und für die Miete enthalten. Zudem soll das Maß des angemessenen Unterhalts in den Fällen der §§ 519, 528, 1581, 1603 und 1608 BGB dazu dienen, einen gerechten Interessenausgleich zwischen Schenker und Beschenktem sowie Unterhaltsverpflichteten und -berechtigten zu bestimmen (→ BGB § 1581 Rn. 1 ff.). Art. 240 § 1 soll dagegen den Verbraucher und, soweit vorhanden, seine unterhaltsberechtigten Angehörigen gegenüber dritten Gläubigern schützen. Den hier notwendigen Interessenausgleich hat der Gesetzgeber grds. nicht im materiellen Recht, sondern in den **§§ 811 ff., 850 ff. ZPO** vorgenommen. Auch hier soll dem Schuldner allerdings die allgemeine Lebensgrundlage gesichert werden, sodass ebenfalls die in Art. 240 § 1 behandelten Verträge mitumfasst sind. Zudem sollen die §§ 811 ff., 850 ff. ZPO Schuldnern nur ein existentielles Minimum sichern, während Art. 240 § 1 einen weitergehenden Schutz intendiert. Denn der Gesetzgeber wollte durch das COVFAG die negativen Folgen der COVID-19-Pandemie für die Bürger so weit wie möglich abmildern und ihnen eine möglichst bruchlose Fortsetzung ihres gewohnten Lebens auch während der akuten Phase der Pandemie und nach ihrer Überwindung ermöglichen. Durch die Art. 240 §§ 1–3 sollen ihre Pflichten in besonders wichtigen Vertragsverhältnissen vorübergehend suspendiert werden, bis staatliche Unterstützung ihre pandemiebedingten Leistungsschwierigkeiten ausgeglichen haben wird und sie ihre vertraglichen Pflichten wieder aus eigener Kraft ordnungsgemäß erfüllen können. Es ist den Verbrauchern daher im Rahmen der Art. 240 §§ 1–3 grds. nicht zumutbar, ihren gewohnten Lebensstandard nachhaltig einzuschränken, dessen Aufrechterhaltung durch diese Normen ja gerade gesichert werden soll. Das **Maß des angemessenen Lebensunterhalts** bestimmt sich daher grds. **nach den Verhältnissen des Verbrauchers vor Ausbruch der COVID-19-Pandemie.** Verlangt werden können nur eine vorübergehende Anpassung in der allgemeinen Notsituation sowie ein Rückgriff auf liquide finanzielle Reserven. **35**

Ein Verbraucher kann ein Leistungsverweigerungsrecht nach Abs. 1 auch geltend machen, wenn die Erbringung der Leistung nicht ohne eine Gefährdung des angemessenen Lebensunterhalts seiner unterhaltsberechtigten Angehörigen möglich wäre. Das BGB enthält keine einheitliche **Definition des Angehörigen,** sondern verwendet den Begriff in unterschiedlicher Weise (vgl. § 492b Abs. 1 BGB, § 530 BGB, § 563 Abs. 2 S. 2 BGB, § 573 Abs. 2 Nr. 2 BGB, § 575 Abs. 1 S. 1 Nr. 1 BGB, § 577 Abs. 1 S. 2 BGB, § 630c Abs. 2 S. 3 BGB, § 630g Abs. 3 BGB, § 1579 Nr. 3 BGB, § 1611 Abs. 1 S. 1 BGB, § 1847 BGB, § 1901b Abs. 2 BGB, § 1969 Abs. 1 S. 1 BGB). Legaldefinitionen finden sich zwar in anderen Rechtsgebieten (zB § 11 StGB; § 16 Abs. 5 SGB X; § 20 Abs. 5 VwVfG; § 15 AO). Im Privatrecht haben sie aber nur dann Geltung, wenn ausdrücklich auf sie verwiesen wird (etwa § 630c Abs. 2 S. 3 BGB mit Verweis auf § 52 Abs. 1 StPO). Im Übrigen ist der Begriff des Angehörigen jeweils aus dem Zusammenhang sowie Ziel und Zweck der jeweiligen Norm zu bestimmen. Art. 240 § 1 stellt auf die unterhaltsberechtigten **36**

Angehörigen ab, die folglich von den übrigen Angehörigen abzugrenzen sind. Der Gesetzgeber hat nicht den Begriff der Angehörigen des Haushalts verwendet (vgl. etwa § 563 Abs. 2 S. 2 BGB, § 577 Abs. 1 S. 2 BGB) und gibt dadurch zu erkennen, dass es nicht darauf ankommen soll, ob der Verbraucherschuldner mit dem Angehörigen zusammenlebt. Auch ist der Kreis der Angehörigen nicht auf den engeren Kreis der Familienangehörigen beschränkt, sondern aus dem weiten Schutzzweck des Art. 240 § 1 folgt, dass auch der Begriff der Angehörigen weit zu verstehen ist und folglich auch der unterhaltsberechtigte geschiedene Ehegatte miterfasst wird (s. insofern auch § 11 StGB; § 16 Abs. 5 SGB X; § 52 Abs. 1 Nr. 2 StPO). Zu den unterhaltsberechtigten Angehörigen iSd Abs. 1 zählen also alle nach §§ 1360, 1570 ff., 1601, 1615 BGB Unterhaltsberechtigten (Uhlenbruck/Möllnitz/Schmidt-Kessel Art. 240 §§ 1–4 Rn. 52).

**37** Hinsichtlich des geschützten angemessenen Lebensunterhalts der unterhaltsberechtigten Angehörigen ist zu differenzieren. Soweit die **Angehörigen im selben Haushalt wie der Verbraucher** leben, gelten für sie die Maßstäbe zur Bestimmung seines angemessenen Lebensunterhalts entspr. (→ Rn. 34 f.). Auch für sie bestimmt sich das **Maß des angemessenen Lebensunterhalts** grds. **nach den Verhältnissen vor Ausbruch der COVID-19-Pandemie.** Verlangt werden kann hier ebenfalls nur eine vorübergehende Anpassung in der allgemeinen Notsituation sowie ein Rückgriff auf liquide finanzielle Reserven. Für die **Unterhaltsberechtigten,** die einen **eigenen Haushalt** führen, in dessen Rahmen sie sich mit Leistungen der Grundversorgung getrennt und eigenständig eindecken (zB auswärts studierende Kinder), und deren Unterhaltsanspruch der Verbraucher durch Geldleistungen befriedigt, ist der angemessene Lebensunterhalt dagegen nach der Summe zu bemessen, die der Verbraucher vor Ausbruch der Pandemie nach den gesetzlichen Vorschriften schuldete und die deshalb nach den Wertungen des Gesetzgebers für den zu dieser Zeit angemessenen Lebensunterhalt notwendig, aber auch hinreichend war. Denn Abs. 1 soll nicht nur den Verbraucher selbst, sondern eben insbes. auch seine unterhaltsberechtigten Angehörigen vor finanziellen Schwierigkeiten schützen, in die er infolge der Pandemie gerät. Es ist daher unerheblich, dass der Unterhaltsanspruch möglicherweise aufgrund der pandemiebedingten Einkommenseinbußen des Verbrauchers herabzusetzen wäre (aA Uhlenbruck/Möllnitz/Schmidt-Kessel Art. 240 §§ 1–4 Rn. 54).

**38** Unterhaltsvereinbarungen, die Pflichten über das gesetzliche Maß hinaus begründeten und den Angehörigen damit auch einen Lebensunterhalt ermöglichten, der über das hinausgeht, was der Gesetzgeber für angemessen hält, sind nicht bei der Bestimmung des angemessenen Lebensunterhalts der Angehörigen zu beachten (jurisPK-BGB/Berg Rn. 21). Soweit diese Pflichten aber auch in der Krise nicht herabgesetzt werden können, zB § 313 BGB (BeckOGK/Martens BGB § 313 Rn. 85 f., 221 ff.), kann sich aus ihnen zusammen mit den übrigen Verbindlichkeiten des Verbrauchers eine wesentliche Gefährdung des Verbrauchers und seiner übrigen unterhaltsberechtigten Angehörigen iSd Abs. 1 ergeben. Allerdings muss der Verbraucher sowohl zur Erfüllung der gesetzlichen als auch der vertraglich begründeten Unterhaltsansprüche zunächst auf etwaige liquide Mittel zurückgreifen; vorübergehende Einkommensverluste allein begründen noch keine hinreichende Gefährdung iSd Abs. 1 (Uhlenbruck/Möllnitz/Schmidt-Kessel Art. 240 §§ 1–4 Rn. 55). Der Verbraucher ist indes nicht gehalten, sich etwaig notwendige Mittel durch Kredit zu verschaffen, da dies dem Schutzzweck der Art. 240 §§ 1–3 widerspräche (aA jurisPK-BGB/Berg Rn. 21).

**39** Eigene pandemiebedingte finanzielle Schwierigkeiten der unterhaltsberechtigten Angehörigen sind im Rahmen des Abs. 1 im Hinblick auf ein Leistungsverweigerungsrecht des Verbrauchers nur zu berücksichtigen, wenn die Angehörigen den Haushalt mit ihm teilen. Denn nur dann bilden sie eine Gemeinschaft, in der die gegenseitigen Unterhaltsbeiträge ihren angemessenen Lebensunterhalt insgesamt gewährleisten. Die von Abs. 1 erfassten Verträge der existentiellen Grundversorgung werden regelmäßig nur von einem Mitglied des Haushalts abgeschlossen, das eben hiermit einen Beitrag zum gegenseitigen Unterhalt leistet. Bei getrennten Haushalten leistet der Verbraucher indes seinen Beitrag zum angemessenen Lebensunterhalt des Unterhaltsberechtigten vollständig und abschließend durch die Zahlung der Unterhaltssumme. Ob und inwiefern der Unterhaltsberechtigte mithilfe dieses Unterhalts und Eigenmitteln dann tatsächlich seinen angemessenen Lebensunterhalt selbst gewährleisten kann, liegt aber nicht mehr im Verantwortungsbereich des Verbrauchers. Reichen der Unterhalt und die Eigenmittel des Unterhaltsberechtigten nicht aus, kann er ggf. selbst Rechte nach Art. 240 §§ 1 ff. gegenüber seinen Vertragspartnern geltend machen.

**40** **bb) Wesentliche Gefährdung bei Kleinstunternehmen (Abs. 2 S. 1 Nr. 2).** Ein Kleinstunternehmen kann ein Leistungsverweigerungsrecht nicht nur geltend machen, wenn es die Leistung pandemiebedingt nicht erbringen kann (→ Rn. 31 f.), sondern schon dann, wenn ihm die Erbringung der Leistung ohne eine Gefährdung der wirtschaftlichen Grundlagen seines Erwerbsbetriebs nicht möglich wäre (Abs. 2 S. 1 Nr. 2). Eine solche Gefährdung ist jedenfalls dann anzunehmen, wenn durch die Leistungserbringung ein Eröffnungsgrund für ein Insolvenzverfahren begründet würde (Uhlenbruck/Möllnitz/Schmidt-Kessel Art. 240 §§ 1–4 Rn. 47; Rehn DZWIR 2020, 277 (280)), insbes., wenn das Kleinstunternehmen durch die Leistungserbringung zahlungsunfähig würde (§ 17 Abs. 2 InsO) oder seine Zahlungsunfähigkeit drohte (§ 18 Abs. 2 InsO). Da der Gesetzgeber auch Unternehmen schützen und über die akute Phase der Pandemie hinaus retten will, die aufgrund pandemiebedingter Schwierigkeiten insolvent geworden sind, vgl. Art. 1 COVFAG (dazu Thole ZIP 2020, 650 ff.; Bitter ZIP 2020, 685 ff.; Römermann NJW 2020, 1108 ff.), muss ein Leistungsverweigerungsrecht nach Abs. 2 S. 1 Nr. 2 aber auch dann bestehen, wenn bei solchen Unternehmen durch die Leistungserbringung die bestehenden Eröffnungsgründe verstärkt würden.

Durch das Leistungsverweigerungsrecht nach Abs. 2 will der Gesetzgeber Kleinstunternehmen, die pandemiebedingt in wirtschaftliche Schwierigkeiten geraten sind, die für ihren Betrieb existentielle Grundversorgung während der Pandemie sichern und zudem die entsprechenden Vertragsverhältnisse erhalten, sodass die Kleinstunternehmen nach der akuten Phase der Pandemie möglichst bruchlos an die Zeit davor anknüpfen und ihren normalen Betrieb möglichst schnell und ohne Störung wiederaufnehmen können. Vor diesem Hintergrund ist eine hinreichende Gefährdung der wirtschaftlichen Grundlagen des Erwerbsbetriebs iSd Abs. 2 S. 1 Nr. 2 auch dann anzunehmen, wenn die Erbringung der Leistung nur bei Veräußerung von Betriebsvermögen möglich wäre oder eine solche Veräußerung als Folge der Leistung drohte. Die Substanz des Betriebs soll erhalten bleiben; das Kleinstunternehmen muss nur nicht betriebsnotwendige liquide Mittel zur Erfüllung seiner Verbindlichkeit einsetzen (Uhlenbruck/Möllnitz/Schmidt-Kessel Art. 240 §§ 1–4 Rn. 48). **41**

**cc) Relevanter Zeitpunkt.** Die Gefährdungslage muss bei Geltendmachung des Leistungsverweigerungsrechts vorliegen. Da der Gesetzgeber die betroffenen Verbraucher und Kleinstunternehmen nur dann und nur solange schützen wollte, wie sie von pandemiebedingten Leistungsschwierigkeiten betroffen sind, besteht auch ihr Leistungsverweigerungsrecht nach Abs. 1 oder Abs. 2 nur, solange die sie durch die Erfüllung weiter einer wesentlichen Gefährdung (→ Rn. 33 ff.) ausgesetzt wären (Uhlenbruck/Möllnitz/Schmidt-Kessel Art. 240 §§ 1–4 Rn. 77; Liebscher/Zeyher/Steinbrück ZIP 2020, 852 (854)). Art. 240 § 1 als spezieller Fall der vorübergehenden Unmöglichkeit (→ Rn. 3, → Rn. 8) begründet daher nur ein auflösend bedingtes Leistungsverweigerungsrecht (BeckOGK/Riehm BGB § 275 Rn. 163). **42**

**dd) Verhältnis zu Art. 240 §§ 2 und 3 sowie zu anderen Leistungsverweigerungsrechten nach Art. 240 § 1.** Problematisch ist die Bestimmung einer wesentlichen Gefährdung iSd Art. 240 § 1 im Verhältnis zu den entsprechenden Voraussetzungen der Art. 240 §§ 2 und 3 sowie zu anderen Leistungsverweigerungsrechten nach Art. 240 § 1. Denn zum einen zählen auch die in Art. 240 §§ 2 und 3 geregelten Vertragsverhältnisse regelmäßig zur geschützten angemessenen Grundversorgung der Verbraucher bzw. Kleinstunternehmen (→ Rn. 43.1). Und zum anderen ist es möglich, dass die Leistungsfähigkeit der Schuldner nur insgesamt pandemiebedingt zu niedrig ist, um alle Verpflichtungen vertragsgemäß ohne wesentliche Gefährdung erfüllen zu können. Die Art. 240 §§ 1–3 enthalten keine Bestimmung zur Klärung der Konkurrenzverhältnisse. Sie sind daher nach allgemeinen Regeln jeweils unabhängig voneinander anwendbar und ihre Voraussetzungen sind für jedes Schutzrecht jeweils gesondert im jeweils relevanten Zeitpunkt (→ Rn. 42) zu prüfen. Den Schuldner trifft auch keine Obliegenheit, eines der Schutzrechte vorrangig geltend zu machen (aA Uhlenbruck/Möllnitz/Schmidt-Kessel Art. 240 §§ 1–4 Rn. 56: Obliegenheit, die Stundung von Verbraucherdarlehensverträgen nach Art. 240 § 3 geltend zu machen). Bei der Prüfung, ob eine wesentliche Gefährdung iSd Art. 240 § 1 für den Schuldner vorliegt, sind etwaige geltend gemachte Schutzrechte nach Art. 240 §§ 2 und 3 sowie andere bereits geltend gemachte Leistungsverweigerungsrechte nach Art. 240 § 1 also zu berücksichtigen. Es ist insoweit unerheblich, dass (auch) die Schutzrechte der Art. 240 §§ 2 und 3 nur vorübergehend eingreifen. Denn Art. 240 § 1 soll den Schuldnern nur temporäre Entlastung bieten, bis staatliche Unterstützung seine Schwierigkeiten dauerhaft beseitigt haben wird (→ Rn. 7). Sollte der Schuldner sich auf Schutzrechte nach Art. 240 §§ 2 und/oder 3 erst nach Ausübung eines ursprünglich begründeten Leistungsverweigerungsrechts nach Art. 240 § 1 berufen, so kann dies ex nunc zum Wegfall der wesentlichen Gefährdung führen, sodass auch sein Leistungsverweigerungsrecht nach Art. 240 § 1 entfällt (→ Rn. 42). Denn die Art. 240 §§ 1–3 sollen Schuldner nur vor unzumutbaren Folgen der Erfüllung ihrer Verbindlichkeiten schützen; sie begründen aber nicht darüber hinaus ein allgemeines Pflichtenmoratorium für die betroffenen Verträge (→ Rn. 43.2). **43**

43.1 Kleinstunternehmer sind gegenwärtig nicht vom personellen Anwendungsbereich des Art. 240 § 3 erfasst. Art. 240 § 3 Abs. 8 sieht allerdings die Möglichkeit vor, dass sie durch Rechtsverordnung in diesen personellen Anwendungsbereich einbezogen werden können, sodass auch für sie ein weitreichender Schutz bei Darlehensverträgen bestünde. Näher → Art. 240 § 3 Rn. 14.

43.2 Ein entsprechender Entschließungsantrag der Fraktion DIE LINKE (BT-Drs. 19/18142) fand keine Mehrheit im Bundestag.

44 **5. Leistungshindernis pandemiebedingt.** Die Leistungserschwernis muss infolge von Umständen eingetreten sein, die auf die COVID19-Pandemie zurückzuführen sind. Wie aus dem Ziel des Gesetzes zu folgern ist, muss diese Voraussetzung weit verstanden werden. Zudem geht auch der Gesetzgeber in Art. 240 § 4 von einem solch weiten Verständnis der pandemiebedingten Notlage aus, wenn er dort allgemein auf die erheblichen Beeinträchtigungen des sozialen Lebens, der wirtschaftlichen Tätigkeit einer Vielzahl von Unternehmen oder der Erwerbstätigkeit einer Vielzahl von Menschen abstellt (→ Art. 240 § 4 Rn. 5). Erfasst sind daher **nicht nur die unmittelbaren Folgen** der COVID-19-Pandemie, nämlich die durch sie verursachten einzelnen Krankheitsverläufe, sondern grds. **auch alle mittelbaren Folgen** (jurisPK-BGB/Berg Rn. 18). Hierzu zählen insbes. die politischen Maßnahmen, die zur Bekämpfung der COVID-19-Pandemie getroffen wurden, wie etwa Anordnungen zur Schließung von Geschäften und Betrieben. Erfasst sind freilich nicht nur diese politischen Maßnahmen als solches, sondern auch die durch sie hervorgerufenen wesentlichen Reaktionen Dritter. Hierzu zählen insbes. die Kündigung von Arbeitsverhältnissen oder die Nichtverlängerung befristeter Arbeitsverhältnisse. Erfasst sind die gesellschaftlichen Reaktionen auf die COVID-19-Pandemie aber auch iÜ, selbst wenn sie nicht auf politische Entscheidungen zurückzuführen sind. So mag etwa ein Bäckereibetrieb, der als Teil der Grundversorgung von den angeordneten Ladenschließungen nicht betroffen war, gleichwohl einen erheblichen Umsatzeinbruch zu verzeichnen haben, weil die Kunden sich wegen der Ansteckungsgefahr nicht mehr wie sonst auf die Straße trauen. Es findet insofern auch **keine Korrektur** etwa dahingehend statt, **dass nur vernünftige Reaktionen erfasst wären.** Denn Art. 240 § 1 soll den betroffenen Schuldnern grds. umfassend Schutz vor den sie unverschuldet treffenden Folgen der COVID-19-Pandemie bieten. In einer Situation, die als Pandemie wahrgenommen wird, herrscht regelmäßig verbreitet Angst und es kommt ebenso verbreitet zu Panik. Entscheidungen werden dann häufig nicht nach den unter gewöhnlichen Umständen allgemein akzeptierten und in diesem Sinne rational anzusehenden Maßstäben getroffen. Gerade vor den Gefahren solcher der Eigenlogik der Pandemiesituation folgenden Entscheidungen von Politik und Gesellschaft soll Art. 240 § 1 aber schützen.

45 Auch eigene Entscheidungen des Schuldners, sein Verhalten aufgrund der Pandemie so zu verändern, dass dadurch seine finanzielle Leistungsfähigkeit beeinträchtigt wird, werden grds. von Art. 240 § 1 erfasst (jurisPK-BGB/Berg Rn. 18; Tribess GWR 2020, 152), ohne dass insoweit eine objektive Vernünftigkeitskontrolle stattfände. An das Verhalten der betroffenen Schuldner kann kein höherer Maßstab als an die übrige Bevölkerung gelegt werden. Ein Leistungsverweigerungsrecht entfällt daher nach § 242 BGB nur dann, wenn ein Schuldner Maßnahmen gezielt zum Nachteil seiner Gläubiger trifft und sich nur formal auf die Pandemie beruft.

46 Die COVID-19-Pandemie bzw. die politischen und gesellschaftlichen Reaktionen hierauf müssen nicht die alleinige oder auch bloß die wesentliche Ursache für die Leistungsschwierigkeiten sein. Es genügt insofern eine **Mitursächlichkeit** im Sinne einer **conditio sine qua non.** Denn Art. 240 § 1 soll gerade auch solche Schuldner schützen, die schon vor der Pandemie in einer prekären Lage waren, keine oder wenigstens nicht ausreichende Rücklagen hatten und so von der Krise besonders hart getroffen wurden. Die Schutzmaßnahmen des Gesetzgebers gelten auch im Rahmen des COVFAG in erster Linie den Risikogruppen.

47 Ein hinreichender Zusammenhang zwischen den Leistungsschwierigkeiten und der COVID-19-Pandemie besteht nur dann nicht, wenn die Leistungsschwierigkeiten bereits zuvor bestanden oder wenn sie auch ohne die Pandemie bis zum Zeitpunkt der Inanspruchnahme entstanden wären. Führt der Schuldner indes pandemiebedingte Umstände an, die geeignet waren, seine Leistungsfähigkeit zu beeinträchtigen, so obliegt es dem Gläubiger nachzuweisen, dass diese Leistungsfähigkeit auch unabhängig davon nicht ausreichend gewesen wäre (→ Rn. 65 f.).

## IV. Rechtsfolge

48 **1. Leistungsverweigerungsrecht.** Unter den Voraussetzungen der Abs. 1 und 2 steht dem Verbraucher bzw. Kleinstunternehmer ein Leistungsverweigerungsrecht im Hinblick auf seine

betroffene Schuld zu. Das Leistungsverweigerungsrecht ist als Einrede geltend zu machen und wird nicht von Amts wegen berücksichtigt (→ Rn. 63). Art. 240 § 1 enthält keine ausdrückliche Regelung der Rechtsfolgen der dort normierten Leistungsverweigerungsrechte. Diese Rechtsfolgen müssen daher aus dem Telos der Norm hergeleitet werden. Allenfalls ergänzend können die Ergebnisse systematisch mit anderen Leistungsverweigerungsrechten abgeglichen werden (§ 275 Abs. 2 und 3 BGB, § 273 BGB, § 320 BGB ua). Das BGB kennt keinen allgemeinen Begriff eines Leistungsverweigerungsrechts mit fest bestimmten Rechtsfolgen. Der Gesetzgeber ist insofern auch nicht an eine etwaige Natur eines solchen Rechts gebunden, sondern kann die Rechtsfolgen des von ihm geschaffenen Rechts im Einzelfall frei bestimmen (→ Rn. 48.1).

Unergiebig ist daher der Versuch, die Rechtsnatur des Leistungsverweigerungsrechts zu bestimmen **48.1**
(dazu ausf. Uhlenbruck/Möllnitz/Schmidt-Kessel Art. 240 §§ 1–4 Rn. 75). Funktional handelt es sich um ein Gestaltungsrecht des Verbrauchers bzw. Kleinstunternehmens, bei dem die Fälligkeit seiner Leistungspflicht bis zur Überwindung seiner pandemiebedingten Leistungsschwierigkeiten bzw. bis zum Ablauf der akuten Phase der Pandemie aufgeschoben wird, während der Vertrag dessen ungeachtet im Übrigen wie vereinbart durchgeführt werden muss.

Schon aus dem Wortlaut selbst ergibt sich, dass der Schuldner ein Recht haben soll, seine **49**
vertraglich geschuldete Leistung zu verweigern. Eine Leistungsverweigerung unter Berufung auf dieses Recht ist daher nicht pflichtwidrig und zieht folglich auch nicht die Rechtsfolgen einer Pflichtverletzung (insbes. §§ 280, 323, 314 BGB) nach sich. Der Schuldner kommt also durch die Leistungsverweigerung nicht in Verzug (BT-Drs. 19/18110, 35) und auch eine Kündigung kann nicht auf die Nichtleistung gestützt werden (Uhlenbruck/Möllnitz/Schmidt-Kessel Art. 240 §§ 1–4 Rn. 76).

Die Wirkung des Leistungsverweigerungsrechts nach Art. 240 § 1 soll sich indes nicht darin **50**
erschöpfen, dass die Pflichtwidrigkeit der Leistungsverweigerung entfällt (so aber Brändle VersorgW 2020, 133 (135 f.)), sondern die Geltendmachung des Rechts soll, wie aus der amtlichen Überschrift hervorgeht, ein Moratorium der Pflichten des Verbrauchers bzw. Kleinstunternehmens begründen, während das vertraglich vereinbarte Pflichtenprogramm iÜ unverändert bleiben soll. Telos des Art. 240 § 1 ist es insbes., Verbrauchern und Kleinstunternehmen die für sie existentielle Grundversorgung in der akuten Phase der Pandemie zu sichern, auch wenn sie selbst ihren eigenen vertraglichen Pflichten gegenüber dem Versorger pandemiebedingt nicht nachkommen können. Eine Berufung des Gläubigers und Sachleistungsschuldners auf § 320 BGB ist daher ausgeschlossen und er wird für die Dauer des Leistungsverweigerungsrechts vorleistungspflichtig (Uhlenbruck/Möllnitz/Schmidt-Kessel Art. 240 §§ 1–4 Rn. 79; MüKoBGB/Gaier Rn. 44; Rüfner JZ 2020, 443 (447)). Näher → Rn. 50.1.

In vielen Fällen wird dies für die Grundversorger schon daraus folgen, dass für sie Sonderregeln zu **50.1**
§ 320 BGB bestehen, die eine Leistungsunterbrechung nur bei Verzug des Leistungsbeziehers zulassen (§ 19 Abs. 2 StromGVV; § 19 Abs. 2 GasGVV; § 45k Abs. 2 TKG). Denn das Leistungsverweigerungsrecht nach Art. 240 § 1 schließt einen Verzug aus (→ Rn. 51).

Um den intendierten umfassenden Schutz der Verbraucher und Kleinstunternehmen zu **51**
gewährleisten, müssen die Rechtsfolgen des Leistungsverweigerungsrechts ex tunc, dh ab dem Zeitpunkt gelten, in dem die pandemiebedingten Leistungsschwierigkeiten der betroffenen Schuldner vorlagen. Insbesondere entfällt ein bereits eingetretener Verzug mit Geltendmachung des Leistungsstörungsrechts rückwirkend (wohl auch BT-Drs. 19/18110, 35; Uhlenbruck/Möllnitz/Schmidt-Kessel Art. 240 §§ 1–4 Rn. 76); ein Anspruch auf Verzugszinsen bzw. den Ersatz eines etwaigen Verzugsschadens besteht dann nicht mehr (vgl. insofern zu § 320 BGB → BGB § 320 Rn. 25). Da der Schuldner ggf wählen kann, hinsichtlich welcher Schulden er sich auf ein Leistungsverweigerungsrecht berufen will, können die Wirkungen des Art. 240 § 1 nicht ipso iure eintreten und auf die Geltendmachung des Leistungsverweigerungsrechts kann nicht verzichtet werden (aA MüKoBGB/Gaier Rn. 48).

Das Leistungsverweigerungsrecht als spezieller Fall der vorübergehenden subjektiven Unmög- **52**
lichkeit **endet, sobald seine Voraussetzungen entfallen,** dh insbes. wenn die Leistung dem Schuldner wieder möglich bzw. ohne wesentliche Gefährdung zumutbar wird oder seine Leistungsschwierigkeiten nicht mehr auf die Pandemie zurückzuführen sind (→ Rn. 42). Ob die Voraussetzungen solchermaßen entfallen sind, ist grds. im Einzelfall festzustellen. Der Gesetzgeber hat allerdings eine objektive Maximalfrist bestimmt und geht davon aus, dass Leistungsschwierigkeiten ab dem 1.7.2020 allgemein nicht mehr hinreichend auf die COVID-19-Pandemie zurückzuführen sind. Ein Leistungsverweigerungsrecht nach Abs. 1 und 2 kann daher **längstens bis zum 30.6.2020** geltend gemacht werden. Die objektive Frist nach Art. 240 § 4 hätte durch

Rechtsverordnung verlängert werden können. Der Gesetzgeber hat von dieser Möglichkeit aber keinen Gebrauch gemacht.

53 **2. Kündigungsrecht (Abs. 3 S. 3).** Die **Leistungsverweigerungsrechte** nach Abs. 1 und 2 **werden durch ein Kündigungsrecht des Schuldners ersetzt, wenn** die **Ausübung des Leistungsverweigerungsrechts für den Gläubiger** seinerseits **unzumutbar** ist. Nach dem Wortlaut der Abs. 3 S. 1 und 2 ist die Unzumutbarkeit für den Gläubiger unterschiedlich zu bestimmen, je nachdem ob das Vertragsverhältnis mit einem Verbraucher oder einem Kleinstunternehmen besteht. So kommt es im ersten Fall nur darauf an, ob die Nichterbringung der vom Verbraucher geschuldeten Leistung die wirtschaftliche Grundlage des Erwerbsbetriebs des Gläubigers gefährden würde (Abs. 3 S. 1), während im letzteren Fall auch zu berücksichtigen sein soll, dass die Nichterbringung der Leistung zu einer Gefährdung seines angemessenen Lebensunterhalts oder des angemessenen Lebensunterhalts seiner unterhaltsberechtigten Angehörigen führen würde (Abs. 3 S. 2). Die weitere Fassung der Unzumutbarkeit in Abs. 3 S. 2 ist indes nur auf ein Redaktionsversehen des Gesetzgebers zurückzuführen. Denn ursprünglich sollten Kleinstunternehmen ein Leistungsverweigerungsrecht nach Abs. 2 auch bei allen Leistungspflichten im Rahmen ihres Betriebs gegenüber Kunden in Fällen einer unverschuldeten pandemiebedingten und vorübergehenden subjektiven Unmöglichkeit erhalten (→ Rn. 3). Diese Variante fiel bei der Ausarbeitung des Gesetzentwurfs ersatzlos weg, sodass Abs. 2 nunmehr ein Abs. 1 entsprechendes Leistungsverweigerungsrecht des Kleinstunternehmens bei Verträgen zu seiner Grundversorgung gewährt. Es ist kein Grund ersichtlich, warum der Schutz des Gläubigers gegenüber einem Kleinstunternehmen anders ausfallen sollte als gegenüber einem Verbraucher. Abs. 3 S. 2 ist daher teleologisch zu korrigieren, zumal in der Praxis die betroffenen Grundversorger idR keine natürlichen Personen sein werden, sodass der erweiterte Schutz des Abs. 3 S. 2 ohnehin irrelevant wäre (aA Uhlenbruck/Möllnitz/Schmidt-Kessel Art. 240 §§ 1–4 Rn. 66).

54 Durch Abs. 3 soll den berechtigten Interessen des Gläubigers Rechnung getragen werden. Sofern die Ausübung des Leistungsverweigerungsrechts für ihn zu Ergebnissen führt, die ihn mindestens ebenso schwer treffen wie den Schuldner die Erbringung der Leistung beschweren würde, soll das Leistungsverweigerungsrecht nicht gelten (BT-Drs. 19/18110, 35). Eine Gefährdung der wirtschaftlichen Grundlagen des Erwerbsbetriebs des Gläubigers ist daher unter den gleichen Voraussetzungen anzunehmen wie das entsprechende Tatbestandsmerkmal in Abs. 2 S. 1 Nr. 2 (→ Rn. 40 f.). Erforderlich ist, dass die **Gefährdung** gerade durch die Ausübung des Leistungsverweigerungsrechts **durch den konkreten Schuldner** begründet wird. Die abstrakte Gefahr, dass der Erwerbsbetrieb des Gläubigers durch die Ausübung solcher Leistungsverweigerungsrechte durch eine Vielzahl von Kunden gefährdet würde, genügt nicht (aA Brändle VersorgW 2020, 133 (135); Rüfner JZ 2020, 443 (447)). Die Kunden sind keine Gesamtschuldner und bilden auch sonst keine Zurechnungseinheit. Die Voraussetzungen ihrer Rechte nach Art. 240 § 1 sind daher jeweils gesondert im Zeitpunkt der Geltendmachung zu prüfen. Ist die Ausübung des Leistungsverweigerungsrechts für den Gläubiger dann (noch) nicht existenzbedrohend, ist sie ihm zumutbar und der Tatbestand des Abs. 3 S. 1 bzw. 2 ist nicht erfüllt (jurisPK-BGB/Berg Rn. 41).

55 Wenn das Leistungsverweigerungsrecht des Verbrauchers nach Abs. 1 oder des Kleinstunternehmens nach Abs. 2 gem. Abs. 3 S. 1 bzw. 2 ausgeschlossen ist, weil seine Ausübung für den Gläubiger unzumutbar wäre, steht dem Verbraucher bzw. Kleinstunternehmen gem. **Abs. 3 S. 3 das Recht zur fristlosen Kündigung** zu. Die Rechtsfolgen einer solchen fristlosen Kündigung sind in Art. 240 § 1 nicht geregelt. Nach der Gesetzesbegründung sollen die entsprechenden Bestimmungen der jeweiligen Vertragsarten Anwendung finden (BT-Drs. 19/18110, 35). Beispielhaft nennt die Gesetzesbegründung insofern § 628 BGB. Verwiesen ist aber allgemein auf die Bestimmungen über die Rechtsfolgen einer außerordentlichen Kündigung aus wichtigem Grund, ua §§ 546 f., 648a BGB (Uhlenbruck/Möllnitz/Schmidt-Kessel Art. 240 §§ 1–4 Rn. 70). Ansprüche auf Schadensersatz sind dabei ausgeschlossen (iErg auch Fröhling/Ismer WM 2020, 669 (673)). Der Gläubiger kann aber regelmäßig einen seinen bisherigen Leistungen entsprechenden Teil der Vergütung verlangen (vgl. § 628 Abs. 1 S. 1 BGB, § 648a Abs. 5 BGB).

56 **3. Keine (weitere) Vertragsanpassung.** Art. 240 § 1 gewährt Verbrauchern und Kleinstunternehmern bloß ein Leistungsverweigerungsrecht und damit nur vorübergehenden Schutz während der akuten durch die COVID-19-Pandemie verursachten Krise. Art. 240 § 1 schränkt nur für einen bestimmten Zeitraum die Rechte der Sachleistungserbringer bestimmter wesentlicher Leistungen der Grundversorgung zur Durchsetzung ihrer Entgeltansprüche ein, lässt diese **Entgeltansprüche** iÜ **inhaltlich** aber **unberührt.** Eine (verfassungswidrige, → Art. 240 § 4 Rn. 2) Vertragsanpassung wie nach Art. 240 § 3 Abs. 5, durch die das vertragliche Äquivalenzverhältnis

verändert würde, ist bei Art. 240 § 1 nicht vorgesehen. Nach Ablauf des Moratoriums des Art. 240 § 1 entfällt daher das Leistungsverweigerungsrecht und die indessen entstandenen Entgeltansprüche werden fällig. Die betroffenen Verbraucher und Kleinstunternehmer werden dann zwar regelmäßig nicht in der Lage sein, die akkumulierten Schulden aus eigener Kraft zu begleichen (Pape NZI 2020, 393 (394)). Der Gesetzgeber hat das Problem jedoch gesehen und will für eine hinreichende finanzielle Leistungskraft durch staatliche Unterstützung sorgen (vgl. Rede der Bundesjustizministerin Lambrecht in der 154. Sitzung des 19. BT, Plenarprot. 19/154, 19150(A)). Art. 240 § 1 soll insofern lediglich die privatrechtlichen Vertragsverhältnisse solange störungsfrei halten, bis diese staatliche Unterstützung administrativ gewährleistet werden kann. Sollte diese staatliche Unterstützung nicht ausreichend sein, sodass die Leistungsschwierigkeiten der Verbraucher oder Kleinstunternehmer nicht vollständig beseitigt sind, bietet Art. 240 § 1 ihnen keinen Schutz mehr. **Art. 240 § 3 Abs. 5 ist nicht analogiefähig.** Der Gedanke des Art. 240 § 3 Abs. 4 hingegen, nach dem der Darlehensgeber dem leistungsunfähigen Darlehensnehmer ein Gespräch über die Möglichkeit einer einvernehmlichen Regelung und über mögliche Unterstützungsmaßnahmen anbieten soll, ist zwar übertragbar, aber mangels echter Rechtsfolge hätte auch hier eine Analogie allenfalls symbolische Bedeutung. Es ist letztlich ein moralisches Gebot, in einer allgemeinen Notsituation, wie sie die COVID-19-Pandemie begründete, möglichst nach einvernehmlichen Lösungen zu suchen und unverschuldet in Not Geratenen nach Kräften zu helfen.

## V. Abdingbarkeit (Abs. 5)

Die Abs. 1 und 2 sind gem. Abs. 5 halbzwingend, dh die Parteien können von ihnen nicht zum Nachteil der geschützten Schuldner durch AGB oder durch Individualvereinbarungen abweichen. Unwirksam sind nicht nur ursprüngliche abweichende Vereinbarungen, sondern auch nachträgliche Vertragsänderungen, durch die das Leistungsverweigerungsrecht aufgehoben oder unmittelbar oder mittelbar beeinträchtigt wird. Zulässig sind lediglich Abreden, durch welche die Rechte der geschützten Schuldner erweitert werden. Insbesondere können die Parteien eine längerfristige Stundung der Leistungspflichten oder eine Herabsetzung dieser Pflichten vereinbaren, um so den Leistungsschwierigkeiten der Schuldner auch über die akute Phase der Pandemie hinaus wirksam begegnen zu können. Ein Vergleich ist nach Abs. 5 nur insoweit zulässig, als die Parteien durch ihn einen Streit über das Vorliegen der Voraussetzungen des Abs. 1 oder 2 beilegen wollen, nicht aber, wenn der Streit sich gerade aus diesen Voraussetzungen ergibt, dh aus der pandemiebedingten Nichtleistung des Verbrauchers bzw. Kleinstunternehmens (Uhlenbruck/Möllnitz/Schmidt-Kessel Art. 240 §§ 1–4 Rn. 82). **57**

Ein **Aufhebungsvertrag** ist bei pandemiebedingten Leistungsschwierigkeiten des Schuldners nur wirksam, wenn die Voraussetzungen des Abs. 3 vorliegen, dh die Ausübung des Leistungsverweigerungsrechts für den Gläubiger unzumutbar wäre (ähnlich Uhlenbruck/Möllnitz/Schmidt-Kessel Art. 240 §§ 1–4 Rn. 83; jurisPK-BGB/Berg Rn. 48). Denn Art. 240 § 1 soll notleidenden Schuldnern während der akuten Phase der Pandemie die Leistungen der Grundversorgung sichern und lässt eine Vertragsbeendigung nur in diesem Ausnahmefall zu. **58**

Nach dem Wortlaut des Abs. 5 sind nur die Abs. 1 und 2 zwingend gestellt; von **Abs. 3** könnten die Parteien folglich ohne weiteres abweichen und daher auch ein Kündigungsrecht des Verbrauchers in diesen Fällen ausschließen. Abs. 3 enthält allerdings nur Ausnahmen von den Abs. 1 und 2 und ersetzt die dort geregelten Leistungsverweigerungsrechte in bestimmten Fällen durch ein außerordentliches Kündigungsrecht (→ Rn. 53). Eine Beschränkung der Rechte des Schuldners nach Abs. 3 stellt damit stets zugleich eine mittelbare Beschränkung der Rechte nach Abs. 1 und 2 dar, die ihrerseits nach Abs. 5 ausgeschlossen ist. Für vertragliche Vereinbarungen im Zusammenhang mit Abs. 3 gilt daher grds. das gleiche wie für die Abs. 1 und 2. Zulässig ist es allerdings, den Vertrag durch einen Vertrag statt durch eine einseitige Kündigung des Schuldners zu beendigen, wenn die Voraussetzungen des Abs. 3 S. 1 bzw. 2 vorliegen (→ Rn. 58). **59**

## VI. Verhältnis zu anderen Vorschriften

**1. § 275 BGB.** Nach zutreffender hM findet § 275 BGB bei (echten) Geldschulden keine Anwendung (→ Rn. 31). Zur Konkurrenz zwischen § 275 BGB und Art. 240 § 1 kann es daher nur in den Fällen des Abs. 2 S. 1 Nr. 1 kommen, wenn ein Kleinstunternehmen als Entgelt für die von ihm bezogenen Leistungen der Grundversorgung ausnahmsweise selbst Sachleistungen erbringt (→ Rn. 32). Da Art. 240 § 1 nur den Schutz der betroffenen Schuldner gegenüber den allgemeinen Regeln erweitern soll, bleibt § 275 BGB für die Kleinstunternehmen in diesen Fällen weiter anwendbar (iErg auch Uhlenbruck/Möllnitz/Schmidt-Kessel Art. 240 §§ 1–4 Rn. 87; **60**

Thole ZIP 2020, 650 (659)); insbes. können sie sich auch nach Ablauf des Moratoriums, dh nach dem 30.6.2020 auf § 275 BGB berufen, soweit seine Voraussetzungen (weiter) erfüllt sind.

61 **2. § 313 BGB.** Die COVID-19-Pandemie und die politischen und gesellschaftlichen Reaktionen hierauf sind von keiner einzelnen Person zu verantworten und treffen jedermann prinzipiell gleich zufällig. Soweit Verbraucher bzw. Kleinstunternehmer infolge der Pandemie in Zahlungsschwierigkeiten kommen, regelt Art. 240 § 1 die Auswirkungen solcher Schwierigkeiten abschließend (so wohl auch jurisPK-BGB/Berg Rn. 64). Die Pandemie kann in Vertragsverhältnissen aber als Gemeingefahr auch die sog. „große Geschäftsgrundlage" stören oder entfallen lassen. Pandemien gab es zwar seit der Antike immer wieder und die entsprechenden Gefahren sind eigentlich hinreichend bekannt und zumindest objektiv vorhersehbar; sie werden von den Vertragsparteien aber typischerweise ausgeblendet, sodass sie nicht von der vertraglichen Risikoverteilung abgedeckt sind. Ob die Parteien die Gefahr einer Pandemie berücksichtigt haben oder ihren Vertrag in Kenntnis der COVID-19-Pandemie abgeschlossen haben, ist im Einzelfall festzustellen. Die in Art. 240 § 1 objektiv, aber ohnehin ohne erkennbare rationale Grundlage (→ Rn. 26.1) bestimmte Erkennbarkeit ab dem 8.3.2020 spielt insofern bei der Anwendung des § 313 BGB keine Rolle (krit. insofern auch Uhlenbruck/Möllnitz/Schmidt-Kessel Art. 240 §§ 1–4 Rn. 32; aA Wagner/Holtz/Dötsch BB 2020, 845 (851); Liebscher/Zeyher/Steinbrück ZIP 2020, 852 (859); jurisPK-BGB/Berg Rn. 64). Bei den von Art. 240 § 1 erfassten Verträgen der Grundversorgung wird das vertragliche Äquivalenzverhältnis durch die Pandemie allerdings regelmäßig nicht berührt sein und auch das Interesse beider Vertragsparteien an der Vertragsdurchführung wird kaum gemindert werden. Insbesondere werden die Leistungen der Grundversorgung für die Verbraucher und Kleinstunternehmen als Sachgläubiger und Zahlungsschuldner in der Krise (mindestens) so viel wert sein wie zuvor. § 313 BGB wird daher in den Fällen des Art. 240 § 1, anders etwa als bei Gewerberaummietverträgen nach Art. 240 § 2 (BeckOGK/Martens BGB § 313 Rn. 225), regelmäßig keine Anwendung finden.

62 **3. Gegenrechte des Gläubigers (§§ 273, 314, 320, 326 BGB ua).** Sofern der Verbraucher bzw. das Kleinstunternehmen ihr Leistungsverweigerungsrecht nach Abs. 1 bzw. 2 geltend machen, kann der Gläubiger und Sachleistungsschuldner aus der Nichtleistung keine Rechte herleiten. Insbesondere steht ihm seinerseits kein Zurückbehaltungsrecht seiner eigenen Leistung nach § 320 BGB zu und auch § 273 BGB findet insoweit keine Anwendung, als der Gläubiger es mit einem Anspruch begründen will, bezüglich dessen ein Leistungsverweigerungsrecht nach Art. 240 § 1 besteht. Ausgeschlossen ist zudem eine Berufung auf § 326 Abs. 1 BGB (analog) (ausf. Uhlenbruck/Möllnitz/Schmidt-Kessel Art. 240 §§ 1–4 Rn. 88 f.) und auch eine außerordentliche Kündigung (§ 314 BGB bzw. die jeweiligen Spezialregelungen) scheidet aus, soweit der wichtige Kündigungsgrund in der Nichtleistung des Verbrauchers bzw. Kleinstunternehmens bestünde (ausf. Rüfner JZ 2020, 443 (447)). Der Gläubiger und Sachleistungsschuldner kann sich auf die allgemeinen Rechtsbehelfe aber berufen, sofern er sich auf andere Pflichtverletzungen des Verbrauchers bzw. Kleinstunternehmens stützt. Art. 240 § 1 soll die Verbraucher und Kleinstunternehmen nämlich nur vor unverschuldeten pandemiebedingten Leistungsschwierigkeiten schützen und lässt das Vertragsverhältnis iÜ unberührt.

## VII. Prozessuales

63 **1. Dilatorische Einrede.** Das Leistungsverweigerungsrecht wird nur bei einer entsprechenden Geltendmachung durch den Berechtigten als Einrede vom Gericht und nicht von Amts wegen berücksichtigt (MüKoBGB/Gaier Rn. 45). Soweit sich die Voraussetzungen des Leistungsverweigerungsrechts aus dem Parteivortrag ergeben und der Berechtigte seine pandemiebedingten Leistungsschwierigkeiten hinreichend deutlich macht, ist jedoch ein entsprechender **richterlicher Hinweis** nach **§ 139 Abs. 1 ZPO** zulässig. Art. 240 § 1 bezweckt einen effektiven Schuldnerschutz und es dürfen insofern **keine übertriebenen Anforderungen** an eine hinreichende Andeutung der Einrede gestellt werden, insbes., wenn der Schuldner nicht anwaltlich vertreten ist.

64 Da der Anspruch bei erhobenem Leistungsverweigerungsrecht nur vorübergehend nicht durchsetzbar ist, kann der Gläubiger unter den Voraussetzungen der §§ 257, 259 ZPO auch während der COVID-19-Pandemie **Klage auf zukünftige Leistung** erheben. Die zur vorübergehenden Unmöglichkeit von Rspr. und Lehre entwickelten Grundsätze (vgl. BeckOGK/Riehm BGB § 275 Rn. 156 mwN) sind entspr. anwendbar mit der Modifikation, dass das Ende der rechtserheblichen Leistungserschwernis hier gesetzlich definiert ist, sodass die Fälligkeit mit Ablauf des Moratoriums eintritt und der Tenor entspr. befristet abzufassen ist.

**2. Beweislast.** Nach allgemeinen Grundsätzen trägt jede Partei die Beweislast für die Voraussetzungen der Rechtsbehelfe, auf die sie sich beruft. Danach muss der Schuldner den Beweis antreten für alle Tatsachen, aus denen sich sein Leistungsverweigerungsrecht nach Art. 240 § 1 ergibt. Insbesondere muss ein Verbraucher nachweisen, dass die Erbringung der Leistung ohne Gefährdung seines angemessenen Lebensunterhalts oder des angemessenen Lebensunterhalts seiner unterhaltsberechtigten Angehörigen nicht möglich wäre (Abs. 1), bzw. ein Kleinstunternehmer, dass es die Leistung nicht oder wenigstens nicht ohne Gefährdung der wirtschaftlichen Grundlagen seines Erwerbsbetriebs erbringen kann, und dass dies jeweils auf pandemiebedingte Umstände zurückzuführen ist. Art. 240 § 1 enthält insofern **keine ausdrückliche Beweiserleichterung wie Art. 240 § 2 Abs. 1 S. 2,** wonach bei der Nichtleistung einer Miete infolge der COVID-19-Pandemie vom Mieter der Zusammenhang zwischen Nichtleistung und COVID-19-Pandemie bloß glaubhaft gemacht werden muss (ausf. Liebscher/Zeyher/Steinbrück ZIP 2020, 852 (854)), sodass insofern nicht der Maßstab des § 286 ZPO, sondern lediglich der des § 294 ZPO zu erfüllen ist (→ Rn. 65.1). Zulässig ist nach Art. 240 § 2 Abs. 1 S. 2 iVm § 294 Abs. 1 ZPO aE insbes. auch eine eidesstattliche Versicherung, dass die glaubhaft zu machenden Tatsachen vorliegen (BeckOK ZPO/Bacher ZPO § 294 Rn. 8). Zudem muss der Richter das Vorliegen der Tatsachen nur für überwiegend wahrscheinlich halten (MüKoZPO/Prütting ZPO § 294 Rn. 24 f.). Nach Art. 240 § 1 iVm § 286 ZPO wären dagegen nur die allgemeinen Beweismittel des Strengbeweises zulässig und der Nachweis müsste zur vollen richterlichen Überzeugung führen. 65

Die Gesetzesbegründung legt freilich das Missverständnis nahe, dass durch Art. 240 § 2 Abs. 1 S. 2 besonders strenge Anforderungen an den Mieter zum Nachweis des Zusammenhangs zwischen Nichtleistung und COVID-10-Pandemie gestellt würden, um eine möglicherweise missbräuchliche Geltendmachung des Kündigungsausschlusses zu verhindern (BT-Drs. 19/18110, 36 f.; idS auch Pape nwb 2020, 1053 (1055); ausf. AG Hanau BeckRS 2020, 18855 Rn. 10 ff.). 65.1

Ein sachlicher Grund für unterschiedliche Beweisanforderungen in Art. 240 §§ 1 und 2 ist nicht ersichtlich. Die Gesetzesbegründung geht im Zusammenhang mit Art. 240 § 1 auf Beweisfragen nur äußerst knapp und unspezifisch dahingehend ein, dass der Schuldner „grds. (…) belegen (müsse), dass er gerade wegen der COVID-19-Pandemie nicht leisten kann" (BT-Drs. 19/18110, 35). Der Schuldner steht in den Fällen des Art. 240 § 1 jedoch vor den gleichen Beweisschwierigkeiten wie bei Art. 240 § 2. Insbesondere wird es für die betroffenen Schuldner jeweils nur schwer möglich sein, in einem dem § 286 ZPO genügenden Maße nachzuweisen, dass ihre Leistungserschwernis auf der COVID-19-Pandemie und ihren Folgen beruht und nicht auf ihre allgemein prekäre finanzielle Lage zurückzuführen ist. Der Gesetzgeber hat durch die Art. 240 §§ 1–3 einen grds. einheitlichen und umfassenden Schutz von Schuldnern in besonders wichtigen Vertragsverhältnissen für die Zeit der COVID-19-Pandemie schaffen wollen (→ Rn. 4 f.). Diesem Telos widersprächen unterschiedliche Beweisanforderungen. Zudem bestehen die Gründe für die Beweiserleichterung des Art. 240 § 2 Abs. 1 S. 2 auch in den Fällen des Art. 240 § 1. Die Systematik des Art. 5 COVFAG und die direkte Folge der Art. 240 §§ 1 und 2 sprechen zwar grds. gegen eine unbeabsichtigte Regelungslücke. Der Gesetzgeber stand aber bei der Ausarbeitung des COVFAG unter einem hohen Zeitdruck und hat bis zuletzt noch Änderungen vorgenommen, um erkannte Unzulänglichkeiten des Gesetzes zu verbessern (→ Rn. 2). Unter diesen Umständen muss davon ausgegangen werden, dass die Regelungen der Art. 240 §§ 1–3 nur unzureichend aufeinander abgestimmt werden konnten, sodass im Hinblick auf eine Art. 240 § 2 Abs. 1 S. 2 vergleichbare Bestimmung bei Art. 240 § 1 nicht nur eine objektive, sondern auch eine subjektive Regelungslücke besteht. Da auch die Interessenlage wie gezeigt vergleichbar ist, muss **Art. 240 § 2 Abs. 1 S. 2** bei Art. 240 § 1 **analog** angewandt werden (aA Uhlenbruck/Möllnitz/Schmidt-Kessel Art. 240 §§ 1–4 Rn. 62). Führt der Schuldner pandemiebedingte Umstände an, die geeignet waren, seine Leistungsfähigkeit zu beeinträchtigen, so obliegt es zudem dem Gläubiger nachzuweisen, dass diese Leistungsfähigkeit auch unabhängig davon nicht ausreichend gewesen wäre. 66

Beruft sich der **Gläubiger** darauf, dass die Ausübung eines Leistungsverweigerungsrechtes nach Abs. 1 bzw. 2 für ihn unzumutbar iSd Abs. 3 S. 1 und 2 wäre, trägt er die Beweislast dafür, dass die Ausübung des Leistungsverweigerungsrechtes die wirtschaftliche Grundlage seines Erwerbsbetriebs gefährden würde. Aus Gründen der prozessualen Waffengleichheit (Musielak/Voit/Musielak ZPO Einl. Rn. 31 f.) muss auch insofern analog Art. 240 § 2 Abs. 1 S. 2 eine Glaubhaftmachung iSd § 286 ZPO genügen, zumal der Gläubiger insofern vor den gleichen Beweisschwierigkeiten steht wie die Schuldner und Abs. 3 den Zweck hat, ihm einen äquivalenten Schutz zu gewährleisten (BT-Drs. 19/18110, 35). 67

**3. Revision.** Die Feststellungen, ob eine hinreichende Leistungserschwernis für den Verbraucher bzw. das Kleinstunternehmen vorlag und ob diese Leistungserschwernis auf die COVID-19- 68

Pandemie zurückzuführen war, sind der tatrichterlichen Würdigung überlassen und nach allgemeinen Regeln in der Revision nur eingeschränkt darauf zu überprüfen, ob der Tatrichter einen falschen rechtlichen Maßstab angelegt, gegen Denkgesetze oder Erfahrungssätze verstoßen oder wesentliche Umstände unberücksichtigt gelassen hat. Einer vollständigen Kontrolle durch die Revision unterliegen dagegen die inhaltliche Bestimmung der wesentlichen Dauerschuldverhältnisse für Verbraucher und Kleinstunternehmen, während das jeweilige Maß der angemessenen Grundversorgung wiederum vom Tatrichter zu würdigen ist.

## § 2 Beschränkung der Kündigung von Miet- und Pachtverhältnissen

**(1) [1]Der Vermieter kann ein Mietverhältnis über Grundstücke oder über Räume nicht allein aus dem Grund kündigen, dass der Mieter im Zeitraum vom 1. April 2020 bis 30. Juni 2020 trotz Fälligkeit die Miete nicht leistet, sofern die Nichtleistung auf den Auswirkungen der COVID-19-Pandemie beruht. [2]Der Zusammenhang zwischen COVID-19-Pandemie und Nichtleistung ist glaubhaft zu machen. [3]Sonstige Kündigungsrechte bleiben unberührt.**

**(2) Von Absatz 1 kann nicht zum Nachteil des Mieters abgewichen werden.**

**(3) Die Absätze 1 und 2 sind auf Pachtverhältnisse entsprechend anzuwenden.**

**(4) Die Absätze 1 bis 3 sind nur bis zum 30. Juni 2022 anzuwenden.**

**Schrifttum:** Krepold, Gewerbemietverträge in Zeiten der Corona-Pandemie, WM 2020, 726; Sittner, Mietrechtspraxis unter Covid-19, NJW 2020, 1169; Warmuth, § 313 BGB in Zeiten der Corona-Krise – am Beispiel der Gewerberaummiete, COVuR 2020, 16; Weller/Thomale, Gewerbemietrecht – Mietminderung in der Corona-Krise, BB 2020, 962.

### Überblick

Art. 240 §§ 1–7 werden aufgehoben mWv 1.10.2022 durch Gesetz vom 27.3.2020 (BGBl. I 569).

### Übersicht



## I. Normzweck

1 In der COVID-19-Pandemie war und ist mit erheblichen Einschränkungen des öffentlichen Lebens zu rechnen. So ordneten die zuständigen Behörden umfangreiche Beschränkungen an, die zu einer Schließung von Freizeit- und Kultureinrichtungen, Kinderbetreuungseinrichtungen und Schulen, Gastronomie- und Beherbergungsbetrieben und Einzelhandelsgeschäften (vgl. BT-Drs. 19/18110, 1) geführt haben und die auch im produzierenden Gewerbe mit einem erheblichen Rückgang der Produktion und Auftragslage sowie einem sprunghaften Anstieg der Kurzarbeit verbunden waren. Da in diesen Bereichen beschäftigten Personen teils erhebliche Einkommensverluste bis hin zum Wegfall jeglichen Einkommens droh(t)en und hinreichende individuelle Rücklagen zur Überbrückung des Zeitraumes nicht allgemein angenommen werden können, bestand vor dem Hintergrund der fristlosen Kündigungsmöglichkeiten des § 543 BGB im Falle der Nicht- oder Teilzahlung der Miete das Risiko, dass eine nennenswerte Anzahl von Personen der Verlust der Wohnung drohte. Um dies zu verhindern und die monatliche Belastung der Privathaushalte im Bereich der Warmmiete (im Jahr 2017 mit einem Anteil von 29% gemessen vom Haushaltsnettoeinkommen, BT-Drs. 19/17465) bei gleichzeitig vermindertem Einkommen zu reduzieren, hat der Gesetzgeber mit dem Gesetz zur Abmilderung der Folgen der COVID-19-Pandemie im Zivil-, Insolvenz- und Strafverfahrensrecht vom 27.3.2020 (BGBl. 2020 I 569) zunächst für den Zeitraum von drei Monaten die in selbigem etwaig anfallenden Mietrückstände als Anlass und

Grund für eine Kündigung zeitweilig ausgeschlossen. Das BVerfG hat eine erste Rechtssatzverfassungsbeschwerde nebst einstweiliger Anordnung mangels einer Auseinandersetzung mit der Argumentation und den zu berücksichtigenden Interessen der Mieterseite nicht zur Entscheidung angenommen (BVerfG COVuR 2020, 87 = BeckRS 2020, 5219).

## II. Anwendungsbereich

Art. 240 § 2 ist auf Wohnraum-, Grundstücks- und Gewerberaummiete sowie über den Verweis in Abs. 3 auf Pachtverhältnisse anwendbar. 2

## III. Einzelerläuterung

Mit Abs. 1 S. 1 werden im Zeitraum vom 1.4.2020 bis zum 30.6.2020 fällig werdende Mietzahlungen von der Berechtigung zur außerordentlichen und ordentlichen Kündigung des Vermieters iSd §§ 543, 573 BGB ausgenommen (BT-Drs. 19/18110, 36). Der Begriff der Miete ist dabei nicht auf die Nettokaltmiete beschränkt. Auch wenn der Gesetzgeber in der Gesetzesbegründung hierzu keine Ausführungen tätigt, ist unter dem verwendeten Begriff der Miete sowohl die laufende vereinbarte monatliche Grund- oder Kaltmiete als auch die vom Mieter in Form von Geld oder geldwerten Leistungen übernommenen Verpflichtungen, zB die Betriebs-, Heiz- sowie Warmwasserkosten zu verstehen (vgl. → BGB § 556b Rn. 16). Eine Beschränkung auf die reine Grund- oder Kaltmiete widerspricht der in Art. 240 § 1 Abs. 1 enthaltenen Moratoriumsregelung, denn hiernach wäre der Mieter zB bei einem direkten Vertragsschluss mit den Versorgungsunternehmen zur Leistungsverweigerung berechtigt. Durch den Abschluss seitens des Vermieters und der anschließenden Umlegung kann der Mieter jedoch nicht schlechter stehen, als beim direkten Vertragsschluss. Dem Mieter soll zwar ausdrücklich kein Leistungsverweigerungsrecht gegenüber seinem Vermieter eingeräumt werden (BT-Drs. 19/18110, 36). Jedoch drohten anderenfalls dem Mieter auch bei der Nichtzahlung der Nebenkosten ggf. eine fristlose Kündigung auf der Grundlage von § 543 Abs. 2 Nr. 3 lit. a BGB ggf. iVm § 569 Abs. 3 Nr. 1 S. 1 BGB (näher → BGB § 543 Rn. 40). Eine solche zahlungsrückstandsbedingte Kündigung soll jedoch gerade ausgeschlossen werden. 3

Die Fälligkeit der Miete knüpft dabei an die jeweiligen vertraglichen Vereinbarungen der Mietvertragsparteien sowie § 556b Abs. 1 BGB an. Dieser Fälligkeitszeitraum kann durch Rechtsverordnung seitens der Bundesregierung ohne Zustimmung des Bundesrates zunächst auch auf Mietrückstände erstreckt werden, die auf im Zeitraum vom **1.7.2020** bis zum 30.9.2020 fällig werdenden Mietzahlungen beruhen (Art. 240 § 4 Abs. 1 Nr. 2). Für ab dem **1.10.2020** entstehende Mietrückstände ist eine Verordnungsermächtigung der Bundesregierung mit Zustimmung des Bundestages ohne Zustimmung des Bundesrates in Art. 240 § 4 Abs. 2 vorgesehen. Von der Verlängerungsmöglichkeit auf den Zeitraum 1.7.2020 bis 30.9.2020 ist seitens der Bundesregierung kein Gebrauch gemacht worden. 4

Weiterhin ist erforderlich, dass die Nichtleistung des Mieters auf der COVID-19-Pandemie beruht. Eine sonstige Zahlungsunfähigkeit aus anderen Gründen scheidet ebenso aus wie eine Zahlungsunwilligkeit (BT-Drs. 19/18110, 36). Maßgeblich ist also die Verschlechterung der Einkommenssituation gerade aufgrund der COVID-19-Pandemie. Eine solche liegt zB dann vor, wenn durch die Pandemie Arbeitslosigkeit oder Kurzarbeit eintritt oder der Arbeitnehmer an COVID-19 erkrankt und die hierdurch erzielten Einnahmen durch Arbeitslosen-, Kurzarbeiter oder Krankengeld hinter den bisherigen zurückbleiben. Ein sonstiger Verlust oder eine Minderung des (Arbeits-)Einkommens etwa auf Grund einer sonstigen Erkrankung oder eines sonstigen Arbeitsplatzverlustes (zB aufgrund verhaltensbedingter Kündigung) reichen hingegen nicht aus. Eine Zahlungsunwilligkeit wird regelmäßig dann anzunehmen sein, wenn der Mieter aus seinem Gesamteinkommen die Miete ohne weiteres zahlen kann. Dies ist beispielsweise bei erheblichen Einnahmen außerhalb der Einkünfte als Arbeitnehmer der Fall. Bei Unternehmen sind nicht nur das Einkommen auf dem konkreten Absatzweg des stationären Handels sondern auch alle weiteren Absatzkanäle maßgeblich. Eine Zahlungsunwilligkeit bei einem Unternehmen dürfte naheliegen, wenn das Unternehmen noch über erhebliche liquide Mittel verfügt. Zwar ist nicht deren vollständiger Verbrauch erforderlich, jedoch sind diese vorrangig für die laufenden Verbindlichkeiten einzusetzen. Werden diese ohne rechtliche Verpflichtung hingegen zB an die Anteilseigner im Rahmen von Gewinnausschüttungen verteilt und beruft sich das Unternehmen dann auf Einnahmeausfälle, dürfte eine Zahlungsunwilligkeit vorliegen oder zumindest ein Beruhen auf der COVID-19-Pandemie zu verneinen sein. 5

Durch Abs. 1 S. 1 werden sonstige Kündigungsrechte und Kündigungsgründe nicht beeinträchtigt oder ausgeschlossen (Abs. 1 S. 3), sodass ein allgemeines Kündigungsmoratorium für den 6

Vermieter nicht besteht. Damit bleiben zunächst die Möglichkeiten zur außerordentlichen Kündigung aus allen sonstigen Gründen – mit Ausnahme der Zahlungsrückstände für die Mieten des nach S. 1 geschützten Zeitraumes – iSd § 543 BGB bestehen (BT-Drs. 19/18110, 37, welche zB auf die unbefugte Überlassung an Dritte iSd § 543 Abs. 2 S. 1 Nr. 2 BGB verweist). Liegen Mietrückstände aus der Zeit vor dem 1.4.2020 in ausreichender Höhe zum Ausspruch einer fristlosen Kündigung vor, so bleibt diese nach wie vor möglich. Auch die Möglichkeiten zur ordentlichen Kündigung seitens des Vermieters – wie etwa das Recht zur Eigenbedarfskündigung (§ 573 Abs. 2 Nr. 3 BGB) – bleiben, soweit diese nicht auf Zahlungsrückstände während des geschützten Zeitraumes gestützt werden, iÜ unberührt (BT-Drs. 19/18110, 37). Für Mietverhältnisse auf unbestimmte Zeit über Grundstücke und nicht zu Wohnzwecken vermietete Räume verbleibt es bei dem Kündigungsrecht auf Grundlage des § 580a BGB.

7 Eine Beschränkung der Kündigungsmöglichkeiten des Mieters ist mit Abs. 1 S. 1 nicht verbunden.

## IV. Rechtsfolgen

8 Liegen die Voraussetzungen des Abs. 1 S. 1 vor, so sind sowohl das außerordentliche Kündigungsrecht des Vermieters aus § 543 Abs. 2 S. 1 Nr. 3 BGB wegen Zahlungsrückstandes als auch ein ordentliches Kündigungsrecht auf der Grundlage von § 573 BGB wegen Zahlungsrückstandes oder unpünktlicher Zahlungen auf Zeit – nämlich bis zum 30.6.2022 – ausgeschlossen (BT-Drs. 19/18110, 36). Sind die Rückstände bis zum Ablauf des 30.6.2022 noch nicht vollständig zurückgeführt, zählen diese bei der Berechnung der Höhe der Rückstände im Rahmen des § 543 Abs. 2 S. 1 Nr. 3 BGB ab diesem Zeitpunkt in voller Höhe mit. Gleiches gilt für die Dauer des Rückstandes. Dem Mieter ist insoweit lediglich ein Kündigungsmoratorium – jedoch nicht zugleich auch ein Zahlungsmoratorium iSd Art. 240 § 1 – bis zum Ablauf des 30.6.2022 gewährt.

9 Durch den zeitweiligen Ausschluss der Kündigungsmöglichkeit auf der Grundlage von Abs. 1 S. 1 werden aber keine weitergehenden Rechte oder Ansprüche des Mieters begründet. Insbesondere steht dem Mieter betreffend die jeweilige Miete im Zeitraum von 1.4. bis zum 30.6.2020 – anders als in Fällen des Art. 240 § 1 (vgl. → Art. 240 § 1 Rn. 1 ff.) kein Leistungsverweigerungsrecht zu (BT-Drs. 19/18110, 36), sodass die Mietzahlungen vertragsgemäß fällig werden. Dies führt dazu, dass beim Verstreichen des jeweiligen Fälligkeitstermins der Mieter (iE → BGB § 556b Rn. 1 ff.) automatisch in Verzug gerät (BT-Drs. 19/18110, 36). Der Vermieter ist auch durch Art. 240 § 2 nicht daran gehindert, die fällig gewordenen Ansprüche titulieren zu lassen (vgl. LG Frankfurt a.M. GE 2020, 1252).

## V. Auswirkungen auf die Minderung

10 Die Beschränkung des Kündigungsrechtes hat keine Auswirkungen auf die Höhe der zu zahlenden Miete. Ist die Miete bereits aus anderen Umständen gemindert oder tritt während der Zeit vom 1.4.2020 bis 30.6.2020 ein Umstand auf, der eine Mietminderung nach sich zieht, ist dies nach Sinn und Zweck der Vorschrift unabhängig von dem Ausschluss der Kündigungsmöglichkeit aus Abs. 1 S. 1 zu sehen, denn hierdurch soll der Schutz des Mieters im Hinblick auf seine temporär eingeschränkten finanziellen Möglichkeiten verbessert werden. Ein Ausschluss oder eine Beschränkung der Mietminderung würde hingegen zum Nachteil des Mieters in dessen Rechtskreis eingreifen. Eine Minderung der Miete erleichtert vielmehr dem Mieter auch bei Einschränkung dessen Leistungsfähigkeit die Zahlung der Miete. Den Gesetzesunterlagen sowie dem parlamentarischen Prozess ist nicht der Wille des Gesetzgebers zu entnehmen, mit Art. 240 § 2 in die sonstigen mietrechtlichen Vorschriften außerhalb der Kündigungsvorschriften einzugreifen.

11 Beim Wohnraummieter liegt eine Einschränkung der Nutzbarkeit der Mietsache iSd § 536 Abs. 1 BGB (→ BGB § 536 Rn. 34) im Hinblick auf die Beschränkungen durch die Rechtsvorschriften und behördlich veranlassten Maßnahmen zur Bekämpfung von COVID-19 eher fern. Die Wohnung ist grds. für alle Bewohner nach wie vor im gleichen Maße nutzbar, wie dies auch ohne die Maßnahmen der Fall wäre. Einschränkungen bei der Befugnis, die Wohnung jederzeit zu verlassen, berühren die Nutzbarkeit der Nutzung der Mietsache als solche nicht. Die mittelbare Einschränkung Besuch zu empfangen, dürfte sich – wenn überhaupt – als geringfügige Einschränkung der Nutzbarkeit darstellen. Etwas anderes kommt für die Möglichkeit der Nutzung von mitvermieteten Außenanlagen wie etwa Kinderspielplätzen, Sporteinrichtung, uÄ in Betracht. Hier gelten jedoch die allgemeinen Grundsätze des § 536 Abs. 1 BGB (iE vgl. → BGB § 536 Rn. 47).

12 Deutlich gravierender stellt sich die Situation beim Gewerberaummieter ab. Vielen von diesen war für einen mehrwöchigen Zeitraum die Nutzung der Mietsache vollständig durch Rechtsvor-

schrift bzw. behördliche Maßnahmen untersagt. Im Zuge der schrittweisen Lockerung der Maßnahmen sind zumindest teilweise die Flächen wieder nutzbar. Ob und inwieweit sich hieraus eine Minderung der Miete ableiten lässt, ist Einzelfall und vom konkreten Objekt abhängig (näher → BGB § 536 Rn. 52).

## VI. Abdingbarkeit und abweichende Vereinbarungen

Die Beschränkung des Kündigungsrechts des Vermieters ist nicht zum Nachteil des Mieters abdingbar (Abs. 2). Damit ist die Vorschrift halbzwingend, sodass Abweichungen zu Gunsten des Mieters möglich bleiben. Nicht betroffen von der Vorschrift und damit auch weiterhin möglich sind einvernehmliche Mietaufhebungsverträge, da diese nicht allein auf einem Gestaltungsrecht und dem Entschluss des Vermieters beruhen (MüKoBGB/Häublein Rn. 39; Uhlenbruck/Möllnitz/Schmidt-Kessel Art. 240 §§ 1–4 Rn. 127). Wenn diese jedoch auf Druck der Vermieterseite zustande kommen, liegt eine Umgehung der Schutzfunktion des Art. 240 § 2 Abs. 2 vor, sodass solchen Aufhebungsverträgen die Wirksamkeit zu versagen ist (BeckOGK/Geib Rn. 40). **13**

Etwaige Art. 240 § 2 Abs. 2 entgegenstehende Vereinbarungen oder Allgemeine Geschäftsbedingungen sind – unabhängig vom Zeitpunkt der Vereinbarung – für die Zeit vom 1.4.2020 bis 30.6.2020 (für den Fall der Verlängerung des Zeitraumes in Ausübung der Verordnungsausübung nach Art. 240 § 4 für den gesamten Zeitraum) unwirksam (BT-Drs. 19/18110, 37). Vor dem 1.4.2020 und nach Ablauf des geschützten Zeitraumes des Abs. 1 S. 1 bleiben abweichende Vereinbarungen möglich. **14**

In der Lit. wird die Frage diskutiert, ob von Art. 240 § 2 Abs. 2 auch der in Abs. 4 genannte Zeitraum und dort maßgeblich der dortige Endtermin der Disposition der Parteien entzogen ist (für eine Dispositionsbefugnis Uhlenbruck/Möllnitz/Schmidt-Kessel Art. 240 §§ 1–4 Rn. 128; dies abl. MüKoBGB/Häublein Rn. 40). Selbst wenn eine solche Möglichkeit grds. bestehen sollte, wäre auch hier auf Druck des Vermieters zustande gekommene Vereinbarungen idR unwirksam, da sie die Schutzfunktion unterlaufen würden. Etwas anderes könnte dann anzunehmen sein, wenn die Vereinbarung in Zusammenhang mit weiteren Vereinbarungen steht, wobei hier an eine Mietminderung für die pandemiebedingte Schließung von Geschäften gedacht werden kann (Daßbach/Bayrak NJ 2020, 185 (190)). In einer solchen Situation kann eine entsprechende Vereinbarung sogar positiv oder zumindest neutral für den Mieter sein, was eine schwierige Abwägung im Einzelfall unter wirtschaftlichen Gesichtspunkten erfordert. **15**

## VII. Ablauf der Anwendungszeit

Die Anwendbarkeit des Kündigungsausschlusses für Mietrückstände aus der in Abs. 1 S. 1 vorgesehenen Periode, die ggf. durch Rechtsverordnung erweitert wird, ist auf die Zeit bis zum 30.6.2022 begrenzt (Abs. 4). Unabhängig von dem durch etwaig noch zu erlassende Verordnungen noch näher zu bestimmenden Umfang des umfassten Zeitraumes des Entstehens der Mietrückstände sind etwaige dann noch bestehende Rückstände aus dem nach Abs. 1 S. 1 ggf. in Verbindung mit dem in Verordnungen enthaltenen Erstreckungszeitraum umfassten Zeitraum wieder bei der Berechnung der Mietrückstände ab dem **1.7.2022** im Rahmen des § 543 BGB zu berücksichtigen. **16**

Gemäß Art. 6 Abs. 6 Gesetz zur Abmilderung der Folgen der COVID-19-Pandemie im Zivil-, Insolvenz- und Strafverfahrensrecht vom 27.3.2020 (BGBl. 2020 I 569) tritt der gesamte Art. 240 am 30.9.2022 außer Kraft. **17**

## VIII. Prozessuales

Zur Geltendmachung der Rechte aus Abs. 1 S. 1 muss der Mieter im Streitfall den Zusammenhang zwischen der COVID-19-Pandemie und seiner Nichtleistung glaubhaft machen (krit. zu der Wahl der Glaubhaftmachung durch den Gesetzgeber und für die Annahme einer Beweiserleichterung der Ursächlichkeit bei Vortrag ausreichender Anknüpfungstatsachen AG Hanau COVuR 2020, 532 = ZMR 2020, 840). Ihm stehen hierzu die Möglichkeiten des § 294 ZPO offen. Die Führung im Vollbeweis für den Zusammenhang iSd § 286 ZPO ist nicht erforderlich. Ausreichend ist, dass der Mieter Tatsachen darlegt, aus denen sich ergibt, dass eine überwiegende Wahrscheinlichkeit dafür besteht, dass ein entsprechender Zusammenhang vorliegt (BT-Drs. 19/18110, 36; vgl. BGHZ 156, 139 (141 f.) = NZI 2003, 662; BGH VersR 1976, 928; NJW 1994, 2898; NJW-RR 2007, 776; OLG Zweibrücken GRUR-RR 2012, 45 (46)). Der Gesetzgeber sieht in diesem Zusammenhang als geeignete Mittel beim Wohnraummieter unter anderen die Bescheinigung über bzw. die Antragsstellung zum Bezug staatlicher Leistungen, Bescheinigungen **18** des Arbeitgebers sowie Nachweise über das Einkommen bzw. den Verdienstausfall als geeignet an (BT-Drs. 19/18110, 36). Für Gewerbemieter soll der Hinweis, dass der Betrieb durch Rechtsverordnung oder behördliche Verfügung untersagt oder erheblich eingeschränkt ist, ausreichend sein (BT-Drs. 19/18110, 37).

**19** Die vom Gesetzgeber vorgesehenen Möglichkeiten ermöglichen aber nicht in jedem Fall eine Glaubhaftmachung des Zusammenhanges zwischen Einkommensverlust und Pandemie. Diese Möglichkeiten sind zwar grds. geeignet, eine Verringerung der Einkünfte glaubhaft zu machen. Im Falle, dass ein vollständiger oder erheblicher Wegfall der Einkünfte gegeben ist, mag dies auch zur Glaubhaftmachung des Zusammenhangs ausreichend sein bzw. ein solcher widerleglich zu vermuten sein. Ein solcher erheblicher Umfang liegt sicher vor, wenn zB durch Bezug von Kurzarbeitergeld lediglich 60% des vorherigen Nettoeinkommens erzielt werden. Werden aber nach den angekündigten bzw. durch die Bundesregierung bereits beschlossenen Änderungen beim Bezug des Kurzarbeitergeldes und einem Bezug von bis zu 87% des letzten Nettoeinkommens mit erweiterten Hinzuverdienstmöglichkeiten deutlich geringere Einkommensverluste realisiert, erscheint die reine Vorlage des Kurzarbeitergeldbezuges als nicht ohne weiteres ausreichend. Erforderlich dürfte dann stets die Glaubhaftmachung sein, dass neben dem Kurzarbeitergeld keine weiteren Einkommen aus Hinzuverdienstmöglichkeiten erzielt werden.

**20** In verschiedenen anderen Fällen dürfte es an der Grundlage für einen Zusammenhang mangeln oder zumindest eine Vermutung hierfür nicht eingreifen. Dies betrifft Arbeitnehmer, die auch unabhängig von der COVID-19-Krise regelmäßig ein erheblich schwankendes Einkommen erzielen. Hier dürfte die erforderliche Wahrscheinlichkeit im Rahmen der Glaubhaftmachung nur dadurch zu erreichen, dass eine signifikante Unterschreitung der Durchschnittswerte im Vergleich zwischen der Krisenzeit und dem vorherigen Zeitraum – etwa in Gestalt von sechs Monaten oder einem Jahr – dargetan wird. Gleiches wird man für Selbständige fordern müssen, deren Einkünfte auch erheblichen Schwankungen unterworfen sind.

**21** Erzielt der Mieter neben dem Erwerbseinkommen noch Einkünfte aus anderen Quellen, ist die Minderung einer Einkunftsart nicht ohne weiteres geeignet, den Zusammenhang zwischen Nichtleistung der Miete und der COVID-19-Pandemie glaubhaft zu machen. In diesem Fall ist von der Zahlungsunwilligkeit, die nach der gesetzgeberischen Intention nicht ausreichend ist (BT-Drs. 19/18110, 36), abzugrenzen. Daher ist neben der vom Gesetzgeber vorgesehenen Vorlage der Mittel zur Glaubhaftmachung der Minderung des Arbeitsnettoeinkommens auch eine Erklärung über das Vorliegen und den Umfang weiterer Einkunftsarten – zB aus Vermietung und Verpachtung – zu fordern. Kann der Mieter aus seinem Gesamteinkommen abzüglich etwaiger Verbindlichkeiten und der erforderlichen Lebenshaltungskosten die Miete problemlos zahlen, dürfte eine Zahlungsunwilligkeit zumindest näherliegen als eine pandemiebedingte Nichtleistung.

**22** Beim Gewerberaummieter wird ebenfalls eine weitergehende Erklärung zu fordern sein, wie sich die Einkünfte aus anderen Vertriebskanälen entwickelt haben. So ist zwar der Umsatz im stationären Handel aufgrund der Untersagung des Betriebes teilweise gänzlich entfallen. Eine etwaige Kompensation kann aber zB aus dem dafür erweiterten Online-Handel erfolgt sein. Sofern dies nicht bei der Frage der Gewährung staatlicher Hilfen bereits geprüft und berücksichtigt worden ist, muss dies im Prozess vom Gewerbemieter gesondert glaubhaft gemacht werden (aA und von einem nicht erforderlichen Nachweis der Aufbringungsmöglichkeit aus anderen als den laufenden gewerblichen oder sonstigen Quellen ausgehend: OLG Nürnberg GE 2020, 1625). Auch hier stellt sich die Frage nach der Abgrenzung zur Zahlungsunwilligkeit.

**23** Geht man mit der wohl überwiegenden Auffassung in der Lit. davon aus, dass die Glaubhaftmachung erst im Prozess zu erfolgen hat (BeckOGK/Geib Rn. 53; Artz/Brinkmann/Pielsticker MDR 2020, 527; aA wohl Klinger DWW 2020, 126 (128)), so stellt sich die Frage, wie der Vermieter mit der dann erfolgten Glaubhaftmachung umzugehen hat, die seiner Kündigung den Boden entzieht. Einerseits ließe sich dies durch eine vorherige Auskunftspflicht des Mieters (MüKoBGB/Häublein Rn. 26 f.) vermeiden, die im Falle der Verletzung mit Schadensersatzpflichten im Verhältnis des Mieters zum Vermieter sanktioniert wäre. Zu erwägen wäre jedoch auch, ob im Falle des Vorbringens der pandemiebedingten Ursache im Verfahren das gleiche Ergebnis in Gestalt der Vermeidung der Kostentragung durch Abgabe einer Erledigungserklärung vermieterseits zu erreichen ist. Wenn durch Art. 240 Abs. 1 das Kündigungsrecht in seiner Entstehung nicht gehindert wird und lediglich der Vermieter an der Ausübung selbigen in dem geschützten Zeitraum gehindert ist (BeckOGK/Geib Rn. 43; Artz/Brinkmann/Pielsticker MDR 2020, 527), dann liegt eine – zumindest entsprechende – Anwendung der Rspr. zur Abgabe von Erledigungserklärungen nach der Ausübung von Einreden oder Gestaltungsrechten nicht fern.

## § 3 Regelungen zum Darlehensrecht

**(1) [1]Für Verbraucherdarlehensverträge, die vor dem 15. März 2020 abgeschlossen wurden, gilt, dass Ansprüche des Darlehensgebers auf Rückzahlung, Zins- oder Tilgungsleistungen, die zwischen dem 1. April 2020 und dem 30. Juni 2020 fällig werden, mit Eintritt der Fälligkeit für die Dauer von drei Monaten gestundet werden, wenn der Verbraucher aufgrund der durch Ausbreitung der COVID-19-Pandemie hervorgerufenen außergewöhnlichen Verhältnisse Einnahmeausfälle hat, die dazu führen, dass ihm die Erbringung der geschuldeten Leistung nicht zumutbar ist. [2]Nicht zumutbar ist ihm die Erbringung der Leistung insbesondere dann, wenn sein angemessener Lebensunterhalt oder der angemessene Lebensunterhalt seiner Unterhaltsberechtigten gefährdet ist. [3]Der Zusammenhang zwischen der COVID-19-Pandemie und den Einnahmeausfällen wird vermutet. [4]Der Verbraucher ist berechtigt, in dem in Satz 1 genannten Zeitraum seine vertraglichen Zahlungen zu den ursprünglich vereinbarten Leistungsterminen weiter zu erbringen. [5]Soweit er die Zahlungen vertragsgemäß weiter leistet, gilt die in Satz 1 geregelte Stundung als nicht erfolgt.**

**(2) Die Vertragsparteien können von Absatz 1 abweichende Vereinbarungen, insbesondere über mögliche Teilleistungen, Zins- und Tilgungsanpassungen oder Umschuldungen treffen.**

**(3) [1]Kündigungen des Darlehensgebers wegen Zahlungsverzugs, wegen wesentlicher Verschlechterung der Vermögensverhältnisse des Verbrauchers oder der Werthaltigkeit einer für das Darlehen gestellten Sicherheit sind im Fall des Absatzes 1 bis zum Ablauf der Stundung ausgeschlossen. [2]Hiervon darf nicht zu Lasten des Verbrauchers abgewichen werden.**

**(4) Der Darlehensgeber soll dem Verbraucher ein Gespräch über die Möglichkeit einer einverständlichen Regelung und über mögliche Unterstützungsmaßnahmen anbieten. Für dieses können auch Fernkommunikationsmittel genutzt werden.**

**(5) [1]Kommt eine einverständliche Regelung für den Zeitraum nach dem 30. Juni 2020 nicht zustande, verlängert sich die Vertragslaufzeit um drei Monate. [2]Die jeweilige Fälligkeit der vertraglichen Leistungen wird um diese Frist hinausgeschoben. [3]Der Darlehensgeber stellt dem Verbraucher eine Abschrift des Vertrags zur Verfügung, in der die vereinbarten Vertragsänderungen oder die sich aus Satz 1 sowie aus Absatz 1 Satz 1 ergebenden Vertragsänderungen berücksichtigt sind.**

**(6) Die Absätze 1 bis 5 gelten nicht, wenn dem Darlehensgeber die Stundung oder der Ausschluss der Kündigung unter Berücksichtigung aller Umstände des Einzelfalls einschließlich der durch die COVID-19-Pandemie verursachten Veränderungen der allgemeinen Lebensumstände unzumutbar ist.**

**(7) Die Absätze 1 bis 6 gelten entsprechend für den Ausgleich und den Rückgriff unter Gesamtschuldnern nach § 426 des Bürgerlichen Gesetzbuchs.**

**(8) [1]Die Bundesregierung wird ermächtigt, durch Rechtsverordnung ohne Zustimmung des Bundesrates den personellen Anwendungsbereich der Absätze 1 bis 6 zu ändern und insbesondere Kleinstunternehmen im Sinne von Artikel 2 Absatz 3 des Anhangs der Empfehlung 2003/361/EG der Kommission vom 6. Mai 2003 betreffend die Definition der Kleinstunternehmen sowie der kleinen und mittleren Unternehmen in den Anwendungsbereich einzubeziehen. [2]Eine Rechtsverordnung nach Satz 1 ist dem Bundestag zuzuleiten. [3]Die Rechtsverordnung kann durch Beschluss des Bundestages geändert oder abgelehnt werden. [4]Der Beschluss des Bundestages wird der Bundesregierung zugeleitet. [5]Hat sich der Bundestag nach Ablauf von zwei Sitzungswochen seit Eingang der Rechtsverordnung nicht mit ihr befasst, so kann die Rechtsverordnung unverändert erlassen werden.**

**Schrifttum:** Bohner, Der Zinsanspruch des Darlehensgebers bei Verlängerung aus Anlass der Pandemie, NJW 2020, 2926; Fischer, Mit heißer Nadel gestrickt? Vertragsrechtliche Fragen des neuen COVID-19-Gesetzes, VuR 2020, 203; Herdegen, Die Suspendierung der Zahlungspflicht von Darlehensnehmern aufgrund der COVID-19-Pandemie (Art. 240 § 3 EGBGB n.F.), WM 2021, 465; Herresthal, Die vertragsrechtlichen Regelungen zum Verbraucherdarlehensrecht aus Anlass der COVID-19-Pandemie in Art. 240 § 3 EGBGB, ZIP 2020, 989; Klöhn, Die Stundung und Prolongation von Verbraucherdarlehen nach dem COVID-19-Abmilderungsgesetz – Bringt die Corona-Pandemie zinslose Darlehen für drei Monate? –, WM 2020, 1141; Knops, § 2 Kreditrecht, in Schmidt, COVID-19. Rechtsfragen zur Corona-Krise, 2020,

29; Köndgen, Verbraucherkreditrecht in der Pandemie – zur Exegese des neuen Art. 240 § 3 EGBGB, BKR 2020, 209; Lühmann, Das Moratorium im Darlehensrecht anlässlich der Covid-19-Pandemie, NJW 2020, 1321; Meier/Kirschhöfer, Auswirkungen der Corona-Gesetzgebung auf laufende Darlehensverträge, BB 2020, 967; Rösler/Wimmer, Praktische Umsetzung der COVID-Stundung von Verbraucherdarlehen – Vertragszins und Neuberechnung des Darlehens –, WM 2020, 1149; Rüfner, Das Corona-Moratorium nach Art. 240 EGBGB, JZ 2020, 443; Samhat, Bestandsaufnahme zur Auswirkung der Corona-Gesetzgebung auf Kreditsicherheiten, WM 2020, 865; Schmidt-Kessel/Möllnitz, Coronavertragsrecht – Sonderregeln für Verbraucher und Kleinstunternehmen, NJW 2020, 1103; Scholl, Die vertragsrechtlichen Regelungen in Art. 240 EGBGB aus Anlass der COVID-19-Pandemie, WM 2020, 765; Schörnig, Darlehensrecht im Lichte der COVID-19-Pandemie. Die gesetzliche Stundung von Verbraucherdarlehen, MDR 2020, 697.

## Überblick

Im Zuge der vertragsrechtlichen Sonderregeln zur Abmilderung der Folgen der COVID-19-Pandemie ist am 1.4.2020 eine Regelung für **Darlehensverträge** in Kraft getreten. Der Gesetzgeber hat eine Trias von Reaktionsmöglichkeiten vorgesehen. In den Fällen, in denen krisenbedingte Einnahmeausfälle die Erbringung der geschuldeten Leistung für den Verbraucher unzumutbar machen, gilt eine Stundung für die Dauer von drei Monaten (Abs. 1; → Rn. 3 f.). Diese ist verknüpft mit einem Kündigungsausschluss (Abs. 3; → Rn. 5). Darüber hinaus ist es den Vertragsparteien anheimgegeben, anstelle der Stundungsregelung eine abweichende Vereinbarung zur Anpassung des Vertragsgefüges an die durch die Pandemie und die dadurch ausgelösten Folgen veränderten Umstände vorzunehmen (Abs. 2; → Rn. 6). Die Initiative dazu soll von dem Darlehensgeber ausgehen (Abs. 4; → Rn. 7). Für die Zeit nach Ende des Moratoriums ist bei Ausbleiben einer einverständlichen Regelung eine Vertragsverlängerung um drei Monate vorgesehen (Abs. 5 S. 1 und 2; → Rn. 8 f.). Die Vertragsänderungen sollen dem Verbraucher in einer Abschrift des Vertrages zur Verfügung gestellt werden (Abs. 5 S. 3; → Rn. 10). Die gesetzlich vorgesehenen Anpassungen des Vertragsgefüges – Moratorium und Kündigungsausschluss – greifen dann nicht, wenn sie für den Darlehensgeber unzumutbar sind (Abs. 6; → Rn. 11 f.). Die Regelungen sind für den Fall eines gesamtschuldnerisch bestehenden Darlehens auf die Behandlung von Ausgleich und Rückgriff unter den Gesamtschuldnern erstreckt (Abs. 7; → Rn. 13). Eine Ermächtigung zur Ausdehnung des personellen Anwendungsbereichs im Wege der Rechtsverordnung durch die Bundesregierung enthält das Gesetz in Abs. 8 (→ Rn. 14).

Art. 240 §§ 1–7 werden aufgehoben mWv 1.10.2022 durch Gesetz vom 27.3.2020 (BGBl. I 569).

## I. Anwendungsbereich

1 Die Abs. 1–6 sind auf **Verbraucherdarlehen iSv § 491 BGB** anwendbar, mithin sowohl auf Allgemein-Verbraucherdarlehensverträge gem. § 491 Abs. 2 BGB als auch auf Immobiliar-Verbraucherdarlehensverträge gem. § 491 Abs. 3 BGB. Die Verträge müssen **vor dem 15.3.2020** abgeschlossen worden sein. Wegen der typischerweise längeren Vorbereitungszeit von Darlehensverträgen hat der Gesetzgeber den Stichtag eine Woche später als in Art. 240 § 1 angesetzt. Verträge, die bereits in Kenntnis der unmittelbar bevorstehenden krisenhaften Entwicklung geschlossen worden sind, bedürfen keiner Anpassung. Es sind ausschließlich Verbraucherdarlehen, keine anderen Kreditgeschäfte von der Regelung in Art. 240 § 3 betroffen. Umstritten ist, ob für die terminologisch erfassten Dispositions- und Überziehungskredite, §§ 504, 505 BGB, das Regelungsinstrumentarium sinnvoll genutzt werden kann (dagegen Scholl WM 2020, 765 (769); für eine Anwendung Knops in Schmidt COVID-19 § 2 Rn. 9 mw Hinweisen; eine teleologische Reduktion bei eingeräumter Kontoüberziehung erwägend BeckOGK/Köndgen Rn. 37). Da eine planmäßige Tilgung oder Rückzahlung bei diesen Verbraucherdarlehen nicht vorgesehen ist, greift insbes. die Stundung des Rückzahlungsanspruchs, der sich nach einer ordentlichen Kündigung ergeben kann (so bereits AG Frankfurt BKR 2020, 260; zust. BeckOGK/Köndgen Rn. 56). Zur **Anwendbarkeit von Art. 240 § 1** auf weitere Finanzierungshilfen, insbes. Finanzierungsleasingverträge, → BGB § 506 Rn. 24 ff. Die Wirkung der gesetzlichen Regelung greift zunächst **im Zeitraum von drei Monaten, vom 1.4.2020 bis zum 30.6.2020** ein. Die **Nachwirkungen** ergeben sich aus der Laufzeit der betroffenen Darlehensverträge bzw. aus Vereinbarungen, welche die Parteien aufgrund der besonderen Lage treffen. Eine Erweiterung des Moratoriums auf den Zeitraum bis zum 30.9.2020 kann die Bundesregierung im Wege einer Verordnung aufgrund der Ermächtigung in **Art. 240 § 4 Abs. 1 Nr. 3** anordnen. Von dieser Ermächtigung hat die

Bundesregierung keinen Gebrauch gemacht. Für die Verlängerung der Vertragslaufzeit ist sogar eine Erstreckung auf bis zu zwölf Monate vorgesehen (krit. → Art. 240 § 4 Rn. 14 (Martens); ebenso krit. Herresthal ZIP 2020, 989 (1000): „unzulässige Blankettermächtigung"; zu den materiellen Voraussetzungen der Verlängerungsmöglichkeiten und der Einschätzungsprärogative der Bundesregierung Uhlenbruck/Möllnitz/Schmidt-Kessel Art. 240 §§ 1–4 Rn. 184).

Der persönliche Anwendungsbereich kann aufgrund einer Verordnung, zu deren Erlass Abs. 8 die Bundesregierung ermächtigt, ausgeweitet werden. Hier ist an Existenzgründer oder Kleinstunternehmen – so der Anwendungsbereich von Art. 240 § 1 – gedacht (Lühmann NJW 2020, 1321 (1322); krit. und mit Hinweis auf das nötige Augenmaß Uhlenbruck/Möllnitz/Schmidt-Kessel Art. 240 §§ 1–4 Rn. 140). Davon ist kein Gebrauch gemacht worden. 2

## II. Die Stundung und ihre Voraussetzungen (Abs. 1)

Als Reaktion auf die Folgen der COVID-19-Pandemie hat der Gesetzgeber eine dreimonatige Stundungsregelung getroffen. Sie gilt für die Zeit vom 1.4.2020 bis zum 30.6.2020. Betroffen von der Stundung sind Ansprüche des Darlehensgebers auf Rückzahlung, Zins- oder Tilgungsleistungen, die in diesem Zeitraum fällig werden. Die Regelung schließt einen Verzug iSv § 497 Abs. 1 BGB aus (→ BGB § 497 Rn. 4). Voraussetzung ist, dass dem Verbraucher aufgrund der COVID-19-Pandemie **Einnahmeausfälle** entstehen, sodass ihm die Erbringung der geschuldeten Leistung nicht zumutbar ist **(S. 1).** Eine solche **Unzumutbarkeit** liegt insbes. dann vor, wenn ein angemessener Lebensunterhalt für den Verbraucher selbst oder für dessen Unterhaltsberechtigte durch die Leistung gefährdet ist **(S. 2).** Der durch die gesetzlich angeordnete Stundung bewirkte schwerwiegende Eingriff in die Rechte des Gläubigers macht eine restriktive Handhabung bei der Feststellung des Standards für den angemessenen Lebensunterhalt erforderlich (so zutr. Schmidt-Kessel/Möllnitz NJW 2020, 1103 (1107); aA → Art. 240 § 1 Rn. 35; → Art. 240 § 1 Rn. 37 (Martens): gewohnter Lebensstandard vor Ausbruch der COVID-19-Pandemie; für eine analoge Heranziehung der unterhaltsrechtlichen Bestimmungen des BGB zur Feststellung des angemessenen Lebensunterhalts BeckOGK/Köndgen Rn. 48; MüKoBGB/Weber Rn. 19; Knops in Schmidt COVID-19 § 2 Rn. 17a; zur Problematik auch → BGB § 498 Rn. 6). Der Feststellung der Unzumutbarkeit muss eine umfassende Prüfung des Einzelfalls zugrunde liegen, in deren Rahmen auch anderweitige liquide Mittel des Verbrauchers zu beachten sind (Herresthal ZIP 2020, 989 (990); Schmidt-Kessel/Möllnitz NJW 2020, 1103 (1107); dagegen Knops in Schmidt COVID-19 § 2 Rn. 17). Eine Verpflichtung zur Aktivierung weiteren Vermögens des Verbrauchers besteht nicht (AG Frankfurt a.M. BKR 2020, 260; Meier/Kirschhöfer BB 2020, 967 (967); Köndgen BKR 2020, 209 (212); aA MüKoBGB/Weber § 3 Rn. 16; Lühmann NJW 2020, 1321 (1322)). Für das Vorliegen der Voraussetzungen, insbes. für die Darlegung des Kausalzusammenhangs der Einnahmeausfälle mit der Krise und der dadurch hervorgerufenen Unzumutbarkeit der Leistungserbringung, ist der Verbraucher darlegungs- und beweisbelastet (Lühmann NJW 2020, 1321 (1322)). Zur Glaubhaftmachung im Verfahren der einstweiligen Verfügung gem. § 940 ZPO → BGB § 498 Rn. 9. 3

Die **Stundung tritt kraft Gesetzes,** also ipso iure, **ein.** Auch wenn das Moratorium nicht einredeweise geltend gemacht werden muss, ist es aus Gründen der Rechtssicherheit erforderlich, dass der Verbraucher anzeigt, dass er von der Stundung Gebrauch machen will. Von einer solchen regelhaften Mitteilung ist der Gesetzgeber ausgegangen (Begr. GesE BT-Drs. 19/18110, 39; krit. zur Stundung ohne Erklärungserfordernis unter dem Gesichtspunkt der Rechtssicherheit Scholl WM 2020, 765 (770); keine Obliegenheit hinsichtlich der Mitteilung annehmend Knops in Schmidt COVID-19 § 2 Rn. 19; Herresthal ZIP 2020, 989 (990); für eine Anzeigeobliegenheit BeckOGK/Köndgen Rn. 50). Das ergibt sich schon daraus, dass der Gesetzgeber eine möglichst flexible Konstruktion gewählt und die **Berechtigung des Schuldners zur Erfüllung** erhalten hat. Aufgrund von Abs. 1 **S. 3** bleibt der Verbraucher zur ursprünglich vereinbarten Leistungserbringung berechtigt. Zahlt der Verbraucher vertragsgemäß, gilt die Stundung als nicht erfolgt **(S. 4).** Davon ist auch bei Nutzung einer Einzugsermächtigung durch den Gläubiger auszugehen, sofern der Schuldner nicht widersprochen oder die Nichtzahlung angekündigt hat (so Schmidt-Kessel/Möllnitz NJW 2020, 1103 (1107)). Diese Flexibilität gilt allerdings nur bis zur Erfüllung. Ist diese erfolgt, kann der Schuldner sich nicht rückwirkend auf die Stundung berufen. Eine Rückforderung ist daher ausgeschlossen (Schmidt-Kessel/Möllnitz NJW 2020, 1103 (1107)). Zu beachten ist, dass jeder Anspruch im Zeitpunkt seiner Fälligkeit einzeln zu prüfen ist und daher auch neu über die Inanspruchnahme der Stundung entschieden werden kann. Der Verbraucher kann also bspw. ab 1.5. oder 1.6.2020 von der Stundungsregelung Gebrauch machen (Begr. GesE BT-Drs. 19/18110, 39). Die der Konstruktion geschuldete juristische Sekunde zwischen Fälligkeit 4 und Stundung dehnt sich gewissermaßen in einer kurzen realen Zeitspanne, in der noch keine Erklärung des Darlehensnehmers vorliegt, aber auch noch keine Zahlung erfolgt ist. Man wird im Zweifel bei Nichtzahlung von einer Berufung auf die Stundung auszugehen haben.

## III. Kündigungsausschluss (Abs. 3)

5 Der in **Abs. 3 S. 1** geregelte Kündigungsausschluss dient zu einem Teil der Klarstellung. Denn ohne Verzugseintritt fehlt es bereits an der Voraussetzung für eine Kündigung des Darlehensgebers gem. § 498 BGB (→ BGB § 498 Rn. 5). Außerdem ist der Kündigungsausschluss in den Fällen angeordnet, in denen eine Kündigung nach § 490 Abs. 1 BGB wegen wesentlicher Verschlechterung der Vermögensverhältnisse des Verbrauchers oder wegen Verschlechterung der Werthaltigkeit einer für das Darlehen gestellten Sicherheit begründet wäre. Damit der Ausschluss eingreift, müssen auch in den Fällen des § 490 Abs. 1 BGB die Voraussetzungen des Abs. 1 vorliegen, muss also eine doppelte Kausalität zwischen der Verschlechterung der Vermögensverhältnisse oder der Werthaltigkeit der Sicherheiten aufgrund der Krise und dadurch bei Erfüllung der Ansprüche eine Gefährdung des Lebensunterhalts gegeben sein. Diese Regelung ist als **einseitig zwingendes Recht** ausgestaltet. Eine Abweichung zu Lasten des Verbrauchers ist nicht zulässig **(S. 2).**

## IV. Vereinbarungen der Vertragsparteien (Abs. 2)

6 Der Gesetzgeber hat es den Vertragsparteien anheimgestellt, von der Regelung des Abs. 1 abweichende Vereinbarungen zu treffen. Die Freiheit, der Erfüllung der Verbindlichkeiten aus dem Darlehen eine hohe Priorität einzuräumen und uU andere Vermögensgegenstände zu aktivieren, kann daher genutzt werden. Die vorgestellten Möglichkeiten, Teilleistungen zu vereinbaren, die sich von den zuvor vertraglich festgelegten unterscheiden, Zins- und Tilgungsanpassungen vorzunehmen, oder auch eine Umschuldung durchzuführen, machen deutlich, dass es sich um **Vertragsänderungen** handelt, die einer Dokumentation bedürfen, wie sie für Verbraucherdarlehensverträge in § 492 BGB geregelt ist. Diese Notwendigkeit ist in **Abs. 5 S. 3 Alt. 1** klargestellt. Eine **Abschrift des Vertrages** mit den Änderungen muss dem Verbraucher zur Verfügung gestellt werden. Eine Anpassung der Kreditsicherheiten kann insbes. dann erforderlich sein, wenn die vertragliche Vereinbarung eine Erhöhung der Kreditsumme zur Folge hat (Samhat WM 2020, 865 (869)).

7 Das **Gesprächsangebot** soll vom Darlehensgeber ausgehen **(Abs. 4 S. 1).** Fernkommunikationsmittel werden in S. 2 ausdrücklich zugelassen. Das ist angesichts der Beschränkungen des öffentlichen Lebens in der Krise nur angemessen. Nimmt man eine Rechtspflicht an, so ist es konsequent, im Falle des Unterlassens eines solchen Gesprächsangebots einen Schadensersatzanspruch des Darlehensnehmers zu erwägen. Als möglicher Schaden ist angenommen worden, dass der Verbraucher nicht über mögliche Unterstützungsangebote Dritter informiert worden ist (Uhlenbruck/Möllnitz/Schmidt-Kessel Art. 240 §§ 1–4 Rn. 174; Schörnig MDR 2020, 697 (702); im Grundsatz bejahend, aber unter Ablehnung einer Informationspflicht Herresthal ZIP 2020, 989 (999); Knops in Schmidt COVID-19 § 2 Rn. 26 nimmt bei Unterlassen eine Nebenpflichtverletzung an, ohne Rechtspflicht zum Gespräch bzw zu Nachverhandlungen (kein Fall von § 313 BGB); aA Lühmann NJW 2020, 1321 (1323); Meier/Kirschhöfer BB 2020, 967 (968)). Der Gesetzeswortlaut und die Begründung des Gesetzentwurfs legen nahe, dass es sich um eine **Obliegenheit des Darlehensgebers** handelt – „soll" (Begr. RegE, BT-Drs. 19/18110, 39 f.; gegen die Annahme einer Verpflichtung des Darlehensgebers auch Scholl WM 2020, 765 (771)). Die durch die Stundung gewonnene Zeit soll nach der Vorstellung des Gesetzgebers in beiderseitigem Interesse genutzt werden, um eine auch angesichts der Krise tragfähige Grundlage zu gestalten. Dabei ist an Hilfs- oder Überbrückungsmaßnahmen des Darlehensgebers ebenso gedacht wie an solche von dritter Seite (Begr. RegE, BT-Drs. 19/18110, 40). Eine generelle Geschäftsbesorgerfunktion des Darlehensgebers im insolvenznahen Stadium, wie sie in der Lit. zum Teil angenommen wird (Uhlenbruck/Möllnitz/Schmidt-Kessel Art. 240 §§ 1–4 Rn. 169), scheint allzu weitgehend. Dem Darlehensgeber ist im Verbraucherkreditrecht gerade **keine allgemeine Beraterrolle** zugewiesen worden, wie sich aus einem Vergleich mit der Erläuterungspflicht in § 491a Abs. 3 BGB ergibt, die als ein Rest des einmal verfolgten, aber nicht realisierten Grundsatzes der verantwortlichen Kreditvergabe angesehen werden kann, inhaltlich aber hinter einer Beratungspflicht zurückbleibt (→ BGB § 491a Rn. 15; → BGB § 491a Rn. 18; zu den fakultativen Beratungsleistungen bei Immobiliar-Verbraucherdarlehensverträgen gem. § 511 BGB → BGB § 511 Rn. 2).

## V. Veränderung der Vertragslaufzeit (Abs. 5)

Bleibt ein Gespräch ergebnislos, kommt es also nicht zu einer vertraglichen und damit individuellen Anpassung der Konditionen unabhängig von Abs. 1 oder – und dies ist der Fall von Abs. 5 **S. 1** – zu einer vertraglich gestalteten Bewältigung der Situation nach dem Ende der Stundung, also nach dem 30.6.2020, ist eine **Verlängerung der Laufzeit des Darlehensvertrages um drei Monate** vorgesehen. Die Fälligkeit der Leistungen wird um drei Monate verschoben. Diese Regelung dient dazu, eine doppelte Belastung der Verbraucher – Fälligkeit doppelter Raten für die Monate Juli bis September 2020 – nach Ablauf der Stundungszeit zu vermeiden, da das Fortdauern einer erheblichen Überforderung anzunehmen ist (Begr. RegE, BT-Drs. 19/18110, 40). Die Fälligkeit der Leistungen wird jeweils um die Frist von drei Monaten hinausgeschoben **(S. 2).** Das Ende der Verlängerung richtet sich daher nach dem bei Vertragsschluss vor dem 15.3.2020 geplanten Vertragsende und ist um drei Monate zu ergänzen. Sind nicht für alle Ansprüche Stundungen in Anspruch genommen worden, so verlängert sich der Vertrag entspr. um einen geringeren Zeitraum. Diese Interpretation von Abs. 5 S. 1 und 2 entspricht dem Zweck der Regelung (ebenso Lühmann NJW 2020, 1321 (1323)). Eine für die Darlehensforderung bestehende Bürgschaft erstreckt sich auch auf diese Verlängerung und Erweiterung. Da es sich um eine durch Gesetz bewirkte Erweiterung handelt, greift die Anordnung des § 767 Abs. 1 S. 3 nicht ein, der zufolge eine vertragliche Erweiterung durch den Schuldner unwirksam ist (hierzu und zu Drittsicherheiten insgesamt Samhat WM 2020, 865 (869)). 8

Die Verlängerung der Vertragslaufzeit führt dazu, dass der Verbraucher nicht nur einen effektiven Zahlungsaufschub hinsichtlich der Raten erhält, sondern auch weder Verzugszinsen noch einen Schadensersatz leisten muss. Es erscheint allein im Sinne einer verfassungsgemäßen Auslegung, für die Verlängerung der Laufzeit eine **Verzinsung des überlassenen Kapitals** anzunehmen (so auch Lühmann NJW 2020,1321 (1324); ebenso aufgrund von Auslegung nach Wortlaut, Geschichte, Systematik und Telos sowie Konformität mit der Verfassung Herresthal ZIP 2020, 989 (991 ff.); Klöhn WM 2020, 1141; Rösler/Wimmer WM 2020, 1149 mit Beispielen; ebenso mit verfassungsrechtlicher Argumentation Herdegen WM 2021, 465 (467); auch bejahend mit eingehender Begr. Bohner NJW 2020, 2926 (2927); ebenfalls die Zinszahlungspflicht bejahend: Rüfner JZ 2020, 443 (448); Scholl WM 2020, 765 (771); Meier/Kirschhöfer BB 2020, 967 (969). Gegen eine Verzinsung Fischer VuR 2020, 203 (208); mit Zweifeln an der gesetzgeberischen Intention hinsichtlich einer Pflicht zur Nachentrichtung gestundeter Zinsen und eher für einen Zinsverzicht votierend, jedoch mit der Empfehlung an Darlehensgeber, im Rahmen der Neuverhandlungen eine solche Nachentrichtung vorzuschlagen: BeckOGK/Köndgen Rn. 34, 70-73.1; gegen Zinsen im Stundungszeitraum mit eingehender Argumentation und unter Hinweis auf den Schutz des Verbrauchers vor einer Doppelbelastung – Zahlung von Zinsen für den Stundungszeitraum und für die Vertragsverlängerung Knops in Schmidt COVID-19 § 2 Rn. 21–21c; Martens hält die Regelung unter der Annahme einer zinslosen Verlängerung für verfassungswidrig, → Art. 240 § 4 Rn. 14). Die **Höhe des Zinssatzes** richtet sich nach der vertraglichen Vereinbarung. Bei veränderlichen Konditionen ist der Zinssatz der letzten, in der ursprünglich vorgesehenen Laufzeit zu erfüllenden Rate für den Verlängerungszeitraum einzusetzen. Dies wird einer Orientierung am Vertrag am besten gerecht. Eine Festlegung durch den Gesetzgeber wäre wünschenswert gewesen. Im Falle der Verlängerung des Moratoriums – s. dazu § 4 Abs. 1 Nr. 3 und Abs. 2 – wäre dies nachzuholen. 9

Dem Verbraucher ist gem. Abs. 5 **S. 3** eine **Abschrift des Vertrags** mit den entsprechenden Vertragsänderungen zur Verfügung zu stellen. Ob hier die Anforderungen von § 492 BGB zugrunde zu legen sind, ist umstritten (dafür Uhlenbruck/Möllnitz/Schmidt-Kessel Art. 240 §§ 1–4 Rn. 173; Lühmann NJW 2020, 1321 (1324): nur Abschrift über Vertragsänderungen). Eine Differenzierung scheint geboten, auch wenn das Ergebnis übereinstimmt. Kommt eine einverständliche Regelung zustande, wie sie in Abs. 2 und 4 intendiert ist, muss angesichts der individuell angepassten Konditionen an den Vorgaben von § 492 BGB festgehalten werden (aA Lühmann NJW 2020, 1321 (1325), der aufgrund des Charakters als Individualvereinbarung eine Abbedingung der Verpflichtung für möglich hält. Das ist schon mit den Prinzipien des Verbraucherprivatrechts nicht vereinbar, § 512 S. 1 BGB). Es handelt sich dann um eine Vertragsänderung, die als Novation zu betrachten ist. In den Fällen, in denen keine einvernehmliche Regelung zustande kommt, sich also die Vertragslaufzeit kraft Gesetzes um drei Monate verlängert, ist die Änderung auf zwei Faktoren begrenzt, nämlich auf das neue Ende der Laufzeit des Vertrages und die für die Verlängerung zu berechnende Vergütung, also den Zinssatz. Auch hier können allerdings die Ergänzungen in den vorhandenen Vertrag integriert werden. Eine Parallele zu § 494 Abs. 7 BGB 10 zeigt, dass auch bei Vertragsänderungen, die uU nur einem informationspflichtigen Punkt betreffen, die Abschrift des Vertrags den gesamten Inhalt aufnehmen muss (→ BGB § 494 Rn. 1 ff.).

## VI. Ausnahme von Stundung, Änderungsbegehren und Kündigungsausschluss (Abs. 6)

11 Das Gesetz sieht **zu Gunsten des Darlehensgebers** eine **Härtefallregelung** vor, wonach die Abs. 1–5 nicht gelten, wenn ihre Anwendung für den Darlehensgeber unter Berücksichtigung aller Umstände unzumutbar ist (Abs. 6). Diese Ausnahme soll eine Ausgewogenheit der Regelung im Darlehensrecht herstellen und damit den verfassungsrechtlich zulässigen Rahmen einhalten. Neben der in der Gesetzesbegründung genannten Vertragsfreiheit und dem Recht am eingerichteten und ausgeübten Gewerbebetrieb, die durch Art. 2 Abs. 1 GG geschützt sind, ist auch ein Eingriff in Art. 14 Abs. 1 S. 1 GG durch die gesetzlich angeordnete Stundung bewirkt (Lühmann NJW 2020, 1321 (1325 f.)). Außergewöhnliche Fallkonstellationen, die eine Belastung mit der gesetzlich vorgesehenen Stundung und mit dem Kündigungsausschluss als unzumutbar erscheinen lassen, müssen im Wege einer umfassenden Interessenabwägung im Einzelfall bewertet werden (näher → BGB § 498 Rn. 8).

12 Die Bezugnahme auf Abs. 1–5 macht deutlich, dass im Falle der Unzumutbarkeit von Anpassungen auf Seiten des Darlehensgebers auch keine Gespräche über eine Vertragsänderung geführt werden sollen. Möglicherweise ist diese Konsequenz nicht bedacht worden. Ein Versuch, im Rahmen einer einverständlichen Regelung einen Ausweg aus einer für beide Seiten problematischen Situation zu finden, mit dessen Hilfe ein Festhalten am Vertrag ermöglicht wird, ist stets zu begrüßen. Die Fassung von Abs. 6 verbietet allerdings ein Gesprächsangebot auch nicht in diesen Fällen. Davon sollte daher in einem solchen Fall Gebrauch gemacht werden.

## VII. Anwendung im Gesamtschuldverhältnis (Abs. 7)

13 Die Regelungen gelten für das Verhältnis des Gläubigers zu Gesamtschuldnern und für diese untereinander entspr. **(Abs. 7).** Diese Bestimmung wird in zwei Fällen relevant. Zum einen kann es sein, dass nicht alle gesamtschuldnerisch haftenden Darlehensnehmer von dem Moratorium des Abs. 1 Gebrauch machen können. Der Gläubiger ist dann nicht berechtigt, von den zur Zahlung verpflichteten Schuldnern auch noch gem. § 426 Abs. 1 BGB den gestundeten Betrag anteilig zu verlangen (Begr. RegE, BT-Drs. 19/18110, 40; mit Kritik an dieser Regelung und der Annahme, dass der Darlehensgeber von den anderen Gesamtschuldnern die volle Summe verlangen kann, Scholl WM 2020, 765 (772)). Die Belastung trifft in dieser Konstellation den Darlehensgeber. Ziel ist es, die durch Zeitaufschub bewirkte Entlastung des Darlehensnehmers zu erreichen, für den eine Erfüllung unzumutbar ist. Daher ist der Gesamtschuldner, der den Gläubiger vollständig befriedigt, in den Fällen von Abs. 1 nicht berechtigt, während des Moratoriums Rückgriff gem. § 426 Abs. 2 BGB zu nehmen (aA unter Hinweis auf § 425 Abs. 1 BGB Lühmann NJW 2020, 1321 (1324)).

## VIII. Verordnungsermächtigung zur Erweiterung des personellen Anwendungsbereichs (Abs. 8)

14 Die Bundesregierung wird ermächtigt, mit Zustimmung des Bundestages und ohne Zustimmung des Bundesrates den personellen Anwendungsbereich zu ändern **(Abs. 8)** (krit. Herresthal ZIP 2020, 989 (1000)). Besonders genannt ist eine mögliche Einbeziehung von Kleinstunternehmen iSd europarechtlichen Definition.

### § 4 Verordnungsermächtigung

**(1) Die Bundesregierung wird ermächtigt, durch Rechtsverordnung ohne Zustimmung des Bundesrates**

1. **die Dauer des Leistungsverweigerungsrechts nach § 1 bis längstens zum 30. September 2020 zu verlängern,**
2. **die in § 2 Absatz 1 und 3 enthaltene Kündigungsbeschränkung auf Zahlungsrückstände zu erstrecken, die im Zeitraum vom 1. Juli 2020 bis längstens zum 30. September 2020 entstanden sind,**

**3. den in § 3 Absatz 1 genannten Zeitraum bis zum 30. September 2020 und die in § 3 Absatz 5 geregelte Verlängerung der Vertragslaufzeit auf bis zu zwölf Monate zu erstrecken,**

**wenn zu erwarten ist, dass das soziale Leben, die wirtschaftliche Tätigkeit einer Vielzahl von Unternehmen oder die Erwerbstätigkeit einer Vielzahl von Menschen durch die COVID-19-Pandemie weiterhin in erheblichem Maße beeinträchtigt bleibt.**

**(2) Die Bundesregierung wird ermächtigt, durch Rechtsverordnung mit Zustimmung des Bundestages und ohne Zustimmung des Bundesrates die in Absatz 1 genannten Fristen über den 30. September 2020 hinaus zu verlängern, wenn die Beeinträchtigungen auch nach Inkrafttreten der Rechtsverordnung nach Absatz 1 fortbestehen.**

## Überblick

Art. 240 § 4 ließ eine Anpassung der in den Art. 240 §§ 1–3 durch Maximalfristen objektiv begrenzten Pandemienotlage und damit eine temporale Erweiterung der dort geregelten Schutzinstrumente für Schuldner durch Rechtsverordnung zu, die sich in pandemiebedingten Leistungsschwierigkeiten befanden.

Art. 240 §§ 1–7 werden aufgehoben mWv 1.10.2022 durch Gesetz vom 27.3.2020 (BGBl. I 569).

## I. Entstehungsgeschichte

Zum allgemeinen Hintergrund → Art. 240 § 1 Rn. 1 ff. 1

Im Hinblick auf die **Beteiligung des Bundestags beim Erlass von Rechtsverordnungen nach Abs. 2** wurde der Gesetzentwurf der Bundesregierung noch recht spät überarbeitet. So war am 22.3.2020 noch vorgesehen, dass die Bundesregierung solche Rechtsverordnungen ohne Zustimmung des Bundesrates beschließen könne, diese dann aber dem Bundestag zuzuleiten gewesen wären (Abs. 3 S. 1 EGBGB-E v. 22.3.2020), der sie durch Beschluss hätte ändern oder ablehnen können (Abs. 3 S. 2 EGBGB-E v. 22.3.2020); sofern der Bundestag sich nicht binnen zwei Wochen mit der Rechtsverordnung befasst hätte, hätte die Rechtsverordnung unverändert erlassen werden können (Abs. 3 S. 4 EGBGB-E v. 22.3.2020). Diese detaillierte Regelung des Prozedere wurde im endgültigen Entwurf durch ein einfaches Zustimmungserfordernis des Bundestags ersetzt, hinsichtlich dessen die allgemeinen Verfahrensregelungen gelten (→ Rn. 21). 2

Die Bundesregierung hat von der Ermächtigung keinen Gebrauch gemacht und die Fristen der Art. 240 §§ 1–3 nicht verlängert. **Die Norm ist damit funktionslos** (→ Rn. 19). 3

## II. Normzweck

Bei Erlass des **Gesetzes zur Abmilderung der Folgen der COVID-19-Pandemie im Zivil-, Insolvenz- und Strafverfahrensrecht** (COVFAG, BGBl. 2020 I 569) im März 2020 waren der weitere Verlauf der COVID-19-Pandemie und vor allem die künftigen Reaktionen von Politik und Gesellschaft nicht absehbar (BT-Drs. 19/18110, 41). Aus **Gründen der Rechtssicherheit** entschloss sich der Gesetzgeber gleichwohl dazu, den **Schutz** von Schuldnern bei pandemiebedingten Leistungsschwierigkeiten **durch Art. 240 §§ 1–3 objektiv** auf einen **klar definierten Zeitraum,** nämlich vorerst nur **bis zum 30.6.2020, zu begrenzen.** Durch diese Typisierung nahm der Gesetzgeber zwar grds. Schutzlücken in Kauf, da sich Schuldner auch nach dem 30.6.2020 in den von Art. 240 §§ 1–3 erfassten Vertragsverhältnissen (noch) in pandemiebedingten Schwierigkeiten hätten befinden können. Art. 240 § 4 sollte aber eine **flexible Anpassung der Art. 240 §§ 1–3** ermöglichen, indem die jeweiligen Fristen der objektiv definierten Pandemienotlage durch Rechtsverordnungen hätten verlängert werden können. Die Bundesregierung hat von der Ermächtigung indes keinen Gebrauch gemacht und die Fristen der Art. 240 §§ 1–3 nicht verlängert. **Die Norm ist damit funktionslos.** 4

### § 5 Gutschein für Freizeitveranstaltungen und Freizeiteinrichtungen

**(1) Wenn eine Musik-, Kultur-, Sport- oder sonstige Freizeitveranstaltung aufgrund der COVID-19-Pandemie nicht stattfinden konnte oder kann, ist der Veranstalter berechtigt, dem Inhaber einer vor dem 8. März 2020 erworbenen Eintrittskarte oder sonstigen Teilnahmeberechtigung anstelle einer Erstattung des Eintrittspreises oder**

**sonstigen Entgelts einen Gutschein zu übergeben. Umfasst eine solche Eintrittskarte oder sonstige Berechtigung die Teilnahme an mehreren Freizeitveranstaltungen und konnte oder kann nur ein Teil dieser Veranstaltungen stattfinden, ist der Veranstalter berechtigt, dem Inhaber einen Gutschein in Höhe des Wertes des nicht genutzten Teils zu übergeben.**

**(2) Soweit eine Musik-, Kultur-, Sport- oder sonstige Freizeiteinrichtung aufgrund der COVID-19-Pandemie zu schließen war oder ist, ist der Betreiber berechtigt, dem Inhaber einer vor dem 8. März 2020 erworbenen Nutzungsberechtigung anstelle einer Erstattung des Entgelts einen Gutschein zu übergeben.**

**(3) Der Wert des Gutscheins muss den gesamten Eintrittspreis oder das gesamte sonstige Entgelt einschließlich etwaiger Vorverkaufsgebühren umfassen. Für die Ausstellung und Übersendung des Gutscheins dürfen keine Kosten in Rechnung gestellt werden.**

**(4) Aus dem Gutschein muss sich ergeben,**
1. **dass dieser wegen der COVID-19-Pandemie ausgestellt wurde und**
2. **dass der Inhaber des Gutscheins die Auszahlung des Wertes des Gutscheins unter einer der in Absatz 5 genannten Voraussetzungen verlangen kann.**

**(5) Der Inhaber eines nach den Absätzen 1 oder 2 ausgestellten Gutscheins kann von dem Veranstalter oder Betreiber die Auszahlung des Wertes des Gutscheins verlangen, wenn**
1. **der Verweis auf einen Gutschein für ihn angesichts seiner persönlichen Lebensumstände unzumutbar ist oder**
2. **er den Gutschein bis zum 31. Dezember 2021 nicht eingelöst hat.**

### Überblick

Art. 240 §§ 1–7 werden aufgehoben mWv 1.10.2022 durch Gesetz vom 27.3.2020 (BGBl. I 569).

## I. Normzweck und Verfassungsmäßigkeit

1 Art. 240 regelt Notmaßnahmen, die zur Bewältigung der Folgen der Corona-Krise ergriffen wurden. Dabei geht Art. 240 § 5 nicht auf das Gesetz vom 27.3.2020, sondern auf eine eigenständige Regelung zurück, die vom Bundestag auf der Grundlage einer Formulierungshilfe der Bundesregierung beschlossen wurde (Art. 1 Gesetz zur Abmilderung der Folgen der COVID-19-Pandemie im Veranstaltungsvertragsrecht und im Recht der Europäischen Gesellschaft (SE) und der Europäischen Genossenschaft (SCE) vom 15.5.2020, BGBl. I 948). Die Regelung soll vermeiden, dass Unternehmen, die ohnehin von der Corona-Krise in erheblichem Umfang betroffen sind, durch die Rückforderung bereits bezahlter Entgelte Liquidität entzogen wird (BT-Drs. 19/18697, 5). Damit sollen negative Folgen für die Wirtschaft und das kulturelle Leben abgemildert werden; zugleich geht der Gesetzgeber davon aus, dass viele der Kunden ihr Eintrittsgeld ohnehin nicht zurückbekommen würden, wenn Zahlungsschwierigkeiten der Veranstalter nicht vermieden werden (BT-Drs. 19/18697, 5).

2 Deshalb sind die betroffenen Unternehmen berechtigt, zunächst Gutscheine für später stattfindende Veranstaltungen auszuhändigen und den geschuldeten Geldbetrag erst dann zurückzuzahlen, wenn diese bis zum 31.12.2021 nicht eingelöst wurden. Die Regelung bewirkt nicht nur eine zinslose Stundung des Rückzahlungsanspruchs, sondern verlagert auch das Insolvenzrisiko auf den Gläubiger. Beides greift in das durch Art. 14 GG garantierte Forderungsrecht ein. Derzeit ist ein Verfahren vor dem Bundesverfassungsgericht anhängig (Vorlagebeschluss AG Frankfurt VuR 2021, 193).

3 Während die Regelung der Stundung aus Gründen des Gemeinwohls gerechtfertigt sein dürfte, könnte die Verlagerung des Insolvenzrisikos verfassungsrechtlich bedenklich sein, weil damit das Forderungsrecht nicht nur ausgestaltet, sondern in seinem wirtschaftlichen Wert nahezu vollständig entleert wird. Hier hätte sich als milderer Eingriff die Absicherung dieses Risikos durch eine staatliche Garantie angeboten, die eingreift, falls der nicht eingelöste Gutschein nach dem 31.12.2021 wegen der Insolvenz des Unternehmers wertlos geworden ist. Ob dies zu durchgreifenden Bedenken führt, lässt sich derzeit nicht absehen (krit. auch MüKoBGB/Busche Rn. 37; für Verfassungskonformität Bömer/Nedelcu NJOZ 2020, 1217 ff.; Grüneberg/Retzlaff Rn. 1). Zu berücksichtigen ist, dass auch ohne diese Regelungen die Durchsetzung von Rückerstattungsan-

sprüchen wegen abgesagter Veranstaltungen wegen unzureichender Finanzdecke schwierig geworden wäre. Zu Ansprüchen bei Insolvenz vor dem 31.12.2021 vgl. → Rn. 16.

## II. Anwendungsbereich

**1. Art der Veranstaltung.** Art. 240 § 5 ist auf **Freizeitveranstaltungen** wie etwa Konzerte, Festivals, Theatervorstellungen, Filmvorführungen, Wissenschaftsveranstaltungen, Vorträge, Lesungen, Sportwettkämpfe und ähnliche Freizeitveranstaltungen anzuwenden (AG München 142 C 10101/20 – Kulturveranstaltung mit Bewirtung). Nicht erfasst werden private Feiern in der Gastronomie (KG NJW-RR 2022, 64; LG Paderborn NJW 2021, 170 – Abiturball). Weiterhin gilt die Regelung nicht für beruflich veranlasste Veranstaltungen wie Fortbildungsmaßnahmen und Veranstaltungen, die sich vorrangig an ein Fachpublikum richten wie Fachmessen oder Kongresse (LG Paderborn 3 O 252/20 – VIP-Dauerkarte für Bundesliga zu gewerblichen Werbezwecken). Zur Begründung wird darauf verwiesen, dass Entgelte für solche Veranstaltungen häufig deutlich höher sind als die für Freizeitveranstaltungen, sodass der Gläubiger des Rückzahlungsanspruchs durch eine Gutscheinlösung in höherem Maße und sogar selbst in finanzielle Schwierigkeiten kommen könne (BT-Drs. 19/18697, 7). Richtet sich der Rückzahlungsanspruch nicht gegen den Veranstalter, sondern gegen eine Ticketagentur, ist die Regelung nicht anwendbar (AG Freiburg VuR 2021, 192; Woitkewitsch NJW 2022, 1134, 1136 Rn. 15 f.). 4

Erfasst werden nach Abs. 1 S. 2 auch Veranstaltungen, die an mehreren Tagen stattfinden oder Vereinbarungen, die eine mehrfache oder dauerhafte Nutzung von Freizeiteinrichtungen ermöglicht. Dies sind nicht nur Sprach- oder Musikkurse, sondern auch Abonnements für Konzerte, Dauerkarten für Sportveranstaltungen oder Abonnements für Schwimmbäder oder Fitnessstudios. 5

**2. Vertragsschluss vor dem 8.3.2020.** Die Regelung ist nur anwendbar, wenn der Vertrag, aus dem sich der Rückzahlungsanspruch ergibt, vor dem 8.3.2020 geschlossen wurde. Wurde die Vertragserklärung des Rückzahlungsgläubigers vor dem 8.3.2020 abgegeben, diese aber erst nach dem 8.3.2020 angenommen, so ist die Regelung nicht anwendbar. Der Veranstalter ist nicht schutzwürdig, weil er in Kenntnis der möglichen Folgen den Vertrag geschlossen hat. Deshalb wird ihm Rückzahlung zugemutet, ohne dass er auf einen Gutschein verweisen kann (BT-Drs. 19/18697, 7). Dieser Gedanke trägt in den Fällen nicht, in denen der Veranstalter seine bindende Erklärung vor dem 8.3.2020 abgegeben hat, diese aber erst nach diesem Datum angenommen wurde. Hier wird man eine analoge Anwendung in Betracht ziehen müssen (aA MüKoBGB/Busche Rn. 13). 6

Ist im Vertrag eine Verlängerung der Laufzeit vereinbart, wenn dieser nicht gekündigt wird, muss die Regelung ihrem Sinn und Zweck nach auch dann angewendet werden, wenn sich der Vertrag nach dem 8.3.2020 verlängert (MüKoBGB/Busche Rn. 13). Gerade bei **Abonnements** ist es dem Veranstalter nach dem Sinn und Zweck der Regelung nicht zuzumuten, den Vertrag zu kündigen. Damit würde das Ziel der Regelung, die Liquidität zu sichern, unterlaufen werden. Deshalb kann der Veranstalter den Kunden auch dann auf einen Gutschein verweisen, wenn für den Veranstalter nach dem 8.3.2020 ein Recht zur Kündigung oder zur Verhinderung einer Vertragsverlängerung bestand. Der Fall ist auch wertungsmäßig nicht mit der Annahme eines einzelnen Vertrages vergleichbar, bei dem der Schutz des Art. 240 § 5 nicht eingreift (vgl. → Rn. 5). 7

Steht dem Vertragspartner des Veranstalters ein **Widerrufsrecht** zu, so ist zu unterscheiden: Macht er von diesem Recht keinen Gebrauch, so ist für die Anwendbarkeit des Art. 240 § 5 der Vertragsschluss maßgebend, nicht der Ablauf der Widerrufsfrist. Dies folgt daraus, dass der Veranstalter bereits vor dem Stichtag gebunden war. Macht der Vertragspartner von seinem Widerrufsrecht Gebrauch, so ist Art. 240 § 5 nicht anwendbar, weil der Rückzahlungsanspruch aus dem Widerruf und nicht aus der Undurchführbarkeit der Veranstaltung resultiert. Es ist zwar möglich, den Rückgewähranspruch unter den Begriff der Erstattung zu fassen, es wird aber kaum der Nachweis gelingen, dass der Vertragspartner von seinem Widerrufsrecht gerade wegen der COVID-19-Pandemie Gebrauch gemacht hat. Dies ist aber nach dem Wortlaut erforderlich, sodass die damit verbundene Ungleichbehandlung hinzunehmen ist. Ebenso verhält es sich, wenn der Vertrag angefochten wird. 8

## III. Kausalität der COVID-19-Pandemie für die Nichtdurchführung oder Schließung

9 Die Regelung ist nur dann anzuwenden, wenn die Veranstaltung aufgrund der COVID-19-Pandemie nicht stattfinden kann. Dazu reicht es aus, dass die Pandemie ursächlich für das Nichtstattfinden ist; nicht gefordert wird, dass die Veranstaltung ordnungsbehördlich untersagt wurde. Deshalb werden auch etwa Konzerte erfasst, deren Durchführung nicht untersagt wurde, die aber nicht stattfinden konnten, weil die Künstler nicht einreisen durften.

10 Dagegen knüpft der Wortlaut des Abs. 2 mit der Formulierung „zu schließen war" an einen Zwang zur Schließung an. Ob die Voraussetzungen auch dann erfüllt sind, wenn die Einrichtung nicht zum Schließen aufgefordert wurde, sondern aus Vorsicht oder wegen Personalengpässen geschlossen hat, erscheint zweifelhaft. Angesichts der Zielsetzung der Bestimmung sollten diese Fälle aber einbezogen werden, da andernfalls gerade bei den Veranstaltern, die freiwillig Vorsichtsmaßnahmen ergriffen haben, der Schutz vor Liquiditätsengpässen versagt (aA MüKoBGB/Busche Rn. 27).

## IV. Gutschein

11 Der Gutschein ist auf einen Geldbetrag auszustellen, nicht auf die Berechtigung zur Teilnahme an einer Veranstaltung. Dies ergibt sich zumindest mittelbar aus den Abs. 3–5. Sollten die Veranstaltungspreise steigen, kann deshalb nicht verlangt werden, ohne Zusatzkosten an der Veranstaltung teilzunehmen.

12 Auch bei Abonnementsverträgen für Konzerte oder Sportveranstaltungen und bei Verträgen über die Nutzung einer Sporteinrichtung muss der Gutschein auf einen Geldbetrag lauten. Dies kann Schwierigkeiten bereiten, wenn der Abonnementspreis gegenüber Einzelpreisen vergünstigt ist. Als Maßstab ist hier der Betrag zugrunde zu legen, der auch bei der sonstigen Absage der Veranstaltung als Erstattungsbetrag zurückzugewähren ist (für eine anteilige Erstattung MüKoBGB/Busche Rn. 32). Soweit der Vertrag für diesen Fall eine Regelung enthält, ist diese vorrangig heranzuziehen.

13 Entsprechendes gilt bei der Schließung einer Einrichtung. Auch hier verbietet der Wortlaut der Regelung die pragmatische Lösung, dass ein Gutschein für einen Zeitraum ausgehändigt wird, der der Dauer der Schließung entspricht. In der Praxis wird dieser Weg sinnvoll sein, der Berechtigte kann aber auf die Aushändigung eines Gutscheins bestehen, der auf einen Geldbetrag lautet. Dies ist auch nicht missbräuchlich, weil der Berechtigte nur in Kenntnis dieses Betrages die Entscheidung sachgerecht treffen kann, ob er bis zum Ablauf des Jahres 2021 wartet, um den Wert des Gutscheins ausgezahlt zu bekommen. Bei Abonnementverträgen, die ein Nutzungsrecht etwa für Sportanlagen zum Gegenstand haben, bestimmt sich der Betrag nach dem Anteil am Gesamtpreis (also zB 1/12 des Jahrespreises), auch wenn dieser niedriger ist als der Betrag für den entsprechenden Zeitraum (also der Monatspreis). Dies ergibt sich daraus, dass der Gutschein an den Erstattungsbetrag anknüpft und sich dieser im Fall der Teilunmöglichkeit zeitanteilig bestimmt (→ BGB § 326 Rn. 32).

14 Enthält der Vertrag Vereinbarungen darüber, was im Falle der Absage einer Veranstaltung erstattet wird, sind diese für den Erstattungsbetrag maßgebend. Sehen diese Regelungen vor, dass der Veranstalter im Fall der unverschuldeten Absage der Veranstaltung einen Gutschein für eine Ersatzveranstaltung ausstellen darf, so richtet sich der Anspruch wegen der Absage nicht auf Erstattung eines Geldbetrages. Damit ist Art. 240 § 5 nicht anwendbar.

15 Der Gutschein ist auf den Inhaber auszustellen, wie die Regelung in Abs. 4 Nr. 2 ergibt. Es handelt sich um ein kleines Inhaberpapier, das übertragbar ist (näher → BGB § 807 Rn. 2).

## V. Auszahlungsanspruch

16 Nach Abs. 5 Nr. 1 kann bereits vor dem Ablauf des 31.12.2021 die Auszahlung des Wertes des Gutscheins verlangt werden, wenn der Verweis auf einen Gutschein für den Berechtigten angesichts seiner persönlichen Lebensumstände unzumutbar ist. Der Begriff der Lebensumstände bezieht sich auf wirtschaftliche Gründe, beschränkt sich aber nicht darauf. Wirtschaftliche Gründe wird man idR bei Bedürftigkeit iSd sozialen Absicherung annehmen können. Andere Gründe können darin liegen, dass die mit dem Gutschein letztlich erkaufte Nutzungsmöglichkeit für den Berechtigten keinen Sinn mehr ergibt. So wird man einen Gutschein als Ersatz für die entgangene Nutzungsmöglichkeit eines Schwimmbades oder eines Tennisplatzes nicht mehr nutzen können, wenn der Berechtigte seinen Aufenthaltsort in eine so große Entfernung verlegt, dass ihm die regelmäßige

Nutzung der Einrichtung nicht möglich ist (vgl. auch MüKoBGB/Busche Rn. 40). Er kann deshalb die Erstattung des Gutscheinwertes verlangen. Die gegenteilige Rspr. des Bundesgerichtshofs zur Kündigung eines Fitnesscentervertrages aus wichtigem Grund steht dem nicht entgegen, weil der Berechtigte das Risiko der Nutzungsmöglichkeit nur für die Vertragslaufzeit, nicht aber über diese Zeit hinaus übernommen hat. Unzumutbar ist die Gutscheinlösung auch dann, wenn der Berechtigte aus gesundheitlichen Gründen von der Nutzungsmöglichkeit während der Zeit bis zum 31.12.2021 keinen Gebrauch machen kann. So kann etwa die dauerhafte Bettlägerigkeit oder eine langwierige Verletzung dazu berechtigen, Auszahlung des Wertes des Gutscheins zu verlangen. Maßgebend ist dabei der gesamte Zeitraum bis zum 31.12.2021, sodass eine zeitlich beschränkte Verhinderung nicht dazu berechtigt, die Auszahlung des Gutscheinwertes zu verlangen. Hat der Berechtigte eine Veranstaltung gebucht, die er nur mit Übernachtungen oder verbunden mit einem Urlaub besuchen kann, hängt es vom Einzelfall ab, ob die Umstände eine vorzeitige Auszahlung rechtfertigen. So wird man etwa bei Konzertbesuchen im Inland, die mit Übernachtungen verbunden sind, idR keine derartigen Umstände annehmen können. Setzt dagegen der Besuch einen längeren Urlaub voraus, etwa deshalb, weil der Veranstaltungsort sehr weit entfernt ist, so liegt es näher, einen Auszahlungsanspruch zu bejahen. Liegt der Veranstaltungsort im Ausland, ist die Regelung nur anwendbar, wenn auf den Vertrag, aus welchem sich der Erstattungsanspruch ergibt, deutsches Recht anwendbar ist. Dies wird bei Verbraucherbeteiligung wegen Art. 6 Rom I-VO vielfach der Fall sein.

## VI. Insolvenz vor dem 31.12.2021

Sollte über das Vermögen des Veranstalters ein Insolvenzverfahren eröffnet werden, so wird die im Gutschein verbriefte Forderung fällig (§ 41 Abs. 1 InsO). Da die Forderung unverzinslich ist, kann sie wegen § 41 Abs. 2 InsO nur abgezinst auf den 1.1.2022 zur Tabelle angemeldet werden. **17**

## VII. Verjährung

Der Anspruch auf Rückzahlung des Erstattungsbetrages wird wegen der Regelung in Art. 240 § 5 erst nach dem 31.12.2021 fällig, sodass der Lauf der Verjährungsfrist für den Rückzahlungsanspruch erst am 1.1.2022 beginnt und der Anspruch der Regelverjährung unterliegt. Dies gilt auch dann, wenn wegen der besonderen Umstände eine Auszahlung des Erstattungsbetrages vor dem 31.12.2021 hätte verlangt werden können, denn erst die Ausübung dieses Rechts gestaltet den Anspruch in einen fälligen Zahlungsanspruch um. Wird die vorzeitige Auszahlung (berechtigterweise) verlangt, so beginnt die Verjährungsfrist mit dem Zugang dieser Erklärung. **18**

## VIII. Auswirkungen auf noch nicht erbrachte Gegenleistungen

Die Regelung bezieht sich auf Erstattungsansprüche. Wurde die Gegenleistung noch nicht erbracht, kann diese bei Unmöglichkeit der Leistungserbringung nach § 326 Abs. 1 BGB nicht mehr verlangt werden (AG Hamburg VuR 2021, 394; Grüneberg/Retzlaff Rn. 2). **19**

### § 6 Reisegutschein; Verordnungsermächtigung

**(1) [1]Tritt der Reisende oder der Reiseveranstalter wegen der COVID-19-Pandemie nach § 651h Absatz 1, 3 und 4 Satz 1 Nummer 2 des Bürgerlichen Gesetzbuchs von einem Pauschalreisevertrag zurück, der vor dem 8. März 2020 geschlossen wurde, so kann der Reiseveranstalter dem Reisenden statt der Rückerstattung des Reisepreises einen Reisegutschein anbieten. [2]Diese Möglichkeit hat der Reiseveranstalter auch dann, wenn der Reisende oder der Reiseveranstalter den Rücktritt unter den Voraussetzungen des Satzes 1 vor dem Tag erklärt hat, an dem diese Vorschrift gemäß Artikel 3 Absatz 1 Satz 1 des Gesetzes vom 10. Juli 2020 (BGBl. I S. 1643) in Kraft getreten ist, und der Reiseveranstalter den Reisepreis nicht bereits zurückgezahlt hat. [3]Der Reisende hat die Wahl, ob er das Angebot des Reiseveranstalters annimmt oder sein Recht auf Rückerstattung des Reisepreises ausübt. [4]Auf dieses Wahlrecht hat der Reiseveranstalter ihn bei seinem Angebot hinzuweisen. [5]Hat der Reisende schon vor dem Tag, an dem diese Vorschrift gemäß Artikel 3 Absatz 1 Satz 1 des Gesetzes vom 10. Juli 2020 (BGBl. I S. 1643) in Kraft getreten ist, ein Angebot des Reiseveranstalters angenommen, das unter den Voraussetzungen des Satzes 1 unterbreitet wurde, so kann er von dem Reiseveran-**

**stalter verlangen, dass der Gutschein an die Vorgaben der Absätze 2 und 3 angepasst oder in einen Gutschein umgetauscht wird, der den Vorgaben der Absätze 2 und 3 entspricht.**

**(2) [1]Der Wert des Reisegutscheins muss den erhaltenen Vorauszahlungen entsprechen. [2]Für die Ausstellung, Übermittlung und Einlösung des Gutscheins dürfen dem Reisenden keine Kosten in Rechnung gestellt werden.**

**(3) Aus dem Reisegutschein muss sich neben dessen Wert ergeben,**

1. **dass dieser wegen der COVID-19-Pandemie ausgestellt wurde,**
2. **wie lange er gültig ist,**
3. **dass der Reisende die Erstattung der geleisteten Vorauszahlungen unter den in Absatz 5 genannten Voraussetzungen verlangen kann sowie**
4. **dass der Reisende im Fall der Insolvenz des Reiseveranstalters gemäß Absatz 6 abgesichert ist und etwaige zusätzliche Leistungsversprechen des Reiseveranstalters von der Insolvenzsicherung nicht umfasst sind.**

**(4) Der Reisegutschein verliert spätestens am 31. Dezember 2021 seine Gültigkeit.**

**(5) Der Reiseveranstalter hat dem Reisenden die geleisteten Vorauszahlungen unverzüglich, spätestens innerhalb von 14 Tagen, zu erstatten, wenn dieser den Gutschein innerhalb der Gültigkeitsdauer nicht eingelöst hat.**

**(6) [1]Wird der Reiseveranstalter zahlungsunfähig, wird über sein Vermögen das Insolvenzverfahren eröffnet oder wird ein Eröffnungsantrag mangels Masse abgewiesen, so kann der Reisende die unverzügliche Erstattung der geleisteten Vorauszahlungen von dem im Pauschalreisevertrag gemäß Artikel 250 § 6 Absatz 2 Nummer 3 genannten Kundengeldabsicherer verlangen; insoweit findet die Vorschrift des § 651r des Bürgerlichen Gesetzbuchs Anwendung. [2]Hat der Kundengeldabsicherer seine Haftung für die von ihm in einem Geschäftsjahr insgesamt zu erstattenden Beträge auf 110 Millionen Euro begrenzt und den Anspruch des Reisenden nach § 651r Absatz 3 Satz 4 des Bürgerlichen Gesetzbuchs deshalb nur anteilig befriedigt, so kann der Reisende auf der Grundlage des Reisegutscheins von der Bundesrepublik Deutschland die restliche Erstattung der Vorauszahlungen verlangen. [3]Der Reisende hat die Höhe der bereits erhaltenen Erstattungsleistung nachzuweisen. [4]Soweit die Staatskasse den Reisenden befriedigt, gehen Ansprüche des Reisenden gegen den Reiseveranstalter und den Kundengeldabsicherer auf die Staatskasse über. [5]Im Übrigen kann die Staatskasse die Erstattung davon abhängig machen, dass der Reisende Erstattungsansprüche gegen Dritte, die nicht von Satz 4 erfasst werden, an die Staatskasse abtritt.**

**(7) Im Hinblick auf die ergänzende staatliche Absicherung des Gutscheins nach Absatz 6 Satz 2 kann die Bundesrepublik Deutschland von dem Reiseveranstalter eine Garantieprämie erheben.**

**(8) Die Bundesregierung wird ermächtigt, durch Rechtsverordnung ohne Zustimmung des Bundesrates Einzelheiten des Erstattungsverfahrens und der Erhebung der Garantieprämien zu regeln.**

**(9) [1]Zuständige Stelle für das Erstattungsverfahren nach Absatz 6 Satz 2 bis 5 ist das Bundesministerium der Justiz und für Verbraucherschutz. [2]Das Bundesministerium der Justiz und für Verbraucherschutz kann die Aufgabe dem Bundesamt für Justiz übertragen. [3]Das Bundesministerium der Justiz und für Verbraucherschutz oder das Bundesamt für Justiz kann sich bei der Erfüllung seiner Aufgaben geeigneter Dritter bedienen. [4]Der zuständigen Stelle für das Erstattungsverfahren wird zur Erfüllung der Aufgaben außerdem die Wahrnehmung des Zahlungsverkehrs als für Zahlungen zuständige Stelle gemäß § 70 der Bundeshaushaltsordnung übertragen. [5]Falls die zuständige Stelle sich zur Erfüllung der Aufgaben eines Dritten bedient, kann sie auch die Wahrnehmung des Zahlungsverkehrs als eine für Zahlungen zuständige Stelle gemäß § 70 der Bundeshaushaltsordnung an den Dritten übertragen. [6]Die notwendigen Bestimmungen der Bundeshaushaltsordnung und die dazu erlassenen Ausführungsbestimmungen sind insoweit entsprechend anzuwenden. [7]Das Nähere wird im Einvernehmen mit dem Bundesministerium der Finanzen bestimmt.**

**(10) Der Reiseveranstalter kann sich gegenüber dem Reisevermittler nur darauf berufen, dass der vermittelte Pauschalreisevertrag nicht mehr besteht, wenn er den Wert des Reisegutscheins auszuzahlen hat.**

## Überblick

Die Norm dient dem Schutz der Reiseveranstalter vor einem existenzbedrohenden Liquiditätsabfluss (→ Rn. 1) infolge COVID-19-bedingten (→ Rn. 10) Rücktritts (→ Rn. 8) von Pauschalreiseverträgen (→ Rn. 3), die vor dem Stichtag des 8.3.2020 geschlossen wurden (→ Rn. 7). Der Reiseveranstalter hat in diesen Fällen die Wahl, ob er einen Gutschein anbietet, der Reisende, ob er das Angebot annimmt (→ Rn. 11).

Ausgestellte Gutscheine müssen die formalen Anforderungen der Abs. 2 und 3 erfüllen und die Höhe der erfassten Vorauszahlungen angeben. Wird der Gutschein angeboten und akzeptiert, führt dies dazu, dass der Rückzahlungsanspruch des Reiseveranstalters während der Gültigkeitsdauer (→ Rn. 4) des Gutscheins gestundet ist (→ Rn. 15), sofern der Gutschein formal ordnungsgemäß ist und der Reiseveranstalter seine Informationspflicht erfüllt hat (→ Rn. 15).

Die insolvenzrechtliche Absicherung des Rückzahlungsanspruchs erstreckt sich auch auf den Anspruch aus dem Gutschein (→ Rn. 19), wobei eine subsidiäre Staatshaftung das aus der Haftungsbegrenzung resultierende verbleibende Risiko des Reisenden abdeckt (→ Rn. 23). Der Reiseveranstalter kann in dem Gutschein auch weitere Leistungen, die über die Vorauszahlungen hinausgehen, aufnehmen. Diese nehmen jedoch nicht an der Insolvenzsicherung teil (→ Rn. 13).

Um zu vermeiden, dass dem Reiseveranstalter die Vermittlungsleistung des Reisevermittlers über den Gutschein erhalten bleibt, der Reisevermittler jedoch zur Rückzahlung der Provision verpflichtet ist, macht das Gesetz den Rückzahlungsanspruch gegen den Reisevermittler davon abhängig, dass der Reiseveranstalter selbst die Vorauszahlungen zurückzahlen muss. Die für den Fall, dass Vermittler der ursprünglichen und der späteren Reise nicht identisch sind, hieraus resultierenden Wertungsprobleme sind zu Lasten des Reiseveranstalters zu lösen (→ Rn. 29).

Art. 240 §§ 1–7 werden aufgehoben mWv 1.10.2022 durch Gesetz vom 27.3.2020 (BGBl. I 569).

## Übersicht



## I. Normzweck, auch unionsrechtlicher Hintergrund

1 Art. 240 § 6 wurde mit Wirkung vom 31.7.2020 durch das Gesetz zur Abmilderung der Folgen der COVID-19-Pandemie im Pauschalreisevertragsrecht und zur Sicherstellung der Funktionsfähigkeit der Kammern im Bereich der Bundesrechtsanwaltsordnung, der Bundesnotarordnung, der Wirtschaftsprüferordnung und des Steuerberatungsgesetzes während der COVID-19-Pandemie (COVPRAbmG) vom 10.7.2020 (BGBl. I 1643) iVm der Bek. vom 6.8.2020 (BGBl. I 1870) eingefügt. Aufgrund der weltweiten Ausbreitung des SARS-CoV-2-Virus und der damit verbundenen Reisebeschränkungen auf nationaler und internationaler Ebene ist der Tourismus in Deutschland, Europa und der Welt nahezu vollständig zum Erliegen gekommen (BT-Drs. 19/19851, 1). Die Reiseveranstalter waren daher in großem Umfang verpflichtet, dem Reisenden dessen erbrachte Vorauszahlungen zeitnah (vgl. § 651h Abs. 5 BGB) zurückzuzahlen. Der Zweck der Norm liegt darin, diesen für die **Reiseveranstalter existenzbedrohenden Liquiditätsabfluss** infolge der COVID-19-Pandemie und damit das **Überleben der Reiseveranstalter selbst** zu schützen und zu gewährleisten (BT-Drs. 19/19851, 2). Der – im Gegensatz zu den verbraucherbezogenen Schutzzwecken der Art. 240 §§ 1-3 – daher **unternehmerbezogene Schutzzweck** des Art. 240 § 6 entspricht insoweit der Regelung zum Veranstaltungsrecht in Art. 240 § 5. In beiden Normen tritt ein Gutschein an Stelle der ansonsten gebotenen Zahlung. Anders als im Veranstaltungsrecht ist das Reisevertragsrecht jedoch an die Vorgaben der vollharmonisierenden Pauschalreiserichtlinie RL (EU) 2015/2302 gebunden (so auch die Gesetzesbegründung, vgl. BT-

Drs. 19/19851, 9), welche in Art. 12 Abs. 2-4 Pauschalreise-RL eindeutig vorsieht, dass der Reiseveranstalter alle Zahlungen des Reisenden bei einer Kündigung unverzüglich und innerhalb von 14 Tagen zu erstatten hat. Hiergegen werden für den Fall der COVID-19-Pandemie aus dem Europäischen Primärrecht Bedenken geltend gemacht (Staudinger in H. Schmidt, COVID-19, 2020, § 7 Rn. 114 ff.); die dabei zugrunde liegende Annahme, der Gesetzgeber habe die pandemiebedingte Absage etlicher Pauschalreisen sicherlich nicht vor Augen gehabt (Staudinger in H. Schmidt, COVID-19, 2020, § 7 Rn. 121), ist allerdings nicht geeignet, sich über gesetzliche Normen hinwegzusetzen, welche gerade auch Regelungen für unerwartete außergewöhnliche Ereignisse aufstellen (abl. auch MüKoBGB/Tonner Rn. 7). Der Gesetzgeber hatte daher sicherzustellen, dass der gem. § 651 h Abs. 5 BGB zu erfüllende **Rückzahlungsanspruch** bei Akzeptanz des Gutscheins nicht erlischt, sondern nur bis zur Inanspruchnahme der Ersatzleistung oder dem Ablauf des Gutscheins **suspendiert** ist. Völlig zu Recht weist der Bundesrat in seiner Stellungnahme im Gesetzgebungsverfahren darauf hin, dass die Ersetzung der Rückzahlung durch eine Parteivereinbarung zivilrechtlich eine Selbstverständlichkeit ist, da es hierfür keiner Aktivität des Gesetzgebers gebraucht hätte, sondern die Parteien aufgrund der allgemeinen Vertragsfreiheit entsprechendes ohnehin vereinbaren konnten (BT-Drs. 19/19851, 16; vgl. auch Staudinger/Achilles-Pujol RRa 2020, 154 (155)). Der wesentliche Regelungsgehalt der Norm ist daher in dem Insolvenzschutz zu sehen.

2 Auch die **Insolvenzabsicherung** des Reisenden bei Akzeptanz des Gutscheins, einschließlich der **subsidiären Haftung des Staates,** ist im Lichte der Vorgaben der Pauschalreiserichtlinie zu sehen, welche in Art. 17 Pauschalreise-RL die Insolvenzabsicherung gebietet. Schon bei der Umsetzungsnorm des § 651r BGB wurde diskutiert, ob die Begrenzung der Kundengeldabsicherung auf 110 Millionen Euro in § 651r Abs. 3 BGB den Vorgaben der Pauschalreiserichtlinie genügt (vgl. hierzu iE → BGB § 651r Rn. 41 f.). Nachdem diese Frage durch die Insolvenz des Reiseveranstalters **Thomas-Cook** akut wurde, hat die Bundesregierung für die aus dieser Insolvenz resultierenden Rückzahlungsansprüche entschieden, den davon betroffenen Pauschalreisenden den Differenzbetrag zwischen ihren Zahlungen und dem, was sie aufgrund ihres Sicherungsscheins erhalten haben, auszugleichen (Pressemitteilung Nr. 417 der Bundesregierung vom 11.12.2019). Die seinerzeitige noch ohne Präjudiz für die Sach- und Rechtslage gewählte Handhabung ist in Abs. 6 durch eine subsidiär eingreifende Staatshaftung in Gesetzesform gebracht worden.

## II. Geltungsbereich und tatbestandliche Voraussetzungen

3 **1. Sachlicher Geltungsbereich.** Art. 240 § 6 erfasst neben **Pauschalreiseverträgen** iSd § 651a BGB auch solche, die kraft Gesetzes als Pauschalreiseverträge zu behandeln sind. Dies ist bei Vermittlungsverträgen gem. § 651b BGB oder bei verbundenen Reiseleistungen iSd § 651c BGB (MüKoBGB/Tonner Rn. 14) der Fall, nicht aber in Fällen, in denen nur einzelne Vorschriften des Pauschalreiserechts anwendbar sind, wie etwa bei **Gastschulaufenthalten** (§ 651u BGB) (so iErg auch BeckOGK/Harke Rn. 5) oder bei **verbundenen Reiseleistungen** (§ 651w BGB) (BeckOGK/Harke Rn. 5; MüKoBGB/Tonner Rn. 14). Auch **Einzelleistungen** werden nicht erfasst (Staudinger/Achilles-Pujol RRa 2020, 154 (156)).

4 **2. Zeitlicher Geltungsbereich.** Das gem. Art. 3 Abs. 1 S. 1 COVPRAbmG am 31.7.2020 in Kraft getretene Gesetz (zum Inkrafttreten vgl. Tonner MDR 2020, 1032 Rn. 8) wirkt auch auf Pauschalreiseverträge zurück, die vor dem **8.3.2020** geschlossen wurden. Die Vorschrift tritt nicht außer Kraft, wird jedoch nach dem **31.12.2021** bedeutungslos, da ab diesem Tag keine neuen Gutscheine iSd Vorschrift mehr ausgestellt werden können (MüKoBGB/Tonner Rn. 19). Die Gutscheine selbst haben eine Gültigkeitsdauer bis zum 31.12.2021. Es können jedoch auch kürzere Laufzeiten vereinbart werden (BT-Drs. 19/19851, 13).

5 Problematisch ist die **Rückwirkung,** die nach Abs. 1 S. 2 in dem Falle gilt, dass der Reisende oder der Reiseveranstalter den Rücktritt unter den Voraussetzungen des S. 1 vor dem Tag erklärt hat, an dem diese Vorschrift in Kraft getreten ist, und der Reiseveranstalter den Reisepreis nicht bereits zurückgezahlt hat. Das Gesetz stellt darauf ab, ob die Rückzahlung des Reisepreises de facto erfolgt ist, was zur Folge hat, dass sich demnach auch Reiseveranstalter darauf berufen können, die ihrer gesetzlichen **Pflicht zur Rückzahlung** der erhaltenen Vorschüsse binnen 14 Tagen (§ 651h Abs. 5 BGB) **nicht nachgekommen** sind. Die Unbilligkeit, welche durch den Hinweis des Gesetzgebers, die Rückwirkung sei „ zur Vermeidung der schon genannten Liquiditätsprobleme geboten und … angemessen" (BT-Drs. 19/19851, 12), nicht wirklich nachvollziehbar erklärt wird, resultiert nicht nur aus dem Umstand, dass hierdurch gesetzeskonform handelnde

Veranstalter benachteiligt werden, sondern auch aus den bindenden Vorgaben der Pauschalreiserichtlinie, welche bestimmt, dass Rückzahlungen und Erstattungen unverzüglich und in jedem Fall innerhalb von spätestens 14 Tagen nach Beendigung des Pauschalreisevertrags zu erfolgen haben (vgl. Art. 12 Abs. 4 S. 2 Pauschalreise-RL).

Regelmäßig werden die vor Inkrafttreten des Gesetzes ausgestellten und akzeptierten Gutscheine nicht den Anforderungen des Abs. 3 entsprechen, sodass der Reisende gem. Abs. 1 S. 5 einen **Anspruch auf Anpassung** hat. Der Veranstalter muss eine solche jedoch nicht von sich aus vornehmen (MüKoBGB/Tonner Rn. 21). 6

**3. Inhaltliche Voraussetzung. a) Abschluss eines Pauschalreisevertrags vor dem Stichtag.** Voraussetzung der Norm ist zunächst einmal der Abschluss eines Pauschalreisevertrages vor dem **Stichtag 8.3.2020,** also dem Tag, an dem das **Moratorium** nach Art. 240 § 1 Abs. 1 (BT-Drs. 19/18110, 34) in Kraft getreten ist. Der Gesetzgeber hat die Erstreckung der Norm auf Verträge **nach diesem Datum** ausdrücklich nicht gewollt, da Reiseveranstalter, die danach entsprechende Verträge abgeschlossen haben, **nicht als schutzwürdig** angesehen werden (BT-Drs. 19/19851, 12). 7

**b) Rücktritt durch den Reisenden oder den Reiseveranstalter.** Erforderlich ist weiterhin, dass der Reisevertrag durch **Rücktritt** des Reisenden oder Reiseveranstalters nach § 651h Abs. 3 oder 4 S. 1 Nr. 2 BGB aufgelöst sein muss, also wegen unvermeidbarer, außergewöhnlicher Umstände, die die Durchführung der Pauschalreise oder die Beförderung von Personen an den Bestimmungsort erheblich beeinträchtigen. Nach der Legaldefinition des § 651h Abs. 3 S. 2 BGB sind Umständen unvermeidbar und außergewöhnlich, wenn sie nicht der Kontrolle der Partei unterliegen, die sich hierauf beruft, und sich ihre Folgen auch dann nicht hätten vermeiden lassen, wenn alle zumutbaren Vorkehrungen getroffen worden wären. Rücktrittsgründe, welche auf die COVID-19-Pandemie zurückzuführen sind, allerdings diese Voraussetzungen nicht erfüllen, da sie zB in den **Risikobereich einer der Parteien** fallen, sind daher unerheblich. Dies gilt namentlich für die eigene Erkrankung des Reisenden an COVID-19 (BeckOGK/Harke Rn. 7). 8

Ausreichend für einen Rücktritt sind auch **konkludente Handlungen,** welche als Rücktrittserklärung anzusehen sind, etwa der Fall des **„no show“.** Fehlt es auch hieran, so kann auch dies ausnahmsweise unschädlich sein. So weist Harke zutreffend darauf hin, dass es eine ungerechtfertigte Förmelei wäre, im Falle einer **einvernehmlichen Nichtdurchführung** des Vertrages auf eine Rücktrittserklärung zu bestehen (BeckOGK/Harke Rn. 7). 9

**c) Ursächlichkeit der COVID-19-Pandemie.** Die unvermeidbaren und außergewöhnlichen Umstände, die nach § 651h BGB erforderlich sind, müssen kausal auf die COVID-19-Pandemie zurückzuführen sein. Erforderlich ist daher zumindest Mitursächlichkeit der Pandemie. Diese kann sich aus dem **Infektionsgeschehen selbst** ergeben, etwa bei einer höheren Infektionsgefahr im Zielgebiet oder bei der An- bzw. Abreise (Tonner MDR 2020, 1032 Rn. 13), aber auch aus **behördlichen Maßnahmen,** welche ihre Ursache in der Pandemie haben, also Quarantäneanordnungen oder Einreiseverbote (BeckOGK/Harke Rn. 7). 10

**d) Vereinbarung eines Gutscheins durch Reiseveranstalter und Reisenden.** Die Anwendbarkeit der Norm setzt weiterhin ein Angebot des Reiseveranstalters auf Ausstellung eines Gutscheins voraus. Insoweit hat nicht nur der Reisende, für den das Gesetz ausdrücklich auf sein **„Wahlrecht“** hinweist, sondern auch der Reiseveranstalter ein Wahlrecht (ähnlich Tonner MDR 2020, 1032 Rn. 15). Bietet dieser einen Gutschein an, so ist es an dem Reisenden, zu wählen, ob er weiterhin die Zurückzahlung der erbrachten Vorauszahlungen verlangt, was ihm schon deshalb offen stehen muss, weil zuweilen auch der Reisende auf die Rückzahlung der erbrachten Vorauszahlungen angewiesen sein kann (BT-Drs. 19/19851, 1), oder einen Gutschein des Reiseveranstalters akzeptiert. 11

## III. Rechtsfolgen zwischen Reiseveranstalter und Reisendem

**1. Ausstellung eines Gutscheins. a) Ausgestaltung des Gutscheins.** Der Reisende, der sich für die Akzeptanz des Gutscheins entscheidet, hat einen Anspruch darauf, dass dieser den **Anforderungen der Abs. 2 und 3** entspricht. Dies gilt unabhängig davon, wann die Parteien sich auf die Gutscheinlösung geeinigt haben. Aus dem Gesetz selbst ergibt sich, dass dies auch vor Inkrafttreten des Gesetzes erfolgt sein kann, da für diesen Fall ausdrücklich ein Anspruch des Reisenden auf Anpassung bzw. Umtausch des Gutscheins vorgesehen ist. 12

Gem. Abs. 2 muss der Wert den geleisteten Vorauszahlungen entsprechen, wobei für Ausstellung, Übermittlung und Einlösung des Gutscheins dem Reisenden keine Kosten in Rechnung 13 gestellt werden dürfen. Dies bedeutet jedoch nicht, dass die Höhe der Vorauszahlungen auch eine **Obergrenze für den Wert** der in dem Gutschein ausgewiesenen Leistungen darstellt. So ist es einerseits ohne Weiteres möglich, dass die Attraktivität des Gutscheins dadurch gesteigert wird, dass der Reiseveranstalter einen höheren als den durch Abs. 2 definierten Mindestbetrag oder weitere Vergünstigungen (der Gesetzgeber nennt in Abs. 3 S. 4 „etwaige zusätzliche Leistungsversprechen des Reiseveranstalters") gewährt (Tonner MDR 2020, 1032 Rn. 18). Es soll jedoch vermieden werden, dass diese zusätzlichen Leistungsversprechen von der **Insolvenzsicherung und damit auch der ergänzenden Haftung des Staates** mit umfasst sind (BT-Drs. 19/19851, 13), wobei allerdings wiederum nicht ausgeschlossen ist, dass der Reiseveranstalter einen zusätzlichen Insolvenzschutz gerade für diese Zusatzleistungen anbietet.

14 **b) Übertragbarkeit des Gutscheins.** Die Ansprüche aus dem Gutschein sind als solche ohne Weiteres übertragbar, wenn die Übertragbarkeit nicht rechtsgeschäftlich ausgeschlossen wurde (§ 399 BGB) (krit. gerade in Bezug auf gewerbliche Aufkäufer allerdings Staudinger/Achilles-Pujol RRa 2020, 154 (158)). Fraglich ist allerdings, ob der mit dem Gutschein korrespondierende **Insolvenzschutz** auch auf den Erwerber übergeht. Im Gesetzgebungsverfahren wurde dies kontrovers diskutiert und letztlich nicht entschieden (vgl. BT-Drs. 19/19851, 18, 20). Es spricht allerdings mehr dafür, dass auch der Insolvenzschutz auf den Erwerber übergeht (aA BeckOGK/Harke Rn. 18). Hierfür streitet nicht nur, dass mit **Abtretung** der dem Gutschein zugrunde liegende **Forderung auf Rückerstattung des Reisepreises** auch der Insolvenzschutz übergeht (dies sieht auch die Gegenmeinung so, vgl. BeckOGK/Harke Rn. 18), sondern auch die Wertung des § 401 BGB. Geht man davon aus, dass analog **§ 401 Abs. 1 BGB** neben den ausdrücklich genannten Sicherungsrechten auch zahlreiche weitere, nicht selbstständig übertragbare Sicherungs-, Neben- und Hilfsrechte mit Abtretung der Hauptforderung auf den Zessionar übergehen (vgl. MüKoBGB/Roth/Kieninger BGB § 401 Rn. 9), muss dies auch für den Insolvenzschutz nach Abtretung der Rechte aus dem Gutschein gelten. Das Schweigen des Gesetzgebers zur der im Gesetzgebungsverfahren angesprochenen Frage des Übergangs des Insolvenzschutzes ist daher durch diese, aus den allgemeinen Vorschriften resultierende Wertung, zu ergänzen.

15 **2. Rückzahlungsanspruch des Reisenden.** Während der Gültigkeitsdauer des einvernehmlich ausgestellten Gutscheins ist der Anspruch auf Rückerstattung der Vorauszahlung **gestundet** (BeckOGK/Harke Rn. 25; Staudinger/Achilles-Pujol RRa 2020, 154 (156)). Dies gilt allerdings nur, wenn der Gutschein den Anforderungen der Abs. 2 und 3 **entspricht** oder diese aus Sicht des Reisenden übertrifft, etwa indem der Gutschein durch weitere - wenn auch nicht insolvenzgesicherte - Boni attraktiver gemacht wird. Weitere Voraussetzung der Stundung ist auch die **Erfüllung der Informationspflicht,** welche dem Reiseveranstalter gem. Abs. 1 S. 4 obliegt. Zwar ist die Obliegenheit des Reiseveranstalters, den Reisenden auf sein Wahlrecht hinzuweisen, in der Norm selbst nicht sanktionsbewehrt. Es handelt sich jedoch um eine **vertragliche Nebenpflicht,** deren Verletzung zu einem Schadensersatzanspruch des Reiseveranstalters führt; über den Grundsatz der Naturalrestitution (§ 249 BGB) ist ihm die vorenthaltene Wahlmöglichkeit wieder einzuräumen, sodass er den Rückzahlungsanspruch geltend machen kann, ohne den Ablauf des Gutscheins abwarten zu müssen.

16 Handelt der Reiseveranstalter entspr. den gesetzlichen Vorgaben, endet die Stundung des Rückzahlungsanspruchs **mit der Gültigkeitsdauer des Gutscheins** (Abs. 5), **spätestens am 31.12.2021** (Abs. 4). Aufgrund der Vorschrift des Abs. 5, wonach die Vorauszahlungen spätestens innerhalb von 14 Tagen zu erstatten sind, tritt nach Ablauf dieser Frist ohne Weiteres **Verzug** ein.

17 **3. Verwertung des Gutscheins.** Nach Buchung einer weiteren Reise des Veranstalters ist es Sache des Reisenden, ob er den Gutschein einlöst oder nicht. Wird der Gutschein eingelöst, so wird die darin verbriefte Forderung des Reisenden gegen Ansprüche des Reiseveranstalters auf den neuen Reisepreis, auch auf Vorschusszahlungen, verrechnet. Dem Reisenden steht es frei, die Ersatzreise aus dem **gesamten Angebot des Reiseveranstalters** zu wählen; unabhängig davon, welche Reise gewählt wird, ist der Reiseveranstalter verpflichtet, den Gutschein einzulösen (Tonner MDR 2020, 1032 Rn. 22). Nach Abs. 2 ist es dem Reiseveranstalter auch bei Einlösung des Gutscheins untersagt, hierfür Kosten zu erheben.

18 **4. Nichtverwertung des Gutscheins.** Wird der Gutschein nicht verwertet, so endet mit Ablauf der Gültigkeitsdauer die Stundung des Rückzahlungsanspruchs des Reisenden. Der Reiseveranstalter hat die Vorauszahlungen **unverzüglich zurückzuzahlen.**

## IV. Insolvenzschutz

**1. Anspruch gegen den Kundengeldabsicherer.** Abs. 6 erstreckt die Absicherung nach § 651r BGB auf den Wert des Gutscheins, der im Hinblick auf die Insolvenzabsicherung den geleisteten Vorauszahlungen gleichgestellt wird. Den Gesetzesmaterialien ist zu entnehmen, dass der Gesetzgeber die Erstreckung des Insolvenzschutzes auf Gutscheine auch ohne ausdrückliche gesetzliche Regelung bejaht hat, und mit der ausdrücklichen Normierung in erster Linie Rechtssicherheit schaffen wollte (BT-Drs. 19/19851, 14). Voraussetzung des Insolvenzschutzes ist, dass der **Reiseveranstalter zahlungsunfähig ist,** über sein Vermögen das Insolvenzverfahren eröffnet oder ein Eröffnungsantrag mangels Masse abgewiesen wird. Liegen diese Voraussetzungen vor, so wird der Anspruch gegen den Kundengeldabsicherer fällig, wenn ohne die Erstellung des Gutscheins der Rückzahlungsanspruch hinsichtlich der Vorauszahlungen nach § 651r BGB fällig wäre: Der Reisende kann „unverzüglich" die geleisteten Vorauszahlungen von dem Kundengeldabsicherer verlangen. Formulierung wie Sinn und Zweck dieser Regelung gebieten **nicht,** dass **die Stundung des Rückzahlungsanspruches gegenüber dem Reiseveranstalter bereits beendet** ist (aA MüKoBGB/Tonner Rn. 35). Die wirtschaftliche Wertlosigkeit des Gutscheins, welche sich durch die Erfüllung eines der genannten Tatbestandsmerkmale manifestiert, ersetzt (nur) gegenüber dem Kundengeldabsicherer das Ablaufdatum des Gutscheins. Hinsichtlich der vom Reisenden auf den Kundengeldabsicherer gem. § 651r Abs. 4 S. 3 BGB übergegangenen - regelmäßig allerdings wertlosen - Ansprüche tritt demgegenüber keine Änderung ein; insoweit bleibt der Anspruch gestundet. 19

Der Verweis des Gesetzgebers auf § 651r BGB erfasst auch § 651r Abs. 4 S. 2 BGB, sodass der Reisende vor **Einwendungen aus dem Innenverhältnis** zwischen Reiseveranstalter und Kundengeldabsicherer geschützt ist. Dies ist hier von besonderer Bedeutung, da die abzusichernde Zeitspanne deutlich länger ist als im Falle des § 651r BGB (so zutr. MüKoBGB/Tonner Rn. 34). Dies ist dem Kundengeldabsicherer zumutbar, da auch die gegen ihn gerichteten Ansprüche infolge des Gutscheins zeitlich gestreckt werden (vgl. BT-Drs. 19/19851, 14). 20

Zeitlich wirkt die Begrenzung nur bis zum 31.12.2021, um das entsprechende Risiko für Kundengeldabsicherer und Staatskasse zu begrenzen (BT-Drs. 19/19851, 13). 21

**2. Haftungsbegrenzung.** Der Verweis auf § 651r BGB umfasst ausdrücklich auch die Möglichkeit der **Haftungsbegrenzung nach § 651r Abs. 3 BGB.** Abzustellen ist dabei nicht auf das Geschäftsjahr, in dem die Ansprüche des Reisenden ihm gegenüber geltend gemacht werden, sondern auf das **Geschäftsjahr, in welches die Insolvenz** fällt (BeckOGK/Harke Rn. 13). 22

**3. Haftung der Staatskasse. a) Grundlage.** Eine § 651r Abs. 3 S. 4 BGB entsprechende Haftungsobergrenze des Kundengeldabsicherers für die Rückerstattungsansprüche des Reisenden sieht die **Pauschalreiserichtlinie** nicht vor. Die Vereinbarkeit dieser Norm mit der Pauschalreiserichtlinie ist daher umstritten; soweit es an einer europarechtskonformen Umsetzung der Richtlinie fehlt, kommt allerdings ein darauf gestützter **Staatshaftungsanspruch gegen die Bundesrepublik Deutschland** in Betracht. Dies ist infolge der Thomas-Cook-Insolvenz, bei der von dem Kundengeldabsicherer an die Reisenden eine Quote von lediglich 17% ausgeschüttet wurde (MüKoBGB/Tonner Rn. 36), praktisch relevant geworden. Die Bundesrepublik hat in der Folge die Forderungsausfälle der Thomas-Cook-Gläubiger befriedigt. 23

Da die Corona-Pandemie noch in weit größerem Umfange das Risiko in sich trägt, dass Reiseveranstalter insolvent werden (das ist schließlich gerade der Beweggrund für Art. 240 § 6), hat der Gesetzgeber das bei Thomas-Cook (vor dem Hintergrund der drohenden Staatshaftung mehr oder weniger) **freiwillige Verfahren in Gesetzesform gegossen** und eine subsidiäre Haftung der Bundesrepublik für die Ausfälle des Reisenden angeordnet (zum kalkulierten wirtschaftlichen Risiko für die Bundesrepublik Deutschland vgl. BT-Drs. 19/19851, 10, 11). 24

**b) Voraussetzungen.** Die Haftung des Staates ist in 2-facher Hinsicht subsidiär. Zum einen gilt das für die Höhe der Forderung, da der Reisende nur die „restliche" Erstattung der Vorauszahlungen verlangen kann. Es gilt aber auch in verfahrensrechtlicher Hinsicht: Da der Reisende „die Höhe der bereits erhaltenen Erstattungsleistung nachzuweisen" hat, ist die **Abwicklung des Versicherungsverfahrens auch verfahrensmäßige Voraussetzung** für die Geltendmachung des Anspruches gegen den Staat. Nicht notwendig ist es hingegen, dass der Reisende einen möglicherweise höheren **Anspruch** gegen den **Kundengeldabsicherer** auch **gerichtlich durchsetzt.** Zur Geltendmachung des Anspruches hat der Reisende also neben dem Gutschein, auf dem zwingend der Betrag der abgesicherten Ansprüche festgehalten sein muss, auch Höhe und 25

Umfang der Leistungen des Kundengeldabsicherers nachzuweisen. Aus der Differenz beider Werte ergibt sich der Anspruch gegen den Staat.

26 **c) Forderungsübergang.** Der gesetzliche Forderungsübergang nach Abs. 6 S. 4 gegen den Reiseveranstalter nach Befriedigung durch den Staat dürfte regelmäßig wertlos sein, befindet sich dieser doch in Insolvenz. Ansprüche gegen den Kundengeldabsicherer, welche nach Abs. 6 S. 4 auf den Staat übergehen, kommen nur in Betracht, wenn der **Kundengeldabsicherer** eine zu **geringe Quote ausgeworfen** hat. So wurde bei der Thomas-Cook-Insolvenz beispielsweise beanstandet, dass der Kundengeldabsicherer die Quote aus dem nach Erstattung der Rückreisekosten verbliebenen Betrag gebildet hat (zu den Zahlen iE vgl. BT-Drs. 19/16990, 2). Gem. Abs. 6 S. 5 kann der Staat auch eine Abtretung der von Abs. 6 S. 4 nicht erfassten Erstattungsansprüche gegen Dritte verlangen. Im Gesetzgebungsverfahren sind insoweit Ansprüche gegen den **Insolvenzverwalter** genannt (BT-Drs. 19/19851, 15).

27 **d) Verfahren und Zuständigkeit (Abs. 8 und 9).** Das Gesetz ermächtigt die Bundesregierung in Abs. 8, das Verfahren im Einzelnen durch Rechtsverordnung zu regeln. Die verwaltungsmäßige Zuständigkeit für die Abwicklung liegt nach der Regelung in Abs. 9 grundsätzlich bei dem Bundesministerium der Justiz und für Verbraucherschutz, welches diese an das Bundesamt für Justiz oder an Dritte delegieren kann.

28 **4. Garantieprämie (Abs. 7).** Aufgrund der **Vorgaben der EU-Kommission** (Mitteilung der Kommmission vom 20.3.2020, ABl. C 91 I) sind staatliche Beihilfen genehmigungsfähig; es ist jedoch erforderlich, eine Garantieprämie zu erheben (iE vgl. Tonner MDR 2020, 1032 Rn. 29). Dies stellt den Grund dafür dar, dass in Abs. 7 die Erhebung einer solchen Prämie vorgesehen ist. Die nähere Ausgestaltung des Verfahrens erfolgt durch eine Rechtsverordnung, für welche Abs. 8 die Ermächtigungsgrundlage darstellt.

## V. Rechtsfolgen zwischen Reiseveranstalter und Reisevermittler

29 Die COVID-19-Pandemie trifft nicht nur die Reiseveranstalter, sondern auch die Reisevermittler. Nach der Vermittlung haben sie auf den Fortgang des Reisevertrages keinen weiteren Einfluss. Die Reisevermittler sind davon jedoch insoweit betroffen, als sie bei einem Rücktritt vom Reisevertag regelmäßig den verdienten **Provisionsanspruch verlieren** und die erhaltene Provision zurückerstatten müssen. Nicht nur um Liquiditätsprobleme, die sich daraus für Reisevermittler ergeben, zu mindern, sondern auch, weil der Gesetzgeber es als unbillig erachtet, dass der Provisionsanspruch entfällt, obwohl über den Gutschein die Vermittlungsleistung noch fortwirke (BT-Drs. 19/19851, 15), bestimmt Abs. 9, dass der Reiseveranstalter sich auf die **Auflösung des ursprünglichen Reisevertrages erst dann berufen darf, wenn er den Reisepreis auch tatsächlich erstatten** muss. Während der Stundung des Rückzahlungsanspruches infolge des Gutscheins ist daher auch die Vermittlungsprovision nicht zurückzuzahlen. Dies gilt auch, wenn der Gutschein über den 31.12.2021 hinaus gültig ist, da die Ansprüche zwischen Reiseveranstalter und Reisevermittler nicht von der Insolvenzsicherung nach Abs. 6 erfasst werden.

30 Zu fragen ist, inwieweit die Erteilung des Gutscheins sich auf den Provisionsanspruch des Reisevermittlers für die neue Reise auswirkt, wenn dieser **neben der ursprünglichen** auch die **neue Reise** vermittelt hat. Tonner geht dabei davon aus, dass ein neuer Provisionsanspruch nur für den Teil des Reisepreises entsteht, der den **Wert des Gutscheins übersteigt** (MüKoBGB/Tonner Rn. 45). Dies führt zu einer befriedigenden Lösung indes nur dann, wenn auch die Buchung der neuen Reise bei dem gleichen Vermittler erfolgt ist wie die abgesagte Reise. Dies ist keinesfalls selbstverständlich. Der Billigkeit würde es am ehesten entsprechen, die **Verwertung des Gutscheins der wirtschaftlich gleichwertigen Rückzahlung der Vorauszahlungen gleichzustellen.** Dies würde indes dazu führen, dass der Reisevermittler seinen Provisionsanspruch **in dem Maße verliert, in dem der Gutschein verwertet** wird. Hat er selbst die „neue" Reise vermittelt (dass es sich um einen neuen Pauschalreisevertrag handeln muss, ist unzweifelhaft; vgl. Tonner MDR 2020, 1032 Rn. 22), verdient er den neuen Provisionsanspruch, muss sich aber die Zahlung der Provision aus dem „alten Vertrag" anrechnen lassen. Hat ein **anderer Vermittler** die „neue" Reise vermittelt, verliert die frühere Vermittlungsleistung als solche **völlig an Bedeutung** und wirtschaftlichem Wert, da der Gutschein hier nur noch als **Zahlungsmittel** dient. Es bedarf daher an sich – auch unter Gerechtigkeitserwägungen – keines fortbestehenden Provisionsanspruches mehr. Dies widerspricht indes der eindeutigen gesetzlichen Regelung, welche nur auf die „Rückzahlung des Reisepreises" abstellt. Konsequenterweise muss man daher **beiden Vermittlern** den **vollen Anspruch** belassen, was zu einer ungerechtfertigten Belastung des Reise-

veranstalters führt, der wirtschaftlich nur eine Reise verkauft, aber zwei Provisionen zahlen muss. Auch eine Aufteilung der Provision ist nicht sachgerecht, da der zweiter Reisevermittler seinen Anspruch vollumfänglich verdient hat. Die hierin liegende Unbilligkeit ist hinzunehmen, da es der Reiseveranstalter und nicht der Reisevermittler in der Hand hat, ob er einen Gutschein ausgibt.

## VI. Beweislast

Die Voraussetzungen für die Erteilung des Gutscheins trägt der Reiseveranstalter. 31

## § 7 Störung der Geschäftsgrundlage von Miet- und Pachtverträgen

**(1) Sind vermietete Grundstücke oder vermietete Räume, die keine Wohnräume sind, infolge staatlicher Maßnahmen zur Bekämpfung der COVID-19-Pandemie für den Betrieb des Mieters nicht oder nur mit erheblicher Einschränkung verwendbar, so wird vermutet, dass sich insofern ein Umstand im Sinne des § 313 Absatz 1 des Bürgerlichen Gesetzbuchs, der zur Grundlage des Mietvertrags geworden ist, nach Vertragsschluss schwerwiegend verändert hat.**

**(2) Absatz 1 ist auf Pachtverträge entsprechend anzuwenden.**

### Überblick

Die Vorschrift enthält eine gesetzliche Vermutung im Bereich des Mietrechts.

Art. 240 §§ 1–7 werden aufgehoben mWv 1.10.2022 durch Gesetz vom 27.3.2020 (BGBl. I 569).

Durch die mWv 31.12.2020 eingeführte und bis zum 30.9.2022 geltende (Art. 6 Abs. 6 COV-FAG) Sonderregelung in Art. 240 § 7 gilt für vermietete Grundstücke und Räume, die keine Wohnräume sind sowie für Pachtverträge eine tatsächliche Vermutung einer schwerwiegenden Veränderung der Geschäftsgrundlage, wenn die entsprechenden Grundstücke oder Räume infolge staatlicher Maßnahmen zur Bekämpfung der COVID-19-Pandemie für den Betrieb des Mieters nicht oder nur mit erheblicher Einschränkung verwendbar sind (Lorenz in Schmidt COVID-19 § 1 Rn. 32a). Ausweislich der Gesetzesbegründung soll diese Regelung lediglich klarstellen, „dass die Regelungen zur Störung der Geschäftsgrundlage in der besonderen Situation der COVID-19-Pandemie grds. anwendbar sind" (Bericht RA, BT-Drs. 19/25322, 19). Die Regelung erlaubt damit weder Umkehrschluss auf die Nichtanwendbarkeit von § 313 BGB außerhalb ihres Anwendungsbereichs noch auf einen Ausschluss der Anwendbarkeit spezieller mietrechtlicher Regelungen wie zB über die Mietminderung. Auch die Regelungen des allgemeinen Schuldrechts wie etwa die Regelungen über die Unmöglichkeit bleiben unberührt (Bericht RA, BT-Drs. 19/25322, 20; Lorenz in Schmidt COVID-19 § 1 Rn. 32a). 1

Die Regelung erfasst sachlich vermietete Grundstücke und Räume, die keine Wohnräume sind. Sie gilt damit insbes. für Gewerbemietverhältnisse, aber auch für die Anmietung von zu Freizeitzwecken genutzten Räumen und für Idealvereine wie zB Kultureinrichtungen. Auch die private Nutzung kann einen Betrieb iSd Vorschrift darstellen (Lorenz in Schmidt COVID-19 § 1 Rn. 32b). Die mangelnde Verwendbarkeit aufgrund einer staatlichen Maßnahme erfasst Verordnungen, Allgemeinverfügungen oder konkret-individuelle Verwaltungsakte von Behörden des Bundes, der Länder oder von Kreis- und Gemeindeverwaltungen. Dabei muss die staatliche Maßnahme die Verwendbarkeit des Grundstücks oder der Räume für den Betrieb des Mieters durch hoheitliches Handeln zB durch pandemiebedingte Betriebsverbote unmittelbar erheblich einschränken. Reine Reflexwirkungen staatlicher Maßnahmen (zB ausbleibender Publikumsverkehr aufgrund von Ausgangssperren oder Quarantäneanordnungen gegen bestimmte Personen) werden nicht erfasst (Bericht RA, BT-Drs. 19/25322, 20; Lorenz in Schmidt COVID-19 § 1 Rn. 32b). 2

Die Maßnahme muss die Verwendbarkeit der gemieteten oder gepachteten Grundstücke bzw. Räume (zB durch eine Schließungsverfügung) einschränken oder zumindest erheblich beeinträchtigen. Letzteres soll auch dann gegeben sein, wenn aufgrund einer staatlichen Maßnahme nur ein Teil einer Ladenfläche benutzt werden darf oder die Anzahl der Personen innerhalb einer Ladenfläche beschränkt wird (Bericht RA, BT-Drs. 19/25322, 21; Lorenz in Schmidt COVID-19 § 1 Rn. 32c). 3

4 Als Rechtsfolge ordnet die Regelung lediglich eine **tatsächliche (widerlegbare) Vermutung** einer schwerwiegenden Veränderung der Geschäftsgrundlage an. Sie hat damit eine nur beschränkte Bedeutung (BGH NZM 2022, 99 Rn. 48; OLG München NZM 2021, 226 Rn. 33). Insbesondere betrifft sie nicht die weiteren Voraussetzungen von § 313 BGB wie insbes. die **Unzumutbarkeit** des Festhaltens am unveränderten Vertrag → BGB § 313 Rn. 64a. Sie sind weiter von derjenigen Partei darzulegen und zu beweisen, die sich darauf beruft. Das gilt auch für die Frage, ob die Parteien den Vertrag nicht oder mit anderem Inhalt geschlossen hätten, wenn sie den Eintritt der COVID-19-Pandemie vorausgesehen hätten (Lorenz in Schmidt COVID-19 § 1 Rn. 32d). Nach den Gesetzesmaterialien ist allerdings davon auszugehen, dass ohne entsprechende vertragliche Regelungen Belastungen infolge staatlicher Maßnahmen zur Bekämpfung der COVID-19-Pandemie regelmäßig weder der Sphäre des Vermieters noch derjenigen des Mieters zuzuordnen sind und daher das Vertragsrisiko nicht allein dem Mieter aufzubürden ist. Daher ist es in der Tat zumutbar, auch dem Vermieter einen Teil des Risikos aufzubürden. Im Rahmen der **Zumutbarkeit** ist vor allem von Bedeutung, wie stark sich die staatlichen Beschränkungen auf den Betrieb des Mieters auswirken, wofür in erheblichem Umfang zurückgegangene Umsätze Indizwirkung haben können. Dabei ist eine Existenzgefährdung des Mieters bzw. Pächters nicht erforderlich (OLG München NZM 2021, 226). Dabei ist aber auch zu berücksichtigen, ob diese Ausfälle durch öffentliche oder sonstige Zuschüsse, online-Handel oder ersparte Aufwendungen kompensiert wurden oder ob der Mieter/Pächter etwa durch Kurzarbeit Gewinnausfälle mindern konnte (s. dazu BGH NJW 2022, 1370 Rn. 57 ff.; OLG Karlsruhe NJW 2021, 945; LG Münster BeckRS 2021, 2997; OLG München NZM 2021, 226). Eine Überkompensation soll also vermieden werden (Bericht RA, BT-Drs. 19/25322, 21). Auch sind schutzwürdige Interessen des Vermieters bzw. Verpächters zu berücksichtigen (Lorenz in Schmidt COVID-19 § 1 Rn. 32d; BGH NZM 2022, 99 Rn. 60).

5 Auch die Rechtsfolge von § 313 BGB bleibt unberührt. In der Regel wird eine Verteilung des Risikos durch eine Vertragsanpassung angebracht sein. Offenbar lag dem Gesetzgeber vor allem daran, die Verhandlungsbereitschaft von Vermietern und Verpächtern zu fördern (Bericht RA, BT-Drs. 19/25322, 19). Das ist ein legitimes gesetzgeberisches Ziel, weshalb die teilweise harsche Kritik an der Vorschrift möglicherweise übereilt ist (hierzu Brinkmann/Thüsing NZM 2001, 5 ff.; Brinkmann/Thüsing, https://rsw.beck.de/aktuell/daily/magazin/detail/gesetzgebung-in-zeiten-der-pandemie-zuweilen-lieber-schnell-als-gut, zuletzt abgerufen am 12.5.2022: „Schaufensterpolitik"). Das wird prozessual flankiert durch ein (ebenfalls mWv 31.12.2020) eingeführtes Vorrangs- und Beschleunigungsgebot in § 44 EGZPO (Lorenz in Schmidt COVID-19 § 1 Rn. 32e).

6 In der Rspr. wurde vielfach eine hälftige Aufteilung des Risikos, dh eine Reduzierung der Miete bzw. Pacht auf 50 % für angemessen gehalten (AG Dortmund BeckRS 2021, 8596; OLG Dresden COVuR 2021, 212 = BeckRS 2021, 2461; OLG Dresden NZM 2021, 231). Eine solche pauschale Vorgehensweise ist allerdings unzulässig. Es bedarf vielmehr im jeweiligen Einzelfall einer Abwägung, ob dem Mieter ein Festhalten an dem unveränderten Vertrag unzumutbar ist. Einzubeziehen sind in diese Abwägung neben den erlittenen Nachteilen auch die dem Mieter möglichen und zumutbaren Maßnahmen zum Ausgleich dieser Nachteile, Ansprüche auf Versicherungsleistungen und staatliche Unterstützungen, welche solche Nachteile endgültig (und nicht nur vorübergehend zB durch Darlehensgewährung) kompensieren (BGH NZM 2022, 99 Rn. 55).

### Art. 241 (aufgehoben)

## Artikel 242 Informationspflichten bei Teilzeit-Wohnrechteverträgen, Verträgen über langfristige Urlaubsprodukte, Vermittlungsverträgen sowie Tauschsystemverträgen

### § 1 Vorvertragliche und vertragliche Pflichtangaben

**(1) Als vorvertragliche Informationen nach § 482 Absatz 1 des Bürgerlichen Gesetzbuchs für den Abschluss eines Teilzeit-Wohnrechtevertrags, eines Vertrags über ein langfristiges Urlaubsprodukt, eines Vermittlungsvertrags oder eines Tauschsystemvertrags sind die Angaben nach den Anhängen der Richtlinie 2008/122/EG des Europäischen**

**Parlaments und des Rates vom 14. Januar 2009 über den Schutz der Verbraucher im Hinblick auf bestimmte Aspekte von Teilzeitnutzungsverträgen, Verträgen über langfristige Urlaubsprodukte sowie von Wiederverkaufs- und Tauschverträgen (ABl. L 33 vom 3.2.2009, S. 10) in leicht zugänglicher Form zur Verfügung zu stellen, und zwar**
**1. für einen Teilzeit-Wohnrechtevertrag die Angaben nach Anhang I der Richtlinie,**
**2. für einen Vertrag über ein langfristiges Urlaubsprodukt die Angaben nach Anhang II der Richtlinie,**
**3. für einen Vermittlungsvertrag die Angaben nach Anhang III der Richtlinie,**
**4. für einen Tauschsystemvertrag die Angaben nach Anhang IV der Richtlinie.**

**(2) [1]Die Angaben in den Teilen 1 und 2 der Anhänge nach Absatz 1 Nummer 1 bis 4 sind in einem Formblatt nach den in den Anhängen enthaltenen Mustern zur Verfügung zu stellen. [2]Die Angaben nach Teil 3 des Anhangs können in das Formblatt aufgenommen oder auf andere Weise zur Verfügung gestellt werden. [3]Werden sie nicht in das Formblatt aufgenommen, ist auf dem Formblatt darauf hinzuweisen, wo die Angaben zu finden sind.**

## I. Normzweck

Der neu gefasste Art. 242 enthält statt einer Verordnungsermächtigung die näheren Vorschriften über die vorvertraglichen und vertraglichen Informationspflichten bei Teilzeit-Wohnrechteverträgen, Verträgen über langfristige Urlaubsprodukte, Vermittlungsverträgen sowie Tauschsystemverträgen. Dabei wird auf die entsprechenden Formblätter in den Anhängen zur RL 2008/122/EG verwiesen. Der Gesetzgeber hat davon abgesehen die jeweiligen Inhalte der Anhänge in das EGBGB zu übertragen, da dies wegen der erforderlichen zahlreichen Sprachfassungen sehr unübersichtlich wäre und es insbes. über das Internet für Unternehmer, Verbraucher sowie sonstige Interessenten im Amtsblatt der Europäischen Union auf die Formblätter in der jeweils einschlägigen Sprachfassung zurückzugreifen kostenfrei möglich ist (vgl. Begr. RegE zu Art. 242 § 1, BT-Drs. 17/2764, 22). Die in Art. 242 erfassten Vorgaben entsprechen inhaltlich denen der RL. 1

## II. Inhalt

Art. 242 § 1 Abs. 1 regelt die inhaltlichen Einzelheiten der Informationspflichten und dient der Umsetzung von Art. 4 Abs. 1 RL 2008/122/EG sowie Art. 5 Abs. 2 RL 2008/122/EG iVm Anh. I–IV RL 2008/122/EG. Für jede Vertragsart wird auf den jeweils einschlägigen Anhang der Richtlinie mit deren Fundstelle im Amtsblatt der Europäischen Union verwiesen, die der Unternehmer dem Verbraucher in leicht zugänglicher Form zur Verfügung zu stellen hat. 2

In Art. 242 § 1 Abs. 2 S. 1 wird ausdrücklich die Verwendung des Formblatts vorgeschrieben, wie es in dem jeweils einschlägigen Muster im Anhang der RL 2008/122/EG vorgegeben ist. Die in den Teilen 1 und 2 enthaltenen Angaben, welche die wesentlichen Informationen über das zu erwerbende Produkt und die damit verbundenen Kosten (Teil 1) sowie über bedeutsame Rechte des Verbrauchers (Teil 2) beinhalten (vgl. MüKoBGB/Franzen Rn. 5 ff.), müssen unmittelbar auf dem Formblatt enthalten sein. Die Art der Mitteilung der Angaben in Teil 3, durch die der Verbraucher zusätzliche Informationen erhält, steht dem Unternehmer dagegen zur freien Disposition. Der Unternehmer kann entscheiden, ob er diese Angaben ebenfalls direkt auf dem Formblatt macht oder die erforderlichen Informationen auf eine andere Weise erteilen möchte, wie beispielsweise eingebunden in die beschreibenden Texte seines Prospekts (Begr. RegE, BT-Drs. 17/2764, 22). Entscheidet sich der Unternehmer die dafür erforderlichen Angaben des Teils 3 nicht auf das Formblatt einzubinden, so ist er verpflichtet auf dem Formblatt anzugeben, wo genau der Verbraucher die entsprechenden Informationen finden kann. 3

### § 2 Informationen über das Widerrufsrecht

**Einem Teilzeit-Wohnrechtevertrag, einem Vertrag über ein langfristiges Urlaubsprodukt, einem Vermittlungsvertrag oder einem Tauschsystemvertrag ist ein Formblatt gemäß dem Muster in Anhang V der Richtlinie 2008/122/EG des Europäischen Parlaments und des Rates vom 14. Januar 2009 über den Schutz der Verbraucher im Hinblick auf bestimmte Aspekte von Teilzeitnutzungsverträgen, Verträgen über langfristige Urlaubsprodukte sowie Wiederverkaufs- und Tauschverträgen (ABl. L 33 vom 3.2.2009, S. 10) in der Sprache nach § 483 Absatz 1 des Bürgerlichen Gesetzbuchs beizufügen,**

**in das die einschlägigen Informationen zum Widerrufsrecht deutlich und verständlich eingefügt sind.**

1 Art. 242 § 2 dient der Umsetzung von Art. 5 Abs. 4 UAbs. 3 RL 2008/122/EG iVm Anh. V RL 2008/122/EG. Inhaltlich wird dabei auf das Formblatt mit den Informationen über das Widerrufsrecht Bezug genommen, indem auf den entsprechenden Anhang der RL verwiesen wird. Durch das gesonderte Formblatt zum Widerrufsrecht in Anh. V soll die Wahrnehmung des Widerrufsrechts erleichtert werden.

## Art. 243 Ver- und Entsorgungsbedingungen

**[1]Das Bundesministerium für Wirtschaft und Energie kann im Einvernehmen mit dem Bundesministerium der Justiz und für Verbraucherschutz durch Rechtsverordnung mit Zustimmung des Bundesrates die Allgemeinen Bedingungen für die Versorgung mit Wasser und Fernwärme sowie die Entsorgung von Abwasser einschließlich von Rahmenregelungen über die Entgelte ausgewogen gestalten und hierbei unter angemessener Berücksichtigung der beiderseitigen Interessen**
**1. die Bestimmungen der Verträge einheitlich festsetzen,**
**2. Regelungen über den Vertragsschluss, den Gegenstand und die Beendigung der Verträge treffen sowie**
**3. die Rechte und Pflichten der Vertragsparteien festlegen.**
**[2]Satz 1 gilt entsprechend für Bedingungen öffentlich-rechtlich gestalteter Ver- und Entsorgungsverhältnisse mit Ausnahme der Regelung des Verwaltungsverfahrens.**

### Überblick

Art. 243 wurde angefügt mWv 1.1.2002 durch Gesetz vom 26.11.2001 (BGBl. I 3138); S. 1 wurde geändert mWv 28.11.2003 durch VO vom 25.11.2003 (BGBl. I 2304); S. 1 wurde geändert mWv 8.11.2006 durch VO vom 31.10.2006 (BGBl. I 2407); S. 1 einleitender Satzteil wurde geändert mWv 8.9.2015 durch VO vom 31.8.2015 (BGBl. I 1474).

## Art. 244 Abschlagszahlungen beim Hausbau

**Das Bundesministerium der Justiz und für Verbraucherschutz wird ermächtigt, im Einvernehmen mit dem Bundesministerium für Wirtschaft und Energie durch Rechtsverordnung ohne Zustimmung des Bundesrates auch unter Abweichung von § 632a oder § 650m des Bürgerlichen Gesetzbuchs zu regeln, welche Abschlagszahlungen bei Werkverträgen verlangt werden können, die die Errichtung oder den Umbau eines Hauses oder eines vergleichbaren Bauwerks zum Gegenstand haben, insbesondere wie viele Abschläge vereinbart werden können, welche erbrachten Gewerke hierbei mit welchen Prozentsätzen der Gesamtbausumme angesetzt werden können, welcher Abschlag für eine in dem Vertrag enthaltene Verpflichtung zur Verschaffung des Eigentums angesetzt werden kann und welche Sicherheit dem Besteller hierfür zu leisten ist.**

### Überblick

Art. 244 wurde angefügt mWv 1.1.2002 durch Gesetz vom 26.11.2001 (BGBl. I 3138) und geändert mWv 28.11.2003 durch VO vom 25.11.2003 (BGBl. I 2304); geändert mWv 8.11.2006 durch VO vom 31.10.2006 (BGBl. I 2407); geändert mWv 1.1.2009 durch Gesetz vom 23.10.2008 (BGBl. I 2022); geändert mWv 8.9.2015 durch VO vom 31.8.2015 (BGBl. I 1474); geändert mWv 1.1.2018 durch Gesetz vom 28.4.2017 (BGBl. I 969). Zur Kommentierung vgl. bei §§ 631 ff. BGB.

## Art. 245 (aufgehoben)

### Überblick

Art. 245 (Belehrung über Widerrufs- und Rückgaberecht) wurde aufgehoben mWv 13.6.2014 durch Gesetz vom 20.9.2013 (BGBl. I 3642).

## Art. 246 Informationspflichten beim Verbrauchervertrag

**(1) Der Unternehmer ist, sofern sich diese Informationen nicht aus den Umständen ergeben, nach § 312a Absatz 2 des Bürgerlichen Gesetzbuchs verpflichtet, dem Verbraucher vor Abgabe von dessen Vertragserklärung folgende Informationen in klarer und verständlicher Weise zur Verfügung zu stellen:**

**1. die wesentlichen Eigenschaften der Waren oder Dienstleistungen in dem für den Datenträger und die Waren oder Dienstleistungen angemessenen Umfang,**

**2. seine Identität, beispielsweise seinen Handelsnamen und die Anschrift des Ortes, an dem er niedergelassen ist, sowie seine Telefonnummer,**

**3. den Gesamtpreis der Waren und Dienstleistungen einschließlich aller Steuern und Abgaben oder in den Fällen, in denen der Preis auf Grund der Beschaffenheit der Ware oder Dienstleistung vernünftigerweise nicht im Voraus berechnet werden kann, die Art der Preisberechnung sowie gegebenenfalls alle zusätzlichen Fracht-, Liefer- oder Versandkosten und alle sonstigen Kosten oder in den Fällen, in denen diese Kosten vernünftigerweise nicht im Voraus berechnet werden können, die Tatsache, dass solche zusätzlichen Kosten anfallen können,**

**4. gegebenenfalls die Zahlungs-, Liefer- und Leistungsbedingungen, den Termin, bis zu dem sich der Unternehmer verpflichtet hat, die Waren zu liefern oder die Dienstleistungen zu erbringen, sowie das Verfahren des Unternehmers zum Umgang mit Beschwerden,**

**5. das Bestehen eines gesetzlichen Mängelhaftungsrechts für die Waren oder die digitalen Produkte sowie gegebenenfalls das Bestehen und die Bedingungen von Kundendienstleistungen und Garantien,**

**6. gegebenenfalls die Laufzeit des Vertrags oder die Bedingungen der Kündigung unbefristeter Verträge oder sich automatisch verlängernder Verträge,**

**7. gegebenenfalls die Funktionalität der Waren mit digitalen Elementen oder der digitalen Produkte, einschließlich anwendbarer technischer Schutzmaßnahmen für solche Inhalte, und**

**8. gegebenenfalls, soweit wesentlich, die Kompatibilität und die Interoperabilität der Waren mit digitalen Elementen oder der digitalen Produkte, soweit diese Informationen dem Unternehmer bekannt sind oder bekannt sein müssen.**

**(2) Absatz 1 ist nicht anzuwenden auf Verträge, die Geschäfte des täglichen Lebens zum Gegenstand haben und bei Vertragsschluss sofort erfüllt werden.**

**(3) [1]Steht dem Verbraucher ein Widerrufsrecht zu, ist der Unternehmer verpflichtet, den Verbraucher in Textform über sein Widerrufsrecht zu belehren. [2]Die Widerrufsbelehrung muss deutlich gestaltet sein und dem Verbraucher seine wesentlichen Rechte in einer dem benutzten Kommunikationsmittel angepassten Weise deutlich machen. [3]Sie muss Folgendes enthalten:**

**1. einen Hinweis auf das Recht zum Widerruf,**

**2. einen Hinweis darauf, dass der Widerruf durch Erklärung gegenüber dem Unternehmer erfolgt und keiner Begründung bedarf,**

**3. den Namen und die ladungsfähige Anschrift desjenigen, gegenüber dem der Widerruf zu erklären ist, und**

**4. einen Hinweis auf Dauer und Beginn der Widerrufsfrist sowie darauf, dass zur Fristwahrung die rechtzeitige Absendung der Widerrufserklärung genügt.**

### Überblick

Art. 246 Abs. 1, 2 regelt im Zusammenspiel mit § 312a Abs. 2 BGB Informationspflichten beim Verbrauchervertrag (→ Rn. 2 ff.). Zur Belehrung über ein bestehendes Widerrufsrecht (Abs. 3) → Rn. 29 ff.

### Übersicht

## I. Allgemeines

1 Art. 246 wurde durch das Gesetz zur Umsetzung der Verbraucherrechterichtlinie und zur Änderung des Gesetzes zur Regelung der Wohnungsvermittlung vom 20.9.2013 (BGBl. I 3642) mWv 13.6.2014 neu gefasst und dient im Zusammenspiel mit § 312a Abs. 2 BGB der **Umsetzung von Art. 5 Verbraucherrechte-RL,** der Informationspflichten für Verbraucherverträge im stationären Handel vorsieht (BT-Drs. 17/12637, 73). **§ 312a Abs. 2 BGB** bestimmt dabei, dass der Unternehmer bei diesen Verträgen bestimmten Informationspflichten unterliegt, hinsichtlich deren Inhalt iE auf Art. 246 verwiesen wird. Art. 246 wiederum regelt in **Abs. 1 und Abs. 2** den Inhalt der allgemeinen Informationspflichten, während **Abs. 3** eine besondere Belehrungspflicht hinsichtlich eines etwaig bestehenden Widerrufsrechts statuiert. Der Verbraucher soll durch die ihm nach Abs. 1 erteilten Informationen in die Lage versetzt werden, die Qualität des Angebots beurteilen, um es ggf. mit anderen Angeboten auf dem Markt vergleichen zu können. Der Verbraucher soll aufgrund dieser Informationen eine seinen Interessen gerechte Entscheidung über den Vertragsschluss treffen können (Erwägungsgrund 34 Verbraucherrechte-RL; → BGB § 312a Rn. 11) (MüKoBGB/Wendehorst BGB § 312a Rn. 6). Bei der Bestimmung des konkreten Inhalts und Umfangs der Informationspflichten nach Art. 246 ist als **Adressat** auf einen **Durchschnittsverbraucher,** dh einen normal informierten, angemessen aufmerksamen und verständigen Verbraucher abzustellen (EuGH NJW 2020, 2389 Rn. 37).

1a Mit Wirkung zum 28.5.2022 wurden Abs. 1 Nr. 5, 7 und 8 geändert (Gesetz v. 10.8.2021; BGBl. I 3483) und in Umsetzung der Omnibus-RL und der durch diese neugefassten Verbraucherrechte-RL im Hinblick auf Verträge über digitale Produkte angepasst.

## II. Informationspflichten nach Abs. 1

2 **1. Anwendungsbereich.** Der allgemeine Anwendungsbereich des Art. 246 EGBGB wird durch **§§ 312, 312a Abs. 2 BGB** bestimmt. Danach gelten die Informationspflichten bei allen Verbraucherverträgen, soweit nicht Ausnahmen nach § 312 Abs. 2–6 BGB bestehen und es sich nicht um außerhalb von Geschäftsräumen oder im Fernabsatz geschlossene Verträge oder Verträge über Finanzdienstleistungen handelt (§ 312a Abs. 2 S. 3, → BGB § 312a Rn. 12). Bei Verträgen, die außerhalb von Geschäftsräumen oder im Fernabsatz geschlossen wurden, greifen die spezielleren Informationspflichten nach § 312d Abs. 1 BGB iVm Art. 246a bzw., soweit es sich um Verträge über Finanzdienstleistungen handelt, nach § 312d Abs. 2 BGB iVm Art. 246b ein. Bei im Präsenzgeschäft geschlossenen Verträgen über Finanzdienstleistungen kommen vielfach, aber nicht in jedem Fall, Informationspflichten nach den §§ 491 ff. BGB, dem WpHG oder dem VVG in Betracht (MüKoBGB/Wendehorst BGB § 312a Rn. 13).

3 Die Informationspflichten nach Art. 246 gelten daher prinzipiell bei Verträgen im **stationären Handel** über Leistungen aller Art mit Ausnahme von Finanzdienstleistungen (MüKoBGB/Wendehorst BGB § 312a Rn. 8; BeckOGK/Busch Rn. 2). Eine praktisch bedeutsame Ausnahme enthält allerdings Art. 246 Abs. 2, nach dem die Informationspflichten des Abs. 1 nicht gelten bei Verträgen, die Geschäfte des täglichen Lebens zum Gegenstand haben und die bei Vertragsschluss sofort erfüllt werden. Der deutsche Gesetzgeber hat insofern Gebrauch von der Öffnungsklausel des Art. 5 Abs. 3 Verbraucherrechte-RL gemacht. Er wollte so einen übermäßigen Aufwand durch die Informationspflichten bei Alltagsgeschäften vermeiden (BT-Drs. 17/12637, 74). Maßgeblich für die Qualifikation der betroffenen Geschäfte sollte, wie im Falle des § 105a BGB, die Verkehrsauffassung sein. Da die Ausnahme des Abs. 2 allerdings den durch Art. 5 Abs. 3 Verbraucherrechte-RL vorgegebenen Rahmen einhalten muss, ist der Begriff der Geschäfte des täglichen Lebens hier eher restriktiv zu verstehen (MüKoBGB/Wendehorst BGB § 312a Rn. 10).

4 Ein **Geschäft des täglichen Lebens** setzt nicht voraus, dass es täglich abgeschlossen wird. Vielmehr muss es nach der Verkehrsauffassung zu den Geschäften des Alltags zählen. Dabei sind der Wert, die Häufigkeit, das Risiko und der Verwendungszweck in einem beweglichen System zu berücksichtigen (ähnlich MüKoBGB/Wendehorst BGB § 312a Rn. 11). Erfasst sind beispielsweise der gewöhnliche Kauf von Lebensmitteln und Getränken, Kleidung, Medikamenten, Haushaltsgegenständen, alltägliche Dienstleistungen (Frisör, öffentlicher Nahverkehr, Kino usw).

Soweit Abs. 2 eine **sofortige Erfüllung** des Vertrags verlangt, ist auch dieses Kriterium nicht streng dogmatisch, sondern nach der Verkehrsauffassung zu beurteilen. Entscheidend ist damit, ob es nach der Verkehrsauffassung zu einem unmittelbaren Leistungsaustausch gekommen ist. Nach diesen Grundsätzen ist eine Barzahlung des Verbrauchers zwar hinreichend, aber nicht erforderlich (MüKoBGB/Wendehorst BGB § 312a Rn. 12). Auch eine bargeldlose Zahlung genügt, wenn sie nach der Verkehrsauffassung einer Barzahlung gleichsteht (etwa Zahlung mittels EC-Karte und Unterschrift bzw. Eingabe einer PIN). 5

**2. Zeitpunkt der Information.** Der Unternehmer muss den Verbraucher nach Abs. 1 **vor der Abgabe von dessen Willenserklärung** informieren. Da die zu erteilenden Informationen den Zweck haben, dem Verbraucher eine überlegte Entscheidung über den Vertragsschluss zu ermöglichen (→ Rn. 1), kann es nicht genügen, wenn der Unternehmer die Informationen erst unmittelbar vor diesem Vertragsschluss bereitstellt. Vielmehr muss dem Verbraucher eine hinreichende, dh je nach den Umständen dem jeweiligen Geschäft angemessene Zeit zur Überlegung verbleiben (MüKoBGB/Wendehorst BGB § 312a Rn. 37). Bei einem Geschäftsabschluss im Internet kann es aber genügen, wenn die zu erteilenden Informationen unmittelbar vor dem Bestellvorgang eingeblendet werden (LG München BeckRS 2018, 7262), soweit der Kunde sich dann noch hinreichend Zeit nehmen kann, um diese Informationen aufzunehmen. Die Informationen müssen dann allerdings auf der Seite selbst angezeigt werden; ein Link auf eine andere Seite genügt nicht (LG München BeckRS 2018, 7262). 6

**3. Art und Weise der Information.** Die Informationen sind dem Verbraucher in **klarer** und **verständlicher** Weise zur Verfügung zu stellen. Anders als Abs. 3 im Hinblick auf die Widerrufsbelehrung sieht Abs. 1 keine besondere Form für die allgemein zu erteilenden Informationen vor. Der Unternehmer ist also prinzipiell in der Wahl des Kommunikationsmittels frei. Erforderlich ist allein, dass der Verbraucher die Informationen auch tatsächlich zur Kenntnis nehmen kann (Erman/R. Koch BGB § 312a Rn. 18). Die Mitteilung in einem Telefonat wird diesen Anforderungen indes nur selten genügen (vorsichtig auch Grüneberg/Grüneberg Rn. 2; aA offenbar BeckOGK/Busch Rn. 12). Bei einem Vertragsschluss im Internet genügt es auch nicht, wenn der Unternehmer einen Link in räumlicher Nähe des Bestellbuttons anbietet, der zu einer Seite mit den Pflichtinformationen führt (OLG München WRP 2019, 796). Die Informationen müssen objektiv für den adressierten Kundenkreis klar und verständlich und dem gewählten Kommunikationsmittel angemessen sein. 7

Die Informationen müssen grds. **in deutscher Sprache** erfolgen, um dem Transparenzgebot des Abs. 3 zu genügen. Wendet sich das Angebot des Unternehmers aber ausdrücklich auch an Ausländer und nutzt der Unternehmer insofern auch die entsprechenden Sprachen zur Werbung, müssen die Informationen nach Abs. 1 ebenfalls in diesen Sprachen zur Verfügung gestellt werden. Umgekehrt kann eine Information auf Deutsch sogar entbehrlich sein, wenn sich das Angebot ausschließlich an die Angehörigen einer anderen Sprache wendet (BeckOGK/Busch Rn. 13). 8

**4. Offenkundige Umstände.** Gemäß Abs. 1 braucht der Unternehmer den Verbraucher nicht über Dinge zu informieren, die sich bereits „aus den Umständen ergeben". Diese Einschränkung geht auf Art. 5 Abs. 1 Verbraucherrechte-RL zurück. Inwieweit Informationen in diesem Sinne offenkundig sind, ist nach der Verkehrsauffassung zu beurteilen (MüKoBGB/Wendehorst BGB § 312a Rn. 15). Maßstab ist auch hier der Verständnishorizont eines **durchschnittlichen vernünftigen Verbrauchers** ohne Spezialwissen. Dem Verbraucher müssen die Informationen ohne weiteres Suchen und ohne weitere Erklärung verständlich zur Verfügung stehen (BT-Drs. 17/12637, 74). Der deutsche Gesetzgeber war der Ansicht, dass sich die nach Abs. 1 grds. erforderlichen Informationen bei konkludenten Vertragsschlüssen gem. den Grundversorgungsverordnungen (zB § 2 Abs. 2 StromGVV; § 2 Abs. 2 GasGVV) bereits aus den Umständen ergäben, da die entsprechenden Leistungen hier in der üblichen Qualität von den Grundversorgungsunternehmen zum festgelegten Preis erbracht würden (BT-Drs. 17/12637, 74). 9

**5. Informationsgegenstände. a) Wesentliche Eigenschaften (Abs. 1 Nr. 1).** Gemäß Abs. 1 Nr. 1 muss der Unternehmer den Verbraucher über die wesentlichen Eigenschaften der Waren oder Dienstleistungen in dem für den Datenträger und die Waren oder Dienstleistungen angemessenen Umfang informieren (vgl. auch § 5a Abs. 3 Nr. 1 UWG). Abs. 1 Nr. 1 folgt im Wortlaut Art. 5 Abs. 1 lit. a Verbraucherrechte-RL, ist jedoch in mehrfacher Hinsicht zu eng formuliert (MüKoBGB/Wendehorst BGB § 312a Rn. 16). Da die Informationspflicht nach § 312a Abs. 2 BGB bei grds. jedem Verbrauchervertrag besteht, dürfen auch die in Abs. 1 Nr. 1 genannten Vertragsgegenstände der Waren und Dienstleistungen nur **beispielhaft** und nicht abschließend verstanden werden. Entsprechende Informationspflichten über die wesentlichen Eigenschaften 10 bestehen daher etwa auch bei Verträgen über Rechte, digitale Inhalte etc. Zudem ist der Begriff des Datenträgers weit iSv Kommunikationsmittel zu interpretieren, wie sich insbes. aus der französischen Fassung der Verbraucherrechte-RL und einer teleologischen Auslegung ergibt. Erfasst sind damit etwa auch mündlich erteilte Informationen.

11 Wesentlich sind solche Eigenschaften des Vertragsgegenstands, die nach der **Verkehrsanschauung** für die Willensbildung des Verbrauchers im Hinblick auf einen Vertragsschluss maßgeblich sind (BeckOGK/Busch Rn. 18). Inwieweit dies der Fall ist, kann nur jeweils im Einzelfall unter Berücksichtigung aller Umstände bestimmt werden. In jedem Fall muss allerdings der Vertragstyp deutlich erkennbar werden (LG Berlin GRUR-RS 2020, 23338: als Kauf verschleierter Mietvertrag). Dem Kunden soll zudem durch die Angaben ein Vergleich des Vertragsgegenstands mit konkurrierenden Angeboten, bzw. eine allgemeine Einschätzung der Qualität des Angebots ermöglicht werden. Bei Bekleidung etwa werden Angaben zu Material, Farbe, Schnitt, Größe und Waschbarkeit gefordert (Grüneberg/Grüneberg Rn. 5). Auch die Angabe des Herstellers kann wesentlich sein, etwa wenn dieser selbst sichtbar auf dem Produkt genannt ist (OLG Düsseldorf BeckRS 2016, 21066). Was wesentlich ist, kann sich auch aus den Angaben des Unternehmers selbst ergeben, die dieser in einem anderen Zusammenhang, etwa in einem Werbeprospekt, macht. So genügten bei einem Sonnenschirm Angaben zu Maß, Form und Farbe nicht, sondern der Unternehmer hätte im Rahmen der Informationen nach Art. 246 (zumindest) auch über das Material des Bezugsstoffes und des Gestells informieren müssen, da er hiermit in einem Prospekt geworben hatte (OLG Hamburg MMR 2014, 818; LG München BB 2018, 1556). Die Angabe des genauen Gewichts eines Sonnenschirms ist dagegen nach richtiger Ansicht entbehrlich, solange es sich im allgemein üblichen Rahmen hält (OLG Hamm BeckRS 2017, 106829; aA OLG München WRP 2019, 502 Rn. 40).

12 Die Wesentlichkeit der Information ist nicht abstrakt, sondern im Hinblick auf das jeweilige konkrete Geschäft zu beurteilen. So besteht zwar etwa allgemein ein großes Interesse der Nutzer von Smartphones und ähnlichen mit dem Internet verbundenen Geräten nach Informationen über Sicherheitslücken und entsprechenden Systemupdates. Gleichwohl waren diese Informationen bislang nach der Verkehrsauffassung nicht wesentlich beim Abschluss eines Kaufvertrags mit Unternehmern, die lediglich als allgemeine Händler von Smartphones auftreten und nicht in einem besonderen Verhältnis zu einzelnen Herstellern stehen. Denn es war allgemein bekannt, dass jedes mit dem Internet verbundene Gerät grds. Sicherheitslücken aufweist und dass fortwährend neue Sicherheitslücken auftauchen, denen nur durch regelmäßige Updates begegnet werden kann. Diese Tatsache brauchte daher auch nicht nach Abs. 1 Nr. 1 besonders mitgeteilt zu werden (OLG Köln GRUR-RR 2020, 32 Rn. 54 ff., 66 f.). Soweit nun aber ein **Verbrauchsgüterkaufvertrag über eine Ware mit digitalen Elementen** iSd § 327a Abs. 3 S. 1 vorliegt und der Verkäufer Aktualisierungen nach § 475b Abs. 3 Nr. 2 oder Abs. 4 Nr. 2, zu denen regelmäßig auch Sicherheitsupdates zählen, schuldet, zählen nunmehr auch solche Informationen zu den wesentlichen Eigenschaften iSd Abs. 1 Nr. 1, die anzugeben sind.

13 Es ist nicht in jedem Fall eine umfassende und detaillierte, sondern eine **in doppelter Hinsicht angemessene Information** erforderlich. So müssen die Informationen zum einen dem Vertragsgegenstand angemessen sein. Hier ist insbes. auf den Wert und die Komplexität des Vertragsgegenstands abzustellen. Umso wertvoller und komplexer der Gegenstand ist, desto genauere Informationen sind gefordert. Zum anderen müssen die Informationen auch dem jeweiligen Kommunikationsmittel angemessen sein. Bei mündlich erteilten Informationen ist daher eine Beschränkung auf wenige prägnante Informationen eher gefordert als bei einem schriftlich ausgehändigten Informationsblatt.

14 **b) Identität ua (Abs. 1 Nr. 2).** Der Unternehmer muss nach Abs. 1 Nr. 2 auch über seine Identität Auskunft geben (vgl. auch § 5a Abs. 3 Nr. 2 UWG). Das Gesetz nennt **beispielhaft** für die hierbei zu erteilenden Informationen den Handelsnamen des Unternehmers, die Anschrift des Ortes, an dem er niedergelassen ist, sowie seine Telefonnummer. Die genannten Beispiele sind nicht als abschließend zu verstehen. Durch die Auskunft über die Identität des Unternehmers soll dem Verbraucher für die folgende Vertragsabwicklung einschließlich eines möglichen Rechtsstreits eine schnelle Kontaktaufnahme und eine unmittelbare und effiziente Kommunikation ermöglicht werden (EuGH NJW 2008, 3553). Anzugeben sind daher der Name, die Firma (§ 17 Abs. 1 HGB) mit Rechtsformzusatz und die ladungsfähige Anschrift seiner Niederlassung (BeckOGK/Busch Rn. 23). Neben der postalischen Adresse muss der Unternehmer dem Verbraucher noch einen weiteren schnellen, unmittelbaren und effizienten Kommunikationsweg eröffnen. Hierbei muss es sich aber nicht zwingend um eine Telefonnummer handeln; es genügen etwa auch ein Telefax, eine elektronische Anfragemaske usw (EuGH NJW 2019, 3365; 2008, 3553; OLG Köln

BeckRS 2016, 16575). Der Unternehmer ist nicht verpflichtet, einen Telefon- oder Telefaxanschluss bzw. ein E-Mail-Konto neu einzurichten, damit die Verbraucher mit ihm in Kontakt treten können. Der Unternehmer muss nur dann seine Telefon- oder Telefaxnummer bzw. seine E-Mail-Adresse übermitteln, wenn er über diese Kommunikationsmittel mit den Verbrauchern bereits verfügt (EuGH NJW 2019, 3365 Rn. 48 ff.). Wenn es sich bei dem Unternehmer um eine juristische Person handelt, muss auch der Name und die ladungsfähige Anschrift eines Vertretungsberechtigten angegeben werden (Grüneberg/Grüneberg Rn. 6).

**c) Gesamtpreis (Abs. 1 Nr. 3).** Nach Abs. 1 Nr. 3 muss der Unternehmer zum einen über den Gesamtpreis und zum anderen ggf. über alle anfallenden zusätzlichen Fracht-, Liefer- oder Versandkosten und alle sonstigen Kosten informieren. Der Gesamtpreis ist der in Geld ausgedrückte Preis für die vereinbarte Gegenleistung. Er muss als Einzelsumme angegeben werden und alle Steuern und Abgaben einschließen, dh insbes. die **Mehrwertsteuer** (vgl. § 1 Abs. 1 S. 1 PAngV). Unzulässig ist daher die Angabe eines Nettopreises, auch wenn der Unternehmer dies durch einen entsprechenden Hinweis deutlich macht (Erman/R. Koch BGB § 312a Rn. 10; MüKoBGB/Wendehorst BGB § 312a Rn. 21). Kann der Gesamtpreis aufgrund der Beschaffenheit des Vertragsgegenstands vernünftigerweise nicht im Voraus berechnet werden, muss der Unternehmer über die Art der Preisberechnung informieren. Dies kann insbes. dann der Fall sein, wenn der Verbraucher Wahlmöglichkeiten hinsichtlich des konkreten Vertragsgegenstands hat (BeckOGK/Busch Rn. 25). Der Unternehmer muss dem Verbraucher dann aber alle bereits zur Verfügung stehenden Informationen über die einzelnen Kostenfaktoren und die Berechnung des sich aus ihnen ergebenden Gesamtpreises geben, sodass der Verbraucher möglichst genau über den möglichen Endpreis informiert wird. Soweit die Gegenleistung des Verbrauchers nicht in der Zahlung von Geld, sondern in der Bereitstellung personenbezogener Daten besteht (vgl. § 327 Abs. 3), greift nicht die Informationspflicht nach Abs. 1 Nr. 3 ein, sondern es gelten die besonderen Bestimmungen der DS-GVO (Art. 13 f.; MüKoBGB/Wendehorst § 312a Rn. 25). **15**

Anders als für AGV und FAV (Art. 246a § 1 Abs. 1 Nr. 6) sieht Art. 246 keine Pflicht zur Information darüber vor, dass ein Preis auf der Grundlage einer automatisierten Entscheidungsfindung personalisiert wurde (personalisierter Preis). Der Gesetzgeber hat hier den ihm durch Art. 5 Abs. 4 Verbraucherrechte-RL eröffneten Spielraum einer überschießenden Umsetzung der Vorgaben der RL (EU) 2019/2161 nicht genutzt (MüKoBGB/Wendehorst § 312a Rn. 25). **15a**

Fracht-, Liefer- oder Versandkosten und alle sonstigen Kosten muss der Unternehmer **nicht zwingend getrennt** ausweisen, sondern kann diese Kosten auch in den Gesamtpreis integrieren (MüKoBGB/Wendehorst BGB § 312a Rn. 22). Der Unternehmer ist nicht zu einer Aufschlüsselung des Gesamtpreises verpflichtet. Zu den sonstigen Kosten iSd Abs. 1 Nr. 3 zählen etwa Bearbeitungs- und Verwaltungskosten (→ BGB § 312e Rn. 6). Können die anfallenden Kosten vernünftigerweise nicht im Voraus berechnet werden, genügt nach Abs. 1 Nr. 3 aE die Angabe der Tatsache, dass entsprechende Kosten anfallen können. Dies ist teleologisch dahin auszulegen, dass auch insofern Angaben über die Berechnungsgrundlage erforderlich sind, damit der Verbraucher zumindest eine ungefähre Vorstellung von den zu erwartenden zusätzlichen Kosten erhält. Bei Flugbuchungen sind im Hinblick auf etwaig anfallende Kosten für Gepäck zudem die Vorgaben der LuftverkehrsdiensteVO zu beachten (OLG Dresden GRUR-RR 2019, 264 Rn. 20). Informiert werden muss zudem über etwaige am Schalter zu zahlende Check-In-Kosten (LG Frankfurt a.M. GRUR-RS 2021, 3329 Rn. 40). Kommt der Unternehmer seiner Informationspflicht über die zusätzlichen Kosten nicht nach, kann er sie von dem Verbraucher nach § 312a Abs. 2 S. 2 BGB nicht verlangen (→ BGB § 312a Rn. 16). **16**

Mit Abs. 1 Nr. 3 weitgehend übereinstimmende Vorgaben macht auch § 5a Abs. 3 Nr. 3 UWG. Zudem enthält § 1 PAngV weitere detaillierte Bestimmungen zu Preisangaben bei Verbrauchergeschäften. Die Angabe von zusätzlichen Kosten ist nach § 1 Abs. 2 PAngV allerdings nur im Fernabsatz erforderlich. Die Anforderungen nach Art. 246 Abs. 1 Nr. 3 sind freilich unabhängig von den Vorschriften des UWG und der PAngV und auch dann einzuhalten, wenn eine Preisangabe etwa wegen § 9 PAngV nach diesen Normen ausnahmsweise nicht erforderlich ist (MüKoBGB/Wendehorst BGB § 312a Rn. 24). **17**

**d) Leistungsbedingungen (Abs. 1 Nr. 4).** Gemäß Abs. 1 Nr. 4 ist ggf. über die Zahlungs-, Liefer- und Leistungsbedingungen, den Termin, bis zu dem sich der Unternehmer verpflichtet, die Waren oder Dienstleistungen zu erbringen, sowie das Verfahren des Unternehmers zum Umgang mit Beschwerden zu informieren. Auch durch die nach Abs. 1 Nr. 4 geforderten Informationen soll der Verbraucher in die Lage versetzt werden, eine informierte und seinen Interessen gerechte Entscheidung im Hinblick auf den Vertragsschluss zu treffen. In diesem Sinne muss hinsichtlich der Zahlung über ein etwaiges Zahlungsziel und die Zahlungsmodalitäten informiert **18**

werden (MüKoBGB/Wendehorst BGB § 312a Rn. 26). Bei den von § 312a Abs. 2 BGB, Art. 246 im Schwerpunkt erfassten Ladengeschäften braucht indes über die offensichtliche Möglichkeit einer Barzahlung nicht informiert zu werden. Dort ist lediglich eine Information, etwa durch Aushang am Eingang, über die akzeptierten Möglichkeiten der bargeldlosen Zahlung erforderlich.

**19** Die geforderten Angaben zu den Liefer- und Leistungsbedingungen müssen **alle** diesbezüglichen Informationen enthalten, die die Entscheidung eines durchschnittlichen und vernünftigen Verbrauchers über den Vertragsschluss beeinflussen können. Hierzu zählen etwa die Art der Lieferung, eine etwaige Transportversicherung und ggf. das mit der Lieferung beauftragte Speditionsunternehmen sowie insbes. der (späteste) Liefertermin (MüKoBGB/Wendehorst BGB § 312a Rn. 27). Abweichend vom Wortlaut der Abs. 1 Nr. 4 kann der Unternehmer auch einen **Lieferzeitraum** angeben, wenn er sich nicht auf einen bestimmten Zeitpunkt festlegen will (LG München K&R 2018, 66). Denn es kann nicht davon ausgegangen werden, dass Nr. 4 die Möglichkeit der Vereinbarung eines solchen Lieferzeitraums ausschließen wollte (Erman/R. Koch BGB § 312a Rn. 12). Der Lieferungszeitraum muss allerdings so hinreichend bestimmt sein, dass der Verbraucher in Kenntnis gesetzt wird, bis zu welchem Zeitpunkt spätestens die bestellte Ware vom werbenden Unternehmer an ihn ausgeliefert werden wird. Diesen Anforderungen genügt etwa die Angabe „Der Artikel ist bald verfügbar" nicht (OLG München GRUR-RR 2019, 31 Rn. 41).

**20** Hinsichtlich des **Umgangs mit Beschwerden** muss der Unternehmer nur dann gesonderte Angaben machen, wenn er hierfür besondere Vorkehrungen getroffen hat (MüKoBGB/Wendehorst BGB § 312a Rn. 28). Wenn dies nicht der Fall ist, muss kein Hinweis darauf erfolgen, dass der Unternehmer selbstverständlich auf entsprechende Beschwerden über die nach Nr. 2 genannten Kommunikationsmittel reagieren wird.

**21** **e) Gewährleistung (Abs. 1 Nr. 5).** Nach Abs. 1 Nr. 5 muss der Unternehmer zunächst über das Bestehen eines gesetzlichen Mängelhaftungsrechts für die Waren oder die digitalen Produkte informieren. Anders als bei weiteren vertraglich gewährten Rechten braucht der Unternehmer nur über den Bestand des gesetzlichen Mängelhaftungsrechts, nicht aber über die Bedingungen seiner Ausübung zu informieren. Eine genauere Information über den konkreten Inhalt des gesetzlichen Gewährleistungsrechts ist also nicht erforderlich (hM; BeckOGK/Busch Rn. 34; MüKoBGB/Wendehorst BGB § 312a Rn. 29; aA Erman/R. Koch BGB § 312a Rn. 14). Nr. 5 fordert eine Information nur über ein gesetzliches Haftungsrecht für Waren iSd § 241a Abs. 1 BGB bzw. digitale Produkte iSd § 327 Abs. 1 S. 1. Keine entsprechende Information ist daher etwa bei Werkverträgen über unkörperliche Gegenstände oder Immobilien oder bei Dienstleistungsverträgen erforderlich (BeckOGK/Busch Rn. 35).

**22** Soweit der Unternehmer vertraglich besondere Kundendienstleistungen und **Garantien** (§ 443 BGB) gewährt, muss auch hierüber informiert werden. Dabei genügt die Information über das Bestehen dieser zusätzlichen vertraglichen Rechte nicht, sondern es müssen insbes. auch die Bedingungen dieser Rechte genannt werden. Unzureichend ist etwa die pauschale Werbung mit „5 Jahre(n) Garantie" (OLG Hamm GRUR-RS 2016, 18361; ebenso für „30 Jahre Garantie" LG Berlin LSK 2018, 32215 Ls. 2; ebenso für „7 Jahre Herstellergarantie" LG Essen BeckRS 2019, 21248 Rn. 4). Inhaltlich müssen die Informationen dem Maßstab des § 479 BGB genügen (MüKoBGB/Wendehorst BGB § 312a Rn. 30; vgl. auch EuGH NJW 2022, 1871 für Informationen über Herstellergarantien; aA BeckOGK/Busch Rn. 39; unklar OLG Hamm GRUR-RS 2016, 18361 Rn. 34 ff.). Eine Information ist auch dann erforderlich, wenn die Kundendienstleistungen bzw. Garantien nicht ohne Weiteres Vertragsinhalt werden, sondern vom Verbraucher nur zusätzlich erworben werden können (Erman/R. Koch BGB § 312a Rn. 14). Unter **Kundendienstleistungen** sind alle entgeltlichen oder unentgeltlichen Serviceleistungen zu verstehen, die nach Vertragsschluss erbracht werden, wie etwa Wartungs-, Instandhaltungs-, Schulungs- oder Reparaturleistungen (BeckOGK/Busch Rn. 37).

**23** Dem Wortlaut nach besteht eine Informationspflicht nach Nr. 5 allgemein hinsichtlich jeglicher Kundendienstleistungen und Garantien, die sich auf den Vertragsgegenstand beziehen (OLG Hamm BeckRS 2019, 35802). Erfasst wären damit auch solche **Dienstleistungen und Garantien,** die **von Dritten** unabhängig von dem Unternehmer erbracht bzw. gegeben werden, insbes. **Garantien des Herstellers.** Auf Vorlage des BGH (GRUR 2021, 739) hat der EuGH indes entschieden (NJW 2022, 1871; dazu Bespr. Purucker/Thalhofer NJW 2022, 1851), dass die Informationspflicht nach Abs. 1 Nr. 5 nicht schon allein durch das Bestehen einer solchen Garantie ausgelöst wird, sondern lediglich dann, wenn der Verbraucher ein berechtigtes Interesse daran hat, Informationen über die Garantie zu erhalten, um seine Entscheidung treffen zu können, ob er sich vertraglich an den Unternehmer binden möchte. Ein solches berechtigtes Interesse liegt nach Ansicht des EuGH insbesondere dann vor, wenn der Unternehmer die gewerbliche Garantie des

Herstellers zu einem zentralen oder entscheidenden Merkmal seines Angebots macht. Für die Feststellung, ob die Garantie ein solches zentrales oder entscheidendes Merkmal darstellt, sollen Inhalt und allgemeine Gestaltung des Angebots hinsichtlich der betroffenen Ware zu berücksichtigen sein sowie die Bedeutung der Erwähnung der gewerblichen Garantie des Herstellers als Verkaufs- oder Werbeargument, die Positionierung der Erwähnung der Garantie im Angebot, die Gefahr eines Irrtums oder einer Verwechslung, die durch diese Erwähnung bei einem normal informierten, angemessen aufmerksamen und verständigen Durchschnittsverbraucher hinsichtlich der unterschiedlichen Garantierechte, die er geltend machen kann, oder hinsichtlich der tatsächlichen Identität des Garantiegebers hervorgerufen werden könnte, das Vorliegen von Erläuterungen zu den weiteren mit der Ware verbundenen Garantien im Angebot und jeder weitere Gesichtspunkt, der ein objektives Schutzbedürfnis des Verbrauchers begründen kann. Inhaltlich müssen dem Verbraucher alle Informationen hinsichtlich der Bedingungen für die Anwendung und die Inanspruchnahme einer solchen Garantie zur Verfügung gestellt werden, die dem Verbraucher seine Entscheidung darüber ermöglichen, ob er sich vertraglich an den Unternehmer binden möchte.

nicht belegt **24**

**f) Laufzeit (Abs. 1 Nr. 6).** Abs. 1 Nr. 6 fordert ggf. eine Information über die Laufzeit des Vertrags oder die Bedingungen der Kündigung unbefristeter Verträge oder sich automatisch verlängernder Verträge. Die Informationspflichten nach Abs. 1 Nr. 6 greifen nur bei echten **Dauerschuldverhältnissen** wie Mietvertrag, Pachtvertrag, Energielieferungsverträgen (OLG Düsseldorf EnWZ 2016, 458 (460)) usw und bei Verträgen über regelmäßig wiederkehrende Leistungen wie Zeitungsabonnements ein (MüKoBGB/Wendehorst BGB § 312a Rn. 31). Unter Laufzeit ist die feste Vertragsdauer zu verstehen. Bei sich automatisch verlängernden Verträgen muss die anfängliche Mindestlaufzeit im Rahmen der ebenfalls anzugebenden Kündigungsbedingungen genannt werden (Erman/R. Koch BGB § 312a Rn. 15). **25**

Zu informieren ist über die Bedingungen eines **ordentlichen Kündigungsrechts** sowohl des Verbrauchers als auch des Unternehmers. Keine Information ist dagegen erforderlich über die Bedingungen eines Rechts zur außerordentlichen Kündigung, soweit diese gesetzlich geregelt sind (Erman/R. Koch BGB § 312a Rn. 15). Der Verbraucher muss insbes. über die **Mindestlaufzeit** des Vertrags informiert werden, dh den frühestmöglichen Zeitpunkt einer Kündigung einschließlich einer ggf. einzuhaltenden Kündigungsfrist (MüKoBGB/Wendehorst BGB § 312a Rn. 32). Nicht erforderlich ist im vorvertraglichen Stadium dagegen eine Information über weitere Modalitäten der Kündigung, soweit sie für die Entscheidung des Verbrauchers über den Vertragsschluss irrelevant sind (MüKoBGB/Wendehorst BGB § 312a Rn. 32; aA BeckOGK/Busch Rn. 41; Erman/R. Koch BGB § 312a Rn. 15). **26**

**g) Funktionalität, Kompatibilität und Interoperabilität von Waren mit digitalen Elementen und digitalen Produkten (Abs. 1 Nr. 7 und 8).** Nach Abs. 1 Nr. 7 und 8 sind besondere Informationen bei Verträgen über Waren mit digitalen Elementen und digitale Produkte erforderlich. Der deutsche Gesetzgeber hat die Nr. 7 und 8 in Umsetzung von Vorgaben der RL (EU) 2019/2161 neu und inhaltlich damit an die neuen bzw. geänderten Bestimmungen der §§ 327 ff. und §§ 475b ff. angepasst, die ihrerseits auf Vorgaben der Digitale-Inhalte-RL bzw. der Warenkauf-RL beruhen. Der Begriff der digitalen Produkte ist in § 327 Abs. 1 S. 1 und der Begriff der Ware mit digitalen Elementen in § 327a Abs. 3 S. 1 legaldefiniert. Gemäß Abs. 1 Nr. 7 ist bei den erfassten Verträgen über die Funktionalität der Waren mit digitalen Elementen und der digitalen Produkte, einschließlich anwendbarer technischer Schutzmaßnahmen zu informieren. Der Begriff der Funktionalität ist für digitale Produkte in § 327e Abs. 2 S. 2 dahingehend legaldefiniert, dass hierunter die Fähigkeit eines digitalen Produkts, seine Funktionen seinem Zweck entsprechend erfüllen zu können, zu verstehen ist. Für Waren mit digitalen Elementen ist der Begriff der Funktionalität entsprechend auszulegen. Zu informieren wäre damit grds. über alle Eigenschaften, die für die zweckentsprechende Funktion der Ware mit digitalen Elementen bzw. des digitalen Produkts von Bedeutung sind. Eine Vielzahl dieser Informationen werden bereits von Abs. 1 Nr. 1 erfasst (MüKoBGB/Wendehorst § 312a Rn. 33). Im Übrigen muss auch die Informationspflicht nach Nr. 7 auf die wesentlichen Informationen beschränkt werden. Dem Verbraucher muss verständlich werden, wie die Waren bzw. digitalen Produkte verwendet werden können (BT-Drs. 17/12637, 73), sodass er beurteilen kann, ob das Angebot für seine Zwecke sinnvoll ist. Zu informieren ist der Verbraucher insbes. über Möglichkeiten der Nachverfolgung seines Verhaltens (**„Tracking"**, Erwägungsgrund 19 Verbraucherrechte-RL) (BeckOGK/Busch Rn. 45; MüKoBGB/Wendehorst BGB § 312a Rn. 34). Keineswegs ist im vorvertraglichen Stadium allerdings eine umfangreiche Dokumentation in Form eines anleitenden Handbuchs gefor- **27**

dert. Unter den genannten **technischen Schutzmaßnahmen** sind Vorkehrungen des Unternehmers zu verstehen, durch die er den Einsatz und Gebrauch der Waren bzw. digitalen Produkte in bestimmter Hinsicht beschränkt, wie etwa mittels digitaler Rechteverwaltung oder Regionalcodierung (Erwägungsgrund 19 Verbraucherrechte-RL).

**28** Der Unternehmer muss den Verbraucher nach Abs. 1 Nr. 8 zudem ggf., soweit wesentlich, über die **Kompatibilität und die Interoperabilität** der Waren mit digitalen Elementen oder der digitalen Produkte, soweit diese Informationen dem Unternehmer bekannt sind oder bekannt sein müssen. Der Begriff der Kompatibilität ist in § 327e Abs. 2 S. 3 legaldefiniert als die Fähigkeit eines digitalen Produkts, mit Hardware oder Software zu funktionieren, mit der digitale Produkte derselben Art in der Regel genutzt werden, ohne dass sie konvertiert werden müssen. Der Begriff der Interoperabilität schließlich ist in § 327e Abs. 2 S. 4 legaldefiniert als die Fähigkeit eines digitalen Produkts, mit anderer Hardware oder Software als derjenigen, mit der digitale Produkte derselben Art in der Regel genutzt werden, zu funktionieren. Zu den geschuldeten wesentlichen Informationen wollte der europäische Gesetzgeber insbesondere Informationen in Bezug auf die standardmäßige Umgebung an Hard- und Software zählen, mit der die digitalen Inhalte kompatibel sind, etwa das Betriebssystem, die notwendige Version und bestimmte Eigenschaften der Hardware (Erwägungsgrund 19 Verbraucherrechte-RL). Anders als nach Nr. 8 aF reicht es nun nicht mehr aus, wenn der Unternehmer nur über die Beschränkungen der Kompatibilität bzw. Interoperabilität aufklärt, sondern es sind fortan positive Informationen über diese Fähigkeiten geschuldet. Freilich ist auch hier keine umfassende Information gefordert, sondern es sind nur die wesentlichen Angaben zu machen, dh solche, die ein durchschnittlicher vernünftiger Verbraucher bei seiner Entscheidung über den Vertragsschluss berücksichtigen würde. Die Generaldirektion Justiz hat in ihrem Leitfaden zur Verbraucherrechte-RL eine nicht abschließende **Liste** der nach Abs. 1 Nr. 7 und 8 bereitzustellenden Informationen mit Beispielen für verschiedene Produkte veröffentlicht (GD Justiz, Leitfaden zur Verbraucherrechte-RL, 81 ff.; abgedruckt bei MüKoBGB/Wendehorst BGB § 312a Rn. 34; BeckOGK/Busch Rn. 47).

## III. Belehrung über das Widerrufsrecht (Abs. 3)

**29** **1. Allgemeines.** Art. 246 Abs. 3 enthält eine Pflicht des Unternehmers zur Belehrung des Verbrauchers über ein diesem zustehendes Widerrufsrecht. Der Anwendungsbereich dieser Belehrungspflicht ist sehr schmal, da Art. 246 Abs. 3 kein Widerrufsrecht des Verbrauchers begründet, sondern das **Bestehen eines solchen Rechts voraussetzt.** Allerdings kommt Art. 246 in den praktisch häufigsten Fällen, in denen ein Widerrufsrecht des Verbrauchers besteht, gar nicht zur Anwendung. Denn nach § 312a Abs. 2 S. 3 BGB ist Art. 246 nicht anwendbar bei außerhalb von Geschäftsräumen und im Fernabsatz geschlossenen Verträgen sowie Verträgen über Finanzdienstleistungen (→ BGB § 312a Rn. 12). Auch bei Verträgen über Teilzeitwohnrechte und ähnliche Verträge nach §§ 481 ff. BGB ist Art. 246 nach § 312 Abs. 2 Nr. 6 BGB unanwendbar (→ BGB § 312 Rn. 27). Bei all diesen Verträgen bestehen vorrangige **Sonderbestimmungen,** welche die jeweiligen Belehrungspflichten speziell regeln (iE MüKoBGB/Wendehorst BGB § 312a Rn. 42). Die Belehrungspflicht nach Art. 246 Abs. 3 greift daher nur bei den Widerrufsrechten bei Ratenlieferungsverträgen, die weder im Fernabsatz noch außerhalb von Geschäftsräumen geschlossen werden nach § 510 Abs. 2 BGB (BeckOGK/Busch Rn. 51; aA MüKoBGB/Wendehorst BGB § 312a Rn. 42, die Abs. 3 auch bei § 305 KAGB und § 4 FernUSG anwenden möchte).

**30** **2. Belehrung in Textform (Abs. 3 S. 1).** Nach Abs. 3 S. 1 muss die Belehrung über das Widerrufsrecht in Textform iSd § 126b BGB erfolgen, auf dessen Kommentierung hinsichtlich der Einzelheiten verwiesen wird (→ BGB § 126b Rn. 3). Die Belehrung muss dem Verbraucher insbes. in einer Weise zugehen, die es ihm ermöglicht, sie zumindest so aufzubewahren oder zu speichern, dass sie ihm während eines für ihren Zweck angemessenen Zeitraums zugänglich ist (§ 126b S. 2 Nr. 1 BGB). Dabei soll es nicht genügen, wenn die Belehrung auf einer Website des Unternehmers für den Verbraucher bloß abrufbar ist. Vielmehr muss die Belehrung dem Verbraucher tatsächlich übermittelt werden, etwa durch Briefpost, per E-Mail oder indem der Verbraucher die Belehrung selbst abspeichert oder ausdruckt (BGH NJW 2014, 2857 (2858)).

**31** **3. Deutlichkeitserfordernis (Abs. 3 S. 2).** Nach Abs. 3 S. 2 muss die Widerrufsbelehrung deutlich gestaltet sein und dem Verbraucher seine wesentlichen Rechte in einer dem benutzten Kommunikationsmittel angepassten Weise deutlich machen. Das Deutlichkeitsgebot bezieht sich sowohl auf die **inhaltliche** als auch auf die **formale** Gestaltung der Belehrung (Erman/R. Koch BGB § 312a Rn. 25; BeckOGK/Busch Rn. 53). Formal muss die Belehrung klar und deutlich und von den übrigen Informationen abgehoben sein. Soweit der Unternehmer die Text- oder

Schriftform wählt, muss die Belehrung deutlich lesbar sein. Dabei sind eine angemessene Schriftgröße und ein Schriftbild zu wählen, durch das sich die Belehrung von den übrigen Informationen klar absetzt (BGH NJW 2011, 1061 (1062); BeckOGK/Busch Rn. 54).

Im Hinblick auf den Inhalt muss die Belehrung dem Verbraucher seine wesentlichen Rechte deutlich machen. Das Gesetz verlangt keine umfassende Rechtsberatung, sondern lässt eine **Beschränkung auf das Wesentliche** genügen. Abs. 3 S. 3 nennt insofern den Mindestinhalt einer ausreichenden Belehrung (→ Rn. 33). Dabei muss der Verbraucher vor allem über seine Rechte und nicht bloß über seine Pflichten beim Widerruf aufgeklärt werden (BGH NZG 2013, 101 (103)). Zudem ist eine unmissverständliche Aufklärung über den Beginn und die Dauer der Widerrufsfrist erforderlich. Die Belehrung muss schließlich allgemein sprachlich eindeutig und aus sich heraus für einen durchschnittlichen Verbraucher verständlich sein (Erman/R. Koch BGB § 312a Rn. 26). Dies erfordert im Regelfall eine Belehrung in deutscher Sprache (BeckOGK/Busch Rn. 56; Erman/R. Koch BGB § 312a Rn. 28). Die Widerrufsbelehrung darf schließlich grds. keine zusätzlichen Erklärungen enthalten, die einen eigenen Inhalt aufweisen und weder für das Verständnis noch für die Wirksamkeit der Belehrung von Bedeutung sind und deshalb von ihr ablenken oder den Verbraucher verwirren können. Zulässig sind jedoch inhaltlich zutreffende Ergänzungen, die dem Verbraucher die Rechtslage nach einem Widerruf seiner Vertragserklärung verdeutlichen und die Belehrung nicht unübersichtlich machen (BGH BKR 2019, 34 Rn. 9). Unschädlich ist es auch, wenn die Widerrufsbelehrung erkennbar als formularmäßige Sammelbelehrung ausgestaltet ist und daher auch im konkreten Fall überflüssige Ausführungen zu nicht einschlägigen Rechtsfolgen enthält (BGH BeckRS 2018, 9217; BeckRS 2017, 101784 Rn. 11; OLG Köln WM 2019, 1635 Rn. 43). 32

**4. Mindestinhalt der Belehrung (Abs. 3 S. 3).** Nach Abs. 3 S. 3 muss der Verbraucher zumindest über Folgendes belehrt werden: 33

- sein Recht zum Widerruf, sodass deutlich wird, dass dieses Recht von keinen (weiteren) Voraussetzungen abhängig ist.
- dass der Widerruf durch Erklärung gegenüber dem Unternehmer erfolgt und keiner Begründung bedarf. Ein Zusatz, nach dem die Widerrufserklärung dem Unternehmer zugehen muss, ist missverständlich und daher unzulässig (LG Berlin NJW-RR 2006, 639).
- den Namen und die ladungsfähige Anschrift desjenigen, gegenüber dem der Widerruf zu erklären ist. Die Angabe einer Postfachadresse genügt insofern nicht (Erman/R. Koch BGB § 312a Rn. 31).
- die Dauer und den Beginn der Widerrufsfrist sowie darüber, dass zur Fristwahrung die rechtzeitige Absendung der Widerrufserklärung genügt. Insbesondere muss eindeutig erklärt werden, durch welches Ereignis die Widerrufsfrist in Gang gesetzt wird (BGH NJW 2009, 3572 (3573); BeckOGK/Busch Rn. 61).

## Artikel 246a Informationspflichten bei außerhalb von Geschäftsräumen geschlossenen Verträgen und Fernabsatzverträgen mit Ausnahme von Verträgen über Finanzdienstleistungen

### § 1 Informationspflichten

**(1) [1]Der Unternehmer ist nach § 312d Absatz 1 des Bürgerlichen Gesetzbuchs verpflichtet, dem Verbraucher folgende Informationen zur Verfügung zu stellen:**

**1. die wesentlichen Eigenschaften der Waren oder Dienstleistungen in dem für das Kommunikationsmittel und für die Waren und Dienstleistungen angemessenen Umfang,**

**2. seine Identität, beispielsweise seinen Handelsnamen sowie die Anschrift des Ortes, an dem er niedergelassen ist, sowie gegebenenfalls die Identität und die Anschrift des Unternehmers, in dessen Auftrag er handelt,**

**3. seine Telefonnummer, seine E-Mail-Adresse sowie gegebenenfalls andere von ihm zur Verfügung gestellte Online-Kommunikationsmittel, sofern diese gewährleisten, dass der Verbraucher seine Korrespondenz mit dem Unternehmer, einschließlich deren Datums und deren Uhrzeit, auf einem dauerhaften Datenträger speichern kann,**

**4. zusätzlich zu den Angaben gemäß den Nummern 2 und 3 die Geschäftsanschrift des Unternehmers und gegebenenfalls die Anschrift des Unternehmers, in dessen Auftrag er handelt, an die sich der Verbraucher mit jeder Beschwerde wenden kann, falls diese Anschrift von der Anschrift nach Nummer 2 abweicht,**
**5. den Gesamtpreis der Waren oder der Dienstleistungen einschließlich aller Steuern und Abgaben, oder in den Fällen, in denen der Preis auf Grund der Beschaffenheit der Waren oder der Dienstleistungen vernünftigerweise nicht im Voraus berechnet werden kann, die Art der Preisberechnung,**
**6. gegebenenfalls den Hinweis, dass der Preis auf der Grundlage einer automatisierten Entscheidungsfindung personalisiert wurde,**
**7. gegebenenfalls alle zusätzlich zu dem Gesamtpreis nach Nummer 5 anfallenden alle zusätzlichen Fracht-, Liefer- oder Versandkosten und alle sonstigen Kosten, oder in den Fällen, in denen diese Kosten vernünftigerweise nicht im Voraus berechnet werden können, die Tatsache, dass solche zusätzlichen Kosten anfallen können,**
**8. im Falle eines unbefristeten Vertrags oder eines Abonnement-Vertrags den Gesamtpreis; dieser umfasst die pro Abrechnungszeitraum anfallenden Gesamtkosten und, wenn für einen solchen Vertrag Festbeträge in Rechnung gestellt werden, ebenfalls die monatlichen Gesamtkosten; wenn die Gesamtkosten vernünftigerweise nicht im Voraus berechnet werden können, ist die Art der Preisberechnung anzugeben,**
**9. die Kosten für den Einsatz des für den Vertragsabschluss genutzten Fernkommunikationsmittels, sofern dem Verbraucher Kosten berechnet werden, die über die Kosten für die bloße Nutzung des Fernkommunikationsmittels hinausgehen,**
**10. die Zahlungs-, Liefer- und Leistungsbedingungen, den Termin, bis zu dem der Unternehmer die Waren liefern oder die Dienstleistung erbringen muss, und gegebenenfalls das Verfahren des Unternehmers zum Umgang mit Beschwerden,**
**11. das Bestehen eines gesetzlichen Mängelhaftungsrechts für die Waren oder die digitalen Produkte,**
**12. gegebenenfalls das Bestehen und die Bedingungen von Kundendienst, Kundendienstleistungen und Garantien,**
**13. gegebenenfalls bestehende einschlägige Verhaltenskodizes gemäß Artikel 2 Buchstabe f der Richtlinie 2005/29/EG des Europäischen Parlaments und des Rates vom 11. Mai 2005 über unlautere Geschäftspraktiken im binnenmarktinternen Geschäftsverkehr zwischen Unternehmen und Verbrauchern und zur Änderung der Richtlinie 84/450/EWG des Rates, der Richtlinien 97/7/EG, 98/27/EG und 2002/65/EG des Europäischen Parlaments und des Rates sowie der Verordnung (EG) Nr. 2006/2004 des Europäischen Parlaments und des Rates (ABl. L 149 vom 11.6.2005, S. 22; L 253 vom 25.9.2009, S. 18), die zuletzt durch die Richtlinie (EU) 2019/2161 (ABl. L 328 vom 18.12.2019, S. 7) geändert worden ist, und wie Exemplare davon erhalten werden können,**
**14. gegebenenfalls die Laufzeit des Vertrags oder die Bedingungen der Kündigung unbefristeter Verträge oder sich automatisch verlängernder Verträge,**
**15. gegebenenfalls die Mindestdauer der Verpflichtungen, die der Verbraucher mit dem Vertrag eingeht,**
**16. gegebenenfalls die Tatsache, dass der Unternehmer vom Verbraucher die Stellung einer Kaution oder die Leistung anderer finanzieller Sicherheiten verlangen kann, sowie deren Bedingungen,**
**17. gegebenenfalls die Funktionalität der Waren mit digitalen Elementen oder der digitalen Produkte, einschließlich anwendbarer technischer Schutzmaßnahmen für solche Inhalte,**
**18. gegebenenfalls, soweit wesentlich, die Kompatibilität und die Interoperabilität der Waren mit digitalen Elementen oder der digitalen Produkte, soweit diese Informationen dem Unternehmer bekannt sind oder bekannt sein müssen, und**
**19. gegebenenfalls, dass der Verbraucher ein außergerichtliches Beschwerde- und Rechtsbehelfsverfahren, dem der Unternehmer unterworfen ist, nutzen kann, und dessen Zugangsvoraussetzungen.**

**[2]Wird der Vertrag im Rahmen einer öffentlich zugänglichen Versteigerung geschlossen, können anstelle der Angaben nach Satz 1 Nummer 2 bis 4 die entsprechenden Angaben des Versteigerers zur Verfügung gestellt werden.**

**(2) [1]Steht dem Verbraucher ein Widerrufsrecht nach § 312g Absatz 1 des Bürgerlichen Gesetzbuchs zu, ist der Unternehmer verpflichtet, den Verbraucher zu informieren**

**1. über die Bedingungen, die Fristen und das Verfahren für die Ausübung des Widerrufsrechts nach § 355 Absatz 1 des Bürgerlichen Gesetzbuchs sowie das Muster-Widerrufsformular in der Anlage 2,**
**2. gegebenenfalls darüber, dass der Verbraucher im Widerrufsfall die Kosten für die Rücksendung der Waren zu tragen hat, und bei Fernabsatzverträgen zusätzlich über die Kosten für die Rücksendung der Waren, wenn die Waren auf Grund ihrer Beschaffenheit nicht auf dem normalen Postweg zurückgesendet werden können, und**
**3. darüber, dass der Verbraucher dem Unternehmer bei einem Vertrag über die Erbringung von Dienstleistungen, für die die Zahlung eines Preises vorgesehen ist, oder über die nicht in einem bestimmten Volumen oder in einer bestimmten Menge vereinbarte Lieferung von Wasser, Gas, Strom oder die Lieferung von Fernwärme einen angemessenen Betrag nach § 357a Absatz 2 des Bürgerlichen Gesetzbuchs für die vom Unternehmer erbrachte Leistung schuldet, wenn der Verbraucher das Widerrufsrecht ausübt, nachdem er auf Aufforderung des Unternehmers von diesem ausdrücklich den Beginn der Leistung vor Ablauf der Widerrufsfrist verlangt hat.**

**[2]Der Unternehmer kann diese Informationspflichten dadurch erfüllen, dass er das in der Anlage 1 vorgesehene Muster für die Widerrufsbelehrung zutreffend ausgefüllt in Textform übermittelt.**

**(3) Der Unternehmer hat den Verbraucher auch zu informieren, wenn**
**1. dem Verbraucher nach § 312g Absatz 2 Nummer 1, 2, 5 und 7 bis 13 des Bürgerlichen Gesetzbuchs ein Widerrufsrecht nicht zusteht, dass der Verbraucher seine Willenserklärung nicht widerrufen kann, oder**
**2. das Widerrufsrecht des Verbrauchers nach § 312g Absatz 2 Nummer 3, 4 und 6 sowie § 356 Absatz 4 und 5 des Bürgerlichen Gesetzbuchs vorzeitig erlöschen kann, über die Umstände, unter denen der Verbraucher ein zunächst bestehendes Widerrufsrecht verliert.**

## Überblick

Art. 246a § 1 regelt Informationspflichten für AGV und FAV (zu Abs. 1 → Rn. 4 ff., zu Abs. 2, 3 → Rn. 25 ff.).

## Übersicht



## I. Allgemeines

§ 1 dient der Umsetzung von Art. 6 Abs. 1, 3 und 4 Verbraucherrechte-RL und regelt allgemeine Informationspflichten bei außerhalb von Geschäftsräumen und im Fernabsatz geschlossenen Verträgen. Auf Verträge über Finanzdienstleistungen ist § 1 nicht anwendbar. Insofern enthält Art. 246b spezielle Regelungen (BT-Drs. 17/12637, 74). Der deutsche Gesetzgeber hat die Infor- 1 mationspflichten nicht in das BGB integriert, sondern in das EGBGB ausgelagert, um das BGB von allzu detaillierten Vorschriften zu entlasten (Spindler/Schuster/Schirmbacher Rn. 2). In § 312d Abs. 1 S. 1 BGB wird insofern die Informationspflicht bei außerhalb von Geschäftsräumen und im Fernabsatz geschlossenen Verträgen lediglich angeordnet, während hinsichtlich der konkreten Ausgestaltung der Pflicht auf Art. 246a verwiesen wird (BT-Drs. 17/12637, 51).

2 Bereits nach Art. 246 aF trafen den Unternehmer im Fernabsatz Informationspflichten gegenüber dem Verbraucher. Der Katalog an Informationspflichten ist durch die Verbraucherrechte-RL allerdings inhaltlich erweitert und sein Anwendungsbereich zudem auf außerhalb von Geschäftsräumen geschlossene Verträge erstreckt worden (BeckOGK/Busch Rn. 3). Zweck der Informationspflichten nach Abs. 1 ist es vor allem, dem Verbraucher einen Vergleich der Angebote am Markt, nicht zuletzt im grenzüberschreitenden Handel, zu ermöglichen (BT-Drs. 17/12637, 74; BeckOGK/Busch Rn. 4). Der Katalog der Informationsgegenstände nach Abs. 1 entspricht in weiten Teilen der Liste des Art. 246 Abs. 1, auf dessen Kommentierung daher auch vielfach verwiesen werden kann. Anders als bei den von Art. 246 erfassten stationären Geschäften besteht im Fall des Art. 246a § 1 aber eine strikte Bindung des deutschen Gesetzgebers an die Vorgabe der insofern vollharmonisierenden Verbraucherrechte-RL (BeckOGK/Busch Rn. 3).

2a Mit Wirkung zum 28.5.2022 hat der Gesetzgeber in Umsetzung der durch die Omnibus-RL geänderten Verbraucherrechte-RL die Informationspflichten nach § 1 teils reformiert. Dabei wird zunächst, wie bei Art. 246, dem auf digitale Produkte erweiterten und modernisierten Anwendungsbereich der Verbraucherrechte-RL Rechnung getragen. § 1 S. 1 Nr. 11 EGBGB nF entspricht dabei Art. 246 Abs. 1 Nr. 5 EGBGB nF, während § 1 S. 1 Nr. 17 und 18 EGBGB nF ihre Parallele in Art. 246 Abs. 1 Nr. 7 und 8 EGBGB nF finden. Art. 246a § 1 Abs. 1 S. 1 Nr. 2 EGBGB wird neu gefasst und zur besseren Lesbarkeit in Nr. 2 und 3 nF aufgeteilt. Ebenfalls neu gefasst, aufgeteilt und ergänzt wird Art. 246a § 1 Abs. 1 S. 1 Nr. 4 EGBGB. Insbesondere kommt mit Nr. 6 nF eine Pflicht zur Information darüber hinzu, dass der Preis auf der Grundlage einer automatisierten Entscheidungsfindung personalisiert wurde.

3 Die Belehrungspflichten im Zusammenhang mit dem Widerrufsrecht hat der deutsche Gesetzgeber gesondert in Art. 246a § 1 Abs. 2 und 3 geregelt. Sie sollen dem Verbraucher die erforderlichen Informationen verschaffen, sodass er sein Widerrufsrecht ohne Mühe ausüben kann und vor etwaigen besonders nachteiligen Rechtsfolgen gewarnt ist.

## II. Allgemeine Informationspflichten (Abs. 1)

4 **1. Wesentliche Eigenschaften (Abs. 1 S. 1 Nr. 1).** In Umsetzung von Art. 6 Abs. 1 lit. a Verbraucherrechte-RL fordert Abs. 1 S. 1 Nr. 1 eine Information des Verbrauchers über die wesentlichen Eigenschaften der Waren oder Dienstleistungen in dem für das Kommunikationsmittel und für die Waren oder Dienstleistungen angemessenen Umfang. Abs. 1 S. 1 Nr. 1 unterscheidet sich nur sprachlich, aber nicht inhaltlich von Art. 246 Abs. 1 Nr. 1, auf dessen Kommentierung hinsichtlich der Einzelheiten verwiesen wird (→ Art. 246 Rn. 10).

5 **2. Identität und Kontaktdaten (Abs. 1 S. 1 Nr. 2 und 3).** Gemäß Abs. 1 S. 1 Nr. 2 muss der Unternehmer über seine Identität, beispielsweise seinen Handelsnamen sowie die Anschrift des Ortes, an dem er niedergelassen ist, sowie ggf. die Identität und die Anschrift des Unternehmers, in dessen Auftrag er handelt, informieren. Durch Nr. 2 setzt der deutsche Gesetzgeber Art. 6 Abs. 1 lit. b und c Verbraucherrechte-RL etwas unglücklich um, da sich das „beispielsweise" nach der Richtlinie wesentlich klarer lediglich auf „seinen Handelsnamen" bezieht. Angaben über die Anschrift des Ortes, an dem der Unternehmer niedergelassen ist, sind also nicht optionale Bestandteile der geforderten Information über die Identität des Unternehmers, sondern in jedem Fall zwingend erforderlich.

6 Abs. 1 S. 1 Nr. 2 zählt den Handelsnamen nur beispielhaft als Teil der Information über die Identität des Unternehmers auf. Um den Unternehmer eindeutig zu identifizieren, sind grds. Informationen über seinen Namen bzw. seine Firma (§ 17 Abs. 1 HGB) mit Rechtsformzusatz erforderlich. Angegeben werden muss des Weiteren die ladungsfähige Anschrift des Ortes seiner Niederlassung (BeckOGK/Busch Rn. 7).

6a Wie aus Art. 6 Abs. 1 lit. c Verbraucherrechte-RL hervorgeht, muss der Unternehmer zudem seine Telefonnummer und seine E-Mail-Adresse angeben; wenn der Unternehmer andere Online-Kommunikationsmittel bereitstellt, die gewährleisten, dass der Verbraucher etwaige schriftliche Korrespondenz mit dem Unternehmer, einschließlich des Datums und der Uhrzeit dieser Korrespondenz, auf einem dauerhaften Datenträger speichern kann, so umfassen die Informationen darüber hinaus auch Angaben zu diesen anderen Kommunikationsmitteln. Diese Vorgaben hat der Gesetzgeber in Nr. 3 umgesetzt. Die Angabe einer Telefonnummer und einer E-mail-Adresse ist nunmehr verpflichtend (MüKoBGB/Wendehorst § 312d Rn. 23). Der Unternehmer muss also ggf. eine solche Kommunikationsmöglichkeit einrichten. Zur nach Nr. 3 geforderten Angabe genügt es jedenfalls, wenn eine Telefonnummer eines Unternehmers dergestalt auf seiner Website zu finden ist, dass einem Durchschnittsverbraucher, das heißt einem normal informierten, angemessen aufmerksamen und verständigen Verbraucher, suggeriert wird, dass der Unternehmer diese Telefonnummer für seine Kontakte mit Verbrauchern nutzt (EuGH NJW 2020, 2389 Rn. 37; BGH GRUR 2021, 84 Rn. 29). Entsprechendes gilt für andere Kommunikationsmittel. Verfügt der Unternehmer über keines der genannten Kommunikationsmittel, sondern über ein anderes, so ist eine diesbezügliche Information zwar dem Wortlaut der Nr. 3 nach nicht erforderlich. Doch Sinn und Zweck der Vorschrift gebieten gleichwohl eine entsprechende Angabe. Einer hinreichend klaren Information steht es nicht entgegen, wenn die Angaben zu einem Kommunikationsmittel erst nach einer Reihe von Klicks verfügbar sind. Der Unternehmer kann den Verbraucher auch, etwa durch die Gestaltung seiner Website, ermuntern, andere, nicht in Nr. 3 genannte Kommunikationsmittel zu benutzen (BGH GRUR 2020, 652).

Die Bereitstellung der in Nr. 3 genannten weiteren Online-Kommunikationsmittel ist anders **6b** als Telefon und E-mail nicht verpflichtend. Unklar ist allerdings, wie die Qualifikation zu verstehen sein soll, nach der nur solche Kommunikationsmittel erfasst sind, die eine Speicherung etwaiger schriftlicher Korrespondenz auf einem dauerhaften Datenträger gewährleisten. Nach dem Wortlaut des geänderten Art. 6 Abs. 1 lit. c Verbraucherrechte-RL beschränkt sich die Informationspflicht auf solche Kommunikationsmittel. Da schon keine Pflicht besteht, solche Kommunikationsmittel überhaupt einzurichten, kann auch keine Pflicht bestehen, die freiwillig eingerichteten Kommunikationsmittel entsprechend auszugestalten. Der Unternehmer wird durch Art. 6 Abs. 1 lit. c Verbraucherrechte-RL nicht gehindert, weitere dort nicht genannte Kommunikationsmittel zu verwenden. Es ist freilich zu erwarten, dass dem EuGH diese Fragen zur Entscheidung vorgelegt werden (MüKoBGB/Wendehorst § 312d Rn. 24).

Handelt der Unternehmer im Auftrag eines anderen Unternehmers, so ist nach Nr. 2 auch **7** dessen Anschrift und Identität anzugeben. Eine Information über dessen Telefonnummer bzw. E-Mail-Adresse ist dagegen nicht gefordert. Erfolgt der Vertragsschluss im Rahmen einer öffentlich zugänglichen Versteigerung (§ 312g Abs. 2 Nr. 10 BGB; → BGB § 312g Rn. 47), können anstelle der Angaben über die Identität und Kontaktdaten des Unternehmers auch die entsprechenden Angaben des Versteigerers zur Verfügung gestellt werden (Art. 246a § 1 Abs. 1 S. 2).

**3. Beschwerdeadresse (Abs. 1 S. 1 Nr. 4).** Nach Abs. 1 S. 1 Nr. 4, durch die Art. 6 Abs. 1 **8** lit. d Verbraucherrechte-RL umgesetzt wird, muss der Unternehmer den Verbraucher über seine Geschäftsanschrift und ggf. über die Anschrift des Unternehmers, in dessen Auftrag er handelt, informieren, wenn vorgesehen ist, dass der Verbraucher sich an diese Adressen mit jeder Beschwerde wenden kann, und diese Adressen von den nach Abs. 1 S. 1 Nr. 2 bekanntzugebenden abweichen. Durch Abs. 1 S. 1 Nr. 4 soll der Verbraucher gezielt zu einer Beschwerdestelle des Unternehmers geleitet werden, sofern dieser eine solche Stelle eingerichtet hat. Ist dies der Fall, wird es allerdings regelmäßig im eigenen Interesse des Unternehmers liegen, dass die Kunden möglichst auch diese Adresse nutzen und nicht auf anderem Wege Kontakt aufnehmen. Abs. 1 S. 1 Nr. 4 fordert nur die Angabe der Adresse und nicht weiterer oder anderer Kontaktdaten. Sollte der Unternehmer eine virtuelle Beschwerdestelle eingerichtet haben, verbietet Abs. 1 S. 1 Nr. 4 allerdings auch nicht, den Verbraucher über diese Kommunikationsmöglichkeit zu informieren.

Durch die Einrichtung einer Beschwerdestelle mit einer eigenen Adresse kann der Unternehmer **9** nicht die Kommunikationsmöglichkeiten des Verbrauchers beschränken, sodass dieser für rechtlich erhebliche Erklärungen regelmäßig auch die nach Abs. 1 S. 1 Nr. 3 bekanntgegebenen Kontaktdaten nutzen kann (Spindler/Schuster/Schirmbacher Rn. 23). Die Information nach Abs. 1 S. 1 Nr. 3 darf insofern keine falschen Vorstellungen bei dem Verbraucher wecken. Daher ist möglichst darauf hinzuweisen, dass dem Verbraucher unbenommen bleibt, sich auf anderem Wege bei dem Unternehmer zu beschweren. Wird der Vertrag im Rahmen einer öffentlichen Versteigerung (§ 312g Abs. 2 Nr. 10 BGB; → BGB § 312g Rn. 47) geschlossen, können anstelle der Informationen über die Beschwerdestelle des Unternehmers nach Nr. 4 auch die entsprechenden Angaben des Versteigerers zur Verfügung gestellt werden (Art. 246a § 1 Abs. 1 S. 2).

**4. Gesamtpreis (Abs. 1 S. 1 Nr. 5 und 7).** In Umsetzung von Art. 6 Abs. 1 lit. e S. 1 Verbraucherrechte-RL verlangt Abs. 1 S. 1 Nr. 5 eine Information des Verbrauchers über den Gesamtpreis der Waren oder Dienstleistungen einschließlich aller Steuern und Abgaben, oder in den Fällen, in denen der Preis aufgrund der Beschaffenheit der Waren oder Dienstleistungen vernünfti- **10**

gerweise nicht im Voraus berechnet werden kann, die Art der Preisberechnung und Abs. 1 S. 1 Nr. 7 fordert zudem ggf. eine Information über alle zusätzlichen Fracht-, Liefer- oder Versandkosten und alle sonstigen Kosten, oder in den Fällen, in denen diese Kosten vernünftigerweise nicht im Voraus berechnet werden können, die Tatsache, dass solche zusätzlichen Kosten anfallen können. Abs. 1 S. 1 Nr. 5 und 7 entsprechen Art. 246 Nr. 3, auf dessen Kommentierung hinsichtlich der Einzelheiten insofern verwiesen wird (→ Art. 246 Rn. 15 ff.).

**11** Neben Abs. 1 S. 1 Nr. 5 und 7 ist im Fernabsatz auch § 1 Abs. 2 PAngV zu beachten, der ua einen ausdrücklichen Hinweis darauf fordert, dass der ausgewiesene Preis die Umsatzsteuer und sonstigen Preisbestandteile enthält. Abs. 1 S. 1 Nr. 7 wird schließlich hinsichtlich der Rechtsfolgen durch § 312e BGB ergänzt, da der Unternehmer bei unzureichenden Informationen über Fracht-, Liefer- oder Versandkosten oder sonstige Kosten keine Zahlung dieser Kosten verlangen kann (→ BGB § 312e Rn. 4 ff.).

**11a** **5. Auf Grundlage automatischer Entscheidungsfindung personalisierter Preis (Abs. 1 S. 1 Nr. 6).** Gemäß Art. 6 Abs. 1 lit. ea Verbraucherrechte-RL in der Fassung der RL (EU) 2019/2161 muss der Verbraucher ggf. darauf hingewiesen werden, dass der Preis auf der Grundlage einer automatisierten Entscheidungsfindung personalisiert worden ist. Diese Vorgabe hat der deutsche Gesetzgeber wortgetreu in Abs. 1 S. 1 Nr. 6 umgesetzt. Mit dieser Informationspflicht wollen die Gesetzgeber mehr Transparenz und Fairness erreichen. Es soll dem Verbraucher ermöglicht werden, die bei einer automatisierten Entscheidungsfindung bestehenden Risiken bei seiner Entscheidung über den Vertragsschluss zu berücksichtigen. Solche automatisierten Entscheidungsfindungen sind bereits heute weit verbreitet (zu den verschiedenen Formen MüKoBGB/Wendehorst § 312a Rn. 28). Viele Online-Händler sammeln so viele Daten über ihre Kunden wie möglich, um ein präzises Profil zu erstellen, so dass sie ein spezifisch auf den Kunden abgestimmtes Angebot formulieren können, das ihren eigenen (Gewinn-)Interessen am besten gerecht wird. Der Unternehmer ist nach Nr. 6 zu einem Hinweis auf eine automatisierte Entscheidungsfindung nur dann verpflichtet, wenn der Preis auf diese Weise personalisiert wurde. Keine Hinweispflicht besteht bei anderen Formen der automatisierten Preisbildung, wie etwa eine dynamische Preissetzung oder eine Preissetzung in Echtzeit (Erwägungsgrund 45 Omnibus-RL; MüKoBGB/Wendehorst § 312a Rn. 29).

**11b** Die Hinweispflicht nach Abs. 1 S. 1 Nr. 6 greift nicht bei jedwedem auf einen Kunden individuell zugeschnittenen Angebot, sondern nur dann, wenn der Preis auf der **Grundlage einer automatisierten Entscheidungsfindung** personalisiert wurde. Es ist also einerseits zwar nicht erforderlich, dass der Preis selbst automatisch durch einen Algorithmus erstellt wurde. Andererseits sind traditionelle Handelsusancen, bei denen ein Händler mit seinem Kunden feilscht, von Nr. 6 nicht erfasst. Dies gilt grundsätzlich auch dann, wenn der Händler bei seiner eigenen Entscheidung automatisch generierte Daten verwendet. Nr. 6 greift erst dann ein, wenn es im Zusammenhang mit der Preisbildung zu einer automatisierten Entscheidung gekommen ist und der Händler diese maßgeblich in die Erstellung des von ihm geforderten Preises hat einfließen lassen (weiter MüKoBGB/Wendehorst § 312a Rn. 31). Nr. 6 greift zudem nicht, wenn durch die automatisierte Entscheidungsfindung nicht nur der **Preis,** sondern auch die Leistung des Unternehmers individuell auf den Kunden zugeschnitten wird. Bei unwesentlichen Modifikationen des Leistungsprogramms ist allerdings das Umgehungsverbot des § 312m Abs. 1 S. 2 zu beachten (MüKoBGB/Wendehorst § 312a Rn. 30).

**11c** Unberührt von Art. 6 Abs. 1 lit. ea Verbraucherrechte-RL nF als auch Art. 246a § 1 Abs. 1 S. 1 Nr. 6 EGBGB sind die **datenschutzrechtlichen Informationspflichten** nach Artt. 13 f. DS-GVO sowie die Regelung des **Art. 22 DS-GVO** unberührt (Erwägungsgrund 45 Omnibus-RL; BT-Drs. 19, 27655, 34), der ein Recht einer betroffenen Person vorsieht, nicht einer ausschließlich auf einer automatisierten Verarbeitung – einschließlich Profiling – beruhenden Entscheidung unterworfen zu werden, die ihr gegenüber rechtliche Wirkung entfaltet oder sie in ähnlicher Weise erheblich beeinträchtigt. Durch ein Angebot auf Vertragsschluss wird die Rechtsstellung des Verbrauchers allerdings unabhängig von den angebotenen Konditionen grundsätzlich nur erweitert. Und auch in der Ablehnung eines Antrags des Verbrauchers liegt grundsätzlich kein Eingriff in seine Rechte. Insofern kann grundsätzlich auch keine erhebliche Beeinträchtigung in ähnlicher Weise iSd Art. 22 Abs. 1 2. Fall DS-GVO angenommen werden. Eine automatisierte Entscheidungsfindung über den Vertragsschluss mittels eines Profiling ist nur dann mit Art. 22 DS-GVO nicht zu vereinbaren, wenn ein Kontrahierungszwang, dh ein Recht des Verbrauchers auf Abschluss eines Vertrags zu bestimmten Konditionen besteht oder die automatisierte Entscheidungsfindung sonst gegen Rechtsnormen, etwa das AGG, verstößt (aA Spindler/Schuster/Spindler/Horváth Art. 22 DS-GVO Rn. 8).

**6. Gesamtpreis bei unbefristeten Verträgen oder Abonnement-Verträgen (Abs. 1 S. 1 Nr. 8).** Abs. 1 S. 1 Nr. 8 dient der Umsetzung von Art. 6 Abs. 1 lit. e S. 2 Verbraucherrechte-RL und ergänzt Abs. 1 S. 1 Nr. 5 durch eine Konkretisierung (MüKoBGB/Wendehorst BGB § 312d Rn. 38) im Hinblick auf unbefristete Verträge (näher Spindler/Schuster/Schirmbacher Rn. 46) und Abonnement-Verträge (näher Spindler/Schuster/Schirmbacher Rn. 47). Danach umfasst der Gesamtpreis bei diesen Verträgen die pro Abrechnungszeitraum anfallenden Gesamtkosten und, wenn für einen solchen Vertrag Festbeträge in Rechnung gestellt werden, ebenfalls die monatlichen Gesamtkosten. Der Begriff der Gesamtkosten ist bei Abs. 1 S. 1 Nr. 8 so zu verstehen wie der Gesamtpreis bei Abs. 1 S. 1 Nr. 5 und schließt Steuern, Abgaben und sonstige Kosten ein (Spindler/Schuster/Schirmbacher Rn. 50). Abs. 1 S. 1 Nr. 8 fordert indes eine zeitbezogene Angabe dieses Gesamtpreises: Soweit eine Zahlung des Preises in Abrechnungszeiträumen gefordert wird, muss der Preis für den jeweiligen Abrechnungszeitraum angegeben werden. Werden dagegen ein oder mehrere zeitunabhängige Beträge in Rechnung gestellt, müssen diese Beträge dennoch (zusätzlich) auf eine bestimmte Zeitperiode, nämlich einen Monat, umgelegt werden, sodass für den Verbraucher eine Möglichkeit des Preisvergleichs besteht. Um einen solchen Preisvergleich allgemein zu ermöglichen, wäre es sinnvoll gewesen, auch bei einer Abrechnung über bestimmte Zeiträume stets die Angabe eines Monatspreises zu fordern. Dies ist jedoch nach der geltenden Rechtslage nicht erforderlich. Können die Gesamtkosten vernünftigerweise nicht im Voraus berechnet werden, ist die Art der Preisberechnung anzugeben (Abs. 1 S. 1 Nr. 8 letzter Hs.; → Art. 246 Rn. 15). Dies ist beispielsweise dann der Fall, wenn die vom Verbraucher zu entrichtende Vergütung verbrauchsabhängig ist. 12

**7. Fernkommunikationskosten (Abs. 1 S. 1 Nr. 9).** Nach Abs. 1 S. 1 Nr. 9 muss der Unternehmer über die Kosten für den Einsatz des für den Vertragsschluss genutzten Fernkommunikationsmittels informieren, sofern dem Verbraucher Kosten berechnet werden, die über die Kosten für die bloße Nutzung des Fernkommunikationsmittels hinausgehen. Abs. 1 S. 1 Nr. 9 setzt Art. 6 Abs. 1 lit. f Verbraucherrechte-RL um, nach dem eine entsprechende Information erforderlich ist, wenn die dem Verbraucher berechneten Kosten über den „Grundtarif" hinausgehen. Der EuGH hat auf eine Vorlage des LG Stuttgart (LG Stuttgart WRP 2016, 129) entschieden, dass der Begriff des „Grundtarifs" in Art. 21 Verbraucherrechte-RL dahingehend auszulegen ist, dass die Kosten eines auf einen geschlossenen Vertrag bezogenen Anrufs unter einer von einem Unternehmer eingerichteten Service-Rufnummer die Kosten eines Anrufs unter einer gewöhnlichen geografischen Festnetznummer oder einer Mobilfunknummer nicht übersteigen dürfen (EuGH NJW 2017, 1229). Diese Auslegung wird sowohl durch die übrigen Sprachfassungen als auch durch den Sinn und Zweck der Art. 6 Abs. 1 lit. f Verbraucherrechte-RL und Art. 21 Verbraucherrechte-RL nahegelegt (→ BGB § 312a Rn. 43 f.). Anzugeben sind daher alle Kommunikationskosten, die über den üblichen Ortstarif eines Festnetz- bzw. Mobilfunkgesprächs hinausgehen (BeckOGK/Busch Rn. 17). Nach Ansicht des Gesetzgebers muss nach Abs. 1 S. 1 Nr. 9 auch über die Sperrung eines Betrags auf der Kredit- oder Debitkarte des Verbrauchers informiert werden (BT-Drs. 17/12637, 74). 13

**8. Zahlungs-, Liefer- und Leistungsbedingungen, Termin, Beschwerdeverfahren (Abs. 1 S. 1 Nr. 10).** Abs. 1 S. 1 Nr. 10 dient der Umsetzung von Art. 6 Abs. 1 lit. g Verbraucherrechte-RL und entspricht Art. 246 Abs. 1 Nr. 4, auf dessen Kommentierung insoweit verwiesen wird (→ Art. 246 Rn. 18). 14

**9. Gesetzliches Mängelhaftungsrecht (Abs. 1 S. 1 Nr. 11).** Nach Abs. 1 S. 1 Nr. 11 muss der Unternehmer über das Bestehen eines gesetzlichen Mängelhaftungsrechts für die Waren oder die digitalen Produkte informieren. Wie aus Art. 6 Abs. 1 lit. l Verbraucherrechte-RL hervorgeht, der durch Abs. 1 S. 1 Nr. 11 umgesetzt wird, genügt insoweit ein bloßer Hinweis. Eine ausführliche Belehrung über die Rechtslage ist dagegen nicht erforderlich. Abs. 1 S. 1 Nr. 11 entspricht Art. 246 Abs. 1 Nr. 5 Fall 1, auf dessen Kommentierung hinsichtlich der Einzelheiten verwiesen wird (→ Art. 246 Rn. 21). 15

**10. Kundendienst, Kundendienstleistungen und Garantien (Abs. 1 S. 1 Nr. 12).** Durch Abs. 1 S. 1 Nr. 12 wird Art. 6 Abs. 1 lit. m Verbraucherrechte-RL umgesetzt. Abs. 1 S. 1 Nr. 12 entspricht weitgehend Art. 246 Abs. 1 Nr. 5 Fall 2, nennt aber neben Kundendienstleistungen, über deren Bestand und Bedingungen der Unternehmer informieren muss, auch einen Kundendienst. Es ist nicht erkennbar, dass hierdurch inhaltlich eine Unterscheidung bezweckt wäre. Kundendienstleistungen und Kundendienst bezeichnen beide jede auf den Vertragsschluss folgende Leistung, die der Unternehmer dem Verbraucher gegenüber erbringt und die mit der vertraglichen Hauptleistung in einem Zusammenhang steht (Spindler/Schuster/Schirmbacher Rn. 74). Im 16

Übrigen wird hinsichtlich der Einzelheiten auf die Kommentierung des Art. 246 Abs. 1 Nr. 5 Fall 2 verwiesen (→ Art. 246 Rn. 22).

17 **11. Verhaltenskodizes (Abs. 1 S. 1 Nr. 13).** Abs. 1 S. 1 Nr. 13 fordert in Umsetzung von Art. 6 Abs. 1 lit. n Verbraucherrechte-RL, dass der Unternehmer ggf. über bestehende einschlägige Verhaltenskodizes gem. Art. 2 lit. f RL 2005/29/EG über unlautere Geschäftspraktiken informieren muss und darüber, wie Exemplare davon erhalten werden können. Gemäß Art. 2 lit. f RL 2005/29/EG ist ein Verhaltenskodex eine Vereinbarung oder ein Vorschriftenkatalog, die bzw. der nicht durch die Rechts- und Verwaltungsvorschriften eines Mitgliedstaates vorgeschrieben ist und das Verhalten der Gewerbetreibenden definiert, die sich in Bezug auf eine oder mehrere spezielle Geschäftspraktiken oder Wirtschaftszweige auf diesen Kodex verpflichten. In solchen Verhaltenskodizes formulieren Unternehmer also Standards, die nicht bereits gesetzlich oder sonst staatlich vorgegeben sind, sondern denen sie sich freiwillig unterwerfen (BeckOGK/Busch Rn. 22). Beispiele solcher Verhaltenskodizes sind die Verhaltensregeln für den Umgang mit personenbezogenen Daten durch die deutsche Versicherungswirtschaft (code of conduct), der ICC-Marketing- und Werbekodex und die Werberichtlinien des ZAW (Köhler/Bornkamm/Feddersen/Köhler UWG § 2 Rn. 113b).

18 Der Unternehmer muss auch darüber informieren, wie der Verbraucher Exemplare der betreffenden Kodizes erhalten kann. Dabei kann der Unternehmer dem Verbraucher selbst einen entsprechenden Zugang ermöglichen, etwa durch eine Möglichkeit zum Download auf seiner Website. Der Unternehmer muss dem Verbraucher aber nicht selbst einen solchen Zugang ermöglichen, sondern es genügt auch der eindeutige Verweis auf einen anderweitigen Zugang. Der Verbraucher soll durch die Angaben nach Abs. 1 S. 1 Nr. 13 in die Lage versetzt werden, sich ohne größeren Aufwand über etwaige Ansprüche oder Rechte zu informieren, die sich aus dem jeweiligen Kodex möglicherweise für ihn ergeben (MüKoBGB/Wendehorst BGB § 312d Rn. 43).

19 **12. Laufzeit und Kündigungsbedingungen (Abs. 1 S. 1 Nr. 14).** Nach Abs. 1 S. 1 Nr. 14, die Art. 6 Abs. 1 lit. o Verbraucherrechte-RL umsetzt, muss der Unternehmer ggf. über die Laufzeit des Vertrags oder die Bedingungen der Kündigung unbefristeter Verträge oder sich automatisch verlängernder Verträge informieren. Abs. 1 S. 1 Nr. 14 entspricht Art. 246 Abs. 1 Nr. 6, auf dessen Kommentierung hinsichtlich der Einzelheiten verwiesen wird (→ Art. 246 Rn. 25 f.).

20 **13. Mindestdauer der Verpflichtungen des Verbrauchers (Abs. 1 S. 1 Nr. 15).** Abs. 1 S. 1 Nr. 15 setzt Art. 6 Abs. 1 lit. p Verbraucherrechte-RL um und verlangt vom Unternehmer ggf. eine Information über die Mindestdauer der Verpflichtungen, die der Verbraucher mit dem Vertrag eingeht. Es ist unklar, wie sich diese Information von den bereits nach Abs. 1 S. 1 Nr. 14 zu machenden Angaben unterscheiden soll (MüKoBGB/Wendehorst BGB § 312d Rn. 45; BeckOGK/Busch Rn. 25). Denn eine Information über die Vertragslaufzeit bzw. die Kündigungsbedingungen umfasst auch eine Angabe der Mindestdauer (→ Art. 246 Rn. 25 f.). Abs. 1 S. 1 Nr. 15 dient also allenfalls der Klarstellung, dass die Mindestdauer ausdrücklich angegeben und als solche bezeichnet werden muss, sodass der Verbraucher die von ihm geforderte Gegenleistung und damit seine finanzielle Belastung verlässlich einschätzen kann (Erman/R. Koch BGB § 312d Rn. 18).

21 **14. Kaution oder andere finanzielle Sicherheit (Abs. 1 S. 1 Nr. 16).** Abs. 1 S. 1 Nr. 16 setzt Art. 6 Abs. 1 lit. q Verbraucherrechte-RL um und verlangt von dem Unternehmer ggf. eine Information über die Tatsache, dass der Unternehmer vom Verbraucher die Stellung einer Kaution oder die Leistung anderer finanzieller Sicherheiten verlangen kann, sowie über deren Bedingungen. Abs. 1 S. 1 Nr. 16 begründet keine entsprechenden Rechte des Unternehmers, sondern setzt das Bestehen dieser Rechte voraus. Dabei können sich diese Rechte aus dem Gesetz ergeben (zB § 647 BGB) oder aus der (intendierten) vertraglichen Vereinbarung. Soweit der Unternehmer die Stellung einer Kaution oder einer anderen finanziellen Sicherheit in seinen AGB vorsieht, müssen diese nach §§ 305 ff. BGB wirksam sein. Nach Abs. 1 S. 1 Nr. 16 muss der Unternehmer auch über die Bedingungen der genannten Rechte informieren, dh über Zeitpunkt, Dauer und Voraussetzungen der Inanspruchnahme, ggf. die Modalitäten der Freigabe bzw. Voraussetzung und Form der Rückzahlung usw.

22 **15. Funktionalität (Abs. 1 S. 1 Nr. 17).** In Umsetzung von Art. 6 Abs. 1 lit. r Verbraucherrechte-RL muss der Unternehmer nach Abs. 1 S. 1 Nr. 17 ggf. über die Funktionalität der Waren mit digitalen Elementen oder der digitalen Produkte, einschließlich anwendbarer technischer Schutzmaßnahmen, informieren. Abs. 1 S. 1 Nr. 17 stimmt mit Art. 246 Abs. 1 Nr. 7 inhaltlich

überein, sodass hinsichtlich der Einzelheiten auf dessen Kommentierung verwiesen werden kann (→ Art. 246 Rn. 27).

**16. Kompatibilität und Interoperabilität (Abs. 1 S. 1 Nr. 18).** Nach Abs. 1 S. 1 Nr. 18 ist der Unternehmer verpflichtet, den Verbraucher ggf., soweit wesentlich, über die Kompatibilität und die Interoperabilität der Waren mit digitalen Elementen oder der digitalen Produkte zu informieren, soweit diese Informationen dem Unternehmer bekannt sind oder bekannt sein müssen. Abs. 1 S. 1 Nr. 18 setzt Art. 6 Abs. 1 lit. s Verbraucherrechte-RL um und stimmt inhaltlich mit Art. 246 Abs. 1 Nr. 8 überein, auf dessen Kommentierung hinsichtlich der Einzelheiten insofern verwiesen wird (→ Art. 246 Rn. 28). 23

**17. Außergerichtliche Verfahren (Abs. 1 S. 1 Nr. 19).** Abs. 1 S. 1 Nr. 16 setzt Art. 6 Abs. 1 lit. t Verbraucherrechte-RL um und verlangt von dem Unternehmer ggf. die Information darüber, dass der Verbraucher ein außergerichtliches Beschwerde- und ggf. Rechtsbehelfsverfahren nutzen kann, dem der Unternehmer unterworfen ist, und über dessen Zugangsvoraussetzungen. Diese Vorschrift dient vor allem dem Schutz des Wettbewerbs und soll Verbrauchern die tatsächliche Nutzung der Verfahren ermöglichen, mit denen der Unternehmer (in anderem Zusammenhang) Werbung betreibt (MüKoBGB/Wendehorst BGB § 312d Rn. 49). Erfasst sind solche Beschwerde- und Rechtsbehelfsverfahren, deren formalisiertes Verfahren der Verbraucher selbst in Gang setzen kann, wie es nach Art. 14 Finanzdienstleistungs-Fernabsatz-RL (RL 2002/65/EG) im Bereich des Fernabsatzes von Finanzdienstleistungen vorgesehen ist. Erfasst werden aber auch sonst alle entsprechenden eigenständig in der freien Wirtschaft entwickelten Verfahren (Beispiele bei BeckOGK/Busch Rn. 29.1). Nicht erfasst sind dagegen Verfahren, die nur Verbraucherverbänden zugänglich sind (Spindler/Schuster/Schirmbacher Rn. 101). 24

## III. Belehrungen im Zusammenhang mit einem Widerrufsrecht (Abs. 2, 3)

Der deutsche Gesetzgeber hat die Anforderungen an eine Belehrung im Zusammenhang mit dem Widerrufsrecht aufgrund der besonderen Bedeutung des Widerrufsrechts für den Verbraucher gesondert in den Abs. 2 und 3 geregelt (BT-Drs. 17/12637, 75), während die entsprechenden Belehrungspflichten in der Verbraucherrechte-RL Teil des allgemeinen Katalogs an Informationspflichten sind (Art. 6 Abs. 1 lit. h–k Verbraucherrechte-RL). Durch die geforderten Belehrungen soll der Verbraucher Gewissheit über das Bestehen eines Widerrufsrechts, ggf. die Voraussetzungen seiner Ausübung und gewisse ihm nachteilige Rechtsfolgen eines Widerrufs erhalten. 25

**1. Widerrufsbelehrung (Abs. 2). a) Mindestinhalt (Abs. 2 S. 1 Nr. 1).** Abs. 2 S. 1 Nr. 1 legt in Umsetzung von Art. 6 Abs. 1 lit. h Verbraucherrechte-RL den Mindestinhalt einer Widerrufsbelehrung fest, während die Angaben nach Abs. 2 S. 1 Nr. 2 und 3 nur in bestimmten Situationen gemacht werden müssen. Nach Abs. 2 S. 1 Nr. 1 muss der Unternehmer den Verbraucher über die Bedingungen, die Fristen und das Verfahren für die Ausübung des Widerrufsrechts sowie über das Muster-Widerrufsformular der Anlage 2 zum EGBGB informieren. 26

Wie aus Art. 6 Abs. 1 lit. h Verbraucherrechte-RL in seinen verschiedenen Sprachfassungen hervorgeht, sind unter den nach Abs. 2 S. 1 Nr. 1 anzugebenden Bedingungen des Widerrufsrechts nur die Voraussetzungen für seine Ausübung zu verstehen (Spindler/Schuster/Schirmbacher Rn. 109; aA BeckOGK/Busch Rn. 33; MüKoBGB/Wendehorst BGB § 312d Rn. 52). Soweit in der Musterwiderrufsbelehrung in der Anlage 1 des EGBGB auch eine Information über die Folgen des Widerrufs vorgesehen ist, geht dies über die Anforderungen nach Abs. 2 S. 1 Nr. 1 hinaus. Die entgegenstehende Rspr. des BGH zur alten Rechtslage unter Geltung der Haustürgeschäfte-RL (BGH NJW 2012, 1197 (1199)) ist infolge der Vollharmonisierung durch die Verbraucherrechte-RL überholt. 27

Als Bedingungen iSd Abs. 2 S. 1 Nr. 1 anzugeben sind, dass ein Widerrufsrecht besteht, dass dieses Widerrufsrecht durch einfache, formlose, aber eindeutige Erklärung (§ 355 Abs. 1 S. 2 und 3 BGB) gegenüber dem Unternehmer ausgeübt werden kann und dass es keiner Begründung bedarf (§ 355 Abs. 1 S. 4 BGB). Die Belehrung muss auch eindeutige Kontaktdaten des Unternehmers enthalten, die der Verbraucher für die Erklärung des Widerrufs nutzen kann. Freilich darf die Belehrung nicht den Eindruck erwecken, dass der Verbraucher seine Widerrufserklärung nur auf diesem, für ihn optionalen, Weg übermitteln kann. 28

Zu belehren ist zudem über die Fristen. Dabei sind zum einen die eigentliche Widerrufsfrist von 14 Tagen und zum anderen der Fristbeginn anzugeben (Spindler/Schuster/Schirmbacher Rn. 110). Der Verbraucher muss aufgrund der Belehrung ohne Schwierigkeiten verstehen können, binnen welchen Zeitraums er sein Widerrufsrecht ausüben kann. Die Formulierungsvorschläge in der Musterwiderrufsbelehrung der Anlage 1 des EGBGB können insofern herangezogen werden. 29

Wichtig ist dabei der Hinweis darauf, dass es zur Wahrung der Widerrufsfrist genügt, wenn der Verbraucher seine Widerrufserklärung vor Ablauf der Widerrufsfrist absendet (§ 355 Abs. 1 S. 5 BGB).

**30** Besondere zusätzliche Angaben zum Verfahren für die Ausübung des Widerrufsrechts sind nicht erforderlich, da die betreffenden Informationen (keine Begründung, rechtzeitige Absendung der Erklärung genügt) bereits in den Angaben zu Bedingungen und Fristen des Widerrufs enthalten sind. Der Unternehmer muss den Verbraucher aber schließlich noch über das Muster-Widerrufsformular der Anlage 2 des EGBGB informieren. Die Formulierung der deutschen Sprachfassung der Verbraucherrechte-RL und des Abs. 2 S. 1 Nr. 1 ist insoweit missverständlich, da nicht bloß eine Information über das Muster-Widerrufsformular erforderlich ist, sondern der Unternehmer dem Verbraucher dieses Formular selbst zur Verfügung stellen muss, wie aus der englischen und französischen Version des Art. 6 Abs. 1 lit. h Verbraucherrechte-RL und dem Sinn und Zweck der Vorschrift klar hervorgeht (EuGH WRP 2019, 312 (315); BGH WRP 2019, 1176; OLG Düsseldorf GRUR-RS 2016, 08022; iErg ähnlich Spindler/Schuster/Schirmbacher Rn. 123). Denn der Verbraucher soll aufgrund der Information durch den Unternehmer in die Lage versetzt werden, sein Widerrufsrecht ohne Schwierigkeiten mittels des Musterformulars auszuüben. Es genügt bei einem Vertragsschluss im Internet freilich ein Link, über den der Verbraucher barrierefrei Zugriff auf das Musterformular erhält (strenger MüKoBGB/Wendehorst BGB § 312d Rn. 56: Zusendung absolut zwingend). Wichtig ist die Information, dass der Verbraucher sein Widerrufsrecht mittels dieses Formulars ausüben kann, dass dies aber nicht erforderlich ist und er seine Erklärung auch auf andere Weise abgeben kann.

**31** **b) Kosten der Rücksendung (Abs. 2 S. 1 Nr. 2).** Gemäß § 357 Abs. 5 S. 1 BGB trägt der Verbraucher die unmittelbaren Kosten der Rücksendung der Waren, wenn der Unternehmer den Verbraucher nach Abs. 2 S. 1 Nr. 2 von dieser Pflicht unterrichtet hat (→ BGB § 357 Rn. 16 ff.). Der Unternehmer muss den Verbraucher also nur dann unterrichten, wenn er die Kosten der Rücksendung auf den Verbraucher abwälzen will. Die Kostentragungspflicht des Verbrauchers besteht allerdings nicht, wenn der Unternehmer sich bereit erklärt hat, diese Kosten zu tragen (§ 357 Abs. 5 S. 2); wenn der Unternehmer angeboten hat, die Waren abzuholen (§ 357 Abs. 6); oder bei außerhalb von Geschäftsräumen geschlossenen Verträgen, bei denen die Waren zum Zeitpunkt des Vertragsschlusses zur Wohnung des Verbrauchers gebracht worden sind, wenn die Waren so beschaffen sind, dass sie nicht per Post zurückgesandt werden können (§ 357 Abs. 7). Um die im Übrigen bestehende grundsätzliche Kostentragungspflicht des Verbrauchers zu aktivieren, fordert Abs. 2 S. 1 Nr. 2, durch den Art. 6 Abs. 1 lit. i Verbraucherrechte-RL umgesetzt wird, insoweit eine Information darüber, dass der Verbraucher die Kosten für die Rücksendung der Waren zu tragen hat. Eine Angabe der konkret entstehenden Kosten ist insofern nicht gefordert (BeckOGK/Busch Rn. 36). Nur bei Fernabsatzverträgen muss der Unternehmer zusätzlich über die tatsächlich anfallenden Kosten für die Rücksendung der Waren informieren, wenn die Waren aufgrund ihrer Beschaffenheit nicht auf dem normalen Postweg, dh. über das Filialnetz der deutschen Post AG (iErg auchMüKoBGB/Wendehorst § 312d Rn. 58), zurückgesendet werden können. Nach Ansicht des Gesetzgebers soll diese Pflicht als erfüllt gelten, wenn der Unternehmer zB einen Beförderer und einen Preis für die Rücksendung der Waren angibt (BT-Drs. 17/12637, 75). Der Unternehmer ist freilich nicht zur Organisation der Rücksendung verpflichtet. Können die Kosten daher vernünftigerweise nicht im Voraus berechnet werden, muss die Angabe genügen, dass der Verbraucher die Kosten der Rücksendung zu tragen hat und dass diese Kosten hoch sein können. Zudem muss der Unternehmer eine vernünftige Schätzung dieser Kosten angeben. Nach zweifelhafter Ansicht des OLG Köln soll es auch möglich sein, alternative Widerrufsbelehrungen zu erteilen, die für unterschiedliche Arten von Waren gelten und bei der die Rücksendung unterschiedlich geregelt wird, ohne dass der Unternehmer die konkrete Ware einer der beiden Belehrungen zuordnet (OLG Köln BeckRS 2021, 10823 Rn. 29). Eine solche Zuordnung ist aber nur dann entbehrlich, wenn sie vor Abschluss des Kaufvertrags noch nicht eindeutig möglich ist, etwa weil die Waren im Paket mit unterschiedlicher Größe geliefert werden könnten. In einem solchen Fall muss aber unmittelbar nach Abschluss des Kaufvertrags die entsprechende Klarstellung erfolgen.

**32** **c) Wertersatz bei Dienstleistungen usw (Abs. 2 S. 1 Nr. 3).** Gemäß § 357a Abs. 2 S. 1 BGB schuldet der Verbraucher bei einem Vertrag über die Erbringung von Dienstleistungen oder über die Lieferung von Wasser, Gas oder Strom in nicht bestimmten Mengen oder nicht begrenztem Volumen oder über die Lieferung von Fernwärme im Falle eines Widerrufs Wertersatz für die bis zum Widerruf erbrachte Leistung, wenn der Verbraucher von dem Unternehmer ausdrücklich verlangt hat, dass dieser mit der Leistung vor Ablauf der Widerrufsfrist beginnt (→ BGB § 357a

Rn. 14 ff.). Der Anspruch auf Wertersatz besteht jedoch nach § 357a Abs. 2 S. 1 Nr. 3 BGB nur, wenn der Unternehmer den Verbraucher nach Art. 246a § 1 Abs. 2 S. 1 Nr. 1 und 3 ordnungsgemäß informiert hat. Der Unternehmer kann also entscheiden, ob er Wertersatz für die vor Ablauf der Widerrufsfrist erbrachten Leistungen fordern will oder nicht. Möchte der Unternehmer einen entsprechenden Anspruch geltend machen, muss er eine Belehrung nach Abs. 2 S. 1 Nr. 1 und 3 vornehmen.

Abs. 2 S. 1 Nr. 3 setzt Art. 6 Abs. 1 lit. j Verbraucherrechte-RL um und verlangt bei den in § 357a Abs. 2 S. 1 BGB genannten Verträgen eine Information des Verbrauchers darüber, dass dieser dem Unternehmer Wertersatz für die vom Unternehmer erbrachte Leistung schuldet, wenn der Verbraucher das Widerrufsrecht ausübt, nachdem er auf Aufforderung des Unternehmers von diesem ausdrücklich den Beginn der Leistung vor Ablauf der Widerrufsfrist verlangt hat. Diese ungeschickte Formulierung geht auf das Bemühen des deutschen Gesetzgebers zurück, sich möglichst eng an den Wortlaut der Verbraucherrechte-RL zu halten. Der Unternehmer sollte sich bei der Belehrung eher an dem Gestaltungshinweis Nr. 6 zur Musterbelehrung nach Anlage 1 des EGBGB orientieren, um dem allgemeinen Transparenzgebot einer klaren und verständlichen Formulierung nach Art. 246a § 4 Abs. 1 zu entsprechen. Es genügt insofern eine Belehrung darüber, dass und unter welchen Voraussetzungen der Verbraucher zum Wertersatz verpflichtet sein kann. Die genaue Höhe des Wertersatzes braucht dabei nicht angegeben zu werden, wenn diese Angabe vernünftigerweise nicht möglich ist. Aus Art. 6 Abs. 1 lit. j Verbraucherrechte-RL, der auf die Berechnungsmethode nach Art. 14 Abs. 3 Verbraucherrechte-RL verweist, ergibt sich aber, dass der Unternehmer zumindest auch über diese Berechnungsmethode informieren muss, sodass der Verbraucher die möglicherweise entstehenden Kosten abschätzen kann (ähnlich Spindler/Schuster/Schirmbacher Rn. 139). **33**

**d) Muster-Widerrufsbelehrung (Abs. 2 S. 2).** Gemäß Abs. 2 S. 2 kann der Unternehmer seine Belehrungspflichten über das Widerrufsrecht nach Abs. 2 S. 1 dadurch erfüllen, dass er das in Anlage 1 des EGBGB vorgesehene Muster für die Widerrufsbelehrung dem Verbraucher zutreffend ausgefüllt in Textform (§ 126b BGB) übermittelt. Abs. 2 S. 2 setzt Art. 6 Abs. 4 Verbraucherrechte-RL um, und eine der Anlage 1 des EGBGB entsprechende Musterwiderrufsbelehrung ist auch in Anh. I A Verbraucherrechte-RL vorgesehen. **34**

Es steht dem Unternehmer frei, die Musterbelehrung zu nutzen. Sofern er das Formular zutreffend ausfüllt, genügt dies, um die Informationspflichten nach Abs. 2 zu erfüllen, unabhängig davon, ob die nach Abs. 2 S. 1 bestehenden Informationspflichten tatsächlich erfüllt sind (OLG Düsseldorf BeckRS 2016, 07948; zum alten Recht BGH NJW 2012, 3298 ff.). Etwaige Fehler des Gesetzgebers bei der Gestaltung der Musterbelehrung gehen also zulasten des Verbrauchers. Eine richtlinienkonforme teleologische Reduktion des Abs. 2 S. 2 kommt insofern angesichts des klaren Willen des deutschen Gesetzgebers nicht in Betracht (vgl. BGH WM 2020, 838 Rn. 11 ff.; OLG Stuttgart BeckRS 2020, 5408 Rn. 23 zur Gesetzlichkeitsfiktion des Art. 247 § 6 Abs. 2 S. 3 aF). Die Privilegierung des Abs. 2 S. 2 greift nur dann ein, wenn der Unternehmer das Muster exakt übernimmt und richtig ausfüllt (BGH NJW-RR 2012, 183 (185); Spindler/Schuster/Schirmbacher Rn. 148; weniger streng OLG Frankfurt BeckRS 2017, 133093 Rn. 38 f. noch zu § 14 Abs. 3 BGB-InfoV). Dabei muss der Unternehmer auch die Gestaltungshinweise beachten (BT-Drs. 17/12637, 75). Insbesondere muss der Unternehmer den Vertrag präzise bezeichnen, auf den sich das Widerrufsrecht beziehen soll. Die Gesetzlichkeitsfiktion des Abs. 2 S. 1 greift nicht ein, wenn unklar ist, für welchen Vertrag das Widerrufsrecht gelten soll (OLG Düsseldorf MDR 2020, 669 f.). Eine Telefonnummer ist grds. einzutragen, wenn der Unternehmer einen entsprechenden Telefonanschluss besitzt (OLG Hamm BeckRS 2015, 08483 Rn. 7). Auf Vorlage des BGH (BGH GRUR 2019, 744) hat der EuGH entschieden, dass der Unternehmer nicht jede von ihm geschäftlich genutzte Telefonnummer angeben muss. Vielmehr ist über eine Telefonnummer nur dann zu informieren, wenn sie dergestalt auf seiner Website zu finden ist oder sonst entspr. kommuniziert wird, dass einem Durchschnittsverbraucher, dh einem normal informierten, angemessen aufmerksamen und verständigen Verbraucher, suggeriert wird, dass der Unternehmer diese Telefonnummer für seine Kontakte mit Verbrauchern nutzt (EuGH NJW 2020, 2389 Rn. 40). Nimmt der Unternehmer Verbesserungen des Formulars vor, trägt er das Risiko, dass diese Verbesserungen den allgemeinen Anforderungen an eine korrekte Belehrung nach Abs. 2 S. 1 genügen (teils aA Spindler/Schuster/Schirmbacher Rn. 148 f.). Auch Änderungen des Formats und der Schriftgröße sind anders als nach § 14 Abs. 3 BGB-InfoV aF nicht mehr als zulässig vorgesehen (aA offenbar Erman/R. Koch BGB § 312d Rn. 26). Schließlich kann sich der Unternehmer nicht auf den Schutz des Abs. 2 S. 2 berufen, wenn der Verbraucher durch eine weitere – **35** formal oder inhaltlich nicht ordnungsgemäße – Belehrung irregeführt oder von einer rechtzeitigen Ausübung seines Rechts abgehalten wird (BGH WM 2021, 1383 Rn. 15).

**36** Die Übermittlung in Textform nach § 126b BGB setzt voraus, dass die zutreffend ausgefüllte Musterbelehrung dem Verbraucher auch zugeht. Es genügt also nicht, wenn der Unternehmer dem Verbraucher bloß eine Möglichkeit zum Download bietet (EuGH NJW 2012, 2637; BT-Drs. 17/12637, 75; BeckOGK/Busch Rn. 40).

**37** **2. Information über Ausnahmen vom Widerrufsrecht (Abs. 3).** Abs. 3 setzt Art. 6 Abs. 1 lit. k Verbraucherrechte-RL um und verpflichtet den Unternehmer zur Information, wenn dem Verbraucher in bestimmten Fällen nach § 312g Abs. 2 BGB kein Widerrufsrecht zusteht bzw. unter welchen Umständen er ein zunächst bestehendes Widerrufsrecht verlieren kann. Eine entsprechende Informationspflicht ist in Art. 246 EGBGB nicht vorgesehen. Da die Informationspflichten nach § 1 gem. § 312d Abs. 1 BGB nur bei außerhalb von Geschäftsräumen oder im Fernabsatz geschlossenen Verträgen anwendbar sind, bei denen zumindest der eingeschränkte Anwendungsbereich der §§ 312 ff. BGB gilt (→ BGB § 312 Rn. 56), findet auch § 312g BGB grds. Anwendung, sodass dem Verbraucher ein Widerrufsrecht nach dieser Vorschrift zusteht, wenn nicht eine Ausnahme nach § 312g Abs. 2 BGB eingreift (aA offenbar BeckOGK/Busch Rn. 41).

**38** Der Unternehmer ist nach Abs. 3 Nr. 1 zur Information verpflichtet, wenn ein Widerrufsrecht im konkreten Vertragsverhältnis nach § 312g Abs. 2 Nr. 1, 2, 5 und 7–13 BGB aufgrund der Art oder des Inhalts des Vertrags ausgeschlossen ist. Auf die Kommentierung des § 312g Abs. 2 BGB wird insoweit verwiesen (→ BGB § 312g Rn. 15 ff.). Entgegen der Ansicht des BGH (BGH NJW 2010, 989 Rn. 22 ff.) kann der Unternehmer dem Verbraucher nicht selbst die Beurteilung überlassen, ob ein Ausschlusstatbestand nach § 312g Abs. 2 Nr. 1, 2, 5 oder 7–13 BGB erfüllt ist. Wie aus Art. 6 Abs. 1 lit. k Verbraucherrechte-RL eindeutig hervorgeht, greift die Informationspflicht nur, aber auch immer in Fällen ein, in denen kein Widerrufsrecht besteht. Dem Verbraucher soll dann durch die Information deutlich gemacht werden, dass er, entgegen etwaig bestehender Erwartungen, kein Widerrufsrecht hat (Spindler/Schuster/Schirmbacher Rn. 154).

**39** Nach Abs. 3 Nr. 2 muss der Unternehmer den Verbraucher auch über die Umstände informieren, unter denen er ein zunächst bestehendes Widerrufsrecht nach § 312g Abs. 2 Nr. 3, 4 und 6 BGB (→ BGB § 312g Rn. 27 ff.; → BGB § 312g Rn. 32 f.) sowie § 356 Abs. 4 und 5 BGB (→ BGB § 356 Rn. 18 ff.) verlieren kann. Der Verbraucher soll so gewarnt werden und nicht ohne Bewusstsein der Folgen Handlungen vornehmen, die zum Verlust seines Widerrufsrechts führen (MüKoBGB/Wendehorst BGB § 312d Rn. 62).

**40** Nutzt der Unternehmer die Musterwiderrufsbelehrung der Anlage 1, um seine Belehrungspflichten nach Abs. 2 zu erfüllen, so bleibt dies ohne Einfluss auf die Informationspflichten nach Abs. 3 (BeckOGK/Busch Rn. 42).

## § 2 Erleichterte Informationspflichten bei Reparatur- und Instandhaltungsarbeiten

**(1) Hat der Verbraucher bei einem Vertrag über Reparatur- und Instandhaltungsarbeiten, der außerhalb von Geschäftsräumen geschlossen wird, bei dem die beiderseitigen Leistungen sofort erfüllt werden und die vom Verbraucher zu leistende Vergütung 200 Euro nicht übersteigt, ausdrücklich die Dienste des Unternehmers angefordert, muss der Unternehmer dem Verbraucher lediglich folgende Informationen zur Verfügung stellen:**

**1. die Angaben nach § 1 Absatz 1 Satz 1 Nummer 2 und 3 sowie**
**2. den Preis oder die Art der Preisberechnung zusammen mit einem Kostenvoranschlag über die Gesamtkosten.**

**(2) Ferner hat der Unternehmer dem Verbraucher folgende Informationen zur Verfügung zu stellen:**

**1. die wesentlichen Eigenschaften der Waren oder Dienstleistungen in dem für das Kommunikationsmittel und die Waren oder Dienstleistungen angemessenen Umfang,**
**2. gegebenenfalls die Bedingungen, die Fristen und das Verfahren für die Ausübung des Widerrufsrechts sowie das Muster-Widerrufsformular in der Anlage 2 und**
**3. gegebenenfalls die Information, dass der Verbraucher seine Willenserklärung nicht widerrufen kann, oder die Umstände, unter denen der Verbraucher ein zunächst bestehendes Widerrufsrecht vorzeitig verliert.**

**(3) Eine vom Unternehmer zur Verfügung gestellte Abschrift oder Bestätigung des Vertrags nach § 312f Absatz 1 des Bürgerlichen Gesetzbuchs muss alle nach § 1 zu erteilenden Informationen enthalten.**

## Überblick

Art. 246a § 2 regelt erleichterte Informationspflichten bei Reparatur- und Instandhaltungsarbeiten (→ Rn. 4 ff.).

## I. Allgemeines

Art. 246a § 2 macht von der Öffnungsklausel des Art. 7 Abs. 4 Verbraucherrechte-RL Gebrauch. Danach sollen die Informationspflichten bei einem außerhalb von Geschäftsräumen geschlossenen und sofort erfüllten, geringwertigen Vertrag über Reparatur- und Instandhaltungsarbeiten erleichtert werden (BT-Drs. 17/12637, 75). Denn durch die Einführung des Konzepts der außerhalb von Geschäftsräumen geschlossenen Verträge ist es zu einer erheblichen Ausdehnung des Verbraucherschutzes im Vergleich zur früheren Rechtslage gekommen (MüKoBGB/Wendehorst BGB § 312d Rn. 53). Erfasst sind nunmehr grds. auch zahlreiche Handwerkerverträge, bei denen die in Art. 246a § 1 vorgesehenen Informationspflichten unverhältnismäßig wären und den durchschnittlichen Handwerker überfordern würden. Art. 246a § 2 und der ihm zugrundeliegende Art. 7 Abs. 4 Verbraucherrechte-RL tragen den besonderen Umständen dieser Verträge aber nicht im Ansatz ausreichend Rechnung und sind vollkommen missglückt. So können die betroffenen Unternehmer bereits die nach Art. 246a § 2 Abs. 1 und 2 weiterhin bestehenden Informationspflichten bei den von Art. 246a § 2 erfassten Geschäften praktisch nicht erfüllen (Grüneberg/Grüneberg Rn. 1). Zudem werden diese unzureichenden Erleichterungen noch zusätzlich dadurch konterkariert, dass dem Verbraucher nach Vertragsschluss doch gem. § 2 Abs. 3 (Art. 7 Abs. 4 S. 1 lit. b Verbraucherrechte-RL) alle Informationen zur Verfügung gestellt werden müssen (→ Rn. 7). Im Hinblick auf die offensichtliche Sinnlosigkeit der Vorschrift bestehen daher ernste verfassungsrechtliche Bedenken, ob § 2 dem Rechtsstaatsgebot des Art. 20 Abs. 3 GG genügt (scharfe Kritik auch bei MüKoBGB/Wendehorst BGB § 312d Rn. 63). 1

## II. Anwendungsbereich

Der Anwendungsbereich des Art. 246a § 2 ist schmal. Erleichterungen im Hinblick auf die Informationspflichten bestehen nur bei Verträgen über Reparatur- und Instandhaltungsarbeiten. Der Begriff der Reparatur- und Instandhaltungsarbeiten findet sich auch in § 312g Abs. 2 Nr. 11 BGB, wo eine Ausnahme vom Widerrufsrecht bei diesen Verträgen vorgesehen ist, wenn es sich um dringende Arbeiten handelt (→ BGB § 312g Rn. 1 ff.). Eine solche Beschränkung besteht bei Art. 246a § 2 nicht, sodass hier alle Verträge über solche Arbeiten unabhängig von ihrer Dringlichkeit erfasst sind (BeckOGK/Busch Rn. 6). Der Begriff der Reparatur- und Instandhaltungsarbeiten ist im Hinblick auf den Gesetzeszweck auszulegen und sollte alle handwerklichen Leistungen im Haushalt erfassen, die dem Erhalt dienen, wie etwa Klempner-, Maler und Schreinerarbeiten oder eine Heizungsreparatur, aber zB auch Schlüsseldienste (Grüneberg/Grüneberg Rn. 2). Ausgeschlossen sind freilich Arbeiten, bei denen eine neue Einrichtung geschaffen oder installiert wird (MüKoBGB/Wendehorst BGB § 312d Rn. 64) oder andere Verträge, die bloß im Zusammenhang mit Reparatur- oder Instandhaltungsmaßnahmen stehen, wie etwa die Miete von Trocknungsgeräten bei einem Wasserschaden (LG Münster BeckRS 2016, 05178). 2

Der Vertrag muss außerhalb von Geschäftsräumen geschlossen sein und insofern die Voraussetzungen des § 312b Abs. 1 S. 1 BGB erfüllen (→ BGB § 312b Rn. 1 ff. ff.). Erfasst sind solche Verträge allerdings nur, wenn der Verbraucher ausdrücklich die Dienste des Unternehmers angefordert hat. Die Erleichterungen des Art. 246a § 2 gelten daher nicht bei Verträgen über Arbeiten, die der Unternehmer anlässlich eines unbestellten Besuchs vornimmt (BT-Drs. 17/12637, 75). Zudem müssen die beiderseitigen Leistungen sofort erfüllt werden. Dieses Erfordernis findet sich auch in § 312 Abs. 2 Nr. 12 BGB, auf dessen Kommentierung insofern verwiesen wird (→ BGB § 312 Rn. 1 ff.). Schließlich darf die vom Verbraucher zu leistende Vergütung **200 Euro** nicht übersteigen. Insofern gelten wiederum die gleichen Grundsätze wie bei § 312 Abs. 2 Nr. 12 BGB, sodass zu der Vergütung iSd Art. 246a § 2 Abs. 1 auch sämtliche Nebenkosten zu zählen sind. Schließlich ist das Entgelt eines etwaig zusammenhängenden Vertrags ebenfalls hinzuzuzählen, und die Aufspaltung eines Vertrags auf mehrere Teilverträge stellt eine unzulässige Umgehung nach § 312k Abs. 1 S. 1 BGB dar (BeckOGK/Busch Rn. 9). 3

3.1 Die Wertgrenze von 200 Euro wurde seit 2014 nicht geändert und müsste dringend wenigstens der inflationsbedingten Geldentwertung angepasst werden.

## III. Informationspflichten

4 **1. Vorabinformationen. a) Inhalt.** Im Anwendungsbereich des Art. 246a § 2 hat der Unternehmer dem Verbraucher zunächst die Informationen über seine Identität nach § 1 Abs. 1 S. 1 Nr. 2 und 3 zur Verfügung zu stellen (→ Art. 246a § 1 Rn. 5 ff.). Zudem muss der Unternehmer den Verbraucher nach Art. 246a § 2 Abs. 1 Nr. 2 über den Preis oder die Art der Preisberechnung zusammen mit einem Kostenvoranschlag über die Gesamtkosten informieren. Im Hinblick auf den Preis und die Art der Preisberechnung können die Grundsätze herangezogen werden, die für die gleichen Begriffe bei Art. 246a § 1 Abs. 1 S. 1 Nr. 5 gelten (→ Art. 246a § 1 Rn. 10 ff.). Art. 246a § 2 Abs. 1 Nr. 2 geht aber über diese Anforderungen hinaus, indem zusätzlich noch ein Kostenvoranschlag gefordert wird. Es ist unerfindlich, warum ein solcher Voranschlag nur bei den eigentlich in Bezug auf die Informationspflichten privilegierten Verträgen nach § 2 gesetzlich vorgeschrieben wird (krit. ebenso MüKoBGB/Wendehorst BGB § 312d Rn. 67).

5 Nach Abs. 2 muss der Unternehmer zudem informieren über: (1.) die wesentlichen Eigenschaften des Vertragsgegenstands in dem für das Kommunikationsmittel und den Vertragsgegenstand angemessenen Umfang. Dies entspricht Art. 246a § 1 Abs. 1 S. 1 Nr. 1 (→ Art. 246a § 1 Rn. 1 ff.). (2.) Gegebenenfalls die Bedingungen, die Fristen und das Verfahren für die Ausübung des Widerrufsrechts. Zudem muss der Unternehmer dem Verbraucher ggf. das Muster-Widerrufsformular der Anlage 2 des EGBGB zur Verfügung stellen. Dies entspricht Art. 246a § 1 Abs. 2 S. 1 Nr. 1 (→ Art. 246a § 1 Rn. 1 ff.). (3.) Gegebenenfalls den Umstand, dass der Verbraucher seine Willenserklärung nicht widerrufen kann (entspricht Art. 246a § 1 Abs. 3 Nr. 1; → Art. 246a § 1 Rn. 1 ff.), oder die Umstände, unter denen der Verbraucher ein zunächst bestehendes Widerrufsrecht vorzeitig verliert (entspricht Art. 246a § 1 Abs. 3 Nr. 2; → Art. 246a § 1 Rn. 1 ff.). Die in diesem Zusammenhang anzustellenden rechtlichen Überlegungen dürften den durchschnittlichen Handwerker weit überfordern (MüKoBGB/Wendehorst BGB § 312d Rn. 70) und sind ihm unzumutbar, sodass eine etwaige Pflichtverletzung nicht schuldhaft iSd § 276 Abs. 2 BGB sein kann. Denn vom Verkehr kann selbst der Gesetzgeber nichts fordern, wozu dieser auch bei gewissenhafter Anstrengung seiner Kräfte nicht in der Lage ist.

6 **b) Form.** Die formalen Anforderungen an die Erfüllung der Informationspflichten nach Art. 246a § 4 gelten auch im Fall des Art. 246a § 2 (Art. 246a § 4 Abs. 1). Dabei muss der Unternehmer die Informationen in klarer und verständlicher Weise dem Verbraucher zur Verfügung stellen (Art. 246a § 4 Abs. 1, → Art. 246a § 4 Rn. 3). Sie müssen grds. auf Papier oder, wenn der Verbraucher zustimmt, auf einem anderen dauerhaften Datenträger zur Verfügung gestellt werden (Art. 246a § 4 Abs. 2 S. 1, → Art. 246a § 4 Rn. 8). Eine Erleichterung sieht Art. 246a § 4 Abs. 2 S. 4 hinsichtlich der Informationen nach Art. 246a § 2 Abs. 2 vor. Danach können diese Informationen auch in anderer Form, etwa mündlich erteilt werden, wenn sich der Verbraucher ausdrücklich damit einverstanden erklärt hat (→ Art. 246a § 4 Rn. 10).

7 **2. Dokumentationspflicht (Abs. 3).** Abs. 3 stellt klar, dass sich die Erleichterungen hinsichtlich der Informationspflichten nach Abs. 1 und 2 nicht auf die Dokumentationspflichten nach § 312f Abs. 1 BGB beziehen. Auch bei Kleinverträgen muss der Unternehmer dem Verbraucher daher, soweit die Voraussetzungen des § 312f Abs. 1 BGB erfüllt sind (→ BGB § 312f Rn. 1 ff.), nach Vertragsschluss eine Dokumentation des Vertrags mit allen nach Art. 246a § 1 zu erteilenden Informationen zur Verfügung stellen. Die intendierte Erleichterung der Informationspflichten läuft so praktisch ins Leere (zu Recht krit. ebenfalls MüKoBGB/Wendehorst BGB § 312d Rn. 67).

## § 3 Erleichterte Informationspflichten bei begrenzter Darstellungsmöglichkeit

**[1]Soll ein Fernabsatzvertrag mittels eines Fernkommunikationsmittels geschlossen werden, das nur begrenzten Raum oder begrenzte Zeit für die dem Verbraucher zu erteilenden Informationen bietet, ist der Unternehmer verpflichtet, dem Verbraucher mittels dieses Fernkommunikationsmittels zumindest folgende Informationen zur Verfügung zu stellen:**

**1. die wesentlichen Eigenschaften der Waren oder Dienstleistungen,**

**2. die Identität des Unternehmers,**

**3. den Gesamtpreis oder in den Fällen, in denen der Preis aufgrund der Beschaffenheit der Waren oder Dienstleistungen vernünftigerweise nicht im Voraus berechnet werden kann, die Art der Preisberechnung,**
**4. gegebenenfalls die Bedingungen, die Fristen und das Verfahren für die Ausübung des Widerrufsrechts nach § 355 Absatz 1 des Bürgerlichen Gesetzbuchs und**
**5. gegebenenfalls die Vertragslaufzeit und die Bedingungen für die Kündigung eines Dauerschuldverhältnisses.**

**[2]Die weiteren Angaben nach § 1 hat der Unternehmer dem Verbraucher in geeigneter Weise unter Beachtung von § 4 Absatz 3 zugänglich zu machen.**

## Überblick

Art. 246a § 3 regelt erleichterte Informationspflichten bei begrenzter Darstellungsmöglichkeit (→ Rn. 6 ff.).

## I. Allgemeines

Art. 246a § 3 dient der Umsetzung von Art. 8 Abs. 4 Verbraucherrechte-RL. Diese Vorschriften tragen dem Umstand Rechnung, dass es bei den im Fernabsatzgeschäft genutzten Kommunikationsmitteln teilweise technisch ausgeschlossen ist, dass alle nach § 1 geforderten Informationen dem Verbraucher tatsächlich über dieses Kommunikationsmittel (sinnvoll) zur Verfügung gestellt werden können (BT-Drs. 17/12637, 75). Der europäische Gesetzgeber **unterscheidet** daher in diesen Fällen einige **Kerninformationen,** die dem Verbraucher mittels des verwendeten Fernkommunikationsmittels zur Verfügung gestellt werden müssen (S. 1), und **weitere Informationen,** die der Unternehmer dem Verbraucher nur in anderer Form zugänglich machen muss (S. 2). 1

## II. Anwendungsbereich

Die Erleichterungen des § 3 greifen nur bei Fernabsatzverträgen iSd § 312c Abs. 1 BGB ein, auf dessen Kommentierung hinsichtlich der Einzelheiten insoweit verwiesen wird (→ BGB § 312c Rn. 1 ff.). Zudem darf das verwendete Fernkommunikationsmittel nur begrenzten Raum oder begrenzte Zeit für die dem Verbraucher zu erteilenden Informationen bieten. Da diese Voraussetzung wörtlich verstanden bei jedem Kommunikationsmittel erfüllt wäre, bedarf es einer restriktiven Auslegung unter Berücksichtigung der erkennbaren Intentionen des Gesetzgebers. Der Gesetzgeber selbst ging von einer Anwendbarkeit des Art. 246a § 3 aus, wenn zB nur eine beschränkte Anzahl von Zeichen auf bestimmten Displays dargestellt werden kann (BT-Drs. 17/12637, 75). Zwar ließen sich auch in diesen Fällen sämtliche Informationen nach § 1 übermitteln, indem sie auf einer Vielzahl von Seiten nacheinander dargestellt würden. Aber eine solche Form der Information würde den Erwartungen des Verkehrs widersprechen und wahrscheinlich eine Vielzahl von Verbrauchern vom Vertragsschluss abhalten (BeckOGK/Busch Rn. 2). Ob das verwendete Kommunikationsmedium nur begrenzten Raum oder begrenzte Zeit für die zu erteilenden Informationen bietet, ist deshalb nach den vernünftigen Erwartungen des Verkehrs zu beurteilen. Es kommt also darauf an, ob der Verkehr im Hinblick auf das konkret verwendete Kommunikationsmittel eine vollständige oder bloß eine eingeschränkte Information erwarten würde. Maßgeblich sind dabei die jeweiligen objektiven Möglichkeiten der Informationsvermittlung. Einschränkungen, die sich aufgrund von eigenen Gestaltungsmaßnahmen des Unternehmers ergeben, sind unerheblich (OLG Düsseldorf WRP 2016, 739 Rn. 56; BeckOGK/Busch Rn. 5). Printmedien sind allgemein keine Fernkommunikationsmittel mit beschränkter Darstellungsmöglichkeit iSd § 3 (LG Wuppertal VuR 2016, 158). Auf Vorlage des BGH (BGH WM 2017, 1474) hat der EuGH entschieden, dass bei der Beurteilung, ob in einem konkreten Fall auf dem Kommunikationsmittel für die Darstellung der Informationen nur begrenzter Raum bzw. begrenzte Zeit zur Verfügung steht iSd Art. 8 Abs. 4 Verbraucherrechte-RL, sämtliche technische Eigenschaften der Werbebotschaft des Unternehmers zu berücksichtigen seien. Zu prüfen sei, ob – unter Berücksichtigung des Raumes und der Zeit, die von der Botschaft eingenommen werden, und der Mindestgröße des Schrifttyps, der für einen durchschnittlichen Verbraucher, an den diese Botschaft gerichtet ist, angemessen ist, – alle in Art. 6 Abs. 1 Verbraucherrechte-RL genannten Informationen objektiv in dieser Botschaft dargestellt werden könnten. Irrelevant seien indes die vom betreffenden Unternehmer getroffenen Entscheidungen hinsichtlich der Aufteilung und der Nutzung des Raumes und der Zeit, über die er gem. dem Kommunikationsmittel verfügt, für das er sich entschieden hat (EuGH NJW 2019, 1363). Soweit die Informationen in einem Werbeprospekt des Unternehmers 2 gegeben werden, muss die Werbebotschaft gegenüber den Verbraucherinformationen nicht zurücktreten. Dies ist aber jedenfalls nicht der Fall, wenn die vollständige Pflichtinformation nicht mehr als ein Fünftel der verfügbaren Fläche des Werbemediums benötigt (BGH WRP 2019, 1176 = BeckRS 2019, 16060). Wird für die verpflichtenden Verbraucherinformationen nebst Muster-Widerrufsformular mehr als ein Fünftel des für die konkrete Printwerbung verfügbaren Raums benötigt, muss das Muster-Widerrufsformular nicht in der Werbung abgedruckt und kann sein Inhalt auf andere Weise in klarer und verständlicher Sprache mitgeteilt werden; es ist dann zu prüfen, ob die übrigen Pflichtangaben immer noch mehr als ein Fünftel des Raums der Printwerbung in Anspruch nehmen (BGH WRP 2019, 1176 = BeckRS 2019, 16060).

3 Eine Erleichterung nach Art. 246a § 3 kommt nur in Betracht, wenn das **jeweilige Kommunikationsmittel** wegen seiner räumlichen oder zeitlichen Beschränkungen eine klare und verständliche Darstellung sämtlicher Informationen auch in einer dem Kommunikationsmittel angepassten Form nicht zulässt (OLG Düsseldorf WRP 2016, 739 Rn. 75). Aus der Systematik der Verbraucherrechte-RL und des Art. 246a lässt sich schließen, dass eine vollständige Information des Verbrauchers grds. Vorrang hat und es zu einer Reduktion des Umfangs an Informationen nur im Ausnahmefall kommen soll, wenn eine vollständige, klare und verständliche Information tatsächlich nicht möglich ist.

4 Es kommt zudem auf die Möglichkeiten des **jeweils konkret verwendeten Kommunikationsmittels** an. Wenn der Unternehmer dem Verbraucher verschiedene Kommunikationsmöglichkeiten anbietet, so kommt eine Erleichterung der Informationspflichten nach Art. 246a § 3 nur in Betracht, wenn das tatsächlich verwendete Kommunikationsmittel die erforderlichen begrenzten Informationsmöglichkeiten aufweist. Es genügt nicht, dass eine Kommunikation mittels eines solchen Kommunikationsmittels (auch) möglich gewesen wäre. Dies bedeutet im Hinblick auf eine Kommunikation über Websites, dass Art. 246a § 3 bloß dann Anwendung findet, wenn der Verbraucher die Website mittels eines Endgeräts abruft, das nur über ein hinreichend kleines Display verfügt. Ruft der Verbraucher die Website dagegen mittels eines Laptops oder eines Tablets ab, sind die Voraussetzungen des Art. 246a § 3 nicht erfüllt und die allgemeinen Informationspflichten nach Art. 246a § 1 greifen ein (MüKoBGB/Wendehorst BGB § 312d Rn. 74). Es obliegt insofern dem Unternehmer festzustellen, welches Endgerät der Verbraucher benutzt, bzw. die mögliche Kommunikation auf Endgeräte zu beschränken, welche die Voraussetzungen des Art. 246a § 3 erfüllen.

5 Aus Verbraucherschutzgründen müssen entsprechende Grundsätze auch bei der Verwendung verschiedener Kommunikationsmittel in der **Vertragsanbahnungsphase** gelten. Eine Erleichterung der Informationspflichten nach Art. 246a § 3 kommt daher nur in Betracht, wenn alle vor Vertragsschluss genutzten Kommunikationsmittel die erforderlichen Beschränkungen der Informationsmöglichkeiten aufweisen.

## III. Informationspflichten

6 **1. Kerninformationen (S. 1).** Soweit die Voraussetzungen eines im Hinblick auf die Informationsmöglichkeiten hinreichend beschränkten Kommunikationsmittels erfüllt sind, sieht Art. 246a § 3 S. 1 nicht etwa eine den verbliebenen Informationsmöglichkeiten angepasste Reduktion der zu erteilenden Informationen vor (so etwa Art. 246a § 1 Abs. 1 S. 1 Nr. 1), sondern der Umfang der über das Kommunikationsmittel zur Verfügung zu stellenden Informationen wird auf einen klar definierten Kern beschränkt. Dieser Kern umfasst:

- die wesentlichen Eigenschaften der Waren oder Dienstleistungen. Dies soll Art. 246a § 1 Abs. 1 S. 1 Nr. 1 entsprechen (BeckOGK/Busch Rn. 7; MüKoBGB/Wendehorst BGB § 312d Rn. 76). Mitzuteilen sind daher auch im Rahmen des Art. 246a § 3 S. 1 lediglich Informationen in dem für das Kommunikationsmittel und für die Waren oder Dienstleistungen angemessenen Umfang (→ Art. 246a § 1 Rn. 1 ff.).
- die Identität des Unternehmers mit den Angaben nach Art. 246a § 1 Abs. 1 S. 1 Nr. 2 (→ Art. 246a § 1 Rn. 1 ff.).
- den Gesamtpreis oder, wenn der Preis aufgrund der Beschaffenheit der Waren oder Dienstleistungen vernünftigerweise nicht im Voraus berechnet werden kann, die Art der Preisberechnung (Art. 246a § 1 Abs. 1 S. 1 Nr. 4, → Art. 246a § 1 Rn. 1 ff.).
- ggf. die Bedingungen, die Fristen und das Verfahren für die Ausübung des Widerrufsrechts nach § 355 Absatz 1 des Bürgerlichen Gesetzbuchs (→ Rn. 7);
- ggf. die Vertragslaufzeit und die Bedingungen für die Kündigung eines Dauerschuldverhältnisses (Art. 246a § 1 Abs. 1 S. 1 Nr. 11, → Art. 246a § 1 Rn. 1 ff.).

Nach dem Wortlaut von S. 1 Nr. 4 aF muss der Unternehmer, soweit relevant, lediglich über das Bestehen eines Widerrufsrechts informieren. Nach Art. 8 Abs. 4 Verbraucherrechte-RL ist jedoch keine Einschränkung der Informationspflichten hinsichtlich des Widerrufsrechts vorgesehen, sondern es gelten insoweit die allgemeinen Anforderungen nach Art. 6 Abs. 1 lit. h Verbraucherrechte-RL. Auf Vorlage des BGH (BGH WM 2017, 1474) hatte der EuGH entschieden, dass auch nach Art. 8 Abs. 4 Verbraucherrechte-RL über die Bedingungen, Fristen und Verfahren für die Ausübung eines bestehenden Widerrufrechts informiert werden muss (EuGH NJW 2019, 1363). Der deutsche Gesetzgeber hat diese Vorgaben nunmehr mit Wirkung zum 28.5.2022 durch eine Änderung des Art. 246a § 3 S. 1 Nr. 4 umgesetzt. Der Unternehmer muss den Verbraucher aber nicht besonders belehren, sollte er kein Widerrufsrecht haben. Denn Art. 246a § 3 S. 1 sieht keine Art. 246a § 1 Abs. 3 entsprechenden Informationspflichten vor (BeckOGK/Busch Rn. 9). Die diesbezüglichen Informationen sind daher (nur) im Rahmen des Art. 246a § 3 S. 2 zu erteilen (→ Rn. 8). 7

**2. Weitere Angaben (S. 2).** Gemäß S. 2 bleibt der Unternehmer zur Information über alle nicht in S. 1 genannten, aber nach Art. 246a § 1 geforderten Angaben verpflichtet. Es genügt nach Art. 246a § 4 Abs. 3 S. 3 allerdings, dass der Unternehmer dem Verbraucher diese Informationen in geeigneter Weise zugänglich macht. **Zugänglich** sind die Informationen, wenn der Verbraucher sie mit einem zumutbaren Aufwand erreichen bzw. abrufen kann (BeckOGK/Busch Rn. 10). Ob eine Zugangsmöglichkeit geeignet ist, muss nach den jeweiligen konkreten Umständen beurteilt werden. Dabei kommt es insbes. auf das beim Vertragsschluss verwendete Kommunikationsmittel und die dadurch begründeten Erwartungen des Verkehrs an. Bei einer Kommunikation im Internet wäre daher ein Zurverfügungstellen der weiteren Angaben mittels Hyperlink oder Email geeignet. Je nach Fallgestaltung kann aber auch ein Abruf über eine gebührenfreie Telefonnummer genügen (BT-Drs. 17/12637, 75). 8

In der Praxis werden die durch Art. 246a § 3 S. 2, Art. 246a § 4 Abs. 3 S. 3 ermöglichten Erleichterungen kaum genutzt werden, da dann die **strengeren Dokumentationspflichten nach § 312f Abs. 2 BGB** fortbestehen würden. Denn die Erleichterungen nach Art. 246a § 3 gelten nur im Hinblick auf die Vorabinformationen, nicht aber hinsichtlich der nachvertraglichen Informationspflichten. Sinnvollerweise werden Unternehmer daher dem Verbraucher nach Möglichkeit schon vor Vertragsschluss auch die weiteren Angaben nach Art. 246a § 3 S. 2 auf einem dauerhaften Datenträger zur Verfügung stellen, um eine doppelte Information zu vermeiden (MüKoBGB/Wendehorst BGB § 312d Rn. 68). 9

## § 4 Formale Anforderungen an die Erfüllung der Informationspflichten

**(1) Der Unternehmer muss dem Verbraucher die Informationen nach den §§ 1 bis 3 vor Abgabe von dessen Vertragserklärung in klarer und verständlicher Weise zur Verfügung stellen.**

**(2) [1]Bei einem außerhalb von Geschäftsräumen geschlossenen Vertrag muss der Unternehmer die Informationen auf Papier oder, wenn der Verbraucher zustimmt, auf einem anderen dauerhaften Datenträger zur Verfügung stellen. [2]Die Informationen müssen lesbar sein. [3]Die Person des erklärenden Unternehmers muss genannt sein. [4]Der Unternehmer kann die Informationen nach § 2 Absatz 2 in anderer Form zur Verfügung stellen, wenn sich der Verbraucher hiermit ausdrücklich einverstanden erklärt hat.**

**(3) [1]Bei einem Fernabsatzvertrag muss der Unternehmer dem Verbraucher die Informationen in einer den benutzten Fernkommunikationsmitteln angepassten Weise zur Verfügung stellen. [2]Soweit die Informationen auf einem dauerhaften Datenträger zur Verfügung gestellt werden, müssen sie lesbar sein, und die Person des erklärenden Unternehmers muss genannt sein. [3]Abweichend von Satz 1 kann der Unternehmer dem Verbraucher die in § 3 Satz 2 genannten Informationen in geeigneter Weise zugänglich machen.**

### Überblick

Art. 246a § 4 regelt formale Anforderungen an die Erfüllung der Informationspflichten (allgemein → Rn. 2 ff.).

## I. Allgemeines

1 Art. 246a § 4 dient der Umsetzung von Art. 7 Abs. 1, 4 lit. a Verbraucherrechte-RL und Art. 8 Abs. 1, 4 Verbraucherrechte-RL und regelt die formalen Anforderungen an die Erfüllung der Informationspflichten nach Art. 246a § 1–3. Abs. 1 macht dabei allgemeine Vorgaben, während Abs. 2 eine spezielle Regelung für außerhalb von Geschäftsräumen geschlossene Verträge enthält und Abs. 3 besondere Regelungen für den Fernabsatz trifft.

## II. Allgemeine Anforderungen (Abs. 1)

2 **1. Zeitpunkt der Information.** Die Informationen müssen dem Verbraucher **vor Abgabe seiner Willenserklärung** zur Verfügung gestellt werden. „Vor" ist hier zeitlich und nicht räumlich zu verstehen (OLG Köln GRUR-RR 2015, 447 (448 f.)). Zwar verlangt Abs. 1 anders als Art. 246a § 1 Abs. 1 aF nicht ausdrücklich, dass dies rechtzeitig vor Vertragsschluss geschehen muss. Aber aus dem Sinn und Zweck der Informationspflichten ergibt sich, dass der Verbraucher die Informationen so rechtzeitig erhalten muss, dass er sie noch hinreichend aufnehmen und verarbeiten kann und ihm eine entsprechende Zeit zur Überlegung verbleibt. Insofern gelten dieselben Grundsätze wie bei Art. 246 Abs. 1 (→ Art. 246 Rn. 6) (BeckOGK/Busch Rn. 4). Bei einem Kauf auf Probe, bei dem die Absendung des Bestellscheins durch den Kunden ohne weiteres Handeln des Kunden ein Fernabsatzgeschäft auslöst, muss der Unternehmer die Informationspflichten vor Absendung des Bestellscheins erfüllen (BGH WM 2019, 2375).

3 **2. Transparenzgebot.** Die Informationen müssen dem Verbraucher in klarer und verständlicher Weise zur Verfügung gestellt werden. Nach den Vorstellungen des Gesetzgebers bezieht sich dieses sog. Transparenzgebot sowohl auf die Darstellung der Informationen auf dem jeweiligen zur Kommunikation genutzten Medium als auch die sprachliche Formulierung (BT-Drs. 17/12637, 75).

4 Welche Anforderungen nach Art. 246a § 4 Abs. 1 hinsichtlich der Darstellung der Informationen iE bestehen, kann nur im Hinblick auf das **jeweilige Kommunikationsmittel** und unter Berücksichtigung aller Umstände des **Einzelfalls** bestimmt werden. Grundsätzlich darf die Information nicht verwirrend, sondern muss möglichst übersichtlich und im Umfang angemessen erfolgen. Maßgeblich sind dabei die berechtigten Erwartungen des jeweils vom Unternehmer adressierten Verkehrskreises (BeckOGK/Busch Rn. 7). Der rechtsunkundige Durchschnittsverbraucher muss die Informationen ohne rechtliche Beratung oder sonstigen unzumutbaren Aufwand verstehen können. Ein Verweis auf Gesetzes- oder andere Rechtsvorschriften genügt daher grds. nicht (MüKoBGB/Wendehorst BGB § 312d Rn. 80). Bei einer Bestellung in einem Onlineshop etwa soll es im Hinblick auf die Informationspflichten nach Art. 246a § 1 Abs. 1 Nr. 2 aber genügen, wenn der Verbraucher vor Abschluss der Bestellung die Möglichkeit hat, einen mit „Kontaktieren Sie uns" gekennzeichneten elektronischen Verweis („Link") zu betätigen und so mit dem Verkäufer in schriftlicher Form durch eine E-Mail oder einen Internet-Chat Kontakt aufzunehmen oder aber sich von ihm über ein Rückrufsystem sofort oder innerhalb von fünf Minuten und damit zeitnah zurückrufen zu lassen (BGH GRUR 2020, 652).

5 Insbesondere im Hinblick auf die Belehrung über das Widerrufsrecht hat die Rspr. hier detaillierte Vorgaben entwickelt. Die Belehrung darf danach keine Zusätze enthalten, die den Verbraucher ablenken, verwirren oder die zu Missverständnissen führen können und sie darf nicht in sich widersprüchlich sein (BGH NJW-RR 2005,180 ff.; OLG Hamm NJW-RR 2010, 253). Für unklar hat der BGH auch eine Belehrung über eine mögliche Pflicht zum Wertersatz bei Widerruf erachtet, die von zwei gesetzlichen Voraussetzungen eines solchen Wertersatzes nur eine nannte (BGH MDR 2018, 1197 zu § 312c Abs. 2 aF). Die Gefahr einer Irreführung kann sich auch aus anderen Äußerungen des Unternehmers als der Widerrufsbelehrung selbst ergeben (BGH BeckRS 2014, 06894 Rn. 35; recht großzügig in dieser Hinsicht allerdings BGH BeckRS 2017, 136447 Rn. 10, wenn die weiteren Ausführungen deutlich von der Widerrufsbelehrung abgegrenzt sind). Eine solche Irreführungsgefahr wurde beispielsweise bei einer AGB-Klausel erkannt, durch welche die Kosten bei der Rückabwicklung eines Vertragsgeregelt werden sollten, obwohl diese Klausel eigentlich nur dann eingreifen sollte, wenn die Rückabwicklung gerade nicht aufgrund eines Widerrufs stattfand, da diese Einschränkung für den durchschnittlichen Verbraucher nicht ohne weiteres verständlich war und ihn deshalb von der Ausübung seines (eigentlich nicht betroffenen) Widerrufsrechts abhalten könnte (LG Hagen BeckRS 2017, 140944 Rn. 34 ff.). Widersprüchlich waren etwa die Angaben eines Unternehmers, der unterschiedliche Widerrufsadressaten in der Widerrufsbelehrung und in dem Muster-Widerrufsformular benannt hatte (OLG Hamm

MMR 2018, 243). Für nicht hinreichend klar hat das OLG Naumburg auch eine Widerrufsbelehrung des Internetportals „ImmobilienScout24“ erachtet, die für einen noch zu schließenden Maklervertrag gelten sollte, ohne dass dies aus der Widerrufsbelehrung ersichtlich gewesen wäre (OLG Naumburg NJ 2018, 375).

Die Informationen müssen zudem übersichtlich strukturiert sein. Es genügt den Anforderungen des Art. 246a § 4 Abs. 1 etwa nicht, wenn die Belehrungen über das Widerrufsrecht nach Art. 246a § 1 Abs. 2 nur versteckt in den AGB zu finden sind (LG Berlin MMR 2017, 50). Die Information muss schließlich auf Deutsch erfolgen, wenn die objektiven Verkehrserwartungen im konkreten Fall nicht ausnahmsweise eine Information auch in einer anderen Sprache zulassen oder gar erfordern (→ Art. 246 Rn. 8) (Erman/R. Koch BGB § 312d Rn. 35; MüKoBGB/Wendehorst BGB § 312d Rn. 82). 6

Nach den Vorstellungen des europäischen Gesetzgebers sollte der Unternehmer bei der Bereitstellung der Informationen den besonderen Bedürfnissen von Verbrauchern Rechnung tragen, die aufgrund ihrer geistigen oder körperlichen Behinderung, ihrer psychischen Labilität, ihres Alters oder ihrer Leichtgläubigkeit in einer Weise **besonders schutzbedürftig** sind, die für den Unternehmer vernünftigerweise erkennbar ist (Erwägungsgrund 34 Verbraucherrechte-RL). Diese Forderung darf freilich nicht dahingehend missverstanden werden, dass Unternehmer nach Abs. 1 allgemein verpflichtet wären, die nach Art. 246a §§ 1–3 geforderten Informationen barrierefrei zur Verfügung zu stellen (MüKoBGB/Wendehorst BGB § 312d Rn. 80; aA Buchmann K&R 2014, 453 (455)). Der Unternehmer muss lediglich in jedem Einzelfall auf solche Bedürfnisse des Verbrauchers im Hinblick auf die Informationserteilung eingehen, die für ihn objektiv erkennbar sind. Art. 246a § 4 Abs. 1 begründet insofern keine Nachforschungspflicht, aber der Unternehmer darf sich einem erkennbaren besonderen Schutzbedürfnis des Verbrauchers auch nicht verschließen. Die Übergabe eines gedruckten Informationskonvoluts an einen Blinden genügt daher dem Transparenzgebot des Abs. 1 nicht. 7

## III. Außerhalb von Geschäftsräumen geschlossene Verträge (Abs. 2)

Bei außerhalb von Geschäftsräumen geschlossenen Verträgen iSd § 312b Abs. 1 BGB (→ BGB § 312b Rn. 5 ff.) müssen die Informationen grds. **auf Papier** zur Verfügung gestellt werden. Mit Zustimmung des Verbrauchers kann der Unternehmer aber auch einen anderen dauerhaften Datenträger nutzen. Die Zustimmung des Verbrauchers muss nicht ausdrücklich wie nach Abs. 2 S. 4 erfolgen, sondern kann auch konkludent erteilt werden (BeckOGK/Busch Rn. 15). 8

Die Informationen müssen in jedem Fall **lesbar** sein (Abs. 2 S. 2), und die Person des Unternehmers muss **genannt** sein (Abs. 2 S. 3). Es muss also die **Textform nach § 126b BGB** gewahrt sein (BeckOGK/Busch Rn. 16). Warum der Gesetzgeber dies nicht ausdrücklich bestimmt hat, ist nicht erklärlich (MüKoBGB/Wendehorst BGB § 312d Rn. 84). Zu Einzelheiten → BGB § 126b Rn. 3 ff. 9

Soweit Art. 246a § 2 Abs. 2 bei bestimmten Verträgen über **Reparatur- und Instandhaltungsarbeiten** teils inhaltliche Erleichterungen für die Informationspflichten vorsieht (→ Art. 246a § 2 Rn. 5), ergänzt Abs. 2 S. 4 dies in Umsetzung von Art. 7 Abs. 4 lit. a Verbraucherrechte-RL durch eine Erleichterung auch der Form der Information. Danach kann der Unternehmer mit ausdrücklichem Einverständnis des Verbrauchers die nach Art. 246a § 2 Abs. 2 zu erteilenden Informationen auch in anderer Form als auf Papier oder einem anderen dauerhaften Datenträger, dh formlos zur Verfügung stellen. Für die nach Art. 246a § 2 Abs. 1 zu erteilenden Informationen über die Identität des Unternehmers und den Preis greift diese Erleichterung jedoch nicht, sodass insoweit die allgemeinen Anforderungen der Abs. 2 S. 1–3 gelten (BeckOGK/Busch Rn. 18). Zudem bleiben die nach Vertragsschluss geltenden Dokumentationspflichten nach § 312f Abs. 1 BGB gem. Art. 246a § 2 Abs. 3 unberührt, ohne dass insoweit eine Formerleichterung vorgesehen wäre (BeckOGK/Busch Rn. 19). 10

## IV. Fernabsatzverträge (Abs. 3)

Abs. 3 stellt bei Fernabsatzverträgen grds. andere, aber nicht unbedingt geringere, formale Anforderungen an die Erfüllung der Informationspflichten nach Art. 246a §§ 1, 3 als bei außerhalb von Geschäftsräumen geschlossenen Verträgen gem. Abs. 2. Nach Abs. 3 S. 1 muss der Unternehmer dem Verbraucher die Informationen nämlich (lediglich) in einer den benutzten Fernkommunikationsmitteln angepassten Weise zur Verfügung stellen (sog. mediengerechte Information) (BeckOGK/Busch Rn. 20). Wie aus verschiedenen Sprachfassungen der Verbraucherrechte-RL hervorgeht, ist es grds. nicht erforderlich, dass der Unternehmer dem Verbraucher die Informatio- 11 nen aktiv übermittelt, sondern es genügt, wenn der Verbraucher selbst in zumutbarer Weise auf die ihm vom Unternehmer zugänglich gemachten Informationen zugreifen kann (BeckOGK/Busch Rn. 21).

12 Die **genauen formalen Anforderungen** an die Information richten sich nach den jeweils konkret genutzten Informationsmitteln. Auch insoweit sind die berechtigten objektiven Verkehrserwartungen maßgeblich. Das Gebot einer klaren und verständlichen Information nach Abs. 1 gilt uneingeschränkt auch im Fernabsatz. Bei einer Information am Telefon etwa muss die Sprechgeschwindigkeit so gewählt werden, dass der Verbraucher die Informationen auch tatsächlich aufnehmen kann (Spindler/Schuster/Schirmbacher Rn. 226). Bei einem Vertragsschluss im Internet genügt ein eindeutig gekennzeichneter Hyperlink, über den der Verbraucher ohne Schwierigkeiten alle notwendigen Informationen abrufen kann (BeckOGK/Busch Rn. 22). Da eine klare und verständliche Gestaltung hier ohne Schwierigkeiten möglich ist, müssen vermeidbare Unklarheiten stets zulasten des Unternehmers gehen, sodass dieser seiner Pflicht zu einer dem Medium angepassten Information nicht genügt (für Einzelheiten Spindler/Schuster/Schirmbacher Rn. 228 ff.). Wie aus Abs. 3 S. 2 hervorgeht, kann der Unternehmer grds. auch ein anderes Kommunikationsmittel nutzen, als das beim Vertragsschluss verwendete. Abs. 3 S. 1 fordert insofern lediglich, dass dieses andere Kommunikationsmittel dem beim Vertragsschluss genutzten angepasst sein muss, dh eine Information über dieses andere Mittel den Erwartungen des Verkehrs (noch) entsprechen muss.

13 Stellt der Unternehmer die Informationen auf einem **dauerhaften Datenträger** zur Verfügung, müssen sie auch lesbar sein, und die Person des Unternehmers muss genannt sein (dazu OLG Naumburg NJ 2018, 375), sodass insgesamt die Textform des § 126b BGB einzuhalten ist (BeckOGK/Busch Rn. 23), auf dessen Kommentierung hinsichtlich der Einzelheiten insofern verwiesen wird (→ BGB § 126b Rn. 3 ff.).

14 Wenn der Vertrag über ein Fernkommunikationsmittel mit **begrenzten Darstellungsmöglichkeiten** geschlossen wird und die Voraussetzungen des Art. 246a § 3 S. 1 erfüllt sind (→ Art. 246a § 3 Rn. 2 ff.), sieht Abs. 3 S. 3 in Umsetzung von Art. 8 Abs. 4 Verbraucherrechte-RL auch eine **Erleichterung** im Hinblick auf die Art und Weise der Information über die nach Art. 246a § 3 S. 2 zu erteilenden Angaben vor. Die dort genannten Angaben (→ Art. 246a § 3 Rn. 7) muss der Unternehmer dem Verbraucher nämlich bloß in geeigneter Weise zugänglich machen. Es ist freilich unklar, wie sich diese geeignete Weise von einer den benutzten Fernkommunikationsmitteln angepassten Weise iSd Abs. 3 S. 1 unterscheidet. Nach Sinn und Zweck der Vorschrift ist im Fall des Abs. 3 S. 3 keine Information über das für den Vertragsschluss genutzte Fernkommunikationsmittel gefordert, sondern der Unternehmer kann auch ein beliebiges anderes Medium – etwa eine gebührenfreie Telefonnummer oder einen Hypertext-Link (BT-Drs. 17/12637, 76) – verwenden, das allerdings für eine klare und verständliche Information iSd Abs. 1 geeignet sein muss. Auch im Fall des Abs. 3 S. 1 muss der Unternehmer sich bei der Wahl des Informationsmittels also an den berechtigten Erwartungen des Verkehrs orientieren (Einzelheiten bei Spindler/Schuster/Schirmbacher Rn. 184 ff.).

15 Die Erleichterungen nach Art. 246a § 3 S. 2, Art. 246a § 4 Abs. 3 S. 3 haben für Unternehmer nur wenig praktischen Wert, da sie sich nur auf die Informationspflichten **im vorvertraglichen Stadium,** nicht aber auf die späteren Informationspflichten nach § 312f Abs. 2 BGB beziehen (Spindler/Schuster/Schirmbacher Rn. 183). Um eine doppelte Information zu vermeiden, sollten die Informationen daher nach Möglichkeit bereits vor Vertragsschluss auf einem dauerhaften Datenträger zur Verfügung gestellt werden (→ Art. 246a § 3 Rn. 9).

## Artikel 246b Informationspflichten bei außerhalb von Geschäftsräumen geschlossenen Verträgen und Fernabsatzverträgen über Finanzdienstleistungen

### § 1 Informationspflichten

**(1) Der Unternehmer ist nach § 312d Absatz 2 des Bürgerlichen Gesetzbuchs verpflichtet, dem Verbraucher rechtzeitig vor Abgabe von dessen Vertragserklärung klar und verständlich und unter Angabe des geschäftlichen Zwecks, bei Fernabsatzverträgen in einer dem benutzten Fernkommunikationsmittel angepassten Weise, folgende Informationen zur Verfügung zu stellen:**

**1. seine Identität, anzugeben ist auch das öffentliche Unternehmensregister, bei dem der Rechtsträger eingetragen ist, und die zugehörige Registernummer oder gleichwertige Kennung,**
**2. die Hauptgeschäftstätigkeit des Unternehmers und die für seine Zulassung zuständige Aufsichtsbehörde,**
**3. die Identität des Vertreters des Unternehmers in dem Mitgliedstaat, in dem der Verbraucher seinen Wohnsitz hat, wenn es einen solchen Vertreter gibt, oder die Identität einer anderen gewerblich tätigen Person als dem Anbieter, wenn der Verbraucher mit dieser Person geschäftlich zu tun hat, und die Eigenschaft, in der diese Person gegenüber dem Verbraucher tätig wird,**
**4. die ladungsfähige Anschrift des Unternehmers und jede andere Anschrift, die für die Geschäftsbeziehung zwischen diesem, seinem Vertreter oder einer anderen gewerblich tätigen Person nach Nummer 3 und dem Verbraucher maßgeblich ist, bei juristischen Personen, Personenvereinigungen oder Personengruppen auch den Namen des Vertretungsberechtigten,**
**5. die wesentlichen Merkmale der Finanzdienstleistung sowie Informationen darüber, wie der Vertrag zustande kommt,**
**6. den Gesamtpreis der Finanzdienstleistung einschließlich aller damit verbundenen Preisbestandteile sowie alle über den Unternehmer abgeführten Steuern oder, wenn kein genauer Preis angegeben werden kann, seine Berechnungsgrundlage, die dem Verbraucher eine Überprüfung des Preises ermöglicht,**
**7. gegebenenfalls zusätzlich anfallende Kosten sowie einen Hinweis auf mögliche weitere Steuern oder Kosten, die nicht über den Unternehmer abgeführt oder von ihm in Rechnung gestellt werden,**
**8. gegebenenfalls den Hinweis, dass sich die Finanzdienstleistung auf Finanzinstrumente bezieht, die wegen ihrer spezifischen Merkmale oder der durchzuführenden Vorgänge mit speziellen Risiken behaftet sind oder deren Preis Schwankungen auf dem Finanzmarkt unterliegt, auf die der Unternehmer keinen Einfluss hat, und dass in der Vergangenheit erwirtschaftete Erträge kein Indikator für künftige Erträge sind,**
**9. gegebenenfalls eine Befristung der Gültigkeitsdauer der zur Verfügung gestellten Informationen, beispielsweise die Gültigkeitsdauer befristeter Angebote, insbesondere hinsichtlich des Preises,**
**10. Einzelheiten hinsichtlich der Zahlung und der Erfüllung,**
**11. alle spezifischen zusätzlichen Kosten, die der Verbraucher für die Benutzung des Fernkommunikationsmittels zu tragen hat, wenn solche zusätzlichen Kosten durch den Unternehmer in Rechnung gestellt werden,**
**12. das Bestehen oder Nichtbestehen eines Widerrufsrechts sowie die Bedingungen, Einzelheiten der Ausübung, insbesondere Name und Anschrift desjenigen, gegenüber dem der Widerruf zu erklären ist, und die Rechtsfolgen des Widerrufs einschließlich Informationen über den Betrag, den der Verbraucher im Falle des Widerrufs nach § 357b des Bürgerlichen Gesetzbuchs für die erbrachte Leistung zu zahlen hat,**
**13. die Mindestlaufzeit des Vertrags, wenn dieser eine dauernde oder regelmäßig wiederkehrende Leistung zum Inhalt hat,**
**14. gegebenenfalls die vertraglichen Kündigungsbedingungen einschließlich etwaiger Vertragsstrafen,**
**15. die Mitgliedstaaten der Europäischen Union, deren Recht der Unternehmer der Aufnahme von Beziehungen zum Verbraucher vor Abschluss des Vertrags zugrunde legt,**
**16. gegebenenfalls eine Vertragsklausel über das auf den Vertrag anwendbare Recht oder über das zuständige Gericht,**
**17. die Sprachen, in welchen die Vertragsbedingungen und die in dieser Vorschrift genannten Vorabinformationen mitgeteilt werden, sowie die Sprachen, in welchen sich der Unternehmer verpflichtet, mit Zustimmung des Verbrauchers die Kommunikation während der Laufzeit dieses Vertrags zu führen,**
**18. den Hinweis, ob der Verbraucher ein außergerichtliches Beschwerde- und Rechtsbehelfsverfahren, dem der Unternehmer unterworfen ist, nutzen kann, und gegebenenfalls dessen Zugangsvoraussetzungen,**

**19. gegebenenfalls das Bestehen eines Garantiefonds oder anderer Entschädigungsregelungen, die weder unter die Richtlinie 2014/49/EU des Europäischen Parlaments und des Rates vom 16. April 2014 über Einlagensicherungssysteme (ABl. L 173 vom 12.6.2014, S. 149; L 212 vom 18.7.2014, S. 47; L 309 vom 30.10.2014, S. 37) noch unter die Richtlinie 97/9/EG des Europäischen Parlaments und des Rates vom 3. März 1997 über Systeme für die Entschädigung der Anleger (ABl. L 84 vom 26.3.1997, S. 22) fallen.**

**(2) [1]Bei Telefongesprächen hat der Unternehmer nur folgende Informationen zur Verfügung zu stellen:**
**1. die Identität der Kontaktperson des Verbrauchers und deren Verbindung zum Unternehmer,**
**2. die Beschreibung der Hauptmerkmale der Finanzdienstleistung,**
**3. den Gesamtpreis, den der Verbraucher dem Unternehmer für die Finanzdienstleistung schuldet, einschließlich aller über den Unternehmer abgeführten Steuern, oder, wenn kein genauer Preis angegeben werden kann, die Grundlage für die Berechnung des Preises, die dem Verbraucher eine Überprüfung des Preises ermöglicht,**
**4. mögliche weitere Steuern und Kosten, die nicht über den Unternehmer abgeführt oder von ihm in Rechnung gestellt werden, und**
**5. das Bestehen oder Nichtbestehen eines Widerrufsrechts sowie für den Fall, dass ein Widerrufsrecht besteht, auch die Widerrufsfrist und die Bedingungen, Einzelheiten der Ausübung und die Rechtsfolgen des Widerrufs einschließlich Informationen über den Betrag, den der Verbraucher im Falle des Widerrufs nach § 357b des Bürgerlichen Gesetzbuchs für die erbrachte Leistung zu zahlen hat.**

**[2]Satz 1 gilt nur, wenn der Unternehmer den Verbraucher darüber informiert hat, dass auf Wunsch weitere Informationen übermittelt werden können und welcher Art diese Informationen sind, und der Verbraucher ausdrücklich auf die Übermittlung der weiteren Informationen vor Abgabe seiner Vertragserklärung verzichtet hat.**

## Überblick

Art. 246b § 1 regelt Informationspflichten (zu Abs. 1 → Rn. 6 ff., zu Abs. 2 → Rn. 40 ff.).

## Übersicht



## I. Allgemeines

1 Art. 246b § 1 setzt Art. 3 Finanzdienstleistungs-Fernabsatz-RL um und regelt Informationspflichten im Zusammenhang mit Verbraucherverträgen über Finanzdienstleistungen, die über eine bestimmte Vertriebsform zustande gekommen sind. Der deutsche Gesetzgeber hat die Vorgaben der Finanzdienstleistungs-Fernabsatz-RL, die nur für Verträge im Fernabsatz bestehen, überschießend umgesetzt und auch auf außerhalb von Geschäftsräumen geschlossene Verträge ausgedehnt. Das erklärte Ziel, auf diese Weise einen einheitlichen Verbraucherschutz zu gewährleisten und Regelungslücken zu vermeiden (BT-Drs. 17/12637, 76), wurde so aber nicht erreicht. Denn es ist nicht ersichtlich, wieso ein Informationsbedürfnis der Verbraucher bei Verträgen über Finanzdienstleistungen nur bestehen sollte, wenn die Verträge mittels einer besonderen Vertriebsform, dh außerhalb von Geschäftsräumen oder im Fernabsatz geschlossen werden. Allgemein geht der Gesetzgeber davon aus, dass bei allen Verbraucherverträgen ein entsprechendes Informationsbedürfnis besteht, wie sich an der Regelung des § 312a Abs. 2 BGB, Art. 246 zeigt. Schlüssig wäre daher eine entsprechende allgemeine Regelung von Informationspflichten bei Verträgen über Finanzdienstleistungen (auch) bei § 312a BGB unabhängig von der Art der Vertriebsform gewesen (krit. ebenfalls MüKoBGB/Wendehorst BGB § 312a Rn. 13).

Art. 246b § 1 enthält gewissermaßen in komprimierter Form Regelungen, die den Art. 246a §§ 1, 3 und 4 funktionell entsprechen (MüKoBGB/Wendehorst BGB § 312d Rn. 84). Art. 246b § 1 Abs. 1 fasst dabei Art. 246a §§ 1 und 4 zusammen und regelt Inhalt, Form und Zeitpunkt der vor Vertragsschluss zu erteilenden Informationen. Art. 246b § 1 Abs. 2 sieht dagegen wie Art. 246a § 3 gewisse Erleichterungen dieser allgemeinen Pflichten vor, wenn bestimmte technische Hindernisse bzw. Besonderheiten bestehen. 2

Art. 246b § 1 ist Teil eines insgesamt **dreistufigen Systems an Informationspflichten,** durch das der Verbraucher während seiner Geschäftsbeziehung zu dem Unternehmer jederzeit alle notwendigen Informationen zur Verfügung haben soll, um seine Interessen optimal wahrnehmen zu können (→ Art. 246b § 2 Rn. 2). Zunächst soll der Verbraucher frühzeitig vor Vertragsschluss eine Reihe von Vorabinformationen erhalten, die im Fernabsatz dem Fernkommunikationsmittel angepasst werden müssen (Art. 246b § 1). Sodann soll der Verbraucher immer noch vor Vertragsschluss diese und weitere Informationen über die Vertragsbedingungen auf einem dauerhaften Datenträger bekommen (§ 2 Abs. 1). Nach Vertragsschluss schließlich soll der Verbraucher „jederzeit" die Übermittlung einer Vertragsdokumentation in Papierform verlangen können (Art. 246b § 2 Abs. 2). Insbesondere die wiederholte Information über die Gegenstände des Art. 246b § 1 Abs. 1 vor Vertragsschluss ist praktisch wenig sinnvoll. Daher empfiehlt es sich für Unternehmer, diese Informationen dem Verbraucher sogleich auf einem dauerhaften Datenträger zur Verfügung zu stellen, um so sowohl den Anforderungen des Art. 246b § 1 als auch denen des Art. 246b § 2 Abs. 1 zu genügen und eine doppelte Information zu vermeiden (→ Art. 246b § 2 Rn. 2). 3

Art. 246b legt nicht selbst fest, wann die in ihm normierten Informationspflichten bestehen, sondern **setzt diesen Bestand voraus** und regelt bloß ihren Inhalt. Die Voraussetzungen der Informationspflichten ergeben sich daher aus § 312d Abs. 2 BGB, der selbst die Informationspflichten dem Grunde nach bestimmt und dann hinsichtlich ihres Inhalts auf Art. 246b verweist. § 312d Abs. 2 BGB wiederum greift bei außerhalb von Geschäftsräumen oder im Fernabsatz geschlossenen Verbraucherverträgen (§ 312 Abs. 1 BGB, → BGB § 312 Rn. 8) über Finanzdienstleistungen iSd § 312 Abs. 5 BGB (→ BGB § 312 Rn. 61), die nicht Versicherungsverträge sind (insoweit § 312 Abs. 6 BGB spezieller, → BGB § 312 Rn. 49) ein. Bei Verbraucherverträgen über Finanzdienstleistungen, die im stationären Handel abgeschlossen werden, findet Art. 246b also keine Anwendung (BeckOGK/Busch Rn. 3). 4

Art. 246b § 1 wurde mWv 15.6.2021 durch das Gesetz zur Anpassung des Finanzdienstleistungsrechts an die Rspr. des Gerichtshofs der Europäischen Union vom 11.9.2019 in der Rechtssache C-383/18 und vom 26.3.2020 in der Rechtssache C-66/19 (Gesetz vom 9.6.2021, BGBl. I 1666) geändert. Dabei wurden in Abs. 1 einige Klarstellungen vorgenommen und Abs. 2 wurde im Hinblick auf neu gestaltete Widerrufsbelehrungen im Anhang angepasst. 5

## II. Allgemeine vorvertragliche Informationspflichten (Abs. 1)

**1. Zeitpunkt der Information.** Die Informationen müssen dem Verbraucher rechtzeitig vor Abgabe von dessen Vertragserklärung zur Verfügung gestellt werden (Abs. 1, Art. 3 Abs. 1 Finanzdienstleistungs-Fernabsatz-RL). Durch die nach Abs. 1 zu erteilenden Vorabinformationen soll der Verbraucher über alle im Hinblick auf den intendierten Vertragsschluss wesentlichen Umstände aufgeklärt werden, sodass er in Ruhe eine überlegte, abgewogene und seinen Interessen gerechte Entscheidung treffen kann. Keinesfalls darf Druck auf den Verbraucher ausgeübt werden, sodass er daran gehindert werden könnte, die gegebenen Informationen zu verarbeiten (MüKoBGB/Wendehorst BGB § 312d Rn. 136). Der Verbraucher soll insbes. auch in die Lage versetzt werden, das Angebot des Unternehmers mit etwaigen konkurrierenden Angeboten vergleichen bzw. den Markt überhaupt erst auf solche konkurrierende Angebote prüfen zu können. Dieses Telos ist bei der Konkretisierung des Begriffs der Rechtzeitigkeit zu berücksichtigen. Dem Verbraucher muss nach Erhalt der Vorabinformationen noch hinreichend Zeit zur Überlegung und zu einem Marktvergleich bleiben (→ Art. 246 Rn. 6). Wieviel Zeit hierfür erforderlich ist, kann allerdings nur unter Berücksichtigung aller Umstände im Einzelfall bestimmt werden. Wichtige Kriterien sind dabei der Wert, die Bedeutung und die Komplexität des Vertragsgegenstands sowie die Struktur und Komplexität des jeweils betroffenen Markts. Nicht gefordert ist, dass die Vorabinformationen bereits in der Werbung des Unternehmers enthalten sein müssten (BeckOGK/Busch Rn. 4). 6

**2. Art und Weise der Information.** Der Unternehmer muss dem Verbraucher die Informationen nach Abs. 1 klar und verständlich und unter Angabe des geschäftlichen Zwecks sowie bei 7

Fernabsatzverträgen in einer dem benutzten Fernkommunikationsmittel angepassten Weise zur Verfügung stellen.

8 **a) Klar und verständlich.** Die Informationen müssen klar und verständlich für einen durchschnittlichen Verbraucher sein. Dieses in Abs. 1 formulierte Transparenzgebot gilt als allgemeines Prinzip bei allen Informationspflichten und findet sich auch in Art. 246 Abs. 1 und Art. 246a § 4 Abs. 1, auf deren Kommentierung hinsichtlich der Einzelheiten daher verwiesen wird (→ Art. 246 Rn. 7 f.; → Art. 246a § 4 Rn. 3 ff.).

9 **b) Angabe des geschäftlichen Zwecks.** Durch die Pflicht zur Angabe des geschäftlichen Zwecks soll wie durch die entsprechende Pflicht nach § 312a Abs. 1 BGB bei allgemeinen Verbraucherverträgen verhindert werden, dass der Unternehmer getarnt Kontakt zu dem Verbraucher aufnimmt und diesen erst später mit einem Geschäftsangebot überrascht (BeckOGK/Busch Rn. 8; MüKoBGB/Wendehorst BGB § 312d Rn. 138). Hinsichtlich der Einzelheiten wird auf die Kommentierung des § 312a Abs. 1 BGB verwiesen (→ BGB § 312a Rn. 7 f.).

10 **c) Dem Fernkommunikationsmittel angepasste Weise.** Bei Fernabsatzverträgen trägt der Gesetzgeber in Abs. 1 wie auch in Art. 246a § 4 Abs. 3 den Besonderheiten der Kommunikation Rechnung. Denn die verwendeten Fernkommunikationsmittel verfügen regelmäßig (nur) über sehr spezifische Möglichkeiten der Darstellung oder Übermittlung von Informationen. Der Unternehmer muss die Vorabinformationen daher (nur) in einer dem benutzten Fernkommunikationsmittel angepassten Weise zur Verfügung stellen. Hinsichtlich der Einzelheiten wird auf die Kommentierung des Art. 246a § 4 Abs. 3 verwiesen (→ Art. 246a § 4 Rn. 11 ff.). Für den praktisch wichtigen Fall einer Kommunikation mittels Telefon sieht Abs. 2 allerdings eine spezielle Regelung vor, die Abs. 1 im Hinblick auf die erforderliche Anpassung der Informationserteilung teilweise verdrängt (→ Rn. 40 ff.).

11 **3. Informationsgegenstände. a) Identität und Register (Abs. 1 Nr. 1).** Nach Abs. 1 Nr. 1, durch die Art. 3 Abs. 1 Nr. 1 lit. a und d Finanzdienstleistungs-Fernabsatz-RL umgesetzt werden, muss der Unternehmer Informationen über seine Identität zur Verfügung stellen. Dabei muss der Unternehmer seinen Namen (Vor- und Nachname) (KG NJW-RR 2007, 1050 (1051)) bzw. seine Firma (§ 17 Abs. 1 HGB) mit Rechtsformzusatz angeben (vgl. auch Art. 246 Abs. 1 Nr. 2, → Art. 246 Rn. 14; Art. 246a § 1 Abs. 1 S. 1 Nr. 2, → Art. 246a § 1 Rn. 6), sodass der Verbraucher seinen Vertragspartner eindeutig identifizieren kann. Die Angabe des Konzernverbunds des Unternehmers allein genügt insoweit den Anforderungen der Nr. 1 nicht (→ 3. Aufl. 2012, Art. 246 § 1 Rn. 6 (Schmidt-Räntsch)). Abs. 1 Nr. 1 verlangt auch eine Angabe des öffentlichen Unternehmensregisters, bei dem der Rechtsträger eingetragen ist, und die zugehörige Registernummer oder eine gleichwertige Kennung. In Deutschland sind hier regelmäßig die entsprechenden Informationen aus dem Handels-, Partnerschafts- oder Genossenschaftsregister anzugeben (Grüneberg/Grüneberg Rn. 5). Ist ein Unternehmer in Deutschland nicht in ein solches Statusregister eingetragen, muss er Angaben über etwaige andere Registereintragungen machen, zB Register der Kammern (→ 3. Aufl. 2012, Art. 246 § 1 Rn. 8 (Schmidt-Räntsch)). Erfasst sind von der offenen Formulierung der Nr. 1 aber auch ausländische und mögliche künftige europäische Register, aus denen der Verbraucher Aufschluss über die Identität des Unternehmers erhalten kann.

12 **b) Hauptgeschäftstätigkeit und Aufsichtsbehörde (Abs. 1 Nr. 2).** In Umsetzung von Art. 3 Abs. 1 Nr. 1 lit. a und e Finanzdienstleistungs-Fernabsatz-RL fordert Abs. 1 Nr. 2 die Angabe von Informationen über die Hauptgeschäftstätigkeit des Unternehmers und die für seine Zulassung zuständige Aufsichtsbehörde. Der Verbraucher soll durch die Information über die Hauptgeschäftstätigkeit des Unternehmers erkennen können, ob die angebotene Finanzdienstleistung in das Kerngeschäft des Unternehmers fällt, sodass regelmäßig mit einer entsprechenden Kompetenz zu rechnen ist (→ 3. Aufl. 2012, Art. 246 § 1 Rn. 18 (Schmidt-Räntsch); MüKoBGB/Wendehorst BGB § 312d Rn. 97). Im Hinblick auf diesen Normzweck muss der Begriff der „Hauptgeschäftstätigkeit" konkretisiert werden. Durch die Information muss deutlich werden, ob der Unternehmer auf die angebotene Finanzdienstleistung spezialisiert ist oder sie nur im Nebengeschäft betreibt. Bei einem Allfinanzunternehmen, das in vielen Bereichen gleichermaßen tätig ist, muss daher nicht angegeben werden, welcher Teilbereich der wichtigste ist (→ 3. Aufl. 2012, Art. 246 § 1 Rn. 18 (Schmidt-Räntsch)).

13 Die Verpflichtung zur Angabe der für die Zulassung zuständigen Aufsichtsbehörde beruht auf der heute überholten Annahme, dass diese Aufsichtsbehörden nach verschiedenen Branchen der Finanzwirtschaft gegliedert seien und zudem auch zum Schutz einzelner Verbraucher tätig werden könnten (→ 3. Aufl. 2012, Art. 246 § 1 Rn. 19 (Schmidt-Räntsch)). Da die Finanzaufsicht nur

noch in wenigen Ausnahmefällen bei Streitigkeiten zwischen Unternehmern und Verbrauchern intervenieren darf, bringt die Angabe der Aufsichtsbehörde dem Verbraucher allenfalls geringen Nutzen. Angegeben werden muss die Behörde, die für die Zulassung der allgemeinen Geschäftstätigkeit des Unternehmers oder des Betreibens der Finanzgeschäfte zuständig ist. Muss der Unternehmer die Genehmigung verschiedener Behörden für seine Finanzgeschäfte einholen, müssen alle betreffenden Behörden genannt werden. In Deutschland ist idR die Bundesanstalt für Finanzdienstleistungsaufsicht (BAFin) die für die Zulassung zuständige Behörde (MüKoBGB/Wendehorst BGB § 312d Rn. 98).

**c) Identität des Vertreters oder ähnliches (Abs. 1 Nr. 3).** Gemäß Abs. 1 Nr. 3, durch den Art. 3 Abs. 1 Nr. 1 lit. b und c Finanzdienstleistungs-Fernabsatz-RL umgesetzt wird, ist zu informieren über den Vertreter des Unternehmers in dem Mitgliedstaat, in dem der Verbraucher seinen Wohnsitz hat, wenn es einen solchen Vertreter gibt. Der Begriff des Vertreters muss dabei richtlinienkonform weitverstanden werden und erfasst jeden Repräsentanten (vgl. die englische und französische Sprachfassung des Art. 3 Abs. 1 Nr. 1 lit. b Finanzdienstleistungs-Fernabsatz-RL: „representative" bzw. „représentant"), der für den Unternehmer auftritt und der dem Verbraucher im Zusammenhang mit dem jeweiligen Geschäft als Ansprechpartner dient, unabhängig von der konkreten rechtlichen Qualifikation (BeckOGK/Busch Rn. 12). Der Repräsentant muss allerdings zumindest Empfangsbote des Unternehmers sein, weil eine wirksame Kommunikation in rechtlichen Angelegenheiten über ihn möglich sein muss (MüKoBGB/Wendehorst BGB § 312d Rn. 99). Anzugeben ist ferner die Identität jeder anderen gewerblich tätigen Person als dem Unternehmer, wenn der Verbraucher mit dieser Person im Zusammenhang mit dem Geschäft zu tun hat, und die Eigenschaft, in der diese Person gegenüber dem Verbraucher tätig wird. Während nach dem Wortlaut des Abs. 1 Nr. 3 die Angabe dieser anderen Person(en) alternativ zur Angabe des Vertreters besteht, geht aus der Finanzdienstleistungs-Fernabsatz-RL klar hervor, dass beide Informationspflichten unabhängig voneinander bestehen. Anzugeben sind daher (ggf. neben dem Repräsentanten) auch die Identität von Vermittlern oder Lieferanten, die auf Initiative des Unternehmers im Zusammenhang mit dem jeweiligen Geschäft tätig werden. 14

**d) Relevante Anschriften und Vertretungsberechtigter (Abs. 1 Nr. 4).** Nach Abs. 1 Nr. 4 sind die ladungsfähige Anschrift des Unternehmers (§ 253 Abs. 2 Nr. 1 ZPO, § 130 Nr. 1 ZPO) und jede andere Anschrift, die für die Geschäftsbeziehung zwischen diesem, seinem Vertreter oder einer anderen gewerblichen Person iSd Abs. 1 Nr. 3 und dem Verbraucher maßgeblich ist, anzugeben. Diese Informationspflicht dient der Umsetzung von Art. 3 Abs. 1 Nr. 1 lit. a, b und c Finanzdienstleistungs-Fernabsatz-RL. Bei juristischen Personen, Personenvereinigungen oder Personengruppen verlangt der deutsche Gesetzgeber überdies auch die Angabe des Namens des Vertretungsberechtigten. Durch alle nach Abs. 1 Nr. 4 geforderten Angaben soll der Verbraucher in die Lage versetzt werden, seine Ansprüche schnell und effektiv gerichtlich durchsetzen zu können (MüKoBGB/Wendehorst BGB § 312d Rn. 101). 15

Anzugeben ist die geographische Adresse (Straße und Hausnummer; Postleitzahl und Stadt; Land), unter der der Unternehmer bzw. die anderen genannten Personen ansässig sind. Die Angabe einer Postfachadresse genügt nicht (OLG Hamburg NJW 2004, 1114 (1115); so auch öOGH ÖJZ 2004, 185 für das hier übereinstimmende österreichische Recht; BeckOGK/Busch Rn. 13). Kein Teil der Informationen über die Anschrift sind dagegen Angaben zu Telefon, Telefax, E-Mail-Adresse usw. 16

Vertretungsberechtigter iSd Abs. 1 Nr. 4 sind nach dem Sinn und Zweck der Norm nur solche Personen, an die wirksam nach §§ 170 ff. ZPO zugestellt werden kann (MüKoBGB/Wendehorst BGB § 312d Rn. 102). Hierzu zählen etwa der Vereinsvorstand (§ 26 Abs. 1 S. 2 BGB), der persönlich haftende Gesellschafter einer GbR (§ 714 BGB), OHG (§ 125 Abs. 1 HGB) bzw. KG (§ 161 Abs. 2 HGB, §§ 170, 125 Abs. 1 HGB) oder Partnerschaftsgesellschaft (§ 7 Abs. 3 PartGG, § 125 Abs. 1 HGB), der Geschäftsführer einer GmbH (§ 35 Abs. 1 GmbHG) und der Vorstand einer AG (§ 78 Abs. 1 AktG) oder Genossenschaft (§ 24 Abs. 1 GenG), aber auch rechtsgeschäftlich bestellte Vertreter und Bevollmächtigte iSd § 171 ZPO (BeckOGK/Busch Rn. 14; Erman/R. Koch BGB § 312d Rn. 44), wie ein Prokurist (§ 48 HGB) oder ein Generalbevollmächtigter (§ 54 Abs. 1 Fall 1 HGB). 17

**e) Wesentliche Merkmale und Vertragsschluss (Abs. 1 Nr. 5).** Abs. 1 Nr. 5 fordert in Umsetzung von Art. 3 Abs. 1 Nr. 2 lit. a Finanzdienstleistungs-Fernabsatz-RL eine Information über die wesentlichen Merkmale der Finanzdienstleistung. Zudem verlangt der deutsche Gesetzgeber (zulässig nach Art. 4 Abs. 2 Finanzdienstleistungs-Fernabsatz-RL) auch Informationen darüber, wie der Vertrag zustande kommt. Im Hinblick auf die wesentlichen Merkmale der Finanzdienstleis- 18 tung gelten grds. dieselben Grundsätze wie bei Art. 246 Abs. 1 Nr. 1 (→ Art. 246 Rn. 10 ff.) und Art. 246a § 1 Abs. 1 S. 1 Nr. 1. Eine Besonderheit besteht hier nur insofern, als der Inhalt von Finanzdienstleistungen im Wesentlichen durch die Vertragsbedingungen bestimmt wird. Die Vertragsbedingungen sind jedoch grds. nach Art. 246b § 2 Abs. 1 S. 1 Nr. 1 von den Informationen nach Art. 246b § 1 Abs. 1 zu unterscheiden. Auch wenn diese Unterscheidung nicht trennscharf durchzuführen ist (→ Art. 246b § 2 Rn. 3), so muss sich die Information nach Abs. 1 Nr. 5 doch auf eine knappe Zusammenfassung der wesentlichen Vertragsbedingungen beschränken, die dem Verbraucher ein angemessenes Verständnis des Produkts ermöglicht (MüKoBGB/Wendehorst BGB § 312d Rn. 104). Als Muster können die Informationsblätter nach § 166 Abs. 2 KAGB und § 13 Abs. 2 VermAnlG herangezogen werden (BeckOGK/Busch Rn. 15).

**19** Die Pflicht zur Information über das Zustandekommen des Vertrags wurde aus dem alten Fernabsatzrecht übernommen, wo sie vor allem Unsicherheiten im Zusammenhang mit Internetauktionen begegnen sollte (3. Aufl. 2012, Art. 246 § 1 Rn. 13 (Schmidt-Räntsch)). Die Pflicht war aber bereits damals nicht auf Internetauktionen beschränkt, sondern galt für jede Art des Vertragsschlusses. Abs. 1 Nr. 5 verlangt indes keine (unerlaubte) Rechtsberatung des Verbrauchers, sondern es genügt, wenn der Unternehmer dem Verbraucher mitteilt, welche Handlungen er vornehmen muss, um den Vertragsschluss herbeizuführen. Der Unternehmer kann sich dabei auf den Normalfall beschränken und muss nicht auf etwaige Sonderfälle eingehen (MüKoBGB/Wendehorst BGB § 312d Rn. 105). Sieht der Unternehmer in seinen AGB besondere Regelungen für den Vertragsschluss vor, ist ihre Wirksamkeit nach §§ 305 ff., 307 ff. BGB unabhängig von der Informationspflicht nach Abs. 1 Nr. 5 zu prüfen (MüKoBGB/Wendehorst BGB § 312d Rn. 106).

**20** **f) Gesamtpreis (Abs. 1 Nr. 6).** Nach Abs. 1 Nr. 6 muss der Unternehmer Angaben über den Gesamtpreis der Finanzdienstleistung machen einschließlich aller damit verbundenen Preisbestandteile sowie aller über den Unternehmer abgeführten Steuern. Abs. 1 Nr. 6 beruht auf Art. 3 Abs. 1 Nr. 2 lit. b Finanzdienstleistungs-Fernabsatz-RL, der klarer zu den in den Gesamtpreis einzubeziehenden Summanden Provisionen, Gebühren, Abgaben und alle über den Unternehmer abzuführenden Steuern zählt. Der Unternehmer muss dem Verbraucher also die gesamte von ihm in Rechnung gestellte Belastung als Gesamtpreis nennen und darf nicht einzelne Posten ausgliedern. Lediglich zusätzliche Kosten, die von dritter Seite auf den Verbraucher noch zukommen, müssen nach Abs. 1 Nr. 7 getrennt ausgewiesen werden (→ Rn. 22) (MüKoBGB/Wendehorst BGB § 312d Rn. 107). Wie aus den verschiedenen Sprachfassungen des Art. 3 Abs. 1 Nr. 2 lit. b Finanzdienstleistungs-Fernabsatz-RL klar hervorgeht, ist allein der Gesamtpreis anzugeben, ohne dass eine zusätzliche Aufschlüsselung in die einzelnen Bestandteile gefordert wäre (aA BeckOGK/Busch Rn. 16; Erman/R. Koch BGB § 312d Rn. 46). Anders als es der Wortlaut des Abs. 1 Nr. 6 nahelegt, gilt dies auch für die vom Unternehmer abzuführenden Steuern. Der Verbraucher soll nach Abs. 1 Nr. 6 lediglich darüber informiert werden, welche finanzielle Belastung ihn von Seiten des Unternehmers insgesamt trifft. Abs. 1 Nr. 6 dient nicht dem Zweck, den Verbraucher über sog. „Kick-backs" und Ähnlichem zu informieren, deren Angabe Aufschluss über die Interessenlage des Unternehmers geben könnte.

**21** Wenn kein genauer Preis angegeben werden kann, muss der Unternehmer nach Abs. 1 Nr. 6 eine Berechnungsgrundlage angeben, die dem Verbraucher eine Überprüfung des Preises ermöglicht. Insofern gelten die gleichen Grundsätze wie bei Art. 246 Abs. 1 Nr. 3 und Art. 246a § 1 Abs. 1 S. 1 Nr. 4, auf deren Kommentierung hier verwiesen wird (→ Art. 246 Rn. 15; → Art. 246a § 1 Rn. 10).

**22** **g) Zusätzliche Kosten (Abs. 1 Nr. 7).** In Umsetzung von Art. 3 Abs. 1 Nr. 2 lit. d Finanzdienstleistungs-Fernabsatz-RL ist nach Abs. 1 Nr. 7 ggf. über zusätzlich anfallende Kosten zu informieren. Zudem muss ein Hinweis gegeben werden auf mögliche weitere Steuern oder Kosten, die nicht über den Unternehmer abgeführt oder von ihm in Rechnung gestellt werden. Da im Rahmen des nach Abs. 1 Nr. 6 anzugebenden Gesamtpreises alle Zusatzkosten anzugeben sind, die vom Unternehmer in Rechnung gestellt werden (→ Rn. 20), geht es bei den zusätzlich anfallenden Kosten nach Abs. 1 Nr. 7 nur um solche Kosten, die der Verbraucher an andere Personen im Zusammenhang mit der Finanzdienstleistung entrichten muss (MüKoBGB/Wendehorst BGB § 312d Rn. 109). Durch die nach Abs. 1 Nr. 7 geschuldeten Informationen soll der Verbraucher insgesamt über zusätzliche finanzielle Belastungen aufgeklärt werden, die neben seinem Vertragsverhältnis mit dem Unternehmer noch zusätzlich auf ihn zukommen, zB Notarkosten oder Handelsregistergebühren (BeckOGK/Busch Rn. 17.1).

**23** **h) Bestimmte Risiken (Abs. 1 Nr. 8).** Wenn sich die Finanzdienstleistung auf Finanzinstrumente bezieht, die wegen ihrer spezifischen Merkmale oder der durchzuführenden Vorgänge mit speziellen Risiken behaftet sind oder deren Preis Schwankungen auf dem Finanzmarkt unterliegt, auf die der Unternehmer keinen Einfluss hat, muss der Unternehmer nach Abs. 1 Nr. 8 auf diese Umstände hinweisen. Zudem muss der Unternehmer den Verbraucher darüber aufklären, dass in der Vergangenheit erwirtschaftete Erträge kein Indikator für künftige Erträge sind. Abs. 1 Nr. 8 setzt Art. 3 Abs. 1 Nr. 2 lit. c Finanzdienstleistungs-Fernabsatz-RL um und soll eine Warnfunktion erfüllen (MüKoBGB/Wendehorst BGB § 312d Rn. 110). Der Verbraucher soll über die speziellen mit dem Finanzprodukt unmittelbar verbundenen Risiken aufgeklärt werden. Zwei solcher speziellen Risiken hat der Gesetzgeber mit der Abhängigkeit des Preises von Finanzmarktschwankungen und der fehlenden Aussagekraft bisheriger Erträge explizit genannt. Dabei muss der Preis nicht selbst Schwankungen auf dem Finanzmarkt unterliegen, sondern es genügt, wenn er mittelbar durch solche Schwankungen beeinflusst wird, etwa wenn er von einem Basiswert abhängt, der seinerseits Schwankungen auf dem Finanzmarkt unterliegt (BGH NZG 2013, 424 (425); Erman/R. Koch BGB § 312d Rn. 48).

Im Übrigen muss nach Abs. 1 Nr. 8 auf solche Risiken hingewiesen werden, die sich unmittelbar auf die Finanzdienstleistung selbst auswirken. Bleibt freilich die Finanzdienstleistung selbst unberührt und ändert sich lediglich das Marktumfeld, sodass die Anlage relativ schlechter einzuschätzen ist, realisiert sich bloß das allgemeine, aber eben nicht spezielle Risiko einer (vergleichsweise) schlechten Investition (MüKoBGB/Wendehorst BGB § 312d Rn. 111). Eine Information über solche allgemeine Marktrisiken wird von Nr. 8 nicht verlangt. Ein besonders deutlicher Hinweis nach Abs. 1 Nr. 8 ist dagegen regelmäßig bei (hoch-)spekulativen Anlagen erforderlich (3. Aufl. 2012, Art. 246 § 1 Rn. 39 (Schmidt-Räntsch)). 24

**i) Befristung der Gültigkeitsdauer (Abs. 1 Nr. 9).** Nach Abs. 1 Nr. 9 muss der Unternehmer Angaben machen zur Befristung der Gültigkeitsdauer der zur Verfügung gestellten Informationen (Art. 3 Abs. 1 Nr. 2 lit. e Finanzdienstleistungs-Fernabsatz-RL). Beispielhaft nennt das deutsche Gesetz die Gültigkeitsdauer befristeter Angebote, insbes. hinsichtlich des Preises. Abs. 1 Nr. 9 bezieht sich freilich nicht nur auf die Gültigkeitsdauer rechtlich bindender Willenserklärungen des Unternehmers, sondern auf jegliche dem Verbraucher zur Verfügung gestellte Information in Prospekten, Werbebroschüren usw. Regelmäßig wird insofern allenfalls eine invitatio ad offerendum, aber noch kein bindendes Angebot des Unternehmers vorliegen. Der Unternehmer muss gleichwohl auf etwaige Befristungen der Gültigkeit seiner Aussagen hinweisen. Grundsätzlich ist anzugeben, bis zu welchem Datum der Unternehmer Verträge unter den bekanntgemachten Konditionen einzugehen bereit ist (MüKoBGB/Wendehorst BGB § 312d Rn. 113) oder bis zu welchem Datum diese Konditionen nach Vertragsschluss unverändert bleiben. Insofern überschneidet sich die Informationspflicht nach Abs. 1 Nr. 9 aber regelmäßig mit der Pflicht nach Abs. 1 Nr. 5 (→ Rn. 18). Die Angaben nach Nr. 9 sind nur „ggf." zu machen, dh soweit eine entsprechende Befristung vorgesehen ist. 25

**j) Zahlung und Erfüllung (Abs. 1 Nr. 10).** Der Unternehmer muss nach Abs. 1 Nr. 10 über Einzelheiten hinsichtlich der Zahlung und Erfüllung informieren. Abs. 1 Nr. 10 setzt Art. 3 Abs. 1 Nr. 2 lit. f Finanzdienstleistungs-Fernabsatz-RL um. Zahlung bezieht sich dabei auf die Erfüllung der Pflicht des Verbrauchers, während unter Erfüllung iSd Abs. 1 Nr. 10 die Erfüllung der Pflicht des Finanzdienstleisters zu verstehen ist. Im Hinblick auf die Erfüllung beider Pflichten soll der Verbraucher über die für ihn wesentlichen Umstände informiert werden. Hinsichtlich seiner Zahlungspflicht bedeutet dies vor allem eine Angabe des Zahlungsziels („30 Tage nach Erhalt der Rechnung") und der Zahlungsmodalitäten (per Überweisung/Kreditkarte, ggf. Kontonummer, Zahlungsort, Währung usw). Über das Zahlungsziel muss auch dann informiert werden, wenn es von der gesetzlichen Grundregel nicht abweicht, da ein durchschnittlicher Verbraucher diese Grundregel nicht unbedingt kennt (MüKoBGB/Wendehorst BGB § 312d Rn. 114). In Bezug auf die Erfüllung seiner eigenen Pflichten muss der Unternehmer auf alle Umstände eingehen, die für einen durchschnittlichen und vernünftigen Verbraucher von Bedeutung sind (MüKoBGB/Wendehorst BGB § 312d Rn. 115). Insofern handelt es sich freilich regelmäßig auch um wesentliche Merkmale der Finanzdienstleistung, über die bereits nach Abs. 1 Nr. 5 zu informieren ist. 26

**k) Kommunikationskosten (Abs. 1 Nr. 11).** Nach Abs. 1 Nr. 11 sind Angaben erforderlich über alle spezifischen zusätzlichen Kosten, die der Verbraucher für die Benutzung des Fernkommunikationsmittels zu tragen hat, wenn solche zusätzlichen Kosten durch den Unternehmer in Rechnung gestellt werden. Abs. 1 Nr. 11 setzt in weitgehend wörtlicher Übernahme Art. 3 Abs. 1 Nr. 2 lit. g Finanzdienstleistungs-Fernabsatz-RL um. Art. 3 Abs. 1 Nr. 2 lit. g Finanzdienstleistungs-Fernabsatz-RL fordert allerdings allgemein eine Information über alle zusätzlich für die Benutzung 27 des Fernkommunikationsmittels anfallenden Kosten, die dem Verbraucher von wem auch immer in Rechnung gestellt werden. Der Verbraucher soll so über alle erhöhten Kommunikationskosten informiert werden. In richtlinienkonformer Auslegung der Nr. 11 muss daher auch über einem Dritten zu entrichtende Kommunikationskosten informiert werden (BeckOGK/Busch Rn. 23; Erman/R. Koch BGB § 312d Rn. 51). Eine Information ist allerdings nur über „zusätzliche" Kosten gefordert. Nach Sinn und Zweck ist dies wie bei der Informationspflicht nach Art. 246a § 1 Abs. 1 S. 1 Nr. 6 zu verstehen, wo klarer von Kosten gesprochen wird, die über die Kosten für die bloße Nutzung des Fernkommunikationsmittels hinausgehen (MüKoBGB/Wendehorst BGB § 312d Rn. 116). Hinsichtlich der näheren Einzelheiten kann daher auf die dortige Kommentierung verwiesen werden (→ Art. 246a § 1 Rn. 13).

28 **l) Widerrufsrecht (Abs. 1 Nr. 12).** Nach Nr. 12 muss der Unternehmer informieren über das Bestehen oder Nichtbestehen eines Widerrufsrechts sowie die Bedingungen, Einzelheiten der Ausübung, insbes. Name und Anschrift desjenigen, gegenüber dem der Widerruf zu erklären ist, und die Rechtsfolgen des Widerrufs einschließlich Informationen über den Betrag, den der Verbraucher im Falle des Widerrufs nach § 357a BGB für die erbrachte Leistung zu zahlen hat. Nr. 12 setzt Art. 3 Abs. 1 Nr. 3 lit. a und d Finanzdienstleistungs-Fernabsatz-RL um und fordert grds. die gleichen Angaben, zu denen der Unternehmer auch bei außerhalb von Geschäftsräumen oder im Fernabsatz geschlossenen Verträgen, die sich nicht auf Finanzdienstleistungen beziehen, nach Art. 246a § 1 Abs. 2 und 3 verpflichtet ist (→ Art. 246a § 1 Rn. 25 ff.). Der Unternehmer kann auch zur Erfüllung seiner vorvertraglichen Informationspflicht nach Nr. 12 das in der Anlage 3 vom deutschen Gesetzgeber bereitgestellte Belehrungsmuster verwenden (→ Art. 246b § 2 Rn. 13). Sofern dieses Muster korrekt und vollständig ausgefüllt wird, genügt dies den gesetzlichen Anforderungen (MüKoBGB/Wendehorst BGB § 312d Rn. 119; BeckOGK/Busch Rn. 26).

29 Besonderheiten ergeben sich im Hinblick auf die Information über das etwaige Nichtbestehen des Widerrufsrechts. Bei Finanzdienstleistungen kommt hier insbes. der Ausschlussgrund des § 312g Abs. 2 Nr. 8 BGB in Betracht für Finanzdienstleistungen, deren Preis von Schwankungen auf dem Finanzmarkt unterliegt, auf die der Unternehmer keinen Einfluss hat. Über das Risiko solcher Schwankungen muss der Unternehmer bereits nach Nr. 8 informieren (→ Rn. 23). Daher kann es auch bei der Information nach Nr. 12 nicht genügen, wenn der Unternehmer abstrakt den Wortlaut des Ausschlussgrundes nach § 312g Abs. 2 Nr. 8 BGB wiedergibt (so aber BeckOGK/Busch Rn. 25), sondern er muss den Verbraucher konkret darauf hinweisen, dass seiner Einschätzung nach kein Widerrufsrecht besteht. Hinzuweisen ist überdies auch auf die Möglichkeit eines nachträglichen Erlöschens des Widerrufsrechts nach § 356 Abs. 4 S. 3 BGB (MüKoBGB/Wendehorst BGB § 312d Rn. 118).

30 **m) Mindestlaufzeit des Vertrags (Abs. 1 Nr. 13).** Bei Verträgen, die eine dauernde oder regelmäßig wiederkehrende Leistung zum Inhalt haben, ist nach Abs. 1 Nr. 13 die Mindestlaufzeit des Vertrags anzugeben. Abs. 1 Nr. 13 setzt Art. 3 Abs. 1 Nr. 3 lit. b Finanzdienstleistungs-Fernabsatz-RL um und entspricht inhaltlich der Informationspflicht nach Art. 246a § 1 Abs. 1 S. 1 Nr. 12, auf dessen Kommentierung insoweit verwiesen wird (→ Art. 246a § 1 Rn. 20). Von Abs. 1 Nr. 13 sind sowohl echte Dauerschuldverhältnisse als auch alle Verträge erfasst, die mehrfach wiederkehrende Leistungen über einen bestimmten Zeitraum zum Inhalt haben. An die Regelmäßigkeit der Wiederkehr dürfen dabei keine übertriebenen Anforderungen gestellt werden. Unter der anzugebenden Mindestlaufzeit ist zum einen die etwaige feste Vertragsdauer und zum anderen bei auf unbegrenzte Zeit abgeschlossenen Verträgen die Mindestdauer bis zum ersten ordentlichen Kündigungstermin zu verstehen. Ist eine ordentliche Kündigung jederzeit möglich, muss auch hierüber informiert werden, sodass der Verbraucher verlässlich über den (Mindest-)Umfang der Vertragsbindung informiert wird (BeckOGK/Busch Rn. 28).

31 **n) Vertragliche Kündigungsbedingungen und Vertragsstrafen (Abs. 1 Nr. 14).** Nach Abs. 1 Nr. 14 muss der Unternehmer über die etwaige („ggf.") vertraglichen Kündigungsbedingungen einschließlich etwaiger Vertragsstrafen informieren. Abs. 1 Nr. 14 setzt Art. 3 Abs. 1 Nr. 3 lit. c Finanzdienstleistungs-Fernabsatz-RL um, der ebenfalls nur Angaben über die Rechte der Parteien, den Vertrag aufgrund der Vertragsbedingungen zu kündigen, sowie zu den Vertragstrafen verlangt. Nicht erforderlich sind daher dem Wortlaut nach Informationen über gesetzliche Kündigungsrechte. Die vom Gesetzgeber intendierte Information des Verbrauchers über die Möglichkeiten der Vertragsbeendigung und über etwaige nachteilige Folgen wird indes nur erreicht, wenn Abs. 1 Nr. 14 weit ausgelegt wird und auch Angaben zu gesetzlichen ordentlichen Kündigungsrechten umfasst (MüKoBGB/Wendehorst BGB § 312d Rn. 121; aA BeckOGK/Busch Rn. 29). Zu informieren ist über etwaige Rechte beider Parteien, dh auch des Unternehmers zur ordentli-

chen Kündigung, sodass der Verbraucher auch die Sicherheit seiner vertraglichen Rechte abschätzen kann. Zu den Vertragsstrafen, über die der Unternehmer ggf. informieren muss, zählen insbes. Vorfälligkeitsentschädigungen, die der Verbraucher bei einer vorzeitigen Rückzahlung von Darlehen zu zahlen hat. Im Übrigen wird hinsichtlich des näheren Inhalts der anzugebenden Kündigungsbedingungen auf die Kommentierung des insofern inhaltsgleichen Art. 246 Abs. 1 Nr. 6 verwiesen (→ Art. 246 Rn. 25 ff.). Die Angaben nach Nr. 14 sind nur zu machen, wenn und soweit entsprechende vertragliche Kündigungsbedingungen einschließlich etwaiger Vertragsstrafen vorgesehen sind.

**o) Statut der Kontaktaufnahme (Abs. 1 Nr. 15).** Abs. 1 Nr. 15 verlangt in Umsetzung 32 von Art. 3 Abs. 1 Nr. 3 lit. e Finanzdienstleistungs-Fernabsatz-RL eine Information über die Mitgliedstaaten der EU, deren Recht der Unternehmer der Aufnahme von Beziehungen zum Verbraucher vor Abschluss des Vertrags zugrunde legt. Gemeint ist, wie sich vor allem mit Blick auf Abs. 1 Nr. 16 ergibt, nicht das Vertragsstatut, sondern das auf die vorvertragliche Phase anwendbare Recht (BeckOGK/Busch Rn. 30; MüKoBGB/Wendehorst BGB § 312d Rn. 123). Nach dem Wortlaut ist dabei das Recht anzugeben, welches der Unternehmer zugrunde legt. Da der Unternehmer dieses Recht aber keineswegs frei wählen kann, sondern es sich aus dem Kollisionsrecht der jeweiligen lex fori ergibt, ist der Wortlaut entweder missverständlich oder soll darauf hindeuten, dass es lediglich auf die subjektive Einschätzung des Unternehmers ankommen soll. Letzteres erscheint freilich wenig sinnvoll. Allerdings ist die Pflicht zur Information über das auf die vorvertragliche Phase anwendbare Recht überhaupt nur von zweifelhaftem Nutzen, da diese Phase keinesfalls zwingend einheitlich von einem Recht regiert wird. Vielmehr ist das anwendbare Recht für die verschiedenen in dieser Phase auftretenden Probleme jeweils gesondert zu bestimmen (BeckOGK/Busch Rn. 30). Soweit vertreten wird, dass im Zweifel das Herkunftsland des Unternehmers anzugeben sei (BeckOGK/Busch Rn. 30; MüKoBGB/Wendehorst BGB § 312d Rn. 123; Erman/R. Koch BGB § 312d Rn. 55), hat dies im geltenden europäischen Kollisionsrecht keine nachvollziehbare Grundlage.

**p) Rechtswahl- und Gerichtsstandklausel (Abs. 1 Nr. 16).** Gemäß Abs. 1 Nr. 16, durch 33 die Art. 3 Abs. 1 Nr. 3 lit. f Finanzdienstleistungs-Fernabsatz-RL umgesetzt wird, muss der Unternehmer dem Verbraucher die Vertragsklausel über das auf den Vertrag anwendbare Recht oder über das zuständige Gesetz mitteilen. Es genügt insofern nicht, wenn der Unternehmer den allgemeinen Anforderungen an eine wirksame Einbeziehung nach §§ 305 ff. BGB genügt hat. Vielmehr muss der Unternehmer den Verbraucher klar und verständlich über etwaige Rechtswahl- und Gerichtsstandklauseln informieren. Die Angaben sind nur zu machen, wenn entsprechende Klauseln vorgesehen sind („ggf.“).

Die Informationspflicht nach Abs. 1 Nr. 16 lässt die allgemeinen Wirksamkeitsvoraussetzungen 34 für Rechtswahl- und Gerichtsstandklauseln unberührt (MüKoBGB/Wendehorst BGB § 312d Rn. 124; BeckOGK/Busch Rn. 31). Ein Hinweis auf die Einschränkungen nach Art. 6 Abs. 2 Rom I-VO bzw. Art. 19 Brüssel Ia-VO ist allerdings nach Abs. 1 Nr. 16 ebenso wenig gefordert wie Informationen über etwaige Sonderanknüpfungen nach der Rom I-VO (MüKoBGB/Wendehorst BGB § 312d Rn. 124 f.). Hier wird deutlich, dass der europäische Gesetzgeber die eigentlich erforderliche Aktualisierung und Abstimmung der Finanzdienstleistungs-Fernabsatz-RL mit der Rom I-VO versäumt hat.

**q) Vertragssprache (Abs. 1 Nr. 17).** In Umsetzung von Art. 3 Abs. 1 Nr. 3 lit. g Finanz- 35 dienstleistungs-Fernabsatz-RL hat der Unternehmer den Verbraucher nach Abs. 1 Nr. 17 über die Sprachen zu informieren, in welchen die Vertragsbedingungen und die in § 1 genannten Vorabinformationen mitgeteilt werden. Verwendet der Unternehmer lediglich eine Sprache, ist eine gesonderte Information darüber in eben dieser Sprache überflüssig. Abs. 1 Nr. 17 hat daher nur eine Bedeutung, wenn der Unternehmer eine Information in mehreren Sprachen anbietet, wozu er allerdings nicht verpflichtet ist (MüKoBGB/Wendehorst BGB § 312d Rn. 126; BeckOGK/Busch Rn. 33). Durch die Information nach Abs. 1 Nr. 17 soll der Verbraucher in die Lage versetzt werden, die für ihn verständlichste Sprachversion der Vertragsbedingungen bzw. der nach § 1 zu erteilenden Vorabinformationen auszusuchen. Die zur Verfügung stehenden Sprachen müssen eindeutig genannt werden. Die bloße Auswahl von Länderbuttons, die zu (bestimmten) Inhalten in den jeweiligen Sprachen führen, erfüllt die Anforderungen an Klarheit und Verständlichkeit nach § 1 Abs. 1 nicht (OLG Hamm MMR 2011, 586 (587); Erman/R. Koch BGB § 312d Rn. 57).

Der Unternehmer muss zudem die Sprachen nennen, in welchen er sich verpflichtet, mit 36 Zustimmung des Verbrauchers, die Kommunikation während der Laufzeit des Vertrags zu führen.

Diese Verpflichtung wird der Unternehmer regelmäßig erst im Rahmen des erst zu schließenden Vertrags eingehen. Bei der Information nach Abs. 1 Nr. 17 muss der Unternehmer also die entsprechende Vertragsklausel klar und verständlich angeben. Aus der Pflicht zur Offenlegung nach Abs. 1 Nr. 17 folgt insofern zwingend, dass eine entsprechende Klausel auch in die Vertragsbedingungen aufgenommen werden muss (MüKoBGB/Wendehorst BGB § 312d Anh. II Rn. 127).

37 **r) Beschwerde- und Rechtsbehelfsverfahren (Abs. 1 Nr. 18).** Wenn der Unternehmer sich einem außergerichtlichen Beschwerde- oder Rechtsbehelfsverfahren unterworfen hat, das der Verbraucher nutzen kann, muss der Unternehmer den Verbraucher darüber und über die Zugangsvoraussetzungen gem. Abs. 1 Nr. 18 informieren. Abs. 1 Nr. 18 ist in seiner Neufassung seit dem 15.6.2021 näher am Wortlaut des Art. 3 Abs. 1 Nr. 4 lit. a Finanzdienstleistungs-Fernabsatz-RL orientiert und weicht insofern nun leicht von Art. 246a § 1 Abs. 1 S. 1 Nr. 16 ab, auf dessen Kommentierung hinsichtlich der Einzelheiten gleichwohl auch weiter grds. verwiesen wird (→ Art. 246a § 1 Rn. 24). Der Unternehmer muss den Verbraucher nach Nr. 18 allerdings nun ggf. auch darüber informieren, dass kein Zugang zu einem außergerichtlichen Beschwerde- und Rechtsbehelfsverfahren besteht (BT-Drs. 19/29391, 48). Hinzuweisen ist zudem insbes. auf die nach § 14 Abs. 1 UKlaG eingerichtete Schlichtungsstelle bei der deutschen Bundesbank, die ua bei Streitigkeiten aus der Anwendung der Vorschriften des BGB betreffend Fernabsatzverträge über Finanzdienstleistungen sowie der §§ 491 ff. BGB zuständig ist.

38 **s) Garantiefonds und Entschädigungsregelungen (Abs. 1 Nr. 19).** Nach Abs. 1 Nr. 19, durch die Art. 3 Abs. 1 Nr. 4 lit. b Finanzdienstleistungs-Fernabsatz-RL umgesetzt wird, ist der Unternehmer verpflichtet, den Verbraucher über das Bestehen eines Garantiefonds oder anderer Entschädigungsregelungen, die weder unter die RL 2014/49/EU des Europäischen Parlaments und des Rates vom 16.4.2014 über Einlagensicherungssysteme (ABl. EU 2014 L 173, 149; ABl. EU 2014 L 212, 47; ABl. EU 2014 L 309, 37) noch unter die RL 97/9/EG des Europäischen Parlaments und des Rates vom 3.3.1997 über Systeme für die Entschädigung der Anleger (ABl. EG 1997 L 84, 22) fallen, zu informieren. Die Angaben nach Nr. 19 sind nur „ggf." zu machen, dh wenn und soweit ein entsprechender Garantiefonds oder andere Entschädigungsregelungen bestehen.

39 Nach Abs. 1 Nr. 19 soll der Verbraucher über solche Garantiefonds oder ähnliches informiert werden, zu deren Beitritt der Unternehmer nicht bereits gesetzlich nach § 2 AnlEntG nF (2015) verpflichtet ist. Die Informationspflicht hat einen eher wettbewerbsrechtlichen Zweck und soll verhindern, dass der Unternehmer allgemein mit besonderen, über das gesetzliche Mindestmaß hinausgehenden Sicherungen wirbt, die tatsächliche Inanspruchnahme dieser Sicherungen durch die Verbraucher dann aber erschwert oder verhindert, indem er die Verbraucher anlässlich der konkreten Vertragsabschlüsse nicht hinreichend informiert (MüKoBGB/Wendehorst BGB § 312d Rn. 129).

## III. Erleichterte Informationspflichten bei Telefongesprächen (Abs. 2)

40 Nach Abs. 2, durch den Art. 3 Abs. 3 Finanzdienstleistungs-Fernabsatz-RL umgesetzt wird, braucht der Unternehmer mit Zustimmung des Verbrauchers bei Telefongesprächen nur eine erheblich reduzierte Menge an Informationen zu geben. Eine entsprechende Regelung fand sich zuvor bereits in Art. 246 § 1 Abs. 3 aF.

41 **1. Voraussetzungen der erleichterten Informationspflichten.** Die Erleichterungen nach Abs. 2 gelten nur bei Telefongesprächen. Da Abs. 2 die Vorgaben von Art. 3 Abs. 3 Finanzdienstleistungs-Fernabsatz-RL umsetzt, ist dies grds. weit im Sinne einer fernmündlichen Kommunikation zu verstehen. Daher muss kein Telefon im technischen Sinne benutzt werden. Erfasst sind alle technisch vermittelten mündlichen Kommunikationsformen und deshalb etwa auch Verhandlungen, die über einen Internet(bild)telefondienst wie Skype geführt werden (BeckOGK/Busch Rn. 39; MüKoBGB/Wendehorst BGB § 312d Rn. 130).

42 Abs. 2 soll einer Überforderung des Verbrauchers vorbeugen, der die Fülle der Informationen nach Abs. 1 bei einem Telefongespräch regelmäßig kaum aufnehmen und noch weniger verarbeiten könnte. Allerdings soll der Unternehmer nicht selbst darüber entscheiden, ob und ggf. wie er die Informationsmenge reduziert. Vielmehr sieht Abs. 2 S. 2 vor, dass der Verbraucher einer solchen Reduktion ausdrücklich zustimmen muss. Zudem muss der Unternehmer den Verbraucher zuvor darüber informieren, dass auf Wunsch weitere Informationen übermittelt werden können und welcher Art diese Informationen sind. Dabei müssen nicht alle Gegenstände nach Abs. 1 ausführlich geschildert werden, sondern es genügt, wenn der Unternehmer diese Gegen-

stände verständlich zusammenfasst und ggf. auf Rückfrage des Verbrauchers näher erläutert. Der Unternehmer kann sich hierbei an der Gliederung des Art. 3 Abs. 1 Finanzdienstleistungs-Fernabsatz-RL orientieren (Informationen betreffend den Anbieter; betreffend die Finanzdienstleistung; betreffend den Fernabsatzvertrag; und betreffend den Rechtsbehelf) (ebenso MüKoBGB/Wendehorst BGB § 312d Rn. 131; BeckOGK/Busch Rn. 41).

Möglich, wenn auch nicht ausdrücklich in Abs. 2 vorgesehen, ist auch ein bloßer Teilverzicht des Verbrauchers, nach dem er nur auf einige der nach Abs. 1 geforderten Informationen verzichtet und sich nicht auf den Minimalkatalog nach Abs. 2 S. 1 beschränkt, sondern weitere in Abs. 1 genannte Informationen verlangt (3. Aufl. 2012, Art. 246 § 1 Rn. 46 (Schmidt-Räntsch)). Ausgeschlossen ist lediglich ein Verzicht des Verbrauchers auf die Informationen des insoweit zwingenden Minimalkatalogs selbst (MüKoBGB/Wendehorst BGB § 312d Rn. 132; BeckOGK/Busch Rn. 42; Erman/R. Koch BGB § 312d Rn. 60). Der Verzicht muss ausdrücklich erklärt werden; bloßes Schweigen genügt insofern nicht. Gefordert ist vielmehr eine aktive Handlung des Verbrauchers, etwa die Äußerung eines zustimmenden „Ja“, die Wahl eines Buttons oder die entsprechende Auswahl in einem sprachgesteuerten Menü (BeckOGK/Busch Rn. 42). 43

**2. Umfang der erleichterten Informationspflichten.** Liegen die Voraussetzungen des Abs. 2 vor, so muss der Unternehmer nur über fünf der in Abs. 1 genannten Gegenstände und dies teils auch nur in verringertem Umfang informieren. Gemäß Abs. 2 S. 1 Nr. 1 ist lediglich eine Information über die Identität der Kontaktperson des Verbrauchers und deren Verbindung zum Unternehmer erforderlich. Im Hinblick auf die bei der Information über die Identität zu machenden Angaben gelten die Grundsätze zu Abs. 1 Nr. 1 bzw. 3 entspr. (→ Rn. 11). Abs. 2 S. 1 Nr. 2 verlangt eine Beschreibung der Hauptmerkmale der Finanzdienstleistung. Wie aus der englischen und französischen Fassung des Art. 3 klar hervorgeht, handelt es sich insofern nur um einen Übersetzungsfehler, und tatsächlich ist dieselbe Information wie nach Abs. 1 Nr. 5 zur Verfügung zu stellen (→ Rn. 18). Nach Abs. 2 S. 1 Nr. 3 ist wie nach Abs. 1 Nr. 6 die Angabe des Gesamtpreises gefordert (→ Rn. 20), und nach Abs. 2 S. 1 Nr. 4 muss der Unternehmer wie nach Abs. 1 Nr. 7 etwaige weitere Kosten und Steuern angeben (→ Rn. 22). Schließlich enthält Abs. 2 S. 1 Nr. 5 eine mit Abs. 1 Nr. 12 übereinstimmende Belehrungspflicht über das Widerrufsrecht und seine Folgen (→ Rn. 28). 44

## § 2 Weitere Informationspflichten

**(1) [1]Der Unternehmer hat dem Verbraucher rechtzeitig vor Abgabe von dessen Vertragserklärung die folgenden Informationen auf einem dauerhaften Datenträger mitzuteilen:**

**1. die Vertragsbestimmungen einschließlich der Allgemeinen Geschäftsbedingungen und**

**2. die in § 1 Absatz 1 genannten Informationen.**

**[2]Wird der Vertrag auf Verlangen des Verbrauchers telefonisch oder unter Verwendung eines anderen Fernkommunikationsmittels geschlossen, das die Mitteilung auf einem dauerhaften Datenträger vor Vertragsschluss nicht gestattet, hat der Unternehmer dem Verbraucher abweichend von Satz 1 die Informationen unverzüglich nach Abschluss des Fernabsatzvertrags zu übermitteln.**

**(2) Der Verbraucher kann während der Laufzeit des Vertrags vom Unternehmer jederzeit verlangen, dass dieser ihm die Vertragsbedingungen einschließlich der Allgemeinen Geschäftsbedingungen in Papierform zur Verfügung stellt.**

**(3) [1]Zur Erfüllung seiner Informationspflicht nach Absatz 1 Satz 1 Nummer 2 in Verbindung mit § 1 Absatz 1 Nummer 12 über das Bestehen eines Widerrufsrechts kann der Unternehmer dem Verbraucher das jeweils einschlägige, in der Anlage 3, der Anlage 3a oder der Anlage 3b vorgesehene Muster für die Widerrufsbelehrung bei Finanzdienstleistungsverträgen zutreffend ausgefüllt in Textform übermitteln. [2]In Fällen des Artikels 247 § 1 Absatz 2 Satz 6 kann der Unternehmer zur Erfüllung seiner Informationspflicht nach Artikel 246b § 2 Absatz 1 Satz 1 Nummer 2 in Verbindung mit Artikel 246b § 1 Absatz 1 Nummer 12 über das Bestehen eines Widerrufsrechts dem Verbraucher das in der Anlage 6 vorgesehene Muster für das ESIS-Merkblatt zutreffend ausgefüllt in Textform übermitteln. [3]Zur Erfüllung seiner Informationspflichten nach den Sätzen 1 und 2 kann der Unternehmer bis zum Ablauf des 31. Dezember 2021 auch das Muster der Anlage 3 in der Fassung von Artikel 2 Nummer 7 des Gesetzes zur Umsetzung der**

**Verbraucherrechterichtlinie und zur Änderung des Gesetzes zur Regelung der Wohnungsvermittlung vom 20. September 2013 (BGBl. I S. 3642) verwenden.**

## Überblick

Art. 246b § 2 regelt weitere Informationspflichten (→ Rn. 3 ff.). Zur Muster-Widerrufsbelehrung (Abs. 3) → Rn. 13.

## I. Allgemeines

1 Art. 246b § 2 Abs. 1 und 2 beruhen auf Art. 5 Finanzdienstleistungs-Fernabsatz-RL (RL 2002/65/EG). Dabei sieht Art. 5 Finanzdienstleistungs-Fernabsatz-RL entsprechende Informations- und Dokumentationspflichten allerdings nur für im Fernabsatz geschlossene Verträge über Finanzdienstleistungen vor, sodass der deutsche Gesetzgeber für außerhalb von Geschäftsräumen geschlossene Verträge eine (zulässige) überschießende Umsetzung gewählt hat. Art. 246b § 2 Abs. 3 schließlich hat keinerlei europäischen Hintergrund, sondern ist eine eigenständige Schöpfung des deutschen Gesetzgebers. Funktionell entspricht Art. 246b § 2 dem § 312f BGB, der für im Fernabsatz oder außerhalb von Geschäftsräumen geschlossene Verbraucherverträge, die nicht Finanzdienstleistungen zum Gegenstand haben, vergleichbare Pflichten vorsieht (MüKoBGB/Wendehorst BGB § 312d Rn. 95).

2 Art. 246b § 2 ist Teil eines **mehrstufigen Systems an Informations- und Dokumentationspflichten,** das bereits in der Finanzdienstleistungs-Fernabsatz-RL vorgesehen ist. Danach soll der Verbraucher zunächst „in einer dem Fernkommunikationsmittel angepassten Weise" eine Reihe von Vorabinformationen erhalten (Art. 246b § 1 Abs. 1; Art. 3 Finanzdienstleistungs-Fernabsatz-RL). Sodann soll der Verbraucher diese und weitere Informationen über die Vertragsbedingungen auf einem dauerhaften Datenträger bekommen (§ 2 Abs. 1; Art. 5 Abs. 1, 2 Finanzdienstleistungs-Fernabsatz-RL). Und schließlich soll der Verbraucher auch während der Vertragslaufzeit „jederzeit" die Übermittlung einer Vertragsdokumentation in Papierform verlangen können (Art. 246b § 2 Abs. 2; Art. 5 Abs. 3 S. 1 Finanzdienstleistungs-Fernabsatz-RL). Dieses System ist schon theoretisch wenig überzeugend, da der Verbraucher mit der Flut an Informationsmaterial nur wenig anfangen könnte. Es wird aber auch praktisch regelmäßig nicht eingehalten werden, da sowohl die Informationspflicht nach Art. 246b § 1 Abs. 1 als auch die Pflicht nach Art. 246b § 2 Abs. 1 grds. rechtzeitig vor Abgabe der Willenserklärung des Verbrauchers zu erfüllen sind. Der Unternehmer wird daher soweit möglich beide Informationspflichten sinnvollerweise zusammen in der strengeren Form des Art. 246b § 2 Abs. 1 erfüllen, um eine überflüssige doppelte Information zu vermeiden. Eine eigenständige Bedeutung hat die Pflicht zur Vorabinformation nach Art. 246b § 1 Abs. 1 in der Praxis daher nur in den Fällen des Art. 246b § 2 Abs. 1 S. 2, wenn eine Information mittels eines dauerhaften Datenträgers vor Vertragsschluss nicht möglich ist (→ Rn. 7 ff.) (MüKoBGB/Wendehorst BGB § 312d Rn. 140).

## II. Informationspflichten (Abs. 1)

3 **1. Inhalt.** Der Unternehmer hat dem Verbraucher zum einen die Vertragsbestimmungen einschließlich der Allgemeinen Geschäftsbedingungen (Abs. 1 S. 1 Nr. 1) und zum anderen die in Art. 246b § 1 Abs. 1 genannten Informationen mitzuteilen. Eine trennscharfe Abgrenzung dieser Informationsgegenstände ist nicht möglich, aber auch nicht notwendig. Regelmäßig wird sich eine Reihe von Informationen nach § 1 Abs. 1 bereits auf den Inhalt der AGB beziehen (MüKoBGB/Wendehorst BGB § 312d Rn. 142). Der Unternehmer ist nach Art. 246b § 2 Abs. 1 aber auch nur verpflichtet, alle genannten Informationen insgesamt mitzuteilen, ohne sie dabei entspr. der Differenzierung in Abs. 1 S. 1 aufschlüsseln zu müssen.

4 Soweit Art. 246b § 2 Abs. 1 S. 1 Nr. 1 eine Information über die AGB des Unternehmers erfordert, lässt diese Pflicht die allgemeinen Voraussetzungen einer wirksamen Einbeziehung nach §§ 305 ff. BGB unberührt. Nur wenn diese Voraussetzungen durch die Mitteilung nach Art. 246b § 2 Abs. 1 S. 1 Nr. 1 vollständig erfüllt sind, führt die Erfüllung der Informationspflichten auch zugleich zu einer wirksamen Einbeziehung der AGB (BeckOGK/Busch Rn. 4).

5 **2. Form.** Der Unternehmer muss dem Verbraucher die Informationen auf einem dauerhaften Datenträger iSd § 126b Abs. 1 S. 2 BGB (→ BGB § 126b Rn. 8 ff.) mitteilen bzw. übermitteln. Sowohl eine Mitteilung nach Abs. 1 S. 1 als auch eine Übermittlung nach Abs. 1 S. 2 setzen voraus, dass der dauerhafte Datenträger mit der Information dem Verbraucher zugeht (BGH CR

2010, 804 Rn. 15; BeckOGK/Busch Rn. 5; Erman/R. Koch BGB § 312d Rn. 64). Der dauerhafte Datenträger soll es dem Verbraucher ermöglichen, die Informationen so lange zu speichern, wie es im Hinblick auf die seinen Interessen gerechte Abwicklung des jeweiligen Geschäfts jeweils nötig ist (Erwägungsgrund 23 Verbraucherrechte-RL). Als Beispiele solcher dauerhaften Datenträger nennt der europäische Gesetzgeber Papier, USB-Sticks, CD-ROMs, DVDs, Speicherkarten oder die Festplatten von Computern sowie E-Mails.

**3. Zeitpunkt. a) Grundsatz (Abs. 1 S. 1).** Der Unternehmer muss die Informationen gem. 6 Abs. 1 S. 1 dem Verbraucher grds. rechtzeitig vor Abgabe von dessen Willenserklärung zum Vertragsschluss mitteilen. Insofern deckt sich die Informationspflicht nach Abs. 1 S. 1 mit der Informationspflicht nach § 1 Abs. 1, sodass der Unternehmer sinnvollerweise die Informationen nach Art. 246b § 1 Abs. 1 auf einem dauerhaften Datenträger mitteilen wird, um eine doppelte (und den Verbraucher bloß verwirrende) vorvertragliche Information zu vermeiden (BeckOGK/Busch Rn. 6; MüKoBGB/Wendehorst BGB § 312d Rn. 140).

**b) Erleichterung bei bestimmten Kommunikationsmitteln (Abs. 1 S. 2).** Abs. 1 S. 2 7 sieht in Umsetzung von Art. 5 Abs. 2 Finanzdienstleistungs-Fernabsatz-RL allerdings eine Erleichterung der Informationspflicht in zeitlicher Hinsicht vor, wenn eine Information mittels eines dauerhaften Datenträgers vor Vertragsschluss aufgrund des auf Verlangen des Verbrauchers zur Kommunikation verwendeten Fernkommunikationsmittels nicht möglich ist. In diesem Fall muss der Unternehmer dem Verbraucher die Informationen nach Abs. 1 S. 1 unverzüglich nach Vertragsschluss auf einem dauerhaften Datenträger übermitteln. Unverzüglich ist dabei richtlinienkonform auszulegen. Wie aus der englischen und französischen Fassung des Art. 5 Abs. 2 Finanzdienstleistungs-Fernabsatz-RL („immediately", „immédiatement") hervorgeht, ist eine möglichst sofort nach Vertragsschluss erfolgende Information gefordert. Allerdings kann auch der europäische Gesetzgeber den Unternehmer nicht zu etwas Unmöglichem verpflichten, sodass eine schuldlose Verzögerung dem Unternehmer nicht schaden kann (aA offenbar BeckOGK/Busch Rn. 6). Insofern ist auch bei Abs. 1 S. 2 unverzüglich wie nach § 121 Abs. 1 S. 1 BGB als „ohne schuldhaftes Zögern" zu verstehen, wobei es im Verkehr regelmäßig erforderlich ist, den Verbraucher bereits am Tag des Vertragsschlusses selbst, spätestens aber am darauf folgenden Tag zu informieren (MüKoBGB/Wendehorst BGB § 312d Rn. 146).

Die Erleichterung nach Abs. 1 S. 2 steht unter zwei Voraussetzungen: erstens darf eine Informa- 8 tion mittels eines dauerhaften Datenträgers aufgrund des genutzten Fernkommunikationsmittels nicht möglich sein. Da bereits eine E-Mail den Anforderungen an einen dauerhaften Datenträger genügt, kommen insofern nur Fernkommunikationsmittel in Betracht, die entweder ausschließlich eine Sprachkommunikation ermöglichen oder deren Display doch nur eine so eingeschränkte Darstellung zulässt, dass eine klare und verständliche Information über alle geforderten Gegenstände nicht möglich ist. Welches Kommunikationsmittel der Verbraucher verwendet, ist dabei jeweils objektiv aus der Sicht des Unternehmers anhand der ihm zur Verfügung stehenden Daten zu beurteilen (ähnlich MüKoBGB/Wendehorst BGB § 312d Rn. 144). Bei einem Vertragsschluss im Internet ist regelmäßig davon auszugehen, dass eine Information per Email möglich ist, sodass eine Erleichterung nach Abs. 1 S. 2 ausscheidet (Erman/R. Koch BGB § 312d Rn. 65).

Das Fernkommunikationsmittel mit den eingeschränkten Informationsmöglichkeiten muss 9 zweitens auf Verlangen des Verbrauchers genutzt worden sein. Ein solches Verlangen darf indes nicht zu streng verstanden werden, wie auch aus Art. 5 Abs. 2 Finanzdienstleistungs-Fernabsatz-RL hervorgeht, der insofern abgeschwächt von einem „Ersuchen" des Verbrauchers spricht. Voraussetzung ist daher lediglich, dass die Initiative zum Vertragsschluss mittels des konkreten Fernkommunikationsmittels vom Verbraucher ausging. Der Verbraucher muss also selbst das Fernkommunikationsmittel mit der eingeschränkten Darstellungsmöglichkeit mit dem Ziel verwendet haben, einen Vertragsschluss herbeizuführen. Nutzte der Verbraucher das Kommunikationsmittel dagegen nur für eine rein informative Kontaktaufnahme und überredete der Unternehmer den Verbraucher dann während der Kommunikation zum Vertragsschluss, liegt ein „Verlangen" der Verwendung durch den Verbraucher iSd Abs. 1 S. 2 nicht vor und eine Erleichterung der Informationspflicht kommt nicht in Betracht (MüKoBGB/Wendehorst BGB § 312d Rn. 145; Erman/R. Koch BGB § 312d Rn. 65).

## III. Anspruch auf Überlassung in Papierform (Abs. 2)

Gemäß Abs. 2, der Art. 5 Abs. 3 S. 1 Finanzdienstleistungs-Fernabsatz-RL umsetzt, kann der 10 Verbraucher während der Laufzeit des Vertrags vom Unternehmer jederzeit verlangen, dass ihm die Vertragsbedingungen einschließlich der allgemeinen Geschäftsbedingungen in Papierform zur

Verfügung gestellt werden. Auf diese Weise soll der Verbraucher eine verlässliche Dokumentation des bei Finanzdienstleistungen regelmäßig ganz durch die Vertragsbedingungen geformten Vertragsgegenstands erhalten. Eine Unterzeichnung der Dokumentation durch den Unternehmer ist nicht erforderlich. Die Dokumentation muss dem Verbraucher aber den Beweis ermöglichen, dass es sich um die Bedingungen des zwischen ihm und dem Unternehmer geschlossenen Vertrags handelt (MüKoBGB/Wendehorst BGB § 312d Rn. 147). Die Kosten der Erfüllung der Pflicht nach Abs. 2 muss nach allgemeinen Grundsätzen der Unternehmer tragen.

**11** Dem Wortlaut des Abs. 2 nach kann der Verbraucher „jederzeit" während der Vertragslaufzeit ein Verlangen auf Überlassung der Vertragsbedingungen in Papierform stellen. Eine teleologische Reduktion des Abs. 2 dahingehend, dass der Verbraucher lediglich einen Anspruch auf einmalige Zusendung hätte, ist nicht möglich. Denn zum einen sieht Art. 5 Abs. 3 S. 1 Finanzdienstleistungs-Fernabsatz-RL keine entsprechende Einschränkung vor, und zum anderen kann der Verbraucher durchaus auch ein legitimes Interesse an mehrfacher Zusendung haben, wenn er zB die Unterlagen verloren hat. Der Unternehmer muss dann nach allgemeinen Regeln auch in einem solchen Fall der wiederholten Anforderung die Kosten der Informationsübermittlung tragen (aA BeckOGK/Busch Rn. 8). Ein Anspruch auf wiederholtes Zusenden scheidet nur dann gem. § 242 BGB aus, wenn der Verbraucher kein vernünftiges Interesse daran hat und daher rechtsmissbräuchlich handelt (MüKoBGB/Wendehorst BGB § 312d Rn. 149).

**12** Über den Wortlaut des Abs. 2 hinaus besteht eine Pflicht zur Überlassung der Vertragsbedingungen in Papierform auch nach Ablauf der Vertragslaufzeit, wenn der Verbraucher diese Bedingungen zur endgültigen Abwicklung der Vertragsbeziehung noch benötigt (MüKoBGB/Wendehorst BGB § 312d Rn. 149; BeckOGK/Busch Rn. 8). Dies ergibt sich aus einer richtlinienkonformen Auslegung, da die englische und französische Fassung des Art. 5 Abs. 3 S. 1 Finanzdienstleistungs-Fernabsatz-RL eindeutig auf die Dauer der Vertragsbeziehung („contractual relationship"; „relation contractuelle") abstellen, und zudem aus dem Sinn und Zweck der Norm. Denn der Verbraucher muss eine verlässliche Dokumentation seiner vertraglichen Rechte solange zur Verfügung haben, wie er eben diese Rechte gegenüber dem Unternehmer geltend machen kann, bzw. solange noch Streitigkeiten zwischen den Vertragsparteien bestehen.

## IV. Muster-Widerrufsbelehrung (Abs. 3)

**13** Gemäß Abs. 3 kann der Unternehmer zur Erfüllung seiner Belehrungspflicht über das Widerrufsrecht nach Art. 246b § 2 Abs. 1 Nr. 2 iVm Art. 246b § 1 Abs. 1 Nr. 12 das jeweils einschlägige, in der Anlage 3, der Anlage 3a oder der Anlage 3b vorgesehene Muster für die Widerrufsbelehrung bei Finanzdienstleistungsverträgen zutreffend ausgefüllt in Textform (§ 126b S. 1 BGB) übermitteln. Die Muster der Anlage 3, 3a und 3b wurden mit Wirkung zum 15.6.2021 neugestaltet. Der Gesetzgeber hat dabei die bisherigen Kaskadenverweise in dem Muster der Anlage 3 aF aufgegeben und damit auf das Urteil des EuGH vom 26.3.2020 (EuGH NJW 2020, 1423) reagiert, das solche Verweise für europarechtswidrig erklärt hatte. Zudem stellt der Gesetzgeber nunmehr verschiedene Muster für die verschiedenen Vertragstypen bereit (BT-Drs. 19/29391, 41). Die Anlage 3 nF ist dabei einschlägig für Finanzdienstleistungen außer Zahlungsdiensten und Immobiliarförderdarlehen, die im Fernabsatz oder außerhalb von Geschäftsräumen abgeschlossen werden. Für Zahlungsdiensterahmenverträge, die im Fernabsatz oder außerhalb von Geschäftsräumen abgeschlossen werden, greift Anlage 3a ein und für entsprechende Einzelzahlungsverträge Anlage 3b. Es ist Aufgabe des Unternehmers zu beurteilen, welcher Vertragstyp vorliegt und welches Muster danach einschlägig ist. Sollte ein Vertrag sowohl über eine allgemeine Finanzdienstleistung als auch über einen Zahlungsdienst abgeschlossen werden, hat der Unternehmer in eigener Verantwortung die jeweils einschlägigen Informationsanforderungen zu erfüllen und hierfür – unter Berücksichtigung eines jeweils neu eingefügten Gestaltungshinweises in den Anlagen 3, 3a und 3b – die Muster zu kombinieren (BT-Drs. 19/29391, 48). In Fällen des Art. 247 § 1 Abs. 2 S. 6 kann der Unternehmer zur Erfüllung seiner Informationspflicht nach Art. 246b § 2 Abs. 1 S. 1 Nr. 2 iVm Art. 246b § 1 Abs. 1 Nr. 12 über das Bestehen eines Widerrufsrechts dem Verbraucher das in der Anlage 6 vorgesehene Muster für das ESIS-Merkblatt zutreffend ausgefüllt in Textform (§ 126b S. 1 BGB) übermitteln. Bis zum 31.12.2021 konnte der Unternehmer statt der Anlagen 3–3b nF sowie anstelle des Musters nach Anlage 6 weiterhin das bisherige Muster nach Anlage 3 aF verwenden. Den Unternehmern sollte dadurch hinreichend Zeit zur Anpassung ihrer Formulare gegeben werden (BT-Drs. 19/29391, 48).

**14** Die Muster der Anlage 3 bis 3a gehen nicht auf europäische Vorgaben zurück, sondern wurden selbständig durch den deutschen Gesetzgeber geschaffen (BT-Drs. 19/29391, 40). Denn die Verbraucherrechte-RL ist auf Verträge über Finanzdienstleistungen nicht anwendbar (Art. 3 Abs. 3

lit. d Verbraucherrechte-RL), und die Finanzdienstleistungs-Fernabsatz-RL kennt kein entsprechendes Muster. Der deutsche Gesetzgeber konnte deshalb anders als im Fall des Art. 246a § 1 Abs. 2 S. 2 (→ Art. 246a § 1 Rn. 34 ff.) auch keine unwiderlegliche Vermutung der Erfüllung der Informationspflichten an die korrekte Verwendung der Musterbelehrung knüpfen. Vielmehr tragen Unternehmer auch bei Verwendung der Musterbelehrung weiter das Risiko, dass diese Belehrung nicht den gesetzlichen Anforderungen nach Art. 246b § 1 Abs. 1 Nr. 12 entspricht. Allerdings hat sich der deutsche Gesetzgeber bei dem Entwurf der Belehrung in den Anlagen 3 bis 3b an dem Vorbild der Musterbelehrung in der Verbraucherrechte-RL orientiert, die dort für Verträge, die nicht Finanzdienstleistungen zum Gegenstand haben, gegeben wird, und iÜ auch die Rspr. des EuGH (EuGH NJW 2020, 1423) berücksichtigt. Daher ist bei einer korrekten Verwendung der Musterbelehrungen nach Anlagen 3–3b iErg wie in den Fällen des Art. 246a § 1 Abs. 2 S. 2 davon auszugehen, dass der Unternehmer seiner Belehrungspflicht genügt. (Substantielle) Änderungen der Musterbelehrung kann der Unternehmer allerdings nur auf eigenes Risiko vornehmen (zu § 14 BGB-InfoV aF BGH NJW-RR 2017, 815; LG BKR 2017, 338 Rn. 20). Kein Schutz besteht auch, wenn der Unternehmer den Verbraucher durch eine weitere – formal oder inhaltlich nicht ordnungsgemäße – Belehrung irreführt oder von einer rechtzeitigen Ausübung seines Rechts abhält (BGH WM 2021, 1383 Rn. 15 zu Art. 246a § 1 Abs. 2 S. 2).

## Art. 246c Informationspflichten bei Verträgen im elektronischen Geschäftsverkehr

**Bei Verträgen im elektronischen Geschäftsverkehr muss der Unternehmer den Kunden unterrichten**

1. **über die einzelnen technischen Schritte, die zu einem Vertragsschluss führen,**
2. **darüber, ob der Vertragstext nach dem Vertragsschluss von dem Unternehmer gespeichert wird und ob er dem Kunden zugänglich ist,**
3. **darüber, wie er mit den nach § 312i Absatz 1 Satz 1 Nummer 1 des Bürgerlichen Gesetzbuchs zur Verfügung gestellten technischen Mitteln Eingabefehler vor Abgabe der Vertragserklärung erkennen und berichtigen kann,**
4. **über die für den Vertragsschluss zur Verfügung stehenden Sprachen und**
5. **über sämtliche einschlägigen Verhaltenskodizes, denen sich der Unternehmer unterwirft, sowie über die Möglichkeit eines elektronischen Zugangs zu diesen Regelwerken.**

**Schrifttum:** Boente/Riehm, Besondere Vertriebsformen im BGB, Jura 2002, 222; Grigoleit, Besondere Vertriebsformen im BGB, NJW 2002, 1151; Leverenz, Auswirkungen des § 312e BGB auf das Versicherungsgeschäft im Internet, VersR 2003, 698; Mankowski, Welche Bedeutung hat das Fernabsatzrecht für die Wohnungswirtschaft?, ZMR 2002, 317; Meyer, Elektronischer Geschäftsverkehr des Unternehmers mit Verbrauchern und Unternehmern: Anforderungen gem. § 312e BGB und Rechtsfolgen bei Pflichtverstößen, DB 2004, 2739; Vander, Verhaltenskodizes im elektronischen Geschäftsverkehr, K&R 2003, 339.

### Überblick

Art. 246c konkretisiert die Informationspflichten, die der Unternehmer im elektronischen Geschäftsverkehr gem. § 312i Abs. 1 S. 1 Nr. 2 seinen Kunden gegenüber zu erfüllen hat. Zweck der Regelung ist es, dem Kunden gegenüber Transparenz im Hinblick auf den Vertragsschluss zu schaffen, indem er darüber informiert wird, in welchen Sprachen ein Vertragsschluss möglich ist, welche technischen Schritte für den Abschluss eines Vertrages erforderlich sind, wie hierbei Fehler erkannt und korrigiert werden können sowie welche Vertragsinformationen vom Unternehmer nach Vertragsschluss gespeichert werden und vom Kunden abrufbar sind. Ferner soll der Kunde darüber unterrichtet werden, welchen Verhaltenskodizes sich der Unternehmer ggf. unterworfen hat.

### I. Einführung

**1. Normzweck und Regelungsinhalt.** Die Bestimmung ergänzt § 312i Abs. 1 S. 1 Nr. 2 BGB. Sie konkretisiert die Informationen, die der Unternehmer dem Kunden gem. § 312i Abs. 1 S. 1 Nr. 2 BGB rechtzeitig vor Abgabe der Bestellung klar und verständlich mitteilen muss. Der Normzweck entspricht insoweit demjenigen des § 312i BGB (→ BGB § 312i Rn. 1 f.). 1

**2. Entstehung.** Die Informationspflichten waren ursprünglich in § 3 BGB-InfoV geregelt. Dieser ging auf Art. 10 E-Commerce-RL zurück, welcher im Rahmen der Schuldrechtsreform 2 in Ausübung der Verordnungsermächtigung des Art. 241 EGBGB durch § 3 BGB-InfoV umgesetzt wurde. Zum 11.6.2010 wurden die Informationspflichten in den neu angefügten und inhaltlich im Wesentlichen identischen Art. 246 § 3 überführt. Durch das Gesetz zur Umsetzung der Verbraucherrechte-RL und zur Änderung des Gesetzes zur Regelung der Wohnungsvermittlung vom 20.9.2013 (BGBl. I 3642) wurde die Regelung wortgleich mWv 13.6.2014 zum neu eingefügten Art. 246c.

## II. Informationspflichten des Unternehmers

3 **1. Technischer Ablauf eines Vertragsschlusses (Nr. 1).** Nach Nr. 1 muss der Kunde über die einzelnen **technischen Schritte** unterrichtet werden, die zu einem Vertragsschluss führen. Hierdurch soll der Kunde Information und Angebot vom eigentlichen Bestellvorgang unterscheiden können (Mankowski ZMR 2002, 317 (326)).

4 **Gegenstand** der Informationspflicht nach Nr. 1 sind die Handlungen, die der Kunde einerseits sowie der Unternehmer andererseits für den Abschluss des Vertrags vornehmen müssen. Mittelbar muss dabei auch darauf eingegangen werden, welche rechtlichen Wirkungen die Handlungen des Kunden und des Unternehmers haben (Meyer DB 2004, 2739 (2740)). Richtigerweise müssen die Erläuterungen nach Nr. 1 nicht nur den technischen Ablauf, sondern auch die damit verbundenen rechtlichen Konsequenzen umfassen (aA Leverenz VersR 2003, 698 (701)). Insbesondere ist klarzustellen, ab wann der Kunde eine rechtsverbindliche Bestellung abgibt und mit welcher Handlung der Unternehmer diese annimmt. Es ist also ggf. darauf hinzuweisen, dass in der Online-Präsentation kein verbindliches Angebot, sondern eine invitatio ad offerendum liegt (so BGH NJW 2005, 976 (976); OLG Nürnberg K&R 2010, 58 (59)) und dass eine Empfangsbestätigung des Unternehmers iSv § 312i Abs. 1 S. 1 Nr. 3 BGB noch keine rechtsverbindliche Annahme ist (MüKoBGB/Wendehorst BGB § 312i Rn. 70).

5 Der Art nach muss die Information für einen juristischen Laien verständlich verfasst sein (Grüneberg/Grüneberg Rn. 2; MüKoBGB/Wendehorst BGB § 312i Rn. 70). Maßstab sind dabei die intellektuellen Fähigkeiten des durchschnittlichen zu erwartenden Kunden. Da es sich bei § 312i Abs. 1 um keine Verbrauchervorschrift handelt, ist keine Modifikation des Kundenleitbilds notwendig (aA wohl MüKoBGB/Wendehorst BGB § 312i Rn. 70).

6 **2. Speicherung und Zugänglichkeit des Vertragstextes (Nr. 2).** Nr. 2 verpflichtet den Unternehmer, dem Kunden mitzuteilen, ob der Vertragstext nach dem Vertragsschluss vom Unternehmer gespeichert wird und ob er dem Kunden zugänglich ist. Dies ist im Zusammenhang mit § 312i Abs. 1 S. 1 Nr. 4 BGB zu sehen, wonach der Unternehmer dem Kunden die Möglichkeit zu verschaffen hat, die vertraglichen Regelungen bei Vertragsschluss abrufen und speichern zu können. Denn von dieser Möglichkeit wird der Kunde im eigenen Interesse jedenfalls dann in aller Regel Gebrauch machen, wenn er nachträglich keinen Zugriff mehr auf die vertraglichen Bestimmungen hat. Aus Nr. 2 folgt allerdings keine rechtliche Verpflichtung des Unternehmers, den Vertragstext zu speichern und/oder dem Kunden zugänglich zu machen (Grigoleit NJW 2002, 1151 (1157); Leverenz VersR 2003, 698 (701 ff.)).

7 Die Vorschrift hat auch datenschutzrechtlichen Charakter, da der Kunde über die Speicherung ihn betreffender Daten informiert werden muss. Der allgemeine Hinweis, die für die Geschäftsabwicklung nötigen Daten würden unter Einhaltung des Datenschutzrechts gespeichert werden, genügt nicht (LG Stuttgart NJW-RR 2004, 911 (912)).

8 **3. Berichtigung von Eingabefehlern (Nr. 3).** Nach Nr. 3 muss der Unternehmer dem Kunden erläutern, wie er die zur Verfügung stehenden technischen Mittel zur Kontrolle und Korrektur seiner Eingaben verwenden kann. Nr. 3 unterstützt die Zielrichtung des § 312i Abs. 1 S. 1 Nr. 1 BGB, Inhalts- oder Erklärungsirrtümern des Kunden vorzubeugen (Grigoleit NJW 2002, 1151 (1157)).

9 Die Hinweise müssen es dem durchschnittlichen Kunden ermöglichen, von den zur Verfügung stehenden technischen Hilfsmitteln Gebrauch zu machen. Inhalt und Umfang hängen maßgeblich von der Art und Funktionsweise dieser Mittel ab. Die Anforderungen sind nicht zu hoch anzusetzen. Es genügt, wenn der durchschnittliche Kunde durch die Menüführung oder durch entsprechende Schaltflächen auf die Möglichkeit zur Korrektur aufmerksam gemacht wird. Ausreichend ist regelmäßig auch ein kurzer Hinweis, dass der Kunde vor Absendung seiner Bestellung nochmals Gelegenheit haben wird, die eingegebenen Daten in einem Bestätigungsfenster zu überprüfen und zu korrigieren (OLG Hamburg K&R 2010, 520 (521); Grüneberg/Grüneberg Rn. 4; Mankowski ZMR 2002, 317 (326)).

**4. Sprachen (Nr. 4).** Die in Nr. 4 vorgesehene Pflicht, über die zur Verfügung gestellten Sprachen zu informieren, führt nicht dazu, dass der Unternehmer tatsächlich auch verschiedene Sprachen zur Verfügung stellen muss (Boente/Riehm Jura 2002, 222 (227)). Die Vorschrift beschränkt sich vielmehr auf eine Hinweispflicht, falls sich der Unternehmer freiwillig hierzu entscheiden sollte. Der Pflicht kann durch symbolische Hinweise, etwa durch die Darstellung entsprechender Landesflaggen auf der Eingangsseite des Online-Angebots, entsprochen werden. Ein Sprachwechsel während des Buchungsvorgangs ist unzulässig, es sei denn, der Unternehmer teilt dem Kunden vor der Buchung mit, dass mit einer Buchungsbestätigung und weiteren Fluginformationen nur noch in einer anderen Sprache gerechnet werden kann (LG Essen VuR 2012, 491). 10

**5. Verhaltenskodizes (Nr. 5).** Verhaltenskodizes iSv Nr. 5 sind Regelwerke, denen sich der Unternehmer unabhängig vom Vertragsschluss freiwillig unterworfen hat (Begr. RegE, BT-Drs. 14/6040, 171; Vander K&R 2003, 339 (340)). Dies sind insbesondere Prinzipien und Leitlinien iSv Art. 16 E-Commerce-RL, die der ordnungsgemäßen Umsetzung der Art. 5–15 E-Commerce-RL dienen (Grigoleit NJW 2002, 1151 (1158); Vander K&R 2003, 339 (340)). Der Anwendungsbereich der Nr. 5 erstreckt sich aber auch auf andere Regelwerke, die in einem inhaltlichen Bezug zu dem angestrebten Vertrag mit dem Kunden stehen (MüKoBGB/Wendehorst BGB § 312i Rn. 80; vgl. auch Erman/Koch BGB § 312i Rn. 16). Durch die Regelung soll es dem Kunden ermöglicht werden, die sich aus den Kodizes ergebenden Rechte zur Kenntnis zu nehmen und geltend zu machen (Vander K&R 2003, 339 (340)). Daneben wird dem Kunden die Möglichkeit eröffnet, den Verbänden Regelverstöße zu melden und damit auf außergerichtlichem Wege Druck auf den Unternehmer auszuüben (MüKoBGB/Wendehorst BGB § 312i Rn. 81). Hat sich der Kunde keinem Vertragsregelwerk unterworfen, ist eine Negativanzeige nicht erforderlich (Grüneberg/Grüneberg Rn. 6; Vander K&R 2003, 339 (340); Meyer DB 2004, 2739 (2740)). Der Unternehmer ist auch nicht verpflichtet, die Regelwerke als solche bereitzuhalten. Es genügt ein Hinweis, ob und ggf. wie ein elektronischer Zugang zu den Regelwerken besteht. Ein elektronischer Link zu den Regelwerken ist nicht erforderlich, genügt den Anforderungen der Nr. 5 aber in jedem Falle. 11

## Artikel 246d Allgemeine Informationspflichten für Betreiber von Online-Marktplätzen

### § 1 Informationspflichten

**Der Betreiber eines Online-Marktplatzes muss den Verbraucher informieren**

1. **zum Ranking der Waren, Dienstleistungen oder digitalen Inhalte, die dem Verbraucher als Ergebnis seiner Suchanfrage auf dem Online-Marktplatz präsentiert werden, allgemein über**
   a) **die Hauptparameter zur Festlegung des Rankings und**
   b) **die relative Gewichtung der Hauptparameter zur Festlegung des Rankings im Vergleich zu anderen Parametern,**
2. **falls dem Verbraucher auf dem Online-Marktplatz das Ergebnis eines Vergleichs von Waren, Dienstleistungen oder digitalen Inhalten präsentiert wird, über die Anbieter, die bei der Erstellung des Vergleichs einbezogen wurden,**
3. **gegebenenfalls darüber, dass es sich bei ihm und dem Anbieter der Waren, Dienstleistungen oder digitalen Inhalte um verbundene Unternehmen im Sinne von § 15 des Aktiengesetzes handelt,**
4. **darüber, ob es sich bei dem Anbieter der Waren, Dienstleistungen oder digitalen Inhalte nach dessen eigener Erklärung gegenüber dem Betreiber des Online-Marktplatzes um einen Unternehmer handelt,**
5. **falls es sich bei dem Anbieter der Waren, Dienstleistungen oder digitalen Inhalte nach dessen eigener Erklärung gegenüber dem Betreiber des Online-Marktplatzes nicht um einen Unternehmer handelt, darüber, dass die besonderen Vorschriften für Verbraucherverträge auf den Vertrag nicht anzuwenden sind,**
6. **gegebenenfalls darüber, in welchem Umfang der Anbieter der Waren, Dienstleistungen oder digitalen Inhalte sich des Betreibers des Online- Marktplatzes bei der Erfül-**

**lung von Verbindlichkeiten aus dem Vertrag mit dem Verbraucher bedient, und darüber, dass dem Verbraucher hierdurch keine eigenen vertraglichen Ansprüche gegenüber dem Betreiber des Online- Marktplatzes entstehen, und**

**7. falls ein Anbieter eine Eintrittsberechtigung für eine Veranstaltung weiterverkaufen will, ob und gegebenenfalls in welcher Höhe der Veranstalter nach Angaben des Anbieters einen Preis für den Erwerb dieser Eintrittsberechtigung festgelegt hat.**

**Schrifttum:** s. § 312l BGB

## Überblick

Nach § 312l Abs. 1 BGB muss der Betreiber eines Online-Marktplatzes den Verbraucher vor Vertragsabschluss informieren. Die genauen Inhalte dieser Information regelt Art. 246d § 1 EGBGB. Dies umfasst neben formalen Informationen über die Unternehmereigenschaft des Betreibers und dem Verhältnis zwischen Verkäufer und Betreiber sowie insb. Informationen über das Ranking der präsentierten Waren bzw. Dienstleistungen.

## I. Hintergrund

1 Der zum 28.5.2022 in Kraft getretenen Art. 246d § 1 EGBGB regelt die genauen Inhalte der Informationspflicht für Betreiber von Online-Marktplätzen nach § 312l Abs. 1 BGB. Weitere formale Anforderungen der Informationspflichten finden sich in § 2. Damit hat der Gesetzgeber die Rechtsfolgen des § 312l BGB wie auch schon bei § 312d Abs. 1 BGB oder § 312i Abs. 1 BGB ins EGBGB **ausgelagert.** Zwar hält dies das Kern-BGB weiterhin schlank, allerdings ist der Anwenderfreundlichkeit damit nicht gedient. Die Pflicht des Unternehmers besteht zusätzlich zu sich bereits aus anderen Vorschriften ergebenden Informationspflichten (BT-Drs. 19/27655, 35; siehe ausführlich MüKoBGB/Wendehorst § 312l Rn. 17 ff. mwN). Die formalen Anforderungen an die Information regelt Art. 246d § 1 EGBGB, bei Verstößen gegen § 1 oder § 2 greift Art. 246e EGBGB, so dass potentiell Bußgelder im Raum stehen.

2 Die Vorschrift folgt unionsrechtlichen Vorgaben. Dabei setzen Nr. 1, 4, 5 und 6 den durch RL (EU) 2019/2161 neu eingefügten Art. 6a der Verbraucherrechte-RL um. Nr. 2, 3 und 7 hingegen machen von dort vorgesehenen Öffnungsklauseln Gebrauch (BT-Drs. 19/27655, 35).

## II. Notwendige Informationen

3 **1. Ranking-Parameter und Gewichtung.** Die Anordnung bzw. Platzierung der verschiedenen auf einem Online-Marktplatz sichtbaren Angebote hat entscheidenden Einfluss auf das Kaufverhalten des Verbrauchers (BT-Drs. 19/27655, 35). Hier besteht erhebliches Manipulationspotential, wenn nämlich der Betreiber iSv § 312l BGB bestimmte Güter besonders prominent platziert. Aus diesem Grund muss ein solcher Betreiber den Verbraucher umfassend über die Art und Weise, wie die Anordnung zustande gekommen ist (das sog. Ranking), informieren.

4 Die Definition des Rankings entspricht der durch RL 2019/2161 neu gefassten Art. 2 Abs. 1 lit. m der RL 2005/29/EG (BT-Drs. 19/27655, 35). Eine Parallelvorschrift findet sich in § 3a Abs. 2 UWG. Nach Art. 246d § 1 Nr. 1 EGBGB ist ein **Ranking** eine relative Hervorhebung von Produkten, wie sie vom Gewerbetreibenden dargestellt, organisiert oder kommuniziert wird, unabhängig von den technischen Mitteln, die für die Darstellung, Organisation oder Kommunikation verwendet werden.

5 Der Verbraucher muss über die Hauptparameter zur Festlegung des Rankings informiert werden. Die Informationspflicht ähnelt den von der VO (EU) 2019/1150 für Rankings vorgegebenen Transparenzanforderungen, deren Auslegung auch für die vorliegende Vorschrift heranzuziehen ist (HK-BGB/Schulte-Nölke BGB § 312l Rn. 2). **Parameter** für das Ranking sind alle allgemeinen Kriterien, Prozesse und spezifischen Signale, die in Algorithmen eingebunden sind, oder sonstige Anpassungs- oder Rückstufungsmechanismen, die im Zusammenhang mit dem Ranking eingesetzt werden (BT-Drs. 19/27655, 35). Die Gesetzesbegründung nennt beispielhaft die Anzahl der Aufrufe, das Datum der Einstellung, Bewertungen, Beliebtheit, aber auch Elemente, die die Ware oder Dienstleistung nicht unmittelbar betreffen (zB Darstellungsmerkmale). Für die Darstellung der **Hauptparameter** muss der Unternehmer festhalten, welche Parameter wesentlich sind und das Ranking maßgeblich beeinflussen (Nr. 1), und wie ihre Gewichtung zu den anderen Hauptparametern ist (Nr. 2) (BT-Drs. 19/27655, 35). Im Ergebnis müssen daher ggf. einzelne Parameter aus der Darstellung eliminiert werden (MüKoBGB/Wendehorst § 312l Rn. 17). Dies ist zur Ver-

hinderung eines „Information Overload" auch geboten, nur ist im Ergebnis unklar, wo hier konkret für den Betreiber die Grenze zu ziehen ist. Nicht offengelegt werden müssen die zugrunde liegenden Algorithmen (BT-Drs. 19/27655, 3).

**2. Anbieterinformationen bei Vergleichen.** Nach Nr. 2 muss der Betreiber auch darüber informieren, welche Anbieter bei der Erstellung des Vergleichs einbezogen wurden. Hierbei handelt es sich um eine autonome deutsche Vorschrift, die aufgrund einer Sektoruntersuchung des BKartA zu Vergleichsportalen einbezogen wurde (BT-Drs. 19/27655, 36). In Abweichung zu Nr. 1 muss die Anzeige allerdings nicht die Folge einer Suchanfrage des Verbrauchers sein. Damit fallen auch „Zufallsfunde" (Schmidt VuR 2022, 131 (134)) unter die Vorschrift. Notwendig ist aber ein **Vergleich,** also eine Form von Gegenüberstellung der angezeigten Waren oder Dienstleistungen als Plus gegenüber der Auflistung (MüKoBGB/Wendehorst § 312l Rn. 31: Zusatzservice). Bei einer reinen Auflistung greift Nr. 2 nicht (BT-Drs. 19/27655, 36: „…zusätzlich neben der Auflistung von Angeboten…"). 6

**3. Verbundene Unternehmen.** Nr. 3 regelt, dass der Unternehmer den Verbraucher auch über eine bestehende gesellschaftsrechtliche Verbindung zum Anbieter (also dem Verkäufer) unterrichten muss. Damit geht es im Kern um die **Offenlegung eines strukturellen Interessenkonflikts.** Betroffen sind alle verbundenen Unternehmen iSv § 15 AktG, also unter anderem Konzerne im engeren und weiteren Sinne, aber auch Gesellschaften mit wechselseitigen Beteiligungen. Rein vertragliche Beziehungen unterhalb der in den §§ 15 ff. AktG vorgesehenen Schwellen sind hingegen nicht ausreichend. Die Vorschrift basiert auf einer Öffnungsklausel, was auch insoweit offensichtlich ist, als dass das Konzernrecht eine genuin deutsche Rechtsmaterie ist. 7

**4. Unternehmereigenschaft.** Der Betreiber muss nach Nr. 4 auch darüber informieren, ob es sich beim Anbieter um einen Unternehmer nach § 14 BGB handelt. Dies setzt den neuen Art. 6a Abs. 1 lit. b der aktualisierten Verbraucherrechte-RL um und trägt dem Umstand Rechnung, dass es für den grundsätzlich **beweispflichtigen Verbraucher** (MüKoBGB/Fritsche BGB § 355 Rn. 52 mwN) häufig nicht ersichtlich ist, ob es sich beim Gegenüber um einen Unternehmer handelt (BT-Drs. 19/27655, 36). In der Praxis bedeutet dies, dass der Betreiber eine entsprechende Abfrage einrichten muss, zB im Rahmen des Registrierungsvorgangs. Eine **Pflicht, die Angabe zu überprüfen,** besteht für den Betreiber allerdings nicht (Schmidt VuR 2022, 131 (134) sowie ErwG 28 RL (EU) 2019/2161). Zu bedenken ist allerdings, dass ein Anbieter, der fälschlicherweise den Unternehmerstatus bejaht, nach den Grundsätzen der Rechtsscheinhaftung als Unternehmer nach § 14 BGB behandelt wird (MüKoBGB/Wendehorst § 312l Rn. 36). 8

**5. Unanwendbarkeit der Verbraucherschutzvorschriften.** Spiegelbildlich zu Nr. 4 muss der Betreiber nach Nr. 5 für den Fall, dass der Anbieter kein Unternehmer ist, auch darüber informieren, dass die besonderen **Vorschriften für Verbraucherverträge nicht anzuwenden sind.** Grundlage hierfür ist Art. 6a Abs. 1 lit. c der aktualisierten Verbraucherrechte-RL. Die Information, dass es sich beim Anbieter um keinen Unternehmer handelt, genügt daher nicht. Dies hat eine **Warnfunktion** für den Verbraucher (BT-Drs. 19/27655, 37), da die Rechtslage für ihn ungünstiger sein könnte, als wenn er mit einem Unternehmer kontrahiert (HK-BGB/Schulte-Nölke BGB § 312l Rn. 2). Eine konkrete Nennung der nicht anwendbaren Verbraucherrechte ist aber nicht notwendig, was die Effektivität des Verbraucherschutzes erheblich schmälert (zutreffend Schmidt VuR 2022, 131 (135)). Denn die Feststellung, ob ein Widerrufsrecht besteht oder nicht, wäre für den Verbraucher die wohl nützlichere Information. 9

**6. Verpflichtungen des Betreibers.** Ähnlich wie in Nr. 4 und Nr. 5 geht es um die Vertragsparteien. Für Verbraucher ist es auf Online-Marktplätzen, denen ein Dreipersonenverhältnis zugrunde liegt, häufig nicht erkennbar, **wer die vertraglichen Pflichten zu erfüllen hat** und welche Rolle der Betreiber des Marktplatzes spielt. So kann der Betreiber als Erfüllungsgehilfe des Anbieters für den Versand oder die Entgegennahme von Retouren (Schmidt VuR 2022, 131 (135)) zuständig sein, ohne dass ihn eigene vertragliche Verpflichtungen treffen (BT-Drs. 19/27655, 37). Aus dem Schutzzweck, dem Wortlaut sowie der unionsrechtlichen Vorlage (siehe Art. 6a Verbraucherrechte-RL: „wie die sich aus dem Vertrag ergebenden Verpflichtungen… aufgeteilt werden") als auch aus der Formulierung der Nr. 6 ergibt sich, dass der Betreiber nicht nur die von ihm übernommenen Pflichten aufführen muss, sondern auch die eben nicht übernommenen Pflichten (Schmidt VuR 2022, 131 (135)). Die korrekte Zuordnung ist unter anderem für die korrekte Ausübung von Gestaltungsrechten bedeutsam (HK-BGB/Schulte-Nölke BGB § 312l Rn. 2). 10

11 **7. Weiterverkauf von Tickets.** Nr. 7 ist im Vergleich mit dem Rest der Vorschrift ein Sonderfall. Die Regelung betrifft den Weiterverkauf von Eintrittsberechtigungen für Veranstaltungen, also landläufig **Tickets bzw. Eintrittskarten.** Falls ein Anbieter eine Eintrittsberechtigung für eine Veranstaltung weiterverkaufen will, muss der Verbraucher darüber informiert werden, ob und gegebenenfalls in welcher Höhe der Veranstalter nach Angaben des Anbieters einen Preis für den Erwerb dieser Eintrittsberechtigung festgelegt hatte. Damit wird Transparenz auf dem Sekundärmarkt geschaffen (Schmidt VuR 2022, 131 (135)). Anzugeben ist der Preis, zu dem die Eintrittskarte vom Veranstalter erstmalig veräußert wurde. Sollte dies nicht als Fixpreis vorliegen, muss der konkret vereinbarte Preis angegeben werden (MüKoBGB/Wendehorst § 312l Rn. 43).

12 Viel wird in praxi von der effektiven Abfrage gegenüber dem Anbieter abhängen. Laut Gesetzesbegründung erfolgt die Information gegenüber dem Verbraucher auf Grundlage der vom Anbieter gemachten Angaben. Dabei trifft den Betreiber **keine Pflicht zur Nachprüfung** (BT-Drs. 19/27655, 37). Hier besteht die Gefahr, dass die Regelung im Ergebnis leerläuft, wenn falsche Angaben gemacht werden.

### § 2 Formale Anforderungen

**(1) Der Betreiber eines Online-Marktplatzes muss dem Verbraucher die Informationen nach § 1 vor Abgabe von dessen Vertragserklärung in klarer, verständlicher und in einer den benutzten Fernkommunikationsmitteln angepassten Weise zur Verfügung stellen.**

**(2) Die Informationen nach § 1 Nummer 1 und 2 müssen dem Verbraucher in einem bestimmten Bereich der Online-Benutzeroberfläche zur Verfügung gestellt werden, der von der Webseite, auf der die Angebote angezeigt werden, unmittelbar und leicht zugänglich ist.**

**Schrifttum:** s. § 312l BGB

#### Überblick

Art. 246d § 2 EGBGB regelt die formalen Anforderungen an die nach § 312l Abs. 1 BGB geschuldete Informationsübermittlung.

#### I. Transparenzgebot (Abs. 1)

1 § 2 Abs. 1 setzt Art. 6a Abs. 1 der ergänzten Verbraucherechte-RL um, wonach die Informationen in klarer, verständlichen und in einer den benutzten Fernkommunikationsmitteln angepassten Weise zur Verfügung werden müssen. Dies entspricht dem allgemeinen Transparenzgebot, wie es auch in bei Verbraucherverträgen im elektronischen Geschäftsverkehr nach § 312j (→ BGB § 312j Rn. 17 f.), aber auch in Art. 246a § 4 EGBGB geregelt ist. Gerade auf letztere Vorschrift wird man für die Auslegung von Abs. 1 zurückgreifen können (MüKoBGB/Wendehorst BGB § 312l Rn. 45).

#### II. Zugänglichkeit (Abs. 2)

2 § 2 Abs. 2 regelt die Zugänglichmachung der Information. Die Information muss erstens in einem bestimmten Bereich der Online-Benutzeroberfläche zur Verfügung gestellt werden, der zweitens unmittelbar und leicht zugänglich ist. Dies betriff aber nur § 1 Nr. 1 (Ranking-Parameter, → Art. 246d § 1 Rn. 5) und Nr. 2 (Anbieterinformationen, → Art. 246d § 1 Rn. 6). Die Formulierung „unmittelbar und leicht zugänglich" ist mit § 312k Abs. 2 S. 4 BGB identisch und sollte einheitlich ausgelegt werden (→ BGBnF § 312k Rn. 35 f.).

## Artikel 246e Verbotene Verletzung von Verbraucherinteressen und Bußgeldvorschriften

### § 1 Verbotene Verletzung von Verbraucherinteressen im Zusammenhang mit Verbraucherverträgen

**(1) Die Verletzung von Verbraucherinteressen im Zusammenhang mit Verbraucherverträgen, bei der es sich um einen weitverbreiteten Verstoß gemäß Artikel 3 Nummer 3**

**oder einen weitverbreiteten Verstoß mit Unions-Dimension gemäß Artikel 3 Nummer 4 der Verordnung (EU) 2017/2394 des Europäischen Parlaments und des Rates vom 12. Dezember 2017 über die Zusammenarbeit zwischen den für die Durchsetzung der Verbraucherschutzgesetze zuständigen nationalen Behörden und zur Aufhebung der Verordnung (EG) Nr. 2006/2004 (ABl. L 345 vom 27.12.2017, S. 1), die zuletzt durch die Richtlinie (EU) 2019/771 (ABl. L 136 vom 22.5.2019, S. 28) geändert worden ist, handelt, ist verboten.**

**(2) Eine Verletzung von Verbraucherinteressen im Zusammenhang mit Verbraucherverträgen im Sinne des Absatzes 1 liegt vor, wenn**

**1. gegenüber dem Verbraucher ein nach § 241a Absatz 1 des Bürgerlichen Gesetzbuchs nicht begründeter Anspruch geltend gemacht wird,**
**2. von einem Unternehmer in seinen Allgemeinen Geschäftsbedingungen eine Bestimmung empfohlen oder verwendet wird,**
   **a) die nach § 309 des Bürgerlichen Gesetzbuchs unwirksam ist oder**
   **b) deren Empfehlung oder Verwendung gegenüber Verbrauchern dem Unternehmer durch rechtskräftiges Urteil untersagt wurde,**
**3. eine Identität oder der geschäftliche Zweck eines Anrufs nicht nach § 312a Absatz 1 des Bürgerlichen Gesetzbuchs offengelegt wird,**
**4. der Verbraucher nicht nach § 312a Absatz 2 Satz 1 oder § 312d Absatz 1 des Bürgerlichen Gesetzbuchs informiert wird,**
**5. eine Vereinbarung nach § 312a Absatz 3 Satz 1, auch in Verbindung mit Satz 2, des Bürgerlichen Gesetzbuchs nicht ausdrücklich getroffen wird,**
**6. eine nach § 312a Absatz 4 Nummer 2 oder Absatz 5 Satz 1 des Bürgerlichen Gesetzbuchs unwirksame Vereinbarung abgeschlossen wird,**
**7. von dem Verbraucher entgegen § 312e des Bürgerlichen Gesetzbuchs die Erstattung der Kosten verlangt wird,**
**8. eine Abschrift oder eine Bestätigung des Vertrags nach § 312f Absatz 1 Satz 1, auch in Verbindung mit Satz 2, oder nach Absatz 2 Satz 1 des Bürgerlichen Gesetzbuchs nicht zur Verfügung gestellt wird,**
**9. im elektronischen Geschäftsverkehr gegenüber Verbrauchern**
   **a) eine zusätzliche Angabe nicht nach den Vorgaben des § 312j Absatz 1 des Bürgerlichen Gesetzbuchs gemacht wird,**
   **b) eine Information nicht nach den Vorgaben des § 312j Absatz 2 des Bürgerlichen Gesetzbuchs zur Verfügung gestellt wird oder**
   **c) die Bestellsituation nicht nach den Vorgaben des § 312j Absatz 3 des Bürgerlichen Gesetzbuchs gestaltet wird,**
**10. der Verbraucher nicht nach § 312l Absatz 1 des Bürgerlichen Gesetzbuchs informiert wird,**
**11. eine Sache bei einem Verbrauchsgüterkauf nicht innerhalb einer dem Unternehmer nach § 323 Absatz 1 des Bürgerlichen Gesetzbuchs gesetzten angemessenen Frist geliefert wird,**
**12. nach einem wirksamen Widerruf des Vertrags durch den Verbraucher**
   **a) Inhalte entgegen § 327p Absatz 2 Satz 1 in Verbindung mit § 357 Absatz 8 des Bürgerlichen Gesetzbuchs genutzt werden,**
   **b) Inhalte nicht nach § 327p Absatz 3 Satz 1 in Verbindung mit § 357 Absatz 8 des Bürgerlichen Gesetzbuchs bereitgestellt werden,**
   **c) eine empfangene Leistung dem Verbraucher nicht nach § 355 Absatz 3 Satz 1 in Verbindung mit § 357 Absatz 1 bis 3 des Bürgerlichen Gesetzbuchs zurückgewährt wird oder**
   **d) Ware nicht nach § 357 Absatz 7 des Bürgerlichen Gesetzbuchs auf eigene Kosten abgeholt wird,**
**13. im Falle eines Rücktritts des Verbrauchers von einem Verbrauchsgüterkauf eine Leistung des Verbrauchers nicht nach § 346 Absatz 1 des Bürgerlichen Gesetzbuchs zurückgewährt wird,**
**14. der Zugang eines Widerrufs nicht nach § 356 Absatz 1 Satz 2 des Bürgerlichen Gesetzbuchs bestätigt wird oder**
**15. eine Sache dem Verbraucher nicht innerhalb der nach § 433 Absatz 1 Satz 1 in Verbindung mit § 475 Absatz 1 Satz 1 und 2 des Bürgerlichen Gesetzbuchs maßgeblichen Leistungszeit übergeben wird.**

**(3) Eine Verletzung von Verbraucherinteressen im Zusammenhang mit Verbraucherverträgen nach Absatz 1 liegt auch vor, wenn**
**1. eine Handlung oder Unterlassung die tatsächlichen Voraussetzungen eines der in Absatz 2 geregelten Fälle erfüllt und**
**2. auf den Verbrauchervertrag das nationale Recht eines anderen Mitgliedstaates der Europäischen Union anwendbar ist, welches eine Vorschrift enthält, die der jeweiligen in Absatz 2 genannten Vorschrift entspricht.**

**Schrifttum:** Schubert/Schmitt/Jacobs, Art. 246e EGBGB – Zivilrechtlicher Verbraucherschutz durch das Ordnungswidrigkeitenrecht, BKR 2021, 689.

## Überblick

Die Vorschrift erklärt bestimmte grenzüberschreitende Verstöße gegen das Verbraucherschutzrecht für ordnungswidrig. Abs. 1 enthält das Verbot, während Art. 2 die im Einzelnen betroffenen Vorschriften des deutschen Rechts aufführt.

## I. Hintergrund und Normzweck

1 Art. 246e EGBGB wurde wie auch Art. 246d EGBGB im Zuge der Omnibus RL (EU) 2019/2161 zum 28.5.2022 eingefügt und setzt den aktualisierten Art. 24 der Verbraucherrechte-RL sowie Art. 8b der Klauselrichtlinie um. § 1 normiert bestimmte Handlungsverbote im Zusammenhang mit Verbraucherverträgen und definiert, wann eine solche Verletzung vorliegt. § 2 EGBGB sieht für deren vorsätzliche oder fahrlässige Verletzung ein Bußgeld vor.

2 Die Norm ist **systematisches Neuland,** denn erstmals kann verbraucherschutzwidriges Verhalten durch Maßnahmen des öffentlichen (Bußgeld-)Rechts sanktioniert werden. Dies ist eine dem deutschen Recht tendenziell fremde **Verknüpfung von Öffentlichem Recht und Zivilrecht** (siehe dazu auch die Diskussion über § 4 Abs. 1a FinDAG). Dies könnte die Effektivität des Verbraucherrechts deutlich erhöhen, da die Schwächen der zivilrechtlichen Durchsetzung umgangen werden (insb. bei individuell vernachlässigbaren, aber massenhaft auftretenden Verletzungen). Durch die theoretisch hohen Bußgeldrahmen (→ Art. 246e § 2 Rn. 2) kann auch eine hohe **Abschreckungswirkung** erzielt werden.

3 Entsprechend der unionsrechtlichen Vorgabe erfordert die Vorschrift für den zugrundeliegenden Verstoß eine Form von **Zwischenstaatlichkeit** (→ Rn. 5). Obwohl sich der Bundesrat im Gesetzgebungsverfahren für eine Streichung dieses Erfordernisses und damit für eine massive Ausweitung des Anwendungsbereichs der Vorschrift stark gemacht hatte, hielt der Bundesrat an der Zwischenstaatlichkeit fest, da das allgemeine zivilrechtliche Instrumentarium ausreichend sei (Schubert/Schmitt/Jacobs BKR 2021, 689 (690)).

## II. Verbot der Verletzung von Verbraucherinteressen (Art. 1)

4 § 1 Abs. 1 normiert das Art. 246e BGB zugrunde liegende **Verbot** und damit den sozialethischen Vorwurf (BT-Drs. 19/27655, 38), der die Bußgeldbewehrung rechtfertigt. Zurückgegriffen wird dabei auf die Verbraucherschutz-Kooperationsverordnung (EU) 2017/2394 (Consumer Protection Cooperation; CPC-VO). Notwendig ist entweder ein weitverbreiteter Verstoß (Art. 3 Nr. 3 CPC-VO) oder ein weitverbreiteter Verstoß mit Unions-Dimension (Art. 3 Nr. 4 CPC-VO).

5 Der **weitverbreitete Verstoß** wird in Art. 3 Nr. 3 CPC-VO (vereinfacht) definiert als jede Handlung oder Unterlassung, die gegen Unionsrecht zum Schutz der Verbraucherinteressen verstößt und die Kollektivinteressen von Verbrauchern schädigt und in mindestens drei EU-Mitgliedsstaaten stattfindet. Der **weitverbreitete Verstoß mit Unions-Dimension** ist ein besonders qualifizierter Fall, bei dem Kollektivinteressen in mindestens zwei Dritteln der Mitgliedsstaaten, die zusammen mindestens zwei Drittel der Bevölkerung der Union ausmachen, betroffen sind. Praktisch dürfte die Differenzierung für Art. 246e EGBGB belanglos sein, da die Rechtsfolgen identisch. Plakativ gesprochen müssen somit Kollektivinteressen von Verbrauchern **in mindestens drei EU-Mitgliedstaaten** betroffen sein oder ein und dasselbe Unternehmen muss in mindestens drei Mitgliedstaaten gleichzeitig durch dasselbe unerlaubte Verhalten Kollektivinteressen von Verbrauchern beeinträchtigen (Schubert/Schmitt/Jacobs BKR 2021, 689 (691)).

6 Die Frage, **welche Mitgliedsstaaten betroffen** sind, muss immer im Lichte des jeweiligen Verstoßes beantwortet werden. Der Großteil der in Abs. 2 aufgelisteten Verstöße betrifft den

Onlinevertrieb unmittelbar (zB wenn der Bestellbutton nach § 312j Abs. 3 BGB nicht ordnungsgemäß gestaltet ist oder fehlt, s. Abs. 2 Nr. 9 lit. c), oder jedenfalls mittelbar (zB der Rücktritt vom Verbrauchsgüterkauf nach Abs. 2 Nr. 13, der häufig über das Internet abgewickelt wird). In solchen **Internetsachverhalten** dürfte entscheidend sein, ab welcher Schwelle die Kollektivinteressen von Verbrauchern als betroffen angesehen werden. Bei allzu freizügiger Auslegung könnten Onlineshops oder Online-Marktplätze (s. auch § 312l BGB), die für EU-Bürger in allen Mitgliedsstaaten offenstehen, fast schon automatisch unter die Regelung fallen.

Einen **Schwellenwert** nennen weder Art. 246e EGBGB noch Art. 3 CPC-VO. Dies wäre auch nicht zielführend, weil es erstens holzschnittartig und zweitens für Außenstehende praktisch kaum nachvollziehbar ist. Dennoch ist hier Vorsicht geboten, da nach der Ratio des Gesetzes Einzelfälle nicht „weitreichend" sein werden. Hier ist zu differenzieren. Manche Verstöße sind ihrer Art nach von vorherein **keine Einzelfälle.** So werden rechtswidrige AGB (Abs. 2 Nr. 2) entweder verwendet oder eben nicht; sie sind schon aufgrund der Definition in § 305 BGB für eine Vielzahl von Verwendungen konzipiert. Ebenso ist ein Kündigungsbutton (Abs. 2 Nr. 9 lit. c) auf der Webseite des Unternehmers vorgesehen, oder eben nicht. Auf der anderen Seite ist es möglich, dass eine Bestätigung über den Zugang des Widerrufs (Abs. 2 Nr. 14) aufgrund einer zeitweisen technischen Fehlfunktion nicht gesendet wird, oder die Lieferung einer Sache bei einem Verbrauchsgüterkauf sich aus einem bestimmten Grund verzögert (Abs. 2 Nr. 11). In solchen Situationen wird zusätzlich der Nachweis zu fordern sein, dass es sich nicht nur um einen Einzelfall, sondern um einen gehäuft auftretenden Verstoß handelt. 7

Eine notwendige räumliche Eingrenzung des Anwendungsbereichs sollte unter Rückgriff auf die zum **internationalen Verbraucherprivatrecht** entwickelten Grundzüge erfolgen (zutr. Schubert/Schmitt/Jacobs BKR 2021, 689 (691)). So stellt Art. 6 Abs. 1 Rom II-VO ebenfalls darauf ab, ob in einem Staat die kollektiven Interessen der Verbraucher beeinträchtigt wurden. Für die weitere Auslegung könnte Art. 6 Abs. 1 lit. b Rom I-VO herangezogen werden, wonach es darauf ankommt, ob die unternehmerische Tätigkeit auch auf ein bestimmtes Land **ausgerichtet** ist (→ VO (EG) 593/2008 Art. 6 Rn. 25 ff.). Ein ähnlicher Anknüpfungspunkt findet sich in Art. 17 Abs. 1 lit. c Brüssel Ia-VO (dazu MüKoZPO/Gottwald Brüssel Ia-VO Art. 17 Rn. 9 ff.). Hierdurch würde ein einheitlicher Rahmen für die einschlägigen Verbraucherschutzvorschriften geschaffen. 8

Die Verletzung von Verbraucherinteressen muss **im Zusammenhang mit Verbraucherverträgen** bestehen. Diese redundant erscheinende Formulierung erklärt sich aus der **Genese der Vorschrift,** die sowohl die aktualisierte Verbraucherrechte-RL als auch die Klauselrichtlinie umsetzt. Während für die in Abs. 2 aufgeführten Verbraucherschutzvorschriften offensichtlich ist, dass sie „im Zusammenhang mit Verbraucherverträgen" stehen, ist dies für Abs. 2 Nr. 2 (Verwendung oder Empfehlung unzulässiger AGB-Vorschriften) nicht der Fall. So kann beispielsweise ein rechtskräftiges Urteil (Art. 2 Nr. 2 lit. b) AGB sowohl den B2B- als auch den B2C-Bereich betreffen. In diesem Fall ist die Eingrenzung auf den Zusammenhang mit Verbraucherverträgen notwendig. 9

## III. Erfasste Vorschriften (Abs. 2)

Abs. 2 führt im Einzelnen auf, welche nationalen Regeln in den Anwendungsbereich des Verbots nach Abs. 1 fallen. Die Aufzählung ist **abschließend.** Dem deutschen Gesetzgeber steht es aber frei, auch rein **national begründete Verbraucherschutzvorschriften** zu erfassen. Dies ist aber bislang nicht erfolgt. Stimmig ist dies nicht, denn auf diese Weise unterfällt zB ein Verstoß gegen § 312j Abs. 3 (Bestellbutton) dem verschärften Regime, der vom deutschen Gesetzgeber ausdrücklich als spiegelbildliche Regelung geschaffene und fast zeitgleich mit Art. 246e EGBGB eingeführte § 312k Abs. 1 BGB (Kündigungsbutton, → BGBnF § 312k Rn. 1) hingegen nicht. 10

Erfasst sind (detaillierte Darstellung bei Schubert/Schmitt/Jacobs BKR 2021, 689 (692 ff.): 11

- die Empfehlung oder Verwendung von nach § 309 unwirksamen AGB sowie solchen AGB, deren Empfehlung oder Verwendung gegenüber Verbrauchern dem Unternehmer durch rechtskräftiges Urteil untersagt wurde (Nr. 2),
- die Geltendmachung nach § 241a Abs. BGB nicht begründeter Ansprüche (Nr. 1),
- verschiedene Verstöße gegen § 312a BGB (Nr. 3–6),
- das Verlangen von Kostenerstattung entgegen § 312e BGB (Nr. 7),
- das nicht ordnungsgemäße Zurverfügungstellen von Abschriften und Bestätigungen nach § 312f BGB (Nr. 8),
- verschiedene Verstöße gegen Pflichten im elektronischen Geschäftsverkehr nach § 312j BGB (Nr. 9),

- die nicht ordnungsgemäße Information durch Betreiber von Online-Marktplätzen nach § 312l BGB (Nr. 10),
- verschiedene Verstöße gegen Vorschriften rund um den Verbrauchsgüterkauf (Nr. 11, 13, 15), und
- die fehlende Bestätigung des Zugangs eines Widerrufs (§ 356 Abs. 1 S. 2 BGB) sowie die weitere Nutzung (bzw. fehlende Bereitstellung) der vom Verbraucher zur Verfügung gestellten Inhalte nach Widerruf eines Vertrags über digitale Produkte nach § 327p Abs. 2, 3 (Nr. 12).

### IV. Erweiterung auf Verstöße gegen ausländisches Verbraucherschutzrecht (Abs. 3)

12 Abs. 3 erweitert den Anwendungsbereich auf Fälle, auf die nicht das deutsche Recht, sondern das **nationale Recht eines anderen Mitgliedsstaats** Anwendung findet. Voraussetzung ist, dass dieses eine Vorschrift enthält, die der jeweiligen in Abs. 2 genannten Vorschrift entspricht. Durch den unionsrechtlichen Hintergrund der aufgezählten Vorschriften ist hiervon faktisch auszugehen. Hintergrund der Vorschrift ist, dass ohne diese Erweiterung die deutschen Aufsichtsbehörden für unter ausländisches Recht fallende Verstöße in Deutschland ansässiger Unternehmen nicht die zuständige Behörde im Sinne der CPC-VO wären (BT-Drs. 19/27655, 41).

## § 2 Bußgeldvorschriften

**(1) Ordnungswidrig handelt, wer vorsätzlich oder fahrlässig entgegen § 1 Absatz 1 Verbraucherinteressen im Zusammenhang mit Verbraucherverträgen nach § 1 Absatz 2 oder 3 verletzt.**

**(2) [1]Die Ordnungswidrigkeit kann mit einer Geldbuße bis zu fünfzigtausend Euro geahndet werden. [2]Gegenüber einem Unternehmer, der in den von dem Verstoß betroffenen Mitgliedstaaten der Europäischen Union in dem der Behördenentscheidung vorausgegangenen Geschäftsjahr mehr als eine Million zweihundertfünfzigtausend Euro Jahresumsatz erzielt hat, kann eine höhere Geldbuße verhängt werden; diese darf 4 Prozent des Jahresumsatzes nicht übersteigen. [3]Die Höhe des Jahresumsatzes kann geschätzt werden. [4]Liegen keine Anhaltspunkte für eine Schätzung des Jahresumsatzes vor, beträgt das Höchstmaß der Geldbuße zwei Millionen Euro. [5]Abweichend von den Sätzen 2 bis 4 gilt gegenüber einem Täter oder einem Beteiligten, der im Sinne des § 9 des Gesetzes über Ordnungswidrigkeiten für einen Unternehmer handelt, und gegenüber einem Beteiligten im Sinne von § 14 Absatz 1 Satz 2 des Gesetzes über Ordnungswidrigkeiten, der kein Unternehmer ist, der Bußgeldrahmen des Satzes 1. [6]Das für die Ordnungswidrigkeit angedrohte Höchstmaß der Geldbuße im Sinne von § 30 Absatz 2 Satz 2 des Gesetzes über Ordnungswidrigkeiten ist das nach den Sätzen 1 bis 4 anwendbare Höchstmaß.**

**(3) Die Ordnungswidrigkeit kann nur im Rahmen einer koordinierten Durchsetzungsmaßnahme nach Artikel 21 der Verordnung (EU) 2017/2394 geahndet werden.**

**(4) Verwaltungsbehörde im Sinne des § 36 Absatz 1 Nummer 1 des Gesetzes über Ordnungswidrigkeiten ist das Umweltbundesamt.**

**Schrifttum:** s. Art. 246e EGBGB § 1

§ 2 regelt die Bußgeldfolge sowie Zuständigkeiten bei Verstößen gegen § 1. § 2 Abs. 2 sieht für natürliche Personen, die an der Tat beteiligt sind ohne Unternehmer zu sein, ein Bußgeld von maximal EUR 50.000,- vor. Für Unternehmer gilt ein dynamischer Bußgeldrahmen iHv 4% des Jahresumsatzes.

### I. Ordnungswidrigkeit (Abs. 1)

1 Abs. 1 regelt, dass eine Verletzung von Art. 246e § 1 Abs. 1 EGBGB eine Ordnungswidrigkeit ist. Erfasst wird dabei sowohl vorsätzliches als auch fahrlässiges Handeln.

### II. Bußgeldhöhe (Abs. 2)

2 Abs. 2 S. 1 statuiert für das Bußgeld zunächst eine Sockelbetrag (BT-Drs. 19/27655, 41) von EUR 50.000,-. Übersteigt der **Jahresumsatz** des Unternehmers EUR 1,25 Mio., so wird die Obergrenze auf 4% des Jahresumsatzes heraufgesetzt. Die deutsche Umsetzung bleibt damit am unteren Ende der unionsrechtlich vorgesehenen Geldbuße (vgl. Art. 24 Abs. 3 Verbraucherrechte-

RL: mindestens 4%). Die konkrete Bußgeldzumessung richtet sich nach § 17 Abs. 3 OWiG (BT-Drs. 19/27655, 41) und damit nach allgemeinen Regeln.

Die **Höhe des Jahresumsatzes** kann nach Abs. 2 S. 3 geschätzt werden. Hiervon soll nach pflichtgemäßem Ermessen aber nur dann Gebrauch gemacht werden, wenn der Jahresumsatz nicht ohne erhebliche Schwierigkeiten geschätzt werden kann (BT-Drs. 19/27655, 42). Liegen keinerlei Anhaltspunkte für die Schätzung vor, so beträgt das Höchstmaß der Geldbuße nach Abs. 2 S. 4 EUR 2 Mio. Dies entspräche einem Jahresumsatz von EUR 50 Mio. In der Praxis ist allerdings kaum vorstellbar, dass keinerlei Ansatzpunkte für eine Schätzung vorliegen. 13

Für **natürliche Personen** (Täter oder Beteiligte), die nach § 9 OWiG für den Unternehmer handeln (zB Vorstandsmitglieder), oder die nach § 14 Abs. 1 S. 2 OWiG beteiligt sind, ohne Unternehmer zu sein, gilt nach Abs. 2 S. 5 der Sockelbetrag nach Abs. 2 S. 1. Nach der Gesetzesbegründung soll zB GmbH-Geschäftsführer vor nach Abs. 2 S. 2-4 höheren Bußgeldern schützen. Dabei ist aber zu bedenken, dass der Geschäftsführer gegenüber der GmbH zugleich für Pflichtverletzungen nach § 43 GmbHG im Innenverhältnis haftet. Auf diese Weise wird zumindest eine Doppel"bestrafung" vermieden. Abs. 2 S. 6 stellt aber klar, dass in diesem Fall die Beschränkung nach Abs. 2 S. 5 nicht für die juristische Person bzw. Personengesellschaft gilt. Die Bußgeldhöhe richtet sich danach für die handelnde Person nach Art. 2 S. 1, für die juristische Person bzw. Personengesellschaft nach Art. 2 S. 2-4 (BT-Drs. 19/27655, 42). 3

### III. Verfahren und Zuständigkeiten (Abs. 3, 4)

Nach Abs. 3 erfolgt die Durchsetzung zwingend mittels einer **koordinierten Durchsetzungsmaßnahme** nach Art. 21 CPC-VO. Hierbei handeln die beteiligten nationalen Behörden einvernehmlich (Art. 15 CPC-VO). Grundsätze und Verfahren der Zusammenarbeit regeln die Art. 16 ff. CPC-VO. 4

Zuständige Behörde im Sinne von § 36 OWiG ist nach Abs. 4 das **Umweltbundesamt.** Diese etwas überraschende Zuständigkeit ist Ergebnis einer zum 1.8.2022 in Kraft getretenen Aufgabenübertragung in Verbrauchersachen vom Bundesamt für Justiz zum Umweltbundesamt. 5

## Artikel 247 Informationspflichten bei Verbraucherdarlehensverträgen, entgeltlichen Finanzierungshilfen und Darlehensvermittlungsverträgen

### § 1 Vorvertragliche Informationen bei Immobiliar-Verbraucherdarlehensverträgen

**(1) [1]Bei einem Immobiliar-Verbraucherdarlehensvertrag muss der Darlehensgeber dem Darlehensnehmer mitteilen, welche Informationen und Nachweise er innerhalb welchen Zeitraums von ihm benötigt, um eine ordnungsgemäße Kreditwürdigkeitsprüfung durchführen zu können. [2]Er hat den Darlehensnehmer darauf hinzuweisen, dass eine Kreditwürdigkeitsprüfung für den Abschluss des Darlehensvertrags zwingend ist und nur durchgeführt werden kann, wenn die hierfür benötigten Informationen und Nachweise richtig sind und vollständig beigebracht werden.**

**(2) [1]Der Darlehensgeber muss dem Darlehensnehmer die vorvertraglichen Informationen in Textform übermitteln, und zwar unverzüglich nachdem er die Angaben gemäß Absatz 1 erhalten hat und rechtzeitig vor Abgabe der Vertragserklärung des Darlehensnehmers. [2]Dafür muss der Darlehensgeber das entsprechend ausgefüllte Europäische Standardisierte Merkblatt gemäß dem Muster in Anlage 6 (ESIS-Merkblatt) verwenden. [3]Der Darlehensgeber hat das ESIS-Merkblatt auch jedem Vertragsangebot und jedem Vertragsvorschlag, an dessen Bedingungen er sich bindet, beizufügen. [4]Dies gilt nicht, wenn der Darlehensnehmer bereits ein Merkblatt erhalten hat, das über die speziellen Bedingungen des Vertragsangebots oder Vertragsvorschlags informiert. [5]Jeder bindende Vertragsvorschlag ist dem Darlehensnehmer in Textform zur Verfügung zu stellen. [6]Ist der Darlehensvertrag zugleich ein außerhalb von Geschäftsräumen geschlossener Vertrag oder ein Fernabsatzvertrag, gelten mit der Übermittlung des ESIS-Merkblatts auch die Anforderungen des § 312d Absatz 2 des Bürgerlichen Gesetzbuchs als erfüllt.**

**(3) [1]Weitere vorvertragliche Informationen sind, soweit nichts anderes bestimmt ist, in einem gesonderten Dokument zu erteilen, das dem ESIS-Merkblatt beigefügt werden kann. [2]Die weiteren vorvertraglichen Informationen müssen auch einen deutlich gestal-**

**teten Hinweis darauf enthalten, dass der Darlehensgeber Forderungen aus dem Darlehensvertrag ohne Zustimmung des Darlehensnehmers abtreten und das Vertragsverhältnis auf einen Dritten übertragen darf, soweit nicht die Abtretung im Vertrag ausgeschlossen wird oder der Darlehensnehmer der Übertragung zustimmen muss.**

**(4) Wenn der Darlehensgeber entscheidet, den Darlehensvertrag nicht abzuschließen, muss er dies dem Darlehensnehmer unverzüglich mitteilen.**

### Überblick

Art. 247 §§ 1–17 wurden angefügt mWv 11.6.2010 durch Gesetz vom 29.7.2009 (BGBl. I 2355). Zur Kommentierung → BGB § 491 Rn. 4; → BGB § 491 Rn. 6; → BGB § 491 Rn. 7 → BGB § 491 Rn. 9.

## § 2 Form, Zeitpunkt und Muster der vorvertraglichen Informationen bei Allgemein-Verbraucherdarlehensverträgen

**(1) [1]Bei einem Allgemein-Verbraucherdarlehensvertrag muss der Darlehensgeber den Darlehensnehmer über die Einzelheiten nach den §§ 3 bis 5 und 8 bis 13 unterrichten, und zwar rechtzeitig vor Abgabe der Vertragserklärung des Darlehensnehmers. [2]Die Unterrichtung erfolgt in Textform.**

**(2) Für die Unterrichtung nach Absatz 1 ist vorbehaltlich des Absatzes 3 die Europäische Standardinformation für Verbraucherkredite gemäß dem Muster in Anlage 4 zu verwenden.**

**(3) [1]Soll ein Allgemein-Verbraucherdarlehensvertrag gemäß § 495 Absatz 2 Nummer 1 oder § 504 Absatz 2 des Bürgerlichen Gesetzbuchs abgeschlossen werden, kann der Darlehensgeber zur Unterrichtung die Europäische Verbraucherkreditinformation gemäß dem Muster in Anlage 5 verwenden. [2]Verwendet der Darlehensgeber das Muster nicht, hat er bei der Unterrichtung alle nach den §§ 3 bis 5 und 8 bis 13 erforderlichen Angaben gleichartig zu gestalten und hervorzuheben.**

**(4) [1]Die Verpflichtung zur Unterrichtung nach § 491a Abs. 1 des Bürgerlichen Gesetzbuchs gilt als erfüllt, wenn der Darlehensgeber dem Darlehensnehmer das ordnungsgemäß ausgefüllte Muster in Textform übermittelt hat. [2]Ist der Darlehensvertrag zugleich ein Fernabsatzvertrag oder ein außerhalb von Geschäftsräumen geschlossener Vertrag, gelten mit der Übermittlung des entsprechenden ausgefüllten Musters auch die Anforderungen des § 312d Absatz 2 des Bürgerlichen Gesetzbuchs als erfüllt. [3]Die in diesem Absatz genannten Verpflichtungen gelten bis 31. Dezember 2010 auch bei Übermittlung des Musters in den Anlagen 4 und 5 in der Fassung des Gesetzes zur Umsetzung der Verbraucherkreditrichtlinie, des zivilrechtlichen Teils der Zahlungsdiensterichtlinie sowie zur Neuordnung der Vorschriften über das Widerrufs- und Rückgaberecht vom 29. Juli 2009 (BGBl. I S. 2355) als erfüllt.**

### Überblick

Art. 247 §§ 1–17 wurden angefügt mWv 11.6.2010 durch Gesetz vom 29.7.2009 (BGBl. I 2355). Zur Kommentierung → BGB § 491a Rn. 9.

## § 3 Inhalt der vorvertraglichen Information bei Allgemein-Verbraucherdarlehensverträgen

**(1) Die Unterrichtung vor Vertragsschluss muss folgende Informationen enthalten:**

1. **den Namen und die Anschrift des Darlehensgebers,**
2. **die Art des Darlehens,**
3. **den effektiven Jahreszins,**
4. **den Nettodarlehensbetrag,**
5. **den Sollzinssatz,**
6. **die Vertragslaufzeit,**
7. **Betrag, Zahl und Fälligkeit der einzelnen Teilzahlungen,**

**8. den Gesamtbetrag,**
**9. die Auszahlungsbedingungen,**
**10. alle sonstigen Kosten, insbesondere in Zusammenhang mit der Auszahlung oder der Verwendung eines Zahlungsinstruments, mit dem sowohl Zahlungsvorgänge als auch Abhebungen getätigt werden können, sowie die Bedingungen, unter denen die Kosten angepasst werden können,**
**11. den Verzugszinssatz und die Art und Weise seiner etwaigen Anpassung sowie gegebenenfalls anfallende Verzugskosten,**
**12. einen Warnhinweis zu den Folgen ausbleibender Zahlungen,**
**13. das Bestehen oder Nichtbestehen eines Widerrufsrechts,**
**14. das Recht des Darlehensnehmers, das Darlehen vorzeitig zurückzuzahlen,**
**15. die sich aus § 491a Abs. 2 des Bürgerlichen Gesetzbuchs ergebenden Rechte,**
**16. die sich aus § 29 Abs. 7 des Bundesdatenschutzgesetzes ergebenden Rechte.**

**(2) [1]Gesamtbetrag ist die Summe aus Nettodarlehensbetrag und Gesamtkosten. [2]Nettodarlehensbetrag ist der Höchstbetrag, auf den der Darlehensnehmer aufgrund des Darlehensvertrags Anspruch hat. [3]Die Gesamtkosten und der effektive Jahreszins sind nach § 6 der Preisangabenverordnung zu berechnen.**

**(3) [1]Der Gesamtbetrag und der effektive Jahreszins sind anhand eines repräsentativen Beispiels zu erläutern. [2]Dabei sind sämtliche in die Berechnung des effektiven Jahreszinses einfließenden Annahmen anzugeben und die vom Darlehensnehmer genannten Wünsche zu einzelnen Vertragsbedingungen zu berücksichtigen. [3]Der Darlehensgeber hat darauf hinzuweisen, dass sich der effektive Jahreszins unter Umständen erhöht, wenn der Verbraucherdarlehensvertrag mehrere Auszahlungsmöglichkeiten mit unterschiedlichen Kosten oder Sollzinssätzen vorsieht und die Berechnung des effektiven Jahreszinses auf der Vermutung beruht, dass die für die Art des Darlehens übliche Auszahlungsmöglichkeit vereinbart werde.**

**(4) [1]Die Angabe zum Sollzinssatz muss die Bedingungen und den Zeitraum für seine Anwendung sowie die Art und Weise seiner Anpassung enthalten. [2]Ist der Sollzinssatz von einem Index oder Referenzzinssatz abhängig, sind diese anzugeben. [3]Sieht der Verbraucherdarlehensvertrag mehrere Sollzinssätze vor, sind die Angaben für alle Sollzinssätze zu erteilen. [4]Sind im Fall des Satzes 3 Teilzahlungen vorgesehen, ist anzugeben, in welcher Reihenfolge die ausstehenden Forderungen des Darlehensgebers, für die unterschiedliche Sollzinssätze gelten, durch die Teilzahlungen getilgt werden.**

### Überblick

Art. 247 §§ 1–17 wurden angefügt mWv 11.6.2010 durch Gesetz vom 29.7.2009 (BGBl. I 2355). Zur Kommentierung → BGB § 491a Rn. 6; → BGB § 492 Rn. 13 → BGB § 492 Rn. 18 und → BGB § 492 Rn. 32 ff.

## § 4 Weitere Angaben bei der vorvertraglichen Information bei Allgemein-Verbraucherdarlehensverträgen

**(1) Die Unterrichtung muss bei Allgemein-Verbraucherdarlehensverträgen folgende Angaben enthalten, soweit sie für den in Betracht kommenden Vertragsabschluss erheblich sind:**
**1. einen Hinweis, dass der Darlehensnehmer infolge des Vertragsabschlusses Notarkosten zu tragen hat,**
**2. Sicherheiten, die der Darlehensgeber verlangt,**
**3. den Anspruch auf Vorfälligkeitsentschädigung und dessen Berechnungsmethode, soweit der Darlehensgeber diesen Anspruch geltend macht, falls der Darlehensnehmer das Darlehen vorzeitig zurückzahlt,**
**4. gegebenenfalls den Zeitraum, für den sich der Darlehensgeber an die übermittelten Informationen bindet.**

**(2) Weitere Hinweise des Darlehensgebers müssen räumlich getrennt von den Angaben nach Absatz 1 und nach den §§ 3 und 8 bis 13a übermittelt werden.**

**(3) Wird in einem Allgemein-Verbraucherdarlehensvertrag auf einen Referenzwert im Sinne des Artikels 3 Absatz 1 Nummer 3 der Verordnung (EU) 2016/1011 des Euro-**

**päischen Parlaments und des Rates vom 8. Juni 2016 über Indizes, die bei Finanzinstrumenten und Finanzkontrakten als Referenzwert oder zur Messung der Wertentwicklung eines Investmentfonds verwendet werden, und zur Änderung der Richtlinien 2008/48/EG und 2014/17/EU sowie der Verordnung (EU) Nr. 596/2014 (ABl. L 171 vom 29.6.2016, S. 1) Bezug genommen, teilt der Darlehensgeber dem Darlehensnehmer in einem gesonderten Dokument, das dem Formular „Europäische Standardinformationen für Verbraucherkredite" beigefügt werden kann, die Bezeichnung des Referenzwerts und den Namen des Administrators sowie die möglichen Auswirkungen auf den Darlehensnehmer mit.**

### Überblick

Art. 247 §§ 1–17 wurden angefügt mWv 11.6.2010 durch Gesetz vom 29.7.2009 (BGBl. I 2355). Zur Kommentierung → BGB § 491a Rn. 6.

## § 5 Information bei besonderen Kommunikationsmitteln

**(1) [1]Wählt der Darlehensnehmer für die Vertragsanbahnung bei Allgemein-Verbraucherdarlehensverträgen Kommunikationsmittel, die die Übermittlung der vorstehenden Informationen in der in § 2 vorgesehenen Form nicht gestatten, ist die vollständige Unterrichtung nach § 2 unverzüglich nachzuholen. [2]Bei Telefongesprächen muss die Beschreibung der wesentlichen Merkmale nach Artikel 246b § 1 Absatz 1 Nummer 5 zumindest die Angaben nach § 3 Abs. 1 Nr. 3 bis 9, Abs. 3 und 4 enthalten.**

**(2) Bei Telefongesprächen, die sich auf Immobiliar-Verbraucherdarlehensverträge beziehen, muss die Beschreibung der wesentlichen Merkmale nach Artikel 246b § 1 Absatz 1 Nummer 5 zumindest die Angaben nach Teil A Abschnitt 3 bis 6 des ESIS-Merkblatts gemäß dem Muster in Anlage 6 enthalten.**

### Überblick

Art. 247 §§ 1–17 wurden angefügt mWv 11.6.2010 durch Gesetz vom 29.7.2009 (BGBl. I 2355). Zur Kommentierung → BGB § 491a Rn. 6.

## § 6 Vertragsinhalt

**(1) [1]Der Verbraucherdarlehensvertrag muss klar und verständlich folgende Angaben enthalten:**
**1. die in § 3 Abs. 1 Nr. 1 bis 14 und Abs. 4 genannten Angaben,**
**2. den Namen und die Anschrift des Darlehensnehmers,**
**3. die für den Darlehensgeber zuständige Aufsichtsbehörde,**
**4. einen Hinweis auf den Anspruch des Darlehensnehmers auf einen Tilgungsplan nach § 492 Abs. 3 Satz 2 des Bürgerlichen Gesetzbuchs,**
**5. das einzuhaltende Verfahren bei der Kündigung des Vertrags,**
**6. sämtliche weitere Vertragsbedingungen.**

**[2]Bei einem Immobiliar-Verbraucherdarlehensvertrag sind abweichend von Satz 1 nur die in § 3 Absatz 1 Nummer 1 bis 7, 10 und 13 sowie Absatz 4 genannten Angaben zwingend. [3]Abweichend von § 3 Absatz 1 Nummer 7 ist die Anzahl der Teilzahlungen nicht anzugeben, wenn die Laufzeit des Darlehensvertrags von dem Zeitpunkt der Zuteilung eines Bausparvertrags abhängt.**

**(2) [1]Besteht ein Widerrufsrecht nach § 495 des Bürgerlichen Gesetzbuchs, müssen im Vertrag Angaben zur Frist und zu anderen Umständen für die Erklärung des Widerrufs sowie ein Hinweis auf die Verpflichtung des Darlehensnehmers enthalten sein, ein bereits ausbezahltes Darlehen zurückzuzahlen und Zinsen zu vergüten. [2]Der pro Tag zu zahlende Zinsbetrag ist anzugeben. [3]Enthält der Verbraucherdarlehensvertrag eine Vertragsklausel in hervorgehobener und deutlich gestalteter Form, die bei Allgemein-Verbraucherdarlehensverträgen dem Muster in Anlage 7 und bei Immobiliar-Verbraucherdarlehensverträgen dem Muster in Anlage 8 entspricht, genügt diese Vertragsklausel den**

**Anforderungen der Sätze 1 und 2. [4]Dies gilt bis zum Ablauf des 4. November 2011 auch bei entsprechender Verwendung dieses Musters in der Fassung des Gesetzes zur Einführung einer Musterwiderrufsinformation für Verbraucherdarlehensverträge, zur Änderung der Vorschriften über das Widerrufsrecht bei Verbraucherdarlehensverträgen und zur Änderung des Darlehensvermittlungsrechts vom 24. Juli 2010 (BGBl. I S. 977). [5]Der Darlehensgeber darf unter Beachtung von Satz 3 in Format und Schriftgröße jeweils von dem Muster abweichen.**

**(3) Bei Allgemein-Verbraucherdarlehensverträgen hat die Angabe des Gesamtbetrags und des effektiven Jahreszinses unter Angabe der Annahmen zu erfolgen, die zum Zeitpunkt des Abschlusses des Vertrags bekannt sind und die in die Berechnung des effektiven Jahreszinses einfließen.**

### Überblick

Art. 247 §§ 1–17 wurden angefügt mWv 11.6.2010 durch Gesetz vom 29.7.2009 (BGBl. I 2355). Zur Kommentierung → BGB § 491a Rn. 6; → BGB § 492 Rn. 32 ff.; → BGB § 507 Rn. 2.

## § 7 Weitere Angaben im Vertrag

**(1) Der Allgemein-Verbraucherdarlehensvertrag muss folgende klar und verständlich formulierte weitere Angaben enthalten, soweit sie für den Vertrag bedeutsam sind:**
**1. einen Hinweis, dass der Darlehensnehmer Notarkosten zu tragen hat,**
**2. die vom Darlehensgeber verlangten Sicherheiten und Versicherungen, im Fall von entgeltlichen Finanzierungshilfen insbesondere einen Eigentumsvorbehalt,**
**3. die Berechnungsmethode des Anspruchs auf Vorfälligkeitsentschädigung, soweit der Darlehensgeber beabsichtigt, diesen Anspruch geltend zu machen, falls der Darlehensnehmer das Darlehen vorzeitig zurückzahlt,**
**4. den Zugang des Darlehensnehmers zu einem außergerichtlichen Beschwerde- und Rechtsbehelfsverfahren und gegebenenfalls die Voraussetzungen für diesen Zugang.**

**(2) Der Immobiliar-Verbraucherdarlehensvertrag muss folgende klar und verständlich formulierte weitere Angaben enthalten, soweit sie für den Vertrag bedeutsam sind:**
**1. die Voraussetzungen und die Berechnungsmethode für den Anspruch auf Vorfälligkeitsentschädigung, soweit der Darlehensgeber beabsichtigt, diesen Anspruch geltend zu machen, falls der Darlehensnehmer das Darlehen vorzeitig zurückzahlt, und die sich aus § 493 Absatz 5 des Bürgerlichen Gesetzbuchs ergebenden Pflichten,**
**2. bei einem Immobiliar-Verbraucherdarlehensvertrag in Fremdwährung auch die sich aus den §§ 503 und 493 Absatz 4 des Bürgerlichen Gesetzbuchs ergebenden Rechte des Darlehensnehmers.**

### Überblick

Art. 247 §§ 1–17 wurden angefügt mWv 11.6.2010 durch Gesetz vom 29.7.2009 (BGBl. I 2355). Zur Kommentierung → BGB § 492 Rn. 14→ BGB § 492 Rn. 28.

## § 8 Verträge mit Zusatzleistungen

**(1) [1]Verlangt der Darlehensgeber zum Abschluss eines Allgemein-Verbraucherdarlehensvertrags, dass der Darlehensnehmer zusätzliche Leistungen des Darlehensgebers annimmt oder einen weiteren Vertrag abschließt, insbesondere einen Versicherungsvertrag oder Kontoführungsvertrag, hat der Darlehensgeber dies zusammen mit der vorvertraglichen Information anzugeben. [2]In der vorvertraglichen Information sind Kontoführungsgebühren sowie die Bedingungen, unter denen sie angepasst werden können, anzugeben.**

**(2) Werden im Zusammenhang mit einem Verbraucherdarlehensvertrag Kontoführungsgebühren erhoben, so sind diese sowie die Bedingungen, unter denen die Gebühren angepasst werden können, im Vertrag anzugeben.**

**(3) [1]Dienen die vom Darlehensnehmer geleisteten Zahlungen nicht der unmittelbaren Darlehenstilgung, sind die Zeiträume und Bedingungen für die Zahlung der Sollzinsen und der damit verbundenen wiederkehrenden und nicht wiederkehrenden Kosten im Verbraucherdarlehensvertrag aufzustellen. [2]Verpflichtet sich der Darlehensnehmer mit dem Abschluss eines Verbraucherdarlehensvertrags auch zur Vermögensbildung, muss aus der vorvertraglichen Information und aus dem Verbraucherdarlehensvertrag klar und verständlich hervorgehen, dass weder die während der Vertragslaufzeit fälligen Zahlungsverpflichtungen noch die Ansprüche, die der Darlehensnehmer aus der Vermögensbildung erwirbt, die Tilgung des Darlehens gewährleisten, es sei denn, dies wird vertraglich vereinbart.**

### Überblick

Art. 247 §§ 1–17 wurden angefügt mWv 11.6.2010 durch Gesetz vom 29.7.2009 (BGBl. I 2355). Zur Kommentierung → BGB § 491a Rn. 6; → BGB § 492 Rn. 28.

## § 9 (aufgehoben)

### Überblick

Art. 247 § 9 wurde aufgehoben mWv 21.3.2016 durch Gesetz vom 11.3.2016 (BGBl. I 396).

## § 10 Abweichende Mitteilungspflichten bei Überziehungsmöglichkeiten gemäß § 504 Abs. 2 des Bürgerlichen Gesetzbuchs

**(1) Bei Überziehungsmöglichkeiten im Sinne des § 504 Abs. 2 des Bürgerlichen Gesetzbuchs sind abweichend von den §§ 3, 4 und 6 nur anzugeben:**

**1. in der vorvertraglichen Information**
   **a) die Angaben nach § 3 Absatz 1 Nummer 1 bis 6, 10, 11 und 16, Absatz 3 und 4 sowie gegebenenfalls nach § 4 Abs. 1 Nr. 4,**
   **b) die Bedingungen zur Beendigung des Darlehensverhältnisses und**
   **c) der Hinweis, dass der Darlehensnehmer jederzeit zur Rückzahlung des gesamten Darlehensbetrags aufgefordert werden kann, falls ein entsprechendes Kündigungsrecht für den Darlehensgeber vereinbart werden soll;**

**2. im Vertrag**
   **a) die Angaben nach § 6 Abs. 1 Nr. 1 in Verbindung mit § 3 Abs. 1 Nr. 1 bis 6, 9 und 10, Abs. 4,**
   **b) die Angaben nach § 6 Abs. 1 Nr. 2 und 5,**
   **c) die Gesamtkosten sowie**
   **d) gegebenenfalls der Hinweis nach Nummer 1 Buchstabe c.**

**(2) In den Fällen des § 5 Absatz 1 muss die Beschreibung der wesentlichen Merkmale nach Artikel 246b § 1 Absatz 1 Nummer 5 zumindest die Angaben nach § 3 Absatz 1 Nummer 3 bis 5, 10, Absatz 3 und 4 sowie nach Absatz 1 Nr. 1 Buchstabe c enthalten.**

**(3) Die Angabe des effektiven Jahreszinses ist entbehrlich, wenn der Darlehensgeber außer den Sollzinsen keine weiteren Kosten verlangt und die Sollzinsen nicht in kürzeren Zeiträumen als drei Monaten fällig werden.**

### Überblick

Art. 247 §§ 1–17 wurden angefügt mWv 11.6.2010 durch Gesetz vom 29.7.2009 (BGBl. I 2355). Zur Kommentierung → BGB § 491a Rn. 6; → BGB § 492 Rn. 28.

### § 11 Abweichende Mitteilungspflichten bei Allgemein-Verbraucherdarlehensverträgen zur Umschuldung gemäß § 495 Absatz 2 Nummer 1 des Bürgerlichen Gesetzbuchs

**(1) Bei Allgemein-Verbraucherdarlehensverträgen zur Umschuldung gemäß § 495 Absatz 2 Nummer 1 des Bürgerlichen Gesetzbuchs sind abweichend von den §§ 3, 4 und 6 nur anzugeben:**

**1. in der vorvertraglichen Information**
   **a) die Angaben nach § 3 Abs. 1 Nr. 1 bis 7, 10, 11, 14 und 16, Abs. 3 und 4,**
   **b) die Angaben nach § 4 Abs. 1 Nr. 3,**
   **c) die Angaben nach § 10 Abs. 1 Nr. 1 Buchstabe b sowie**
   **d) gegebenenfalls die Angaben nach § 4 Abs. 1 Nr. 4;**

**2. im Vertrag**
   **a) die Angaben nach § 6 Abs. 1 Nr. 1 in Verbindung mit § 3 Abs. 1 Nr. 1 bis 9, 11 und 14, Abs. 3 und 4 sowie**
   **b) die Angaben nach § 6 Abs. 1 Nr. 2 bis 4 und 6.**

**(2) In den Fällen des § 5 Absatz 1 muss die Beschreibung der wesentlichen Merkmale nach Artikel 246b § 1 Absatz 1 Nummer 5 zumindest die Angaben nach § 3 Abs. 1 Nr. 3 bis 6, 10 sowie Abs. 3 und 4 enthalten.**

**(3) [1]Wird ein Verbraucherdarlehensvertrag gemäß § 495 Absatz 2 Nummer 1 des Bürgerlichen Gesetzbuchs als Überziehungsmöglichkeit im Sinne des § 504 Abs. 2 Satz 1 des Bürgerlichen Gesetzbuchs abgeschlossen, gilt § 10. [2]Die Absätze 1 und 2 sind nicht anzuwenden.**

#### Überblick

Art. 247 §§ 1–17 wurden angefügt mWv 11.6.2010 durch Gesetz vom 29.7.2009 (BGBl. I 2355). Zur Kommentierung → BGB § 491a Rn. 6; → BGB § 492 Rn. 28.

### § 12 Verbundene Verträge und entgeltliche Finanzierungshilfen

**(1) [1]Die §§ 1 bis 11 gelten entsprechend für die in § 506 Absatz 1 des Bürgerlichen Gesetzbuchs bezeichneten Verträge über entgeltliche Finanzierungshilfen. [2]Bei diesen Verträgen oder Verbraucherdarlehensverträgen, die mit einem anderen Vertrag gemäß § 358 des Bürgerlichen Gesetzbuchs verbunden sind oder in denen eine Ware oder Leistung gemäß § 360 Absatz 2 Satz 2 des Bürgerlichen Gesetzbuchs angegeben ist, muss enthalten:**

**1. die vorvertragliche Information, auch in den Fällen des § 5, den Gegenstand und den Barzahlungspreis,**

**2. der Vertrag**
   **a) den Gegenstand und den Barzahlungspreis sowie**
   **b) Informationen über die sich aus den §§ 358 und 359 oder § 360 des Bürgerlichen Gesetzbuchs ergebenden Rechte und über die Bedingungen für die Ausübung dieser Rechte.**

**[3]Enthält der Verbraucherdarlehensvertrag eine Vertragsklausel in hervorgehobener und deutlich gestalteter Form, die bei Allgemein-Verbraucherdarlehensverträgen dem Muster in Anlage 7 und bei Immobiliar-Verbraucherdarlehensverträgen dem Muster in Anlage 8 entspricht, genügt diese Vertragsklausel bei verbundenen Verträgen sowie Geschäften gemäß § 360 Absatz 2 Satz 2 des Bürgerlichen Gesetzbuchs den in Satz 2 Nummer 2 Buchstabe b gestellten Anforderungen. [4]Dies gilt bis zum Ablauf des 4. November 2011 auch bei entsprechender Verwendung dieses Musters in der Fassung des Gesetzes zur Einführung einer Musterwiderrufsinformation für Verbraucherdarlehensverträge, zur Änderung der Vorschriften über das Widerrufsrecht bei Verbraucherdarlehensverträgen und zur Änderung des Darlehensvermittlungsrechts vom 24. Juli 2010 (BGBl. I S. 977). [5]Bei Verträgen über eine entgeltliche Finanzierungshilfe treten diese Rechtsfolgen nur ein, wenn die Informationen dem im Einzelfall vorliegenden Vertragstyp angepasst sind. [6]Der Darlehensgeber darf unter Beachtung von Satz 3 in Format und Schriftgröße von dem Muster abweichen.**

**(2) [1]Bei Verträgen gemäß § 506 Absatz 2 Satz 1 Nummer 3 des Bürgerlichen Gesetzbuchs sind die Angaben nach § 3 Abs. 1 Nr. 14, § 4 Abs. 1 Nr. 3 und § 7 Nummer 3 entbehrlich. [2]§ 14 Abs. 1 Satz 2 ist nicht anzuwenden. [3]Hat der Unternehmer den Gegenstand für den Verbraucher erworben, tritt an die Stelle des Barzahlungspreises der Anschaffungspreis.**

### Überblick

Art. 247 §§ 1–17 wurden angefügt mWv 11.6.2010 durch Gesetz vom 29.7.2009 (BGBl. I 2355). Zur Kommentierung → BGB § 491a Rn. 6; → BGB § 492 Rn. 28.

## § 13 Darlehensvermittler bei Verbraucherdarlehensverträgen

**(1) Ist bei der Anbahnung oder beim Abschluss eines Verbraucherdarlehensvertrags oder eines Vertrags über eine entgeltliche Finanzierungshilfe ein Darlehensvermittler beteiligt, so ist der Vertragsinhalt nach § 6 Abs. 1 um den Namen und die Anschrift des beteiligten Darlehensvermittlers zu ergänzen.**

**(2) [1]Wird der Darlehensvermittlungsvertrag im Sinne des § 655a des Bürgerlichen Gesetzbuchs mit einem Verbraucher abgeschlossen, so hat der Darlehensvermittler den Verbraucher rechtzeitig vor Abschluss des Darlehensvermittlungsvertrags auf einem dauerhaften Datenträger zu unterrichten über**
**1. die Höhe einer vom Verbraucher verlangten Vergütung,**
**2. die Tatsache, ob er für die Vermittlung von einem Dritten ein Entgelt oder sonstige Anreize erhält sowie gegebenenfalls die Höhe,**
**3. den Umfang seiner Befugnisse, insbesondere, ob er ausschließlich für einen oder mehrere bestimmte Darlehensgeber oder unabhängig tätig wird, und**
**4. gegebenenfalls weitere vom Verbraucher verlangte Nebenentgelte sowie deren Höhe, soweit diese zum Zeitpunkt der Unterrichtung bekannt ist, andernfalls einen Höchstbetrag.**

**[2]Wird der Darlehensvermittlungsvertrag im Sinne des § 655a des Bürgerlichen Gesetzbuchs ausschließlich mit einem Dritten abgeschlossen, so hat der Darlehensvermittler den Verbraucher rechtzeitig vor Abschluss eines vermittelten Vertrags im Sinne von Absatz 1 auf einem dauerhaften Datenträger über die Einzelheiten gemäß Satz 1 Nummer 2 und 3 zu unterrichten.**

**(3) [1]Der Darlehensvermittler hat dem Darlehensgeber die Höhe der von ihm verlangten Vergütung vor der Annahme des Auftrags mitzuteilen. [2]Darlehensvermittler und Darlehensgeber haben sicherzustellen, dass die andere Partei eine Abschrift des Vertrags im Sinne von Absatz 1 erhält.**

**(4) Wirbt der Darlehensvermittler gegenüber einem Verbraucher für den Abschluss eines Verbraucherdarlehensvertrags oder eines Vertrags über eine entgeltliche Finanzierungshilfe, so hat er hierbei die Angaben nach Absatz 2 Satz 1 Nummer 3 einzubeziehen.**

### Überblick

Art. 247 §§ 1–17 wurden angefügt mWv 11.6.2010 durch Gesetz vom 29.7.2009 (BGBl. I 2355). Zur Kommentierung → BGB § 491a Rn. 6; → BGB § 492 Rn. 14; → BGB § 655a Rn. 4 und → BGB § 655a Rn. 11.

## § 13a Besondere Regelungen für Darlehensvermittler bei Allgemein-Verbraucherdarlehensverträgen

**Ist bei der Anbahnung oder beim Abschluss eines Allgemein-Verbraucherdarlehensvertrags oder eines Vertrags über eine entsprechende entgeltliche Finanzierungshilfe ein Darlehensvermittler beteiligt, so sind die vorvertraglichen Informationen nach § 3 Absatz 1 Nummer 1 um den Namen und die Anschrift des beteiligten Darlehensvermittlers zu ergänzen.**

## Überblick

Art. 247 § 13a wurde angefügt mWv 21.3.2016 durch Gesetz vom 11.3.2016 (BGBl. I 396). Zur Kommentierung → BGB § 492 Rn. 14; → BGB § 655a Rn. 11.

## § 13b Besondere Regelungen für Darlehensvermittler bei Immobiliar-Verbraucherdarlehensverträgen

**(1) [1]Bei der Vermittlung von Immobiliar-Verbraucherdarlehensverträgen muss der Darlehensvermittler mit der Unterrichtung nach § 13 Absatz 2 Folgendes zusätzlich mitteilen:**
**1. seine Identität und Anschrift,**
**2. in welches Register er eingetragen wurde, gegebenenfalls die Registrierungsnummer, und auf welche Weise der Registereintrag eingesehen werden kann,**
**3. ob er an einen oder mehrere Darlehensgeber gemäß § 655a Absatz 3 Satz 3 des Bürgerlichen Gesetzbuchs gebunden oder ausschließlich für einen oder mehrere Darlehensgeber tätig ist, und wenn ja, die Namen der Darlehensgeber,**
**4. ob er Beratungsleistungen anbietet,**
**5. die Methode, nach der seine Vergütung berechnet wird, falls die Höhe noch nicht genau benannt werden kann,**
**6. welche interne Verfahren für Beschwerden von Verbrauchern oder anderen interessierten Parteien über Darlehensvermittler zur Verfügung stehen sowie einen möglichen Zugang des Verbrauchers zu einem außergerichtlichen Beschwerde- und Rechtsbehelfsverfahren,**
**7. ob ihm für seine im Zusammenhang mit dem Darlehensvertrag stehende Dienstleistung Provisionen oder sonstige Anreize von einem Dritten gewährt werden, und wenn ja, in welcher Höhe; ist die Höhe noch nicht bekannt, so ist mitzuteilen, dass der tatsächliche Betrag zu einem späteren Zeitpunkt im ESIS-Merkblatt angegeben wird.**

**[2]Beginnt der Darlehensvermittler seine Vermittlungstätigkeit vor Abschluss des Vermittlungsvertrags, so sind die Informationspflichten gemäß Satz 1 rechtzeitig vor Ausübung der Vermittlungstätigkeit zu erteilen.**

**(2) Bei Immobiliar-Verbraucherdarlehensverträgen hat der Darlehensvermittler dem Darlehensgeber die Informationen gemäß § 1 Absatz 1, die er von dem Darlehensnehmer erhalten hat, zum Zweck der Kreditwürdigkeitsprüfung richtig und vollständig zu übermitteln.**

**(3) Bietet der Darlehensvermittler im Zusammenhang mit der Vermittlung eines Immobiliar-Verbraucherdarlehensvertrags Beratungsleistungen an, gilt § 18 entsprechend.**

## Überblick

Art. 247 § 13b wurde angefügt mWv 21.3.2016 durch Gesetz vom 11.3.2016 (BGBl. I 396). Zur Kommentierung → BGB § 492 Rn. 14; → BGB § 655a Rn. 11.

## § 14 Tilgungsplan

**(1) [1]Verlangt der Darlehensnehmer nach § 492 Abs. 3 Satz 2 des Bürgerlichen Gesetzbuchs einen Tilgungsplan, muss aus diesem hervorgehen, welche Zahlungen in welchen Zeitabständen zu leisten sind und welche Bedingungen für diese Zahlungen gelten. [2]Dabei ist aufzuschlüsseln, in welcher Höhe die Teilzahlungen auf das Darlehen, die nach dem Sollzinssatz berechneten Zinsen und die sonstigen Kosten angerechnet werden.**

**(2) Ist der Sollzinssatz nicht gebunden oder können die sonstigen Kosten angepasst werden, ist in dem Tilgungsplan in klarer und verständlicher Form anzugeben, dass die Daten des Tilgungsplans nur bis zur nächsten Anpassung des Sollzinssatzes oder der sonstigen Kosten gelten.**

**(3) [1]Der Tilgungsplan ist dem Darlehensnehmer auf einem dauerhaften Datenträger zur Verfügung zu stellen. [2]Der Anspruch erlischt nicht, solange das Vertragsverhältnis besteht.**

### Überblick

Art. 247 §§ 1–17 wurden angefügt mWv 11.6.2010 durch Gesetz vom 29.7.2009 (BGBl. I 2355). Zur Kommentierung → BGB § 492 Rn. 34.

## § 15 Unterrichtungen bei Zinsanpassungen

**(1) Eine Zinsanpassung in einem Verbraucherdarlehensvertrag oder einem Vertrag über eine entgeltliche Finanzierungshilfe wird erst wirksam, nachdem der Darlehensgeber den Darlehensnehmer über**
**1. den angepassten Sollzinssatz,**
**2. die angepasste Höhe der Teilzahlungen und**
**3. die Zahl und die Fälligkeit der Teilzahlungen, sofern sich diese ändern,**
**unterrichtet hat.**

**(2) [1]Geht die Anpassung des Sollzinssatzes auf die Änderung eines Referenzzinssatzes zurück, können die Vertragsparteien einen von Absatz 1 abweichenden Zeitpunkt für die Wirksamkeit der Zinsanpassung vereinbaren. [2]In diesen Fällen muss der Vertrag eine Pflicht des Darlehensgebers vorsehen, den Darlehensnehmer nach Absatz 1 in regelmäßigen Zeitabständen zu unterrichten. [3]Bei einem Immobiliar-Verbraucherdarlehensvertrag muss der Vertrag ferner die Pflicht vorsehen, auch über den neuen Referenzzinssatz zu unterrichten. [4]Außerdem muss der Darlehensnehmer die Höhe des Referenzzinssatzes in den Geschäftsräumen des Darlehensgebers einsehen können.**

**(3) Werden bei einem Immobiliar-Verbraucherdarlehensvertrag Änderungen des Sollzinssatzes im Wege der Versteigerung auf den Kapitalmärkten festgelegt und kann der Darlehensgeber den Darlehensnehmer daher nicht vor dem Wirksamwerden der Änderung über diese in Kenntnis setzen, so hat der Darlehensgeber den Darlehensnehmer abweichend von Absatz 1 rechtzeitig vor der Versteigerung über das bevorstehende Verfahren zu unterrichten und darauf hinzuweisen, wie sich die Versteigerung auf den Sollzinssatz auswirken könnte.**

### Überblick

Art. 247 §§ 1–17 wurden angefügt mWv 11.6.2010 durch Gesetz vom 29.7.2009 (BGBl. I 2355). Zur Kommentierung → BGB § 493 Rn. 5.

## § 16 Unterrichtung bei Überziehungsmöglichkeiten

**Die Unterrichtung nach § 504 Abs. 1 Satz 1 des Bürgerlichen Gesetzbuchs muss folgende Angaben enthalten:**
**1. den genauen Zeitraum, auf den sie sich bezieht,**
**2. Datum und Höhe der an den Darlehensnehmer ausbezahlten Beträge,**
**3. Saldo und Datum der vorangegangenen Unterrichtung,**
**4. den neuen Saldo,**
**5. Datum und Höhe der Rückzahlungen des Darlehensnehmers,**
**6. den angewendeten Sollzinssatz,**
**7. die erhobenen Kosten und**
**8. den gegebenenfalls zurückzuzahlenden Mindestbetrag.**

### Überblick

Art. 247 §§ 1–17 wurden angefügt mWv 11.6.2010 durch Gesetz vom 29.7.2009 (BGBl. I 2355). Zur Kommentierung → BGB § 504 Rn. 8.

**§ 17 Angaben bei geduldeten Überziehungen**

**(1) Die Unterrichtung nach § 505 Abs. 1 des Bürgerlichen Gesetzbuchs muss folgende Angaben enthalten:**
**1. den Sollzinssatz, die Bedingungen für seine Anwendung und, soweit vorhanden, Indizes oder Referenzzinssätze, auf die sich der Sollzinssatz bezieht,**
**2. sämtliche Kosten, die ab dem Zeitpunkt der Überziehung anfallen, sowie die Bedingungen, unter denen die Kosten angepasst werden können.**

**(2) Die Unterrichtung nach § 505 Abs. 2 des Bürgerlichen Gesetzbuchs muss folgende Angaben enthalten:**
**1. das Vorliegen einer Überziehung,**
**2. den Betrag der Überziehung,**
**3. den Sollzinssatz und**
**4. etwaige Vertragsstrafen, Kosten und Verzugszinsen.**

## Überblick

Art. 247 §§ 1–17 wurden angefügt mWv 11.6.2010 durch Gesetz vom 29.7.2009 (BGBl. I 2355). Zur Kommentierung → BGB § 505 Rn. 2 f.

**§ 18 Vorvertragliche Informationen bei Beratungsleistungen für Immobiliar-Verbraucherdarlehensverträge**

**(1) [1]Bevor der Darlehensgeber Beratungsleistungen für einen Immobiliar-Verbraucherdarlehensvertrag erbringt oder einen entsprechenden Beratungsvertrag schließt, hat er den Darlehensnehmer darüber zu informieren,**
**1. wie hoch das Entgelt ist, sofern ein solches für die Beratungsleistungen verlangt wird,**
**2. ob der Darlehensgeber seiner Empfehlung**
**a) nur oder im Wesentlichen eigene Produkte zugrunde legt oder**
**b) neben eigenen Produkten auch eine größere Anzahl von Produkten anderer Anbieter zugrunde legt.**

**[2]Lässt sich die Höhe des Entgelts nach Satz 1 Nummer 1 noch nicht bestimmen, ist über die Methode zu informieren, die für die Berechnung verwendet wird.**

**(2) Die Informationen sind auf einem dauerhaften Datenträger zu übermitteln; sie können in der gleichen Art und Weise wie weitere vorvertragliche Informationen gemäß § 1 Absatz 3 Satz 1 erteilt werden.**

## Überblick

Art. 247 § 18 wurde angefügt mWv 21.3.2016 durch Gesetz vom 11.3.2016 (BGBl. I 396). Zur Kommentierung → BGB § 655d Rn. 2 f.

# Artikel 247a Allgemeine Informationspflichten bei Verbraucherdarlehensverträgen, Verträgen über entgeltliche Finanzierungshilfen und deren Vermittlung

**§ 1 Allgemeine Informationspflichten bei Immobiliar-Verbraucherdarlehensverträgen und entsprechenden Finanzierungshilfen**

**(1) Unternehmer, die den Abschluss von Immobiliar-Verbraucherdarlehensverträgen oder deren Vermittlung durch gebundene Darlehensvermittler gemäß § 655a Absatz 3 Satz 3 des Bürgerlichen Gesetzbuchs anbieten, stellen für Standardgeschäfte nach § 675a des Bürgerlichen Gesetzbuchs schriftlich, in geeigneten Fällen auch elektronisch, unentgeltlich Informationen über Entgelte und Auslagen der Geschäftsbesorgung zur Verfü-**

**gung, soweit nicht eine Preisfestsetzung nach § 315 des Bürgerlichen Gesetzbuchs erfolgt oder die Entgelte und Auslagen gesetzlich verbindlich geregelt sind.**

**(2) [1]Die Informationen nach Absatz 1 müssen zumindest folgende Angaben enthalten:**

1. **die Identität und Anschrift des Darlehensgebers oder Darlehensvermittlers,**
2. **die Zwecke, für die das Darlehen verwendet werden kann,**
3. **die möglichen Formen von Sicherheiten, gegebenenfalls einschließlich eines Hinweises darauf, dass die Grundstücke oder grundstücksgleichen Rechte, an denen die Sicherheiten bestellt werden, in einem anderen Mitgliedstaat der Europäischen Union belegen sein dürfen,**
4. **die möglichen Laufzeiten der Darlehensverträge,**
5. **die angebotenen Arten von Sollzinssätzen, jeweils mit dem Hinweis, ob diese als feste oder veränderliche Zinssätze oder in beiden Varianten angeboten werden; die Merkmale eines festen und eines veränderlichen Zinssatzes, einschließlich der sich hieraus ergebenden Konsequenzen für den Darlehensnehmer, sind kurz darzustellen,**
6. **ein repräsentatives Beispiel des Nettodarlehensbetrags, der Gesamtkosten, des Gesamtbetrags und des effektiven Jahreszinses,**
7. **einen Hinweis auf mögliche weitere, im Zusammenhang mit einem Darlehensvertrag anfallende Kosten, die nicht in den Gesamtkosten des Darlehens enthalten sind,**
8. **die verschiedenen möglichen Optionen zur Rückzahlung des Darlehens einschließlich der Anzahl, Häufigkeit und Höhe der regelmäßigen Rückzahlungsraten,**
9. **gegebenenfalls einen klaren und prägnanten Hinweis darauf, dass die Einhaltung der Bedingungen des Darlehensvertrags nicht in jedem Fall gewährleistet, dass damit der in Anspruch genommene Darlehensbetrag vollständig zurückgezahlt werden wird,**
10. **die Bedingungen, die für eine vorzeitige Rückzahlung gelten,**
11. **Auskunft darüber, ob für den Vertragsschluss eine Bewertung des Werts des belasteten Grundstücks oder des Werts des zu erwerbenden oder zu erhaltenden Grundstücks, Gebäudes oder grundstücksgleichen Rechts erforderlich ist und, falls ja, wer dafür verantwortlich ist, dass die Bewertung durchgeführt wird, sowie Informationen darüber, ob dem Darlehensnehmer hierdurch Kosten entstehen,**
12. **Auskunft über die Nebenleistungen, die der Darlehensnehmer erwerben muss, damit ihm das Darlehen überhaupt oder nach den vorgesehenen Vertragsbedingungen gewährt wird, und gegebenenfalls einen Hinweis darauf, dass die Nebenleistungen von einem anderen Anbieter als dem Darlehensgeber erworben werden können,**
13. **eine allgemeine Warnung vor möglichen Konsequenzen für den Fall, dass der Darlehensnehmer die mit dem Darlehensvertrag eingegangenen Verpflichtungen nicht einhält, und**
14. **falls Verträge angeboten werden, in denen auf einen Referenzwert im Sinne des Artikels 3 Absatz 1 Nummer 3 der Verordnung (EU) 2016/1011 Bezug genommen wird, die Bezeichnungen der Referenzwerte und die Namen der Administratoren sowie die möglichen Auswirkungen auf den Darlehensnehmer.**

**[2]Werden Verträge in einer anderen Währung als der Landeswährung des Darlehensnehmers nach § 503 Absatz 1 Satz 1 des Bürgerlichen Gesetzbuchs angeboten, so sind die in Betracht kommenden ausländischen Währungen anzugeben sowie die möglichen Konsequenzen eines Darlehens in Fremdwährung für den Darlehensnehmer zu erläutern.**

**(3) Die Absätze 1 und 2 gelten entsprechend, wenn der Abschluss von Verträgen über entgeltliche Finanzierungshilfen gemäß § 506 Absatz 1 Satz 2 und 3 des Bürgerlichen Gesetzbuchs oder deren Vermittlung durch gebundene Darlehensvermittler gemäß § 655a Absatz 3 Satz 3 des Bürgerlichen Gesetzbuchs angeboten wird.**

## Überblick

Art. 247a wurde eingefügt mWv 21.3.2016 durch Gesetz vom 11.3.2016 (BGBl. I 396). Zur Kommentierung → BGB § 655a Rn. 1 ff.

### § 2 Allgemeine Informationspflichten bei Überziehungsmöglichkeiten und Entgeltvereinbarungen für die Duldung einer Überziehung

**(1) Unternehmer, die den Abschluss von Verträgen über die Einräumung von Überziehungsmöglichkeiten gemäß § 504 des Bürgerlichen Gesetzbuchs oder deren Vermittlung durch gebundene Darlehensvermittler gemäß § 655a Absatz 3 Satz 3 des Bürgerlichen Gesetzbuchs anbieten, stellen für Standardgeschäfte nach § 675a des Bürgerlichen Gesetzbuchs schriftlich, in geeigneten Fällen auch elektronisch, unentgeltlich Informationen über Entgelte und Auslagen der Geschäftsbesorgung zur Verfügung, soweit nicht eine Preisfestsetzung nach § 315 des Bürgerlichen Gesetzbuchs erfolgt oder die Entgelte und Auslagen gesetzlich verbindlich geregelt sind.**

**(2) [1]Der Sollzinssatz, der für die Überziehungsmöglichkeit berechnet wird, ist in den nach Absatz 1 zur Verfügung zu stellenden Informationen klar, eindeutig und in auffallender Weise anzugeben. [2]Verfügt derjenige, der gemäß Absatz 1 Informationen bereitzustellen hat, über einen Internetauftritt, so ist der Sollzinssatz in entsprechender Weise auch dort anzugeben.**

**(3) Die Absätze 1 und 2 gelten entsprechend für Unternehmer, die den Abschluss von Entgeltvereinbarungen für die Duldung von Überziehungen gemäß § 505 des Bürgerlichen Gesetzbuchs anbieten.**

#### Überblick

Art. 247a wurde eingefügt mWv 21.3.2016 durch Gesetz vom 11.3.2016 (BGBl. I 396). Zur Kommentierung → BGB § 655a Rn. 1 ff.

# Artikel 248 Informationspflichten bei der Erbringung von Zahlungsdienstleistungen

## Abschnitt 1 Allgemeine Vorschriften

### § 1 Konkurrierende Informationspflichten

**[1]Ist der Zahlungsdienstevertrag zugleich ein Fernabsatzvertrag oder ein außerhalb von Geschäftsräumen geschlossener Vertrag, so werden die Informationspflichten nach Artikel 246b § 1 Absatz 1 durch die Informationspflichten nach den §§ 2 bis 13 und 14 bis 16 ersetzt. [2]Dies gilt bei Fernabsatzverträgen nicht für die in Artikel 246b § 1 Absatz 1 Nummer 7 bis 12, 15 und 19 und bei außerhalb von Geschäftsräumen geschlossenen Verträgen nicht für die in Artikel 246b § 1 Absatz 1 Nummer 12 genannten Informationspflichten.**

#### Überblick

Art. 248 §§ 1–19 wurden angefügt mWv 31.10.2009 durch Gesetz vom 29.7.2009 (BGBl. I 2355). Zur Kommentierung vgl. bei §§ 675a ff. BGB.

### § 2 Allgemeine Form

**Die Informationen und Vertragsbedingungen sind in einer Amtssprache des Mitgliedstaats der Europäischen Union oder des Vertragsstaats des Abkommens über den Europäischen Wirtschaftsraum, in dem der Zahlungsdienst angeboten wird, oder in einer anderen zwischen den Parteien vereinbarten Sprache in leicht verständlichen Worten und in klarer und verständlicher Form abzufassen.**

### Überblick

Art. 248 §§ 1–19 wurden angefügt mWv 31.10.2009 durch Gesetz vom 29.7.2009 (BGBl. I 2355). Zur Kommentierung vgl. bei §§ 675a ff. BGB.

## Abschnitt 2 Zahlungsdiensterahmenverträge

### § 3 Besondere Form

**Bei Zahlungsdiensterahmenverträgen (§ 675f Abs. 2 des Bürgerlichen Gesetzbuchs) hat der Zahlungsdienstleister dem Zahlungsdienstnutzer die in den §§ 4 bis 9 genannten Informationen und Vertragsbedingungen auf einem dauerhaften Datenträger mitzuteilen.**

### Überblick

Art. 248 §§ 1–19 wurden angefügt mWv 31.10.2009 durch Gesetz vom 29.7.2009 (BGBl. I 2355). Zur Kommentierung vgl. bei §§ 675a ff. BGB.

### § 4 Vorvertragliche Informationen

**(1) Die folgenden vorvertraglichen Informationen und Vertragsbedingungen müssen rechtzeitig vor Abgabe der Vertragserklärung des Zahlungsdienstnutzers mitgeteilt werden:**

**1. zum Zahlungsdienstleister**
**a) den Namen, die ladungsfähige Anschrift seiner Hauptverwaltung und gegebenenfalls seines Agenten oder seiner Zweigniederlassung in dem Mitgliedstaat, in dem der Zahlungsdienst angeboten wird, sowie alle anderen Anschriften einschließlich E-Mail-Adresse, die für die Kommunikation mit dem Zahlungsdienstleister von Belang sind, und**
**b) die für den Zahlungsdienstleister zuständigen Aufsichtsbehörden und das bei der Bundesanstalt für Finanzdienstleistungsaufsicht geführte Register oder jedes andere relevante öffentliche Register, in das der Zahlungsdienstleister als zugelassen eingetragen ist, sowie seine Registernummer oder eine gleichwertige in diesem Register verwendete Kennung,**

**2. zur Nutzung des Zahlungsdienstes**
**a) eine Beschreibung der wesentlichen Merkmale des zu erbringenden Zahlungsdienstes,**
**b) Informationen oder Kundenkennungen, die für die ordnungsgemäße Auslösung oder Ausführung eines Zahlungsauftrags erforderlich sind,**
**c) die Art und Weise der Zustimmung zur Auslösung eines Zahlungsauftrags oder zur Ausführung eines Zahlungsvorgangs und des Widerrufs eines Zahlungsauftrags gemäß den §§ 675j und 675p des Bürgerlichen Gesetzbuchs,**
**d) den Zeitpunkt, ab dem ein Zahlungsauftrag gemäß § 675n Abs. 1 des Bürgerlichen Gesetzbuchs als zugegangen gilt, und gegebenenfalls den vom Zahlungsdienstleister gemäß § 675n Abs. 1 Satz 3 festgelegten Zeitpunkt,**
**e) die maximale Ausführungsfrist für die zu erbringenden Zahlungsdienste,**
**f) die Angabe, ob die Möglichkeit besteht, Betragsobergrenzen für die Nutzung eines Zahlungsinstruments gemäß § 675k Abs. 1 des Bürgerlichen Gesetzbuchs zu vereinbaren, und**
**g) im Falle von kartengebundenen Zahlungsinstrumenten, die mehrere Zahlungsmarken tragen, die Rechte des Zahlungsdienstnutzers gemäß Artikel 8 der Verordnung (EU) 2015/751 des Europäischen Parlaments und des Rates vom 29. April 2015 über Interbankenentgelte für kartengebundene Zahlungsvorgänge (ABl. L 123 vom 19.5.2015, S. 1),**

**3. zu Entgelten, Zinsen und Wechselkursen**
**a) alle Entgelte, die der Zahlungsdienstnutzer an den Zahlungsdienstleister zu entrichten hat, einschließlich derjenigen, die sich danach richten, wie und wie oft über die geforderten Informationen zu unterrichten ist, sowie gegebenenfalls eine Aufschlüsselung dieser Entgelte,**
**b) gegebenenfalls die zugrunde gelegten Zinssätze und Wechselkurse oder, bei Anwendung von Referenzzinssätzen und -wechselkursen, die Methode für die Berechnung der tatsächlichen Zinsen sowie der maßgebliche Stichtag und der Index oder die Grundlage für die Bestimmung des Referenzzinssatzes oder -wechselkurses, und**
**c) soweit vereinbart, das unmittelbare Wirksamwerden von Änderungen des Referenzzinssatzes oder -wechselkurses gemäß § 675g Absatz 3 des Bürgerlichen Gesetzbuchs,**
**4. zur Kommunikation**
**a) die Kommunikationsmittel, deren Nutzung zwischen den Parteien für die Informationsübermittlung und Anzeigepflichten vereinbart wird, einschließlich der technischen Anforderungen an die Ausstattung und die Software des Zahlungsdienstnutzers,**
**b) Angaben dazu, wie und wie oft die nach diesem Artikel geforderten Informationen mitzuteilen oder zugänglich zu machen sind,**
**c) die Sprache oder Sprachen, in der oder in denen der Vertrag zu schließen ist und in der oder in denen die Kommunikation für die Dauer des Vertragsverhältnisses erfolgen soll, und**
**d) einen Hinweis auf das Recht des Zahlungsdienstnutzers gemäß § 5, Informationen und Vertragsbedingungen in einer Urkunde zu erhalten,**
**5. zu den Schutz- und Abhilfemaßnahmen**
**a) gegebenenfalls eine Beschreibung, wie der Zahlungsdienstnutzer ein Zahlungsinstrument sicher aufbewahrt und wie er seine Anzeigepflicht gegenüber dem Zahlungsdienstleister gemäß § 675l Absatz 1 Satz 2 des Bürgerlichen Gesetzbuchs erfüllt,**
**b) eine Beschreibung des sicheren Verfahrens zur Unterrichtung des Zahlungsdienstnutzers durch den Zahlungsdienstleister im Falle vermuteten oder tatsächlichen Betrugs oder bei Sicherheitsrisiken,**
**c) soweit vereinbart, die Bedingungen, unter denen sich der Zahlungsdienstleister das Recht vorbehält, ein Zahlungsinstrument gemäß § 675k Abs. 2 des Bürgerlichen Gesetzbuchs zu sperren,**
**d) Informationen zur Haftung des Zahlers gemäß § 675v des Bürgerlichen Gesetzbuchs einschließlich Angaben zum Höchstbetrag,**
**e) Angaben dazu, wie und innerhalb welcher Frist der Zahlungsdienstnutzer dem Zahlungsdienstleister nicht autorisierte oder fehlerhaft ausgelöste oder ausgeführte Zahlungsvorgänge gemäß § 676b des Bürgerlichen Gesetzbuchs anzeigen muss, sowie Informationen über die Haftung des Zahlungsdienstleisters bei nicht autorisierten Zahlungsvorgängen gemäß § 675u des Bürgerlichen Gesetzbuchs,**
**f) Informationen über die Haftung des Zahlungsdienstleisters bei der Auslösung oder Ausführung von Zahlungsvorgängen gemäß § 675y des Bürgerlichen Gesetzbuchs und**
**g) die Bedingungen für Erstattungen gemäß § 675x des Bürgerlichen Gesetzbuchs,**
**6. zu Änderungen der Bedingungen und Kündigung des Zahlungsdiensterahmenvertrags**
**a) soweit vereinbart, die Angabe, dass die Zustimmung des Zahlungsdienstnutzers zu einer Änderung der Vertragsbedingungen gemäß § 675g des Bürgerlichen Gesetzbuchs als erteilt gilt, wenn er dem Zahlungsdienstleister seine Ablehnung nicht vor dem Zeitpunkt angezeigt hat, zu dem die geänderten Vertragsbedingungen in Kraft treten sollen,**
**b) die Laufzeit des Zahlungsdiensterahmenvertrags und**
**c) einen Hinweis auf das Recht des Zahlungsdienstnutzers, den Vertrag zu kündigen, sowie auf sonstige kündigungsrelevante Vereinbarungen gemäß § 675g Abs. 2 und § 675h des Bürgerlichen Gesetzbuchs,**
**7. die Vertragsklauseln über das auf den Zahlungsdiensterahmenvertrag anwendbare Recht oder über das zuständige Gericht und**

**8. einen Hinweis auf die Beschwerdeverfahren gemäß den §§ 60 bis 62 des Zahlungsdiensteaufsichtsgesetzes sowie auf das außergerichtliche Rechtsbehelfsverfahren gemäß § 14 des Unterlassungsklagengesetzes.**

**(2) Wenn auf Verlangen des Zahlungsdienstnutzers der Zahlungsdiensterahmenvertrag unter Verwendung eines Fernkommunikationsmittels geschlossen wird, das dem Zahlungsdienstleister die Mitteilung der in Absatz 1 bestimmten Informationen und Vertragsbedingungen auf einem dauerhaften Datenträger nicht gestattet, hat der Zahlungsdienstleister dem Zahlungsdienstnutzer diese unverzüglich nach Abschluss des Vertrags in der in den §§ 2 und 3 vorgesehenen Form mitzuteilen.**

**(3) Die Pflichten gemäß Absatz 1 können auch erfüllt werden, indem eine Abschrift des Vertragsentwurfs übermittelt wird, die die nach Absatz 1 erforderlichen Informationen und Vertragsbedingungen enthält.**

### Überblick

Art. 248 §§ 1–19 wurden angefügt mWv 31.10.2009 durch Gesetz vom 29.7.2009 (BGBl. I 2355). Zur Kommentierung vgl. bei §§ 675a ff. BGB.

## § 5 Zugang zu Vertragsbedingungen und vorvertraglichen Informationen während der Vertragslaufzeit

**Während der Vertragslaufzeit kann der Zahlungsdienstnutzer jederzeit die Übermittlung der Vertragsbedingungen sowie der in § 4 genannten Informationen in Papierform oder auf einem anderen dauerhaften Datenträger verlangen.**

### Überblick

Art. 248 §§ 1–19 wurden angefügt mWv 31.10.2009 durch Gesetz vom 29.7.2009 (BGBl. I 2355). Zur Kommentierung vgl. bei §§ 675a ff. BGB.

## § 6 Informationen vor Ausführung einzelner Zahlungsvorgänge

**Vor Ausführung eines einzelnen vom Zahler ausgelösten Zahlungsvorgangs teilt der Zahlungsdienstleister auf Verlangen des Zahlers Folgendes mit:**
**1. die maximale Ausführungsfrist,**
**2. die dem Zahler in Rechnung zu stellenden Entgelte und**
**3. gegebenenfalls die Aufschlüsselung der Entgelte nach Nummer 2.**

### Überblick

Art. 248 §§ 1–19 wurden angefügt mWv 31.10.2009 durch Gesetz vom 29.7.2009 (BGBl. I 2355). Zur Kommentierung vgl. bei §§ 675a ff. BGB.

## § 7 Informationen an den Zahler bei einzelnen Zahlungsvorgängen

**Nach Belastung des Kontos des Zahlers mit dem Zahlungsbetrag eines einzelnen Zahlungsvorgangs oder, falls der Zahler kein Zahlungskonto verwendet, nach Zugang des Zahlungsauftrags teilt der Zahlungsdienstleister des Zahlers diesem unverzüglich die folgenden Informationen mit:**
**1. eine dem Zahlungsvorgang zugeordnete Kennung, die dem Zahler die Identifizierung des betreffenden Zahlungsvorgangs ermöglicht, sowie gegebenenfalls Angaben zum Zahlungsempfänger,**
**2. den Zahlungsbetrag in der Währung, in der das Zahlungskonto des Zahlers belastet wird, oder in der Währung, die im Zahlungsauftrag verwendet wird,**

**3. die für den Zahlungsvorgang zu entrichtenden Entgelte und gegebenenfalls eine Aufschlüsselung der Beträge dieser Entgelte oder die vom Zahler zu entrichtenden Zinsen,**
**4. gegebenenfalls den Wechselkurs, den der Zahlungsdienstleister des Zahlers dem Zahlungsvorgang zugrunde gelegt hat, und den Betrag, der nach dieser Währungsumrechnung Gegenstand des Zahlungsvorgangs ist, und**
**5. das Wertstellungsdatum der Belastung oder das Datum des Zugangs des Zahlungsauftrags.**

### Überblick

Art. 248 §§ 1–19 wurden angefügt mWv 31.10.2009 durch Gesetz vom 29.7.2009 (BGBl. I 2355). Zur Kommentierung vgl. bei §§ 675a ff. BGB.

## § 8 Informationen an den Zahlungsempfänger bei einzelnen Zahlungsvorgängen

**Nach Ausführung eines einzelnen Zahlungsvorgangs teilt der Zahlungsdienstleister des Zahlungsempfängers diesem unverzüglich die folgenden Informationen mit:**
**1. eine dem Zahlungsvorgang zugeordnete Kennung, die dem Zahlungsempfänger die Identifizierung des Zahlungsvorgangs und des Zahlers ermöglicht, sowie alle weiteren mit dem Zahlungsvorgang übermittelten Angaben,**
**2. den Zahlungsbetrag in der Währung, in der dieser Betrag auf dem Zahlungskonto des Zahlungsempfängers gutgeschrieben wird,**
**3. den Betrag der für den Zahlungsvorgang zu entrichtenden Entgelte und gegebenenfalls deren Aufschlüsselung oder der vom Zahlungsempfänger zu entrichtenden Zinsen,**
**4. gegebenenfalls den Wechselkurs, den der Zahlungsdienstleister des Zahlungsempfängers dem Zahlungsvorgang zugrunde gelegt hat, und den Betrag, der vor dieser Währungsumrechnung Gegenstand des Zahlungsvorgangs war, und**
**5. das Wertstellungsdatum der Gutschrift.**

### Überblick

Art. 248 §§ 1–19 wurden angefügt mWv 31.10.2009 durch Gesetz vom 29.7.2009 (BGBl. I 2355). Zur Kommentierung vgl. bei §§ 675a ff. BGB.

## § 9 Sonstige Informationen während des Vertragsverhältnisses

**Während des Vertragsverhältnisses ist der Zahlungsdienstleister verpflichtet, den Zahlungsdienstnutzer unverzüglich zu unterrichten, wenn**
**1. sich Umstände, über die gemäß § 4 Abs. 1 Nr. 1 unterrichtet wurde, ändern oder**
**2. zum Nachteil des Zahlungsdienstnutzers Änderungen von Zinssätzen wirksam geworden sind.**

### Überblick

Art. 248 §§ 1–19 wurden angefügt mWv 31.10.2009 durch Gesetz vom 29.7.2009 (BGBl. I 2355). Zur Kommentierung vgl. bei §§ 675a ff. BGB.

## § 10 Abweichende Vereinbarungen

**[1]Für die in den §§ 7, 8 und 9 Nr. 2 genannten Informationen können Zahlungsdienstleister und Zahlungsdienstnutzer eine andere Häufigkeit und eine von § 3 abweichende Form oder ein abweichendes Verfahren vereinbaren. [2]Über die in den §§ 7 und 8 genannten Informationen hat der Zahlungsdienstleister jedoch mindestens einmal monatlich so zu unterrichten, dass der Zahlungsdienstnutzer die Informationen unverändert aufbewahren und wiedergeben kann.**

### Überblick

Art. 248 §§ 1–19 wurden angefügt mWv 31.10.2009 durch Gesetz vom 29.7.2009 (BGBl. I 2355). Zur Kommentierung vgl. bei §§ 675a ff. BGB.

## § 11 Ausnahmen für Kleinbetragsinstrumente und E-Geld

**(1) [1]Bei Zahlungsdiensteverträgen über die Überlassung eines Kleinbetragsinstruments (§ 675i Abs. 1 des Bürgerlichen Gesetzbuchs) teilt der Zahlungsdienstleister dem Zahlungsdienstnutzer abweichend von den §§ 4 und 6 nur Folgendes mit:**
1. **die wesentlichen Merkmale des Zahlungsdienstes, einschließlich der Nutzungsmöglichkeiten des Kleinbetragsinstruments,**
2. **Haftungshinweise,**
3. **die anfallenden Entgelte und**
4. **die anderen für den Zahlungsdienstnutzer wesentlichen Vertragsinformationen.**

**[2]Ferner gibt der Zahlungsdienstleister an, wo die weiteren gemäß § 4 vorgeschriebenen Informationen und Vertragsbedingungen in leicht zugänglicher Form zur Verfügung gestellt sind.**

**(2) Bei Verträgen nach Absatz 1 können die Vertragsparteien abweichend von den §§ 7 und 8 vereinbaren, dass der Zahlungsdienstleister dem Zahlungsdienstnutzer nach Ausführung eines Zahlungsvorgangs**
1. **nur eine dem Zahlungsvorgang zugeordnete Kennung mitteilen oder zur Verfügung stellen muss, die es ermöglicht, den betreffenden Zahlungsvorgang, seinen Betrag sowie die erhobenen Entgelte zu identifizieren, und im Fall mehrerer gleichartiger Zahlungsvorgänge an den selben Zahlungsempfänger eine Information, die den Gesamtbetrag und die erhobenen Entgelte für diese Zahlungsvorgänge enthält,**
2. **die unter Nummer 1 genannten Informationen nicht mitteilen oder zur Verfügung stellen muss, wenn die Nutzung des Kleinbetragsinstruments keinem Zahlungsdienstnutzer zugeordnet werden kann oder wenn der Zahlungsdienstleister auf andere Weise technisch nicht in der Lage ist, diese Informationen mitzuteilen; in diesem Fall hat der Zahlungsdienstleister dem Zahlungsdienstnutzer eine Möglichkeit anzubieten, die gespeicherten Beträge zu überprüfen.**

### Überblick

Art. 248 §§ 1–19 wurden angefügt mWv 31.10.2009 durch Gesetz vom 29.7.2009 (BGBl. I 2355). Zur Kommentierung vgl. bei §§ 675a ff. BGB.

# Abschnitt 3 Einzelzahlungsverträge

## § 12 Besondere Form

**[1]Bei einem Einzelzahlungsvertrag, der nicht Gegenstand eines Zahlungsdiensterahmenvertrags ist, hat der Zahlungsdienstleister dem Zahlungsdienstnutzer die in § 13 genannten Informationen und Vertragsbedingungen hinsichtlich der von ihm zu erbringenden Zahlungsdienste in leicht zugänglicher Form zur Verfügung zu stellen. [2]Auf Verlangen des Zahlungsdienstnutzers stellt ihm der Zahlungsdienstleister die Informationen und Vertragsbedingungen in Papierform oder auf einem anderen dauerhaften Datenträger zur Verfügung.**

### Überblick

Art. 248 §§ 1–19 wurden angefügt mWv 31.10.2009 durch Gesetz vom 29.7.2009 (BGBl. I 2355). Zur Kommentierung vgl. bei §§ 675a ff. BGB.

## § 13 Vorvertragliche Informationen

**(1) Die folgenden vorvertraglichen Informationen und Vertragsbedingungen sind rechtzeitig vor Abgabe der Vertragserklärung des Zahlungsdienstnutzers zur Verfügung zu stellen:**
**1. die vom Zahlungsdienstnutzer mitzuteilenden Informationen oder Kundenkennungen, die für die ordnungsgemäße Auslösung oder Ausführung eines Zahlungsauftrags erforderlich sind,**
**2. die maximale Ausführungsfrist für den zu erbringenden Zahlungsdienst,**
**3. alle Entgelte, die der Zahlungsdienstnutzer an den Zahlungsdienstleister zu entrichten hat, und gegebenenfalls ihre Aufschlüsselung,**
**4. gegebenenfalls der dem Zahlungsvorgang zugrunde zu legende tatsächliche Wechselkurs oder Referenzwechselkurs.**

**(2) Ein Zahlungsauslösedienstleister hat dem Zahler rechtzeitig vor der Auslösung des Zahlungsvorgangs auch die folgenden Informationen zur Verfügung zu stellen:**
**1. den Namen des Zahlungsauslösedienstleisters, die Anschrift seiner Hauptverwaltung und gegebenenfalls die Anschrift seines Agenten oder seiner Zweigniederlassung in dem Mitgliedstaat, in dem der Zahlungsauslösedienst angeboten wird, sowie alle anderen Kontaktdaten einschließlich der E-Mail-Adresse, die für die Kommunikation mit dem Zahlungsauslösedienstleister von Belang sind, und**
**2. die Kontaktdaten der zuständigen Behörde.**

**(3) Die anderen in § 4 Absatz 1 genannten Informationen sind, soweit sie für den Einzelzahlungsvertrag erheblich sind, dem Zahlungsdienstnutzer ebenfalls zur Verfügung zu stellen.**

**(4) Wenn auf Verlangen des Zahlungsdienstnutzers der Einzelzahlungsvertrag unter Verwendung eines Fernkommunikationsmittels geschlossen wird, das dem Zahlungsdienstleister die Informationsunterrichtung nach Absatz 1 nicht gestattet, hat der Zahlungsdienstleister den Zahlungsdienstnutzer unverzüglich nach Ausführung des Zahlungsvorgangs in der Form zu unterrichten, die in den §§ 2 und 12 vorgesehen ist.**

**(5) Die Pflichten gemäß Absatz 1 können auch erfüllt werden, indem eine Abschrift des Vertragsentwurfs übermittelt wird, die die nach Absatz 1 erforderlichen Informationen und Vertragsbedingungen enthält.**

### Überblick

Art. 248 §§ 1–19 wurden angefügt mWv 31.10.2009 durch Gesetz vom 29.7.2009 (BGBl. I 2355). Zur Kommentierung vgl. bei §§ 675a ff. BGB.

## § 13a Informationen an den Zahler und den Zahlungsempfänger nach Auslösung des Zahlungsauftrags über einen Zahlungsauslösedienstleister

**Ein Zahlungsauslösedienstleister unterrichtet den Zahler und gegebenenfalls den Zahlungsempfänger unmittelbar nach der Auslösung des Zahlungsauftrags über**
**1. die erfolgreiche Auslösung des Zahlungsauftrags beim kontoführenden Zahlungsdienstleister des Zahlers,**
**2. die dem Zahlungsvorgang zugeordnete Kennung, die dem Zahler und dem Zahlungsempfänger die Identifizierung des Zahlungsvorgangs und dem Zahlungsempfänger gegebenenfalls die Identifizierung des Zahlers ermöglicht, sowie jede weitere mit dem Zahlungsvorgang übermittelte Angabe,**
**3. den Zahlungsbetrag,**
**4. gegebenenfalls die Höhe aller an den Zahlungsauslösedienstleister für den Zahlungsvorgang zu entrichtenden Entgelte sowie gegebenenfalls deren Aufschlüsselung.**

### Überblick

Art. 248 § 13a wurde angefügt mWv 13.1.2018 durch Gesetz vom 17.7.2017 (BGBl. I 2446). Zur Kommentierung vgl. bei §§ 675a ff. BGB.

## § 14 Informationen an den Zahler nach Zugang des Zahlungsauftrags

**Nach Zugang des Zahlungsauftrags unterrichtet der Zahlungsdienstleister des Zahlers diesen hinsichtlich der von ihm zu erbringenden Zahlungsdienste unverzüglich über**

1. **die dem Zahlungsvorgang zugeordnete Kennung, die dem Zahler die Identifizierung des betreffenden Zahlungsvorgangs ermöglicht, sowie gegebenenfalls Angaben zum Zahlungsempfänger,**
2. **den Zahlungsbetrag in der im Zahlungsauftrag verwendeten Währung,**
3. **die Höhe der vom Zahler für den Zahlungsvorgang zu entrichtenden Entgelte und gegebenenfalls deren Aufschlüsselung,**
4. **gegebenenfalls den Wechselkurs, den der Zahlungsdienstleister des Zahlers dem Zahlungsvorgang zugrunde gelegt hat, oder einen Verweis darauf, sofern dieser Kurs von dem in § 13 Abs. 1 Nr. 4 genannten Kurs abweicht, und den Betrag, der nach dieser Währungsumrechnung Gegenstand des Zahlungsvorgangs ist, und**
5. **das Datum des Zugangs des Zahlungsauftrags.**

### Überblick

Art. 248 §§ 1–19 wurden angefügt mWv 31.10.2009 durch Gesetz vom 29.7.2009 (BGBl. I 2355). Zur Kommentierung vgl. bei §§ 675a ff. BGB.

## § 15 Informationen an den Zahlungsempfänger nach Ausführung des Zahlungsvorgangs

**Nach Ausführung des Zahlungsvorgangs unterrichtet der Zahlungsdienstleister des Zahlungsempfängers diesen hinsichtlich der von ihm erbrachten Zahlungsdienste unverzüglich über**

1. **die dem Zahlungsvorgang zugeordnete Kennung, die dem Zahlungsempfänger die Identifizierung des betreffenden Zahlungsvorgangs und gegebenenfalls des Zahlers ermöglicht, sowie jede weitere mit dem Zahlungsvorgang übermittelte Angabe,**
2. **den Zahlungsbetrag in der Währung, in der er dem Zahlungsempfänger zur Verfügung steht,**
3. **die Höhe aller vom Zahlungsempfänger für den Zahlungsvorgang zu entrichtenden Entgelte und gegebenenfalls deren Aufschlüsselung,**
4. **gegebenenfalls den Wechselkurs, den der Zahlungsdienstleister des Zahlungsempfängers dem Zahlungsvorgang zugrunde gelegt hat, und den Betrag, der vor dieser Währungsumrechnung Gegenstand des Zahlungsvorgangs war, und**
5. **das Wertstellungsdatum der Gutschrift.**

### Überblick

Art. 248 §§ 1–19 wurden angefügt mWv 31.10.2009 durch Gesetz vom 29.7.2009 (BGBl. I 2355). Zur Kommentierung vgl. bei §§ 675a ff. BGB.

## § 16 Informationen bei Einzelzahlung mittels rahmenvertraglich geregelten Zahlungsinstruments

**Wird ein Zahlungsauftrag für eine Einzelzahlung über ein rahmenvertraglich geregeltes Zahlungsinstrument übermittelt, so ist nur der Zahlungsdienstleister, der Partei des Zahlungsdiensterahmenvertrags ist, verpflichtet, den Zahlungsdienstnutzer nach Maßgabe des Abschnitts 2 zu unterrichten.**

### Überblick

Art. 248 §§ 1–19 wurden angefügt mWv 31.10.2009 durch Gesetz vom 29.7.2009 (BGBl. I 2355). Zur Kommentierung vgl. bei §§ 675a ff. BGB.

## Abschnitt 4 Informationspflichten von Zahlungsempfängern und Dritten

### § 17 Informationspflichten des Zahlungsempfängers

**(1) Sollen Zahlungen mittels eines Zahlungsinstruments in einer anderen Währung als Euro erfolgen und wird vor der Auslösung des Zahlungsvorgangs vom Zahlungsempfänger eine Währungsumrechnung angeboten, muss der Zahlungsempfänger dem Zahler alle damit verbundenen Entgelte sowie den der Währungsumrechnung zugrunde gelegten Wechselkurs offenlegen.**

**(2) Verlangt der Zahlungsempfänger für die Nutzung eines bestimmten Zahlungsinstruments ein Entgelt oder bietet er eine Ermäßigung an, so teilt er dies dem Zahler vor Auslösung des Zahlungsvorgangs mit.**

#### Überblick

Art. 248 §§ 1–19 wurden angefügt mWv 31.10.2009 durch Gesetz vom 29.7.2009 (BGBl. I 2355). Zur Kommentierung vgl. bei §§ 675a ff. BGB.

### § 17a Informationspflichten des Bargeldabhebungsdienstleisters

**Ein Dienstleister, der Bargeldabhebungsdienste erbringt, ist verpflichtet, den Kunden über alle Entgelte für eine Geldabhebung entsprechend § 13 Absatz 1 und 3, den §§ 14, 15 sowie 17 Absatz 1 sowohl vor der Abhebung als auch auf der Quittung nach dem Erhalt des Bargeldes zu unterrichten.**

#### Überblick

Art. 248 § 17a wurde angefügt mWv 13.1.2018 durch Gesetz vom 17.7.2017 (BGBl. I 2446). Zur Kommentierung vgl. bei §§ 675a ff. BGB.

### § 18 Informationspflichten Dritter

**Verlangt ein Dritter, über welchen ein Zahlungsdienstnutzer einen Zahlungsvorgang auslösen kann, von diesem für die Nutzung eines bestimmten Zahlungsinstruments ein Entgelt, so teilt er dies dem Zahlungsdienstnutzer vor der Auslösung des Zahlungsvorgangs mit.**

#### Überblick

Art. 248 §§ 1–19 wurden angefügt mWv 31.10.2009 durch Gesetz vom 29.7.2009 (BGBl. I 2355). Zur Kommentierung vgl. bei §§ 675a ff. BGB.

### § 19 Abweichende Vereinbarungen

**Handelt es sich bei dem Zahlungsdienstnutzer nicht um einen Verbraucher, so können die Parteien vereinbaren, dass die §§ 17 und 18 ganz oder teilweise nicht anzuwenden sind.**

#### Überblick

Art. 248 §§ 1–19 wurden angefügt mWv 31.10.2009 durch Gesetz vom 29.7.2009 (BGBl. I 2355). Zur Kommentierung vgl. bei §§ 675a ff. BGB.

# Artikel 249 Informationspflichten bei Verbraucherbauverträgen

## § 1 Informationspflichten bei Verbraucherbauverträgen

**Der Unternehmer ist nach § 650j des Bürgerlichen Gesetzbuchs verpflichtet, dem Verbraucher rechtzeitig vor Abgabe von dessen Vertragserklärung eine Baubeschreibung in Textform zur Verfügung zu stellen.**

### Überblick

Zur Kommentierung → BGB § 650j Rn. 1 ff.

## § 2 Inhalt der Baubeschreibung

**(1) [1]In der Baubeschreibung sind die wesentlichen Eigenschaften des angebotenen Werks in klarer Weise darzustellen. [2]Sie muss mindestens folgende Informationen enthalten:**

**1. allgemeine Beschreibung des herzustellenden Gebäudes oder der vorzunehmenden Umbauten, gegebenenfalls Haustyp und Bauweise,**
**2. Art und Umfang der angebotenen Leistungen, gegebenenfalls der Planung und der Bauleitung, der Arbeiten am Grundstück und der Baustelleneinrichtung sowie der Ausbaustufe,**
**3. Gebäudedaten, Pläne mit Raum- und Flächenangaben sowie Ansichten, Grundrisse und Schnitte,**
**4. gegebenenfalls Angaben zum Energie-, zum Brandschutz- und zum Schallschutzstandard sowie zur Bauphysik**
**5. Angaben zur Beschreibung der Baukonstruktionen aller wesentlichen Gewerke,**
**6. gegebenenfalls Beschreibung des Innenausbaus,**
**7. gegebenenfalls Beschreibung der gebäudetechnischen Anlagen,**
**8. Angaben zu Qualitätsmerkmalen, denen das Gebäude oder der Umbau genügen muss,**
**9. gegebenenfalls Beschreibung der Sanitärobjekte, der Armaturen, der Elektroanlage, der Installationen, der Informationstechnologie und der Außenanlagen.**

**(2) [1]Die Baubeschreibung hat verbindliche Angaben zum Zeitpunkt der Fertigstellung des Werks zu enthalten. [2]Steht der Beginn der Baumaßnahme noch nicht fest, ist ihre Dauer anzugeben.**

### Überblick

Zur Kommentierung → BGB § 650j Rn. 1 ff.

## § 3 Widerrufsbelehrung

**(1) [1]Steht dem Verbraucher ein Widerrufsrecht nach § 650l Satz 1 des Bürgerlichen Gesetzbuchs zu, ist der Unternehmer verpflichtet, den Verbraucher vor Abgabe von dessen Vertragserklärung in Textform über sein Widerrufsrecht zu belehren. [2]Die Widerrufsbelehrung muss deutlich gestaltet sein und dem Verbraucher seine wesentlichen Rechte in einer an das benutzte Kommunikationsmittel angepassten Weise deutlich machen. [3]Sie muss Folgendes enthalten:**

**1. einen Hinweis auf das Recht zum Widerruf,**
**2. einen Hinweis darauf, dass der Widerruf durch Erklärung gegenüber dem Unternehmer erfolgt und keiner Begründung bedarf,**
**3. den Namen, die ladungsfähige Anschrift und die Telefonnummer desjenigen, gegenüber dem der Widerruf zu erklären ist, gegebenenfalls seine Telefaxnummer und E-Mail-Adresse,**

**4. einen Hinweis auf die Dauer und den Beginn der Widerrufsfrist sowie darauf, dass zur Fristwahrung die rechtzeitige Absendung der Widerrufserklärung genügt, und**
**5. einen Hinweis darauf, dass der Verbraucher dem Unternehmer Wertersatz nach § 357e des Bürgerlichen Gesetzbuchs schuldet, wenn die Rückgewähr der bis zum Widerruf erbrachten Leistung ihrer Natur nach ausgeschlossen ist.**

**(2) Der Unternehmer kann seine Belehrungspflicht dadurch erfüllen, dass er dem Verbraucher das in Anlage 10 vorgesehene Muster für die Widerrufsbelehrung zutreffend ausgefüllt in Textform übermittelt.**

### Überblick

Zur Kommentierung → BGB § 651l Rn. 1 ff.

## Artikel 250 Informationspflichten bei Pauschalreiseverträgen

### § 1 Form und Zeitpunkt der vorvertraglichen Unterrichtung

**(1) [1]Die Unterrichtung des Reisenden nach § 651d Absatz 1 und 5 sowie § 651v Absatz 1 des Bürgerlichen Gesetzbuchs muss erfolgen, bevor dieser seine Vertragserklärung abgibt. [2]Die Informationen sind klar, verständlich und in hervorgehobener Weise mitzuteilen; werden sie schriftlich erteilt, müssen sie leserlich sein.**

**(2) Änderungen der vorvertraglichen Informationen sind dem Reisenden vor Vertragsschluss klar, verständlich und in hervorgehobener Weise mitzuteilen.**

### I. Normzweck

1 § 1 ist Teil eines auf den ersten Blick unübersichtlich wirkenden **Gesamtsystems von Informations- und Unterrichtungspflichten** mit Regelungen im BGB und den dort in Bezug genommenen Bestimmungen im EGBGB, einschließlich der Anlagen 11–18 (→ BGB § 651d Rn. 5 ff.). In Kraft getreten ist diese Regelungssystematik mit dem **Dritten Gesetz zur Änderung reiserechtlicher Vorschriften** vom 17.7.2017 (BGBl. I 2394) zum 1.7.2018. Damit werden europäische Vorgaben der **RL (EU) 2015/2302 des Europäischen Parlaments und des Rates über Pauschalreisen und verbundene Reiseleistungen (Pauschalreise-RL,** ABl. EU 2015 L 326, 1) umgesetzt. Die davor bestehenden Regelungen im Abschnitt 3 der Verordnung über Informations- und Nachweispflichten nach bürgerlichem Recht (**BGB-InfoV)** vom 5.8.2002 (BGBl. I 3002) sind **zum 1.7.2018 außer Kraft getreten** (vgl. Art. 7 Drittes Gesetz zur Änderung reiserechtlicher Vorschriften vom 17.7.2017, BGBl. I 2394).

2 Mit § 1 werden Art. 5 Abs. 1 und 3 sowie Art. 6 Abs. 1 S. 2 RL (EU) 2015/2302 umgesetzt. Die Vorschrift verfolgt **drei Regelungsanliegen** (vgl. BT-Drs. 18/10822, 100):
- Festlegung des Zeitpunkts, zu dem der Reiseveranstalter dem Reisenden vor Vertragsschluss bestimmte Informationen zur Verfügung stellen muss (Abs. 1 S. 1),
- Festlegung der allgemeinen Art und Weise, in der die vorvertragliche Unterrichtung zu erfolgen hat (Abs. 1 S. 2) sowie
- Festlegung von Vorgaben für eine Änderung vorvertraglich erteilter Informationen (Abs. 2).

3 **Normadressat** des § 1 ist nach § 651d Abs. 1 S. 1 BGB der die Pauschalreise anbietende **Reiseveranstalter.** Wird die Pauschalreise über einen **Reisevermittler** gebucht, so ist auch er (neben dem Reiseveranstalter) nach § 651v Abs. 1 S. 1 BGB zur Einhaltung des § 1 verpflichtet. Dabei wirkt die Pflichtverfüllung des einen (Reiseveranstalter oder -vermittler) jeweils auch zugunsten des anderen (vgl. § 651d Abs. 1 S. 2 BGB und § 651v Abs. 1 S. 2 BGB; → BGB § 651d Rn. 37). Bucht der Reisende für den Zweck derselben Reise sukzessive Reiseleistungen in einem verbundenen **Online-Buchungsverfahren nach § 651c BGB** (sog. „Click-Through-Buchung"), so wird der Anbieter oder Vermittler der ersten Reiseleistung als Reiseveranstalter angesehen (vgl. § 651c Abs. 1 BGB). In diesem Fall fingiert der Gesetzgeber aufgrund des speziellen Buchungsvorgangs lediglich einen Pauschalreisevertrag, obwohl eigentlich getrennte Verträge über unterschiedliche Reiseleistungen mit verschiedenen Unternehmern geschlossen werden. Daher bedarf es ergänzender Regelungen, die klarstellen, welcher Unternehmer für welche Informationen gegenüber dem Reisenden zuständig ist und welche Informationspflichten zwischen den beteiligten Unterneh-

mern bestehen (vgl. § 651d Abs. 5 S. 1 BGB iVm §§ 4 und 8). Im Ergebnis sieht § 4 vor, dass **jeden Unternehmer für die von ihm zu erbringende Reiseleistung** die Pflicht zur vorvertraglichen Unterrichtung trifft. Dabei hat er auch § 1 zu beachten (vgl. § 651d Abs. 5 S. 2 iVm Abs. 1 S. 1 BGB). Zur Einhaltung des § 1 ist schließlich auch der **Anbieter von Gastschulaufenthalten** verpflichtet, für den § 651d Abs. 1 BGB, der auf § 1 verweist, entsprechend gilt (vgl. § 651u Abs. 1 S. 1 BGB).

## II. Zeitpunkt der vorvertraglichen Unterrichtung (Abs. 1 S. 1)

4 Der Zeitpunkt der Unterrichtung leitet sich aus deren Zweck ab. Nach Art. 5 Abs. 1 RL (EU) 2015/2302 sollen dem Reisenden die erforderlichen Informationen zur Verfügung stehen, „bevor er durch einen Pauschalreisevertrag oder ein entsprechendes Vertragsangebot gebunden ist". In Abs. 1 S. 1 wird (wie bei § 651d Abs. 1 BGB) aus der Perspektive des Reisenden darauf abgestellt, dass die vorvertragliche Unterrichtung vor Abgabe der Vertragserklärung, also der auf den Vertragsschluss gerichteten Willenserklärung des Reisenden (sei es Antrag oder Annahme) erfolgen muss oder, wie es die Gesetzesbegründung knapper formuliert, **„vor der Buchung"** (BT-Drs. 18/10822, 100).

## III. Art und Weise der vorvertraglichen Unterrichtung (Abs. 1 S. 2)

5 Hinsichtlich der **Art der Unterrichtung** stellt Abs. 1 S. 2 **allgemeine Anforderungen in sprachlicher Hinsicht** („klar und verständlich") **und in formeller Hinsicht** („in hervorgehobene Weise" und, bei schriftlicher Erteilung, „leserlich") auf (vgl. zur Differenzierung zwischen „klar und verständlich" als Bezugspunkt des Inhalts der geschuldeten Information einerseits und „in hervorgehobene Weise" als Bezugspunkt für die optische Gestaltung andererseits auch OLG Saarbrücken BeckRS 2014, 19280 zu § 312g Abs. 2 BGB aF). Die Vorschrift setzt Art. 5 Abs. 3 RL (EU) 2015/2302 um. Für diejenigen Informationen, die über Formblätter gewährt werden (vgl. § 2), ist aufgrund des vorgegebenen Inhalts und der standardisierten Darstellung allenfalls der **Grundsatz der Leserlichkeit** von Belang, der Schriftart, -größe und -bild betrifft. Im Übrigen sind die allgemeinen Anforderungen des Abs. 1 S. 2 vor allem für die Zurverfügungstellung der „weiteren Angaben" nach § 3 bei der vorvertraglichen Unterrichtung relevant. Eine ähnliche Regelung hatte zuvor § 4 Abs. 1 S. 1 BGB-InfoV für Prospekte getroffen: „deutlich lesbare, klare und genaue Angaben" (Grundsatz der Prospektwahrheit und -klarheit, Staudinger/Staudinger, 2016, BGB Anh. § 651a aF § 4 Rn. 1). Über welches **Medium** dem Reisenden die weiteren Angaben zur Verfügung gestellt werden, überlassen Richtlinie und deutscher Gesetzgeber dem Reiseveranstalter (vgl. auch Bergmann in Tonner/Bergmann/Blankenburg ReiseR § 2 Rn. 146; BeckOGK/Alexander Rn. 10). Die Geltung der in Abs. 1 S. 2 festgelegten Anforderungen soll davon nicht abhängen. Der Prospekt ist also lediglich eine Option. Wie § 2 Abs. 3 zeigt, kommt selbst die rein telefonische Informationsgewährung in Betracht. Für den Reiseveranstalter dürfte bei der Wahl des passenden Mediums vor allem auch die ihn treffende **Beweislast** (§ 651d Abs. 4 BGB) beachtlich sein.

6 Mit **„klar und verständlich"** greift der Gesetzgeber nunmehr ein Begriffspaar auf, das insbes. aus dem AGB-Recht vertraut ist (**Transparenzgebot,** § 307 Abs. 1 S. 2 BGB) und dort ebenfalls auf europäisches Recht zurückgeht (Umsetzung des Art. 4 Abs. 2 und Art. 5 Klausel-RL 93/13/EWG). Der dort geltende Maßstab der Verständnismöglichkeiten eines durchschnittlichen Vertreters der angesprochenen Gruppe (vgl. dazu etwa MüKoBGB/Wurmnest § 307 Rn. 64) kann auch hier herangezogen werden, so dass also auf die Verständnismöglichkeiten des Durchschnittsreisenden abzustellen ist. Bei Verwendung juristischer oder branchenspezifischer Fachtermini, die nicht auch Gegenstand der Alltagssprache sind, bedarf es einer ergänzenden Erläuterung. Überflüssige Angaben, die den Fokus auf wesentliche Angaben verstellen, ebenso wie unübersichtliche Satzkonstruktionen, erfüllen die Vorgaben des Abs. 1 S. 2 nicht (vgl. zu diesen Anforderungen auch Staudinger in Führich/Staudinger ReiseR § 9 Rn. 18; BeckOGK/Alexander Rn. 9 ff.). Zur Verständlichkeit gehört auch die Zurverfügungstellung der Informationen in der **Sprache** der mit dem jeweiligen Angebot angesprochenen Verkehrskreise (BeckOGK/Alexander Rn. 12) bzw. der Vertrags- und Verhandlungssprache (Staudinger in Führich/Staudinger ReiseR § 9 Rn. 18).

7 Die Formulierung des Erfordernisses, die Information in **„hervorgehobener Weise"** mitzuteilen, weicht von der Richtlinie ab, die von „deutlich" spricht (Art. 5 Abs. 3 S. 1 Pauschalreise-RL). Hier handelt es sich aber offensichtlich um eine sprachliche Ungenauigkeit in der Richtlinie, die in der Schlussredaktion nicht behoben wurde. Denn hatte es in der deutschen Fassung des Kommissionsentwurfs noch „klar und deutlich" geheißen (COM(2013) 512, 24), verlangte das

EU-Parlament unter Hinweis auf den entsprechenden Wortlaut der Verbraucherrechte-RL (RL 2011/83/EU über die Rechte der Verbraucher, ABl. EU 2011 L 304, 64) die Formulierung „klar, verständlich und deutlich hervorgehoben" (vgl. Plenarsitzungsdokument A7-0124/2014, 43, Änderungsantrag 67, in dem aber nur das Wort „verständlich" als Änderung fett gedruckt markiert wurde, nicht aber das ebenfalls ergänzte Wort „hervorgehoben"). Es gelten also die gleichen **Anforderungen wie bei § 312j Abs. 2 BGB** (ebenso Staudinger in Führich/Staudinger ReiseR § 9 Rn. 19), der in Umsetzung der Verbraucherrechte-RL ebenfalls die Informationengewährung „in hervorgehobener Weise" verlangt (→ BGB § 312j Rn. 18), allerdings allein auf Internetangebote zugeschnitten ist. In der Gesetzesbegründung zu § 312j Abs. 2 BGB (bzw. damals noch § 312g Abs. 2 BGB) heißt es dazu, dass die Informationen sich in unübersehbarer Weise vom übrigen Text und den sonstigen Gestaltungselementen abheben müssen und nicht im Gesamtlayout des Internetauftritts oder dem sonstigen Online-Angebot untergehen dürfen. Schriftgröße, Schriftart und Schriftfarbe müssten so gewählt sein, dass die Informationen nicht versteckt, sondern klar und einfach erkennbar sind (BT-Drucks. 17/7745, 11).

## IV. Mitteilung von Änderungen vorvertraglicher Informationen (Abs. 2)

Abs. 2 legt Anforderungen fest, die erfüllt sein müssen, damit der Reiseveranstalter dem Reiseinteressenten bereits erteilte vorvertragliche Informationen noch **vor Vertragsschluss** ändern kann. Die Bestimmung ist insoweit von § 651g BGB und § 651f BGB abzugrenzen, die die Zulässigkeit und Folgen der Änderung von Reisemodalitäten nach Vertragsschluss regeln. Für die Mitteilung einer Änderung vorvertraglicher Informationen gelten nach Abs. 2 die gleichen inhaltlichen („klar und verständlich") sowie formalen Anforderungen („in hervorgehobener Weise"), wie sie nach Abs. 1 S. 2 allgemein bei der vorvertraglichen Unterrichtung gelten. Ein **Änderungsvorbehalt,** wie ihn § 4 Abs. 2 S. 1 BGB-InfoV früher zur Änderung von Prospektangaben voraussetzte, ist **nicht mehr erforderlich.** Dies entspricht auch den Vorgaben der umgesetzten Pauschalreise-RL, obwohl Erwägungsgrund 26 das Erfordernis eines Änderungsvorbehalts ausdrücklich erwähnt. Allerdings handelt es sich dabei um ein Redaktionsversehen. Es wurde versäumt, eine am verfügenden Teil im Gesetzgebungsverfahren vorgenommene Änderung auch bei den Erwägungsgründen nachzuvollziehen (BT-Drs. 18/10822, 100). 8

Die Änderung derjenigen vorvertraglichen Informationen, die nach § 651d Abs. 3 BGB Vertragsinhalt werden, bedarf, wie sich in unionskonformer Auslegung des § 651d Abs. 3 BGB ergibt, der **ausdrücklichen Vereinbarung der Vertragsparteien.** Eine Änderung durch schweigende Entgegennahme einer Änderungsmitteilung des Reiseveranstalters durch den Reiseinteressenten genügt auch dann nicht, wenn diese Mitteilung nach Abs. 2 klar und verständlich formuliert ist sowie in hervorgehobener Weise erfolgt (→ BGB § 651d Rn. 31 ff.). Spätestens aus der Vertragserklärung des Reisenden zur Buchung der Reise muss sich die ausdrückliche Vereinbarung der Vertragsparteien ergeben, die Reise zu den geänderten Bedingungen zu schließen. 9

## § 2 Formblatt für die vorvertragliche Unterrichtung

**(1) Dem Reisenden ist gemäß dem in Anlage 11 enthaltenen Muster ein zutreffend ausgefülltes Formblatt zur Verfügung zu stellen.**

**(2) Bei Verträgen nach § 651u des Bürgerlichen Gesetzbuchs ist anstelle des Formblatts gemäß dem in Anlage 11 enthaltenen Muster das zutreffend ausgefüllte Formblatt gemäß dem in Anlage 12 enthaltenen Muster zu verwenden.**

**(3) Soll ein Pauschalreisevertrag telefonisch geschlossen werden, können die Informationen aus dem jeweiligen Formblatt abweichend von den Absätzen 1 und 2 auch telefonisch zur Verfügung gestellt werden.**

## I. Normzweck

§ 2 ist Teil eines auf den ersten Blick unübersichtlich wirkenden **Gesamtsystems von Informations- und Unterrichtungspflichten** mit Regelungen im BGB und den dort in Bezug genommenen Bestimmungen im EGBGB (→ BGB § 651d Rn. 5 ff.). Hinzu kommen die in Anlagen 11–18 des EGBGB enthaltenen Muster von Formblättern, von denen das jeweils richtige, zutreffend ausgefüllt, dem Reisenden iRd der vorvertraglichen Unterrichtung zur Verfügung zu stellen ist. In Kraft getreten ist diese Regelungssystematik mit dem **Dritten Gesetz zur Änderung reiserechtlicher Vorschriften** vom 17.7.2017 (BGBl. I 2394) zum 1.7.2018. Damit werden 1 europäische Vorgaben der **RL (EU) 2015/2302 des Europäischen Parlaments und des Rates über Pauschalreisen und verbundene Reiseleistungen** (Pauschalreise-RL, ABl. EU 2015 L 326, 1) umgesetzt.

2 Die teilweise Standardisierung der vorvertraglichen Informationsgewährung durch **„Formblätter"** stellt eine **grundlegende Neuerung** dar. Die Formblätter in den Anlagen des EGBGB entsprechen weitestgehend den sog. „Standardinformationsblättern" in den Anhängen I und II Pauschalreise-RL. Diese waren im Gesetzgebungsverfahren der neuen Pauschalreise-RL erst spät vom Rat initiiert worden. Es ging ihm vor allem um eine praxistaugliche Einführung der neuen Kategorie der sog. „verbundenen Reiseleistungen", bei denen keine Pauschalreise vorliegt. Dazu sollen dem Reisenden mittels des jeweils einschlägigen Formblatts in „einfacher Ausdrucksweise" und in standardisierter Form die jeweiligen Rechte und Pflichten in Bezug auf Pauschalreisen oder verbundene Reiseleistungen erläutert werden (vgl. Begründung des Rates, Standpunkt (EU) Nr. 13/2015, ABl. EU 2015 C 360, 39 Nr. 25).

3 Der deutsche Gesetzgeber ist der **Logik der Anhänge** der Pauschalreise-RL weitestgehend gefolgt. Er hat lediglich die Basisinformationsblätter A und B des Anhangs I sowie B und C des Anhangs II der Pauschalreise-RL in jeweils einem Muster zusammengeführt und differenzierende Gestaltungshinweise ergänzt sowie ein gesondertes Muster für Gastschulaufenthalte vorgesehen:

| BGB | | | EGBGB | Pauschalreise-RL |
|---|---|---|---|---|
| Pauschalreise nach § 651a BGB | | | Anlage 11 | Anhang I Teile A/B |
| Gastschulaufenthalt nach § 651u BGB | | | Anlage 12 | *nicht geregelt* |
| **Pauschalreise nach § 651c BGB (verbundenes Online-Buchungsverfahren)** | | | **Anlage 13** | **Anhang I Teil C** |
| Vermittlung verbundener Reiseleistungen nach § 651w BGB | Vermittler ist Rückbeförderer | Vermittlung nach § 651w Abs. 1 S. 1 Nr. 1 BGB | Anlage 14 | Anhang II Teil A |
| | | Vermittlung nach § 651w Abs. 1 S. 1 Nr. 2 BGB | Anlage 15 | Anhang II Teil D |
| | Vermittler ist *nicht* Rückbeförderer | Vermittlung nach § 651w Abs. 1 S. 1 Nr. 1 BGB | Anlage 16 | Anhang II Teile B/C |
| | | Vermittlung nach § 651w Abs. 1 S. 1 Nr. 2 BGB | Anlage 17 | Anhang II Teil E |

4 **Abs. 1** legt fest, dass iRd vorvertraglichen Unterrichtung dem Reisenden grds. ein zutreffend ausgefülltes Formblatt nach dem Muster der Anlage 11 zur Verfügung zu stellen ist (→ Rn. 5 ff.). Bei Gastschulaufenthalten ist nach **Abs. 2** stattdessen das Muster der Anlage 12 zu verwenden (→ Rn. 8). Dieses findet in der Pauschalreise-RL keine Entsprechung, weil Gastschulaufenthalte nicht in deren Anwendungsbereich fallen (→ BGB § 651u Rn. 1). Die Verweise auf die übrigen Varianten der Formblätter finden sich in § 4 (Verweis auf Anlage 13) und in Art. 251 § 2 (Verweis auf die Anlagen 14–17). **Abs. 3** stellt klar, dass die Informationen des jeweiligen Formblatts auch im telefonischen Buchungsverfahren zur Verfügung gestellt werden können (→ Rn. 9).

## II. Formblatt für Pauschalreisen, Anlage 11 (Abs. 1)

5 Bei allen Pauschalreisen, die nicht im verbundenen Online-Buchungsverfahren nach § 651c BGB geschlossen wurden, ist dem Reisenden nach Abs. 1 ein **Formblatt** auf der Grundlage des Musters der **Anlage 11** zur Verfügung zu stellen. Dieses muss unter Berücksichtigung der dazugehörigen „Gestaltungshinweise", die am Ende der Anlage abgedruckt sind, zutreffend ausgefüllt sein. Das Formblatt ist in zwei Informationsabschnitte und einen Verweis am Ende des Formblatts gegliedert. Dem **ersten Informationsabschnitt** kommt grundlegende **Sensibilisierungsfunktion** zu. Dem Reisenden soll dreierlei klar werden. Erstens: Es handelt sich bei der angebotenen Kombination von Reiseleistungen um eine Pauschalreise, für die spezielle EU-Rechte gelten. Zweitens: Der (namentlich zu benennende) Reiseveranstalter trägt die volle Verantwortung für die ordnungsgemäße Durchführung der gesamten Pauschalreise. Drittens: Der Reiseveranstalter verfügt über eine Insolvenzsicherung, die auch eine vereinbarte Rückbeförderung

sicherstellt (→ BGB § 651d Rn. 19). Der **zweite Informationsabschnitt** hat **Aufklärungsfunktion.** Er fasst in einer Liste summarisch die „wichtigsten Rechte" des Reisenden aus der Pauschalreise-RL zusammen (→ BGB § 651d Rn. 20). Dem am **Ende des Formblatts anzubringende Verweis** kommt eine Art **Vertiefungsfunktion** zu. Er soll dem Reisenden ermöglichen, eine Internetseite aufzusuchen, auf der die „RL (EU) 2015/2302 in der in das nationale Recht umgesetzten Form" zu finden ist, um Einzelheiten nachzulesen (→ BGB § 651d Rn. 21).

**Zuständig** für die Zurverfügungstellung des Formblattes ist nach § 651d Abs. 1 S. 1 BGB der Reiseveranstalter. Neben ihm ist, im Falle der Buchung über einen Reisevermittler, auch dieser verpflichtet, dem Reisenden das Formblattes zur Verfügung zu stellen (§ 651v Abs. 1 S. 1 BGB). Durch die wechselseitige Erfüllungswirkung (vgl. § 651d Abs. 1 S. 2 BGB und § 651v Abs. 1 S. 2 BGB) bedarf es aber nur einer einmaligen Zurverfügungstellung (→ BGB § 651d Rn. 37). 6

Der Begriff „Form*blatt*" verleitet zur Annahme, die erforderlichen Informationen seien in physischer Form zur Verfügung zu stellen. Die Zurverfügungstellung in **Papierform** ist aber nur eine der denkbaren Möglichkeiten. Im Anhang I Pauschalreise-RL wird zwischen den Fällen, in denen die **Informationsgewährung unter Verwendung von Hyperlinks** erfolgt (Teil A) und den sonstigen Fällen (Teil B) unterschieden. Der deutsche Gesetzgeber hat beide Varianten in einem Muster vereint und zur Differenzierung zwischen der Online-Informationsgewährung mit Hyperlinks und den sonstigen Fällen spezielle Gestaltungshinweise am Ende des Musters aufgenommen (vgl. dazu Gestaltungshinweise Nr. 3 und Nr. 7 am Ende der Anlage 11). Das Formblatt kann im Ergebnis also zB **per Post** zur Verfügung gestellt oder bei persönlicher Anwesenheit durch den Reisvermittler übergeben werden. Ebenso kann es bspw. **im Anhang einer E-Mail** versandt werden. Erfolgt die Zurverfügungstellung **auf einer Webseite** im elektronischen Geschäftsverkehr sind der erste und zweite Informationsabschnitt des Formblattes über einen Hyperlink mit vorgegebener Beschriftung miteinander zu verbinden (vgl. dazu Gestaltungshinweise Nr. 3 am Ende der Anlage 11) und der Verweis am Ende des Formblatts muss, ebenfalls per Hyperlink mit vorgegebener Beschriftung, den Reisenden direkt zum deutschen Umsetzungsgesetz weiterleiten (vgl. dazu Gestaltungshinweise Nr. 7 am Ende der Anlage 11). Im Hinblick auf den Gesetzeswortlaut („zur Verfügung stellen") muss, wenn die Inhalte des Formblatts auf der Webseite angezeigt werden, gewährleistet sein, dass der Reisende sich die Informationen ausdrucken oder runterladen kann. Für die mündliche Informationsgewährung **bei telefonischem Vertragsschluss** besteht die Sonderregelung des Abs. 3 (→ Rn. 9). 7

## III. Formblatt für Gastschulaufenthalte, Anlage 12 (Abs. 2)

Mit § 651u BGB hat sich der deutsche Gesetzgeber entschieden, auf Gastschulaufenthalte das Pauschalreiserecht mit bestimmten Modifikationen entsprechend anzuwenden (zur Zulässigkeit im Lichte des Grundsatzes der Vollharmonisierung BT-Drs. 18/10822, 92; vgl. dazu auch → BGB § 651u Rn. 1). Zur **entsprechenden Anwendung** kommen nach § 651u Abs. 1 BGB auch **§ 651d Abs. 1–4 BGB** und damit ebenfalls die dort in Bezug genommenen Vorschriften zu den vorvertraglichen Informationspflichten des EGBGB. Das bei Pauschalreisen auf der Grundlage des Musters der Anlage 11 zur Verfügung zu stellende Formblatt kann nicht unverändert auch für Gastschulaufenthalte verwendet werden, weil es sich – entgegen dem Einleitungssatz des Formblatts – gerade nicht um „eine Pauschalreise im Sinne der Richtlinie (EU) 2015/2302" handelt. Nach Abs. 2 ist daher statt des Musters der Anlage 11 das **Muster der Anlage 12** zu verwenden (BT-Drs. 18/10822, 101) (→ BGB § 651d Rn. 23 ff.). 8

## IV. Formalisierte Informationen bei telefonischem Vertragsschluss (Abs. 3)

Nach Abs. 3, der Art. 5 Abs. 1 UAbs. 2 RL (EU) 2015/2302 umsetzt, können die Informationen aus dem jeweiligen Formblatt auch „telefonisch zur Verfügung gestellt", also **am Telefon vorgelesen** werden. Aber auch bei telefonischer Vertragsverhandlung ist es dem Reiseveranstalter (oder dem Reisevermittler) unbenommen, stattdessen dem Reisenden das Formblatt vor dessen Buchung elektronisch oder per Post zuzusenden (BT-Drs. 18/10822, 101). Bedenkt man, dass zusätzlich zu den Inhalten des Formblatts sämtliche relevanten weiteren Angaben des § 3 telefonisch bekannt gegeben werden müssten und, im Hinblick auf die Beweislast (vgl. § 651d Abs. 4 BGB bzw. § 651v Abs. 1 S. 3 BGB), auch eine Dokumentation dieses Vorgangs erfolgen sollte, dürfte diese Form des telefonischen Vertragsschlusses **wenig praktikabel** sein (ebenso MüKoBGB/Tonner Rn. 6; BeckOGK/Alexander § 3 Rn. 19). Dass die entsprechenden Informationen während des Telefonats an eine E-Mail-Adresse geschickt werden und die Kenntnisnahme vom Reisenden online (etwa per Smartphone) kurzfristig bestätigt wird, bevor bei einem erneuten Telefonat der Vertrag geschlossen wird, lässt sich noch eher vorstellen. 9

## § 3 Weitere Angaben bei der vorvertraglichen Unterrichtung

**Die Unterrichtung muss folgende Informationen enthalten, soweit sie für die in Betracht kommende Pauschalreise erheblich sind:**

**1. die wesentlichen Eigenschaften der Reiseleistungen, und zwar**
**a) Bestimmungsort oder, wenn die Pauschalreise mehrere Aufenthalte umfasst, die einzelnen Bestimmungsorte sowie die einzelnen Zeiträume (Datumsangaben und Anzahl der Übernachtungen),**
**b) Reiseroute,**
**c) Transportmittel (Merkmale und Klasse),**
**d) Ort, Tag und Zeit der Abreise und der Rückreise oder, sofern eine genaue Zeitangabe noch nicht möglich ist, ungefähre Zeit der Abreise und Rückreise, ferner Orte und Dauer von Zwischenstationen sowie die dort zu erreichenden Anschlussverbindungen,**
**e) Unterkunft (Lage, Hauptmerkmale und gegebenenfalls touristische Einstufung der Unterkunft nach den Regeln des jeweiligen Bestimmungslandes),**
**f) Mahlzeiten,**
**g) Besichtigungen, Ausflüge oder sonstige im Reisepreis inbegriffene Leistungen,**
**h) sofern dies nicht aus dem Zusammenhang hervorgeht, die Angabe, ob eine der Reiseleistungen für den Reisenden als Teil einer Gruppe erbracht wird, und wenn dies der Fall ist, sofern möglich, die Angabe der ungefähren Gruppengröße,**
**i) sofern die Nutzung anderer touristischer Leistungen im Sinne des § 651a Absatz 3 Satz 1 Nummer 4 des Bürgerlichen Gesetzbuchs durch den Reisenden von einer wirksamen mündlichen Kommunikation abhängt, die Sprache, in der diese Leistungen erbracht werden, und**
**j) die Angabe, ob die Pauschalreise im Allgemeinen für Personen mit eingeschränkter Mobilität geeignet ist, sowie auf Verlangen des Reisenden genaue Informationen über eine solche Eignung unter Berücksichtigung der Bedürfnisse des Reisenden,**

**2. die Firma oder den Namen des Reiseveranstalters, die Anschrift des Ortes, an dem er niedergelassen ist, die Telefonnummer und gegebenenfalls die E-Mail-Adresse; diese Angaben sind gegebenenfalls auch bezüglich des Reisevermittlers zu erteilen,**

**3. den Reisepreis einschließlich Steuern und gegebenenfalls aller zusätzlichen Gebühren, Entgelte und sonstigen Kosten, oder, wenn sich diese Kosten vor Vertragsschluss nicht bestimmen lassen, die Angabe der Art von Mehrkosten, für die der Reisende gegebenenfalls noch aufkommen muss,**

**4. die Zahlungsmodalitäten einschließlich des Betrags oder des Prozentsatzes des Reisepreises, der als Anzahlung zu leisten ist, sowie des Zeitplans für die Zahlung des Restbetrags oder für die Stellung finanzieller Sicherheiten durch den Reisenden,**

**5. die für die Durchführung der Pauschalreise erforderliche Mindestteilnehmerzahl sowie die Angabe, bis zu welchem Zeitpunkt vor dem vertraglich vereinbarten Reisebeginn dem Reisenden die Rücktrittserklärung des Reiseveranstalters gemäß § 651h Absatz 4 Satz 1 Nummer 1 des Bürgerlichen Gesetzbuchs zugegangen sein muss,**

**6. allgemeine Pass- und Visumerfordernisse des Bestimmungslands, einschließlich der ungefähren Fristen für die Erlangung von Visa, sowie gesundheitspolizeiliche Formalitäten,**

**7. den Hinweis, dass der Reisende vor Reisebeginn gegen Zahlung einer angemessenen Entschädigung oder gegebenenfalls einer vom Reiseveranstalter verlangten Entschädigungspauschale jederzeit vom Vertrag zurücktreten kann,**

**8. den Hinweis auf den möglichen Abschluss einer Reiserücktrittskostenversicherung oder einer Versicherung zur Deckung der Kosten einer Unterstützung einschließlich einer Rückbeförderung bei Unfall, Krankheit oder Tod.**

### Übersicht

## I. Normzweck

§ 3 ist Teil eines auf den ersten Blick unübersichtlich wirkenden **Gesamtsystems von Informations- und Unterrichtungspflichten** mit Regelungen im BGB und den dort in Bezug genommenen Bestimmungen im EGBGB, einschließlich der Anlagen 11–18 (→ BGB § 651d Rn. 5 ff.). In Kraft getreten ist diese Regelungssystematik mit dem **Dritten Gesetz zur Änderung reiserechtlicher Vorschriften** vom 17.7.2017 (BGBl. I 2394) zum 1.7.2018. Damit werden europäische Vorgaben der **RL (EU) 2015/2302 des Europäischen Parlaments und des Rates über Pauschalreisen und verbundene Reiseleistungen** (Pauschalreise-RL, ABl. EU 2015 L 326, 1) umgesetzt. Die davor bestehenden Regelungen im Abschnitt 3 der Verordnung über Informations- und Nachweispflichten nach bürgerlichem Recht **(BGB-InfoV)** vom 5.8.2002 (BGBl. I 3002) sind **zum 1.7.2018 außer Kraft getreten** (vgl. Art. 7 Drittes Gesetz zur Änderung reiserechtlicher Vorschriften vom 17.7.2017, BGBl. I 2394). 1

Aus dem Grundsatz der **Vollharmonisierung** der Pauschalreise-RL (vgl. Art. 4) ergibt sich, dass die Informationspflichten erschöpfend geregelt sind. Die sich aus anderen anwendbaren Unionsrechtsakten festgelegten Informationspflichten bleiben aber unberührt (Erwägungsgrund 27 RL (EU) 2015/2302 mit Fn. 1, in der einschlägige Unionsrechtsakte aufgelistet sind). 2

§ 3 EGBGB dient der Umsetzung des **Art. 5 Abs. 1 UAbs. 1 lit. a–h RL (EU) 2015/2302** (BT-Drs. 18/10822, 102). Die in der Vorschrift aufgelisteten Angaben entsprechen teilweise den **nach alter Rechtslage** in § 4 BGB-InfoV enthaltenen Vorgaben für Angaben in Reiseprospekten (vgl. zu diesen Angaben ausf MüKoBGB/Tonner, 7. Aufl. 2017, BGB-InfoV § 4 Rn. 2 ff.; Staudinger/Staudinger, 2016, Anh. § 651a: BGB-InfoV § 4 Rn. 3 ff.). Teilweise wurden aber auch Angaben, die nach alter Rechtslage erst in der Reisebestätigung enthalten sein mussten (vgl. § 6 Abs. 2 BGB-InfoV), nunmehr der vorvertraglichen Unterrichtungsphase zugeordnet (zB Angaben zu Besichtigungen und Ausflügen oder Hinweise zu bestimmten Versicherungen). 3

Die „weiteren Angaben“ nach § 3 ergänzen die durch das Formblatt gem. § 2 erfolgte vorvertragliche Unterrichtung. Während der Reisende mittels des Formblatts standardisiert über die Rechtsnatur des Vertrages und die wesentlichen sich daraus ergebenden Rechte aufgeklärt werden soll, geht es bei den in § 3 geregelten „weiteren Angaben“ vor allem um eine **Spezifizierung der vertragstypischen Pflichten** aus § 651a BGB, also einerseits um die Beschreibung der wesentlichen Eigenschaften der vom Reiseveranstalter zu erbringenden Reiseleistungen (Nr. 1) sowie andererseits um die Bezifferung des vom Reisenden zu entrichtenden Reisepreises (Nr. 3) und die Festlegung der Zahlungsmodalitäten (Nr. 4). **Ergänzend** bestehen **Hinweispflichten des Reiseveranstalters** zu seiner Identität und seinen Kontaktdaten (Nr. 2), zur etwaigen Abhängigkeit der Reise von einer Mindestteilnehmerzahl (Nr. 5), zu allgemeinen Pass- und Visumserfordernissen sowie gesundheitspolizeilichen Formalitäten im Bestimmungsland (Nr. 6), zur jederzeitigen Rücktrittsmöglichkeit vor Reisebeginn gegen angemessene Entschädigung (Nr. 7) und zu bestimmten Versicherungsmöglichkeiten (Nr. 8). 4

**Normadressat** des § 3 ist nach § 651d Abs. 1 S. 1 BGB der die Pauschalreise anbietende **Reiseveranstalter.** Wird die Pauschalreise über einen **Reisevermittler** gebucht, so ist auch er (neben dem Reiseveranstalter) nach § 651v Abs. 1 S. 1 BGB zur Einhaltung des § 1 verpflichtet. Dabei wirkt die Pflichtverfüllung des einen (Reiseveranstalter oder -vermittler) jeweils auch zugunsten des anderen (vgl. § 651d Abs. 1 S. 2 und § 651v Abs. 1 S. 2 BGB; → BGB § 651d Rn. 37). Bucht der Reisende für den Zweck derselben Reise sukzessive Reiseleistungen in einem verbundenen **Online-Buchungsverfahren nach § 651c BGB** (sog. „Click-Through-Buchung“), so wird der Anbieter oder Vermittler der ersten Reiseleistung als Reiseveranstalter 5 angesehen (vgl. § 651c Abs. 1 BGB). In diesem Fall fingiert der Gesetzgeber aufgrund des speziellen Buchungsvorgangs lediglich einen Pauschalreisevertrag, obwohl eigentlich getrennte Verträge über unterschiedliche Reiseleistungen mit verschiedenen Unternehmern geschlossen werden. Daher bedarf es ergänzender Regelungen, die klarstellen, welcher Unternehmer für welche Informationen gegenüber dem Reisenden zuständig ist und welche Informationspflichten zwischen den beteiligten Unternehmern bestehen (vgl. § 651d Abs. 5 S. 1 BGB iVm §§ 4 und 8). Im Ergebnis sieht § 4 vor, dass **jeden Unternehmer für die von ihm zu erbringende Reiseleistung** die Pflicht zur vorvertraglichen Unterrichtung trifft. Dabei hat er auch § 3 zu beachten (vgl. § 651d Abs. 5 S. 2 iVm Abs. 1 S. 1 BGB). Zur Einhaltung des § 3 ist schließlich auch der **Anbieter von Gastschulaufenthalten** verpflichtet, für den § 651d Abs. 1 BGB, der auf § 1 verweist, entsprechend gilt (vgl. § 651u Abs. 1 S. 1 BGB).

## II. Erheblichkeit der „weiteren Angaben" und Vertragsinhalt

6 Von den in § 3 aufgelisteten „weiteren Angaben" muss der Reisende nur über all diejenigen unterrichtet werden, die für die in Betracht kommende Reise **„erheblich"** bzw., wie es in Art. 5 Abs. 1 RL (EU) 2015/2302 heißt, „relevant" sind. Die zu gewährenden Informationen bestimmen sich also im Einzelfall aus den Besonderheiten der Reiseart und des Zwecks der Reise (vgl. Staudinger in Führich/Staudinger ReiseR § 9 Rn. 8; BeckOGK/Alexander Rn. 9). Insbes. bei der entsprechenden Anwendung des § 3 auf Gastschulaufenthalte ist jeweils zu prüfen, welche der Angaben des § 3 in diesem Bereich von Relevanz sind.

7 Die „weiteren Angaben" iSv § 3 sind von zentraler Bedeutung. Denn die Angaben der Nr. 1, 3–5 und 7 werden gem. **§ 651d Abs. 3 BGB Vertragsinhalt,** sofern die Parteien nicht ausdrücklich etwas anderes vereinbart haben. Eine **nachträgliche Änderung** der vorvertraglich, etwa in einem Reisekatalog oder -prospekt, dem Reisenden nach § 3 zur Verfügung gestellten Angaben ist **vor Vertragsschluss** zwar ohne Änderungsvorbehalt möglich, aber nur nach Maßgabe des § 651d Abs. 3 S. 1 BGB (ausdrückliche Vereinbarung) und des § 1 Abs. 2 (Mitteilung der Änderung klar, verständlich und in hervorgehobener Weise) (→ BGB § 651d Rn. 31 ff.).

8 Die nach Nr. 1 gemachten Angaben (wesentliche Eigenschaften der Reiseleistungen) bestimmen zugleich den **Maßstab für das Vorliegen von Reisemängeln** nach § 651i Abs. 2 S. 1 BGB (vereinbarte Beschaffenheit der Reise). Eine **Änderung** der Reisebedingungen **nach Vertragsschluss** kommt nur noch vor Reisebeginn innerhalb der durch § 651f BGB und § 651g BGB gesetzten Grenzen in Betracht. Im Übrigen liegt bei jeder (die Bagatellgrenze überschreitenden) Änderung oder Abweichung von den gem. Nr. 1 beschriebenen wesentlichen Eigenschaften der Reise zwangsläufig ein Reisemangel vor. Steht bereits vor Vertragsschluss fest, dass die angebotene Reise nicht die Beschaffenheit aufweisen wird, die bei Pauschalreisen der gleichen Art üblich ist und vom Reisenden nach Art der Pauschalreise erwartet werden kann (vgl. § 651i Abs. 2 Nr. 2 BGB), so muss der Reiseveranstalter auf die besonderen Umstände iRd vorvertraglichen Unterrichtung klar und verständlich (vgl. § 1) hinweisen, um eine spätere Geltendmachung von Ansprüchen wegen Reisemängeln zu verhindern.

## III. Wesentlichen Eigenschaften der Reiseleistungen (Nr. 1)

9 **1. Bestimmungsort(e) (lit. a) und Reiseroute (lit. b).** Lit. a und lit. b sind Nachfolgeregelungen zu § 4 Abs. 1 S. 1 Nr. 1 und Nr. 5 sowie § 6 Abs. 2 Nr. 1 BGB-InfoV. Sie setzten Art. 5 Abs. 2 lit. a Ziff. i RL (EU) 2015/2302 um. Der **Bestimmungsort** muss postalisch oder geographisch so benannt sein, dass dieser für den Reisenden zweifelsfrei feststeht und insbes. eine Verwechslung mit namensgleichen Orten ausgeschlossen ist (zur Verwechslungsgefahr etwa bei „San José" LG München I NJW-RR 2009, 348). Dies gilt bei einer Reise mit mehreren Bestimmungsorten für jeden der Bestimmungsorte. Außerdem ist, etwa bei Rundreisen oder Kreuzfahrten, die **Reiseroute** anzugeben, also in welcher Reihenfolge die Bestimmungsorte besucht werden sowie die Verweildauer am jeweiligen Bestimmungsort (anhand von Datumsangaben sowie, sofern die Unterbringung inbegriffen ist, der Anzahl an Übernachtungen). Zur Reiseroute gehören auch Angaben zur Fahrtstrecke, soweit diese für die Entscheidung des Reisenden für die Auswahl der Reise von Relevanz sein können (zur Bedeutung der Reiseroute etwa bei einer Kreuzfahrt BGH NJW 2013, 3170). Beinhaltet die Reise, etwa eine Rundreise, die Nutzung mehrerer Verkehrsmittel (zB Bus- und Zugfahrt zwischen einzelnen Bestimmungsorten oder Inlandsflug im Bestimmungsland), so sind die Angaben, die nach lit. d für die An- und Abreise anzugeben sind, für sämtliche Verkehrsmittel als Teil der Reiseroute anzugeben, sofern keine Reiseleitung inbegriffen ist. Bedingt die Art der Reise, dass die nähere Bestimmung des Reiseziels als „Überraschung" vom

Reiseveranstalter festgelegt werden soll (häufig als **Fortuna-, Glücks- oder auch Roulettereise** bezeichnet), genügt die Angabe des Zielgebiets, dass das Leistungsbestimmungsrecht des Reiseveranstalters aus Sicht des Reisenden hinreichend deutlich („klar und verständlich" iSv § 1) eingrenzt (vgl. dazu auch Staudinger in Führich/Staudinger ReiseR § 9 Rn. 9).

**2. Transportmittel (lit. c).** Lit. c ist Nachfolgeregelung zu der früher auf Prospektangaben beschränkten entsprechenden Regelung in § 4 Abs. 1 S. 1 Nr. 2 BGB-InfoV. Umgesetzt wird Art. 5 Abs. 2 lit. a Ziff. ii) RL (EU) 2015/2302. Im Rahmen der vorvertraglichen Unterrichtung sind sämtliche **Transportmittel** anzugeben, die während der Reise als Teil der Reiseleistungen genutzt werden (also Bus, Bahn, Flugzeug, Schiff etc), einschließlich ihrer „Merkmale" und „Klasse". Dies gilt unabhängig davon, ob die Nutzung des jeweiligen Transportmittels als eigenständige Reiseleistung nach § 651a Abs. 3 Nr. 1 BGB einzuordnen ist. So genügt etwa die bloße Angabe „inkl. Transfer zum Hotel", ohne Nennung des Transportmittels, nicht. Auch wenn Teilstrecken der Reise auf Tieren, in Kanus oder mit Fahrrädern zurückgelegt werden, muss dies angegeben werden. Was unter den **„Merkmalen"** des Transportmittels zu verstehen ist, definieren weder die Richtlinie noch der deutsche Gesetzgeber. Nach Sinn und Zweck sind darunter alle das Transportmittel und die damit verbundene Beförderungsleistung betreffenden Eigenschaften zu verstehen, die nach Art der Reise die Buchungsentscheidung des Reiseinteressenten maßgeblich beeinflussen können. Dazu gehört etwa bei Flügen die Nennung der den Flug durchführenden Fluggesellschaft, weil Gesichtspunkte wie Grundservice und Sicherheitsstandard maßgeblichen Einfluss auf die Buchungsentscheidung haben können (so auch Staudinger in Führich/Staudinger ReiseR § 9 Rn. 9; MüKoBGB/Tonner Rn. 7 mN zur Rspr.). Sofern für Transportmittel ein gebräuchliches **Klassifizierungssystem** besteht (zB bei Bahn: 1. und 2. Klasse; bei Flügen: Economy-, Business- und Firstclass) ist die entsprechende „Klasse" anzugeben. Bei der Verwendung nicht gebräuchlicher Klassen, ist eine ergänzende Erläuterung der damit jeweils vom Reisenden zu erwartenden Leistungen/Zustände erforderlich (vgl. dazu auch Staudinger in Führich/Staudinger ReiseR § 9 Rn. 9 mwN). 10

**3. Ab- und Rückreiseort und -zeiten sowie Zwischenstopps (lit. d).** Die nach lit. d dem Reisenden hinsichtlich der Ab- und Rückreise zu erteilenden Informationen entsprechen jenen, die vor Inkrafttreten des neuen Reiserechts nach § 6 Abs. 2 Nr. 2 und § 8 Abs. 1 S. 1 Nr. 1 BGB-InfoV teilweise mit der Reisebestätigung, teilweise rechtzeitig vor Reisebeginn zur Verfügung zu stellen waren. Nunmehr ist die entsprechende Unterrichtungspflicht in die vorvertragliche Unterrichtungsphase verlagert worden. In Umsetzung des Art. 5 Abs. 2 lit. a Ziff. ii) RL (EU) 2015/2302 verlangt lit. d neben der Angabe von **Ort, Tag und Zeit der Abreise und der Rückreise** auch die Angabe der **Orte und Dauer von Zwischenstationen** sowie der dort zu erreichenden Anschlussverbindungen. Sofern zeitliche Angaben zur Ab- und Rückreise nicht möglich sind, müssen **„ungefähre" Zeiten** angegeben werden. Damit ist die bislang nach der Rspr. des BGH bestehende Möglichkeit der Vereinbarung eines Leistungsbestimmungsrechts des Reiseveranstalters hinsichtlich der Reisezeiten (vgl. dazu BGH NJW 2014, 3721) in zweifacher Hinsicht eingeschränkt worden. Zum einen kommt dieses nur in Betracht, wenn Gründe vorliegen, die eine bereits vorvertragliche Angabe der genauen Zeit unmöglich machen (etwa bei Reisen, die lange im Voraus gebucht werden). Zum anderen kann sich die Ausübung des Leistungsbestimmungsrechts bei der späteren Unterrichtung über die genauen Abreise- und Ankunftszeiten nach § 7 Abs. 2 S. 1 (rechtzeitig vor Reisebeginn) nur in dem Rahmen bewegen, den die vorgeschriebene „ungefähre" Zeitangabe zulässt (Bagatellabweichungen). Ausgeschlossen sind einseitig erfolgende **erhebliche Änderungen der „ungefähren" Abreise- oder Ankunftszeiten,** die auch ein Änderungsvorbehalt nach § 651f Abs. 2 S. 1 BGB nicht mehr erlauben würde. Dabei ist Erwägungsgrund 33 RL (EU) 2015/2302 zu berücksichtigen, der eine Änderung der im Pauschalreisevertrag angegebenen Abreise- oder Ankunftszeiten dann als erheblich ansieht, wenn sie dem Reisenden beträchtliche Unannehmlichkeiten oder zusätzliche Kosten verursachen würde, etwa aufgrund einer Umdisponierung der Beförderung oder Unterbringung. 11

**4. Unterkunft (lit. e).** Lit. e ist Nachfolgeregelung zu der früher auf Prospektangaben geschränkten entsprechenden Regelung in § 4 Abs. 1 S. 1 Nr. 3 BGB-InfoV. Umgesetzt wird Art. 5 Abs. 1 lit. a Ziff. iii) RL (EU) 2015/2302, wonach Lage, Hauptmerkmale und ggf. touristische Einstufung der Unterbringung nach den Regeln des jeweiligen Bestimmungslandes anzugeben sind. Näher spezifiziert werden soll damit die Reiseleistung der „Beherbergung" iSv § 651a Abs. 3 Nr. 2 BGB. Nach Erwägungsgrund 17 soll eine **Unterbringung zu Wohnzwecken,** ua im Rahmen von Langzeit-Sprachkursen, nicht als Unterbringung iSd Pauschalreise-RL gelten. Der deutsche Gesetzgeber hat diese Einschränkung in § 651a Abs. 3 Nr. 2 BGB erfasst („Reiseleis- 12 tungen im Sinne dieses Gesetzes sind (...) die Beherbergung, außer wenn sie Wohnzwecken dient"). Die unterkunftsbezogene vorvertragliche Unterrichtungspflicht entfällt daher in diesen Fällen. Dies wird auch bei Gastschulaufenthalten zu gelten haben, auf die die Regelung analog anzuwenden ist und bei denen die Unterkunft Wohnzwecken dient. **Lage** der Unterkunft meint die geographische Belegenheit (Staudinger in Führich/Staudinger ReiseR § 9 Rn. 9 mwN), deren nähere Beschreibung im Zusammenhang mit dem Reisezweck zu sehen ist. So ist etwa bei einem Strandurlaub die Strandnähe ein wichtiger Faktor, bei einem Städtetrip die Nähe zur Altstadt oder zu bedeutenden Sehenswürdigkeiten und bei einem Skiurlaub die Nähe zu Skigebieten (vgl. auch MüKoBGB/Tonner Rn. 10 mwN). Zur Beschreibung der Lage wird man unter dem Gesichtspunkt der „Erheblichkeit" (→ Rn. 6) auch Faktoren in unmittelbarer Umgebung der Unterkunft zählen müssen, die einen durchschnittlichen Reiseinteressenten von einer Buchung typischer Weise abhalten könnten, wie zB Lärm wegen einer nahegelegenen Autobahn (vgl. auch MüKoBGB/Tonner Rn. 10). Zu den **Hauptmerkmalen** der Unterkunft gehören insbes. Angaben zur Art der Unterkunft (zB Einzelbettzimmer in einem Hotel, Mehrbettzimmer in einer Jugendherberge, Bungalow in einer Clubanlage) und zur Ausstattung, wie zB Möblierung, sanitäre Verhältnisse, WLAN (Staudinger in Führich/Staudinger ReiseR § 9 Rn. 9 mwN sowie ausf. MüKoBGB/Tonner Rn. 11 f. mwN). Soweit eine **touristische Einstufung** der Unterbringung nach den Regeln des jeweiligen Bestimmungslandes besteht, ist diese anzugeben (etwa in Deutschland die Sterne-Klassifizierung für Hotels des DEHOGA). Fehlen entsprechende Klassifizierungssysteme können auch eigene Komfortklassen zur Beschreibung der Unterkunft verwendet werden, sofern das zugrundeliegende Kategoriensystem für den Reiseinteressenten hinreichend transparent ist (vgl. dazu auch Staudinger in Führich/Staudinger ReiseR § 9 Rn. 9 mwN sowie ausf. MüKoBGB/Tonner Rn. 13 f. mwN).

13 **5. Mahlzeiten (lit. f).** Lit. f ist Nachfolgeregelung zu der früher auf Prospektangaben beschränkten entsprechenden Regelung in § 4 Abs. 1 S. 1 Nr. 4 BGB-InfoV. Umgesetzt wird Art. 5 Abs. 1 lit. a Ziff. iv RL (EU) 2015/2302. Im Rahmen der vorvertraglichen Unterrichtung ist zunächst anzugeben, ob und ggf. in welchem **Umfang** Mahlzeiten als Teil der Reiseleistungen mitumfasst sind (zB inkl. Frühstück, Halb- oder Vollpension). Auch einen ergänzenden Hinweis, ob und inwieweit Getränke mitumfasst sind (zB nichtalkoholische Standardgetränke zum Mittag- oder Abendessen), ist zu erwarten, soweit diese nicht standardmäßig mitumfasst sind (wie etwa Kaffee oder Tee beim Frühstück). Darüber hinaus ist der Reisende über die **Art der Speisen** (landestypische oder internationale, warme oder kalte Mahlzeiten) sowie bestehende **Auswahlmöglichkeiten** (Buffet, Menüwahl) zu unterrichten. Bei landestypischer Küche bedarf es auch einer näheren Umschreibung, welche Art von Speisen damit gemeint ist (MüKoBGB/Tonner Rn. 15). Auch bei der **Nutzung schlagwortartig umschreibender Begriffe,** wie zB „all inclusive", ist eine weitergehende Erläuterung jedenfalls dann erforderlich, wenn anderes geleistet wird, als der Begriff aus der Sicht eines durchschnittlichen Teilnehmers einer solchen Reise erwarten lässt bzw. was üblicher Weise mit dem Begriff zum Ausdruck gebracht wird. Die Angaben von **Zeiten** für die Einnahme von in der Reise inbegriffenen Hauptmahlzeiten (Frühstück, Mittag- und Abendessen) ist jedenfalls dann zu verlangen, wenn von üblichen Zeitfenstern abgewichen wird. Dabei ist zB bei Frühstückszeiten zu beachten, dass mit den Einschränkungen des § 651a Abs. 5 Nr. 3 BGB auch Geschäftsreisen erfasst werden, und Geschäftsreisende sich häufig insbes. für den Beginn der Frühstückszeiten interessieren und Urlausbreisende eher für das Ende. Über wesentliche Einschränkung der üblichen Essenzeiten durch ein „Schichtsystem" ist ebenfalls zu informieren (vgl. MüKoBGB/Tonner Rn. 16).

14 **6. Besichtigungen, Ausflüge und sonstige im Preis inbegriffene Leistungen (lit. g).** Lit. g ist Nachfolgeregelung zu den früher nach § 6 Abs. 2 Nr. 3 BGB-InfoV erst im Rahmen der Reisebestätigung entsprechend zur Verfügung zu stellenden Informationen. Umgesetzt wird die weitestgehend wortgleiche Regelung des Art. 5 Abs. 1 lit. a Ziff. v RL (EU) 2015/2302 (statt „Reisepreis" heißt es dort „Gesamtpreis der Pauschalreise"). Näher zu spezifizieren sind im Ergebnis die „sonstigen touristischen Leistungen" iSd § 651a Abs. 3 Nr. 4 BGB, aber auch für die Buchungsentscheidung des Reisenden relevante im Preis enthaltene Leistungen, die wesensmäßiger Bestandteil einer anderen Reiseleistung iSv § 651a Abs. 3 S. 2 BGB sind. **„Besichtigungen"** und **„Ausflüge"** sind insoweit eher Rudiment einer **beispielhaften Aufzählung.** Aufzuführen und hinreichend klar und verständlich zu beschreiben, sind damit vor allem alle Leistungen, die bei Pauschalreisen der gleichen Art nicht ohnehin üblich sind und die der Reisende nach der Art der Pauschalreise daher nicht zwangsläufig erwarten kann (vgl. § 651i Abs. 2 Nr. 2 BGB).

15 **7. Gruppencharakter von Reiseleistungen (lit. h).** Lit. h findet in den bisherigen Regelungen der BGB-InfoV keine Entsprechung. Umgesetzt wird die inhaltsgleiche Regelung des Art. 5

Abs. 1 lit. a Ziff. vi RL (EU) 2015/2302. Sofern dies nicht schon aus dem Zusammenhang hervorgeht, ist der Reisende darüber zu informieren, ob und ggf. in welchem Umfang **Reiseleistungen** für ihn **als Teil einer Gruppe** erbracht werden und nach Möglichkeit mit welcher **ungefähren Gruppengröße** er zu rechnen hat. In Abgrenzung zu Nr. 5 (Mindestteilnehmerzahl) geht es darum, dass der Reisende sich ein Bild davon machen kann, inwieweit er die Reise als Teil einer Gruppe erlebt. Die Gruppengröße lässt zB eigene Rückschlüsse zur Anonymität innerhalb der Gruppe, Intensität der Gruppendynamik oder Individualität der Betreuungsleistung zu (vgl. dazu auch Staudinger in Führich/Staudinger ReiseR § 9 Rn. 9).

**8. Spracherfordernisse zur Nutzung von Reiseleistungen (lit. i).** Lit. i findet in den bisherigen Regelungen der BGB-InfoV keine Entsprechung. Umgesetzt wird die inhaltsgleiche Regelung des Art. 5 Abs. 1 lit. a Ziff. vii RL (EU) 2015/2302. Bei allen sonstigen touristischen Leistungen iSd § 651a Abs. 3 Nr. 4 BGB, die der Reisende als Teil der Reise nutzen kann, muss er vorvertraglich informiert werden, ob und inwieweit die Inanspruchnahme der Leistung von Kenntnissen einer bestimmten Sprache abhängen. Anders gewendet, soll sich der Reisende gewahr werden, welche im Gesamtpreis enthaltenen sonstigen touristischen Reiseleistungen er mangels ausreichender Sprachkenntnisse gar nicht nutzen können wird. Zu denken ist etwa an kulturelle Führungen oder auch etwa sportliche Betätigungen, die zwingend vorbereitende oder anleitende Instruktionen erfordern. 16

**9. Eignung der Reise für Personen mit eingeschränkter Mobilität (lit. j).** Lit. j findet in den bisherigen Regelungen der BGB-InfoV keine Entsprechung. Umgesetzt wird die inhaltsgleiche Regelung des Art. 5 Abs. 1 lit. a Ziff. viii RL (EU) 2015/2302. Die Regelung ist vor dem Hintergrund der allgemeinen Bestrebungen der EU zu sehen, bei Rechtsakten, die insbes. die Personenbeförderung betreffen, den besonderen Bedürfnissen von Personen mit eingeschränkter Mobilität angemessen Rechnung zu tragen (vgl. dazu die Regelungen für den Flugverkehr in der VO (EG) Nr. 1107/2006, den Eisenbahnverkehr in der VO (EG) 1371/2007, den See- und Binnenschiffsverkehr in der VO (EU) Nr. 1177/2010 sowie den Kraftomnibusverkehr in der VO (EU) Nr. 181/2011). Inhaltlich spiegelt sie letztlich einen Kompromiss zwischen der von der EU-Kommission zunächst vorgeschlagenen allgemeinen Regelung („Angabe, ob die Reise für Personen mit eingeschränkter Mobilität geeignet ist“) (COM(2013) 512 final) und der vom EU-Parlament gewollten Beschränkung wider, dass eine Informationserteilung generell erst auf Nachfrage des Reisenden zur Eignung der Reise im Hinblick auf eine bestimmte Mobilitätseinschränkung erfolgen muss (Plenarsitzungsdokument A7-0124/2014, 40, Änderungsantrag 60). Im Ergebnis ist daher nach lit. j nun zum einen für jede Reise anzugeben, ob sie sich „im Allgemeinen“ für Personen mit eingeschränkter Mobilität eignet. Zum anderen ist der Reisende auf Nachfrage darüber zu informieren, inwieweit sich die Reise im Hinblick auf seine spezifische Art der Einschränkung eignet. 17

Was die Unterrichtung über die „allgemeine Eignung“ einer Reise anbelangt, bleibt es letztlich bei dem vom EU-Parlament angesprochenen **Problem, pauschale Angaben** machen zu müssen, trotz der großen Bandbreite an Arten der Mobilitätseinschränkung (vgl. Plenarsitzungsdokument A7-0124/2014, 40, Änderungsantrag 60). Der erfasste Personenkreis ergibt sich aus Art. 2 lit. a VO (EG) Nr. 1107/2006 (vgl. Art. 13 Abs. 8 RL (EU) 2015/2302 bzw. § 651k Abs. 5 Nr. 2 lit. a BGB). Dabei ist zu berücksichtigen, dass nicht nur körperbehinderte Menschen, sondern auch Menschen mit Sinneseinschränkungen, etwa blinde oder sehbehinderte Menschen, in ihrer Mobilität beeinträchtigt sind. Dem muss die Information, worauf die Gesetzesbegründung zu § 3 ausdr. hinweist, ebenfalls Rechnung tragen (BT-Drs. 18/10822, 101 f.). Anhand welcher Kriterien nun ein Reiseveranstalter beurteilen soll, ob ein vorvertraglicher Hinweis berechtigt ist, dass sich die Reise „im Allgemeinen“ für Personen mit eingeschränkter Mobilität eignet, lassen EU-Richtlinie und deutscher Gesetzgeber ebenso offen, wie die Beantwortung der Frage, auf welche Arten der Mobilitätseinschränkung bei der Beurteilung der „allgemeinen“ Eignung abzustellen ist. Dies **erschwert die Handhabung der entsprechenden Hinweispflicht in der Praxis.** So verwundert es nicht, dass sich viele Reiseveranstalter mit dem pauschalen Hinweis behelfen, dass die Reise für Reisende mit eingeschränkter Mobilität „bedingt“ geeignet ist, verbunden mit dem Angebot, auf Nachfrage genauere Informationen über die Eignung unter Berücksichtigung der konkreten Bedürfnisse des Reisenden zu geben. Vor dem Hintergrund der Vielfalt an Reiseangeboten einerseits und der Bandbreite an Arten der Mobilitätseinschränkungen andererseits fällt es schwer dem Reiseveranstalter spezifischere Hinweise zur „allgemeinen Eignung“ der Reise für Personen mit eingeschränkter Mobilität abzuverlangen. Hier wären konkretere Vorgaben des Gesetzgebers erforderlich. 18

19 Das Erfordernis der vorvertraglichen Unterrichtung nach lit. j hat damit vor allem den **Zweck,** Reisende mit eingeschränkter Mobilität darin zu bestärken, sich hinsichtlich der Eignung der Reise im Hinblick auf ihre konkreten Bedürfnisse zu erkundigen und Reiseveranstalter zu sensibilisieren, sich vorab allgemeine Gedanken zur Eignung zu machen und sich auch auf die angemessene Beantwortung spezifischer Fragen vorzubereiten. Werden die Angaben zur Eignung auf Anfrage des Reiseinteressenten konkretisiert, so werden diese Angaben nach § 651d Abs. 3 BGB iVm § 3 Nr. 1 lit. j **Vertragsinhalt.** Beförderungsleistungen können der allgemeinen Eignung einer Reise für Personen mit eingeschränkter Mobilität kaum entgegenstehen, jedenfalls wenn die Beförderungsleistung in den Anwendungsbereich der für den Flug, Bahn-, Bus- und Schiffverkehr bestehenden unionsrechtlichen Vorschriften fällt, die im Grundsatz eine Beförderungspflicht vorsehen und auch Reiseunternehmen (Reiseveranstalter und -vermittler) verpflichten, Buchungen zu akzeptieren (vgl. dazu die Regelungen für den Flugverkehr in Art. 3 VO (EG) Nr. 1107/2006, den Eisenbahnverkehr in Art. 19 VO (EG) 1371/2007, den See- und Binnenschiffsverkehr in Art. 7 VO (EU) Nr. 1177/2010 sowie den Kraftomnibusverkehr in Art. 9 VO (EU) Nr. 181/2011).

## IV. Angaben zum Veranstalter und ggf. Reisevermittler (Nr. 2)

20 Für den Reisenden soll sein Vertragspartner zweifelsfrei identifizierbar sein. Dazu sind **Firma oder Name des Reiseveranstalters** anzugeben, ebenso wie die **Anschrift** des Ortes, an dem er niedergelassen ist. Es handelt sich also im Ergebnis um die Angaben, die nach altem Recht erst mit der Reisebestätigung zu erteilen waren (§ 6 Abs. 2 Nr. 6 BGB-InfoV). Ergänzt wurde, dass **entsprechende Angaben** nunmehr, sofern die Reise vermittelt wurde („gegebenenfalls"), auch **bezüglich des Reisevermittlers** zur Verfügung zu stellen sind. Außerdem sind jeweils auch **Telefonnummer** und **„gegebenenfalls" die E-Mailadresse** mitzuteilen. Umgesetzt wird insoweit die wortgleiche Regelung des Art. 5 Abs. 1 lit. b RL (EU) 2015/2302. In Anbetracht der Tatsache, dass selbst jedes kleine Unternehmen über eine E-Mailadresse verfügen dürfte (einschl. Reisevermittlern), stellt sich die Frage, auf was sich die Einschränkung „gegebenenfalls" bezieht. Ob es sich auch hier um ein redaktionelles Versehen handelt, ist jedenfalls nicht auszuschließen. Im Vorschlag der EU-Kommission hatte es noch uneingeschränkt geheißen, dass Telefonnummer und E-Mailadresse anzugeben sind (vgl. Art. 4 Nr. 1 lit. b der Entwurfsfassung der Kommission, COM(2013) 512 final, 23). Dazu hatte jedenfalls das Parlament keine Änderung beantragt. Im Ergebnis dürfte Zweck der Angabe der E-Mailadresse sein, ähnlich wie bei § 5 Abs. 1 Nr. 2 TMG, eine schnelle elektronische Kontaktaufnahme und unmittelbare Kommunikation zu ermöglichen. Nachdem aber später in der Abschrift oder Bestätigung des Reisevertrags zwingend ua eine E-Mailadresse für die schnelle und effektive Kommunikation mit dem Reiseveranstalter angegeben werden muss (vgl. dazu → Art. 250 § 6 Rn. 10), mag Hintergrund sein, dass nicht über unterschiedliche Adressen unterschiedliche Kommunikationskanäle geöffnet werden müssen.

## V. Reisepreis und Zusatzkosten (Nr. 3)

21 Nach Nr. 3, der Art. 5 Abs. 1 lit. c RL (EU) 2015/2302 umsetzt, ist der Reisepreis einschl. Steuern und ggf. aller zusätzlicher Gebühren, Entgelte und sonstigen Kosten anzugeben. Gemeint ist damit der sog. **Bruttopreis** (vgl. Staudinger in Führich/Staudinger ReiseR § 9 Rn. 11; MüKoBGB/Tonner Rn. 15). Der Änderungsantrag des Parlaments, der Gesamtpreis müsse in Form einer vollständigen Rechnung dargestellt sein, die alle Kosten der Reiseleistung in transparenter Form aufführt (vgl. Plenarsitzungsdokument A7-0124/2014, 41, Änderungsantrag 61), hat in der Richtlinie keinen Niederschlag gefunden. Im Ergebnis sollen vor Vertragsschluss für den Reisenden die auf ihn zukommenden Kosten transparent sein. Anders als bei § 1 Abs. 1 PAngV gilt dies nicht nur gegenüber Verbrauchern, sondern auch gegenüber Geschäftsreisenden, soweit sie nicht auf der Grundlage eines Rahmenvertrages iSv § 651a Abs. 5 Nr. 3 BGB buchen und damit die Vorschriften über das Pauschalreiserecht nicht gelten. Bei Werbung mit Preisangaben gegenüber Verbrauchern müssen nach **§ 1 Abs. 1 PAngV** die Preise ebenfalls inkl. Umsatzsteuer und sonstiger Preisbestandteile angegeben werden. **Intransparenz** geht zu Lasten des Anbieters. Denn nach **§ 651d Abs. 2 BGB** hat der Reisende nur die Kosten zu tragen, über die er vor Abgabe seiner Vertragserklärung gem. Nr. 3 informiert worden ist.

22 Ein vorvertraglich (etwa in einem Reiseprospekt) mitgeteilter Preis kann vor Vertragsschluss zwar ohne Änderungsvorbehalt, aber nur nach Maßgabe des § 651d Abs. 3 S. 1 BGB und Art. 250 § 1 Abs. 2 **geändert** werden (→ Rn. 7). Dies stellt § 1 Abs. 6 PAngV für Verträge mit Verbrauchern ausdrücklich klar. Dies gilt aber auch für Verträge gegenüber Geschäftsreisenden, auf die

die in § 1 Abs. 6 PAngV in Bezug genommenen Vorschriften ebenfalls anwendbar sind, soweit sie nicht auf der Grundlage einer Rahmenvereinbarung gem. § 651a Abs. 5 Nr. 3 BGB gebucht haben. Nach Buchung ist eine Anpassung des Reisepreises nach Maßgabe des § 651f BGB einseitig möglich, solange sie 8% nicht übersteigt (vgl. § 651g Abs. 1 S. 1 BGB).

Nur wenn sich die **Kosten vor Vertragsschluss nicht bestimmen lassen,** erlaubt Nr. 3 bei der vorvertraglichen Information die Beschränkung auf die Angabe der Art der Mehrkosten, für die der Reisende ggf. noch aufkommen muss. Wegen des Ausnahmecharakters ist bei der fehlenden Bestimmbarkeit ein strenger Maßstab anzulegen. Der Reiseinteressent soll gerade auch durch die Preisangabe und Kostentransparenz in die Lage versetzt werden, eine informierte geschäftliche Entscheidung zu treffen (zu den Parallelen zum Lauterkeitsrecht MüKoBGB/Tonner Rn. 26 f.). 23

## VI. Zahlungsmodalitäten (Nr. 4)

Nr. 4 ist Nachfolgeregelung zu § 4 Abs. 1 BGB-InfoV und dient der Umsetzung von Art. 5 Abs. 1 lit. d RL (EU) 2015/2302. Vorvertraglich mitzuteilen sind danach, in Ergänzung zum Preis, auch die Zahlungsmodalitäten. Dazu gehören Angaben, zu welchen Zeitpunkten oder innerhalb welcher Fristen **Zahlungen auf den Kaufpreis fällig** sind. Bei der Forderung von **Vorauszahlungen** muss der Reiseveranstalter zum einen das bußgeldbewehrte **Verbot des § 651t BGB** beachten. Danach darf er Zahlungen des Reisenden auf den Reisepreis vor Beendigung der Reise weder fordern noch annehmen, solange der Reisende nicht nach Maßgabe des § 651r BGB gegen Insolvenz des Reiseveranstalters abgesichert ist und darüber auch vom Reiseveranstalter in der vorgesehenen Art und Weise informiert wurde (→ BGB § 651t Rn. 1 ff.). Zum anderen sind bei der Festlegung des Zeitpunkts und der **Höhe von Anzahlungen und des Zeitplans der Restzahlungen** die von der Rspr. auf der Grundlage des **AGB-Rechts** aufgestellten Grundsätze zu beachten (vgl. dazu etwa Bergmann in Tonner/Bergmann/Blankenburg ReiseR § 2 Rn. 191). Zu den Zahlungsmodalitäten gehören nach Nr. 4 auch Angaben zur „**Stellung finanzieller Sicherheiten durch den Reisenden**". Gemeint ist etwa bei einem Ferienhaus (als Beherbergungsleistung einer Pauschalreise) die Modalitäten (Fälligkeit, Höhe etc.) für eine vom Reisenden zu stellende Kaution (vgl. Bergmann in Tonner/Bergmann/Blankenburg ReiseR § 2 Rn. 191). 24

## VII. Mindestteilnehmerzahl und Frist zum Rücktritt des Reiseveranstalters bei Nichterreichung (Nr. 5)

Nr. 5 ist **im Zusammenhang mit § 651h Abs. 4 S. 1 Nr. 1 BGB zu sehen,** der dem Reiseveranstalter in Umsetzung des Art. 12 Abs. 3 lit. a RL (EU) 2015/2302 erlaubt, vom Vertrag zurückzutreten, wenn sich weniger Personen als die im Vertrag angegebene Mindestteilnehmerzahl angemeldet hat (→ BGB § 651h Rn. 28). Voraussetzung ist, dass der Reiseveranstalter den Rücktritt innerhalb der ebenfalls vertraglich festzulegenden Frist erklärt und die Vorgaben des § 651h Abs. 4 Nr. 1 lit. a–c BGB hinsichtlich des spätestmöglichen Rücktrittszeitpunkts beachtet werden. In Anbetracht dieser Möglichkeit des Reiseveranstalters von der bereits gebuchten Reise zurückzutreten, soll der Reisende nach Nr. 5 vorvertraglich darüber informiert werden, dass das Zustandekommen der Reise von einer Mindestteilnehmerzahl abhängt und wann der Reiseveranstalter spätestens vor dem vereinbarten Beginn der Reise den Rücktritt zu erklären hat. Diese Informationen erlauben dem Reisenden zu überlegen, ob er seine Reiseplanung überhaupt unter das Damokles-Schwert einer Mindestteilnehmerzahl stellen möchte und wie kurzfristig er ggf. über eine Reisealternative nachdenken oder diese umsetzen müsste. 25

## VIII. Pass- und Visumserfordernisse sowie gesundheitspolizeiliche Formalitäten (Nr. 6)

Nach Nr. 6 ist der Reisende vorvertraglich auch über allgemeine Pass- und Visumserfordernisse des Bestimmungslands zu informieren, einschl. der ungefähren Fristen der Erlangung von Visa, sowie über gesundheitspolizeiliche Formalitäten. Umgesetzt wird damit Art. 5 Abs. 1 lit. f RL (EU) 2015/2302. Im Gesetzgebungsverfahren der Richtlinie war die Informationspflicht hinsichtlich der ungefähren Dauer für die Visaerteilung nicht unumstritten (vgl. Begründung des Rates: Standpunkt (EU) Nr. 13/2015, ABlEU vom 30.10.2015 C 360/39). Die Regelung einer solchen Pflicht und die Aufhebung der früher bestehenden Beschränkung, Pass- und Visumserfordernisse nur gegenüber den Staatsangehörigen des Mitgliedstaats mitteilen zu müssen, in dem die Reise angeboten wird, sind die **beiden Neurungen gegenüber** der früheren gesetzlichen Regelung in **§ 4 Abs. 1 Nr. 6 BGB-InfoV.** 26

**27** Mit **Passerfordernissen** ist vor allem die Information über die Notwendigkeit von Reisepässen (einschl. Kinderpässe) für Einreise und Aufenthalt sowie etwaige Vorgaben hinsichtlich deren Mindestgültigkeit gemeint (etwa MüKoBGB/Tonner Rn. 33 mwN). Ob hinsichtlich der **Visaerfordernisse** neben der **ungefähren Dauer der Erteilung** auch die Kosten für die Beschaffung zu benennen sind, wie dies nach alter Rechtslage teilweise vertreten wurde (so zur alten Rechtlage MüKoBGB/Tonner, 7. Aufl. 2017, BGB-InfoV § 4 Rn. 20), dürfte nunmehr zu verneinen sein. Die vollharmonisierende Pauschalreise-RL erwähnt sie in Nr. 6 nicht und nach Erwägungsgrund 27 sind die Informationspflichten erschöpfend geregelt. Die Kosten gehören auch nicht zum Reisepreis nach Nr. 2, der das Äquivalent allein für die vom Reiseveranstalter zu erbringenden Reiseleistungen darstellt. Hinsichtlich der anzugebenden ungefähren Fristen der Visabeschaffung stellt Erwägungsgrund 28 RL (EU) 2015/2302 klar, dass die **Angabe in der Form eines Verweises** auf amtliche Angaben des Bestimmungslandes erfolgen kann.

**28** Zu den **gesundheitspolizeilichen Formalitäten** gehören vor allem Informationen zu vorgeschriebenen Schutzimpfungen, aber auch der Hinweis auf sonstige gesundheitspolizeiliche Vorschriften, deren Nichtbeachtung ein Einreisehindernis darstellen (Staudinger/Staudinger, 2016, Anh. § 651a: BGB-InfoV § 4 Rn. 12). Anders als bei den Visaerfordernissen enthält die Pauschalreise-RL keinen ausdrücklichen Hinweis, dass auch bei den gesundheitspolizeilichen Formalitäten etwaige Fristen (etwa **Vorlaufzeiten bei vorgeschriebenen Schutzimpfungen**) zumindest ungefähr anzugeben sind. Bedenkt man allerdings Sinn und Zweck der vorvertraglichen Unterrichtung, sind entsprechende Angaben für die Reiseentscheidung des Kunden nicht entbehrlicher als die Angabe der ungefähren Fristen bei der Visaerlangung. Hinsichtlich der vorvertraglichen Informationen soll mit dem Text, so hat es der Rat zusammenfassend formuliert (vgl. Begründung des Rates: Standpunkt (EU) Nr. 13/2015, ABlEU vom 30.10.2015 C 360/38) „sichergestellt werden, dass die Reisenden über die erforderlichen Informationen verfügen, um Entscheidungen in Kenntnis der Sachlage zu treffen, ohne dass dem Reisenden und dem Reiseveranstalter zu viele Informationspflichten aufgebürdet werden". Erfordert die Reise eine Impfung, so kann der Reisende die Reisentscheidung nur treffen, wenn er auch weiß, ob er diese ggf. auch zeitlich noch erlangen kann. Es ist daher nicht auszuschließen, dass entsprechende Hinweise erforderlich sind, obwohl die Richtlinie sie nicht erwähnt. Erfasst von der Informationspflicht werden nur Pflichtimpfungen, bei deren Fehlen die Einreise verweigert werden kann, nicht aber bloße Impfempfehlungen (so bereits zur alten Rechtslage Staudinger/Staudinger, 2016, Anh. § 651a: BGB-InfoV § 4 Rn. 12).

**29** Etwaige **Änderungen** der nach Nr. 6 vorvertraglich dem Reisenden erteilten Informationen hat der Reiseveranstalter nach § 1 Abs. 2 **vor Vertragsschluss** klar, verständlich und in hervorgehobener Weise mitzuteilen. Für den Zeitraum ab Vertragsschluss bis zum Reisebeginn, der gerade bei Frühbuchungen oft mehrere Monate betragen kann, fehlt es an einer gesetzlichen Regelung. Die systematische Auslegung unter Berücksichtigung von § 1 Abs. 2 und § 7 Abs. 2 spricht eher für eine Pflicht auch zur Mittelung von Änderungen ab Vertragsschluss bis zum Beginn der Reise (dazu ausf. Staudinger in Führich/Staudinger ReiseR § 9 Rn. 14). Ein vorvertraglich erfolgter ergänzender pauschaler Hinweis, dass sich der Reisende über nachfolgende Änderungen selbst informieren muss, wird allenfalls dann genügen, wenn der vom Reiseveranstalter mitgeteilte Weg der Informationsbeschaffung zumutbar ist und gewährleistet, dass der Reisende die Informationen so rechtzeitig erhält, um etwa neue Visumspflichten erfüllen oder gesundheitspolizeilichen Anforderungen nachkommen zu können.

## IX. Hinweis auf Rücktrittsrecht des Reisenden (Nr. 7)

**30** Der nach Nr. 7 erforderliche Hinweis auf das jederzeitige Rücktrittsrecht des Reisenden ist eine der zahlreichen **Doppelungen bei den vorvertraglichen Informationspflichten.** Denn bereits das gem. § 2 zur Verfügung zu stellende Formblatt (vgl. Muster der Anlage 11) enthält im Abschnitt 2, 7. Spiegelstrich den Hinweis: „Zudem können die Reisenden jederzeit vor Beginn der Pauschalreise gegen Zahlung einer angemessenen und vertretbaren Rücktrittsgebühr vom Vertrag zurücktreten".

## X. Hinweis auf mögliche Versicherungen (Nr. 8)

**31** Die Hinweispflicht nach Nr. 8 dient der Umsetzung von Art. 5 Abs. 1 lit. h Pauschalreise-RL und entspricht inhaltlich der bisherigen Regelung des § 6 Abs. 2 Nr. 9 BGB-Info. Zeitlich gesehen, hat der Hinweis nun schon im Rahmen der vorvertraglichen Unterrichtung und nicht erst bei oder unverzüglich nach Vertragsschluss in der Abschrift oder Bestätigung des Reisevertrages zu erfolgen. Hinsichtlich der Vielzahl an Versicherungsprodukten, die unterschiedlichste Risiken vor und während einer Reise absichern, beschränkt sich die Hinweispflicht gem. Nr. 8 auf zwei Versicherungsmöglichkeiten: zum einen die Reiserücktrittskostenversicherung und zum anderen eine Versicherung zur Deckung der Kosten einer Unterstützung einschließlich einer Rückbeförderung bei Unfall, Krankheit oder Tod (zur Unterscheidung zur sog. „Reiseabbruchversicherung“ vgl. MüKoBGB/Tonner Rn. 39).

## § 4 Vorvertragliche Unterrichtung in den Fällen des § 651c des Bürgerlichen Gesetzbuchs

**[1]Für Pauschalreiseverträge nach § 651c des Bürgerlichen Gesetzbuchs ist abweichend von § 2 Absatz 1 anstelle des Formblatts gemäß dem in Anlage 11 enthaltenen Muster das zutreffend ausgefüllte Formblatt gemäß dem in Anlage 13 enthaltenen Muster zu verwenden. [2]Zur Unterrichtung nach § 3 sind verpflichtet**

1. **der als Reiseveranstalter anzusehende Unternehmer nur in Bezug auf die Reiseleistung, die er zu erbringen hat,**
2. **jeder andere Unternehmer, dem nach § 651c Absatz 1 Nummer 2 des Bürgerlichen Gesetzbuchs Daten übermittelt werden, in Bezug auf die von ihm zu erbringende Reiseleistung; er trägt gegenüber dem Reisenden die Beweislast für die Erfüllung seiner Informationspflichten.**

### I. Normzweck

In Umsetzung des Art. 3 Nr. 2 lit. b Ziff. v RL (EU) 2015/2302 (Pauschalreise-RL) wird in § 651c BGB das sog. „verbundene Online-Buchungsverfahren“, häufig auch als „**Click-Through-Buchung**“ bezeichnet (vgl. auch BT-Drs. 18/10822, 70), **erstmals gesetzlich geregelt.** Der Anbieter oder Vermittler einer ersten Reiseleistung wird danach zum Reiseveranstalter, wenn – unter den Voraussetzungen des § 651c Abs. 1 BGB – nach der Online-Buchung der ersten Reiseleistung ein weiterer Vertrag mit einem anderen Unternehmen über eine weitere Reiseleistung online geschlossen wird. Bindeglied der beiden (oder auch mehreren) online geschlossenen Verträge ist der Umstand, dass der Anbieter oder Vermittler der ersten Reiseleistung dem Reisenden den Zugriff auf das Online-Buchungsverfahren des weiteren Unternehmers verschafft, buchungsrelevante Kundendaten an diesen weiterleitet und der weitere Vertrag innerhalb von 24 Stunden nach Bestätigung des ersten Vertragsschlusses erfolgt (→ BGB § 651c Rn. 1 ff.). Aufgrund des speziellen Buchungsvorgangs **fingiert der Gesetzgeber,** trotz eigentlich getrennter Verträge über unterschiedliche Reiseleistungen mit verschiedenen Unternehmern, einen **Pauschalreisevertrag** (vgl. § 651c Abs. 2 BGB). Daher **bedarf es ergänzender Regelungen,** die klarstellen, welcher Unternehmer für welche Informationen zuständig ist und welche Informationspflichten für die Unternehmer untereinander gelten. § 651d Abs. 5 S. 1 BGB verweist insoweit auf die besonderen Vorschriften § 4 und § 8. Im Übrigen bleibt es bei den allgemein für Reiseveranstalter geltenden Vorschriften (§ 651d Abs. 5 S. 2 BGB). 1

§ 4 trifft in Umsetzung des Art. 5 Abs. 2 RL (EU) 2015/2302 die erforderlichen Sonderregelungen im Hinblick auf die vorvertragliche Unterrichtung des Reisenden gemäß den §§ 2 und 3 (BT-Drs. 18/10822, 102). **S. 1** regelt als erste Besonderheit, dass für den standardisierten Teil der vorvertraglichen Informationsgewährung, nämlich die Zurverfügungstellung des Formblattes, nicht das sonst für Pauschalreiseverträge gebräuchliche Muster der Anlage 11 (vgl. § 2 Abs. 1), sondern das der **Anlage 13** zu verwenden ist (eine Übersicht zu den verschiedenen Varianten an Formblättern findet sich bei → Art. 250 § 2 Rn. 3). Hinsichtlich der „weiteren Angaben“, die nach § 3 vorvertraglich zur Verfügung zu stellen sind, trifft **S. 2** eine **besondere Zuständigkeitsregelung** (→ Rn. 5). 2

Ein Umsetzungsdefizit besteht hinsichtlich des Zeitpunkts der Zurverfügungstellung des Formblattes sowie der „weiteren Angaben“ nach § 3. Dazu trifft das deutsche Gesetz, anders als die Pauschalreise-RL, keine gesonderte Regelung (→ Rn. 6). 3

### II. Formblatt nach dem Muster der Anlage 13 (S. 1)

Das nach S. 1 **speziell zu verwendende Formblatt** (Muster der Anlage 13) soll dem Reisenden vor Augen führen, welche Bedingungen erfüllt sein müssen, damit die sukzessive Buchung von Reiseleistungen zu einem Pauschalreisevertrag führt und welche wesentlichen Rechte des 4

Pauschalreiserechts ihm dann (erst) zustehen. Von dem sonst für Pauschalreisen üblichen Muster der Anlage 11 (→ Art. 250 § 2 Rn. 5) weicht nur der Eingangshinweis des ersten Informationsabschnitts des Formblatts ab. Der Reisende wird darüber aufklärt (**Aufklärungs- und Warnfunktion**), dass es sich (erst dann) um eine Pauschalreise handelt, wenn er mit dem oder den im Formblatt namentlich benannten (weiteren) Unternehmern, an die der Anbieter oder Vermittler der ersten Reiseleistung bestimmte buchungsbezogene Kundendaten des Reisenden weiterleitet, innerhalb von 24 Stunden ab Eingang der Buchungsbestätigung zur ersten Reiseleistung einen (weiteren) Vertrag schließt.

## III. Geteilte vorvertragliche Unterrichtungspflichten (S. 2)

5 S. 2 trifft eine **Zuständigkeitsregelung** für die vorvertragliche Unterrichtung über die „weiteren Angaben" nach § 3. Im Ergebnis soll jeder am verbundenen Online-Buchungsverfahren beteiligte Unternehmer für die Reiseleistung informationspflichtig sein, die er zu erbringen hat. Die **Zurverfügungstellung** der weiteren Angaben erfolgt damit also **dezentral.** Abweichend von § 651d Abs. 4 BGB trägt dementsprechend auch nicht der als Reiseveranstalter anzusehende Unternehmer (allein) die Beweislast, sondern jeder Unternehmer nach S. 2 Nr. 2 die Beweislast für die Erfüllung seiner Informationspflichten.

## IV. Zeitpunkt der vorvertraglichen Unterrichtung, Art. 5 Abs. 2 RL (EU) 2015/2302

6 Hinsichtlich des Zeitpunkts, zu dem die vorvertragliche Unterrichtung bei einem verbundenen Online-Buchungsverfahren stattzufinden hat, enthält § 4 keine näheren Angaben, obwohl Art. 5 Abs. 2 RL (EU) 2015/2302 entsprechende Regelungen trifft. Zwar gilt nach § 651d Abs. 5 S. 2 BGB die allgemeine Regelung des § 1, wonach die Unterrichtung erfolgen muss, bevor der Reisende seine Vertragserklärung abgibt. Den Besonderheiten des verbundenen Online-Buchungsverfahren wird damit aber nicht hinreichend Rechnung getragen. Denn der Reisende gibt nicht nur eine Vertragserklärung ab, sondern jeweils eine für mindestens zwei verschiedene Reiseleistungen, wobei aufgrund des speziellen Buchungsvorgangs dann nach § 651c Abs. 2 BGB ein Pauschalreisevertrag fingiert wird. Nach Art. 5 Abs. 2 RL (EU) 2015/2302 gewährleisten der als Reiseveranstalter anzusehende Unternehmer und jeder Unternehmer, dem er Kundendaten übermittelt hat, dass die Angaben iSv § 3 – soweit sie von ihnen angebotenen Reiseleistungen betreffen – bereitgestellt werden, „**bevor der Reisende durch einen Vertrag oder ein entsprechendes Angebot gebunden wird**". Der als Reiseveranstalter anzusehende Unternehmer hat darüber hinaus „**gleichzeitig**" die Standardinformationen durch das **Formblatt** zur Verfügung zu stellen. Damit muss der Anbieter oder Vermittler der ersten Reiseleistung dem Reisenden das Formblatt **zur Verfügung stellen, bevor** dieser seine **Vertragserklärung** betreffend die erste Reiseleistung abgibt (aA Grüneberg/Retzlaff Rn. 1 und MüKoBGB/Tonner Rn. 2, die die Pflicht zur Übermittlung des Formblatts erst nach Buchung der zweiten Reiseleistung sehen). Anders würde auch der Einleitungssatz des Formblatts in der Anlage 13 keinen Sinn ergeben.

### § 5 Gestaltung des Vertrags

**Der Pauschalreisevertrag muss in einfacher und verständlicher Sprache abgefasst und, sofern er schriftlich geschlossen wird, leserlich sein.**

## I. Normzweck

1 Die Vorschrift dient der Umsetzung des Art. 7 Abs. 1 S. 1 RL (EU) 2015/2302 (Pauschalreise-RL, BT-Drs. 18/10822, 102). Sie soll gewährleisten, dass der Reisende in der Lage ist, den Inhalt des Pauschalreisevertrages zu verstehen und dies – im Fall eines schriftlichen Vertragsschlusses – nicht schon an der fehlenden Leserlichkeit scheitert. Aus der Vorschrift ergibt zugleich, dass für den Vertragsschluss keine Form vorgeschrieben ist (MüKoBGB/Tonner Rn. 1). § 5 ist die einzige reiserechtliche Vorschrift im EGBGB, auf die im BGB kein Bezug genommen wird, was nahelegt, dass dem Gesetzgeber die Einordnung offensichtlich schwerfiel. Warum sie nicht eher bei er Regelung des Vertragstyps im BGB eingeordnet wurde, dürfte aus dem inhaltlichen Zusammenhang mit der in § 6 vorgesehenen Pflicht des Reiseveranstalters zu erklären sein, eine Abschrift oder Bestätigung des Vertrages zur Verfügung zu stellen. Die Pauschalreise-RL regelt beide Aspekte (Vertrag und Vertragsbestätigung) in einer Vorschrift.

## II. Transparenzgebot („einfache und verständliche Sprache") sowie Leserlichkeit

Nach § 5 muss der Pauschalreisevertrag in **einfacher und verständlicher Sprache abgefasst** sein. Es gelten damit vergleichbare Vorgaben zur Transparenz, wie bereits bei der vorvertraglichen Unterrichtung nach § 1 Abs. 1 S. 2 (vgl. dazu → Art. 250 § 1 Rn. 6) und auch der späteren Zurverfügungstellung der Abschrift oder Bestätigung des Vertrages nach § 6 Abs. 2. Orientierung hinsichtlich des dem Reisenden sprachlich Zumutbaren, können die unionsrechtlichen Vorgaben zum Verbraucherschutz im Bereich des Lauterkeitsrechts bieten (vgl. dazu BeckOGK/Alexander Rn. 6). Bei Geschäftsreisenden, für die § 5 ebenfalls gilt, sofern der Vertrag nicht auf der Grundlage einer Rahmenvereinbarung iSv § 651a Abs. 5 Nr. 3 BGB geschlossen wurde, wird man ein höheres Sprachverständnis hinsichtlich von Fachbegriffen voraussetzen dürfen, als bei Verbrauchern. 2

Was die **Darstellung der Inhalte** anbelangt, stellt § 5 klar, dass der Grundsatz der **Leserlichkeit** zu beachten ist. Dies betrifft etwa Schriftart, -größe und -bild. Im Ergebnis geht es um eine zumutbare (optische) Möglichkeit der Kenntnisnahme. 3

## § 6 Abschrift oder Bestätigung des Vertrags

**(1) [1]Dem Reisenden ist bei oder unverzüglich nach Vertragsschluss auf einem dauerhaften Datenträger eine Abschrift oder Bestätigung des Vertrags zur Verfügung zu stellen. [2]Der Reisende hat Anspruch auf eine Abschrift oder Bestätigung des Vertrags in Papierform, wenn der Vertragsschluss**
**1. bei gleichzeitiger körperlicher Anwesenheit der Vertragsschließenden erfolgte oder**
**2. außerhalb von Geschäftsräumen erfolgte (§ 312b des Bürgerlichen Gesetzbuchs); wenn der Reisende zustimmt, kann für die Abschrift oder die Bestätigung des Vertrags auch ein anderer dauerhafter Datenträger verwendet werden.**

**(2) Die Abschrift oder Bestätigung des Vertrags muss klar, verständlich und in hervorgehobener Weise den vollständigen Vertragsinhalt wiedergeben und außer den in § 3 genannten Informationen die folgenden Angaben enthalten:**
**1. besondere Vorgaben des Reisenden, denen der Reiseveranstalter zugestimmt hat,**
**2. den Hinweis, dass der Reiseveranstalter**
   **a) gemäß § 651i des Bürgerlichen Gesetzbuchs für die ordnungsgemäße Erbringung aller von dem Vertrag umfassten Reiseleistungen verantwortlich ist und**
   **b) gemäß § 651q des Bürgerlichen Gesetzbuchs zum Beistand verpflichtet ist, wenn sich der Reisende in Schwierigkeiten befindet,**
**3. den Namen des Absicherers sowie dessen Kontaktdaten einschließlich der Anschrift des Ortes, an dem er niedergelassen ist; im Fall des § 651s des Bürgerlichen Gesetzbuchs sind diese Angaben zu erteilen in Bezug auf die Einrichtung, die den Insolvenzschutz bietet, und gegebenenfalls in Bezug auf die zuständige Behörde,**
**4. Namen, Anschrift, Telefonnummer, E-Mail-Adresse und gegebenenfalls Faxnummer des Vertreters des Reiseveranstalters vor Ort, einer Kontaktstelle oder eines anderen Dienstes, an den oder die sich der Reisende wenden kann, um schnell mit dem Reiseveranstalter Verbindung aufzunehmen, wenn der Reisende**
   **a) Beistand nach § 651q des Bürgerlichen Gesetzbuchs benötigt oder**
   **b) einen aufgetretenen Reisemangel anzeigen will,**
**5. den Hinweis auf die Obliegenheit des Reisenden, dem Reiseveranstalter einen aufgetretenen Reisemangel unverzüglich anzuzeigen,**
**6. bei Minderjährigen, die ohne Begleitung durch einen Elternteil oder eine andere berechtigte Person reisen, Angaben darüber, wie eine unmittelbare Verbindung zu dem Minderjährigen oder zu dem an dessen Aufenthaltsort für ihn Verantwortlichen hergestellt werden kann; dies gilt nicht, wenn der Vertrag keine Beherbergung des Minderjährigen umfasst,**
**7. Informationen**
   **a) zu bestehenden internen Beschwerdeverfahren,**
   **b) gemäß § 36 des Verbraucherstreitbeilegungsgesetzes zur Teilnahme an alternativen Streitbeilegungsverfahren und**
   **c) zur Online-Streitbeilegungsplattform gemäß Artikel 14 der Verordnung (EU) Nr. 524/2013 des Europäischen Parlaments und des Rates vom 21. Mai 2013 über die Online-Beilegung verbraucherrechtlicher Streitigkeiten und zur Änderung der**

**Verordnung (EG) Nr. 2006/2004 und der Richtlinie 2009/22/EG (ABl. L 165 vom 18.6.2013, S. 1),**

8. **den Hinweis auf das Recht des Reisenden, den Vertrag gemäß § 651e des Bürgerlichen Gesetzbuchs auf einen anderen Reisenden zu übertragen.**

## I. Normzweck

1 Mit Beendigung des Buchungsvorgangs und Abschluss des Pauschalreisevertrages besteht ein Bedürfnis des Reisenden, dass ihm alle getroffenen Vereinbarungen in transparenter Form dauerhaft zur Verfügung stehen, um ihm bei der Vorbereitung und auch während der Reise Orientierung zu bieten. Daher verpflichtet § 651d Abs. 3 S. 2 BGB den **Reiseveranstalter,** dem Reisenden nach Maßgabe des § 6 eine **Abschrift oder Bestätigung des Vertrages** zur Verfügung zu stellen. Abs. 1 regelt Form und Zeitpunkt, Abs. 2 den Inhalt. Die Vorschrift dient der Umsetzung des Art. 7 Abs. 1, Abs. 2 und Abs. 4 RL (EU) 2015/2302 (Pauschalreise-RL). Inhaltlich ist § 6 Nachfolgeregelung zu § 6 BGB-InfoV, der ebenfalls die Zurverfügungstellung einer „Reisebestätigung" vorsah.

2 Auch wenn die Reise über einen **Reisevermittler** gebucht wird, trifft die Pflicht aus § 6 nur den Reiseveranstalter. Die zunächst parallel zu den Unterrichtungspflichten des Reiseveranstalters bestehenden Unterrichtungspflichten des Reisevermittlers (vgl. § 651v Abs. 1 BGB) enden mit dem Vertragsschluss (BT-Drs. 18/10822, 71 mit ausf. Begr. im Hinblick auf die Vorgaben der Pauschalreise-RL). Soweit der Reisevermittler dem Reisenden eine Abschrift oder Bestätigung des Vertrages zur Verfügung stellt (vgl. § 651v Abs. 2 BGB), handelt er in Vertretung des Reiseveranstalters bzw. als dessen Erfüllungsgehilfe (vgl. BT-Drs. 18/10822, 71). In diesem Fall gilt er nach § 651v Abs. 2 S. 2 BGB auch als vom Reiseveranstalter zur Annahme von Zahlungen auf den Reisepreis ermächtigt. Dadurch wird ein mittelbarer Schutz vor der Insolvenz des Reisevermittlers bewirkt (vgl. dazu → BGB § 651r Rn. 6 f.). Für **Verträge über Gastschulaufenthalte** findet § 6 nach § 651u BGB iVm § 651d Abs. 3 S. 2 BGB entsprechende Anwendung. § 9 sieht für diesen Fall ergänzende Angaben zu jenen des Abs. 2 Nr. 1–8 vor. Bei **verbundenen Online-Buchungsverfahren** besteht mit § 8 Abs. 2 eine Spezialregelung zu § 6 (→ Art. 250 § 8 Rn. 4 ff.).

## II. Form und Zeitpunkt (Abs. 1)

3 Wie sich aus § 5 ergibt, muss der Pauschalreisevertrag nicht schriftlich geschlossen werden. Der Reiseveranstalter muss dem Reisenden aber nach § 4 Abs. 1 **auf einem dauerhaften Datenträger** entweder eine Abschrift des Vertrages (Art. 7 Abs. 1 RL (EU) 2015/2302 spricht von „Kopie"), was bereits die vorherige Verschriftlichung voraussetzt, oder sonst eine Bestätigung des Vertrages zur Verfügung stellen. Hinsichtlich des Begriffs „dauerhafter Datenträger" verweist die Gesetzesbegründung – ungeachtet der Definition in Art. 3 Nr. 11 RL (EU) 2015/2302 – auf § 126b S. 2 BGB (BT-Drs. 18/10822, 102; zu Unterschieden der beiden Vorschriften BeckOGK/Alexander Rn. 48). Im Gegensatz zu § 651a Abs. 3 S. 1 BGB aF ist keine Verkörperung der Abschrift oder Bestätigung in Form einer Urkunde erforderlich. Es genügt also ua eine Übersendung im Anhang einer E-Mail (BT-Drs. 18/10822, 102). **Papierform** als besondere Art des dauerhaften Datenträgers sieht der Gesetzgeber nur ausnahmsweise **in zwei Fällen** vor: zum einen, wenn der Vertragsschluss bei gleichzeitiger körperlicher Anwesenheit der Vertragsschließenden erfolgt, zum anderen bei Vertragsschluss außerhalb von Geschäftsräumen iSd § 312b BGB. Letzterenfalls besteht aber **mit Zustimmung des Reisenden** ebenfalls die Möglichkeit auch einen **anderen dauerhafter Datenträger** zu verwenden.

4 Gem. § 651d Abs. 3 S. 2 BGB und § 6 Abs. 1 muss die Abschrift oder Bestätigung des Vertrages dem Reisenden **bei oder unverzüglich nach Vertragsschluss** zur Verfügung gestellt werden. Der Reiseveranstalter hat sie also spätestens nach Vertragsschluss ohne schuldhaftes Zögern (vgl. § 121 BGB) zu übermitteln. Eine genaue zeitliche Grenze lässt sich nicht festlegen, zumal auch Unterschiede bei der Form (dauerhafter Datenträger oder sogar Papierform) eine Rolle spielen können. Nachdem der Inhalt in großen Teilen nur die bereits vorvertraglich zu erteilenden Informationen wiederholt, wird im Regelfall kein allzu langer Zeitraum zuzugestehen sein (vgl. zu den bei der zeitlichen Grenze zu berücksichtigenden Kriterien BeckOGK/Alexander Rn. 46 ff.).

## III. Inhalt (Abs. 2)

5 Für den Inhalt der Abschrift oder Bestätigung des Vertrages gilt nach Abs. 2 der gleiche allgemeine Grundsatz, der nach § 1 Abs. 2 auch bereits iRd vorvertraglichen Unterrichtung zu beach-

ten ist: der Inhalt muss „**klar, verständlich und in hervorgehobener Weise**" wiedergegeben werden (vgl. dazu → Art. 250 § 1 Rn. 5 ff.). Daneben ist das **Gebot der Vollständigkeit** zu beachten, wonach der gesamte Inhalt der getroffenen Vereinbarung, einschließlich aller in § 3 sowie der in Abs. 2 Nr. 1–8 genannten Angaben, erfasst werden muss (Umsetzung des Art. 7 Abs. 2 RL (EU) 2015/2302). Von den vorvertraglichen Angaben des § 3 sind also nicht nur jene anzugeben, die nach § 651d Abs. 3 S. 1 BGB Vertragsinhalt geworden sind (vgl. BT-Drs. 18/10822, 103). Die **Möglichkeit einer bloßen Verweisung** auf bereits iRd vorvertraglichen Unterrichtung zur Verfügung gestellter Unterlagen (etwa einen Reiseprospekt), wie es früher § 6 Abs. 4 BGB-InfoV vorsah, besteht nicht mehr (krit. dazu Bergmann in Tonner/Bergmann/Blankenburg ReiseR § 2 Rn. 211). Nachdem der Pauschalreisevertrag nach § 5 in „**einfacher und verständlicher Sprache**" abgefasst sein muss, kann für dessen Abschrift oder auch Bestätigung, nichts anderes gelten. Dies kommt aber ohnehin der Vorgabe des Abs. 2 („klar und verständlich") gleich. Auch der in § 5 für den Pauschalreisevertag geregelte **Grundsatz der Leserlichkeit** (→ Art. 250 § 5 Rn. 3) erfasst zwangsläufig auch dessen Abschrift.

Zum „**vollständigen Vertragsinhalt**", den die Abschrift oder Bestätigung nach Abs. 2 wiedergeben muss, gehören neben den Angaben des § 3 auch die in den Nr. 1–8 aufgelisteten Angaben. Teilweise werden bereits mit dem Formblatt vorvertraglich zur Verfügung zu stellenden Informationen lediglich wiederholt. Einige der Angaben sind bereits aus der zuvor geltenden BGB-InfoV bekannt. 6

**1. Vereinbarte Vorgaben/Sonderwünsche des Reisenden (Nr. 1).** Nr. 1 ist Nachfolgeregelung zu § 6 Abs. 2 Nr. 5 BGB-InfoV und setzt Art. 7 Abs. 2 lit. a RL (EU) 2015/2302 um. Alle besonderen Vorgaben des Reisenden, in § 6 Abs. 2 Nr. 5 BGB-InfoV hieß es „Sonderwünsche", denen der Reiseveranstalter zugestimmt hat, sind zu erfassen. Werden Sonderwünsche trotz ihrer Vereinbarung nicht erfasst, so steht dem Reisenden insoweit ein **Anspruch auf Ergänzung** der Reisebestätigung zu (Staudinger/Staudinger, 2016, Anh. § 651a: BGB-InfoV § 6 Rn. 11 mwN). Die Beweislast für die Vereinbarung von Sonderwünschen trägt nach allgemeinen Grundsätzen derjenige, der sich auf ihr Zustandekommen beruft. Hat der Reisende seine Buchungsanfrage mit einem Sonderwunsch verbunden und führt die daraufhin erfolgende Reisebestätigung diesen nicht auf, so hängt es davon ab, wie die Reisebestätigung aus Sicht des Reisenden als Erklärungsempfänger zu verstehen ist, ob eine Annahme, aber auch eine Ablehnung verbunden mit einem neuen Angebot vorliegt (vgl. dazu MüKoBGB/Tonner Rn. 8 mwN). Da vom Reisenden nicht erwartet werden kann, dass er weiß, dass die Reisebestätigung etwaige Sonderwünsche ausdr. erfassen muss, kann auch nicht generell davon ausgegangen werden, dass er bei einer Reisebestätigung, die seine geäußerten Sonderwünsche nicht erwähnt, diese als abgelehnt ansehen muss (das Schweigen der Reisebestätigung generell als Ablehnung ansehend Staudinger/Staudinger, 2016, Anh. § 651a: BGB-InfoV § 6 Rn. 11 mwN; hingegen das Schweigen einer pauschalen abgefassten Reisebestätigung als Annahme ansehend MüKoBGB/Tonner Rn. 8 mwN). Reiseveranstaltern ist daher anzuraten, in der Reisebestätigung eine generelle Rubrik zu den Sonderwünschen aufzunehmen und ggf. „keine" einzutragen. 7

**2. Hinweis zur umfassenden Verantwortlichkeit des Reiseveranstalters und zur Beistandspflicht (Nr. 2).** Nr. 2 regelt einen Hinweis, der bislang nach der BGB-InfoV weder im Prospekt noch in der Reisebestätigung enthalten sein musste. Umgesetzt wird Art. 7 Abs. 2 lit. b RL (EU) 2015/2302. Anzugeben ist zum einen, dass der Reiseveranstalter gem. § 651i BGB für die ordnungsgemäße Erbringung aller von dem Vertrag umfassten Reiseleistungen verantwortlich ist. Dabei handelt es sich um eine bloße **Wiederholung eines Hinweises aus dem Formblatt,** das dem Reisenden vorvertraglich zur Verfügung zu stellen ist (vgl. Muster der Anlage 11, Abschnitt 1, Abs. 2). Entsprechendes gilt für die ebenfalls nach Nr. 2 erforderliche Angabe, dass der Reiseveranstalter gemäß § 651q BGB zum Beistand verpflichtet ist, wenn sich der Reisende in Schwierigkeiten befindet. Auch hier wird lediglich ein Hinweis aus dem Formblatt (vgl. Muster der Anlage 11, Abschnitt 2, vorletzter Spiegelstrich), ergänzt um die einschlägige gesetzliche Bestimmung, wiederholt. Den beiden Angaben kommt daher, sofern der Reiseveranstalter seiner Pflicht nachgekommen ist, das Formblatt zur Verfügung zu stellen, vor allem **Erinnerungsfunktion** zu und **Komplettierungsfunktion** im Hinblick auf die durch § 6 gewollte Gesamtdokumentation. 8

**3. Angaben zum Absicherer (Nr. 3).** Nr. 3 regelt Angaben, die vor der Novelle des Reiserechts allein mit dem Sicherungsschein an den Reisenden übermittelt wurden. Umgesetzt wird Art. 7 Abs. 2 lit. c RL (EU) 2015/2302. Alle nach Nr. 3 erforderlichen Angaben (Name des Absicherers sowie dessen Anschrift bzw. die Alternativangaben im Fall des § 651s BGB) sind 9 dem Reisenden ebenfalls **bereits im zutreffend ausgefüllten Formblatt vorvertraglich zu gewähren** (vgl. Muster der Anlage 11, Abschnitt 2, vorletzter Spiegelstrich). Nr. 3 kommt damit ebenfalls vor allem **Erinnerungs- und Komplettierungsfunktion** zu (vgl. → Rn. 8), sofern das Formblatt pflichtgemäß zur Verfügung gestellt wurde. Bedeutsam sind die Angaben wegen **§ 651t Nr. 2 BGB.** Solange dem Reisenden diese Angaben nicht zur Verfügung gestellt wurden, ist es dem Reiseveranstalter verboten Vorauszahlungen auf den Reisepreis zu fordern oder anzunehmen. Verstöße gegen das Verbot können mit Bußgeldern geahndet werden (vgl. dazu → BGB § 651t Rn. 15 ff.).

10 **4. Kontaktdaten einer Stelle zur effizienten Kommunikation wegen Beistandsbedarf oder Mängeln (Nr. 4).** Nr. 4 ist Nachfolgeregelung zu § 8 Abs. 1 Nr. 3 BGB-InfoV, allerdings mit nicht unerheblichen Änderungen. Die Vorschrift setzt Art. 7 Abs. 2 lit. d RL (EU) 2015/2302 um. Die nach Nr. 4 erforderlichen Angaben sind im **Zusammenhang mit der Beistandspflicht** des Reiseveranstalters nach § 651q BGB **sowie der Abhilfepflicht** bei Reisemängeln gem. § 651i Abs. 3 BGB iVm § 651k BGB zu sehen. Die Wahrnehmung beider Pflichten setzt zunächst voraus, dass der Reisende in der Lage ist, den Reiseveranstalter zu informieren. Dazu soll der Reiseveranstalter dem Reisenden Name, Anschrift, Telefonnummer, E-Mail-Adresse und ggf. Faxnummer des Vertreters vor Ort, einer Kontaktstelle oder eines sonstigen Dienstes angeben, um **schnell „und effizient“** (diese ergänzende Klarstellung fehlt im Vergleich zum Wortlaut des Art. 7 Abs. 2 lit. RL (EU) 2015/2302 mit dem Reiseveranstalter Verbindung aufnehmen zu können. In verkürzter Form wird dem Reisende bereits im vorvertraglich zur Verfügung zu stellenden Formblatt angekündigt, dass ihm später eine „Notruftelefonnummer“ oder eine Kontaktstelle mitgeteilt wird, über die eine Kontaktaufnahme zum Reiseveranstalter oder Reisebüro ermöglicht wird (vgl. Muster der Anlage 11, Abschnitt 2, 3. Spiegelstrich). Die eher beispielhafte Aufzählung „**Vertreter vor Ort, einer Kontaktstelle oder eines sonstigen Dienstes**“ zeigt, dass es weniger auf die Person oder Institution des Intermediärs ankommt, als mehr auf die Geschwindigkeit und Effizienz der dadurch gewährleisten Verbindung zum Reiseveranstalter. Bedenkt man zugleich, dass der Reiseveranstalter als Teil seiner Beistandspflichten nach § 651q Nr. 1 BGB „unverzüglich“ Informationen über Gesundheitsdienste, Behörden vor Ort und konsularische Beistand zur Verfügung zu stellen hat, so kann nur eine Stelle geeignet sein, die einen **24h-Service** bietet (so bereits zur alten Rechtslage MüKoBGB/Tonner, 7. Aufl. 2017, BGB-InfoV § 8 Rn. 6) und die entweder vom Reiseveranstalter bevollmächtigt ist, als dessen Stellvertreter selbst Entscheidungen zu treffen und dem Reisenden weiterzuhelfen, oder die die Mitteilungen des Reisenden schnell und effizient an die zuständigen Entscheidungsträger des Veranstalters weiterleiten kann. Die benannte Stelle ist zum einen **Erfüllungsgehilfe** (§ 278 BGB) bei der Erfüllung der Beistandspflichten (§ 651q BGB) und zum anderen wohl idR als **Empfangsvertreter** des Reiseveranstalters für Mängelanzeigen gem. §§ 164 Abs. 3, 651o Abs. 1 BGB anzusehen.

11 **5. Hinweis auf die Obliegenheit des Reisenden zur Mängelanzeige (Nr. 5).** Nr. 5 ist teilweise Nachfolgeregelung zu § 6 Abs. 2 Nr. 7 BGB-InfoV und setzt Art. 7 Abs. 2 lit. e RL (EU) 2015/2302 um. Die Bestimmung ist im **Zusammenhang mit § 651o Abs. 1 BGB** zu sehen, wonach der Reisende einen Reisemangel unverzüglich anzuzeigen hat (zur Rechtsnatur → BGB § 651o Rn. 2). Unterlässt der Reisende die Anzeige schuldhaft und konnte der Reiseveranstalter deswegen keine Abhilfe schaffen, so ist der Reisende nach § 651o Abs. 3 BGB nicht berechtigt, einen Minderungs- oder Schadensersatzanspruch wegen des Mangels geltend zu machen. Daher ist der Reisende nach Nr. 5 **auf seine Obliegenheit hinzuweisen,** dem Reiseveranstalter Reisemängel unverzüglich anzuzeigen. Unterlässt der Reiseveranstalter diesen Hinweis, ist das Unterlassen der Mängelanzeige nicht schuldhaft iSd § 651o Abs. 2 BGB (→ BGB § 651o Rn. 12). Eher inkonsequent erscheint, dass er Reisende nicht auch darüber aufzuklären ist, dass die Mangelanzeige teilweise mit einer angemessenen Fristsetzung zur Abhilfe verbunden werden muss, um bestimmte Rechte ausüben zu können (vgl. Aufwendungsersatzanspruch nach § 651k Abs. 2 BGB bei Selbstabhilfe oder Kündigungsrecht nach § 651k Abs. 1 BGB).

12 **6. Angaben zur Kontaktaufnahme mit Minderjährigen (Nr. 6).** Nr. 6 ist Nachfolgeregelung zu § 8 Abs. 1 S. 2 BGB-InfoV und setzt Art. 7 Abs. 2 lit. f RL (EU) 2015/2302 um. Bei Pauschalreiseverträgen, die eine Beherbergung Minderjähriger umfassen, die ohne Begleitung eines Elternteils oder einer anderen berechtigten Person reisen, muss die Abschrift oder Bestätigung des Vertrages Angaben dazu enthalten, wie eine unmittelbare Verbindung zu dem Minderjährigen oder zu dem an dessen Aufenthaltsort für ihn Verantwortlichen hergestellt werden kann. Im Vergleich zur Vorgängerregelung in § 8 Abs. 1 S. 2 BGB-InfoV ist **keine Auslandreise mehr erforderlich** und auch nicht mehr bei Buchung die Nennung einer Person, die die Kontaktdaten

erhalten soll. Der Reiseveranstalter wird die Hinweispflicht aus Nr. 6 nicht nur dann zu erfüllen haben, wenn er aus den Buchungsunterlagen die Minderjährigkeit erkennt (so zur alten Rechtslage Staudinger/Staudinger, 2016, Anh. § 651a: BGB-InfoV § 6 Rn. 11 mwN), sondern vielmehr ist aus der Hinweispflicht eine Erkundigungspflicht des Reiseveranstalters hinsichtlich des Alters bzw. der Voll-/Minderjährigkeit des Reisenden abzuleiten. Weitergehende Informationspflichten hat der deutsche Gesetzgeber in § 9 für die von der Pauschalreise-RL nicht erfassten **Gastschulaufenthalte** vorgesehen (→ Art. 250 § 9 Rn. 1).

**7. Informationen zu Beschwerde-/Streitbeilegungsverfahren (Nr. 7).** Nr. 6 setzt Art. 7 Abs. 2 lit. g RL (EU) 2015/2302 um. Die Vorschrift soll sicherstellen, dass der Reisende in der Abschrift oder Bestätigung des Vertrages darüber informiert wird, inwieweit die Möglichkeit besteht, Streitigkeiten außergerichtlich über alternative Formen der Streitbeilegung zu lösen. Hinzuweisen ist der Reisende daher auf etwaige interne Beschwerdeverfahren, gem. § 36 VSBG auf die Teilnahme des Reiseveranstalters an alternativen Streitbeilegungsverfahren sowie gemäß Art. 14 VO (EU) Nr. 524/2013 auf die Online-Streitbeilegungsplattform der EU. 13

**8. Hinweis zur Möglichkeit der Vertragsübertragung (Nr. 8).** Nach Nr. 8 ist der Reisende in der Abschrift oder Bestätigung des Vertrages auch darauf hinzuweisen, dass gem. § 651e BGB die Möglichkeit besteht, den Vertrag auf einen anderen Reisenden zu übertragen. Dies kann eine kostengünstigere Alternative zur Ausübung des Rechts zum jederzeitigen Rücktritt vor Reisebeginn (§ 651h Abs. 1 BGB) sein, welches idR eine Entschädigungspflicht des Reisenden auslöst. Auf beide Möglichkeiten wird der Reisende **bereits im Formblatt hingewiesen,** das der Reiseveranstalter ihm vor Vertragsschluss zur Verfügung zu stellen hat (vgl. Muster der Anlage 11, Abschnitt 2, 4. und 8. Spiegelstrich). Nr. 8 kommt damit vor allem **Erinnerungs- und Komplettierungsfunktion** zu (vgl. → Rn. 8), sofern das Formblatt pflichtgemäß zur Verfügung gestellt wurde. Einzige Konkretisierung gegenüber dem Formblatt ist die Angabe der einschlägigen Bestimmung, also von § 651e BGB. 14

## § 7 Reiseunterlagen, Unterrichtung vor Reisebeginn

**(1) Der Reiseveranstalter hat dem Reisenden rechtzeitig vor Reisebeginn die notwendigen Reiseunterlagen zu übermitteln, insbesondere notwendige Buchungsbelege, Gutscheine, Beförderungsausweise und Eintrittskarten.**

**(2) [1]Der Reiseveranstalter hat den Reisenden rechtzeitig vor Reisebeginn zu unterrichten über die Abreise- und Ankunftszeiten sowie gegebenenfalls die Zeiten für die Abfertigung vor der Beförderung, die Orte und Dauer von Zwischenstationen sowie die dort zu erreichenden Anschlussverbindungen. [2]Eine besondere Mitteilung nach Satz 1 ist nicht erforderlich, soweit diese Informationen bereits in einer dem Reisenden zur Verfügung gestellten Abschrift oder Bestätigung des Vertrags gemäß § 6 oder in einer Information des Reisenden nach § 8 Absatz 2 enthalten sind und inzwischen keine Änderungen eingetreten sind.**

### I. Normzweck

Während der Reisende durch die vorvertragliche Unterrichtung (§ 2 und § 3) und die Abschrift oder Bestätigung des Vertrages (§ 6) über das Leistungspaket sowie die Rechte und Pflichten der Vertragsparteien informiert ist, geht es in der Phase vor Reisebeginn um vor allem um die **Zurverfügungstellung von für die Reise benötigten Legitimationspapieren und konkreten Reisedaten.** Vor diesem Hintergrund verpflichtet § 651d Abs. 3 S. 3 BGB iVm § 7 den Reiseveranstalter, dem Reisenden rechtzeitig vor Reisebeginn die notwendigen Reiseunterlagen zu übermitteln (Abs. 1) und ihn, soweit noch nicht geschehen oder bei zwischenzeitlichen Änderungen, über die zentralen Daten der Reise zu informieren (Abs. 2). **Umgesetzt wird damit Art. 7 Abs. 5 RL (EU) 2015/2302** (Pauschalreise-RL, BT-Drs. 18/10822, 103). 1

### II. Rechtzeitige Übermittlung der Reiseunterlagen (Abs. 1)

Als zu übermittelnde Reiseunterlagen werden in Abs. 1 **beispielhaft („insbesondere")** notwendige **Buchungsbelege, Gutscheine, Beförderungsausweise und Eintrittskarten** genannt. Welche Unterlagen iE zur Verfügung zu stellen sind und in welcher **Form** (zB per Post oder auf elektronischem Wege) hängt von deren Zweck ab. Im Ergebnis bringt die Vorschrift 2 zum Ausdruck, dass es allein in der Verantwortung des Reiseveranstalters liegt, dem Reisenden durch Übermittlung geeigneter Daten (zB Buchungscodes) oder Legitimationspapiere, den Zugang und die Inanspruchnahme sämtlicher vereinbarter Reiseleistungen zu ermöglichen. Soweit **Mitwirkungshandlungen des Reisenden** erforderlich sind (zB Download oder Ausdruck von Unterlagen), so wird man als Teil der Übermittlungspflicht des Reiseveranstalters ansehen müssen, dass eindeutige und praktikable Hinweise gegeben werden und sich die Mitwirkungshandlungen iRd allgemein Üblichen und Zumutbaren bewegen.

3 In zeitlicher Hinsicht ist erforderlich, dass die Unterlagen „**rechtzeitig vor Beginn der Reise**" zur Verfügung stehen. Als „Beginn der Pauschalreise" bestimmt Art. 3 Nr. 3 RL (EU) 2015/2302 den Zeitpunkt, zu dem die Erbringung der in einer Pauschalreise zusammengefassten Reiseleistungen beginnt. Bei der Frage der Rechtzeitigkeit sind erforderliche und zumutbare Mitwirkungshandlungen des Reisenden (zB Erfordernis des Ausdrucks von Unterlagen) auch zeitlich angemessen zu berücksichtigen. Mit welchem zeitlichen Vorlauf die Reise gebucht wurde, ist dabei unerheblich (aA BeckOGK/Alexander Rn. 57). Unabhängig davon, ob nun eine Früh- oder Last-Minute-Buchung vorliegt, ist für die Rechtzeitigkeit allein der verbleibende zeitliche Abstand zum Reisebeginn entscheidend. Der Reisende soll vor Reisebeginn auch bereits über sämtliche erforderliche Unterlagen verfügen und nicht darauf vertrauen müssen, dass ihm fehlende Unterlagen erst noch sukzessive im Laufe der Reise (etwa per E-Mail) zur Verfügung gestellt werden.

## III. Rechtzeitige Unterrichtung über Beförderungsdaten und -modalitäten (Abs. 2)

4 Abs. 2 S. 1 verpflichtet den Reiseveranstalter rechtzeitig vor Reisebeginn den Reisenden zu unterrichten über **Abreise- und Ankunftszeiten** sowie ggf. die **Abfertigungszeiten,** die Orte und Dauer von **Zwischenstationen** sowie die dort zu erreichenden **Anschlussverbindungen.** Die Regelung muss im Zusammenhang mit § 3 Nr. 1 lit. d sowie § 6 Abs. 2 gesehen werden (BT-Drs. 18/10822, 103). Denn bereits iRd vorvertraglichen Unterrichtung hat der Reiseveranstalter den Reisenden nach § 3 Nr. 1 lit. d, von den Ankunfts- und Abfertigungszeiten einmal abgesehen, genau dieselben Daten zur Verfügung zu stellen. Diese Angaben sind dann auch nochmals nach § 6 Abs. 2 iVm § 3 Nr. 1 lit. d in der dem Reisenden bei oder unverzüglich nach Vertragsschluss zur Verfügung zu stellenden Abschrift oder Bestätigung des Vertrages zu erfassen. Allerdings erlaubt der Gesetzgeber, soweit genau zeitliche Angaben noch nicht möglich sind, vorvertragliche und in der Reisebestätigung „ungefähre" Zeitangaben. Vor diesem Hintergrund bezweckt die Unterrichtungspflicht nach Abs. 2 S. 1 im Ergebnis die **Präzisierung bislang nur ungefährer Zeitangaben** durch den Reiseveranstalter, sowie die **ergänzende Angabe von Ankunftszeiten und ggf. Abfertigungszeiten.** Dabei ist „gegebenenfalls" iSv „erforderlichenfalls" zu verstehen. Abfertigungszeiten, also Zeiten innerhalb derer sich der Reisende zum „Check-in" einzufinden hat, sind daher anzugeben, wenn solche, je nach Beförderungsmittel, bestehen. Eher missverständlich formuliert es die Gesetzesbegründung: „Soweit Check-in-Fristen bekannt sind, sind auch diese mitzuteilen" (BT-Drs. 18/10822, 103). In der englischsprachigen Fassung des umzusetzenden Art. 7 Abs. 5 RL (EU) 2015/2302 heißt es: „where applicable". Abgestellt wird damit auf die Geltung, nicht die Verfügbarkeit von Check-In-Zeiten. Den Reiseveranstalter trifft also eine Erkundigungspflicht.

5 Soweit dem Reisenden bereits in der Abschrift oder Bestätigung des Vertrages sämtliche Angaben des Abs. 2 S. 1 zur Verfügung gestellt und genaue (nicht nur ungefähre) Zeiten genannt wurden, ist eine **(erneute) Unterrichtung entbehrlich, wenn zwischenzeitlich keine Änderungen** eingetreten sind (vgl. **Abs. 2 S. 2**). Dies stellt der deutsche Gesetzgeber in Anlehnung an die frühere Regelung in § 8 Abs. 2 BGB-InfoV klar (BT-Drs. 18/10822, 103). Die Pflicht nach Abs. 2 S. 2, über etwaige Änderungen zu unterrichten, besagt nichts über deren Zulässigkeit, die sich nach Vertragsschluss und vor Reisebeginn nach §§ 651f, 651g BGB richtet. Für eine erhebliche Änderung nach § 651g BGB sind in § 10 besondere Unterrichtungspflichten geregelt.

6 Der Pauschalreise-RL ist keine dem Abs. 2 S. 2 entsprechende Regelung zu entnehmen. Daher kann auch nicht ausgeschlossen werden, dass sogar eine Doppelung dieser Informationen mit Übermittlung der Reiseunterlagen gewollt ist (Erinnerungsfunktion), was die **Vereinbarkeit des Abs. 2 S. 2 mit Unionsrecht** in Frage stellt. Dass es im Gesetzgebungsverfahren zur Pauschalreise-RL nicht nur darum ging, dass der Reisende bestimmte Informationen überhaupt vor Reisebeginn erhält, sondern durchaus auch zwischen dem Zeitpunkt der Reisebestätigung und dem Zeitpunkt „rechtzeitig vor Reisebeginn" bewusst unterschieden wurde, zeigt etwa ein Änderungsantrag des EU Parlaments, der bestimmte Informationen von der Bestätigung des Vertrags zeitlich nach

hinten verlagert wissen wollte, „da es für den Reisenden wichtiger ist, sie rechtzeitig vor Beginn der Reise zu erfahren" (vgl. Plenarsitzungsdokument A7-0124/2014, 50, Änderungsantrag 81).

## § 8 Mitteilungspflichten anderer Unternehmer und Information des Reisenden nach Vertragsschluss in den Fällen des § 651c des Bürgerlichen Gesetzbuchs

**(1) Schließt ein Unternehmer, dem nach § 651c Absatz 1 Nummer 2 des Bürgerlichen Gesetzbuchs Daten übermittelt werden, mit dem Reisenden einen Vertrag über eine Reiseleistung ab, hat er den als Reiseveranstalter anzusehenden Unternehmer über den Umstand des Vertragsschlusses zu unterrichten und diesem in Bezug auf die von ihm zu erbringende Reiseleistung die Informationen zur Verfügung zu stellen, die zur Erfüllung der Verpflichtungen als Reiseveranstalter erforderlich sind.**

**(2) Der als Reiseveranstalter anzusehende Unternehmer hat dem Reisenden die in § 6 Absatz 2 Nummer 1 bis 8 genannten Angaben klar, verständlich und in hervorgehobener Weise auf einem dauerhaften Datenträger zur Verfügung zu stellen, sobald er von dem anderen Unternehmer gemäß Absatz 1 über den Umstand des Vertragsschlusses unterrichtet wurde.**

### I. Normzweck

In Umsetzung des Art. 3 Nr. 2 lit. b Ziff. v RL (EU) 2015/2302 (Pauschalreise-RL) wurde in § 651c BGB das sog. „verbundene Online-Buchungsverfahren", häufig auch als **„Click-Through-Buchung"** bezeichnet (vgl. auch BT-Drs. 18/10822, 70), **erstmals gesetzlich geregelt.** Der Anbieter oder Vermittler einer ersten Reiseleistung wird danach zum Reiseveranstalter, wenn der Reisende unter den Voraussetzungen des § 651c Abs. 1 BGB sukzessive online eine oder mehrere andere Reiseleistungen bei weiteren Unternehmern bucht (→ BGB § 651c Rn. 1 ff.). Aufgrund des speziellen Buchungsvorgangs **fingiert der Gesetzgeber,** trotz eigentlich getrennter Verträge über unterschiedliche Reiseleistungen mit verschiedenen Unternehmern, einen **Pauschalreisevertrag** (vgl. § 651c Abs. 2 BGB). Daher **bedarf es ergänzender Regelungen,** die klarstellen, welcher Unternehmer für welche Informationen zuständig ist und welche Informationspflichten für die Unternehmer untereinander gelten. § 651d Abs. 5 S. 1 BGB verweist insoweit auf die besonderen Vorschriften des § 4 (→ Art. 250 § 4 Rn. 1 ff.) und § 8. Im Übrigen bleibt es bei den allgemein für Reiseveranstalter geltenden Vorschriften (§ 651d Abs. 5 S. 2 BGB) 1

Damit der Online-Anbieter oder Online-Vermittler der ersten Reiseleistung von weiteren Vertragsschlüssen über andere Reiseleistungen erfährt und die getroffenen Vereinbarungen kennt, für deren Erfüllung er nun als Reiseveranstalter (zusätzlich) gegenüber dem Reisenden verantwortlich ist, regelt **Abs. 1** die Pflicht der weiteren Unternehmer ihn darüber zu unterrichten (vgl. BT-Drs. 18/10822, 103). **Abs. 2** trifft eine Spezialregelung zu der sonst bei Pauschalreiseverträgen nach § 6 zur Verfügung zu stellenden Abschrift oder Bestätigung des Pauschalreisevertrages. Nachdem der Pauschalreisevertrag nur fingiert wird, bedarf es modifizierender Regeln für die Anwendung des § 6 (vgl. BT-Drs. 18/10822, 103). 2

### II. Informationspflichten zwischen den am verbundenen Online-Buchungsverfahren beteiligten Unternehmern (Abs. 1)

Abs. 1 setzt Art. 7 Abs. 3 UAbs. 1 RL (EU) 2015/2302 um (BT-Drs. 18/10822, 103). Er verpflichtet jeden Unternehmer, dem im Rahmen des verbundenen Online-Buchungsverfahrens vom Anbieter oder Vermittler der ersten Reiseleistung die Kundendaten weitergeleitet wurden und der daraufhin mit dem Reisenden einen weiteren Vertrag über eine andere Reiseleistung schließt, den als Reiseveranstalter anzusehenden Anbieter oder Vermittler der ersten Reiseleistung über den weiteren Vertragsschluss zu unterrichten. Zur Verfügung zu stellen sind dabei die **Informationen,** die **zur Erfüllung der Verpflichtungen als Reiseveranstalter** erforderlich sind. Art und Umfang dieser Informationen hängt von der Reiseleistung ab. Jedenfalls benötigt der als Reiseveranstalter anzusehende Unternehmer die von dem weiteren Unternehmer dem Reisenden nach § 3 vorvertraglich zur Verfügung gestellten Informationen (vgl. § 4 S. 2). Außerdem benötig er etwaige Informationen, die für die von ihm nach § 6 Abs. 2 Nr. 1 bis 8 dem Reisenden noch zur Verfügung zu stellenden Angaben bedeutsam sein können. 3

### III. Informationspflichten gegenüber dem Reisenden nach § 6 Abs. 2 Nr. 1–8 (Abs. 2)

4 Der als Reiseveranstalter anzusehende Unternehmer hat dem Reisenden nach Abs. 2 die in **§ 6 Abs. 2 Nr. 1–8 genannten Angaben** klar, verständlich und in hervorgehobener Weise auf einem dauerhaften Datenträger (§ 126b BGB) zur Verfügung zu stellen. Der Reisende erhält damit, **abweichend vom sonst üblichen Standard für Pauschalreisen,** keine Gesamtdokumentation (Abschrift oder Bestätigung des Vertrages), in der nochmals der vollständige Vertragsinhalt wiedergegeben wird (einschließlich der weiteren Angaben gem. § 3). Der Gesetzgeber begründet dies damit, dass schon die Bezeichnung „Bestätigung oder Abschrift des Vertrags" in diesen Konstellationen nicht passend wäre, da mehrere Verträge geschlossen werden, die lediglich aufgrund der in § 651c Abs. 2 BGB angeordneten Fiktion als ein Pauschalreisevertrag gelten (BT-Drs. 18/10822, 103).

5 **Im Ergebnis fehlt** damit aber, jedenfalls nach reiserechtlichen Vorschriften, eine **Bestätigung der Angaben des § 3** (insbes. zu den wesentlichen Reiseleistungen). Auch die Pauschalreise-RL schreibt keine Gesamtbestätigung des Inhalts der „Pauschalreise" durch den als Reiseveranstalter anzusehenden Unternehmer vor, die sich erst als Summe der im Rahmen von Einzelverträgen vereinbarten Reiseleistungen ergibt (Art. 7 Abs. 3 UAbs. 2 RL (EU) 2015/2302 verweist nur auf die Informationen gemäß Abs. 2 lit. a–h und nicht auf den vollständigen Abs. 2). Ob das vom Richtliniengeber so gewollt war, oder ob es sich eher um ein redaktionelles Versehen handelt, ist zumindest zweifelhaft. In der Lit. wird teilweise undifferenziert darauf hingewiesen, dass der als Reiseveranstalter anzusehende Unternehmer die vorvertraglichen Informationen nach § 6 für die gesamte Reise zu erteilen habe (vgl. dazu MüKoBGB/Tonner Rn. 8 mwN), was im Ergebnis sinnvoll erscheint, aber nicht dem Gesetzeswortlaut entspricht. Erklären lässt sich die im Vergleich zur unmittelbaren Buchung einer Pauschalreise bestehende Lücke damit, dass wegen des Online-Buchungsverfahrens über jede Einzelleistung vom jeweiligen Unternehmer zumindest eine **Bestätigung nach § 312f Abs. 2 BGB** zur Verfügung zu stellen ist, sich bei den Angaben nach § 3 also mittelbar eine ähnlich dezentrale Vorgehensweise bei der Bestätigung ergibt, wie sie § 4 Abs. 1 für die vorvertraglichen Informationen vorsieht. Die Unanwendbarkeit des § 312f BGB auf Pauschalreiseverträge nach § 651c BGB (vgl. § 312 Abs. 7 BGB) erfasst nur den fingierten Pauschalreisevertrag, nicht aber die ihm zugrundliegenden einzeln online geschlossenen Verträge über die unterschiedlichen Reiseleistungen. Allerdings gilt § 312f Abs. 2 BGB – anders als § 3 – nur bei Verbrauchern.

6 Hinsichtlich des **Zeitpunkts,** zu dem die in § 6 Abs. 2 Nr. 1–8 genannten Angaben zur Verfügung zu stellen sind, weicht § 8 ebenfalls von dem sonst für Pauschalreisen geltenden Vorgaben ab. Der als Reiseveranstalter anzusehende Unternehmer hat die Angaben dem Reisenden zur Verfügung zu stellen, sobald er von dem anderen Unternehmer über den Umstand des Vertragsschlusses unterrichtet wurde. Dies entspricht zumindest der in § 6 Abs. 1 geregelten Alternative „unverzüglich nach Vertragsschluss" (BT-Drs. 18/10822, 103), sofern der weitere Unternehmer seiner Pflicht nach Abs. 1 nachkommt und den als Reiseveranstalter anzusehenden Unternehmer unverzüglich informiert. Leitet der als Reiseveranstalter anzusehende Unternehmer die Kundendaten an mehrere andere Unternehmen weiter, so wird genügen, wenn er dem Reisenden die Angaben zur Verfügung stellt, sobald mit Ablauf der 24-Stunden-Frist feststeht, welche Leistungen Teil der Pauschalreise sind. Denn es sind auch Vertragsschlüsse mit mehreren Unternehmen möglich (§ 651c BGB spricht von „mindestens" einem Vertrag über eine andere Art von Reiseleistung).

## § 9 Weitere Informationspflichten bei Verträgen über Gastschulaufenthalte

**Über die in § 6 Absatz 2 bestimmten Angaben hinaus hat der Reiseveranstalter dem Reisenden folgende Informationen zu erteilen:**

1. **Namen, Anschrift, Telefonnummer und gegebenenfalls E-Mail-Adresse der Gastfamilie, in welcher der Gastschüler untergebracht ist, einschließlich Veränderungen,**
2. **Namen und Erreichbarkeit eines Ansprechpartners im Aufnahmeland, bei dem auch Abhilfe verlangt werden kann, einschließlich Veränderungen, und**
3. **Abhilfeverlangen des Gastschülers und die vom Reiseveranstalter ergriffenen Maßnahmen.**

## I. Normzweck

1 Mit § 651u BGB hat sich der deutsche Gesetzgeber entschieden, auf Gastschulaufenthalte, die nicht in den Anwendungsbereich der RL (EU) 2015/2302 (Pauschalreise-RL) fallen, das Pauschalreiserecht mit bestimmten Modifikationen entsprechend anzuwenden (zur Zulässigkeit im Lichte des Grundsatzes der Vollharmonisierung BT-Drs. 18/10822, 92; vgl. dazu auch → BGB § 651u Rn. 1). **Zur Anwendung kommen** nach § 651u Abs. 1 BGB **auch § 651d Abs. 1–4 BGB** und damit ebenfalls die dort in Bezug genommenen Vorschriften, einschl. § 6. Um den Besonderheiten von Gastschulaufenthalten Rechnung zu tragen, ergänzt § 9 die sonst gem. § 6 Abs. 2 bei Pauschalreisen zur Verfügung zu stellenden Angaben. Die Vorschrift entspricht weitestgehend dem bisherigen § 7 BGB-InfoV (BT-Drs. 18/10822, 104).

## II. Zusatzinformationen gem. Nr. 1 und 2 (Kontaktdaten)

2 Neben den in § 6 Abs. 2 festgelegten Angaben hat der Reiseveranstalter dem Reisenden (idR also den Eltern des Gastschülers als Vertragspartner) gem. **Nr. 1** die **Kontaktdaten der Gastfamilie** (Namen, Anschrift, Telefonnummer und ggf. E-Mail-Adresse) mitzuteilen. Im Kern wird lediglich eine Informationspflicht wiederholt, die bereits § 651u Abs. 3 Nr. 1 BGB regelt, und um die zusätzliche Angabe der Telefonnummer und ggf. E-Mailadresse erweitert. Auch die in **Nr. 2** geregelte Pflicht, Name und Erreichbarkeit eines **Ansprechpartners im Aufnahmeland,** bei dem auch Abhilfe verlangt werden kann, anzugeben, ergibt sich wortgleich bereits aus § 651u Abs. 3 Nr. 2 BGB. Über den Regelungsgehalt des § 651u Abs. 3 BGB hinausgehend wird durch Nr. 1 und Nr. 2 der Reiseveranstalter aber auch verpflichtet, **über Änderungen** der einmal mitgeteilten Kontaktdaten zu **informieren.**

3 Auch soweit die zu gewährenden Informationen in § 651u Abs. 3 BGB und in § 9 teilweise deckungsgleich sind, unterscheidet sich ihre Gewährung hinsichtlich der **Rechtsnatur.** § 651u Abs. 3 BGB regelt Obliegenheiten, deren Verletzung dem Veranstalter des Gastschulaufenthalts im Falle des Rücktritts des Reisenden vor Reisebeginn den sonst nach § 651h BGB vorgesehenen Entschädigungsanspruch verwehrt. § 9 hat hingegen **Informationspflichten** zum Gegenstand, die – wie die Informationspflichten im Pauschalreiserecht allgemein – Hauptpflichten des Veranstalters darstellen (zur Einordnung der Informationspflichten als Hauptpflichten Staudinger in Führich/Staudinger ReiseR § 9 Rn. 27). Mit Zustandekommen des Vertrages besteht bei ihrer Verletzung ein Reisemangel mit den Folgen der §§ 651i ff. BGB. Ein Schadensersatzanspruch nach § 280 Abs. 1 BGB (bejahend BeckOGK/Meier Rn. 7) dürfte an der Spezialität der §§ 651i ff. BGB scheitern.

4 Ein **Zeitpunkt für die Mitteilung der Kontaktdaten nach Nr. 1 und Nr. 2** ist nur insoweit mittelbar festgelegt, als sie nach § 651u Abs. 3 BGB spätestens zwei Wochen vor Antritt der Reise erfolgt sein muss, jedenfalls wenn der Reiseveranstalter im Fall eines Rücktritts des Reisenden vor Reisebeginn seinen Anspruch auf die Entschädigung nach § 651h Abs. 1 S. 3 BGB nicht verlieren will. Im Übrigen wird man wegen der Bezugnahme auf § 6 Abs. 2 hinsichtlich der Erfüllung der (über die Obliegenheit hinausgehenden) Informationspflichten davon ausgehen müssen, dass die Erstinformation über die Kontaktdaten nach Nr. 1 und Nr. 2, wie die übrigen Angaben des § 6 Abs. 2, spätestens bei oder unverzüglich nach Vertragsschluss zu erteilen sind.

## III. Information über Abhilfeverlangen und -maßnahmen (Nr. 3)

5 Die Pflicht des Reiseveranstalters nach Nr. 3, den Reisenden (also idR die Eltern des Gastschülers als Vertragspartner) über Abhilfeverlangen des Gastschülers (zur Rechtsnatur Staudinger/Staudinger, 2016, Anh. § 651a: BGB-InfoV § 7 Rn. 4 ff.) ebenso zu informieren, wie über die vom Reiseveranstalter ergriffenen Maßnahmen, entspricht der vorherigen Regelung in § 7 Nr. 3 BGB-InfoV. Die Eltern sollen hinsichtlich der vom Gastschüler dem Veranstalter gemeldeten Mängel/Probleme und der von diesem ergriffenen Abhilfemaßnahmen auf dem Laufenden gehalten werden. Als Vertragspartner können sie dann entscheiden, inwieweit sie auf der Grundlage der §§ 651i ff. BGB weitergehende Rechte wahrnehmen wollen. Daher wird, auch wenn eine gesetzliche Regelung fehlt, eine unverzügliche Informationserteilung zu verlangen sein (BeckOGK/Meier Rn. 6).

### § 10 Unterrichtung bei erheblichen Vertragsänderungen

**Beabsichtigt der Reiseveranstalter eine Vertragsänderung nach § 651g Absatz 1 des Bürgerlichen Gesetzbuchs, hat er den Reisenden unverzüglich nach Kenntnis von dem**

**Änderungsgrund auf einem dauerhaften Datenträger klar, verständlich und in hervorgehobener Weise zu informieren über**
**1. die angebotene Vertragsänderung, die Gründe hierfür sowie**
**a) im Fall einer Erhöhung des Reisepreises über deren Berechnung,**
**b) im Fall einer sonstigen Vertragsänderung über die Auswirkungen dieser Änderung auf den Reisepreis gemäß § 651g Absatz 3 Satz 2 des Bürgerlichen Gesetzbuchs,**
**2. die Frist, innerhalb derer der Reisende ohne Zahlung einer Entschädigung vom Vertrag zurücktreten oder das Angebot zur Vertragsänderung annehmen kann,**
**3. den Umstand, dass das Angebot zur Vertragsänderung als angenommen gilt, wenn der Reisende sich nicht innerhalb der Frist erklärt, und**
**4. die gegebenenfalls als Ersatz angebotene Pauschalreise und deren Reisepreis.**

## I. Normzweck

1 Nach Abschluss des Pauschalreisevertrages erlaubt § 651f BGB in engen Grenzen einseitige Änderungen des Reisepreises oder sonstiger Vertragsbedingungen, soweit die Änderungen im Vertrag wirksam vorbehalten wurden. Soll der Preis um mehr als 8 % erhöht oder eine sonstige nach § 651g BGB erhebliche Änderung vorgenommen werden, so ist die einseitige Änderung durch den Reiseveranstalter ausgeschlossen und es gibt im Kern nach § 651g BGB zwei Möglichkeiten (zu den Einzelheiten → BGB § 651g Rn. 9 ff.): Der Reisende nimmt das entsprechende Änderungsangebot des Reiseveranstalters oder ein damit wahlweise verbundenes Angebot einer Ersatzeise an, oder er tritt vom Vertrag zurück. Zur Konkretisierung und Formalisierung des Ablaufs des Entscheidungsprozesses des Reisenden (Annahme der Änderung, einer etwaigen Ersatzreise oder Rücktritt) verweist § 651g Abs. 2 S. 2 BGB auf § 10. Dort sind bestimmte Informationspflichten des Reiseveranstalters geregelt. Der Reisende soll dadurch in die Lage versetzt werden, seine Entscheidung auf der Grundlage einer hinreichenden Entscheidungsgrundlage zu treffen. Umgesetzt wird damit Art. 11 Abs. 3 RL (EU) 2015/2302 (Pauschalreise-RL) (BT-Drs. 14/5944, 104).

## II. Zeitpunkt und Form der Unterrichtung

2 Die Unterrichtung über eine beabsichtigte Vertragsänderung nach § 651g BGB muss **unverzüglich nach Kenntnis von dem Änderungsgrund** durch den Reiseveranstalter erfolgen. Unverzüglich ist, wie im deutschen Rechtsverständnis üblich (vgl. § 121 BGB), im Sinne von „ohne schuldhaftes Zögern" zu verstehen. Dies ergibt sich etwa aus der englischen Sprachfassung des mit § 10 umgesetzten Art. 11 Abs. 3 RL (EU) 2015/2302, in der von „without undue delay" die Rede ist. Eine **weitere zeitliche Einschränkung** ergibt sich aus **§ 651g Abs. 1 S. 4 BGB,** wonach das Angebot zu einer Preiserhöhung nicht später als 20 Tage vor Reisebeginn, das Angebot zu sonstigen Vertragsänderungen nicht nach Reisebeginn unterbreitet werden kann.

3 In **formaler Hinsicht** hat die Unterrichtung auf einem dauerhaften Datenträger (vgl. dazu → Art. 250 § 6 Rn. 3) und in hervorgehobener Weise (vgl. dazu → Art. 250 § 1 Rn. 7) zu erfolgen. Da eine reaktionslose Hinnahme der Unterrichtung durch den Reisenden die Annahme des Änderungsangebots zur Folge haben kann (vgl. § 651g Abs. 2 S. 3 BGB), ist besonders bedeutsam, dass die Unterrichtung nach § 10 nicht in anderen Informationen untergeht, sondern in hervorgehobener Weise erfolgt.

## III. Transparenzgebot und Inhalt der Unterrichtung

4 Das Gebot, die an den Reisenden adressierte Informationen „klar und verständlich" zu formulieren (**Transparenzgebot**), das in der Pauschalreise-RL durch mehrfache Wiederholung im Ergebnis alle Pflichtinformationen des Reiseveranstalters gegenüber dem Reisenden erfasst (vgl. dazu → Art. 250 § 1 Rn. 6), gilt auch für die Unterrichtung nach § 10. Der Inhalt der Unterrichtung ist im Übrigen durch die Nr. 1–4 vorgeschrieben.

5 Nach **Nr. 1** sind die **Gründe für die Vertragsänderung** offenzulegen. Dies beinhaltet bei Preiserhöhungen deren Berechnung (lit. a) und bei sonstigen Vertragsänderungen auch den Hinweis, in welchem Umfang die Änderungen wegen Qualitätsminderung zwangsläufig auch mit einer Preisminderung einhergehen (lit. b). Die auszuweisende Berechnung der Preiserhöhung muss die bereits im Änderungsvorbehalt nach § 651f Abs. 1 S. 1 BGB aufzuführenden Änderungsfaktoren (Energiekosten, Steuern etc) und die dort ebenfalls anzugebende Berechnungsmethode transparent widerspiegeln (BeckOGK/Harke Rn. 4 verlangt eine Bezugnahme auf den Änderungsvorbehalt).

**Nr. 2** verlangt die Angabe der **Frist,** innerhalb derer der Reisende entschädigungslos zurücktreten oder das Angebot zur Vertragsänderung annehmen kann. Die Frist muss nach § 651g Abs. 1 S. 2 BGB angemessen sein (→ BGB § 651g Rn. 8). Läuft die gesetzte angemessene Frist ab, ohne dass der Reisende das Angebot entweder angenommen oder seinen Rücktritt erklärt hat, so gilt das Änderungsangebot des Reiseveranstalters nach § 651g Abs. 2 S. 3 als angenommen (→ BGB § 651g Rn. 14 f.). Auf diese für den Reisenden andernfalls überraschende Rechtsfolge (**Zustimmung durch Schweigen**) ist er nach **Nr. 3** ausdrücklich hinzuweisen. 6

Entscheidet sich der Reiseveranstalter, wie in § 651g Abs. 2 S. 1 BGB vorgesehen, neben dem Angebot der Vertragsänderung wahlweise eine Ersatzreise anzubieten, so muss die Unterrichtung auch die als „Ersatz angebotene Pauschalreise und deren Reisepreis" enthalten (**Nr. 4**). Damit der Reisende eine Entscheidung treffen kann, sind an die Beschreibung der Ersatzreise die gleichen Anforderungen zu stellen, wie sie nach § 1 (allgemeine Anforderungen) und § 3 (Inhalt) auch sonst bei vorvertraglicher Unterrichtung zu dieser Reise gegolten hätten. 7

## Artikel 251 Informationspflichten bei Vermittlung verbundener Reiseleistungen

### § 1 Form und Zeitpunkt der Unterrichtung

**[1]Die Unterrichtung des Reisenden nach § 651w Absatz 2 des Bürgerlichen Gesetzbuchs muss erfolgen, bevor dieser eine Vertragserklärung betreffend einen Vertrag über eine Reiseleistung abgibt, dessen Zustandekommen bewirkt, dass eine Vermittlung verbundener Reiseleistungen erfolgt ist. [2]Die Informationen sind klar, verständlich und in hervorgehobener Weise mitzuteilen.**

#### Überblick

Art. 251 wurde angefügt mWv 1.7.2018 durch das Dritte Gesetz zur Änderung reiserechtlicher Vorschriften vom 17.7.2017 (BGBl. 2017 I 2394). Zur Kommentierung der Informationspflichten → BGB § 651w Rn. 21 ff., zum Zeitpunkt der Information insbes. → BGB § 651w Rn. 22.

### § 2 Formblatt für die Unterrichtung des Reisenden

**[1]Dem Reisenden ist gemäß den in den Anlagen 14 bis 17 enthaltenen Mustern ein zutreffend ausgefülltes Formblatt zur Verfügung zu stellen, und zwar**

**1. sofern der Vermittler verbundener Reiseleistungen ein Beförderer ist, mit dem der Reisende einen die Rückbeförderung umfassenden Beförderungsvertrag geschlossen hat:**
   **a) ein Formblatt gemäß dem Muster in Anlage 14, wenn die Vermittlung nach § 651w Absatz 1 Satz 1 Nummer 1 des Bürgerlichen Gesetzbuchs erfolgt,**
   **b) ein Formblatt gemäß dem Muster in Anlage 15, wenn die Vermittlung nach § 651w Absatz 1 Satz 1 Nummer 2 des Bürgerlichen Gesetzbuchs erfolgt,**
**2. sofern es sich bei dem Vermittler verbundener Reiseleistungen nicht um einen Beförderer handelt, mit dem der Reisende einen die Rückbeförderung umfassenden Beförderungsvertrag geschlossen hat:**
   **a) ein Formblatt gemäß dem Muster in Anlage 16, wenn die Vermittlung nach § 651w Absatz 1 Satz 1 Nummer 1 des Bürgerlichen Gesetzbuchs erfolgt,**
   **b) ein Formblatt gemäß dem Muster in Anlage 17, wenn die Vermittlung nach § 651w Absatz 1 Satz 1 Nummer 2 des Bürgerlichen Gesetzbuchs erfolgt.**

**[2]Erfolgt die Vermittlung verbundener Reiseleistungen in den Fällen von Satz 1 Nummer 1 und 2 Buchstabe b bei gleichzeitiger körperlicher Anwesenheit des Reisenden und des Vermittlers verbundener Reiseleistungen, hat der Vermittler verbundener Reiseleistungen abweichend von Satz 1 die in den betreffenden Formblättern enthaltenen Informationen in einer der Vermittlungssituation angepassten Weise zur Verfügung zu stellen. [3]Entsprechendes gilt, wenn die Vermittlung verbundener Reiseleistungen weder**

**bei gleichzeitiger körperlicher Anwesenheit des Reisenden und des Vermittlers verbundener Reiseleistungen noch online erfolgt.**

### Überblick

Art. 251 wurde angefügt mWv 1.7.2018 durch das Dritte Gesetz zur Änderung reiserechtlicher Vorschriften vom 17.7.2017 (BGBl. 2017 I 2394). Zur Kommentierung der Informationspflichten → BGB § 651w Rn. 1 ff. ff., zum Formblatt insbes. → BGB § 651w Rn. 1 ff. f.

Anlagen 11–17 wurden durch Gesetz über der Insolvenzsicherung durch Reisesicherungsfonds vom 25.6.2021 (BGBl. 2021 I 2114) geändert; Anlage 18 wurde durch dieses Gesetz neu eingefügt.

### Art. 252 Sicherungsschein; Mitteilungspflicht des Absicherers

**(1) [1]Der Sicherungsschein nach § 651r Absatz 4 Satz 1, auch in Verbindung mit § 651w Absatz 3 Satz 4, des Bürgerlichen Gesetzbuchs ist gemäß dem in Anlage 18 enthaltenen Muster zu erstellen und dem Reisenden zutreffend ausgefüllt in Textform zu übermitteln. [2]Von dem Muster darf in Format und Schriftgröße abgewichen werden. [3]Auf dem Sicherungsschein darf die Firma oder ein Kennzeichen des Absicherers oder seines Beauftragten abgedruckt werden. [4]Enthält die Urkunde neben dem Sicherungsschein weitere Angaben oder Texte, muss sich der Sicherungsschein deutlich hiervon abheben.**

**(2) [1]Bei Pauschalreisen ist der Sicherungsschein der Bestätigung oder der Abschrift des Vertrags anzuheften oder auf ihrer Rückseite abzudrucken. [2]Der Sicherungsschein kann auch elektronisch mit der Bestätigung oder Abschrift des Vertrags verbunden werden. [3]Bei Pauschalreisen nach § 651c des Bürgerlichen Gesetzbuchs ist der Sicherungsschein zu übermitteln, sobald der als Reiseveranstalter anzusehende Unternehmer nach Artikel 250 § 8 Absatz 1 über den Umstand eines weiteren Vertragsschlusses unterrichtet worden ist.**

**(3) Bei Vermittlung verbundener Reiseleistungen ist der Sicherungsschein zu übermitteln, sobald der Vermittler verbundener Reiseleistungen nach § 651w Absatz 5 des Bürgerlichen Gesetzbuchs über den Umstand eines weiteren Vertragsschlusses unterrichtet worden ist.**

**(4) Ein Reisevermittler ist dem Reisenden gegenüber verpflichtet, den Sicherungsschein auf seine Gültigkeit hin zu überprüfen, wenn er ihn dem Reisenden übermittelt.**

**(5) Der Absicherer (§ 651r Absatz 3 des Bürgerlichen Gesetzbuchs) ist verpflichtet, die Beendigung des Absicherungsvertrags der zuständigen Behörde unverzüglich mitzuteilen.**

### Überblick

Art. 252 wurde angefügt mWv 1.7.2018 durch Gesetz vom 17.7.2017 (BGBl. I 2394). Zur Kommentierung → BGB § 651r Rn. 32 ff. Zur speziellen gewerberechtlichen Flankierung der Absicherung in Abs. 5 → BGB § 651r Rn. 30.

## Artikel 253 Zentrale Kontaktstelle

### § 1 Zentrale Kontaktstelle; Informationen über die Insolvenzsicherung

**(1) Die Aufgaben der zentralen Kontaktstelle nach Artikel 18 Absatz 2 bis 4 der Richtlinie (EU) 2015/2302 nimmt das Bundesamt für Justiz wahr.**

**(2) Das Bundesamt für Justiz stellt den zentralen Kontaktstellen anderer Mitgliedstaaten oder sonstiger Vertragsstaaten des Abkommens über den Europäischen Wirtschaftsraum alle notwendigen Informationen über die gesetzlichen Anforderungen an die Verpflichtung von Reiseveranstaltern und Vermittlern verbundener Reiseleistungen zur**

**Insolvenzsicherung (§§ 651r bis 651t, 651w Absatz 3 des Bürgerlichen Gesetzbuchs) zur Verfügung.**

### Überblick

Art. 253 wurde angefügt mWv 1.7.2018 durch Gesetz vom 17.7.2017 (BGBl. I 2394). Zur Kommentierung → BGB § 651r Rn. 74.

## § 2 Ausgehende Ersuchen

**Das Bundesamt für Justiz leitet Auskunftsersuchen der zuständigen Behörden zur Klärung von Zweifeln, ob ein Reiseveranstalter oder ein Vermittler verbundener Reiseleistungen mit Sitz in einem anderen Mitgliedstaat oder in einem anderen Vertragsstaat des Abkommens über den Europäischen Wirtschaftsraum seiner Verpflichtung zur Insolvenzsicherung (§§ 651s, 651w Absatz 3 des Bürgerlichen Gesetzbuchs) nachgekommen ist, an die zentrale Kontaktstelle des Niederlassungsstaats weiter.**

### Überblick

Art. 253 wurde angefügt mWv 1.7.2018 durch Gesetz vom 17.7.2017 (BGBl. I 2394). Zur Kommentierung → BGB § 651r Rn. 74.

## § 3 Eingehende Ersuchen

**(1) Auskunftsersuchen zentraler Kontaktstellen anderer Mitgliedstaaten oder sonstiger Vertragsstaaten des Abkommens über den Europäischen Wirtschaftsraum zur Klärung von Zweifeln, ob ein Reiseveranstalter oder ein Vermittler verbundener Reiseleistungen mit Sitz im Inland seiner Verpflichtung zur Insolvenzsicherung (§§ 651r, 651w Absatz 3 des Bürgerlichen Gesetzbuchs) nachgekommen ist, leitet das Bundesamt für Justiz unverzüglich an die zuständige Behörde weiter.**

**(2) [1]Die zuständige Behörde ergreift unverzüglich die zur Klärung erforderlichen Maßnahmen und teilt dem Bundesamt für Justiz das Ergebnis mit. [2]Das Bundesamt für Justiz leitet die Mitteilung der zuständigen Behörde unverzüglich an die zentrale Kontaktstelle des anderen Staats weiter.**

**(3) Sofern das Ersuchen innerhalb von 15 Arbeitstagen nach Eingang noch nicht abschließend beantwortet werden kann, erteilt das Bundesamt für Justiz der zentralen Kontaktstelle des anderen Staats innerhalb dieser Frist eine erste Antwort.**

### Überblick

Art. 253 wurde angefügt mWv 1.7.2018 durch Gesetz vom 17.7.2017 (BGBl. I 2394). Zur Kommentierung → BGB § 651r Rn. 74.

# Sachverzeichnis

Bearbeiterin: Dr. Cordula Scholz Löhnig

Die fett gedruckten Zahlen bezeichnen Paragraphen, die mager gedruckten Randnummern.